総画索引

総画索引

(1) この索引は，本辞典に収録した全ての見出し親字を，総画数順に配列し本文のページを示したものである。
(2) 同画数内では部首順に配列し，さらに同部首内では部首内角数順に配列した。
(3) 漢字に付した記号の意味は，次の通りである。
キ…教育漢字（常用漢字のうち，小学6年間で学習することになっている漢字。色刷り）
ジ…教育漢字以外の常用漢字（色刷り）
ナ…人名用漢字

【6画】

【7画】

【8画】

【9画】

総画索引

総画索引

総画索引

【12画】

総画索引

総画索引

祱 983
裎 983
キ補 983
ジ裕 983
裡 983
襾 覃 989
見 視 992
キ覚 993
覗 993
覘 993
角 觚 996
觝 996
言 詒 1004
ジ詠 1004
詍 1004
訶 1004
詎 1004
詘 1004
詗 1004
詁 1004
ジ詐 1004
キ詞 1005
キ証 1005
ジ詔 1005
ジ診 1005
詛 1006
ジ訴 1006
詑 1006
註 1006
詆 1006
詀 1006
詖 1006
キ評 1006
評 1006
詈 1006
詅 1006
豕 キ象 1033
豸 貂 1035
貝 貽 1040
キ賀 1041
キ貴 1041
貺 1041
貰 1041
キ貸 1041
キ貯 1042
貼 1042
キ買 1042
キ費 1042
キ貿 1042
赤 赧 1051
走 ジ越 1053
趄 1053
ジ超 1053
趁 1054
足 跏 1056
ジ距 1056
距 1056
跚 1056
跖 1056
跎 1056
跅 1056
跕 1056
跌 1056
跛 1057
跋 1057
跗 1057
跑 1057
身 躰 1066
車 軼 1070
軻 1070
キ軽 1070
軹 1071
ジ軸 1071
軫 1071
軺 1071
軨 1071
辛 辜 1077
辵 逶 1092
逸 1092
逭 1092
逵 1092
週 1092
進 1092
逮 1093
逴 1093
逹 1093
逷 1093
迸 1093
キ運 1093
キ過 1094
ジ遇 1095
ジ遂 1095
キ達 1095
ジ遅 1096
キ道 1096
ジ遍 1098
キ遊 1098
ナ遥 1099
邑 都 1111
鄆 1111
郾 1112
鄂 1112
郿 1112
酉 酣 1116
酤 1116
ジ酢 1116
酥 1116
酡 1116
釆 釉 1120
里 キ量 1122
金 鈞 1127
釿 1127
鈐 1127
鈎 1127
鈔 1127
鈬 1128
鈕 1128
ジ鈍 1128
鈀 1128
鈑 1128
鈇 1128
鈲 1128
鈩 1128
鈗 1128
門 キ開 1148
キ間 1149
閒 1149
ジ閑 1150
閎 1150
閏 1150
閔 1151
閖 1151
阜 隆 1164
陰 1165
キ階 1165
ジ隅 1165
隉 1165
隍 1165
ジ随 1165
隋 1165
キ隊 1166
隊 1166
隄 1166
隃 1166
キ陽 1166
隈 1167
隹 雁 1170
ジ雇 1170
雇 1170
キ集 1171
雋 1171
ジ雄 1171
雅 1172
雨 キ雲 1176
ジ雰 1178
雯 1178
雱 1178
革 靫 1187
靸 1187
靭 1187
靮 1187
韋 韌 1191
頁 ジ項 1194
ナ須 1194
キ順 1194
風 颪 1204
食 飦 1208
飧 1208
キ飲 1208
キ飯 1208
馬 馭 1217
馮 1218
鳥 鳦 1248
黃 黃 1265
黍 黍 1267
黑 黑 1267
黹 黹 1270
齒 キ歯 1276
心 惹 405
竹 筑 819
卩 卿 172

【13画】

艸 萬 21
臼 與 22
乙 亂 39
亠 亶 55
日 會 67
人 傳 70
傴 98
僅 98
ジ傾 98
ジ傑 98
傲 98
ジ催 99
ジ債 99
傪 99
キ傷 99
僊 99
僉 99
ジ僧 99
僄 100
傭 100
僇 100
僂 100
キ働 100
囗 圓 119
刂 剷 145
剿 145
剸 145
剽 145
力 勤 153
募 154
ジ勧 154
キ勢 154
勣 154
勦 154
勠 154
匚 匯 161
厂 厩 174
虍 號 184
口 嗌 211
嗚 211
嗢 211
嗅 211
[illegible] 211
嗛 211
嗥 212
嗑 212
嗟 212
嗄 212
嗜 212
嗤 212
ジ嗣 212
嗇 212
嗔 212
喿 212
ジ嘆 212
嗁 213
嗒 213
嗎 213
囗 キ園 226
土 塚 239
塔 239
塋 240
キ塩 240
塢 240
ジ塊 240
塏 240
塤 240
塙 240
塞 240
塒 241
塍 241
ジ塑 241
塡 241
填 241
ジ塗 241
塘 241
場 241
キ墓 241
塗 241
士 壼 248
夕 キ夢 254
大 奥 272
ジ奨 273
女 媼 286
ジ嫁 286
媿 286
ジ嫌 286
嫌 286
嫄 286
媾 286
嫉 286
嫋 286
媳 286
嫂 286
嫐 286
嫛 287
媽 287
媵 287
子 孳 295
宀 ジ寛 309
寘 310
ジ寝 310
寖 310
田 當 319
小 尠 320
尟 320
山 嵬 335
ナ嵯 335
嵳 335
ナ嵩 335
嵶 335
巾 幌 348
キ幕 348
幎 348
干 キ幹 354
广 廊 362
廈 362
廋 362
ジ廉 362
廉 362
貝 貳 369
弓 彀 374
彁 374
彑 彙 375
彳 衙 388
徯 388
ジ微 388
微 388
徭 389

総画索引

総画索引

筵 822
箭 822
米 粳 834
粲 834
粱 835
粮 835
糸 經 846
ジ 継 855
綌 855
キ 絹 855
綆 855
綉 855
綃 855
絛 855
綏 855
キ 続 856
絺 856
綈 856
絻 856
絽 856
綛 856
罒 罨 876
罫 876
睘 876
キ 罪 876
キ 署 876
罧 877
キ 置 877
罩 877
罭 877
羊 キ 義 880
キ 群 881
羣 882
羨 882
羽 翛 885
耒 耡 892
耳 キ 聖 894
聖 894
聘 895
聿 肅 898
肄 899
肆 899
臼 舅 904
舛 ナ 舜 906
舝 906
舟 ジ 艇 908
艀 908
艸 著 932
葦 934
葳 934
葭 934
萪 934
葢 934
葶 934
葛 935
蒄 935
葵 935
韮 935
葷 935
萱 935
葫 935
蓄 935
葸 935
葹 935
萩 936
葺 936
葚 936
葄 936
葬 936
葱 936
葮 936
蒂 936
董 936
葩 936
葡 936
葍 936
葆 936
葤 937
葐 937
葯 937
萸 937
葉 937
葽 937
落 937
葎 938
萵 938
蒅 938
ナ 蒔 939
キ 蒸 939
ナ 蒼 940
ジ 蓄 941
ナ 蓉 942
ナ 蓮 942
虍 ジ 虞 958
虞 958
ジ 虜 958
虫 蜒 963
蜎 963
蛾 963
蛺 963
蜆 963
蜈 963
蜱 964
蜍 964
蜀 964
蜃 964
蛻 964
蛸 964
蜑 964
蜓 964
蜉 964
蜂 964
蛹 965
蜊 965
衣 装 977
裔 978
裘 978
ナ 裟 978
裊 978
裒 978
裛 978
キ 裏 978
衤 裷 983
褂 983
ジ 褐 983
裾 984
裼 984
裯 984
裨 984
裱 984
ジ 裸 984
裲 984
褄 984
見 覜 993
覛 993
角 キ 解 996
觧 997
觥 997
觜 997
ジ 触 997
言 詼 1007
詿 1007
ジ 該 1007
詻 1007
詭 1007
ジ 詰 1007
誆 1007
詡 1007
詣 1007
ジ 誇 1007
詬 1008
訾 1008
キ 詩 1008
キ 試 1008
詶 1009
ナ 詢 1009
ジ 詳 1009
詵 1009
キ 誠 1009
詮 1009
詹 1009
詫 1010
誅 1010
誂 1010
ジ 誉 1010
誄 1010
キ 話 1010
豆 豋 1031
キ 豊 1031
豕 豢 1033
豣 1033
豸 貉 1035
貆 1035
貅 1035
貊 1035
貝 賅 1042
賈 1042
キ 資 1043
資 1043
貲 1043
賎 1043
賍 1043
ジ 賊 1043
賊 1043
キ 賃 1043
賁 1044
賂 1044
ジ 賄 1044
赤 赩 1051
走 赼 1054
足 跪 1057
跬 1057
跫 1057
跰 1057
跨 1057
跲 1057
跟 1057
跱 1058
ジ 跡 1058
ジ 践 1058
跣 1058
ジ 跳 1058
キ 路 1058
身 躱 1066
車 ジ 較 1071
輂 1071
ジ 載 1071
軾 1072
輊 1072
輈 1072
輌 1072
輅 1072
辛 辠 1077
キ 辞 1077
辟 1078
辰 キ 農 1079
辵 遏 1093
運 1093
過 1094
遐 1095
遝 1095
遇 1095
遑 1095
遒 1095
遂 1095
遄 1095
達 1095
遉 1096
逿 1096
道 1096
遁 1098
逼 1098
遍 1098
逾 1098
遊 1098
遖 1099
ジ 違 1099
違 1099
キ 遠 1099
ジ 遣 1100
邑 鄕 1110
鄖 1112
鄔 1112
鄗 1112
鄒 1112
酉 ジ 酬 1116
酧 1116
酩 1117
ジ 酪 1117
金 鉞 1128
ジ 鉛 1128
鉅 1128
鉗 1128
鉉 1129
鉆 1129
鉤 1129
キ 鉱 1129
鉈 1129
鉏 1129
鉦 1129
鉐 1130
キ 鉄 1130
鈿 1130
ジ 鉢 1130
鈸 1130
鈹 1130
鉧 1130
鉋 1130
鉚 1131
ジ 鈴 1131
門 閘 1151
閠 1151
閙 1151
閟 1151
阜 隘 1167
隕 1167
隖 1167
隗 1167
ジ 隔 1167
隔 1167
隙 1167
隹 ジ 雅 1172
雊 1172
睢 1172
雉 1172
雍 1172
雨 キ 電 1178
雹 1178
ジ 雷 1178
ジ 零 1178
革 靭 1187
ジ 靴 1188
靳 1188
靸 1188
靶 1188
靹 1188
音 韵 1193
韴 1193
頁 ジ 頑 1195
頍 1195
頎 1195
項 1195
頏 1195
ナ 頌 1195
頓 1196
ジ 頒 1196
キ 預 1196
風 颫 1204
食 飲 1208
飪 1208
飧 1208
飭 1208

【15画】

走	ジ	趣	1054
足		踐	1058
		踠	1059
		踝	1059
		踦	1059
		踞	1059
		踡	1059
		踧	1060
		踤	1060
		踖	1060
		踪	1060
		踔	1060
		踟	1060
		踢	1060
	ジ	踏	1060
		踣	1060
身		躶	1066
		躻	1066
		[illegible]	1066
車		輎	1072
	ジ	輝	1072
		輗	1073
		輜	1073
		輙	1073
		輟	1073
	ジ	輩	1073
		輧	1073
		輣	1073
		輞	1073
		輛	1073
		輘	1073
	キ	輪	1073
		輦	1074
辛		辤	1078
辵		遨	1101
		遮	1101
		遭	1101
		遬	1101
		遰	1101
		適	1101
		遯	1102
	キ	遺	1102
	ジ	遵	1103
	キ	選	1103
	ジ	遷	1104
		遷	1104
	ナ	遼	1104
邑		鄩	1113
		鄯	1113
		鄲	1113
		鄭	1113
		鄧	1113
		鄱	1113
		鄮	1113
		鄰	1113
酉		醉	1115
		醃	1117
		醋	1117
		醆	1117
	ナ	醇	1117
		醅	1118
		醂	1118
		醁	1118
金	ジ	鋭	1133
		銳	1133
		鋏	1133
		鋗	1133
		鋙	1133
		銼	1133
		銹	1133
		鋤	1133
		銷	1134
		鋟	1134
		鋋	1134
	ジ	鋳	1134
		鋌	1134
		鋪	1134
		鋒	1134
		鋩	1134
		鋈	1134
		鋃	1134
		鋲	1134
門	ジ	閲	1152
		閱	1152
		閫	1152
		閭	1153
		閬	1153
阜		隤	1168
		隥	1168
		隣	1169
雨		霄	1179
	ジ	震	1179
		霆	1179
		霅	1179
		霈	1179
	ジ	霊	1179
非		靠	1185
革		鞋	1188
		鞍	1188
		鞏	1188
		鞉	1188
		鞐	1188
頁		頞	1197
		頟	1197
		頜	1197
		頬	1197
		頡	1197
		頫	1197
食		餃	1209
		餈	1209
		餌	1209
		餉	1210
		餂	1210
		餅	1210
	キ	養	1210
		養	1210
	ジ	餓	1210
馬		駕	1219
	ナ	駒	1219
		駈	1220
		駉	1220
		駟	1220
		駛	1220
		駔	1220
		駝	1220
		駘	1220
	ジ	駐	1220
		駐	1220
		駑	1220
		駓	1221
		駜	1221
		駙	1221
髟		髪	1232
		髯	1232
		髫	1232
		髮	1232
		髴	1232
		髱	1232
		髳	1232
門		鬧	1234
鬼		魄	1237
		魃	1237
	ジ	魅	1237
魚		魭	1240
		魦	1240
		魳	1240
		魨	1240
		魬	1240
		魵	1240
		魴	1240
		魯	1240
		魹	1241
		魸	1241
		[illegible]	1244
鳥		鴉	1250
		鴎	1250
		鴈	1250
		鴃	1250
		鳺	1250
		鳷	1250
		鴆	1251
		鴇	1251
鹿		麃	1261
麥		麩	1263
		麪	1263
		麹	1264
麻		麾	1264
黍	ナ	黎	1267
黑	ジ	黙	1268
鼎		鼐	1272
		鼏	1272
鹵		鹵	1276
氵		潤	669
		【16画】	
豕		豫	41
食		餘	77
人		儗	103
		儕	103
	ジ	儒	103
		儘	103
		儔	103
		儜	103
		儐	103
		儛	103
		儚	103
八		冀	118
冖		冪	126
冫	ジ	凝	128
刀		劒	135
		劔	135
		辧	136
刂		劑	143
		劓	146
力		辦	155
又	ナ	叡	180
口		器	214
		噴	216
		噯	216
		噫	216
		噦	216
		噲	216
		噩	216
		噭	216
		噤	216
		嘴	216
		嘯	216
		噬	217
		噪	217
		噸	217
		嘶	217
囗		圜	226
土		墳	244
		墺	244
	ジ	壊	244
	ジ	墾	244
		墻	245
	ジ	壌	245
	ジ	壇	245
	ジ	壁	245
		壅	245
		墸	245
大	キ	奮	273
女		嬴	288
		嬛	288
		嬙	288
	ジ	嬢	288
		嬖	288
子		學	291
宀		寰	311
寸		導	316
山		嶧	336
		嶰	336
		嶬	336
		嶮	336
		嶼	336
广		廨	364
		廥	364
		廩	364
辛		辨	367
弓		彊	374
彑		彜	375
彳	キ	衛	391
		衞	391
		徼	391
	ジ	衡	391
心		憨	407
		憙	407
		憖	408
	ジ	憩	408
	キ	憲	408
		憲	408
		憝	408
		憊	408
		憑	408
忄		憒	423
		懌	423
		懊	424
	ジ	憶	424
	ジ	懐	424
		懈	424
	ジ	憾	424
		懁	424
		憸	424
		懆	424
		憺	424
		懍	425
戈		戰	429
扌		擇	440
		據	443
		擔	445
		撼	466
		擐	466
		撽	466
		擒	467
		撿	467
		擉	467
		擅	467
	キ	操	467
		撾	467
		撻	467
		擗	467
	ジ	擁	467
		擂	468
攴	キ	整	478
方		旛	490
日		曉	509
		曆	514
		曀	515
		曁	515
		暹	515
		曃	515
		曈	515
		曒	516
	ジ	曇	516
		暼	516
		曄	516
		暸	516
月		膩	534
		膳	534
		膧	534
		膰	535
		膴	535
	ジ	膨	535
		膵	535
木		樺	574
		横	577
		樾	580
		橄	580
	キ	機	581
	ナ	橘	581
	キ	橋	581

鋺 1134
錧 1134
錡 1135
鋸 1135
ナ 錦 1135
錮 1135
キ 鋼 1135
錕 1135
ジ 錯 1135
錙 1136
錫 1136
錞 1136
ジ 錠 1136
ジ 錘 1136
錐 1136
錆 1136
錚 1137
錟 1137
錣 1137
錑 1137
鍄 1137
ジ 錬 1137
キ 録 1137
錄 1137
錺 1137
錵 1137
錻 1137
門 閼 1153
閾 1153
閻 1153
閹 1153
閽 1153
閶 1153
阜 險 1162
隨 1165
隩 1168
隧 1169
ジ 隣 1169
隶 ジ 隷 1169

隹 雕 1173
雨 霍 1180
霓 1180
霎 1180
霑 1180
霏 1181
霖 1181
青 靜 1184
靛 1185
面 靦 1187
革 鞘 1189
鞗 1189
頁 頤 1197
頴 1197
頷 1197
頰 1197
頸 1197
頹 1198
キ 頭 1198
ジ 頼 1198
賴 1198
頻 1199
食 餓 1210
餐 1210
餕 1210
餗 1211
餒 1211
餖 1211
餔 1211
餑 1211
キ 館 1211
馬 駰 1221
駭 1221
駲 1221
駪 1221
駮 1221
駢 1221
駱 1221
骨 骸 1227

骼 1227
髟 髹 1233
髻 1233
髺 1233
髭 1233
門 鬨 1234
鬲 ジ 融 1235
魚 鮓 1241
鮏 1241
鮐 1241
ナ 鮎 1241
鮇 1241
鮒 1241
鮃 1241
鮑 1241
鮖 1241
鮗 1241
鳥 鴪 1251
鴛 1251
鴬 1251
鴨 1251
鴦 1251
鴞 1251
鴝 1251
鴣 1251
鴟 1251
鴡 1251
鴕 1252
鴒 1252
鴗 1252
鹿 麇 1261
麈 1261
麦 麩 1263
麭 1263
麺 1264
黒 黔 1268
黙 1268
默 1268
ナ 黛 1268

鼎 鼒 1272
鼻 鼽 1274
龍 龍 1278
龜 龜 1280
忄 憐 423
虫 蟇 969
辵 邁 1105
頁 頽 1198

【17画】

人 ジ 償 103
儦 104
キ 優 104
儡 104
儖 104
儿 毚 110
力 勵 149
匚 匱 161
口 ジ 嚇 217
嚄 217
嚆 217
嚅 217
嚏 217
嚀 217
嚊 217
土 壓 228
壏 245
壑 245
壎 245
壕 245
壗 246
耳 聲 247
女 嬰 288
嬬 289
嬲 289
嬭 289
嬪 289
嬶 289
子 孺 295

火 營 321
⺍ キ 厳 321
尸 屨 327
山 嶽 330
嶷 336
嶪 336
ナ 嶺 336
巾 幬 349
幪 349
弓 彌 371
心 應 393
懃 408
ジ 懇 408
懋 408
忄 懦 425
懥 425
懜 425
戈 戲 429
戴 430
手 擧 434
擊 435
擎 436
擘 436
扌 擱 468
ジ 擬 468
擤 468
ジ 擦 468
擩 468
擠 468
擡 468
擢 468
擣 468
擯 468
擭 469
支 斀 479
斂 479
日 曖 516
曏 516
ナ 曙 516

月 膽 524
臆 535
膾 535
臉 535
膸 535
臊 535
膻 535
臀 535
膿 535
臂 535
臃 535
膺 535
臈 536
木 檢 566
檃 583
檐 583
檍 583
檟 583
檜 584
檞 584
檥 584
橿 584
檠 584
檄 584
檎 584
櫛 584
檝 584
檣 584
ナ 檀 584
檉 584
檔 584
檗 584
檪 585
欠 歛 591
歟 591
歹 殭 600
殮 600
毛 氈 606
氊 607

氵 濱 638
濟 644
濕 653
濩 674
濶 674
濠 674
濡 674
澀 674
濬 674
瀞 674
ジ 濯 674
濯 674
濔 674
濤 675
濘 675
濮 675
濛 675
火 燠 687
燬 687
ナ 燦 687
燮 687
燭 687
燧 688
ジ 燥 688
燵 688
黒 點 689
爪 ジ 爵 697
爿 牆 699
牛 ジ 犠 705
犭 獲 715
獯 715
獮 715
獰 715
獱 715
玉 ジ 環 728
環 728
璩 728
璫 728
瓦 甑 731

疒 癇 748
癌 749
癉 749
癈 749
癃 749
ジ 療 749
癆 749
白 皤 756
皿 盩 761
盪 761
目 瞰 770
瞯 770
瞶 770
瞪 770
ナ 瞳 770
瞥 770
ナ 瞭 771
瞵 771
瞬 771
矢 ジ 矯 774
矰 775
石 ナ 磯 783
磽 783
磺 783
ジ 礁 783
磴 783
磻 783
磷 784
磿 784
示 禪 792
禧 793
禨 793
禦 793
禾 穗 803
穉 804
穜 804
穖 804
穴 窾 810
竃 810

窿 810
竹 篶 826
篕 826
簑 827
簣 827
篹 827
簒 827
篠 827
篸 827
篿 827
簇 827
篳 827
篾 827
篷 827
簍 827
簏 827
簓 827
簗 827
米 糠 837
糝 837
糟 837
糙 837
糜 837
糞 837
糢 837
糸 總 858
縱 866
繁 867
縫 868
繄 868
徽 868
繈 868
繫 868
繍 868
キ 縮 868
キ 績 869
ジ 繊 869
繅 869
縶 869
縻 869
繆 869
縹 869
繃 870
縵 870
繇 870
縷 870
縲 870
縺 870
缶 罅 874
罄 874
罒 罽 878
罿 878
罾 878
羽 翳 886
ジ 翼 886
耳 聰 896
聱 896
聳 897
ジ 聴 897
聯 897
舟 艚 908
艝 908
艮 艱 910
艸 薆 947
薁 947
薀 947
薗 947
蕹 947
薹 947
薌 947
薊 948
薵 948
薨 948
薤 948
薔 948
蕭 948
薪 949
蔆 949
薜 949
薦 949
薝 949
薮 949
薙 949
薄 949
薇 950
蕡 950
薛 950
蕷 950
薏 950
蕾 950
蕗 950
薐 950
薖 950
薉 950
薈 950
薭 951
虍 虧 959
虫 螾 968
蟈 968
螫 968
蟋 969
螽 969
蟀 969
螯 969
螬 969
螭 969
蟄 969
螮 969
螳 969
蟇 969
蟆 969
螺 969
蟉 969
螻 970
螵 970
蟎 970
衣 褻 979
襄 979
褻 979
衤 襆 986
襌 986
襏 986
襒 986
見 覬 994
覲 994
キ 覧 994
角 觳 997
言 謠 1023
謌 1023
謋 1023
ジ 謹 1023
謑 1023
ジ 謙 1023
謙 1023
謇 1023
キ 講 1024
講 1024
謊 1024
謚 1024
キ 謝 1024
謏 1025
謖 1025
ジ 謄 1025
謄 1025
謟 1025
謐 1025
謗 1025
謎 1025
谷 豁 1031
谿 1031
豕 豳 1034
豸 貔 1035
貝 ジ 購 1048
購 1048
賽 1048
賸 1048
賺 1048
賻 1048
走 趨 1054
足 蹊 1061
蹇 1061
蹉 1061
蹐 1062
蹌 1062
蹏 1062
蹍 1062
蹎 1062
蹈 1062
蹋 1062
車 轅 1075
轀 1075
ジ 轄 1075
轄 1075
轂 1075
輾 1075
輿 1075
辵 邂 1104
還 1105
遽 1105
邅 1105
避 1105
邁 1105
邀 1105
邑 鄹 1113
酉 醞 1118
醢 1118
醤 1118
金 鍊 1137
鍋 1137
鍜 1137
鍔 1137
鍰 1137
鍥 1137
鍵 1138
鍠 1138
鍭 1138
鍬 1138
鍾 1138
鍼 1138
鍤 1138
ジ 鍛 1138
鍮 1138
鍖 1138
鍉 1138
鍍 1138
錨 1138
鍪 1139
鍚 1139
門 闇 1153
闈 1154
闉 1154
闊 1154
闃 1154
闋 1154
闍 1154
闌 1154
阜 隱 1167
隰 1169
隲 1169
隮 1169
隶 隸 1169
隹 雖 1173
雨 霙 1181
ナ 霞 1181
ジ 霜 1181
革 ナ 鞠 1189
鞚 1189
鞜 1189
鞞 1189
韋 韓 1191
韔 1191
韭 韱 1192
頁 顆 1199
顄 1199
顉 1199
顇 1199
ジ 頻 1199
風 颶 1205
食 餡 1211
餧 1211
館 1211
餚 1211
餛 1211
餝 1211
餞 1211
餤 1211
餟 1211
餅 1212
首 馘 1215
馬 駴 1221
騃 1221
駻 1221
駽 1221
ナ 駿 1221
駸 1222
騂 1222
駾 1222
騁 1222
駹 1222
駢 1222
骨 骾 1227
髟 髽 1233
髾 1233
鬲 鬴 1235
鬼 ジ 醜 1237
魈 1238
魚 鮟 1241
鮪 1241
鮠 1241
鮭 1242
鮫 1242
鮨 1242
鮞 1242
鮆 1242
ジ 鮮 1242
鮲 1242
鮴 1242
鮀 1242
鳥 鴳 1252
鵂 1252
ナ 鴻 1252
鵁 1252
鴴 1252
鴿 1252
鵄 1253
鴾 1253
鴽 1253
鵆 1253
鵇 1253
鵈 1253
鹿 麋 1261
麥 麯 1263
麰 1263
黄 黈 1266
黍 黏 1267
黒 黛 1268
黜 1269
黝 1269
黹 黻 1270
黽 黿 1271
鼠 鼢 1273
鼻 鼾 1274
齊 齋 1275
齒 齔 1276
ジ 齢 1277
龠 龠 1281
月 朦 536
火 燐 687
言 諱 1023

【18画】

人 儲 104

酉		醫	160
隹		雙	177
又		叢	180
口		嚙	217
		嚔	217
		嚠	217
土		壘	240
		壙	246
尸		屩	327
止		歸	344
巾		幭	349
弓		彍	374
彑		彝	375
心		懕	408
	ジ	懲	409
		懟	409
		懣	409
忄		懴	425
		懮	425
戈		戳	430
手		擘	436
扌		擴	443
		擷	469
		攅	469
		擾	469
		擶	469
		擄	469
		擲	469
		擿	469
		擺	469
		擽	469
支		斃	479
斤		斷	484
方		旛	490
臼		舊	492
日		曙	516
		曛	516
		曚	516
	キ	曜	516
		曜	516
月		臑	536
		臍	536
		臏	536
		朦	536
木		檿	585
		櫃	585
		檮	585
		櫂	585
		檸	585
		檳	585
		檯	585
		檬	585
歹		殯	600
殳		毉	603
氵		瀉	675
		瀋	675
		濺	675
		瀆	675
		瀑	675
		瀁	675
	ジ	濫	675
		瀏	676
		濾	676
		瀍	676
火		燻	688
		燼	688
		燹	688
	ナ	燿	688
		燿	688
爫		燾	697
爪		爵	697
犭		獵	713
		獷	715
玉		璧	728
		瓊	728
		璿	729
瓦		甕	731
		甓	732
疒		癙	749
		癜	749
	ジ	癖	749
	ジ	癒	749
		癒	749
		癘	749
白		皦	756
目		瞹	771
		瞿	771
		瞼	771
		瞽	771
	ジ	瞬	771
		瞻	771
石		礇	784
		礒	784
	ジ	礎	784
		礑	784
		礌	784
示		禮	785
		禰	793
禾	ジ	穫	804
	ナ	穣	804
		穠	804
		穡	804
		穟	804
		穢	804
穴		竅	810
		竄	810
竹	キ	簡	827
		簡	827
		簣	828
		簧	828
		簨	828
		簪	829
		簞	829
		簟	829
		簦	829
		簠	829
		簱	829
米	ジ	糧	837
糸		繢	870
		繦	870
	ジ	繭	870
		繝	870
		繖	870
		繞	870
	キ	織	871
	ジ	繕	871
		繒	871
		繙	871
		繚	871
		繧	871
缶		罇	875
罒		羂	878
羽		翼	886
		翹	887
		翺	887
	ジ	翻	887
		飜	887
耳		聵	897
		聶	897
	キ	職	897
舟		艟	908
		艠	908
艸		薰	948
		藁	951
		薩	951
		藉	951
		薯	951
		藎	951
		薺	951
		薹	951
		藐	951
		藕	951
	ナ	藤	951
	ジ	藩	952
	ナ	藍	952
虍		虩	959
虫		蟲	959
		蟣	970
		蟜	970
		蟪	970
		蟯	970
		蟬	970
		蟫	970
		蟠	970
		蟒	970
衣		囊	979
衤		襖	986
	ジ	襟	986
		襛	986
		襚	986
		襜	986
		襢	987
		襠	987
襾	ジ	覆	989
		覆	989
臣	キ	臨	991
見	キ	観	994
		覲	995
		覰	995
角		觴	997
言		謹	1023
		謳	1025
		謦	1025
		謣	1025
		謷	1025
		謫	1025
		謬	1026
		謨	1026
		謾	1026
豆		豐	1031
豕		豵	1034
豸		貙	1035
		貘	1035
貝		賾	1048
		贄	1048
		贅	1048
	ジ	贈	1049
足		蹞	1062
		蹔	1062
		蹝	1062
		蹙	1062
		蹜	1062
		蹕	1062
		蹤	1062
		蹟	1062
		蹠	1062
		蹛	1063
		蹢	1063
		蹣	1063
		蹕	1063
身		軀	1066
車		轉	1068
		轆	1076
		轊	1076
辵		邇	1105
		邃	1105
		邈	1106
		邊	1106
邑		鄺	1113
酉		醬	1118
		醨	1118
		醪	1118
里		釐	1123
金		鎰	1139
		鎧	1139
		鎝	1139
		鎬	1139
	ジ	鎖	1139
		鎖	1139
		鎡	1139
		鎗	1139
		鎪	1139
	ジ	鎮	1139
		鎭	1139
		鎚	1140
		鎛	1140
		鎲	1140
		鎔	1140
	ナ	鎌	1140
		鎌	1140
		鎹	1140
		鎺	1140
門		闓	1154
		闕	1154
		闌	1154
		闔	1154
		闖	1155
		闐	1155
	ジ	闘	1155
		闒	1155
阜		隳	1169
隹		雜	1172
		雚	1173
		雞	1174
		雟	1174
	ナ	雛	1174
	キ	難	1174
		雝	1174
		雘	1174
雨		霣	1181
		霡	1181
		霤	1181
革		鞨	1189
		鞫	1189
		鞬	1189
		鞦	1189
		鞣	1189
		鞮	1189
		鞭	1189
韋		韙	1191
		韗	1191
頁	キ	額	1199
		顎	1199
	キ	顔	1199
		顏	1199
		顋	1200
	ジ	顕	1200
		顒	1200
		顓	1200
		顗	1200
	キ	題	1200
	キ	類	1201
風		颸	1205
		颺	1205
食		餲	1212
		餫	1212
		餬	1212
		餱	1212
		餮	1212
		餳	1212
		餴	1212
香		馥	1216
馬	ジ	騎	1222
		騏	1222
	キ	験	1222
		騅	1223
	ジ	騒	1223
		騑	1223
		騈	1223
		騋	1223
		騄	1223
骨		髁	1227
		髀	1228
		骿	1228
髟		鬈	1233
		鬆	1233
		鬃	1233
		鬄	1233
鬥		鬩	1234
鬲		鬵	1236
鬼		魌	1238
		魏	1238

総画索引

		魋	1238
		魍	1238
		魎	1238
魚		鯇	1242
		鯁	1242
		鯀	1243
		鯊	1243
		鮹	1243
		鮸	1243
		鯆	1243
		鯈	1243
	ナ	鯉	1243
		鯏	1243
		鯎	1243
		鯑	1243
		鯒	1243
		鯐	1243
鳥		鵝	1253
		鵞	1253
		鵟	1253
		鵙	1253
		鵑	1253
		鵠	1253
		鵔	1253
		鵜	1253
		鵐	1253
		鵓	1253
		鵤	1254
		鵥	1254
鹿		麏	1261
		麌	1261
麻	ナ	麿	1265
		麿	1265
黑		黟	1269
		黠	1269
黽		鼂	1271
鼓		鼕	1273
鼠		鼪	1273
		鼫	1273
		鼦	1274
		鼬	1274
鼻		鼽	1274
齒		齕	1276
韋		韓	1191

【19画】

人		儳	104
口		嚥	217
		嚮	217
		嚚	217
		嚭	218
		嚬	218
土		壞	244
		壜	246
		壚	246
		壟	246
女		嬾	289
子		孼	295
宀		寵	312
		寶	312
广		龐	364
		廬	364
瓜		瓣	367
心		懲	409
忄		懷	424
		懵	425
		懶	425
手		攀	436
		擧	436
扌		攈	469
		攏	469
方		旝	490
		旟	490
日		曠	516
		曝	517
月	キ	臓	536
		臘	536
木		櫞	585
		檻	585
		櫜	585
		櫛	585
		櫝	585
		櫑	585
		櫟	585
		櫚	586
		櫓	586
		櫲	586
欠		歠	591
歹		殲	600
氵		瀧	665
		瀛	676
		瀠	676
		瀚	676
		瀞	676
		濳	676
		瀦	676
		瀕	676
	ジ	瀬	676
		瀨	676
		瀝	676
		濾	677
火		爍	688
	ジ	爆	688
灬		爇	697
片		牘	701
牛		犢	705
犬		獸	707
犭		獺	715
玉	ジ	璽	729
瓦		甖	732
田		疆	742
		疇	742
疒		癡	747
皿		盬	761
目		矉	771
		矇	771
矢		矱	775
石		礚	784
		礙	784
示		禰	793
		禱	793
禾		穩	803
		穫	804
		穧	805
竹		簷	829
		簳	829
		簫	829
		簽	829
		籀	829
		簸	830
	ジ	簿	830
		簿	830
		簾	830
		簶	830
糸		繪	850
		繩	863
		繭	870
		繹	871
		繫	871
		繳	872
		繡	872
	ジ	繰	872
缶		罋	875
罒		羆	878
		羃	878
	ジ	羅	878
羊		羹	882
		羶	882
		羸	882
羽		翽	887
		翾	887
舟		艤	908
		艢	909
色	ナ	艶	911
艸		藝	915
		藏	946
		藥	950
		藕	951
		藪	951
		藤	951
		藩	952
		藍	952
		藟	952
		藜	952
	ジ	藻	953
	ナ	蘭	954
虫		蟹	970
		蠏	971
		蟩	971
		蟻	971
		蠁	971
		蠋	971
		蟾	971
		蟺	971
		蠆	971
		蟶	971
		蟷	971
		蟒	971
		蠅	971
		蠃	971
衣		襞	979
衤		襦	987
襾		覈	990
	ジ	覇	990
		覇	990
見		覶	995
角		觶	998
言		證	1005
		譁	1026
		譌	1026
		譆	1026
		譏	1026
	キ	警	1026
		譎	1027
	キ	識	1027
		譙	1027
		譖	1027
		譛	1027
		譔	1027
		譤	1027
		譚	1027
		譊	1027
	ジ	譜	1028
貝		贊	1044
		贈	1049
		贇	1049
		贋	1049
走		趫	1055
足		蹺	1063
		蹻	1063
		蹶	1063
		蹴	1063
		蹭	1063
		蹲	1063
		蹯	1063
		蹩	1063
		蹼	1063
身		軅	1066
車		轎	1076
		轍	1076
		轔	1076
辛		辭	1077
辵		邊	1080
酉		醯	1119
		醮	1119
		醱	1119
金		鏖	1140
	キ	鏡	1140
		鏁	1141
		鏺	1141
		鏟	1141
		鏨	1141
		鏥	1141
		鏦	1141
		鏘	1141
		鏃	1141
		鏑	1141
		鏜	1141
		鏌	1141
		鏝	1141
		鏞	1141
		鏐	1141
		鏈	1141
		鏤	1141
門		關	1151
		闚	1155
阜		隴	1169
隹		難	1174
	ジ	離	1174
雨		霪	1181
	ジ	霧	1182
非		靡	1186
革		鞳	1190
		鞶	1190
		鞴	1190
韋		韞	1191
		韝	1191
		韜	1191
		韛	1192
韭		韰	1192
		韲	1192
音	ジ	韻	1193
頁		類	1201
	キ	願	1201
		顗	1201
		顡	1201
		顚	1201
		顛	1202
風		颼	1205
		颻	1205
食		饉	1212
		餽	1212
		饁	1212
		餹	1212
		餾	1212
		饂	1212
馬		騢	1223
		騧	1223
		騞	1223
		騤	1223
		騣	1223
		驒	1224
		颿	1224
		驁	1224
		騙	1224
骨	ジ	髄	1228
髟		鬍	1233
		鬋	1233
鬲		鬷	1236
魚		鯣	1243
	ジ	鯨	1243
		鯢	1244
		鯤	1244
		鯔	1244
		鯧	1244
		鯗	1244
		鯖	1244
		鯯	1244
		鯫	1244
		鯵	1244
	ナ	鯛	1244
		鯛	1244
		鯡	1244
		鯥	1244
		鯱	1244
		鯲	1244
		鯰	1244
		𩸽	1244
鳥		鵽	1254
	ジ	鶏	1254
		鶂	1254
		鵶	1254

		鵾	1254
		鵲	1254
		鶉	1255
		鵻	1255
		鵰	1255
		鶇	1255
		鵯	1255
		鵩	1255
	ナ	鵬	1255
		鵬	1255
		鵡	1255
		鵪	1255
		鶍	1255
		鵜	1255
鹵		鹼	1260
鹿		麒	1261
		麛	1262
		麑	1262
	ジ	麗	1262
		麓	1262
麦		麴	1263
黒		儵	1269
黹		黼	1270
黽		鼄	1271
鼓		鼗	1273
		鼕	1273
鼻		齁	1274
齒		齗	1277
		齘	1277
言		譚	1027
足		蹭	1063
【20画】			
黒		黨	110
力		勸	154
口		嚶	218
		嚳	218
土		壤	245
		壢	246
女		孃	288
		孅	289
		孀	289
子		孼	295
宀		寶	301
口		嚴	321
山	ナ	巖	336
		巇	336
		巉	337
广		廳	365
心	ジ	懸	409
忄		懺	425
扌		攖	469
		攓	469
		攙	469
		攘	469
		攔	470
攴		斆	479
日		曦	517
		曨	517
月		臙	536
		臚	536
		朧	536
木		櫱	586
		櫬	586
	ジ	欄	586
		櫪	586
		櫨	586
		櫳	586
氵		瀯	677
		瀟	677
		瀰	677
		瀹	677
		瀾	677
		瀲	677
火		爐	681
牛		犧	705
犬		獻	706
犭		獼	715
玉		瓏	729
疒		癢	749
目		矍	771
石		礦	784
		礬	784
		礧	784
		礪	784
		礫	784
穴		竇	810
立	キ	競	814
竹	ジ	籍	830
		籍	830
		籌	830
		籏	830
米		糯	837
糸		繼	855
		纁	872
		繾	872
		纂	872
		繻	873
		繽	873
		辮	873
		纉	873
缶		罌	875
羽		翿	887
	ナ	耀	887
		耀	887
耳		聹	898
舟		艨	909
艸		藹	952
		蘊	953
		藿	953
		蘄	953
		蘐	953
		蘅	953
		藷	953
		蘂	953
		蘇	953
		蘓	953
		藻	953
		蘀	954
		蘋	954
		藾	954
		藺	954
		蘆	954
		蘢	955
虫		蠑	971
		蠖	971
		蠐	972
		蠕	972
		蠓	972
衣		襭	987
		襮	987
		襪	987
		襤	987
見		覺	993
角		觸	997
言		譯	1003
		譽	1010
		警	1026
	キ	議	1028
	キ	護	1028
	ジ	譲	1028
		譫	1028
		譱	1029
		譟	1029
		譬	1029
貝		贏	1049
		贍	1049
足		躁	1063
		躇	1064
		躅	1064
		躄	1064
身		軆	1066
車		轗	1076
		轘	1076
		轒	1076
邑		酆	1113
酉		醳	1119
		醵	1119
	ジ	醸	1119
		醲	1119
		醴	1119
釆		釋	1120
金		鐚	1141
		鐍	1142
		鏗	1142
	ジ	鐘	1142
		鐫	1142
		鐏	1142
		鐓	1142
		鐔	1142
		鐵	1142
		鐙	1142
		鐃	1142
		鏺	1142
		鐇	1142
		鐐	1143
門		闘	1155
		闞	1155
		闟	1155
		闌	1155
雨		霰	1182
革		鞹	1190
		鞺	1190
韋		韠	1192
音	ジ	響	1193
風		飄	1205
		飃	1205
		飂	1205
食		饉	1212
		饅	1212
香	ナ	馨	1216
馬		騷	1223
		騫	1224
		騵	1224
		騭	1224
		騶	1224
		騸	1224
	ジ	騰	1224
		騰	1224
		騮	1224
骨		髆	1228
髟		鬐	1233
		鬒	1233
魚		鰄	1244
		鰋	1244
		鰛	1244
		鰕	1244
		鰐	1244
		鰔	1245
		鰉	1245
		鰓	1245
		鰌	1245
		鰍	1245
		鰆	1245
		鯽	1245
		鰈	1245
		鯷	1245
		鰒	1245
		鰊	1245
		鰚	1245
		鯹	1245
		鰙	1245
鳥		鶘	1255
		鶚	1255
		鶡	1256
		鶪	1256
		鶩	1256
		鶩	1256
		鶫	1256
鹵		鹹	1260
鹿		麛	1262
麦		麵	1264
黒		黤	1269
		黥	1269
		黧	1269
鼠		鼯	1274
齒		齞	1277
		齚	1277
		齣	1277
		齟	1277
		齠	1277
		齡	1277
氵		灌	677
虫		蠣	972
【21画】			
亠		亹	55
人		儺	104
		儷	104
刂		劘	146
口		嚾	218
		囂	218
		嚼	218
		囁	218
		囃	218
		囀	218
夂		夔	250
尸		屬	326
山		巋	337
		巍	337
广		廱	365
言		辯	367
忄		懽	425
		懼	425
		懾	425
扌		攝	462
		攜	470
文		斕	482
日		曩	517
月		臝	536
木		櫻	557
		欄	586
		櫸	586
		欂	586
		櫺	586
歹		殲	600
氵		灌	677
		灋	677
火		爚	689
		爛	689
玉		瓔	729
瓦		甗	732
疒		癨	749
		癩	749
		癧	749
		癪	749
目		矐	771
		矒	771
		矑	771
石		礮	784
		礱	784
禾		穮	805
穴		竈	810
竹		籑	830
		籖	830
		籔	830
		籐	831
		籃	831
		籥	831
糸		續	856
		纈	873
		纊	873
		纉	873
		纖	873
		纏	873
		纆	873
		繿	873
		纍	873
		纇	873
缶		罍	875
羊		羼	882
耒		耰	893

舟 ジ艦 909
艪 909
艸 蘭 954
蘙 955
蘧 955
蘗 955
蘘 955
蘚 955
蘯 955
蘖 955
蘩 955
蘞 955
蘟 955
虫 蠢 972
蠣 972
蠡 972
蠟 972
血 衊 974
衣 襯 987
言 護 1028
譴 1029
譸 1029
貝 贐 1049
贔 1049
走 趯 1055
足 躋 1064
躊 1064
ジ躍 1064
躍 1064
車 轟 1076
轜 1076
邑 酆 1113
酉 醺 1119
醻 1119
金 鐵 1130
鐶 1143
鐻 1143
鏽 1143
鐸 1143
鐲 1143
鐺 1143
鑁 1143
門 闤 1155
闥 1155
闢 1155
雨 霸 1182
霹 1182
ジ露 1182
面 靧 1187
革 鞾 1190
韇 1190
鞿 1190
韋 韡 1192
頁 ジ顧 1202
顧 1202
顥 1202
顦 1202
風 飆 1205
飛 飜 1206
食 饐 1213
饋 1213
饑 1213
饎 1213
饒 1213
饌 1213
馬 驅 1219
驁 1224
驂 1224
驄 1224
驀 1225
驃 1225
騾 1225
骨 髏 1228
髟 鬖 1233
鬘 1233
鬲 鬺 1236
鬼 魑 1238
ジ魔 1238
魔 1238
魚 鰮 1245
鰥 1245
鰭 1245
鰤 1245
鰣 1246
鰧 1246
鰩 1246
鰯 1246
鰰 1246
鰡 1246
鳥 鷄 1254
鷁 1256
鶯 1256
鷂 1256
ナ鶴 1256
鷊 1257
鶱 1257
鷇 1257
鶻 1257
鶲 1257
鶴 1257
鶬 1257
鷏 1257
鷀 1257
鹵 鹺 1260
鹿 麝 1262
黑 黯 1269
黲 1270
黮 1270
鼓 鼙 1273
鼛 1273
齊 齎 1276
齒 齧 1277
齩 1277
齦 1277
龠 龡 1281

【22画】

人 儼 104
儻 105
口 囈 218
囋 218
囊 218
囎 219
囗 圞 226
女 孋 289
孌 289
子 孿 295
山 巑 337
巓 337
巒 337
弓 彎 374
彡 彲 378
心 懿 409
扌 攢 470
攤 470
月 臞 536
木 權 578
欠 歡 590
毛 氍 607
氵 灑 677
灘 678
灕 678
火 爝 689
田 疊 741
疉 742
疒 癮 749
癭 749
癬 750
石 礴 784
示 禳 793
禾 穰 804
穴 竊 807
立 竸 814
竹 籜 831
籐 831
籟 831
籠 831
籙 831
籢 831
米 糲 837
糵 837
糴 837
糸 纒 873
纑 873
缶 罎 875
罒 羇 878
耳 聽 897
聾 898
舟 艫 909
虫 蠹 972
衣 ジ襲 980
襴 987
襷 987
見 覽 994
覿 995
言 讀 1013
讃 1029
讄 1029
讁 1029
貝 贗 1049
贖 1049
贓 1050
足 躚 1064
躓 1064
躕 1064
躑 1064
躔 1064
躐 1064
車 轞 1076
轡 1076
轢 1076
邑 酇 1113
酈 1113
金 鑄 1134
鑊 1143
鑓 1143
雨 霽 1182
霾 1182
革 韁 1190
韃 1190
音 響 1193
頁 顫 1202
食 饗 1213
饘 1213
饕 1213
饔 1214
馬 驊 1225
ジ驚 1225
驕 1225
驍 1225
驒 1226
驔 1226
骨 髐 1228
髟 鬚 1233
門 鬫 1234
鬲 鬻 1236
魚 鰲 1246
鱆 1246
鰷 1246
鰶 1246
鰺 1246
鰻 1246
鰾 1246
鰱 1246
鰜 1246
鱈 1246
鳥 鷖 1257
鷗 1257
鷙 1257
鷔 1258
鷓 1258
鷕 1258
鹿 麞 1262
黑 黰 1270
黱 1270
鼠 鼷 1274
齒 齬 1277
齪 1277
龍 龕 1280
龔 1280
龠 龢 1281

【23画】

骨 體 75
攴 變 249
山 巖 336
巘 337
心 戀 400
忄 戄 425
手 攣 436
扌 攫 470
攪 470
攩 470
日 曬 517
月 臟 536
木 欑 586
欒 586
欐 586
犭 玃 716
玁 716
玉 瓚 729
疒 癯 750
癰 750
白 皭 756
竹 籧 831
籤 831
籥 831
籢 831
米 糱 838
糸 纖 869
纓 873
纔 874
艸 蘸 955
虀 955
蘼 955
蘿 955
蘺 955
虫 蠲 972
蠱 972
而 䎮 990
言 讌 1029
讍 1029
讎 1029
讐 1029
讋 1029
足 躙 1064
車 轣 1077
轤 1077
辵 邏 1106
邐 1106
酉 醼 1119
金 鑛 1129
ジ鑑 1143
鑒 1143
鑚 1143
鑕 1143
鑠 1143
鑣 1144
鑢 1144
鑞 1144
雨 靁 1182
面 靨 1187
革 韅 1190
韄 1190
頁 顯 1200
食 饜 1214
饛 1214
馬 驛 1218
驗 1222
驚 1225

驖 1226
驘 1226
骨 髓 1228
髑 1228
高 髞 1231
髟 鬠 1233
鬟 1234
魚 鱖 1246
鰹 1246
鱏 1246
鱓 1246
鱒 1246
鱉 1246
鱗 1246
鱠 1247
鱚 1247
鳥 鷚 1258
鷳 1258
鷸 1258
鷲 1258
鷦 1258
鷭 1258
鷩 1258
鷯 1258
鹿 麟 1262
黍 黐 1267
黒 黴 1270
鼠 鼷 1274
齊 齏 1276
齒 齮 1277
齯 1277
齰 1277

【24画】

口 囑 215
囓 219
囍 219
土 壩 246
尸 屭 327
彳 衢 392
氵 灝 678
灞 678
疒 癲 750
目 矗 772
矕 772
糸 纛 874
缶 罐 874
罒 羈 879
色 艷 911
虫 蠶 960
蠹 972
言 讓 1028
讒 1029
讖 1030
讕 1030
貝 贛 1050
身 軈 1066
酉 釀 1119
醽 1119
金 鑪 1144
雨 靈 1180
靄 1182
靃 1182
靆 1182
靂 1183
革 韆 1190
韇 1190
韈 1190
韋 韤 1192
頁 顰 1202
馬 驟 1226
骨 髕 1228
髟 鬢 1234
鬼 魘 1239
魗 1239
魚 鱠 1247
鱟 1247
鱮 1247
鱣 1247
鱧 1247
鱫 1247
鱜 1247
鱰 1247
鱬 1247
鳥 鷾 1258
鸒 1258
鷫 1258
鸇 1258
鸊 1259
鷽 1259
ナ鷹 1259
鷺 1259
鹵 鹼 1260
鹿 ナ麟 1262
黽 鼈 1271
鼻 齅 1274
齒 齷 1278
齲 1278
齶 1278
齵 1278
齳 1278
魚 鱗 1246

【25画】

鹵 鹽 240
广 廳 357
扌 攬 470
木 欛 586
氵 灣 657
目 矙 772
竹 籩 831
籮 831
籬 832
米 糶 838
糸 纘 874
纚 874
肉 臠 900
艸 虆 955
蘒 955
虫 蠻 963
襾 覊 990
見 觀 994
角 觿 998
言 讙 1030
豸 貛 1036
足 躡 1064
酉 釁 1119
釂 1119
金 鑱 1144
鑲 1144
鑰 1144
雨 靉 1183
頁 顱 1202
骨 髖 1228
髟 鬣 1234
門 鬭 1234
魚 鱨 1247
鱭 1247
鱰 1247
鳥 鸎 1259
鸑 1259
鸛 1259
黄 黌 1267
黽 鼉 1271
鼊 1271
齒 齺 1278

【26画】

口 圞 226
木 欝 587
欖 587
毛 氎 607
氵 灩 678
目 矚 772
言 讚 1030
足 躧 1065
酉 釃 1119
金 鑵 1144
鑷 1144
頁 龥 1202
食 饞 1214
饟 1214
馬 驢 1226
驥 1226
門 鬮 1234
魚 鱶 1247
鱵 1247
鱲 1247
黒 黶 1270

【27画】

言 讞 1030
讜 1030
豸 貜 1036
足 躩 1065
躪 1065
酉 釅 1120
金 鑽 1144
鑼 1144
鑾 1144
雨 靍 1183
頁 顴 1202
顳 1202
馬 驤 1226
魚 鱺 1248
鱸 1248
鳥 鸕 1259
黒 黷 1270

【28画】

心 戇 409
木 欟 587
糸 纜 874
豆 豔 1032
金 钁 1144
鑿 1144
隹 雧 1175
馬 驩 1226
鳥 鸚 1259

【29画】

火 爨 689
雨 靏 1183
馬 驪 1226
鬯 鬱 1234
鳥 鸛 1259

【30画】

革 韉 1190
馬 驫 1226
鳥 鸞 1259
鸝 1260

【32画】

竹 籲 832

【33画】

鹿 麤 1263

総画索引

「表外漢字字体表」掲載漢字一覧

I 「前文」よりの抜粋

（前略）

本答申として示す「表外漢字字体表」は，一般の社会生活において，表外漢字を使用する場合の「字体選択のよりどころ」となることを目指して，次のような基本方針に基づいて作成したものである。

> 現実の印刷文字の使用状況について分析・整理し，表外漢字の字体に関する基本的な考え方を提示するとともに，併せて印刷標準字体を示す。印刷標準字体とは，印刷文字における標準字体であることを明示するために用いた名称である。
>
> なお，この字体表は，手書き文字を対象とするものではない。

（中略）

1　表外漢字の字体に関する基本的な認識

（1）従来の漢字施策と表外漢字の字体問題

（前略）ワープロ等の急速な普及によって，表外漢字が簡単に打ち出せるようになり，常用漢字表制定時の予想をはるかに超えて，表外漢字の使用が日常化した。そこに，昭和58（1983）年のJIS規格の改正による字体の変更，すなわち，鴎（←鷗），祷（←禱），涜（←瀆）のような略字体が一部採用され，括弧内の字体がワープロ等から打ち出せないという状況が重なった。この結果，一般の書籍類で用いられている字体とワープロ等で用いられている字体との間に字体上の不整合が生じた。（中略）

上述のような状況の下で，表外漢字の字体が問題とされるようになったが，この問題は，①一般の書籍類や教科書などで用いられている「鷗」や「瀆」がワープロ等から打ち出せないこと，②仮に「鴎」と「鷗」の両字体を打ち出すことができたとしても，どちらの字体を標準と考えるべきかの「字体のよりどころ」がないこと，の2点にまとめられる。（中略）現時点で，国語審議会が表外漢字字体表を作成したのは，この問題が既に一般の文字生活に大きな影響を与えているだけでなく，今後予想される情報機器の一層の普及によって，表外漢字における標準字体確立の必要性がますます増大すると判断したためである。

（２）表外漢字字体表作成に当たっての基本的な考え方

今回作成した表外漢字字体表は，（１）で述べたような一部の印刷文字字体に見られる字体上の問題を解決するために，常用漢字表の制定時に見送られた「法令，公用文書，新聞，雑誌，放送等，一般の社会生活において，表外漢字を使用する場合の字体選択のよりどころ」を示そうとするものである。

この字体表には，印刷標準字体と簡易慣用字体の２字体を示した。印刷標準字体には，「明治以来，活字字体として最も普通に用いられてきた印刷文字字体であって，かつ，現在においても常用漢字の字体に準じた略字体以上に高い頻度で用いられている印刷文字字体」及び「明治以来，活字字体として，康熙（き）字典における正字体と同程度か，それ以上に用いられてきた俗字体や略字体などで，現在も康熙字典の正字体以上に使用頻度が高いと判断される印刷文字字体」を位置付けた。これらは康熙字典に掲げる字体そのものではないが，康熙字典を典拠として作られてきた明治以来の活字字体（以下「いわゆる康熙字典体」という。）につながるものである。また，簡易慣用字体には，印刷標準字体とされた少数の俗字体•略字体等は除いて，現行のJIS規格や新聞など，現実の文字生活で使用されている俗字体・略字体等の中から，使用習慣・使用頻度等を勘案し，印刷標準字体と入れ替えて使用しても基本的には支障ないと判断し得る印刷文字字体を位置付けた。ここで，略字体等とは，筆写の際に用いられる種々の略字や筆写字形のことではなく，主として常用漢字の字体に準じて作られた印刷文字字体のことである。ただし，例えば,常用漢字の「歩」に合わせて表外漢字の「捗」を「捗」としたような略字体でないものも含まれている。(中略)

表外漢字字体表は，次に示す２回の頻度数調査の結果に基づき，現実の文字使用の実態を踏まえて作成したものである。すなわち，第１回は，凸版印刷・大日本印刷•共同印刷による『漢字出現頻度数調査』(平成９年，文化庁，調査対象漢字総数は３社合計で37,509,482字）であり，第２回は，凸版印刷・読売新聞による『漢字出現頻度数調査（２）』(平成12年，文化庁，調査対象漢字総数は凸版印刷33,301,934字，読売新聞25,310,226字）である。(中略）この２回の調査で明らかになったことは，一般の人々の文字生活において大きな役割を果たしている書籍類の漢字使用の実態として，字体に関しては，主として，常用漢字及び人名用漢字においてはその字体が，人名用漢字以外の表外漢字においてはいわゆる康熙字典体が用いられていることである。(中略）表外漢字については，常用漢字の字体に準じた略字体等が現時点でどの程度用いられているかを見たが，その種類はそれほど多くなく，かつ一般に使用頻度も低かった。(中略)

このような文字使用の実態の中で，表外漢字に常用漢字に準じた略体化を及ぼすという方針を国語審議会が採った場合，結果として，新たな略字体を増やすことになり，印刷文字の使用に大きな混乱を生じさせることになる。国語審議会は，上述の表外漢字字体の使用実態を踏まえ，この実態を混乱させないことを最優先に考えた。この結果，表外漢字字体表では，漢字字体の扱いが，当用漢字字体表及び常用漢字表で略字体を採用してきた従来の施策と異なるものとなっている。(後略)

2　表外漢字字体表の性格

(1) 表外漢字字体表の作成目的及び適用範囲

表外漢字字体表は，法令，公用文書，新聞，雑誌，放送等，一般の社会生活において表外漢字を使用する場合の字体選択のよりどころを，印刷文字（情報機器の画面上で使用される文字や字幕で使用される文字などのうち，印刷文字に準じて考えることのできる文字を含む。）を対象として示すものである。

この字体表では，常用漢字とともに使われることが比較的多いと考えられる表外漢字（1022字）を特定し，その範囲に限って，印刷標準字体を示した。また，そのうちの22字については，簡易慣用字体を併せて示した。(中略)

表外漢字の使用に際しては，印刷標準字体を優先的に用いることを原則とするが，必要に応じて，印刷標準字体に替えて簡易慣用字体を用いることは差し支えない。簡易慣用字体を用いるかどうかについては，個々の事情や状況を勘案した上で，個別に判断すべき事柄と考える。

なお，この字体表の適用は，芸術その他の各種専門分野や個々人の漢字使用にまで及ぶものではなく，従来の文献などに用いられている字体を否定するものでもない。また，現に地名・人名などの固有名詞に用いられている字体にまで及ぶものでもない。

(2) 対象とする表外漢字の選定について

常用漢字及び常用漢字の異体字は対象外としてあるが，常用漢字の異体字であっても「阪（坂）」や「堺（界）」などは対象漢字とした。これらは使用頻度も高く，既に括弧内の常用漢字とは別字意識が生じていると判断されることを重視して対象漢字として残したものである。(中略) 人名用漢字についても，常用漢字と同様に対象外とした。

その上で，前述の2回の漢字出現頻度数調査の結果から，日常生活の中で目に

する機会の比較的多い，使用頻度の高い表外漢字を対象漢字として取り上げた。(中略)

なお，表外漢字字体表に示されていない表外漢字の字体については，基本的に印刷文字としては従来，漢和辞典等で正字体としてきた字体によることを原則とする。これは，常用漢字の字体に準じた略体化を及ぼすことで新たな異体字を作り出すことに対して，十分慎重にすべきであるという趣旨である。(後略)

II　掲載漢字一覧

《編集部注》

(1)　この一覧表は，「表外漢字字体表」の「字体表」に掲載された印刷標準字体と簡易慣用字体とを一覧できるようにしたものである。

(2)　配列は，おおむね「表外漢字字体表」の「字体表」に従った。ただし，簡易慣用字体は，(　) に入れて，印刷標準字体のすぐ後に置いた。

(3)　「表外漢字字体表」の「字体表」には，１字につき１種の音訓が掲げられている。この一覧表では，それを見出し字のすぐ右に示した。

(4)　音訓の右側に記した数字は，本辞典の親字番号である。ただし，その字体そのものが本辞典で親字として立項されていない場合は，その字の異体字の親字番号を (　) に入れて記してある。

(5)　冒頭に「表外漢字字体表」の〔字体表の見方〕の抜粋を掲げた。

〔字体表の見方〕(抜粋)

1　この表は，常用漢字とともに使われることが比較的多いと考えられる表外漢字（1022字）について，その印刷標準字体を示すものである。1022字のうち22字については，併せて簡易慣用字体を示した。

2　字種は字音によって五十音順に並べることを原則とした。同音の場合は，おおむね字画の少ないものを先にし，字音のないものは字訓によった。また，字音は片仮名，字訓は平仮名で示した。(後略)

5　３部首（しんにゅう／しめすへん／しょくへん）については，印刷標準字体として「⻍／示／飠」の字形を示してあるが，現に印刷文字として「⻌／⺭／𩙿」の字形を用いている場合においては，これを印刷標準字体の字形に変更することを求めるものではない。(後略)

6　「くさかんむり」については，明治以来の明朝体字形に従い，「３画くさかんむり（⺿）」を印刷標準字体と考える。(後略)

（３，４，７，８は省略）

啞	ア	974
(唖)		949
蛙	ア	6744
鴉	ア	9136
挨	アイ	2663
埃	アイ	1239
曖	アイ	3099
靄	アイ	8524
軋	アツ	7628
斡	アツ	2928
按	アン	2641
庵	アン	2000
鞍	アン	8565
闇	アン	8333
已	イ	1900
夷	イ	1406
畏	イ	4807
韋	イ	(8598)
萎	イ	(6388)
帷	イ	1939
椅	イ	3496
葦	イ	(6440)
彙	イ	2104
飴	イ	8728
謂	イ	7237
閾	イキ	8328
溢	イツ	4180
鰯	いわし	9087
尹	イン	1738
咽	イン	921
殷	イン	3835
淫	イン	4069
隕	イン	8425
蔭	イン	(6527)
于	ウ	76
迂	ウ	7725
盂	ウ	4987
烏	ウ	4462
鬱	ウツ	8966
云	ウン	78
暈	ウン	3066
穢	エ	5388
曳	エイ	2972
洩	エイ	4011
裔	エイ	6917
穎	エイ	5371
(頴)		8651
翳	エイ	6061
嬰	エイ	1580
腋	エキ	3206
曰	エツ	2968
宛	エン	1629
奄	エン	1409
怨	エン	2202
俺	エン	274
袁	エン	6902
冤	エン	492
焉	エン	4466
婉	エン	1516
淵	エン	4129
堰	エン	1269
焰	エン	4386
筵	エン	5511
厭	エン	794
鳶	エン	9132
燕	エン	4488
閻	エン	8329
嚥	エン	1129
嗚	オ	1039
凰	オウ	538
嘔	オウ	1059
鴨	オウ	9147
襖	オウ	7017
甕	オウ	4779
謳	オウ	7285
鶯	オウ	9208
鷗	オウ	9222
(鴎)		9137
鸚	オウ	9247
臆	オク	3261
俤	おもかげ	270
瓜	カ	4753
苛	カ	(6274)
呵	カ	892
迦	カ	7748
珂	カ	4659
訛	カ	7110
訶	カ	7126
跏	カ	7500
嘩	カ	(1078)
瑕	カ	4709
窩	カ	5420
榎	カ	3597
蝦	カ	6803
蝸	カ	6805
顆	カ	8659
鍋	カ	8195
牙	ガ	4518
瓦	ガ	4756
臥	ガ	7045
俄	ガ	244
峨	ガ	1814
訝	ガ	7111
衙	ガ	2168
蛾	ガ	6760
駕	ガ	8818
芥	カイ	(6237)
乖	カイ	52
廻	カイ	2041
恢	カイ	2335
徊	カイ	2142
晦	カイ	3034
堺	カイ	1271
潰	カイ	4253
鞋	カイ	8564
諧	カイ	7238
檜	カイ	3708
蟹	カイ	6863
咳	ガイ	923
崖	ガイ	1825
蓋	ガイ	(6486)
漑	ガイ	(4221)
骸	ガイ	8905
鎧	ガイ	8216
喀	カク	1008
摑	カク	2792
廓	カク	2017
攪	カク	2872
(撹)		2806
萼	ガク	(6445)
愕	ガク	2401
諤	ガク	7239
顎	ガク	8666
鰐	ガク	9065
樫	かし	3700

絣	かすり	5783	灌	カン	(4344)	麴	キク	9286	怯	キョウ	2316	窟	クツ	5418
葛	カツ	(6446)	玩	ガン	4656	(麹)		9287	俠	キョウ	247	粂	くめ	5639
筈	カツ	5494	雁	ガン	8454	吃	キツ	847	脇	キョウ	3170	偈	ゲ	325
闊	カツ	8336	翫	ガン	6054	屹	キツ	1781	莢	キョウ	(6364)	荊	ケイ	(6321)
鰹	かつお	9101	頷	ガン	8652	拮	キツ	2645	竟	キョウ	5445	珪	ケイ	4670
萱	かや	(6452)	癌	ガン	4927	謔	ギャク	7242	卿	キョウ	(778)	頃	ケイ	8626
奸	カン	1440	贋	ガン	7461	仇	キュウ	118	僑	キョウ	376	脛	ケイ	3189
串	カン	33	几	キ	527	臼	キュウ	6156	蕎	キョウ	(6562)	畦	ケイ	4828
旱	カン	2979	卉	キ	745	汲	キュウ	3918	嬌	キョウ	1570	痙	ケイ	4884
函	カン	548	其	キ	463	灸	キュウ	4357	鋏	キョウ	8148	詣	ケイ	7156
姦	カン	1482	祁	キ	5234	咎	キュウ	895	頰	キョウ	8653	禊	ケイ	5284
咸	カン	926	耆	キ	6076	邱	キュウ	7924	橿	キョウ	3711	閨	ケイ	8318
竿	カン	5464	埼	キ	1251	柩	キュウ	3370	疆	キョウ	4849	稽	ケイ	5362
柑	カン	3367	悸	キ	2373	笈	キュウ	5466	饗	キョウ	(8785)	頸	ケイ	8654
宦	カン	1649	揆	キ	2749	躬	キュウ	7612	棘	キョク	3504	髻	ケイ	8940
桓	カン	3422	毀	キ	3841	嗅	キュウ	1041	髷	キョク	8939	鮭	ケイ	9018
悍	カン	2356	箕	キ	5531	厩	キュウ	(2018)	巾	キン	1911	蹊	ケイ	7560
菅	カン	(6393)	畿	キ	4847	舅	キュウ	6165	僅	キン	356	繫	ケイ	5930
涵	カン	4079	窺	キ	5427	炬	キョ	(4367)	禽	キン	5308	睨	ゲイ	5064
嵌	カン	1847	諱	キ	(7241)	渠	キョ	(4136)	饉	キン	8777	戟	ゲキ	2504
鉗	カン	8107	徽	キ	5897	裾	キョ	6985	狗	ク	4572	隙	ゲキ	8430
澗	カン	(4254)	櫃	キ	3724	嘘	キョ	1085	惧	ク	2374	抉	ケツ	2579
諫	カン	7240	妓	ギ	1447	墟	キョ	1329	軀	ク	7623	頁	ケツ	8625
翰	カン	6060	祇	ギ	5242	鋸	キョ	8170	懼	ク	2485	訣	ケツ	7115
瞰	カン	5087	魏	ギ	8983	遽	キョ	7901	俱	グ	278	蕨	ケツ	(6565)
韓	カン	(8602)	蟻	ギ	6866	欅	キョ	3748	寓	グウ	1669	妍	ケン	1484
檻	カン	3732	掬	キク	2695	匈	キョウ	704	喰	くう	1023	倦	ケン	284

虔	ケン	6684
牽	ケン	4533
捲	ケン	2701
喧	ケン	1019
硯	ケン	5157
腱	ケン	3221
鍵	ケン	8200
瞼	ケン	5097
鹼	ケン	9255
(鹸)		9252
呟	ゲン	897
眩	ゲン	5036
舷	ゲン	6188
諺	ゲン	7245
乎	コ	48
股	コ	3130
狐	コ	4573
姑	コ	1462
袴	コ	6965
涸	コ	4085
菰	コ	(6403)
壺	コ	1375
跨	コ	7517
糊	コ	5671
醐	ゴ	8032
齬	ゴ	9387
勾	コウ	696
亢	コウ	91
尻	コウ	1740
叩	コウ	826
肛	コウ	3119
吼	コウ	873
岡	コウ	1793
肴	コウ	3131
杭	コウ	3331
庚	コウ	1989
咬	コウ	930
恰	コウ	2344
垢	コウ	1230
巷	コウ	1908
恍	コウ	2345
狡	コウ	4583
胱	コウ	3172
桁	コウ	3432
梗	コウ	3464
崗	コウ	1833
腔	コウ	3209
喉	コウ	1022
蛤	コウ	6752
幌	コウ	1949
鉤	コウ	8110
煌	コウ	4406
膏	コウ	3238
睾	コウ	5992
閤	コウ	8319
敲	コウ	2907
膠	コウ	3247
縞	コウ	5875
薨	コウ	(6595)
篝	コウ	5562
藁	コウ	(6625)
糠	コウ	5685
鮫	コウ	9019
壙	コウ	1358
曠	コウ	3107
劫	ゴウ	648
毫	ゴウ	3859
傲	ゴウ	360
壕	ゴウ	1356
濠	ゴウ	4305
嚙	ゴウ	1126
(噛)		1088
轟	ゴウ	7699
剋	コク	599
哭	コク	960
鵠	コク	9174
乞	コツ	59
忽	コツ	2196
惚	コツ	2378
昏	コン	2991
痕	コン	4879
渾	コン	4142
褌	コン	6994
叉	サ	803
些	サ	88
蓑	サ	(6490)
嗟	サ	1046
磋	サ	5196
坐	ザ	1202
挫	ザ	2670
柴	サイ	3436
晒	サイ	3025
砦	サイ	5154
犀	サイ	4538
賽	サイ	7451
鰓	サイ	9068
榊	さかき	3640
柵	サク	3379
炸	サク	4370
窄	サク	5405
簀	サク	5577
刹	サツ	596
拶	サツ	2652
紮	サツ	5744
撒	サツ	2810
薩	サツ	(6626)
珊	サン	4661
餐	サン	8746
簒	サン	5936
霰	サン	8517
讃	サン	7320
攢	サン	2869
斬	ザン	2933
懺	ザン	2483
仔	シ	132
此	シ	3793
弛	シ	2072
址	シ	1203
祀	シ	5236
柿	シ	3381
茨	シ	(6327)
屍	シ	1753
屎	シ	1754
舐	シ	6169
砥	シ	5143
祠	シ	5250
恣	シ	2217
翅	シ	6036
疵	シ	4880
趾	シ	7497
覗	シ	7056
斯	シ	2937
獅	シ	4624
嗜	シ	1048
滓	シ	4192

摯	シ	2550
幟	シ	1956
髭	シ	8941
熾	シ	4426
嘴	シ	1113
贄	シ	7456
而	ジ	6082
峙	ジ	1811
痔	ジ	4881
餌	ジ	8738
竺	ジク	5462
雫	しずく	8486
叱	シツ	832
悉	シツ	2230
蛭	シツ	6753
嫉	シツ	1549
膝	シツ	3248
櫛	シツ	(3734)
洒	シャ	4002
柘	シャ	3385
這	シャ	7787
娑	シャ	1502
奢	シャ	1429
闍	ジャ	8339
灼	シャク	4359
杓	シャク	3311
綽	シャク	5811
錫	シャク	8177
雀	ジャク	8453
惹	ジャク	(2249)
娶	シュ	1520
腫	シュ	3223
諏	シュ	7208
鬚	シュ	8954
呪	ジュ	902
竪	ジュ	5456
聚	ジュ	6116
綬	ジュ	5812
濡	ジュ	4306
襦	ジュ	7024
帚	シュウ	1920
酋	シュウ	7993
袖	シュウ	6953
羞	シュウ	6015
葺	シュウ	(6459)
蒐	シュウ	(6496)
箒	シュウ	5540
輯	シュウ	7674
鍬	シュウ	8203
蹴	シュウ	7586
繡	シュウ	5932
(繍)		5900
鷲	シュウ	9230
讐	シュウ	7326
廿	ジュウ	742
揉	ジュウ	2752
絨	ジュウ	5776
粥	シュク	5655
戌	シュツ	2493
閏	ジュン	8307
馴	ジュン	8803
楯	ジュン	3564
杵	ショ	3335
薯	ショ	(6628)
藷	ショ	(6650)
汝	ジョ	3906
抒	ジョ	2582
鋤	ジョ	8153
妾	ショウ	1468
哨	ショウ	962
秤	ショウ	5328
娼	ショウ	1522
逍	ショウ	7790
鈔	ショウ	8094
廂	ショウ	2005
竦	ショウ	5450
椒	ショウ	3513
湘	ショウ	4151
睫	ショウ	5065
鉦	ショウ	8115
蛸	ショウ	6769
裳	ショウ	6925
摺	ショウ	2797
誦	ショウ	7188
蔣	ショウ	(6535)
(蒋)		(6498)
漿	ショウ	3894
鞘	ショウ	8569
踵	ショウ	7551
篠	ショウ	5580
蕭	ショウ	(6598)
鍾	ショウ	8204
聳	ショウ	6124
醬	ショウ	8041
(醤)		8040
囁	ショウ	1139
杖	ジョウ	3314
茸	ジョウ	(6332)
嘗	ジョウ	1070
擾	ジョウ	2854
攘	ジョウ	2866
饒	ジョウ	8783
拭	ショク	2657
埴	ショク	1256
蜀	ショク	6766
蝕	ショク	6811
燭	ショク	4442
褥	ジョク	7004
芯	シン	(6252)
沁	シン	3925
呻	シン	907
疹	シン	4871
宸	シン	1654
蜃	シン	6767
滲	シン	4234
賑	シン	7428
鍼	シン	8205
壬	ジン	1365
訊	ジン	7105
腎	ジン	3224
靱	ジン	8547
塵	ジン	1319
儘	ジン	405
笥	ス	5478
祟	スイ	5256
誰	スイ	7215
膵	スイ	(3260)
錐	スイ	8181
雖	スイ	8471
隋	ズイ	8417
隧	ズイ	8439
皺	スウ	4985
趨	スウ	7490
鄒	スウ	6253
鮨	すし	9020

丼	セイ	82
凄	セイ	514
栖	セイ	3441
菁	セイ	7406
棲	セイ	3518
甥	セイ	4790
蜻	セイ	6785
醒	セイ	8034
錆	セイ	8182
臍	セイ	3274
鯖	セイ	9048
瀞	セイ	4330
脆	ゼイ	3176
贅	ゼイ	7457
脊	セキ	3177
戚	セキ	2502
晰	セキ	(3056)
蹟	セキ	7577
泄	セツ	3963
屑	セツ	1758
浙	セツ	4041
啜	セツ	997
楔	セツ	3565
截	セツ	2509
尖	セン	1716
苫	セン	(6288)
穿	セン	5401
閃	セン	8297
陝	セン	8392
釧	セン	8085
揃	セン	2755
詮	セン	7168
煎	セン	4477
羨	セン	6022
腺	セン	3235
煽	セン	4418
箋	セン	5538
撰	セン	2812
賤	セン	7437
箭	セン	5554
蟬	セン	6859
癬	セン	4946
喘	ゼン	1028
膳	ゼン	3255
狙	ソ	4576
疽	ソ	4872
疏	ソ	4853
甦	ソ	4791
鼠	ソ	9349
楚	ソ	3566
遡	ソ	7870
蘇	ソ	(6652)
齟	ソ	9380
爪	ソウ	4492
宋	ソウ	1627
炒	ソウ	4363
蚤	ソウ	6719
叟	ソウ	818
曾	ソウ	3058
(曽)		3041
湊	ソウ	4157
葱	ソウ	(6464)
搔	ソウ	2781
(掻)		2717
槍	ソウ	3621
漕	ソウ	4237
箏	ソウ	5539
瘦	ソウ	4918
(痩)		4887
瘡	ソウ	4917
噌	ソウ	1094
踪	ソウ	7542
薔	ソウ	(6597)
艘	ソウ	6200
甑	ソウ	4778
叢	ソウ	820
藪	ソウ	(6635)
躁	ソウ	7592
囃	ソウ	1140
竈	ソウ	5436
鰺	ソウ	9094
仄	ソク	780
捉	ソク	2678
塞	ソク	1300
粟	ゾク	5657
杣	そま	3324
遜	ソン	7871
噂	ソン	1095
樽	ソン	3690
鱒	ソン	9104
侘	タ	228
咤	タ	943
詫	タ	7170
陀	ダ	8373
荼	ダ	(6373)
拿	ダ	2543
唾	ダ	991
舵	ダ	6192
楕	ダ	3569
驒	ダ	8890
苔	タイ	(6290)
殆	タイ	3809
堆	タイ	1260
碓	タイ	5169
腿	タイ	3239
頽	タイ	(8655)
戴	タイ	2514
醍	ダイ	8035
托	タク	2574
鐸	タク	8269
凧	たこ	532
襷	たすき	7031
燵	タツ	4445
坦	タン	1215
疸	タン	4873
眈	タン	6107
蛋	タン	6736
啖	タン	993
毯	タン	3862
湛	タン	4159
痰	タン	4900
綻	タン	5823
歎	タン	3785
憚	タン	2457
簞	タン	5597
譚	タン	(7306)
灘	タン	4347
馳	チ	8806
雉	チ	8464
蜘	チ	6788
緻	チ	5886
筑	チク	(5504)
膣	チツ	3249
肘	チュウ	3123
冑	チュウ	484

紐	チュウ	5727
酎	チュウ	7999
厨	チュウ	792
註	チュウ	7140
蛛	チュウ	6754
誅	チュウ	7171
疇	チュウ	4850
躊	チュウ	7597
佇	チョ	190
楮	チョ	3571
箸	チョ	5556
儲	チョ	416
瀦	チョ	4332
躇	チョ	(7593)
吊	チョウ	856
帖	チョウ	1922
貼	チョウ	7409
喋	チョウ	1030
牒	チョウ	4513
趙	チョウ	7488
銚	チョウ	8140
嘲	チョウ	1098
諜	チョウ	7253
寵	チョウ	1690
捗	チョク	2680
枕	チン	3344
槌	ツイ	3622
鎚	ツイ	8226
辻	つじ	7723
剃	テイ	606
釘	テイ	8073
挺	テイ	2681
梯	テイ	3476
掟	テイ	2720
逞	テイ	(7803)
啼	テイ	1031
鼎	テイ	9338
碇	テイ	5170
綴	テイ	5825
鄭	テイ	7979
諦	テイ	7254
蹄	テイ	7556
薙	テイ	(6607)
鵜	テイ	9176
荻	テキ	(6372)
擢	テキ	2848
溺	デキ	4204
姪	テツ	1492
轍	テツ	7694
辿	テン	7734
唸	テン	998
塡	テン	1304
篆	テン	5557
顚	テン	8681
纏	テン	5945
囀	テン	1141
佃	デン	193
淀	デン	4113
澱	デン	4294
臀	デン	3267
兎	ト	437
妬	ト	1472
兜	ト	449
堵	ト	1282
屠	ト	1764
賭	ト	7447
宕	トウ	1637
沓	トウ	3887
疼	トウ	4874
套	トウ	1424
逗	トウ	7809
萄	トウ	(6423)
淘	トウ	4115
棹	トウ	3526
桶	トウ	3479
樋	トウ	3666
鄧	トウ	7980
蕩	トウ	(6579)
橙	トウ	3694
濤	トウ	4313
櫂	トウ	3726
檮	トウ	3725
禱	トウ	5302
(祷)		5274
撞	ドウ	2817
禿	トク	438
瀆	トク	4320
栃	とち	3409
咄	トツ	911
沌	トン	3933
頓	トン	8637
遁	トン	7853
呑	ドン	(883)
貪	ドン	7397
邇	ニ	7907
匂	におう	698
韮	にら	(6450)
涅	ネ	4045
禰	ネ	5300
捏	ネツ	2682
捻	ネン	2725
撚	ネン	2819
膿	ノウ	3268
囊	ノウ	1144
杷	ハ	3347
爬	ハ	4493
琶	ハ	4703
頗	ハ	8641
播	ハ	2820
芭	バ	(6256)
罵	バ	5994
蟇	バ	(6848)
胚	ハイ	3161
徘	ハイ	2160
牌	ハイ	4512
稗	ハイ	5353
狽	バイ	4592
煤	バイ	4408
帛	ハク	1924
柏	ハク	3398
剝	ハク	619
粕	ハク	5651
箔	ハク	5543
莫	バク	(6377)
駁	バク	8816
瀑	バク	4321
曝	バク	3108
畠	はたけ	4825
捌	ハツ	2683
撥	ハツ	2821
潑	ハツ	4279
醱	ハツ	8046
跋	バツ	7510
筏	バツ	5508
噺	はなし	1118

氾	ハン	3898
汎	ハン	3909
阪	ハン	8366
叛	ハン	817
袢	ハン	6959
絆	ハン	5758
斑	ハン	2917
槃	ハン	3626
幡	ハン	1958
攀	ハン	2557
挽	バン	2684
磐	バン	5199
蕃	バン	(6580)
庇	ヒ	1988
屁	ヒ	1746
砒	ヒ	5140
脾	ヒ	3215
痺	ヒ	4904
鄙	ヒ	7973
誹	ヒ	7230
臂	ヒ	3269
枇	ビ	3351
毘	ビ	4813
梶	ビ	3483
琵	ビ	4705
媚	ビ	1539
薇	ビ	(6610)
靡	ビ	8538
疋	ヒツ	4852
畢	ヒツ	4830
逼	ヒツ	7854
謬	ビュウ	7290
豹	ヒョウ	7368
憑	ヒョウ	2286
瓢	ヒョウ	4755
屛	ビョウ	1760
(屏)		1755
廟	ビョウ	2027
牝	ヒン	4521
瀕	ヒン	4333
憫	ビン	2459
鬢	ビン	8957
阜	フ	8357
斧	フ	2931
訃	フ	7097
釜	フ	8076
俯	フ	308
腑	フ	3217
孵	フ	1611
鮒	フ	9010
巫	ブ	1897
葡	ブ	(6469)
撫	ブ	2822
蕪	ブ	(6581)
諷	フウ	7256
祓	フツ	5263
吻	フン	887
扮	フン	2596
焚	フン	4395
糞	フン	5690
幷	ヘイ	1972
(并)		461
聘	ヘイ	6115
餅	ヘイ	8741
蔽	ヘイ	(6582)
斃	ヘイ	2914
袂	ベイ	6949
僻	ヘキ	401
璧	ヘキ	4746
襞	ヘキ	6938
蔑	ベツ	5092
瞥	ベツ	(6549)
扁	ヘン	2527
篇	ヘン	5559
騙	ヘン	8870
娩	ベン	1511
鞭	ベン	8581
哺	ホ	971
圃	ホ	1175
蒲	ホ	(6513)
戊	ボ	2490
牡	ボ	4524
姥	ボ	1494
菩	ボ	(6428)
呆	ホウ	888
彷	ホウ	2129
苞	ホウ	(6304)
庖	ホウ	1993
疱	ホウ	4877
逢	ホウ	7811
捧	ホウ	2730
蜂	ホウ	6773
蓬	ホウ	(6551)
鞄	ホウ	8561
鋒	ホウ	8161
牟	ボウ	4522
芒	ボウ	(6233)
茫	ボウ	(6348)
虻	ボウ	6708
貌	ボウ	7375
膀	ボウ	3241
鉾	ボウ	8143
榜	ボウ	3629
謗	ボウ	7283
吠	ほえる	884
卜	ボク	758
勃	ボツ	665
梵	ボン	3487
昧	マイ	3020
邁	マイ	(7905)
枡	ます	3358
(桝)		(3456)
俣	また	272
迄	まで	7727
沫	マツ	3983
曼	マン	3043
蔓	マン	(6552)
瞞	マン	5086
饅	マン	8778
鬘	マン	8953
鰻	マン	9095
蜜	ミツ	6795
鵡	ム	9196
冥	メイ	495
瞑	メイ	5081
謎	メイ	7284
麵	メン	9288
(麺)		9289
蒙	モウ	(6517)
朦	モウ	(3276)
勿	モチ	697
籾	もみ	5640
悶	モン	2239
揶	ヤ	2762
爺	ヤ	4500

鑓	やり	8274
喩	ユ	1034
揄	ユ	2763
愈	ユ	2254
楡	ユ	3584
尤	ユウ	1733
釉	ユウ	8063
楢	ユウ	3585
猷	ユウ	4558
飫	ヨ	8727
輿	ヨ	7690
孕	ヨウ	1595
妖	ヨウ	1459
拗	ヨウ	2603
涌	ヨウ	4060
痒	ヨウ	4883
傭	ヨウ	370
瘍	ヨウ	4913
熔	ヨウ	4420
蠅	ヨウ	6875
沃	ヨク	3945
螺	ラ	6850
萊	ライ	(6434)
蕾	ライ	(6617)
洛	ラク	4022
埒	ラチ	1245
拉	ラツ	2640
辣	ラツ	7713
瀾	ラン	4342
爛	ラン	4454
鸞	ラン	9249
狸	リ	4594
裡	リ	6980
罹	リ	5998
籬	リ	5634
戮	リク	2513
慄	リツ	2434
掠	リャク	2733
笠	リュウ	5490
溜	リュウ	4215
榴	リュウ	3636
劉	リュウ	640
瘤	リュウ	4920
侶	リョ	269
聊	リョウ	6110
梁	リョウ	3492
菱	リョウ	(6435)
蓼	リョウ	(6554)
寥	リョウ	1686
淋	リン	4122
燐	リン	(4437)
鱗	リン	(9106)
屢	ル	1769
蛉	レイ	6741
蠣	レイ	(6883)
櫟	レキ	3737
礫	レキ	5227
轢	レキ	7703
煉	レン	4412
漣	レン	4248
憐	レン	(2463)
簾	レン	5610
鰊	レン	9076
攣	レン	2559
賂	ロ	7424
魯	ロ	9002
濾	ロ	4325
（沪）		(4325)
蘆	ロ	(6662)
（芦）		(6265)
櫓	ロ	3739
廬	ロ	2033
鷺	ロ	9242
弄	ロウ	2052
牢	ロウ	4525
狼	ロウ	4595
榔	ロウ	3637
瘻	ロウ	4925
蘢	ロウ	(6621)
臘	ロウ	3279
朧	ロウ	3282
蠟	ロウ	6885
（蝋）		6799
籠	ロウ	5625
聾	ロウ	6132
肋	ロク	3117
勒	ロク	8545
漉	ロク	4251
麓	ロク	9270
窪	ワ	5422
歪	ワイ	3797
隈	ワイ	8423
猥	ワイ	4621
或	ワク	2500
罠	わな	5978
椀	ワン	3541
碗	ワン	5176
彎	ワン	2099
（弯）		2083

中国簡化字表

〔中国・日本の字体対照表〕

〔解説〕 この表からは，いま中国で通用している漢字の字体が，日本の何の文字に相当するかを検索することができる。掲げた文字の大半は〈簡化字〉であるが，中国では正字をそのまま用い，日本では略字（いわゆる新字体）に変わった文字もある。そのような文字も含めて，日中の字体の相違として対照した。

(1) この表の左列は，中国の字体である。配列は画数順とした。

(2) 右列は，これに相当する日本の文字である。

(ア) 簡化字の干・个・历などの場合，干は乾・幹，个は個・箇，历は歴・暦のように，二文字に共通する簡化字であることを示す。

(イ) 卜・了・干などのように，それ自体が本来の意味を持ち，かつ他の文字の簡化字を兼ねる場合，当然ながらその本来の意味でも用いられる。したがって，了の字を例にとれば，終了の了のほかに，明瞭も明了と書かれる。また，干は，干渉・干支の干のほか，乾燥も干燥，幹部も干部と書かれ，干・乾・幹の三字の意味を合わせ持つことになる。

(3) 中間の列に小字で示したのは，正字（旧字体）である。ただし，日本で正字がそのまま用いられている場合には省略した。また，字体のわずかな差違は問題にしていない。

【2画】		
厂		廠
卜		蔔
儿	兒	児
几		幾
了		瞭
【3画】		
干		乾
		幹
于		於
亏		虧
才		纔
与	與	与
千		韆
亿		億
个		個
		箇
么		麼
广	廣	広
门		門
义		義
尸		屍
卫	衞	衛
飞		飛
习	習	習
马		馬
乡	鄕	郷
【4画】		
丰	豐	豊
开		開
无		無
韦		韋
云		雲
专	專	専
艺	藝	芸
厅	廳	庁
历	歷	歴
	曆	暦
车		車
冈		岡
贝		貝
见		見
气	氣	気
升		昇
长		長
仆		僕
仇		讎
币		幣
仅		僅
从	從	従
仑		侖
		崙
仓		倉
风		風
乌		烏
凤		鳳
为	爲	為
斗	鬪	闘
忆		憶
计		計
订		訂
认	認	認
讥		譏
丑		醜
办		辦
劝	勸	勧
队	隊	隊
书		書
【5画】		
击	擊	撃
戋		戔
扑		撲
节	節	節
术	術	術
龙	龍	竜
厉		厲
灭		滅
东		東
轧		軋
卢		盧
业		業
帅		帥
归	歸	帰
叶		葉
电		電
只		祇
		隻
叹	嘆	嘆
们		們
仪		儀
丛		叢
尔		爾
乐	樂	楽
册		冊
处	處	処
冬		鼕
鸟		鳥
务		務
刍		芻
包		包
饥		饑
冯		馮
闪		閃
兰	蘭	蘭
汇		匯
		彙
头		頭
汉	漢	漢
宁	寧	寧
讦		訐
讨		討
写	寫	写
让	讓	譲
训		訓
议		議
记		記
辽	遼	遼
边	邊	辺
发	發	発
	髮	髪
圣		聖
对	對	対
邓		鄧
驭		馭
丝	絲	糸
【6画】		
耒		耒
动		動
		働
托		託
巩		鞏
执		執
扩	擴	拡
扫	掃	掃
扬		揚
场		場
亚	亞	亜
朴		樸
机		機
权	權	権
过	過	過
协		協
压	壓	圧
厌		厭
页		頁
夸		誇
夺		奪
达	達	達
夹		夾
轨		軌
尧	堯	尭
划		劃
迈		邁
毕		畢
贞		貞
师		師
尘		塵
吁		籲
吓		嚇
曲		麯
		麴
团	團	団
		糰
吕		呂
吊		弔
吃		喫
吗		嗎
屿		嶼
岁	歲	歳
回		廻
岂		豈
则		則
刚		剛
网		網
朱		硃
迁	遷	遷
乔		喬
伟		偉
传	傳	伝
优		優
伤		傷
价	價	価
伦		倫
伧		傖
华	華	華
伙		夥

非歯虜賢曇菓崑郵黽呪鳴嚀詠巌羅幟嶺凱敗賬購貯図製雰颩俠偵側憑僑貨儂質徴径捨慫糴
齒 虜 巖 購 圖 徵 徑 捨
非齿虏贤昙果昆邮黾咒鸣咛咏岩罗帜岭凯败账购贮图制氛刮侠侦侧凭侨货侬质征径舍怂籴

壚頂擁勢擰払撥択蘋範瑩犖直茎櫪櫃闆樅鬆槍構傑喪画棗売礬礦鉱碼奮態壟轟頃転斬輪軟
擇 莖 構 畫 賣 鑛 轉
垆顶拥势拧拂拔择苹范莹荦直茎枥柜板枞松枪构杰丧画枣卖矾矿　码奋态垄轰顷转斩轮软

識詐訴診詞訳霊層遅張姉剄勁鶏緯駆純綱納縦綸紙驢紐穽陣陽階陰
譯 靈 層 遲 鷄 驅 納 縱
识诈诉诊词译灵层迟张姊刭劲鸡纬驱纯纲纳纵纶纸驴纽阱阵阳阶阴

【8画】

環責現錶規攏抜揀
拔
环责现表规拢拔拣

飯飲係繋凍畝況庫療癤応這廬棄閏閑閒間羌竈燦灃瀝淪滄溝滬瀋沈懐憂悵愴窮災証啓評補
飯 飲 應 溝 懷 證 啓 評
饭饮系　冻亩况库疗疖应这庐弃闰闲　间羌灶灿沣沥沦沧沟沪沈沉怀忧怅怆穷灾证启评补

堅時呉県裏裡園囲噸睏唄員聴鳴彆幃崗帳嵐財針鍼釘每傭仏徹僉穀腸亀奐免猶狽颶角島餼
吳 縣 圍 聽 穀 龜 猶
坚时吴县里　园围吨困呗员听鸣别帏岗帐岚财针　钉每佣佛彻佥谷肠龟奂免犹狈飓角岛饩

撫壇罎摶壊擾貢壩摺搶墳護殻誌塊報擬蕪葦蕓蒼厳蘆労剋蘇極楊両麗還殲連歟軒歩鹵滷鄴
壞 殼 嚴 勞 兩 還 連
抚坛　抟坏扰贡坝折抢坟护壳志块报拟芜苇芸苍严芦劳克苏极杨两丽还歼连欤轩步卤　邺

諱謳軍訥許訛譌論訟農諷設訪尋儘導異孫姦婦媽戯観歓買紅縴繊馴約級紀馳
尋 導 婦 戲 觀 歡 纖 級
讳讴军讷许讹　论讼农讽设访寻尽导异孙奸妇妈戏观欢买红纤　驯约级纪驰

【7画】

進遠違運
進 遠 違 運
进远违运

偽佇嚮後殺閤衆爺傘創朶雑負獷梟餳衝冲妝粧氷荘慶劉斉産決閉問闖幷併並関汚湯懺興講
僞 殺 雜 莊 齊 產 倂 竝 關 講
伪伫向后杀合众爷伞创朵杂负犷枭饧冲　妆　冰庄庆刘齐产决闭问闯并　　关污汤忏兴讲

鐸		铎
欠		缺
犠	犧	牺
乗		乘
敵		敌
積		积
筆		笔
咲	咲	笑
藉		借
値		值
傾		倾
賃		赁
臭		臭
艦		舰
聳		耸
愛		爱
臙		胭
膾		脍
臓	臟	脏
髒		
膠		胶
脳	腦	脑
璽		玺
皺		皱
余	餘	馀
淒		凄
欒		栾
漿		浆
準		准
癥		症
斎	齋	斋
癰		痈
効		效
離		离
涼		凉
競		竞
焼	燒	烧
燭		烛
煙		烟

恥		耻
聶		聂
獲		获
穫		
蕕		莸
悪	惡	恶
噁		
瑩		莹
鶯		莺
蔭		荫
真	眞	真
棲		栖
橋		桥
樁		桩
様	樣	样
慄		栗
邐		逦
酈		郦
礪		砺
礫		砾
礎		础
顧		顾
轎		轿
較		较
斃		毙
緻		致
慮		虑
監		监
緊		紧
曬		晒
暁	曉	晓
喚		唤
罷		罢
円	圓	圆
覬		觊
贓		赃
銭	錢	钱
鑽		钻
鉄	鐵	铁

潯		浔
慟		恸
愷		恺
悩	惱	恼
擧		举
挙	舉	
覚	覺	觉
宮		宫
憲		宪
突	突	突
語		语
襖		袄
禰		祢
誤	誤	误
説	說	说
墾		垦
費		费
遜		逊
賀		贺
塁	壘	垒
繞		绕
驍		骁
驕		骄
絵	繪	绘
給		给
陝		陕

【10画】

艶	艷	艳
幫		帮
頑		顽
盞		盏
載		载
塩	鹽	盐
損		损
換		换
贅		赘
熱		热
壺		壶

貸		贷
順		顺
倹	儉	俭
須		须
鬚		
剣	劍	剑
朧		胧
脛		胫
勝	勝	胜
脈		脉
獄		狱
貿		贸
饒		饶
巒		峦
彎		弯
将	將	将
奨	獎	奖
跡		迹
蹟		
親		亲
聞		闻
閭		闾
養		养
薑		姜
類	類	类
婁		娄
総	總	总
煉		炼
錬	鍊	
熾		炽
砲	砲	炮
爛		烂
窪		洼
潔		洁
灑		洒
濁		浊
瀏		浏
済	濟	济
濃		浓

鷗		鸥
残	殘	残
轤		轳
轢		轹
軽	輕	轻
蠆		虿
戦	戰	战
臨		临
覧	覽	览
竪		竖
嘗		尝
顕	顯	显
唖		哑
貴		贵
蝦		虾
蟻		蚁
雖		虽
嚥		咽
勛		勋
勲	勳	
嘩		哗
響	響	响
罰		罚
賎		贱
骨		骨
鐘		钟
鍾		
鋼		钢
鑰		钥
拝		拜
氈		毡
選	選	选
適	適	适
種		种
鞦		秋
復		复
複		
儼		俨
儷		俪

経	經	经
貫		贯
際		际
陸		陆
隴		陇
陳		陈
墜		坠

【9画】

弐	貳	贰
掛		挂
項		项
趙		赵
墊		垫
揮		挥
薦		荐
帯	帶	带
繭		茧
蕎		荞
亜		亚
栄	榮	荣
滎		荥
熒		荧
鬍		胡
薬	藥	药
標		标
桟	棧	栈
櫛		栉
棟		栋
櫨		栌
櫟		栎
欄		栏
檉		柽
樹		树
鹹		咸
磚		砖
鬱		郁
麺		面
牽		牵

濘		泞
潑		泼
沢	澤	泽
涇		泾
憐		怜
寵		宠
審		审
簾		帘
実	實	实
試		试
詩		诗
戻	戾	戾
誠		诚
襯		衬
視	視	视
話		话
誕		诞
詳		详
粛	肅	肃
録	錄	录
隷	隸	隶
箒		帚
弥	彌	弥
瀰		
駕		驾
艱		艰
綫		线
線		
練	練	练
組		组
細		细
織		织
終		终
縐		绉
騶		驺
駐		驻
繹		绎
紹		绍
駅	驛	驿

採	採	采
覓		觅
貪		贪
鄰		邻
隣		
貧		贫
膚		肤
腫		肿
骯		肮
脅		胁
脇		
週	週	周
邇		迩
魚		鱼
獰		狞
備		备
餞		饯
鄒		邹
飾	飾	饰
飽	飽	饱
飼	飼	饲
変	變	变
龐		庞
廟		庙
瘧		疟
癘		疠
剤	劑	剂
廃	廢	废
浄	淨	净
鬧		闹
鄭		郑
巻		卷
捲		
単	單	单
浅	淺	浅
滝	瀧	泷
瀘		泸
涙	淚	泪
註		注

递	遞	逓
涡		渦
涂		塗
涤		滌
涩		澀
	澁	渋
涌		湧
宽	寬	寛
家		傢
宾	賓	賓
窍		竅
请	請	請
诸	諸	諸
读	讀	読
冢	塚	塚
袜		襪
课		課
谈		談
恳		懇
剧		劇
姬		姫
娱	娛	娯
娘	孃	嬢
难	難	難
骊		驪
绣		綉
		繡
验	驗	験
继	繼	継

【11画】

悫		慤
据	據	拠
职		職
萝		蘿
萤	螢	蛍
营	營	営
萧		蕭
梦		夢
检	檢	検
棂		櫺
啬		嗇
敕		勅
酝		醞
聋		聾
袭		襲
赉		賚
辆		輛
悬		懸
晚		晩
啭		囀
跃	躍	躍
啮		囓
蛊		蠱
累		纍
啸		嘯
婴		嬰
圈		圏
铗		鋏
铙		鐃
铠		鎧
铩		鎩
铲		鏟
矫		矯
秽		穢
笺		箋
笼		籠
偿		償
假		仮
衅		釁
衔		銜
舻		艫
盘		盤
龛		龕
欲		慾
领		領
脸		臉
逸		逸
猎	獵	猟
减		減
鸾		鸞
痒		癢
旋		鏇
阐		闡
盖		蓋
兽	獸	獣
渑		澠
渊		淵
渔		漁
淀		澱
惧		懼
惊		驚
惯		慣
窑		窯
祸	禍	禍
谗		讒
敢		敢
弹	彈	弾
粜		糶
婶		嬸
颈		頸
续	續	続
绳	繩	縄
陷		陥
巢		巣

【12画】

琼		瓊
趋		趨
揭		掲
插		揷
搜		捜
		蒐
搀		攙
壹		壱
联		聯
韩		韓
棱		稜
棋		碁
椟		櫝
椤		欏
惠		恵
鹂		鸝
觌		覿
硷		鹼
确		確
雳		靂
辈		輩
凿		鑿
赏		賞
喷		噴
践	踐	践
遗	遺	遺
喝		喝
黑		黒
赎		贖
铸	鑄	鋳
铺		鋪
	舖	舗
锁	鎖	鎖
锅		鍋
筑		築
牍		牘
傧		儐
惩	懲	懲
御		禦
释	釋	釈
腊		臘
鲁		魯
惫		憊
馋		饞
亵		褻
痫		癇
粪		糞
滞	滯	滞
渴		渇
溅		濺
游	遊	遊
喾		嚳
窜		竄
窝		窩
窗		窓
禅	禪	禅
屡		屢
强		強
疏		疎
缆		纜
隐	隱	隠
飨		饗

【13画】

叠	疊	畳
摄	攝	摂
摆		擺
		襬
摇	搖	揺
摈		擯
毂		轂
摊		攤
勤		懃
蓝		藍
蒙		濛
		懞
		矇
榄		欖
榇		櫬
榈		櫚
榉		欅
赖	賴	頼
碍		礙
碎		砕
雾		霧
龄	齡	齢
虏	虜	虜
鉴	鑒	鑑
暗		闇
蜗		蝸
置		置
锣		鑼
签		簽
		籤
愈	癒	癒
遥	遙	遥
鲈		鱸
雏		雛
酱		醬
韵		韻
誊	謄	謄
粮		糧
满	滿	満
滤		濾
溪		渓
滨	濱	浜
谨	謹	謹
辟		闢
嫔		嬪
缚	縛	縛
缠		纏

【14画】

瑶	瑤	瑶
韬		韜
墙		墻
蔷		薔
蔑		衊
槟		檳
榨		搾
酽		釅
酾		釃
酿	釀	醸
愿		願
霁		霽
蜡		蠟
蝇		蠅
蝉		蟬
稳	穩	穏
箩		籮
箫		簫
舆		輿
銮		鑾
粹		粋
褐		褐

【15画】

聪	聰	聡
鞑		韃
樯		檣
樱	櫻	桜
飘		飄
醉		酔
靥		靨
餍		饜
霉		黴
题		題
踪		蹤
墨		墨
镇	鎭	鎮
稻		稻
德		德
齑		齏
颜	顏	顔
豫		予

【16画】

颠		顛
橹		櫓
赞	贊	賛
篱		籬
魉		魎
雕		彫
辨		弁
辩	辯	弁
濑	瀨	瀬

【17画】

藏		蔵

【19画】

巅		巓
瓣		弁

【20画】

壤		壌

【21画】

霸	霸	覇
髓		髄
癫		癲

【22画】

穰		穣

【23画】

罐		缶

〔日本・中国の字体対照表〕

〔解説〕 この表では，日本の漢字から，それに相当する中国の漢字の字体を検索することができる。なお，簡化字と日本の漢字との関係については，前表の解説を参照されたい。

(1) この表の左列は，日本の漢字である。配列は五十音順とした。

(2) 右列は，これに相当する中国の漢字の字体である。

(3) 中間の列に小字で示したのは，正字(旧字体)である。ただし，字体のわずかな差異は問題にしていない。

(ア) 日本で正字がそのまま用いられている場合には省略した。

(イ) 中国の簡化字の中には，日本で一般に用いるものとは字体の異なる文字(異体字)にもとづく場合がある。鑑と鉴との関係でいえば，簡化字は鑑の異体字の鑒を略字化したものである。また，挙と举との関係では，日本では擧の略字であるが，簡化字は異体字の舉にもとづく。このような場合，そのもとづくところの異体字をも示した。

日本	正字	中国
〔ア〕		
亜	亞	亚
唖		哑
愛		爱
堊		垩
悪	惡	恶
噁		恶
圧	壓	压
軋		轧
闇		暗
〔イ〕		
囲	圍	围
為	爲	为
韋		韦
異	異	异
偉		伟
幃		帏
彙	滙	汇
葦		苇
違	違	违
遺	遺	遗
緯		纬
壱		壹
逸		逸
印		印
員		员
陰		阴
飲	飮	饮
隠	隱	隐
蔭		荫
韻		韵
〔ウ〕		
烏		乌
鬱		郁
運	運	运
雲		云
蕓		芸
醞		酝
〔エ〕		
栄	榮	荣
営	營	营
詠		咏
塋		茔
瑩		莹
衛	衞	卫
嬰		婴
駅	驛	驿
繹		绎
円	圓	圆
淵		渊
園		园
塩	鹽	盐
煙		烟
遠	遠	远
厭		厌
嚥		咽
艶	艷	艳
臙		胭
饜		餍
〔オ〕		
汚		污
於		于
嗚		呜
応	應	应
桜	櫻	樱
謳		讴
鶯		莺
鷗		鸥
襖		袄
億		亿
憶		忆
穏	穩	稳
〔カ〕		
仮		假
価	價	价
華	華	华
菓		果
貨		货
傢		家
訛		讹
渦		涡
過	過	过
禍	禍	祸
夥		伙
窩		窝
箇		个
嘩		哗
課		课
蝦		虾
蝸		蜗
鍋		锅
譌	訛	讹
画	畫	画
賀		贺
駕		驾
廻		回
掛		挂
絵	繪	绘
開		开
階		阶
匯	滙	汇
塊		块
壊	壞	坏
懐	懷	怀
膾		脍
豈		岂
凱		凯
愷		恺
蓋		盖
鎧		铠
礙		碍
角		角
拡	擴	扩
殻	殼	壳
覚	覺	觉
較		较
劃		划
慤		悫
確		确
獲		获
嚇		吓
穫		获
楽	樂	乐
喝		喝
渇		渴
褐		褐
颳		刮
缶		罐
奐		奂
姦		奸
巻		卷
訐		讦
陥		陷
乾		干
貫		贯
喚		唤
換		换
揀		拣
敢		敢
間		间
閒	閑	闲
閑		闲
勧	勸	劝
寛	寬	宽
幹		干
漢	漢	汉
慣		惯
関	關	关
銜		衔
歓	歡	欢
監		监
還	還	还
環		环
艱		艰
韓		韩
観	觀	观
癇		痫
鹹		咸
艦		舰
鑒		鉴
鑑	鑒	鉴
頑		顽
顔	顏	颜
願		愿
巌	巖	岩
龕		龛
〔キ〕		
気	氣	气
紀		纪
軌		轨
姫		姬
帰	歸	归
記		记
規		规
亀	龜	龟
幾		几
揮		挥
貴		贵
棄		弃
機		机
諱		讳
虧		亏
覬		觊
櫃		柜
譏		讥
餼		饩
饑		饥
偽	僞	伪
義		义
儀		仪
戯	戲	戏
擬		拟
犠	犧	牺
蟻		蚁
議		议
麯		曲
麹	麴	曲
喫		吃
瘧		疟
宮		宫
級	級	级
給		给
窮		穷
拠	據	据
挙	擧	舉 举
許		许
欅		榉
魚		鱼
馭		驭
漁		渔
禦		御
夾		夹
協		协
況		况
俠		侠
脅	脇	胁
脇		胁
強		强
郷	鄕	乡
喬		乔
僑		侨
鞏		巩
鋏		铗
橋		桥

折		摺
厂		廠
冲		衝
怂		慫
纵		縦
浆		漿
赏		賞
啸		嘯
墙		墻
偿		償
樯		檣
耸		聳
蔷		薔
萧		蕭
钟		鍾
聂		聶
踪		蹤
酱		醬
箫		簫
钟		鐘
乘		乗
净	淨	浄
场		場
叠	疊	畳
涤		滌
绳	繩	縄
壤		壌
娘	孃	嬢
扰		擾
穰		穣
绕		繞
让	讓	譲
酿	釀	醸
饶		饒
触	觸	触
饰	飾	飾
啬		嗇
烛		燭
织		織

绣		綉
搜		蒐
皱		皺
丑		醜
秋		鞦
绣	繡	繍
袭		襲
仇		讎
从	從	従
涩	澁 澀	渋
兽	獸	獣
纵	縱	縦
肃	肅	粛
术	術	術
纯		純
顺		順
闰		閏
准		準
驯		馴
处	處	処
书		書
诸	諸	諸
屿		嶼
妆		妆
升		昇
笑	咲	咲
将	將	将
绍		紹
讼		訟
胜	勝	勝
烧	燒	焼
妆	妝	粧
证	證	証
象		象
伤		傷
奖	獎	奨
详		詳
尝		嘗

视	視	視
词		詞
齿	齒	歯
诗		詩
试		試
饲	飼	飼
志		誌
帜		幟
炽		熾
贽		贄
酾		釃
儿	兒	児
时		時
尔		爾
迩		邇
玺		璽
识		識
执		執
质		質
实	實	実
写	寫	写
车		車
舍	捨	捨
这		這
借		藉
释	釋	釈
朱		硃
须		須
肿		腫
种		種
竖		竪
须		鬚
咒		呪
树		樹
臭		臭
终		終
习	習	習
周	週	週
众		衆

斋	齋	斎
岁	歲	歳
载		載
际		際
洒		灑
晒		曬
才		纔
剂	劑	剤
财		財
册		冊
榨		搾
凿		鑿
杀	殺	殺
铩		鎩
杂	雜	雑
戋		戔
栈	棧	桟
产	產	産
伞		傘
盏		盞
赞	贊	賛
灿		燦
铲		鏟
馋		饞
钻		鑽
残	殘	残
斩		斬
窜		竄
忏		懺
搀		攙
谗		讒
〔シ〕		
丝	絲	糸
姊		姉
尸		屍
只		祇
师		師
纸		紙

项		項
沟	溝	溝
礦	鑛	鉱
矿		
构	構	構
纲		綱
合		閤
肮		骯
胶		膠
兴		興
钢		鋼
讲	講	講
购	購	購
犷		獷
矿		礦
刚		剛
啮		嚙
轰		轟
克		剋
黑		黒
谷	穀	穀
毂		轂
喾		嚳
狱		獄
骨		骨
昆		崑
困		睏
垦		墾
恳		懇
〔サ〕		
差		差
诈		詐
锁	鎖	鎖
灾		災
碎		砕
采	採	採
济	濟	済
细		細

权	權	権
宪		憲
贤		賢
脸		臉
睑		瞼
茧		繭
显	顯	顕
验	驗	験
悬		懸
硷		鹼
现		現
减		減
严	嚴	厳
俨		儼
酽		釅
〔コ〕		
户	戶	戸
个		個
库		庫
壶		壺
夸		誇
沪		滬
胡		鬍
顾	顧	顧
蛊		蠱
吴	吳	呉
娱	娛	娯
棋		碁
语		語
误	誤	誤
护		護
广	廣	広
效		効
冈		岡
后		後
红		紅
贡		貢
岗		崗

劲		勁
计		計
惠		恵
泾		涇
启	啓	啓
揭		掲
溪		渓
经	經	経
萤	螢	蛍
顷		頃
轻	輕	軽
倾		傾
茕		煢
继	繼	継
荥		滎
荧		熒
庆		慶
颈		頸
琼		瓊
系		繫
鸡	鷄	鶏
艺	藝	芸
剧		劇
击	擊	撃
缺		欠
决		決
页		頁
杰		傑
洁		潔
见		見
县	縣	県
俭	儉	倹
剑	劍	剣
轩		軒
卷		捲
圈		圏
坚		堅
检	檢	検
牵		牽

荞		蕎
矫		矯
姜		薑
窍		竅
向		嚮
轿		轎
竞		競
响	響	響
飨		饗
惊		驚
骄		驕
尧	堯	尭
晓	曉	暁
业		業
邺		鄴
骁		驍
极		極
勤		勤
仅		僅
紧		緊
谨	謹	謹
衅		釁
〔ク〕		
驱	驅	駆
惧		懼
虞	虞	虞
训		訓
勋		勛
勛	勳	勲
勋		
薰		薫
军		軍
〔ケ〕		
径	徑	径
茎	莖	茎
系		係
刭		剄

中国	旧字	日本
职		職
赎		贖
真	眞	真
针		針
进	進	進
诊		診
审		審
亲		親
针	針	鍼
婶		嬸
沈		瀋
榇		櫬
衬		襯
阵		陣
寻	尋	尋
尘		塵
浔		潯
尽		儘

〔ス〕

中国	旧字	日本
图	圖	図
帅		帥
粹		粋
醉		酔
虽		雖
髓		髄
刍		芻
邹		鄒
绉		縐
趋		趨
雏		雛
驺		騶

〔セ〕

中国	旧字	日本
齐	齊	斉
阱		穽
凄		淒
栖		棲
势		勢
圣	聖	聖
诚		誠
制		製
请	請	請
霁		霽
斋		齋
只		隻
责		責
迹		跡
积		積
迹		蹟
出		齣
设		設
摄	攝	摂
节	節	節
说	說	説
亵		褻
栉		櫛
疖		癤
专	專	専
浅	淺	浅
闪		閃
陕		陝
佥		僉
战	戰	戦
践	踐	践
笺		箋
线		綫
钱	錢	銭
线	綫	線
贱		賤
选	選	選
迁	遷	遷
砖		磚
荐		薦
毡		氈
纤	纖	繊
饯		餞
溅		濺
蝉		蟬
签		簽
旋		鏇
阐		闡
歼		殲
签		籤
千		韆
禅	禪	禅

〔ソ〕

中国	旧字	日本
组		組
疏		疎
诉		訴
础		礎
苏		蘇
庄	莊	荘
仓		倉
搜		捜
插		挿
巢		巣
扫	掃	掃
窗		窓
伧		傖
创		創
丧		喪
枣		棗
怆		愴
抢		搶
沧		滄
苍		蒼
层	層	層
枪		槍
帚		箒
总	總	総
聪	聰	聡
丛		叢
松		鬆
灶		竈
脏		髒
藏		蔵
脏	臟	臓
赃		贓
则		則
侧		側
续	續	続
孙		孫
损		損
逊		遜

〔タ〕

中国	旧字	日本
朵		朶
对	對	対
带	帶	帯
贷		貸
队	隊	隊
滞	滯	滞
态		態
虿		蠆
题		題
择	擇	択
泽	澤	沢
托		託
铎		鐸
浊		濁
达	達	達
夺		奪
鞑		韃
单	單	単
叹	嘆	嘆
抟		摶
诞		誕
摊		攤
坛		罎
团	團	団
弹	彈	弾
谈		談
坛		壇
团		糰

〔チ〕

中国	旧字	日本
值		値
耻		恥
迟	遲	遅
置		置
驰		馳
致		緻
筑		築
着		着
冲		沖
纽		紐
注		註
铸	鑄	鋳
驻		駐
伫		佇
贮		貯
吊		弔
厅	廳	庁
长		長
帐		帳
张		張
雕		彫
怅		悵
顶		頂
鸟		鳥
冢	塚	塚
肠		腸
征	徵	徴
赵		趙
账		賬
听	聽	聴
惩	懲	懲
宠		寵
症		癥
粜		糶
直		直
敕		勅
沉		沈
陈		陳
赁		賃
镇	鎭	鎮
闯		闖

〔ツ〕

中国	旧字	日本
坠	墜	墜

〔テ〕

中国	旧字	日本
订		訂
贞		貞
递	遞	逓
钉		釘
侦		偵
郑		鄭
柽		檉
祢		禰
适	適	適
敌		敵
籴		糴
觌		覿
铁	鐵	鉄
彻		徹
转	轉	転
垫		墊
颠		顚
啭		囀
缠		纏
巅		巓
癫		癲
传	傳	伝
电		電
淀		澱

〔ト〕

中国	旧字	日本
涂		塗
东		東
冻		凍
岛		島
讨		討
栋		棟
汤		湯
稻		稲
桩		椿
邓		鄧
头		頭
誊	謄	謄
斗	鬪	闘
饧		餳
冬		鼕
韬		韜
动		動
动	動	働
恸		慟
导	導	導
闹		鬧
拧		擰
狞		獰
铙		鐃
德		徳
椟		櫝
牍		牘
读	讀	読
突	突	突
讷		訥
吨		噸
贪		貪
昙		曇

〔ナ〕

中国	旧字	日本
软		軟
难	難	難

〔ニ〕

中国	旧字	日本
贰	貳	弐
认	認	認

〔ネ〕

中国	旧字	日本
宁	寧	寧
咛		嚀
泞		濘
热		熱

〔ノ〕

中国	旧字	日本
恼	惱	悩
纳	納	納
脑	腦	脳
农		農
侬		儂
浓		濃

〔ハ〕

中国	旧字	日本
霸	霸	覇
坝		壩
马		馬
拜		拝
败		敗
废	廢	廃
辈		輩
惫		憊
摆		擺
卖	賣	売
贝		貝
呗		唄
狈		狽
买		買
霉		黴
缚	縛	縛
发	發	発
发	髮	髪
拨		撥
泼		潑
拔	拔	抜
罚		罰
袜		襪
反		反
饭	飯	飯

範		范
闆		板
晩		晚
盤		盘
礬		矾

〔ヒ〕

非		非
飛		飞
費		费
罷		罢
襬		摆
備		备
瀰		弥
畢		毕
筆		笔
氷		冰
評	評	评
馮		冯
標		标
憑		凭
錶		表
飄		飘
廟		庙
浜	濱	滨
貧		贫
賓	賓	宾
儐		傧
嬪		嫔
擯		摈
檳		槟
蘋		苹
黽		黾

〔フ〕

負		负
婦	婦	妇
鳧		凫
膚		肤
撫		抚
蕪		芜
風		风
諷		讽
復		复
複		复
蔔		卜
払		拂
仏		佛
雰		氛
噴		喷
墳		坟
奮		奋
糞		粪
聞		闻

〔ヘ〕

並	竝	幷
		并
併	倂	幷
		并
幷		并
閉		闭
幣	幤	币
斃		毙
闢		辟
覓		觅
彆		别
衊		蔑
辺	邊	边
変	變	变
弁		辨
弁		瓣
弁	辯	辩
辦		办
澠		渑

〔ホ〕

歩		步
畝		亩
補		补
舗	舗	鋪
		铺
鋪		铺
媽		妈
包		包
砲	砲	炮
訪		访
報		报
豊	豊	丰
飽	飽	饱
鳳		凤
幇		帮
龐		庞
灃		沣
貿		贸
僕		仆
墨		墨
撲		扑
樸		朴

〔マ〕

嗎		吗
麼		么
碼		码
毎		每
邁		迈
満	滿	满

〔ミ〕

脈		脉

〔ム〕

務		务
無		无
夢		梦
霧		雾

〔メ〕

鳴		鸣
滅		灭
免		免
麵		面

〔モ〕

網		网
懞		蒙
濛		蒙
矇		蒙
門		门
們		们
問		问

〔ヤ〕

爺		爷
約		约
訳	譯	译
薬	藥	药
躍	躍	跃
鑰		钥

〔ユ〕

癒	瘉	愈
籲		吁
郵		邮
湧		涌
猶	猶	犹
遊	遊	游
憂		忧
蕕		莸
優		优

〔ヨ〕

与	與	与
予		豫
余	餘	馀
輿		舆
歟		欤
揚		扬
揺	搖	摇
葉		叶
遥	遙	遥
陽		阳
傭		佣
楊		杨
瑶	瑤	瑶
様	樣	样
窯		窑
養		养
擁		拥
颺		飏
蝿		蝇
癢		痒
癰		痈
罌		罂
慾		欲

〔ラ〕

羅		罗
蘿		萝
籮		箩
鑼		锣
耒		耒
賚		赉
頼	賴	赖
瀬	瀨	濑
嵐		岚
覧	覽	览
藍		蓝
蘭	蘭	兰
欄	欄	栏
爛		烂
巒		峦
欒		栾
欖		榄
鑾		銮
纜		缆
鸞		鸾

〔リ〕

裡		里
裏		里
離		离
酈		郦
邐		逦
籬		篱
鸝		鹂
陸		陆
慄		栗
竜	龍	龙
劉		刘
瀏		浏
呂		吕
虜	虜	虏
慮		虑
閭		闾
両	兩	两
涼		凉
猟	獵	猎
稜		棱
領		领
輛		辆
遼	遼	辽
療		疗
瞭		了
糧		粮
魎		魉
侖		仑
倫		伦
淪		沦
綸		纶
輪		轮
鄰		邻
隣	鄰	邻
臨		临

〔ル〕

屢		屡
涙	淚	泪
塁	壘	垒
類	類	类
纍		累

〔レ〕

戻	戾	戾
厲		厉
霊	靈	灵
隷	隸	隶
嶺		岭
齢	齡	龄
癘		疠
麗		丽
礪		砺
儷		俪
欞		棂
驪		骊
暦	曆	历
歴	歷	历
櫟		栎
瀝		沥
櫪		枥
礫		砾
轢		轹
靂		雳
連	連	连
煉		炼
練	練	练
憐		怜
錬	鍊	煉
		炼
聯		联
簾		帘

〔ロ〕

鹵		卤
滷		卤
魯		鲁
盧		卢
壚		垆
濾		滤
廬		庐
櫚		榈
櫓		橹
瀘		泸
櫨		栌
蘆		芦
艫		舻
轤		轳
驢		驴
鱸		鲈
労	勞	劳
婁		娄
滝	瀧	泷
壟		垄
攏		拢
臘		腊
隴		陇
朧		胧
蠟		蜡
籠		笼
聾		聋
録	錄	录
崙	侖	仑
論		论

〔ワ〕

話		话
窪		洼
穢		秽
彎		弯

年　号　表

1. 配列は，一字めの漢字でまとめて，五十音順とした。
2. 中国の場合，年号の次に帝王名，(　) 内は王朝名を示す。
3. 日本の場合，年号の次に天皇名を示す。
4. 数字は西暦年を示す。

中　国

【あ】

晏平	武帝(成)	306—310

【え】

永安	景帝(呉)	258—264
	恵帝(西晋)	304
	武宣王(北涼)	401—412
	孝荘帝(北魏)	528—530
	崇宗(西夏)	1098—1100
永嘉	冲帝(後漢)	145
	懐帝(西晋)	307—313
永漢	少帝(後漢)	189
永熙	恵帝(西晋)	290
	孝武帝(北魏)	532—534
永徽	高宗(唐)	650—655
永建	順帝(後漢)	126—132
	李恂(西涼)	420—421
永元	和帝(後漢)	89—105
	東昏侯(南斉)	499—501
永弘	暮末(西秦)	428—431
永光	元帝(前漢)	前43—前39
	前廃帝(南朝宋)	465
永康	桓帝(後漢)	167
	恵帝(西晋)	300—301
	恵愍帝(後燕)	396—398
	文昭王(西秦)	412—419
永興	桓帝(後漢)	153—154
	恵帝(西晋)	304—306
	冉閔(冉魏)	350—352
	苻堅(前秦)	357—359
	明元帝(北魏)	409—413
	孝武帝(北魏)	532
永始	成帝(前漢)	前16—前13
永寿	桓帝(後漢)	155—158
永淳	高宗(唐)	682—683
永初	安帝(後漢)	107—113
	武帝(南朝宋)	420—422
永昌	元帝(東晋)	322—323
	則天武后(周)	689
永泰	明帝(南斉)	498
	代宗(唐)	765—766
永定	武帝(南朝陳)	557—559
永貞	順宗(唐)	805
永寧	安帝(後漢)	120—121
	恵帝(西晋)	301—302
	石祗(後趙)	350—351
永平	明帝(後漢)	58—75
	恵帝(西晋)	291
	宣武帝(北魏)	508—512
永鳳	光文帝(前趙)	308
永明	武帝(南斉)	483—493
永楽	成祖(明)	1403—1424
永隆	高宗(唐)	680—681
永暦	桂王(南明)	1647—1661
永和	順帝(後漢)	136—141
	穆帝(東晋)	345—356
	泓(後秦)	416—417
	哀王(北涼)	433—439
延熙	後主(蜀)	238—257
	廃帝(後趙)	333—334
延熹	桓帝(後漢)	158—167
延光	安帝(後漢)	122—125
延康	献帝(後漢)	220
延興	孝文帝(北魏)	471—476
	海陵王(南斉)	494
延載	則天武后(周)	694
延嗣寧国	毅宗(西夏)	1049
延初	苻崇(前秦)	394
延昌	宣武帝(北魏)	512—515
延平	殤帝(後漢)	106
延祐	仁宗(元)	1314—1320
延和	太武帝(北魏)	432—434
	睿宗(唐)	712
炎興	後主(蜀)	263
燕元	景昭帝(前燕)	349—351
	成武帝(後燕)	384—385
燕興	慕容泓(西燕)	384
燕平	献武帝(南燕)	398—399

【お】

応順	閔帝(後唐)	934
応天	襄宗(西夏)	1206—1209
応暦	穆宗(遼)	951—969

【か】

河瑞	光文帝(前趙)	309—310
河清	武成帝(北斉)	562—565
河平	成帝(前漢)	前28—前25
嘉禾	大帝(呉)	232—238
嘉熙	理宗(南宋)	1237—1240
嘉慶	仁宗(清)	1796—1820
嘉興	李歆(西涼)	417—420
嘉靖	世宗(明)	1522—1566
嘉泰	寧宗(南宋)	1201—1204
嘉定	寧宗(南宋)	1208—1224
嘉寧	帰義侯勢(成)	346—347
嘉平	斉王(魏)	249—254
	昭武帝(前趙)	311—314
	景王(南涼)	408—414
嘉祐	仁宗(北宋)	1056—1063
会昌	武宗(唐)	841—846
会同	太宗(契丹)	938—947
開運	出帝(後晋)	944—946
	景宗(西夏)	1034
開禧	寧宗(南宋)	1205—1207
開慶	理宗(南宋)	1259
開元	玄宗(唐)	713—741
開皇	文帝(隋)	581—600
開興	哀宗(金)	1232
開成	文宗(唐)	836—840
開泰	聖宗(遼)	1012—1021
開平	太祖(後梁)	907—911
開宝	太祖(北宋)	968—976
開耀	高宗(唐)	681—682
甘露	宣帝(前漢)	前53—前50
	高貴郷公(魏)	256—260
	末帝(呉)	265—266
	苻堅(前秦)	359—364
咸安	簡文帝(東晋)	371—372
咸熙	元帝(魏)	264—265
咸亨	高宗(唐)	670—674
咸康	成帝(東晋)	335—342
咸淳	度宗(南宋)	1265—1274
咸通	懿宗(唐)	860—874
咸寧	武帝(西晋)	275—280
	霊帝(後涼)	399—401
咸平	真宗(北宋)	998—1003
咸豊	文宗(清)	1851—1861

咸雍	道宗(遼)	1065—1074
咸和	成帝(東晋)	326— 334
漢安	順帝(後漢)	142— 144
漢興	昭文帝(成)	338— 343
漢昌	隠帝(前趙)	318
【き】		
熙平	孝明帝(北魏)	516— 518
熙寧	神宗(北宋)	1068—1077
熹平	霊帝(後漢)	172— 178
義熙	安帝(東晋)	405— 418
義寧	恭帝(隋)	617— 618
義和	武宣王(北涼)	431— 433
儀鳳	高宗(唐)	676— 679
久視	則天武后(周)	700
居摂	孺子嬰(前漢)	6— 8
拱化	毅宗(西夏)	1063—1067
竟寧	元帝(前漢)	前33
玉恒	廃帝(成)	335— 337
玉衡	武帝(成)	311— 334
【け】		
景雲	睿宗(唐)	710— 711
景炎	端宗(南宋)	1276—1278
景元	元帝(魏)	260— 264
景初	明帝(魏)	237— 239
景泰	景帝(明)	1450—1456
景定	理宗(南宋)	1260—1264
景徳	真宗(北宋)	1004—1007
景福	昭宗(唐)	892— 893
	興宗(遼)	1031—1032
景平	少帝(南朝宋)	423— 424
景明	宣武帝(北魏)	500— 503
景祐	仁宗(北宋)	1034—1038
景耀	後主(蜀)	258— 263
景竜	中宗(唐)	707— 710
景和	前廃帝(南朝宋)	465
慶元	寧宗(南宋)	1195—1200
慶暦	仁宗(北宋)	1041—1048
建安	献帝(後漢)	196— 220
建炎	高宗(南宋)	1127—1130
建熙	幽帝(前燕)	360— 370
建義	宣烈王(西秦)	385— 388
	孝荘帝(北魏)	528
建元	武帝(前漢)	前140—前135
	昭武帝(前趙)	315— 316
	康帝(東晋)	343— 344
	苻堅(前秦)	365— 385
	高帝(南斉)	479— 482
建弘	文昭王(西秦)	420— 428
建光	安帝(後漢)	121— 122
建康	順帝(後漢)	144
建興	後主(蜀)	223— 237
	会稽王(呉)	252— 253
	武帝(成)	304— 306
	愍帝(西晋)	313— 317
	西平公(前涼)	314— 319
	張茂(前涼)	320— 323
	張駿(前涼)	324— 345
	張重華(前涼)	346— 353
	張玄靚(前涼)	355— 361
	成武帝(後燕)	386— 396
建衡	末帝(呉)	269— 271
建始	成帝(前漢)	前32—前28
	恵懿帝(後燕)	407
建初	章帝(後漢)	76— 84
	景帝(成)	303— 304
	武昭帝(後秦)	386— 393
	李暠(西涼)	405— 417
建昭	元帝(前漢)	前38—前34
建中	徳宗(唐)	780— 783
建中靖国	徽宗(北宋)	1101
建徳	武帝(北周)	572— 578
建寧	霊帝(後漢)	168— 172
建武	光武帝(後漢)	25— 56
	恵帝(西晋)	304
	元帝(東晋)	317— 318
	武帝(後趙)	335— 348
	慕容忠(西燕)	386
	明帝(南斉)	494— 498
建武中元	光武帝(後漢)	56— 57
建文	恵帝(明)	1399—1402
建平	哀帝(前漢)	前6— 前3
	明帝(後趙)	330— 333
	慕容瑶(西燕)	386
	昭武帝(後燕)	398
	献武帝(南燕)	400— 405
建明	慕容顗(西燕)	386
	長広王(北魏)	530— 531
建隆	太祖(北宋)	960— 963
建和	桓帝(後漢)	147— 149
	康王(南涼)	400— 402
乾化	太祖(後梁)	911— 912
	末帝(後梁)	913— 914
乾元	粛宗(唐)	758— 760
乾亨	景宗(遼)	979— 983
乾興	真宗(北宋)	1022
乾定	献宗(西夏)	1223—1226
乾統	天祚帝(遼)	1101—1110
乾道	恵宗(西夏)	1068—1069
	孝宗(南宋)	1165—1173
乾徳	太祖(北宋)	963— 968
乾寧	昭宗(唐)	894— 898
乾符	僖宗(唐)	874— 879
乾封	高宗(唐)	666— 668
乾明	廃帝(北斉)	560
乾祐	高祖(五代後漢)	949
	隠帝(五代後漢)	949— 950
	仁宗(西夏)	1170—1193
乾隆	高宗(清)	1736—1795
顕慶	高宗(唐)	656— 661
顕道	景宗(西夏)	1032—1033
顕徳	太祖(後周)	954
	世宗(後周)	955— 959
	恭帝(後周)	960
元延	成帝(前漢)	前12— 前9
元嘉	桓帝(後漢)	151— 153
	文帝(南朝宋)	424— 453
元熙	光文帝(前趙)	304— 308
	恭帝(東晋)	419— 420
元徽	後廃帝(南朝宋)	473— 477
元光	武帝(前漢)	前134—前129
	宣宗(金)	1222—1223
元康	宣帝(前漢)	前65—前61
	恵帝(西晋)	291— 299
元興	和帝(後漢)	105
	末帝(呉)	264— 265
	安帝(東晋)	402— 404
元朔	武帝(前漢)	前128—前123
元始	平帝(前漢)	1— 5
元璽	景昭帝(前燕)	352— 357
元狩	武帝(前漢)	前122—前117
元寿	哀帝(前漢)	前2— 前1
元初	安帝(後漢)	114— 120
元象	孝静帝(東魏)	538— 539
元貞	成宗(元)	1295—1297
元鼎	武帝(前漢)	前116—前111
元統	恵宗(元)	1333—1335
元徳	崇宗(西夏)	1119—1127
元符	哲宗(北宋)	1098—1100
元平	昭帝(前漢)	前74
元封	武帝(前漢)	前110—前105
元豊	神宗(北宋)	1078—1085
元鳳	昭帝(前漢)	前80—前75
元祐	哲宗(北宋)	1086—1094
元和	章帝(後漢)	84— 87
	憲宗(唐)	806— 820
玄始	武宣王(北涼)	412— 427
【こ】		
五鳳	宣帝(前漢)	前57—前54
	会稽王(呉)	254— 256

広運	蕭琮(後梁)	586— 587
	景宗(西夏)	1034—1035
広順	太祖(後周)	951— 953
広徳	代宗(唐)	763— 764
広明	僖宗(唐)	880— 881
弘光	福王(南明)	1645
弘始	文桓帝(後秦)	399— 416
弘昌	景王(南涼)	402— 404
弘治	孝宗(明)	1488—1505
弘道	高宗(唐)	683
光化	昭宗(唐)	898— 901
光熙	恵帝(西晋)	306
光熹	少帝(後漢)	189
光啓	僖宗(唐)	885— 888
光興	李和(前趙)	310— 311
光始	昭文帝(後燕)	401— 406
光寿	景昭帝(前燕)	357— 359
光初	劉曜(前趙)	318— 329
光緒	徳宗(清)	1875—1908
光大	廃帝(南朝陳)	567— 568
光宅	則天武后(周)	684
光定	神宗(西夏)	1211—1223
光和	霊帝(後漢)	178— 184
更始	淮陽王(新)	23— 24
	慕容沖(西燕)	385
	武元王(西秦)	409— 412
孝建	孝武帝(南朝宋)	454— 456
孝昌	孝明帝(北魏)	525— 527
庚子	李暠(西涼)	400— 404
後元	武帝(前漢)	前88—前87
洪熙	仁宗(明)	1425
洪武	太祖(明)	1368—1398
皇慶	仁宗(元)	1312—1313
皇建	孝昭帝(北斉)	560— 561
	襄宗(西夏)	1210
皇興	献文帝(北魏)	467— 471
皇始	苻健(前秦)	351— 354
	道武帝(北魏)	396— 398
皇初	文桓帝(後秦)	394— 399
皇泰	越王楊侗(隋)	618— 619
皇統	熙宗(金)	1141—1149
皇祐	仁宗(北宋)	1049—1054
康熙	聖祖(清)	1662—1722
康定	仁宗(北宋)	1040—1041
黄初	文帝(魏)	220— 226
黄武	大帝(呉)	222— 229
黄竜	宣帝(前漢)	前49
	大帝(呉)	229— 231
興安	文成帝(北魏)	452— 454
興元	徳宗(唐)	784
興光	文成帝(北魏)	454— 455
興定	宣宗(金)	1217—1222
興寧	哀帝(東晋)	363— 365
興平	献帝(後漢)	194— 195
興和	孝静帝(東魏)	539— 542
鴻嘉	成帝(前漢)	前20—前17

【さ】

載初	則天武后(周)	689— 690

【し】

至元	世祖(元)	1264—1294
	恵宗(元)	1335—1340
至順	文宗(元)	1330—1332
	寧宗(元)	1332
至正	恵宗(元)	1341—1370
至大	武宗(元)	1308—1311
至治	英宗(元)	1321—1323
至道	太宗(北宋)	995— 997
至徳	後主(南朝陳)	583— 586
	粛宗(唐)	756— 758
至寧	廃帝(金)	1213
至和	仁宗(北宋)	1054—1056
始建国	王莽(新)	9— 13
始元	昭帝(前漢)	前86—前80
始光	太武帝(北魏)	424— 428
嗣聖	中宗(唐)	684
奲都	毅宗(西夏)	1057—1062
寿光	苻生(前秦)	355— 357
寿昌	道宗(遼)	1095—1101
収国	太祖(金)	1115—1116
重熙	興宗(遼)	1032—1055
重和	徽宗(北宋)	1118—1119
淳化	太宗(北宋)	990— 994
淳熙	孝宗(南宋)	1174—1189
淳祐	理宗(南宋)	1241—1252
順治	世祖(清)	1644—1661
初元	元帝(前漢)	前48—前44
初始	孺子嬰(前漢)	8
初平	献帝(後漢)	190— 193
升平	穆帝(東晋)	357— 361
	張玄靚(前涼)	361— 363
	張天錫(前涼)	363— 376
正(しょう)	→せい	
承安	章宗(金)	1196—1200
承玄	武宣王(北涼)	428— 431
承光	赫連昌(夏)	425— 428
	幼主(北斉)	577
承康	懿武帝(後涼)	399
承聖	元帝(南朝梁)	522— 555
承平	南安王(北魏)	452
承明	孝文帝(北魏)	476
昌武	武烈帝(夏)	418
昌平	段随(西燕)	386
昇明	順帝(南朝宋)	477— 479
昭寧	少帝(後漢)	189
祥興	衛王(南宋)	1278—1279
章武	昭烈帝(蜀)	221— 223
章和	章帝(後漢)	87— 88
紹熙	光宗(南宋)	1190—1194
紹興	高宗(南宋)	1131—1162
紹聖	哲宗(北宋)	1094—1098
紹泰	敬帝(南朝梁)	555— 556
紹定	理宗(南宋)	1228—1233
紹武	唐王(南明)	1646
勝光	赫連定(夏)	428— 431
証聖	則天武后(周)	695
上元	高宗(唐)	674— 676
	粛宗(唐)	760— 761
貞(じょう)	→てい	
神䴥	太武帝(北魏)	428— 431
神亀	孝明帝(北魏)	518— 520
神功	則天武后(周)	697
神冊	太祖(契丹)	916— 922
神璽	段業(北涼)	397— 399
神爵	宣帝(前漢)	前61—前58
神瑞	明元帝(北魏)	414— 416
神鼎	呂隆(後涼)	401— 403
神鳳	大帝(呉)	252
神竜	中宗(唐)	705— 707
真興	武烈帝(夏)	419— 425
人慶	仁宗(西夏)	1144—1148
仁寿	文帝(隋)	601— 604

【す】

垂拱	則天武后(周)	685— 688
綏和	成帝(前漢)	前8— 前7
崇慶	廃帝(金)	1212—1213
崇禎	毅宗(明)	1628—1644
崇徳	太宗(清)	1636—1643
崇寧	徽宗(北宋)	1102—1106

【せ】

正元	高貴郷公(魏)	254— 256
正光	孝明帝(北魏)	520— 525
正始	斉王(魏)	240— 249
	恵懿帝(北燕)	407— 409
	宣武帝(北魏)	504— 508
正大	哀宗(金)	1224—1231
正統	英宗(明)	1436—1449
正徳	崇宗(西夏)	1127—1134
	武宗(明)	1506—1521
正平	太武帝(北魏)	451— 452

正隆	海陵王(金)	1156—1161
成化	憲宗(明)	1465—1487
征和	武帝(前漢)	前92—前89
青竜	明帝(魏)	233— 237
	廃帝(後趙)	350
政和	徽宗(北宋)	1111—1118
清泰	末帝(後唐)	934— 936
清寧	道宗(遼)	1055—1064
聖暦	則天武后(周)	698— 700
靖康	欽宗(北宋)	1126—1127
赤烏	大帝(呉)	238— 251
先天	玄宗(唐)	712— 713
宣政	武帝(北周)	578
宣統	宗統帝(清)	1909—1911
宣徳	宣宗(明)	1426—1435
宣和	徽宗(北宋)	1119—1125

【そ】

総章	高宗(唐)	668— 670

【た】

大安	恵宗(西夏)	1075—1085
	道宗(遼)	1085—1094
	廃帝(金)	1209—1211
大観	徽宗(北宋)	1107—1110
大業	煬帝(隋)	605— 618
大慶	景宗(西夏)	1036—1038
	仁宗(西夏)	1140—1143
大順	昭宗(唐)	890— 891
大象	静帝(北周)	579— 580
大成	宣帝(北周)	579
大足	則天武后(周)	701
大中	宣宗(唐)	847— 859
大中祥符	真宗(北宋)	1008—1016
大通	武帝(南朝梁)	527— 529
大定	宣帝(後梁)	555— 562
	静帝(北周)	581
	世宗(金)	1161—1189
大統	文帝(西魏)	535— 551
大同	武帝(南朝梁)	535— 546
	太宗(遼)	947
大徳	崇宗(西夏)	1135—1139
	成宗(元)	1297—1307
大宝	簡文帝(南朝梁)	550— 551
大明	孝武帝(南朝宋)	457— 464
大暦	代宗(唐)	766— 779
大和	文宗(唐)	827— 835
太安	恵帝(西晋)	302— 303
	苻丕(前秦)	335— 386
	懿武帝(後涼)	386— 389
	文成帝(北魏)	455— 459
太延	太武帝(北魏)	435— 440
太煕	武帝(西晋)	290
太極	睿宗(唐)	712
太建	宣帝(南朝陳)	569— 582
太元	大帝(呉)	251— 252
	涼文王(前涼)	324— 345
	孝武帝(東晋)	376— 396
太康	武帝(西晋)	280— 289
	道宗(遼)	1075—1084
太興	元帝(東晋)	318— 321
	昭成帝(北燕)	431— 436
太始	武帝(前漢)	前96—前93
	西平冲公(前涼)	355— 363
太初	武帝(前漢)	前104—前101
	苻登(前秦)	386— 393
	武元王(西秦)	388— 400
	武王(南涼)	397— 399
太初元将	哀帝(前漢)	前5
太昌	孝武帝(北魏)	532
太上	慕容超(南燕)	405— 410
太清	武帝(南朝梁)	547— 549
太寧	明帝(東晋)	323— 326
	武帝(後趙)	349
	武成帝(北斉)	561
太平	会稽王(呉)	256— 258
	文成帝(北燕)	409— 430
	敬帝(南朝梁)	556— 557
	聖宗(遼)	1021—1031
太平興国	太宗(北宋)	976— 984
太平真君	太武帝(北魏)	440— 451
太和	明帝(魏)	227— 233
	明帝(後趙)	328— 330
	帰義侯勢(成)	344— 346
	廃帝(東晋)	366— 371
	孝文帝(北魏)	477— 499
泰始	武帝(西晋)	265— 274
	明帝(南朝宋)	465— 471
泰昌	光宗(明)	1620
泰常	明元帝(北魏)	416— 423
泰定	泰定帝(元)	1324—1328
泰予	明帝(南朝宋)	472
泰和	章宗(金)	1201—1208
端拱	太宗(北宋)	988— 989
端平	理宗(南宋)	1234—1236

【ち】

地皇	王莽(新)	20— 23
地節	宣帝(前漢)	前69—前66
治平	英宗(北宋)	1064—1067
致和	泰定帝(元)	1328
中興	慕容永(西燕)	386— 394
	和帝(南斉)	501— 502
	安定王(北魏)	531
中大通	武帝(南朝梁)	529— 534
中大同	武帝(南朝梁)	546— 547
中統	世祖(元)	1260—1264
中平	霊帝(後漢)	184— 189
中和	僖宗(唐)	881— 885
長安	則天武后(周)	701— 704
長慶	穆宗(唐)	821— 824
長興	明宗(後唐)	930— 933
長寿	則天武后(周)	692— 694
長楽	昭武帝(後燕)	399— 401
調露	高宗(唐)	679— 680

【て】

貞元	徳宗(唐)	785— 805
	海陵王(金)	1153—1156
貞観	太宗(唐)	627— 649
	崇宗(西夏)	1101—1114
貞明	末帝(後梁)	915— 921
貞祐	宣宗(金)	1213—1217
禎明	後主(南朝陳)	587— 589
天安	献文帝(北魏)	466— 467
天安礼定	恵宗(西夏)	1086
天嘉	文帝(南朝陳)	560— 566
天会	太宗(金)	1123—1135
	煕宗(金)	1135—1137
天漢	武帝(前漢)	前100—前97
天監	武帝(南朝梁)	502— 519
天紀	末帝(呉)	277— 280
天禧	真宗(北宋)	1017—1021
天儀治平	崇宗(西夏)	1086—1089
天啓	熹宗(明)	1621—1627
天慶	天祚帝(遼)	1111—1120
	桓宗(西夏)	1194—1205
天眷	煕宗(金)	1138—1140
天顕	太祖(契丹)	926
	太宗(契丹)	927— 938
天康	文帝(南朝陳)	566
天興	道武帝(北魏)	398— 404
	哀宗(金)	1232—1234
天冊	末帝(呉)	275
天冊万歳	則天武后(周)	695
天賛	太祖(契丹)	922— 926
天賜	道武帝(北魏)	404— 409
天賜礼盛国慶	恵宗(西夏)	1070—1074
天璽	末帝(呉)	276
	段業(北涼)	399— 401

天授(てんじゅ)	則天武后(周)	690—692
天授礼法延祚(てんじゅれいほうえんそ)	景宗(西夏)	1038—1048
天順(てんじゅん)	幼主阿速吉八(元)	1328
	英宗(明)	1457—1464
天正(てんせい)	予章王(南朝梁)	551
	武陵王(南朝梁)	552—553
天成(てんせい)	貞陽侯(南朝梁)	555
	明宗(後唐)	926—930
天盛(てんせい)	仁宗(西夏)	1149—1169
天聖(てんせい)	仁宗(北宋)	1023—1032
天聡(てんそう)	太宗(清)	1627—1636
天統(てんとう)	後主(北斉)	565—569
天徳(てんとく)	海陵王(金)	1149—1153
天復(てんぷく)	昭宗(唐)	901—904
天福(てんぷく)	高祖(後晋)	936—942
	出帝(後晋)	943—944
	高祖(五代後漢)	947
天平(てんぺい)	孝静帝(東魏)	534—537
天保(てんぽう)	文宣帝(北斉)	550—559
	明帝(後梁)	562—585
天輔(てんぽ)	太祖(金)	1117—1123
天宝(てんぽう)	玄宗(唐)	742—756
天鳳(てんぽう)	王莽(新)	14—19
天命(てんめい)	太祖(清)	1616—1626
天祐(てんゆう)	昭宗(唐)	904
	哀帝(唐)	905—907
天祐垂聖(てんゆうすいせい)	毅宗(西夏)	1050—1052
天祐民安(てんゆうみんあん)	崇宗(西夏)	1090—1097
天暦(てんれき)	文宗(元)	1328—1330
天禄(てんろく)	世宗(遼)	947—951
天和(てんわ)	武帝(北周)	566—572

【と】

唐隆(とうりゅう)	殤帝(唐)	710
登国(とうこく)	道武帝(北魏)	386—396
統和(とうわ)	聖宗(遼)	983—1012
同光(どうこう)	荘宗(後唐)	923—926
同治(どうち)	穆宗(清)	1862—1874
道光(どうこう)	宣宗(清)	1821—1850
徳祐(とくゆう)	恭宗(南宋)	1275—1276

【に】

如意(にょい)	則天武后(周)	692

【ね】

寧康(ねいこう)	孝武帝(東晋)	373—375

【は】

白雀(はくじゃく)	武昭帝(後秦)	384—386
万歳通天(ばんざいつうてん)	則天武后(周)	696—697
万歳登封(ばんざいとうふう)	則天武后(周)	696
万暦(ばんれき)	神宗(明)	1573—1620

【ふ】

普泰(ふたい)	節閔帝(北魏)	531
普通(ふつう)	武帝(南朝梁)	520—527
武成(ぶせい)	明帝(北周)	559—560
武泰(ぶたい)	孝明帝(北魏)	528
武定(ぶてい)	孝静帝(東魏)	543—550
武徳(ぶとく)	高祖(唐)	618—626
武平(ぶへい)	後主(北斉)	570—576
福聖承道(ふくせいしょうどう)	毅宗(西夏)	1053—1056
文徳(ぶんとく)	僖宗(唐)	888
文明(ぶんめい)	睿宗(唐)	684

【ほ】

保大(ほだい)	天祚帝(遼)	1121—1125
保定(ほてい)	武帝(北周)	561—565
保寧(ほねい)	景宗(遼)	969—979
宝応(ほうおう)	代宗(唐)	762—763
宝義(ほうぎ)	末主(西夏)	1226—1227
宝慶(ほうけい)	理宗(南宋)	1225—1227
宝元(ほうげん)	仁宗(北宋)	1038—1040
宝鼎(ほうてい)	末帝(呉)	266—269
宝祐(ほうゆう)	理宗(南宋)	1253—1258
宝暦(ほうれき)	敬宗(唐)	825—827
鳳凰(ほうおう)	末帝(呉)	272—274
鳳翔(ほうしょう)	武烈帝(夏)	413—418
鳳暦(ほうれき)	友珪(後梁)	913
本始(ほんし)	宣帝(前漢)	前73—前70
本初(ほんしょ)	質帝(後漢)	146

【め】

明昌(めいしょう)	章宗(金)	1190—1196
明道(めいどう)	仁宗(北宋)	1032—1033

【よ】

陽嘉(ようか)	順帝(後漢)	132—135
陽朔(ようさく)	成帝(前漢)	前24—前21
雍熙(ようき)	太宗(北宋)	984—987
雍正(ようせい)	世宗(清)	1723—1735
雍寧(ようねい)	崇宗(西夏)	1114—1118

【り】

竜紀(りゅうき)	昭宗(唐)	889
竜朔(りゅうさく)	高宗(唐)	661—663
竜昇(りゅうしょう)	武烈帝(夏)	407—413
竜徳(りゅうとく)	末帝(後梁)	921—923
竜飛(りゅうひ)	懿武帝(後涼)	396—398
隆安(りゅうあん)	安帝(東晋)	397—401
隆化(りゅうか)	後主(北斉)	576
隆慶(りゅうけい)	穆宗(明)	1567—1572
隆興(りゅうこう)	孝宗(南宋)	1163—1164
隆昌(りゅうしょう)	鬱林王(南斉)	494
隆武(りゅうぶ)	唐王(南明)	1645—1646
隆和(りゅうわ)	哀帝(東晋)	362—363
麟嘉(りんか)	昭武帝(前趙)	316—318
	懿武帝(後涼)	389—396
麟徳(りんとく)	高宗(唐)	664—665

【わ】

和平(わへい)	桓帝(後漢)	150
	張祚(前涼)	354—355
	文成帝(北魏)	460—465

日本

【あ】

安永(あんえい)	後桃園・光格	1772—1781
安元(あんげん)	高倉	1175—1177
安政(あんせい)	孝明	1854—1860
安貞(あんてい)	後堀河	1227—1229
安和(あんな)	冷泉・円融	968—970

【え】

永延(えいえん)	一条	987—989
永観(えいかん)	円融・花山	983—985
永久(えいきゅう)	鳥羽	1113—1118
永享(えいきょう)	後花園	1429—1441
永治(えいじ)	崇徳・近衛	1141—1142
永正(えいしょう)	後柏原	1504—1521
永承(えいしょう)	後冷泉	1046—1053
永祚(えいそ)	一条	989—990
永長(えいちょう)	堀河	1096—1097
永徳(えいとく)	後円融・後小松	1381—1384
永仁(えいにん)	伏見・後伏見	1293—1299
永保(えいほう)	白河	1081—1084
永万(えいまん)	二条・六条	1165—1166
永暦(えいりゃく)	二条	1160—1161
永禄(えいろく)	正親町	1558—1570
永和(えいわ)	後円融	1375—1379
延応(えんおう)	四条	1239—1240
延喜(えんぎ)	醍醐	901—923
延久(えんきゅう)	後三条・白河	1069—1074

延享(えんきょう)	桜町・桃園	1744—1748
延慶(えんきょう)	花園	1308—1311
延元(えんげん)	後醍醐・後村上	1336—1340
延長(えんちょう)	醍醐・朱雀	923— 931
延徳(えんとく)	後土御門	1489—1492
延文(えんぶん)	後光厳	1356—1361
延宝(えんぽう)	霊元	1673—1681
延暦(えんりゃく)	桓武	782— 806

【お】

応安(おうあん)	後光厳・後円融	1368—1375
応永(おうえい)	後小松・称光	1394—1428
応長(おうちょう)	花園	1311—1312
応徳(おうとく)	白河・堀河	1084—1087
応仁(おうにん)	後土御門	1467—1469
応保(おうほう)	二条	1161—1163
応和(おうわ)	村上	961— 964

【か】

嘉永(かえい)	孝明	1848—1854
嘉応(かおう)	高倉	1169—1171
嘉吉(かきつ)	後花園	1441—1444
嘉慶(かけい)	後小松	1387—1389
嘉元(かげん)	後二条	1303—1306
嘉承(かじょう)	堀河・鳥羽	1106—1108
嘉祥(かじょう)	仁明・文徳	848— 851
嘉禎(かてい)	四条	1235—1238
嘉保(かほう)	堀河	1094—1096
嘉暦(かりゃく)	後醍醐	1326—1329
嘉禄(かろく)	後堀河	1225—1227
寛永(かんえい)	後水尾・明正	1624—1644
寛延(かんえん)	桃園	1748—1751
寛喜(かんぎ)	後堀河	1229—1232
寛元(かんげん)	後嵯峨・後深草	1243—1247
寛弘(かんこう)	一条	1004—1012
寛治(かんじ)	堀河	1087—1094
寛正(かんしょう)	後花園・後土御門	1460—1466
寛政(かんせい)	光格	1789—1801
寛徳(かんとく)	後朱雀・後冷泉	1044—1046
寛和(かんな)	花山・一条	985— 987
寛仁(かんにん)	後一条	1017—1021
寛平(かんぴょう)	宇多・醍醐	889— 898
寛文(かんぶん)	後西・霊元	1661—1673
寛保(かんぽう)	桜町	1741—1744
観応(かんのう)	崇光	1350—1352
元慶(がんぎょう)	陽成・光孝	877— 885

【き】

久安(きゅうあん)	近衛	1145—1151
久寿(きゅうじゅ)	近衛・後白河	1154—1156
享徳(きょうとく)	後花園	1452—1455
享保(きょうほう)	中御門・桜町	1716—1736
享禄(きょうろく)	後奈良	1528—1532
享和(きょうわ)	光格	1801—1804

【け】

慶安(けいあん)	後光明	1648—1652
慶雲(けいうん)	文武・元明	704— 708
慶応(けいおう)	孝明・明治	1865—1868
慶長(けいちょう)	後陽成・後水尾	1596—1615
建永(けんえい)	土御門	1206—1207
建久(けんきゅう)	後鳥羽・土御門	1190—1199
建治(けんじ)	後宇多	1275—1278
建長(けんちょう)	後深草	1249—1256
建徳(けんとく)	長慶	1370—1372
建仁(けんにん)	土御門	1201—1204
建保(けんぽう)	順徳	1213—1219
建武(けんむ)	後醍醐・光明	1334—1336
建暦(けんりゃく)	順徳	1211—1213
乾元(けんげん)	後二条	1302—1303
元永(げんえい)	鳥羽	1118—1120
元応(げんおう)	後醍醐	1319—1321
元亀(げんき)	正親町	1570—1573
元久(げんきゅう)	土御門	1204—1206
元慶(げんけい)	→がんぎょう	
元亨(げんこう)	後醍醐	1321—1324
元弘(げんこう)	後醍醐	1331—1334
元治(げんじ)	孝明	1864—1865
元中(げんちゅう)	後亀山	1384—1392
元徳(げんとく)	後醍醐・光厳	1329—1331
元和(げんな)	後水尾	1615—1624
元仁(げんにん)	後堀河	1224—1225
元文(げんぶん)	桜町	1736—1741
元暦(げんりゃく)	後鳥羽	1184—1185
元禄(げんろく)	東山	1688—1704

【こ】

弘安(こうあん)	後宇多・伏見	1278—1288
弘化(こうか)	仁孝・孝明	1844—1848
弘治(こうじ)	後奈良・正親町	1555—1558
弘長(こうちょう)	亀山	1261—1264
弘仁(こうにん)	嵯峨・淳和	810— 824
弘和(こうわ)	長慶・後亀山	1381—1384
康安(こうあん)	後光厳	1361—1362
康永(こうえい)	光明	1342—1345
康応(こうおう)	後小松	1389—1390
康元(こうげん)	後深草	1256—1257
康治(こうじ)	近衛	1142—1144
康正(こうしょう)	後花園	1455—1457
康平(こうへい)	後冷泉	1058—1065
康保(こうほう)	村上・冷泉	964— 968
康暦(こうりゃく)	後円融	1379—1381
康和(こうわ)	堀河	1099—1104
興国(こうこく)	後村上	1340—1346

【さ】

斉衡(さいこう)	文徳	854— 857

【し】

至徳(しとく)	後小松	1384—1387
治安(じあん)	後一条	1021—1024
治承(じしょう)	高倉・安徳	1177—1181
治暦(じりゃく)	後冷泉・後三条	1065—1069
朱鳥(しゅちょう)	天武	686
寿永(じゅえい)	安徳・後鳥羽	1182—1184
正安(しょうあん)	後伏見・後二条	1299—1302
正応(しょうおう)	伏見	1288—1293
正嘉(しょうか)	後深草	1257—1259
正慶(しょうきょう)	光厳	1332—1334
正元(しょうげん)	後深草・亀山	1259—1260
正治(しょうじ)	土御門	1199—1201
正中(しょうちゅう)	後醍醐	1324—1326
正長(しょうちょう)	称光・後花園	1428—1429
正徳(しょうとく)	中御門	1711—1716
正平(しょうへい)	後村上・長慶	1346—1370
正保(しょうほう)	後光明	1644—1648
正暦(しょうりゃく)	一条	990— 995
正和(しょうわ)	花園	1312—1317
昌泰(しょうたい)	醍醐	898— 901
承安(じょうあん)	高倉	1171—1175
承応(じょうおう)	後光明・後西	1652—1655
承久(じょうきゅう)	順徳・仲恭	1219—1222
承元(じょうげん)	土御門・順徳	1207—1211
承徳(じょうとく)	堀河	1097—1099
承平(じょうへい)	朱雀	931— 938
承保(じょうほう)	白河	1074—1077
承暦(じょうりゃく)	白河	1077—1081
承和(じょうわ)	仁明	834— 848
昭和(しょうわ)	昭和	1926—1989
貞永(じょうえい)	後堀河・四条	1232—1233
貞応(じょうおう)	後堀河	1222—1224
貞観(じょうがん)	清和・陽成	859— 877
貞享(じょうきょう)	霊元・東山	1684—1688
貞元(じょうげん)	円融	976— 978
貞治(じょうじ)	後光厳	1362—1368
貞和(じょうわ)	光明・崇光	1345—1350
神亀(じんき)	聖武	724— 729
神護景雲(じんごけいうん)	称徳	767— 770

【た】

大永(たいえい)	後柏原・後奈良	1521—1528
大化(たいか)	孝徳	645— 650

大治	だいじ	崇徳	1126—1131
大正	たいしょう	大正	1912—1926
大同	だいどう	平城・嵯峨	806— 810
大宝	たいほう	文武	701— 704

【ち】

治 →じ			
長寛	ちょうかん	二条	1163—1165
長久	ちょうきゅう	後朱雀	1040—1044
長享	ちょうきょう	後土御門	1487—1489
長元	ちょうげん	後一条・後朱雀	1028—1037
長治	ちょうじ	堀河	1104—1106
長承	ちょうしょう	崇徳	1132—1135
長徳	ちょうとく	一条	995— 999
長保	ちょうほう	一条	999—1004
長暦	ちょうりゃく	後朱雀	1037—1040
長禄	ちょうろく	後花園	1457—1460
長和	ちょうわ	三条・後一条	1012—1017

【て】

貞 →じょう			
天安	てんあん	文徳・清和	857— 859
天永	てんえい	鳥羽	1110—1113
天延	てんえん	円融	973— 976
天応	てんおう	光仁・桓武	781— 782
天喜	てんぎ	後冷泉	1053—1058
天慶	てんぎょう	朱雀・村上	938— 947
天元	てんげん	円融	978— 983
天治	てんじ	崇徳	1124—1126
天授	てんじゅ	長慶	1375—1381
天正	てんしょう	正親町・後陽成	1573—1592
天承	てんしょう	崇徳	1131—1132
天長	てんちょう	淳和・仁明	824— 834
天徳	てんとく	村上	957— 961
天和	てんな	霊元	1681—1684
天仁	てんにん	鳥羽	1108—1110
天平	てんぴょう	聖武	729— 749
天平感宝	てんぴょうかんぽう	聖武	749
天平勝宝	てんぴょうしょうほう	孝謙	749— 757
天平神護	てんぴょうじんご	称徳	765— 767
天平宝字	てんぴょうほうじ	孝謙・淳仁・称徳	757— 765
天福	てんぷく	四条	1233—1234
天文	てんぶん	後奈良	1532—1555
天保	てんぽう	仁孝	1830—1844
天明	てんめい	光格	1781—1789
天養	てんよう	近衛	1144—1145
天暦	てんりゃく	村上	947— 957
天禄	てんろく	円融	970— 973

【と】

徳治	とくじ	後二条・花園	1306—1308

【に】

仁安	にんあん	六条・高倉	1166—1169
仁治	にんじ	四条・後嵯峨	1240—1243
仁寿	にんじゅ	文徳	851— 854
仁和	にんな	光孝・宇多	885— 889
仁平	にんぺい	近衛	1151—1154

【は】

白雉	はくち	孝徳	650— 654

【ふ】

文安	ぶんあん	後花園	1444—1449
文永	ぶんえい	亀山・後宇多	1264—1275
文応	ぶんおう	亀山	1260—1261
文化	ぶんか	光格・仁孝	1804—1818
文亀	ぶんき	後柏原	1501—1504
文久	ぶんきゅう	孝明	1861—1864
文治	ぶんじ	後鳥羽	1185—1190
文正	ぶんしょう	後土御門	1466—1467
文政	ぶんせい	仁孝	1818—1830
文中	ぶんちゅう	長慶	1372—1375
文和	ぶんな	後光厳	1352—1356
文保	ぶんぽう	花園・後醍醐	1317—1319
文明	ぶんめい	後土御門	1469—1487
文暦	ぶんりゃく	四条	1234—1235
文禄	ぶんろく	後陽成	1592—1596

【へ】

平治	へいじ	二条	1159—1160
平成	へいせい		1989—

【ほ】

保安	ほうあん	鳥羽・崇徳	1120—1124
保延	ほうえん	崇徳	1135—1141
保元	ほうげん	後白河・二条	1156—1159
宝永	ほうえい	東山・中御門	1704—1711
宝亀	ほうき	光仁	770— 781
宝治	ほうじ	後深草	1247—1249
宝徳	ほうとく	後花園	1449—1452
宝暦	ほうれき	桃園・後桜町	1751—1764

【ま】

万延	まんえん	孝明	1860—1861
万治	まんじ	後西	1658—1661
万寿	まんじゅ	後一条	1024—1028

【め】

明応	めいおう	後土御門	1492—1501
明治	めいじ	明治	1868—1912
明徳	めいとく	後小松	1390—1394
明暦	めいれき	後西	1655—1658
明和	めいわ	後桜町・後桃園	1764—1772

【よ】

養老	ようろう	元正	717— 724
養和	ようわ	安徳	1181—1182

【り】

暦応	りゃくおう	光明	1338—1342
暦仁	りゃくにん	四条	1238—1239

【れ】

霊亀	れいき	元正	715— 717

【わ】

和銅	わどう	元明	708— 715

中国歴代王朝表

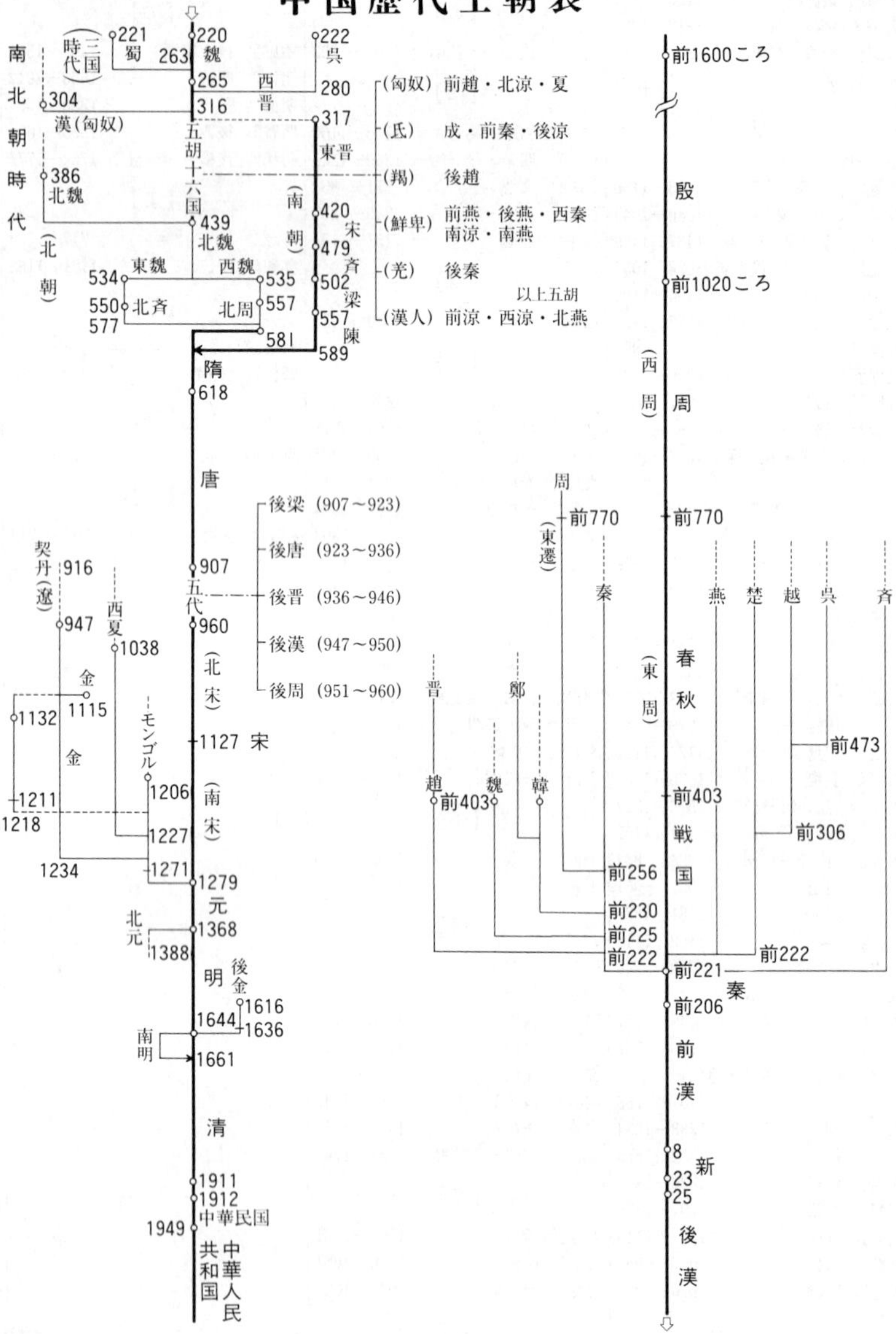

前1600ころ
殷
前1020ころ
(西周)
周
前770
前770
周
(東遷)
秦
燕
楚
越
呉
斉
(東周)
春
秋
晋
鄭
前473
趙
前403
魏
韓
前403
戦
国
前306
前256
前230
前225
前222
前222
前221
秦
前206
前
漢
8
新
23
25
後
漢
220
魏
221
蜀
222
呉
三国時代
263
265
西晋
280
南北朝時代
304
漢(匈奴)
316
317
東晋
五胡十六国
(匈奴)　前趙・北涼・夏
(氐)　成・前秦・後涼
(羯)　後趙
(鮮卑)　前燕・後燕・西秦
南涼・南燕
(羌)　後秦
以上五胡
(漢人)　前涼・西涼・北燕
386
北魏
(北朝)
(南朝)
420
宋
439
北魏
479
斉
東魏
西魏
534
535
502
梁
550
北斉
北周
557
557
陳
577
581
589
隋
618
唐
907
五代
後梁　(907～923)
後唐　(923～936)
後晋　(936～946)
後漢　(947～950)
後周　(951～960)
960
(北宋)
契丹(遼)
916
947
西夏
1038
金
1115
1132
金
1127　宋
モンゴル
1206
(南宋)
1211
1218
1227
1234
1271
1279
元
北元
1368
1388
明
後金
1616
1644
1636
南明
1661
清
1911
1912
中華民国
1949
中華人民共和国

目　七六一
矛　七七二
矢　七七三
石　七七五
示（ネ）　七八四
内　七九三
禾　七九四
穴　八〇五
立　八一一
旡（无）　四九〇
氺（水）　六二〇
牙（牙）　七〇一
罒　八七五
衤　九八〇

六画

竹　八一四
米　八三三
糸　八三八
缶　八七四
网（罒 円）　八七五
羊（⺶ 羊 ⺷）　八七九
羽（羽 ⺻）　八八三
老（耂）　八八七
而　八九一
耒（耒）　八九一
耳　八九三
聿　八九八
肉　八九九
自　九〇〇
至　九〇二
臼（臼）　九〇三
舌　九〇五
舛（舛）　九〇五
舟　九〇六
艮　九〇九
色　九一〇
艸（艹 艹 艹）　九一一
虍　九五五
虫　九五九
血　九七三
行　九七四
衣　九七四
襾（覀）　九八七

七画

臣　九九〇
見　九九一
角　九九五
言　九九八
谷　一〇三〇
豆　一〇三一
豕　一〇三三
豸　一〇三四
貝　一〇三六
赤　一〇五〇
走　一〇五一
足（⻊）　一〇五五
身　一〇六五
車　一〇六六
辛　一〇七七
辰　一〇七八
辵（⻌ ⻍）　一〇七九
邑（阝）　一一〇六
酉　一一一四
釆　一一二〇
里　一一二〇
臼（臼）　九〇三
舛（舛）　九〇五
麦（麥）　一二六三

八画

金　一一二三
長　一一四五
門　一一四七
阜（阝）　一一五六
隶　一一六九
隹　一一七〇
雨（⻗）　一一七五
青（靑）　一一八三
非　一一八五
食（食）　一二〇七
斉（齊）　一二七四

九画

面　一一八六
革　一一八七
韋　一一九〇
韭　一一九二
音　一一九二
頁　一一九三
風　一二〇三
飛　一二〇六
食（飠 食）　一二〇七
首　一二一四
香　一二一五

十画

馬　一二一六
骨　一二二七
高　一二二八
髟　一二三一
鬥　一二三四
鬯　一二三四
鬲　一二三五
鬼　一二三六
竜（龍）　一二七八

十一画

魚　一二三九
鳥　一二四八
鹵　一二六〇
鹿　一二六〇
麥（麦）　一二六三
麻（麻）　一二六四
黃（黄）　一二六五
黑（黒）　一二六七
亀（龜）　一二八〇

十二画

黄（黃）　一二六五
黍　一二六七
黑（黒）　一二六七
黹　一二七〇
歯（齒）　一二七六

十三画

黽　一二七〇
鼎　一二七一
鼓　一二七二
鼠　一二七三

十四画

鼻（鼻）　一二七四
齊（斉）　一二七四

十五画

齒（歯）　一二七六

十六画

龍（竜）　一二七八
龜（亀）　一二八〇

十七画

龠　一二八一

新版
漢語林
［第2版］

鎌田　正
米山寅太郎
著

大修館書店

東京教育大学名誉教授
文学博士
鎌田 正

財団法人静嘉堂文庫長
米山寅太郎

カバー写真　中国／桂林
©JTBフォト

装幀　山崎　登

序

漢籍がわが国に伝来して以来、言語・文学・思想等、わが国の文化が漢字・漢語を媒介として発達したことは、事新しく述べるまでもない。さればわが国の言語文化の跡をたずね、日常の言語生活を営むためには、漢字・漢語に関する豊富にして正しい知識の修得が必要である。ましてわが国の文化の母体となった中国の古典、すなわち漢籍を読解し、広く東洋文化を理解するためには、その必要性はいっそう切実である。

如上の見地から、恩師諸橋轍次博士がライフワークとして『大漢和辞典』全十三巻という前古未曾有の大業を完成して学界に寄与されたことは内外周知のことであるが、私共両人も早くからその編集に協力し、さらには恩師の委嘱により、このほどその修訂版をも完結した。思えば大約半世紀の歳月は茫々夢のごとくに過ぎ去ったが、この間、また別に恩師の委嘱により『新漢和辞典』一冊、『広漢和辞典』全四冊をも編集刊行して、漢字文化圏に生活する各界各層の要求にこたえることができるように努力して来た。長い間にわたり、江湖の各方面から暖かい激励とご支援を頂いたことは感銘にたえないところで、ここに衷心から感謝の意を表する。

翻って思うに、近年における科学技術の進歩はまことに目まぐるしく、言語生活も機械化の開発に伴い、その能率的効果の顕著な反面、漢字・漢語に対する知識が著しく低下し、誤字ないしは狂言戯語ともいうべき当て字の氾濫は、見るにたえないものがある。これは漢字を国字としているわが国民にとっては、きわめて重大なことといわなければならない。この機会にこそ、漢字・漢語に対する正しい知識の修得を目指し、言語生活の正常化を図らなければならない。そのため

には、従来のもの以上に、学校教育との一体化を図った、正確簡明にして使用しやすい漢和辞典の登場がぜひとも必要である。これはまさしく切実な社会的要請である。

そこでこの度改めて学問教育の面で活躍されている別記六名の積極的な協力のもとに慎重な検討を重ね、中学校・高等学校の生徒諸君および一般社会人を対象とする漢和辞典を新たに編集し、これを世におくることとした。名づけて『漢語林』という。漢字は難しく漢和辞典は利用しにくいという世論にきびしい反省を加え、できうる限り親しみやすく利用しやすくするために、さまざまな新工夫をこらして、その現代化に努めた。願わくは本辞典に親しみ、これを活用することによって、漢字・漢語の正しい知識を興味深く修得して、漢文古典の学習に役だてることはもちろんのこと、進んでわが国の言語文化を理解し、日常言語生活の正常化に活用されるよう、切望してやまない。

なお、本辞典の編集刊行に際し、別記六名の執筆協力者のほか、大修館書店編集部山口恒元次長、中原尚道課長、池沢正晃君の献身的努力を頂いたことに対し、深甚の謝意を表する。

昭和六十一年九月一日

著者　鎌田　正
米山寅太郎

執筆協力者

元東京都立小川高等学校長　大竹修一
元千葉大学教授　田部井文雄
元文教大学女子短期大学部教授　國金海二
元静嘉堂文庫次長　土屋泰男
東京成徳大学客員教授・文学博士　菅野禮行
神奈川大学教授　望月真澄

新版の序

本辞典は、時代と共に推移する学校教育と一般社会生活における漢字・漢語の理解と使用の実情を考慮し、主として次の諸項にわたって増補改訂を加え、従前の『漢語林』の内容を一新した。

一、新たに親字五五〇字を増補し、「ＪＩＳ漢字」第一・第二水準の文字はすべて収録明示すると共に、最近注目の異体字・国字の収録にも配慮した。

二、掲載の熟語について検討し、新たに増補して、いっそうの充実を図った。

三、出典・用例として引用した著名な漢詩文には、その読みと口語訳を施して、その理解を容易にした。

四、現代に使用される漢字・漢語の書きかえ・使い分けについて、懇切に説明を施した。

五、漢字や中国文化の理解に資するために、特にコラム欄などを設けて、内容の充実を図った。

平成五年十月

著　者

新版第２版刊行にあたって

平成十二年十二月、国語審議会から、「表外漢字字体表」が答申された。この表は、常用漢字・人名用漢字以外の約千字の漢字について、印刷文字における標準字体としての「印刷標準字体」と、それと入れ替えて使用しても支障ないと判断しうる「簡易慣用字体」とを定めたものである。

本辞典では、これらの漢字について、見出し親字の下に「印刷標準字体」「簡易慣用字体」の種別を表す記号を付すとともに、音訓索引・総画索引においても、それらの種別がわかるよう変更を加えることにした。さらにこの機会に、本文にも若干の訂正を加え、「第２版」として刊行することとした。

平成十三年十月

著　者

この辞典の利用法

一、本文

❶

9

食（𩙿・飠）部

𩙿は八画。

❷

〔部首解説〕 しょく。〔𩙿・飠〕しょくへん。新字体の𩙿は、筆写体による。食を意符として、いろいろな種類の食物や、飲食する行為に関する文字ができている。

❸

食 一三〇七　飧 一三〇八　飩 一三〇八　飾 一三〇九　餌 一三〇九　7 餓 一三一〇　餖 一三一一　餒 一三一一　餞 一三一一　餺 一三一二　餝 一三一二　餾 一三一二　饋 一三一三　13 饗 一三一三　饛 一三一四

2 飢 一三〇七　4 飲 一三〇八　飯 一三〇八　飶 一三〇九　餉 一三一〇　餐 一三一〇　餔 一三一一　館 一三一一　餤 一三一一　餬 一三一二　10 餼 一三一二　饇 一三一二　饑 一三一三　饘 一三一三　17 饞 一三一四

飡 一三〇八　飪 一三〇八　飫 一三〇九　飽 一三〇九　餂 一三一〇　餕 一三一〇　餑 一三一一　餚 一三一一　餟 一三一一　餱 一三一二　餽 一三一二　11 饉 一三一二　饎 一三一三　饕 一三一三　饢 一三一四

飣 一三〇八　飱 一三〇八　5 飴 一三〇九　6 餃 一三〇九　餅 一三一〇　餗 一三一一　餘 一三一一　餛 一三一一　餠 一三一二　餈 一三一二　饁 一三一二　饅 一三一三　饒 一三一三　饔 一三一四

3 飦 一三〇八　飭 一三〇八　飼 一三〇九　餋 一三〇九　養 一三一〇　餧 一三一一　8 餡 一三一一　餴 一三一一　9 餲 一三一二　餳 一三一二　餹 一三一二　12 饐 一三一三　饌 一三一三　14 饜 一三一四

❹ ❺ ❻

(9)0 **【食】** 8711　教 2　ショク・ジキ　くう・くらう・たべる ❽

(9)0 〖食〗 8712

3109　3F29 ⓬

一 漢ショク・呉ジキ　職 shí
二 漢シ・呉ジ　寘 sì
三 イ　寘 yì

⓭

筆順　𠆢 今 今 食 食 食

⓮

【𩙿】本字

字義 一 ❶**くう**。**くらう**。**たべる**。**はむ**。㋐かんで飲みこむ。食事をする。㋑飲む。㋒生計をたてる。生活する。❷めし。たべもの。また、めしを食うこと。食事。〔論語、述而〕発レ憤忘レ食（いきどお(ほ)りを発(ハッ)しては食を忘る）。❸**はむ**。扶持を受ける。扶持。❹**やしなう**。食べさせる。〔唐、韓愈、雑説〕食レ馬者、不下知二其能千里一而食上也（うまをやしなう(ふ)ものは、そのノウのセンリなるをしりてやしなわ(は)ざるなり）。❺うける。受け入れる。また、用いる。❻まどわす。まどわせる。❼いつわる。けす。取り消す。❽かける（欠）。日月が欠ける。＝蝕(ショク)。「日食」❾まつる。祭られる。❿めでたいしるし。吉兆。

二 ❶**やしなう**（やしなふ）。食べさせる。育てる。かう（飼）。❷めし。食糧。

三 人名。酈食其(レキイキ)は、漢の高祖に仕えた論客。

名乗 あき・うけ・くら・け・みけ　難読 食満(けま)

⓰ ⓱

参考 現代表記では〔蝕〕（6811）の書きかえに用いることがある。「皆既蝕→皆既食」「月蝕→月食」「蝕甚→食尽」「侵蝕→侵食」「日蝕→日食」「腐蝕→腐食」

⓲

使いわけ **くう・くらう**〔食・喰〕

現代表記では、「くう」はすべて〔食〕を用いるが、大いに飲んだり食ったりすることを強調したり、それが好ましくないことであることを示すために〔喰〕を用いる場合もある。「大飯を喰う・泡を喰う・出喰わす」

⓳

解字 甲骨文　金文　篆文

象形。甲骨文でよくわかるように、食器に食物を盛り、それにふたをした形にかたどり、たべもの・くうの意味を表す。

⓴

▼悪食・衣食・火食・寒食・甘食・寄食・血食・月食・菜食・蚕食・酒食・冗食・侵食・寝食・節食・鮮食・大食・断食・徒食・肉食・日食・馬食・飯食・伴食・美食・服食・腐食・偏食・暴食・粒食

㉑

【食貨】ショッカ　穀物と財貨。民生をささえる根本となるもの。転じて、経済。

【食客】ショッカク　①客分としてかかえた家来。②飲食店に料理を食べに来る客。③国他人の家に寄食する者。いそうろう。

【食気（氣）】ショッキ　①気を食う。鬼神が供物を食べること。②空気を吸う。道家の養生法の一つ。今の深呼吸の類。③穀物を食う気持ち。④国くい(ひ)け　食欲。

【食牛△之気（氣）】ショクギュウのキ　牛をも食べるほどの大きな気性。幼少の時から大志のあることをいう。呑牛之気(ドンギュウのキ)。

【食△頃】ショッケイ　食事するぐらいのわずかな時間。「食頃にしては、しばらくして・まもなく。

【食言】ショクゲン　言をはむ。自分の前に言ったことばを食べてしまう意で、それにそむき、それを実行しないこと。「うそをつく」こと。

【食指動】ショクシうごく　①人さし指がひとりでに動く。鄭(テイ)の公子宋(ソウ)が自分の人さし指の動くのを見て、ごちそうを得る前兆だと言った故事。〔左伝、宣公四〕②転じて、ある物事に対して、ほしいという気持ちの起きることをいう。

【食△餌】ショクジ　①食いもの。かて。②餌(え)を食う。

【食傷】ショクショウ　国①食あたり。食中毒。②食べあきること。③何度も同じようなことに接してあきること。

③名を書き足す。④上に奉る。

【頂▲戴】チョウダイ　①頭にいただく。おしいただく。②清代シンに官吏の帽子のいただきに珠玉金石をつけてその等級を区別したしるし。③国もらい受けることの敬語。拝受。

【頂門一針】チョウモンのイッシン　（針は、鍼とも書く）　頭のいただきに刺した一本の針。人の急所をおさえる、きびしいいましめのたとえ。頂門金椎チョウモンキンツイ。頂門鍼チョウモンシン。

【頂門金▲椎】チョウモンキンツイ　頭上を打つ鉄のつち。目ざめさせる、きびしいいましめのたとえ。頂門一針。

【頂礼(禮)】チョウライ　仏インド古代の最敬礼の形式。長者の前にひれ伏して、頭を地につけ、その人の足もとで拝む。

❾　❼(1)

(12)3　【項】8628　常　コウ　漢コウ（カウ）・呉ゴウ（ガウ）　講　xiàng　2564　*3960*

❿　⓫

筆順　ェ　玎　項　項

字義　❶うなじ。くびすじ。くびの後の部分。❷くび（頸ケイ）。❸冠のうしろ。❹おおきい（大）。❺ことがら。「事項」❻分類の条目。法令では、款の下、目の上。「項目」❼法律などの箇条。「条項」❽数学用語。数式で組み立ての要素となる数。「同類項」

解字　文　篆　形声。頁＋工音。音符の工は、後に通じ、うしろの意味。首のうしろ、うなじの意味を表す。

▼事項・条項

【項羽】コウウ　＝項籍。

【項王】コウオウ　＝項籍。

【項籍】コウセキ　秦末シンマツの武将。字あざなは羽。秦討伐の兵を挙げ、秦王子嬰シエイを殺した後、沛公ハイコウ（後の漢の高祖）と天下を争い垓下ガイカの戦いで敗れ、烏江ウコウ（今の安徽アンキ省内）で自殺した。鴻門コウモンの会・垓下の歌などで知られる。（前二三二―前二〇二）

〔項羽〕

【項荘(莊)】コウソウ　秦末シンマツの豪傑。項羽のいとこ。鴻門コウモンの会に剣舞によって沛公ハイコウ（後の漢の高祖）を討とうとして失敗した。

【項背相望】コウハイあい(ひ)のぞむ　前後の人がたがいにうなじと背なかを見合う。人の往来のひんぱんなたとえ。

【項伯】コウハク　秦末シンマツ漢初の武将。項羽のおじ。名は纏テン。伯は字あざな。楚ソの将軍であったが、鴻門コウモンの会に沛公ハイコウ（後の漢の高祖）をかばい、のち漢に仕えて射陽侯シャヨウコウに封ぜられ、劉氏リュウシの姓を賜った。（?―前一九二）

【項目】コウモク　小さい箇条。小分類。

【項領】コウリョウ　①大きな頸くび。②くび（頸ケイ）。また、うなじ。くびの後の部分。③要害の地のたとえ。

❼(3)

(12)3　【須】8629　人　漢シュウ（シウ）・呉ス・シュ　虞　xū　3160　*3F5C*

筆順　彡　犭　須　須

字義　❶まつ。待ちうける。❷もちいる。必要とする。助けとする。「必須」❸ねがう。のぞむ。求める。また、求め。❹ひげ。あごひげ。＝鬚シュ。❺とどまる（止）。❻しばらく。しばらくして。「須臾シュユ」❼すべからく…べし。⇩助字解説

⓯(2)

✝助字解説　すべからく……べし。再読文字。ぜひ……する必要がある。……することが大切である。〔貝原益軒、慎思録〕病愈多忘レ慎　須三常思二病苦時一〈病気が治ると慎重さを忘れがちである。ぜひとも病苦の時を忘れないようにすべきである〉

名乗　もとむ　難読　須軽谷すがりや・須受武良すずむら

⓯(3)　㉒　❼(2)

解字　金文　篆文　象形。金文は、顔面にひげのある人の形にかたどり、ひげの意味を表す。須は、彡＋頁の会意。また、需に通じ、まちもとめる意味をも表す。

【須▲鬚】シュゼン　あごひげと、ほおひげ。鬚髯シュゼン。

【須▲弥(彌)山】シュミセン　仏須弥は梵語ボンSumeruの音訳で、妙高の意。太陽がこの山の陰に入れば夜となり、現れると昼となるという、海中にある大山。蘇迷盧ソメイロ。修迷楼スメイロ。

【須▲弥(彌)壇】シュミダン　仏寺院などで本尊を安置する壇。須弥山シュミセンにかたどったもの。須弥座シュミザ。

【須▲臾】シュユ　①しばらく。少しの間。暫時。寸刻。〔唐、白居易、燕詩示二劉叟一〕須臾十来往、猶恐二巣中饑一〈わずかの間に十往復もしても、それでもまだ、巣の中のひなが腹をすかせているのではないかと心配する〉〔唐、劉廷芝、代下悲二白頭一翁上詩〕→宛転の②（三九九ページ）。②仏一昼夜の三十分の一の時間。

【須要】シュヨウ　①最も必要なこと。たいせつなこと。②すべからくヨウすべし　ぜひとも…しなければならない。

【不▲須】もちいず　…するに及ばない。「不レ須レ辞〈辞退するに及ばない〉」

(12)3　【順】8630　教4　ジュン　漢シュン・呉ジュン　震　shùn　2971　*3D67*

❶ 部首

『康熙(コウキ)字典』には二百十四種の部首が立てられている。この辞典の部首立ても『康熙字典』の方式にもとづくが、次の点について新しい工夫を加えた。

(1) 部首の新設

ッ部を新たに設けて、新字体のうち従来の部首では分類しがたい単・巣・営・厳などの文字を収めた。

(2) 部首の合併

次の部首は、形が類似するので合併した。

匚(はこがまえ)と匸(かくしがまえ)、夂(ふゆがしら)と夊(すいにょう)、彳(ぎょうにんべん)と行(ゆきがまえ)、日(ひ)と曰(ひらび)、月(つき)と肉月(にくづき)（肉部の文字で月の形になるもの）合併した場合、親字の上に、もとの部首を記した。

(3) 部首の分離

次の部首は、もとは同じ部首としてまとめられていたが、字形が異なるので分離した。

刀(かたな)と刂(りっとう)、心(こころ)と忄(りっしんべん)、手(て)と扌(てへん)、水(みず)と氵(さんずい)、火(ひ)と灬(れんが)、犬(いぬ)と犭(けものへん)、网(あみがしら)と罒(よこめ)、肉(にく)と肉月(にくづき)、衣(ころも)と衤(ころもへん)、邑(ユウ)と阝(おおざと)、阜(フ)と阝(こざと)

以上は、もとの文字が偏・傍(つくり)・冠(かんむり)・脚(あし)などになるときに字形が変化したものである。分離した部首は、もとの部首の直後に置いた。

なお、老(ロウ)と耂(おいかんむり)、艸(ソウ)と艹・艹(くさかんむり)、辵(チャク)と辶・辶(しんにゅう)、などもも字形が著しく異なるが、これらは従来どおり一括してある。また示と礻(しめすへん)、齊(セイ)と斉、齒(シ)と歯など、新旧字体の関係にある文字も一括してある。

以上のような場合、この辞典ではどの字形からでも引けるよう、変化した形や新字体も掲げてある。

❷ 部首解説

個々の部首文字が意符としてどのような意味を持つかについて、部首見出しのあとに「部首解説」を設けて説明した。

(1) 意符と音符

「二、索引」の項でも述べるように、「聞」は門部でなく、耳部に所属する。それは、耳が聞の意符（門は音符）だからである。「問」が口部、「悶(モン・もだえる)」が心部であるのも同じ理由による。漢字の大半は意符と音符とからなる形声文字であるから、この点を理解しておくことは部首索引を使いこなす上でも大切である。

部首文字の中には、意符とならないものも一部含まれる。「一・丨・丶・丿・乙・亅・亠」などがそれである。これらの部首は、主として象形・指事文字などを字形上から分類するために設けられたもので、特定の意味は持たない。

(2) 部首の名称

部首の呼び方には、慣習的に定まっているものもあるが、全体としては名称のきまらないものが多い。また、たとえば人部の亻は「にんべん」と呼ぶが、人部そのものには「じんぶ」ともいい、「ひとのぶ」ともいい、一定していない。

この辞典では試みにすべての部首に名称をつけ、「部首解説」の冒頭にそれを示した。従来の名称を採用したほか、書道や印刷関係ですでに用いられている名称の中から、わかりやすいもの、親しみやすいものを選んで掲げる方針をとった。別称の類もなるべく多く示した。

❸ 部首内総文字一覧

その部首に属する親字をすべて掲げ、その所在のページ及び常用漢字・表外漢字の別を色で示した。また、所属部首のまぎらわしいものについては、参照ページを示した。

❹ 所属部首と画数

(1) 所属部首

この辞典では、親字にはいちいち所属の部首を示さないが、旧字体が新字体と部首を異にする場合や、部首を合併した場合には、本来の部首を示した。

(9)5 【為】4457 常 イ 為替かわせ 1657 3059
(12)爪8 〔爲〕4458 人 許 ㊐イ(ヰ)㊇ ㊐イ(ヰ)㊇ wéi 6410 602A

(8)肉4 【肥】3137 教5 ヒ こえる・こえ・こやす・こやし 4078 486E

(8)月4 【服】3138 教3 フク 4194 497E

(2) 画数

一筆で続けて書く形を1画と数える。与や及のように折れ曲がった形をもつ文字でも、その部分は1画と数える。比の第二筆め、衣の第四筆めなどは、活字では2画のように見えるが、書くときはレのように続けるから1画である。

止や足が偏になって、𣥂・𧾷の形になる場合、たとえば此シや路などの左下のレの部分は一筆で書く。ただし、この辞典では、この場合に限って、レの形を2画に数える方式をとった。𣥂は4画、𧾷は7画に数える。部首としてのもとの文字（止4画、足7画）と画数を合わせるためである。したがって、此・路はそれぞれ6画と13画、また、紫は糸部6画・総12画、鷺ロは鳥部13画・総24画である。

この辞典では、総画数を親字の左上に( )に入れて示し、部首内画数を右上に示した。

❺ 親字（見出し文字）

(1) 収録範囲

親字は、漢籍に用いられる主要な文字、および一般社会生活に必要な常用漢字を中心とし、異体字・国字などを含め、九、四〇六字を精選して収録した。

特に、次の文字はすべて収録した。

ア、常用漢字表の文字（⇩❼(1)(2)）

イ、人名用漢字別表の文字（⇩❼(3)）

ウ、情報交換用漢字符号の第一水準・第二水準の文字（⇩⓬）

なお、現代の中国で用いられる簡略字体（簡化字）約一千字を付録に収めた。（巻末付録「中国簡化字表」→巻末四〇ページ）

(2) 字体

常用漢字表・人名用漢字用別表の文字については、それぞれの表の字体によった。それ以外の文字については『康熙コウキ字典』にもとづき、字体について検討を加えて、より正確を期した。

常用漢字・人名用漢字のうち、旧来の字体を改めたもの（いわゆる〈新字体〉）については、左の例のように親字見出しとしてまず新字体を掲げ、次に旧来の字体（いわゆる〈旧字体〉）を掲げた。

(9)5 【為】4457 常 イ 為替かわせ 1657 3059
(12)爪8 〔爲〕4458 人 許 ㊐イ(ヰ)㊇ ㊐イ(ヰ)㊇ wéi 6410 602A

また、旧字体は、本来の部首・画数の位置にも見出しを立てた。その場合、親字番号は、( )に入れて示した。

(12)8 【爲】(4458) ィ 為(4457)の旧字体。→六九ページ。 6410 602A

熟語の項では、㉒の(1)ウのように旧字体を〔 〕に入れて示し、熟語中の親字については省略した。

(3) 配列

親字は、この辞典の部首立て（⇩❶）にしたがい配列した。同一部首内は、画数順に、同画数の場合は、五十音順に配列した。

また、〈国字〉は、同画数の末尾に置いた。

❻ 親字番号

この辞典のすべての親字に一連の番号を付した。この番号は、参照見出しなどに用いる。

(15)11【熈】4481　囚キ　図 xi　―8406 *7426*

(15)11【煕】4482　△キ　熈(4481)の俗字。↓中段。　―6371 *5F67*

❼ 常用漢字・教育漢字・人名用漢字など

(1) **常用漢字**（色刷り。記号、常。索引ではジ）

「常用漢字表」（昭和五十六年十月、内閣告示）で選定された一、九四五字の漢字をいう。同表は一般の社会生活における漢字使用の目安を示すもので、その漢字の種類と、字体および音訓（読み）とを同時に定めたものである。この辞典の親字の字体も、常用漢字については同表による。

常用漢字以外の漢字は、一般に〈**表外漢字**〉と呼んでいる。この辞典の親字と熟語見出しでは、△印の記号を用いて表外漢字を表示している。

(2) **教育漢字**（色刷り。記号、教。右側の数字は配当学年。索引ではキ）

常用漢字のうち、小学校六年間に学習することになっている漢字。もと「当用漢字別表」で選定された八八一字を指したが、平成四年より施行の小学校学習指導要領の学年別漢字配当表には、これに一二五字を加えた一〇〇六字が示されている。

(3) **人名用漢字**（パーレンのみ色刷り。記号、囚。索引ではナ）

常用漢字のほかに人名として使用することが認められている二八五字の漢字。戸籍法施行規則の附則（平成二年三月法務省令、平成九年十二月一部改正）に「人名用漢字別表」として定められている。常用漢字・人名用漢字以外の漢字を子どもの名づけに使うことはできない。（⇩「人名用漢字一覧」付録一三四四ページ）

(4) **人名用漢字許容字体**（記号、囚許）

人名として使用する漢字の字体は「常用漢字表」「人名用漢字別表」に掲げられたものによるが、例外としてそれらの〈旧字体〉の使用が認められている二〇五字の漢字。前記の戸籍法施行規則で「当分の間、子の名に用いることができる」とされている。（↓「人名用漢字許容字体表」付録一三四六ページ）

(5) **国字**（記号、国字）

漢字の構成にならって、わが国で作られた文字を〈**国字**〉という。詳しくは、コラム・国字（一二二四ページ）参照。

(6) **「表外漢字字体表」に掲載された漢字**

印刷標準字体は記号 標 を、簡易慣用字体は記号 簡 を付した。詳しくは、巻末付録三三ページを参照。

❽ 常用漢字表音訓

常または教の記号の下に、常用漢字表で認められた**音**（片仮名）**訓**（平仮名）および〈**熟字訓**〉を掲げた。

ア、訓読みの太字・細字の区別は、送りがなの付け方を示す。

(1)0【一】1　教1　イチ・イツ　ひと・ひとつ　漢イツ・呉イチ　置 yi　一日(ついたち)・一人(ひとり)　―1676 *306C*

イ、〈熟字訓〉とは為替(かわせ)のように二字以上の熟語に当てられた慣用的な読みで、常用漢字表の「付表」には一一〇例が挙げられている。（神楽(かぐら)・土産(みやげ)・五月雨(さみだれ)など）

❾ 字音

(1) **字音について**

漢字の発音を〈**字音**〉または単に〈**音**〉といい、それが中国から伝えられた年代や慣用によって、一般に次の四種に分類される。

漢音　ほぼ奈良時代から平安時代初期にかけて伝えられた音。隋（イズ）・唐の時代の長安地方の発音にもとづく。（記号、漢）

呉音　漢音伝来以前に伝えられた音。（記号、呉）

唐音　ほぼ鎌倉時代から江戸時代にかけて伝えられた音。（記号、唐）

慣用音　右以外に、日本で慣習的に用いられる音。（記号、慣）

この辞典では、字音を片仮名で示した。また、以上の種別を記号で表し、それらのうちの主として用いられる音を太字で示した。ただし、漢音・呉音が同音の場合は、漢呉の記号を省略した。詳しくは、コラム・日本の漢字音（六六八ページ）参照。

(2) 字音の歴史的仮名遣い

現代仮名遣いと歴史的仮名遣い（旧仮名遣いともいう）とが異なるものについては、字音の下に歴史的仮名遣いを（　）に入れて示した。

〔為〕の字音ヰがそれに当たる。

(3) 字音と字義の対応

漢字の中には次に掲げる例のように、二つ以上の字音を持つ文字がある。**字音**が異なれば**字義**（文字の意味）も異なるものも多い。その場合、字音・字義のそれぞれに[一][二][三]……の記号をつけて両者の対応関係を示した。

【楽】　[一]**ガク**　[覚] yuè……[一]**おんがく**（音楽）。
[二]**ラク**　[薬] lè　……[二]**たのしい**。
[三]漢**ゴウ**（ガウ）・呉**ギョウ**（ゲウ）[効] yào…[三]**このむ**。

また、日本の漢字音では同音でも、もとの漢語としての〈**四声**〉が異なれば字義も異なる。

【為】　[一]**イ**（ヰ）　[支] wéi……[一]**なす**。する。
[二]**イ**（ヰ）　[寘] wèi……[二]**ため**。**ために**。

右の例でいえば、〈平声〉に発音されるか〈去声〉に発音されるかによって字義が異なる。現代の中国語音においても、この四声と字義との対応関係が明らかである。

⑩ 韻目（韻分類）と四声

字音は、中国の音韻学で〈**声母**〉と〈**韻母**〉とに分析される。〈声母〉は、語頭の子音をいい、声母に続く母音や韻尾（母音のあとにつく-n, -ng や -p, -t, -k などの音）を〈韻母〉という。また、字音には四種の音調（声調）があり、これを〈**四声**〉という。たとえば「点」の現代中国語音 diǎn でいうと、その声母は d、韻母は iǎn、四声は韻母の上の記号 ˇ で表されている。

〈**韻目**〉は、四声と韻母の種類を表す。唐代の辞書では、二百六韻の韻目が立てられていたが、後に統合されて百六種となった。この辞典の韻目もその〈**百六韻**〉による。韻目は各韻母を代表する文字（韻字）によって表される。韻字は□で囲み、四声は次のように示した。

□—平声　□—上声　□—去声　□—入声

これは、中古の漢語の分類であって、現代中国語のそれとは異なる。現代語（北京語による）との対応を示せば次の通りである。

漢語　平声　上声　去声　入声

現代語　陰平（一声）　陽平（二声）　上声（三声）　去声（四声）

中古漢語の平声は現代語で陰平と陽平とに分かれる。上声・去声はそのまま対応する。入声は消滅して、陰平・陽平・上声・去声に分化した。漢詩の〈平仄〉〈押韻〉については、コラム・漢詩（六六〇ページ）を参照のこと。

⑪ 中国語音

現代中国語の標準音（北京語にもとづく）の発音をローマ字で記した。ローマ字表記は「漢語拼音（オンホウ）方案」によった。現代中国語音の四声は、北京語によって次の記号で示した。

¯—一声（高く平らかな調子）　ˊ—二声（低から高へ急に上る調子）
ˇ—三声（低くゆっくりな調子）　ˋ—四声（高から低へ急に下る調子）

⓬ ＪＩＳコード

この辞典の親字には、日本工業規格（ＪＩＳ）で定められている情報交換用漢字符号（JIS X 0208-1990）の**第一水準漢字集合**（二、九六五字）と**第二水準漢字集合**（三、三九〇字）計六、三五五字のいわゆるＪＩＳ漢字が含まれている。

これらの漢字については、情報交換用漢字符号の区点番号（上段）と十六進コード（下段）を親字の下に示した。

なお、ＪＩＳ字体について、漢字では、草冠（くさかんむり）はすべて３画の形にするが、この辞典では、常用・人名用漢字以外は、４画の形とした。

その他、双方の字体にわずかな差異のあるものや、ＪＩＳ漢字が、俗字などの異体字を採っているものについては、適宜、ＪＩＳ漢字の字形をコードの上に［ ］に入れて示した。

(15)9【蝕】6811 △ 漢ショク 呉ジキ 職 shí ［蝕］3110 *3F2A*

(18)12【蟬】6859 △ 漢セン 呉ゼン 先 chán ［蝉］3270 *4066*

［蝉］俗字

⓭ 筆順

常用漢字・人名用漢字について示した。その場合の筆順は、原則として文部省の『筆順指導の手引き』（昭和三十三年）によったが、同『手引き』には、当時の教育漢字八八一字について一字形一筆順のみを挙げている。それ以外の教育漢字を含む常用漢字と人名用漢字については、同『手引き』の「筆順の原則」を適用した。なお、現状では同一文字に二種あるいは三種の書き方が慣習として行われているものがある。この辞典では、同『手引き』以外の筆順をも、適宜、（ ）に入れて示した。

⓮ 異体字

異体字の主なるものを掲げた。一般に漢字の字体は、『康熙（コウキ）字典』をよりどころとし、そこで標準とされる文字を〈**正字**〉と呼んでいる。

一方、漢字の中には峰と峯、杯と盃、涙と泪、同と仝など、字音も字義も同じであるが字体が異なるという文字がたくさんある。その場合、標準的な字体に対してそれと異なる字体の文字を〈**異体字**〉という。異体字の種別について、この辞典では次の用語を用いた。

本字　一般の正字よりもさらに字源的に忠実な形（篆文（テンブン）をそのまま楷書にしたような形）をした文字。亡や留に対する亾・畱の類。

古字　異体字のうち、特に古い起源をもつ文字。〈古文〉ともいう。

同字　正字とは字体が異なるが、それと同等に用いられてきた文字。〈別体〉ともいう。

俗字　正字に対して、通俗なものとされる文字。その多くは、字画を省いた〈略字〉である。常用漢字の〈新字体〉にはこの俗字を採用した例が多い。

⓯ 字義

(1) 字義の分類

親字の意味の説明は、前記㈠㈡㈢のほかに、❶❷❸、……㋐㋑㋒……の順に分類した。**仏教語**には仏の記号を、〈**国訓**〉（わが国だけに用いられる意味）には国の記号をつけた。

(2) 訓の文語形（歴史的仮名遣い）

主な訓は太字で示し、**文語形**あるいは、歴史的仮名遣いは、それを小字（ルビ）で示した。

(3) 語例・助字解説

訓の末尾に、なるべくその意味に相当する熟語の例を「人為」「作為」のように「　」に入れて示した。また、助字の用法はつとめてその解説を施すとともに、出典や引用文を掲げ、よみ・口訳を示した。

(4) 通用

同音の文字は、しばしば共通した意味を持つ。ある文字が、同音の他の文字の意味を表すことを「…に通じる」という。こうした通用（仮借ともいう）の関係を「[参]みっつ。＝三。」（参は三に通じる）のように、＝の記号で表した。

⑯ 名乗

人名に用いられる特別なよみを示した。配列は五十音順とした。

⑰ 難読

姓氏・地名について特別なよみをするもの、また、当て字の類を掲げその読みを記した。ただ、熟語欄に載せてあるもの、及び極めて著名なものは原則として省いた。なお配列は二字目の字音の五十音順とした。

⑱ 参考

参考欄では、主として、書きかえに関すること（第32回国語審議会総会報告、「同音の漢字による書きかえ」昭31・7・5）、及び親字に関する一般的な参考事項を記した。

⑲ 使いわけ

現代表記において、よみが同じで、使用する漢字の異なる場合などのおおよその使いわけについて記した。なお同訓異義については付録の「同訓異義一覧」（一二九九ページ）参照。

⑳ 解字

ここでは、漢字のなりたちについて説明した。

(1) 漢字の変遷

甲骨文　現存する中国最古の文字。殷代後半期（紀元前十四～前十二世紀）の都があった河南省安陽県の殷墟から発掘された、亀の甲羅や獣骨に刻まれた文字で、〈亀甲獣骨文字〉ともいう。

金文　周代から戦国時代にかけての時期（紀元前十一～前三世紀）、鼎などの青銅器に鋳込まれた文字。〈鐘鼎文〉ともいう。

篆文　秦の始皇帝が天下を統一した時（紀元前二二一年）、宰相李斯らによって定められた文字。これに先だって行われていた〈**大篆**〉（籀文ともいう）に対して、〈**小篆**〉ともいう。この辞典では甲骨文・金文・篆文の主なものを掲げた。

漢字はその後、漢代に〈**隷書**〉が成立し、唐代には〈**楷書**〉が完成して今日に至る字体が定まった。詳しくは、コラム・文字・書体の変遷（四八一ページ）参照。

(2) 漢字のなりたち

漢字はその構成上から、〈**象形**〉〈**指事**〉〈**会意**〉〈**形声**〉の四種の原理（造字法）によってなりたっている。（この辞典では説明の最初にそれを示した）

象形文字　物の姿・形をかたどった絵画的な文字。

指事文字　絵画的に表現できない事がらを、点や線の記号により、あるいは既成の象形文字に記号を加えて表した文字。

会意文字　既成の象形文字や指事文字を二字以上組み合わせて別の新しい意味を表す複合文字。その複合関係を、＋（プラス）の記号で示した。

【伏】会意。人＋犬。犬が人につき従うの意味。

形声文字　会意文字と同じく複合文字であるが、〈**意符**〉と〈**音符**〉からなるもの。漢字の大半は、この文字の意味区分を表す〈意

符〉と、発音を表す〈音符〉とが結合してできた〈形声文字〉である。たとえば「味」は意符が「口」で「くち」に関することがらであることを表し、「未」は音「ミ」を表している。また「問」は「口」が意符で「門」が音符であることも同様に理解されよう。以上の複合関係を、〔意符字〕＋〔音符字〕㊟の記号で示した。

【味】形声。口＋未㊟

【問】形声。口＋門㊟

と記されているのは、それぞれ口が意符、未・門が音符であることを示したものである。

なお、会意・形声文字の説明中に用いた「省」の字は、省略形の意味。

【夢】形声。夕＋瞢省㊟……意符夕と音符瞢の省略形との複合字。

詳しくはコラム・六書（一一五ページ）参照。

㉑ 親字が下にくる熟語（逆引き熟語）（記号、▼）

親字が下にくる熟語のうち、一般性のあるものを選び五十音順配列により示した。採録は、主に常用漢字の範囲とした。

㉒ 熟語

(1) 見出し

ア、見出し語は、五十音順に配列した。

イ、常用漢字以外の漢字には△印を付した。ただし、親字については省略した。

【点△睛】

ウ、常用漢字のうち、新旧字体にいちじるしい異なりがあるものについては、旧字体を（　）で括って示した。（親字は省略）

【為学(學)】

【為政】

エ、同音同義の熟語は、まとめて見出しを立てた。

【無レ不レ為】

【烏△乎・烏呼】・【烏△兎・烏△兎】

(2) 読み・意味・出典

ア、読みは、音については現代仮名遣いで記し、訓については現代仮名遣いとともに旧仮名遣いも示した。

【熊掌】

【熊沢(澤)△蕃山】

イ、読みが二つ以上あるものはそれを並記したが、読み方によって意味が異なる場合は、その意味に応じて分けて記した。

【無音】①音がない。②たよりや訪れがない。

ウ、著名な語句については、その出典を〔　〕でくくって示した。その場合、書名については、編名、巻数など、人名については、時代・作品名などを記した。

【為我】自分だけの利益をはかる。戦国時代の楊朱の主張。〔孟子、尽心上〕楊子取レ為レ我。

エ、その熟語が名句・名言の中のものである場合は、つとめてその全文を引用し、読みと口語訳とを付するとともにその出典を示した。

【烝民】もろもろの人民。万民。〔十八史略、五帝、帝尭〕立二我烝民一、莫レ匪二爾極一。〈われわれ万民が無事に生活を成り立たせているのは、すべてあなた尭帝様のこの上ないりっぱな徳によらないものはない〉

オ、意味が類似している熟語の、現代における一般的な使いわけについてその主なものを記した。

【追求】①追いかけてさがす。②どこまでも追いかけて求める。「利潤の追求」◇「追及・追求・追究」はともに、追いかける、追いつめる意であるが、「追及」は逃げるものを追いつめる、「追求・追究」はほしい物を手に入れようと追いかけもとめる意である。一般に、その追いかける物が、利益や快楽である場合は「追求」、真実や本質のように、よく分からない場合は「追究」と使い分ける。

二、索引

漢和辞典の利用法の第一歩は、索引をよく知り、使いこなすことである。

原則として読みの分かる文字は〈**音訓索引**〉で、部首が明確な文字は、〈**部首索引**〉で、読みも部首も不明な文字は〈**総画索引**〉で引くようにするのがよい。

(1)音訓索引　〈音訓索引〉には、親字の主要な音訓が五十音順に掲げられており、単に所在のページ数だけでなく、常用漢字・教育漢字・人名用漢字の区別、送りがなのつけ方、旧仮名遣い、常用漢字表で認められた音訓であるかどうかなどが、記号や色を用いて示されている。(音訓索引の説明参照)

(2)部首索引　〈部首索引〉は表紙の裏(見返し)に掲げた。

文字の中には、部首のまぎらわしいものがある。たとえば、裏は亠(なべぶた)部ではなく、衣に里がはさまった形で、衣部に所属する。聞は門部でなく、聞くことは耳に関することがらであるから耳部に所属する。

こうした文字については、裏や聞を亠や門で引いても、それぞれ衣部・耳部へ導く〈**参照見出し**〉が立てられているので、それをもとに捜すことができる。部首の立て方については「一、本文、❶部首」参照。

同じ部首内の文字は画数順に配列されていて、親字の右上にその画数が表示されている。さらに同画数の文字は五十音順に、また〈国字〉は同画数の末尾に配列されている。

(3)総画索引　〈総画索引〉は、この辞典に採録したすべての親字、及び異体字を総画数順に配列したものである。同画数の中では部首順に配列した。この索引は、たとえば、丂・丫・丏のように、所属部首・読みの両方ともにわかりにくい文字を検索するのに便利である。

(4)その他の索引

ア、**故事成語索引**(一二八五ページ)　この辞典に収載した故事成語の主要なもの約八〇〇を五十音順に配列したものである。

イ、**コラム索引**(二二ページ)　収載した二十七のコラム(囲み記事)について、その所在のページを示した。

ウ、**助字解説索引**(二〇ページ)　助字としてその解説を施した文字の所在ページを示した。順序はその文字の音と訓とを五十音順に配列した。

エ、**使いわけ索引**(一八ページ)　[使いわけ]の説明を施した文字の所在を五十音順に示した。なお、「かえる・かわる」のような他動詞・自動詞の別がある場合、「たっとぶ・たっとい」のような品詞の相違がある場合はその一方のみを掲げた。

三、コラム・付録

漢字や中国文化を理解する上で重要な項目を選び、コラムや付録に興味深く解説した。また、図表・地図や挿絵を豊富に掲げた。コラムや付録については、二二ページの「コラム・付録索引」を参照のこと。

記号一覧

常 **常用漢字**　ただし、常用漢字表の一九四五字のうち、教育漢字（次項）を除いた九三九字に付す。

教 **教育漢字**　常用漢字のうち、小学校六年間に学習することになっている一〇〇六字。

人 **人名用漢字**　常用漢字以外で子の名づけに使うことができる二八五字。

人許　常用漢字・人名用漢字の旧字体・異体字の内、人名用として使用が許容されている字。

標　「表外漢字字体表」の**印刷標準字体**。

簡　「表外漢字字体表」の**簡易慣用字体**。

△　右のいずれでもない漢字。ただし、熟語見出しでは、常用漢字以外の漢字。

漢 **漢音**　奈良〜平安時代初期にかけて伝えられた音。中国の長安地方の発音にもとづく。

呉 **呉音**　漢音以前に伝えられた音。

唐 **唐音**　室町〜江戸時代にかけて伝えられた音。

慣 **慣用音**　右以外に、日本で慣用される音。

東 董 送 屋 **韻目**　韻の分類と四声。四角い囲みの四すみの印は、四声を表す（左下につくのが平声、左上が上声、右上が去声、右下が入声）。囲みの中の文字は、韻目を示す。韻母の異なる一〇六種の文字が選ばれている（百六韻）。

仏 **仏教語**　仏教関係で用いられる熟語や意味。

国 **国訓**　日本独自に用いられる意味。

名乗 **人名**の特別な読み。

難読 **姓氏・地名**の特別な読み。

▼ **逆引き熟語**　親字が下にくる熟語の例。

＝ ……に同じ。

〔親字の意味の説明中に用いる場合〕字音・字義ともに共通する文字を示す。同字または通用字。

〔熟語の見出しの下で用いる場合〕意味が同じ語を示す。同義語。

↕ **反意語**　反対の意味をもつ文字または熟語。反対語。

↓・⇩……を見よ。

部首の種類と名称

1　漢字の部首は、それが漢字のどの位置にあるかによって次の七種類に大別される。ただし、この分類に含まれない部首もある。

2　例示した部首は、すべてが常にその位置にあるわけではない。偏として挙げた部首が冠や脚などになるという場合も多い。

偏（へん）

漢字の左側の部分を占める

亻(人)　にんべん　仕　作
冫　にすい　冷　凝
口　くちへん　呼　吸
土　つちへん　地　域
女　おんなへん　始　妹
子　こどもへん　孤　孫
山　やまへん　峡　峰
巾　はばへん　帆　幅
弓　ゆみへん　引　強
彳　ぎょうにんべん　往　径
忄(心)　りっしんべん　性　快

扌(手)　てへん　打　投
犭(犬)　けものへん　狩　猛
阝(阜)　こざとへん　限　陽
丬・爿　しょうへん　壮　牀
氵(水)　さんずい　江　海
方　かたへん　施　族
日　ひへん　明　晴
月　つきへん　服　朧
月(肉)　にくづき　腹　胸
木　きへん　松　植
止(止)　とめへん　此
歹　がつへん　残　殊
火　ひへん　炉　煙
片　かたへん　版　牌

牜(牛)　うしへん　牧　特
𤣩(玉)　たまへん　珠　球
田　たへん　町　略
目　めへん　眼　眠
矢　やへん　知　短
石　いしへん　砂　砕
ネ・示　しめすへん　社　祠
禾　のぎへん　秋　移
立　たつへん　竣　端
米　こめへん　粒　精
糸　いとへん　紙　結
羊　ひつじへん　羚　羯
耒　すきへん　耕　耗
耳　みみへん　聴　職
舟　ふねへん　航　船
虫　むしへん　蚊　蛾
衤(衣)　ころもへん　被　裕
角　つのへん　触　解
言　ごんべん　記　話
豆　まめへん　豉　豌

豕　いのこへん　豨　豬
貝　かいへん　財　販
⻊(足)　あしへん　距　跡
身　みへん　躬　軀
車　くるまへん　軌　輪
酉　ひよみのとり　酌　酔
釆　のごめへん　釈　釉
里　さとへん　野
金　かねへん　針　鈴
𩙿(食)　しょくへん　飲　飯
馬　うまへん　駆　駐
骨　ほねへん　骸　髄
魚　うおへん　鮮　鯨
歯・齒　はへん　齢　齩

旁（つくり）

漢字の右側の部分を占める

刂(刀)　りっとう　列　剣
力　ちから　功　助

部首	名称	例
卩(㔾)	ふしづくり	印 即
又	また	友 叔
寸	すん	対 射
彡	さんづくり	形 影
阝(邑)	おおざと	邦 郡
戈	ほこづくり	戒 戦
斗	とます	料 斜
斤	おのづくり	断 新
欠	あくび	次 歌
殳	るまた	段 殺
見	みる	視 親
隹	ふるとり	雄 雌
頁	おおがい	頭 類

冠(かんむり)

漢字の上部に位置する。「かしら」ともいう

部首	名称	例
亠	なべぶた けいさんかんむり	亡 交
八・丷	はちがしら	公 兼
冖	わかんむり	冗 冠
艹・艹(艸)	くさかんむり	草 葉
宀	うかんむり	宇 宙
爫・⺤(爪)	つめかんむり	爵 爰
耂(老)	おいかんむり	老 考
癶	はつがしら	発 登
穴	あなかんむり	空 窓
罒(网)	あみがしら	罪 置
竹	たけかんむり	笛 箱
虍	とらかんむり	虎 虐
雨	あめかんむり	雪 雲
髟	かみかんむり	髪 鬚
麻	あさかんむり	麿 麾

脚(あし)

漢字の下部につく

部首	名称	例
儿	にんにょう ひとあし	元 兄
⺗(心)	したごころ	恭 慕
曰	ひらび	書 替
灬(火)	れんが	烈 熱
氺(水)	したみず	泰 暴
皿	さら	盆 盛

垂(たれ)

漢字の上部から左方へおおう

部首	名称	例
厂	がんだれ	厚 原
广	まだれ	床 店
尸	しかばね	尾 属
戸	とだれ	戻 扇
疒	やまいだれ	疲 病

構(かまえ)

漢字の外側を囲む

部首	名称	例
冂	けいがまえ まきがまえ	冊 再
勹	つつみがまえ	勺 包
匚	はこがまえ	匠 匡
匸	かくしがまえ	匹 匿
囗	くにがまえ	囲 国
弋	しきがまえ	式 弑
气	きがまえ	気 氛
行	ぎょうがまえ ゆきがまえ	術 街
門	もんがまえ	開 間

繞(にょう)

漢字の左方から下部をとりまく

部首	名称	例
乙	おつにょう	乱 乳
夊	すいにょう	夌 夏
攵	ぼくにょう	改 教
凵	かんにょう	凶 出
廴	えんにょう	延 建
辶・辶	しんにゅう しんにょう	迎 道
走	そうにょう	起 越
麦・麥	ばくにょう	麩 麵
鬼	きにょう	魅 魂

漢字使いわけ索引

・この索引は、本文中で、漢字の使い分けについて解説した文字を、音読み（片仮名）・訓読み（平仮名）によって五十音順に配列し、そのページ数を示したものである。

▼ア・あ▲

あう〔会・遭・合〕 会 六〇七
あく・あける〔空・開・明〕 空 八〇五
あげる・あがる〔挙・揚・上〕 挙 四三四
あし〔足・脚〕 足 一〇五五
あたたか〔暖・温〕 暖 五一三
あつい〔暑・熱・厚〕 暑 五一〇
あてる〔充・当〕 充 一〇七
あと〔跡・後〕 跡 一〇五八
あぶら〔油・脂〕 油 六三〇
あらい〔粗・荒〕 粗 八三三
あらわれる・あらわす〔現・表・著〕 現 七二三
ある〔有・在〕 有 五一九
あわせる〔併・合〕 併 八二

▼イ・い▲

いたむ・いためる〔痛・傷・悼〕 痛 七四六

▼ウ・う▲

うける〔受・請〕 受 一七九
うたう〔歌・謡〕 歌 五九〇
うつ〔打・討・撃〕 打 四三七
うつす〔写・映・移〕 写 一二四
うむ・うまれる〔産・生〕 産 七三四
うれえる・うれい〔憂・愁〕 憂 四〇七

▼エ・え▲

える〔得・獲〕 得 三八六

▼オ・お▲

おかす〔犯・侵・冒〕 犯 七〇七
おくる〔送・贈〕 送 一〇八五
おくれる〔遅・後〕 遅 一〇九六
おこす・おこる〔興・起〕 興 九〇四
おさえる〔抑・押〕 抑 四四二
おさめる・おさまる〔納・収・修・治〕 納 八四四
おそれ〔恐・虞〕 恐 三九八
おどる〔踊・躍〕 踊 一〇五九
おりる・おろす〔降・下・卸〕 降 二六〇
および・ならびに〔及び・並びに〕 及 三四

▼カ・か▲

かえりみる〔顧・省〕 顧 一三〇三
かえる・かえす〔帰・返〕 帰 三四四
かえる・かわる〔変・代・替・換〕 変 二四九
かおり・かおる〔香・薫〕 香 一三一五
かげ〔影・陰〕 影 三七八
かける・かかる〔掛・架・懸〕 掛 四五三
カする〔科・課〕 科 七九六
かた〔形・型〕 形 三七五
かたい〔硬・堅・固・難〕 硬 七七九
かわ〔革・皮〕 皮 七五七
カン〔感・観〕 感 四〇三

▼キ・き▲

き〔木・樹〕 木 五三七
キ〔期・季〕 期 五三〇
キ〔機・器〕 機 五八一
きく〔聞・聴〕 聞 八九六
きく〔効・利〕 効 一五〇
きる〔切・斬・伐〕 切 一三三
きわめる・きわまる〔究・窮・極〕 究 八〇五

▼ク・く▲

くう・くらう〔食・喰〕 食 一三〇七
くら〔倉・蔵〕 倉 九一

▼ケ・け▲

ゲキ〔劇・激〕 劇 一四五

▼コ・こ▲

コ〔箇・個〕 箇 八三三
こえる・こす〔越・超〕 越 一〇五三
こおる・こおり〔氷・凍〕 氷 六二三

▼さ▲

さがす〔捜・探〕 捜 四五一
さく〔裂・割〕 裂 九七七
さげる〔提・下〕 提 四六〇
さす〔指・刺・挿・差〕 指 四四九
さわる〔障・触〕 障 一一六八

▼シ・し▲

しずめる・しずまる〔静・鎮〕 静 一一八四
しぼる〔絞・搾〕 絞 八五三
しめる〔締・絞〕 締 八六四
シュウ〔週・周〕 週 一〇九二
ジュン〔準・准〕 準 六六二

▼ス・す▲

すすめる〔勧・薦・進〕 勧 一五四
する〔擦・刷〕 擦 四六八

▼セ・せ▲

せめる〔攻・責〕 攻 四七一

▼ソ・そ▲

そう〔沿・添〕 沿 六三三
そなえる・そなわる〔供・備〕 供 八〇

▼タ・た▲

タイ〔大・太〕 大 二五五
ダイ〔代・台〕 代 六四
たえる〔耐・堪〕 耐 三一四
たずねる〔尋・訪〕 尋 三一六
たたかう〔戦・闘〕 戦 四二九
たつ〔断・絶・裁〕 断 四八四
たっとぶ・たっとい〔尊・貴〕 尊 三一六
たてる・たつ〔建・立〕 建 三六六
たま〔玉・球・弾〕 玉 七一七
たまご〔卵・玉子〕 卵 一七一

▼ツ・つ▲

つかう〔使・遣〕 使 八〇
つく・つける〔付・着・就〕 付 六四
つぐ〔次・継・接〕 次 五八七
つくる〔作・造〕 作 七四
つつしむ〔謹・慎〕 謹 一〇三三
つとめる〔務・努・勤〕 務 一五三

▼ト・と▲

トク〔得・徳〕 得 三八六
とける・とかす・とく〔解・溶〕 解 九九六
ととのえる・ととのう〔整・調〕 整 四七八
とぶ〔飛・跳〕 飛 一三〇六
とまる・とめる〔止・留・泊〕 止 五九一
とる〔執・採・撮・捕・取〕 取 一七八

▼ナ・な▲

ない・なくす・なくなる〔無・亡〕 無 六九二
なおす〔直・治〕 直 七六二
ながい〔長・永〕 長 一二四五
なく〔泣・鳴〕 泣 六二五
ならう〔習・倣〕 習 八〇三
ならびに・および〔並びに・及び〕 及 三四

▼ノ・の▲

のぞむ〔望・臨〕 望 五二九
のばす・のびる〔伸・延〕 伸 七五
のぼる〔昇・登・上〕 昇 四九八
のる・のせる〔乗・載〕 乗 三五

▼ハ・は▲

はえる・はえ〔栄・映〕 栄 五五一
はかる〔計・測・量・図・謀・諮〕 計 九九九
はじめ・はじめる〔始・初〕 始 二七八
はな〔花・華〕 花 九一四
はなれる・はなす〔離・放〕 離 一二七四
はやい・はやめる〔早・速〕 早 四九五

▼ヒ・ひ▲

ひく〔引・弾〕 引 三六九
ひとり〔独・一人〕 独 七一〇

▼フ・ふ▲

フ〔附・付〕 附 一二五八
ふえる・ふやす〔増・殖〕 増 二四三
ふく〔吹・噴〕 吹 一九四
ふね〔舟・船〕 舟 九〇六
ふるう〔奮・振・震〕 奮 二七三

▼マ・ま▲

まじる・まざる・まぜる〔交・混〕 交 五一
または・もしくは〔又・若〕 又 一七六
まち〔町・街〕 町 七三七
まるい・まる〔丸・円〕 丸 三八
まわり〔周・回〕 周 一九七

▼ミ・み▲

みる〔見・診〕 見 九九一

▼モ・も▲

もしくは・または〔若・又〕 又 一七六
もと〔元・本・基・下〕 元 一〇五五
もの〔物・者〕 物 七〇三

▼ヤ・や▲

や〔屋・家〕 屋 三二五
やぶれる・やぶる〔破・敗〕 破 七七八
やわらか〔軟・柔〕 軟 一〇六九

▼ユ・ゆ▲

ゆく〔行・逝〕 行 三七八

▼ヨ・よ▲

よい〔良・善〕 良 九〇九
よむ〔読・詠〕 読 一〇一三
よる〔寄・因〕 寄 三〇六
よろこぶ〔喜・慶〕 喜 二〇八

▼リ・り▲

リ〔裏・裡〕 裏 九七八

▼ワ・わ▲

わかれる〔分・別〕 分 一三四
わざ〔業・技〕 業 五七〇
わずらう・わずらわす〔煩・患〕 煩 六八五

助字解説索引

・この索引は、本文中で、助字解説を付した文字を、音読み（片仮名）・訓読み（平仮名）によって五十音順に配列し、そのページ数を示したものである。

◇コラム・図表

三正――夏・殷・周の暦 一五
二十四史 四四
二十八宿 四四
仮名 六六
八卦 一一二
六書 一一五
再読文字 一二一
国字 一二四
姓名の慣習 二八〇
十干・十二支／時刻・方位表 三五一
年中行事 三五三
年齢の別称 三五四
度量衡歴代変遷表／度量衡換算表 三五九
数を表すことば 四七八
文字・書体の変遷 四八一
書籍――装訂の歴史 五〇六
十二月の別名 五一八
気候(二十四気) 六〇九
日本の漢字音 六五八
漢文 六五九
漢詩 六六〇
漢語 六六二
簡化字 八二八
シルクロード 八六〇
訓点 一〇〇一
諸子百家系統図 一〇一六
貨幣 一〇三九

◇付録

故事成語索引……一二八五
同訓異義一覧……一二九九
主要句形解説……一三二七
国字・国訓一覧……一三三五
筆順の原則……一三四二
平仮名書体表……一三四三
人名用漢字一覧……一三四四
中国服飾図……一三四七
中国歴史地図……一三五〇
中国学芸年表……一三五九
中国歴代王朝表……巻末・五
年号表(中国・日本)……巻末・四八
中国簡化字表……巻末・三九

◇見返し

表＝部首索引
裏＝現代中国地図

音訓索引

1　この索引は、本辞典に採録した漢字を字音（片仮名で表記）と字訓（平仮名で表記）によって五十音順に配列し、同一見出しの中では画数順に並べ、本文のページを示したものである。なお、外来語（听「ポンド」・哩「マイル」など）については、片仮名で表記した。

2　見出しは新仮名遣いで掲げ、旧仮名遣いの異なるもの（字訓の活用語はその文語形の異なるものも）は、小文字でそれを付記した。

3　字訓の見出しは、送り仮名の部分を-で区切って示した。送り仮名の付け方は、原則として「送り仮名の付け方」（昭和四十八年、内閣告示）によった。

なお、同一字訓でも送り仮名の異なるもの（合「あ-わせる」・併「あわ-せる」など）は、区別して見出しを立てた。

4　旧字体の漢字については、対応する新字体の漢字の音訓のうち、常用漢字表に示されている音訓のみを見出しとして掲げた。また、新字体と旧字体の差が軽微である場合には、旧字体を掲げなかった場合がある。

5　本文中で参照見出しとした異体字については、その代表音のみを見出しとして掲げ、旧仮名遣いは省略した。

6　漢字に付した記号の意味は、次の通りである。

キ…教育漢字（常用漢字のうち、小学校六年間に学習することになっている漢字。色刷り）
ジ…教育漢字以外の常用漢字（色刷り）
ナ…人名漢字
ヒ…「表外漢字字体表」の印刷標準字体。
カ…「表外漢字字体表」の簡易慣用字体。
•…常用漢字表に掲げられている音訓

7　漢字の上に算用数字で総画数を示し、検索の便を図った。

音訓索引

音訓索引

音訓索引

音訓索引

音訓索引

【け】

音訓索引

音訓索引

【し】

音訓索引

音
訓
索
引

読み	画数	記号	漢字	頁
		・ジ	**彰**	三七八
ショウ（フセ）			慴	四二三
ショウ（ウシャ）			慯	四二三
ショウ（フセ）		ヒ	摺	四六四
ショウ（ウシャ）			漳	六六七
ショウ			獐	七一四
			稱	七九七
ショウ（ウシャ）		・キ	**精**	八三五
ショウ（フセ）			翣	八八五
ショウ		カ	蒋	九三九
ショウ（ウシャ）		ヒ	裳	九七八
ショウ		ヒ	誦	一〇一三
ショウ（ウセ）			誚	一〇一三
ショウ（ウシャ）			鄛	一一一三
		・キ	**障**	一一六八
ショウ（ウセ）			韶	一一九三
	15		噍	二一五
ショウ（ウシャ）			廠	三六三
ショウ		・ジ	**衝**	三九〇
			慫	四〇七
ショウ（ウセ）			憔	四二三
ショウ		ナ	憧	四二三
ショウ（ウシャ）			樟	五七九
			槳	五七九
ショウ			樅	五七九
ショウ（ウシャ）			殤	六〇〇
		ヒ	漿	六一四
ショウ		・ジ	獎	七〇七
ショウ（ウシャ）			璋	七二七
		キ	**箱**	八二四
ショウ（ウセ）			箾	八二四
ショウ（ウシャ）			緗	八六三
		ヒ	蔣	九四三
ショウ（ウセ）		ナ	蕉	九四五
ショウ（ウシャ）		ジ	**請**	一〇一五
		・キ	**賞**	一〇四五
ショウ		ヒ	踪	一〇六〇
ショウ（ウセ）			銷	一一三四
			霄	一一七九
ショウ（ウシャ）			餉	一二一〇
ショウ（ウセ）	16		嘯	二二六
ショウ			墻	二四五
ショウ（ウシャ）			嬙	二八八
			橡	五八二
ショウ（ウセ）			樵	五八二
ショウ			橦	五八三
ショウ（ウシャ）			氅	六〇六
ショウ（ウセ）			燒	六八三
			燋	六八六
ショウ（ウシャ）			瘴	七四八
ショウ		キ	**縦**	八六六
		ヒ	踵	一〇六一
ショウ（ウシャ）			閶	一一五三
ショウ（フセ）			霎	一一八〇
ショウ（ウセ）		ヒ	鞘	一一八九
ショウ（ウシャ）	17	・ジ	**償**	一〇三
			聲	二四七
			檣	五八四
ショウ（フセ）			燮	六八七
ショウ（ウシャ）			牆	六九九
ショウ（ウセ）		・ジ	**礁**	七八三
		ヒ	篠	八二七
ショウ			罿	八七八
		ヒ	聳	八九七
ショウ（ウシャ）		ヒ	薔	九四八
ショウ（ウセ）		ヒ	蕭	九四八
			謏	一〇二五
ショウ			賸	一〇四八
		カ	醤	一一一八
ショウ（ウセ）		ヒ	鍬	一一三八
ショウ		ヒ	鍾	一一三八
ショウ（ウセ）			魈	一二三八
ショウ（フセ）	18		聶	八九七
ショウ（ウシャ）			觴	九九七
			蹌	一〇六二
ショウ			蹤	一〇六二
ショウ（ウシャ）		ヒ	醬	一一一八
ショウ（ウセ）			鮹	一二四三
	19		簫	八二九
ショウ			艢	九〇九
			證	一〇〇五
ショウ（ウセ）			譙	一〇二七
			醮	一一一九
ショウ			鏦	一一四一
ショウ（ウシャ）			鏘	一一四一
			鯧	一二四四
ショウ			鯗	一二四四
ショウ（ウセ）	20		瀟	六七七
ショウ		・ジ	**鐘**	一一四三
ショウ（フセ）	21	ヒ	囁	二二八
			懾	四二五
ショウ（ウセ）			顦	一二〇三
ショウ（ウシャ）			鬺	一二三六
			鶬	一二五七
	22		鱆	一二四六
			麞	一二六二
ショウ（フセ）	23		讋	一〇二九
ショウ（ウセ）			鷦	一二五八
	25		釂	一一一九
ショウ（ウシャ）			鱨	一二四七
ショウ	26		饟	一二一四
ショウ（ウシャ）			鱶	一二四七
ショウ（フセ）	27		顳	一二〇三
しょう	5	キ	**正**	五九二
ジョウ（ウジャ）	3	・キ	**上**	一八
ジョウ（ウヂャ）		・ジ	**丈**	一二
ジョウ	4		仍	六〇
		・ジ	**冗**	一二四
ジョウ（ウヂャ）	5		仗	六三
ジョウ			宂	二九五
	6	ナ	丞	二八
ジョウ（ウジャ）		・キ	**成**	四二六
	7		成	四二六
ジョウ（ウデ）		・キ	**条**	五四三
ジョウ（ウヂャ）		ヒ	杖	五四三
ジョウ（ウジャ）		・キ	**状**	七〇六
ジョウ（ウヂャ）	8	・キ	**定**	三〇一
ジョウ（ウジャ）		キ	**定**	三〇一
ジョウ（フデ）		ヒ	帖	三四三
ジョウ（ウジャ）			狀	七〇六
ジョウ	9	・キ	**乗**	三五
ジョウ（ウジャ）		・キ	**城**	二三四
ジョウ			拯	四五〇
ジョウ（ウジャ）		・ジ	**浄**	六三三
ジョウ（ウヂャ）		ジ	**貞**	一〇三六
ジョウ	10		乘	三五
ジョウ（ウジャ）			城	二三四
			娍	二七三
ジョウ（ウヂャ）		ジ	**娘**	二八三
ジョウ			烝	六九一
		ヒ	茸	九二四
	11	・ジ	**剰**	一四四
ジョウ（ウジャ）		・キ	**常**	三四六
		・キ	**情**	四一七
ジョウ（ウデ）			條	五四三
ジョウ（ウジャ）			淨	六三三
		・キ	**盛**	七五八
ジョウ（ウゼ）		ジ	**紹**	八四八
ジョウ	12		剩	一四四
ジョウ（ウヂャ）		・キ	**場**	二三八
ジョウ（フデ）		・ジ	**畳**	七四一
ジョウ（ウジャ）			盛	七五八
ジョウ（ウデ）	13		嫋	二八六
			絛	八五五
ジョウ		・キ	**蒸**	九三九
ジョウ（ウデ）			裊	九七八
ジョウ（ウジャ）	14	ヒ	嘗	二一四
ジョウ			塲	二二三
ジョウ（ウジャ）			嫦	二八七
ジョウ（ウデ）			滌	六六七
ジョウ（ウジャ）		・キ	**静**	一一八四
ジョウ（ウゼ）	15		嬈	二八八
ジョウ		・ジ	**縄**	八六三
ジョウ（ウデ）			蓧	九四三
ジョウ（ウヂャ）			諚	一〇一九
ジョウ（ウジャ）	16	・ジ	**壌**	二四五
ジョウ（ウヂャ）		・ジ	**嬢**	二八八
ジョウ			氄	六〇六
ジョウ（ウヂョ）		ジ	**濃**	六七三
ジョウ			疂	七四二
ジョウ（ウゼ）			蕘	九四五
ジョウ			褭	九七九
ジョウ（ウゼ）			遶	一一〇三
ジョウ（ウヂャ）		・ジ	**錠**	一一三六
ジョウ（ウジャ）			靜	一一八四
ジョウ（ウデ）	17		嬲	二八九
ジョウ（ウジャ）			襄	九七九
ジョウ（ウゼ）	18	ヒ	擾	四六九
ジョウ（ウジャ）		ナ	穣	八〇四
ジョウ（ウヂョ）			穠	八〇四
ジョウ（ウゼ）			繞	八七〇
ジョウ（ウヂョ）			襛	九八六
ジョウ	19		繩	八六三
ジョウ（ウジャ）	20		壤	二四五
ジョウ（ウヂャ）			孃	二八八
ジョウ（ウジャ）		ヒ	攘	四六九
		・ジ	**譲**	一〇三八
ジョウ（ウヂャ）		・ジ	**醸**	一一一九
ジョウ（ウヂョ）			醲	一一一九
ジョウ（ウジャ）	21		蘘	九五五
ジョウ（ウゼ）		ヒ	饒	一二一三
ジョウ（フデ）	22		疊	七四一
ジョウ			疉	七四三
ジョウ（ウジャ）			禳	七九三
			穰	八〇四
ジョウ（ウデ）			鰷	一二四六
ジョウ（ウジャ）	24		讓	一〇三八
ジョウ（ウヂャ）			釀	一一一九
ジョウ（フデ）	25		躡	一〇六四

【せ】

音訓索引

音訓索引

【た】

【て】

音訓索引

【な】

音訓索引

音訓索引

音訓索引

【み】

		鵡	ヒ	一三五五
む	4	六	・キ	一一四
むい	4	六	・キ	一一四
む-かい（むかひ）	6	向	キ	一八八
む-かう（むかふ）	6	共	キ	一一六
		向	・キ	一八八
	7	対	キ	三一三
	11	価		九六
	19	嚮		二一七
むか-える（むかふ）	7	迎	・ジ	一〇八二
	8	迓		一〇八一
	9	逆	キ	一〇八四
	17	邀		一一〇五
むかし	8	昔	・キ	四九八
む-き	6	向	キ	一八八
むぎ	7	麦	・キ	一三六三
むぎこ	20	麵	ヒ	一三六四
む-く	6	向	・キ	一八八
	10	剝	ヒ	一四三
むく-い	12	報	キ	三三九
	13	酬	ジ	一二一六
むくいぬ	7	尨		三三三
むく-いる（むくゆ）	12	報	・キ	三三九
	13	詶		一〇〇九
		酬	ジ	一二一六
	23	讐	ヒ	一〇三九
むくげ	12	毳		六〇六
	15	槿		五七八
	16	蕣		九四五
むくのき	12	椋	ナ	五六九
むぐら	13	葎		九三八
むくろ	16	骸	ヒ	一三三七
む-ける（むく）	6	向	・キ	一八八
むこ	12	婿	・ジ	二八五
		壻		二八五
むご-い（むごし）	14	酷	ジ	一二一七
む-こう	6	向	・キ	一八八
むささび	18	鼫		一三七三
	20	鼯		一三七四
むさぼ-る	5	叨		一八六
	11	婪		二八五
		惏		四一九
		貪	ヒ	一〇四〇
	22	饕		一三三三
むし	6	虫	・キ	九五九
	18	蟲		九五九
むじな	13	貉		一〇三五
むしば	24	齲		一三七八
むしば-む	15	蝕	ヒ	九六七
むし-る	8	毟		六〇六
	9	挘		四五〇
	11	[illegible]		四五八
むしろ	10	席	キ	三四六
	11	莚		九二七
	13	筵	ヒ	八三〇
	14	蓆		九四〇
むし-ろ	14	寧	ジ	三一〇
む-す	10	烝		六九一
	13	蒸	・キ	九三九
むずか-しい（むづかし）	18	難	・キ	一二七四
	19	難		一二七四
むす-び	12	結	キ	八五一
むす-ぶ	9	約	キ	八四一
	11	掬	ヒ	四五三
	12	結	・キ	八五一
	15	締	ジ	八六四
むすぼ-れる（むすぼる）	29	鬱	ヒ	一三三四
むすめ	3	女	キ	二七四
	10	娘	・ジ	二八三
	16	孃	ジ	二八八
むせびな-く	11	欷		五八八
	16	歔		五九一
むせ-ぶ	9	咽	ヒ	二〇〇
	10	哽		二〇三
	15	噎		二二四
	21	饐		一三一三
むだ	4	冗	ジ	一三四
む-たび	4	六	キ	一一四
むち	11	笡		八一七
		笞		八一七
	12	策	キ	八一八
	14	箠		八二三
	18	鞭	ヒ	一二八九
むちう-つ	11	捶		四五五
	16	撻		四六七
むち-うつ	11	笞		八一七
	12	策	キ	八一八
	18	鞭	ヒ	一二八九
むつ	19	鯥		一三四四
	24	鱫		一三四七
む-つ	4	六	・キ	一一四
むつき	13	裼		九八四
	14	褓		九八五
むっ-つ	4	六	・キ	一一四
むつ-ぶ	13	睦	ナ	七六九
むつ-まじい（むつまじ）	13	睦	ナ	七六九
むつ-む	13	睦	ナ	七六九
むな	10	胸	・キ	五三五
	12	棟	・ジ	五六八
むながい	13	靳		一二八八
	14	鞅		一二八八
むなぎ	12	棟	ジ	五六八
むな-しい（むなし）	8	空	キ	八〇五
	9	盅		七五八
	11	虚	ジ	九五七
	17	罄		八七四
	19	曠	ヒ	五一六
むな-しく	8	空	キ	八〇五
むなもと	7	肓		五三〇
むね	6	匈	ヒ	一六六
	8	旨	・ジ	四九五
		宗	キ	三〇〇
	10	胸	・キ	五三五
	12	棟	・ジ	五六八
	17	臆	ヒ	五三五
		膺		五三五
	23	欐		五八六
むべ	8	宜	ジ	二九九
むら	7	村	・キ	五四四
		邑	ナ	一二〇六
		邨		一二〇六
	10	党	キ	一一一〇
	13	群	・キ	八八一
むら-がる	12	菆		九三二
	13	群	キ	八八一
	15	蔟		九四三
	17	簇		八二七
	18	叢	ヒ	一八〇
	23	櫕		五八六
むらさき	10	茈		九二四
	12	紫	・ジ	八五三
むらざと	6	庄	ナ	三五七
むらじ	10	連	キ	一〇九一
む-らす	13	蒸	・キ	九三九
む-れ	13	群	・キ	八八一
む-れる（むる）	13	群	・キ	八八一
む-れる		蒸	・キ	九三九
むろ	9	室	・キ	三〇三
	13	榁		五七四
むろあじ（むろあぢ）	20	鰘		一三四五

【め】

メ	10	馬	キ	一三一六
	14	瑪		七二七
め	3	女	・キ	二七四
		屮		三一七
	5	目	・キ	七六一
	6	牝	ヒ	七〇三
	8	芽	・キ	九一九
		芽		九一九
	11	眼	キ	七六七
		萌	ナ	九三三
	14	雌	・ジ	一二七三
めあさ	11	苧		九三〇
め-あわす（めあはす）	3	女	キ	二七四
	8	妻	キ	二七八
メイ	6	名	・キ	一九〇
	8	命	・キ	一八二
		明	・キ	四九九
	9	迷	・キ	一〇八六
	10	冥	ヒ	一二五
		茗		九二七
	13	溟		六六四
		盟	・キ	七五九
		酩		一二一七
	14	暝		五一四
		榠		五七六
		蓂		九四一
		銘	・ジ	一二三三
		鳴	・キ	一三五〇
	15	瞑	ヒ	七七〇
	16	螟		九六八
	17	謎	ヒ	一〇二五
めい（めひ）	9	姪	ヒ	二八二
メートル	6	米	キ	八三三
めぐ-み	10	恩	キ	三九八
		恵	ジ	三九九
めぐ-む	10	恩	キ	三九八
		恵	・ジ	三九九
	12	惠		三九九

【も】

音訓索引

1　一部

〔部首解説〕**いち。**部首としての一には特定の意味はなく、もっぱら字形分類のためにたてられた部首。文字の構成要素としては、一をもとにして二・三という数字ができる。また、この部首に属する上・下の文字の横一線は、一定の基準線を表している。

一 一　1𠂇 八　七 八　丁 一〇　2下 一〇　三 一二
上 一八　丈 二一　万 二一　与 二二　3丐 二三　丑 二三
不 二三　4丘 二六　且 二六　世 二六　丗 二七　丕 二七
丙 二八　5丞 二八　丟 二八　両 二八　𠀤 二八　7並 二八

五→二部 四五ページ。巿→巾部 三四三ページ。正→止部 五九二ページ。
平→干部 三五〇ページ。吏→口部 一九一ページ。更→曰部 四九六ページ。
歪→止部 五九五ページ。爾→爻部 六九九ページ。

(1)0
【一】 1

教1　**イチ・イツ**　**ひと・ひとつ**　漢イツ・呉イチ　普 yi

一日（ついたち）・一人（ひとり）

1676
306C

筆順　一

［弌］古字

字義　❶**ひとつ。ひと。ひ。**数の名。㋐最初の数。㋑第一。一番め。㋒一個。一つのものごと。「唯一」❷**ひとつにする**（ひとつにす）。一つに合わせる。「統一」❸**ひとたび。**一度。❹**はじめ**（始・初）。ものごとの始め。また、**はじめる**（はじむ）。**はじまる。**❺おなじ（同）。㋐ひとしい。「均一」㋑まじりけがない。「純一」❻もっぱら（専）。もっぱらにする。㋐**ひとえに**（ひとへに）。ひたすら。㋑一つに集中する。「専一」❼みな（皆）。ことごとく。すべて。全体。「一家」「一天」❽ある（或）。あるとき。「一朝」❾あるいは。㋐また。別の。「一名」㋑あるときは。「一進一退」❿わずか。ちょっと。こころみに。「一時」「一顧」⓫なんと。まったく。〔唐、杜甫、石壕吏詩〕婦啼一何苦（ふのなくイツになんぞはなはだしき）。⓬＝壱（壹）(1368)。→参考

名乗　おさむ・か・かず・かつ・くに・すすむ・ただ・のぶ・はじむ・ひ・ひで・ひとし・まこと・まさし・もと

難読　一雨（ひとふり）・一貴山（いきさん）・一宮（いっく・いっくう）・一戸（いちのへ）・一口（いもあらい）・一光（いかり）・一向（ひたすら・ひたぶる）・一最（かずも）・一昨日（おととい）・一昨昨日（さきおととい）・一昨年（おととし）・一志（いちし）・一色（いしき・いっしき）・一寸（かまつか）・一八分（みおう）・一日市場（ひといちば）・一番合戦（いちまかせ）・一品（いっぽう）・一武（いちぶ）・一片食（ひとかたけ）・一方（ひじかた）・一万田（いちまだ）・一廉（ひとかど）

参考　金銭の記載などには、文字の改変を防ぐため、壱（壹）の字を用いることがある。

解字　甲骨文 一　篆文 一　古文 弌　指事。横の一線で、数のひとつの意味を表す。

▼画一・帰一・均一・純一・随一・精一・斉一・専一・第一・択一・逐一・統一・同一・不一・万一・唯一

【一衣帯（帶）水】（イチイタイスイ）ひとすじの帯のように細長い川。川や海をへだてて土地がたがいに接近していること。

【一意】（イチイ）①一つの考え。また、自分ひとりだけの考え。②こころを一つにする。㋐心を一つのことに集中すること。専心。㋑多くのものが心を一つに合わせること。同心。

【一意攻苦】（イチイコウク）心をうちこんで苦しみ考える。攻苦は苦心する。

【一意専（專）心・一意△摶心】（イチイセンシン）心を一つのことに集中して他に向けないこと。

【一△葦】（イチイ）一つのいかだ、また、一そうの小舟をたとえていう。葦は、あし。

【縦（縱）二一△葦△之所二△如】（イチイのゆくところをほしいままにす）一そうの小舟の進むにまかせる。〔宋、蘇軾、前赤壁賦〕――、凌二万頃之茫然一（バンケイのボウゼンたるをしのぐ）。〈――、ひろびろとした中を進んで行く〉

【一院】（イチイン）①一つの役所。②一つの建物。③中庭全体。院は、建物に囲まれた中庭。

【一韻到底】（イチイントウテイ）古詩の韻のふみ方の一方法で、初めから終わりまで一つの韻だけを用いるもの。⇩コラム・漢詩（六六〇ページ）。

【一宇】（イチウ）一軒の家。一むねの建物。「一宇の僧房」【ページ】。

【一円（圓）】（イチエン）国㋐総体。特に土地について、ある区画内の全体。㋑すべて。のこらず。㋒完全。

【一応（應）】（イチオウ）＝一往の③。→次項。

【一往】（イチオウ）①ひとたびゆく。②ひたすら。ひとすじに。③国一応。㋐ひととおり。ひとまず。㋑一度。一回。◇「一往」が伝統的な書き方だが、③の意味では「一応」が一般的。

【一往一来（來）】（イチオウイチライ）行ったり来たりする。

【一家】（イッカ）①一軒の家。②一つの家族。③家中のこらず。全家。④学問・技芸などの、独立した一流派。「一家を成す」⑤国博徒（バクト）などの、同じ親分の杯を受けた仲間。

【一家言】（イッカゲン）一見識のある議論。独自のすぐれた主張。「一家言を成す」

【一家団（團）△欒】（イッカダンラン）家族の者全部が集まって仲よく楽しむこと。団欒は、集まって車座に座り、たがいにむつみ合うこと。欒は、俗に圝・欒の字を用いる。

【一過】（イッカ）①一つのあやまち。②一度通過する。さっと通りすぎる。「台風一過」③ひととおり目を通す。④一生。

【一△臥】（イチガ）ひとたび身をふせる。官途に仕えずに世俗を避けてかくれくらすこと。

【一介】（イッカイ）①ひとつ。また、ひとり。②ひとつのあくた。介は、芥に同じく、あくた・ごみ。転じて、ごくわずか。また、つまらない・とるにたらないの意。「一介の書生」

【一涯】（イチガイ）一方のはて。〔文選、古詩十九首〕相去万余里、各在二天一涯一（おのおのテンのイチガイにあり）。〈あいへだたること一万余里（バンヨリ）、お互いに天の一方のはてにいる〉

【一概（槪）】（イチガイ）①すべて。ひっくるめて。②同じ。

【一角】（イッカク）①一方のすみ。かたすみ。②一本のつの。③中国の貨幣の単位。一元の十分の一。④イルカ科の海獣。北氷洋に生息する。⑤国㋐江戸時代の貨幣で、一分金（イチブキン）の別名。㋑ひとかど。普通よりすぐれていること。ひときわめだつこと。また、ひとなみに。相当に。一廉（ひとかど）。

【一郭・一△廓】（イッカク）①一つのかこいに囲まれた地域。また、同じ囲いの中の地域。②同じ地つづきの一部。

【一△攫千金】（イッカクセンキン）いっぺんに大金をもうけること。ぬれ手で粟（あわ）。攫は、つかむ意。

【一括】（イッカツ）一つにくくること。ひとまとめにする。また、ひとくくり。

【一喝（喝）】（イッカツ）大きな一声でどなりつけること。

【一△竿風月】（イッカンのフウゲツ）一本の釣りざおに身を託し、自然の風物を友として楽しむこと。一竿は一本の釣りざお。

【一貫】（イッカン）①ひとすじにつらぬく。一つの原理ですべてをつらぬき通す。「一貫之道（イッカンのみち）」②初めから終わりまでかわらない。「終始一貫」③ひとさしの銭。千銭。④糸などでつらぬいたもののひとさし。⑤国㋐ぜに一千文（モン）。㋑重さの単位。一千匁（もんめ）（約三・七五キログラム）。または九百六十文。

【一環】（イッカン）①一つの環玉（輪の形をした玉）。②鎖などの一つの輪。③全体としてのつながりのあるものの一部分。

【一丸】（イチガン）①ひとかたまり。ひとまるめ。②一発の弾丸。また、一つぶの丸薬。

【一気（氣）】（イッキ）①万物の根元となる気。この一気が分かれて陰と陽の二気となり、万物を形成する。②天地間にみなぎっている大気。③あたりを同じ気分が包んでいること。同じ雰囲気。④ひと息に。→次項。

【一気（氣）△呵成】（イッキカセイ）ひと息に作りあげる。ひと息になしとげる。

【一紀】イッキ　①十二年。古代中国の暦法で、木星が太陽の周囲をひと回りする期間。②七十六年。また、千五百年。

【一喜一憂】イッキイチユウ　（状況が変化するそのたびごとに）喜んだり心配したりする。

【一期】イッキ　①いくつかの時期に分けた中の（最初の）ひとくぎり。②一周年。③仏ゴイチ　一生。↓次項。

【一期一会(會)】イチゴイチエ　国一生に一度会うこと。また、一生に一度かぎりであること。〔茶湯一会集〕

【一揆】イッキ　①法則を同じくすること。同じ一つの道。②国㋐心を一つにすること。一致団結。㋑戦いに進退を共にする同族の武士の一団。㋒農民や信徒などが団結して権力者にはむかったこと。また、その一団。「百姓一揆」

【一貴一賤交情乃見】イッキイッセンすなわ(は)ちあらわ(は)る　コウジョウ　身分が高くなったりいやしくなったりすることによって本当のその人の情がわかる。一説に、一人が身分が高く、一人が身分がいやしい、の意とする。〔史記、汲鄭伝賛〕⇩一死一生知二交情一（三〇八一）。

【一騎当(當)千】イッキトウセン　ひとりの騎馬武者が、千人の敵を相手にできるほど強いこと。一人当千。

【一簣・一蕢】イッキ　ひとつのもっこ。また、ひともっこの土。簣・蕢は土を入れ運ぶ道具。〔論語、子罕〕

【一簣之功】イッキのコウ　最後のひともっこの骨折り。物事の最後の努力。〔書経、旅獒〕為レ山九仞やまをつくる、キュウジン、功虧二一簣一コウ　イッキにかく。

【以二一簣一障二江河一】イッキをもってコウガをささう(ふ)　ひともっこの土で長江や黄河の水をせきとめる。微力であるが大事をなそうとするたとえ。〔漢書、何武王嘉師丹伝賛〕

【一饋十起】イッキにとたびたつ　一度の食事中に十回も席をたって人に会うことで、夏カの禹王オウが賢人を求めるに熱心であった故事。一饋七起ともいう。〔淮南子、氾論訓〕

【一義】イチギ　①一つの道理。一理。②ひととおりの意義。③根本の意義。第一義。④同じ道理。

【一議】イチギ　①一度の議論。一回の評議。「一議に及ばず」②異なった議論。異論。

【一掬涙】イッキクのなみだ　両手にすくうほどのたくさんの涙。また、少しの涙の意にも用いる。

【一休沐】イチキュウモク　唐代の制度で、役人に十日ごとに沐浴モクヨク（ゆあみ）のために与えられる一日の休暇。

【一宮】イッキュウ　①一つの宮殿。②宮中の人のこらず。③国イチのみや　㋐第一の皇子。㋑諸国で第一の格式のある神社。

【一裘一葛】イッキュウイッカツ　一枚のかわごろもと、一枚のくず織りのかたびら。冬着と夏着が一枚ずつあるだけで他に着替えもない貧しさのたとえ。

【一牛鳴地】イチギュウメイチ　一匹の牛の鳴き声が聞こえるくらいのあまり遠くない所。一牛吼地イチギュウコウチともいう。

【一挙(擧)】イッキョ　①ひとたび事を起こす。一つの企て。②一つのふるまい。一つの行動。③ひとたび動く。また、ひとたび飛ぶ。④一気に。ひといきに。いっぺんに。

【一挙(擧)一動】イッキョイチドウ　手をあげたり、身を動かしたりすること。一つ一つの動作。また、わずかな動作。

【一挙(擧)手一投足】イッキョシュイットウソク　ちょっと手をあげたり、ちょっと足を動かしたりするくらいのこと。少しの動作・骨折り。

【一挙(擧)両(兩)得】イッキョリョウトク　一つの事をして二つの利益を得る。一石二鳥。↕一挙両失。〔晋書、束皙伝〕

【一匡】イッキョウ　天下の秩序をただし統一する。匡は、ただす。

【喫二一驚一】イッキョウをキッす・イッケイをキッす　びっくりする。驚かされる。

【一曲】イッキョク　①ひとまがり。川の流れのまがりなどをいう。②音楽のひとふし。③一部分。かたすみ。また、一方にかたよって全体に通じないこと。「一曲の士」

【一局】イッキョク　①囲碁・将棋などの一勝負。また、その一面。②一つの局面。ことのなりゆきの一場面。

【一空】イックウ　①そら一面。②仏㋐空ク。から。すべてむなしい。なにもない。㋑すべてのものが無差別平等であること。

【一隅】イチグウ　四すみあるものの一すみ。物事の一面をいう。〔論語、述而〕挙二一隅一不下以二三隅一反上、則不レ復也イチグウをあぐるにサングウをもってかえ(へ)さずんば、すなわ(は)ちふたたびせざるなり。〈四すみあるものの一すみを取りあげて教えたら、それから類推して他の三すみを察知して返答するのでなければ、重ねて教えてはやらない〉

【一薫一蕕】イックンイチユウ　一つのよいかおりの草と、一つのわるいにおいの草。この二つの草を一緒におくと、よいかおりは消されて悪臭のみが残る。とかく善よりも悪の方が強く、はびこりやすいたとえ。〔左伝、僖公四〕

【一軍】イチグン　①周代の制度で、兵士一万二千五百人。②軍中のすべての兵。全軍。③一団の軍隊。また、一方の軍隊。

【一夏】イチゲ　仏陰暦の四月十六日から七月十五日までの九十日間。僧が行脚アンギャせず一室にこもって座禅修行する期間。この修行を一夏安居アイチゲアンゴという。

【一系】イッケイ　ひとすじ。一つの系統。一つの血すじ。

【一芸(藝)】イチゲイ　①一つの経書。一経。②一つの芸能。一つの技芸。「一芸一能」

【一決】イッケツ　①ひとたび決心する。きっぱりと心にきめる。②ひとたびきまる。③一つにきまる。「衆議一決」

【一犬吠レ形百犬吠レ声(聲)】イッケンかたちにほゆればヒャッケンこえ(ゑ)にほゆ　一匹の犬が何かを見てほえると、その声を聞いて他の多くの犬が何事かあるかのようにほえたてる。一人がそれらしいことをいうと、多くの者がこれを事実としてうわさしあうたとえ。一犬吠レ虚イッケンキョにほゆれば、万犬伝レ実バンケンジツをつたう(ふ)。〔潜夫論、賢難〕

【一件】イッケン　①一つの事がら。②ある事件。③国例のこと。

【一見】イッケン　①一度見る。一度見渡す。〔漢書、趙充国伝〕百聞不レ如二一見一ヒャクブンはイッケンにしかず。②ちらっと見る。③一度会う。一度面会する。④国イチゲン　初めて会うこと。「一見の客」

【一見識】イチケンシキ　ひとかどの考え。一つのすぐれた見解。

【一見如二旧(舊)識一】イッケンキュウシキのごとし　一度会っただけですっかり気が合い、昔なじみのように親しむこと。〔唐、王維、送二権二一詩〕

【一巻石】イッケンセキ　ひとかたまりのいし。一説に、巻は、拳ケンと音が通じて、こぶし大の石の意であるという。

【一献(獻)】イッケン　①ひとたび酒をすすめる。転じて、小さな酒宴。②国イッコン　㋐一度さかずきをさす。㋑一杯の酒。㋒二献・三献に対し、一度目の酒・さかなをいう。

【一元】イチゲン　①はじめ。一は数のはじめ、元は大の意で、はじめを尊んでいう。②もと。おおもと。大本。③一人の天子の最初の年号。また、一つの年号。④昔の暦法で、四千五百六十年。⑤中国の貨幣の単位。一角の十倍。一円。

【一元論】イチゲンロン　ただ一つだけの原理で、一切を説明しようとする考え方。↕二元論・多元論。

【一言以蔽レ之】イチゲンもってこれをおお(ほ)う(ふ)　ひとことで全体を言い表す。〔論語、為政〕

【一言一行】イチゲンイッコウ　一つのことばと一つの行為。なんの気なしにいう言葉やする動作。

【一言居士】イチゲンコジ　何事にもひとこと口出ししないと気のすまない性質の人。

【一言半句】イチゲンハンク・イチゴンハンク　わずかなことば。片言隻句。一言半辞ともいう。

【一己】イッコ　自分ひとり。おのれ一人。

【一狐裘三十年】イッコキュウサンジュウネン　一枚のきつねのかわごろもを三十年間着通すこと。春秋時代、斉の国の名臣、晏子アンシが非常に倹約家であった故事。〔礼記、檀弓下〕

【一狐之腋】イッコのエキ　一匹のきつねのわきの下から取った白く美しい毛皮。珍貴なもののたとえ。〔史記、趙世家〕

【一壺外】イッコのそと　俗世間をいう。一壺（外界と隔絶した別天地）以外のところの意。↓次項。〔唐、李白、独酌詩〕

【一壺天】イッコテン　小天地。別天地。後漢の費長房が薬売りの老人と一つのつぼの中にはいって別世界の楽しみを味わっ

た故事に基づく。壺天。壺中天地。〔後漢書、費長房伝〕

【一顧】(イッコ)　①ひとたびかえりみる。ちょっとふりかえって見る。②人から目をかけられること。また、人に対してちょっとした世話をすること。

【一顧傾二人城一】(イッコすればひとのしろをかたむく)　すぐれた美人の形容。ちょっとふりかえって流し目に見るだけで、人の心を迷わせ、城（城市）を傾け亡ぼさせるに至るという意。一顧傾レ城(イッコすればしろをかたむく)。一顧傾レ国(イッコすればくにをかたむく)。傾城(ケイセイ)。〔漢書、外戚伝上、孝武李夫人伝〕

【一口】(イッコウ)　①ひとつのくち。転じて、人ひとり。②口をそろえる。みなが同じことをいうこと。ひとつことば。③ひとこと。一言。④ひとくち。ひとほおばり。

【如レ出二一口一】(イッコウにいず(づ)るがごとし)　同じ一人の口から出たように多くの人の言うことが全く一致すること。〔韓非子、内儲説下〕

【一向宗】(イッコウシュウ)　仏鎌倉時代、親鸞上人(シンランショウニン)が開いた、浄土宗の一派。浄土真宗。一向は、ひたすらの意味で、ただひたすらに念仏を唱えるからいう。

【一行】(イッコウ)　①ひとつの行為。また、ちょっとした行い。②一度ゆく。③つれだって行くむれ。ひとむれ。同行の一団。④(イチギョウ)㋐ひとならび。また、文字の一列。㋑仏一つの修業に専心すること。㋒唐の玄宗時代の高僧、大慧禅師(ダイエゼンジ)。密教の開祖。天文・暦法にも通じていた。(六八三―七二七)

【一更】(イッコウ)　五更の第一の時刻。今の午後八時前後の二時間。一説に、八時から十時までの間。初更。甲夜。一鼓。↓五更(四七ページ)。

【一興】(イッコウ)　①ひとたびおこる。一度さかんになる。②(イッキョウ)一つのおもしろさ。ちょっとしたおもしろみ。

【一△毫】(イチゴウ)　一本の毛すじ。ごくわずかな数量のたとえ。毫は、細い毛。

【一国(國)】(イッコク)　①一つの国。一つの国家。②国中のこらず。国全体。全国。③＝一刻の③の㋑。↓一国者。

【一国(國)三公】(イッコクサンコウ)　一つの国に三人の主権者がいること。国が一つにまとまっていないこと。〔左伝、僖公五〕

【一国(國)者】(イッコクもの)　国一刻者。①かたくなな人。頑固(ガンコ)な人。②おこりっぽい人。性急な人。

【一刻】(イッコク)　①一昼夜の百分の一。昼・夜をそれぞれ五十刻ずつに分ける。②わずかな時間。③国㋐一時(ひととき)の四分の一。約三十分間。㋑かたくな。頑固なこと。㋒性急なこと。おこりっぽいこと。

【一刻者】(イッコクもの)　国＝一国者。

【一刻千金】(イッコクセンキン)　ひとときが千金にも価する。すばらしい時や大切な時などの過ぎやすいのを惜しんでいう。〔宋、蘇軾、春夜詩〕春宵一刻価千金(シュンショウイッコクあたい(ひ)センキン)。

【一△痕】(イッコン)　一つのあと。一つの形をとどめているもの。月などにいう。「一痕の新月」

【一茶△頃】(イッサケイ)　一杯の茶を飲むくらいの短い時間。

【一座・一△坐】(イチザ)　①その座にいる者すべて。同席の人全部。満座。②建造物や仏像など一つ。また、それらを数える語。③国㋐第一の席。かみざ。上席。㋑摂政・関白の別名。㋒芸人などの一団体。㋓一回。一席。

【一切】(イッサイ・イッセツ)　①すべて。みな。ことごとく。おしなべて。ふぞろいのものを切って一様にそろえることからいう。②同時。③一時。しばらく。④(イッサイ)㋐仏すべてをそなえること。㋑国（下に打消しを伴って）全く。全然。

【一切経(經)】(イッサイキョウ)　一切蔵経の略。仏教の経文の全部（経・律・論の三蔵）の総称。大蔵経ともいう。

【一切衆生】(イッサイシュジョウ)　仏一切有情(イッサイウジョウ)。①地獄・餓鬼・畜生・修羅・人間・天上の六道における、すべての生命あるもの。②この世に生きているすべてのもの。特に、人間のみにいう。

【一再】(イッサイ)　①一、二度。一、二回。一再行。②たびたび。

【一策】(イッサク)　①一つの計画・策略・考え。「窮余の一策」②一通の文書。

【一札】(イッサツ)　①一枚のかきつけ。一通の文書。一通の手紙。②一枚のよろいのこざね。③一通の証書や手形(てがた)。

【一殺多生】(イッサツタショウ・イッセツタショウ)　仏一人（一人の悪人）を殺して多くの人を生かす。一人を犠牲にして衆人を救うこと。〔報恩経、七〕

【一撮】(イッサツ)　ひとつまみ。ごくわずかの分量。撮は、四圭(ケイ)で、圭は六十四個のきびの実だけの分量。「一撮土」

【一山】(イッサン・イチザン)　①一つの山。②山全体。全山。③一つの寺。寺は多く山中にあるからいう。また、寺全体。寺じゅう。

【一散】(イッサン)　①ひとさかずき。散は五升を入れるさかずき。②一たびばらばらになる。③風などが一たびおさまる。④国逸散。㋐にげること。㋑わきめもふらず急ぐこと。一目散。

【一△盞】(イッサン)　一つのさかずき。また、一杯の酒。

【一△盞灯(燈)】(イッサントウ)　一つのともしび。盞は、灯火をもやすうけざら。

【一△粲】(イッサン)　一度笑うこと。ひとわらい。一笑。粲は、清く白い意で、白い歯を出して笑うこと。

【博二一△粲一】(イッサンをハクす)　自作の詩文などを人に贈る時の謙遜のことば。一笑に供える。お笑いぐさまでに。

【一市】(イッシ)　①一つの町。②町中のこらず。町全体。

【一子相伝(傳)】(イッシソウデン)　国学問や技芸の秘伝を自分の子ひとりだけに伝え、他の者には秘密にすること。

【一死一生知二交情一】(イッシイッセイコウジョウをしる)　死ぬか生きるかの危難にあって初めて人の情がわかる。一説に、一人が死に、一人が生き残っている意とする。〔史記、汲鄭伝賛〕一死一生乃知二交情一(イッシイッセイすなわ(は)ち、コウジョウをしる)、一貧一富乃知二交態一(イッピンイップすなわ(は)ちコウタイをしる)、一貴一賤交情乃見(イッキイッセンコウジョウすなわ(は)ちあらわ(は)る)。〈――、貧富の違いによってその人の人づきあいの態度がわかる、身分の上下によってその人の本当の情がわかる〉

【報二一矢一】(イッシをむくゆ)　一本の矢を射かえす。敵から受けた攻撃に対していささかしかえしをする。他人の反対論に対して言いかえしてやりこめること。

【一糸(絲)不レ掛・一糸(絲)不レ△挂】(イッシかけず)　①何一つひきとめるものがない。拘束するものの全くないこと。②何一つ身にまとわない。まっぱだかのさまの形容。

【一糸(絲)不レ乱(亂)】(イッシみだれず)　ひとすじの糸のみだれもない。秩序がよく整っているさま。

【一枝春】(イッシのはる)　梅の花をいう。〔宋、陸凱、贈二范曄一詩〕聊贈一枝春(いささかおくるイッシのはる)。

【一視同仁】(イッシドウジン)　だれかれの差別なく、すべてのものを平等に愛すること。差別待遇をしないこと。〔唐、韓愈、原人〕

【一次】(イチジ)　①一ぺん。一回。一度。②第一番目。

【一字】(イチジ)　①一つの文字。また、同一の文字。②一つのあざな。別のあざな。③雁(ガン)の行列。④短いたより。〔唐、杜甫、登二岳陽楼一詩〕

【一字師】(イチジのシ)　文字の誤読や誤写を訂正してくれた人。また、詩や文章の適当でない文字を添削してくれた人。

【一字千金】(イチジセンキン)　非常に価値のある文章、または筆跡をいう。一字で千金の値打ちがある意。秦(シン)の呂不韋(リョフイ)が『呂氏春秋』を著したとき、一字でも添削できたものに千金を与えようと言った故事に基づく。〔史記、呂不韋伝〕

【一字褒(褎)△貶】(イチジホウヘン)　文字一つの使いわけで、人をほめたり、けなしたりすること。春秋の筆法。

【一時】(イチジ)　①四季のうちの一時節。三か月。②ひととき。短い時間。③その当時。その時代。④あるとき。かつて。以前。⑤同時に。一度に。⑥しばらく。⑦国(ひととき・イットキ)㋐昔の時間の区分で、約二時間。㋑＝②。㋒＝⑥。

【一辞(辭)】(イチジ)　①ひとこと。一言。②ひとたび別れる。

【不レ能レ賛(贊)二一辞(辭)一】(イチジをサンするあたわ(は)ず)　一言も助けそえる

ことができない意で、文章がすぐれていて手を入れる余地の全くないことをいう。〔史記、孔子世家〕

【一日】(イチジツ・イチニチ) ①朝から夕方まで。ひねもす。終日。また、朝から翌日の朝まで。一昼夜。②ある日。③ついたち。月の第一日。朔日(サク・ジク)。④短時日。⑤昨日。

【一日三秋】(イチニチサンシュウ) 一日が三秋にも思われること。待ちこがれる気持ちにいう。三秋は、三年。一説に、九か月。『詩経』王風・采葛(サイカツ)に「一日不レ見(イチニチみざれば)、如二三秋一兮(サンシュウのごとし)」とあるのに基づく。

【一日△之計在レ△晨】(イチニチのケイはあしたにあり) その日の計画は、朝のうちにたてるのがよい。晨は朝。〔月令広義、春令、授時〕――、一年之計在レ春(イチネンのケイははるにあり)。〈――、一年の計画は、年の初めの春にたてるのがよい〉

【一日△之長】(イチジツの・イチニチのチョウ) ①年齢が少し多い。一日さきに生まれた意。〔論語、先進〕②経験や技能などが少しまさっていること。

【一日千秋】(イチジツセンシュウ・イチニチセンシュウ) 一日が千年にも思われること。待ちこがれるときの気持ちにいう。一日三秋。

【一日千里】(イチニチセンリ) ①すぐれた馬が一日に千里も走ること。また、鳥がはやく飛ぶのにもいう。②才能がすぐれていること。俊敏な才能。③川の流れの急なこと。

【一日難二再△晨一】(イチニチふたたびはあしたなりがたし) 一日のうちに朝は二度と来ない。時が過ぎやすくて二度とは帰って来ないのをいう。〔晋、陶潜、雑詩〕⇩盛年不二重来一(セイネンかさねてはきたらず)(七五九㌻)。

【一日暴レ△之、十日寒レ△之】(イチジツこれをあたためてジュウジツこれをひやす) ＝一暴十寒(イチバクジッカン)。暴は曝(バク)。〔孟子、告子上〕

【一実(實)】(イチジツ) ①一つの実(み)。②ひとたびみのる。③まったく等しい。同一。④仏㋐真如(シンニョ)。無差別平等の実相。㋑一実乗(イチジツジョウ)の略。無差別平等の実相を説くおしえ。大乗。

【一車薪△之火】(イッシャシンのひ) 一台の車に山と積んだたきぎのもえること。〔孟子、告子上〕

【一舎】(イッシャ) 三十里(日本の約三里、十二キロメートル)。一日の道のり。軍隊が一日三十里を行軍して一泊するからいう。↓舎(223)。

【一△瀉千里】(イッシャセンリ) ①ひとたびそそげば一気に千里も走り流れるような水の勢い。②転じて、物事が非常に早くはかどり進むこと。文章や弁舌が流れるようによどみないこと。

【一種】(イッシュ) ①一つの種類。ひといろ。ひとくさ。②ある種類。③同一の種類。同種。④一つの種族。⑤他と異なっていること。独特。また、異様。「一種独特」

【一樹△蔭一河流】(イチジュのかげイチガのながれ) ↓次項。

【宿二一樹△蔭一△汲二一河流一】(イチジュのかげにやどりイチガのながれをくむ) 仏この世でたまたま一緒に同じ木のかげに休み、同じ川の水をくんで飲みあうのも、すべて前世からの因縁であるということ。

【一周忌】(イッシュウキ) 仏人が死んで一年目の、同月同日の日。また、その日に営む法要。一回忌。

【一終】(イッシュウ) ①ひとめぐり。㋐十二年。木星が太陽のまわりを一周する期間。㋑一年。②音楽を一度奏しおわること。③音楽の一曲。また、詩や歌の一編。

【一△蹴】(イッシュウ) ①ひとけりする。②軽くはねつけること。相手を軽く負かすこと。

【一汁一菜】(イチジュウ・イチじるイッサイ) 汁物一品とおかず一品との、質素な食事をいう。

【一瞬】(イッシュン) ひとまたたきする間。きわめて短い時間。

【一所】(イッショ) ①一つの場所。一か所。②橋や建物などの一つをいう。③＝一緒③。④国ひとり。

【一所懸命】(イッショケンメイ) 国上から賜った一か所の領地に命を託して、それを大切に守ること。転じて、物事をいのちがけでやること。懸命。必死。俗に一生懸命(イッショウケンメイ)ともいう。

【一書】(イッショ) ①一通の文書。②一通のてがみ。一通の書面。③一つの書物。ある本。また、別の本。

【一緒】(イッショ) ①ひとすじ。ひとすじの糸。緒は、糸すじ。②ひとまとめ。一つ。同一。③つれだつ。ともに。

【一生】(イッショウ) ①人の生まれて死ぬまでの間。生涯。一世。②国(イッセイ)一人の男。

【一生苦楽(樂)依二他人一】(イッショウのクラクタニンによる) 女の一生の苦しみも楽しみも、夫しだいできまる。唐の白居易の「太行路」の詩に「人生莫レ作二婦人身一(ひとうまれてフジンのみとなるなかれ)、百年苦楽由二他人一(ヒャクネンのクラクタニンによる)」とあるのに基づく。

【一生懸命】(イッショウケンメイ) 国「一所懸命」のなまって変化した語。

【一笑】(イッショウ) ①一度わらう。また、ひとわらい。一粲(イッサン)。「破顔一笑」②わらいぐさ。ものわらい。

【付二一笑一】(イッショウにフす) わらいとばす。

【一笑千金】(イッショウセンキン) ひとわらいが千金にも価する。美人の笑いがきわめて得がたいこと。

【一唱三△歎・一△倡三△歎】(イッショウサンタン) 宗廟(ソウビョウ)(祖先のおたまや)の祭りで、一人が歌い出すと他の三人がこれに合わせて歌うこと。転じて、詩文を一度声に出して読んでからくりかえし嘆賞すること。上手な詩文をほめるのに用いる。

【一将(將)功成万(萬)骨枯】(イッショウコウなりバンコツかる) ひとりの大将が功名を立てるかげには、多くの兵卒がむなしく骨を戦場にさらしている。上の者に功が帰し、下の者が報われないこと。〔唐、曹松、己亥歳詩〕

【一△餉】(イッショウ) 一度食事をするほどの短い時間。

【一△霎】(イッショウ) ひとしきり。また、しばらく。一陣。霎は、しばし。短い時間。「一霎の雨」

【一△觴一詠】(イッショウイチエイ) 酒を飲みながら詩を吟じて楽しむこと。觴は、さかずき。〔晋、王羲之、三月三日蘭亭詩序〕

【一上一下】(イチジョウイチゲ) ①のぼったりくだったり。また、上になったり下になったり。②どこまでも。あくまでも。

【一条(條)】(イチジョウ) ①一本の枝。②ひとすじ。③箇条書きにしたもののひとくだり。一則。④一つの事がら。同じ事がら。ひとつらなりの事がら。

【一乗(乘)】(イチジョウ) ①車一台。②仏悟りをひらき、成仏することのできるただ一つの教え。

【一場】(イチジョウ) ①一つの場所。また、同じ場所。②試験などの一回。一つの試験。③ひととき。

【一場春夢】(イチジョウのシュンム) ①短い春の夜の、その場かぎりのはかない夢。②その場かぎりで跡かたもない人生のはかなさ。

【一触(觸)即発(發)】(イッショクソクハツ) ちょっとふれても、すぐ爆発しそうなこと。危機のさし迫っている状態をいう。

【一心】(イッシン) ①一筋の心。一つの事に心を集中する。専心。②多くの人が心を合わせる。また、多くの者の一致した心もち。同心。③外物に対して、単に心そのものをいう。

【一心同体(體)】(イッシンドウタイ) 心を一つにし、からだをおなじくする。別々の者が、心もからだも一つのように強固に結合すること。

【一心不乱(亂)】(イッシンフラン) 仏一つの事に心を集中して他にそらさないこと。〔阿弥陀経〕

【一身】(イッシン) ①一つのからだ。②からだ全体。全身。③わが身。自分の身。

【一身都是胆(膽)】(イッシンすべてこれタン) 全身が胆っ玉である。からだ全体に胆力がみなぎっている。肝っ玉がきわめて大きいこと。

【一進一退】(イッシンイッタイ) ①進んだり退いたりする。②よくなったり悪くなったりする。

【一新】(イッシン) 古いことをぜんぶ改めてすべてを新しくする。すっかり新しくする。

【一新紀元】(イチシンキゲン・イッシンキゲン) 今までの古い物事の全く改まった、新時代の最初の年。一エポック。「一新紀元を画(カク)す」

【一陣】(イチジン) ①風や雨などのひとしきり。「一陣の風」②戦陣の一隊。転じて、ひといくさ。一戦。③国先陣。一番乗り。

【一炊△之夢】(イッスイのゆめ) 人生の栄華のはかないことのたとえ。↓邯鄲(カンタン)之夢(一一〇七㌻)・盧生(ロセイ)之夢(七六一㌻)。

【一酔(醉)千日】(イッスイセンニチ) きわめてよい酒の形容。一度酔うと千

日の間さめない意。

【一穂(穗)】イッスイ ①一本のほ。②一本のほのような形をしたものの形容。「一穂の寒灯（ものさびしい一つの灯火）」

【一寸】イッスン ①一尺の十分の一。②短い。また、わずか。少し。③国一尺の十分の一。約三・〇三センチメートル。④国鳥渡（ちょっと）。㋐しばらく。㋑わずか。少し。㋒やや。

【一寸光陰不レ可レ軽(輕)】イッスンのコウインかろんずべからず 少しの時間もむだにしてはならない。〔宋、朱熹、偶成詩〕少年易レ老学難レ成（ショウネンおいやすく、ガクなりがたし）——。

【一寸丹心】イッスンのタンシン わずかなまごころ。自分の真心を謙遜（ケンソン）していう。一寸赤心。

【一世】イッセイ ①人の生まれて死ぬまでの間。一生。一代。②三十年。③その世。その当時の世の中。当世。当代。④世の中のこらず。世の中全部。挙世。⑤一王朝。一王朝の続く間。また、一血統の続く間。⑥一王朝の、第一代の皇帝。⑦西洋で、同血統・同名の皇帝・王・法王などの内、最初に位についた人の称。⑧外国に最初に移住した人を、移住後に生まれた、その人の子や孫などに対していう。⑨仏イッセ ㋐過去・現在・未来の三世（サンゼ）の中の一つ。㋑=①。

【一世一代】イッセイチダイ ①一生涯。②人間一生の中でただ一度かぎり。③芸人などが一生の中でこれをしおさめとしてりっぱな芸を演ずること。

【一世之雄】イッセイのユウ その時代でもっともすぐれた英雄。

【一斉(齊)】イッセイ ①ひとそろい。また、等しい。一様。②一つにそろえる。平等に治める。③一度に。同時に。そろって。「一斉射撃」

【一夕】イッセキ ①ひと晩。一夜。「一朝一夕」②ある晩。ある夜。

【一石二鳥】イッセキニチョウ 一つの石で同時に二羽の鳥をうち落とす。一つの事をやって同時に二つの利益を得るたとえ。一挙両得。

【一昔】イッセキ ①ひとばん。一夕。一夜。②国ひとむかし 一応、昔と考えられる過去。普通には、十年をいう。「十年一昔」

【一隻眼】イッセキガン ①一つの目。一眼。②物を見ぬく力のある、独特の眼識。「一隻眼を具（そな）える」

【一折】イッセツ ①ひとたびくじける。一度挫折（ザセツ）する。②一つの崖（がけ）。③音楽のひとふし。また、芝居（北曲）の一幕。

【一剎那】イッセツナ 仏きわめて短い時間。瞬間。

【一絶】イチゼツ ①ひとたびたちきる。一断。②一つの他とかけはなれてすぐれたもの。③漢詩で、一つの絶句。

【一洗】イッセン ①一度あらう。②すっかりあらう。

【不レ値二一銭(錢)一】イッセンにもあたい(ひ)せず 一文（イチモン）の価値もない。無能の人をあざけっていう。値は、直とも書く。

【一双(雙)】イッソウ 二つで一組をなすもの。一対（イッツイ）。「屛風（ビョウブ）一双」

【一宗】イッソウ ①一族。②同じ種類。また、ひとまとまり。③イッシュウ 仏教の一つの宗派。ある宗旨。

【一掃】イッソウ ①ひとたびはらい清める。②ねこそぎはらい除く。

【一層】イッソウ ①ひとかさね。一階。②国㋐さらに。ひとしお。㋑イッソ 本当に。全く。㋒むしろ。かえって。

【一息】イッソク・ひといき ①一呼吸。②ひと休み。しばらく休むこと。③少しの時間。しばらく。

【一粟】イチゾク ①ひとつぶのあわ。②微小なもののたとえ。

【一飡之徳】イッソンのトク 一度食事をふるまわれたほどのわずかな恩恵。〔蜀志、法正伝〕

【一尊】イッソン ①一つのさかだる。尊は、樽（ソン）・たる。一樽。②最もたっといもの。最も権威のあるもの。「一尊に定まる」③一体の仏像。また、一門の大砲。

【一朶】イチダ ①ひと枝。「一朶の花」②ひとむれ。「一朶の雲」

【一体(體)】イッタイ ①からだの一部分。手一本、または足一本。②転じて、人の学徳の一方面などのたとえ。「聖人之一体」③同じ一つのからだ。離れられない親密な間がら。「父子一体」④仏像などの一個の称。⑤同じ体裁。同類。⑥別の体裁。⑦一様。同様に。⑧国もともと。そもそも。一体全体の略。「全般。

【一帯(帶)】イッタイ ①ひとつづき。ひとすじ。②あたり一面。全体。

【一大事】イチダイジ ①大変なこと。容易ならぬ事件。重要な事がら。②仏仏がこの世に出現するという重大事。

【一代】イチダイ ①人の一生。一生涯。②その世。その時代。一世。③天子や家長のその地位にある間。④一つの王朝の存続する間。

【一諾】イチダク 一度承知する。一度よろしいと引き受ける。

【一諾千金】イチダクセンキン 一度承知して引き受けたことに千金の重みがある。信頼するに足る約束にいう。

【一旦】イッタン 一朝。①ひと朝。ある朝。また、ある日。他日。②わずかの間。③ひとたび。一度。④たちまち。にわかに。

【一旦有二緩急一】イッタンカンキュウあらば ひとたび国に大事が起きた場合には。緩急は、危急。緩は、そえ字。〔漢書、爰盎伝〕

【一簞食一瓢飲】イッタンのシイッピョウのイン 一つのわりごに盛った食べ物と、一つのひさごに入れた飲み物の意で、わずかばかりの飲食物をいう。簞は、竹であんだ飯を盛る器、わりご。瓢は、ひさご。〔論語、雍也〕

【一団(團)】イチダン ①ひとかたまり。一個のまるいかたまり。②一つのあつまり。一つの団体。

【一団(團)和気(氣)】イチダンのワキ なごやかな雰囲気。あたりを包むやわらいだ空気。

【一知半解】イッチハンカイ 十分にはわかっていないこと。

【一治一乱(亂)】イッチイチラン おさまったり乱れたりする。〔孟子、滕文公下〕

【一致】イッチ ①おなじおもむき。一つの趣旨。②一つになる。相合する。「言行一致」③心を一つにする。協同する。「一致団結」

【一籌】イッチュウ ①一つのかずとり。籌は、勝負を争うときの、数をかぞえる道具。②一つのはかりごと。一計。

【輸二一籌一】イッチュウをユす 一つのかずとりだけ負ける意で、勝負に負けること。また、人におとること。輸は、まける。

【一長一短】イッチョウイッタン ①長くなったり短くなったりする。②長所もあれば短所もあること。

【一張一弛】イッチョウイッシ ①弓や琴などの弦をはったりゆるめたりすること。②心を緊張させたりゆるめたりすること。③厳格にしたり寛大にしたりしてほどよく取り扱うこと。〔礼記、雑記下〕

【一張羅】イッチョウラ 国①持っている着物の中で、一番上等のもの。②一枚しかない晴れ着。一枚しか持っていない着物。

【一朝】イッチョウ ①ある朝。ある日。あるとき。〔唐、白居易、長恨歌〕一朝選在二君王側一（イッチョウえらばれてクンノウのかたわ(は)らにあり）。訳文↓天生麗質難二自棄一。（三五ページ）②いったん。ひとたび。にわかに。たちまち。〔唐、劉廷芝、代下悲二白頭一翁上詩〕一朝臥レ病無二相識一（イッチョウやまい(ひ)にふしてはソウシキなし）。訳文↓相識（七六五ページ）。③わずかの間。④朝廷全体。⑤ひとたび朝廷に行って貢物（みつぎもの）を奉る。昔、諸侯は五年に一度天子に朝貢した。⑥ひとたび謁見（エッケン）する。

【一朝一夕】イッチョウイッセキ ひと朝ひと晩。短い時日。わずかの間。また、かりそめ。〔易経、坤〕

【一朝之患】イッチョウのうれい(ひ) 一時的な心配ごと。また、突然ふりかかる心配ごと。〔孟子、離婁下〕

【一朝之忿】イッチョウのいかり 一時的な怒り。〔論語、顔淵〕

【一対(對)】イッツイ 二つで一組となるもの。たがいに対応するもの一組。

【一丁】イッテイ ①一人の壮丁。②→一丁字。③国イッチョウ ㋐和とじ本の表裏二ページ一枚をいう。㋑豆腐など一個の称。㋒一品料理一人前。

【一丁字】イッテイジ 一つの字。一個の文字。もともと一个（コ）(個)字とあるべきなのを、个が丁の古字の个に似るところから誤っ

たもの。

【不レ識二一丁字一】イッテイジをしらず　一つの字も知らない。全く文字が読めない。無学をいう。丁は「个(カ・コ)」(個)の字の誤り。無二丁字一(テイジなし)。

【一定】イッテイ　①一つにさだまる。また、一つにさだめる。一つにきまって変わらぬこと。②国イチジョウ　㋐＝①。㋑きっと。かならず。③国テイ　㋐標準的な。「一定の書式」　㋑等しい。「一定の速度」

【一敵国(國)】イッテキコク　自分の国と勢力が匹敵する一つの国。転じて、自分と肩をならべる競争相手。

【一擲】イッテキ　①ひとたび投げうつ。すごろくの采(サイ)などを投げること。②一ぺんに投げすてる。所有しているもののすべてを一度に投げ出すこと。

【一擲賭二乾坤一】イッテキケンコンをかく　天下をかけて一勝負する。天下を取るか失うかの大勝負をする。運命をかけて、のるかそるかの大勝負をすること。乾坤は、天地。乾坤一擲(ケンコンイッテキ)。〔唐、韓愈、過二鴻溝一詩〕

【一徹】イッテツ　国がんこ。ひとすじに思いこむ。

【一轍】イッテツ　①前に通った車とわだち(車の跡)を同じにする。②同じ。相同じ。同じ一つの道。同じ結果を得ること。

【一天】イッテン　①そら全体。空一面。②天子。③天(あめ)が下全体。天下。一天下の略。④一つの天。別天地。

【一天四海】イッテンシカイ　空がおおうかぎりと四方の海の意で、天(あめ)が下。世界じゅう。

【一天万(萬)乗(乘)】イッテンバンジョウ　天子。また、天子の位。周代の制度で、天子は有事に兵車一万台を出したから万乗という。乗は、兵車の台数を数える語。万乗君。

【一点(點)】イッテン　①一つの点。「一点一画」②(ぽつりとしたもの)一つ。「万緑叢中(ソウチュウ)紅一点(青葉の中に赤い花一輪)」③すこし。わずか。

【一転(轉)】イッテン　①一度まわる。また、ひとまわり。②がらりとかわること。「心機一転」

【一伝(傳)】イチデン　①ひとたび伝わる。②直接に師匠から伝授を受けること。また、その伝授を受けた門人。直伝(ジキデン)の弟子。↕再伝・三伝。③一つの伝え。一つの書物。

【一途】イット　①一塗。㋐ひとすじのみち。また、一つの方法。㋑同じみち。また、同じ方法。②国ズイチ　ひとすじに。

【一刀】イットウ　①ひとふりの刀。②ひとたち。ひときり。③漢代の貨幣の名。④国イチのかたな　料理人が最初に切りおろす庖丁(ホウチョウ)。

【一刀三礼(禮)】イットウサンライ　仏仏像を彫刻するとき、一刀を入れるたびに三度礼拝すること。

【一刀両(兩)断(斷)】イットウリョウダン　ひとたちで物をまっぷたつにたちきる。転じて、きっぱりと物事の処置をつける。

【一等親】イットウシン　国親族を親疎によって分けた六等級(昔は五等級)の中の第一番目の親族。父母・養父母・子・養子をいう。今は一親等という。

【一統】イットウ　①一つにすべ合わせる。一主権のもとに合わせ治める。統一。②天下。③ひとすじ。また、一つの系統。一つの王朝。④碑などの一基。⑤国一同。全体。仲間。

【一頭】イットウ　①一つの頭。②動物などの一匹。特に牛についていう。③国烏帽子(えぼし)・かぶと・仮面などの一個。

【出二一頭地一】イットウチをいだす　頭一つ抜けでる。多くの人の中からひときわすぐれでること。〔宋史、蘇軾伝〕

【一堂】イチドウ　①一つの建物。一つの堂。②同じ建物。同じ堂。同じ会場。③建物の中の人全体。堂中の人残らず。満堂。

【一道】イチドウ　①一つの道。②同じ道。③一つの道理。④一つの方法。⑤(光や川などの)ひとすじ。「一道の光明」⑥文書・答案などの一通。

【一得】イットク　一つの利益。一つのとりえ。一徳。

【一入】イチニュウ　①一度中へはいる。②布を染め汁の中へ一度ひたすこと。ひとしお。③国ひとしお(ほ)　㋐＝②。㋑いっそう。ひときわ。

【一如】イチニョ　①仏宇宙万有の真理はただ一つで平等無差別であること。②一つになって分かれていないこと。ただ一つであること。「物心一如」

【一人】イチニン・イチジン　①人ひとり。→独(4586)。②ある人。③天子。㋐天子の自称。多くの人の中の一員に過ぎない意。㋑天子に対する尊称。天下中でただ一人の人の意。④国政にあずかる人。大臣。

【一任】イチニン　①一度仕官する。また、一つの官職についている間。②すっかりまかせる。③ままよ。さもあらばあれ。

【一寧】イチネイ　元の僧。字(あざな)は一山。寧一山。正安元年(一二九九)日本に渡来し、鎌倉の建長寺・円覚寺、京都の南禅寺の住職となり、文保元年(一三一七)七十歳で没した。日本に宋(ソウ)の朱子の新注を伝えた。(一二四七—一三一七)

【一年之計在レ春】イチネンのケイははるにあり　一年の計画は年の初めに立てるがよい。陰暦では正月が春の初めの月なので「春に在り」という。〔月令広義、春令、授時〕訳文⇩一日之計在レ晨(四㌻)。

【一念】イチネン　①一つのおもい。また、ひとすじのおもい。深く思いつめた心。一心。②仏きわめて短い時間。一刹那(イッセツナ)。③国一声、仏の名を唱えること。↕十念・多念。

【一念通レ天】イチネンテンにツウず　ただひとすじに心に念じはげんでゆけば、その思いが天に通じて、どんなことでもなしとげられる。

【一波動則万(萬)波生】イッパうごけばすなわ(は)ちバンパショウず　一つの波が動くと、それにつれて数多くの波がおこってくる。小さいことも大きな影響を及ぼすに至ることのたとえ。

【一派】イッパ　①ひとすじの川の流れ。②川の一本の支流。③川のように細長く続いた物のひとむれ。たなびく煙などにいう。④主義・宗教・学芸などの一つの流派。また、それに属する一団の人々。⑤一つの仲間。一味。

【一杯】イッパイ　①㋐一つのさかずき。㋑さかずきに盛った酒。また、酒。②さかずきなどの一つの器に盛った量。③国㋐満ちていること。十分にあること。㋑あるかぎり。ありったけ。「力一杯」㋒舟の一隻や、いかの一匹。㋓「一杯食う」は、だまされる。

【一敗塗レ地】イッパイチにまみる　完全に負けて二度と立ち上がることのできない状態をいう。戦いにさんざん打ち破られ、からだの内臓物まで泥まみれになる意。〔史記、高祖本紀〕

【一暴十寒】イチバクジッカン　一日暖めて十日冷やす。せっかく暖めても冷やす方が多ければ、暖めたことが全くむだになる意で、努力よりもなまける方が多ければ、せっかくの努力が何の役にもたたないことのいましめ。暴は曝で、日にさらして暖める、寒は冷やす意。〔孟子、告子上〕

【一髪】イッパツ　①ひとすじのかみの毛。②青い山などがひとすじの髪の毛のように遠くかすかにつらなって見えるさま。〔宋、蘇軾、澄邁駅通潮閣詩〕青山一髪是中原(センザンイッパツこれチュウゲン)。③きわめてわずかなこと。「危機一髪」「間一髪」

【一髪引二千鈞一】イッパツセンキンをひく　一本の髪の毛で千鈞もの重い物を引く意。微力できわめて危険なたとえ。一鈞は、三十斤。〔唐、韓愈、与二孟尚書一書〕

【一般】イッパン　①一様。同様。②すべて。③普通。↕特殊。

【一斑】イッパン　①一つのまだらぶち。豹(ヒョウ)の毛皮のまだらぶち一つ。②全体の中の一部分。→次項。

【一斑評二全豹一】イッパンもてゼンピョウをヒョウす　豹(ヒョウ)の皮のまだらぶちの一つを見てその豹の毛皮全体のよしあしを品評することから、物事の一部分を見てその全体を批評することをいう。〔晋書、王献之伝〕

【一飯三吐レ哺】イッパンにみたびホをはく　一度の食事中に三度も口中に含んだ食物を吐き出す。周公旦(タン)が賢人を求めるに熱心で、食事中に三度も箸(はし)をおいて客を迎えた故事。〔史記、魯世家〕

【一飯之恩】イッパンのオン　一度の食事をふるまわれた恩恵。わずかばかりのめぐみをいう。一飯の徳。

【一飯之頃】イッパンのケイ　一度の食事の間。わずかな時間をい

う。しばらく。

【一飯之報】イッパンのむくい　一度の食事をふるまわれたくらいの、わずかなめぐみに恩返しすること。

【一臂】イッピ　①片方のひじ。片腕。②自分の片腕となる人。助けとなる人。

【一匹・一疋】イッピキ　①織物の長さ四丈をいう。②馬など、動物が一頭。③国一疋。㋐織物二反の称。㋑一人という意を強めていう俗語。「男一匹」㋒銭十文、または、二十五文。

【一筆】イッピツ・ひとふで　①一本のふで。②初めに一度墨をつけるだけで墨つぎせずに書くこと。③短い文章。また、短い手紙。④国㋐同じ筆づかい。一人の筆跡。㋑ひとくぎりの田畑・宅地の記録。

【一品】イッピン　①ひとしな。一つの種類。②特にすぐれた品物。逸品。絶品。③役人の最高の位。④国イッポン　昔、親王の位階の最高の位。⑤仏イチホン　経文中の一つの編。

【一嚬一笑・一顰一笑】イッピンイッショウ　顔をしかめたり笑ったりする。ささいな表情をいう。〔韓非子、内儲説上〕

【一貧一富知㆓交態㆒】イッピンイップコウタイをしる　貧乏になったり富裕になったりすることによってその人の人づきあいの態度がわかる。一説に、一人が貧しく一人が富んでいる意、とする。〔史記、汲鄭伝賛〕⇩一死一生知㆓交情㆒（三㌻）。

【一夫】イップ　①一人の男。夫は、一人前の男。②一人のおっと。「一夫一婦」③心のいやしい男。

【一封】イップウ　①一通の上奏文。また、一通の手紙。〔唐、韓愈、左遷至㆓藍関㆒示㆓姪孫湘㆒詩〕「一封朝奏九重天、夕貶㆓潮州路八千㆒」〈一通の上奏文を朝に天子に上奏すると、その日の夕方には天子の怒りにふれて潮州に流されることになった〉②ひとつつみ。「金一封」

【一部】イチブ　①全体の中のある部分。②楽器などのひとくみ。③書物のひとそろい。また、一冊の書物。

【一部始終】イチブシジュウ　一部の書物の初めから終わりまで。転じて、物事の初めから終わりまで。全部。

【一服】イップク　①飲み薬一回分の量。②薬・茶・たばこなどを一回飲むこと。③国㋐ひとやすみ。㋑毒薬ひとつまみ。

【一物】イチブツ　①一つのもの。一つの品物。②一事。また、一件。③国イチモツ　㋐一つのたくらみ。一つのよくない計画。㋑金銭の隠語。㋒男根の隠語。

【一碧】イッペキ　見渡すかぎりみどり一色であること。

【一碧万(萬)頃】イッペキバンケイ　湖や海の水が青一色で広々とたたえている形容。一頃は、宋代には約五六六アール。〔宋、范仲淹、岳陽楼記〕⇩上下天光（一九㌻）。

【一別】イチベツ　別れること。

【一瞥】イチベツ　ちらりと見る。ひとめ見る。

【一片】イッペン　①ひとひら。ひときれ。②ひとつ。〔唐、李白、子夜呉歌〕⇩長安一片月（一四五㌻）。③一面。あたり一帯。

【一変(變)】イッペン　①ひとたびかわる。②すっかりかわる。

【一遍】イッペン　①一度。一回。②国鎌倉時代の僧。時宗の開祖。諸国を行脚し衆生の救済につとめ、遊行上人といわれた。（一二三九―一二八九）

【一歩高㆓一歩㆒】イッポはイッポよりもたかし　一歩一歩、着実に向上することをいう。〔通俗編、祝誦〕

【一抔土】イッポウド　①ひとつかみの土。わずかばかりの土。②はか。墳墓。

【一篷】イッポウ　①一つの舟のとま。篷は、とまで、すげやかやを編んで作り舟をおおうに用いる。②一艘の小舟。

【一望】イチボウ　①いちどに見渡す。見渡すかぎり。〔唐、孟浩然、送㆔杜十四之㆓江南㆒詩〕「天涯一望断㆓人腸㆒」②国イチモウ　一つののぞみ。また、ただ一つの希望。

【一本槍】イッポンやり　国①槍ひとつきで勝負をきめること。②ただ一つの得意のわざ。③一つの方法でむりやりにおし通すこと。一点張り。

【一抹】イチマツ　①筆ひとはけ。ひとなすり。②ちょっと。わずか。多少。「一抹の不安」

【一味】イチミ　①一つのあじ。また、あじわいが一様であること。②一品だけの質素な料理。③もっぱら。ひたすら。④仏如来の教えが、説き方はさまざまであってもその本旨はただ一つであること。⑤国仲間。味方。「一味徒党」

【一脈】イチミャク　ひとすじ。ひとつづき。

【一脈相通】イチミャクあい(ひ)ツウず　国ひとすじの連絡がある。また、少し似た点がある。

【一名】イチメイ　①またの名。別名。②官吏登用試験に一番で及第した人。③人ひとり。一人。

【一命】イチメイ　①人ひとりの生命。いのち。②はじめて正式の役人となること。周代には役人に一命から九命までの等級があった。

【一面】イチメン　①一つの方向。一方。②いちど顔を合わせる。一度面会する。③ちょっと顔を見るくらいの短い時間。④国㋐全体。総体。あまねく。「空一面」㋑碁盤・鏡・硯などの平たい物の一つ。

【一面識】イチメンシキ　一度会って顔を見知っていること。

【一毛】イチモウ　一本の毛。きわめて軽いもの。きわめてわずかなもののたとえ。一毫。

【一毛作】イチモウサク　同じ田畑で年に一回作物を作る耕作のしかた。↕二毛作。

【一毛不抜】イチモウフバツ　他人のためには一本の毛をぬくこともしない意で、極端に利己的なこと。また、極端にけちなことのたとえ。→次項。

【抜㆓一毛㆒利㆓天下㆒、不㆑為(爲)】イチモウをぬいてテンカをリするも、なさず　一本の毛を抜くほどのわずかな犠牲をはらえば世の中のためになることができても、それをなさず、自分の利益だけを図って他人のことはなに一つ考えないことのたとえで、楊朱の利己主義をいったことば。〔孟子、尽心上〕

【一網打尽(盡)】イチモウダジン　ひとあみうって魚をとりつくすこと。転じて、一味徒党の者を一度に捕らえつくすこと。〔宋史、范純仁伝〕

【一目】イチモク　①一つの目。片方の目。②一度見る。ちょっと見る。一見。ひとめ。→一目瞭然。③網の目の一つ。転じて、全体の一小部分。④碁盤に引いた目の一つ。また、その目に打った一個の碁石。⑤国ひとめ　ひとめですべて見渡せること。「一目千本」

【一目十行】イチモクジュウギョウ　ひとめで十行の文を読む。読書力がすぐれていること。

【一目瞭然】イチモクリョウゼン　ひとめ見ただけではっきりわかること。瞭然は、あきらかなさま。

【一沐三握㆑髪】イチモクにみたびかみをにぎる　一度髪を洗う間にも、三度もそれを中止して髪を握ったまま訪問者に面会する。賢明な君主が賢臣を求めるに熱心なさま。「捉㆑髪」ともいう。〔韓詩外伝、三〕

【一門】イチモン　①一つの門。②同じ身うち。同一家族。一族。③同一類。④一つの流派。一派。⑤同じ流派。また、それに属する者。同じ師の門下。⑥同じ法門（仏教の宗派）の者。⑦大砲などの一つ。

【一躍】イチヤク　①一度とびあがること。ひととび。②いっそく飛びに飛び上がること。③低い地位から高い地位へ順序をふまずに飛びこえて出世すること。

【一遊一予(豫)】イチユウイチヨ　一度のあそびと一度のたのしみ。予は、楽しみ。〔孟子、梁恵王下〕

【一葉】イチヨウ　①一枚の木の葉。ひとは。②一そうの小舟のたとえ。「一葉の軽舟」③書物の紙などの一枚。

【一葉落知㆓天下秋㆒】イチヨウおちてテンカのあきをしる　梧桐は、立秋には

早くも落葉するが、そのひと葉の落ちるのを見て、秋のおとずれを知る。わずかなきざしを見て、後に来る凋落の時を予知するたとえ。『淮南子』説山訓に「見二一葉落一、而知二歳之将一レ暮」とあるのに基づく。〔宋、唐庚、文録〕

【一陽来(來)復】イチヨウライフク ①易で、陰暦十月に陰気のさかりが極点に達し、十一月の冬至になって、初めて陽気が少しばかり生じてくることをいう。なお、易では十一月は復の卦で、陽気がわずかに回復してくる意。②冬が過ぎ去って春の季節が帰ってくること。③苦しい時期が過ぎて運が開けはじめてくること。④新年。⑤冬至。

【一翼】イチヨク ①一つのつばさ。②国一つの持ち場・役割。「一翼を担う」

【一落千丈】イチラクセンジョウ 高い所からはるかな下に一気に落ちる。また、相場の暴落にもいう。

【一覧(覽)】イチラン ①一度見る。②ひととおり目を通す。③ひとめに見渡す。④種々の事項をちょっと見ただけで状況がわかるように作った表。一覧表の略。

【一利一害】イチリイチガイ 利益もあるが害もある。利益と害とが相半ばすること。一得一失。

【一理】イチリ ①一つの道理。一義。②同一の道理。③ただ一つの本体。天地・万物の根源に存在する唯一の本体。

【一律】イチリツ ①一つの音律。②同じ調子。一本調子。単調で変化のないこと。「千篇一律」③一つの法律・法則。④一様。全部。

【一流】イチリュウ ①一つの流儀。②他と異なる特別の流儀。③同類。④最上級。第一位。

【一粒万(萬)倍】イチリュウマンバイ ①一つぶのもみをまけばそれが万倍の米となる意で、少しのものもそれがもとで多くの数に増えるたとえ。また、一つの善行が多くのよい結果を生むたとえ。②稲の別称。

【一力】イチリョク・イチリキ ①一人の下男。下僕。②力を合わせる。協力。③わずかな力。一人の力。

【一輪】イチリン ①一つの車輪。②日・月についていう語。「一輪紅日」③明月をいう。④ひとめぐり。一交替。⑤国一つの花。また、花の一枝。「一輪挿し」

【一△縷】イチル ①ひとすじの糸。②わずかなつながり。絶えようとしてわずかにつながっているさま。「一縷の望み」

【一△蓮托生】イチレンタクショウ ①仏現世で念仏をとなえれば、死後、ともに極楽浄土に生まれかわり、同じ一つのはすの花の上に身を託することができるという。②仲間の者たちがその行動・運命を共にすること。

【一路】イチロ ①ひとすじのみち。また単に、みち。②旅のみち。道中。③一つの手段。一つの方法。④仏さとりに行きつく一つのみち。

【一路平安】イチロヘイアン 道中がご無事であるようにとの意で、旅立つ人を見送るときのあいさつのことば。

【一△臘】イチロウ 仏①一法臘の略。一年。僧は毎年、四月十六日から七月十五日に至る一夏九十日間の修道をし、それを終えて庵室を出るのを、俗人が十二月末に臘の祭りを終えて新年を迎えるのにたとえていう。②人が生まれてから七日め。↔忌(人の死後七日め)。

【以レ一警レ百】イツをもってヒャクをいましむ 一人を罰することによって衆人のいましめとする。一罰百戒。また、小事をいましめることによって他の多くの大事のいましめとする。〔漢書、尹翁帰伝〕

【挙(擧)レ一反レ三】イチをあげてサンをかえ(へ)す 四すみある物の一すみをあげて教えるとそれから類推して他の三すみを察知する。才知のすぐれていることのたとえ。『論語』述而編に「挙二一隅一不下以二三隅一反上、則不レ復也」とあるのに基づく。

【執レ一】イツをとる ①一つのことに執着する。②まこと(誠一)の道をかたくとりまもる。

【知レ一不レ知レ二】イチをしってニをしらず ものごとの一面だけを知って他の面を知らない。〔荘子、天地〕

【聞レ一知レ十】イチをきいてジュウをしる 一つのことを聞くと、十のことをさとり知る。ものごとの一端を聞くとそのことの全部をさとり知る。才知のきわめてすぐれていることのたとえ。〔論語、公冶長〕

【聞レ一知レ二】イチをきいてニをしる 一つのことを聞くと二つのことをさとり知る。また、ものごとの一面を聞くとその裏面までもさとり知る。才知のすぐれているたとえ。〔論語、公冶長〕

【抱レ一】イツをいだく 一(老子の教えで、道をいう)をとり守る。

(2)1 【ナ】 2 △ サ 屮(1774)と同字。→三七ページ。

(2)1 【七】 3 教1 シチ なの なな・ななつ・七夕(たなばた) 漢シツ・呉シチ 質 qī 2823 3C37

筆順 一 七

字義 ❶ななつ。なな。な。❷ななたび。七度。また、幾度も。
国ななつ。寅の刻(午前四時)、また、申の刻(午後四時)。

名乗 かず・な 難読 七久保・七五三・七七五分・七種・七生・七竈・七飯・七葉樹

参考 金銭の記載などには、文字の改変を防ぐため、柒・漆の字を用いることがある。

解字 甲骨文 篆文 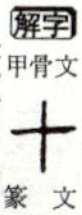 指事。甲骨文は、縦横に切りつけたさまから、きるの意味を表す。切の原字。借りて、数のななつの意味を示す。七を音符に含む形声文字に、切・叱などがある。

【七音】シチオン・シチイン ①音楽の音階をなす七種の音調。宮・商・角・徴・羽の五音と変宮・変徴。七律。②人が口から発する七種の音声。脣音・舌音・牙音・歯音・喉音・半舌音・半歯音。

【七去】シチキョ 古代、妻を離縁し得る七つの条件。父母に従順でない・子供がない・品行がみだら・ねたみ深い・悪い病気がある・おしゃべり・盗みをする、の七つ。妻がこの条件のどれかに当たれば、夫はその妻を離縁してよいとされた。七出。〔大戴礼、本命〕

【七教】シチキョウ ①父子・兄弟・夫婦・君臣・長幼・朋友・賓客の七つについての教え。〔礼記、王制〕②民を治める上に大切な、七つの教え。老人を敬う・年長者を尊ぶ・施しを楽しむ・賢者に親しむ・徳を好む・貪欲をにくむ・へりくだり譲る、の七つ。〔大戴礼、主言〕

【七△竅】シチキョウ 七つのあな。竅は、あな。①人の頭部にある七つの穴。耳・目・鼻と口。②聖人の胸にあるという七つの穴。殷の紂王の暴虐を忠臣の比干がいさめたとき、王は、聖人の胸には七竅があると聞いたが実際に調べてみようと、比干を殺したという。〔史記、殷本紀〕

【七経(經)】シチケイ 七種の経書。①詩・書・礼・楽・易・春秋・論語。②書・詩・三礼・公羊伝・論語。③易・詩・書・春秋・三礼。その他、諸説がある。

【七賢】シチケン 七人の賢人。①周代の七賢。伯夷・叔斉・虞仲・夷逸・朱張・柳下恵・少連。②魏・晋の、竹林の七賢。阮籍・嵆康・山濤・向秀・劉伶・阮咸・王戎。竹林の七遊ともいう。

【七弦琴・七△絃琴】シチゲンキン 琴の一種。宮・商・角・徴・羽・少宮・少商の七本の弦がある。七弦。七糸。

【七五三】シチゴサン 国①祝儀に用いる、めでたい数。三・五・七はいずれも奇数、すなわち陽数で、陽は万物を生成させるによる。②七五三の祝いの略。数え年で、男子は三歳と五歳、女子は三歳と七歳に当たる年の十一月十五日に子どもの成長を祝う行事。晴れ着をきせ、氏神に参拝する。③一の膳(本膳)七品、二の膳五品、三の膳三品を供える盛んな

ごちそう。④七五三縄の略。神前や神事の場所などに引き渡して、清浄な地域を区画するに用いるなわ。注連。

【七香車】種々の香木で作った、かぐわしく美しい車。

【七国(國)】①戦国時代の七つの強国。秦・燕・斉・楚・韓・魏・趙。戦国の七雄。②漢の景帝の時の七国。呉・楚・趙・膠西・済南・菑川・膠東。「七国の乱」

【七言】漢詩の、一句が七字から成るもので、七言古詩・七言絶句・七言律詩・七言排律の別がある。七言詩。

【七言古詩】漢詩の一体。一句が七字から成り、句数に制限がない。略して、七言古・七古ともいう。→古詩（一八三㌻）。

【七言絶句】漢詩の一体。七字の句四句、すなわち二十八字から成るもの。平起こり・仄起こりの二種があり、第一・二・四句の末の字に韻をふむのが原則である。略して、七絶ともいう。→絶句（八五四㌻）。

【七言排律】漢詩の一体。一句七字から成る対句を、六句以上、偶数に排列した長編の詩。→排律（四五七㌻）。

【七言律詩】漢詩の一体。七字の句八句、すなわち五十六字から成るもの。第三句と第四句、第五句と第六句とがそれぞれ対句をなし、第一・二・四・六・八句の末の字に韻をふむのが原則である。略して、七言律・七律ともいう。→律詩（三四四㌻）。

【七七日】仏なななぬか。人の死亡の日から数えて四十九日目。また、その四十九日の間。この間は、死者の魂が迷って成仏しないとされ、七日目ごとに供養して冥福を祈る。七七ともいう。

【七種】＝七草。

【七十子】→七十二弟子。七十は、大体の数を挙げた。

【七十而従(從)二心所一欲、不レ踰レ矩】七十歳になると自分の望むままに行動しても、道徳からはずれることがなくなる。孔子の言葉。このことから七十歳を「従心」という。〔論語、為政〕六十而耳順――。〈六十歳になると何を聞いても素直に受け入れられた。――〉

【七十二候】陰暦で、自然現象に基づく七十二の季節の区分。五日を一候、三候を一気、二気・六候を一月とし、二十四気・七十二候を一年とする。

【七十二弟子】孔子の弟子の中ですぐれたもの、七十二人をいう。

【七宿】七つの星宿。東西南北の四方にそれぞれ七宿があり、合わせて二十八宿。宿は、星座。

【七出】＝七去。

【七書】代表的な七つの兵法書。孫子・呉子・司馬法・尉繚子・六韜・三略・李衛公問対。武経七書。

【七生】仏七たび（何度も）生まれかわる。

【七生報国(國)】国何度もこの世に生まれかわって国の恩に報いる。『日本外史』の新田氏前記、楠氏編に「願七生二人間一、以殺二国賊一」とあるのに基づく。

【七縦(縱)七擒】敵を七たびにがしてやって七たびとりこにする。兵法にたくみで、敵を自分の思いのままにすること。三国時代、蜀の諸葛孔明が孟獲と戦い、これをとりこにしたり、にがしてやったりした故事。〔蜀志、諸葛亮伝注〕

【七情】①人間のもつ、七種類の感情。喜・怒・哀（かなしみ）・懼（おそれ）・愛・悪（にくしみ）・欲。〔礼記、礼運〕②仏喜・怒・憂・懼・愛・悪・欲。

【七星】①北斗七星。七政。②二十八宿の一つ。南方の、朱雀七宿の一つ。七つの星から成る。③七つの星のようなあざ。④竹製の楽器の名。

【七政】①日・月と木星・火星・土星・金星・水星の五星。②七星の①。③天・地・人と、春・夏・秋・冬の四時。

【七夕】七月七日の夜。また、その夜のまつり。五節句の一つ。この夜、牽牛（ひこぼし）と織女（たなばたつめ）の二つの星が天の川を渡って一年に一度だけ会うという伝説に基づいて、子供が葉竹を立て、針と絹糸・果物などを供えて祭り、裁縫などの技芸の上達を祈る。棚機。

【七尺】七尺（現在の約一五七センチ）のせたけ。転じて、一人まえの男子・大人。また、二十歳をいう。

【七尺去不レ踏二師影一】弟子はよく師（先生）を敬い、師のお供をするときにも、七尺（おとなのせたけ）ぐらい後ろにさがって、その影をふまぬよう心がけよとのいましめ。『童子教』に「弟子去二七尺一、師影不レ可レ踏」とあるのに基づく。

【七絶】＝七言絶句。

【七草】七種。国①春の七種の菜。芹・薺・御形・蘩蔞・仏座・菘・蘿蔔の称。その年の邪気を払い、万病を除くとして正月七日に、古くは羹に作り、後世は粥にたきこんでこれを食べた。②秋に咲く七種の草花。萩・桔梗・尾花・藤袴・女郎花・撫子・葛。また、桔梗を除いて朝顔を加える。

【七大】仏万物を生成させる七つの根元。地・水・火・風・空・識・根の七つ。大は大種ともいい、存在の根元。

【七大寺】国奈良にある七つの大寺。東大寺・興福寺・西大寺・元興寺・大安寺・薬師寺・法隆寺。

【七珍】＝七宝の①。

【七転(轉)八起】国何度ころげてもその度ごとにおきあがる。失敗を重ねても屈せず立ち上がること。

【七転(轉)八倒】①何度もくつがえりたおれる。世の中の非常に乱れるさま。②何度もころがりたおれる。苦痛にたえず、ころげまわるさま。七転八倒。

【七顚八倒】国＝七顚八倒の②。

【七堂】仏寺院に備わる七つの建物。普通には、金堂（本堂）・講堂・塔・経蔵・鐘楼・僧坊・食堂。禅宗では、山門・仏殿・法堂・庫裏（住居や台所）・僧堂・浴室・東司（便所）をいう。

【七堂伽藍】仏七堂のそろった、りっぱな寺。伽藍は、梵語で、僧が住んで仏道を修業する所、寺の意。

【七道具】国①武士が戦場で使う七つの道具。具足・刀・太刀・弓・矢・母衣・かぶと。その他、諸説がある。②常に持ち歩く一組の道具。

【七徳】武力が有する七つの徳。暴を禁ずる・兵を戢める・大を保つ・功を定める・民を安んずる・衆を和する・財を豊かにする。唐の太宗の七徳の舞は、これに基づいた舞曲。

【七難】①仏七種類のわざわい。法華経では、火・水・羅刹・刀杖・鬼・枷鎖・怨賊の七災難。②国人の顔つきなどについていう、七つの欠点。

【七福神】国俗に福徳の神と称される七はしらの神。大黒天・恵比須・毘沙門天・弁財天・布袋・福禄寿・寿老人。

【七歩才】すぐれた作詩の才能をいう。三国時代、魏の曹操の子、曹植が、兄の曹丕（文帝）にその才をねたまれ、七歩あるく間に詩を作れと命じられて、たちどころに作った故事。〔世説新語、文学〕

【七宝(寶)】①七種類のたから。金・銀・瑠璃・硨磲・瑪瑙・琥珀・珊瑚。その他、諸説がある。七珍。②国七宝焼の略。琺瑯を用いて花鳥・人物などの絵模様をその表面に焼きだした銅器、また、陶器。

【七雄】＝七国の①。

【七曜】①日（太陽）・月（太陰）と火星・水星・木星・金星・土星。②この七曜を一週七日に配当した称。七曜日。③七曜星は、（仏教・陰陽道でいう）北斗七星。

【七律】シチリツ ①＝七音の①。②七言律詩の略。

【七略】シチリャク 書名。前漢の劉歆(リュウキン)の編。前漢時代の書籍分類目録。

(2)1 【丁】4 教 3 チョウ・テイ 3590 437A

一 漢テイ 呉チョウ(チャウ) 青 dīng
二 漢トウ(タウ) 呉チョウ(チャウ) 庚 zhēng

筆順 一 丁

字義 一❶ひのと。十干の四番目。五行では火にあて、方位は南にあてる。❷つよい。さかん。「丁強」❸壮年の男子。働きざかりの男。満二十歳。唐の制度では、満二十歳から五十九歳まで。「壮丁」❹よぼろ。公役の人夫として徴発された男。「丁役」❺しもべ。❻あたる。であう。「丁憂」❼丁寧は、ねんごろな形容。二❶木をきる音などの形容。❷鳥やその声の勢いのさかんな形容。国❶チョウ。㋐町の略字。㋑まち。㋒距離の単位。六十間(約一〇九メートル)。㋓さいころの目などで二で割り切れる数。偶数。↔半。㋔書物の紙数や豆腐・料理・飲食物などを数える語。「丁数」❷国名。丁抹(デンマーク)の略。

名乗 あつ・つよし・のり・よう・ろう・よろい 難読 丁翁(あけび)・丁岳(嶽)(ひのとだけ)・丁幾(チンキ)・丁髷(ちょんまげ)・丁抹(デンマーク)・丁野(よぼの)

参考 現代表記では[挺・釘・幀・鄭・叮・牒]の書きかえに用いることがある。「一挺→一丁」「装釘→装丁」「装幀→装丁」「鄭重→丁重」「叮嚀→丁寧」「符牒→符丁」

解字 甲骨文 金文 篆文 象形。甲骨文・金文は、釘(くぎ)の頭を上から見た形に、篆文は横から見た形にかたどり、くぎの意味を表す。借りて、十干の第四位、ひとの意味に用いる。丁を音符に含む形声文字に、釘(テイ)・頂・町・汀(テイ)・訂などがあり、これらの漢字は、すべて「安定する」の意味を共有している。

▼役丁・園丁・仕丁・使丁・壮丁・装丁・馬丁・落丁

【丁役】テイエキ 成年の男子に課せられる力役や兵役。

【丁△艱】テイカン 父母の喪にあう。父の喪を外艱、母の喪を内艱といい、その喪にあうのを、それぞれ、丁外艱・丁内艱という。丁は、であう意。丁憂。

【丁強】テイキョウ つよくさかん。また、つよくさかんな人。

【丁銀】テイギン ①丁年に達した男子に課する税。②国チョウギン 江戸時代の銀貨の名。

【丁口】テイコウ ①壮年の男子。働きざかりの男。②人民。二十歳以上の男子を丁とい、女子と未成年の男子を口という。

【丁香】チョウコウ 香木の名。ちょうじ。フトモモ科の熱帯常緑高木。実を丁子(チョウジ)といい、香料・薬用に供する。

【丁香結】テイコウケツ 丁香(ちょうじ)のつぼみ。気がふさがり、解けないたとえ。

【丁子】テイシ ①おたまじゃくし。②チョウジ 丁香。また、その実。

【無二丁字一】テイジなし ＝不レ識二一丁字一(イッテイジをしらず)(六八ページ)。

【丁女】テイジョ 年ざかりの女子。働きざかりの女。

【丁数(數)】チョウスウ 国①二で割り切れる数。偶数。②書物の紙数。特に和とじ本で、表裏二ページを一丁という。

【丁壮(壯)】テイソウ ①つよくさかん。②一人まえの男子。血気さかんな働きざかりの者。壮丁。

【丁男】テイダン ＝丁壮の②。丁夫。

【丁稚】テイチ ①若者。青年。稚は、わかい。②国デッチ 職人または商人の家に年季奉公をする年少者。

【丁重】テイチョウ 国礼儀正しく、丁寧なこと。鄭重(テイチョウ)の当て字。

【丁丁】トウトウ ①物の音の形容。㋐斧(おの)で木をきる音。杙(くい)を打つ音。㋑碁をうつ音。㋒帯にさげた飾り玉の触れあう音。㋓琵琶(ビワ)をひく音。㋔雨の降る音。㋕水時計の音。②鳥の鳴き声。③国チョウチョウ 物を続けて打つ音。「丁丁発止」

【丁冬・丁東】トウトウ ＝丁当。

【丁当(當)・丁△璫】トウトウ ①帯にさげた飾り玉など、玉石のふれあう音の形容。②風鈴(フウリン)やかんざしなど、金属製のもののふれあう音の形容。

【丁寧】テイネイ ①細かに注意がゆきとどいていること。叮嚀(テイネイ)。②ねんごろに頼む。よくよく言いふくめる。③ねんごろなさま。懇切。

【丁年】テイネン 一人まえの年齢。満二十歳。成年。

【丁半】チョウハン 国①偶数と奇数。特にすごろくのさいの目の偶数と奇数。②さいを振ってその目の丁か半かをあて合うかけ[勝負。

【丁夫】テイフ ＝丁壮の②。丁男。

【丁憂】テイユウ 丁艱(テイカン)。

【丁零・丁令・丁霊(靈)】テイレイ 漢代の周辺異民族の一つ。今のロシア領イルクーツク地方に住み、匈奴(キョウド)の属国となる。

(3)2 【下】5 教 1 カ・ゲ した・しも・もと・さげる・さがる・くだる・くだす・くださる・おろす・おりる 下手(へた) 1828 323C

一 漢カ・呉ゲ 馬 xià
二 漢カ・呉ゲ 禡 xià
唐ア

筆順 一 丅 下

字義 一❶した。しも。ひくい。↔上。場所・順序・地位・時間・年齢・価値・等級などの低いこと・遅いこと・後方にあること。また、そのもの。「下巻」「臣下」「下品」❷もと。㋐下の方。㋑支配・影響のおよぶところ。「庇護(ヒゴ)の下(もと)」㋒あたり。ほとり。「鴻門之下(コウモンのもと)」二❶くだる。さがる。おりる(降)。↔上。㋐上から下へ行く。場所や程度の低い方へ行く。落ちる。「落下」「下車」「南下」㋑降参する。㋒へり下る。「卑下」❷くだす。さげる。おろす。㋐下におろす。落とす。「投下」㋑命令などを発する。㋒手をくだす。着手する。「下手人」国❶しも。㋐川の下流。↔上(かみ)。㋑人体のしり・陰部。❷くだる。くだす。下痢をする。❸くださる。お与えになる。賜う。❹さげ。落語のおち。

名乗 し・じ 難読 下高家(しもたけべ)・下山(にざやま)・下枝(しずえ)・下松(くだまつ)・下条(げじょう)・下水流(しもつる)・下石(おろし)・下折(そそり)・下総(しもうさ)・下田(しただ)・下日佐(しもおさ)・下濃(すそご)・下府(しもこう)・下米宮(あめのみや)・下名(おりな)・下唯野(しもゆいの)・下呂(げろ)・下和(おした)・下笹子(しもじねご)

使いわけ ①おりる・おろす[降・下・卸]⇨降(8387)。②さげる[提・下]⇨提(2759)。③もと[元・本・基・下]⇨元(424)。

解字 甲骨文 金文 古文 篆文 指事。甲骨文・金文・古文は、基準線の下に短い横線を、篆文は、基準線の下に縦線を書き、したの意味を表す。

▼雨下・閣下・管下・旗下・机下・貴下・却下・脚下・郡下・月下・言下・降下・高下・傘下・時下・上下・城下・宣下・泉下・足下・地下・直下・沈下・低下・天下・殿下・灯下・配下・幕下・卑下・陛下・放下・目下・門下

【下△帷】カイ とばりをおろす。転じて、塾を開いて人を教える。また、閉じこもって専心読書すること。[漢書、董仲舒伝]

【下院】カイン ①末寺。②二院制の国会の一院。日本の衆議院にあたる。↔上院。

【下下】カゲ ①最下等。下の下。②国しもじも 官に対して、一般庶民をいう。

【下嫁】カカ 皇女または王女が臣下にとつぐこと。降嫁。

【下界】ゲカイ 人間の住む所。人間界。↔上界。

【下学(學)上達】カガクジョウタツ 手近な所から学んで、後に高遠な真理に達する。[論語、憲問]不レ怨レ天不レ尤レ人(テンをうらみずひとをとがめず)、下学而上達(カガクしてジョウタツす)、知レ我者其天乎(われをしるものはそれテンか)〈天をうらみもせず人をとがめもせず、——、私を理解してくれるのは天

であろう〉

【下官】カカン・ゲカン　①地位の低い官吏。属官。②官吏の謙称。

【下浣・下澣】カカン・ゲカン　下旬。↕上浣（上澣）。

【下瞰】カカン　下を見おろす。瞰は、見おろす。下視。

【下愚】カグ　①非常におろかな者。〔論語、陽貨〕②自己の謙称。

【下計】カケイ　へたなはかりごと。↕上計。

【下元】カゲン　①陰暦の十月十五日。この日は朝早く祖先を祭る。↕上元・中元。②古代医学で腎部（ジンブ）をいう。

【下弦】カゲン　満月をすぎてから、次の新月までの間、陰暦の二十二・三日ごろの半円の月。しもつゆみはり。↕上弦。↓月齢（五一九ページ）。

【下戸】カコ・ゲコ　①貧民。②[国]　酒の飲めない人。↕上戸。

【下午】カゴ　午後。↕上午（午前）。

【下交】カコウ　①目下の人とつきあう。②いやしい交際。

【下江】カコウ　①江をくだる。②長江の下流地方。また、特に江蘇（コウソ）省をいう。↕上江（安徽（アンキ）省）。

【下降】カコウ　①くだる。落ちる。降下。②皇女または王女が臣下にとつぐこと。下嫁。降嫁。

【下克上・下剋上】ゲコクジョウ　下の地位のものが上のものをしのぐ。臣下が君主よりも勢いの強いこと。

【下国（國）】カコク　①諸侯の国。②いなか。地方。③自国の謙称。④小国。⑤[国]ゲコク　㋐都から地方へ行く。㋑大宝令の制で、国の等級を四等に分けた最下等の国。

【下獄】カゴク・ゲゴク　牢屋（ロウや）・刑務所に入る。また、牢屋に入れる。入牢。入獄。

【下根】カコン　①下方にある根。②[仏]ゲコン　生まれつきおろかで、根性のおとっているもの。↕上根。

【下坐・下座】ザゲ　①しもざ。下位の座席。↕上座。②[国]㋐芝居の舞台で、客席から見て左手にあたる所。転じて、囃子方（はやしかた）。㋑貴人に対して平伏する。「土下座」③[国]しもざ＝①②。

【下妻】カサイ　正妻以外の女性。小妻。

【下剤（劑）】ゲザイ　通じをつける薬。くだし薬。

【下策】ゲサク　へたなはかりごと。↕上策。

【下士】カシ　①士（大夫の次に位する）の最下級のもの。昔、士は上士・中士・下士に分かれた。〔礼記、王制〕②おろかな男。③[国]㋐身分の低い侍。㋑旧軍隊で、将校の下、兵卒の上の地位。下士官。陸軍では曹長（ソウチョウ）・軍曹・伍長（ゴチョウ）。

④[仏]ゲシ　凡夫。

【下司】シゲ・スゲ　[国]①下役人。↕上司。②昔、荘園（ショウエン）の役人。

【下肢】カシ　あし。両足。脚部。↕上肢。

【下賜】カシ　陛下から下したまわる。御下賜。

【下車】ゲシャ　①車からおりる。↕乗車。②官吏が初めて任地に至ること。

【下手】カシュ・シュゲ　①手をくだす。自分でやる。手をつける。②[国]㋐へた（つたない）。↕上手。㋑した（て）　(甲)人にへりくだる。人のしたにつく。(乙)すもうで、相手の腋（わき）の下に差した手。㋒しもて　(甲)したの方。しもの方。(乙)舞台に向かって左の方。

【下手人】ゲシュニン　自分で手をくだして人を殺した犯人。

【下種】カシュ　①たねをまく。②[国]スゲ＝下衆。

【下寿（壽）】カジュ　長命な人を上・中・下の三つに分けた最下の年齢。六十歳、または七十歳、八十歳ともいう。↓上寿（一九ページ）。

【下旬】ゲジュン　月の末の十日間。下浣（カカン）・下澣（カカン）。↕上旬。

【下舂】カショウ　夕ぐれ。太陽が沈むころ。

【下殤】カショウ　わかじに。八歳から十一歳までに死ぬもの。↕長殤。「殤（一一四六ページ）」。

【下乗（乘）】カジョウ　①足ののろい馬。転じて、下等な者にたとえる。②ゲジョウ　㋐[仏]小乗をいう。㋑乗り物からおりる。

【下情】カジョウ　①しもじもの様子。人民の実情。また、人民の意志。②自分の気持ちの謙称。③[仏]アジョウ＝②。

【下臣】カシン　①主君に対する家来の自称。②上大夫の自称。③しもじもの家来。身分の低い家来。

【下人】カジン・ゲニン　①身分の低い人。②召使い。また、奴隷（ドレイ）。③下土（下界（ゲカイ））の人。天に対していう。

【下衆】スゲ　[国]①身分の低い者。また、使用人。下人。↕上衆。②心のいやしいこと。また、その者。

【下世】カセイ　①世を去る。死ぬこと。②後世。③下界。

【下世話】ゲセワ　[国]世間のうわさ。世間でよく口にすることば。

【下泉】カセン　①流れでる泉。②よみじ。黄泉。あの世。

【下賤】ゲセン　いやしい。また、身分の低いもの。下等な人。

【下層】カソウ　↕上層。①下の階段。②下の階級。

【下走】カソウ　身分の低い走り使い。自分の謙称。

【下足】ゲソク　①足ののろい馬。②身分の低い人。また、その人をののしっていうことば。③[国]ぬいだはきもの。また、下足番・下足料の略。

【下大夫】カタイフ　大夫（卿（ケイ）の下、士の上）の三階級（上・中・下）の中の、下位の大夫。

【下体（體）】カタイ　①からだの下部。足。②植物の根や茎。③陰部をいう。

【下腿】カタイ　ひざから足首までの部分。すね。はぎ。

【下第】カダイ　①試験に落第する。②試験の成績がわるいもの。劣等生。

【下達】カタツ　①悪い方へおもむく。利欲の道に巧みなこと。②上の人の意向を下の人によく伝えること。「上意下達」

【下地】カチ　①土地。地面。②下等な土地。やせ地。③[国]ジした　㋐下準備。下ごしらえ。㋑醤油（ショウユ）の別名。

【下知】ゲチ・ゲジ　[国]①しもに知らせる。②号令する。命令する。③鎌倉・室町時代、裁判の判決、または判決文をいう。

【下直】カチョク　①宮中での当直勤務が終わる。②[国]ゲジキ　やすね。安価。

【下田】カデン・ゲデン　①地味の悪い田。↕上田。②山下の田。

【下土】カド　①下界。↕上天。②低い土地。③いなか。

【下奴】カド　①めしつかい。しもべ。②自分の謙称。③人をののしっていう語。そやつ。

【下榻】カトウ　①客を迎えること。後漢の陳蕃（チンバン）は、客の接待はきらいであったが、徐穉（ジョチ）だけには特に榻（腰かけ）を用意したという故事。〔後漢書、陳蕃伝〕②宿泊する。

【下堂】カドウ　①堂からおりる。堂から退く。②[仏]アドウ＝①。③ドウよりくだす　妻を離縁する。

【下年】カネン　①次の年。来年。②後年。将来。③道家で、七十歳の者をいう。

【下馬】バゲ　①馬からおりる。②官吏が任地に到着すること。③下等の馬。④[国]㋐乗り入れを禁ずること。㋑下馬先（さき）の略。（貴人・社寺などに敬意を表し、その門前などで）下馬すべき所。

【下馬評】ゲバヒョウ　[国]①下馬先（さき）で、主人を待っているともの者たちがしあう評判。②しろうとの批評。③世間のうわさや批評。

【下番】カバン　当番あけ。また、その日。↕上番。

【下邳】カヒ　地名。今の江蘇（コウソ）省睢寧（スイネイ）県の西北。漢の張良が黄石公に出あって兵法の書を授けられた所。また韓信（カンシン）が楚王（ソオウ）となり都した所。

【下婢】カヒ　女の召使い。

【下筆】カヒツ　筆をおろす。詩文を作るのにいう。また、筆跡。

【下平】カヒョウ　平声の韻を上下二つに分けたものの一つ。

【下品】カヒン　①低い地位。②下等の品。③[仏]ゲボン　極楽浄土に往生する九階級の人の中で、下の三階級にあたる下品上生・下品中生・下品下生の総称。④[国]ゲヒン　人がらがいやしいこと。また、品のないこと。

【下付・下附】カフ　①下につく。②[国]㋐役所から証明書・許可証などを出すこと。㋑したづけ・したつけ　手紙で相手に敬意を表すため、自分の署名の下につける、上・謹上・再拝・九拝などの語。

【下風】カフウ　①かざしも。かざした。②人の下位。人より低い身分。人の支配下。③[国]㋐しあらし・しおろし　山から吹きおろす風。㋑したかぜ

したを吹く風。

【下伏】①夏の末。三伏中の末伏。↓三伏（一七㌻）。②国物の下や陰にふすこと。下臥。

【下文】①後にある文章。↕上文。②国昔、役所から出した命令書。

【下方】①したの方。②低い土地。③人間界。④下部が方形なこと。⑤南と西。陰気がきざす所であるからいう。⑥国しも・しもかた・かた
【下北面】国昔、院（上皇・法皇）の御所を警護した武士のうち、六位の者。

【下僕】男の召使い。↕下婢。

【下民】しもじもの民。庶民。民衆。

【下命】①命令をくだす。②命令。申しつけ。

【下問】自分より身分の低い人にたずねる。

【下野】①政権の地位にいた者が、その地位を去って隠退し、民間にくだること。野は朝に対する語。②国旧国名。今の栃木県。

【下△邑】①国都以外の町。②辺地の町。

【下落】①落着する。結末がつく。②国物価などがさがること。

【下吏】身分の低い役人。下役人。

【下里】①死者の霊の集まる所。②むらざと。いなか。

【下△俚】①ひなびた歌曲。ひなうた。②下品。

【下流】①川しも。②低い方に流れる。③しもじもにおし及ぶ。④低い地位。また、品行のよくない者。

【下僚】身分の低い役人。下役。

【下△郎】国①しもべ。下僕。②人をののしっていうことば。

【下△﨟】↕上﨟。①仏僧になって年数や修行の浅い者。②国㋐身分の低い女官。下﨟女房。㋑新参者。㋒官位の低い者。また、身分の低い者。

(3)2
【三】6　教1　サン　み・みっ・みっつ
㊀サン　覃　sān
㊁サン　勘　sàn
三味線
2716
3B30

筆順　一　二　三

【弎】古字
字義　㊀❶みっつ。みっつ。み。❷みたび。三度。❸三つにする。三分する。❹＝参（參）(800)。→参考
㊁みたび。しばしば。たびたび。「再三」
名乗　かず・こ・さ・ざ・さぶ・さむ・そ・ぞう・ぞう・ただ・なお
難読　三椏・三河・三階・三角・三角楓・三毬打・三瓰・三郷・三尻・三行半・三才山・三十日・三従兄弟・三従姉妹・三次・三十・三十一文字・三枝・三津・三宅・三潴・三朝・三刀屋・三篠・百瀬・三布・三幅・三瓶・三鞭酒・三方・一新・三木・三毛門・三門・三稜草・三郎坂・三和土
参考　金銭の記載などには、文字の改変を防ぐため、参（參）の字を用いることがある。
解字　甲骨文 三　篆文 三　古文 弎　指事。三本の横線で、数のみっつの意味を表す。
▼再三・両三

【三悪(惡)】①三つの悪いこと。暴・虐・頗（よこしま）。②三人の悪人。③仏＝三悪道。↓次項。

【三悪(惡)道】仏悪業を行ったものが死後に行く三つの道。地獄道・餓鬼道・畜生道。三悪趣。三悪。

【三位】①国第三の位階。正三位または従三位の称。②キリスト教で、父（天帝）と子（キリスト）と聖霊との称。「三位一体」

【三△畏】君子のおそれ慎むべき三つのもの。天命・大人（才徳すぐれた、地位の高い人）・聖人の言。〔論語、季氏〕

【三韻】六句の詩。一句おきに句末に三つの韻をふむので、三韻の詩は六句となる。

【三易】①三種の易。夏・殷・周三代の易、すなわち連山・帰蔵・周易。②文章を作る上の三つの法則。書いてあることを見やすく、文字を知りやすく、読みやすくすること。〔顔氏家訓、文章〕

【三益友】自分の利益となる三種の友人。正しい人、誠実な人、見聞の広い人。↕三損友。〔論語、季氏〕

【三王】中国古代の夏・殷・周三代の王朝を建てた聖王。夏の禹王、殷の湯王、周の文王、または武王（文王・武王を合わせていう場合もある）。

【三火】仏三つの煩悩。貪（むさぼる）・瞋（いかる）・痴（情欲）。その苦しみがさかんなことを火にたとえていう。

【三河】①河南・河東・河内（または河北）の地をいう。②黄河・淮河・洛河の三つの川をいう。③国旧国名。今の愛知県の東部。

【三家】①春秋時代の魯の三公族。仲孫（＝孟孫）・叔孫・季孫。ともに魯の桓公から出たので三桓ともいう。②晋の三家。韓・魏・趙。↓三晋。③国江戸時代、徳川氏の三家。尾州家・紀州家・水戸家。


【三家詩】漢代、斉・魯・韓の三家が伝えた『詩経』。斉詩は斉の轅固生、魯詩は魯の申培、韓詩は燕の韓嬰が伝えたもので、いずれも今文（当時通行の文字）で記していた。この三家詩に毛詩を加えて四家詩という。

【三夏】①夏の三か月。孟夏（陰暦の四月）・仲夏（五月）・季夏（六月）。②三度の夏。

【三戒】三つのいましむべきこと。年少の色欲、壮年期の闘争、老年期の物欲。〔論語、季氏〕

【三△槐】周代、朝廷に植えた三本の槐の木。三公がこれに向かって座ったことから、三公をいう。

【三界】仏①一切の衆生が生死輪廻する三種の世界。欲界・色界・無色界。②過去・現在・未来。③この世。世界。

【三革】①甲・冑・盾の総称。②犀・兕（野牛の一種）・牛。③革命（辛酉の年）・革令（甲子の年）・革運（戊午の年）をいう。これらの年には、古来変事が起こるといわれ、改元などが行われた。

【三学(學)】①三つの学校。㋐唐代の国子学・太学・四門学。㋑宋代の外舎・内舎・上舎。㋒宋代の武学・太学・宗学。②仏僧の修めるべき三つの学問。戒学・定学・慧学。

【三官】①天子の三官。大司徒・大司馬・大司空。②諸侯の三官。司馬・司徒・司空。③漢代、銭を鋳造した均輪・鍾官・弁銅の三官。④耳・目・心。また、食（口）・視（目）・聴（耳）。⑤道家が信奉する神。天官・地官・水官。

【三△竿】①三本のさお。②日が高くのぼったさま。さおを三本ついだほどの高さ。午前八時ころをいう。また、朝寝のたとえ。

【三△桓】＝三家の①。

【三患】三つの心配ごと。また、三つの苦しみ。㋐耳に聞くことのできないこと・その話は聞いているが実際に学ぶことのできないこと・学んでも実行できないこと。㋑心配の多いこと・仕事の多いこと・恥辱の多いこと。

【三寒四温】冬とその前後に、三日ほど寒い日が続いた後、四日ぐらい暖かい日が続くこと。中国北部や朝鮮半島北部などに現れる現象。

【三関(關)】①三つの関所。㋐山西省の上党・壺口・石陘の三関。㋑蜀（今の四川省）の陽平・江・白水の三関。㋒明代、居庸・紫荊・倒馬を内三関といい、雁門・寧武・偏頭を外三関という。②国㋐美濃の不破、越前の愛発（後、近江の逢坂）・または勢多、伊勢の

鈴鹿。㋑奥羽の三関。白河・勿来・念珠。

【三▵浣・三▵澣】①月の上旬・中旬・下旬。澣は、湯あみすること。唐代、官吏に十日ごとに、湯あみのために一日の休暇を賜ったことによる。②三たび衣服を洗う。唐の文帝が倹約を尊んで洗いふるしの着物をきた故事。

【三▵諫】三度いさめる。昔、臣下は三たび主君をいさめてきかれなければ官をやめて去り、人の子は三たび父をいさめてきかれなければ泣いて従ったという。〔礼記、曲礼下〕

【三▵韓】①古代、朝鮮半島の南半部に国を建てた馬韓（京畿道・全羅南道）・辰韓（慶尚北道）・弁韓（慶尚南道）の総称。②また、高麗・新羅・百済の総称。弁韓・辰韓・馬韓の地にあたる。

【三鑑】三種のかがみ。鑑は鏡。銅を鏡とすれば衣冠を正し、古を鏡とすれば世の興亡を知り、人を鏡とすれば得失を知ることができる。唐の太宗のことば。〔唐書、魏徴伝〕

【三季】夏・殷・周三代の末世。

【三帰（歸）】①斉の管仲が大夫の身分を越えて三か国から姓の違う三人の婦人を妻に迎えたこと。三帰には諸説があり、台の名（または三つの邸宅）、あるいは地名ともいう。〔論語、八佾〕②仏三宝（仏・法・僧）に帰依すること。

【三▵跪九▵叩】清の敬礼法。三たびひざまずいて九たび拝する礼。三拝九叩。三跪九拝。

【三器】①国を治める三つの手段。号令・斧鉞（おの・まさかり。武器または刑具として用いる）・禄賞。②国＝三種神器。→一五六ﾍﾟｰ。

【三儀】①天・地・人。②礼を修めて志を立て、礼を行い身を修め、礼を修めるのに仁義によること。③赤道と冬至と夏至の三線をいう。

【三宮】①諸侯の三夫人。夫人は後宮の女官で、天子は六宮。②天子・太后・皇后。③明堂（王の太廟で、政教を行った堂）・辟雍（太学）・霊台（天文台）。④国太皇太后宮・皇太后宮・皇后宮。三后。

【三峡（峽）】長江三峡。瞿塘峡・巫峡・西陵峡の総称。長江上流の、四川省奉節県の白帝城から、湖北省宜昌市の南津関までの一九三キロメートルの間にあり、その峡谷名については諸説がある。〔唐、李白、峨眉山月歌〕夜発㆓清渓㆒向㆓三峡㆒（よるセイケイをハッしてサンキョウにむかう）

【三教】①夏・殷・周三代の教え。夏の忠、殷の敬、周の文（文飾）。②儒教・仏教・道教。③国㋐神道・儒教・仏教。㋑神道・仏教・キリスト教。④仏仏一代の教法を三つに分けたもの。頓教・漸教・不定教、または円教。

【三教指帰（歸）】国書名。弘法大師の著。二十四歳の時の作で、儒・仏・道の三教を比較して、その優劣を説き、仏教が最も優れたものであることを述べた書。以前の作の『聾瞽指帰』に手を入れたもの。

【三業】①国料理屋・待合・芸者屋の三種の営業。②仏㋐身・口・意の三つのはたらき。㋑善業（よい結果をもたらすはたらき）・悪業（悪い結果をもたらすはたらき）・無記業（結果をもたらさないはたらき）。

【三曲】国①琴・三味線・胡弓（または尺八）の三つの楽器。また、その合奏。②平安時代の琵琶の三秘曲、流泉・啄木・楊真操をいう。

【三極】天・地・人の三つ。極は至極の意。三才。〔易経、繋辞上〕

【三軍】①周代、大国の保有した軍隊。一軍は一万二千五百人。天子は六軍、諸侯の中で大国は三軍、次国は二軍、小国は一軍を保有した。②大軍。〔論語、述而〕子行㆓三軍㆒、則誰与（シ サングンをやらば、すなわちたれとともにせん）。③国陸軍・海軍・空軍の総称。

【三軍可㆑奪㆑気（氣）】敵がいかに大軍でも、その敵軍の意気を取りひしいで、これに打ち勝つことができる。〔孫子、軍争〕

【三軍可㆑奪㆑帥】敵がいかに大軍勢でも（全軍の心が一致していなければ）、その総大将を奪い取ることができる。〔論語、子罕〕――也、匹夫不㆑可㆑奪㆑志也（ヒップもこころざしをうばうべからず）〈――、教養のない男でもその志が堅ければ、他人がそれを変えさせることはできない〉

【三計】三つのはかりごと。①一年・十年・終身のはかりごと。一年の計は穀物を植えること、十年の計は木を植えること、終身の計は人を植えること（人材を集めて用いる意）。〔管子、権修〕②国一日・一年・一生のはかりごと。

【三計塾】国安井衡（息軒）の私塾の名。一日の計は朝にあり、一年の計は春にあり、一生の計は少壮の時にあるという意から名づけた。

【三径（徑）】隠者の住まいの庭園をいう。漢の蔣詡が庭に三径（三つの小道）を作り、松・菊・竹を植えた故事に基づく。〔晋、陶潜、帰去来辞〕三径就㆑荒（サンケイコウにつけども）、松菊猶存（ショウキクなお（ほ）ソンす）。

【三経（經）】①天子が政治をするときの三つの綱領。心を正し、公平無私に施し、万民に生活の安定を得させること。②三つの経書。詩・書・易、または易・詩・春秋など、諸説がある。③唐代、経書を大経（礼記・左伝）、中経（詩・周礼・儀礼）、小経（易・書・公羊伝・穀梁伝）の三種に分けた。④詩の六義の内、風・雅・頌をいう。

【三▵卿】①周代、諸侯の司徒・司馬・司空。②国徳川将軍家の分家で、田安・一橋・清水の三家。

【三傑】三人のすぐれた人物。①前漢の高祖の臣、張良・蕭何・韓信。②三国時代、蜀の諸葛亮・関羽・張飛。③宋の韓琦・富弼・欧陽脩。④国明治維新の三傑。西郷隆盛・大久保利通・木戸孝允。

【三▵愆】三つのあやまち。躁（尊長者がまだ話しかけないうちに言うこと）・隠（尊長者が話しかけてもだまって言わないこと）・瞽（尊長者の顔色を見ないで勝手に話しかけること）。〔論語、季氏〕

【三権（權）】①三つの権力。②政治を行うに必要な三つの威力。高い地位・富・君主の親任。〔説苑、尊賢〕③立法・司法・行政の三つの統治権。「三権分立」

【三元】①天・地・人。②道家で天・地・水をいう。③正月元日をいう。年・月・日のはじめの意。三始。④正月・七月・十月の十五日をいう。⑤明代、進士の試験に合格した首席から第三位までの人。⑥清代、郷試・会試・廷試の試験に首席で合格したもの。解元・会元・状元の称。

【三玄】『老子』『荘子』『周易』の三書をいう。

【三弦・三▵絃】①三本の糸を張った楽器。三絃琴の類。②国㋐三味線の別名。㋑雅楽に用いる三種の弦楽器和琴・琵琶・箏の総称。

〔三弦①〕

【三孤】①周代の官名。少師・少傅・少保。三公の副として天子を補佐した三つの官。②国大納言の唐名。

【三▵壺】神仙が住んでいるという海中の三つの山。方壺（方丈）・蓬壺（蓬萊）・瀛壺（瀛洲）。

【三▵鈷】仏主として真言宗で用いる仏具。鈷はもと天竺の兵器で、金属製で両端にとがったつめのあるもの。煩悩を打ち破る意を表す。→鈷（8109）。

【三鼓】①三度、鼓をたたく。②羯鼓・太鼓・鉦鼓。③夜の十二時。その時刻を知らせるために鼓を三打したことによる。三更。④国雅楽に用いる細腰鼓の一種。主として高麗楽に用いた。

【三顧】三度、たずねる。三国時代、蜀の劉備が、諸葛孔明を三度もその家にたずねてやっと面会し、天下を取る策を問うた故事。転じて、君主などから礼を尽くして招かれる意に用いる。「三顧の礼」〔唐、杜甫、蜀相詩〕三顧頻繁天下計（サンコヒンパンなりテンカのケイ）、両朝開済老臣心（リョウチョウカイサイす ロウシンのこころ）。

〈劉備は三顧の礼をとってしきりに孔明をおとずれ、天下統一の計画を尋ね、以来、孔明は二代にわたり補佐の大役を成就し、重臣としての心を傾けた〉

【三五】《サンゴ》 ①十五日をいう。②三五夜の略。③十五歳をいう。④星の名。三は心星、五は噣星《チュウセイ》。⑤三皇五帝をいう。⑥三つ五つ。わずか、また、ちらほら。⑦琵琶《ビワ》の別名。琵琶の長さが三尺五寸あることからいう。

【三五夜】《サンゴヤ》 陰暦の十五日の夜。特に陰暦の八月十五日の夜をいう。仲秋の名月の夜。

【三五夜中新月色】《サンゴヤチュウシンゲツのいろ》 十五夜のいま出たばかりのあざやかな月の色。〔唐、白居易、八月十五日夜禁中独直対レ月憶二元九一詩〕――、二千里外故人心《ニセンリガイコジンのこころ》。〈――、（それを見ていると）二千里のかなたにいる旧友の心が思われてならない〉

【三護】《サンゴ》 [仏]女のまもりとなる三つのもの。幼少の時は父母にまもられ、嫁しては夫にまもられ、老いては子供にまもられること。

【三公】《サンコウ》 三大官。①周代は太師・太傅《タイフ》・太保。または司馬・司徒・司空。②漢代は丞相《ジョウショウ》・大司馬・御史大夫。または大司馬・大司徒・大司空。③後漢以後は太尉・司徒・司空。④[国]太政大臣《ダジョウダイジン》・左大臣・右大臣。

【三后】《サンコウ》 ①三人の君主。后はきみ。㋐夏《カ》の禹王《ウオウ》・殷《イン》の湯王《トウオウ》・周の文王。㋑夏の禹王・殷の祖先の契《セツ》・周の祖先の后稷《コウショク》。㋒周の大王・王季・文王。②太皇太后・皇太后・皇后の総称。三宮《サングウ》。

【三光】《サンコウ》 ①日・月・星。②房・心・尾の三星。

【三行】《サンコウ》 ①三つのよい行い。㋐父母に孝、賢良を尊ぶ、師長に従順。㋑親に対する子の三つのつとめ。孝養と喪礼と祭礼。〔論語、為政〕㋒君臣・父子・長幼の道。㋓孝・信・廉。②三隊の軍隊。中行・右行・左行。

【三考】《サンコウ》 三年に一度ずつ、九年に三度、官吏の政治上の能力や実績を評定すること。〔書経、舜典〕

【三更】《サンコウ》 五更の第三の時刻。今の午前零時前後。午後十一時から午前一時（一説に、午前零時から二時）までの間。子《ね》の刻。

【三皇五帝】《サンコウゴテイ》 中国古代伝説上の帝王の三皇と五帝。三皇は天皇・地皇・人皇、または伏羲《フッキ》・神農・黄帝をいい、五帝は少昊《ショウコウ》・顓頊《センギョク》・帝嚳《テイコク》・尭《ギョウ》・舜《シュン》、または伏羲・神農・黄帝・尭・舜をいう。三皇五帝には、なお異説が多い。

【三綱】《サンコウ》 ①儒教で君臣・父子・夫婦の道をいう。綱は、おおづな。君は臣の綱、父は子の綱、夫は婦の綱たることによる。②[仏]《サンゴウ》 日本で諸国の寺に置いた三種の僧官。上座（寺の長老）・寺主（寺の事務担当）・都維那《ツイナ》（大衆を率いて仏法を行う。維那ともいう）。

【三綱五常】《サンコウゴジョウ》 君臣・父子・夫婦の道と、仁・義・礼・知（智《チ》）・信。

【三綱領八条(條)目】《サンコウリョウハチジョウモク》 宋《ソウ》の朱熹《シュキ》が大学の教えの根本として摘出したもので、三綱領とは明明徳（天賦の明らかな徳性をみがくこと）・新民（人民を教化して善に導くこと）・止至善（以上の二つを最高至善の境地において行うこと）、八条目とは格物（物の理をきわめること）・致知（天賦の明知を明らかにすること）・誠意・正心・修身・斉家・治国・平天下をいう。『大学』の首章の語。

【三国(國)】《サンゴク》 三つの国。①後漢末に起こって天下を三分した魏《ギ》（二二〇―二六五）・蜀《ショク》（二二一―二六三）・呉（二二二―二八〇）の三つの国。また、その時代。魏の曹操《ソウソウ》・蜀の劉備《リュウビ》・呉の孫権らが互いに天下を争った。（二二〇―二八〇）②新羅《シラギ》・百済《クダラ》・高麗《コマ》をいう。③[国]日本・唐《から》（中国）・天竺《テンジク》（インド）。

【三国(國)一】《サンゴクイチ》 [国]日本・唐《から》（中国）・天竺《テンジク》（インド）を通じて第一等の意。転じて、最上の意に用いる。

【三国(國)志】《サンゴクシ》 書名。六十五巻。西晋《セイシン》の陳寿の著。魏《ギ》・蜀《ショク》・呉の三国の歴史書。魏を正統の王朝とする陳寿の史観が示されている。二十四史の一つ。

【三国(國)志演義】《サンゴクシエンギ》 書名。全百二十回。明《ミン》の羅貫中《ラカンチュウ》の著といわれ、魏《ギ》・蜀・呉の三国興亡を蜀漢正統論の立場に立って書いた長編歴史小説。四大奇書の一つ。『三国志通俗演義』『三国演義』ともいう。

【三△叉】《サンサ》 みつまた。川や道路の三つに分かれた所。三差路。

【三才】《サンサイ》 ①天・地・人。才は、はたらき。〔易経、説卦〕②天の道、地の道、人の道。③三人の才能のある人。

【三才図(圖)会(會)】《サンサイズエ》 書名。百六巻。明《ミン》の王圻《オウキ》の著。一種の百科辞典で、天文・地理・人物など種々の事物を一四類に分け、それぞれを図絵で説明したもの。日本では、一七一二（正徳二）年に寺島尚順（良安）がこの書に基づき、更に日本のことを加えて『和漢三才図会』を作った。

【三災】《サンサイ》 [仏]末世に起こる三つの災害。①大三災。国土をそこなう火災・水災・風災。②小三災。人をそこなう刀兵・疫病・饑饉《キキン》。

【三三五五】《サンサンゴゴ》 あちらに三人、こちらに五人と、ばらばらに散らばる様子。〔唐、李白、採蓮曲〕

【三山】《サンザン》 ①東の海上にあって仙人が住んでいるという蓬萊《ホウライ》・瀛洲《エイシュウ》・方丈の三神山。②江蘇省南京市の西南、長江の南岸にある山。三つの峰があるからいう。〔唐、李白、登二金陵鳳凰台一詩〕三山半落青天外《サンザンなかばおつセイテンのそと》。③北京の郊外にある香山・玉泉山・万寿山。④[国]㋐大和三山。畝傍山《うねびやま》・香具山《かぐやま》・耳成山《みみなしやま》。㋑出羽三山。月山《ガッサン》・湯殿山・羽黒山。

【三△尸】《サンシ》 道家の説で、人の体内にあって害をなす三つの虫。庚申《かのえさる》の夜に体内から出て、人の秘密を天帝に告げるという。三虫。三姑《サンコ》。

【三史】《サンシ》 三種の歴史書。六朝《リクチョウ》時代では、『史記』『漢書』『東観漢紀』をいい、唐代以後では、『史記』『漢書』『後漢書』をいう。また、『戦国策』『史記』『漢書』をいうこともある。

【三始】《サンシ》 ①正月元旦《ガンタン》をいう。年・月・日の初めの意。②三つの身だしなみ。容姿を正しくし、顔色をととのえ、言葉をおだやかにする。

【三思】《サンシ》 ①三たび思う。幾度も思案する。〔論語、公冶長〕②幼いときには、長じてからのことを思って学び、年老いては、死後のことを思って子孫を教え、富んでいるときは、他日困窮したときのことを思って人に施すこと。〔荀子、法行〕

【三師】《サンシ》 ①太師・太傅《タイフ》・太保。②三人の楽師。③[仏]授戒の式をつとめる三人の僧。

【三字経(經)】《サンジキョウ》 書名。一巻。宋《ソウ》の王応麟《オウオウリン》の著といわれる。一説に、区適子が著し、黎貞《レイテイ》が続成したという。童児の訓育のための教科書で、毎句三字で隔句ごとに韻をふんでいる。

【三字石経(經)】《サンジセッケイ》 三国時代、魏《ギ》の正始年間に洛陽の太学の西側に建てられた石経。古文・篆《テン》・隷の三体を用い、『古文尚書』『春秋』『左氏伝』の三経書を刻した。三体石経・正始石経ともいう。

【三事】《サンジ》 ①＝三公。②天につかえ、地につかえ、人を治めること。〔書経、立政〕③人としてつかえるべき三長者。君・父・師。④政治上大切な三か条。正徳・利用・厚生。〔左伝、文公七〕⑤官吏として守るべき三か条。清・慎・勤。⑥[仏]㋐衣・食・住。㋑身・口・意。

【三時】《サンジ》 ①農業に大切な三つの季節。春の耕作と夏の草取り、および秋の収穫。〔左伝、桓公六〕②[仏]インドの三季節。熱時（正月十六日から五月十五日まで）・雨時（五月十六日から九月十五日まで）・寒時（九月十六日から正月十五日まで）。

【三七日】《サンシチニチ・みなのか》 ①二十一日間。また、二十一日目。

②人が死んで二十一日め。この日に仏事を行う。③出産後、二十一日めのお祝い。

【三舎】サンシャ ①九十里。一舎は、軍隊一日の行程で三十里（約十二キロメートル）。②宋代の官吏登用試験の三つの学舎。外舎・内舎・上舎。

【避三三舎二】サンシャをさく（敵を恐れて）敵の陣地から九十里引きさがること。転じて、相手に一目置くこと。また、はばかって相手を避けること。晋の文公が楚の成王に言った語。〔左伝、僖公二十三〕

【三赦】サンシャ 罪をゆるされる三種のもの。幼弱（七歳以下）・老耄（八十歳以上）・庸愚（おろか）。

【三謝】サンシャ ①三度、お礼をいう。また、三度辞退する。②南朝宋の謝霊運・謝恵連と南斉の謝朓の三人。詩人として有名。

【三爵】サンシャク ①酒を三杯飲むこと。②献（主人が客に杯をすすめる）・酢（客が主人に杯をかえす）・酬（主人が客から受けた杯を再び客にかえす）。

【三尺】サンジャク・サンセキ ①一尺の三倍。②剣。長さが三尺あるからいう。③法律。昔、三尺の竹の札に書いたのでいう。④七、八歳の子ども。→三尺童子。⑤国サンジャク 三尺帯の略。へこおび。

【三尺秋水】サンジャクのシュウスイ 剣をいう。秋水は、剣のさえわたった光沢の形容。

【三尺童子】サンセキのドウジ 七、八歳の子ども。尺は二歳半。また、身長三尺の子どもという。

【三珠樹】サンシュジュ ①珍木の名。柏に似る。三珠。②唐の王勮・王勔・王勃をいう。三人のすぐれた兄弟のたとえ。

【三種神器】サンシュのジンギ 国天孫降臨の際、天照大神から授けられ、皇位のしるしとして歴朝相伝えた三つの宝物。八咫鏡・八坂瓊曲玉・天叢雲剣。

【三秋】サンシュウ ①秋三か月。初秋（陰暦の七月）・仲秋（八月）・季秋（九月）。②三度の秋を経過する。三か年たつこと。「三秋思（一日三秋）」

【三十△而立】サンジュウにしてたつ 三十歳で思想が確立する。孔子のことば。このことから三十歳を而立という。〔論語、為政〕――。四十而不レ惑〈――。四十歳になると心に迷いがなくなった〉

【三十△輻共二一△轂一】サンジップクイッコクをともにす 車輪の三十本の矢は、一つのこしきを中心として集まって車輪を作っている。こしきの、なにも無い空虚なところがあるので、矢を差しこむことが出来る。〔老子、十一〕無用の用のたとえ。

【三十六計】サンジュウロッケイ 戦争をする三十六種のはかりごと。転じて、事をなすに当たって色々と計画すること。

【三十六計不レ如△遁】サンジュウロッケイにぐるにしかず 戦いには色々のはかりごとがあるが、逃げるべきときには逃げて身の安全をはかるのが、結局、最上の策である、という意。転じて、困った時には逃げるのが一番よい、という意。『南斉書』の王敬則伝に「三十六策、走是上計」とあるのに基づく。

【三十六峰】サンジュウロッポウ ①河南省登封県にある嵩山の三十六の峰。②国⑦京都の東山の別称。①三十六峰外史は、頼山陽の号。

【三十有レ室】サンジュウシツあり 男子は三十歳で妻をもつこと。〔礼記、内則〕

【三従（從）】サンジュウ 女は、幼いときは親に従い、妻となっては夫に従い、老いては子に従うという教え。〔儀礼、喪服伝〕

【三春】サンシュン ①春三か月の称。孟春（陰暦正月）・仲春（陰暦二月）・季春（陰暦三月）。②三回の春を過ごすこと。三年。

【三春△暉】サンシュンのキ 春の日の光。親のあたたかなめぐみのたとえ。〔唐、孟郊、遊子吟〕

【三△殤】サンショウ ①未成年で死んだものの三つの区別。長殤（十六歳から十九歳）・中殤（十二歳から十五歳）・下殤（八歳から十一歳）。殤は、若死に。②三人の横死（事故で死ぬ）したもの。

【三上】サンジョウ 作文のくふうをこらすに最もよい三つの場所。馬上・枕上（枕はまくら）・廁上（廁はかわや）。〔宋、欧陽脩、帰田録、二〕

【三△辰】サンシン 日・月・星。三光。

【三神山】サンシンザン ＝三山の①。

【三△晉（晋）】サンシン 春秋時代、晋に仕え、後に晋を分けて独立した韓・魏・趙の三氏をいう。晋の三家。

【三△秦】サンシン 秦の滅亡後、項羽が秦の関中の地を三分割して、三人の秦の降服した将軍、章邯・司馬欣・董翳を封じた、雍・塞・翟（いずれも今の陝西省内）をいう。

【三親】サンシン ①三つのごく親しいもの。夫婦・父子・兄弟。②父・母・妻の族。三族。

【三仁】サンジン 殷末の三人の忠臣。微子・箕子・比干。〔論語、微子〕

【三途・三塗】サンズ 仏三悪道。地獄・畜生・餓鬼の三道。

【三途川】サンズのかわ（は） 仏人が死んで冥土に行く途中で渡るべき川。生前の行いの善悪によって渡る瀬がちがうという。

【三寸舌】サンズンのした 弁舌をいう。人の舌は長さ約三寸あることからいう。〔史記、淮陰侯伝〕掉二三寸舌一〈サンズンのしたをふるう（ふ）〉。

【三世】サンセ・サンゼ ①祖父・父・子。②父・子・孫。③三年。④仏前世・現世・来世（過去・現在・未来）。

【三世因果】サンゼインガ 仏過去・現在・未来の三世にわたり、因果の理法により善悪のむくいを受けること。

【三正】サンセイ ①夏・殷・周三代の暦。暦は正月を初めとするので正という。夏暦は北斗七星の柄が夕刻に寅の方向をさす月を正月とし、殷暦は丑の方向をさす月を正月とし、周暦は子の方向をさす月を正月としたといわれる。②天・地・人の正道。③夏・殷・周の三代。④君臣・父子・夫婦の道の正しいこと。

■三正――夏・殷・周の暦

中国の夏・殷・周の三代では、暦がそれぞれ異なっていた。この三代の暦を〈夏正（夏暦）〉〈殷正（殷暦）〉〈周正（周暦）〉という。北斗七星の柄が日没時に東北東を指す月を正月とするのが夏正、北北東を指すのが殷正、北を指すのが周正で、一か月ずつのずれがある。（今日の旧暦は夏正）

		寅	卯	辰	巳	午	未	申	酉	戌	亥	子	丑
夏暦	月	一月	二月	三月	四月	五月	六月	七月	八月	九月	十月	十一月	十二月
	季	春			夏			秋			冬		
殷暦	月	二月	三月	四月	五月	六月	七月	八月	九月	十月	十一月	十二月	一月
	季	春		夏			秋			冬			春
周暦	月	三月	四月	五月	六月	七月	八月	九月	十月	十一月	十二月	一月	二月
	季	春	夏			秋			冬			春	

【三星】サン ①三つの星。②星の名。心星または参星ともいい、日本ではからすき星という。オリオン座の中央部。③福・禄・寿の三星。転じて、三福神の意に用いる。

【三牲】サンセイ ①牛・羊・豕（豚）の三種のいけにえ。②夏・殷・周の三代にそれぞれ用いた犠牲。夏は黒色、殷は白色、周は赤色のいけにえを用いた。

【三牲之養】サンセイのヨウ 親にごちそうをすること。転じて、親孝行をいう。〔孝経、紀孝行章〕

【三省】サンセイ ①一日に三度、わが身を反省すること。一説に、三はたびたびの意とし、また、三つのことがら（不忠・不信・不習）とする。〔論語、学而〕曾子曰、吾日三省吾身（われひにわがみをサンセイす）。〈曾子がいうことには、「わたしは一日に三度（または、三つのことがらについて）わが身を反省する……」と〉②サンショウ 三つの官庁。㋐唐代の中書・門下・尚書の三省。㋑国昔、太政官八省中の式部・民部・兵部の三省。

【三聖】サンセイ ①三人の聖人。㋐伏羲・文王・孔子。㋑尭・舜・禹。㋒禹・周公・孔子。㋓文王・武王・周公。㋔孔子・釈迦・老子。㋕孔子・釈迦・キリスト。②国㋐和歌の三聖は、柿本人麿・山部赤人・衣通姫。㋑書道は、弘法大師・菅原道真・小野道風。㋒俳諧は、荒木田守武・山崎宗鑑・飯尾宗祇。

【三蹟・三迹】サンセキ 国平安時代の三人の能書家。小野道風・藤原佐理・藤原行成。一説に、小野道風を除いて兼明親王を加える。

【三折肱】みたびひじをおる 医者が何度も人のひじを折って、初めて良医となること。一説に、何度も自分のひじを折り自分で治療して、初めて良医となること。経験を積んで老練になるたとえ。〔左伝、定公十三〕

【三絶】サンゼツ ①三たび切れる。また、たびたび切れる。「韋編三絶」②三つの特にすぐれたもの。

【三千世界】サンゼンセカイ ①仏須弥山を囲む広大な世界。小千世界・中千世界・大千世界の三つ。②国広い世界をいう。広い世間。

【三遷】サンセン ①官職が三回変わる。②居所を三度かえる。↓孟母三遷（二九四ペー）。

【三蘇】サンソ 北宋の蘇洵とその二子軾・轍の三人。洵を老蘇、軾を大蘇、轍を小蘇という。いずれも唐宋八大家に数えられる。

【三曹】サンソウ 三国時代、魏の曹操（武帝）、その子の曹丕（文帝）、曹植。いずれも文才があった。

【三倉・三蒼】サンソウ ①漢初の辞書。もと『蒼頡』『爰歴』『博学』の三篇があったが、後に合して蒼頡篇と称し、これを三蒼という。②魏晋以後、蒼頡篇を上巻、揚雄の訓纂篇を中巻、賈魴の滂喜篇を下巻とし、これを三蒼と呼んだ。

【三蔵（藏）】サンゾウ ①仏㋐仏説を集めた経蔵と、仏徒の戒法を集めた律蔵と、仏法の論釈を集めた論蔵との総称。㋑経・律・論の三蔵に通達した高僧の称。②国日本古代の斎蔵・内蔵・大蔵の総称。

【三蔵（藏）法師】サンゾウホウシ 唐の僧、玄奘の俗称。↓玄奘（七一六ペー）。

【三足烏】サンソクウ 太陽の中にいるという三本足のからす。一説に、西王母のために食を運んだ青鳥という。〔史記、司馬相如伝〕

【三則不赦】みたびすればすなわちゆるさず 三度も罪を犯せばゆるすわけにゆかない。仏の顔も三度。〔国語、斉語〕

【三族】サンゾク ①三つの親族。㋐父・子・孫。㋑父の兄弟・自分の兄弟・子の兄弟。㋒父母・兄弟・妻子。㋓父の親族・母の親族・妻の親族。②三家族。

【夷三族】サンゾクをほろぼす 罪を犯した本人のほかに三族までも殺すこと。謀反などの大罪に科した刑罰。「三族之罪」

【三尊】サンソン ①尊敬すべき三つの尊いもの。君・父・師。②仏㋐仏・法・僧。㋑弥陀の三尊。阿弥陀・観音・勢至。㋒薬師の三尊。薬師・日光・月光。㋓釈迦の三尊。釈迦・文殊・普賢。

【三損友】サンソンユウ 交わって損をする三種類の人。ものなれた態度でこびへつらう人、人ざわりがやわらかだが誠実さのない人、口先ばかりで誠実さのない人。〔論語、季氏〕

【三多】サンタ ①文章上達の三要素。看多（多く読む）・做多（多く作る）・商量多（多く考える）。②学者に大切な三つのこと。多く読む、持論が多い、著述が多い。③福が多い、年寿が多い、男の子が多い。

【三体（體）】サンタイ ①書の三体。楷書・行書・草書。②『詩経』の三体。風・雅・頌。③文章の三体。ゆるやかな気持ちで筆を起こす、たくみな対句を用いる、調子にゆるみのないようにする。

【三体（體）詩】サンタイシ 書名。六巻。南宋の周弼が、唐代の詩人百六十七人の近体詩を、七言絶句・七言律詩・五言律詩の三体に分けて編集したもの。『唐賢三体詩法』ともいう。

【三体（體）石経（經）】サンタイセッケイ ＝三字石経（一四ペー）。

【三代】サンダイ ①夏・殷・周。②祖父・父・子。③曾祖父・祖父・父。

【三代実（實）録】サンダイジツロク 国書名。五十巻。藤原時平・菅原道真らが勅命によって著したもので、清和・陽成・光孝三天皇の事跡を記した編年体の歴史書。六国史の一つ。延喜元年（九〇一）成立。『日本三代実録』

【三台】サンダイ・サンタイ ①星の名。紫微星（北極星の北にある）を守る三つの星。上台星・中台星・下台星。一名、天柱。三能。②三公。大尉・司徒・司空。

【三達尊】サンタツソン 天下中どこでも尊ばれる三つのもの。役所では爵位、村里では年齢、民の上に立つものの徳。〔孟子、公孫丑下〕

【三達徳】サンタツトク 天下中どこでも至上の徳とされる三つのもの。知（智）・仁・勇。〔中庸〕

【三嘆・三歎】サンタン ①何度も感嘆する。深く感心する。②音楽を奏する時、一人の発声に和して三人が唱和すること。↓一唱三嘆（四ペー）。

【三知】サンチ ①天分の三種類。生知（生まれながらにして知る）・学知（学んで知る）・困知（苦しんで知る）。〔中庸〕②命（運命）・礼（礼節）・言（言語の利害）を知ること。〔論語、尭曰〕

【三虫（蟲）】サンチュウ ＝三尸。〔唐、柳宗元、捕蛇者説〕

【三朝】サンチョウ ①正月一日。元旦。年と月と日との朝であるからいう。②三日をいう。③天子の内朝・治朝・燕朝、諸侯の内朝・路寝朝・外朝をいう。朝は、政治を執る所の意。④三代の朝廷。また、三代の主君。

【三通】サンツウ 制度に関する三種の書。唐の杜佑の『通典』、宋の鄭樵の『通志』、元の馬端臨の『文献通考』。

【三点（點）】サンテン ①五更の第三点。今の午前五時十分ころ。三点は、一更（二時間）を五点に分けた、その第三点をいう。②三つのしずく。③三個。

【三伝（傳）】サンデン 孔子が制作したといわれる春秋を解釈した『左氏伝』『公羊伝』『穀梁伝』をいう。春秋三伝。左氏伝は史実にくわしく、公羊伝・穀梁伝は義理にくわしい。

【三都】サント 三つの都。①漢の三都。長安・洛陽・南陽。②魯の三桓の領有した町。成（孟孫氏）・郈（叔孫氏）・費（季孫氏）。③三国、蜀・呉・魏の都。蜀の都は成都（今の四川省成都市）、魏の都は鄴（今の河北省臨漳県）、呉の都は建業（今の江蘇省南京市）。

【三都賦】サントのフ 晋の左思の作った蜀都賦・呉都賦・魏都賦をいう。この賦は左思が十年を費した苦心の作

で、富豪はきそって伝写し、そのために洛陽の紙価が高くなったという。

【三刀】サントウ　州の字の隠語。州の字は昔は刀を三つ重ねた刕に作った。晋の王濬が三刀に一刀を加える夢を見たが、のちに果たして益州の刺史(長官)になったという故事に基づく。〔晋書、王濬伝〕

【三刀△之夢】サントウのゆめ　官吏が出世する吉兆の夢。→三刀。

【三冬】サントウ　①冬三か月。初冬(または孟冬)・仲冬(陰暦十一月)・季冬(陰暦十二月)。②三度冬をこすこと。三年経過することをいう。

【三到】サントウ　読書に必要な三つのこと。眼到・口到・心到。到は、専一の意で、朱子の唱えた読書法。

【三唐】サントウ　唐の時代を初唐・盛唐・晩唐の三つに区分した称。盛唐の次に中唐を加えて四唐に区分する説もある。

【三等親】サントウシン　親族を親疎の関係で区別した中の第三等にあたる親族。自己または配偶者から三世を隔てた尊属親または卑属親。曾祖父・曾祖母・伯父・叔父・伯母・叔母・甥・姪・曾孫をいう。

【三統】サントウ　①＝三正の①。②三統暦の略。→次項。

【三統暦(曆)】サントウレキ　前漢の劉歆の作った暦。十九年を一章とし、二十七章を一会とし、三会を一統とし、三統を一元として、「春秋」の暦法を説いたという。

【三徳】サントク　①三つの徳目。㋐正直・剛克(剛をもって柔を治める)・柔克(柔をもって剛を治める)。㋑至徳・敏徳・孝徳。㋒天徳・地徳・人徳。㋓智・仁・勇。②＝三老。③仏㋐仏のさとりの本体たる法身徳と、仏の絶対平等の般若徳と、仏の自在無碍の妙徳たる解脱徳。㋑如来の大願力によって衆生を救護する恩徳と、如来が一切の煩悩をたつ断徳と、如来が平等の知恵をもって一切諸法を照らす無碍の知徳。④国紙入れの一種で、江戸時代に流行した。

【三人行必有二我師一】サンニンおこなえ(へ)ばかならずわがシあり　三人で同じ事を行うとき、他人の善を見てはこれに従い、他人の不善を見ては反省するので、善も不善もみな自分の師となるという意。〔論語、述而〕

【三人成レ△虎】サンニンとらをなす　虎がいないのに多くの人が虎がいるというと、ついには人々はそれを信ずる。真実でなくても言う人が多いと、人は事実と信じてしまうこと。〔戦国策、秦〕

【三年△之喪】サンネンのも　父や君が死んだ時、子や臣が服する喪。期間は三年。三年の期間は、二十五か月とも二十七か月ともいう。

【三年不レ△窺レ園】サンネンそのをうかがわ(は)ず　三年間、書斎に閉じこもり、庭にも出ないで勉学すること。前漢の董仲舒の故事。〔漢書、董仲舒伝〕

【三年不レ△蜚不レ鳴】サンネンとばずなかず　三年の間、何もしないで過ごすこと。長い間、何事もしないでいるたとえ。また、長い間、雌伏するたとえ。楚の伍挙の語。〔史記、楚世家〕

【三△巴】サンパ　①巴のつく三つの郡。後漢の巴・巴東・巴西の三郡。今の四川省の東部、湖北省に近い所。②国みつどもえ ㋐ともえを三つ組みあわせた模様・形。㋑三つのものが入り乱れて対立しあうこと。

【三拝(拜)九拝(拜)】サンパイキュウハイ　①何度も礼拝する。非常にていねいな礼拝。②手紙の末に用い、敬意を表すことば。

【三藩△之乱(亂)】サンパンのラン　清の初め、呉三桂・耿精忠・尚可喜の三人が封ぜられて勢力があったので、康熙帝はこれを除こうとした。よって呉三桂は雲南に兵をあげ、耿精忠・尚之信(可喜の子)がこれに参加した。これを三藩の乱という。のち、清軍に滅ぼされた。(一六七三―一六八一)

【三百代言】サンビャクダイゲン　国①明治の初め、弁護士の資格がなくて他人の訴訟や談判などの引き受けを業としたもの。もぐり弁護士。②弁護士をいやしめていうことば。③詭弁をつかう人。

【三百△篇】サンビャクペン　『詩経』のこと。『詩経』は三百十一編(うち六編はほろんだ)あるので、その概数をあげていう。

【三品】サンピン　みしな。三種類。①金銀銅。②漢の貨幣の竜幣・馬幣・亀幣。③人の性を上・中・下の三種に区別した説。後漢の荀悦は、上・下は移らず、中は努力によってどうにでもなると説き、唐の韓愈は、上は善のみ、中は導いてどうにでもなり、下は悪のみと説いた。④書画の三品。神品・妙品・能品。⑤一品から九品までの中の第三番目の官位。⑥国㋐取引所用語。綿花・綿糸・綿織物。㋑サンボン　昔の親王の位。第三位。

〔竜幣〕

〔馬幣〕

〔亀幣〕

〔三品②〕

【三不去】サンフキョ　妻を離縁してはならない三つの条件。帰る家のないとき、父母の三年の喪に服したとき、初め貧乏でのちに富貴になったとき。〔大戴礼、本命〕

【三不孝】サンフコウ　三つの不孝。親の意におもねって不義におちいらせること、貧乏であり、かつ親が年老いても仕官しないこと、妻を迎えず子供もなく、祖先の祭りを断つこと。〔孟子、離婁上、趙岐注〕

【三不幸】サンフコウ　三つの不幸。年若くて科挙(官吏登用試験)に最高位で合格すること、父兄の勢力によって美官を得ること、才能が優れ文章がたくみなこと。程伊川の説。

【三賦】サンプ　租・庸・調の三種の税。

【三伏】サンプク　夏の土用を初伏(夏至の後の第三の庚の日)・中伏(第四の庚の日)・末伏(立秋後の第一の庚の日)の三期に分けた称。伏とは、火気を恐れて金気が伏蔵するという意。夏の暑さのきびしい期間。〔和漢朗詠集、源英明、納涼〕池冷水無二三伏夏一松高風有二一声秋一。〈池の水はいかにも涼しそうで、三伏の暑熱も洗い去られるようであり、松は高くそびえ、吹く風の音にはもう秋冷の気がこもっている〉

【三墳五典八索九丘】サンプンゴテンハッサクキュウキュウ　中国古代の書名。三墳は、伏羲・神農・黄帝の書、五典は、少昊・顓頊・高辛・唐・虞の書、八索は八卦の説、九丘は、九州の誌といわれるが、異説もある。〔左伝、昭公十二〕

【三分△之計】サンブンのケイ　天下を三分して、その一つを保つはかりごと。三国時代、蜀の諸葛亮が、蜀を守って魏・呉の二国に対抗すべきことを劉備に進言した故事。

【三分△鼎足】サンプンテイソク　鼎の三本の足のように、勢力のある三者が天下を三分してならび立つこと。鼎立。〔史記、淮陰侯伝〕

【三変(變)】サンペン　①有徳の君子の三つの変化(態度)。遠くから見るといかめしく、近づいてみると、あたたかみがあり、そのことばを聞くと、きびしい。〔論語、子張〕②天運が三十年で小変し、百年で中変し、五百年で大変すること。

【三浦梅園】みうらバイエン　国江戸中期の思想家。豊後(今の大分県)の人。名は晋、字は安貞。天文・医学・政治・経済に通じ、著書に『玄語』『贅語』などがある。(一七二三―一七八九)

【三△晡】サンポ　たそがれ時。申の刻(午後四時ごろ)。

【三△輔】サンポ　漢代、長安(今の陝西省西安市)の都を中心として三区分した行政区域の総称。長安以東を京兆尹、長陵以北を左馮翊、渭城以西を右扶風という。また、そのそれぞれの長官。後に長安の都に隣接する付近の地をもいう。

【三宝(寶)】サンボウ　①三つのたから。㋐慈と倹と天下の先とならぬこと。〔老子、六十七〕㋑土地・人民・政治。〔孟子、尽心下〕㋒大農・大工・大商。㋓耳・目・口。②仏サンボウ　仏・法・僧。〔観無量寿経〕

【三△昧】サンマイ　①仏梵語 samādhi の訳語。一つの事に心を

集中して邪念のないこと。②転じて、広く一つの物事に熱中すること。「贅沢三昧（ゼイタクザンマイ）」③妙処。極致。④束縛から解放されること。

【三民主義】サンミンシュギ　中華民国の孫文（一八六六―一九二五）が一九〇五年に唱えた、初期の中国民主主義革命の指導理念である、民族主義・民権主義・民生主義。

【三務】サンム　春の耕作、夏の除草、秋の収穫のつとめ。

【三無私】サンムシ　天・地・日月の公平なこと。天に私覆なく、地に私載なく、日月に私照がないことをいう。私は、えこひいきすること。〔礼記、孔子間居〕

【三命】サンメイ　①周代の制で大国・次国の卿（ケイ）や天子の上士に任命されること。②人が天から受ける三つの寿命。上寿（百二十歳）・中寿（百）・下寿（八十）。

【三面網】サンメンのあみ　殷（イン）の湯王（トウオウ）が、四面に網を張って鳥獣を捕らえている者を見て、その三面をはずしてやった故事。湯王の仁が鳥獣にまで及んだことをいう。

【三文】サンモン　国①一文銭三つ。わずかの金銭。「三文の得」②ほとんど値うちのないことにいう語。「三文文士」

【三門】サンモン　仏寺院の門。さとりを開くには空門・無相門・無作門の三つの解脱門を経るのになぞらえていう。別に山門ともいう。

【三友】サンユウ　①三種類の友。㋐交わって利益を受ける三種類の友。三益友。〔論語、季氏〕㋑交わって損を受ける三種類の友。三損友。〔論語、季氏〕②親しむべき三つのもの。㋐詩・酒・琴。〔唐、白居易、北窓三友詩〕㋑松・竹・梅。「歳寒三友」㋒山水・松竹・琴酒。

【三△侑】サンユウ　＝三宥（サンユウ）の①③。

【三△宥】サンユウ　①周代、罪をゆるされる三つの場合。不識・過失・遺忘。②王族が罪を犯したとき、王が三度ゆるすように命じ、それから刑罰を施すこと。③祭りの時、尸（かたしろ）に三度食をすすめること。

【三余（餘）】サンヨ　勉強すべき三つの余暇。年の余りの冬と、日の余りの夜と、時の余りの雨降りのとき。〔魏志、王粛伝、注〕

【三楽（樂）】サンラク　①君子の三つの楽しみ。父母が健在で兄弟も事故のないことと、やましい所がなくて天にも恥じる所がないことと、天下の英才を教育すること。〔孟子、尽心上〕君子有三楽（クンシにサンラクあり）。②この世に生まれた三つのよろこび。人と生まれ、男子に生まれ、長生きすること。〔列子、天瑞〕③三楽（サンゴウ）三つの願い望むもの。礼楽をほどよくわきまえることを願い、人の善をほめることを願い、賢友の多いことを願う。〔論語、季氏〕

【三里】サンリ　①一里の三倍。また、三里四方。②国ひざの下の外側のくぼんだ所で、灸（キュウ）をすえる急所。健脚に効があるとされる。

【三略】サンリャク　書名。中国の兵書。三巻。上略・中略・下略の三つに分かれるので三略という。黄石公が圯上（イジョウ）で漢の張良に授けたものといわれるが、後人の偽作である。

【三△閭】サンリョ　①七十二家をいう。閭は、二十四家。②戦国時代の楚（ソ）の屈氏・景氏・昭氏の三王族。③楚の屈原をいう。屈原が三閭大夫となったことからいう。④屈原をまつる廟（ビョウ）の名。「族をつかさどる。」

【三△閭大夫】サンリョタイフ　楚の官名。楚の屈氏・景氏・昭氏の三族をつかさどる。

【三礼（禮）】サンレイ　①天神・地祇（チギ）（地の神）・人鬼（死んだ人の霊魂）を祭る礼。②サンライ　中国古来の礼について記した三つの書物。『儀礼（ギライ）』『周礼（シュライ）』『礼記（ライキ）』。

【三霊（靈）】サンレイ　①天・地・人。②日・月・星。③周の文王の霊台・霊囿（レイユウ）・霊沼。④天神・地祇（チギ）・人鬼。

【三老】サンロウ　①三人の長老。②祭酒をいう。昔、賓客が主人の酒食を受けるとき、その中の一人の長老が酒をあげて地の神を祭ったことによる。③漢代に、いなかの長老で教化をつかさどった人。④上寿（百歳）・中寿（九十歳）・下寿（八十歳）。⑤家老をいう。

【三老五更】サンロウゴコウ　老年で退職した有徳の人で、天子から父兄の礼をもって待遇された人。その数は、各一人ともいい、また、三老は三人、五更は五人ともいう。

【三論】サンロン　①三種の『論語』。『斉論語（セイロンゴ）』『魯論語（ロロンゴ）』『古論語』。『斉論語』『魯論語』は漢代通行の文字（今文）で書かれており、『古論語』は先秦の古字（古文）で書かれていた。②仏三論宗で用いる三つの論書。中論・百論・十二門論。

【三惑】サンワク　①酒・色・財に対するまどい。②仏サンナク　㋐貪（ドン）（むさぼる）・瞋（シン）（いかる）・痴（欲情）の三つの煩悩（ボンノウ）。㋑天台宗で、修道のさまたげとなる三種のまどい。見思惑・塵沙惑（ジンジャワク）・無明惑。

(3)2

【上】

7　教 1

ジョウ・ショウ　うえ・うわ・かみ・あげる・あがる・のぼる・のぼせる・のぼす　上手（じょうず）

一 漢ショウ（シャウ）　呉ジョウ（ジャウ）　漾 shàng

二 漢ショウ（シャウ）　呉ジョウ（ジャウ）　養 shǎng

3069
3E65

筆順　丨 ト 上（丶 ト 上）

字義 一 ❶**うえ**（うへ）。**かみ**。**うわ**（うは）。↕下。場所・順序・地位・時間・年齢・価値・等級などの高いこと・早いこと・前方にあること。また、そのもの。「上巻」「長上」「上品」「上位」「主上」❷**きみ**。君主。天子。「主上」❸**ほとり**。かたわら。「川上（センジョウ）」❹**たっとぶ**。とうとぶ。**たっとい**（たっとし）。

二 ❶**のぼる**。**あがる**。↕下。㋐下から上へ行く。程度・段階が高い方へ進むこと。「上達」㋑都へ行く。「上京」㋒その場に出る。その位置につく。「上レ途（トにのぼる）」❷**のぼす**。**のぼせる**（のぼす）。**あげる**（あぐ）。❸**たてまつる**。さしあげる。「献上」❹**くわえる**（くはふ）（加）。❺四声（平・上・去・入）の一つ。上声。

国 ❶**かみ**。㋐人の妻や女主人の称。おかみ。㋑川の上流。↕下（しも）。❷**あがる**。事が仕上がる。終える。

名乗 うら・え・すすむ・たか・たかし・ひさ・ほず・まさ　難読 上（あた）・上枝（ほつえ）…

遠野（あたの）・上（かど）・上野（かどの）・上月（こうづき）・上計（あげ）・上県（かみあがた）・上古語父（かみこごう）・上勾（かとり）・上三川（かみのかわ）・上枝（ほつえ）・上秋（かんだけ）・上樵木（かみこりき）・上神（かずわ）・上神梅（かみかんばい）・上生（はぶ）・上相（かみや）・上総（かずさ）・上大沢（かめぞ）・上田（かんだ）・上八（こうじょう）・上富田（かみとんだ）・上蒲刈（かみかまがり）・上無（かみむ）・上毛（かみつけ）・上毛野（かみつけぬ）・上野（こうずけ・かみつけ）・上有智（こうずち）・上笹子（かみじごね）

使いわけ ①**あげる**〔**挙**・**揚**・**上**〕⇩**挙**（2537）。②**のぼる**〔**昇**・**登**・**上**〕⇩**昇**（2993）。

解字 甲骨文  篆文  指事。甲骨文は、基準線の上に短い横線を、篆文は、基準線の上に縦線を書き、うえの意味を表す。

▼運上・炎上・海上・河上・逆上・今上・啓上・計上・向上・江上・湖上・座上・参上・至上・主上・身上・進上・水上・聖上・世上・川上・奏上・長上・頂上・直上・呈上・天上・殿上・堂上・途上・無上・路上

【上衣】ジョウイ　①うわぎ。うえにきる衣服。上服。②仏ジョウエ　大衣。鬱多羅僧衣（ウッタラソウエ）。

【上意】ジョウイ　①君主のみ心。天子のおぼしめし。②国江戸時代、将軍の意見。

【上意下達】ジョウイカタツ　おかみの心がしもじもに徹底すること。

【上院】ジョウイン　①りっぱな屋敷。②二院制の国会の一院。上議院。日本の参議院に当たる。↕下院。

【上謁（謁）】ジョウエツ　①名刺を出して面会を求めること。謁は今の名刺。②尊者に面会すること。

【上△苑】ジョウエン　天子の庭園。上林。

【上下】ジョウカ・ジョウゲ・ショウカ　①うえとした。②天と地。③山と平地（または沢地）。また、高い所と低い所。④君と臣。在位の人としもの民。⑤上官と下級官。⑥年上のものと年下のもの。長幼。⑦豊年と凶年。⑧のぼることとくだること。⑨国

㋐のぼりくだり。㋑江戸時代の武士の礼服の一つ。裃(かみしも)。

【上下天光】空も水も光が満ちあふれている。〔宋、范仲淹、岳陽楼記〕――、一碧万頃。〈――、青一色の水面が広々と続いている〉

【上下一レ心】上下の人が心を一つにする。上下同心。〔淮南子、詮言訓〕

【上界】①天上の世界。②仏仏のいる所。天国。↕下界。

【上海】地名。長江口の南岸にある中国最大の商工業都市。一八四二年南京条約により開港して以来、貿易港として発展し、人口はおよそ一千三百万人。北京市・天津市・重慶市とともに中央直轄市の一つ。

【上官】①うわやく。上司。②戦国時代、楚の官名。

【上△浣・上△澣】上旬。浣・澣はともにあらう意で、唐代に十日ごとに官吏に休暇を与えてゆあみさせたことから、旬の意に用いる。

【上△穹】天をいう。穹は、空。

【上供】①唐の憲宗の時から始まった国税。天下の賦税の三分の一を中央政府の用に供したもの。②天子に献上する品物。③仏仏前などに供物をそなえる。

【上局】①上官。上司。また、上官のいる所。②国うえ(へ)のつぼね 天子の御座所の近くに設けたつぼね(へや)。女官が宿直する時の休息所。

【上句】①詩などの上の一節。②国かみのく 和歌のはじめの五七五の三句をいう。↕下句しものく。

【上宮△疏】国書名。聖徳太子（上宮太子）の著と伝えられる『三経義疏（法華経・維摩経・勝鬘経の注釈書）』をいう。

【上京】①天子の都。帝京。京師。②都にのぼる。③国東京にゆくこと。

【上計】すぐれたはかりごと。上策。

【上啓】おかみに申しあげる。上書。上表。

【上△卿】①周代、上級の卿。上席の家老。②国 ㋐平安・鎌倉時代、大臣または中納言などで、臨時に宮中の公事奉行を務める者の称。㋑朝廷の議事の首座となる者。㋒記録所の長官。㋓上位の公卿。

【上月】①空にのぼった月。②先月。去月。

【上賢】①すぐれた人物。②賢人をたっとぶ。

【上元】陰暦の正月十五日。中国では太陽暦の一月十五日を上元とした。門戸の神をまつる日。この日の夜を元宵・元夕といい、元宵を中心とする数日間を灯節と称し、家々・街々に提灯を飾り、催し物などがあって見物でにぎわう。これを観灯という。

【上言】①君主に申しあげる。言上。②君主のことば。

【上弦】ゆみはりづき。陰暦八、九日ごろの、左半分が欠けた月。上旬の月。↕下弦（二十二、三日ごろの月）。

【上戸】①富民。上等の家。②国 酒を多く飲む人。酒好きの人。↕下戸。

【上古】①おおむかし。太古。②歴史上の時代区分の一つ。文献のある限りで最も古い時代。中国史では秦以前をいう。日本史では一般に大化改新（六四五）までをいう。

【上午】午前をいう。↕下午。

【上工】①技能のすぐれた職人。②すぐれた医師。良医。③仕事をはじめる。

【上公】①周代、三公をいう。また、二王の後をいう。②五等爵の最上の公爵をいう。③漢代は太保・太傅、後漢では太傅一人をいう（三公の上にあるからいう）。

【上甲】①ついたち。甲は初め。上日。②科挙の試験合格者の最優秀の部類。

【上行】①うえに進む。②上の人が行う。また、その行い。③上座。上の列。④上のおおせ。うわ役のさしず。⑤下級官吏から上級官吏へ奉る公文書。

【上皇】①天帝。上帝。②上古の帝王。特に三皇のうち最も先にある伏羲をいう。③譲位された天子の敬称。太上天皇。④天子の父。

【上告】①おかみに申しあげる。②国第二審の判決に対して上級裁判所に不服を申し立てること。

【上国（國）】①王都に近い諸国の称。②中国の自称。③他国に対する敬称。④国大宝令の制で、国の等級を四等に分けた第二位の国をいう。

【上根】①根気の強いこと。②仏教法を聞いて修行し、さとりを開くことのできる性質。すぐれた性質。↕下根。

【上坐・上座】①かみざ。上席。↕下座・末坐。②仏㋐釈尊の弟子のうちで学行のすぐれた人たち。㋑僧官。年長高才の僧で法事などをつかさどる者。座首。上首。③国かみざ ＝①。

【上策】①すぐれたはかりごと。最もよいはかりごと。上算。②はかりごとがうまく当たること。

【上士】①すぐれた人物。②天子・諸侯に仕える士の階級のうちで上位のもの。周代では、士を上士・中士・下士に分けた。③仏菩薩の別名。

【上△巳】陰暦三月の第一の巳の日。この日、流水のほとりでみそぎをした。魏以後は、三月三日と定めたので、三日を上巳と呼ぶ。雛の節句。桃の節句。

【上司】①上位の役人。上官。②長官をいう。

【上旨】君主の考え。上意。上指。

【上使】①上から下につかわす使者。②国朝廷から将軍家へ、また、将軍家から大名へさしむける使者。

【上肢】左右の手。両手。↕下肢。

【上指】①上をさす。〔史記、項羽本紀〕頭髪上指す。②君の御意。上旨。

【上△梓】版木に文字をほりつけること。また、木版で書物を出版すること。上木。梓は、板木の良材。

【上日】①月のはじめ。ついたち。上甲。②よい日。良日。③国 出勤日。当番の日。

【上舎】①上等の邸宅。②宋代、大学の三舎の一つ。③清代、国子監の学生をいう。

【上手】①技術がすぐれている。②うでのたっしゃな人。↕下手。③国 ㋐うわて (甲)上の方。(乙)相撲の手の一つ。↕下手。㋑かみて ↕下手。(甲)上の方。上座の方。(乙)舞台の向かって右の方。(丙)魚の網の右の方。(丁)風上。または川上。

【上首尾】国物事がうまくはこぶこと。

【上寿（壽）】①長寿を上寿・中寿・下寿の三種に分けたうちの最上をいう。㋐百歳（中寿は八十、下寿は六十。一説に中寿は九十、下寿は八十）。㋑百二十歳（中寿は百、下寿は八十）。㋒九十歳（中寿は八十、下寿は七十）。②天子などに対して、その長寿を祈り祝うこと。

【上秋】秋のはじめ。陰暦の七月。初秋。孟秋。

【上衆】身分の高い人。↕下衆。

【上熟・上△孰】豊年を上・中・下の三等に分けた第一番目。平年作の四倍という。

【上春】春のはじめの月。初春。孟春。

【上旬】月の一日から十日までの間。上浣。

【上書】①君主・役所などに文書をたてまつる。また、その文書。〔史記、淮陰侯伝〕②文体の名。上書文。③国うわ(は)がき 手紙や箱の表に書いた文字。あて名がき。

【上升・上昇】うえにのぼる。↕下降。

【上△庠】古代の大学の称。右学ともいう。小学を下庠、または左学というに対する語。

【上相】①朝観や会同で、礼式の進行のさしずなどをする人。かいぞえ。②宰相の尊称。〔史記、陸賈伝〕③宋代、二人の宰相があるとき、首位にある者をいう。

【上将（將）】①首席の大将。総大将。上将軍。②星の

名。③中華民国の陸海軍の将官の名称。大将。
【上将(將)軍】ジョウショウグン ①全軍の総大将。②官名。漢代に初めて置く。三国の魏(ギ)・呉は上大将軍とし、唐代は改めて上将軍とし、大将軍の上に位した。
【上章】ジョウショウ ①おかみに上奏文をたてまつること。また、その文書。②前章。上文。
【上乗(乘)】ジョウジョウ ①四頭だての車。②最上の教法。③仏㋐一切の煩悩(ボンノウ)を去って真理をさとること。また、そのさとり。㋑大乗をいう。④国上の上。最上。上上。
【上場】ジョウジョウ ①上演。②国取引所が、ある物件または銘柄(メイがら)を登録して取り引きの対象とすること。
【上申】ジョウシン 上位の者に意見や事情を申しあげる。上陳。
【上人】ジョウジン ①すぐれた人。②仏(ショウニン) 徳のすぐれた人。転じて、僧をいう。③国㋐(ショウニン) 法眼(ホウゲン)につぐ僧位の名。また、僧の敬称。㋑(ジョウニン) 気立てのよい人。正直でおとなしい人。㋒(うえ(へ)びと) 殿上人。
【上仁】ジョウジン 最上の仁。また、その仁のそなわった人。〔老子、三十八〕
【上世】ジョウセイ おおむかし。上古。
【上声(聲)】ジョウショウ・ジョウセイ 四声の一つ。→四声（三〇ページ）。㋐しりあがりの音。㋑現代中国語で、第三声。低くおさえた音。
【上清】ジョウセイ ①道家で、天をいう。玉清・太清と配して三清の一つ。②女の召使いをいう。③宮殿の名。四川省の高台山上にあり、晋代(シンダイ)に建てた。④道教の寺の名。今の江西省貴渓県上清鎮にあった。後漢の張道陵の子孫が世々ここにいたという。唐代は真仙館といい、宋代(ソウダイ)は上清観、清代(シンダイ)は太上清宮という。
【上席】ジョウセキ ①かみざ。上座。②等級が上なこと。上級。
【上仙・上ᐞ僊】ジョウセン ①天にのぼって仙人になること。②仙人の中で一番すぐれたもの。上真。③帝王の崩御をいう。また、一般に死をいう。
【上ᐞ僭】ジョウセン 下の者が自分の分を越えて、上の者になぞらえた振る舞いをする。
【上善】ジョウゼン 最上の善。至善。〔老子、八〕上善若レ水(ジョウゼンはみずのごとし)。〈最上の善というものは、水のような（低きにおり、万物に恵みを施し、その功を誇らない）ものである〉
【上ᐞ疏】ジョウソ おかみに文書をたてまつる。また、その文書。上書。上表。
【上訴】ジョウソ ①上に訴える。②裁判の判決や決定に対する不服申し立て。控訴・上告・抗告の総称。
【上奏】ジョウソウ ①天子に申しあげる。奏上。②国旧憲法下で、官庁・議院などが意見または事実を天皇に申し上げること。

【上足】ジョウソク ①弟子の中ですぐれた者。高弟。②良馬。
【上ᐞ蔟】ジョウゾク 蚕があがる。繭(まゆ)を作るため蚕が蔟（まぶし）にあがること。
【上大夫】ジョウタイフ 上位の大夫。
【上代】ジョウダイ おおむかし。上古の世。上世。
【上ᐞ台】ジョウダイ・ジョウタイ ①星の名。三台の一つ。②上官。
【上第】ジョウダイ ①試験に及第すること。また、その人。特に、優秀な成績で及第した人。②最善のもの。上等。
【上達】ジョウタツ ①天理・徳義に通達する。〔論語、憲問〕君子上達(クンシはジョウタツし)、小人下達(ショウジンはカタツす)。②しもじもの意見や事情が上位者の耳にとどく。③上手になる。学術・技法などが進歩向上する。
【上達部】かんだちべ・かんだちめ 国公卿(クギョウ)をいう。摂政や関白・太政大臣・左大臣・右大臣・大納言(ダイナゴン)・中納言・三位(サンミ)以上の殿上人と四位の参議。
【上知・上ᐞ智】ジョウチ 生まれながら道（道理）を知っている人。生知。〔論語、陽貨〕
【上柱国(國)】ジョウチュウコク ①官名。㋐戦国時代、楚(ソ)の国で大功のある者に与えた。㋑北周以後、歴朝、最高の勲功ある者に与えた。清代(シンダイ)に廃された。②国正二位の唐名。
【上長】ジョウチョウ 目上の人。自分より地位の高い人。
【上丁】ジョウテイ ①陰暦二月と八月の最初の丁(ひのと)の日。この日に孔子を祭る釈奠(セキテン)の礼を行った。②壮丁。わかもの。
【上帝】ジョウテイ ①天の神。天帝。②君。王者。③上古の帝王。④キリスト教で奉ずる神。天主。
【上程】ジョウテイ ①旅のかどで。②議案を会議にかける。
【上天】ジョウテン ①そら。天空。②天帝。上帝。③冬の天。④天にのぼる。⑤キリスト教で、信者の死をいう。昇天。
【上田】ジョウデン 地味の肥えたよい田地。良田。
【上都】ジョウト ①天子のみやこ。②唐の代宗のとき、長安（今の陝西(センセイ)省西安市）をいう。③元代、開平府（内蒙古(ナイモウコ)自治区正藍旗の東）をいう。
【上冬】ジョウトウ 冬三か月の最初の月。陰暦の十月。
【上棟】ジョウトウ ①むなぎを上にする。②むねあげ。
【上頭】ジョウトウ ①女子が十五歳になって初めて笄(こうがい)（かんざし）をさす礼。男子の加冠に当たる。くしあげ。②男子の加冠の礼。③先頭。④以上の。これまでの。また、その当時。⑤うえの方。
【上騰】ジョウトウ 上にのぼる。上昇。騰は、のぼる。
【上道】ジョウドウ ①北極に近い太陽の軌道。②複道（二階建の通路）の上の道。③神仙の道。④出発する。
【上徳】ジョウトク ①最上の徳。〔老子、四十一〕上徳若レ谷(ジョウトクはたにのごとし)。②天子のりっぱな徳。

【上年】ジョウネン ①豊年。②道家で二十歳・三十歳の者をいう。
【上納】ジョウノウ ①租税などを役所におさめること。②国租税。年貢(ネング)。
【上農】ジョウノウ ①よく働く農夫。②農業を重んずる。
【上ᐞ膊】ジョウハク 二のうで。うでの肩から臂(ひじ)までの称。
【上番】ジョウバン ①第一番。②当番につく。出勤する。
【上平】ジョウヒョウ 平声の韻を上下二つに分けたものの一つ。↕下平(カヒョウ)。→四声（三〇ページ）。
【上表】ジョウヒョウ 天子に文書をたてまつる。また、その文書。
【上品】ジョウヒン ①家がらがよい。上流の階級。②品がよい。みやびやかである。③上等な品。④仏(ジョウボン) 極楽浄土に往生する人の九品のうちで最上の三品である上品上生・上品中生・上品下生の総称。
【上賓】ジョウヒン ①上席に着くべき立派な客。上客。②飛んで天にのぼる。転じて、帝王の死をいう。
【上文】ジョウブン ①学問をたっとぶ。「上文右武（文武ともにたっとぶ）」②前にある文章。前に述べた文章。
【上聞】ジョウブン 天子に申しあげる。また、しもじものことが朝廷に聞こえる。上聴。
【上方】ジョウホウ ①うえの方。天上。②陽気の生じる北と東とをいう。③天子の御物を作り、またこれを収蔵する官署。④地勢の最も高い所。⑤仏㋐山寺。㋑住持。⑥国(かみがた) 京都およびその付近の称。
【上木】ジョウボク ＝上梓(ジョウシ)。
【上慢】ジョウマン 仏まださとりを得ないのに、さとったとおごりたかぶること。七慢中の一つ、増上慢の略。
【上命】ジョウメイ ①上からの命令。上令。②長命。
【上毛】ジョウモウ・かみつけ 国昔の国名。今の群馬県。上野(こうづけ)。上州。上毛野(かみつけぬ)。
【上諭】ジョウユ ①みことのり。君主のおさとし。②国明治憲法下で、法令・条約・予算などを公布する時、天皇の裁可を表示したもの。
【上ᐞ游】ジョウユウ ①上流。また、上流付近の地。②高い地位。③上位の成績。④天に上ってあそぶ。
【上陽】ジョウヨウ ①天上にある陽気。↕下陰（地下にある陰気）。②宮殿の名。唐の高宗が建てた。その古跡は、今の河南省洛陽市の西の洛水北岸にある。
【上陽花】ジョウヨウカ 上陽宮の花木。美人のたとえ。唐の玄宗の妃、楊貴妃(ヨウキヒ)が玄宗の愛を独占した時、後宮の美人を遠ざけて、上陽宮に移し置いたことによる。

【上洛】ジョウラク ①都へのぼる。都へ行く。洛は、洛陽。②国京都にゆくこと。
【上覧(覽)】ジョウラン ①天子が御覧になる。天覧。②国江戸時代、将軍家が御覧になることにも用いた。
【上略】ジョウリャク ①最上のはかりごと。上策。②文書の、上の文句をはぶくこと。前略。
【上流】ジョウリュウ ①かわかみ。みなかみ。②すぐれた品位。上品。③高い身分。上家。
【上林△苑】ジョウリンエン 宮苑の名。秦の始皇帝が造り、前漢の武帝が整備拡張した。その古跡は、今の陝西(センセイ)省西安市の西にある。
【上△臈】ジョウロウ ①仏年功を積んだ高僧。臈は、正しくは臘(ロウ)で、僧が出家受戒の後、一夏(ゲイチ)を終わるのを一臈という。↕下臈。②国㋐二位・三位の典侍(ないしのすけ)、禁色(キンジキ)を許された大臣の娘、または孫娘。㋑江戸幕府の大奥の職名。御殿女中の高位者。㋒身分の高い婦人。
【上和下△睦】ジョウワカボク 上の者も下の者もみなやわらぎむつみあうこと。太平な世をいう。〔千字文〕

(3)2
【丈】 8
常 ジョウ たけ
漢チョウ(チャウ) 呉ジョウ(ヂャウ) 養 zhàng
3070 3E66

筆順 一 ナ 丈

【丈】俗字 字義 ❶長さの単位。十尺(約三・〇三メートル)。ただし周代の制度では約二・二五メートル。「方丈」❷はかる。土地を測量する。❸たけ。長さ。❹つえ(杖)。❺長老、または友人の称。国ジョウ(ヂャウ)。役者などの芸名にそえる敬称。

名乗 とも・ひろ・ます 難読 丈夫(ますらお・たけお)・丈部(はせべ・はせつかべ)

解字 篆文  象形。長い棒を手にする形にかたどり、身のたけ十尺の意味に用いる。丈を音符に含む形声文字に、杖(ジョウ)・仗(ジョウ)があり、これらの漢字は、「長く伸びた、つえ」の意味を共有している。

▼気丈・万丈・方丈

【丈室】ジョウシツ 一丈四方の、せまいへや。方丈の室。
【丈丈】ジョウジョウ 目上の人に対する尊称。
【丈人】ジョウジン ①老人。丈は杖(つえ)で、老人は杖をつくからいう。〔論語、微子〕②知識・徳行のある年寄り。長老。③妻の父。しゅうと。岳父(ガクフ)。④祖父。⑤父の姉妹。
【丈夫】ジョウフ ①一人まえの、しっかりした男子。ますらお。〔身長八尺ある者の意。周代、八寸を尺とし十尺を丈とした〕②才能がすぐれた、りっぱな男子。③国ジョウブ ㋐たっしゃ。すこやか。㋑強くしっかりして、やぶれがたいこと。
【丈夫非レ無レ涙、不レ△灑二離別間一】ジョウフなみだなきにあらず、リベツのカンにそそがず 男子にも涙がないわけではない。ただ人との別れなど尋常(ジンジョウ)の事には流さないという意。宋(ソウ)の陸亀蒙(リクキモウ)の詩句。
【丈母】ジョウボ ①父かたのおじの妻。②妻の母。
【丈六】ジョウロク ①一丈六尺。仏像の標準的な高さ。また、その仏像。②国あぐらを組んで座ること。

(3)2
【万】 9
教2 マン・バン
⑬艹9 〖萬〗10
漢バン 呉マン 願 wàn
4392 4B7C
7263 685F

筆順 一 丂 万

字義 ❶マン。よろず(よろづ)。数の名。千の十倍。❷よろず(よろづ)。㋐数が多いこと。多数。さまざま。「万感」㋑すべて。あらゆる。「万事」→参考。❸決して。絶対に。どうしても。否定を強める語。「万(バン)已(や)むを得ず」「万万」❹さそり。毒虫の名。蠆(タイ)の古字。❺舞の名。→万舞。

名乗 かず・かつ・すすむ・たか・つむ・つもる 難読 万鬼(なきり)・万歳樹(あおき)・万千野・万代・万年・万年青(おもと)・万年馬・万能倉(まなぐら)・万木(ゆるぎ・ゆすき・よるき・まるき)・万里小路(までのこうじ)

参考 よろずの意味では、千の字と組み合わさって四字句を構成することが多い。「千軍万馬」「千差万別」「千秋万歳」など。

解字 甲骨文  篆文  象形。さそりの形にかたどり、さそりの意味を表す。借りて、数に用いる。万はもと別字だが、ふるくから萬の略字として用いられている。萬を音符に含む形声文字に、邁(マイ)・勵(レイ)があり、これらの漢字は、「(さそりに刺されたような)激しさ・厳しさがある」の意味を共有している。

▼巨万・千万

【万一】マンイチ・バンイツ ①万分の一。わずか。②万が一の場合。万に一つ。ひょっとして。もしも。〔有している。〕
【万△鎰】バンイツ・マンイツ 多くの価。多くの金額。鎰は、二十両。また、二十四両ともいう。〔孟子、梁恵王下〕
【万億】バンオク・マンオク きわめて数の多いのをいう。
【万化】バンカ ①色々に変化する。「千変万化」②万物の化育。③天地をいう。
【万△壑】バンガク 多くの谷。「千山万壑」
【万喚】バンカン 何回も呼びかける。〔唐、白居易、琵琶行〕
【万感】バンカン 多くの感情。さまざまな思い。複雑な感情。
【万巻】マンガン・バンカン 多くの書物。また、たくさんの巻き物。
【万幾・万機】バンキ ①多くの機微なこと。幾・機は、機微・秘密の意。②天子の政務をいう。また、多くの政務。
【万騎】バンキ・マンキ 一万の騎兵。多くの騎兵。転じて、天子の侍衛の軍をいう。「千乗万騎」
【万金】バンキン・マンキン ①多くの金銭。②家からの便り。杜甫(トホ)の「春望」の詩の「家書抵二万金一(カショバンキンにあたる)」に基づく。↓家書の②(三〇四ページ)。
【万△鈞】バンキン・マンキン 非常に重いこと。鈞は、三十斤。
【万径(逕)】バンケイ 多くのこみち。また、あらゆる小路。〔唐、柳宗元、江雪詩〕千山鳥飛絶(センザンとりとぶことたえ)、万径人蹤滅(バンケイジンショウメッす)。〈多くの山々に鳥の飛ぶ姿は全くなく、すべての道に人の足跡は消えてしまった〉
【万△頃】バンケイ 地面や水面などの非常に広いこと。一頃は、百畝(ボ)で、宋代(ソウダイ)には約五六・六アール。〔宋、蘇軾、前赤壁賦〕訳文⇩縦二一葦之所一レ如、凌二万頃之茫然一(バンケイのボウゼンたるをしのぐ)。(一ページ)。
【万古】バンコ ①大昔。太古。②永久。いつまでも。「千秋万古」
【万戸】バンコ ①一万戸。②多くの家々。〔唐、李白、子夜呉歌〕万戸擣レ衣声(バンコころもをうつこえ(ゑ))。訳文⇩長安一片月(二四五ページ)。③元代の官名。㋐軍隊を管轄する諸国の官。㋑海道の食糧運搬をつかさどる官。
【万戸侯】バンココウ 漢代、一万戸の人民を領有する大諸侯。
【万△劫】マンゴウ きわめて長い時間。永久。〔唐、李白、短歌行〕
【万国(國)】バンコク ①すべての国。万邦。②すべての地方。
【万△斛】バンコク 非常に多くの分量。斛は、十斗。「万斛の涙」
【万骨】バンコツ 多くの人の骨。↓一将功成万骨枯(四ページ)。
【万歳】バンザイ・バンゼイ ①よろずよ。万年。②健康・長寿などを祝っていうことば。昔は私人・王侯(オウコウ)・天子、いずれにも用いたが、唐以後は主として天子のみに用いた。〔韓非子、顕学〕③木の名。いわひば。④国㋐バンザイ・マンザイ 天皇・国家、または団体・個人を祝福する意でとなえることば。㋑マンザイ 正月、えぼし・ひたたれを着、鼓を打って民家を舞い歩く者。また、かけあい漫才をいう。
【万歳後】バンザイののち 死後。多く、天子についていう。
【万歳楽(樂)】バンザイラク ①唐の則天武后が作った舞楽の名。②国マンザイラク 天皇の即位などの祝宴で用いられた舞楽曲。
【万死】バンシ ①生きる見こみがない。万が万まで死ぬべきあぶない場合。②生命を投げ出す。③死を強く表現していう。「罪、万死に当たる」

【万死一生】バンシイッセイ・バンシイッショウ　①非常に生命の危ないこと。②非常に危ない生命を幸運にも助かること。

【万事休】バンジキュウす　どうにも施すべき手段がない。

【万謝】バンシャ　①いくえにもおわびする。②あつくお礼をいう。

【万寿(壽)】バンジュ　①長命。②長寿を祝うことば。

【万寿(壽)節(節)】バンジュセツ　天子の誕生日。天長節。

【万象】バンショウ　さまざまの形。宇宙間に存在するありとあらゆるもの。万物。万有。「森羅万象」

【万障】バンショウ　多くのさしさわり。さまざまのさしつかえ。

【万△鍾】バンショウ　非常に多くの量。多量の米穀。一鍾は、約五十リットル。〔孟子、公孫丑下〕

【万丈】バンジョウ　非常に長い。また、非常に高い、または深いこと。「黄塵万丈」

【万乗(乘)】バンジョウ　①一万の兵車。一乗には、士三人、歩卒七十二人がつく。②兵車一万を出すことのできる広さの土地。天子の領地、また、諸侯の大国をいう。転じて、天子、または大国の諸侯をいう。〔孟子、梁恵王上〕

【万乗(乘)△之君】バンジョウのきみ　兵車一万を出す国の君。昔は大国の諸侯、後には天子をいう。〔孟子、公孫丑上〕

【万△仞・万尋】バンジン・マンジン　非常に高い、または深いこと。仞・尋は、周の八尺、または七尺。

【万世】バンセイ　よろずよ。万代。万葉。永久。「万世不朽」

【万世一系】バンセイイッケイ　国天子の血統が永遠に続いて、天子の位にあること。皇室についていう。

【万世不易】バンセイフエキ　永遠にかわらないこと。万代不易。

【万全】バンゼン　万に一つも失策がない。少しの手おちもない。

【万△朶】バンダ　多くの枝。朶は、枝。「万朶の桜」

【万態】バンタイ　さまざまの状態。万状。「千状万態」

【万代】バンダイ・マンダイ　よろずよ。永久。永遠。「万代不易」

【万端】バンタン　①何もかも。すべて。万事。「準備万端整う」②種々さまざま。③いろいろな方法。あらゆる手段。

【万重】バンチョウ　①非常に多い。いっぱいになる。〔唐、張籍、秋思詩〕→家書③。②いくえにもかさなる。千重。〔唐、李白、早発二白帝城一詩〕両岸猿声啼不レ住、軽舟已過万重山〈両岸でないているさるの声がなきやまないうちに、船足の速い小舟はいくえにも重なった山々の間を通り過ぎてしまった〉

【万人敵】バンニンのテキ　①一人で万人の相手となる。②兵法をいう。項羽が、「剣は一人の敵、学ぶにたらず、万人の敵を学ばん」と言って兵法を学んだ『史記』項羽本紀の故事による。〔宋、曾鞏、虞美人草詩〕英雄本学万人敵、何用屑屑悲二紅粧一。〈英雄たる彼は本来万人を相手とする兵法を学んだのであるから、化粧した女性のことなどどうしてくよくよ悲しむ必要があろうか〉

【万年】バンネン・マンネン　①一万年。非常に長い年月。万歳。②「万年の後」は、人の死後をいう。

【万能】バンノウ　①どんなことでもできる。②すべてに効能がある。③国マンノウ　農具の一種。まぐわ。

【万般】バンパン　いろいろな事。種々な方面。百般。

【万万】バンバン・マンマン　①万の万倍。一億。非常に多い数。②はるかにまさる。③とても。決して。まさか。万一。

【万舞】バンブ　①舞の総名。②舞の名。干舞。左に朱干（朱ぬりのたて）を取り、右に玉戚（玉で飾ったおの）を持って舞う武の舞をいう。

【万福】バンプク・マンプク　①多くのさいわい。多福。多幸。②祝賀のことば。特に婦人が用いた。

【万物】バンブツ　＝万象。万有。

【万物△之逆旅】バンブツのゲキリョ　万物の旅館。天地をいう。万物は天地の間に生滅してやむときがないのでいう。逆旅は、はたごや。〔唐、李白、春夜宴二桃李園一序〕夫天地者万物之逆旅〈それテンチはバンブツのゲキリョにして〉、光陰者百代之過客〈コウインはヒャクダイのカカクなり〉

【万物△之霊(靈)】バンブツのレイ　万物のうちで最もすぐれたもの。人をいう。〔書経、泰誓上〕

【万方】バンポウ　①多くの国々。四方の国々。②万民。庶民。③種々の道。種々の方面。また、いろいろな方法。

【万邦】バンポウ　多くの国々。あらゆる国。〔書経、尭典〕

【万有】バンユウ　宇宙間に存在するあらゆるもの。万物。

【万葉】バンヨウ・マンヨウ　①よろずよ。万世。永久。葉は、世の意。②多くの木の葉。

【万雷】バンライ　多くのかみなり。とどろきひびく大きな音のたとえ。「万雷の拍手」

【万△籟】バンライ　万物の（風で起こる）ひびき。すべての物音。

【万落】バンラク　多くの村々。〔唐、杜甫、兵車行〕→千村万落（一六三ページ）。

【万里】バンリ　一万里。転じて、はるかに遠い所。見渡す限り遠く続いている所。〔唐、李白、送二友人一詩〕⇩孤蓬（三九三ページ）。

【万里橋】バンリキョウ　橋の名。四川省成都市の南、錦江に架かる。三国時代、蜀の諸葛孔明が呉に使いする費禕を送別した時、費が「万里之行、始二於此橋一」と述べたことに基づく。また、唐の杜甫の草堂がこの橋の西にあり、名妓薛濤が橋側に住んだので名高い。

【万里侯】バンリコウ　都を遠く離れた土地で、てがらを立て、そこに封ぜられた大名。

【万里長城】バンリのチョウジョウ　北方の異民族の侵入を防ぐために、中国の北辺に築いた城壁。戦国時代に築かれたものを、秦の始皇帝が天下を統一した後、修築したといわれる。河北省の山海関から甘粛省臨洮県に至る。現在のものは、明代に築かれたもの。

〔万里長城図（明代）〕

〔万里長城〕

【万緑△叢中紅一点(點)】バンリョクソウチュウコウイッテン　多くの緑の葉の中に、ただ一つの赤い花がある。転じて、多くの平凡な物の中に一つのすぐれたものがあるたとえ。また、多くの男性の中に、ただひとりの女性がまじっているたとえ。宋の王安石の詩句といわれるが、確かでない。紅一点。

(3)2
【与】

11　常　ヨ　あたえる

4531
4D3F

⒀臼6
[與]
12

人許　一ヨ 語 yǔ　二ヨ 魚 yú　三ヨ 御 yù

7148
6750

筆順　一 ち 与

字義　一❶くみ。なかま。「与党」❷くみする。㋐なかま・味方になる。㋑助ける。加勢する。㋒ゆるす。認める。賛成する。❸ともに。一緒に。〔史記、項羽本紀〕豎子不レ足二与謀一（ジュシともにはかるにたらず）。❹あたえる。ほどこす。「給与」❺ために（為）。…にかわって。❻やわらぐ。❼助字。と。より。⇩助字解説

二助字。か。や。かな。⇩助字解説

三あずかる。関係する。「関与」

助字解説

①と。㋐並列。……と。類及。〔論語、里仁〕富与レ貴、是人之所レ欲也〈富と貴い身分とは、どんな人で

も望むものである〉①従属。……と。〔宋、蘇軾、前赤壁賦〕蘇子与レ客泛レ舟、遊ニ於赤壁之下一。〈蘇子は客といっしょに舟に乗って、赤壁山のふもとで遊んだ〉
②より。比較・選択。……とくらべて。〔論語、八佾〕礼与ニ其奢一也寧倹。〈礼は分を越えてはでにするよりは、どちらかといえば控え目につづまやかにする方がよい〉
③か。や。疑問・反語。……か。どうして……であろうか。類歟。〔論語、学而〕孝弟也者、其為レ仁之本与。〈孝悌こそが、仁を行う根本であろうか〉
④か。かな。詠嘆。……であることよ。〔中庸〕舜其大孝也与。〈舜はまことに大孝な人であることよ〉

名乗 あと・のぶ・ひとし・よし　難読 与牛富・与名・与修・与謝

解字 金文　篆文

形声。金文は、牙＋口＋舁音。牙は、かみ合う歯の意味。音符の舁は持ちあげる手と、ひきあげる手の象形。手や口うらを合わせて仲間となり、互いに助け合う意味から、くみする・あたえるの意味を表す。篆文は、与＋舁音となるが、与は、牙の変形。常用漢字では、この与の変形である与を用いる。借りて、助字にも用いる。

▼干与・関与・給与・寄与・恵与・参与・賜与・賞与・贈与・貸与・天与・付与・賦与

【与国(國)】ヨコク なかまの国。同盟国。〔孟子、告子下〕
【与奪】ヨダツ あたえることと取りあげること。「生殺与奪の権」
【与知】ヨチ 関知する。
【与党(黨)】ヨトウ 国①自分のくみする仲間。党与。②政府に味方する政党。↔野党。
【与聞】ヨブン 関係する。参与する。〔左伝、隠公十一〕
【易レ与】くみしやすし 相手にしやすい。あつかいやすい。
【不レ与】あずからず ①仲間にならない。手を出さない。②関係しない。関係がない。

(4)3 **【丐】** 13 △ カイ 泰 gài　4802 5022

字義 匃(700)の俗字。❶こう(乞)。請い求める。ねがう。❷あたえる。❸こじき。物もらい。
参考 〔丏〕(おおう・ふさぐ)は別字。
解字 匃(700)の俗字。→一兲ペー。
【丐戸】カイコ こじき。もと江蘇・浙江地方の未開民族の一種をいう。
【丐子】カイシ こじき。乞食。丐児。丐者。
【丐児(兒)】カイジ ＝丐子。→前項。
【丐取】カイシュ ねだりとる。くれとねだってもらい取る。
【丐命】カイメイ 助命を求める。命を助けてくれとたのむ。

(4)3 **【丑】** 14 囚 チュウ(チウ) 有 chǒu　1715 312F

筆順

字義 ❶うし。十二支の第二位。㋐方位では北北東。㋑月では十二月。丑の月。㋒時刻では午前二時。また、午前一時から三時の間。丑の刻。㋓動物では牛に当てる。❷はじめ。❸中国劇の道化役者。

名乗 うし・ひろ

解字 甲骨文　金文　篆文

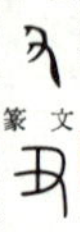

象形。手指に堅く力を入れてひねる形にかたどる。借りて、十二支の第二位に用いる。丑を音符に含む形声文字に、杻・狃・紐・鈕などがあり、これらの漢字は、「ひねる」の意味を共有している。

【丑△寅】うしとら 国方角の名。東と北の間。俗にいう鬼門。易の卦で艮に当たる。
【丑三】うしみつ 国時刻の名。丑の刻を四分した第三の刻。午前二時半前後という。夜半・深更の意に用いる。丑満は、あて字。

(4)3 **【不】** 15 教4 フ・ブ　4152 4954

一フツ 物 bù
二フ 有尤 fǒu
三フ 虞 fū, pī
慣フ・ブ

筆順

字義 一❶助字。ず。⇩助字解説 ❷しからず。しからずんば。そうでない(と)。「不者」⇩助字解説 ❸しかせず。そうしない。
二助字。いなや。⇩助字解説
三❶はなぶさ。花の子房。❷おおきい。

助字解説
①ず。否定。……しない。類弗。〔晋、陶潜、雑詩〕歳月不レ待レ人。〈歳月は人を待ってはくれない〉
②いなや。疑問。……かどうか。〔史記、張儀伝〕視ニ吾舌一、尚在不。〈わたしの舌を見ろ、まだあるか、どうか〉

難読 不意・不見転・不束・不知・不知火・不知哉川・不知山・不貞寝・不倒翁・不入山・不入斗・不味・不来見浜・不老松

解字 甲骨文　篆文

象形。花のめしべの子房の形にかたどり、はなぶさの意味を表す。借りて、否定詞に用いる。

【不意】フイ 思いがけない。だしぬけ。いきなり。
【不一】フイツ ①ふぞろい。一様でない。②＝不乙。→次項。
【不乙】フイツ 手紙の末にそえる語。昔、読書の際、読みかけてやめる所に、筆で「乙」としるしたことから、十分に意をつくしていないという意。不一。不具。
【不壊(壞)】フエ 仏やぶれない。こわれない。堅固なこと。
【不易】フエキ ①かわらない。また、かえない。↔流行。②㋐やさしくない。㋑やすらかでない。不安。多難。
【不穏(穩)】フオン おだやかでない。
【不穏(穩)当(當)】フオントウ 穏当でない。おだやかでない。また、道理にかなわない。
【不可】フカ ①よくない。②㋐……してはいけない。㋑……することができない。「不レ可ニ思議一」③よいと考えない(言わない)。④承知しない。⑤国成績評価で、最下級のこと。
【不可解】フカカイ 理解できない。わけがわからない。
【不可欠(缺)】フカケツ 欠くことができない。なくてはならない。
【不可抗力】フカコウリョク 天災など、人力ではどうにもならない大きな力。
【不可思議】フカシギ ①仏思いはかることができない。②転じて、あやしいこと。
【不可避】フカヒ さくべからず。避けることができない。
【不可分】フカブン 分かつべからず。分けることができない。
【不快】フカイ ①こころよくない。不愉快。②病気。
【不覚(覺)】フカク ①さとらない。②目がさめない。「前後不覚」③仏心中にひそんでいるまよい。④国㋐油断して失敗すること。㋑卑怯なこと。㋒思慮の浅いこと。
【不刊△之書】フカンのショ 長く世に伝わって滅びない書物。
【不軌】フキ ①国の法を守らないこと。反逆をはかる。軌は、法の意。「不軌の徒」②人の守るべき道に従わない。
【不帰(歸)】フキ 帰らない。転じて、死ぬこと。
【不帰(歸)客】フキのキャク 帰らぬ旅に出た人。死出の旅路にのぼった人。
【不起】フキ たちあがらない。死ぬこと。
【不△亀(龜)手△之薬(藥)】フキシュのくすり・フキンシュのくすり 手のひび・あかぎれを防ぐくすり。〔荘子、逍遥遊〕
【不器】フキ・きならず ①成徳の士は、一事にすぐれているばかりでなく、どんな事の役にも立つことをいう。器は、一つの用にのみ適するうつわ。〔論語、為政〕君子不レ器。②国ブキ ＝不器量の①。無器。→次項。
【不器量】ブキリョウ 国①才知・才能のないこと。不器。②顔だ

ちのみにくいこと。

【不△諱】フキ・いまず ①君主や父の名をいみさけないこと。②いみはばからない。直言していさめること。③死をいう。

【不△羈】フキ ①つながれない。束縛されない。押さえつけられない。②才能・学識がすぐれていて、普通で律せられないこと。非凡。「不羈の才」

【不義】フギ ①人の道にはずれていること。②国道ならぬ男女の関係。姦通カンツウ。密通。

【不義△而富且貴、△於レ我如二浮雲一】フギにしてとみかつたっときは、われにおいてフウンのごとし 不義を行って、その結果富貴な生活をするのは、自分にとっては、あの空に浮かんでいるはかない雲のようなもので、自分にとって何の関係もない。〔論語、述而〕

【不義理】フギリ 国①義理をかくこと。②借金を返さないこと。

【不吉】フキツ めでたくない。えんぎが悪い。また、その兆のあること。【不祥。

【不朽】フキュウ 永久にくちない。長く伝わる。

【不朽△之盛事】フキュウのセイジ 後世に伝わるりっぱなこと。文章をいう。〔文選、魏、文帝、典論論文〕文章経国之大業、不朽之盛事ブンショウはケイコクのタイギョウにして、フキュウのセイジなり

【不窮】フキュウ きわまらない。つきはてることがない。

【不共】フキョウ ①つつしまない。つつしみがない。共は恭に同じ。②仏フグウ 共通でない。独自の。

【不況】フキョウ 景気がよくない。不景気。↔好況。

【不恭】フキョウ つつしみがない。不共。不敬。

【不興】フキョウ 国①機嫌がわるい。②勘当。③興のさめること。座がしらける。

【不行状(狀)】フギョウジョウ ＝不行跡。↓次項。

【不行跡】フギョウセキ 品行がよくないこと。

【不具】フグ ①そなわらない。不備。②身体に障害のある(人)。③手紙の終わりに書く語。十分に意をつくさない意。

【不△倶△戴天】フグタイテン 倶ともには天を戴いただかず。「不倶戴天の仇あだ」は、父の仇かたきをいう。父の仇は同じ天下には生かしておかず、必ず討つという意。『礼記』曲礼上編に、「父之讎弗二与共戴一レ天ちちのあだは、ともにはテンをいただかず」とあるのに基づく。

【不虞】フグ ①はかられない。思いがけない。意外。②思いがけないわざわい。

【不遇・不偶】フグウ 時にあわない。世にいれられない。転じて、不運。

【不屈】フクツ ①志などをまげない・変えない。屈服しない。くじけない。「不撓不屈フトウフクツ」②尽きない。

【不経(經)】フケイ ①常道にそむく。正道に反する。経は、常道。②道理に合わない。でたらめ。〔史記、孟軻伝〕

【不敬】フケイ ①つつしまない。礼をかくこと。②国皇室や社寺の尊厳をそこなうこと。

【不△稽】フケイ 考えられないの意で、根拠のないこと。無稽。

【不言】フゲン ものをいわない。無言。

【不言△之花】フゲンのはな ものいわぬ花。ももやすももの花などをいう。〔史記、李広伝〕

【不言△之教】フゲンのおし(を)しえ(へ) 老荘思想などで、ことばを用いず、自然に人を教えさとすことをいう。〔老子、二〕

【不言実(實)行】フゲンジッコウ あれこれと口に出して言わず、黙って実行すること。

【不△辜】フコ 罪のないこと。また、その人。無辜ムコ。

【不孝】フコウ ①親に対して、子としての道をつくさない。②子が親の喪に服している時の自称。③国フ・キョウ ㋐＝①。㋑不孝者として勘当すること。

【不幸】フコウ ①ふしあわせ。不運。〔論語、雍也〕②死ぬこと。

【不合理】フゴウリ 道理に合わない。矛盾している。

【不穀】フコク 王侯コウオウの謙称。穀は、善の意。自己を謙遜ケンソンして不善という意。

【不才】フサイ ①才能がないこと。また、その人。②自己の謙称。

【不細工】ブザイク・ブサイク 国①細工がへたなこと。②容姿のみにくいこと。

【不材】フザイ ①役に立たない材木。〔荘子、山木〕此木以二不材一、得レ終二其天年一このきはフザイをもって、そのテンネンをお(を)う(ふ)るをえたり。②才能がない。また、その人。

【不作】フサク ①作らない。耕作しない。②国凶作。

【不参(參)】フサン 国行かない。出席しない。

【不死△之薬(藥)】フシのくすり ①飲めば永久に死なないという仙薬。〔韓非子、説林上〕②仏雪山の上にあるという香草。これを見た人は無量の寿をえるという。

【不死身】フジみ 国①踏んでも、けっても弱らないという強いからだ。②いくど困難にあってもくじけない人。

【不始末】フシマツ 国①しまつの悪いこと。やりっぱなし。②行いの悪いこと。ふしだら。

【不思議】フシギ ＝不可思議。

【不歯(齒)】フシ 人と同列にならばない。同じ仲間にならない。人をいやしんで避ける場合と、人を尊んでへりくだる場合とがある。歯は、ならぶ意。

【不二】フジ ①ふたつとない。無双。②二つにしない。二様にしない。③国富士山をいう。④仏フニ 本体と現象とが異なったものでないこと。

【不次】フジ 順序によらない。「不次の抜擢バッテキ」

【不時】フジ・ときならず ①その時でない。その時節のものではない。②思いがけない時。臨時。③なんどきにでも。時々。

【不△悉】フシツ 手紙の末に書くことば。十分に意をつくさない意。不尽。

【不日】フジツ・ひならず ①幾日もたたない。また、そのうちに。②期間の長いこと。日をもって数えきれない意。③くもって太陽が見えない。④事件のあった日を書かない。

【不実(實)】フジツ ①誠実でない。まことがない。②みのらない。

【不者】しからずんば もしそうでなければ。「不レ然」と同じ。

【不惜身命】フシャクシンミョウ 仏自分の身命をおしまず、仏道につくす。〔法華経、譬喩品〕

【不首尾】フシュビ 国①結果が悪い。②評判が悪い。

【不周】フシュウ ①人と公平に親しまない。党派を作る。②西北の風をいう。

【不祝儀】ブシュウギ 国めでたくないこと。特に葬式をいう。

【不淑】フシュク よくない。淑は、善の意。①善徳がない。②不幸をいう。死や凶作など。③国が滅びること。④おろかなこと。

【不熟】フジュク ①くだものなどが熟さないこと。②なまにえ。③物事になれない。未熟。④仲が悪い。「一家不熟」

【不△恤△緯】フジュツイ・イをうれえ(へ)ず 夫に先立たれた機織りの女が、緯よこいとの少ないのをうれえないで、祖国の滅びるのをうれえた故事。転じて、自分の職業を捨て置いて国事をうれえるたとえ。〔左伝、昭公二十四〕

【不純】フジュン 純粋でないこと。まじりけのあること。

【不順】フジュン ①道理に従わない。また、一定の順序によらないこと。〔詩経、桑柔〕②順調でない。③すなおでない。

【不如】フジョ・しかず 及ばない。……に越したことはない。

【不如意】フニョイ・イのごとくならず ①思うようにならない。〔魏志、曹爽伝〕②国生計が苦しい。貧しい。

【不如帰(歸)】ほととぎす・フジョキ 鳥の名。その鳴き声が不如帰去フジョキキョと聞こえるからという。

【不肖】フショウ おろかなもの。親に似ない者という意。また、自己の謙称。肖は、似る。〔孟子、万章上〕

【不祥】フショウ ①よくない。めでたくない。縁起が悪い。不吉。「不祥事」〔老子、三十一〕兵者不祥之器へいはフショウのキにして、非二君子之器一クンシのキにあらず。②不運。

【不詳】フショウ ①つまびらかでない。また、明らかにしない。不審。②よくない。不祥。

【不浄(淨)】フジョウ ①けがれ。また、けがれたもの。②国大小便。また、便所。

【不浄(淨)門】フジョウモン 国①大小便をかついで出入りする門。

②死者を送り出す門。
【不臣】フシン ①臣としての道をつくさない。②臣としない。臣下の礼をもって扱わない。尊敬して特別待遇をすること。
【不信】フシン ①まことがない。信義を守らないこと。うそ偽りのあること。②信用しない。「不信の念」
【不審】フシン ①つまびらかでない。確かには分からない。②不安に思う。③国疑わしい。いぶかしい。また、そのこと。
【不仁】フジン ①仁徳のないこと。②手足のしびれること。
【不尽(盡)】フジン ①つきない。また、つくさない。〔唐、杜甫、登高詩〕不尽長江滾滾来（フジンのチョウコウはコンコンとしてきたる）。訳文⇩蕭蕭（九四八ページ）。②手紙の末に書く語。十分に意をつくさない意。③国(ジフ)富士山をいう。
【不粋(粹)】ブスイ 国①いきでない。②人情に通じない。
【不随(隨)】フズイ ①したがわない。②手足がしびれて自由にならない。「半身不随」
【不世】フセイ 世にめったにない。まれなこと。「不世の材」
【不世出】フセイシュツ 世にめったに出ない。世にまれな。すぐれた。〔史記、淮陰侯伝〕
【不精】フセイ ①くわしくない。綿密でない。②国(ブショウ) ㋐精を出さない。なまけ。㋑手まめでない。無精(ブショウ)。
【不△屑△之教△誨】フセツのキョウカイ 人を導くためにわざと教えず、かえってその人をはげましてさとらせること。〔孟子、告子下〕
【不宣】フセン 友人間の手紙の末尾に記す語。十分に意をのべつくさない意。不宣備。不備。不尽。
【与(與)二不善人一居如レ入二鮑魚△之△肆一】フゼンニンとおるはホウギョのシにいるがごとし 悪人と一緒にいると、塩漬けの魚を売る店にはいるとそのにおいが身にしみつくように、自然と自分も悪に染まること。朱に交われば赤くなる。〔孔子家語、六本〕
【不相応(應)】フソウオウ 国ふさわしくない。分をこえること。「身分不相応」
【不即(卽)不離】フソクフリ つかずはなれずの関係を保つこと。不離不即。
【不足】フソク ①たらない。不十分。②国満足しない。不満足。
【不測】フソク はかりがたい。①計測し得ない（ほど深い・大きい・多い）。「不測之淵」②予測し得ない。思いがけない。また、そのこと。
【不孫・不△遜】フソン ①思いあがってへりくだらないこと。②従わない。不順。
【不退転(轉)】フタイテン 仏修行が退転しないこと。一心不乱に仏道を修行すること。一歩もしりぞかない。↕退転。
【不断(斷)】フダン ①たえず。断絶しない。②思いきりがわるい。ぐずぐず。③国つねづね。日常。
【不知】フチ ①しらない。②値打ちを認めてくれない。③知恵がない。賢くない。不智(フチ)。
【不治】フチ ①おさまらない。また、おさめない。②病気がなおらない。
【不中】フチュウ ①あたらない。②中正を得ない。中庸の徳がない。また、その者。〔孟子、離婁下〕③落第する。
【不忠】フチュウ ①人のために真心をつくさない。〔論語、学而〕②臣としての道をつくさない。
【不衷】フチュウ ①真心がない。心がただしくない。②あたらない。③中庸を得ないこと。
【不弔】フチョウ ①とむらわない。②天によしと認めてあわれまれない。天恵のないこと。不幸。弔は、善の意。
【不調】フチョウ ①ととのわない。調和しない。②調子が悪い。③正常でない。欠点がある。
【不調法】ブチョウホウ 国①行きとどかない。気がつかない。②そそう。過ち。③趣味のないこと。特に芸事の心得がないことや酒の飲めないことをいう。
【不通】フツウ ①とおらない。交通がとだえる。また、とおさない。②通達しない。理解しない。③国縁を切る。交際しない。手紙をかわさない。
【不弟・不△悌】フテイ 兄や年上の者に従順でないこと。
【不定】フテイ ①一定しない。定まっていない。②仏(フジョウ) 定めがない。あてにならない。「老少不定」
【不貞】フテイ ①節操がない。②妻としての道を守らない。貞操を守らない。
【不庭】フテイ 王室に来朝しない。また、王命に従わないものをいう。昔、下のものが上に仕えるに、庭中にはべっていたことから、王命に従わないものを不庭という。
【不△逞】フテイ ①わがままにふるまう。また、その人。転じて、よくない。「不逞の輩(やから)」②満足しない。逞は、快い意。
【不敵】フテキ ①敵対できない。かなわない。②国敵を敵とも思わない。大胆なこと。「大胆不敵」
【不△腆】フテン 粗末なこと。厚くないこと。また、その品物。自分の贈り物の謙称。腆は、厚い・善いの意。
【不図(圖)】フト 思いがけない。意外にも。
【不当(當)】フトウ 道理にあわない。当を得ない。不法。
【不倒翁】フトウオウ おきあがりこぼし。おもちゃの一種。
【不△撓】フトウ たゆまない、くじけない。「不撓不屈」
【不動】フドウ ①動かない。また、動かさない。②仏不動明王の略。
【不動産】フドウサン 他に移動させることのできない財産。土地や建物などをいう。↕動産。
【不動尊】フドウソン ①銭をいう。②仏＝不動明王。↓次項。
【不動明王】フドウミョウオウ 仏大日如来が一切の悪魔・煩悩(ボンノウ)を降伏(ゴウフク)するために変化して怒りの相を表したもの。色が黒く目を怒らし、右手に降魔(ゴウマ)の剣を持ち、左手に縛り縄を握り、背に火焔(カエン)を負っている。
【不得要領】フトクヨウリョウ 要領を得ない。わけが分からない。
【不徳】フトク ①徳が身についていない。徳のたりないこと。「不徳漢」②徳としない。恩にきせない。
【不発(發)】フハツ ①（矢などを）放たない。②出発しない。③門などを開かない。④啓発してやらない。⑤国銃弾などが故障のため発火しないこと。転じて、計画したことがだめになること。
【不抜】フバツ ぬきとられない。かたくて動かない。おちいらない。意志や城などの堅固なことにいう。「堅忍不抜」
【不備】フビ ①そなわらない。完備しない。不十分。②手紙の末尾に書く語。不具。不宜。
【不敏】フビン ①さとくない。不才。〔論語、顔淵〕②転じて、自己の謙称。
【不△憫・不△愍】フビン 国①あわれ。かわいそうなこと。不便(フビン)。②都合が悪い。「不便」のあて字。
【不文】フブン ①かざりがない。②文章がまずい。③学問がない。無学。④文字に書き表していない。
【不文律】フブンリツ 法律の文面に載っていなくても、古来の習慣などで法律上の効力を生じるもの。文字に書き表さない法律の意。不文法。
【不平】フヘイ ①たいらでない。②心に不満をもち、おだやかでない。③公平でない。不公平。
【不変(變)】フヘン かわらない。不易。↕可変。
【不偏】フヘン かたよらない。「不偏不党（どちらにもかたよらず、味方をしないこと。中立）」。
【不便】フベン ①便利でない。不都合。②国(フビン) ㋐あわれ。かわいそうなこと。不憫(フビン)。㋑＝①。
【不本意】フホンイ 心に望んでいないこと。心にそわないこと。
【不犯】フボン 仏僧が邪淫戒(ジャインカイ)をおかさないこと。色欲をたつこと。
【不磨大典】フマのタイテン 不朽の大法。永久に滅びることのないりっぱな法典。不磨は、不滅。
【不△昧】フマイ くらくない。物欲におおわれないこと。
【不眠不休】フミンフキュウ 眠らず休まずに、精いっぱい努力すること。
【不滅】フメツ ①ほろびない。不朽。②火が消えない。

【不毛】土地に草木や穀物がはえない。また、その土地。転じて、成果の実らないこと。

【不問】とわない。とがめない。そのままにしておく。

【不夜城】①漢代、東萊郡不夜県（今の山東省栄成市の北）にあった城の名。夜に日が出て照らしたので名づけたという。②多くのともしびの明るく輝いているさまの形容。また、月の夜や雪の夜などの明るい景色にもいう。③行灯の別名。④国夜でも昼のように明るい歓楽街をいう。

【不友】兄弟の仲が悪い。友は、兄弟の道。

【不予（豫）】①よろこばない。たのしまない。予は、たのしむ意。〔孟子、梁恵王下〕②天子の病気。③思いがけない。予は、予期する意。

【不預】①あずからない。関係しない。②天子の病気をいう。不予。

【不埒】法に従わない。埒は、境界で、境界の外にふみ出すという意。不法。ふとどき。

【不利】①ためにならない。利益がない。②形勢などがよくない。③競争や戦争などに負ける。

【不律】①筆の別名。筆の音ヒツを示す反切が不律であることからいう。②法を守らない。また、その者。

【不立文字】仏禅宗で、仏道の真意は文字で伝えることはできず、心でさとるべきであるということ。

【不慮】①思いがけない。②思案しない。考えない。

【不良】①（品質・性行などが）よくない。また、その人。②唐代、人を尋問することをつかさどった役。

【不漁】国魚がとれない。しけ。狩猟には不猟と書く。

【不倫】①類を同じくしない。すじ道が立っていない。②人の道にはずれる。不道徳。

【不例】①ふだんとちがう。②貴人の病気。

【不老不死】いつまでも年もとらず死にもしないこと。〔列子、湯問〕

【不老門】①漢の洛陽の城門の一つ。②国大内裏の豊楽院の北面にあった門。

【不禄】禄を終えない意。①士の死をいう。②諸侯の死を他国に告げる時の謙称。

【不和】①むつまじくない。なかたがい。②顔色のやわらぎがないこと。

【不惑】①まどわない。②四十歳をいう。『論語』為政編に「四十而不レ惑」とあるのに基づく。

【五】→二部　四五ページ。　【市】→巾部　三四二ページ。

(5)4 【丘】16 常 キュウ おか　漢キュウ（キウ）・呉ク　尤 qiū　2154 3556

筆順 丿 𠂆 仁 斤 丘

【邱】標準 7825 6E39

字義 ❶おか。小高い山。❷はか。大きく土を盛った墓。大きな土饅頭。「丘墓」❸あと。昔あった物の跡。❹むなしい（空）。❺あつまる。❻むら（村）。四井を邑、四邑を丘といった。十六井（一井は九百畝）。❼孔子の名。

名乗 お・たか・たかし　難読 丘谷

参考 清代、孔子の名の丘を避け、丘の字の代わりに同字の邱を用いた。

解字 甲骨文　篆文　篆文（邱）

象形。甲骨文でわかるように、おかの象形でおかの意味を表す。陵よりも小さいおか。

▼古丘・故丘・首丘・比丘・陵丘

【丘塋】はか。墓所。丘墳。

【丘軻】孔子と孟子。丘は孔子の名。軻は孟子の名。

【丘壑】①おかとたに。②俗世間から離れ、自然にかこまれた土地。

【丘虚（虚）・丘墟】①荒れはてた遺跡。丘も虚も空しいの意。②おか。小山。虚は墟で、おか。

【丘山】①おかとやま。自然をいう。〔晋、陶潜、帰二園田居一詩〕②物の多くあるたとえ。④重大な事がらのたとえ。③静かにどっしりととどまっているさまのたとえ。

【丘首】首丘・首レ丘とも。①本を忘れないことのたとえ。狐は死ぬ時に、もと住んでいた丘の方に頭を向けて死ぬという言い伝えから出た語。〔礼記、檀弓上〕②故郷をしたうこと。

【丘塚・丘冢】土を饅頭形に築いた、大きな墓。小山のような冢の意。丘墓。

【丘垤】小さいおか。垤は、ありの作ったつか。

【丘墳】①おか。小山。②はか。丘墓。墳墓。

【丘民】いなかに住む身分の低い民衆。〔孟子、尽心下〕

【丘里之言】村里に伝わることば。俗世間でよく言われていることば。一説に、でたらめなこと。〔荘子、則陽〕

【丘陵】おか。小山。丘阜。

【丘壟・丘隴】①おか。小山。②つか。墓。

(5)4 【且】17 常 かつ　1978 336E

筆順 丨 冂 月 月 且

一シャ 馬 qiě　二ショ 魚 jū　慣ソ

字義 一❶助字。㋐まさに…す。㋑かつ。⇩助字解説 ❷かりそめ。かり。「苟且」❸しばらく。二❶つくえ（机）。まないた（俎）。祭りの時に供物を載せる台。❷多いさま。

†助字解説
①まさに…す。再読文字。今にも……しようとする。今にも……になりそうだ。類将。〔戦国策、斉〕引レ酒且レ飲レ之。〈酒をひきよせて飲もうとした〉
②かつ。㋐さらに。その上。〔文選、古詩十九首〕道路阻且長。〈道路はけわしい上にはるかに遠い〉㋑……しながら……する。〔唐、王維、辛夷塢詩〕紛紛開且落。〈花は盛んに咲いてはまた散っている〉㋒…でさえも。〔史記、項羽本紀〕臣死且不レ避、卮酒安足レ辞。〈わたしは死ぬことでさえも何とも思っていない、杯の酒などなんで辞退しようか〉

解字 甲骨文　金文　篆文
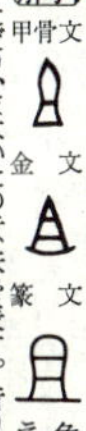
象形。台上に神へのいけにえを載せ積み重ねた形にかたどり、まないたの意味を表す。借りて、かつ・まさに…すなどの意味の助字に用いる。且を音符に含む形声文字に、俎・助・姐・徂・岨・殂・狙・疽・租・組・罝・詛・阻・齟などがあり、これらの漢字は、「積み重ねる」の意味を共有している。

【且字】かりの字。↔正字。周代の制度では、二十歳の時に某甫・某父（吉甫・尼父の類）と字をつけ、これを且字という。五十歳になって伯・仲などを上につけ、これを正字とする。〔仲尼の類〕
【且夫】前文に接続して次の文を勢いづけて起こすときに用いる語。

(5)4 【世】18 教3 セイ・セ よ　漢セイ 霽 shì　慣セ　3204 4024

筆順 一 十 廾 廿 世

【卋】古字　【丗】俗字 5034 5242

字義 ❶よ。㋐三十年間。㋑人の一生涯。また、父の後を

ついで家長となり、その地位を子に譲るまでの約三十年間をいう。㋒一王朝の続く間。㋓その時代。その時勢。㋔世の中。世間。また、世の中の人。㋕とし（年）。❷よよ。代々。❸よよにする（よよにす）。代々続く。❹仏過去・現在・未来をいう。

名乗 つぎ・つぐ・とき・とし　難読 世名城・世知原・世迷言・世附・世間部

解字 篆文  会意。もと、十を三つ合わせて、三十・三十年・ながい時間の流れの意味を示し、転じて、世の中の意味も表す。

▼永世・慨世・隔世・救世・挙世・近世・経世・警世・現世・後世・在世・時世・辞世・終世・宿世・出世・上世・処世・済世・聖世・絶世・先世・前世・創世・早世・俗世・濁世・治世・中世・当世・渡世・半世・万世・百世・浮世・末世・憂世・来世・乱世・歴世

【世運】セイウン・セウン 世の中のなりゆき。世のまわりあわせ。
【世栄（榮）】セイエイ 俗世間における栄え。富貴や官位などをいう。〔唐、韋応物、幽居詩〕誰謂薄世栄（たれかセイエイをかろんずといわ（は）ん）。
【世家】セイカ ①代々、君主から俸禄を与えられている家。②『史記』で、諸侯や王の事跡を述べた編をいう。
【世界】セカイ ①世の中。②宇宙。③地球上にあるすべての国。④ある特定の範囲の土地。地方。⑤同類のものの群れ。また、その社会。⑥仏世は、過去・現在・未来の三世。界は、東西南北上下。時間・空間のすべての範囲。
【世界観（觀）】セカイカン 宇宙・人生の本質・価値・目的についての考え方。
【世外】セガイ 俗世間のそと。うき世のわずらいの外。
【世官】セイカン 代々同じ官職をつぐこと。また、世襲の官職。
【世幹】セイカン 世務を処理する才能。世渡りの才能。
【世紀】セイキ ①時代。年代。②西暦で、百年を一期とした時代区分。
【世業】セイギョウ ①先祖代々受けついできた職業。②先祖からの遺産。③世の中の務め。世のためにつくすべき務め。
【世系】セイケイ 代々の血統。血筋。
【世卿】セイケイ 世襲の卿（家老）。また、その家がら。
【世間】セケン ①世の中。また、世の中の人々。②国㋐あたり。㋑くらし。身代。㋒外聞。交際の範囲。③仏有情（ウジョウ）のものが相集まって生活する所。この世。
【世故】セコ 世の中の事がら。世の俗事。世事。
【世才】セサイ ①社会の事がらに通じている才知。②世渡りの知恵。処世の才知。
【世子】セイシ 諸侯のあとつぎ。もと天子のよつぎの称。後世、天子に太子、諸侯に世子と区別して用いる。
【世次】セイジ ①年代の順序。②年代の先後。
【世事】セジ ①世間一般の事がら。俗事。②＝世辞。
【世辞（辭）】セジ 人の応対に愛想のよいこと。また、そのことば。
【世主】セイシュ 時の君主。その時代の君。〔韓非子、二柄〕
【世儒】セイジュ ①俗世間むきのくだらぬ学者。②世の学者。
【世襲】セシュウ・セイシュウ 親子代々地位・財産・職業・慣習などを受け継ぐこと。〔後漢書、質帝紀〕
【世上】セジョウ 世の中。世間。「世上の風波」
【世情】セジョウ・セイジョウ 世の中のありさま。世態人情。
【世職】セイショク 世襲の官職。世襲の職業。
【世臣】セイシン 代々仕えている家来。譜代の臣。
【世人】セジン 世の中の人。世間の人。〔唐、張謂、題長安主人壁詩〕世人結交須黄金（セジンまじわ（は）りをむすぶにオウゴンをもちう）。
【世塵】セジン 俗世間のけがれ。俗世間のわずらい。世の中のうるささやけがれを塵（ちり）にたとえて言った語。
【世説】セイセツ・セセツ ①世間のうわさ。②書名。『世説新語』の略。
【世説新語】セセツシンゴ 書名。三巻。南朝宋（ソウ）、劉義慶の著。後漢から東晋（トウシン）までの知識人の逸話を集めたもの。
【世相】セソウ 世の中のありさま。世情。世態。
【世俗】セゾク ①世の中。世間。②俗世間のならわし。世の風俗。③通俗のげびた風習。④世間の人。世の並の人。
【世尊】セソン 仏釈迦（シャカ）の尊称。
【世帯（帶）】セタイ・ショタイ 国＝所帯（ショタイ）。①身に帯びている物（財産）。②一家のくらし。生計。③住居・生計を共にしている家族・団体。◇「世帯」と「所帯」は近世ではほぼ同意に用いられ、混用されて「世帯」をショタイと読むようにもなった。現代では「所帯」が一般的であるが、③の意味の場合に限り公的には「世帯（セタイ）」を用いる。「世帯主（セタイぬし）・一世帯（イッセタイ）当たりの消費量」
【世態】セタイ・セイタイ →世相。
【世代】セダイ・セイダイ・セタイ ①時代。よ。だい。②ほぼ同じ年代に生まれた人々。ゼネレーション。
【世知・世智】セチ ①国世渡りのちえ。②仏俗世間的なちえ。俗世間の事に関するちえ。
【世冑】セイチュウ・セチュウ 家がらの良い家の子孫。
【世嫡】セイテキ・セイチャク 家をつぐべき男子。正妻の生んだ長男。
【世途・世塗】セイト 世路。①世に処する道。世渡りの道。人生行路。②世の中。
【世道】セドウ・セイドウ 世の中の道徳。「世道人心」
【世表】セイヒョウ・セヒョウ ①うき世の外。②各時代の出来事を記した表。③世の模範。
【世評】セヒョウ 世間の評判。世間の批判。
【世父】セイフ 伯父（おじ）。父の兄。嫡男（チャクナン）（長男）で世をつぐ意からいう。→字義の①㋑。〔爾雅、釈親〕
【世婦】セイフ 古代、宮中に仕える女官の一つ。嬪（ヒン）の下位。
【世譜】セイフ 代々の血筋を記した記録。系図。
【世紛】セイフン 世の中のもつれ。うき世のごたごた。
【世母】セイボ 伯父の妻。伯母（おば）。〔爾雅、釈親〕
【世務】セイム ①当世において社会・国家のためになすべき仕事。時務。②世間の俗事。
【世網】セモウ うき世のかかずらい。世間の俗事。
【世累】セイルイ 世の中のわずらい。世間の俗事。
【世禄】セイロク 代々引き続いて受ける禄。世襲の俸禄。
【世論】セイロン・セロン・よロン 世間一般の意見。
【蓋世】よをおお（ほ）う 世の中をおおってしまう。スケールの大きいさま。
【就世・即世】よにつく 世を終える。死ぬこと。
【与（與）世推移】よとおしうつる・よとスイイす 世俗に従って行動する。一般の風潮に逆らわないこと。推移は、また、偃仰（エンギョウ）・浮沈・俯仰（フギョウ）とも。〔楚辞、漁父〕

(5)4 【丗】19 △ 一セイ 二ソウ 5034 5242

一世（18）の俗字。→二六ページ。二卅（743）の俗字。→一六四ページ。

(5)4 【丕】20 △ ヒ 因 pi 4803 5023

字義 ❶おおきい（おほきい）。さかん。（天子のことに関する接頭語として用いる）「丕業」❷おおいに。「丕顕」❸うける。つつしんで受ける。奉ずる。❹はじめ。もと。❺おごそか。

解字 金文 篆文  形声。一＋不音。音符の不は、ふくらんだ子房の象形から、大きいの意味を表すが、不が否定詞に用いられるようになったので、一を加えてそれと区別した。大きいの意味を表す。

【丕休】ヒキュウ おおきなよろこび。
【丕業】ヒギョウ おおきな事業。りっぱな仕事。
【丕顕（顯）】ヒケン おおいに明らかである。〔書経、君牙〕
【丕子】ヒシ 天の元子（長男）の意で、天子をいう。また、天子の長男。皇太子。
【丕承】ヒショウ りっぱに受けつぐ。丕は、おおいにの意。
【丕祚】ヒソ 天子の位。宝祚。
【丕命】ヒメイ 天子の命令。君命。大命（タイメイ）。
【丕烈】ヒレツ おおきな功績。りっぱないさお。

(5)4
【丙】21　常 ヘイ
漢ヘイ・呉ヒョウ（ヒャウ）・便 bǐng　4226　4A3A

筆順　一 丅 冂 丙 丙

字義　❶ひのえ。十干の第三位。五行では火、方位では南、季節では夏に配する。転じて第三番目を表す。「甲乙丙丁」❷あきらか。名乗　あき・え

解字　甲骨文　金文　篆文

象形。脚の張り出た台の象形。借りて、十干の第三位に用いる。丙を音符に含む形声文字に、病（ヘイ）・怲（ヘイ）・炳（ヘイ）・柄（ヘイ）・昞（ヘイ）・病などがあり、これらの漢字は、「張り出し広がる」の意味を共有している。

【丙吉問二牛喘一】（ヘイキツうしのあえぐをとう（ふ））前漢の名相丙吉が、まだ暑くない春に牛があえいで歩いているのを見て、時気が調和を失っていることを知り、政治に特に注意を払った故事。〔漢書、丙吉伝〕

【丙午】（ヘイゴ・ひのえうま）国俗説で、この年に生まれた女は夫の命をちぢめるという。中国では、この年を丁未の年と共に厄年とし、災害が起こると考えられた。

【丙夜】（ヘイヤ）夜の十二時を中心とした前後約二時間をいう。一夜を甲乙丙丁戊（ボ）の五刻に分けた第三時。

［正］→止部　五九二ページ。　［平］→干部　三五〇ページ。

(6)5
【丞】22　人 漢ショウ 呉ジョウ 蒸 chéng　3071　3E67

筆順　一 了 丞 丞 丞

字義　❶たすける（たすく）。補佐する。また、たすけ。補佐役。❷うける（承）。国ジョウ。古代の官制で、八省の第三等官。輔（すけ）の下、録（さかん）の上。名乗　すけ・すすむ・たすく・つぐ

解字　甲骨文　篆文
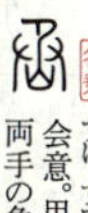
会意。甲骨文は、廾＋卩＋凵。廾は両手の象形。卩は、ひざまずく人の象形。凵は、落とし穴の象形。落とし穴に落ちた人を両手で助けあげるさまから、助けるの意味を表す。丞を音符に含む形声文字に、拯（ジョウ）・烝（ジョウ）・蒸などがあり、これらの漢字は、「くぼみから抜け、あがる」の意味を共有している。

【丞史】（ジョウシ）丞と史。ともに長官の下役。

【丞相】（ジョウショウ・ショウジョウ）天子を補佐して政治を行う最高の官吏。宰相。日本では、大臣の別名。〔唐、杜甫、蜀相詩〕

【丞丞】（ジョウジョウ）すすむさま。はかどるさま。烝烝（ジョウジョウ）。蒸蒸。

(6)5
【丟】23　△　漢チュウ（チウ）呉チュ　尤 diū

字義　❶なげうつ。投げ捨てる。❷なくす。失う。落とす。

解字　会意。一＋去。ひとたび手もとから離れる、さる、なげうつの意味を表す。

(6)5
【両】24　教3　リョウ　4630　4E3E

(8)入6
【兩】25　一リョウ（リャウ）養 liǎng　二リョウ（リャウ）漾 liàng　4932　5140

筆順　一 丅 冂 両 両

［兩］俗字　［㒳］俗字

字義　一❶ふたつ。また、ふたたび。❷つい（対）。たぐい。また、並ぶ・並べる。❸ふたつながら。ふたつとも。合わせて。❹まで単位の名。㋐重さの単位。二十四銖（シュ）。また、約三七・三グラム。テール。㋑隊伍（タイゴ）編制の単位。二十五人の一隊。㋒織物の長さの単位。二端の長さ。二❶車を数える語。＝輛（リョウ）。❷車五十台。国リョウ。貨幣の単位の名。㋐昔、金貨では四分（ブ）、銀貨では四匁（もんめ）三分。㋑明治以後しばらくは「円」と同意に用いた。難読　両月（わち）・両角（もろずみ）

参考　現代表記では〔輛〕（7669）の書きかえに用いる。「車輛→車両」

解字　金文　金文　篆文
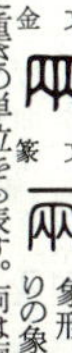
象形。はかりの二つのおもりの象形で、ふたつの意味を表す。また重さの単位をも表す。両は兩の俗字で、常用漢字はこれによる。兩を音符に含む形声文字に、倆（リョウ）・輛（リョウ）・裲（リョウ）・魎（リョウ）などがあり、これらの漢字は、「二つ」の意味を共有している。ただし、魎は、魍魎（モウリョウ）と熟して「かすんではっきりしない様」を表す擬態語。

▼車両

【両漢】（リョウカン）前漢（西漢）と後漢（東漢）。

【両儀】（リョウギ）①陰陽。②天地。「陰極。

【両極】（リョウキョク）①北極と南極。〔易経、繋辞伝上〕②陽極と

【両京】（リョウケイ）二つの都。①漢の東京（洛陽（ラクヨウ））と西京（長安）。両都。②唐の長安と洛陽。③宋（ソウ）の東京（開封府）と西京（河南府）。

【両△虎共闘（鬪）△其勢不△倶生一】（リョウコともにたたかわ（は）ばそのいきおい（ひ）ともにはいきず）二匹の虎がけんかすると、そのなりゆきとして、二匹とも無事であるというわけにゆかない（少なくともどちらか一方は傷つき倒れる）。虎は英雄・強国のたとえ。〔史記、廉頗・藺相如伝〕

【両三】（リョウサン）二つ三つ。「両三日」は二三日。「両三行」は二すじ三すじ・二三列。

【両周】（リョウシュウ）西周と東周。

【両心】（リョウシン）①ふたごころ。二心。②ふたりの心。〔唐、白居易、長恨歌〕詩中有レ誓両心知（シチュウちかい（ひ）ありリョウシンのみしる）。

【両税】（リョウゼイ）夏・秋の二期に分けて納める税法。

【両全】（リョウゼン）①両方とも完全である。②両方とも無事である。③両方を共に完全に果たす。

【両造】（リョウゾウ）①裁判の原告と被告。造は至、法廷に至る意。②原告・被告の訴訟事件の証拠。

【両端】（リョウタン）①二つのはし。二つの極端。②物事の本末。終始。首尾。

【△叩二両端一】（リョウタンをたたく）物事の本末終始をきわめつくすこと。一から十までを明らかにすること。〔論語、子罕〕

【持二両端一】（リョウタンをジす）どちらか一つを選ぶべきときに、両方に心が引かれていること。利益のある方に付こうと形勢をうかがい、どっち付かずの態度でいること。〔史記、信陵君伝〕

【両断（斷）】（リョウダン）二つにたち切る。「一刀両断」

【両頭蛇】（リョウトウダ）頭の二つあるへび。これに会うと死ぬという。楚（ソ）の孫叔敖（ソンシュクゴウ）が、幼時、これを見て、後の人のために殺して土に埋め、家に帰って心配そうにしていると、母に陰徳ある者には必ず陽報があるとなぐさめられ、はたして後に、楚の宰相になったという故事。〔新書、春秋〕

【両△鬢】（リョウビン）左右両方のびんの毛。〔晋、陶潜、責レ子詩〕白髪被二両鬢一（ハクハツリョウビンをおお（ほ）う（ふ））。

【両部】（リョウブ）①二つの部分。②音楽の立部と座部。転じて、多くのかえるの鳴き声。③仏金剛界と胎蔵界。④国両部神道の略。仏教と神道とを合一した神道。

【両△髦】（リョウボウ）二つに分けて両方にたれた子どもの髪。また、その子ども。

【両雄】（リョウユウ）二人の英雄。両虎（リョウコ）。〔史記、酈生伝〕両雄不二倶立一（リョウユウともにはたたず）。

【両両】（リョウリョウ）①二つずつ。②二つとも。二つながら。

［吏］→口部　一九一ページ。　［更］→日・曰部　四九六ページ。

(6)5
【乇】26　国字　△

(8)7
【並】27　教6　ヘイ　なみ・ならべる・ならぶ・ならびに　4234　4A42

字義　キ。喜（1012）の俗字。喜の草書体に基づく文字。七十七歳を喜寿というのは、この字が七十七に見えることによる。

⑽立5
【竝】28
㊀㊉ヘイ ㊇ビョウ(ビャウ) 迵 bìng
㊁㊉ホウ(ハウ) ㊇ボウ(バウ) 漾 bàng
6777
636D

筆順 ソ 丷 并 竝

【並】同字

字義 ㊀❶ならぶ。㋐たちならぶ。つらなる。㋑一緒になる。㋒等しい。匹敵する。❷ならべる。❸ならびに。ともに。みな。❹ならび。列。

㊁❶よる。そう。近づく。❷つらなる。たちならぶ。

国 なみ。㋐普通。中くらい。㋑接尾語。…ごと。めいめい。「軒並み」

名乗 み・みつ　難読 並河・並始

使いわけ およびならびに［及び・並びに］⇩及び(44)。

解字 甲骨文　金文　篆文　会意。立＋立。立は、たつ人の象形。ならび立つの意味を表す。常用漢字の並は、省略体による。

【並肩】ヘイケン かたをならべる。匹敵する。比肩。

【並行】ヘイコウ ①ならんでゆく。②ならび行われる。

【並称(稱)】ヘイショウ ①みながいう。みながほめる。②あわせとなえる。ならべ呼ぶ。

【並進】ヘイシン ①ならびすすむ。②一緒に進める。

【並置】ヘイチ 一緒に置く。合わせ置く。併置。

【並用】ヘイヨウ 一緒に用いる。合わせ用いる。併用。

【並列】ヘイレツ ならびつらなる。ならぶ。ならべる。

【歪】↓止部 五九五ページ。

【爾】↓爻部 六九九ページ。

1

丨部

〔部首解説〕 たてぼう。ぼう。文字としては、丨は、音コン。指事。縦の一線で、上下に通じるの意味を示すが、丨が独立した文字として用いられた例はない。この部首に属する「中」や「串」の縦線は、ものをつらぬく形を表している。

2 丫 二九　3 中 二九　丰 三〇　4 丱 三一　6 串 三一　7 丳 三一

个↓人部 五八ページ。　弗↓弓部 三七〇ページ。

---

(3)2
【丫】29 △ア 麻 yā

字義 ❶ふたまた。物の先が分かれて上に突き出たもの。草木の枝の類。❷あげまき。つのがみ。↓丫頭。

解字 象形。物の上がふたまたに分かれている形にかたどり、ふた また・あげまきの意味を表す。

〔丫頭①〕

【丫鬟】アカン ＝丫頭。

【丫頭】アトウ ①あげまき。つのがみ。少女の髪の結い方。②少女。幼女。③こしもと。小間使い。

【个】↓人部 五八ページ。

(4)3
【中】30 教1 チュウ なか
㊀チュウ(チウ) 東 zhōng
㊁チュウ(チウ) 送 zhòng
3570
4366

筆順 丨 ㄇ 口 中

字義 ㊀❶なか。㋐まんなか。中央。中心。㋑なかほど。なかごろ。なみ。平均のところ。「上中下」㋒なかば。中途。「中止」㋓あいだ。中間。❷うち。なか。㋐内側。内部。㋑時間・場所・同類の範囲内。「夜中」「懐中」❸ほどよい。かたよらない。「中正」「中庸」❹国名。「中国」の略。

㊁❶あたる。㋐的中する。命中する。「百発百中」㋑(毒などを)身に受ける。「中毒」㋒適合する。かなう。❷あてる。

名乗 かなめ・ただ・ただし・な・のり・よし　難読 中柤・中牛馬・中山香・中心・中大兄・中飯降・中比・中辺路・中務

解字 甲骨文　金文　篆文　指事。あるもの(口)を一線でつらぬいて、うちの意味を示す。甲骨文は、特に軍の中央に立てる旗のさまで、うちの意味を表す。中を音符に含む形声文字に、仲・忠・沖・衷などがあり、これらの漢字は、「なか」の意味を共有している。

▼意中・営中・懐中・渦中・火中・忌中・宮中・胸中・禁中・座中・侍中・社中・掌中・心中・卒中・帳中・的中・適中・途中・日中・府中・夢中・命中・郎中

【中尉】チュウイ 官名。①秦・漢代の官名。都の警備をつかさどり、秦代には諸侯をとりしまった。②国旧陸海軍の将校の階級の一つ。尉官(大・中・少)の第二位。

【中陰】チュウイン 仏①人の霊が、死後、あの世(冥土)へ行くまでの間、四十九日間さまよっている暗い世界。②人の死後四十九日間。

【中有】チュウウ 仏＝中陰。↓前項。

【中央】チュウオウ ①まんなか。②枢要な地位。中心的な位置。③首都。首府。

【中夏】チュウカ ①夏のなかごろ。②夏三か月のまんなかの月。陰暦五月。仲夏。③中国人が自国をほこってつけた名。中は世界の中央、夏は大の意。〔後漢、班固、東都賦〕

【中華】チュウカ 中国人が自国をほこってつけた名。中は世界の中央、華は文化・文明の意。

【中懐(懷)】チュウカイ 心の中。心中。中情。胸中の思い。

【中外】チュウガイ ①内と外。②ある集団の内と外。㋐国内と国外。世界中。㋑朝廷の内と外。国中。㋒家庭の内と外。

【中核】チュウカク 物事の中心。核は果実のたね。

【中浣・中澣】チュウカン 月の十一日から二十日まで。中旬。

【中間】チュウカン ①あいだ。②なかごろ。③国㋐チュウゲン どっちつかず。中途半端。㋑チュウゲン 昔、武家に召し使われる者で、侍と小者の中間にある者。仲間。

【中貴人】チュウキジン 宮中につかえる役人で君主の寵を得ているもの。後には主に、宦官に用いる。中貴。

【中宮】チュウキュウ ①皇后の宮殿。②国チュウグウ ㋐＝①。㋑皇后の別称。㋒皇后とほとんど同じ資格の后妃。

【中堅】チュウケン ①大将自身のひきいる軍隊。各隊の中央に位置し、精鋭な兵が集まっているからいう。中軍。②国団体などの中位にあって中心勢力となっている人々。

【中元】チュウゲン ①もと、道家の語。陰暦七月十五日。↕上元(正月十五日)・下元(十月十五日)。後、仏徒が盂蘭盆会を行う日とし亡霊を供養する。②国中元にする贈り物。

【中原】チュウゲン ①野原の中。②古代の中国の中央部。黄河中流から下流の地域。狭義には、今の河南省一帯の地。③天下や国の中央部。また、天下。↓次項。

【中原之鹿】チュウゲンのしか 中原は天下、鹿は帝位。合わせて、天子の位。秦が滅びた後、群雄が天下を争ったのを、猟師たちが一頭の鹿を競って追いかけるのにたとえていう。〔唐、魏徴、述懐詩〕中原還逐レ鹿(中原還た鹿を逐う)。

【中古】チュウコ ①なかむかし。殷と周の間のころ。周の文王のころ。②歴史上の時代区分の一つ。上古・近古の間。③国㋐チュウぶる(ある品物が)使われて少しふるくなること。また、その品。㋑チュウコ 文学史上の時代区分の一つ。上代・中世の間。おもに平安時代をいう。

【中江△藤樹】《なかえトウジュ》 国江戸初期の陽明学派の儒学者。近江《おうみ》(今の滋賀県)の人。名は原、字《あざな》は惟命《これなか》。学徳高く、近江聖人と呼ばれた。主な著書に『翁問答』『論語解』などがある。(一六〇八—一六四八)

【中興】《チュウコウ》 いったんおとろえた世・ものが、再び盛んになること。中間に興る(さかんになる)意。

【中国(國)】《チュウゴク》 ①国の中央。都の地方。〔詩経、民労〕②中国人が自国を呼んだ称。世界の中央の国の意。〔書経、梓材〕③国㋐日本人が自国を呼んだ称。〔日本書紀、雄略紀〕㋑山陰・山陽の二道をあわせていう。

【中佐】《チュウサ》 ①中等の補佐の臣。②国旧陸海軍の階級の一つ。佐官(大・中・少)の第二位。

【中座】《チュウザ》 国会合などの途中で座を退くこと。

【中山】《チュウザン》 ①春秋時代の鮮虞の国。また、戦国時代の国の名。今の河北省の一部。②元・明《ミン》のころ、中国で呼んだ沖縄(琉球《リュウキュウ》)の別称。③孫文の号。孫文が日本に亡命中に用いた偽名、中山樵《なかやまきこり》に基づいて、後につけたもの。

【中士】《チュウシ》 ①士の身分を上・中・下の三階級に分けた、中位の者。②中くらいの者。普通の人。

【中使】《チュウシ》 表向きでない天子の使者。内密の勅使。

【中軸】《チュウジク》 ①まんなかにある軸。②中心。物事の中心になる重要な部分。

【中寿(壽)】《チュウジュ》 八十歳。一説に、百歳。人の寿命を上・中・下の三段に分けていう。

【中秋】《チュウシュウ》 ①秋の中ごろ。②秋三か月のまんなかの月。陰暦八月。仲秋。②秋のまんなか。陰暦八月十五日。「中秋名月」〔唐、白居易、效㆓陶潜体㆒詩〕

【中州】《チュウシュウ》 ①中国人が自国をほこって呼んだ名。州は国の意。②中国の中央部、黄河流域の地方。中原。③国㋐大和《やまと》(今の奈良県)。㋑《なかす》川の中で、土砂のあらわれた所。中洲《なかす》。

【中春】《チュウシュン》 ①春の中ごろ。②春三か月のまん中の月。陰暦二月。仲春。③春のまんなか。陰暦二月十五日。

【中書】《チュウショ》 ①官名。漢代、宮中の文書・詔勅をつかさどる。②天子の所蔵している書籍。

【中書舎人】《チュウショシャジン》 官名。中書省に属し、詔勅の作成を担当した。

【中書省】《チュウショショウ》 唐・宋などで、機務・詔勅・民政をつかさどった中央官庁。「中書令」は、その長官。

【中傷】《チュウショウ》 でたらめな悪口を言い、人の名誉を傷つけること。

【中△殤】《チュウショウ》 わかじに。十二、三歳から十四、五歳で死ぬこと。↕長殤・下殤。

【中将(將)】《チュウジョウ》 国①昔、近衛府《コノエフ》の次官。②旧陸海軍の将校の階級の一つ。将官(大・中・少)の第二位。

【中情】《チュウジョウ》 ①心のなか。心の奥そこ。②まごころ。

【中心】《チュウシン》 ①心のうち。心のそこ。心中。②まごころ。まこと。③物のまんなか。中央。④かなめ。枢要の地位。

【中人】《チュウジン・チュウニン》 ①才能の中くらいの人。②宮中の奥むきに勤めている人。宦官《カンガン》・女官など。③中国人。↕西人。④仲介者。仲裁人。なこうど。⑤国《チュウニン》＝④。

【中枢(樞)】《チュウスウ》 中心となる最も大切な所。主要な部分。

【中井履軒】《なかい(ゐ)リケン》 国江戸後期の儒学者。大阪の人。名は積徳。字《あざな》は処叔。竹山の弟。朱子学を学び諸説を折衷して一家をなし、懐徳堂書院で子弟を教育した。(一七三二—一八一七)

【中世】《チュウセイ》 ①なかごろの世。中葉。②上代と近世の間。日本では、鎌倉・室町時代。中国では、唐の滅亡から明《ミン》の末まで。西洋では、ローマ帝国のおとろえ始めた五世紀から東ローマ帝国の滅んだ十五世紀の中ごろまで。

【中正】《チュウセイ》 かたよらず、正しい。〔書経、呂刑〕

【中説】《チュウセツ》 書名。十巻。隋の王通の著といわれる。一名、「文中子」。→文中子(四八〇ページ)。

【中断(斷)】《チュウダン》 中途で切れる。また、中途でたち切る。

【中朝】《チュウチョウ》 ①周代では治朝、漢代では内朝をいう。②中国。③中央政府。④朝廷の中。⑤中世の時代。⑥国日本の朝廷。

【中腸】《チュウチョウ》 はらわた。腹の中。心の底。腸中。

【中庭】《チュウテイ》 ①庭の中。〔孟子、離婁下〕②朝廷の庭。

【中天】《チュウテン》 なかぞら。①天のまんなか。②天。そら。

【中途】《チュウト》 ①道のなかば。途中。②事のなかば。中道。

【中土】《チュウド》 ①中国人が自国をほこって呼んだ名。中央の土地の意。②中国の中央部、黄河流域の地。中原。

【中冬】《チュウトウ》 ①冬の中ごろ。②冬三か月の真ん中の月。陰暦十一月。仲冬。

【中唐】《チュウトウ》 詩風による唐代の区分の一つ。初・盛・中・晩の四唐の第三期。代宗の太暦元年(七六六)から敬宗の宝暦二年(八二六)まで。韓愈《カンユ》・柳宗元・白居易などの時代。

【中堂】《チュウドウ》 ①堂の南北の中間にあたる所。②中央のご殿。③唐代、宰相が政治を行う所。転じて、宰相。④仏天台宗の寺の本堂。

【中道】《チュウドウ》 ①片寄らない中正の道。中庸の道。〔孟子、尽心下〕②中途。途中。〔論語、雍也〕中道而廃《チュウドウにしてハイす》。訳文⇩力不㆑足者中道而廃(一四七ページ)。③道路の中央。また、中央の道。

【中二千石】《チュウニセンセキ》 漢代の制度で諸官の階級を石で表す。最上の官は二千石。中二千石はそれに次ぐ。石は斛《こく》と同じで、漢代の一斛は約一九リットル。

【中日】《チュウニチ》 ①中国と日本。②春秋二期の彼岸各七日間のまんなかの日。春分の日。秋分の日。

【中年】《チュウネン》 ①平作の年。②一年おき。③青年と老年との中間の年ごろ。四十歳ごろ。

【中風】《チュウフウ・チュウブウ・チュウブ》 半身の不随、腕や足の一部の麻痺《マヒ》する病気。中気。卒中。

【中伏】《チュウフク》 真夏。盛夏。→三伏(一七ページ)。

【中峰・中△峯】《チュウホウ》 中央のみね。

【中務省】《なかつかさショウ》 国昔の八省の一つ。機務・詔勅・奏上文・国史などをつかさどる中央官庁。

【中門】《チュウモン》 ①宮城の中にある門。②国㋐寝殿造りで、表門と寝殿の間にある門。㋑寺院で、大門と本堂との間にある門。

【中夜】《チュウヤ》 よなか。夜半。

【中庸】《チュウヨウ》 ①中正で、行き過ぎや不足のないこと。中正の道。〔論語、雍也〕中庸之為㆑徳也《チュウヨウのトクたる》、其至矣乎《それいたれるかな》。〈中庸ということの道徳としての価値は最高のものであるなあ〉②書名。孔子の孫、子思の作と伝えられる。もと『礼記《ライキ》』の一編。中庸の徳を説く。四書の一つ。南宋の朱熹《シュキ》はこれに注釈を施して『中庸章句』を著した。

【中葉】《チュウヨウ》 なかごろの世。なかごろの時代。

【中立】《チュウリツ》 二者の間に立ってどちらにもかたよらないこと。

【中略】《チュウリャク》 中間の文句をはぶくこと。

【中流】《チュウリュウ》 ①川の中央。②国㋐川の上流と下流との間の部分。㋑中くらい。中等。「中流階級」

【中△霤】《チュウリュウ》 ①室の中央。②土地の神。土神。

【中老】《チュウロウ》 ①五、六十歳をいう。②国㋐江戸時代の武家の重職。家老の次。㋑武家の奥向きの女の職。老女の次。

【中和】《チュウワ・チュウカ》 ①行き過ぎも不足もなくて、ちょうどよいこと。かたよらないで正しいこと。〔中庸〕②《チュウワ》 異なる性質の物質がとけ合って、もとのそれぞれの特性を失うこと。

【執㆑中】《チュウをとる》 中正の道をしっかりと守る。〔論語、尭日〕

【就㆑中】《なかんずく(づく)》 (「なかにつく」の音便)その中で。中でも。

(4)3
【丰】31 △ 一ホウ 冬 fēng　二漢フウ・呉ブ 東　慣ボウ

字義 一二 ❶草のさかんに茂っているさま。「丰丰」❷みめよい。みめうるわしい。顔がふっくらとして美しい。❸すがた。かた

ち。ようす。風采。

解字 金文 篆文 象形。草木のよく茂ったさまにかたどり、豊かに茂るの意味を表す。丰を音符に含む形声文字に、封・邦・逢・蜂・蓬・縫・豊・捧・峰・奉などがあり、これらの漢字は、「寄せ集める・寄りあう」の意味を共有している。

【丰采】美しいすがた。また、すがた。風姿。風采。
【丰姿】美しいすがた。また、すがた。風姿。
【丰容】美しいかおかたち。

(5)4 【丱】32 △ 一漢カン（クヮン）・呉ケン 諫 guàn　二コウ（クヮウ）梗 kuàng　4805 5025
［卝］本字

字義 一あげまき。つのがみ。総角。こどもが頭髪を左右にたばね、頭の上に二つの角の形にたばねたもの。二あらがね。鉱石。磺の古字。

解字 文 篆 象形。昔の子どもの髪の形にかたどり、あげまきの意味を表す。

【丱角】あげまき。つのがみ。転じて、幼童。
【丱歯（齒）】髪をあげまきに結ぶ年ごろ。幼年をいう。歯は、年の意。
【丱女】髪をあげまきに結んだ少女。
【丱童】髪をあげまきに結んだこども。

［弗］→弓部 三七〇ページ。

(7)6 【串】33 標 一漢カン（クヮン）・呉ケン 諫 guàn　二セン 霰 chuàn　2290 367A

字義 一なれる（慣）。㋐ならう。㋑親しみなれる。「串狎」 二❶つらぬく（貫）。うがつ（穿）。❷てがた。領収書。「串子」 国くし。さしぐし。肉・魚などを刺し通すのに使う竹・鉄の棒。

難読 串海鼠・串良

参考 ⇩丳（次項）の 参考

解字 象形。二つの物を縦につらぬく形にかたどり、つらぬくの意味を表す。また、ある事がらをつらぬく、なれるの意味をも表す。

【串戯（戲）】①歌舞のたわむれ。おどけ。にわか。②俳優。役者。
【串殺】くしざしにしてころす。
【串子】①役所で発行する、金銭や穀物の領収書。②うでわ。
【串童】歌舞をする子ども役者。

(8)7 【丳】34 △ 漢サン 呉セン 潸 chǎn

字義 くし。さしぐし。肉・魚などを刺し通すのに使う竹・鉄の棒。

参考 ［串］(33)とは別字であるが、日本では誤って串を丳の意に用いる。

解字 象形。焼肉をさしたくしの象形で、さしぐしの意味を表す。

1 丶部 ［丶］ 4806 5026

〔部首解説〕 てん。ちょぼ。文字としては、丶は、音チュ。指事。文章の切れめにつける点をいう。文字の構成要素としては、小さなものなどを示す符号としても用いられる。

2 之 三　3 丹 三　主 三
丸→乙部 三八ページ。　永→水部 六二三ページ。　丼→二部 四九ページ。
良→良部 九〇九ページ。

(3)2 【之】35 人 シ 支 zhī　3923 4737

筆順 丶 ㇇ 之

字義 ❶ゆく。でる。いたる。❷助字。これ。この。⇩助字解説 ❸助字。の。⇩助字解説

助字解説

①の。㋐主格。……が。〔論語、泰伯〕鳥之将レ死、其鳴也哀〈鳥が今にも死のうとする時には、その鳴き声は悲しいものである〉㋑修飾。所属。……の。〔論語、里仁〕父母之年不レ可レ不レ知也。〈父母の年齢は子として知っていなければならない〉㋒同格。……で。〔唐、韓愈、雑説〕馬之千里者、一食或尽二粟一石一〈馬で千里も走るものは、一回の食事に、時には穀物一石も平らげてしまう〉

②これ。強意。これこそ。〔孟子、滕文公下〕威武不レ能レ屈、此之謂二大丈夫一。〈威厳や武力でもおさえつけることができない、こういう人こそりっぱな男子というのである〉

③訓読では読まないが口調をととのえるはたらきをする。〔孟子、梁恵王上〕塡然鼓之、兵刃既接。〈ドンドンと進撃の太鼓が鳴って両軍は武器が交わっている〉

名乗 いたる・ひさ・ひで・ゆき・よし・より

参考 もと、丿部に所属した。

解字 甲骨文 金文 篆文 指事。止＋一。止は、足の象形。横の一線は、出発線を示す。出発線から今にも一歩をふみ出していくことを示し、ゆくの意味を表す。借りて、「これ」の意味に用いる。之を音符に含む形声文字に、時・詩・市・志・誌などがあり、これらの漢字は、「行く」の意味を共有している。

【之罘】山名。山東省煙台市の西北にある半島部で、今は芝罘島という。秦の始皇帝がここに刻石を建てた。
【為（爲）二之辞（辭）一】いいのがれのことばをいう。口実を設ける。〔論語、季氏〕
【運二之掌上一】手のひらの上にころがす。事のたいへんなしやすいたとえ。〔孟子、公孫丑上〕
【仰レ之弥（彌）高】仰ぎ見れば見るほど高い。孔子の徳が高く大きくて限りないのをほめたたえたことば。〔論語、子罕〕
【束二之高閣一】高いたなの上に積みおいたまま用いない意で、書物を積んだまま読みもしないこと。また、りっぱな人物を打ち捨てて用いないこと。〔晋書、庾翼伝〕
【知レ之者不レ如二好レ之者一】（人倫の道を）知っているというだけの者は、それを愛好する者には及ばない。単に知識・技術の習得にとどまらず、それを好み楽しむところまでいかないと、本当に知ったことにはならないの意。〔論語、雍也〕――、好レ之者不レ如二楽レ之者一。〈――、それを愛好するだけの者は、それを楽しむ者に及ばない〉

［丸］→乙部 三八ページ。

(4)3 【丹】36 常 タン　タン 寒 dān　3516 4330

筆順 丿 冂 冃 丹

字義 ❶あか。に。㋐水銀と硫黄と化合した赤色の鉱石（硫化第二水銀）。丹砂。辰砂。また、赤い土。㋑あかい（赤）。朱。濃いあか色。❷まごころ。「丹心」❸精製した薬。不老不死の薬。国に。㋐赤色の土。赤土。㋑赤土で染めた赤い色。

名乗 あかし・あきら・まこと

難読 丹生・丹生・丹生屋・丹比・丹羽・丹治・

解字 金文 篆文 象形。丹砂を採掘する井戸の象形。あかの意味を表す。

▼雲丹・金丹・仙丹・錬丹

【丹堊】赤くぬったかべ。赤壁。

【丹英】 赤い花。丹花。英は、はなぶさ・はな。
【丹液】 不老不死の薬。長生の薬。
【丹鉛】 ①丹砂と鉛粉（胡粉）。むかし文章の校訂に用いた。転じて、校訂。校正。②べにとおしろい。
【丹霞】 夕やけ雲。また、赤いもや。
【丹丘・丹邱】 仙人の住む所。昼も夜も明るいという国。
【丹丘子】 隋の開皇末年の仙人。元丹丘。丹丘生。
【丹闕】 王宮の朱塗りの門。また、仙人の宮殿。〔唐、李白、把レ酒問レ月詩〕皎如三飛鏡臨二丹闕一。
訳文⇩飛鏡（一二〇六ペ）。
【丹砂・丹沙】 水銀と硫黄との化合した鉱物。大体土状をなし、濃紅色または赤茶色を呈する。水銀を取る原料とし、また精製して顔料や薬剤に用いる。また、仙薬の原料とした。丹干。丹粟。
【丹冊】 ①天子から功臣に与える、朱書きの誓約書。②書物。
【丹脂】 赤いあぶら。べに。燕脂。
【丹朱】 ①赤い色。赤い色の絵の具。②尭の子の名。③歯の神の名。
【丹書】 ①君主から功臣に与える、朱書きの誓約書。消えないように朱で書き、功労によってその子孫が末長く保護を受けることの証としたもの。②昔、赤雀（赤いすずめ）が口にくわえて伝えた書物の名。上古の道を記録したものという。〔大戴礼、武王践阼〕③朱書きの罪状の記録。
【丹心】 まごころ。丹石心。赤心。
【丹唇・丹脣】 ①赤く美しいくちびる。朱唇。②少年のくちびる。また、少年をいう。
【丹青】 ①丹砂と青雘。赤と青の絵の具を取る材料の石。②赤と青の絵の具。また、赤い色と青い色。③いろどりをした絵。彩色画。④丹冊と青史。歴史の書物をいう。⑤はっきりとして疑う余地のないことのたとえ。「丹青之信」〔宋、文天祥、正気歌〕
【丹青之妙】 いろどりの美しさ。絵の具の使いかたのうまさ。
【丹誠】 ①まごころ。丹心。赤誠。②国心をこめて事をする。丹精。
【丹精】 国心をこめて事をする。丹誠。
【丹台（臺）】 仙人のいる所。
【丹墀】 あかうるしでぬりこめた庭。天子の庭は宮殿の階段の下を赤くぬるからいう。
【丹頂】 鶴の一種。頭の頂きの赤いもの。
【丹梯】 ①赤い色のはしご。転じて、仙境に至る道。②赤くぬった階段。転じて、朝廷をいう。
【丹田】 へそからわずか下のところ。下腹部。ここに力をいれると、健康と勇気が得られるという。「臍下丹田」
【丹毒】 皮膚または粘膜の傷口から連鎖状球菌がはいって起きる急性の化膿性伝染病。
【丹念】 まごころをこめ念を入れること。
【丹陛】 赤く塗った階段。天子の宮殿の称。
【丹鳳】 ①天子のみことのり。②天子の宮殿。③鳥の名。鸞の一種で、首と翼の赤いもの。
【丹薬（藥）】 不思議なききめのあるねりぐすり。神仙の術を修得した道士が作った、霊妙な仙薬。

(5)4 【主】 37 教3 シュ・ス ぬし・おも
(5)4 〔主〕 38 漢シュ・呉ス 慣シュウ 中 zhǔ
2871 3C67

筆順 丶 ニ 亍 主

字義 ❶ぬし。あるじ。中心となる人。支配する人。㋐一家の長。戸主。㋑きみ。かしら。おさ。つかさ。仕える相手の人。主君。主人。↕従。㋒客を迎える人。「主客」㋓神霊の宿る所。みたましろ。「木主」㋔キリスト教の天の神。「天主」❷おも。おもに。中心。根本。また、中心的はたらきをする。❸つかさどる。すべる。「主宰」❹すわる。やどる。居る。国ぬし。㋐相手を呼ぶ敬称。おぬし。きみ。㋑女が男を親しんで呼ぶ称。㋒山・森・池などに住みついてそこを支配する神霊。㋓古くからある場所や地位についている人。

名乗 かず・つかさ・もり 難読 主基・主計・主人・主水・主税・主典・主殿・主油・主殿

解字 文 篆 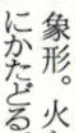 象形。火ともし台の皿の上に火が燃えている形にかたどる。炷の原字。静止しているほのおの意味から、転じて、じっととどまって動かない中心的存在、ぬし・あるじの意味を表す。主を音符に含む形声文字に、住・柱・注・炷・註・駐などがあり、これらの漢字は、「じっと一点に留まる」の意味を共有している。

▼院主・英主・家主・教主・君主・郡主・賢主・後主・祭主・座主・自主・神主・人主・世主・聖主・施主・宗主・地主・亭主・天主・法主・木主・民主・名主・明主・盟主・領主

【主位】 ①君主のくらい。君の地位。②おもな地位。大切な地位。③主人の席。
【主意】 ①君主のこころ。②おもな意味。また、中心となる考え方。主旨。③意志を主とすること。「主意主義」
【主一無適】 心をその一つの事だけに集中して、他の事に散らさないこと。宋の学者の説いた修養法。
【主因】 おもな原因・理由。
【主翁】 家の主人である人。宿のあるじ。主人公。翁は、尊敬の語。
【主媼】 年とった主婦。
【主恩】 君主のめぐみ。また、主人の恩。
【主家】 ①主人の家。また、主人。②おっと。妻などが人に対して称する語。③天子。官吏が称する語。④天子のむすめ。公主。⑤家事をつかさどる。
【主客】 ①官名。戦国時代に始まり、漢以後歴代多くこの官を置いて、外国からの朝貢などの接待をつかさどらせた。②主人と客人。③主体と客体。④主観と客観。⑤重要なものと軽いもの。⑥味方と敵。⑦文法用語で、主語と客語。主格と賓格。
【主客顚倒】 主人と客人との立場が逆になること。転じて、物事の大小・軽重・本末などをとり違えること。
【主格】 文法上、文や句の中で主語のはたらきをする、名詞・代名詞などの体言の語格。
【主幹】 とりしまり。主任。主監。
【主管】 ①主となってつかさどりおさめる。また、その人。②支配人。番頭。
【主観（觀）】 ①知的な働き（知覚・認識など）をなすもの。また、その意識。②自分本位の物の考え。↕客観。
【主眼】 大切なところ。かんじんな点。かなめ。眼目。
【主基】 国大嘗会のときの神前に供える新穀を奉るために、あらかじめ定められた二国の一つ。京都から西の地。↕由基・悠紀。
【主器】 長男。長子。祖先の霊を祭る廟の祭器を長子がつかさどったからいう。〔易経、序卦〕
【主義】 ①一定の主張。一定の方針。②道義をもととすること。③説。理論。イズム。
【主君】 ①君主。天子。②自分の仕える人。主人。③他人に対する敬称。
【主刑】 主たる刑。独立してそれだけを課し得る刑。↕従刑・付加刑。
【主計】 ①漢代の官名。会計をつかさどった。もと計相という。②国旧軍隊で会計・給与などをつかさどった官。
【主敬存誠】 心の敬（つつしみ）を第一とし、心のまことをたいせつにとりまもる。宋の学者が説いた修養の方法。

【主権(權)】①君主の権力。②国家を治める、最高で独立・絶対の権力。統治権。

【主語】文の成分の一つ。述語に対して主格となることば。

【主公】主人。きみ。主君。雇い人または家来が主人を尊んで呼ぶ称。

【主査】主となって取り調べる。また、その人。

【主宰】人々の上に立って物事をすべつかさどる。また、その人。つかさ。支配者。

【主祭】祭りをつかさどる人。祭りの主人役。

【主司】①科挙（官吏登用試験）の試験官。②係りの役人。係り官。③とりしまりの役。

【主旨】おもな意味。また、中心となる考え方。↓趣旨（一〇四〇ページ）。

【主事】事をつかさどる。主となって事に当たる。また、その人。

【主治】①主となって治療すること。②薬の主なききめ。

【主従(從)】国①主となるものと従となるもの。②主人と従者。主君と家来。

【主唱】主となって言い出す。発頭人となって主張する。首唱。

【主上】天子。君主。人君。

【主辱臣死】主君が他からはずかしめを受けると、臣たる者は命を投げだしてその恥辱をすすぐ。春秋時代、越の句践に仕えた范蠡のことば。〔国語、越語下〕

【主人】①一家のあるじ。家長。②客を迎える家の人。↔客人。③自分の仕える相手の人。雇用関係における雇い主。④妻が夫をいう称。

【主帥】総大将。

【主静(靜)】雑念を去り心を静かに保つこと。宋の学者の説いた修養の方法。〔宋、周敦頤、太極図説〕

【主席】①第一位の席次。第一席。一番。首席。②多人数で組織する団体の最高統率者。委員長。③宴席をつかさどる者。また、その席。

【主△膳】天子の食事をつかさどる役。

【主体(體)】①天子のからだ。玉体。転じて、天子。君主。②行為のもととなるもの。目的をとげるはたらきをなすもの。↔客体。

【主題】①研究や論文などで中心となる題目。主要な題目。②芸術作品において、作者が描こうとする主要題材、また、その中心となる思想内容。テーマ。

【主張】①いつも持ち続けている意見。持論。また、それを強く言う。②主宰する。③主として維持する。


【主潮】①おもな潮の流れ。②その時代のおもな思想の傾向。主となる思潮。③時勢のなりゆき。

【主任】主となってその任務を担当すること。また、その人。

【主脳(腦)】おもだった人。中心人物。その方面で重要な地位にいる人。首脳。

【主犯】犯罪行為を直接に実行した者。正犯。↔共犯・従犯。

【主皮】射礼のとき、矢でまとのかわを射貫くのを第一の目標とすること。〔論語、八佾〕

【主筆】新聞社・雑誌社などで記者の上席にあって主要な記事や論説などの執筆を担当する者。

【主賓】①主人と客人。主客。②来客の中で第一番のもてなしを受ける人。正客。正賓。

【主父】①あるじ。おやじ。②正妻以外の女性が夫を呼んでいう称。

【主婦】①祭りのとき主となる婦人。②一家をきりもりする婦人。〔唐、韓愈、示児詩〕

【主部】①主としてつかさどるもの。②国㋐おもな部分。主要な部分。㋑文法用語。文の構成部で、主語とその修飾部とからなる部分。↔述部・客部。

【主文】①科挙（官吏登用試験）の試験官。②裁判の判決文で判定の結果と適用した法律とをしるした結論的な部分。③一つの文章の中の主要な部分。④ただし書きや付言などに対して、本文をいう。

【主△辦】主となって事を処理する人。とりしまり。指揮者。〔史記、項羽本紀〕

【主簿】記録や文書をつかさどる低い役。書記。秘書。

【主峰】一つの山脈や連なる峰の中、最も高い山。

【主謀】主となって悪事や陰謀を企てること。また、その者。主謀者。首謀。

【主命】主人の言いつけ。君主の命令。

【主流】①川のおもとの流れ。本流。↔支流。②思想などのおもな傾向。③ある党派・組織などの中心をなす人たち。主流派。

【主領】主となってとりしまる。また、かしら。長。頭目。首領。

【主力】おもなちから。中心となる勢力。

［永］↓水部 六二三ページ。 ［丼］↓二部 四九ページ。
［良］↓良部 九〇九ページ。

1 ノ部

［ノ］ 4808 5028

〔部首解説〕の。文字としては、ノは、音㊥ヘツ・㊣ヘチ。指事。右上から左下へ曲げて引いた線で、右から左に曲げるの意味を示す。文字の構成要素としては、「厂」が厓、「广」が屋根の形を表しているように、斜めに垂れ下がるものなどを示すが、ノを独立の文字とした用例はない。書法では、この左にはらう書き方を、撇あるいは掠という。

1 乂 三三 乃 三三 〆 三四 乀 三四 久 三四 及 三四
々 三五 3 乏 三五 4 乎 三五 乍 三五 5 乒 三五 6 乕 三五
7 乖 三五 8 乗 三五 9 乘 三六

九→乙部 三六ページ。 ナ→一部 八ページ。 之→丶部 三一ページ。
千→十部 一六二ページ。 午→十部 一六四ページ。 升→廾部 三六六ページ。
夭→大部 二六七ページ。 丘→一部 二六ページ。 失→大部 二六八ページ。
向→口部 一八八ページ。 朱→木部 五四一ページ。 先→儿部 一〇七ページ。
年→干部 三五二ページ。 我→戈部 四三七ページ。 垂→土部 二三三ページ。
胤→月部 五三三ページ。 重→里部 一一三三ページ。 卑→十部 一六七ページ。
粤→米部 八三四ページ。 睾→皿部 八七七ページ。

(2)1 【乂】39 △ 一㊥ガイ・㊣ゲ 隊 yì 二ガイ 泰 ài 4809 5029

字義 一❶かる。草をかる。＝刈。❷おさめる。おさまる。❸かしこい人。賢人。「俊乂」 二こらす。いましめる。「懲乂」

解字 甲骨文 篆文  象形。草を刈るはさみの形にかたどり、草を刈るの意味を表す。常用漢字の刈は、刀を付した別体による。

【乂安】治まってやすらかなこと。

【乂寧】＝乂安。↓前項。

(2)1 【乃】40 囚 一㊥ダイ・㊣ナイ 賄 nǎi 二アイ 賄 ǎi 3921 4735

筆順 ノ 乃

字義 一❶助字。すなわち。⇩助字解説 ❷むかし。以前。さきに。「乃者」「乃昔」 ❸なんじ。おまえ。「乃父」

㊁欸乃は、船歌の声。櫓のきしる音。なお、慣用としてアイダイとも読む。㊀国の。片仮名の「ノ」は、乃の字体を省略したもの。平仮名の「の」は、乃の草書体。

助字解説

すなわち すな。はち。㋐順接。そこで。そうしてから。〔史記、項羽本紀〕項伯乃夜馳之二沛公軍一〈項伯はそこで夜中に馬をはしらせて沛公の陣に行った〉㋑逆接。しかるに。かえって。それなのに。意外にも。〔晋書、陶侃伝〕大禹聖人、乃惜二寸陰一〈禹王は聖人でありながら、それなのにわずかな時間を惜しんだ〉㋒強意。とりもなおさず……である。これこそ。〔枕中記〕俄見二旅中少年一、乃盧生也。〈しばらくして旅の若者を見ると、これぞ盧生であった〉

名乗 いまし・おさむ・の　難読 乃位・乃夫・乃楽

解字 甲骨文 金文 篆文

象形。母の胎内で、まだ手足の形もおぼつかない身をまるくした胎児の形にかたどる。孕の原字。借りて、なんじの意味や、すなわちの意味として金文の時代から用いられる。

【乃翁】①われ。おれ。父が子に対していう自称。②相手の父をさしていう称。君の父。

【乃公】われ。おれ。①目上の者が目下の者に対していう自称。②＝乃父。

【乃至】①何々から何々に至るまでという意味で、上と下とを挙げて中間を略する意を表すことば。②また。あるいは。もしくは。

【乃父】①父が子に対していう自称。なんじの父の意。②単に、父をいう。③君主が臣下の父をいう語。

【乃祖】なんじの祖先。なんじの祖父。また、祖先。祖父。

【乃武乃文】武と文とを兼ね備えているという意で、天子の徳をほめたたえる語。禍乱をうち定めるのを武、天地を治めるのを文という。允文允武。〔書経、大禹謨〕

(2)1 【〆】41 国字 △ —0126 *213A*

字義 ❶しめ。㋐合計。㋑半紙百帖。㋒手紙などの封じ目にしるす字。❷して。為（爲）の字の省画草書。

解字 指事。占いの意味のトの字を崩して、うらなってしめるの意味を示す。また、同時に「シメ」のメに似せ、ひもを結いつけた形にもかたどる。

(2)1 【ん】42 国字 △

字義 なり。也(60)の草書体。仮名書きに用いる。

【九】→乙部 三六ページ。

【ナ】→一部 八ページ。

(3)2 【久】43 教5 キュウ・ク ひさしい　漢キュウ（キウ）・呉ク　有 jiŭ —2155 *3557*

筆順 ノ ク 久

字義 ❶ひさしい。㋐ながい。行く末がながい。「長久」㋑古い。古くからの。❷ひさしくする。長くする。時間を長くのばす。時間が長くかかる。

名乗 つね・なが・ひこ　難読 久下田・久我・久邇・久住・久所・久方・久万・久来石・久里・久留里・久礼

解字 篆文

象形。病気で横たわる人に背後から、灸をすえる形にかたどり、灸の意味を表す。灸の原字。転じて、時間が長い、ひさしいの意味を表す。久を音符に含む形声文字に、柩・疚などがあり、これらの漢字は、「久しい」の意味を共有している。

▼永久・恒久・持久・耐久・地久・長久・悠久

【久逸・久佚】長い間安らかに楽しむ。逸は楽しむ意。

【久淹】長い間一か所にとどまる。久留。

【久遠】長くひさしい。永久。〔孟子、万章上〕

【久懐（懷）】ひさしい間の思い。また、長い間心にいだき続けること。

【久濶・久闊】ひさしぶり。長い間会わなかったり、たよりがなかったりすること。

【久久】①ひさしい間。②国ひさびさ。ひさしぶり。

【久故】長い間の知り合い。ふるなじみ。

【久曠】長い間空しくする。曠は空しい意。

【久之】㋐久しく打ち捨てて行わない。㋑官位などを久しい間あけたままにしておく。㋒長い月日をむだに過ごす。曠日弥久。

【久之】ひさしくして・しばらくして。ひさしく・しばらく。少したって。しばらく時を経る。之は、時間の経過を表す助字。

【久視】①長らえて見つづける。長生不老をいう。道家の語。〔老子、五十九〕長生久視之道。②じっと長く見つめる。

【久疾】ながわずらい。また、長くわずらう。

【久次】いすわり。長い間、同じ官位にとどまって昇進しないこと。次は、止の意。

【久要】ふるい約束。年来のちかい。旧約。〔論語、憲問〕

【久離】①ひさしくはなれる。長い間別れる。②国江戸時代、町人・農民が父兄など目上の者から縁を切られること。旧離。勘当。

(3)2 【及】44 常 キュウ およぶ・および・およぼす
(4)又2 【及】45 漢キュウ（キフ）　呉ゴウ（ゴフ）　緝 jí —2158 *355A*

筆順 ノ 乃 及

字義 ❶およぶ。㋐追いつく。「駟不レ及レ舌」㋑至る。とどく。達する。「普及」㋒…の時になる。…の状態になる。…に間に合う。〔論語、季氏〕及二其壮一也、血気方剛。❷およぼす。及ぶようにする。ゆきわたらせる。❸および。と。ならびに。二つ以上のものを列挙する意を示す。〔孟子、梁恵王上〕予及レ女皆亡。❹弟が兄のあとを継ぐ。「兄終弟及」

名乗 いたる・しき・ちか　難読 及位・及淵

使いわけ **及び・並びに**

「及び」と「並びに」は、幾つかの同じ資格・条件のものを結びつける場合に用いる語で、一般に二つとも同じように用いられるが、法令では煩雑な使い分けがある。主たる条項としては、①等しい格のものが三つ以上並ぶ場合はその最後のものに「**及び**」をつける。「国語・数学・及び英語」②等しくない格のものが二つ以上並ぶ場合は、小さい段階の連結には「**及び**」、大きい段階の連結には「**並びに**」を用いる。「高校並びに中学校及び小学校」

解字 甲骨文 金文 篆文

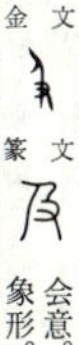

会意。又＋人。又は、手の象形。人に手が触れて追いつく、およぶの意味を表す。及を音符に含む形声文字に、急・伋・級などがあり、これらの漢字は、「およぶ」の意味を共有している。

▼企及・追及・波及・普及・論及

【及瓜】うりにおよぶ。任期がみちること。春秋時代、斉の襄公が、家来をうりの熟するころ（陰暦七月）に赴任させ、明年のうりの熟するころに交替させようと言った故事。〔左伝、荘公八〕

【及時】時におよんで。なすべき時に。適当な時に。

【及第】試験に合格する。↕落第。

【及門】門におよぶ。弟子となる。また、門下生。〔論語、先進〕

【及落】及第と落第。

【垂レ及】まさにおよぼうとする。

【比レ及】およぶころ。…になるころ。

【々】46 (3)2 0125 2139

同じ漢字をもう一度重ねて用いることを表す符号。繰返し符号。畳字。

参考 々は、和文に用いる。漢籍では、ニ・く・ミなどの符号を用いることがある。

[之]→丶部 三一ページ。 [千]→十部 一六三ページ。

【乏】47 (4)3 常 ボウ とぼしい 漢ホウ(ハフ) 呉ボウ(ボフ) 陌 fá 4319 4B33

筆順

字義 ❶とぼしい。むなしい。まずしい。たりない。「窮乏」 ❷官職のあき。空位。「承乏」 ❸すてる。廃する。 ❹皮で作った矢防ぎ。形は衝立に似る。

解字 篆文 指事。足の字(正)を反対向きに書き、足りないの意味を示す。乏を音符に含む形声文字に、貶・覂などがあり、これらの漢字は、「とぼしい」の意味を共有している。

▼窮乏・空乏・欠乏・困乏・耐乏・貧乏

【乏匱】ボウキ とぼしい。匱も、とぼしい意。

【乏窮】ボウキュウ まずしくてこまり苦しむ。乏困。

【乏月】ボウゲツ 陰暦四月の別名。前年の冬にとり入れた穀物が尽きて、今年の麦がまだ実らない、穀物のとぼしい時期。

【乏困】ボウコン まずしくてこまり苦しむ。乏窮。

【乏絶】ボウゼツ 不足し尽きる。

【承乏】とぼしきをうく 官につくことの謙称。適任者がないため、しばらく自分がその空位を補充するの意。〔左伝、成公二〕

[午]→十部 一六四ページ。 [升]→廾部 三六〇ページ。

[夭]→大部 二六七ページ。

【乎】48 (5)4 標 漢コ 呉ゴ 虞 hū(hú) 2435 3843

字義 ❶か。や。助字。⇩助字解説 ❷ああ。感嘆を表す。「於乎」

助字解説

①か。や。疑問・反語。……か。どうして……か。〔孟子、公孫丑上〕子好レ勇乎〈あなたは勇を好みますか〉

②や。かな。詠嘆。……であるなあ。〔史記、李将軍伝〕惜乎、子不レ遇レ時〈残念だなあ、あなたがよい時機にめぐり会わなかったとは〉

③や。呼びかけ。……よ。〔論語、里仁〕参乎、吾道一以貫レ之〈曾参よ、わたしの道は一つのもので貫かれているのだ〉

④訓読では読まないが、上下の語句の関係を示すので、送りがなによってその意味を表す。類於・于。㋐時間・場所・動作の対象、目的など。……に。……を。〔荀子、王覇〕名垂二乎後世一〈名声を後世に残す〉 ㋑比較。……より。〔唐、韓愈、師説〕其聞レ道也、亦先二乎吾一、吾従而師レ之〈その人がわたしよりも先に道について聞き知っていたならば、わたしはその人につき従い、その人を師としよう〉

解字 甲骨文 金文 篆文 象形。甲骨文は、よびこ板の象形。上部の小点が、その舌をかたどる。よぶの意味を表す。呼の原字。のち、助字に用いる。乎を音符に含む形声文字に、呼・嘑・虖・謼などがあり、これらの漢字は、「よぶ」の意味を共有している。

【乎古止点(點)】をことテン 国日本で漢文を訓読するため、漢字の四隅・上下・中央などに朱点を打って送りがな(てにをは)の符号としたもの。⇩コラム・訓点(一〇〇一ページ)。

【乍】49 (5)4 △ 一漢サ・呉ジャ 禡 zhà 二サク 薬 zuò 3867 4663

字義 一たちまち。急に。突然。にわかに。また、「乍A乍B」の形で、Aしたかと思うとBするの意を表す。「先王之道乍存乍亡」 ㋑…ではあるが。…にもかかわらず。 二おこる。＝作。 国ながら。㋐…しつつ。

解字 甲骨文 篆文 指事。説文は亡(亾)＋一。亾は、にげるの意味。一はさまたげるの意味。逃げる人を呼びとめる声の意味とする。甲骨文によれば、匕＋レで、匕(刃物)でレ形に切るの意味を表す象形で、作の原字。さっと切るの意味から、たちまちの意味を表す。乍を音符に含む形声文字に、作・怍・搾・昨・酢などがあり、これらの漢字は、「つくる」の意味を共有している。また、昨・酢などは、「且」組の漢字に通じる意味を持つ。

【乍存乍亡】たちまちソンしたちまちボウす あるかと思えばまたたちまちになくなる。物の存亡の急なこと。

[丘]→一部 二六ページ。 [失]→大部 二六八ページ。

【乒】50 (6)5 △ ヘイ pīng

字義 ❶擬声語。銃声、物がぶつかる音などを表す。 ❷乒乓は、ピンポンの音訳。

解字 兵の中国音、ピンに近い音を表す擬声語で、兵の一画を省いて乒とした。乒乓は、英語 ping-pong の音訳漢字として作られた。

[向]→口部 一八八ページ。 [朱]→木部 五四一ページ。

[先]→儿部 一〇七ページ。 [年]→干部 三五二ページ。

【乕】51 (7)6 △ 虎(6681)の俗字。→九五六ページ。 [乕] 7341 6949

[我]→戈部 四三七ページ。

【乖】52 (8)7 標 漢カイ(クヮイ) 呉ケ 佳 guāi 4810 502A

字義 ❶そむく。㋐もとる。さからう。たがう。ことなる。合わない。「乖忤」 ㋑はなれる。わかれる。「乖離」 ❷よこしま。

解字 篆文 象形。ひつじのつのと背の相互にそむきあった形にかたどり、そむきはなれるの意味を表す。

【乖異】カイイ たがいことなる。くいちがう。

【乖隔】カイカク そむきへだたる。わかれへだたる。

【乖忤・乖迕】カイゴ (そむき)さからう。くいちがう。

【乖離】カイリ そむきはなれる。わかれはなれる。

【乖戻】カイレイ そむきもとる。たがう。

[垂]→土部 二三二ページ。

【乗】53 (9)8 教3 ジョウ のる・のせる 3072 3E68

〖乘〗54 (10)9 人許 一漢ショウ・呉ジョウ 蒸 chéng 二漢ショウ・呉ジョウ 径 shèng 4811 502B

筆順

字義 一❶のる。のせる。㋐車・馬・船などにのる。「乗馬」 ㋑つけこむ。乗ずる。「乗レ勢」 ❷しのぐ。勝つ。「乗レ人不義」 ❸はかる。計算する。 ❹かける。掛け算をする。「乗除」 二❶ふたつ。対。 ❷単位を示す語。㋐四つでひとそろいのもの。「乗矢」 ㋑四頭の馬をつけた車一台の称。㋒兵車と兵数を数える語。周代の制度では兵車一台に、甲士三人・歩兵七十二人、輜重二十五人が付いた。「千乗の国」 ❸記録。歴史。春秋時代、晋の国の歴史書をいう。 ❹仏仏の教え。仏法。「大乗・小乗」 国のる。㋐のりうつる。憑く。 ㋑調子にのる。はずむ。㋒音楽などの調子に合う。調和する。似

合う。しっくりする。㊤だまされる。つりこまれる。
名乗 しげ・のり　難読 乗鞍・乗木
使いわけ のる・のせる〔乗・載〕
〔乗〕人がのる。「馬に乗る・話に乗る」
〔載〕物がのる。また、印刷物に出る。「貨車に載っている穀物・新聞に載る」

解字 甲骨文  金文  篆文  会意。大＋舛＋木。大は、両手足を開いた人の象形。舛は、両足を開いた形にかたどる。木にはりつけになってのせられた人の意味から、一般に、のるの意味を表す。常用漢字は略体の乗による。

▼下乗・騎乗・参乗・小乗・上乗・大乗・搭乗・陪乗・万乗・便乗

【乗△鶴】①つるにのって天にのぼる。②俗世を去って仙人になること。

【乗軒】軒（大夫の車）に乗ること。転じて、大夫となること。

【乗黄】①四頭のきいろい馬。②神馬。③獣の名。狐に似て背に角があり、これに乗れば二千年の長寿を得るという。

【乗矢】四本ひとそろいの矢。

【乗車△之会(會)】乗用の馬車に乗って集まる会合の意で、武力を用いない、平和の会合。↕兵車之会。

【乗除】①掛け算と割り算。また、計算。②掛けて割ればもとの数になることから、転じて、功と罪、栄えることと衰えることなどが差し引き結局とんとんになること。③手かげんする。

【乗田】春秋時代、魯の国で家畜を飼うことをつかさどった役。〔孟子、万章下〕

【乗伝(傳)】駅伝の馬に乗ること。また、その馬。

【乗△輿】①天子の乗る車馬。天子の乗り物。〔孟子、梁恵王下〕②行幸中の天子の敬称。

【乗△輿△播越】天子が都を落ちのびて他国にさすらうこと。

【乗竜(龍)】①竜に乗って天にのぼること。②四匹の竜。③からだが馬で竜の翼を持った獣。黄帝がこれに乗って仙人になったという。④竜のようなよい婿を迎えること。転じて、娘の婿の身分が尊くさかんになること。後漢の桓焉の二人の娘が黄憲・李膺というよい婿を得た故事。〔楚国先賢伝〕

【胤】↓月部 五三ページ。　【重】↓里部 一二三ページ。

【卑】↓十部 一六七ページ。

(10)9
【乘】(54)　ジョウ　乗(53)の旧字体。↓三五ページ。
4811
502B

【粤】↓米部 八四ページ。　【睪】↓罒部 八七七ページ。

1

乙(乚)部

〔部首解説〕 おつ。おつにょう(乙繞)。乙と乚とは別字で、乚は、音㊥イン・㊤オン。指事。曲がった線で、体をかがめて隠れるの意味を示す。文字の構成要素としては、乙も乚も、折れ曲がったものを示す。

乙 三六　1九 三六　也 三八　乞 三八　也 三九
5乩 三九　6乱 三九　7乳 四〇　乹 四〇　10乾 四〇　亂 四一
12亂 四一

孔↓子部 二九〇ページ。

(1)0
【乙】55
常
オツ
乙女
㊥イツ・㊤オチ　質 yǐ
慣オツ
1821
3235

筆順 乙

字義 ❶きのと。十干の第二位。五行では木に当てる。❷第二。二番目。甲の次。❸かがまる。まがる。「乙乙」❹きしる。❺なにがし。名の代わりに用いる。「某甲、某乙」❻本を読んでその読みどまりの所につけるしるし。また、文章の脱字を補うときのしるし。❼魚の腸。一説に、魚の腮の骨。❽ひとつ。一に通じ、太一・天一を太乙・天乙という。❾つばめ。「乙鳥」国❶オツ。㋐粋なこと。味なこと。奇なこと。㋑低い調子。めり。↕甲。❷おと。㋐末。終わり。「乙子」㋑小さく愛らしい。「乙姫」

名乗 お・たか・つぎ・と・とどむ　難読 乙亥正・乙供・乙訓・乙原・乙甲・乙骨・乙矢・乙川・乙鳥・乙張・乙父・乙母・乙面

解字 甲骨文  篆文  象形。ジグザグなものの形にかたどり、物事がスムーズに進まないさまを表す。借りて、十干の第二位に用いる。乙を音符に含む形声文字に、吃・訖・軋・紇・齕などがあり、これらの漢字は、「ジグザグする」の意味を共有している。

▼太乙・天乙・不乙

【乙科】漢・唐時代の高等文官試験で第二番の成績をいう。第一番を甲科という。また、試験科目の名。後世はその試験に合格した人(挙人)をいう。乙第。

【乙子】国①月の下旬の子の日。②㋐末の子。弟子。㋑「乙子月」の略。陰暦十二月の別称。

【乙女】国①少女。むすめ。②処女。きむすめ。

【乙鳥】つばめ。燕のもとの字が乙で、字の形と音とが似ているところから、乙を通用する。乙禽。

【乙第】①しもやしき。別邸。別荘。↕甲第。②＝乙科。

【乙夜】今の午後十時の前後二時間。または十時以後の二時間。二更。↓五更(四七ページ)。

【乙夜△之覧(覽)】天子の書見。天子は昼間政務で忙しく、夜十時過ぎに読書するからいう。乙覧。

(2)1
【九】56
教 1
キュウ・ク
ここの・ここのつ
㈠㊥キュウ(キウ)・㊤ク　有 jiǔ
㈡㊥キュウ(キウ)・㊤ク　尤 jiū
2269
3665

筆順 ノ 九

字義 ㈠❶ここのつ。数の名。易で陽の数。❷ここのたび。九へん。九回。「三拝九拝」❸数の終わり。また、多数。たくさん。おおく。❹ひさしい。老いる。㈡あつまる。また、あつめる。あわせる。＝鳩・糾。「九合」

国 ここのつ。子の刻（真夜中の十二時）、また、午の刻（真昼の十二時）。

名乗 かず・ただ・ちか・ちかし・ひさ　難読 九十九・九十九院・九十九折・九十九島・九十九髪・九寸五分・九石・九折・九年母・九品仏・九面芋・九里

参考 金銭の記載などには、文字の改変を防ぐため、玖の字を用いることがある。

解字 甲骨文  金文  篆文 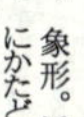 象形。屈曲して尽きる形にかたどる。数の尽ききわまった、ここのつの意味を表す。九を音符に含む形声文字に、

艽・鼽・馗・究・尻・旭・軌・氿・宄などがあり、これらの漢字は、「曲げて押し詰める」の意味を共有している。

【九夷】①多くの異民族。「九夷八蛮」②東方の九種の異民族。玄菟・楽浪・高麗・満飾・鳧臾・索家・東屠・倭人・天鄙。一説に、畎夷・于夷・方夷・黄夷・白夷・赤夷・玄夷・風夷・陽夷をいう。

【九淵】きわめて深いふち。九重のふち。

【九夏】①夏の三か月、九十日間。②周代の朝廷における九種類の大きな音楽。夏は、大の意。

【九華】①宮室や器物などの美しいかざり。②山名。安徽省青陽県の西南にあり、明の学者、王陽明が致良知（生まれながらに有する知を最大限に発揮する）の理をさとったところ。

【九華帳】たくさんの花模様をぬいとりしたとばり。帳は、とばり、たれまく。〔唐、白居易、長恨歌〕九華帳裏夢魂驚。

【九華灯（燈）】陰暦の元旦（一月一日）の夕方に用いる飾り灯籠。

【九回腸】①うれえもだえるあまり、腸が九度も回転する。非常に心配し、もだえることの形容。前漢、司馬遷の「報任安書」に「腸一日而九回」とあるのに基づく。②川や坂などの曲がりくねっている形容。③歌曲の名。

【九官】古代、国政をつかさどった九人の大臣。後の九卿にあたる。司空（総理）・后稷（農政）・司徒（教育）・士（司法）・共工（百工）・虞（山林沼沢）・秩宗（祭祀）・典楽（音楽舞踏）・納言（上言下達・下言上達）。

【九丘】中国古代の伝説上の書物の名。九州（中国全土）の地理書という。丘は、聚める意。

【九牛一毛】多くの牛の中の、一本の毛。多数の中のごく少数。物の数にも当たらない意。大海の一滴。九牛毛。前漢、司馬遷の「報任安書」に「若九牛亡一毛」とあるのに基づく。

【九竅】人体にある九つの穴。口・両眼・両耳・両鼻孔（以上七つの穴を陽竅という）と、大小便の出る二つの穴（陰竅という）。

【九衢】都の中にある九つの大路。また、都には九条の大路があることから、都をいう。

【九刑】周代の九つの刑法。墨（いれずみ）・劓（はなきり）・剕（あしきり）・宮刑（生殖器の除去）・大辟（死刑）の五刑と、流（島流し）・贖（科料・罰金）・鞭（皮のむちうち）・朴（笞のむちうち）の四つの刑。

【九経（經）】①天下を治める上の九つの大きな道。身を修める・賢人を尊ぶ・親（みうち）を親しむ・大臣を敬う・群臣を体する・庶民を子とする・百工を来たらす・遠方の人を柔らげる・諸侯を懐ける。②九種類の経書。数え方に数種あるが、その一つをあげると、易経・書経・詩経・周礼・儀礼・礼記・春秋左氏伝・公羊伝・穀梁伝。

【九卿】九人の大臣。九司。九賓。時代によって違いがある。周―少師・少傅・少保・冢宰・司徒・司空・司馬・司寇・宗伯。秦―奉常・郎中令・衛尉・太僕・廷尉・典客・宗正・治粟内史・少府。漢―太常・光禄勲・衛尉・太僕・廷尉・大鴻臚・宗正・大司農・少府。

【九月九日】菊の節句。重陽の節。この日、茱萸（かわはじかみ）を持って山に登り菊酒を飲めば、災禍をのがれるという。→登高（七五一ページ）。

【九原】戦国時代の晋の卿大夫の墓地の名。後に転じて、墓場・よみじの意に用いる。

【九五】①易の卦は、六つの陽または陰の爻（陽爻を━、陰爻を╍で表す）を重ねて成り立つが、その六爻の中、下から数えて五つ目の陽爻をいう。②天子の位。易では九五の爻を君主の位に当てるのでいう。

【九江】①＝九川。②洞庭湖に合流する沅・漸・元・辰・叙・酉・澧・湘・資の九江を指し、転じて、洞庭湖の旧名。③地名。今の江西省九江市。長江に臨む三大商港の一つで、茶や紙の集散地。東晋の陶潜や唐の白居易に深いゆかりがある。

【九皐】奥深いさわ。深く遠い所のたとえ。

【九合】あつめあわせる。九は、糾に同じで、集める意。一説に、九回会合する。〔論語、憲問〕桓公九合諸侯を九合す。

【九国（國）】①戦国時代の九つの国。斉・楚・燕・韓・魏・趙・宋・衛・中山。②国九州をいう。

【九穀】九種類の穀物。黍（もちきび）・稷（たかきび）・秫（もちあわ）・稲・麻・大豆・小豆・大麦・小麦。

【九死一生】九分どおり助からぬ命がようやくにして助かること。

【九思】君子が心がけるべき九つの事がら。視には明らか・聴には聡（みみざとい）・色には温（おだやか）・貌（姿かたち）には恭しい・言には忠（まこと）・事には敬・疑には問（人に問う）・忿（いきどおり）には難（わざわい）・得（利益）には義を思うこと。〔論語、季氏〕

【九字】身を守るまじないとして用いる九個の文字。「臨兵闘者皆陣列前行」この九字を唱え、指で空中に縦に四線、横に五線を書けば、どんな強敵も恐れるに足りないという。もと陰陽家に用いられ、後に修験者・忍者などにも使われた。「九字を切る」〔抱朴子内篇、登渉〕

【九日】①九つの太陽。堯の世に、十個の太陽が一度に現れた時、弓の名人羿が命を受けてその九個を射落として、人民の害を除いたという伝説。②陰暦九月九日をいう。重陽。→九月九日。

【九州】①古代、中国全土を九つの州に分けた。異説も多いが、一説によれば、冀・兗・青・徐・揚・荊・予・梁・雍。②転じて、天下、中国全土をいう。〔三国魏、阮籍、詠懐詩〕登高望九州。③中国の外にある九つの世界。国西海道の九か国。筑前・筑後・豊前・豊後・肥前・肥後・日向・大隅・薩摩。

〔九州①〕

【九秋】秋の三か月、九十日間。秋いっぱい。

【九十春光】春三か月、九十日間の、のどかな日の光。〔南唐、陳陶、春帰去詩〕

【九春】①春の三か月、九十日間。②三年。一年の春は三か月であるからいう。

【九章】①天子の服の九つの模様。②九つの旗じるし。③中国最古の数学書。「九章算術」④『楚辞』の作品名。戦国時代の楚の屈原の懐沙などの九編をいう。

【九霄】天。天の高い所。九天。

【九仞】非常に高いこと。九ひろ。仞は、周代の尺で、八尺、一説に、七尺（周代の一尺は、二二・五センチメートル）。

【九仞功虧一簣】九分どおり完成というところまで行きながら、最後のわずかなつまずきで全部が失敗に帰するたとえ。九ひろもの高い山を築くとき、もう一もっこの土を盛れば完成というところで、やめてしまえば山はできあがらない。〔書経、旅獒〕

【九星】①陰陽家で、五行・方位に配し、人の生まれ年に当てて運命の吉凶を占う九曜星。一白（五行では水、方位は北、すなわち坎）・二黒（土―西南、坤）・三碧（木―東、震）・四緑（木―東南、巽）・五黄（土―中央）・

六白（金―西北、乾ケン）・七赤（金―西、兌ダ）・八白（土―東北、艮ゴン）・九紫（火―南、離）。②＝九曜の①。③日・月・星・辰シン・四時・歳。④北斗星。

【九折】キュウセツ いくえにも曲がりくねること。また、曲がりくねった坂路。九十九折つづらおり。羊腸。

【九節】キュウセツ ①一本の竹に九つの節ふしのあること。九節の杖つえは、仙人の持つものという。②菖蒲ショウブなどの一本の草に九つの節ふしのあること。仙草とされる。

【九川】キュウセン 禹ウが治めた九つの大川。弱・黒・河（黄河）・江（長江）・瀁ヨウ・渭イ・沇イ・淮ワイ・洛ラク。

【九泉】キュウセン ①はか。九原。②大地の下。地の底。

【九層（層）】キュウソウ 九階（幾階）も重なる。転じて、非常に高いこと。また、そのもの。高殿など。

【九層（層）△之台（臺）起二於累土一】キュウソウのダイもルイドよりおこる 大事業も最初はごく小さいところから出発するたとえ。九層の高殿もその初めはわずかの土を積み上げることから始まる意。〔老子、六十四〕――、千里之行始二於足下一センリのコウもソッカよりはじまる〈――、千里もの遠方への旅も最初の一歩から始まる〉

【九族】キュウゾク 九つの親族。数説がある。①同姓直系の者だけを数える。高祖・曾祖ソウ・祖父・父・自分・子・孫・曾孫・玄孫。②異姓をも含み数える。父族四、母族三、妻族二の九族。

【九△疇】キュウチュウ 殷インの箕子キシが周の武王に答えた天下を治める九つの大法。五行ゴギョウ・五事・八政・五紀・皇極・三徳・稽疑ケイ・庶徴・五福。〔書経、洪範〕

【九重】キュウチョウ ①物が九つ（いくえにも）重なること。ここのえ。②天子の宮殿。王城は門を九重に作ったからいう。〔唐、白居易、長恨歌〕九重城闕煙塵生キュウチョウのジョウケツエンジンショウじ、千乗万騎西南行セイナンにゆく〈天子の宮殿は兵馬がゆきかうために煙や砂ぼこりに包まれ、天子の行列は西南の方へ落ちてゆくこととなった〉③天子。④天。おおぞら。高い空。

【九重天】キュウチョウのテン ①宮中。天子の宮殿。また、天子。〔唐、韓愈、左遷至二藍関一示二姪孫湘一詩〕一封朝奏九重天イップウあしたにキュウチョウのテンにソウす。訳文⇒一封（七〇ページ）。②おおぞら。高い空。

【九△鼎】キュウテイ 夏カの禹王ウオウが九州から献上させた青銅で鋳た、大きなかなえ。夏・殷イン・周と伝えた、天子伝国の宝物。九つとも一つともいう。

【九△鼎大△呂】キュウテイタイリョ 非常に貴重な物。重い地位・名望のたとえ。大呂は、周の太廟タイビョウ（おたまや）に供えた大きなつり鐘。〔史記、平原君伝〕

【九天】キュウテン ①天を方角によって九つに区分していう。数種の説があるが、その一つをあげると、鈞天キンテン（中央）・蒼天ソウテン（東）・変天（東北）・玄天（北）・幽天（西北）・昊天コウテン（西）・朱天（西南）・炎天（南）・陽天（東南）。九野ともいう。②天の最も高いところ。おおぞら。九霄キュウショウ。九重天。③宮中。雲の上。ここのえ。④仏テン 地を中心として回転する九つの星。月天・水星天・金星天・日輪天・火星天・木星天・土星天・恒星天・宗動天。

【九天直下】キュウテンチョッカ 天上から地に向かって一直線に落下すること。たきの水が高い所からまっさかさまに落ちる形容。唐の李白リハクの「望二廬山瀑布一」の詩に「飛流直下三千尺ヒリュウチョッカサンゼンジャク、疑是銀河落二九天一うたごうらくはこれギンガのキュウテンよりおつるかと」とあるのに基づく。

【九拝（拜）】キュウハイ ①九種の敬礼のしかた。稽首ケイシュ・頓首トンシュ・空首・振動・吉拝・凶拝・奇拝・褒拝・粛拝。②九度おじぎをする。何度もおじぎをする。「三拝九拝」③手紙の終わりに敬意を表すために書きしるす語。

【九伯】キュウハク・キュウハ 昔、中国を九つの州に分けた、その九人の長官。九州の長官。伯は、覇で、長官。

【九尾△狐】キュウビのキツネ 尾が九つに分かれた老狐ロウコ。①夏カの禹王ウオウ・周の文王の時などに、天下太平のしるしとして現れたという。②よく人をたぶらかすことから、わるがしこい人にたとえる。③国 金毛九尾の狐が、中国で殷インの時、妲妃ダッキとなって紂王チュウオウをたぶらかし、後、天竺テンジク（インド）に現れ、華陽夫人となって、釈尊を誘い、再び中国の周の時、褒姒ホウジとなって幽王を惑わし、後、日本に渡り、玉藻前たまものまえとなって鳥羽とば天皇を悩まし、安倍泰親アベのやすちかに那須野原なすのがはらで切られ、化して殺生石となったという。

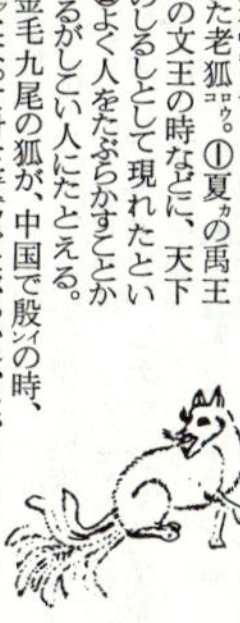

〔九尾狐①〕

【九微】キュウビ ①非常に奥深いところ。道家の語。②灯火の名。漢代に外国から献上したという。〔唐、王維、洛陽女児行〕

【九品】キュウヒン ①＝九卿キュウケイ。②官吏の第一品から第九品に至る九つの階級。魏ギの時代に始まる。③仏クボン ㋐極楽浄土の九つの階級。㋑九品浄土の略。極楽浄土。西方浄土。㋒九品蓮台レンダイの略。極楽浄土の蓮はすのうてな。

【九賓】キュウヒン 天子が賓客として大切にもてなす九種類の人人。①公・侯コウ・伯・子・男・孤・卿ケイ・大夫・士。一説に、この九つの人々は、天子が賓客をもてなす場合の接待役であるともいう。②＝九卿キュウケイ。

【九△嬪】キュウヒン 周代、天子につかえる九人の女官。嬪は、女官の階級の一つで、（三）夫人の下、（二十七）世婦の上。

【九服】キュウフク 周代、王畿オウキ（天子の都千里四方）を中心とし、その外に五百里ずつの幅で順次に定めた九つの地域。侯服コウフク・甸服デンプク・男服・采服サイフク・衛服・蛮服・夷服イフク・鎮服・藩服バンプク。服は、天子に服従する意。九畿キュウキ。

【九牧】キュウボク ①九州の長官。牧は、民を養う意。②九州。天下。

【九門】キュウモン 宮城の周囲の九つの門。㋐古代、路門・応門・雉門チモン・庫門・皐門コウモン・城門・近郊門・遠郊門・関門。㋑清代シンダイ、北京の都城で、正陽門・崇文門・宣武門・安定門・徳勝門・東直門・西直門・朝陽門・阜成門フセイモン。

【九野】キュウヤ ①九州の野。②＝九天。③天下。

【九曜】キュウヨウ ①九つの星。日曜星・月曜星・火曜星・水曜星・木曜星・金曜星・土曜星・計都星・羅睺星ラゴウセイ。九星。②国クヨウ 紋所の名。中央に大きい星を置き、周囲に八個の小星がある。

【九流】キュウリュウ 先秦センシン時代の代表的な、九つの学派。儒家・道家・陰陽家・法家・名家・墨家・縦横家・雑家・農家。これに小説家を加えて、十家という。〔漢書、芸文志〕

【九輪】クリン 仏 塔の露盤の上の高い柱につけた飾りで、九つのかねの輪を重ねたもの。その上に水煙（火炎形の飾り）がある。

〔九輪〕

(2)1 **【乜】** 57 △ 漢ベ 呉メ 国 miē

字義 ❶斜視。❷みこ。巫フ。

解字 指事。也ヤの字から｜の一画を除いて、乜の字とし、本来、中国語の音節として存在しないミャの音を表し、異民族の姓や、擬態語として用いられる。

(3)2 **【丸】** 58 教2 ガン まる・まるい・まるめる 漢カン（クヮン） 呉ガン（グヮン） 音 wán

2061
345D

筆順 ノ 九 丸

字義 ❶まるい。まる。円形・球形のもの。❷小さくてまるいもの。「丸薬」❸たま。「弾丸」「砲丸」❹まるめる。

❺ころげる。また、ころがす。❻丸薬や墨を数える語。転じて、墨。国まる。㋐まったく。まるまる。そっくり。完全。満。「丸焼け」「丸一日」㋑城郭の内部。「本丸」㋒金銭の隠語。㋓人名・船名・刀名などにそえる語。「牛若丸」

名乗 まろ 難読 丸河内・丸子・丸雪・丸部・丸鞆・丸瀬布

使いわけ まるい・まる〔丸・円〕
〔丸〕立体的にまるい。「丸い屋根」
〔円〕平面的にまるい。「円いテーブル」
なお、円満の意、完全・すっかりの意の場合は仮名書きが適当。「人間がまるくなった・まる一年・まる暗記」　記号としてのまるは〔丸〕を用いる。「正しいものに丸をつけよ」

解字 篆文 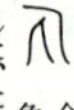 会意。乙＋匕。乙は、両端に刃のある彫刻刀の象形。匕は、あいくちの象形。いろいろな刃物で、まるくした、たまの意味を表す。『説文』は、かたむくの意味を表す仄の反対の形で、ころがるの意味を表すとする。丸を音符に含む形声文字には、「まるい」の意味を含み、紈があ る。

▼一丸・矢丸・探丸・弾丸

【丸髷】国結婚した女の髪のゆい方の一種。頂に楕円形でやや平たいまげをつけてゆうもの。

【丸髻】男子の髪のゆい方の一種。みずら。頂の髪を中央から左右に分け、耳のあたりでたばねて垂れたもの。

【丸剤（劑）】＝丸薬。↓次項。

【丸薬（藥）】ねって粒にした飲み薬。

(3)2
【乞】59

標 ㊀㊥キツ・㊉コチ 㕲 qǐ ㊁㊥キ・㊉ケ 宋 qì 慣コツ

2480
3870

字義 ㊀❶こう。こいもとめる。また、こい。もとめ。ねがい。❷こじきする。ものもらいする。「乞食」㊁あたえる。

難読 乞丐・乞児・乞食

解字 仮借。もと雲気の形にかたどり、気体の意味を表したが、音形が祈に近く、借りて、「こう」の意味に用いる。

【乞仮（假）】①いとまをこう。休暇をもらう。仮（假）は、暇に同じ。②金銭や品物などをこいかりる。仮は、かりる。

【乞丐】①こじき。乞食。②請い求める。

【乞骸】辞職を願い出る。自分の身は君主にささげてしまったので、そのなきがらを賜って郷里に帰って葬りたいとの意。乞二骸骨一。〔漢書、趙充国伝〕

【乞巧】七月七日の夜の七夕祭に、女子が、五色の紙や糸などを供えて牽牛・織女の二星を祭り、裁縫などの技芸の上達を祈ること。〔荊楚歳時記〕

【乞巧奠】ほしまつり。↓前項。日本では孝謙天皇の天平勝宝七年（七五五）に初めて清涼殿の庭で行われた。

【乞児（兒）】こじき。乞人。乞丐。

【乞食】①食物を請い求める。②ものもらい。乞丐。③仏僧の修行の一つ。人家の門に立ち、食を請い求めること。

【乞人】こじき。乞児。乞丐。〔孟子、告子上〕

(3)2
【也】60

囚 ㊀ヤ 馬 yě ㊁ヤ 禡

4473
4C69

筆順 ㇆ 㐌 也

字義 ㊀なり。や。助字。⇩助字解説 ㊁また。…もまた。詩や俗語に多く用いる。

助字解説
①なり。断定。……である。〔論語、里仁〕父母之年、不レ可レ不レ知也。〈両親の年は知っていなければならないことである〉
②や。㋐疑問・反語。……か。どうして……か。〔論語、顔淵〕君子何患三乎無二兄弟一也。〈君子たるものがどうして兄弟のないことを悲しみうれえる必要があろうか〉㋑提示。……は。〔礼記、檀弓下〕子之哭也、壱似三重有二憂者一。〈あなたの哭している様子は、ほんとうに重ね重ねつらい目に会った人のようですね〉㋒詠嘆。……のことよ。〔史記、項羽本紀〕是何楚人多也。〈なんと楚の国の人の多いことよ〉㋓呼びかけ。……よ。〔論語、八佾〕賜也、爾愛二其羊一。〈賜よ、お前は羊を惜しんでいるね〉㋔語調を強める。〔論語、八佾〕君子無レ所レ争、必也射乎。〈君子は人と争いごとをしないが、もしあるとすれば、それはきっと射礼の場合であろうか〉

名乗 あり・ただ

解字 金文  篆文  象形。『説文』は、女の生殖器の形にかたどるとする。しかし、その意味に用いた例はない。借りて、助字の、「なり・や」などの意味に用いる。也を音符に含む形声文字に、匜・弛・髢などがあり、これらの漢字は、「ひさげ」の意味を共有している。

【也已】断定の助字。ただそれだけ。ばかりである。〔論語、為政〕斯害也已。

【也已矣】↓也已。〔論語、泰伯〕泰伯其可レ謂二至徳一也已矣。

【也哉】①強い断定の助字。また、感嘆の意を含んだ断定の助字。〔宋、蘇軾、論二范増一文〕増亦人傑也哉。〔孟子、告子上〕是豈人之情也哉。②反語の意を表す助字。

【也者】というものは。というのは。〔論語、学而〕孝弟也者。

(6)5
【乩】61

△ ケイ 斉 jī

〔孔〕→子部 二九〇ページ。

字義 ❶うらなう（占）。盆の上に砂を盛り錐で字を書いて占う。❷かんがえる。稽。

解字 会意。占＋乚。占は、うらないの意味。乚（乙）は、ジグザグな形の象形。ジグザグな模様から吉凶をうらなうの意味を表す。

(7)6
【乱】62

教 6 ラン みだれる・みだす

(13)12
〔亂〕63

ラン 翰 luàn 唐ロン

4580
4D70

4812
502C

筆順 二 千 舌 舌 乱

字義 ❶みだれる。㋐治まらない。秩序がない。「乱世」㋑ごたごたする。入りまじる。「混乱」㋒まよう。まどう。「惑乱」❷みだす。混乱させる。秩序を破る。❸みだれ。㋐秩序がない。㋑戦争。騒乱。㋒不作法。㋓反乱。むほん。❹みだりに（濫）。むやみに。「乱発」❺わたる。流れを横ぎる。❻音楽の最後の一節。「関雎之乱」また、辞賦の最後にあってその大意をまとめる章。❼おさめる（治）。「乱臣」国みだれ。㋐歌謡のともなわない能楽の舞の一種。㋑芝居で、太鼓入りのはやしをいう。

名乗 おさむ。 難読 乱波（破）・乱離

参考 現代表記では〔爛〕（4454）の書きかえに用いることがある。「腐爛→腐乱」

解字 篆文 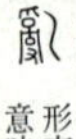 形声。乙＋𤔔（音）。音符の𤔔は、みだれるの意味。乙は、乱れた糸の端の象形。みだれるの意味を表す。𤔔と混同して、おさめるの意味にも用いる。

▼壊乱・禍乱・混乱・錯乱・散乱・衰乱・戦乱・争乱・騒乱・治乱・胴乱・内乱・波乱・反乱・煩乱・兵乱・暴乱・惑乱

【乱鴉】みだれ飛んでいるからす。

【乱雲】①みだれ飛ぶ雲。②婦人の黒髪の形容。③俗に雨雲と呼ぶ不定形の雲。

【乱階】(ランカイ) ①世のみだれるきざし。乱のよっておこるもと。〔詩経、巧言〕②順序を越えて位階を進めること。

【乱獲】(ランカク) (魚・鳥・獣などを)むやみやたらにとること。

【乱逆】(ランギャク) むほん。反逆。逆乱。

【乱行】(ランコウ・ランギョウ) みだらなおこない。乱暴なふるまい。

【乱△鴻】(ランコウ) 列をみだして飛んでいる雁。

【乱雑(雜)】(ランザツ) ごたごたと入りまじること。

【乱山】(ランザン) ふぞろいにそびえている山々。

【乱子】(ランシ) 親を親とも思わない子。親の命に従わない子。

【乱首】(ランシュ) ①乱の張本人。謀反人のかしら。②髪の乱れた頭。

【乱書】(ランショ・みだれがき) 順序もなく雑然と書くこと。

【乱心】(ランシン) みだれた心。くるった心。気がくるう。〔左伝、昭公二〕

【乱臣】(ランシン) ①国をみだす悪臣。君を殺す臣。②国をよく治める臣。乱は、治める意。〔論語、泰伯〕

【乱臣賊子】(ランシンゾクシ) 君を殺す臣と、父を害する子。〔孟子、滕文公下〕

【乱神】(ランシン) ①理に合わぬことと神秘的な事。〔論語、述而〕子不レ語二怪力乱神一(シ カイリョクランシンをかたらず)。②心をみだす。

【乱人】(ランジン) ①乱をおこす人。国をみだす人。〔荘子、盗跖〕②心のみだれている人。気ちがい。③欲ばりな人。

【乱酔(醉)】(ランスイ) 国だらしなく酒に酔う。

【乱世】(ランセイ) みだれた世の中。戦乱の世。

【乱世英雄】(ランセイのエイユウ) 乱世において活躍する英雄。許劭(キョショウ)が魏(ギ)の曹操(ソウソウ)を「清平之姦賊(セイヘイのカンゾク)、乱世之英雄(ランセイのエイユウ)」と評した。〔後漢書、許劭伝〕

【乱政】(ランセイ) ①みだれた政治。また、まつりごとをみだす。〔左伝、隠公五〕②まつりごとをおさめる。乱は、治める意。

【乱戦(戰)】(ランセン) ＝乱闘。

【乱俗】(ランゾク) ①みだれた風俗。〔荀子、栄辱〕②風俗を乱す。

【乱賊】(ランゾク) ①世をみだすわるもの。②みだし害する。

【乱打】(ランダ) むやみに打つ。めったうち。

【乱△帙】(ランチツ) 取り散らかした書物。帙は和とじの本を包むおおい。〔菅茶山、冬夜読書詩〕閑収二乱帙一思二疑義一(しずかにランチツをおさめギギをおもう)、一穂青灯万古心(イッスイのセイトウ バンコのこころ)〈心静かに、取り散らかした書物を片づけ今読んだ本の疑問の箇所を考える、一本の穂にも似た青い灯火が古代の聖賢の心を思い起こさせるのである〉

【乱調】(ランチョウ) みだれた調子。

【乱点(點)】(ランテン) あちこちに散らばっている。また、あちこちに散らばす。

【乱闘(鬪)】(ラントウ) 敵・味方がいりみだれてたたかう。

【乱道】(ランドウ) ①よこしまな説をとなえて道理をみだす。でまかせをいう。②へたな詩文。自作の謙称。拙作。

【乱読(讀)】(ランドク) むやみやたらに読む。濫読ランドク。

【乱入】(ランニュウ) みだれいる。なだれこむ。

【乱発(發)】(ランパツ) ①。むやみに発射する。②むやみに発行する。濫発ランパツ。

【乱費】(ランピ) むやみについやす。また、むだづかい。濫費ランピ。

【乱筆】(ランピツ) 国①みだれがき。順序もなく書き散らすこと。②なぐり書き。書体の乱暴なこと。また、自分の筆跡の謙称。「乱筆乱文」

【乱舞】(ランブ) ①入りみだれて舞う。②狂ったように舞う。「狂気乱舞」③国(ランブ・ランプ) ㋐鎌倉時代以後、五節(ゴセチ)などの酒宴の後に、殿上人が今様歌(いまようた)をうたって舞った仕舞。㋑能の舞のあいまに舞う舞。

【乱邦】(ランポウ) みだれたくに。乱国。〔論語、泰伯〕

【乱亡】(ランボウ) ①みだれほろびる。②みだしほろぼす。

【乱暴】(ランボウ) ふるまいなどの荒々しく粗雑なこと。

【乱麻】(ランマ) 入りまじってもつれたあさ糸。転じて、入りまじり乱れて多いさまの形容。また、乱れた世の中のたとえ。「快刀乱麻を断つ」〔史記、天官書〕死人如二乱麻一(シニンランマのごとし)。

【乱脈】(ランミャク) 国みだれてすじみちが立たないこと。乱雑。

【乱離】(ランリ) ①世の中がみだれて人々が離ればなれになる。②世の中の乱れによるうれい。離は、うれい。〔詩経、四月〕

【乱流】(ランリュウ) ①水が不規則に流れる。②川を横ぎって渡る。③みだれてしまりのないこと。

【乱倫】(ランリン) ①人としての道をみだす。〔論語、泰伯〕②人倫にはずれた行い。男女関係のだらしのないこと。

(8)7 **【乳】** 64　教 6　ニュウ　ちち・ち　乳母(うば)　3893 467D

(8)7 〔乳〕 65　漢ジュ　呉ニュウ(ニウ)　慶 rǔ

筆順　⺈　孚　乳

字義　❶子を産むこと。また、鳥が卵を産むこと。❷ちち。ち。㋐ちぶさ。㋑ちちしる。「母乳」❸乳を飲ませる。転じて、養う。育てる。いつくしむ。❹ちぶさのような形をしたもの。また、乳のように白く濁っている液。

難読　乳女(めのと)・乳人(めのと)・乳井(にお)・乳部(みぶ)・乳母(めのと・うば・おんば・まま)・乳酪(バター)

解字　篆文 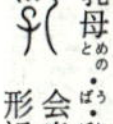 会意。爪＋子＋乙。爪は手を下に向けてつかむ形にかたどる。乙は乳房の象形。赤子を乳に向ける形から、ちちを飲ませるの意味を表す。
▼花乳・字乳

【乳△媼】(ニュウオウ) ＝乳母。

【乳気(氣)】(ニュウキ) 子どもらしい気分。おさないきもち。

【乳△虎】(ニュウコ) 子持ちのとら。子を保護するために気の荒くなっているとら。〔荘子、盗跖〕

【乳歯(齒)】(ニュウシ) ちのみば。人の生後六か月ごろからはえ、六、七歳から十一、二歳ごろまでに永久歯とぬけかわる歯。

【乳児(兒)】(ニュウジ) ちのみご。みどりご。あかご。生後一年ぐらいまでの子ども。

【乳臭】(ニュウシュウ) ちちのにおいのすること。ちちくさい。転じて、年が若くて経験の乏しい者をいやしめていうことば。〔漢書、高帝紀上〕

【乳鉢】(ニュウバチ) 薬などをねり、または粉にする、小型のすりばち。

【乳△糜】(ニュウビ) ①ちちで作ったかゆ。②食物が胃の中で消化されて乳汁のようになったもの。

【乳△哺】(ニュウホ) ちちを飲ませて小児を養う。

【乳母】(ニュウボ) 母親にかわって子どもにちちを飲ませて育てる女。うば。めのと。乳人。乳媼ニュウオウ。乳嫗ニュウウ・ニュウオウ。

【乳名】(ニュウメイ) 幼いときの名。幼名。小字。

【乳養】(ニュウヨウ) ちちを飲ませて育てる。育てやしなう。乳育。

【乳酪】(ニュウラク) 牛や羊などのちちの脂肪分を固めて造った食品。バター。〔晋書、天錫伝〕乳酪養レ性(ニュウラク セイをやしなう(ふ))。

(11)10 **【乾】** 66　常　カン　かわく・かわかす　㊀漢ケン・呉ゲン　先 qián　㊁カン　寒 gān　2005 3425

筆順　一　古　卓　乾

字義　㊀❶易(エキ)の八卦(ハッカ)の一つ。☰。上にあって、強い・治める・始めるなどのかたち。❷易の六十四卦の一つ。䷀乾下乾上。剛健で進んでやまないかたち。↕坤(コン)。❸天。そら。あめ。「乾元」(ケンゲン)❹つよい。すこやか。「乾剛」(ケンゴウ)❺いぬい(いぬゐ)。北西。
㊁❶かわく。ひる。かれる。また、かわかす。ほす。「乾燥」「乾涸」(カンコ)❷生気がない。とぼしい。❸表面だけ。名義上だけのこと。「乾笑」

名乗　きみ・すすむ・たけし・つとむ・ふ

難読　乾海鼠(ほしこ)・乾児(こぶん)・乾瘡(はたけ)・乾反(ひぞり)・乾飯(かれいい)・乾風(あなじ)・乾風(からかぜ)・乾酪(チーズ)

解字　金文 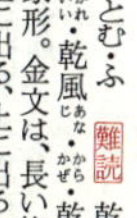 篆文 象形。金文は、長い旗ざおの象形で、上に出る、上に出るもの、そらの意味を表す。また、暵(カン)に通じ、かわくの意味をも表す。乾は、乙＋

倝音の形声。

【乾儀】天。また、天の法則。↔坤儀（大地）。

【乾乾】進んでやまないさま。おこたらず努力するさま。

【乾元】天の道。天理。元は大（その作用の広大であること）、また、初め（万物化成の根源）の意。〔易経、乾〕

【乾綱】①天の法則。綱は、綱紀・法則の意。②天子の大権。綱は、しめくくりをするおおづな。

【乾涸】かわきかれる。水がひあがる。

【乾剛】つよい。心がつよくしっかりしていること。

【乾坤】①易の二つの卦の名。☰と☷。②天と地。あめつち。天地自然。〔唐、杜甫、登岳陽楼詩〕乾坤日夜浮。→呉楚②（九四ページ）。③陽と陰。④日と月。⑤男と女。⑥いぬい（北西）と、ひつじさる（南西）。

【乾坤一擲】天下をかけ、運命をかけて、のるかそるかの大勝負をすること。一擲賭乾坤。

【乾児（兒）】①こぶん。てした。②名義上の子。養子。

【乾湿（濕）】かわくこととしめること。かわきとしめり。

【乾漆】①うるしの液が久しい貯蔵によってかたまりとなったもの。漢方で、ふるい血液の駆除や殺虫剤に用いる。②麻布をうるしではり合わせて仏像や器物の素地としたもの。「乾漆像」

【乾鵲】鳥の名。かささぎ。

【乾笑】つくりわらい。うわべだけの笑い。

【乾象】天体の現象。日月星辰のおこす現象。

【乾燥】①かわく。また、かわかす。②うるおいのないこと。おもしろみのないこと。「無味乾燥」

【乾端坤倪】天のはてと地のはて。天地のかぎり。倪は、きわ・はしの意。〔唐、韓愈、南海神廟碑〕

【乾徳】①天子の徳。②進んでやまない剛健な徳。

【乾杯・乾盃】①杯の酒を飲みほすこと。②宴会でたがいに杯をあげて飲みほし、慶事や健康を祝い合うこと。

【乾覆】天が万物をおおい育てること。また、天をいう。

【乾没】①偶然の幸運によって利益を得ること。一説に、かけなどで利を得ることを乾、その逆を没という。②他人の利益や物を横取りする。

【乾麺】①うどん粉。むぎ粉。②ほした麺類。

【乾酪】牛や羊などの乳の蛋白質を固まらせて作った食品。チーズ。

【乾隆帝】清の第六代の皇帝、高宗の称。雍正帝（世宗）の子。名は弘暦。天山南北路・安南・ビルマ・台湾などを平定すると共に、学術を奨励して『四庫全書』等を編集するなど、文武の功多大。在位六十年。乾隆はその年号。（一七一一―一七九九）

【乾霊（靈）】①天の神。また、陽の精気。②国あまつかみ。天神。天照大神。

【旋乾転（轉）坤】天地をひっくりかえす。天下の乱を治めて平和にかえす。国家の面目を一新する。乾は天、坤は地。〔唐、韓愈、潮州謝上表〕

(11)10 【乿】67 △ 漢チ 呉ジ（ヂ） 図 zhì (chì)

字義 おさめる。＝治。

解字 会意。爫（爪）＋糸＋乚。爪は、手の象形。糸は、いとの意味。乚（乙）は、みだれた糸の象形。みだれた糸を整える、おさめるの意味を表す。

(13)12 【亂】(63) ラン　乱（62）の旧字体。→三九ページ。　4812 502C

1 亅部

［亅］ 4813 502D

〔部首解説〕はねぼう。文字としては、亅は、音漢ケツ・呉ガチ（グヮチ）。象形。かぎの形にかたどる。文字の構成要素になるが特定の意味はもたず、亅が独立した文字として用いられた例もない。

1 了 四一　3 予 四一　5 争 四三　6 事 四三　7 事 四三

承→手部 四三六ページ。預→頁部 一二九六ページ。丞→一部 二六ページ。

(2)1 【了】68 常 リョウ　リョウ（レウ） 篠 liǎo　4627 4E3B

筆順 フ 了

字義 ❶おわる。おえる。すむ。「終了」 ❷さとる。理解する。「了悟」 ❸さとい。かしこい。 ❹あきらか。「一目了然」 ❺文末にあって、完了の意味を表す助字。 ❻ついに。結局。さっぱり。まったく。

名乗 あら・すみ・のり

参考 現代表記では〔諒〕（7233）の書きかえに用いる。「諒解→了解」「諒承→了承」

解字 篆文　象形。子の字形に両ひじがない形で、手足ともくるまれた乳児の形にかたどる。くるめるの意味から、二つの事がらがおわるの意味を表す。また、瞭に通じて、あきらかの意味も表す。

▼結了・投了・読了・満了・未了・魅了

【了解】物事の意味や事情を理解すること。諒解。

【了見】国料簡。①考えはかる。また、考え。②たえしのぶ。ゆるす。

【了簡】＝了見。

【了悟】仏あきらかにさとる。

【了察】おしはかる。思いやる。諒察。

【了承】納得して承知する。領承。

【了然】あきらかなさま。はっきりするさま。瞭然。

【了得】さとる。会得。

【了了】①かしこいさま。②あきらかなさま。了然。③ついに。

(4)3 【予】69 3 教 ヨ　4529 4D3D

㊀ (16)豕9 【豫】70 ヨ 御 yù　4814 502E

㊁ (4)3 【予】△ ㊀ヨ 語 yǔ ㊁ヨ 魚 yú

筆順 フ マ ヱ 予

字義 ㊀❶獣の名。大きい象。❷あらかじめ。前もって。かねて。❸たのしむ。あそぶ。遊びたのしむ。❹おこたる。なまける。❺よろこぶ。やわらぎよろこぶ。❻ためらう。ぐずぐずする。「猶予」 ❼あずかる。かかわる。❽易の卦の名。☳☷坤下震上。人の心がやわらぎ楽しむさま。❾古代中国の九州の一つ。今の河南省全部と山東・湖北省の一部。

㊁㊀あたえる。たまう。㊁われ（余）。一人称代名詞。

名乗 たのし・まさ・やす・やすし　難読 予言・予予

解字 ㊀篆文　形声。象＋予音。音符の予は、身心ともに伸びやかになるの意味。象は、おっとりした動物のぞうの象形。のびやかに楽しむの意味を表す。また、転じて、ゆとりをもって備える、あらかじめの意味をも表す。常用漢字では、予を用いる。

㊁甲骨文　篆文　象形。機織りの横糸を自由に走らせ通すための道具、「ひ」の象形で、こちらから向こうへおしやるの意味から転じて、あたえるの意味を表す。また、借りて、われの意味も表す。予を音符に含む形声文字に、伃・預・序・抒・舒などがあり、これらの漢字は、「のびやか・ゆるやか」の意味を共有している。

▼逸予・暇予・不予・猶予

【予一人】天子の自称。自分も一個の人間で余人と異ならないという謙辞。〔書経、湯誥〕

【△予△豈好ㇾ弁(辯)】ヨあにベンをこのまんや　私はどうして議論好きであろうか。時勢を憂え、だまっておれない心境を表す言葉。〔孟子、滕文公下〕——、予不ㇾ得ㇾ已也ヨやむをえざるなり。〈——、〈今の時勢ではしかたがないのだ〉

【予(豫)感】ヨカン　事がまだあらわれない前に感じ知る。

【予(豫)期】ヨキ　あらかじめ期待する。こうなるであろうと前もって思う。あてにする。

【予(豫)見】ヨケン　事がまだあらわれない前に察知すること。

【予(豫)言】ヨゲン　①未来のことを予測していうこと。また、そのことば。②国かねごと　約束のことば。前言。

【予(豫)後】ヨゴ　医者が予断する、病気の今後の経過。また、俗に、病後の経過の意に用いる。

【予(豫)告】ヨコク　前もって知らせる。さきぶれ。

【予(豫)算】ヨサン　①前もってたてたみつもり。②かねての心づもり。③国家や地方自治体などが次の会計年度について立てた収入支出の計画。

【予(豫)習】ヨシュウ　前もってならっておく。したしらべ。↕復習。

【予(豫)章】ヨショウ　①昔の地名。長江の北、淮河ワイの南の地で、春秋時代に呉・楚ソが戦闘を繰り返した。②郡名。漢代に置く。今の江西省の地。郡治は南昌(今の南昌市)。③川の名。江西省の贛江カンの上流の章水をいう。④台の名。長安の昆明池の中にあった。

【△予小子】ヨショウシ・われショウシ　①天子が喪に服している時の自称。〔礼記、曲礼下〕②天子の自称。〔書経、金縢〕

【予(豫)譲(讓)】ヨジョウ　戦国時代の刺客。晋シンの智伯に仕え、智伯が趙襄子チョウジョウシに殺されると、その復讐フクシュウを図って失敗し自殺した。「士は己を知る者のために死す」と言った。〔史記、刺客伝〕

【予(豫)△餞会(會)】ヨセンカイ　前もってする送別会。餞は、送別の贈り物。

【予(豫)測】ヨソク　前もっておしはかること。

【△予奪】ヨダツ　あたえることと、取りあげること。与奪。転じて、賞罰の意に用いる。

【予(豫)断(斷)】ヨダン　前もって判断する。

【予(豫)知】ヨチ　あらかじめ知る。前もって知る。

【予(豫)定】ヨテイ　あらかじめきめておく。

【予(豫)備】ヨビ　前もって準備する(用意する)。また、そのもの。

【予(豫)報】ヨホウ　前もって知らせる。予想して知らせる。また、その知らせ。「天気予報」

【起△予】ヨをおこす・われをおこす　自分の気づかないことをさとらせる。自分の心を啓発する。〔論語、八佾〕

---

(6)5 【争】71　教 4　ソウ　あらそう　3372 *4168*

(8)爪4 〔爭〕72　人 許　㊀ 漢ソウ(サウ)　呉ショウ(シャウ)　唐 zhēng　㊁ 漢ソウ(サウ)　呉ショウ(シャウ)　韻 zhèng　6407 *6027*

筆順
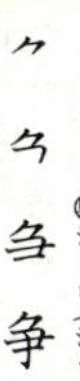

字義 ㊀㊁ ❶**あらそう** あらそふ。㋐引き合う。二人が引っぱり合って争う。㋑きそう。力で優劣・勝敗を決める。「戦争」「競争」㋒うったえる(訟)。㋓ほこる(誇)。功績をほこる。❷いさめる(諫)。「争友」❸**あらそい** あらそひ。❹**いかでか**。どうして。反語の意を表す。
難読 争戸さかへ・さかべ

解字 甲骨文　甲骨文　篆文
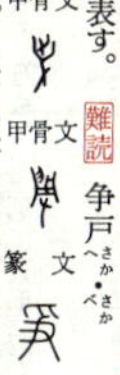
会意。𠬪+厂。𠬪は、上下から手で引きあう意味。厂は力の字の変形。力を入れて引きあう、あらそうの意味を表す。甲骨文には、用(鐘の象形)を上下の手で奪いあう形のものがある。常用漢字では争を用いる。争を音符に含む形声文字に、崢ソウ・箏ソウ・諍ソウなどがあり、これらの漢字は、「あらそう」の意味を共有している。

▼競争・係争・交争・抗争・廷争・党争・紛争・兵争・面争・論争

【争子】ソウシ　親の不善をいさめる子。諍子ソウシ。〔孝経、諫争章〕

【争訟】ソウショウ　あらそい訴える。訴えごと。

【争心】ソウシン　あらそう心。人に勝とうとする心。

【争臣】ソウシン　君主の不善をいさめる臣。諍臣ソウシン。〔孝経、諫争章〕

【争奪】ソウダツ　あらそいうばう。うばいあい。〔荀子、性悪〕

【争端】ソウタン　あらそいのきっかけ。あらそいの糸口。

【争長】ソウチョウ・ちょうをあらそう　①たがいに席次の順を争う。②たがいに長所をくらべ争う。

【争闘(鬭)】ソウトウ　あらそいたたかう。闘争。

【争覇】ソウハ・はをあらそう　覇者となることをあらそう。覇権を争う。また、勝敗を争う。

【争友】ソウユウ　不善をいさめる友。諍友ソウユウ。〔孝経、諫争章〕

【争乱(亂)】ソウラン　あらそいみだれる。また、あらそいによる混乱。

【争論】ソウロン　あらそって論じ合う。言いあらそい。

(7)6 【亊】73　△ ジ　事(74)の俗字。↓次項。　4815 *502F*

〔氶〕↓一部　二六ページ。

---

(8)7 【事】74　教 3　ジ・ズ　こと　漢シ・呉ジ　唐 shì　慣ズ　2786 *3B76*

筆順
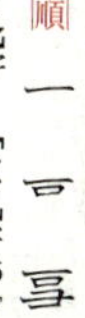

〔叓〕古字　〔亊〕俗字 4815 *502F*

字義 ❶**こと**。㋐ものごと。「事物」㋑ことがら。「事態」㋒しごと。つとめ。「事業」「事務」㋓できごと。「事件」「事変」㋔まつりごと。政治。❷**ことと する** こととす。専念する。努め行う。❸**つかえる** つかふ。主君や目上の人などに仕える。「師事」❹用いる。使う。使役する。❺とどまる。
名乗 つとむ・わざ　難読 事知ことしろ・事禱ことぶき

解字 甲骨文　金文　篆文

象形。神への祈りの言葉を書きつけ、木の枝などに結びつけたふだを手にした形にかたどる。祭事にたずさわる人のさまから、しごと・つかえるの意味を表す。『説文セツモン』は、史+之㊥の形声文字とする。

▼逸事・陰事・往事・王事・外事・家事・官事・幹事・紀事・記事・議事・吉事・給事・凶事・兄事・検事・公事・好事・後事・行事・国事・故事・歳事・参事・惨事・師事・指事・私事・時事・執事・従事・主事・情事・叙事・神事・臣事・人事・成事・政事・世事・俗事・大事・多事・知事・珍事・通事・農事・秘事・父事・無事・仏事・変事・法事・房事・本事・民事・有事・余事・理事・領事

【事機】ジキ　①事のはずみ。②仕事の機密。

【事宜】ジギ　①事のよろしきにかなうこと。ほどよいこと。②事がら。事項。

【事況】ジキョウ　ようす。事情。〔唐、白居易、与二微之一書〕

【事業】ジギョウ　①しごと。わざ。〔易経、坤卦〕②一定の目的達成のため継続的に行う活動。

【事件】ジケン　①事がら。事項。②できごと。また、重要なできごと。

【事故】ジコ　①こと。わけ。しさい。②普通でない。悪いできごと。さわり。事件。故障。

【事功】ジコウ　①仕事。②事業の成績。③てがら。

【事項】ジコウ　①事がら。②個条書きにしたもの、一つ一つの条項。

【事始】ことはじめ　↕事納。国①仕事に着手すること。②昔、陰暦十二月八日にすす払いなどをして正月の準備をしたこと。③昔、東国で陰暦二月八日に農事をはじめたこと。

【事事物物】ジジブツブツ　なにもかも。あらゆる物事。万事万端。〔伝習録、上〕
【事象】ジショウ　実際に起こり、見知ることができる事がら。また、そのありさま。
【事情】ジジョウ　事の実際のありさま。実情。〔史記、孟軻伝〕
【事勢】ジセイ　①事のいきおい・なりゆき。②政治上の勢力。
【事跡・事△迹・事△蹟】ジセキ　物事や事件のあったあと。
【事績】ジセキ　成しとげた事がら。事の成績。
【事体（體）】ジタイ　①事の体裁・格式。また、事の大体。②国＝事態。↓次項。
【事態】ジタイ　国事のありさま。事情。「緊迫した事態」
【事大主義】ジダイシュギ　定見がなく、勢力の強大なものに従う主義。事は、つかえる。
【事端】ジタン　事のはじめ。事件のいとぐち。争いのもと。
【事典】ジテン　①事のきまり。法則。規則。②事がらを分類して説明した辞書。字典・辞典と区別して「ことてん」ともいう。「百科事典」
【事納】ことおさめ　↕事始。国①物事のおわり。②昔、二月八日に年神の棚をおろしたこと。③昔、東国で、十二月八日にその年の農事をおえたことをいう。
【事半功倍】ことはなかばにしてコウはバイす　わずかな努力で多大の効果をあげること。『孟子』公孫丑上編に「事半二古之人一、功必倍レ之」とあるのに基づく。
【事柄】ジヘイ　①事件の中心。また、事の起こるもと。②国ことがら　ものごと。ことのようす。
【事変（變）】ジヘン　①普通でないできごと。騒動。暴動。②国宣戦布告をしない小規模の戦争。
【事由】ジユウ　事の理由。わけがら。
【事予（豫）則立】ことはあらかじめすればすなわち（は）たつ　物事は、前もって準備すると、成功する〔中庸〕
【事理】ジリ　事のわけ。事のすじみち。
【事例】ジレイ　物事の前例となる事実。実例。
【事以レ密成】ことはミツをもってなる　事をなすに当って機密を守れば成功する。〔韓非子、説難〕──、語以レ泄敗　ゴはセツをもってやぶる
【事無二二成一】ことにニセイなし　ふたつの事を両方とも成功させることはできない。どちらか一方は失敗する。〔左伝、成公八〕
【△坐レ事】ことにザす　事件のまきぞえをくう。
【臨レ事】ことにのぞむ　事件に出あう。事件に直面する。〔論語、述而〕臨レ事而懼　ことにのぞみておそる。

［承］→手部　四三〇ページ。
［預］→頁部　一一九六ページ。

2　二部

〔部首解説〕に。部首として特定の意味をもたず、もっぱら字形分類のために部首にたてられる。

二 四三　1 于 四五　亍 四五　2 云 四五　五 四五
互 四九　井 四九　3 丼 四九　4 亙 四九　亘 四九
5 亜 五〇　6 亞 五〇　亟 五〇　些 五〇
元→儿部　一〇五ページ。夫→大部　二六七ページ。

(2)0
【二】75　3883　*4673*
教 1　ニ　ふた・ふたつ
十重二十重（とえはたえ）・二十（はたち）・二十歳（はたち）・二十日（はつか）・二人（ふたり）・二日（ふつか）
漢ジ・呉ニ　寅 èr

筆順　一　二

［弍］古字　4817　*5031*

字義　❶ふたつ。ふた。ふ。❷ふたたび。二度。❸ふたつにする。二分する。❹つぎ（次）。そえ（副）。❺ならぶもの。匹敵するもの。❻うたがう（疑）。❼＝弐（2063）。→参考

名乗　かず・さ・すすむ・つぎ・つぐ・ふ　難読　二禁（にきび）・二形（ふたなり）・二戸（にのへ）・二合半（こなから）・二十（はたち）・二十九日（ふつか）・二十五里（つづら）・二十六木（とどろき）・二上（ふたかみ）・二進三進（にっちもさっち）・二布（ふたの）・二風谷（にぶだに）・二幅（ふたの）・二木島（にぎしま）

参考　金銭の記載などには、文字の改変を防ぐため、弐（貳）の字を用いることがある。

解字　甲骨文　金文　篆文　古文　指事。二本の横線で、数のふたつの意味を示す。

▼不二・無二

【二王】ニオウ　①二人の天子。②周以前の二代の王。夏と殷の天子をいう。また、周代、夏の子孫を杞、殷の子孫を宋に封じて王者の礼遇をして二王、または二王の後と呼んだ。③二人の王姓の人。㋐西晋の清談家の王戎と王衍。㋑東晋の書家の王羲之とその子の王献之。④仏法守護の神として、寺門の左右に立てる金剛夜叉の称。仁王。
【二雅】ニガ　『詩経』の大雅と小雅をいう。
【二月花】ニガツのはな・ジゲツのはな　陰暦二月ごろに咲く花。春の花。桃の花などをさす。〔唐、杜牧、山行詩〕霜葉紅二於二月花一　ソウヨウはニガツのはなよりもくれないなり。訳文⇨坐愛の②（三二二ページ）。
【二気（氣）】ニキ　陰の気と陽の気。〔易経、咸卦〕
【二季】ニキ　①二つの季節。春と秋。また、夏と冬。②二代。夏と殷。③盆と暮。
【二儀】ニギ　①天と地。また、陰と陽。両儀。②唐の高宗の作った舞。
【二極】ニキョク　①南極と北極。両極。②ふたつの至高の道。忠と孝。また、君と親。③ふたつの相異なる極致。
【二元論】ニゲンロン　哲学で、宇宙の現象を二つの根源的な原理によって考える考え方。↕一元論・多元論。
【二言】ニゲン・ニゴン　①ふたことば。二字。②一度言ったことを言い改めること。二枚舌。いつわり。
【二鼓】ニコ　①午後十時。二更。②国二の鼓（つづみ）　昔、雅楽に用いた鼓。
【二更】ニコウ　五更の第二の時刻。今の午後十時前後。午後九時から十一時（一説に、十時から十二時）までの二時間。→五更（四七四ページ）。
【二三】ニサン　①二三にする。いろいろにかえる。一貫しない。②二、三人。③二つ三つ。わずか。④二と三との積の六をいう。
【二三子】ニサンシ　①二三人。②門人などの数人に呼びかける語。お前たち。〔論語、八佾〕③君主が諸侯に呼びかける語。
【二四不同】ニシフドウ　七言の絶句や律詩の句の第二字と第四字との平仄が一致してはいけない規則。
【二者択（擇）一】ニシャタクイツ　二つの中から一つをえらぶこと。
【二△豎】ニジュ　病気。病気の神。春秋時代の晋の景公が病気にかかったとき、病魔が二豎子（二人の子供）となって夢に現れ、どんな薬でもきかない膏肓（心臓と横隔膜の間）のところに宿ろうと相談した故事。（不治の病を膏肓という）〔左伝、成公十〕
【二十五史】ニジュウゴシ　二十四史に『新元史』を加えたもの。→二十四史。
【二十五△菩△薩】ニジュウゴボサツ　仏仏に次ぐ有徳者二十五人の称。
【二十四気（氣）】ニジュウシキ　陰暦で、一年の気節を二十四に分けたもの。十五日を一気とし、一か月を二気、一年を二十四気とする。立春・雨水・啓蟄・春分・清明・穀雨・立夏・小満・芒種・夏至・小暑・大暑・立秋・処暑・白露・秋分・寒露・霜降・立冬・小雪・大雪・冬至・小寒・大寒。二十四節気。→気候（六〇八ページ）。
【二十四孝】ニジュウシコウ　舜や曾参・閔子騫・子路など、古今の孝子二十四人をいう。

【二十四史】ニジュウシシ 清(シン)の乾隆(ケンリュウ)年間に選定した中国歴代の正史二十四をいう。

書名	巻数	編著名	構成 本紀・帝紀	表	書・志	世家	列伝
①史記(しき)	一三〇	(前漢)司馬遷(しばせん)	○	○	○	○	○
②漢書(かんじょ)	一二〇	(後漢)班固(はんこ)	○	○	○		○
③後漢書(ごかんじょ)	一二〇	(宋)范曄(はんよう)等	○		○		○
④三国志(さんごくし)	六五	(晋)陳寿(ちんじゅ)	○				○
⑤晋書(しんじょ)	一三〇	(唐)房玄齢(ぼうげんれい)等	○		○		○
⑥宋書(そうじょ)	一〇〇	(梁)沈約(しんやく)	○		○		○
⑦南斉書(なんせいしょ)	五九	(梁)蕭子顕(しょうしけん)	○		○		○
⑧梁書(りょうしょ)	五六	(唐)姚思廉(ようしれん)	○				○
⑨陳書(ちんしょ)	三六	(唐)姚思廉	○				○
⑩魏書(ぎしょ)	一一四	(北斉)魏収(ぎしゅう)	○				○
⑪北斉書(ほくせいしょ)	五〇	(唐)李百薬(りひゃくやく)	○				○
⑫周書(しゅうしょ)	五〇	(唐)令孤徳棻(れいことくふん)等	○				○
⑬隋書(ずいしょ)	八五	(唐)魏徴(ぎちょう)等	○		○		○
⑭南史(なんし)	八〇	(唐)李延寿(りえんじゅ)	○				○
⑮北史(ほくし)	一〇〇	(唐)李延寿	○				○
⑯旧唐書(くとうじょ)	二〇〇	(五代後晋)劉昫(りゅうく)等	○		○		○
⑰新唐書(しんとうじょ)	二二五	(宋)欧陽脩(おうようしゅう)	○	○	○		○
⑱旧五代史(きゅうごだいし)	一五〇	(宋)薛居正(せっきょせい)等	○		○		○
⑲新五代史(しんごだいし)	七四	(宋)欧陽脩	○			○	○
⑳宋史(そうし)	四九六	(元)托克托(とくと)等	○	○	○		○
㉑遼史(りょうし)	一一六	(元)托克托等	○	○	○		○
㉒金史(きんし)	一三五	(元)托克托等	○	○	○		○
㉓元史(げんし)	二一〇	(明)宋濂(そうれん)等	○	○	○		○
㉔明史(みんし)	三三六	(清)張廷玉(ちょうていぎょく)等	○	○	○		○

【二十四番花信風】ニジュウシバンカシンのかぜ 小寒から穀雨までの二十四候のうちで、一候(五日)ごとに吹く新しい春風に応じて開花するという二十四の花の順序。小寒には梅・山茶(つばき)・水仙、大寒には瑞香(じんちょうげ)・蘭(ラン)・山礬(サンバン)、立春には迎春(おうばい)・桜桃(ゆすら)・望春(こぶし)、雨水には菜・杏(あんず)・李(すもも)、啓蟄(ケイチツ)には桃・棣棠(やまぶき)・薔薇(ばら)、春分には海棠(カイドウ)・梨(なし)・木蘭(モクラン)、清明には桐(きり)・麦・柳、穀雨には牡丹(ボタン)・酴醿(トビ)・楝(おうち)が咲くという。

【二十八宿】ニジュウハッシュク 中国古代の天文説で、天の周囲に列する二十八の星座をいう。天を東(蒼竜(ソウリュウ))・西(白虎(ビャッコ))・南(朱雀(スジャク))・北(玄武)の四方に分け、東は角・亢(コウ)・氐(テイ)・房・心・尾・箕(キ)、北は室・壁・斗・牛・女・虚・危、西は奎(ケイ)・婁(ロウ)・胃・昴(ボウ)・畢(ヒツ)・觜(シ)・参(シン)、南は井・鬼・柳・星・張・翼・軫(シン)の星座に分ける。

【二心】ニシン ①ふたごころ。㋐疑心。㋑謀反(ムホン)の心。②[仏]㋐真如を知る浄心とまどいにおおわれている心。㋑さとりの心と散乱心。

【二世】ニセイ ①二代。二代目。②[国]外国に移民した日本人の子で、その国の市民権を持っているもの。③[仏]ニセ 現在の世と未来の世。

【二世契】ニセのちぎり [国]夫婦のちぎり。

【二姓】ニセイ ①夫の家と妻の家。同姓同士は婚姻を結ばず、夫と妻の家の姓が異なるのをいう。「二姓之好(ニセイのよしみ)」(夫の家と妻の家との親善) ②二つの王朝の君。③二人の夫。

【二聖】ニセイ ①二人の聖人。㋐周の文王と武王。㋑周公と孔子。㋒夏(カ)の禹(ウ)王と孔子。②[国]㋐二人の歌聖。柿本人麻呂と山部赤人。㋑二人の書聖。嵯峨(サガ)天皇と空海。

【二千石】ニセンセキ ①漢代、郡の太守など、年俸が二千石であったもの。②地方長官。「良二千石」

【二千里外故人心】ニセンリガイコジンのこころ 二千里のかなたにいる旧友の心が思われてならない。月を眺めて遠方の友をしのんでいる心。唐の白居易が仲秋の名月の夜、二千里もの遠方にいる親友の元稹(ゲンシン)をしのんで歌った句。〔唐、白居易、八月十五日夜禁中独直対㆑月憶㆓元九㆒詩〕⇩三五夜中新月色(サンゴヤチュウシンゲツのいろ)(一四ページ)。

【二尊】ニソン ①二人の尊いもの。②ふたつの酒だる。尊は樽(ソン)で、たるの意。③[仏]釈迦(シャカ)と弥陀(ミダ)。④[国]伊弉諾尊(いざなぎのみこと)と伊弉冉尊(いざなみのみこと)。

【二諾】ニダク・ジダク ふたしかなうけあい。承諾したことを実行しないこと。〔唐、魏徴、述懐詩〕季布無㆓二諾㆒(キフニダクなし)。

【二程】ニテイ 北宋(ホクソウ)の学者である、程顥(テイコウ)(明道)と弟の程頤(テイイ)(伊川(イセン))。二程子。

【二天】ニテン 恩人をいう。人は常に天恩を受けているが、天の外に更に一天(恩人)あるという意。〔後漢書、蘇章伝〕

【二典】ニテン ①『書経』の尭典(ギョウテン)と舜典(シュンテン)。②内典(経書)と外典(ゲテン)(仏書)。

【逐㆓二△兎㆒者不㆑獲㆓一△兎㆒】ニトをおう(ふ)ものはイットをもえず 二匹のうさぎを追って捕らえようとするものは、その一匹をも捕らえることができない。同時にふたつの事に志すと失敗するたとえ。虻蜂(あぶはち)とらず。

【二等親】ニトウシン [国]親族を親疎によって分けた中の、第二等に

二十八宿

星宿	和名	距星	州	分野	方位	四神
角	すぼし	おとめ座α	兗(エン)	鄭(テイ)	東	蒼竜(ソウリュウ)(青竜)
亢(コウ)	あみぼし	おとめ座κ				
氐(テイ)	とも	てんびん座α				
房	そい	さそり座π	予	宋(ソウ)		
心	なかご	さそり座σ				
尾	あしたれ	さそり座μ	幽	燕(エン)		
箕(キ)	みぼし	いて座γ				
斗	ひつき	いて座ϕ	揚	呉越	北	玄武(ゲンブ)
牛	いなみ	やぎ座β				
女	うるき	みずがめ座ε				
虚	とみて	みずがめ座β	青	斉		
危	うみやめ	みずがめ座α				
室	はつい	ペガスス座α	并(ヘイ)	衛		
壁	なまめ	ペガスス座γ				
奎(ケイ)	とかき	アンドロメダ座ζ	徐	魯(ロ)	西	白虎(ビャッコ)
婁(ロウ)	たたら	おひつじ座β				
胃	えきえ	おひつじ座35	冀(キ)	趙(チョウ)		
昴(ボウ)	すばる	おうし座η				
畢(ヒツ)	あめふり	おうし座ε				
觜(シ)	とろき	オリオン座λ	益	魏(ギ)		
参(シン)	からすき	オリオン座δ				
井	ちちり	ふたご座μ	雍(ヨウ)	秦(シン)	南	朱雀(シュジャク)
鬼	たまおの	かに座θ				
柳	ぬりこ	うみへび座δ	三河	周		
星	ほとおり	うみへび座α				
張	ちりこ	うみへび座ν				
翼	たすき	コップ座α	荊(ケイ)	楚(ソ)		
軫(シン)	みつかけ	からす座γ				

当たる親族。現行法では、祖父母・兄弟姉妹・孫。

【二南】『詩経』国風の召南と周南の詩。周初の成王を補佐した周公旦と召公奭の子孫の領地（今の河南省）から採集したといわれる。

【二難】①二つの得難いもの。賢い君主とよい賓客。②優劣をつけ難い二つのもの。転じて、賢い兄弟。③二つの成しとげがたいもの。④二つの難儀。

【二人同レ心、其利断（斷）レ金】心を同じくして事に当たれば、どんな難事もなしとげ得るたとえ。利は、鋭いこと。〔易経、繋辞伝上〕

【二覇】二人の覇者（諸侯の長）。斉の桓公と晋の文公。

【二伯】①東西の二伯。周公と召公。②＝二覇。

【二八】①十六。②十六歳。〔晋、陶潜、責レ子詩〕阿舒已二八。③十六日。

【二分】①春分と秋分。②ふたつに分ける。③二割。十分の二。④国百分の二。

【二柄】①刑と徳を行う権力。賞と罰。法家の韓非子は、君主が臣下を統御する道は、この二柄にあると説いた。〔韓非子、二柄〕②文と武とのふたつの権力。

【二毛】①黒い毛髪としらが。②しらがまじりの老人。中老の人をいう。

【二毛作】同一の田畑で、一年に二度作物をつくること。↔一毛作。

【二陸】①晋の文人、陸機・陸雲の兄弟。②南宋の学者、陸九齢・陸九淵の兄弟。

【二律背反】国論理学で、二つの命題が同じように妥当に見えながら、互いに矛盾し、くいちがい合って両立し得ないこと。

【二六時中】一昼夜。いつでも。昔、昼を六時、夜を六時に分けたのでいう。

【二六対（對）】七言の絶句や律詩の句の第二字と第六字との平仄が一致する規則。↔二四不同。

(3)1 【于】76 標 ⊖ウ 虞 yú ⊜ク 4818 5032

〔亏〕本字

字義 ⊖❶助字。⇩助字解説 ❷おいて。＝於。「于レ時」❸ゆく。〔詩経、周南、桃夭〕之子于帰。⊜ああ。感嘆の助字。＝吁。「于嗟」

助字解説 ①訓読では読まないが、上下の語句の関係を示すので、送りがなによってその意味を表す。……に。……を。類乎・於。㋐時間・場所・動作の対象、目的などを示す。〔十八史略、五帝〕尭老倦二于勤一〈尭帝は年老いて仕事にあきた〉㋑比較。……より。〔孟子、滕文公下〕脅レ肩諂笑、病二于夏畦一〈肩をたかくし人にこびへつらい笑うのは、真夏に田を耕すよりも疲れる〉②ここに。語調を整える。〔詩経、周南、葛覃〕黄鳥于飛、集二于灌木一〈高麗うぐいすが飛んで、群がり生える木に集まる〉

難読 于茲

解字 甲骨文  甲骨文  金文  篆文  象形。弓のそりを正す道具の象形。一説に、柄の曲がったての象形。借りて、感嘆を表すことば、ああ・かなどの意味に用いる。篆文は、亏。于（亏）を音符に含む形声文字に、夸・瓠・刳・胯・跨・杅・汙・洿・盂・迂・宇・紆などがあり、これらの漢字は、「弓なりに曲がる」の意味を共有している。

【于于】①何も知らないさま。②満足するさま。自得の形容。③うたたねするさま。④多難のさま。⑤行くさま。

【于役】君命を奉じて他国に使いしたり、国境警備などに行くこと。

【于越】①越の国。於越。②呉と越。③官名。もと契丹の最も尊い職。

【于帰（歸）】嫁にゆくこと。〔詩経、周南、桃夭〕

【于公高門】前漢の于公が公平な裁判をし、その余徳によって子孫に家をおこす者が出ることを予期し、高官の乗る車を入れる用意に門を高くした故事。果たしてその子、于定国が丞相となった。〔漢書、于定国伝〕

【于嗟】ああ。嘆息や感嘆の時、発することば。〔史記、伯夷伝〕于嗟徂兮、命之衰矣〈ああ死んでしまおう、天命の衰えたことよ〉

【于闐・于寘】漢代の西域の国の名。今の新疆ウイグル自治区の和田（和闐）地方。美玉を産し、唐代には都督府が置かれ安西都護府に属した。

【于武陵】晩唐の詩人。名は鄴。（八一〇～?）

(3)1 【亍】77 △ ⊖漢チョク 因 chù ⊜漢チュウ（チウ）・呉チュ 遇

字義 ⊖⊜❶とどまる。たたずむ。❷すこし歩む。こまたに歩く。❸一説に、右足の歩み。↔彳（左足の歩み）。

解字 篆文  指事。進み行くの意味を表す彳の形を反対にして、もどりとどまるの意味を表す。

(4)2 【云】78 標 ウン 図 yún 1730 313E

字義 ❶いう。ものをいう。❷ここに。これ。発語や句中の助字として用い、句調を整える。❸めぐる。かえる。また、かえす。❹くも。＝雲。❺物の多い形容。

解字 古文（雲）  象形。雲の原字。雲がたちのぼる形にかたどり、くもの意味を表す。借りて、いう・ここにの意味に用いる。

【云為（爲）】①言うことと為すこと。言語と動作。言行。②世態人情。世間のありさま。

【云云】①しかじか。以下のことを省略するときに用いる語。②多言するさま。③雲がむらむらと起こる形容。④物の多い形容。芸芸。

【云何】いかに。どうして。どうだ。如何。

【云爾】というわけである。上の文をまとめて、結ぶ語。

(4)2 【五】79 教1 ゴ いつ・いつつ ゴ 麌 wǔ 五月晴・五月雨 2462 385E

筆順 一 丆 五 五

字義 ❶いつつ。いつ。❷いつたび。五度。❸いつつにする。いつたびする。また、五倍にする。国いつつ。辰の刻（今の午前八時）と戌の刻（今の午後八時）。

名乗 い・いず・かず

難読 五加・五加木・五月・五月少女・五月蠅・五三竹・五十・五十崎・五十君・五十公・五十公野・五十子・五十嵐・五十集・五十里・五十川・五十島・五十猛・五十鈴川・五十郎・五祝・五倍子・五百・五百家・五百旗頭・五百月・五百木・五味子・五六

参考 金銭の記載などには、文字の改変を防ぐため、伍の字を用いることがある。

解字 甲骨文  篆文  指事。二は、天地、㐅は、交差を示し、天地間に交互に作用する五つの元素（木・火・土・金・水）の意味から、数のいつつの意味を表す。五を音符に含む形声文字に、寤・悟・衙・語・齬などがあり、これらの漢字は、「交差する」の意味を共有している。

【五悪（惡）】①五つの悪。㋐陰険・邪僻（よこしま）・偽弁・怪異をよく記憶する・外面を飾る。〔荀子、宥坐〕㋑身体の健康を害する熱・寒・風・温・燥。②仏五戒を破る五つ

の悪。殺生（セッショウ）・偸盗（チュウトウ）・邪淫（ジャイン）・妄語・飲酒（オンジュ）。

【五位】（ゴイ）①五つの方角。東・南・中央・西・北。②五方の神。五行説で、東は蒼帝（ソウテイ）、南は赤帝、中央は黄帝、西は白帝、北は黒帝。③水・火・木・金・土の五行をいう。④歳・日・月・星・辰（シ）をいう。⑤易（エキ）の第五爻（コウ）の位。

【五雲】（ゴウン）①青・白・赤・黒・黄の五種のくも。昔は、その変化を見て吉凶を占った。②一つの雲で五色を備えた雲。仙女の遊ぶ所という。〔唐、白居易、長恨歌〕楼閣玲瓏五雲起（ロウカクレイロウとしてゴウンおこる）。

【五運】（ゴウン）五行の運行。五行説では帝王は五運によってその位を得るという。運行の順には、相勝（水・火・金・木・土）と相生（木・火・土・金・水）の別がある。↓五行。

【五音】（ゴオン・ゴイン）音楽の五つのねいろ。五つの音階。宮・商・角・徴（チ）・羽。五声。

【五花馬】（ゴカバ・ゴカのうま）青と白とのまだらのある馬。あしげの馬。美しい毛並の馬。五花驄（ゴカソウ）。〔唐、李白、将進酒詩〕五花馬（ゴカのうま）、千金裘（センキンのかわ（は）ごろも）、呼レ児将出換二美酒一（ジをよびもちいだしてビシュにかえ（へ）よ）〈五花の馬、千金の価値のある皮ごろも、小僧を呼んで、持ち出して美酒にかえさせなさい〉

【五戒】（ゴカイ）①犯罪を未然に防がせる五つのいましめ。誓・誥（コウ）・禁・糾・憲。②仏五つのいましめ。不殺生（フセッショウ）・不偸盗（フチュウトウ）・不邪淫（フジャイン）・不妄語・不飲酒（フオンジュ）。

【五学(學)院】（ゴガクイン）国平安時代の五つの学院。勧学院・学館院・淳和院（ジュンナイン）・奨学院・弘文院（コウブンイン）。

【五岳(嶽)】（ゴガク）中国の五大名山の総称。泰山（東岳）・華山（西岳）・衡山（南岳）・恒山（北岳）・嵩山（スウザン）（中岳）。

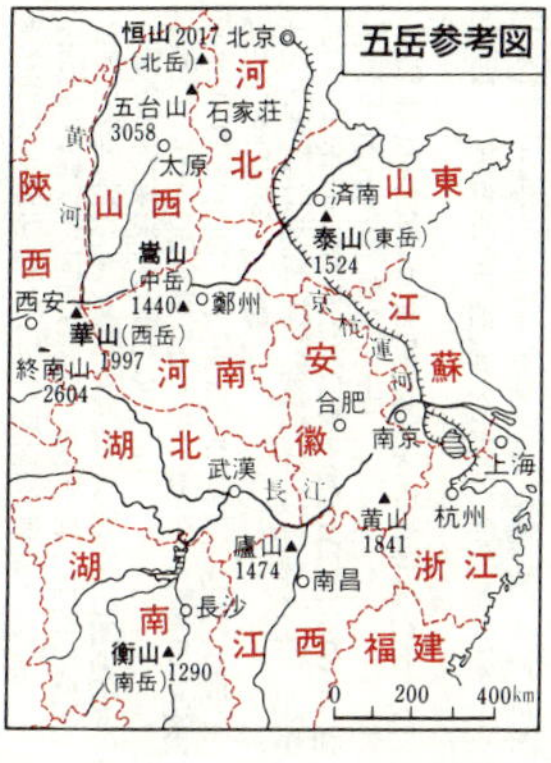

【五月雨】（さみだれ）国陰暦五月に降る長雨。梅雨。つゆ。

【五官】（ゴカン）①五つの官職。㋐五行の官。木正・火正・金正・水正・土正。㋑司徒・司馬・司空・司士・司寇（シコウ）。㋒司徒・宗伯・司馬・司寇・司空。㋓唐代、暦をつかさどった官。挈壺正（ケッコセイ）・霊台郎・保章正・司暦・司辰（シシン）。②五つの感覚器官。目・耳・鼻・口・皮膚。

【五感】（ゴカン）目・耳・鼻・口・皮膚で感じる五つの感覚。視覚・聴覚・嗅覚（キュウカク）・味覚・触覚の五つ。◇「五感（感覚）」と「五官（感覚器官）」は本来、別語だが、同義に用いることもある。「五感が鋭い」「五官が刺激を受ける」

【五気(氣)】（ゴキ）①五臓から出る五種の気。心気・肝気・脾気（ヒキ）・肺気・腎気（ジンキ）。②五行の気。寒・暑・燥・湿・風。

【五季】（ゴキ）五代。梁（リョウ）・唐・晋・漢・周。季は世の末で、唐（シ）末に起こった国であるからいう。

【五△畿】（ゴキ）国畿内の五つの国。山城（京都）・大和（やまと）（奈良）・河内（かわち）・和泉（いずみ）（共に大阪）・摂津（大阪・兵庫）の五国の総称。

【五逆】（ゴギャク）①君・父・母・祖父・祖母を殺すこと。②仏五つの大悪行。父・母・阿羅漢（アラカン）を殺すこと、僧侶の和合を破り仏道修行をさまたげること、仏身を傷つけること。

【五教】（ゴキョウ）①人のふみ行うべき五つの教え。㋐父の義・母の慈・兄の友・弟の恭・子の孝。〔左伝、文公十八〕㋑父子の親・君臣の義・夫婦の別・長幼の序・朋友の信。〔孟子、滕文公上〕②君子が人を教える五つの方法。時雨が物を化育するような時を得た方法、徳性に応じて成就させる方法、才能の長所を伸ばす方法、質問に答えて疑惑を解く方法、間接に君子の感化を受けて自分で修めさせる方法。〔孟子、尽心上〕

【五経(經)】（ゴキョウ・ゴケイ）儒教の五つの経典。易経（周易）・書経（尚書）・詩経・礼（儀礼（ギライ））。後に礼記（ライキ）をいう）・春秋。漢代からいわれた。↓五経博士。

【五経(經)正義】（ゴキョウセイギ）書名。二百二十三巻。唐の孔穎達（クヨウダツ）らが太宗の勅命を奉じて編集した五経の注釈書。

【五経(經)大全】（ゴキョウタイゼン）書名。百十七巻。明（ミン）の永楽十二年（一四一四）に胡広（ココウ）らが、勅命を奉じて編集した五経の注釈書。

【五経(經)博士】（ゴキョウハカセ）前漢の武帝の建元五年（前一三六）に五経の専門家を博士に任じて大学でそれぞれの専門の経書を講義させた、その官名をいう。↓五経。

【五行】（ゴギョウ）①古代、万物を生成すると考えられた五元素。水・火・木・金・土。〔書経、洪範〕②仁・義・礼・智（チ）・信。五常。〔荀子、非十二子〕③仏布施・持戒・忍辱（ニンニク）・精進・止観の五つの修行。

五行	木	火	土	金	水
五星	木星	火星	土星	金星	水星
五時	春	夏	土用	秋	冬
五方	東	南	中央	西	北
五色	青	赤	黄	白	黒
五声	角	徴	宮	商	羽
五常	仁	礼	信	義	智
五数	八	七	五	九	六
五味	酸	苦	甘	辛	鹹
五帝	青帝	赤帝	黄帝	白帝	黒帝
五情	喜	楽	慾	怒	哀
五臓	肝	心	脾	肺	腎

〔五行①〕

【五行説】（ゴギョウセツ）戦国時代の騶衍（スウエン）の唱えた学説で、王朝の交替を五行の運行で説いて五徳終始の説を立てた。漢代に至り、陰陽説と合して、宇宙の万物はすべて五行の相生、相勝（相剋（ソウコク））によって生成されると説く。

【五行相勝】（ゴギョウソウショウ）五行が水・火・金・木・土の順序に運行するということ。水は火に勝ち、火は金に勝ち、金は木に勝ち、木は土に勝ち、土は水に勝つこと。五行相剋（ソウコク）ともいう。

【五行相生】（ゴギョウソウセイ）五行が木・火・土・金・水の順序に運行するということ。木は火を生じ、火は土を生じ、土は金を生じ、金は水を生じ、水は木を生じること。

【五金】（ゴキン）五種の金属。金・銀・銅・鉄・錫（すず）（一説に、鉛）。

【五苦】（ゴク）①五つのにが味。②仏五つの苦しみ。㋐生・老・病・死・愛別離の苦しみ。㋑天道・人道・餓鬼道・畜生道・地獄道の五道の苦しみ。

【五刑】（ゴケイ）五種の刑罰。①周代は、墨（いれずみ）・劓（ギ）（はなきり）・刖（ゲツ）（足きり）・宮（生殖能力を失わせる）・大辟（タイヘキ）（死刑）。②秦・漢は、黥（ゲイ）（いれずみ）・劓・左右の足をきる・梟首（キョウシュ）（首をさらす）・菹（ショ）（死体を塩づけにしてさらす）。③隋以後は笞（チ）（むちうつ）・杖（ジョウ）（棒でたたく）・徒（ズ）（懲役）・流（ル）・死。

【五劇】（ゴゲキ）いつまたの道。道が五方に分かれている、中心の繁華街。〔唐、盧照鄰、長安古意詩〕

【五原】（ゴゲン）①唐の韓愈（カンユ）の作った原道・原性・原人・原鬼・原毀の五つの文をいう。②漢代の郡名。今の内蒙古（ウチモウコ）自治区包頭市の西南。

【五古】（ゴコ）五言古詩の略。↓五言の②。

【五△虎将(將)軍】（ゴコショウグン）三国時代、蜀（ショク）の劉備（リュウビ）の部下の五人の名将。関羽・張飛・趙雲（チョウウン）・馬超・黄忠。

【五△胡十六国(國)】（ゴコジュウロッコク）西晋（セイシン）の末から南朝宋（ソウ）の元嘉（ゲンカ）十六年（四三九）まで百三十年間に、華北に侵入した北方・西方の異民族（匈奴（キョウド）・羯（カツ）・鮮卑・氐（テイ）・羌（キョウ））および漢民族の建てた十六の国。匈奴の前趙（ゼンチョウ）・北涼・夏（大夏）、羯の後趙、鮮卑の前燕（ゼンエン）・後燕・西秦（セイシン）・南涼・南燕、

氏の成（成漢）・前秦・後涼、羌の後秦、漢民族の前涼・西涼・北燕。

【五△羖大夫】ゴコタイフ　春秋時代、秦の百里奚をいう。秦の穆公が五羖（五匹の雄羊）の皮で、楚から百里奚を買い取り、これに国政をまかせた故事。〔史記、秦本紀〕

【五湖】ゴコ　湖の名。①江蘇省南部にある太湖付近の五つの湖水。また、太湖の別名。②洞庭湖付近の湖水。また洞庭湖をいう。③近代では、洞庭湖・鄱陽湖・太湖・巣湖・洪沢湖の中国の五大湖をいう。

【五鼓】ゴコ　①昔、日食の時に打った五つの鼓。青鼓・赤鼓・白鼓・黒鼓・黄鼓。②五更（午前四時）に打つ鼓。

【五更】ゴコウ　①漢代以後、一夜を五つに区分した時刻の名。また、その五番目。甲夜（初更、午後八時の前後二時間、一説に後の二時間。以下同じ）・乙夜（二更、午後十時）・丙夜（三更、午後十二時）・丁夜（四更、午前二時）・戊夜（五更、午前四時）。②午前四時。戊夜。③長老の称。

【五侯】ゴコウ　公・侯・伯・子・男の五等の諸侯。五爵。

【五穀】ゴコク　①五種の主要な穀物。㋐麻・黍・稷・麦・豆。㋑稲・稷・麦・豆・麻。②[国]米・麦・粟・黍・豆。

【五根】ゴコン　[仏]眼・耳・鼻・舌・身の五つの感覚器官。

【五言】ゴゴン・ゴゲン　①仁・義・礼・智・信の五徳の言。②五言の詩。毎句が五字からなる漢詩。五言古詩（句数に制限のないもの。略して、五古・五言古）・五言絶句（四句二十字からなる。略して五絶）・五言律詩（八句四十字からなる。略して、五言律・五律）・五言排律（五言の対句を六つ以上偶数に排列したもの。略して、五排）などがある。押韻を偶数句末にふむを原則とする。⇩コラム・漢詩（六六〇㌻）。

【五△采・五彩】ゴサイ　青・黄・赤・白・黒の五色。

【五材】ゴザイ　①金・木・水・火・土。②智・仁・勇・忠・信。

【五罪】ゴザイ　＝五刑。

【五雑（雜）組】ゴザッソ　書名。十六巻。明の謝肇淛の著。天・地・人・物・事の五つに分けて種々の自然や社会の現象を記した随筆。五雑俎とも書く。

【五山】ゴサン・ゴザン　①五つの山。㋐中国の五大名山。→五岳。㋑渤海の東の海上にあるという伝説上の五つの仙山。岱輿・員嶠・方壺・瀛洲・蓬萊。㋒中国の五つの仙山。泰山・華山・首山・太室・東萊。②[仏]五つの寺。㋐インドで、祇園・竹林・大林・誓多林の各精舎と那蘭陀寺。㋑中国で、径山寺・育王寺・天竜寺・霊隠寺・浄慈寺。㋒日本の京都の五山。天竜寺・相国寺・建仁寺・東福寺・万寿寺。㋓鎌倉の五山。建長寺・円覚寺・寿福寺・浄智寺・浄妙寺。

【五山版】ゴザンバン　[国]古版本の一つ。鎌倉時代から室町時代末にかけ京都・鎌倉の五山とその系統を引いた禅寺で出版された書物。

【五山文学（學）】ゴザンブンガク　[国]鎌倉時代から室町時代末期にかけて、鎌倉五山に始まり京都五山の禅宗の名僧によって行われた文学。虎関師錬・夢窓疎石・雪村友梅・義堂周信らの語録や詩文が有名である。

【五△祀】ゴシ　家庭で行う五つの祭り。春は戸（入口の神）、夏は竈（かまどの神）、秋は門（門の神）、冬は行（道路の神）、土用に中霤（土地の神）を祭る。

【五識】ゴシキ　[仏]眼・耳・鼻・舌・身の知覚作用。色・声・香・味・触。

【五車】ゴシャ　①五台の車。→②。②蔵書の多いこと。戦国時代の宋の恵施は蔵書が多くて、五台の車に蔵書を載せたという故事。「五車之書」〔荘子、天下〕

【五尺△之童】ゴシャクのドウ・ゴセキのドウ　幼少の子供をいう。周代の五尺は今の百十二、三センチメートルに当たり、その程度のせたけの子供。一説に、一尺は二歳半、従って十二歳から十四歳くらいまでの子供。

【五爵】ゴシャク　＝五侯。

【五十△而知㆓天命㆒】ゴジュウにしてテンメイをしる　孔子が五十歳になって、天が自分に与えた使命を自覚したこと。ここから、五十歳を知命という。〔論語、為政〕――、六十而耳順ロクジュウにしてみみしたがう（ふ）。〈――、六十歳になり何を聞いても素直に受け入れられるようになった〉

【五十児（兒）有㆓七十母㆒】ゴジュウのこシチジュウのははあり　五十歳の子に、七十歳の母が（健康で）いる。いつまでも母親が健在である幸福をいう。〔頼山陽、送㆑母路上短歌〕――、此福人間得応㆑難このフクジンカンうることまさにかたかるべし。〈――、この幸福はこの世でまことに得難いものであろう〉

【五十歩百歩】ゴジッポヒャッポ　大差がないこと。戦場で五十歩逃げても百歩逃げても、逃げたという点では変わりないこと。表面的には少しの違いはあっても本質的には同じである意。大同小異。「孟子、梁恵王上」に「以㆓五十歩㆒笑㆓百歩㆒ゴジッポをもってヒャッポをわらわば、則何如すなわち（は）ちいかん」とあるのに基づく。

【五丈原】ゴジョウゲン　昔の地名。今の陝西省岐山県の南の斜谷口の西側の地。三国時代、蜀の諸葛孔明が、この地で魏の司馬懿の軍と相対したが、ついに陣中に病没した。

【五常】ゴジョウ　①人が常に実行すべき五つの道。五倫。㋐＝五教の①。㋑仁・義・礼・智・信。②＝五行。③五人のすぐれた兄弟。蜀の馬良（あざなは季常）の兄弟五人は、みな才名高く、字にみな常の字を用いたので、馬氏の五常と呼ばれた。→白眉（七三三㌻）。

【五情】ゴジョウ　①五つの感情。喜・怒・哀・楽・怨（うらむ）。②[仏]眼・耳・鼻・舌・身の五根の欲情。

【五色】ゴショク・ゴシキ　青・黄・赤・白・黒の五つの色。〔老子、十二〕

【五臣】ゴシン　①舜の五人の臣下。禹・稷・契・皐陶・伯益。②『文選』に注釈をした唐の五臣。呂延済・劉良・張銑・呂向・李周翰。この五人の注釈を五臣注といい、唐の李善の注釈と合わせて六臣注という。

【五△塵】ゴジン　[仏]心のさまたげとなる五つのけがれ。色・声・香・味・触をいう。

【五△瑞】ゴズイ　公・侯・伯・子・男の諸侯が天子に拝謁する時に身につける五種類の玉。桓圭（公）・信圭（侯）・躬圭（伯）・穀璧（子）・蒲璧（男）。五玉。

【五声（聲）】ゴセイ　①＝五音。②辞・色・気・耳・目の五つにあらわれる心のすがた。これによって裁判したという。〔周礼、秋官、小司寇〕③漢字の上平（陰平）・下平（陽平）・上・去・入の五つの発音のしかた。

【五性】ゴセイ　①仁・義・礼・智・信。②人間の五つの性情。喜・怒・欲・懼（おそれる）・憂。

【五星】ゴセイ　五つの惑星。木星（歳星）・火星（熒惑星）・土星（鎮星）・金星（太白星）・水星（辰星）。

【五牲】ゴセイ　五つのいけにえ。牛・羊・豕（豚）・犬・鶏。

【五聖】ゴセイ　中国古代伝説上の五人の聖人。①尭・舜・禹・湯・文王。②庖犠・神農・黄帝・尭・舜。③神農・尭・舜・禹・湯。

【五節（節）会（會）】ゴセチエ　[国]平安時代、宮中で行われた五つの節会。元旦・白馬（正月七日）・踏歌（正月十五・十六日）・端午（五月五日）・豊明（新嘗祭の翌日）。

【五節（節）句・五節（節）供】ゴセック　[国]一年のうちに行われる五度の節句。正月七日（人日）・三月三日（上巳）・五月五日（端午）・七月七日（七夕）・九月九日（重陽）。

【五絶】ゴゼツ　五言絶句の略。→五言。

【五千言】ゴセンゲン　老子の書。五千余字あるのでいう。五千文。

【五臓（臟）】ゴゾウ　五つの内臓。心臓・腎臓・肺臓・肝臓・脾臓。

【五臓（臟）六△腑】ゴゾウロップ　①五臓と大腸・小腸・胃・胆・膀胱

コウ・三焦の六腑。②転じて、はらわた。腹の中。

【五族】ゴゾク ①五つの氏族。②五つの親族。③五百家の称。昔、五家を隣、五隣を里、四里を族、五族を党といった。④五つの民族。漢族・満州族・蒙古族・回族・西蔵族。

【五体(體)】ゴタイ ①五つの書体。㋐篆・八分・真・行・草。㋑古文・大篆・小篆・隷書・草書。②[仏]身体の五つの部分。筋・脈・肉・骨・皮膚。また、右膝・左膝・右手・左手・頭首の併称。転じて、全身。

【五大】ゴダイ [仏]宇宙を構成している五つの要素。地・水・火・風・空。

【五代】ゴダイ ①五つの時代。㋐唐・虞・夏・殷・周。㋑黄帝・唐・虞・夏・殷。②唐末に興った五つの国。梁・唐・晋・漢・周。

【五代史】ゴダイシ 書名。百五十巻。北宋の薛居正らが勅命によって編集した後梁から後周に至る五国の歴史を記した書。欧陽脩の『新五代史』に対して、これを『旧五代史』という。二十四史の一つ。

【五濁】ゴダク ①この世の五つのけがれ。②[仏]ゴジョク 劫濁（時のけがれ）・煩悩濁（欲・いかり・愚かのけがれ）・衆生濁（悪人のけがれ）・見濁（種々の悪い考えのけがれ）・命濁（人の寿命がしだいに縮まること）。

【五達道】ゴタツドウ 天下古今に通ずる、人の従うべき五つの道。君臣・父子・夫婦・兄弟・朋友の道。五倫。〔中庸〕天下之達道五（テンカのタツドウはゴ）。

【五帝】ゴテイ ①五人の皇帝。㋐少昊・顓頊・帝嚳・尭・舜。㋑黄帝・顓頊・帝嚳・尭・舜。㋒太皞・炎帝・黄帝・少皞・顓頊。㋓伏羲・神農・黄帝・尭・舜。②五人の天帝。蒼帝（東方。一名、霊威仰）・赤帝（南方。一名、赤熛怒）・黄帝（中央。一名、含枢紐）・白帝（西方。一名、白招拒）・黒帝（北方。一名、叶光紀）。

【五△鼎】ゴテイ 五種の肉をもった五つのかなえ。大夫の祭礼に神に供えるもの。転じて、富貴の食事。美食。五種の肉は、羊・豕（ぶた）・膚（肉の切り身）・魚・腊（ほし肉）ともいい、また、牛・羊・豕・魚・麋（おおしか）ともいう。〔孟子、梁恵王下〕

【五典】ゴテン ①人のふみ行うべき五つの道。→五常。②古代の書物の名。少昊・顓頊・高辛・唐・虞の書という。③易・書・詩・礼・春秋。五経。

【五斗米】ゴトベイ 五斗（十リットル余り）の米。県令（県の長官）の俸禄。わずかな俸給の意に用いる。〔晋書、陶潜伝〕吾不レ能下為二五斗米一折上レ腰（われゴトベイのためにこしを（を）ることあたわ（は）ず）。

【五斗米道】ゴトベイドウ 後漢の張道陵の立てた道教。張道陵より道を受ける者は、米五斗を出したからいう。天師道。

【五△蠹】ゴト 国家を害する五つのもの。蠹は虫。韓非子の説で、学者・昔のことをいう者・剣を帯びる者・側近者・商工の民。〔韓非子、五蠹〕

【五等】ゴトウ 五つの等級。①爵の五階級。㋐公・侯・伯・子・男。㋑天子・公・侯・伯・子男。②婦人の五等。后（天子の夫人）・夫人（諸侯の夫人）・孺人（大夫の夫人）・婦人（士の夫人）・妻（庶民の配偶）。③死をいう時の五等。崩（天子）・薨（諸侯）・卒（大夫）・不禄（士）・死（庶民）。

【五道】ゴドウ ①五つの道路。②体・目・耳・口・志の五つを養う方法。③道家で、天・人・禽獣・餓鬼・地獄をいう。④[仏]天・人・地獄・畜生・餓鬼。五趣。

【五徳】ゴトク ①人の五つの徳。温・良・恭・倹・譲。②木・火・土・金・水の五行の徳。中国古代の帝王は、五徳の一つを得てなったという。③[国]火鉢などの中にすえて、鉄びんなどをかける三脚、または四脚の輪形のもの。鉄製または陶製。

【五内】ゴナイ・ゴダイ ①＝五臓。②からだの中全体。③心。

【五伯】ゴハ ＝五覇。→次項

【五覇】ゴハ 五人の覇者。覇は、諸侯の旗がしら。①古代の五覇。昆吾・大彭・豕韋・斉の桓公・晋の文公。②春秋時代の五覇。㋐斉の桓公・晋の文公・楚の荘王・呉王闔閭・越王句践。㋑斉桓・晋文・秦の穆公・楚荘・呉王闔閭。㋒斉桓・晋文・秦穆・宋の襄公・楚荘。㋓斉桓・晋文・宋襄・秦穆・呉王夫差。

【五百羅漢】ゴヒャクラカン [仏]釈迦の死後、その教えをまとめるために集まった諸弟子。

【五△廟】ゴビョウ 諸侯の宗廟（みたまや）。二昭・二穆と太祖の廟。→昭穆（五〇三ページ）。

【五品】ゴヒン・ゴホン ①父子・君臣・夫婦・長幼・朋友の道をいう。五倫。②勲功の五等。勲・労・功・伐・閲。③魏晋以後の勲位の第五級。

【五不孝】ゴフコウ 五つの親不孝。働くことを怠る、賭博にふける、妻子の愛におぼれる、欲をほしいままにして父母をはずかしめる、勇気にまかせて人と争うこと。〔孟子、離婁下〕

【五不取・五不△娶】ゴフシュ 妻にめとってはならない五か条。逆臣の家の娘、みだらな家の娘、代々刑人のある家の娘、代々悪疾のある家の娘、母（または父）のない家の長女。〔大戴礼、本命〕〔列子・本命解〕

【五風十雨】ゴフウジュウウ 気候の順調なこと。五日に一たび風が吹き、十日に一たび雨がふること。

【五服】ゴフク ①王畿（王城の周囲千里四方）の外囲を五百里ごとに順次に区切った地域。上古では、甸服・侯服・綏服・要服・荒服。周代では、侯服・甸服・男服・采服・衛服。②喪に服する五段階。斬衰（三年）・斉衰（一年）・大功（九月）・小功（五月）・緦麻（三月）。③天子・諸侯・卿・大夫・士の服装。

【五福】ゴフク 五つの幸福。長寿・富裕・無病息災・道徳を楽しむ・天命を全うする。〔書経、洪範〕

【五兵】ゴヘイ 五種の兵器。戈・戟・鉞（まさかり）・楯・弓矢。また、矛・戟・弓・剣・戈など、異説が多い。

【五歩詩】ゴホのシ 唐の史青が、開元中に上書して、魏の曹植は七歩で詩を作ったが、自分は五歩のうちに詩ができるといったので、玄宗は命じて除夕の詩を作らせたところ、ただちに詩を作った故事。〔全唐詩、四〕

【五畝△之宅】ゴホのタク 周代の井田法で、一夫の有した宅地。朱子の説によれば、二畝半は村里に、二畝半は田地にあるという。〔孟子、梁恵王上〕

【五味】ゴミ 五種の味。鹹（しおからい）・苦（にがい）・酸（すっぱい）・辛（からい）・甘（あまい）。〔礼記、王制〕

【五民】ゴミン 五種の人民。①士・農・工・商・賈。②士・農・工・商賈・兵。

【五門】ゴモン 天子の宮城の五つの門。路門・応門・雉門・庫門・皐門。

【五夜】ゴヤ ＝五更。

【五友】ゴユウ 蘭・菊・蓮・梅・竹をいう。草木のうちで、特に高潔なものとして愛せられた。

【五欲】ゴヨク ①耳・目・鼻・口の欲と心の愛憎の欲。②[仏]色欲・声欲・香欲・味欲・触欲。

【五里霧中】ゴリムチュウ 方角が分からない。また、心が迷って分別のつかないこと。後漢の張楷が道術によって五里四方にわたる深い霧を起こした故事。〔後漢書、張楷伝〕

【五律】ゴリツ 五言律詩の略。→五言。

【五柳先生】ゴリュウセンセイ 晋の陶淵明をいう。淵明（名は潜）は門前に五本の柳を植えて五柳先生と自称した。

【五陵】ゴリョウ ①漢の都長安郊外（渭水の北岸、今の陝西省咸陽市付近）にある漢の高祖以下五帝の墓。長陵（高祖）・安陵（恵帝）・陽陵（景帝）・茂陵（武帝）・平陵（昭帝）。②長安郊外の五陵付近の地。富豪や権力者が多く住んでいた。〔唐、白居易、琵琶行〕

【五倫】ゴリン 人の常によるべき五つの道。→五教の①。

【五倫十起】ゴリンジッキ 後漢の第五倫は清廉公平で有名であったが、人に答えて、兄の子の病気のときには一夜に十度も起き

て見に行っても、帰れば安眠できたが、自分の子の病気には、一度も見に行かなくても心配で眠れない、これ私心のある証拠であると言った故事。〔後漢書、第五倫伝〕

【五輪】(ゴリン) ①五つの車輪。②仏宇宙を構成している五つの要素。地・水・火・風・空をいう。

【五輪塔】(ゴリンのトウ) 仏五輪の②にかたどった塔。地は方、水は円、火は三角、風は半月、空は如意(ニョイ)珠形。墓標などに用いる。

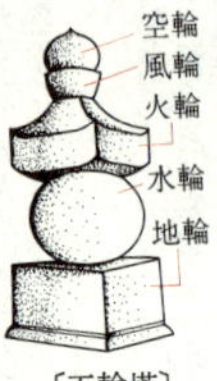

〔五輪塔〕

【五礼(禮)】(ゴレイ) ①吉（祭祀(サイシ)）・凶（喪礼）・賓（賓客）・軍（軍隊）・嘉(カ)（冠婚）の五つの礼。〔書経、舜典〕②公・侯・伯・子・男の五等の諸侯の礼。〔書経、舜典〕③天子・諸侯・卿大夫(ケイタイフ)・士・庶人の礼。〔書経、皐陶謨〕

【五霊(靈)】(ゴレイ) 王者になる前兆として現れる五つの霊妙な動物。麒麟(キリン)・鳳凰(ホウオウ)・亀(かめ)・竜・白虎(ビャッコ)。

(4)2
【互】 80

常 ゴ たがい

筆順 一 ㇀ 𠄟 互

漢コ 呉ゴ 遇 hù

2463
385F

字義 ❶たがい(たがい)。関係のある二つのもの。「相互」❷たがいに(たがいに)。かわるがわる。また、双方ともに、おのおの。「互譲」❸たがいにする。かわるがわるする。❹いりまじる。いりみだれる。❺いけにえの獣肉を懸けるたな。

解字 古文 篆文 象形。古文は、木わくを交差させて組んだ、なわまき器の形にかたどり、たがいの意味を表す。篆文は、それが竹製であるところから、竹を付した。互を音符に含む形声文字に、枑(ゴ)・笠(ゴ)があり、これらの漢字は、「たがいに」の意味を共有している。「且」組の意味と近い。

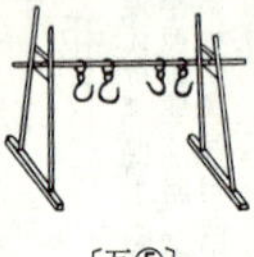
〔互⑤〕

▼交互

【互角】(ゴカク) 国優劣がない。五分五分。伯仲。

【互換】(ゴカン) たがいに取り替えること。また、取り替えられること。

【互訓】(ゴクン) ふたつの文字で、たがいにそれぞれの説明に用いるもの。たとえば、宮を室といい、室を宮という類。

【互恵(惠)】(ゴケイ) 利益や恩恵をたがいに与えあうこと。

【互市】(ゴシ) ①両国がたがいに売買交易する。貿易。②悪人どもがたがいに結託すること。

【互譲(讓)】(ゴジョウ) たがいにゆずりあう。

【互生】(ゴセイ) 植物の葉が違う向きにたがいちがいに生えること。↔対生。

【互選】(ゴセン) 同じ資格の人たちがたがいに選挙し合って、ある人を選び出すこと。

【互文】(ゴブン) ふたつの文または句で、一方に説くことと他方に説くことがたがいに通じ、あい補って意味を完全にするもの。たとえば、天長地久(テンはながくチはひさし)といえば、長は地の説明にも、久は天の説明にも補って用い、天も長久、地も長久という類。

(4)2
【井】 81

常 セイ・ショウ い

筆順 一 二 ㄓ 井

漢セイ・呉ショウ（シャウ） 梗 jǐng

1670
3066

字義 ❶い(ゐ)。いど(ゐど)。地を掘ったり管を通したりして地下水をくみ上げるようにした仕掛け。❷いげた。いげたの形。いげたのように縦と横の線が垂直に交わっているさま。「天井」「井井」❸周代の制で、一里四方九百畝の田地。❹むら。まち。人の集まる所。「市井」❺星座の名。二十八宿の一つ。❻易(エキ)の卦(カ)の一つ。☵☴巽下坎上(ソンカカンショウ)。君子が徳をかたく守っているさま。❼おきて。法。

名乗 きよ 難読 井生(いぶ)・井石(どぶり)・井代(いで)・井目戸(いもつべ)

解字 甲骨文 篆文 象形。いげたの象形で、いどの意味を表す。井を音符に含む形声文字に、姘(セイ)・穽(セイ)などがある。穽は「いど」の意味を含み、姘は「静」に通じる意味を持つ。

▼塩井・市井・天井・露井

【井蛙不可以語於海】(セイアはうみをかたるべからず) 井戸の中のかえるには、広い海の話をしてもわからない。見聞のせまい人には大道を聞かせてもわからないという意。〔荘子、秋水〕

【井幹】(セイカン) ①いげた。②いげたのように組みあげたたかどの。

【井魚】(セイギョ) いどの中の魚。見聞のせまい者のたとえ。〔淮南子、原道訓〕

【井陘】(セイケイ) ①山名。河北省井陘県の東北にある。②関所の名。井陘山の上にあり、太行山脈中の要害の地。井陘口ともいう。

【井戸】(セイコ) ①市中の家。②国いど(いど)。㋐いど。㋑古朝鮮焼きの食器を茶人が茶碗として愛用したもの。井戸茶碗。

【井岡山】(セイコウザン) 山名。江西・湖南の省境にあり、一九二七、八年、毛沢東が革命の根拠地として国民軍に対抗した。

【井市】(セイシ) まち。市井。

【井井】(セイセイ) ①区画のきちんとしているさま。また、事をなすにきまりのあるさま。井然。②きよく静かなさま。③国竹添光鴻(たけぞえコウコウ)の号。→八一五ページ。

【井然】(セイゼン) ＝井井の①。→前項。

【井地】(セイチ) ＝井田。〔孟子、滕文公上〕

【井底蛙】(セイテイのア) 井戸の中のかえる。世間知らず。見聞のせまいたとえ。〔後漢書、馬援伝〕

【井田】(セイデン) 周代の土地制度。一里四方（九百畝）の田地を井の字形に九分して、八家にその一区画（百畝）ずつを与えて耕作させ、中央の一区画は公田として八家が共同に耕作し、その収穫を税として納めさせた。

私	私	私
私	公	私
私	私	私

〔井田〕

【井鮒】(セイフ) いどの中のふなは泉に帰ることを望むことから、故居・故郷をしたうたとえ。〔唐、白居易、孟夏思渭村旧居寄舎弟詩〕

【井閭】(セイリョ) むらざと。井里。閭は、二十五家。

【坐井観(觀)天】(セイにザしてテンをみる) 井戸の中から天を仰ぐ。見聞のせまいたとえ。よしの髄から天井のぞく。〔唐、韓愈、原道〕

[元]→儿部 一〇五ページ。

[夫]→大部 二六七ページ。

(5)3
【丼】 82

標 一漢セイ・呉ショウ（シャウ） 梗 jǐng 二漢タン・呉トン 感 dǎn

4807
5027

字義 一いど(ゐど)。井の本字。二物が井戸の中に落ちこむ音。どんぶり。どぶん。国どんぶり。㋐やや深い厚手の陶製の鉢。㋑どんぶりに盛った飯。丼飯の略。㋒職人などのつける腹がけの前のかくし。

解字 象形。いげたの中に、「かめ」または水のある形にかたどり、いどの意味を表す。井の別体字。国字としては、井戸に物を投げたさまから、どぶん・どんぶりの音を取って、どんぶりの意味を表す。

(6)4
【亙】 83

△ 人許 コウ 径 gèn

4742
4F4A

字義 わたる。亘(コウ)の三の本字。→次項。

解字 金文 指事。金文は、二と月とで、月が天空の一方から一方へわたるの意味を示す。亙の字形を誤って亘に作り、亘が亙の意味に用いられることがある。亙を音符に含む形声文字に、姮(コウ)・恒・絚(コウ)などがあり、これらの漢字は、「いつも変わらない」の意味を共有している。

(6)4
【亘】 84

人 一セン 先 xuān 二漢カン（クヮン） 呉ガン（グヮン） 寒 三コウ 径 gèn (gèng)

4743
4F4B

筆順　一 亓 亘 亙

字義 ㊀㊁❶もとめる。めぐる。❷のべる。㊂＝亙。❶わたる。❷つらなる。

名乗 とおる・のぶ・もとむ　難読 亘尾(あさお)・亘理(わたり)

解字 甲骨文　篆文　象形。物の旋回する形にかたどり、めぐるの意味を表す。また、亙の字形と混同して、わたるの意味をも表す。

(7)5
【亜】85 常 ア　1601 3021

(8)6
〘亞〙86 ㊀許 ㊀ア 禡 yà ㊁ア 麻 yā　4819 5033

筆順　一 亓 亓 亜 亜

字義 ㊀❶みにくい(みにくし)。❷つぐ。つぎ。次位。「亜聖」❸あいむこ。姉妹のむこがたがいに呼ぶ称。❹亜細亜(アジア)の略。「東亜」㊁❶また(岐)。分岐点。❷どもる声。国国名。亜爾然丁(アルゼンチン)の略。

名乗 つぎ　難読 亜鉛(トタン)・亜爾加里(アルカリ)・亜爾然丁(アルゼンチン)・亜刺比亜(アラビア)・亜歴(あかり)

解字 甲骨文　金文　篆文　象形。古代の墓のへやを上から見た形にかたどる。先祖の墓を造って祭る次の世代の意味からか、つぎのものの意味を表す。亞を音符に含む形声文字に、啞(ア)・堊(ア)・悪などがあり、これらの漢字は、「墓穴」の意味を共有している。ただし、啞は、擬声語。

▼欧亜・流亜

【亜槐】(アカイ) 国大納言(ダイナゴン)の別名。三槐、すなわち三公につぐ官という意。亜相。

【亜卿】(アケイ) ①九卿につぐ官。②侍郎。

【亜細亜】(アジア) Asia の音訳。大陸の名。六大州の一つ。アジア州。

【亜相】(アショウ) ①御史大夫の称。宰相につぐ意。②国大納言の別名。

【亜将(將)】(アショウ) 副将。次将。

【亜婿(壻)】(アセイ) 妻の姉妹のおっと。

【亜聖】(アセイ) 道徳・才知が聖人に次ぐこと。また、その人。孔子の弟子の顔回、または孟子(モウシ)をいう。

【亜父】(アホ・アフ) 楚(ソ)の項羽が范増(ハンゾウ)を尊んで呼んだ称。父に次いで尊敬する者の意。〔史記、項羽本紀〕

【亜弗利加】(アフリカ) Africa の音訳。大陸の名。六大州の一つ。アフリカ州。

【亜米利加】(アメリカ) America の音訳。①南北アメリカ。②アメリカ合衆国。

【亜流】(アリュウ) ①同じ流れをくむ人。同じなかま。末流。流亜。②国まねをする人。

(8)6
【亞】(86) ア 亜(85)の旧字体。→前項。　4819 5033

(8)6
【亟】87 △ ㊀㊥キョク・㊥コク 職 jí ㊁キ 寘 qì　4820 5034

字義 ㊀❶すみやか。はやい。❷いそがしい。あわただしい。❸つつしむ(敬)。❹いつくしむ。❺うける(受)。㊁しばしば。たびたび。

解字 金文　篆文　会意。人＋口＋又＋二。又は手の象形。二は上下のわくの象形。人を一定のわくの中に閉じ込めて、口や手でせめたて問いつめせきたてるさまから、すみやかの意味を表す。亟を音符に含む形声文字に、極・殛(キョク)などがあり、これらの漢字は、「問いつめる」の意味を共有している。

【亟行】(キョクコウ・キッコウ) いそいで行く。

【亟疾】(キョクシツ) すみやか。性急。火急。疾もはやい意。

【亟務】(キョクム) 急にすべきつとめ。急いでやるべき仕事。

(8)6
【些】88 標 ㊀シャ 麻 xiē ㊁サ 箇 suò 慣サ　2619 3A33

字義 ㊀いささか。すこし。わずか。「些少」㊁❶語声を強める助字。楚(ソ)の方言で、訓読では読まない。❷なんぞ。この。これ。

解字 篆文　会意。此＋二。二つばかりの・これらの物の意味から、いささかの意味を表す。

【些些】(ササ) すくないさま。すこしばかり。わずかばかり。

【些細】(ササイ) わずか。すこしばかり。瑣細(ササイ)。

【些事】(サジ) ちいさい事がら。細事。

【些少】(サショウ) すこし。すこしばかり。

【些末】(サマツ) すこし。わずか。ちっぽけ。

2
亠部
〔亠〕 4821 5035

〔部首解説〕 なべぶた。けいさんかんむり。易の算木(サン)の形に似ているところから、もと卦算(ケサン)・(サンケイ)冠と呼ばれた。通称、鍋蓋(なべぶた)。文字としては、亠は、音㊥トウ・㊥ズ(ツ)。意味は不明。日本の古文書では、「音」の略字として使われることがある。部首として特定の意味はない。

1 亡 五〇　2 亢 五一　4 亦 五一　亥 五一　交 五一
5 亨 五三　6 享 五三　京 五三　卒 五三　7 奇 五三
亩 五三　京 五三　亭 五三　亮 五四　8 亭 五四
亳 五四　亮 五四　9 商 五四　率 五五　11 亶 五五
19 亹 五五

卞→卜部 一六八ページ。六→八部 一二四ページ。市→巾部 三四二ページ。
充→儿部 一〇七ページ。育→月部 五三〇ページ。夜→夕部 二五三ページ。
衷→衣部 九七六ページ。毫→毛部 六〇六ページ。孰→子部 二九四ページ。
棄→木部 五七〇ページ。雍→隹部 一一七三ページ。豪→豕部 一〇三三ページ。
羸→女部 二八八ページ。壅→土部 二四五ページ。羸→羊部 八八二ページ。
嬴→貝部 一〇四九ページ。贏→虫部 九七一ページ。羸→馬部 一二三六ページ。
嬴→月部 五三六ページ。饔→食部 一二二四ページ。

(3)1
【亡】89 教 6 ボウ・モウ ない
(3)1
〘亾〙90 ㊀㊥ボウ(バウ)・㊥モウ(マウ) 陽 wáng ㊁㊥ブ・㊥ム 虞 wú　4320 4B34

筆順　丶 亠 亡

〔亾〕本字

字義 ㊀❶ほろびる(ほろぶ)。また、ほろぼす。「滅亡」❷しぬ。「死亡」❸にげる(にぐ)。のがれる。「逃亡」❹なくす。うしなう。なくなる。「亡失」❺ない(なし)(無)。いない。❻なみする。あなどる。❼わすれる。＝忘。㊁ない(無)。また、まずしい。

難読 亡骸(なきがら)・亡八(くつわ)

使いわけ ない〔無・亡〕⇩無(4473)。

解字 甲骨文　金文　篆文　象形。人の死体に何か物を添えた形にかたどり、人がなくなるの意味を表す。亡を音符に含む形声文字に、盲・忙・慌(コウ)・氓(ボウ)・忘・妄などがあり、これらの漢字は、「ない」の意味を共有している。

▼隠亡・興亡・荒亡・衰亡・存亡・逃亡・敗亡・流亡

【亡逸・亡佚】(ボウイツ) ①にげうせる。②散りうせる。

【亡帰(歸)】(ボウキ) にげかえる。

【亡君】(ボウクン) ①国をほろぼす君。②国死んだ君。先君。

【亡国(國)】(ボウコク) ①国をほろぼす。②ほろびた国。

【亡国(國)之音】(ボウコクのオン) ほろびた国の音楽。また、国をほろぼすようなみだらな音楽。亡国之声。〔礼記、楽記〕⇩濮上

之音（六七五ページ）。

【亡魂】①死んだ人のたましい。なきたま。②精神を失う。失神。

【亡者】①ほろびるもの。②死亡したもの。死者。③国㋐成仏できないで冥途に迷っている死者。㋑利欲などに迷っているもの。「我利我利亡者」

【亡状(狀)】無礼な態度。無礼な言行。

【亡臣】国をにげ出した家来。亡命の臣。

【亡△秦】ほろびた秦朝。

【亡人】①他国へにげて行った人。②なき人。死んだ人。③迷える人。

【亡匿】にげかくれる。

【亡年友】学問や人物を主とし、年齢の長幼を忘れて交わる友。主として年長者が年少者と交わる時にいう。忘年の交わり。

【亡八】ばかもの。人をののしることば。仁・義・礼・智・孝・悌・忠・信の八つを忘れた人。亡は、忘。

【亡命】①戸籍からぬけて行くえをくらます。命は、戸籍。②（特に、政治的理由から）他国へにげかくれること。

【亡滅】ほろびる。滅亡。

【亡友】なき友。死んだ友人。

【亡羊】羊をうしなう。二人の羊飼いのうち、一人は読書のために羊を失い、一人はばくちのために羊を失った故事。やることは別でも、同じ失敗をするたとえ。また、本務をおこたって失敗するたとえ。〔荘子、駢拇〕

【亡羊△之嘆・亡羊△之△歎】逃げた羊を追うのに、えだ道が多くて、ついに見失って途方にくれること。学問の道が多方面に過ぎると真理をとらえるのに困難なことのたとえ。多岐亡羊。〔列子、説符〕

【亡頼】たのみにならないもの。やくざなもの。無頼。

【亡慮】おおむね。ざっと。無慮。

【亡△聊】心配ごとがあって楽しまない。また、たいくつ。徒然。聊は、安んじ楽しむ。無聊。

【亡霊(靈)】死者のたましい。

(4)2 【亢】91 標 ㊀コウ（カウ）陽 gāng ㊁コウ（カウ）漾 kàng 4822 5036

字義 ㊀のど。また、くび（首）。㊁❶たかぶる。自負する。❷あがる（挙）。また、あげる。❸きわめる（極）。また、きわまる。❹ふせぐ。さえぎる。＝抗。❺あたる（当）。＝伉。

参考 現代表記では〔興〕（6167）に書きかえることがある。「亢奮→興奮」

解字 篆文 象形。∩形に中空に盛りあがった、のどぼとけ、または頸動脈の形にかたどり、のど・たかぶるの意味を表す。亢を音符に含む形声文字に、坑・抗・伉などがあり、これらの漢字は、「アーチ型をした穴」の意味を共有している。

【亢顔】おごりたかぶった顔つき。抗顔。

【亢△傲】おごりたかぶる。

【亢直】たかぶって人に屈服しないこと。

【亢奮】気がいらだつ。激する。興奮。昂奮。

【亢陽】①ひでり。亢旱。②高い建物。③易の陽爻で高位にあるもの。転じて、高位をいう。

【亢竜(龍)有レ悔】天上に登りつめた竜は後悔することがある。落ちる以外に行き所のないことから、栄達を極めた者は、慎まないと失敗するおそれがあるたとえ。〔易経、乾〕

【卞】→卜部 一六八ページ。

【六】→八部 一二四ページ。

【市】→巾部 三四三ページ。

(6)4 【亦】92 囚 漢エキ 呉ヤク 陌 yì 4382 4B72

筆順 亠 亣 亣 亦

字義 ❶助字。また。⇩助字解説 ❷おおいに。

助字解説 また。……もまた。〔史記、項羽本紀〕項伯亦抜レ剣起舞〈項伯もまた（項荘と同様に）剣を抜いて立ちあがって舞った〉

△不二亦……一▽また……ずや。反語。なんと……ではないか。〔論語、学而〕学而時習レ之、不二亦説一乎〈学問をして、それを機会あるごとに復習して身につけるのは、なんと喜ばしいことではないか〉

解字 甲骨文 篆文 指事。人の両わきに点を加えて、わきの意味を示す。借りて、またの意味を表す。のち、わきのしたの意味には腋が用いられる。亦を音符に含む形声文字に、腋・液・掖・夜などがあり、これらの漢字は、「わき」の意味を共有している。

(6)4 【亥】93 囚 漢カイ 呉ガイ 賄 hài 1671 3067

筆順 亠 亠 亥 亥

字義 ❶い。十二支の第十二位。㋐いの年。㋑陰暦の十月。㋒いの刻。今の午後十時ごろ。また午後九時から十一時の間。㊁五行では、水に配当する。㋔方角では、西北と北との間で、北から三十度西寄りをいう。㋕動物では、いのしし。❷根ざす。きざす。十月ごろ陰気が極まって陽気がきざす。

解字 甲骨文 篆文 象形。甲骨文でよくわかるように、いのししの象形。借りて、十二支の第十二位の意味に用いる。亥を音符に含む形声文字に、劾・咳・孩・核・該・閡・駭・骸などがある。咳・孩は、擬声語。核・該・骸・閡は、「かたい」の意味を共有している。

【亥月】陰暦十月の別名。十月は、北斗の斗柄が亥（→字義の①㋔）の方向をさすのでいう。

【亥△豕△之△譌】文字の写し誤り。文字の校正の誤り。己と三、亥と豕とが字形が似ているために、衛の人が史記を読んで、己亥を三豕に誤って、晋師三豕渉レ河と言ったのを子夏が聞いて、三豕は己亥の誤りであるといった故事。魯魚の誤り。〔呂氏春秋、察伝〕

(6)4 【交】94 教2 コウ まじわる・まじえる・まじる・まざる・まぜる・かう・かわす 漢コウ（カウ）・呉キョウ（ケウ）肴 jiāo 2482 3872

筆順 亠 六 亣 交

字義 ❶まじわる。まじる。まざる。㋐交差する。くいちがいになる。㋑あう。調和する。㋒つきあう。交際する。㊁いりまじる。㋔男女が関係する。❷まじえる。まぜる。㋐組みあわせる。㋑調和させる。❸まじわり。交際。❹かわる。交代する。❺かわす。かう。交差するところ。かわりめ。ころ（頃）。「春夏の交」❻こもごも。かわるがわる。

名乗 かた・とも・みち・よしみ 難読 交喙・交譲木・交人・交野

参考 現代表記では〔淆〕（4086）の書きかえに用いることがある。「混淆→混交」

使いわけ まじる・まざる・まぜる・〔交・混〕

〔交〕とけあわずにまざる。また、十字にまじわる。「漢字仮名交じり文」

〔混〕二つ以上のものがとけあう。「血が混じる」

解字 金文 篆文 象形。人がすねを組む形にかたどり、まじわるの意味を表す。交を音符に含む形声文字に、佼・效・姣・挍・校・烄・狡・皎・絞・較・郊・鉸などがあり、これらの漢字は、「まじわる」の意味を共有している。また、中でも佼・姣・皎などは「うつくしい」の意

の意味を含むものに派生した。

▼外交・旧交・混交・私交・社交・修交・手交・情交・辱交・絶交・淡交・断交・隣交

【交印】コウイン 官印を交付すること。官印を後任者に渡して事務を引きつぐこと。

【交易】コウエキ ①品物を交換すること。品物を売買すること。貿易。〔孟子、滕文公上〕②ゆききする。往来。

【交会(會)】コウカイ ①まじわりあう。出会う。また、そのこと・所。②交子と会子。ともに宋代ソウダイの紙幣。→交子の②。

【交歓(歡)・交驩】コウカン よろこびをかわす。うちとけて交わる。よしみを結ぶ。驩は歓で、よろこび。

【交感】コウカン たがいにまじわって感じあう。ふれあって作用しあう。

【交款】コウカン たがいによろこびあう。款は、よろこび。交歓。

【交換】コウカン やりとりして物を取りかえる。

【交誼】コウギ 交際のよしみ。友だちのよしみ。交情。友誼。

【交衢】コウク よつつじ。十字路。また、四方に通じる道。

【交契】コウケイ まじわり。よしみ。

【交頸】コウケイ くびをまじえあう。たがいにくびをこすりつける。転じて、夫婦仲のよいたとえ。

【交戟】コウゲキ ①ほこを十文字にまじえる。②ほこをまじえて門を守るもの。門番。守衛。

【交結】コウケツ ①まじわる。交際してよしみを結ぶ。②ぐるになる。

【交午】コウゴ ①たてよこに入りまじる。②標識としてたてる木。

【交互】コウゴ ①たがいに。かわるがわる。②入りまじる。

【交媾】コウコウ 男女・雌雄がまじわる。陰陽が互いにまじわる。

【交合】コウゴウ ①よしみを合わす。なかよく交際する。②男女・雌雄がまじわる。

【交叉】コウサ 十文字やすじかいにまじわる。

【交差】コウサ 国＝交叉コウサ。→前項。

【交際】コウサイ まじわる。また、まじわり。つきあい。

【交錯】コウサク いりまじる。いりみだれる。

【交子】コウシ ①突き合わせて間違いのないことをたしかめる証拠書類。②宋代ソウダイの紙幣の名。宋の真宗の時に成都の富商十六戸が政府の許可を得て発行し、仁宗の時に政府が発行するに至った。中国における紙幣の初めで、南宋には会子という紙幣が発行された。

【交市】コウシ たがいに市場を開くこと。互市。

【交趾・交阯】コウシ ①漢代の郡名。今のベトナムの北部、トンキン・ハノイ地方。②国コーチン 中国原産の食肉用の鶏。

【交手】コウシュ ①手をこまぬくこと。敬意を示す礼。拱手キョウシュ。②別れを惜しんで手を取りあう。③争う。技を競う。

【交渉】コウショウ ①かかりあい。関係。②かけあう。談判。

【交鈔】コウショウ 金・元代の紙幣。

【交情】コウジョウ 交際のよしみ。友人間の親しみの感情。友情。交誼コウギ。

【交接】コウセツ ①まじわる。また、まじわり。交際。②男女・雌雄のまじわり。交合。

【交戦(戰)】コウセン 戦いをまじえる。互いに戦う。

【交争(爭)】コウソウ こもごも争う。入りまじり争う。互いに先を争う。

【交窗】コウソウ 壁をうがち、木を組み合わせて作ったまど。交窓。

【交代】コウタイ ①いれかわる。交替する。②官吏の任期が満ち、旧官が新官といれかわる。◇「交代」と「交替」は、ともにいれかわる意味。かわりばんこにいれかわる場合には、一般に「交替」と表記する。「議長交代」「男女交替」

【交替】コウタイ 国いれかわる。交代。

【交態】コウタイ 交際のありさま。交際のしかた。

【交通】コウツウ ①ゆききする。往来。②まじわり通ずる。四方に通ずる。③交際する。

【交配】コウハイ 違った種類の雌雄をかけ合わせる。

【交番】コウバン ①かわるがわる番をする。②国巡査の派出所。

【交尾】コウビ 動物の雌雄がまじわる。

【交付・交附】コウフ わたす。授ける。

【交分】コウブン 交際の本分。また、まじわり。つきあい。

【交鋒】コウホウ ほこをまじえる。戦いをする。

【交友】コウユウ 友とまじわる。また、交際しているともだち。

【交遊・交游】コウユウ ①交際する。また、交際。②ともだち。交際する者。交友。

【交流】コウリュウ ①まじわり流れる。②国㋐たがいにまじわりあう。㋑いれかえる。役所などで役人をたがいにいれかえる。③物理学用語。一定時間ごとに、交互に逆方向に流れる電流。↕直流。

【充】→儿部 一〇七ページ。

(7)5
【亨】 95 囚

㊀ 漢コウ(カウ) 呉キョウ(キャウ) 庚 hēng
㊁ 漢キョウ(キャウ) 呉コウ(カウ) 養 xiǎng
㊂ 漢ホウ(ハウ) 呉ヒョウ(ヒャウ) 庚 pēng

2192
357C

筆順 亠 古 亨

字義 ㊀❶とおる。支障なく行われる。❷まつる。まつり。㊁たてまつる。すすめる。＝享。㊂にる(煮)。＝烹ホウ。

名乗 あき・あきら・すすむ・ちか・とし・なお・なが・なり・みち・ゆき

解字 象形。祖先神を祭った場所の象形で、たてまつる、神意にかなって物事がうまくとおるの意味を表す。もと、享と同一語。→享(96)。

【亨運】コウウン 順調な運命。

【亨熟・亨孰】ホウジュク 十分に煮る。また、よく煮える。

【亨通】コウツウ ①順調にいく。②繁盛する。③出世する。

(8)6
【享】 96 常 キョウ

㊀ 漢キョウ(キャウ) 呉コウ(カウ) 養 xiǎng
㊁ 漢コウ(カウ) 呉キョウ(キャウ) 庚

2193
357D

筆順 亠 古 亨 享

【亯】古字

字義 ㊀❶うける。受け納める。わがものとする。「享年」❷すすめる。たてまつる。ささげる。「享祭」❸もてなす。ふるまう。「享宴」❹まつる。また、祭り。春の祭り。㊁とおる。

名乗 あきら・すすむ・たか・つら・ゆき

解字 甲骨文 金文 篆文 籀文

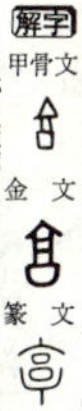

象形。甲骨文・金文でわかるように、基礎となる台の上に建っている先祖を祭った場所の象形で、祖先神に飲食物をたてまつるの意味を表す。篆文は、郭の篆文𩫏のつくりに似た形で、のちにこの下部が誤って子に変形して、享の字形となった。享は亨と同じ語であったが、享は、人がささげるの意味を、亨は、神が受け入れて、物事がうまくとおるの意味を、それぞれ分担することになる。

▼献享・配享

【享宴】キョウエン もてなしの酒もり。上の者から下の者に賜る酒宴。饗宴。〔左伝、成公十二〕

【享国(國)】キョウコク 国を受け継いで君主の位に在ること。〔書経、無逸〕

【享祭】キョウサイ 物を供えて神をまつる。享祀。

【享祀】キョウシ ＝享祭。→前項。

【享受】キョウジュ ①恩恵などを受ける。②芸術品や文学作品などを楽しみ味わう。

【享寿(壽)】キョウジュ 寿命を受ける。また、天から受けた寿命。

【享年】キョウネン 天から受けた年数の意で、生まれてから死ぬまでの年数をいう。寿齢。

【享有】キョウユウ うけたもつ。身に受ける。

【享楽(樂)】(キョウラク) ①楽しみを受ける。十分に楽しむ。②楽しむ。楽しみ。

【享礼(禮)】(キョウレイ) 他国の君に謁見(エッケン)する礼が終わってから、君からあずかってきた贈り物を献上する儀式。

(8)6
【京】 97 教2 キョウ・ケイ
漢ケイ・呉キョウ(キャウ) 唐キン 庚 jīng
2194 357E

筆順 亠 古 亨 京

[亰] 俗字 4823 5037

字義 ❶みやこ。帝都。「帝京」 ❷たかいおか(丘)。大きい丘。また、たかい。❸大きい。さかん。❹うれえる形容。❺数の名。兆の十倍。今は、兆の一万倍。

難読 京終(きょうばて)・京都(みやこ)　名乗 あつ・おさむ・たかし・ちか・ひろし

解字 甲骨文 金文 篆文　象形。甲骨文でわかるように高い丘の上に建つ家の形にかたどり、高いおか・みやこの意味を表し、転じて、大きいの意味をも表す。京を音符に含む形声文字に、憬(ケイ)・景・璟(ケイ)などがあり、これらの漢字は、「高く大きな丘」の意味を共有している。

▼上京・西京・帝京・東京・南京・北京

【京尹】(ケイイン) ①京兆尹(ケイチョウイン)の略。→京兆尹。②国江戸時代、京都所司代の別名。

【京華】(ケイカ) 花の都。みやこ。

【京官】(ケイカン) 都に勤務する役人。中央官庁の役人。

【京観(觀)】(ケイカン) 武功を示すために、敵の死体を積み、その上に、土を高くもった塚。大きな見せものの意。

【京畿】(ケイキ) ①国都とその近辺の地。畿内。②唐の道名。今の陝西(センセイ)省中部の関中平原の地。

【京劇】(キョウゲキ・ケイゲキ) ①都の繁華なところ。②中国の古典劇(旧劇)の名。清代(シンダイ)に始まる。歌劇形式で、伴奏・歌を中心とし、抑揚のあるせりふ・扮装(フンソウ)・舞踊的な動作などに特色がある。

【京国(國)】(ケイコク) みやこ。帝都。国は、国都の意。

【京師】(ケイシ) 天子のみやこ。京は大、師は衆で、大衆の集まっている所の意。京都。

【京城】(ケイジョウ) ①天子のおいでになる所。皇居。また、都。②周代、諸侯の子弟または卿大夫(ケイタイフ)の封地をいう。③大韓民国の首都ソウル(朝鮮語で都の意)の旧称。一九一〇年の日韓併合から一九四五年に大韓民国が独立するまでの日本統治時代に用いられた。

【京兆】(ケイチョウ) ①京兆尹(ケイチョウイン)の略。→次項。②京兆尹の治める土地。漢代では、今の陝西(センセイ)省西安市以東の、秦嶺以北、渭河(イカ)以南の地。東晋(トウシン)では、今の湖北省襄樊(ジョウハン)市の東北。明(ミン)・清(シン)代では、今の北京を中心とする地。③国左京職・右京職の中国風の呼び名。

【京兆尹】(ケイチョウイン) ①官名。首都の長官。漢の武帝の時に設け、長安以下の十二県を治めさせた。②京兆尹の治める土地。→京兆の②。③国㋐左京大夫・右京大夫の唐名。㋑江戸時代、京都所司代の別名。

【京都】(ケイト・キョウト) ①天子の都。京師。②国(キョウト) 京都府にある市。昔の平安京。西京。

【京邑】(ケイユウ) みやこ。

【京様】(ケイヨウ) 優雅な様子。みやこふう。都会風。

【京洛】(ケイラク) ①洛陽の別称。周の平王が初めて洛陽に都を定め、後漢の光武帝もここを都としたのでいう。②国(キョウラク) 京都をいう。

(8)6
【卒】 98 教4 ソツ
一漢ソツ・呉ソチ 月 zú 二漢シュツ・呉シュチ 質 cù
3420 4234

筆順 亠 六 忲 卒 卒

[卆] 俗字 5032 5240

字義 一❶しもべ。召使い。❷下級の兵士。兵卒。❸あつまり。㋐軍兵百人。または二百人。㋑三百家。㋒三十国の一団。❹おおい。多くの人。❺にわか(にはか)。あわただしい。にわかに。

二❶おわる(をはる)。おえる(をふ)。㋐すむ。すます。完成する。㋑やむ。やめる。㋒死ぬ。特に大夫(タイフ)の死。❷ついに(つひに)。結局。❸ことごとく。すべて。

国ソツ。シュツ。四位・五位の人が死ぬこと。

名乗 たか　難読 卒渓(ひきたに)
参考 もと、十部に所属した。

解字 金文 篆文　指事。衣の字の下部に一を付し、大夫の死や、天寿を全うした人の死のときに用いる衣服のさまから、おわるの意味を示す。また、このしるしのある衣服は、しもべ・兵士にも用いられたので、しもべ・兵士の意味をも表す。また、突に通じ、にわかにの意味をも表す。卒を音符に含む形声文字に、崒(シュツ)・悴(スイ)・猝(ソツ)・瘁(スイ)・窣(ソツ)・粋・翠(スイ)・萃(スイ)・誶(スイ)・酔などがあり、これらの漢字は、「限度にまで達する・尽きる」の意味を共有している。ただし、猝・窣は、「突」に通じて、「にわかに」の意味を表す組である。

▼騎卒・軽卒・獄卒・士卒・弱卒・従卒・将卒・倉卒・走卒・敗卒・歩卒・吏卒

【卒去】(シュッキョ・ソッキョ) 国昔、四位・五位の人の死をいう。今は一般の人の死去をいう。

【卒遽】(ソッキョ) ①にわか。②あわてる。③そそっかしい。

【卒業】(ソツギョウ) ①仕事をなしおえる。〔荀子、仲尼〕②国学校などで、規定の課業を修め終える。

【卒伍】(ソツゴ) ①卒と伍。周代の住民及び軍隊の編成の名。百人が卒、五人ひと組が伍。②卒伍に編入された庶民・兵卒。また、その隊列。また、兵籍。

【卒爾・卒而】(ソツジ) ＝卒然。

【卒章】(ソッショウ) 詩文の終わりの章。

【卒先】(ソッセン) 人の先に立つこと。率先。

【卒然】(ソツゼン) 率然。①にわかに。突然。②かるはずみ。軽卒。③ぶしつけ。無作法。

【卒卒】(ソツソツ) ①あわてて落ちつかぬさま。②いそがしいさま。

【卒中】(ソッチュウ) 脳出血など脳血管の障害により急に意識を失って倒れ、昏睡(コンスイ)状態に陥る症状。

【卒直】(ソッチョク) ありのままでかざりけのないこと。率直。

【卒都婆・卒堵婆】(ソトバ・ソトウバ) 率塔婆。仏梵語(ボンゴ) stūpa の音訳。略して塔婆ともいう。①仏舎利(仏の骨)を安置する高い塔。今の五重の塔。②後世、供養のため上部を塔の形に刻み、梵字(ボンジ)・経文などを書いて、墓のうしろに立てる、細長い板をいう。

【卒倒】(ソットウ) 突然意識を失って倒れること。

【卒年】(ソツネン) ①年末。②死んだ年。没年。歿年(ボツネン)。

[育]→月部 五三〇ページ。　[夜]→夕部 二五三ページ。

(9)7
【奇】 99 △ キ　奇(1410)の俗字。→二六九ページ。
5284 5474

(9)7
【亯】 100 △ キョウ　享(96)の古字。→五三ページ。

(9)7
【亰】 101 △ キョウ　京(97)の俗字。→上段。
4823 5037

(9)7
【亭】 102 常 テイ
漢テイ・呉ジョウ(ヂャウ) 唐チン 青 tíng
3666 4462

筆順 亠 古 亠 高 亭

【亭】俗字 字義 ❶チン。あずまや。うてな。庭園などの休息所。「山亭」❷しゆくば。やどや。はたごや。「旅亭」❸ものみ台。たかやぐら。「亭候」❹とどまる（停）。❺たいらか（平）。たいらにする。さだめる。ととのえる。❻いたる。また、当たる。「亭午」❼わける。形づくる。万物の形を作って区別する。転じて、やしなう。

〔亭①〕

難読 亭歴子（あしな・はまぜり・はまたかな）

解字 篆文 形声。高省＋丁㊥。音符の丁は、くぎの象形で、とどまり立つ意味。人がとどまりくつろぐ建物、あずまやの意味を表す。

▼駅亭・園亭・山亭・水亭・池亭・茶亭・長亭・郵亭

【亭育】テイイク やしないそだてる。亭毒。〔老子、五十一〕

【亭駅（驛）】テイエキ 宿場。亭伝。

【亭午】テイゴ 正午。まひる。亭は、いたる。午は、正午。

【亭候】テイコウ ものみ台。辺境などに築いて敵情をうかがった。

【亭子】テイシ ちん。あずまや。子は、助字。

【亭次】テイジ 宿場。宿駅。次は、宿。

【亭主】テイシュ ①亭の管理人。②家のあるじ。③国おっと。

【亭台（臺）】テイダイ あずまや。うてな。

【亭長】テイチョウ 宿場の長。宿駅の長。秦シン・漢代、十里に一亭を置き、盗賊の逮捕や取調べなどをした。

【亭亭】テイテイ ①高くそびえ立つさま。②遠くへだたっているさま。③よるべないさま。孤独なさま。

【亭伝（傳）】テイデン 宿場。うまつぎば。伝は、はたごや。

【亭毒】テイドク・テイトク そだてやしなう。化育する。毒は、育てる意。亭育。

【亭父】テイフ 宿場の長。亭長。

【亭郵】テイユウ 宿場。うまつぎば。宿駅。

(9)7【亮】103 囚 ⊟リョウ（リャウ）漾 liàng ⊟リョウ（リャウ）陽 liáng —4628 4E3C

筆順 亠 古 亭 亮

【亮】俗字 字義 ⊟❶あきらか（明）。また、あかるい。「明亮」❷まこと（信）。まことに。国すけ。大宝令で、職シキの四等官の第二位。長官を補佐する官。⊟亮陰リョウアンは、天子が喪に服すること。→亮陰。

名乗 あき・あきら・かつ・きよし・とおる・ふさ・よし・より・ろ。

解字 篆文 会意。高省＋儿。儿は人の象形。高い人のさまから、物事にあかるいの意味を表す。

【亮陰・亮△闇】リョウアン 天子が父母の喪に服する期間。亮陰は、天子が服喪中は、事を大臣にまかせて、政治上のことは黙して言わないという意。また、喪に服する仮りのいおりともいう。諒陰リョウアン・梁闇リョウアン。

【亮月】リョウゲツ あきらかな月。また、その光。明月。

【亮察】リョウサツ ①あきらかに察する。思いやる。②人の思いやりをいう敬語。諒察リョウサツ。

【亮然】リョウゼン あきらかなさま。ほがらかなさま。

【亮達】リョウタツ あきらかに事理に通達する。

【亮直】リョウチョク 心があきらかで正しい。また、その人。

【亮抜】リョウバツ 心があきらかで才能がすぐれていること。

(10)8【亭】104 △ テイ 亭（102）の俗字。→五三ページ。

(10)8【亳】105 △ 漢ハク 呉バク 薬 bó (bò) —4824 5038

字義 殷インの湯王トウオウの都した地。南・北・西の三亳サンパクに分かれた。今の河南省内の地。

解字 甲骨文 金文 篆文 会意。高省＋乇。乇は、宅に通じ、人のくつろぐ場所の意味。高い地点に設けられた安住の地の意味を表す。

(10)8【亮】106 △ リョウ 亮（103）の俗字。→上段。

【衷】→衣部 九七六ページ。

(11)9【商】107 教3 ショウ あきなう —3006 3E26

(11)9〔啇〕108 ショウ（シャウ）陽 shāng

筆順 亠 亣 产 产 商

字義 ❶あきなう（あきなふ）。あきない（あきなひ）。品物を売買して利益を得る。商売。「通商」❷あきんど。商人。特に行商人。「隊商」「豪商」❸はかる。はかり知る。よしあしを明らかにする。❹五音の一つ。強くて澄み、悲しげな音楽の調子。❺五行ギョウでは金、方位では西、四時では秋に当てる。「商風」❻星の名。東方の星。心宿。❼数学で、割算の答え。❽王朝の名。三代の第二。→殷イン（六〇一ページ）。

名乗 あき・あつ 難読 商人（あきんど・あきゅうど）・商人宿（あきひとやど）・商陸（やまごぼう）・商（いお・すき）

参考 ①もと、口部に所属した。②店を持つ商人を「賈コ」というのに対し、行商人を「商」といった。

解字 甲骨文 金文 篆文 形声。㕯＋章省㊥。㕯は、たかどのの象形。音符の章は、目立つの意味。どこからもだれにも目立つ高殿の意味から、殷インの国都の名に用いる。のち、殷が亡びてその亡民が行商を業としたので、あきない・はかるの意味を表す。

▼宮商・協商・経商・行商・豪商・紳商・隊商・通商

【商△鞅】ショウオウ 戦国時代、衛の人。秦シンの孝王に仕えて、法治主義をとなえた。商の君に封ぜられたので商鞅といい、また、衛鞅・公孫鞅ともいわれる。著書に『商子』（法律の書）がある。（？—前三三八）

【商音】ショウオン ①殷インの国の音楽。②悲しい音。③秋風のひびき。

【商家】ショウカ ①殷インの朝廷。②民家。③商人の家。

【商歌】ショウカ ①悲痛な調子の歌。〔淮南子、道応訓〕②人に認められようとして歌うこと。また、その歌。〔晋、陶潜、辛酉歳七月詩〕商歌非ニ吾事一（ショウカはわがことにあらず）。

【商△搉・商△榷・商確】ショウカク はかり定める。引き比べて考える。

【商鑑不レ遠】ショウカンとお（ほ）からず ＝殷鑑不レ遠（インカンとお（ほ）からず）。→六〇一ページ。

【商機】ショウキ ①商業上の取り引きをするよい機会。②商業上の秘密。

【商議】ショウギ 相談する。話し合う。協議。評議。

【商況】ショウキョウ あきないの状況（景気）。商状。

【商業】ショウギョウ 物品の売買によって生産者と消費者との間の中だちをし、利益をあげる事業。あきない。

【商△賈・商△估】ショウコ 商人。商は行商。賈は店あきない。估は商人。〔史記、淮陰侯伝〕不レ能ニ治レ生商賈一（セイをおさめショウコすることあたわず）。

【商校・商較】ショウコウ はかりくらべる。

【商魂】ショウコン 商人が商売に専心にうちこむ根性ジョウ。

【商才】ショウサイ 商売をする上のすぐれた才能。

【商山四△皓】ショウザンのシコウ 秦末マツに、乱世を避けて商山（今の陝西セン省商県の東南）に隠れた四人の老人、東園公・夏黄公・角里ロク先生・綺里季キリ。ひげもまゆも白かったので皓（白い意）という。商皓。〔漢書、王貢伝序〕

【商女】ショウジョ ①あきないをする女。女の行商人。②遊女。妓女ギジョ。

【商声（聲）】ショウセイ ①五音の一つ。②秋の声。秋風の音や虫の声など。

【商度】ショウタク はかり考える。商量。

【商標】ショウヒョウ 他家の製品・商品と区別するため自家の製品・商品につける一定の記号・図形。「登録商標」

【商△埠】ショウフ 外国と通商する港。開港場。貿易港。

【商風】ショウフウ 秋の風。西風。金風。商飆ショウヒョウ。→字義の⑤。

【商舗・商△鋪】ショウホ みせ。商店。

【商法】ショウホウ ①あきない。商売。②商売のやり方。③商業や

商業上の取り引きに関する法律。
【商旅】ショウリョ ①たびあきんど。行商。→路不レ拾レ遺（一〇五九ページ）。②商人と旅客。
【商量】ショウリョウ ①はかり考える。引き比べて考える。②協議する。相談する。
【商量多】ショウリョウタ 宋（ソウ）の欧陽脩（オウヨウシュウ）の文章上達のための三要素の一つ。→三多の①（一六ページ）。
【商論】ショウロン はかり論じあう。協議する。

(11)9 **【率】** 109　教5　ソツ・リツ　ひきいる
㊀漢シュツ・呉ソチ　質 shuài
㊁スイ　寘
㊂漢リツ・呉リチ　質 lǜ
慣ソツ
4608 *4E28*

(11)9 〔率〕 110

筆順　亠　ナ　玄　泫　泫　率

字義 ㊀❶**ひきいる**（ひきゐる）。先に立つ。導く。「引率」「率先」❷**したがう**（したがふ）。沿う。㋐したがいまもる。㋑つきしたがう。よりそう。❸**おおむね**（おほむね）。大体。大方。❹**にわか**（には）。あわただしい。また、軽々しい。「軽率」❺あっさりしている。こだわらない。「率直」㊁かしら。おさ。統率者。＝帥（スイ）。㊂❶わりあい（割合）「比率」「確率」❷のり（法）。きまり。標準。＝律。
国ソツ。ソチ。昔の大宰府（ダザイフ）の長官。
名乗 のり・より　難読 率土浜（そとがはま）
参考 もと、玄部に所属した。
解字 甲骨文　篆文　象形。甲骨文でわかるように、洗った糸の水をしぼる形にかたどり、一か所にひきしめる、まとまりをつけてひきいるの意味を表し、転じて、数などをまとめる、おおむねの意味を表す。
▼大率・軽率・将率・真率・総率・統率・能率
【率△爾】ソツジ ①にわかなさま。突然。〔論語、先進〕②あわただしいさま。③かるはずみなさま。軽々しいさま。
【率性】ソッセイ 性に従う。生まれつきの本性（誠）に従うこと。〔中庸〕天命之謂レ性（テンのメイずるをこれセイといい（ひ））、率レ性之謂レ道（セイにしたがう（ふ）をこれドウという（ふ））
【率先】ソッセン 人に先だってする。帥先（ソッセン）。
【率然】ソツゼン ＝率爾（ソツジ）。
【率直】ソッチョク 国かざりけなくありのままなこと。すなおでかざりけがない。
【率土△之浜（濱）】ソットのヒン・ソツドのヒン 陸地（天下）のはてまでの意。天下中。国中。全国。浜は、陸地のはて。〔詩経、小雅、北山〕――、莫レ非ニ王臣一（オウシンにあらざるなし）。
【率服】ソップク・ソツフク ①相ひきいて付き従う。②服従する。
【率由】ソツユウ したがいよる。よりしたがう。
【率履】ソツリ したがいふむ。国法を正しくふみ行う。

〔亳〕→毛部 六〇六ページ。
〔棄〕→木部 五七〇ページ。
〔孰〕→子部 二九四ページ。

(13)11 **【亶】** 111 △
㊀タン　旱 dǎn
㊁漢セン・呉ゼン　霰 shàn
㊂漢セン・呉ゼン　先
4825 *5039*

字義 ㊀❶**まこと**（誠）。まことに。❷ゆたか。❸あつい（厚）。あつくする。❹ただ（但）。ただし。ただに。㊁**もっぱら**。ほしいまま。＝擅（セン）。㊂とぶ（飛）。かける。
解字 篆文　形声。亩＋旦㊥。音符の旦は、多に通じ、おおいの意味。亩は、こめぐらの象形。穀物が多い、ゆたかの意味を表す。
【亶父・亶△甫】タンポ 周の太王をいう。→古公亶父（一八三ページ）。

〔雍〕→隹部 一一七三ページ。
〔豪〕→豕部 一〇三三ページ。
〔嬴〕→女部 二八八ページ。
〔壅〕→土部 二四五ページ。
〔羸〕→羊部 八八三ページ。
〔贏〕→貝部 一〇四九ページ。
〔蠃〕→虫部 九七一ページ。
〔驘〕→馬部 一二三六ページ。

(21)19 **【亹】** 112 △
㊀漢ビ・呉ミ　尾 wěi
㊁漢ボン・呉モン　元 mén

字義 ㊀❶亹亹（ビビ）は、つとめるさま。→亹亹。❷うつくしい。うるわしい。❸まゆ。＝眉。㊁水門。水が山間を流れて、両岸が門のように迫っている所。
解字 会意。高省＋興省＋且。興は、力を合わせて物をもちあげるの意味。且は、物をつみかさねるための台の意味。高い方へ物を持ちあげるさまから、つとめるの意味を表す。美に通じて、うつくしいの意味、門に通じて、両岸の山が門のように迫っている所の意味をも表す。
【亹亹】ビビ ①やすまず努力する様子。②時が進む様子。また、水の流れる様子。③走る様子。

〔臝〕→月部 五三六ページ。
〔饔〕→食部 一二一四ページ。

2 人部

〔部首解説〕〔人〕**ひと**。〔亻〕**にんべん**。〔𠆢〕**ひとがしら**。やね。亻は、人が偏（へん）になるときの形。人・亻を意符として、人の性質や状態などを示す文字ができる。それらの意味と字形の分類のために部首にたてられる。ただし、𠆢の形は、特定の意味をもたない。

俾九二　俵九二　俯九二　併九三　倣九三　俸九三
們九三　倮九三　倆九三　倫九三　倭九三　(9)偓九三
[illegible]九三　偉九三　偊九三　偃九三　假九四　偕九四
修九四　偽九四　偶九四　偈九四　健九四　偟九五
做九五　偲九五　偖九五　偋九五　偬九五　側九五
停九五　偵九五　偸九六　偪九六　偏九六　偭九六
偎九六　(10)偉九六　傢九七　傀九七　傑九七　傔九七
傚九七　傞九七　傘九七　傖九七　備九七　傅九七
傍九八　傜九八　(11)傴九八　僅九八　傾九八　傑九八
傲九八　催九九　債九九　傪九九　傷九九　傯九九
僉九九　僧九九　傳一〇〇　僄一〇〇　傭一〇〇　僇一〇〇
僂一〇〇　働一〇〇　(12)僩一〇〇　僖一〇〇　僞一〇〇　僑一〇〇
僥一〇〇　僱一〇〇　僦一〇〇　儁一〇一　僭一〇一　僝一〇一
僣一〇一　僧一〇一　像一〇一　僔一〇一　僮一〇一　僕一〇一
僚一〇一　(13)僾一〇一　億一〇一　價一〇二　儈一〇二　儀一〇二
僵一〇二　儌一〇二　儆一〇二　儇一〇二　儉一〇二　儋一〇二
儂一〇二　僶一〇二　儥一〇二　僻一〇二　(14)儗一〇三　儕一〇三
儒一〇三　儘一〇三　儔一〇三　儜一〇三　儐一〇三　儛一〇三
儚一〇三　(15)償一〇三　儦一〇四　優一〇四　儡一〇四　儖一〇四
(16)儲一〇四　(17)儳一〇四　(19)儺一〇四　儷一〇四　(20)儼一〇四　儻一〇五

仄→厂部一七三ページ。内→冂部一一九ページ。含→口部一九二ページ。攸→攴部四七三ページ。弃→廾部三六八ページ。修→彡部三七六ページ。脩→月部五三八ページ。倏→犬部七〇六ページ。條→木部五六三ページ。會→日部五一三ページ。禽→禸部七九四ページ。盦→皿部七六〇ページ。鞗→革部一一八九ページ。儵→黑部一三六九ページ。鯈→魚部一三四三ページ。

(2)0

【人】

113　教1

ジン・ニン　ひと

玄人（くろうと）・素人（しろうと）・仲人（なこうど）・若人（わこうど）・大人（おとな）・一人（ひとり）・二人（ふたり）

漢ジン・呉ニン　真　rén

3145
3F4D

筆順　ノ人

字義　❶ひと。㋐にんげん。人類。㋑たみ。人民。庶民。㋒他人。↔己。㋓りっぱな人。すぐれた人物。㋔つまらない人。凡人。小人。㋕目下の人。けらい。❷ひとがら。ひととなり。性質。人品。❸ひとりびとり。人ごとに。❹ニン。人を数える語。

名乗　きよ・さね・たみ・と・ひとし・ふと・め・むと　難読　人形谷（ひとかべ）・人首（ひとかべ）・人熱（ひといきれ）・人里（へんぼり）

解字　甲骨文　金文　篆文　象形。横から見た人の形にかたどり、ひとの意味を表す。人を音符に含む形声文字には、「ひと」の意味を含み、仁がある。

▼異人・役人・遠人・外人・楽人・佳人・家人・寡人・華人・活人・奇人・貴人・義人・旧人・郷人・挙人・芸人・賢人・原人・工人・後人・行人・黒人・個人・古人・故人・才人・茶人・山人・散人・士人・私人・至人・時人・舎人・囚人・愁人・衆人・主人・小人・上人・情人・職人・庶人・新人・真人・神人・仁人・粋人・成人・聖人・昔人・石人・世人・先人・前人・全人・仙人・騒人・俗人・訴人・大人・達人・他人・知人・治人・痴人・仲人・超人・通人・哲人・天人・党人・豆人・同人・土人・俳人・廃人・犯人・非人・美人・氷人・夫人・婦人・文人・封人・邦人・牧人・凡人・民人・無人・名人・門人・野人・幽人・要人・余人・流人・良人・旅人・輪人・令人・麗人・老人・浪人

【人為（爲）】(ジンイ)　人間わざ。自然・天然のままでなく、人の手を加えること。「人為淘汰（ジンイトウタ）」

【強二人意一】(ジンイをつよくす)　人に心強く思わせる。

【人一能レ之、己百レ之】(ひとひとたびしてこれをよくせば、おのれこれをヒャクたびす)　他の人が一度でできても、自分にできない場合には、百度やってでも成しとげる。大いに努力するたとえ。〔中庸〕

【人影】(ジンエイ)　ひとかげ。人のすがた。

【人役】(ジンエキ)　①人に使われる者。いやしい人。②人がする労働。

【人△烟・人煙】(ジンエン)　人家から立ちのぼる煙。転じて、人・人家。

【人屋】(ジンオク)　国①人家。②牢屋（ひとや）。

【人火】(ジンカ)　人の過失による火災。

【人家】(ジンカ)　人の住んでいる家。民家。

【人禍】(ジンカ)　人間が起こす災い。

【人我】(ジンガ)　①他人と我。「人我一体」②仏（ニンガ）人間に不変の実体（我）がある意。

【人界】(ジンカイ・ニンガイ)　仏人の住んでいる世界。仏教の十法界の一つ。

【人海】(ジンカイ)　人が多く集まっているたとえ。たくさんな人出。多勢の人。

【人外】(ジンガイ)　①出家の境地。俗世間の外。「人外境」②国（ニンガイ）㋐人の守るべき道にはずれている人。人道にそむく人。ひとでなし。㋑人類以外のもの。

【人格】(ジンカク)　①ひとがら。人品。②人間。③義務・責任を自覚できる一人前の資格。

【人間】(ジンカン)　①俗世間。俗界。〔唐、李白、山中問答詩〕別有二天地非一人間（ベツにテンチのジンカンにあらざるあり）→窅然の①（八〇八ページ）。②仏=人界。この世。人間社会。→天上の④（二六五ページ）。③国（ニンゲン）㋐人類。ひと。また、世間。㋑ひとがら。㋒人の（ひとま）いない間。人の見ていない時・場所。

【人間世】(ニンゲンセイ)　①人間の世の中。人世。②『荘子』の編名。

【人間性】(ニンゲンセイ)　人間の本性。人間らしさ。

【人間到処（處）有二青山一】(ジンカンいたるところセイザンあり)　世間にはどこに行っても骨を埋める場所はある。大志を立てて大いに雄飛すべきであるという意。青山は、墓場。〔釈月性、将二東遊一題レ壁詩〕埋レ骨豈惟墳墓地（ほねをうずむるあにただフンボのチのみならんや）〈骨を埋めるのはどうして先祖代々の墓地のみに限ろうか、――。〉

【人間万（萬）事△塞翁馬】(ニンゲンバンジサイオウがうま)　人の世の禍福の定めがたいたとえ。→塞翁馬（三四〇ページ）。

【人△寰】(ジンカン)　人の住む所。人境。人間社会。

【人気（氣）】(ジンキ)　①人の心。②人のにおい。人香。③国㋐（ニンキ）世間の評判・受け。㋑（ニンキ・ジンキ）その地方の人々の気風。㋒（ひとけ）人のいるけはい。㋓（ひとげ）人間らしさ。人並み。

【人紀】(ジンキ)　人のふむべき道。倫理。

【人鬼】(ジンキ)　①死人のたましい。②仏（ニンキ）人間と鬼。

【人△祇】(ジンギ)　人と神。

【人給】(ジンキュウ)　①人ごとにあたえる。②国（ひとだまい（ひ））随行者が乗る車。副車。

【人給家足】(ひとびとキュウしいえ（へ）いえ（へ）たる)　どの人もどの家も衣食住に不足のないこと。世の中が太平で生活の豊かなこと。〔史記、太史公自序〕

【人魚】(ニンギョ)　①魚の名。大さんしょう魚。〔山海経、西山経〕②海中に住むという想像上の動物で、上半身は女、下半身は魚の形をしており、その肉を食うものは不老不死の寿を得るという怪物。海獣ジュゴンを見誤ったものという。

【人境】(ジンキョウ)　人の住んでいる所。俗界。〔晋、陶潜、飲酒詩〕結レ廬在二人境一（ロをむすびてジンキョウにあり）、而無二車馬喧一（しかもシャバの）かしましきなし）〈粗末な家を構えて人里に住んでいる、それでありながら訪問客の車馬の騒がしさがない〉

【人鏡】(ジンキョウ)　人のかがみ。生きた手本。人鑑。

【人君】(ジンクン)　きみ。君主。人主。

【人形】(ジンケイ・ニンギョウ)　①ひとのかたち。ひとがた。②でく。人の形にかたどって作ったもの。③転じて、主体性のない人のたとえ。

【人径（徑）】(ジンケイ)　人の通うこみち。

【人傑】(ジンケツ)　衆人にすぐれた人物。人豪。

【人件】(ジンケン)　人事に関する事がら。

【人権（權）】(ジンケン)　人が人として当然与えられると考えられる権利。

【人権（權）△蹂△躙】(ジンケンジュウリン)　役人が職権を利用して人民の自由をふみにじること。また、一般に勝手な行動をして他人の人権を無視すること。

【人言】①世人のうわさ。②人間のことば。

【落二人後一】人よりあとになる。人にまける。

【人語】人の話す声。　「人言。

【人口】①ひとかず。人員。人数。②人のくち。人の言葉。

【△膾コ△炙人口一】なますや焼き肉がだれにも賞味されるように、広く人々に言いはやされること。膾は、なます。炙は、あぶり肉。〔唐、林嵩、周朴詩集序〕一篇一詠、——。〈作品の一つ一つが広く人々にもてはやされる〉

【人工】人のしわざ。人為。自然に対していう。

【人功】人の仕事。また、人のてがら。

【人行】①人の行い。②人の通行。

【人皇】①中国古代神話上の第三代の天子。②国神代と区別して、神武天皇以後の天皇。

【人綱】人道の大本。人のふむべき根本の道。

【人魂】①人のたましい。②国㋐夜間空中を飛ぶ燐火。古来、死人のたましいといわれている。㋑流れ星をいう。

【人才】才能のある人。人材。

【人災】人の起こすわざわい。不注意や備えをしないために起こった災害。↕天災。

【人材】才能のある人。人才。

【人△之将(將)レ死△其言△也善】人が死ぬ直前の言葉は真実で、うそはいわないものだ。↓鳥之将レ死其鳴也哀(二四八ページ)。

【無レ道二人之短一、無レ説二己之長一】他人の短所を言ってはならない。自分の長所を誇ってはならない。他人をそしること、自分を誇ることを慎めということ。〔後漢、崔瑗、座右銘〕——、施レ人慎勿レ念、受レ施慎勿レ忘。〈——、他人に恩恵をほどこしては、そのことを誇ってはならない、他人から恩恵を受けたらそのことを忘れてはならない〉

【成二人△之美一】他人の長所・美点を十分に伸ばしてやる。転じて、人を助けて事を成就させること。〔論語、顔淵〕君子成二人之美一、不レ成二人之悪一。〈君子は人の長所・美点を十分に伸ばしてやるが、人の短所・悪事はあらわれないようにしてやるものだ〉

【人士】教養と地位のあるりっぱな人。

【人師】①人の師。先生。②師と仰ぐべきりっぱな人。③単に経書の読みや意味を教えるのではなく、人としての道を教える先生。↕経師。

【人事】①人のしわざ。②人間としてなすべきこと。③人間社会の事がら。④人に贈る礼物。⑤国㋐人の身分などに関した事がら。㋑自分と無関係なこと。他人のこと。

【人事不省】意識不明になること。

【尽(盡)二人事一△而待二天命一】人力の限りをつくして、結果は運命にまかせる。〔読史管見、晋紀、武帝〕

【人日】陰暦の正月七日をいう。一日から六日までは獣畜を占い、七日には人を占うからいう。

【人爵】人から与えられる爵位。人が定めた位。↕天爵(仁義忠信など天賦の徳性)。〔孟子、告子上〕

【人主】きみ。君主。人君。↕人臣。

【人種】①子孫をいう。②人の種類。種族。皮膚の色・骨格などの生物学的特徴で分類する。③国転じて、俗に、社会的身分・地位・階級・性癖などで人を区別する場合にもいう。「政治家という人種」

【人寿(壽)】人の寿命。

【人衆者勝レ天】悪人が多く集まって盛んな時は、一時天道に勝って非をとげること。多数の悪運が強くて天罰が容易に至らないこと。〔史記、伍子胥伝〕

【人勝】人日(陰暦正月七日)に用いる首かざり。

【人△蹤】①人の足あと。人の通ったあと。〔唐、柳宗元、江雪詩〕万径人蹤滅。②人通り。

【人情】①人の心。人の感情。特に、おもいやり。なさけ。②贈りもの。

【人情翻覆似二波△瀾一】人情の変わりやすさは、まるで寄せては返す波のようだ。〔唐、王維、酌レ酒与二裴迪一詩〕酌レ酒与二君君自寛一、——。〈君、一杯やりたまえ。そしてのんびりすることだ。——〉

【無二人色一】①ひどくおそれて青ざめること。②飢えや疲れのために生き生きした顔色のないこと。

【人心】①人の心。人意。②肉体の欲から生ずる心。欲望の心。↕道心。③人民の心。民心。④国㋐人の心。㋑なさけ。㋒正気。

【人心如レ面】人の心がそれぞれ違うのは、顔つきが一様でないのと同じである。〔左伝、襄公三十一〕

【人臣】けらい。臣下。↕人主。

【人身御供】国昔、人身をいけにえとして神に供えたこと。また、他人のために犠牲になることにたとえる。

【人参(參)】①薬草の名。朝鮮人参。人蔘。②国野菜の名。根は黄赤色で、食用。漢名、胡蘿蔔。

【人数(數)】①人のかず。人員。人口。②多数の人。【おおぜい。

【人世】世の中。世間。

【人生】①人の生命。②人の一生。③人がこの世に生きてゆくこと。人間の生活。④人間。人。

【人生観(觀)】人生の目的や意義などについての見方・「考え方。

【人生感二意気(氣)一】人間は相手の知遇に感激して事をなすべきである。意気は、恩顧・知遇。また、人間は意気投合することを尊ぶ意にも用いる。〔唐、魏徴、述懐詩〕——、功名誰復論。〈——、功績や名声などはだれが問題にしようか〉

【人生在レ勤】人間がこの世に生きてゆくためには、つとめ働くことが大切である。〔左伝、宣公十二〕

【人生識レ字憂患始】人は学問をすることによって苦労を知る。文字を学び学問をすれば、物事の道理が分かって、かえって苦労が多くなるから、無学の方がよい。〔宋、蘇軾、石蒼舒酔墨堂詩〕

【人生七十古来(來)△稀】人の命は短く、七十歳まで生きるものは昔から少ない。古稀を七十歳の意に用いるのは、この句に基づく。〔唐、杜甫、曲江詩〕

【人生如二朝露一】人の一生は、日が出るとすぐにかわく朝つゆのようにはかないものである。〔漢書、蘇武伝〕

【人生如レ夢】人の一生は夢のようにはかないものである。〔宋、蘇軾、念奴嬌〕

【人性】人の本性。人の生まれつきの性質。

【人跡】人の足あと。人の通ったあと。人蹤。

【人跡未踏】国人がまだ足をふみ入れたことがない。

【人選】多勢の中からえりぬく。選抜。

【人相】人の顔かたち。容貌。

【人足】①人ごとに満足する。だれでも生活が豊かである。「家給人足」②人の足。③国㋐人の往来をいう。㋑人にやとわれて力仕事に従事する労働者。

【人体(體)】①人のからだ。人身。②国人がら。人品。

【人地】人がらや家がら。才能品格と門閥。

【人畜】①人間とけもの。②ひとでなし。「人畜生」

【人丁】①壮年の人。壮丁。②人口。人数
【人定】①今の午後八時ごろ。人が寝しずまる時刻であるからいう。甲夜。初更。②国㋐人為的に定めること。㋑法律で、その人であるかどうか確かめること。「人定尋問」

【人定勝レ天】一所懸命にやれば、運命にも、あるいはどんな困難にもうちかてること。〔帰潜志〕

【人△彘】豚のような人。漢の高祖(劉邦)の皇后の呂后が高祖の愛した戚夫人の手足を切り、便所に入れて人彘と呼んだ故事。〔史記、呂后本紀〕

【人天】①君をいう。②人と天。また、人道と天道。③食

物。食物は人になくてはならない天のようなものであるからいう。④仏（ニンテン）人間界と天上界との衆生（ジュジョウ）（すべての生物）。

【人頭】（ジントウ・ニントウ）①人のあたま。②ひとかず。人数。

【人道】（ジンドウ）①人のふみ行うべき道。人倫。↔鬼道。②人としての品性。心情。③男女の交わり。交接。④国人が通行する専用道路。↔車道。⑤仏（ニンドウ）人間界。六道の一つ。

【人徳】（ジントク・ニントク）その人に備わった徳。

【人非人】（ニンピニン）国ひとでなし。人間でありながら人間としての資格のないもの。人間らしい心を持たない人。

【人必自侮、然後人侮レ之】（ひとかならずみず(づ)からあなどりて、しかるのちにひとこれをあなどる）人は必ず自分で自分を侮った後に、他人がその人を侮るものである。劣等感をいましめた言葉。〔孟子、離婁上〕

【人表】（ジンピョウ）人の手本。人の模範。

【出二于人表一】（ジンピョウにいず(づ)）衆人から抜け出ている。人よりもすぐれている。一頭地を抜く。〔韻府引、鬼谷子〕

【人品】（ジンピン）①なりふり。風采（フウサイ）。②ひとがら。品格。

【人夫】（ニンプ・ニンプ）①使役に服するもの。人に使われるもの。②昔、公の仕事に使われた民。夫役を課せられた民。役夫。③国力仕事に従事する労働者。日やとい。人足。

【人風】（ジンプウ）人民の風俗。民風。〔唐、柳宗元、捕レ蛇者説〕

【人物】（ジンブツ）①人。人のかたち。②人の性質。人がら。人品。③すぐれた人。才能のある人。人材。④人と物。

【人文】（ジンブン）①人のふむべき道。人倫。②（ジンブン・ジンモン）人類社会の文化。

【人文科学（學）】（ジンブンカガク・ジンモンカガク）人類文化に関する学問の総称。政治・経済・歴史・文芸などをいう。↔自然科学。

【人柄】（ジンペイ）①政治。民を治める基本をいう。柄は、もとの意。②国（ひとがら）ひととなり。人品。人の品格。

【人別】（ジンベツ）①人ごとに。ひとりひとり。②国（ニンベツ）㋐人民を一人一人に数えた数。人口。㋑人別帳の略。

【人別帳】（ニンベツチョウ）国江戸時代の戸籍簿。

【人望】（ジンボウ）多くの人が慕い望むこと。多くの人から人気があること。また、人々の期待。

【人牧】（ジンボク）人民を養い治める者。人君をいう。また、諸侯。牧は、養う意。

【人民】（ジンミン）たみ。社会を構成する人。国民。〔孟子、尽心下〕諸侯之宝三（ショコウのたからサン）、土地・人民・政事（トチ・ジンミン・セイジ）。

【人名用漢字】（ジンメイヨウカンジ）国常用漢字一九四五字のほかに人名として使用することが認められている二八五字の漢字。

【人面】（ジンメン）①人の顔。②人の顔にかたどっためん。

【人面獣（獸）心】（ジンメンジュウシン・ニンメンジュウシン）顔は人間だが心は畜生。義理や人情をわきまえぬもの。人でなし。〔漢書、匈奴伝賛〕

【人面桃花】（ジンメントウカ）美人の顔と桃の花。中唐の文人崔護（サイゴ）の詩から出た語。以前、美人に会った場所で、再びその人に会えない意にこの語を用いる。崔護が桃の花の下で見そめた美女を忘れかねて、翌年尋ねてみると居なかったので、思慕の情を歌った詩を書き残して帰ったが、あとで女はその詩を見て絶食して死んだ。これを聞いた崔護が死体に向かって呼びかけると、女は生き返ったという。〔唐、孟棨、本事詩〕

【人△妖】（ジンヨウ）①人がひき起こす怪しげな現象。悪政の結果として起こる変事。②人の形をした怪物。人のおばけ。

【人△籟】（ジンライ）人為をもって出す音。口笛や楽器の音の類。↔天籟・地籟（天地自然の音響）。

【人力】（ジンリョク）①人の力。また、人間わざ。②国（ジンリキ）人力車の略。

【人倫】（ジンリン）①人として守るべき道。五倫。五常。〔孟子、滕文公上〕②人々。人類。③身内。肉親。「人倫之変（ジンリンのヘン）」

【人類】（ジンルイ）人のたぐい。人間。〔荘子、知北遊〕

【人△莫レ不二飲食一也、鮮二能知レ味△也】（ひとインショクせざるなきなり、よくあじ(ぢ)わ(は)い(ひ)をしることすくなきなり）人はだれでも飲んだり食べたりしない者はいない。しかし、飲食物の味わいを真に知ることのできる人は少ないものだ。物事の真髄に迫ることの難しいたとえ。〔中庸〕

【人不レ学（學）不レ知レ道】（ひとまなばざればみちをしらず）→玉不レ琢不レ成レ器（七二八ジペー）。

【人不レ知△而不レ△慍】（ひとしらずしていきどお(ほ)らず）他人が自分の学徳を認めてくれなくても、不平不満に思わない。〔論語、学而〕――、不二亦君子一乎（またクンシならずや）〈――、なんとこれこそ（学徳を備えた）君子というべきではなかろうか〉

【為（爲）レ人】（ひととなり）①生まれつき。ひとがら。②（ひとのためにす）人のために、また、人に知られようとして事を行う。〔論語、憲問〕

【兼レ人】（ひとをかぬ）人をしのぐ。また、一人で数人前のことをやる。

【不三以レ人廃（廢）レ言】（ひとをもってゲンをハイせず）〔論語、衛霊公〕⇩君子不三以レ言挙レ人（一九三ジペー）。

【用レ人宜レ取二其所一レ長】（ひとをもちい(ゐ)るにはよろしくそのチョウずるところをとるべし）人を挙用する場合は、その人の長所を生かしてやるようにするのがよい。宜は、再読文字で、…した方がよいの意。〔青山延寿、皇朝金鑑〕

(3)1
【个】114　△

カ　唐コ　箇 gè　―4804　5024

字義 ❶物や人を数える語。＝個・箇。❷ひとつ。ひとり。＝介（カイ）。「一个の臣」❸ひさし。母屋（おもや）の四面にある細長い部屋。

解字 象形。もと竹の一本の幹の象形。箇の別体。物を数える語に用いる。

(4)2
【化】115

(4)2
〔化〕116

教 3　カ・ケ　ばける・ばかす
漢カ（クワ）　呉ケ　■ huà　―1829　323D

筆順 ノ 亻 亻 化

［匕］古字

字義 ❶かわる（かはる）。かえる。㋐形・性質・位置などがかわる。「変化」「気化」㋑あらたまる。新しいものになる。❷天地自然が万物を生成させる働き。「造化」❸聖人が人民をよい方に移し変える働き・教え。「教化」「徳化」❹うまれる。うむ。「化生」❺ばける（ばく）。ばかす。形を変えて奇怪なものになる。「変化（ヘンゲ）」❻しぬ（死）。ほろびる。「遷化（センゲ）」❼てじな。魔術。❽風俗習慣。

難読 化間（がと）・化香樹（のぐるみ）・化女沼（けじょうぬま）・化粧坂（けわいざか）

参考 もと、匕部に所属した。

解字 金文　篆文

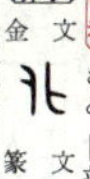

指事。左右の人が点対称になるような形に置かれて、人の変化、すなわち、人の死のさまから、一般に、かわるの意味を表す。化を音符に含む形声文字に、貨・囮（カ）などがあり、これらの漢字は、「かわる」の意味を共有している。

▼悪化・羽化・欧化・王化・開化・感化・勧化・帰化・教化・功化・皇化・硬化・権化・純化・消化・浄化・神化・進化・聖化・遷化・造化・俗化・大化・退化・転化・同化・道化・徳化・鈍化・軟化・万化・美化・風化・物化・文化・変化

【化育】（カイク）天地自然が万物を生じ育てること。

【化外】（カガイ）天子の教化がとどかないこと。また、そのような遠方の土地。「化外の地」

【化工】（カコウ）造物者（宇宙・万物を創造した神）のしわざ。造化のたくみ。天工。

【化粧・化△妝】（ケショウ・ケソウ）紅・おしろいをつけて顔を美しく見せること。また、美しくかざること。

【化身】（ケシン）①仏衆生（シュジョウ）を救うため神仏が人間の姿に形を変えてこの世にあらわれた、その形。神仏の生まれかわり。②国芝居で、妖怪（ヨウカイ）（ばけもの）をいう。

【化生】（カセイ）①天地・陰陽・男女の精気が結合して新しいものが生まれ出ること。また、うまれる。そだつ。②国生物の器官の形や機能が普通とはいちじるしく変化すること。変態。③（ケショウ）㋐仏㊥母胎や卵からでなく、忽然（コツゼン）と生まれること。㋑化身。㋑国ばける。また、ばけもの。「のになる。」

【化成】（カセイ）①感化されてりっぱになる。②形を変えて新しいも

【化転(轉)】(ケテン) 仏教化して悪を善にうつり変わらせること。

【化△膿】(カノウ) 国うみを持つ。うむ。

【乗レ化】(カにジョウず) 自然の変化にまかせる。化は、万物を化育する自然の働き。造化の作用。〔晋、陶潜、帰去来辞〕聊乗レ化以帰レ尽(いささかカにジョウじて、もってつくるにキせん)

(4)2 【介】117 常 カイ　漢カイ　呉ケ　卦 jiè　1880　3270

筆順 ノ 人 介 介

字義 ❶たすける。また、たすけ。助ける人。「介添」❷なかだちする。人をひきあわせる。また、なかだち。仲人。→擯介(四六九ページ)。「仲介」「紹介」❸へだたる。へだてる。くぎる。わける。❹はさむ。はさまる。間にある。「介在」❺きわ(際)。さかい(界)。また、ほとり。❻よろい。また、よろいをつける。「介冑」❼こうら(甲羅)。「介虫」❽かたい。堅く守る。❾ひとり。ひとつ。「孤介」❿よる(因)。たよる。⓫大きい。大きくする。⓬物を数える単位。個。个。国すけ。四等官で、国司の第二位。守の次の位。

難読 介殻・介党鱈・介木・介良　名乗 あき・かたし・たすく・よし

解字 甲骨文  篆文  象形。よろいの中に入った人の象形で、よろい・くぎる・なかだちするの意味を表す。介を音符に含む形声文字に、价・界などがあり、これらの漢字は、「区切る」の意味を共有している。

▼魚介・孤介・紹介・節介・仲介・媒介・厄介

【介意】(カイイ) 気にかける。心配する。介心。

【介介】(カイカイ) 世俗と相入れないさま。

【介懐(懷)】(カイカイ) 気にかける。心配する。介意。

【介甲】(カイコウ) よろい。

【介在】(カイザイ) 間にはさまっている。中間にある。

【介士】(カイシ) ①よろいをつけた兵士。甲士。②節操の固い人物。志操堅固な人。

【介子推】(カイシスイ) 春秋時代、晋の文公の忠臣。介之推とも書く。文公に従って諸国を流浪したが、文公の帰国後、恩賞にもれたので緜山(今の山西省介休県の東南)に隠れた。文公が呼び出そうとして山に火をつけたため焼け死んだと伝えられる。〔左伝、僖公二十四〕〔楚辞、九章〕〔荘子、盗跖〕

【介△恃】(カイジ) たよる。恃は、たのむ意。

【介錯】(カイシャク) 国①世話。付きそい。後見。②切腹する者の首をはねること。

【介心】(カイシン) ①かたい心。②気にかける。介意。

【介紹】(カイショウ) とりつぐ。ひきあわせる。紹介。

【介絶】(カイゼツ) ひとりぼっち。孤立。

【介然】(カイゼン) ①堅固なさま。②たちまち。また、しばらくの間。③ちいさいさま。また、大きいさま。④孤立しているさま。⑤気にかけるさま。こだわるさま。

【介虫(蟲)】(カイチュウ) 甲羅のある生物。かめやかぶと虫など。

【介△冑】(カイチュウ) よろいとかぶと。甲冑。甲鎧。

【介添】(カイぞえ) 国①つきそい。手助け。②嫁入りのとき、実家から付きそっていき世話をする女。

【介特】(カイトク) ①ひとりぼっち。②節操を守って世に迎合しないこと。また、その人。

【介入】(カイニュウ) 国人と人との間に入る。事件にわりこむ。

【介副】(カイフク) かいぞえ。付きそい。

【介福】(カイフク) 大きな幸福。

【介抱】(カイホウ) 世話する。看病する。また、そのこと。

【介立】(カイリツ) ①ひとりだち。独立。②かたく節操を守って、世に迎合しない。

【介△鱗】(カイリン) 甲羅と、うろこ。貝類と魚類。

(4)2 【仇】118 標　漢キュウ(キウ)　呉グ　尤 chóu　2156　3558

字義 ❶あだ(讎)。かたき。うらみ。「仇敵」❷あだする。かたきとする。また、うらむ。にくむ。❸つれあい。あいて。仲間。

難読 仇浪

解字 篆文  形声。人＋九音。音符の九は、逑に通じ、求める相手の意味。あいて・つれあいの意味を表す。

【仇英】(キュウエイ) 明代、十六世紀前半の画家。字は実父、号は十洲。太倉(今の江蘇省内)の人。明代随一の宮廷画家。

【仇△怨】(キュウエン) うらみ。怨恨。

【仇家】(キュウカ) かたき。

【仇偶】(キュウグウ) つれあい。配偶者。

【仇△隙】(キュウゲキ) 仲が悪いこと。不和。

【仇恨】(キュウコン) あだ。うらみ。仇怨。

【仇視】(キュウシ) かたきと見なす。敵意を持つ。

【仇△讎】(キュウシュウ) あだ。かたき。仇敵。

【仇人】(キュウジン) ①かたき。②国(あだびと) うわきもの。

【仇敵】(キュウテキ) かたき。あだ。

【仇波】(あだなみ) 国表面だけに立つ波。かわりやすい人の心のたとえ。

【仇匹】(キュウヒツ) 仲間。つれあい。

(4)2 【今】119 教 2 コン・キン いま　漢キン・呉コン　侵 jīn　2603　3A23
今日・今朝・今年

筆順 ノ 人 今 今

【今】俗字

字義 いま。㋐この時。現在。「即今」㋑きょう。今日。㋒今の時代。現代。「現今」㋓ただちに。すぐに。＝即。㋔ここに。これ。㋕もし。あるいは。仮定の意を表す。〔孟子、公孫丑上〕今人乍見二孺子将一レ入二於井一
国いま。その上に。重ねて。もう。「今一度」

難読 今羽・今帰・今帰仁・今際・今治・今毛人・今来才伎・今良

解字 甲骨文  金文  篆文  指事。甲骨文でもわかるように、ある物をすっぽりおおい含むさまを示し、陰・含などの意味に通じる意味を示したものであろうが、借りて、「いま」の意味に用いる。今を音符に含む形声文字に、欽・琴・禽・衾・衿・金・錦・吟・含・陰などがあり、これらの漢字は、「含み込んで、覆う」の意味を共有している。

▼古今・昨今・自今・如今・即今・当今・方今

【今雨】(キンウ・コンウ) 新しく交わった友。雨は友と音通。↔旧雨〔旧友〕。

【今暁(曉)】(コンギョウ) けさ。きょうのあけがた。

【今月】(コンゲツ) ①この月。当月。②(キンゲツ) 今の月。現在、照っている月。

【今歳】(コンサイ) ことし。今年。

【今次】(コンジ) こんど。今回。

【今時】(コンジ) ①いまの時代。当今。②国(いまどき) このごろ。また、いまごろ。今時分。

【今△茲】(キンジ・コンジ) ①ことし。今年。茲は、年の意。②ここに。この時。

【今者】(キンシャ) ①ちかごろ。このごろ。昨今。②(いま) 今日。現在。

【今春】(コンシュン) 今年の春。〔唐、杜甫、絶句詩〕今春看又過、何日是帰年。〈今年の春も、みるみるうちにまた過ぎてゆく。いったいいつになったら、故郷に帰れる年が来るのであろうか〉

【今宵】(コンショウ) こよい。今夜。

【今上】(キンジョウ) 現在の天子。

【今生】(コンジョウ) ①いまの世。この世。②生きている間。生存中。

【今是△而昨非】(いまはぜにしてサクはヒなり) 今日(現在)は正しくて昨日まで(過去)はまちがっていた。今是昨非。〔文選、陶潜、帰去来辞〕

【今世】(キンセイ・コンセイ) 現代。

【今夕】(コンセキ) 今夜。こよい。

【今昔】(コンセキ・コンジャク) ①いまとむかし。今古。②(コンセキ) ゆうべ。昨夜。

【今昔△之感】(コンジャクのカン) 今の時代と昔とをくらべて、時代の移り変わりのはなはだしいことに深く感じること。

【今体(體)】(キンタイ・コンタイ) ①いまよう。今風。現代風。②六朝

の詩文を古体というに対し、唐代以後の詩文をいう。↓近体（一〇八三ページ）。

【今体（體）詩】キンタイシ　漢詩で、絶句・律詩・排律をいう。近体【詩ともいう。

【今代】キンダイ　いまの世。現代。

【今△旦】コンタン　けさ。今朝。

【今朝】コンチョウ　けさ。

【今年】コンネン　ことし。↕明年。〔唐、劉廷芝、代下悲二白頭一翁上詩〕今年花落顔色改（コンネンはなおちてガンショクあらたまり）、明年花開復誰在（ミョウネンはなひらいてまたたれかある）。〈今年、花が散ってしまうと美しい顔の色も変わり、明年、花が咲いた時に昔ながらのすこやかな姿でだれがいるであろうか〉

【今文】キンブン　①当代の通行文字。現代の文字。②漢代に通行した隷書をいう。↕古文（先秦の文字）。③今の文章。

【今文学（學）】キンブンガク　今文経を研究する学問をいう。今文経は漢代通行の文字である隷書に書き改めた、易・書・詩・礼・春秋の五経で、儒家のテキスト。↕古文学。

【今様（樣）】キンヨウ　①今の。今どきの型。②国いまヨウ　㋐当今のはやり。当世風。㋑今様歌の略。↓次項。

【今様（樣）歌】いまヨウうた　国①当今流行の歌。俗謡。②平安時代に新しくできた、七五調四句の謡物（うたいもの）。

【今来（來）】コンライ　①今まで。「古往今来」②ただ今。

(4)2
【什】120　△

㊥シュウ（シフ）　㊠ジュウ（ジフ）　緝　shí, ⑥shén　2926　*3D3A*

字義　❶とお（を）。＝十。↓十（738）の参考　❷十人。十家。また、その組。「什伍（ジュウゴ）」❸十倍。❹ふだん使用する器物。日用品。道具。「什物」❺『詩経』の雅と頌（ショウ）の各十編をいう。転じて、詩歌などの作品をいう。❻いかに、どんな。↓什麼。

難読　什麼生（そもさん）

解字　篆文　形声。人＋十㊥。音符の十は、とおの意味。十人組の意味を表す。

【什一】ジュウイチ・ジュウイツ　①十分の一。一割。転じて、商売上、一割の利益。②井田（セイデン）法で十分の一の地租をいう。↓井田（四四九ページ）。

【存二什一△於千百一】ジュウイチをセンヒャクにソンす　千に十、百に一を残す。昔多かったものが、わずかしか残っていないこと。

【什器】ジュウキ　ふだん使用する家庭道具。什物。

【什具】ジュウグ　ふだん使用する道具。日用品。

【什△伍】ジュウゴ　①十人または五人の兵卒の組。②五家または十家の組合。昔は五家を伍とし、十家を什として組合を作り、連帯責任を負わせた。

【什△伍連△坐】ジュウゴレンザ　五家、または十家の組合の中の家が罪を犯せば、組合全家が処罰されること。秦（シン）の商鞅（ショウオウ）が作った法。

【什襲】ジュウシュウ　①幾重にも包む。②大切に秘蔵すること。珍蔵。【愛蔵。

【什長】ジュウチョウ　兵卒十人の長。

【什二】ジュウニ　十分の二。転じて、商売上、二割の利益をいう。

【什伯】ジュウハク　①十倍と百倍。②十人または百人の兵卒の組。

【什伯△之器】ジュウハクのキ　普通の人に十倍百倍するほどの器量。また、武器ともいう。

【什物】ジュウブツ・ジュウモツ　①日用の器具。什は十で、日用の器具は、何十と数えるほど多くあるからいう。②国秘蔵の宝物。什【宝。

【什宝（寶）】ジュウホウ　家宝として秘蔵する宝物。

【什△麼】ジュウマ・ソモ・いかん　いかに。どう。どんな。什麼生（ソモサン）の略。

(4)2
【从】121　△

ジュウ　従（2150）（從）の本字。↓三八四ページ。　4826　*503A*

(4)2
【仍】122　△

㊥ジョウ　㊠ニョウ　蒸　réng　4827　*503B*

字義　❶よる（因）。したがう（従）。また、よって。したがって。❷しきりに。しばしば。❸なお。やはり。❹かさねる。また、重なる。❺すなわち（乃（ダイ））。

解字　篆文　形声。人＋乃㊥。音符の乃（ダイ＝ジョウ）は、胎児の象形。成人と胎児と世代が重なるさまから、かさなる・よるの意味を表す。

【仍貫】ジョウカン　ふるい慣習に従って改めない。仍旧。

【仍旧（舊）】ジョウキュウ　旧による。前のように。もとどおり。

【仍仍】ジョウジョウ　①志を得ないさま。失意のさま。②多いさま。③しきりに起こるさま。

【仍然】ジョウゼン　やはり。もとどおり。

【仍孫】ジョウソン　①自分から七代めの孫。②孫。

(4)2
【仁】123

教 6　ジン・ニ

㊥ジン・㊠ニン　慣ニ　真　rén　3146　*3F4E*

筆順　ノ　亻　仁　仁

字義　❶いつくしみ。したしみ。五常の一つ。「仁愛」❷いつくしむ。したしむ。❸なさけ。おもいやり。あわれみ。また、あわれむ。❹めぐみそだてる。❺ひと。人の心。また、心の本体。❻徳をそなえた人。「仁者」❼さね。果実の核中にあり、芽となる部分。「杏仁（キョウニン）」

名乗　きみ・さと・さね・しのぶ・ただし・と・のり・ひさし・ひとし・ひろし・まさ・まさし・み・めぐみ・めぐむ・やすし・よし

難読　仁宇布（にうぷ）・仁科（にしな）・仁賀保（にかほ）・仁山（にやま）・仁田（にった）・仁瓶（にへい）・仁歩（にんぶ）・仁方（にがた）・仁豊野（にぶの）・仁万（にま）・仁輪加（にわか）

解字　甲骨文　篆文　形声。二＋人㊥。人と人との間に通う親しみの意味を表す。

▼寛仁・至仁・上仁・親仁・同仁・不仁

【仁愛】ジンアイ　いつくしみ。なさけ。また、いつくしむ。

【仁王】ニオウ　仏①仏法を守る神として、寺門の左右に立っている金剛力士（コンゴウリキシ）をいう。二王。②ニンノウ　仁王経にみえる印度十六大国の国王。

【仁王経（經）】ニンノウギョウ　仏仏典の名。二巻。旧訳は鳩摩羅什（クマラジュウ）訳で、「仏説仁王経般若（ハンニャ）波羅蜜（ハラミツ）経」といい、新訳は不空訳で、「仁王護国般若波羅蜜多経」という。この経を護持すると、七難が起こらず、災害が生ぜず、万民が豊楽であるといわれ、日本でも昔から、仁王会（ニンノウエ）・仁王講などが【行われた。

【仁恩】ジンオン　いつくしみ。なさけ。慈愛。

【仁義】ジンギ　①仁と義。孟子が特に仁義を併称して強調したので、また道徳の意にも用いる。②国江戸時代、侠客（キョウカク）などの間に行われた親分・子分の道、および初対面の挨拶（アイサツ）。

【仁△誼】ジンギ　＝仁義の①。

【仁君】ジンクン　①なさけ深い君。②他人に対する敬称。

【仁兄】ジンケイ　友人に対する敬称。貴兄。大兄。

【仁恵（惠）】ジンケイ　いつくしみめぐむ。また、あわれみ。仁慈。

【仁言】ジンゲン　なさけ深いことば。

【仁公】ジンコウ　他人に対する敬称。明公。

【仁厚】ジンコウ　なさけ深くて親切なこと。

【仁慈】ジンジ　いつくしみめぐむ。また、いつくしみ。仁恵。

【仁者】ジンシャ　①仁徳のある人。仁徳を体得した人、人格高潔の人。また、単に、なさけ深い人。②乳母（ばう）をいう。③仏ニンジャ　なんじ（汝）。人を呼ぶ称。

【仁者寿（壽）】ジンシャはいのちながし　仁者は道を楽しみ、外物に心が動かされないので長命を保つ。〔論語、雍也〕

【仁者無レ敵】ジンシャにテキなし　仁者は広く人を愛するから、人々が心から帰服して、敵となって逆らうような者は一人もいない。〔孟子、梁恵王上〕

【仁者楽（樂）レ山】ジンシャはやまをたのしむ　仁者は天命に安んじて、どっしりした山のように心が安定しているので、自然に動かない山を楽しむ。〔論語、雍也〕⇩知者楽レ水（チシャはみず（つ）をたのしむ）（七七三ページ）。

【仁寿（壽）】ジンジュ　仁徳があって長命である。

【仁獣（獸）】ジンジュウ　想像上の動物である麒麟（キリン）をいう。生物を食わず、生草をふまず、聖代に現れるという。

【仁術】ジンジュツ　①仁道を行う方法・手段。②医術をいう。

【仁恕】ジンジョ　なさけ深くて思いやりがあること。
【仁心】ジンシン　仁の心。人を愛する心。
【仁人】ジンジン　仁徳のあるりっぱな人。仁者。
【仁瑞】ジンズイ　聖人が世を治めている時に現れるというめでたいしるし。鳳凰ホウオウ・竜・麒麟キリンなどをいう。
【仁声(聲)】ジンセイ　仁を行うという評判。仁聞。
【仁政】ジンセイ　なさけ深い政治。
【仁沢(澤)】ジンタク　仁徳をもって他をうるおしめぐむこと。仁愛のめぐみ。
【仁弟】ジンテイ　上の者が下の者を呼ぶ敬称。
【仁徳】ジントク　①なさけ深い徳。②ニントク　国第十六代の天皇。
【仁風】ジンプウ　①仁徳による教化。仁徳は、風のように遠くまでとどくのでいう。②扇の別名。晋シンの袁宏エンコウが餞別センベツに扇を贈られた時、仁風を起こして民衆を慰めよう、と答えた故事による。〔晋書、袁宏伝〕
【仁聞】ジンブン　＝仁声。
【仮(假)仁】ジンをかる　仁徳がないのに、表面だけ仁徳をよそおうこと。覇者の政治をいう。〔孟子、公孫丑上〕

(4)2【仆】124　△　一フ　遇 pū, fù　二漢ホク・呉ボク　職　4829 503D

字義　一二❶たおれる。たふる。たおす。たふす。ふす。❷たおれ死ぬ。また、ころす。❸くつがえる。

解字　篆文　形声。人＋卜(音)。音符の卜ボクは、ポクッという音を表す擬声語。人がポックリたおれるの意味を表す。

【仆偃】フエン　たおれふす。偃仆。
【仆臥】フガ　たおれふす。寝る。
【仆僵】フキョウ　たおれる。僵も、たおれる。
【仆死】フシ　たおれて死ぬ。また、その死骸。

(4)2【仏】125　教 5　ブツ　ほとけ　4209 4A29
(7)5【佛】126　人許　一漢フツ・呉ブチ　物 fú, ⑤fó　二漢ヒツ・呉ビチ　質 bì　三漢ホツ・呉ボチ　月 bó　慣ブツ　4839 5047

筆順　ノ イ 仏 仏

字義　一❶ほのか。かすか。「彷仏ホウフツ」❷もとる。さからう。＝払。❸ねじる。❹大きい。さかん(壮)。❺仏ほとけ。梵語ボンBuddha の音訳字。仏陀ブッダ・浮屠フトとも音訳する。㋐本義は、覚者、すなわち道をさとった人。㋑釈迦シャカをいう。㋒仏教。㋓ほとけの形像。仏像。㋔慈悲深い人。❻フラン。フランスの貨幣の単位。仏郎。二たすける。補佐する。＝弼ヒツ。三けしきばむ。顔色をかえる。また、おこる。国❶ほとけ。㋐死去した人。㋑柔和な人。人がらのよい人。❷国名。仏蘭西フランスの略。

難読　仏子しぶ・仏掌薯つくねいも・つくいも

解字　篆文　形声。人＋弗(音)。仿佛ホウフツという熟語で、それらしくありながら、はっきり見えないさまを表す擬態語として用いる。また、梵語ボンBuddha の音訳の省略形として、ほとけの意味に用いる。常用漢字の仏は、宋ソウ・元のころから用いられている俗字による。

▼活仏・詩仏・持仏・儒仏・成仏・石仏・念仏・排仏・老仏

【仏宇】ブツウ　てら。寺院。
【仏会(會)】ブツエ　仏①仏(釈迦シャカ)の説法の会座。②仏や菩薩ボサツの集まる所。③仏を礼する儀式。法事。
【仏縁】ブツエン　①仏道に入る縁。②仏の引き合わせ。
【仏果】ブッカ　仏仏を信仰することによって得られる、よい結果(むくい)。善い往生。成仏。
【仏戒】ブッカイ　仏のいましめ。仏の戒律。
【仏海】ブッカイ　仏の道。仏道を海の広いのにたとえていう。法海。
【仏閣】ブッカク　てら。寺院。また、寺の建物。
【仏間】ブツま　仏(仏像・位牌イハイ)のまつってある室。
【仏龕】ブツガン　仏像を納める厨子ズシ。
【仏教】ブッキョウ　紀元前五世紀ころ、インドで釈迦牟尼シャカムニが開いた宗教。中国には、後漢の明帝の時(六七年)に伝来したという。
【仏経(經)】ブッキョウ　仏教の経文キョウモン。お経。仏典。
【仏具】ブツグ　仏をまつるに用いる道具。
【仏家】ブッケ　①仏㋐浄土。㋑仏教の寺院。寺。②ブッカ　僧。
【仏偈】ブツゲ　仏教で、仏を賛美する歌。多くは一句が四字。
【仏語】ブツゴ　①釈迦シャカのことば。釈迦の教え。②国㋐仏教で使用することば。仏教語。㋑フツゴ　仏蘭西フランス語の略。
【仏工】ブッコウ　仏像を彫刻する人。仏師。
【仏国(國)】ブッコク　①ほとけの国。インドをいう。②国フッコク　フランス国の略称。中国では、法国という。
【仏骨】ブッコツ　釈迦シャカの骨をいう。舎利。
【仏刹】ブッサツ・ブッセツ　①寺。寺院。②ブッセツ　仏の国。仏の住む所。
【仏子】ブッシ　①仏道に入った人。仏の弟子。仏教徒。②(人がすべて仏性を持つということから)一切の衆生シュジョウをいう。
【仏師】ブッシ　＝仏工。
【仏事】ブツジ　仏に供養する行事。法事。法要。法会ホウエ。
【仏式】ブッシキ　仏教の儀式。特に、葬儀の仕方についていうことが多い。

【仏舎利】ブッシャリ　仏釈迦シャカの遺骨。舎利は、梵語ボンśarīra の音訳で、身の意。仏骨。
【仏者】ブッシャ　①釈迦シャカ。②僧。仏道の修業者。
【仏生会(會)】ブッショウエ　仏陰暦四月八日の釈迦シャカの誕生日に行う法会ホウエ。その立像に甘茶を灌そそぎかける。灌仏会カンブツエ。
【仏性】ブッショウ　①仏㋐仏の本性。㋑一切サイの衆生シュジョウが持っているという、仏になりうる性質。②国情け深い生まれつき。
【仏心】ブッシン・ほとけごころ　①仏仏の慈悲深い心。②ほとけごころ　仏のように、さとりきった心。また、情け深い心。
【仏籍】ブッセキ　＝仏典。
【仏説】ブッセツ　仏の説いた教え。また、仏教の各種の説。
【仏祖】ブッソ　仏教の開祖。釈迦シャカをいう。
【仏葬】ブッソウ　国仏式で行う葬式。
【仏像】ブツゾウ　仏の姿を彫刻したり描いたりしたもの。
【仏足石歌】ブッソクセキカ　国奈良薬師寺の仏足石歌碑にきざまれた二十一首の歌。仏足石(釈迦シャカが入滅前に残したといわれる足裏のあとの形を石の上にきざんだもの)をたたえたもの。
【仏陀】ブッダ　国梵語ボンBuddha の音訳。釈迦シャカをいう。→字義の一の⑤。
【仏頂面】ブッチョウづら　無愛想ブアイソウな(怒りを含んだ)顔つき。ふくれづら。釈迦シャカの頭頂から生まれ出た仏頂尊のような顔つきの意。仏頂顔。
【仏弟子】ブツデシ　①釈迦シャカの弟子。②僧。③仏教信者。
【仏典】ブッテン　仏教関係の書籍。仏書。仏経。
【仏殿】ブツデン　仏を安置してある建物。寺。また、寺の本堂。仏堂。
【仏図(圖)】ブット　寺。また、寺の塔。浮図フト。浮屠フト。
【仏塔】ブットウ　寺の塔。
【仏道】ブツドウ　仏法の道。仏の説いた道。
【仏罰】ブツバツ　仏が加える罰。
【仏法】ブッポウ　①仏の道。釈迦シャカの教え。②国フッポウ　フランスの法律の略。
【仏法僧(僧)】ブッポウソウ　①仏仏教でも最も重要な仏と法(仏道)と僧。合わせて三宝サンボウという。②ブッポウソウ科の鳥の名。霊鳥として名高い。
【仏名会(會)】ブツミョウエ　国昔、陰暦十二月十九日から三日間、宮中の清涼殿で行われた行事。一年間の罪障を滅ぼす目的で、僧に仏名経(お経の一つ)を読ませ、仏の名を唱えさせた。
【仏滅】ブツメツ　仏①仏の入滅。釈迦シャカの死。②仏滅日の略。陰陽道オンヨウドウで、この日は何を行うにも大悪とされている。
【仏門】ブツモン　仏が説いた道。仏道。

【仏蘭西】フランス　国 France の音訳。ヨーロッパの国名。中国語訳は、法蘭西。
【仏老】ブツロウ　①釈迦と老子。老仏。②仏教と老子の教え。

(4)2
【仂】127　△　㊀ロク 職 lè　㊁漢リョク・呉リキ 職 lì　4830 503E
字義 ㊀❶あまり。数のあまり。❷十分の一。また、三分の一。
㊁つとめる（務）。＝力。
参考 ⇩働（373）の 参考
解字 形声。人＋力㊥。

(4)2
【仐】128　国字　△サン　かさ。　傘（349）の俗字。→九七ページ。
参考 この字を分解すると八十になるところから、八十寿（八十歳、また、その祝い）のことを傘（仐）寿という。
[仄]→厂部 一七三ページ。　[内]→冂部 二九ページ。

(5)3
【以】129　教4　イ　亻紙 yǐ　1642 304A
筆順 レ レ レ 以 以
[㠯]本字　字義 ❶助字。もって。⇩助字解説 ❷もってする。❸もちいる。使用する。❹ひきいる（率）。❺ゆえ。わけ。理由。❻おもう。おもんみる。おもえらく。…とみなす。❼…と。ともに。ともに（巳）。❽より。から。「以東」「以上」❾はなはだ。＝巳。❿すでに（已）。

助字解説
もって。㋐手段・方法・材料。……で。……を使って。〔韓非子、難、一〕以子之矛一陥子之楯一何如　〈あなたのほこで、あなたのたてを突き通したらどうなるか〉㋑理由・条件。……によって。……のために。〔論語、衛霊公〕君子不以言挙人、不以人廃言　〈君子はよいことを言ったからといってその人の言葉をすべて退けることはしない〉㋒接続。そして。〔文選、陶潜、帰去来辞〕雲無心以出岫、鳥倦飛而知還　〈雲は自然のままに山のほら穴からわき出ており、鳥は飛ぶのにあきては、ねぐらに帰って行くのを知っている〉
〈以為〉おもう。おもえらく。……と思う。〔戦国策、楚〕以為畏狐也　〈狐をこわがっていると思った〉

名乗 これ・さね・しげ・とも・もち・ゆき　難読 以仁王

解字 甲骨文　篆文

象形。甲骨文でよくわかるように、すきの象形で、すきを用いて耕すの意味から、転じて、用いるの意味を表す。㠯は以の古字。以は形声で、人＋ム（㠯の変形）㊥。㠯を音符に含む形声文字に、台・始・枱・怠・怡・胎・殆・飴などがあり、これらの漢字は、「堅い・厳しい事態が消えて、やわらぐ」の意味を共有している。始・胎・殆は、特に「前の事態が解消されて、新しい事態がはじまる」の意味を共有している。

【以為（爲）】おもえらく　思うには。思うことには。＝以謂。
【以謂】おもえらく　＝以為。
【以往】イオウ　①…からのち。以後。②…からまえ。以前。
【以還】イカン　①…からこのかた。以来。②以下。
【以後】イゴ　①…よりこのかた。その後。②今より後。
【以降】イコウ　…からこのかた。…からのち。以来。
【以心伝（傳）心】イシンデンシン　心から心につたえる。①仏文字や言語で表すことのできない仏法の奥義を、師の心から弟子の心に伝えてさとらせること（弟子の側からいえば、それを無言のうちに心で知ることになる）。〔景徳伝灯録、十三〕②心がたがいによく通じ合い、ことばを用いないで意志が通ずること。
【以聞】イブン　天子に申し上げること。上聞。

(5)3
【仡】130　△　㊀漢キツ・呉コチ 物 yì　㊁漢ゴツ・呉ゴチ 月 wù　2737 3B45
字義 ㊀❶いさましい。❷頭をあげる。㊁舟などのゆれ動くさま。
解字 篆文

形声。人＋乞（气）㊥。音符の气は、上昇気流の象形。意気盛んな人の意味を表す。
【仡仡】キツキツ　①勇ましいさま。②高く大きいさま。③ゴツゴツ　舟などのゆれ動くさま。

(5)3
【仕】131　教3　シ・ジ　つかえる　漢シ 呉ジ 紙 shì
筆順 亻 仁 仕 仕
字義 ❶つかえる。㋐官職につく。役人になる。また、身分の高い人の使用人になる。㋑しごとをする。❷つかえ。つとめ。官職。「致仕」❸まなぶ。国つかまつる。㋐「つかう」の謙譲語。㋑「なす」「おこなう」の謙譲語。
難読 仕種・仕舞屋
解字 金文　篆文

形声。人＋士㊥。音符の士は、軍事などにたずさわる男の意味。人を付し、つかえるの意味を表す。
▼給仕・出仕・進仕・致仕・奉仕
【仕官・仕宦】シカン　役人となって仕えること。国事のなりゆき・ありさま。始末。
【仕儀】シギ　国事のなりゆき・ありさま。始末。
【仕進】シシン　役人になる。官職につく。仕官。
【仕丁】シテイ・ジチョウ　国①昔、諸国から召し集められ、宮中の雑役に使われた労働者。②明治の初め、官庁の雑役に使われた等外官。使丁。用務員。

(5)3
【仔】132　標　㊀シ 支 zī　㊁シ 紙 zǐ　2738 3B46
字義 ㊀❶たえる（克）。任にたえる。㊁❶こまかい。綿密。❷こ（子）。動物の幼少なもの。
解字 金文　篆文
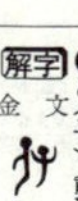
形声。人＋子㊥。
【仔細】シサイ　子細。①こまか。綿密。また、くわしく。細かく。②国くわしい事情。

(5)3
【仗】133　△　漢チョウ（チャウ）　呉ジョウ（ヂャウ）　漾 養 zhàng　4831 503F
字義 ❶つえ（杖）。❷つく。つえつく。❸よる（倚）。たのむ。❹兵器。刀や戟の総称。「兵仗」❺まもり。そなえ。唐代、天子・宮殿の兵衛。
解字 形声。人＋丈㊥。
【仗衛（衞）】ジョウエイ　儀仗護衛。儀式に参列して護衛する兵士の隊。
【仗義】ジョウギ　正義をたのみとする。正しい道に従う。
【仗剣（劍）】ジョウケン　①剣をたずさえる。武装する。②剣をたよりとする。剣をたずさえて、身を守る。
【仗策】ジョウサク　馬のむちをつえつく。策は、馬を打つむち。
【仗節（節）】ジョウセツ　正しい道による。操を守る。

(5)3
【仞】134　△　漢ジン　呉ニン　震 rèn　4832 5040
[仭]俗字　4833 5041
字義 ❶ひろ。深さ・高さを測る単位。両手をひろげた長さで、周尺の八尺（または七尺）という。「九仞の功」❷はかる。深さ・高さを測る。❸みちる。また、みたす。＝牣。
解字 篆文

形声。人＋刃㊥。音符の刃は、やいばの意味。高さをはかるとき右手を上に左手を下に伸ばして、ちょうど刀のやいばを立てたような形になるところから、高さ深さを測る単位の意味を表す。

(5)3
【仭】135　△ジン　仞（134）の俗字。→前項。　4833 5041

(5)3
【仙】136　常　セン　セン 先 xiān　3271 4067

筆順 亻 亻 仙 仙

【僊】同字 4902 5122

字義 ❶仙人。山に入って不老不死の術を修めた人。また、その術。❷俗界を離れた人。また、その場所。「仙郷」❸すぐれた。非凡な。美しい。「仙骨」「仙楽」❹詩歌・書画などの特に上手な人。「詩仙」❺天子に関する事物にいう。「仙遊」❻仙仙（僊僊）は、舞うさま。❼セント。アメリカ合衆国の貨幣単位 cent の音訳。

名乗 たかし・のり・ひさ・ひと　難読 仙人掌（サボテン）・仙美里（せんびり）

解字 会意。人＋山。山に住む人、せんにんの意味を表す。

▼詩仙・酒仙・昇仙・神仙・水仙・登仙・飛仙・列仙

【仙衣】（センイ）①仙人の着物。②高尚清潔で俗臭のない着物。

【仙掖】（センエキ）①天子の御殿。掖は、宮殿。②翰林院（カンリンイン）の別名。

【仙苑】（センエン）①仙人の花園。②天子の庭園。

【仙果】（センカ）①ふしぎな木の実。②桃の別名。

【仙娥】（センガ）①仙女。天女。②美人。美女。

【仙駕】（センガ）仙輿（センヨ）。①仙人の乗りもの。②天子の乗りもの。

【仙界】（センカイ）仙境。仙郷。①仙人の住んでいる所。②俗気を離れた清浄の土地。

【仙客】（センカク）①仙人。②鳥の名。㋐鶴（つる）の別名。㋑ほととぎすの別名。

【仙楽（樂）】（センガク）①仙界の音楽。②たえなる音楽。この世のものとも思えぬ美しい音楽。〔唐、白居易、長恨歌〕仙楽風飄処処聞（センガクかぜにひるがえ（へ）りてショショにきこゆ）。訳文⇩驪宮（一三六ページ）。

【仙去】（センキョ）①仙人になって俗界を去ること。②死去。仙逝。

【仙郷（鄕）】（センキョウ）＝仙界。仙境。

【仙窟】（センクツ）①仙人の住んでいる所。窟は岩屋。②俗世間を離れた清らかな住まい。

【仙骨】（センコツ）仙人の骨相の意で、非凡な風采（フウサイ）をいう。

【仙才】（センサイ）①仙人の持っている才能。②人なみすぐれた才能。主として詩文の才能にいう。

【仙山】（センザン）①仙人の住む山。②仙人の住む島。

【仙子】（センシ）①仙人。②女の仙人。仙女。

【仙姿玉質】（センシギョクシツ）けだかい姿と美しいからだ。気品の高い美人の形容。質は体質。

【仙質】（センシツ）俗離れした清らかな性質。脱俗の気質。

【仙術】（センジュツ）仙人の行う不思議な術。

【仙女】（センジョ・センニョ）①女の仙人。②仙人のようにけだかく美しい女。美女。

【仙掌】（センショウ）＝仙人掌の①。

【仙逝】（センセイ）人の死をいう。逝は往。俗界を去って仙界にゆく意。仙去。仙遊。

【仙籍】（センセキ）①仙人の戸籍。仙人の名を記した札または帳簿。②朝廷の侍臣などの名札。③国㋐昔、殿上人（テンジョウびと）の出仕者の姓名を記し、その日の当番を示した名札。㋑蔵人頭（くろうどのかみ）の唐名。

【仙丹】（センタン）仙人が練って作った薬。不老不死の薬。

【仙桃】（セントウ）①桃の一種。仙人桃。②桃の木。仙果。

【仙洞】（セントウ）①仙人の住んでいる所。洞は、ほらあな。②国（セントウ）上皇・法皇。また、その御所。仙洞御所。

【仙人】（センニン）多くは山に住み、穀物を食べず、不老不死の術を修め、変幻の事を行い、風を起こしたり、天にのぼったりするという人。道士の理想的人物。〔史記、秦始皇本紀〕

【仙人掌】（センニンショウ）①仙人が掌（たなごころ）で盤（深い大きな皿）をささげた姿を像にして、これを空中高く銅柱で支え、天から降る甘露を受けるように作ったもの。甘露（清らかな露）を玉の粉にまぜて飲むと長生きするという。仙掌。②植物の名。さぼてん。

【仙蹕】（センヒツ）＝仙輿（センヨ）。

【仙筆】（センピツ）非常にすぐれた書画、または詩文。

【仙風道骨】（センプウドウコツ）仙人の風姿、道者の骨相の意で、俗気のない非凡な姿をいう。

【仙木】（センボク）①桃の木の別名。②桃の木で造った護符。元日に戸口につけて、邪気を払うに用いる。

【仙薬（藥）】（センヤク）飲めば仙人になれるという不思議な薬。

【仙遊】（センユウ）①仙人のように自由に出かけ歩く。②天子の行幸。遊は旅行の意。③人の死をいう。俗界を離れて仙界に行く意。仙逝。

【仙輿】（センヨ）①仙人の乗り物。②天子の乗り物。③国上皇・法皇の乗り物。

【仙李】（センリ）老子をいう。老子の姓は李であることからいう。

(5)3

【仟】137 △ セン 匹 qiān　4834 5042

字義 ❶かしら。千人の長。❷数の単位。千。→千（740）の 参考。❸南北に通ずる道。＝阡（セン）。

解字 形声。人＋千㊥。音符の千は、数の「せん」の意味。千人の集団の統率者の意味を表す。

【仟伯】（センパク）①千銭と百銭。転じて、多数の意。千百。②たんぼの道。あぜ道。仟は、南北に通じる道。伯は、東西に通じる道。阡陌（センパク）。

【仟佰】（センパク）千人の長と百人の長。

(5)3

【他】138 教 3 タ　タ 歌 tā　3430 423E

筆順 亻 亻 仲 他

字義 ❶ほか。㋐別の。ことなった。㋑よそごと。〔孟子、梁恵王下〕王顧二左右一而言レ他（オウサユウをかえ（へ）りみてタをいう（ふ））。㋒血族以外の人。また、自分以外の人。他人。↕己。❷ふたごころ。よこしまな心。異心。他心。❸かれ。かの。あれ。（彼）。↕此。

名乗 おさ・ひと　難読 他処（所）（よそ）・他人（あだびと）・他田（おさだ）

解字 形声。人＋也㊥。佗（186）の俗字。

▼自他・排他・利他

【他意】（タイ）①ほかの考え。別の考え。②ふたごころ。他心。他志。

【他郷（鄕）】（タキョウ）よその土地。故郷以外の土地。異郷。

【他言】（タゲン・タゴン）①そのほかのことば。②ほかの人のことば。③ほかの人に話す（漏らす）こと。また、そのことば。

【他故】（タコ）ほかの事情。別の理由。

【他国（國）】（タコク）①ほかのくに。他郷。②外国。

【他殺】（タサツ）他人に殺されること。↕自殺。

【他山之石】（タザンのいし）ほかの山から出る粗末な石。それに価値はなくとも、自分の宝玉をみがくのに役立つことから、自己の反省・修養の助けとなる、他人の悪い失敗などのたとえ。→次項。

【他山之石可二以攻一レ玉】（タザンのいしもってたまをお（を）さむべし）他山の石でも自分の持っている宝石を磨いて美しくするのに役だつ。他のいかなる悪い事がらも自分の反省・修養の役に立つというたとえ。〔詩経、小雅、鶴鳴〕

【他志】（タシ）ふたごころ。他心。異心。

【他日】（タジツ）別の日。いつか。①今日より以前のある日。前日。②今日より以後のある日。後日。

【他生】（タショウ）仏ほかの世。今生（コンジョウ）に対して、過去または未来の世をいう。前生（ゼンショウ）または後生（ゴショウ）。生は、生活している世の意。他世。「袖（そで）触れ合うも他生の縁」

【他世】（タセイ・タセ）仏現世に対して過去または未来の世をいう。前世、または後世（来世）。他生。

【他席】（タセキ）ほかの宴席。また、隣席。

【他人】（タニン）①ほかの人。自分以外の人。②国㋐血族以外の人。㋑親類縁者以外の人。㋒何のつながりや関係もない人。

【他年】（タネン）別のとし。今年以外のある年。

【他聞】（タブン）国ほか（関係者以外）の人に聞かれること。ひときき。外聞。「他聞を憚（はばか）る」

【他面】（タメン）国①ほかの面。②別の側面。一方。他方。

【他門】（タモン）①ほかの門。②ほかの家。③仏ほかの宗派。

【他力】(タリキ) ①国他人の力。他人の助力。↕自力(ジリキ)。②仏阿弥陀如来(アミダニョライ)の本願の力。浄土宗(ジョウドシュウ)で、衆生(シュジョウ)が極楽往生(ゴクラクオウジョウ)できるのは本人の力によるのではなく、如来の本願力によると説く。

【他力本願】(タリキホンガン) ①仏阿弥陀如来(アミダニョライ)の本願（過去世に、一切の衆生(シュジョウ)を救おうとして発起(ホッキ)した誓願）の力によって極楽往生(ゴクラクオウジョウ)を遂げようとすること。浄土宗・真宗などでいう。②自分は力を尽くさず、他人の力で事を遂げようとすること。

【他律】(タリツ) 国自分の考えからではなく、他人からの指図で行動すること。↕自律。

【他流】(タリュウ) 自分と異なった他の流派・流儀。

【無レ他】(タなし) ①ほかの原因・理由・方法があるのではない。これよりほかにはない。②ふた心がない。異心を持たない。

(5)3
【代】139

教3　ダイ・タイ　かわる・かえる・よ・しろ　漢タイ・呉ダイ　ピンイン dài　3469 *4265*

筆順　亻 仁 代 代

字義　❶かわる。かはる。かえる。かふ。❷かわり。かはり。かわる者。❸かわるがわる。❹よ。㋐時代。時世。また、王朝。㋑天子や元首がその地位にいる期間。❺よよ。代々。❻地名。今の山西省北部。良馬の産地。国❶ダイ。しろ。㋐代金。㋑かわり。「御名代(ゴミョウダイ・みなしろ)」❷しろ。㋐材料。㋑田地。「苗代(なえしろ・なわしろ)」

名乗　とし・のり　難読　代田(しろた・しなんた)・代内(のしない)

使いわけ　①かえる・かわる〔変・代・替・換〕⇩変（1381）。②ダイ〔代・台〕〔代〕年齢・年数の範囲を示す場合。「三十歳代」〔台〕金額・時間・件数の範囲を示す場合。「一万円台・三十分台」

解字　篆文  形声。人＋弋㊥。音符の弋は、二本の木を交差させて作ったくいの象形。人がたがいちがいになる、かわるの意味を表す。

▼永代・希代・今代・近代・現代・交代・色代・時代・昭代・上代・神代・身代・聖代・世代・先代・当代・年代・万代・百代・譜代・末代・名代・目代・累代

【代官】(ダイカン) ①先任と交代する新任の役人。②国㋐公職の事務を代行する者。㋑江戸時代、幕府の直轄地を支配した地方官。租税・戸籍などのことをつかさどる。

【代言】(ダイゲン) ①本人にかわって言う。②国代言人（弁護人）の略。

【代講】(ダイコウ) 本人にかわって講義をする。また、その人。

【代参(參)】(ダイサン) 本人にかわって神仏に参ること。

【代舎】(ダイシャ) 戦国時代、斉の孟嘗君(モウショウクン)が食客を住まわせた宿舎のうち、最上等の建物の名。接待役がかわるがわるもてなすのでいう。第二番目が幸舎、第三番目が伝舎。〔史記、孟嘗君伝〕

【代謝】(ダイシャ・タイシャ) 次々と入れかわり移りかわること。代わり来(き)たり辞し去る意。新しいものが来て古いものと交替し、古いものは辞し去ること。謝は去。「新陳代謝（陳は古）」

【代△赭色】(タイシャいろ) 代赭は赤鉄鉱の一種で、中国の山西省代県に産する赭石の意。絵の具を作る。黄褐色(コウカッショク)。

【代書人】(ダイショニン) 国官庁に出す届書・願書などを、本人にかわって書くことを職業とする人。

【代署】(ダイショ) 本人にかわってその人の名を記すこと。また、その書いた名。

【代序】(ダイジョ) 次々と入れかわる。順序を追って入れかわる。代叙。

【代償】(ダイショウ) ①本人にかわって損害をつぐなうこと。②国与えた損害に対して支払うつぐない。

【代代】(ダイダイ) ①次々の世。歴代。累世。②永世。いつの世までもよよ。

【代納】(ダイノウ) ①本人にかわって税金を納めること。②国他の物を代用して納入する。

【代馬依ニ北風一】(ダイバホクフウによる) 北の代(ダイ)（今の山西省北部）の地方から来た馬は北風（自分の故郷の方から吹いて来る風）の方に身を寄せる。生あるものはみな故郷を恋い慕う情を持っている意。代は、良馬の産地。胡馬嘶ニ朔風一(コバサクフウにいななく)。〔塩鉄論、未通〕

【代物】(ダイブツ) 国①かわりのもの。代品。②(ダイモツ) ㋐品物を売った代金。㋑銭の別名。③(しろもの) ㋐売買する品物。商品。㋑品物を売った代金。㋒美しい女。㋓人をいやしめていう語。やつ。

【代弁(辨)】(ダイベン) ①本人にかわって弁償する。②正規の人に代わって事務をとる。

【代弁(辯)】(ダイベン) 本人に代わって言う。

【代△辦】(ダイベン) 本人にかわって事を処理する。

【代理】(ダイリ) 本人にかわって事をすること。また、その人。理は治める。処理する。

(5)3
【仝】140

△　ドウ　同（481）の古字。→一三三ページ。　0124 *2138*

(5)3
【付】141

教4　フ　つける・つく　フ　ピンイン fù　4153 *4955*

筆順　亻 仁 付 付

字義　❶つける。つく。つけ加える。また、つく。＝附。「添付」❷さずける。さづく。与える。渡す。「交付」❸たのむ。よせる。ゆだねる。託する。「付託」国❶つき。㋐ゆえに。だから。㋑対して。関して。㋒さま。「顔付き」❷つけ。かきつけ。勘定書き。

名乗　とも　難読　付子(ぶす)・付知(つけち)

使いわけ　①フ〔附・付〕⇩附（8376）。②つく・つける〔付・着・就〕〔付〕くっつく。所属する。「利子が付く・味方に付く」〔着〕届く。まとう。「手紙が着く・衣装を着ける」〔就〕近づく。寄り添う。「先生に就いて研究する」なお、慣用句はおおむね〔付〕を用いる。「盛り付け・気を付けろ！」また、〔着・就〕は漢語を和語風に言いかえた場合に多い。「眠りに就く（就眠）・席に着く（着席）」

解字　金文  篆文  会意。人＋寸。寸は、手の意味。人に手で物を与える・たのむ・つけるの意味を表す。付を音符に含む形声文字に、拊ヮ・腑ヮ・柎ヮ・紨ヮ・附などがあり、これらの漢字は、「手を付ける」の意味を共有している。

▼依付・下付・還付・寄付・給付・交付・返付

【付火】(フカ) ①火にくべる。火にくべて焼き捨てる。焼却。②国(つけび) 火をつける。火つけ。放火。

【付加】(フカ) つけ加えること。つけたすこと。附加。「付加税」

【付会(會)】(フカイ) こじつける。附会。「牽強(ケンキョウ)付会」

【付記】(フキ) つけたして書く。そえ書き。附記。

【付議】(フギ) 議に付する。会議にかける。附議。

【付△梓】(フシ) 梓に付する。版木(ハンぎ)にほる。書籍を出版する。上梓(ジョウシ)。梓(あずさ)は版木にする木の名。

【付属(屬)】(フゾク) ①たのむ。まかせる。また、いいつけ。たのみ。付嘱。②つき従う。また、そのもの。附属。

【付嘱(囑)】(フショク) ＝付属の①。→前項。

【付△箋】(フセン) 必要なことを書くため、または、目じるしのためにはりつける小さな紙きれ。はりがみ。箋は、紙きれ。附箋。

【付則】(フソク) あとにつけたした規則。附則。

【付帯(帶)】(フタイ) ①つけたす。②主なものに伴うこと。附帯。「付帯条件」

【付託】(フタク) たのむ。まかせる。また、たのみ。

【付与(與)・付△予】(フヨ) あたえる。さずける。

【付録】(フロク) ①主な文書に付属した記録。つけたし。②書籍・

雑誌・新聞などの本文以外につけたされた紙面、または別冊。附録。

【付和雷同】フワライドウ 自分に定まった考えがなく、わけもなく他人の説に賛成し、または行動すること。附和雷同。

【令】142

(5)3 教 4 レイ

㊀漢レイ・呉リョウ(リャウ) 敬 líng
㊁漢レイ・呉リョウ(リャウ) 庚 líng

4665
4E61

筆順 人 亼 今 令

字義 ㊀❶命ずる。いいつける。法令などを発布する。❷みことのり。君主の命令。❸のり。おきて。法令。布告書。「律令」❹いましめ。おしえ。教訓。❺おさ。長官。「県令」❻よい。りっぱな。すぐれた。「令名」❼他人の親族に対する敬称。「令兄」❽文体の名。皇后・太子・諸侯などの命。

㊁❶助字。しむ。しめば。⇩助字解説 ❷もし。たとい。たとひ。仮定の意を表す。「仮令」「縦令」「設令」などのように連用して、もし・たといと読むことが多い。

国年齢の齢の当て字として用いることがある。「年令」

助字解説

①しむ。使役。……させる。類遣・教・使・俾。〔史記、廉頗・藺相如伝〕秦王与趙王会飲、令趙王鼓瑟。〈秦王は趙王と会飲して趙王に瑟をひかせた〉

②しめば。仮定。……だとしたら。〔唐、白居易、長恨歌〕但令心似金鈿堅、天上人間会相見。〈ただお互いの心を黄金やすり貝のように堅固に保ってさえいたら、天上界と人間世界とに別れていても、きっと会う日があるだろう〉

名乗 なり・のり・はる・よし 難読 令家・令宗・令法

解字 甲骨文  金文  篆文  会意。亼＋卩(㔾)。亼は集めるの意味とも、頭上にいただく冠の象形ともいう。卩は、人のひざまずく形にかたどる。人がひざまずいて神意をきくさまから、いいつけるの意味を表す。令を音符に含む形声文字に、伶・冷・囹・怜・玲・嶺・羚・聆・鈴・零・領・齢などがあり、これらの漢字は、「ひざまずき神意に耳を傾ける」の意味を共有し、そこから「すがすがしい」の語感を伴う玲・冷・怜などの漢字も派生した。

▼威令・家令・教令・禁令・訓令・軍令・月令・県令・号令・詔令・司令・辞令・制令・政令・伝令・発令・布令・法令・命令・律令

【令尹】レイイン ①戦国時代の楚の最上位の官名。宰相に当たる。②後世、地方長官の別名。

【令岳(嶽)】レイガク よい岳父。他人の妻の父を呼ぶ敬称。

【令閨】レイケイ 他人の妻を呼ぶ敬称。令室。

【令月】レイゲツ ①よい月。②陰暦二月の別名。

【令厳(嚴)】レイゲン 他人の父を呼ぶ敬称。厳は厳父。

【令史】レイシ 文書をつかさどる下級の役人。

【令旨】レイシ ①皇太后の命令。②国リョウジ 皇后・皇太后・皇太子・親王・王などの命令。

【令姿】レイシ 美しいすがた。

【令慈】レイジ 他人の母を呼ぶ敬称。慈は慈母。

【令室】レイシツ 他人の妻の敬称。令夫人。

【令日】レイジツ よい日。めでたい日。吉日。

【令淑】レイシュク 上品でしとやかなこと。

【令書】レイショ 国①命令書。②皇族が下さる書状。

【令緒】レイショ ①すぐれた功績や事業。②よいあとつぎ。他人のあとつぎを呼ぶ敬称。

【令女】レイジョ 他人のむすめを呼ぶ敬称。

【令称(稱)】レイショウ 令名。①よいほまれ・評判。②りっぱな名。

【令丞】レイジョウ 長官と次官。

【令状(狀)】レイジョウ 国官庁から出される命令書。

【令嬢(孃)】レイジョウ 国他人のむすめを呼ぶ敬称。↕令息。

【令色】レイショク こびへつらうような顔色。また、人の機嫌をとるような顔色をすること。〔論語、学而〕⇩巧言令色、鮮矣仁(三八六ページ)。

【令辰】レイシン よい日。めでたい日。吉日。佳辰。

【令人】レイジン よい人。りっぱな人。

【令正】レイセイ ①命令書を作ることをつかさどる官の長。②他人の妻を呼ぶ敬称。正は政で、家政をする人の意。令政。令室。

【令声(聲)】レイセイ よい評判。令名。

【令婿(壻)】レイセイ よい婿。人の婿を呼ぶ敬称。

【令節(節)】レイセツ よい日。めでたい日。佳節。令日。

【令息】レイソク 国他人の男の子を呼ぶ敬称。よいむすこの意。令子。令郎。↕令嬢。

【令尊】レイソン 他人の父を呼ぶ敬称。りっぱな父の意。

【令台(臺)】レイダイ 国他人の妻を呼ぶ敬称。台は御台所の意。＝令正。

【令堂】レイドウ 他人の母を呼ぶ敬称。りっぱな母の意。

【令徳】レイトク りっぱな徳。美徳。善徳。

【令夫人】レイフジン 国①他人の妻を呼ぶ敬称。よい夫人の意。令室。②身分の高い人の妻の敬称。

【令聞】レイブン よいほまれ。よい評判。令名。

【令望】レイボウ ①よい評判。人気のあること。②りっぱな威儀。

【令名】レイメイ ①よい（りっぱな）名。②よい評判。好評。令聞。

【令誉(譽)】レイヨ ＝令聞。

【令郎】レイロウ ＝令息。

【伊】143

(6)4 囚 イ 因 yī

1643
304B

筆順 亻 仃 伊 伊

字義 ❶これ(此)。この。❷かれ(彼)。かの。❸これ。ただ。語調を整えるに用いる。❹川の名。→伊水。国国名。伊太利の略。

名乗 いさ・ただ・よし 難読 伊尹・伊賀和志・伊金・伊砂・伊雑・伊参・伊寺水門・伊集院・伊吹・伊蘇普・伊曾保・伊弉冉尊・伊弉諾尊・伊太利・伊達・伊丹・伊秩・伊統・伊弥頭・伊富魚・伊部・伊福・伊福形・伊万里・伊良湖

解字 甲骨文  篆文  形声。人＋尹音。音符の尹は、おさめるの意味。治める人の意味を表したが、借りて、かれ・これの意味を表す。

【伊尹】イイン 殷の賢相で、湯王を助けて夏の桀王を討った。

【伊吾】イゴ ①言語の不明瞭なさま。②読書や歌声の形容。咿唔。③地名。ウイグルの音訳、伊吾盧の略。唐代の伊州。今の新疆ウイグル自治区哈密市。

【伊水】イスイ 川の名。河南省西部を流れ、洛河に注ぐ。河岸に竜門の石窟がある。伊河。伊川。

【伊川】イセン ①＝伊水。→前項。②北宋の儒学者、程頤の号。世人が伊川先生と尊称したことによる。

【伊達】だて 国①意気を競うこと。おとこ気を立てること。②いきな風をすること。③見えをはること。飾りよそおうこと。

【伊藤仁斎(齋)】イトウジンサイ 国江戸中期の儒学者。名は維楨、号は仁斎・古義堂。京都の人。古学を修め、京都の堀川に家塾を開いて教授した。『論語古義』『孟子古義』『童子問』などの著がある。(一六二七—一七〇五)

【伊藤東涯】イトウトウガイ 国江戸中期の儒学者。伊藤仁斎の長子。名は長胤、字は原蔵、東涯はその号。家学を継ぎ、特に経済・故実・制度に精通した。『用字格』『制度通』などの著がある。(一六七〇—一七三六)

【伊洛】イラク ①伊水と洛水の二川。②程朱の学をいう。伊は

仮名

固有の文字を持たなかったわが国は、三七〇年代のころから朝鮮半島よりの渡来人がもたらす漢字文化に接し、ここに漢字を用いて日本語を表記する術を獲得していく。

それから約百年後に作られた、雄略天皇一五年（四七一）の銘を持つ『稲荷山(いなりやま)古墳出土鉄剣銘』が発見されているが、その剣には「獲加多支鹵」（ワカタケル）などの固有名詞が金象眼されている。

これら銘文類に記される時期を経てのち、『古事記』（七一二）『日本書紀』（七二〇）の歌謡や『万葉集』に至って万葉仮名は盛んに用いられた。

海原波　加万目立多都
うなはらは　かまめたちたつ

この場合、「波」は助詞の「は」を表し、「なみ」の意味を表さない。これは漢字の六書でいう〈仮借(かしゃ)〉に似ている。これに文字・意味の〈名〉を付けて〈仮名〉と呼び、漢字を意味する〈真名(まな)〉と区別する。

表音式のこの万葉仮名は便利な日本語表記術となったが、実用上さらに能率的速記への要求は平仮名・片仮名の発達を促す。それは九世紀の初めころから見え始める。そしてそれは具体的には、

①草体化↓さう(草)・をんなで(女手)↓平仮名

②字画省略↓片仮名

の二方向を取り、平安朝後半期には普及するに至る。

①は和歌・日記・物語・消息などの場面で

②は漢文訓読を記録する男性の領域で

用いられた。次に古い仮名の一例を示す。

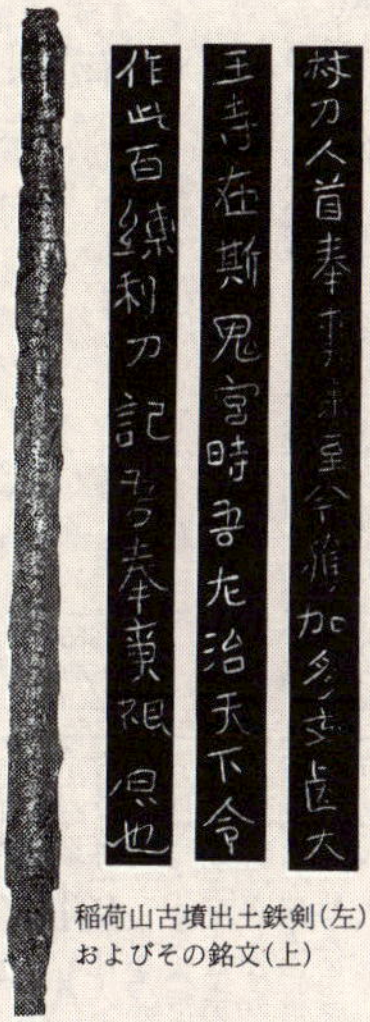

稲荷山古墳出土鉄剣（左），およびその銘文（上）

平仮名

あ 安	か 加	さ 左	た 太	な 奈	は 波	ま 末	や 也	ら 良	わ 和
い 以	き 幾	し 之	ち 知	に 仁	ひ 比	み 美	い ―	り 利	ゐ 爲
う 宇	く 久	す 寸	つ 州	ぬ 奴	ふ 不	む 武	ゆ 由	る 留	う ―
え 衣	け 計	せ 世	て 天	ね 祢	へ 部(阝)	め 女	え ―	れ 礼	ゑ 惠
お 於	こ 己	そ 曽	と 止	の 乃	ほ 保	も 毛	よ 与	ろ 呂	を 遠

＊んの字源は无。

片仮名

ア 阿	カ 加	サ 散	タ 多	ナ 奈	ハ 八	マ 末	ヤ 也	ラ 良	ワ 和
イ 伊	キ 幾	シ 之	チ 千	ニ 二	ヒ 比	ミ 三	イ ―	リ 利	ヰ 井
ウ 宇	ク 久	ス 須	ツ 州	ヌ 奴	フ 不	ム 牟	ユ 由	ル 流	ウ ―
エ ―	ケ 介	セ 世	テ 天	ネ 祢	ヘ 部(阝)	メ 女	エ 江	レ 礼	ヱ 慧
オ 於	コ 己	ソ 曽	ト 止	ノ 乃	ホ 保	モ 毛	ヨ 与	ロ 呂	ヲ 乎

＊エチミメヰは訓仮名。他はすべて音仮名。
＊ンの字源は不明。
＊サ蔵、ツ図・川、へ反・邊、マ万、ヱ恵などの説もある。

伊川、洛は洛陽。宋の二程子（程顥・程頤）が、学を伊洛の間に講じ、朱子もまた、その学統を受けたのでいう。

【伊呂】殷の伊尹と周の呂尚。共に建国の功臣。

(6)4 【仮】144 教 5 カ・ケ かり 仮名 1830 323E

(11)9 〔假〕145 ㊀漢カ・呉ケ 馬 jiǎ ㊁漢カ・呉ケ 麻 xiá ㊂漢カ・呉ケ 馬 jià ㊃漢カク・呉キャク 陌 gé 4881 5071

筆順 亻 仃 仮 仮

字義 ㊀❶かり。かりの。㋐いつわり。にせ。「仮病」 ㋑かわりに。かわりの。❷かりに。もし。もしも。たとい。❸かりる（借）。㋐かりうける。㋑よる。❹かす（貸）。かし与える。貸与する。❺ゆるす。ゆるくする。㊁❶はるか。とおい。＝遐。❷のぼる（升）。㊂❶かす（貸）。また、かりる（借）。❷ひま。いとま。＝暇。㊃いたる（至）。

難読 仮漆

解字 文 篆 形声。人＋叚音。音符の叚は岩石から取り出したばかりのあら玉、かりの意味。のち人を付し、かりの意味を表す。常用漢字の仮は俗字として用いられていたもの。

▼給仮・告仮・賜仮・請仮・登仮

【仮寓】かりずまい。一時住んでいる所。

【仮言】①うそ。②仮定のことば。③意味の深いことば。

【仮構】①かりにかまえる。②無いことをかりにあるとすること。

【仮使】もし。もしも。仮定のことば。

【仮字】＝仮名の④。

【仮日】ひまな日。暇日。

【仮借】①他の助けをかりる。また、人のものをかりる。②ゆるす。見のがす。大目に見る。③六書の一つ。漢字の構成法の名。他の字の音義を借りて用いるもの。たとえば号令の令を借りて長官の意（例「県令」）に用いる類。一説に、同一の発音の字を借りて来て、その意味に用いるもの。たとえば、燕は宴と同音であるので、燕を楽しむ意に用い、仮は暇と同音であるので、仮をひま・いとまの意に用いる類。

⇩コラム・六書（一一五六ページ）。

【仮初】国①その時限りであること。しばし。②ふとしたこと。③まにあわせ。おろそか。

【仮称（稱）】①かりに称する。偽って称する。②かりにつけた名。

【仮粧】べに・おしろいなどで顔を美しくする。また、外観を美しくかざること。化粧。

【仮寝（寢）】①かりね。うたたね。ごろね。②国かりの宿り。たびね。

【仮設】①かりにもうける。一時の間に合わせにつくる。②かりに。もし。仮定のことば。

【仮睡】かりね。うたたね。仮寝。

【仮酔（醉）】酔ったふりをすること。にせよい。

【仮説】ある事実・現象を合理的・体系的に説明できるように、かりに立てた説。

【仮葬】かり埋葬。

【仮貸】①かす。また、かりる。②許す。大目に見る。

【仮枕】国①かりね。うたたね。②たびね。

【仮定】①かりに定める。仮設。②＝仮説。

【仮寐】うたたね。かりね。仮寝。

【仮病】国にせの病気。病気のふりをすること。

【仮名】①かりの名。にせの名。②人の名を借りる。③通称。④国漢字をもとに日本で作りだした表音（音標）文字。かたかなとひらがながある。↔真名。

【仮名草子】国江戸時代の初期に出版されたかな書きの平易な小説。

【仮面】種々なものの顔に似せて作り、顔にかぶって用いるもの。めん。マスク。

【仮令】①もしも。かりに。仮定のことば。②国㋐およそ。だいたい。㋑たとえば。㋒かりそめ。いっとき。㋓たまたま。偶然。

(6)4 【会】146 教 2 カイ・エ あう 1881 3271

(13)曰9 〔會〕147 漢カイ（クヮイ） 呉エ（ヱ） 泰 huì, ⑫kuài 4882 5072

筆順 人 亼 会 会

〔會〕俗字

字義 ❶ふた。❷あう。㋐出あう。行きあう。「再会」 ㋑まみえる。面会する。対面する。㋒かなう。一致する。あてはまる。㋓ひきあわせる。面会させる。㋔一致させる。あてはめる。❸あわせる。❹あつまる。また、集める。❺あつまり。つどい。❻かなめ。要所。❼とき（時）。おり。機会。❽であい。㋐物の出会う所。集まる所。㋑道の交差する所。よつじ。㋒縫いめ。縫い合わせた所。❾さとる。理解する。「会得」 ❿たまたま。㋐偶然に。㋑ちょうどその時に。⓫かならず。きっと。⓬かぞえる。はかる。考える。「会計」 ⓭え。＝絵。「図会」 ⓮あたう。できる。

難読 会地・会洲

使いわけ あう〔会・遭・合〕

〔会〕人と人とが顔を合わせる。皆が集まる。「恋人に会う・立ち会い演説」

〔遭〕思いがけないことにであう。「事故に遭う」

〔合〕一緒になる。……しあう。一致する。「慰め合う・計算が合う」

解字 文 金 文 篆 象形。金文は、こしきにふたをした形にかたどり、湯を沸かす部分と湯気を通す部分とふたとが、うまくあうの意味を表す。常用漢字の会は省略形による。會を音符に含む形声文字に、噲・膾・獪・絵・鬠などがあり、これらの漢字は、「ほどよく合わせる」の意味を共有している。

▼佳会・期会・機会・議会・後会・際会・茶会・参会・社会・照会・図会・節会・大会・読会・付会・附会・仏会・法会・密会・面会・理会・領会

【会意】①心にかなう。会心。②漢字の構成法の名。六書の一つ。二つ以上の漢字を意味の上から組み合わせて新たな一字を作ること。明・世の類。⇩コラム・六書（一一五六ページ）。

【会遇】めぐりあう。出合う。また、会談する。

【会計】①歳末の総決算。②金銭や物品の出納を計算すること。また、その人や係。③功績や政治などの結果をはかり考えること。④国㋐金銭の出納や管理をすること（人）。㋑代金の支払い。

【会稽】①山名。浙江省紹興市の南。春秋時代に、越王句践が呉王夫差に攻められてたてこもり、敗れた所。②地名。今の浙江省紹興市。

【会稽之恥】敗戦の恥辱。春秋時代の越王句践が呉王夫差に会稽山で敗れ、その後、国力の回復に心を砕き、常に「女、会稽の恥を忘れたるか」と自分を鞭撻し、ついに復讐をとげた故事。〔史記、越世家〕

【会元】会試の第一等の合格者。→次項。

【会試】明・清代に行われた官吏登用の予備試験。各省で行った郷試の及第者（挙人）を都に集めて行う第二次の試験。その及第者を貢士といい、更に宮中で天子が行う殿試に及第すると進士となる。

【会式】仏①寺院で行う仏事のよりあい。②日蓮宗で毎年十月十三日（日蓮の命日）に行う祭り。

【会者定離】仏会う（会っている）者は必ず別れ離れる時がくるとの意。人世の無常をいった語。定は、必。〔法華経、譬喩品〕

【会釈(釋)】エシャク ①仏仏の教法を理解し解釈する。②国㋐人の気持ちを考える（思いやる）。㋑うなずく。㋒軽くおじぎをする。あいさつ。㋓相手になる。あしらう。応接。

【会心】カイシン 心にかなう。気にいる。満足。

【会沢(澤)正志斎(齋)】あいざわせいしさい 国江戸末期の儒学者。名は安やす。字あざなは伯民。正志斎はその号。水戸の人。藤田幽谷に学び、彰考館の総裁代理となり、のち弘道館教授・督学となった。その著『新論』は、幕末期の尊王攘夷運動に大きな影響を与えた。（一七八二—一八六三）

【会得】エトク 心にさとる。よく理解する。理解して身につける。

【会盟】カイメイ 諸侯（各国）が集まって盟約を結ぶこと。

【会面】カイメン 顔をあわせる。あう。対面。面会。

【会猟(獵)】カイリョウ ①より集まって狩りをする。②戦争をしかけることを遠まわしにいうこと。会戦。

(6)4 【价】148 △ カイ 国 jiè　4835 5043

字義 ❶よい。＝善。价人は、徳の高い人。❷大きい。❸武装した兵士。＝介。❹使用人。下男。

解字 篆文 形声。人＋介音。音符の介カは、よろいの意味。よろいをまとった人の意味を表す。

(6)4 【企】149 常 キ くわだてる　キ 寘 紙 qǐ　2075 346B

筆順 人 个 仐 企

字義 ❶くわだてる。たくらむ。計画する。❷くわだて。たくらみ。計画。❸つまだてる。かかとをあげる。❹つまだって待ち望む。転じて、のぞむ。こいねがう。心をよせる。したう。

名乗 もと　難読 企救くき・企元のりもと

解字 甲骨文 篆文 会意。人＋止。止は、足の象形。かかとをあげ、足をまっすぐ伸ばして遠くを望む意味を表す。

【企画(畫)】キカク くわだてる。また、くわだて。はかりごと。

【企及】キキュウ くわだておよぶ。できる。ある事をめざし、努力してそれに追いつく。

【企業】キギョウ 営利を目的とした事業を計画し、起こす。また、その事業。

【企▲羨】キセン のぞみしたう。羨は、慕う。企望。

【企図(圖)】キト ①くわだてはかる。もくろむ。②くわだて。もくろみ。

【企望】キボウ つま立ちして待ち望む。心から願い望む。跂踵キショウ

(6)4 【伎】150 囚 ㊀漢キ・呉ギ 紙 jì ㊁漢キ・呉ギ 図 qì　2076 346C

筆順 亻 仁 仗 伎

字義 ㊀❶わざ。うでまえ。はたらき。才能。＝技。❷たくみ（巧）。たくみにする。❸わざおぎ。俳優。また、芸者。芸妓ゲイギ。㊁ゆるやかなさま。「伎伎」

名乗 くれ・し　難読 伎横笛こまぶえ・伎楽くれがく・伎人くれ

解字 篆文 形声。人＋支音。音符の支は、えだをささえ持つの意味。枝を持って演ずる、わざおぎの意味を表す。

【伎楽(樂)】ギガク ①俳優のする舞楽。②国インド・チベットに起こり、推古天皇の時（六一二年）に百済クダラの味摩之ミマシが日本に伝えた舞楽。面をつけ、音楽に合わせて演ずる。呉楽くれがく。

【伎伎】キキ ゆるやかに歩むさま。

【伎巧】ギコウ たくみ。たくみな手わざ。技巧。

【伎能】ギノウ うでまえ。はたらき。わざ。技能。

【伎▲癢】ギヨウ 腕がむずむずする。技能のある者が人のする技を見てはがゆく思うこと。

【伎▲倆】ギリョウ うでまえ。はたらき。倆も、わざ。技能。技量。

(6)4 【休】151 教1 キュウ やすむ・やすまる・やすめる　㊀漢キュウ（キウ）・呉ク 尤 xiū ㊁ク 遇 xǔ　2157 3559

筆順 亻 仁 什 休 休

字義 ㊀❶やすむ。やすめる。やすらう。㋐いこう。休息する。㋑仕事をやめる。❷やめる。㋐仕事・官職をやめる。㋑とどまる。❸やすみ。いこい。❹幸い。よろこび。また、喜ぶ。❺よい。うるわしい。りっぱな。❻やめよ。なかれ。禁止の語。〔広瀬淡窓、桂林荘雑詠示諸生詩〕休道他郷多苦辛（いう（ふ）をやめよ タキョウクシンおお（ほ）しと）
㊁❶あたためる。＝煦ク。❷いたみなげく。いたみあわれむ。

名乗 たね・やす・よし

解字 甲骨文 金文 篆文 会意。人＋木。人が木により、憩う意味を表す。また、転じて、身心の安息の意味から、さいわいの意味をも表す。休を音符に含む形声文字に、咻キュウ・鵂キュウなどがあり、これらの漢字は、「いこう・さいわい」の意味を共有している。

▼帰休・行休・告休・罷休

【休▲偃】キュウエン やすみふす。やすみいこう。

【休休】キュウキュウ ①楽しんで安らかなさま。②美しく大きいさま。③つつましいさま。

【休慶】キュウケイ よろこび。めでたいこと。

【休憩】キュウケイ ＝休息。

【休光】キュウコウ ①美しい光。「日月之休光ジツゲツのキュウコウ」②りっぱないさお。丕績ヒセキ。

【休告】キュウコク ①官吏の休暇。②辞職を願い出ること。

【休舎】キュウシャ ＝休息。

【休神】キュウシン 精神を休める。安心する。休心。

【休診】キュウシン 病院や医院で診察を休むこと。

【休▲戚・休▲慼】キュウセキ よろこびとかなしみ。喜憂。

【休説】キュウセツ・いう（ふ）をやめよ ＝休道。

【休息】キュウソク やすみいこう。休み。

【休題】キュウダイ 話すことをやめる。話を転ずる。さて。題は、話題。「閑話休題」

【休沢(澤)】キュウタク 大きなめぐみ。うるわしいめぐみ。

【休致】キュウチ 官吏が老衰で辞表を出してやめること。

【休徴】キュウチョウ めでたいしるし（きざし）。吉兆。

【休典】キュウテン りっぱな法則。りっぱな手本。

【休道】キュウドウ・いう（ふ）をやめよ 言うな。道は、言うの意。「勿言いう（ふ）なかれ」

【休徳】キュウトク りっぱな徳。

【休範】キュウハン ＝休典。

【休名】キュウメイ ①よい名。②よい評判。

【休命】キュウメイ 偉大な命令。天や天子の命令にいう。

【休▲沐】キュウモク 官吏の休暇をいう。休暇を得て身体を洗う意。沐は髪を洗うこと。休浴。

【休養】キュウヨウ ①休んで心身をやしなう。②租税を軽くし、兵士を休ませ、人民の財力や兵力をやしなう。

【休和】キュウワ （世相・時代などが）やすらかで平和なこと。

(6)4 【伋】152 △ キュウ（キフ） 緝 jí

字義 ❶いそがしい。＝急。❷人名。孔伋は、孔子の孫、子思の名。

解字 篆文 形声。人＋及音。音符の及は急に通じ、いそがしいの意味。

(6)4 【仰】153 常 ギョウ・コウ あおぐ・おおせ　㊀漢ギョウ（ギャウ）・呉ゴウ（ガウ） 養 yǎng ㊁ゴウ（ガウ） 陽 áng 慣コウ（カウ）　2236 3644

筆順 亻 仏 仰 仰

字義 一❶あおぐ。㋐頭をあげて上を見る。見上げる。「俯仰」 ㋑あおむく。「仰臥」 ㋒あがめる。うやまう。「景仰」「信仰」 ㋓たのむ（恃）。たよりすがる。㋔のむ。毒薬などをのむ。
二たかい。㋐命令。㋑おことば。❸おっしゃる。
国❶あおぐ。もとめる。ねがう。請う。❷おおせ。

名乗 たか・もち　難読 仰烏帽子山（のけえぼしやま）・仰木（おおぎ）・仰有（おっしゃる）

解字 篆文 形声。人＋卬㊥。音符の卬は、あおぐの意味。のち、人を付した。

▼渇仰・景仰・高仰・賛仰・信仰・俯仰

【仰臥】ギョウガ　あおむけにねる。

【仰仰】ギョウギョウ　①軍隊の士気の盛んなさま。態度の堂々たるさま。②国「仰仰（ぎょうぎょう）しい」は、おおげさなさま。仰山。

【仰欽】ギョウキン　あおぎしたう。

【仰山】ギョウサン　国①多いさま。②大きいさま。③おおげさ。おおぎょう。

【仰視】ギョウシ　あおぎみる。

【仰首】ギョウシュ　頭を上げる。上を向く。

【仰韶】ギョウショウ・ヤンシャオ　地名。今の河南省洛陽市の西の澠池（メンチ）県の村名。一九二一年、スウェーデンの考古学者アンダーソン博士により、新石器時代の彩陶文化の遺跡が発見された所。「仰韶文化」

【仰瞻】ギョウセン　あおぎみる。瞻は、見る。

【仰天】ギョウテン　①天をあおぐ。㋐嘆息するときのさま。㋑大笑するときのさま。②国びっくりする。たまげる。

【仰慕】ギョウボ　うやまいしたう。

【仰望】ギョウボウ　あおぎのぞむ。㋐頭を上げて遠くからながめる。㋑うやまいしたう。また、頼りしたう。

【仰不レ愧レ天】あお（ふ）いでテンにはじ（ぢ）ず　天に対して恥ずかしいところがない。心や言行の正しいこと。↓三楽（一八ページ）。〔孟子、尽心上〕仰不レ愧ニ於天一、俯不レ怍ニ於人一、二楽也（ふしてひとにはじ（ぢ）ざるは、ニラクなり）〈——、他人に対しても恥ずかしいところがないのは二番目に楽しいことである〉

---

(6)4
【件】154 教5 ケン

漢ケン 呉ゲン 㐆 jiàn　2379 376F

筆順 亻 仁 件 件

字義 ❶わける。区別する。❷くだり。個条。「条件」 ❸ことがら。もの。また、それを数えることば。「事件」「物件」
国くだん。くだりの音便。㋐前に書いた（言った）物事。㋑前に書いた文面。↓如レ件。㋒「くだんの」は、いつもの。例の。

名乗 かず・なか・わか

解字 篆文 会意。人＋牛。人や牛や個々の物として区別してかぞえる単位の量詞として用いられる。

▼案件・事件・条件・人件・要件

【件件】ケンケン　一つ一つの事物。品々。どの件もみな。

【件数（數）】ケンスウ　①事件の数。②品物の数。

【如レ件】くだんのごとし　前に記したとおりである。

---

(6)4
【伍】155 囚 ゴ 麌 wǔ　2464 3860

筆順 亻 仁 伍 伍

字義 ❶くみ（組）。㋐五戸を一組とする行政上の単位。㋑五人を一組とする行政、または軍隊編成上の単位。❷なかまともがら。❸くみになる。仲間になる。まじわる。❹隊列。軍隊。「隊伍」 ❺いつつ。＝五。↓五（79）の参考

名乗 いつ・くみ・とも・ひとし

解字 篆文 形声。人＋五㊥。音符の五は、いつつの意味。五人組の意味を表す。

【伍員】ゴウン　春秋時代、呉の政治家。楚（ソ）の人。奢（シャ）（？—前五二二）の子。字（あざな）は子胥（シショ）。父と兄が楚の平王に殺されたので、呉に逃げ、呉を助けて楚を討ち、後に太宰伯嚭（ハクヒ）の中傷により、呉王夫差から死を命ぜられた。（？—前四八五）

【伍長】ゴチョウ　①軍隊で五人の兵卒の長。②五家を一組とした隣組の長。③国旧陸軍の下士官の一階級。軍曹の下。兵長の上。

【伍伯】ゴハク　①＝伍長の①②。②貴人の車馬を先導し、先払いをする人。③罪人に体刑を加える役の人。

---

(6)4
【伉】156 △ 一コウ（カウ）漾 kàng　二コウ（カウ）陽 gāng　4836 5044

字義 一❶たぐい（ひ）。㋐つれあい。配偶者。㋑相手。❷ならぶ。匹敵する。❸あたる（抗）。手向かう。❹たかい（高）。❺おごる。たかぶる。❻つよい。すこやか。「伉健」 二正直なさま。

解字 篆文 形声。人＋亢㊥。音符の亢は、たかぶるの意味。心が高ぶってくる人、つれあいの意味や、おごりたかぶるの意味を表す。

【伉行】コウコウ　おごりたかぶった行い。

【伉直】コウチョク　性質の正しくまっすぐなこと。正道を守って曲げないこと。〔史記、仲尼弟子伝〕

【伉礼（禮）】コウレイ　人との関係で対等に接すること。抗礼。

【伉儷】コウレイ　つれあい。夫婦。伉配。儷は対の意。

---

(6)4
【伜】157 △ サイ　倅（289）の俗字。↓九〇ページ。　4871 5067

(6)4
【伈】158 △ シン 寝 xǐn

字義 おそれる。びくびくする。「伈伈」はおそれるさま。

解字 形声。人＋心㊥。

---

(6)4
【全】159 教3 ゼン まったく　3320 4134

(6)入4
〔仝〕160

漢セン 呉ゼン 先 quán

筆順 入 仝 仐 全

字義 ❶まったく。㋐すべて。㋑ほんとうに。❷まったし。㋐そなわっている。そろっている。㋑きずが無い。欠点が無い。「完全」 ㋒さわりがない。無事。「安全」 ㋓なおる（治）。❸まっとうする（まったうす）。㋐ととのえる。そろえる。㋑たもつ。完全に保持する。㋒無事にやりぬく。❹あらゆる。

名乗 あきら・うつ・たけ・たもつ・とも・はる・まさ・また・みつ・やす

難読 全手葉椎（まてばしい）・全田（まった）・全剝（うつはぎ）

解字 篆文 籀文 会意。篆文は、入＋工。入は、いり口の象形。工は、工具の象形。入口のある倉庫などに工具を保管するところから、たもつ・まっとうするの意味を表したものか。籀文（チュウブン）は、入＋王。王は、玉の意味。常用漢字は籀文を少し変形させた形。全を音符に含む形声文字に、栓（セン）・牷（セン）・痊（セン）・詮（セン）などがあり、これらの漢字は、「欠けるところがなく、たもつ」の意味を共有している。

▼健全・十全・万全・保全・両全

【全人】ゼンジン　①道徳完備の人。聖人。②身体の完全な人。

【全性】ゼンセイ　天性をそこなわないで、りっぱに保つ。

【全盛】ゼンセイ　①まっさかり。②盛んに流行する。客が多い。

【全然】ゼンゼン　まったく。そっくり。まるで。

【全体（體）】ゼンタイ　①全身。②完全な本体（本性）。③完全に主宰する。④すべて。のこらず。⑤国いったい。もともと。

【全知全能】ゼンチゼンノウ　完全無欠の知識・能力。

【全唐詩】ゼントウシ　書名。九百巻。清（シン）の康熙（コウキ）四十二年（一七〇三）、彭定求（ホウテイキュウ）らが編集した勅撰（チョクセン）の唐詩の総集。唐代の詩人二千二百余人の詩、約四万八千九百余首を収める。

【全唐文】ゼントウブン　書名。一千巻。清（シン）の嘉慶（カケイ）十九年（一八一四）、董誥（トウコウ）らが勅命により編集した唐代散文の総集。『全唐詩』の体裁にならい、唐代の三千四十二人の文、約一万

八千を収める。

【全豹】豹の皮の全体。転じて、物事の全体。全貌。「一斑もて全豹を評す」

【全幅】①布のはばいっぱい。②[国]あらんかぎり。全面的。満身。「全幅の信頼」

【全貌】全体のすがた。全体のかたち（ようす）。

【全本】戯曲で首尾完結した本。浄瑠璃の丸本に相当する。

(6)4
【仲】 161 [教]4 チュウ　なか
漢チュウ（チウ）　呉ジュウ（ヂウ）　[送] zhòng
仲人
3571
4367

[筆順] 亻 仲 仲

[字義] ❶なか（中）。まんなか。「孟仲季」❷二番目の兄。次兄。「伯・仲・叔・季」の第二番目。「仲兄」[国]❶なか。人と人との間がら。❷なかだち。「仲介」
[名乗] なかし　[難読] 仲屋・仲丸子・仲村渠

[解字] 甲骨文　篆文　形声。人＋中[音]。音符の中は、なかの意味。長子（伯）と末子（季）の間の人の意味を表す。

▼伯仲
【仲夏】夏三か月のまんなかの月。陰暦五月。中夏。

【仲介】[国]①両者の間に立って世話をする。②なかだち。なこうど。仲人。

【仲間】[国]①とも。くみ。同志。②侍と小者との間に位する武家の召使い。

【仲弓】孔子の弟子冉雍の字。→冉雍（一三ページ）。

【仲裁】[国]争っている両者の間に立って仲直りさせること。

【仲尼】孔子の字。父母が尼山（今の山東省曲阜市内）に祈って生まれたからいう。→孔子（二九〇ページ）。

【仲秋】秋三か月の真ん中の月。陰暦八月。中秋。

【仲春】春三か月の真ん中の月。陰暦二月。中春。

【仲商】＝仲秋。五音を四季に配当すると商声が秋に当たるからいう。

【仲冬】冬三か月の真ん中の月。陰暦十一月。中冬。

【仲人】[国]①なかだちや仲裁をする人。②結婚のなかだちをする人。なかびとの音便。媒酌人。

【仲父】①父の弟。おじ。②君主がたよりにする家来を尊んで呼んだ称。⑦春秋時代の斉の桓公が管仲を称した。④秦の始皇帝が呂不韋を称した。

【仲由】→子路（二九〇ページ）。

【仲陽】＝仲春。

(6)4
【伝】 162 [教]4 デン　つたわる・つたえる・つたう
伝馬船・手伝
3733
4541

(13)11
【傳】 163 [人]許
[一]漢テン・呉デン　[先] chuán
[二]漢テン・呉デン　[霰] zhuàn
4903
5123

[筆順] 亻 伝 伝

[字義] [一]❶つたえる。また、つたわる。つたう。⑦さずける。ゆずる。さずかる。ゆずられる。「直伝」④つぐ。つづく（続）。⑨のこす。のこる。のこされる。㊀ひろめる。ひろがる。「伝播」④いいつぐ。語りつぐ。「口伝」❷つたえ。⑦いいつたえ。④かきつたえ。古書。❸のべる。解釈する。❹とりつぐ。通ずる。
[二]❶はやおい。宿つぎの馬車。❷宿場。うまつぎば。宿駅。❸わりふ。関所通過の手形。❹経書の解釈。注釈書。「春秋左氏伝」❺伝記。一代記。人の一代をしるした記録。「義民伝」「五柳先生伝」
[国]つて。⑦ことづて。ひとづて。うわさ。④てづる。たより。
[名乗] ただ・つぐ・つとう・つとむ・のぶ・のり・よし　[難読] 伝手・伝法林（輪）

[解字] 甲骨文　篆文　形声。人＋専[音]。音符の専は、めぐらすの意味。人から人へとぐるぐると事物をまわすの意味を表す。

▼駅伝・外伝・家伝・記伝・経伝・口伝・誤伝・再伝・直伝・史伝・自伝・書伝・宣伝・相伝・俗伝・逓伝・秘伝・評伝・別伝・流伝・列伝
【伝駅（驛）】馬つぎば。宿場。宿駅。

【伝家】①家業を子に伝えること。②代々、家に伝えること。

【伝家宝（寶）刀】①代々、家に伝わるたいせつな刀。②秘してめったに用いないもののたとえ。

【伝奇】①めずらしいことを伝える。②人生の奇を物語る、唐代に始まった文語体の短編小説。張鷟の遊仙窟、白行簡の李娃伝など。また、後世、それらの作品に多く題材をとった語り物や戯曲をもいう。

【伝記】①人の一代のことをしるした記録。一代記。②賢人の書いた書を伝、事実をしるしたものを記という。

【伝呼】ふれまわる。次から次へふれ伝える。

【伝語】①ことばを出す。言う。②ことば・命令を伝える。ことづてする。③言いつたえ。

【伝香】①香をたきながらめぐり歩く。②[仏]法を伝える。伝灯。

【伝国（國）璽】帝位をつぐものが譲り受けた玉製の印。秦の始皇帝に始まる。唐代には、伝国宝と呼んだ。

【伝賛（贊）】史書などの中で、ある人物の伝記のあとに書きそえる評論。論賛。

【伝舎】①やどや。宿駅の旅館。②戦国時代、食客をおいた宿舎の一。

【伝車】宿つぎの車。宿駅の車。

【伝授】つたえさずける。（秘伝などを）伝え教える。

【伝習】師から教えられたことを復習する。

【伝習録】書名。三巻。明の王守仁（号は陽明）の語録を、門人の徐愛らが編集したもの。

【伝重】家督を伝える。また、その伝えられた人。

【伝承】（古くからあるもの、風習・信仰などを）つたえ受けつぐ。「民間伝承」

【伝乗（乘）】①宿つぎの車にのる。②他の車に乗りかえる。③宿駅においてある車。乗は、車。

【伝心】言語や文字によらず、心から心に伝えて自然に会得させる。「以心伝心」

【伝薪】火がたきぎに燃え伝わる。師弟相伝えること。

【伝世】①後世に伝える。②子孫代々相つぐ。

【伝説】いいつたえ。昔から言い伝えてきた話。

【伝宣】①仰せを伝え述べる。②号令を伝える官。

【伝染】①うつしそめる。書画の墨つきのぐあい。②うつりそまる。つたわりうつる。③病気があるものから他の生物体にうつる。

【伝祚】①さいわいを後世に伝える。②天子の位を伝える。

【伝奏】①取りついで天子に申し上げる。②[国]親王・摂家・諸社及び武家等が天皇・上皇に申し上げることを取りつぐ役。

【伝達】指示・命令などを取り次ぎ伝える。

【伝単（單）】宣伝びら。ちらし。また、呼び出し状。令状。

【伝注】注釈。春秋の三伝（左伝・公羊伝・穀梁伝）、三礼（周礼・儀礼・礼記）の鄭玄注の類。

【伝逓（遞）】①つたえわたす。宿場で受けついで送る。②男女間の手紙などのやりとりをする。③次々と伝えてゆく。

【伝灯（燈）】[仏]仏法をつたえること。法灯をつたえる。灯は暗やみを照らす明かりで、仏法をいう。

【伝統】デントウ ①系統や血筋を受けつぐ。また、その系統、血筋。②昔からの風俗・習慣・思想などを受けつぐ。また、そのもの。しきたり。
【伝道】デンドウ ①古来の伝説。世に伝えられている話。②昔の聖賢の教えを世に伝える。③キリスト教をひろめる。
【伝馬】デンバ・テンマ ①宿(シュク)つぎの馬。駅馬。②国(テンマ) 伝馬船の略。荷物の運送に用いるはしけ船。
【伝△播】デンパ それからそれへと伝わり広がる。（デンパンと読むのは誤り）
【伝票】デンピョウ 会計事務で、金品の出し入れなどを簡単に書きこむ紙片。
【伝聞】デンブン 人づてやうわさなどにきく。つたえぎき。うわさ。
【伝芳】デンポウ 美名を後世に残す。流芳。
【伝法】デンポウ ①方法を授ける。また、秘伝の法。②旧法を守りつたえる。③仏 仏法を受けつたえる。法脈をつたえる。伝灯。④国 無料で見せ物・劇場などに入って見物すること。転じて、悪ずれして乱暴なこと。昔、江戸浅草の伝法院の奴僕(ヌボク)が、寺の威光をかりて乱暴を働き、境内の見せ物に押し入ったことに基づく。
【伝法肌】デンボウはだ 国 ①粗暴な気風。荒っぽい気質。②女が男だてをまねること。③勇みはだ。
【伝来(來)】デンライ ①つたわってくる。渡来。②代々つたえてきたこと。
【伝令】デンレイ 命令をつたえる。また、その役。
【伝不レ習△乎】つたえ(へ)られてならわ(は)ざるか 『論語』学而編にみえる、曾子(ソウシ)のことば。先生から伝えられて、それを自ら学習しないことがなかったか。なお「習わ(は)ざるを伝え(へ)しか」「伝を習わ(は)ざるか」など読み方に諸説がある。

(6)4 【任】 164 教5 ニン まかせる・まかす 一漢ジン・呉ニン 侵 rén 二漢ジン・呉ニン 沁 rèn 3904 4724

筆順 亻 仁 任 任

字義 一 ❶たもつ。保持する。うけあう。保証する。❷あたる(当)。❸たえる(たふ)。㋐こらえる。しのぶ。㋑できる。よくする。❹おう。になう。かつぐ。また、荷物。❺いだく。かかえる。また、載せる。❻おとこ気。おとこだて。「任侠(ニンキョウ)」
二 ❶まかせる(まかす)。まかす。㋐ゆだねる。「委任」㋑気ままにさせる。「放任」❷用いる。役目につける。「任用」↕免。❸仕事。つとめ。役目。❹任地。命令を受けて職務にあたる地。

名乗 あたる・たえ・たか・たかし・ただ・たね・たもつ・と・とう・のり・ひで・まこと・よし 難読 任美(たくみ・みたら)

解字 金文  篆文  形声。人＋壬音。音符の壬(ジン)は、長時間にわたって持続的にある重さの物を保つの意味。人がになう・たもつ・もちこたえるの意味を表す。

▼一任・委任・解任・兼任・自任・重任・主任・昇任・常任・叙任・信任・責任・専任・選任・大任・退任・適任・転任・背任・赴任・放任・歴任

【任委】ニンイ まかせゆだねる。委任。
【任意】ニンイ ①心にまかせる。思うままに言動する。随意。②規則・命令などによらず、自己の意志によって言動をするにいう。「任意出頭」
【任気(氣)】ニンキ ①任侠(ニンキョウ)の気象。②血気や勇気にまかせて行動すること。
【任△侠】ニンキョウ 強者をくじき弱者を助け、義のためには命をも捨てること(気風)。男気。侠気。男達(おとこだて)。
【任子】ニンシ 父の官位のおかげをこうむって、官に任じられる者。
【任使】ニンシ ①仕事を任せきって部下を使うこと。②使命を承諾すること。
【任重△而道遠】ニンおもくしてみちとおし(ほし) 背に負っている荷は重く、それを運ぶ道は遠い。責任の重大なことのたとえ。任務が重く、到達までの道が遠い。→死而後已(シしてのちやむ)（五九七ページ）〔論語、泰伯〕士不レ可三以不二弘毅一(シはもってコウキならざるべからず)、——。〈道に志す者は心が大きく強くなければならない。なんとなれば、その任務は重く、到達までの道が遠いからである〉
【任他】ニンタ ①人まかせにする。他に任せる。自然のなりゆきに任せる。②さもあらばあれ。ままよ。どうなろうとままよ。
【任△那】ミマナ 四〜六世紀ころ、朝鮮半島南部にあった国名。わが国の保護国となり日本府が置かれたが五六二年、新羅(シラギ)に滅ぼされた。
【任負】ニンプ ①背負う。になう。②(車などに)のせる。積む。
【任放】ニンポウ ①心のままに振る舞うこと。②うちまかせて捨てておくこと。③＝任他の②。
【任命】ニンメイ 国 役目を申しつけること。
【任免】ニンメン 役目を申しつけることとやめさせること。任用と罷免。

(6)4 【伐】 165 常 バツ 漢ハツ・呉バチ 月 fá 慣バツ 4018 4832

筆順 亻 代 伐 伐

字義 ❶うつ。㋐兵力で攻める。「征伐」㋑ころす。㋒たたく。楽器をたたく。❷きる。木などを切る。「濫伐」❸ほこる。自分の功績を誇る。「矜伐(キョウバツ)」❹そこなう。また、乱す・乱れる。もとる。＝悖(ハイ)。❺てがら。いさお。

使いわけ きる〔切・斬・伐〕⇨切(555)。

解字 甲骨文  金文  篆文  会意。人＋戈。戈は、ほこの意味。人にほこをあてて、きる、うつの意味を表す。

▼功伐・殺伐・侵伐・征伐・討伐・放伐・濫伐

【伐閲】バツエツ ①功績と経歴。②功績や経歴のすぐれた家がら。
【伐△柯】バッカ 斧(おの)の柄にする木を切る。標準とすべきものが眼前にあるたとえ。『詩経』豳風・伐柯の詩に「伐レ柯伐レ柯(カをきる、カをきる)、其則不レ遠(そののりとおからず)」とあるのに基づく。
【伐採】バッサイ 木などを切りとる。
【伐性△之△斧】バッセイのおの 人の本性を切りそこなうおの。女色や僥倖(ギョウコウ)をいう。〔韓詩外伝、九〕
【伐氷△之家】バッピョウのいえ(へ) 卿大夫(ケイタイフ)の家。身分の高い家。昔、卿大夫の家だけが、喪祭に氷を伐(き)って用いることができたからいう。〔大学〕

(6)4 【仳】 166 △ 一ヒ 紙 pǐ 二漢ヒ・呉ビ 支 pí

字義 一 わかれる(別)。はなれる。二 仳倠(ヒキ)は、みにくい。また、みにくい女。

解字 篆文  形声。人＋比音。

(6)4 【份】 167 △ 一ヒン 真 bīn 二フン fèn

字義 一 文(外形の飾り)と質(内容・実質)とが兼ねそなわること。＝彬(ヒン)・斌(ヒン)。「文質份份(ブンシツヒンピン)」二 部分。また、そろい。組。

解字 篆文  形声。人＋分音。

(6)4 【伏】 168 常 フク ふせる・ふす 漢フク・呉ブク 屋 fú 4190 497A

筆順 亻 仁 什 伏

字義 ❶ふせる(ふす)。ふす。㋐うつむく。うつぶす。「俯伏」㋑下にかくれる。身をかくす。「潜伏」㋒横になる。ねる。❷したがう。服従する。「降伏」❸うかがう。ねらう。待ちぶせする。❹待ちぶ

せする兵。伏兵。❺陰暦六月の節の名。猛暑の時節。「三伏」❻夏祭り。難読 伏丸(ふかわ)・伏菟野(ふとの)・伏籠(ふせご)

解字 金文　篆文　会意。人＋犬。犬が人につき従うの意味。また、犬のように腹を地面につけてふせるの意味を表す。伏を音符に含む形声文字に、茯(フク)・袱(フク)などがあり、これらの漢字は、「はらばう」の意味を共有している。

▼帰伏・起伏・屈伏・降伏・三伏・山伏・雌伏・承伏・折伏・潜伏・調伏・拝伏・平伏

【伏以】(ふしておもんみるに)　つつしんで考えますに。伏は、敬意を表す。以は、思。

【伏△惟】(ふしておもんみるに)　＝伏以。↓前項。

【伏謁(謁)】(フクエツ)　平伏してお目にかかる。

【伏願】(ふしてねがわ(は)くは)　つつしんでお願いしますことは。伏は、敬意を表す。

【伏△羲・伏戯(戲)・伏犠(犧)】(フッキ)　中国古代伝説上の帝王の名。

【伏甲】(フクコウ・フッコウ)　＝伏兵。甲は、よろいで武装した人。

【伏罪】(フクザイ)　①罪に従い服すること。②まだ表面に表れない罪。

【伏士】(フクシ)　＝伏兵。

【伏△屍】(フクシ)　伏尸(フクシ)。①たおれころがっているしかばね。②死体にとりすがる。

【伏日】(フクジツ)　盛夏の日。↓字義の⑤。

【伏暑】(フクショ)　盛夏の暑さ。↓字義の⑤。

【伏線】(フクセン)　国①文章などで、後述する事がらを前もってほのめかしておくもの。②後の事の準備として前もってそれとなく設けておくもの。

【伏奏】(フクソウ)　平伏して天子に申し上げる。恐れつつしみながら天子に申し上げる。

【伏△弩】(フクド)　奇襲の目的でかくし備えつけてある石弓。また、その石弓を射る兵士。

【伏匿】(フクトク)　ふしかくれる。ひそむ。

【伏読(讀)】(フクドク)　つつしんで読む。臣下が君主の詔勅などを読む敬語。

【伏熱】(フクネツ)　＝伏暑。

【伏波将(將)軍】(フクハショウグン)　漢の武帝の時に置かれた、水軍を率いる武官の名。その威力が風波を静めるという意。

【伏兵】(フクヘイ)　不意をつくため、敵の来るのを待ち伏せしている兵。伏甲。

【伏魔】(フクマ)　①魔ものを屈服させる。②かくれひそんでいる魔もの。

【伏魔殿】(フクマデン)　魔ものがひそかにかくれている殿堂。転じて、悪事をたくらむ者が大勢集まっている所をいう。

【伏竜(龍)△鳳△雛】(フクリュウホウスウ・フクリョウホウスウ)　地中にひそむ竜と鳳凰(ホウオウ)のひな。三国時代、蜀(ショク)の諸葛孔明(ショカツコウメイ)と龐士元(ホウシゲン)をいう。将来大成する素質がありながら、まだその機会にめぐまれずかくれている人物のたとえ。

【伏△櫪】(フクレキ・レキにふす)　馬がうまやの中で寝ていること。転じて、人が才能をあらわさずにいるのにたとえる。「老驥(ロウキ)伏櫪」

【伏△臘】(フクロウ)　夏祭りと冬祭り。臘は冬祭り。

(6)4
【仿】169
△　㊀㊥ホウ（ハウ）㊠ボウ（バウ）陽 páng　㊁ホウ（ハウ）養 fǎng

字義 ㊀さまよう(さまよう)。ぶらぶら歩く。＝彷(ホウ)。㊁❶ほのかに似たさま。❷まねる。ならう。＝倣(ホウ)。

参考 熟語は彷（2129）をも見よ。↓三八〇ページ。

解字 篆文　形声。人＋方㊥。音符の方は、ならぶの意味。人と並ぼうとする、まねる・にるの意味を表す。

【仿效(效)】(ホウコウ)　ならう。まねる。倣効。

【仿△偟】(ホウコウ)　ぶらぶらさまよう。彷徨(ホウコウ)。

【仿△宋本】(ホウソウボン)　宋代の刊本の行数字画など、そのままにまねた書物。

【仿仏(佛)】(ホウフツ)　彷彿(ホウフツ)。髣髴(ホウフツ)。①ほのかに見えるさま。②よく似ていること。

【仿△佯】(ホウヨウ)　ぶらぶらさまよう。彷徉(ホウヨウ)。

(6)4
【伃】170
△　ヨ　魚 yú

［好］同字

字義 ❶美しい。❷倢伃(ショウヨ)は、漢代の女官の名。婕妤(ショウヨ)。

解字 篆文　形声。人＋予㊥。音符の予は、ゆるやか・のびやかの意味。のびやかで美しい人やものの意味を表す。

(7)5
【位】171
教4　イ　くらい　イ（ヰ）寘 wèi　1644　304C

筆順 亻 仁 位 位

字義 ❶くらい(くらゐ)。㋐ところ。位置。㋑朝廷などにおける人々の席次。㋒天子の地位。「在位」㋓官職などの階級。「官位」㋔身分。地位。㋕方角。方向。「方位」。❷くらいする(くらゐす)。位置をしめる。正しい位置にいる。いるべき所にいる。❸人に対して用いる敬語。「各位」　国くらい(くらゐ)。㋐品格。おもみ。㋑…ばかり。…ほど。

名乗 くら・たか・ただし・つら・のり・ひこ・ひら・み　難読 位田(いんでん)・位田(じんでん)・位田(にんでん)・位高(くらいだ)・位高(いごや)

解字 金文　篆文　会意。人＋立。立は、たつの意味。人がある位置に立つの意味を表す。金文は象形で、人の立つさまにかたどる。

▼栄位・冠位・官位・空位・勲位・顕位・在位・爵位・主位・譲位・正位・素位・贈位・即位・体位・品位・復位・方位・優位

【位階】(イカイ)　くらい。また、その等級。

【位勲(勳)】(イクン)　位階と勲等。勲位。

【位次】(イジ)　①位の順序。位置の次第。②順序。位置。

【位勢】(イセイ)　地位と勢力。

【位△牌】(イハイ)　死者の名や戒名などを書いて死者になぞらえて祭る木のふだ。木主。

【位望】(イボウ)　地位と人望。

【位極二人臣一】(くらいジンシンをきわ(は)む)　臣下として最高の官位につく。〔呉志、孫綝伝〕

(7)5
【佚】172
△　㊀㊥イツ・㊠イチ　質 yì　㊁㊥テツ・㊠デチ　屑 dié　4837　5045

㊀❶たのしむ。やすんじたのしむ。「愉佚」❷なまける。あそびなまける。「淫佚(インイツ)」❸のがれる(のがる)。世をのがれかくれる。＝逸。❹ゆるがせにする。また、捨てる。忘れる。失う。「遺佚」❺うつくしい。なまめかしい。❻あやまち。過失。＝失。㊁❶ゆるい。おおまか。❷たがいに。かわるがわる。＝迭。

参考 現代表記では［逸］（7817）に書きかえることがある。「安佚→安逸」

解字 篆文　形声。人＋失㊥。音符の失は、それるの意味。まともな生活からそれた人、また、その生活の意味を表す。

【佚女】(イツジョ)　①美人。美女。②みだらな女。

【佚△宕・佚△蕩】(イットウ)　しまりがない。おおまかなこと。跌宕(テットウ)。

【佚道】(イツドウ)　人民を安楽にさせるような政治のやり方。

【佚民】(イツミン)　逸民。①にげ去った人民。②世をのがれてかくれ住んでいる人。隠者。

【佚遊・佚△游】(イツユウ)　気ままに遊ぶこと。遊びなまけること。

【佚予(豫)】(イツヨ)　安んじ楽しむこと。

【佚欲】(イツヨク)　みだらな欲望。

【佚楽(樂)】(イツラク)　①遊び楽しむこと。

【佚老】(イツロウ)　①世をのがれた老人。②老人を安楽にさせる。

【以レ佚待レ労(勞)】(イツをもってロウをまつ)　＝以レ逸待レ労。↓一〇九三ページ。

(7)5
【何】173
教2　カ　なに・なん　㊀㊥カ・㊠ガ　歌 hé　㊁㊥カ・㊠ガ　哿 hè　1831　323F

筆順 亻 仁 𠆭 何 何

字義 一助字。❶なに。なん。なんの。⇩助字解説 ❷なんぞ。いずれ。いずく。いずくにか。⇩助字解説 ❸せめる。なじる。＝呵。❹なんとなれば。なぜなら。
二になう（荷）。

助字解説
①なに。なんの。疑問・反語。どの。どのような。どうして…か。〔史記、項羽本紀〕我何面目見レ之〈わたしは何のかんばせあってこれに顔むけできよう〉
②いずれの。疑問・反語。どの。どの……か。〔唐、杜甫、絶句詩〕何日是帰年〈いつになったら故郷へ帰れる日がくるのだろうか〉
③いずく。いずくにか。疑問・反語。どこに……か。〔唐、韓愈、左遷至二藍関一示二姪孫湘一詩〕雲横二秦嶺一家何在〈雲は秦嶺山脈にたなびき、わたしの家はどこにあるかわからない〉
④なんぞ。㋐疑問・反語。どうして……か。類寧・庸・奚。〔孟子、梁恵王上〕王何必曰レ利〈王よ、どうして利益とばかり言う必要がありましょうか〉 ㋑詠嘆。なんと……であることよ。〔史記、項羽本紀〕是何楚人之多也〈なんと楚の国の人の多いことよ〉
△何如・何若▽いかん。疑問。どのようか。どうか。〔孟子、梁恵王上〕以二五十歩一笑二百歩一、則何如〈五十歩逃げた者が百歩逃げた者を笑ったら、それはどうでしょう〉
△如何・奈何▽いかん。いかんせん。疑問。どうしたらよいか。〔史記、項羽本紀〕騅不レ逝兮可二奈何一〈騅の走り進むことのできないのはどうしたらよいか〉

難読 何故・何時・何処（所）・何卒・何方・何某・何鹿

解字 甲骨文 金文 篆文
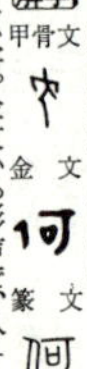
甲骨文は象形で、人が肩にになう形にかたどる。荷の原字。金文から形声で、人＋可音。になうの意味を表し、借りて、なにの意味に用いる。

▼如何・若何・幾何・無何

【何以】①何のゆえに。どうして。疑問、または反語の語。②何物（何事）をもって。何物（何事）で。どんな事をして。

【何為（爲）】①どうして。なぜ。疑問・反語の語。②何をするか。疑問の語。③何の役に立とうか。何になろうか。反語の語。

【何為（爲）者】どういう人か。どんな身分・職業の人か。詰問または質問の語。

【何許】いずれのところ。どこ。何処。何所。〔晋、陶潜、五柳先生伝〕先生不レ知二何許人一。

【何△遽・何△詎・何△渠】どうして。疑問・反語の語。

【何事】①どんなこと。どうしたこと。なんということ。疑問。②㋐何を仕事（職業）としているか。㋑どういう事を心掛けて努力しているか。③㋐何を仕事としたらよいか。㋑どういう事を心掛けて努力したらよいか。

【何者】①いかなるもの。どんな身分・職業の人。②なぜならば。なぜかというと。何則。

【何若】＝何如。

【何処（處）】いずれのところ。いずこ。不定の場所。どちら。どこ。

【何所】＝何所。

【何如】いかに。どうか。どんなか。どんなふうか。疑問または比較の語。性質・状態・程度・真偽などを問う語。如何は、どうするかの意で、手段・方法について問う語。

【何則】上の語をうけて、その理由を述べることば。何者。

【何等】①なに。どれ。②どのような。なんという。③なにも。

【何△奈】＝何如。

【何某】国人をそれと明らかに指し示さないでいう語。

【何有】何があろうか。反語。①何もない。②なんでもない。容易である。やさしい。

(7)5
【伽】174　囚　漢キャ・呉ガ　歌　qié　1832　3240
筆順 亻 仂 伽 伽

字義 梵語五十字母の一つ。カ・ガ・キャの音を表すに用いる。阿伽（水）・頻伽（鳥の名）の類。
国とぎ。㋐他人のたいくつを慰めるために、そばに居て相手をする。また、その人。「御伽噺」㋑看病する。また、その人。㋒寝所の相手をすること。
難読 伽利略

解字 形声。人＋加音。梵語のカ・ガ・キャなどの音を漢字に書き表す時に用いる。

【伽△陀】仏梵語 gāthā の音訳。仏を賛美する歌。梵唄。偈。
【伽羅】①仏梵語 tagara の音訳、多伽羅の略。また、kālaguru の略ともいう。熱帯地方に産する香木の名。また、それで作った香。沈香。②国㋐禅家で用いる袈裟の一種。㋑よい物をほめていう語。㋒伽羅色の略。濃い茶色。㋓朝鮮の古国、任那をいう。また、弁韓をいう。
【伽△藍】仏梵語 saṃgha-ārāma の音訳、僧伽藍の略。寺。仏道を修行する所。

(7)5
【佝】175　△　漢コウ・呉ク　宥　gōu　4840　5048

字義 せむし。背中がかがまり曲がる病気。また、その人。「佝僂」は、背の曲がった人。

解字 篆文
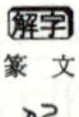
形声。人＋句音。音符の句は、クルッと曲がるの意味。背の曲がった人の意味を表す。

(7)5
【估】176　△　コ　麌　gū　4838　5046

字義 ❶市場の税。取引税。商品税。❷あたい（価）。値ぶみ。価のみつもり。また、値ぶみする。❸うる（売）。また、売る人。商人。

解字 形声。人＋古音。音符の古は、価（價）に通じ、あたいの意味。あきないをする人・あたいの意味を表す。

【估価（價）】①ねだん。売り値。②値段をつける。

【估客】商人。

【估券】国沽券。①土地の所有権を証明する手形。②定価を書いた札。③人間の値打ち。品位。

(7)5
【佐】177　常　サ　サ　箇　哿　zuǒ　2620　3A34
筆順 亻 仁 什 佐

字義 ❶たすける。たすく。補佐する。❷たすけ。㋐助力。㋑補佐する人。てつだい。㋒補佐役。次官。㋓下役。属官。㋔そえ（副）。❸すすめる（勧）。
国❶すけ。次官。兵衛府などの次官。❷軍隊の階級。将の下。尉の上。「佐官」

名乗 すけ・たすく・よし
難読 佐々・佐佐生・佐佐・佐布・佐志生・佐手・佐代・佐伯・佐武流山・佐分利・佐用・佐里・佐理

解字 形声。人＋左音。音符の左は、たすけるの意味。左のひだりの意味と区別するため、人を付し、人がたすけあうの意味を表す。

▼王佐・賢佐・書佐・補佐・翼佐・僚佐・良佐

【佐弐（貳）】添えの役。補佐官。副官。

【佐証（證）】①たすけとなる証拠。また、証拠。②たすけ証明する。立証する。

【佐△藤一斎（齋）】国江戸末期の儒学者。名は坦。一斎、また愛日楼と号した。美濃（今の岐阜県）岩村藩の

人。昌平黌(ショウヘイコウ)の教官。朱子学を講じたが陽明学にも通じていた。『言志四録』の著がある。（一七七二―一八五九）

【佐幕】(サバク)　国幕末時代、幕府の方針に同調したこと。また、その人たち。↔討幕。

【佐命】(サメイ)　天命を受けた天子を補佐する意味で、建国の大業を補佐すること。そうして働いた人を「佐命の臣」「佐命の士」、その功績を「佐命の勲」という。

【佐△佑】(サユウ)　たすける。

【佐吏】(サリ)　上役を助ける下級官吏をいう。属官。佐史。

【佐理】(サリ)　政治を補佐して国を治めること。理は、おさめる。

(7)5
【作】178　教2　サク・サ　つくる
㊀サク　薬　zuò
㊁サ　箇
慣サ
2678
3A6E

筆順　亻 … 作

字義　㊀❶つくる。㋐こしらえる。「造作」㋑はじめる。はじめてつくる。「創作」㋒たがやす。「耕作」㋓書物などを著す。「著作」❷なす(為)。㋐行う。㋑なしとげる。成就する。㋒働く。かせぐ。❸なる。変化する。❹おこる。㋐あらわれる。生ずる。㋑ふるいたつ。❺おこす。㋐ふるいたたせる。㋑はじめる。さかんにする。❻たつ。立ちあがる。❼いつわる。また、偽り。＝詐(サ)。❽はたらき。㋐仕事。㋑作用。❾作品。著作。❿うごき。ふるまい。「動作」㊁つくる。なす。＝做(サ)。

国❶さく。作物のできばえ。「作柄」❷つくり。㋐よそおい。「わか作り」㋑体裁。構造。「作りがよい」

名乗　とも・なり　難読　作業(なりわい)・作木綿(ゆうずくり)・作麽生(そもさん)

使いわけ　つくる〔作・造〕
〔作〕人の手によってつくる。小規模のものや抽象的なものについての場合が多い。「料理を作る・規則を作る」
〔造〕大規模なものをつくる。工業的につくる場合に多い。「船を造る」

解字　甲骨文　篆文　形声。人＋乍(音)。甲骨文は、乍。木の小枝を刃物で切り除く形にかたどり、つくるの意味を表す。それが人によって行われるので、のち、人を付した。

▼改作・佳作・偽作・戯作・偶作・傑作・原作・工作・耕作・興作・細作・秀作・習作・種作・述作・所作・振作・制作・聖作・操作・創作・造作・大作・多作・駄作・動作・発作・不作・力作・連作・労作

【作意】(サクイ)　①著作・創作した主意。②著作・創作しようとする意図。③心を用いる。④国たくらみ。

【作為(爲)】(サクイ)　①なす。する。行う。②つくる。こしらえる。③積極的な意図による行為。↔不作為。

【作家】(サッカ)　①文芸や芸術作品などを専門に作る人。②(いえ)(を)(なす)　㋐家を治める。㋑財産をつくる。

【作興】(サッコウ)　①おこる。さかんになる。②ふるいおこす。さかんにする。振作。

【作史三長】(サクシのサンチョウ)　歴史を書くに必要な三つの長所。才知・学問・見識。〔唐書、劉知幾伝〕

【作者】(サクシャ)　①制度を作る人。②立ち去る者。一説に、事をなす者。③国文芸や芸術作品などを作る人。

【作新】(サクシン)　ふるいたたせてりっぱなものにすること。

【作成】(サクセイ)　①つくりなす。作りあげる。②国文書などを作ること。

【作製】(サクセイ)　ものを作ること。製作。

【作戦(戰)】(サクセン)　①戦いをする。②国(戦闘・競技などの)作戦計画の略。策戦。

【作男】(サクおとこ)　国雇われて農耕に従事している男。下男。

【作物】(サクブツ)　①作ったもの。製作品。②国(サクモツ)㋐農作物。㋑詩歌・小説などの作品。㋒(つくりもの)自然物に対して、人の作った物をいう。また、偽物。

【作文】(サクブン)　①文章を作ること。また、その文章。②国(サクモン)昔、特に、詩(漢詩)を作ること。また、その詩。

【作文三上】(サクブンのサンジョウ)　文章を作る工夫をこらすに最も適した三つの場所。馬上(馬に乗っている時)・枕上(チンジョウ)(寝ている時)・廁上(シジョウ)(便所に入っている時)。〔帰田録、二〕

【作法】(サクホウ)　①法律を作ること。②(サクホウ・サホウ)政治のやり方や行為の標準。③国(サホウ)㋐立ち居振る舞いの正しい法式。「礼儀作法」㋑事を行う方法。仕方。「小説作法」㋒(サクホウ)作り方。

【作略】(サクリャク)　①はかりごと。たくらみ。かけひき。策略。②国(サリャク)㋐いいかげんに取り扱うこと。㋑いらない手出し。

(7)5
【伺】179　常　シ　うかがう
シ　支・寘　sì・㋕cì
2739
3B47

筆順　亻 … 伺

字義　うかがう(うかがふ)。㋐さぐる。こっそりと様子をさぐる。㋑おしはかる。人の心をおしはかる。㋒ねらう。ひそかに機会を待ちかまえる。㋓のぞく。のぞき見する。㋔きく。きき耳をたてて聞く。㋕はべる。訪問する。「伺候」

国❶うかがう(うかがふ)。たずねる。㋐質問する。㋑さしずを求める。❷うかがい(うかがひ)。上役の指示を求めること。「進退伺い」

参考　現代表記では、「うかがう」は訪問する・尋ねるの謙譲語に〔伺〕を用いる以外は仮名書き。「お宅に伺う・都合を伺う・すきをうかがう」

解字　篆文　形声。人＋司(音)。音符の司は、つかさどるの意味。他人の身のまわりの世話をつかさどる人の意味を表し、また、他人の真意をうかがうの意味を表す。

▼偵伺・奉伺

【伺候】(シコウ)　①目上の人を訪問する。御機嫌うかがい。②目上の人の側にはべっている。③様子をうかがう。

【伺察】(シサツ)　うかがいみる。さぐる。

【伺△晨】(シシン)　夜明けを待つ。伺晨鳥は、鶏(にわとり)。

(7)5
【似】180　教5　ジ　にる
漢シ・呉ジ　紙　sì
2787
3B77

筆順　亻 … 似

字義　❶にる。にせる(にす)。まねる「類似」。❷ごとし。にている。…のようである。…らしく見える。❸つぐ(継)。❹みせる。示す。また、おくる(贈)。

名乗　い・に・のり　難読　似我蜂(じがばち)・似而非(えせ)・似内(にたない)

解字　金文　篆文　形声。人＋以(目)(音)。金文は、司＋目。司は、嗣に通じ、先祖のあとをつぐの意味。先祖のあとをつぐ人、まねる人の意味から、にるの意味を表す。

▼擬似・疑似・近似・克似・酷似・相似・弁似・類似

【似△而非者】(にてなるもの・ヒ・えせもの)　外見は似ているが内実はちがうもの。〔孟子、尽心下〕

【似非】(えせ)　国①似ているが実はちがうこと。まやかし。②よくないこと。いやしむべきこと。③「似非者(えせもの)」は、いやしい人。いかがわしい人。

(7)5
【佀】181　△　ジ　似(180)の本字。↓前項。

(7)5
【伱】182　△　漢ジ(チ)　呉ニ　紙　nǐ
【你】正字
字義　なんじ(なんぢ)(汝(ジョ))。君。あなた。＝爾(ジ)。
解字　形声。人＋尓(爾)(音)。音符の尓(ジ)は爾(ジ)の略体で、なんじの意味。爾が、いろいろな意味に用いられるため、区別して人を付し、人称として用いる。

(7)5
【住】183　教3　ジュウ　すむ・すまう
2927
3D3B

(7)5【住】184　漢チュウ(チウ)・呉ジュ(ヂュ)　慣ジュウ(ヂュウ)　通 zhù

筆順　亻 仁 什 住

字義 ❶**すむ。すまう**。「居住」 ❷**すまい**。すみか。住居。住所。 ❸すむ人。住人。 ❹**とどまる。とどめる**。 ❺**やむ。やめる**。中止する。

名乗　おき・すみ・もち・よし　難読　住吉・住処・住道・住良木

参考　現代表記では、「すむ」は人間の場合に「住」を用いる以外は仮名書き。「郊外に住む・獣たちのすむ草原」

解字　形声。人＋主㊥。音符の主は、とどまるの意味。人が長い間とどまる、すむの意味を表す。

▼永住・去住・在住・常住・定住

【住持】仏①一寺の主僧。寺に住んで寺務を統べ持する意。住僧。住職。②世に安住して仏法を維持すること。

【住職】住僧。＝住持の①。

【住著・住着】一箇所にとどまり、住みつく。

(7)5【伸】185　常　シン　のびる・のばす　シン　真 shēn　3113 3F2D

筆順　亻 伂 伊 伸

字義 ❶**のびる**。また、**のばす**。↕屈。＝信・申。㋐長くなる。㋑のびのびする。ゆったりする。㋒背のびする。 ❷**のべる**（述）。「追伸」 国**のす**。（勢力・成績・地位が）のびる。

名乗　ただ・のぶ・のぶる・のぼる　難読　伸烏賊

使いわけ　**のばす・のびる**〔伸・延〕

〔伸〕それ自体を長くする。また、発展させる。「ひげを伸ばす・学力を伸ばす」

〔延〕つぎ足して長くする。また、日時を遅らせる。「レールを延ばす・予定を延ばす」

解字　文　篆　形声。人＋申㊥。音符の申は、のびるの意味。人を付し、人が背のびする・のびるの意味を表す。

▼引伸・屈伸・追伸

【伸欠】せのびと、あくび。欠伸。

【伸縮】のびちぢみ。また、のびたり縮んだりする。

【伸長】長くのびる。また、長くのばす。

【伸展】国（勢力やその及ぶ範囲が）のびる。発展する。また、のばし広げる。

【伸眉】ひそめたまゆをのばす。心配が消えてほっとすること。

(7)5【佗】186　△　㊀タ　歌　tā・tuó　㊁漢タ・呉ダ　箇　4841 5049

字義 ㊀❶**ほか**。＝他。 ❷せおう。になう。 ❸他語にそえて語調を強める助字。「看佗」「笑佗」 ㊁❶ひく（引）。 ❷みだす。 国佗の字の誤用。 ❶**わびる**。㋐思いわずらう。なやむ。㋑さびしく思う。㋒あやまる。謝罪する。 ❷**わびしい**。 ❸**わび**。茶道や俳句の道などで、その極致としてもとめられた美意識・理念。さび。

解字　文　金　篆　文　形声。人＋它㊥。音符の它は蛇の象形で、人類でない、かわったものの意味。見知らない世界の人、他人の意味を表す。俗に他に作る。

【佗住居】国さびしく静かなすまい。

(7)5【体】187　教 2　タイ・テイ　からだ　3446 424E

(23)骨13【體】188　漢テイ　呉タイ　齊 tǐ　8183 7173

筆順　亻 什 休 体

【躰】俗字 7728 6D3C　【軆】俗字 7729 6D3D

字義 ❶**からだ**。み。首・胴・手・足の総称。「身体」「肉体」 ❷てあし。四肢。「四体」 ❸かたち。㋐ありさま。すがた。状態。「形体」 ㋑かた。きまり。規格。「体裁」 ❹もちまえ。本性。物事の根本となるもの。↕用。「本体」 ❺身につける。自分自身で行う。「体験」

名乗　なり・もと

解字　文　篆　形声。篆文は、骨＋豊㊥。音符の豊は、参に通じ、多くのものが密度高く集まるの意味。多くの骨からなる、からだの意味を表す。常用漢字の体は、もと人＋本㊥の形声文字で、あらい・おとるの意味を表したが、中国でも古くから體の俗字として用いられたもの。

▼遺体・一体・液体・解体・合体・気体・客体・玉体・今体・近体・具体・形体・国体・個体・古体・姿体・支体・肢体・詩体・事体・自体・実体・重体・主体・書体・神体・身体・人体・政体・正体・聖体・全体・草体・俗体・大体・天体・肉体・媒体・文体・別体・変体・母体・本体・容体・様体・立体・老体

【体位】①体格・健康の程度。②からだの位置。

【体育】①からだの成長・発達を助け、強健にするための教育。↕知育・徳育。②学校教育の教科の名。

【体解】昔の最も重い刑罰。からだをばらばらに切り離すもの。八つざき。支解。

【体格】①からだつき。骨ぐみや肉づきなどの様子。②詩文や書などの品格。

【体軀】からだ。身体。

【体刑】①人のからだに加える刑罰。体罰。②国（罰金刑に対して）自由を奪うことを内容とする刑罰。懲役・禁固などをいう。

【体系】一定の原理によって秩序正しく統一された組織。

【体験（驗）】自分で実際に経験すること。また、その経験。

【体言】国名詞・代名詞を合わせていう。語尾活用がなく、文の主語となることのできるもの。↕用言。

【体現】形にあらわす。具体的に表現する。

【体裁】①ありさま。すがた、かたち。②詩文の形式。③国みえ。みかけ。外見。外観。

【体質】①からだの性質。「虚弱体質」②からだの形態・はたらきについての特徴。

【体制】①かたち。こしらえ。②しくみ。くみたて。組織。③詩や文章の体裁。体製。

【体操】①からだの発育や健康の増進などを目的として行う、規則正しい肉体運動。②もと、学校教科の名。今の体育。

【体得】体験によって会得する。十分理解し[illegible]る。体認。

【体面】①体裁。見た目のようす。②世間[illegible]みえ。面目。「体面を傷つける」

【体用】①本体と、その作用。②原[illegible]

【体要】物事の大切なところ。要[illegible]

(7)5【但】189　常　ただし

筆順　亻 亻冂 [illegible]

字義 **ただ**。訓読では[illegible]ひたすらに。[illegible]限定の意味を表す。[illegible]「…ノミ」とそえて読むことが多い。あるいは。㋑もっぱら。ひた[illegible]㋓しかし。㋔そうでなければ。 国**ただし**。[illegible]

難読　但[illegible]

解字　文　[illegible]人＋旦㊥。音符の旦は、地平線上に太[illegible]陽のあらわれる形にかたどる。人が肩をあらわす、[illegible]の意味を表す。借りて、ただの意味に用いる。

【但書】国本文の後に書きそえて、例外・条件などを説明する文。その初めに「但」を付けるからいう。

【但馬】(たじ(ぢ)ま) 国旧国名の一つ。今の兵庫県の北部。上代には田道間と書いた。

(7)5 【佇】190 標 漢チョ 呉ジョ（ヂョ） 語 zhù　4842 504A

字義 ❶たたずむ（躇チョ）。❷まつ。たたずんで待ち望む。

解字 篆文 形声。人＋宁音。音符の宁チョは、物を貯える器具の象形。安定して置かれる宁のように、人がある場所に不動のままにいる、たたずむの意味を表す。

【佇△眄】(チョベン) たたずんでながめる。佇見。

【佇立】(チョリツ) たたずむ。（望見するときなどに）しばらく立ちどまること。

(7)5 【低】191 教4 テイ ひくい・ひくめる・ひくまる 漢テイ・呉タイ 語 dī　3667 4463

筆順 亻 亻 亻 仾 低 低

字義 ❶ひくい（ひくし）。↔高。㋐たけがひくい。㋑値段がやすい。㋒音声が小さい。㋓位・身分・格式などが劣っている。❷たれる（たる）。たれさがる。また、ひくめる（ひくむ）。ひくまる。ひくくする。

難読 低人（ひきうど・ひきびと）

参考 現代表記では［氐］(2138)の書きかえに用いることがある。「氐徊→低回」

解字 篆文 形声。人＋氐音。音符の氐は、そこの意味。人のなかでも背丈が底の方のもの、ひくいの意味を表す。

【低下】(テイカ) ①ひくい。②ひくくなること。↔上昇。③悪くなること。↔向上。

【低回】(テイカイ) ①さまよう。立ち去りにくいようすでさまよい歩く。思いに沈みながらゆっくり歩きまわる。②うねうねとめぐり続く。

【低回顧望】(テイカイコボウ) 思いに沈みながら行きつもどりつして、あたりの景色などをながめること。

【低回趣味】(テイカイシュミ) 国世俗的な労苦を避け、ゆったりした気分で東洋的な詩境にふける趣味。夏目漱石（ソウセキ）が提唱したもので、低回派・余裕派ともいわれる。

【低△佪・低△徊】(テイカイ) ＝低回の①。

【低減】(テイゲン) 国へること。へらすこと。また、値段を安くすること。

【低△昂・低△卬・低仰】(テイコウ) ①低いことと高いこと。②高くなったり低くなったりして安まらないこと。

【低湿(濕)】(テイシツ) 土地が低くて湿気の多いこと。

【低唱浅(淺)△斟】(テイショウセンシン) 低い声で静かに歌い、ちびりちびり酒を飲むこと。浅斟低唱。

【低俗】(テイゾク) 国低くいやしい。下品。低級卑俗。

【低調】(テイチョウ) 国①音楽の調子の低いこと。また、低い調子。②俗悪であること。③能率の低いこと。④調子の悪いこと。

【低頭】(テイトウ) 頭を下げる。頭を垂れる。うなだれる。平身低頭

【低能】(テイノウ) 国①頭の働きの鈍いこと。②知能の発達の遅いこと。

【低迷】(テイメイ) ①雲などの低くただようこと。②頭を垂れてさまようこと。③転じて、悪い状態を抜け出せず迷うこと。

【低劣】(テイレツ) 程度が低くおとっていること。

【低廉】(テイレン) 価の安いこと。廉は、安い。

(7)5 【佔】192 △ 一テン 語 chān 二セン 語 chān

字義 一みる（視）。また、うかがう。二ささやくさま。

解字 形声。人＋占音。

(7)5 【佃】193 標 漢テン 呉デン 先 霰 tián　3649 4451

字義 ❶田（耕作地）を耕す。❷かり（狩）。狩りをする。＝畋（デン）。国つくだ。作り田の略された語。新たに開墾した耕地。

解字 金文 篆文 形声。人＋田音。音符の田は、かりをしたり、耕作をしたりする所の象形。その土地の管理をする人の意味を表す。日本では、耕作する田の意味のつくりだの意味から、つくだと読む。

【佃漁】(デンギョ・デンリョウ) 鳥獣をとるのを佃、魚貝をとるのを漁という。畋漁（デンギョ）。

【佃戸】(デンコ) 田地を借りて耕す人。小作人。佃客。

【佃作】(デンサク) 耕作する。農業に従事する。

【佃煮】(つくだに) 国小魚・貝などをしょうゆ・みりん・砂糖で煮しめた食品。江戸の佃島（つくだじま）で作り出したという。

(7)5 【佞】194 △ 漢ネイ 呉ニョウ（ニャウ） 径 nìng　5304 5524

【侫】俗字 5305 5525

字義 ❶へつらう（へつらふ）。おもねる。また、その人。「姦佞（カンネイ）」❷口がうまい。弁舌がたつ。❸はたらき。才能。❹よこしま（邪）。ねじける。口先ばかりで心がねじけている。また、偽善。

解字 篆文 形声。女＋仁音。音符の仁は、近づき親しむの意味。女がなれ親しむの意味から、転じて、へつらうの意味を表す。

【佞△猾】(ネイカツ) 口先がうまくて悪がしこいこと。また、その人。

【佞△姦・佞△奸】(ネイカン) 口先がうまく心がねじけていること。

【佞険(險)】(ネイケン) 口先がうまくて腹黒いこと。

【佞言】(ネイゲン) こびへつらうことば。おべっか。佞弁。

【佞巧】(ネイコウ) 口先がうまいこと。

【佞・佞△倖】(ネイコウ) こびへつらって君主の寵愛（チョウアイ）を得ること。

う人。お気に入り。

【佞臣】①口だっしゃの才能。②じょうずに人にこびへつら

来。腹

【佞舌】(ネイゼツ) うまくこびへつらう家来。②心のよくない家

【佞△媚】(ネイビ)

【佞弁(辯)】(ネイベン)

【佞△諛】(ネイユ) こびか。

(7)5 【伯】195 常 ハ

一 漢ハ 二 ハ 禡

伯父

っか。佞言。

筆順 亻 亻 伯 伯　3976 476C

字義 一❶おさ（をさ）。かしら。首長。❸おじ（をぢ）。父の兄。・仲・叔・季」の順）❺おっと。妻が夫を呼ぶ時に用いる人。「画伯」❼五等爵（シャク）（公・侯・伯・馬の神。馬祖。また、その祭り。二はたが者。＝覇。国❶かみ。神祇官（ジンギカン）の長官。

名乗 お・く・たか・たけ・とも・のり・

難読 伯耆（ほうき）・伯伯部（ほうかべ）・伯方（はかた）・伯剌西爾（ブラジル）・伯爾（ブラジル）の略。

解字 甲骨文 篆文 形声。人＋白音。音符の…通じ、一族の統率者の意味。かしらとなる人の意味を表す。

▼河伯・画伯・侯伯・叔伯・風伯・方伯・邦伯・牧伯

【伯△夷叔斉(齊)】(ハクイシュクセイ) 兄の伯夷と、弟の叔斉。ともに、殷（イン）末周初の賢人。周の武王が殷の紂王（チュウオウ）を討とうとするのをいさめ、首陽山（今の山西省永済県の南）にかくれ住んで餓死した。〔史記、伯夷伝〕

〔伯夷〕

【伯△牙】(ハクガ) 春秋時代の琴の名人。その琴の音をよく聞きわけた鍾子期（ショウシキ）が死んでから、琴の理解者がいなくなったといって、琴の弦を切って以後二度と琴をひかなかったという。「伯牙絶絃」〔呂氏春秋、本味〕

【伯△舅(ハクキュウ)】①母の兄。②天子が異姓の諸侯に対して用いた敬称。

【伯牛(ハクギュウ)】孔子の弟子、冉耕(ゼンコウ)の字(あざな)。→冉伯牛（二三「ジ一」）。

【伯魚(ハクギョ)】孔子の長男、孔鯉(コウリ)の字(あざな)。子思の父。

【伯兄(ハクケイ)】一番上の兄。長兄。

【伯者(ハクシャ)】＝伯主。覇者。

【伯爵(ハクシャク)】五等爵（公・侯・伯・子・男）の第三位。

【伯主(ハクシュ)】諸侯のはたがしら。覇主。覇者。

【伯叔(ハクシュク)】①兄と弟。②父の兄と弟。伯父と叔父。

【伯仲(ハクチュウ)】①長男と次男。②才能または勢力などが似ていて、優劣を定めがたい状態にいう。「伯仲之間」

【伯父(ハクフ)】①おじ。父の兄。②天子が同姓の諸侯に対して用いた敬称。③国おじ(をぢ)。父母の兄。

【伯母(ハクボ)】①おば。父の姉。②伯父の妻。③国おば(をば)。父母の姉。

【伯楽(樂)(ハクラク)】①天馬をつかさどる星の名。②昔、馬の良否をよく見分けた人。姓は孫、名は陽。〔唐、韓愈、雑説〕世有二伯楽一然後有二千里馬一。訳文⇩千里馬(一六四ジ一)。③名君・賢相のたとえ。④(バクロウ) 馬の良否をよく見分け、その売買・周旋などを業とする人。伯労。

【伯楽(樂)一顧(ハクラクのイッコ)】名馬が伯楽によって見いだされるように、賢臣が名君・賢相に見いだされて知遇を受けるたとえ。〔戦国策、燕〕

【伯林(ベルリン)】Berlin の音訳。ドイツの都市の名。

【伯労(勞)(ハクロウ)】①鳥の名。もず。②(バクロウ) ＝伯楽の④。

(7)5【伴】196　常　ハン・バン　ともなう

(7)5〔伴〕197　漢ハン　呉バン　星 bàn　4028　483C

筆順　亻 亻' 亻ニ 伴

字義　❶とも。つれ。仲間。❷ともなう(ともなふ)。つれだつ。同道する。ひきつれる。❸はべる（侍）。「接伴」　名乗　すけ

解字　篆文　形声。人＋半（半）音。音符の半は、はんぶんの意味。人のよきはんぶん、ともの意味を表す。

▼相伴・随伴・接伴・同伴

【伴偶(ハングウ)】つれあい。配偶者。

【伴食(バンショク)】①正客といっしょにごちそうになること。相伴(ショウバン)。②職にありながら職責をつくさないこと。無能の大官をそしっていう語。

【伴食宰相(バンショクサイショウ)】無能な宰相。唐の盧懐慎(ロカイシン)をそしって言ったことに基づく。伴食大臣。〔旧唐書、盧懐慎伝〕

【伴僧(僧)(バンソウ)】国葬式の時、道師のお供をして参列する僧。

【伴造(とものみやつこ)】国上代、都に住み、諸部の長として部民を率い、専門の職務・技芸で朝廷に仕えた世襲の職名。

【伴天連(バテレン)】国ポルトガル語 padre（父）の音訳。①室町時代末期に日本に渡来したキリスト教の宣教師の称。②キリスト教やその信徒の俗称。

【伴△侶(ハンリョ)】なかま。とも。つれ。

(7)5【伾】198　△　㈠ヒ　支 pī　㈡漢ヒ・呉ビ　紙

字義　㈠㈡力強いさま。

解字　篆文　形声。人＋丕音。音符の丕は、大きいの意味。大きい人の、力があるさまを表す。

(7)5【伻】199　△　漢ホウ（ハウ）　呉ヒョウ（ヒャウ）　庚 bēng

字義　❶つかう(つかふ)。人を使う。また、使者。❷しめる(しむ)。使役の助字。させる。＝使。

解字　形声。人＋平音。

(7)5【佈】200　△　漢ホ　呉フ　遇 bù

字義　❶あまねし。行きわたっている。❷しらせる。布告する。「佈告」

解字　形声。人＋布音。

(7)5【佛】(126)　ブツ　仏（125）の旧字体。→六二ジ一。　4839　5047

(7)5【佑】201　人　漢ユウ（イウ）　呉ウ　宥 yòu　4504　4D24

筆順　亻 亻ノ 仁 佑 佑

字義　❶たすける(たすく)（佐・祐）。❷たすけ。「天佑」　国じょう。神祇官(ジンギカン)の判官（次官の下）。　名乗　すけ・たすく

解字　形声。人＋右音。音符の右は、たすけるの意味。右が、みぎの意味に用いられるようになり、区別するため、人を付した。

【佑啓(ユウケイ)】たすけて教え導く。啓は、（知識を）開く意。

【佑助(ユウジョ)】たすける。また、たすけ。

(7)5【余】202　教　5　ヨ　あまる・あます　4530　4D3E

㈠(16)食7〔餘〕203　ヨ　魚 yú　8117　7131

㈡(7)5〔余〕△　ヨ　魚 yú

筆順　人 亼 仐 余

字義　㈠❶あまる。あます。のこる。のこす。❷あまり。㋐豊か。余分にあること。㋑残り。「残余」㋒ほど。大体の数をあげて、はしたを略する語。「三千余」㋓あと。のち。㋔ひま。「余暇」㋕ほか。以外。その他の。「余罪」国あまり。あまりに。度が過ぎて。

㈡❶われ。自分。＝予。❷あまり。あまる。＝餘ヨ。❸陰暦四月。

難読　余技(よぎ)・余戸(あまるべ)・余子(あまりこ)・余市(よいち)・余田(あぐり)・余呉(よご)・余奴(ぬえ)・余波(なごり)・余部(あまるべ)・余目(あまるめ)・余綾(ゆるぎ)・余呂(よろぎ)

解字　㈠篆文　形声。食＋余音。余は、のびるの意味。食物があまる。ゆたかの意味を表す。

㈡甲骨文　金文　篆文　象形。甲骨文、金文とも、先の鋭い除草具の象形で、自由にのびるの意味を表すが、借りて、人称代名詞の「われ」の意味に用いる。常用漢字は、餘の俗字としての余を、餘の意味に用いる。余を音符に含む形声文字に、餘・叙・塗・徐・涂ト・畬ヨ・途・除などがあり、これらの漢字は、「自由に伸びる」の意味を共有している。

▼窮余・刑余・歳余・残余・詩余・自余・剰余・睡余

【余(餘)哀(ヨアイ)】①いつまでも消えない悲しみ。②なぐさめきれない悲しみ。

【余(餘)音(ヨイン)】①あとまで残っているひびき。なごり。余韻。②前代から伝わった歌曲。③一度鳴きやんだ虫のその後の鳴き声。

【余(餘)音△嫋△嫋(ヨインジョウジョウ)】楽曲のひびきが後に長く残って続いている形容。声が細長く続いて絶えない形容。〔宋、蘇軾、前赤壁賦〕──、不レ絶如レ縷(たえざることルのごとし)。〈余音は細く長く続き、いとすじのようにとぎれない〉

【余(餘)韻(ヨイン)】①＝余音の①。②（詩歌・文章などの）言外の味わい・おもむき。

【余(餘)△蘊(ヨウン)】余っているたくわえ。また、あまり。残余。蘊は、たくわえ。

【余(餘)栄(榮)(ヨエイ)】①祖先が後に残したほまれ。また、死後にまで残るほまれ。②身にあまるほまれ。非常な光栄。

【余(餘)△裔(ヨエイ)】①すえ。末流。②子孫。後裔。

【余(餘)炎(ヨエン)】①燃え残りのほのお。余焔(ヨエン)。②残っている暑さ。残暑。「三伏余炎」

【余(餘)△怨(ヨエン)】あとまで残るうらみ。

【余(餘)△殃(ヨオウ)】祖先の悪事の報いとして、子孫にまで残る災い。↕余慶。「積悪の余殃」

【余(餘)暇(ヨカ)】ひま。あいま。

【余(餘)寒】ヨカン　大寒があけて後の寒気。また、立春後になお残っている寒さ。

【余(餘)間・余(餘)閑】ヨカン　ひま。いとま。たっぷりとした余裕。〔晋、陶潜、帰二田園居一詩〕虚室有二余間一（キョシツヨカンあり）。

【余(餘)△暉・余(餘)輝】ヨキ　①沈みつつある夕日の光。また、空に残っている夕日の光。②ありあまるめぐみ。③偉人・偉業などのなごり。

【余(餘)技】ヨギ　専門以外の技芸。

【余(餘)儀】ヨギ　国他の方法。他に取るべき方法。よんどころ。「余の儀（ほかの事）」

【余(餘)興】ヨキョウ　①宴会などで、おもしろさをそえるための演芸など。②おまけ。

【余(餘)業】ヨギョウ　①先人の残した功業。②本業以外の仕事。

【余(餘)薫】ヨクン　＝余香。

【余(餘)計】ヨケイ　国①余分。②むだ。無益。また、無用。③そのほか。それ以外。

【余(餘)慶】ヨケイ　祖先の善行の報いとして子孫に及ぶ幸せ。↕余殃（ヨオウ）。〔易経、坤〕積善之家（セキゼンのいえ(へ)に）、必有二余慶一（かならずヨケイあり）。

【△余月】ヨゲツ　陰暦四月の別名。

【余(餘)光】ヨコウ　①あまっている光。余分の光。②発光体から遠く離れた所を照らす弱い光。③日没後に残っている光。残光。④かすかになった光。⑤おかげ。恩恵。

【余(餘)香】ヨコウ　①あとに残っているかおり。また、移り香。②遠くからただよってくるかすかなかおり。③恩恵のなごり。忘れられない恩恵。

【余(餘)財】ヨザイ　①財貨を後に残す。②あまりの財貨。

【余(餘)罪】ヨザイ　①ほかの罪。それ以外の罪。②つぐないきれない罪。

【余(餘)子】ヨシ　①昔の軍制で、毎家ひとりを出して正卒とし、その他を羨卒（センソツ）として余子といった。②嫡子の同母弟。長男以外の子。庶子。③年の若い者。弱年者。

【余(餘)事】ヨジ　①ほかのこと。他事。②余暇にする仕事。余力でする仕事。「余事作二詩人一（ヨジシジンとなる）」

【余(餘)日】ヨジツ　①残った日数。②ひまな日。③ほかの日。他日。④余生。老後。残年。

【余(餘)春】ヨシュン　晩春をいう。残春。

【余(餘)所】よそ　国①ほかの所。他所。②遠い所。遠方。③よそよそしいこと。親しくないこと。

【余(餘)情】ヨジョウ　①つきない思い。あきらめきれない心。②なごりのふぜい。言外の趣。③くめどもつきない趣。④国ヨセイ　景気のよい様子。また、みえをはること。


【余(餘)剰(剩)】ヨジョウ　のこり。あまり。残余。

【余(餘)△饒】ヨジョウ　あり余って豊かなこと。饒は、ゆたか。

【余(餘)震】ヨシン　大地震のあとに引き続いて起こる小さな地震。

【余(餘)人】ヨジン　①ほかの人。他人。②残りの人。

【余(餘)△燼】ヨジン　もえのこり。もえさし。燼は、もえのこり。転じて、戦争などでわずかに生き残った兵。

【余(餘)生】ヨセイ　①あまりのいのち。残りの生涯。老い先短い命。残年。②やっと助かったいのち。

【余(餘)声(聲)】ヨセイ　①かすかな声。②残りのひびき。③ほかの声。

【余(餘)△喘】ヨゼン　①死に際の、絶え絶えの呼吸。死に近づいたいのち。②残りのいのち。余生。「余喘を保つ」

【余(餘)沢(澤)】ヨタク　後世まで残った先人の恩恵。おかげ。「蒙二余沢一（ヨタクをこうむる）」

【余(餘)地】ヨチ　あまりの土地。また、あまりの部分。余裕。「立錐（リッスイ）の余地」

【余(餘)得】ヨトク　余分の利益。もうけ。

【余(餘)熱】ヨネツ　①大暑を過ぎた後の暑さ。残暑。②熱気のさめきらないこと。ほとぼり。

【余(餘)年】ヨネン　①＝余生の①。②ほかの年。他年。

【余(餘)念】ヨネン　ほかの思い（考え）。他念。雑念。

【余(餘)波】ヨハ　①風がおさまったあとも、なお残っている波。②なごり。遺風。③影響。あおり。

【△余輩】ヨハイ　①われら。われわれ。②国われ。わたし。

【余(餘)病】ヨビョウ　①なおりきらないで後に残っている病気。②もとの病気のほかに新たに起こった病気。

【余(餘)夫】ヨフ　十六歳以上、丁年（二十歳）未満で、まだ一家をなさない者。

【余(餘)風】ヨフウ　①大風のやんだ後に残っている風。②前の時代から残っているならわし。

【余(餘)聞】ヨブン　聞き残し。こぼればなし。

【余(餘)弊・余△敝】ヨヘイ　①残っている弊害。②国あるものごとに伴って生じた弊害。

【余(餘)民】ヨミン　亡びた国の後に残った人民。遺民。

【余(餘)命】ヨメイ　老い先短い命。残り少ない命。余生。

【余(餘)裕】ヨユウ　①ゆったり落ちついていること。「余裕綽綽（シャクシャク）」②ゆとり。③ありあまること。

【余(餘)△姚】ヨヨウ　地名。浙江（セッコウ）省東部にある市。明（ミン）の王陽明の生地。

【余(餘)力】ヨリョク　①あまった力。力の余裕。②本務以外に他の事をなすことのできる力。


【余(餘)△瀝】ヨレキ　①さかずきの酒などのあまったしずく。②人のめぐみ。また、小さいめぐみ。

【余(餘)烈】ヨレツ　①先祖の残した功績・功徳。②先人の残した不徳。余毒。

【余(餘)△禄】ヨロク　余分の所得。

【余(餘)論】ヨロン　残りの議論。本論につけ加えた議論。

(7)5
【伶】204　囚　漢レイ　呉リョウ（リヤウ）　青径 líng　4666 4E62

筆順　亻 仒 伶 伶

字義　❶わざおぎ（わざをぎ）。楽師。俳優。❷こもの。こまづかい。めしつかい。❸さかしい。かしこい。小才がきく。「伶俐（レイリ）」

名乗　とし

解字　金文  篆文  形声。人＋令音。音符の令は、神意を聴くの意味。音楽を奏し、神意を聴く楽人、わざおぎの意味を表す。

【伶官】レイカン　音楽を奏する役人。楽官。伶人。
【伶工】レイコウ　＝伶人。→次項。
【伶人】レイジン　①楽師。楽人。②俳優。役者。
【伶丁・伶△仃】レイテイ　ひとりぼっちのさま。零丁。
【伶優】レイユウ　わざおぎ。楽師と俳優。また、俳優。
【伶△俐・伶利】レイリ　さかしいこと。かしこいこと。

【含】→口部 一九二ページ。
【攸】→攴部 四七二ページ。

(8)6
【依】205　常　イ・エ　一漢イ・呉エ　微 yī　二漢イ・呉エ　尾 yǐ　1645 304D

筆順　亻 仁 依 依

字義　一❶よる。㋐よりすがる。もたれかかる。㋑たのむ。たよる。㋒つく。従う。「帰依（キエ）」㋓なぞらえる。準ずる。❷助ける。また、いつくしむ。❸そのまま。以前のまま。二❶やすんずる。安らか。❷ついたて。＝扆イ。❸たとえる。また、さとす。

難読　依田（よだ）・依網（よさみ）

解字　甲骨文  篆文  形声。人＋衣音。甲骨文では、人にまつわりつく衣服のさまにかたどる。まつわりしたしむ・よるの意味を表す。

▼帰依・拠依

【依依】イイ　①枝や葉の茂っているさま。②細くなよなよしているさま。③離れがたく（なごり惜しく）思うさま。④おどおどし

ているさま。⑤おぼつかないさま。⑥遠くぼんやり見えるさま。⑦ゆらゆらと立ちのぼるさま。〔晋、陶潜、帰二田園居一詩〕依依墟里煙（キョリのけむり）。訳文↓曖曖（アイアイ）（五二六ページ）。

【依⁴倚】イイ　よりかかる。もたれかかる。たよる。

【依違】イイ　どっちつかずであいまいなさま。

【依⁴俙・依⁴稀】イキ　①よく似ている。②ぼんやりとしている。

【依拠（據）】イキョ　①よる。よりどころとする。②よりどころ。根拠。証拠。論拠。

【依⁴怙】イコ　①たよる。たのみとする。②たのみとなるもの。父母。③国エこひいき。偏頗（ヘンパ）。不公平。

【依⁴怙地】イコジ・エコジ　国片意地。頑固。

【依⁴怙⁴贔⁴屓】エコヒイキ　国一方にだけひいきすること。

【依⁴恃】イジ　よりたのむ。たよりにする。依怙（イコ）。

【依嘱（囑）】イショク　（仕事を）たのむ。

【依然】イゼン　①もとのまま。②草木の茂っているさま。

【依存】イソン・イゾン　他にたよって生存・成立すること。

【依託】イタク　①たよる。たのむ。また、たのみ。②よせる。かこつける。③ゆだねあずける。

【依遅（遲）】イチ　ぐずぐずとゆるやかに行くさま。とぼとぼと行くさま。

【依付・依附】イフ　たよりつく。よりすがる。

【依約】イヤク　①たよりつく。結びつく。②ほのかに、ぼんやりと見えるさま。③似ていること。髣髴（ホウフツ）。

【依頼】イライ　①たよりにする。②国たのむこと。たのみ。

(8)6【佾】206　△　漢イツ　呉イチ　質 yì

字義　周代の舞楽の制で、舞人の列をいう。一佾は舞人八人の一列。天子は八佾（六十四人）、諸侯は六佾（四十八人）、大夫（タイフ）は四佾（三十二人）、士は二佾（十六人）の舞人を用いた。一説に、舞人の列は方形であるから、行と列との人数は同じで、天子の舞人は八佾（六十四人）、諸侯は六佾（三十六人）、大夫は四佾（十六人）、士は二佾（四人）であるという。〔論語、八佾〕

解字　篆文　形声。人＋⿱八月音。音符の⿱八月（キツ＝イツ）は、八人の人体の意味。舞楽の一列の人数が八人からなるの意味を表す。

(8)6【価】207　教5　カ　あたい　1833 3241
(15)13【價】208　人許　漢カ　呉ケ　禡 jià　4911 512B

筆順　亻 亻 亻 佰 価 価

字義　❶あたい（あたひ）。値段。価格。❷ねうち。価値。評判。

解字　篆文　形声。人＋賈音。音符の賈（カ）は、あきなうの意味。あきなうときの物のあたいの意味を表す。常用漢字は省略形。

▼高価・真価・声価・評価・廉価

【価格】カカク　ねだん。ねうち。

【価額】カガク　品物のあたいに相当する金額。

【価直・価値】カチ　①あたい。㋐ねだん。価格。㋑ねうち。資格。②人間の欲求を満足させる物事に対して認められるねうち。

【不レ二レ価】あたい(ひ)をにせず　かけ値をいわない。

(8)6【佳】209　常　カ　漢カイ・呉ケ　佳 jiā　慣カ　1834 3242

筆順　亻 亻 仕 仹 佳 佳

字義　❶よい（よし）。美しい。すぐれている。りっぱである。「風光絶佳」❷よみする。好む。　名乗　けい・よし　難読　佳木斯（チャムス）

解字　篆文　形声。人＋圭音。音符の圭は、均整がとれているの意味。身心ともに均整がとれていて美しい人の意味を表す。

▼絶佳

【佳会（會）】カカイ　楽しい集まり。すばらしい宴会。

【佳客】カカク・カキャク　よい客。りっぱな客。佳賓。

【佳気（氣）】カキ　①めでたい気。吉祥の気。②快いなごやかな気。春の気など。

【佳期】カキ　①よい時節。②美人とあう期日。転じて、結婚の日をいう。

【佳器】カキ　①りっぱなうつわ。②りっぱな人物。

【佳境】カキョウ　①景色や居心地のよい所。②おもしろさのすぐれた所。妙境。「入二佳境一（カキョウにいる）」③味のよい部分。うまいところ。

【佳興】カキョウ　①すぐれた趣。②風流な興味。

【佳偶】カグウ　よいつれあい。りっぱな配偶者。佳配。

【佳景】カケイ　よい景色。美景。

【佳言】カゲン　りっぱなことば。善言。

【佳⁴肴・佳⁴殽】カコウ　よいさかな。おいしい料理。

【佳作】カサク　よくできたりっぱな詩文。また、すぐれた芸術作品。〔唐、李白、春夜宴二桃李園一序〕不レ有二佳作一（カサクあらずんば）、何伸二雅懐一（なんぞガカイをのべん）。〈よい詩文ができなければ、どうしてこの風雅な胸のうちを述べ表すことができよう〉

【佳士】カシ　品行がりっぱで教養のある人。

【佳日】カジツ　よい日。めでたい日。

【佳趣】カシュ　よいおもむき。すぐれたおもしろみ。

【佳⁴什】カジュウ　りっぱな詩文。什は、作品。

【佳⁴辰】カシン　＝佳日。

【佳人】カジン　①美しい女。美人。②うたいめ。妓女（ギジョ）。③美男子。また、徳行のりっぱな男。④妻が夫を、臣下が君主をいう。⑤りっぱな人物。〔前漢、武帝、秋風辞〕懐二佳人一兮不レ能レ忘（カジンをおもい(ひ)てわするることあたわ(は)ず）。⑥よい友。

【佳人薄命】カジンハクメイ　美人はとかくふしあわせである。薄命は、命（天命・運命）にろうすい、運命がよくない意。転じて、俗に、短命の意に用いる。宋の蘇軾の「薄命佳人」の詩に、「自レ古佳人多命薄（いにしえ(へ)よりカジンおお(ほ)くメイうすし）」とあるのに基づく。

【佳節（節）】カセツ　めでたい日。佳辰（カシン）。吉日。〔唐、王維、九月九日憶二山中兄弟一詩〕毎レ逢二佳節一倍思レ親（カセツにあう(ふ)ごとにますますシンをおもう(ふ)）。

【佳絶】カゼツ　すぐれてよいこと。すぐれてりっぱであること。

【佳致】カチ　よいおもむき。美しいおもむき。

【佳賓】カヒン　＝佳客。

【佳聞】カブン　よい評判。

【佳編・佳⁴篇】カヘン　よい作品。詩文についていう。

【佳名】カメイ　①よい名まえ。②よい評判。

【佳容】カヨウ　美しいすがた。

【佳麗】カレイ　うるわしいこと。顔や景色などにいう。転じて美人。〔唐、白居易、長恨歌〕後宮佳麗三千人（コウキュウのカレイサンゼンニン）。訳文↓後宮（三六三ページ）。

【佳話】カワ　①よい話。内容のりっぱな話。②おもしろい話。③ある人のりっぱな言行についての話。美談。

(8)6【佪】210　△　漢カイ（クワイ）　呉エ（ヱ）　灰 huái

字義　さまよう（さまよふ）。めぐる。＝徊（カイ）。「俳佪（ハイカイ）」

解字　形声。人＋回音。音符の回は、めぐるの意味。人がめぐりさまようの意味を表す。

(8)6【佸】211　△　漢カツ（クワツ）　呉ガチ（グワチ）　曷 huó

字義　あう（あふ）（会）。あつまる。また、あわせる。あつめる。

解字　篆文　形声。もと、人＋昏音。音符の昏（カツ）は、會（カイ）に通じ、あうの意味。人があうの意味を表す。

(8)6【侃】212　囚　カン　旱翰 kǎn　2006 3426

筆順　亻 们 们 侃

字義　❶つよい（つよし）。正しく強い。❷やわらぎ楽しむ。

名乗 あきら・すなお・ただ・ただし・つよし・なお・やす

解字 金文 篆文 会意。㐰＋巛。㐰は信の古字。巛は水が流れてやまないの意味。いつまでもただしいの意味を表す。

【侃侃】やわらぎ楽しむさま。また、剛直のさま。

【侃侃諤諤】剛直で遠慮せずに正論をはくさま。諤も、はばかることなく直言するさま。

【侃直】強く正しい。剛毅正直。

(8)6 【佹】213 △ キ 紙 guǐ

字義 ❶かさなる。❷もとる。さからう。❸あやしい。正しくない。また、あやしげな。奇異な。

解字 形声。人＋危㊥。

【佹弁(辯)】誤っていることを正当らしく思わせる奇怪な言いまわし。こじつけのことば。詭弁。

(8)6 【佶】214 △ 漢キツ 呉ゴチ 質 jí　4843 504B

字義 ❶ただしい。❷すこやかなさま。強い。❸まがる。＝詰。「佶屈」

解字 篆文 形声。人＋吉㊥。

【佶屈聱牙】文章・言語のごつごつと堅苦しくむずかしいこと。詰屈聱牙。〔唐、韓愈、進学解〕

(8)6 【侅】215 △ キョウ 侅(247)の俗字。→八四ページ。　2202 3622

(8)6 【供】216 教6 キョウ・ク そなえる・とも 一漢キョウ・呉ク 冬 gōng 二漢キョウ・呉ク 宋 gòng　2201 3621

筆順 亻 仁 供

字義 一二❶そなえる。そなう。また、そなえ。そなへ。㋐設ける。㋑さざげる。すすめる。❷あてがう。支給する。「供給」❸申したて。尋問されて申し述べること。「自供」❹うやうやしい。＝恭。

国 ❶とも。従者。❷ども。複数を表す接尾語。

難読 供花・供笥

参考 現代表記では〔饗〕(8785)の書きかえに用いることがある。「饗応→供応」

使いわけ そなえる・そなわる〔供・備〕
〔供〕うやうやしく物をそなえる。「お供えもち」
〔備〕そろえて用意する。よく用意されている。「備えあれば憂いなし」

解字 篆文 形声。人＋共㊥。音符の共は、そなえるの意味。人を付し、そなえるの意味を表す。

▼自供・上供

【供応(應)】①ごちそうしてもてなすこと。饗応。②必要をまかなう。

【供給】①物をあてがって需要をみたすこと。↔需要。②他の要求に応じて物をやること。

【供御】①天子の用に物を奉ること。②国 天皇の飲食物。皇后・皇子にもいう。

【供具】①宴席で用いる器具。転じて、ごちそう。②仏 ㋐供物を供える器具。㋑仏の供養のために用いる具。香華・音楽など。

【供出】国 政府などに物をさし出すこと。

【供述】国（裁判所などで尋問に答えて）申し述べること。

【供薦】神仏などに物を供えること。

【供託】金銭・有価証券などを政府の定めた機関（供託所）に寄託する（さし出して預ける）こと。

【供帳】①宴会場や休息所などの幕を張り設備をすること。また、その幕。②かざりつけ。装飾物。

【供奉】①供給する。また、供給して不自由のないようにしてやること。②天子や貴人などのそばに仕えてご用をつとめること。③唐代の官名。すぐれた才能の者が天子のそばで仕えたのでいう。「翰林供奉」④国 ㋐特に、行幸・行啓などのお供。㋑宮中の内道場に奉仕する僧。内供。

【供米】国①神仏に供える米。②生産した米を供出すること。供出米。

【供物】国 神仏に供える物。供えもの。

【供養】①父母などを世話し養うこと。②祖先のみたまやに食物を供えること。③衣食などをもって自らを養うこと。④欲望を満足させること。⑤徳を養成すること。⑥仏 三宝（仏・法・僧）または死者の霊に物を供えて祭ること。

【供覧(覽)】観覧に供する。多くの人に見せる。

(8)6 【佼】217 △ 一漢コウ（カウ） 呉キョウ（ケウ） 巧 jiǎo 二漢コウ（カウ） 呉キョウ（ケウ） 肴 jiāo　2483 3873

字義 一❶みめよい。顔だちが美しい。＝姣。❷いつわる。また、悪がしこい。＝狡。二❶まじわる。また、まじわり。交際。＝交。❷ならび。列。

解字 篆文 形声。人＋交㊥。音符の交は姣に通じ、うつくしい女性の意味。うつくしいの意味を表す。また、交に通じ、まじわるの意味も表す。

【佼黠】悪がしこい。

【佼佼】①美しいさま。顔だちの美しいさま。②人格・才能などのすぐれているさま。

【佼麗】美しいこと。

(8)6 【使】218 教3 シ つかう 一シ 紙 shǐ 二シ 寘 shì　2740 3B48

筆順 亻 仁 佢 使

字義 一❶つかう。㋐用いる。「使用」㋑費す。銭をつかう。㋒用をさせる。働かせる。❷助字。しむ。⇩助字解説　二❶つかい。使者。「特使」❷つかいする。また、つかわす。

助字解説
①しむ。使役。……させる。類令・遣・教・俾。〔論語、微子〕使子路問津焉〈子路に渡し場の所在を尋ねさせた〉
②しめば。仮定。……だとしたら。〔史記、蘇秦伝〕使我有洛陽負郭田二頃、吾豈能佩六国相印乎〈もしも私に洛陽郊外の田が二頃あったならば、六国の宰相の印を腰につけることなど決してできなかっただろう〉

難読 使主・使真

使いわけ つかう〔使・遣〕
〔使〕用事をさせる。動かす。「召し使い」
〔遣〕役に立つよう工夫して用いる。あやつる。「気を遣う・言葉遣い」

解字 甲骨文 篆文 形声。人＋吏㊥。音符の吏は、役人の意味。人を付し、つかう・つかえる人の意味を表す。

▼役使・駅使・虐使・駆使・軍使・行使・上使・大使・天使・特使・目使・労使

【使役】①つかう。はたらかせる。②つかわれること。「使役に出る」③国 他にはたらきかけてある事をさせる意を表す文法用語。「使役の助動詞」

【使君】①天子の命を奉じて地方に行く者の尊称。勅使。②漢代、刺史をいう。↔府君（太守）。

【使車】①使者の乗る車。②猟のとき、えものをかり出す車。

【使者】君主の命令を受けて他国などへ使いに行く者。

【使節(節)】シセツ ①天子の使者の持ち歩く節（割符(わりふ)・手形(てがた)）。②天子の使者。勅使。使臣。③国家の代表として外国に派遣される使者。
【使△嗾】シソウ けしかける。そそのかす。指嗾。
【使丁】シテイ・シチョウ 召使いの男。
【使途】シト 国使いみち。用途。
【使徒】シト 国①キリストの選んだ十二人の弟子（十二使徒）をいう。②神聖な事業に献身努力する人をたたえて呼ぶ称。
【使幣】シヘイ 使者と（使者にもたせてやる）礼物(レイモツ)。
【使命】シメイ ①君主から命ぜられた使いのやくめ。使いとして果たさなければならない任務。②その人に必ず果たすべきものとして与えられた任務。
【使令】シレイ ①つかう。指図して使う。②めしつかい。家来。

(8)6
【侈】219
△シ 紙 chǐ
4844 504C

字義 ❶おごる。㋐たかぶる。いばる。「驕侈(キョウシ)」㋑度をこえる。㋒ぜいたくをする。❷おごり。「奢侈(シャシ)」❸ほしいまま。みだら。よこしま。「邪侈」❹おおきい。ひろい。また、多い。豊か。「侈大」

解字 篆文 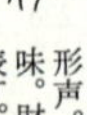 形声。人＋多㊥。音符の多(タ→シ)は、おおいの意味。財産の多い人の意味から、おごるの意味を表す。

【侈△傲】シゴウ おごり。おごりたかぶること。「暴虐侈傲」
【侈泰・侈△汰】シタイ おごり。ぜいたく。
【侈△靡】シビ おごり。おごってみだらなこと。「淫逸侈靡(インイツシビ)」
【侈麗】シレイ 大きくてりっぱ。美しくりっぱ。

(8)6
【佌】220
△シ 紙 cǐ

字義 ❶ちいさいさま。❷ならぶさま。

解字 形声。人＋此㊥。

(8)6
【佽】221
△シ 寘 cì

字義 ❶すばしこい。身がる。敏捷(ビンショウ)。❷ならぶ。❸助ける。

解字 篆文 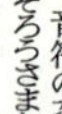 形声。人＋次㊥。音符の次は、齊(セイ)に通じ、ととのうの意味。人がそろうさまから、ならぶの意味を表す。

(8)6
【侍】222
常 ジ さむらい
漢シ 呉ジ 寘 shì
2788 3B78

筆順 亻 仕 侍 侍

字義 ❶はべる。さぶらう。目上の人のそば近くにかしこまって居る。❷目上の人のそば近く奉仕する人。さむらい。側室。「近侍」国❶さむらい。武士。❷はべる。「ある（あり）・おる（をり）」の丁寧語。難読 侍婢(まかたち)・侍(こしもと)

解字 篆文  形声。人＋寺㊥。音符の寺は、止に通じ、たちどまるの意味。目上の人の近くにとどまって奉仕する人の意味を表す。

▼近侍・典侍・内侍・陪侍・扶侍

【侍医(醫)】ジイ 天子や王侯のおかかえの医者。
【侍衛(衞)】ジエイ 天子や貴人のそばに居て護衛すること。また、その人。
【侍御】ジギョ 天子のそばに仕えること。また、その官。
【侍講】ジコウ 天子や皇太子に講義をすること。また、その役。侍読。
【侍△坐・侍座】ジザ 貴人のそばにすわる。
【侍史】ジシ ①貴人のそばに仕える書き役。②転じて、手紙のあて名のわきにそえて敬意を表す語。直接本人に読んでもらうことを遠慮して、おそばの書き役にとの意。
【侍児(兒)】ジジ そばに仕えている年少の女子。腰元(こしもと)。侍女。〔唐、白居易、長恨歌〕侍児扶起嬌無レ力(ジジたすけおこすにキョウとしてちからなし)、始是新承二恩沢一時(はじめてこれあらたにオンタクをうくるとき)〈腰元たちが抱きかかえあげるとなよなよとしてさも力の抜けたような有様、これが初めて天子の愛を賜る時のことであった〉
【侍者】ジシャ 貴人のそばに仕えている人。侍人。
【侍△豎】ジジュ 貴人のそばに仕える子ども。小姓(こショウ)。侍僮(ジドウ)。
【侍従(從)】ジジュウ ①貴人のそばに仕えること。また、その人。②国㋐天皇のそばに仕えて日常の世話をする官。皇太子には東宮侍従という。㋑練り香の名。
【侍女】ジジョ 貴人のそばに仕えている女。侍婢(ジヒ)。侍児。
【侍臣】ジシン おそばづとめの家来。
【侍中】ジチュウ 官名。天子の左右につかえて殿中の奏事をつかさどる。魏(ギ)・晋(シン)以後、門下省の長官となり、唐代では中書令、左右僕射(ボクヤ)（尚書省の次官。長官の尚書令は実際には任命されなかった）と並んで宰相職となった。
【侍童・侍△僮】ジドウ ＝侍豎(ジジュ)。
【侍読(讀)】ジドク ＝侍講。
【侍△婢】ジヒ ＝侍女。婢は、女の召使い。
【侍立】ジリツ 目上の人のそばに仕えて立っていること。
【侍郎】ジロウ 官名。秦(シン)・漢代、黄門侍郎といって天子への謁見などをつかさどった。唐代では門下侍郎といって侍中につぎ、次官級の職となった。また、六部にも大臣級の尚書の下にそれぞれ次官級の侍郎が置かれた。

(8)6
【舍】223
教 5 シャ 田舎(いなか)
2843 3C4B

(8)舌2
〔舍〕224
一シャ 禡 shè　二シャ 馬 shě　三漢セキ・呉シャク 陌 shì
7150 6752

筆順 入 仒 全 舍

字義 一❶いえ。や。㋐建物。家屋。やしき。すみか。「校舎」「兵舎」㋑仮に設けた家。また、別邸。㋒星座。㋓軍隊の一夜の宿営所。❷やど。やどり。㋐やどや。旅館。㋑いどころ。❸軍隊の一日の行程。約十二キロ。〔左伝、僖公二十三〕其避レ君三舎(それきみをさくることサンシャ)。❹やどる。やどす。とまる。とどまる。❺おる(をり)。いる。❻私。自己の謙称。「舎弟」 二❶おく。㋐下におろす。すえおく。㋑すておく。放置する。㋒とどめる。休める。〔論語、子罕〕不レ舎二昼夜一(チュウヤをおかず)。❷すてる（捨）。見捨てる。投げ出す。❸やめる。休む。やめて仕えない。❹ゆるす。ときはなす。釈放する。 三おく（置）。＝釈(セキ)。「舎奠(セキテン)」

名乗 や　難読 舎川(とねかわ)・舎利弗(とどろき)

参考 もと、口部に所属した。

解字 金文 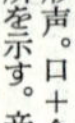 篆文  形声。口＋仐（余）㊥。口は、ある場所を示す。音符の余(ヨ→シャ)は、のびやかの意味。身心をのびやかにして、やどるの意味を表す。

▼駅舎・屋舎・外舎・官舎・館舎・帰舎・客舎・休舎・斎舎・施舎・止舎・塾舎・取舎・精舎・草舎・村舎・庁舎・邸舎・伝舎・殿舎・田舎・坊舎・用舎

【舎兄】シャケイ 自分の兄。よその人に対していう。家兄。
【舎△采・舎菜】セキサイ ①昔、学校に入るとき、学校に祭ってある先師（昔の聖人）にささげた野菜。②野菜の類を供えて孔子を祭ること。学校で孔子を祭る儀式。釈奠(セキテン)。釈菜(セキサイ)。
【舎人】シャジン ①周代の官名。宮中の政務を執り、財を分けることをつかさどる。②宮中に宿直をして番をする役人。③貴人のそばに仕える者。④家の雑務を行う者。召使い。⑤伝達をつかさどる役人。⑥貴人の子弟。⑦国(とねり)㋐昔、天皇または皇族のそばに仕えて雑務を行った者。㋑牛車(ギッシャ)の牛飼い、または馬の口とり。
【舎弟】シャテイ 自分の弟。他人に対していう。家弟。
【舎△奠】セキテン ①天子が巡狩から帰って、山川または父祖の廟(ビョウ)で行う祭り。舎も奠も、おく意で、菜幣を供える意。②学校で先師先聖をまつる祭り。孔子祭。釈奠(セキテン)。
【舎利】シャリ ①鳥の名。もず。②㋐梵語(ボンゴ) śarira の音訳。釈迦(シャカ)の遺骨。仏骨。㋑転じて、火葬にした骨。㋒米つぶ。

(8)6 **【侏】** 225 △シュ 虞 zhū 4845 504D

字義 ❶**みじかい**。短小。❷くも（蜘蛛）。

解字 形声。人＋朱音。音符の朱は株に通じ、きりかぶの意。木のきりかぶのように、背たけの低い人、小人の意味を表す。

【侏儒】シュジュ ①体の特に小さい人。一寸法師。②役者。俳優。古代の劇は主として滑稽劇で、体の小さい人が重要な役者であったからいう。〔荀子、王覇〕俳優侏儒。③うだち（梲）。うだつ。つか。梁の上に立てて棟木をささえる短い柱。④虫の名。蜘蛛。

【侏離】シュリ ①西方の異民族の音楽をいう。②異民族の話すことば（外国語）の意味不明のさまの形容。

(8)6 **【侚】** 226 △漢シュン 呉ジュン 震 xùn

字義 ❶**はやい**。すみやか。❷**となえる**。あまねく告げ知らせる。＝徇。

解字 甲骨文 篆文 形声。人＋旬音。

(8)6 **【侭】** 227 △ジン 4389 4B79

儘（405）の俗字。→一〇三ページ。

(8)6 **【侘】** 228 標 タ 禡麻 chà 4846 504E

字義 ❶ほこる。おごる。❷志をうしなうさま。国❶**わびる**。㋐つらく思う。悲しく思う。㋑さびしく暮らす。㋒あやまる。謝罪する。❷**わびしい**。❸**わび**。さび。俳句・茶道などの最高の理念。

参考 「わびる」の意のとき、俗に誤って侘の字を用いる。

解字 形声。人＋宅音。音符の宅は、人が屋内にくつろぎとどまるの意味。人の精神活動が止まり、志を失うの意味を表す。国訓としては、「わぶ」「わびし」として古く『類聚名義抄』から、失意・失望・困惑の状態・動作を表す文字として用いられる。

(8)6 **【佻】** 229 △漢チョウ（テウ） 呉ジョウ（デウ） 蕭 tiāo 4847 504F

字義 ❶**かるい**。また、うすい。㋐愛情が薄い。㋑思慮が浅い。軽々しい。あさはか。「軽佻」❷ぬすむ。とる。また、いどむ。＝挑。

解字 文 篆 形声。人＋兆音。音符の兆は、跳に通じ、とびはねるの意味。落ち着きのないさま、あさはかの意味を表す。

【佻薄】チョウハク 人情がうすい。また、思慮が足りない。軽薄。

(8)6 **【侗】** 230 △ 一漢トウ・呉ドウ 東 tóng 二トウ 董 tǒng 三漢トウ・呉ドウ 送 dòng

字義 一幼稚でおろか。二❶まっすぐ。転じて、物事がすんなり進み何の気がかりもない。❷儱侗は、おおまかではっきりしない。三少数民族の名。

解字 文 篆 形声。人＋同音。音符の同は、筒に通じ、つつのようにからっぽの意味。中身がなくておろかな人の意味を表す。

【侗然】トウゼン ①誠実なさま。②大きなさま。③おろかなさま。

(8)6 **【侫】** 231 △ネイ 5305 5525

佞（194）の俗字。→七六ページ。

(8)6 **【佩】** 232 △漢ハイ 呉バイ 隊 pèi 4848 5050

字義 ❶**おびだま**。腰にさげるかざり玉。また、おびもの。腰におびる物。❷**おびる**。はく。㋐腰につける。㋑身につける。携える。〔史記、項羽本紀〕挙二所レ佩玉玦一。❸心にとどめる。「感佩」 難読 佩刀はかし・はかせ

解字 金文 篆文 会意。人＋凡＋巾。凡は、風をはらむ帆の象形。巾は、布きれの意味。人が帯につける幅のあるたれ布の意味を表す。

【佩環】ハイカン おびだま。貴人が腰におびるかざり玉の輪。

【佩玉】ハイギョク 腰に帯びるかざり玉。歩くと音を出す。「佩玉鳴鑾メイラン（鑾は、天子や貴人の馬車につける鈴）」

【佩剣（劍）】ハイケン 腰に帯びた剣。

【佩帯（帶）】ハイタイ 身に帯びること。

【佩刀】ハイトウ 腰に帯びる刀。佩剣。

【佩服】ハイフク ①身に着けること。佩用。②心にとどめて忘れないこと。③感服すること。

【佩用】ハイヨウ 身に着けること。

(8)6 **【佰】** 233 △漢バク・呉ミャク 陌 bǎi(bó), ③mò 慣ハク・ヒャク 4849 5051

字義 ❶**ヒャク**。数の名。＝百。❷百人。百人の組。また、百人の長。❸みち。耕地を東西に走る境の道。＝陌。

解字 文 篆 形声。人＋百音。音符の百は、ひゃくの意味。百人・百人の長の意味を表す。

(8)6 **【侮】** 234 常 ブ あなどる 4178 496E

(9)7 **【侮】** 235 人許 漢ブ 呉ム 麌 wǔ

筆順 侮 侮

字義 ❶**あなどる**。軽んずる。見さげる。人を見さげばかにする。❷**あなどり**。人をばかにした行い。❸しのぐ。おかす。

解字 文 篆 形声。人＋毎（每）音。音符の毎は、晦などに通じ、くらいの意味。暗くて視野にも入らない人、あなどるの意味を表す。

▼外侮・軽侮・慢侮・陵侮

【侮△翫】ブガン あなどりもてあそぶ。侮弄ブロウ。

【侮辱】ブジョク あなどりはずかしめる。また、はずかしめ。

【侮△蔑】ブベツ あなどりさげすむ。ばかにする。

(8)6 **【併】** 236 常 ヘイ あわせる 4227 4A3B

(10)8 **【併】** 237 一漢ヘイ・呉ヒョウ（ヒャウ） 敬梗 bìng 二漢ヘイ・呉ビョウ（ビャウ） 迥 bìng

筆順 併

字義 一二❶**ならぶ**（並）。つらなる。また、並びに。＝並。❷**ならべる**。等しくする。❸**あわせる**。あつめる。また、**あわせて**。＝幷へ。「合併」「兼併」❹きそう（競）。あらそう。国**しかし**。しかしながら。

使いわけ **あわせる**〔併・合〕

〔併〕二つ以上のものを一緒にする。「二つの企業を併せる」

〔合〕そろえる。一致させる。「手を合わせる・調子を合わせる」

解字 篆文 形声。人＋并（幷）音。音符の并は、ならぶの意味。人を付し、人がならぶの意味を表す。

▼合併

【併肩】ヘイケン 肩をならべる。①一緒に連なっていること。②同等の地位にあること。

【併行】ヘイコウ ①ならんで行く。②同時に行われる。③みな行われる。

【併合】ヘイゴウ 合わせて一つにする。合併。

【併称（稱）】ヘイショウ ①合わせならべていう。②一緒にして呼ぶ名称。

【併△呑】ヘイドン あわせのむ。他国やその領地を奪って自分のものにすること。

【併発（發）】ヘイハツ 同時に起こる。重なって生ずる。

【併用】ヘイヨウ あわせ用いる。幾つかのものをともに用いること。

(8)6 **【侔】** 238 △漢ボウ 呉ム 尤 móu

字義 ❶**ひとしい**。ひとしくする。❷とる（取）。むさぼる。

解字 形声。人＋牟音。

(8)6 **【命】** 239 教3 メイ・ミョウ いのち 4431 4C3F

漢メイ・呉ミョウ（ミャウ） 敬 mìng

筆順 人 亼 合 命

字義 ❶いいつける。申しつける。また、いいつけ。おきて。「命令」「厳命」 ❷なづける。「命名」〔韓非子、和氏〕命曰二和氏之璧一 ❸いのち。生命。「余命」「救命」 ❹運命。めぐりあわせ。さだめ。「知命」「宿命」 ❺ことば。誓いのことば。 ❻めあて。目標。「命中」。 国みこと。昔、神や貴人の名にそえた敬称。「大国主命」

名乗 とし・な・なが・のぶ・のり・まこと・みち・よし 難読 命尾

参考 もと、口部に所属した。

解字 甲骨文 金文 篆文 会意。口＋令。令は、いいつけるの意味。口を付し、命とははじめの子音がちがう発音、命であることを区別して示した。

▼遺命・運命・延命・革命・下命・帰命・懸命・厳命・国命・顧命・冊命・策命・失命・使命・死命・時命・辞命・惜命・宿命・寿命・主命・受命・授命・職命・助命・身命・性命・正命・生命・絶命・宣命・存命・尊命・大命・待命・短命・知命・致命・朝命・勅命・帝命・天命・特命・任命・拝命・薄命・反命・非命・復命・亡命・奔命・本命・余命・落命・立命・露命

【命運】 めぐりあわせ。運命。

【命数(數)】 ①いのちの長さ。天命。寿命。②めぐりあわせ。天から与えられた運命。

【命世】 世に名高いこと。また、一世にひいでて名高い人。命は名。「命世の才」

【命題】 ①題名をつけること。また、その題。名題。②論理学で、判断を言語で表したもの。

【命中】 的に正しく当たる。当たる。命は、めあての所、中は当たる意。

【命長多レ辱】 長生きすれば、それだけはずかしい目にあうことも多い。→寿則多レ辱（三三ページ）。

【命婦】 ①封号を受けた婦人。②大夫の妻の称。③国㋐四位・五位の女官（内命婦という）、および五位以下の官人の妻（外命婦という）。㋑内侍司の下級の女官。㋒宮中女官の階級の一つ。㋓稲荷神社の使いのきつね。

【命脈】 ①いのちのつな。いのち。玉の緒。②転じて、重要な事物をいう。

【命△冥加】 国死ぬところだったのが神仏の力で不思議に助かること。

【命名】 名をつける。名づける。

【命令】 言いつけ。おおせ。さしず。

【命軽(輕)二於△鴻毛一】 場合によっては、いのちを投げ出すのが何でもないということのたとえ。鴻毛は、おおとりの毛で、非常に軽い。〔文選、司馬遷、報二任安一書〕

【命在二於△旦夕一】 死のさしせまっていること。今にも死にそうなこと。旦夕は、朝夕。『漢書』両龔伝に、「命在二朝夕一」とあるのに基づく。

【命在レ天】 人の寿命や運命は天の定めるもので、人力ではなんともなし得ない意。〔史記、高祖本紀〕

【命如二風前灯(燈)一】 人生の無常なことのたとえ。また、危険が身に迫ることのたとえ。風前の灯は、風の吹く中に立っているともしび。〔倶舎論疏〕

【安レ命】 天から授かった自分の運命に満足する。

【知レ命】 天の与えた使命や運命を自覚する。→知命（七七ページ）。〔論語、為政〕五十而知二天命一

(8)6
【侑】 240

人 漢ユウ（イウ） 呉ウ 宥 yòu

4850
5052

筆順 亻 仃 侑 侑

字義 ❶すすめる（勧）。❷たすける（佑）。

名乗 あつむ・いく・すすむ・ゆき

解字 形声。人＋有音。音符の有は、肉を手に取ってすすめるの意味。手を取り合い助ける人の意味から、たすける・ならぶ・すすめるの意味を表す。

(8)6
【佯】 241

△ ヨウ（ヤウ） 陽 yáng

4851
5053

字義 ❶いつわる。㋐あざむく。㋑うわべをかざる。ふりをする。❷さまよう。

解字 形声。人＋羊音。音符の羊は、様に通じ、さまの意味。人為的にあるさまを似せて作りだす、いつわるの意味を表す。

【佯狂】 にせきちがい。気ちがいのふりをする。

【佯言】 いつわりのことば。うそ。陽言。

【佯死】 死んだふりをする。

【佯走】 いつわり走る。負けたふりをしてにげる。

【佯北】 いつわりにげる。にげるまねをする。北は、逃げる。

(8)6
【來】 (3321)

ライ 来（3320）の旧字体。→五四五ページ。

4852
5054

(8)6
【例】 242

教 4 レイ たとえる

レイ 霽 lì

4667
4E63

筆順 亻 仃 伢 例

字義 ❶たぐい。同じ種類のもの。比類。❷ならわし。しきたり。ためし。「慣例」 ❸さだめ。おきて。「条例」 ❹おおむね。あらまし。大部分。❺レイ。たとえ。国❶たとえる。❷たとえば。

解字 篆文 形声。人＋列（㓙）音。音符の㓙は、連に通じ、ならべるの意味。同列に並べることのできる人の意味から、たぐい・ためしの意味を表す。㋐たとえて言えば。㋑よしんば。たとえ。

▼異例・違例・慣例・吉例・旧例・恒例・常例・条例・事例・先例・通例・適例・凡例・判例・比例・不例

【例言】 書籍などで本文の前に書いてある、内容・体裁などの注意書き。凡例。

【例祭】 国毎年きまった日に行われる祭り。

【例示】 一つの例として挙げ示す。

【例証(證)】 ①証拠となる前例。②例を挙げて証明する。

【例題】 例として挙げる問題。

【例年】 としどし。毎年。いつもの年。

【例話】 例として話す談話。

(8)6
【侖】 243

△ 一ロン 元 二リン 眞 lún

4853
5055

字義 一❶おもう（思）。❷順序だてる。すじみちをたてる。

解字 文 篆 会意。亼＋冊。亼は、三直線が合うさまを示す。冊は、文字を書きつける竹ふだの意味。すじみちをたてて考えをまとめるの意味を表す。侖を音符に含む形声文字に、倫・掄・綸・論・輪などがあり、これらの漢字は、「筋道が立つ」の意味を共有している。

(9)7
【俄】 244

標 ガ 歌 é

1868
3264

字義 ❶にわか。にわかにして。たちまち。すみやか。ほどなく。❷しばらくして。❸かたむくさま。ななめ。❹高い。高くする。❺国名。俄羅斯（ロシア）の略。「俄人（ロシア人）」

解字 文 篆 形声。人＋我音。

【俄△頃】 ①しばらくの間。暫時。②またたく間。瞬時。

【俄然】 にわかに。急に。突然。

【俄羅△斯】 Russia の音訳。ロシア。

(9)7
【俅】 245

△ 漢キュウ（キウ） 呉グ 尤 qiú

字義 うやうやしいさま。恭順のさま。また、冠のかざりのさま。

【俇】 246 (9)7 △ 一 ㊥キョウ（キャウ）㊐ゴウ（グワウ）〔養〕guàng, kuāng 二 ㊥キョウ（キャウ）㊐コウ（クワウ）〔漾〕guàng

解字 篆文 形声。人＋求㊥。

字義 一 あわただしいさま。 二 遠くへ行く。

【俠】 247 (9)7 標 ㊥キョウ（ケフ）㊐ギョウ（ゲフ）〔葉〕xiá 【侠】俗字 2202 *3622*

解字 篆文 形声。人＋狂㊥。

字義 ❶おとこだて（をとこだて）。義に勇み、強者をくじき弱者を助ける。また、その人。「任俠」 ❷おとこぎ。おとこだての気性。義俠心。 ❸はさむ（挟（キョウ））。さしはさむ。 国きゃん。㋐いさみはだの女。㋑はすっぱな女。おきゃん。おてんば。

解字 篆文 形声。人＋夾㊥。音符の夾は、わきの下にはさむの意味。弱者をかばい抱きかかえる力のある人、おとこだての意味を表す。

【俠客（キョウカク）】おとこ気のある人。おとこだて。

【俠気（氣）（キョウキ）】おとこ気。

【俠豪（キョウゴウ）】おとこ気のある豪傑。豪俠。

【俠骨（キョウコツ）】俠気。「俠骨の香」

【俠者（キョウシャ）】＝俠客。

【俁】 248 (9)7 △ グ 〔麌〕yǔ

字義 おおきい（おほきい）。身なりが大きいさま。

解字 篆文 形声。人＋呉㊥。

【係】 249 (9)7 教 3 ケイ　かかる・かかり　ケイ 〔霽〕xì 2324 *3738*

筆順 亻 亻 伛 俘 係

字義 ❶かかる。㋐かかわる（かかはる）。つながる。関係がある。㋑つぐ（継・嗣）。 ❷かける（かく）。㋐つなぐ。しばる。くくる。㋑連ねる。続ける。 ❸かかわり。「関係」 国かかり。㋐受け持ち。担当の人。㋑文語文法でいう係辞（かかりことば）。ぞ・なん・こそなど。結びに対していう。

参考 ①現代表記では〔繋〕(5930)の書きかえに用いることがある。「繋船→係船」「繋争→係争」「繋属→係属」「繋留→係留」「連繋→連係」 ②職名の一つとして「……がかり」という場合に、古くは「掛」が用いられたが、現代では「係」を用いるのが一般的。

解字 篆文 形声。人＋系㊥。音符の系は、つながりの意味。人と人とをつなぐ、つながりの意味を表す。

▼連係

【係嗣（ケイシ）】あとつぎ。家をつぐ血筋の者。

【係踵（ケイショウ）】くびすを接して起こる。次々と続いて起こる意。

【係争（爭）（ケイソウ）】両方がかかわり争う。

【係累・係縲・係壘（壘）（ケイルイ）】①しばる。また、しばり捕らえる。②自由を束縛するもの。足手まとい。妻子や一族をいう。

【俔】 250 (9)7 △ 一 ケン〔霰〕qiàn 二 ㊥ケン・㊐ゲン〔銑〕xiàn 4855 *5057*

字義 一 ❶たとえる。たとえ。 ❷うかがう（うかがふ）。こっそりのぞき見する。 二 ❶＝一の①。 ❷うかがい見るさま。一説に、恐れるさま。

解字 篆文 形声。人＋見㊥。

【侯】 251 (9)7 常 コウ　㊥コウ ㊐グ 〔尤〕hóu 2484 *3874*

筆順 亻 仁 仨 侯

【矦】本字

字義 ❶まと。弓の的。 ❷きみ。領主。大名。 ❸五等爵（シャク）（公・侯・伯・子・男）の第二位。侯爵。 ❹王城より五百里から千里の地域。侯甸（コウデン）。 ❺これ。ここに。発語のことば。 ❻なんぞ（何）。疑問の助字。 ❼うかがう。

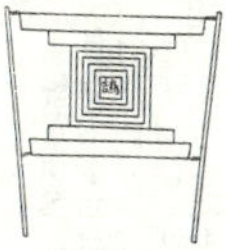

〔侯①〕

名乗 きぬ・きみ・とき

解字 甲骨文　金文　篆文　象形。甲骨文・金文は、まとをうかがい矢を放つ形にかたどり、まと・うかがうの意味を表す。王室のために邪気の侵入をうかがい除く者の意味から、転じて、諸侯の意味を表す。篆文は矦で、刀（人）＋厂＋矢。常用漢字は変形した侯による。侯を音符に含む形声文字に、候・喉・堠（コウ）・猴（コウ）・鍭（コウ）などがある。

▼王侯・君侯・射侯・諸侯・徹侯・藩侯・封侯・列侯

【侯嬴（コウエイ）】戦国時代、魏（ギ）の隠士。魏の信陵君と約束した一言を重んじて自殺した。〔唐、魏徴、述懐詩〕侯嬴重二一言一（コウエイイチゲンをおもんず）。

【侯鵠（コウコク）】弓のまと。鵠は的の中央に描く大鳥の名。

【侯伯（コウハク）】①侯爵と伯爵。②諸侯。諸大名。③諸侯の旗がしら。伯は覇（ハ）。

【侯服（コウフク）】王城を去ること五百里から千里までの地域。

【侯牧（コウボク）】大名。領主。牧は、やしなう意。

【俟】 252 (9)7 △ ㊥シ ㊐ジ 〔紙〕sì 4856 *5058* 【竢】古字 6779 *636F*

字義 ❶まつ。あてにする。 ❷大きい。

解字 篆文 形声。人＋矣㊥。

【俊】 253 (9)7 常 シュン　シュン 〔震〕jùn 2951 *3D53* 【儁】同字 4914 *512E* 【雋】同字

筆順 亻 仆 俊 俊

字義 ❶すぐれる（すぐる）。すぐれている。 ❷才知のすぐれている人。「英俊」 ❸大きい。高い。 ❹きびしい。また、きびしくする。

名乗 すぐる・たかし・とし・まさり・まさる・よし

参考 現代表記では〔駿〕(8844)の書きかえに用いることがある。「駿才→俊才」

解字 篆文 形声。人＋夋㊥。音符の夋は、出などに通じ、でるの意味。ぬきんでた人の意味を表す。

▼英俊・賢俊・才俊・雄俊・良俊

【俊異（シュンイ）】才知が常人よりもすぐれていること。また、その人。

【俊逸（シュンイツ）】＝俊異。逸もすぐれる意。→前項。

【俊英（シュンエイ）】＝俊異。英は花、すぐれる意。

【俊穎（シュンエイ）】すぐれぬきんでていること。俊秀。穎は麦などの穂の先。

【俊慧（シュンケイ）】心の働きのすぐれていること。

【俊桀・俊傑（シュンケツ）】才知や徳のすぐれていること。また、その人。

【俊彦（シュンゲン）】才知のすぐれた人。彦はりっぱな男子の意。

【俊才（シュンサイ）】才知のすぐれていること。また、その人。俊材。

【俊材（シュンザイ）】＝俊才。→前項。

【俊士（シュンシ）】①周代、庶民の子弟の中から選ばれて大学に入学を許可された者。②才知のすぐれた人。

【俊秀（シュンシュウ）】才知のすぐれていること。また、その人。

【俊爽（シュンソウ）】爽は、さわやか・あきらか。①山などの姿の高くすっきりとしていること。②人の容姿のすっきりしてりっぱなこと。

「容儀俊爽」

【俊造】(シュンゾウ) すぐれた人物。造は造士、学問のできあがった人。俊士と造士。

【俊達】(シュンタツ) 才知がすぐれ道理に明るいこと。

【俊敏(敏)】(シュンビン) 才知がすぐれて判断や行動がすばやいこと。

【俊△邁】(シュンマイ) すぐれていること。俊秀。邁もすぐれる。

【俊茂】(シュンモ・シュンボウ) 才知・学問のすぐれていること。また、その人。「才藻俊茂」

【俊雄】(シュンユウ) ①才徳のすぐれていること。また、その人。②すぐれて強いこと。また、その人。

(9)7 【俏】254 △ ショウ(セウ) 嘯 qiào, ① xiào

字義 ❶にる。かたどる。＝肖。❷容姿の美しいさま。

解字 形声。人＋肖㊥。音符の肖は、小さいの意味。人のミニチュアの意味から、似るの意味を表す。

(9)7 【信】255 教4 シン 3114 3F2E

㊀シン 震 xìn
㊁シン 真 shēn

筆順 亻 仁 信 信 信

字義 ㊀❶まこと。真実。誠実。❷まかせる。まかす。❸まことする。信ずる。「自信」❹明らかにする。つまびらかにする。❺しるし。あかし。証明。❻わりふ。符契。❼おとずれ。たより。「音信」「風信」❽つかい。使者。❾二晩泊まる。「信宿」

㊁❶のびる。のばす。＝伸。❷ゆるくする。❸のべる。＝申。

国 信濃(しなの)(長野県)の略。「信越」

名乗 あき・あきら・こと・さだ・さね・しげ・しの・のぶ・のぶる・まさ

難読 信貴山(しぎさん)・信級(のぶしな)・信砂(のぶしゃ)・信太(しのだ)・信乃(しの)・信天翁(あほうどり)・信田(しのだ)・信土山(まつちやま)・信夫(しのぶ)・信楽(しがらき)・信濃(しなの)・信楽(しがらき)

解字 篆文 形声。人＋口＋辛㊥。音符の辛は、はりの象形で刑罰の意味。発言にうそがあれば受刑することをちかうさまから、まことの意味を表す。

▼威信・音信・確信・家信・花信・過信・貴信・近信・私信・自信・所信・書信・忠信・背信・風信・不信・平信・妄信・迷信・来信

【信愛】(シンアイ) ①信用して愛する。②心から愛する。

【信義】(シンギ) ①真心があって正しいこと。②信と義。

【信△禽】(シンキン) 雁(ガン)をいう。雁は寒くなると北から来、暖くなると北へ帰り、季節の変化のたよりを運ぶように見えるからいう。禽は、鳥。

【信言】(シンゲン) まことのことば。うそいつわりのないことば。

【信仰】(シンコウ) 神仏を信ずる(帰依(キエ)する)こと。

【信士】(シンシ) ①信義に厚い人。②仏(シンジ) 清信士の略。㋐出家せずに仏門に入った男子。㋑男子の戒名に用いる称号。↕信女。

【信実(實)】(シンジツ) まこと。うそいつわりのないこと。

【信者】(シンジャ) 宗教を信仰する人。信徒。

【信宿】(シンシュク) 二晩宿泊すること。〔左伝、荘公三〕

【信書】(シンショ) てがみ。書簡。

【信証(證)】(シンショウ) しるし。あかし。証拠。

【信賞必罰】(シンショウヒツバツ) 功があれば必ず賞し、罪があれば必ず罰すること。賞罰を正しく行うこと。賞罰を明らかにすること。信はまこと。必と同意。〔韓非子、内儲説上〕

【信条(條)】(シンジョウ) ①かたく信ずる事がら。②信仰の個条。

【信心】(シンジン) ①仏 仏を信仰する心。②国 信仰して祈念すること。

【信託】(シンタク) ①信用してまかせること。②一定の目的と手続きにより財産の管理・処分を他人にまかせること。「信託統治」

【信鳥】(シンチョウ) 鴫(かもめ)をいう。鴫は潮の干満に従って陸に近づいたり遠ざかったりし、潮の干満を知らせるように見えるからいう。

【信潮】(シンチョウ) 干満する潮水。うしお。定時にさして来たり引いたりするので信という。

【信天翁】(シンテンオウ) 海鳥の名。

【信女】(シンニョ) 仏 ↕信士。①出家せずに受戒した女子。②女性の戒名に用いる称号。

【信任】(シンニン) 信じて事をまかせる。

【信念】(シンネン) ①正しいとかたく信じている自分の考え。②自信の心。③信仰心。

【信△憑】(シンピョウ) 信用してたよる。信頼。憑は、よりたのむ意。

【信風】(シンプウ) ①㋐季節風。㋑東北風。②風(かぜ)に任(まか)す ㋐風のふく方向に吹かれて行くこと。風のまにまに。㋑風にたよる。

【信服】(シンプク) ①信用して服従する。②心から服従する。心服。

【信奉】(シンポウ) 信じて大切に守ること。また、信じいただいてそれに従うこと。

【信望】(シンボウ) 信用と人望。

【信用】(シンヨウ) ①信じて任用する。②信じて疑わない。確かだと信ずること。③国 人望のあること。

【信頼】(シンライ) 信用してたよる。

【信陵】(シンリョウ) 地名。戦国時代の魏(ギ)の地。魏の昭王の子、無忌の封ぜられた所。今の河南省寧陵県の地。

【信陵君】(シンリョウクン) 戦国時代、魏(ギ)の昭王の子で、安釐(アンリ)王の弟。名は無忌。食客が三千人もあったということで有名な賢人。(?—前二四三)

(9)7 【侵】256 常 シン おかす 3115 3F2F

(9)7 〔侵〕257

㊀シン 侵 qīn
㊁シン 寝 qǐn

筆順 亻 亻 仨 侵

字義 ㊀おかす。㋐次第にはいりこむ。㋑他人の領分に入る。攻め入る。「侵略」㋒かすめ取る。横領する。㋓しのぐ。おさえつける。あなどる。「侵陵」

㊁たけが低い。風采(フウサイ)のあがらぬこと。

使いわけ おかす〔犯・侵・冒〕⇩犯(4563)。

解字 甲骨文 金文 篆文 会意。人＋帚省＋又。帚は、ほうきの象形。又は手の象形。人がほうきを手にして、しだいにはきすすむの意味から、おかすの意味を表す。侵を音符に含む形声文字に、寝(シ)・浸・祲(シ)・鋟(シ)・駸(シ)などがある。

【侵害】(シンガイ) (他人の利益・権利などを)おかし、そこなう。

【侵△寇】(シンコウ) (他国へ)攻め入って害を与える。

【侵食・侵△蝕】(シンショク) おかしむしばむ。虫が木の葉などを次第に食い尽くすように、次第におかし食いこむこと。

【侵△晨】(シンシン) ①早朝。朝早く。②晨(シン)を侵(おか)す 夜明けを侵す。早朝に行動することをいう。③晨(シン)を侵(お(を))かして 朝早いのをものともせず。

【侵早】(シンソウ) ＝侵晨(シンシン)。

【侵入】(シンニュウ) 他国におかし入る。攻め入る。

【侵伐】(シンバツ) 他国をおかし討つ。他国をせめ討つ。

【侵犯】(シンパン) おかす。①他人の領土・財産などに害を加えること。②自分の権限を越えて他人の権限内に立ち入ること。「領海侵犯」

【侵暴】(シンボウ) おかし荒す。乱暴を加える。

【侵略・侵△掠】(シンリャク) おかし取る。

【侵△凌・侵陵】(シンリョウ) おかししのぐ。いばって人を侮辱する。

(9)7 【爼】258 △ 漢ソ 呉ショ 語 zǔ 4857 5059

〔俎〕俗字 6412 602C

字義 ❶まないた。食品を料理する台。❷祭りのときに牲(いけにえ)を載せる、几(つくえ)のような形の台。

解字 甲骨文 篆文 形声。仌＋且㊥。仌は肉片の象形。音符の且は、肉を載せる台の象形。祭りのとき肉をのせる台の意味を表す。

【俎上肉】ソジョウのニク　まな板の上にある肉。①助かるのも殺されるのも相手次第という境遇のたとえ。②運命がきわまって逃れ難い状態にあるたとえ。袋の鼠（ねずみ）。

【俎豆】ソトウ　①俎と豆（トウ）。共に祭りの供物を盛る器具。豆は、たかつき。②転じて、祭器一般をいう。③まつりあげる。偉い人として待遇する。俎豆を設けて待遇する意。

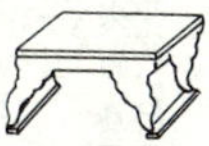
〔俎②〕

(9)7
【促】259

常　ソク　うながす
㊀漢ショク・呉ソク　沃　cù
㊁サク　覚　chuò

3405
4225

筆順　亻 仆 仛 伻 促

字義　㊀㊁❶うながす。せきたてる。「催促」❷せまる。❸接近する。また、つまる。おしつまる。「促音」❸すみやか。速い。❹せわしい。いそがしい。きびしい。　難読　促織（はたおり）

解字　文　篆　形声。人＋足音。音符の足は、速に通じ、はやいの意味。人をうながしてはやくさせるの意味を表す。

▼局促・催促・督促

【促音】ソクオン　つまるような感じを与える音。「行った・らっぱ」などの「っ」。促声。

【促急】ソクキュウ・ソッキュウ　①きびしくせきたてること。急がせること。②せっかち。気みじか。性急。

【促織】ソクショク　こおろぎ（蟋蟀（シッシュツ））の別名。鳴き声が、寒くなるので早く機を織って冬の準備をせよといっているように聞こえるのでいう。

【促進】ソクシン　①うながしすすめる。②せきたてる。

【促成】ソクセイ　うながして早くできあがらせること。「促成栽培」

【促促】ソクソク　①短いさま。年月の早く過ぎゆくさま。②ゆとりのないさま。さしせまるさま。こせついているさま。

【促迫】ソクハク　①きびしい。②うながしせまる。催促する。急がせる。

【促歩】ホソク　せわしく歩く。

(9)7
【俗】260

常　ゾク
漢ショク
呉ゾク　沃　sú

3415
422F

筆順　亻 亻' 仒 俗

字義　❶ならい（ならひ）。ならわし。風習。習慣。「風俗」❷なみ。つね。平凡。「凡俗」❸世の中。一般の人々。「世俗」❹ひくい。いやしい。ひなびている。↕雅。「卑俗」❺出家しない人。↕僧。「還俗ゲンゾク（出家した人が俗人にかえること）」

解字　金文　篆文　形声。人＋谷音。音符の谷コク＝ゾクは、たにの意味。人が谷のように限られた型の中にいる、ならわしの意味を表す。

▼雅俗・帰俗・還俗・国俗・習俗・世俗・僧俗・脱俗・超俗・通俗・低俗・土俗・卑俗・風俗・民俗

【俗悪（惡）】ゾクアク　低級で悪い。劣悪なこと。

【俗縁】ゾクエン　①俗世間のゆかり。縁は縁故・ゆかり。②仏僧の出家する前の親類。

【俗化】ゾッカ　俗悪の風に感化されること。

【俗歌】ゾッカ　（一般民衆の間で）広く歌われる、ひなびたはやり歌。また、卑俗な歌。

【俗界】ゾクカイ・ゾッカイ　①俗人の住んでいる世界。人間の世界。俗世間。僧や世捨て人の世界に対していう。②いやしくけがれた事の行われている場所。俗境。

【俗解】ゾクカイ・ゾッカイ　①学問的な正確な根拠に立たないで常識的にくだした解釈。②一般の人にもわかるように解きあかすこと。

【俗学（學）】ゾクガク　低俗な学問。俗世間むきの学問。

【俗楽（樂）】ゾクガク・ゾッカン　俗世間で広く行われる音楽。↕雅楽。

【俗官】ゾッカン・カン　↕僧官。俗人（僧以外の人）の任ぜられる官。普通にいう官をいう。

【俗間】ゾッカン　世の中。世間。俗世間。

【俗漢】ゾッカン　つまらぬ男。俗人。

【俗眼】ゾクガン　つまらない人間の眼力や見識。

【俗気（氣）】ゾッキ・ゾッケ・ゾクケ　＝俗臭。

【俗境】ゾッキョウ・キョウ　①俗世間。世の中。②下品な風俗の土地。俗地。

【俗曲】ゾッキョク　国世間で（三味線などに合わせて）広く歌われている楽曲。都都逸（どどいつ）・端唄（はうた）の類。また、卑俗な楽曲。

【俗見】ゾッケン・ゾクケン　俗人の（ひくい）みかた・見識・見解。

【俗言】ゾクゲン　①俗世間で常に用いることば。↕雅言。②下品なことば。③世間のうわさ。④＝俗諺（ゾクゲン）。

【俗諺】ゾクゲン　俗世間でよく用いられていることわざ。

【俗語】ゾクゴ　＝俗言。

【俗骨】ゾッコツ　↕仙骨。①平凡な風采（フウサイ）。田舎びた外見。②野卑な気質。③無風流な人。

【俗士】ゾクシ　①見識の低いつまらぬ人。②下品な人。金銭や地位などにいやしい。風流を解しない人。

【俗字】ゾクジ　字体は正しくないが、一般に通用している漢字。回・恥に対する囬・耻の類。↕正字・本字。

【俗耳】ゾクジ　俗人の耳。聞いても事の趣を解せぬ耳。俚耳（リジ）。

【俗事】ゾクジ　俗世間の雑事。世間のわずらわしい事がら。

【俗儒】ゾクジュ　学問・見識の低いつまらぬ学者。

【俗臭】ゾクシュウ　世俗的な気分・おもむき。いやしい気風。野卑な感じ。俗気。「俗臭紛紛」

【俗習】ゾクシュウ　①世間のならわし（風俗・習慣）。②野卑なならわし。

【俗書】ゾクショ　①高尚でない筆跡。②低級な内容の書物。

【俗称（稱）】ゾクショウ　①世間での通り名。②＝俗名。

【俗情】ゾクジョウ　①世俗の人情。②世俗の事がら（地位・金銭など）にあこがれる心。③世俗的なおもむき。

【俗心】ゾクシン　＝俗情の②。

【俗人】ゾクジン　①学問教養の低い人。風流を解さぬ人。くだらぬ男。俗物。②金銭や名誉に執着する人。欲が多く心の卑しい人。③世間一般の人。④仏（ゾクニン）出家していない、世間一般の人。↕僧。

【俗塵】ゾクジン　浮世のちり。①浮世のけがれ。②俗世間のわずらわしさ。

【俗世】ゾクセイ・ゾクセ　＝俗世間。

【俗世間】ゾクセケン　①世の中。世の中一般。世間。②仏俗人の世界。この世。仏または僧の世界に対していう。

【俗姓】ゾクセイ・ゾクショウ　①国古く、世間で呼びならわされている姓をいう。②仏僧になる前の姓。

【俗説】ゾクセツ　世間の人の（言い伝える）説。また、くだらない論説。

【俗体（體）】ゾクタイ　①風雅でないさま。俗っぽいようす。②＝俗字。③僧でない俗人のみなり。↕僧体。

【俗諦】ゾクタイ　仏世俗的な真理。方便的な真理。↕真諦。

【俗伝（傳）】ゾクデン　俗世間の言い伝え。

【俗念】ゾクネン　俗事（金・地位など）に引かれるいやしい心。

【俗輩】ゾクハイ　俗人のともがら。くだらぬ人々。輩は、複数を表す。

【俗物】ゾクブツ　＝俗人。

【俗紛】ゾクフン　俗世のごたごた。浮世のわずらい。

【俗本】ゾクホン　世間に行われている内容の卑俗低級な書籍。

【俗名】ゾクミョウ　①仏㋐出家後の法名（ホウミョウ）に対して、出家前の名をいう。㋑仏教徒の死後の戒名（カイミョウ）に対して、生前の名をいう。②（ゾクメイ・ゾクミョウ）世間での通り名。通称。俗称。③（ゾクメイ）俗悪な評判。

【俗務】ゾクム　世の中のわずらわしいつとめ。つまらないつとめ。

【俗用】ゾクヨウ　①世間で用いること。②国世の雑事。俗事。

【俗謡（謠）】ゾクヨウ　国民間にはやる世俗的な歌。古くは催馬楽（サイバラ）・今様（いまヨウ）、今は小唄（こうた）・長唄・端唄（はうた）の類をいう。また、卑俗な歌謡。俗曲。俗歌。

【俗吏】ゾクリ ①つまらない俗務に従事する役人。②教養のない役人。小役人。役人をいやしめていう語。

【俗累】ゾクルイ ①俗世(俗事)のわずらわしさ。②俗世間の関係。③俗事。

【俗△陋】ゾクロウ 下品でいやしいこと。低俗卑陋。

【俗論】ゾクロン ①世俗一般の議論・意見。②俗人の(低級な)議論・意見。

【俗話】ゾクワ ①俗世間のはなし。世の中のつまらぬはなし。②＝俗諺ゾクゲン。

【易レ俗】ゾクをかう(ふ) 世の風俗・習慣をなおしかえる。〔孝経、広要道〕移レ風易レ俗フウをうつしゾクをかう(ふ)るは、莫レ善二於楽一ガクよりよきはなし。

【驚レ俗】ゾクをおどろかす 世人をおどろかせる。

【適レ俗韻】ゾクにテキするイン 世俗に適応するような気風。〔晋、陶潜、帰二田園居一詩〕少無二適レ俗韻一わかくしてゾクにテキするインなく、性本愛二丘山一セイもとキュウザンをアイす。〈若い時から世俗に適応するような気風がなく、生まれつき丘や山など自然が好きであった〉

(9)7
【俘】 261
△フ 慶 fú
4858
505A

字義 ❶とりこ。捕虜。また、戦利品。❷いけどる。とりこにする。❸とる。うばう。

解字 甲骨文  金文 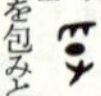 篆文 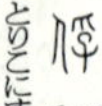 形声。人＋孚音。音符の孚は、乳児を抱きかかえるの意味。成人を包みとる、とりこにするの意味を表す。

【俘△馘】フカク 捕虜と、殺したしるしにきり取った敵の耳。

【俘級】フキュウ 捕虜と、敵の首。級は、くび・首級。

【俘囚】フシュウ ＝俘虜。

【俘醜】フシュウ とりこども。多くの捕虜。醜は、衆。

【俘虜(虜)】フリョ とりこ。捕虜。

(9)7
【侮】 (235)
ブ 侮(234)の旧字体。→八二ページ。

(9)7
【俛】 262
△ 一フ 慶 fǔ 二漢ベン・呉メン 銑 miǎn
4859
505B

字義 一 ふせる。うつむく。かがむ。＝俯フ。二 ❶＝一。❷つとめる(勉)。

解字 会意。人＋免。免は、子を生むためにかがむの意味。人がふしかがむの意味を表す。

【俛△焉】ベンエン 努めいそしむさま。焉は、助字。

【俛仰】フギョウ うつむくことと、あおむくこと。また、うつむいたり、あおいだりする。俯仰フギョウ。

【俛首△帖耳】フシュチョウジ 頭をさげ耳をたれる。あわれみを請うさま。

(9)7
【便】 263
教4 ベン・ビン たより
一漢ヘン・呉ベン 霰 biàn
二漢ヒン・呉ビン 真
三漢ヘン・呉ベン 先 pián
4256
4A58

筆順 亻 仁 何 佰 便 便

【㑊】本字

字義 一二 ❶たより。おとずれ。音信。「幸便」❷都合がよい。また、利益をはかる。「便利」❸都合。つて。ついで。❹くつろぐ。安らか。また、普段。「便殿」「便衣」❺すばやい。また、身軽な。手軽な。❻慣れている。習熟している。❼小便。また、大便。❽助字。すなわちすなはち。

三 ❶口先たくみに言う。口がうまい。❷へつらう。

⇩助字解説

† 助字解説

すなわちすなはち。㋐そうすると。……するとすぐに。〔晋、陶潜、桃花源記〕林尽水源はやしつきて、便得二一山一すなわ(は)ちイチザンをえたり。〈林は水源のところで終わり、すぐそこに一つの山があった〉㋑とりもなおさず。つまり。〔唐、白居易、香炉峰下新卜二山居一…詩〕匡廬便是逃レ名地キョウロはすなわ(は)ちこれなをのがるるチ。〈ここ匡廬こそは、つまりうるさい世俗の名利を忘れるのにふさわしい地である〉

解字 篆文  会意。人＋更(㪅)。㪅は、力を加えて変えるの意味。人のつごうのよいように変えるの意味から、つごうがよいの意味を表す。

▼音便・穏便・簡便・軽便・幸便・不便・方便

【便衣】ベンイ ①(たけを短く袖そでを細く作った)動作に便利な衣服。②ふだん着。平常服。私服。

【便益】ベンエキ 便利と利益。また、利益。

【便宜】ベンギ・ビンギ ①都合のよいこと。好都合。また、便益。便利。②その場に適したやり方。適当な処置。「便宜施行」③都合のよいおり。好機会。④国たより。音信。

【便△妍】ベンケン 容姿の美しいさま。

【便△娟】ベンケン・ベンエン ①容姿がなよなよとして美しいさま。②なよなよと、軽やかに舞うさま。③雪が風に軽く舞うさま。

【便△嬛】ベンケン ＝便娟の①。→前項。

【便言】ベンゲン ことばたくみにしゃべること。口達者くちダッシャなこと。また、そのことば。

【便口】ベンコウ 口達者くちダッシャなこと。便言。

【便巧】ベンコウ ①口先のうまいこと。たくみにへつらうこと。②器具などの便利に巧妙にできていること。③すばやい。敏捷ビンショウ。

【便座】ベンザ ①表座敷でない室。わきの室。居間。また、正式な座所でない所。便坐ベンザ。②国洋式トイレで尻しりに接する馬蹄バテイ形の器具。

【便室】ベンシツ くつろいで休むへや。居間。別室。

【便習】ベンシュウ なれる。熟練する。

【便所】ベンジョ ①かわや。ごふじょう。②ベンジョ・ビンジョ 休息所。昔、貴族の家で髪を整えたり衣服を着換えたりした室。③国ビンジョ

【便△捷・便△倢】ベンショウ すばやい。敏捷ビンショウ。

【便乗(乘)】ビンジョウ ①ついでに乗る。②つけこんでうまく利用すること。

【便船】ビンセン ①つごうよく出る船。ついでの船。②両地間をかよっている船。

【便旋】ベンセン ①さまよいめぐる。徘徊ハイカイ。②小便をする。

【便△箋】ビンセン 手紙を書く用紙。

【便殿】ベンデン・ビンデン ①休息のために設けられた御殿。公式用の表御殿に対していう。＝便室。↔正殿。②国天皇・皇后などが外出する時、休息する臨時の建物や室。

【便△佞】ベンネイ 口先がうまくて誠実さがないこと。〔論語、季氏〕

【便敏】ベンビン すばやい。敏捷ビンショウ。

【便風】ベンプウ つごうのよい風。追い風。順風。

【便服】ベンプク ふだん着。平服。便衣。

【便腹】ベンプク 肥え太った腹。便々たる腹。太鼓腹タイコばら。

【便△嬖】ベンペイ こびへつらって気に入られようとする人。また、お気に入りの人。

【便△辟】ベンペキ ①りっぱな態度・動作をしているが心の正しくないこと。②こびへつらうこと。③ベンペイ ＝便嬖ベンペイ。→前項。

【便△僻】ベンペキ ＝便辟ベンペキ。→前項。

【便便】ベンベン ①腹の肥え太っているさま。②ことばのはっきりしているさま。言語の明晰メイセキなさま。③みやびやかなさま。④よく治まるさま。⑤国何もしないで時を過ごすさま。

【便法】ベンポウ 便利な(手軽な)方法。まにあわせのやり方。

【便門】ベンモン 通用門。裏門。勝手口。便戸。

【便覧(覽)】ベンラン・ビンラン 一見してすぐわかるように内容をまとめて作った本。「国語便覧」

【便利】ベンリ ①すばやいこと。②つごうのよいこと。重宝チョウホウなこと。便宜。

(9)7
【保】 264
教5 ホ たもつ
漢ホウ・呉ホ・ホウ 晧 bǎo
4261
4A5D

筆順 亻 イ 们 伻 保 保

字義 ❶たもつ。㋐もち続ける。そのままの状態を続ける。「保

持」①守る。❷やすんずる。安らかにする。㋐かばう。助ける。①育てる。養う。「保育」❸うけあう。責任をもつ。また、うけあい。「保証」❹もり役。かしずき。また、つきそう。❺たのむ（恃）。たのみとする。❻やとい人。使用人。また、使う。❼とりで。小さい城。❽むつき。＝褓。❾五戸を単位とする組合制度。

名乗 お・まもる・もち・もり・やす・やすし・より　難読 保科・保原・保食神・保田

参考 ①享保・天保などの年号は、漢音ホウで読む。②現代表記では［哺］(971)の書きかえに用いることがある。「哺育→保育」

解字 甲骨文　金文　篆文　形声。人＋孚省㊐。音符の孚は、乳児を抱きかかえる形にかたどる。成人が乳児を抱いてまもる、たもつ・やすんずるの意味を表す。甲骨文・金文などは、人が子を背負っている形にかたどる。保を音符に含む形声文字に、堡・緥・褒・褓などがあり、これらの漢字は、「たもつ・安んずる」の意味を共有している。

▼確保・師保・酒保・城保・太保・担保・隣保

【保安】ホアン　たもちやすんずる。①社会の安寧秩序を維持すること。②保護すること。

【保育】ホイク　①保護しそだてる。保護し養育する。②保護し教育する。幼稚園・託児所などで行われる教育。

【保管】ホカン　保護管理の略。ものを預かり守る。

【保険(險)】ホケン　①けわしい土地にたてこもる。②危険から守る。③財産や身体に、偶然に起こる事故の損害をつぐなうため、多数の人が金をつんで補償しあう制度。

【保護】ホゴ　かばいまもる。たすけまもる。

【保甲】ホコウ　宋の王安石の新法の一つ。地方の自衛にあたった組合。

【保持】ホジ　たもちもつ。もち続けること。維持。

【保釈(釋)】ホシャク　一定の保証金を納めさせて未決拘留の被告人を釈放すること。

【保守】ホシュ　①たもちまもる。②旧来の伝統・風習を重んずること。↔革新。

【保守退嬰】ホシュタイエイ　旧習に執着していて新しい方に進もうとしないこと。

【保証(證)】ホショウ　①うけあう。責任をもって引き受ける。②責任をもって引き受ける証拠のために、相手に出す金品や書類。担保。

【保障】ホショウ　①とりで。要塞。保は堡（とりで）に同じ。障は隔て防ぐ物。②ささえ防ぐこと。③障（さわ）りから守る。害のないようにすること。④国障害のないようにするとの保証。

【保鄣】ホショウ　①＝保障の①。↓前項。②税を軽くし民の生活を安んずる政治。

【保身】ホシン　身をたもつ。身の安全を守ること。

【保真(眞)】ホシン　真をたもつ。生まれつきの本性（天真）をもち続けて失わないこと。

【保全】ホゼン　安全にたもつ。完全に維持する。

【保存】ホゾン　そのままの状態を続けさせておくこと。

【保傅】ホフ　①天子の補佐役である太保・太師の併称。②宮中などの教育係。③守役（もりやく）の婦人。幼児教育係りの婦人。

【保壁】ホヘキ　とりで。しろ。壁は、城壁。堡壁。

【保母・保姆】ホボ　①養育係りの女。守役の婦人。②女子の養育・教育を担当する婦人。③国保育所・養護施設などの子供の保育に従事する女子。

【保命】ホメイ　長生きすること。また、長生きするようにはかること。

【保佑・保右・保祐】ホユウ　守り助ける。

【保庸・保傭】ホヨウ　やとい人。やとわれ人。

【保養】ホヨウ　健康をたもちやしなう。体を休めて丈夫にする。

【保留】ホリュウ　たもちとどめる。決定しないで一時そのままにとどめておくこと。留保。◇「保留」「留保」とも決定を先に延ばす意。一般の用語としては「保留」が多く用いられ、法令・経済用語としては「保留」が用いられる傾向がある。なお、物については「保留」、意志については「留保」を用いる傾向もある。

(9)7
【侶】265
△　㊀㊥チュウ（チフ）㊦ジュウ（ヂフ）緝　㊁ユウ（イフ）緝 yì

字義 ㊀㊁侶侶（チュウチュウ・ユウユウ）は、畑を耕すさま。一説に、勇壮なさま。

解字 形声。人＋邑㊐。

(9)7
【俑】266
△　㊀㊥ヨウ・㊦ユウ 腫 yǒng　㊁トウ 東　4860 505C

字義 ㊀❶ひとがた。死者を埋葬するとき、副葬品としてうめられる人形。草木や土などで作った、でく。土偶。木偶。❷いたむ（痛）。いたみ。

解字 篆文　形声。人＋甬㊐。音符の甬は、擗踊（へきよう）（手でむねを打ち、足で地をはげしくけって泣き悲しむ）の踊に通じ、はげしく悲しむの意味。人の死をいたむ、人の死をいたんで副葬する人形の意味を表す。

〔俑①〕

【作俑】ヨウをつくる・ヨウをなす　①（草・木で人に似せた）人形を作ること。②悪例を開くこと。（①が殉死の風習を生じたと考えられたことからいう）〔礼記、檀弓〕

(9)7
【俚】267
△　リ　紙 lǐ　4861 505D

字義 ❶いやしい（いや・し）。いなかじみている。通俗的な。「鄙俚」❷いなか（ゐな・か）。❸たのむ。また、たのみ。

参考 現代表記では［里］(8064)に書きかえることがある。「俚謡→里謡」

解字 篆文　形声。人＋里㊐。音符の里は、さとの意味。村里の人の意味から、いやしいの意味を表す。また頼に通じ、たよりにするの意味をも表す。

【俚言】リゲン　俚語。①民間で使われているいやしいことば。↔雅言。②＝俚諺。↓次項。

【俚諺】リゲン　民間で言われていることわざ。俗諺。「耳。

【俚耳】リジ　俗人の耳。高尚なことを理解できない人の耳。俗

【俚俗】リゾク　①いなかの風俗習慣。②世俗のならわし。③いなかびていやしいこと。

【俚鄙】ヒリ　いなかびていやしいこと。俚俗。

【俚謡(謠)】リヨウ　民間で歌われている俗っぽい歌。民謡。俗謡。

(9)7
【俐】268
△　リ　寘 lì　4862 505E

［悧］同字　5606 5826

字義 さとい（さと・し）。さかしい。こりこう。「伶俐」

解字 形声。人＋利㊐。

(9)7
【侶】269
標　㊥リョ　㊦ロ　語 lǚ　4623 4E37

字義 ❶とも。なかま。つれ。「伴侶」❷ともとする。一緒に遊ぶ。

解字 篆文　形声。人＋呂㊐。音符の呂は、つらなる背骨の象形。同列につらなる人、ともの意味を表す。

【侶儔】リョチュウ　つれ。友だち。儔も、とも。

【侶伴】リョハン　みちづれ。伴侶。

(9)7
【俤】270
国字　標　4863 505F

字義 おもかげ。面影。顔つき。容貌。

解字 会意。人＋弟。弟には兄のおもかげを見ることができるところから、おもかげと読ませる。

(9)7
【俥】271
国字　△　4864 5060

字義 くるま。人を乗せて人がひくものとして作られた車。人力車。

解字 会意。人＋車。人のひく車、人力車の意味を表す。

(9)7 【俣】272 国字 標 4383 4B73

字義 また。分かれている所。

解字 俟(まつ)の字形を変えて、「また」と読ませた。

【弇】→廾部 三六ページ。

(10)8 【倚】273 △ ㊀イ 紙 寘 yǐ ㊁キ 支 jī 4865 5061

字義 ㊀❶よる。㋐もたれる。よりかかる。㋑たのむ。たよる。すがる。寄せる。㋒原因する。㋓調子をあわせる。㋔かたよる。偏する。❷立てる。❸まかせる。㊁❶めずらしい。＝奇(1410)。❷＝畸(4844)。「倚人」❸ひとつ。＝奇。

解字 篆文 形声。人＋奇㊟。音符の奇は、寄に通じ、よるの意味。人が身をもたせるの意味を表す。

【倚几】イキ ①よりかかる台。脇息。②キによる 机または脇息によりかかる。

【倚藉】イシャ たよる。たのみとする。

【倚信】イシン 信用してたよる。たのみとして信任する。

【倚託】イタク たよる。依託。

【倚伏】イフク (たがいに)よりかかりふす。禍の中に福があり、福の中に禍がひそんでいることなどにいう。『老子』五十八章に「禍兮福之所レ倚、福兮禍之所レ伏」とあるのに基づく。

【倚門望】イモンのボウ 父母が家の門によりかかり、遠くをながめながら、子の帰りを待ちわびること。春秋時代、衛の王孫賈の母が、外出して夜遅く帰る賈を家門によりかかって待ちわびた故事。〔戦国策、斉〕

【倚閭望】イリョのボウ ＝倚門望。閭は、村里の門。

【倚廬】イロ 父母の喪中に住む仮の小屋。

(10)8 【俺】274 標 エン 感 ǎn 1822 3236

字義 われ(我)。おれ。自分。

解字 篆文 形声。人＋奄㊟。

(10)8 【倌】275 △ カン(クワン) 寒 諫 guān

字義 小役人。高官の雑用をしたり、車の世話をしたりする下級官吏。「倌人」

解字 篆文 形声。人＋官㊟。音符の官は、役所の意味。役所にめしかかえられた人、小役人の意味を表す。

(10)8 【倛】276 △ キ 支 qī

字義 鬼やらいにかぶる面。

解字 形声。人＋其㊟。

(10)8 【倨】277 △ 漢キョ 呉コ 御 jù 4866 5062

字義 ❶おごる。あなどる。たかぶる。❷うずくまる。あぐらをかく。足を投げ出してすわる。＝踞。

解字 篆文 形声。人＋居㊟。音符の居は、どっかりすわるの意味。人を付し、おごる・あなどるの意味を表す。

【倨気(氣)】キョキ ごうまんな気分。おごりたかぶる気分。

【倨傲・倨敖・倨慢・倨驁】キョゴウ いばってごうまんである。たかぶりあなどる。

【倨視】キョシ たかぶって人を見さげる。ごうまんな目で人を見る。

【倨色】キョショク おごりたかぶった顔つき。

(10)8 【倶】278 標 ク 慣グ 虞 jū, jù [俱] 2270 3666

字義 ❶みな。ともに。すべて。❷ともにする(ともにす)。連れだつ。❸同じ。等しい。

難読 倶多楽(くったら)・倶知安(くっちゃん)

解字 篆文 形声。人＋具㊟。音符の具は、多くの人がそろってそなえるの意味。人を付し、主として、みな・ともにの意味に用いる。

【倶楽(樂)部】クラブ 英語 club の音訳。研究または交際などの目的で組織した団体やその集会所。

【倶利伽羅・倶梨伽羅】クリカラ 仏梵語 kulika の音訳。黒い竜王が剣をつけた姿で、不動明王の法形を表す。

(10)8 【倔】279 △ 漢クツ 呉グチ 物 jué, juè 4867 5063

字義 ❶つよい。意地が強い。強情。❷起こり立つさま。❸かがむ(屈)。

解字 形声。人＋屈㊟。

【倔起】クッキ いやしい身分から身をおこす。

【倔強・倔彊】クッキョウ 強情で屈しないこと。また、強くて屈しないこと。力のきわめて強いこと。

【倔信】クッシン かがむこととのびること。信は、のびる。屈伸。

(10)8 【倞】280 △ ㊀漢ケイ 呉ギョウ(ギャウ) 敬 jìng ㊁リョウ(リャウ) 漾 liàng

字義 ㊀つよい(つよし)。㊁❶もとめる。さがし求める。❷あらそう。＝競。

解字 篆文 形声。人＋京㊟。音符の京は、強に通じ、つよいの意味。人がつよいの意味を表す。

(10)8 【倪】281 △ ㊀ゲイ 斉 ní ㊁ガイ 佳 4868 5064

字義 ㊀❶ます(益)。❷おごる。おごり高ぶる。❸おさなご(兒)。また、かよわいもの。❹きわ。かぎり。分際。また、かぎる。わける。区分する。㊁はて。きわ。

解字 篆文 形声。人＋兒㊟。音符の兒(児)は、こどもの意味。おさない人の子、おさなごの意味を表す。

【倪黄(黃)】ゲイコウ 元代の画家、倪瓚と黄公望。

【倪瓚】ゲイサン 元の画家。字は元鎮。号は雲林居士。山水画にたくみで詩人でもあった。詩文集『清閟閣集』十二巻がある。(一三〇一―一三七四)

(10)8 【倹】282 常 ケン 2380 3770

(15)13 〖儉〗283 人 許 ㊀漢ケン・呉ゲン 琰 jiǎn ㊁ケン 豏 4913 512D

筆順 亻 仒 佮 倹 倹

字義 ㊀㊁❶つつましやか。つつましい(つつまし)。㋐物をむだ使いしないこと。節約。倹約。「節倹」㋑かざらぬこと。㋒行いを慎んで控えめにすること。❷とぼしい。まずしい。❸凶作。穀物が実らないこと。

解字 篆文 形声。人＋僉(僉)㊟。音符の僉は、檢に通じ、手かせでしめあげるの意味。生活からむだをはぶいて締める、つつましやかにするの意味を表す。

▼恭倹・勤倹・謙倹・節倹・約倹

【倹嗇(嗇)】ケンショク 倹約と吝嗇。物惜しみすること。

【倹素】ケンソ 質素でかざらないこと。質素。

【倹吝】ケンリン ＝倹嗇。

【倹陋】ケンロウ ①心が狭くいやしい。②悪がしこくいやしいこと。

(10)8 【倦】284 標 漢ケン 呉ゲン 霰 juàn [倦] 2381 3771

字義 ❶うむ。あきる(あく)。怠る。なまける。「疲倦」❷疲れる。くたびれる。❸うずくまる。

【劵】古字 5005 5225

解字 篆文 形声。人＋卷㊟。音符の卷は、人がひざをまげる形にかたどる。人がつかれてひざをまげる、つかれるの意味を表す。

【倦怠】ケンタイ あきてしまってなまける。いやになっておこたる。いやけがさす。だれる。
【倦△憊】ケンパイ うみつかれる。くたびれる。倦罷ケンピ。
【倦労(勞)】ケンロウ うみつかれる。

(10)8 【個】285 教5 コ　カ 箇 gè　慣コ　2436 *3844*

筆順 亻 们 們 個 個 個

字義 ❶物を数える時にそえる語。＝箇。❷「全体」に対して、「ひとつ・ひとり」の意。❸副詞の意味を強めるに用いる語。「真個」（真に）。❹この。かくの。

使いわけ コ［箇・個］⇩箇(5528)。

解字 形声。人＋固㊟。音符の固は、かたいの意味。独立性のかたい人、ひとりの意味を表す。

▼各個・好個・真個・別個

【個人】コジン ひとり。社会、または公衆に対して一人をいう。
【個性】コセイ 個々別々に持っていて他と区別される特徴的な性質。
【個体(體)】コタイ 個々別々に独立して存在するもの。
【個別】コベツ それぞれを切り離して別々にする。また、そのもの。箇別。

(10)8 【候】286 教4 コウ そうろう　漢コウ・呉グ 宥 hòu　2485 *3875*

筆順 亻 仆 伫 促 候

【候】本字 字義 ❶うかがう。㋐さぐる。のぞく。様子を見る。㋑訪問する。ごきげん伺いをする。「伺候」㋒うらなう。考える。㋓のぞむ。望見する。㋔診察する。❷さぶらう。はべる(侍)。目上の人のそばに仕える。❸まつ。待ちうける。待ち迎える。❹ものみ。㋐様子をさぐる人。張り番する人。「斥候」㋑ものみ台。展望所。番所。❺きざし。しるし。「兆候」❻とき。おり。時節。「時候」❼一年を七十二に区分した五日。国そうろう。「有り」「居り」の丁寧語。また謙譲語。候文などに用いる。

名乗 そろ・とき・みよ・よし

解字 篆文 形声。人＋矦㊟。音符の矦コウは、うかがうの意味。矦(侯)が、諸侯の意味に用いられるにつれて、人を増し付し、うかがうの意味を表す。

▼気候・伺候・時候・斥候・測候・兆候・徴候・偵候

【候火】コウカ ①のろし。合図に燃やす火。②客を歓迎するために燃やす火。
【候△雁・候△鴈】コウガン 鳥の名。かり。時候によって去来するからいう。
【候騎】コウキ 物見の騎兵。馬に乗った斥候の兵。
【候迎】コウゲイ 待ちうけて迎えること。また、その人。
【候人】コウジン ①道路で賓客を送迎する係の人。②敵状を探る人。斥候。
【候虫(蟲)】コウチュウ 季節によって現れる虫。春の蝶チョウ、秋のきりぎりすの類。
【候鳥】コウチョウ 時候によって来たり帰ったりする鳥。渡り鳥。
【候文】そうろうブン 国手紙に用いる文体の一種。文語文を用い、句の終わりを「候そうろう」で結ぶ。
【候補】コウホ ①補任を待つ意。役人が職に任ぜられるのを待機していること。また、補任を待機している役人。②ある地位につく資格のあること。ある地位の適任者として見られていること。また、その人。③将来ある地位につきたいとの意志を表明した人。また、それを望むこと。
【候問】コウモン 機嫌を伺う。見舞う。
【候吏】コウリ ①斥候を勤める役人。②道路に出て賓客を送迎する役目の者。

(10)8 【倖】287 ㊋ 漢コウ(カウ)　呉ギョウ(ギャウ) 梗 xìng　2486 *3876*

筆順 亻 仕 侔 倖 倖

字義 ❶さいわい。思いがけないさいわい。「僥倖ギョウコウ」❷へつらう。したしむ。また、お気に入り。❸こいねがう。願い望む。

参考 現代表記では［幸］(1971)に書きかえる。ただし、人名は別。「薄倖→薄幸」「射倖心→射幸心」熟語は［幸］をも見よ。

名乗 さち

解字 形声。人＋幸㊟。音符の幸は、しあわせの意味。人を付し、思いがけないしあわせの意味を表す。

【倖臣】コウシン 気に入りの家来。幸臣。
【倖△嬖】コウヘイ 主君の特別の愛を受けている女。
【倖利】コウリ 思いがけないしあわせ。

(10)8 【倥】288 △ ㊀漢コウ・呉ク 東 kōng　㊁漢コウ・呉ク 董 kǒng　㊂漢コウ・呉ク 送　4869 *5065*

字義 ㊀おろか。無知。㊁いそがしい。せわしい。㊂くるしい。また、くるしむ。国ぬかる。油断してしそんじる。

解字 形声。人＋空㊟。

【倥△傯】コウソウ ①いそがしいさま。せわしいさま。「兵馬倥傯」②苦しいさま。また、苦しむ。
【倥△侗】コウドウ おろか。無知なさま。

(10)8 【倅】289 △ ㊀漢サイ 隊 cuì　㊁漢ソツ・呉ソチ 月 zú　4870 *5066*

【伜】俗字 4871 *5067*

字義 ㊀たすけ。そえ(副)。㊁＝卒。❶百人一組の兵士。❷にわか。国せがれ。＝悴れ。㋐自分のむすこを謙遜ケンソンしていう語。㋑年少の男子をいやしめていう語。

解字 篆文 形声。人＋卒㊟。

【倅然】ソツゼン にわかに。ふと。卒然。

(10)8 【倳】290 △ シ 寘 zì

字義 さす。突きさす。さしこむ。また、立てる。

解字 形声。人＋事㊟。

(10)8 【借】291 教4 シャク かりる　㊀シャ 禡　㊁漢セキ・呉シャク 陌 jiè　2858 *3C5A*

筆順 亻 仁 什 借 借 借

字義 ㊀㊁❶かりる。㋐他人のものをかりる。㋑助力を受ける。たよる。❷かす(貸)。助ける。力をかす。❸かり。かりた物。負いめ。負債。❹かりに(仮)。たとい。もし。

解字 篆文 形声。人＋昔㊟。音符の昔は、つみ重ねるの意味。自力に他力をかさねる、かりる・かすの意味を表す。

▼仮借・租借・貸借・賃借

【借款】シャッカン 借金する。また、国と国との間の資金の貸し借り。款は、帳簿の項目、また、金銭・経費。
【借光】シャッコウ おかげをこうむる。「借光不レ浅あさからず」
【借財】シャクザイ 借りた金銭。借金。
【借使】シャクシ たとい(ひ)・もし 仮定のことば。かりに。もし。
【借問】シャモン ①問う。質問する。〔唐、杜牧、清明詩〕借問酒家何処有シャモンすシュカいずれのところにかある、牧童遥指杏花村ボクドウはるかにゆびさすキョウカソン〈「お尋ねしますが居酒屋はどのあたりでしょうか」と言うと、牧童ははるかかなたのあんずの咲く村を指さすのであった〉②かりに(試みに)問う。
【借用】シャクヨウ 借りて使う。また、借りる。

(10)8 【俶】292 △ ㊀シュク 屋 chù shū　㊁漢テキ・呉チャク 錫 tì　4872 *5068*

字義 □一 ❶よい。＝淑。❷はじめ。はじめて。はじめる。 □二 すぐれる。高くひいでる。＝倜。

解字 金文 篆文 形声。人＋叔音。

【俶儻】①才気が高くすぐれていること。②物事にとらわれないさま。倜儻。

(10)8 【倡】293 △ □一ショウ（シャウ）陽 chāng □二ショウ（シャウ）漾 chàng 4873 5069

字義 □一 ❶わざおぎ。俳優。楽人。また、あそびめ。遊女。❷くるう。たけり狂う。＝猖。 □二 となえる。一番はじめに言い出す。また、はじめに歌い出す。＝唱。

参考 熟語は娼（1522）をも見よ。

解字 篆文 形声。人＋昌音。音符の昌は、唱に通じ、うたうの意味。うたう人、わざおぎの意味を表す。

【倡伎・倡妓】歌や舞で酒宴の興をそえる女。うたいめ。

【倡首】まっさきにとなえる者。首唱者。

【倡女】＝倡伎。

【倡随（隨）】夫がとなえ妻が従う。夫婦の仲のよいこと。夫倡婦随の略。

【倡道】先に立ってとなえる。率先して言い出す。唱道。

【倡婦】＝倡伎。

【倡和】ある者が先にとなえ、他の者がそれに和すること。唱和。

(10)8 【倘】294 △ □一トウ（タウ）養 tǎng □二ショウ（シャウ）養 cháng

字義 □一 ❶たちまち止まるさま。また、自失のさま。❷もし（儻）。もしくは。 □二 さまよう。行きつもどりつする。

解字 形声。人＋尚音。

【倘佯・倘徉】さまよう。ぶらぶら歩く。逍遥。

(10)8 【倢】295 △ 漢ショウ（セフ） 呉ジョウ（ゼフ） 葉 jié

字義 ❶さとい。すばしこい。身がる。❷倢伃は、漢代の女官の名。

解字 篆文 形声。人＋疌音。音符の疌は、はやいの意味。すばやい人の意味を表す。

(10)8 【倩】296 △ □一セン 霰 qiàn □二漢セイ 呉ショウ（シャウ） 敬 qìng 4874 506A

字義 □一 ❶うるわしい。うつくしい。また、口もとの愛らしいさま。また、愛らしく笑うさま。❷男子の字にそえる美称。 □二 ❶むこ（婿）。❷やとう。また、やとい人。

国 つらつら。つくづく。

解字 篆文 形声。人＋青音。音符の靑（青）は、すみきっていてすがすがしいの意味。うつくしく、すがすがしい人の意味を表す。

【倩倩】うるわしいさま。美しく愛らしいさま。

【倩盼】口もとの愛らしさと、目もとのすずしさ。

(10)8 【倉】297 教4 ソウ くら □一ソウ（サウ）陽 cāng □二ショウ（シャウ）漾 chuàng 3350 4152

筆順

字義 □一 ❶くら。穀物を入れるくら。方形のくら。転じて、物を入れておく建物。「倉庫」❷にわか。また、あわてる。あわただしい。❸あおい（青）。＝蒼。「倉海」 □二 いたむ。かなしむ。また、うしなう（喪）。＝愴。

難読 倉埣・倉稲魂

参考 現代表記では［艙］（6199）［蒼］（6506）の書きかえに用いることがある。「船艙→船倉」「蒼惶→倉皇」

使いわけ くら［倉・蔵］
日本式の土蔵には［蔵］を用いるが、一般には［倉］を用いる。「蔵屋敷・米倉」

解字 金文 篆文 象形。穀物をしまうための「くら」の象形で、くらの意味を表す。

▼義倉・社倉・船倉・太倉・発倉

【倉海】大海。あおうなばら。蒼海。

【倉囷】米ぐら。穀倉。倉は方形、囷は円形。

【倉頡】中国古代の伝説上の人物。黄帝の史官（記録係）で、鳥獣の足あとを見て初めて文字を作ったという。蒼頡。

【倉庫】倉は、米ぐら。庫は、器物を入れて置くくら。一般に、物を入れて置く建物をいう。

【倉皇・倉黄・倉惶】あわてるさま。いそぐさま。蒼惶。

【倉卒・倉猝】急なさま。また、あわただしいさま。

【倉廩実（實）而囹圄空】米ぐらが満ちる（生活が豊かになる）と（悪事を働く者がいなくなるから）牢屋はからっぽになる。為政者は、罪人を取り締まるよりも、民の生活を豊かにすることに努力すべきだとの教え。〔管子、五輔〕

【倉廩実（實）則知礼（禮）節（節）】人間は生活が豊かになって初めて礼儀道徳に関心をもち、これを守り行うようになる。衣食足りて礼節を知る。〔管子、牧民〕——、衣食足則知栄辱（——、衣食足りて則ち栄辱を知る）〈——、衣食の心配がなくなって、初めて人は名誉と不名誉とをわきまえるようになる〉

(10)8 【倬】298 △ タク 覚 zhuō 4875 506B

字義 ❶おおきい。❷あきらか。いちじるしい。❸たかい。❹こえる。他よりすぐれる。

解字 篆文 形声。人＋卓音。音符の卓は、高いの意味。きわだって大きいの意味を表す。

(10)8 【倓】299 △ □一漢タン・呉ダン 覃 tán □二漢タン・呉ダン 勘 tàn

字義 □一 しずか。やすらか。 □二 ❶＝□一。❷財貨で罪をつぐなう。また、その財貨。

解字 篆文 形声。人＋炎音。

(10)8 【値】300 教6 チ ね・あたい □一漢チ・呉ジ（ヂ）寘（zhì） □二漢チョク・呉ジキ（ヂキ）職 zhí 3545 434D

筆順

字義 □一□二 ❶あたい。ね。ねうち。「価値」❷もつ（持）。❸あう（遇）。❹あたる（当）。

名乗 あう

解字 篆文 形声。人＋直音。音符の直は、持に通じ、もつの意味。人が持つの意味を表す。また、直は、まっすぐ見るの意味。人が見つめあう、あたるの意味を表す。また、交易の際に、物にむきあうねだんの意味をも表す。

▼価値

【値遇】①出あう。あう。②国＝知遇（七七三ページ）。

【値段】国物のあたい。代価。

(10)8 【倀】301 △ チョウ（チャウ）陽 chāng

字義 ❶くるう。気がちがう。❷鬼の名。虎に食い殺された人の霊が鬼となり、虎に使われて凶悪なことをするという。倀鬼。

解字 篆文 形声。人＋長音。

(10)8 【倜】302 △ □一漢テキ・呉チャク 錫 tì □二チュウ（チウ）尤 zhōu

字義 □一 ❶とらわれないさま。拘束されないで独立しているさま。❷すぐれる。ぬきんでる。 □二 おろか。もとる。

解字 篆文　形声。人＋周㊥。

【倜然】（テキゼン）①はるかに遠いさま。また、高く遠いさま。②高くあがるさま。③疎遠なさま。

【倜ᐃ儻】（テキトウ）①他に拘束されないで独立していること。②才気が衆人にかけ離れてすぐれていること。

(10)8 【倒】 303

常　トウ　たおれる・たおす

㊀トウ（タウ）㊤晧 dǎo　㊁トウ（タウ）㊦号 dào

3761　455D

筆順　亻 仟 侄 倒

字義 ㊀❶たおれる（たふる）。㋐ころぶ。「転倒」㋑死ぬ。たおれ死ぬ。❷たおす（たふす）。「打倒」㊁❶さかさま。さかしま。❷さかさまにする。❸さからう。

解字 篆文　形声。人＋到㊥。音符の到は、兆に通じ、はじけ割れるの意味。人がはじけるようにたおれるの意味を表す。

▼圧倒・既倒・驚倒・傾倒・絶倒・卒倒・転倒

【倒景・倒影】（トウエイ）景は影。①西から照り返す日光。夕日の光。②天上の最高の所をいう。③さかさに映るかげ。さかさかげ。

【倒ᐃ戈】（トウカ）ほこをさかさまにする。味方に背いて敵に通ずること。寝返ること。

【倒壊（壞）】（トウカイ）たおれこわれる。

【倒閣】（トウカク）国内閣をたおすこと。

【倒懸】（トウケン）手足をしばって、さかさまにつるすこと。㋐非常な苦しみをいう。㋑危急のときをいう。「倒懸の急」

【倒行逆施】（トウコウギャクシ）道理にさからって事を行う。無理押しをすること。横車を押す。〔史記、伍子胥伝〕

【倒産】（トウサン）①子どもが足からさきに生まれること。②国財産を使いはたすこと。破産。

【倒ᐃ蘸】（トウサン）影をさかさまに水面にうつすこと。蘸は、ひたす意で、水に影をうつすこと。

【倒ᐃ屣】（トウシ）（あわてて）はき物をさかさにはく。急いで出て行き、心から人を歓迎することにいう。

【倒生】（トウセイ）草木をいう。草木は根（首）を地につけ枝（足）を上に伸ばすからいう。

【倒装（裝）】（トウソウ）修辞法の一つ。意味や調子を強めるために、普通の語句の順序を逆にすること。「徳之不レ修（トクをこれおさめず）」「賢哉回也（ケンなるかなカイや）」の類。倒装法。倒置法ともいう。

【倒置】（トウチ）①さかさまにおく。②位置がひっくりかえること。③まちがえる。④＝倒装。→前項。

(10)8 【俳】 304

教6　ハイ

㊀㊇ハイ・㊈バイ ㊤佳 pái　㊁㊇ハイ・㊈バイ ㊦灰 pái

3948　4750

筆順　亻 们 佣 俳 俳

字義 ㊀❶わざおぎ（わざをぎ）。芸人。俳優。❷おどけ。たわむれ。滑稽（コッケイ）。㊁さまよう。行きつもどりつする。ぶらつく。＝徘（ハイ）。

国 ❶ざれ歌。滑稽味（コッケイミ）のある歌。俳諧（ハイカイ）連歌。❷俳句。

難読 俳優（わざおぎ・わざびと）

解字 篆文　形声。人＋非㊥。音符の非は、そむくの意味。常識にそむいた一風変わったふるまいをする、おどけの意味を表す。

【俳画（畫）】（ハイガ）国俳句的な趣のある超俗簡素な日本画。

【俳ᐃ諧】（ハイカイ）①たわむれ。滑稽（コッケイ）。②国㋐和歌の一体。滑稽味を帯びている歌。㋑俳諧連歌（俳諧歌を幾つも連ねて作る）の略称。㋒俳句の別名。

【俳ᐃ謔】（ハイギャク）ざれごと。冗談。

【俳句】（ハイク）国俳諧（ハイカイ）の発句（ホック）の略称。㋐俳諧連歌の初句。発句。㋑五・七・五の十七音節からなる、季をよみこんだ定型詩。

【俳号（號）】（ハイゴウ）国俳句を作る時の雅号。

【俳人】（ハイジン）国俳句を作ることをライフワークとしている人。

【俳壇】（ハイダン）国俳句を作る人たちの社会。

【俳賦】（ハイフ）六朝（リクチョウ）時代に行われた賦の一体。特に修辞を重んじ、対句を用いた。駢賦（ベンプ）。

【俳文】（ハイブン）国文章の一体。俳句的な趣のある文章。簡潔で機知に富んでいるのが特色。

【俳味】（ハイミ）国俳句的な味わい。あっさりとして俗気がなく、庶民的な趣。

【俳優】（ハイユウ）①たわむれ。おどけ。②演劇・映画などに出演する役者。わざおぎ。

【俳論】（ハイロン）国俳句に関する議論。

(10)8 【倍】 305

教3　バイ

㊇ハイ・㊈バイ ㊤賄 bèi

3960　475C

筆順　亻 亻 仁 位 倍

字義 ❶ます。多くする。❷ますます。いよいよ。❸バイ。二ばい。また、ばいにする。「倍増」また、重ねる回数を表す。接尾語「万倍」❹そむく。もとる。離れる。＝背。❺そらよみ。暗唱。

名乗 ます・やす

解字 篆文　形声。人＋咅㊥。音符の咅（ホウ＝ハイ）は、背に通じ、背を向けるの意味。人を付し、そむくの意味を表す。また、文字に背を向けて読む、そらよみの意味を表す。また、背を向けて二つに離れて、二ばいになるの意味をも表す。

【倍加】（バイカ）①二倍に増す。②増し加える。また、増し加わる。③いよいよ増す。

【倍旧（舊）】（バイキュウ）旧に倍す。今までより以上に程度を増すこと。

【倍ᐃ蓰】（バイシ）数倍。倍は二倍、蓰は五倍。

【倍反・倍ᐃ叛・倍畔】（バイハン）そむく。

(10)8 【俾】 306

△　㊀ヒ ㊤紙 bǐ(bì)　㊁㊇ヘイ・㊈ハイ ㊦霽

4876　506C

字義 ㊀❶しむ。使役の助字。せる。させる。＝使・令・遣・教。❷ます。＝裨。㊁にらむ。横目で見る。

解字 金文　篆文　形声。人＋卑㊥。音符の卑は、ひくいの意味。身分の低い人、めしつかいの意味を表す。転じて、助ける・益するの意味を表す。また、使役の助字、「せる・させる」の意味にも用いる。

【俾益】（ヒエキ）ます。益する。助ける。裨益（ヒエキ）。

【俾ᐃ倪】（ヘイゲイ）①横目でにらむ。しり目にみる。睥睨（ヘイゲイ）。②城壁の上の短牆（ひめがき）。埤堄（ヘイゲイ）。

(10)8 【俵】 307

教5　ヒョウ　たわら

ヒョウ（ヘウ）㊦嘯 biào

4122　4936

筆順　亻 仕 佳 伟 俵 俵

字義 ❶ちる（散）。❷わけあたえる。国❶たわら（たは）。穀物などを入れるつつみ。❷ヒョウ。たわらを数える単位。

解字 形声。人＋表㊥。

(10)8 【俯】 308

標　フ ㊤麌 fǔ

4877　506D

字義 ふす。㋐うつむく。うなだれる。㋑かがむ。上体を前に曲げる。㋒横になる。寝る。㋓とじこもる。かくれる。

解字 形声。人＋府㊥。音符の府は、俛（フ）に通じ、ふすの意味。人を付し、ふすの意味を表す。

【俯ᐃ瞰】（フカン）高い所から見下ろすこと。「俯瞰図」

【俯仰】（フギョウ）①うつむくこととあおむくこと。②立ち居振る舞い。起きふし。起居動作。「俯仰進退」

【俯仰△之間】フギョウの カン 少しの時間をいう。たちまち。
【俯仰不レ愧二天地一】フギョウ テンチにはじ(ぢ)ず 仰いで天の神に、俯して地の神に恥ずべきところがない。心にやましいところがなく、公明正大なこと。〔孟子、尽心上〕仰不レ愧二於天一あお(ふ)いで テンにはじ(ぢ)ず、俯不レ怍二於人一フして ひとに はじ(ぢ)ず。
【俯伏】フフク ひれふす。平身低頭。

(10)8
【併】(237)
ヘイ 併(236)の旧字体。↓八三ページ。

(10)8
【倣】309 常 ホウ ならう
ホウ（ハウ）養 fǎng
4279 4A6F

筆順 亻 仿 仿 倣

字義 ❶ならう。まねする。なぞらえる。＝仿ホ。「模倣」 ❷よる（依）。

使いわけ ならう〔習・倣〕⇩習（6038）。

解字 形声。人＋放音。

▼模倣

【倣△傚・倣効（效）】ホウコウ まねする。模倣する。

(10)8
【俸】310 常 ホウ
漢ホウ 呉ブ 宋 fèng
4280 4A70

筆順 亻 仨 侇 俸

字義 ふち。扶持米フチマイ。俸禄ホウロク。俸給。給料。

解字 形声。人＋奉音。音符の奉は、両手でささげ持つの意。人がうやうやしく受け取るもの、扶持チの意を表す。

▼月俸・食俸・罰俸

【俸秩】ホウチツ 昔、職務に対して支給された米、または金銭。秩も、ふち。

【俸△禄】ホウロク ＝俸秩。禄も、ふち。

(10)8
【們】311 △ 一モン 願 mèn 二モン 元 mén
4878 506E

字義 一 肥えているさま。肥満のようす。二 ともがら。ら。ども。人称代名詞にそえて複数を表す語。「我們われら」

解字 形声。人＋門音。

(10)8
【倮】312 △ ラ 哿 luǒ

字義 ❶はだか。＝裸。❷昔、中国の西方にあったという伝説上の国の名。その国の人が、みな裸体であったのでいう。

解字 形声。人＋果音。

(10)8
【倆】313 △ リョウ（リャウ） 漾養 liàng, ②liǎ
4879 506F

字義 ❶わざ（技）。うでまえ。「技倆」 ❷ふたつ。また、二つ一組のものをいう。＝両。

参考 現代表記では〔量〕（8067）に書きかえることがある。「技倆→技量」

解字 形声。人＋兩音。音符の兩（両）は、天秤テンビンで物をはかるの意味。こまかな物を量る人、わざ、たくみの意味を表す。

(10)8
【倫】314 常 リン
リン 真 lún
4649 4E51

筆順 亻 仒 伶 倫 倫

字義 ❶みち。㋐人のふみ守るべき道。「人倫」 ㋑すじみち。道理。❷ともがら。なかま。たぐい（類）。「倫類」 ❸しな。等級。順序。❹もくめ（木目）。❺ならべる。また、くらべる。

名乗 おさむ・つぐ・つね・とし・とも・のり・ひと・ひとし・もと

解字 篆文 形声。人＋侖音。音符の侖リンは、すじみちをたてるの意味。すじみちのたどれるともがらの意味や、すじみちの意味を表す。

▼出倫・人倫・絶倫・天倫・比倫・不倫・明倫

【倫次】リンジ 順序。順序次第。秩序。

【倫常】リンジョウ 人が常に行うべき道。

【倫△敦】ロンドン London の音訳。英国の首都。

【倫理】リンリ ①すじみち。条理。道理。②人の守り行うべき道。道徳。③倫理学の略。

【倫類】リンルイ なかま。同類。

(10)8
【倭】315 囚 一イ（ヰ）支 wēi 二漢カ（クヮ）・呉ワ 歌 wō
4733 4F41

筆順 亻 仁 俉 倭 倭

字義 一 ❶したがうさま。柔順なさま。また、つつしむさま。❷うねって遠いさま。二 やまと。昔、中国で日本を呼んだ名称。

名乗 かず・しず・まさ・やす

難読 倭文ずり・しとり・しとおり

解字 篆文 形声。人＋委音。音符の委は、なよやかな女性の意味。したがうの意味や、くねくねと遠いの意味を表す。

【倭△寇】ワコウ 南北朝時代から室町時代にかけて、中国・朝鮮の沿岸を荒らしまわった日本人の海賊。〔明史、日本伝〕

【倭字】ワジ 日本で作った文字。かな文字。和字。国字。

【修】↓彡部 三六八ページ。

(11)9
【偓】316 △ アク 覚 wò

字義 ❶偓促アク・サクは、小さな事にこだわるさま。こせつくさま。❷偓佺アク・センは、舜帝シュンテイ時代の仙人の名。松の実を食い、体に毛が生え、空中を飛行したという。〔列仙伝〕

解字 篆文 形声。人＋屋音。

(11)9
【偯】317 △ 漢イ 呉エ 尾 yǐ

字義 なげく。いたみかなしむ。なげく声のかすかなひびき。

解字 形声。人＋哀音。

(11)9
【偉】(343)
イ 偉（342）の旧字体。↓九六ページ。

(11)9
【偊】318 △ 一ウ 麌 yǔ 二ク 麌 jǔ

字義 一二 ❶ひとりで行くさま。＝踽ク。❷せぐくまるさま。体をかがめるさま。❸つつしむさま。

解字 形声。人＋禹音。

(11)9
【偃】319 △ 一漢エン・呉オン 阮 yǎn 二エン 銑
4880 5070

字義 一二 ❶ふす。たおれるたふる。㋐うつむく。うつぶせになる。㋑横になる。寝る。㋒なびきふす。従う。❷ふせるふす。倒す。❸止める。とどめる。❹高い。また、おごり高ぶる。❺かわや。便所。❻せき（堰エン）。また、せき止める。

解字 篆文 形声。人＋匽音。音符の匽エンは、区切られた、かこいの中でやすらぐの意味。人がふせる、やすむの意味を表す。

【偃△戈】エンカ ほこをふせる。戦争をやめる意。

【偃月】エンゲツ ①弓張り月。弦月。②骨相学で、女のひたいに現れた高貴な相。③三日月形の陣形。偃月陣。

【偃月刀】エンゲツトウ なぎなた（薙刀）。弦月の形をしている。

〔偃月刀〕

【偃△蹇】エンケン ①高くそびえるさま。②おごりたかぶるさま。③舞うさま。④危怪な岩石の形容。⑤多くさかんなさま。⑥失望するさま。

【偃仰】エンコウ・エンギョウ ①ふしたりあおいだり。寝たり起きたり。転じて、浮沈する意に用いる。②寝ころんで休む。のんびりしていること。

【偃然】エンゼン くつろいで寝ころぶさま。

【偃△鼠飲レ河不レ過レ満（滿）レ腹】エンソ かわ（は）にのむも はらをみたすにすぎず もぐらは河水を飲んでも、小さな腹をいっぱいにするだけだ。人もその分に応じて満足すべきであるというたとえ。「不レ過二満腹一

「ともいう。〔荘子、逍遥遊〕

【偃草】エンソウ　草をたおす。風が草を吹きなびかせるように、君子が人民を感化すること。『論語』顔淵編に「君子之徳風也、小人之徳草也、草上之風必偃」とあるのに基づく。

【偃武】エンブ　＝偃戈エンカ。武は武器。

(11)9
【假】(145)
カ　仮(144)の旧字体。→六七ページ。
4881 *5071*

(11)9
【偕】320
△　カイ　㊥ xié (jiē)
字義　❶ともに。みな。❷つよい。❸ともにする。ともに。また、ともなう。つれだつ。❹ととのう。ととのふ。⑦かなう。適合する。①ひとしい。また、ひとしくする。❺あまねし。広い。
難読　偕老根えびね
解字　篆文　形声。人＋皆㊥。音符の皆は、みなの意味。人がともにするの意味を表す。
【偕偶】カイグウ　つれあい。配偶。
【偕行】カイコウ　①一緒に行く。②一緒に行う。
【偕楽（樂）】カイラク　（多くの人と）共に楽しむ。〔孟子、梁恵王上〕
【偕老同穴】カイロウドウケツ　①夫婦の固いちぎり。生きては共に老い、死んでは同じ穴に葬られる。『詩経』邶風・撃鼓に「与子偕老」とあり、また、王風・大車に「死則同穴」とあるのに基づく。②うみへちま。うみわた。へちまの形をした、海底に住む海綿動物。
4883 *5073*

(11)9
【偐】321
△　ガン　贋(7461)と同字。→一〇四九ページ。
4884 *5074*

(11)9
【偽】322
常　ギ　いつわる・にせ
(14)12
【僞】323
人　許
㊀ギ　㊁ガ（グワ）　wěi　è
2122 *3536*
4906 *5126*
筆順
字義　㊀❶いつわる。いつはる。あざむく。⑦うそをいう。①見せかける。ふりをする。また、まねをする。❷いつわり。いつはり。うそ。つくりごと。「虚偽」❸にせ（贋ガン）。「真偽」❹かり（仮）。また、かりに。一時。しばらく。❺人為。自然のままなのに対して、人が意志や手を加えること。❻ならい（習）。後天的な性。
㊁❶うごく。うごかす。❷変わる。変える。
解字　篆文　形声。人＋為（爲）㊥。音符の爲イ＝ギは、人が手を加えてつくるの意味。人がつくりごとをする、いつわるの意味を表す。

▼虚偽・巧偽・詐偽・真偽・大偽
【偽贋】ギガン　にせもの。偽物。
【偽経（經）】ギケイ　偽作の経書。
【偽作】ギサク　①似せて作る。また、似せて作られた物。②他人の名を作者名に用いて作ること。また、その作品。
【偽書】ギショ　①偽作の書物。②にせの手紙・文書。
【偽称（稱）】ギショウ　いつわりとなえる。また、偽名。
【偽証（證）】ギショウ　①いつわりの証拠・証言。②裁判で証人・鑑定人等がいつわりの証言をすること。
【偽善】ギゼン　うわべだけの善行。
【偽装（裝）】ギソウ　いつわりよそおう。擬装ギソウ。フランス語 camouflage の訳。
【偽造】ギゾウ　にせて作る。にせるものを作る。
【偽筆】ギヒツ　他人の書きぶりに似せて書いた文字や絵。
【偽名】ギメイ　①うその姓名。いつわりの名。②うその評判。無根のうわさ。

(11)9
【偶】324
常　グウ
㊥ゴウ・㊥グ　㊥ ǒu
慣グウ
2286 *3676*
筆順
字義　❶ひとがた。でく。人形。「土偶」❷ちょう。二で割りきれる数。偶数。↔奇。❸ならぶ。そろう。「対偶」❹たぐい。たぐひ。⑦仲間。ともがら。①つれ。つれあい。「配偶」❺あう。あふ。あわせる。❻たまたま。思いがけなく。偶然。
解字　篆文　形声。人＋禺㊥。音符の禺グウは、寓に通じ、かりるの意味。木をかりて人の形に似せたもの、「でく」の意味を表す。また、禺は、「なまけもの」類の意味から、目的も計画もなく、ただなんとはなしに、たまたまの意味をも表す。
▼佳偶・対偶・土偶・配偶・匹偶・不偶・木偶
【偶詠】グウエイ　ふと興がわいて詠んだ詩や歌。偶吟。
【偶感】グウカン　①ふと感ずる。②ふと起こった思い。
【偶語】グウゴ　かたりあう。また、二人向かいあって話す。
【偶合】グウゴウ　①偶然に出合う。②たまたま一致する。
【偶坐】グウザ　向かいあってすわる。また、その人。
【偶作】グウサク　詩などを偶然に作る。また、その作品。偶詠。偶成。
【偶日】グウジツ　偶数の日。↔奇日。
【偶人】グウジン　土や木で作った人形。でく。ひとがた。
【偶成】グウセイ　思いがけなくできる。偶然の思いつきでできる。また、その作品。偶作。
【偶然】グウゼン　たまたま。思いもかけず。ゆくりなく。ふと。
【偶像】グウゾウ　①人形。木石や金属で作った像。②神仏にかたどって作った像。神仏の仮の姿。③人物などで信仰的な尊敬の対象となるもの。「偶像化」「偶像崇拝」
【偶題】グウダイ　偶然に詩を作る。題は、詩を書きつける。偶成。
【偶発（發）】グウハツ　ふとおこる。偶然に発生する。
【偶匹】グウヒツ　つれあい。夫婦。配偶。

(11)9
【偈】325
標
㊀㊥ケツ・㊥ゲチ　jié
㊁㊥ケイ・㊥ゲイ　qì, ② jì
慣ゲ
4885 *5075*
字義　㊀❶はやい。また、早く走るさま。❷骨をおるさま。力をもちいるさま。㊁❶いこう。いこふ（息）。＝憩。❷仏ゲ。仏の徳をほめたたえた韻文。五字または七字を一句とし、多くは四句を一偈とする。偈頌ゲジュ。
解字　形声。人＋曷㊥。

(11)9
【健】326
教 4　ケン　すこやか
㊀㊥ケン・㊥ゴン　㊁㊥ケン・㊥ゲン　jiàn
2382 *3772*
筆順
字義　㊀❶すこやか。体が丈夫なこと。「健康」❷たけし。強い。おおしい。「雄健」❸おごる。たかぶる。❹よく。非常に。したたか。「健忘」㊁かたしとする。むずかしく考える。
名乗　かつ・きよし・たけ・たけし・たける・たつ・たて・たる・つよ・つよし・とし・まさる・やす
難読　健気けなげ・健軍たけみや・健駄羅ガンダーラ
解字　篆文　形声。人＋建㊥。音符の建は、のびやかに立つふでの意味。のびやかに立つ人の意味から、すこやかの意味を表す。
▼穏健・頑健・剛健・豪健・壮健・勇健・雄健
【健脚】ケンキャク　足が丈夫で歩くことが達者なこと。また、その足。健足。健歩。
【健康】ケンコウ　①すこやか。達者。丈夫。②からだの調子。
【健在】ケンザイ　達者でくらしている。丈夫でいる。
【健児（兒）】ケンジ　①元気な若者。②兵士。③国コンディ ⑦昔、兵部省ヒョウブショウに属し、諸国の兵庫・国府などを守った兵士。①江戸時代、仲間チュウゲン・足軽などの称。
【健勝】ケンショウ　国すこやかで気分がすぐれていること。達者。丈夫。勝は、まさる・すぐれる。
【健羨】ケンセン　むさぼる。欲望をたくましくする。羨は、ほしがる。
【健全】ケンゼン　①からだが丈夫で、悪い所がないこと。すこやか。達

者。②精神がしっかりしていてまじめなこと。

【健啖】よく食べる。たくさん食べる。大食。啖は、食べる。

【健闘(鬪)】りっぱに戦う。よく戦う。

【健筆】文字や文章を達者に書くこと。また、その才能。

【健婦】①強健な女。②気の強い女。また、けなげな婦人。

【健忘症】①もの忘れをする病気。②俗に、もの忘れをする人をいう。

(11)9
【偟】327
△ 漢コウ（クヮウ） 呉オウ（ワウ） 陽 huáng　4886 5076

字義 ❶さまよう。たたずむ。＝徨。「彷徨」 ❷いとま。ひま。＝遑。

解字 形声。人＋皇音。

(11)9
【做】328
△ サ 箇 zuò　4886 5076

字義 ＝作。❶なす。行う。作る。❷なる。…になる。

解字 会意。人＋故。もと、作の俗字。

(11)9
【偲】329
囚 □サイ 灰 cāi　□シ 支 sī　2837 3C45

筆順 偲

字義 □❶つよい。❷かしこい。才能がある。□互いに励ますさま。忠告しあうさま。国しのぶ。思いしたう。

解字 文 篆 形声。人＋思音。音符の思は、おもうの意味。思慮ある人の意味から、かしこいの意味を表す。

【偲偲】たがいに責め励まし合うさま。

(11)9
【偖】330
△ シャ　4887 5077

字義 さく（裂）。国さて。発語のことば。＝扠。

解字 もと日本語の「さて」を表す合成字として、奢（さ）＋扌（手・て）の撦が用いられたが、のち誤って偖の字となった。

(11)9
【偁】331
△ ショウ 蒸 chēng

字義 ❶＝称（稱）。あげる（揚・挙）。ほめ挙げる。❷となえる。

解字 篆 文 形声。人＋爯音。音符の爯は、もちあげるの意味。人をほめもちあげるの意味を表す。

(11)9
【偬】332
△ ソウ 董 送 zǒng　4888 5078

［傯］正字

字義 倥偬は、忙しいさま。また、苦しむさま。

解字 形声。人＋悤音。

(11)9
【側】333
教 4　ソク　かわ
漢ショク・呉シキ 職 cè, zhāi, ⑨zè　3406 4226
慣ソク

筆順 側

字義 ❶かたわら。そば。わき。❷かわ。へり。ふち。周り。❸かたむく。また、かたむける。❹そばだてる。❺そばめる。㋐そびえたたせる。また、端を上にあげる。㋑かたむける。㋐かたよせる。㋑そらす。そむける。❻ほのかに。かすかに。「側聞」❼ひとり（独）。ひとつ（特）。❽いたむ（惻）。❾漢字の平声以外の声調。＝仄。

難読 側金盞花・側妻・側柏

解字 金 文 篆 文 形声。人＋則音。音符の則は、人の生活の上のものさし、のりの意味。生活上の規則のように人のかたわらにあるもの、そばの意味を表す。

▼君側・反側

【側臥】①からだを横に向けて寝る。②そばに寝る。

【側近】①ごく近い所。付近。②いつもそば近くに仕えている人。

【側行】・【側行】身をそばめて行く。また、ななめについて行く。敬意・謙遜の意を表す。

【側視】①わき見をする。②目をそらして見る。見ないふりをして見る。

【側耳】耳をそばだててじっと聞きいること。

【側室】①正室（表座敷）のわきの部屋。②そばめ。③庶子。

【側身】①身をそばめ、ちぢめる。おそれつつしんでかしこまること。②体を前に乗り出すこと。

【側聴(聽)】・【側聴】①耳をそばだてて聞く。㋐注意して聞く。㋑立ち聞きする。②そばで聞く。③ほのかに聞く。

【側聞】①ほのかに聞く。うわさに聞く。②そばで聞く。

【側面】①そとがわ。②物事のある一面。③顔を横にむける。

【側目】①目をそらす。横目やふし目で見る。㋐恐れや悲しみのために正視できない。㋑憎んだり怒ったりして、目をかたよせて横目で見る。㋒ふし目になってまともに見ない。②目をみはる。③国㋐そばにいて見る目。㋑そばから見たようす。

【側陋】①身分がいやしい。また、その人。②かたよってせまい。むさくるしい。また、その所。

(11)9
【停】334
教 4　テイ
漢テイ・呉ジョウ（ヂャウ） 青 tíng　3668 4464
慣チョウ（チャウ）

筆順 停

字義 ❶とどまる。とまる。❷さだまる。固定する。❸とどめる。とめる。❹やすむ。いこう（息）。❺宿場。宿舎。＝亭。

難読 停代

参考 現代表記では〔碇〕(5170) の書きかえに用いることがある。「碇泊→停泊」

解字 文 篆 形声。人＋亭音。音符の亭は、とどまるの意味。亭が、あずまやの意味に用いられるようになったため、人を付し、人がとどまり休むの意味を表す。

▼調停

【停雲】①じっと静止している雲。②親友を思うこと。陶潜の停雲の詩序に、「停雲思二親友一也」とあるのに基づく。③歌のうまいこと。また、歌声の美しいことの形容。昔、歌の名人の秦青が歌を歌うと、空行く雲もそのために止まったという話に基づく語。遏雲。〔列子、湯問〕

【停午】正午。まひる。亭午。太陽が午（真南）にとどまるの意。

【停止】①とどまる。②事を中途でやめること。③国皇室などに凶事のあった時、鳴り物をさしとめること。

【停職】公務員に失態のあった時、ある期間内、その職につくのを停止する懲戒処分。

【停戦(戰)】戦争を中止する。また、そのこと。

【停滞(滯)】はかどらない。また、とどこおる。

【停停】①とどまって動かないさま。成長のとまったさま。②まだ発動しないで静止しているさま。③高いさま。④美しいさま。

【停頓】とまる。ゆきづまる。進展しない。

【停泊】①船が港にいかりを下ろしてとまること。碇泊。②やどる。とまる。宿泊。

(11)9
【偵】335
常　テイ
漢テイ 呉チョウ（チャウ） 庚 zhēn (zhēng)　3669 4465

筆順 偵

字義 ❶うかがう。㋐様子をさぐる。「偵察」㋑とう（問）。たずねる。❷まわしもの。しのびもの。「密偵」

解字 篆文  形声。人＋貞㊀。音符の貞は、うらないをして問うの意味。貞が、ただしいの意味をも表すようになり、区別して、人を付し、とう・うかがうの意味を表す。

▼内偵・密偵

【偵候】テイコウ（敵の様子などを）うかがいさぐる。また、それを任務としている人。斥候。間諜。候も、うかがう意。
【偵察】テイサツ ＝偵候。察は、よく見る。
【偵伺】テイシ ＝偵候。
【偵人】テイジン ①敵の様子などを探ることを務めとしている人。斥候。間諜。スパイ。②占い問う人。卜問者。貞人。
【偵△諜】テイチョウ ＝偵候。諜は、探る、また、間諜。
【偵羅・偵△邏】テイラ 見まわってようすを探る。巡察する。また、その人。
【偵吏】テイリ 探偵を職とする役人。めあかし。

(11)9 【偸】336 △ ㊥トウ・㊡ツ 慣チュウ 㕣 tōu　4889 5079
［偷］俗字

字義 ❶ぬすむ。そっと取る。また、盗み。盗人。❷かりそめ。なおざり。かりそめにする。いいかげんにする。❸うすい。人情がうすい。まじめでない。

解字 形声。人＋俞㊀。音符の俞は、木をくりぬいたまる木舟の意味。ぬきとる人、ぬすむの意味を表す。

【偸安】トウアン 一時の安楽を求めること。一時のがれをする。
【偸間・偸閑】トウカン なまける。ひまを求めて心を楽しませること。ひまをぬすむ意。
【偸香】トウコウ ①香を盗む。男女の私通をいう。晋の賈充の娘が香を盗んで韓寿に贈って情を通じた故事。〔晋書、賈充伝〕②仏ひそかに香りをかぐ。厳格な僧は、池を過ぎて蓮の香りをかいだけでも戒律を犯したものとされた。
【偸合】トウゴウ 迎合する。ばつを合わせる。「偸合苟同」
【偸儒】トウジュ 一時の安楽を求めてなまけること。儒は、懦と同じで、なまけること。
【偸生】トウセイ 生をむさぼること。いたずらに生き長らえること。
【偸惰・偸堕（墮）】トウダ 一時の安楽を求めてなまけること。偸怠。
【偸盗】トウトウ ①ぬすむ。また、ぬすびと。②仏チュウトウ ぬすむこと。十悪業・五悪業の第二に数えられている。
【偸薄】トウハク 人情がうすいこと。薄情。
【偸利】トウリ 利益をぬすむ。正道によらないで利益を得ること。また、その利益。

(11)9 【偪】337 △ ㊥ヒョク・㊡ヒキ 慣フク 㕣 bī

字義 ❶せまる。さしせまる。❷むかばき。きゃはん。すねに巻く足ごしらえの布。

解字 形声。人＋畐㊀。音符の畐は、副に通じ、寄りそうの意味。せまる人の意味を表す。

【偪△仄・偪側】フクソク・ヒッソク せまる。また、せばまる。
【偪促】フクソク せまりうながす。催促する。

(11)9 【偏】338 常 ヘン かたよる　4248 4A50
(11)9 ［偏］339 ヘン 㕣 piān

筆順 

字義 ❶かたよる。かたむく。㋐一方に寄る。㋑中正でない。公平でない。❷かたよった。いなかの。中央からはなれた。❸ヘン。左右に組み合せてできている漢字のおおむね左側の部分。↕傍（旁）。❹半分。また、片はし。片がわ。❺ひとつ。ひとり。❻たぐい。ともがら。党。❼組。㋐五十人、または二十五人の組。㋑兵車二十五台。❽たすけ。副え。❾ひとえに。いちずに。ひたすら。

名乗 とも・ゆき

解字 篆文  形声。人＋扁㊀。音符の扁は、辺（邊）に通じ、中心にないの意味。中正でないひとの意味から、一般に、かたよるの意味を表す。

▼不偏

【偏愛】ヘンアイ 特定のものをかたよって愛する。えこひいきする。
【偏安】ヘンアン 一地方に割拠して、そこに安んじていること。
【偏介】ヘンカイ 性質がかたよって頑固なこと。偏屈。
【偏奇】ヘンキ かたよって正しくない。また、風変わり。
【偏△諱】ヘンキ 二字の名前のうち、一方の字を忌み避けること。また、二字の名の一方の文字。
【偏急】ヘンキュウ 気みじか。度量がせまくてせっかちなこと。
【偏狭（狹）】ヘンキョウ かたよってせまい。土地の広さや人の度量などにいう。褊狭。
【偏屈】ヘンクツ 心がねじけていること。すなおでない性質。
【偏見】ヘンケン かたよった考え。中正でない見解。
【偏険（險）】ヘンケン 心がかたよりねじけていること。
【偏固】ヘンコ かたよって頑固なこと。かたくな。
【偏枯】ヘンコ ①半身がしびれて自由でないこと。半身不随。②かたよって他方に及ばないこと。
【偏向】ヘンコウ 一方にかたむくこと。（中正を失った）かたよった傾向。
【偏行】ヘンコウ ①かたよって行われる。②かたよった行い。
【偏△衫】ヘンサン 仏袈裟に類した僧衣。
【偏死】ヘンシ 半身不随。偏枯。
【偏私】ヘンシ えこひいき。不公平。
【偏執】ヘンシュウ・ヘンシツ かたいじ。自分のかたよった考えにとらわれて、他人の意見を聞かないこと。
【偏将（將）】ヘンショウ ①全軍中の一部隊の大将。②副将。
【偏食】ヘンショク 食べものに好き嫌いがあって、好きなものだけ食べること。
【偏帥】ヘンスイ ＝偏将。
【偏△袒】ヘンタン かたはだを脱ぐ。①力を出すことにいう。②一方にひいきすること。→左袒（三元ページ）。③仏ヘンタン 師を敬う時と作業する時に、右肩を脱ぐこと。
【偏重】ヘンチョウ・ヘンジュウ 一方だけを重んずること。
【偏△頗・偏△陂】ヘンパ かたよって不公平なこと。
【偏△裨】ヘンピ 副将。褊裨は誤用。
【偏平】ヘンペイ たいら。ひらたいこと。
【偏偏】ヘンペン ひるがえるさま。
【偏△旁・偏傍】ヘンボウ 漢字のへんとつくり。偏は左の部分、旁・傍は右の部分。
【偏門】ヘンモン くぐり門。傍門。
【偏△邑】ヘンユウ 片田舎。辺鄙な村。
【無レ偏無レ党（黨）】ヘンなくトウなし 一方にかたよらないで中正公平なこと。党も、かたよる意。不偏不党。〔書経、洪範〕

(11)9 【偭】340 △ ㊥ベン ㊡メン 㕣 miǎn

字義 ❶むかう。❷そむく（背）。

解字 篆文  形声。人＋面㊀。音符の面は、顔の意味。人の顔をある方向に向かせるの意味を表す。

【偭縛】メンバク 両手をうしろ手にしばる。↕面縛（両手を前にしばる）。

(11)9 【偎】341 △ ワイ 㕣 wēi

字義 ❶したしむ。なじむ。❷ちかよる。よりあう。❸ほのか。「見」

解字 形声。人＋畏㊀。

【偎愛】ワイアイ ①親しみ愛する。②かくれたり、見えたりする。隠

［脩］→月部 五一八ページ。

［條］→犬部 七〇六ページ。

［條］条（3312）の旧字体。→木部 五四三ページ。

(12)10 【偉】342 常 イ えらい　1646 304E

(11)9【偉】343　イ（ヰ）尾　wěi

筆順

字義 ❶えらい。すぐれている。「偉人」❷おおきい（大）。さかんな。りっぱな。「偉大」❸すぐれていると認める。

名乗 いさむ・たけ

解字 篆文　形声。人＋韋㊢。音符の韋ィは、はなれるの意味。並から離れた人、すぐれている人の意味を表す。

▼怪偉・奇偉・秀偉・雄偉

【偉観(觀)】イカン　すばらしいながめ。壮観。
【偉器】イキ　すぐれた才能のある人。
【偉挙(擧)】イキョ　すぐれた行為。また、すぐれたくわだて。
【偉業】イギョウ　りっぱな事業。大事業。大業。
【偉勲(勳)】イクン　すぐれてりっぱな功績。
【偉才】イサイ　すぐれた才能。また、その人。偉材。
【偉丈夫】イジョウフ　①すぐれた男子。②体が大きくてりっぱな男子。
【偉大】イダイ　すぐれて大きい（りっぱな）こと。
【偉徳】イトク　すぐれてりっぱな徳。
【偉容】イヨウ　すぐれてりっぱな姿。堂々たる姿。
【偉烈】イレツ　すぐれた功績。偉功。偉績。

(12)10【傢】344　△カ 麻 jiā

字義 傢伙カカは、家具・器物の類。

解字 形声。人＋家㊢。

(12)10【傀】345　△

□一カイ（クヮイ）灰 guī　□二キ 紙　□三カイ（クヮイ）賄 kuǐ　□四㊥カイ（クヮイ）・㊦ケ 佳　4890 507A

字義 □一□二❶おおきいさま。偉大なさま。❷わざわい。また、もののけ。あやしいもの。□三あやつり人形。くぐつ。「傀儡カイライ」□四大きい。また、大いにさとるさま。

難読 傀儡くぐつ

解字 篆文　形声。人＋鬼㊢。音符の鬼は、異常の意味。普通とちがった人の意味を表す。

【傀然】カイゼン　①偉大なさま。②独りでいるさま。③大いにさとったさま。
【傀△儡】カイライ　①からくり人形。あやつり人形。くぐつ。②人の手先になって使われるもの。
【傀△儡子】カイライシ　①人形つかい。でくまわし。②人をあやつって思うままに行動させる者。
【傀△儡師】カイライシ　国＝傀儡子。↓前項。

(12)10【傑】(359)　ケツ　傑（358）の旧字体。↓九八ページ。

(12)10【傔】346　△ケン 艶 qiàn

字義 ❶したがう。はべる。お側近くつかえる。また、おそばづき。従者。❷たりる。満足させる。

解字 篆文　形声。人＋兼㊢。

【傔△仗】ケンジョウ　国古代、鎮守府将軍・大宰帥ダザイのソチ・按察使アゼチなど、辺境の役人につけられた護衛の武官。

(12)10【傚】347　△㊥コウ（カウ）㊦ギョウ（ゲウ）効 xiào　4891 507B

［倣］俗字

字義 ならう。㋐まねする。㋑まなぶ（学）。㋒のっとる（法）。

解字 形声。人＋效㊢。音符の效（効）は、ならうの意味。人がならうの意味を表す。

【傚慕】コウボ　まねする。

(12)10【傞】348　△サ 歌 suō

字義 傞傞は、酒に酔って舞うさま。舞ってとまらないさま。

解字 篆文　形声。人＋差㊢。音符の差は、ふぞろいの意味。人が酔って手足ふぞろいな舞のさまを表す。

(12)10【傘】349　常　サン　かさ

サン 旱 sǎn　2717 3B31

筆順

字義 かさ。からかさ。あまがさ。ひがさ。さしがさ。

解字 象形。かさの象形で、かさの意味を表す。

【傘下】サンカ　①かさの下。②中心人物の支配下にあること。また、その人。
【傘寿(壽)】サンジュ　八十歳をいう。↓仐（128）の 参考

(12)10【傖】350　△㊥ソウ（サウ）㊦ジョウ（ジャウ）庚 cāng（chēng）

字義 いやしい。いやしい者。また、いなか者。

解字 形声。人＋倉㊢。

(12)10【備】351　教 5　ビ　そなえる・そなわる

㊥ヒ・㊦ビ 寘 bèi　4087 4877

筆順

［俻］俗字　［僃］本字

字義 ❶そなえる。そなう。㋐ととのえる。しつらえる。「設備」㋑もうける。前もって用意しておく。「準備」㋒加える。数に入れる。❷そなわる。㋐欠けたところがない。㋑十分にととのって足りる。㋒準備ができている。㋓地位にいる。❸そなえ。㋐用意。したく。㋑道具。㋒警戒。防備。❹つぶさに。みな。ことごとく。すべて。

名乗 そなう・たる・とも・なり・のぶ・まさ・みつ・みな・よし・より

難読 備後びんご・備中びっちゅう

使いわけ そなえる〔供・備〕⇩供（216）。

解字 金文　篆文　形声。人＋葡㊢。音符の葡ヒは、えびらを背負うさまから、一般に、そなえるの意味を表す。常用漢字は省略形による。人がえびらを背負うさまから、そなえるの意味。

▼完備・具備・警備・兼備・守備・準備・常備・設備・装備・配備・不備・武備・防備・予備

【備△禦・備御】ビギョ　そなえふせぐ。防備。
【備具】ビグ　そなわりととのう。また、十分に用意する。
【備考】ビコウ　①参考のためにそなえること。②つけたして、本文を説明し、または補ったもの。
【備荒】ビコウ　凶年や変災のために、あらかじめそなえておくこと。
【備忘録】ビボウロク　忘れた時の用意に書いておくもの。覚え書き。メモ。
【無レ求二備△於一人一】そなわ（は）るをイチニンにもとむるなかれ　一人に完全さを望んではならない。〔論語、微子〕
【有レ備無レ患】そなえ（へ）あればうれい（ひ）なし　あらかじめ備えがあれば、心配はない。〔書経、説命中〕

(12)10【傅】352　△

□一㊥フ・㊦ブ 遇 fù　□二フ 虞 fū　4892 507C

字義 □一❶もり。もり役。つきそい。「傅育」❷そえ（副）。ひかえ。かわり。＝副。❸つく。つける。＝付・附。㋐近づく。㋑寄る。寄りそう。㋒くっつく。くっつける。㋓かしづく。つきそう。助ける。□二しく。ならべる。また、述べたてる。＝敷。

解字 篆文　形声。人＋専㊢。音符の専フは、扶に通じ、たすけるの意味。たすける人・もり役の意味を表す。

【傅育】フイク　かしずきそだてる。そばについて守り育てること。
【傅説】フエツ　①殷イの高宗の賢相。高宗が夢に見て、土木工事をしている者の中から見つけ出したといわれる。②星の名。後宮で子を求めるときに祭るという。
【傅会(會)】フカイ　①こじつける。付会。「牽強傅会ケンキョウフカイ」②つけ合わせる。つなぎ合わせる。③文章の首尾が関連してまとまっていること。

とまること。

【傅子】(シフ) 書名。もと百四十巻、現存一巻。晋の傅玄の著。儒学の教えを尊び、政治の道を説く。

【傅粉】(フフン) おしろいをつける。化粧する。

(12)10
【傍】353　常　ボウ　かたわら
㊀㊇ホウ（ハウ）・㊉ボウ（バウ）陽 pāng
㊁㊇ホウ（ハウ）・㊉ボウ（バウ）漾 bàng
—— 4321 *4B35*

筆順　亻 伫 倅 傍

字義　㊀❶かたわら。そば。わき。はた。❷つくり。左右に組み合わせてできている漢字のおおむね右側の部分。↕偏。
㊁そう。よる。そば近くよりそう。

難読　傍居(かたい)・傍惚(おかぼれ)・傍士(ほうじ)・傍目(おかめ・はため)・傍陽(あからそえ)

解字　篆文　形声。人＋旁㊥。音符の旁は、かたわらの意味。のち人を付した。また、よりそうの意味も表す。

▼道傍・路傍

【傍観(觀)】(ボウカン) 直接そのことに関係しないで、そばで見ていること。

【傍訓】(ボウクン) ①本文のわきにつけた小さな注。旁訓。②国漢字のそばにつけた読みがな。ふりがな。

【傍系】(ボウケイ) 枝葉の血すじ。直系から分かれた系統。

【傍△偟】(ホウコウ) さまよう。うろつく。彷徨。

【傍若無人】(ボウジャクブジン) かたわらに人がいないようである。人前もはばからず、きままに振る舞うこと。傍らに人無きがごとし。〔後漢書、延篤伝〕

【傍証(證)】(ボウショウ) ①他の書物からの証拠。②助けとなる間接の証拠。

【傍聴(聽)】(ボウチョウ) かたわらで聞く。会議・演説・公判などをそばで聞くこと。

【傍輩】(ボウハイ) 友人。仲間。

(12)10
【傜】354　△ヨウ　徭（2172）と同字。→三八九ジペー。

(13)11
【傴】355　△ウ　麌 yǔ
—— 4893 *507D*

字義　❶かがむ。かがまる。腰をまげる。背をまげる。❷背骨がかがまる病気。また、その人。❸あわれむ。

難読　傴僂(せむし・くつま)

解字　篆文　形声。人＋區㊥。音符の區(区)は、クルッとするの意味。背がクルッと曲がった人の意味を表す。

【傴△僂】(ウル・ウロウ) ①せぐくまる。身をかがめる。②腰をかがめて敬いつつしむさま。③＝字義の②。

(13)11
【僅】356　標　㊇キン　㊉ギン　震 jǐn, ③jìn　[僅]
—— 2247 *364F*

字義　❶わずか。少し。「僅少」❷わずかに。やっと。かろうじて。❸ほとんど。近い。

解字　篆文　形声。人＋堇㊥。音符の堇は、斤・巾に通じ、小さいの意味。才能の劣る人のさまから、わずかの意味を表す。

【僅僅】(キンキン) わずかに。ようやく。やっと。

【僅少】(キンショウ) 国わずか。すこし。すくないこと。

(13)11
【傾】357　常　ケイ　かたむく・かたむける
㊇ケイ・㊉キョウ（キャウ）庚 qīng
—— 2325 *3739*

筆順　亻 化 佂 傾 傾

字義　❶かたむく。かしぐ。かたむける。㋐ななめになる。傾斜する。㋑ななめに低くなる。また、高くなる。さがる。あがる。㋒くつがえる。くつがえす。㋓横になる。伏す。㋔心をかたむける。「傾服」㋕耳をそばだてて聞く。㋖危うくなる。危うくする。㋗つくす(尽)。残らず出しきる。つきる。㋘おしたおす。❷かたむき。事の成りゆき。

解字　篆文　形声。人＋頃㊥。音符の頃は、かたむくの意味。頃が、ころの意味になったので、人を付して区別した。

▼左傾

【傾河】(ケイカ) ①河水を飲みつくす。②天の川。また、夜明けがたになって西にかたむいた天の川。③明けがた。

【傾△蓋】(ケイガイ) 一見して古くからの友だちのように親しむこと。孔子と程子が途中で出会い、たがいに車の蓋をかたむけて立ち話をした故事。〔孔子家語、致思〕

【傾危】(ケイキ) ①かたむいてあやうい。②国などをあやうくすること。③そばだつ。

【傾△葵】(ケイキ) 太陽に向かってかたむきめぐるあおい。深く心を傾け慕うたとえ。

【傾向】(ケイコウ) 一方にかたむき向かう意。なりゆき。いきおい。おもむき。

【傾国(國)】(ケイコク) ①国をあやうくする。②絶世の美人。国を滅ぼすほどの美人。→傾城(ケイセイ・ケイジョウ)。③全国力を挙げる。国人を残らず徴発する。

【傾斜】(ケイシャ) かたむいてななめになること。かたむき。

【傾心】(ケイシン・こころをかたむく) 心をかたむける。心を打ち込む。

【傾身】(ケイシン・みをかたむく) ①身を滅ぼす。②できるだけの力を出しつくす。

【傾尽(盡)】(ケイジン) かたむけつくす。出しきる。

【傾城】(ケイセイ・ケイジョウ) ①＝傾国の②。②国(ケイセイ・ケイセン) 遊女。おいらん。

【傾城傾国(國)】(ケイセイケイコク) 男がおぼれて町も国もかえりみないほどの絶世の美女。漢の武帝の李夫人の美しさを宣伝した李延年の歌に基づく。傾国傾城。〔漢書、外戚伝〕一顧傾二人城一、再顧傾二人国一(一顧すれば人の城を傾け、再顧すれば人の国を傾く)。

【傾△頽】(ケイタイ) かたむきくずれる。

【傾注】(ケイチュウ) ①いきおいよく降りそそぐ。また、流れ込む。②器物を傾けてつぎ込む。③一つのことに心をそそぐ。

【傾聴(聽)】(ケイチョウ) 耳をかたむけ（そばだて）て聞き入る。熱心に聞く。

【傾倒】(ケイトウ) ①かたむきたおれる。また、かたむけたおす。②深く心を寄せる。非常に尊敬・思慕する。③酒壺を傾け倒す意で、大いに酒を飲む。④残らず言う。

【傾服】(ケイフク) なびき従う。服従する。

【傾覆】(ケイフク) くつがえる。また、くつがえす。

【傾慕】(ケイボ) 心を寄せてしたう。思慕の情をよせる。

【傾揺(搖)】(ケイヨウ) ゆるがす。動揺する。

(13)11
【傑】358　常　ケツ
(12)10
〔傑〕359　㊇ケツ　㊉ゲチ　屑 jié
—— 2370 *3766*

筆順　亻 夕 俠 傑

字義　❶すぐれる。まさる。ぬきんでる。「傑出」❷すぐれた人物。「豪傑」

【杰】俗字　5931 *5B3F*

名乗　たかし・たけし

解字　篆文　形声。人＋桀㊥。音符の桀は、高くかかげるの意味。きわだって高くすぐれた人物の意味を表す。

▼英傑・快傑・怪傑・豪傑・俊傑・女傑・人傑・雄傑

【傑作】(ケッサク) ①すぐれた作品。②すぐれたできばえ。

【傑士】(ケッシ) 普通の人よりもすぐれた人物。

【傑出】(ケッシュツ) すぐれる。他にぬきんでる。

(13)11
【傲】360　標　ゴウ（ガウ）号 ào
—— 4894 *507E*
【慠】同字

字義　❶おごる。たかぶる。おごり。「傲慢」❷あなどる。かろんずる。❸ほしいまま。わがまま。

解字　篆文　形声。人＋敖㊥。音符の敖は、きままにするの意味。人を付し、おごる・あなどる・わがままの意味を表す。

【傲岸】おごりたかぶって人にへり下らないさま。高くかまえて、いばっているさま。「傲岸不遜」

【傲倨・傲踞】おごりたかぶる。

【傲語】えらぶって言うこと。また、そのことば。

【傲兀】おごりたかぶって人に屈しないさま。傲岸。

【傲骨】高くかまえて人に屈しない気質。唐の李白の腰には傲骨があるので、人に屈することができないと世人が評した故事に基づく。

【傲很・傲佷・傲狠】おごって人にさからう。

【傲然】おごりたかぶるさま。

【傲霜】霜におごる。霜の寒さに屈しない。菊の花をいう。

【傲慢】おごりたかぶること。他人をあなどる。

【寄傲】気ままな、のんびりした心境になる。〔文選、陶潜、帰去来辞〕

(13)11 【催】361 常 サイ もよおす　漢サイ 呉スイ 灰 cuī　2637 3A45

筆順

字義 ❶もよおす。おこる。きざす。❷うながす。せきたてる。「催促」❸せまる(迫)。国❶もよおし。行事。❷もよい。接尾語。今にもそうなりそうなこと。「雨催い」

難読 催合・催馬楽

解字 文 篆 形声。人＋崔㊥。音符の崔は、推に通じ、おしすすめるの意味。人を次の事態へとおしすすめる、うながすの意味を表す。

▼共催
【催告】催促し告げる。相手方に対して一定の行為(義務の履行など)を請求すること。

【催促】うながす。せきたてる。

【催馬楽(樂)】国古代歌謡の一種。神楽歌の類。

【催迫】うながす。せきたてる。

【催眠】ねむけをもよおす。

(13)11 【債】362 常 サイ　漢サイ 呉シャ 卦 zhài　2636 3A44

筆順

字義 ❶かり。負いめ。借金。「負債」❷かりる。❸かし。貸した金銭。

解字 文 篆 形声。人＋責㊥。音符の責は、せめるの意味。借金でせめられる人のさまから、借りの意味を表す。

▼外債・起債・酒債・負債・募債
【債鬼】借金とり。かけとり。

【債券】①借金の証文。借用書。②政府・銀行・会社などが、債務の証明として発行する有価証券。

【債権(權)】貸したものを取りたてる権利。

【債主】貸し主。債権者。

【債務】借りた金を返す義務。

(13)11 【傪】363 △ サン 覃 cān

字義 よい(好)。よいさま。

解字 文 篆 形声。人＋參㊥。音符の參は、髪飾りが光りかがやくの意味。姿などがよいの意味を表す。

(13)11 【傷】364 教6 ショウ きず・いたむ・いためる　ショウ(シャウ) 陽 shāng　2993 3D7D

筆順

字義 ❶きず。けが。いたみ。損害。「負傷」❷きずつく。きずつける。❸やぶる。やぶれる。❹そこなう。㋐きずが痛む。㋑悲しむ。うれえる。あわれむ。❺いたむ。㋐害する。㋑そしる。悪く言う。「中傷」❻いためる。

参考 現代表記では、身体のきずは〔傷〕を用いるが、それ以外のものについては仮名書きが一般的。「切り傷・柱のきず・名前にきずがつく」

使いわけ いたむ〔痛・傷・悼〕⇩痛(4888)。

解字 文 篆 形声。人＋煬省㊥。音符の煬は、きずの意味。人を付し、きず・いたむの意味を表す。

▼哀傷・感傷・殺傷・愁傷・重傷・食傷・刃傷・損傷・中傷・悲傷・負傷
【傷痍・傷夷】けが。きず。また、けがをする。傷つく。痍も夷も、きず。

【傷懐(懷)】いたみ悲しむ。悲しみ思う。

【傷害】そこない害する。きずつける。けがをさせる。

【傷寒】腸チフスなど伝染性熱病の古称。

【傷弓之鳥】一度矢きずをうけた鳥。前の事にこりて、おじけづくたとえ。〔戦国策、楚〕

【傷痕】きずあと。

【傷魂】心をいためる。また、悲しみ。

【傷嗟】悲しみなげく。

【傷心】①心をいためる。心を悲しくさせる。②きずついた心。心のかなしみ。心配事。③木のしんをきずつける。

【傷神】心をいためる。傷心。

【傷嘆・傷歎】いたみなげく。悲嘆。

【傷痛】いたみ悲しむ。

【傷悲】いたみ悲しむ。

【傷病】①きずつけ病ましめる。②きずついて病むこと。

【傷目】目をいたませる。見るにつけてあわれ・苦しみなどを感ずること。

【傷廉】廉をきずつける。廉潔の徳をそこなう。

(13)11 【僊】365 △ 仙(136)と同字。→六三ページ。 [僊] 4902 5122

(13)11 【僉】366 △ セン 塩 qiān 4901 5121

字義 みな(皆)。ことごとく。

解字 金文 篆文 会意。亼＋兄＋兄。亼は、合に通じ、あわせるの意味。兄は人が口をそろえて言うの意味。口をそろえて多くの人々が言う、「みな」の意味を表す。僉を音符に含む形声文字に、儉(倹)・劍(剣)・嶮・憸・撿・斂・瞼・檢(検)・殮・瀲・瞼・險(険)・驗(験)・鹼などがあり、これらの漢字は、「厳しくつじつまを合わせる」の意味を共有している。

【僉議】①みな(一同)で相談する。②ただす。しらべる。さぐる。

(13)11 【僧】367 常 ソウ　(14)12 〔僧〕368 人許 ソウ 蒸 sēng　3346 414E

筆順

字義 仏門に入った人。出家。法師。僧侶。→僧伽。

解字 文 篆 形声。人＋曽(曾)㊥。梵語 saṃgha の音訳「僧伽」の略。仏門に入った人の意味から、人を付した。

▼怪僧・学僧・愚僧・高僧・尼僧・伴僧・売僧・老僧
【僧院】寺。寺院。僧宇。

【僧伽】仏梵語 saṃgha の音訳。和合衆と訳す。もと衆と和合して仏道を修める団体をいう。のち、仏教に帰依して自ら修業し、これを伝え広める者(僧)の団体を称し、転じて、その各個人をいう。僧は僧伽の略称。

【僧形】国僧の姿。↔俗形。

【僧正】国僧官の第一位。大僧正・僧正・権僧正の三段階がある。

【僧都】ソウズ　国僧官の第二位。大僧都・権大僧都ゴンノダイソウズ・少僧都・権少僧都ゴンノショウソウズの四段階がある。
【僧俗】ソウゾク　僧と俗人。出家と在家。
【僧徒】ソウト　①多くの僧。②師の僧に対して、その弟子をいう。
【僧堂】ソウドウ　①てら。②禅宗で、僧の座禅する堂。
【僧尼】ソウニ　僧と尼。男子の出家と女子の出家。
【僧兵】ソウヘイ　国昔、仏法の保護を名目として、武芸を練り武器を携え、戦闘に従事した僧の称。
【僧坊・僧房】ソウボウ　僧尼の起居する、寺院付属の家屋。僧尼の宿所。
【僧侶】ソウリョ　僧のともがら。侶は、ともがらの意で、複数を表す。転じて、僧をいう。
【僧臘】ソウロウ　僧となってからの年数。臘は年末の祭りの名。転じて、歳をいう。

(13)11【傳】(163)　デン　伝(162)の旧字体。→七〇ページ。　4903　5123

(13)11【僄】369　△　ヒョウ(ヘウ)　嘯　piào
字義　❶かるい。また、軽んずる。❷すばやい。はしっこい。❸つよい。＝剽。
解字　篆文　形声。人＋票（嘌音）。音符の票は、火の粉が軽く舞いあがるの意味。すばやく軽い人の意味を表す。
【僄悍】ヒョウカン　すばやく、あらあらしい。
【僄軽（輕）】ヒョウケイ・ヒョウキン　すばやくて身軽なこと。剽軽。
【僄狡】ヒョウコウ　軽くすばやい。狡は、すばやい意。

(13)11【傭】370　標　一漢ヨウ　呉ユウ　冬　yōng (yóng)　二呉チュウ(チウ)　冬　chōng　4535　4D43
字義　一❶やとう。やとわれる。「雇傭」❷やとい。やとい人。❸あたい(価)。仕事の賃金。二❶ひとしい。公平でただしい。❷もちいる。また、作る。
参考　現代表記では[用](4792)に書きかえることがある。「雇傭→雇用」
解字　篆文　形声。人＋庸音。音符の庸は、一定してかたよらないの意味。公平で正しい人の意味を表す。また、庸は、もちいるの意味。やとわれ用いられる人の意味も表す。
【傭役】ヨウエキ　①やとって使う。②やとわれて使われる。
【傭工】ヨウコウ　①やとわれた職人。②人をやとって仕事をさせること。
【傭耕・傭畊】ヨウコウ　人にやとわれて耕す。〔史記、陳渉世家〕嘗与レ人傭耕かつてひととヨウコウす。
【傭賃】ヨウチン　やといちん。賃金。
【傭兵】ヨウヘイ　やといの兵隊。国家や民間の有力者が、志願した者に俸給を与えて兵役につかせること。また、その兵。
【傭僕】ヨウボク　男の召使い。

(13)11【僇】371　△　一漢リク・呉ロク　屋　lù　二漢リュウ(リウ)・呉ル　宥
字義　一＝戮リク。❶はずかしめる(辱)。また、はずかしめ。❷ころす(殺)。❸つみ。刑罰。二❶やまい(病)。一説に、行動のゆるやかなさま。❷しばらく。いささか。＝聊リョウ。
解字　篆文　形声。人＋翏音。音符の翏リュウは、戮リクに通じ、殺すの意味。人を殺すの意味を表す。
【僇死】リクシ　刑罰によって殺すこと。戮死リクシ。
【僇笑】リクショウ　はずかしめ笑う。ものわらい。戮笑リクショウ。
【僇人】リクジン　受刑者。罪人。戮人リクジン。

(13)11【僂】372　△　一漢ロウ・呉ル　尤　lóu　二ル　麌　lǚ　三漢ロウ・呉ル　宥　4904　5124
字義　一二三❶せむし。背骨がかがまる病気。また、その人。「佝僂ク」❷かがめる。背をまげる。❸背をかがめてつつしむさま。
解字　篆文　形声。人＋婁音。音符の婁ロウは、擬態語で、クルッと曲がるの意味。背が曲がった人の意味を表す。
【僂傴】ロウウ　背をまげる。せぐくまる。

(13)11【働】373　国字　教4　ドウ　はたらく　ドウ　3815　462F
筆順　亻　仁　佰　俥　俥　働
字義　❶はたらく。つとめる(勤)。精を出す。かせぐ。❷はたらき。勤めぶり。かせぎ。手腕。技術。てがら。作用。
参考　俗に「仂」と略して用いるが、これはロクと読む別字。
解字　形声。人＋動音。人が動く、はたらくの意味を表す国字。中国でも使用されたことがある。
▼稼働

【會】会(146)の旧字体。→人部　六七ページ。
【禽】→内部　七九四ページ。
【翛】→羽部　八八五ページ。

(14)12【僩】374　△　漢カン　呉ゲン　潸　xiàn
字義　❶広く大きい。❷美しいさま。また、みやびやか。＝嫻カン。❸たけだけしいさま。威武のあるさま。
解字　篆文　形声。人＋閒音。音符の閒は、あいだの意味。あいだがあいていてゆとりがあるの意味を表す。

(14)12【僖】375　△　キ　支　xī　4905　5125
字義　たのしむ。たのしみ。
解字　篆文　形声。人＋喜音。音符の喜は、よろこぶの意味。人が喜び楽しむの意味を表す。

(14)12【僞】(323)　ギ　偽(322)の旧字体。→九四ページ。　4906　5126

(14)12【僑】376　標　漢キョウ(ケウ)　呉ギョウ(ゲウ)　蕭　qiáo　2203　3623
字義　❶たびずまい。他郷における住居。❷たびずまいする。また、他郷に何年も滞在していること。❸故国を離れて他国に居住している人。出稼人でかせぎニン。「華僑」❹かり(仮)。かりずまい。❺たかい(高)。
解字　篆文　形声。人＋喬音。音符の喬キョウは、高いの意味。背の高い人の意味を表す。また、他国に高く飛び離れて住む人の意味をも表す。
【僑居】キョウキョ　①旅ずまい。また、旅ずまいする。→字義の❶。②かりずまい。仮の住居。
【僑寓】キョウグウ　＝僑居。寓は、やどる。また、仮ずまい。
【僑士】キョウシ　他郷に身を寄せている人。

(14)12【僥】377　△　一キョウ(ケウ)　篠　jiǎo　二ギョウ(ゲウ)　蕭　yáo　4907　5127
字義　一もとめる。ねがう。二焦僥ショウギョウ・焦僥ギョウは、国の名。中国の西南にあり、身長一尺五寸、または三尺の背丈の低い人が住んでいたという。
解字　篆文　形声。人＋堯音。
【僥冀】ギョウキ　こいねがう。のぞむ。
【僥倖】ギョウコウ　もと倖(偶然の幸)をねがう意。転じて、①利や幸福を求めてやまないこと。②偶然の(思いがけぬ)さいわい。③天子の行幸する所。天子が行幸する地は、人々がその恩恵を受けることからいう。

(14)12【僱】378　△　コ　雇(8455)の俗字。→一二七〇ページ。

(14)12【僦】379　△　漢シュウ(シウ)　呉シュ　宥　jiù
字義　❶やとう。賃金を出してやとう。❷かりる。借りる。借り賃を出して借りる。

解字 篆文 形声。人＋就㊥。音符の就は、つくの意味。人をつかせる、やとうの意味を表す。

(14)12 【儁】380 △ シュン 俊(253)と同字。→八四ページ。 4914 512E

(14)12 【僭】381 △ 一㊥セン 鑑 jiàn 二シン 沁 zèn 4908 5128

【僣】俗字 4909 5129

字義 一❶なぞらえる。身分を越えて目上の者のまねをする。❷おごる。身分不相応に飾りおごる。❸おかす。こえる(越)。身分を越えたことをする。❹たがう(差)。❺いつわる。まことがない。不信。二そしる。せめる。＝譖。

解字 篆文 形声。人＋朁㊥。音符の朁は、かくれるの意味。人がかくれて不信行為をするの意味を表す。

【僭越】センエツ 身分・分限以上のことをする。思い上がり。

【僭偽(僞)】センギ 分を越えて上の地位にいること。また、その人。

【僭擬・僭△儗】センギ 身分を越えて上の者のまねをする。

【僭△忞】センシ 身分を越えてわがままに振る舞う。また、そのこと。

【僭主】センシュ ①武力によって君主となった者。前の君主の位を奪って君主となった者。②シュをセンす ㋐臣下が君主をないがしろにすること。㋑日常生活・礼式などにおいて、臣下が君主のする様式をまねること。

【僭称(稱)】センショウ 身分を越えた名号。また、それを自ら名のること。

【僭上】センジョウ 身分を越えておごりたかぶること。

【僭竊(竊)】センセツ 不正な手段で身分に過ぎた高位高官を得ること。竊は、盗む意。

【僭△踰】センユ ＝僭越。

(14)12 【僝】382 △ 一㊥サン・㊥ゼン 刪 chán 二㊥セン・㊥ゼン 霰 zhuàn

字義 一❶弱々しく力がない。❷僝僽サンシュウは、ののしる・くよくよする。二❶そなえる。❷あらわす。示す。

解字 篆文 形声。もと、人＋孨㊥。

(14)12 【僣】383 △ セン 僭(381)の俗字。→上段 4909 5129

(14)12 【僧】(368) ソウ 僧(367)の旧字体。→九九ページ。

(14)12 【像】384 教5 ゾウ ㊥ショウ(シャウ) ㊥ゾウ(ザウ) 養 xiàng 3392 417C

筆順 像

【像】同字

字義 ❶にる。また、にせる。かたどる。❷かたち。すがた。ようす。❸にすがた。えすがた。❹のり(法)。かた(型)

名乗 かた・すえ・のり・み

解字 篆文 形声。人＋象㊥。音符の象は、相に通じ、ものの姿の意味。人の姿・かたちの意味を表す。

▼影像・偶像・図像・聖像・想像・塑像・尊像・仏像

【像教】ゾウキョウ 仏教をいう。中国に仏教が伝来したのが、像法の時代であったのでいう。→像法。

【像形】ショウケイ・ゾウケイ 物の形をかたどる。似たかたち。象形。

【像法】ゾウボウ ①釈迦シャカの入滅後、五百年から千年までの間の仏教。それ以前のを正法、それ以後のを末法というのに対していう。像は似るの意で、釈迦の正法にほぼ似ていることからいう。②仏法をいう。

(14)12 【僔】385 △ ソン 阮 zǔn

字義 ❶あつまる。また、集まり語る。＝噂ソン。❷うやうやしい。つつしむ。❸うずくまる。うずくまる。＝蹲ソン。

解字 篆文 形声。人＋尊㊥。

(14)12 【僮】386 △ ㊥トウ ㊥ドウ 東 tóng 4910 512A

字義 ❶こども。わらべ。未成年者。❷めしつかい。しもべ。❸おろか。愚か者。❹身分が低い。❺つつしむさま。うやうやしい。

解字 篆文 形声。人＋童㊥。音符の童は、どれい・こどもの意味。人を付し、ひとのこどもの意味を表す。

【僮△昏・僮△惛】ドウコン おろかで道理に暗いこと。

【僮僕】ドウボク しもべ。めしつかい。

【僮△蒙】ドウモウ おろか。蒙は、物におおわれている意。童蒙。

(14)12 【僕】387 常 ボク ㊥ホク・㊥ボク 沃・屋 pú 4345 4B4D

筆順 僕

字義 ❶しもべ。めしつかい。下僕。❷車の御者。車馬を取り扱う人。❸ともがら。仲間。❹やつがれ。ぼく。われ。自己の謙称。❺つく(附)。したがう。❻つかさどる。❼かくす(隠)。❽うるさいさま。わずらわしいさま。

解字 甲骨文 金文 篆文 会意。甲骨文は、会意で、辛＋其＋人の特殊形。辛は、奴隷のひたいに入れ墨をするための針の象形。其は箕みの象形で、この字の場合、汚物がのせてある。人も尾を引いた形となっていて、とらわれ人の意味。罪人・奴隷が汚物を捨てている形から、しもべの意味を表す。そののち、其＋辛の部分を菐と混同し、人＋菐(丵＋廾)㊥の形声文字となった。

▼学僕・義僕・下僕・公僕・童僕・奴僕

【僕御】ボクギョ しもべ。御者。車馬を取り扱う者。

【僕従(從)】ボクジュウ しもべ。

【僕△妾】ボクショウ 男女の召使い。僕婢ボクヒ。

【僕△僮】ボクドウ 年少のしもべ。年端もいかない召使い。

【僕夫】ボクフ ①しもべ。②車馬を取り扱う者。③馬をつかさどる官。

【僕射】ボクヤ 官名。尚書省(行政事務を総括した中央官庁)の次官で、左右各一人。昔、射を重んじたので、射の上手な者を任命した。唐・宋ソウ以後は宰相の任として天子をたすけた。

【僕隷(隸)】ボクレイ しもべ。めしつかい。

(14)12 【僚】388 常 リョウ 一リョウ(レウ) 蕭 liáo 二リョウ(レウ) 篠 liǎo 4629 4E3D

筆順 僚

字義 一❶つかさ。役人。「官僚」❷同役。同じ役所につとめるなかま。「同僚」❸めしつかい。下役。二❶みめよいさま。うるわしい。❷たわむれる。

解字 篆文 形声。人＋尞㊥。音符の尞リョウは、かがり火の意味。かがやくようなみめよい人の意味を表す。また、寮に通じて、役所なかまの意味をも表す。

▼下僚・官僚・群僚・臣僚・属僚・同僚・幕僚

【僚官】リョウカン ①したやく。属官。②同僚の役人。

【僚佐】リョウサ たすけの役。相談相手の下役人。

【僚友】リョウユウ 同役の仲間。同僚。

(15)13 【僾】389 △ アイ 隊 ài

字義 ❶ほのか。かすかに見える。❷むせぶ。悲しむ。❸僾逮は、凸レンズ。近眼鏡。

解字 篆文 形声。人＋愛㊥。音符の愛は、まつわりつくの意味。物がまつわりついていてはっきり見えない、ほのかの意味を表す。

(15)13 【億】390 教4 オク ㊥ヨク ㊥オク 職 yì 1815 322F

筆順 億

字義 ❶数の名。万の万倍。漢代以前は万の十倍。また、数の多いこと。❷おしはかる。思いめぐらす。＝臆。❸やすらか。また、やすんずる。

解字 金文 篆文 形声。篆文は、人＋意㊍。音符の意は、おもうの意味。人が心の中に思いはかるの意味を表す。借りて、数の単位をも表す。

▼万億

【億劫】(オクゴウ) ①仏きわめて長い時間。↕刹那。②国(オックウ・オッコウ) わずらわしく思うこと。

【億測】(オクソク) おしはかる。あて推量する。憶測。臆測。

【億度】(オクタク) ＝億測。憶度・臆度。

【億兆】(オクチョウ) ①非常に多くの数。②人民。万民。

(15)13 **【價】** (208) カ 価(207)の旧字体。→ 兊ページ。 4911 512B

(15)13 **【儈】** 391 △ 漢カイ（クヮイ） 呉ケ 泰 kuài

字義 仲買。利ざや、または口銭を得て売り手と買い手の間を取り持つ。また、その人。仲買人。

解字 篆文 形声。人＋會㊍。音符の會は、あうの意味。売り手と買い手とを引きあわせる、仲買人の意味を表す。

(15)13 **【儀】** 392 常 ギ ｜ギ 支 yí 2123 3537

筆順 亻 亻' 亻⺷ 亻羊 儀 儀

字義 ❶りっぱなようす・ふるまい。威儀。❷のり（法）。法則。標準。㋐礼儀。作法。㋑礼式。㋒立ち居振る舞い。㋓模範。手本。❸のっとる。かたどる。手本とする。❹ならわし。風俗。❺よい。正しい。❻たぐい。つれあい。夫婦。また、対になる。夫婦になる。❼くる（来）。きたる。「来儀」❽贈り物。礼物。❾うつわ（器）。また、機械。器具。「地球儀」

国ギ。㋐こと。「私儀」「余の儀」㋑儀式。行事。

名乗 きたる・ただし・のり・よし　難読 儀俄(げ)

解字 金文 篆文 形声。人＋義㊍。もと義と同字形で同義であったが、義が抽象的な意味を表すのに対し、儀は、主に具体的な礼法の意味を表す。

▼威儀・公儀・豪儀・婚儀・仕儀・祝儀・盛儀・大儀・典儀・内儀・難儀・容儀・余儀・流儀・礼儀

【儀衛（衞）】(ギエイ) 儀式に参列する護衛の兵士。

【儀式】(ギシキ・ギショク) ①おきて。さだめ。法則。式も、のり・おきての意。②のっとる。手本とする。③礼儀のやり方。また、定まった礼法。④国国家の祝い事や神事・仏事などに関してある形式に従って行う行事。式典。

【儀仗】(ギジョウ) ①儀式に用いる武器。剣や弓矢など。仗は、武器の総称。②儀仗兵の略。儀仗を帯びて天子などの外出や国家の儀式に参列する兵隊。

【儀装（裝）】(ギソウ) 国①儀式の装飾。儀式の設備。②儀式用の服装。礼装。

【儀狄】(ギテキ) 人名。夏の時代に、初めて酒を造ったという。転じて、酒の別称。

【儀的】(ギテキ) ①まと。標的。②めあて。目標。

【儀同三司】(ギドウサンシ) ①官名。常務のない高官。元勲者を優待して与えた。②国大臣に準ずる官。

【儀範】(ギハン) 礼儀の型。行為の手本。模範。法則。

【儀表】(ギヒョウ) ①のり。模範。②態度・服装などの外見。

【儀容】(ギヨウ) 礼儀にかなった姿・ようす。きちんとした態度。礼容。

【儀礼（禮）】(ギレイ) ①礼儀。礼式。作法。②(ギライ) 書名。十七巻。三礼の一つ。周代の上流階級の冠婚葬祭などの儀式のやり方を述べたもの。

(15)13 **【僵】** 393 △ 漢キョウ（キャウ） 呉コウ（カウ） 陽 jiāng 4912 512C

字義 ❶たおれる。たおす。❷こわばる。固くなる。

解字 篆文 形声。人＋畺㊍。音符の畺は、硬に通じ、かたくなるの意味。人が固くなってしまう、たおれる・こわばるの意味を表す。

【僵仆】(キョウフ) たおれる。たおれふす。

(15)13 **【儌】** 394 △ キョウ（ケウ） 篠 jiǎo

字義 ❶うかがう。求める。かすめ取る。❷ゆく（行）。

解字 形声。人＋敫㊍。

(15)13 **【儆】** 395 △ 漢ケイ 呉キョウ（キャウ） 梗 jǐng

字義 ❶いましめる。＝警。❷きびしい。また、さし迫ったこと。

解字 篆文 形声。人＋敬㊍。音符の敬は、いましめるの意味。人をいましめるの意味を表す。

(15)13 **【儇】** 396 △ ケン 先 xuān

字義 ❶かしこい。さとい。さかしい。利口。❷すばやい。すばしこい。❸口先がたくみ。へつらう。

解字 篆文 形声。人＋睘㊍。音符の睘は、めぐるの意味。才知のめぐりのはやい人の意味を表す。

【儇慧】(ケンケイ) 利口。また、わるがしこい。

【儇佻】(ケンチョウ) すばやい。佻は、身軽い。

(15)13 **【儉】** (283) ケン 倹(282)の旧字体。→ 八九ページ。 4913 512D

(15)13 **【儋】** 397 △ タン 覃 dān

字義 ❶になう。かつぐ。また、引き受ける。❷かめ。液体を入れるかめ。❸二石。二つのかめに入れて天秤でかつげる程度の分量。「儋石」

解字 篆文 形声。人＋詹㊍。音符の詹は、广を含み、ひさしの意味。荷物を肩に、ひさしのように覆ってになうの意味を表す。

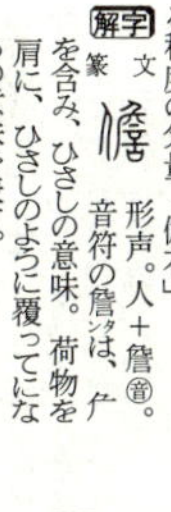

〔儋②〕

【儋耳】(タンジ) ①北の果てにあるといわれる伝説上の国の名。〔山海経、大荒北経〕②南蛮（南方異民族）の一つ。

【儋石】(タンセキ) 二石や一石の分量。わずかな分量のたとえ。少額。→字義の③。「儋石儲(タンセキのたくわえ)」「儋石祿(タンセキのろく)」

(15)13 **【儂】** 398 △ 漢ドウ 呉ノウ 冬 nóng 4915 512F

字義 ❶われ。わし。おれ。自分の意の俗語。❷きみ。あなた。相手の意の俗語。❸かれ。あの人。彼の意の俗語。

解字 形声。人＋農㊍。

(15)13 **【僶】** 399 △ 漢ビン 呉ミン 軫 mǐn

字義 ❶つとめる。❷わずかの間。

解字 形声。人＋黽㊍。

(15)13 **【僨】** 400 △ フン 問 fèn

字義 ❶たおれる。❷やぶれる。くつがえる。❸うごく。おちる。

解字 篆文 形声。人＋賁㊍。

(15)13 **【僻】** 401 標 一 漢ヘキ・呉ヒャク 陌 pì 二 ヒ 寘 4240 4A48

字義 一 ❶さける。また、かくれる。❷かたよる。中心から遠い。また、かたよった土地。❸よこしま。ひがみ。また、ひがむ。❹あやまちをかざる。また、外面をかざって誠実さが少ない。

二 ❶さける。＝避。❷ひめがき。高さの低い垣。

解字 篆文 形声。人＋辟㊣。音符の辟ヘキは、わきへよるの意味。人の性格がかたよる、ひがむの意味を表す。

【僻遠】ヘキエン　かたよって中心部から遠い。また、その土地。
【僻見】ヘキケン　かたよった見方。ひがんだ考え。
【僻在】ヘキザイ　かたよった遠い所にある。また、そこに住む。
【僻事】ヘキジ　正しくない事。ひがごと。
【僻者】ヘキシャ　①よこしまな人。②かたよった考えの人。③国ひがものひねくれ者。また、変人。
【僻邪】ヘキジャ　よこしま。不正。
【僻壌（壤）】ヘキジョウ　＝僻地。
【僻△陬】ヘキスウ　＝僻地。陬は、すみ、また、村。↓次項。
【僻地】ヘキチ　中心部から遠く離れた土地。片ほとり。片田舎。僻土。僻境。
【僻目】ひがめ　国①ひとみが正常でない目。斜視。②見誤り。誤った見方。
【僻△陋】ヘキロウ　①土地がかたよって、ひなびていること。中心部から遠く離れていて文化の低いこと。②人がらが洗練されていないこと。教養の低いこと。

(16)14
【儗】402　△　ギ　紙 nǐ
字義 ❶なぞらえる。まねする。身分をこえて長上にならう。❷くらべる。❸しげる。さかん
解字 篆文 形声。人＋疑㊣。音符の疑は、うたがうの意味。目上の人であると疑われるようなことをする、身分を越えて差し出たことをするの意味を表す。

(16)14
【儕】403　△　漢サイ・呉ザイ　佳 chái　慣セイ　4917 5131
字義 ❶ともがら。なかま。同輩。❷つれあい。また、つれあいになる。❸ともに。一緒に。
解字 金文 篆文 形声。人＋齊㊣。音符の齊セイは、そろうの意味。同列になる人、なかまの意味を表す。
【儕等】サイトウ・セイトウ　ともがら。なかま。儕輩セイハイ。儕匹セイヒツ。

(16)14
【儒】404　常　ジュ　漢ジュ　呉ニュ　虞 rú　2884 3C74
筆順 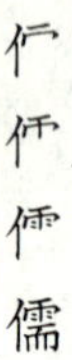
字義 ❶学者。学問を教える人。❷孔子の教えを奉じている学者。儒者。❸孔子の教え。儒学。儒道。❹孔子学派。❺よわい。臆病オクビョウ。❻うるおす（濡ジュ）。❼やわらか。やさしい。
名乗 はか・ひと・みち
解字 篆文 形声。人＋需㊣。音符の需は、雨ごいをする「みこ」の意味や、しなやかの意味。おだやかな人・学者の意味を表す。
▼巨儒・坑儒・洪儒・朱儒・俗儒・大儒・腐儒・名儒・庸儒・老儒

【儒員】ジュイン　国儒学をもって仕える臣。髪をそり、僧の姿をしていた。
【儒家】ジュカ　①儒教を奉ずる学派。儒学派。家は学派の意。②儒学を修めている人。儒者。③儒者の家がら。儒門。
【儒学（學）】ジュガク　孔子を宗師とする学問。↓儒教。
【儒官】ジュカン　儒学を教える任務の官。また、その官にある人。
【儒教】ジュキョウ　孔子を学祖とする学派のおしえ。修己（自己をりっぱに修養する）と治人（人を治める）とに力をつくすことによって、人類の幸福、世界平和の実現を目的とする。漢の武帝のとき（前一三六）国教とされ、以後清代シンダイまで、支配階層の指導理念となった。
【儒者】ジュシャ　儒教を奉じ、儒学を修めている人。
【儒釈（釋）】ジュシャク　①儒者と僧侶ソウリョ。②儒教と仏教。
【儒術】ジュジュツ　儒家のやり方。儒家がその学問を活用して行う実際的な方法。
【儒生】ジュセイ　儒学を学んでいる人。
【儒宗】ジュソウ　儒者の中の中心人物。儒学の大家。
【儒道】ジュドウ　①儒教で説く道。②儒家と道家。儒教と道教。道は、老子の学派をいう。
【儒仏（佛）】ジュブツ　儒教と仏教。
【儒墨】ジュボク　儒家と墨家（兼愛説をとなえた墨子の教えを奉ずる学派）。
【儒門】ジュモン　儒者の家がら。
【儒林】ジュリン　儒者なかま。儒者の社会。〔史記、儒林伝〕

(16)14
【儘】405　標　漢シン　呉ジン　軫 jǐn　4854 5056
［侭］俗字 4389 4B79
字義 ❶みな。ことごとく。つくす。きわめる。＝盡（尽）。❷まま。ままよ。まあまあ。宋ソウ・元以来、詩のことばに多く用いる。国まま。㋐そのまま。㋑思いどおり。気まま。「儘ならぬ世」
解字 形声。人＋盡㊣。
【儘教】ジンキョウ・さもあらばあれ　①そうなるならなれ。なんとでもなれ。ままよ。また、ともかくもあれ。どうあろうとも。ともかく。②まかす　まかせる。まかせてさせる。教は使役（せる・させる）。

(16)14
【儔】406　△　一 漢トウ（タウ）　呉ドウ（ダウ）　号 dào　二 漢チュウ（チウ）　呉ジュウ（ヂウ）　尤 chóu　4918 5132
［俦］俗字
字義 一 ❶かくす。おおいかくす。❷とも。仲間。二 ❶とも。ともがら。仲間。❷ともがら。つれだつ。並ぶ。❸だれ（誰）。
解字 篆文 形声。人＋壽㊣。音符の壽は、つらなるの意味。人のつらなり、ともがらの意味を表す。
【儔匹】チュウヒツ　①ともがら。仲間。②つれあい。夫婦。
【儔△侶】チュウリョ　仲間。同類。侶も、ともがら。儔類。

(16)14
【儜】407　△　漢ドウ（ダウ）　呉ニョウ（ニャウ）　庚 níng
字義 ❶なやむ。苦しむ。❷よわい（弱）。
解字 形声。人＋寧㊣。

(16)14
【儐】408　△　ヒン　震 bìn
字義 ❶主人をたすけて客を案内する人。主客の間に立って礼儀作法などを扱う人。❷みちびく。導きすすめる。助け導く。❸うやまう。うやうやしい。❹つらねる。陳列する。
解字 甲骨文 篆文 形声。人＋賓㊣。音符の賓ヒンは、まろうどの意味。主人を助けて客を導く人の意味を表す。
【儐従（從）】ヒンジュウ　お供の者。儐者は前方に、従者は後方にいる。

(16)14
【儛】409　△　漢ブ　呉ム　麌 wǔ
字義 まう。舞わす。＝舞。
解字 形声。人＋舞㊣。音符の舞は、まうの意味。まう人の意味を表す。

(16)14
【儚】410　△　漢ボウ　呉モウ　蒸 méng　［儚］4919 5133
字義 おろか。くらい。＝懜ボウ。国❶はかない。はかなし。㋐不安定である。㋑たよりにならない。❷はかなむ。
解字 形声。人＋夢㊣。音符の夢は、暗いの意味。おろかな人の意味を表す。

［盦］→皿部　七六〇ページ。
［儵］→革部　一二八九ページ。

(17)15
【償】411　常　ショウ　つぐなう　漢ショウ（シャウ）　呉ジョウ（ジャウ）　陽漾 cháng　2994 3D7E
筆順 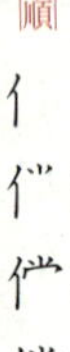
字義 ❶つぐなう。つぐなふ。あがなう。㋐報いる。「報償」㋑返す。㋒うめあわせする。「弁償」❷つぐない。つぐなひ。賃金。代価。報酬。

解字 金文 篆文 形声。人＋賞㊤。音符の賞は、功績に対して与えられる財貨の意味。金文では、償・賞同字であるが、のち、人を付し、つぐなうの意味を表す。

代償・賠償・弁償・報償・補償・無償

【償還】ショウカン ①つぐないかえす。返済する。②公債などをかえす。

【償金】ショウキン 損害のつぐないとして支払う金。償款。賠償金。

412 (17)15 【僄】 △ ヒョウ（ヘウ） 嘯 biāo

字義 ❶人の行くさま。❷多いさま。

解字 篆文 形声。人＋票㊤。

413 (17)15 【優】 教6 ユウ やさしい・すぐれる 漢ユウ（イウ）・呉ウ 尤 yōu 4505 4D25

筆順

字義 ❶やさしい ㋐上品で美しい。みやびやか。㋑おだやか。しとやか。㋒情深い。㋓のびやか。ゆるやか。❷すぐれる。まさる。↔劣。❸ゆたか。㋐多い。㋑余りがある。㋒手厚い。❹ぐずぐずして決断のにぶいこと。「優柔不断」❺戯れる。おどける。また、戯れ。❻わざおぎ。俳優。役者。また、楽人。

名乗 かつ・ひろ・まさ・まさる

解字 篆文 形声。人＋憂㊤。音符の憂は、大きなかしらをつけて足踏みする意味。面をつけて舞う人、わざおぎの意味を表す。転じて、やさしい・しとやかの意味を表す。

▼俳優

【優渥】ユウアク 天子の恩沢や詔勅がねんごろで手厚いこと。渥は、厚。

【優位】ユウイ 他よりすぐれている地位。

【優越感】ユウエツカン 自分が他よりもすぐれているという感じ。他人を見下す心持ち。

【優雅】ユウガ 上品でみやびやかなこと。気品のすぐれていること。

【優閑・優間】ユウカン ①ゆったりとして、暇のあるさま。②しとやかなさま。

【優遇】ユウグウ 手厚くもてなす。特別によく待遇すること。

【優秀】ユウシュウ 非常にすぐれていること。

【優柔】ユウジュウ ①やさしい。おとなしい。また、やさしくする。②ゆったり落ち着いている。③思いきりが悪く、ぐずぐずしていること。にえきらないこと。「優柔不断」

【優倡】ユウショウ わざおぎ。役者。俳優。

【優勝劣敗】ユウショウレッパイ ①すぐれている者が勝ち、劣っている者が負けること。②生存競争で、強い者または環境に適した者が栄え、弱い者または環境に適しない者が衰え滅びること。

【優先】ユウセン 他に先んずること。

【優待】ユウタイ ＝優遇。

【優長】ユウチョウ ①すぐれていること。②落ち着いて気の長いこと。悠長。

【優曇花・優曇華】ウドンゲ ①仏 優曇婆羅ウドンバラの花。三千年に一度開花するという伝説上の植物。優曇婆羅は梵語ボン udumbara の音訳。転じて、めったにないことのたとえ。②くさかげろう（虫の名）の卵。白い毛の端に小さい白い玉をつけた形をしており、吉兆とも凶兆ともいわれる。

【優婆夷】ウバイ 仏梵語ボン upāsikā の音訳。清信女・近事女と訳す。出家しないで仏道を修める女子。

【優婆塞】ウバソク 仏梵語ボン upāsaka の音訳。清信士・近事男と訳す。出家しないで仏道を修める男子。

【優美】ユウビ みやびやかで美しい。品があってうるわしい。

【優游・優遊】ユウユウ ゆったりする。また、そのさま。

【優游自適】ユウユウジテキ ゆったりと気ままに日を送ること。自適は、自ら満足する、心のままに行動する。悠悠自適。

【優優】ユウユウ ①やわらぎ楽しむさま。②ゆったりとしているさま。

【優麗】ユウレイ 上品でうるわしい。

【優劣】ユウレツ すぐれていることと、おとっていること。よしあし。

【優労（勞）】ユウロウ 手厚くいたわる。

414 (17)15 【儡】 △ 一ライ 灰 léi 二ライ 賄 lěi 4920 5134

字義 一やぶれる。すたれる。落ちぶれる。二❶つかれる。❷傀儡カイライは、でく・くぐつ。人形芝居などで用いる、しかけのある人形。また、その人形を使う人。人形使い。

解字 篆文 形声。人＋畾㊤。

415 (17)15 【儖】 △ ラン 覃 lán 4916 5130

字義 儖儳ランザンは、みにくいさま。

解字 形声。人＋監㊤。

416 (18)16 【儲】 標 漢チョ 呉ジョ（チョ） 魚 chǔ ［儲］ 4457 4C59

字義 ❶たくわえる。たくわえ。そなえる。また、そなえ。蓄え。❷そえ（副）。控え。❸もうけのきみ。皇太子。世継ぎの君。国❶もうけ。利益。❷もうける。利益を得る。

解字 篆文 形声。人＋諸㊤。音符の諸は、貯に通じ、たくわえておくの意味。人を付し、あとつぎとして備えおく人、太子の意味を表す。

【儲位】チョイ 皇太子のくらい。

【儲宮】チョキュウ ＝儲君。↓次項。

【儲君】チョクン ①あとつぎ。世継ぎ。②皇太子。

【儲嗣】チョシ 世継ぎのきみ。皇太子。もうけのみや。

【儲副】チョフク ①ひかえ。予備のもの。②皇太子。

417 (19)17 【儳】 △ 一漢サン・呉ザン 咸 chán 二漢サン・呉ザン 陥 chàn

字義 一❶ととのわない。そろわない。乱れている。❷はやい（疾）。近い。二❶ととのわない。＝一①。❷いやしいさま。❸さしでる。さしはさむ。「儳言」

解字 篆文 形声。人＋毚㊤。音符の毚サンは、みだれるの意味。乱れている人の列の意味から、ふぞろいの意味を表す。また、他人の会話の中に自分の言葉をまぜこみ乱す、さしでるの意味をも表す。

【儵】→黑部 一三六九ページ。

【儵】→魚部 一三四三ページ。

418 (21)19 【儺】 △ 漢ダ 呉ナ 歌 nuó 4921 5135

字義 ❶おにやらい。疫鬼エキ（疫病神）を追い払う行事。三月・五月・十二月に行われた。→追儺ツイナ（一〇八六ページ）。❷おだやか。たおやか。

解字 篆文 形声。人＋難㊤。音符の難は、わざわいの意味。人の手でわざわいを追い出すの意味を表す。

419 (21)19 【儷】 △ 漢レイ 呉ライ 霽 lì 4922 5136

字義 ❶ならぶ。二つならぶ。❷つれあい。夫婦。配偶。また、仲間。❸ひとそろい。一対ツイ。

解字 篆文 形声。人＋麗㊤。音符の麗は、きれいに並ぶの意味。並ぶ人、つれあい・ともがらの意味を表す。

【儷皮】レイヒ 雌雄一対の鹿の毛皮。昔、婚礼の結納ユイノウの祝儀シュウギに用いた。

【儷匹】レイヒツ 夫婦。

420 (22)20 【儼】 △ 漢ゲン 呉ゴン 琰 yǎn 4923 5137

字義 ❶おごそか。いかめしい。❷うやうやしい。つつしむ。❸あおぐ。

参考 現代表記では［厳］(1730)に書きかえることがある。「儼然→厳然」

解字 金文 篆文 形声。人＋嚴㊥。音符の嚴ゲンは、おごそかの意味。おごそかで、つつしみのある人の意味を表す。

【儼△恪】ゲンカク おごそかでつつましやかなこと。
【儼然】ゲンゼン おごそかでいかめしいさま。きちんとしているさま。

(22)20
【儻】421 △ 一トウ(タウ) 養 tǎng　二トウ(タウ) 漾 tàng　4924 5138

字義 一❶がっかりしてぼんやりするさま。「儻然」❷一方に偏っていること。また、不公平なこと。❸広々としているさま。❹あるいは。〔史記、伯夷伝〕儻所謂天道是耶非耶（あるいはいわゆるテンドウはぜかひか）。❺もし。「若」「如」と同じく仮定の意を表す。二偶然に。さいわいに。

解字 篆文 形声。人＋黨㊥。

2 儿部

［儿］ 4925 5139

〔部首解説〕 にんにょう。ひとあし。文字としては、儿は、音 漢ジン・呉ニン。象形。人の形にかたどる。人の異体字。文字の脚（きゃく・あし）（字形の下部）として用いられ、多くのばあい、人を表している。なお、いま中国では、儿を児の略字（簡化字）として用いる。

1 兀 一〇五　2 允 一〇五　元 一〇五　3 兄 一〇六　充 一〇六
4 兇 一〇六　光 一〇六　充 一〇七　先 一〇七　兆 一〇八
5 克 一〇八　児 一〇八　兕 一〇九　兌 一〇九　兎 一〇九
禿 一〇九　兎 一〇九　6 尭 一〇九　皃 一〇九　兟 一〇九
兔 一〇九　兔 一〇九　免 一〇九　7 兗 一一〇　8 党 一一〇
9 兜 一一〇　10 兟 一一〇　12 兢 一一〇　15 兤 一一〇

羌→羊部 八七九ページ。堯→土部 二三八ページ。皃→白部 七五四ページ。

(3)1
【兀】422 △ 漢ゴツ・呉ゴチ 月 wù　慣コツ　4926 513A

字義 ❶たかい（たかし）。高くて上が平らなこと。❷はげ山。山に草木のないさま。❸無知なさま。❹動かぬさま。安らかなさま。❺一心不乱に努力するさま。❻あしきる（刖ゲツ・刖ゲツ）。刑罰として足を切る。また、その刑罰。国はげ（禿）。

解字 篆文 指事。人の上に横の一線を引き、高くて平らの意味を表す。

【兀兀】ゴツゴツ・コツコツ ①一心不乱なさま。②動揺して危ういさま。
【兀者】ゴツシャ・ゴッシャ 足切りの刑を受けた人。
【兀然】ゴツゼン・コツゼン ①無知のさま。②自分かってでいばっているさま。③動かないさま。④ゆらゆら揺れて危ういさま。
【兀立】ゴツリツ・コツリツ ①突き出て高くそびえたつこと。②姿勢正しく立つこと。

(4)2
【允】423 囚 イン(ヰン) 軫 yǔn　1684 3074

筆順 ㇜ ム 允 允

字義 ❶まこと。まことに。❷ゆるす。承認する。承知する。また、許し。許可。❸あたる。当（トウ）を得る。国じょう。昔の官制で、主殿寮（とのもりょう）などの判官（ホウガン）（第三等官）。

名乗 すけ・ただ・ちか・まさ・みつ・よし。

解字 甲骨文 金文 篆文 象形。頭のひいでた人の象形で、知的で誠実な傑出した人の意味を表し、転じて、まことの意味を表す。『説文（セツモン）』では、会意で、㠯＋人。

【允可】インカ ゆるす。また、ゆるし。許可。允許。
【允文允武】インブンインブ（まことにブン・まことにブ） 文武ともにすぐれていること。天子が文武の徳を備えているのをほめたたえる語。

(4)2
【元】424 教 2 ゲン・ガン もと 漢ゲン・呉ガン(グヮン) 元 yuán　2421 3835

筆順 一 二 テ 元

字義 ❶もと。本原。「根元」❷はじめ。初始。❸一。第一。❹かしら。㋐あたま。頭。㋑おさ。首長。君主。❺たみ。人民。❻年号。「紀元」「改元」❼天。また、天地の気。万物を生ずる気。❽大きい。❾よい（善）。正しい。美しい。❿王朝の名。モンゴル帝国第五代の世祖忽必烈（フビライ）が宋（ソウ）を滅ぼして中国本土に建てたもので、国号を元と称し、大都（今の北京市）に都した。その領土は、最盛期には中国本土のほか、モンゴル・チベット、東は朝鮮半島から西はヨーロッパに達した。モンゴルは四代、元は十一代続き、明（ミン）に滅ぼされた。（一二七一―一三六八）

名乗 つかさ・なが・はじむ・はる・ゆき・よし

使いわけ もと〔元・本・基・下〕
〔元〕物事のはじめ。最初の方。「火元・元議員」
〔本〕下の部分。また、物事の大切な部分。「大本・農は国の本」
〔基〕助けとして用いる部分。また、物事を成り立たせる土台の部分。「資料を基にする・基になる思想」
〔下〕上に広がっているものに隠れる部分。また、影響の及ぶ範囲。「灯台下暗し・法の下の平等」
なお「口は災いの因・親許・スープの素」などは仮名書き。

解字 甲骨文 金文 篆文 象形。かんむりをつけた人の象形で、かしらの意味を表す。元を音符に含む形声文字に、完・玩（ガン）・頑・院などがあり、これらの漢字は、「めぐらす」の意味を共有している。

▼一元・改元・還元・帰元・紀元・乾元・建元・始元・中元・天元・復元

【元化】ゲンカ ①造化の神の偉大なはたらき。②帝王の徳化。
【元気（氣）】ゲンキ ①万物を産み育てる気。天地の気。玄気。②心身の活動の、根本の気力。③国㋐さかんな意気。威勢。勇気。㋑たっしゃ。健康。
【元九】ゲンキュウ 中唐の詩人、元稹（ゲンシン）をいう。九は排行。↓元稹。
【元凶・元△兇】ゲンキョウ ①大悪人。②悪人のかしら。元悪。
【元曲】ゲンキョク 元代、北方の大都（今の北京市）を中心に盛行した雑劇。原則として四折（幕）で構成され、主役の歌曲を中心に劇を展開する。馬致遠の「漢宮秋」、王実甫（オウジッポ）・関漢卿（カンカンケイ）合作の「西廂記（セイソウキ）」などが有名。元雑劇。北曲。
【元君】ゲンクン ①りっぱな君主。②父祖。③道教で女の仙人をいう。↕真人（男の仙人）。
【元勲（勳）】ゲンクン 大きいてがら。国家を興す力となった大功。また、その功のあった人。
【元軽（輕）白俗】ゲンケイハクゾク 唐の詩人元稹（ゲンシン）・白居易の詩は、軽薄卑俗で格調が高くないとそしった語。〔宋、蘇軾、祭柳子玉文〕
【元結】ゲンケツ ①中唐の詩人・文章家。字（あざな）は次山。（七二三―七七二）。②国もとゆい（ひ） 髪をしばり結ぶもの。
【元元】ゲンゲン ①たみ（民）。②よい。③根本。④ゲンをゲンとす 根本にさかのぼる。
【元后】ゲンコウ ①おおぎみ。天子。元は大、后は君。②天子の正式のきさき。皇后。
【元好問】ゲンコウモン 金代第一の詩人。字（あざな）は裕之（ユウシ）。号は遺山。著に『元遺山集』がある。（一一九〇―一二五七）
【元△寇】ゲンコウ 元の国が文永十一年（一二七四）・弘安四年（一二八一）

に九州地方に来襲したことをいう。

【元号】ゲンゴウ ＝年号（三五三ﾍﾟ）。

【元士】ゲンシ ①りっぱな士。善士。②上士。中士・下士に対していう。

【元子】ゲンシ ①長子。長男。②天子の第一皇子。

【元史】ゲンシ 書名。二百十巻。明の宋濂・王褘らが勅を奉じて作った、元代の歴史を記した書物。叙述が粗略で、正史中最悪の作といわれ、後に民国の柯劭忞は、『新元史』二百五十巻を編集した。

【元二】ゲンジ 盛唐の人。元は姓、二は排行。元結ともいわれるが不明。→元結。

【元日】ガンジツ ①一年の最初の日。②よい日。吉日。

【元首】ゲンシュ ①かしら。頭。②君主。天子。③年のはじめ。

【元宵】ゲンショウ 上元の夜。陰暦正月十五日の夜。元夕。

【元△辰】ゲンシン 一月一日。

【元△稹】ゲンシン 中唐の詩人。字は微之。白居易の親友。著に『元氏長慶集』がある。（七七九—八三一）

〔元稹〕

【元帥】ゲンスイ 一番上に立って率いる人の意。①総大将。②上卿。第一級の家老。③国旧陸海軍の大将で、特に選ばれて元帥府に列せられた者に与えられた称号。

【元正】ゲンセイ 一月一日。

【元夕】ゲンセキ ＝元宵。

【元祖】ゲンソ ①祖先。先祖。②国ガンソ ㋐＝①。㋑物事を始め出した人。鼻祖。㋒ある商品を初めて発売した家。

【元△旦】ガンタン 一月一日の朝。元朝。

【元朝】ゲンチョウ ①＝元旦。②ゲンチョウ 元の王朝。

【元白】ゲンパク 中唐の詩人、元稹と白居易。二人は平易な詩を作って互いに唱和したので、その詩体は元白体と称された。

【元妃】ゲンピ ①第一のきさき。皇后。②正妻。

【元服】ゲンプク・ゲンブク 元（頭）に服する意。男子が成人になるしるしに、一定の儀式によって成人の衣冠をつけること。中国では二十歳、日本では十二歳から十五、六歳で行った。

【元来（來）】ガンライ もとから。もともと。本来。

【元良】ゲンリョウ ①大きな善。②りっぱな人。③皇太子。

【元老】ゲンロウ ①役人の長。元は大・長。②長く重要な地位に居た国家の功臣。③国㋐年齢・名望・官位の高い老人。㋑旧制で、皇室から特別な待遇を賜り、国家の大事について下問のあった老臣。㋒長年その部内で功労を積んだ人。

(5)3 【兄】425 教2 ケイ・キョウ　あに

筆順 丨 口 尸 兄

漢ケイ・呉キョウ（キャウ）庚 xiōng　2327 373B

兄にいさん

字義 ❶あに。にいさん。↔弟。❷同輩の間で用いる敬称。「大兄」「貴兄」❸大きい。すぐれる。❹ます。また、ますます。国え。えと（兄弟）のえ。十干の甲・丙・戊・庚・壬をいう。

名乗 えだ・これ・さき・しげ・ね　難読 兄国・兄山・兄矢・兄部・兄部坊

解字 甲骨文 金文 篆文 会意。口＋儿。口は、くちの意味。儿は、人の意味。また、頭上に立って弟妹の世話をやく人、あにの意味を表す。頭の大きな人の象形で、あにの意味を表すとする説もある。

▼家兄・学兄・貴兄・義兄・賢兄・庶兄・大兄・長兄・弟兄・父兄

【兄事】ケイジ 兄と見なして仕える。年齢や地位が自分に近い人に対して、兄のように思ってへりくだること。

【兄弟】ケイテイ・キョウダイ ①兄と弟。②弟。③自分と同じ排行の親戚の者。④婚姻によって生じた親戚同士。

【兄弟△鬩△牆外△禦△其務】ケイテイかきにせめぐもそとそのあなどりをふせぐ 兄弟はうちわ喧嘩をしていても、外からの攻撃に対しては力を合わせてこれを防ぐ。兄弟が助け合うのは自然の情愛であることを述べ、兄弟仲よくすべきをいう。〔詩経、小雅、常棣〕

【兄弟△之国（國）】ケイテイのくに 婚姻関係を結んだ国。〔韓非子、説難〕

【難△為（爲）兄、難△為（爲）弟】ケイたりがたく、テイたりがたし 兄となることも弟となることもむずかしい。優劣のないこと。負けず劣らずである。伯仲している。〔世説新語、徳行〕

(5)3 【充】426 △ ジュウ　充（429）の本字。→一〇七ﾍﾟ。

(6)4 【兇】427 △ 漢キョウ 呉ク 冬・腫 xiōng　2204 3624

字義 ❶おそれる。びくびくする。＝恟。❷わるい。わるもの。また、わる者。＝凶。

参考 現代表記では［凶］（541）に書きかえる。「兇行→凶行」「兇器→凶器」熟語は［凶］をも見よ。

解字 篆文 形声。儿＋凶㊐。音符の凶は、わるいの意味。わるい人の意味を表す。また、悪人をおそれるの意味をも表す。

【兇器】キョウキ 人を殺し傷つけるために用いる道具。凶器。

【兇兇】キョウキョウ おそれるさま。おそれさわぐさま。恟恟。

【兇行】キョウコウ 凶悪な犯行。凶行。

(6)4 【光】428 教2 コウ　ひかる・ひかり

筆順 丨 ⺌ 业 光

コウ（クヮウ）陽 guāng　2487 3877

字義 ❶ひかり。㋐光線。あかり。かがやき。「日光」㋑つや。いろ。色沢。「光沢」㋒はえ。さかえ（栄）。㋓ほまれ。㋔威勢。㋕めぐみ。恩恵。㋖飾り。㋗景色。「風光」「光景」㋘日・月・星。㋙時間。「光陰」㋚金・玉など、光沢のあるもの。❷ひかる。てる。かがやく。てらす。❸大きい。また、大いに。❹ひろい（広）。広がる。広める。また、満ちる。

名乗 あき・あきら・かね・さかえ・てる・ひこ・ひろ・ひろし・みつ・みつる　難読 光一・光主・光岡・光参・光沢・光満

解字 甲骨文 金文 篆文 会意。火＋儿。儿は、人の象形。人の頭上にひかる火の意味から、ひかりの意味を表す。光を音符に含む形声文字に、晃・洸などがあり、これらの漢字は、「ひかる」の意味を共有している。

▼威光・栄光・円光・観光・眼光・脚光・休光・極光・剣光・後光・国光・寂光・春光・消光・水光・風光・浮光・夜光・陽光・余光・来光・竜光

【光陰】コウイン 年月。時間。光は太陽・昼。陰は月・夜。

【光陰者百代之過客】コウインはヒャクダイのカカクなり 月日は永遠に休むことなく過ぎてゆく旅人のようなものだ。→天地者万物之逆旅（三六六ﾍﾟ）

【光陰如△矢】コウインやのごとし 月日のたつことの速いたとえ。「如△矢」は、矢の飛ぶように速い、また、二度と帰らないの意。「光陰如△箭」「光陰如流水」ともいう。（箭は矢）

【光栄（榮）】コウエイ ①名誉。②さかえ。③照りはえる。

【光炎・光△焰・光△燄・光△爛】コウエン ①ひかりとほのお。②かがやくほのお。③盛んな勢い。

【光華】コウカ ①ひかり。輝き。美しい光。②さかえ。③ほまれ。名誉。

【光輝・光△暉・光△煇】コウキ ひかり。かがやき。光熙。

【光△熙】コウキ ＝光輝。

【光景】コウケイ ①ひかり。かがやき。景も、光。②景色。ありさま。③めぐみ。恩沢。④威勢。威光。⑤日月。

【光彩・光△采】コウサイ ①美しい光（輝き）。②輝くばかり美しい

色どり。

【光彩陸離】コウサイリクリ 光(色)が入り乱れて、まばゆいほど光り輝くさま。

【光昭・光照】コウショウ 明らかにひかりてらす。

【光沢(澤)】コウタク つや。ひかり。いろつや。

【光背】コウハイ 仏仏像の背後に作りつけた、光を表す形のもの。俗に後光(御光)という。

【光被】コウヒ ①広く及ぶ。行きわたる。②あまねく照らす。

【光武帝】コウブテイ 後漢の初代の天子。姓は劉リュウ、名は秀。王莽オウモウを破り、都を洛陽に移し、後漢の王朝を建設した。(前六—後五七)

【光風】コウフウ ①日光と風。風光。②光る風。㋐五、六月ごろ、太陽に輝く若葉・青葉に吹く風。㋑夏の雨後の草木に吹き渡る風。㋒春光うららかな日の風。

【光風霽月】コウフウセイゲツ ①雨後に吹くさわやかな風と輝く月。霽は雨がはれること。②心にわだかまりがなく、さっぱりとして高明なこと。③よく治まっている世のさま。

【光芒】コウボウ ひかり。かがやき。光の放射。芒は、稲などののぎ。

【光明】コウメイ ①ひかり。かがやき。明らかな光。②ほまれ。名誉。③国コウミョウ 希望。成功の見込み。「一縷イチの光明」

【光明正大】コウメイセイダイ 心が潔白で正しく大きいこと。公明正大。

【光曜・光燿・光耀】コウヨウ ①ひかりかがやく。また、照らす。②ひかり。かがやき。

【光臨】コウリン 人の来訪を敬っていう語。光が上から下に来たりのぞむ意。光来。

【光禄池台(臺)】コウロクのチダイ りっぱな邸宅をいう。前漢の光禄大夫(宮中の顧問官)、曲陽侯キョクヨウコウ王根の邸宅が実にりっぱであったことからいう。〔唐、劉廷芝、代下悲二白頭一翁上詩〕光禄池台開二錦繡一コウロクのチダイ、キンシュウをひらき、将軍楼閣画二神仙一ショウグンのロウカク、シンセンをえ(ゑ)がく。〈光禄大夫王根の池のほとりの高殿の錦をひろげたような宴会に臨み、大将軍梁冀リョウキの神仙を描いた邸宅での遊びのような催しにも参加した〉

(6)4 【充】 429 常 ジュウ あてる

シュウ(シウ) 東 chōng
慣ジュウ(ジウ)

2928
3D3C

筆順 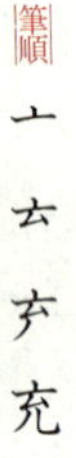

【充】本字

字義 ❶みちる。みたす。「補充」❷あてる。「充当」あたる。❸ふさぐ。おおう。ふさがる。❹そなえる。あてがう。備わる。❺多い。わずらわしい。

名乗 あつ・たかし・まこと・み・みち・みつ・みつる 難読 充行あてがい

使いわけ あてる〔充・当〕
割りあてる・振りあてる意に限り〔充〕を用い、〔当〕はすべての場合に用いる。「収入の大半をローンの返済に充てる・的に当てる・手を当てる・光を当てる」

解字 篆文  形声。儿+𠫓(育)音。儿は、ひとの象形。音符の育は、はぐくむの意味。育って成人となるの意味から、みちるの意味を表す。

▼拡充・補充

【充実(實)】ジュウジツ ①じゅうぶんに満ちる。中身がいっぱいになる。②じゅうぶんな中身。完全な実ジツ。

【充羨】ジュウセン ①みちる。いっぱいになる。②満ちあふれる。

【充足】ジュウソク ①みちたりる。②満たす。

【充塞】ジュウソク みたしふさぐ。また、覆いふさぐ。

【充塡】ジュウテン ①みたしつめる。あてはめる。②つめる。

【充当(當)】ジュウトウ あてはめる。あてがう。

【充棟】ジュウトウ むな木にとどく意。蔵書の多いこと。→汗牛充棟(六一六ページ)。

【充分】ジュウブン 物事の満ち足りるさま。いっぱい。十分。

【充満(滿)】ジュウマン ①いっぱいにみちる。②気力・怒気などが顔色に表れているさま。

(6)4 【先】 430 教1 セン さき

セン 先 xiān

3272
4068

筆順 

字義 ❶さき。㋐はじめ。第一。㋑まえ。先頭。㋒むかし。以前。㋓死んだ。亡くなった。「先君」㋔祖先。❷さきがけ。さきだち。㋐てびき。紹介。㋑さきぶれ。❸まず。さきに。㋐第一に。さきがけとなって。〔大学〕欲レ治二其国一者、先斉二其家一そのくにをおさ(を)めんとほっするものは、まず(づ)そのいえ(へ)をととのう(ふ)。㋑あらかじめ。前もって。㋒さし当たり。ひとまず。また、ともかくも。❹さきんずる。㋐さきにする。機先を制する。㋑とうとぶ。「優先」㋒すぐれる。㋓重んずる。❺進む。進める。

名乗 すすむ・ひろ・ゆき 難読 先斗ぽんと

参考 現代表記では〔尖〕(1716)の書きかえに用いることがある。「尖鋭→先鋭」「尖端→先端」

解字 甲骨文 金文 篆文  会意。儿+之。儿は、人の象形。之は、足あとの象形の変形したもの。人の頭部よりもさきに踏み出した足あとのさまから、人よりもさきだつの意味を表す。先を音符に含む形声文字に、詵シ・洗などがあり、洗は、酒などに通じて、「あらう」の意味を表す。

▼機先・祖先・卒先・率先・優先

【先王】センオウ ①昔の聖天子。儒教で、理想の王とされた、尭ギョウ・舜シュン・禹ウ・湯・文・武の諸王。②先代の王。

【先覚(覺)】センカク ①人にさきだってさとること。また、その人。先進。②学問や見識などの非常にすぐれている人。↔後覚。③昔の大学者。

【先駆(驅)・先敺】センク ①行列の先払い。②戦陣のさきがけ。前駆。先鋒センポウ。③転じて、他にさきだって事をする。「先駆者」

【先君】センクン ①先代の君主。また、歴代の君主。②亡父。先考。③祖先。

【先見】センケン 事前に見ぬくこと。「先見の明(先のことを見ぬく眼力)」

【先賢】センケン 昔の賢人。

【先考】センコウ 亡父。考はなくなった父。↔先妣センピ。

【先行】センコウ ①さきに行く。②さきに立って案内する。手びきする。③さきに行う。④以前の行い。

【先刻】センコク 国①さきほど。さっき。②かねて。まえから。

【先子】センシ ①亡父。子は尊称。②先祖。③夫の亡父。先舅センキュウ。

【先史】センシ 有史以前。記録より前の意。「先史時代」は、記録の方法のまだなかった時代。↔有史。

【先師】センシ ①手本とすべき昔の賢人・学者。②死んだ、先生・師匠。③孔子。

【先従(從)レ隗始】まず(づ)カイよりはじめよ →従レ隗始(二一六七ページ)。

【先蹤】センショウ 昔の人の足跡。①前人の行いの跡。②前例。

【先秦】センシン 秦の始皇帝より以前。春秋・戦国時代。

【先進】センシン ①学問・年齢・官位などの自分より上にあること。また、その人。先輩。↔後進。②文化の程度の進んでいること。

【先人】センジン ①祖先。②亡父。③むかしの人。前人。④むかしの賢人。

【先世】センセイ ①前の世。②祖先。

【先生】センセイ ①さきに生まれる。また、その人。↔後生。②父兄をいう。③自分よりも先に道を修めた人。④学徳のある人。⑤教師。師匠。⑥人を呼ぶ敬称。⑦国人をからかう気持ちで、あるいは軽蔑ケイベツして呼ぶ語。

【先制】センセイ 先手をとる。さきんじ制する。機先を制する。

【先聖殿】センセイデン 孔子を祭った建物。大成殿。

【先即(卽)制レ人】さきんずればひとをせいす　人よりさきに事をすれば、人を支配することができる。〔史記、項羽本紀〕――、後則為ニ人所一レ制すなわ(は)ちひとのせいするところとなる〈――、人におくれて事を行えば、必ず人に先手をとられておさえられてしまう〉

【先代】センダイ　①前の世。②今の主人の前の主人。

【先達】センタツ　①学問・官位などが自分より上にある人。その道の先輩。先進。②高僧。③国センダツ・センダチ　㋐修験者(山伏)が峰入りする時に道案内してゆく古参者。㋑転じて、一般に、先に立って導く人。案内者。㋒＝①。

【先帝】センテイ　前代の天子。

【先哲】センテツ　昔の賢人。先賢。

【先哲△叢談】センテツソウダン　国書名。八巻。原念斎はらネンサイ(名は善)の著。江戸時代の儒者・文人七十二人の伝記を集録した書。後編八巻・続編十二巻は東条琴台の著。

【先天】センテン　①天にさきだつ。天よりもさきに存在する。また、天よりもさきに立って行動する。②宇宙の本体をいう。③国生まれる以前の意。生まれる以前から身に備わっていること。↔後天。「先天性(先天の性質)」「先天的(生まれる以前から身に備わっているもの。生まれながらに持っているもの)」

【先道・先導】センドウ　さきに立ってみちびく。案内する。

【先入】センニュウ　①さきに入る。②最初にまたは以前に心に入ったこと。「先入観(先入観念)」は、前に心に入った事によって作りあげられている固定的な観念。それが自由な思考の支障となる場合にいう。「先入主」も同意。もと「先入為レ主センニュウシュとなる」の誤用。

【先輩】センパイ　①自分より年齢の上の者。また、自分より先に学業を修めた者。↔後輩。②妻が夫をいう称。③国自分の出身学校を先に卒業した者。また、勤務先や学校に先に入った者。↔後輩。

【先△妣】センピ　①なくなった母。亡母。↔先考。②先祖の母。妣は、もと、母。後、もっぱら亡母の意となる。

【先△鞭】センベン　人よりさきに馬に鞭むちを加える意で、人よりさきに進んで功名を立てようとすること。晋シンの劉琨リュウコンの故事。「先鞭をつける」

【先△鋒】センポウ　①軍陣や戦闘のさきがけ。鋒は、もと、ほこ(武器の名)・ほこさきの意。↔殿しんがり軍。②転じて、率先して事をなす者。

【先務】センム　第一になすべき仕事。急務。

【先憂後楽(樂)】センユウコウラク　①民衆にさきだって天下の事を憂え、民衆が皆安楽な日を送るようになって後に楽しむこと。志士・仁人の心がけをいう。〔宋、范仲淹、岳陽楼記〕⇩先ニ天下之憂一而憂てんかのうれえ(へ)にさきんじてうれえ(へ)、後ニ天下之楽一而楽てんかのたのしみにおくれてたのしむ(三六三ジ)。②憂苦を切りぬけて後に安楽を得ること。

【先容】センヨウ　人を推薦すること。採用してもらう前に、先ずその人物をほめたたえてすすめる意。

【先例】センレイ　①これまでの例。しきたり。②のちの手本となる例。

(6)4【兆】431　教 4　チョウ　きざす・きざし　3591 437B

漢チョウ(テウ)　呉ジョウ(デウ)　篠 zhào

筆順　丿 丬 兆 兆

字義　❶うらかた(占形)。占いのために亀かめの甲を焼いた時にできる割れ目。そのありさまによって吉凶を占う。❷うらなう。うらない。❸きざし。しるしがあらわれる。「前兆」❹はじめ。また、はじめる。はじまる。❺かぎり。区域。㋐祭りの庭。祭場。㋑墓地。墓場。❻数の単位。㋐億の十倍。㋑億の万倍。❼数が多い。❽たみ。人民。「億兆」

名乗　とき・よし　難読　兆向きと

解字　甲骨文　篆文　象形。甲骨文は、うらないのとき亀甲キッコウに現れる割れ目の象形で、きざしの意味を表す。兆を音符に含む形声文字に、佻チョウ・垗チョウ・挑・桃・眺・祧チョウ・誂チョウ・跳・逃・銚チョウ・鞉トウなどがあり、これらの漢字は、「二つに弾け割れる」の意味を共有している。

▼億兆・吉兆・凶兆・占兆・前兆・夢兆

【兆域】チョウイキ　墓場。墓地。

【兆候】チョウコウ　きざし。物事の起こる前ぶれ。前兆。

【兆占】チョウセン　①うらない。②うらかた(占形)。占いのために焼いた亀かめの甲に現れる割れ目。

【兆民】チョウミン　多くの民。万民。衆庶。「百姓兆民」

(7)5【克】432　常　コク　2578 396E

コク　職 kè

筆順　十 古 古 克

字義　❶よくする(能)。㋐できる。能力がある。㋑しとげる。㋒たえる(耐)。㋓おさめる(治)。整える。❷よく。十分に。「克明」❸かつ。㋐争いに勝つ。㋑勝ちたがる。㋒私欲に勝つ。「克己」㋓せめる(責)。❹定める。きめる。

名乗　いそし・かつみ・すぐる・たえ・なり・まさる・よし

参考　現代表記では[剋](599)の書きかえに用いることがある。「下剋上→下克上」「相剋→相克」

解字　甲骨文　金文　篆文　象形。甲骨文・金文でわかるように、重いかぶとを身に着けた人の形にかたどり、重さに耐える、うちかつの意味を表す。

▼相克

【克己】コッキ　おのれにかつ。自分のわがままな心(欲望)にうちかつこと。剋己コッキ。〔論語、顔淵〕克レ己復レ礼為レ仁おのれにかちてれいにかえ(へ)るをジンとなす(三四〇ジ)。

【克己復礼(禮)】コッキフクレイ　→克レ己復レ礼為レ仁(三四〇ジ)。

【克似】コクジ　よく似ていること。酷似。

【克服】コクフク　うち勝って服従させること。うち勝つこと。

【克復】コクフク　①克己復礼の略。自分の欲望にうち勝って礼を守るようにする。②勝ってもとの状態にもどすこと。乱を平げることなどにいう。剋復コクフク。

【克明】コクメイ　①細かくくわしいこと。落ちのないこと。②まめやか。実直。③よくあきらか。じゅうぶんに明らか。

【克励(勵)・克△厲】コクレイ　私欲・私情にうち勝って努めはげむこと。剋励コクレイ。

(7)5【児】433　教 4　ニ ジ・　稚児ちご　2789 3B79

(8)6〔兒〕434　人 許　4927 513B

㊀漢ジ・呉ニ　支 ér　㊁ゲイ　斉 ní

筆順　丨 𠂆 旧 旧 児

字義　㊀❶こ(子)。㋐ちのみご。わらべ。「乳児」「童児」㋑男の子。↔嬰。「男児」㋒こども。↔親。❷青年。若者。また、兵士。❸子が親に対する自称。また、婦女の自称。❹人を侮り言う語。小僧。青二才の意。❺物の名にそえる接尾語。「蜂児ホウジ(はち)」「梨児リジ(なし)」　㊁年老いて生える歯。

名乗　ちご・のり・はじめ・る　難読　児水ちょうず・児負原こうがはら・こうのはら・児木いちこ・のき

解字　甲骨文　篆文　象形。総角あげまきという子供の髪型にゆっている幼児の象形で、男の子の意味を表す。児を音符に含む形声文字に、倪・睨・蜺・霓・鯢・麑などがあり、すべてゲイと読む。

▼遺児・棄児・健児・蚕児・侍児・小児・女児・稚児・豚児・乳児

【児戯(戲)】ジギ　子どもの遊び。転じて、取るに足らぬつまらぬやり方をいう。「児戯に類す」

【児女】ジジョ　①男の子と女の子。むすこと、むすめ。②子ども。③女の子。④女や子ども。児女子。

【児曹】ジソウ　子どもら。曹はともがら、複数を表す。

【児孫】ジソン　子や孫。子孫。

【不下為(爲)ニ児(兒)孫一買中美田上】ジソンのためにビデンをかわ(は)ず　子孫のた

めに立派な田地を財産として買い残すことはしない。子に苦労させるのを家訓としている。〔西郷隆盛、偶成詩〕一家遺事人知否、——。〈わが一家の子孫に残しておくことを人は知っているかどうか。——〉

【兒童】子ども。

【兒輩】①＝兒曹。②人を軽蔑していう語。小僧ども。小僧っ子。青二才。

(7)5 【兕】435 △ 漢シ 呉ジ 紙 sì

字義 ❶野牛に似た一角の獣。皮は堅厚でよろい(兕甲)を作り、角はさかずき(兕觥)を作る。❷犀の雌。

解字 文 篆 古 文 象形。野牛に似た一角獣にかたどり、その意味を表す。

〔兕〕

【△匪レ兕△匪レ△虎率ニ彼△曠野ニ】兕や虎でもないのにはてしない野原をさまよう。時の為政者に用いられず流浪の旅をしている賢人や長期間出征している兵士などの嘆き。孔子が天下を周遊して陳・蔡の軍隊に囲まれたときにも、この詩句を引いて慨嘆した。〔詩経、小雅、何草不黄〕

(7)5 【兌】436 △ 一漢タイ・呉ダイ 泰 duì 二エイ 霽 ruì 三漢エツ・呉エチ 屑 yuè 慣ダ 4928 513C

［兊］俗字

字義 一❶よろこぶ(悦)。❷かえる。引き換える。❸あつまる。❹とおる。通ずる。❺なおい。まっすぐ。❻あな(穴)。目・耳・口・鼻など。❼易の八卦の一つ。☱。沢・秋・少女・西方などに配する。❽易の六十四卦の一つ。䷹兌下兌上。心を正しくすれば、事がすべて成就するかたち。二するどい。＝鋭。三よろこぶ。＝悦。

解字 甲骨文 篆 文 会意。八＋兄。八は、分散するの意味。兄は、いのるの意味。いのることによって、むすぼれた気持ちが分散し、よろこぶの意味を表す。兌を音符に含む形声文字に、帨・悦(悅)・挩・脱(脫)・梲・涚・税(稅)・蜕・説(說)・鋭(銳)などがあり、これらの漢字は、「抜け落ちる」の意味を共有している。

【兌換】取り替えること。貨幣を他種の貨幣と取り替えること。また、紙幣を正金に引き替えること。

(7)5 【兎】437 標 ト 兔(442)の印刷標準字体。↓下段。 ［兎］ 3738 4546

(7)5 【禿】438 標 トク 屋 tū 3837 4645

字義 ❶はげ。㋐はげあたま。禿頭。㋑はげやま。樹木のない山。❷はげる。㋐頭髪がぬけ落ちてなくなる。㋑山の樹木がなくなる。㋒木の葉が落ち尽くす。㋓ちびる。筆の毛などがすり切れる。国かぶろ。かむろ。㋐はげあたま。㋑短くきりそろえた、子どもの髪。また、その子ども。㋒遊女に仕える少女。

難読 禿筆

解字 篆 文 会意。禾＋儿。禾は、穀物のまるいつぶの意味。儿は、人の象形。頭髪がなく穀物のつぶのようにつるつるしている、はげるの意味を表す。

【禿翁】はげ頭の老人。

【禿筆】①穂さきのすりきれた筆。ちびふで。②自由に書けない詩文の意。自作の詩文の謙称。

(7)5 【免】(445) メン 免(444)の旧字体。↓下段。 2238 3646

(8)6 【尭】439 人 2238 3646

(12)土9 〔堯〕440 ギョウ(ゲウ) 蕭 yáo 8401 7421

筆順 十 土 垚 尭

字義 ❶たかい。たかし。❷ゆたか。❸中国古代伝説上の帝王の名。陶唐氏。舜とともに理想的な聖天子とされる。

名乗 あき・たか・たかし・のり

解字 甲骨文 篆 文 会意。垚＋兀。垚は、土を高く盛るの意味。兀は高くて上が平らの意味。たかいの意味を表す。堯を音符に含む形声文字に、嶢・暁(曉)・焼(燒)・翹・驍などがあり、これらの漢字は、「(人の注目を引くほどに)高い」の意味を共有している。

【尭尭】山などの非常に高いさま。

【尭△桀】①聖天子といわれる尭帝と、代表的暴君といわれる夏の桀王。②転じて、聖天子と暴虐な天子。

【尭△舜】中国古代伝説上の帝王の名。五帝のうち第四の尭と、尭が位をゆずったという舜。儒家で理想の聖天子とし、道家で無為の治を行った天子としたことから、転じて、聖天子、りっぱな天子をいう。↔桀紂(夏の桀王と殷の紂王)。

【尭天】尭のようにすぐれた天子。聖天子。

【尭風△舜雨】尭・舜の二帝の恩徳が、風雨のように広くゆき渡る。また、尭舜の世のように気象状態が順調(五風十雨)であること。太平の世の形容。尭雨舜風ともいう。

(8)6 【兒】(434) ジ 児(433)の旧字体。↓一〇八ページ。 4927 513B

(8)6 【兟】441 △ 一シン 侵 jīn 二サン 翰 zàn

字義 一するどい。二たすける(賛)。

解字 篆 文 会意。先＋先。先は、かんざしの意味。かんざしのように先がするどいの意味を表す。

(8)6 【兔】442 △ 漢ト 呉ツ 遇 tù

［兎］標準 3738 4546　［兔］同字 4929 513D

字義 ❶うさぎ。❷月の別名。兔は月を望んではらむという伝説に基づく。

難読 兔荷・兔児傘・兔道・兔並・兔和野

参考 〔兎〕は、俗字だが、印刷標準字体。

解字 甲骨文 篆 文 象形。甲骨文でよくわかるように、うさぎの象形で、うさぎの意味を表す。

【兔△烏】月日。歳月。光陰。月の中に兔がおり、太陽の中に三本足の烏がいるとの伝説に基づく。烏兔。

【兔角△亀(龜)毛】うさぎのつのと亀の毛。この世に有り得ない物事のたとえ。〔楞厳経〕

【兔糸(絲)△燕麦(麥)】ねなしかずらとからす麦。兔糸は糸の名があっても織ることができず、燕麦は麦の名があっても食べることができないことから、有名無実のたとえ。兔葵(いえにれ)燕麦。〔資治通鑑、梁紀〕

【兔死△狗△烹】→狡兔死良狗烹(七一〇ページ)。

【兔唇・兔△脣】上唇が縦に裂けている状態。

【兔走△烏飛】月日の速く過ぎ去るたとえ。↓【兔烏】。

【兔△魄】月をいう。

(8)6 【兔】443 △ ト 兔(442)と同字。↓前項。 4929 513D

(8)6 【免】444 常 メン まぬかれる 4440 4C48

(7)5 〔免〕445 一漢ベン・呉メン 銑 miǎn 二漢ブン・呉モン 問 wèn

筆順 ⺈ ⺈ 缶 免

字義 一❶まぬかれる。㋐のがれる。ぬけ出す。㋑止める。また、さける。はなれる。❷ゆるす。㋐聞き入れる。許可する。㋑罪を許す。「赦免」❸しりぞける。やめさせる。解職する。「任免」「罷免」❹去る。また、脱ぐ。脱ぎすてる。❺子を生む。＝

娩ベン。 二 喪服。また、喪服をつけて死者を弔う。

解字 金文　篆文　象形。金文でわかるように、開かれた「また」から新生児が生まれ出る形にかたどり、子を生むの意味を表す。娩ベンの原字。子がぬけ出るの意味から、ある状態をまぬがれるの意味を表す。免を音符に含む形声文字に、冕ベン・勉・娩ベン・挽バン・晩・輓バンなどがあり、これらの漢字は、「(力を込めて)ある物を引き抜く・ある事からまぬがれる」の意味を共有している。

▼解免・減免・赦免・除免・任免・罷免・放免

【免疫】メンエキ　体内に病原菌や毒素が入っても発病しないだけの抵抗力を持っていること。

【免△而無レ恥】まぬかれてはじ(ぢ)なし　どんな悪事を行っても、刑罰さえ受けなければよいとして、恥ずかしいとは思わない。良心の欠けていること。〔論語、為政〕

【免状(牀)】メンジョウ　国①赦免の意をしるした文書。赦免状。②免許状。③卒業証書の俗称。④江戸時代、領主がその年の年貢の高をしるして領民に下した文書。

【免税】メンゼイ　租税を免除する。

【羌】→羊部　〈七九〇ページ〉。

(9)7
【兗】446　△　エン　yǎn

［兖］俗字

字義 ❶夏カ王朝時代の九州の一つ。今の山東省の北西から河北省の南西にわたる地方。❷まこと(信)。また、正しい。

解字 形声。亢＋㕣㊥。亢は、おかの意味。音符の㕣エンは、「そう」の意味。黄河にそう丘陵地帯の意味を表す。古文では㕣。

(10)8
【党】447　教6　トウ　3762 455E

⑳黑8
［黨］448　トウ(タウ)　dǎng　8362 735E

筆順　丶　⺌　𫩏　党

字義 ❶むら。村里。㋐周代の行政区画の単位。五百家をいう。㋑生まれ故郷。ふるさと。「郷党」❷なかま。ともがら。一派。「党派」「徒党」❸みうち。親族。親類。❹したしむ。親しく交わる。❺たすける。助け合って悪事を隠し合う。〔論語、述而〕君子不レ党クンシはトウせず。❻へつらう。おもねる。❼かたよる。公平でない。❽よい。美しい。正しい。＝讜トウ。❾たまたま。また、あるいは。＝儻トウ。❿こいねがわくは。

国同じ地域に住む同族の武士の集団。

解字 篆文　形声。黑＋尙㊥。音符の尙ショウ→トウは、堂に通じ、一堂に集まった、ともがらの意味を表す。黑は、その連帯感を表すためのシンボルとしての色であったかもしれない。常用漢字の党は省略体による。

▼郷党・結党・残党・私党・政党・徒党・比党・野党・与党・郎党

【党規】トウキ　党の規則。党のきまり。党則。

【党議】トウギ　①その党派の主張する議論・決議。②党派を作って反抗したとして罪に問われること。

【党△錮】トウコ　後漢の末に宮中の宦官カンガンが政権をほしいままにしたとき、清節気概のある志士たちが集まってこれに対抗しようとしたが、失敗し、かえって宦官のために終身禁錮キンコの罰を受けたこと。〔後漢書、霊帝紀〕

【党人】トウジン　①同じ仲間の者。②同じ政党に属する人。③同じ郷里の人。

【党争(爭)】トウソウ　党派間の争い。政党間の争い。

【党派】トウハ　①なかま。くみ。主義・目的を同じくする者の組織する一つの集まり。②党の中の分派。

【党弊】トウヘイ　①党派を作ることから生じる弊害。②党派の内部に存在する弊害。

【党論】トウロン　①その党派の主張する議論。党議。②正しい議論。党は、正。

(11)9
【兜】449　標　漢トウ・呉ツ　慣ト　因 dōu　1985 3375

字義 ❶かぶと。また、帽子。頭巾ズキン。❷かこむ。つつむ。❸まどう(惑)。

解字 篆文　会意。兜＋皃省。兜は、人の頭をおおうかぶとの象形。皃は、人の頭の意味。かぶとの意味を表す。

(12)10
【兟】450　△　シン　真 shēn

字義 すすむ。進むさま。

解字 篆文　会意。先＋先。

［尭］→土部　〈二三八ページ〉。

(14)12
【兢】451　△　漢キョウ　呉コウ　蒸 jīng　4930 513E

字義 ❶つつしむ。また、いましめる(戒)。❷おそれる。❸きそう(競)。❹かたい(堅)。つよい。

参考 現代表記では［恐］(2213)に書きかえることがある。「戦々兢々→戦々恐々」

解字 甲骨文　金文　篆文　会意。克＋克。克は、重いかぶとをつけた人の象形。その二人が並びあらそうの意味を表す。

【兢兢】キョウキョウ　①おそれつつしむさま。恐恐。「戦戦兢兢」②堅く強いさま。

【兢△惶】キョウコウ　おそれる。おそれつつしむ。

【兢△悚】キョウショウ　おそれる。悚も、恐れる。

【兢△惕】キョウテキ　おそれる。おそれつつしむ。惕も、恐れる。

(17)15
【毚】452　△　漢サン・呉ゼン　慣ザン　咸 chán

字義 ❶ずるいうさぎ。はしこいうさぎ。また、足の速いうさぎ。「毚兎ザント」❷わずか。わづか。＝纔ザン。❸むさぼる。欲が深い。

解字 篆文　会意。㲋＋兔。㲋は、うさぎに似た獣の意味。兔は、うさぎの象形。すばしっこいうさぎが、同時に逃げて人の目をくらますさまから、足の速いうさぎ、ずるがしこいうさぎの意味を表す。

2
入部

〔部首解説〕 にゅう。いる。「内」「全」の人の形は、旧字体では入の形であり、また「両」の旧字体も「兩」と書かれ、いずれもこの部首に属していた。いま入部に属している文字と「入(はいる)」の意味とは直接のつながりはない。

入 一〇　1 仌 一一　2 内 一一　4 全 一二　6 兩 一二　7 兪 一三

(2)0
【入】453　教1　ニュウ　いる・いれる・はいる　漢ジュウ(ジフ)　呉ニュウ(ニフ)　慣ジュ・ニッ　緝 rù　3894 467E

筆順　ノ　入

字義 ❶いる。いれる。↔出。㋐はいる。「加入」。㋑くる（来）。「入朝」。㋒かえる（帰）。㋓よめにやる。また、人質にする。＝納。㋔おさめる。献ずる。「納入」。㋕身投げする。「入水」。㋖かかわる。「介入」。㋗受ける。聞き入れる。㋘仏教で、真理を悟ること。「悟入」。❷いり。収入。❸漢字音の四声の一つ。入声。→入声。

国❶いる。必要である。❷いり。季節や時期のはじまり。「彼岸のいり」❸興行などの客の数。❹しお。染め物を染料にひたす度数を数える語。「一入」

名乗 なり 難読 入間・入交・入之波・入生田・入部・入母屋・入野・入来

解字 甲骨文 金文 篆文 象形。いり口の形にかたどり、はいるの意味を表す。入を音符に含む形声文字に、内・納・訥・汭などがあり、これらの漢字は、「はいる」の意味を共有している。

▼移入・介入・吸入・購入・悟入・歳入・算入・収入・出入・侵入・先入・納入・搬入・編入・没入・乱入

【入寇】ニュウコウ 攻めて来ること。また、攻め入ること。

【入魂】ニュウコン 国①物事に精神をうちこむ。②ジッコン・ジュッコン・ジュコン 心やすく交わること。昵懇。

【入山】ニュウザン ①山にはいる。転じて、隠居する。②出家する。

【入室】ニュウシツ ①室に入る。②人妻となること。③学問・芸術の奥義に達する。室は、奥の間の意。→入レ室（三〇三ページ）。

【入寂】ニュウジャク 仏僧の死をいう。入滅。

【入相】ニュウショウ 朝廷にはいって宰相となる。国いりあい（ひ）①日のくれるころ。夕ぐれ。くれがた。②入相の鐘（夕方に寺でつく鐘）の略。

【入定】ニュウジョウ 仏①禅定にはいること。心を一所に定めて人間的な欲望をとめること。②聖者が死去すること。入滅。

【入神】ニュウシン 神の域に入る。人格・学問・技芸などが非常な高さに達すること。「入神の作（神わざのような傑作）」

【入水】ニュウスイ ①水にはいる。②ニュウスイ・ジュスイ 身投げする。また、身投げ。

【入声（聲）】ニッセイ・ニッショウ 漢字音の四声の一つ。（声はアクセント）音尾が急に下降し、かつ詰まる。音尾にフ・ツ・ク・チ・キ音のあるもの（例えば入・薬）。

【入籍】ニュウセキ ①他国に帰化して、その国籍にはいる。②結婚などをして他家の戸籍にはいる。

【入内】ジュダイ 国内裏に入る意。中宮または皇后にきまった婦人が、正式に皇后となる前に皇居に入ること。

【入唐】ニュウトウ・ニットウ 国唐の国へ行くこと。また、中国へ行くこと。

【入道】ニュウドウ ①仏門に入ること。②国㋐仏門に入った三位以上の人。㋑僧。また、在家のままで、僧の姿をしている人。㋒坊主頭の人。㋓坊主頭の化け物。㋔坊主頭のような形をしているもの。「入道雲」㋕まわり道。

【入念】ニュウネン 国ねんいり。注意のゆきとどいているさま。

【入梅】ニュウバイ 梅雨の季節にはいる。また、梅雨期。つゆの季節。

【入滅】ニュウメツ 仏①生死を超越した境地に入ることで、聖者の死をいう。滅度（涅槃）に入る意。②僧の死をいう。入寂。

【入門】ニュウモン ①門にはいる。門をはいる。②弟子になること。③手引き。初学者の手引きとして書かれた書籍につける名。

【入洛】ニュウラク ①洛陽（中国の昔の都）にはいること。転じて、都にはいること。②国ニュウラク・ジュラク 京都にはいること。

【量レ入倹（儉）レ用】いるをはかりてヨウをケンにす 収入を計算して支出を節約する。〔唐、白居易、与二微之一書〕

(3)1 【亾】454 △ボウ 亡（89）の本字。→五〇ページ。

(4)2 【內】（473） ナイ 内（472）の旧字体。→一二九ページ。

(6)4 【全】（160） ゼン 全（159）の旧字体。→六九ページ。

(8)6 【兩】（25） リョウ 両（24）の旧字体。→二六ページ。 4932 5140

(9)7 【兪】455 △ 【俞】俗字 ㊀ユ 虞 yú ㊁ユ 麌 yǔ 4933 5141

字義 ㊀❶しかり（然）。はい。承諾の返事。❷こたえる（答）。❸ますます（益）。いよいよ。＝逾。❹安らか。おちつく。また、よろこぶさま。❺丸木舟。㊁❶顔かたちがやわらぐ。❷なおる。いえる。＝愈。

解字 金文 篆文 会意。亼＋舟。亼は、木をくりぬくための工具の象形。『説文』では、亼を亼＋巜とし、巜は水の流れの象形という。丸木舟の意味を表す。転じて、すすむ、ますますの意味をも表す。兪を音符に含む形声文字に、喩・愉・揄・渝・瘉・窬・覦・諭・踰・輸・逾などがあり、これらの漢字は、「一部分を抜き取る」の意味を共有している。

【兪樾】ユエツ 清の学者。徳清（今の浙江省内）の人。字は蔭甫、号は曲園。著書に、『春在堂全集』三百三十巻がある。（一八二一―一九〇六）

【兪扁】ユヘン 兪跗と扁鵲。ともに古代の名医。

【兪兪】ユユ 安らかにゆったりとした様子。また、よろこぶ形容。

2 八（丷）部

〔部首解説〕はち。八には、わかれる意味があり、刀部に所属する「分」はその例であるが、部首としての八には、特定の意味はない。字形の下部にある八は、おもに「廾」（両手でささげ持つ）の変形であり、また「典」のばあいは「丌」（物をのせる台）の形にもとづく。

八 一二二 2 兮 一二三 公 一二三 六 一二四 4 共 一二六
并 一二六 5 兵 一二六 6 其 一二七 具 一二七 典 一二七
8 兼 一二八 14 冀 一二八

分→刀部 一三四ページ。半→十部 一六四ページ。弟→弓部 三七〇ページ。
前→刂部 一四一ページ。酋→酉部 一一二四ページ。益→皿部 七五八ページ。
翁→羽部 八八三ページ。異→田部 七三九ページ。曾→日・曰部 五二一ページ。
尊→寸部 三一六ページ。奠→大部 二七三ページ。與→臼部 九〇四ページ。
興→臼部 九〇四ページ。輿→車部 一〇七五ページ。夔→夊・夂部 二五〇ページ。
蠲→虫部 九七三ページ。

(2)0 【八】456 教1 ハチ や・やっ・やっつ・よう 漢ハツ 呉ハチ 黠 bā 4012 482C

八百屋・八百長

筆順 ノ 八

字義 ❶やっつ。やっつ。や。❷やたび。八度。❸八番め。❹わかれる（別）。わける。国❶やつ。時刻の名。現在の午前・午後の二時ごろ。❷数の多い意。「八つ裂き」

名乗 かず・わ・わかつ 難読 八街・八角金盤・八岐大蛇・八九十三・八橋・八月一日・八月朔日・八月十五日・八戸・八朔・八咫烏・八咫鏡・八社宮・八戸鏡野・八尺瓊曲玉・八手木・八十一鱗・八十梟師・八十場・八十八間・八十八騎・八女・八神・八仙花・八多喜・八太・八知・八頭・八幡・八百津・八百万・八祐・八鹿

参考 金銭の記載などには、文字の改変を防ぐため、捌の字を用いることがある。

解字 甲骨文 篆文

象形。二つに分かれているものの形にかたどり、わかれるの意味を表す。借りて、数のやつの意味に用いる。

▼王八・尺八・二八・亡八

【八佾】ハチイツ　①周代の天子の舞楽。一列八人ずつ八列にならんで（六十四人）行った。→佾（206）。②『論語』の編名。

【八音】ハチオン・ハチイン　①金・石・糸・竹・匏・土・革・木で作った八種の楽器。すなわち鐘・磬・絃・管・笙・塤・鼓・柷敔。②楽器。鳴り物。また、音楽。

【八卦】ハッカ・ハッケ　①八種の卦。乾☰・兌☱・離☲・震☳・巽☴・坎☵・艮☶・坤☷をいう。卦は掛で、物の象を掛けて人に示す意。この八卦を二つずつ組み合わせて六十四卦とし吉凶禍福を占う。⇩コラム・八卦（下段）。②国ハッケ　うらない。占。

【八家文】ハッカブン　唐宋の文豪八人の文章。→唐宋八大家（三〇五ページ）。

【八旗】ハッキ　清の八軍団の近衛兵。旗は軍団に授与された旗。日本のもとの連隊旗に当たる。太祖が清朝の創業に功労のあった者の子孫をもって組織し、黄・白・紅・藍の四旗を置いたが、後に各々を正・鑲に分けて八旗とし、後、蒙軍八旗（蒙古人をもって組織）・漢軍八旗（漢人をもって組織）を置くに及び、満軍（俗に満洲）八旗と称し、八旗の中心とした。

【八逆・八虐】ハチギャク　国大宝令に定められた八種の大罪。謀反・謀大逆・謀叛・悪逆・不道・大不敬・不孝・不義。

【八苦】ハック　仏人生における八つの苦しみ。生苦・老苦・病苦・死苦・愛別離苦・怨憎会苦・求不得苦・五陰盛苦。

【八景】ハッケイ　景色のよい八つの場所。①瀟湘（今の湖南省瀟湘地方）八景。平沙の落雁・遠浦の帰帆・山市の晴嵐・江天の暮雪・洞庭の秋月・瀟湘の夜雨・煙寺の晩鐘・漁村の夕照。②国近江（今の滋賀県）八景。比良の暮雪・矢橋の帰帆・石山の秋月・瀬田の夕照・三井の晩鐘・堅田の落雁・粟津の晴嵐・唐崎の夜雨。

【八元八愷】ハチゲンハチガイ　八元と八愷。太古の高辛氏の八人の才子と高陽氏の八人の才子。元は善、愷は和または楽、共にりっぱの意。［左伝、文公十八］

【八股文】ハッコブン　明・清の時代に、科挙（官吏登用試験）の答案に用いた文体。対句法により、文章の段階を八つに分けて論ずる。股は、対偶の意。

【八口】ハッコウ　①八人家族。②国やつくち　衣服のわきあけ。

【八荒】ハッコウ　八方の遠い地の果て。荒は果て。

【八紘】ハッコウ　天地の八方の隅。転じて、全世界。紘は天地をつなぐ綱。「八紘一宇」［日本書紀、神武紀］掩二八紘一而為レ宇（八紘をおおいて宇（いえ）となす）

【八州】ハッシュウ　①中国全土。②国㋐日本。大八洲。本州・四国・九州・淡路・壱岐・対馬・隠岐・佐渡の八州。州は島。㋑関東の八州。武蔵・相模・安房・上総・下総・常陸・上野・下野。

【八宗】ハッシュウ　日本に伝わった仏教の八つの流派。倶舎・成実・律・法相・三論・華厳・天台・真言の八宗。

【八十八夜】ハチジュウハチヤ　国立春から数えて八十八日めの日。太陽暦の五月一・二日ごろ。農家では種まきの時期とする。

【八駿】ハッシュン　周の穆王がこれを駆って天下をめぐったという八匹のすぐれた馬。

【八条目】ハチジョウモク　『大学』で説いている、修養の順序・方法および目的についての八箇条。格物・致知・誠意・正心・修身・斉家・治国・平天下。↔三綱領（明明徳・新民・止至善）。

【八陣図（圖）】ハチジンのズ　三国時代、蜀の諸葛亮の作った八陣（八つの陣形）の図形。洞当・中黄・竜騰・鳥飛・鳥翔・虎翼・折衝・衡（連衡）・握機（握奇）。

【八姓】ハッセイ・ハッショウ　国古代の八つのかばね。真人・朝臣・宿禰・忌寸・道師・臣・連・稲置。

【八節（節）】ハッセツ　年間の八つの気候の変わりめ。立春・春分・立夏・夏至・立秋・秋分・立冬・冬至。

【八朶】ハチダ　①八つに分かれた花弁。また、蓮の花。②国富士山の形容。富士山を遠望したとき、その頂の凹凸が蓮の花の先端に似ているので富士山を八朶の峰、芙蓉（蓮）の峰という。朶は、もと花の群がりを数える語、誤って花弁の意に用いた。

【八大地獄】ハチダイジゴク　仏八つの大地獄。等活・黒縄・衆合・叫喚・大叫喚・焦熱・大焦熱・無間。

【八代】ハチダイ　①次々と伝えた八人の世。八世。②後漢・魏・晋・宋・斉・梁・陳・隋の八つの時代。宋の蘇軾は、唐の韓愈の古文復興をたたえて、「文は八代の衰を起こす」といった。［宋、蘇軾、潮州韓文公廟碑］

【八達】ハッタツ　道路が八方に通ずること。交通の非常に便利なさま。「四通八達」

【八達嶺】ハッタツレイ　山名。北京市の西北にある。南東約十キロには居庸関があり、万里の長城の要害の地として知られた。現在ここにある長城は明代に改修したもの。

八卦

『易経（周易）』で、陰陽説にもとづき、奇数の爻⚊（陽爻）と偶数の爻⚋（陰爻）とを三本ずつ組み合わせ、八組の符号とする。これを〈八卦〉という。

易では、この八卦をもって天地の間の万物、自然界や人事の百般を象徴する兆象（うらかた）とする。

八卦	自然	人	性質	動物	身体	方位
乾☰	天	父	健	馬	首	北西
兌☱	沢	少女	説（よろこぶ）	羊	口	西
離☲	火	中女	麗（つく）	雉	目	南
震☳	雷	長男	動	竜	足	東
巽☴	風	長女	入	鶏	股	南東
坎☵	水	中男	陥	豕	耳	北
艮☶	山	少男	止	狗	手	北東
坤☷	地	母	順	牛	腹	南西

この八卦を二つずつ組み合わせると〈六十四卦〉となる。これによってあらゆる事象、吉凶禍福を占うのである。

【八道】ハチドウ　全国を区分した八つの地方。①日本。東海・東山・北陸・山陰・山陽・南海・西海の八道。②朝鮮。京畿・江原・咸鏡・平安・黄海・忠清・慶尚・全羅の八道。

【八難】ハチナン　①八つの欠点。②八つの災難。飢・渇・寒・暑・水・火・刀・兵。③仏修行をさまたげる八つの障害。地獄・畜生・餓鬼・長寿天・北鬱単越・盲聾瘖瘂・世智弁聡・仏前仏後。④国多くの欠点。

【八表】ハッピョウ　①八方の果て。表は、外。②天下。

【八分】ハップン　①書体の名。篆書と隷書の中間の字体。②

国ハチ のけ者にすること。「村八分」

【八方】ハッポウ ①東西南北と乾ケン（西北）・坤コン（西南）・艮ゴン（東北）・巽ソン（東南）。四方と四隅シグウ。②転じて、あらゆる方角。

【八面玲瓏】ハチメンレイロウ ①どの方面も曇りがなく、透き通って明るいこと。②心中の清らかなこと。③多くの人との交際を円満に処理すること。

【八面六臂】ハチメンロッピ ①八つの顔と六つのひじ。仏像の作りの一つ。②転じて、どの方面に当たっても巧みに処理する手腕・力量のあること。

(4)2
【兮】457 △ 漢ケイ 呉ゲイ 斉 xī　4934 *5142*
【兮】俗字

字義 助字。⇩助字解説

助字解説
訓読では読まないが、韻文の句間や句末に置いて語調を整える。〔史記、伯夷伝〕登彼西山兮、采其薇矣〈あの西山に登り、山中の野豌豆を採って食べていた〉

解字 甲骨文 金文 篆文
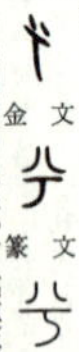
会意。八＋丂。八は分散するの意味。丂は、曲がった形の彫刻刀の象形。古代漢語の韻文中で、語勢を整える助字として用いられる。

(4)2
【公】458 教 2 コウ おおやけ 漢コウ 呉ク 東 gōng　2488 *3878*

筆順 ノ 八 公 公

字義 ❶表むきなこと。あからさまなこと。公然。❷かたよらず正しいこと。公平。公正。❸おおやけ。個人のことでなく、国家・社会などに関すること。みなが共にすること。公用。公金。↕私。❹きみ。天子。諸侯。国君。主人。❺五等爵（公・侯・伯・子・男）の第一位。❻官名。三公は、天子の補佐役。❼祖父・父・長老・年長者などに対する敬称。国コウ。人名などの下につけて親しみや軽蔑の意を表す語。「八公・熊公」

名乗 いさお・きん・さと・たか・ただ・ただし・とおる・とも・なお・ひろ・ひろし・まさ・ゆき　難読 公魚わかさぎ・公使くら・公庄ぐじょう・公孫樹いちょう・公任きんとう・公文くもん・公平たかひら

解字 甲骨文 金文 篆文
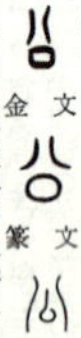
指事。八は、開くの意味とも、行の甲骨文・金文の上半分と同形で、通路の象形ともいう。口は場所を示す。みなが共にする広場のさまから、おおやけの意味を示す。常用漢字は口の部分がムに変形して公となった。公を音符に含む形声文字に訟・頌・翁などがあり、これらの漢字には、「おおやけ」の意味を共有するものが多い。

▼王公・郭公・貴公・君公・黄公・至公・相公・諸公・尊公・大公・太公・奉公・雷公・老公

【公安】コウアン 公共の安全と秩序。社会の秩序と平和。

【公案】コウアン ①仏禅宗で、修行者が禅の道理をさとるために課せられる問題。②役所の調書。③国思案。くふう。

【公営（營）】コウエイ 国国家または公共団体が経営すること。↕私営。

【公益】コウエキ 社会一般の利益。公共の利益。

【公家】コウカ ①君主の家。王室。②国家。③国コウ・ゲク ㋐朝廷。朝家。㋑主上。天皇。㋒朝臣。㋓殿上に伺候する資格のある家。堂上家。

【公開】コウカイ 公衆に対して開放する。広く公衆に見聞させる。

【公害】コウガイ 公衆の生活や衛生などに害を与えること。

【公館】コウカン ①地方官の役所。転じて、官吏の住宅。官舎。②身分の高い人の自宅。③大使館・公使館・領事館をいう。

【公器】コウキ ①宮中で用いる器具。②おおやけの物。多くの人の共有物。

【公義】コウギ ①おおやけの（一般に通ずる）道理。②公正な道理。③正しさ。④公人として守るべき正しい道。

【公儀】コウギ ①おおやけの事がら。②国㋐おもてむき。㋑朝廷。政府。㋒将軍家。幕府。㋓世間の儀礼。

【公議】コウギ ①公衆の是認する議論。世論。②公平な議論。③おおやけの評議。

【公共】コウキョウ ①共にする。共有する。公も共。〔史記、張釈之伝〕②おおやけ。社会一般。公衆。私に対する公、個人に対する衆人の意。

【公卿】コウケイ ①公と卿。三公九卿。転じて、高位高官をいう。②国ギョウ ㋐公と卿との併称。摂政・関白・大臣を公、大・中納言・参議及び三位以上の朝官を卿という。㋑殿上人の総称。宮廷の貴族。③「大臣公卿」と連ねて言うときは卿と同意。

【公権（權）】コウケン ①朝廷の権力。②国公法上の個人の権利。選挙権など。

【公言】コウゲン ①あからさまにいう。②公正な議論。どこにでも通ずる正しい言論。公論。

【公庫】コウコ ①政府の倉庫。②国政府の金庫。政府の設置した金融機関。

【公行】コウコウ ①公然と行われる。②官許の貿易商。

【公侯伯子男】コウコウハクシダン ①古代の諸侯の五等の爵位シャク（階級）の名。大国の諸侯は、公、中国は侯・伯、小国は子・男。②国もと、華族の五等の爵位（階級）の名。

【公算】コウサン 国確実さの度合い。確率。

【公山弗擾】コウザンフツジョウ 春秋時代、魯の季氏の家老。公山は姓、弗擾は名。逆臣陽虎と結んで三桓を滅ぼそうとして失敗した。公山不狃。〔論語、陽貨〕

【公子】コウシ ①諸侯や貴族の子。きんだち。②諸侯の女子。③天子・諸侯の庶子。

【公子王孫】コウシオウソン 貴公子たち。諸侯王の子女や孫たちのことであるが、貴族一般をさす。〔唐、劉廷芝、代悲白頭翁詩〕公子王孫芳樹下、清歌妙舞落花前〈貴公子たちと香りの高い花の咲く木の下で宴をはり、散る花の前で、清らかに歌いたくみに舞った〉

【公司】コウシ・コンス 商行為をもって営業する団体。会社。コンスは、現代中国語で company の音訳。

【公私】コウシ ①おおやけとわたくし。公事と私事。「公私混同」②君主と人民。

【公示】コウジ ①広く一般に示し知らせること。②官庁などが官報・公報・掲示などによって大衆または特定の人に示し知らせること。

【公事】コウジ ①おおやけの仕事。公務。また、公共の事がら。②国ジク ㋐表立った事がら。㋑平安時代、朝廷の政務・儀式をいう。㋒うったえ。訴訟。㋓租税。武家時代、租・庸・調の総称。

【公式】コウシキ ①おおやけの方式（儀式）。②正しいと認められている方式に従ってする仕方。③おもてむき。おおやけ。④一般的な法則を記号を用いて示したもの。

【公爵】コウシャク 五等爵の第一位。→公侯伯子男。

【公主】コウシュ 天子のむすめ。春秋時代、天子の女が諸侯に嫁する時、同姓の諸侯に事をつかさどらせたことに基づく。漢代には三公にこれをつかさどらせた。

【公衆】コウシュウ 社会の人々。一般の人々。民衆。

【公女】コウジョ 諸侯のむすめ。

【公正】コウセイ ①私心がなくて正しいこと。公平でかたよらないこと。公明正大。②明白で正しいこと。

【公西赤】コウセイセキ 公西華。孔子の弟子。字は子華。儀式・礼式に通じていた。（前五〇九—？）

【公選】コウセン ①公平に選ぶこと。②広い範囲から選ぶこと。③国一般国民の投票によってなされる選挙。その団体の所属

員の投票によってなされる選挙。
【公然】コウゼン　おおやけなさま。秘密でないさま。おおっぴら。
【公孫】コウソン　①国君の孫。諸侯の孫。また、公子の子。②貴族の孫。
【公孫△衍】コウソンエン　戦国時代の政論家。魏（ギ）の人。秦（シン）のために斉・魏に説いて趙（チョウ）を攻めさせ、趙を中心とする六国同盟をやめさせた。
【公孫△鞅】コウソンオウ　→商鞅（五四ページ）。
【公孫△僑】コウソンキョウ　→子産（元〇ページ）。
【公孫△弘】コウソンコウ　前漢の政治家、儒学者。武帝に仕え宰相となった。（前二〇〇—前一二一）
【公孫樹】コウソンジュ　木の名。いちょう。公（祖父）が種をまき、孫の代でその実が食べられるようになるからという。鴨脚（オウキャク）。
【公孫述】コウソンジュツ　後漢の群雄の一人。王莽（オウモウ）の末年に今の四川省に自立して蜀王（ショクオウ）と称したが、十四年後に後漢の光武帝に滅ぼされた。（？—三六）
【公孫△丑】コウソンチュウ　戦国時代、斉（セイ）の人。孟子（モウシ）の弟子。
【公孫竜（龍）】コウソンリュウ　①戦国時代の名家（論理学派）の学者。趙（チョウ）の人。弁論術に優れ、堅白異同（堅い石と白い石とは同じではない）・白馬非馬（白い馬は馬ではない）などの説を唱えて有名。著書に『公孫竜子』（三巻）がある。（前三二〇ころ—前二五〇ころ）②孔子の弟子。楚（ソ）の人。
【公達】コウタツ　国①政府からの通達。②（きんだち）「きみたち」の音便。㋐諸王をいう。㋑摂家（セッケ）・清華（セイカ）など、貴族の子弟をいう。
【公聴（聽）】コウチョウ　広く意見をきくこと。諸種の意見を公平な心できくこと。「公聴会」
【公田】コウデン　①→井田（四九ページ）。②君主の田地。官有の田地。
【公堂】コウドウ　①学校。②裁判所。③役所の建物。
【公道】コウドウ　①正しい道。時と所を超えて、常に正しいとされる道。②公平なやり方。③一般の人が通行するための道。↕私道。
【公徳】コウトク　①正しくりっぱな徳。②国社会公衆に対する徳義。「公徳心（公徳を重んずる精神）」
【公布】コウフ　①（法律・条約などを）広く一般に告げ知らせること。布は、ひろげしく。②おおやけに敷き施すこと。広く行う。
【公武】コウブ　国公家（クゲ）と武家。朝廷と幕府。「公武合体」
【公憤】コウフン　正義感から発する、公共のためのいきどおり。↕私憤。
【公文】コウブン　公文書。①公儀の文書。②政府や官庁の発した文書。
【公平】コウヘイ　かたよらず正しく、平等であること。「公平無私」

【公方】コウホウ　①私心がなくて正しい。②国（クボウ）㋐おおやけ。公事。㋑朝廷。㋒幕府または将軍の尊称。
【公僕】コウボク　国公衆に奉仕する人の意。官吏・公務員などをいう。僕は、しもべ・使用人。
【公民】コウミン　国国政に参与する資格を有する国民。市民。
【公務】コウム　おおやけの仕事。公事。公用。
【公明】コウメイ　私心がなく公平でかくしだてしないこと。
【公明正大】コウメイセイダイ　心が潔白で正しく大きいこと。潔白で私心のないこと。光明正大。
【公△冶長】コウヤチョウ　①孔子の弟子。公冶は姓、長は名。字（あざな）は子長。鳥のことばを解したという。②『論語』の編名。
【公約】コウヤク　社会公衆に対してする約束。
【公用】コウヨウ　①おおやけのために用いる。また、そのもの。②おおやけの仕事・用事。公務。↕私用。
【公羊伝（傳）】クヨウデン　書名。十一巻。戦国時代の斉の公羊高の著。孔子の整理した『春秋』の注解書の一つ。『左氏伝』『穀梁伝（コクリョウデン）』と共に春秋三伝といわれる。
【公吏】コウリ　①役人。②国公共団体の事務に従事する職員。県庁などの職員。直接国家（政府）の事務に従事する職員は官吏という。公務員。
【公里】コウリ　キロメートル。
【公理】コウリ　①おおやけに通ずる道理。正しい道理。公道。②国証明することができず、しかもだれもがその正しいことを認めざるを得ない、根本命題。
【公論】コウロン　①おおやけに（公然と）論ずる。②公衆の議論。世上一般の議論。③公平な議論。「万世の公論」

(4)2
【六】459　教1　ロク　む・むっ・むっつ・むい　漢リク・呉ロク　（中国音）liù　4727　4F3B

筆順　亠　亣　六

字義　❶むつ。むっつ。❷むたび。六度。❸六番目。❹易（エキ）の陰爻（インコウ）。- -。↕九（陽爻 —）。
国むつ。時刻の名。現在の午前・午後六時ごろ。「明け六つ」
難読　六月一日（うりはり）・六日（か）・六甲山（むこやま）・六合（くに）・六十（むそ）・六十谷（むそた・むとたに）・六十里（ついひじ）・六平（むかた）・六名（むつな）
参考　金銭の記載などには、文字の改変をふせぐため、陸の字を用いることがある。
解字　甲骨文　篆文
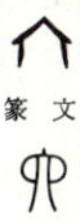
象形。甲骨文は、家屋の形にかたどる。転じて、数のむつの意味を表す。
▼丈六・双六

【六花】リッカ　雪の別名。六出花。六葩（リクハ）。

【六界】リッカイ・ロッカイ　仏①地獄・餓鬼・畜生・修羅・人間・天上。②地・水・火・風・空・識。六大。

【六△骸】リクガイ・ロクガイ　首・胴体・両手・両足。〔荘子、徳充符〕

【六気（氣）】リクキ・リッキ・ロッキ　①天地間の六つの現象。㋐陰・陽・風・雨・晦（カイ）・明。〔左伝、昭公元〕㋑寒・暑・燥・湿・風・火。㋒朝・日中・日没・夜半・天・地。②人間の六つの感情。好・悪（オ）・喜・怒・哀・楽。

【六義】リクギ　①『詩経』の詩の三種の内容上の体裁（風・雅・頌（ショウ））と表現上の三種の作法（賦（フ）・比・興）。②六書の①。

【六宮】リクキュウ・リッキュウ　天子の後宮として建てられた六つの宮殿。

【六宮粉△黛】リクキュウフンタイ　天子の後宮として建てられた六つの宮殿に仕える、化粧をこらした美女たち。〔唐、白居易、長恨歌〕六宮粉黛無₂顔色₁（リクキュウのフンタイ、ガンショクなし）。訳文⇩百媚（七五四ページ）。

【六極】リッキョク　＝六合。

【六軍】リクグン　天子の軍隊。軍は軍団。周の制度では、一軍は一万二千五百人。

【六経（經）】リクケイ・リッケイ　儒学の基本の教典とされる六種の書物。『易経・詩経・書経・春秋・礼記・楽経』。ただし、楽は書物としては伝わっていない。また、楽を除いて『周礼』を加えていう。

【六△卿】リッケイ　①六軍の長たる六人の大将。②周代の天・地・春・夏・秋・冬の六官の長たる六人の大臣。

【六芸（藝）】リクゲイ　①士（上流階級）の学ぶべき六種の技芸。礼・楽・射・御・書・数。御は車馬の操縦、数は計算。②漢代ころから、六経の別名。

【六合】リクゴウ　天地と四方。天下中（テンカジュウ）。全世界。

【六国（國）】リッコク　戦国時代の強国の中、秦（シン）を除いた六国。燕（エン）・斉・楚（ソ）・韓（カン）・魏（ギ）・趙（チョウ）。

【六国（國）相印】リッコクのショウイン　六か国の宰相の印綬（インジュ）。これを身につけるのは六国の宰相を兼ねること。〔十八史略、春秋戦国、趙〕使₃我有₂洛陽負郭田二頃₁（われをしてラクヨウフカクの、デンニケイあらしめば）、豈能佩₂六国相印₁乎（あによくリッコクのショウインをおびんや）。〈もしわたしに洛陽郊外のいい田地が二頃（約三・六アール）もあったなら、六国の相印を腰に帯びることなど決してできなかったであろう〉

【六根】リッコン・ロッコン　①目・耳・鼻・口・心・知。②仏（ロッコン）目・耳・鼻・舌・身・意。根は感覚・念慮の根本。

【六根清浄（淨）】ロッコンショウジョウ　仏六根によって生ずる欲望や迷いを断ち切って心身を清らかに保つこと。〔智度論〕

【六時】リクジ・ロクジ　一昼夜を六つに分けた時刻法での半日。

【六十△而耳順】ロクジュウにしてみみしたがう（ふ）　国六十歳になると何を聞いても素直に受け入れられるようになる。孔子の言葉。このことから六

十歳を「耳順」という。〔論語、為政〕――、七十而従二心所一レ欲、不レ踰レ矩。〈――、七十歳になると自分の望むままに行動しても、道徳からはずれることがなくなった〉

【六十六部】ロクジュウロクブ 〘仏〙①六部。書写した法華経を、日本全国六十六か国の霊場（寺）に一部ずつ納めること。②転じて、諸国行脚の僧。雲水。

【六書】リクショ ①漢字のなりたちと応用に関する六種の原理。象形・指事・会意・形声・転注・仮借。〔後漢、許慎、説文解字叙〕⇩コラム・六書（中段）。②漢代の六種の書体。古文・奇字・篆書・隷書・繆篆・虫書。〔後漢、許慎、説文解字叙〕

【六情】リクジョウ・ロクジョウ ①喜・怒・哀・楽・愛・悪。②〘仏〙六根によって生ずる情。→六根の②（一二四ページ）。

【六親】リクシン・ロクシン 六種の親族。①父・母・兄・弟・妻・子。〔管子、牧民〕②父・子・兄・弟・夫・婦（妻）。→次項。③六親については他にも異説が多いが、転じて、すべての身内、または家族をいう。

【六親不レ和有二孝慈一】リクシンワせずしてコウジあり 親子・兄弟・夫婦の仲がよくないから、よく親に仕え、子孫をいつくしむ徳が目立つのだ。孝や愛を美徳とする儒家に対する逆説的反論。〔老子、十八〕――、国家昏乱有二忠臣一。〈――、国家が乱れるから、忠義な家臣が目立つのだ〉

【六塵】ロクジン 〘仏〙六根（目・耳・鼻・舌・身・意）に触れて心をけがす六種のもの。色・声・香・味・触・法。

【六尺】リクセキ ①十五歳をいう。一尺は二歳半。一説に、今の四尺八寸。周の一尺は今の八寸。②〘国〙ロクシャク 昔、貴人のかごをかついだ人。かごかき。陸尺。

【六尺之孤】リクセキのコ 十四、五歳の、父に死に別れた幼君。〔論語、泰伯〕可三以託二六尺之孤一、可三以寄二百里之命一。〈十四、五歳の幼君を預けることができるし、百里四方の国の政令を預けることができる〉

【六大】ロクダイ 〘仏〙地・水・火・風・空・識。大は要素の意。世界の構成要素。

【六畜】リクチク・リクキュウ・ロクチク・リッキュウ・リッキク 六種の家畜。馬・牛・羊・豚・犬・鶏。

【六朝】リクチョウ 建業（建康、今の南京市）に都した呉（三国の一つ）・東晋・宋・斉・梁・陳の六国。一名、南朝。文化史では、三国の魏から南北朝を経て隋までをいう。貴族政治と貴族文化の発達を特色とした時代。魏・蜀・西晋と北朝をあわせ、魏晋南北朝時代と呼ぶ。

【六天】リクテン・ロクテン 六人の天帝。青帝（蒼帝）・木帝。東・春をつかさどる）・赤帝（炎帝・火帝。南・夏）・白帝（金帝。西・秋）・黒帝（水帝。北・冬）・黄帝（土帝。中央・土用）の五帝と上帝（北極大帝）。転じて、天。

【六典】リクテン ①周代、国家を治める六種の国法。治典・教典・礼典・政典・刑典・事典。典はのり・法。②唐の法律・制度を記した本の名。『唐六典』

【六韜三略】リクトウサンリャク ①『六韜』と『三略』。共に兵法の書。『六韜』は呂尚（太公望）の、『三略』は黄石公の著と伝えられる。②〘国〙兵法の極意。虎の巻。奥の手。

【六道】リクドウ・ロクドウ 〘仏〙人間がそれぞれの業によって、死後におもむき住む六種の世界。天上・人間・修羅・地獄・餓鬼・畜生。「六道銭」は、死者を葬る時、三途の川の渡し銭として棺に入れる六文の銭。

【六徳】リクトク 六つの徳。①知・仁・聖・義・忠・和。〔周礼、大司徒〕②礼・仁・信・義・勇・智。〔司馬法、仁本〕

【六波羅密】ロクハラミツ 〘仏〙理想の境地（涅槃）に達するために修める六種の行。布施・持戒・忍辱・精進・禅定・知慧（知恵）。波羅密（蜜とも書く）は梵語 pāramitā の音訳の波羅密多の略で、「彼岸に至る」の意。

【六馬】リクバ 天子の馬車をひく六匹の馬。

【六府】リクフ・ロップ ①水・火・金・木・土・穀。②＝六腑。

【六腑】リクフ・ロップ 六種の内臓。諸説がある。大腸・小腸・膀胱はどの説も入れており、他に胃・胆・咽喉・三焦のどれか三つを入れる。「五臓六腑」

【六部】ロクブ 〘仏〙六十六部の略称。

【六法】リクホウ・ロッポウ ①規準とすべき六つのもの。規（コンパス）・矩（さしがね）・権（おもり）・衡（はかり）・準（みずもり）・縄（すみなわ）。②六種の画法。③〘国〙憲法・刑法・民法・商法・刑事訴訟法・民事訴訟法の六つの総称。『六法全書』はこれの全文を集め載せた本。

【六味】リクミ・ロクミ 苦・酸・甘・辛・鹹・淡の六種の味。

【六幺】ロクヨウ 唐代の琵琶の曲名。

【六欲・六慾】ロクヨク・リクヨク 〘仏〙①六根から生ずる欲情。②色欲・形貌欲・威儀欲・言語欲・細滑欲・人相欲。

【六律】リクリツ 音楽の十二律の中の陽に属する六つの音。黄鐘・大蔟・姑洗・蕤賓・夷則・無射。↔六呂。

【六呂】リクリョ 音楽の十二律の中の陰に属する六つの音。夾鐘・中呂・林鐘・南呂・応鐘・大呂。↔六律。

【六竜（龍）】リクリョウ・ロクリュウ ＝六馬。竜は駿馬（すぐれた馬）をいう。

■六書

漢字を成り立ちと用法のうえから六種に分類したもの。後漢の許慎が中国最古の字書『説文解字』（西暦一〇〇年成る）で行った分類法。象形・指事・会意・形声・転注・仮借をいう。

象形 物の形にかたどる意味で、物の形を簡略化して絵画的に表現したもので、〔日・月〕などがそれである。

指事 抽象的概念などを線や点画などの符号によって関係的に指示するもので、木の上か〔末〕、下か〔本〕などの造字法がそれである。

会意 上記の象形・指事などの独体文字を組み合わせて意義を合成する文字で、〔林〕（木＋木）、〔明〕（日＋月）などがそれである。

形声 意義を表す意符（義符）と音韻を表す音符（声符）との両成分を合体させた文字で〔河〕（水＋可(音)）、〔江〕（水＋工(音)）などがそれであり、漢字の八割以上はこの形声文字が占める。上例で(音)を付した可・工がそれぞれ音符。

転注 同じ字形でありながら、意義の関連する別の語に転用していく文字使用法をいう。〔樂〕は、ガクと読んでどんぐりに似た楽器、鈴の象形から「音楽」の意味を表す一方、ラクと読んで「たのしい」の意味を表すのに転用されている。

仮借 本来、その語に固有の文字がなく、音韻の類似した、仮に他の字を借りて、その語を表そうとするものである。〔來〕は、本来「ライむぎ」の象形であるが「くる」の意味に仮借される。〔豆〕は、本来は「たかつき」の象形であるが、「まめ」の意味に仮借される。

いう。

【六礼(禮)】①重要な六種の礼。冠礼・昏礼(婚礼)・喪礼・祭礼・郷飲酒礼・相見礼。②婚姻に関する六種の礼。納采・問名・納吉・納徴・請期・親迎。

【分】→刀部　一三四ページ。

【半】→十部　一六四ページ。

(6)4
【共】460
教 4　キョウ　とも

一 漢キョウ・呉グ　宋 gòng
二 漢キョウ・呉ク　冬 gōng
三 漢キョウ・呉ク　腫 gǒng

2206
3626

筆順　一 艹 廾 共

字義 一 ❶とも。ともに。❷ともにする。
二 ❶そなえる。＝供。❷うやうやしい。つつしむ。＝恭。
三 ❶むかう。＝向。❷こまぬく。＝拱。手をこまぬく。
国 ❶とも。㋐いっしょ。同じ。「共ぎれ」㋑それら全部。「二人共」❷ども。㋐複数を表す。「悪者共」㋑謙遜の意を表す。「私共」❸キョウ。共産主義・共産党の略。

名乗 たか

解字 金文 [glyph]　篆文 [glyph]　指事。金文では、口が大きな物の形、廾が両手で、大きな物を両手でささげる事を示す。物をそなえる・ともに事をするの意味を示す。共を音符に含む形声文字のうち、「ともにする」の意味の系列のものに、供・巷・恭・拱・港・鬨などがあり、「大きい」の意味の系列のものに、洪・椇・烘などがある。

▼公共・不共

【共感】他人の意見や主張などに、その通りだと感ずること。

【共工】①官名。㋐堯の時、治水をつかさどった官。㋑舜の時、百工(各種の職人)の事をつかさどった官。②天神の名。頭は人で身体は蛇。

【共済(濟)】①ともに助けあう。②ともに事をなす。

【共催】二つ以上の団体が共同で催し物をする。

【共産】資産を共有する。「共産主義」は、財産の私有を認めず、すべての資産を国民の共有とし、これを国家が管理し、各人の労働・消費を平等にしようとする主義。

【共賛(贊)】①ともにたすける。②力ぞえしてたすける。

【共存共栄(榮)】ともに生存しともに栄えること。たがいに助けあってともに繁栄すること。

【共同】ともにする。同も、とも・ともにする。①二人以上の人が力を合わせて事をすること。②二人以上の人が同じ資格で結合すること。③他人と共有すること。他人と共に事にあずかること。◇「協同」との意味の違いがほとんどないので、現在では「共同」を用いることが多い。ただ、動詞となり得るのは「協同」。

【共犯】二人以上の者が共同して罪を犯すこと。また、人と一緒に罪を犯した者。↕主犯。

【共鳴】国①一つの発音体が鳴る時、これと同一振動数の他の発音体がこれに感じて鳴ること。ともなり。②他人の言動に同感賛成の気持ちを起こすこと。

【共和】①西周の時、厲王が都から逃げ出していた十四年間、周公・召公が協議して行った政治。〔史記、周紀〕②君主を置かず、人民から選挙された大統領が国の代表者となる政体。

【不ニ共△戴ㇾ天】→不俱戴天(三四ページ)。

(6)4
【并】461
簡　へイ　井(1972)の簡易慣用字体。
→三四ページ。

5485
5675

(7)5
【兵】462
教 4　ヘイ　ヒョウ

漢ヘイ・呉ヒョウ（ヒャウ）　庚 bing

4228
4A3C

筆順　ノ 亻 斤 丘 乒 兵

字義 ❶つわもの。軍人。兵士。兵隊。「軍兵」❷武器。兵器。❸いくさ。戦争。❹軍隊。軍備。❺武器で殺傷する。斬り殺す。

名乗 ひと　難読 兵児帯・兵主

解字 金文 [glyph]　篆文 [glyph]　会意。廾＋斤。廾は両手の象形。斤は、おのの象形。両手で持つ手斧の意味から、武器の意味を表す。

▼衛兵・鋭兵・観兵・奇兵・疑兵・義兵・強兵・挙兵・憲兵・甲兵・降兵・散兵・私兵・手兵・勝兵・将兵・神兵・精兵・僧兵・造兵・賊兵・短兵・徴兵・長兵・撤兵・天兵・鈍兵・農兵・白兵・派兵・伏兵・用兵・良兵・練兵・老兵

【兵営(營)】軍隊が宿営している所。軍陣。

【兵衛(衞)】①兵士の護衛。護衛兵。番兵。②国昔、兵衛府に属し、宮門や、行幸の行列などを守護した武官。職員に、督・佐・尉・志などがある。

【兵役】①軍籍に編入されて軍務に服すること。②戦争。

【兵△戈】ほこ。転じて、戦争をいう。干戈。

【兵火】戦いのために起きる火災。戦火。

【兵家】①兵学を研究する人。兵法に通じた人。兵法家。②諸子百家の一つ。用兵の道を講じた一派で、春秋・戦国時代の孫武・呉起・尉繚など。

【兵革】①武器と甲冑(よろいかぶと)。いくさ道具。兵甲。革は、皮で作ったよろいかぶとの類をいう。②戦争。

【兵学(學)】戦争のしかたを研究する学問。兵法の学問。【軍学。

【兵器】戦争に用いる道具の総称。武器。

【兵機】①戦争の機会。戦機。②戦いの計略。

【兵権(權)】①兵馬のちから。軍隊の威力。②兵書。③軍隊を率いる権限。

【兵△伍】軍隊で一番下の組みわけ。伍は、兵五人。

【兵甲】①＝兵革。㋐武器と甲冑(よろいかぶと)。㋑戦争。②兵卒。兵士。

【兵△寇】軍隊の侵入。また、攻めて来る兵。

【兵士】つわもの。兵卒。士卒。軍兵。兵隊。

【兵死地△也】戦いは命をかけた場である。生きて帰ることを予期し得ない場所の意。〔史記、趙奢伝〕

【兵児(兒)】国わかもの。薩摩(今の鹿児島県)で十五歳以上、二十五歳以下の青年をいった。

【兵車△之会(會)】兵車(戦車)をひきい武力によって行う会合。兵車之属ともいう。↕乗車之会・衣冠之会。

【兵者凶器】武器は、人を損う不吉な道具である。戦争は人をそこなう、不吉なものである意。〔国語、越語下〕

【兵者不祥△之器】＝兵者凶器。〔老子、三十一〕

【兵△戎】①兵士。②武器。③戦争。戦乱。

【兵書】兵法の書物。軍書。

【兵△仗】①武器。仗は、ほこ。②国㋐昔、随身の持った、太刀・弓・矢などの護衛の武器。㋑随身の別称。㋒兵難。

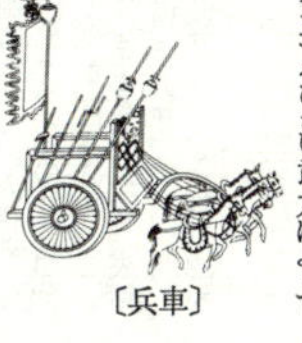
〔兵車〕

【兵刃】武器。刃は、やいばのついた武器。

【兵籍】①兵卒を登録する帳簿。②軍人としての身分。軍籍。

【兵△燹】戦いのために起きる火事。燹は、野火。

【兵争(爭)】兵力を用いてあらそうこと。戦争。

【兵曹】①漢代に兵事をつかさどった官。隋・唐代にもおかれた。②国旧海軍下士官の階級名。上等・一等・二等に分ける。少尉の下。

【兵△站】作戦部隊の後方で食糧や軍用品の調達・補給

などを任務とする機関。

【兵団(團)】ヘイダン ①軍隊の組織。軍隊。②国旧陸軍で、常に独立して作戦しうるよう、いくつかの師団をあわせた部隊。

【兵馬】ヘイバ ①武器と軍馬。②軍隊。軍備。軍事。③戦争。

【兵馬倥偬】ヘイバコウソウ 戦争でいそがしいこと。倥偬は、いそがしい、また、苦しいこと。

【兵符】ヘイフ いくさに使う割り符。銅や玉などで作り、二つに割って一方を王、一方を出陣する大将が持ち、王からの命令を伝えるときなどの証拠にした。

【兵部】ヘイブ ①軍隊・兵馬などのことをつかさどった官。周の司馬が、後周・隋の時代から兵部といわれ、清末に陸軍部と改められた。②国ヒョウブ 兵部省をいう。昔、武官・兵士の徴発・訓練、軍馬・兵器のことをつかさどった役所。つわもののつかさ。

【兵変(變)】ヘイヘン 軍隊による内乱。

【兵法】ヘイホウ・ヒョウホウ ①いくさのしかた。軍法。兵術。②国剣術・柔術など。

【兵乱(亂)】ヘイラン ①戦争のために世が乱れること。戦乱。②兵士の反乱。

【兵糧・兵粮】ヒョウロウ ①軍隊の食糧。②国人の活動力のもとになるもの。

【兵糧攻】ヒョウロウぜめ 国敵の食糧を運ぶ道をたち切って飢えにおとしいれ、敵を降伏させようとする攻め方。転じて、衣食を与えず人を苦しめ困らせること。

【不レ能レ将(將)レ兵、而善将(將)レ将(將)】ヘイにショウたるあたわ(は)ざるも、よくショウにショウたり 大将として兵士を統率することはできないが、大将の上に立ってりっぱにその大将となることができる。兵士の隊長となるよりも、その隊長たちを統率する大将となれる。〔史記、淮陰侯伝〕

【兵貴二神速一】ヘイはシンソクをたっとぶ 兵を用いるには、非常にすばやいことが大切である。〔魏志、郭嘉伝〕

【兵聞二拙速一】ヘイにはセッソクをきく 兵を用いるには、まずくても早い方がよい、と聞いている。〔孫子、作戦〕

【兵猶レ火】ヘイはなお(ほ)ひのごとし 武力は火のようなもので、うまく処理しないと、かえって自分を焼き滅ぼす。〔左伝、隠公四〕

【観(觀)レ兵】ヘイをしめす ①味方の兵力を敵にみせつける。②ヘイをみる 兵隊の訓練が十分かどうかを見る。

【構レ兵】ヘイをかまう(ふ) 戦争する。

【養レ兵千日用在二一朝一】ヘイをやしなう(ふ)はセンニチもちい(ゐ)るはイッチョウにあり ふだん長い間、兵士を養っておくのは、一朝、事の起こったときに用いるためである。〔水滸伝、六十回〕

〔弟〕→弓部 三七〇ページ。

(8)6
【其】463
標 漢キ 呉ギ 因 qí　3422 4236

字義 ❶その。それ。人や物をさす指示代名詞。❷それ。㋐語意を強めるために添える助字。㋑発語の助字。㋒疑問・反語の助字。❸語調をととのえるための助字。訓読では読まない。〔詩経、小雅、庭燎〕夜如何其。

難読 其許・其処(所)・其奴・其方

解字 甲骨文 金文 箕の籀文

象形。甲骨文・金文でよくわかるように、農具の箕の象形で、みの意味を表す。箕の原字。借りて、それの意味の代名詞として用いる。其を音符に含む形声文字に、基・旗・期・棋・欺・箕・蜞などがあり、これらの漢字は、「(方形をして)整っている」の意味を共有している。

【其帰(歸)一也】そのキイツなり 帰着するところは同じである。〔史記、儒林伝〕

【其揆一也】そのキイツなり よるところの道は同じである。〔孟子、離婁下〕

【其争也君子】そのあらそいは(ひ)クンシ その争いが徳のある君子にふさわしい。君子はつまらないことでは争わないが、争うべき競技では礼儀をつくして争う。〔論語、八佾〕

【不レ知二其子一視二其友一】そのこをしらざればそのともをみよ 人の子の善悪はその友人をみれば判断できる。〔荀子、性悪〕

【無レ出二其右一】そのみぎにいず(づ)るなし その上に出る者がない。最もすぐれている。右は、上。〔史記、田叔伝〕

(8)6
【具】464
教 3 グ　2281 3671

(8)6
〔具〕465
漢ク 呉グ 遇 jù

筆順 冂 月 目 具

字義 ❶そなわる。ととのう。そろっている。❷そなえる。そろえておく。準備する。＝備。❸そなえ。㋐したく。準備。㋑そなえもの。❹うつわ。器物。道具。「家具」❺ともに。みな。＝俱。❻つぶさに。詳しく。こまかく。

国グ。㋐手段。道具。「政争の具」㋑料理で、きざんで汁や混ぜ飯などに入れるもの。

名乗 とも　難読 具下場

解字 金文 篆文

形声。目(貝)＋廾㊥。音符の廾は、両手でささげるの意味。貝は、かいの象形。金品を両手でささげ置く、そなえるの意味を表す。

▼器具・敬具・香具・道具・表具・不具・仏具・文具

【具眼】グガン ものごとの善悪を判断する眼識(見識)のあること。また、その人。

【具現】グゲン ①ことこまかにあらわす。②実際にあらわす。また、実際にあらわれる。

【具象】グショウ 形にあらわれていること。具体。↕抽象。

【具上】グジョウ ことこまかに申し上げる。具申。

【具状(狀)】グジョウ 事情をこまかに書いてさし出すこと。また、その文書。

【具申】グシン ことこまかに申し上げる。具上。

【具臣】グシン 員数に入っているだけで、なんの能力もない家来。

【具足】グソク ①完全にそろっている。具備。②器具の総称。道具。③㋐国甲冑(よろいかぶと)。鎧。㋑同伴者。部下。また、同伴すること。

【具体(體)】グタイ ①全体を完全にそなえていること。②形をそなえていて、それとはっきりわかること。また、実際的な内容をそなえていること。具象。↕抽象。

【具体(體)的】グタイテキ 形にあらわれて(実際的に内容があって)わかりやすいさま。具象的。↕抽象的。

【具陳】グチン ことこまかに申しのべる。

【具備】グビ 完全にそろっている。具足。

(8)6
【典】466
教 4 テン　3721 4535
テン 銑 diǎn

筆順 冂 由 曲 典

字義 ❶ふみ。㋐貴ぶべき書物。「経典」㋑書籍。「古典」❷のり(法)。法則。手本。❸みち(道)。おしえ(教)。つね(常)。❹礼。礼式。「祝典」❺よりどころ。しきたり。「出典」❻ただしい。また、みやびやか。上品。「典雅」❼つかさどる(主)。❽質に入れる。

国さかん。大宝令の官制で、大宰府の四等官。

名乗 おき・すけ・つかさ・みち・よし　難読 典侍・典鋳

参考 現代表記では〔奠〕(1430)の書きかえに用いることがある。「香奠→香典」

解字 金文 篆文
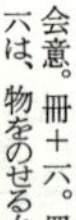
会意。冊＋丌。冊は、書物の象形。丌は、物をのせる台の象形。とうとい書物の意味から、転じて、みち・のりの意味を表す。

▼栄典・恩典・旧典・慶典・経典・外典・原典・香典・古典・祭典・事典・辞典・出典・賞典・盛典・聖典・大典・特典・内典・仏典・墳典・文典・宝典

【典衣】テンイ ①衣服を質に入れる。②君主の衣服をつかさどる官。〔韓非子、二柄〕
【典謁(謁)】テンエツ 来客の取り次ぎをつかさどる。また、その役。
【典雅】テンガ ①正しくみやびやか。②古い書籍。古書。
【典楽(樂)】テンガク 昔、音楽をつかさどった官。
【典冠】テンカン 君主の冠をつかさどる官。〔韓非子、二柄〕
【典儀】テンギ ①のり。てほん。②儀式。③中国、南北朝時代、朝廷の儀式をつかさどった官。④国昔、朝賀・即位礼などの儀式をつかさどった官。多く少納言ショウナゴンを任じた。
【典拠(據)】テンキョ 正しいよりどころ。
【典刑】テンケイ ①一定不変の刑罰。②古いおきて。古いてほん。旧法。③刑罰をつかさどる。
【典型】テンケイ かた。てほん。模範。儀型。
【典故】テンコ 典拠となる故事。しきたり。
【典獄】テンゴク ①裁判をつかさどること。また、その官。②国もと、刑務所の長。
【典侍】テンジ 国①内侍司ナイシのつかさの次官。ないしのすけ。②宮中の女官で最も地位の高いもの。
【典章】テンショウ のり。おきて。典制。制度文物。
【典常】テンジョウ 人として常に守るべき道。
【典制】テンセイ のり。おきて。典章。制度文物。
【典籍】テンセキ 書物。書籍。
【典△膳】テンゼン 天子の食事をつかさどる官。
【典属(屬)国(國)】テンゾクコク 前漢の武帝のとき設けた官で、降服した異民族のことをつかさどった。
【典当(當)】テントウ 品物を質に入れて金をかりること。また、その品物。質ぐさ。抵当。担保。
【典範】テンパン のり。おきて。てほん。規則。
【典墳】テンプン ①中国古代の三皇・五帝が書いたと伝える『三墳・五典』の略称。②古書。古典。
【典舗・典△鋪】テンポ 質屋。
【典△謨】テンボ ①『書経』の二典(尭典ギョウテン・舜典シュンテン)三謨(大禹謨タイウボ・皐陶謨コウヨウボ・益稷謨エキショクボ)をいう。②転じて、古代の聖賢のりっぱなことば。
【典薬(藥)寮】テンヤクリョウ 国昔、宮内省にあった役所で、宮中の薬のことをつかさどった。その長官は、典薬頭テンヤクのかみ。
【典礼(禮)】テンレイ ①一定の儀式。儀式作法。②儀式をつかさどる役。
【典例】テンレイ よりどころとなる先例。しきたり。
【典麗】テンレイ 正しく美しい。整って美しい。
【典論】テンロン 書名。三国時代、魏ギの文帝(曹丕ソウヒ)の著。もと、五巻。六朝文学批評論の先駆であるが、現在はその一部しか伝わらない。

【前】→刂部 一四二ページ。　【酋】→酉部 一一二四ページ。

(10)8 【兼】 467 常 ケン かねる　2383 3773

(10)8 【兼】 468 ケン 塩 jiān

筆順

【兼】同字　【無】俗字

字義 ❶かねる。あわせる。あわせて手に入れる。❷かねて。あわせて。ともに。国❶かねる。…しがたい。…できない。❷かねて。前もって。あらかじめ。「兼題」

名乗 かず・かた・かぬ・かね・とも

解字 金文 篆文

会意。ヨ(又)+秝。又は、手の象形。秝レキは、並んで植えられている稲の意味。並んだ稲をあわせて手につかむさまから、かねるの意味を表す。兼を音符に含む形声文字に、縑ケン・鎌レン・廉・簾レン・謙・嫌などがあり、これらの漢字は、「かねる」の意味を共有している。

▼摂兼

【兼愛】ケンアイ 自分と他人とを区別せず、すべての人を自分同様に、無差別平等に愛すること。中国の戦国時代に墨子の唱えた説。
【兼学(學)】ケンガク 二種類以上の学問を兼ね学ぶ。
【兼官】ケンカン 本官のほかに、別の官をかけもつこと。
【兼業】ケンギョウ 本業のほかに、別の業務をかねること。
【兼行】ケンコウ ①昼夜休まずに行く。二日の道のりを一日で行く。兼程。②かねおこなう。
【兼摂(攝)】ケンセツ 本職以外の事務を代理で行う。
【兼帯(帶)】ケンタイ ①二つ以上の職務をかけもつこと。兼任。②国一つの物が二つ以上の役に立つこと。
【兼題】ケンダイ 国和歌や俳句などで、前もって出しておく題。↕「即題」。
【兼珍】ケンチン 二品以上のおいしい料理を合わせ食べる。
【兼程】ケンテイ ＝兼行の①。程は、みちのり。
【兼任】ケンニン 本職のほかに、別の職をかねること。兼務。兼職。
【兼備】ケンビ (二つ以上のものが)かねそなわる。また、かねそなえる。兼該。「才色兼備」
【兼△幷・兼併(倂)】ケンペイ かね合わせて、一つにする。また、合わせ取る。「兼幷之徒トケンペイの」(他人の財産を合わせてうばい取る連中)
【兼務】ケンム ＝兼任。
【兼用】ケンヨウ ①あわせ用いる。二つ以上の物を一緒に用いる。②一つの物・人を二つ以上の事に使う。

【益】→皿部 七六八ページ。　【翁】→羽部 八三二ページ。
【異】→田部 七三九ページ。　【曾】→日・曰部 五一一ページ。
【尊】→寸部 三一八ページ。　【奠】→大部 二七二ページ。
【與】→与(11)の旧字体。臼部 九〇四ページ。

(16)14 【冀】 469 △キ 寘 jì　4935 5143

【兾】同字

字義 ❶こいねがう(こひねがふ)。ねがう。のぞむ(望)。「冀望」❷こいねがわくは(こひねがはくは)。ねがうことには。どうか。❸古代、中国を九州に分けたときの一州。現在の河北・山西の二省と河南省の黄河以北、遼寧リョウネイ省遼河以西の地。❹河北省の別名。

解字 金文 篆文

形声。北+異㊥。音符の異は、ことなるの意味。北方の異民族の住む地、古代九州の一の意味を表す。金文は、飾りのある面をかぶった舞人の象形。神に幸福を求め祈る、こいねがうの意味をも表す。

【冀願】キガン ねがい。のぞみ。
【冀幸】キコウ ①ねがう。こいねがう。幸は、願う意。②万一のしあわせをこいねがう。思いがけない幸福。
【冀馬】キバ 冀州の北部地方(今の山西・河北省の地)から産する良馬。
【冀望】キボウ のぞむ。また、のぞみ。希望。
【冀北】キホク 冀州の北部地方。今の山西・河北省の地。古来、良馬の産地として有名。

【興】→臼部 九〇四ページ。　【輿】→車部 一〇五五ページ。
【夔】→夊・夂部 二五〇ページ。　【蠲】→虫部 九七三ページ。

2 冂部

[冂] 4936 5144

〔部首解説〕けいがまえ。まきがまえ。えんがまえ。まきがまえの名称は、この文字を郊外の牧場の意味にとり、「まき」と読んだことにもとづく。冂は、音㊥ケイ・㊐キョウ(キャウ)。指事。

篆文 冂。縦の二線に横の一線を引いて、遠く離れた行きづまりを示し、遠い郊外、また、はるかに遠いの意味を表す。冋は、冂の古字。冋を音符に含む形声文字に、迥・駉などがある。

2 円 一一九　内 一一九　冃 一三　3 冋 一三　冊 一三
冊 一三　冉 一三　4 冎 一三　再 一三　同 一三
5 冏 一三　6 冒 一三　7 冑 一三　冒 一三　8 冔 一三
冓 一四　9 冕 一四
丹→丶部 三ジペー。丙→一部 二八ジペー。両→一部 二八ジペー。
岡→山部 三三ジペー。周→口部 一九七ジペー。罔→网部 八七五ジペー。

(4)2
【円】470 教 1 エン まるい
⒀口10
〔圓〕471
漢 エン（ヱン） 呉 オン（ヲン） 元 yuán
1763 315F
5204 5424
【圎】俗字
筆順 丨 冂 円 円

字義 ❶まる。まるい形。たま。❷まるい。まどか。まろやか。つぶら。↕方。❸まったし。欠けたところがない。
国 エン。㋐あたり。一帯。「九州一円」 ㋑通貨の単位。
名乗 つぶら・のぶ・まど・みつ　難読 円居・円谷・つぶら・やむら・円井・円満井
使いわけ まるい〔丸・円〕⇩丸（58）。
解字 篆文 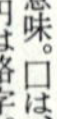 形声。口＋員音。音符の員は、口の丸いかなえの意味。口は、めぐるの意味。まるいの意味を表す。円は略字。

▼一円・大円・団円・方円
【円覚（覺）】エンガク 仏完全なさとり。
【円滑】エンカツ ①まるくなめらかなこと。②故障なく行われること。
【円孔方木】エンコウホウボク まるい穴と四角なほぞ。物事がうまく合わないことのたとえ。円鑿方枘。〔伝灯録〕
【円光】エンコウ ①太陽や月の光。また、太陽。月。②仏釈迦・菩薩の頭上に現れたという円形の光。また、それにまねて作った（描いた）仏像の頭上にある円形の光。
【円坐】エンザ 多くの人が集まって円形にすわること。車坐。
【円鑿方枘】エンサクホウゼイ ＝円孔方木。鑿は、のみで掘った穴。枘は、ほぞ。〔史記、孟軻伝〕
【円熟】エンジュク 人格・知識・技術などが、十分に熟達すること。円満熟達の略。
【円旋】エンセン ぐるぐるまわる。
【円頂】エンチョウ ①丸い頭。②髪をそった丸い頭。僧の頭。③僧。
【円転（轉）滑脱】エンテンカツダツ 言動や処置が角立たずとどこおりなく、自由自在なこと。滑脱はなめらかにすすむこと。
【円仁】エンニン 国平安初期の天台宗の僧。慈覚大師。最澄に師事し、八三八年に唐に渡り、帰国後に天台宗山門派の祖となった。在唐中の記録『入唐求法巡礼行記』がある。（七九四—八六四）
【円木警枕】エンボクケイチン まるい木で作った、ころがりやすいまくら。宋の司馬光が少し眠るとまくらが動いて目がさめるようにとこれを用い、睡眠時間を節約して勉強した故事から、苦心努力して勉強することのたとえ。〔書言故事〕
【円満（滿）】エンマン ①あまねく満ちる。十分に満ちる。②少しも欠けた所のないこと。③国人柄がおだやかなこと。
【円融】エンユウ ①あまねくゆきわたる。また、あまねくほどこす。②なだらかで滞らない。③まるくてかどがない。④仏よく融和する。⑤国第六十四代の天皇。

(4)2
【内】472 教 2 ナイ・ダイ うち
(4)入2
〔內〕473
一 漢 ダイ・呉 ナイ 隊 nèi
二 漢 ドウ（ダフ）・呉 ノウ（ナフ） 合 nà
3866 4662
筆順 丨 冂 内 内

字義 一 ❶いる。いれる。はいる。❷うち。↕外。㋐なか。うちがわ。内部。㋑あいだ。ある時期の間。㋒宮中。朝廷。「内裏」 ㋓みうち。親族。また、身うちの女性。母。妻。㋔いえ。室家。また、家事。㋕部屋。㋖妻やそばめ。㋗心。おもい。「内省」 ㋘はら。腹中。内臓。㋙国内。「内乱」 ❸うちうち。また、ひそかに。こっそり。↕公。❹したしむ。だいじにする。
二 いれる。おさめる。＝納。
名乗 うつ・ただ・ちか・のぶ・はる・まさ・みつ　難読 内衣・内海・内儀・内呉・内匠・内障・内生・内船・内膳司・内蔵助・内法

解字 甲骨文 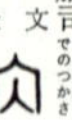 金文 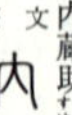 篆文  形声。冂＋入音。冂は、家屋の形にかたどる。入は、はいるの意味。家に入るの意味を表す。また、入ったなか、うちの意味も表す。

▼案内・宇内・海内・宮内・境内・圏内・参内・入内
【内意】ナイイ ①ひそかな思い。内心。②したごころ。
【内謁（謁）】ナイエツ ①謁（名刺）を内れる（出す）。名刺を出して取り次ぎをたのむ。②（天子・諸侯に）内密にお目にかかる。③奥向きに取り入ること。内々にたのみこむこと。謁は、請う意。謁は、まみえる意。
【内苑】ナイエン ①宮中の庭。御苑。②国神社の奥庭。
【内宴】ナイエン ①宮中で催す内々の宴。②国昔、陰暦の正月二十一日ころ、仁寿殿で催した宴。
【内縁】ナイエン ①仏意識の中で諸法を分別すること。↕外縁。②婚姻届を出さないために法律上夫婦と認められない男女関係。③内々の縁故。
【内応（應）】ナイオウ ①内部からひそかに敵に通ずること。裏切り。内通。②ひそかにかげで援助すること。
【内界】ナイカイ 仏内部の世界。心をいう。身体または自己の外を外界というのに対していう。
【内海】ナイカイ 四方を陸地に囲まれ、海峡で大洋と通じている海。うちうみ。↕外海・外洋。
【内外】ナイガイ ①内と外。②国内と国外。③国 ㋐内典と外典。また、仏教と儒教。㋑伊勢神宮の内宮と外宮。
【内外学（學）】ナイガイガク 六経を内学といい、讖緯（未来記）を外学という。
【内閣】ナイカク ①妻女のいる室。②役所。③明・清代、宰相の官署。④国内閣総理大臣及び国務大臣で組織する合議体で、行政を担当する最高機関。
【内学（學）】ナイガク ①讖緯（未来記）の学。↕外学（六経の学）。②仏学。仏教の学。↕外学（儒学）。
【内官】ナイカン ①在京の官署に勤務している官吏。↕外官。②宮中に奉仕する官吏。また、女官。③宦官。
【内患】ナイカン 内憂。①心のうれい。②内部（国内・家庭）に起こったわざわい・心配事。
【内観（觀）】ナイカン ①仏自己そのものを詳細に観察すること。②内省、反省。
【内艱】ナイカン 母の喪をいう。内憂。↕外艱（父の喪）。
【内規】ナイキ 内部だけに通用するように作った規定。内約。
【内記】ナイキ ①国中務省の属官。大・中・少に分かれ、詔勅・宣命の起草と宮中の記録をつかさどる。②仏長老に仕え書状をしたためる禅宗の僧職。
【内儀】ナイギ 国①内密の評議。内議。②内々の事。内証。③㋐身分ある人の妻。㋑転じて、一般に人の妻をいう敬称。後には主として町家の主婦をいう。おかみさん。

【内宮】ナイキュウ　①周代、後宮で夫人以下の女性のいる所。内第。②ナイクウ　伊勢の皇大神宮。天照大神を祭る。↕外宮。

【内教】ナイキョウ　①婦女に対する教え。内訓。女訓。②[仏]㋐仏教。㋑仏教の経典。

【内教坊】ナイキョウボウ　①唐の宮中に置かれた舞楽教習所。②[国]平安時代、宮中で、舞姫を置き、女楽・踏歌を練習させた所。

【内兄弟】ナイケイテイ　①母方のいとこ。②妻の兄弟。

【内△郤・内△隙】ナイゲキ　うちわもめ。内紛。内訌。

【内言】ナイゲン　家庭内の婦女子のことば。

【内顧】ナイコ　後顧。①頭をめぐらして見る。ふりかえり見る。また、わき見をする。②家事上の事に心を使う。妻子のことを考える。

【内攻】ナイコウ　①内に向かってせめる。②内の仕事。

【内△訌】ナイコウ　内部の乱れ。うちわもめ。訌は乱。内郤。

【内債】ナイサイ　国内で募集される公・社債。↕外債。

【内在】ナイザイ　哲学用語。①ある事物やある性質が他のものの中に含まれてあること。②神が世界の本質として、世界の内に存在するという考え方。

【内子】ナイシ　①卿大夫の正妻。奥方。②他人の妻の敬称。③他人に対して自分の妻をいう。

【内史】ナイシ　①国家の法典や宮中の記録をつかさどる官。②秦・漢代に京師(天子の都)を治めた官。③[国]㋐内記の①の唐名。㋑＝内記の②。

【内旨】ナイシ　天子からの内々のおことば・命令。

【内侍】ナイジ　①宮中に仕えること。②隋・唐代の官名。内侍省に属し、雑務をつかさどる。宦官または女官がこれに当たった。③[国]ナイシ　内侍司の女官。皇后宮の諸礼式や事務をつかさどる。

【内室】ナイシツ　①奥の部屋。②[国]他人の妻の敬称・奥方。

【内実(實)】ナイジツ　①家の中にある財貨。また、妻妾。②内部の実情。内幕。③真実のところ。実際。本当。④なかみ。内容。⑤内部が充実する。

【内△豎・内△竪】ナイジュ　①周代の官名。宮中に仕えて雑役に服する役。②漢以後には宦官をいう。③[国]朝廷の諸行事および宮中の雑役にめしつかわれる子ども。

【内柔外剛】ナイジュウガイゴウ　内心は柔弱でありながら、外面だけ強そうに見える、または、振る舞うこと。

【内助】ナイジョ　①内部から与える援助。②妻が家庭内にいて夫の働きを助けること。妻の援助。「内助の功」③転じて、妻をいう。

【内相】ナイショウ　①翰林学士の美称。唐の陸贄が翰林院に入り、年少ながらよく天子の相談をうけたので、人が内相といった。②妻がよく家を治めること。また、その妻。③[国]もと、内務大臣の略称。

【内証(證)】ナイショウ　①内密の証拠。②[仏]内心のさとり。仏道の真理を自分の心証によって体得すること。↕外相。③[国]ナイショ　㋐内密。秘密。内緒。㋑奥向き。勝手向き。㋒身うち。家内。うちわ。㋓妻、またはめかけ。㋔一家の財政。くらし向き。内所は、当て字。

【内情】ナイジョウ　①心の中。内心。＝中情。②内部の事情。内部の様子。③内々の情実。

【内心】ナイシン　①心のうち。心中。②数学用語。多角形に内接する円の中心。

【内臣】ナイシン　①宮中の側近の臣。②[国]もと、内大臣の別名。

【内寝(寢)】ナイシン　奥座敷。

【内親】ナイシン　父方の親類。内戚。↕外戚(母方の親類)。

【内親王】ナイシンノウ　①天皇の姉妹、または皇女。うちのみこ。②皇女から皇玄孫に至るまでの女子。

【内人】ナイジン　①天子・皇后の側近に仕えている人。宮人。②宮中に仕える女。女官。宮女。また、女御。③宮中の妓女(うたいめ)。④自分の妻の謙称。家内。

【内政】ナイセイ　①国内の政治。②後宮のまつりごと。③家庭のきりもり。一家のとりしまり。婦人の仕事。④他人の妻の敬称。

【内省】ナイセイ　①自分の心を省みる。自分で自分を省察すること。反省。②ナイショウ　宮中。御所。

【内省不△疚夫何憂何△懼】うちにかえ(へ)りみてやましからずんばそれなにをかうれえ(へ)なにをかおそれん　自分の良心に反省してみて何ひとつ後めたいところがなければ、何を心配したりおそれたりすることがあろうか。〔論語、顔淵〕

【内清外濁】ナイセイガイダク・うちきよくしてそとにごる　内に清い心をもっているが、外は濁り汚れているふりをすること。乱世に処して身を全うする法。

【内△戚】ナイセキ　①父方の親戚。内親。↕外戚(母方の親戚)。②天子の側近に仕えている婦人の親戚。

【内蔵(藏)】ナイゾウ　①心中にたくわえて、表面に表さない。②内部にかくし持つ。③宮中にある倉庫。

【内則】ナイソク　①一家内のおきて。家憲。②ダイソク　『礼記』の編名。家庭生活の礼法を述べている。

【内大臣】ナイダイジン　官名。①清代の最高武官。②[国]㋐藤原鎌足が最初に任ぜられ、左右大臣の上にあったが、後には下になる。任務は左右大臣とほぼ同じ。㋑明治十八年から昭和二十年まで、天皇の側近に奉仕し、皇室・国家の事務について常に輔弼の任に当たった官名。

【内題】ナイダイ　書物の扉や本文の初めに記された書名。↕外題。

【内治】ナイチ　内政。①国内の政治。↕外交。②家の内の務め。

【内朝】ナイチョウ　①周代、天子が政務をつかさどる治朝と、休息される燕朝とをいう。↕外朝(政務をつかさどる表向きの役所)。②奥御殿。

【内△寵】ナイチョウ　内は、私的・奥向きの意。寵は愛せられる意。①君主のお気に入りの側女。↕外寵(お気に入りの臣)。②奥向きに仕えているお気に入りの臣。

【内通】ナイツウ　①＝内応の①。②男女がひそかに通ずること。私通。密通。

【内偵】ナイテイ　[国]ひそかにさぐる。内々に探偵する。内探。

【内典】ナイテン　①国内の書籍。↕外典(国外の書籍)。②[仏]仏典(仏教の本)。↕外典(仏典以外のもの)。

【内△帑】ナイド　①天子の財貨を入れておく倉。帑はかねぐら。②転じて、天子の私有の財貨。「内帑金」は、お手もと金。

【内府】ナイフ　①周代の官名。みつぎ物や兵器などを入れておく宮中の倉をつかさどる官。②国内の倉。おもてぐら。③[国]もと、内大臣の別名。

【内服】ナイフク　①帝城の地域。天下を五服に分けた要服以内の地域。→五服(四八ジペー)。②[国]薬をのむこと。内用。服は用いる意。「内服薬(のみぐすり)」↕外用(皮膚などにつける薬)。

【内紛】ナイフン　内部のごたごた。うちわもめ。

【内△嬖】ナイヘイ　君主の気に入りの婦人。嬖は、お気に入り。＝内寵の①。

【内包】ナイホウ　①内部に含むこと。②論理学で一概念に含まれる属性。例えば「空」の内包は、「上、青色、広い」など。↕外延。

【内報】ナイホウ　内々のしらせ。

【内務】ナイム　①国内の政務。②宮中の事務。③[国]もとの内務行政の最高官庁、内務省の略。④[国]旧軍隊で、日常の室内での仕事。

【内憂】ナイユウ　①心にうれえる。ひそかにうれえる。②心のうれい。内々のうれい。③内部(国内・家庭)に起こる災い・心配事。④母の喪。＝内艱。

【内憂外患】ナイユウガイカン　①国内に起こる災い・心配事と、外国から受ける災い。憂と患は同意。外患は外国から攻められるこ

となどをいう。②内部（例えば家庭）に起こる心配事と外部からの災い。

【内乱（亂）】ナイラン ①国内の乱。↕外寇ガイコウ。②家庭内の乱れ。③国法律用語。政府を倒し、一地方の独立を企てるなど、国家の基本的な制度を乱す目的で暴動を起こすこと。

【内裏】ダイリ ①天子の宮殿。また、宮中。禁裏。②国内裏雛ダイリびなの略。天皇・皇后の姿に似せてつくった対ツイのひな。

【好レ内】うちをこのむ 婦女子を好む。女色を好む。

(4)2

【冃】474 △ 一漢ボウ・呉モウ 号 mào 二漢ボウ・呉モ 宥

字義 一ずきんづきん。こどもや未開の異民族のかぶりもの。＝帽。二おおうおほふ（覆）。

参考 〔冄ゼン〕は別字。

解字 篆文 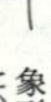 象形。顔をすっぽり覆って、目の部分だけが開いたかぶりものの象形。子供や未開の異民族のかぶりものの意味を表す。冃を音符に含む形声文字に、帽・瑁ボウ・冒などがあり、これらの漢字は、「帽子をかぶる」の意味を共有している。

【丹】→丶部 三一ページ。

(5)3

【囘】475 △ カイ 回(1152)の古字。→三三六ページ。 4937 5145

(5)3

【冊】476 教6 サツ・サク 漢サク・呉シャク 陌 cè 慣サツ 2693 3A7D

筆順 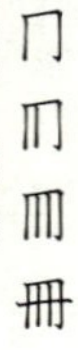

【册】同字 4938 5146 【冊】正字

字義 ❶ふみ。かきつけ。文書。書物。手紙。＝策。❷天子が諸侯に爵位・封禄を授けるときの命令。また命令書。＝策。❸書物を数える単位。「冊数」「封冊」 名乗 なみ

解字 甲骨文 金文 篆文  象形。文字を書きつけるために、ひもで編んだふだの形にかたどり、文書の意味を表す。冊を音符に含む形声文字に、柵サク・册サクなどがあり、これらの漢字は、「並べたふだ」の意味を共有している。

▼詔冊・書冊・丹冊

【冊子】サッシ ①本。書物。書籍。②国サッシ・ソウシ ㋐とじほん。袋綴ふくろとじの本。書物の装幀ソウテイの上から、折本おりホン・巻子本カンスボン・粘葉本デッチョウボンなどに対していう。普通の和本じたての本。草紙（草子・双子）は、冊子（の音の変化）から出た語。㋑物語・日記・随筆などの書物。また、江戸中期にあらわれた通俗読物。

【冊書】サクショ ①天子から臣下に授ける命令書。爵位シャクイ・俸禄ホウロク・尊号・諡号シゴウ（おくりな）などを授けるときの勅命書。策書。②書物。③文書。記録。

【冊文】サクブン ①＝冊書の①。②冊書の文句。

【冊封】サクホウ 冊書を下して領地を与えること。

【冊命】サクメイ ①冊書をもって命ずること。また、その命令。策命。②冊封の命令。

【冊立】サクリツ 冊書を下して皇后を定め立てること。

(5)3

【册】477 △ サク 冊(476)と同字。→前項。 4938 5146

(5)3

【冉】478 △ 漢ゼン 呉ネン 琰 rǎn 【冄】俗字 【冄】同字 ［冉］ 4939 5147

字義 ❶よわいよわし。しなやか。❷ゆく。すすむ。また、そのさま。→冉冉。❸ひげなどがやわらかに垂れるさま。また、ひげ。

解字 甲骨文 篆文  象形。ほおひげが伸びて垂れた形にかたどり、ひげの意味を表す。転じて、しなやかの意味を表す。冉を音符に含む形声文字に、姌ゼン・痄ゼン・袡ゼン・苒ゼン・訷ゼン・聃タンなどがあり、これらの漢字は、「しなやかに伸びる」の意味を共有している。

【冉求】ゼンキュウ 春秋時代の魯ロの人。字あざなは子有。冉有ともいう。政事にすぐれ、孔門の十哲の一人。（前五二二―前四八九）

【冉冉】ゼンゼン ①次第に進み行くさま。②年月の経過するさま。③むくむくと動くさま。④柔かくたれさがるさま。⑤しなやかなさま。

【冉伯牛】ゼンハクギュウ 春秋時代の魯ロの人。冉は姓、伯牛は字あざな。名は耕。孔子の弟子。徳行にすぐれ、孔門の十哲の一人。（前五四四―?）

【冉有】ゼンユウ ＝冉求。

【冉△雍】ゼンヨウ 春秋時代の魯ロの人。冉は姓、雍は名。字あざなは仲弓。孔子の弟子。孔門の十哲の一人で、徳行にすぐれていた。（前五二二―?）

【丙】→一部 二六ページ。

(6)4

【冎】479 △ 漢カ（クヮ） 呉ケ 馬 guǎ

字義 えぐる。わける。さく。

解字 篆文 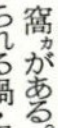 象形。肉をけずりとり、頭部をも備えた人の骨の意味を表す。冎を音符に含む形声文字に、禍・窩カがある。なお、越に通じて用いられる過、亘カンに通じて用いられる渦・蝸カなどもある。

(6)4

【再】480 教5 サイ・サ ふたたび 漢サイ 隊 zài 慣サ 2638 3A46

筆順 

字義 ❶ふたたび。二度。また。「再会」❷ふたたびする。二度くりかえす。❸ふたつ。

難読 再従兄弟はとこ・再従姉妹はとこ

解字 甲骨文 金文 篆文 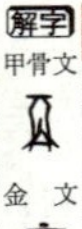 象形。一つを持ちあげるときによって左右二つが同時にあがる形にかたどり、ある一つの事がらが起きて、それに重ねてもう一つの事がらが起こる、ふたたびの意味を表す。

▼一再

【再寒暑】サイカンショ 暑さ寒さを二度くりかえす意で、二か年間をいう。〔宋、文天祥、正気歌〕

【再起】サイキ ふたたび立ちあがる。失敗した者や重病であった者などが、力をとりもどして活動を始めること。

【再挙（擧）】サイキョ ①ふたたび事を起こす。②ふたたび兵を挙げる。二度めの旗あげ。

【再見】サイケン ①ふたたびあう。②二度あらわれる。③ツァイチェン さようなら。

【再建】サイケン ①たてなおす。②サイコン 神社や寺などを建てなおす。

【再顧傾二人国（國）一】サイコすればひとのくにをかたむく 美人の媚びを呈する形容。二度ふりかえって流し目に見ると、その媚びに迷わされて君主も国を忘れ滅ぼすに至る意。傾国。〔漢書、外戚伝上〕一顧傾二人城一イッコすればひとのしろをかたむけ、――。

【再興】サイコウ ふたたびさかんにする、さかんになる。

【再昨】サイサク 再昨日の略。前々日。おとつい。おととい。

【再三】サイサン 二度も三度も。何度も。たびたび。「再三再四」

【再従（從）兄弟】サイジュウケイテイ またいとこ。いとこ同士の子の相互の関係をいう。祖父母の兄弟姉妹の孫に当たる者たちの関係。

【再△醮】サイショウ 再婚。再嫁。

【再生父母】サイセイのフボ ①死の状態から生きかえらせてくれた、父母のようにありがたい人。元の烏古孫沢ウコソンタクの仁徳を民

がたたえて呼んだ語。②自分の父母の生まれかわり。

【再造】サイゾウ ①ふたたび作る。また作りなおす。②おとろえたものがふたたびさかんになること。再興。③生きかえる。よみがえる。再生。

【再造△之恩】サイゾウのオン ほとんど生きる望みのないのを、生きかえらせてくれた恩。また、おとろえきっているのをふたたびさかんにしてくれた恩。

【再伝(傳)】サイデン 一度伝わって、そこから更にもう一度ほかに伝わること。また、伝授を二度重ねること。「再伝の弟子」

【再読(讀)文字】サイドクモジ・サイドクモジ 国日本で漢文を訓読する上の特殊な工夫で、一字を二度読むもの。初めに副詞的に読み、更に下から返って助動詞・動詞的に読む。

未	いまダ…ず	未レ来。	（まだ…でない。）
将	まさニ…（ント）す	将レ来。	（今にも…しようとする。）
且	まさニ…（ント）す	引レ酒且レ飲レ之。	（今にも…しようとする。）
当	まさニ…ベシ	当レ然。	（当然…すべきである。）
応	まさニ…ベシ	応レ知ニ故郷事一。	（おそらく…だろう。）
宜	よろシク…ベシ	用レ人、宜レ取ニ其所一レ長。	（…するのが適当である。）
須	すべかラク…ベシ	病癒多レ忘レ慎。須ニ常思一レ病苦時一。	（ぜひ…する必要がある。）
猶	なホ…ごとシ	過猶レ不レ及。	（ちょうど…のようだ。）
盍	なんゾ…ざル	盍ニ各言一レ爾志一。	（どうして…しないのか。）

【再然・再燃】サイネン ①一度消えた火がふたたび燃え上がる。②一度おとろえたものがふたたびさかんになること。③一時おさまっていたことがふたたび問題にされること。

【再拝(拜)】サイハイ 二度おじぎをする。①敬意や謝意などの深いことを表すときにするしぐさ。②手紙の末につけて、敬意を表すことば。「頓首再拝トンシュサイハイ」

(6)4 **【同】** 481 教2 ドウ おなじ　漢トウ　呉ドウ　東 tóng　3817 *4631*

筆順 丨 冂 冂 同

【仝】古字 0124 *2138*

字義 ❶あつまる。「合同」❷あつまり。つどい。周代、諸侯が同時に天子におめにかかること。会同。❸**おなじ**。ひとしい。一緒。共通している。↔異。「大同小異」「同窓」❹**おなじくする**。一つにする。一緒にする。「付和雷同」「協同」特に〔和〕に対して、主体性のない共同をいう。❺**おなじく**。ともに。一緒に。みな。❻周代、百里四方の地。❼さかずき。

名乗 あつ・あつむ・とも・のぶ・ひとし　難読 同胞はらから

参考 もと、口部に所属した。

解字 甲骨文 金文 篆文

象形。甲骨文や金文でわかるように、上下二つのつつの象形で、同じ直径のつつが、あう・おなじの意味を表す。同を音符に含む形声文字に、侗ドウ・恫ドウ・胴ドウ・桐トウ・洞ドウ・筒トウ・銅などがあり、これらの漢字は、「つつ」の意味を共有している。

▼異同・共同・協同・合同・混同・参同・賛同・帯同・大同・雷同・和同

【同悪(惡)】ドウアク ①いっしょになって悪事をはたらく。また、その人。②ドウオ 憎しみをともにする。

【同悪(惡)相助】ドウアクあい(ひ)たすく ①悪人どうしはたがいに助け合って悪事をはたらく。②ドウオあい(ひ)たすく 憎しみを共にする者がたがいに助け合ってその憎む相手にたちむかう。〔史記、呉王濞伝〕

【同異】ドウイ 同じと違い。同じ点と違っている点。

【同意】ドウイ ①同じ意見。②同じ意味。同義。③賛成。

【同一】ドウイツ ①おなじ。ひとつのもの。②合わせて一つにする。

【同一視】ドウイツシ ①同じにみなす。②平等に取り扱う。

【同音】ドウオン ①同じねいろの音。②文字の音が同じであること。「同音異義」③同じことを言う。口をそろえて言う。「異口同音イクドウオン」

【同化】ドウカ ①他人を感化して自分と同じようにすること。②生物が外界から取った栄養物を自分の成分にかえること。③他人から取った知識を完全に自分のものとすること。

【同学(學)】ドウガク ①いっしょに学ぶ。②同じ師について学んだもの。同門。

【同気(氣)相求】ドウキあい(ひ)もとむ 同じ気質の者は互いに相集まる。同類相求。〔易経、乾〕

【同軌】ドウキ ①車輪の間隔を同じくする。天下が統一されていることにいう。軌は、わだちで、車輪のあと。「同文同軌」②同一の王者に治められている諸侯をいう。

【同義】ドウギ 同じ意味。同意。

【同業】ドウギョウ ①同じ職業。また、その人。②同学の者。同門。

【同△衾】ドウキン 同じしとねに寝る。ともね。通常、男女についていう。

【同訓異義】ドウクンイギ 国文字の訓（読み）が同じで、その意味の異なること。

【同契】ドウケイ ①ぴったりと一致する。契はわりふで、わりふの両片のようによく合う意。②たがいに深い交わりを結ぶ。

【同慶】ドウケイ いっしょによろこぶ。互いによろこばしいこと。

【同穴】ドウケツ 一つ穴に入る（葬られる）。夫婦の仲のむつまじいことにいう。「同穴契ドウケツのちぎり」「偕老同穴カイロウドウケツ」

【同工】ドウコウ ①同じさいく。②同じうまさ。同じ手ぎわ。

【同工異曲】ドウコウイキョク ①音楽演奏の技術は同じであるが、その調子が違うこと。②詩文を作る手ぎわは同じであるが、作品の趣が違うこと。③違っているように見えて実は同じ手ぎわであること。④大同小異。〔唐、韓愈、進学解〕

【同甲】ドウコウ ＝同庚ドウコウ。甲は甲子（干支）で、年齢。

【同好】ドウコウ 同じ好みを持つ。また、その人。「同好の士」

【同行】ドウコウ・ドウギョウ ①いっしょに行く。また、その人。同伴。同道。②仏㋐ドウギョウ いっしょに仏道を修行する者。修法の仲間。同じ信者。㋑ドウアン いっしょに行脚アンギャ・巡礼をする。また、その仲間。

【同△庚】ドウコウ 同じ年齢のもの。庚は年齢。同甲。

【同根】ドウコン ①同じ根。また、一つの根を共有する。②同一の親。また、同じ親から生まれた兄弟をいう。

【同△爨】ドウサン 同居して、同じ一つのかまどの飯を食べること。また、その人。同居人。

【同士】ドウシ 国同じなかま。つれ。

【同志】ドウシ ①志を同じくする。②同じなかま。同士。◇同じ意見・主張を持つ人を「同志」、単なる仲間・つれは「同士」と使い分けるが、一般に画然とはしていない。ただ「男同士・弱い者同士」のように接尾語的に用いる場合は「同士」が一般的。

【同室】ドウシツ ①同じ家に住む。また、その人。家族。②夫婦をいう。

【同舟】ドウシュウ ①同じ舟。②同じ舟に乗る。また、その人。「呉越同舟」

【同舟相救】ドウシュウあい(ひ)すくう(ふ) 利害を同じくする者は、だれでもたがいに助けあうたとえ。同病相憐ドウビョウあい(ひ)あわ(は)れむ。〔孫子、九地〕

【同宿】ドウシュク ①同じ宿屋にとまる。②仏同じ寺院に仮住まい

している僧。③国キリスト教の同じ信者をいう。

【同出】兄弟をいう。同じ父親、または、同じ母親を持つ者。

【同床異夢・同△牀異夢】①夫婦がいっしょに寝ながら、違った夢を見る。②同居していながら、心が離れているたとえ。また、共同して事に当たりながら、意見・目的などを異にするたとえ。〔宋、陳亮、与二朱元晦一書〕

【同情】①同じ思いを持つ。②国思いやり。気の毒に思うこと。特に、他人の不幸・苦悩をわがことのように思うこと。

【同心】①同じ心。②心を合わせる。③男女が約束をかわす。④中心を同じくする。「同心円」⑤国㋐武家に属した最下級の兵。㋑江戸時代、与力の下で警察事務にあたった役人。㋒歌の欠点の一つ。同語が重出すること。㋓同意。賛成。

【同心結】①固くて解けない結び方。また、その結び方をした物。②転じて、夫婦の固いちぎり。③別離の時、結んで贈る物。④仏袈裟の紐の結び方の一。華鬘の形に結んだもの。けまんむすび。

【同心△之言△其臭如レ△蘭】心の合った者同士のかわすことばは蘭の花のかおりのようにかぐわしい。〔易経、繫辞上〕

【同人】①易の六十四卦の一つ。☲☰離下乾上。公平無私の心で万人が協同すれば、どんな困難ものりきれるかたち。②同志の人。同じ趣味の人。気の合った友だち。③㋐なかま。「同人雑誌」㋑同じ人。同一の人物。

【同仁】①平等に愛する。仁は愛。「一視同仁」②仁愛の心を持っている同士。

【同△塵】俗世間と歩調を合わせる。塵は、世俗の意。「和光同塵」〔老子、五十六〕

【同生】①兄弟。②同年に生まれる。

【同姓不婚】中国の家族制で、同じ姓の者は結婚しないこと。特に周代でやかましかったといわれる。

【同△棲】①同じ家に住む。②正式の結婚をしない男女が、一緒にくらすこと。

【同△儕】同じ仲間。儕は、なかま。同輩。

【同然】同じであること。同様。

【同宗】①同じ血統の者。②同じ宗派。

【同窓】①同じ師について学んだ者。同業。②同じ学校の出身者。

【同中書門下平章事】→同平章事。


【同△儔】同じなかま。同輩。同僚。

【同調】①同じ調子。②他人の主義・主張などに賛成して同じ行動をとること。

【同道】いっしょに(同じ道を)行く。同行。

【同年】①おなじ年齢。おないどし。②同じ年に進士の試験に及第した者。③同時に。④同じ年。その年。

【同伴】いっしょにつれて(ついて)行く。同行。

【同病相△憐】同じ病気にかかっている者はたがいにあわれみ合う。同じ境遇に苦しむ者はたがいにあわれみ合うたとえ。〔呉越春秋、闔閭内伝〕

【同風】①同じ風俗。天下が統一されていることにいう。②同じ趣。

【同腹】同じ母から生まれる。また、その兄弟。

【同文】①同一の文字(を用いる)。②転じて、天下が統一されること。③同一の文章。

【同文同軌】文字を同じくし、車の両輪の間隔を同じにする。王者が天下を統一すること。軌は、車の輪と輪との距離。〔中庸〕

【同文同種】使用する文字もまた人種も同じであること。多く日本と中国との関係にいう。

【同平章事】官名。同中書門下平章事の略。唐宋の時、宰相の実権を握った役。唐・宋代は尚書・中書・門下の三省の長官を宰相としたが、常に専任とせず、他の官にある者に兼任させた。平章事ともいう。

【同△朋】①ともだち。②国㋐禅家で雑役に従事する僧。㋑武家で雑役に使用した髪をそった小役人。

【同胞】①同じ腹から生まれた者。兄弟。はらから。②同じ国の民。

【同△袍】①友だち。親しい学友。一枚の袍を貸し合って助け合う意。〔広瀬淡窓、桂林荘雑詠示二諸生一詩〕休レ道他郷多二苦辛一、同袍有レ友自相親。同沢(沢は下着)。訳文休道(一〇九七ページ)。②軍人同志。「同袍同沢(沢は下着)」

【同夢】①同じ夢を見る。②親愛のはなはだしいこと。夫婦にいう。

【同盟】①諸侯が盟約を結ぶこと。②共同の目的のために同一の行動をとることを約束すること。

【同門】同じ門下。同じ師に学んだ者。相弟子。

【同流】①二つの川が合流すること。②世俗にしたがう。③傾向を同じくする。また、同じたぐい。なかま。同類。

【同僚】同じ職場につとめる者。あいやく。

【同類】①同じなかま。②同姓の親族。同姓。

【同列】①同じ列。同じならび。②同じ地位。また、その人。

【同和】①和合する。ともにやわらぐ。一致する。②同じようにやわらぐ。

[両]→一部 二八ページ。

(7)5 【冏】482 △ 漢ケイ 呉キョウ(キャウ) 梗 jiǒng 4940 5148

[囧]本字

字義 ❶あきらか。❷まど(窓)。

解字 金文  篆文  象形。『説文』では篆文の囧(冏は変形)を窓に光がさして明るいさまの象形とするが、金文によれば、太陽の光り輝くさまの象形である。

【冏冏】光り輝くさま。炯炯。

(8)6 【冒】483 △ ボウ 冒(3018)の俗字。→五〇三ページ。 7078 666E

[岡]→山部 三三一ページ。 [周]→口部 一九七ページ。

[罔]→网部 八七五ページ。

(9)7 【冑】484 標 漢チュウ(チウ) 呉ジュウ(ヂウ) 宥 zhòu 4941 5149

字義 かぶと。国よろい。

参考 ①原義は、甲がよろい、冑がかぶとであるが、日本では、普通、その意を逆にして用いている。②月部の〔冑〕は別字だが、古くから混用される。

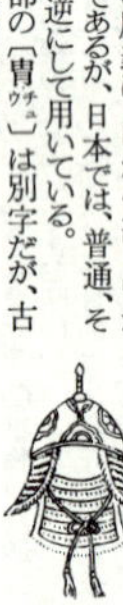
〔冑〕

解字 金文  篆文  形声。篆文は冃+由音。冃はかぶり物の象形。音符の由は、深いあなの意味。目深におおうかぶとの意味を表す。金文は、目びさしの深いかぶとの象形。

【冑△纓】かぶとの緒。かぶとの結びひも。

【冑甲】かぶとと、よろい。甲冑。

(9)7 【冐】(3019) ボウ 冒(3018)の旧字体。→五〇三ページ。

(10)8 【冔】485 △ ク 麌 xǔ

字義 殷代の冠の名。=冔。↕弁(周代の冠)・収(夏の冠)。

解字 形声。冃+吁音。冃は、ぼうしの意味。

(10)8【冓】486 △ 漢コウ 呉ク 宥 gòu　［冓］4942 514A

字義 ❶くむ（組）。くみたてる。かまえる（構）。❷へや。家の奥まった所。宮中の女官のいる所。

［冓］俗字

解字 甲骨文　篆文　象形。かがり火をたくときに用いるかご、篝の原字で、上下同形に組み合わせたかごの形にかたどる。冓を音符に含む形声文字は、「組み合わせる」の意味を共有し、篝ｺｳ・溝ｺｳ・遘ｺｳ・覯ｺｳ・構ｺｳ・媾ｺｳ・購・講などがある。

(11)9【冕】487 △ 漢ベン 呉メン 銑 miǎn　4943 514B

字義 かんむり。天子から大夫までが礼式に用いる。冠の上に織物でおおった板（冕版ﾍﾞﾝ）をのせ、その前後の端に旒ﾘｭｳ（ひもでつづったかざり玉）をたれたもの。

解字 篆文　形声。冃＋免㊥。冃は、ぼうしの意味。音符の免は、ぬけ出るの意味。頭がぬけ出てくるという感じの、深いかんむりの意味を表す。

【冕者】ﾍﾞﾝｼｬ 冕服ﾍﾞﾝﾌｸをつけた人。尊い身分の人をいう。

【冕服】ﾍﾞﾝﾌｸ 貴人が礼装としてつける冠と衣服。

〔冕服〕

【冕旒】ﾍﾞﾝﾘｭｳ 冕の前後にたれ下げるかざりの玉。その本数は、天子は十二、諸侯は九、上大夫は七、下大夫は五。

冖部

［冖］4944 514C

〔部首解説〕 わかんむり。この形が片かなのワに似ているところからいう。文字としては、冖は、音漢ベキ・呉ミャク。象形。篆文冂。おおいの形にかたどり、覆うの意味を示す。冖を音符に含む形声文字に、幎ﾍﾞｷ・冪ﾍﾞｷ・冥ﾒｲ・溟ﾒｲ・瞑ﾒｲなどがあり、冖を音符として、おおい・おおうなどの意味を含む文字ができている。また、宀（うかんむり）の省略形で冖となる場合もある。

2 冗 一二四　3 写 一二四　7 冠 一二四　8 冤 一二五　冦 一二五
冢 一二五　冥 一二五　冡 一二六　9 冨 一二六　12 寫 一二六
14 冪 一二六
軍→車部一〇六七ﾍﾟ。鼏→鼎部一三七二ﾍﾟ。

(4)2【冗】488 常 ジョウ 漢ジョウ 呉ニュウ 腫 rǒng　3073 3E69

筆順 ′ 冖 冗 冗

［宂］正字

字義 ❶むだ。あまる。不必要な。「冗費」❷みだれる。まじる。❸わずらわしい。くだくだしい。

解字 篆文　会意。冖（宀）＋儿（儿）。宀は家屋の象形。儿は、人の象形。農事がなく人が暇で屋内にいるさまから、ひま・あまるの意味を表す。

【冗員】ｼﾞｮｳｲﾝ ①＝冗官。→次項。②国むだな人員。

【冗官】ｼﾞｮｳｶﾝ ①つかさどるべき一定の職務を与えられていない官職。また、その官職にある人。散官。②国むだな官職。なくてもよい官職。

【冗冗】ｼﾞｮｳｼﾞｮｳ ①入り乱れるさま。②わずらわしいさま。③忙しいさま。

【冗食】ｼﾞｮｳｼｮｸ むだぐい。また、働かずに俸禄ﾎｳﾛｸをむさぼること。

【冗職】ｼﾞｮｳｼｮｸ ＝冗官。

【冗舌】ｼﾞｮｳｾﾞﾂ 国おしゃべり。むだぐち。もと、饒舌ｼﾞｮｳｾﾞﾂの誤記から生じた語。

【冗談】ｼﾞｮｳﾀﾞﾝ 国①言わなくてもすむ、余分の話。むだばなし。むだぐち。②転じて、ふざけたわむれて言う話。むだぐち。

【冗長】ｼﾞｮｳﾁｮｳ だらだらと長くてしまりがないこと。冗漫。

【冗費】ｼﾞｮｳﾋ むだな費用。

【冗文】ｼﾞｮｳﾌﾞﾝ むだで長い文句・文章。

【冗漫】ｼﾞｮｳﾏﾝ くだくだしくて、しまりのないこと。むだが多く、とりとめのないこと。冗長。

(5)3【写】489 教3 シャ うつす・うつる　2844 3C4C

(15)冖12【寫】490 シャ 馬 xiě　5377 556D

筆順 冖 冖 写 写

［冩］俗字 4948 5150

字義 ❶うつす。もとのものをまねて、または、そのとおりに書きうつす。また、うつる。❷うつし。書きうつしたもの。❸のぞく（除）。❹そそぐ。「写レ心ｺｺﾛｦｿｿｸﾞ」（心を尽くす）

使いわけ うつす・うつる［写・映・移］

［写］物の形をそのまま書いてあらわす。また、カメラでうつす。「ノートを写す」

［映］物の形を鏡やスクリーンにあらわす。「スライドを映す」

［移］動かす。「本籍を移す」

解字 篆文　形声。宀＋舄㊥。音符の舄ｾｷは、席に通じ「しく」の意味。宀は、覆うの意味。実物を下に敷き、その上に紙などをかぶせて、かきうつすの意味を表す。常用漢字の写は省略形による。

▼活写・誤写・手写・書写・図写・転写・透写・騰写・描写・複写・模写

【写意】ｼｬｲ ①意をそそぐ。誠意を表す。②事物の外形よりも、対象物の精神を写そうとする画法。

【写経（經）】ｼｬｷｮｳ 仏供養などを目的として経文を筆写する。

【写実（實）】ｼｬｼﾞﾂ 実際の姿をありのままにうつし出すこと。

【写真（眞）】ｼｬｼﾝ ①本当の姿・形を写しえがくこと。②肖像画。似顔。③写真機で写した像。

【写生】ｼｬｾｲ 実物・風景をそのままに写し描くこと。スケッチ。

【写本】ｼｬﾎﾝ ①手で書き写した本。筆写本。↔板本・刻本・版本・刊本。②本を書き写すこと。

(9)7【冠】491 常 カン かんむり ㊀カン（クヮン）寒 guān ㊁カン（クヮン）翰 guàn　2007 3427

筆順 冖 冖 冠 冠 冠

字義 ㊀❶かんむり。❷とさか。「鶏冠」㊁❶かんむりをつける。かぶる。❷男子が二十歳で成人式をあげ、かんむりをつける。元服。❸成年。二十歳になること。❹衆人のかしら。第一等。「世界に冠たり」

国かんむり。漢字の部首で、上部にかぶせるもの。竹かんむり（竹）、草かんむり（艹）の類。

名乗 かむり　難読 冠城ｶﾌﾞﾗｷﾞ・冠石野ｶﾌﾞｼﾉ・冠着ｶﾑﾘｷ・冠木ｶﾌﾞｷ

解字 篆文　形声。冖＋寸＋元㊥。音符の元は、かんむりをかぶった人の象形。これに、おおうの意味の冖、手にするの意味の寸を付し、かんむりをつけるの意味を表す。

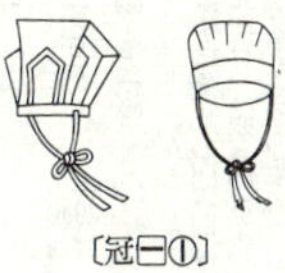
〔冠㊀①〕

▼衣冠・栄冠・掛冠・加冠・花冠・鶏冠・弱冠・弾冠・典冠・宝冠

【冠位】カンイ 国①冠とくらい。②昔、かんむりの色と形によって表した位階。十二階に分けた。
【冠△蓋相望】カンガイあい(ひ)のぞむ 使者の冠と車のおおいとが前後に遠く見渡される意で、使者の車が次々と長く続いていること。〔戦国策、魏〕
【冠軍】カングン ①武功が軍中第一番であること。一軍（全軍）に冠たりの意。②大将軍。楚ッの宋義ソウギ、漢の霍去病カクキョヘイをいう。③科挙（官吏登用試験）の主席合格者。
【冠△笄】カンケイ ①男女が成人となる式。冠は、男子が二十歳で元服する礼、笄は、女子が十五歳で笄こうがいをさす礼。②冠をとめるこうがい。
【冠婚葬祭】カンコンソウサイ 元服（成人式）・結婚・葬式・祖先の祭りの、四つの重要な礼式。
【冠者】カンジャ ①元服して、冠をつけた青年。成年に達した若者。〔論語、先進〕②国カジャ・カンジャ・カザ ㋐元服を終えた若者。㋑昔、六位で無官の人。㋒若い召使い（けらい）。
【冠省】カンショウ 国手紙の初めに拝啓とか気候のあいさつなどを書かずに、すぐに用件を書く時に、冒頭に書くことば。前略。
【冠絶】カンゼツ 最もすぐれている。最上で他からかけ離れている。
【冠帯(帶)】カンタイ ①かんむりと、おび。②冠をつけ、帯を結ぶ。㋐礼装すること。礼服を身につけること。㋑身分のある者をいう。官吏。紳士。㋒礼儀の厚い風俗をいう。「冠帯の国」
【冠△冕】カンベン ①かんむり。冠はかんむりの総称。冕は大夫以上の礼冠。②首位。第一位。③官職。地位。また、高位高官。④うわべの飾り。
【冠木門】かぶきモン 国門柱の上部を貫く横木を渡した、屋根のない門。

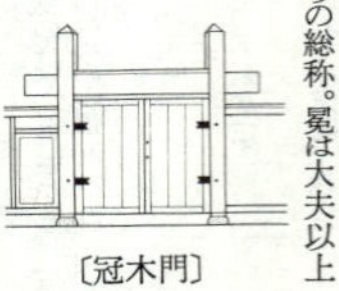
〔冠木門〕

【冠履倒易】カンリトウエキ 冠とくつをとりちがえて逆につける意で、上下の秩序が乱れてさかさまになること。冠履顛倒カンリテントウ。〔後漢書、楊賜伝〕
【貴二冠履一忘二頭足一】カンリをたっとびてトウソクをわする 頭あっての冠、足あってのくつであるのに、冠やくつばかりを大切にして頭や足を忘れる意。根本を軽んじ、末を重んずることのたとえ。〔淮南子、泰族訓〕
【冠礼(禮)】カンレイ 元服の儀式。→字義の㊁の②。
【△挂レ冠】かんむりをかく 辞任すること。投レ冠かんむりをトウず・解レ冠かんむりをとくともいう。
【弾(彈)レ冠振レ衣】かんむりをはじきころもをふるう(ふ) 冠をはじき着物をふるって、ちりを払う。①礼服の準備を整えて、お上からのお召しを待つこと。②礼服をかたづけて、官職を退くこと。

【軍】→車部 一〇六ページ。

(10)8
【冤】492 標
漢エン(ヱン) 呉オン(ヲン) 冈 yuān
[寃]俗字 5367 *5563*
[冤] 4945 *514D*

字義 ❶ぬれぎぬ。無実の罪。冤罪。❷うらみ。あだ。不平不満。

解字 甲骨文  篆文  会意。甲骨文は、网+兎。网は、あみの象形。兎は、うさぎの象形。網の中に身をかがめるうさぎのさまから、ぬれぎぬ・うらみの意味を表す。

【冤△枉】エンオウ 無実の罪。枉は、事実を曲げる意。
【冤鬼】エンキ 無実の罪で死んだ人の幽霊。
【冤獄】エンゴク 無実の罪で牢屋ロウやにつながれること。
【冤恨】エンコン 無実の罪におとされたうらみ。
【冤魂】エンコン 無実の罪で死んだ人のたましい。
【冤罪】エンザイ 無実の罪。
【冤死】エンシ 無実の罪におとされて死ぬ。
【冤声(聲)】エンセイ 無実の罪におちた者のうらみの声。
【冤訴】エンソ 無実の罪をうったえる。
【冤憤】エンプン 無実の罪におとされたいきどおり。

(10)8
【寇】493 △ コウ 寇（1662）の俗字。→三〇七ページ。 4946 *514E*

(10)8
【冢】494 △ 漢チョウ 呉チュウ(チウ) 匯 zhǒng
[塚]俗字
4947 *514F*

字義 ❶つか。大きい墓。❷おか（丘）。❸やしろ（社）。もり土をして神をまつる場所。❹大きい。❺長子。嫡子チャクシ。

参考 〔冡ボウ〕は別字。

解字 金文  篆文  形声。篆文は勹+豖㊥。勹は、おおいつつむの意味。音符の豖チクは、足を縛ったぶたの象形。いけにえの豚をそなえておおう、「つか」の意味を表す。

【冢△塋】チョウエイ はか。また、墓地。
【冢君】チョウクン きみ。君長。大君。親しい国の諸侯を尊んでいうことば。
【冢△卿】チョウケイ 最高の地位の家来。重臣。大臣。
【冢宰】チョウサイ 周代の官名。六官の長で、天子を助け、百官をひきいる役。後世の吏部尚書。今の総理大臣に当たる。
【冢子】チョウシ ①太子。世子。よつぎのみこ。冢嗣チョウシ。②本妻の生んだ、家を相続する長男。長子。嫡子チャクシ。
【冢△祀】チョウシ 先祖のまつり。宗廟ソウビョウの祭り。
【冢嗣】チョウシ 太子。世子。よつぎのみこ。冢子。
【冢上】チョウジョウ つかのほとり。墓辺。
【冢嫡・冢適】チョウテキ・チョウチャク 本妻の生んだ、家を相続する長男。
【冢土】チョウド 土地の守り神として王が万民のために建てたやしろ。社。
【冢墓】チョウボ はか。

(10)8
【冥】495 標
漢メイ 呉ミョウ(ミヤウ) 青 míng
[冥]俗字
4429 *4C3D*

字義 ❶くらい。㋐光がなくてくらい。㋑道理にくらい。おろか。「頑冥ガンメイ」❷よる。やみ。くらがり。❸ふかい。奥深いところ。㋐空。天。「青冥」㋑海。＝溟メイ。㋒心のおくそこ。㋓あの世。死後の世界。「冥途」❹目に見えない、神仏の作用についていう。「冥助」❺目をとじる。思いにふける。＝瞑メイ。

難読 冥府よみ

解字 篆文  形声。日+六+冖㊥。音符の冖ベキは、おおいの意味。日は、もと口で、場所を示し、六は、もと廾キョウで、両手の意味。ある場所におおいを両手でかけるの意味から、くらいの意味を表す。

【冥応(應)】メイオウ・ミョウオウ 神仏の報い、加護。
【冥加】ミョウガ ①仏知らない間に受ける神仏の加護。目に見えぬ神仏の助け。冥助。②国おかげ。おたすけ。
【冥界】メイカイ ＝冥途。→下段
【冥△晦】メイカイ まっくら。また、くらやみ。晦冥。
【冥感】メイカン 神仏の感動。
【冥頑】メイガン 道理にくらくがんこなこと。頑冥。
【冥鬼】メイキ 仏冥土のおに。地獄の鬼。
【冥護】ミョウゴ 仏神仏のまもり。神仏の加護。
【冥合】メイゴウ 知らないうちにあう。自然の中に一致する。また、ふかく合一する。
【冥婚】メイコン この世で夫婦になれなかった男女を、死後に、一つの墓に葬るなどして、夫婦にしてやること。幽婚。
【冥助】メイジョ 目に見えぬ神仏のたすけ。冥加ミョウガ。
【冥数(數)】メイスウ 人間の知恵でははかり知ることのできない運命。
【冥想】メイソウ 目を閉じて静かに思いにふけること。じっと考えこむ。瞑想メイソウ。
【冥土】メイド 仏＝冥途。→次項。
【冥途】メイド 仏死者のたましいの行くところ。よみじ。あの世。冥土。冥界。冥府。
【冥府】メイフ ＝冥途。→前項。

【冥福】メイフク 死後のしあわせ。あの世での幸福。
【冥▲昧】メイマイ くらい。また、物事の道理にくらい。
【冥冥】メイメイ ①くらいさま。暗くかすかなさま。②奥深く遠いさま。③人の目につかぬこと(ところ)。④おろかなさま。無知のさま。
【冥▲濛・冥▲蒙】メイモウ うすぐらい。
【冥▲祐・冥▲佑】メイユウ 神仏のたすけ。祐・佑は、たすけ。
【冥利】ミョウリ ①仏善業ゼンゴウの報いとして受ける幸福。②国㋐知らない間に神仏からさずかるしあわせ。㋑知らない間にある物事から受けている恩恵。「役者冥利」
【冥霊(靈)】メイレイ 冥海(青海原)の霊物の意で、亀かめをいう。一説に、木の名ともいう。いずれも、長命なものの代表。〔荘子、逍遥遊〕

(10)8【冡】496 △ 漢ボウ 呉モウ 東 méng
字義 =蒙モウ。❶おおう。❷くらい。おろか(愚)。
参考 [冢チョウ]は別字。
解字 篆文  会意。冂+豕。冂は、おおうの意味。豕は、ぶたの意味。豚などの家畜におおいをかける、おおう、くらいの意味を表す。

(11)9【冨】497 △ フ 富(1672)の俗字。→三〇九㌻。 4158 495A

(14)12【冩】498 △ シャ 写(489)(寫)の俗字。→一二四㌻。 4948 5150

(16)14【冪】499 △ 漢ベキ 呉ミャク 錫 mì 4949 5151
【冪】同字 7018 6632
字義 ❶おおう。覆いかぶせる。❷たれまく。ものを覆うきれ。❸数学用語。同じ数の相乗積。
解字 形声。幕＋冖音。音符の冖ベキは、おおうの意味。幕でおおうの意味を表す。
【冪冪】ベキベキ 雲などのおおいたれるさま。
【鼏】→鼎部 一三七三ページ。

2 冫部 [冫] 4950 5152

【部首解説】にすい。冫を三水サンズイというのに対して、冫が二画で書くので二水ニスイという。もとの字形は仌で、冫は偏になったときの形。仌は、音ヒョウ。象形。氷の結晶にかたどる。氷(冰)の原字。冫を意符として、凍る・寒いなどの意味を含む文字ができている。また、氵の省略形で冫となる場合もある。

3 多 一二六　4 决 一二六　冱 一二六　冲 一二六　冰 一二六
5 况 一二六　冴 一二六　冸 一二六　冶 一二六　冷 一二六
6 冽 一二七　8 凅 一二七　准 一二七　凊 一二七　凄 一二七
凋 一二七　凍 一二七　凉 一二七　凌 一二七　9 減 一二八
10 凖 一二八　凔 一二八　凓 一二八　12 凘 一二八　13 凜 一二八
凛 一二八　14 凝 一二八
馮→馬部 一三二八㌻。

(5)3【冬】(1378) トウ 冬(1377)の旧字体。→二四九㌻。

(6)4【决】500 △ ケツ 決(3919)の俗字。→六一九㌻。 4951 5153

(6)4【冱】501 △ 漢コ 呉ゴ 遇 hù 4952 5154
【冴】俗字
字義 ❶こおる。=涸。「凝冱」❷さむい。非常に寒い。❸ふさぐ。ふさがる。とじる。=涸。
解字 形声。冫(仌)＋互音。音符の互は、固に通じ、かたまるの意味。こおる・さむいの意味を表す。
【冱寒】ゴカン 寒くて物が凍ること。また、きびしい寒さ。
【冱涸】ゴコ (寒くて)こおりつく。

(6)4【冲】502 △ チュウ 沖(3930)の俗字。→六三一㌻。一説に、沖は別字ともいう。 4953 5155

(6)4【冰】503 △ ヒョウ 氷(3883)の正字。→六二一㌻。 4954 5156

(7)5【况】504 △ キョウ 況(3954)の俗字。→六三五㌻。 4955 5157

(7)5【冴】505 囚 (6)4〔冴〕506 漢コ 呉ゴ 遇 hù 2667 3A63
筆順 冫 冮 冴 冴
字義 こおる。また、さむい。また、ふさぐ。冱(501)の俗字。国さえる。㋐にごりなどがなく、きわだってあざやか。㋑頭の働きや腕前があざやかだ。㋒しんしんと冷える。
名乗 さえ
解字 形声。冫(仌)＋牙(互)音。音符の牙は、互の変形。日本では、冴を「さえる」の意味に用いる。冱(501)をも見よ。

(7)5【冸】507 △ ハン 翰 pàn
字義 とける。氷がとける。=泮ハン。
解字 形声。冫(仌)＋半音。音符の半は、二つに分かれるの意味。こおりが二つになる、われとけるの意味を表す。

(7)5【冶】508 囚 ヤ 馬 yě 4474 4C6A
筆順 冫 冶 冶 冶
字義 ❶とける。とかす。金属をとかす。❷いる(鋳)。金属をとかして器物をつくる。「鍛冶」❸かじや。鋳物師いもじ。❹ねって作る。ねりあげる。「陶冶」❺なまめかしい。なまめく。
解字 篆文  形声。冫(仌)＋台音。音符の台イは、やわらかくするの意味。氷がゆるみやわらかくなる、とかすの意味を表す。
【冶金】ヤキン ①ふきわけ。鉱石から金属を分析して採ること。②金属を精製加工すること。
【冶工】ヤコウ 鍛冶屋かじや。鋳物師いもじ。冶匠。冶人。冶者。
【冶鋳(鑄)】ヤチュウ 金属をふきわけること。
【冶遊】ヤユウ 心のとろけるあそび。芸者遊び。遊冶。
【冶容】ヤヨウ なまめかしいようす。また、なまめかしく装う。
【冶郎】ヤロウ 冶遊にふける男。やさ男。うわき男。遊冶郎。

(7)5【冷】509 教4 漢レイ 呉リョウ(リャウ) 梗 lěng 4668 4E64
レイ　つめたい・ひえる・ひや・ひやす・ひやかす・さめる・さます
筆順 冫 冷 冷 冷
字義 ❶ひえる。ひやす。さめる。さます。❷つめたい。ひややか。㋐さむい。すずしい。「秋冷」㋑ぞっとする。ひやりとする。㋒ひやかす。ばかにする。㋓情がうすい。❸きよい。すがすがしい。「清冷」❹おちぶれる。おとろえる。国❶ひや。つめたい飲食物。「ひや酒」❷ひえ。㋐気温が下がること。㋑体がひえること。
難読 冷水浦しみずうら・冷泉れいぜい・冷牟田ひやむだ
解字 篆文  形声。冫(仌)＋令音。仌は、こおりの意味。音符の令は、神意を聴いてすがすがしいの意味。すがすがしいこおり・ひえるの意味を表す。
▼秋冷・清冷
【冷▲艶(艷)・冷▲豔】レイエン ひややかな美しさ。白い花や雪などの形容。
【冷害】レイガイ ①寒冷による被害。②季節はずれの寒さのために

農作物が害を受けること。また、その被害。

【冷汗】はずかしいときや驚いたときなどに出るあせ。

【冷官・冷▲宦】つとめのひまな官職。閑職。冷職。

【冷却】つめたくなる。ひえる。また、ひやす。

【冷遇】つめたいあしらい。冷淡な待遇。

【冷血漢】心のつめたい男。薄情な男。

【冷酷】むごたらしいこと。無慈悲。不人情。

【冷渋(澁)】つめたくてとどこおりがちなこと。

【冷笑】ひややかな笑い。あざ笑い。さげすんで笑う。ばかにして笑う。冷哂。

【冷静(靜)】感情にかられず、おちついて、物事に動ぜぬこと。

【冷然】①軽妙なさま。一説に、すずしいさま。②心のつめたいようす。冷淡。

【冷淡】①情愛や同情がない。つれない。また、よそよそしい。②熱意がない。無関心。③かざりけがない。あっさりしている。淡白。

【冷徹】心が静かにおちついていて、よく物事を見通すこと。冷静で透徹。

【冷評】ひややかな批評。さげすんだ批評。

【冷落】落ちぶれてものさびしい。また、さびれる。零落。

【冷冷】①清くすずしいさま。②音のすがすがしいさま。

【冷▲冽】つめたくてきよらか。

(8)6 **【冽】** 510 △ 漢レツ 呉レチ 屑 liè 4956 5158

字義 ❶さむい。つめたい。「清冽」 ❷寒さや冷たさのきびしいさま。

参考 洌(4023)は本来、別字であるが、通じて用いる。

解字 篆文 形声。冫(仌)+列(㓟)音。音符の㓟は、烈に通じ、きびしいの意味。身を切るような、きびしいつめたさ・さむさの意味を表す。

(10)8 **【凅】** 511 △ コ 遇 gù 4957 5159

字義 こおる(凍)。また、ふさぐ。とじる。＝沍。

解字 形声。冫(仌)+固音。冫は、こおるの意味。音符の固は、かたまるの意味。こおりかたまるの意味を表す。

(10)8 **【准】** 512 常 ジュン シュン 軫 zhǔn 慣ジュン・ジュ 2958 3D5A

筆順

字義 準(4195)の俗字。❶なぞらえる。❷ゆるす。許可する。「批准」 ❸よる(依)。「准拠」

参考 ①准は準の俗字であるが、法律用語の「批准」、また「准尉」(旧陸軍の階級の一つ)などの語には習慣として准が用いられる。②[准ｲ]は別字。

使いわけ ジュン(準・准)⇒準(4195)。

解字 形声。冫(仌)+隹(隼省)音。

▼批准

【准三后】国昔、皇族・宮妃・外戚・名臣などに年金を賜り優遇するために設けられた称号。三后(太皇太后・皇太后・皇后)に準じるの意。准后。准三宮。

(10)8 **【凊】** 513 △ 漢セイ 呉ショウ(シャウ) 敬 qìng

字義 ❶すずしい。また、すずしくする。「冬温夏凊」 ❷さむい。❸つめたい。ひややか。

参考 [清]は別字。

解字 篆文 形声。冫(仌)+青音。音符の青は、すみきっているの意味。すきとおった、こおりの意味から、さむい・すずしいの意味を表す。

(10)8 **【凄】** 514 標 漢セイ 呉サイ 斉 qī 3208 4028

字義 ＝淒。❶すさまじい。すごい。ぞっとするような。❷さむい。すずしい。❸さみしい。いたましい。

国 すごい。㋐おそろしい。気味が悪い。㋑おそろしいほどすぐれている。㋒程度がはなはだしい。「凄い勉強家」

参考 [淒](4107)は本来別字であるが俗に通じて用いる。熟語は[淒]をも見よ。→六四八ペ。

解字 形声。冫(仌)+妻音。音符の妻は、淒に通じ、寒けがするの意味。氷の象形の仌を付し、さむいの意味を表す。

【凄雨】ものさびしく降る冷たい雨。

【凄惨(慘)】非常にいたましいさま。ひどくみじめなさま。

【凄日】はださむい秋の日。凄辰。

【凄凄】①ひえびえとしたさま。②さびしく、いたましいさま。③悲しみうらむさま。

【凄切】①非常にものさびしい(もの悲しい)さま。②非常にすさまじいさま。ものすごいさま。

【凄絶】＝凄切。絶は、他からかけ離れていることで、程度が高いの意。→前項。

【凄然】①ひえびえとしたさま。②さびしく、いたましいさま。③ものすごいさま。

【凄▲楚】ひどく悲しみ痛むこと。楚は、悲しみ痛む意。

【凄風】①すさまじい風。すごい風。②西南の風。

【凄涼】①ものさびしい。②いたましい。③つめたい。

【凄▲寥】さびしい。さびしく静か。

(10)8 **【凋】** 515 △ チョウ(テウ) 蕭 diāo [凋] 3592 437C

字義 ❶しぼむ。(寒気・霜などで)草木がしおれる。なえる。おとろえる。「凋落」〔論語、子罕〕 ❷おちぶれる。勢いがなくなる。

解字 篆文 形声。冫(仌)+周音。音符の周は、弔に通じ、いたましいの意味。寒さのために草木がいたましいさまになる、しぼむの意味を表す。

【凋残(殘)】①かれのこり。また、枯れていたむ。彫残。②つかれおとろえる。また、その民。

【凋謝】しぼみおちる。謝は、辞し去る意。転じて、人の死をいう。凋落。凋零。

【凋傷】しぼみおとろえる。おとろえてみすぼらしくなる。

【凋喪】しぼみおとろえる。意気消沈する。

【凋▲敝・凋弊】おとろえつかれる。おとろえやぶれる。

【凋落】①しぼみおちる。②死ぬ。③おとろえる。おちぶれる。

【凋零】＝凋落。→前項。

(10)8 **【凍】** 516 常 トウ こおる・こごえる トウ 送・東 dòng 3764 4560

筆順

字義 ❶こおる。いてる。「凍結」 ❷こごえる。しみる。「凍死」 ❸さむい。つめたい。

使いわけ こおる[氷・凍]⇒氷(3883)。 難読 凍傷

解字 篆文 形声。冫(仌)+東音。仌は、こおりの象形。音符の東は、重に通じ、おもいの意味。物がこおって重い感じになることから、こおるの意味を表す。

▼飢凍

【凍雨】①冬のあめ。ひさめ。みぞれ。②はげしい雨。

【凍餓】こごえうえる。凍飢。凍餒。

【凍結】①こおりつくこと。氷結。②資産・資金などをそのままとどめおいて、その移動や使用を禁止すること。

【凍▲餒・凍▲餧】こごえうえる。衣食のとぼしいこと。

(10)8 **【凉】** 517 △ リョウ 涼(4120)の俗字。→六四九ペ。 4958 515A

(10)8 **【凌】** 518 人 リョウ 蒸 líng 4631 4E3F

筆順

字義 ❶しのぐ。おかす(侵・犯)。おしのける。＝淩・陵。❷こえる(越)。❸あなどる。❹いりまじる。「凌乱」❺こおり(氷)。

名乗 しのぎ

参考 〔淩〕は別字であるが、通じて用いることがある。

解字 篆文 [篆文] 形声。冫(仌)＋夌音。仌は、こおりの象形。音符の夌は、おかにのぼるの意味。氷がおかのようにに盛りあがって、こおるの意味を表す。

【凌雲】(リョウウン) ①雲をしのぐ。雲の上に高くそびえ、また、高く飛ぶこと。②浮世を離れて世外に超脱することのたとえ。③人格・志操の非常にすぐれていることのたとえ。

【凌雲之志】(リョウウンのこころざし) 俗世を離れて別天地に遊びたい願い。

【凌雲集】(リョウウンシュウ) 国書名。日本最初の勅撰漢詩集。一巻。嵯峨天皇の勅命により小野岑守らが編集し、延暦元年(七八二)から弘仁五年(八一四)までの作者二十四人、詩九十一首をおさめている。正しくは『凌雲新集』という。

【凌煙】(リョウエン) ①＝凌雲。煙は、自然現象によって起こる雲やもやなどをいう。②凌煙閣の略。唐の太宗が二十四人の功臣の像を描かせた楼閣。

【凌駕】(リョウガ) 人をしのいでその上に出ること。駕は、上に乗ること。陵駕。

【凌空】(リョウクウ) そらをしのぐ。空高くそびえる(飛ぶ)こと。

【凌霄】(リョウショウ) ＝凌雲・凌空。霄は、空、大空。

【凌霄花】(リョウショウカ) のうぜんかずら・つる性の落葉樹。七・八月ごろ橙色の花を開く。陵苕。

【凌辱】(リョウジョク) ①無礼を加える。②暴力で婦女を犯すこと。

【凌晨】(リョウシン) あかつきをしのぐ(おかす)。まだ暗いのをものともせずに(行動する)の意。また、早朝。

【凌乱(亂)】(リョウラン) 入りみだれもつれる。秩序のないさま。

(11)9【減】519 △ ゲン　減(4137)の俗字。→六五二ページ。

(12)10【準】520 △ ジュン　準(4195)の俗字。→六六二ページ。　5037 *5245*

(12)10【滄】521 △ 呉ショウ(シャウ)　漢ソウ(サウ)　溙 chuàng

字義 さむい(寒)。つめたい。

解字 篆文 [篆文] 形声。冫(仌)＋倉音。音符の倉は、蒼に通じ、あおいの意味。さむいの意味を表す。

(12)10【凓】522 △ 漢リツ　呉リチ　質 lì

字義 さむい。また、寒さのきびしいさま。凓冽は寒さのきびしいさま。

解字 篆文 [篆文] 形声。冫(仌)＋栗音。音符の栗は、いがのあるくりの象形。いがのつきさすような寒さのきびしいさまを表す。

【馮】→馬部 一三八ページ。

(14)12【凘】523 △ シ　支 sī

字義 こおり。解けだして水に流れる氷。

解字 篆文 [篆文] 形声。冫(仌)＋斯音。音符の斯は、小さく裂き分けるの意味。水に流れる小さな氷片の意味を表す。

(15)13【凛】524 囚 リン　寝 lǐn　8405 *7425*

筆順 冫 冫 冫 凛 凛

字義 ❶さむい。寒さがきびしい。❷きびしい。はげしい。❸おそれつつしむさま。心がひきしまるさま。

【凜】俗字 4959 *515B*

解字 篆文 [篆文] 形声。もと、冫(仌)＋稟(㐭)音。音符の㐭は、身のひきしまるさまを表す擬態語。

【凛乎】(リンコ) ＝凛凛。

【凛然】(リンゼン) ＝凛凛。

【凛慄】(リンリツ) ①寒さで身がふるえるさま。②おそれおののくさま。

【凛凛】(リンリン) ①寒さのきびしいさま。②恐れつつしむさま。また、恐れてぞっとするさま。③りりしいさま。④勇気のさかんなさま。

【凛烈・凛冽】(リンレツ) ①寒さのきびしいさま。②威光などの、人をぞっとさせるほどにはげしいさま。心身がひきしまっていて冒しがたいさま。

(15)13【凜】525 △ リン　凛(524)の俗字。→前項。　4959 *515B*

(16)14【凝】526 常 ギョウ　こる・こらす　漢ギョウ・呉ゴウ　蒸 níng　2237 *3645*

筆順 冫 冫 冫 凝 凝 凝

字義 ❶こる。こらす。㋐かたまる。かためる。㋑一心になる。㋒集中する。❷とどまる。とどこおる。「凝滞」国こる。㋐筋肉がはって堅くなる。㋑意匠・細工などの細かな所にまで心を用いる。また、度を越して趣味などに心を奪われる。

名乗 こおる・こり

解字 形声。冫(仌)＋疑音。音符の疑は、止まって動かぬ意味を表す。水がこおること。

【凝議】(ギョウギ) 相談をこらす。熟議。

【凝結】(ギョウケツ) ①こりかたまる。こおりつく。②＝凝縮の②。

【凝固】(ギョウコ) ①こりかたまる。固まり合う。②液体または気体の状態から固体になること。

【凝思】(ギョウシ) 思いをこらす。じっと考える。「凝思精考」

【凝視】(ギョウシ) じっと見つめる。凝眺。

【凝脂】(ギョウシ) ①かたまったあぶら。②きめのこまかな、白くつやのある肌のたとえ。〔唐、白居易、長恨歌〕温泉水滑洗凝脂(オンセンみず(つ)なめらかにしてギョウシをあらう(ふ))。訳文⇩華清池(九二八ページ)。

【凝集】(ギョウシュウ) こりかたまって集まる。凝聚。

【凝縮】(ギョウシュク) ①こりかたまってちぢまる。②気体が液化すること。

【凝絶】(ギョウゼツ) とどこおりやがて絶える。

【凝然】(ギョウゼン) ①心が一つの事に集中しているさま。②じっとして動かぬさま。

【凝滞(滯)】(ギョウタイ) ①とどまりとどこおる。はかどらない。渋滞。②こりかたまる。③こだわる。拘泥する。

【凝湛】(ギョウタン) 淵などの水が清らかにたたえていること。転じて、清く静かな心のたとえ。

【凝睇】(ギョウテイ) ひとみをこらす。じっと見つめる。凝眸。

【凝望】(ギョウボウ) じっと遠くをながめること。遠景に見いること。

【凝眸】(ギョウボウ) ひとみをこらす。見つめる。凝視。

【凝立】(ギョウリツ) 身動きしないで、じっと立つ。凝佇。

2

几部

〔部首解説〕 つくえ。きにょう(几繞)ともいうが、実際に繞の位置にくる文字はなく、鬼繞と同じ読みにもなるのでまぎらわしく余り用いない。几を意符として、つくえの意味を含む文字ができるが、例は少ない。国字では、風の省略体として「凩」「凪」などの文字ができている。

(2)0 【几】527 標 キ 紙 jī 4960 515C

字義 ❶つくえ。=机。「明窓浄几」 ❷ひじかけ。脇息(キョウソク)。 ❸ものをのせる台。

参考 「几ジ」は別字。

解字 文 篆  象形。脚が伸び、しかも安定している机の形にかたどり、つくえの意味を表す。几を音符に含む形声文字に、肌キ・机がある。

【几案】キアン つくえ。案も、つくえ。机案。

【几筵】キエン ①=几席。②祭りや儀式にいけにえなどを載せる台と、祭場や式場に敷く敷物。

【几杖】キジョウ ひじかけと、つえ。共に老人が体を支えるもの。

【几席】キセキ ひじかけと、しきもの。座席の意。几筵キエン。

【几帳】キチョウ 国昔、貴人の室内で、座のわきに立てて、隔てとした家具。台に柱を立て、その上にわたした横木に布をたれたもの。

【几帳面】キチョウメン 国行いが厳格で規律正しいこと。

(3)1 【凡】528 常 ボン・ハン 漢ハン 呉ボン 國 fán 4362 4B5E

筆順 丿 几 凡

【凢】俗字 字義 ❶おおよそ。おおかた。一般に。 ❷すべて。あらゆる。みな。ことごとく。 ❸なみ(並)。つね(常)。普通。「平凡」 名乗 つね 難読 凡河(おおかわ)・凡河内(おおしこうち)・凡海(おおしあま・おしぬみ・おしのうみ)・凡川内(おおしこうち)

解字 甲骨文 文 篆 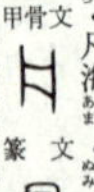 象形。甲骨文は、風をはらむ帆の象形で、風を受ける帆の意味などを直接には表したが、風があまねく吹きわたるところから、すべて・おしなべての意味を表す。凡を音符に含む形声文字に、帆・汎ハン・芃ホウ・風・楓フウ・諷フウなどがあり、これらの漢字は、「(風のように)全てに行きわたる」の意味を共有している。

▼大凡・超凡・非凡・平凡

【凡眼】ボンガン 平凡な眼識。また、見識の低いこと。また、その人。

【凡骨】ボンコツ ①平凡な生まれつき。②平凡な才能・力量の人。凡人。↔仙骨。

【凡手】ボンシュ 平凡なてまえ。また、その人。

【凡人】ボンジン ①平凡な人。②仏俗人。

【凡俗】ボンゾク ①下品でいやしいこと。②平凡な人。また、いやしい人。

【凡百】ボンピャク・ボンビャク・ハンピャク・ハンビャク あらゆる。すべての。また、すべての人。

【凡夫】ボンプ ①平凡な人。②仏仏道に入らず、煩悩ボンノウに迷っている者。在俗。また、衆生シュジョウの意。

【凡民】ボンミン 一般の人民。凡は、貴族や為政者に対して身分が低い意をも含む。

【凡庸】ボンヨウ 平凡。普通。また、普通の人。庸は、常。

【凡慮】ボンリョ 国平凡な、ありふれた考え。凡人の思慮。

【凡例】ハンレイ・ボンレイ 書物のはじめにかかげて、その書の要領・例則などを述べた文。

(3)1 【凢】529 △ ボン 凡(528)の俗字。→前項。 2972 3D68

(5)3 【処】530 教6 ショ 4961 515D

(11)虍5 【處】531 ㊀ショ 語 chǔ ㊁ショ 御 chù

筆順 ク 夂 夂 処

【處】俗字 【处】俗字 字義 ㊀❶おる(居)。いる。㋐とまっている。おちつく。㋑仕えないで、また、嫁がないで家にいる。「処士」「処女」 ❷おく(置)。すえる。 ❸とりさばく。しかるべく決める。「処置」「善処」 ㊁❶ところ。場所。「随処」 ❷つね(常)。一定不変。

国 ところ。接続のことば。「……したところ」

名乗 さだむ・すみ

解字 文 金 篆 文 別体 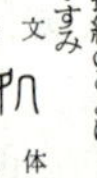 会意。几+夂。几は台の象形。夂は下向きの足の象形。台におる・腰掛ける、おるの意味を表す。處は、音符の虍が加わった形で、虍は居に通ずる。『説文セツモン』では処が本字、處は別体であるが、後世、処は處の俗字とみなされた。

▼帰処・出処・随処・善処・対処・妙処・野処・幽処

【処決】ショケツ ①とりさばく。処置をつけること。②覚悟を決めること。

【処士】ショシ ①官に仕えないで民間にいる人。②後世、人物を優遇する号に用いる。臣として扱わない意。

【処子】ショシ ①まだ結婚していない女。処女。②=処士の①。

【処処】ショショ ①どこもかしこも。到るところ。あちらでもこちらでも。②ところどころ。

【処暑】ショショ 二十四気の一つ。立秋と白露の間。今の八月二十三日ごろ。

【処女】ショジョ ①まだ嫁にゆかない女。きむすめ。処子。②おとなしいさまのたとえ。また、柔弱なさまのたとえ。〔孫子、九地〕始如二処女一(はじめはショジョのごとく)、後如二脱兎一(のちにはダットのごとし)。③国㋐人が手をつけていないこと。自然のままであること。汚れていないこと。「処女地」 ㋑はじめて物事をすること。はじめて経験すること。「処女航海」

【処世】ショセイ ①世の中におる。社会に住む。②世に処する。よわたり。

【処断(斷)】ショダン とりさばく。さばいて決める。

【処置】ショチ ①きまりをつける。しまつする。②しまつ。はからい。

【処分】ショブン ①とりはからう。処置する。②処罰する。

【処方】ショホウ 病気に応じた薬の調合法。処方箋ショホウセンは、それを書いたかきつけ。

【処理】ショリ =処置。理は、おさめる意。

(5)3 【凧】532 国字 標 3492 427C

字義 たこ。いかのぼり。

解字 会意。几(風)+巾。几は、風・はらむ「ほ」の意味。巾は、ぬのの意味。帆のように布・紙を張って飛ばす「たこ」の意味を表す。

(6)4 【夙】533 △ 漢シク 呉シク・シュク 屋 sù 2940 3D48

字義 ❶つとに。早く。㋐朝早く。「夙起」 ㋑むかしから。以前から。「夙怨シュクエン」 ❷あさ。早朝。 ❸はやい(はやし)。はやめる。 ❹つつしむ。

解字 文 金 篆 文 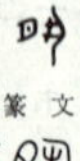 会意。金文・篆文ともに、月+丮。丮は、手にとるの意味。月の残る、夜のまだ明けやらぬうちから仕事に手をつけるさまで、早朝からつつしみ深く仕事をするの意味や、早朝の意味を表す。

【夙怨】シュクエン 前からのうらみ。宿怨。

【夙慧】シュクケイ 幼い時から賢いこと。夙悟。

【夙悟】シュクゴ 幼い時からさとい。

【夙興】シュクコウ 朝早く起きる。興は、起きる意。夙起。

【夙興夜寐】シュクコウヤビ (つとにおきよわ(は)にいぬ) 朝は早く起き、夜はおそくねる。日夜仕事にはげむ意。〔詩経、小雅、小宛〕

【夙志】シュクシ 早くからのこころざし。若い時からの望み。年来の志望。夙心。

【夙成】シュクセイ ①早くからできあがる。②早くおとなびる。ませる。早熟。

【夙昔】シュクセキ 昔から。以前から。また、むかし。宿昔。

【夙夜】シュクヤ ①朝早くから夜おそくまで。②早朝。夜のまだ明けない時。

【夙齢(齡)】シュクレイ 早い(若い)年齢。若年。

(6)4 【凩】534 国字 △ 4962 515E

字義 こがらし。秋の末から冬の初めにかけて吹く風。
解字 会意。几（風）＋木。木を枯らす風、こがらしの意味を表す。

(6)4
【凪】535 国字 囚
3868 4664
筆順 ノ 几 凡 凪 凪
字義 なぐ。また、なぎ。風や波が静まること。
解字 会意。几（風）＋止。風が止む、なぎの意味を表す。

(8)6
【凭】536 △ 漢ヒョウ 呉ビョウ 蒸 píng
4963 515F
［凴］同字
字義 よる。もたれる。よりかかる。＝凴・憑
解字 篆文 会意。任＋几。任は、たよりにするの意味。几はひじつきの意味。ひじつきにもたれかかる、よるの意味を表す。
【凭几】すわったとき、ひじをもたれさせよりかかるもの。ひじかけ。凴几。

〔凭几〕

(9)7
【鳬】537 △ フ 鳧（9130）の俗字。→一二四九ページ。
8275 726B

(11)9
【凰】538 標 漢コウ（クヮウ） 呉オウ（ワウ） 陽 huáng
4964 5160
字義 おおとり。鳳凰（天下が泰平のとき現れるという、想像上の霊鳥）の雌。鳳は雄。
解字 形声。几（凡）＋皇（音）。音符の皇は、大きいの意味。凡は、風にはためくの意味。風に羽ばたきする大きな鳥、おおとりの意味を表す。

(12)10
【凱】539 囚 カイ 慣ガイ 賄 kǎi
1914 332E
筆順 山 岂 豈 剴 凱
字義 ❶かちどき。戦いに勝ってあげる、ときの声。凱声。❷やわらぐ。たのしむ。＝愷。 名乗 たのし・とき・よし
解字 形声。几＋豈（音）。几は、祭りに用いるつくえの象形。音符の豈は、戦いに勝ったときの喜びの音楽の意味。戦いに勝って祭りよろこぶの意味を表す。
【凱歌】戦いに勝って帰るときにうたう祝い歌。
【凱旋】戦いに勝ち（凱歌をうたいながら）帰ること。旋は、帰る意。凱還。
【凱弟・凱悌】やわらぎ楽しむ。愷悌。
【凱風】初夏に吹くそよ風。南風。また、その南風が万物を長じ養うことから転じて、恩沢のたとえ。愷風。〔詩経、凱風〕凱風自レ南、吹二彼棘心一。

(14)12
【凴】540 △ ヒョウ 凭（536）と同字。→上段。
［鳳］→鳥部 一二四九ページ。

2

凵部

［凵］
4965 5161

〔部首解説〕かんにょう。うけばこ。文字としては、凵は、音 漢カン・呉コン。象形。おとし穴の形にかたどる。また、角ばった土くれ・口を開けるの意味ともいわれる。凵が文字として実際に用いられた例はなく、部首としても特定の意味を持たない。

2 凶 一三〇　3 凹 一三〇　出 一三〇　出 一三一　凸 一三一
6 画 一三一　函 一三一　7 凾 一三一
幽→幺部 三五五ページ。

(4)2
【凶】541 常 キョウ 漢キョウ・呉ク 冬 腫 xiōng
2207 3627
筆順 ノ メ 凶 凶
字義 ❶わるい（悪）。わるもの。＝兇。「凶悪」「元凶」❷わざわい。不吉。↔吉。❸不作。ききん。↔豊。「凶年」❹人の死に関して用いる。「凶服」
参考 現代表記では［兇］（427）の書きかえに用いる。「兇行→凶行」「兇器→凶器」
解字 篆文 指事。死者の胸に施された不吉なしるしを示し、わるいの意味を表す。『説文』では、落とし穴にはまって混乱したさまの象形と説く。凶を音符に含む形声文字に、匈・胸・洶・詾などがあり、これらの漢字は、「不吉」の意味を共有している。
▼吉凶・群凶・元凶・大凶・豊凶
【凶悪（惡）】非常に悪い。また、その人。兇悪。

【凶音】悪いしらせ。不吉なたより。凶報。

【凶悍】心が悪くあらあらしい。兇悍。

【凶漢】わるもの。悪漢。凶賊。

【凶器】①不吉な道具。㋐人を殺傷するのに使う道具。兇器。㋑凶事に使う道具。葬式に使う道具。②不吉なもの。わざわいを招く原因となるもの。

【凶逆】心がねじけていて道理にさからう。また、その人。凶悖。兇逆。

【凶虐】心がねじけてむごい。また、その人。兇虐。

【凶行】殺人などの、凶悪な行為。兇行。

【凶荒】穀物のみのらぬこと。ききん。

【凶歳】＝凶年。

【凶事】不吉な事。不祥事。人の死亡・殺傷・戦争などのことをいう。↔吉事。

【凶手】①悪者の毒手。悪者のしわざ。②人を殺傷した者。兇手。

【凶醜】悪者の仲間。醜は、衆。兇醜。凶党。

【凶兆】不吉なことの起こるきざし（前兆）。凶祥。

【凶徒】①悪者の仲間。②謀反の仲間。暴動の仲間。兇徒。凶党。

【凶年】作物の実らぬ年。↔楽歳・豊年。〔孟子、梁恵王上〕

【凶服】①喪中のきもの。喪服。②武装。戦争は人命をそこなうからいう。

【凶変（變）】不吉な変事。また、凶悪な出来事。

【凶報】①悪いしらせ。②不吉なしらせ。死亡の通知。

【凶暴】悪くてあらあらしいこと。兇暴。

【凶礼（禮）】とむらいの礼。喪の礼。五礼の一つ。

【凶戻】心があらあらしく、道理にそむくこと。

(5)3
【凹】542 常 オウ 凸凹 ㊀漢オウ（アフ）・呉ヨウ（エフ） 洽 wā ㊁漢オウ（アウ）・呉ヨウ（エウ） 肴 āo
1790 317A
筆順 ᄀ ᄀ 刀 凹 凹
字義 ㊀❶くぼむ。へこむ。くぼます。へこます。↔凸。❷くぼみ。へこみ。↔凸。
解字 象形。中央がくぼんでいる形にかたどる。

(5)3
【凷】543 △ カイ（クヮイ） 隊 kuài
字義 つちくれ。土のかたまり。＝塊。
解字 篆文 会意。土＋凵。凵は、角ばった土くれの象形。土を付し、つちくれの意味を表す。塊は、もと凷の俗字。

(5)3
【出】 544 教 1 **シュツ・スイ** **でる・だす**
㊀漢シュツ・呉シュチ 質 chū
㊁スイ 寘
2948
3D50

筆順 丨 十 屮 出

［出］俗字

字義 ㊀❶**でる**。↕入。㋐内から外へでる。「外出」 ㋑外にあらわれる。「露出」 ㋒家からでる（仕えたり、嫁に行ったりする）。↕処。「出処」 ㋓ぬきんでる。ひいでる。「傑出」 ㋔はなれる。のがれる。「出世間」 ㋕生まれる。つくられる。「産出」 ㋖臨む。「出席」 ❷**だす**。↕入。㋐内から外へだす。㋑離縁する。㋒すてる。のぞく。㋓支出。㋔甥や姪など、ある家系から出たもの。 ㊁**だす**。＝㊀の❷。「出納」 国で。㋐出身。うまれ。㋑出ること。「日の出」「人の出」 ㋒出動・出勤すること。「出初め」「出番」

難読 出羽・出雲・出雲郷・出射・出汁・出水・出石・出馬・出目・出鱈目

解字  甲骨文 象形。甲骨文でよくわかるように、あし（止）が、くぼみ（凵）から出るさまにかたどり、でるの意味を表す。出を音符に含む形声文字に、拙・祟・絀・黜などがあり、これらの漢字は、「でる・だす」の意味を共有している。

▼演出・供出・傑出・歳出・抄出・帯出・退出・嫡出・抽出・摘出・突出・輩出・派出・搬出・放出・露出

【出御】シュツギョ 国天皇がおでましになること。↕入御。
【出家】シュッケ・シュッカ 仏①俗界を出て仏道に入ること。②僧侶。坊主。↕在家。
【出塞】シュッサイ ①とりでを出る。②（とりでは多く国境にあることから）国境を越えて出る。
【出山】シュツザン・シュッサン 山を出る。隠者が世に出て仕える。
【出仕】シュッシ ①官に仕える。仕官。②国公式の席に出る。
【出死】シュッシ 死力を出してがんばる。全力をつくす。
【出師】スイシ 軍隊を（戦場に）くり出すこと。
【出師表】スイシのヒョウ 三国時代、蜀の諸葛亮（字は孔明）が、魏と戦うために軍隊を率いて出征する時に、後主（劉備の子の劉禅）に奉った上奏文。前・後の二文がある。
【出自】シュツジ ①でどころ。出所。②由来。
【出狩】シュッシュ ①出かけて狩りをする。狩りに出かける。②天子が戦乱などを避けて都から他の地に行くこと。
【出処（處）】シュッショ ①出て官につくことと退いて家にいること。役人になっていることと仕えずに家にいること。②物事のでどころ。出所。出典。
【出処（處）進退】シュッショシンタイ 社会における身の処し方。身のふりかた。
【出所】シュッショ 国①＝出処の②。②刑を終えて刑務所を出ること。
【出将（將）入相】いでてはショウ いりてはショウ 文武の才を兼ね備えていて、戦乱の起きた時には戦場に出て将軍となり、平時には朝廷にあって宰相となる。戦時にも平時にも重責を負って国のために尽くすこと。〔唐書、李徳裕伝〕
【出色】シュッショク ①ひときわ目だって見える色。②転じて、他よりもすぐれていること。
【出身】シュッシン ①身命を投げ捨てること。②官職に挙げ用いられる者。試験に及第した官吏候補者。③＝出世の②。立身。④その地方・学校などから世に出ること。「東京出身」「工業学校の出身者」
【出陣】シュツジン ＝出陣の①。
【出陳】シュツジン ①兵士が戦場に出ること。出陣。②シュッチン 展覧会などに出品すること。
【出塵】シュツジン 塵は、ちり・よごれ。①俗世間からのがれ出ること。脱俗。②仏㋐煩悩からのがれ出ること。㋑僧になること。出家。
【出世】シュッセイ・シュッセ ①世に出る。この世に現れる。②世に立って栄えること。仕官してりっぱな身分になること。立身。出身。③俗世間を離れ、神仙の境遇に入ること。④仏シュッセ ㋐仏がこの世に現れること。㋑世事を捨てて仏道に入ること（人）。僧。出家。㋒出世間の略。
【出世間】シュッセケン 仏①世間、すなわち煩悩や迷いの世界を超脱すること。出世。②俗界を世間というのに対して、法界をいう。また、僧になること。
【出生】シュッセイ ①命を投げ出して、つくすこと。出死。②生ずる。また、産する。③シュッショウ・シュッセイ 人の生まれること。
【出征】シュッセイ ①旅する。征は、行。②戦争に行くこと。
【出典】シュッテン 故事・成語・引用句などの出所である書籍。また、その出所。典拠。
【出納】スイトウ・シュツノウ 金銭や物品の出し入れ。
【出頭】シュットウ ①頭角を出す。他よりすぐれていること。②その場に出る。特に、法的機関へ出向くことにいう。
【出入】シュツニュウ ①でることとはいること。また、出し入れ。②役人になることと仕えずに家におること。進退。③外務官になったり内務官になったりすること。㋐地方官になったり中央の役人になったりすること。㋑武官になったり文官になったりすること。↓出将入相。④往来する。交際する。⑤支出と収入。⑥国でいり。㋐ではいり。㋑交際。ゆきき。㋒もめごと。争い。㋓超過と不足。差。相違。㋔支出と収入。
【出母】シュツボ 離縁になった母。
【出没】シュツボツ あらわれたりかくれたりする。見えかくれする。
【出奔】シュッポン よそへにげて跡をくらます。逐電。
【出遊・出游】シュツユウ ①外出して遊ぶ。②勉学や仕官のために故郷を出て他国に行くこと。
【出来（來）】シュツライ・シュッタイ ①あらわれでてくる。②おこる。発生する。③実現する。④できあがる。成就。完成。⑤国でき。㋐できあがっていること。「出来合い」 ㋑できたさま。できぐあい。㋒なりたち。おいたち。㋓みのり。㋔成績。㋕偶然な。にわかな。「出来心」 ㋖売買。「出来高」
【出藍】シュツラン 藍という草からとる青い染料が、その藍より青いように、弟子が勉強して師よりりっぱになること。「出藍の誉れ」〔荀子、勧学〕青取之於藍而青於藍、氷水為之而寒於水（六二三ペー）。
【出離】シュツリ 仏世俗のわずらいを離れて雑念を断つこと。俗世間をのがれ捨てること。
【出倫】シュツリン 同類のものから抜きん出てすぐれていること。出類。倫は、なかま。「出倫の才」
【出類】シュツルイ ＝出倫。↓前項。〔孟子、公孫丑上〕
【出廬】シュツロ 草のいおりから出る。世をさけてかくれ住んでいた人が、再び世に出て活動するためにかくれ家を出ること。三国時代、諸葛孔明が蜀の劉備の三顧の礼に感激して蜀の軍師として仕えたことからいう。

(5)3
【凸】 545 常 **トツ**
漢トツ・呉ドチ 月 tū
凸凹
3844
464C

筆順 丨 ㇕ 凸 凸 凸

字義 ❶**でこ**。なかだか。↕凹。❷たかい。❸でる。突き出る。「凸起」「凸面」 国でこ。㋐突きでているひたい。㋑木偶と混同して、軽べつの意を含む語。「凸坊」「凸助」

難読 凸柑

解字 象形。中央が突き出ている形にかたどり、つきでるの意味を表す。音形上は突に通じる。

(8)6
【画】 546 教 2 **ガ・カク**
1872
3268

(12)田7
【畫】547
筆順　〓 〓 〓 画 画

㊀漢カク（クヮク）・呉ワク　陌 huà
㊁漢カイ（クヮイ）・呉ゲ　卦 huà
慣ガ（グヮ）
6533
6141

［畫］俗字　［画］俗字

字義　㊀❶かぎる。くぎる。㋐分ける。㋑さかいをする。限界をつける。❷しきり。さかい。「区画」❸はかる。「画策」❹はかりごと。「計画」❺漢字の点や線を数えることば。
㊁❶えがく。絵をかく。❷え。「絵画」
参考　現代表記では［劃］(635)の書きかえに用いる。「劃期的→画期的」「区劃→区画」
難読　画部（えがきべ）

解字　甲骨文・金文・篆文　甲骨文・金文は、象形で、筆を手にして、交差する図形を描くさまにかたどる。篆文は、会意で、聿＋田＋口。聿は、ふでの象形。口は、わく・しきりの意味。耕地のしきりを図形上にえがくの意味を表す。常用漢字の画は省略体による。

▼戯画・企画・区画・参画・心画・図画・挿画・総画・南画・俳画・壁画・北画

【画一】（カクイツ）劃一（カクイツ）。①一の字を引いたように整っていること。また、明らかなさま。②同じようにそろえること。

【画角】（ガカク）楽器の名。表面に絵の描かれているつの笛。竹あるいは銅で作り、軍中に用いた。

【画期的】（カッキテキ）国今までにないような、新しい時代を開くと思われるほどのもの。劃期的（カッキテキ）。

【画工】（ガコウ）絵かき。画家。画師。〔西京雑記、二〕使二画工図一形（ガコウをしてかたちをえ(え)がかしむ）。「画。」

【画策】（カクサク）はかりごとをたてる。計画する。また、はかりごと。計
【画賛(賛)・画△讃】（ガサン）絵の上やわきに、その絵をほめて書く詩文。〔文体明弁、賛〕

【画脂△鏤氷】（ガシロウヒョウ）あぶらにえがいたり氷に彫刻したりする。苦労しても効果のないたとえ。〔塩鉄論、殊路〕

【画△帖】（ガジョウ）①絵の手本。②絵を集めて一冊の本にしたもの。画集。画帳。

【画然】（カクゼン）はっきりとした区別のあるさま。劃然（カクゼン）。

【画像】（ガゾウ）①像を描く。肖像画をかく。②絵に描いたすがた。絵姿。肖像画。

【画像石】（ガゾウセキ）中国で、神仙・聖賢・孝子・車馬・鳥獣などの画像を石に刻んだもので、宮殿・祠堂（シドウ）・墳墓などの壁面に用いられた。漢代の山東省孝堂山の祠堂や武梁祠（ブリョウシ）の画像が有名である。

【画伯】（ガハク）画家の敬称。また、絵の上手な人。

【画△眉】（ガビ）①まゆずみでまゆを描くこと。②まゆずみで描いた美しいまゆ。転じて、美人をいう。③鳥の名。ほおじろ。

【画譜】（ガフ）①画家の伝統・系譜・画法などを集めた書物。②絵を分類してまとめた書物。

【画△屏】（ガヘイ）絵がかいてあるついたて。

【画△餅】（ガベイ・ガヘイ）①絵にかいたもち。②絵にかいたもちは食べることができないことから、転じて、役に立たない事物や、計画倒れのたとえ。〔魏志、盧毓伝〕

〔武梁祠画像石（漢代）〕

【画△舫】（ガボウ）絵をかいたり、色をぬったりした遊覧船。

【画△梁】（ガリョウ）色彩をほどこした美しいうつばり。

【画竜(龍)点(點)△睛】（ガリョウテンセイ）①最後のたいせつな所に手を加えて物事を完成することのたとえ。梁（リョウ）の名画家の張僧繇（チョウソウヨウ）が竜を描いて、最後に睛（ひとみ）をかき入れたら、天に飛び去ったという故事による。〔歴代名画記〕②わずかなことで全体がひきたってくるたとえ。「画竜点睛を欠く」

【画廊】（ガロウ）①美しく絵でかざった廊下。②国㋐絵を陳列する所。ギャラリー。㋑画商の店。

【画楼(樓)】（ガロウ）①美しくぬりかざったたかどの。②絵にかいたように美しいたかどの。

(8)6
【函】548
標
㊀漢カン・呉ゲン　感 hán
㊁漢カン・呉ガン　覃
4001
4821

［凾］俗字　［凾］俗字　［圅］本字

字義　㊀❶はこ（箱）。㋐大きい箱。㋑ひつ（櫃）。❷ふばこ。文書を入れる小箱。転じて、書状・封書。「投函」㊁❶いれる。つつむ。❷よろい。
難読　函南（かんなみ）

解字　甲骨文・篆文　象形。甲骨文でよくわかるように、矢袋に矢が入れてあるさまにかたどり、ふくむ・はこの意味を表す。函を音符に含む形声文字に、涵（カン）・菡（カン）などがあり、これらの漢字は、「含む」の意味を共有している。

【函関(關)】（カンカン）①函谷関の略。②国箱根の関所。

【函△崤】（カンコウ）①函谷関と崤関。共に東方からの長安（今の西安市）への入口にあたる関所。②転じて、長安地方をいう。

【函谷関(關)】（カンコクカン）関所の名。新旧の二関がある。①旧関。河南省霊宝県の東北。秦（シン）の時に置かれた。天険の地として、また、孟嘗君（モウショウクン）の故事で有名。〔史記、項羽本紀〕②新関。河南省新安県の東。漢の武帝の時（前一一四年）に旧関を移し置いた。

【函使】（カンシ）手紙を運ぶ使い。

【函書】（カンショ）①文箱（ふばこ）に入れた書状（手紙）。②手紙。書簡。

【函丈】（カンジョウ）①師と自分の席の間に一丈（約三メートル）の距離をおくこと。函は、入れる意。②転じて、㋐師にあてた手紙のあて名のわきにそえて敬意を表す語。㋑師をいう。

【函人】（カンジン）よろいを作る職人。〔孟子、公孫丑上〕

【函封】（カンプウ）箱に入れて封をする。

【函△嶺】（カンレイ）国箱根山の別名。嶺は峰・山。

(9)7
【凾】549
△カン　函(548)の俗字。→前項。
4966
5162

【幽】→幺部　三五五ページ。

2
刀部

〔部首解説〕かたな。刀が字形の右側におかれて傍（つくり）になるとき、多くリの形になり、立刀（リットウ）と呼ばれる。刀とリとは、本来は一つの部首であったが、形が異なるので分けて、刀部のあとにリ部を設けた。刀・リを意符として、刃物・切るの意味を含む文字ができ、それらの意味と字形をまとめるために部首にたてられる。力と字形が近いため、俗に混同されることがある。

刀 一三二　刁 一三三　1 刃 一三三　刄 一三三　2 切 一三三
分 一三四　3 㓛 一三四　岃 一三四　5 刧 一三四　初 一三四
6 券 一三五　[illegible] 一三五　7 [illegible] 一三五　9 剱 一三五　剪 一三五
13 劈 一三五　14 劍 一三五　劔 一三五　辦 一三六
召→口部 一八六ページ。

(2)0
【刀】550
教2
筆順　〓 刀

トウ
かたな
トウ（タウ）　豪 dāo
3765
4561

太刀（たち）・竹刀（しない）

【釖】同字 7859 6E5B

た青銅製の貨幣。❸小舟。

名乗 はかし　難読 刀根（とね）・刀西（とせ）・刀豆（なたまめ）・刀禰（とね）・刀佩（たちはき）・刀背打（みねうち）

解字 甲骨文 篆文 象形。かたなの形にかたどり、かたなの意味を表す。刀を音符に含む形声文字に、到・召・招・昭・沼・照・詔・紹などがあり、これらの漢字は、「まねく」の意味を共有している。

〔刀②〕

▼鉛刀・金刀・契刀・錯刀・銭刀・抜刀

【刀鋸】（トウキョ） ①刀とのこぎり。昔、刑罰に用いた器具。「刀鋸鼎鑊（テイカク）」②転じて、刑罰。③「刀鋸之余（トウキョのヨ）」は、刑罰を受けて生き長らえている身。〔史記、晋世家〕

【刀圭】（トウケイ） ①薬をもるさじ。②転じて、医術。「刀圭家（医者）」

【刀痕】（トウコン） 刀きずのあと。

【刀自】（トジ） ①老母の称。また、婦人の尊称。②国 ㋐家事をつかさどる婦人。主婦。㋑年老いた女。老女。㋒昔、宮中の御厨子所（みズシどころ）・台盤所（ダイバンどころ）・内侍所（ナイシどころ）に奉仕した女官。

【刀室】（トウシツ） 刀のさや。刀鞘（トウショウ）。

【刀尺】（トウシャク・トウセキ） ①裁縫用のはさみとものさし。転じて、裁縫をいう。〔唐、杜甫、秋興詩〕寒衣処処催二刀尺一（カンイショショトウセキをうながす）。訳文⇩寒衣（三〇八ジ）。②人の才能を裁量して任免すること。

【催二刀尺一】（トウセキをうながす） 裁縫をせよとせきたてる。

【刀錐】（トウスイ） ①刀と錐（きり）。②ごくわずかな利益。

【刀脊】（トウセキ） ①刀のみね。刀背。②山の尾根のけわしい道のたとえ。

【刀折矢尽（盡）】（かたなお（を）れやつく） 刀も折れ矢だねもなくなる。①激戦の結果、武器が尽き果て、戦闘不可能なこと。〔後漢書、段熲伝〕②一般に、万策つきる意。

【刀泉】（トウセン） ぜに。泉は銭。→字義の②。

【刀俎】（トウソ） ①包丁とまな板。〔史記、項羽本紀〕如今人方為二刀俎一、我為二魚肉一（ジョコンひとはまさにトウソ、われはギョニクたり）。②転じて、料理すること。

【刀創・刀瘡】（トウソウ） 刀きず。

【刀槍・刀鎗】（トウソウ） 刀と、やり。

【刀頭】（トウトウ） ①刀の柄（つか）の端。②刀の先。③還（かえ）るという意の隠語。還は音が刀の環に通ずる。

【刀把】（トウハ） 刀の柄（つか）。刀欛（トウハ）。

【刀瘢】（トウハン） 刀きずのあと。刀痕（トウコン）。

【刀筆】（トウヒツ） ①昔、竹簡に字をしるすときに用いた筆とその誤りを削り取るのに用いた小刀。②転じて、筆。また、文書。③刀筆吏の略。

【刀筆吏】（トウヒツのリ） 文書をつかさどる役人。書記。また、小役人。

【刀布】（トウフ） 古代の青銅製の貨幣。転じて、貨幣。

【刀兵】（トウヘイ） ①かたな。武器。②転じて、戦争。

(2)0 【刁】551 △ チョウ（テウ） 嘯 diāo

字義 ❶刁斗は、銅羅（ドラ）の一種。→刁斗。❷わるい。ずるい。ずるがしこい。❸うごく。ゆれる。刁刁は、風の吹くさま。そよそよ。

解字 指事。刀の字の一画を変形させて、チョウ（テウ）の音を示す。

【刁斗】（チョウト） どら。どらなべ。銅製の軍用道具。容量は一斗。昼はなべに用い、夜は打ち鳴らして陣中を警戒した。

(3)1 【刃】552 常 ジン は　3147 3F4F

(3)1 〔刄〕553 漢ジン 呉ニン 震 rèn

筆順 フ 刀 刃

【刄】俗字 4967 5163

字義 ❶は。やいば。❷はもの。刀剣の類。また兵器。❸きる（切）。さす。やいばする。「自刃」

難読 刃切山（つるきりやま）

解字 甲骨文 篆文 指事。刀のやいばに相当する部分に、の記号を付し、やいばの意味を示す。刃を音符に含む形声文字に、忍・紉（ジン）・訒（ジン）・認などがあり、これらの漢字は、「弾力性があって、しかも強い」の意味を共有している。

▼自刃・霜刃・毒刃・白刃・氷刃・兵刃

【刃傷】（ジンショウ・ニンジョウ） ①やいばで人をきずつける。②刀きず。

【迎レ刃而解】（やいばをむかえ（へ）てとく） 竹がやいばの進むままに割れてゆくこと。物事の難なく解決するたとえ。〔晋書、杜預伝〕

【血レ刃】（やいばにちぬる） 刃物に血をつける。刃物で人を殺傷すること。

(3)1 【刄】554 △ ジン 刃（552）の俗字。→前項。　4967 5163

(4)2 【切】555 教2 セツ・サイ きる・きれる　3258 405A

㊀漢セツ 呉セチ 屑 ①〜③ qiē, ④〜⑥ qiè
㊁漢セイ・呉サイ 霽 ① qiè, ② qì

筆順 一 七 切 切

【切】俗字

字義 ㊀❶きる。きれる。❷さく（割）。きざむ（刻）。❸みがく。こする。「摩切」❹さしせまる。あわただしい。❺程度の深刻さをあらわす。㋐しきりに。ふかく。㋑きびしい。「痛切」㋒ぴったり。「適切」❻かえし。きり。ある漢字の音を、他の二字で示す法。→反切（一七八ジ）。
㊁❶すべて。「一切」❷みぎり。その時。＝砌（サイ）。
国❶きれ。断片。❷きり。くぎり。段落。

難読 切籠（きりこ）

使いわけ きる〔切・斬・伐〕
〔切〕を用いるか、仮名書きとする。ただ現実には「斬り殺す・伐り倒す」などとする例も多いが、常用音訓では認めていない。

解字 篆文 形声。刀＋七音。音符の七は、縦横にきりつけるさまを示す。七が、ななつの意味を表すようになって、刀を加えて区別した。きるの意味を表す。

▼哀切・一切・緊切・懇切・深切・痛切・適切・迫切・反切

【切諫】（セッカン） 強くいさめる。

【切言】（セツゲン） ①適切なことば。②ねんごろにいう。また、強くいう。また、そのことば。

【切磋琢磨】（セッサタクマ） 骨や角を刃物で切り、やすりで磋（みが）き、玉や石を槌（つち）で打ち、石で磨く。転じて、学問・道徳を励みみがくこと。また、友人同士が励まし合うこと。『詩経』衛風・淇奥（キイク）に「如レ切如レ磋（セッするがごとく、サするがごとく）、如レ琢如レ磨（タクするがごとく、マするがごとし）」とあるのに基づく。

【切支丹】（キリシタン） →吉利支丹（キリシタン）（一八八ジ）。

【切歯（齒）】（セッシ） ①歯と歯とをきしり合わせること。歯をくいしばること。はぎしり。②はげしくいきどおるさま。「切歯腐心」③はなはだしく残念がるさま。

【切歯（齒）扼腕】（セッシヤクワン） 切歯搤腕。①歯ぎしりをし腕をにぎりしめる。②＝切歯の②③。→前項。

【切実（實）】（セツジツ） ①適切で実際によく当てはまっていること。②ねんごろ。まこと。心をこめること。③さしせまって必要なこと。

【切峻】（セッシュン） きわめてきびしい。

【切切】（セツセツ） ①すすめはげますさま。また、ねんごろなさま。〔論語、子路〕朋友切切偲偲（ホウユウにはセツセツシシ）。②思いが強く心に迫るさま。「帰心切切」③秋風の音のさびしいさま。④声が細く絶えだえに続くさま。ひそひそとささやく声のさま。〔唐、白居易、琵琶行〕小絃切切如二私語一（ショウゲンはセツセツとしてシゴのごとし）。

【切直】（セッチョク） ①邪悪・欠点などを正すこと。②人がらやことばづかいがきわめて正しいこと。

【切迫】（セッパク） 国期限・事態などがさしせまっていること。

【切望】(セツボウ) 強く熱心に望むこと。しきりに望むこと。

【切問】(セツモン) ①熱心にたずねる。②きびしく問う。③実際の問題に関連させて問う。自分に切実なことがらを問いただす。〔論語、子張〕切問而近思(セツにといてちかくおもう)。

【切要】(セツヨウ) きわめて重要（必要）なこと。肝心。

【切論】(セツロン) ①＝切言。②はばからず議論する。

(4)2
【分】556
教2 ブン・フン・ブ　わける・わかれる・わかる・わかつ
㊀フン 図 fēn　㊁漢フン・呉ブン 問 fèn　慣ブ
4212
4A2C

筆順 ノ 八 分 分

字義 ㊀❶わける。わかつ。わかれる。㋐二つにわける。さく。さける。㋑はなす。はなれる。へだたる。㋒わけ与える。くばる。㋓明らかにする。見わける。❷ちがい。差異。❸なかば。❹一部分。❺二十四気の一つ。「春分」「秋分」❻度合い。「夜分」❼尺度・重量・角度・時間・面積・貨幣・小数の単位の一つ。㊁❶さだめ。きまり。㋐人倫上のけじめ。「名分」㋑つとめ。義務。当然行うべきこと。「職分」「本分」㋒もちまえ。才能。「天分」㋓運命。境遇。❷さかい（界）。かぎり。❸分とする。あまんじる。国❶わかる。理解する。❷ぶん。㋐わりあて。「取り分」㋑そうある状態・様子。「気分」㋒人間関係。「親分」「子分」❸ぶ。㋐度合い。㋑小数・尺度・温度など、および昔の貨幣の単位の一つ。

名乗 くまり・ちか・わか　難読 分校(ぶんぎょう)・分葱(わけぎ)・分倍(ぶばい・「ぶんばい」)

使いわけ わかれる〔分・別〕
〔分〕一つのものが二つ以上になる。「分かれ道・意見が分かれる」
〔別〕人が離れて行く。「別れ話・生き別れ」

解字 甲骨文  金文  篆文  会意。八＋刀。八は、二つに分かれるの意味。刀で切りわけるの意味を表す。分を音符に含む形声文字に、粉・紛・芬(フン)・氛(フン)・鼢(フン)・貧・盼(ハン)などがあり、これらの漢字は、「わかれる」の意味を共有している。

▼応分・過分・気分・区分・検分・才分・秋分・充分・十分・春分・職分・処分・随分・寸分・性分・節分・大分・天分・本分・名分・夜分・領分

【分陰】(フンイン) 一分(イップン)の光陰。きわめて短い時間。寸陰。陰は、時間。「惜二分陰一(フンインを おしむ)」

【分外】(ブンガイ) 身分にはずれること。身分不相応。過分。

【分割】(ブンカツ) わけること。幾つかにわけること。

【分轄】(ブンカツ) わけて支配する。区分して管轄する。

【分岐】(ブンキ) （枝がわかれるように）わかれる。

【分暁（曉）】(ブンギョウ) ①夜がまさに明けようとすること。夜明けの光が輝きはじめること。②明らかなこと。

【分襟】(ブンキン) 襟(えり)をわかつ。人と別れること。

【分家】(ブンケ) 家族がその属する家から分れて別に一家を立てること。また、その家。↔本家。

【分遣】(ブンケン) （本隊・本部から）わけて派遣する。

【分限】(ブンゲン) ①その人の持ち分。定められた任務や権力の範囲。②上下尊卑の別。身分。身のほど。分際。③かぎり。限度。④国(ブゲン・ゲン) ㋐金持ち。富豪。㋑程度。段階。㋒名目上や表向きそうだとすること。

【分毫】(フンゴウ) ほんの少し。寸毫。毫は、獣の細い毛。

【分際】(ブンサイ・ブンザイ) ①けじめ。区別。②身のほど。身分。分限。③国(ブンザイ)＝②。

【分散】(ブンサン) ①わかれわかれになる。②ばらまく。

【分至】(ブンシ) 春分・秋分と夏至(ゲシ)・冬至(トウジ)。

【分手】(ブンシュ) 手をわかつ。人と別れること。

【分掌】(ブンショウ) 仕事を手わけして受け持つ。「分掌事務」

【分身】(ブンシン) ①一つの身が幾つかにわかれること。また、そのわかれた身。②身二つになる。子を産む。また、生まれた子。③仏 仏がさまざまな姿に身を変えて現れること。また、その姿。

【分水嶺】(ブンスイレイ) 分水界（川の流れを違った方向に分ける境界）をなす山のみね。

【分析】(ブンセキ) ①わかちさく。また、わかれる。②複雑なものを細かくわけて説き明かす。③化学で、物質の組成を検出すること。④哲学で、対象・概念などを、その要素・部分に分解すること。↔総合。

【分疏】(ブンソ) ①箇条を分けて（詳しく）述べること。②言い分けをすること。弁解。

【分背】(ブンパイ) ①わかれそむく。②背を向けあう。③人に別れる。

【分泌】(ブンピツ・ブンピ) 体内の腺細胞(センサイボウ)の作用によって、特殊な液汁を生成・排出すること。

【分秒】(フンビョウ) 一分一秒。非常に短い時間。

【分付】(ブンプ) ①わけあたえる。②割り当てて事をさせること。転じて、言いつける。

【分賦】(ブンプ) ①わけくばる。分配する。②割りつける。租税などを割り当てること。

【分袂】(ブンベイ) たもとをわかつ。人と別れること。

【分別】(ブンベツ) ①ときはなす。切り割く。わける。②けじめをつける。区別する。また、けじめ。区別。③(フンベツ) ㋐仏 対象を知る心のはたらき。㋑国 わきまえ。考え。また、計略。

【分娩】(ブンベン) 子を産むこと。出産。分身。

【分封】(ブンポウ) 天子が土地を与えて諸侯を建てること。

【分崩離析】(ブンポウリセキ) 国が治まらず、民心が離反してばらばらになる。〔論語、季氏〕

【分明】(ブンメイ・ブンミョウ・フンミョウ) あきらか。はっきりしている。明瞭(メイリョウ)。

【分野】(ブンヤ) ①戦国時代、中国全土を天の二十八宿に配当してわけた区画。宿星の変化によってそれに応ずる分野の国の吉凶をうらなった。②転じて、区域。範囲。

【分理】(ブンリ) ①手分けをして処理する。②言いわけをする。③続き連なっているものの分かれをいう。川の支流など。分脈。

【安レ分】(ブンにやすんず) 身分相応な程度に満足し、心やすらかにしていること。

【守レ分】(ブンをまもる) 身分を守る。身のほどを越えないこと。

(5)3
【切】557
△ コウ　功（645）の俗字。→一四八ページ。

(5)3
【屶】558
国字 △
5407
5627

字義 なた。姓氏・地名に用いられる。
解字 会意。山＋刀。山で用いる刀、なたの意味を表す。

【召】→口部 一八六ページ。

(7)5
【刧】559
△ キョウ　劫（648）の俗字。→一四九ページ。
4971
5167

(7)5
【初】560
教4 ショ　はじめ・はじめて・はつ・うい・そめる
漢ソ・呉ショ 魚 chū
2973
3D69

筆順 ネ ネ 衤 初

字義 ❶はじめ。㋐はじまり。おこり。㋑むかし。㋒もと。根本。❷はつ。うい(ひ)。はじめの。最初の。❸はじめて。やっと。…したばかり。❹はじめる(はじむ)。そめる(そむ)。❺陰暦で、月の一日から十日までの日付をあらわす。「初一」「初九」国❶そめ。はじめ。「書き初め」❷うぶ。㋐ういういしいこと。世間なれしていないこと。「初な娘」㋑はじめ。最初。「初着」❸うい(ひ)。名詞の上につけて、はじめての意を表す。「初孫」

名乗 もと　難読 初冠(ういこうぶり)・初月(みかづき)・初心(うぶ)・初心娘(おぼこ)・初生谷(ういだに)・初切(しょっきり)・初中終(しょっちゅう)・初瀬(はせ)・初鹿(はじか)・初鹿野(はじかの)

使いわけ はじめ〔始・初〕⇩始（1465）。

解字 甲骨文 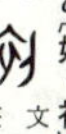 金文 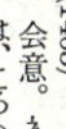 篆文 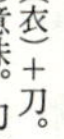 会意。ネ（衣）＋刀。衣は、ころもの意味。刀（刃

物）で衣服を裁断する意味から、それが衣服を作る手はじめであるため、転じて、はじめの意味を表す。

▼仮初・太初・当初

【初衣】①初めに着ていた着物の意。㋐仕官する以前に着ていた着物。㋑隠棲する以前に着ていた着物。②国生まれた子に初めて着せる着物。産衣。

【初一】月の第一日。朔日。→字義の⑤。

【初学（學）】学問・技芸などを学びはじめたばかりで、まだ未熟なこと。また、その人。

【初寒】①初めて寒さを感ずる。陰暦八、九月ころ。②冬の初めの寒さ。

【初吉】月の第一日。朔日。

【初九】①易の卦の最下位の陽爻。②月の第九日。

【初月】①三日月。新月。②初めの月。正月。

【初更】今の午後八時ころ。初夜。→五更（四七ページ）。

【初校】印刷物の最初の校正。

【初志】最初に立てたこころざし。初心。「初志貫徹」

【初日】①あさひ。朝日。日の出。②国㋐一月一日の日の出。㋑物事を始める最初の日。

【初春】①春のはじめ。②陰暦一月の別名。正月。③国㋐＝①。㋑初春月の略。正月。

【初心】①＝初志。②世なれぬ心。うぶな心。③まだ修業をつまないこと。学び初め。初学。④国世なれぬこと。物事になれないこと。うぶ。未熟。

【初度】①生まれた時。②生まれた時の容貌・性向など。③誕生日。

【初唐】唐の初めから睿宗の太極元年まで（六一八—七一二）をいう。文学史で、唐代を初・盛・中・晩の四期に分ける。

【初年】①年の初め。新春。②初めの年。第一年。

【初発（發）】①はじめてひらく。また、咲いたばかりの花。②はじめておこる。「初発心（新発意）」

【初伏】三伏のはじめ。→三伏（一七ページ）。

【初服】＝初衣の①。

【初夜】①戌の刻の称。今の午後八時ころ。初更。②漏刻で亥の二刻から子の二刻までの称。③国㋐昔は、夜半から朝まで、後世では、夕方から夜半までをいう。↕後夜。㋑第一夜。㋒結婚の第一夜。

【初陽】あさひ。朝日。

【初六】易の卦の最下位の陰爻。

【初涼】秋の初めのすずしさをいう。新涼。

【初老】国四十歳をいう。また、老年にはいりはじめた時期（六十歳前後）をいう。

【靡レ不レ有レ初、鮮二克有一レ終】生まれた時に天から善性を与えられていない者はないが、それを最後まで完全に保持する者はすくない。初めはだれでもが努力するが、最後までやり通して有終の美をなす人はまれである。〔詩経、大雅、蕩〕

(8)6 【券】561 教5 ケン

(8)6 〔劵〕562 漢ケン 呉カン（クヮン） 拼 quàn

2384 3774

筆順 丷 龹 券

字義 ❶わりふ（割符）。てがた（手形）。❷ケン。信用証書。切符・切手・印紙・証券の類。

参考 劵（659）は別字。

解字 文 篆 形声。もと、刀＋类音。音符の类は、まくの意味。刃物で木片にきざみ目をつけ約束したものを二つに割って両者がそれぞれひもで巻いて後日の証拠とする手形の意味を表す。券は、劵の省略形。

▼契券・債券・証券・符券

【券契】約束のしるしの割り符・手形。

【券書】契約の書きつけ。証文。証書。証券。

【折レ券】相手の借用証書を破り捨てる。借金を返さなくてもよいという意。昔は木や竹の札に字を書いたので「折る」という。〔史記、高祖本紀〕折レ券弃レ責

(8)6 【㓒】563 △ 一 漢ショウ（シャウ） 呉ソウ（サウ） 拼 chuàng 二 漢ショウ（シャウ） 呉ソウ（サウ） 拼 chuāng

〔㓒〕俗字 〔㓨〕俗字 4976 516C

字義 一はじめる。また、はじめ。＝創。二きずつける（傷）。やぶる。そこなう。

解字 金文 篆文 形声。井（丼）＋刅音。音符の刅は、きずつけるの意味。丼は、くびかせの象形。きずつけるの意味を表し、転じて、はじめるの意味も表す。創（629）の古字。

(9)7 【㓨】564 △ ソウ 㓒（563）の俗字。→前項。

4976 516C

(11)9 【㓰】565 △ ケン 剣（610）（劍）の俗字。→一四三ページ。

4991 517B

(11)9 【剪】566 △ セン 拼 jiǎn

〔翦〕正字 7040 6648

4982 5172

字義 ❶きる。たつ。切りそろえる。断ち切る。❷さく。そぐ。けずる。❸ほろぼす。つくす（尽）。❹はさみ。

難読 剪刀

解字 形声。刀＋前音。前（原義は、きりそろえる）がまえの意に用いられるようになり、刀を加えて、その原義を表す。

【剪夷】きり平らげる。伐ち平らげる。夷は、平。

【剪裁】①布などを裁ち切ること。②花の美しいさまの形容。③手入れをする。文章の推敲など。

【剪削】①きりけずる。けずる。②山などのそぎ立ってけわしいこと。③物欲をたちきること。

【剪截】はさみ切る。たちきる。

【剪剪】①知恵がせまくおどっているさま。一説に、よくしゃべるさま。また、おもねりへつらうさま。②風のうすら寒いさま。③心をそろえ合うさま。④草などの生えそろうさま。

【剪定】①平定する。②国樹木のかりこみ。

【剪屠】切り殺す。また、皆殺しにする。

【剪刀】はさみ（鋏）。

【剪灯（燈）新話】書名。四巻。付録一巻。明の瞿佑の著。牡丹灯記・愛卿伝など二十一編を収める怪奇小説集。日本の江戸時代の怪奇小説に大きな影響を与えた。

【剪灯（燈）余（餘）話】書名。四巻、付録一巻。明の李禎の著。二十一編の怪奇談を収めている。

【剪髪】髪の毛を切る。断髪。

【剪伐】①きる。木をきる。②征伐する。ほろぼす。

【剪滅】うちほろぼす。

(15)13 【劈】567 △ 漢ヘキ 呉ヒャク 拼 pī・pǐ

4992 517C

字義 ❶つんざく。つきやぶる。❷さく（裂）。わける。

解字 文 篆 形声。刀＋辟音。音符の辟は、人をひきさく罰の意味。刀を付し、刃物でさくの意味を表す。

【劈砕（碎）】わりくだく。

【劈頭】まっさき。最初。第一番。頭部を一撃する意から「転」。

【劈歴（歷）】かみなりがなり響く。また、その雷。霹靂。

(16)14 【劍】568 △ ケン 剣（610）と同字。→一四三ページ。

4990 517A

(16)14 【劒】569 △ ケン 剣（610）の俗字。→一四三ページ。

4989 5179

(16)14【辨】570 △ ベン　辨(2046)の本字。→三六七ぺ　5001 *5221*

2 刂部

〔部首解説〕りっとう（立刀）。刀が字形の右側におかれて傍(つくり)になるときの形。

2 刈 一三六　刊 一三六　刋 一三六　4 划 一三六　刓 一三六
刑 一三六　刔 一三六　刖 一三六　刎 一三七　列 一三七
5 刦 一三七　刪 一三七　判 一三七　別 一三七　刨 一三八
利 一三八　6 刮 一三九　刑 一三九　封 一三九　刳 一三九
刻 一三九　刷 一三九　刺 一三九　制 一四〇　刹 一四〇
到 一四〇　7 剄 一四〇　剋 一四〇　剉 一四〇　削 一四〇
前 一四一　則 一四一　剃 一四一　剌 一四一　8 剡 一四一
剞 一四二　剣 一四二　剛 一四二　剤 一四二　剗 一四二
剚 一四三　剔 一四三　剟 一四三　剝 一四三　剕 一四三
剖 一四四　剜 一四四　9 剰 一四四　副 一四四　10 剴 一四四
割 一四四　剩 一四四　創 一四五　劄 一四五　11 剷 一四五
剿 一四五　剸 一四五　剽 一四五　12 劃 一四五　劂 一四五
剳 一四五　13 劌 一四五　劇 一四五　劍 一四六　劉 一四六
14 劓 一四六　劑 一四六　19 劘 一四六

荆→艸部 九三三ぺ。蒯→艸部 九三八ぺ。

(4)2【刈】571 常 かる　㊥ガイ ㊠ゲ 隊 yì　2002 *3422*

筆順 ノ メ メ| 刈

【苅】俗字 2003 *3423*

字義 ❶かる。草をかる。かりとる。＝乂(ガイ)。❷たつ(断)。きる。❸ころす(殺)。

難読 刈羽(かりわ)・刈萱(かるかや)・刈田(かった・かんだ)

解字 体 別(乂) 形声。刂(刀)＋乂㊜。音符の乂は、草刈り用のはさみの象形。刀を加えかるの意味を表す。乂の別体。

【刈穫】(ガイカク) 穀物を刈りとる。刈禾(ガイカ)。

(5)3【刊】572 教5 カン　カン 寒 kān　2009 *3429*

筆順 ニ 千 千| 刊

【刋】俗字 4968 *5164*

字義 ❶けずる(けづる)。のぞく。切る。切り除く。❷きざむ(刻)。ほる(彫)。❸書物を出版する。「刊行」

参考 刊は音カン、木を彫って書物を出版する意。刋は音セン、けずるの意で、無用・過誤をけずりただすこととして、二字を区別する説もあるが、結局は同字で、筆勢の異なったものと見るべきであろう。

解字 篆文 形声。刂(刀)＋干㊜。音符の干は、おかすの意味。刃物でおかす、けずる・切り除くの意味を表す。

▼季刊・近刊・旬刊・創刊

【刊記】(カンキ) その書籍の出版年月・出版地・出版者などをしるした部分。今の奥付(おくづけ)のようなもの。

【刊誤】(カンゴ) 文字・文章の誤りを正すこと。

【刊行】(カンコウ) 書物を印刷して世に出すこと。版行。出版。

【刊本】(カンポン) 印刷した書籍。刊行した本。版本・板本・刻本などともいう。↔写本。

(5)3【刋】573 △ カン　刊(572)の俗字。→前項。　4968 *5164*

(6)4【划】574 △ ㊥カ(クヮ) ㊠ゲ 麻 huá

字義 ❶舟をこぐ。さおさす。❷划子(カシ)は、小舟。

解字 形声。刂(刀)＋戈㊜。

(6)4【刓】575 △ ガン(グヮン) 寒 wán

字義 ❶けずる(けづる)。かどをけずり取る。❷すりへる。すれてまるくなる。

解字 篆文 形声。刂(刀)＋元㊜。音符の元は、丸に通じ、まるいの意味。方形のもののかどをけずってまるくするの意味を表す。

【刓削】(ガンサク) かどをけずってまるくする。

【刓敝・刓弊】(ガンペイ) すり減る。つぶれこわれる。また、疲れる。

(6)4【刑】576 常 ケイ　㊥ケイ・㊠ギョウ(ギャウ) 青 xíng　2326 *373A*

筆順 ニ 千 开 刑

【刑】本字

字義 ❶つみする。罰をくわえる。また、しおき。❷のっとる。手本とする。また、のり(法)。おきて。模範。手本。❸おさめる。ただす。とりしまる。

名乗 おさ・おさか・のり　難読 刑事(おさかべ)・刑坂(おさか)・刑部(おさかべ・おきかべ)

解字 金文 篆文 形声。刂(刀)＋开(幵)㊜。音符の幵(ケイ)は、わく・かたの象形。刀や手かせ足かせを受ける、しおきの意味を表す。刑を音符に含む形声文字に、型・荆(ケイ)がある。

▼虐刑・宮刑・求刑・極刑・私刑・重刑・賞刑・体刑・典刑・天刑・徒刑・肉刑・腐刑・流刑

【刑官】(ケイカン) 司法官。裁判官。

【刑禁】(ケイキン) 刑罰に関するおきて。法律。特に刑罰に関するおきて。

【刑獄】(ケイゴク) ①刑罰。しおき。②牢屋(ロウや)。刑務所。

【刑書】(ケイショ) 刑罰の法文。また、それをしるした書。

【刑賞】(ケイショウ) 刑罰と恩賞。

【刑人】(ケイジン) ①刑罰を受けた者。また、そのために身体に障害を生じた人。②転じて、しもべ。奴隷。

【刑徒】(ケイト) つみびと。罪人。刑人。

【刑徳】(ケイトク) ①刑罰と徳化。②刑罰と恩賞。③陰気の働き(刑)と陽気の働き(徳)。

【刑罰】(ケイバツ) 刑法に照らして罰すること。また、刑(死刑・流刑・徒刑・杖刑(ジョウケイ)・笞刑(チケイ)など)と罰(実刑のかわりに金品を納めさせる)。〔孟子、梁恵王上〕

【刑部】(ケイブ) ①刑罰をつかさどった役所。六部の一つ。②国 昔、裁判・処罰をつかさどった役所。八省の一つ。

【刑辟】(ケイヘキ) 刑法。また、刑罰。辟は、法、また、しおき。

【刑法】(ケイホウ) ①刑罰のおきて。②犯罪と刑罰とを定めた法律。

【刑名家】(ケイメイカ) ①中国上代の法家、特に形名の一致を主張した学派。刑は形に通じ、実の意。名(その人の言った言葉)によってその実(行為)を責め、言行の一致を要求し、その一致・不一致によって厳重に賞罰すべきを主張した。韓非子(カンピシ)がその代表的人物。②法律家。

【刑余(餘)】(ケイヨ) 刑罰を受けてなお生きながらえていること。また、その者。前科者。②宦官(カンガン)。宮刑を受けた者が任ぜられたからいう。③僧。昔、髪を剃(そ)り落とす刑罰(髡刑(コンケイ))があったからいう。

【刑戮・刑僇】(ケイリク) ①刑罰を加えること。また、刑罰。②罰して殺す。戮は、殺す意。

(6)4【刔】577 △ ケツ　抉(2579)と同字。→四三九ぺ。　4969 *5165*

(6)4【刖】578 △ ㊥ゲツ ㊠ガチ(グヮチ) 月 yuè

字義 ❶あしきる。足を断ち切る刑罰。＝跀(ゲツ)。→五刑(四六

ジ㌻）。❷きる。断ち切る。

解字 篆文 形声。刂（刀）＋月㊥。音符の月は、かきとるの意味。刀を付して、切るの意味を明らかにした。

【刖罪】（ゲツザイ）足きりの刑に相当する罪。

【刖△趾適△屨】（ゲッシテキクゲッシにテキせしむ）足を切って履くつに合わせる。本末を転倒するたとえ。〔魏志、明帝紀、注〕

【刖者】（ゲッシャ）足切りの刑を受けた罪人。

(6)4
【刎】579 △ 漢ブン・呉モン 慣フン 吻 wěn　4970 5166

字義 ❶くびはねる。首を切る。自分で自分の首を切る。❷きる（切）。たつ（断）。はねる。

解字 篆文 形声。刂（刀）＋勿㊥。音符の勿ツ＝ブは、払うの意。刀を払って首をはねるの意を表す。

【刎△頸△之交】（フンケイのまじわ（は）り）互いのために頸くびをはねられる（殺される）ことがあっても後悔しないほどの親しい交わり。生死をともにする親しい交わり。〔史記、廉頗・藺相如伝〕

【刎死】（フンシ）自分で自分の首を切って死ぬ。自殺。自刎。

(6)4
【列】580 教3 レツ　漢レツ 呉レチ 屑 liè　4683 4E73

筆順 一 ア 歹 列

字義 ❶わける。わかれる。❷つらなる。つらねる。ならぶ。ならべる。❸つら。ならび。行列。❹くらい（位）。順序。順序だてる。「序列」❺つれ。くみ（組）。仲間。❻多数の。「列国」

名乗 しげ　難読 列田なみた・列列椿つらつらつばき

解字 篆文 会意。刂（刀）＋歹（𡿪）。𡿪レツは、毛髪のある頭骨の象形。刀で首を切るさまから、わけるの意味を表し、裂の原字。また、連に通じ、つらなるの意味をも表す。列を音符に含む形声文字に、例・冽レツ・洌レツ・烈・裂などがあり、これらの漢字は、「さける」の意味・「連」組に通じて「つらなる」の意味を持つ。

▼環列・系列・参列・序列・歯列・整列・隊列・陳列・等列・同列・排列・配列・並列・編列・羅列

【列観（觀）】（レッカン）①多くの人々が並んで見る。②つらなり並んでいる高殿。観は、館。

【列△禦△寇】（レツギョコウ）→列子の①。

【列強】（レッキョウ）強大な国々。

【列△卿】（レッケイ）多くの卿。多くの高官。卿は、今の大臣に相当する官位。

【列侯】（レッコウ）①漢代、人臣の二十等の爵位シャクイの第一位にあたる国君。通侯。秦代シンダイの徹侯にあたる。②諸大名。

【列座・列△坐】（レツザ）ならびすわる。また、その人々。

【列士】（レッシ）①多くの士。②志や操の固い人。りっぱな人。烈士。

【列子】（レッシ）①戦国時代の思想家。道家の傾向を持ち、孟子モウシより以前の人といわれるが不明。列は姓、子は尊称。名は禦寇ギョコウ。②書名。八巻。列禦寇レツギョコウの著といわれていたが、漢または魏ギ・晋シンのころの偽作らしい。老子の無為の説を説く。『老子』『荘子』とともに道家の代表的著作とされる。

【列次】（レツジ）順序。次第。列序。

【列宿】（レッシュク・レッシュウ）多くの星。列星。宿は、星宿・星座。

【列女】（レツジョ）気性が強く操の正しい女。烈女。

【列女伝（傳）】（レツジョデン）書名。七巻。前漢の劉向リュウキョウの著。中国古代の女性の伝記集。

【列序】（レツジョ）順序。次第。序列。

【列叙（敘）】（レツジョ）①ならぶ。②ならべる。ならべ述べる。

【列将（將）】（レッショウ）多くの大将。将軍たち。

【列世】（レッセイ）世々。代々。列代。

【列聖】（レッセイ）①代々の天子。②多くの聖人。

【列席】（レッセキ）席につらなる。出席する。

【列仙】（レッセン）多くの仙人。

【列伝（傳）】（レツデン）紀伝体の歴史書の中で、天子・諸侯以外の人々の伝記を一人ずつ分けて書いた部分。漢の司馬遷が『史記』を作り、初めて列伝の項を設け、以下の正史がこれにならった。

(7)5
【刧】581 △ キョウ　劫（648）の俗字。→一咒㌻。

(7)5
【刪】582 ［刪］同字 ［刪］正字 △ 漢サン 呉セン 刪 shān　4972 5168

字義 ❶けずる。除く。余分な字句を取り除く。❷さだめる。選定する。作品を選んで編集する。

解字 篆文 会意。刂（刀）＋冊。冊サクは、文字の書かれたふだを編んだ形にかたどる。書かれた文字の不適当なものを刀でけずるの意味を表す。

【刪詩】（サンシ）孔子が三千余編の古い詩を取捨して三百余編の『詩経』を編集したということ。

【刪拾】（サンシュウ）文章の不適当な字句を削って適当なものを拾いあげること。刪修。刪定。

【刪修】（サンシュウ）文章の余分の字句を削り整理すること。

【刪述】（サンジュツ）古典の内容を取捨整理して、その思想・精神を述べ明らかにすること。

【刪正】（サンセイ）文章の字句をけずり正す。

(7)5
【判】583 ［判］584 (7)5 教5 ハン・バン　ハン 翰 pàn 慣バン・ホウ（ハウ）　4029 483D

筆順 丶 丷 半 判

字義 ❶わかれる。❷わける。わかつ。見わける。区別する。❸さばく。さばき。「審判」❹きめる。さだめる。きめ。さだめ。❺なかば。半分。かたわれ。国❶ハン。書きはん。花押。印章。❷バン。㋐昔の金貨の称。「大判」「小判」㋑紙などの大きさの称。「大判」「A5判」❸わかる。理解する。

名乗 さだ・ちか・なか・ゆき　難読 判門田はねだ

解字 篆文 形声。刂（刀）＋半（㸸）㊥。音符の㸸は、二つにわけるの意味。刀ではっきり分けるの意味を表す。

▼菊判・誤判・裁判・書判・談判・批判・評判・連判

【判押】（ハンオウ）かきはん。花押。

【判官】（ハンガン）①唐・宋代ソウダイに、節度使・観察使などの下に置かれた属官。②国㋐裁判官。㋑（ハンガン・ホウガン）㋐平安時代、各役所の第三等官「じょう」の別称。次官のつぎの官。㋥特に、検非違使ケビイシ・兵衛府ヒョウエフ・衛門府エモンフの尉じょうの別称。㋩源義経みなもとのよしつねをいう。検非違使の尉であったから。◇源義経を指す場合は「ホウガン」とよむ。したがって、「判官びいき」は「ホウガンびいき」と言いならわしてきたが、現在では「ハンガンびいき」と読む例も多い。

【判決】（ハンケツ）①＝判断。②裁判官が法律によって訴訟事件をさばき、最終的に決定すること。

【判然】（ハンゼン）はっきりしているさま。

【判断（斷）】（ハンダン）①物事の是非善悪を見わけてきめること。②国うらない。

【判定】（ハンテイ）見わけ定める。

【判読（讀）】（ハンドク）むずかしい文字や文章を推量して読むこと。（調査した結果）真相が明らかによく分かること。

【判明】（ハンメイ）（調査した結果）真相が明らかによく分かること。

【判例】（ハンレイ）訴訟事件の判決の先例。判決例。

(7)5
【別】585 教4 ベツ わかれる　漢ヘツ・呉ベチ 屑 bié 慣ベツ　4244 4A4C

筆順 ロ 口 另 別

字義 ❶わける。わかつ。わかれる。はなす（離）。区別がある。区別する。はなれる。❷わかれ。支流。子孫。分岐。❸わかち。けじめ。ちがい。〔孟子、滕文公上〕夫婦有レ別。❹べつ。ほか。「特別」❺とりわけ。とくに。「格別」

名乗 わき・わけ　難読 別宮（べっく）・別奴（べっちゃく）・別当賀（べっとが）・別役（べっちゃく）

使いわけ わかれる〔分・別〕⇩分（556）。

解字 篆文  会意。另（冎）＋刂（刀）。冎は、ほねの象形。骨から肉をわけとるの意味から、わけるの意味を表す。

▼哀別・永別・鑑別・決別・告別・個別・戸別・差別・識別・死別・人別・生別・惜別・送別・特別・分別・弁別・離別・留別・類別

【別異】（ベツイ）①ことなる。ちがう。また、ちがい。②異なるものを分ける。区別する。弁別する。

【別意】（ベツイ）①ほかの考え。②別れを惜しむ心。

【別院】（ベツイン）①別の建てもの。②仏本寺のほかに建てた寺。

【別△筵】（ベツエン）別れのさかもり。別宴。筵は、敷き物。

【別格】（ベッカク）①特別なおきて。②国きまった格式のほか。

【別館】（ベッカン）①天子の別荘。別観。②国学校・旅館などで本館とは別に建てられたもの。

【別業】（ベツギョウ）①＝別荘。②別の職業。

【別乾△坤】（ベツケンコン）＝別天地。

【別個】（ベッコ）他の一個の意。べつ。別の物。別々。

【別行】（ベッコウ）①別れ別れに行く。②（異本などが）別々に通行する。③（ベツギョウ）文章中で行（ぎょう）を改めること。また、別の行。

【別恨】（ベッコン）別離の悲しみ。恨は、強い悲しみ。

【別懇】（ベッコン）国特別に親しいこと。昵懇（じっこん）。

【別才】（ベッサイ）特別な才能。

【別集】（ベッシュウ）個人の詩文集。↕総集。

【別△墅】（ベッショ）別荘。別宅。墅は、田園の家。別業。

【別条（條）】（ベツジョウ）国常と変わった事がら・事情。◇「別条（常と変わった事柄）」と「別状（常と変わったようす）」とは実際には区別しがたいことが多い。新聞などでは「別条」を用いる。

【別状（狀）】（ベツジョウ）他と、または普通と異なったようす。異状。

【別情】（ベツジョウ）別離の情。別れの悲しみ。

【別席】（ベッセキ）①別れの宴席・宴会。②別の席・室。

【別荘（莊）】（ベッソウ）本宅から離れた土地に別に設けてある家。荘は、田園、また、田園にある家。

【別体（體）】（ベッタイ）別の体裁（ていさい）。異なった形。漢字の字体について言えば、正字に対して俗字・略字など。

【別態】（ベッタイ）ほかとちがっているようす。

【別天地】（ベッテンチ）俗世間から離れた環境。別世界。〔唐、李白、山中問答詩〕別有二天地非一人間（べつにてんちのじんかんにあらざるあり）。

【別伝（傳）】（ベツデン）ある人や事件に関する珍しい話を小説的に書いた作品。

【別途・別塗】（ベット）別の道。違った方法。

【別当（當）】（ベットウ）国①検非違使（けびいし）庁・蔵人所（くろうどどころ）などの長官。別の官を兼ねていたのでいう。②僧職の一つ。寺務を統御する。③盲人の官位。検校（けんぎょう）の次。④皇族関係の職員の長。⑤馬の口とり。

【別杯】（ベッパイ）別れのさかずき。

【別△嬪】（ベッピン）国美しい女。嬪は、ひめ。別品。

【別来（來）】（ベツライ）別れて以来。

【別離】（ベツリ）人と別れること。わかれ。離別。

【別涙】（ベツルイ）別れの時の悲しみの涙。

【恨レ別鳥驚レ心】（わかれをうらみてはとりにもこころをおどろかす）（一家の）離別の状態を恨めしく思っては（愛らしい春の）小鳥の鳴き声を聞いても、はっと心を痛ましめられるばかりである。↓感レ時花濺レ涙（五〇五ページ）。

(7)5
【刨】586 △
漢ホウ（ハウ）　呉ボウ（バウ）　肴 páo, ③bào

字義 ❶ほる（掘）。❷除去する。さし引く。❸かんな。また、かんなでけずる。

解字 形声。刂（刀）＋包音。

(7)5
【利】587　教4　リ　きく

筆順 ニ 千 禾 利

砂利（じゃり）

リ　寘 lì

4588
4D78

字義 ❶とし。するどい。❷よい。順調な。都合がよい。❸きく。役に立つ。ききめがある。「便利」「病に利あり」❹もうけ。利益。「営利」❺利子。利息。❻物の効用。「水利」❼かち。「勝利」　国❶きく。ものを言う。「口を利く」❷きき。技量がある。「腕利き」「目利き」

名乗 かが・かず・さと・と・とおる・のり・まさ・みのる・よし

難読 利苅（とがり）・利光（かがみ）・利根（とね）・利井（かがい）・利島（としま）・利南（となみ）・利波河（となみ）

参考 現代表記では〔悧〕（2369）の書きかえに用いることがある。「悧口→利口」

使いわけ きく〔効・利〕⇩効（660）。

解字 甲骨文 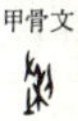 金文  篆文  会意。刂（刀）＋禾。刀は、するどい刃物の象形。禾は、いねの象形。甲骨文は、刀＋禾＋又＋土で、いねに手をかけ、鋭いすきで土をすきおこすさまを表す。引いて、するどいの意味や、農耕などに役立つの意味を表す。

▼営利・栄利・鋭利・権利・功利・財利・舎利・砂利・私利・水利・地利・鈍利・薄利・福利・不利・便利・暴利・名利

【利益】（リエキ）①もうけ。②ためになること。③仏（リヤク）仏などのめぐみ。

【利害】（リガイ）利益と損害。「利害得失」

【利器】（リキ）①するどい刃物。するどい武器。②すぐれた道具。便利な道具。〔老子、五十七〕民多二利器一（たみリキおお（ほ）くして）、国家滋昏（コッカますますくらし）。③すぐれた才能。また、その人。④為政や用兵の実権。老子がこれを国の利器と言ったのに基づく。〔老子、三十六〕国之利器不レ可二以示一レ人（くにのリキはもってひとにしめすべからず）。

【利銀】（リギン）利息の金。また、もうけた金。利金。

【利剣（劍）】（リケン）するどいつるぎ。

【利権（權）】（リケン）①有利な立場。②財政をつかさどる役目。③利益を伴う権利。特に、政治家や業者などがその立場を利用して利益を得る権利。

【利己】（リコ）他人をかえりみずに、自分の利益だけをはかる。↕利他。

【利口】（リコウ）①口さきのうまいこと。②国かしこいこと。また、わるがしこいこと。利巧。

【利巧】（リコウ）かしこいこと。また、わるがしこいこと。利口。

【利根】（リコン）仏かしこい生まれつき。↕鈍根。

【利潤】（リジュン）もうけ。利益。潤は、うるおい。

【利殖】（リショク）国利が利を生み、もうけが重なって金がふえること。

【利心】（リシン）①利益を追い求める心。欲心。②さとい心。利発な心。

【利刃】（リジン）するどいやいば。

【利他】（リタ）自分のことをかえりみず、他人を益する。↕利己。

【利沢（澤）】（リタク）利益恩沢の略。うるおい。①めぐみ。恩沢。②もうけ。利益。

【利達】（リタツ）身分がよくなること。立身出世すること。〔孟子、離婁下〕求二富貴利達一（フウキリタツをもとむ）。

【利敵】（リテキ）敵に利益を与えること。「利敵行為」

【利鈍】（リドン）①するどいこととにぶい（なまくらな）こと。②賢いこととおろかなこと。③幸運と不運。

【利尿】（リニョウ）小便の通じをよくすること。

【利発（發）】（リハツ）かしこいこと。利口発明の意。

【利兵】（リヘイ）するどい武器。兵は、武器。

【利病】リヘイ ①利益と損害。利害。「利病得失」 ②長所と短所。 ③やまい(ひ)にりあり 病気にきく(効能がある)。

【利弊】リヘイ 利益と弊害。

【利用厚生】リヨウコウセイ 物を役だつように用いて生活をゆたかにすること。〔書経、大禹謨〕

【利欲・利△慾】リヨク 利益をむさぼる心。

【利△禄(祿)】リロク 利益と俸給。

【利腕】ききうで 国①右のうで。 ②よくきくうで。

【見レ利思レ義】りをみてはぎをおもう(ふ) 利益を得る時、それを得ることが正しいかどうかを考える。〔論語、憲問〕

【放二於利一而行多レ△怨】りによりておこなえ(へ)ばうらみおお(ほ)し 損得ばかりを中心として行動すると、人のうらみを受けることが多い。〔論語、里仁〕

(8)6【刮】588 △ 漢カツ(クヮツ) 呉ケチ 簡guā 4973 5169

字義 ❶けずる。かきとる。へらす。 ❷こする。摩擦する。

解字 篆文 形声。刂(刀)+舌音。篆文は、刂(刀)+𠯑音。音符の𠯑カツは、えぐるの意味。刀を付し、かきとるの意味を表す。刮は、𠜷の変形。

【刮刷】カッサツ 刮削。①こすり除く。②けずり取る。

【刮摩・刮磨】カツマ ①こすりみがく。②修業する。

【刮目】カツモク 目をこすってよく見る。刮眼カツガン。「刮目相待カツモクしてあい(ひ)まつ」は、注意・期待して将来の結果を待つこと。〔呉志、呂蒙伝、注〕

(8)6【刑】589 △ ケイ 刑(576)の本字。→一三六ページ。

(8)6【刲】590 △ ケイ 簡kuī

字義 ❶さく(割)。切りさく。また、切りとる。 ❷ほふる(屠)。家畜などを殺す。

解字 篆文 形声。刂(刀)+圭音。音符の圭ケイは、先のとがる意。鋭利な刃物で切りさく意味を表す。

(8)6【刳】591 △ 漢コ 呉ク 簡kū 4974 516A

字義 ❶えぐる。えぐり取る。くる。 ❷さく。切りさく。

解字 篆文 形声。刂(刀)+夸音。音符の夸コは、弓なりの曲線の意味。弓なりの曲線に刀でえぐるの意味を表す。

【刳心】コシン 私心を取り去る。

【刳△剔】コテキ 切りさく。断ち割る。

(8)6【刻】592 教6 コク きざむ ― コク 簡kè 2579 396F

筆順 亠 亥 刻

字義 ❶きざむ。ほる(彫)。しるす。けずる。また、心にきざむ。 ❷きびしい。むごい。「深刻」「苛刻」 ❸きざみ。㋐きざまれた跡。「彫刻」 ❹とき。時刻。 ❺時間の単位。㋐一昼夜の百分の一。㋑水時計のめもり。「漏刻」 ㋑現在では十五分。

国❶コク。一昼夜を十二等分し、十二支に配し、子ねの刻・丑うしの刻などといい、毎刻をさらに三分して上刻・中刻・下刻という。 ❷きざみ。きざみ煙草たばこの略。 名乗 とき

解字 篆文 形声。刂(刀)+亥音。音符の亥は、己に通じ、かたい力が入るの意味。刀に力を入れてきざむの意味を表す。

▼印刻・午刻・深刻・数刻・石刻・先刻・即刻・彫刻・板刻・複刻・翻刻・銘刻・漏刻

【刻意】コクイ 剋意コクイ。①心を苦しめる。苦心する。②深く心を用いる。専心する。「刻意励行」

【刻下】コッカ ただ今。現在。現下。目下。

【刻期】コッキ 期日をきめること。また、定められた期日。刻日。

【刻急】コッキュウ・コクキュウ きびしい。むごい。刻深。急は、きびしい。

【刻苦】コック 力をつくし心を労する。非常に努力をすること。

【刻限】コクゲン 国①きめられた時間。②時。時間。

【刻△鵠類△鶩】コッコクルイボク・コクコクルイボク・コクをきざみてボクにルイす 白鳥を彫刻すれば、失敗してもあひるに似る。りっぱな人を手本に学べば、同じになれなくても、それに近い人にはなれる。〔後漢書、馬援伝〕

【刻骨】コッコツ・ほねにきざむ 恩義や怨恨エンコンなどを骨にきざみつける。強く心にしるして忘れないたとえ。

【刻削】コクサク ①きざみけずる。②コクショウ ㋐きびしい。また、むごい。残酷。「刻削の法」 ㋑山のけわしくそびえ立つさま。

【刻舟】コクシュウ 舟にきざむ。川の中に剣を落とした者が、落とした場所の目印を舷ふなべりに刻みつけ、舟が移動するのを知らなかった故事。「舟に刻して剣を求む」とは、事態が移り変わっているのに、それに気づかず、旧来の方法をかたくなに守って解決しようとするたとえ。〔呂氏春秋、察今〕

【刻△峻】コクシュン きびしい。むごい。

【刻石】コクセキ ①石に文字や絵などを刻む。また、石を刻む。彫刻する。②石に刻んだ文字。碑などの文字。

【刻△剝】コクハク ①しいたげ害する。②むごい。残酷。

【刻薄】コクハク 残忍で薄情なこと。冷酷。

【刻本】コクホン 板木に彫って印刷した本。木版本。版本。↕写本。

【刻励(勵)・刻△厲】コクレイ 精を出してはげむ。刻苦精励。

【刻露清秀】コクロセイシュウ 山形がはっきりと露あらわれて、すがすがしい秋の景色。〔宋、欧陽脩、豊楽亭記〕

【刻漏】コクロウ 水時計。漏刻。

【刻△鏤】コクロウ・コクル ほりつける。きざむ。彫刻。木にほることを刻、金属にほることを鏤という。

(8)6【刷】593 教4 サツ する 漢サツ・呉セチ 簡shuā 2694 3A7E

筆順 コ 尸 吊 刷

字義 ❶する。こする。印刷する。 ❷はく。のぞく(除)。はき清める。 ❸はけ。ほうき。物を払い、またはこする道具類。

難読 刷子ブラシ・はけ

使いわけ する〔擦・刷〕⇩擦(2844)。

解字 篆文 形声。刂(刀)+㕞(㕞)音。音符の㕞サツは、ぬぐうの意味。布や刃物でけがれたものをとり除く、ぬぐうの意味を表す。

▼縮刷・振刷

【刷新】サッシン 国悪い所を改めて新しくすること。

【刷毛】けは 国獣毛を柄に植え汚れをとるもの。ブラシ。

(8)6【刺】594 常 シ さす・ささる 一シ 簡cì 二漢セキ・呉シャク 簡qì 慣シ 2741 3B49

筆順 𠂉 市 朿 刺

字義 一❶さす。つきさす。さし殺す。また、ささる。 ❷とる。かりとる。採取する。 ❸そしる。「風刺」 ❹せめる(責)。いさめる。 ❺とげ。はり(針)。細長く先端のとがっているもの。

二❶さす。=一の❶。 ❷ぬう(縫)。ぬいとり(刺繡シシュウ)する。 ❸さおさす。船をこぐ。 ❹さぐる。うかがう。 ❺ものの形容。→刺刺。

難読 刺青いれずみ・刺草いらくさ・刺虫いらむし

参考 〔剌ラツ・もとる〕は別字。

使いわけ さす〔指・刺・挿・差〕⇩指(2653)。

解字 篆文 形声。刀+朿音。音符の朿シは、とげの意味。刀でとげのようにさすの意味を表す。

▼謁刺・撃刺・通刺・投刺・毒刺・風刺・名刺・門刺

【刺謁(謁)】シエツ 名刺を出し、取り次ぎをたのみ面会すること。

【刺客】シカク・セキカク 暗殺を行う人。暗殺者。〔史記、刺客伝〕

【刺幾・刺△譏】シキ せめそしる。人のことを悪くいう。

【刺△戟】シゲキ ＝刺激。
【刺激】シゲキ 国①感覚器官に感覚を発生させ、または感覚の変化や興奮を誘起する作用。②感覚器官を通じて感情を興奮させること。
【刺△股】シコ 戦国時代、蘇秦ソシンが読書中のねむけをさますため股ももに錐きりをつきさして勉学に励んだ故事。〔戦国策、秦〕
【刺殺】シサツ・セキサツ さしころす。突きころす。
【刺史】シシ ①地方長官の一つ。州の長官。②国国守の中国風の呼び名。
【刺△繡】シシュウ 布地に種々の色糸で絵や模様を縫いつづること。ぬいとり。
【刺青】シセイ 肌に文字や絵をほりつける。いれずみ。
【刺刺】セキセキ ①よくしゃべるさま。ぺちゃくちゃ。②風の激しいさま。
【刺△胳・刺絡】シラク 関節の静脈に針をさして血を取る、漢方医術の治療法。
【還レ刺】シをかえ(へ)す 名刺をかえす。面会をことわる。
【通レ刺】シをツウず 名刺を出して面会を求める。

(8)6 【制】595 教5 セイ ―― セイ 霽 zhì ―― 3209 4029

筆順 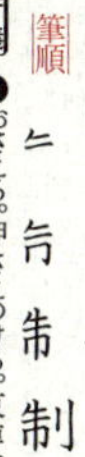

字義 ❶おさえる。押さえつける。束縛する。従わせる。❷とる。占める。手におさめる。「制レ勝かちをセイす」❸きる（切）。たつ（断）。❹つくる（製）。整えつくる。また、調整する。❺おさめる。つかさどる。あやつる。❻のり。おきて。とりきめ。❼みことのり（詔）。また、その文書。

名乗 いさむ・おさむ・さだ・のり

解字 文 篆 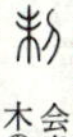 会意。篆文は、刂（刀）＋未。未は、枝の重なる木の象形。余分な枝をそぎおさえるの意味を表す。制は利の変形。制を音符に含む形声文字に、掣セイ・猘セイ・製などがあり、これらの漢字は、「そぎ、おさえる」の意味を共有している。

▼圧制・遺制・応制・王制・管制・規制・強制・禁制・軍制・自制・職制・聖制・節制・先制・専制・体制・帝制・統制・服制・編制・法制・抑制

【制可】セイカ 天子の許可。
【制御・制△馭】セイギョ 相手をおさえて自分の思うように動かす（支配する）。
【制△誥】セイコウ みことのり。詔勅。詔書。
【制獄】セイゴク ①訴訟をさばく。②天子の詔による裁判。
【制裁】セイサイ 国道徳や法律を犯した者に罰を加えること。また、その罰。しおき。こらしめ。
【制作】セイサク つくる。こしらえる。芸術作品などをつくること。
◇物品を、主として大量につくるのを「製作」、美術作品をつくることを「制作」という。ただ、映画などについては両方用いている。
【制札】セイサツ 国禁止の箇条を書いた立て札。
【制止】セイシ 押さえとめる。ひきとめる。
【制式】セイシキ 国定められたかた。制定された方式。
【制詔】セイショウ みことのり。天子の命令。
【制△肘】セイチュウ 人のひじをおさえること。他人に干渉して行動をおさえつけること。掣肘セイチュウ。「制肘を加える」
【制定】セイテイ 規則などを作り定めること。
【制度】セイド さだめ。法律や社会生活上のきまり。
【制覇】セイハ 国覇者の地位をかちとる。首位をかちとること。覇は旗頭はたがしら・諸侯の長。
【制約】セイヤク 国①物事の成立するために必要な規定、または条件。②条件づける。制限する。
【制令】セイレイ ①おきて。制度。②おふれ。法令。

(8)6 【剎】596 標 漢サツ・呉セチ 黠 chà 慣セツ ―― 4975 516B

字義 仏❶梵語ボン kṣetra の略音訳。旗を建てる柱。僧が一法を悟ると、一つの旗を建てて遠方に告げ知らせた、その旗の柱。❷転じて、寺。「古剎」❸塔。仏骨を納める塔。

解字 文 篆  形声。刂（刀）＋杀（殺）音。音符の殺は、梵語ボンゴの kṣetra の音訳で、修行僧の建てる旗の柱の意味を表す。刀を付した意味は未詳。

【剎鬼】セッキ・セッキ 仏おに。悪魔。
【剎帝利】セッテイリ・クシャトリヤ 仏梵語ボンゴ kṣatriya の音訳。インド人を四つの身分（階級）に分けた第二位で、王族・武人の階級。婆羅門バラモン（僧）の次位。剎利。
【剎△那】セツナ・セチナ 仏梵語ボンゴ kṣaṇa の音訳。きわめて短い時間。指を一度はじく間に六十剎那あるという。↔劫（きわめて長い時間）。

(8)6 【到】597 常 トウ ―― トウ（タウ）号 dào ―― 3794 457E

筆順 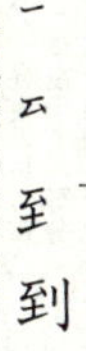

字義 ❶いたる（至）。㋐やって来る。いたり着く。㋑ゆきとどく。きわまる。「周到」❷あざむく。❸さかさま。＝倒。

名乗 ゆき・よし　難読 到津いとうづ

解字 文 篆  形声。至＋刂（刀）音。音符の刀は、召に通じ、まねくの意味。まねかれていたるの意味を表す。

▼殺到・周到・精到・想到

【到底】トウテイ ①底にとどく。②つまるところ。つまり。結局。③国とても。どうしても。
【到頭】トウトウ ①つまるところ。②国ついに。
【到来（來）】トウライ ①やって来る。「好機到来」②国人から物を贈られる。「到来物」

(9)7 【剄】598 △ 漢ケイ 呉キョウ（キャウ）迥 jǐng ―― 4977 516D

字義 くびはねる（くびはぬ）。刀でくびを切る。「自剄」

解字 文 篆  形声。刂（刀）＋巠音。音符の巠ケイは、頸ケイに通じ、くびの意味。くびきるの意味を表す。

(9)7 【剋】599 標 コク 職 kè ―― 4978 516E
［尅］俗字

字義 ❶かつ（克・勝）。「相剋」❷ころす（殺）。❸よく。よくする（克・能）。できる。たえる（耐）。❹きざむ（刻）。きめる。❺むごい。きびしい。

参考 熟語は克（432）をも見よ。現代表記では［克］（432）に書きかえることがある。「下剋上→下克上」「相剋→相克」

解字 形声。刂（刀）＋克音。音符の克は、うちかつの意味。刀でうちかつの意味を表す。

【剋意】コクイ 心にきざむ。深く心を用いる。専心する。
【剋心】コクシン 心にきざむ。
【剋薄】コクハク きびしくして容赦しないこと。残酷。剋剝コクハク。

(9)7 【剉】600 △ サ 箇 cuò 慣ザ

字義 ❶くじく（挫ザ）。また、折れ傷つく。❷きる。きざむ。❸かく。かどをけずりとる。

解字 文 篆  形声。刂（刀）＋坐（㘴）音。音符の㘴ザは、ひざをおってすわるの意味。刃物で短くきる・きざむの意味を表す。

(9)7 【削】601 常 サク けずる
(9)7 〖削〗602
㊀漢シャク・呉サク 薬 xiāo, xuē
㊁ショウ（セウ）嘯 qiào ―― 2679 3A6F

筆順 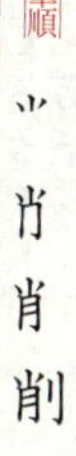

字義 ㊀❶けずる（けづる）。けずりとる。除く。消す。うばう。そぐ。❷書刀。むかし、木や竹の簡ふだに字を彫りつけるのに用いた小刀。

〔削㊀②〕

㊁❶さや。刀のさや。＝鞘ショウ。

❷きびしい。けわしい。＝峭(ショウ)。

参考 現代表記では〔鑿〕(8293)の書きかえに用いることがある。「開鑿→開削」「掘鑿→掘削」

解字 文 篆  形声。刂(刀)＋肖㊥。音符の肖は、小さくするの意味。刀で小さくする、けずるの意味を表す。

▼刻削・筆削

【削減】サクゲン けずりへらす。

【削除】サクジョ (文章や記録の、ある部分を)けずりのぞく。

【削成】サクセイ ①けずって作る。②山などが刀でけずったようにけわしく高くそびえ立つこと。

【削跡・削▵迹】サクセキ あとをかくす。身をかくす。〔荘子、漁父〕

【削籍】サクセキ 籍を除き去る。①官職をやめさせる。免職。②芸者などの身受け。落籍。

【削▵絀・削▵黜】サクチュツ 領地を削り官位をおとすこと。

【削髪】サクハツ 剃髪テイハツ。①髪をそる。②髪をそって僧・尼になること。出家すること。

【削立】サクリツ そそりたつ。山や断崖ダンガイなどが、けずったように急傾斜にそびえ立つこと。

(9)7【前】603 教 2 ゼン まえ

(9)7〔前〕604 一(漢)セン・(呉)ゼン (中)qián 二セン 鉄

3316 *4130*

筆順 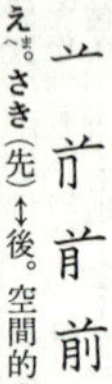

字義 一❶まえ。さき(先)。↔後。空間的・時間的のまえ。㋐正面。前方。「庭前」㋑てぢか。まのあたり。「目前」㋒あらかじめ。㋓過去。「以前」❷すすむ(進)。❸さきだつ。みちびく。さきだち。みちびき。

国まえ。㋐りっぱな状態。「腕前」「男前」㋑わりあてた部分。「五人前」㋒身分の高い女性の名にそえる敬称。「玉藻たまもの前」㋓警察用語で前科をいう。二きる。きりそろえる。＝剪セン・翦セン。

名乗 くま・ちか 難読 前妻こなみ・前刀さきと・前波ぜんなみ

解字 文 篆  形声。もと歬に作る。刂(刀)＋歬ゼン㊥。切りそろえる意。歬(止あしと舟とから成る会意文字)は、進む、転じて「まえ」の意。後世、前を歬の意に用いるに至り、切りそろえる意には、更に刀を加えて剪の字を作った。

▼階前・向前・従前・承前・尊前・直前・馬前・目前

【前衛(衞)】ゼンエイ ①前方の守り。②国㋐前方で警戒・戦闘・護衛する人員。㋑社会運動や芸術運動等で時代の先端を行くもの。㋒テニスやバレーボールで前方を守る人。

【前縁】ゼンエン 前世からの因縁インネン。

【前▵燕】ゼンエン 国名。五胡ゴ十六国の一つ。鮮卑族の慕容儁ボヨウシュンが鄴ギョウ(今の河北省臨漳リンショウ県の西)に都して建てた国。(三五二―三七〇)

【前科】ゼンカ 以前に法を犯して刑罰を受けていること。

【前過】ゼンカ 以前に犯したあやまち。

【前漢】ゼンカン 王朝の名。→漢(4184)の字義の⑤。

【前漢書】ゼンカンジョ 『漢書』の別称。『後漢書』に対していう。↓漢書(六六〇ページ)。

【前駆(驅)】ゼンク (貴人の行列などを)騎馬で先導すること。また、その人。さきばらい。

【前言】ゼンゲン ①前に言ったことば。〔論語、陽貨〕前言戯レ之耳ぜんげんはこれにたわむれしのみ。②古人のいい残したことば。「前言往行(前人・先聖の言行)」

【前古未▵曾有】ゼンコミゾウ 昔からまだ一度も例がない。「前古より未いまだ曾かつて有らず」の意。〔史記、秦始皇本紀〕

【前▵虎後▵狼】ゼンココウロウ →前門拒レ虎後門進レ狼(下段)。

【前後不覚(覺)】ゼンゴフカク 全然覚えがなくなること。また、ひどくあわてている時などの心の状態。

【前行】ゼンコウ ①すすむ。②さきになって行く。また、その人・軍隊。③以前の行い。

【前栽】センザイ・ゼンザイ・ゼンサイ 国①庭に植えてある草木。また、草木を植えてある庭園。②野菜。

【前日】ゼンジツ ①その日のまえの日。②むかし。先日。以前。

【前車覆後車戒】ゼンシャのくつがえ(へ)るはコウシャのいましめ 先行の車がくつがえるのは、後から行く車のいましめとなる。前人の失敗を見て、後人は失敗しないように注意すべきであるというたとえ。覆轍フクテツの戒め。殷鑑不レ遠インカンとおお(ほ)からず。〔漢書、賈誼伝〕

【前者】ゼンシャ ①前の人。また、前の物。②前に述べた二つのもののうち、初めの方。↔後者。③さきに。前に。先日。昔。

【前書】ゼンショ ①前代の書物。昔の書物。②前に出した手紙。③『前漢書』をいう。④国まえ(へ)がき。本文の前に書かれている文。

【前生】ゼンショウ 仏前世の生涯。まえの世。↔後生ゴショウ。↓前世の②。

【前▵哨】ゼンショウ 軍隊がとどまっている時、その前方に配置する見はりの兵、または部隊。

【前▵哨戦(戰)】ゼンショウセン 前哨どうしの戦闘。転じて、大きな戦いの前におこる小さな戦い。こぜりあい。

【前▵蜀】ゼンショク 国名。五代十国の一つ。王建が今の四川省成都市に都して建てた国。後唐に滅ぼされた。(九〇七―九二五)

【前身】ゼンシン ①仏この世に生まれる前の身。②以前の身分。

【前▵秦】ゼンシン 国名。五胡ゴ十六国の一つ。氐テイ族の苻建フケンが建てた国。都は長安。(三五一―三九四)

【前人】ゼンジン 昔の人。父祖。先輩。

【前人未踏・前人未到】ゼンジンミトウ 今までの人がまだ足をふみ入れたことがない。今までにだれも到達したことがない。↓未踏(五四〇ページ)。

【前世】ゼンセ ①前の世。昔。②仏ゼンセ 三世サンゼの一つ。この世に生まれる前に居たと考えられている世界。

【前聖】ゼンセイ 昔の聖人。先聖。

【前跡・前▵迹】ゼンセキ ①昔の遺跡。②過去の事がら。

【前線】ゼンセン 国①敵に近い地点にいる部隊の構成する横の戦線。最も敵に近いものを最前線という。②気団が進行してゆく時の前面をいう。「寒冷前線」「温暖前線」③全体のまっさきに立って活動すること。また、その地位。

【前代未聞】ゼンダイミモン 昔から今までに聞いたことのないこと。

【前兆】ゼンチョウ 事のおこるきざし。まえじらせ。

【前▵趙】ゼンチョウ 国名。五胡ゴ十六国の一つ。匈奴キョウドの劉淵リュウエンが建てた国。都は平陽(今の山西省臨汾リンプン市の西北)、後に長安(今の陝西センセイ省西安市)。五代二十六年で石勒セキロクに滅ぼされた。(三〇四―三二九)

【前程】ゼンテイ 行くさきのみちのり。前途。「前程万里」

【前提】ゼンテイ 国①ある事物の成立する基礎となるもの。②推理を行う場合、結論の基礎となる判断。三段論法の大前提・小前提。③話などの前置き。

【前哲】ゼンテツ 前代のすぐれた人物。先賢。〔左伝、成公八〕

【前途】ゼント ①これから行く道。②行くさき。将来。③国ゼント・セント ㋐＝①②。〔和漢朗詠集、大江音人、餞別〕前途程遠ゼントほどとお(ほ)し、馳二思於雁山之暮雲一おもい(ひ)をガンザンのゆう(ふ)べのくもにはす。〈これから行く道は果てしない、はるか雁門山の夕暮れの雲を思いやることだ〉→後会(三八三ページ)。㋑目的。㋒せときわ。

【前途▵遼遠】ゼントリョウエン 行くさきのはるかに遠いこと。転じて、目的・結末に至るまでに多くの時日を要すること。

【前導】ゼンドウ さきに立ってみちびくこと。また、その人。

【前非】ゼンピ 過去に犯したあやまち。

【前門拒レ▵虎、後門進レ▵狼】ゼンモンとらをふせげば、コウモンおお(ほ)かみをすすむ 表門でとらを防いでいると、裏門からおおかみが進んで来る。災難が次々とやって来ることのたとえ。一難去ってまた一難。前門の虎、後門の狼。前虎後狼。〔明、趙弼、評史〕

【前略】ゼンリャク 国①文章の初めを省略すること。②手紙文で、あいさつを省き、すぐ用件をかく時に使う語。冠省。

【前涼】ゼンリョウ 国名。五胡ゴ十六国の一つ。漢人の張氏が姑臧コソウ(今の甘粛省武威市)に都して建てた国。(三一七―三七六)

【前歴(歷)】(ゼンレキ) 以前の経歴。

【前烈】(ゼンレツ) ①前人のいさお。②前人の事業。

【前△聯】(ゼンレン) 律詩の第三・第四句をいう。前連。↔後聯。

【前路】(ゼンロ) ＝前途。〔文選、陶潜、帰去来辞〕問二征夫一以二前路一(セイフにとうにゼンロをもってす)

【前不レ見二古人一、後不レ見二来(來)者一】(まえ(へ)にコジンをみず、のちにライシャをみず) 自分より前に生まれた過去の人たちに会うことはできないし、自分よりあとから生まれてくる未来の人たちにも会うことはできない。人の命の有限であることを自覚した句。〔唐、陳子昂、登二幽州台一歌〕

(9)7 【則】605 教5 ソク　ソク 職 zé　3407 4227

筆順 冂 目 貝 則

字義 ❶のり(法)。㋐法則。一定のきまり。〔詩、大雅、烝民〕有レ物有レ則(ものあればのりあり)。㋑法律。㋒きまり。規定。「原則」㋓模範。てほん。㋔法式。制度。㋕標準。❷のっとる。手本とする。❸くだり。箇条。「士規七則」❹すなわち(すなはち)。助字。⇩

助字解説 すなわち(すなはち) ㋐……(ば)すなわち。……すればそのときは。……ならば。〔論語、雍也〕質勝レ文則野(シツブンにかてばすなわち(は)ちヤなり)〈人の質実さが、その人の文飾さにまさると野卑になる〉㋑……(は)すなわち。……の場合は。……については。〔論語、学而〕弟子入則孝(テイシいりてはすなわち(は)ちコウ)、出則弟(いでてはすなわち(は)ちテイ)〈人の子弟たる者は家庭内にあっては孝を尽くし、外に出ては長上の人に対し従順であるべきだ〉

名乗 つね・とき・みつ

解字 金文　篆文　会意。刂(刀)＋貝。貝の部分は、金文では、鼎(かなえ)の象形。昔、かなえに刀で重要な法律を刻したことから、のりの意味を表す。則を音符に含む形声文字に、側・惻(ソク)・測などがあり、これらの漢字は、「ものさし・はかる」の意味を共有している。

▼準則・総則・通則・鉄則・内則・反則・付則・附則・変則・法則・補則

【則△闕之官】(ソクケツのカン) 適当な人物がなければ空席にしておく官職。唐代では太師・太傅(タイフ)・太保、日本では太政大臣(ダイジョウダイジン)。則闕官。

【則天去私】(ソクテンキョシ) 国天にのっとり、私心をさる。夏目漱石(ソウセキ)の晩年に到達した文学観。

【則天武后】(ソクテンブコウ) 唐の女帝。高宗の皇后。姓は武。高宗の死後、中宗・睿宗(エイソウ)を立て、また、これを廃して自ら帝位につき、則天大聖皇帝(則天武后)と号し、国号を周と改めた。在位十六年。中宗に廃された。(六二四—七〇五)

〔則天武后〕

(9)7 【剃】606 標 漢テイ 呉タイ 霽 tì　3670 4466

字義 そる。髪をそる。

解字 形声。刂(刀)＋弟音。音符の弟は、しだいにの意味。一気に切るのでなく、じわじわと切る、そるの意味を表す。

【剃度】(テイド) 仏髪をそって仏道に入ること。剃髪得度の略。

【剃刀】(テイトウ) ①かみそり。②国(かみそり) ㋐＝①。㋑才気のするどいたとえ。

【剃髪】(テイハツ) 剃度。①髪をそる。②出家すること。落飾。

(9)7 【剌】607 △ 漢ラツ 呉ラチ 曷 là. ④lā　4979 516F

字義 ❶もとる。たがう。そむく。❷よこしま(邪)。❸潑剌(ハツラツ)は、魚が元気よくとびはねるさま。❹外国語の「ラ」の音訳字として用いる。「剌麻(ラマ)」「亜剌比亜(アラビア)」

参考 〔刺(シ)〕は別字。

解字 金文　篆文　形声。刂(刀)＋束(束)音。音符の束(ラツ)は、ふくろに物をとじこめた形にかたどる。固くとじこめ束ねたものに刃物で切れ目を入れる、はなれる・そむくの意味を表す。

(10)8 【剡】608 △ 一漢エン 琰 yǎn　二漢セン・呉ゼン 琰 shàn

字義 一❶けずる(削)。そぐ。するどくする。❷きる(斬)。❸するどい(鋭)。❹きっさき。ほこさき。❺ものの形容。↓剡剡。二昔の県名。今の浙江(セッコウ)省嵊(ジョウ)県。付近を剡渓が流れ、紙の産地として有名。剡中。

解字 文　篆　形声。刂(刀)＋炎音。音符の炎は、淡に通じ、ほのか・あわいの意味。ほのかな光のある刀、するどいの意味を表す。

【剡剡】(エンエン) ①光るさま。輝くさま。②急いで立ち上がるさま。

(10)8 【剞】609 △ キ 紙 支 jī　4980 5170

字義 ❶彫刻に使う曲がった小刀。❷きざむ。ほる。彫刻する。

解字 篆文　形声。刂(刀)＋奇音。音符の奇は、曲がるの意味。彫刻に用いる曲がった刀の意味を表す。

【剞△劂】(キケツ) ①彫刻用の小さな刃物。奇劂(キケツ)。劂は、曲がった小刀。②ほる。える。彫刻する。また、版木をほる。「剞劂氏」は彫刻師・版木屋。

(10)8 【剣】610 常 ケン つるぎ　2385 3775
(15)13 【劍】611 人許 ケン 艶 jiàn　4988 5178

筆順 ⺈ 合 佥 剣

【劒】同字 4990 517A　【劔】俗字 4989 5179　【劎】俗字 4991 517B　【釼】俗字 7863 6E5F

字義 ❶つるぎ。㋐両刃(もろは)のそりのないまっすぐな刀。㋑あいくち。匕首(ヒシュ)。❷さす。きる(斬)。❸つるぎを使う術。剣術。国ケン。刀。

〔剣①㋐〕

名乗 あきら・つとむ・はや　難読 剣橋(ケンブリッジ)

解字 金文　篆文　形声。金文は、金＋僉音。音符の僉(ケン)は、みなそろうの意味。もとから先まで均等にきたえられた両刃(もろは)のつるぎの意味を表す。のち、剣の刂(刀)＋僉(僉)音に変形した。

▼撃剣・孤剣・銃剣・書剣・真剣・舌剣・帯剣・弾剣・利剣

【剣一人敵】(ケンはイチニンのテキ) 楚(ソ)の項羽のことば。項羽は剣術は一人を相手にして闘うだけで学ぶに足りないとし、兵術を学んだ。〔史記、項羽本紀〕

【剣影】(ケンエイ) つるぎの光。剣光。

【剣花】(ケンカ) 剣と剣が打ち合って出る火花。

【剣閣】(ケンカク) ①山名。長安(今の西安市)から成都(今の四川省内)に行く途中にあり大剣山(今の四川省剣閣県の北)を主峰とする七十二峰が連なる。閣道(かけはし)が通じているので剣閣といい、険しい要害の地として有名。剣門山。②県名。四川省広元市の南部、嘉陵江流域。〔唐、杜甫、哀二江頭一詩〕⇩清渭(六四六)。

【剣気(氣)】(ケンキ) つるぎの殺気。

【剣△俠】(ケンキョウ) 剣術にひいでたおとこぎのある人。

【剣△夾・剣△鋏】(ケンキョウ) つるぎのつか。剣把(ケンパ)。

【剣△戟】(ケンゲキ) ①つるぎとほこ。②武器。③きりあい。

【剣光】(ケンコウ) つるぎの光。剣影。〔宋、曾鞏、虞美人草詩〕香魂夜逐二剣光一飛(コウコンよるケンコウをおい(ひ)てとび)、青血化為二原上草一(セイケツカしてゲンジョウのくさとなる)〈かぐわしい魂は剣の光とともに飛び去り(自殺したこと)、その鮮血は化して野原の草となってしまった〉

【剣豪】(ケンゴウ) 剣術の達人。

【剣璽】①王者のしるしの剣とたま。②国三種の神器のうちの草薙剣と八尺瓊曲玉。

【剣南】唐代に置かれた道（行政区画名）名。今の四川省剣閣の南部地方。治所は、益州（今の成都市）。

【剣呑】国あぶないこと。険難の音転。

【剣佩・剣珮】腰に帯びた剣と、腰さげの玉。昔の中国の身分のある者（男子）の正装にはこれを帯びた。

【剣幕】国（あて字）①ものすごい顔つき。怒った容貌。②はげしい態度。

【剣門】①＝剣閣。②昔の四川省の県名。剣閣県の東北。

【按レ剣】つるぎのつかに手をかける。剣をぬこうとするさま。〔史記、項羽本紀〕

【仗レ剣】①剣を杖につく。②剣をたよりにする。

【弾（彈）レ剣】剣のつかをたたく。①剣のつかをたたいて拍子をとり、不平の心を歌った斉の馮驩の故事から、不平をもらす意。〔史記、孟嘗君伝〕②はげしい怒りを表現する動作。

【売（賣）レ剣買レ牛】戦争をやめて農業に従事すること。〔漢書、循吏、龔遂伝〕

【撫レ剣】①剣をなでる。②＝按レ剣。

【伏レ剣】剣の上に身を伏せる意で、自殺すること。

(10)8
【剛】612
常 ゴウ
コウ（カウ）陽 gāng
慣ゴウ（ガウ）

2568
3964

筆順 冂 円 円 岡 剛

【罡】俗字

字義 ❶つよい。かたい。こわい。↔柔。〔老子、七十八〕弱之勝レ強、柔之勝レ剛。❷気性などがはげしい。❸たちきる。❹陰陽の陽の性質。また、その性質を有すること。昼・雄・奇数など。「剛日」❺あたかも。まさに。いましがた。国武芸や腕っぷしのつよいこと。「剛の者」「剛力」

名乗 かた・かたし・こわし・たか・たかし・たけ・たけし・つよし・ひさ・まさ・よし

解字 甲骨文 金文 篆文 形声。刂（刀）＋岡音。音符の岡は、強に通じ、つよいの意味。つよい刀の意から、たちきる・つよいの意味を表す。

▼外剛・金剛・至剛・太剛

【剛果】心が強く思いきりのよいこと。剛気果断。

【剛気（氣）】強い気性。勇ましい気質。

【剛毅木訥】心が強くしっかりしていて、かざりけがなく無口なこと。〔論語、子路〕剛毅木訥、近レ仁。〈剛毅木訥は、ただちに仁とはいえないが、仁に近いものである〉

【剛毅果断（斷）】＝剛果。剛気果断。

【剛強・剛彊】非常に強い。また、その人。〔老子、三十六〕柔弱勝ニ剛強一。

【剛健】①強くすこやか。「質実剛健」②力強いさま。

【剛日】奇数の日をいう。↔柔日。

【剛柔】①かたいことと、やわらかいこと。②強いことと、やさしいこと。③陽と陰。④男と女。⑤昼と夜。

【剛情】国いじっぱり。がまんづよい。強情。

【剛胆（膽）】国きもったまの太く強いこと。度胸のよいこと。豪胆。大胆。

【剛腸】強い心。強い気質。しっかりした度胸。

【剛直】気性が強く、信ずる所を曲げない。

【剛愎】強情で他人に従わないこと。

【剛邁】気性が強く積極的なこと。また、人よりすぐれていること。豪邁。

【剛力】国金剛力の略。強力。①非常に強い力。また、その人。②修験者の荷物を負って従う下男。③登山者の荷物を負って案内する人。強力。

【剛戻】強情で人にさからい道理にそむくこと。〔史記、伍子胥伝〕員為レ人剛戻。

(10)8
【剤】613
常 ザイ
(16)14
【劑】614
㊀漢セイ・呉ザイ 霽 jì
㊁スイ 支

2662
3A5E

4993
517D

筆順 文 文 产 斉 斉 剤

字義 ㊀❶切りそろえる。ととのえる。❷まぜあわせる。薬を調合する。また、その薬。㊁❶手形。割符。❷切りそろえる。＝㊀の①。

解字 篆文 形声。刂（刀）＋斉（齊）音。音符の齊は、そろえるの意味。刃物で切りととのえる、そろえるの意味を表す。また、一枚の札を二分し、他日あわせそろえて証拠とするもの、てがたの意味を表す。

▼下剤・調剤・配剤・薬剤

(10)8
【剗】615
△
㊀漢サン・呉セン 潸 chǎn
㊁漢サン・呉セン 諫 chàn

字義 ㊀❶けずる。たいらにする。❷かる（刈）。除き去る。❸ほろぼす（滅）。㊁おさめる（治）。手入れする。

解字 形声。刂（刀）＋戔音。音符の戔は、こまかくうすくするの意味。刃物でけずるの意味を表す。

(10)8
【剚】616
△ シ 寘 zì

字義 さす。さしこむ。㋐刃物をつきさす。㋑物を地面に挿す。

解字 形声。刂（刀）＋事音。音符の事は、立てるの意味。刃物を地面などにつき立てるの意味を表す。

(10)8
【剔】617
△
㊀漢テキ・呉チャク 錫 tī
㊁漢テイ・呉タイ 霽 tì

4981
5171

字義 ㊀❶えぐる。くじる。ほじくり出す。❷さく（割）。切り開く。解剖する。❸きる（切）。切り除く。㊁そる＝剃。

解字 篆文 形声。刂（刀）＋易音。音符の易は＝は、かわるの意味。刃物で原形からちがう形にかえる、切り開く、えぐるの意味を表す。

【剔抉】ほじくり出す。えぐり出す。また、切開して取り出す。

【剔出】＝剔抉。→前項。

(10)8
【剟】618
△ 漢テツ・呉テチ 屑 duō

字義 ❶けずる。そぐ。❷さく（割）。❸さす（刺）。

解字 篆文 形声。刂（刀）＋叕音。音符の叕は、絶に通じ、たちきるの意味。刀でたちきるの意味を表す。

(10)8
【剝】619
標
㊀ハク 覚 bāo, bō
㊁ホク 屋 pū

3977
476D

【剥】同字

字義 ㊀❶はぐ。むく。はがす。はぎとる。❷はがれる。はげる。落ちる。「剝離」❸さく（割）。わる。❹けずる。❺みだれる。❻易の六十四卦の一つ。☷☶坤下艮上。小人の勢いが盛んで君子のなやむかたち。㊁❶うつ（打）。＝撲。❷とる（取）。
国すく。薄く切る。そぎ切る。「剝肉」

解字 篆文 形声。刂（刀）＋彔音。音符の彔は、もと暴と同形であったものが変形した。暴は獣皮をはいで日にさらすさまにかたどる。刀を付し、皮をはぐの意味を表す。

【剝製】鳥獣などの皮をはぎ、肉や内臓を除き、綿などをつめて縫い合わせ、生きた姿に似せて作ったもの。

【剝啄】＝剝剝。

【剝脱】①削り去る。②＝剝落。

【剝奪】はぎうばう。はぎ取る。無理に奪うこと。

【剝剝】こつこつ。剝啄。剝剝啄啄。①訪問者の足音。また、門をたたく音。②鳥が木をついばむ音。

【剝落】ハクラク　自然にはげおちる。おちる。また、はぎおとす。
【剝離】ハクリ　①はがれて離れる。②はぎ離す。

(10)8【剕】620　△　漢ヒ　呉ビ　未 fèi

字義　あしきる。五刑の一つで、膝蓋骨(シツガイコツ)をきりさる。＝跳(ヒ)。

解字　形声。刂(刀)＋非音。音符の非は、ひらくの意味。刃物で足を切り開くの意味を表す。

4322
4B36

(10)8【剖】621　常　ボウ　漢ホウ・呉フ　有 pōu　慣ボウ

筆順　亠 立 音 剖

字義　❶さく。さける(さく)。わる。二分する。分析する。↔合。❷わける。わかれる。はなれる。❸やぶる。こわす。❹見分ける。判断する。「解剖」

解字　篆文　形声。もと、刂(刀)＋咅音。音符の咅(ホウ)は、いまは音に作るが、北に通じ、一つのものが二つに離れるの意味。刃物で離す、さくの意味を表す。

▼解剖

【剖決】ホウケツ　よしあしを見分けて定めること。判断する。
【剖心】ホウシン　胸を割く。①胸をたち割る。②真心をあらわす。
【剖析】ホウセキ　分解する。分析する。
【剖判】ホウハン　①分かれ開ける。〔史記、孟子伝〕天地剖判(テンチホウハン)す。②分ける。
【剖符】ホウフ　任命・封爵(ホウシャク)などの、証拠としての割符を、二つにさき、一方を朝廷または役所に置き、一方をその人に与えること。

(10)8【剜】622　△　ワン　寒 wān

字義　❶けずる(けづる)。❷えぐる。

解字　篆文　形声。刂＋宛音。音符の宛(エン)は、しなやかに曲がるの意味。刃物でゆるやかな曲線になるようにえぐるの意味を表す。

【荆】→艸部 九三ページ。

(11)9【剰】623　常　ジョウ
(12)10〔剩〕624　人許　漢ショウ　呉ジョウ　径 shèng

3074
3E6A

4984
5174

筆順　二 乒 垂 乗 剰

字義　❶あまる(余)。あます。「過剰」❷あまり。余分。「余剰」❸あまつさえ(あまっさへ)。そのうえ。

解字　形声。刂(刀)＋乗(乘)音。音符の乗は、上のせするの意味。利益が上のせされる、あまるの意味を表す。　名乗　のり・ます

▼過剰・余剰

【剰員】ジョウイン　あまり(余分)の人員。
【剰語】ジョウゴ　余分なことば。むだぐち。贅言(ゼイゲン)。
【剰水残(殘)山】ジョウスイザンザン　戦乱後の荒れ果てた山や川。
【剰余(餘)】ジョウヨ　あまり。余分。余剰。

(11)9【副】625　教 4　フク　一フ　宥 fù　二フク　屋 pì　慣フク

4191
497B

筆順　一 丆 畐 畐 副

字義　一❶そう(そふ)。そえる(そふ)。㋐つきそう。㋑かなう。適合する。❷そえ(そへ)。↔正。㋐たすけ。補佐。㋑ひかえ。予備のもの。㋒つけたし。付属。「副賞」❸かもじ。そえ髪。二わける(分)。さく(剖)。わる(割)。国すけ。四等官で、神祇官(ジンギカン)の第二位。

名乗　すえ・すけ

解字　篆文　形声。刂(刀)＋畐音。音符の畐(フク)は、北に通じ、一つのものが二つに離れるの意味。刀でさくの意味を表す。また、二つのものでありながら、寄りそっているの意味を表す。

▼介副

【副君】フククン　国君のあととり。太子。皇太子。
【副啓】フクケイ・フッケイ　付け加えて述べる意。手紙の後に更に付加して述べる文の最初に書くことば。二伸。追伸。追白。追啓。
【副弐(貳)】フクジ　①そえ。主となるものに付け加わるもの。副次。②付きそいとなって助力すること。また、その人。補佐役。③ひかえ。写し。副本。
【副車】フクシャ　そえ車。かえ車。別に用意した車。〔史記、留侯世家〕誤中二副車一(あやまりてフクシャにあつ)。
【副署】フクショ　国旧憲法下で、天皇の署名を必要とする公文書の、天皇の名の次に国務大臣がする署名。
【副馬】フクバ　ひかえの馬。馬車のそえ馬。

(12)10【剴】626　△　一カイ　灰 kǎi　二ガイ　灰 ái　慣ガイ

4983
5173

字義　一❶きる(切)。❷する(摩)。こする。❸あたる。よくあてはまる。❹大きな鎌(かま)。二ちかい(近)。ちかづく。

解字　篆文　形声。刂(刀)＋豈音。音符の豈(ガイ)は、開に通じ、ひらくの意味。刃物できりひらくの意味を表す。

【剴切】ガイセツ　地に近づいて草を切ること。転じて、急所に当たる・ぴったり当てはまる・事のよろしきにかなう意。
【剴到】ガイトウ　適切で行き届くこと。

(12)10【割】627　教 6　カツ　わる・わり・われる・さく
(12)10〔割〕628　漢カツ　呉カチ　曷 gē

1968
3364

筆順　宀 宀 宇 害 割

字義　❶わる。さく。㋐刃物でさく。㋑いくつかに分ける。「分割」㋒分けてうばう。さいて取る。㋓分けて与える。㋔やぶる。また、へらす。❷たつ。断ち切る。切りとる。国❶わる。㋐こわす。㋑割り算をする。㋒わりあてる。㋓押し分ける。わって入る。㋔多くの物の中に少しの物を混ぜる。「酒に水を割る」㋕こまかにする。「事を割って話す」㋖うちあける。「腹を割る」㋗一定の限度をはずれて下まわる。「千円の大台を割る」❷われる(わる)。わるの自動詞。❸わり。㋐割合。歩合。率。㋑割りまえ。割り当て。「部屋割り」㋒十分の一。「五割引」

難読　割殻虫(われから)

使いわけ　さく〔裂・割〕⇩裂(6916)。

解字　金文　篆文　形声。刂(刀)＋害音。音符の害は、たちきるの意味。刀を付し、たちきるの意味を表す。

▼分割

【割愛】カツアイ　①愛する心をたち切ること。②惜しいと思いながら手放すこと。③愛を分け与えること。
【割拠(據)】カッキョ　各人が土地を分かち取り、そこを本拠として勢力を張ること。「群雄割拠」
【割譲(讓)】カツジョウ　土地や物の一部分をさいてゆずり与える。
【割注・割註】わりチュウ　国本文の中途に二行に記した注釈。
【割符】カップ　①札の中央に文字や印をしるし、それを二つに割って、一方を手もとにとどめて一方を相手に与え、後に合わせて証拠とするもの。②国わりフ　㋐後日の証拠とするための文書。㋑両替に用いた手形。また、替え銭(ぜに)。
【割亨・割烹】カッポウ　肉を切って煮ること。転じて、料理するの意。(日本では、特に日本料理をいう)

(12)10【剩】(624)　ジョウ　剰(623)の旧字体。↓上段。

4984
5174

(12)10
【創】629 教6 ソウ
一 漢ショウ(シャウ) 呉ソウ(サウ) 陽 chuāng
二 漢ショウ(シャウ) 呉ソウ(サウ) 漾 chuàng
3347 414F

筆順
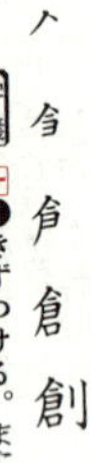

【戧】古字

字義 一 ❶きずつける。また、きずつく。❷きず(傷)。きりきず。
二 ❶はじめる。つくる。初めて作り出す。初めて事を起こす。❷はじめ。❸こりる(懲)。また、こらす。

解字 金文 篆文 別体

形声。刂(刀)+倉(音)。音符の倉は、きずつくの意味。刀できずつくの意味を表す。原字は、刅。

▼金創・銃創・草創・刀創・独創

【創痍】ソウイ 刃物で受けたきりきず。また、戦争などで、国や社会が受けたいたで。
【創意】ソウイ 新しく考え出すこと。また、新しい思いつき。新しい工夫。
【創刊】ソウカン 継続して出す新聞・雑誌などを初めて刊行すること。「創刊号(雑誌などの最初に刊行した号)」
【創業】ソウギョウ ①新たに事業をはじめる。②国を建てる基礎を作ること。↔守成。〔十八史略、唐〕創業守成孰難(ソウギョウとシュセイと いずれ(つ)れかかたき)〈国を建てることと、建てた国を衰退させないように保持してゆくことと、どちらが難しいか〉
【創見】ソウケン 新しい見解。今までにだれも考え出さなかった、新しい考え・意見。
【創建】ソウケン 建物や組織などをはじめて作ること。主として神社・仏閣についていう。
【創痕】ソウコン きずあと。創瘢(ソウハン)。
【創作】ソウサク ①自分の考えにもとづいてはじめてつくる。②国文芸作品をつくること。また、その作品。
【創残(殘)】ソウザン きずつく。残は、そこなう。
【創始】ソウシ はじめる。また、はじめ。
【創傷】ソウショウ きず。また、きずつく。
【創世】ソウセイ 世界をはじめて作る。また、世界のはじめ。
【創制】ソウセイ ①はじめて造り出す。②制度をはじめる。
【創設】ソウセツ 新たに設立すること。
【創草】ソウソウ 草創。①事のはじめ。②事をはじめる。
【創造】ソウゾウ はじめてつくる。「創造主(天地万物を作った神)」
【創痛】ソウツウ きずのいたみ。

(12)10
【剳】630 △ トウ 劄(637)の俗字。→下段。
4985 5175

(13)11
【剷】631 △ 漢サン 呉セン 潸 諫 chǎn
字義 ❶けずる。けずって平らにする。❷かる(刈)。
解字 形声。刂(刀)+産(音)。

(13)11
【剿】632 △ 一 ショウ(セウ) 篠 jiǎo 二 漢ソウ(サウ) 呉ショウ(セウ) 肴 chāo
4986 5176
【勦】同字 【剝】同字
字義 一 ❶たつ(絶)。たやす。滅ぼす。❷切る。殺す。
二 かすめ取る。=抄。
参考 ①〔勦(ソウ)〕に通用する。熟語は勦(688)を見よ。②現代表記では〔掃〕(2714)に書きかえることがある。「剿滅→掃滅」
解字 形声。刂(刀)+巣(音)。

(13)11
【剸】633 △ 一 漢タン・呉ダン 寒 tuán 二 セン 霰 zhuān
字義 一 きる。首をきる。さく(割)。 二 ほしいまま。もっぱら。=専。
解字 形声。刂(刀)+専(音)。音符の専(セン)は、断(ダン)に通じ、きるの意味。刀できるの意味を表す。

(13)11
【剽】634 △ 一 ヒョウ(ヘウ) 嘯 piào 二 ヒョウ(ヘウ) 篠 biǎo
4987 5177
字義 一 ❶おびやかす。おどす。❷さす(刺)。❸きる(切・截(セツ))。けずる。❹はぐ。かすめとる。❺はやい。すばやい。身軽。❻強い。荒々しい。「剽勇」❼うつ(撃)。せめる(攻)。
二 すえ(末)。さき。末端。
解字 篆文
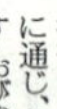
形声。刂(刀)+票(㶾)(音)。音符の㶾(ヒョウ)は、暴に通じ、あばれるの意味。刀を持ってあばれる、刺す・おびやかすの意味を表す。

【剽悍・剽捍】ヒョウカン すばしこく荒々しい。また、悪事にたけている。
【剽劫】ヒョウキョウ おびやかす。おどす。
【剽軽(輕)】ヒョウケイ ①すばやい。②軽々しい。荒々しくて軽薄。③国ひょうきん 性質が気軽でこっけいなこと。
【剽疾】ヒョウシツ すばやい。疾も、はやい意。「剽疾軽悍(ケイカン)」
【剽窃(竊)】ヒョウセツ ①人目をかすめてぬすむ。剽襲。剽賊。②他人の詩文を盗み、自分のものとみせかけて使うこと。
【剽盗】ヒョウトウ おびやかしてかすめ取る。
【剽剝】ヒョウハク ①はぎとる。②はげ落ちる。③非難・攻撃する。〔史記、荘子伝〕
【剽勇】ヒョウユウ 気性が荒く勇ましいこと。
【剽略】ヒョウリャク 剽掠(ヒョウリャク)。おどしとる。

(14)12
【劃】635 △ 一 カク(クヮク) 陌 huà 二 漢カク(クヮク)・呉ワク 陌 huá
1936 3344
字義 一 =画。❶かぎる。区分する。❷はかる。計画する。❸思いがけなく。にわかに。 二 ❶切り開く。❷さく(割)。❸こする。
参考 現代表記では〔画〕(546)に書きかえる。「劃期的→画期的」「区劃→区画」 熟語は〔画〕をも見よ。
解字 金文 篆文

形声。刂(刀)+畫(音)。音符の畫(カク)は、くぎるの意味。刀で区切るの意味を表す。

【劃一】カクイツ 一様に整っているさま。画一。
【劃然】カクゼン ①物の裂ける音。物を打ち割る音の形容。②かん高く鋭い声の形容。③はっきりした区別のあること。画然。

(14)12
【劂】636 △ 漢ケツ 呉カチ(クヮチ) 月 jué
字義 ❶彫刻用の曲がった小刀。「剞劂(キケツ)」❷ほる。彫刻する。
解字 形声。刂(刀)+厥(音)。音符の厥(ケツ)は、ほるの意味。彫刻用の小刀の意味を表す。

(14)12
【劄】637 △ 一 漢トウ(タフ) 呉チョウ(テフ) 洽 zhā 二 サツ
【箚】同字 6820 6434 【剳】俗字 4985 5175
字義 一 さす(刺)。竹針で刺す。 二 =札。❶公文書の一種。下からの上申書と上からの通達書とがある。「劄子(サッシ)」❷劄記(サッキ)は、読書をして得た知識や感想などを随時書きしるしたもの。札記。
解字 形声。刂(刀)+答(音)。

(15)13
【劌】638 △ 漢ケイ 呉ケ 霽 guì
字義 ❶つきさす。きずつける。切りさく。❷はり(針)。とげ。
解字 篆文
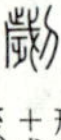
形声。刂(刀)+歳(音)。音符の歳(サイ)は、また、歩+戉(音)。音符の戉(エツ)は、まさかりの象形。刀やまさかりで、きずつけるの意味を表す。

(15)13
【劇】639 教6 ゲキ
2364 3760

筆順 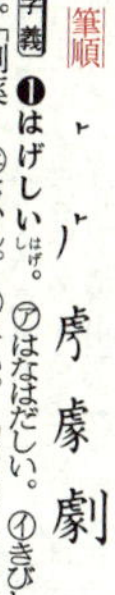

漢ケキ　呉ギャク　慣ゲキ　陌　jù

字義 ❶はげしい。㋐はなはだしい。㋑きびしい。㋒つよい。「劇薬」㋓さかん。㋔多い。㋕いそがしい。わずらわしい。「劇務」㋖多い。❷かたい（難）。むずかしい。❸たわむれる。たわむれ。❹しばい。演劇。❺交通の要所。

使いわけ ゲキ〔劇・激〕
「劇薬」以外は〔激〕を用いるのが一般的。「激臭・激戦・激動」

解字 篆文  形声。刂（刀）＋豦㊥。音符の豦は、獣のはげしいとっくみあいの意味。刂（刀）を付し、はげしいの意味を表す。転じて、しばいの意味をも表す。

▼旧劇・京劇・雑劇・惨劇・繁劇・悲劇

【劇易】ゲキイ　はげしいことと、おだやかなこと。また、むつかしいことと、やさしいこと。難易。

【劇飲】ゲキイン　酒などをはげしく飲むこと。痛飲。暴飲。

【劇雨】ゲキウ　はげしい雨。猛雨。

【劇寒】ゲキカン　きびしいさむさ。酷寒。

【劇語】ゲキゴ　はげしいことば。激語。

【劇疾】ゲキシツ　苦痛のはげしい病気。また、急病。

【劇暑】ゲキショ　きびしい暑さ。酷暑。猛暑。

【劇職】ゲキショク　非常にいそがしい役目（つとめ）。劇務。

【劇甚】ゲキジン　非常にはげしい。激甚。

【劇賊】ゲキゾク　強暴な盗賊。大どろぼう。

【劇談】ゲキダン　①はげしい口調で言うこと。②口ばやに言うこと。③国演劇に関する話。

【劇痛】ゲキツウ　はげしいいたみ。激痛。

【劇動】ゲキドウ　はげしいうごき。はげしい変動。激動。

【劇変（變）】ゲキヘン　はげしく変わる。急に変わる。激変。

【劇務】ゲキム　はげしいつとめ。非常にいそがしい仕事。激務。

【劇烈】ゲキレツ　非常にはげしい。激烈。

【劇論】ゲキロン　はげしい議論。また、はげしく議論をする。激論。

(15)13
【劍】(611)
ケン　剣（610）の旧字体。→一四二ページ。
4988
5178

(15)13
【劉】640
標　漢リュウ（リウ）　呉ル　尤　liú
4613
4E2D

字義 ❶ころす（殺）。❷刃物。刀。まさかり。❸かつ（勝）。❹めぐる（回）。❺葉が落ちてまばらなこと。また、その木。

解字 篆文  形声。金＋刂（刀）＋卯（丣）㊥。音符の丣は、二つにひきさくの意味。刀でひきさく、ころすの意味を表す。

【劉安】リュウアン　漢の高祖（劉邦）の孫。前漢の淮南（今の安徽省寿県を中心とする地方）の王。『淮南子』の編者。（前一七九—前一二二）

【劉禹錫】リュウウシャク　中唐の詩人。字は夢得。白楽天との贈答が多く、また、白楽天が「詩豪」として高く評価した友人。（七七二—八四二）

【劉希夷】リュウキイ　初唐の詩人。字は廷芝。また、名は庭芝あるいは廷芝で、希夷は字ともいう。「代下悲二白頭一翁上」の詩の作者として有名。（六五一—六七九?）

【劉義慶】リュウギケイ　南朝の宋の臨川王。『世説新語』の著者。（四〇三—四四四）

【劉向】リュウキョウ　前漢末の学者。字は子政。宮中の蔵書を校訂し、その図書目録を作り、また、『列女伝』『新序』『説苑』などを著し、『楚辞』『戦国策』などを改編した。（前七七?—前六）

【劉勰】リュウキョウ　南朝梁の文学評論家。字は彦和。文学評論の『文心雕竜』の著者。（四六五?—五二〇?）

【劉歆】リュウキン　前漢末の学者。字は子駿。劉向の子。父と共に宮中の蔵書を校訂し、図書目録の『七略』を作る。また、『春秋左氏伝』を紹介し、『三統暦』を作った。（?—二三）

【劉玄徳】リュウゲントク　→劉備。

【劉細君】リュウサイクン　前漢の武帝の時の江都王の劉建の娘。公主（天子のむすめ）として西域、天山山脈の北の烏孫国の王に嫁がせられ、「悲愁歌」を作って身の悲しみを述べた。烏孫公主ともいう。王昭君のこととともに有名。

【劉秀】リュウシュウ　後漢の光武帝。字は文叔。漢の高祖の九代目の子孫。新の王莽を滅ぼして帝位についた。（前六—五七）

【劉禅（禪）】リュウゼン　三国時代、蜀の劉備の子。蜀の後主。（在位、二二三—二六三）

【劉宋】リュウソウ　南朝の宋の国（姓が劉氏）。趙宋（唐の次の宋）と区別する。→宋（二九八ページ）。

【劉知幾】リュウチキ　唐の歴史学者。字は子玄。中国最初の史論書である『史通』の著者。（六六一—七二一）

【劉長卿】リュウチョウケイ　中唐の詩人。字は文房。河間（今の河北省内）の人。随州刺史となったので劉随州とも呼ばれた。（七〇九?—七八五?）

【劉廷芝】リュウテイシ　→劉希夷。

【劉備】リュウビ　三国時代、蜀の昭烈帝。字は玄徳。関羽・張飛・諸葛孔明を用いて蜀（今の四川省）の地に独立し、魏の曹操、呉の孫権とともに天下を三分した。（一六一—二二三）

【劉邦】リュウホウ　前漢の初代の天子、高祖。在位十二年。字は季。沛（今の江蘇省内）の人で、沛公とも称された。秦を降伏させて漢王となり、後、項羽を滅ぼして天下を統一した。（前二四七—前一九五）

【劉夢得】リュウボウトク　→劉禹錫。

【劉喨】リュウリョウ　晴れやかな、ラッパ・うぐいすの声などの形容。

【劉伶】リュウレイ　晋の詩人・思想家。字は伯倫。竹林の七賢人の一人。「酒徳頌」の作者。（二二一?—三〇〇?）

〔劉邦〕

〔劉備〕

(16)14
【劓】641
△　ギ　寘　yì
4993?

字義 ❶はなきる。鼻をそぎ取る。また、その刑罰。→五刑（四六ページ）。❷さく（割）。

解字 形声。篆文は、刂（刀）＋臬㊥。音符の臬は、はなの意味。刀で鼻を切るの意味を表す。劓は劓の別体で、刀＋鼻の会意文字。

(16)14
【劑】(614)
ザイ　剤（613）の旧字体。→一四三ページ。
4993
517D

(21)19
【劘】642
△　漢バ　呉マ　歌　mó

字義 ❶けずる（削）。❷する。こする。

解字 形声。刂（刀）＋靡㊥。音符の靡は、する・つぶすの意味。刃物でけずりとるの意味を表す。

2

力部

〔部首解説〕 ちから。力を意符として、力がある・力を入れるなどの意味を含む文字ができている。

男→田部 七三七ページ。協→十部 一六五ページ。脅→月部 五三六ページ。勒→革部 一一八七ページ。

(2)0
【力】 643　教1　リョク・リキ　ちから　漢リョク・呉リキ　職 lì　4647 4E4F

筆順　フ 力

字義　❶ちから。㋐筋肉のはたらき。体力。「腕力」㋑はたらき。作用。能力。「視力」「力量」㋒いきおい。「財力」「筆力」㋓ききめ。しるし。「効力」㋔おかげ。恩徳。援助。「助力」❷つとめる。㋐仕事をする。はげむ。力をつくす。㋑はげしい。はなはだしい。❸つとめて。力をつくして。❹つとめ。ほねおり。「努力」「労力」❺えだち。ぶやく。政府から人民に課せられる労働。また、人夫。力仕事をする人。❻しもべ。召使い。家来。❼つわもの。兵士。
国❶リキむ。㋐ちからをこめる。㋑いばる。❷リキ。ちからの量を表す語。「五人力」「五馬力」

名乗　いさお・いさむ・お・か・ちか・つとむ・よし

解字　金文  篆文  象形。金文を見ると、力強い腕の形にかたどっているのがよくわかる。篆文はその変形。ちからの意味を表す。力を音符に含む形声文字に、扐・勒などがあり、これらの漢字は、「ちから」の意味を共有している。

▼圧力・威力・怪力・角力・活力・眼力・願力・脚力・協力・強力・極力・気力・筋力・権力・剛力・効力・合力・国力・財力・主力・助力・自力・死力・資力・心力・神力・人力・尽力・勢力・精力・他力・胆力・地力・帝力・努力・念力・能力・迫力・馬力・筆力・非力・微力・物力・武力・暴力・魔力・魅力・勇力・余力

【力役】（リョクエキ・リキエキ）①政府から人民に課せられる、税のかわりの労働。えだち。夫役。②ちからしごと。筋肉労働。

【力学(學)】（リョクガク）①つとめまなぶ。勉学。②国（リキガク）物理学の一部門で、物体の運動とこれに作用する力の法則について研究する学問。

【力△諫】（リョッカン・リョクカン）力をつくしていさめる。力争。

【力行】（リョッコウ・リキコウ）①努力して行う。②実際の行い。③おこない(ひ)につとむ。実行に努力する。

【力作】（リョクサク）①力をつくして作業する。②国（リキサク）力を入れ心をこめて作った作品。

【力士】（リョクシ・リキシ）①力の強い男。②（リキシ）㋐仏金剛力士の略。仏法の守護をつとめる大力の者。金剛神。㋑国すもうとり。

【力征】（リョクセイ・リキセイ）＝力政の②③。→次項。

【力政】（リョクセイ・リキセイ）①武力でする政治。武断政治。②武力で征伐すること。③＝力役。

【力戦(戰)】（リョクセン・リキセン）力をつくして戦う。力闘。

【力争(爭)】（リョクソウ・リキソウ）①武力であらそう。②極力争う。③はげしくいさめる。力諫。苦諫。

【力田】（リョクデン・リキデン）農事につとめはげむ。力耕。力穡。

【力量】（リキリョウ）はたらき。うでまえ。能力の程度。

【力抜ㇾ山△兮気(氣)△蓋ㇾ世】（ちからはやまをぬき　きはよをおおう(ふ)）力は山をひきぬくほどに強く、意気は世の中全体をおおうほどにさかんである。気力にあふれたさま。楚の項羽が漢の高祖に垓下で囲まれたとき作った歌の一句。抜山蓋世の語はこの句にもとづく。〔史記、項羽本紀〕

【力不ㇾ同ㇾ科】（ちから しなをおなじくせず）人の体力にはそれぞれ別があって一様ではない。一説に、人民に力役を課するのに、老若男女それぞれに適した区別を設けることをいう。〔論語、八佾〕

【力不ㇾ足者中道△而廃(廢)】（ちからたらざるものはチュウドウにしてハイす）真に力量の足りぬ者ならば、途中で力尽きてやめてしまうであろう。〔論語、雍也〕——、今女画（いまなんじ(ぢ)はかぎれり）〈——、それなのにお前は自分で自分はだめだと、初めから見限っている〉

【以ㇾ力仮(假)ㇾ仁】（ちからをもってジンをかる）実際には武力で自国の勢力を拡張しながら、表面だけはいかにも仁道を守っているかのように見せかける。（仁道を守る王者に対して）覇者のやり方をいう。〔孟子、公孫丑上〕

【角ㇾ力】（ちからをくらぶ）力の強さをくらべる。転じて、すもうをとる。

【△恃ㇾ力】（ちからをたのむ）①武力にたよる。②勇気や腕力をたのみとする。

【労(勞)ㇾ力者治二於人一】（ちからをロウするものはひとにおさめらる）体力をつかって働く人民は、役人によって治められるべきものである。孟子が、世の中は分業によって成り立つことを述べたことば。↕労ㇾ心者治ㇾ人（こころをロウするものはひとをおさむ）。〔孟子、滕文公上〕

(5)3
【加】 644　教4　カ　くわえる・くわわる　漢カ・呉ケ　麻 jiā　1835 3243

筆順　フ カ か 加

字義　❶くわえる(ふ)。くわわる(はる)。㋐ます。ふやす。㋑かさねる。かさなる。㋒おおくなる。「増加」㋓ほどこす(施)。おくる。㋔のせる。おく。㋕着る。着せる。㋖仲間にする。仲間になる。㋗しのぐ。たかぶる。あなどる。㋘こえる。かつ。㋙その人にとって好ましくないことをする。「罰を加ふ」「兵を加ふ」❷くわうるに。くわえて。その上に。❸足し算。「加減」
国国名。加奈陀（カナダ）または加拿太（カナダ）の略。

名乗　ます

難読　加悦（かや）・加宜（かが）・加計（かけ）・加子（かこう）・加舎（かや）・加州（カリフォルニア）・加須（かぞ）・加生野（かようの）・加拿太（カナダ）・加太（かだ）・加太越（かぶと）・加答児（カタル）・加特力（カトリック）・加奈陀(太)（カナダ）・加比丹（カピタン）・加必丹（カピタン）・加布里（かふり）・加名生（かのう）・加陽（かや）・加里（カリ）・加留多（カルタ）

解字　金文  篆文 会意。力＋口。力は、「ちから」。口は、「のりと」。力とのりとで、ある作用をくわえるの意味を表す。加を音符に含む形声文字には、外来音のカを表すために用いられる伽・迦・袈や、「くわえる」の意味を共有する嘉・賀・駕・架・痂などがある。

▼倍加・付加・奉加・累加

【加階】（カカイ）位が上がる。位を上げる。

【加冠】（カカン）男子が二十歳で初めてかんむりをつけ、成人になったことを祝う儀式。元服。

【加△笄】（カケイ）①女子が十五歳で婚約して髪に笄（こうがい）をさすこと。転じて、女子の十五歳をいう。②婚約しないでも、二十歳になれば笄をさすことから、女子の二十歳にもいう。

【加減】（カゲン）①くわえることと、へらすこと。②足し算と、引き算。「加減乗除」③国㋐程度・調子などの、ほどあい。㋑からだのぐあい。

【加護】（カゴ）保護をくわえる。まもる。また、まもり。たすけ。

【加△餐】（カサン）食物をたくさん食べるの意。栄養をとり、からだを大切にすること。養生。

【加△之】（しかのみならず）そのうえ。あまつさえ。

【加持】（カジ）仏梵語（ボンゴ）adhiṣṭhāna の訳語。①諸仏の大悲が行者（ギョウジャ）に加わり、行者の信心（シンジン）に仏が応じてたがいに通じ合うこと。②真言宗（シンゴンシュウ）などでする祈禱（キトウ）。仏力の加護を

祈る。

【加勢】①力をそえる。すけだちをする。助力する。②力をかしてくれる人。助けの兵。援兵。

【加増(增)】①加え増す。ふえる。増加。②国武士の禄高をまし加える。増俸。

【加担(擔)】国味方する。仲間になる。荷担。→荷担（九二七ジ一）。

【加点(點)】①文章をなおすとき、文字に点を打って消すことで、文章の添削をいう。②国㋐漢文に返り点・送りがななどを書き加えること。㋑点数をまし加えること。

【加添】加え増す。また、加わる。増す。添加。

【加年】一つ年をとる。年を加え増す。加歯。加齢。

【加筆】国詩文や絵に筆を入れてなおすこと。添削。

【加盟】同盟や団体に加入すること。

【加養】国養生する。＝加餐。

(5)3 【功】 645

教4　コウ・ク

漢コウ　呉ク　東 gōng

2489
3879

筆順　一 T エ 玎 功

【刅】俗字

字義　❶いさお。てがら。「功績」❷仕事。わざ。はたらき。＝工。❸できあがり。仕事の結果。❹たくみ(巧)。精巧。また、堅牢。❺ききめ。しるし。＝効。❻喪服の名。また、喪期の名。「大功」「小功」

名乗　あつ・いさ・いさお・いさし・かつ・こと・つとむ・なり・なる・のり

難読　功力(刀)

解字　文　篆　形声。力＋工㊥。音符の工は、工作するの意味。しごと・いさおの意味を表す。

▼勲功・軍功・考功・歳功・首功・小功・女功・神功・人功・寸功・成功・聖功・奏功・大功・年功・婦功・武功・辺功・論功

【功化】功績と感化。また、功績による感化。

【功過】てがらとあやまち。功績と過失。功罪。

【功課】①仕事や学業の成績。②課業。

【功業】てがら。いさお。また、功績の大きな事業。

【功勲(勳)】てがら。いさお。勲功。

【功罪】てがらとつみ。勲功と罪過。功過。

【功臣】てがらのあるけらい。〔書経、大禹謨〕

【功成名遂身退、天之道】仕事・事業をりっぱにしとげ、名声をあげ得たならば、いつまでもその地位にとどまらないで身を引く、それが天の道にかなったことである。〔老子、九〕

【功績】てがら。いさお。功業。功迹。

【功徳】①てがらと、徳の高い行い。功績と仁徳。②㋐仏㊥神仏からの果報を期待し得る行為。祈禱・喜捨など。㋑神仏のめぐみ。御利益。㋒国他人のためにする善行。

【功能】①功績と才能。②はたらき。うでまえ。③ききめ。効能。

【功伐】てがら。伐も、功。〔史記、項羽本紀〕

【功夫】①仕事。②方法。手段。③国思慮をめぐらすこと。考え。てだて。＝工夫。

【功名】てがらと、ほまれ。功績とそれによる名誉。

【功名誰復論】（人間は意気に感じて働くものなので）、功績や名誉などは一体だれが問題にしようか、そんなものはとるにたりないものだ。〔唐、魏徴、述懐詩〕人生感二意気一、――――。〈人間は相手の知遇に感激して事をなすべきである、――――〉

【功用】①実際に役立つこと。はたらき。ききめ。②てがら。成績。③仏身・口・意のはたらきをいう。

【功庸】①国の仕事と民の仕事。②＝功用の①②。

【功利】①功績と利得。また、仕事をしたことや、功績によって得る利益。②転じて、実利。実益。また、それを念頭に置くこと。

【功略】①てがらと、はかりごと。②事業。経略。経営。

【功力】①ききめ。効験。②てがら。功業。③ちから。④仏修行によって得た力。功徳の力。

【功烈】大きなてがら。大功。

【功労(勞)】①仕事。②ほねおり。③てがら。

【功虧二一簣一】→九仞功虧二一簣一（三七ジ一）。

(5)3 【幼】 646

教6　ヨウ　おさない

一ユウ(イウ)　有 yòu
二ヨウ(エウ)　嘯 yào
慣ヨウ(エウ)

4536
4D44

筆順　く 幺 幻 幼

字義　一❶おさない。おさなし。㋐いとけない。年が小さい。㋑知識や技量の未熟なこと。❷おさない子。おさなご。❸いつくしむ。幼児をかわいがる。〔孟子、梁恵王上〕幼二吾幼一以及二人之幼一。二❶くらい（暗）。かすか。❷奥深い。また、おくゆかしい。❸あでやか。しとやか。

難読　幼気

参考　もと、幺部に所属した。

解字　甲骨文　文　篆　形声。力＋幺㊥。音符の幺は、ちいさいの意味。力が小さい、おさないの意味を表す。

▼長幼・童幼

【幼艾】①年若く美しい。また、その者。美少年。美少女。②幼少の者と年長の者。

【幼孩】おさなご。ちのみご。孩は、あかご。

【幼学(學)】①おさない時の学問。②昔、十歳で先生に学んだことから、転じて、十歳をいう。〔礼記、曲礼上〕

【幼君】おさない君主。↔長君。

【幼孤】父母のいないおさなご。

【幼弱】①おさない。いとけない。また、おさない子ども。弱も、おさない意。②おさなくて弱い。

【幼孺】おさなご。孺は、幼児。

【幼少・幼小】おさない。いとけない。また、おさない子ども。

【幼稚・幼穉】①おさない。また、おさなご。②未熟。

【幼冲・幼沖】おさない。幼少。冲・沖も幼い意。

【幼童】子ども。わらべ。童幼。

【幼眇】①奥深くてすぐれていること。②奥ゆかしいさま。③あでやかなさま。

【幼名】おさない時の名。元服以前の名。

【幼蒙】①子ども。おさない者。蒙は、知能の未熟なこと。②おさなくて道理に暗いこと。

(6)4 【劣】 647

常　レツ　おとる

漢レツ　呉レチ　屑 liè

4684
4E74

筆順　ｌ ｌｌ 少 劣 劣

字義　❶おとる。およばない。↔優。㋐よわい。力が弱い。「劣弱」㋑しながおちる。質がおちる。「劣等」㋒いやしい。「下劣」㋓おろか。にぶい。つたない。「愚劣」「拙劣」❷おとっている者。弱少者。❸わずかに。やっと。

解字　文　篆　会意。力＋少。力が少ないの意味から、おとるの意味を表す。

▼愚劣・拙劣・浅劣・低劣・卑劣・優劣・庸劣

【劣悪(惡)】国品質・人格などがおとって悪い。

【劣情】国いやしいところ。みだらな気持ち。また、卑劣な心情。

【劣勢】国勢いがおとっている。また、その勢力。↔優勢。

【劣等】国おとっている。等級・品格が下である。↔優等。

【劣敗】国おとっているものが競争に負けること。「優勝劣敗」

(7)5 【劫】648 標 漢キョウ（ケフ） 呉コウ（コフ） 慣ゴウ（ゴフ） 䢜 jié
【刧】俗字 4971 5167 【刼】俗字
2569 3965

字義 ❶おびやかす。せまる。おどす。❷かすめとる。奪いとる。「略劫」❸おいはぎ。強盗。❹きざはし。階段。また、塔。❺コウ。囲碁の手法。たがいに一手の間をおかなければ取ることのできない石を争う場合をいう。❻仏コウ。ゴウ。梵語 kalpa の音訳。劫波の略。きわめて長い時間。「永劫」↔刹那。国「劫を経る」は、㋐長い年月を経る。㋑年功を積む。

解字 篆文 形声。力＋去（盍省）音。音符の盍は、ふたをするの意味。力ずくで相手をおしふせる、おびやかすの意味を表す。

【劫火】仏人の住む世界を焼きつくして灰にするという大火。世界の滅びるときに起こるという。

【劫灰】①兵火。②仏劫火のときの灰。

【劫劫】①つとめはげむさま。②世々。代々。

【劫脅】おびやかす。おどす。

【劫奪】おびやかしてうばいとる。劫略。

【劫風】仏地獄に吹くという、はげしい風。

【劫略・劫掠】おびやかして、かすめとる。

(7)5 【劬】649 △ 漢ク 呉グ 䢜 qú
5002 5222

字義 ❶つかれる。（疲）。ほねおり苦しむ。❷しばしば。

解字 篆文 形声。力＋句音。音符の句は、クルッと曲がるの意味。力つきて体が曲がる、つかれるの意味を表す。

【劬労（勞）】一所懸命にほねおる。ほねおり苦しむ。〔詩経、邶風、凱風〕母氏劬労。

(7)5 【助】650 教3 ジョ たすける・たすかる・すけ 漢ソ・呉ジョ 御 zhù
2985 3D75

筆順 冂 日 且 助

字義 ❶たすける。すける。力をそえる。また、たすかる。❷たすけ。援助。❸殷・周代に行われた租税法。田地を井の字形に九等分して、外側の八区画を八家に与え、中央を公田として共同耕作し、その収穫を租税にあてたもの。国すけ。㋐大宝律令制の四等官で、寮の第二位。㋑たすけ。てつだい。加勢。「助人」㋒人の特徴などを表す語にそえて呼ぶ語。「飲み助」

名乗 たすく・ひろ　難読 助宗（惣）鱈

解字 篆文 形声。力＋且音。音符の且は、積み重ねるの意味。力を上に重ねてたすけるの意味を表す。

▼援助・語助・賛助・自助・神助・内助・扶助・補助

【助教】①教授の次の官。晋代、国子助教をおき、国子博士を助けて生徒に教授させた。唐代にも国子学・大学・広文館・四門学にみな助教をおいた。②国㋐昔、大学寮の属官。㋑教授・教官を補助する職。

【助言・助言】ことばをそえて助ける。口ぞえする。また、そのことば。

【助字】漢文で、主として名詞・動詞・形容詞などの実質的な意味を表す語を実字というのに対して、前置詞（於・于）・後置詞（之・者）・助動詞（令・使）・接続詞（而・則）・終尾詞（也・焉）など、実字を助けてある種の意味をそえる働きをする語をいう。虚字。

【助辞（辭）】＝助字。

【助成】力をそえて、なしとげさせること。助けて完成させること。〔書経、酒誥〕

【助長】①助けようとしてむりに外から力を加え、かえってそれを害すること。春秋時代、宋の国の農夫が、苗の成長を助けようと苗を引っぱり、かえって苗が枯れた故事。〔孟子、公孫丑上〕②助けてのばす。助けて成長させる。

【助命】いのちを助ける。死ぬべき生命を助ける。

【助力】力をそえる。助ける。助勢。加勢。

(7)5 【劭】651 △ 漢ショウ（セウ） 呉ジョウ（ゼウ） 嘯 shào
5003 5223

字義 ❶つとめる。はげむ。精を出す。❷うつくしい。「劭美」

解字 篆文 形声。力＋召音。

(7)5 【努】652 教4 ド つとめる 漢ド 呉ヌ 麌 nǔ
3756 4558

筆順 女 女 奴 努

字義 ❶つとめる。力をつくす。はげむ。❷書法で、永字八法の一つ。縦画。国ゆめ。ゆめゆめ。決して。多くは下に打ち消しの語をともなう。

名乗 つとむ　難読 努努

使いわけ つとめる〔務・努・勤〕↓務（677）。

解字 形声。力＋奴音。音符の奴は、力をつくして働かされる奴隷の意味。力を付し、つとめるの意味を表す。

【努力】①力をつくす。ほねおる。〔文選、古詩十九首〕努力加二餐飯一（努力して餐飯を加へよ）（健康を祈るの意）。②国ゆめ 禁止の意を伴う副詞。決して…（するな）。

(7)5 【励】653 常 レイ はげむ・はげます
4669 4E65
(17)15 【勵】654 レイ 霽 lì
5015 522F

筆順 厂 厉 厉 厉 励

字義 ❶はげむ。つとめる。「勉励」❷はげます。すすめる（勧）。「奨励」

名乗 つとむ

解字 形声。力＋厲（厲）音。音符の厲は、みがくの意味。つとめてみがくの意味から、はげむの意味を表す。常用漢字の励は、勵の省略体。

▼激励・奨励・精励・督励・奮励

【励行】はげみおこなう。また、行いをはげむ。

【励志】こころざしをはげます。意志を奮いおこす。

【励声（聲）】声をはげます。声をはりあげる。大声を出す。

【励精】精神をふるいはげます。

(7)5 【労】655 教4 ロウ
4711 4F2B
(12)10 【勞】656 ㊀ロウ（ラウ） 豪 láo ㊁ロウ（ラウ） 号 (lào)
5009 5229

筆順 ⺍ 学 労

字義 ㊀❶つかれる。くるしむ。ほねおり。「疲労」「苦労」❷はたらく。つとめる。つとめ。しごと。「勤労」❸ほこる。てがらとする。てがら。「功労」❹なやむ。うれえる。なやみ。「心労」❺農具の一種。歯のないまぐわ。㊁❶いたわる。ねぎらう。なぐさめる。「慰労」❷たまう（賜）。

参考 現代表記では〔撈〕（2827）の書きかえに用いることがある。「漁撈→漁労」

解字 金文 篆文 会意。力＋𤇾（熒省）。熒は、たいまつを組み合わせて立てた、かがり火の意味。かがり火が燃焼するように力を燃焼させて、つかれるの意味を表す。また、そのつかれをねぎらうの意味を表す。常用漢字の労は、勞の省略体による。

▼慰労・過労・漁労・勤労・苦労・功労・心労・辛労・足労・徒労・博労・疲労・服労・優労

【労逸・労佚】ほねおることと、楽をすること。労苦と安楽。

【労役】ほねおり働く。また、ほねおりしごと。

【労咳・労欬】肺結核。咳・欬は、せき。

【労苦】①心や体をいためくるしめること。ほねおり。くるしみ。苦労。②ほねおりをいたわる。苦をなぐさめいたわる。

【労倦・労勌】つかれうむ。くたびれる。また、その民。

【労作】国ほねおりしごと。また、ほねおって作った作品。

【労使】①こきつかう。②国労働者と使用者。

【労而不怨】①親のためにどんな苦労をさせられても、その親をうらまない。孝子の心がけ。〔論語、里仁〕②人民に勤労はさせても、人民からうらみを受けることがない。政治をなす者の心がけ。〔論語、尭曰〕

【労而無功】ほねおるばかりで、そのかいがない。骨折り損。〔荘子、天運〕

【労卹・労恤】ねぎらいなぐさめる。

【労心】①心を使う。また、心をくるしめる。労神。②うれえ苦しむ心。③つかれた心。

【労悴・労瘁】苦労してつかれ弱ること。

【労勉】①つとめはげむ。②ねぎらいはげます。

【労務】①ほねおりつとめる。また、ほねおりしごと。②国賃金を得るための、体力または知力による労働。

【労問】いたわりみまう。見舞いなぐさめる。

【労来・労徠・労倈】①いたわってなつかせる。また、たすける。②来る者を迎えねぎらう。

【労労】①つかれたさま。②名残りを惜しむさま。③はるかに遠いさま。

【労労亭】今の江蘇省江寧県の南にあった亭で、昔、金陵（今の南京市）から旅立つ人の送別の所であった。〔唐、李白、労労亭歌〕

【男】→田部　七三七ページ。

(8)6 **【劾】** 657 常 ガイ　1915 332F

㊀漢カイ・呉ガイ　hé　㊁カイ　国　kài

筆順 亠 亥 亥 刻 劾

字義 ㊀❶**きわめる**。しらべる。追求する。罪状を取り調べる。❷告発する。罪をあばいて訴える。「弾劾」❸しらべがき。罪状の調書。「劾案」❹さばく。法によって罪人を処断する。
㊁つとめる（勤）。はげむ。

解字 篆文　形声。力＋亥(音)。音符の亥ガイは、亟キョクに通じ、せきたて問いつめるの意味。人の罪を問いつめるの意味を表す。

▼奏劾・弾劾
【劾案・劾按】罪を調べて告発すること。

【劾状（狀）】他人を法律にてらしてさばくように願い出る。告発する。また、その文書。告発状。弾劾書。

【劾奏】官吏の罪を調べて天子に申しあげる。

【劾弾（彈）】他人の罪過を調べてあばくこと。弾劾。

【劾詆】罪をあばいてそしる。罪を告げる。

(8)6 **【劼】** 658 △ 漢カツ 呉ケチ jié　5004 5224

字義 ❶**つつしむ**（慎）。❷かたい（固）。❸**つとめる**。力をつくす。

解字 篆文　形声。力＋吉(音)。音符の吉は、よいの意味。よりよくなるようにつつしみ力をつくすの意味を表す。

(8)6 **【券】** 659 △ 漢ケン 呉ゲン juàn　5005 5225

字義 **うむ**。つかれる。あきる。＝倦。

参考 券（561）は別字。

解字 篆文　形声。力＋𢍏（劵）(音)。倦の古字。券とまぎらわしいため倦を用いるようになった。

(8)6 **【効】** 660 教5 コウ きく　2490 387A
(10)攵6 **【效】** 661　5835 5A43

漢コウ（カウ） 呉ギョウ（ゲウ） xiào

筆順 亠 六 交 効

字義 ❶**ならう**。のっとる。まねる。まなぶ。❷**いたす**。㋐つくす。つとめる。㋑あらわす。㋒さずける。㋓たてまつる。㋔とどける。❸**いさお**。てがら。功績。❹**きく**。よい結果が得られる。また、ききめ。しるし（験）。「特効薬」

名乗 いたる・かず・すすむ

使いわけ きく〔効・利〕
〔効〕効果がある。「宣伝が効く・薬の効き目」
〔利〕思うようになる。「気が利く・からしが利く」
ただ、実際には紛らわしい場合が多いので、仮名書きが一般的。

解字 甲骨文　金文　篆文　形声。篆文は、攴＋交(音)。攴は、たたくの意味。音符の交は、學（学）に通じ、まなぶの意味。むちうってならわせるの意味を表す。転じて、ききめの意味も表す。常用漢字は俗字の効による。

▼時効・失効・殊効・即効・特効・無効・有効
【効験（驗）】ききめ。しるし。

【効死】命をすてる。全力をつくす意。

【効績】てがら。いさお。功績。

【効能】国①はたらき。効力。②ききめ。効験。

【効顰】昔、呉王夫差の愛人西施が胸を病んで、眉をひそめ、顔をしかめた姿が美しかったので、その里の醜婦がこれをまねた故事。善悪の区別なく他人のまねをすることのたとえ。また、私も致してみましょうという場合の謙遜のことば。〔荘子、天運〕

【効矉】＝効顰。

【効命】命をささげる。生命を犠牲にする。

【効用】①役に立てる。用いる。②役に立つ。③はたらき。また、ききめ。

【効力】①はたらき。また、ききめ。効験。②力をつくす。

【協】→十部　一六〇ページ。

(9)7 **【勁】** 662 囚 漢ケイ 呉キョウ（キャウ） jìng, jìn　5006 5226

筆順 一 巛 巠 剄 勁

字義 ❶**つよい**（強）。するどい。❷すこやか（健）。❸かたい。こわい。「堅勁」

名乗 つよし

解字 篆文　形声。力＋巠(音)。音符の巠ケイは、まっすぐの意味。まっすぐで力づよいの意味を表す。

【勁陰】非常な寒さ。また、寒い冬。

【勁果】強くて思い切りがよい。勁勇果断。

【勁悍・勁捍】強くて、あらあらしい。悪事にたける。

【勁健】強くてすこやか。強くて、しっかりしている。

【勁寇】強い敵。強い外敵。

【勁士】①節操が固く正しい人。②勇気のある人。強い人。

【勁疾】強くてすばやい。勁捷。

【勁秋】風霜のきびしい秋。

【勁松】強い松。霜や雪にもしぼまない松。転じて、忠貞の臣にたとえる。

【勁草】風になびかぬ強い草。節操の堅い人にたとえる。

【勁卒】強い兵卒。

【勁直】ケイチョク 強くて正しい。剛直。
【勁弩】ケイド 張りの強い石弓。強弩。
【勁風】ケイフウ 強い風。はげしい風。猛風。
【勁兵】ケイヘイ ①鋭利な武器。②強い兵士。「精卒勁兵」
【勁旅】ケイリョ 強い軍隊。

(9)7 【勅】663 常 チョク　3628 443C
(11)攴7 〔敕〕664 チョク 職 chì　5837 5A45

筆順 ロ 束 剌 勅

字義 ❶いましめる いまし・む。㋐さとす。注意を与える。㋑せめる（責）。せめただす。とがめる。㋒つつしむ。過失のないようにつとめる。❷ただす（正）。ととのえる（整）。おさめる（理）。❸みことのり。天子のことば。また、天子の命令。「詔勅」

名乗 て・とき　難読 勅市てし・勅使河原てしがわら

参考 〔勑イ〕は別字であるが、字形の類似から誤用することがある。

解字 金文  篆文  会意。金文は、束＋攴。束は、木に固く結びつけた袋の象形。のちに束に変形した。攴は、むちうつ形にかたどる。常用漢字では、力に変形した。まっすぐになるように固くしめつける、いましめるの意味を表す。

▼戒勅・謹勅・聖勅・奉勅

【勅戒・勅誡】チョッカイ ただしいましめる。また、いましめ。
【勅額】チョクガク ①天子が自ら書いた額。②天子の命によって建てられた寺に賜う、天子自筆の額。
【勅勘】チョッカン 国天皇のとがめ。免罪の勅許があるまで、閉門・蟄居チッキョして謹慎するのを例とした。
【勅願】チョクガン 国天皇のたてた祈願。天皇が神仏にたてた願い〔ごと〕。
【勅許】チョッキョ 天子の許し。勅免。
【勅裁】チョクサイ 天子のさばき。天子の決定。勅断。
【勅旨】チョクシ 天子の御意志。天子の考え。
【勅書】チョクショ 天子の命令を書きしるした文書。
【勅諚】チョクジョウ 国天皇のことば。みことのり。
【勅宣】チョクセン 天子のことば。みことのり。勅命の宣旨センジ。
【勅撰】チョクセン ①天子が自ら詩歌・文章を選ぶこと。②臣下が天子の勅命を受けて書物を作ること。また、その書物。
【勅題】チョクダイ 国天皇の出す詩歌の題。御題。
【勅答】チョクトウ ①天子のこたえ。天子が臣下に答えること。②国天皇の質問に臣下が答えること。
【勅封】チョクフウ 国①勅命によって封印すること。②チョクホウ 勅命によって功臣などに爵位や称号を与えること。
【勅命】チョクメイ 天子の命令。みことのり。勅令。
【勅諭】チョクユ 天子の教え。
【勅勒】チョクロク チュルク（Türk）の音訳。南北朝時代、バイカル湖の南、陰山山脈の北に住んでいたトルコ系の種族の名。また、その住んだ地。回紇カイコツ・ウイグルともいう。〔古詩、勅勒歌〕勅勒川陰山下チョクロクのかわインザンのもと、天似二穹廬一籠二蓋四野一テンはキュウロににてシヤをロウガイす〈勅勒川が陰山のふもとを流れてゆく、天はあたかも天幕のように四方の野原をおおっている〉

(9)7 【勉】(671) ベン 勉(670)の旧字体。→一五三ページ。

(9)7 【勃】665 標 漢ホツ・呉ボチ 月 bó 慣ボツ　4354 4B56

字義 ❶急に起こるさま。「勃興」❷さかんに起こるさま。「勃勃」❸顔色をかえるさま。むっとするさま。「勃然」❹にわかに。急に。「勃発」❺もとる（戻）。＝悖ハイ。❻海の名。勃海。＝渤ボツ。 国国名。勃牙利ブルガリアの略。

解字 篆文  形声。力＋孛音。音符の孛ホツは、急にさかんになるの意味。急に勢いよくさかんにおこるの意味を表す。

【勃焉】ボツエン 急に物事がさかんになるさま。勃爾ボツジ・勃然。
【勃海・勃解】ボッカイ 海の名。→渤海ボッカイ（六五六ページ）。
【勃起】ボッキ にわかにおこり立つ。急に力強く立つ。
【勃興】ボッコウ さかんに起こる。また、急に起こる。
【勃如】ボツジョ 顔色を変えるさま。改まって顔のひきしまるさま。〔論語、郷党〕色勃如也いろボツジョたり
【勃然】ボツゼン ①顔色を変え、むっとするさま。〔孟子、万章下〕王勃然変二乎色一オウボツゼンとしていろをかう（へ）。②急に（さかんに）起こり立つさま。③にわか。だしぬけ。卒然。
【勃発（發）】ボッパツ 国急に始まる。にわかに起こる。
【勃勃】ボツボツ ①勢いのさかんなさま。さかんにわき起こるさま。②においのよいさま。

(9)7 【勇】666 教4 ユウ いさむ　4506 4D26
(9)7 〔勇〕667 漢ヨウ 呉ユウ 腫 yǒng

筆順 マ 丙 甬 勇

字義 ❶いさましい いさ・まし。↔怯キョウ。㋐おおしい。元気がある。気力がある。㋑つよい。たけだけしい。敵を恐れない。「猛勇」❷思いきりがよい。❸いさむ。ふるいたつ。勢いこむ。❹つわもの。兵士。国いさみ。㋐いさむこと。勢いこむこと。「勇み足」㋑おとこだて。任侠ニンキョウ。「勇みはだ」

名乗 いさ・いさお・お・さ・たけ・たけし・とし・はや・よ

難読 勇魚いさな・勇駒別ゆこまんべつ・勇仁いちやに・勇足ゆうたり・勇払ゆうふつ

解字 篆文  形声。力＋甬音。音符の甬ヨウは、重い鐘の象形。重い物をもちあげる気力の意味から、たけだけしい・いさましいの意味を表す。

▼義勇・豪勇・小勇・壮勇・大勇・胆勇・知勇・忠勇・沈勇・蛮勇・武勇・猛勇

【勇往邁進】ユウオウマイシン （目的に向かって、困難をものともせず）勇ましくまっしぐらに進んで行く。
【勇悍】ユウカン 勇ましくて強い。〔史記、淮陰侯伝〕
【勇敢】ユウカン 勇気があり物事を思いきってする。〔礼記、聘義〕
【勇侠】ユウキョウ 勇気があり、おとこ気に富むこと。また、その人。
【勇健】ユウケン 勇気があって、しっかりしていること。
【勇士】ユウシ 勇ましい人。勇気のある武人。〔左伝、襄公二十一〕
【勇姿】ユウシ 勇ましいすがた。武人・兵士などにいう。
【勇者】ユウシャ 勇気のある人。〔論語、憲問〕勇者不レ懼ユウシャはおそれず
【勇将（將）下無二弱卒一】ユウショウのもとにジャクソツなし 勇気のある大将の部下には弱い兵卒はいない。
【勇戦（戰）】ユウセン 勇ましく戦う。「勇戦奮闘」
【勇壮（壯）】ユウソウ 勇ましく元気さかんなこと。
【勇退】ユウタイ 思いきりよく身をひく。いさぎよく自分の地位からしりぞくこと。「決。
【勇断（斷）】ユウダン （非常の事態にあって）思いきりよくきめる。勇
【勇武】ユウブ ①たけく勇ましい。②勇気があって武術にすぐれていること。
【勇憤】ユウフン ①いさみいきどおる。②勇気といきどおり。
【勇名】ユウメイ 勇ましいとの評判。勇者の名声。
【勇猛果敢】ユウモウカカン 勇ましくて強くて決断力に富んでいること。〔漢書、翟方進伝〕
【勇躍】ユウヤク 国おどりあがって勇みたつ。踊躍。
【勇略】ユウリャク 勇気があって計略に富むこと。
【勇力】ユウリョク 勇気があり力が強いこと。また、勇気。
【鼓レ勇】ユウをコす 勇気をふるいおこす。勇気を鼓舞する。

(10)8 【勍】668 △ 漢ケイ 呉ギョウ（ギャウ）庚 qíng　5007 5227

字義 つよい つよ・し。たけだけしい。

解字 篆文  形声。力＋京音。音符の京は、強に通じ、つよいの意味。力を付し、意味を明らかにした。

(10)8【勌】669 △ ㊀ケン 㖈 ㊁㊞ケン・㊞カン(クヮン) 願 ㊂㊞ケン・㊞ゲン 霰 juàn

字義 ㊀つとめる（勉）。㊁はげます。すすめる（勧）。㊂うむ。つかれる。＝倦(ケン)。「勌怠」

解字 形声。力＋卷㊥。

(10)8【勉】670 教 3 ベン

(9)7〖勉〗671 ㊅許 ㊞ベン ㊞メン 銑 miǎn

筆順 ⺈ 㐫 免 勉

字義 ❶つとめる(つとむ)。はげむ。また、はげます。すすめる。❷しいる（強）。

名乗 かつ・つとむ・まさる・ます

解字 文 篆 形声。力＋免㊥。音符の免は、新生児を生み出す形にかたどり、りきんで出すの意味。力をこめてつとめるの意味を表す。

▼強勉・勤勉・労勉

【勉学(學)(ベンガク)】つとめ学ぶ。学問にはげむ。

【勉強・勉△彊(ベンキョウ)】①つとめはげむ。精を出す。〔中庸〕②国㋐学問にはげむこと。㋑品物を安く売ること。

【勉行(ベンコウ)】つとめはげんで行う。努力して行う。〔中庸〕

【勉勉(ベンベン)】つとめはげんでやまないさま。

【勉励(勵)・勉△厲・勉△礪(ベンレイ)】つとめはげむ。また、はげます。勉力。「刻苦勉励」〔晋、陶潜、雑詩〕及レ時当二勉励一(ときにおよんでまさにベンレイすべし)、歳月不レ待レ人(サイゲツはひとをまたず)。〈学ぶべき時を失うことなく、つとめ励むべきである。年月はどんどん過ぎ去って、人を待っていてはくれないのだから〉

(10)8【勑】672 △ ㊀ライ 隊 lài ㊁㊞チョク・㊞チキ 職 chì

字義 ㊀ねぎらう(ねぎらふ)。いたわる。㊁勅・敕(チョク)に誤って通用する。→勅(663)の参考。❶いましめる(いましむ)。❷ただす（正）。❸みことのり。

解字 文 篆 形声。力＋來㊥。音符の來(ライ)は、賚(ライ)に通じ、たまものの意味。たまものを与えて労力に対してねぎらうの意味を表す。

2010
342A

〖脅〗→月・月部 五三六ページ。

(11)9【勘】673 常 カン

㊀カン 勘 kān ㊁カン 覃

筆順 一 廿 其 甚 勘

字義 ㊀❶かんがえる(かんがふ)。よく考える。考えてくらべる。「勘考」「校勘」❷罪人を取り調べる。罪を問いただす。「勅勘」㊁よくする（能）。できる。国カン。第六感。感覚や推理によらないでわかる心の作用。「山勘」

名乗 さだむ・のり　難読 勘解由小路(かでのこうじ)・勘角(かんかど)

解字 文 篆 形声。力＋匹＋甘㊥。匹は、ならべるの意味。音符の甘は、はさむの意味。本などを並べ、両側からはさみ合わせるようにして、くらべかんがえるの意味を表す。

▼校勘・勅勘

【勘案(カンアン)】調べ考える。また、考え。

【勘解由(カゲユ)】国官名。勘解由使の略。昔、国司が交代するとき、前任者から後任者に引き継ぐ、財政上の書類を審査した職。

【勘契(カンケイ)】割符。また、それを合わせて適否を調べる。

【勘誤(カンゴ)】文字などの誤りを調べて正す。正誤。

【勘考(カンコウ)】よくかんがえる。思案する。熟考。

【勘校(カンコウ)】くらべ合わせて文字の異同を正すこと。校勘。

【勘合(カンゴウ)】①割符をつき合わせる。②比べ合わせて調べ考える。③割符。証明書。

【勘合符(カンゴウフ)】国室町時代、貿易船と海賊船とを区別するために、明(ミン)に行く正式の貿易船に対して明から交付された割符。その割符を持つ船を勘合船という。

【勘書(カンショ)】書物の文字の異同を照らし合わせ調べる。書物を「校訂する。」

【勘定(カンテイ)】①考え定める。②国(カンジョウ)㋐数える。計算する。㋑代金を支払うこと。㋒見積り。予定。

【勘亭流(カンテイリュウ)】国書道の一流派。芝居の看板や番付などを書くとき用いられる。江戸中村座の手代、岡崎屋勘六(号は勘亭)が始めたもの。

【勘当(當)(カントウ)】①罪を調べ考えて法に当てる。②国(カンドウ)㋐とがめ。不興。臣子が君父から受けるとがめ。㋑子、または臣下あるいは弟子が、親や主君や師匠の怒りにふれて、その縁を切られること。

【勘能(カンノウ)】国深くその道に通じていること。また、その人。

【勘弁(辨)(カンベン)】①考えて見分けること。また、しらべて区別すること。②国人の過失を許すこと。

【勘文(カンモン)】国①昔、国司が交代するとき、前任者から後任者に引き継ぐ、財政上の書類。②(カモン・カンモン)昔、博士・外記(ゲキ)・神祇官(ジンギカン)・陰陽師(オンミョウジ)などが先例故実を考え、または、占いの結果について吉凶を考えて差し出した意見書。かんがえぶみ。勘状。勘注。

【勘問(カンモン)】調べ問う。また、責め問う。

(11)9【勖】674 △ ㊞キョク ㊞コク 沃 xù

〖勗〗俗字 5008 5228

字義 つとめる(つとむ)。はげむ。はげます。

解字 文 篆 形声。力＋冒㊥。音符の冒は、押し切って進むの意味。困難を押し切って努力するの意味を表す。

(11)9【勗】675 △ キョク 勖(674)の俗字。→前項。

5008
5228

(11)9【動】676 教 3 ドウ うごく・うごかす

㊀㊞トウ・㊞ドウ 董 ㊁㊞トウ・㊞ドウ 送 dòng

3816
4630

筆順 ⼆ 旨 重 重 動

字義 ㊀❶うごく。↕静。㋐うつる。位置をかえる。ゆく。「移動」「出動」㋑ゆれる。ゆれうごく。「動揺」「震動」㋒さわぐ。みだれる。「騒動」「暴動」㋓心がときめく。むなさわぎする。心にひき感ずる。「感動」㋔おどろく。「驚動」㋕かわる。「変動」㋖はたらく。おこなう。ふるまう。「活動」「行動」㋗おこる。はじまる。「発動」❷うごき。「動静」❸いきもの。↕植。「群動」❹ややもすれば。ともすれば。㊁うごかす。

難読 動橋(いぶりばし)・動木(とどろき)

解字 金文 篆文 形声。力＋重㊥。音符の重は、おもいの意味。おもい物に力を加えて、うごかすの意味を表す。

▼運動・感動・機動・挙動・劇動・鼓動・衝動・振動・震動・扇動・騒動・胎動・能動・発動・反動・微動・不動・変動・暴動・脈動・躍動・雷動・律動・流動

【動員(ドウイン)】①ある目的のために多くの人を集めること。②国㋐軍隊の平時の編成を戦時の編成にきりかえること。㋑戦時に国内の資源や工場などを統一し、国家が管理すること。

【動△悸(ドウキ)】①心のときめき。むなさわぎ。②国心臓の鼓動が普通より激しいこと。

【動機(ドウキ)】①事のおこるきっかけ。はずみ。機会。②意志決定や行為の原因・理由・目的など。

【動向(ドウコウ)】心・行動・情勢などの動いてゆく方向。「政局の動「向」

【動作】たちい・ふるまい。挙動。動止。起居。

【動産】移動することのできる財産。金銭・家具・商品など。↕不動産（土地や家屋など）。

【動止】①動くことと止まること。②たちいふるまい。動作。

【動静（靜）】①動くことと、静止すること。②物のうつりかわり。③たちいふるまい。日常の行動。④人の様子。消息。安否。⑤世の中の様子。治乱。⑥動物と植物。

【動体（體）】国①動いているもの。②物理学で、常に形態の変わる物体、液体や気体をいう。流動体。

【動態】国動く状態。活動している状態。

【動△顛】国非常に驚くこと。動転。

【動脈】①心臓から新しい血液を全身に送り出す血管。↕静脈。②転じて、重要な交通路。

【動容】①たちいふるまい。②顔つき・態度を変える・正す。

【動容周旋】たちいふるまい。周旋は、進退。〔孟子、尽心下〕

【動揺（搖）】①ゆれうごく。②乱れさわぐ。③不安。心配。④さわぎ。騒擾。

(11)9
【務】677
教5 ム
つとめる
㊀漢ブ・呉ム 遇 wù
㊁漢ブ・呉ム 慶 wǔ
4419
4C33

筆順 マ 予 矛 矜 務

字義 ㊀❶つとめる。㋐はげむ。いそしむ。㋑はたらく。❷つとめ。なすべき仕事。やくめ。「事務」「職務」「勤務」❸はげます。すすめる（勧）。❹つとめて。努力して。できるだけ。
㊁あなどる。あなどり。＝侮。
名乗 かね・ちか・つとむ・みち

使いわけ つとめる〔務・努・勤〕
〔務〕与えられた仕事をする。「司会を務める」
〔努〕はげむ。「問題解決に努める」
〔勤〕会社などで毎日のように仕事する。「研究所に勤める」
ただ、〔勤〕と〔務〕の使い分けには紛らわしい場合が多い。

解字 金文　篆文　形声。力＋敄㊥。音符の敄は、また、攵（攴）＋矛㊥で、ほこでうちかかるの意味。努力して困難にたち向かう、つとめるの意味を表す。

▼外務・義務・急務・勤務・劇務・兼務・公務・国務・債務・時務・職務・庶務・世務・政務・責務・専務・総務・俗務・内務・農務・服務・法務・本務・要務・労務

【勒】→革部 一一八七ページ。

(12)10
【勤】678
(13)11
〖勤〗679
教6 キン・ゴン
つとめる・つとまる
人許
漢キン 呉ゴン 図 qín
2248
3650

筆順 艹 苎 茾 菫 勤

字義 ❶つとめる。いそしむ。はたらく。心力をつくす。↕惰。❷つとめ。しごと。職務。「勤務」❸苦しむ。疲れる。❹ねぎらう。いたわる。❺つとまる。職務に堪える。国つとめ。㋐遊女としての稼業。㋑僧の日課としての修業。「勤行」

名乗 いそ・いそし・つとむ・とし

使いわけ つとめる〔務・努・勤〕⇩務（677）。

解字 金文　篆文　形声。力＋堇㊥。音符の堇は、粘土を塗りこむの意味。力をこめて粘土を塗りこむさまから、つとめるの意味を表す。

▼恭勤・欠勤・在勤・辛勤・精勤・忠勤

【勤王】王事につとめはげむこと。王室のことに力を尽くすこと。わが国の皇室に対する場合には多く「勤皇」と書く。〔左伝、僖公二十五〕

【勤△恪】つとめつつしむ。忠実につとめる。恪勤。勤慎。

【勤学（學）】つとめ学ぶ。学問にはげむ。

【勤勤】つとめはげむさま。また、誠意を尽くすさま。

【勤苦】つとめ苦しむ。ほねおりつとめる。

【勤倹（儉）】しごとにはげむことと、倹約すること。勤勉で倹約。〔書経、大禹謨〕

【勤行】①努力して行う。また、りっぱに行いにはげむ。力行。②仏㋐＝①。㋑毎日、時をきめて仏前で読経・回向すること。おつとめ。

【勤慎（愼）】つとめつつしむ。勤恪。

【勤惰】＝勤怠。↓次項。

【勤怠】つとめはげむことと、おこたること。勤惰。

【勤勉】つとめはげむ。勉強。

【勤務】職務につとめはげむ。また、つとめ。

【勤労（勞）】努力して働く。力を尽くす。〔書経、金縢〕

(12)10
【勝】680
(12)10
〖勝〗681
教3 ショウ
かつ・まさる
㊀ショウ 蒸 shēng
㊁ショウ 径 shèng
3001
3E21

筆順 月 月 胖 胖 勝

字義 ㊀❶たえる。よくする。できる。こらえる。〔史記、伯夷伝〕不レ可レ勝レ数也。ことごとく。残らず。〔孟子、梁恵王上〕穀不レ可ニ勝食一也。❷かなう。＝称。❸あげて。ことごとく。残らず。
㊁❶かつ。敵にうちかつ。また、かち。↕敗・負。❷まさる。すぐれる。また、すぐれたこと。すぐれた所。❸さかん。「勝会」

名乗 かち・すぐれ・すぐる・すぐろ・とう・のり・まさ・よし
難読 勝賀勢・勝原・勝関・勝成・勝木原・勝呂

解字 篆文　形声。力＋朕㊥。音符の朕は、上に向かってあげるの意味。力を入れてあげ、もちこたえるの意味を表す。転じて、かつ・まさるの意味をも表す。

▼圧勝・奇勝・形勝・景勝・決勝・健勝・賢勝・殊勝・常勝・辛勝・絶勝・探勝・名勝・幽勝

【勝概（槪）】よいけしき。勝景。勝致。

【勝気（氣）】①すぐれた気質。②国人にまけまいとする気性。まけずぎらい。

【勝境】けしきのよいところ。

【勝区（區）】＝勝地。区は、地区・場所。

【勝景】すぐれたけしき。よいながめ。

【勝算】勝つみこみ。敵に勝つための成算。

【勝事】①すぐれていること。りっぱなこと。②国大事件。異常な事件。

【勝状（狀）】けしきのすぐれたようす。よい景色。

【勝跡・勝△迹・勝△蹟】すぐれて名高い古跡。

【勝絶】非常にすぐれている。また、そのところ。

【勝訴】訴訟に勝つ。↕敗訴。

【勝地】地形、または、けしきのすぐれた地。

【勝致】＝勝概。致は、おもむき。

【勝敗】勝つこととやぶれること。勝負。「勝敗存亡」〔唐、杜牧、題ニ烏江亭一詩〕勝敗兵家事不レ期。

【勝負】①かちまけ。②かちまけを争う。

【勝負兵家常勢】勝つこともあれば負けることもあるのは、いくさをする者にとって、あたりまえのことである。『唐書』裴度伝に「一勝一負、兵家常勢」とあるのに基づく。

【勝兵】①戦いに勝つ兵。②すぐれて強い兵。よりぬきの強い兵隊。精兵。③戦いに勝った兵。

【勝友】①すぐれたよい友。良友。勝引。②松。

【勝流】すぐれた身分。上流の階級。

【決ニ勝△於千里△之外一】（本営で策略を立てて）はるか千里も遠い所の敵に打ち勝つ。戦術にすぐれ、いな

がらにして、遠地の軍隊に指令を与えて敵を破ること。〔史記、高祖本紀〕運ニ籌策帷帳之中一チュウサクをイチョウのうちにめぐらし——。

〔訳文〕↓籌策(八三〇ページ)。

【乗(乘)レ勝】かちにジョウず　勝った勢いにのる。

【不レ勝】たえ(へ)ず　(あまり多くて)…しきれない。

(12)10【募】682　常　ボ　つのる　4271 4A67

(13)11〔募〕683　漢ボ　呉モ　遇 mù

筆順　艹 苩 莫 募

字義　つのる。招き集める。広く求め集める。「募集」「徴募」

国つのる。㋐ますますひどくなる。㋑つけあがる。増長する。

解字　文　篆　形声。力＋莫㊥。音符の莫ボは、求めるの意味。つとめて広く求めるの意味から、つのるの意味を表す。

▼召募・徴募

【募縁】ボエン　寄付をつのる。有縁ウエンの人から浄財をつのる意。奉加。

【募債】ボサイ　国公債や社債などをひろくつのり集めること。

【募兵】ボヘイ　兵士をつのり集める。また、その兵士。

(12)10【勞】(656)　ロウ　労(655)の旧字体。→一四九ページ。　5009 5229

(13)11【勧】684　常　カン　すすめる　2011 342B

(20)18〔勸〕685　漢ケン　呉カン(クヮン)　願 quàn　[勸]　5016 5230

筆順　𠂉 𠂉 乍 奞 勧

字義　❶すすめる(奨)。㋐すすめて行わせる。はげます。㋑教えみちびく。たすけて行わせる。❷すすむ。㋐よろこんで従う。㋑増す。加わる。❸つとめる(勉)。　名乗　すすむ・ゆき

使いわけ　すすめる〔勧・薦・進〕

〔勧〕何かをさせようと働きかける。「入会を勧める」

〔薦〕採用・採択を働きかける。「よい辞典を薦める」

〔進〕前の方へ行かせる。「一歩進める」

なお〔奨める〕は〔勧める〕とする。

解字　文　篆　形声。力＋雚㊥。音符の雚カンは、援に通じ、努力するのを助ける、すすめるの意味を表す。

▼懲勧・誘勧

【勧戒・勧誡】カンカイ　善をすすめ悪をいましめること。

【勧学(學)】カンガク　学問をすすめる。〔左伝、閔公二〕

【勧学(學)院】カンガクイン　国弘仁十二年(八二一)、藤原冬嗣ふゆつぐが京都の三条に建てた、藤原氏一門の学問所。

【勧業】カンギョウ　①業にはげむ。また、仕事をすすめはげます。②国農業・工業などを勧める(奨励する)こと。

【勧化】カンゲ　仏＝勧進の②㋐・㋑㊥。

【勧告】カンコク　すすめさとす。説きさとす。すすめる。

【勧奨(獎)】カンショウ　すすめはげます。すすめる。奨励。

【勧請】カンジョウ　仏①神仏の霊を別の所に迎えて祭ること。②神仏の降臨をこうこと。

【勧進】カンシン　①さそいすすめる。②カンジン　㋐仏善行をすすめて仏道にはいるようにさせる。㋑国㊥社寺・仏像の建立・修繕などのために、人に勧めて金品を募集すること。また、その人。㋒こじき。

【勧進元】カンジンもと　国①勧進のためにする芝居や相撲すもうなどの興行主。②転じて、一般の興行などの主催者をもいい、また、あることを言いだして、その世話をする人をいう。

【勧善懲悪(惡)】カンゼンチョウアク　よいことをすすめ、悪いことをこらしめること。〔左伝、成公十四〕

【勧懲】カンチョウ　勧善懲悪の略。→前項。

【勧農】カンノウ　農業をすすめはげます。

【勧勉】カンベン　すすめはげます。また、はげむ。

【勧誘】カンユウ　すすめさそう。すすめる。

(13)11【勤】(679)　キン　勤(678)の旧字体。→一五三ページ。

(13)11【勢】686　教5　セイ　いきおい　霽 shì　3210 402A

筆順　夫 坴 坴 埶 勢

字義　❶いきおい(いきほひ)。㋐活動する力。行動の力。「水勢」㋑意気。気概。「気勢」㋒他を支配する力。威力。権威。「威勢」「権勢」㋓ありさま。ようす。「地勢」「姿勢」㋔自然のなりゆき。「時勢」㋕はずみ。機会。その時の調子。❷むれ(群)。あつまり。人数。「総勢」❸軍隊。兵力。「軍勢」❹男子の性器。睾丸コウガン。「去勢」　名乗　なり　難読　勢喜門せきと

解字　文　篆　形声。力＋埶㊥。音符の埶ゲイは、ある物を手もとに長時間ひきつけておすの意味。他のものを自分の手もとにひきつけておす力、いきおいの意味を表す。

▼威勢・運勢・加勢・気勢・擬勢・弓勢・去勢・虚勢・軍勢・形勢・権勢・攻勢・豪勢・国勢・語勢・姿勢・時勢・守勢・情勢・大勢・態勢・多勢・地勢・敵勢・劣勢

【勢位】セイイ　権勢と地位。また、権勢のある地位。

【勢援】セイエン　力ぞえ。援助。

【勢家】セイカ　権勢のある家がら。勢門。権門。勢族。

【勢至菩薩】セイシボサツ　仏阿弥陀仏アミダブツの右脇士わきじ。知恵の光で一切イッサイを照らし、無上の力を得させるという菩薩。略して、勢至ともいう。

【勢望】セイボウ　勢力と人望。勢いとよい評判。

【勢利】セイリ　①権勢と利益。②形勢の便利さ。

【勢利之交】セイリのまじわり(まじはり)　権勢や利益を目的とする交際。〔漢書、張耳伝賛〕

【勢力】セイリョク　いきおい。力。威力。威勢。

【勢如ニ破竹一】いきおい(ほひ)ハチクのごとし　勢いが猛烈で、当たる敵のないさま。竹は初めの一節ふしを割れば、あとは刃やいばの向かうままに割れてゆくので、勢いがはげしくて止めることのできないさまにたとえたもの。破竹の勢い。〔晋書、杜預伝〕

【勢不ニ両(兩)立一】いきおい(ほひ)リョウリツせず　自然のなりゆきとして、両方が同時にならび立つことはできない。勢は、一説に勢力。勢不ニ両立一いきお(ほ)い(ひ)リョウリツせず。〔史記、孟嘗君伝〕

【乗レ勢】いきお(ほ)い(ひ)にジョウず　勢いにつけ入る。その時のいきおいに乗る。機会につけ込む。〔孟子、公孫丑上〕不レ如レ乗レ勢(いきおいにジョウずるにしかず)

(13)11【勣】687　△　漢セキ　呉シャク　錫 jì　5010 522A

字義　いさお(いさを)(功)。てがら。功績。＝績。

解字　形声。力＋責㊥。音符の責は、績に通じ、いさお・てがらの意味を表す。

(13)11【勦】688　△　㊀漢ソウ(サウ)　呉ショウ(セウ)　篠 jiǎo　㊁漢ソウ(サウ)　呉ジョウ(ゼウ)　肴 chāo　5011 522B

字義　㊀❶つかれる。つかれさせる。❷つくす(尽)。❸たつ。たちきる。殺す。滅ぼす。＝剿ソウ。㊁❶かすめる。盗み取る。奪い取る。＝抄・鈔ショウ。❷すばやい。

解字　文　篆　形声。力＋巣(巢)㊥。音符の巢ソウは、鳥のす・すみかの意味。力つきて巣につく、つかれるの意味を表す。

【勦説】ソウセツ　他人の説を盗みとって自分の説とすること。

【勦窃(竊)】ソウセツ　ぬすむ。他人の文章などを盗んで自分のものにすること。

【勦絶】ソウゼツ　ほろぼしつくす。皆殺しにする。勦殄ソウテン。勦滅。

【勦滅】ソウメツ　＝勦絶。→前項。

(13)11【募】(683)　ボ　募(682)の旧字体。→上段。

(13)11【勠】689　△　漢リク　呉ロク　屋 lù　5013 522D

字義 **あわせる**。力を合わせる。＝勠。

解字 篆文 形声。力＋翏㊥。音符の翏は、両翼と尾羽をつらねた形にかたどる。力を連ね合わせるの意味を表す。

【勠力】リク・リョク 力をあわせる。戮力。〔書経、湯誥〕

(14)12 【勩】690 △ エイ yì

字義 ❶**つかれ**。苦しみ。労苦。また、つかれる。❷すり減る。

解字 篆文 形声。力＋貰㊥。音符の貰は、曳に通じ、ひきのばすの意味。労力をひきのばして、つかれるの意味を表す。

(15)13 【勰】691 △ ㊥キョウ（ケフ） ㊔ギョウ（ゲフ） xié

字義 ❶**かなう**。あう。思いが合う。和合する。＝協。❷おもう（思）。

解字 篆文 形声。思＋劦㊥。音符の劦は、力を合わせるの意味。思いがあうの意味を表す。

(16)14 【勳】(4484) クン 勲（4483）の旧字体。→六九五ぺー。 5014 522E

(16)14 【辦】692 △ ㊥ハン ㊔ベン bàn

字義 ❶つとめる（努）。物事に力をつくす。❷あつかう。処理する。さばく。❸そなえる（具）。ととのえる。

参考 ①辦と辨（2046）とは別字であるが、厳密な区別なく用いられることが多い。②日本では略字として弁の字を当てる。

解字 篆文 形声。力＋辡㊥。音符の辡は、二人の罪人が言い争うの意味。つとめて言い争いをとりさばくの意味を表す。

【辦事】ベンジ とりさばく。事務をとる。「辦事処（事務所）」

【辦装（裝）】ベンソウ 旅じたくをする。辦厳。

【辦理】ベンリ 事務を処理する。

(17)15 【勵】(654) レイ 励（653）の旧字体。→一四九ぺー。 5015 522F

(20)18 【勸】(685) カン 勧（684）の旧字体。→一五四ぺー。 5016 5230

2 勹部 〔勹〕 5017 5231

〔部首解説〕 **つつみがまえ。** 文字としては、勹は、音㊥ホウ（ハウ）・㊔ヒョウ（ヘウ）。象形。篆文〇。人が腕をのばして、抱えこんでいる形にかたどり、つつむの意味を表す。包の原字。勹（包）を音符に含む形声文字に、包・抱・泡・胞・飽・庖・炮・匏・麭・雹などがある。勹をもとにして、かかえこむ・つつむの意味を含む文字ができる。

1 勺 一五五　2 匀 一五五　勾 一五五　勿 一五五　匂 一五六
匁 一五六　3 匈 一五六　匆 一五六　包 一五六　4 匈 一五六
5 匍 一五六　6 匊 一五六　匐 一五七　7 匍 一五七　9 匐 一五七
匏 一五七　10 匑 一五七

句→口部 一八二ぺー。旬→日・曰部 四九五ぺー。
訇→言部 九九九ぺー。芻→艸部 九二六ぺー。

(3)1 【勺】693 常 シャク 2859 3C5B

(3)1 〔勺〕694 シャク ㊥ sháo (shuó)

筆順 ノ 勹 勺

字義 ❶**ひしゃく**。酒などの液体をくむ器具。＝杓。❷**くむ**（酌）。❸わずか。少量。ひしゃく一杯ほどの量の意。❹容積の単位。一合の十分の一。約〇・〇一八リットル。国シャク。㋐土地の面積の単位。一坪の百分の一。約〇・〇三三平方メートル。㋑登山の路程で、一合の十分の一。

〔勺①〕

解字 篆文 象形。物をすくい取ったひしゃくの形にかたどる。勺（勺）を音符に含む形声文字に、妁・酌・釣・的などがあり、これらの漢字は、「すくう（掬）」の意味を共有している。

(4)2 【匀】695 △ 〔匀〕正字 ㊀イン（ヰン） 眞 yún ㊁キン 眞 jūn

字義 ㊀❶すくない。❷あまねし。ゆきわたる。❸**ととのう**（斉）。**ひとしい**。㊁ひとしい。＝均。国におう。におい。→匂（698）の解字。

解字 金文 篆文 象形。弦楽器の調律器の象形で、ひとしくする・ととのえるの意味を表す。匀を音符に含む形声文字に、均・鈞などがあり、これらの漢字は、「ひとしい」の意味を共有している。

(4)2 【勾】696 標 ㊥コウ ㊔ク 尤・宥 gōu, ⑤gòu 2491 387B

字義 ❶**まがる**（曲）。まげる。❷**かぎ**。ひっかける。＝鉤。❸とらえる。＝拘。❹くぎりをつける。くぎり。❺ひく（引）。ひっぱる。❻→勾当。

難読 勾玉・勾金・勾欄

参考 〔句〕の俗字ともいわれるが、「文のひとくぎり」の意味では句を用い、勾は用いない。熟語は句（824）をも見よ。

解字 形声。ム＋勹㊥。

【勾引】コウイン 拘引。①とらえてひきつれる。②かどわかす。

【勾検（檢）】コウケン とらえて取り調べる。また、帳簿などを手もとに取り寄せて調べること。

【勾践（踐）】コウセン 越王句践。→句践（一八三ぺー）。

【勾当（當）】コウトウ ①もっぱらそれを担当して処理する。②官職名。③ことがら。④国㋐勾当内侍の略。掌侍の四人の中の第一位。天皇への伝達などをつかさどった女官。㋑摂政・関白家で、別当の下にあって事務をつかさどった者。㋒盲人の官名。検校と座頭の間。㋓仏真言宗・天台宗などで、別当の下にあって寺務をつかさどった者。

【勾配】コウバイ 国①傾斜の度合い。②傾斜。斜面。

【勾欄・勾△闌】コウラン ①てすり。らんかん。宮殿の廊下などの、端のそり曲がったてすり。②妓楼。芸者屋。

【勾留】コウリュウ とらえてとどめておく。拘留。

(4)2 【勿】697 標 ㊥ブツ ㊔モチ 物 wù 4462 4C5E

字義 ❶助字。⇩助字解説 ❷→勿勿。❸はた。人民を集めるしるしの旗。

助字解説
①**なかれ**。禁止。……するな。類毋。〔論語、衛霊公〕己所レ不レ欲、勿レ施ニ於人一〈自分のいやに思うことを人にさせてはならない〉
②**なし**。否定。……ない。類無。〔孟子、告子上〕賢者能勿レ喪耳〈賢者は失わないでいられるだけだ〉

難読 勿忘草・勿来

解字 甲骨文 篆文 象形。甲骨文は、弓のつるをはじいて、払い清めるさまにかたどり、借りて、禁止の意味を表す助字に用いる。勿を音符に含む形声文字に、忽・惚・殁・物・笏などがあり、これらの漢字は、「ない」の意味を共有している。

【勿怪】モッケ 国思いがけないこと。予期しないこと。物怪。「勿怪の幸い」

【勿体（體）】モッタイ 国ものものしいこと。尊大なこと。物体。

【勿勿】ブツブツ ①あわただしいさま。にわかなさま。匆匆ソウソウ。②つとめてやまないさま。孜孜シシ。汲汲キュウキュウ。

【勿△罔】ブツモウ ①はっきりしないさま。②広大なさま。

【勿論】モチロン 国いうまでもなく。もとより。むろん。無論。

(4)2 **【匂】** 698 国字 標 3887 4677

字義 ❶におう にほふ。㋐かおる。香気を発する。㋑うつる(映)。美しく照りはえる。㋒おもむきがある。❷におい にほひ。㋐かおり。香気。㋑つや。光沢。㋒おもむき。気韻。㋓日本刀の刃の面に見えるあや模様。

参考 国語で、臭(いやなにおい)に対して、いいにおいの意に用いる。

解字 勹(匀)+匕。平安時代中期ころから用いられた国字。匀は中国で「ととのう」の意味を表すが、それを日本で「におい」の意味に用いた上、文字の一部二を「ニホヒ」のヒに改めた。

(4)2 **【匁】** 699 国字 常 もんめ 4472 4C68

筆順 ノ 勹 勺 匁

字義 もんめ。㋐重さの単位。一貫の千分の一。三・七五グラム。㋑江戸時代の貨幣の単位。一両の六十分の一。

解字 夂(文)+メ。もと日本で重さの単位「もんめ」を、文モとメの合成字で表した。

(5)3 **【匃】** 700 △ 一漢カツ・呉カチ 曷 二カイ 泰 gài 4802 5022

〔匄〕同字 〔丐〕俗字

字義 一二❶こう。もとめる。ねがう。❷あたえる(与)。

参考 ①〔匈キョウ〕は別字。②熟語は丐(13)を見よ。→三三六ペー。

解字 甲骨文 金文 篆文 会意。勹(人)+亾(亡)。亡は、死者の象形。死者の前で人が、死者のよみがえることなどを請い求めるさまから、「こう」の意味を表す。匃を音符に含む形声文字には、基本字形の基本義「請いもとめる」の意味に近いものに謁、「かかげる」の意味のものに、褐・葛カツ・竭ケツ・碣ケツ・掲・喝、「たちきる」の意味のものに、渇などがある。

(5)3 **【匆】** 701 △ ソウ 東 cōng 5018 5232

〔匇〕同字

字義 =怱ソウ。❶あわただしい。いそがしい。❷あわてる。いそぐ。

解字 怱ソウの省略形。怱(2207)を見よ。→二九七ペー。

【匆匆】ソウソウ 国①そわそわしておちつかないさま。②手紙の末に書きそえて、とり急ぎ走り書きした意を表す。草々。

(5)3 **【包】** 702 教4 ホウ つつむ 4281 4A71

(5)3 〔包〕703 ホウ(ハウ) 肴 bāo

筆順 ノ 勹 匂 包

字義 ❶つつむ。㋐くるむ。おおう。「包装」㋑おさめる。かくす。ふくむ。「包蔵」「包含」㋒とりかこむ。「包囲」㋓かねる(兼)。くくる。ひとまとめにする。「包括」㋔いれる(容)。ゆるす。「包容」❷つつみ。つつんだもの。❸はらむ。みごもる。❹しげる(茂)。草木が茂る。=苞ホウ。❺くりや。台所。=庖ホウ。❻パオ。蒙古モウコ人など遊牧民の住む組立式のテント。

〔包⑥〕

名乗 かぬ・かね

難読 包子パオズ・包坂さぎさか・かねさか

参考 現代表記では〔繃〕(5910)・〔庖〕(1993)の書きかえに用いることがある。「繃帯→包帯」「庖丁→包丁」

解字 篆文 形声。巳(已)+勹音。巳シは、胎児の象形。音符の勹ホウは、つつむの意味。みごもるさまから、一般に、つつむの意味を表す。→部首解説。

【包△裹】ホウカ つつむ。くるむ。裹もつつむ意。

【包懐(懷)】ホウカイ ①つつみいだく。また、所有する。②心の中にいだくこと。思いを胸につつむ。

【包括】ホウカツ ひとまとめにする。総括。

【包含】ホウガン つつみふくむ。あわせもつ。ふくみもつ。

【包犠(犧)】ホウギ 中国古代の伝説上の帝王。庖犠ホウギ・伏羲フッギとも。

【包挙(擧)】ホウキョ 残らずつつむ。また、残らず取る。

【包荒】ホウコウ ①けがれたものを包みいれる。人のことばを聞きいれる度量のあること。〔易経、泰〕②欠点を包みかくす。

【包摂(攝)】ホウセツ 哲学用語。ある概念を、より一般的な概念に取り入れること。

【包蔵(藏)】ホウゾウ ①つつみかくす。また、内にもっていること。ひそかに心にいだいていること。②つつみしまう。

【包△茅】ホウボウ たばねたちがや。昔、祭りに酒をそそいで供えたもの。転じて、みつぎもの。

【包容】ホウヨウ つつみいれる。受けいれる。度量が広くて、他人の説などをうけ入れること。

【包羅】ホウラ ひきくるめる。羅は、つらねる。

〔句〕→口部 一八二ページ。

(6)4 **【匈】** 704 標 漢キョウ 呉ク 冬 xiōng 5019 5233

字義 ❶むね(胸)。=胷キョウ・胸キョウ。❷さわぐ。みだれる。=訩キョウ。❸おそれる。わるい。=兇キョウ。❹北方の異民族の名。「匈奴」

解字 篆文 形声。勹+凶音。音符の凶は、胸にしるされる不吉を払うしるしの意味。勹は、胸をかかえる人の象形。むねの意味を表す。

【匈△牙利】ハンガリー Hungary の音訳。ヨーロッパの国名。洪牙利。

【匈匈】キョウキョウ ①やかましく議論するさま。②乱れさわぐさま。

【匈奴】キョウド 前四世紀末から約五百年間、蒙古モウコ地方を根拠に繁栄した遊牧騎馬民族。戦国時代、中国北方を攻め、秦末シンマツ、冒頓単于ボクトツゼンウのとき全蒙古を支配し、秦・漢代を通じて漢民族と戦争と和平を繰り返した。その間、南北に分裂し、南匈奴はその後、漢人と同化し、北匈奴はキルギス地方に移住した。四世紀に、ヨーロッパを荒らしたフンは北匈奴の子孫であるという。フンヌ。

〔旬〕→日・曰部 四九五ページ。

(7)5 **【甸】** 705 △ 一漢テン・呉デン 霰 diàn 二漢テン・呉デン 先 tián 5020 5234

字義 一❶周代、国都の周囲五百里以内の土地(周代の一里は約四〇五メートル)。天子に直属した。甸服。畿内キナイ。❷郊外。都の周囲百里以内を郊といい、郊の外二百里を甸という。❸周代の税制で、六十四井の土地(一井は、一里四方の田地で、これを八家で耕作する)。ここから税の一つとして兵車一台・兵士七十五人を出す。❹耕作地。また農作物。二かり(狩)。また、狩りをする。

解字 金文 篆文 形声。勹+田音。音符の田は、狩猟・耕作地の象形。勹は、つつむの意味。王城を包む周囲五百里以内の地の意味を表す。

【甸甸】デンデン 車・太鼓などのひびき渡る音の形容。

(8)6 **【匊】** 706 △ キク 屋 jū

字義 ❶すくう。両手ですくいとる。＝掬(キク)。❷たなごころ（掌）。両手のひら。

解字 金文 篆文 会意。勹＋米。勹は、つつむの意味。こめをつつむ・両手ですくうの意味を表す。匊を音符に含む形声文字に、掬(キク)・毱(キク)・菊・鞠(キク)・麴(キク)などがあり、これらの漢字は、「両手の指をそろえてすくいとる」の意味を共有している。

(8)6 【匋】707 △ 一 漢トウ（タウ）・呉ドウ（ダウ） 豪 táo 二 ヨウ（エウ） 蕭 yáo

字義 一 ❶陶器をつくる。陶器を焼く。＝陶。❷やきもの。陶器。❸陶器を焼くかま。二＝一の③。＝窑(ヨウ)。

解字 金文 篆文 象形。金文でよくわかるように、人が陶器をかかえている形にかたどり、やきものを焼くの意味を表す。匋を音符に含む形声文字に、掏(トウ)・淘(トウ)・陶などがあり、これらの漢字は、「陶器を作る」の意味を共有している。

(9)7 【匍】708 △ 漢ホ 呉ブ 虞 pú 5021 5235

字義 はう。はらばう。ふす（伏）。

解字 金文 篆文 形声。勹＋甫音。音符の甫(ホ)は、いねの苗を一面に平らにひろげるの意味。身をかがめ地面に平らになるように、はらばうの意味を表す。勹は、人の前かがみの形にかたどる。

【匍伏】(ホフク) はう。はらばいになって進む。匍匐(ホフク)。蒲伏。

【匍△匐】(ホフク) ①＝匍伏。②たおれころげる。「匍匐悲号」③ふしつまろびつして（力をつくして）急ぐ。ころがるようにして急ぐ。

［訇］→言部 九九九ページ。 ［匑］→艸部 九二六ページ。

(11)9 【匐】709 △ 一 漢ホク・呉ボク 職 二 漢フク・呉ブク 屋 fú 5022 5236

字義 一二 はう。はらばう。伏す。「匍匐(ホフク)」

解字 篆文 形声。勹＋畐音。勹は、人がからだを曲げてものを包みこむ形にかたどる。音符の畐(フク)は伏に通じ、犬のように四つんばいになるの意味。はらばうの意味を表す。

(11)9 【匏】710 △ 漢ホウ（ハウ） 呉ボウ（バウ） 肴 páo 5023 5237

字義 ❶ひさご。ふくべ。ひょうたん。❷ひさごで作った容器。❸楽器の名。八音の一つ。竽(ウ)・笙(ショウ)の類。

解字 篆文 形声。夸（瓠）＋包音。音符の包は、つつむの意味。物を包んだようにふっくらした、ひさごの意味を表す。

【匏△瓜】(ホウカ) ①瓜の一種。ひさご。ふくべ。〔論語、陽貨〕②「星の名。

【匏△繋】(ホウケイ) 匏のごとく繋(かか)る。ふくべのように、ぶらさがったままになっていること。役に立たない人のたとえ。〔論語、陽貨〕

【匏△樽・匏尊】(ホウソン) ひさごで作った酒の容器。

【匏竹】(ホウチク) 楽器。匏は、ひさごをくりぬいて作ったもので、笙(ショウ)の類、竹は笛の類。

【匏土】(ホウド) 楽器。匏は、ひさごをくりぬいたもので、笙(ショウ)の類。土は、つちを焼いて作った楽器。

(12)10 【匒】711 △ オウ（アフ） 洽 è

字義 ねがけ（根掛）。婦人の髻(もとどり)につける髪飾り。

解字 形声。勹＋盍音。音符の盍(コウ)は、おおう、勹は、つつむの意味。婦人の髪を包みおおう髪飾りの意味を表す。

2 匕部

〔部首解説〕 さじ。さじのひ。この部首に所属する匙(シ)や日部の旨(シ)に含まれる匕(ヒ)は、さじの意味を示す。北・比の匕は、人(𠆢)を右向きにした形（𠤎）。また、人部の化（化）の七(カ)は、人を逆さにした形（𠤎）で、人が形を変えるの意味から、変化する意味を表す。〔匕〕の参考を見よ。

匕 一五七　3 北 一五七　9 匙 一五八

化→人部 五八ページ。旨→日・曰部 四九五ページ。
此→止部 五九三ページ。壱→士部 二四七ページ。眞→目部 七六六ページ。
頃→頁部 一一九四ページ。疑→疋部 七四三ページ。

(2)0 【匕】712 △ ヒ 紙 bǐ 5024 5238

字義 ❶さじ。しゃもじ。スプーン。❷やじり。❸あいくち。短剣。匕首。❹ならぶ。したしむ。 難読 匕首(あいくち)

参考 匕と七(カ)（変わるの意味）は別字。比・北・此(シ)・牝(ヒン)などは匕で、化・花・貨などカ（クヮ）と読む文字は、もとの旧字体では七であった。新字体ではそれらの七を匕に改め、両者を区別していない。

解字 甲骨文 篆文 象形。年老いた女性の形にかたどり、なき母の意味を表す。妣(ヒ)の原字。音形上は、比に通じ、なき父とならぶ人の意であろう。はしと並ぶものとして、さじの意味をも表す。

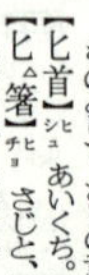
〔匕首〕

【匕首】(ヒシュ) あいくち。短剣。懐剣。

【匕△箸】(ヒチョ) さじと、はし。また、さじ。はし。匕筯(ヒチョ)。

【失二匕△箸一】(ヒチョをシッす) （驚いたり、恐れたりして）はしをとり落とす。三国時代、蜀(ショク)の劉備(リュウビ)が魏(ギ)の曹操と会食中、天下の英雄はこの二人だけだと言われ、自分の野心を見破られたと驚き、はしを落とした故事。〔蜀志、先主伝〕

［化］→人部 五八ページ。

(5)3 【北】713 教 2 ホク きた 一 ホク 職 běi 二 漢ハイ・呉ヘ 隊 bèi 4344 4B4C

筆順 ⼁ ⼃ 北

字義 一 ❶きた。↔南。❷そむく（背）。❸にげる。敗れてにげる。「敗北」 二 ❶そむく。＝背。❷わける（分）。

名乗 きた 難読 北一己(きたいちゃん)・北蟹谷(きたかんだ)・北吸(きたしお)・北鳩原(きたはつはら)・北郷(ほんごう)・北斎院(きたさや)・北蛇草(きたはぐさ)・北上神(きたにわ)・北長太(きたなご)・北風原(ならいはら)

解字 甲骨文 篆文 会意。人＋匕。二人の人が背をむけている、そむくの意味を表し、転じて、にげるの意味を表す。また、人は明るい南面に向いているのを好むが、そのとき背にする方、きたの意味を表す。北を音符に含む形声文字に、背・偝(ハイ)があり、これらの漢字は、「そむく」の意味を共有している。

▼窮北・研北・降北・逐北・敗北・漢北

【北越】(ホクエツ) ①越（今の広西チワン族自治区から浙江(セッコウ)省にわたる南方の地方）の北の地方。②国越中（今の富山県）・越後(エチゴ)（新潟県）の二国の地方。主に越後の国。

【北△燕】(ホクエン) 国名。五胡(ゴコ)十六国の一つ。漢人の馮跋(フウバツ)が後燕の後に建てた国。竜城（今の遼寧省朝陽市）に都した。（四〇九—四三六）

【北画（畫）】(ホクガ) ＝北宗画。

【北海】(ホッカイ) ①北方の海。〔荘子、応帝王〕②渤海(ボッカイ)の別名。〔孟子、梁恵王上〕③漢代、シベリアのバイカル湖の称。〔漢書、蘇武伝〕④北京市の旧宮城内にある池の名。

【北客】(ホッカク) ①北方地方から来た人。②北方地方の旅にある人。

【北郭・北△廓】ホッカク　①城壁の北方に接してその外側にある町。②町の北側の城郭。外城の北側。町の北方。郭北。〔唐、李白、送二友人一詩〕③＝北邙。洛陽の町の北方にあるからいう。④国＝北里の④。

【北岳（嶽）】ホクガク　①北方にある山。②五岳の一つ。恒山の別名。→恒山（四二四ページ）。

【北漢】ホッカン　国名。①晋代、匈奴の劉淵が建てた国。後、趙と改めた。前趙。（三〇四―三二九）②五代十国の一つ。劉旻の建てた国。今の山西省太原市以北、河北省・陝西省の一部の地を領有した。東漢。四代、二十九年（九五一―九七九）。

【北△雁】ホクガン　北方から来たかり。北方のかり。

【北△魏】ホクギ　国名。後魏の別称。→後魏（三八三ページ）。

【北△魏書】ホクギショ　書名。→魏書（一二三八ページ）。

【北宮△黝】ホッキュウユウ　戦国時代の勇者。〔孟子、公孫丑上〕

【北△嚮・北郷（鄕）】ホッキョウ　①北へ向かって行く。嚮は、向。②北向きにいる。天子は南を向いているところから、臣位につくこと。〔史記、項羽本紀〕沛公北嚮坐。

【北曲】ホッキョク　①北の隅。②北方系の戯曲。元代に都の大都（今の北京市）を中心として発達したもの。明以後に発達した南曲に対していう。→元曲（一〇五ページ）。

【北極星】ホッキョクセイ　北極の上空に、位置を変えずに輝いている星。物事の不動の中心にたとえる。北辰。

【北京】ホッケイ・ホッキョウ　①北の都の意。㋐唐代、今の山西省太原市の西南。㋑宋代、今の河北省大名県の東北。㋒金代、今の遼寧省巴林左旗。後、遼寧省寧城県。㋓明代、今の河南省開封市。後、今の北京市。②ペキン　遼・金・元・明・清代の都で、現在中華人民共和国の首都。明の成祖の永楽元年（一四〇三）、北平を北京と改称した。

【北△闕】ホッケツ　①宮城の北の門。上奏・謁見する者などが出入する。②天子の宮城。皇城は都の一番北の方にあったからいう。

【北固】ホッコ　山名。江蘇省鎮江市の北。長江に臨み、金・焦二山とともに、京口の三山ともいう。

【北△朔】ホクサク　北方の異民族の地。朔北。朔も、北。

【北山】ホクザン　①きたやま。北にある山。②＝北邙。③『詩経』小雅の編名。王に使役されて、父母に孝養をつくすことができないことをなげいた詩。

【北市】ホクシ　町の北の地域にある市場。

【北史】ホクシ　書名。一百巻。唐の李延寿の著。北魏・北斉・北周・隋の北朝、二百四十二年の歴史を書いたもの。二十四史の一つ。

【北枝】ホクシ　北に向いている木の枝。多く、梅の木にいう。

【北首】ホクシュ　①頭を北にする。きたまくら。死者の寝かせかた。②北に向かう。北嚮。

【北周】ホクシュウ　南北朝の一国。宇文覚が西魏から位を譲られ、長安に都した。五代、二十五年（五五七―五八一）。

【北周書】ホクシュウショ　書名。五十巻。唐の令狐徳棻が勅命により北周の歴史を書いたもので、『周書』ともいう。二十四史の一つ。

【北宗画（畫）】ホクシュウガ・ホクソウガ　唐の李思訓・李昭道を祖とする、東洋画の一流派。五代・宋・元の画壇の主流で、北画ともいう。日本には、鎌倉時代に伝わり、室町時代にさかんとなった。雪舟派・狩野派などはこれに属する。↔南画。

【北△辰】ホクシン　北極星をいう。〔論語、為政〕

【北△陲・北垂】ホクスイ　北方の果ての地。陲・垂は、果て。北辺。

【北征】ホクセイ　北にゆく。また、北方を征伐する。

【北斉（齊）】ホクセイ　王朝名。南北朝時代、北朝の一つ。高洋が東魏の譲りを受け、鄴（今の河南省臨漳県の西）に都を置いて、河北・山東・山西・河南と遼寧西部の地を領有した。六代、二十八年（五五〇―五七七）。

【北斉（齊）書】ホクセイショ　書名。五十巻。唐の李百薬の著。北斉の歴史を書いたもので、二十四史の一つ。

【北△宋】ホクソウ　宋の高祖の即位から高宗が臨安（今の浙江省杭州市）に都を移すまでの、九代、百六十八年間（九六〇―一一二七）をいい、以後を南宋という。

【北△叟】ホクソウ　北方の国境のとりでのほとりに住む老人。叟は、おきな。塞翁。

【北窓三友】ホクソウのサンユウ　琴・酒・詩をいう。唐の白楽天の詩に基づく。北窓は、北向きの窓。

【北朝】ホクチョウ　①後魏（北魏）が長江北方の地を統一して南方の宋と対立してから、西魏・東魏・北斉・北周を経て、隋が南・北を統一するまでの王朝の総称。その期間を南北朝時代という。二百十八年間（三七〇―五八八）。↔南朝（漢民族の建てた南方の諸国）。北朝の諸国は鮮卑族の建てたもの。②国足利氏が京都に擁立した朝廷で、延元元年（一三三六）から元中九年（一三九二）までの、五代、五十六年間。

【北庭】ホクテイ　①北方の匈奴の朝廷。転じて、北方の異民族の地。②唐代、西域の地方（今の新疆ウイグル自治区の方面）。

【北△狄】ホクテキ　古代中国で、北方の異民族を軽べつしていう称。「東夷西戎南蛮北狄」

【北斗】ホクト　北斗七星。大熊座の七つの星。北の空に斗（ひしゃく）の形にならぶからいう。その斗の柄が一昼夜に一回転することから昔はこれによって時を測った。七曜星。

【北堂】ホクドウ　①主婦の居室。堂（表座敷）の北にある。②主婦。③母。母堂。④廟の中の位牌を置く所。

【北道主人】ホクドウシュジン　あるじとして賓客の世話をする人。南道主人・東道主人ともいう。

【北△蕃蛮（蠻）△夷】ホクバンバンイ　北方の文化未開の地。〔史記、刺客伝〕

【北△鄙】ホクヒ　北方のへんぴな土地。鄙は、いなか。

【北平】ペーピン・ホクヘイ　北京の旧名。

【北方△之強】ホッポウのキョウ　死をもいとわぬ、向こう見ずの勇士。北方人は気質が激しく強いとされたことからいう。〔中庸〕

【北△邙・北△芒】ホクボウ　①河南省洛陽市の東北にある邙山。漢代以来、多くの王侯貴族が葬られた墓地。北山。②転じて、墓地をいう。

【北△溟・北△冥】ホクメイ　北方の大海。溟・冥は、海。〔荘子、逍遥遊〕北冥有レ魚、其名為レ鯤。

【北面】ホクメン　①北の方を向く。②臣として君に仕える意。君主が南向きにすわるのに対して臣下は北向きにすわるからいう。③弟子の礼を取ること。相手を師としてこれに仕えること。④国㋐昔、院の御所を守護した北面の武士の略称。㋑きたおもて　㋐北に向いた方。㋺北面の武士。

【北△牖】ホクユウ　北向きのまど。牖は、壁の格子窓。

【北里】ホクリ　①北にある村ざと。②殷の紂王の作った、みだらな舞楽の名。③花柳街。遊里。④国江戸時代、吉原遊郭の別称。北郭。

【北涼】ホクリョウ　国名。五胡十六国の一つ。匈奴の沮渠蒙遜が建て甘粛省北部を領有した。（三九七―四三九）

［旨］→日・曰部　四九五ページ。

［此］→止部　五九三ページ。

［壱］→士部　二四七ページ。

［眞］真（5037）の旧字体。→目部　七六六ページ。

(11)9
【匙】714　△　漢シ　呉ジ　図 chí, ②shì　2692　3A7C

字義　❶さじ。＝匕。❷かぎ。

解字　篆文 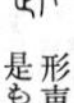　形声。匕＋是㊥。匕は、さじの意味。音符の是も長いさじの象形。さじの意味を表す。

［頃］→頁部　一二九四ページ。

［疑］→疋部　七四三ページ。

2 匚・匸部

［匚］5025 *5239* ［匸］5030 *523E*

〔部首解説〕（匚）はこがまえ。（匸）かくしがまえ。匚部と匸部とはもともと別の部首であるが、新字体では匸部の文字もみな匚に改め、両者を区別しないので、便宜上、部首も一つに合わせた。親文字の上に記した匚・匸の区別は、本来の部首を示す。なお「巨」は、もと工部に所属した。

匚（**はこがまえ**）は、音㊥ホウ（ハウ）・㊣ボウ（バウ）。象形。篆文匚。四角な物入れの箱の形にかたどり、はこの意味。

匸（**かくしがまえ**）は、音㊥ケイ・㊣ゲイ。指事。篆文𠃊。𠃊は、傾斜地の小道で、そこに物をしまいこむことができる場所を示す。一は、ふたを示す。合わせて、かくすの意味を表す。

2 巨 一五九　区 一五九　匹 一五九　3 匜 一六〇　匝 一六〇
4 匡 一六〇　匠 一六〇　5 医 一六〇　匣 一六〇　7 匽 一六〇
8 匿 一六〇　匪 一六一　9 匭 一六一　區 一六一　匿 一六一
匾 一六一　11 匯 一六一　12 匱 一六一　13 匳 一六一　匵 一六一
叵→口部 一八七ペ。

(5)匚2 【巨】715 常 キョ　(5)工2 〔巨〕716 ㊥キョ・㊣ゴ 慣コ 語 jù　2180 *3570*

筆順 一 厂 戸 巨

字義 ❶**おおきい**。「巨人」 ❷さしがね。ものさし。定規。＝矩。 ❸なんぞ。反語の意を表す。＝詎。

名乗 お・おお・なお・まさ・み　難読 巨勢・巨万・巨椋

参考 巨の画数は、他の匚（はこがまえ）の文字とは筆順が異なるので、総画数は5画になる。

解字 金文  篆文  象形。とってのあるさしがね、定規の象形。矩の原字。借りて、大きいの意味を表す。巨を音符に含む形声文字のうち、定規の意味の系列のものに、矩・渠があり、大きいの意味の系列のものに、炬・鉅などがあり、へだてる・こばむの系列のものに、拒・距などがある。

【巨魁】キョカイ かしら。おやだま。首領。張本人。
【巨漢】キョカン からだの大きな男。大男。
【巨勲（勳）】キョクン 偉大なてがら。
【巨細】キョサイ・キョコサイ ①大と小。②大小すべて。細大。
【巨材】キョザイ ①大きな材木。②すぐれた才能。また、その人。
【巨刹】キョサツ 大きな寺。大寺院。
【巨室】キョシツ ①大きな家。大家屋。②先祖代々君に仕えて、権勢のある家。〔孟子、離婁上〕
【巨儒】キョジュ 学問の深い儒学者、大学者。
【巨匠】キョショウ 国その道にすぐれた人。特に、芸術方面の大家。
【巨星】キョセイ 国①形と光の大きな恒星。②大人物。偉人。泰斗。「巨星墜つ（偉大な人物の死にいう）」
【巨族】キョゾク 権勢のある家がら。豪族。
【巨頭】キョトウ 国①大きなあたま。②おも立った人。大立て者。
【巨擘】キョハク ①おやゆび。②転じて、衆にすぐれた人。人の上に立つ人。③親分。
【巨筆】キョヒツ ①大きな筆。②りっぱな文章。
【巨万（萬）】キョマン （金銭や財産などの）数量の非常に多いこと。「巨万の富」

(4)匚2 【区】717 教3 ク　(11)9 〔區〕718 ㊀ク 㒷 qū ㊁㊥オウ・㊣オ 㒷 ōu　2272 *3668*　5031 *523F*

筆順 一 丆 ヌ 区

字義 ㊀❶さかい。境界。地域。❷小分けされた場所。また、小さい家屋。❸ところ。場所。❹わける。くぎる。しきる。小分けする。❺かくす。㊁❶物をかくす（蔵する）場所。❷量の名。一区は十六升。約三・一リットル。国ク。㋐行政区画の一つ。㋑法令施行の目的で定められた地域の区画。「選挙区」

難読 区界・区区

解字 金文  篆文  会意。品＋匸。品は、多くの物の意味。匸は、くぎってかこうの意味。多くの物をくわけするの意味を表す。區を音符に含む形声文字に、嘔・軀・驅・歐・毆・謳・鷗などがある。常用漢字の区は區の省略体。

▼管区・勝区

【区宇】クウ さかいの内。①区域。②天下。宇内。
【区寓】クウ ＝区宇。
【区画（畫）・区劃】クカク くぎり。さかい。また、くぎる。（土地などについていう）
【区区】クク ①わずか・小さな形容。「区区の衆」②つまらない・とるにたりないことの形容。「区区の節」③努力するさま。④いつくしむさま。⑤得意な（満足している）さま。
【区処（處）】クショ ①区分して処理する。②根拠としている所。また、かくれ家。いどころ。すまい。
【区署】クショ 区分して配置すること。
【区分】クブン ①しきりをして分ける。別々に分ける。弁別する。②分類。また、区別。

(4)匚2 【匹】719 常 ヒツ ひき　(4)2 〔匹〕720 ㊥ヒツ・㊣ヒチ 慣ヒキ 㒷 pǐ　4104 *4924*

筆順 一 丆 兀 匹

字義 ❶**ヒキ**。㋐織物を数える単位。二反（四丈）をいう。㋑牛馬などを数える単位。❷たぐい（類）。㋐つがい。つれあい。㋑対をなす二つのもの。㋒とも。仲間。同類。❸ひとつ。ひとり。❹身分が低い。いやしい（卑）。「匹夫」❺**たぐう**。つりあう。つれそう。並ぶ。対になる。国**ヒキ**。㋐布地の単位。二反。㋑動物を数える単位。㋒むかしの金銭の単位。十文または二十五文。

参考 俗に疋と書く。　難読 匹見・匹相・匹他・匹如身

解字 金文  篆文 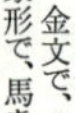 象形。金文で、よくわかるように馬の尾の象形で、馬を数えるときに用いる助字として用いる。また、布地の長さを示す単位としても用いる。また、比に通じて、たぐいの意味を表す。

▼偶匹・妃匹・馬匹・良匹

【匹偶・匹耦】ヒツグウ ①つれあい。なかま。相手。②合う。かなう。
【匹雛】ヒツスウ 一匹のひな。一説に、ボクスウと読んで、あひるのひな。匹は、鶩に通ずる。〔孟子、告子下〕
【匹儔】ヒッチュウ ①たぐい。儔も、たぐい・仲間。②つれあい。配偶者。③相手。
【匹敵】ヒッテキ ①つりあう。対等である。②対等の相手。③つれあい。配偶者。
【匹馬】ヒツバ 一匹の馬。
【匹配】ヒツバイ ①相ならぶ。②つれあい。配匹。
【匹夫】ヒップ ①ひとりの男。②身分の低い男。③教養のない男。愚夫。
【匹夫匹婦】ヒップヒップ 一人の男と一人の女。平凡な男女。一人の夫と一人の妻。低い身分の夫婦。身分の高い者は複数の夫人をもてるが、身分の低い庶民はできずに、男女各一人ずつで夫婦になるからいう。〔論語、憲問〕
【匹夫之勇】ヒップのユウ 血気にはやる小勇。腕力などをふるう低級な勇気。〔孟子、梁恵王下〕

【匹夫不レ可レ奪レ志】教養のない男でもその志が堅ければ、他人がそれを変えさせることはできない。〔論語、子罕〕三軍可レ奪レ帥也、――。訳文⇩三軍可レ奪レ帥（二三六ページ）。

【匹夫無レ罪、懐(懷)レ璧△其罪】普通の状態にある時は、善良な者でも、身分にふさわしくない財宝を所有すると、とかく罪を犯し災いを招く危険がある。〔左伝、桓公十〕

【匹婦】①ひとりの女。婦は、元来、妻（婦人）をいう。②身分の低い婦人。③教養のない婦人。愚婦。

(5)匚3
【匜】721 △ イ 因 紙 yí

字義 はんぞう（半挿）。ひさげ。水や酒などを入れる器。

解字 金文　金文　篆文　形声。匚＋也㊔。音符の也ャは、ひさげ、または女性の生殖器の象形。女性の性殖器に似た、水・酒の注ぎ口を兼ねた柄のある容器、ひさげの意味を表す。

〔匜（周代）〕

(5)匚3
【帀】722 △ ソウ（サフ）囹 zā
【帀】本字

字義 ❶めぐる。めぐらす。また、めぐり。❷あまねし。ゆきわたる。

難読 匝嵯・匝瑳

解字 甲骨文　篆文　指事。篆文は、ゆくの意味を表す之の字形をさかさまにして、進みゆかないの意味を示す。音形上では習・襲などに通じ、同じ所や時をくりかえし踏む、めぐるの意味を表す。

【匝旬】十日間。一旬。十日ひとまわりの意。

3357
4159

(6)匚4
【匡】723 囚 ㊉キョウ（キャウ）㊇コウ（クヮウ）陽 kuāng

筆順 一 𠃊 王 匡

字義 ❶ただす。ただしくする。「匡正」❷ただしい。❸すくう。たすける。ただし助ける。「匡救」❹はこ。ひつ。めしびつ。❺地名。春秋時代、衛の地。今の河南省長垣県の西。

名乗 たすく・ただ・ただし・まさ・まさし

解字 金文　篆文　形声。匚＋王（㞷）㊔。匚は、柳・竹を曲げて造ったはこの象形。音符の㞷ウォも、枉ウォに通じ、曲げるの意味。竹などを曲げて造ったはこの意味を表す。また、曲げて形を直す、ただすの意味も表す。

【匡益】悪い点を正し、ためになるようにする。その時代の弊害を正す。

【匡△諫】悪を正し、いさめる。

【匡救】悪を正し危険を救う。

【匡済(濟)】悪を正し救って善に導く。済は、すくう意。

【匡正】正しくする。わくにはめて正す。

【匡△弼】正し、たすける。弼は、助ける。

【匡復】①正し救ってもとどおりにする。②助けて復興させる。

【匡△輔】正し、たすける。輔は、助ける。

【匡△廬】廬山の別名。江西省九江市の南にあり、殷・周の時代に仙人の匡俗が隠れ住んだので名づけた。〔唐、白居易、香炉峰下……、偶題二東壁一詩〕匡廬便是逃レ名地〈廬山こそは名利を忘れるのにふさわしい地、司馬仍為二送レ老官一　司馬はやはり老後を送るのにふさわしい官である〉

2209
3629

(6)匚4
【匠】724 常 ショウ
㊉ショウ（シャウ）㊇ゾウ（ザウ）漾 jiàng

筆順 一 ア 斤 匠

字義 ❶たくみ。㋐大工。木工。「匠人」㋑細工師。職人。技術者。技芸家。「工匠」❷かしら。棟梁。先生。「師匠」「宗匠」❸さいく。こしらえ。製作。❹もくろみ。くふう。考案する。趣向などをこらす。「意匠」

名乗 なる

解字 篆文　会意。匚＋斤。匚は、さしがねの象形。斤は、おのの象形。さしがねやおのを用いる技術者の意味を表す。

▼意匠・学匠・巨匠・工匠・巧匠・師匠・宗匠・大匠・番匠・名匠

【匠意】もくろみ。くふう。考え。考案。意匠。

【匠気(氣)】職人などが好評を得ようと工夫や技巧をこらす気持ち。また、その技術をほこり、みせびらかそうとする気持ち。

【匠者】だいく（大工）。木工。匠人。匠氏。

【匠人】大工。

【匠石】昔の名工。石は名、字は伯。匠伯。

【匠伯】①匠石。②大工のかしら。棟梁。

3002
3E22

(7)匚5
【医】725 教3 イ

1669
3065

(18)酉11
【醫】726 ㊀イ 因 ㊁イ 紙 yī

筆順 一 匚 矢 医

【毉】同字

字義 ㊀❶いやす。病気をなおす。すくう。❷くすし。医者。「名医」❸みこ。かんなぎ。㊁あまざけ。うめず（梅酢）。

名乗 おさむ　難読 医王野・医師

参考 〔医エ〕は、別字で、うつぼ（矢を入れる器）の意味であるが、醫の俗字としても用いられてきた。

解字 篆文　形声。篆文は、酉＋殹㊔。音符の殹エは、エイッという、まじないの声の擬声語。治療に薬草酒などを用いるようになり、酉を付し、病気をなおす人の意味を表す。常用漢字の医は、醫の省略体による。

▼高医・侍医・大医・太医・庸医・良医

【医三世】医者は、父祖三代をへて、初めて経験を積み、名医になれるという意。転じて、三代続いた医者の薬でなければ服用すべきでないという意にも用いる。〔礼記、曲礼下〕医不二三世一、不レ服二其薬一。

【医師】①周代の官名、医療をつかさどる。医者の長。②医者。医人。くすし。

【医伯】医師の敬称。国手。

7848
6E50

(7)匚5
【匣】727 △ ㊉コウ（カフ）㊇ギョウ（ゲフ）囹 xiá

字義 ❶はこ。てばこ。ふたつきの小箱。くしげ。❷おり（檻）。＝柙。

解字 篆文　形声。匚＋甲㊔。匚は、方形のはこの意味。音符の甲は、かめのこうの象形。入れた品物をかめの甲のように、おおいかくす、こばこの意味を表す。

【匣剣(劍)】はこに入れてある剣。

5026
523A

(9)匚7
【匽】728 △ ㊀㊉エン・㊇オン 阮 yǎn ㊁㊉エン・㊇オン 願 yàn

字義 ㊀❶かくす（匿）。❷ふせる。たおす。＝偃。㊁どぶ。汚水をためる溝。また、便所。

解字 金文　篆文　形声。匚＋妟㊔。音符の妟は、まるい敷物か、枕かをあててやすらぐ婦人の象形。匚は、はこ形に区切られたかこいの意味。かこいの中にかくれてやすらぐの意味を表す。

【匽武】武器をふせる。戦いをやめること。匽兵。偃武。

3831
463F

(10)匚8
【匿】729 常 トク

(11)9 【匿】730 漢ジョク(ヂョク)・呉ニョク 韻職 nì 慣トク

筆順 一 廾 サ 若 匿

字義 ❶かくれる。ひそむ(潜)。❷かくす。つつみかくす。かくまう。「隠匿」「蔵匿」❸にげる。のがれる。さける(避)。❹かくれた悪事。よこしま。

解字 金文 篆文 形声。匚＋若音。音符の若は、すなおでおとなしいの意味。個性を出さずにかくすの意味を表す。

▼隠匿・潜匿・蔵匿・秘匿・避匿・亡匿

【匿竄】①かくれのがれる。②のがれにげる。

【匿名】①名をかくす。文書などに自分の名をしるさないこと。②かくし名。本名をかくすために仮につけた名。

(10)匸8 【匪】731 △ ヒ 韻尾 fěi 4059 485B

字義 ❶あらず。否定の助字。＝非。❷わるもの。「匪賊」❸はこ。長方形の竹のかご。＝篚。❹かの。かれ。＝彼。

解字 篆文 形声。匚＋非音。音符の非は、ふたつに分かれるの意味。「ふた」と「み」とに分かれる長方形の竹製のはこの意味を表す。篚の原字。借りて、否定のあらずの意味に用いる。

【匪躬之節(節)】自分の利害を捨て、君主のためにつくす忠節。匪躬は、身を顧みないこと。〔唐、韓愈、争臣論〕

【匪石之心】石のようにかたいが、石のようには、ころがらない心の意で、かたくて動かすことのできない心。〔詩経、邶風、柏舟〕我心匪レ石、不レ可レ転也。

【匪賊】＝匪徒。→次項。

【匪徒】①暴動をひき起こすわるもの。②隊を組んで強盗や人殺しをする悪者の仲間。匪党。匪類。

【匪人】正しくない人。人でなし。悪人。

(11)匸9 【匭】732 △ キ 韻紙 guǐ 5031 523F

字義 ❶はこ。小ばこ。❷くくる。包みしばる。

解字 形声。匚＋軌音。

(11)匸9 【區】(718) ク 区(717)の旧字体。→一五九ページ。

(11)匸9 【匿】(730) トク 匿(729)の旧字体。→一六〇ページ。

(11)匸9 【匾】733 △ ヘン 韻銑 biǎn

字義 ❶うすい。ひらたい。❷横に長い額。匾額。

解字 形声。匚＋扁音。匚は、おおいかくすの意味。音符の扁は、ひらたいの意味。ひらたいの意味を表す。

(13)匸11 【匯】734 △ 漢カイ(クワイ) 呉ガイ(グワイ) 慣ワイ 韻賄 huì 5027 523B

【滙】同字

字義 ❶めぐる。水流が旋回する。❷あつまる。多くの水流が集まる。❸為替。

解字 篆文 形声。匚＋淮音。音符の淮は、囲に通じ、めぐらすの意味。匚は、器の象形。はこの形を表す。借りて、水がめぐるの意味を表す。

(14)匸12 【匱】735 △ 漢キ 呉ギ 韻寘 guì ②③ kuì 5028 523C

字義 ❶ひつ。はこ。大きなはこ。＝櫃。❷とぼしい(乏)。また、つきる。むなしい。❸もっこ。あじか。＝蕢。

解字 篆文 形声。匚＋貴音。音符の貴は高価な品物の意味。高価な品物を入れるはこの意味を表す。

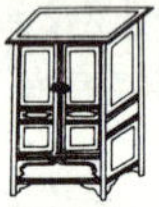
〔匱①〕

【匱竭】つきる。また、とぼしくなる。貧乏になる。

【匱櫝】はこ。ひつ。

【匱乏】とぼしい。衣食が足りないこと。貧乏。

(15)匸13 【匳】736 △ レン 奩(1434)の正字。→二七三ページ。 5029 523D

(17)匸15 【匵】737 △ 漢トク 呉ドク 韻屋 dú

字義 はこ(函)。ひつ(匱)。

解字 篆文 形声。匚＋賣音。

2 十部

〔部首解説〕じゅう。十をもとにして、廿(二十)・卅(三十)・世(三十年)など、十の倍数を表す文字ができているが、部首としての十の形には、一定した意味はない。

升→廾部 三六六ページ。仐→人部 六三ページ。古→口部 一八三ページ。
丗→一部 二七ページ。卒→亠部 五三ページ。直→目部 七六三ページ。
阜→阜部 一二五六ページ。真→目部 七六六ページ。率→亠部 五五ページ。
辜→辛部 一〇七七ページ。準→氵部 一三八ページ。準→氵部 六六三ページ。
嘏→口部 二三三ページ。矗→目部 七七三ページ。顰→頁部 一二〇三ページ。

(2)0 【十】738 教1 ジュウ・ジッ とお・と 十重二十重・二十歳・二十日 2929 3D3D

漢シュウ(シフ) 呉ジュウ(ジフ) 韻緝 shí 唐シン 慣ジッ

筆順 一 十

字義 ❶とお。と。そ。❷とたび。十回。❸十倍。❹多数。❺十分。完全。❻全部。いっさい。「十中八九」

名乗 かず・しげ・そ・ただ・とみ・ひさし・みつ・みつる

難読 十河・十九淵・十九島・十五月・十三・十三里・十姉妹・十時・十七夜・十寸見・十川・十大功労・十島・十二月一日・十二月晦日・十二月田・十二社・十二神・十二仏・十二里・十八女・十八成・十八番・十弗・十六合・十六島・十六盤・十六夜・十和

参考 ①金銭の記載などには、文字の改変を防ぐため、什・拾の字を用いることがある。②前後の音韻の調和をもとめて、特に「シン」と読む場合がある。「南朝四百八十寺」

解字 甲骨文 篆文 象形。甲骨文でわかるように、針の形にかたどり、はりの意味を表す。針の原字。借りて、数の「とお」の意味に用いる。

【十悪(惡)】十種の悪行。①謀反・謀大逆・謀叛・悪逆・不道・大不敬・不孝・不睦・不義・内乱。②仏 殺生・偸盗・邪婬・妄語・両舌・悪口・綺語・貪欲・瞋恚・邪見。

【十一】十分の一。一割。「十一税」は収入の十

分の一の税。

【十雨】 十日に一度雨の降ること。農作物の生長に適した降雨とされた。「五風十雨」

【十駕】 十たび駕する。駕は、馬車に馬をつなぐこと。のろまな馬でも十日間走ると、一日に千里を行く馬に追いつく。転じて、鈍才でも努力すれば成功することのたとえ。〔荀子、勧学〕駑馬十駕、功在レ不レ舎

【十戒・十誡】 十か条のいましめ。①仏沙弥・沙弥尼の守るべき十戒。殺生・偸盗・邪婬・妄語・飲酒・香鬘を塗飾する・歌舞観聴・高広の大牀に坐する・非時の食・金銀宝を蓄える。一説に、飲酒までの五つに食肉・邪見・毀・謗・欺誑を加える。また、食肉以下のかわりに、過罪を説く・自ら讃え他を毀る・慳・瞋・三宝を謗るを加える。②キリスト教で、神がモーゼに与えた十戒。モーゼの十戒。他神崇拝・偶像礼拝・神名濫称・安息日不履行・父母に対する不敬・殺人・姦淫・偸盗・偽証・貪欲。（戒・誡は仏教では、十戒と書き、キリスト教では十誡とも書く）

【十界】 仏＝十法界。

【十干】 五行（木・火・土・金・水）を兄と弟とに分けたもの。甲（木の兄）・乙（木の弟）と、以下これに準ずる。丙・丁・戊・己・庚・辛・壬・癸と書き表す。干は幹、また、母の意。十干は十母ともいい、十二支と合わせて干支といい、年や日の順序を示すのに用いる。↓干支（三五〇ページ）。

【十行倶下】 読書の速度の速いこと。一度に十行を読みくだす意。〔梁書、簡文帝紀〕

【十三経（經）】 儒教で基本とする十三種の経典。周易（易経）・尚書（書経）・毛詩（詩経）・周礼・儀礼・礼記・春秋左氏伝・春秋公羊伝・春秋穀梁伝・論語・孝経・爾雅・孟子。宋代以後にできた呼称。

【十室之邑】 家が十軒しかないような小さな村。〔論語、公冶長〕

【十日菊】 陰暦九月九日の菊の節句の翌日の菊。時期おくれで役にたたない物事のたとえ。六日の菖蒲も同じたとえ。六菖十菊。

【十千】 ①数量の多いこと。②一万銭。多くの銭。また、値段の高いこと。

【十全】 少しも欠点がないこと。完全。

【十善】 ①仏十悪を犯さないこと。前世で十善を行えば現世に天子に生まれるという。↔十悪。②国「十善の位」は、天皇の位。「十善の君・十善の主」は、天皇。

【十霜】 十年。十星霜。十秋。十春秋。

【十哲】 十人のすぐれた人。孔門の十哲（孔子の門人中の十哲）は、顔淵・閔子騫・冉伯牛・仲弓・宰我・子貢・冉有・季路・子游・子夏。

【十二因縁】 仏人間の過去・現在・未来の三世にわたる生死流転の十二の因果。無明・行・識・名色・六処・触・受・愛・取・有・生・老死。

【十二支】 子・丑・寅・卯・辰・巳・午・未・申・酉・戌・亥。時日・方角などを示すのに用い、十干と組み合わせて干支という。支は枝、また、子の意。十干を一に十母というに対して、十二子ともいう。→干支（三五〇ページ）。

【十二時】 ①㋐一日を十二の時に分けたもの。夜半・鶏鳴・平旦・日出・食時・隅中・日中・日昳・晡時・日入・黄昏・人定。㋑一昼夜。一日中。二六時中。②国㋐昔、真夜中・真昼をそれぞれ九つとし今の二時間を単位として順次に八つ・七つ・六つ・五つ・四つとしたもの。また、真夜中を起点として今の二時間を単位とし、これに十二支を子から順次に配したもの。それぞれを子の刻・未の刻などと呼ぶ。㋑＝①の㋑。

【十二獣（獸）】 十二支に配当した十二種の動物。鼠（子）・牛（丑）・虎（寅）・兎（卯）・竜（辰）・蛇（巳）・馬（午）・羊（未）・猿（申）・鶏（酉）・犬（戌）・猪（亥）。

【十二律】 音楽の十二の調子。大体、今の一オクターブ（八度音程）を十二分したもので、黄鐘の律を基本とする。なお、十二律を六律と六呂とに分ける。

【十二郎】 排行（一族のうちで同じ世代に属する兄弟やいとこなどを年齢順に番号で示したもの）が十二番目の男子。〔唐、韓愈、祭二十二郎一文〕

【十年磨二一剣（劍）一】 長年、苦心して武芸を練ること。唐の賈島の「剣客詩」の句。

【十八公】 松をいう。松の字は十と八と公に分けられるから。

【十八史略】 書名。七巻。宋末元初の曾先之が、史記から宋代の史書に至るまでの十八の史書から重要で興味のある話を集めて編修した、初学者用の上古から宋末までの通史。

【十八番】 国①歌舞伎の市川家に伝わる新旧各十八番の得意な芝居。②得意な芸。おはこ。

【十風五雨】 十日に一度風が吹き、五日に一度雨が降る。農作物に適した天気ぐあい。五風十雨ともいう。

【十分】 物事の満ち足りること。充分。

【十方】 仏四方（東西南北）と四隅（四方の中間である南東・南西・北東・北西）と上下。転じて、世界・宇宙。

【十法界】 仏地獄・餓鬼・畜生・修羅・人間・天上・声聞・縁覚・菩薩・仏の十種の世界。十界。

【十万（萬）億土】 仏十万億仏土の略。①現世から極楽に至る間にあるという仏の国の称。②転じて、その向こうにあるという極楽。非常に遠い土地。

【十目所レ視、十手所レ指】 多くの人々が見、指さすところ。その批判は厳正で、かくしようもないとされる。〔大学〕——、其厳乎〈——、それはなんと厳正なものであることよ〉

【十有五而志二于学（學）一】 十五歳の時に学問で身を立てようと決意する。孔子の言葉。このことから十五歳を「志学」という。有は又と同じ。〔論語、為政〕——、三十而立〈——、三十歳になると学問・思想の基礎が確立した〉

【十六国（國）】 →五胡十六国（四六ページ）。

(3)1 【廿】 739 △ ジュウ 廿（742）の俗字。→一六四ページ。

(3)1 【千】 740 教 1 セン ち

筆順 ノ 二 千

セン 㐬 qiān　3273　4069

字義 ❶セン。ち。百の十倍。❷千たび。千回。また、千たびする。❸数の多い意を表す。「一騎当千」

名乗 かず・ゆき 難読 千屋・千岩・千厩・千曲・千屈菜・千剣破・千五百秋・千歳・千種・千草・千装・千代・千旦・千年・千破屋・千夫・千万億・千明・千役・千路

参考 ①金銭の記載などには、文字の改変を防ぐために、仟・阡の字を用いる。②→万（9）の参考。

解字 甲骨文 金文 篆文

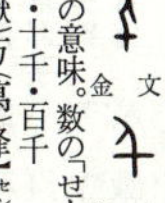

会意。人＋一。人は、多くのものの意味を示す。一はひとつの意味。数の「せん」の意味を表す。

▼秋千・十千・百千

【千岳（嶽）万（萬）峰】 多くの山々。〔木戸孝允、偶成詩〕→山堂（三元ページ）。

【千客万（萬）来（來）】 店などに、多くの客が次々と来ること。

【千金】 ①大金。非常に高価な値。②金持ち。富豪。

千金之裘、非二一狐之腋一 非常

に高価な皮衣は、多くの狐の腋（わきの下）の皮を集めて作ったもので、一匹の狐のものだけではできない。国を治めるには多数の賢者の協力を必要とするのたとえ。〔史記、劉敬叔孫通伝論賛〕

【千金△之子、△坐不レ垂レ堂】富豪の子は墜落することを恐れて、座敷のはずれにはすわらない（垂は端、外に近い所）。自分の身のたいせつにすべき価値のあることを知っているの意。重要な地位にある人、大望をもっている人は、つまらない事のために危険を冒してはならないという戒め。〔史記、袁盎伝〕

【千金△之子、不レ死二於盗賊一】富豪の子は、盗賊などと争って命を失うようなつまらない事をしないの意。〔宋、蘇軾、留侯論〕

【千金△之珠、必在二九重△之△淵一】非常にすぐれた珠は、必ず深い淵に産する。それを得るには危険を冒さねばならぬことから、危険を冒さねば大業・功名を成し得ないことのたとえ。〔荘子、列禦寇〕

【千軍万（萬）馬】①多くの軍隊と多くの軍馬。②多くの（また、はげしい）戦い。また、その経験のあること。「千軍万馬の間」

【千古】①おおむかし。遠い昔。②遠いのちの世。③永久。永遠。

【千古不磨】永久にほろびない。永久に伝わる。千古不朽。磨は、すりへってなくなること。

【千呼万（萬）喚】幾度となくしきりに呼ぶこと。喚も、よぶ。〔唐、白居易、琵琶行〕

【千差万（萬）別】いろいろさまざま。種々雑多。多種多様。

【千歳憂】千年も先の心配。→生年の②（七三四ページ）。

【千歳△之後】①千年後。遠い未来。②生きている人の未来の死を、「死ぬ」ということを忌んで言う語。

【千載】千歳。千年。ちとせ。遠い年月。「千載一遇」〔唐、崔顥、黄鶴楼詩〕白雲千載空悠悠

【千載一遇】千年に一度遭遇するほどの機会。めったにない好機会。千載一時。〔文選、袁宏、三国名臣序賛〕

【千載列二青史一】永遠に歴史に名をとどめる。青史は、歴史。紙のなかった時代、竹の青皮を火であぶり、その上に書いたことからいう。〔頼山陽、述懐詩〕安得下類二古人一、千載列中青史上〈何とかして昔の偉人のようにすぐれた功績を挙げて永遠の名を歴史に残したいものだ〉

【千山万（萬）岳（嶽）】多くの山々。

【千山万（萬）△壑】多くの山や谷。山々谷々。

【千山万（萬）水】多くの山川。果てしなく続く山川。

【千紫万（萬）紅】花などの色の種々様々なこと。また、いろとりどりの花。千紅万紫。

【千字文】書名。一巻。南朝梁の周興嗣の著。文字を習得するための初級教科書。「天地玄黄」から「焉哉乎也」に亘る四字句二百五十句、一千字から成る。なお、他にも『広千字文』などがある。

【千秋】一千回の秋の意。①千年。②永久。

【千秋節（節）】唐代、天子の誕生日をいう。後、天長節と改めた。（皇后・皇太子には千秋令節という）

【千秋万（萬）古】＝千秋万歳。↓次項。

【千秋万（萬）歳】①千年万年。非常に長い年月。千万年の後まで。永久。②人の長生きを祈るにいう語。「いつまでも健康であるように」との意。万歳。

【千秋楽（樂）】①唐の玄宗の誕生日（千秋節）に演奏した楽曲の名。②国㋐雅楽の曲名。㋑法会の時の雅楽の最後にこの曲を演奏する習慣から、演劇・相撲などの興行の最終日をいう。（演劇などでは秋を穐（穐）とも書く）㋒物事の最後をいう。

【千丈△之堤以二螻△蟻△之穴一△潰】高大な堤防も小さな螻や蟻の穴からくずれる。きわめて小さい事にも注意していないと、その失敗からついに大事が破れることのたとえ。油断大敵。〔韓非子、喩老〕

【千状（狀）万（萬）態】いろいろなさま。

【千乗（乘）△之家】兵車千乗（千台）を出すことのできる領地を有する家。家は、卿・大夫。家老。大諸侯の家老の家。〔孟子、梁恵王上〕万乗之国弑二其君一者、必千乗之家

【千乗（乘）△之国（國）】諸侯の国。また、大諸侯の家老の国。→千乗之家（前項）。

【千乗（乘）万（萬）騎】非常に多くの車と騎馬。天子の一行の行列をいう。〔唐、白居易、長恨歌〕千乗万騎西南行 訳文⇩九重の②（三八ページ）。

【千畳（疊）】①山などの幾重にもかさなりあっていること。②国千枚のたたみ。「千畳敷き（非常に広いたとえ）」

【千辛万（萬）苦】国かずかずの難儀。非常に多くの苦難。

【千△仞・千尋】千ひろ。非常に深い、または高いこと。「千仞の渓に」

【千千】①数の非常に多いこと。千万。②草木の青々と茂っているさま。芊芊に通ずる。

【千村万（萬）落】多くの村落。〔唐、杜甫、兵車行〕君不レ聞漢家山東二百州、千村万落生二荆杞一〈諸君もご存知であろう、漢の国家の中国東半分の二百州ではどの村々もすべて雑草の類がおいしげっていることを〉

【千△朶】多くの、花のついた枝。多くの花。「千朶万朶の花」

【千態万（萬）状（狀）】＝千状万態。

【千変（變）万（萬）化】非常に変化すること。変化きわまりないこと。〔列子、周穆王〕

【千△篇一律】①多くの詩文が皆似た調子であること。一律は、同じ調子。②転じて、物事の一本調子なこと。

【千万（萬）】①千と万。また、一千万。②千たび万たび行う。③いろいろ。さまざま。④いくえにも。くれぐれも。⑤どのような場合でも、必ず。きっと。万々。⑥かたじけなく思うの意。多謝。⑦国㋐はなはだしい。この上もない。非常に。「迷惑千万」㋑万一。万が一にも。

【千万（萬）無量】①非常に数多くの門。国はかり知れぬほど多い。はなはだしい。

【千門】①非常に数多くの門。②多くの家。千家。③宮殿の門。〔唐、杜甫、哀江頭詩〕江頭宮殿鎖二千門一

【千門万（萬）戸】①禁中に宮室の多いこと。②市中にこみあって立ち並んでいるたくさんの家をいう。

【千羊△之皮、不レ如二一△狐△之△腋一】千匹の羊の皮の価も、一匹の狐の腋（わきの下）の毛皮の価に及ばない。つまらない人（物）がいかに多くとも、一人（一個）のすぐれた人（物）に及ばないとのたとえ。〔史記、趙世家〕

【千葉】①草木のたくさんの葉。②八重咲きの花の花弁。③千年。

【千里】①一里の千倍。また、非常に遠い距離をいう。〔孟子、梁恵王上〕叟不レ遠二千里一而来。②千里四方。非常に広い面積。いたるところ。〔唐、杜牧、江南春詩〕千里鶯啼緑映レ紅。

【千里客】遠来の客。遠方から来た旅人。

【千里眼】①千里も遠くまで見る力をもっている目の意で、目に見えない事物、または将来のことなどをはかり知る能力。②国①の能力を有する人。

【千里△駒】①＝千里馬。②年少で才能のすぐれている者のたとえ。駒は、子馬。

【千里月】はるか遠くまで明るく照らす月。

【千里国(國)】センリのくに ①遠国。②千里四方もある強大な国。

【千里之外】センリのそと 千里も遠いところ。遠く離れた土地。

【千里之行始於足下】センリのコウもソッカよりはじまる 千里もの遠くへ行く旅行も最初の一歩から始まる。大事業も最初はごく小さいところから出発するたとえ。また、物事は一足イッソクとびに成就することのできないことのたとえ。〔老子、六十四〕訳文⇒九層之台起於累土キュウソウのダイもルイドよりおこる（三八ペ）。

【千里之志】センリのこころざし ①千里も遠い所へ行こうという志。②大きな志。高い志。

【千里舟】センリのふね ①千里も遠くから来た、または、行く舟。②一日に千里も走る速い舟。

【千里同風】センリドウフウ ①千里四方に同じ風が吹く。世の中がよく治まっていること。②広い地域が同一風俗であること。

【千里馬】センリのうま 一日に千里も走るすぐれた馬。名馬。駿馬シュンメ。〔唐、韓愈、雑説〕世有伯楽よにハクラクありて、然後有千里馬しかるのちにセンリのうまあり。〈世間に馬のよしあしを見分ける名人がいてこそ、はじめて一日に千里も走る名馬が世に現れる〉

【千里目】センリのめ 遠方をながめる目。また、その視界。〔唐、王之渙、登鸛鵲楼詩〕欲窮千里目センリのめをきわめんとほっし、更上一層楼さらにのぼるイッソウのロウ。〈千里かなたの眺望を極め尽くそうとして、更に一層上まで登って行った〉

【千慮一失】センリョのイッシツ 常に失敗しない人のたまの失敗。また、十分に注意していながら生じた手ぬかり・失敗。また、わずかな失敗。思わぬ失敗。〔史記、淮陰侯伝〕智者千慮必有一失チシャもセンリョにかならずイッシツあり。

【千慮一得】センリョのイットク 常に失敗ばかりしている人のたまの成功。愚者の成功。→千慮一失（前項）。

(4)2 **【午】** 741 教 2 ゴ 麌 wǔ　2465 *3861*

筆順 [stroke order]

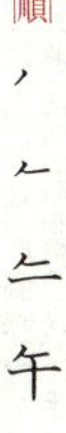

字義 ❶うま。㋐十二支の第七位。㋑月では陰暦五月。「端午」㋒時刻では正午。うまの刻。今の昼の零時、およびその前後二時間。一説に、正午から後の二時間。㋓方位では南。㋔五行では火。㋕動物では馬。❷さからう。そむく。もとる。❸まじわる。交錯する。十文字に交わる。　名乗 ま

解字 甲骨文 [glyph] 金文 [glyph] 篆文 [glyph] 象形。金文でわかるように、両人がかわるがわる手にしてつく「きね」の象形。交互になるの意味から、陰陽の交差する十二支の第七位のうまの意味を表す。杵ショの原字。午を音符に含む形声文字に、許キョ・許コ・迕ゴなどがあり、これらの漢字は、「きね」の意味を共有している。

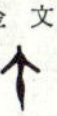

▼子午・正午・端午・亭午・丙午

【午陰】ゴイン 真昼の木陰こかげ。
【午影】ゴエイ 真昼の日光。真昼の日ざし。
【午下】ゴカ 昼過ぎ。昼さがり。午後。
【午月】ゴゲツ ①陰暦の五月。②午夜の月。夜の十二時の月。〔→午夜。〕
【午刻】ゴコク うまの刻。→字義の❶の㋒。
【午日】ゴジツ 陰暦の五月五日。端午の日。
【午睡】ゴスイ ひるね（昼寝）。
【午熱】ゴネツ 真昼の暑さ。正午ごろの暑さ。
【午夜】ゴヤ ①夜の十二時ごろ。ま夜中。午は、正午の午の転用。②五の代用。→五夜（四八ペ）。

(4)2 **【廿】** 742 標 漢ジュウ（ジフ）呉ニュウ（ニフ）緝 niàn　3891 *467B*

［廿］俗字

字義 にじゅう（二十）。はたち。

難読 廿山つづやま・廿山つつやま・廿日はつか・廿日出はつかで・廿楽つづら

解字 甲骨文 [glyph] 金文 [glyph] 篆文 [glyph] 会意。十＋十。十を二つ合わせて、二十の意味を表す。

(4)2 **【卅】** 743 △ ソウ（サフ）合 sà　5033 *5241*

［丗］俗字

字義 さんじゅう（三十）。みそ。

解字 金文 [glyph] 篆文 [glyph] 会意。十＋十＋十。十を三つ合わせて、三十の意味を表す。

(4)2 **【卆】** 744 △ ソツ 卒（98）の俗字。→五三ペ。　5032 *5240*

［升］→升部 三六六ページ。

［仐］→人部 六二ページ。

(5)3 **【卉】** 745 標 キ 卉（748）の印刷標準字体。→一六五ペ。　5035 *5243*

(5)3 **【半】** 746 教 2 ハン なかば　4030 *483E*

(5)3 **［半］** 747 ハン 翰 bàn

筆順 [stroke order]

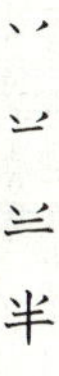

字義 ❶なかば。㋐半分。㋑まんなか。中央。「夜半」㋒なかほど。途中。㋓たけなわ。最中。❷かたはし。はし（端）。はしきれ。はんぱ（半端）。＝片。❸わける（分）。中分する。二分する。❹わずか。少し。❺完全でない。終わらない。中途半端ハンパ。「一知半解」❻小さい。「半鐘」国ハン。さいころの目で奇数。↔丁チョウ。❼なかばする なかばす。半分ぐらいである。同じぐらいである。「丁半」

難読 半家はげ・半靴ほうか・半城はんじょう・半井なからい・半銭きなか・半布にゅう・半風子しらみ・半平はんぺん

解字 金文 [glyph] 篆文 [glyph] 会意。八＋牛。八は、わけるの意味。牛は、うしの象形。牛のように大きな物を二つに分けるの意味を表す。半（半）を音符に含む形声文字に、伴・判・胖ハン・畔・袢ハン・絆ハンなどがあり、これらの漢字は、「はんぶん」の意味を共有しているものが多い。

▼過半・少半・折半・太半・丁半・夜半

【半可通】ハンカツウ 国①少しばかりわかって満足している人。なまわかり。②知ったかぶりをする人。
【半開】ハンカイ ①なかば開く。②（雨・雪などが）なかば晴れる。③花がなかば咲く。
【半解】ハンカイ ①二つに分ける。②なかばとける。③少しばかり理解する。なまわかり。「一知半解」
【半酣】ハンカン たけなわ。さかん。酒の席などにいう。
【半眼】ハンガン 目を少し開いた状態。
【半規】ハンキ 半円。また、半円形の物。規は、コンパス。
【半期】ハンキ ①半年。②一期間の半分。
【半旗】ハンキ 国不幸を弔う意を表すために、旗を、旗竿はたざおの先から、少し下の所に掲げるもの。弔旗の一つ。
【半弓】ハンキュウ ①丸いものが半ば欠けて弓形になった形。弓形。②国大弓の半分ほどの長さの弓。
【半空】ハンクウ ①一定の空間の中ほど。また、半天。中空。②なかばむなし 半分ほどは、ない。
【半夏】ハンゲ ①草の名。半夏草。からすびしゃく。②半夏生ハンゲショウの略。半夏草の生えるころの意。七十二候の一つ。夏至の第二候。夏至から数えて十一日目。陽暦の七月二日ごろ。田植えの終期とされた。③仏夏安居ゲアンゴの結夏ケツゲと夏解ゲゲ（あき）の中間の時期をいう。
【半月】ハンゲツ ①半分ほどかけた月。陰暦七・八日ごろの弓張り月。弦月。②ハンゲツ・ハンつき 一か月の半分。
【半山】ハンザン 山の中腹。山腹。
【半子】ハンシ むこ。女婿。なかば子に当たる意。
【半死】ハンシ なかば死ぬ。死にかかる。〔唐、劉廷芝、代悲白頭翁詩〕応憐半死白頭翁まさにあわれむべしハンシのハクトウオウ。
【半死半生】ハンシハンショウ なかば死に、なかば生きている状態。死にかかっているさま。生死の境。
【半菽】ハンシュク ①すこしのまめ。また、豆をまぜたかゆ。②わずか

な食糧。また、粗末な食べ物。
【半宵】ショウ =半夜。
【半^霄】ショウ =半天の②。霄は、おおぞら。
【半鐘】ショウ 国小さいつりがね。火事などを知らせるのに用いる。
【半畳(疊)】ジョウ 国①一畳の半分の広さのたたみ。②昔、芝居小屋で見物人が敷いた小さな畳、また、ござ。③悪口。やじ。ひやかしのことば。昔、役者の芸に対する不満を表明するために、見物人が半畳を舞台に投げてののしったことに基づく。「半畳を入れる」④転じて、さし出口。
【半信半疑】ハンシンハンギ なかば信じなかば疑う。
【半酔(醉)】スイ なかばよう。ほろよい。
【半世】セイ =半生の①。
【半生】セイ ①一生の半分。半生涯。半世。②ショウ 死にかかっていること。半死半生。
【半切】セツ ①半分に切る。②唐紙(トウシ)(書画用の紙)を縦に半分に切ったもの。③国㋐きれ 手紙を書く紙。巻紙。㋑ぎり ㊥能装束の袴(はかま)の一種。㋒底の浅い桶(おけ)。
【半折】セツ ①半分に分ける。②半分に折れる。③半分がだめになる。④=半切の②。
【半天】テン ①天(空)の半分。②天の中ほど。中空。③国羽織に似た上っぱり。半纏(ハンテン)。
【半点(點)】テン ①少しばかり。②なかばテンず なかば開く。
【半点(點)鐘】ハンテンショウ ①半時間ごとに打ち鳴らす鐘。②転じて、三十分。
【半途・半塗】ト ①道のなかば。②事のなかば。
【半道】ドウ ①道のなかば。②国みち 一里の半分。
【半白】パク ①半分が白い。②白髪まじりの髪。斑白(ハンパク)。頒白(ハンパク)。
【半帆】パン ①ななめになっている帆。片帆。②なかば揚げた帆。
【半腹】プク 山の中ほど。中腹。
【半壁】ペキ 壁の半分。また、断崖(ダンガイ)や急傾斜でそびえ立つ山などの中ほど。
【半^璧】ペキ ①半分に欠けた璧玉。②弓張り月。弦月。
【半面】メン ①顔の半分。②平たい面の半分。③物の片側。物事の一面。
【半面^之識】ハンメンのシキ 少しばかり知りあっていること。
【半夜】ヤ ①よなか。夜半。「半夜鐘」②一夜の半分。
【半輪】リン 半分のわ。半月をいう。陰暦七・八日ごろの弓張り月。〔唐、李白、峨眉山月歌〕峨眉山月半輪秋(ガビサンゲツハンリンのあき)。
【半^嶺】レイ 山のみねのなかば。山腹。

[古]→口部 一八二ページ。 [丗]→一部 三七ページ。

(6)4【卉】748 △ 一キ 尾未 huì 二㊥クッ・㊓クチ 物 [卉] 5035 *5243*

[芔]標準 [芔]本字

字義 一❶くさ。草の総称。「花卉」❷くさき。草木の総称。❸さかん(盛)。 二❶はやい。❷さかん。❸風の音の形容。

解字 甲骨文 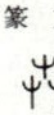 篆文  会意。屮+屮。草がたくさん集まったさまから、多くの草の意味を表す。

(6)4【卋】749 △ セイ 世(18)の古字。→二六ページ。

(6)4【卍】750 △ ㊥バン ㊓マン 願 wàn 5036 *5244*

字義 まんじ(万字の意)。仏書に用いられる万の字。もと、仏の胸上にある吉祥万徳(幸福と功徳)の標識。それを中国の訳者が万の字の代わりに用いた。国まんじ。㋐卍のような形や紋所。㋑入りみだれるさま。「卍巴(まんじともえ)」

参考 一説に、字形卍は誤りで、卐が正しいともいう。卍を「ひだりまんじ」、卐を「みぎまんじ」という。

解字 象形。もと、インドの、ヴィシュヌ(クリシュナ)神の胸の旋毛の象形で、吉祥万徳(幸福と功徳)のしるしの意味を表す。

(8)6【協】751 教4 キョウ ㊥キョウ(ケフ) ㊓ギョウ(ゲフ) 葉 xié 2208 *3628*

筆順 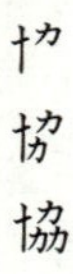

[叶]古字 1980 *3370* [恊]同字 5580 *5770*

字義 ❶かなう(かなふ)。㋐あう(合)。一致する。㋑和合する。❷あわせる(あはす)。力をあわせる。❸ともにする。一致させる。「妥協」❹やわらぐ(和)。親しくなる。「和協」❺従う。服従する。

名乗 かのう・やす

参考 『説文(セツモン)』では、協は衆人が力を合わせる意、協は衆人が心を合わせる意とするが、同字として用いられる。

解字 文  古  篆 形声。十+劦㊉。音符の劦(キョウ)は、力を合わせるの意味。十は多いの意味。一つの仕事に二人以上の力をあわせる、かなうの意味を表す。

▼妥協

【協議】ギ 話し合う。話し合い。相談。
【協賛(贊)・協^讃】キョウサン 力をあわせ、助けること。
【協商】ショウ ①=協議。商は、相談。②国国家間で、同盟関係に至らぬ程度の協定をすること。
【協心】シン 心を一つに合わせる。「協心戮力(リクリョク)」
【協奏】ソウ 種々の楽器をあわせて演奏すること。
【協調】チョウ ①たがいに仲よくする。協和。和合。②他人と調子をあわせる。
【協定】テイ ①話しあってきめる。②国際間の条約の一種。条約文に厳密な形式をとらぬもの。
【協同】ドウ ①一致する。②多くの人・団体が、力をあわせて、一緒に物事をする。→共同(二六ページ)。
【協約】ヤク ①協議して約束する。②国家間の略式の条約。
【協力】リョク 力をあわせること。
【協和】ワ 心をあわせ仲よくすること。

(8)6【卓】752 常 タク タク 覚 zhuō 3478 *426E*

筆順 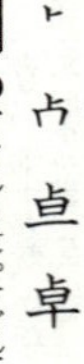

[桌]同字

字義 ❶すぐれる(すぐ)。すぐれている。高く抜け出ている。❷たかい(たかし)。❸たつ。たてる。❹つくえ(机)。テーブル。「食卓」

難読 卓子(テーブル)・卓袱(しっぽく)・卓袱台(ちゃぶだい)

名乗 たか・たかし・つな・まこと・まさる

解字 金文  篆文  会意。匕+早。匕は、人の象形。早は、あけがたの意味。人が、昇り始めた朝の太陽より高いさまから、高くすぐれるの意味を表す。卓を音符に含む形声文字に、倬(タク)・悼(トウ)・掉(トウ)・罩(トウ)・棹(トウ)・踔(タク)・逴(タク)などがあり、これらの漢字は、「高くおどりあがる」の意味を共有している。

▼超卓

【卓異】イ ずばぬけてすぐれていること。
【卓逸】イツ =卓越。「卓逸不群」
【卓越】エツ すぐれている。とびぬけている。「出群卓越」
【卓見】ケン・タッケン すぐれた考え。ひいでた見識。卓識。
【卓行】コウ・タッコウ すぐれた行い。高行。
【卓才】サイ すぐれた才能。
【卓子】シ つくえ。テーブル。
【卓^爾】ジ 高くすぐれているさま。また、高遠なさま。
【卓識】シキ すぐれた見識。卓見。
【卓説】セツ すぐれてりっぱな説・意見。
【卓絶】ゼツ =卓越。絶は、他から高くかけ離れていること。
【卓然】ゼン =卓爾(タクジ)。
【卓文君】タクブンクン 前漢の司馬相如の妻。蜀(シヨク)(今の四川省)の富豪、卓王孫の娘。文才があった。
【卓^犖】ラク ①非常にすぐれていること。②謀略に秀で才気のすぐれていること。
【卓^礫・卓^躒】ラク =卓犖(タクラク)。

【卓立】タクリツ　他よりはるかにぬきんでていること。
【卓論】タクロン　＝卓説。

(8)6
【卑】(755)　ヒ　卑（754）の旧字体。→一六七ページ。

【卒】→亠部　五三ページ。
【直】→目部　七六二ページ。
【阜】→阜部　一二五六ページ。

(9)7
【南】753　教2　ナン・ナ　みなみ　3878　466E

㊀ナン　覃 nán　㊁ナ　nā

筆順　十　冂　南

字義　㊀❶みなみ。↕北。❷南方。南国。❸みなみする。南へ行く。❹南方異民族の音楽。❺『詩経』の二つの詩。周南・召南。❻君主。南面の君。❼五等爵（公・侯・伯・子・男）の男。㊁→南無。

名乗　あけ・なみ・みな・よし　難読　南下（のうげ）・南界（そじ）・南向（おなか）・南井（おおい）・南白亀（なばき）・南百（など）・南部（みなべ）・南風（はえ）・南風崎（はえのさき）・南平（なめら）・南茅部（みなみかやべ）・南木曾（なぎそ）

解字　甲骨文 　篆文 　会意。甲骨文は、屮十入十凡。屮は、草の象形。入は、はいるの意味。凡は、かぜの意味。春になってしのび入り、草木の発芽を促す南風の意味から、みなみの意味を表す。一説に、南方に行われた楽器の象形から、みなみの意味を表すという。篆文は、形声、宋十羊㊥。

▼指南・図南・漢南

【南夷】ナンイ　南方地方の未開の異民族。南蛮。
【南越・南粤】ナンエツ　南方の越の地方。昔の百越（未開人の一つ）の地。今の福建・広東・広西チワン族自治区の各省とベトナム北部。秦末から漢の武帝時代まで、南越国があった。
【南苑】ナンエン　唐代、長安の宮殿の南にあった庭園。〔唐、杜甫、哀江頭詩〕憶昔霓旌下二南苑一（おもう〈ふ〉むかしゲイセイのナンエンにくだりしとき）。
【南燕】ナンエン　国名。五胡十六国の一つ。鮮卑族の慕容徳が建てた国。今の山東省東部を領有した。（四〇〇—四一〇）
【南音】ナンオン　南方の音楽。
【南瓜】ナンカ・かぼちゃ　うり類の一種。とうなす。
【南柯夢】ナンカのゆめ　人生のはかないことのたとえ。唐の淳于棼（ジュンウフン）が槐（えんじゅ）の木の南柯（枝）の下に寝て、夢に槐安国（カイアンコク）に至り、大いに出世して栄華をきわめたが、夢がさめてから、その国が蟻（あり）の穴（巣）であることを知ったという故事。〔異聞集〕

【南華真（眞）経（經）】ナンカシンキョウ・ナンゲシンキョウ　書名。『荘子』の別名。→次項。
【南華真（眞）人】ナンカシンジン・ナンゲシンジン　荘周の別名。唐の玄宗の天宝元年（七四二）に追贈された諡（おくりな）。→荘周（九二六ページ）。
【南画（畫）】ナンガ　＝南宗画。
【南海】ナンカイ　①南方の海。②南シナ海。③昔の郡の名。今の広東省の中部以西、及び広西チワン族自治区の東部沿岸地方。④昔の県の名。中心は今の広東省広州市。⑤春秋時代の楚（長江流域）の地方。南の地方、または南国の意で、海は、晦（暗い）で、中央から遠い地方をいう。
【南海道】ナンカイドウ　国八道の一つ。紀伊（今の和歌山県と三重県の一部）・淡路（今の兵庫県の一部）・阿波（今の徳島県）・讃岐（今の香川県）・伊予（今の愛媛県）・土佐（今の高知県）の六か国。
【南岳（嶽）】ナンガク　①南の方にある山。②山名。五岳の一つ。今の湖南省洞庭湖の南にある衡山。
【南学（學）】ナンガク　①昔、都にあった五学の一つ。太子の学ぶ学舎。②南北朝時代の南朝の学術。③国江戸時代、南村梅軒を祖として土佐（今の高知県）に起こった朱子学派の学問。
【南漢】ナンカン　国名。五代十国の一つ。劉龑（リュウゲン）の建てた国。都は今の広東省広州市。（九一七—九七一）
【南澗・南磵】ナンカン　南にある谷、また、谷川。
【南去北来（來）】ナンキョホクライ　あるいは南へ行き、あるいは北に来る。南北に往来する。〔頼山陽、送母路上短歌〕南去北来人如レ織（ナンキョホクライひとおるがごときも）、誰人如二我児母歓一（たれひとかわがジボのよろこびのごとくなる）。〈南へ北へと人は織るように続いているが、いったいだれが我々のように長寿健康で、母子ともに楽しい旅を続けている者があろうか〉
【南曲】ナンキョク　明（ミン）の戯曲。南宋（ナンソウ）の雑劇が元曲の影響を受けて発達したもの。明曲・崑曲（コンキョク）ともいう。
【南京】ナンキン　①江蘇（コウソ）省の長江南岸の都市で江蘇省の省都。古くは、金陵・建業・健康・応天府と呼ばれ、明代（ミンダイ）、都を北京に移してから南京と呼ばれた。②国㋐昔、中国・東南アジア方面から渡来したものにつける語。「南京米」㋑かぼちゃの別名。㋒ナンキョウ　奈良の別名。南都。
【南薫】ナンクン　①中国古代伝説上の舜帝（シュンテイ）の作といわれる「南風之詩（ナンプウのシ）」をいう。その詩に「南風之薫兮（ナンプウのクンずる）、可三以解二吾民之慍一兮（もってわがたみのいかりをとくべし）」とあるのによる。→南風之詩（一六七ページ）。②唐の宮殿の名。

【南郊】ナンコウ　南の郊外。町の南に続いている野原。
【南荒】ナンコウ　南方の果ての地。南方の未開の地。
【南山】ナンザン　①南の方にある山。〔晋、陶潜、飲酒詩〕悠然見二南山一（ユウゼンとしてナンザンをみる）。訳文⇩采レ菊東籬下（キクをとるトウリのもと）（九三二ページ）。②長安（今の陝西（センセイ）省西安市）の南方にある終南山の別名。〔詩経、召南、草虫〕
【南山之寿（壽）】ナンザンのジュ　終南山が永久に変わらないように、その事業の末長く続くこと。転じて、人の長寿を祈るにいう語。〔詩経、小雅、天保〕如二南山之寿一（ナンザンのジュのごとく）、不レ騫不レ崩（かけずくずれず）。
【南山不落】ナンザンフラク　終南山のように、永久に崩壊しないの意。城などの堅固なこと。
【南史】ナンシ　書名。八十巻。唐の李延寿（リエンジュ）の著。南朝の宋・斉・梁（リョウ）・陳の百七十年間の歴史を記した書。二十四史の一つ。
【南至】ナンシ　冬至（トウジ）。太陽が南の極点に至るの意。
【南宗画（畫）】ナンシュウガ・ナンソウガ　唐の王維を祖とする（という）東洋画の一派。水墨または淡彩をもって描き、主観的写実を特色とする。明（ミン）・清（シン）代に盛行し、沈石田（シンセキデン）とその門人の文徴明、董其昌（トウキショウ）らが有名。日本では江戸中期から受け入れ、池大雅（いけのタイガ）・与謝蕪村（ヨサのブソン）などの描いたものが有名。南画・文人画ともいう。↕北宗画（北画）。
【南垂・南陲】ナンスイ　南のはて。また、その地方。
【南斉（齊）】ナンセイ　王朝の名。南北朝時代、南朝の一つ。始祖は蕭道成（ショウドウセイ）。都は建康（今の江蘇（コウソ）省南京市）。七代、二十四年（四七九—五〇二）。
【南斉（齊）書】ナンセイショ　書名。五十九巻。南朝の梁（リョウ）の蕭子顕（ショウシケン）の著。南朝斉の歴史を書いたもので、二十四史の一つ。
【南船北馬】ナンセンホクバ　①南方地方の交通は川が多いので船により、北方地方は山野が多いので馬によるの意。②転じて、各地をいそがしくかけ回ること。東奔西走。
【南宋】ナンソウ　宋の高宗が金（キン）に追われ都を汴（ベン）（今の河南省開封市）から臨安（今の浙江（セッコウ）省杭州（コウシュウ）市）に移し、旧領土の南半分を保っていた百五十三年間（一一二七—一二七九）をいう。↕北宋。
【南内】ナンダイ　①唐代、長安にある興慶宮の別名。②南宋（ナンソウ）の時、皇居の総称。
【南中】ナンチュウ　①南方の地方。特に嶺南（レイナン）の地方（広東（カントン）・広西チワン族自治区・福建の各省）。②天体が子午線を通過

する現象。天体の高度はこの時に最大となる。

【南朝】ナンチョウ ①東晋の後を受けて建康（今の江蘇省南京市）に都した宋・斉・梁・陳の四国をいう。↕北朝。②国第九十六代後醍醐天皇が一三三六年に吉野（奈良県内）に移ってから後の三代五十七年間、吉野にあった朝廷をいう。↕北朝（京都の朝廷）。

【南渡】ナント ①川を渡って南方に行くこと。②南方の渡し場。③晋や宋が長江を渡って都を南に移したこと。

【南唐】ナントウ 国名。五代十国の一つ。→唐の字義⑥㋒（二〇四ページ）。

【南都】ナント ①南方の都。②今の河南省南陽市（洛陽の南にある）の古名。③明代、北京に遷都してからの南京をいう。④国㋐奈良の別名。↕北都（京都）。㋑奈良の興福寺をいう。↕北嶺（比叡山延暦寺）。

【南△陌】ナンパク ①南方の道。②唐代の長安の遊楽街の名。

【南蛮（蠻）】ナンバン ①古代中国で、南方の異民族を軽べつしていう称。↕北狄。②国㋐昔、タイ・ルソン・ジャワその他の東南アジア地方をいう。㋑それらの地を経て来た西欧人（特にポルトガル人・スペイン人）をいう。㋒それらの地から渡来した物や、異国風の珍しい物の名に付ける語。「南蛮辛子（とうがらし）」

【南蛮（蠻）△鴃舌】ナンバンゲキゼツ 南方の異民族の意味の通じないことば。鴃舌は、もずの鳴き声。ただやかましくて意味の分からぬことばのたとえ。

【南風】ナンプウ ①南の風。②夏の風。五、六月ころの風。温和で生物を育てる風。③南方地方の音楽。↕南風不レ競。

【南風△之詩】ナンプウのシ 中国古代の聖天子である舜が、天下が治まり人民の生活が豊かになることを願って歌ったといわれる詩。〔十八史略、帝舜〕南風之薫兮、可三以解二吾民之慍一兮。南風之時兮、可三以阜二吾民之財一兮。

【南風不レ競】ナンプウきそわ（は）ず ①南方の音楽の調子が微弱で活気のないこと。南方の国の勢力の微弱なことのたとえ。〔左伝、襄公十八〕②国南朝（南北朝時代の吉野朝廷）の衰微をいう。

【南北朝時代】ナンボクチョウジダイ 南朝と北朝とが対立していた時代。→南朝・北朝。①東晋が滅びてから隋が天下を統一するまでの間（四二〇—五八九）。②国後醍醐天皇が吉野に移ってから、北朝と統一されるまでの間（一三三六—一三九二）。

【南無】ナム・ナモ 仏梵語 namas の音訳。仏を拝する時に唱える語。帰命頂礼（厚く信仰し、頭を地につけておがむ）の意。恭敬・信従などと訳す。絶対的信頼を表す語。

【南無△阿△弥（彌）△陀仏（佛）】ナムアミダブツ 仏阿弥陀如来に帰依して救いを願う意。これを唱えることを念仏という。六字の名号。

【南無三宝（寶）】ナムサンボウ 南無三。①仏仏・法・僧の三宝に帰依し、これを尊ぶこと。②国失敗した時などに発する語。しまった。大変だ。三宝よ、危急を救いたまえという意から。

【南無妙法△蓮華経（經）】ナムミョウホウレンゲキョウ 仏法華経（妙法蓮華経）に帰依する意。日蓮宗でこれを唱えてその意志を表明する。七字の題目。お題目。

【南△溟・南△冥】ナンメイ 南方の大海。〔荘子、逍遥遊〕

【南面】ナンメン ①南側。②南に面する。南の方に向く。③天子。南面王。（天子の座は南向きにおかれる）④国みなみおもて ＝①。

【南洋】ナンヨウ ①清代、江蘇省以南の沿海各省、及び長江沿岸の地をいう。↕北洋。②国西太平洋の、赤道の南北に沿う海洋。

【南陽】ナンヨウ 地名。①戦国時代の斉の町。今の山東省の鄒県の地。②河南省新野県の北。三国時代、蜀の諸葛孔明の雌伏の地。〔文選、諸葛亮、出師表〕

【南涼】ナンリョウ 国名。五胡十六国の一つ。鮮卑族の禿髪烏孤が建てた国。今の青海省西寧地方を領有した。（三九七—四一四）

(9)7
【卑】754
常 ヒ いやしい・いやしむ・いやしめる

(8)6
〔卑〕755
㊅許 ㊀ヒ 囡 bēi ㊁ヒ 紙 bǐ

4060
485C

筆順 ウ 巾 由 由 卑

［畀］俗字

字義 ㊀❶いやしい。ひくい。㋐身分・地位が低い。「尊卑」㋑教養・人がらが低い。「野卑」㋒下品・下等である。❷ひくい。㋐土地などが低い。低い土地。㋑位置が低い。㋒さかんでない。おとろえた。小さい。❸自己に関する謙称。「卑見」❹いやしむ。いやしめる。みくびる。❺いやしくする。へりくだる。❻てじか。分かりやすい。「卑近」㊁しむ。させる。使役の助字。＝俾。

難読 卑弥呼

参考 現代表記では〔鄙〕(7973)の書きかえに用いることがある。「野鄙→野卑」

解字 金文  篆文  象形。とってのついたまるい酒だるに手をかけている形にかたどり、日常使用の「たる」の意味から、転じて、（祭器に比べ）いやしいの意味を表す。卑を音符に含む形声文字に、俾・埤・婢・脾・碑・裨・陴・髀などがあり、これらの漢字は、「小さくて、低い」の意味を共有している。

▼高卑・尊卑・野卑

【卑汚】ヒオ ①いやしみけがす。見下げる。②低くいやしい。

【卑下】ヒカ・ヒゲ ①ひくい。いやしい。②いやしめる。③へり下る。

【卑官】ヒカン ①低い官職。②官吏の謙称。

【卑△怯】ヒキョウ ①気が弱くて物事を恐れること。勇気がなくずるいこと。臆病。②心のいやしく曲がっていること。

【卑近】ヒキン ①高尚でない。また、高遠でない。②てぢか。ありふれた。通俗。また、たやすい。「ること。

【卑屈】ヒクツ 国気力がなく品性のいやしいこと。心がいじけていること。

【卑見】ヒケン つまらぬ意見。自分の意見の謙称。愚見。

【卑語】ヒゴ いやしいことば。また、いなかびたことば。鄙語。

【卑行】ヒコウ ①いやしいおこない。②＝卑属。

【卑湿（濕）】ヒシツ・ヒシュウ ①土地が低くてしめりけの多いこと。②へりくだる。また、心いやしく品がない。

【卑弱】ヒジャク ①力のよわいこと。②年の若いこと。

【卑称（稱）】ヒショウ 自分・他人をいやしめて言う呼び方。

【卑職】ヒショク ①低い官職。②官吏の謙称。

【卑浅（淺）】ヒセン 心がいやしく、考えのあさはかなこと。

【卑△賤】ヒセン いやしい。身分・地位の低いこと。

【卑俗】ヒゾク いやしい風俗。また、いやしいこと。下品。

【卑属（屬）】ヒゾク 自分より目下の親族。子・孫・おい・めいなど。卑行。↕尊属。

【卑薄】ヒハク 土地が低くてやせていること。

【卑△鄙】ヒヒ 身分や人格などが低いこと。〔文選、諸葛亮、出師表〕先帝不レ以三臣卑鄙一。

【卑劣】ヒレツ 品性や行為のいやしくきたないこと。陋劣。「卑劣漢」は、そういう男。

【卑△陋】ヒロウ ①家や室の低く狭いこと。②地位・身分の低いこと。③＝卑劣。④低く劣っていること。⑤下品。

【卑△猥】ヒワイ いやしくてみだらなこと。下品でけがらわしいこと。鄙猥。

［真］→目部　七八六ページ。

［率］→亠部　五五ページ。

(12)10
【博】756
教 4 ハク・バク

(12)10
〔博〕757
ハク 薬 bó 慣バク 博士

3978
476E

筆順 十 十 忄 恒 博 博

【博】俗字 5641 *5849*

字義 ❶ひろい。㋐ゆきわたっている。㋑広く通じている。「該博」㋒おおきい。㊀おおい(多)。❷ひろめる。ひろまる。❸ひろさ。はば。❹える(得)。とる(取)。「博二巨利一」❺すごろく・囲碁・ばくちの類。また、それをすること。「賭博」❻かける(賭)。

名乗 とおる・はか・ひろ・ひろし・ひろむ　難読 博奕・博多・博打

解字 金文　篆文　形声。十＋尃㊥。十は、四方の意味。音符の尃は、田のなえを広く植えるの意味。ひろいの意味を表す。

▼該博・寛博・広博

【博愛】わけへだてなく広く人々を愛する。〔孝経、三才章〕

【博引旁証(證)】事を論ずるのに、広く資料を引いてよりどころを示すこと。

【博弈・博奕】勝負を争う遊び。すごろくや囲碁など。転じて、ばくち。賭博。〔論語、陽貨〕

【博雅】①学問が広くて守る道の正しいこと。②書名。『広雅』の別名。

【博学(學)】①広く学ぶ。②学問に広く通じていること。「博学多通」「博学洽聞」〔論語、子罕〕

【博古】①広く古事に通ずること。②古い器物。『博古図』は、古器についての図説の書。

【博洽】博学洽聞・博学洽識の略。広く物事を知っていること。洽は、あまねし。

【博士】①博学の人。学者。碩学。また、物知り。②官名。秦代に始まる。学識ある人を任じた。漢以後、今の大学教授のような官となる。③国㋐昔、大学寮・陰陽寮の教官。㋑(甲)学位の名。今の文学博士・理学博士など。(乙)俗に、学位をもっている人をいう。㋒規範。手本。

【博識】広く物事を知っていること。

【博徒】ばくちうち。

【博物】①広く物事を知っていること。博識。②もろもろの事物。③国博物学の略。動物・植物・地質・鉱物・生理の学問の総称。

【博文約礼(禮)】広く学問をして道理を窮め、礼をもって実行をしめくくること。『論語』雍也編に「君子博学二於文一、約レ之以レ礼」とあるのに基づく。

【博聞強記】見聞が広く、よく記憶していること。博聞彊志。博聞彊識。博覧強記。

【博覧(覽)】広く見ること。見聞の広いこと。

【博覧(覽)強記】＝博聞強記。

【博労(勞)】①鳥の名。もず。伯労。②昔、よく馬の良否を見分けた人。伯楽。③馬の売買を業とする人。

【博浪沙・博狼沙】今の河南省原陽県の南。張良が秦の始皇帝を殺そうとして鉄椎を投げつけて失敗した所。〔史記、留侯世家〕

【辜】→辛部 一〇七七ページ。
【準】→氵部 六六二ページ。
【嘏】→口部 二三三ページ。
【矗】→目部 七七二ページ。
【準】→冫部 一三八ページ。
【顰】→頁部 一二〇二ページ。

2 卜(⺊)部

〔部首解説〕ぼく。ぼくのと。卜をもとにして、うらないの意味を含む文字ができている。そのほか、卜や⺊の形をもつ文字で、便宜上、この部首に所属するものがある。

卝→艸部 九二三ページ。卓→十部 一六五ページ。貞→貝部 一〇三六ページ。
睿→目部 七六九ページ。

【卜】758　(2)0　標　ホク　慣ボク　屋　bǔ　4346 *4B4E*

字義 ❶うらかた(占形)。❷うらなう。吉凶を判断する。うらない。❸うらないを業とする人。易者。❹えらぶ。うらなって選び定める。❺あたえる(与)。

難読 卜兆

解字 甲骨文　金文　篆文　象形。うらないのために、亀の甲や牛の骨を焼いて得られた割れ目の形(占形)にかたどり、うらなうの意味を表す。卜を音符に含む形声文字に、攴・朴・仆・赴などがあり、これらの漢字は、「ボクという音がして割れ目が走る」の意味を共有している。

【卜居】土地のよしあしをうらなって住居を定めること。転じて、居所を定めること。卜宅。

【卜辞(辭)】①亀の甲でうらなったことをしるした文。②甲骨文字。

【卜商】人名。孔子の門人。字は子夏。孔門十哲の一人。

【卜筮】うらない。卜は、亀の甲を焼いて占い、筮は、筮竹で占うこと。〔易経、繫辞上〕

【卜占】うらない。また、うらなう。

【卜相】うらない見る。また、卜占で見ることと、人相などでうらなうこと。

〔卜辞〕

【卞】759　(4)2　△　漢ヘン　呉ベン　霰　biàn　5038 *5246*

字義 ❶のり(法)。きまり。❷軽々しくさわがしい。せっかち。❸素手で打つ。❹かんむり(冠)。＝弁。

解字 象形。もと、弁と書き、かんむりの形にかたどったものの略体か。かんむりの意味を表し、法律の意味を表す。また、あわてるの意味をも表す。

【卞和】周代の楚の人。山中で見つけたみがいてない玉を宝石だと言って厲王に献じたが信じられず、左足を切られ、次代の武王に献じたがまた右足を切られた。次代の文王が、その玉をみがかせると、世にもまれな宝玉を得たという。その玉を卞和の璧・和氏の璧・連城の璧などという。〔韓非子、和氏〕→和氏之璧(一九九ページ)・連城璧(一〇九一ページ)。

【卞急】せっかち。短気。また、そそっかしい。

【卞荘(莊)子】春秋時代の魯の卞という町(今の山東省内)の大夫(町長)。勇気と武力をもって有名。

【卝】→艸部 九二三ページ。

【占】760　(5)3　常　セン　しめる・うらなう　㊀セン　塩　zhān　㊁セン　艶　zhàn　3274 *406A*

筆順 ⺊ ⺊ 占 占

字義 ㊀❶うらなう。吉凶を判断する。うらない。❷たずねる。㋐問いただす。㋑調べる。❸みる。うかがう。ぬすみ見る。❹はかる。考える。判断する。㊁❶しめる。㋐自分のものとする。「独占」㋑よる(拠)。占拠する。領有する。❷まもる(守)。たもつ(保)。

名乗 うら・しめ　難読 占冠・占守

解字 甲骨文　篆文　会意。卜＋口。卜は、うらないに表れた形の象形。うらない問うの意味を表す。また、うらないは、亀(かめ)の甲に特定の点を刻んで行われるところから、特定の点をしめるの意味をも表す。占を音符に含む形声文字に、佔(テン)・店・沾(テン)・点・覘(テン)・霑(セン)などがあり、これらの漢字は、「特定の点をしめる」の意味を共有している。

▼易占・兆占・独占

【占拠(據)】(センキョ)　①ある場所を占有してたてこもり、他人の入るのを許さぬこと。②占領。

【占形】(うらかた)　国うらないのために焼いた亀(かめ)の甲に現れた裂け目のように、うらないの資料となる形。占象。占状。

【占候】(センコウ)　日・月・星・雲気などを観察して、吉凶をうらなうこと。

【占星】(センセイ)　星の運行を見て吉凶をうらなうこと。

【占△筮】(センゼイ)　うらない。筮は、筮竹でうらなうこと。

【占兆】(センチョウ)　＝占形。

【占夢】(センム)　①夢の吉凶をうらなうこと。②夢うらないをする人。

【占有】(センユウ)　自分の所有とすること。一人じめ。

【占領】(センリョウ)　①一定の場所を占有すること。占拠。②自国領土外の地域を軍隊権力下に占有・保持すること。

(5)3

【卡】761　△　一漢ソウ(サフ)・呉ゾウ(ザフ)　洽 qiǎ　二サ 禡

字義 一関所。要害の地などに設けた警備所。二道がけわしい。

解字 会意。上＋下。人がのぼりくだりする交通の要所におかれた関所の意味を表す。

(7)5

【卣】762　△　漢ユウ(イウ)　呉ユ　尤・有 yǒu

字義 さかだる。大を彝(イ)、小を罍(ライ)といい、その中間の大きさの、酒を入れる青銅製のつぼ状の器。

解字 象形。さかだるを横から見た形にかたどり、さかだるの意味を表す。酉(ユウ)・由などと同一語の異体字である。

〔卣〕

(8)6

【卦】763　△　漢カイ(クヮイ)・呉ケ　卦 guà　慣カ(クヮ)　2321 3735

字義 ❶うらかた(占形)。筮竹(ゼイチク)を操作して陰陽を得、それに従って陽を表す算木(⚊)と陰を表す算木(⚋)とを並べて表された形で、易の判断の資料。☰のような三爻(サンコウ)から成るものが八種あるので、これを八卦と総称し、それを二つずつ組み合わせたもの(例、☷☰)が六十四種あり、六十四卦と総称する。❷うらなう。吉凶を判断する。また、うらない。

解字 篆文　形声。卜＋圭音。卜は、うらないの意味。音符の圭(ケイ)は、糸に通じ、かける・つなげるの意味。うらないのときに現れるさまざまなつながり、うらかたの意味を表す。

【卦兆】(カチョウ)　卜筮(ボクゼイ)のうらかた。うらないに現れたかたち。

【卓】→十部　一六五ページ。　【貞】→貝部　一〇三六ページ。

【睿】→目部　七六九ページ。

2　卩(㔾)部

[卩] 5039 5247

〔部首解説〕　ふしづくり。節(ふし)の旁(つくり)になるのでいう。㔾は、卩が文字の下部(脚(キャク)・あし)にくるときの形。文字としては、卩は、音漢セツ・呉セチ。象形。甲骨文 。篆文(テンブン) 。甲骨文は、人のひざまずく形にかたどり、ひざの関節の意味を表す。節の原字。両足の関節が互いに向き合うように、符合するしるし、割符の意味に用いる。卩を音符に含む文字に、節・櫛(シツ)がある。卩をもとにして、ひざまずくことに関係する文字や、しるしの意味を含む文字ができている。

2 卬 一六九	3 卮 一六九	卯 一六九	夘 一六九	4 印 一六九
危 一七〇	5 却 一七〇	即 一七一	卵 一七一	6 巻 一七一
卺 一七二	卹 一七二	7 卻 一七二	卸 一七二	卽 一七三
10 卿 一七三				

(4)2

【卬】764　△　一ゴウ(ガウ)　陽 áng　二漢ギョウ(ギャウ)　呉ゴウ(ガウ)　養 yǎng

字義 一❶のぞむ(望)。㋐欲する。願う。㋑遠くを見る。❷あがる。高くなる。❸たかぶる。激する。❹たかい。高い形容。卬卬は、山の高いさま。また、徳の高いさま。二❶あおぐ(あふぐ)。＝仰。「卬望」❷むかえる。＝迎。❸まつ。期待する。

解字 篆文　会意。匕＋卩(⺋)。匕は、立つ人、卩は、ひざまずく人の象形。ひざまずいて、立つ人をあおぎ見る、のぞむの意味を表す。卬を音符に含む形声文字に、仰・昂(コウ)などがあり、これらは、「あおぐ」の意味を共有している。

(5)3

【卮】765　△　シ　支 zhi　5040 5248

【巵】俗字　5466 5662

字義 ❶さかずき(さかづき)。大杯。一杯になれば傾き、空(から)になるとうわむき、常に入っている量によって変わるという。❷ばらばら。とりとめがない。支離滅裂。＝支。❸その時の状況によって変化すること。臨機応変。❹べに。臙脂色(エンジいろ)。＝梔(シ)。

解字 篆文　会意。⺁＋㔾(卩)。⺁は人の象形。卩は、節度の意味。飲食に節度を守らせるように造られた器の意味を表す。一説に、⺁は立つ人、卩は、ひざまずく人の象形で、たがいに杯を交わしあう酒器の意味を表すという。

〔卮〕

【卮言】(シゲン)　①支離滅裂でつじつまの合わないことば。②その場その場に合うように言うことば。臨機応変の巧みなことば。〔荘子、寓言〕

【卮酒】(シシュ)　大杯についだ酒。〔史記、項羽本紀〕

(5)3

【卯】766　囚　漢ボウ(バウ)　呉モウ(マウ)　巧 mǎo　1712 312C

筆順

【夘】俗字 5041 5249　【丣】本字

字義 ❶う。㋐十二支の第四位。㋑月では陰暦二月。㋒時刻では明け六つ。午前六時、及びその前後二時間。一説に、その後の二時間。㋓方位では東。㋔五行では木。㋕動物では兎(うさぎ)に当てる。❷しげる(茂)。❸おかす(冒)。

名乗 あきら・しげ・しげる　難読 卯花腐(うのはなくたし)・卯子酉(うとねり)・卯木(うつぎ)

解字 甲骨文　金文　篆文　象形。同形のものを左右対称において、等価の物と交易するの意味を表す。貿の原字。借りて十二支の第四位として用いる。一説に、左右に開いた門の象形で、万物が冬の門からとび出す、陰暦二月の意味を表す。

【卯飲】(ボウイン)　卯(う)(朝六時ごろ)に酒を飲む。また、その酒。卯酒。

【卯月】(ボウゲツ)　①陰暦二月の別称。②国(うづき)卯の花月の略。陰暦四月の別称。(卯の花は、うつぎの花)

(5)3

【夘】767　△　ボウ　卯(766)の俗字。→前項。　5041 5249

(6)4

【印】768　教 4　イン　しるし　イン 震 yìn　1685 3075

筆順 ノ 𠂆 E E⁊ 印

字義 ❶しるし。しるしをつける。❷はん(判)。はんこ。判子。印判。はんを押す。❸あと。痕跡(コンセキ)。あとをつける。❹みち。方法。❺官職。❻印刷する。❼仏指先で作る、法徳を示す形。❽国名。印度(インド)の略。国しるし。㋐紋所。㋑証拠。㋒くび。首級。㋓きざし。前兆。㋔かたち。形式。㋕心おぼえ。名乗 あき 難読 印巻(かねまき)・印具(いぐ・いんぐ・いそ・おし・がい・ずみ)・印支(いなき)・印南(いなみ)・印貝(いそがい)・印旛(いんば)・印牧(かねまき)

〔「平南将軍章」印（漢代）〕

参考 「しるし」は、現代表記では、識別のための記号の類に「印」を用いる以外は仮名書きが一般的。「目印・感謝のしるし・おめでたのしるし」

解字 甲骨文 金文 篆文 会意。爪＋卩(㔾)。爪は、下向きの手の象形。卩は、節の省略体で、しるしの意味。手でしるしをつけるさまから、しるしの意味を表す。

▼影印・押印・金印・契印・交印・朱印・相印・石印・調印・封印・法印

【印影】(インエイ) 紙などにおした印の跡。

【印可】(インカ) ①仏弟子の得たさとりを認め許すこと。②転じて、承認する。許す。認可。

【印形】(インケイ) ①＝印影。②国(インギョウ) はん。はんこ。印。

【印行】(インコウ) 書籍・書画などを印刷して世に出すこと。刊行。

【印刻】(インコク) ①しるしをきざむ。②はんこを彫ること。

【印璽】(インジ) しるし。印。特に、天子の印。

【印綬】(インジュ) 印は官吏の身分を証明する印。綬は印につけてあるひも。天子から任命と同時に与えられる。「印綬を佩(お)びる」は、官職につく。「印綬を解く」は、辞任する。〔史記、項羽本紀〕佩二其印綬一(そのインジュをおぶ)。

【印書】(インショ) 書籍を印刷する。また、その本。刊本。印本。

【印章】(インショウ) はん。印判。章は、印判の文字。

【印象】(インショウ) 国英語 impression の訳語。①対象が心に与える直接の影響。②心にうつって長く残っている感じ。

【印信】(インシン) ①しるし。証拠。②はんこ。印判。

【印度】(インド) 国名。アジア州南部の大国。身毒。天竺(テンジク)。

【印譜】(インプ) 種々の印影を集めて編集した本。

【印本】(インポン) 印刷した書籍。刊本。↕写本。

【印△籠】(インロウ) 国四角(よすみ)を丸くした長方形の携帯用小箱。もとは印や印肉を入れたが、江戸時代には薬類を入れた。

(6)4
【危】 769

教6 キ　あぶない・あやうい・あやぶむ
ギ 支 wēi (wéi)
慣キ
2077
346D

筆順 ⺈ ⺈ 产 乭 危

字義 ❶あやうい(あやふし)。㋐あぶない(あぶなし)。不安である。「安危」㋑滅びかかっている。死にかかっている。㋒はかない。もろい。❷あやぶむ。㋐恐れる。不安に思う。㋑疑う。気づかう。❸あやうくする(あやふくす)。㋐あぶなくする。そこなう。㋑きびしくする。はげしくする。❹あやうく(あやふく)。㋐やっと。㋑もう少しで。❺たかい(たかし)(高)。たかくする(たかくす)。❻ただしい。❼そばだつ。そばだてる。❽むね(棟)。屋根の最も高い所。難読 危寸(そき)

解字 甲骨文 篆文 形声。⺈＋厄㊞。音符の厄は、ひざまずくの意味。⺈も、人のひざまずく形。不安定にひざまずくさまから、あやういの意味を表す。危を音符に含む形声文字に、詭(キ)・跪(キ)などがあり、これらの漢字は、「あやうい」の意味を共有している。

▼傾危

【危害】(キガイ) ①そこないやぶる。②わざわい。③危険。④国人の生命をそこなうこと。

【危岸】(キガン) 高くそばだっている岸。断岸。

【危△巌(巖)】(キガン) ①今にもころげ落ちそうな岩。②高くそびえ立つ岩。

【危機】(キキ) ①生死・成敗の分かれる重要な時(おり)。②危難の生ずる原因となる事がら。

【危機一髪】(キキイッパツ) 一本の髪の毛で重い物を引いて今にも切れそうな、非常に危険な状態。〔唐、韓愈、与二孟尚書一書〕其危如二一髪引一千鈞一(そのあやうき(ふ)こと イッパツもてセンキンをひくがごとし)。

【危疑】(キギ) あやぶむ。あやぶみうたがう。

【危急】(キキュウ) 危険がさしせまってあぶない状態。

【危急存亡△之秋】(キキュウソンボウのとき) 存続するか滅亡するかの分かれめになる危険に直面している重大な時。秋は、収穫の時で、重大な時の意。〔文選、諸葛亮、出師表〕

【危△懼・危△惧】(キク) あやぶみおそれる。不安に思う。惧は、懼の俗字。

【危険(險)】(キケン) ①あぶない。安全でない。②要害の地。

【危言】(キゲン) ①(ゲンをたかくす) 正しいことば。また、正論をはく。「危言覈論(カクロン)」〔史記、管仲伝〕

【危語】(キゴ) はげしいことば。激越なことば。

【危行】(キコウ) 行いを正しくする。また、正しい行い。〔史記、管晏伝〕

【危△坐】(キザ) 正しくすわる。危は、正・高の意。

【危△檣】(キショウ) 高い帆柱。〔唐、杜甫、旅夜書レ懐詩〕危檣独夜舟(ドクヤのふね)。訳文 細草(八四七ページ)

【危城】(キジョウ) ①今にもおちそうになっている城。②高い城。

【危石】(キセキ) ①今にもたおれそうな石。②高くそばだっている石。高くきりたった岩。

【危浅(淺)】(キセン) 人の命のはかなくもろいこと。〔晋、李密、陳情表〕人命危浅、朝不レ慮レ夕(ジンメイはキセンにして、あしたにゆうべ(ふべ)をはかられず)。

【危巣(巢)】(キソウ) 高い所にある巣。

【危△殆】(キタイ) 非常にあやういこと。殆も、危の意。「危殆に瀕(ヒン)す」

【危地】(キチ) あぶない所・立場・場合。「危地を脱す」

【危△惙】(キテツ) (病状などを)あやぶみうれえる。また、その状態。危篤。

【危道】(キドウ) ①あぶない道。②あぶない方法。

【危篤】(キトク) 病気が非常に重くて命があぶないこと。

【危難】(キナン) わざわい。災難。また、困難。難儀。

【危邦】(キホウ) 乱れて今にも滅亡しそうな国。〔論語、泰伯〕危邦不レ入(キホウにはいらず)、乱邦不レ居(ランポウにはおらず)。

【危峰】(キホウ) 高くそびえているみね。危嶺(キレイ)。

【危亡】(キボウ) あやうくなってほろびる。かたむきほろびる。

【危楼(樓)】(キロウ) 高いうてな。たかどの。高楼。危榭(キシャ)。

【危若二朝露一】(あやうき(ふ)こと チョウロのごとし) いつ消えるか分からぬ朝つゆのようにあやうい。〔史記、商君伝〕

【危如二累卵一】(あやうき(ふ)こと ルイランのごとし) 積み重ねた卵のようにあやうい。〔史記、范雎伝〕

【見レ危授レ命】(あやう(ふ)きをみては メイをさずく) 国や人のあやうい状態を知った時は、命を捨てる覚悟で、それを救うことに努力する。〔論語、憲問〕

【見レ危致レ命】(あやう(ふ)きをみては メイをいたす) ＝見レ危授レ命。→前項。〔論語、子張〕

(7)5
【却】 770

常 キャク
漢キャク 呉カク 拼 què
2149
3551

筆順 十 土 去 却 却

[卻]正字 5042 524A　[𨚫]俗字

字義 ❶しりぞく。❷しりぞける(しりぞく)。㋐さがる。去る。ひく。「退却」㋑やむ。とまる。とじる。㋒こばむ。ことわる。㋓おさえ

る(抑)。用いない。のぞく。㋒さける。おろす。❸かえって(かへって)。㋐逆に。㋑また。㋒さて。そのときこそは。〔唐、李商隠、夜雨寄ㇾ北詩〕却話巴山夜雨時(かえ(へ)ってかたらん ハザンヤウのとき)。❹助字。動詞のあとにつけて、その意味を強める。「…しおわる」「…してしまう」の意を示す。「売却」「忘却」 難読 却却(なかなか)・却説(さて)

解字 篆文 形声。卩(㔾)＋去㊀。音符の去(キョ=キャ)は、去るの意味。ひざであとずさるの意味を表す。『説文(セツモン)』では、卩＋谷㊀。

▼遺却・閒却・閑却・棄却・減却・困却・消却・焼却・退却・脱却・売却・破却・返却・忘却・没却・滅却・冷却

【却下】キャッカ ①すだれなどをおろしさげる。②国願書・訴訟などを受けつけないでしりぞけること。

【却月】キャクゲツ 半月(ハンゲツ)。片割れ月。

【却行】キャッコウ あとずさりする。

【却説】キャクセツ 俗語。①かえって説く。逆に…と言う。②さて。そこで。

【却走】キャクソウ しりぞきはしる。しりごみしてにげる。

【却立】キャクリツ あとへ退いて立つ。

(7)5 【即】 771 常 ソク 3408 4228

(9)7 〔卽〕 772 人 許 漢ショク 呉ソク 中 jí

筆順 ㇇ ヨ 艮 艮ㇷ 即

〔卽〕俗字 字義 ❶つく(就)。㋐位置・地位につく。㋑ぴったりつく。接する。「不即不離」㋒近づく。㋓従う。追う。❷助字。⇩助字解説 ❸おわる(終)。「即世」

助字解説

①すなわち(すなはち)。㋐とりもなおさず。つまり。〔史記、項羽本紀〕梁父即楚将項燕(リョウのちちはすなわ(は)ちソショウコウエンなり)〈梁の父はつまり楚の将軍項燕である〉㋑すぐその場で。ただちに。〔史記、項羽本紀〕噲即帯ㇾ剣擁ㇾ盾入二軍門一(カイすなわ(は)ちケンをおび たてをヨウしてグンモンにいる)。〈噲はすぐさま剣を帯び盾をかかえて軍門に入っていった〉㋒……すればそのときは。……ならば。〔史記・項羽本紀〕先即制ㇾ人、後則為二人所一ㇾ制(さきんずればすなわ(は)ち ひとをセイし、おくるればすなわ(は)ち ひとのセイするところとなる)。〈人に先だってやれば人を押さえつけることができるが、人より遅れれば人に押さえつけられる〉

②もし。仮定。……ならば。〔史記、呂后本紀〕我即崩(われもしホウぜば)、帝年少(テイのとしわかし)、大臣恐為ㇾ変(ダイジンおそらくはヘンをなさん)。〈わたしがもし死んだならば、帝は年齢が若いから大臣はたぶん事変をおこすだろう〉

名乗 ちかし・みつ

解字 甲骨文 金文 篆文 会意。㿝(皀)＋卩(㔾)。皀は、食物の象形。㔾はひざまずく人の象形。人が食事の座につくの意味から、一般に、つくの意味を表す。

【即位】ソクイ・くらい(ゐ)につく 定められた位置につくこと。㋐天子・諸侯の位につくこと。㋑席につく。着席。

【即詠】ソクエイ ＝即吟。

【即応(應)】ソクオウ 物事にすぐに応ずる。そのまま従う。

【即興】ソッキョウ 国①その場でおこった興味。②興に乗って、即座に詩歌などを作ること。即吟。即詠。

【即吟】ソクギン 国その場ですぐ詩歌を作ること。即詠。

【即効(效)】ソッコウ すぐにきく。すぐその場できく。また、そのききめ。

【即刻】ソッコク その時すぐ。すぐさま。即事。

【即今】ソッコン ただ今。目下。

【即座】ソクザ 国その場。すぐそのとき。即席。

【即死】ソクシ その場で(その時に)すぐ死ぬ。

【即事】ソクジ ①事につく(とりかかる)。②その場の出来事。③事にふれて、その場のことを題材として詩を作ること。〔唐、司空曙、江村即事詩〕

【即日】ソクジツ ①すぐその日。当日。②いつか。そのうち。近日。

【即身成仏(佛)】ソクシンジョウブツ 仏人間が現在の肉体のままで仏になること。

【即世】ソクセイ 死ぬ。世を終わる。即命。

【即席】ソクセキ ①座席につく。②その席。その場。③国㋐その席ですぐ作ること。「即席料理」㋑てまのかからぬこと。当座のまに合わせ。

【即題】ソクダイ 国①その場で題を出して詩歌や文章を作らせること。また、その題。↕兼題。②その場で答えさせる問題。↕宿題。③即席に作曲してピアノなどを演奏すること。

【即物】ソクブツ 個々の事物にぴったりつき従っていること。個々の事物に即して考えること。

【即妙】ソクミョウ 国その場ですぐ、たくみに働く才能・知恵。「当意即妙」

【即目】ソクモク 目に触れる。また、そのもの。

【即夜】ソクヤ その晩。その夜。

(7)5 【卵】 773 教 6 ラン たまご 漢ラン 呉コン 中 luǎn 広 kūn 4581 4D71

筆順 ㇄ ㇄ 卯 卯 卵

字義 一 たまご。鳥などのたまご。二 はららご。魚のたまご。＝鯤(コン)。

使いわけ たまご〔卵・玉子〕 食品としての「たまご」は「玉子」と表記することが多い。「玉子焼き」

解字 篆文 象形。たまごの象形。陰と陽、卵子と精子とがひきあって生ずる、たまごの意味を表す。

▼累卵

【卵生】ランセイ 卵から生まれること。↕胎生。

【卵塔】ラントウ 卵形に作った塔婆。墓に用いる。

【卵有ㇾ毛】たまごにけあり 無から有は生じない。鶏に毛があり、その鶏は卵から生まれるから、卵にも毛があるはずであるという、戦国時代の名家(詭弁(キベン)学派)の説。〔荘子、天下〕

【以ㇾ卵投ㇾ石】たまごをもっていしにトウず 卵を石に投げつける。弱いものを強いものに向かわせること・弱いものが強いものに向かうこと・邪が正に向かうことなどのたとえで、直ちに砕かれる(負ける)意。〔荀子、議兵〕

(8)6 【巻】 (1906) カン 巻(1905)の旧字体。→三四一ページ。 5043 524B

(8)6 【巹】 774 △ キン 巹(1907)の俗字。→三四一ページ。

(8)6 【卹】 775 △ ジュツ 恤(2348)と同字。→四一四ページ。

(9)7 【卻】 776 △ キャク 却(770)の正字。→一七〇ページ。 [卻] 5042 524A

(9)7 【卸】 777 常 おろす・おろし シャ 中 xiè 1823 3237

筆順 ㇖ 午 午 缶ㇷ 卸

〔𨚫〕俗字 字義 ❶おろす。荷物を下に移し置く。❷解く。ぬぐ。のぞく。❸おちる。おりる。

国おろす。おろし。商品を問屋が小売商に売り渡すこと。「卸値」「卸売」

使いわけ おろす〔降・下・卸〕⇩降(8387)。

解字 篆文 形声。卩(㔾)＋止＋午㊀。音符の午(ゴ=シャ)は、両人が向きあって、かわるがわるつきおろすきねの意味。㔾は、ひざまずく人の象形。止は、足の象形で、いくのように、昔、荷物を宿駅ごとにおろしては別の馬に積み代えていくところから、おろすの意味を表す。

【卸頭】シャトウ 婦人が頭のかざりを取り去ること。

(9)7 **【卽】**(772)　ソク　即（771）の旧字体。→一七一ページ。

(12)10 **【卿】** 778　【卿】俗字　【卿】俗字　標　漢ケイ　呉キョウ（キャウ）　庚 qīng　［卿］ 2210 362A

字義 ❶きみ。長官。大臣。㋐天子・諸侯の臣で、国政をつかさどる最高の官。天子直属の臣。六卿。九卿。諸侯の臣の上大夫。㋑特定の官署の長官。また、軍の大将。❷第二人称の代名詞。㋐君が臣を呼ぶ称。㋑同じ位の者、または下位の者を呼ぶ称。㋒夫婦間でたがいに呼ぶ称。❸姓にそえて用いる尊称。先生。「荀卿」❹めでたい（慶）。❺むかう（向）。国㋐かみ。大宝令の四等官で、省の第一位。㋑大・中納言、三位以上の官人。㋒上記の人に対する敬称。㊀三位以上の人。「公卿」

参考 〔鄉（郷）〕は別字。

解字 甲骨文　篆文　象形。甲骨文でもよくわかるように、二人が食物を間に向き合う形にかたどり、むかう・もてなすの意味を表す。王室でのもてなし役の意味から、貴人の意味を表す。

【卿雲】　太平の世に現れるというめでたい雲。瑞雲。慶雲。景雲。〔史記、天官書〕

【卿士】　卿・大夫・士の総称。

【卿相】　①天子・諸侯を助けて政治を行う高位の臣。大臣。家老。②国三位以上の公卿（卿）と、大臣・大納言・中納言・参議（相）。参議は四位の者もある。

【卿大夫】　卿と大夫。政治をつかさどる高位者。周代、天子直轄地の臣下の位に卿・大夫・士の三階級があった。また、一般に、官位の高い者をいう。

2 厂部

〔部首解説〕　がんだれ。雁の略字を厂と書くことから、雁垂という。厂をもとにして、がけ・石の意味を含む文字ができている。また、俗に广（まだれ）の省略形で厂になるばあいがある。

(2)0 **【厂】** 779　△　カン　旱 hǎn　慣ガン　5044 524C

字義 ❶がけ（厓）。❷きし（岸）。❸石。国❶雁（鳫）、（かりの意）の略字。❷歴・暦の略字。

解字 金文　篆文　象形。けずりとられた、がけの形にかたどる。がけの意味を表す。

(4)2 **【仄】** 780　標　漢ショク・呉シキ　職 zè　慣ソク　4828 503C

字義 ❶ほのか。かすか。また、ほのかに。かすかに。「仄聞」❷かたむく（傾）。❸いやしい。せまい。❹漢字の四声のうち、上声・去声・入声の総称。「平仄」国❶ほのめかす。それとなく示す・言う。❷ほのめく。ほのかに見える。

難読 仄仄

解字 文　篆文　籀文　会意。人＋厂。厂は、がけの意味。人が危険ながけで、身を斜めによせる、傾けるの意味を表す。籀文は、厂＋夨音の形声文字。音符の夨は、頭を傾けた人の象形で、傾けるの意味。仄を音符に含む形声文字は、「かたむく」の意味を共有し、昃などがある。

【仄韻】　漢字を平・上・去・入の四声に分けて、上声・去声・入声に属するものを仄韻という。

【仄起】　絶句及び律詩の第一句目の二字目が、仄字であるもの。↕平起。

【仄字】　仄韻に属する漢字をいう。↓仄韻。

【仄日】　かたむく日。夕日。斜陽。

【仄聞】　ほのかに聞く。風のたよりに聞く。側聞。

【仄陋】　みすぼらしい。いやしい身分。

(4)2 **【厄】** 781　常　ヤク　㊀ガ（グヮ）歌 è　㊁漢アク・呉ヤク　陌 è　4481 4C71

筆順　一　厂　厅　厄

【戹】俗字

字義 ㊀ふし。木の節。㊁わざわい。苦しみ。また、苦しむ。国ヤク。不吉なめぐりあわせ。「厄年」

参考 〔戹〕は別字であったが、今は混同して用いる。　難読 厄除・厄神

解字 文　篆文　会意。厂＋㔾（卩）。厂は曲がった形にかたどる。卩は人がひざまずくときのひざがしらの意味。木のふしのふくらんだ部分の意味を表す。軛のつくりの厄は別語で、戹が正しいが、この厄と混同した。

▼窮厄

【厄介】　国①他人の苦しみを助ける。世話をする。また、世話になる。世話。②手数がかかって迷惑なこと。めんどう。じゃま。③いそうろう。食客。寄食。

【厄窮】　わざわいにあって苦しむ。

【厄日】　国①陰陽家で、災難にあう可能性があるから忌み慎むべきであるとしている日。②農家で天候による災害が多いとしている日。二百十日など。③運の悪い日。

【厄難】　わざわい。災難。

【厄年】　国①陰陽家で、災難にあう可能性が多いから忌み慎むべきであるとしている年齢。数え年で、男は二十五・四十二、女は十九・三十三。②運の悪い年。

【反】→又部 一七七ページ。　【厈】→土部 三八ページ。

【灰】→火部 六七九ページ。

(7)5 **【底】** 782　△　㊀シ 紙　㊁チ 寘　dǐ, zhǐ

字義 ㊀❶といし。❷とぐ。みがく。❸平らにする。❹いたる（至）。いたす（致）。❺さだめる（定）。❻とどまる。おちつく。㊁いたす（致）。

解字 文　篆文　形声。厂＋氏音。音符の氏は、といしの象形。厂は、がけの象形。がけから採掘した、といしの意味を表す。

【底石】　といし。

【底厲】　とぎみがく。砥礪。

(8)6 **【厓】** 783　△　㊀漢ガイ・呉ゲ　佳 yá, yái　㊁漢ガイ・呉ゲ　卦

字義 ㊀❶がけ（崖）。❷きし（岸）。水ぎわ。涯。❸果て。かぎり。㊁まなじり。また、にらむ。＝睚。

参考 熟語は崖（1825）をも見よ。

解字 篆文　形声。厂＋圭音。音符の圭は、傾に通じ、かたむくの意味。かたむいたがけの意味を表す。

【厓山】広東省新会県の南の海中にある小島。南宋が元に侵攻された時の最後の根拠地。一二七九年、この地に拠った南宋軍は元将張弘範に敗れ、陸秀夫は幼帝昺を背負って海中に投じた。崖山。厓門山。

【厓眥】目にかどをたてて見ること。にらむ。睚眥。

(9)7 【厚】784 教 5 コウ あつい 2492 387C

漢コウ・呉グ 有 hòu

筆順 厂 戸 厚 厚

字義 ❶あつい。㋐ぶあつい。↔薄。㋑ねんごろ。丁寧。親切。「厚意」「厚遇」㋒程度がはなはだしい。（多い・大きい・長い・濃い・たっとい・りっぱ等）㋓厚かましい。「厚顔」❷あつくする。㋐ぶあつくする。㋑ねんごろにする。㋒度合・程度を高める。（豊かにする・大きくする・濃くする・たっとぶ・りっぱにする等）❸非常に厚いもの。山・大地など。

名乗 あつ・あつし・ひろ・ひろし 難読 厚岸・厚狭・厚床・厚真・厚沢部・厚東・厚保・厚朴

使いわけ あつい〔暑・熱・厚〕⇩暑（3051）。

解字 篆文  会意。厂＋旱。厂は、がけの意味。旱は、高を倒した形で、物見のある城郭の象形。たかくてあついがけの意味から、一般に、あついの意味を表す。

▼温厚・篤厚・濃厚・富厚・寛厚・顔厚・謹厚・重厚・純厚・深厚・仁厚・忠厚

【厚意】ねんごろな心。親切な心。厚志。

【厚顔】あつかましいこと。鉄面皮。

【厚顔無恥】あつかましくて恥を知らぬこと。

【厚誼】①てあついよしみ。心のこもったつきあい。②親切。

【厚遇】てあついもてなし。厚待。

【厚志】＝厚意。

【厚賞】てあつくほめる。また、たくさんのほうび。

【厚情】①深いなさけ。②＝厚意。

【厚生】①人間の生活を豊かにすること。『書経』大禹謨編に「正ㇾ徳利ㇾ用厚ㇾ生惟和」とあるのに基づく。②身体を健康にすること。

【厚沢（澤）】てあついめぐみ。大きな恩沢。厚恩。

【厚秩】＝厚禄。

【厚徳】①大きな徳。りっぱな徳。②大きなめぐみ。

【厚薄】①あついこととうすいこと。②てあついことと冷淡なこと。③多と少。④大と小。⑤善と悪。⑥尊と卑。

【厚幣】①てあつい贈り物。②ㇾ幣をあつくす てあつい贈りものをする。

【厚禄】俸禄の多いこと。厚秩。

(9)7 【厖】785 △ [厖] 5045 524D

漢ボウ（バウ）・呉モウ（マウ） 江 máng

字義 ❶おおきい。石が大きい。❷ゆたか（豊）。厚い。❸いりまじる。黒と白の毛がいりまじる。みだれる。

参考 現代表記では［膨］（3259）に書きかえることがある。「厖大→膨大」

解字 篆文  形声。厂＋尨音。音符の尨は、毛の豊かなむく犬の象形で、ゆたかの意味。厂は、石の意味。大きい石の意味から、大きい・ゆたかの意味を表す。

【厖雑（雜）】不純・粗悪なものがいりまじっていること。厖も雑も、いりまじる意。不純・粗悪。

【厖大】非常に大きいこと。膨大。

(9)7 【厘】786 常 リン 4650 4E52

□一漢テン・呉デン 先 chán
□二リ 支 lí
慣リン

筆順 厂 戸 戸 厘

字義 □一みせ（店）。廛（2026）の俗字。□二釐（8068）の俗字。国リン。数量の単位。釐の俗用。㋐貨幣の単位。一銭の十分の一。㋑長さの単位。一分の十分の一。㋒重さの単位。一匁の百分の一。㋓歩合の単位。一分の十分の一。一割の百分の一。㋔小数の単位。一の百分の一。

解字 廛・釐の俗字。日本で借りて、度量衡の単位として用いた。解字は廛（2026）・釐（8068）を見よ。

【厘毛】国①厘と毛。ごくわずかな金銭。②わずか。

(10)8 【原】787 教 2 ゲン はら 2422 3836

海原・河原・川原

漢ゲン・呉ガン（グヮン） 元 yuán. ⑥yuàn

筆順 厂 厂 厂 原 原

【原】本字

字義 ❶もと。㋐みなもと。＝源。㋑はじめ。おこり。「原文」㋒もともと。元来。❷もとづく。❸たずねる。物の根元をたずねる。❹はら。広くて平らな土地。「平原」❺ゆるす。罪をゆるす。❻すなお。きまじめ。つつしむ。＝愿。「郷原」

名乗 おか・はじめ 難読 原向

解字 金文  篆文  会意。厂＋泉。厂は、がけの意味。泉は、いずみの意味。がけ下からわきはじめたばかりの、いずみの意味から、みなもとの意味を表す。源の原字。また、邍に通じ、高く平らな土地、はらの意味を表す。

▼起原・郷原・高原・語原・根原・川原・大原・中原・病原・平原・本原

【原案】最初の案。もとの案。

【原因】国ある状態をひき起こすもとなったもの。↔結果。

【原義】国最初の意味。本来の意味。原意。本義。↔転義・引伸義。

【原拠（據）】国ある事のより所となっているもの。より所。もと。証拠。

【原型】彫刻や鋳造などの製作物のもとになる型。

【原憲】孔子の弟子。字は子思。清貧に安んじて道を楽しんだ。「原憲の貧」（前五一五—？）

【原告】訴訟を起こした人。原造。↔被告。

【原罪】①罪をゆるして罰しないこと。原は、ゆるす。②国キリスト教で、original sin の訳語。人類の祖アダムとイヴが神の命にそむいて禁断の木の実をたべたために得たという罪。人間が生まれながらに負わされている罪。

【原作】国①翻訳物・改作物・模造物などに対して）もとの作品。②（脚本に対して）その素材となった小説・戯曲。

【原始】①はじめをたずねる。本原を推究する。〔易経、繋辞上〕②はじめ。おこり。おおもと。元始。③自然のままであること。未開なこと。

【原隰】①原は土地の高く広く平らかな所。隰は土地の低く湿っている所。②低くて湿っている土地。

【原書】①複写やにせ本などに対して、それのもとになった本。②国翻訳のもとになった本。原本。

【原色】①野原の色・景色。②㋐あらゆる色のもとになる色。赤・青・黄。三原色。㋑もとの色。③国原色に近い、強い感じの色。↔中間色。

【原心定罪】罪を犯した時の心理状態を究明して罪を決める。〔漢書、哀帝紀〕

【原人】①つつしみ深くまじめな人。愿人。②人類の始祖。現在の人類以前の古代の人類。原始人。「北京原人」

【原籍】①もとの戸籍。本籍。②原籍地（原籍のある土地）の略。

【原泉】わき出るいずみ。また、水のわき出る源。水源。

【原泉混混不ㇾ舎二昼（晝）夜一】泉は混々と（盛んなさま）昼夜休まずわき出ている。休まず努力することのたとえ。〔孟子、離婁下〕——、盈ㇾ科而後進、放二乎四海一 〈——、低いくぼ地があれば、そこを満た

してから先に進んで、ついに四方の海に流れ注ぐものである〉

【原典】国引用文の出所になっていたり、複製・書写などに拠り所となっている、もとの文章・書籍。

【原頭】①原野のほとり。②野原。

【原版】国①印刷で、鉛版に対して、そのもとの活字の組版。②複製・翻刻などに対するもとの版。

【原文】①もとの文章。↔引用文。②国改作・解釈・翻訳などをしないもとの文。

【原本】①もと。根本。②もとづく。③謄写・抄録・訂正などをしたものに対し、そのもとの書物。また、謄本・抄本などのもとになる書類。

【原由】もとづきよる所。おこり。原因。由来。

【原宥】ゆるす。罪をゆるすこと。宥もゆるす意。

【原理】①おおもとの道理。㋐もののよって立つ根本法則。原則。㋑認識や行為の根本前提。規範。②存在の根本原因。根源物。本質。

【原流】みなもと。源流。また、おこり。

(10)8 【厝】788 △ 一サク 漢 cuò 二ソ 遇 cuò

字義 一❶といし。❷まじる。＝錯。二おく（置）。＝措。

解字 篆文 形声。厂＋昔音。音符の昔は、つみかさねるの意味。厂は、がけ・岩の意味。その上に物をのせて磨きとぐ石、といしの意味を表す。

(11)9 【厠】789 △ シ 廁 (2004) の俗字。→三六一ページ。 5046 524E

(12)10 【厦】790 △ カ 廈 (2012) の俗字。→三六二ページ。 5047 524F

(12)10 【厥】791 △ 一漢ケツ・呉カチ（クヮチ）月 jué 二漢クツ・呉クチ 物 慣ケツ 5048 5250

字義 一❶ほる。ほりおこす。❷ぬかずく。下げる。たれる。❸その。それ。二突厥は、トルコ族の一種。六世紀中ごろから八世紀にかけ中央アジア・蒙古に大帝国をたてた。

解字 篆文 形声。厂＋欮音。音符の欮は、人が大きな口をあけてせきこむの意味。厂は、がけの象形。削りとられたがけに、大きな口をあけるように石を掘るの意味を表す。

(12)10 【厨】792 標 チュウ 廚 (2025) の印刷標準字体。→三六三ページ。 3163 3F5F

【雁】→隹部 一二七〇ページ。

(13)11 【厩】793 △ キュウ 廄 (2018) の俗字。→三六三ページ。 [既] 1725 3139

【鳫】→鳥部 一三四八ページ。

(14)12 【厭】794 標 一エン 艶 yàn 二エン 琰 yǎn 三エン 塩 yān 四ヨウ（エフ）葉 yā 五オウ（アフ）洽 yā 六漢ユウ（イフ）・呉オウ（オフ）緝 yì 慣オン 1762 315E

字義 一❶あきる。みちたりる。満足する。❷いとう。うむ（倦）。いやがる。❸したがう。服従する。❹よい。うるわしい。二❶とざす。おおいかくす。❷うなされる。悪夢におそわれる。＝魘。三やすらか。静か。四五❶せまる（迫）。❷あう（合）。当たる。❸おさえる。＝圧（壓）。㋐おさえつける（抑）。㋑しずめる（鎮）。❹おかす。邪魔する。六露にうるおうさま。

解字 金文 篆文 形声。厂＋猒音。音符の猒は、奄に通じ、おおうの意味。厂は、岩石の意味。岩石でおおう・おしつぶすの意味を表す。また、猒に通じ、あきるの意味をも表す。

【厭厭】①さかんに茂るさま。また、伸びそろうさま。②安らかで静かなさま。

【厭悪（惡）】きらいにくむ。いやがる。

【厭殺】おし殺す。おしつぶして殺す。圧殺。

【厭死】おしつぶされて死ぬ。圧死。

【厭世】世の中を忌みきらう。世の中がいやになる。

【厭然】①従順なさま。②おおいかくすさま。③非常に美しいさま。④安らかなさま。

【厭足】十分に足りる。満足する。

【厭伏】①おさえしずめる。②邪気などを払い除く。③ひれ伏す。従う。

【厭服】①満足して従う。②服従させる。しずめる。

【厭夢】①恐ろしい夢。悪夢。②夢にうなされる。

【厭浥】うるおうさま。ぬれるさま。

【厭飫】①食い飽きる。満足する。②忌みきらう。また、あいそをつかす。

【厭離穢土】仏けがれたこの世をきらって、俗世間から離れること。

(14)12 【厮】795 △ シ 廝 (2023) の俗字。→三六三ページ。 5049 5251

(14)12 【厰】796 △ ショウ 廠 (2024) の俗字。→三六三ページ。 5050 5252

【暦】→日・曰部 五一四ページ。 【歴】→止部 五九五ページ。

(15)13 【厲】797 △ 一レイ 霽 lì 二ライ 泰 lài 三漢レツ・呉レチ 屑

【厉】俗字

字義 一❶といし。❷みがく。といしでみがく。とぐ。こする。❸たかい。高くする。掲げる。❹はげしい。きびしい。また、はげしくする。❺はげむ（励）。また、はげます。❻正しい。いかめしい。おごそか。❼はやい（速）。また、いそがしい。さしせまる。❽わたし場。また、水をわたる。❾やむ（病）。えやみ（疫）。また、もののけ。たたり。わざわい。二❶たよる。たのむ。❷病名。ハンセン病。三はげしい。また、おごそか。＝烈。

解字 金文 篆文 形声。もと、厂＋蠆省音。音符の蠆は、さそりの象形。さそりの毒針のようにするどく刃物をとぐ石の意味を表す。礪の原字。転じて、はげむ・はげしいの意味も表す。

【厲疫】疫病。悪病。癘疫。

【厲鬼】癘鬼。①たたりをするもののけ。悪魔。②疫病神。悪病神。③たたりをする死霊（死んだ人の魂）。

【厲行】①はげみおこなう。励行。また、はげまし行わせる。②行いをみがく。

【厲疾】①はげしくて速い。②やまい。疾病。癘疾。③かったい。ハンセン病。

【厲色】怒ってきびしい顔色をする。血相を変える。

【厲精】はげみつとめる。精を出す。励精。

【厲風】①はげしい風。大風。②北西の風。

【厲憐王】厲疾にかかった者が、王者をあわれむ。乱世には、王者はいつ臣下に殺されるか分からないので、人からあわれまれる境遇の人間が、人からうらやまれる境遇の人を逆にあわれむたとえ。〔韓非子、姦劫弑臣〕

【鴈】→鳥部 一三五〇ページ。 【磿】→石部 七八四ページ。

【贋】→貝部 一〇四九ページ。

2 ム部

〔部首解説〕 む。部首としてのムには、一定した意味がなく、もっぱら字形分類のために部首にたてられる。文字の要素としては、同じ文字の中で、强と強、員と貟、句と勾のように、口の形が、ムになることがある。また、常用漢字の広や仏・払などは、もと廣・佛・拂で、複雑な字形の一部を省略するために、ムを用いている。

(2)0
【ム】798 △ 〔一〕シ 因 sī 〔二〕漢ボウ・呉モ 有 mǒu 〔三〕コウ 蒸 gōng 5051 *5253*

字義 〔一〕私（5310）の古字。❶わたくし。❷よこしま。〔二〕なにがし。＝某。〔三〕かいな。うで。肱（3133）の古字。
国 ござる。「ある」の丁寧語。

解字 篆文 指事。小さくとり囲むことを示し、私有する、わたくしするの意味を表す。ムを音符に含む形声文字は、「公的ではない」の意味を共有し、私がある。

【允】→儿部 一〇五ページ。 【公】→八部 一二三ページ。

(5)3
【去】799 教 3 キョ・コ さる 〔一〕漢キョ・呉コ 御 qù 〔二〕漢キョ・呉コ 語 jǔ 2178 *356E*

筆順 十 土 去 去

【厺】本字

字義 〔一〕❶さる。㋐はなれる。㋑へだたる。遠ざかる。㋒のぞく（除）。㋓すてる。㋔行く。うつる。㋕うしなう。㋖過去の。以前の。「去歳」❷助字。動詞の後について、その動作が続いてゆく感じを表す。「眼去」❸漢字の四声の一つ。→去声。〔二〕❶さる。しりぞける。追い出す。❷おさめる。しまう。

難読 去童（さらわらんべ）・去年（こぞ）・去来見（いざみ）・去来山（いさみやま）

解字 甲骨文 篆文 会意。大＋ム。大は、ひとの象形。ムの部分は、甲骨文では、口で、いのりのことばの意味。祈って人についたけがれを除去する、さるの意味を表す。去を音符に含む形声文字に、弆（キョ）・胠（キョ）・祛（キョ）・袪（キョ）などがあり、これらの漢字は、「はなす・はなれる」の意味を共有している。

▼過去・決去・辞去・七去・卒去・逝去・撤去

【去歳】キョサイ ①昨年。先年。②以前。往年。

【去私】キョシ 私心を捨てること。「則天去私」

【去者日疎】さるものはひにうとし 死んだ人は日ごとに忘れられてゆく。また、遠く離れてしまった人はその間がらが次第にうとくなる。〔文選、古詩十九首〕去者日以疎（さるものはひにもってうとく）、生者日以親（いくるものはひにもってしたし）。〈死んでしまった人は日ごとに忘れられ、生きて身近にいる人は日ごとに親しまれてゆく〉

【去就】キョシュウ ①去ることと就くこと。進退。②そむくことと従うこと。

【去住】キョジュウ ①去ることと、とどまること。②去って行った人と、残りとどまっている人。〔唐、杜甫、哀二江頭一詩〕去住彼此無二消息一（キョジュウヒシ ショウソクなし）。訳文⇩清渭（セイイ）（六四七ページ）。

【去声（聲）】キセイ・キョショウ 漢字の四声の一つ。漢字の発音の中で、初めが強く終わりの弱いもの。

【去勢】キョセイ ①権勢を捨てる。②雄の睾丸（コウガン）・雌の卵巣を除去すること。③反抗の気力を奪う。

【去来（來）】キョライ ①行くことと来ること。行ったり来たり。往来。②去ってからこのかた。③いざ。さあ。誘いかける語。来がいざの意であるのを、このように読んだもの。〔文選、陶潜、帰去来辞〕訳文⇩帰去来兮（かえりなんいざ）（三四五ページ）。

【去留】キョリュウ ①去ることと、とどまること。②死ぬことと生きること。死生。③自然のなりゆき。④成功と失敗。成敗。

【台】→口部 一八六ページ。 【弁】→廾部 三六七ページ。

【牟】→牛部 七〇三ページ。

(8)6
【参】800 教 4 サン まいる
(11)9
〖參〗801 〔一〕サン 覃 cān, ⑥sān 〔二〕シン 侵 shēn, ②cēn 2718 *3B32* 5052 *5254*

筆順 ム 厶 矣 参

【桒】俗字

字義 〔一〕❶あずかる（あづかる）。加わる。かかわる。「参加」「参与」❷まみえる。目上の人に、お目にかかる。❸まいる（まゐる）。宮中などに行く。❹しらべる。くらべる。照らし合わせる。「参照」❺まじえる。いっしょにする。入りまじる。❻みつ。みっつ。みたび。＝三。→三（6）の参考
〔二〕❶星座の名。→参宿（シンシュク）・参商。❷参差（シンシ）は、ものの形容。「墓参」→参差。㋑負ける。降参する。㋒こまりはてる。また、弱る。へたばる。
国 まいる（まゐる）。㋐神社や寺・墓などに、もうでる。「墓

名乗 かず・ちか・み・みち・みつ 難読 参木（みき）

解字 金文 篆文 形声。篆文は、晶＋㐱音。晶は、頭上に輝く三星の象形。音符の㐱（シ）は、密度が高いの意味を表す。みつ・加わる・参加するの意味を表す。

▼持参・新参・推参・代参・遅参・人参

【参賀】サンガ 参内してお喜びを申し上げる。

【参会（會）】サンカイ ①まじり集まる。②会合する。

【参画（畫）・参劃】サンカク 計画に参加する。

【参看】サンカン ①しらべる。あれこれと広くよく調べること。②国照らし合わせて見る。参照。

【参観（觀）】サンカン ①＝参看の①。②国㋐その場所へ行って見る。㋑多くの人が集まって見ること。また、多くの人に加わって見ること。

【参議】サンギ ①相談にあずかる。②元・明代（ミンダイ）の官名。③国㋐昔、太政官（ダジョウカン）で国政を議した官。中納言（チュウナゴン）の次の官で、四位以上の人がこれに任ぜられた。㋑明治維新後、太政官にあって国政に参与した官。左右大臣の次で、三位に相当。明治十八年廃止。

【参勤交代・参△覲交代】サンキンコウタイ 国江戸時代、大名が隔年ごとに江戸に住む制度。参勤は、出仕する意。参覲は、出仕して主君にお目にかかる意。

【参△詣】サンケイ ①集まり至る。詣は、いたる・ゆく。②国神社・仏閣などにおまいりすること。

【参検（檢）・参験（驗）】サンケン あれこれ照らしあわせて考えること。

【参考】サンコウ ①事がらや資料となるべきものをあれこれと合わせて考えること。②考えをまとめるためのたしになるもの。

【参候】サンコウ 出向いて行って、ごきげんうかがいをする。

【参差】シンシ ①長短・高低いりまじりふぞろいのさま。②ならび続くさま。③まばらにちらばっているさま。④よく似ているさま。〔唐、白居易、長恨歌〕雪膚花貌参差是（ゆきのはだえ（へ）はなのかんばせシンシとしてこれなり）。

【参事】サンジ 事にあずかり関係すること。また、その人。

【参酌】サンシャク 比較して善を取り悪を捨てること。

【参宿】シンシュク 星宿（星座）の名。二十八宿の一つ。オリオン座の三つの星とその付近の星。からすき星。

【参商】シンショウ 参星と商星。参は西方の星、商は東方の星。二星は遠く離れ同時に天に現れないことから、遠く離れて会う機会のないこと。夫婦の離別・兄弟の仲たがいなどのたとえ。参辰シン。
【参照】サンショウ 国＝参看の②。
【参上】サンジョウ 国まいる。うかがう。行く・至る・訪れるなどの敬語。
【参乗(乘)】サンジョウ 車に乗っている君主の側に乗ること。また、その人。陪乗。驂乗サンジョウ。
【参参】シンシン ①むらがり立つさま。②長いさま。③草などのさかんに伸び茂っているさま。④長短のふぞろいのさま。
【参政】サンセイ 政治にあずかる。政治に参加する。
【参星】シンセイ ①＝参宿。②参宿中の明らかに輝いている三つの星。
【参禅(禪)】サンゼン 仏①禅の道に入る。禅をまなぶ。②座禅に参加する。
【参内】サンダイ 国内裏ダイリ(宮中)に参上すること。
【参殿】サンデン 国①貴人の御殿に参上すること。②人の家を訪問することの敬語。
【参同】サンドウ ①一致する。合わせ考えて、両者が一致すること。「形名参同」②あずかる。参加する。③賛成する。
【参堂】サンドウ ①表座敷(客間)に行く。②仏僧になった者が初めて僧堂に入ること。③国＝参殿の②。
【参道】サンドウ 国神社に参拝するために設けてある道路。
【参謀】サンボウ ①計画や謀略に参与する。②指揮官に直属して戦略の相談にあずかる官。
【参与(與)・参預】サンヨ あずかる。加わる。関係する。
【参列】サンレツ ①たちならぶ。加わりならぶ。②式に列席する。
【参△籠】サンロウ 国神社・仏閣などに昼夜こもって祈願すること。おこもり。

［負］→貝部 一〇三六ページ。 ［能］→月部 五三七ページ。
［畚］→田部 七三九ページ。

(11)9【參】(801) サン 参(800)の旧字体。→一七五ページ。 5052 *5254*

2 又部

〔部首解説〕 また。又をもとにして、手の動作に関係する文字ができている。俗に、攴(ぼくにょう)の省略形で又になることがある。また、複雑な字形の一部を省略するために、又を用いることがある。

又 一七六 1叉 一七六 2及 一七六 収 一七六 双 一七七
反 一七七 友 一七八 6取 一七八 受 一七九 叔 一七九
叕 一七九 7叚 一七九 叙 一七九 叛 一八〇 8叟 一八〇
14叡 一八〇 16叢 一八〇
隻→隹部 一二七〇ページ。 曼→日・曰部 五〇九ページ。
燮→火部 六八七ページ。 雙→隹部 一二七四ページ。

(2)0【又】802 常 また 漢ユウ(イウ) 呉ウ 有 yòu 4384 *4B74*

筆順 フ 又

字義 ❶て(手)。右手。❷また。㋐さらに。その上。㋑ふたたび。重ねて。国また。㋐同じく。等しく。㋑ならびに。㋒それから。話題を変える時にいう。㋓間接的な関係を示す語。「又貸し」「又聞き」

名乗 すけ・たすく・やす

使いわけ **又は・若しくは**
「又は」と「若しくは」は、幾つかの同じ資格・条件のもののうち、どちらか一つを選択する場合に用いる語で、一般には二つとも同じように用いられる。法令では①等しい格のものが三つ以上並ぶ場合はその最後のものに「又は」をつける。「国語・数学、又は英語」②等しくない格のものが三つ以上並ぶ場合はその選択の大きいものには「又は」、小さいものには「若しくは」を用いる。「父若しくは母、又は保証人」

解字 篆文  象形。右手の形にかたどり、みぎの意味を表す。転じて、またの意味に用いられる。又を音符に含む形声文字に、祐ユウ・囿ユウ・宥ユウ・右・有・友・盍ユウ・鮪ユウ・灰カイ・賄ワイ・絠カイ・醢カイ・怪などがあり、これらの漢字は、「右手」の意味を共有している。

(3)1【叉】803 標 ㊀漢サ・呉シャ 麻 chā ㊁漢サイ・呉シャ 佳 chāi 2621 *3A35*

字義 ㊀❶また。ふたまた。分岐。❷先端が分かれた、物を刺し取る器。やす・さすまたなど。❸はさむ。❹くむ(組)。組み合わせる。手をこまぬく。❺まじわる。また、まじえる。❻さす(刺)。刺して取る。㊁かんざし。＝釵サイ。

難読 叉手網さで・叉焼チャーシュー

参考 現代表記では[差](1898)に書きかえることがある。「交叉→交差」

解字 篆文  象形。指の間に物をはさんだ形にかたどり、はさみとる・さすまたの意味を表す。叉を音符に含む形声文字は、「さすまた」の意味を共有し、杈サがある。

【叉手】サシュ 手をこまぬく。腕組みをする。転じて、手出しをせぬこと。拱手キョウシュ。

(4)2【及】(45) キュウ 及(44)の旧字体。→三四ページ。 2893 *3C7D*

(4)2【収】804 教6 シュウ おさめる・おさまる
(6)攵2【收】805 人許 漢シュウ(シウ) 呉シュ 尤 shōu 5832 *5A40*

筆順 丨 丩 収 収

字義 ❶おさめる(をさむ)。㋐受け入れる。取り入れる。めしあげる。手に入れる。「収賄」「収容」㋑とらえる。召しとる。㋒持つ。手にする。にぎる。❷おさまる(をさまる)。㋐ちぢむ。「収縮」㋑元へかえる。やむ。おわる。❸夏カの時代の冠の名。

名乗 おさむ・かず・すすむ・もり

参考 ①現代表記では[蒐](6496)の書きかえに用いることがある。「蒐集→収集」②収を又部三画とすることもある。

使いわけ おさめる[納・収・修・治]⇩納(5728)。

解字 篆文  形声。攴(攵)＋丩音。音符の丩キュウ＝シュウは、まつわるの意味。攴は、強制するの意味。物をまつわらせる・からめとる・おさめるの意味を表す。

▼押収・回収・吸収・査収・拾収・接収・徴収・撤収・買収・没収

【収益】シュウエキ 利益を得ること。また、もうけ。
【収穫】シュウカク ①農作物を取り入れる。取り入れ。②取り入れた農作物。③国手に入れた物。
【収監】シュウカン ろうやに入れる。投監。
【収結】シュウケツ ①しめくくりをつける。②味方につけること。
【収載】シュウサイ ①おさめ入れて車にのせる。②国新聞・雑誌などに取り上げて書きのせる。登載。
【収支】シュウシ 収入と支出。金銭の出し入れ。
【収拾】シュウシュウ ①ひろいあつめる。②混乱などをとりまとめる。
【収集・収△輯】シュウシュウ おさめあつめる。集める。蒐集シュウシュウ。コレクション。
【収縮】シュウシュク ちぢまる。ちぢむ。また、ちぢめる。

【収責】シュウセキ 貸した金を取り立てる。

【収蔵(藏)】シュウゾウ ①農作物を取り入れて、たくわえる。②品物をおさめて、しまうこと。

【収束】シュウソク ①集めたばねる。②しめくくる。まとめる。③おさまりがつく。まとまる。

【収△孥】シュウド 罪人の妻子を捕らえて官の奴隷(ドレイ)とすること。孥は、妻子。

【収入】シュウニュウ ①金銭や物品などを自分の方におさめ入れること。②みいり。所得。↔支出。

【収納】シュウノウ ①取り入れる。②受け取る。

【収縛】シュウバク 捕らえて、しばる。

【収用】シュウヨウ ①集めて用いる。とりまとめて(ととのえて)用いる。②とりあげて用いる。特に、国家が、所有権を取り上げて公共の用に使うこと。③召し出して用いる。

【収容】シュウヨウ 人や品物を一定の場所におさめいれる。

【収△攬】シュウラン 集めとる。集めてにぎりもつ。攬は、取る・持つ・つかむ。「人心収攬」

【収△斂】シュウレン ①租税をとりたてる。②農作物をとりいれる。収穫。③物を集めおさめる。④ひきしめる。収縮させる。↔発散。⑤まとめる。

【収録】シュウロク ①とり入れて記載する。②録音や録画をする。

【収賄】シュウワイ 賄賂(ワイロ)を取る。↔贈賄。「収賄罪」

(4)2 【双】806 常 ソウ ふた　3348 4150

(18)隹10 〔雙〕807 ソウ(サウ) 江 shuāng　5054 5256

筆順 フ ヌ 双 双

字義 ❶ふたつ。ふた。↔隻。❷二つで一組のもの。ペア。対(ツイ)。たぐい。❸一対のものを数えることば。「屏風一双(ビョウブイッソウ)」❹ならぶ。ならべる(ならぶ)。ならび。匹敵する。「無双」

名乗 なみ・ふ

難読 双見(ふたみ)・双石(くらべいし・ぼろいし)・双膚(もろはだ)・双木(なみき)

解字 篆文  会意。雔+又。雔は、二羽の鳥の意味。二羽の鳥を手にするさまから、ふたつの意味を表す。常用漢字の双は俗字。又+又。手ふたつで、ふたつの意味を示す。

▼無双

【双△蛾】ソウガ ①美人のまゆをいう。ふたつならんだ蛾眉(ガビ)の意。②転じて、美人。

【双角】ソウカク ①二本のつの。ならび立つつの。②つのがみ。あげまき。両方に角形(つのがた)に結んだ髪。主として子どもの結ぶ髪形。③角笛の一種。

【双関(關)法】ソウカンホウ 漢詩文を作るときの修辞法の一つ。相対する文句を並べて一編・一段の骨子とする法。唐の韓愈(カンユ)の「原毀(ゲンキ)」の文の類。

【双△鬟】ソウカン ①＝双角の②。②処女。未婚の女。また、少女。幼女。

【双魚】ソウギョ ①二匹(一対)の魚。②手紙をいう。昔、遠方から来た客が置いていった二匹の鯉(こい)の腹の中に手紙があったという故事による。双鯉(ソウリ)。

【双△闕】ソウケツ ①門の両側に台を築き、それを基礎として門の上に楼観(物見台)を作ったもの。楼観のある門。②宮城の門。転じて、宮城。

【双肩】ソウケン ①左右両方の肩。②国自分の負担や責任。

【双△鉤】ソウコウ ①運筆法の一つ。親指に対して食指と中指と二本かけて筆を持って字を書くこと。双勾(ソウコウ)。↔単鉤。②筆跡などをうつしとるとき、中を白いままにし、へりだけ二重文字にうつしとること。籠字(かごじ)。

【双紙】ソウシ 国①とじた本の総称。②かな書きの本。物語・日記などの類。③室町・江戸時代に行われた絵入りの本。④習字の帳面。

【双珠】ソウシュ ①ふたつのたま。一対の真珠。②すぐれたもの一そろいのたとえ。すぐれた兄弟・すぐれた二人の子など。

【双生】ソウセイ ふたご。また、ふたごを生む。

【双声(聲)】ソウセイ 漢字二字の熟語の上下の文字の語頭子音がひとしいもの。参差(シンシ)・磊落(ライラク)の類。これに対し、両字の韻のひとしいものを畳韻という。

【双△栖・双△棲】ソウセイ 夫婦・雌雄が一緒に住む。同棲。

【双双】ソウソウ ふたつずつ。一対ずつ。

【双飛翼】ソウヒヨク 二羽並んで飛ぶ鳥。夫婦の鳥。〔唐、杜甫、哀江頭詩〕

【双幅】ソウフク 国一対のかけもの。対幅。

【双△璧】ソウヘキ ①ふたつのたま。一対のたま。②相並んで美しいもの。相並んですぐれた人物。

【双葉】ソウヨウ ①種子が発芽した時最初に出る葉。②幼児。

【双六・双陸】ソウリク・スゴロク ①盤の中央をくぎって領分をきめ、ふたりで交互にさいを振って、出た数だけこまを進める遊び。②国(スゴロク) 紙面に区画を設け、数人が互いにさいを振って、出た数だけ進んで、早くあがりに達することをきそう遊び。

【双竜(龍)】ソウリョウ・ソウリュウ 二匹の竜。転じて、二人のすぐれた人物。

(4)2 【反】808 教3 ハン・ホン・タン そる・そらす　4031 483F

筆順 一 厂 反

一 漢ハン・呉ホン 阮 fǎn
二 漢ハン・呉ホン 元 fān
慣タン

字義 一 ❶かえす(かへ‐す)。㋐裏がえす。逆にする。㋑くりかえす。「反復」㋒元へもどす。元へかえす。㋓恩に報いる。また、あだにしかえしする。❷かえる(かへ‐る)。㋐くつがえる。ひっくりかえる。逆になる。㋑そる。そりかえる。㋒もどる。元へかえる。「反射」「反響」❸かえって(かへ‐って)。㋐逆に。あべこべに。㋑更に。❹かえりみる(かへり‐みる)。「反省」❺そむく。謀反(ムホン)する。

二 漢字の音を別の二つの漢字を用いて表す方法。→反切。

国 ❶タン。㋐織物の長さの単位。鯨尺で二丈八尺(約一〇・六メートル)。㋑帆の長さの単位。三尺(約〇・九メートル)。㋒面積の単位。十畝(九・九一七アール)。㋓距離の単位。六間(約一〇・九メートル)。❷かえし(かへ‐し)。反歌。❸そる。また、そらす。そり。❹ハン。あるものに反対・反抗する意を表す。英語のantiに当たる。「反帝国主義」

難読 反橋(もどりばし)・反町(そりまち)・反吐(へど)

参考 ①現代表記では〔叛〕(817)の書きかえに用いる。「叛逆→反逆」「離叛→離反」②タンと読むのは、段の草書体からの字。③現代表記では、反対側に曲げる意の「そらす」に〔反〕を用いる。はずす意の「そらす」は仮名書き。「胸を反らす」「目をそらす」「ボールをそらす」

解字 甲骨文  篆文  会意。又+厂。又は、手の象形。厂は、がけの象形。のしかかる岩のような重圧を手でくつがえすの意味を表す。反を音符に含む形声文字に、版・販・返・鈑(ハン)・阪・飯などがあり、これらの漢字は、「かえす」の意味を共有している。

▼違反・往反・顧反・背反・倍反・謀反・離反

【反意】ハンイ ①謀反(ムホン)の心。②意志に反する。

【反映】ハンエイ ①反射してうつる。②色などがたがいにうつりあう。③影響が他に及んで現れる。また、そのこと。

【反景・反影】ハンエイ 光が照りかえってうつること。また、その光。夕日の光。

【反応(應)】ハンノウ ①うらぎり。内通。②物質間の化学変化。③国刺激を受けておこす動作。手ごたえ。

【反歌】ハンカ・かえ(へ)しうた 国和歌で、長歌の終わりにつける短歌。

【反間】ハンカン ①敵国にはいって敵状を探ったり、敵国に不利な言いふらしをする者。間者。スパイ。②敵の間者を逆に利用

してわが用をさせること。

【反眼】①目をそらす。②そしらぬ顔をすること。

【反旗】謀反の旗。叛旗。「反旗を翻す」

【反詰】なじる。詰問する。

【反逆】①反対になる。②そむきさからう。謀反。

【反求】事の原因をわが身にふりかえり求める。反省して求める。

【反響（響）】①はねかえって聞こえる音響。こだま。やまびこ。②国ある言論や行動に影響されて起こる現象。

【反訓】文字の訓が、もとの訓と全く反対に用いられるもの。たとえば、乱（みだれる）をおさめる（治）、逆（さからう）をむかえる（迎）と訓ずる類。

【反撃（擊）】引きかえして敵をうつ。攻めかえす。

【反故】①文字などを書いて不用になった紙。一度使った紙を裏がえす意。反古。②約束を履行しないこと。

【反顧】①ふりかえる。後をふりかえってみる。後顧。「反顧の憂え」②後の事を心配すること。

【反語】表現を強めるために、一見反対の意味のようにいうことば。多く疑問の形を用いる。「焉知」が、「不レ知」の意を表す類。

【反抗】さからう。たてつく。

【反始】はじめにかえる。祖先を思い敬うこと。始は、祖先。

【反証（證）】反対の証拠。

【反照】①てりかえす。反映。反射。②夕やけ。夕ばえ。

【反△脣】①脣をそらす。口をとがらす。不平の意を表す。②ののしる。

【反△芻】①牛・羊等の草食動物が、一度のみこんだ食物を再び口にもどしてかむこと。②国くりかえして味わう。

【反正】もとの正しい道にかえすこと。太平の世にすること。「撥乱反正」

【反省】わが身をかえりみること。

【反△噬】①追いつめられて、かえってかみつくこと。②（恩に）そむいてかみつく。恩人にそむき、かえって害をなすこと。

【反切】漢字の音を表すために、他の既知の二つの文字の音韻をかりる方法。上の字の声母（頭子音）と下の字の韻母とを合わせて別の一音を生み出す。たとえば、東(tung)の音韻は、徳紅反（切ともいう）といい、徳(tak)のtと紅(hung)のungとからtungを導き出す類。また、四声は、下の字の四声による。

【反舌】①鳥の名。もず、百舌。②わかりにくいことばのたとえ。未開人の言語。

【反則】規則にそむく。法則にもとる。

【反側】①法度にそむくこと。反則。②謀反を起す。うらぎる。「反側子」③眠れないで寝がえりをうつ。「輾転反側」

【反対（對）】①あべこべ。さかさま。②さからう。↔賛成。

【反△坫】周代、諸侯が会見して宴会をする時、飲み終わった杯をふせておく台。杯だい。

【反転（轉）】国①ひっくりかえる。②ひきかえす。③方向をかえる。④まろぶ。ころがる。⑤糸まき車。

【反動】国①ある運動にさからって起こる運動。反作用。②時勢に逆行して進歩をくいとめようとすること。

【反△駁・反△駮】他人の意見に対して、反論すること。

【反△撥・反発（發）】①はねかえす。また、はねかえる。②他人の意見などに反対し、また、受けつけないこと。

【反覆】①もとにもどす。もどる。②くりかえす。③そむく。うらぎる。④くつがえす。⑤往復する。

【反△袂】たもとをかえす（顔に持ってくる）こと。涙をぬぐうこと。

【反△哺】食物を口移しにして食べさせること。哺は、口中にある食物。烏は生まれてから、母鳥に養われた六十日間の恩がえしに、成長してから母鳥に食物を口移しにして食べさせるといわれる。これを「烏に反哺の孝あり」という。生長して、親の恩に報いることのたとえ。〔本草、慈烏〕

【反本】①もと（根本）にたちかえる。②うまれ出たもと（天・父母）を思う。

【反命】①使者がもどって報告すること。復命。②命令にそむく。

【反目】①にらみあう。②仲たがいする。

【反問】問いかえす。

【反乱（亂）】そむきみだす。謀反を起こす。特に軍人の謀反をいう。叛乱。

(4)2
【友】809
教2　ユウ　とも
漢ユウ（イウ）・呉ウ　有 yǒu
友達
4507
4D27

筆順　一　ナ　方　友

字義　❶とも。ともだち。なかま。同志。「親友」❷ともとする。友として交際する。❸兄弟の仲がよいこと。「友愛」

解字　甲骨文  金文  篆文  形声。又＋又㊥。音符の又は、右手の象形。手に手を取り合う「とも」の意味を表す。

▼益友・雅友・旧友・交友・孝友・師友・死友・辱友・戦友・損友・知友・亡友・盟友・僚友・寮友
【友愛】①兄弟の仲がよいこと。また、兄弟間の情愛。②友達の間のしたしみ。

【友△于】①兄弟の仲がよいこと。『書経』の「友二于兄弟一」から出た語。②転じて、兄弟。

【友△誼】友達のよしみ。友情。

【友好】友達のよしみ。友達の親しいこと。

【友禅（禪）】国江戸中期、京都の画工、宮崎友禅が始めた染模様。友禅染・友禅模様の略。

【友邦】親しい国。交わりを結んでいる国。

【友△睦】①兄弟が仲むつまじいこと。②友達のよしみ。

(8)6
【取】810
教3　シュ　とる
漢シュウ（シウ）・呉シュ　麌 qǔ
2872
3C68

筆順　丅　E　耳　取

字義　❶耳をきる。捕虜や捕獲した動物を数えるために、その耳をきる。❷とる。自分のものとする。手に入れる。手にとる。また、賛成する。↔捨。❸めとる。嫁を迎える。

難読　取石（とっし・とろし）

使いわけ　とる〔執・採・撮・捕・取〕

〔執〕物事をとり行う。「指揮を執る」

〔採〕選んでとる。ひろいあげる。「嘱託として採る」

〔撮〕撮影する。「ビデオに撮る」

〔捕〕つかまえる。「生け捕る」

〔取〕右の四つ以外はすべて〔取〕を用いると考えてよい。「責任を取る・命を取る・気取る・取り締まる・メモを取る・見取り図」

解字　甲骨文  金文  篆文  会意。又＋耳。昔、戦争で殺した敵の左耳を切り取り首級の代りに集めたところから、とらえる・とるの意味を表す。取を音符に含む形声文字に、娶・聚・諏などがあり、これらの漢字は、「とる」の意味を共有している。

▼看取・観取・搾取・詐取・摂取・進取・窃取・奪取・聴取・略取
【取引】国売買。交易。また、受け渡し。

【取舎】①＝取捨の①。②進むことと休むこと。

【取捨】①とることとすてること。②国取り去ること。投げすてること。

【取得】①手に入れる。②国㋐収入。㋑長所。

(8)6
【受】811
教3 ジュ うける・うかる
漢シュウ(シウ)・呉ジュ 宥 shòu
2885 3C75

筆順 受

字義 ❶うける。㋐受け取る。「受領」㋑受け入れる。「甘受」㋒こうむる。いやなめにあう。❷さずける(授)。国❶うけ。人気。評判。❷うかる。合格する。

名乗 おさ・しげ・つぐ

使いわけ うける〔受・請〕
〔請〕引きうける。保証する。「安請け合い」
〔受〕右以外のすべて。「郵便受け・試験を受ける」

解字 甲骨文 金文 篆文 形声。甲骨文・金文は爪＋又＋舟㊉。音符の舟は、わたしぶねの象形。上下に手の象形の爪・又を付し、うけわたすの意味を表す。のち、舟の部分が冖に変形し省略された。受を音符に含む形声文字は、うけわたすの意味を共有し、授・綬などがある。

▼甘受・享受・口受・授受・聴受・拝受・膚受

【受戒】(ジュカイ) ①いましめを受ける。②仏仏門に入る者が戒律を受けること。

【受業】(ジュギョウ) ①弟子が師から学業をうけ学ぶこと。②師に対する弟子の自称。

【受降】(ジュコウ) ①降服者を受けいれること。②漢の武帝のとき、匈奴の降服者を受けいれるために、今の内モンゴル自治区烏拉特中旗の東、陰山の北に築いた城の名。受降城。唐代には、東・西・中の三城があった。

【受授】(ジュジュ) うけることとさずけること。

【受賞】(ジュショウ) 賞をさずけられる。賞を受ける。

【受身】(うけみ) 国①他から働きをうけること。②文法用語。他から動作をうける意を表す。受動。↕能動。

【受禅(禪)】(ジュゼン) 帝位をゆずり受ける。天子の位を受けつぐこと。禅は、ゆずる。

【受胎】(ジュタイ) はらむ。みごもる。

【受託】(ジュタク) たのみを受ける。また、依頼される。

【受諾】(ジュダク) 引き受ける。承諾する。↕拒絶。

【受動】(ジュドウ) ＝受身の②。↕能動。

【受難】(ジュナン) ①わざわいにあう。②国特にキリストが十字架で刑を受けたことをいう。

【受納】(ジュノウ) うけおさめる。うけいれる。

【受命】(ジュメイ) ①命令をうける。②天の命令をうけること。また、そうして天子になること。「受命之君」③教えをうける。

【受理】(ジュリ) 受け入れて処理する。また、受けおさめる。

【受領】(ジュリョウ) ①受けとる。②国(ズリョウ・ズロウ) 昔、国司に任命されること。転じて、国司をいう。

(8)6
【叔】812
常 シュク
叔父・叔母
シュク 屋 shū
2939 3D47

筆順 叔

〔尗〕俗字

字義 ❶ひろう(拾)。❷わかい(若)。おさない。年少者。❸おとうと。弟の中で年下の弟。❹おじ。父の弟(日本では母の弟をもいう)。❺こじゅうと。夫の弟。❻すえ。また、末世。❼字にそえることば。兄弟の年齢順を表し、第三番目(伯・仲・叔・季)を示す。❽父親よりも年少の人を呼ぶときに用いる語。おじさん。❾よい(善)。

名乗 はじめ・よし

解字 甲骨文 金文 篆文 形声。又＋尗㊉。音符の尗は、枝についている豆の象形。豆をひろうの意味を表す。また、尗は、弔に通じ、いたみあわれむの意味。あわれむべきいとけない者・善良な者の意味をも表す。転じて、おとうとの意味や、父のおとうとに当たる、おじの意味などをも表す。

▼伯叔

【叔季】(シュクキ) ①すえの弟。末弟。季も、末。②世の末。末世。

【叔△舅】(シュクキュウ) ①おじ。母の弟。②天子が異姓の小諸侯を呼ぶ称。

【叔世】(シュクセイ) すえの世。末世。叔代。叔季。

【叔斉(齊)】(シュクセイ) 殷末の人。孤竹君の子で、伯夷の弟。兄と互いに父のあとを継ぐことを譲りあって国をのがれ去った。周の武王が殷の紂王を討った時、兄と共にいさめたが聞かれず、武王が天下を統一すると、首陽山(今の山西省永済県の南)にかくれて餓死した。〔史記、伯夷伝〕

【叔伯】(シュクハク) ①臣下の年下の者と年上の者。②兄弟。または姉妹。

【叔父】(シュクフ) ①おじ。父の弟。②天子が同姓の小諸侯を呼ぶ称。③国(おじ) 父母の弟。

【叔母】(シュクボ) ①父の弟の妻。②国(おば) 父母の妹。

【叔△梁△紇】(シュクリョウコツ) 春秋時代の魯の人。孔子の父。郰邑の大夫。背が高く、武力にすぐれた。顔氏の三女の徴在を妻とし、尼山に祈って孔子を生み、孔子が三歳のときに没したという。〔史記、四七〕

(8)6
【叕】813
△ 漢テツ 呉テチ 屑 zhuó

字義 ❶つづる。つらなる。つらねる。＝綴。❷みじかい(短)。

解字 篆文 象形。糸をつなぎあわせた形にかたどり、つづるの意味を表す。叕を音符に含む形声文字に、啜・惙・掇・畷・綴などがある。

(9)7
【叚】814
△ 漢カ 呉ケ 馬 jiǎ

字義 ❶かりる。かす(貸)。❷かりに。＝仮(假)。

解字 金文 篆文 会意。金文は、厂＋二＋㕛。厂は、岩石の意味。二は、未加工の玉の意味。㕛は、両手の象形。岩石の中から取りだしたばかりの未加工の玉の意味から、かりの意味を表す。瑕の原字。叚を音符に含む形声文字に、假・椵・暇・瑕・葭・瘕・遐・霞などがある。

(9)7
【叙】815
常 ジョ
2986 3D76

(11)攴7
〔敍〕816
人許 漢ショ 呉ジョ 語 xù
5838 5A46

筆順 叙

〔敘〕俗字 5839 5A47

字義 ❶ついず。㋐順序をつける。㋑官職や勲位を授ける。「叙勲」❷順序。次第。❸のべる。順序だてて述べる。また、ありのままを述べる。「自叙伝」「叙景」❹はじまり。いとぐち。また、書物のはしがき。

名乗 のぶ・みつ

参考 現代表記では〔抒〕(2582)の書きかえに用いることがある。「抒情→叙情」

解字 甲骨文 篆文 形声。又(攴)＋余㊉。音符の余は、自由に伸びるの意味。攴は、たたく・うつの意味。たたいて制約を加えながら伸ばす、順序だてる・のべるの意味を表す。

▼昇叙・追叙・平叙・列叙

【叙位】(ジョイ) ①くらいを授ける。②国昔、正月五日、また六・七日に諸臣に位を賜った公事。

【叙勲(勳)】(ジョクン) 国勲等を授け、勲章を賜ること。

【叙景】(ジョケイ) 国けしきをのべしるす。

【叙事】(ジョジ) 事実をありのままに述べ記す。また、その文。

【叙事詩】(ジョジシ) 意見や感情をまじえず、事実や、民族の歴史、英雄の事績などをありのままに述べた詩。↕叙情詩。

【叙爵】(ジョシャク) ①爵位を授ける。②国昔、初めて従五位下に任ぜられること。

【叙述】(ジョジュツ) 順序だててのべる。

【叙情詩】ジョジョウシ　主として自己の感情を主観的に表現する詩。叙は、抒の書きかえ。↔叙事詩。
【叙任】ジョニン　位を授け、官職につかせる。
【叙録(敍錄)】ジョロク　①順序だてて記録する。また、その文。②本論の初めか終わりかに、その大要を述べたもの。序録。
【叙論】ジョロン　①順序だてて論ずる。②国本論のいとぐちとなる議論。書物の初めに書く議論。序論。

(9)7
【叛】817　標　漢ハン・呉バン　慣ホン　翰 pàn　[叛] 4032 *4840*

字義 ❶そむく。謀反ホムする。反逆する。❷みだれる。❸かがやく。

参考 現代表記では[反](808)に書きかえる。「叛逆→反逆」「離叛→離反」熟語は[反]をも見よ。

解字 篆文　形声。反＋半音。音符の半は、わかれるの意味。反抗してはなれる、そむくの意味を表す。

【叛徒】ハント　謀反ホムをするものども。
【叛乱(亂)】ハンラン　そむき乱す。謀反ホムを起こすこと。内乱。反乱。

(10)8
【叟】818　標　一ソウ　有 sǒu　二シュウ(シウ)　尤 sōu　[叟] 5055 *5257*

字義 一❶おきな。としより。❷老人を呼ぶ尊称。長老。二叟叟シュウシュウは、米をとぐ音の形容。＝溲ソウ。

[叜]本字

解字 篆文　会意。篆文は、宀＋火＋又。屋内で手に火を持って物をさがすの意味を表す。借りて、おきなの意味を表す。

[隻]→隹部 一二七〇ページ。　[曼]→日・曰部 五〇九ページ。

(16)14
【叡】819　囚　エイ　霽 ruì　1735 *3143*

筆順　睿　叡

[睿]古字 6647 *624F*　[叡]同字

字義 ❶さとい。さとし。あきらか。道理に明るい。かしこい。❷天子に関することを尊んでいうときにそえて用いる語。「叡慮」

名乗 あきら・さとし・ただ・とおる・とし・まさ

参考 現代表記では[英](6268)に書きかえることがある。「叡智→英知」

解字 篆文　古文　会意。𣦵＋目＋谷省。𣦵ザンは、えぐるの意味。谷はたに・あなの意味。谷をえぐるように深く物事を見る目のさまから、あきらか・さといの意味を表す。

【叡感】エイカン　天子が感心する。天子のおほめ。
【叡才】エイサイ　すぐれた才能。また、それを持っている人。英才。
【叡算】エイサン　天子の年齢。宝算。
【叡旨】エイシ　天子の考え。聖旨。
【叡聖】エイセイ　すぐれてさとい。知徳がすぐれて道理に明るいこと。また、その人。特に、天子の徳にいう。
【叡達】エイタツ　かしこくて物事の道理に通じていること。
【叡知・叡△智】エイチ　英知。すぐれてさとい知恵。
【叡哲・叡△喆】エイテツ　すぐれてかしこい。また、その人。
【叡敏】エイビン　物事の道理に通じてかしこいこと。
【叡△謨】エイボ　すぐれたはかりごと。また、天子のはかりごと。
【叡明】エイメイ　＝叡哲。
【叡覧(覽)】エイラン　天子が見ること。
【叡慮】エイリョ　天子の気持ち。天子の考え。

[燮]→火部 六八七ページ。

(18)16
【叢】820　標　漢ソウ　呉ゾウ　東 cóng　3349 *4151*

字義 ❶むらがる。あつまる。「叢竹」❷くさむら。❸低い木のしげみ。❹わずらわしい。くどい。

[菆]同字

難読 叢雨むらさめ・叢雲むらくも・叢祠ほこら・叢濃むらご・叢柏しのぶ・ひば

解字 篆文　形声。丵＋取音。丵サクは、のこぎり状の歯のついた工具の象形。音符の取は、聚シュウに通じ、あつめるの意味。むらがるの意味を表す。

【叢雲】ソウウン　むらがり集まっている雲。むらくも。
【叢菊】ソウキク　むらがりはえた菊。むらぎく。
【叢書】ソウショ　①書籍をあつめる。②同系統の書籍を集めて、一組とした本。叢刊・叢刻ともいう。シリーズ。双書。叢譚ソウダン。
【叢生】ソウセイ　むらがりはえる。
【叢談】ソウダン　いろいろな物語を集めた書物。叢譚ソウダン。
【叢林】ソウリン　①やぶと林。また、やぶ。林。②仏僧の集まり住む所。
【叢話】ソウワ　いろいろな話を集めた書物。

[雙]双(806)の旧字体。→一七七ページ。

3　口部

〔部首解説〕くち。口を意符として、声や息を出すこと、飲食など、口のはたらきに関係する文字ができている。また、吋チインや噸トンなど、度量衡の単位を表す外国語の翻訳字にも、口偏が用いられる。

(3)0

【口】

821　教 1　コウ・ク　くち

筆順　丨 ㄇ 口

漢コウ・呉ク　宥　kǒu

2493
387D

字義 ❶くち。㋐飲食し音声を発する器官。五官の一つ。「鶏口」「虎口（ここう）」㋑入口。あな。関門。㋒港。❷くちをきく。しゃべる。また、そのことば。「悪口」❸くちずから。親しく自分の口から。❹人。また、人を数える単位。❺ふり。刀剣を数える単位。国くち。㋐はし（端）。はじめ。㋑たぐい。種類。㋒てづる。㋓つとめどころ。

名乗 あき・ひろ　難読 口永良部（くちのえらぶ）・口之津（くちのつ）・口惜（くやしい）・口直海（くちのみ）・口伝（くちづて）・口分田（くぶんでん）・（くも・くも・で）

解字 篆文 ㅂ　象形。くちの形にかたどり、くちの意味を表す。口を音符に含む形声文字に、釦（コウ）・哭（コク）・谷・浴・欲・俗・容・溶・鎔（ヨウ）・裕などがある。

▼海口・家口・金口・鶏口・黄口・戸口・人口・生口・多口・渡口・百口・閉口・便口・弁口・滅口・利口

【口過】（コウカ）発言上のあやまち。失言。

【口禍之門】（くちはわざわい（はい）のモン）口はわざわいを招くもとである。ことばはつつしまなければならないとのいましめ。唐の馮道（フウドウ）の「舌」の詩に、「口是禍之門（くちはこれわざわい（はい）のモン）」とあるのに基づく。

【口角】（コウカク）①口の両わきの、上下の唇の接合した所。転じて、口のまわり。②口論する。また、口論。「口角沫（あわ）を飛ばす（はげしく議論する）」

【口給】（コウキュウ・コウキョウ）口がよくまわること。口だっしゃ。給は、次から次とよどみなく出てくること。

【口業】（コウギョウ）①詩文を作ること。文学の仕事。②仏（ゴウ）しゃべることによって作られる罪。妄語（でたらめ）・綺語（キゴ）（いつわりかざる語）・悪口・両舌（二枚舌（じた））。

【口吟】（コウギン・クギン）①くちずさむ。②どもって言語がはっきりしないこと。また、口の中でくどくど言っていること。

【口径（徑）】（コウケイ）器物の口のさしわたし。

【口語】（コウゴ）①口に出して言うことば。②そしり。③話しことば。↔文語。

【口腔】（コウコウ）口からのどまでの部分。医学では「コウクウ」という。

【口才】（コウサイ）口の才能。弁舌にすぐれていること。また、口先の上手なこと。弁才。

【口耳之学（學）】（コウジのガク）耳で聞いたことをすぐ口に出すうすっぺらな学問。人から聞いたことを十分に理解しないで、物知り顔にすぐ人に告げ、少しも自分に益しない学問。「口耳四寸の学」〔荀子、勧学〕

【口実（實）】（コウジツ）①言いわけ。かこつけ。②語りぐさ。③口先だけで、実行の伴わないことば。④食物。⑤俸給。ふち。⑥死者の口に含ませる玉。

【口受】（コウジュ・クジュ）口ずから教えを受ける。師から直接に教えを受けることなど。

【口授】（コウジュ・クジュ）口ずから授ける。自ら直接に教える。

【口誦】（コウショウ）声を出して読むこと。口ずさむこと。

【口尚乳臭】（くちなお（ほ）ちちくさし・くちなお（ほ）ニュウシュウあり）口がまだ乳くさい。年少で経験にとぼしいことのたとえ。〔史記、高祖本紀〕

【口数（數）】（コウスウ）①人数。人口。②国（くちかず）㋐しゃべる度数や分量。ことばかず。㋑事がら・事件などの数。

【口説】（コウセツ）①ことば。言説。②口から口へと伝えられた事がら。口伝。伝説。③国㋐（クゼチ・クゼツ）＝口舌の③。㋑（くどき）くり返して説く。㋒芝居などで、述懐・ざんげなどして心中を述べたてること。

【口舌】（コウゼツ）①口と舌。②くちさき。弁舌。③国（クゼチ・クゼツ）口説。㋐くちさき。おしゃべり。㋑ものいい。いさかい。

【口宣】（コウセン）①口で天子の命令をのべつたえる。②宋（ソウ）の文体の名。詔令類の一種。君主から臣下にさとす文辞。③仏（クセン）師が学僧に与えるいましめ。転じて、小言・叱責（シッセキ）の意ともする。④国（クセン）昔、五位以上の官位を授けるとき、頭の弁が上卿（ジョウケイ）に伝達した口頭のみことのり。

【口銭（錢）】（コウセン）①人数割りに課する税。人頭税。漢では兵役に服しない七歳から十四歳までの者に課した。②国売買の取り次ぎをして取る手数料。コミッション。

【口沢（澤）】（コウタク）口をふれたあとのつや。長く用いた茶わんのふちなどについたよごれ。

【口中雌黄】（コウチュウのシオウ）一度言った説をすぐ改めることのたとえ。昔、文字の訂正に雌黄（黄色い顔料）を用いたことによる。〔晋書、王衍伝〕

【口伝（傳）】（コウデン・クデン）語り伝える。口で伝える。また、言い伝え。言いつぎ。

【口答】（コウトウ）（その場で）口頭で答える。↔筆答。

【口頭】（コウトウ）①口のほとり。また、口さき。②書類に書かないで口で言うこと。

【口頭禅（禪）】（コウトウゼン）口さきで禅を説くばかりで、禅の道理を会得（エトク）もせず、実行もしないこと。

【口碑】（コウヒ）世間の言いつたえ。伝説。碑は、永久にほろびない意。

【口腹】（コウフク）くちと腹。転じて飲食。また、生活。

【口吻】（コウフン）①くちさき。吻は、口もと。②国くちぶり。言いよ

う。

【口分田】クブン 人ごとに等分に分け与える田地。①唐の制度では、丁男（二十一歳から五十九歳までの男子）には百畝ボ、身障者には四十畝、寡妻やもめ・妾ショウには三十畝を与え、そのうち二十畝を永業田とし、その余を口分田とした。②国大化改新以後、六歳以上の男子に二段タン、女子にはその三分の二を給した。

【口亡ㇾ択（擇）言一】くちにタクゲンなし 言うことがすべてよいことばかりで、えらび捨てるところがない。〔孝経、卿大夫章〕

【口有ㇾ△蜜、腹有ㇾ剣（劍）】くちにミツあり、はらにケンあり うわべのことばは親切だが、心の内は陰険なたとえ。口蜜腹剣。〔唐書、李林甫伝〕

【中】→丨部 二九ページ。

【可】822 (5)2 教5 カ

㊀カ 哿 kě　㊁コク 職 kè　1836 3244

筆順 一 丁 可 可

字義 ㊀❶よい。よし。まあよい。よいところ。美点。❷きく。ききいれる。してよいとする。❸助字。⇩助字解説 ㊁→可汗。

†助字解説

①べし。㋐可能。……できる。〔論語、子罕〕三軍可ㇾ奪ㇾ帥也サングンもスイをうばうべきなり〈敵が三軍の大軍勢であっても、その総大将を奪うことができる〉㋑……するのがよい。〔史記、商君伝〕汝可二疾去一なんじ(ぢ)とくさるべし〈お前は早く立ち去るほうがよい〉㋒……してよい。〔孟子、離婁下〕可三以取一もってとるべく、可三以無ㇾ取もってとるなかるべきに、取傷ㇾ廉とればレンをきずつく〈取ってもよく取らないでもよい場合、取れば清廉さを傷つけることになる〉㋓推量・意志。……だろう。〔楚辞、漁父〕滄浪之水清兮ソウロウのみずすまば、可三以濯二吾纓一もってわがエイをあらう(ふ)べし〈滄浪の流れが澄んでいる時には、わたしの冠のひもを洗おう〉

②ばかり。……ぐらい。〔史記、項羽本紀〕項羽之卒可二十万一コウウのソツジュウマンばかり〈項羽の兵卒は十万人ぐらい〉

名乗 あり・とき　難読 可愛え・可口可楽コカコーラ・可児かに・可笑おかしい・可惜あたら・可部かべ・可楽崎からさき

解字 金文 篆文 会意。口＋丁（丂）。口は、くち、丂カは口の奥の象形。口の奥から大きな声を出すさまから、転じて、よいの意味を表す。可を音符に含む形声文字に、何・河・呵カ・柯カ・歌・珂カ・苛カ・荷・軻カなどがあり、これらの漢字には、基本字・基本義が表すある種の擬声語、呵・歌や、河・柯・軻などのような「かぎがたに曲がる」の意味を共有するものが多い。

▼印可・献可・裁可・制可・奏可・認可・不可

【可汗】カンコク モンゴル語で、王をいう。

【可人】カジン よい人物。取りえのある人物。

【可能】カノウ たえる。できる。なしうる。

【可否】カヒ よしあし。是非。

【可△憐】カレン・あわ(はれ)むべし ①愛らしい。②かわいそう。あわれ。ふびん。③感嘆を示すことば。ああ。

【無ㇾ可無二不可一】カもなくフカもなし 言行にゆき過ぎや不足のところがない。よくもなく、悪くもない。まあまあのところだ。〔論語、微子〕

【叶】823 (5)2 人

漢キョウ（ケフ）　呉ギョウ（ゲフ）　葉 xié　1980 3370

筆順 口 口 口一 叶

字義 協（751）の古字。かなう。㋐合う。一致する。㋑和合する。調和する。㋒匹敵する。及ぶ。国かなう。㋐望みどおりになる。㋑なしうる。できる。

名乗 かない・やす　難読 叶水かのみず

解字 古文（協） 会意。口＋十。十は、多いの意味。多くの人のことばとことばが調和するの意味を表す。協の古字。

【叫】(851) (5)2

キョウ　叫（850）の旧字体。→一八八ページ。

【句】824 (5)2 教5 ク

㊀ク 国遇 jù　㊁漢コウ・呉ク 宥 gòu　㊂漢コウ・呉ク 尤 gōu　2271 3667

筆順 ノ 勹 句 句

字義 ㊀ク。❶㋐ことばや文章・詩歌のひとくぎり。「詩句」㋑文法上では、それだけで文になることばのまとまり。❷まがる。㊁あたる。取り扱う。＝勾コウ。→句当コウトウ。㊂まがる（曲）。かがまる（屈）。＝勾。国ク。俳句の略。「句会」

参考 ⇩勾（696）の参考。

解字 甲骨文 金文 篆文 形声。口＋勹（音）。音符の勹コウは、曲がったかぎのひっかかった形にかたどり、まがるの意味。言葉を区切るの意味を表す。また勹は區に通じ、区切るの意味。句を音符に含む形声文字のうち、「クルッと曲がる」の意味の系列のものに、佝ク・劬ク・姁ク・拘・朐ク・枸ク・狗ク・痀ク・跔ク・鉤ク・雊ク・駒ク・鴝クなどがあり、フッと息を吹きかける音の擬声語の系列のものに、呴ク・昫ク・欨ク・煦クなどがある。

▼活句・起句・禁句・金句・警句・結句・秀句・承句・章句・上句・成句・節句・絶句・長句・対句・転句・俳句・発句・文句・類句・連句

【句践（踐）】コウセン 春秋時代の越の王。呉王夫差と戦って大敗したが、後に范蠡ハンレイを用いて呉を破り、諸侯の盟主となった。勾践。（?—前四六五）

【句題】クダイ 国①三代集の和歌の一句、または漢詩の一句を題として歌をよむこと。その和歌を句題和歌という。②俳句の題。

【句点（點）】クテン 文のきれめにつける点。→句読の①。↔読点。

【句当（當）】コウトウ 取りあつかう。任務を受けて処理する。

【句読（讀）】クトウ ①句と読。文中で、言い切るところを句といい、「。」をつけ、息を入れるところを読といい、「、」をつける。②文の読みかた。文の素読。

【句△萌】コウボウ 草木の生え初めの形。曲がったものを句、直立したものを萌という。

【句欄】コウラン 勾欄コウラン。①曲がったてすり。②宋ソウ・元代には劇場のさじきをいい、後に役者や芸者のいる所をいう。

【古】825 (5)2 教2 コ ふるい・ふるす

コ 麌 gǔ　2437 3845

筆順 一 十 古 古

字義 ❶いにしえ。昔。↔今。「懐古」「復古」❷ふるい。ふるめかしい。❸ふる。古くなる。年月を経る。❹昔のきまり。昔の道徳。国ふるす。ふるくさせる。見捨てる。

名乗 ひさ　難読 古閑こが・古厩ふるまき・ふるまや・古郡家ここうけ・古戸ふっと・古座こざ・古井こび・古都ふるいち・古渡ふっと・古馬牧こめまき・古平ふるびら・古来ふるく・古立こだち

解字 金文 篆文 象形。金文は、克の金文、胄チュウの金文の上部の形と似て、固いかぶとの象形。固くなる・古い・いにしえの意味を表す。古を音符に含む形声文字に、個・固・姑・居・故・胡・枯・沽コ・涸コ・湖・祜コ・箇・糊コ・罟コ・苦・詁コ・辜コ・酤コ・醐コなどがあり、これらの漢字は、「ふるくてかたい」の意味を共有しているものが多い。ただし、胡を音符とする糊・醐などは、「はっきりしない」の意味を共有する擬態語である。

▼往古・懐古・擬古・近古・考古・修古・終古・尚古・上古・振古・千古・太古・中古・万古・盤古・復古・訪古・

覧古・隷古

【古意】コイ　①ふるめかしいおもむき。②昔をなつかしむ心。③詩の題名。＝擬古。前代の事を述べて現代を諷刺し、または新体を用いて昔の精神をうたったもの。

【古逸・古△佚】コイツ　むかしどこかへいってしまったもの。散逸したもの。

【古往】コオウ　いにしえ。むかし。「古往今来」

【古賀精里】コガセイリ　国江戸後期の儒者。肥前（今の佐賀県）の人。本姓は劉、名は樸、字は淳風。精里はその号。朱子学者として、幕府の儒官、また昌平黌の教官となり、柴野栗山・尾藤二洲と共に寛政の三博士と称せられた。（一七五〇―一八一七）

【古賀△侗△庵】コガドウアン　国江戸後期の幕府の儒官・昌平黌の教官。古賀精里の末子。名は煜、字は季曄。侗庵はその号。諸子百家の学に通じた。（一七八八―一八四七）

【古雅】コガ　古めかしくて趣があること。

【古学(學)】コガク　①先秦時代の古い形の文字で書かれた経書を研究する学問。古文学。↕今学。②古代の学術を研究する学問。

【古学(學)派】コガクハ　国江戸時代の儒学の一派。程・朱（程顥・程頤・朱熹）などの学は、孔子や孟子の真意を得たものでないとし、漢・唐の注釈によって孔・孟の真意を明らかにしようとする学派。山鹿素行・伊藤仁斎・荻生徂徠の三人の学派がある。

【古△稀】コキ　七十歳をいう。唐の杜甫の「曲江詩」に「人生七十古来稀」とあるのに基づく。

【古義】コギ　①古い意味。②昔の解釈。③昔の正しい道理。

【古義学(學)】コギガク　国江戸時代、伊藤仁斎の唱えた古学の別称。

【古△誼】コギ　昔の正しい道理。

【古丘・古△邱】コキュウ　①古いおか。②古い墓。

【古訓】コクン　①先王の残したりっぱな教え。昔から伝わるりっぱな道。②古いよみ。昔の訓読。

【古憲】コケン　昔のおきて。いにしえの法。

【古公△亶父】ココウタンポ　周の文王の祖父。有徳の人で民の人望があつく、岐山（今の陝西省内）のふもとに国を建て、国号を周と称した。武王の時、追尊して太王と称した。

【古国(國)】ココク　①昔の国。②昔から存続している国。③ふるさと。故国。

【古今】ココン・コキン　①昔と今。②昔も今も。③昔から今に至るまで。④国『古今和歌集』の略。

【古今独(獨)歩】ココンドッポ　昔から今までにならぶ者がないこと。古今無双。

【古今未△曾有】ココンミゾウ　昔から今までにあったためしがない。未曾有は、訓読では、「いまだかってあらず」と読む。

【古今無双(雙)】ココンムソウ　＝古今独歩。双は、ならぶ意。古今無比。

【古△刹】コサツ・コセツ　古い寺。古寺。

【古詩】コシ　①古代の詩。②漢詩の一体。古体詩。唐代の近体詩に対し、それ以前に作られたもの。また、唐代以後に、その法則に従って作られたものをいう。平仄や句数に制限がなく、五言・七言・長短句などがある。⇩コラム・漢詩（六六〇ページ）。

【古詩源】コシゲン　書名。十四巻。清の沈徳潜の編。一七一九年成立。上古から隋までの詩七百余首を、時代順・作者別に集めたもの。

【古詩十九首】コシジュウキュウシュ　『文選』第二十九巻の雑詩の中に載せてある五言古詩十九首。作者は不明だが、後漢ころの作とされる。

【古詩賞析】コシショウセキ　書名。二十二巻。清の張玉穀の編。一七七二年成立。上古から隋に至るまでの詩・楽府など七百五十一首を時代順に集めて評釈を加えたもの。

【古字】コジ　昔用いられた文字。↕古文の①。

【古事記】コジキ　国書名。三巻。天武天皇の勅により、稗田阿礼が誦習した帝紀・旧辞を、元明天皇の勅によって太安万侶が記録したもの。和銅五年（七一二）に成り、日本現存最古の歴史書。天地創造から推古天皇までのことを記し、神話・伝説が多く含まれている。注釈書に本居宣長の『古事記伝』四十巻がある。

【古者】コシャ・いにしえ(へ)　昔の人。また、むかし。往時。昔者。

【古書】コショ　①古い文書。昔の書物。②古い文字。古代の文字。古字。

【古色】コショク　古びた色。古びたおもむき。「古色蒼然」

【古人】コジン　①昔の人。②死んだ人。故人。

【古△之学(學)者為(爲)レ己】いにしえ(へ)のガクシャはおのれのためにす　昔の学問する人は、自己自身の人格を高めるために学問をした。他人に認められるために学んだのではない意。〔論語、憲問〕――、今之学者為レ人　いまのガクシャはひとのためにす〈――、現代の学問する人は、人に知られるために学問をしている〉

【古人△之△糟△魄】コジンのソウハク　昔の聖賢の言語や著書として今日に伝わっているものは、聖賢の真精神ではなく、そのかすであり、真精神は言語や文章に伝えることはできないという老荘流の考え方。糟魄は、かす。魄は粕。〔荘子、天道〕

【古△迹・古跡・古△蹟】コセキ　①昔のあと。歴史的な建物や出来事のあった場所。②古人の筆跡。

【古拙】コセツ　書画などで、古風なつたなさの中に趣のあること。

【古体(體)】コタイ　①古風な文体。また、古文の文体。②漢詩で、絶句・律詩などの近体詩以前の詩体をいう。古詩。古体詩。

【古淡】コタン　古びたなかに、あっさりとして趣があること。

【古注・古△註】コチュウ　漢・唐代の、経書の注釈。↕新注（宋代以後の注釈）。

【古△籀】コチュウ　古文と籀文。古文は先秦の文字。籀文も先秦時代の文字の一種で、周の宣王の時の太史籀の作といわれるが、紀元前四、三世紀ごろの秦の文字との説もある。大篆ともいう。⇩コラム・文字・書体の変遷（四八一ページ）。

【古塚・古△冢】コチョウ　古い墓。古丘。

【古調】コチョウ　①昔の音調。②古詩の調子。③他人の詩をほめて言う語。昔の名作のような調子の詩の意。

【古点(點)】コテン　国昔の訓点。点とは、日本で漢文を読む際に、字のわきにつけた符号。ヲコト点。

【古典】コテン　①昔の法度・制度。②昔の書物・典籍。③昔の書物で、長く後世に伝える価値があるとして評価の定まったもの。

【古渡】コト　①古びた渡し場。②国こわたり　古く外国から渡ってきた品物。

【古△董】コトウ　①昔の骨董品。②古くさい人。古董先生。

【古道】コドウ　①昔の道徳。また、昔のやり方。昔から伝わっている道徳。また、方法。また、昔の賢人の教え。②昔の道路。また、古くなった道路。荒れはてたこみち。〔唐、耿湋、秋日詩〕古道少二人行一、秋風動二禾黍一。〈古い道には行き来する人もまれである、ただ秋風だけが稲やきびの穂を吹いてゆり動かしている〉

【古筆】コヒツ　①古人の書いた書画。②国古人の筆跡を鑑定する人。古筆見。

【古風】コフウ　①昔のおもむき。昔ふう。②古体の詩。古詩。

【古墳】コフン　古い墓。古墓。

【古文】コブン　①先秦の文字（篆文のつくられた以前の蝌蚪文字・籀文など）、またはその文字で書かれた書物。↕今文（漢代に通行した文字である隷書）。②文体の名。外形の美を重んずる修辞的文章に対し、内容を主とし論旨の徹底を重んじた文章。→古文復興。③国奈良時代以前の文。また、江戸時代以前の文語体の文。

【古文学(學)】先秦の古字で書かれた経書を研究する学問で、今文学に対抗した経学の一派。前漢末の劉歆以来、さかんになり、後漢の賈逵・馬融・鄭玄などがその大家である。

【古文辞(辭)学(學)】明の李攀竜・王世貞らが唱えた文学主張で、文は西漢以前、詩は唐の天宝以前(盛唐)を理想として作ることを主張し、宋学を排斥した。日本では荻生徂徠がこれに和した。

【古文書】国過去の時代の、史料となる古い文書(かきもの・かきつけ・手紙など)。

【古文真(眞)宝(寶)】書名。二十巻。宋末元初の黄堅の編といわれるが未詳。戦国末から宋に至るまでの詩文を集めたもの。前後二集に分かれ、前集十巻は詩集(古体詩だけを載せる)、後集十巻は文集。

【古文復興】魏・晋以来の外形的修辞を重んじた駢儷文に対抗して、内容を重んじ達意を主とする漢以前の古い文章にかえそうとした運動をいう。唐の韓愈がさかんに唱えて柳宗元がこれに和し、宋の欧陽脩に至って達成された。⇩コラム・漢文(六五九ページ)。

【古墓△犂為(爲)レ田、松△柏△摧為(爲)レ薪】古い墓は、いつのまにかすき耕されて田畑となってしまい、墓地に植えられた常緑の松やこのてがしわも、いつのまにか切り倒されてたきぎとなってしまう。世の中の変転のはげしさのたとえ。〔文選、古詩十九首〕

【古来(來)】昔から今にいたるまで。〔唐、王翰、涼州詞〕

【古陵】古いみささぎ。古い、天子の墓。

【古老】①老人。②もの知りの老人。故老。

【古論】先秦の古い文字で書かれた『論語』。前漢の景帝の時、魯の恭王が孔子の邸宅の壁の中から得たという。

(5)2【叩】826 標 漢コウ 呉ク 有 kòu　3501 4321

字義 ❶たたく。軽く打つ。❷ひかえる。引きとめる。❸ぬかずく。

難読 叩頭虫(ぬかずきむし・こめつきむし)

解字 形声。卩＋口音。音符の口は、たたいた時の音を表す擬声語。卩は、人のひざまずく形。ひざまずいて頭を地にコツコツとうちあてて礼をするの意味を表す。

【叩△舷】ふなばたをたたく。

【叩叩】①繰り返したたく音の形容。②誠意のあるさま。また、ていねいに問うさま。

【叩頭】ぬかずく。頭を地にすりつけておじぎをすること。罪をわびたり、長者または長官に面会する時の礼。

【叩氷】晋の王延が継母に求められ、冬に汾水の氷をたたき割って魚を得た故事。〔晋書、王延伝〕

【叩門】門をたたく。人を訪ねること。

(5)2【号】827 教3 ゴウ　2570 3966

(13)虍7【號】828 ⊟漢コウ(カウ)・呉ゴウ(ガウ) 豪 háo ⊡漢コウ(カウ)・呉ゴウ(ガウ) 号 hào　7343 694B

筆順 口 口 旦 号

【㖆】俗字

字義 ⊟❶さけぶ。大声で呼ぶ。「怒号」❷なく。大声で泣く。声をあげて泣く。「呼号」

⊡❶よぶ。㋐呼び寄せる。㋑名づける。㋒言いふらす。誇張して言う。となえる。❷名。名称。呼び名。別名。「元号」「雅号」❸しるし。記号。「暗号」「略号」❹合図。合図のしるし。「信号」「号砲」❺数詞の下につけて、順位・等級などを示す字。

解字 文 篆 形声。口＋丂音。音符の丂は、曲がったものの象形。声がまっすぐ伸びないで、緊張のあまり曲がってしまう、痛ましいさけびの意味を表す。のち、虎を付し、とらがさけぶ・大声で呼ぶの意味を表したが、常用漢字は号による。

▼哀号・雅号・叫号・狂号・驚号・呼号・称号・尊号・追号・怒号・年号・俳号・符号・法号・名号

【号火】のろし。合図にあげる火。

【号泣】なきさけぶ。号哭。

【号叫】泣きさけぶ。

【号呼】大声でさけぶ。〔唐、柳宗元、捕レ蛇者説〕

【号△哭】大声をあげて泣く。哭は、人の死を悲しんで大声で泣くこと。

【号砲・号△礮】合図のためにうつ鉄砲、または大砲。

【号令】①さしず。命令。ふれ。②大声をあげて命令する。

(5)2【史】829 教4 シ　2743 3B4B

シ 紙 shǐ

筆順 口 口 中 史

【𠀍】本字

字義 ❶ふびと。主君や国の記録をつかさどる役人。史官。御史。太史。「侍史」❷ふみ。歴史の書。「正史」「修史」❸天文をつかさどる役人。また、裁判や占いをつかさどる役人。❹さかん。長官に従属する役人。属官。書記官。❺はでやか。かざりがあって美しいが誠実さに乏しい。〔論語、雍也〕文勝レ質則史。

訳文 文質彬彬(四八〇ページ)。

国さかん。昔、太政官・神祇官などの四等官。

名乗 さかん・ちか・ちかし・ひと・ふひと・み

解字 甲骨文 文 篆 会意。中＋又。中は、神への祈りのことばを書きつけ、木の枝などに結びつけた形にかたどる。又は、手の意味。祭事にたずさわる者、ふびとの意味を表す。

▼逸史・詠史・外史・御史・国史・散史・刺史・私史・詩史・侍史・修史・書史・女史・正史・先史・戦史・通史・内史・野史・右史・有史・良史・令史・歴史

【史官】君主の言行や国の出来事などを記録する役人。歴史を編修する役人。

【史漢】司馬遷の『史記』と班固の『漢書』とをいう。

【史館】歴史を編修する役所。修史館。修史局。史局。

【史鑑】①『史記』と『資治通鑑』とをいう。②歴史上で人のかがみ(手本)となるもの。

【史記】①史官の書いた記録。歴史書。魯では春秋といい、晋では乗と称した。②書名。百三十巻。前漢の司馬遷の著。上古の黄帝から漢の武帝までの紀伝体の歴史書。十二本紀・十表・八書・三十世家・七十列伝から成る。後世の歴史書の模範となり、以後の中国の正史は、みなこの書の体裁にならって作られた。

【史策】歴史上の記録。史書。

【史思明】唐の玄宗の臣。もと突厥人で初め窣干と称したが、玄宗から思明の名を賜った。安禄山と同郷で、禄山に続いて乱を起こし、その子の朝義に殺された。(?—七六一)

【史詩】歴史上の事がらをよんだ詩。また、叙事詩をいう。

【史実(實)】歴史上、確かにあった事実。

【史乗(乘)】歴史の書物。乗は記載の意で、周代、晋の歴史を乗といった。

【史籍】歴史の書物。史書。

【史跡・史△蹟】歴史上に残った事がら。また、その残っているあと。

【史遷】前漢の司馬遷をいう。司馬遷は『史記』を著し、良史のほまれが高いのでいう。

【史△籀】人名。周の宣王の時の太史(記録官)。それ以前の古体文字を改めて大篆(籀文ともいう)という書体を作ったといわれる。

【史通】書名。二十巻。唐の劉知幾著。中国最初の史論書。歴史書の体裁について論じ、また、その源流と古代

の史家に対する批評などを記す。

【史伝(傳)】（シデン） ①歴史の書物。史書。②歴史や伝記の書物。

【史評】（シヒョウ） 歴史上の事実に対する批評。

【史料】（シリョウ） 歴史上参考となる資料。史材。

【史論】（シロン） 歴史についての評論。『史記』『漢書』などの論賛がその例。

(5)2
【司】830 教4 シ

筆順 ㇆ 𠃌 司 司 司

㊀シ 因 sī ㊁シ 寘 sì

2742 3B4A

字義 ㊀❶つかさ。㋐役人。官吏。㋑つとめ。官職。公務。「司馬」㋒役所。❷つかさどる。職務として行う。責任者として行う。管理する。「司会」 ㊁うかがう。観察する。＝伺。

名乗 おさむ・かず・つとむ・もと・もり　難読 司城・司辻

解字 甲骨文 金文 篆文　会意。𠃌＋口。𠃌は、まつりの旗の象形。口は祈りのことばの意味。神意をことばによって祈りうかがい知る、祭事をつかさどるの意味から、つかさどる・つかさの意味を表す。金文は、乱れた糸を秩序づけるさまから、治める・治める人、つかさの意味を表す。『説文』は指事とし、后の反対形によって、后(きみ)が内にあるのに対し、外にあって事を処理する臣、つかさの意味を示すと説く。司を音符に含む形声文字に、伺・嗣・祠・笥・覗・詞・飼などがある。

▼下司・公司・国司・上司・所司・諸司・曹司・有司

【司業】（シギョウ） 隋の煬帝の時、国子監（今の大学）に置いた教官。司業博士。今の大学教授。

【司空】（シクウ） ①周代の六卿の一つ。土地・人民をつかさどる役。②漢代の三公の一つ。御史大夫を改めて大司空と称し、大司馬・大司徒とともに三公といい、後、大の字をつけずに司空といった。

【司△寇】（シコウ） 周代の六卿の一つで、司法と警察をつかさどる官名。今の法務大臣。③牢獄の名。

【司書】（シショ） ①周代、天官の属官で会計の簿記をつかさどった役。今の書記。②国図書館などで、書籍の整理・保存や閲覧などの事務に従事する職員。

【司職吏】（シショクのリ） 周代に牧畜をつかさどった役人。職は、樴で牛馬をつなぐ杙。司樴吏。

【司直】（シチョク） 裁判官。法律によって正邪曲直をさばく人。直は、公明正直の意。

【司徒】（シト） ①周代六卿の一つで、教育をつかさどる官名。今の文部大臣。②漢代、丞相（宰相）を改めて大司徒と称し、大司馬・大司空とともに三公と称した。後、大をつけずに、司徒と称した。

【司農】（シノウ） 漢代の九卿の一つで、農事をつかさどる官名。大司農と称したときもある。今の農林大臣。

【司馬】（シバ） ①周代の六卿の一つで、軍事をつかさどる官名。大司馬と称した。陸軍大臣にあたる。②漢代は大司徒・大司空・大司馬を三公と称し、後に大の字をつけずに司馬と称した。③唐代、州の刺史（長官）を補佐する次官。主として軍事をつかさどった。〔唐、白居易、琵琶行〕江州司馬青衫湿 訳文⇩就中（三三ペー）。〔唐、白居易、香炉峰下……偶題₂東壁₁詩〕司馬仍為₂送₁老官 訳文⇩匡廬（一六〇ペー）。

【司馬△懿】（シバイ） 三国時代、魏の曹操の臣。字は仲達。文帝の時、蜀の諸葛亮と戦った。「死せる諸葛、生ける仲達を走らす」のことばで有名。（一七九―二五一）

【司馬△徽】（シバキ） 三国時代、蜀の隠者。字は徳操。よく人を見る明があり、諸葛亮を劉備に推薦した。（?―二〇八）

【司馬牛】（シバギュウ） 孔子の門人。名は犂、または耕。字は子牛。兄の向魋が謀反人であったことを常に気にしていたといわれる。

【司馬光】（シバコウ） 北宋の名臣。字は君実。神宗の時、王安石の新法に反対して官を去り、哲宗の時、再び仕えて新法を廃した。死後、太師温国公を贈られた。『資治通鑑』の著がある。（一〇一九―一〇八六）

【司馬相如】（シバショウジョ） 前漢の文人。字は長卿。成都（今の四川省内）の人。辞賦にたくみで、「子虚賦」「上林賦」などが有名。（前一七九―前一一七）

【司馬遷】（シバセン） 前漢の歴史家。司馬談の子。字は子長。武帝の時に父の職をついで太史令となる。匈奴に降った友人李陵を弁護して宮刑に処せられ、憤激して父の遺志をつぎ、『史記』百三十巻を著した。（前一四五、または一三五―前八六?）

〔司馬遷〕

【司法】（シホウ） ①官名。刑罰をつかさどる。②法律によって民事・刑事の裁判をすること。また、それに関する国家行政。↕立法・行政。

【司牧】（シボク） 地方長官。地方の人民を治める人。牧は、やしなう意。

【司命】（シメイ） 人の寿命をつかさどる神。

【司令】（シレイ） ①官名。元代、塩の生産地の監督をした。②指図する。特に軍隊・艦隊を統率・指揮すること。また、その人。

(5)2
【只】831 囚

筆順 口 口 只 只

㊀シ 紙 zhǐ ㊁シ 支 zhī

3494 427E

字義 ㊀助字。㋐語調をととのえるために句中や句末に置く。訓読では読まない。〔詩経、小雅、南山有台〕楽只君子 ㋑のみ（耳）。 ㊁ただ。それだけ。限定の意を示す。＝祇。 国ただ。無料。口八（只の字を分解した）。

名乗 これ　難読 只管・只且

解字 篆文　指事。口に八を加え、語気の余韻を示し、句末の助字に用いる。また、「ただ」と読み、限定の意を表す助字に用いる。

【只管】（シカン） ただひとすじ。いちずに。

【只今】（ただいま） ①現在。まさに今。〔唐、李白、越中懐古詩〕只今惟有₂鷓鴣飛₁。②国㋐すぐさま。㋑外から帰って来たときのあいさつのことば。

(5)2
【吐】832 標

㊀漢シツ 呉シチ 質 chì

2824 3C38

字義 ❶しかる。どなる。ののしる。せめる（責）。舌うちする音。しかる声・いかる声の形容。

参考 吪（口を開くさま）は別字であるが、俗に混用する。

解字 金文 篆文　形声。口＋七音。音符の七は、縦横にきりつけるさまを示す。口で切りかかる、しかるの意味を表す。

【叱△呵】（シッカ） しかる。呵も、しかる意。

【叱叱】（シツシツ） ①舌うちする声・しかる声の形容。②畜類を追う声の形容。③四十九の隠語。叱の音を七に通わせたもの。七七、四十九の意。

【叱正】（シッセイ） 詩文などの添削をうける時の謙遜の語。「どうぞしかって直してください」の意。

【叱斥】（シッセキ） しかってしりぞける。斥は、しりぞける。

【叱責】（シッセキ） しかりせめる。小言をいう。

【叱△咤・叱△吒】（シッタ） ①大声でしかる。また、その声の形容。咤も、しかる意。②大声で、しかりつけながら指揮すること。「叱咤激励」

(5)2 【召】833 常 ショウ めす
㊀漢チョウ(テウ) 呉ジョウ(デウ) 嘯 zhào
㊁漢ショウ(セウ) 呉ジョウ(ゼウ) 嘯 shào
慣ショウ(セウ)
3004 3E24

筆順 刀 刀 召 召

字義 ㊀❶めす。呼び出す。❷まねく(招)。招待する。㊁周代の国名。周初の召公奭の領地で、初め陝西省岐山県の西南にあり、周が東遷の後、山西省垣曲県の東に移る。国めす。動詞にそえて尊敬の意を示す。「おぼしめす」「きこしめす」

解字 甲骨文 金文 篆文 形声。口+刀(音)。音符の刀は、かたなの意味。神秘の力を持つ刀をささげながら、のりとを唱えて神まねきをするさまから、まねくの意味を表す。

▼応召・徴召

【召喚】①よびよせる。よび出す。②よびだし。役所で人を一定の場所に出頭させること。

【召還】呼びもどす。めしかえす。還は、もとの所にかえす意。

【召公】周初の政治家。名は奭。文王の子。武王の死後、周公旦とともに成王を助け、人望が厚かった。召伯ともいう。

【召試】天子の前にめして試問する。人材を採用する特別の方法。

【召集】呼び集める。

【召対(對)】天子にめされて下問にこたえる。

【召南】『詩経』の国風の編名。召は地名で、今の陝西省岐山県の西南の地。ここは周の初め、召公奭の治めた所で、その地方から採録した歌謡十四編をいう。

【召伯】＝召公。伯は、方伯で、召公が召の君となり、その地方の諸侯に号令したのでいう。

【召募】①よび集める。②兵隊をつのる。

(5)2 【台】834 教 2 ダイ・タイ　3470 4266

㊀ (14)至8 【臺】835 漢タイ 呉ダイ 灰 tái　7142 674A

㊁ (5)2 〔台〕△ ㊀イ 支 yí ㊁タイ 灰 tái 慣ダイ

筆順 ㄥ ム 台 台

【臺】俗字

字義 ㊀❶うてな。高い建物。ものみやぐら。たかどの。また、そのような土地。台地。「灯台」❷ダイ。物を載せるもの。「鏡台」「台座」❸つかさ。朝廷。中央官庁。また、御史台。また、その長官。❹他人の尊称。「貴台」国ダイ。㋐仕事などのもとになるもの。「台帳」「台本」㋑機械や車両を数える語。「台数」㋒数の大体を示す語。「三十分台」
㊁㊀❶よろこぶ。❷われ(我)。私。㊁❶星の名。三台星。転じて、三公の位、または他人に対する敬意を表す。「台臨」❷＝臺。

参考 現代表記では［颱］(8698)の書きかえに用いることがある。「颱風→台風」

使いわけ ダイ［代・台］⇨代(139)。

解字 ㊀篆文 形声。至+高省+之(音)。至は、いたるの意味。高は、ものみだいの象形。音符の之は、趾に通じ、どだいの意味。土台のしっかりした、人がよく行く見はらし台の意味を表す。
㊁金文 篆文 形声。篆文は口+ム(目)(音)。金文は、目(以)と同形。目は、農具のすきの象形。大地にすきを入れてやわらかくするの意味から、転じて、心のやわらぐこと、よろこぶの意味を表す。怡の原字。また、借りて、われの意味も表す。臺とは別字であるが、俗字に台が用いられ、常用漢字では同字となる。

▼玉台・銀台・荒台・高台・尊台・池台・鎮台・天台・灯台・土台・舞台・砲台・霊台・楼台・露台

【台安】手紙の文末に用いることば。御安泰。御多祥。

【台位】三公の位。転じて、宰相の称。

【台(臺)下】①うてなの下。物見台の下。②尊敬する人に対する敬称。貴下。③仏真宗で、東本願寺の法主に対する名称。

【台階】①星の名。紫微星を守る三つの星。②三公の位。

【台槐】三公の位。台は、三台星で三公にたとえる。周代、三本の槐を朝廷に植え、これに面して三公の座位を定めたことによる。

【台(臺)閣】①台榭(物見台)と高閣(たかどの)。②尚書省。一説に、朝廷。転じて、内閣。

【台(臺)観(觀)】①たかどの。②ものみだい。観も、たかどの。

【台(臺)詞】国①芝居で役者のいうことば。科白。②苦情のことば。文句。③儀礼的なことば。④きまり文句。いいぐさ。

【台(臺)榭】うてなとたかどの。台は、土を高く築いて上を平らにした物見台。また、その上に建てた建物。榭は、木造で屋根のある物見台。

【台(臺)収(收)】お受けとりください。手紙の封筒のあて名の下につけることば。

【台(臺)所】①六朝時代、宮中をいう。②国台盤所の略。料理場。

【台(臺)省】①尚書省の別名。②唐代、尚書・門下・中書の三省の総称。尚書省を中台、門下省を東台、中書省を西台と称した。③内閣。役所。

【台(臺)臣】①諫官(天子の過失をいさめる役)。②台閣の臣。大臣。

【台鼎】三公の位。三台星と三本足のあるかなえにたとえていう。

【台(臺)盤】食物を盛った盤(食器)を置く台。食卓。

【台(臺)盤所】国①台盤を置く所。宮中では食物を調理する台所。②貴人の妻の称。みだいどころ。

【台風】多く、夏から秋にかけて、南方海上に発生して日本・中国などに来襲する、熱帯性低気圧にともなう暴風雨。(台風は、颱風の書きかえ)

【台(臺)命】①朝廷の命令。朝命。②他人のことばに対する敬称。

【台命】①三公の命令。また、朝廷の命令。②目上の人の命令の敬語。仰せ。③国皇族の命令。

【台覧(覽)】①見るの敬語。②国㋐身分の高い人が見ること。㋑三后と皇族が見ること。

【台臨】国三后と皇族が儀式・集会などに臨席すること。

(5)2 【叮】836 △ 漢テイ 呉チョウ(チャウ) 青 dīng　5058 525A

字義 ❶叮嚀は、ねんごろな形容。＝丁。❷叮噹は、物音の形容。

参考 現代表記では［丁］(4)に書きかえることがある。「叮嚀→丁寧」

解字 形声。口+丁(音)。

【叮噹】①腰におびる玉や鈴の音などの形容。②琵琶の音の形容。

【叮嚀】物事に念を入れること。ねんごろ。丁寧。

(5)2 【叨】837 △ トウ(タウ) 豪 tāo, ③dāo　5059 525B

字義 ❶むさぼる(貪)。＝饕。❷みだりに。みだりにする。分に過ぎた恩恵を受けること。謙遜のことば。❸→叨叨。

解字 形声。口＋刀音。もと、饕の俗字。

【叨恩】 恩をみだりにする。分外の恩恵を受けること。恩恵を受けることをへりくだっていうことば。

【叨竊(竊)】 みだりにぬすむ。分に過ぎた高位高官にあることなどにいう。

【叨叨】 ①まことのあるさま。②口数の多いさま。おしゃべりの声の形容。

(5)2 【叵】838 △ ハ 哿 pǒ

字義 ❶できない。…しがたい。不可。(可の字を反対にしてできた字。) ❷ついに(遂)。

解字 篆文 指事。可の字を反対にして、不可の意味を表す。

(5)2 【叭】839 △ 一漢ハツ・呉ハチ 黠 pā 二ハ bā 5060 525C

字義 一口を開いて出す声・呼吸の声の形容。二喇叭は、金属製の管楽器。

解字 形声。口＋八音。

(5)2 【右】840 教 1 ウ・ユウ みぎ 漢ユウ(イウ)・呉ウ 宥 yòu 1706 3126

筆順 ノ ナ 右 右

字義 ❶たすける。❷みぎ。㋐みぎて。みぎがわ。↔左。㋑西。「山右(山西)」㋒上位。うえ。㋓そば。かたわら。「座右」❸みぎする。右へ行く。❹みぎにする。右へ置く。また、たっとぶ(尊)。❺すすめる。国みぎ。歌合で、二首の歌を左右の二人がよむとき、右の人の歌をいう。

名乗 あき・あきら・すけ・たか・たすく 難読 右衛・右衛佐・右近・右左口・右手・右沢

参考 ⇩左(1896)の参考

解字 金文 篆文 形声。口＋又音。音符の又は、みぎ手の象形。口は、祈りのことばの意味。神の助けの意味を表す。祐の原字。また、みぎの意味も表す。

▼関右・左右・座右・保右

【右軍】 ①三軍の中の右の軍隊。また、一般に右翼の軍隊をいう。②晋代の書家、王羲之の称。もと右軍将軍であったからいう。③鳥の名。鵞鳥の別名。王羲之が鵞鳥を愛したからいう。

【右券】 割符を二分した右半分。昔、木片に証文を書いて左右に二分し、債権者は右券を、債務者は左券を所有し、後日あわせて証拠とした。右契。

【右賢】 ①賢者をたっとぶ。②右賢王の略。匈奴の貴族の称号の一つ。

【右顧左眄】 右を見たり左を見たりする。ためらうさま。左顧右眄ともいう。

【右史】 昔の史官。天子のそばにいて、天子の言を記録した。↔左史(天子の行動を記録した史官)。

【右手画(畫)円(圓)、左手画(畫)方】 右手で円形をかき、同時に左手で四角形をかく。同時に二つのことのできないことのたとえ。また、一度にさまざまなことのできるすぐれた才能のたとえ。

【右相】 ①宰相(尚書右丞相)。または中書令をいう。②国 右大臣の唐名。右府。

【右省】 中書省をいう。↔左省。

【右姓】 貴い家がら。勢力のある家がら。名門。

【右族】 ＝右姓。

【右袒】 右の肩をはだぬぐ。反対すること。↔左袒(同意すること)。

【右筆】 国昔、貴人のそばにいて記録をつかさどった人。祐筆。また、文章にすぐれた人。

【右武】 武をたっとぶ。尚武。

【右文】 学問をたっとぶ。

【右文左武】 文を右にし武を左にする。文武の両道で天下を治めること。また、文武両道を兼備する意。

【右翼】 ①右の陣。翼は、陣形を鳥のつばさにたとえたもの。②保守主義・国粋主義の団体。

【出ㇾ右】 他よりもすぐれていること。右を上位とするからいう。

(5)2 【另】841 △ 漢レイ 呉リョウ(リャウ) 径 lìng

字義 ❶わかれる。別居する。❷さく。わかつ。❸べつの。べつに。

参考 「另」(わける)は別字。

解字 指事。別の字から刂(刀)を除去して、近世、俗語として用いられている。「べつの」の意味を示す。

(5)2 【叺】842 国字 △ 5061 525D

字義 かます。かまけ。わらむしろで作った袋。穀物・石炭などを入れる。

解字 会意。口＋入。口をあけて物を入れるかますの意味を表す。

【兄】→儿部 一〇六ページ。

(6)3 【吁】843 △ 一ク 虞 xū 二ウ 遇 5062 525E

字義 一❶ああ。なげき・驚き・疑い・怪しみ・うれえるときなどに発する声。嗚呼。❷うれえる。なげく。

解字 金文 篆文 形声。口＋于(亏)音。音符の亏は、のどの奥から、フッと出る驚き・なげきなどの声の擬声語。

【吁吁】 ①ああ。なげくさま。また、驚くさま。②いきせき切ってことば多く語るさま。

【吁嗟】 ああ。なげく。また、なげくさま。

(6)3 【各】844 教 4 カク おのおの カク 薬 gè 1938 3346

筆順 ノ ク 夂 各

字義 おのおの。ひとりひとり。ひとつひとつ。それぞれ。

難読 各田・各牟・各務

参考 この一字で「おのおの」と読むが実際には「カク」と紛らわしいので、「おのおの」は仮名書き、または「各々」とすることが多い。日本国憲法では「各々」の形を用いているが、この「々」は今は通常用いない。

解字 甲骨文 篆文 会意。夂＋口。夂は、上から下へ向かう足の形にかたどる。口は、いのりの意味。神霊の降ってくるのをいのるの意味から、いたるの意味を表す。借りて、「おのおの」の意味にも用いる。各を音符に含む形声文字は、「つきでてくる」の意味を共有し、客・格・恪・挌・擱・格・烙・絡・落・貉・路・酪・閣・額・骼・駱などがある。特に貉・酪・駱などは、外来の物の意味を表す。

【各界】 職業・職務などによって分けた社会の各方面。いろいろの分野。

【各個・各箇】 それぞれ。おのおの。めいめい。

【各種各様】 いろいろ。さまざま。

【各般】 いろいろ。さまざま。種々。

【各論】 こまかに分けたものについての論説。↔総論・汎論。

(6)3 【吉】845 常 キチ・キツ 漢キツ 呉キチ 質 jí 2140 3548

筆順 十 士 吉 吉

［吉］俗字　字義　❶よい。よし。㋐すぐれている。りっぱ。善。「吉士」㋑めでたい。↕凶。「大吉」❷さち。さいわい。しあわせ。❸ついたち。「吉月」❹吉礼。五礼の一つ。四時の祭り。

名乗　さち・とみ・はじめ・よ・よし　難読　吉隠(よなばり)・吉彦(きみこ)・吉侯(きみこ)・吉左右(きっそう)・吉事(よごと)・吉識(よしも)・吉舎(きさ)・吉田(きった)・吉年(よとし)・吉弥侯部(きみこべ)・吉備(きび)・吉蔑(クメル)・吉方(えほう)・吉野(えしぬ)・吉野生(よしのぶ)・吉里吉里(きりきり)・吉良(きら)

解字　甲骨文  金文  篆文 
会意。士＋口。士は、甲骨文・金文では、おの(斧)などの刃物の象形。口は、めでたいことを祈ることばの意味。のりとの上に、その内容を確保するための刃物を、まじないとして置くさまから、めでたいの意味を表す。吉を音符に含む形声文字は、「固くひきしめる」の意味を共有し、姞(キツ)・拮(キツ)・硈(カツ)・結・纈(ケツ)・詰・頡(キツ)・髻(キツ)・黠(カツ)などがある。

▼初吉・択吉・納吉・不吉

【吉凶】(キッキョウ)　①さいわいとわざわい。めでたいことと不吉なこと。吉凶禍福。②四時の祭りと葬礼。婚礼と葬礼。

【吉慶】(キッケイ)　①めでたいこと。②仏(キッキョウ)よろこぶべき幸福。

【吉月】(キツゲツ)　①ついたち。月のはじめ。②よい月。

【吉士】(キッシ)　①よい人。りっぱな人。②仲介者。媒介人。③(シキ)㋐新羅(シラギ)の官名。十七等官の第十四位。㋑昔、韓国(カンコク)人の尊称。また、日本に帰化して文筆や外交事務などに従事した韓国人の尊称。吉師。

【吉師】(キッシ・キシ)　＝吉士の③。→前項。

【吉事】(キツジ・キチジ)　①めでたいこと。よろこびごと。②お祭り。

【吉日】(キツジツ・キチニチ)　①よい日。めでたい日。吉日良辰(リョウシン)。吉辰。吉旦(キッタン)。②ついたち。

【吉祥】(キッショウ)　①よいきざし。めでたいしるし。②さいわい。

【吉祥天】(キッショウテン)　仏吉祥天女の略。もと婆羅門(バラモン)教の神で、仏教に取り入れられた、美しい女のほとけ。毘沙門(ビシャモン)天王の妹にあたる。衆生(シュジョウ)に幸福を与えるという。

【吉△辰】(キッシン)　よい日。めでたい日。吉日。

【吉△瑞】(キツズイ・キチズイ)　めでたいしるし。吉祥。

【吉相】(キッソウ)　めでたい人相。よい相。

【吉△旦】(キッタン)　①よい日。めでたい日。吉日。②ついたち。

【吉兆】(キッチョウ)　めでたいしるし。よいきざし。

【吉徴】(キッチョウ)　君主からのめでたいお召し。

【吉田松陰】(よしだショウイン)　国江戸末期の志士。長州(山口県)藩士。名は矩方(のりかた)。字(あざな)は義卿(ギケイ)。松陰は号。海外密航を企てて失敗、入獄し、のち松下村塾を開いて門下から多くの人材を出した。安政の大獄に捕らえられ、死刑となった。著に『講孟劄記(コウモウサッキ)』『留魂録』などがある。(一八三〇—一八五九)

【吉報】(キッポウ)　よいしらせ。めでたいしらせ。吉語。

【吉夢】(キツム)　めでたいゆめ。

【吉利支丹】(キリシタン)　国後に切支丹と書く。ポルトガル語 Christão の訳。①天文十八年(一五四九)、耶蘇会士(ヤソカイシ)フランシスコ・ザヴィエルらによって伝えられた天主教(カトリック教の別称)。また、その信徒。②その伝来当時、布教の方便に用いた理化学的な技術。また転じて、魔術の意。吉利支丹伴天連(バテレン)の法(伴天連は宣教師の意)。

【吉礼(禮)】(キツレイ・キチレイ)　①神を祭る礼。②冠礼・婚礼などのめでたい儀式。

【吉例】(キツレイ・キチレイ)　えんぎのよい前例。

(6)3
【吉】 846　△キツ　吉(845)の俗字。→一八七ページ。

(6)3
【吃】 847　標　漢キツ　呉コチ　物 chi　2141 *3549*

字義　❶どもる。❷しぶる。進まない。❸吃吃(キツキツ)は、笑うさま。また、その声。❹くらう。くらう。食べる。また、飲む。吸う。＝喫。　難読　吃逆(しゃっくり)・吃驚(びっくり)

参考　現代表記では［喫］(1014)に書きかえることがある。「吃水→喫水」

解字　篆文 
形声。口＋乞(气)音。音符の乞(キツ)は、乙に通じ、ジグザクするの意味。口が滑らかに動かない意味を表す。

【吃△烟・吃煙】(キツエン)　①たばこを吸う。喫煙。②アヘンを吸う。

【吃音】(キツオン)　どもる声。吃舌。

【吃驚】(キッキョウ)　びっくりする。おどろく。

【吃緊】(キッキン)　だいじ。大切。緊急。

(6)3
【吸】 848　教6　キュウ　すう
(7)4
〔吸〕 849　漢キュウ(キフ)　呉コウ(コフ)　緝 xi　2159 *355B*

筆順　口 口丿 吸 吸

字義　すう。すう。息や液体をすいこむ。「呼吸」

解字　篆文 
形声。口＋及音。音符の及(キュウ)は、息を内にすいこむときの音の擬声語。口を付し、すいこむの意味を表す。

▼呼吸

【吸引】(キュウイン)　①すいこむ。ひきつける。②味方に引き入れる。

【吸収(收)】(キュウシュウ)　①すいとる。②取り入れる。

【吸入】(キュウニュウ)　すいこむ。すい入れる。

【吸風飲露】(キュウフウ・インロ)(かぜをすい(ひ)つゆをのむ)　仙人の生活をいう。〔荘子、逍遥遊〕

(6)3
【叫】 850　常　キョウ　さけぶ
(5)2
〔叫〕 851　キョウ(ケウ)　嘯 jiào　2211 *362B*

筆順　口 口 口丩 叫

［叫］俗字　字義　❶さけぶ。大声をあげる。❷よぶ。よびたてる。　難読　叫天子(ひばり)

解字　篆文 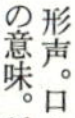
形声。口＋丩音。音符の丩(キュウ)は、糸がもつれるの意味。話がもつれて高い声でさけぶの意味を表す。

▼号叫・絶叫

【叫△聒】(キョウカツ)　やかましくなきさけぶ。

【叫喚】(キョウカン)　わめく。どなる。「阿鼻叫喚(アビキョウカン)」→次項。

【叫喚地獄】(キョウカンジゴク)　仏八大地獄の一つ。地獄の番人に責められて、泣きさけぶ世界。無間(ムゲン)地獄。

【叫叫】(キョウキョウ)　①大声でさけぶさま。②声が遠くまで聞こえるさま。

【叫呼】(キョウコ)　①大声でさけぶ。②悪口を言って笑う。

【叫号(號)】(キョウゴウ)　大声をあげて呼ぶ。また、なきさけぶ。

【叫△囂】(キョウゴウ)　やかましくさけぶ。わめきたてる。

【叫△哭】(キョウコク)　泣く。大声で泣く。

【叫△噪・叫△譟】(キョウソウ)　大声にさけんでさわぐ。

【叫断(斷)】(キョウダン)　①さけびやむ。なきやむ。②なき叫ぶ。断は助字。

【叫天子】(キョウテンシ)　鳥の名。ひばりの別名。叫天児。叫天雀(キョウテンジャク)。

【叫売(賣)】(キョウバイ)　①よびうり。②せりうり。

(6)3
【向】 852　教3　コウ　むく・むける・むかう・むこう
㊀漢キョウ(キャウ)　呉コウ(カウ)　漾 xiàng
㊁ショウ(シャウ)　漾 xiàng　2494 *387E*

筆順　丿 冂 向 向

字義　㊀❶むかう。むかう。むく。また、むける。むく。㋐対する。面する。むきあう。↕背。㋑はむかう。てむかう。敵対する。㋒おもむく。その方向に進む。こころざす。「向学心」「動向」❷むき。むかう方向。「傾向」❸窓。北向きの窓。❹さきに。さきの。以前。昔。❺助字。於(オ)と同じ。㊁❶周代の国名。今の山東

省莒県の西南。❷むき。あてはまり。❸むかい。むかう。❷姓。「向秀」 国❶むく。適合する。❷むこう。正面。
名乗 ひさ・むか・むき・むけ　難読 向淵・向加周生・向花・向之原・向市場・向日葵・向日町・向島・向坂・向洋・向笠
参考 現代表記では〔嚮〕(1130) の書きかえに用いることがある。「意嚮→意向」
解字 甲骨文　篆文　象形。家の北側についているまどの象形で、たかまどの意味を表す。卿に通じ、むくの意味に用いる。
▼意向・回向・帰向・傾向・志向・趣向・性向・転向・動向・背向・偏向
【向学(學)】コウガク　学問に心をかたむけ、はげむ。
【向寒】コウカン　寒さにむかう。晩秋初冬の季節にいう。
【向後】コウゴ・キョウコウ・キョウゴ　今からのち。今後。
【向使】もし・たとい(ひ)・たとえ(へ)　仮定のことば。もし…とすれば。かりに…としても。
【向日△葵】コウジツキ・キョウジツキ　草の名。ひまわり。夏に咲き、常に太陽の方にむかう性質がある。
【向者】キョウシャ　さきに。いつぞや。者は助字。嚮者。
【向秀】ショウシュウ　晋の人。字は子期。老荘の学を好み、『荘子』の注を作った。竹林の七賢人の一人。
【向暑】コウショ　暑さにむかう。晩春初夏の季節にいう。
【向上】コウジョウ　①のぼる。昇天する。②上にむかって進む。進歩。③仏末から本に進む。
【向前】キョウゼン　さき。今まで。従来。嚮前。
【向背】コウハイ　①前とうしろ。また、前むきとうしろむき。②従うことそむくこと。つくこととはなれること。③ようす。なりゆき。
【向来(來)】キョウライ　①これまで。従来。②以前から。③いま(今)。
【所レ向無レ敵】むかう(ふ)ところテキなし　むかい進んで行く先々で相手となるべき敵がない。軍隊の勢いの強いことなどにいう。

(6)3
【后】853
教6　コウ
漢コウ・呉ゴウ　慣ゴ　有 宥 hòu
2501
3921

筆順 𠂆 𠂆 后 后

字義 ❶きみ。㋐天子。君主。㋑諸侯。㋒長官。役人の長。❷きさき。天子の夫人。皇后。❸土地の神。后土。❹のち。うしろ。＝後。「午后」
名乗 きみ・み
参考 常用音訓表では、この字の音は「コウ」しか認めていないので、現代表記では〔後〕の代わりとして「戦后」「午后」「食后」のように用いるのは不適。
解字 甲骨文　篆文　会意。人＋口。人は座するひとの象形。口は、命令を発するくちの意味。命令を発する人、きみの意味を表す。音形上、厚に通じ、厚い徳あるきみの意味を表す。また、後に通じて、のちの意味にも用いる。后を音符に含む形声文字は、「厚い」の意味を共有し、垢・姤・詬などがある。
▼王后・元后・高后・皇后・太后・天后・母后・立后
【后王】コウオウ　天子。君主。
【后宮】コウキュウ　①星の名。北極五星の第四星。②后妃のいる所。また、宮中の女官のいる所。後宮。③国きさいの宮。皇后。
【后△稷】コウショク　①古代、農事をつかさどった長官。稷は五穀、后は長官。②周の始祖といわれる伝説上の人物。名は棄。舜の時、后稷の官についたので后稷と称した。
【后土】コウド　①(中央の)土地の神。②土地。国土。③河川や土地をつかさどる官。
【后妃】コウヒ　きさき。皇后。

(6)3
【合】854
教2　ゴウ・ガッ・カッ　あう・あわす・あわせる
漢コウ(カフ)・呉ゴウ(ガフ)　合 hé、⑥gě　慣カッ・ガッ
2571
3967

筆順 ノ 人 亼 合

字義 ❶あう。㋐同じになる。一つになる。ぴったりあう。あてはまる。「符合」「投合」「暗合」㋑まじる。まざる。㋒夫婦となる。㋓集まる。「集合」❷あわせる。あわす。㋐同じにする。一つにする。ぴったりあわせる。あてはめる。「迎合」「照合」「統合」㋑まぜる。㋒夫婦にする。㋓集める。❸はこ。ふたのある容器。また、それを数える語。❹戦いや試合の回数を数える語。❺まさに…べし。当然の意を示す再読文字。＝当。❻容量の単位。一升の十分の一。現在の約〇・一八リットル。国ゴウ。㋐土地の面積の単位。一坪の十分の一。約〇・〇〇三アール。㋑山の高さの十分の一。「五合目」
名乗 あい・かい・よし　難読 合羽・合歓・合歓垣・合志・合田
使いわけ ①あう〔会・遭・合〕⇩会 (146)。②あわせる〔併・合〕⇩併 (236)。
解字 甲骨文　篆文　会意。亼＋口。亼は、おおい・ふたの象形。口は、容器の身の象形。容器にふたをする、あわせるの意味や、こばこの意味を表す。合を音符に含む形声文字に、洽・盒・祫・蛤・袷・閤・頜などがあり、これらの漢字は、「あう」の意味を共有している。
▼暗合・勘合・九合・糾合・契合・結合・交合・校合・香合・従合・照合・整合・接合・総合・談合・調合・適合・投合・統合・配合・複合・符合・併合・縫合・野合・融合・六合・離合・連合・和合
【合囲(圍)】ゴウイ　①四方からかこむ。狩りや戦いにいう。②ひとかかえほどの大きさ。
【合意】ゴウイ　①心をあわせる。②心にかなう。気にいる。③国双方ともに承知する。同意。
【合一】ゴウイツ　あわせて一つになる。また、合して一つにする。
【合格】ゴウカク　①一定の格式に適合する。②試験に及第する。
【合歓(歡)】ゴウカン　①よろこびを共にする。よろこびあう。②夫婦がともねすること。男女がむつみあう。③ゴウカン・ねむ　木の名。ねむの木。合歓木。
【合議】ゴウギ　二人以上のものが集まって相談すること。
【合△卺】ゴウキン　さかずきを合わせる。婚礼をいう。卺は、一つの瓢を二つに割って作ったさかずき。〔儀礼、士昏礼〕
【合計】ゴウケイ　あわせ数える。総計。
【合憲】ゴウケン　憲法に違反していないこと。↔違憲。
【合口】ゴウコウ　①口をすぼめる。②口に合う。③国あいくち(ひ)　㋐つばのない短刀。㋑話がよくあうこと(人)。㋒物と物とが密着するところ。
【合婚】ゴウコン　結婚すること。
【合祭】ゴウサイ・ガッサイ　①天地の神々を合わせ祭る。↔分祭(天地の神々を別々に祭る)。②先祖代々の廟主を太祖の廟に合わせ祭ること。祫祭。
【合算】ガッサン　①いっしょに計算する。合計する。②比較して勘定する。
【合子】ゴウシ・ゴウス　①ふたのある器。はこ。子は助字。盒子。②国ふたと身とある椀の類。
【合△祀】ゴウシ　①＝合祭。②一つの神社に二柱以上の神霊を合わせ祭る。
【合従(從)・合縦(縱)】ガッショウ　戦国時代、燕・斉・楚・韓・魏・趙の六国が南北に同盟を結んで西の秦に対抗した外交策。蘇秦が唱えた。従は縦で、南北を合わせる意。↔連衡(六国が秦と東西に同盟して自国の保全をはかろうとした外交策)。
【合掌】ガッショウ　①両方の手のひらを合わせて拝む。②材木を山形に組み合わせたもの。
【合成】ゴウセイ　①二つ以上のものが結合して一つになる・すること。

②二種以上の元素や簡単な化合物から、複雑な組成の化合物をつくること。有機化合物を作り出すこと。
【合戦(戰)】(カッセン) たたかい。両軍が相戦う。

【合奏】(ガッソウ) ①種々の楽器を同時に演奏する。↕独奏。②合わせて奏上する。

【合葬】(ガッソウ) いっしょにほうむる。また、後から死んだ者を前に死んだ者の墓にほうむること。

【合体(體)】(ガッタイ) ①いっしょになる。②心を合わせる。

【合致】(ガッチ) たがいに一致する。ぴったりと合う。

【合点(點)】(ガッテン・ガテン) 国①詩文などを批評し、よいところに点をつけること。②承知する。うなずく。

【合同】(ゴウドウ) ①いっしょになる(する)。②契約書。

【合評】(ガッピョウ) 幾人かの人が集まって批評すること。

【合符】(ゴウフ) ①割符を合わせる。②物事がぴったり一致する。【符合。

【合併(倂)】(ガッペイ・ゴウヘイ) 合わせて一つにする。合同。

【合△璧】(ガッペキ) たまを合わせる。美しいものを二つ合わせること。

【合浦珠還】(ガッポたまかえ(へ)る・ゴウホたまかえ(へ)る) 合浦(今の広東(カントン)省西南部から広西チワン族自治区の東南部の地)はもと美しい珠を産出したが、欲深な役人が多くて、しばらく産出がとまった。後漢の孟嘗(モウショウ)が太守となるに及んで、清潔な政治を行ったため、再び珠を産出した故事。転じて、善政を行うことをいう。〔後漢書、循吏、孟嘗伝〕

【合抱】(ゴウホウ) ひとかかえの大きさ。両手でかかえるほどの大木。

【合法】(ゴウホウ) 法律に合う。ある行為が法律に触れないこと。

【合理】(ゴウリ) 道理にかなう。

【合流】(ゴウリュウ) ①二つ以上の川が一つに合う。また、その流れ。②一つに合わさる。いっしょになる。

【合力】(ゴウリョク) ①力を合わせる。協力する。②力学で、二つ以上の力が同時に一つの物体に作用するときの力。③国(ゴウリキ) ㋐金銭・物品を人にめぐむこと。めぐみ。ほどこし。㋑こじき。㋒人に力を貸す人。登山で人の荷物をかつぐ人夫。強力(ゴウリキ)。㋓＝①。

(6)3 【吒】855 △ タ 咤(943)の本字。→二〇三ﾍﾟ。

(6)3 【吊】856 標 チョウ(テウ) 嘯 diào 3663 445F
字義 弔(2068)の俗字、簡化字。❶つる。つるす。❷とむらう(とむらふ)。
参考 元来は弔の俗字であるが、日本では「つる」意味に吊、「とむらう」意味に弔と使い分ける。字義・解字・熟語は、弔を見よ。→三七〇ﾍﾟ。

(6)3 【吐】857 常 ト はく 3739 4547
一 漢ト・呉ツ 麌 tǔ
二 漢ト・呉ツ 遇 tù
筆順 ロ ロ一 叶 吐
字義 一❶はく。㋐口からものをはき出す。もどす。㋑出す。内にあるものを外に出す。㋒はき捨てる。㋓のべる。言う。声を出す。❷ことば。音声。「音吐朗朗」
二はく。もどす。「嘔吐(オウト)」また、へど。
難読 吐噶(噶)喇(とから)・吐合(はきあい)・吐山(はやま)・吐師(はじ)・(はぜ)・吐生(はぶ)
解字 篆文  形声。口＋土音。音符の土は、つち。草木をはき出す大地の意味。口を付し、口からはき出すの意味を表す。
▼欧吐・音吐
【吐握】(トアク) →吐哺握髪(トホアクハツ)。

【吐下】(トカ) はいたりくだしたりする。嘔土(オウト)と下痢(ゲリ)。

【吐気(氣)】(トキ) ①気をはき出す。②おさえられていた志を存分に伸ばす。③国(はきけ) 胃中のものをはき出したい気分。

【吐血】(トケツ) 血をはく。特に、胃の血を吐くこと。肺の血を吐くのを喀血(カッケツ)という。

【吐谷△渾】(トコクコン・トヨクコン) 国名。隋(ズイ)・唐代に今の甘粛省の南部から青海省一帯を根拠として鮮卑族の建てた国。遊牧生活を主とした。六六三年に吐蕃(トバン)に破られてから衰滅した。

【吐△瀉】(トシャ) ①はく。瀉も、はく。②はいたりくだしたりする。吐下。

【吐納】(トノウ) ①道家修練の術で、腹中の悪い気を吐き出し、新鮮な気を吸い入れること。深呼吸の類。吐故納新。②出したり入れたりすること。

【吐△蕃】(トバン) 唐代、中国での、チベット王国およびその国人の呼び名。その国は、今のチベット自治区の地。

【吐△哺握髪】(トホアクハツ) 周公旦(シュウコウタン)が、来客があると食事中でも口中の食物をはき、髪を洗っている時でも髪を握ってすぐに出迎えた故事。賢人を求めることに熱心なたとえ。〔韓詩外伝、三〕

【吐△哺△捉髪】(トホソクハツ) ＝吐哺握髪。→前項。

【吐露】(トロ) かくさずに心中をうちあける。

(6)3 【吋】858 △ 一 漢トウ・呉ドウ 有 dòu 二 スン cùn 1705 3125
字義 一しかる(叱(シツ))。二インチ。イギリスの長さの単位。一吋は約二・五センチメートルにあたる。
解字 形声。口＋肘省音。

(6)3 【名】859 教1 メイ・ミョウ な 4430 4C3E
漢メイ・呉ミョウ(ミヤウ) 庚 míng 仮名(かな)・名残(なごり)
筆順 ク タ 名 名
字義 ❶な。㋐人や事物などの呼び名。なまえ。㋑うわべ。形式。↕実。㋒人倫上の名称。君臣・父子の類。→名分。㋓文字。「仮名(かな)」❷なづける(なづく)。名をつける。❸ないう(いふ)。なよぶ。名をいう。人の名をいう。→参考 ❹すぐれている。りっぱである。また、そのような評判。有名。「名山」「空名」❺人数。人を数えるときにつけることば。
名乗 あきら・なづく 難読 名越(なごや)・名寄(なよろ)・名古木(ながぬき)・名告(なのり)・名細(くわし)・名氏(じ)・名生(しょう)・定(みょうさだ)・名田(なった)・名来(ならい)・名理(なとり)・名立(なだち)
参考 名は生後三か月に父がつけ、元服するとさらに字(あざな)(呼び名)をつける。以後、親・師以外は通常、名を呼ばない。また、自分については名をいう。
解字 甲骨文  金文  篆文 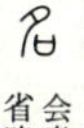 会意。夕＋口。夕は、明の省略体。鳴と同じく、夜明けにおんどりがときをつくるの意味であったろう。転じて、名をよぶ・なのるの意味を表す。『説文(セツモン)』では、夕は、ゆうべの意味で、冥(メイ)に通じ、夕やみに自分の名をなのるの意味を表すと説く。名を音符に含む形声文字に、酩(メイ)・銘などがある。ただし、酩は、酩酊(メイテイ)と熟して、冥(メイ)の意味に通じる擬態語。
▼悪名・英名・汚名・戒名・改名・仮名・佳名・家名・偽名・虚名・空名・形名・嫌名・功名・高名・才名・指名・臭名・襲名・醜名・小名・称名・署名・除名・声名・正名・盛名・俗名・尊名・大名・題名・知名・著名・逃名・匿名・売名・筆名・美名・武名・法名・芳名・無名・命名・勇名・有名・幼名・呼名・雷名・令名・連名
【名案】(メイアン) よい思いつき。うまい考え。

【名位】(メイイ) ①名声と官位。②官名と官位。

【名王】(メイオウ) ①すぐれた君主。名君。②匈奴(キョウド)の王のうち、特に位の高い王。

【名花】(メイカ) ①すぐれて美しい花。②牡丹(ボタン)をいう。③海棠(カイドウ)をいう。④女子の美称。また、名高い妓女(ギジョ)(芸者)。名妓。

【名家】(メイカ) ①名高い家がら。名門。②専門の学問で世に知られている者。③周代、諸子百家の一つ。名と実との関係を明らかにしようとした学派。多く論理をもてあそび、詭弁(キベン)的傾向が強い。公孫竜・恵施などがその代表的学者。

【名学(學)】(メイガク) ①大学者。②論理学。ギリシャ語の logike

の訳。
【名貫】メイカン 姓名と本籍。
【名器】メイキ ①すぐれた器物。名高い器具。②爵号(シャクゴウ)(爵位)と(その爵位によって賜る)車や衣服。③才能のすぐれた人。
【名義】メイギ ①名まえ。②名称と(それの持つ)意味。名分。③きこえ。評判。④表むきの名まえ。名儀。
【名教】メイキョウ 名分に関する教え。人倫の教え。道徳上の教え。儒教では君臣・父子・仁・義・礼・智(チ)などの名目を立てて秩序を正すことを主としたので、儒教の別名となった。魏(ギ)・晋(シン)の時代、老荘の無名の教えに対して用いられる。
【名君】メイクン 名高い君主。りっぱな主君。すぐれた君主。
【名月】メイゲツ 陰暦八月十五夜の月。また、九月十三夜の月。
【名言】メイゲン ①すぐれたことば。有名なことば。②もっともなことば。
【名工】メイコウ うでのすぐれた職人。りっぱな工芸作家。名匠。
【名高】メイコウ りっぱなほまれやみさお。名聞高節。
【名号(號)】メイゴウ ①なまえ。②名声。評判。③地位・職責などを表すよび名。④仏(ミョウゴウ) 諸仏の名。特に阿弥陀仏(アミダブツ)・南無(ナム)阿弥陀仏をいう。「六字の名号」
【名△刹】メイサツ 名高い寺院。りっぱな寺。
【名士】メイシ ①才徳のすぐれた人。②有名な人。
【名刺】メイシ 氏名・住所・身分などをしるした紙片。なふだ。
【名字】メイジ ①名とあざな。実名と呼び名。②名誉。③なまえ。名称。④名目。⑤国(ミョウジ) 氏。苗字(ミョウジ)。
【名実(實)】メイジツ ①名目と実際。名称と内容。②名誉と実利。
【名者実(實)△之賓】なはジツのヒン 名は実質という主人に招かれる客である。名声は実質に伴うものである。徳があってはじめて名誉が伴うこと。賓は賓客。実は主で、名は客の意。〔荘子、逍遥遊〕
【名手】メイシュ 技芸のすぐれた人。名人。
【名主】メイシュ ①すぐれた君主。②国㋐(ミョウシュ) 昔、領主に代わって名田(私田の一種)を支配し、年貢などをつかさどった人。㋑(なぬし) 江戸時代、村や町のかしらとして行政や司法をつかさどった人。今の町村長。庄屋(ショウヤ)。
【名儒】メイジュ すぐれた儒者。名高い儒学者。
【名匠】メイショウ ＝名工。
【名相】メイショウ すぐれた(名高い)宰相。
【名称(稱)】メイショウ ①ほまれ。名誉。②名まえ。
【名勝】メイショウ ①景色のよいところ。名所。②名高い人。名士。

【名状(狀)】メイジョウ ①名前とありさま。名前と形状。②状態を言い表す。形容する。「名状し難い」
【名乗(乘)】なのり 国①相手に自分の名をいうこと。また、その名。②公家(クゲ)や武家の男子が元服した時、通称以外につけた実名。藤吉郎(トウキチロウ)(通称)に対する秀吉(名乗)の類。③謡曲の独白(せりふ)の一種。登場人物が自分の身分・氏名・来歴などを述べること。④行商人が売り物の名を呼ばわること。⑤名前にのみ用いる、漢字の特有の訓。
【名人】メイジン ①評判の高い人。すぐれた人。②一芸にすぐれた人。腕まえの特にすぐれた人。名手。
【名数(數)】メイスウ ①名まえと人数。戸籍。②同類の著名なものを幾つかまとめたもの。数字を頭にかぶせた名詞。四書・五経の類。③数学用語。単位の名を添えた数。三円・五人・十枚の類。
【名声(聲)】メイセイ ほまれ。名誉。評判。名聞。
【名姓】メイセイ 氏名。姓名。
【名跡】メイセキ ①すぐれた行い。りっぱな業績。名蹟(メイセキ)。②国(ミョウセキ) うけつぐべき苗字(ミョウジ)・家名。
【名籍】メイセキ・ミョウセキ 戸籍。人の姓名や身分などを書き載せた台帳。また、名簿。
【名節(節)】メイセツ ほまれとみさお。名誉と節操。
【名族】メイゾク ①名高い家がら。名門。②名と氏。氏名。
【名代】ミョウダイ 国①代理。かわり。②(ナダイ) 名高い。有名な。③(なしろ) 昔、天皇・皇子・皇后などの名を後世に伝えるために、その名をつけた、皇室の私有民。
【名筆】メイヒツ ①すぐれた書画。有名な書画。②書道・絵画にすぐれた人。
【名物】メイブツ ①土地の種類・等級の名と、それらの土地の産物。②品物の名と性質。③名と事。④国㋐(その社会や地域で)有名なもの。「名物先生」㋑その土地特有の有名な産物。名産。㋒すぐれた茶道具。
【名分】メイブン 人の身分・地位・職分などの名称と、それに伴う本分。
【名問・名聞】メイブン・ミョウモン ほまれ。世のきこえ。評判。
【名簿】メイボ ①名まえをしるした帳面。②国(ミョウブ) 官位・姓名・年月日などをしるした名札。昔、弟子(デシ)入りの時などに差し出したもの。なふだ。
【名望】メイボウ 名誉と人望。また、それをもっている人。
【名目】メイモク・ミョウモク ①なまえ。呼び方。②口実。理由。
【名門】メイモン 名高い家がら。名族。
【名誉(譽)】メイヨ ①ほまれ。よい評判。名声。「名誉毀損(キソン)(そこなう)」②名高いこと。有名。③尊敬のしるしとして贈られる称号。「名誉教授」

【名利】メイリ・ミョウリ 名誉と利益。功名と利禄(リロク)。
【名流】メイリュウ ①有名な(一流の)人々。流は、なかま、たぐい。②名声が伝わる。
【名論】メイロン ①すぐれた議論。「名論卓説」②名誉と評判。
【垂二名竹△帛一】なをチクハクにたる 名を歴史に残して後世に伝える。竹帛は、竹の札と絹のきれで、紙のなかった時代に記録に用いられたもの。転じて、史書・書物の意。〔後漢書、鄧禹伝〕
【名△豈文章著】なはあにブンショウもてあらわ(は)れんや 詩文の道でどうしてわが名を世に表されようか。文筆で世に名をあげることは全く望みのないことをいう。〔唐、杜甫、旅夜書レ懐詩〕――、官応二老病休一(カンはまさにロウビョウにてやむべし)〈――、老いさらばえて病気がちの身であってみれば、官職もやめざるをえまい〉

(6)3 【吏】 860 常 リ | リ 寘 lì | 4589 4D79

筆順 一 吏

字義 ❶つかさ。役人。(地方採用の下級役人の場合が多い)「官吏」「能吏」❷おさめる。 名乗 おさ

解字 金文  篆文  象形。官吏の象徴となる旗ざおを手に持つ形にかたどり、役人・つかさの意味を表す。

▼駅吏・汚吏・下吏・軍吏・計吏・警吏・公吏・酷吏・獄吏・循吏・小吏・俗吏・属吏・天吏・能吏・捕吏・廉吏・老吏

【吏幹】リカン 役人としてのすぐれた才能。吏才。
【吏議】リギ ①役人の論議。役人の意見。②司法官が下した判決。
【吏才】リサイ 役人としての才能。また、その才能のある人。吏能。【吏幹】
【吏卒】リソツ 下級役人。小役人。
【吏道】リドウ ①役人として政務にたずさわる心得。②(リト) 朝鮮上代文字の名。新羅(シラギ)の薛聡(セッソウ)がはじめたというもので、朝鮮語を写すのに漢字の音訓を借りたもの。日本の万葉がなに似ている。吏読(リトウ・リト)・吏吐。
【吏読(讀)】リトウ・リト ＝吏道の②。
【吏能】リノウ ＝吏才。
【吏部】リブ ①魏(ギ)・晋(シン)以来置かれた中央官庁で、唐代は吏・戸・礼・兵・刑・工の六部(リクブ)の一つとなった。文官の選任・勲階・懲戒などをつかさどる。その長官を吏部尚書、次官を吏部侍郎という。②国 式部省の唐名。

【吏民】官吏と人民。官民。

[同]→冂部 一三ページ。

【吽】861 (7)4 △

一漢コウ・呉ク 有 hǒu　二漢イン・呉オン 侵　三漢ゴウ・呉グ 尤 óu　四ウン hōng　5063 525F

字義 一二ほえる。どなる声。＝吼。三かみあう。犬がかみあう。四仏呪文をとなえるときに用いる、口を閉じて出す声。

解字 会意。口＋牛。うしが口から声を出すの意味を表す。

【吪】862 (7)4 △

一ガ（グヮ）歌 é　二漢カ（クヮ）・呉ケ 麻 huā

字義 一❶うごく（動）。❷かわる。かえる。＝化。❸なまり。また、あやまったことば。訛言。＝譌。二口が開く。

解字 篆文 形声。口＋化音。

【呀】863 (7)4 △

一漢カ・呉ケ 麻 xiā　二漢ガ・呉ゲ 麻 yā　5064 5260

字義 一❶口を大きく開くさま。❷大きく空しいさま。❸笑うこえ。二❶あっ。驚きを表す感動詞。❷なげく。

解字 篆文 形声。口＋牙音。

【呀呀】①口を大きく開く様子。②笑う声の形容。

【呀然】谷などの広くがらんとした様子。

【含】864 (7)4 常

ガン　ふくむ・ふくめる　一漢カン・呉ゴン 覃 hán　二漢カン・呉ゴン 勘 hàn　慣ガン　2062 345E

筆順 入 今 含 含

字義 一❶ふくむ。ふくめる。㋐口に入れる。㋑中に入れる。包みこむ。「内含」㋒しのぶ。こらえる。❷みな（皆）。二ふくみ玉。昔、葬礼で死者の口にふくませた玉。＝琀。

難読 含羞草・含嗽

解字 篆文 形声。口＋今音。音符の今は、すっぽり覆い包むの意味。口の中に覆い包む、ふくむの意味を表す。

▼包含

【含英】①美しいものをふくみもつ。光を帯びる。②花のつぼみをもつ。英は、花。

【含英咀華】文章のすぐれたところをかみ味わって胸中にたくわえること。英華を含咀する意。咀はかみ味わう。〔韓愈、進学解〕

【含胡・含糊】ことばがはっきりしないさま。

【含羞】はじらう。はにかむ。

【含笑】①笑いをふくむ。ほほえむ。②花が咲き始める。

【含情】①風情のあること。②感情をおさえて胸中におさめておく。思うことをそれとなくそぶりで見せること。

【含嗽】うがいする。また、うがい。

【含蓄】①ふくみたくわえる。②深みがあること。言外にふくまれている深い意味。

【含哺鼓腹】口いっぱい食物を食べ、腹つづみを打つ。生活が楽で平和を楽しむさま。太平の世をいう。〔荘子、馬蹄〕

【含味】①かみしめて味わう。②物事の意味を考えきわめる。「熟読含味」

【吸】(849) (7)4

キュウ　吸(848)の旧字体。→一八八ページ。

【叫】865 (7)4 △

キョウ　叫(850)の俗字。→一八八ページ。

【吟】866 (7)4 常

ギン　漢ギン・呉ゴン 侵 yín　2267 3663

筆順 口 叭 吟 吟 吟

字義 ❶うめく。うなる。「呻吟」❷どもる。どもる声。❸なげく（嘆）。❹うたう。詩歌を口ずさむ。また、詩歌を作る。「苦吟」「吟詠」「詩吟」❺うた。うたいもの。詩歌。「梁甫吟」❻なく。さけぶ。うそぶく。また、鳥獣や虫などの鳴くこと。また、その声。「鶯吟」「猿吟」

名乗 あきら・おと・こえ

解字 篆文 形声。口＋今音。音符の今は、含に通じ、ふくむの意味。ふくみ声で言う、口に含んで味わうなどの意味を表す。

▼哀吟・詠吟・閑吟・空吟・苦吟・行吟・高吟・詩吟・秀吟・酔吟・即吟・長吟・沈吟・独吟・微吟・放吟・朗吟

【吟詠・吟咏】①詩歌をうたう。詩歌を口ずさむ。②詩歌を作る。また、その詩歌。

【吟哦】詩歌をうたう。哦もうたう意。

【吟月】月をながめて詩歌を口ずさむ。

【吟行】①詩歌をうたいながら歩く。②国和歌・俳句を作るため郊外などへ出かけること。

【吟社】作詩や吟詠を目的として集まる団体。

【吟誦】①詩歌を高らかにうたう。②声をあげて書物を読む。

【吟嘯】①声を長くひいて詩歌を歌う。②悲しみなげいて声を発する。

【吟風弄月】風に吹かれて詩歌を詠じたり、名月を観賞したりする。風月などの自然に接して詩歌を作ること。

【吟諷】口ずさみ詠ずる。吟哦。

【吟味】①詩歌を口ずさみ、そのおもむきを味わう。②詩歌のあじわい。詩趣。③国㋐（罪状を）よく調べただす。㋑物事をよく調べること。

【听】867 (7)4 △

一ギン 軫 yǐn　二漢ギン・呉ゴン 吻 yǐn　三ティ tīng　5065 5261

字義 一二❶笑うさま。「听听」「听然」❷口が大きい。また、そのさま。三きく（聴）。聴(6125)の俗字。国ポンド（磅・封度）。イギリスの貨幣、または、重さの単位。約四五三・六グラム。

解字 篆文 形声。口＋斤音。音符の斤は、こまかくするの意味。呼吸を小刻みにして笑うの意味を表す。

【君】868 (7)4 教3

クン　きみ　クン 文 jūn　2315 372F

筆順 ヲ ヨ 尹 君

字義 ❶きみ。㋐天子。主上。「幼君」「暗君」㋑諸侯・卿大夫など。大名。㋒君主の正妻。㋓他人に対する敬称。「夫君」「諸君」❷君主としての役目を果たす。〔論語、顔淵〕君君臣臣。❸君主とする。君主と仰ぐ。

名乗 こ・すえ・なお・よし

難読 君家・君府

解字 甲骨文 金文 篆文 形声。口＋尹音。音符の尹は、神事をつかさどる族長の意味。のりとの意味を表す口を付し、きみの意味を表す。

▼隠君・家君・寡君・貴君・厳君・細君・嗣君・主君・神君・人君・仁君・聖君・先君・尊君・大君・夫君・父君・封君・邦君・亡君・暴君・名君・明君・庸君・老君・郎君

【君王】①国君。君主。②諸侯と天子。

【君冤】主君の無実の罪。冤は、無実の罪。

【君汲川流我拾薪】朝飯の仕度のために、君は川の水をくんで来い、わたしは薪を拾ってこよう。塾で学業に励む姿をうたった詩句。〔広瀬淡窓、桂林荘雑詠示諸生詩〕柴扉暁出霜如雪——。〈粗末なしばのとびらを開けて明け方に外に出ると、

霜が真白に降りていて雪のようだ。――〉

【君君臣臣】(きみはきみたり しんはしんたり) 君主は君主らしく君主としての道をつくし、臣下は臣下としての道をつくす。地位・身分によって人それぞれその本分をつくすべきこと。名分を正すことの教え。〔論語、顔淵〕――、父父子子(ちちはちちたり こはこたり)〈父は父としての、子は子としての道をつくす〉

【君公】(クンコウ) ①自分の仕えるきみ。②諸侯をいう。

【君侯】(クンコウ) ①諸侯の尊称。とのさま。②高官や貴人に対する尊称。

【君国(國)】(クンコク) ①君主と国家。②君主が統治する国。

【君山】(クンザン) 山名。湖南省岳陽市の西南、洞庭湖の中にある。別名、湘山(ショウザン)。帝舜(シュン)の妃、娥皇(ガコウ)・女英の墓がある。

【君子】(クンシ) ①学徳のあるりっぱな人。②官職にある人。在位者。③君主。為政者。④妻から夫をいう。⑤亡父などの尊称。⑥植物の名。㋐竹の別名。㋑蓮(はす)の花の別名。㋒菊の花の別名。

【君子遠二庖厨一】(クンシはホウチュウをとお(ほ)ざく・クンシはホウチュウにとお(ほ)ざかる) 徳のある人は、いつくしみの心が深いから、鳥獣を料理する台所に近寄らない。〔孟子、梁恵王上〕

【君子求二諸己一、小人求二諸人一】(クンシはこれをおのれにもとめ ショウジンはこれをひとにもとむ) 君子は責任を自分に求めるが、小人は責任を他人に求める。〔論語、衛霊公〕

【君子国(國)】(クンシコク) ①東海中にあるという礼儀正しい国。②日本国の称。③新羅(シラギ)の自称。

【君子三楽(樂)】(クンシのサンラク) 君子の三つの楽しみ。父母がともに健在で兄弟に事故がない、自分の行いが天や人に恥ずるところがない、天下の英才を集めて教育することの三つ。〔孟子、尽心上〕

【君子之交淡若レ水】(クンシのまじわ(は)りはあわ(は)きことみず(づ)のごとし) 君子の交際は、水のように淡々としている(がいつまでも続いて変わることがない)。〔荘子、山木〕――、小人之交甘若レ醴(ショウジンのまじわ(は)りはあまきことレイのごとし)〈――、小人の交際は甘酒のように甘い(が長くは続かない)〉

【君子儒】(クンシジュ) りっぱな学者。自己を修め人を治めることを心がける学者。↔小人儒。〔論語、雍也〕子謂二子夏一曰、女為二君子儒一、無レ為二小人儒一(シカにいいて(ひ)いわ(は)く、なんじ(ぢ)クンシジュとなれ、ショウジンジュとなるなかれと)〈先生が子夏に対して言った、お前は君子儒となれ、単なる物識りの学者になるな、と〉

【君子争(爭)】(クンシのあらそい(ひ)) 弓を射る競争をいう。『論語』八佾編に「君子無レ所レ争、必也射乎(クンシはあらそうところなし かならずやシャか)」とあるのに基づく。

【君子豹変(變)】(クンシヒョウヘン) ①君子は、豹(ヒョウ)の皮の模様がはっきりしているように、あやまちを改めて善にうつることがあざやかなこと。君子が善にうつることのはっきりしているたとえ。〔易経、革〕②態度や主張を急に変えることにいう。

【君子不三以レ言挙(擧)二人一】(クンシはゲンをもってひとをあげず) 君子は、良いことをいったからといって、その人を挙用することはしない。人物は行動によって評価すべきだという孔子のことば。〔論語、衛霊公〕――、不三以レ人廃二言一(ひとをもってゲンをハイせず)〈――、人柄が悪いからといってその言葉をすべてしりぞけることはしない〉

【君子不レ器】(クンシはキならず) 器物はそれぞれ一つの用にのみ適して他に役立たないが、徳の高い人は一材一芸に通ずるだけではない。何事にも役立つ意。〔論語、為政〕

【君子喩二於義一、小人喩二於利一】(クンシはギにさとり ショウジンはリにさとる) 君子は義に対して敏感であり、小人は利に対して敏感である。〔論語、里仁〕

【君子欲三訥二於言一而敏二於行一】(クンシはゲンにトツにしておこないにビンならんとほっす) 君子は口べたであっても、すばやく実行することを願うものである。〔論語、里仁〕

【君主】(クンシュ) 世襲(セシュウ)による国家の統治者。きみ。王。天子。皇帝。

【君主国(國)】(クンシュコク) 主権が君主にある国家。↔共和国。

【君上】(クンジョウ) きみ。天子。君主。

【君臣】(クンシン) 君主と臣下。また、その関係。主従。

【君臣有レ義】(クンシンギあり) 君と臣との守るべき道。君と臣との間は義をもって第一とする。〔孟子、滕文公上〕

【君側】(クンソク) ①君主のそば。「君側の奸(カン)(悪者)」②君主のそば近くに仕える臣。

【君長】(クンチョウ) ①君主と長上。国君とその卿(ケイ)・大夫。②君主。③部落のかしら。酋長(シュウチョウ)。

【君寵】(クンチョウ) きみのお気にいり。君主の寵愛(チョウアイ)。

【君臨】(クンリン) ①君主として国民を治めること。君主として万民の上に立つこと。②主位に立って他を支配すること。

(7)4【呉】869 常 ゴ

(7)4〔吳〕870 ゴ 虞 wú

2466 3862

筆順 口 吕 吕 呉

【吴】俗字

字義 ❶かまびすしい。やかましい。大声でいう。❷おおきい。❸国名。㋐周代に、周の太王の長子太伯が今の江蘇(コウソ)省地方に建てた国で、呉(今の江蘇省蘇州市)に都した。前四七三年、夫差が越王句践(コウセン)との戦いに敗れて自殺するまで、二十五代七百五十九年続いた。㋑三国時代、孫権が長江下流に建てた国で、建業(今の南京(ナンキン)市)に都した。晋(シン)に滅ぼされるまで、四代、約六十年続いた。(二三二―二八〇) ㋒五代十国の一つ。楊行密(ヨウコウミツ)が建てた国で、揚州に都した。四代三十六年(九〇二―九三七)。❹地名。昔の呉の地名。江蘇省の別名。

国 ❶くれ。㋐昔、日本で中国(主として東南地方)をさして呼んだ称。㋑中国から渡来した事物に添える語。「呉竹(くれたけ)」「呉服(くれはとり)」 ❷くれる(くる)。与える。やる。

名乗 くに 難読 呉漢(くれあや)・呉公(むかで)・呉茱萸(かわはじかみ)・呉床作(ごしょうつくり)・呉淞(ウースン)・呉織(くれはとり)・呉竹(くれたけ)・呉服(くれはとり)・呉妹(くれせ)

参考 日本から見ると、中国は太陽の没するほう、日暮れの方向だからというので、呉に「くれ」の訓を与えたものといわれる。

解字 甲骨文 金文 篆文

象形。頭に大きなかぶりものをつけて、舞いくるうさまにかたどり、はなやかにたのしむの意味を表す。呉を音符に含む形声文字に、娯・蜈(ゴ)・誤などがある。

【呉越】(ゴエツ) ①呉と越との地方。②国名。㋐春秋時代の呉と越。㋑五代十国の一つ。→越の字義の⑦㋑(一〇五三ページ)。③仲の悪い間がら。かたき同士。呉王夫差と越王句践(コウセン)が隣国どうしで長い間争った故事に基づく。

【呉越同舟】(ゴエツドウシュウ) 敵同士がいっしょにいること。→前項の③。

【呉音】(ゴオン) ①呉の地方の発音。②呉の音楽。③日本に伝わる漢字音の一種。もと中国東南地方(長江下流地方)の発音で、日本に最も古く伝来し仏教関係の語に多い。男女(ナンニョ)の類。↔漢音。⇩コラム・日本の漢字音(六五八ページ)。

【呉下阿蒙】(ゴカのアモウ) 相変わらずの無学者。いつまでたっても学問の進歩しない人。呉下は呉の地方(下はそのあたりの意)、阿蒙は蒙さんの意(阿は親しみの意を表す接頭語)。昔のままの呉国の蒙さん、の意。三国時代、呉の呂蒙(リョモウ)が孫権に学問をすすめられて勉学に励み、のちに魯粛(ロシュク)が呂蒙に会ってその学問のあることに感服して、「呉下の阿蒙にあらず」と言った故事。〔呉志、呂蒙伝注〕

【呉歌】(ゴカ) 呉の地方の歌。呉詠。

【呉姫(姬)】(ゴキ) 呉の地方の美女。

【呉起】(ゴキ) 戦国時代の兵法家。孫子と並び称され、魏(ギ)と楚(ソ)の宰相となった。『呉子』一巻は、その著といわれる。(前四四〇?―前三八一?)

【呉牛喘レ月】(ゴギュウつきにあえ(へ)ぐ) 呉は南の暑い地方であるため、牛が月を見ても日と見誤ってあえぐこと。ひどく恐れるたとえ。ま

た、取り越し苦労のたとえ。

【呉広(廣)】(ゴコウ)　秦の武将。字(あざな)は叔。秦の二世皇帝の元年、陳勝と共に兵を挙げ、秦を滅ぼすさきがけをなした。（？—前二〇八）

【呉子】(ゴシ)　①呉起をいう。②書名。呉起の著した兵法書。一巻。呉起の自作でないとする説もある。

【呉△楚】(ゴソ)　①春秋・戦国時代の呉と楚(ソ)の二つの国。②呉・楚(ソ)の二国のあった地方。長江沿岸および下流地方。〔唐、杜甫、登二岳陽楼一詩〕呉楚東南坼(ゴソトウナンにさけ)、乾坤日夜浮(ケンコンニチヤうかぶ)。〈呉楚の地が、中国の東南の方角で洞庭湖によってきりさかれ、天地間の万物が、昼も夜もこの洞庭湖に映って浮かんでいる〉

【呉道子】(ゴドウシ)　盛唐の画家。名は道玄。呉道子は通称。玄宗に召されて供奉(グブ)となる。作品に孔子像などがある。（？—七九二）

【呉服】(ゴフク)　国①織物の総称。反物。②呉の国から渡来した織物。また、その製法による織物。雄略天皇の時、呉国から渡来した織工の呉服(くれはとり)を音読したもの。

(7)4
【吾】871
人 ゴ 虞 wú
2467
3863

筆順　丅 五 五 吾

字義 ❶われ。じぶん。わが。じぶんの。❷相手を親しんで呼ぶ時にそえる語。「吾子」❸ふせぐ。とどめる。

名乗 あ・みち　難読 吾亦紅(われもこう)・吾河(あがわ)・吾妻(あづま)・吾城野(あきの)・吾川(あがわ)・吾全(あぜ)・吾孫子(あびこ)・吾平(あいら)・吾木香(われもこう)・吾妹子(わぎもこ)・吾野(あがの)

解字 金文　篆文　形声。口＋五音。口は、神のおつげの意味。音符の五は、棒を交差させて組み立てた器具の象形。神のおつげを汚れから守るための器具のさまから、ふせぐの意を表す。借りて、われの意味を表す。

【吾兄】(ゴケイ)　①親しい友人を呼ぶ称。②国(あせ)　男子を親しんで呼ぶ称。わが兄の意。

【吾子】(ゴシ)　①あなた。相手を親しんで呼ぶ称。②わが子。あこ。自分の子供。

【吾氏】(わがうじ)　自分の家。わが家。

【吾△儕】(わがセイ・わがともがら)　われわれ。われら。儕は、仲間。

【吾曹】(ゴソウ・わがソウ)　＝吾儕(わがセイ)。

【吾属(屬)】(わがゾク)　われわれ仲間。われら。属は、仲間。

【吾徒】(わがト)　①自分の門人。②わが仲間。

【吾輩】(わがハイ)　①われわれ。②われ。わたくし。

(7)4
【吭】872 △
㊀漢コウ（カウ）呉ゴウ（ガウ）陽 háng
㊁漢コウ（カウ）呉ゴウ（ガウ）養 hàng
5066
5262

字義 ㊀のど。㊁❶こえ（声）。❷のむ。

解字 形声。口＋亢音。音符の亢(コウ)は、のどぼとけの意味。口を付し、のどの意味を表す。

(7)4
【吼】873
標　漢コウ　呉ク　有 宥 hǒu
5067
5263

字義 ❶ほえる。牛や虎(とら)などがほえる。「獅子吼(シシク)」❷大きい声をたてる。どなる。わめきたてる。

解字 形声。口＋孔音。

【吼号(號)】(コウゴウ)　ほえさけぶ。また、大声をあげて泣く。

(7)4
【告】874
教4　コク　つげる
(7)4
〔告〕875
㊀コウ（カウ）号 gào
㊁コク 沃
2580
3970

筆順　丿 𠂉 生 告

字義 ㊀㊁❶つげる(つぐ)。㋐しらせる。おしえる。さとす。「布告」「警告」㋑申し上げる。下の者が上の者に告げる。「申告」㋒うったえる。告訴。「被告」❷つげ。つげることば。❸役人が休暇を請求する。また、その休暇。

名乗 しめす・つぐ・のり　難読 告天子(ひばり)

解字 甲骨文　篆文　会意。口＋牛。牛は、甲骨文では、とらえられた牛の象形。いけにえとしてとらえられた牛をささげて神や祖霊につげるの意味を表す。常用漢字は、牛の部分を変形させた、告による。告を音符に含む形声文字に、窖(コウ)・誥(コウ)などがある。

▼戒告・勧告・訓告・警告・原告・抗告・控告・催告・上告・宣告・忠告・通告・被告・布告・報告・密告・無告・諭告・予告・論告

【告仮(假)】(コクカ・コッカ)　ひまをもらう。休暇をとる。また、辞職する。仮は暇。

【告戒・告△誡】(コクカイ・コッカイ)　さとしいましめる。言いきかせていましめる。戒告。

【告休】(コクキュウ・コッキュウ)　＝告仮。

【告△朔】(コクサク)　昔、諸侯が毎年十二月に天子から翌年の暦を受けて祖廟(ソビョウ)(おたまや)に蔵し、毎月の朔(ついたち)に羊を供えて廟に告げ、その月の暦を請い受けて国内に発布したこと。

【告△朔△餼羊】(コクサクのキヨウ)　告朔に供えるいけにえの羊。餼は、いけにえ。春秋時代、魯(ロ)の文公のときから告朔の礼が行われず、ただいけにえの羊を供える習慣だけが残っていたこと。たとえ虚礼でも害のないものは保存して、他日の用を待つべきたとえ。また、形式だけの虚礼のたとえ。→告朔。〔論語、八佾〕

【告子】(コクシ)　①戦国時代の人。名は不害。孟子と性説について議論し、人の性(うまれつき)は本来、善もなく悪もないと主張した。〔孟子、告子上〕②『孟子』の編名。

【告辞(辭)】(コクジ)　①つげのべる。②つげさとすことば。

【告訴】(コクソ)　①事情をうったえて請い願う。②被害者またはその法定代理人が、検事または警察官に犯罪を申し出て犯人の処罰を求めること。

【告△愬】(コクソ)　うったえる。＝告訴の①。愬は、訴。

【告知】(コクチ)　つげしらせる。通知する。

【告白】(コクハク)　ありのままに言う。また、そのことば。白は、あきらかにする意。

【告発(發)】(コクハツ)　あばきつげる。被害者以外の人が検事や警察官に犯罪事実を訴え出ること。

【告別】(コクベツ)　別れをつげること。いとまごい。

【告諭】(コクユ)　一般につげさとす。

【告老】(コクロウ)　年を取ったことを告げて辞職を申し出る。年老いて辞任する。

(7)4
【吽】876 △
ショウ shēng

字義 ガロン。英米の容量の単位。イギリスの一吽は約四・五リットル、アメリカの一吽は約三・八リットル。

解字 形声。口＋升音。

(7)4
【吹】877
常　スイ　ふく
㊀スイ 支 chuī
㊁スイ 寘 chuì
3165
3F61

息吹(いぶき)・吹雪(ふぶき)

筆順　口 吅 吹 吹

字義 ㊀❶ふく。㋐息を急にはく。㋑楽器をふき鳴らす。「吹奏」㋒風がふく。風が物をふき動かす。㋓ふきさます。ひやす。❷たく。もやす。㊁❶ふえ・ひちりきなどの吹奏楽器。❷かぜ（風）。国ふく。金属をとかして器物をつくる。

名乗 かぜ・ふ・ふき・ふけ　難読 吹越(ふっこし)・吹革(ふいご)・吹子(ふいご)・吹田(すいた)・吹田(ふけだ)・吹浦(ふくら)

使いわけ ふく〔吹・噴〕
〔吹〕風や呼吸に関する場合。「風が吹く・笛を吹く・草木が芽を吹く・粉を吹いた干しがき」
〔噴〕勢いよくふき出す場合。また、一面に発生した場合。「鯨が潮を噴く・火を噴きながら落ちた」

解字 甲骨文 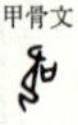 金文 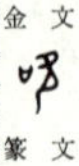 篆文  会意。口＋欠。欠は、大きく口をあけた人の象形。ふくの意味を表す。吹を音符に含む形声文字に、炊・歓(イス)などがある。

▼歌吹・鼓吹・山吹・夕吹・濫吹

【吹楽(樂)】(スイガク) 音楽を奏すること。

【吹管】(スイカン) ふえをふく。吹笛。

【吹△簫】(スイショウ) ①しょうのふえを吹く。②こじきをいう。春秋時代、楚(ソ)の伍子胥(ゴシショ)が簫(ショウ)を吹いて食を乞うた故事。〔史記、范雎伝〕

【吹雪】(スイセツ) ①ふぶき。風に吹かれて乱れとぶ雪。②国(ふぶき)㋐＝①。㋑白髪まじりの乱れ髪。

【吹奏】(スイソウ) ①笛などの楽器を吹き鳴らす。②音楽を奏する。

【吹断(斷)】(スイダン・ふきたつ) 吹きちぎる。風のはげしい形容。〔唐、岑参、胡笳歌送(ホップウスイダンす・ホップウふきたつ)₌顔真卿使赴₌河隴₋詩〕北風吹断天山草(テンザンのくさ)。訳文⇩蕭関（九四八ぺー）。

【吹聴(聽)】(ふいチョウ) 国言いふらす。宣伝する。披露する。

【吹毛】(スイモウ) ①毛をふく。ごくたやすいことのたとえ。②しいて他人の欠点などをさがし求めること。「毛を吹いて疵(きず)を求む」③吹きかけた毛をも切るほどの名剣。

(7)4
【呎】878 △ セキ chǐ
5072 5268

字義 フィート。イギリスの長さの単位。日本の約一尺。三〇・四センチメートル。

解字 形声。口＋尺音。

(7)4
【吮】879 △ 一漢セン・呉ゼン 銑 二漢シュン・呉ジュン 軫 shǔn
5068 5264

字義 一二❶すう(ふす)。すする。❷ねぶる。なめる。

解字 篆文 形声。口＋允音。允の字のような形に、口を上に顔をあげて、すうの意味を表す。

(7)4
【呈】880 常 テイ
3672 4468

(7)4
〖呈〗881 漢テイ 呉ジョウ(ヂャウ) 庚 chéng

筆順 口 呈

字義 ❶たいらか。公平。❷あらわす(あらはす)。しめす。さしだす。また、あらわれる。「露呈」❸たてまつる。すすめる。さしあげる。「進呈」「呈上」

解字 篆文 形声。口＋王(壬)音。音符の王(テイ)は、突き出すの意味。口から突き出る、あらわれるの意味を表す。

▼謹呈・献呈・進呈・贈呈・拝呈・露呈

【呈示】(テイジ) さしだして見せる。

【呈上】(テイジョウ) さしあげる。献上する。

(7)4
【呐】882 △ 漢ドツ・呉ノチ 月 nè, nà 慣トツ
5069 5265

字義 ❶どもる。❷呐喊(トッカン)は、ときの声をあげる。

解字 甲骨文  篆文 形声。口＋内音。内は、はいるの意味。言葉が口中に入って出てこない、どもるの意味を表す。

【呐呐】(トツトツ) 口ごもる。また、その形容。訥訥(トツトツ)。

(7)4
【呑】883 △ トン 元 tūn 慣ドン

〖吞〗標準
3861 465D

字義 ❶のど。❷のむ。㋐のみ下す。まる飲みにする。「併呑」㋑ふくみかくす。「呑₋声(こえ(ゑ)をのむ)」㋒あわせつつむ。とりこむ。「併呑」㋓ほろぼす(滅)。㋔かろんじる(軽)。ばかにする。「呑₋敵(テキをのむ)」

参考 正字は〔吞〕で、こちらが印刷標準字体。 難読 呑気(のんき)

解字 篆文 会意。口＋天。天は、のどひこの象形の変形したもの。のどの意味を表す。口を付し、のどの意味や、歯でかまずに、まる飲みするの意味を表す。

【呑牛△之気(氣)】(ドンギュウのキ) 牛をまる飲みにするほどのさかんな意気。食牛之気(ショクギュウのキ)。

【呑舟△之魚】(ドンシュウのうお(を)) ①舟をまる飲みにするほどの大魚。②すぐれた大人物。〔荘子、庚桑楚〕

【呑食】(ドンショク) ①まる飲みにして食う。②侵略する。滅ぼして併合する。

【呑声(聲)】(ドンセイ・こえ(ゑ)をのむ) ①声を出さない。だまる。沈黙する。②声を出さないようにして泣く。しのびなき。

【呑△噬】(ドンゼイ) ①飲むこととかむこと。食べること。②飲み合いかみ合う。猛獣毒蛇の争いにいう。③侵略する。

【呑炭】(ドンタン) 炭を飲んで声をつぶすこと。戦国時代、晋(シ)の予譲が智伯(チハク)のあだを討つために行った苦心。転じて、あだうちの苦心をいう。〔戦国策、趙〕

【呑敵】(ドンテキ・テキをのむ) 敵を恐れないこと。敵をのんでかかる。

(7)4
【吠】884 標 漢ハイ・呉バイ 隊 fèi 慣ベイ
4342 4B4A

字義 ❶ほえる(ほゆ)。犬が声を立てる。犬がなく。❷仏梵語(ボンゴ)のve音の音訳字。「吠陀(ベイダ)(古代インドのバラモン教の聖典)」「吠舎・吠奢(ベイシャ)(インドのカースト制の第三階級)」

解字 甲骨文 篆文 会意。口＋犬。いぬとくちで、犬がほえるの意味を表す。

(7)4
【否】885 教6 ヒ いな 一フ 有 fǒu 二漢ヒ・呉ビ 紙 pǐ 慣ヒ
4061 485D

筆順 ア 不 不 否

字義 一❶いな。いや。いいえ。不承知・不同意・打消しを表す。❷いなむ。こばむ。「拒否」❸いなや。…か、どうか。句末につけて疑問の意を表す。❹あらず。ない。❺しからず。そうではない。また、しからずんば。しからざれば。そうでなければ。上文を受けてその意を否定する。二❶ふさがる。とじる。「否塞(ヒソク)」❷易(エキ)の六十四卦(カ)の一つ。☷☰坤下乾上(コンカケンショウ)。閉じふさがって通じないかたち。❸わるい。よくない。「否徳」❹いやしい。＝鄙(ヒ)。 国いなや。すぐに。即時に。

解字 金文  篆文  形声。口＋不音。音符の不は、…しないの意味。口を付し、ことばで否定する、「いな」の意味を表す。

▼安否・可否・拒否・遇否・賢否・賛否・成否・正否・存否・諾否・適否・当否・良否

【否応(應)】(いやオウ) 断ることと承知すること。「否応なしに(是非を言わさず、むりやりに)」

【否決】(ヒケツ) 提案された議案を不可であると議決すること。↔「可決」

【否△臧】(ヒゾウ) ①悪と善。是非。否は悪。臧は善。②よくない。

【否△塞】(ヒソク) ①閉じふさがる。②ふしあわせになる。

【否泰】(ヒタイ) うまく行かないことと順調に行くこと。不運と幸運。否も泰も易の卦(カ)の名。

【否定】(ヒテイ) そうでないときめる。非とする。↔肯定。

【否認】(ヒニン) 否と認定する。そうだと認めない。↔是認。

【否否】(ヒヒ・いないな) いやいや。決してそうでない。強く否定する語。

(7)4
【吩】886 △ 一フン 二フン fēn
5070 5266

字義 一噴(1100)の俗字。二吩咐(フンプ)は、いいつける。命令する。

解字 形声。口＋分音。

(7)4
【吻】887 標 漢ブン・呉モン 吻 wěn 慣フン
4213 4A2D

字義 ❶くちさき。くちわき。くちもと。❷くちびる。「接吻」❸ことばつき。「口吻」❹物の突き出たところ。

解字 篆文 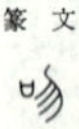 形声。口＋勿音。音符の勿(ブツ＝ブン)は、門に通じ、かどの意味。口のかど、くちびるの意味を表す。

【吻合】フンゴウ　①上下のくちびるがぴったりと合う。②物事が相合する。両方がしっくり合う。

(7)4
【呆】888
標　㊀ホウ　晧 bǎo　㊁漢タイ・呉ダイ　灰 dāi　慣ホウ（ハウ）・ボウ（バウ）
4282　4A72

字義　㊀保（264）の古字。㊁おろか。国あきれる。事の意外なのに驚く。「呆然ボウゼン」「呆気あっけ」　難読　呆気あっけ

解字　古文（保）　象形。おむつで包まれた幼児の象形。保の古字。

(7)4
【呂】889
囚　漢リョ　呉ロ　語 lǚ
4704　4F24

筆順　口　口　吕　呂

字義　❶せぼね。❷長い。❸音楽の調子で、ほぼ今の一オクターブを十二分したものを十二律といい、その中の陰の音律をいう。↕律（陽の音律）。「六律六呂」❹周代の国名。今の河南省南陽県の西。国低い音。

名乗　とも・なが　難読　呂宋ルソン

解字　甲骨文　篆文　象形。人の背骨がつらなる形にかたどり、せぼねの意味を表す。呂を音符に含む形声文字に、侶リョ・閭リョなどがあり、これらの漢字は、「(同型の物が)つらなる」の意味を共有している。

【呂翁枕】リョオウのまくら　唐の開元年間（七一三—七四一）に、盧生ロセイが邯鄲カンタン（今の河北省内）の宿屋で、道士呂翁の枕まくらを借りて眠り、黄粱コウリョウ（あわ）がまだ炊きあがらない間に、八十年間の栄華を夢みたという故事。人生のはかないたとえ。〔枕中記〕→邯鄲之夢カンタンのゆめ（二一〇七ページ）。

【呂后】リョコウ　漢の高祖（劉邦）の皇后。名は雉チ。才略に富んで高祖を助け、恵帝を生んだ。恵帝の死後、権力をふるうこと八年、呂氏の乱のもとを作った。（?—前一八〇）

【呂氏春秋】リョシシュンジュウ　書名。二十六巻。秦シの呂不韋リョフイが、賓客を集めて作らせたもので、『呂覧リョラン』ともいう。道家の思想が中心となっている。

【呂尚】リョショウ　周の政治家。太公望・師尚父シショウホともいう。文王・武王を助けて殷の紂王チュウオウを滅ぼし、斉に封ぜられた。↓太公望（三六三ページ）。

【呂祖謙】リョソケン　南宋ナンソウの学者。字あざなは伯恭。東萊トウライ先生と称された。歴史学・詩文にすぐれ、『春秋左氏伝説』『東萊左氏博議』などの著書のほかに、朱熹との共著に『近思録』がある。（一一三七—一一八一）

【呂不韋】リョフイ　秦シの宰相。もと陽翟ヨウテキ（今の河南省禹州シュウ市）の豪商。始皇帝の実の父といわれる。後に蜀ショクに流されて自殺した。（?—前二三五）→呂氏春秋。

【呂律】リョリツ　①音楽の調子。→六律・六呂（一一五ページ）。②国ロレツ ことばの調子。ものを言う調子。

(7)4
【吝】890
△　リン　震 lìn
5071　5267

【悋】俗字

字義　❶やぶさか。おしむをし。物おしみする。しわい。けち。＝悋リン。❷むさぼる。❸くいる（悔）。うらむ（恨）。「悔吝」　難読　吝嗇けち

解字　甲骨文　篆文　会意。文＋口。文は、かざるの意味。失われたものを美化して言い、おしむ〔の意味を表す。

【吝愛】リンアイ　ものおしみする。けち。

【吝情】リンジョウ　おしむ心。未練な気持ち。吝心。

【吝嗇】リンショク　ものおしみすること。けち。

【串】→丨部　三ページ。

(8)5
【咏】891
△　エイ　詠（7124）と同字。→一〇〇四ページ。
5073　5269

(8)5
【呵】892
標　カ　歌箇 hē
5074　526A

字義　❶しかる。せめる。とがめる。なじる。＝訶カ。❷呼びあう。❸わらうわら（笑）。❹息を吹きかける。「呵筆」

解字　形声。口＋可音。音符の可は、しかったり、わらったりする声の擬声語。

【呵呵】カカ　大声で笑う声。「呵呵大笑」

【呵禁】カキン　＝呵止。

【呵欠】カケン　あくび。あくびする。

【呵譴】カケン　しかり責める。譴は、責める意。

【呵止】カシ　しかっておしとめる。しかり禁ずる。

【呵叱】カシツ　大声でしかる。訶叱カシツ。

【呵責】カセキ　①きびしく責めしかる。②仏シャク 僧を罰する七種法の一つ。衆僧の面前で責めること。苛責カシャク。

【呵罵】カバ　しかりののしる。罵は、ののしる意。

【呵筆】カヒツ　息を吹きかけて筆をあたためる。寒い時に詩文の下書きをすること。転じて、詩文に力を用いること。呵凍。

(8)5
【咍】893
△　カイ　灰 hāi

字義　❶わらうわら（笑）。あざけり笑う。❷よろこぶ。たのしむ。

解字　篆文　会意。口＋台。台は、よろこぶの意味。口を付し、わらうの意味を表す。

(8)5
【呿】894
△　㊀キャ　歌 kā　㊁漢キョ・呉コ　魚御 qù

字義　㊀❶ひらく。口を開く。❷仏梵語ボンゴの音 kha（キャ）にあてる。五十字門（密教で、五十字を選び特殊な意味を付したもの）の一つ。むなしい意。㊁❶口がひらく。❷あくびする。あくび。

解字　形声。口＋去音。音符の去は、大きな口をあけて、人についたけがれを除くの意味。口を付し口をひらくの意味を表す。また、梵語ボンゴの kha（キャ）の漢訳音として用いられる。

(8)5
【咎】895
標　漢キュウ（キウ）　呉グ　宥 jiù
5075　526B

【咎】同字

字義　❶とが。とがめ。㋐わざわい。天のくだすこらしめ。ばち。「天咎」㋑さしさわり。さしつかえ。あやまち。つみ。「咎過」㋒にくしみ。憎悪ゾウオ。㋓そしり。非難。❷とがめるとがむ。㋐つみする。責める。㋑にくむ。仇あだとする。㋒そしる。なじる。非難する。国とがめるとがむ。怪しんで問いただす。　難読　咎人とがにん

解字　篆文　会意。人＋各。各は、格に通じ、いたるの意味。神から人にいたる、とがめの意味を表す。

【咎殃】キュウオウ　わざわい。災難。殃は、わざわい。

【咎戒】キュウカイ　①とがめ、いましめる。②とがめ。いましめ。

【咎愆】キュウケン　とがめ。あやまち。

【咎徴】キュウチョウ　とがめのしるし。わざわいのきざし。

(8)5
【呴】896
△　㊀ク　麌 xǔ　㊁漢コウ・呉ク　有 hǒu　㊂漢コウ・呉ク　宥 gòu

字義　㊀❶いきをはく。❷あたためるあたたむ。いきをかけてあたためる。＝煦ク。❸ことばがおだやかなさま。㊁ほえるほゆ。㊂なく（鳴）。

解字　形声。口＋句音。音符の句は、口をすぼめてフッと息を吹きつける音の擬声語。息をフッと吹きつけるの意味を表す。

【呴呴】コウコウ　①鶏が驚いて鳴くさま。②クク ことばがおだやかなさま。

(8)5
【呟】897
標　ケン　銑 juǎn
5076　526C

字義　大きな声の形容。国つぶやく。小声でぶつぶつひとりごとをいう。また、つぶやき。

解字　形声。口＋玄音。

(8)5
【呼】898
教6　コ　よぶ
コ　虞 hū
2438　3846

筆順　口　口'　口'　呼

字義 ❶いきをはく。また、はくいき。口から吐き出す意。↕吸。❷よぶ。㋐声を出す。声をかける。「連呼」㋑声をかけて招く。よびよせる。㋒となえる。名づける。「称呼」㋓さけぶ。大声を出す。「呼号」❸ああ。つかれて出す声。また、嘆く声。「嗚呼」「呼嗟」

名乗 うん・おと・こえ 難読 呼於・呼人

解字 金文 篆文 形声。口＋乎㊟。音符の乎は、呼の原字で、よぶの意味。乎が助字に用いられるようになったため口を付して区別した。

▼喚呼・歓呼・叫呼・驚呼・号呼・指呼・疾呼・称呼・点呼・伝呼

【呼応(應)】コオウ ①一方の者が呼べば相手がそれに答えること。②たがいに示し合わせる。たがいに気脈を通ずる。③文章の中で、上の語と下の語とが対応する。修辞法。照応。

【呼喝(喝)】コカツ 声をはりあげてしかる。喝は、大声でしかる。

【呼喚】コカン よぶ。わめく。喚もよびさけぶ意。

【呼韓邪単(單)于】コカンヤゼンウ 人名。漢代の匈奴の単于(大酋長)。漢の宣帝のころから中国と親交し、その援助により匈奴を統一。元帝の時、王昭君を漢の後宮から迎えた。在位、前五八—前三一。

【呼吸】コキュウ ①いき。呼は出す息。吸は入る息。息を出すことと、吸うこと。②きわめて短い時間。③国はずみ。かねあい。ぐあい。調子。

【呼噓】コキョ 呼吸する。噓は、息を吐く。

【呼号(號)】コゴウ よびさけぶ。大声でよぶ。

【呼子】こ・よぶこ・よびこ 国呼子の笛の略。人を呼ぶ合い図にふく小笛。「呼子鳥」は、かっこう。

【呼称(稱)】コショウ ①よびとなえる。なづける。②呼び名。名称。称呼。◇別に、「呼唱(号令をかける意)」という語があるが、「呼称」が一般的。

【呼名】よびな 国①ふだん呼ぶ名。通称。↕実名。②昔、宮中の女官に官名・国名などをつけて呼んだ名。弁内侍・讃岐典侍などの。

(8)5【呱】899 △ コ 㕑 gū, guā 5077 526D

字義 ちのみごの泣き声。「呱呱」 難読 呱哇

解字 篆文 形声。口＋瓜㊟。音符の瓜は、赤ん坊の泣き声の擬声語。それに口を付した。

(8)5【呷】900 △ ㊊コウ(カフ) ㊋キョウ(ケフ) 㕑 xiā 5078 526E

字義 ❶すう。のむ。❷かまびすしい。大声。❸衣装のピンとなっているさま。国あおる。あおむきながら(酒などを)一息に飲む。

解字 篆文 形声。口＋甲㊟。音符の甲は、おおうの意味。飲物を上からおおいかぶさるようにして口をつけてすするの意味を表す。

(8)5【咋】901 △ 一㊊サク・㊋シャク 㕑 zé 二㊊サク・㊋ジャク 㕑 zé 三㊊サ・㊋シャ 㕑 zhà 2680 3A70

字義 一おおごえ。大きな声。「咋咋」 二❶かむ。くう。＝齚・齰。❷やかましい。かまびすしい。三しばらく。たちまち。＝乍。

解字 篆文 形声。口＋乍㊟。音符の乍は、積に通じ、つむの意味。口中に積む、かむの意味を表す。

(8)5【呪】902 標 ㊊シュウ・㊋シュ 㕑 zhòu 慣ジュ・ズ 2886 3C76

〔咒〕同字 5080 5270

字義 ❶いのる(祈)。❷のろう。病気や悪魔を追い払うよう神仏に祈る。❸まじなう。❹うらなう(占)。❺のろい。いのり。まじない。また、そのことば。

解字 形声。口＋兄(祝)㊟。音符の祝は、いのるの意味。口を付し、いのるの意味や、のろうの意味を表す。

【呪禁】ジュゴン・ズゴン まじないをして、わざわい・たたりをはらい清めようとすること。また、それをつかさどる官職名。「呪禁師」

【呪術】ジュジュツ まじない。魔法。

【呪詛】ジュソ のろう。憎んでいる人に災いが降りかかるようまじないをする。また、のろい。まじない。

【呪罵】ジュバ のろい、ののしる。罵は、ののしる。

【呪文】ジュモン まじないの文句。のろいの文句。

(8)5【咒】903 △ ジュ 呪(902)と同字。→前項。 5080 5270

(8)5【周】904 教4 シュウ まわり ㊊シュウ(シウ) ㊋シュ 㕑zhōu 2894 3C7E

(5)5〔周〕905

筆順 冂 冂 円 円 周 周

字義 ❶あまねし。ゆきとどく。ゆきわたる。手落ちがない。「周知」「周到」❷めぐる。ひとまわりする。「一周」❸まわり。まわり。周囲。「円周」❹いたる(至)。❺誠実で親密である。〔論語、為政〕君子周而不比(君子は周して比せず)。❻王朝の名。㋐殷の次の王朝で、文王(西伯)の子の武王が殷の紂王を滅ぼして天下を統一し、鎬京(今の西安市の西南)に都した。前七七〇年平王に至って洛邑(今の河南省洛陽市)に都を移した。それまでの約三百年を西周といい、以後約五百年を東周という。戦国時代には洛陽付近を領するのみとなり、前二四九年秦に滅ぼされた。㋑南北朝時代、北朝の一つ。北周。宇文覚の建てた国で、五代二十五年で隋に滅ぼされた。(五五六—五八一) ㋒五代十国の一つ。郭威の建てた国。後周。三代十年で滅びた。(九五一—九六〇) ❼国名。唐の高宗の皇后の則天武后が一時称した国号。(六九〇—七〇五)

名乗 あまね・いたる・かた・かぬ・かね・ただ・ちか・ちかし・のり・ひろし・まこと 難読 周西・周参見・周章・周船寺・周布・周防

使いわけ ②まわり〔周・回〕①シュウ〔週・周〕⇩週(7821)。
〔周〕周囲。周辺。「池の周り」
〔回〕右以外のすべて。「火の回りが速い・回り道」

解字 甲骨文 金文 篆文 指事。甲骨文・金文は、方形の箱または鐘などの器物に彫刻がいちめんに施されているさまから、あまねくゆきわたるの意味を表す。金文・篆文で口が付くのは、気持ちをゆきとどかせて祈るさまを示す。周を音符に含む形声文字に、彫・琱・調・鯛などがある。

▼宗周・比周・不周

【周囲(圍)】シュウイ ①まわり。②ひとめぐりする。

【周易】シュウエキ 書名。周代の占いを書いた書。五経の一つ。単に『易』ともいい、また、『易経』ともいう。↕連山・帰蔵。

【周縁】シュウエン まわり。ふち。

【周恩来(來)】シュウオンライ・チョウエンライ 中華人民共和国の政治家。江蘇省淮安県の人。初め日本に留学、のちフランスに留学して共産党に参加。新中国の成立とともに国務院総理兼外交部長として毛沢東を補佐し、内政・外交両面に活躍した。(一八九八—一九七六)

【周官】シュウカン 書名。→周礼の②。

【周忌】シュウキ 死後、毎年めぐってくる命日。

【周期】シュウキ ①ひとまわりする時期、また時間。②一定時間ごとに同じ現象がくりかえされるとき、その一定時間を、その現象の周期という。

【周急】シュウキュウ 危急を救う。あぶないところを助ける。

【周公】シュウコウ 周の文王の子で、武王の弟。名は旦。武王の子の成王を助けて、周の制度・礼楽を定め、周王朝の基

〔周公〕

礎を築いた。周（今の陝西省岐山県）を治めたので周公という。孔子が理想とした人。（前1000年ころ）

【周行】①めぐり行く。②あまねく行きわたる。③公衆の歩く道。大道。④最上の道。

【周甲】満六十歳をいう。昔の暦法では、十干十二支を組み合わせて年を数え、六十一年目に同じ干支がめぐってくるのでいう。甲は、甲子の甲で干支をいう。

【周洽】あまねし。広くゆきわたる。洽もあまねしの意。

【周樹人】魯迅の本名。→魯迅（1141ページ）。

【周恤】救いあわれむ。恤は、あわれむ意。

【周章】①めぐりあそぶ。②あわてる。うろたえさわぐ。「周章狼狽（狼狽もあわてうろたえる意）」

【周頌】『詩経』の編名。周の王朝が宗廟を祭る時の歌、三十一編が集められている。

【周慎（愼）】よくゆきとどいてつつしみ深いこと。

【周親】この上もなく親しいもの。周は至る意。

【周旋】①たちいふるまい。動作。②とりもつ。世話。③追いかけあう。④めぐる。まわる。周流。

【周匝・周帀】①めぐる。まわる。また、とりまく。匝もめぐる意。②ゆきわたる。

【周知】あまねく知る。よく知れわたっている。また、あまねく知らせる。

【周到】手落ちなくよくゆきとどいていること。あまねくいたる意。「用意周到」

【周道】①人の往来する道。大道路。②周代の政教。

【周敦頤】北宋の儒学者。字は茂叔。濂渓先生と呼ばれた。宋学の先駆者で、『太極図説』『通書』などを著した。（1017—1073）

【周南】①洛陽（今の河南省内）の古名。②『詩経』国風の編名。周公の領地で採集した歌。

【周年】①満一年。一周年。②死者の一周忌。

【周布】あまねくしく。すみずみまで広がる。

【周辺（邊）】めぐり。まわり。

【周密】こまかに（あまねく）ゆきとどいている。

【周瑜】三国時代、呉の武将。孫権に仕え、魏の曹操の大軍を赤壁（今の湖北省嘉魚県の東北、長江の南岸）に破って名をあげた。周郎と敬称された。（175—210）

【周遊】あまねく旅行する。広くめぐりあそぶ。

【周覧（覽）】あまねくみる。広くめぐりみる。

【周流】①めぐり流れる。②広くゆきわたる。

【周礼（禮）】①周代の礼。②書名。六編。儒教の教典の一つ。周公旦が周代の官制を記したものといわれるが、後代のものらしい。『儀礼』『礼記』とあわせて三礼という。周官。

【周郎】＝周瑜。

(8)5 【咕】906 △ 一チョウ（テフ）㊥ tiè 二ショウ（セフ）㊥ chè

字義 一なめる。すする。二❶ささやく。❷しゃべる。❸小さなさま。

解字 形声。口＋占㊥。

5081 5271

(8)5 【呻】907 標 シン 真 shēn

字義 ❶うたう。となえる。❷うめく。うなる。「呻吟」

解字 篆文 形声。口＋申㊥。音符の申は、のびるの意味。口から声をのばす、うなる・うたうの意味を表す。

【呻吟】①うたう。となえる。②うめく。苦しんでうなる。

5082 5272

(8)5 【咀】908 △ 漢ショ・呉ジョ 語 jǔ 慣ソ

字義 ❶かむ。かみくだく。くう。❷かみしめる。あじわう。

解字 篆文 形声。口＋且㊥。音符の且は、そなえ物を載せる台の象形。舌に食物を載せて味わうの意味を表す。

【咀嚼】①食物をかみこなす。②詩文などをよく読んでその深い意味を味わうこと。

(8)5 【咜】909 △ タ 咤（943）の俗字。→203ページ。

5083 5273

(8)5 【呶】910 △ 漢ドウ（ダウ）呉ニョウ（ネウ）肴 náo 慣ド

字義 かまびすしい。やかましい。くどくどしい。「呶呶」

解字 篆文 形声。口＋奴㊥。

5084 5274

(8)5 【咄】911 標 漢トツ 呉トチ 月 duō（duò）

字義 ❶しかる。したうち。また、その声。❷呼びかける声。❸驚き怪しんで発する声。国はなし。また、はなす。

解字 篆文 形声。口＋出㊥。

【咄嗟】①物事の急なこと。またたくま。すぐに。あわや。瞬間。②しかる。「咄嗟叱咤」

【咄叱】①しかる。②しかる声の形容。

【咄咄】物事の意外なのに驚いて発する声。おやおや。これはこれは。さてさて。「咄咄怪事」

5085 5275

(8)5 【咐】912 △ 一漢ホ・呉フ 麌 fǔ 二フ fù

字義 一❶ふく。息を吐き出す。❷嘔咐は、養い育てる。二吩咐は言いつける。命じる。また、言いつけ。命令。

解字 形声。口＋付㊥。

(8)5 【音】913 △ 一漢ホウ・呉フ 有 二漢トウ・呉ツ 宥 tòu

字義 一二❶つばをはいてこばむ。❷とおる。＝透。

解字 篆文 象形。篆文は否で、花びらの元のふっくらとした子房の形にかたどる。借りて、こばむの意味を表す。本来、否と同一語。

5086 5276

(8)5 【咆】914 △ 漢ホウ（ハウ）呉ボウ（バウ）肴 páo

字義 ❶ほえる。獣がほえる。❷いかるさま。たけだけしいさま。

解字 篆文 形声。口＋包㊥。音符の包は、猛獣のほえ声の擬声語。口を付し、ほえるの意味を表す。

【咆哮・咆烋・咆咻】獣がほえたてる。たけりほえる。転じて、どなりたてる。

4403 4C23

(8)5 【味】915 教 3 ミ あじ・あじわう 漢ビ・呉ミ 未 wèi 三味線

筆順 口 口二 口牛 味

字義 ❶あじ。あじわい。㋐甘い・辛い・苦い・すっぱい（酸）・しおからい（鹹）など、舌の受ける感覚。「風味」「五味」㋑おもむき。物事のおもしろみ。「趣味」「興味」❷あじわう。㋐飲食物のあじをみる。あじをためす。飲食する。㋑物事の意味・おもむきをよく考える。「味読」「玩味」国あじ。㋐経験によって得る感じ。「苦労の味」㋑気がきいていること。おつ。「味なまね」

名乗 うまし・ちか　難読 味甘檳岡・味尺・味酒・味淳・味生・味舌

解字 篆文 形声。口＋未㊥。音符の未は、まだ明らかでない、かすかの意味。甘い・辛いなどの微妙な味を口に感じるさまから、あじわうの意味を表す。

▼一味・意味・異味・含味・気味・興味・吟味・滋味・臭味・趣味・賞味・情味・地味・調味・珍味・毒味・俳味・風味・妙味・無味・薬味

【味覚（覺）】物の味をあじわう感覚。

【味^噌】(ソミ) 国①大豆を煮て、こうじと塩をまぜて作る調味料。②特色とする点。

【味読(讀)】(ミドク) 文章の内容を深く読み味わって理解する。

【味^醂・味^淋】(ミリン) 国飲料・調味料に用いる甘い酒。

(8)5
【吆】916

△ 漢ユウ(イウ)・呉ヨウ(エウ) 尤 yōu

字義 ❶鹿(しか)の鳴く声。「吆吆」❷鳥獣の鳴く声。❸むせびなく。また、その声。

解字 文 篆 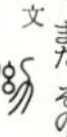 形声。口＋幼音。音符の幼は、鹿(しか)の鳴き声の擬声語を表す。

(8)5
【和】917

教3

ワ・オ　やわらぐ・やわらげる・なごむ・なごやか

日和(ひより)・大和(やまと)

㊀漢カ(クヮ)・呉ワ 歌 hé
㊁漢カ(クヮ)・呉ワ 箇 hè, ②huò
唐オ(ヲ)

4734
4F42

筆順 千 禾 和 和

【咊】本字 【龢】古字

字義 ㊀❶やわらぐ(やはらぐ)。なごむ。なごやか。やわらぎ(やはらぎ)。㋐おだやかになる。なごやかになる。「柔和」「緩和」㋑仲よくなる。仲よくする。気が合う。「平和」「親和」❷やわらげる(やはらぐ)。おだやかにする。❸のどか。うららか。❹ほどよい。行き過ぎも不足もない。❺車の軾(ショク)につけて調子をとる鈴。❻と。…とともに。❼二つ以上の数を加えて得た値。

㊁❶こたえる。応ずる。調子を合わせる。「唱和」❷まぜ合わす。調合する。あえる。「飽和」❸ととのえる。また、ととのう。

国❶ワ。㋐やまと。日本。＝倭(ワ)。「和製」㋑接頭語。親愛の意を表す。「和御許(ワおもと)」❷なぎ。海上の風波のおだやかなさま。❸にぎ。接頭語。くわしい・やわらかい・ととのったの意。

名乗 あい・かず・かた・かつ・かのう・たか・ちか・とし・とも・のどか・ひとし・まさ・ます・みきた・やす・やすし・やわ・やわら・よし・より・わたる

難読 和宇慶(わうけ)・和介(わけ)・和会(わえ)・和寒(わっさむ)・和珥(わに)・和爾(邇)(わに)・和仁(わに)・和泉(いずみ)・和束(わづか)・和田(にぎた)・和坂(わかさか)・和布(わかめ)・和布(にぎめ)・和布刈(めかり)・和物(あえもの)・和毛(にこげ)

解字 金文  篆文 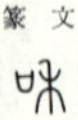 形声。口＋禾音。音符の禾(カ)は、會(会)に通じ、あうの意味。人の声と声とが調和する、なごむの意味を表す。

▼違和・温和・穏和・緩和・休和・共和・協和・講和・酬和・唱和・昭和・親和・随和・大和・中和・調和・同和・不和・平和・飽和・鳴和・融和・陽和・養和

【和韻】(ワイン) ①他人の詩と同じ韻を用いて詩を作ること。②風雅の趣のあること。

【和悦・和説】(ワエツ) うちとけ合ってよろこぶ。

【和音】(ワオン) 国①漢字の漢音・呉音に対して、日本で用いてきた慣用音をいう。②平安時代、漢音に対して、呉音をいう。③国語の五十音図の音。

【和歌】(ワカ) 国古代から日本に行われている定型の歌。やまと歌。今は主として五七五七七の形の短歌をいう。↔漢詩。

【和解】(ワカイ) ①仲直りする。②国日本語で解釈すること。

【和学(學)】(ワガク) 国日本固有の文学・歴史などを研究する学問。倭学(ワガク)。↔漢学・洋学。

【和漢】(ワカン) 国①日本と中国。②和学と漢学。③和文と漢文。

【和漢混^淆文】(ワカンコンコウブン) 国和文の中に漢文系統、漢文訓読文系統の文体をとりいれた文語体の一種。

【和漢朗詠集】(ワカンロウエイシュウ) 国書名。二巻。藤原公任(ふじわらのきんとう)編。日本・中国の漢詩の秀句約五百九十句に、和歌約二百二十首をそえ、朗詠の用に供したもの。倭漢朗詠集(ワカンロウエイシュウ)。

【和気(氣)】(ワキ) ①なごやか(おだやか)な気分。②のどかで、あたたかな気候。

【和気(氣)^靄^靄】(ワキアイアイ) なごやかな気分のいっぱいに満ち満ちているさま。

【和^煦】(ワク) のどかであたたかい。煦は、暖か。

【和訓】(ワクン) 国漢字の意味を日本語にあてて読む読み方。日本読み。山(やま)・川(かわ)の類。倭訓(ワクン)。

【和敬】(ワケイ) 心をやわらげつつしむ。また、おだやかでつつしみ深い。

【和語】(ワゴ) 国①日本のことば。日本語。国語。②日本固有のことば。やまとことば。↔漢語・外来語。

【和光同^塵】(ワコウドウジン) ①知恵の光をやわらげかくして俗世の間に交わっていること。『老子』第四章に「和二其光一(そのひかりをやわ(は)らげ)、同二其塵一(そのちりをおなじうす)」とあるのに基づく。②仏仏が衆生(シュジョウ)を救うために、その本地(ホンジ)の知恵の光をやわらかくし、けがれた人間の世に姿を変えて現れること。本地垂迹(ホンジスイジャク)。

【和^寇】(ワコウ) →倭寇(ワコウ)（九三ページ）。

【和^羹】(ワコウ) ①種々の肉・野菜をまぜ合わせ、味をうまく調えて作った吸い物。②君主を補佐して政務をととのえおさめる宰相。

【和合】(ワゴウ) ①仲よくする。うちとけてむつみあう。②調和する。③まぜあわせる。④男女を結婚させる。⑤婚礼のとき祭る神の名。笑い顔をした寒山と拾得(ジットク)の二神。


【和魂漢才】(ワコンカンサイ) 国和合神。日本固有の精神と、中国から伝来した学問。心には日本固有の精神をしっかり持ち、教養として漢学を修めること。〔菅家遺誡〕

【和^讃】(ワサン) 仏仏の功徳をほめたたえる歌。

【和氏^之^璧】(カシのヘキ) 周代、卞和(ベンカ)が楚(ソ)の山中で得た宝玉。厲王(レイオウ)に献じたが、ただの石とされて左足を切られ、次に武王に献じてまた右足を切られ、文王のときはじめて世にもまれな宝玉であることが知られたという。和璧(カヘキ)。和璞(カハク)。〔韓非子、和氏〕

【和字】(ワジ) 国①日本の文字。かな。②日本で漢字の造字法にならって作られた文字。峠(とうげ)・躾(しつけ)の類。国字。↔漢字。③もと漢字で、日本で特別の訓をつけて読むもの。伽(とぎ)・偲(しのぶ)・咄(はなし)・嘘(うそ)などの類。⇩コラム・国字（二二四ページ）。

【和臭】(ワシュウ) 国①日本のものらしい特殊な傾向。②和習の②の㋑の誤用。→次項。

【和習】(ワシュウ) ①歌などをいっしょに歌って習う。〔史記、高祖本紀〕令三児和二習之一(ジをしてこれをワシュウせしむ)。②国㋐日本のならわし。㋑日本人の作った漢詩文にあらわれる日本人独特の癖。

【和順】(ワジュン) ①やわらぎしたがう。②おだやかですなおなこと。③気候がおだやかなこと。

【和書】(ワショ) 国①日本語で書かれた書物。②日本の古書の形態に製本した書物。↔漢籍・洋書。③日本で出版された書物。

【和上】(ワジョウ) ＝和尚。特に真言宗で使う。

【和尚】(ワジョウ・カショウ・オショウ) 仏①梵語(ボンゴ)で、仏法を伝える人・教師の意。真言宗で「ワジョウ」、天台宗で「カショウ」、禅宗・浄土宗で「オショウ」という。和上。②修行を積んだ僧の敬称。高僧。③僧の敬称。④住職。

【和親】(ワシン) 仲よくし親しむ。和らぎ親しむ。

【和戦(戰)】(ワセン) 平和と戦争。

【和^糴】(ワテキ) 売り方と買い方とがたがいに損のないように値を協定し合った上で、米を買い入れること。同様にして米を売る場合を、和糶(ワチョウ)という。

【和同】(ワドウ) やわらぎ一致する。うちとけ合って一つになる。「天地和同」

【和徳】(ワトク) おだやかな徳。

【和^璞】(カハク) ＝和氏之璧(カシのヘキ)。璞は、あらたま（まだみがかない玉）。

【和風】(ワフウ) ①のどかな風。春風。②日本風。↔洋風。③気象学で、木の葉を動かす程度のそよ風。

【和文】(ワブン) 国①日本語の文章。邦文。②平安時代の仮名

文体の系統に属する文章。雅文。

【和平】やわらいでおだやかなこと。戦争もなくおだやかなこと。平和。

【和璧】＝和氏之璧。

【和睦】①うちとけてむつみあう。仲むつまじい。和合。②仲直りする。

【和穆】やわらぐ。うちとけてむつみあう。穆は、睦に通じて、やわらぐ意。

【和本】国↕唐本・洋本。①日本で作られた本。日本人が著した本。②日本紙を用い、日本の古書の形態に製本した本。和装本。

【和鳴】①鳥が声を合わせてなく。②種々の楽器が調和して鳴る。

【和予(豫)】うちとけあって楽しむ。

【和洋折衷】国日本と西洋との様式を程よくあわせまぜること。

【和楽(樂)】①やわらぎ楽しむ。うちとけあって楽しむ。②㋐調子のよく調った音楽。㋑国日本固有の音楽。

【和蘭】Olanda の音訳。ヨーロッパの国名。阿蘭。

【和而不ㇾ同】人とやわらぎ楽しむが、よからぬことには同調しない。〔論語、子路〕君子——、小人同而不ㇾ和は、小人は、すぐに他人の意見におもねり従うが、調和しない〈——〉。

【以ㇾ和為(爲)ㇾ貴】和合の道を守ることが最も貴いことである。〔礼記、儒行〕〔聖徳太子、十七条憲法〕

【冊】→丨部 三ページ。　【命】→人部 八二ページ。

【舎】→人部 八一ページ。

(9)6
【哀】918
常 アイ あわれ・あわれむ
アイ 灰 āi
1605 3025

筆順 亠 古 亨 哀 哀

字義 ❶かなしい。かなしむ。かなしみ。↕楽。「悲哀」❷あわれむ。かわいそうに思う。ふびんに思う。いたむ。❸あわれ。いたましい感じ。❹うれい。も（喪）。

解字 金文  篆文 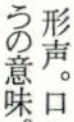 形声。口＋衣㊐。音符の衣は、まとうの意味。同情の声を寄せあうさまから、かなしむ・あわれむの意味を表す。

▼挙哀・顧哀・発哀・悲哀・余哀

【哀哀】悲しみの深いさま。

【哀咽】悲しんでむせび泣く。

【哀怨】悲しみうらむ。

【哀婉】あわれに美しくしとやかなこと。しとやかな美しさの中に悲しみをたたえていること。

【哀音】悲しげな声。悲しげな音色。〔唐、白居易、慈烏夜啼〕

【哀歓(歡)】悲しみと、喜び。

【哀願】事情をなげきうったえて願いたのむ。

【哀毀骨立】父母の喪などに、なげき悲しんでやせおとろえ、骨と皮ばかりになること。〔世説新語、徳行〕

【哀泣】悲しんでなく。

【哀矜】悲しみあわれむ。かわいそうに思う。

【哀吟】①悲しげに鳴く。②悲しんで詩歌を吟じる。また、その詩歌。

【哀江頭】唐の杜甫の作った七言古詩。天宝十四年（七五五）、安禄山の乱に玄宗皇帝は都長安を捨てて蜀（今の四川省）に逃れたが、その後二年、杜甫が賊軍占領中の長安の曲江のほとりで追懐の情をのべたもの。

【哀号(號)】①悲しみさけぶ。②中国・朝鮮で、葬式のとき悲しみを表して大声で泣きさけぶこと。

【哀哭】悲しんで声をあげて泣く。

【哀子】①母のいない子供。②父母の喪に服している子。

【哀詞】死者をいたみ悲しむ文章。弔辞。追悼文。

【哀愁】国悲しみうれえる。

【哀詔】悲しみのみことのり。天子のなくなられたことや国の一大凶事を国民に知らせる詔。

【哀傷】悲しみいたむ。哀痛。哀悼。哀戚。

【哀情】悲しい気分。もの悲しい心。→歓楽極兮哀情多（五九一ページ）。

【哀惜】人の死を悲しみおしむ。

【哀戚・哀慽・哀感】悲しみいたむ。

【哀切】悲しみのひしひしと身に迫ること。

【哀訴】悲しみ訴える。泣きつく。愁訴。

【哀調】もの悲しい調子。悲しみを帯びたしらべ。

【哀痛】悲しみいたむ。

【哀悼】人の死を悲しみいたむ。哀惜。哀痛。

【哀憫・哀閔・哀愍】あわれむ。かわいそうに思う。

【哀別】悲しいわかれ。「哀別離苦」

【哀鳴】悲しんでなく。鳥や獣の悲しげな鳴き声。

【哀憐】あわれむ。かわいそうに思う。

(9)6
【哇】919
△ 一㊥アイ・㊞エ 佳 wā
二㊥ワ・㊞エ（ヱ）麻 wā
5087 5277

字義 一二 ❶へつらう声。❷みだらな声。下品な声。「哇咬」❸はく（吐）。❹こどもの声。わらう声。

解字 篆文 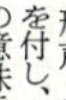 形声。口＋圭㊐。音符の圭は、擬声語で、口を付し、へつらう声・みだらな声・こどもの声などの意味を表す。

(9)6
【咿】920
△ イ 支 yī

字義 ❶しいてわらう。つくり笑い。❷声や音の形容。

解字 形声。口＋伊㊐。

【咿唖】①小児がことばを学ぶ声。かたことまじりのことば。②舟のかいのきしる音。

【咿喔】①鶏などの鳴く声。②へつらって笑う。また、おせじ笑い。③櫓をこぐ音の形容。

【咿唔】読書の声の形容。伊吾。

【咿呦】①ことばのはっきりしないようす。②鹿の鳴く声の形容。

【咿嚘】①なげくようす。②ことばのはっきりしないようす。

(9)6
【咽】921
標 一エン 先 yān
二エン 霰 yàn
三㊥エツ・㊞エチ 屑 yè
四イン 真 yīn
慣イン
1686 3076

字義 一のど。のんど。転じて、急所。物事の要所。「咽喉」二のむ。飲みこむ。＝嚥。三❶むせぶ。＝噎。㋐むせる。㋑胸がふさがって声がつまる。「嗚咽」❷ふさがる。息がつまる。四短くたたみかけて打つ、つづみの音。「咽咽」

解字 篆文  形声。口＋因㊐。音符の因は、よるの意味。食物や呼吸が、そこをよりどころとする口の部分、のどの意味を表す。エツの音のときには、ものがのどにからまりついて、むせぶの意味を表す。

【咽咽】①つづみの音の形容。②むせび悲しむようす。

【咽下】のみくだす。嚥下。

【咽喉】①のど。のどぶえ。②転じて、急所。大切なところ。咽吭。

(9)6
【咼】922
△ 一㊥カイ（クワイ）・㊞ケ 佳 wāi
二カ（クワ）歌 hé
5105 5325

字義 一口がゆがむ。二＝和（917）。「咼氏之璧」→和氏之璧（一九九ページ）。

解字 篆文  形声。口＋冎㊐。

(9)6
【咳】923 標 ㊀カイ [隊] kē, kài ㊁㊇カイ・㊉ガイ [灰] hái　1917 3331

字義 ㊀せき。せく。しわぶき。せきをする。＝欬。㊁幼児が笑う。＝孩。

解字 篆文 形声。口＋亥㊥。音符の亥は、せきをする声の擬声語。また古字は孩に作り、赤ん坊が笑う声の擬声語。

【咳嬰】ガイエイ ちのみご。笑いはじめたころ(二、三歳まで)の幼児。

【咳嗽】ガイソウ せき。嗽も、せき。

【咳唾】ガイダ ①せきと、つばき。②年長者のことばを敬っていう語。

【咳唾成珠】ガイダたまをなす ⑦一言一句がみな珠玉のように尊ばれる意で、権勢のさかんなたとえ。④一言一句がみな珠玉のように美しい意で、詩文の才能の豊かなたとえ。

(9)6
【咯】924 △ ㊀カク [薬] gē, ②kǎ ㊁ラク [薬] luò　5130 533E

字義 ㊀①雉の鳴く声。②はく(吐)。＝喀。㊁いいあらそう。

解字 形声。口＋各㊥。

(9)6
【咢】925 △ ガク [薬] è　5088 5278

字義 ❶おどろく。＝愕。❷つづみを打つ。❸冠などの高くつき出るさま。❹きっさき。＝鍔。❺やかましく言い争う。❻直言するさま。＝諤。「咢咢」

解字 甲骨文 金文 篆文 形声。吅＋屰㊥。音符の屰は、さかさまの意味。吅は、多くの口が声を出してやかましいの意味。やかましく声を出して気が動転するくらいにおどろかすの意味を表す。噩は異体字。咢を音符に含む形声文字に、愕・蕚・諤・遌などがあり、これらの漢字は、不意の出来事に「アッと驚く」の意味を共有している。

(9)6
【咸】926 標 ㊇カン ㊉ゲン [咸] xián　5089 5279

字義 ❶みな。ことごとく。すべて。❷同じ。同じにする。❸あまねし。ゆきわたる。❹やわらぐ。心を一つにする。❺易の六十四卦の一つ。䷞ 艮下兌上。陰陽が互いに感じ合う象。

解字 甲骨文 金文 篆文 会意。戌＋口。戌は、大きな刃のある、まさかりの象形。大きなまさかりの威圧の前に口から大声を出しきるさまから、みなの意味を表す。喊の原字。咸を音符に含む形声文字に、喊・憾・撼・減・緘・鹹などがあり、これらの漢字は、「あるだけすべて」の意味を共有している。

【咸陽】カンヨウ 秦の都。今の陝西省咸陽市の東北。秦の孝王のとき初めて都とし、宮殿を築いたが、後に楚の項羽に焼かれた。唐代、西南の郊外の渭水にかけた橋が咸陽橋で、西方に通ずる要路。ここで多く旅人を送別した。

(9)6
【咥】927 △ ㊀㊇キ・㊉ケ [寘] xì ㊁㊇テツ・㊉デチ [屑] dié　5090 527A

字義 ㊀わらう。大笑する。また、その声。㊁❶わらう。❷かむ。かたい物をかむ。また、そのさま。

解字 篆文 形声。口＋至㊥。

(9)6
【咻】928 △ ㊀ク [麌] xǔ ㊁㊇キュウ(キウ)・㊉ク [尤] xiū ㊂ク [遇] xù

字義 ㊀うめき声。痛み、または病んで発する声。㊁やかましい。㊂息を吹きあたためる。

解字 形声。口＋休㊥。音符の休は、うめき声や、息を吹きかける声の擬声語。

(9)6
【咺】929 △ ㊀㊇ケン・㊉カン(クワン) [阮] xuǎn ㊁㊇ケン・㊉カン(クワン) [元] xuān

字義 ㊀❶なく(泣)。こどもがなき続ける。❷威儀容姿のきわだっているさま。㊁ゆったりとくつろぐさま。

解字 篆文 形声。口＋亘㊥。

(9)6
【咬】930 標 ㊀㊇ゴウ(ガウ)・㊉ギョウ(ゲウ) [巧] yǎo ㊁㊇コウ(カウ)・㊉キョウ(ケウ) [肴] jiāo ㊂㊇オウ(アウ)・㊉ヨウ(エウ) [肴] yāo 慣コウ(カウ)　5091 527B

字義 ㊀かむ。かじる。㊁鳥の鳴く声。「咬咬」㊂みだらな声。

解字 形声。口＋交㊥。

【咬菜】コウサイ 野菜を食う。粗食に甘んじるたとえ。

【咬嚼】コウシャク ①かみこなす。②転じて、文字をくわしく味わって読むこと。

(9)6
【哄】931 △ ㊇コウ ㊉グ [送] hòng　5092 527C

字義 どよめき。また、どよめく。多くの人の声。ときの声をあげる。

解字 形声。口＋共㊥。音符の共は、多くの人の声を表す擬声語。

【哄笑】コウショウ 大声でわらう。大笑い。高笑い。

(9)6
【哈】932 △ ㊀ゴウ(ガフ) [合] hā ㊁㊇ソウ(サフ) ㊉ショウ(セフ) [洽] shà ㊂コウ(カフ) [合] hē ㊃カ hā 慣ハ　5093 527D

字義 ㊀❶魚の多いさま。❷魚が口を動かすさま。❸哈哈は、笑い声の形容。はっはっは。㊁すする。㊂❶すする。＝㊁。❷くう(食)。㊃哈喇は、蒙古語で、人を殺す。

難読 哈密ハミ

解字 形声。口＋合㊥。音符の合は、あうの意味。口を合わせてすするの意味を表す。また、音符の合は、はっはっと笑う声の擬声語をも表す。

【哈爾浜(濱)】ハルビン 地名。黒竜江省の省都。省の南部、松花江中流の西岸にあたり、中国東北地区の文化・交通・商工業の中心地。哈爾賓とも書く。

(9)6
【咱】933 △ サ [感] zán, ②zá

字義 ❶われ(我)。われわれ。❷文末に添える助字。元曲で多く用いる。

解字 会意。口＋自。もともと自家の二音がちぢまったもので、われの意味を表す。

(9)6
【哉】934 人 サイ [灰] zāi　2640 3A48

筆順 土 吉 哉 哉 哉

字義 ❶助字。⇨助字解説 ❷はじめる。また、はじめ。はじまり。

助字解説 ①や。か。疑問・反語。……か。〔孟子、離婁下〕不仁者可ニ与言一哉 フジンシャはともにいうべけんや。〈不仁の者と一緒に話しあうことができようか〉 ②かな。詠嘆。……であるなあ。〔論語、雍也〕賢哉ケンなるかな、回也カイや〈ほんとに賢者だなあ、顔回は〉

名乗 えい・すけ・ちか・とし・はじめ

解字 金文 篆文 形声。口＋𢦏(𢦏)㊥。音符の𢦏サイは、疑問・反語・感嘆などを表す。語気を表現するため、口を付した。

(9)6
【咨】935 △ シ [支] zī　5094 527E

字義 ❶はかる。とう。たずねる。相談する。＝諮。「咨問」❷なげく。なげき。「咨嗟」❸ああ。あ。嘆く声。また、感心する声。❹これ。この。ここに。❺対等の官庁の間でやりとりする公文書。

解字 篆文 形声。口＋次㊀。音符の次は、吐息をつくさまの象形。口を付し、吐息をついてなげくの意味を表す。また、次は、斉に通じ、ととのえるの意味。いろいろな意見を整える、はかるの意味を表す。

【咨△嗟】なげく。ためいきをついて嘆く。嘆息する。

【咨△諏】＝咨詢。諏も、はかり問う。→次項。

【咨△詢】問いはかる。相談する。詢も、はかり問う意。咨諏。諮詢。

【咨△稟】申し上げて意見をきく。相談して命令を受ける。

【咨問】はかり問う。たずねる。相談する。諮問。

(9)6
【咫】936
△ シ 紙 zhǐ　5101 5321

字義 ❶長さの単位。周の尺で八寸。約一八センチメートル。❷短い・近いたとえ。「咫尺」❸わずか。少し。国 た。あた。古代の長さの単位。親指と中指とを開いた長さ。「八咫鏡」

解字 篆文 形声。尺＋只㊀。

【咫尺】周の尺度で、咫は八寸、尺は十寸。①きわめて近い距離。②ごく近くまで接近する。拝謁する。「天顔に咫尺す」③短い。簡単なこと。「咫尺の書」④わずか。少し。せまい。「咫尺の地」

【不レ弁(辨)二咫尺一】一寸先も見分けがつかない。まっくらやみ。〔土屋鳳洲、広瀬中佐伝〕

(9)6
【呰】937
△ シ 紙 zǐ, ④cī　5079 526F

字義 ❶せめる。しかる。❷そしる。そしり。❸よわい（弱）。また、なまける。❹きず。あやまち。欠点。＝疵。

解字 篆文 形声。口＋此㊀。音符の此は、くいちがうの意味。くいちがいがあって、せめるの意味を表す。

(9)6
【哆】938
△ 一シ 紙 chǐ　二タ 禡 zhà　三シャ 馬 chě

字義 一❶口をはる。口を開く。❷大きい口。❸大きいさま。❹おおい（衆）。❺寛大なさま。❻ほしいまま。二口を開く。三❶大きいさま。❷唇のたれさがる形容。

解字 篆文 形声。口＋多㊀。

(9)6
【咡】939
△ 漢ジ 呉ニ 寘支 èr

字義 くちもと。くちのまわり。口わき。国 ささやく。耳もとで話す。

解字 形声。口＋耳㊀。

(9)6
【咲】940
常 さく　2673 3A69

(9)6
〔唉〕941
ショウ（セウ）嘯 xiào

筆順 口 口' 口ˇ 咲 咲

字義 わらう。笑（5472）の古字。国 さく。花が開く。

難読 咲来

解字 形声。口＋芺省㊀。音符の芺は、わらうの意味。芺はのちに矢に変形し、それにさらに口を付した。

(9)6
【哂】942
△ シン 軫 shěn　5102 5322

字義 わらう。㋐ほほえむ。㋑あざわらう。そしり笑う。

解字 形声。口＋西㊀。

(9)6
【咤】943
標 タ 禡 zhà, ③chà　5103 5323

〔咜〕俗字　〔吒〕本字

字義 ❶しかる。怒りしかる。「叱咤」❷したうちする。舌打ち。❸ほこる（誇）。＝詫。❹かなしむ。いたむ。

解字 篆文 形声。篆文は、口＋乇㊀。音符の乇は、舌うちするときの声の擬声語。

(9)6
【咮】944
△ チュウ（チウ）宥 zhòu

字義 ❶くちばし。鳥の口。❷星の名。鶉火。

解字 篆文 形声。口＋朱㊀。音符の朱は、あかいの意味。鳥のあかいくちばしの意味を表す。

(9)6
【咷】945
△ 漢トウ（タウ）呉ドウ（ダウ）豪 táo

字義 号咷は、泣きさけぶ。大声で泣く。

解字 篆文 形声。口＋兆㊀。

(9)6
【品】946
教 3 ヒン しな　漢ヒン 呉ホン 寝 pǐn　4142 494A

筆順 口 口 口 品 品

字義 ❶しな。㋐しなもの。物品。「作品」「天下一品」㋑種類。たぐい。「品詞」㋒物の区別。物の等級。㋓人の等級。人がら。人格。「人品」「品格」㋔官位の等級。官位の順序。❷等級をつける。しなさだめする。「品評」。❸仏 仏典の中で、章・段・編などに相当するもの。仏典の章段。「ホン」とよむ。国 ホン。昔、親王に賜った位で、一品から四品まである。

名乗 かず・かつ・ただ・のり・ひで　難読 品之木・品治・品部

解字 甲骨文 篆文 会意。口＋口＋口。口は器物をかたどる。とりどりの個性をもつ、しなの意味を表す。

▼一品・逸品・下品・気品・詩品・殊品・上品・神品・人品・絶品・廃品

【品位】①人がら。品格。②国㋐金銀の地金。または、金貨・銀貨の中に含む金・銀の割合。㋑昔、親王に賜った位。一品から四品まであった。

【品△彙】＝品類の①。

【品格】①品物のねうち。しながら。②人がら。ひん。気品。

【品行】おこない。身もち。「品行方正」

【品△騭】国 しなさだめ。品評。騭は、さだめる。

【品種】①物の種類。②家畜・作物などの中で、遺伝的に形質が同じもの。

【品性】①人がら。人がらと性格。人格。②倫理学で、性格を道徳的価値としてみる場合の呼び方。

【品第】しなさだめして順序・優劣をつける。また、その順序・序列。

【品題】①しなさだめする。人の値打ちを批評してきめる。②見だし。種類分けの題目。

【品秩】くらいと扶持。爵位と俸給。

【品評】しなさだめする。批評してよしあしや値打ちをきめる。優劣をつける。品騭。

【品目】①しなさだめ。品評。②題目。③品物の目録（種目）。

【品流】しながら。家がら。門閥。

【品類】①種類によって分ける。また、種類。②種々（さまざま）のもの。万物。

(9)6
【咾】947
△ ロウ（ラウ）皓 lǎo　5104 5324

字義 文末につく助字。

解字 形声。口＋老㊀。

難読 咾分

(9)6
【咘】948
国字 △　5106 5326

[字義] さそう。[難読] ⿰口行崎・そうざき・ゆきざき

[解字] 会意。口＋行。行くように声をかける、さそうの意味を表す。

(10)7 【唖】949 [簡] ア 啞(974)の簡易慣用字体。→二〇五ページ。 1602 *3022*

(10)7 【唉】950 △ [一]アイ [灰] āi [二]アイ [灰] ài

[字義] [一]❶ああ。おお。㋐答える声。㋑飽きて、思わずもらす声。あくびの声。❷おどろいて問う。[二]ああ。なげきうらむ声。また、承知する声。

[解字] 形声。口＋矣㊥。答える声の擬声語。

(10)7 【員】951 [教]3 イン [一]エン(ヱン) [元] yuán [二]ウン [文] yún [慣]イン(キン) 1687 *3077*

[筆順] 口 吊 肙 員

【貟】俗字 [字義] [一]❶かず。物のかず。また、人のかず。「員数」「人員」❷かかり。かかりの人。つかさ。「職員」「教員」❸まるい。＝円(圓)。❹まわり。周囲。「幅員」[二]❶かず。❷ます(益)。

[名乗] さだ [難読] 員弁

[解字] 金文 篆文 会意。貝＋口。貝は、金文では、かなえの象形。口は、まるい口の象形。丸いかなえの意味から転じて、物の数の意味を表す。員を音符に含む形声文字に、殞・磒・隕・韻などがあり、これらの漢字は、「まるい」の意味を共有している。

▼金員・欠員・冗員・剰員・生員・動員・幅員・方員

【員外郎】郎中(長官)の補佐役。定員外の官であったところからいうが、後には定員化された。員外ともいう。

【備レ員】①人数の中に加わる。②人数の中に加える。

(10)7 【哥】952 △ カ [歌] gē 5107 *5327*

[字義] ❶うたう。うた。また、こえ。歌(3780)の古字。❷あに(兄)。また、父・君主・長上や、親しい者などを呼ぶ称。

[難読] 哥兄・哥倫比亜

[解字] 篆文 形声。可＋可㊥。可は、口の奥から大きな声を出すさま。可を二つ重ねて、うたうの意味を表す。歌の古字。

【哥哥】①父の子に対する自称。②兄や他人を呼ぶ敬称。

(10)7 【哿】953 △ カ [哿] gě, ②jiā

[字義] ❶よい。めでたい。結構である。❷婦人の髪かざり。玉をたれさげた、一種のかんざし。＝珈。

[解字] 篆文 形声。可＋加㊥。可はよいの意味。加は、くわわるの意味。大いによいの意味を表す。

(10)7 【哦】954 △ ガ [歌][哿] é, ②㋐ ó, ②㋑ ò 5108 *5328*

[字義] ❶うたう。吟じる。「吟哦」❷感嘆詞。㋐軽い驚きの意を表す。㋑納得・合点の意を表す。

[解字] 篆文 形声。口＋我㊥。

(10)7 【唏】955 △ [一]㊅キ・㊆ケ [尾] xī [二]㊅キ・㊆ケ [微] xì 5109 *5329*

[字義] [一]❶いたむ。かなしむ。いたみ悲しむ。❷わらう。また、その声。[二]なく(泣)。すすりなく。むせびなく。＝欷。

[解字] 篆文 形声。口＋希㊥。

(10)7 【唁】956 △ ゲン [霰] yàn

[字義] とむらう。みまう。不幸にあった人をたずね見舞う。

[解字] 篆文 形声。口＋言㊥。音符の言は、つつしんでいうの意味。人の不幸をとむらい、なぐさめるの意味を表す。

(10)7 【唔】957 △ ゴ wú 5110 *532A*

[字義] 咿唔は、読書の声の形容。伊吾。＝吾。

[解字] 形声。口＋吾㊥。

(10)7 【哮】958 △ ㊅コウ(カウ) ㊆キョウ(ケウ) [肴] xiāo 5112 *532C*

[字義] ❶ほえる。たける。猛獣が怒りほえる。「咆哮」❷わめく。さけぶ。

[解字] 篆文 形声。口＋孝㊥。

【哮噬】①たけりほえてかみつく。②転じて、賊軍の威力の猛烈なこと。

【哮咆】ほえたてる。たけりほえる。咆哮。

(10)7 【哽】959 △ ㊅コウ(カウ) ㊆キョウ(キャウ) [梗] gěng 5111 *532B*

[字義] ❶むせぶ。悲しんで声がつまる。また、食物がのどにつまる。❷ふさがる。つかえてとどこおる。❸どもる。ことばがつまる。

[解字] 篆文 形声。口＋更㊥。音符の更は、かたくなるの意味。口の動きがかたくなる、どもるの意味を表す。

【哽咽】涙にむせぶ。むせび泣く。

【哽噎・哽饐】＝哽咽。→前項。

【哽塞】悲しみで胸やのどがふさがる。

(10)7 【哭】960 [標] コク [屋] kū 5113 *532D*

[字義] ❶なく。大声をあげて泣く。「痛哭」「慟哭」❷人の死を悲しんで声をあげて泣く礼。

[解字] 篆文 形声。犬＋口＋口㊥。音符の口は、くちの意味。犬は、いけにえの犬の意味。二口は、多くの口の意味。人の死に臨んで、犬をいけにえとし、多くの人が口を開けて大声で泣くの意味を表す。『説文』は、吅＋獄省㊥の形声文字とする。

【哭泣】なきさけぶ。

【哭声(聲)】悲しんで泣く声。

(10)7 【唆】961 [常] サ そそのかす サ [歌] suō 2622 *3A36*

[筆順] 口 口厶 口夋 唆

[字義] そそのかす。けしかける。「教唆」「示唆」

[解字] 形声。口＋梭省㊥。音符の梭は、左右にひんぱんに往復する織布の工具、「ひ」の意味。人の心を不安にさせて、けしかけるの意味を表す。

▼教唆・示唆

(10)7 【哨】962 [標] [一]㊅ソウ(サウ) ㊆ショウ(セウ) [効] shào [二]ショウ(セウ) [嘯] qiào [哨] 3005 *3E25*

[字義] [一]❶ちいさい。口がすぼまって小さい。❷よぶこの笛を吹く。❸みはり。ものみ。また、その詰め所。[二]❶かまびすしい。やかましい。❷ゆがむ。つぼの口がゆがむ。

[難読] 哨吶

[解字] 篆文 形声。口＋肖㊥。音符の肖は、ちいさくするの意味。口をすぼめるの意味を表す。また、入口を小さくして敵の侵入を見張る、ものみの意味をも表す。

【哨戒】(敵の襲撃に備えて)見張りをして警戒する。

【哨兵】見張りの兵。

(10)7 【唇】963 [常] シン くちびる シン [真] ②chún 3116 *3F30*

[筆順] 厂 尸 辰 唇

【脣】正字 7092 667C

字義 ❶くちびる。❷ふち（縁）。物のへり。

解字 篆文 形声。口＋辰音。音符の辰は、くちびるの意味を表す。

▼花唇・欠唇・丹唇

【唇歯（齒）】①くちびると、は。②転じて、たがいの利害関係が非常に密接な物事のたとえ。

【唇歯（齒）輔車】くちびると歯・輔（頬骨）と車（下あごの骨）との関係のように、互いに助け合って離れがたい関係にあること。

【唇亡歯（齒）寒】くちびるがなくなれば歯が寒い。互いに密接な関係にある一方が滅びると、片方も危険になるたとえ。唇竭而歯寒。〔左伝、僖公五〕

【揺（搖）レ唇鼓レ舌】やたらに人を批評すること。〔荘子、盗跖〕

(10)7【啄】964 人　(11)8〔啄〕965　タク 覚 zhuó　3479 426F

筆順 啄

字義 ❶ついばむ。鳥がくちばしで物をつつきくう。❷永字八法の七番目の筆法。❸たたく。また、その音。こつこつ。「啄啄」

名乗 とく　難読 啄木・啄木鳥・啄木鳥

解字 篆文 形声。口＋豕音。音符の豕は、こつこつと木をつつく音を表す擬声語。鳥が口ばしでつつくの意味を表す。常用漢字の啄は省略体による。

【啄啄】①門をたたく音。②鶏のついばみ食べる音。

【啄木】鳥の名。きつつき。啄木鳥。雷公。

(10)7【晰】966 △ 漢タツ 呉テチ 黠 zhā

字義 喝晰・嘲晰は、鳥の声。また、その声が入りまじるさま、すっきりしないさま。人の声、楽器の音などについてもいう。

解字 形声。口＋折音。

(10)7【哲】967 常 テツ　漢テツ 呉テチ 屑 zhé　3715 452F

筆順 哲

【喆】同字　【悊】同字

字義 ❶あきらか。さとい。かしこい。賢明で物事の道理に明らかなこと。「明哲」❷しる。明らかに知る。❸かしこい人。賢明な人。見識が高く道理の明らかな人。「先哲」

名乗 あき・あきら・さと・さとし・さとる・のり・よし

解字 金文 篆文 形声。口＋折（斲）音。音符の斲は、からみあった複雑な物や事がらを、ばらばらに分離させるの意味。ことばで、道理を明らかにするの意味を表す。金文は会意で、自＋斤＋心。自は階段の象形。階段をおのではっきりつけるように、はっきりした心の意味を表す。

▼英哲・賢哲・聖哲・先哲・前哲・明哲・来哲

【哲学（學）】人生や宇宙の究極の根本原理を求める学問。

【哲人】①道理にあきらかで、見識のすぐれた人。哲士。哲夫。〔史記、孔子世家〕哲人萎乎。②哲学者。思想家。

【哲理】①奥深い道理。②哲学上の道理。

(10)7【唐】968 常 トウ から　(10)7〔唐〕969　漢トウ（タウ） 呉ドウ（ダウ） 陽 táng　3766 4562

筆順 唐

字義 ❶大言。ほら。また、とりとめがない。「荒唐無稽」❷広い。大きい。❸むなしい。❹にわか。だしぬけ。「唐突」❺つつみ。どて。＝塘。❻王朝の名。㋐李淵が隋に次いで建てた国。長安（今の陝西省西安市）に都し、哀帝に至る二十代二百八十九年で朱全忠に滅ぼされた。李唐。（六一八—九〇七）㋑五代の一つ。李存勗が後梁を継いで建てた国。四代十四年で後晋に譲った。後唐。（九二三—九三六）㋒十国の一つ。李昪が建てた国。三代三十九年で宋に滅ぼされた。南唐。（九三七—九七五）国❶から。もろこし。昔、中国をさしていった。転じて、ひろく外国の称。❷トウ。李淵の建てた唐の国をいう。また、ひろく中国の意。また、外国の意に用いた。

難読 唐芥子・唐櫃・唐黍・唐椒・唐川・唐棣花・唐丹・唐土・唐笠

解字 甲骨文 金文 篆文 会意。もと、庚＋口。庚は、きねを両手で持ちあげてつき固める形にかたどる。口は、場所の意味を表す。塘の原字で、つきかためた、「つつみ」の意味を表す。借りて、王朝の名に用いる。また、蕩に通じ、荒唐と熟して、ほしいままに大きなことを言うの意味をも表す。

▼荒唐・大唐・入唐

【唐音】・【唐音】国漢字音の一つ。漢音・呉音以外の漢字の音で、宋・元・明・清の時代に伝えられたもの。行脚・杏子・杜撰や、剽軽のキン・普請のシンなど。宋音。唐宋音ともいう。⇩コラム・日本の漢字音（六五八ページ）。

【唐金】国銅と錫との合金。製法が中国から伝わったのでいう。青銅。

【唐虞三代】中国古代伝説中の尭（姓は陶唐氏）と舜（姓は有虞氏）の時代と、夏・殷・周の三代。天下が理想的に治まったといわれる。

【唐玄宗】唐の第六代の天子。姓は李、名は隆基。玄宗は死後の諡。睿宗の第三子。武勇にすぐれ、文学・音楽に通じ、また政治に励んで天下がよく治まったから、その年号によって開元の治と称された。年号を天宝と改めてから後、楊貴妃を愛して政治を怠ったため、安禄山の乱が起こって蜀（今の四川省）に逃れ、位を子の粛宗に譲った。乱が平定して都長安に帰り、太上皇帝と称された。（六八五—七六二）

〔唐玄宗〕

【唐三彩】唐代に焼かれた陶器の一種。多く軟らかな白堊質の素地に、緑色（または藍色）・褐色・白色の釉薬を施したもの。主として明器（墓の副葬品）として用いられ、多く長安や洛陽などから出土する。

〔唐三彩〕

【唐紙】国①中国産の紙の一種。孟宗竹の繊維で製し、黄色。江戸時代以来、書画に用いる。②㋐＝①。㋑唐紙障子。ふすま。

【唐獅子】国①しし。昔、猪・鹿（しか）と区別していう。ライオン。②ししを美術的に装飾化したものの称。

【唐詩】①唐代の詩。②中国人の詩。漢詩。

【唐詩三百首】書名。六巻。清の衡塘退士（孫洙の別号）の編。唐詩の選集で、名作三百十首を、詩体別に収録したもの。

【唐詩選】書名。七巻。明の李攀竜の編集ともいわれるが、実際は明の本屋がその名を借りて出版したものであろう。唐詩の選集で、百二十七人の詩を五言古詩・七言古詩・五言律詩・七言律詩・五言排律・七言絶句・五言絶句・七言絶句の詩体別に収録したもの。日本では江戸時代中期

からさかんに読まれた。

【唐詩別裁集】(トウシベッサイシュウ) 書名。二十巻。清の沈徳潜の編集。唐詩の選集で、詩体別に一九二八首を収録する。

【唐書】(トウジョ) 書名。①『旧唐書』二百巻。五代後晋の劉昫らが編集した唐代の正史。二十四史の一つ。②『新唐書』二百二十五巻。北宋の欧陽脩・宋祁が編集した唐代の正史。二十四史の一つ。

【唐人】(トウジン) ①唐代の人。②唐の国の人。③国(とうじん・からびと) ㋐中国の人。㋑外国人。異人。㋒物の道理のわからない人をののしっていう語。「唐人の寝言」

【唐宋八大家】(トウソウハチダイカ) 唐の韓愈・柳宗元と、宋の欧陽脩・曾鞏・王安石・蘇洵・蘇軾・蘇轍の八人の古文の大作家。その文章を集めた書に、明の茅坤編集の『唐宋八大家文鈔』と、清の沈徳潜編集の『唐宋八家文読本』がある。

【唐太宗】(トウのタイソウ) 唐の第二代の天子。姓は李、名は世民。太宗は死後の諡。高祖の第二子で、高祖を助けて天下を統一し、人材を登用して政治に励み、学問・文学を奨励して天下がよく治まったのでその年号によって貞観の治という。(五九八—六四九)

〔唐太宗〕

【唐棣】(トウテイ) すももの一種。にわうめ。

【唐突】(トウトツ) ①つきあたる。抵触する。②だしぬけ。突然。

【唐物】(トウブツ・からもの) 国中国、または他の諸外国から渡来した品物。

【唐本】(トウホン) 国中国から渡来した書物。

(10)7【唄】970 囚 漢ハイ 呉バイ 卦 bài　1720 3134

筆順 ロ 叩 唄 唄

字義 仏の功徳をほめたたえる歌。また、その歌をうたうこと。国うた。民謡。俗謡。「小唄」「長唄」

解字 形声。口+貝音。音符の貝は、梵語 pāthaka (唄匿)の音訳。外国語の音訳であることを示す口を付ける。日本では、仏の賛歌の意味から転じて、うたの意味を表す。

(10)7【哺】971 標 漢ホ 呉ブ 遇 bǔ (bù)　5114 532E

字義 ❶ふくむ。食う。口中に食物をふくんでかむ。❷はぐくむ(育)。養う。口移しに食物を与えてそだてる。❸口中にふくんだ食物。「吐哺握髪」

参考 現代表記では[保](264)に書きかえることがある。「哺育→保育」

解字 篆文 形声。口+甫音。音符の甫は、しきひろげるの意味。口中に食物をひろげる、ふくむ・食うの意味を表す。

【哺育】(ホイク) はぐくみ育てる。

【哺乳】(ホニュウ) 乳を飲ませて育てる。

【含レ哺鼓レ腹】(ほをふくみはらをこす) 口いっぱい食物を食べ、腹つづみを打つ。生活が楽で、平和を楽しむさま。太平の世をいう。〔荘子、馬蹄〕

(10)7【哩】972 △ リ 寘 lì ③lǐ　4373 4B69

字義 ❶語調を助けるためにそえる助字。元代には詞曲の助字に用いた。❷意味を強めるために語末にそえる助字。…だ。…だわい。❸マイル(mile)。イギリスの距離の単位。約一・六キロメートル。

解字 形声。口+里音。

(10)7【哢】973 △ ロウ 送 lòng　5115 532F

字義 さえずる。鳥が鳴く。また、その声。

解字 形声。口+弄音。

(11)8【唖】974 標 [啞]　1602 3022

【唖】簡易

一ア 馬 yǎ　二ア 麻 yā　三ア 禡 yà　四漢アク・呉ヤク 陌 è

字義 一生まれつき、口のきけない人。「聾唖」 二→唖唖(アア)の①②。 三ああ。驚いてあげる声。 四笑い声の形容。

解字 篆文 形声。口+亞音。音符の亞は、アということばにならない声を示す。口を付し、わらう・口がきけないの意味を表す。

【唖唖】(アア) ①鳥などの鳴く声。②幼児のしゃべるかたこと。③(アクアク) 笑い声。

【唖子】(アシ) 口のきけない人。「唖子の夢」は、自分ではよく知っているが、言い表し得ないたとえ。

【唖然】(アゼン) ①驚きあきれて口もきけないさま。②(アクゼン) 大声で笑うさま。

(11)8【唹】975 △ 漢ヨ 呉オ 魚 yū　5116 5330

字義 わらう(笑)。笑うさま。国❶唹見(おおみ)は、姓氏。❷囎唹(そお)は、鹿児島県の旧郡名。今の曽於郡。

解字 形声。口+於音。

(11)8【唵】976 △ アン 感 ǎn

字義 ❶ふくむ(含)。❷手で食をさし出す。❸仏まじないに用いる発声のことば。梵語 om の音訳。密教では、この一語を唱えれば無上の功徳を得るという。

解字 形声。口+奄音。

(11)8【啀】977 △ 漢ガイ 呉ゲ 佳 ái, yá　5117 5331

字義 いがむ。いがみ合う。犬がかみ合う。また、その声。

解字 形声。口+厓音。

(11)8【喝】978 常 カツ　1969 3365

(12)9【喝】979 漢カツ 呉カチ 曷 hè ④hē

筆順 ロ 口日 喝 喝 喝 喝

字義 ❶しかる。どなりつける。「大喝」❷おどす。声をあらげておびやかす。「恫喝」「恐喝」❸さけぶ。声をはりあげる。❹仏カツ。禅宗で、言語や文字で表現できないときや、あやまった考えをしかるときに発する声。

解字 篆文 形声。口+曷音。音符の曷は、高くかかげるの意味。声を高くして、しかるの意味を表す。

▼一喝・恐喝・脅喝・呼喝・大喝

【喝采】(カッサイ) やんやと、ほめそやす。「拍手喝采」

【喝破】(カッパ) ①どなりつける。しかりつける。破は強意の助字。②大声で人のことばを説き破る。堂々たる論陣を張って論破する。また、邪説をしりぞけて真理を説きあかす。

(11)8【唫】980 △ 一漢キン・呉ゴン 寝 jìn　二漢ギン・呉ゴン 侵 yín

字義 一❶どもる。❷つぐむ。口をとじる。=噤。❸すう(吸)。二❶=一の❶。❷なげく。うめく。うたう。=吟。❸けわしい。

解字 篆文 形声。口+金音。

(11)8【啓】981 常 ケイ　2328 373C

(11)8【啓】982 ケイ 薺 qǐ

筆順 ヨ 戸 户攵 啓

【啟】本字 【啓】俗字

字義 ❶ひらく。㋐明ける。開放する。㋑導く。教える。「啓発」㋒広がる。広げる。㋓始める。おこす。また、始まる。❷軍隊の先鋒。さきぞなえ。❸もうす。申し上げる。「拝啓」❹公文書。上申書。↕殿。また、さきばらい。❺立春・立夏の時候。

名乗 あきら・さとし・たか・のぶ・のり・はじめ・はる・ひら・ひらき・ひろ・ひろし・ひろむ

解字 甲骨文 金文 篆文 形声。口＋攺㊥。音符の攺は、手で戸を開くの意味。口をひらいてものを言うの意味を表し、一般に、ひらくの意味を表す。常用漢字の啓は啓の変形による。

▼還啓・行啓・謹啓・粛啓・上啓・拝啓・副啓

【啓龕】（ケイガン）ほこら、または厨子のとびらを開いて、中に安置した仏像をおがませること。開帳。

【啓行】（ケイコウ）①道をひらく。先導する。②旅立ちする。

【啓示】（ケイジ）①ひらきしめす。うちあける。②神が人の心のくもりをひらいて、真理を教え示すこと。おさとし。

【啓処(處)】（ケイショ）家にくつろいでいる。家の中で安らかにひざまずいている。

【啓上】（ケイジョウ）申し上げる。手紙に用いる語。「一筆啓上」

【啓蟄】（ケイチツ）一年の時候を二十四気に分けた一つ。冬眠した虫が動きはじめる、陽暦三月五日ごろ。蟄は、虫が地中にこもること。↕閉蟄。

【啓迪】（ケイテキ）おしえみちびく。啓発する。

【啓白】（ケイハク）申し上げる。啓上。白も、申す意。

【啓発(發)】（ケイハツ）教え導いて知識を向上させる。

【啓閉】（ケイヘイ）①ひらくこととどじること。開閉。②立春・立夏と、立秋・立冬。

【啓蒙】（ケイモウ）無知な者の知識をひらく。民衆の古くかたよった物の考え方を改めて合理的に物事を考えられるようにすること。〔風俗通、皇覇〕

【啓沃】（ケイヨク）自分の心を開いて、君主の心につぎこむ。よいと思うことをすべて主君に申し上げること。

(11)8 【啎】983 △ ゴ 週 wǔ

【牾】同字

字義 ❶さからう（逆）。＝忤。❷あう（逢）。

解字 篆文 形声。午＋吾㊥。午は、きねの形をした神体の象形。音符の吾は、まもりふせぐの意味。さからうの意味を表す。

(11)8 【唬】984 △ 一 漢コウ（カウ）呉キョウ（ケウ）肴 xiāo 二 漢コウ（カウ）呉ゴウ 豪 háo

字義 一 虎のほえる声。＝虓。二 よぶ。さけぶ。ほえる。

解字 金文 篆文 形声。口＋虎㊥。音符の虎は、とらの意味。とらの声の意味を表す。

(11)8 【啌】985 △ コウ（カウ）江 xiāng

字義 ❶しかる。また、怒る声。❷すすぐ。口をすすぐ。❸せき（咳）。

解字 形声。口＋空㊥。

5119
5333

(11)8 【啐】986 △ 漢サイ・呉スイ 隊 cuì 慣ソツ

字義 ❶おどろく（驚）。❷さけぶ。呼ぶ。❸子供をあやす声。❹なめる（嘗）。

解字 篆文 形声。口＋卒㊥。

【啐啄】（ソッタク）仏 啐は、卵の内側から雛が声を発して殻から抜け出る意を告げること。啄は、親鳥が殻をつついて雛の出るのを助けること。逃すべからざる絶好の機会。禅宗で、師と修業者の呼吸がぴったり合って寸分の隙間もない意にいう。両者の気分の合一すること。〔碧巌録、十六則〕

(11)8 【啨】987 △ 一 漢サク・呉ジャク 陌 zé, ②jí 二 シャ 禡 jiè

字義 一 ❶さけぶ。大声で呼ぶ。また、大声。＝諎。❷鳥の鳴き声。「啨啨」❸すう（吸）。二 なく（鳴）。また、ほめたたえる。

解字 形声。口＋昔㊥。

(11)8 【售】988 △ 漢シュウ（シウ）呉ジュ 宥 shòu

字義 ❶うる（売）。うれる。「出售」❷行われる。用いられる。流通する。

解字 篆文 形声。口＋隹（雔）㊥。音符の雔は、讎に通じ、むくいるの意味。代金を手にして、それ相当のものでむくいる、「うる」の意味を表す。

5120
5334

(11)8 【唱】989 教 4 ショウ となえる ショウ（シャウ）漾 chàng

筆順 口 叩 唱 唱

字義 ❶となえる。㋐うたう（歌）。吟ずる。「独唱」「斉唱」㋑よみあげる。声高く読む。「暗唱」「万歳三唱」㋒言いはじめる。先に立って言う。❷うた。歌曲。

参考 現代表記では［誦］（7188）の書きかえに用いることがある。「暗誦→暗唱」「吟誦→吟唱」

3007
3E27

解字 篆文 形声。口＋昌㊥。音符の昌は、さかんの意味。すばらしくさかんな声、となえる・うたうの意味を表す。

▼暗唱・高唱・酬唱・主唱・首唱・清唱・斉唱・絶唱・提唱・独唱

【唱言】（ショウゲン）となえいう。先に立って言う。

【唱酬】（ショウシュウ）自作の詩歌・文章をたがいにやりとりする。唱は、言いやる。酬は、返事する。

【唱道】（ショウドウ）①先だってとなえる。道は、言う意。②先だって他を導く。道は、導く意。唱導。

【唱名】（ショウメイ）①名を呼ぶ。名前を呼びたてる。②仏（ショウミョウ）仏を信仰して、その名号をとなえること。「南無阿弥陀仏」と唱えることなど。念仏。

【唱和】（ショウワ）①一方が先にとなえ、他方がこれに調子を合わせてとなえる。②詩歌を互いに贈答し合う。③他人の詩の韻をふんで詩を作る。

(11)8 【唼】990 △ 一 ソウ（サフ）合 zā 二 漢ソウ（サフ）呉ショウ（セフ）洽 shà 三 ショウ（セフ）葉 qiè

字義 一 すする。すすって飲む。また、すすりこんで食べる。二 ついばむ。鳥がえさを食う。また、その音。三 そしる。つげぐちする。

解字 形声。口＋妾㊥。

(11)8 【唾】991 標 タ 箇 tuò（tù） 慣ダ

字義 ❶つば。つばき。「咳唾」❷つばする。つばきする。つばを吐く。

解字 篆文 形声。口＋垂（𠂹）㊥。音符の𠂹は、たれるの意味。口からたれる液、つばの意味を表す。

3435
4243

【唾棄】（ダキ）つばきを吐きすてるように捨ててかえりみない。さげすむ。また、いみきらう。

【唾手】（ダシュ・てにつばす）手につばきする。転じて、物事の簡単にできるたとえ。また、勇気を奮って着手するたとえ。唾掌。

【唾罵】（ダバ）つばを吐きかけてののしる。ひどくきらって悪口をいう。

(11)8 【啄】(965) タク 啄（964）の旧字体。→二〇四ページ。

(11)8 【啅】992 △ 一 タク 覚 zhuó 二 漢トウ（タウ）呉チョウ（テウ）効 zhāo

字義 一 ❶やかましい。かまびすしい。❷ついばむ。＝啄。

5122
5336

二 さえずる（さへづる）。また、小鳥の声。
解字 形声。口＋卓㊥。

(11)8 **【啖】993** 標 一 漢タン・呉ダン 感 dàn 二 漢タン・呉ダン 勘 dàn 　5123 *5337*
【啗】同字 5124 *5338* 【噉】同字
字義 一 **くらう**（くらふ）。**くう**（くふ）。むさぼりくう。 二 **くらわす**（くらはす）。くわせる。
解字 篆文  形声。口＋炎㊥。音符の炎は、さかんにもえあがるほのおの意味。さかんに口にする、むさぼりくうの意味を表す。
【啖呵】タンカ 国いきおいするどく、歯切れのよいことば。呵は、しかり責める意。「啖呵を切る」
【啖啖】タンタン むさぼり食うようす。また、他国や他人の所有物を自分の支配下におくさま。

(11)8 **【啗】994** △ **タン** 啖（993）と同字。↓前項。 5124 *5338*

(11)8 **【啁】995** △ 一 漢**トウ**（タウ）呉チョウ（テウ） 肴 zhāo 二 **チュウ**（チウ） 尤 zhōu
字義 一 ❶大声をはりあげる。❷たわむれる。また、あざける。＝嘲チョウ。 二 小鳥の鳴く声。
解字 篆文 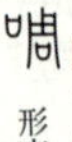 形声。口＋周㊥。
【啁啾】チュウシュウ・トウシュウ ①楽器の音が入りまじるさま。②鳥の鳴く声。
【啁噍】チュウショウ ①小鳥の集まり鳴く声。②小鳥の名。みそさざい。
【啁哳】チュウタツ・トウタツ 鳥の鳴く声。鳥が細い声でしきりにさえずるさま。また、声のすっきりしないさま。

(11)8 **【啇】996** △ 漢**テキ** 呉チャク 錫 dí
字義 ❶**もと**。ねもと。❷したたる。＝滴。
参考 〔商〕は別字。
解字 形声。口＋帝省㊥。

(11)8 **【啜】997** 標 一 漢**テツ**・呉テチ 屑 zhuó 二 漢**セツ**・呉セチ 屑 chuò 　5121 *5335*
字義 一 ❶すすり泣く。❷しゃべりつづける。 二 ❶**すする**。また、なめる。❷くう。くらう。
解字 篆文 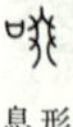 形声。口＋叕㊥。音符の叕テツは、つづるの意味。息をつぎながら吸いこむの意味を表す。

(11)8 **【唸】998** 標 **テン** 霰艶 diàn 　5125 *5339*
字義 **うなる**。うめく。苦しみのあまり声を出す。呻吟シンギンする。国 ❶**うなる**。㋐感心のあまり声を出す。㋑低い力んだ声で歌う。❷**うなり**。凧たこにつけて風でならすもの。
解字 篆文 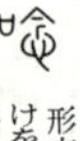 形声。口＋念㊥。音符の念は、口をとじて声だけを出すの意味。口を付し、うなる・うめくの意味を表す。

(11)8 **【啍】999** △ 一 漢**トン**・呉ドン 元 tūn 二 シュン 真
字義 一 ❶**いき**。ゆるい息。❷ゆったりしたさま。❸ほしいままに教える。❹おろかなさま。❺おしゃべり。 二 ❶ねんごろにさとす。＝諄ジュン。❷いつわる。
解字 篆文  形声。口＋享（𦎫）㊥。

(11)8 **【問】1000** 教 3 モン とう・とい・とん 漢ブン 呉**モン** 問 wèn 　4468 *4C64*
筆順 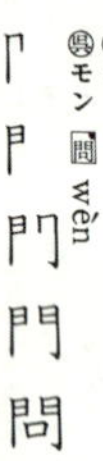
字義 ❶**とう**（とふ）。㋐たずねる。といただす。しらべる。↔答。「質問」「訊問」 ㋑おとずれる。「訪問」 ㋒見舞う。「慰問」「弔問」 ❷**とい**（とひ）。質問。❸たより。手紙。音信。❹贈る。 国**とん**。問屋とんやは、「とい（ひ）や」の音便。
難読 問寒別といかんべつ・問叶といがと
解字 甲骨文  金文  篆文 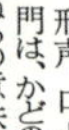 形声。口＋門㊥。音符の門は、かどの意味。人の家の門や神域で、安否や神意をたずねるの意味を表す。
▼慰問・学問・下問・勘問・喚問・詰問・究問・糾問・験問・候問・考問・拷問・顧問・策問・査問・試問・諮問・借問・審問・尋問・請問・責問・切問・素問・弔問・答問・反問・不問・訪問・名問
【問遺】モンイ ①安否をたずねて物を贈る。②食物を贈る。
【問学（學）】モンガク 問い学ぶ。学問。
【問罪之師】モンザイのシ 罪を問いただすためにさしむける軍隊。
【問津】モンシン ①渡し場のあり場所を問う。津は、渡し場。〔論語、微子〕使㆓子路問㆒ㇾ津焉シロをしてシンをとわ（は）しむ。②転じて、㋐学問への入り口を教えてほしいとたのむ。㋑疑問のところを問いただす。
【問訊】モンジン ①問いただす。訊問。②おとずれる。訪問する。③仏体を曲げ合掌し口で安否を問う礼法。④閉口する。降参する。
【問責】モンセキ 問いせめる。また、責任をせめ問う。
【問難】モンナン ①問いたずねる。②問いただして、なじる。

(11)8 **【唯】1001** 常 ユイ・イ 一 漢**イ**（ヰ）・呉**ユイ** 支 wéi 二 漢**イ**（ヰ）・呉**ユイ** 紙 wěi 　4503 *4D23*
筆順 
字義 一 **ただ**。❶限定の意を表す助字。それだけ。ただ一つ。＝惟イ・維。⇩助字解説 ❷ひたすら。 二 はい。返事の声。すぐ丁寧に返事をすること。↓唯諾。

助字解説
ただ。限定。ただ……だけ。類惟・但・只・祇・啻〔唐、李白、黄鶴楼送㆔孟浩然之㆓広陵㆒詩〕唯見長江天際流ただみるチョウコウのテンサイにながるるを〈ただ長江が天に接して流れ去るのが見えるばかりである〉

解字 甲骨文 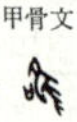 金文 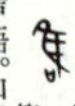 篆文  形声。口＋隹㊥。音符の隹イは、「はい」とすぐに答える声を表す擬声語。口を付し、「はい」の意味を表す。また、借りて、「ただ」の意味をも表す。
▼諾唯
【唯唯】イイ ①はいはい。ていねいに承知することば。②人の意に従うさま。
【唯唯諾諾】イイダクダク はいはいと、事のよしあしに関係なく、他人の言うままに従うこと。〔韓非子、八姦〕
【唯一】ユイイツ・ユイイチ・ユイ ただひとつ。ほかにはない。「唯一無二」
【唯我独（獨）尊】ユイガドクソン ①仏宇宙間で自分が最もたっとい。人格の尊厳を表したことばで、釈迦シャカが生まれた時いったという。天上天下唯我独尊。〔長阿含経、一〕②自分だけがすぐれているとうぬぼれる。ひとりよがり。
【唯心論】ユイシンロン 哲学で、精神が宇宙の本体であり、物質的現象も精神のあらわれであるとする説。↔唯物論。
【唯諾】イダク はいと返事すること。唯は間をおかずていねいにする返事、諾はゆっくりとそまつにする返事。
【唯美主義】ユイビシュギ 十九世紀後半に起こった思潮で、美的なものに最高の価値を認める処世上・芸術上の態度。耽美主義タンビシュギ。
【唯物論】ユイブツロン 哲学で、物質が宇宙の本体であり、精神的現象も物質の作用であるとする説。↔唯心論。

(11)8【唳】1002 △ 漢レイ 呉ライ 霽 lì　［唳］　5126 533A

字義 なく。鶴(つる)や雁(かり)の鳴く声。「風声鶴唳(フウセイカクレイ)」

解字 文 篆　形声。口＋戾音。

(11)8【唻】1003 △ 漢カ（クヮ） 呉ワ 歌 hé　5127 533B

字義 ❶したがう(順)。❷小児が泣く。

解字 形声。口＋和音。

［商］→亠部 五四ページ。

(12)9【喔】1004 △ アク 覺 wō

字義 ❶鶏の鳴く声。「喔喔」❷わらう。へつらい笑う。むりに笑う。

解字 文 篆　形声。口＋屋音。

(12)9【喑】1005 △ 一漢イン・呉オン 侵 yīn 二漢イン・呉オン 沁 yìn

字義 一❶なく(泣)。子供が泣きやまない。❷口がきけない(人)。また、口をつぐむ。口をとじる。＝瘖(イン)。二❶なく。むせび泣く。声が出なくなるまで泣く。また、鳥が鳴く。❷さけぶ。よぶ。

解字 文 篆　形声。口＋音音。音符の音は、口に物を含んで言葉にならない声の意味。口をつぐむ・子供がなくの意味を表す。

【喑唖(インア)】①生まれつき口のきけないこと。また、口をつぐむ。だまる。②怒気をふくむ。喑噁(インオ)。

【喑噫(インイ)】むせび泣く。

【喑噁(インオ)】＝喑唖(インア)の②。

【喑默(默)(インモク)】口をつぐむ。沈黙する。

(12)9【喈】1006 △ カイ 佳 jiē

字義 ❶やわらぐ(和)。鳥がおだやかに鳴く声。また、笛や鈴などの調和のある音。「喈喈」❷はやい(疾)。

解字 文 篆　形声。口＋皆音。音符の皆は、人が声をそろえて言うの意味。気心がそろって、やわらぐの意味を表す。

(12)9【喙】1007 △ 漢カイ（クヮイ） 呉ケ 隊 huì　5128 533C

字義 ❶くちばし。くち(口)。㋐鳥のくちさき。㋑獣の口。㋒口。くちさき。また、ことば。❷いき(息)。呼吸。また、呼吸が短くせまるさま。くるしむ。

解字 文 篆　会意。口＋彖。彖(タン)は、いのししの象形。いのししの口の意味から、くちばしの意味を表す。

(12)9【喀】1008 標 漢カク 呉キャク 陌 kā　5129 533D

字義 ❶はく(吐)。のどにつかえたものを吐く。＝咯(カク)。「喀血」❷物を吐く声。「喀喀」

参考 〔咯(カク)(いいあらそう)〕は別字。今は通じて用いる。

難読 喀爾喀(ハルハ)

解字 形声。口＋客音。

【喀血(カッケツ)】血を吐く。咯血(カッケツ)。◇現代では、特に肺の血をはくこと。胃の血を吐くのを吐血という。

【喀痰(カクタン)】たんを吐く。また、その痰。咯痰(カクタン)。

(12)9【喝】(979)　カツ　喝(978)の旧字体。→二〇五ページ。

(12)9【喚】1009 常 カン　カン（クヮン） 翰 huàn　2013 342D

筆順 口 口′ 口ク 口命 喚

字義 よぶ。❶さけぶ。わめく。「阿鼻叫喚(アビキョウカン)」❷まねく。声をかけてよびよせる。「召喚」

解字 文 篆　形声。口＋奐音。音符の奐(カン)は、手もとにあるものとりかえるため遠くのものを求めるの意味。遠くにあるものを求めるため、よぶの意味を表す。

▼叫喚・呼喚・召喚・招喚・万喚

【喚起(カンキ)】①よびおこす。注意をひきたてる。②百舌(もず)の別名。喚春鳥。

【喚呼(カンコ)】よびさけぶ。大声でよぶ。

【喚声(聲)(カンセイ)】よびさけぶ声。

【喚問(カンモン)】(役所などに)よびだして問いただす。

(12)9【喊】1010 △ 一漢カン・呉ゲン 豏 hǎn 二漢カン・呉ケン 感　5131 533F

字義 一さけぶ。❶怒ってどなる。大声でしかる。❷勇みたって大きな声をあげる。鬨(とき)の声をあげる。「喊声」「吶喊(トッカン)」二❶しかる。❷つぐむ。口をとじる。＝緘(カン)。

解字 形声。口＋咸音。音符の咸(カン)は、喊で、大声を出しきるの意味。咸が、みなの意味に用いられるようになり、口を付し、大声に叫ぶ声の意味を表す。

(12)9【喞】1011 △ カン　衒(8127)の俗字。→一一三一ページ。　5118 5332

(12)9【喜】1012 教4 キ よろこぶ　2078 346E

筆順 士 吉 吉 壴 喜

一キ 紙 xǐ　二キ 寘

字義 一❶よろこぶ。㋐うれしがる。たのしく感ずる。「一喜一憂」「随喜」㋑祝う。❷よろこび。㋐うれしい気持ち。㋑めでたいこと。幸い。二このむ。めで愛する。

名乗 このむ・たのし・のぶ・はる・ひさ・ゆき・よし

難読 喜生(きぶ)・喜熨斗(きのし)・喜屋武(きゃん)・喜生(きさぶ)・喜早(きそ)・喜入(きいれ)・喜茂別(きもべつ)・喜連川(きつれがわ)

使いわけ よろこぶ〔喜・慶〕
一般に〔喜〕を用いるが、仮名書きとする。ただ、祝賀の気持を強く表したい場合には〔慶〕を用いることがあるが、常用音訓では認めていない。「合格を喜ぶ・新年をお慶び申し上げます」

解字 甲骨文 篆文　会意。壴＋口。壴は、掛けた打楽器の象形。口は祈りのことばの意味。楽器を打ち神に祈り、神を楽しませるの意味から、よろこぶの意味を表す。喜を音符に含む形声文字に、僖(キ)・嘻(キ)・嬉(キ)・憙(キ)・禧(キ)などがあり、これらの漢字は「よろこぶ」の意味を共有している。

▼悦喜・歓喜・狂喜・驚喜・娯喜・随喜・悲喜

【喜雨(キウ)】ほどよい時に降る雨。よい雨。甘雨。時雨。滋雨。

【喜慍(キウン)】よろこびと、いかり。慍は、むっとすること。喜怒。

【喜悦・喜説(キエツ)】よろこぶ。また、よろこび。

【喜歓(歡)(キカン)】よろこぶ。〔唐、陳鴻、長恨歌伝〕⇩悲酸(四〇三ページ)。

【喜捨(キシャ)】仏進んで寺に寄付したり、貧者に施しをすること。

【喜寿(壽)(キジュ)】国七十七歳の祝い。喜の字の草書、㐂が七十七に見えるからいう。

【喜色(キショク)】うれしそうな顔つき。「喜色満面」

【喜戚(キセキ)】よろこびと、心配。喜憂。

【喜怒哀楽(樂)(キドアイラク)】よろこび・怒り・悲しみ・楽しみ。人間の感情の総称。

【喜躍(キヤク)】よろこんで、おどりあがる。欣喜雀躍(キンキジャクヤク)。

(12)9【喟】1013 △ キ 寘 kuì　5132 5340

字義 ❶ためいき。ためいきの声。といき。❷なげく。悲しむ。

解字 文 篆　形声。口＋胃音。音符の胃は、ためいきの音を表す擬声語。口を付し、ためいきの意味を表す。

【喟然(キゼン)】ため息をつくさま。喟爾(キジ)。①なげくさま。②感にたえぬさま。

(12)9 **【喫】** 1014 常 キツ

(12)9 〔喫〕 1015 漢ケキ・呉キャク 慣キツ 錫 chī

2142 354A

筆順 口 叶 吽 喫 喫

字義 ❶口に入れる。㋐くらう。くらう。食べる。「満喫」㋑のむ（飲）。「喫茶」㋒すう。＝吃。「喫煙」❷うける（受）。…される。「大敗を喫す」 難読 喫驚（びっくり）

参考 現代表記では〔吃〕（847）の書きかえに用いることがある。「吃水→喫水」

解字 文 篆 形声。口＋契㊅。音符の契は、きざむの意味。口の中で刻む、くうの意味を表す。

▼満喫

【喫煙・喫烟】（キツエン） たばこを吸う。

【喫驚】（キッキョウ） びっくりする。おどかされる。吃驚（キッキョウ）。

【喫緊】（キッキン） たいせつなこと。かんじんかなめ。

【喫茶】（キッサ・キッチャ） ①茶を飲むこと。吃茶（キッサ）。②女子が婚約すること。茶は一度植えると移植のできないことから、女子が一度婚約すれば二度と他と縁組みのできない意にたとえる。

【喫飯】（キッパン） ①食事をする。②生活する。くらす。

(12)9 **【喬】** 1016 人 漢キョウ（ケウ） 呉ギョウ（ゲウ） 蕭 qiáo

2212 362C

筆順 二 夭 呑 喬 喬

字義 ❶たかい。たかし。高くそびえる。高く立つ。「喬木」❷高くて上の曲がっている木。❸おごる。たかぶる。ほしいままにする。＝驕（キョウ）。 名乗 たか・たかし・ただ・のぶ

解字 金文 篆文 象形。高い楼閣の上に旗がたてられた形にかたどり、高いの意味を表す。高の字と音形・字形ともに意味も近い。喬を音符に含む形声文字に僑（キョウ）・嬌（キョウ）・嶠（キョウ）・撟（キョウ）・橋・矯・蹻（キョウ）・蹺（キョウ）・轎（キョウ）・驕（キョウ）などがあり、これらの漢字は「たかい」の意味を共有している。

【喬岳（嶽）】（キョウガク） ①高い山。峻嶺（シュンレイ）。②泰山（六三三ページ）。→泰山の別名。

【喬松】（キョウショウ） ①高い松の木。②不老・不死の二人の仙人、王子喬と赤松子。

【喬竦】（キョウショウ） 高くそびえる。竦は、そびえる。

【喬遷】（キョウセン） 高いところに移る。転じて、人の転居・仕官・栄転を祝っていう。

【喬木】（キョウボク） ①高い木。年数を経た大きな木。喬樹。②幹が堅く、高さが三メートル以上にのびる木。松・杉・檜（ひのき）などの類。高木の旧称。↔灌木（カンボク）。

(12)9 **【喁】** 1017 △ 一 漢ギョウ・呉グ 冬 yóng 二 グ 虞 yú

字義 一❶あぎとう。あぎとう。魚が水面で口をあぷあぷする。二❷→喁喁。❸かけ声。互いにかけかわす声。「于喁（ウグ）」

解字 文 篆 形声。口＋禺㊅。

【喁喁】（ギョウギョウ・ググ） ①魚が口を水面に出してぱくぱくするさま。②あおぎしたうさま。③待ちこがれるさま。④何か求めていながら何もしないさま。

(12)9 **【呴】** 1018 △ ク 麌 xǔ

字義 ❶ふく。息を吹きかける。❷あたためる。日光であたためる。＝煦（ク）。❸呴呴は、へつらい笑うさま。また、喜ぶさま。

解字 形声。灬（火）＋呴㊅。音符の呴（ク）は、息を吹きかけるの意味。温かい息を吹きかけるの意味を表す。

(12)9 **【喧】** 1019 標 漢ケン 呉カン（クワン） 元 xuān

2386 3776

字義 ❶かまびすしい。かまびすしい。やかましい。やかましい。大声でがやがや言う。❷盛大なさま。きわだって現れるさま。

解字 形声。口＋宣㊅。音符の宣は、のべるの意味。口を付し、大声でのべる、かまびすしいの意味を表す。

【喧嘩】（ケンカ） ①やかましい。やかましく、言いたてる。②国争い。言い合い。なぐりあい。

【喧喧囂囂】（ケンケンゴウゴウ） 大勢の人が口やかましく騒ぎ立てる様子。

【喧呼】（ケンコ） やかましくよびさけぶ。

【喧囂】（ケンゴウ） やかましい。口やかましく騒ぐ。

【喧擾】（ケンジョウ） さわぎ乱れる。さわぎたてる。

【喧争（爭）】（ケンソウ） やかましく言いあらそう。

【喧騒（騷）】（ケンソウ） やかましい。さわがしい。

【喧伝（傳）】（ケンデン） やかましく（世間に）言いふらす。さかんにいいはやす。

【喧鬧】（ケンドウ） やかましく騒がしい。

(12)9 **【喭】** 1020 △ 一 ゲン 霰 yàn 二 ガン 翰 yàn

字義 一とむらう。とむらう。みまう。慰問する。＝唁（ゲン）。二❶いやしい。あらあらしい。粗雑。❷つよい（剛）。

解字 形声。口＋彦㊅。

(12)9 **【喤】** 1021 △ 一 漢コウ（クヮウ） 呉オウ（ワウ） 陽 huáng 二 漢コウ（クヮウ） 呉オウ（ワウ） 庚 huáng

字義 一子供の泣く声。子供が大声で泣く。二❶いかる（怒）。❷やかましい。かしましい。❸子供の泣く声。❹よぶ。よばわる。先ばらいする。また、その声。先ばらいの声。

解字 文 篆 形声。口＋皇㊅。音符の皇は、大きいの意味。大いにしゃべるの意味、大声に泣く子供の泣き声の意味などを表す。

(12)9 **【喉】** 1022 〔㖘〕本字 標 漢コウ 呉グ 尤 hóu

2502 3922

字義 ❶のど。のどぶえ。「咽喉（インコウ）」❷かなめ。要所。急所。 難読 喉吭（のどぶえ）

解字 文 篆 形声。口＋侯㊅。音符の侯は、うかがうの意味。外部からその形をうかがうことができる口、のどぼとけの意味を表す。

【喉衿】（コウキン） ①のどとえりくび。②要害の地。③かなめ。最も重要なもの。眼目。

【喉吻】（コウフン） ①のどと、口もと。②重要な場所のたとえ。

【扼喉】（のどをヤクす） ①のどをしめつける。②要害の地を占領する。

(12)9 **【喰】** 1023 標 サン cān

〔喰〕 2284 3674

字義 くらう。くらう。食べる。食事する。＝餐（サン）。

使いわけ くう〔食・喰〕⇩食（8711）。

解字 会意。口＋食。

(12)9 **【啻】** 1024 △ シ 寘 chì

5133 5341

字義 ❶ただ。それだけ。❷ただに。否定の「不」や、反語の「何」などの下につけて、「不啻…（ただにのみならず）」「何啻…（なんぞただにのみならんや）…」のように読み、単にそればかりではないという意味を表す。

解字 金文 篆文 形声。口＋帝㊅。音符の帝は、しめる・一つにしぼるの意味から、「ただ」の意味を表す「ただに」の意味に用いる。

(12)9 **【啾】** 1025 △ 漢シュウ（シウ） 呉シュ 尤 jiū

5134 5342

字義 ❶小声で泣く。すすり泣く声。❷鳥や虫などの悲しげに鳴く声。❸子供の泣く声。

解字 文 篆 形声。口＋秋㊅。音符の秋は、かぼそい鳴き声の擬声語。口を付し、こごえの意味を表す。

【啾啾】（シュウシュウ） ①鳥の鳴く声。②虫の鳴く声。③猿の鳴く声。

④小声で悲しげに泣く声。また、死者の魂が泣く声。〔唐、杜甫、兵車行〕→新鬼（四八五ﾍﾟ-）。

【啾唧】シュウショク・シュウソク ①かぼそい声。②集まってうるさい声の「形容」。

(12)9 【唧】1026 △ 漢ショク 呉ソク 職 jì ［喞］ 5136 5344

【喞】同字

字義 ❶なく。すだく。小さい声が集まってうるさいこと。❷そそぐ。水をつぎこむ。国かこつ。なげく。

難読 唧筒ポンプ

解字 形声。口＋即音。

【唧唧】ショクショク ①機織りの小さな音のしきりに聞こえるさま。〔古詩、木蘭辞〕②虫・小鳥・ねずみなどのしきりに鳴く声。③嘆息の声。

【唧筒】ソクトウ ポンプ。消火用ポンプ。

(12)9 【善】1027 教 6 ゼン よい 漢セン・呉ゼン 銑 shàn 3317 4131

筆順 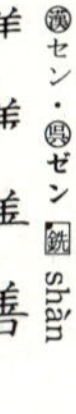

【譱】古字 7033 6641

字義 ❶よい。ⓐ正しい。道理にかなっている。↔悪。「善道」「独善」ⓑすぐれている。りっぱ。美しい。ⓒたくみ。じょうず。「善戦」ⓓむつまじい。仲がよい。親しい。「親善」❷よく。ⓐ正しく。たくみに。りっぱに。「善処」ⓑてあつく。親切に。丁寧に。ⓒ多く。しばしば。…しがち。❸よくする。ⓐりっぱに行う。みごとにおさめる。「善後策」ⓑたくみに行う。じょうずにできる。ⓒ仲よくする。むつまじくする。❹よいこと。よい行い。また、よい人。「勧善懲悪」❺徳目の一つ。道理にかない、良心に反しない完全な徳。❻よいとする。よみする。よいと認めてほめる。大切にする。喜ぶ。

名乗 さ・ただし・たる・よし　難読 善正せば・善知うと・善知鳥うとう

使いわけ よい〔良・善〕⇩良（6212）。

解字 金文  篆文 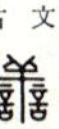 古文  会意。誩＋羊。誩は、原告と被告の発言の意味。羊を神のいけにえとして、両者がよい結論を求めるさまから、よいの意味を表す。善を音符に含む形声文字に、膳・繕などがあり、これらの漢字は「よい」の意味を共有している。

▼改善・偽善・至善・慈善・上善・親善・聖善・積善・責善・忠善・追善・独善

【善意】ゼンイ ①よい心。りっぱな心。②親切な心。好意。③よい意味。

【善因】ゼンイン 仏よい結果を招く原因となる行い。「善因善果」

【善果】ゼンカ 仏よい報い。善行の報い。

【善△賈】ゼンカ ①よいあたい。高いねだん。高価。②うまく買う。商売がうまい。③ゼンコ よい商人。大商人。名君にたとえることがある。

【善教】ゼンキョウ ①よい教え。りっぱな教え。②たくみに教える。丁寧に教える。

【善後策】ゼンゴサク あと始末の方策・手段。

【善業】ゼンゴウ 仏＝善因。

【善根】ゼンコン 仏＝善因。

【善才】ゼンサイ ①人名。唐代の琵琶ワの名手。②転じて、唐代、琵琶師をいう。

【善△哉】よいかな ①よいと感心する語。②仏ゼンザイ 仏を賛美することば。ありがたや。③国ゼンザイ 汁粉しるこの一種。

【善士】ゼンシ ①りっぱな人物。良士。②天子から爵位などを与えられた人。

【善柔】ゼンジュウ へつらうだけで誠実さのないこと。また、その人。

【善処(處)】ゼンショ ①よい所。よい地位。②りっぱに処置する。うまくしまつする。

【善書】ゼンショ ①内容も校訂もよくゆきとどいている本。善本。②文字をたくみに書く。また、その人。〔後山談叢、一〕善書不レ択ニ紙筆一ゼンショはシヒツをえらばず ③明ミン・清シン代、儒・仏・道の三教融合の考え方で道徳を説いた書。民間に広く行われた宗教の経典類。

【善声(聲)】ゼンセイ ①よい評判。②よい声。美声。

【善戦(戰)】ゼンセン （非力であるが）よく戦う。じょうずに戦う。「善戦健闘」

【善知識】ゼンチシキ 仏人を導いて仏道に入らせる徳の高い僧。ひじり。高僧。

【善道】ゼンドウ ①よい道。人としての正しい道。②よい方に（じょうずに）教え導く。道は導。③仏極楽浄土。

【善導】ゼンドウ ＝善道の②。→前項。

【善男善女】ゼンナンゼンニョ 仏仏教をかたく信仰している多くの男女。善男信女。

【善謀】ゼンボウ よいはかりごと。たくみな計略。

【善本】ゼンポン ①＝善書の①。②＝善因。

【善△游者△溺】よくおよぐものはおぼる 泳ぎのじょうずな者はかえっておぼれることがある。心に油断を生じて、長所・技能がかえって災いとなるたとえ。〔淮南子、原道訓〕——、善騎者堕よくのるものはおつ。〈乗馬のうまい者はかえって落馬する〉

【善用】ゼンヨウ うまく使う。じょうずに使う。↔悪用。

【善隣】ゼンリン 隣国または隣人と仲よくすること。

【△勿下以ニ善小一△而不上レ為(爲)】ゼンショウなるをもってなさざることなかれ わずかな善行だからといってやらないことがあってはならない。→勿下以ニ悪小一而為上レ之（四〇一ﾍﾟ-）。

(12)9 【喘】1028 標 漢セン 慣ゼン 銑 chuǎn 5135 5343

字義 ❶あえぐあへぐ。いきぎれする。❷せき。せく。また、その病気。喘息。❸いき。気息。「余喘」❹ささやく。こっそり言う。❺にわか。あわただしい。

解字 篆文  形声。口＋耑音。音符の耑セは、遄セに通じ、数多く行き来するの意味。呼吸があわただしく、あえぐの意味を表す。

(12)9 【喪】1029 常 ソウ も 一ソウ（サウ）陽 sāng 二ソウ（サウ）漾 sàng 3351 4153

筆順 

【丧】俗字

字義 一も。❶人が死んだとき、縁故者が悲しんで一定の期間、家にとじこもる礼。もとは親疎によって、その期間や礼装に差があった。→喪服。❷死者をほうむる儀式。とむらい。「喪主」二❶うしなううしなふ。なくす。「喪失」❷ほろぼす。ほろびるほろぶ。❸死ぬ。なくなる。❹すて去る。にげる。

解字 金文 篆文  会意。哭＋亡。哭は口をあけて大声で泣くの意味。亡は人の死の意味。悲しい人の死の意味から、一般に、ものを失うの意味を表す。

▼除喪・心喪・阻喪・大喪・得喪

【喪家】ソウカ ①人の死んだ家。喪中の家。②家をうしなう。

【喪家△之△狗】ソウカのいぬ 死者のある家の、えさも与えられずやせおとろえた犬。一説に、帰るべき家を失った宿なし犬。転じて、見るかげもなく落ちぶれた人のたとえ。〔史記、孔子世家〕

【喪祭】ソウサイ 葬式とまつり。喪は人の死んだ直後のとむらい、祭は喪を終わった後のまつり。

【喪失】ソウシツ うしなう。なくす。

【喪主】ソウシュ・もシュ 葬式をとり行う主人公。施主セシュ。

【喪章】ソウショウ・もショウ 喪服を着るかわりに、平常服につける服喪のしるし。

【喪心】ソウシン ①本心をなくす。気が狂う。②気をうしなう。気ぬけする。失心。喪神。

【喪神】ソウシン 気をうしなう。気ぬけする。喪心。

【喪葬】ソウソウ とむらい。葬式。

【喪中】もチュウ 喪にこもっている期間。服喪中。

【喪服】①喪中に着る着物。麻で作り、斬衰（期間三年）・斉衰（一年）・大功（九か月）・小功（五か月）・緦麻（三か月）の五服にわける。②国喪中に着る着物。薄墨色や黒色のものを用いる。

【喪乱（亂）】死亡と戦乱。世の乱れ。一説に、土地を失い、人民が離散すること。

【喪礼（禮）】①葬式や喪中の礼法。②とむらい。

【喪与（與）$_{\text{二}}$其易$_{\text{一}}$寧△戚】喪礼は形式がりっぱにととのっているというよりは、むしろ心からいたみ悲しむことが大切だ。孔子が礼の根本について述べた言葉。〔論語、八佾〕礼与$_{\text{二}}$其奢$_{\text{一}}$寧倹、——、——。〈礼は派手にするよりは、むしろ控えめにするのがよい、——〉

(12)9 【單】(1725) タン 単(1724)の旧字体。→三一〇ページ。 5137 *5345*

(12)9 【喋】1030 標 ㊀漢チョウ（テフ）呉ジョウ（デフ）㊂葉 dié ㊁漢トウ（タフ）呉ジョウ（デフ）㊂洽 zhá 3593 *437D*
字義 ㊀❶しゃべる。ぺちゃぺちゃとしゃべる。多言する。（日本では、物を言う・話す意にも、また、口外する意にも用いる）「喋喃喃」（男女が楽しそうにしゃべりあうさま）❷すする。＝啑。❸ふむ。＝蹀。㊁ついばむ。水鳥がえさを食う。
解字 形声。口＋枼音。

(12)9 【啼】1031 標 漢テイ 呉ダイ 斉 tí 5138 *5346*
字義 なく。さけぶ。㋐涙を流し声をあげてなく。㋑鳥・虫や獣がなく。

解字 形声。口＋帝音。音符の帝は、高い鳴き声の擬声語。

【啼泣】涙を流して泣く。〔口を付し、なくの意味を表す。

【啼血】鳴いて血をはく。ほととぎすの鳴き声の悲痛なさまにいう。

【啼△哭】大声をあげて泣く。泣き叫ぶ。

【啼鳥】①鳴く鳥。②鳥の鳴き声。〔唐、孟浩然、春暁詩〕処処聞$_{\text{二}}$啼鳥$_{\text{一}}$。訳文⇩春眠（五〇一ページ）。

(12)9 【喆】1032 △ テツ 哲(967)と同字。→二〇四ページ。

(12)9 【喃】1033 △ ナン 咸 nán 5139 *5347*
字義 しゃべる。ぺちゃぺちゃしゃべる。くどくど話す。また、その声。＝諵。「喋喋喃喃」国❶のう。人に呼びかける声。もうし。もし。❷喃語は、男女がむつまじくささやき語ること。
解字 形声。口＋南音。

【喃喃】①小さな声で絶えず言うさま。ぺちゃぺちゃしゃべるさま。「喋喋喃喃」②読書の声。

(12)9 【喩】1034 標 ㊀ユ 遇 yù ㊁ユ 虞 yú 5140 *5348*
【喻】俗字
字義 ㊀❶さとす。おしえさとす。さとし。＝論。「訓喩」❷さとる。さとり。また、敏感である。❸たとえる。たとえ。❹つげる。❺文体の名。物事をたとえに引いてそれとなくいましめるもの。㊁＝愉。❶こころよい（快）。❷やわらぐ。やわらぎよろこぶ。

解字 形声。口＋兪音。音符の兪は、ぬけだすの意味。無知・不明からぬけだすように口で言う、つげる・さとすの意味を表す。

【喩教】さとしおしえる。

【喩旨】わけを言いきかせる。また、さとしの意味。

【引$_{\text{レ}}$喩失$_{\text{レ}}$義】よくない前例をたとえに引いて、正しい道をふみはずす。〔文選、諸葛亮、前出師表〕

(12)9 【喓】1035 △ ヨウ（エウ）蕭 yāo
字義 虫の鳴き声。
解字 形声。口＋要音。

(12)9 【喇】1036 △ 漢ラツ・呉ラチ 曷 lǎ 慣ラ 5141 *5349*
字義 ❶はやくち。しゃべり方が速いこと。❷喇叭は、金属製の管楽器。
解字 形声。口＋剌音。
【喇△嘛教】チベットを中心としてモンゴル・中国東北地区などに行われる仏教の一派。その僧を喇嘛（無上者・勝者の意）といい、首長（法王）を達頼喇嘛という。

(12)9 【喨】1037 △ リョウ（リャウ）漾 liàng 5142 *534A*
字義 ほがらか。音声がさえわたり遠くに響きわたるさま。「嚠喨・嘹喨」（奏楽の音などのさえわたり遠くまで聞こえること）
解字 形声。口＋亮音。

【営】→ツ部 三三ページ。
【暑】→日・曰部 五〇九ページ。
【斝】→斗部 四八三ページ。

(13)10 【嗌】1038 △ ㊀漢エキ・呉ヤク 陌 yì ㊁漢アク・呉ヤク 陌 wò ㊂アイ 卦 ài
字義 ㊀❶のど。咽喉。❷のどをしめる。㊁へつらい笑いの声の形容。「嗌喔」㊂むせぶ。むせる。
解字 文 篆 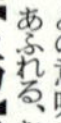 形声。口＋益音。音符の益は、戹に通じ、せまくるしいの意味。口の奥のせまくなっている所、のどの意味を表す。また、益は、あふれるの意味。のどから呼気があふれる、むせぶの意味を表す。

(13)10 【嗚】1039 標 ㊀漢オ（ヲ）・呉ウ 虞 wū ㊁漢オ（ヲ）・呉ウ 遇 wù 5143 *534B*
字義 ㊀ああ。㋐ため息の声。感心したり、悲しんだりするときの声。「嗚呼」㋑歌う声。㊁なげく。いたむ。
解字 形声。口＋烏音。音符の烏は、ため息の擬声語。
【嗚△咽△歔△欷】①歌をうたう声。②なげきむせぶような音声のさま。〔宋、蘇軾、前赤壁賦〕其声嗚嗚然、如$_{\text{レ}}$怨如$_{\text{レ}}$慕如$_{\text{レ}}$泣如$_{\text{レ}}$訴。〈その音声は、なげきむせぶような音で、怨むような、慕うような、泣くような、訴えているような感じである〉
【嗚呼】①ため息の声。感心したり、悲しんだりするときの声。嗚虖・嗚嘑。②おろかなこと。烏滸。

(13)10 【嗢】1040 △ 漢オツ（ヲツ）呉オチ（ヲチ）月 wà, wò
【嗢】俗字
字義 ❶むせぶ。「嗢咽」❷のむ（飲）。のみこむ。❸わらう。大声で笑う。
解字 文 篆  形声。口＋𥁕音。

(13)10 【嗅】1041 標 漢キュウ（キウ）呉ク 宥 xiù 5144 *534C*
【齅】本字
字義 かぐ。においをかぐ。＝齅。国かぐ。さがす。ようすを探り知る。
解字 文 篆  形声。篆文は、鼻＋臭音。音符の臭は、においの意味。鼻でにおいをかぐの意味を表す。のち、鼻を口に変えて、嗅になった。
【嗅覚（覺）】鼻でにおいをかぐことによって起きる感覚。また、においをかぎ分ける鼻の働き。

(13)10 【嗋】1042 △ 漢キョウ（ケフ）呉コウ（コフ）葉 xié
字義 ❶すう。❷あう（合）。❸おどす。おびやかす。
解字 形声。口＋脅音。音符の脅は、あわせるの意味。口があう、すうの意味を表す。

(13)10 【嗛】1043 △ ㊀ケン 琰 qiàn ㊁ケン 塩 qiān ㊂漢カン・呉ガン 咸 xián ㊃キョウ（ケフ）葉 qiè ③qiǎn

字義 一❶たりない。満たない。少ない。＝歉。❷小さいさま。二へりくだる。ひかえ目にする。＝謙。❸獣が食物をほおばること。また、そのほおばるところ。三ふくむ。＝銜。㋐口に物を含む。ほおばる。㋑心にふくむところがある。ひそかにうらむ。四たりる。あきたる。満足する。こころよい。＝慊。「嗛然」

解字 篆文 形声。口＋兼㊥。

(13)10【嗥】1044 △ 漢コウ（カウ） 呉ゴウ（ガウ） 豪 háo

［噑］俗字 ［嘷］俗字

字義 ❶ほえる。猛獣がほえる。❷さけぶ。なく。大声をだす。＝号。

解字 篆文 形声。口＋皋㊥。

(13)10【嗑】1045 △ 一コウ（カフ）㊀ kè 二 漢コウ（カフ） 呉キョウ（ケフ） 洽 xiá

字義 一❶べちゃべちゃしゃべる。また、そのさま。「嗑嗑」❷すう。❸あう（合）。二❶笑い声。❷吸う。飲む。

解字 篆文 形声。口＋盍㊥。

(13)10【嗟】1046 標 一シャ 麻 jiē 二シャ 禡 jiè 慣サ　5145 534D

字義 一❶ああ。なげきいたむ声。また、感嘆の声。❷なげく。なげき。感嘆。「嗟嘆」二咄嗟は、驚きなげく声。また、事の急なこと。

解字 形声。口＋差㊥。音符の差は、感動やなげきのとき舌打ちする音の擬声語。口を付し、なげき・ああの意味を表す。

【嗟乎・嗟呼・嗟虖】ああ　なげく声。

【嗟嗟】ああ　①感嘆する声。②なげき悲しむ声。

【嗟咨】サシ　なげく。咨も、なげく意。嗟嘆。

【嗟称（稱）】サショウ　感心してほめる。ほめはやす。嗟賞。

【嗟嘆・嗟歎】サタン　①なげく。なげき。嗟咨。②感心してほめる。嗟称。

【嗟悼】サトウ　なげき悲しむ。なげきいたむ。

【嗟夫】ああ　なげく声。

(13)10【嗄】1047 △ 漢サ 呉シャ 禡 shà　5146 534E

字義 かれる。しわがれる。しゃがれる。かすれる。声がかれる。

解字 会意。口＋夏。夏は、なつの意味。夏の暑さで草がかれるように声がかれるの意味を表す。

(13)10【嗜】1048 標 漢シ 呉ジ 寘 shì　5147 534F

字義 ❶たしなむ。このむ。特別にこのむ。❷たしなみ。このみ。「嗜好」国たしなみ。㋐こころがけ。㋑つつしみ。

解字 篆文 形声。口＋耆㊥。音符の耆は、旨に通じ、うまいの意味。うまいとして口にする、たしなむの意味を表す。

【嗜好】シコウ　たしなむ。すき好む。また、好み。

【嗜欲・嗜慾】シヨク　特に好む心。むさぼり好む心。

(13)10【嗤】1049 △ シ 支 chī　5148 5350

字義 ❶わらう。あざわらう。さげすみ笑う。❷わらい。あざわらい。冷笑。

解字 形声。口＋蚩㊥。音符の蚩は、笑い声の擬声語。

(13)10【嗣】1050 常 シ 漢シ 呉ジ 寘 sì　2744 3B4C

筆順 口 吅 㗊 嗣 嗣

字義 ❶つぐ。あとをうけつぐ。「継嗣」❷あとつぎ。よつぎ。「嗣子」 名乗 さね・つぎ

解字 金文 篆文 形声。冊（冊）＋口＋司㊥。冊は、あとつぎを立てるときの、みことのりの意味。口は、その冊を廟で読むことを示す。音符の司は、つかさどるの意味。廟であとつぎを立てる文書を読みあげる儀式をつかさどるさまから、あとつぎ・つぐの意味を表す。

▼係嗣・継嗣・後嗣・皇嗣・聖嗣・嫡嗣・適嗣

【嗣君】シクン　あとつぎの君。世継ぎの君。皇太子。儲君。

【嗣子】シシ　あとつぎ。あととり。嗣人。

【嗣人】シジン　＝嗣子。→前項。

(13)10【嗇】1051 △ 漢ショク 呉シキ 職 sè　5207 5427

字義 ❶おしむ。ものおしみする。❷やぶさか。しわい。けち。「吝嗇」❸ひかえめにする。むやみに浪費しない。❹むさぼる。❺とりいれ。作物の収穫。＝穡。

解字 甲骨文 篆文 会意。來＋㐭。來は、むぎの象形。㐭は田園地帯にある穀倉の象形。収穫の意味を表す。とりこむの意味から、ものおしみするの意味をも表す。

【嗇夫】ショクフ　①低い官。下級の役人。②農夫。百姓。③官名。漢代に地方の訴訟・租税をつかさどった役人。

(13)10【嗔】1052 △ シン 真 chēn　5149 5351

字義 いかる。いかり。＝瞋。

解字 篆文 形声。口＋眞㊥。音符の眞は、いっぱいにつまるの意味。声や気力がいっぱいにつまって盛んの意味を表す。

(13)10【喿】1053 △ 一ソウ（サウ）号 zào 二ショウ（セウ）蕭 qiāo

字義 一❶さわぐ。鳥がむらがって鳴く。❷かしましい。やかましい。二くわ。すき。国こまい。木舞。㋐檐の垂木にわたす細長い材。㋑壁の下地に組みわたす竹。

解字 金文 篆文 会意。品＋木。品は、多くの物の意味。多くの鳥が木の上で鳴き、さわがしいの意味を表す。喿を音符に含む形声文字に、噪・懆・操・澡・燥・藻・譟などがあり、これらの漢字は、操・澡以外はすべて「さわぐ」の意味を共有している。

(13)10【嘆】1054 常 タン なげく・なげかわしい　3518 4332

(14)11【嘆】1055 人許 タン 翰寒 tàn

筆順 口 口 口艹 嘆 嘆 嘆

字義 ❶なげく。うめく。ためいきをつく。また、なげき。「慨嘆」「嗟嘆」「風樹の嘆」❷たたえる。感心してほめる。＝歎。「感嘆」「嘆美」❸うたう。感動があふれて声となること。「詠嘆」

参考 現代表記では［歎］（3785）の書きかえに用いる。「歎願→嘆願」「慨歎→慨嘆」　熟語は歎をも見よ。→弐一ページ。

解字 篆文 会意。口＋難省。難は、くるしみの意味。苦しみになげくの意味を表す。

▼永嘆・詠嘆・慨嘆・感嘆・驚嘆・賛嘆・傷嘆・称嘆・賞嘆・痛嘆

【嘆願】タンガン　国実情を説明して心からお願いする。歎願。「嘆願書」

【嘆傷】タンショウ　なげき、いたむ。なげき悲しむ。

【嘆賞】タンショウ　感心してほめる。ほめたたえる。嘆称。

【嘆声（聲）】タンセイ　歎声。①ためいき。なげきのあまり出す声。②感心して思わず出す声。

【嘆訴】タンソ　なげきうったえる。哀訴。愁訴。

【嘆息】タンソク　歎息。①なげいてためいきをつく。ためいき。②

ひどく感心する。嘆美。

【嘆△惋】おどろきなげく。惋は、もだえなげく意。

(13)10【嗁】1056 △ 漢テイ 呉ダイ 斉 tí

字義 ❶さけぶ。❷なく。悲しみ泣く。＝啼。

解字 篆文 形声。口＋虒音。

(13)10【嗒】1057 △ トウ(タフ) 合 tà

字義 われを忘れてうっとりするさま。「嗒焉」

解字 形声。口＋荅音。

(13)10【嗎】1058 △ マ mǎ, ②ma

字義 ❶音訳字。嗎啡は、モルヒネの音訳。❷助字。現代中国語で、文末について疑問・反語を表す。…か。

解字 形声。口＋馬音。

(14)11【嘔】1059 標 一漢オウ・呉ウ 尤 ōu 二漢オウ・呉ウ 有 ǒu 三ク 虞 xū

【呕】俗字

字義 一❶うたう。うた。＝謳。❷こえ。子どもの話す声。また、やかましい声。❸よろこぶさま。よろこんで物をいうさま。❹おだやかなさま。二はく(吐)。もどす。＝欧(歐)。「嘔吐」 三❶慈愛のこもった声。❷あたためる。❸喜んでしゃべる。 難読 嘔吐

解字 形声。口＋區音。

5150
5352

【嘔△啞】①子供の話す声。②鳴り物のやかましいさま。調子はずれの管弦の音。また、むやみにどなるような声。③車の走る音。また、舟をこぐ櫓の音。④多くの鳥の鳴く声。

【嘔嘔】①言葉の穏やかな形容。②愛情のこもった声の形容。

【嘔吟】歌い口ずさむ。歌い吟じる。

【嘔△泄】はいたり下したりする。嘔吐と下痢。

【嘔吐】はく。もどす。あげる。

(14)11【嘉】1060 人 漢カ 呉ケ 麻 jiā

1837
3245

筆順 士 吉 壴 嘉 嘉

字義 ❶よい。けっこうである。㋐りっぱ。すぐれている。美しい。㋑めでたい。㋒うまい。おいしい。「嘉肴」❷よみする。よいとしてほめる。好む。❸よろこぶ。たのしむ。❹幸い。❺五礼の一つ(冠婚など)。→嘉礼。

名乗 ひろ・よし・よしみ・よみし 難読 嘉悦・嘉魚・嘉年・嘉陽

解字 金文 篆文 形声。壴＋加音。壴は、香の字で、かおりの意味とも、打楽器の象形で、音楽の意味ともいう。神へのそなえ物に香をくゆらせ(または、音楽を奏し)清く美しくするの意味を表す。また、賀に通じ、贈り物をして祝い、よろこぶの意味をも表す。

【嘉運】よい運命。よいめぐりあわせ。良運。

【嘉宴】りっぱな酒盛り。めでたい酒宴。佳宴。

【嘉音】①よい(めでたい)便り。また単に、人からの便りをいう。お便り。②よいねいろ。

【嘉会(會)】①めでたい集まり。②楽しい集まり。風流な会合。③めでたいめぐりあい。

【嘉楽(樂)】①りっぱな音楽。正しい音楽。②喜び楽しむ。

【嘉況・嘉△貺】りっぱないただきもの。人からの贈り物をいう。

【嘉恵(惠)】よいめぐみ。りっぱなたまもの。嘉沢。

【嘉慶】①よろこびごと。めでたいこと。②清の仁宗の時の年号(一七九六—一八二〇)。

【嘉月】陰暦三月の別名。

【嘉言】よいことば。りっぱなことば。佳言。

【嘉好】①よしみ。親しい交わり。②よしみをかわす会合。親しい交わりの会。

【嘉△肴・嘉△殽】おいしいごちそう。肴は、副食物。〔礼記、学記〕雖レ有二嘉肴一弗レ食不レ知二其旨一也〈どんなおいしいごちそうでも食べてみなければそのおいしさはわからない(最高の道であっても学ばなければそのすばらしさはわからないたとえ)〉

【嘉穀】①よい穀物。りっぱな五穀。②めでたい穀物。稲をいう。

【嘉歳】よい年。めでたい年。豊年。

【嘉時】①よい時。よい時節。②春。

【嘉△羞】りっぱなごちそう。

【嘉賞】ほめたたえる。また、そのことば。

【嘉△辰】よい日。めでたい日。吉日。佳辰。

【嘉△瑞】めでたいしるし。吉兆。

【嘉△靖】①よく治めて平和にする。靖は、安らかにする。②明の世宗の時の年号(一五二二—一五六六)。

【嘉節(節)】めでたい日。祝いの日。吉日。佳節。

【嘉△饌】りっぱなごちそう(そなえ物)。佳饌。

【嘉沢(澤)】①よいめぐみ。めぐみ。嘉恵。②ほどよい時に降る雨。慈雨。

【嘉納】よろこんで、言葉や物を受け入れること。

【嘉賓】①よい、りっぱな客。②雀の別名。

【嘉聞】ほまれ。よい評判。令聞。

【嘉△謨】りっぱなはかりごと。嘉謀。嘉猷。

【嘉名】よい名前。りっぱな名まえ。また、よい評判。美名。

【嘉△猷】りっぱなはかりごと。嘉謀。嘉謨。

【嘉礼(禮)】①五礼(吉・凶・軍・賓・嘉)の一つ。婚礼・元服の儀式など。②めでたい儀式。

【嘉例】よいためし。めでたいしきたり。吉例。佳例。

(14)11【嘏】1061 △ 漢カ 呉ケ 馬 gǔ, jiǎ

字義 ❶とおい。はるかに遠い。❷おおきい。❸ながい。❹さいわい。幸福。❺祝福のことば。祭りのとき、神主が主人のために幸福を祝うことば。

解字 金文 篆文 形声。古＋叚音。音符の叚は、未加工の玉の意味。古は、祜に通じ、しあわせの意味。約束されたしあわせの意味を表す。

(14)11【嘅】1062 △ カイ 慣ガイ 隊・泰 kài

字義 なげく(嘆)。

解字 篆文 形声。口＋既音。音符の既は、むせぶの意味。心がつまる・なげくの意味を表す。

(14)11【嘎】1063 △ 漢カツ 呉ケチ 黠 gā, gá

字義 鳥の鳴く声。

解字 形声。口＋戛音。

(14)11【嘘】1064 △ キョ 嘘(1085)の俗字。→二五六ページ。

1719
3133

(14)11【嘒】1065 △ 漢ケイ 呉ケ 霽 huì

字義 ❶声の形容。㋐小さな声。㋑調和してなごやかな声。❷星の形容。㋐かすかな星。小さな星。㋑たくさんの星。

解字 篆文 形声。口＋彗音。

【嘒嘒】①蟬の鳴き声のせわしいさま。②声がよく合ってなごやかなさま。

(14)11【嘑】1066 △ 一コ 虞 hū 二コ 遇 hù

字義 一さけぶ。よぶ。＝謼。二どなりつける。→嘑爾。

解字 篆文 形声。口＋虖音。音符の虖は、呼ぶの意味。口を付し、さけぶの意味を表す。

【嘷爾】人を見下げてどなりつけるさま。

(14)11
【嘐】1067　△　漢コウ（カウ）　呉キョウ（ケウ）　肴 xiāo　5151?

字義 ❶おおきい。志や言うことが大きい。ほらを吹く。❷鶏の鳴く声。

解字 篆文　形声。口＋翏音。

【嘐嘐】①志や言うことが大きいこと。②鶏の鳴く声。

(14)11
【嗷】1068　△　ゴウ（ガウ）　豪 áo　5151　5353

字義 かまびすしい。やかましい。＝囂・敖。

解字 篆文　形声。口＋敖音。音符の敖は、気ままにするの意味。気ままにさわぐの意味を表す。

【嗷嗷】①やかましく呼ぶ声。②多くの人が心配してさわぐ声。③雁の鳴く声。

【嗷訴】仲間を集めてうったえ出る。強訴。

(14)11
【嘖】1069　△　漢サク　呉シャク　陌 zé　5152　5354

字義 ❶さけぶ。大声で呼ぶ。大声で言い争う。❷かまびすしい。やかましい。ことばの多いさま。❸さいなむ。責める。

解字 篆文　形声。口＋責音。音符の責は、せめるの意味。人をせめて大声でさけぶの意味を表す。

【嘖嘖】①大声で言い争うさま。②口々にやかましうわくさするさま。口々にほめそやすさま。「名声嘖嘖」③鳥の鳴く声。

(14)11
【嘗】1070　標　漢ショウ（シャウ）　呉ジョウ（ジャウ）　陽 cháng　3008　3E28

【甞】俗字　6519　6133

字義 ❶なめる。㋐舌でなめ味わう。㋑経験する。❷こころみる。ためす。「嘗試」❸かつて。あるとき。以前。いままでに。❹新しく取れた穀物を神に供える祭り。秋の祭り。「新嘗祭」

解字 金文　篆文　形声。旨＋尚音。音符の尚は、當（当）に通じ、あてるの意味。旨は、うまいものの意味。うまいものに舌をあてる、あじわうの意味を表す。

【嘗試】①こころみる。ためす。また、こころみ。計画。②試みに。

【嘗胆（膽）】にがいきもをなめる。→臥薪嘗胆（九九一ページ）。

【嘗味】なめ味わう。

(14)11
【嘈】1071　△　漢ソウ（サウ）　呉ゾウ（ザウ）　豪 cáo

字義 ❶物の音。❷かまびすしい。さわがしい。嘈嘈・嘈然は、さわがしい音の形容。

解字 形声。口＋曹音。

(14)11
【嗾】1072　△　ソウ　有 sǒu　5153　5355

字義 ❶けしかける。犬をけしかけて、相手に向かわせる。❷そそのかす。おだてる。扇動する。「使嗾」

解字 篆文　形声。口＋族音。音符の族は、促に通じ、うながすの意味。けしかけるの意味を表す。

(14)11
【嗽】1073　△　㊀ソウ　宥 sòu　㊁漢シュウ（シウ）・呉シュ　宥 shù　㊂ソク　屋 shuò　慣ソウ　5154　5356

字義 ㊀❶せきをする。しわぶく。せき。しわぶき。「咳嗽」㊁くちすすぐ。うがいする。＝漱。「含嗽」㊂すう。すする。

解字 形声。口＋欶音。音符の欶は、口をすぼめてすするの意味。口を付し、すする・くちすすぐ・せきこむの意味を表す。

(14)11
【噌】1074　△　ソウ　噌（1094）の俗字。→二二五ページ。　3325　4139

(14)11
【嘆】（1055）　タン　嘆（1054）の旧字体。→二二二ページ。

(14)11
【嘛】1075　△　マ　麻 má　5155　5357

字義 喇嘛教は、仏教の一派。

解字 形声。口＋麻音。音符の麻は、チベット語 Lama（ラマ）のマを表す。口を付し、音訳漢字であることを示す。

(14)11
【嗹】1076　△　レン　5156　5358

字義 嗹嘍は、くどくど言うさま。国レン。洋紙を数える単位。一〇〇〇枚（旧制では、五〇〇枚）を一連という。ream の訳字。いま、連と書く。

解字 形声。口＋連音。音符の連は、ream の音を示す。口は、外来語の音訳であることを示す。

【鳴】→鳥部　一三五〇ページ。

(15)12
【噎】1077　△　㊀漢エツ・呉エチ　屑 yē　㊁漢イツ・呉イチ　質　5157　5359

字義 ㊀むせぶ。❶むせる。食物がのどにつかえる。❷ふさがる。胸がつまって息ができない。㊁むせぶ。＝㊀の❶。

解字 篆文　形声。口＋壹音。音符の壹は、つぼを密閉するさまにかたどる。食物が口をふさぐ、むせぶの意味を表す。

(15)12
【嘩】1078　標　カ　譁（7293）と同字。→一〇三六ページ。　［嘩］　1862　325E

(15)12
【嘳】1079　△　㊀漢カイ（クヮイ）・呉ケ　卦 kuì　㊁キ　寘 kuì

字義 ㊀あわれむ（憐）。㊁ためいきをつく。太息。＝喟。

解字 形声。口＋貴音。

(15)12
【器】1080　教4　キ　うつわ　2079　346F

(16)13
〔器〕1081　人許　キ　寘 qì

筆順　口　吅　哭　器　器

【噐】俗字　5158　535A

字義 ❶うつわ。うつは。㋐いれもの。容器。㋑道具。器具。「武器」㋒度量。人物。才能。「器量」㋓一つの事には役立つが、応用のきかないもののたとえ。〔論語、為政〕君子不レ器（君子は器ならず）。㋔はたらき。才能。❷キにする。うつわにする。その人の才能に従って用いる。❸キとする。有用の人材として重んずる。

名乗　かた

使いわけ　キ〔機・器〕⇩機（3676）。

解字 金文　篆文　会意。㗊＋犬。㗊は祭器の並べられた形にかたどる。犬は、いけにえの犬の意味。祭りに用いられるうつわの意味から、一般に、うつわの意味を表す。

▼飲器・火器・貨器・凶器・公器・才器・祭器・磁器・将器・小器・神器・大器・茶器・重器・土器・徳器・鈍器・不器・兵器・名器・明器・利器・良器・礼器

【器宇】人がら。人品。才能。度量。心の広さ。

【器械】①道具。器具。②武器。器は鎧・兜の類、械は弓・矛の類。⇩機（3676）の 使いわけ

【器幹】才能のはたらき。働き。才能。

【器局】才能と度量。器量。

【器具】道具。うつわ。器物。

【器才】器量と才気。心の広さと、才知のはたらき。

【器重】才器があるとして重んずる。才能を認めて重く用いる。

【器度】心が広くゆったりしていること。度量。

【器物】道具。調度。器具。

【器用】①はたらき。役に立つ才能。また、その人。②日用の器具。③国㋐手先がきいて何事にもじょうずなこと。㋑容姿・態度などのすぐれているさま。㋒頭がよくまわる。要領がよい。

【器略】心の広さと、才知のはたき。度量と才略。

【器量】①才能と度量。器は才能のあること。量は心が広いこと。②国みめ。（女性の）顔かたち。容貌。

【不レ器】一つのきまった用途だけにしか役立たぬ器物ではない意。多方面に役立つ才能のあること。〔論語、為政〕君子不レ器。

【不レ成レ器】役に立つ器物として完成されない意で、完全なものにならないたとえ。〔礼記、学記〕玉不レ琢、——。

1082 (15)12 【噐】 △ キ 器(1080)の俗字。→三四㌻。 5158 535A

1083 (15)12 【嘻】 △ キ 支 xī

字義 ❶わらう。よろこんで笑う。❷ああ。賛嘆・驚き・怒り・悲しみ・恐れなどから発する声。

解字 形声。口＋喜㊥。音符の喜は、よろこぶの意味。口を付し、たのしみやわらぐの意味を表す。

【嘻嘻】①楽しんで笑う声の形容。②喜び楽しむさま。

【嘻戯（戲）】よろこびたわむれる。あそびたわむれる。嬉戯。

1084 (15)12 【噏】 △ 漢キュウ(キフ) 呉コウ(コフ) 緝 xī

字義 ❶すう。❷おさめる(斂)。❸軽くあがるさま。

解字 形声。口＋翕㊥。

1085 (15)12 【嘘】 標 漢キョ 呉コ 魚 xū ［噓］ 1719 3133

字義 ❶ふく(吹)。はく(吐)。ゆっくり息を吐きだす。❷すすりなく＝歔。国うそ。いつわり。

【噓】俗字

形声。口＋虚㊥。音符の虚は、息をはくときの音を表す擬声語。ふく・はくの意味を表す。

解字 篆文 日本では、実のない言葉、うその意味に用いる。

【嘘呵】息を吐く。息を吹きかける。

【嘘気（氣）】息を吐く。また、吐き出した息。

【嘘唏】ため息をついてなげく。嘆息する。また、すすり泣く。

【嘘吸】①吐いたり、すったりする。吐納。呼吸。〔荘子、天運〕②泣く。すすり泣く。

【嘘言】うそ。いつわりごと。虚言。

【嘘枯吹生】息を吹きかけて枯れたものを生かし、生きているものを枯れさせる。人物批評に生彩があって、人の価値を容易に上下させるたとえ。〔後漢書、鄭太伝〕

1086 (15)12 【嘵】 △ 漢キョウ(ケウ) 慣ギョウ(ゲウ) 蕭 xiāo

字義 おそれる。おそれる声。「嘵嘵」

解字 篆文 形声。口＋堯㊥。

1087 (15)12 【嘷】 △ コウ 嗥(1044)の俗字。→三三㌻。

1088 (15)12 【噛】 簡 ゲツ 囓(1126)の簡易慣用字体。→三七㌻。 1990 337A

1089 (15)12 【嘬】 △ サイ 卦 zuō, chuài

字義 ❶かむ。かじって食う。❷一口に食いつくす。❸むさぼる。

解字 形声。口＋最㊥。音符の最は、つまむの意味。つまんで口に入れるの意味を表す。

1090 (15)12 【噍】 △ 一 漢ショウ(セウ) 呉ジョウ(ゼウ) 嘯 jiào 二 ショウ(セウ) 蕭 jiāo

字義 一❶かむ。❷くう。たべる。二❶噍噍・啁噍は、小鳥の鳴き声。❷せかせかした声のさま。

解字 篆文 形声。口＋焦㊥。

【噍殺】音調がのびやかでないこと。殺は衰の意。

1091 (15)12 【嘱】 常 ショク 3092 3E7C

1092 (24)21 【囑】 漢ショク 呉ソク 沃 zhǔ 5186 5376

筆順 口 … 嘱

字義 たのむ。ゆだねる。また、言いつける。「委嘱」

解字 形声。口＋属(屬)㊥。音符の属は、したがいつくの意味。口で言って人を従わせる、いいつけるの意味を表す。

▼依嘱・委嘱・遺嘱・付嘱

【嘱託】①たのみ任せる。②国臨時に事務を任せたのむ。また、そのたのまれた人。属託。

【嘱付】言いつける。たのむ。

【嘱目】目をつける。気をつけて見る。矚目。注目。

1093 (15)12 【嘶】 △ 漢セイ 呉サイ 斉 sī(xī) 5161 535D

字義 ❶いななく。馬が鳴く。「嘶馬」❷むせぶ。むせび鳴く。雁の鳴く声などにいう。❸しわがれる。声がかれる。

解字 形声。口＋斯㊥。音符の斯は、馬のいななきの擬声語を表す。

1094 (15)12 【噌】 標 漢ソウ(サウ) 呉ショウ(シャウ) 庚 chēng 慣ソ ［噌］ 3325 4139

字義 かまびすしい。がやがやとやかましい。国味噌は調味料の一種。

【噌】俗字

参考 〔噲〕は別字。

解字 形声。口＋曾㊥。

1095 (15)12 【噂】 標 ソン 阮 zǔn ［噂］ 1729 313D

字義 集まってしゃべる。国うわさ。また、うわさする。

解字 篆文 形声。口＋僔㊥。音符の僔は、屯に通じ、あつまるの意味。多くの人が集まって話す意味を表す。

1096 (15)12 【噉】 △ 漢タン 呉ダン 感 dàn

字義 くらう。くらう。「噉食」

解字 会意。口＋敢。敢は、おもいきってするの意味。しいて口の中に入れる、くうの意味を表す。

1097 (15)12 【嘽】 △ 一タン 寒 tān 二セン 銑 chǎn 三タン 旱

字義 一❶あえぐ。❷よろこぶ。❸おおい(衆)。❹さかん。❺ゆとりのあるさま。二ゆったりしたさま。三❶おののく。❷声のゆるやかなさま。

解字 篆文 形声。口＋單㊥。音符の單は、且に通じ、たいらかの意味。声が平らかでのびやかの意味を表す。また、殫に通じ、力つきてあえぐの意味を表す。

1098 (15)12 【嘲】 標 漢トウ(タウ) 呉チョウ(テウ) 肴 cháo, zhāo ［嘲］ 5162 535E

字義 ❶あざける。ばかにして笑う。あざけり。❷たわむれる。からかう。

解字 篆文 形声。口＋朝㊥。音符の朝は、口からつばを飛ばしてしゃべる声の擬声語。人のことをあざけりからかう・鳥のさわがしい鳴き声の意味を表す。

【嘲戯（戲）】あざけり、たわむれる。からかう。

【嘲謔】あざけりたわむれる。

【嘲笑】あざけりわらう。また、あざ笑い。

【嘲哳・嘲晣】啁哳。①ぺちゃくちゃ話す声。②鳥のやかましくさえずる声。③鳴り物の音の調子はずれで下品なさま。

【嘲罵】あざけりののしる。

【嘲弄】チョウロウ　あざけりからかう。なぶる。

(15)12
【嘸】1099　△　漢ブ　呉ム　麌 fǔ　5163 535F
字義 はっきりしないさま。あいまいなさま。「嘸然」　国さぞ。さだめし。推量の意を表すことば。
解字 形声。口＋無音。音符の無は、ないの意味。口にはっきり言葉として出てこないの意味を表す。

(15)12
【噴】1100　常　フン　ふく　4214 4A2E

(16)13
〔噴〕1101　一ホン　元 pēn　二ホン　願　慣フン
筆順 口 口十 口卉 口卉 噴
字義 一二 ❶ふく。はく。吹き出す。吐き出す。「噴火」 ❷鼻をならす音。 ❸しかる。しかりつける。
使いわけ ふく〔吹・噴〕⇨吹(877)。
解字 篆文　形声。口＋賁(賁)音。音符の賁ホンは、盛んに走るの意味。口から盛んに走り出る、ふきだすの意味を表す。
【噴煙】フンエン　煙を吹きだす。また、その煙。
【噴火】フンカ　火を吹きだす。火山が爆発する。
【噴激】フンゲキ　①はげしく吹き上げる。②はげしく怒る。憤慨。
【噴泉】フンセン　高く水を吹きだすいずみ。飛泉。
【噴飯】フンパン　口に含んだ飯を吹きだす意で、おかしくてたまらず、思わずふきだすこと。
【噴霧】フンム　霧を吹きだす。

(15)12
【舗】1102　常　ホ　4262 4A5E

⒂舌9
〔鋪〕1103　一漢ホ・呉フ　虞 pū　二漢ホ・呉フ　遇 pù　7152 6754
筆順 ㇒ 𠆢 舎 舗 舗
【鋪】正字 4263 4A5F
字義 一❶門環(把手とっての金輪)をつける金具。❷しく。敷き並べる。＝敷。❸とめる(止)。❹あまねし。＝溥フ。❺器物の名。豆トウ(たかつき)の類。二❶みせ(店)。たな。❷たてば。宿場。
参考 現代表記では〔舗〕(8160)の書きかえに用いることがある。「鋪装→舗装」
解字 金文　篆文　形声。篆文は、金＋甫音。音符の甫ホは、哺ホに通じ、ふくむの意味。門環をふくむための金具の意味を表す。また、敷に通じて、しきならべるの意味を表し、物品をしきならべる、みせの意味を表すようになり、金を改めて舎とし、常用漢字はこの舗を用いる。
▼金舗・酒舗・商舗・典舗・店舗・老舗
【舗錦】ホキン　にしきをつらねる。美辞麗句を並べた文章。
【舗設】ホセツ　①座席などを設ける。②店を出す。
【舗装(装)】ホソウ　道路をよくするために、石・れんがなどを敷きつめたり、コンクリートで固めること。鋪装ホソウ。「舗装道路」
【舗張】ホチョウ　敷き広げて言う。大げさにいう。

(15)12
【嘿】1104　△　漢ボク　呉モク　職 mò
字義 だまる。しずか(静)。＝默。「味。
解字 形声。口＋黑音。音符の黑コクは、默に通じ、だまるの意味。

(15)12
【嘹】1105　△　リョウ(レウ)　蕭 liáo
字義 ❶なく(鳴)。また、夜に鳴く。❷声のすみとおるさま。また、声の遠くまで聞こえるさま。
解字 形声。口＋尞音。

(16)13
【噯】1106　△　アイ　泰 ǎi
字義 ❶いき。気息。あたたかい息。❷おくび。食べすぎて出す息。げっぷ。
解字 形声。口＋愛音。
難読 噯気おくび

(16)13
【噫】1107　△　一イ　支 yī　二アイ　卦 ài　5164 5360
字義 一❶ああ。あ。嘆息の声。感嘆の声。あわれみ痛む声。驚きうらむ声。❷なげく。二おくび。食べすぎて出す息。げっぷ。「噫気」
解字 篆文　形声。口＋意音。音符の意は、なげき悲しむときの声を表す擬声語。
【噫気(氣)】アイキ　①はき出す息。呼気。②おくび。げっぷ。
【噫嘻】ああ　①感嘆の声。②驚きうらむ声。③相手をさげすむ声。
【噫乎】ああ　嘆息の声。また、あわれみいたむ声。

(16)13
【噦】1108　△　一漢エツ(ヱツ)・呉オチ(ヲチ)　月 yuē　二漢カイ(クヮイ)・呉ケ　泰 huì
字義 一❶しゃっくり。しゃくりあげる。❷はきそうになるが出る物がない状態。二❶鳥の声。❷声がしぶる。だみ声。❸車の鈴のゆったりとした音。❹あかるい。また、深く広い。
難読 噦噎しゃっくり
解字 篆文　形声。口＋歳音。音符の歳は、噈ケツに通じ、せきこむの意味。口を付し、しゃっくりの意味を表す。

(16)13
【噲】1109　△　漢カイ(クヮイ)　呉ケ　卦 kuài
字義 ❶のど。❷こころよい。ゆったりして明るい。＝快。「噲噲」
参考 〔噲ソウ〕は別字。
解字 篆文　形声。口＋會音。音符の會カイは、あうの意味。呼気や声のあつまって出てくる部分、のどの意味を表す。

(16)13
【噩】1110　△　ガク　薬 è
字義 ❶おごそかなさま。❷おどろく。＝愕ガク。❸作噩サクガクは、酉とりの年のこと。
解字 形声。吅＋吅＋玉音。音符の玉は、屰ゲキに通じ、さからうの意味。吅センは、多くの口が声をだしてやかましいの意味。意にさからって多くの声が発せられて、おどろくの意味を表す。咢ガクの金文 　に似ていて、咢・噩がもと同一語であったことがわかる。

(16)13
【器】(1081)　キ　器(1080)の旧字体。→二二四ページ。

(16)13
【噭】1111　△　キョウ(ケウ)　嘯 jiào
字義 ❶さけぶ。大声を出す。❷ほえる。ほゆ。❸大声で泣く。また、その声。❹口。
解字 篆文　形声。口＋敫音。
【噭噭】キョウキョウ　悲しんで泣く声。
【噭哮】キョウコウ　さけぶ。ほえる。哮は、ほえる意。咆哮ホウコウ。

(16)13
【噤】1112　△　漢キン　呉ゴン　沁 jìn　5165 5361
字義 ❶つぐむ。口を閉じてものを言わない。❷とじる。
解字 篆文　形声。口＋禁音。音符の禁は、タブーの意味。口に出さない、つぐむの意味を表す。

(16)13
【嘴】1113　標　シ　紙 zuǐ　5160 535C
字義 ❶くちばし。はし。鳥類のくちさき。＝觜シ。❷地形や器物のとがって突き出ているところ。「沙嘴サシ」
解字 形声。口＋觜音。音符の觜シは、くちばしの意味。口を付し、くちばし・くちばしのように突き出た地形や器物の部分の意味を表す。
【嘴爪】シソウ　くちばしとつめ。

(16)13
【嘯】1114　△　一ショウ(セウ)　嘯 xiào　二漢シツ・呉シチ　質 chì　5166 5362

字義 一うそぶく。㋐口をすぼめて声を出す。また、口笛を吹く。㋑声を長くひいて詩歌をうたう。「長嘯」㋒うなる。ほえる。なく。「虎嘯」「猿嘯」 二しかる。＝叱。「嘯咤」

解字 篆文 形声。口＋肅㊥。音符の肅は、縮に通じ、すぼめるの意味。口をすぼめて声を出すの意味を表す。

【嘯詠】ゆるやかな調子で歌う。嘯歌。

【嘯風弄月】風にうそぶき月をもてあそぶ。自然や詩歌を友として楽しむこと。

(16)13 【噬】1115 △ ㊥セイ ㊦ゼイ 霽 shì 5167 *5363*

字義 ❶かむ。くいつく。❷くらう。くう。❸およぶ。いたる。

解字 篆文 形声。口＋筮㊥。

【噬嗑】易の六十四卦の一つ。☲☳震下離上。あごの中に物のあるかたちで、かみ食う意。また、罪人として捕らえられる意。

【噬斉（臍）・噬臍】ほぞをかむ。へそをかもうとしても、口が届かない。後悔しても及ばないたとえ。〔前漢、揚雄、太玄賦〕

(16)13 【噪】1116 △ ソウ（サウ） 号 zào 5168 *5364*

字義 ❶鳥がむらがり鳴く。❷さわぐ。さわがしい。＝譟。「呼噪」

解字 形声。口＋喿㊥。音符の喿は、さわぐの意味。口を付し、さわがしいの意味を表す。

【噪聒】さわがしい。聒もさわがしい意。

【噪急】口やかましく気の短いこと。

(16)13 【噸】1117 △ トン dūn 3853 *4655*

字義 トン。tonの音訳字。❶重量の単位。㋐メートル法で、一〇〇〇キログラム（仏トン）。㋑ヤード・ポンド法で、一〇一六・一キログラム（英トン）。㋒ヤード・ポンド法で、九〇七キログラム（米トン）。❷容積の単位。㋐船舶の容積は毎一〇〇立方フィートを一噸とし、軍艦では排水量を英トンで表す。㋑貨物の容積は毎四〇立方フィートを一噸とする。

解字 形声。口＋頓㊥。音符の頓は、tonの音を示す。口は、外来語の音訳であることを示す。

(16)13 【噴】(1101) フン 噴（1100）の旧字体。→三六六ページ。

(16)13 【噺】1118 国字 標 4024 *4838*

字義 はなし。ものがたり。説話。

(17)14 【嚇】1119 常 カク ㊥カク ㊦キャク 陌 hè 1937 *3345*

解字 会意。口＋新。耳新しいことを話す意。

筆順 口 叶 吽 哧 嚇

字義 ❶いかる。はげしく怒る。しかる。また、怒って発する声。「嚇怒」❷おどす。おどかす。「威嚇」

解字 形声。口＋赫㊥。音符の赫は、あかいの意味。顔を赤くしていかるの意味を表す。

【嚇怒】あらあらしく怒る。ひどく怒る。

▼脅嚇

(17)14 【嚄】1120 △ ㊥カク（クヮク） ㊦ワク 陌 huò

字義 ❶わめく。大声でさけぶ。❷大笑いする。❸ああ。驚きおそれる声。

解字 形声。口＋蒦㊥。

(17)14 【嚆】1121 △ ㊥コウ（カウ） ㊦キョウ（ケウ） 肴 hāo 5169 *5365*

字義 ❶さけぶ。よぶ。❷なる。矢が鳴る。「嚆矢」

解字 形声。口＋蒿㊥。

【嚆矢】①かぶらや。鳴りひびく矢。②昔、戦いを始めるしるしに、かぶらやを敵陣に射かけたことから、物事のはじまり・おこりをいう。〔荘子、在宥〕

(17)14 【嚅】1122 △ ㊥ジュ ㊦ニュ 虞 rú

字義 ❶嚅嚅・囁嚅は、㋐べちゃくちゃしゃべる。㋑ささやく。ぶつぶついう。㋒言いかけて口をつぐむ。❷嚅唲は、へつらって笑う。作り笑いする。

解字 形声。口＋需㊥。

(17)14 【嚏】1123 △ ㊥テイ ㊦タイ 霽 tì 5174 *536A*

【嚔】正字 5173 *5369*

字義 くさめ。くしゃみ。また、くしゃみする。はなひる。

解字 篆文 形声。口＋疐㊥。

【嚏有二人説一】くしゃみの出たときは、人が自分のうわさをしている。〔詩経、邶風、終風〕

(17)14 【嚀】1124 △ ㊥ネイ ㊦ニョウ（ニャウ） 青 níng 5170 *5366*

字義 ねんごろ。＝寧。「叮嚀」

参考 現代表記では〔寧〕(1683)に書きかえることがある。「叮嚀→丁寧」

(17)14 【嚊】1125 △ ヒ 寘 pì 5171 *5367*

解字 形声。口＋寧㊥。

字義 はないき。あえぐ息。国かかあ。かか。自分の妻や他家の主婦をぞんざいにいう称。＝嬶（国字）。

解字 形声。口＋鼻㊥。

(18)15 【嚙】1126 標 一㊥ゲツ・㊦ゲチ 屑 niè 二㊥ゴウ（ガウ）㊦ギョウ（ゲウ） 巧 ［嚙］1990 *337A*

【噛】簡易

字義 一二かむ。かじる。＝齧。

解字 会意。口＋齒。

(18)15 【嚔】1127 △ テイ 嚏（1123）の正字。→中段。5173 *5369*

(18)15 【嚠】1128 △ ㊥リュウ（リウ） ㊦ル 尤 liú 5172 *5368*

字義 嚠喨は、楽器の音などのさえわたって遠くまで響きわたるさま。＝瀏。

解字 形声。口＋劉㊥。

(19)16 【嚥】1129 標 エン 霰 yàn 5175 *536B*

字義 のむ（呑）。のみこむ。「嚥下」

解字 形声。口＋燕㊥。音符の燕は咽に通じ、のむの意味を表す。

(19)16 【嚮】1130 △ 一㊥キョウ（キャウ） ㊦コウ（カウ） 漾 xiàng 二㊥キョウ（キャウ） ㊦コウ（カウ） 養 xiǎng ［嚮］5176 *536C*

字義 一❶むかう。むく。＝向。❷さきに。前に。「嚮者」 二❶うける。もてなしを受ける。また、もてなし。＝饗。❷ひびく。ひびき。＝響。

参考 現代表記では〔向〕(852)に書きかえることがある。「意嚮→意向」

解字 形声。鄉＋向㊥。鄉は、向かいあうの意味。さらに、むかうの意味の音符、向を付した。

【嚮応（應）】ひびきが音声に応ずる意。転じて、人のすることにすぐに応ずること。響応。

【嚮日】さきごろ。先日。

【嚮者】前に。以前。

【嚮道・嚮導】道案内する。

【嚮背】味方になることとそむくこと。向背。

(19)16 【嚚】1131 △ ギン 真 yín

字義 ❶話す声。また、声が悪い。❷おろか。❸つれない。まこ

とがない。❹口がきけない。

解字 甲骨文 篆文 形声。㗊＋臣㊖。音符の臣(ギン・ジン)は、固めるの意味。㗊は、かまびすしいの意味。かまびすしさで固める、声が悪い・言葉にまとまりがないの意味を表す。

(19)16 【嚭】1132 △ ヒ 紙 pǐ

字義 ❶おおきい。❷大いに喜ぶ。❸人名。伯嚭は、春秋時代の呉の宰相。太宰嚭(タイサイヒ)。

〔意味を表す。〕

解字 篆文 形声。喜＋否㊖。音符の否は、大きいの意味。喜は、よろこぶの意味。大いに喜ぶ・大きいの意味を表す。

(19)16 【嚬】1133 △ 漢ヒン 呉ビン 真 pín

字義 ひそめる(ひそむ)。眉(まゆ)にしわをよせる。顔をしかめる。また、そのこと。ひそみ。＝顰(ヒン)。「一嚬一笑」

解字 形声。口＋頻㊖。音符の頻は、しわの意味。まゆにしわを寄せる、まゆをひそめるの意味を表す。

【嚬蹙】(ヒンシュク) まゆをひそめ、鼻すじにしわをよせる。顔をしかめる。心配したり、非難したりするときの表情。「嚬蹙を買う（非難される）」

【嚬笑】(ヒンショウ) 顔をしかめることと、笑うこと。

【嚬呻】(ヒンシン) 顔をしかめてうめく。呻は、うめく。

(20)17 【嚶】1134 △ 漢オウ(アウ) 呉ヨウ(ヤウ) 庚 yīng 5177 536D

字義 鳥が仲よく鳴きかわす声。転じて、友人がたがいに励まし合う声。「嚶嚶」

解字 篆文 形声。口＋嬰㊖。

【嚶嚶】(オウオウ) 鳥が仲よく声を合わせて鳴くさま。転じて、友人同士が声をかけあってはげまし合うさま。

【嚶鳴】(オウメイ) 鳥が仲よく声を合わせて鳴く。

(20)17 【嚴】(1731) ゲン 厳(1730)の旧字体。→三二ページ。 5178 536E

(20)17 【嚳】1135 △ コク 沃 kù

字義 ❶急いで告げる。❷中国古代の伝説上の帝王の名。高辛氏。黄帝の曾孫(ソウソン)という。「帝嚳」

解字 篆文 形声。⿳(學)＋告㊖。

(21)18 【嚾】1136 △ 一カン(クヮン) 翰 huàn 二カン(クヮン) 寒 huān

字義 一わめく。よびさけぶ。＝喚。二かまびすしい。やかましい。また、そのさま。「嚾嚾」＝讙。

解字 形声。口＋雚㊖。音符の雚(カン)は、喚に通じ、よぶの意味。口を付し、よぶの意味を表す。

(21)18 【嚻】1137 [器]同字 △ 一ゴウ(ガウ) 豪 áo 二キョウ(ケウ) 蕭 xiāo 5179 536F

字義 一❶かまびすしい(かまびすし)。やかましい。さわがしい。かしましい。＝嗷(ゴウ)。❷おおい(多)。❸分に満足して欲のないさま。❹声。

二❶＝一の❶。❷しずかなさま。

解字 篆文 会意。㗊＋頁。㗊は、さわぐの意味。頁は、あたまの意味。頭から熱気があがるほどさわぐ、かまびすしいの意味を表す。

【嚻譁】(ゴウカ) やかましい。さわがしい。譁もやかましい。

【嚻諠】(ゴウケン) ＝嚻譁(ゴウカ)。諠もやかましい意。

【嚻嚻】(ゴウゴウ) ①声のやかましいさま。②うれえ嘆くさま。③自分の分に満足して欲のないさま。〔孟子、万章上〕④静かに落ち着いているさま。

【嚻然】(ゴウゼン) ＝嚻嚻。→前項。

(21)18 【嚼】1138 △ 漢シャク 呉ザク 薬 jiáo, jué 5180 5370

字義 かむ。㋐かみくだく。かみこなす。「咀嚼(ソシャク)」㋑かみしめる。あじわう。意味を了解する。「嚼味」

解字 形声。口＋爵㊖。音符の爵は、雀(ジャク)などに通じ、こまかいの意味。物を口中に入れて細かくする、かむの意味を表す。

【嚼齧】(シャクケツ) かむ。歯でかむ。齧も、かむ意。

(21)18 【囁】1139 標 一ショウ(セフ) 葉 二漢ジョウ(ゼフ) 呉ニョウ(ネフ) 葉 niè 5181 5371

字義 一❶ささやく。ひそひそと話す。❷言いかけてやめる。言いよどむ。口が動くだけで、ことばのはっきりしないこと。

二❶＝一の❶。❷べらべらとしゃべる。❸＝一の❷。

解字 形声。口＋聶㊖。音符の聶(ショウ)は、耳を寄せるの意味。耳を寄せて、ささやく・ひそかにのしるの意味を表す。

【囁嚅】(ショウジュ) ①ものを言いかけてやめるさま。口が動くだけでことばのはっきりしないさま。②ささやく。③べらべらしゃべる。かまびすしい。

(21)18 【囃】1140 標 ソウ(サフ) 合 cà 5182 5372

字義 はやし。歌や舞に合わせて調子をとるかけ声。また、鳴りもの。囃子(はやし)。国はやす。㋐はやしの鳴り物をならす。㋑声をあげて歌や舞の拍子をとる。㋒おだてる。調子にのせる。㋓言いたてる。評判する。㋔声を立ててあざける。

解字 形声。口＋雑㊖。

(21)18 【囀】1141 標 テン 霰 zhuàn 5183 5373

字義 ❶さえずる(さへづる)。鳥が声を続けて鳴く。❷しらべ。調子。声の移り変わる調子。❸ころがす。動かす。＝転(轉)。「囀喉(のどをテンず)」は、歌うこと。

解字 形声。口＋轉㊖。音符の轉(テン)は、ころがすの意味。口の中で声をころがす、さえずるの意味を表す。

(22)19 【囈】1142 △ ゲイ 霽 yì 5184 5374

字義 うわごと(うはごと)。ねごと。また、たわごと。とりとめのないことば。「囈語」

解字 形声。口＋藝㊖。

(22)19 【囋】1143 △ 一漢サツ・呉ザチ 曷 zá 二漢サン・呉ザン 翰 zàn

字義 一ことば数が多い。かまびすしい。話に節制がないこと。

二そしる。あざける。

解字 形声。口＋贊㊖。

(22)19 【囊】1144 [嚢]俗字 3925 4739 標 ノウ(ナウ) 陽 náng

字義 ❶ふくろ。㋐大きな袋。「土嚢」㋑かねいれ。財布。「嚢中」㋒すべて、ものを包み入れるもの。「知嚢」❷ふくろにする。ふくろに入れる。つつむ。おさめる。

解字 篆文 形声。もと、東＋㲋㊖。東は、ふくろの象形。音符の㲋(ジョウ・ニョウ)は、中に物をつめこむの意味。物をつめこむふくろの意味を表す。

【嚢括】(ノウカツ) ふくろに入れてその口をくくる意で、残らず包み取ること。

【嚢沙之計】(ノウサのケイ) 漢の韓信(カンシン)が、土嚢で川の上流をせきとめ、敵が川を渡ろうとしたとき一度に水を流して、大いに敵を破った計略。沙は砂。〔史記、淮陰侯伝〕

【嚢中之錐】(ノウチュウのきり) ふくろの中のきり。きりをふくろに入れても、すぐその先が突き出るように、すぐれた人は多くの人の中にまじっていても、すぐにその才能を現すたとえ。趙(チョウ)の平原君の客、毛遂(モウスイ)の故事。〔史記、平原君伝〕

【嚢中無一物】(ノウチュウムイチブツ) さいふの中に一文(イチモン)の銭もない。いちもんなし。

【探嚢中物】(ノウチュウのものをさぐる) ふくろの中に入れた物をさぐり取る

意で、非常にたやすいたとえ。〔五代史、南唐世家〕

(22)19 【噌】1145 国字 △ ソ
字義 噌唹は、鹿児島県の旧郡名。今の曽於郡。
解字 形声。口＋噌㊀。
5185 5375

【轡】→車部 一〇七六ページ。

(24)21 【囓】1146 △ ケツ
齧(9384)と同字。→一二七七ページ。
5187 5377

(24)21 【囑】(1092) ショク
嘱(1091)の旧字体。→二三五ページ。
5186 5376

(24)21 【囍】1147 △
字義 二重のおめでた。重ね重ねの喜びごと。結婚の祝いの席などに使われるマークで、双喜字という。中国語で、シュアンシー shuāngxǐ。
解字 会意。喜を二つ並べてソウキ（双喜）と読み、二重のおめでたの意味を表す。

〔双喜字〕

3
囗部

〔部首解説〕 くにがまえ。囗をもとにして、かこむ・かこい、また、めぐるの意味を含む文字ができている。

(3)0 【囗】1148 △ 日イ(ヰ) 微 wéi 二コク guó
字義 一 ❶めぐる。めぐらす。❷かこい。かこむ。 二 国（國）の古字。
解字 篆文  指事。周辺をとりまく線により、かこむ・めぐらすの意味を表す。
5188 5378

(5)2 【四】1149 教 1 シ よ・よつ・よっつ・よん
シ 寘 sì
2745 3B4D

筆順 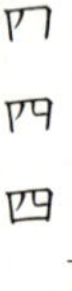

字義 ❶よつ。よっつ。よん。よ。❷よたび。四回。また、よたびする。❸よも。四方。 国よつ。巳の刻（今の午前十時）と、亥の刻（午後十時）。

難読 四阿・四海道・四月一日・四月朔日・四極・四十・四十九員（院）・四十雀・四十住・四十日・四十八願・四十八朝・四十物・四十万・四所・四条畷・四丁目・四尾連湖・四幅・四方・四方山・四方手・四方津・四方田・四万・四万十川

参考 【罒】（あみ）は別字。金銭の記載などには、文字の改変を防ぐため、肆の字を用いることがある。

解字 甲骨文 金文 篆文 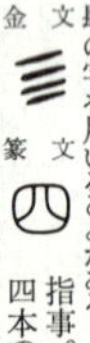 指事。甲骨文・金文は、四本の横線で、数のよっつの意味を表す。篆文は呬の原字。四は、口の中に歯・舌の見える形にかたどり、いきの意味を表すが、これを借りて、よっつの意味に用いる。

【四悪（惡）】シ アク ①四つの悪。虐（教えないで民を死に追いやる）・暴（平素の注意を怠りながら民に成果を求める）・賊（命令はゆるやかにしながら期限を厳守させる）・有司（当然与えるべきものを出し惜しみする）。〔論語、尭曰〕 ②シオ 四つのいやなもの。憂労・貧賤・危墜（かたむきおちる）・滅絶。

【四夷】シイ 四方の異民族。中国の四辺に住む未開の異民族。東夷・西戎・南蛮・北狄。〔書経、大禹謨〕

【四囲（圍）】シイ ①四人でかかえるほどの大きさ。②四方から囲む。③周囲。四周。

【四維】シイ ①四本の太い綱。②大地の四隅をつるしているという四本の太い綱。転じて、方角の四隅。巽（東南）・坤（西南）・艮（東北）・乾（西北）。③国家・社会の平和を維持するに重要な四つの道。礼・義・廉・恥。〔管子、牧民〕国有二四維一。

【四運】シウン 春・夏・秋・冬。四季。四時。

【四裔】シエイ 四方の遠いはて。また、その土地・国。裔は、着物のすそ。

【四筵】シエン 四方の座席。また、そこにすわっている人。満座。

【四檐・四簷】シエン 家の四方のひさし。四方の軒。

【四恩】シオン 仏①四種の恩。㋐父母・師長・国王・施主の恩。㋑父母・衆生・国王・三宝の恩。②恩を施す四種の方法。布施・慈愛・化導（教化し導く）・共歓（喜びを共にする）。

【四科】シカ 孔子が門人に教えた四つの学科。徳行・言語（弁論）・政事（政治）・文学（学問）。〔論語、先進〕

【四海】シカイ ①四方の海。②天下。③東海・西海・南海・北海。

【四海為（爲）レ家】シカイをいえ（へ）となす ①天下を自分の一家とする。天下を統一して帝位にいること。〔史記、高祖本紀〕②天下中をさすらって定まった住所のないこと。

【四海同胞】シカイドウホウ・シカイドウボウ 天下中（全世界）の人は皆兄弟のようなものである。四海兄弟。

【四海波静（靜）】シカイなみしず(つ)か 波がおさまって世の中の平和なこと。〔宋、楊万里、文〕六合塵清リクゴウ、——。

【四角】シカク ①四方のすみ。よすみ。②四角形。

【四角号（號）碼】シカクゴウマ 漢字の四すみの形によって0から9までの番号をつけ、四けたの数字にして漢字を検索する方法の一つ。

【四岳（嶽）】シガク ①四方の名山。東岳は泰山、西岳は華山、南岳は衡山、北岳は恒山。②尭の時の官名。四方の諸侯を統治する官。③四方の諸侯。地方長官。

【四気（氣）】シキ ①四時（春・夏・秋・冬）の気候。春温・夏熱・秋冷・冬寒。②四時の気候に対応する人間の感情。喜（春）・楽（夏）・怒（秋）・哀（冬）。

【四凶・四兇】シキョウ 四人の悪者の意。舜の時代の共工・驩兜・三苗・鯀の四人。〔書経、舜典〕

【四竟・四境】シキョウ ①四方の国境。「四境之内」は、天下。②四辺。四囲。

【四教】シキョウ ①詩・書・礼・楽の四つの教え。〔礼記、王制〕②孔子が門人に教えた四項目。文・行・忠・信。〔論語、述而〕③女性に対する四つの教え。婦徳・婦言・婦容・婦行。〔礼記、昏儀〕

【四苦八苦】シクハック 仏いろいろな苦しみ。非常な苦しみ。四苦は生苦・老苦・病苦・死苦、八苦は四苦と愛別離苦（親・兄弟など愛する人と別れる苦しみ）・怨憎会苦オンゾウエク（怨み憎む

者に会う苦しみ)・求不得苦グフトク(求めるものが得られない苦しみ)・五陰盛苦ゴオンジョウク(心身の苦しみ)。〔涅槃経、十二〕

【四衢八街】シクハチガイ　大通りがいくつもある大きな市街。衢・街は、ともに道が諸方に分かれている所、ちまた。

【四君子】シクンシ　唐画でその気品を君子に見立てた四つの植物。蘭・菊・梅・竹。

【四弦・四絃】シゲン　①楽器の四本の糸。〔唐、白居易、琵琶行〕四絃一声如二裂帛一（シゲンイッセイ、レッパクのごとし）。②四本の糸を張った楽器。琵琶など。

【四庫全書】シコゼンショ　書名。乾隆三十七年(一七七二)、清の乾隆帝の勅命により国内の書籍を集めた叢書。経・史・子・集に分類し、著録本七万九千七十巻、存目本九万三千五百五十六巻。同じ写本を七部作らせ、北京市の宮中(文淵閣)・北京市郊外の円明園(文源閣)・奉天、今の遼寧省瀋陽市(文溯閣)・熱河、今の河北省承徳市(文津閣)・江蘇省揚州市(文匯閣)・江蘇省鎮江市(文宗閣)・浙江省杭州市の西湖の孤山(文瀾閣)の七か所に設けた七庫に、それぞれ一部ずつ蔵した。

【四顧】シコ　四方を見まわす。転じて、四方。

【四更】シコウ　夜間を五更に分けた第四。今の午前二時及びその前後の二時間。一説に、午前二時から四時までの二時間。

【四荒】シコウ　①＝四裔。②四方のはてにある未開の土地。

【四皓】シコウ　四人の白髪の人の意。秦・漢の時、商山(今の陝西省内)にかくれ住んでいた四人の老人。東園公・綺里季・夏黄公・用里先生。商山の四皓。〔漢書、王吉伝序〕

【四塞】シサイ　①四方の(険阻な)とりで。②シソク　⑦四方がふさがる。①四方に満ちふさがる。

【四散】シサン　四方に散る。あちこちに飛び散る。

【四支・四肢・四枝】シシ　両手と両足。

【四時】シジ・シイ　①一年中の四時。春・夏・秋・冬。四季。②一か月の四時。晦・朔・弦・望。③一日中の四時。朝・昼・夕・夜。

【四周星】シシュウセイ　四か年。星が天を四度めぐる意。〔宋、文天祥、過二零丁洋一詩〕干戈落落四周星（カンカラクラクたり。シシュウセイ）。

【四十而不惑】シジュウにしてまどわ(は)ず　孔子が四十歳になって、外界の事物のためにまよいを生ずることがなく、万事に処して平静を保ち得るようになったこと。このことから四十歳を不惑ワクという。〔論語、為政〕――、五十而知二天命一（ゴジュウにして、テンメイをしる）〈――、五十歳になると天が自分に与えた使命を自覚した〉

【四獣(獸)】シジュウ　①四つの獣。虎・豹・熊・羆。②その形を動物になぞらえて名づけた四つの星座。東を青竜、西を白虎、南を朱雀、北を玄武という。③転じて、四方。東西南北。

【四書】シショ　宋以来、儒学に志す者が必ず学ばねばならぬとされた四種類の書籍。大学・中庸・論語・孟子。

【四生】シショウ　仏生物の生まれ方の四種類。胎生(人・獣)・卵生(鳥)・湿生(かえる・魚)・化生(蝶)。

【四声(聲)】シセイ　漢字音の四種の声調(アクセント)。平・上・去・入。平声は、平らで高低がないもの、上声はしりあがり、去声はしりさがり、入声は終わりのつまったもの。元以後の北方音では入声を欠き、平声を陰陽二つに分けたが、やはり四声という。文字により意味によって四声のどれかに属する。

【四姓】シセイ・シショウ　①インドに昔からある四つの階級。婆羅門(僧侶)・刹帝利(王族・武人)・毗舎(庶民)・首陀羅(奴隷)。カスト。②国シセイ　四つのかばね。源氏・平氏・藤原氏・橘氏。源平藤橘ゲンペイトウキツ。

【四川】シセン　省名。中国の南西、長江上流に位置する。地味豊かで天然の資源に富む。省都は成都市。昔の蜀の地。

【四体(體)】シタイ　①両手両足。四肢。②からだ。全身。

【四諦】シタイ　仏迷いとさとりの因果を説明する四つの真理。苦(現世の苦悩)・集(肉体・財産への執着)・滅(安楽の境地)・道(実践修行)。四聖諦シショウタイの略。

【四大】シダイ　①道・天・地・王。〔老子、二十五〕②仏万物を構成するという四つの基本的な要素。地・水・火・風。四大種。

【四大奇書】シダイキショ　明・清代に作られた小説中の四つの傑作。『水滸伝』『三国志演義』『西遊記』『金瓶梅』。奇は、すぐれている意。

【四達】シタツ　①道路が四方にのびていること。また、その分岐点・交差点。②四方にとどく。至る所にゆきわたる。

【四端】シタン　人間が生まれながらにもっており、修養によって仁・義・礼・智の四徳になるべき四つの心。惻隠の心(あわれむ心、仁の端)・羞悪の心(はじる心、義の端)・辞譲の心(ゆずる心、礼の端)・是非の心(判断する心、智の端)。端は、もと(本)、一説に、いとぐち。〔孟子、公孫丑上〕

【四知】シチ　天・地(あるいは神)・相手・自分の四者が知っているとの意。秘密に事を行っても、必ず露顕するとのいましめ。後漢の楊震に王密が夜こっそり賄賂をもって来た時、「天知る、地知る、我知る、子(おまえ)知る」といましめて賄賂を受けなかった故事。〔後漢書、楊震伝〕

【四鎮(鎭)】シチン　①四方のしずめとなる四つの大山。揚州の会稽山(今の浙江省内)・青州の沂山(今の山東省内)・幽州の医無閭山(今の遼寧省内)・冀州の霍山(今の山東省内)。②唐代の西域の四つの藩鎮(辺境の軍隊駐屯地)。亀茲・于闐・焉耆・疏勒。

【四通八達】シツウハッタツ　四方八方に通ずる。

【四天王】シテンノウ・シテンオウ　①仏帝釈の下で、四方の仏法・仏教徒を守護する神。(東方)持国天王・(南方)増長天王・(西方)広目天王・(北方)多聞天王。②国部下・門人などの中の、武勇・才能・学問などの最もすぐれている四人をいう。

【四百四病】シヒャクシビョウ　多くの病気。五臓にはそれぞれ八十一種の病気があり、その合計から死を引けば四百四になる。

【四百八十寺】シヒャクハッシンジ　南朝時代、仏教が盛んで寺院が非常に多かったことの形容。〔唐、杜牧、江南春詩〕

【四百余(餘)州】シヒャクヨシュウ　昔、中国全土をいう。

【四表】シヒョウ　①四方の果て。②四方。

【四分五裂】シブンゴレツ・シブゴレツ　いくつにもさける。ばらばらになること。〔六韜、竜韜、奇兵〕

【四方】シホウ　①東・西・南・北。よも。②あらゆる方向。諸方。③四方の国々。諸国。④天下。全世界。

【四望】シボウ　①四方をながめる。また、四方のながめ。②天子が遠く望んで祭るもの。⑦日・月・星・海。①五岳・四鎮・四瀆。

【四民】シミン　人民の四階級。士・農・工・商。〔書経、周官〕

【四溟】シメイ　四方の海。四海。天下。

【四面楚歌】シメンソカ　①楚の項羽が垓下(今の安徽省霊壁県の南東)で漢の高祖の軍に囲まれたとき、夜、漢軍が城壁のまわりで盛んに楚の地方(項羽の本拠地)の歌を歌うのを聞き、頼みとして来た楚の人民も漢に降服したかと絶望した故事。〔史記、項羽本紀〕②転じて、まわりに反対者または敵が多くて孤立していること。孤立無援。

【四野】シヤ　四方の野原。四方の平原。→勅勒(一五一ページ)。

【四隣】シリン　①となり近所。近隣。②あたり。四辺。③四方の隣国。まわりの国。

【四礼(禮)】シレイ　四つの重要な儀式。冠(元服の式)・婚(婚礼)・喪(死者に対する礼、葬式など)・祭(先祖の祭り)。

【四六文】シロクブン　主として四字句・六字句を対にし、声調の美を主眼として作った一種の美文。魏・晋に起こり、六朝時代に栄えた。駢文・駢儷文ともいう。

(5)2

【囚】1150　常 シュウ

漢シュウ(シウ)・呉ジュ　尤 qiú

2892
3C7C

筆順 冂 冂 囚 囚

字義 ❶とらえる。罪人をとらえて牢ロなどに入れる。転じて、束縛する。「幽囚」 ❷とらわれる。とらえられる。❸とらわれびと。㋐とりこ。俘虜フリョ。㋑めしゅうど。罪を犯し牢ロに捕らわれている者。

解字 甲骨文 篆文 会意。口＋人。口は、囲いの意味。人が囲いの中に入れられる、とらえるの意味を表す。

難読 囚人めしうど

▼拘囚・獄囚・死囚・幽囚・憂囚・虜囚

【囚▵繫】シュウケイ ①とらえしばる。牢ロにつなぐ。②とらわれ人。めしうど。罪人。

【囚獄】シュウゴク ろうや。刑務所。監獄。

【囚人】シュウジン 罪を犯して牢屋ロウヤに入れられている人。めしうど。［罪人。囚徒。

【囚縛】シュウバク とらえしばる。囚絆シュウハン。

【囚▵俘】シュウフ とりこ。捕虜。囚虜。

(6)3
因 1151
教5 イン よる ― イン 眞 yīn ― 1688 3078

筆順 冂 冂 冃 因 因

［囙］俗字

字義 ❶よる。㋐もとづく。ふまえる。従う。「因襲」 ㋑たのむ。たよる。㋒つく（就）。❷おこり。（事のおこる）もと。原因。↔果。「起因」「勝因」 ❸ちなむ。ゆかりを持つ。縁がある。❹よすが。わけ。理由。❺よって。よりて。それにつれて。それが原因で。そういうわけで。

名乗 ちなみ・ゆかり・よし・より 難読 因香池よるかのいけ・因支いなき・因幡いなば

使いわけ よる［寄・因］⇒寄（1661）

解字 甲骨文 篆文 会意。口＋大。口は、しとねの象形。大は、ひとの象形。人がしとねにふしたさまから、よるの意味を表す。因を音符に含む形声文字に、咽イン・姻イン・茵インなどがあり、これらの漢字は、「より親しむ」の意味を共有している。

▼遠因・基因・起因・近因・原因・業因・主因・成因・善因・素因

【因依】インイ たがいに寄り合う。たより合う。

【因縁】インネン・インエン ①つて。てづる。私的関係。また、その人。②機会。③よる。より所とする。④仏 ㋐物事を成立させる起源（因）と、それを助けて果を結ばせる力（縁）。㋑因と縁とによって定められる生滅の関係。⑤転じて、由来。来歴。ゆかり。⑥宿命。運命。⑦国 言いがかり。

【因果】インガ ①仏㋐物事を成立させる因縁と、それによって生成されたもの（果）。因縁と果報（結果）。㋑因縁から生じた果報。②国㋐過去や前世の悪業の広報として現在の不幸があるとの俗信から、悪業アクゴウの報い。不幸・不運の意となる。㋑原因と結果。㋒結果が悪くなることがわかっていてもやめられない。「因果な性分」

【因果応（應）報】インガオウホウ 仏善因からは必ず善果が、悪因からは必ず悪果が生ずること。

【因果律】インガリツ 哲学で、自然界のあらゆる現象の発生には必ずその原因があるという法則。

【因業】インゴウ ①仏㋐善悪の果を招く原因となる言行。㋑特に、その悪い言行をいう。②転じて、残酷。無情。頑固で思いやりのないこと。

【因習】インシュウ ＝因襲。

【因襲】インシュウ ①前のものに従ってそれを受けつぐこと。これまでのしきたりに従うこと。②（弊害のある）古くからのならわし。

【因循】インジュン ①より従う。古い習慣にそのまま従う。②ぐずぐずしてにえきらない。積極性がない。

【因循▵姑息】インジュンコソク 従来の方法ばかり守っていて、進取の気象がなく、一時のがれをすること。

【因明】インミョウ 仏梵語ボンゴ hetu-vidyā の訳語。古代インドの論理学で、五明の一つ。宗（論証する命題）・因（理由）・喩ユ（例証）の三つからなる。

【因由】インユウ 事の起こり。原因。由来。

(6)3
回 1152
教2 カイ・エ まわる・まわす ― 1883 3273

一 漢 カイ（クワイ）・呉 ガイ（グヮイ） 灰 huí
二 漢 カイ（クワイ）・呉 ガイ（グヮイ） 隊
唐 ウイ
慣 エ（ヱ）

筆順 冂 冋 回 回

［囘］古字 4937 5145 ［囬］俗字

字義 一 ❶まわる（まはる）。めぐる。㋐ぐるぐるまわる。「回転」 ㋑一まわりする。経めぐる。あちこちまわる。「回遊」 ㋒とりまく。囲む。㋓向きが変わる。❷まわす（まはす）。めぐらす。ぐるぐるまわす。向きを変える。囲いを設ける。❸かえる（かへる）。戻る。また、かえす（かへす）。もどす。❹まわり（まはり）。周囲。❺たび（度）。回数。「初回」 ❻たがう。そむく。❼→回紇カイコツ。 二 ❶まがる。❷まわる。遠まわりする。「迂回ウカイ」 ❸さける（避）。忌みさける。「回避」

難読 回顧みかえり・回立まつたつ

参考 現代表記では［廻］（2041）の書きかえに用いる。「廻転→回転」「廻廊→回廊」 また、［蛔］（6745）・［恢］（2335）・［徊］（2142）の書きかえに用いることがある。「蛔虫→回虫」「恢復→回復」「低徊→低回」

使いわけ まわり［周・回］⇒周（904）

解字 文 篆 象形。ものの回転するさまにかたどり、めぐるの意味を表す。回を音符に含む形声文字に、佪カイ・廻カイ・徊カイ・洄カイ・痐カイ・蛔カイなどがあり、これらの漢字は、「めぐる」の意味を共有している。

▼逆回・巡回・旋回・低回・撤回・盤回

【回隠（隱）】カイイン 不都合なことがあって避けかくれる。また、不都合なことがあって、さけかくす。

【回回】カイカイ ①めぐりめぐる。ぐるぐるまわる。②たびたび。③いつでも。④光り輝くさま。⑤心の乱れるさま。⑥うらめしそうな声のさま。⑦大きなさま。⑧カイカイ・フイフイ 国の名。アラビア。また、回教（マホメットの開いた宗教）。回回教。イスラム教。

【回看】カイカン ふりかえって見る。回観。回顧。

【回▵雁・回▵鴈】カイガン 北方へ帰るがん。帰雁。

【回忌】カイキ ①忌み（きらって）さける。②仏年忌。㋐年回忌の略。年ごとに回って来る忌日（死者の死んだ日）。㋑回忌に行う仏事。

【回帰（歸）】カイキ もとへもどる。めぐり帰る。一周してもとに帰る。

【回教】カイキョウ →回回の⑧。

【回訓】カイクン 国外国にいる全権が本国の政府に求めた指図に対する返事。訓は指図。↔請訓。

【回穴・回▵泬】カイケツ ①一様でない。②よこしまである。道理にはずれている。

【回顧】カイコ ①ふりかえって見る。回看。②過去をふりかえって思う。回想。追懐。

【回向】エコウ 仏自分の善行の結果を他の者にめぐらし向かわせる意。読経ドキョウ・念仏などによって死者の冥福メイフクを祈ること。廻向エコウ。

【回▵紇・回▵鶻】カイコツ・ウイグル 西域の異民族の名。Uighur の音訳。南北朝から元代にかけて栄えた。廻紇ウイグル・畏兀児ウイグル・維吾爾ウイグルともいう。

【回首】カイシュ こうべをめぐらす。ふりかえって見る。過去のことをふりかえって思う。回頭。首は頭。

【回収（收）】カイシュウ 取りもどす。取り返す。配った物を集める。

【回春】カイシュン ①春になる。②若がえる。③病気がなおる。

【回章】カイショウ ①返事の手紙。返信。②＝回文の①。

【回▵翔】カイショウ 空中を飛びまわる。翔は、空中を飛びかける。

【回状(狀)】カイジョウ ＝回文の①。廻状カイジョウ。
【回心】カイシン ①心を改める。改心する。②以前の心にもどる。昔の愛情を回復する。
【回生】カイセイ （死んだような状態から）生き返る。よみがえる。蘇生ソセイ。「起死回生」
【回雪】カイセツ ひるがえり舞う雪。また、そでを動かし舞うさま。
【回旋】カイセン ある点を中心としてめぐること。旋回。廻旋カイセン。
【回想】カイソウ 過去のことをふりかえり思うこと。回顧。
【回漕】カイソウ 船ではこぶこと。漕は、はこぶ意。廻漕カイソウ。
【回天】カイテン 天をめぐらす。転じて、天下の形勢をがらりと変えさせる。おとろえた勢いをもとにもどす。廻天カイテン。
【回天事業】カイテンのジギョウ 天地を動かすほどの大事業。
【回転(轉)】カイテン ぐるぐるまわる。また、まわす。
【回頭】カイトウ ＝回首。
【回避】カイヒ さける。にげる。免れようとしてさけること。廻避カイヒ。
【回△猋・回△飈】カイヒョウ ＝回風。
【回風】カイフウ つむじ風。旋風。廻風カイフウ。
【回復】カイフク ①かえる。②なおる。③とりかえす。
【回文】カイブン ①まわしぶみ。多くの人に回覧する書状。回状。廻文カイブン。②回文詩の略。→次項。③上から読んでも下から読んでも同音の文や語。「竹屋が焼けた」の類。
【回文詩】カイブンシ 初め・終わりのどちらから読んでも意味が通じ、かつ詩の規則にあてはまっている詩。廻文詩カイブンシ。
【回報】カイホウ 返事。回答。また、返事の手紙。返信。
【回流】カイリュウ うず巻く流れ。
【回礼(禮)】カイレイ ①他人から受けた礼に報いる礼。返礼。答礼。②国㋐順次にあいさつして回ること。お礼まわり。㋑特に、新年の祝いのことばを述べて回ること。年始まわり。
【回廊】カイロウ 建物のまわりにつけた廊下。まわり廊下。廻廊カイロウ。
【回△禄】カイロク 火の神。転じて、火事。火災。

(6)3 【囟】1153 △ ㊀シン 震 ㊁シ 寘 xìn

字義 ㊀㊁ひよめき。乳児の頭のはちの、ぴくぴく動くところ。

解字 篆文  象形。乳児の脳のふたの骨が、まだつかない状態の象形で、ひよめきの意味を表す。

(6)3 【団】1154 教 5 ダン・トン　3536 4344

(14)11 〔團〕1155 人 許 漢タン・呉ダン 寒 tuán 唐トン　5205 5425

筆順 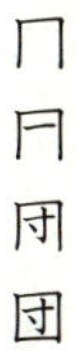

字義 ❶まるい。まろい。❷まどか。安らか。「団欒ダンラン」❸集まる。集まり。組。かたまり。また、かたまる。「楽団」「師団」「団結」❹ころがる。まろぶ。❺みせ(店)。

名乗 まどか　難読 団居まどい・まとい・団扇うちわ・団栗どんぐり

解字 金文  篆文  形声。囗＋寸(專)㊥。音符の專センは、糸を糸巻きにまきつけるの意味。囗は、めぐるの意味。まるくなるようにころがす、まるい・かたまりの意味を表す。常用漢字の団は、省略体による。

▼軍団・集団・兵団・民団

【団円(圓)】ダンエン ①まるい。②むつまじい。③演劇用語。演劇の最後の幕。劇の結末は諸事円満に解決するのが通例であることからいう。転じて、まるくおさまる・完全に終結する意。大団円。
【団結】ダンケツ ①唐・宋ソウ代、その地方の人民を秋冬の季節に兵として集めること。また、その兵。②多くの人々が固まり結びあう。団体をつくる。③こり固まる。
【団月】ダンゲツ まるい月。まどかな月。満月。
【団扇】ダンセン うちわ。
【団団】ダンダン ①まるいさま。②露のまるくなっているさま。③垂れ下がるさま。④ぐるぐる回転するさま。
【団茶】ダンチャ 茶を粉にして練り固めた茶。
【団△匪】ダンピ ①団体を形成している賊。馬賊など。②義和団を反対者が賊徒とみなして呼んだことば。拳匪ケンピ。
【団△欒・団△圞・団△圝】ダンラン ①集まって楽しむ。まどい。②丸いさま。③丸める。④だんご。団子。

(7)4 【囲】1156 教 4 イ かこむ・かこう　1647 304F

(12)9 〔圍〕1157 イ(ヰ) 微 wéi　5203 5423

筆順 

字義 ❶かこむ。とりまく。「包囲」❷かこみ。かこい。周囲をとりまいたもの。「重囲」❸まもる。とりかこみまもる。❹まわり。周囲。「胸囲」❺長さの単位。㋐かかえ。両手を広げてひと囲みする長さ。㋑一囲は五寸、または一尺。国❶かこう。㋐かくしておく。かくまう。㋑貯えておく。❷かこい。周囲をかこうもの。塀など。

解字 金文  篆文  形声。篆文は、囗＋韋㊥。音符の韋イは、かこむの意味。囗は、めぐるの意味。かこいをめぐらすの意味を表す。常用漢字は俗字による。

▼合囲・四囲・周囲・重囲・範囲

【囲碁】イゴ 碁をうつこと。また、碁。囲棋。
【囲△繞】イジョウ・イニョウ ぐるりととりまくこと。

(7)4 【囮】1158 △ ガ(グヮ) 歌 é 慣カ(クヮ)　5189 5379

字義 おとり。㋐他の鳥獣虫魚をだましておびき寄せるために使われる生き物。㋑すべて、何かをおびき寄せるために利用されるもの。

解字 篆文  形声。囗＋化㊥。音符の化は、かわるの意味。囗は、かこいの意味。野性の鳥獣をならし変えて、かこいの中に入れ、同類の鳥獣をだましとる、おとりの意味を表す。

(7)4 【囬】1159 △ カイ 回(1152)の俗字。→二二一ペ。

(7)4 【囧】1160 △ ケイ 冏(482)の本字。→一三三ペ。

(7)4 【困】1161 教 6 コン こまる　コン 願 kùn　2604 3A24

筆順 

字義 ❶こまる。くるしむ。こうじる。なやむ。また、くるしみ。なやみ。「困難」「貧困」❷つかれる。つかる。「疲労困憊コンパイ」❸みだれる。乱れ。❹易エキの六十四卦カの一つ。☵☱ 坎下兌上カンカダジョウ。進退きわまる象かたち。

解字 篆文  会意。木＋囗。木が囲みの中にあって伸びなやみ、こまるの意味を表す。困を音符に含む形声文字に、梱コン・閫コンなどがあり、これらの漢字は、「囲みの中にとじこめる」の意味を共有している。

▼窮困・酒困・衰困・屯困・貧困・弊困・乏困

【困学(學)】コンガク ①行きづまりこまってから、はじめて学ぶ。〔論語、季氏〕②（心が鈍くて）苦しみながら学ぶ。③（貧乏で）苦しみながら学ぶ。苦学。
【困却】コンキャク こまりきる。却は、強意の助字。
【困急】コンキュウ こまり苦しむ。急は、きびしく迫る意。
【困窮】コンキュウ ①こまり果てる。②生活になやむ。きわめて貧しいこと。
【困△窘】コンキン こまり苦しむ。こまり果てる。
【困苦】コンク こまり苦しむ。また、苦しみ。なやみ。
【困△蹶】コンケツ 蹶は、つまずく。①失敗する。②志がくじける。③苦しみなやむ。
【困辱】コンジョク 苦しめはずかしめる。
【困知勉行】コンチベンコウ 苦心して学び努力して行う。↔生知安

行・学知利行。『中庸』に「或生而知レ之、或学而知レ之、或困而知レ之、及二其知一之、一也」とあるのに基づく。

【困頓】コントン ①つかれ果てる。②こまり果てる。苦しみ倒れる。

【困難】コンナン ①むずかしい。②なやみ。苦しみ。また、貧苦。貧困。

【困憊】コンパイ 苦しみつかれる。つかれ果てる。憊も、苦しむ・疲れる。「疲労困憊」

【困乏】コンボウ ①貧乏で苦しむ。②つかれおとろえる。

【困厄・困戹・困阨】コンヤク ①わざわい。災難。②苦しみ悩む。また、苦しみ。悩み。

【困約】コンヤク 困苦窮乏する。非常に貧しく苦しい。

【困惑】コンワク こまりまどう。どうしてよいか分からぬ。

(7)4 【囪】1162 △ ソウ 窓(5410)の本字。→八〇八ページ。 3162 3F5E

(7)4 【図】1163 教 2 ズ・ト はかる

⒁11 【圖】1164 漢ト 呉ズ(ヅ) 唐 tú 5206 5426

筆順 冂 ツ 図 図

【啚】俗字

字義 ❶はかる。㋐くわだてる。計画する。「企図」㋑工夫する。検討する。㋒考える。❷はかりごと。くわだて。計画。「壮図」❸ズ。物の形状を描いたもの。絵・地図の類。また、描くこと。「縮図」❹書籍。本。「図書」❺中国古代伝説で、竜馬が黄河から背負って出たという八卦の図。未来記。「河図洛書」 国ズ。㋐思うつぼ。はかりごと。㋑調子。

使いわけ はかる〔計・測・量・図・謀・諮〕⇩計(7094)。

解字 文 金 篆 会意。囗＋啚。囗は、かこむの意味。啚は、米倉の象形で、耕作地のある境界区域の意味を表す。境界などをはっきりさせるための縮図・地図の意味を表す。また、度に通じて、はかるの意味をも表す。

▼意図・異図・海図・企図・系図・後図・構図・洪図・皇図・聖図・戦図・壮図・長図・帝図・覇図・版図・譜図・仏図・不図・浮図・謀図・雄図・竜図

【図緯】トイ 河図と緯書。未来の事や占いの事を書き記した書物。

【図会(會)】ズエ ある特殊な図画を集めた書籍。「名所図会」

【図絵(繪)】ズエ・ズカイ ①絵。図。②えがく。

【図画(畫)】ズガ・ガト ①えがく。絵にかく。②絵。絵画。③カク はかる。はかりごとをめぐらす。

【図巻】ズカン 絵巻物。

【図議】トギ 相談する。また、相談。

【図工】ズコウ ①えかき。画工。〔淮南子、氾論訓〕②国㋐製図工。㋑図画・工作の併称。

【図賛(贊)・図讃】ズサン その絵について、余白に書き入れた詩・歌・文章。画賛。

【図写(寫)】ズシャ・トシャ えがきうつす。えがく。

【図書】トショ・ズショ ①書籍。②地図と記録の帳簿。③河図洛書の略。→六四四ページ。④私印。昔の人が自分の蔵書に「某氏図書」というような印をおしたことから起こる。

【図讖】トシン 未来の吉凶を記した予言書。未来記。

【図籍】トセキ・ズセキ ①地図と人民の戸籍などの帳簿。②書籍。

【図説】ズセツ 図によって説明すること。また、そのもの。

【図像】ズゾウ・トショウ ①絵にかいた肖像。えすがた。画像。②黒い線で描いた仏の絵。白描の仏像画。

【図南】トナン 南海に行くことをくわだてる意。鵬という大鳥が九万里も高く空にまいのぼり、南の大海に飛んで行こうとくわだてた話。『荘子』逍遥遊編に基づく。㋐大志をいだいて南方に行くこと。㋑遠征または大業をくわだてること。

【図録】トロク ①＝図讖。図籙。②ズロク 器物などを描いた図。また、それを集めた書籍。

(8)5 【囷】1165 △ キン 眞 qūn

字義 ❶くら。こめぐら。円形の穀物倉。↔鹿(四角のこめぐら)。❷まがりくねるさま。「囷囷」

解字 文 篆 会意。囗＋禾。囗は、かこいの意味。禾は、穀物の意味。穀物ぐらの意味を表す。

〔囷①〕

(8)5 【固】1166 教 4 コ かためる・かたまる・かたい コ 遇 gù 2439 3847

筆順 冂 冂 円 固 固

字義 ❶かため。守り。そなえ。❷かたい。㋐しっかりしている。丈夫。強い。「強固」㋑きびしい。厳重。「断固」❸かためる。㋐かたくする。㋑こりかたまらせる。「凝固」㋒しっかりと安定させる。❹かたまる。かたくなる。❺かたく。しっかりと。強く。❻もとより。もともと。元来。言うまでもなく。↓固窮。「固有」❼まことに。本当に。 国かため。約束。ちぎり。「夫婦の固め」

名乗 かた・かたし・かたむ・たか・み・もと 難読 固唾

使いわけ かたい〔硬・堅・固・難〕⇩硬(5158)。

解字 文 篆 形声。囗＋古㊥。音符の古は、かたいの意味。囗は、城郭のかこいの意味。城郭の固い守りの意味から、かたいの意味を表す。

▼確固・頑固・強固・凝固・禁固・警固・堅固・断固・貞固・偏固

【固窮】コキュウ ①非常に困ること。②もとよりキュウす もちろん苦しいめにあう。一説に、どんな困難にあっても、安んじていること。〔論語、衛霊公〕子日、君子固窮。

【固持】コジ ①しっかり持ちこたえる。②＝固執。

【固辞(辭)】コジ かたく断る。強く辞退する。〔書経、大禹謨〕

【固疾】コシツ 長い間なおらない病気。痼疾。

【固執】コシツ・コシュウ かたくとり守る。執着して捨てたり変えたりしない。

【固守】コシュ かたくまもる。しっかり守る。

【固着・固著】コチャク しっかりとつく。

【固有】コユウ ①もとからある（所有する）。〔易経、益〕②国そのものだけが所有する。特有。もちまえ。「固有名詞」

【固陋】コロウ 考えがせまくてかたくななこと。頑固で見方のせまいこと。「頑迷固陋」

(8)5 【国】1167 教 2 コク くに 2581 3971

⑾8 【國】1168 ㊅許 コク 職 guó 5202 5422

筆順 冂 冂 国 国

【圀】同字 5191 537B 【囯】俗字

字義 ❶くに。㋐一つの政府に属する土地。「母国」「建国」㋑諸侯の領地。㋒都。首都。〔唐、杜甫、春望詩〕国破山河在。㋓ふるさと。故郷。〔唐、盧僎、南楼望詩〕去レ国三巴遠。㋔一定の境界内の土地。❷くにする。国を建てる。また、都を定める。 国くに。わが国。日本。「国語」「国文」

名乗 とき 難読 国英・国後・国栖・国造・国東・国背宍人・国府・国府津・国府台・国風・国分・国包・国縫

参考 国土の大きいものを邦、小さいものを国と区別することがある。

解字 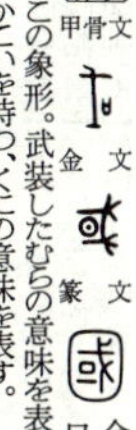

会意。甲骨文は、口＋戈。口は、むらの象形。戈は、ほこの象形。武装したむらの意味を表す。のち、口を付し、外のかこいを持つ、くにの意味を表す。

▼愛国・海国・開国・帰国・貴国・旧国・郷国・挙国・君国・軍国・傾国・経国・建国・皇国・興国・古国・孤国・故国・鎖国・殉国・相国・神国・生国・戦国・宗国・祖国・大国・他国・柱国・中国・通国・敵国・廃国・売国・万国・弊国・亡国・母国・民国・憂国・与国

【国維】コクイ 国の綱紀。国内の法令・秩序など。

【国恩】コクオン 国の恩。天子の恩恵。〔晋、李密、陳情表〕尋蒙$_{二}$国恩$_{一}$（ついでコクオンをこ(か)うむる）。

【国花】コッカ その国で最も親しまれて代表とされている花。日本は桜。中国は牡丹（ボタン）。

【国家】コッカ ①くに。国土と王室。〔易経、繋辞下〕②天子。③朝廷。政府。④一定の地域に居住する多数の人から成り、統治権によって組織せられている団体。領土・人民・統治権が、その概念の三要素とされている。

【国家△昏乱(亂)有$_{二}$忠臣$_{一}$】コッカコンランしてチュウシンあり 国家が乱れると忠義の家来が現れる。無為自然の大道が行われて世の中が治まっておれば、忠臣は出ないという、老子の逆説。〔老子、十八〕→六親不$_{レ}$和有$_{二}$孝慈$_{一}$（二五ページ）。

【国華】コッカ 国の栄光。国のほまれ。

【国歌】コッカ ①国民の理想や精神などを歌い、儀式に歌うべきものと定まっている歌。国際上、その国を代表する歌。②[国]やまとうた。和歌。

【国学(學)】コクガク ①昔、国都にあって天子・諸侯・貴族の子弟や国中の秀才を教育した学校。晋（シン）以後は国子学または国子監と称した。②中国固有の学問。外来の学に対していう。③[国]㋐平安時代、諸国に設けて主として郡司（地方行政官）の子弟を教育した学校。㋑『古事記』『日本書紀』『万葉集』などの古典を中心として研究し、仏教や儒学が渡来する以前の日本固有の生活及び精神を明らかにしようとした学問。賀茂真淵（かもまぶち）・本居宣長（もとおりのりなが）などによって確立された。和学。皇学。㋒国語・国文の俗称。↕漢学・洋学。

【国患】コッカン 国の災難。国の難儀。国難。

【国基】コッキ ＝国本。〔左伝、昭公十三〕

【国旗】コッキ その国の標識とされている旗。

【国器】コッキ・コクキ 国の政治をまかせるに足る、すぐれた人物。

【国技】コクギ ①その国固有の（愛好している）わざ。武術・競技・音楽などについていう。②[国]相撲（すもう）。

【国教】コッキョウ ①その国の教え。②[国]国家が認め国民が信奉すべきものと定めた教えや宗教。

【国禁】コッキン・コクキン 国家の禁制。国が法令で禁じていること。

【国訓】コックン [国]漢字の意味を日本のことばに訳して読んだ読み。訓読み。花（音カ）をハナと読む類。和訓。

【国計】コッケイ ①国の政策。②国の財政。

【国慶】コッケイ 国家のよろこびごと。

【国権(權)】コッケン ①国家の権力。国家の支配・統治権。②国家の権威。③国家の権益。

【国憲】コッケン 国家の（根本）法規。国のおきて。国法。

【国語】コクゴ ①その国固有の言語。②書名。二十一巻。春秋時代の諸国の事件を国別に記す。周の左丘明の著といわれるが、明らかでない。

【国光】コッコウ ①国の威光。国のほまれ。また、国家の盛徳。②その国の民情・風俗などの状態。

【国策】コクサク ①国の政策。②『戦国策』の略称。

【国産】コクサン 自分の国の産物や製品。↕舶来。

【国士】コクシ ①一国の中で最もすぐれた人物。②国家のために命をささげて尽くす人。

【国士無双(雙)】コクシムソウ 一国の中で並ぶ者のないほどすぐれている人。〔史記、淮陰侯伝〕

【国子】コクシ 公卿（コウケイ）・大夫（タイフ）（貴族）の子ども。

【国子学(學)】コクシガク 晋代（シンダイ）以後、国都に設けられ、国子や天下の秀才を教育した学校。＝国学の①。

【国子監】コクシカン ①隋代（ズイダイ）以後、国子学などの政府直轄学校及び教育行政をつかさどった役所。②転じて、国子学の別名。

【国子祭酒】コクシサイシュ 国子監の長官。国子学の長をも兼ねた。

【国史】コクシ ①国の記録をつかさどる役人。②国の歴史。③[国]日本の歴史。日本史。

【国司】コクシ [国]大化の改新以後、朝廷から諸国に赴任させた地方官。守（かみ）・介（すけ）・掾（じょう）・目（さかん）・史生（ジショウ）の五等に分かれた。

【国師】コクシ ①国の軍隊。私家の軍隊に対する語。②一国の師表。その国の人々の手本となるすぐれた人。③官名。天子の師。④＝国子祭酒。⑤[仏]㋐天子から禅宗の高僧に賜った称。㋑仏教に関して天子に教えた僧。⑥[国]奈良時代の僧官で、諸国の僧尼の監督などを職務とした。

【国字】コクジ ①その国の固有の文字。その国の通行文字。②[国]㋐日本の通行文字。㋑日本で、漢字にならって作った字。辻（つじ）・榊（さかき）・裃（かみしも）など。和字。㋒かな（仮名）。⇩コラム・国字（下段）。

■国　字

一般に、その国の言語を表記するために公的に採用している文字を、その国の国字という。漢字文化圏にある日本では、特に中国の漢字に対して、日本で独自に工夫された、①仮名、②日本製漢字を指して、国字または和字（倭字ワジ）という。ここでは日本製漢字について説明する。

(1) 日本語固有のニュアンスを伴う概念を表すために、中国にはない純日本製漢字が出現する。俤（おもかげ）・働（はたらく）・凩（こがらし）・峠（とうげ）・榊（さかき）・梻（しきみ）・栃（とち）・杣（そま）・畑（はた）・畠（はた）・辻（つじ）・笹（ささ）・糀（こうじ）・襷（たすき）・躾（しつけ）・鱈（たら）・鰯（いわし）・鳰（にお）・鴫（しぎ）

(2) 日本製漢字を求める過程で、結果的には中国の漢字とは意味の異なる、それでいて字体は偶然一致してしまうものも生じる。偲（㊐しのぶ㊥忠告しあう）・咄（㊐はなし㊥しかる）・嘘（㊐うそ㊥息を吹く）・扠（㊐さて㊥はさみとる）・杜（㊐もり㊥やまなし）・柏（㊐かしわ㊥ひのき）・鮎（㊐あゆ㊥なまず）

国字の造字は会意文字の類が多いが、国字の典型は地名・姓など固有名詞に現れる。麿（麻＋呂）・匁（文＋メ）・粂（久＋米）のような一種の日本的形声文字もある。

【国事】コクジ 国家に関する事がら。一国の政治。

【国事犯】コクジハン [国]国家や国家権力、国家の行政・司法・軍事などを侵害する犯罪。政治犯。

【国璽】コクジ 国家の表章として押す官印。

【国手】コクシュ ①医術・技芸などで、非常にすぐれた手腕を持つ人。名人。②転じて、特に医者を呼ぶ敬称。名医。

【国守】コクシュ [国]①国司の長官。くにのかみ。→国司。②江戸

時代、一国またはそれ以上を領有している大名。薩摩（さつま）・大隅（おおすみ）の二国を領した島津氏など。国主大名。国持ち大名。

【国書】（コクショ）①国と国との間の贈答文書。一国の元首がその国の名をもって発する外交文書。②その国の文字。また、書籍。

【国状（狀）】（コクジョウ）国のありさま。国の状態。

【国情】（コクジョウ）国の内情（事情）。国状。

【国色】（コクショク）①国中で第一等の美人。②国花。

【国辱】（コクジョク）国家のはじ。

【国粋（粹）】（コクスイ）[国]国民の特性や歴史・国土の関係から生じた、その国固有の精神上・物質上の美点。「国粋主義」は、自国の歴史・文化・政治などをすぐれたものと認め、その伝統精神を維持・発展させようとする主義。

【国是】（コクゼ）国家の方針。世論にささえられている国家の方針。是は、よいと認められたものの意。

【国勢】（コクセイ）①国のいきおい。②国のありさま。③[国]人口・資源・産業など、国力のもとになるものの総合的な状態。

【国籍】（コクセキ）その国に所属する人間であることを示す戸籍。船舶・航空機などについてもいう。

【国姓△爺・国性△爺】（コクセンヤ）鄭成功（テイセイコウ）をいう。明（ミン）の唐王に仕えて明の王室の姓「朱」を姓として賜ったからいう。爺は、父または老人の意。

【国△祚】（コクソ）①国の幸い。②国王の位。王位。

【国俗】（コクゾク）国の風俗。国のならわし。

【国賊】（コクゾク）国家にあだをする者。自国を乱す悪人。

【国体（體）】（コクタイ）①国の性格。国がら。国の成り立ち。国家の状態。②君主の手足となって働く家来。③[国]㋐統治権の存在状態によってわけた国家の区別。君主国体・民主国体など。㋑「国民体育大会」の略称。

【国△儲】（コクチョ）①国君の後継者。皇太子。②国家のたくわえ。

【国朝】（コクチョウ）①当代の朝廷。他国・他の朝廷に対していう。②[国]日本の朝廷。また、日本。本朝。皇朝。

【国典】（コクテン）①国家の法令・制度・儀式など。②[国]日本固有の書籍。

【国△蠹】（コクト）国民でありながら、その国家に害を与える者。蠹は害虫の類。

【国土】（コクド）①一国の統治権の行われる境域。領土。②土地。③ふるさと。郷土。④[仏]すべての有情（ウジョウ）（生あるもの）の住む所。この世界。

【国土成就】（コクドジョウジュ）[仏]世界中の万物が十分に栄えて、人間が幸福に暮らすこと。

【国△帑】（コクド）国家の財貨を入れておく倉。また、国家の財産。帑は、金庫（かねぐら）。

【国度】（コクド）①国家の費用。②国の法令・制度。

【国破山河在】（くにやぶれてサンガあり）国都長安は賊のために破壊されてしまったが、自然の山河はもとのままで少しもかわりなく存在している。安禄山（アンロクザン）の乱後、杜甫（トホ）が都長安をながめて悲しんで作った「春望」の詩の一句。人間及び人間の作ったものははかなく自然は永久に変わらないとの意。〔唐、杜甫、春望詩〕――、城春草木深（しろはるにしてソウモクふかし）。〈――、町はちょうど春で、草木が茂っている〉

【国賓】（コクヒン）①国君から賓客として待遇される人。②[国]国家の賓客として皇室及び政府から待遇される外国人。

【国夫人】（コクフジン）諸侯の母または高官の妻で特別の勲功のある者に与える封号。南朝宋（ソウ）に始まる。

【国風】（コクフウ）①国の風俗。国のならわし。国俗。②『詩経』の詩の一体。おもに諸国の民謡。③地方の国々の民謡。④[国]和歌。

【国柄】（コクヘイ）①国の政治を動かす権力。政権。柄は、物の柄（え）で、物を自由に動かす重要な所。②[国]（くにがら）㋐国家成立の状態。国体。㋑その国または地方の風格・性格。

【国△秉】（コクヘイ）＝国柄の①。

【国歩】（コクホ）国家の進んで行くあしどりの意。国家の運命。国の情勢。国運。国勢。「国歩艱難（カンナン）」

【国母】（コクボ）①皇后。万民の母の意。②[国]（コクボ・コクモ）皇太后をいう。天子の母の意。

【国本】（コクホン）国家の独立・繁栄の基礎。国基。

【国脈】（コクミャク）国家の命脈（寿命）。

【国務】（コクム）国家の政務。

【国命】（コクメイ）国の命令。国家の政令。一国の政治。〔論語、季氏〕

【国門】（コクモン）①国都の門。都の城門。②国境の門。国の出入り口の関門。

【国△邑】（コクユウ）①諸侯の領地。②みやこ。国都。

【国用】（コクヨウ）①国の費用。②国の役に立つこと。

【国乱（亂）思二良相一】（くにみだれてリョウショウをおもう（ふ））国家が乱れたときには、りっぱな宰相を得たいと思う。〔十八史略、春秋戦国、魏〕⇩家貧思二良妻一（三〇四ﾍﾟｰ）。

【国利民福】（コクリミンプク）国家の利益と人民の幸福。

【国力】（コクリョク）①国の力。国の経済・軍事などの総合力。②国の勢力。

【国老】（コクロウ）①卿大夫（ケイタイフ）の、退職して後も卿大夫の待遇を受けている者。②国家の老臣。③[国]大名の家老。

【国論】（コクロン）①国家の大計に関する議論。②[国]国民一般の議論・主張。世論。輿論（ヨロン）。

【傾レ国傾レ城】（くにをかたむけしろをかたむく）＝傾城傾国（九八ﾍﾟｰ）。

【就レ国】（くににつく）①与えられた領国に君として行くこと。②領国に帰る。

【殉レ国】（くににジュンず）国事のために命を捨てる。殉国。

(8)5 【囹】1169 △ 漢レイ 呉リョウ（リャウ） [青] líng 5190 537A

字義 ひとや。おり（檻）。牢獄（ロウゴク）。

解字 篆文  形声。口＋令(音)。音符の令は、ひざまずき神意を聴く人の象形。かこみの中にひざまずく人のさまから、ひとやの意味を表す。

【囹△圄・囹△圉】（レイギョ・レイゴ）ひとや。牢獄（ろうごく）。圄・圉も、ひとや。

(9)6 【圀】1170 △ コク 国（1167）と同字。→二三三ﾍﾟｰ。 5191 537B

(9)6 【囿】1171 △ 漢ユウ（イウ） 呉ウ [宥] yòu 5192 537C

字義 ❶その（園・苑）。にわ（庭）。㋐垣をめぐらし動物を放し飼いにしておく庭。㋑林や池のある庭。❷ものの多く集まっている所。❸区域。❹とらわれる。こだわる。

解字 甲骨文  金文  篆文  形声。口＋有(音)。音符の有は、食事をすすめるの意味。宮廷の食事に供するための鳥獣を放し飼いにする場所の意味を表す。

【囿△苑】（ユウエン）鳥獣を飼うその。動物園。苑囿。「また、園丁。

【囿人】（ユウジン）①宮廷の動物の番人。②花や木を栽培する人。

(10)7 【圅】1172 △ カン 函（548）の本字。→一三三ﾍﾟｰ。

(10)7 【圄】1173 △ 漢ギョ 呉ゴ [語] yǔ 5193 537D

字義 ❶ひとや。牢獄（ロウゴク）。「囹圄（レイギョ・レイゴ）」❷とらえる。罪人を捕らえて留置する。❸まもる。ふせぐ。

解字 篆文  形声。口＋吾(音)。音符の吾（ゴ）は、守り防ぐの意味。罪人を留置する、ひとやの意味を表す。

(10)7 【圂】1174 △ 一 漢コン・呉ゴン [慁] hùn 二 漢カン（クヮン）・呉ゲン [豢] huàn

字義 一❶ぶたごや。❷かわや。便所。＝溷（コン）。❸気おくれする。＝惛（コン）。二家畜。家で飼う豚や犬の類。

解字 甲骨文  金文  篆文  会意。口＋豕。口は、かこいの意味。豕は、ぶたの意

味。合わせてぶた小屋の意味を表す。

(10)7 【圃】 1175 標 漢ホ 呉フ 麌 遇 pǔ 4264 *4A60*

字義 ❶はたけ。その。野菜や果樹の畑。「圃園」❷畑仕事。畑つくり。また、農夫。「老圃」❸大きい。広い。

解字 甲骨文 金文 篆文 形声。囗＋甫音。音符の甫は、いねのなえを植えるの意味。なえを植えてあるはたけの意味を表す。

【圃園】(ホエン) ①畑。②庭。庭園。

【圃畦】(ホケイ) 畑のうね。

(11)8 【圉】 1176 △ 一 漢ギョ・呉ゴ 語 yǔ 二 漢ギョ・呉ゴ 御 5194 *537E*

字義 一❶ひとや。牢獄。❷馬を飼っておく所。また、馬の世話する人。馬丁。❸かう。家畜などを飼う。❹ふせぐ。とどめる。❺辺境の地。❻ものの形容。「圉圉」 二ふせぐ。とどめる。

解字 甲骨文 篆文 会意。囗＋幸(㚔)。㚔は、手かせの象形。囗は、かこむの意味。周囲をかこまれた、ひとやの意味を表す。

【圉圉】(ギョギョ) つかれはててゆったりしないさま。また、苦しんでちぢんでいるさま。

【圉禁】(ギョキン) ふせぎとめる。

【圉人】(ギョジン) 官名。周代、馬飼いの役人。転じて、馬の世話をする役人。馬丁。

(11)8 【圈】 (1179) ケン 圏(1178)の旧字体。→上段。 5201 *5421*

(11)8 【國】 (1168) コク 国(1167)の旧字体。→二三三ページ。 5202 *5422*

(11)8 【圊】 1177 △ 漢セイ 呉ショウ(シャウ) 庚 青 qīng

字義 かわや。便所。

解字 形声。囗＋青音。音符の青は、きよいの意味。囗は、かこいの意味。清潔にしておかなければならない場所の意味を表す。

【圊溷】(セイコン)・【圊圂】・【圊溷】 かわや。便所。

【圊廁】(セイシ) かわや。便所。

(12)9 【圍】 (1157) イ 囲(1156)の旧字体。→二三三ページ。 5203 *5423*

(12)9 【圏】 1178 常 ケン 2387 *3777*

(11)8 【圈】 1179 人 許 一 漢ケン・呉ガン(グヮン) 願 juàn 二 漢ケン・呉ゲン 先 quān 5201 *5421*

筆順 （圏）

字義 一❶家畜を飼っておく所。動物を入れるおり。囲いをした所。❷境界。さかい。❸限られた区域。範囲。「北極圏」 二❶まげもの。木を曲げて作った器物。❷まるい。わ(輪)。

解字 篆文 形声。囗＋巻(卷)音。音符の巻は、まくの意味。家畜を飼うために、まくようにしたかこいの意味を表す。

【圏外】(ケンガイ) 限られた区域の外。範囲外。↕圏内。

【圏点(點)】(ケンテン) 詩文の妙所・要所を示すために、そのかたわらにつけた丸い点。

【圏発(發)】(ケンパツ) 漢字の四声を示すために字の四すみの一つにつけるしるし。左下は平声、左上は上声、右上は去声、右下は入声。

【圏内】(ケンナイ) 限られた区域の内。範囲内。↕圏外。

(13)10 【園】 1180 教 2 エン その 漢エン(エン) 呉オン(ヲン) 元 yuán 1764 *3160*

筆順 （園）

【薗】 同字 1782 *3172*

字義 ❶その。㋐果樹・野菜・草花の畑。「農園」「梅園」㋑庭。「庭園」「動物園」❷天子の墓。みささぎ。❸畑のかきね。❹はか(墓)。みささぎ。陵墓。

参考 現代表記では［苑］(6270)の書きかえに用いることがある。「苑地→園地」

解字 篆文 形声。囗＋袁音。音符の袁は、圜に通じ、めぐるの意味。かこいをめぐらせた、「その」の意味を表す。

▼果園・学園・郷園・禁園・故園・菜園・漆園・寝園・荘園・池園・竹園・茶園・田園・芳園・楽園・林園

【園苑】(エンエン) その。庭園。

【園葵】(エンキ) 畑の野菜。園菜。園蔬。

【園寝(寢)】(エンシン) 陵墓(みささぎ)のそばにあって、その祭りの時に用いる建物。

【園蔬】(エンソ) 畑の野菜。園菜。

【園丁】(エンテイ) 庭または畑の作業をするために雇われている人。

【園亭】(エンテイ) ①庭園内のあずまや。②庭園。

【園田】(エンデン) 畑。また、庭と畑。転じて、農村。田園。［陶潜、帰田園居一詩］開レ荒南野際、守レ拙帰ニ園田一〈家の南方のあたりの荒れ地を開拓しようとして、世わたりのまずさを、そのまま守り続けて、この田園へ帰って来たのだ〉

【園廟】(エンビョウ) 陵墓(みささぎ)そのばにあるみたまや。

【園圃】(エンポ) ①畑。②庭。

【園囿】(エンユウ) ①畑。②庭。庭園。③動物を放し飼いにしておく所。また、狩猟場。［孟子、滕文公下］

【園陵】(エンリョウ) みささぎ。陵墓。［史記、叔孫通伝］

【園林】(エンリン) ①園中の林。②園と林。

【園令】(エンレイ) みささぎを守る官。

【園廬】(エンロ) ①畑と小屋。②畑の中にある小屋。

【不レ窺レ園】(そのをうかがわず) 庭園をうかがい見ない。学問に精励すること。前漢の学者董仲舒が三年間も部屋に閉じこもって学問に励んだ故事。［漢書、董仲舒伝］

(13)10 【圓】 (471) エン 円(470)の旧字体。→一二九ページ。 5204 *5424*

(14)11 【團】 (1155) ダン 団(1154)の旧字体。→二三三ページ。 5205 *5425*

(14)11 【圖】 (1164) ト 図(1163)の旧字体。→二三三ページ。 5206 *5426*

(16)13 【圜】 1181 △ 一 漢エン(エン) 呉 先 yuán 二 漢カン(クヮン) 呉ゲン 刪 huán 5208 *5428*

字義 一❶まるい。まる。＝円。❷まわる(回)。❸天。❹ひとや。牢獄。 二めぐる。かこむ。また、めぐらす。

解字 篆文 形声。囗＋睘(睘)音。音符の睘は、めぐるの意味。囗と合わせて、めぐるの意味を表す。

【圜丘】(エンキュウ) まるい丘。天子が冬至に天を祭る丘。

【圜視】(エンシ) ①目をまるく見張って見る。②(カンシ) (四方から)とり囲んで見る。

【圜繞】(カンジョウ) めぐる。囲む。めぐらす。

【圜陣】(エンジン) 円形に敷いた陣地。円陣。［史記、李将軍伝］

【圜土】(エンド) ひとや。牢獄。

(22)19 【圝】 1182 △ ラン 寒 luán

【圞】 俗字

字義 まるい。まどか。＝欒。「団圝」

解字 形声。囗＋䜌音。音符の䜌は、卵に通じ、まるいたまごの意味。まるくかこむの意味を表す。

(26)23 【圞】 1183 △ ラン 圝(1182)の俗字。→前項。

3

土部

〔部首解説〕 つち。つちへん。土をもとにして、土でできたもの、土の状態、土に手を加えることなどに関係する文字ができている。

寺→寸部 三二三㌻。幸→干部 三五三㌻。袁→衣部 九七五㌻。
嗇→口部 二二三㌻。

(3)0

【土】1184

教1　ド・ト　つち　㊥ト・㊇ド　土産(みやげ)　㊀ tǔ

3758
455A

筆順　一　十　土

字義　❶つち。どろ。土壌。❷土地。大地。❸領土。国土。また、住所。人の住んでいる所。「風土」❹地方。郷土。いなか。「土臭」❺土地の神。❻五行(ゴギョウ)の一つ。方位は中央、季節では土用、音では宮、味では甘、人間では君主、十干では戊(ボ)と己に当てる。❼八音の一つ。土を焼いて作った楽器。❽七曜の一つ。土曜日。国国名。土耳古(トルコ)の略。

名乗　つつ・のり・はに・ひじ

難読　土下(はした)・土海(はなみ)・土塊(つちくれ)・土気(とけ)・土器(かわらけ)・土古(どんこ)・土庫(どこ)・土師(はじ・はにし)・土庄(とのしょう)・土神(わに)・土深(どぶか)・土生(はぶ)・土生田(とちだ・おただ)・土当帰(うど)・土肥(といどい)・土筆(つくし)・土方(ひじかた)・土万(ひじま)・土竜(もぐら・むぐら)

解字　甲骨文 　篆文 土　象形。甲骨文でよくわかるように、土地の神を祭るために柱状に固めた土の形にかたどり、つちの意味を表す。社(社)の原字。土を音符に含む形声文字に、吐・徒・社などがあり、これらの漢字は、「つち」の意味を共有している。

▼漢土・客土・后土・荒土・黄土・国土・故土・撮土・焦土・壌土・浄土・風土・辺土・封土・方土・邦土・楽土・領土

【土域】ドイキ　①国内。領内。②土地。
【土宇】ドウ　①土地と住宅。転じて、住民。②国土。領土。
【土音】ドオン・ドイン　①その地方の発音。なまり。②五行の土に当たる音。宮(キュウ)の音。
【土△芥】ドカイ　土とあくた。取るに足らない物のたとえ。
【土階三等】ドカイサントウ　家の入り口に土の階段が三段しかないこと。宮殿の質素なたとえ。〔史記、五帝本紀〕
【土塊】ドカイ　①土のかたまり。土くれ。②国墓。
【土器】ドキ　①うわ薬を使わない、すやきの焼き物。かわらけ。②原始時代の土製の器物。「縄文式土器」
【土△簋】ドキ　土製の簋。簋は、穀物を盛って神に供える器。
【土宜】ドギ　①その土地に適する農作物。②その土地の産物。土産(みやげ)。
【土牛】ドギュウ　立春のころ、迎春の式に祭る土製の牛。
【土牛木馬】ドギュウモクバ　見かけはりっぱで内容のないもののたとえ。家がらが高くて才能のない人をいう。
【土偶】ドグウ　土人形。土偶人。
【土△圭】ドケイ・トケイ　古代、日かげの長さを計測した道具。日時計。
【土語】ドゴ　その土地のことば。方言。
【土工】ドコウ　①陶器などを作る人。焼き物師。陶工。②土木工事。また、それに従事する人。
【土公】ドコウ　①土をつかさどる神。春はかまど、夏は門、秋は井戸、冬は庭に住み、その時にその場所を動かせば、たたりがあるという。②土民中のかしらだつ者。村長(むらおさ)。
【土功】ドコウ　土木工事。功は、仕事の意。
【土貢】ドコウ　その地方のみつぎ物。
【土△寇】ドコウ　土民の盗みや反乱。また、その土民。土匪(ドヒ)。
【土△梗】ドコウ　①土人形。でく。土偶。②粗悪なもの。
【土豪】ドゴウ　その地方の豪族。その土地の勢力者。
【土産】ドサン　①その土地に産すること(物)。②国(みやげ)　旅先から持ち帰る土地の産物。また、広く贈物をいう。
【土耳古】トルコ　国国名。Turco の音訳。アジアとヨーロッパにまたがる共和国の名。中国語訳は、土耳其。
【土壌(壤)】ドジョウ　①(作物の育つ)土。②国。国土。
【土神】ドシン　①五行の土の神。②その土地の神。氏神。産土神(うぶすながみ)。③土木・家相の神。
【土人】ドジン　①土人形。でく。土偶。②土着の住民。土民。③未開地の原住民。
【土星】ドセイ　①北斗七星の第一星。②太陽系中の惑星の一つ。太陽から数えて六番目にあり、木星に次いで大きい。
【土葬】ドソウ　死体をそのまま土中にほうむること。↔火葬・水葬。
【土俗】ドゾク　その土地の風俗・習慣。土習。
【土台(臺)】ドダイ　①土で築いた高い台。②国㋐建物の基礎。いしずえ。㋑物事の根本。
【土着・土著】ドチャク　その土地に初めから住んでいること。

【土珍】ドチン　その土地の珍しい産物。
【土嚢】ドノウ　①大きな穴。②谷の口。③土をつめた袋。
【土匪】ドヒ　その土地に居て盗みや乱をなす者。土寇ドコウ。
【土風】ドフウ　①その土地の歌。民謡。②その土地の風俗。土俗。
【土崩】ドホウ　土がくずれ落ちるように、もろくめちゃめちゃにくずれること。「土崩瓦解ドホウガカイ」も同意。瓦解は、かわらがばらばらに散らばること。〔史記、秦始皇本紀〕
【土木】ドボク　①土石や木を使ってする工事。土木工事。②かざりけのないこと。ぶこつ。粗野。
【土饅頭】ドマンジュウ　土をまるく盛りあげた墓。
【土民】ドミン　土着の住民。
【土毛】ドモウ　野菜や穀物。土に生えるものの意。
【土用】ドヨウ　国①暦の節の名。土気のさかんな時。立春・立夏・立秋・立冬の前十八日間。土旺ドオウ。②特に、夏の土用。暑さの最もきびしく感じられる期間。
【土竜(龍)】ドリョウ・ドリュウ　①雨請いに用いる土製の竜。②もぐらの別名。
【食於土一者】ドにショクするもの　農地で生活している人。農民。
【列土】レッドす　諸侯となって、領地を所有する。

(5)2【圧】1185　教5　アツ　1621　3035

(17)14【壓】1186　漢オウ(アフ)　呉ヨウ(エフ)　慣アツ　洽 yā　5258　545A

筆順　一　厂　厈　圧

【压】俗字　字義　❶くずす。くずれる。❷おさえる。おさ。おす。おさえつける。おしつぶす。「重圧」「指圧」❸おさえる力。圧力。「血圧」「気圧」

解字　篆文　形声。篆文は、土＋猒音。音符の猒エンは、おしつぶすの意味。土でおしつぶすの意味を表す。常用漢字の圧は、省略体。

▼威圧・高圧・重圧・弾圧・鎮圧・覆圧・抑圧

【圧巻(卷)】アッカン　①巻中第一の詩文。最も優れた詩文。昔、中国で科挙（官吏登用試験）の最優等の答案を他の答案の上に載せた故事による。巻は、答案。〔文章弁体、弁詩〕②一番優れたもの。
【圧搾】アッサク　①おししぼる。おしてしめつける。②（圧力を加えて）おしちぢめる。圧縮。
【圧殺】アッサツ　おしころす。
【圧死】アッシ　おしつぶされて死ぬ。
【圧縮】アッシュク　おしちぢめる。
【圧勝】アッショウ　①邪気などをおさえ除く。②国大きく差をつけて勝つ。一方的勝利。圧倒的勝利。
【圧制】アッセイ　むりやりおさえつける。権力でむりに従わせる。
【圧倒】アットウ　①おしたおす。②相手をはるかにしのぐこと。
【圧迫】アッパク　おしつけ、せまる。強くおさえつける。
【圧服】アップク　おさえつけて従わせる。むりに従わせる。圧伏。
【圧力】アツリョク　①おしつける力。圧迫する力。②物理学で、二つの物体の接触面に垂直に働く、押し合う力。

(5)2【圦】1187　国字　△　5209　5429

字義　いり。水を通すために堤つつみに埋めた樋ひ。水門。

解字　会意。土＋入音。音符の入は、日本語の「いり」の意を表し、土手の意味の土を付して水が入っていく水門の意味を表す。

(6)3【圯】1188　△　一イ　支 yí　二シ　紙

字義　一二はし。土の橋。どばし。「圯橋」

参考　〔圮ヒ〕は別字。

解字　篆文　形声。土＋巳音。

【圯橋書】イキョウのショ　漢の張良が土橋の上で黄石公から与えられたといわれる兵法書。→次項。
【圯上老人】イジョウのロウジン　下邳カヒ（今の江蘇コウソ省内）の圯橋（土橋）の上で漢の張良に、兵法書を授けた老人。黄石公をいう。〔宋、蘇軾、留侯論〕

(6)3【圩】1189　△　一ウ　虞 yú　二イ(ヰ)　支 wéi

字義　一二❶つつみ。堤防。❷くぼむ。へこむ。❸むら（村）。「ォ。

解字　形声。土＋于音。

(6)3【圬】1190　△　漢オ(ヲ)　呉ウ　虞 wū

字義　こて。壁などを塗るこて。また、それを使う人。左官。＝杇

解字　形声。土＋亏音。音符の亏ウは、柄のついた、こての象形。どろを塗る、こての意味を表す。

(6)3【圭】1191　人　ケイ　斉 guī　2329　373D

筆順　十　土　圭　圭

【珪】標準　2330　373E

字義　❶たま。かどのある玉。上がとがり下が四角な玉。古代の諸侯が身分の証として天子から受けた玉。❷かど。「圭角」❸いさぎよい（潔）。❹容量の単位。黍きび六十四粒の量。❺ごく少ない量。❻目方の単位。粟あわ十粒の重さ。

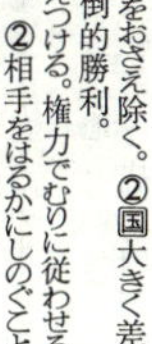
〔圭①(漢代)〕

名乗　か・きよ・きよし・たま・よし　難読　圭冠はしはこうぶり

解字　金文　篆文　古文　象形。縦横の線を重ねて、幾何学的な製図のさまにかたどり、上が円錐エンスイ形、下が方形の玉の意味を表す。圭を音符に含む形声文字に、佳・畦ケイ・街・閨ケイなどがある。また、「がけ」を意味する音符となって、厓ガイ・崖ガイ・涯・睚ガイなどの形声文字をも形成する。

【圭角】ケイカク　①圭のかど。圭のとがった先。②人の性格や言葉・動作などが、かどだって、他の人と融和しないさま。
【圭臬】ケイゲツ　日かげを測るために地面に立てた柱。一種の日時計。転じて、法度・標準。
【圭璋】ケイショウ　礼式用のかざり玉。璋は、圭を縦に二分したもの。転じて、人品の高いたとえ。
【圭璧】ケイヘキ　礼式用のかざり玉。璧は、中央に穴のある、環状の平たい玉。転じて、人品の高いたとえ。

(6)3【在】1192　教5　ザイ　ある　漢サイ　呉ザイ　賄 隊 zài　2663　3A5F

筆順　一　ナ　ナ　在

字義　❶ある。あり。㋐…にある。「潜在」㋑いる。住む。「滞在」「在住」❷みる。はっきり見る。❸ほしいまま。自由自在。

国❶います。まします。「ある」「いる」の敬語。❷ザイ。いなか。在郷ザイゴウから出た語。

名乗　あき・あきら・あり・すみ　難読　在狭田ありさだ・在処ありか・在藤ありとう

使いわけ　ある〔有・在〕⇩有(3116)。

解字　甲骨文　金文　篆文　形声。金文は、士＋才音。音符の才は、川のはんらんをせきとめるための良質の木の象形。士は、まさかりの象形。ともに災害から人を守って、存在させるものの意味から、あるの意味を表す。篆文は、士が土に変形した。

▼行在・介在・健在・顕在・現在・見在・散在・自在・実在・所在・潜在・存在・駐在・点在・内在・遍在

【在位】ザイイ　位にいる。①天子の位にいる。〔書経、尭典〕②高い官職にいる。また、その人・その期間。〔孟子、公孫丑上〕

【在家】(ザイカ) ①自分の家にいること。②仏(ザイケ) 在俗の人。↕出家。③(ザイ・ケ ザイ) いなかの家。また、いなか。

【在外】(ザイガイ) 外にいること。①外国にいる。外国に留まっている。②地方にいる。

【在郷(鄕)】(ザイキョウ) ①郷里にいること。②国(ザイゴウ) ㋐＝①。㋑都会に遠い地方。いなか。

【在勤】(ザイキン) 勤務についている。在職。

【在在】(ザイザイ) ①ところどころ。ここかしこ。②いたるところ。所在。「在在処処」

【在室】(ザイシツ) ①部屋にいること。②部屋住み。㋐未婚の女にいう。㋑離婚して生家にいる女にいう。

【在住】(ザイジュウ) そこに住んでいること。

【在宿】(ザイシュク) 国外に出ずに家にいること。在宅。

【在所】(ザイショ) ①すみか。ありか。②国㋐実家のあるいなか。くにもと。郷里。㋑いなか。地方。

【在世】(ザイセイ) 世にある。この世に生きていること。生存する。存命。

【在昔】(ザイセキ) むかし。いにしえ。往昔。

【在籍】(ザイセキ) ①本籍地に居住する。②国団体・学校などに籍のあること。

【在俗】(ザイゾク) 仏出家せずに俗世間にいること。

【在朝】(ザイチョウ) ①朝廷に出仕していること。②朝廷の官職を持っていること。↕在野の②。

【在天△之霊(靈)】(ザイテンのレイ) 天にましますみたま。

【在府】(ザイフ) ①役所にいること。②家にいること。在宅。③国江戸時代、江戸に在勤すること。府は府中（首都）の意。

【在銘】(ザイメイ) 刀剣・器物などに作者名・製作年月日などが刻みつけてあること。↕無銘。

【在野】(ザイヤ) ①野原にいること。②官に仕えないでいること。また、その人。↕在朝の②。〔書経、大禹謨〕

【在来(來)】(ザイライ) 国もとから。これまで。また、ありきたり。

【在留】(ザイリュウ) 国①一時ある地にとどまっていること。②外国にとどまっていること。「在留邦人」

(6)3
1193 【圥】 △ ソウ 走(7477)の俗字。→一〇五一ページ。 7665 6C61

(6)3
1194 【地】 教2 チ・ジ 漢チ・呉ジ(ヂ) 寅 dì 心地(ここち)・意気地(いくじ) 3547 434F

筆順 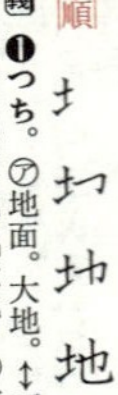

字義 ❶つち。㋐地面。大地。↕天。㋑国土。領土。㋒所。場所。地点。「墓地」「産地」㋓耕地。田畑。❷地の神。后土。❸身分。家がら。また、境遇。立場。「窮地」「実地」❹下地(したじ)。生地(きじ)。「素地」❺下。下部。低位。❻語尾にそえて語調をととのえる助字。「忽地(コッチ)(たちまち)」国ジ。㋐郷土。その地方。「地酒(じざけ)」㋑本性。「地金(じがね)」㋒織物の生地(きじ)。㋓紙や布の染色。「白地(しろじ)」㋔文章中の会話以外の部分。地の文。㋕実地。実際。「地で行く」㋖素質。生まれつき。㋗地紙(じがみ)。扇・からかさなどに張る紙。㋘舞踊などの伴奏。

名乗 くに・ただ 難読 地震(ない)・地震滝(ないのたき)・地銭(ぜにごけ)

解字 篆文  形声。土＋也㊥。音符の也(ヤ→チ)は、蛇の象形で、うねうねしたさまを表す。うねうねと連なる土地の意味を表す。

▼外地・閑地・危地・窮地・境地・見地・現地・耕地・故地・死地・失地・実地・勝地・壌地・心地・陣地・井地・生地・絶地・素地・拓地・天地・田地・辺地・封地・盆地・満地・門地・要地・余地・立地・略地・領地・霊地・路地・露地

【地衣】(チイ) ①地面に敷く敷物。毛氈(モウセン)・むしろの類。②植物学で、菌類と藻類(ソウルイ)の共生体。こけ・いわのりなど。↕水衣。

【地位】(チイ) ①地上の位置・場所。座席。②身分。くらい。③立場。立脚地。

【地異】(チイ) 地上に起こる変わった出来事。洪水(コウズイ)・地震など。↕天変。

【地維】(チイ) 大地を維持すると考えられた維(つな)。転じて、大地。

【地下】(チカ) ①大地の下。↕地上。②あの世。冥土(メイド)。③国(ゲジ) ㋐昔、殿上(テンジョウ)にあがることを許されない身分の低い官人。↕殿上人(テンジョウびと)・堂上。㋑身分の低い人。庶民。平民。

【地角】(チカク) ①大地のすみ（はて）。②みさき（岬）。③人のほお骨。相術家の語。

【地核】(チカク) 地球の中心部。

【地殻】(チカク) 地球の表面。地球の外表部。地皮。

【地△祇】(チギ) 大地の神。国つ神。天にいる神に対して、地上の神。↕天神。

【地久】(チキュウ) 大地が永久に滅びないで続く意。〔老子、七〕天長地久(テンチョウチキュウ)(テンながくチひさし)。

【地形】(チケイ) ①土地の高低・広狭などの状態。②国(ジギョウ) 家などを建てる前に、地面をならし固めること。地固め。

【地獄】(ジゴク) ①仏この世で罪悪を行った者が死後に責め苦を受けるという世界。→六道（一一五ページ）。②国㋐非常な苦しみを受ける所。㋑噴火山や温泉地などでたえず火煙や熱湯がふき出ている所。㋒劇場の舞台の床下。

【地誌・地志】(チシ) 地域・山川・風俗・産物などを記した書。地理書。

【地軸】(チジク) ①大地を支えていると想像された心棒。転じて、大地の深奥(シンオウ)。大地。②地球自転の中心軸。南北両極を結んだ仮想軸。

【地主】(チシュ) ①諸侯が会合した時、会合の場所となった国の主君。②土地の所有主。じぬし。③土地の神。

【地水火風】(チスイカフウ) 仏宇宙万物の成り立っている根源の要素。四大。四元素。

【地勢】(チセイ) ①土地の起伏・山川の位置などの状態。地形。②高い地位と権勢。

【地△脊】(チセキ) 山脈。土地の背骨の意。

【地租】(チソ) ①土地所有者に課する税。②借地料。

【地層】(チソウ) 地殻を構成している岩石や土砂などの層。

【地蔵(藏)】(チゾウ) ①地中にかくれること。②地中のあなぐら。③大地。④仏(ジゾウ) 地蔵菩薩(ボサツ)の略。釈迦(シャカ)の死後、弥勒菩薩(ミロクボサツ)の現れるまで六道の衆生(シュジョウ)を教え救うという仏。俗説では、児童を守護するという。地蔵尊。

【地頭】(チトウ) ①地位。地歩。②国(ジトウ) 鎌倉時代、公領・荘園(ショウエン)を管理し、租税や警察事務をつかさどった役人。

【地道】(チドウ) ①地の道。大地に備わる道。↕天道・人道。②地下道。③国(じみち) ㋐普通の速度の歩み。㋑正常な方法。㋒堅実。地味(ジミ)。

【地盤】(ジバン) 国①地の表面。地殻。②建物・工作物などをすえおく基礎の地面。土台。③事をなす根拠地。社会的活動をなすときの勢力範囲。なわばり。

【地符】(チフ) 地上に現れるめでたいしるし。↕天瑞(テンズイ)。

【地文】(チブン・チモン) 大地のあや（模様）の意。山川・丘陵・沼沢・海陸などのありさま。地球の表面上のさまざまな自然現象。

【地歩】(チホ) ①自分のいる位置。㋐場所。㋑地位。身分。㋒立場。②土地の区域。地区。

【地方】(チホウ) ①ある一帯の土地。②土地の広さをいうときの一辺の長さ。〔史記、項羽本紀〕地方千里（千里四方の土地）。③首都以外の土地。いなか。④国(じかた) ㋐踊りで音楽を受け持つ人。㋑江戸時代、町方(まちかた)に対して、田舎。また、田舎の人をいう。在方(ザイかた)。

【地望】(チボウ) 地位と名望。門地勢望。高い家がらとほまれ。

【地味】(チミ) ①土地の性質・肥瘠(ヒセキ)（瘠は、やせる）。②国(ジミ) 質素でかざりけのないこと。

【地脈】(チミャク) ①地層の筋道。地のうねうねとした連なり。②地中の流水の通路。

【地目】(チモク) 国土地をその利用上から分類した種目。田・畑・

宅地・原野・墓地など。

【地輿】チヨ 大地。地球。世界。天を車の蓋(おおい)にたとえて天蓋(テンガイ)というに対し、地を輿(車の物をのせる台)にたとえた語。坤輿(コンヨ)。輿地。

【地籟】チライ 大地の発する音。木や石に風があたって発する音。↔人籟・天籟。〔荘子、斉物論〕

【地利】チリ ①土地の有利な状態。守りやすく攻めにくい地勢。便利な地形。〔孟子、公孫丑下〕⇩天時不レ如ニ地利一(テンのときはチのリにしかず)(三六四ページ)。②土地から生ずる利益。生産物や地代など。

【地理】チリ 理は、すじ・あやの意。①山川・丘陵・沼沢・海陸などの分布の状態。〔易経、繋辞上〕仰以観ニ天文一、俯以察ニ地理一(あおいでもってテンモンを観、ふしてもってチリを察す)。②その土地の様子。③大地。地脈。④水陸・気候・生物・人口・都市・産業・交通・政治などの状態。

【地力】チリョク 土地の生産力。

【地霊(靈)】チレイ ①大地の神霊。また、大地の霊妙さ。②土地がらが非常にすぐれていること。「地霊人傑」

【地炉(爐)】チロ 床下や地中を通した暖炉(ダンロ)。

【委レ地】チにイす ①地につく。②地に落ちる。③地上に置く。また、地に捨てる。

【易レ地】チをかう(ふ) ①土地をとりかえる。②境遇や立場をとりかえる。〔孟子、離婁下〕

【画(畫)レ地而趨】チをカクしてはしる 地面に線を引いて区切り、その中で動作すること。世人が、礼法や規則を定め、それに束縛されて、自由に行動のできないことを、あわれみそしった語。〔荘子、人間世〕

【徇レ地】チをとなう(ふ) 土地をかすめとる。他国の土地を征服すること。徇は、略。

【掃レ地】チをはらう(ふ) ①地をはらい清める。②すべてなくなる(倒れ敗れる)こと。

【塗レ地】チにまみる 地上に倒れ落ちてどろによごれること。もと、完敗して内臓物まで泥まみれになる意。転じて、敗れ滅ぶこと。「一敗塗レ地」

(6)3 【圮】1195 △ 漢ヒ 呉ビ 紙 pǐ

字義 ❶やぶる。やぶれる。そこなう。❷くつがえす(覆)。

参考 〔圯イ〕は別字。

解字 篆文  形声。土+己(音)。音符の己キは、非に通じ、ふたつにわれるの意味。今まで整っていたものが、くずれわれるの意味を表す。

(6)3 【圷】1196 国字 △ 5210 542A

字義 あくつ。低い土地の意。圷戸(あくど)は福島県の地名。

解字 会意。土+下。下の方の土地の意味を表す。

(6)3 【圸】1197 国字 △ 5211 542B

字義 まま。圸の上(ままのうえ)は、山形県長井市の地名。

解字 会意。土+山。山は崖(がけ)の意味を表す日本語、ままの意味。

【寺】→寸部 三三〇ページ。

(7)4 【坎】1198 △ カン 感 kǎn 5212 542C

【埳】同字 字義 ❶あな。㋐地面に掘った穴。㋑墓穴。❷穴に埋める。また、穴に落ちる。❸はかる(銓セン)。❹易エキの八卦ハッカの一つ。☵。水・かくれる・なやむ・月・北方などの象かたち。

解字 篆文  形声。土+欠(音)。音符の欠ケンは、口をあけるの意味。地面に口をあけている、おとしあなの意味を表す。

【坎坷・坎軻】カンカ けわしい。行きなやむ。転じて、不遇・志を得ない意。轗軻カンカ。

【坎坎】カンカン ①物を打つ音。鼓をうつ音・木をきる音など。②喜ぶさま。③不安なさま。平らかでないさま。④むなしいさま。

【坎井之蛙】カンセイのア 井戸の中のかえる。見聞のせまい者のたとえ。坎井は、古くなってこわれた井戸。また、浅い井戸。井底之蛙。蛙は鼃とも書く。〔荘子、秋水〕

【坎穽・坎阱】カンセイ おとし穴。陥穽カンセイ。

(7)4 【圻】1199 △ 一漢キ・呉ゲ 微 qí 二ギン 真 yín 5213 542D

字義 一❶王城の四周の千里四方の地。=畿キ。(周代の一里は約四〇五メートル) ❷さかい(境)。❸さき。みさき。二かぎり。はて。=垠ギン。

解字 形声。土+斤(音)。

(7)4 【均】1200 教5 キン 一キン 真 jūn 二ウン 問 yùn 慣イン(キン) 2249 3651

筆順 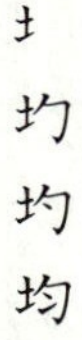

字義 一❶ひとしい(ひとし)。㋐同じ。平等。程度がそろっている。「均一」「平均」㋑ととのっている。「均整」❷ひとしくする(ひとしくす)。ならす。公平にする。❸ひとしく。あまねく。皆。❹治める。手入れする。❺ろくろ(轆轤)。土器を作る回転台。二ひびき。=韻。

名乗 お・ただ・なお・なり・ひら・ひとし

解字 金文  篆文 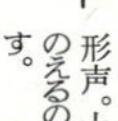 形声。土+匀(音)。音符の匀インは、ととのえるの意味。土をならすの意味を表す。

▼淑均・斉均・平均

【均一・均壱(壹)】キンイツ 差別なく同じであること。等しいこと。

【均衡】キンコウ つりあい。バランス。平衡。平均。

【均斉(齊)】キンセイ ①等しい。均一。②よくつりあいのとれていること。また、一様にそろっていること。均整。

【均整】キンセイ =均斉の②。◇「均整」と「均斉」とはほぼ同意。新聞用語で「均整」に統一されて以来、一般に「均整」の例が多い。

【均田】キンデン 田地を平等に分け与えること。また、その田地。

【均等】キントウ ①等しい。均一。平等。②等しい等級。また、等しい等級にする。

【均分】キンブン 平等に分ける。平均に分ける。

【均輸法】キンユ(シュ)ホウ 前漢の武帝の時に始められた経済政策。均輸官を各地に置き、その土地に多く産する物を税として出させ、その物が不足している地方に送って売り払い、価格の調節をはかった方法。

(7)4 【坑】1201 常 コウ 漢コウ(カウ) 呉キョウ(キャウ) 庚 kēng 2503 3923

筆順 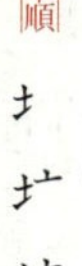

字義 ❶あな。地に掘った穴。=阬コウ。❷あなにする(あなにす)。穴に落とす。また、生き埋めにする。

解字 形声。土+亢(音)。音符の亢コウは、アーチ形の穴の意味。土に掘ったあなの意味を表す。

▼炭坑

【坑殺】コウサツ 穴におとしいれて殺す。また、生き埋めにして殺す。

【坑儒】コウジュ 儒者を穴埋めにする。→焚書フンショ坑儒(六八三ページ)。〔史記、始皇本紀〕

【坑道】コウドウ ①鉱山などの坑内の通路。②要塞戦ヨウサイセンで、地下に掘った道。

(7)4 【坐】 1202 標 漢サ 呉ザ 箇 zuò 2633 3A41

［坐］俗字

字義 ❶すわる。いる。とどまる。❷すわる所。座席。席上。＝座。❸罪に触れる。かかわり合いで罪におちいる。まきぞえ。「連坐」❹いながらに。労せずに。❺そぞろに。なんとはなしに。無心に。〔唐、杜牧、山行詩〕停ㇾ車坐愛楓林晩（くるまをとどめてそぞろにアイすフウリンのくれ）訳文⇨坐愛②。

国おわす。まします。居る・在る・来る・行くの敬語。

参考 ①現代表記では［座］(1997)に書きかえる。「坐視→座視」「坐禅→座禅」 熟語は［座］をも見よ。↓三六〇ページ。②↓［座］の参考。

解字 篆文 古文 会意。土＋人＋人。向きあう二人が土にひざをつけてすわるさまから、すわるの意味を表す。坐を音符に含む形声文字に、剉（ザ）・座・挫（ザ）・莝（ザ）・銼（ザ）などがあり、これらの漢字は、「膝（ひざ）を折ってすわる」の意味を共有する。

【坐愛】（ザしてアイす）①すわってめでながめる。②（そぞろにアイす）何とはなしにうっとりとながめる。→字義の⑤。〔唐、杜牧、山行詩〕停ㇾ車坐愛楓林晩（くるまをとどめてそぞろにアイすフウリンのくれ）、霜葉紅ニ於二月花一（ソウヨウはニガツのはなよりもくれない（あ）なり）。〈車をとどめ楓樹の林の美しさに何とはなしにうっとり見とれてしまった。霜にあたった秋の木の葉は、春に咲く花よりもまっ赤である〉

【坐臥】（ザガ）すわったり寝たりする。日常の起きふし。「行住坐臥」

【坐起】（ザキ）①すわることと立ちあがること。立ち居ふるまい。坐作。②そぞろに起きあがる。思わず立ちあがる。③起き上がってすわる。〔唐、元稹、聞ニ楽天授ニ江州司馬一詩〕垂死病中驚坐起（スイシのビョウチュウ、おどろきてザキす）訳文⇨垂死（二三三ページ）。

【坐繫】（ザケイ）まきぞえの罪で獄につながれる。

【坐作進退】（ザサシンタイ）立ち居ふるまい。身のこなし。行儀。

【坐視】（ザシ）①すわったまま見る。②助力をしようとしないで平気で見ていること。座視。③そぞろに見る。ぼんやり見る。無心に見る。

【坐乗（乘）】（ザジョウ）舟や車に乗ること。

【坐食】（ザショク）働かずに食う。徒食。

【坐睡】（ザスイ）いねむりする。また、いねむり。

【坐禅（禪）】（ザゼン）禅宗などで、静座して精神を統一し雑念を去って思いをこらす修行法。座禅。

【坐談】（ザダン）すわって語る。対座して語る。また、その話。座談。

【坐忘】（ザボウ）意識せずに、自然に物我の区別を忘れること。無我の境地になること。〔荘子、大宗師〕

【坐来（來）】（ザライ）いながらにして。ほどなく。来は助字。

【坐若ㇾ尸】（ザすることシのごとし）身動きもせずきちんとすわっていること。尸は、祭場に神霊の代理としてすわる人。〔礼記、曲礼上〕

(7)4 【址】 1203 標 シ 紙 zhǐ 5214 542E

字義 ＝阯（シ）。❶もと（基）。もとい。基礎。❷地点。所在地。「旧址」 国あと（跡）。昔、建造物などのあった場所。「城址」

解字 篆文 形声。土＋止㊓。音符の止は、あしの意味。地上の立脚点、もといの意味を表す。

(7)4 【坏】 1204 △ ハイ 灰 pēi, pī 5215 542F

字義 ❶おか（丘）。低い丘。❷しらじ（白地）。まだ焼かない瓦（かわら）や陶器。＝坯（ハイ）。❸ふさぐ。とじる。土ですきまをふさぐ。❹かき（牆（ショウ））。土塀。かべ（壁）。国つき。物を盛る器。

参考 壊（1343）の俗字としても用いる。

解字 金文 篆文 形声。土＋不㊓。音符の不（フ＝ハイ）は、ふっくらしているの意味。ふっくらした形の丘の意味や、ふっくらした土器の意味を表す。

(7)4 【坂】 1205 教3 ハン さか 漢ハン・呉ホン 慣バン 阮 bǎn 2668 3A64

筆順 坂

字義 阪（8366）と同字。❶さか。勾配（コウバイ）のある道。「急坂」❷つつみ（堤）。土手（ドて）。

難読 坂越（さこし）・坂於（さかのえ）・坂下（ばんげ）・坂戸（かんぜ・かんや・さかべ）・坂合部（さかあべ）・坂祝（さかほぎ）・坂城（さかき）・坂茂（さかもと）

解字 形声。土＋反㊓。

【坂東】（バンドウ）国相模（さがみ）と駿河（するが）の境の足柄（あしがら）の坂（峠）から東の地。箱根に関所を置いてから後は箱根以東の地をいう。関東。

(7)4 【坌】 1206 △ 一漢フン・呉ブン 吻 fèn 二漢ホン・呉ボン 願 bèn

［坋］同字

字義 一 ❶ちり。ほこり。❷あつまる。むらがる。また、ならぶ。❸わき出るさま。

解字 形声。土＋分㊓。音符の分は、分散するの意味。土が散る、ちりの意味を表す。

(7)4 【坊】 1207 常 ボウ・ボッ 漢ホウ（ハウ） 呉ボウ（バウ） 慣ボッ 陽 fāng, fáng 4323 4B37

筆順 坊

字義 ❶まち。㋐村や町の一区画。市街。㋑いちば。市場。❷みせ（店）。また、工作場所。❸へや（室）。＝房。また、いえ（家）。❹建物。㋐皇太子の宮殿。「春坊」㋑役所の名。「典書坊」㋒僧の住居。てら。「宿坊」❺つつみ（堤）。❻ふせぐ（防）。国ボウ（バウ）。㋐僧。また、僧のように頭をそった人。㋑幼児を親しんで呼ぶ語。㋒他人を親しみ、または、あざける意を表す語。「けちん坊」㋓昔、都の行政区画。十六町をいう。

難読 坊津（ぼうのつ）・坊ケ迫（ぼうがさこ）・坊本（まちもと）

解字 篆文 形声。土＋方㊓。音符の方は、左右に広がるの意味。左右にひろがる村里の意味を表す。

▼街坊・教坊・茶坊・宿坊・僧坊

【坊間】（ボウカン）まちの中。また、世間。民間。

【坊市】（ボウシ）まち。市街。また、市場。

【坊舎】（ボウシャ）僧の住んでいる所。僧坊。坊寮。

【坊本】（ボウホン）民間の書店で出版した書籍。↔官本・家塾本（カジュクボン）。

【坊門】（ボウモン）①町の門。②国まちすじ。平安京の区画で、東西の町筋。小路（こうじ）。

【坊里】（ボウリ）むらざと。村。

(8)5 【坳】 1208 △ 漢オウ（アウ） 呉ヨウ（エウ） 肴 効 āo, ào

字義 くぼみ。土地のくぼんでいる所。

解字 篆文 形声。土＋幼㊓。音符の幼は、奥深いの意味。奥深くくぼんだ土地の意味を表す。

【坳堂】（オウドウ）庭先（にわさき）にできた地面のくぼみ。

(8)5 【坱】 1209 △ オウ（アウ） 養 yǎng

字義 ❶ちり。ほこり。❷平らかでないさま。❸際限のないさま。広大でぼんやりしているさま。

解字 篆文 形声。土＋央㊓。

(8)5 【坩】 1210 △ カン 覃 gān 5216 5430

字義 つぼ。るつぼ。土製の壺（つぼ）。

解字 形声。土＋甘㊓。

【坩堝】（カンカ・るつぼ）①金属をとかすのに用いる土製のつぼ。②国熱狂的な状態のたとえ。「興奮の坩堝（るつぼ）」

(8)5
【坰】1211　△　漢ケイ　呉キョウ（キャウ）　青 jiōng　2605 *3A25*

字義 都から遠くはなれた地。郊外。「坰野」

解字 形声。土＋冋音。音符の冋は、遠く離れた地の意味。

(8)5
【坤】1212　△　コン　元 kūn　2605 *3A25*

字義 ❶つち。大地。❷易の八卦の一つ。☷。また、六十四卦の一つ。☷☷坤下坤上。共に陰（⚋）ばかりから成る。地・母・女・下・臣・皇后・妻・柔順などの象。↔乾。❸ひつじさる。南西。

解字 篆文　会意。土＋申。申は、どこまでものびるの意味。どこまでものびている大地の意味を表す。

【坤儀】地。大地。↔乾儀（天）。

【坤元】大地。〔易経、坤〕

【坤軸】大地を支えていると信じられた心棒。地軸。

【坤道】①大地の道。大地に象徴される道義。②婦人の守るべき道。婦道。③柔順の道。

【坤徳】①大地の徳。大地が万物を育てる力をいう。②転じて、婦人の徳。婦徳。③皇后の徳。④柔順の徳。

【坤△輿】大地。輿は、車の物を載せる部分。大地が万物を載せているからいう。『易経』説卦編に「坤為二大輿一」とあるのに基づく。

(8)5
【垂】1213　教6　スイ　たれる・たらす　漢スイ・呉ズイ　支 chuí　3166 *3F62*

筆順

【埀】俗字 5217 *5431*

字義 ❶ほとり。辺境。また、端。ふち。＝陲。❷たれる。㋐たれさがる。「下垂」㋑（教訓などを）後世に示し伝える。「垂統」❸たらす。さげる。「垂涎」❹なんなんとす。もう少しで…になろうとする。ほとんど…である。「垂死」　国しで（四手）。しめなわ・玉串などにつけて垂れさげる紙。

名乗 しげる・たり・たる・たれ　難読 垂桜・垂水・垂乳根・垂髪・垂氷・垂柳

解字 金文　篆文　形声。土＋𠂹音。音符の𠂹は、草木の花や葉の長くたれさがる形にかたどる。大地の果ての遠くたれさがった辺地の意味を表す。𠂹は、のちに簡略化した。垂を音符に含む形声文字に、捶・睡・箠・錘・陲などがあり、これらの漢字は、「たれさがる」の意味を共有している。

▼懸垂・辺垂

【垂戒】いましめをたれる。いましめを後世に残す。

【垂泣】涙を流す。しのびなきする。泣は、涙の意。

【垂△拱】①手をこまぬいて上体を前に曲げてする敬礼。その時たもとがたれさがるので垂という。②手をこまぬいて何もしないでいること。「垂拱の治」

【垂△拱△之化】天子の徳によって、特に手を下さなくても臣下や人民が自然に感化されること。

【垂教】＝垂訓。

【垂訓】教えをたれ示す。また、たれ示した教え。「教訓」

【垂示】①＝垂訓。②仏 禅で、師が学人に示す短い教え。

【垂死】死にかかっている。また、そのこと。危篤の状態。〔唐、元稹、聞二楽天授二江州司馬一詩〕垂死病中驚坐起、暗風吹レ雨入二寒窓一〈死にそうな重病の床から、驚きのあまり起き上がって座りなおすと、暗やみを吹く風が雨とともに、冷たい冬の窓から吹きこんできた〉

【垂糸（絲）】糸をたれる。柳の枝などのたれさがること。また、「その枝。」

【垂△翅】つばさをたれる。転じて、行動しないで休息すること。活躍しないたとえ。

【垂跡・垂△迹】仏 本地（本体）の仏が衆生を救うために、種々の姿をしてこの世に出現すること。→本地垂迹（五三九ページ）。

【垂象】あや（模様）をあらわし示す。象は、天象、日・月などをいう。〔易経、繋辞上〕

【垂△裳】衣裳をたれる。衣服の制を定めて貴賤を正しただけで天下の治まること。〔易経、繋辞下〕

【垂条（條）】①たれ下がった枝。②枝をたれる。

【垂垂】①だんだんと。次第に。②たれ下がっているさま。

【垂△涎】食べ物を見てよだれを流すこと。転じて、非常にほしがっている形容。俗にスイエンと読みならわしているが、涎が音エンのときは、水の流れるさまの意。

【垂釣】つりをする。つり針をたれている意。釣は、つり。

【垂△髫】たれ髪。さげ髪。転じて、幼童。「垂髫戴白」〔（幼児と老人）〕

【垂△涕】＝垂泣。涕は、なみだ。

【垂天△之雲】空いっぱいにたれさがっている雲。〔荘子、逍遥遊〕其翼若二垂天之雲一「る。」

【垂統】国政のいとぐち・基盤を、子孫・後世に残し伝えること。

【垂堂】堂の端の階段に近い所にすわる。危険を冒すたとえ。垂レ堂。

【垂白】白髪になろうとする。また、老年。

【垂範】模範（手本）を示すこと。「率先垂範」

【垂△楊】しだれやなぎ。垂柳。

【垂柳】＝垂楊。→前項。

【垂△簾△之政】すだれのかげで政事をきく意。幼少の天子に代わって、太后・皇太后などが政治をすること。

【垂老】七十歳に近い老人。老は、七十歳以上をいう。

(8)5
【坼】1214　△　漢タク　呉チャク　陌 chè

字義 ❶さく（裂）。また、さける。分かれる。ひらく（開）。＝拆。〔唐、杜甫、登二岳陽楼一詩〕呉楚東南坼。❷さけめ。ひび。

解字 篆文　形声。土＋斥（㡿）音。音符の㡿は、しりぞけるの意味。土をしりぞける、さくの意味を表す。

【坼裂】さける。さけ破れる。破裂する。

(8)5
【坦】1215　標　タン　旱 tǎn　3519 *4333*

字義 ❶たいら。たひら。「平坦」❷ひろい。大きい。〔論語、述而〕君子坦蕩蕩。❸やすらか。❹あきらか。

解字 篆文　形声。土＋旦音。音符の旦は、地平線上の朝日のさまから、たいらの意味を表す。土を付し、たいらかの意味を明らかにした。

【坦△夷】たいらか。なだらか。夷も平らの意。平坦。坦平。

【坦懐（懷）】広く平らかな心。わだかまりのない心。あっさりした心。「虚心坦懐」

【坦然】①平らなさま。②平穏なさま。安らかなさま。

【坦坦】①広々として平らなさま。②平凡で、他と異なる所のないさま。また、変わったことがなく無事なさま。

【坦途・坦塗】平らな道。平らで広い道。坦道。

【坦△蕩】①広く平らなさま。②ゆったりとしているさま。

【坦腹】腹ばいになるさま。寝ころぶ。

(8)5
【坻】1216　△　□一漢チ・呉ジ（ヂ）支 chí　□二シ 紙 zhǐ　□三漢テイ・呉タイ 薺 dǐ

字義 □一❶小さな島。中州。❷なぎさ。岸。また、堤防。❸山のがけがくずれる。□二❶さか（坂）。❷さか（坂）。□三❶建物の土台。❷にわ（庭）。❸とどまる。

解字 篆文　形声。土＋氏音。音符の氏は、低く平らの意味。水面に低く平らに現れている土地、なぎさ・なかすの意味を表す。

(8)5
【坫】1217　△　テン　豔 diàn

字義 ❶周代の諸侯が会見する時、献酬の礼が終わって、杯を置く台。土で作り、中央の二本の柱の間に置く。「反坫」❷食物や物を置く台。土を重ねて作り、へやの北東のすみに置く。❸堂のすみ。❹しきり。ついたて。

解字 篆文 [篆] 形声。土+占音。音符の占は、一定の場所をしめるの意味。土で造った台で、堂の隅に置かれるものの意味を表す。

(8)5 【坡】1218 △ハ 歌 pō 5219 5433

字義 ❶さか(坂)。=陂ハ。❷つつみ(堤)。どて。

解字 篆文 [篆] 形声。土+皮音。音符の皮は、波に通じ、なみの意味。なみうつさかの意味を表す。

【坡下】ハカ 堤の下。どてのほとり。また、坂道のあたり。〔唐、白居易、長恨歌〕馬嵬坡下泥土中バカイのハカデイドのうち

【坡公】ハコウ =坡老。

【坡△陀】ハダ 陂陀ハダ。①斜めに傾き平らでないさま。②山などのうねうねと連なり続くさま。

【坡△塘】ハトウ つつみ。どて。堤防。

【坡老】ハロウ 北宋ホクソウの蘇東坡ソトウバをいう。坡仙ハセン。坡公。→蘇東坡(九五三ページ)。

(8)5 【坯】1219 △ハイ 灰 pī 5220 5434

字義 しらじ(白地)。瓦・陶器などのまだ焼かない生地きじのもの。=坏ハイ。

解字 形声。土+丕音。

(8)5 【坿】1220 △ 漢フ 呉ブ 遇 fù ②fú

字義 ❶つく。つける。ます(益・増)。=付・附。❷石英。水晶の類。

解字 篆文 [篆] 形声。土+付音。

(8)5 【坪】1221 常 つぼ 【坪】1222 漢ヘイ 呉ビョウ(ビャウ) 庚 píng 3658 445A

筆順 土 圢 坪 坪

字義 ❶土地の平らかなこと。❷平地。土地の平らかな所。国つぼ。㋐土地の面積の単位。六尺平方。三・三〇五八平方メートル。=歩ブ。㋑土砂などの六尺立方。㋒錦にしき・皮革・壁などの一尺平方。㋓彫刻・印刷製版などの一寸平方。㋔殿舎の間、垣の内の庭など、一区画のせまい土地をいい、壺ツボの字をも借用する。

解字 金文 [金] 篆文 [篆] 形声。土+平(平)音。音符の平は、たいらの意味。土地の平らな所の意味を表す。

(8)5 【垉】1223 △ 漢ホウ(ハウ) 呉ビョウ(ベウ) 肴 páo 5221 5435

字義 かく(掻)。

解字 形声。土+包音。

(8)5 【垈】1224 国字 △ 5218 5432

字義 ぬた。泥田。湿田。山梨の地名に用いられる。

解字 会意。土+代。代は、しろ・田の意味。ぬまた・ぬたと読む。

【幸】→干部 三三三ページ。

(9)6 【垣】1225 常 かき 漢エン(ヱン) 呉オン(ヲン) 元 yuán 1932 3340

筆順 土 圻 垣 垣

字義 ❶かき。低い土塀。❷役所。❸星の名。❹国かきね。

難読 垣外かいと・垣見かけひ・垣生はぶ・垣内かいと・かいとう・かいつ・かきつ・かきと

解字 篆文 [篆] 形声。土+亘音。音符の亘カン=エンは、周囲にかこいをめぐらせた形にかたどり、めぐらすの意味。城にめぐらした「かき」の意味を表す。

▼禁垣・女垣・藩垣

【垣△墻】エンショウ かき。低い土塀。

【垣△籬】エンリ まがき。竹・しばなどを編んだ目の粗いかき。籬垣。

【垣有レ耳】かきにみみあり 秘密の話がとかくもれやすいたとえ。壁有レ耳かべにみみあり。〔唐、姚元崇、口箴〕

(9)6 【垓】1226 △ 一カイ 灰 二カイ 隊 慣ガイ gāi 5222 5436

字義 一❶はて。地の果て。きわみ。❷さかい(境)。かぎり。❸数の単位。㋐億の千倍。㋑京ケイ(兆の万倍)の一万倍。二きざはし。階段。

解字 篆文 [篆] 形声。土+亥音。

【垓下】ガイカ 地名。今の安徽アンキ省霊璧レイヘキ県の東南。楚ソの項羽が漢軍に包囲された所。→次項。

【垓下歌】ガイカのうた 楚ソの項羽が垓下で漢軍に囲まれた時、運命のきわまったのを嘆き、虞美人ビジンをあわれんで作った歌。抜山蓋世バツザンガイセイの歌。〔史記、項羽本紀〕

(9)6 【垝】1227 △キ 紙 guǐ

字義 ❶やぶれるやぶる。土塀などが、くずれる。❷くずれた土塀。

解字 篆文 [篆] 形声。土+危音。音符の危は、不安定であるの意味。くずれやぶれた土塀の意味を表す。

(9)6 【垠】1228 △ 一ギン 真 yín 二漢ギン・呉ゴン 文 5223 5437

字義 一二❶はて。地の果て。きわみ。かぎり。❷きし。がけ。

解字 篆文 [篆] 形声。土+艮(㫐)音。音符の㫐コンは、限に通じ、かぎりの意味。地の果て、かぎりの意味を表す。

(9)6 【型】1229 教4 ケイ かた 漢ケイ・呉ギョウ(ギャウ) 青 xíng 2331 373F

筆順 二 开 刑 型

字義 ❶かた。㋐いがた(鋳型)。→笵(5487)の字義②。㋑もとになるかた。「原型」❷のり。手本。「典型」国かた。㋐能楽・演劇・柔剣道などで、一定の動作。㋑一定の様式。タイプ。

使いわけ かた[形・型]⇩形(2107)

解字 篆文 [篆] 形声。土+刑(荆)音。音符の荆ケイは、かた・わくの意味。土を付し、鋳型の意味を表す。

▼原型・造型・鋳型・典型・模型

【型録】カタログ 国英語 catalogue の当て字。商品目録。

(9)6 【垢】1230 標 漢コウ 呉ク 有 gòu 2504 3924

字義 ❶あか。㋐身体のあか。㋑ほこり。ちり。❷よごれる。けがれる。❸けがれ。はじ(恥)。

解字 篆文 [篆] 形声。土+后音。音符の后コウは、厚に通じ、あついの意味。厚くたまった土ぼこりの意味を表す。

【垢△穢】コウアイ あかがついてよごれる。また、そのよごれ。けがれ。

【垢△膩】コウジ あかやあせあぶらのよごれ。垢脂。

【垢△塵】コウジン あかやちり。よごれ。けがれ。

【垢離】コリ 国あかがはなれる意。神仏に願をかける時、水を浴びて身心を清めること。水垢離みずごり。一説に、川降かわおりの約で、川において禊みそぎをする意の当て字という。

【刮レ垢磨レ光】あかをけずりひかりをみがく 人の欠点を削り去って知徳の光をみがき出す(発揮させる)。人材を完成させる意。〔唐、韓愈、進学解〕

【含垢】①人の欠点を許してとがめない。〔左伝、宣公十五〕国君含垢。②はずかしめをたえしのぶ。〔宋、胡銓、上高宗封事〕含垢忍恥。

(9)6 【城】1231 教6 ジョウ しろ　3075 3E6B
(10)7 〔城〕1232 漢セイ 呉ジョウ（ジャウ） 中 chéng

筆順 土 圢 圻 城 城

字義 ❶しろ。㋐都市のまわりを囲んでいる壁。もと、土で作り、後、煉瓦（塼）で作った。城壁。内側のを城、外側のを郭という。㋑城壁をめぐらした町。〔唐、杜甫、春望詩〕城春草木深。㋒とりで。土石を積み重ねた壁を連ねたとりで。「万里の長城」「金城湯池」 ❷きずく。国しろ。き。しろを造築する。敵を防ぐために築いた軍事的構造物。古くは柵・石垣・濠などをもってし、戦国時代以降は、領内統治・城内居住・権勢表示などをも兼ねた。壮麗な建築に発達した。

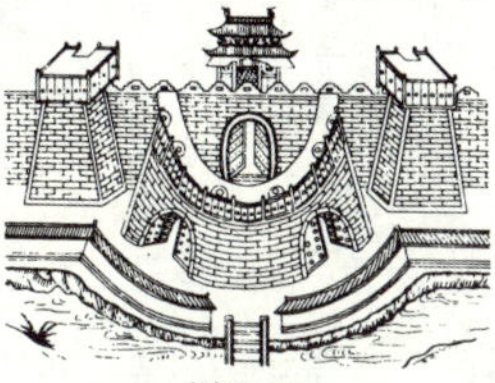
〔城①㋑〕

名乗 くに・さね・しげ・なり・むら　難読 城崎（きのさき）・城戸（きど）・城上（きのかみ）・城端（じょうはな）・城島（しきしま）・城有（しろあり）

解字 金文 篆文 篆文 籀文　形声。土＋成㊥。音符の成は、安定するの意味。土の部分を金文・籀文では、望楼の象形につくる。望楼があり、土を盛りあげ、人を入れて安定させる、しろの意味を表す。

▼王城・外城・干城・危城・禁城・金城・京城・傾城・江城・皇城・築城・長城・帝城・登城・辺城・落城・竜城

【城下】①城壁の下。城壁の外。城壁の周辺。②国大名の城の付近。また、城の所在地の町。城下町。

【城下之盟】敵に城下まで攻め寄せられて、そこでする降服の誓い（講和）。最も屈辱的なこととされている。〔左伝、桓公十二〕

【城郭・城廓】城壁。→字義の①の㋐。

【城曲】城郭のすみ。城隅。

【城隅】①城郭のすみ。城曲。②城壁の角の上に建てた小楼。

【城闕】①城門。闕は、上が楼観（ものみだい）、下が通路になっている門。②まち。都市。③王者の居所（宮殿）。宮闕。〔唐、白居易、長恨歌〕九重城闕煙塵生。訳文⇨九重の②（三六ページ）。

【城狐社鼠】城壁中に住む狐と、社（土地の神を祭る建物）の中にいる鼠。その狐・鼠を捕らえようとすると城・社をこわす恐れがあるから、その身は安全である。転じて、主君のそばにいる悪人のたとえ。稷狐社鼠。〔説苑、善説〕

【城隍】①城壁の周囲に掘った空堀。②城壁と堀。③城隍神の略。都市の守護神。

【城市】まち。城壁で囲まれた町。

【城砦・城塞・城寨】とりで。要塞。

【城址・城阯】国城のあと。しろあと。城跡。

【城牆】城壁の上のかき。また、城壁。

【城旦】秦・漢代の刑罰の名。また、その服役者。朝早くから城壁を築く労役に服した。刑期は四年。

【城雉】＝城牆。

【城頭】①城（町）のほとり。②城壁の上。

【城府】①まち。都市。②都市の囲い。③囲い。仕切り。へだて。「不設城府」（人に対してへだてをおかない）」

【城壁】都市などの周囲をとりまくかべ（障壁）。また、とりでのかべ。城のかべ。

【城保・城堡】しろ。とりで。城塁。

【城邑】まち。都市。城壁をめぐらしたまち。

【城裏】城壁の中。町の中。城中。城内。

【城塁（壘）】とりで。要塞。

【城楼（樓）】城壁の上のものみやぐら。

(9)6 【垜】1233 △ 漢タ 呉ダ 中 duǒ, ②duò
〔垛〕同字

字義 ❶門のそばにある部屋。❷積み土。❸あずち。弓のまとをたてかけておく盛り土。

解字 篆文　形声。土＋朶㊥。音符の朶は、しだれるの意味。門の両側に枝が垂れるように伸びた堂の意味を表し、転じて、土べいの意味をも表す。

(9)6 【垗】1234 △ 漢チョウ（テウ） 呉ジョウ（デウ） 中 zhào

字義 ❶祭りを行う、四方に土手をめぐらした所。また、そこで祭りを行うこと。❷はかば。墓所。

解字 篆文　形声。土＋兆㊥。音符の兆は、割るの意味。耕地を割って走るあぜの意味を表す。また、そこで行われる祭りの意味をも表す。

(9)6 【垤】1235 △ 漢テツ 呉デチ 中 dié　5225 5439

字義 ❶ありづか。蟻が穴のまわりに運び出して積みあげた土。また、蟻の作った柱状の巣。❷墓前にたてる石門。

解字 篆文　形声。土＋至㊥。

(9)6 【垳】1236 国字 △　5224 5438

字義 がけ。埼玉県南埼玉郡の地名。

(9)6 【垰】1237 国字 △　5227 543B

字義 たお。峠。おもに山口県・広島県の地名に用いられる。→峠（1813）の参考。

解字 会意。土＋上＋下。山地をのぼって、くだりにかかるところ、とうげの意味を表す。

(9)6 【垪】1238 国字 △　5226 543A

字義 垪和は、岡山県の地名。また、姓氏。

(10)7 【埃】1239 標 アイ 中 āi　5228 543C

字義 ❶ちり。ごみ。❷ほこり。砂けむり。風でまいあがったちり。❸もや。国国名。埃及の略。難読 埃田

解字 篆文　形声。土＋矣㊥。音符の矣は、疑の字の左半分の変形したもので、たちどまり思いまようの意味。人をたじろがす土けむり・ちりの意味を表す。

【埃靄】①もやのように見えるほこり。砂煙。②この世のけがれ。

【埃及】国名。Egypt の音訳。アフリカ北東部を領する。首都はカイロ。正称は、エジプト・アラブ共和国。

【埃塵】ちり。ほこり。塵埃。

【埃土】①きたない土。②けがれた土地。塵土。

【埃氛】たちこめるちりほこり。転じて、俗世間のけがれ。

【埃滅】ほこりのように滅びる。

(10)7 【埏】1240 △ 一 漢エン 中 yán　二 漢セン・呉ゼン 中　三 セン 中 shān

字義 一二 ❶地の果て。また、さかい。❷低くて湿気の多い地。❸はかみち。墓穴に入る道。三 うつ。こねる。土に水を加

え、こねて柔らかにする。

解字 篆文 形声。土＋延㊥。音符の延は、のびるの意味。墓までのびる道の意味を表す。

(10)7【埆】1241 △ カク 覚 què 5229 543D

字義 ❶そね。やせ地。地味のやせている土地。＝硧。「墝埆」 ❷とぼしい。みのりが少ない。 ❸けわしい。

解字 形声。土＋角㊥。音符の角は、ごつごつしてかたい意味。土を付し、やせた土地の意味を表す。

(10)7【城】(1232) ジョウ 城（1231）の旧字体。→二三四ページ。

(10)7【埀】1242 △ スイ 垂（1213）の俗字。→二三三ページ。 5217 5431

(10)7【埔】1243 △ ホ bǔ, ②③pú 5230 543E

字義 ❶大埔は、広東省の県名。 ❷黄埔は、広東省の地名。 ❸柬埔寨は、カンボジア。東南アジアの国名。

解字 形声。土＋甫㊥。

(10)7【埋】1244 常 マイ うめる・うまる・うもれる ㊥バイ・㊦マイ 佳 mái 4368 4B64

筆順 土 坦 坤 埋

【薶】古字

字義 ❶うめる。うずめる。㋐土の中に入れておおう。いける。「埋葬」 ㋑おおいかくす。㋒いけにえをうずめて山林を祭る。 ❷うまる。うもれる。うずまる。うずもれる。㋐土の中に入り見えなくなる。㋑世に知られなくなる。 国うめる。他の物で補う。補充する。

難読 埋火・埋炭

解字 篆文（薶） 形声。土＋貍省㊥。音符の貍は、うずめるの意味。土中にうずめるの意味を表す。

【埋玉】マイギョク 玉をうずめる。転じて、英才・美人などを埋葬すること。

【埋蔵（藏）】マイゾウ ①うずめる。うずめかくす。 ②うずもれていること。「埋蔵量」

【埋没】マイボツ うずもれる。うずもれてかくれる。

(10)7【埒】1245 標 ㊥レツ・㊦レチ 屑 liè 慣ラツ・ラチ 5231 543F

【埓】俗字 5232 5440

字義 ❶ませがき。低い垣。かこい。 ❷つつみ（堤）。土手。 ❸しきり。さかい。 ❹ひとしい。 ❺かたち。 国ラチ。㋐馬場の周囲の囲い。㋑物事の範囲・限界・秩序。「埒があく」は、物事が解決する。

解字 篆文 形声。土＋寽㊥。音符の寽は、両手で物を取る形にかたどる。両手で土を寄せ集めたほどの低い垣の意味を表す。

【埒外】ラチガイ 国かこいのそと。転じて、一定の範囲の外。↕埒内。

【埒内】ラチナイ 国かこいのうち。転じて、一定の範囲の中。↕埒外。

(10)7【埓】1246 △ ラチ 埒（1245）の俗字。→前項。 5232 5440

【袁】→衣部 九七五ページ。

(11)8【堊】1247 △ 一アク 薬 è 二㊥オ（ヲ）・㊦ウ 遇 慣ア 5233 5441

字義 一❶しろつち。白い土。しっくい。石灰など。「白堊」 ❷つち。どろ。 ❸ぬる。白土をぬる。一般に、上塗をする。 ❹わるい。粗末。＝悪。

解字 篆文 象形。形声。土＋亞㊥。音符の亞は、古代の墓室の象形。墓室の壁に塗る、しろつちの意味を表す。

【堊室】アクシツ 土塊などを積み重ねて壁とした粗末な室。上塗をしない荒壁の室。喪に服する者の居室。堊は、悪の意。

【堊筆】アクヒツ・アヒツ 国チョーク。白墨。

【堊慢・堊漫】オマン・アクマン ①白土でよごす（塗る）。 ②ぬる。また、よごす。

(11)8【域】1248 教6 イキ ㊥ヨク ㊦イキ（ヰキ） 職 yù 1672 3068

筆順 土 垣 域 域 域

字義 ❶くぎり。さかい。 ❷くぎる。かぎる。 ❸くぎられた土地。（区画の中の）場所・土地。「区域」「音域」 ❹くに。国土。「邦域」

解字 形声。土＋或㊥。音符の或は、くぎられた土地の意味。或が、「あるいは」の意味に用いられるようになり、土を付した。

▼異域・界域・禁域・寿域・浄域・職域・神域・聖域・西域・絶域・辺域・封域・方域・邦域・流域・領域

【域中】イキチュウ ①世の中。天下。〔老子、二十五〕 ②国内。 ③区域のうち。域内。

(11)8【場】1249 △ ㊥エキ ㊦ヤク 陌 yì

字義 ❶さかい。国ざかい。 ❷耕地のさかい。あぜ。くろ。

参考 〔場〕は別字。

(11)8【基】1250 教5 キ もと・もとい キ 因 jī 2080 3470

解字 篆文 形声。土＋易㊥。

筆順 一 卄 甘 其 基

字義 ❶もとい。もと。㋐建物の土台。㋑根本。根底。㋒よりどころ。根拠。 ❷もとづく。もととする。 ❸すき（鋤）。 ❹一周年。 ❺理化学で、化学変化の際に分子間を移動する原子の集まり。ラジカル。「塩基」 国キ。墓・灯籠などを数えるに用いる語。「石塔一基」

名乗 のり・はじむ・はじめ

難読 基隆

使いわけ もと〔元・本・基・下〕⇩元（424）。

解字 金文 篆文 形声。土＋其㊥。音符の其は、方形でととのっているの意味。四角で整然とした土台、もといの意味を表す。

▼開基・洪基・皇基・国基・主基

【基因】キイン ①器量。度量。また、規模。 ②もとい。国のもとい。 ③国土。

【基宇】キウ 国おこり。もと。原因。

【基業】キギョウ ①もととなる事業。基緒。 ②祖先伝来の財産。

【基址・基阯・基趾】キシ いしずえ。土台。基礎。

【基準】キジュン 物事のもととなる一定のきまり。よりどころとなるもの。標準。◇「基準」が「よりどころ」に重点を置くのに対し「規準」は「手本」に重点を置く。ただ、実際にはほとんど意味の違いがないので、現在では「基準」の方に統一されてきている。

【基緒】キショ もととなる事業。基業。緒は、業。

【基礎】キソ ①建物の土台。いしずえ。 ②物事のもと。根底。もとい。また、はじめ。

【基兆】キチョウ 国①一つの楽曲の中心となる調子。主調。 ②転じて、思想・学説などの基本的な傾向。

【基調】キチョウ

【基督】キリスト Christo の音訳、基利斯督の略。

【基盤】キバン 国もとい。基礎。盤は、磐（いわ・大石）。

【基本】キホン もと。もとい。物事の土台となるもの。

(11)8【埼】1251 標 ㊥キ ㊦ギ 支 qí 2675 3A6B

【碕】同字 2676 3A6C

字義 きし。くま。岸の湾曲した所。＝崎。 国さき。㋐みさき。海中や湖中に突き出た陸地の先端。㋑山の出張った先端。山の鼻。

解字 形声。土＋奇㊥。音符の奇は、曲がるの意味。曲がった切岸の意味を表す。

(11)8
【堇】1252 △　㊀㊍**キン**・㊎ギン 眞 qín　㊁㊍**キン**・㊎ゴン 吻 jǐn　4357 *4B59*

字義 ㊀❶ねばつち。粘土。❷まこと。❸つつしむ。＝謹。
㊁❶ぬる(塗)。＝墐。❷わずか。堇堇は、わずかなさま。＝僅。

参考 〔堇〕(艸部八画)は別字。

解字 甲骨文 金文 篆文　会意。土＋黃。黃は、きいろの意味。土は、つちの意味。きいろのねばつちの意味や、それを塗るの意味を表す。墐の原字。

(11)8
【堀】1253 常 ほり　㊀㊍コツ・㊎コチ 月 kū　㊁㊍**クツ**・㊎グチ 物 jué　慣**クツ**　4357 *4B59*

筆順 土 堀

字義 ㊀あな。穴室。地下室。＝窟。㊁ほる。＝掘。
国 **ほり**。地を掘って作った川または池。「堀割」「堀切」

難読 堀戸

解字 篆文　形声。土＋屈㊥。音符の屈は、かがむの意味。身をかがめて穴をほる、また、そのあなの意味を表す。

【堀室】コッシツ・クッシツ 地下室。また、いわや。窟室。
【堀川学(學)派】ほりかわ(は)ガクハ 国伊藤仁斎の学派。仁斎が京都の堀川に住んだからいう。仁斎学派。古義学派。

(11)8
【埶】1254 △　㊀ゲイ 霽 yì　㊁セイ 霽 shì

字義 ㊀**うえる**。草木を植える。種をまく。また、わざ。はたらき。＝芸(藝)・蓺。㊁いきおい。＝勢。

解字 甲骨文 金文 篆文　象形。甲骨文・金文でよくわかるように、人が若木を持つ形にかたどり、うえるの意味を表す。金文の一種には、若木の部分が木・土となるものがあり、のち、篆文では、坴に変形した。藝(芸)の原字。

(11)8
【執】1255 常 シツ・シュウ　とる　**シュウ**(シフ) 緝 zhí　慣**シツ**　2825 *3C39*

筆順 土 幸 執

字義 ❶**とる**。㋐手にとる。手に持つ。「執刀」㋑保つ。守る。㋒扱う。とり行う。つかさどる。「執事」㋓こだわる。しつこく取りつく。「固執」㋔おさえる。断つ。❷**とらえる**。召しとる。つかまえる。❸とも。友人。同志。

名乗 もり　難読 執行・執行

使いわけ **とる**〔執・採・撮・捕・取〕⇩取(810)。

解字 甲骨文 金文 篆文　象形。甲骨文・金文でよくわかるように、手かせに手をとらえられてひざまずく人の形にかたどり、とらえるの意味を表す。執の意味と音符とを含む形声文字に、蟄・縶がある。

▼確執・我執・拘執・固執・偏執・迷執・妄執

【執一】シツイツ・イツをとる ①一つのことをかたく守る。専心する。②一つのことだけをかたく守って融通がきかないこと。
【執金△吾】シッキンゴ・シツキンゴ 漢代、宮殿の門を警衛し、非常事態に備えた役の長官。近衛エフの大将。
【執権(權)】シッケン ①政治の権力を握ること。②国鎌倉幕府で、将軍を助けて政務をとり行った役。
【執行】シッコウ ①とり行う。実行する。②国家や役人が法律で定められたことをそのとおりとり行うこと。③シュギョウ ㋐事務をとりあつかうこと。㋑仏寺院の庶務を取り締まる職。
【執行吏】シッコウリ →執達吏。
【執事】シツジ ①事を取り行うこと。また、その人。侍者。②貴人の宛名の下にそえて書く語。執事に取り次ぎを請う意から出た語。③国㋐平安時代、院の庁（上皇・法皇の政務機関）の長官。㋑鎌倉・室町幕府の職名の一つ。
【執着・執著】シュウジャク・シュウチャク 仏心が物事にとりつくこと。深く思いこむこと。
【執心】シッシン・シュウシン ①心を守る。本心を失わないように守る。②国シュウシン 深く思いつめること。熱中すること。
【執政】シッセイ 政治をとり行う人。宰相など。
【執奏】シッソウ 意見書などを取り次いで天子に奏上すること。
【執達】シッタツ 国上の意を下に通達すること。
【執達吏】シッタツリ 国「執行吏」の旧称。地方裁判所に属する職員。差し押え・競売などの裁判に伴う業務を行う。
【執念】シュウネン 国思いこんで片時も忘れない心。しつこいこと。
【執筆】シッピツ ①筆を持つこと。②転じて、文字・文章を書くこと。
【執柄】シッペイ ①政治の実権を握ること。また、その人。②国関白の別称。
【執△鞭△之士】シッベンのシ ①むちを持つ人。むちを執って馬車をあやつる者。御者ギョシャ。②転じて、いやしい仕事に従事する者。〔論語、述而〕
【執法】シッポウ 法令をとり行うこと。また、その人。
【執友】シツユウ ①志を同じくする友。同志。②父の友人。
【執△拗】シツヨウ どこまでも自己の意志を通し、事を行おうとすること。片意地なこと。しつこいこと。
【執礼(禮)】シツレイ とり守るべき礼。礼儀作法。〔論語、述而〕

(11)8
【埴】1256 標　㊍**ショク**・㊎ジキ 職 zhí　3093 *3E7D*

字義 ❶**はに**。ねばつち。粘土。❷どろ。つち(土)。大地。

難読 埴科はにしな・埴丘はにおか・埴原はいばら・埴生はにゅう・はぶ

解字 篆文　形声。土＋直㊥。音符の直は、まっすぐのびるの意味。ねばってのびる、陶器などの原料となる、ねんどの意味を表す。

【埴師】はにシ 国埴輪はにわを作る職人。はじ。土師はにシ。
【埴土】ショクド ねばつち。粘土。
【埴木】ショクボク ねばつちと樹木。陶土と樹木。
【埴輪】はにわ 国埴土で作った人馬などの像。古墳の周囲に輪形に埋めた副葬品。

(11)8
【埽】1257 △　ソウ　掃(2714)と同字。→四五六ジ。

(11)8
【埣】1258 　㊀㊍サイ・㊎スイ 隊 suì　㊁㊍**ソツ**・㊎ソチ 月 sù　5235 *5443*

字義 ㊀かれつち。粘りけのない土。㊁土がくずれ落ちる。
国 **そね**。石の多いやせ地。上埣かみそね・中埣は、宮城県の地名。

解字 形声。土＋卒㊥。

(11)8
【埵】1259 △　タ 哿 duǒ

字義 ❶かたい土。❷もりあげた土。❸つつみ。堤防。❹ふいごの鉄筒。

解字 篆文　形声。土＋垂(𠂹)㊥。音符の𠂹は、たれるの意味。枝が垂れたように伸びている、土をつき固めた、つつみの意味を表す。

(11)8
【堆】1260 標　㊍**タイ**・㊎**ツイ** 灰 duī　3447 *424F*

字義 ❶小さい丘。地のうずたかい所。❷**うずたかい**うずたかし。また、うずたかく積もる。「堆積」

難読 堆橋うずはし

解字 形声。土＋隹㊥。音符の隹イスは、ずんぐりした小鳥の象形。土を付し、ずんぐりした形の土の丘の意味を表す。

【堆金積玉】タイキンセキギョク 黄金・宝玉をうず高く積むこと。富豪のたとえ。
【堆朱】ツイシュ 朱の漆を厚く塗りあげ、それに模様を彫った漆器。

堆紅（ツイコウ・クツイ）。

【堆積】（タイセキ）①うず高くつもる。積み重なる。累積。②岩石や土砂などが水・風・氷河などによって運搬されて、ある場所にたまること。

(11)8
【堂】1261 教 4 ドウ
筆順 ⺍ 㐮 尚 堂 堂
㊥トウ（タウ）㊖ドウ（ダウ） 陽 táng
3818 *4632*

字義 ❶高い建物。㋐おもてざしき。昔、土を高く盛り上げて、その上に家を造り、左右の壁を序、中央以南の平土間（ひらどま）で広い所を堂、中央以北の、小部屋に仕切った、居住する所を室と呼んだ。㋑朝廷や役所で、君主や長官が執務する所。㋒多くの人の集まる建物。役所・学校・神社・寺院など。「議事堂」「食堂」㋓すまい。住居。「草堂」❷他人の母に対する敬称。「母堂」「令堂」「家堂」❸父系の同祖親族。「堂兄弟」❹他人の敬称。「高堂」

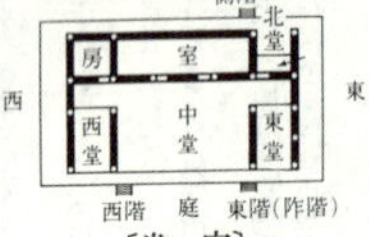

〔堂 室〕

名乗 たか

解字 篆文 形声。土＋尚㊒。音符の尚は、屋内で祈るの意味。土を高く盛った土の祭殿、おもてざしきの意味を表す。

▼下堂・金堂・公堂・講堂・高堂・黄堂・参堂・垂堂・正堂・聖堂・禅堂・僧堂・草堂・尊堂・庁堂・殿堂・北堂・母堂・満堂・明堂・令堂

【堂奥】（ドウオウ）①堂の奥まった所。奥は、室の西北のすみ。②学問などの奥深い所。奥義。

【堂兄弟】（ドウケイテイ）父方の男のいとこ。従父兄弟。

【堂構】（ドウコウ）①父が設計し、子がそれを受けついで建築すること。②転じて、父祖の業をつぐこと。③宮殿のかまえ。

【堂姉妹】（ドウシマイ）母方の女のいとこ。従母姉妹。

【堂室】（ドウシツ）①堂（表座敷）と室（奥座敷）。→字義の①。②母と妻。

【堂上】（ドウジョウ）①堂の上。②父母。堂上にいるのでいう。③長官。④朝廷。または、長官室。⑤国（ドウジョウ・トウショウ）昔、四位以上の、昇殿を許された公卿（クゲ）。

【堂堂】（ドウドウ）①いかめしくりっぱなさま。②雄大なさま。③ひいでているさま。④ととのって意気のさかんなさま。⑤明らかに現れているさま。⑥土地が高く見晴らしがよいさま。⑦公明正大なさま。人前を恥じることがないさま。⑧物のきしる音。

【堂△廡】（ドウブ）堂のひさし（正堂のわきにあるへや）。廡は、堂のまわりの廊下、また、廊下のような細長い室。

【堂房】（ドウボウ）表座敷と居間。家の内。

【升ㇾ堂入ㇾ室】（ドウにのぼりシツにいる）まず堂にのぼってから、次にその奥にある室に入る意。学問・技芸などが次第に進んで、ついに最高の境地に至るたとえ。『論語』先進編に「由也升ㇾ堂矣（ユウやドウにのぼれり）、未ㇾ入二於室一也（いまだシツにいらず）」とあるのに基づく。

【垂ㇾ堂】（ドウにスイす）堂（へや）の中で外に近い端に居ること。そこに居ると外に落ちる危険があることから、危険に近づく・危険を冒す意。〔漢書、爰盎伝〕

【入ㇾ堂】（ドウにいる）学問・技芸などが非常にすぐれていることのたとえ。「升ㇾ堂入ㇾ室（ドウにのぼりシツにいる）」から出た語。

(11)8
【培】1262 常 バイ つちかう
筆順 𡈽 圵 垃 培
㊀㊥ハイ・㊖バイ 灰 péi
㊁㊥ホウ・㊖ブ 有 pǒu
㊂㊥ハイ・㊖バイ 賄
慣バイ
3961 *475D*

字義 ㊀❶つちかう（つちかふ）。㋐草木の根に土をかける。転じて、草木を養い育てる。「栽培」㋑素質や能力を伸ばす。❷ます（増）。㊁❶つか。小さい丘。「培塿（ホウロウ）」❷耕地のあぜ。㊂❶かさねる。❷よる（馮（ヒョウ））。よりかかる。また、乗る。

名乗 ます

解字 篆文 形声。篆文は、土＋咅㊒。音符の咅（ハイ）は、ふっくらとして大きいの意味。土をふっくらと盛る、つちかうの意味を表す。常用漢字は土＋音（ホウ）㊒の形声文字。

▼栽培

【培植】（バイショク）①つちかい植える。②人材を養成する。

【培風】（バイフウ）（鵬（ホウ）という大鳥が）風に乗ること。培は、馮（ヒョウ）で、乗る意。〔荘子、逍遥遊〕

【培養】（バイヨウ）①草木などを育て養うこと。②細菌などを増殖させること。③物事を発達・強化させること。

【培△壅・培△壅】（バイヨウ）つちかいまもる。つちかう。

【培△塿】（ホウロウ）①小さい丘。また、小高い墓。②自己の謙称。

(11)8
【埤】1263 △
㊀㊥ヒ・㊖ビ 支 pí
㊁㊥ヒ・㊖ビ 紙 bì, bēi
㊂ヘイ 霽 pì

字義 ㊀❶ます（増・益）。ふやす。おぎなう（補）。❷あつい。厚くする。❸ひくい。㊁❶低くて湿気の多い土地。❷ひくい。㊂ひめがき。城壁の上の低い垣。

解字 篆文 形声。土＋卑㊒。音符の卑は、ひくいの意味。ひくいかきね、ひめがきの意味を表す。また、俾（ヒ）に通じ、加えるの意味を表す。

【埤益】（ヒエキ）①厚く増し加える。増加する。〔詩経、邶風、北門〕②ためになる。裨益（ヒエキ）。

【埤△堄・埤△倪】（ヘイゲイ）（城壁の上の低い）ひめがき。

(11)8
【埠】1264 △
㊥ホ・㊖ブ 慣フ 遇 bù
4154 *4956*

字義 はとば。船着き場。「埠頭」

解字 形声。土＋阜㊒。音符の阜（フ）は、段のあるおかの意味。

(11)8
【堋】1265 △
㊀ホウ 径 bèng
㊁㊥ホウ・㊖ボウ 蒸 pēng
[堋] 5236 *5444*

字義 ㊀❶うずめる。棺を地中に埋める。❷せき。いせき。㊁射場に設けた垣。また、的場（まとば）。あずち。

解字 金文 篆文 形声。土＋朋㊒。

(11)8
【埜】1266 △ ヤ 野（8066）の古字。→一一三ページ。
3924 *4738*

(11)8
【埖】1267 国字 △
5234 *5442*

字義 ごみ。埖渡（ごみわたり）は、青森県三戸（さんのへ）郡の地名。

解字 会意。土＋花。散る花のような土、ほこりの意味を表す。

(12)9
【堙】1268 △ イン 真 yīn
[堙] 5237 *5445*

字義 ❶ふさぐ（塞（ソク））。うずめる（うづむ）。❷ふさがる。また、うずまる。しずむ。＝湮（イン）。❸ほろびる。ほろぼす。❹つきやま。土を積んで作った小山。❺はしご。

解字 形声。土＋垔㊒。音符の垔（イン）は、ふさぐの意味。土でふさぐ・うもれるの意味を表す。

【堙△鬱】（インウツ）心がふさがり重苦しい。

【堙滅】（インメツ）うずもれてなくなる。滅びて、また、消えてなくなる。〔史記、伯夷伝〕名堙滅而不ㇾ称（なインメツしてショウせられず）。

(12)9
【堰】1269 標 エン 霰 yàn
[隁] 同字
1765 *3161*

字義 ❶せき。いせき（ゐせき）。土を積んで水をせき止めるしかけ。❷せく。せき止める。ふさぐ。

解字 形声。土＋匽㊒。音符の匽（エン）は、とめるの意味。水の流れをとめる、せきの意味を表す。

【堰堤・堰△隄】（エンテイ）川や谷の水をせきとめるために石や土砂で築いた堤防。ダム。

(12)9【堝】1270 △ カ(クヮ) 歌 guō　5238 5446

字義 るつぼ。金属をとかすのに用いる土の壺。「坩堝(カンカ)・〔るつぼ〕」

解字 形声。土＋咼音。

(12)9【堺】1271 標 カイ　界(4808)と同字。→七三八ページ。　2670 3A66

(12)9【堪】1272 常 カン たえる　カン 覃 kān　慣タン　2014 342E

筆順 一 十 卄 堪 堪

字義 ❶突き出ている土地。❷天。天の道。「堪輿(カンヨ)」❸たえる。㋐十分任に当たることができる。もちこたえる。㋑こらえる。忍ぶ。がまんする。「堪忍」㋒勝つ。すぐれている。

使いわけ たえる〔耐・堪〕⇩耐(1700)。

解字 文 篆 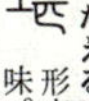 形声。土＋甚音。音符の甚カンは、おきかまどの意味。もと、土で築いたかまどの煙突の意味を表したが、借りて、戡カンなどに通じて、弱気や欲望や自分に加えられた圧力に、うちかつ・たえるの意味を表す。

【堪当(當)】(カンドウ) ①法に照らし罪に当てる。②国㋐きげんをそこねること。㋑師や親が目下の者の悪事をとがめ、縁を切り出入りをさしとめること。

【堪忍】(カンニン) ①こらえしのぶ。がまんする。②国㋐ゆるす。㋑経済上の負担。生計。

【堪能】(カンノウ・タンノウ) ①才能がすぐれている。また、すぐれた才。②国(タンノウ)㋐あきたる。満足する。また、気を晴らすこと。気が済むこと。㋑技芸などにすぐれていること。

【堪輿】(カンヨ・タンヨ) ①あめつち。天地。②天地の神。③堪輿家は、人を葬る土地の吉凶を占う人。また、天文を説き占星をする人。

(12)9【堯】(440) ギョウ　尭(439)の旧字体。→一〇九ページ。　8401 7421

(12)9【堅】1273 常 ケン かたい　ケン 先 jiān　2388 3778

筆順 丨 𠂆 臣 臤 堅

字義 ❶かたい土。❷かたい。つよい。しっかりしている。「強堅」❸かためる。かたくする。❹かたく。しっかりと。あくまで。

名乗 かき・かた・かたし・すえ・たか・つよし・み・よし　難読 堅魚(かつお)・堅莢樹(はくさんぼく)・堅香子(かたかご)

使いわけ かたい〔硬・堅・固・難〕⇩硬(5158)。

解字 文 篆 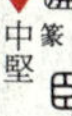 形声。土＋臤音。音符の臤ケンは、かたいの意味。かたい土の意味から、かたいの意味を表す。

▼中堅

【堅強・堅▵彊】(ケンキョウ) かたくつよい。かたくこわばる。〔老子、七十六〕堅強者死之徒(ケンキョウなるものはシのト)、柔弱者生之徒(ジュウジャクなるものはセイのトなり)。〈かたくて強そうなものは死んでいるものの仲間であり、柔かで弱そうなものは生きているものの仲間である〉

【堅固】(ケンゴ) ①かたい。じょうぶ。②心がしっかりしていること。③国㋐すこやか。たっしゃ。健全。㋑厳重。

【堅甲利兵】(ケンコウリヘイ) 堅固なよろいと鋭利な武器。転じて、強い兵力。〔孟子、梁恵王上〕

【堅持】(ケンジ) 国かたく保持して離さない(譲らない)こと。

【堅実(實)】(ケンジツ) ①かたい果実。②かたくしまっていること。しっかりしている。③国てがたいこと。確実でまちがいのないこと。

【堅陣・堅陳】(ケンジン) 守りのかたい陣地。

【堅▵物・堅▵靭】(ケンジン) 強くてしなやかなこと。

【堅貞】(ケンテイ) かたく正しい。操の正しいこと。「堅固貞潔」

【堅忍】(ケンニン) かたくしのぶ。がまんづよい。かたく強い。「堅忍不抜(がまん強くてくじけない)」「堅忍果決(がまん強くしかも思い切りがよい)」

【堅白】(ケンパク) 主義・節操が堅固で変わらないこと。

【堅白同異▵之弁(辯)】(ケンパクドウイのベン) 戦国時代の公孫竜(コウソンリュウ)が唱えた詭弁(キベン)。石の白色は目で見て知り得るもの、堅さは手で触れて知るもの、だから白石と堅石とは同一の石ではないとする。鷺(さぎ)を烏(からす)と言いくるめるような、こじつけの議論をいう。→白馬非馬論(七五三ページ)。〔公孫竜子、堅白論〕

【堅氷】(ケンピョウ) かたい氷。

【堅利】(ケンリ) かたくてするどい。

【堅塁(壘)】(ケンルイ) ①堅固なとりで。②塁を堅くす(ルイをかたくす) とりでを堅くして「守る。

【堅▵牢】(ケンロウ) かたくてじょうぶなこと。堅固。牢も、かたい。

(12)9【堠】1274 △ 漢コウ 呉グ 宥 hòu

字義 ❶つか(塚)。一里づか。土を積んで作った里程標。❷ものみ台。敵の動静をうかがったり、のろしをあげたりするための小高いとりで。「堠台」

解字 形声。土＋侯音。音符の侯は、うかがうの意味。遠方をうかがい見るための、ものみ台の意味を表す。

【堠▵槐】(コウカイ) ①一里づかの代わりに植えたえんじゅの木。②転じて、一里づか。

【堠子】(コウシ) 一里づか。里程標。

【堠樹】(コウジュ) 一里づかの上に植えた、めじるしの木。

(12)9【場】1275 教2 ジョウ ば　漢チョウ(チャウ) 呉ジョウ(ヂャウ) 陽 cháng, chǎng　3076 3E6C

筆順 十 圢 坦 場 場

【塲】俗字

字義 ❶ば。㋐神を祭るために掃き清めた地。㋑畑。耕作地。㋒広場。平地。㋓所。場所。「劇場」「満場」㋔試験場。❷とき。場合。「一場の夢」国ば。㋐劇の一場面。「三幕五場」㋑産地。「本場」「場違い」㋒取引所の立ち会い。「前場」

参考 〔場エキ〕は別字。

解字 文 篆 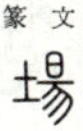 形声。土＋昜音。音符の昜ヨウ→ジョウは、日があがるの意味。あがる太陽を祭るきよめられた土地、一般に、場所の意味を表す。

▼官場・教場・斎場・上場・壇場・登場・道場・馬場

【場屋】(ジョウオク) ①試験場。官吏登用の試験場。貢院。②芝居小屋。劇場。

【場師】(ジョウシ) ①庭園を管理する役人。②転じて、植木屋・庭師。

【場▵圃】(ジョウホ) ①畑。また、園。②穀物を処理する場所。秋に畑の一部の土を築き固めて作る。

(12)9【堕】1276 常 ダ　3436 4244

(15)12【墮】1277 漢タ 呉ダ 哿 duò　5256 5458

筆順 阝 阝 阹 陏 堕

【墯】同字　【憜】同字

字義 ❶こわす。こぼつ。くずす。やぶる。❷こわれる。くずれる。やぶれる。❸おとす。おろす。「堕胎」❹おちる。落下する。また、身をもちくずす。「堕落」❺おこたる。なまける。「怠堕」

解字 文 篆  形声。もと、阝(自)＋𡍮音。音符の𡍮タは、くずれおちるの意味。くずれ落ちた城壁の意味から、くずれおちるの意味を表す。篆文は、土＋隋音。常用漢字の堕は墮の変形。

【堕弱】(ダジャク) なまけて弱い。いくじがない。気力がない。

【堕怠】(ダタイ) なまけおこたる。怠堕。

【堕胎】(ダタイ) 胎児を人工流産させること。

【堕落】ダラク ①おちる。落下。②やぶれる。失敗する。③品行が悪くなる。身をもちくずす。④仏信仰心を失って悪道におちいること。

(12)9【塚】1278 常 つか 3645 444D

(13)10【塚】1279 漢チョウ 呉チュウ(チウ) 腫 zhǒng

筆順 扌 圴 坾 塚 塚

字義 つか。土を高く盛りあげた墓。冢チョウ(494)の俗字。

参考 国つか。小高い土盛り。「一里塚」

字義と熟語は、冢(494)をも見よ。→三五八ページ。

解字 形声。土+冢音。→冢(494)。

▼丘塚・荒塚

(12)9【堞】1280 △ 漢チョウ(テフ) 呉ジョウ(デフ) 葉 dié

字義 ひめがき。城壁の上にめぐらした低い垣。

解字 文 篆 形声。もと、土+葉音。

(12)9【堤】1281 常 テイ つつみ 3673 4469

㊀漢テイ・呉タイ 薺 ㊁漢テイ・呉タイ 斉 dī

筆順 扌 坦 坦 埕 堤

字義 ㊀とどこおる(滞)。とまる。㊁❶つつみ。土手。堤防。＝隄テイ。❷いとぞこ。茶碗チャワンの類の底。

解字 文 篆 形声。土+是音。音符の是は、柄の長くつき出た、さじの意味。長くつき出た、つつみの意味を表す。

▼突堤

【堤防】テイボウ どて。つつみ。堤塘テイトウ。

(12)9【堵】1282 標 漢ト 呉ツ 麌 dǔ [堵] 3740 4548

字義 ❶かき(垣)。かきね。へい。家のまわりのかき。❷かきの大きさの名。二尺はばの板を五枚重ねた高さ。❸居所。すまい。かきに囲まれた中の意。❹物をさしていう語。「阿堵アト(この・この物)」❺ふせぐ。ふさぐ。さまたげる。

解字 金 文 篆 形声。土+者音。音符の者は、台上にしばなどを集め重ねたものの象形。版築法という両側の板の間に粘土を入れ、つき固め重ねあげる方法で造られた土壁の意味を表す。

【堵△墻・堵△牆】トショウ かき。かきね。

【堵列】トレツ かきねのように並ぶ。大勢が整列して横に連なり並ぶこと。

【安レ堵】トにやすんず 現在の居所に安んじていること。堵は、かきねの中、住居。安堵。〔蜀志、諸葛亮伝〕

【如レ堵】トのごとし 人が多く集まりかこんでいること。人垣を築いていること。

(12)9【塔】1283 常 トウ 3767 4563

(13)10【塔】1284 トウ(タフ) 合 tǎ

筆順 扌 坩 塔 塔

字義 ❶トウ タフ。梵語ボン stūpa の音訳、卒塔婆ソトバの略。墳墓の意。遺体や舎利を埋蔵し、その上に土や石積をみあげて高くしたもの。後、石・塼セン・木で数層も高いものが作られた。→塔婆。❷てら(寺)。仏堂。❸高くそびえ立つ建造物。

〔塔①〕

解字 文 篆 形声。土+荅(荅)音。梵語ボン stūpa の音訳。土で作られるので土を付した。

▼石塔・仏塔・宝塔・砲塔・卵塔

【塔勢】トウセイ 塔が高くそびえ立っているありさま。

【塔頭】タッチュウ 仏①塔の先。②ア禅宗で高僧の死後、その徳を慕って塔のそばに建てた僧坊。頭は、ほとりの意。イ転じて、大きな寺の境内にある小さな寺。タッチュウは唐音。

【塔婆】トウバ ①仏卒塔婆ソトバの略。梵語ボン stūpa(俗語 thūpa)の音訳。土または石を高く積みあげ、中に仏骨を納めるために作った一種の墓標。②供養のために墓石のうしろに立てる塔形の細長い板。

(12)9【堡】1285 △ 漢ホウ 呉ホ・ホウ 皓 bǎo 5240 5448

字義 ❶とりで。土や石を積み上げて造った小城。「橋頭堡」❷つつみ(堤)。土手。❸おか(丘)。

【堢】同字

解字 形声。土+保音。音符の保は、まもる・たもつの意味。外敵の侵入から身を守るための、とりでの意味を表す。

【堡△砦・堡△塞・堡△寨】ホサイ とりで。

【堡塁(壘)】ホルイ とりで。

(12)9【報】1286 教5 ホウ むくいる 4283 4A73

ホウ 号 bào

筆順 幸 幸 𡙇 報

字義 ❶むくいる。むくい。ア かえす。おかえし。「報酬」イしかえしする。しかえし。「報復」ウ答える。❷しらせる。しらせ。「吉報」「時報」❸さばく。❹合わせる。重ねる。❺新聞。

解字 金 文 篆 会意。幸(㚔)+𠬝。㚔は、手かせの意味。𠬝は、従うの意味。罪人に刑に従わせる、さばくの意味を表す。転じて、むくいる・しらせるの意味をも表す。

▼応報・回報・快報・確報・果報・官報・吉報・凶報・誤報・詳報・情報・通報・内報・飛報・返報・予報・朗報

【報応(應)】ホウオウ むくい。また、むくいる。応報。

【報効(效)】ホウコウ 恩に感じて力を尽くすこと。恩返しのために努力すること。

【報告】ホウコク ①つげしらせる。しらせ。通報。②受けた任務についてその経過や結果を申し述べること。「報告書」

【報施】ホウシ むくいほどこす。善行にむくい、恩恵をほどこす。

【報謝】ホウシャ ①恩にむくいる。お礼する。②仏ア仏祖の恩に感じて浄業を修めること。イ仏や巡礼に物を施し与えること。

【報酬】ホウシュウ ①むくい。かえし。返礼。②お礼の金銭・物品。代金。給金。

【報書】ホウショ ①しらせの書面。②返事の手紙。

【報奨(獎)】ホウショウ 国善行に対するむくい。ほうび。奨は、すすめる、また、ほめる。◇別に、ほめて賞を与える意の「報賞」という語があり、これとの紛らわしさを避けて「報奨」を「奨励」と言い換えるようになってきた。「報償」は別語。

【報償】ホウショウ ①しかえしをする。報復。②損害をつぐなう。→報奨(前項)。

【報道】ホウドウ ①しらせ。また、知らせる。道は、言う意。②国新聞などのニュース。

【報徳】ホウトク 徳にむくいる。受けた恩をかえすこと。〔論語、憲問〕以レ直報レ怨チョクをもってうらみにむくい、以レ徳報レ徳トクをもってトクにむくゆ

【報復】ホウフク ①しかえしをする。かたきをうつ。②むくいる。返礼。③受け答えする。④めぐり返る。

【報本反始】ホウホンハンシ もとにむくい、はじめにかえる。根本に帰って、その恩にむくいる。天地や祖先の恩や功にむくいること。〔礼記、効特牲〕

(12)9【塁】1287 常 ルイ 4661 4E5D

(18)15【壘】1288 ㊀ルイ 紙 lěi ㊁ルイ 支 lèi 5262 545E

筆順

字義 ㊀❶とりで。「城壘」❷つむ。かさねる。㊁つながる。つづく。つなぐ。かさなる。＝纍ルイ。

解字 篆文 形声。土＋畾㊥。音符の畾ライは、重ねるの意味。土を重ねて造った、とりでの意味を表す。常用漢字の塁は、壘の省略形。

▼玉塁・堅塁・険塁・孤塁・故塁・城塁・敵塁・壁塁・防塁・摩塁

【塁塊】ルイカイ わだかまる。また、わだかまり。心中の不平。

【塁△砦】ルイサイ とりで。砦も、とりで。

【塁壁】ルイヘキ とりで。城のかこい。城壁。

【摩レ塁】ルイをマす ①敵のとりでに迫る。②ほぼ同じくらいの地位・技量に達しようとすること。〔左伝、宣公十二〕

(12)9【塀】1289 国字 常 ヘイ 4229 4A3D

(14)11【塀】1290

筆順

字義 へい。かき。＝屛へ。 難読 塀和はが

解字 形声。土＋屛(屏)㊥。音符の屛ヘイには元来、へいの意味がある。これに土偏を加えた国字。

(13)10【塋】1291 △ ㊅エイ ㊁ヨウ(ヤウ) 庚 yíng 5242 544A

字義 ❶はか。墓の区域。墓地。「墳塋」❷いとなむ(営)。はかる。

解字 篆文 形声。土＋營省㊥。音符の營エイは、ぐるりととり巻いて張った夜の陣営の意味。ぐるりと地を限って造った墓の意味を表す。

【塋域】エイイキ はかば。墓地。

【塋田】エイデン 墓地。

(13)10【塩】1292 4 教 エン しお 1786 3176

(25)鹵14【鹽】1293 ㊀エン 塩 yán ㊁エン 艶 yàn 8337 7345

筆順

字義 ㊀❶しお。㋐海水を煮つめた人造の塩。食塩。↔鹵ロ(天然のしお)。㋑しおの総称。❷元素の一つ。黄褐色で、臭気のはげしい気体。「塩素」❸歌曲のふしの名。㊁しおづけにする。しおにつける。 難読 塩河しゅが・塩坂越しゃくし・塩麩子(木)ぬるで・塩飽しわく

解字 篆文 形声。鹵＋監㊥。音符の監は、厳に通じ、きびしいの意味。舌にきびしい刺激を与え、農耕にも適さない、しおつちの意味を表す。常用漢字は俗字による。

▼魚塩・米塩

【塩官】エンカン ①漢代、塩を産する郡県に置いて、塩の税を扱わせた役人。②後世、政府が塩の専売のために置いた役人。

【塩戸】エンコ 塩の製造業者の家。

【塩井】エンセイ 塩水のわき出る井戸。四川・雲南地方に多い。

【塩△竈】エンソウ・しおがま 塩焼きのかまど。

【塩鉄(鐵)△之利】エンテツのリ 塩と鉄とを政府が専売して得る利益。漢の武帝以後、ほぼ全時代にわたって行われた。

【塩鉄(鐵)論】エンテツロン 書名。十二巻。前漢の桓寛カンの著。当時の塩・鉄専売制度の是非について論議したもの。

【塩田】エンデン 海水を引き入れ、水分を蒸発させて塩を取るために設けた、海岸の砂地。しおはま。

【塩梅】エンバイ・アンバイ ①塩と酢す。しおからさと、すっぱさ。②転じて、料理の味を程よく調和すること。料理の味加減。③臣下が君主を助けて調和した政治を行わせること。④国㋐アンバイ 物事を程よく調治すること。㋑ぐあい。かげん。

【塩△冶】エンヤ 製塩と冶金。海水を煮て塩を製し、鉱石を掘り出して精錬する。

(13)10【塢】1294 △ ㊅オ(ヲ) ㊁ウ 麌 wù 5241 5449

【隝】同字

字義 ❶どて。小さなどて。❷とりで。小さなとりで。小城。「塢壁」❸むら。村落。「村塢」❹山のくま。「山塢」

解字 形声。土＋烏㊥。

(13)10【塊】1295 常 カイ かたまり ㊅カイ(クヮイ)・㊁ケ 卦 隊 kuài 1884 3274

筆順

字義 ❶つちくれ。土のかたまり。「土塊」❷つち。地。「大塊」❸かたまり。「金塊」「肉塊」❹ひとりぼっちのさま。孤立のさま。「塊然」「塊独」❺安らかなさま。

解字 凷の俗体 形声。土＋鬼㊥。音符の鬼は、グロテスクな頭の人の象形。土のかたまりの意味を表す。もと、凷の俗字。

▼大塊・土塊・肉塊

(13)10【塏】1296 △ カイ 慣ガイ 賄 kǎi

字義 高くてかわいている地。高台。

解字 篆文 形声。土＋豈㊥。

(13)10【塤】1297 △ ケン 壎(1355)と同字。→二四五ジ。

(13)10【塙】1298 △ ㊀カク 覺 què ㊁㊅コウ(カウ) ㊁キョウ(ケウ) 肴 qiāo 4025 4839

字義 ㊀❶かたい。土がかたい。❷たかい。土が高い。㊁石が多いやせ地。

国 ❶はなわ。山のさし出た所。また、小高い所。❷ばん。姓氏。

解字 篆文 形声。土＋高㊥。

(13)10【堽】1299 △ コウ 岡(1793)と同字。→三三二ジ。 5246 544E

(13)10【塞】1300 標 ㊀サイ 隊 sài ㊁ソク 職 sāi. sè 2641 3A49

字義 ㊀❶へだてる。❷とりで。「要害」❸国ざかい。辺境。「塞外」❹けわしい土地。要害の地。❺神社にお礼参りする。❻すごろく。さいころ。㊁❶とりで。❷ふさぐ。㋐とじる。さえぎる。せく。㋑うずめる。みたす。つめこむ。「充塞」❸ふさがる。㋐とじる。㋑みちる。

解字 篆文 形声。もと、土＋𡨄㊥。音符の𡨄ソクは、つめてふさぐの意味。土を付し、土でふさぐの意味を表す。また、転じて、外敵の侵入をさえぎるとりでの意味をも表す。

【塞翁馬】サイオウがうま 人生の禍福は定まりなく変わるので、禍と福について一々悲しんだり喜んだりすべきではないということ。昔、北辺のとりでのほとりに住む老人の馬が塞外に逃げたが、やがて北方の良馬をつれて帰り、その子が喜んで乗ったら負傷して足が不自由となりそれが幸いして戦争の徴発をまぬかれたという故事。「人間万事塞翁馬」〔淮南子、人間訓〕

【塞外】サイガイ ①とりでの外。②国境の外。万里の長城以北の地。西北方の辺土。

【塞原・塞源】ソクゲン みなもとをふさぎとめる。根本の原因をふさぎとめる。根をたやす。「抜本塞源」

【塞△鴻】サイコウ 北方の辺境の雁かり。

【塞上】サイジョウ とりでのほとり。上は、ほとり。

【塞北】北方の辺土。朔北。

【塞虜】北方の異民族。辺境の異民族。

(13)10【塒】1301 △ 漢シ 呉ジ 因 shí　5245 544D

字義 ねぐら。とや。鶏のねどこ。転じて、広く鳥の寝る所。

解字 篆文 形声。土＋時音。音符の時は、止に通じ、じっとどまるの意味。土塀に穴をあけて、にわとりをとまらせる所、ねぐらの意味を表す。

(13)10【塍】1302 △ 漢ショウ 呉ジョウ 蒸 chéng

［塖］同字

字義 あぜ。くろ。田と田の間に土を盛り上げたもの。

解字 金文 篆文 形声。土＋朕（舟关）音。音符の舟关は、上にあげるの意味。上を盛りあげた、あぜの意味を表す。

(13)10【塑】1303 常 ソ ― ソ 遇 sù　3326 413A

筆順 丷 屰 屰 朔 塑

字義 ❶土をこねて物の形をつくる。「彫塑」 ❷でく。土でつくった人形。また、神仏の形。「塑像」

解字 形声。土＋朔音。音符の朔は、さかのぼるの意味。粘土のかたまりを次第にけずり上げて目的の像を作る、でくの意味を表す。

▼絵塑・彫塑

【塑像】土でつくった像。今は主として彫刻の原型に用いる。殷の帝乙が偶人をつくって天神としたのが塑像の初めという。〔史記、殷本紀〕

(13)10【塚】(1279) チョウ　塚（1278）の旧字体。→三元ページ。

(13)10【塡】1304 標 ［填］ 3722 4536

㊀漢テン・呉デン 先 tián
㊁チン 真 chén
㊂チン 震 zhèn

［填］俗字

字義 ㊀❶ふさぐ。うずめる。❷みたす。つめる。「充塡」「補塡」 ❸ふさがる。みちる。❹太鼓の音。「塡然」 ❺満足なさま。❻従う。
㊁❶ふさぐ。❷ひさしい(久)。＝陳。㊂しずめる。定める。＝鎮。

解字 篆文 形声。土＋眞音。音符の眞は、つめるの意味。土をつめて穴をふさぐの意味を表す。

【塡詞】漢詩の一体。楽府から変化した歌曲の一種で、一定の譜面に合わせて、文字を塡めて作るからいう。宋代に最もさかんであった。「詞」または「詩余」ともいう。
【塡然】太鼓の音がさかんなさま。でんでんと鳴る。〔孟子、梁恵王上〕
【塡塞】うずめふさぐ。塞もふさぐ。
【塡塡】①満足のさま。また、重々しいさま。②雷の鳴り響く音。③車馬の多いさま。④鼓の鳴る音。

(13)10【填】1305 △ テン 塡（1304）の俗字。→前項。　3722 4536

(13)10【塗】1306 常 ト ぬる ― 漢ト 呉ズ（ヅ） 虞 tú　3741 4549

筆順 氵 氵 涂 涂 塗

字義 ❶どろ。「塗炭」 ❷ぬかるみ。「泥塗」 ❸ぬる。「糊塗」 ❹まみれる。血・汗・どろなどによごれる。ぬれよごれる。けがれる。〔漢書、蘇武伝〕肝脳塗レ地。 ❺みち。道路。＝途。

解字 篆文 形声。土＋氵（水）＋余音。音符の余は、こての象形。どろをこてでぬるの意味を表す。また、途に通じて、みちの意味をも表す。

▼首塗・長塗・泥塗・当塗・道塗・半塗・末塗・迷塗

【塗改】文字をぬり消して書き改める。

【塗之人】通行の人の意で、普通の人。なみの人。

【塗師】うるし細工をする職人。漆工。

【塗人】途人。①道を行く人。往来の人。②見知らぬ人。また、普通の人。

【塗説】人に聞いたことをすぐ路上で説く。人の話をすぐ受け売りして説く。「道聴塗説」〔論語、陽貨〕

【塗炭】①どろとすみ。きたないもののたとえ。②どろ水と炭火。どろにまみれ、火にやかれる苦しみ。水火の苦しみ。非常な難儀。〔書経、仲虺之誥〕民墜二塗炭一。

【塗中】どろの中。

【塗布】ぬりつける。一面にぬる。

【塗抹】①ぬり消す。ぬりつける。②ぬって色をつける。化粧する。

【殊レ塗同レ帰（歸）】行う道は違うが、結果は同じ所に帰着する。〔易経、繋辞下〕

(13)10【塔】(1284) トウ　塔（1283）の旧字体。→三元ページ。

(13)10【塘】1307 △ 漢トウ（タウ） 呉ドウ（ダウ） 陽 táng ［塘］ 3768 4564

字義 ❶つつみ。どて。❷いけ(池)。ためいけ。土を築いて水をためた池。「池塘」

解字 篆文 形声。土＋唐音。

【塘坳】水のたまったくぼ地。

(13)10【塌】1308 △ トウ（タフ） 合 tā

字義 ❶土地が低い。❷おちる。おとす。

解字 形声。土＋曷音。

(13)10【墓】1309 教5 ボ はか
(14)11【墓】1310
漢ボ 呉モ 遇 mù　4272 4A68

筆順 艹 苷 莫 墓

字義 ❶はか。おくつき。㋐土を盛らない、平らなはか。土を盛ったものを冢、高く築いたものを墳という。㋑はかの総称。❷はかのある地。はかば。

解字 篆文 形声。土＋莫音。音符の莫は、おおいかくすの意味。死者を土でおおいかくした、はかの意味を表す。

▼省墓・展墓・墳墓・陵墓

【墓穴】はかあな。「墓穴を掘る（自分から滅亡の道を求めるたとえ）」

【墓碣】墓に立てる石。墓石。碑は方形で、碣は円形。

【墓志・墓誌】死者の略歴・徳行などを金石に刻みこんで墓側に埋める（また、立てる）もの。

【墓誌銘】墓誌の文章の終わりにつける韻文のついているもの。銘は、終わりにつける韻文。

【墓碑】墓標として立てる石。墓石。碑は方形のもの。「碣」。

【墓表】①文体の名。墓に立てるいしぶみ。後漢に始まる。②＝墓標。→次項。

【墓標】墓のしるしに立てる石や木。

【墓木已拱】墓に植えた木が両手でかかえるほど太くなった。人が死んでから多くの年月を経たこと。〔左伝、僖公三十二〕

(13)10【墭】1311 国字 △　5243 544B

字義 あま（海士）。墭泊は、鹿児島県西之表市の地名。

解字 会意。海＋土（士）。あまの意味の海士の士を土に変えた上で合字とした。

【嗇】→口部 二三ページ。

(14)11
【塈】1312　△　㊀㊊キ・㊇ギ　寘 jì　㊁㊊キ・㊇ケ　未 xì
【墍】同字
字義 ㊀㊁❶ぬる(塗)。上向きになって塗る。❷かざる(飾)。❸とる(取)。❹いこう。休む。
解字 篆文　形声。土＋既㊥。

(14)11
【境】1313　教5　キョウ・ケイ　さかい
㊊ケイ　㊇キョウ（キャウ）　梗 jìng
2213　362D
筆順　境
字義 ❶さかい(さか・ひ)。境界。くぎり目。「国境」「越境」❷さかいの内側。しきられた地域。領地。❸ところ。場所。「異境」❹場合。めぐりあわせ。地位。「境遇」「逆境」❺ありさま。様子。「心境」
参考 現代表記では〔疆〕(4849)の書きかえに用いることがある。「辺疆→辺境」
解字 篆文　形声。土＋竟㊥。音符の竟(キョウ)は、くぎりの意味。くぎりの土地、さかいの意味を表す。
▼越境・佳境・環境・逆境・窮境・苦境・四境・詩境・殊境・順境・勝境・心境・進境・人境・絶境・俗境・悲境・秘境・辺境・封境・妙境・夢境・幽境・老境
【境域】(キョウイキ) ①さかい。境界。②境界内の地。国内。

【境界】(キョウカイ) ①区域。②場所。境地。③㊗(キョウガイ) 自分が報いとして受ける境遇。

【境涯】(キョウガイ) ①さかい。②身のおきどころ。境遇。

【境遇】(キョウグウ) ①身のおきどころ。めぐりあわせ。立場。運命。②環境。周囲の場所。

【境地】(キョウチ) ①場所。②立場。運命。境遇。③心のようす。精神の状態。心境。

【境内】(キョウナイ・ケイダイ) ①さかいの中。囲いのうち。国内。②神社や寺の囲いの中。

(14)11
【墐】1314　△　㊊キン　㊇ギン　震 jìn
字義 ❶ぬる(塗)。ぬりふさぐ。❷みぞのほとりの道。❸つか。墓。また、うずめる。❹ねばつち。
解字 篆文　形声。土＋堇㊥。音符の堇(キン)は、ぬりふさぐの意味で、墐の原字。

(14)11
【塹】1315　△　セン　慣ザン　豔 qiàn
5247　544F
【壍】同字
字義 ❶ほり。あな。敵の侵入を防ぐため城の周囲などの土を掘り起こしたところ。❷ほる(掘)。
解字 篆文　形声。土＋斬㊥。音符の斬(ザン)は、きるの意味。土を切りとった、ほりの意味を表す。
【塹壕・塹濠】(ザンゴウ) ①城の周囲の堀。②敵の攻撃から身を守るために土を掘って作った、からだを隠すみぞ。

(14)11
【塾】1316　常　ジュク
㊊シュク　㊇ジュク　屋 shú
2946　3D4E
筆順　塾
字義 ❶もんべや(門部屋)。門の両側にある建物。❷まなびや。学舎。昔、門の両側の建物で家中の子弟を教えたのに基づく。「塾舎」❸まど。国私設の小規模な学舎。「進学塾」
解字 篆文　形声。土＋孰㊥。音符の孰(ジュク)は、よく煮こむの意味。児童によくものをのみこませるように、門の両わきの部屋などに設けられた私設の教場の意味を表す。
▼家塾・義塾・私塾・門塾
【塾舎】(ジュクシャ) 学業を修める家。私立の学校。また、塾生の寄宿舎。

【塾頭】(ジュクトウ) 塾舎のかしら。塾生のとりしまり役。塾長。

(14)11
【墅】1317　△　㊀㊊ショ・㊇ジョ　語 shù　㊁ヤ　馬 yě
5248　5450
字義 ㊀❶いなかや。田舎の家。❷しもやしき。別荘。「別墅」㊁の(野)。郊外。＝野。
解字 形声。土＋野㊥。

(14)11
【塲】1318　△　ジョウ　場(1275)の俗字。→三八ページ。
5239　5447

(14)11
【塵】1319　標　㊊チン　㊇ジン（ヂン）　真 chén
3148　3F50
【尘】古字
字義 ❶ちり。ごみ。ほこり。❷つちけむり。❸(世の中の)けがれ。「黄塵万丈」❹わずらわしい。多い。うるさい。世俗的な。「俗塵」「塵劫(ジンゴウ)」❺㊗修行のさまたげとなる欲望。

難読 塵芥(ごみ)・塵泥(ちりひじ)

解字 篆文　会意。もと、麤＋土。麤(ソ)は、あらいの意味。あらくねばりのない土の意味から、ちりの意味を表す。塵は麤の省略形。

【塵埃】(ジンアイ) ①ほこり。ごみ。特に、風で舞い上がっているちり。つちけむり。〔荘子、逍遥遊〕②世の中のけがれ。転じて、この世。俗世間。〔史記、屈原伝〕③奥深く暗い。

【塵穢】(ジンアイ) ①ちりほこりのよごれ。②けがれ。ちりにけがれた衣。きたない着物。

【塵衣】(ジンイ) ①世間のうるさい関係。②㊗俗縁。さとりのさまたげとなる色・香・声・味・触・法の六塵をいう。

【塵縁】(ジンエン) ①けがれた世。俗世間。②㊗＝塵縁の②。

【塵芥】(ジンカイ) ちりあくた。ごみ。芥も、ごみ。

【塵界】(ジンカイ) ①けがれた世。俗世間。②㊗＝塵縁の②。

【塵外】(ジンガイ) うき世の外。けがれたこの世の外。

【塵境】(ジンキョウ) ＝塵界。

【塵喧】(ジンケン) けがれてやかましい所。

【塵垢】(ジンコウ) ①ちりとあか。転じて、世の中のけがれ。②㊗(ジンク)「煩悩(ボンノウ)」をいう。

【塵劫】(ジンゴウ) ㊗①物と時。②非常に長い年代。③世間。

【塵囂】(ジンゴウ) けがれてさわがしい所。囂は、さわがしい。

【塵沙】(ジンサ) ①ちりとすな。②物事の多いたとえ。

【塵雑(雜)】(ジンザツ) 俗世の雑事。うき世のわずらわしい事がら。また、ちり・ほこりなど、ごちゃごちゃとわずらわしいもの。〔晋、陶潜、帰二田園居一詩〕戸庭無二塵雑一(コテイジンザツなし)。

【塵心】(ジンシン) 俗界のけがれた心。名利を求める心。俗念。

【塵世】(ジンセイ) けがれた世の中。俗世間。

【塵俗】(ジンゾク) ＝塵世。→前項。

【塵土】(ジンド) ①ちりとつち。ごみつち。②けがれた世。

【塵念】(ジンネン) ①世俗を思う心。②＝塵心。

【塵表】(ジンピョウ) 世俗の外。この世の外。塵外。

【塵氛】(ジンプン) けがれた気。俗気。

【塵霧】(ジンム) ①ちりときり。たちこめるすなほこり。〔唐、白居易、長恨歌〕②転じて、行く手をはばむ難事件。

【塵網】(ジンモウ) けがれたあみ。転じて、けがれた世の中。俗界。俗世。また、仕官すること。〔晋、陶潜、帰二田園居一詩〕誤落二塵網中一(あやまりてジンモウのうちにおつ)。

【塵累】(ジンルイ) ①世のわずらわしさ。俗世間の関係。②㊗自分にわずらいを及ぼす煩悩(ボンノウ)。

(14)11
【塼】1320　△　㊀セン　先 zhuān　㊁㊊タン・㊇ダン　寒 tuán
字義 ㊀かわら。＝甎(セン)。㊁まどか。まるい。＝団(團)。
解字 形声。土＋専㊥。音符の専(セン)は、まるくするの意味。粘土をこねて造った、かわらの意味を表す。

(14)11
【増】1321　教5　ゾウ　ます・ふえる・ふやす
3393　417D
(15)12
【增】1322　㊅許　ソウ　蒸 zēng　慣ゾウ
筆順　増

（増 continued）

字義 ❶ます。ふえる（ゆ）。多くなる。加わる。重なる。高くなる。また、ふやす。多くする。加える。重ねる。高くする。↕減。「増加」「激増」 ❷ますます。 ❸高い。

名乗 なが・ま　難読 増毛（ましけ）・増野（ましこのの）

使いわけ ふえる・ふやす〔増・殖〕

〔増〕他から加わって多くなる。「水が増える」

〔殖〕そのもの自体の持つ力によって多くなる。「利息が殖える」

解字 金文 篆文 形声。土＋曽（曾）音。音符の曾は、積み重なるの意味。ゆたかにますの意味を表す。

▼加増・逓増・累増

【増援】（ゾウエン）人数を増して助ける。加勢。

【増修・増△脩】（ゾウシュウ）①徳を増し修める。②書物の内容を増し改める。③建て増しする。

【増上慢】（ゾウジョウマン）仏まださとりを得ないうちに、得たと思って高慢になること。

【増殖】（ゾウショク）ふやす。ふえる。殖も、ふやす、ふえる。

【増進】（ゾウシン）増しすすむ。増しすすめる。「健康増進」

【増秩】（ゾウチツ）俸給をふやす。秩は、俸給。

【増注・増△註】（ゾウチュウ）①書物の注釈をふやす。②あとからつけ加えた注釈。補注。

【増長】（ゾウチョウ）①しだいに増す。②つけあがる。③仏増長天。四天王中の南方天の名。

【増訂】（ゾウテイ）足らぬ所を増し、誤った所を正す。増補訂正。

【増派】（ゾウハ）あとから人数を増し送る。増員を派遣すること。

【増補】（ゾウホ）足らぬ所を増し加える。補足。

【増封】（ゾウホウ）①土を高く盛って祭る。②領地を増し加える。

(14)11 【墊】1323　△　テン　diàn

字義 ❶くだる。土地がひくい。じめじめしている。 ❷ほる。ほりさげる。 ❸おちいる。 ❹おぼれる。

解字 篆文 形声。土＋執音。音符の執は、湿に通じ、低くてしめっているの意味。低い土地の意味を表す。

【墊△隘】（テンアイ）①土地が低くしめり、狭いこと。②つかれ苦しむ。〔難儀する。

【墊没】（テンボツ）落ち沈む。くだり沈む。

(14)11 【塀】(1290)　ヘイ　塀（1289）の旧字体。→二四〇㌻。

(14)11 【墓】(1310)　ボ　墓（1309）の旧字体。→二四一㌻。

(14)11 【墨】1324　常　ボク　すみ

4347
4B4F

(15)12 【墨】1325　人許　漢ボク　呉モク　mò

筆順 冂 甲 里 黒 墨

字義 ❶すみ。「筆墨」 ❷書画。また、書画を書くこと。「名墨」 ❸黒い。また、黒ずむ。 ❹けがれる。よごれる。 ❺だまる（黙）。 ❻すみなわ。大工が直線を引くのに用いる道具。 ❼うらかた。占いに用いた亀甲（キッコウ）の割れ目。 ❽周代の長さの単位。五尺。約一一三センチメートル。 ❾五刑の一つ。いれずみの刑。 ❿墨家・墨翟（ボクテキ）の略。「墨守」 国❶隅田（すみだ）川の雅名。「墨堤」「墨東」 ❷国名。墨西哥（メキシコ）の略。

難読 墨西哥（メキシコ）・墨子（ほくろ）・墨俣（すのまた）

解字 篆文 形声。土＋黑（黒）音。音符の黑は、くろいすすの意味。すすと土とで作った、すみの意味を表す。

▼遺墨・孔墨・紙墨・朱墨・儒墨・縄墨・水墨・石墨・淡墨・筆墨・文墨・芳墨・零墨

【墨衣】（ボクイ）すみぞめの衣。黒衣。喪服に用いる。

【墨花】（ボッカ）①すずりの表面の模様。②すみの色つや。③すみで描いた花。

【墨家】（ボッカ）戦国時代、兼愛の説をとなえた墨翟（ボクテキ）の学説を奉ずる学派・人。→墨翟。

【墨海】（ボッカイ）すずりの別名。

【墨客】（ボッカク）書画や詩文にたくみな人。文人。

【墨魚】（ボクギョ）いか。烏賊（ウゾク）。

【墨君】（ボククン・ボックン）墨絵の竹。君は、竹の別名。墨竹。

【墨△痕】（ボッコン）すみのあと。筆で書いたあと。

【墨子】（ボクシ）①墨翟（ボクテキ）の尊称。→墨翟。②書名。もと七十一編、今五十三編だけ残っている。戦国時代初期の墨翟及びその門人の学説を集めたもので、墨翟の弟子や後人が著したものといわれる。

【墨子泣レ糸（絲）】（ボクシいとになく）墨子が白いねり糸を見て、その黄にも黒にも染まるのを知って泣いたという故事。人は環境・習慣によって善にも悪にもなるたとえ。〔淮南子、説林訓〕

【墨守】（ボクシュ）自説を固く守って改めないこと。墨子が固く城を守った故事による。〔後漢書、鄭玄伝〕

【墨場】（ボクジョウ）文人書家の仲間。

【墨水】（ボクスイ）①墨のしる。②学問。③国東京の隅田（すみだ）川の雅名。

【墨跡・墨△迹・墨△蹟】（ボクセキ）墨で書いたあと。墨で書いたもの。筆跡。

【墨池】（ボクチ）①墨つぼ。②筆やすずりを洗う池。また、すずりの池。すずりのへこんでいる部分。③文字を習うこと。

【墨竹】（ボクチク）①墨絵の竹。②竹の一種。

【墨堤】（ボクテイ）国すみだ堤。東京の隅田（墨田）川の堤。

【墨△翟】（ボクテキ）戦国時代の思想家。魯（ロ）（今の山東省内）の人、または、宋（ソウ）（今の河南省内）あるいは楚（ソ）（今の湖南・湖北省）の人といわれる。兼愛（博愛平等）・非戦・節倹を主張した。孟子に異端邪説として大いに攻撃された。墨子と称される（子は、先生の意味）。（前四六八?—前三七六）

【墨斗】（ボクト）①墨つぼ。②矢立（やたて）。

【墨突不レ△黔】（ボクトツくろまず）いそがしく奔走するたとえ。墨子が自分の教えを広めようとして四方に奔走したので、家に落ち着いている時がなく、かまどの煙突が黒くならなかったという故事。孔席不レ暇レ暖（コウセキあたたまるにいとまあらず）。〔文選、班固、答賓戯〕

【墨墨】（ボクボク）①声のないさま。無言のさま。黙々。②暗黒のさま。まっくら。くらやみ。

(14)11 【墁】1326　△　マン　màn

字義 ❶こて。塗りごて。＝鏝・槾（マ）。 ❷土塀のかざり。

解字 形声。土＋曼音。

(14)11 【墉】1327　△　漢ヨウ　呉ユウ　yōng (yóng)

字義 ❶かき。城のかき。 ❷城。 ❸かべ。

解字 篆文 形声。土＋庸音。音符の庸は、鏞（ヨウ）に通じ、つりがねの意味。大きなつりがねのように筒形にめぐらされた城壁の意味を表す。

(14)11 【塿】1328　△　漢ロウ　呉ル　lǒu

字義 ❶つち（土）。かわいてあらい土。 ❷つか。㋐小さいつか。㋑ありづか。「蟻塿（ギロウ）」

解字 篆文 形声。土＋婁音。音符の婁（ロウ）は、樓（楼）に通じ、たかどのの意味。土でつくられた楼、ありづかの意味を表す。

(15)12 【墟】1329　標　漢キョ　呉コ　xū

5250
5452

字義 ❶おか（をか）。大きなおか。 ❷ふもと。山のふもと。 ❸あと。荒れはてたあと。「廃墟」

解字 形声。土＋虚音。音符の虚は、大きなおかの意味。また、むなしいの意味。土を付し、おかの意味や、むなしくなった土地、あれはてたあとの意味を表す。

【墟△巷】（キョコウ）さびれた町。巷は、ちまた、横町。

【墟墓】キョボ 荒れはてた墓。無縁づか。
【墟落】キョラク 荒れはてた村里。さびれた村落。
【墟里】キョリ 荒れはてた村里。墟落。また、村里。〔晋、陶潜、帰ニ田園居一詩〕依依墟里煙（イイたりキョリのけむり）。訳文⇨曖曖（アイアイ）（五一六ページ）。

(15)12 【墝】1330 △ コウ 磽（5209）と同字。→七六三ページ。

(15)12 【墠】1331 △ 漢セン 呉ゼン 銑 霰 shàn
字義 ❶祭りの庭（禅）。神を祭るために、はききよめた郊外の地。❷地をはらう。地をはらい清める。
解字 篆文 形声。土＋單音。音符の單（タン）は、壇に通じ、野外の祭りの場の意味。土を付し、祭りのにわの意味を表す。

(15)12 【增】(1322) ゾウ 増（1321）の旧字体。→二四二ページ。

(15)12 【墫】1332 △ ソン 樽（3690）と同字。→五六三ページ。　5251 5453

(15)12 【墮】(1277) ダ 堕（1276）の旧字体。→二三八ページ。　5256 5458

(15)12 【墀】1333 △ 漢チ 呉ジ（ヂ） 支 chí
字義 ❶にわ。階段の上の空地で、漆喰（シックイ）などでぬったり、または石を敷いたりしてある庭。いしだたみ。❷きざはし。階段。
解字 篆文 形声。土＋犀音。

(15)12 【墜】1334 常 ツイ
(15)12 〔墜〕1335 漢ツイ 呉ズイ（ヅイ） 寘 zhuì　3638 4446
筆順 阝 阝' 隊 隊 墜
字義 おちる。おとす。㋐落下する。「墜落」「撃墜」 ㋑失う。なくす。すたれる。「失墜」 難読 墜栗（栗）花（つゆ・ついり）
解字 甲骨文 篆文 会意。甲骨文は、自＋人の倒形。段を人がさかさまにおちるの意味を表す。のち、隊となり、さらに土を付し、墜となる。墜は、土＋隊の形声文字。
▼撃墜・失墜・転墜・覆墜
【墜景】ツイエイ 入り日。落日。
【墜死】ツイシ 高い所から落ちて死ぬ。
【墜緒】ツイショ おとろえた事業。すたれた仕事。
【墜典】ツイテン すたれた法度。すたれた儀式。
【墜葉】ツイヨウ おちば。落葉。
【墜落】ツイラク おちる。高い所から落ちる。墜下。

(15)12 【墱】1336 △ トウ 径 dèng
字義 ❶きざはし。土の階段。また、小さい坂。❷かけはし。高い所にかけた橋。❸水を分流する所。
解字 形声。土＋登音。音符の登は、のぼるの意味。土の階段の意味を表す。

(15)12 【墦】1337 △ 漢ハン 呉ボン 元 fán
字義 はか。つか。「墦間」
解字 形声。土＋番音。音符の番は、放射状にひろがるの意味。まんじゅう形の土を盛った、はかの意味を表す。
【墦間】ハンカン はかのあいだ。墓地。〔孟子、離婁下〕

(15)12 【墳】1338 常 フン　4215 4A2F
(16)13 〔墳〕1339 漢フン 呉ブン 文 fén
筆順 土 圹 坩 墳 墳
字義 ❶はか。土を高く盛りあげた墓。「墳墓」「古墳」 ❷おか。❸つつみ。堤防。❹す。なかす（中州）。しま。❺大きい。❻古代の書物の名。伏羲（フッキ）・神農・黄帝の書という。『三墳』
解字 篆文 形声。土＋賁（賁）音。音符の賁（フン）は、噴に通じ、さかんにふき出すの意味。土がふきだしたように盛りあがった、はか（墓）の意味を表す。
▼丘墳・古墳・典墳
【墳塋】フンエイ はか。はかば。塋は、墓地。
【墳衍】フンエン 水ぎわと低地。衍は、低地。
【墳策】フンサク 古代の書物。昔の聖賢の著した書。墳籍。
【墳典】フンテン ①『三墳五典』の略。三皇・五帝の書。②聖賢の述べた書物。墳策。墳籍。
【墳墓】フンボ はか。おくつき。
【墳墓之地】フンボのチ ①祖先代々の墓のある所。②転じて、故郷。

(15)12 【墨】(1325) ボク 墨（1324）の旧字体。→二四三ページ。

(15)12 【墰】1340 △ ヤ 野（8066）の古字。→一一三三ページ。

(15)12 【壈】1341 国字 △　5249 5451
字義 まま。壈中（ままなか）は、姓氏。壈之上（ままのうえ）は静岡県田方郡の地名。
解字 会意。土＋間。間は間間（まま）で、日本語の「まま」には、がけの意味がある。土を付し、がけの意味を表す。

(16)13 【墺】1342 △ オウ（アウ） 号 ào　5252 5454
字義 ❶おか。❷きし（岸）。国国名。墺太利（または墺地利）（オーストリア）の略。
解字 形声。土＋奥音。

(16)13 【壊】1343 常 カイ こわす・こわれる　1885 3275
(19)16 〔壞〕1344 人 許 ㊀漢カイ（クヮイ）・呉ケ 卦 ㊁漢カイ（クヮイ）・呉エ（ヱ） 卦 huài　5253 5455
筆順 土 圹 坾 壊 壊
字義 ㊀㊁ ❶やぶれる。こわれる。くずれる。「壊滅」「決壊」 ❷やぶる。こわす。くずす。「破壊」
難読 壊島（えしま・つくれしま・ほとところじま）
参考 現代表記では〔潰〕（4253）の書きかえに用いることがある。「潰滅→壊滅」「潰乱→壊乱」「決潰→決壊」「全潰→全壊」「倒潰→倒壊」「崩潰→崩壊」
解字 篆文 形声。土＋褱（褱）音。音符の褱（カイ）は、毀（キ）に通じ、つぶれるの意味。土をつぶす、くずすの意味を表す。
▼朽壊・決壊・損壊・倒壊・敗壊・破壊・不壊・崩壊
【壊道】カイドウ こわれた道路。すたれた道。
【壊敗】カイハイ ①やぶれる。こわれる。②やぶる。こわす。
【壊廃（廢）】カイハイ やぶれすたれる。
【壊崩】カイホウ やぶれくずれる。崩は、くずれる意。
【壊滅】カイメツ ①組織がめちゃめちゃになってほろびる。②めちゃめちゃにしてほろぼす。潰滅（カイメツ）。
【壊乱（亂）】カイラン ①やぶれみだれる。「風化壊乱」②やぶりみだす。そこなう。
【壊爛】カイラン やぶれただれる。

(16)13 【墾】1345 常 コン　2606 3A26
コン 阮 kěn
筆順 豸 豸 豸ア 貇 墾
字義 ❶たがやす。ひらく。荒れ地をきりひらく。「開墾」❷

やぶれる。いたむ。
名乗 つとむ・ひらく 難読 墾田・墾道
解字 篆文 形声。土＋豤（貇）音。音符の豤は、開に通じ、ひらくの意味。土地をひらく、たがやすの意味を表す。
▼開墾
【墾荒】コンコウ 荒れ地をひらき耕す。
【墾耕】コンコウ 土地をきりひらいて耕す。
【墾植・墾殖】コンショク 田畑をきりひらいて作物をうえつける。
【墾田】コンデン ①田地をひらき耕す。②開墾した田地。
【墾闢】コンペキ 荒れ地をきりひらく。闢は、ひらく意。

(16)13 **【墻】** 1346 △ ショウ 牆（4508）と同字。→六九九ページ。 5254 *5456*

(16)13 **【壌】** 1347 常 ジョウ 3077 *3E6D*

(16)13 2017 **〔壤〕** 1348 漢ジョウ（ジャウ） 呉ニョウ（ニャウ） 養 rǎng 5265 *5461*

筆順 扌 圹 埄 壌 壤

字義 ❶つち。耕作に適するやわらかい土地。「壌土」❷土地。大地。「天壌」❸みのる。＝穣。❹肥えている。

解字 篆文 形声。土＋襄（襄）音。音符の襄は、女に通じ、やわらかいの意味。やわらかくて肥えた土の意味を表す。

▼雲壌・撃壌・天壌・土壌
【壌地】ジョウチ 土地。国土。＝壌土の②。
【壌奠】ジョウテン 田畑からできた野菜などのお供え物。祭りに用いる。土貢。
【壌土】ジョウド ①つち。耕作に適する土地。②土地。国土。③居所。居場所。
【壌墳】ジョウフン ①耕作に適する軟らかな土地。肥えた土地。②つか。はか（墓）。
【撃（擊）レ壌】つちをうつ 足で地面を踏み鳴らして拍子をとる。

(16)13 **【壇】** 1349 常 ダン・タン 漢タン 呉ダン 寒 tán 3537 *4345*

筆順 扌 圹 堷 壇 壇

字義 ダン。㋐土を盛りあげて築いた高い所。祭り・大将の任命・盟約などの式場に用いた。「天壇」「祭壇」㋑一段と高くつくった所。「花壇」「演壇」㋒ば。ところ。㋓同じ学芸に従事する専門家仲間。「文壇」

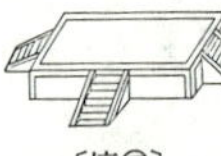
〔壇㋐〕

解字 篆文 形声。土＋亶音。音符の亶は、坦に通じ、平地の意味。太陽神を祭るための、一段高くなっている平地の意味を表す。
▼戒壇・楽壇・歌壇・講壇・祭壇・斎壇・詩壇・天壇・登壇・俳壇・文壇・霊壇・論壇
【壇宇】ダンウ ①だんと室。②転じて範囲・おきて・のり。
【壇場】ダンジョウ ①祭りや大将を任命するために、土を高く盛りあげてつくった式場。②仏仏の教えを説く所。

(16)13 **【墳】** (1339) フン 墳（1338）の旧字体。→二四四ページ。

(16)13 **【壁】** 1350 常 ヘキ かべ 漢ヘキ 呉ヒャク 錫 bì 4241 *4A49*

筆順 コ 尸 居 辟 壁

字義 ❶かべ。家の回り。家の中の土塗りの仕切り。「壁画」「面壁」❷かき。建物の周囲の土塀。「牆壁」❸かべのようにきりたった所。「氷壁」「絶壁」❹とりで。敵の侵入を防ぐ陣地。❺とりでの中にたてこもる。❻星座の名。なまめ。二十八宿の一つ。

難読 壁虎・壁蝨・壁田

解字 篆文 形声。土＋辟音。音符の辟は、わきへ寄るの意味。へやのわきに土で作られた、かべの意味を表す。

▼隔壁・岸壁・障壁・城壁・絶壁・題壁・鉄壁・面壁・塁壁
【壁画（畫）】ヘキガ かべに描いた絵。

【壁経（經）】ヘキケイ・ヘッケイ かべの中から出た経書。漢の武帝時代、魯の恭王が、孔子の邸宅をこわした時、かべの中から出てきた古文（漢以前の文字）の経書。『書経』『孝経』など。特に『古文尚書』をいう。壁中書。

【壁光】ヘキコウ 苦労すること。漢の匡衡が貧乏で灯火がないため、かべをうがち隣家のあかりで読書した故事。〔漢書、匡衡伝〕

【壁蔵（藏）】ヘキゾウ かべの中にぬりこめて保存する。

【壁立】ヘキリツ ①かべのようにつっ立つ。垂直にきり立つ。「壁立千仞」②かべが立っているだけで何の家財もない。貧乏ぐらしの形容。

【壁塁（壘）】ヘキルイ とりで。

【壁有レ耳】かべにみみあり どこで人が聞いているかわからない意で、秘密がもれやすいたとえ。〔博聞録〕

(16)13 **【壅】** 1351 △ 漢ヨウ 呉オウ 冬 yōng 5257 *5459*
〔壠〕 同字

字義 ❶ふさぐ。ふさがる。❷ふせぐ。❸へだてる。さえぎる。❹つちかう。植物の根本に土や肥料を施す。

解字 形声。土＋雍音。音符の雍は、やわらかくかかえつつむの意味。外部からの侵入を防ぐように、土でふさぎつつみこむの意味を表す。
【壅隔】ヨウカク ふさぎへだてる。中におしこめ外部と隔てる。へだてて近づけない。また、ふさがり隔たる。
【壅塞】ヨウソク ふさぐ。ふさがる。
【壅滞（滯）】ヨウタイ ふさがりとどこおる。不遇なこと。
【壅閉】ヨウヘイ ふさぎとじる。また、ふさがって通じない。
【壅蔽】ヨウヘイ ふさぎおおう。君主が耳をふさいで人の善言を聞かない。また、臣下が君主をそうさせること。

(16)13 **【壈】** 1352 △ 音義未詳 5255 *5457*

(17)14 **【壒】** 1353 △ アイ 泰 ài

字義 ちり（塵）。土ぼこり。

解字 篆文 形声。土＋蓋音。音符の蓋は、おおうの意味。あたりをおおう土けむりの意味を表す。

(17)14 **【壓】** (1186) アツ 圧（1185）の旧字体。→三六八ページ。 5258 *545A*

(17)14 **【壑】** 1354 △ カク 慣ガク 薬 hè（huò） 5259 *545B*

字義 ❶みぞ。❷ほり。からぼり。❸たに。「溝壑」❹あな。❺いわや。

解字 形声。土＋㕡音。音符の㕡は、たにの意味。

(17)14 **【壎】** 1355 △ 一漢ケン・呉カン（クヮン） 元 xūn 二クン 文 xūn
〔塤〕 同字

字義 一二 つちぶえ。卵形をした陶製の笛・中空で数個の穴があり、上方のややとがった部分に吹き口がある。八音の土にあたる。

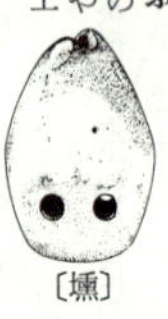
〔壎〕

解字 篆文 形声。土＋熏音。
【壎篪相和】ケンチあい（ひ）ワす 仲のよい兄弟のたとえ。壎も篪も楽器で、兄が壎を吹き、弟が篪を吹いて合奏すること。篪は、竹で造り、子供のなくような声を出す。如レ壎如レ篪（ケンのごとくチのごとし）。『詩経』小雅・何人斯に「伯氏吹レ壎、仲氏吹レ篪」とあるのに基づく。

(17)14 **【壕】** 1356 標 漢コウ（カウ） 呉ゴウ（ガウ） 豪 háo 2572 *3968*

字義 ほり。㋐城の周囲の土を掘り水をたたえたもの。＝濠

ゴウ。㋑陣地などの前に掘ったみぞ。「塹壕ザンゴウ」

(17)14【壗】1357 国字 △ ―5260 *545C*

字義 まま。壗下ままうしたは、神奈川県南足柄市の地名。

解字 会意。土＋盡。盡は儘（まま）の省略形。日本語の「まま」には、がけの意味がある。土を付し、がけの意味を表す。

(18)15【壙】1358 標 コウ（クヮウ）漢 養 kuàng ―5261 *545D*

字義 ❶あな。つかあな。墓穴。❷つか。❸野原。原野。❹むなしい（曠コウ）。また、むなしくする。

解字 篆文 形声。土＋廣音。音符の廣（広）は、ひろいの意味。土の中のひろい穴の意味を表す。

(18)15【壘】(1288) ルイ 塁（1287）の旧字体。→三二九ジ。 ―5262 *545E*

(19)16【壞】(1344) カイ 壊（1343）の旧字体。→二四四ジ。 ―5253 *5455*

(19)16【壜】1359 △ 漢タン 呉ドン 覃 tán ―5264 *5460*

字義 かめ。酒がめ。国びん（瓶）。ガラス製のとっくり型の容器。

【罎】同字 7004 *6624*

解字 形声。土＋曇音。

(19)16【壚】1360 △ ロ 虞 lú ―5266 *5462*

字義 ❶くろつち。黒くあらい土。❷いろり。❸黄黒色の土。

解字 篆文 形声。土＋盧音。

(19)16【壟】1361 △ 一 漢リョウ・呉リュウ 腫 lǒng 二 ロウ 東

字義 一二 ❶おかをか。高丘。＝隴ロウ（8446）。「高壟」❷うね。くろ。畑の中の土を盛り上げたところ。「壟畝ロウホ」❸つか。はか。「壟墓」

【壠】同字

解字 篆文 形声。土＋龍音。音符の龍（竜）は、身をくねらせたりゅうの象形。りゅうの背のようにうねりくねったおか・うねの意味を表す。

【壟断（斷）】ロウダン ①丘の高く切りたっている所。②利益を独占する。ひとりじめにする。昔、ある商人が高いところに登って市場を見まわし、安い物を買って高く売り、一人で利益を占めた故事。竜断ロウダン。〔孟子、公孫丑下〕

【壟畝】ロウホ 畑。転じて、いなか（田舎）。

(20)17【壤】(1348) ジョウ 壌（1347）の旧字体。→二四五ジ。 ―5265 *5461*

(20)17【壥】1362 △ テン 廛（2026）の俗字。→三六四ジ。 ―5263 *545F*

(24)21【壩】1363 △ ハ 禡 bà

字義 せき。水流をさえぎりとめるせき。

解字 形声。土＋霸音。

3
士部

〔部首解説〕 さむらい。武士（さむらい）の士であることからいう。士を意符として、男子の意味を含む文字ができているが、例は少ない。

士 二四六　1 壬 二四七　3 壮 二四七　4 壱 二四七　声 二四七
壯 二四八　売 二四八　8 壷 二四八　9 壹 二四八　壺 二四八
壻 二四八　10 壼 二四八　11 壽 二四八
吉→口部 一八七ジ。喜→口部 二〇八ジ。嘉→口部 二一三ジ。
賣→貝部 一〇四六ジ。臺→至部 九〇三ジ。嚭→口部 二一八ジ。
懿→心部 四〇九ジ。

(3)0【士】1364 教 4 シ ―2746 *3B4E*

博士はかせ・一言居士いちげんこじ

漢シ・呉ジ 紙 shì

筆順 一 十 士

字義 ❶事。職務。また、事を処理する才能のある者。❷役人。中堅の役人。㋐天子・諸侯の臣で卿大夫ケイタイフの下に位する、支配者の中で下位の者。㋑一般に役人をいう。㋒ものかしら。㋓検察・裁判をつかさどる役人。㋔村長。むらおさ。❸つわもの。兵士。戦士。❹天子・役人の世つぎ。❺りっぱな人。学識・徳行のある人。また、学問・知識によって身を立てる人。道に志す人。知識人。〔論語、泰伯〕士不レ可三以不二弘毅一シはもってコウキならざるべからず。訳文⇩任重而道遠（七一ジ）。❻男子の美称。「紳士」「女士」国㋐さむらいさむらひ。武士。また、女子の美称。「士農工商」㋑一定の資格・技能を持つことを示す語。「学士」「弁護士」

名乗 あき・あきら・お・おさむ・こと・さち・ただ・つかさ・と・のり・ひと・まもる

解字 金文 篆文 象形。金文でわかるように、ある種のまさかりの象形で、まさかりを持つような男子の意味を表す。士の意味と音符とを含む形声文字に、仕がある。

▼英士・衛士・介士・海士・学士・下士・寒士・奇士・騎士・義士・傑士・賢士・甲士・高士・豪士・国士・居士・策士・志士・死士・秀士・俊士・上士・処士・庶士・女士・信士・紳士・進士・人士・壮士・造士・俗士・達士・朝士・貞士・闘士・同士・道士・博士・文士・兵士・弁士・方士・名士・猛士・勇士・力士・良士・列士・烈士・浪士

【士官】シカン ①裁判官。法官。②兵を指揮する軍人。将校。武官。

【士気（氣）】シキ ①兵士の意気。戦士の意気。②最後までやり抜こうという、人々の気持ち。③国さむらいかたぎ。武士の意気。◇「志気」と「士気」とは本来別語。意気ごみの意の用字は「志気」であったが、現代ではどちらの意の場合も一般に「士気」を用いている。

【士規】シキ 士たる者の行うべき規則。「士規七則（七か条）」

【士君子】シクンシ 学問があり。徳行の高い人。

【士子】シシ ①官吏。役人。②科挙（官吏登用試験）の受験生。③男子学生。

【士師】シシ 裁判官。司法官。

【士庶人】シショジン 官吏と農工商の庶民。大夫タイフ（高級官吏）に対する語。一般の民衆。

【士女】シジョ ①男と女。男女。②美人。

【士臣】シシン 戦争に従事する家来。戦士。将兵。

【士人】シジン ①学問修養を積んだりっぱな人。②戦闘員。③庶民。

【士節（節）】シセツ 士の守るべきみさお。士の節操。士節。

【士操】シソウ ＝士操。→次項。

【士卒】シソツ ①戦士の総称。②下士官と兵卒。また、一般に軍人。

【士大夫】シタイフ ①官職についている人。身分のある人。上流階級。②兵卒に対して将校をいう。③貴族。④読書人。知識人。また、人格者。⑤官吏。特に、宋ソウ以後は、胥吏ショリに対して、科挙出身の文官をいう。

【士道】シドウ 国士たる者の守るべき道。人の守るべき道。武士道。

【士農工商】シノウコウショウ 士・農民・職人・商人。人民を職分から分けた四階級。〔管子、小匡〕士農工商四民者、国之石民也（シノウコウショウのシミンは、くにのセキミンなり）

【士夫】シフ ①若い人。壮年の男。②男子の通称。

【士風】シフウ ①りっぱな人の気風。また、一般人の気風。②武士の気風。士気。

【士民】シミン ①役人と人民。一般の人々。②道徳・学芸を学ぶ人。修養を重んずる人。

【士林】シリン ①りっぱな人々。読書人の仲間。林は、多数の意。②館の名。梁（リョウ）の武帝が建てたもので、学者を集めたところ。

【士為（爲）二知レ己者一死】（シはおのれをしるもののためにシす） 男子は自分のねうちを知って待遇してくれる人のためには生命を惜しまず働く。〔史記、刺客、予譲伝〕

(4)1 【壬】1365 標 漢ジン 呉ニン 唐 rén 3149 3F51

字義 ❶みずのえ（みづのえ）。十干の第九位。五行では水、方位では北にあてる。❷へつらう（へつらふ）。おもねる。❸はらむ（妊）。❹大きい。

解字 甲骨文 金文 篆文 象形。はた糸を巻きつけた形にかたどり、はた糸の意味を表す。紝の原字。借りて、十干の第九位の意味に用いる。織物を織るときに持続的に提供される素材としての機糸の意味から、形声文字の音符となるときには、持続的に耐えるの意味を共通して持つ。壬を音符に含む形声文字に、任・妊・紝（ジン）・衽（ジン）などがあり、これらの漢字は、「耐える」の意味を共有している。

難読 壬生（みぶ）・壬生菜（みぶな）・壬生川（にゅうがわ）

(6)3 【壮】1366 常 ソウ 3352 4154

(7)4 【壯】1367 人 許 漢ショウ（シャウ） 呉ソウ（サウ） 唐 zhuàng 5267 5463

筆順 丨 丬 壮 壮

字義 ❶年若く元気さかんな時。また、その年ごろの者。としざかり。若者。三十歳前後。「壮年」「丁壮」❷さかん。㋐大きい。大きくて勢いがよい。りっぱで大きい。「壮大」「豪壮」㋑気力があふれている。勇ましい。「壮烈」「勇壮」㋒体力がみちている。強健である。「壮健」「強壮」❸さかんにする。㋐大きくする。大きくりっぱにする。盛大にする。「壮行会」㋑気力や体力をさかんにする。❹陰暦八月の別名。「壮月」❺そこなう。やぶれる。＝戕（ショウ）。

名乗 あき・お・さかり・たけ・たけし・まさ・もり

解字 篆文 形声。士＋爿㊫。士は、男子の意味。音符の爿（ショウ）は、ながいの意味。背たけの高い男の意味を表し、転じて、さかんの意味を表す。常用漢字は省略体の壮による。

▼強壮・広壮・豪壮・少壮・盛壮・丁壮・貞壮・悲壮・勇壮・雄壮・老壮

【壮観（觀）】ソウカン すばらしいながめ。偉観。

【壮挙（擧）】ソウキョ スケールの大きな計画。すばらしい仕事。

【壮健】ソウケン 年が若くて健康なこと。元気でたっしゃなこと。

【壮語】ソウゴ 意気さかんなことば。また、えらそうなことば。「大言壮語」

【壮行】ソウコウ 国さかんな門出。また、門出をさかんにする。

【壮歳】ソウサイ 働きざかりの年ごろ。壮年。

【壮士】ソウシ ①血気さかんな男。壮夫。〔史記、陳渉世家〕壮士不レ死則已、死即挙二大名一耳（ソウシシせずんばすなわ（は）ちやむ、シせばすなわ（は）ちタイメイをあげんのみ）。〈一人前の男たるもの、死なないならともかく、どうせ死ぬならりっぱな名声を天下にとどろかせることだ〉②若者。青年。壮丁。③国一定の職業がなく、人に頼まれて相手を脅迫、談判する者。やくざの類。

【壮志】ソウシ さかんな志。勇ましい志。

【壮児（兒）】ソウジ 青年。元気さかんな青年。

【壮者】ソウシャ 元気さかんな人。年若いもの。

【壮絶】ソウゼツ 他に比べもののないほど勇ましく激しいこと。絶は、程度の最上を示す。

【壮大】ソウダイ ①りっぱで規模が大きい。また、強く大きい。②働き盛り。壮年。

【壮丁】ソウテイ ①若い男。働きざかりの男。②国もと、満二十歳になって徴兵検査を受ける者。

【壮図（圖）】ソウト スケールの大きなはかりごと。すばらしいくわだて。

【壮途】ソウト 意気さかんな門出。いさましい出発。

【壮夫】ソウフ ①若い、働き盛りの男。壮丁。②血気さかんな男。

【壮勇】ソウユウ ①意気さかんで勇ましい。②血気ざかりの若者。

【壮容】ソウヨウ ①壮年の容貌（ヨウボウ）。青年の姿。②元気さかんな姿。

【壮麗】ソウレイ 規模が大きくりっぱ。荘麗。

【壮烈】ソウレツ 意気さかんで勇ましい。勇壮義烈。

【吉】→口部 一八七ページ。

(7)4 【壱】1368 常 イチ 1677 306D

(12)9 【壹】1369 漢イツ 呉イチ 唐 yī 5269 5465

筆順 士 声 壱

字義 ❶もっぱら。専一。ひとえに。❷ひとつ。＝一。→一（上）の参考。❸ひとたび。一度。❹みな。すべて。❺ひとしい。同じ。❻合う。また、集まる。

名乗 かず 難読 壱岐（いき）・壱体比（いちろひ）・壱礼比（いちろひ）

参考 熟語は一（上）をも見よ。→一ページ。

解字 篆文 形声。篆文は、壺＋吉㊫。音符の吉（キチ＝イチ）は、めでたさをもつの意味。壺（コ）は、つぼの意味。つぼを密閉して酒を発酵させるさまから、事が成功するように力を保ち、力をこらす・もっぱらにするの意味を表す。また、転じて、一つの意味をも表す。常用漢字の壱は俗字による。

▼混壱・誠壱・専壱・統壱

【壱意】イチイ 一つのことに心を集中する。一意。「壱意専心」

【壱是】イッシ すべて。いっさい。もっぱら。

【壱切】イッサイ・イッセツ すべて。いっさい。一切。

(7)4 【声】1370 教2 セイ・ショウ こえ・こわ 3228 403C

(17)耳11 【聲】1371 漢セイ 呉ショウ（シャウ） 唐 shēng 7065 6661

筆順 士 声 声 声

字義 ❶こえ（こゑ）。人の声。動物の鳴き声。また、物のひびき。音。「肉声」「鐘声」❷音楽。音律。歌。また、そのふし。❸ことばを出す。述べる。「声明」❹世間のうわさ。評判。「名声」「悪声」❺中国語のアクセント。平（ヒョウ）・上・去・入の四声に分ける。

名乗 おと・かた・な・のぶ

解字 篆文 形声。篆文は、耳＋殸㊫。音符の殸（ケイ）は、中国の古代の楽器で、高い音のする、けいの意味。耳に達する高い音・こえの意味を表す。常用漢字の声は、省略体としての俗字による。

▼悪声・角声・寒声・喚声・去声・虚声・軍声・形声・渓声・失声・秋声・醜声・上声・新声・仁声・泉声・善声・双声・嘆声・天声・徳声・肉声・入声・馬声・蛮声・美声・平声・風声・辺声・民声・名声・余声・令声・励声・連声・漏声

【声威】セイイ ①名声と威望。評判と権威。②評判でおどす。

【声栄（榮）】セイエイ よい評判。

【声援】セイエン 声をかけて励ます。

【声音】セイオン・セイイン ①鳴り物の音曲。音楽。②こわね。こわいろ。

【声価（價）】セイカ ほまれ。ねうち。評判。

【声華】セイカ りっぱなほまれ。よい評判。声誉。
【声妓】セイギ うたひめ。うたいめ。芸者。歌妓カギ。
【声響(響)】セイキョウ ①音声のひびき。声調。②名誉。ほまれ。
【声偶】セイグウ 四声を整え、対句をならべること。偶は、対句。
【声言】セイゲン いいふらす。声明。
【声実(實)】セイジツ 評判と実際。
【声称(稱)】セイショウ よいほまれ。名声。
【声色】セイショク ①音楽と女色。②声と顔色。③国こわいろ ㋐声の様子。㋑(役者などの)せりふのものまね。声帯模写。
【声塵】セイジン ①音楽。②名声。
【声調】セイチョウ ①声の調子。②音声が調和すること。③平ヒョウ・上・去・入の四声の調子。
【声聞】セイブン ①よい評判。〔孟子、離婁下〕声聞過レ情、君子恥レ之セイブンジョウにすぐるは、クンシこれをはず(づ)〈名声が実際以上に高いことを、君子は恥とするものである〉②仏ショウモン 仏の教えを聞いてさとりを開くこと。
【声望】セイボウ 名声と人望。よい評判。
【声名】セイメイ よい評判。名声。
【声明】セイメイ ①いいふらす。声言。②明らかにいう。言明する。③政治・外交などの問題について意見を発表する。④仏ショウミョウ ㋐音韻を研究する学問。㋑仏の徳をほめたたえる歌。
【声問】セイモン・セイブン おとずれ。たより。音信。消息。
【声誉(譽)】セイヨ ほまれ。よい評判。
【声容】セイヨウ ①声とすがた。音容。②歌ひめ。
【声利】セイリ 名声と利益。名利。
【声律】セイリツ ①漢字の発音についての四声の規則。②転じて、その法にかなった詩賦。
【声涙倶下】セイルイともにくだる 泣きながら話すこと。
【失レ声】こえ(ゑ)をうしなう(ふ) 声がかれる。
【呑レ声】こえ(ゑ)をのむ ①だまって声を出さない。②すすり泣きをする。

(7)4 【壮】(1367) ソウ 壮(1366)の旧字体。→二四七ページ。 5267 5463

(7)4 【売】1372 教2 バイ うる・うれる 3968 4764

(15)貝8 【賣】1373 人許 漢バイ 呉マイ 国 mài 7646 6C4E

筆順 士 圭 声 売

字義 ❶うる。ひさぐ。㋐代金を受取り、物を渡す。↔買。「専売」㋑あざむく。だます。裏切る。㋒広める。「売名」❷うれる。

難読 売女ばいた・売豆紀めずき

参考 読(讀)・贖ショクなどの傍りっくになる賣イク(売り歩く意)は、別字。

解字 篆文 形声。篆文は、出＋買(買)音。音符の買は、あきなうの意味。買が、かうの意味に用いられたため、区別して、出を付し、うるの意味を表す。常用漢字の売は省略形の俗字による。

▼競売・叫売・転売・販売

【売官】バイカン 金銭を受け取って官位を授ける。
【売却】バイキャク 売り払う。
【売国(國)】バイコク 自分の利益のために、国を裏切って他国に通ずること。「売国奴」〔史記、蘇秦伝〕
【売僧】マイス 商売をする僧。こびへつらう僧をののしって呼ぶことば。売子マイス。
【売炭翁】バイタンオウ 中唐の白居易の詩の題。炭焼きの老人の、苦労して焼いた炭が、わずかの代価で、宮中の役人に、ほとんど没収同様に買い上げられたことをうたったもの。
【売文】バイブン 文を書いて、原稿料をもらう。文章を書いて、その報酬で生活する。
【売卜】バイボク 占いを商売にして生活する。
【売名】バイメイ 自分の名まえをひろめる。自分の名声をてらう。

(11)8 【壷】1374 △ コ 壺(1375)と同字。→中段。 3659 445B

(12)9 【壹】(1369) イチ 壱(1368)の旧字体。→二四七ページ。 5269 5465

(12)9 【壺】1375 標 漢コ 呉ゴ 国 hú 5268 5464

【壷】同字 3659 445B

字義 ❶つぼ。口がつぼんで、腹がふくれた容器。❷ふくべ。夕がおの一種。❸なつめの一種。❹水時計。「漏壺」 国つぼ。㋐見込み。ずぼし。「思うつぼ」㋑急所。要点。「つぼを押さえる」㋒中庭、また、つぼね。宮中の部屋。坪つぼとも書く。㋓灸キュウをすえる場所。

参考 〔壼コン〕は別字。

〔壺①〕

解字 甲骨文 金文 篆文 象形。蓋ふたつきのつぼの象形。つぼの意味を表す。

【壺公】ココウ 後漢の仙人。薬を売り、商売を終えると店頭のつぼの中に飛びこみ、酒を楽しんでいたという。〔漢書、方術、費長房伝〕
【壺漿】コショウ つぼに入れた飲み物。また、それを用意すること。漿は、飲み物。〔孟子、梁恵王下〕簞食壺漿タンシコショウして、以迎ニ王師一もってオウシをむかう(ふ)。
【壺觴】コショウ 酒つぼとさかずき。〔文選、陶潜、帰去来辞〕
【壺尊】コソン 酒だる。尊は、たる。
【壺飧】コソン つぼに入れた食物。飧は、食物。
【壺中天】コチュウのテン ①別天地。別世界。壺公の故事による。→壺公。②酒を飲んで世俗を忘れる楽しみ。③きわめて狭いことのたとえ。
【壺天】コテン 別天地。＝壺中天の①。

(12)9 【壻】(1534) セイ 婿(1533)の旧字体。→二八五ページ。 5270 5466

【喜】→口部 二〇八ページ。

(13)10 【壼】1376 △ コン 国 kǔn 5271 5467

字義 ❶宮中の道。❷つぼね。宮中の婦人の居間。大奥。転じて、女の意。❸広い。

参考 〔壺コ・つぼ〕は別字。

解字 篆文 象形。『説文セツモン』では、亞の部分は囗とし、士の部分は市に作る。囗は、周囲を垣に囲まれた宮中の道の象形。市は、宮門にたてられた飾りの象形。宮中の道の意味を表す。

【壼奥】コンオウ ①宮中の奥深い所。②物事の深底。奥義。
【壼訓】コンクン 婦女のおしえ。女訓。

(14)11 【壽】(1695) ジュ 寿(1694)の旧字体。→三三二ページ。 5272 5468

【嘉】→口部 二三ページ。
【賣】売(1372)の旧字体。→上段。
【嚭】→口部 二八ページ。
【臺】台(834)の旧字体。→一八六ページ。
【懿】→心部 四〇九ページ。

3 夂・夊部

〔夊〕〔夂〕 5274 546A 5273 5469

〔部首解説〕〔夂〕ふゆがしら(冬頭)。〔夊〕すいにょう(夊繞)。なつのあし。夂部と夊部とはもともと別の部首であるが、常用漢字ではみな夂と書き、同形なので、部首も一つに合わせた。ただし、ふゆがしらは字形の頭部に、すいにょうは脚部にくる。親文字の上に記した夂・夊の区別は、本来の部首を示す。

ふゆがしら　夂は、音チ。象形。甲骨文。篆文。下向きの足の形にかたどり、くだるの意味を表す。夂はまた、終（シュウ）の古字で、篆文。〔冬〕の解字を見よ。

すいにょう　夊は、音スイ。象形。甲骨文はで、夂（チ）と同形・同一語であった。篆文。文字の要素としては、足・行くなどの意味を表している。なお、夂部の文字以外で、愛・憂・俊・陵などに含まれる夂の形も、厳密には夊であるが、一般にはそこまでの区別は行われていない。

2 冬 二四九　4 夆 二四九　5 夌 二四九　6 変 二四九　7 夏 二五〇
11 夐 二五〇　18 夔 二五〇

夂→丿部 三四ページ。処→几部 一三九ページ。各→口部 一八七ページ。
麦→麥（麦）部 一三六三ページ。畝→田部 七三五ページ。
憂→心部 四〇七ページ。

【夂】→丿部 三四ページ。

(5)夂2 【冬】 1377　教2　トウ　ふゆ
(5)冫3 〔冬〕 1378　トウ　图　dōng
3763　455F

筆順　ノ ク 夂 冬

字義　❶ふゆ。四季の第四の季節。十二月から翌年の二月まで。陰暦で、十・十一・十二月の三か月。立冬から立春まで。❷ふゆごもりする。また、ふゆを越す。❸ものの形容。→冬冬。

名乗　かず・とし　難読　冬瓜（とうがん）・冬青（そよご）・冬葱（わけぎ）

解字　金文　篆文　会意。金文は、日＋夂。夂は終の原字で、糸の最後の結び目の部分の象形。一年の月日の終わりの季節、ふゆの意味を表す。のち、氷（仌）の季節の意識が作用して、篆文は夂＋仌の会意で冬となった。冬の意味と音符とを含む形声文字に、終などがある。

▼季冬・旧冬・窮冬・厳冬・残冬・仲冬・立冬

【冬栄（榮）】トウエイ　冬に咲く花。冬花。

【冬温夏凊（凊）】トウオンカセイ　冬はあたたかにし、夏は涼しくする。親に仕える子の心がけを示したことば。→定省温凊（三〇一ページ）。〔礼記、曲礼上〕

【冬官】トウカン　①周代の六官（天・地・春・夏・秋・冬の各官）の一つ。土木工作をつかさどる。司空。②唐代、工部省をいう。

【冬至】トウジ　北半球で、昼が最も短く、夜が最も長い日。十二月二十二、三日ごろ。南半球はその逆。↔夏至。冬節。

【冬日可ㇾ愛】トウジツアイスベシ　冬の日光はあたたかで、愛すべきものである。温和で恵み深い人のたとえ。〔左伝、文公七、杜預注〕——、夏日可ㇾ畏（カジツはおそるべし）。〈——、夏の太陽は、熱さがはなはだしく恐るべきである〉

【冬扇夏炉（爐）】トウセンカロ　冬のおうぎと夏の火ばち。無益・無用の物のたとえ。夏炉冬扇。〔論衡、逢遇〕

【冬冬】トウトウ　とんとんと、門をたたく音。

【処】→几部 一三九ページ。　【各】→口部 一八七ページ。

(7)夂4 【夆】 1379　△　漢ホウ　呉ブ　图　féng

字義　❶さからう。❷ひく。❸あう。＝逢（ホウ）。

解字　金文　篆文　形声。夂＋丰（音）。夂は下向きの足の象形。音符の丰（ホウ）は、草木の葉の寄り合い茂るさまの象形。足が一点に寄り合っていく、あうの意味を表す。

【麦】→麥（麦）部 一三六三ページ。

(8)夊5 【夌】 1380　△　リョウ　图　líng

字義　❶しのぐ。越える。おかす（犯）。＝凌（リョウ）・淩（リョウ）。❷おか。高大な丘。＝陵。❸次第にすたれる。

解字　甲骨文　篆文　会意。先＋夊。先は、高く大きいの意味。夊は、おそく行くの意味。高い地をこえるの意味を表す。甲骨文では、先は片足をあげた人の象形。夊は、あしあとの象形。足をあげて高い地をこえるの意味を表す。いま、淩・凌・陵に作られる。夌を音符に含む形声文字に、凌（リョウ）・崚（リョウ）・稜（リョウ）・淩（リョウ）・棱（リョウ）・綾（リョウ）・菱（リョウ）・蔆（リョウ）・陵などがあり、これらの漢字は、「越える丘」の意味を共有している。

(9)夂6 【変】 1381　教4　ヘン　かわる・かえる　4249　4A51
(23)攴19 〔變〕 1382　ヘン　霰　biàn　5846　5A4E

筆順　亠 亣 亦 変

字義　❶**かわる**（かはる）。今までと違ったようになる。改まる。うつりかわる。「変動」「変遷」「変化」❷**かえる**（かふ）。今までと違ったようにする。改める。「変心」「変装」❸乱れる。また、乱す。❹不思議。普通でない。奇怪。「変死」❺思いがけない出来事。内乱や戦争など。「事変」❻非常の際のやり方。非常手段。「変則」❼人の死。喪（も）。

使いわけ　**かえる・かわる**〔変・代・替・換〕
〔変〕前と違った状態にする。「試合の流れを変える」
〔代〕別の人や物に肩がわりする。「ピッチャーを代える」
〔替〕前の事をやめて別の新しい事を行う。「塗り替える・振り替える」
〔換〕他のものに取りかえる。「ドルに換える」

解字　篆文　会意。篆文は、䜌＋攴。䜌は、つづくの意味。攴は、うつの意味。連続するものをたち切って、かえるの意味を表す。常用漢字の変は俗字による。

▼応変・改変・急変・凶変・劇変・激変・事変・神変・政変・大変・転変・不変・兵変

【変異】ヘンイ　ふしぎな事がら。かわった出来事。怪異。天変地異の類。

【変易】ヘンエキ　①かわる。②かえ改める。

【変化】ヘンカ　①かわる。かわって別のものになる。かわり改まる。②かえる。かえ改める。③（ヘンゲ）㋐（仏）仏が菩薩（ボサツ）の神通力によって万物に変化すること。㋑（国）動物などが姿をかえて現れること。また、ばけもの。権化（ゴンゲ）。「妖怪（ヨウカイ）変化」

【変改】ヘンカイ・ヘンガイ　①かわり改まる。②かえ改める。

【変怪】ヘンカイ　ばけもの。もののけ。

【変革】ヘンカク　かえ改める。根本から変える。また、変わる。

【変格】ヘンカク　普通と変わった様式。↔正格。

【変局】ヘンキョク　ふだんと異なる局面。非常の場合。

【変幻】ヘンゲン　まぼろしのように、たちまち現れ、たちまち消えること。変化がすみやかで、はかり知ることのできないこと。「変幻出没」

【変故】ヘンコ　かわった出来事。非常の事。事変。

【変更】ヘンコウ　かえる。かえあらためる。変改。

【変詐】ヘンサ　そむきいつわる。また、かけひきをじょうずにする。

【変災】ヘンサイ　わざわい。思いもかけぬ災難。天変地異の災難。

【変死】ヘンシ　普通でない死に方。自然死以外の死。災難による死や、自殺など。

【変事】ヘンジ　かわった出来事。事変。「一大変事」

【変辞（辭）】ヘンジ　いつわりのことば。

【変質】ヘンシツ　①性質をかえる。②病的な性質。正常でない性質。「変質者」

【変色】ヘンショク　①物の色が変わる。色がわり。変わった色。②顔色をかえる。

【変心】ヘンシン　心をかえる。気がかわる。心がわり。

【変身】ヘンシン　姿を他のものにかえる。また、その変わった姿。

【変節（節）】ヘンセツ　①時節の移りかわること。季節の変化。②みさおをかえる。従来の主義主張をかえる。③心を入れかえる。

【変遷】ヘンセン うつりかわる。うつりかわり。
【変相】ヘンソウ ①顔や姿をかえること。また、変わった顔や姿。②仏極楽・地獄のありさま。また、それを描いた図。
【変装（變裝）】ヘンソウ 顔や姿をかえること。また、その身なり。
【変則】ヘンソク 普通の規則・規定にはずれていること。
【変体（變體）】ヘンタイ かわった形。一風変わった姿。
【変態】ヘンタイ ①色々に形をかえる。また、その形態。②動物などが成長する間に、いろいろその形をかえること。③正常でない状態。
【変通】ヘンツウ 自由自在に変化適応すること。臨機応変に事を処理すること。「変通自在」
【変置】ヘンチ 置きかえる。とりかえて置く。
【変転（轉）】ヘンテン うつりかわる。「変転無窮」
【変動】ヘンドウ ①かわり動く。種々にかわる。②変え動かす。
【変文】ヘンブン 韻文と散文とを交えた一種の語りもの。敦煌トンコウ発見の俗文学書の一つ。
【変法自強】ヘンポウジキョウ 政令・法律を改革して国力を強くする。清末シンマツに康有為が主張した。
【変△貌】ヘンボウ 姿をかえる。また、変わった姿。
【変容】ヘンヨウ 姿・形をかえる。また、変わった姿。
【変乱（亂）】ヘンラン ①国の乱れ。いくさ。兵乱。②かわり乱れる。また、かえ乱すこと。

(10)夂7【夏】1383 教2 カ・ゲ なつ
(10)夊7【夏】1384 一漢カ・呉ゲ 禡 xià 二漢カ・呉ゲ 馬 xià ⑥jiǎ —1838 *3246*

筆順 一 丆 百 頁 夏

字義 一❶なつ。四季の第二。六月から八月。陰暦では四月から六月まで。❷仏ゲ。僧の夏九十日間の座禅修行。
二❶大きい。さかん。❷中国。中国で自国を称する語。中華。「中夏」❸中国の人。❹王朝の名。禹ウから桀ケツ王まで、十七代、四四〇年（四七一年ともいう）続き、殷インの湯王に滅ぼされたと伝えられる。伝説上の王朝とも、山西省南部に実在したともいわれる。❺国名。㋐五胡ゴ十六国の一。後秦コウシンの将の赫連勃勃カクレンボツボツが建てた国。三世二十五年で滅びた（四〇七―四三一）。「大夏」㋑宋代、党項タングート族が建てた国。「西夏」↓西夏（九八七ページ）。❻木の名。ひさぎ。むちを作る。

難読 夏安居げあんご・夏越なごし・夏足なたい・夏油げとう

解字 金文 篆文 会意。頁＋臼＋夊。頁は、冠や面などをつけた人の頭の象形。臼は、両手、夊は、両足の象形。冠などをつけ両手両足を動かして、みやびやかに舞う夏祭りの舞のさまから、なつの意味を表す。夏の季節の盛んなさまから、転じて、大きいの意味、大いなる国、中国の意味をも表す。

▼炎夏・華夏・季夏・結夏・江夏・残夏・大夏・中夏・仲夏・長夏・半夏・陽夏・立夏

【夏育】カイク 周代の衛の勇士の名。力持ちで、孟賁ホンとならび称せられる。
【夏屋】カオク ①夏代カダイの家の屋根。棟木むなぎから前後にだけ流れ、左右の面がない。②大きな家。③りっぱなごちそうを設け礼物を備えること。
【夏官】カカン 周代の官名。六官の一つ。軍政をつかさどる。長官を大司馬という。
【夏△珪】カケイ 南宋ソウの画家。浙江セッコウの人。字あざなは禹玉ギョク。馬遠とともに南宋院体画山水の双璧ソウヘキといわれる。
【夏△畦】カケイ 夏の暑い日に田のあぜを手入れすること。転じて、辛苦して労働すること。または、最下等の労働者をいう。
【夏△桀】カケツ 夏カ王朝の最後の桀王。暴虐を極め、殷インの湯王に滅ぼされた。殷の紂王チュウオウとともに桀紂と併称させる。
【夏后】カコウ 禹ウの建てた王朝。夏を一に夏后氏と称した。后は、きみ。
【夏至】ゲシ 二十四気の一つ。一年のうちで、昼が最も長く、夜が最も短い日。六月二十二日ごろ。
【夏時】カジ ①夏カ王朝の暦法。②夏カの時代。③夏なつの時節。夏季。
【夏日】カジツ ①夏の日。②夏の太陽。また、その熱さの激しいことから、転じて、おそるべき人物のたとえ。〔左伝、文公七、注〕夏日可レ畏也カジツおそるべし。
【夏書】カショ 『書経』の中の夏カ王期の記録に関する部分。
【夏正】カセイ 夏カ王朝で用いた暦。夏暦。正は、暦の意。
【夏△楚】カソ 人をこらしめるに用いるむち。夏は、ひさぎ。楚は、いばら。転じて、むちうって教訓する意に用いる。
【夏台（臺）】カダイ 夏代カダイの牢獄ロウゴクの名。転じて広く、牢獄をいう。
【夏虫（蟲）】カチュウ 夏の虫。夏だけ生きている虫は冬の氷を知らないことから、世間知らずの見識のせまい者のたとえ。「夏虫疑レ氷カチュウこおりをうたがう」〔文選、孫綽、遊二天台山一賦〕
【夏熱】カネツ 夏の暑さ。夏炎。
【夏炉（爐）冬扇】カロトウセン 夏の火ばちと冬のおうぎの意で、無益・無用のもののたとえ。〔論衡、逢遇〕
【夏△臘】ゲロウ 僧の年齢。臘は、冬。僧は夏冬の二期を安息の時とするので、夏臘を一年の意に用いる。
【用レ夏変（變）レ夷】カをもってイをヘンず 中国のりっぱな風俗で夷狄イテキの未開の風俗を変えて改めさせる。〔孟子、滕文公上〕

(14)夊11【敻】1385 △ 一漢ケイ 呉キョウ（キャウ）敬 xiòng 二ケン 霰 xuàn ［敻］ 5275 *546B*

字義 一はるか。とおい。二もとめる（求）。

【夐】本字

解字 篆文 会意。冂＋目＋攴。冂は、女のまたの象形。攴はある動作をしいてするの意味。奥の深い女のまたをしいて見るさまから、もとめる・はるかの意味を表す。

【敻絶】ケイゼツ はるかにかけへだたっているさま。
【敻然】ケイゼン はるかに遠いさま。敻遠。

【畝】→田部 七一九ページ。
【憂】→心部 四〇七ページ。

(21)夊18【夔】1386 △ 漢キ 呉ギ 支 kuí

【䕫】同字

字義 ❶一本足の怪物。木石の怪で、人間に似た顔の竜といわれる。❷一本足の怪獣の名。❸舜シュンの臣の名。音楽をつかさどった。❹おそれつつしむさま。❺周代の国名。今の湖北省秭帰シキ県の東。

解字 篆文 象形。人の顔で、角があり、大きな耳を持ち、足が一本の神獣の形にかたどり、一本足の怪物・音楽をつかさどった舜シュンの臣の意味を表す。

【夔△鳳】キホウ 一本足の鳳（おおとり）。銅器にあらわされた模様で、左右対称のことが多い。
【夔文・夔紋】キモン 蛇状の怪獣の夔竜や夔鳳の模様。

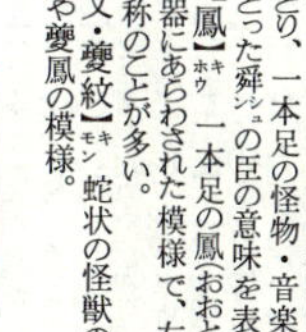

〔夔 鳳 文〕

3 夕部

〔部首解説〕ゆうべ。夕をもととして、夜に関係する文字ができている。

(3)0 **【夕】** 1387　教1　セキ　ゆう
漢セキ・呉ジャク　陌 xī　七夕（たなばた）
4528 4D3C

筆順　ノ ク タ

字義 ❶ゆう。ゆうべ。ひぐれ。「朝夕」 ❷よる（夜）。「除夕」 ❸月を祭る。「夕ㇾ月」 ❹すえ。年・月の末。「月夕」

名乗 ゆ　難読 夕湫・夕食（餉）・夕星

参考 ⇩夜（1391）の参考

解字 甲骨文 金文 篆文  象形。『説文』は、月の半ば見える形にかたどり、日ぐれの意味とするが、甲骨文は、月の象形で、「よる」の意味を表した。夕の意味と音符とを含む形声文字に、汐・穸などがある。

▼今夕・七夕・宿夕・除夕・朝夕・通夕・日夕

【夕靄】（セキアイ・ゆう（ふ）もや） 夕方に立つもや。夕嵐。

【夕陰】（セキイン） 夕ぐれ。日ぐれどきのうすぐらさ。

【夕映】（セキエイ） ①夕焼け。②夕日に照りはえる。③国（ゆう（ふ）ばえ） 夕焼け。夕日が雲に反射して、美しく見えること。

【夕影】（セキエイ） ①夕日の光。ゆうひかげ。②夕日のためにうつるかげ。③国（ゆう（ふ）かげ） 夕日にうつる姿。

【夕霞】（セキカ・ゆう（ふ）がすみ） 夕方のもや。また、夕やけ。

【夕暉・夕輝】（セキキ・セッキ） 夕日。夕陽。暉は、ひかり。

【夕曛】（セキクン・セックン） 夕日。夕日かげ。曛は、入り日の余光。

【夕景】（セキケイ・セッケイ） ①くれがた。また、夕景色。②（セキエイ） 夕日。また、夕日の光。夕影。

【夕月】（セキゲツ・ゆう（ふ）づき） ①夕方出ている月。②（つきにセキす） 月を祭る。昔、秋分に天子が西郊で月を拝したこと。

【夕室】（セキシツ） ①墓地。一説に、地名という。②斜めに傾いた部屋。

【夕照】（セキショウ） 夕日のこと。また、夕ばえ。夕焼け。

【夕吹】（セキスイ） 夕ぐれの風。吹は、かぜ。〔唐、白居易、江楼宴別詩〕⇩寒流（三〇八ページ）。

【夕鳥】（セキチョウ） 夕方に飛んでいる鳥。

【夕殿】（セキデン） 夕方の宮殿。〔唐、白居易、長恨歌〕夕殿蛍飛思悄然　孤灯挑尽未ㇾ成ㇾ眠〈夕暮れの御殿のあたりに蛍の飛ぶのを見るとさびしい物思いにかられ、夜ふけてただ一つさびしくともるともしびも消えかかったというのにまだ眠れないでいる〉

【夕暮】（セキボ・ゆう（ふ）ぐれ） ①日のくれ方。たそがれ。②老境のたとえ。

【夕陽】（セキヨウ） ①夕日。②山の西面。山の東面を朝陽というのに対。③老境のたとえ。

【夕嵐】（セキラン） ①夕方のもや。夕靄。②国（ゆう（ふ）あらし） 夕方に吹く強い風。

【夕涼】（セキリョウ） ①夕方のすずしさ。②国（ゆう（ふ）すずみ） 夏の夕方、戸外などに出てすずむこと。

【夕輪】（セキリン） 夕方の月。夕月。

【夕麗】（セキレイ） 夕焼けの美しさ。

【夕話】（セキワ） 夕方の茶ばなし。

(5)2 **【外】** 1388　教2　ガイ・ゲ　そと・ほか・はずす・はずれる
漢ガイ（グヮイ）・呉ゲ　泰 wài　唐ウイ
1916 3330

筆順　ク タ 夕 外

字義 ❶そと。ほか。↔内・中。㋐ある範囲のそと。「外部」 ㋑おもて（表）。「外面」 ㋒うわべ。身づくり。「外見」 ㋓よそ。他国。他郷。「外国」 ㋔後宮に対し、朝廷のこと。「外朝」 ㋕朝廷に対して、民間のこと。在野。㋖母方。また、妻の身うち。「外戚」 ❷はずす。そらす。㋐取り除く。「除外」 ㋑うとんずる。「疎外」 ❸はずれる。それる。❹そとにする。㋐忘れる。㋑おろそかにする。

名乗 と・との・ひろ　難読 外海・外記・外国・外山・外出・外城田・外村・外面

解字 甲骨文 金文 篆文 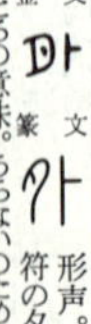 形声。卜＋夕（月）音。音符の夕は、月の変形で、刖に通じ、かきとるの意味。うらないのために、かめの甲から肉をかき取るさまから、はずす・そとの意味を表す。

▼雲外・河外・郭外・局外・圏外・言外・在外・渉外・除外・心外・人外・疎外・存外・中外・天外・度外・内外・排外・法外・望外・欄外・慮外・論外

【外夷】（ガイイ） 外国人をいやしんでいうことば。

【外延】（ガイエン） 論理学で、その概念が適用される事物の範囲。例えば、金属という概念の外延は、金・銀・銅・鉄の類。↔内包。

【外苑】（ガイエン） 御所・神宮などの外側に設けられた庭園。

【外援】（ガイエン） 外部からのたすけ。外救。

【外縁】（ガイエン） ①そとから来る欲望。②仏（ゲエン） 仏がそとから力を与えて衆生を助ける縁。↔内縁。

【外家】（ガイカ） ①皇后の生家。②母または妻の身うち。

【外界】（ガイカイ） ①外国。よその世界。②その物のそとがわ。環境。③五官に触れ心に感じるすべての事物。④仏衆生の身体。↔内界。

【外海】（ガイカイ） ①湾や陸地のそとがわにある海。そとうみ。↔内海。②陸地を遠くはなれた海。公海。↔近海。

【外郭・外廓】（ガイカク） ①そとぐるわ。そとまわり。②赤道の南。

【外学（學）】（ガイガク） ①宋代の学校の名。②緯書を内学というのに対して、経書を外学という。③仏（ゲガク） 仏学を内学というのに対して、儒学をいう。

【外官】（ガイカン） ①政府の役人。↔内官（宮中の役人）。②地方官。↔京官（都の役人）。③国（ゲカン） 古代の地方官。国司・郡司・大宰府・鎮守府などの役人。

【外姦】（ガイカン） 外から攻めてくるあだ。外敵。

【外患】（ガイカン） 外国から受ける心配ごと・災難。外難。外憂。「内憂外患」

【外艱】（ガイカン） ①父の喪。↔内艱（母の喪）。②＝外患。

【外観（觀）】（ガイカン） ①うわべのみえ。おもてむき。外見。②都の外に設けた宮殿。

【外記】（ゲキ） 国昔、太政官に属し記録をつかさどった官。

【外求】（ガイキュウ） ①そとに求める。他国の救いを求める。②世俗の名利を求める。

【外宮】（ガイキュウ） ①別の宮殿。離宮。②国（ゲクウ） 伊勢の豊受大神宮の称。↔内宮。

【外見】（ガイケン） ①そとにあらわれる。〔唐、韓愈、雑説〕才美不二外見一　②外から見たようす。みかけ。うわべ。そとみ。外観。

【外言不ㇾ入二於梱一】（ガイゲンはコンにいらず） 男子は公務に関することばを家で言わない。外言は、門外の言で、男子の公務に関することば。梱は、門限で、自分の家。〔礼記、曲礼上〕

【外交】（ガイコウ） ①国と国との交際。外国との交渉。↔内治。②他人との交際。③外部の訪問を仕事とすること、また、人。外交員。

【外寇】（ガイコウ） そとから攻めて来るあだ。外敵。↔内乱。

【外剛】（ガイゴウ） うわべが強いこと。「内柔外剛」

【外債】（ガイサイ） 国家が他国から借り入れる金。外国で発行する公・社債。↔内債。

【外氏】（ガイシ） 母の生家。舅家。

【外史】（ガイシ） ①周代の官名。外交文書の作成をつかさどる。②民間で歴史を書く人。また、その歴史記録。野史。③文人が雅号にそえて用いることば。④国㋐外記の唐名。㋑『日本外史』の略。→四九三ページ。

【外史氏】（ガイシシ） ①民間で歴史を書く人。②国『日本外史』の著者、頼山陽の自称。

【外師】ガイシ ①外国との戦い。②外国の軍隊。③郷里を離れた他所で、ついて学ぶ先生。

【外事】ガイジ ①外国のこと。②一家の外のこと。また、世間のこと。世事。③ほかのこと。よそごと。他事。④郊外の祭り。⑤外で仕事をする。

【外舎】ガイシャ ①皇后の実家をいう。外家。②昔、王の子がそとで学問したところ。③宋代、官吏登用試験の学舎の一つ。

【外集】ガイシュウ ①僧の詩文集をいう。仏典を内学というの対。②正集の外に後人が補遺編集したもの。また、他人の偽作で正集に入れることのできないもの。③奏議（上奏文）の類をいう。

【外書】ガイショ 仏仏書以外の書物。外典。

【外相】ガイショウ ①外部で政治を執る人。②外務大臣。③国ゲソウ ㋐姿。体裁。㋑外に現れた形。

【外城】ガイジョウ ①そとじろ。でじろ。②北京の正陽門外一帯の地。③城を囲む外まわりの城。外郭。二の丸。

【外心】ガイシン ①心を外に用いる。②ふたごころ。二心。異心。③数学で、外接円の中心をいう。

【外臣】ガイシン ①他国の臣。②臣が他国の君主に対する自称。

【外寝（寢）】ガイシン 居間。居室。

【外人】ガイジン ①仲間以外の人。門人以外の人。②ほかの人。よその人。外部の人。〔晋、陶潜、桃花源記〕遂与二外人一間隔。③外国の人。日本では特に、欧米人をいう。④まおとこ。かくし男。

【外征】ガイセイ 外国へ遠征して戦争する。

【外△甥】ガイセイ ①妻の兄弟。②他にとついだ姉妹の生んだ男の子。

【外△戚】ガイセキ 皇后の身うち。また、母方（妻）の親類。↔内戚【（父方の親類）。

【外祖】ガイソ 母の父母。外祖父母。

【外宗】ガイソウ ①周代の官名。宗廟の祭りをつかさどる。②王のおば（姉妹）の娘。

【外孫】ガイソン 他家にとついだ娘の子。

【外題】ゲダイ 国①表紙に書いた書名。↔内題。②語りものや演劇などの題目。

【外宅】ガイタク ①別宅。②そばめ。妾。外婦。

【外地】ガイチ ①地方。都に対していう。②よその土地。他地。③もと、日本で内地以外の領土をいう。

【外治】ガイチ 国のまつりごと。朝廷の表向きの政治。外政。

【外朝】ガイチョウ ①天子が政治をとる表向きの役所。外廷。↔内朝。②外国の朝廷。

【外△寵】ガイチョウ 君主の気にいりの臣。↔内寵。

【外廷】ガイテイ ①＝外朝。②星の名。北斗七星の第五星から第七星に至る三星。斗柄。

【外邸】ガイテイ ①宮殿外のやしき。②王室の親戚。

【外庭】ガイテイ ＝外朝。

【外典】ガイテン ①国外の書籍。↔内典。②仏ゲテン・ゲデン 仏書・道書に対し、それ以外の書物。特に儒家の書物をいう。外書。

【外伝（傳）】ガイデン・ゲデン ①本伝（経書の本文の解釈）以外の伝。経書に関する雑記類。㋐詩の外伝。『韓詩外伝』㋑春秋外伝。『国語』をいう。↔内伝（『左伝』）。②正史以外に別に記録した伝記。

【外殿】ガイデン おもて御殿。表向きの政務を執る宮殿。

【外道】ガイドウ ①外がわの道。②仏ゲドウ ㋐仏道以外の教え。㋑真理にはずれた道。③国ゲドウ ㋐人を邪道におとしいれるもの。また、それを信じる人。㋑悪相に作った仮面。㋒（釣りで）目的以外の魚。㋓人をののしることば。

【外藩】ガイハン ①大名。諸侯。②自国の守りとなる属国。③外国。④国外様大名。

【外賓】ガイヒン 外国から来たお客。

【外父】ガイフ 妻の父。外舅。

【外府】ガイフ ①周代の官名。国の財貨の出入をつかさどる。②国外にあるくら。③国の財貨を蔵するくら。④地方の役場。また、首都以外の地方。州郡。

【外婦】ガイフ ＝外宅。

【外△傅】ガイフ 外にあって教える人。学校教師の類。傅は、先生。

【外侮】ガイブ 外国や他人から受けるあなどり・はずかしめ。

【外物】ガイブツ ①自分の心身以外のもの。富貴・名利の類。〔荘子、外物〕②ものをそとにす 物欲をたちきること。

【外聞】ガイブン ①外にあって政治などに参与する。②外に聞こえる。③世間の評判。世間のきこえ。

【外△嬖】ガイヘイ 君主の気にいりの男。

【外△貌】ガイボウ ①顔かたち。②うわべの様子。みかけ。

【外妹】ガイマイ 同母異父の妹。

【外務】ガイム ①世の中に対する務め。②自分が当然なすべきこと以外のこと。世俗のつまらないこと。③外交に関する事務。

【外面】ガイメン ①そとがわ。そとも。外部。②うわべ。表面。

【外面如△菩△薩内心如夜△叉】ゲメンニョボサツナイシンニョヤシャ 仏女は容姿がやさしく慈悲深い仏のようであるが、その実（男を惑わせて種々の悪業をさせるから）恐ろしい悪魔のようなものである。転じて広く、うわべはやさしく、心の中が悪魔のように恐ろしい者にいう。〔華厳経〕

【外憂】ガイユウ ＝外患。

【外用】ガイヨウ ①そとに対して用いる。②外の用事。③皮膚などからだの外部に薬を用いる。↔内服。「外用薬」

【外洋】ガイヨウ ①そとうみ。外海。②外国の貨幣。〔周礼政要、金布〕

【外様（樣）】とざま 国①その方。②鎌倉時代、代々将軍に仕えた御家人。③江戸時代、関ケ原の戦以後、徳川家に臣従した大名。↔譜代。

【外来（來）】ガイライ ①そとから来る。外国から来る。「外来語」②国患者が外から診察や治療を受けに来ること。↔往診。「外来患者」

【外郎】ガイロウ ①官名。漢の中郎の正員外のもの。②下級の官吏。③国ウイロウ ㋐礼部員外郎であったという元の陳宗敬が、日本に帰化して売り始めた薬の名。外郎薬。㋑菓子の名。ういろうもち。

(6)3
【多】1389 教2 タ おおい ｜タ 歌 duō ｜3431 423F

筆順 ク タ 多 多

[夛]俗字 5276 546C

字義 ❶おおい。数や量がたくさんある。↔少・寡。「多数」「多量」❷おおく。また、おおくは。一般に。❸おおくする。増す。❹タとする。ほめる。㋐ありがたいと思う。㋑まさっていると思う。❺まさに。ただ。まさしく…だけであってそれ以外ではないことを表す。

名乗 かず・とみ・な・まさ・まさる　難読 多芸・多田・多般竹・多武保・多武峰・多門・多良・多良木

解字 甲骨文  篆文  会意。夕＋夕。夕は、肉の象形とも、ゆうべの意味の半月の象形ともいう。量がおおいの意味を表す。

▼幾多・過多・居多・許多・数多・繁多・煩多・滅多

【多寡】タカ ①多いと少ないと。多少。②分量。

【多感】タカン 感じることが多い。ものに感じやすい。感受性が強い。「多情多感」

【多岐】タキ ①分かれ道が多い。道がいくつにも分かれていること。②多方面なこと。「多岐多様」

【多岐亡羊】タキボウヨウ 逃げた羊を追う者が、分かれ道の多い所で、ついに羊を見失った故事。学問の道もあまり多方面になりすぎると、真理をつかむことがむずかしいたとえ。〔列子、説符〕大道以二多岐一亡レ羊、学者以二多方一

喪レ生。

【多義】タギ 一つの語が多くの意味を持っていること。

【多芸(藝)】タゲイ 多くの芸能に通じていること。「多才多芸」

【多血漢】タケッカン ものごとに感激しやすい男。血の気の多い男。

【多元論】タゲンロン 哲学で、宇宙の諸現象はそれぞれ独立する多くの実在の集合であると説く考え方。↕一元論・二元論。

【多言】タゲン 口数が多い。おしゃべり。多弁。〔老子、五〕多言数窮。

【多口】タコウ おしゃべり。多言。多弁。〔孟子、尽心下〕

【多幸】タコウ 多くのしあわせ。「多幸多福」〔左伝、宣公十六〕

【多恨】タコン ①うらみが多い。「多情多恨」②名残り惜しい。

【多才】タサイ 才能に恵まれている。多材。「多芸多才」

【多彩】タサイ ①いろどりの多いこと。色彩が多く美しいこと。②種類が多くはなやかなこと。

【多作】タサク 作品をたくさん作ること。↕寡作。

【多士済(濟)済(濟)】タシサイサイ・タシセイセイ りっぱな人物の多い形容。済済は、多いさま。『詩経』大雅・文王に「済済多士」とあるのに基づく。

【多事】タジ ①仕事が多い。することが多くて忙しい。「多事多患」②事件や事故が多い。「多事多難」③よけいなことをする。

【多識】タシキ 多く物事を知っていること。博識。

【多謝】タシャ あつくお礼をのべる。多は、厚。

【多少】タショウ ①多いと少ない。多寡。②多い。少は助字。〔唐、杜牧、江南春詩〕多少楼台煙雨中〈たくさんの高い建物が、春雨の中に煙るように見えている〉③いかほど。どのくらい。〔唐、孟浩然、春暁詩〕花落知多少。

訳文⇩夜来（三五四ページ）。④国すこし。いくらか。若干。

【多生】タショウ 仏生死を重ねて何回も生まれ変わること。「袖触れ合うも多生の縁」

【多情】タジョウ ①＝多感。〔唐、陸亀蒙、自遣詩〕多情多感自難レ忘。②愛情が深い。③うつりぎ。うわき。異性への愛情が移りやすいこと。

【多情仏(佛)心】タジョウブッシン 多情であることが仏心（慈悲の心）であること。また、多情でうつりぎであるが、なさけ深くて薄情なことのできないこと。

【多勢】タゼイ おおぜい。多人数。↕無勢。

【多銭(錢)善△賈】タセンよくかう 金持ちは何でも買うことができる。資力のある者は成功しやすいたとえ。〔韓非子、五蠹〕

【多多益△辦】タタますますベンず ①多ければ多いほど、うまく処理する。辦は、処理する意。「多多益善」ともいう。〔漢書、韓信伝〕②国多ければ多いほどよい。

【多大】タダイ 非常に多い。たくさん。

【多端】タタン 仕事が多い。忙しい。端は、事業のいとぐち。多忙。

【多難】タナン 難儀が多い。また、多くの災難。「前途多難」

【多能】タノウ 才能に恵まれている。〔論語、子罕〕

【多病】タビョウ・タヘイ 病気がちであること。

【多福】タフク ＝多幸。〔書経、畢命〕

【多聞】タブン ①多く聞く。また、見聞の多い人。博識の人。〔論語、季氏〕友二多聞一。②仏多聞天。福徳を守り、北方の天を支配する毘沙聞天。

【多弁(辯)】タベン よくしゃべる。多言。多口。

【多方】タホウ ①四方の国々。多くの国。②いろいろの方法。③種々の方面。多方面。→多岐亡羊。

【多忙】タボウ いそがしい。

【以レ多問△於寡二】 見聞・学識の多い者が少ない者に問い尋ねる。謙虚に人に学ぶこと。〔論語、泰伯〕

(6)3

【⺕】1390 △タ 多（1389）の俗字。→前項。 5276 546C

[夙]→几部 一三九ページ。 [名]→口部 一九〇ページ。

[夘]→卩部 一六九ページ。

(8)5

【夜】1391 教2 ヤ よ・よる ヤ yè 4475 4C6B

筆順 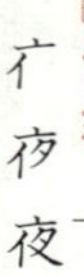

字義 ❶よ。よる。㋐日没から日出までの間。↕日・昼。㋑くれがた。日ぐれ。㋒よわ。夜中。夜ふけ。夜半。↕夙。〔詩経、衛風、氓〕夙興夜寐。❷くらい（暗）。

難読 夜久野・夜業・夜更・夜須・夜半

参考 日没から夜半までは、「夕・暮・昏・宵・夜」の順序でふつう呼ばれている。

解字 金文  篆文 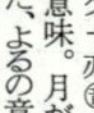 形声。夕＋亦㊔。音符の亦は、わきの下の意味。月が、わきの下よりも低く落ちた、よるの意味を表す。

▼乙夜・永夜・客夜・午夜・後夜・残夜・子夜・時夜・終夜・初夜・除夜・星夜・清夜・早夜・大夜・逮夜・中夜・長夜・通夜・徹夜・当夜・独夜・日夜・白夜・薄夜・半夜・暮夜・涼夜・良夜・連夜

【夜以継(繼)レ日】よをもってひにつぐ 昼夜休まずにはげむこと。＝昼夜兼行。〔孟子、離婁下〕

【夜陰】ヤイン 夜のくらやみ。また、夜。夜間。「夜陰に乗ずる」

【夜営(營)】ヤエイ 夜、陣営をはること。また、その陣営。

【夜宴】ヤエン 夜の宴会。夜のさかもり。夜飲。

【夜猿・夜△猨】ヤエン 夜鳴くさる。また、その声。

【夜客】ヤカク ぬすびと。盗賊。

【夜△鶴】ヤカク ①夜に巣ごもっているつる。また、夜に鳴くつるの声。②つるは子を守って夜もねないことから、愛情の深いたとえ。〔唐、白居易、五絃弾詩〕夜鶴憶レ子籠中鳴。

【夜気(氣)】ヤキ ①夜の空気。②夜間、ひるの雑念を去った清らかな心。孟子はこの夜気を養うことを修養法の一つとした。〔孟子、告子上〕夜気不レ足二以存一、則其違二禽獣一不レ遠矣。

【夜景】ヤケイ 夜のけしき。夜色。

【夜警】ヤケイ 夜間の警戒。よまわり。夜番。

【夜弦・夜△絃】ヤゲン 夜ひいている琴。また、その音。夜琴。

【夜光】ヤコウ ①夜、ひかる。また、夜の光。②月をいう。③虫の名。蛍の別名。④宝石の名。夜光珠。「ヤコウの璧」

【夜光珠】ヤコウのたま 暗夜に光る名玉の名。夜光。夜珠。夜光璧

【夜光杯】ヤコウのハイ 名玉で作ったさかずき。夜中に光を放つという。一説に、ガラスのコップ。〔唐、王翰、涼州詞〕葡萄美酒夜光杯。

【夜行】ヤコウ ①夜に行くこと。よあるき。②国夜行列車。

【夜行被レ△繍】 夜、ぬいとりの着物を着て歩く。だれも知る者がない意。功名をなしとげても故郷に帰らなければ、だれも知る者がないたとえ。『史記』項羽本紀に「富貴不レ帰二故郷一、如二衣レ繍夜行一」とあるのに基づく。

【夜更】ヤコウ ①よまわり。②よふけ。深更。

【夜合】ヤゴウ ①夜にあわさる。②合歓の木。夜に葉をあわせるのでいう。

【夜△坐】ヤザ ①夜、すわる。また、夜中、寝ずにすわっている。②仏禅宗で日没から十二時まで行う座禅。

【夜思】ヤシ ①夜の物思い。②夜間に工夫をめぐらす。

【夜△叉】ヤシャ 仏梵語 yakṣa の音訳。地上または空中に住み、人を害するが、仏に帰依して後は、正しい仏法を守護する鬼神となる。薬叉。

【夜珠】ヤシュ ＝夜光珠。

【夜襲】ヤシュウ 夜間に敵の不意をついて攻める。夜討ち。

【夜色】ヤショク 夜のけしき。夜景。また、夜のけはい。

【夜台(臺)】ヤダイ はかあな。墓の中。長夜の台の意で、ひとたび閉じると再び明るさが見られないことからいう。夜室。

【夜柝】ヤタク 夜まわりの打つ拍子木の音。
【夜直】ヤチョク 夜、宮中に宿直すること。
【夜砧】ヤチン 夜、聞こえるきぬたの音。
【夜熱】ヤネツ 夜まで残っている暑さ。↔夜涼。
【夜泊】ヤハク ①夜、船が停泊すること。②夜、船中に泊まること。
【夜魄】ヤハク 夜のさびしい心。
【夜発(發)】ヤハツ ①夜、出発する。②国ヤホチ 夜の遊女。
【夜半】ヤハン よわ。よなか。半夜。〔唐、張継、楓橋夜泊詩〕夜半鐘声到二客船一（ヤハンのショウセイ、カクセンにいたる）。訳文⇩姑蘇③（二七八ページ）。
【夜分】ヤブン ①よなか。夜半。②夜。
【夜明】ヤメイ ①よがあける。また、あかつき。②昔、月を祭る壇の名。
【夜夜】ヤヤ 毎夜。〔唐、岑参、胡笳歌送二顔真卿使赴二河隴一〕辺城夜夜多二愁夢一（ヘンジョウ ヤヤ シュウムおお(ほ)し）。訳文⇩愁夢（四〇五ページ）。
【夜邏】ヤラ よまわり。夜間、警戒に見まわる人。夜巡。
【夜来(來)】ヤライ ①夜に来る。②夜がくる。夜になる。③昨夜。〔唐、孟浩然、春暁詩〕夜来風雨声（ヤライフウウの、こえ(ゑ)）、花落知多少（はなおつること、しるタショウ）。〈昨夜は風と雨の音が聞こえていたが、花はどのくらい散ったであろうか〉
【夜蘭】ヤラン・よるたけなわ(は) 夜がふけること。真夜中になる。
【夜涼】ヤリョウ 夜のすずしさ。↔夜熱。
【夜郎自大】ヤロウジダイ 知識や実力もないのに人に対して尊大にかまえるたとえ。夜郎は漢代、中国の西南（今の貴州省北西部）に拠った未開の異民族。西南夷ィ中、勢力があったのをたのんで、その族長が漢の使者に自分の国と漢の国との大小を問うた故事。井底蛙セイテイのア。〔史記、西南夷伝〕
【夜漏】ヤロウ ①夜の水時計。②夜の時間。
【夜話】ヤワ よばなし。また、夜話を書いた本。
【専(專)レ夜】よるをもっぱらにす 妻や側室などが一晩中、一人で主人の愛を受けること。〔唐、白居易、長恨歌〕春従二春遊一夜専レ夜（はるははるのあそびにしたがい(ひ)、よるはよるをもっぱらにす）。
【冒レ夜】よを(を)おかす 夜をもいとわず事を行うこと。

(11)8【梦】1392 △ム 夢（1393）の俗字。→上段。　5277 546D

【飧】→食部 一三〇八ページ。

(13)10【夢】1393 教5 ム ゆめ　一 漢ボウ・呉ム 送 東 mèng　二 漢ボウ・呉ム 東 méng　4420 4C34
(14)11『夢』1394

筆順 艹 苗 苗 夢

【梦】俗字 5277 546D 【㝱】本字

字義 一❶ゆめ。㋐眠っている間に見る心的現象。㋑はかない現象。また、ぼんやりしたさま。実在しないものを在るように思うこと。まぼろし。「夢幻」❷ゆめみる(ゆめむ)。夢を見る。二くらい。あきらかでない。国㋐実現するかどうかわからないがやりたいと思うこと。「子供のころの夢」㋑現実のきびしさを忘れている状態。「新婚の夢」 難読 夢現（ゆめうつつ）・夢前（ゆめさき）

解字 もと、「ゆめ」は〔㝱〕、「くらい」は〔夢〕で別の文字であったが、後世、㝱の字が廃れて、夢を「ゆめ」の意味で用いる。
〔㝱〕文 篆 形声。宀＋爿＋夢（音）。宀はおおう屋根の意味。爿は寝台の象形。音符の夢は、暗いの意味。人が屋内の寝台に寝て暗い中で見るもの、ゆめの意味を表す。
〔夢〕文 篆 形声。夕＋瞢省（音）。夕は夜の意味。𦭝は、瞢ボウの省略形で、目がはっきりしないの意味。暗いの意味を表す。この字をゆめと訓ずるのは㝱の字の仮借。
▼悪夢・吉夢・客夢・旧夢・昨夢・残夢・愁夢・迷夢

【夢境】ムキョウ ゆめの中。夢路。
【夢幻】ムゲン ゆめまぼろし。物事のはかないことのたとえ。「夢幻泡沫」「夢幻泡影」
【夢魂】ムコン ゆめを見ているたましい。ゆめの中での切ない気持。また、死者のたましい。〔唐、白居易、長恨歌〕九華帳裏夢魂驚（キュウカチョウリ、ムコンおどろく）。
【夢死】ムシ 何事もしないでむなしく死ぬ。無意味に一生を送る。「酔生夢死」
【夢想】ムソウ ①ゆめにまで思う。また、その思い。②国㋐ゆめの中に神仏が現れて告げ知らせること。ゆめの中のお告げ。㋑あてもないことを思うこと。とりとめもない思い。空想。
【夢中】ムチュウ ①ゆめのなか。②国㋐本心を失ったさま。㋑物事に熱中して、他を顧みるゆとりのないさま。
【夢中占レ夢】ムチュウゆめをうらなう(ふ) ゆめの中でそのゆめを考える。人生はみなゆめのようにはかないのにそれに気づかずにいるたとえ。〔荘子、斉物論〕
【夢兆】ムチョウ ゆめの知らせ。ゆめじるし。夢徴。
【夢枕】ムチン ①それをして寝るとゆめを見るといわれるまくら。②ゆめを見ているまくらもと。③国ゆめまくら 睡眠中、神仏などがまくらもとに現れて告げること。
【夢寐】ムビ ゆめを見ている間。ねている間。
【夢夢】ボウボウ ①乱れたさま。②遠くて明らかでないさま。
【夢卜】ボウボク ①ゆめとうらない。②ゆめによって吉凶をうらなう。また、そのうらない。ゆめうらない。③帝王が賢臣を見いだすこと。殷ィンの高宗が夢で傅説フエツを、周の文王が占いで呂尚リョショウを得た故事。
【夢魔】ムマ 眠っている時、ゆめの中に現れて苦しめるという悪魔。
【夢裏・夢裡】ムリ ゆめのうち。夢中。
【如レ夢】ゆめのごとし ぼんやりしている。とりとめがない。また、はかない意。〔唐、李白、春夜宴二桃李園一序〕浮生如レ夢（フセイはゆめのごとし）。

(14)11【夤】1395 △イン 真 yín
字義 ❶つつしみおそれる。❷のびる（延）。連なる。からみつく。
解字 金文 篆文 形声。夕＋寅（音）。夕は肉の象形。音符の寅インは、愼に通じ、つつしむの意味。いけにえの肉をささげて、つつしむの意味を表す。

(14)11【夥】1396 △ 漢カ(クヮ) 呉ワ 哿 huǒ　5278 546E
字義 おびただしい（おびただし）。おおい（おほし）。「夥多」
解字 文 篆 形声。多＋果（音）。音符の果は、木の実の意味。多は、おおいの意味。木の実のように多いの意味を表す。

(14)11【夢】(1394) ム 夢（1393）の旧字体。→上段。

3

大部

〔部首解説〕だい。文字の要素としては、多くのばあい、人の姿を表している。また、大きいの意味を示すこともある。大の形をもつ文字や夫の形も含めて部首に立てられる。

大 二五五	夭 二六七	夸 二六九	奉 二七〇	契 二七一	奘 二七三	奢 二七三	奪 二七三
1 夬 二六一	2 央 二六八	4 夾 二六九	奔 二七〇	奓 二七一	套 二七三	奠 二七三	奩 二七三
太 二六一	失 二六八	5 奄 二六九	6 奕 二七一	奏 二七一	8 奝 二七三	10 奧 二七三	12 奫 二七三
天 二六三	夲 二六八	奇 二六九	奐 二七一	奔 二七三	9 奥 二七三	奨 二七三	奭 二七三
夫 二六七	3 夷 二六八	奈 二七〇	奎 二七一	7 奚 二七三	奡 二七三	11 獎 二七三	13 奮 二七三

耎→而部 八九一ページ。臭→自部 九〇三ページ。美→羊部 八七九ページ。
爽→爻部 六九九ページ。匏→勹部 一五七ページ。樊→木部 五八〇ページ。

(3)0
【大】 1397

教 1 ダイ・タイ　おお・おおきい・おおいに
大人(おとな)・大和(やまと)
一 漢タイ・呉ダイ　秦 dài, tài
二 漢タ・呉ダ　箇 dà

3471
4267

筆順 一 ナ 大

字義 一 ❶おおきい(おほきい)。おお(おほ)。㋐形体がおおきい。「肥大」㋑多い。数・量が多い。「大衆」「大量」㋒広い。及ぶ範囲が広い。度量が広い。「大空」「大度」㋓はなはだしい。程度がひどい。非常な。はげしい。「甚大」「大事」㋔すぐれている。地位・身分・人格などが高くりっぱ。「偉大」「大人」㋕強い。力・勢いなどが強い。「大力」「大敵」㋖おごっている。態度などが横柄である。「尊大」㋗久しい。長い。㋘遠い。㋙あらい(粗)。㋚重い。❷おおいに(おほいに)。㋐多く。こぞって。みな。㋑広く。あまねく。㋒さかんに。❸だいとする。㋐重んずる。尊ぶ。㋑ほこる。おごる。「誇大」❹あらまし。おおかた。おおよそ。「大概」「大旨」❺人を尊んで上にそえることば。「大王」「大先生」

二 ❶おおきい。❷はなはだしい。

国 おお(おほ)。尊敬・広大などの意味を表すのに用いる接頭語。

名乗 お・き・たかし・たけし・とも・なが・はじめ・はる・ひろ・ひろし・ふと・ふとし・まさ・まさる・もと・ゆたか

難読 大雲川(おぐせがわ)・大堰(おおい)・大河内(おおこうち)・大晦日(おおみそか)・大海(おおみ)・大海原(おおうなばら)・大角(おおとがり)・大角豆(ささげ)・大鋸屑(おがくず)・大御座(おおみくら)・大仰(おおのき)・大曲(おおまがり)・大君畑(おじがはた)・大兄(おおえ)・大穴牟遅(おおなむち)・大原女(おはらめ)・大胡(おおご)・大鼓(おおつづみ)・大口魚(たら)・大工廻(ちゃじゃく)・大江田(おいた)・大更(おおぶけ)・大根占(おおねじめ)・大西風(あなじ)・大歳(おおとし)・大山祇(おおやまつみ)・大蒜(にんにく)・大子(だいご)・大私(おおきさいち)・大耳(だいに)・大児(たこ)・大治田(おばた)・大蛇(おろち)・大洲(おおず)・大嘗(おおにえ)・大食(おおみけ)・大神(おおみわ)・大神(おおむち)・大神(おおうむ)・大仁(おおひと)・大臣(おとど)・大臣(おおみ)・大嘗(おおまえつぎみ)・大炊(おおい)・大生(おおのぶ)・大生(おおみぶ)・大ケ生(おおがいふ)・大声(おおごえ)・大船渡(おおふなと)・大即(おおつき)・大俗(おおぬた)・大宅(おおや)・大宅(おおやけ)・大宅(おおたく)・大庭(おおば)・大殿(おとど)・大殿油(おおとなぶら)・大刀(たち)・大豆越(おおまめこし)・大豆生(まめお)・大豆生田(おおまみゅうだ)・大塔山(おおとうやま)・大湯人(おおゆえ)・大日(おおぐさ)・大日子(おおこ)・大日方(おおひなた)・大日方(おいかた)・大日本(おおやまと)・大伯皇女(おおくのひめみこ)・大迫(おおさこ)・大迫(おおせこ)・大飯(おおい)・大夫(まえつぎみ)・大夫(もうちぎみ)・大府(おおぶ)・大風(おおぶり)・大副(おおたゆう)・大副(たいふ)・大仏(おさらぎ)・大仏供(たいぶく)・大分(おおいた)・大分(おおきた)・大平(おおだい)・大米(おおのき)・大歩(おおやき)・大歩危(おおぼけ)・大輔(たゆう)・大凡(おおよそ)・大門(おおと)・大誉地(およち)・大甕(おおみか)・大嵐(おおぞれ)・大楽毛(おたのしげ)・大略(おおぼ)・大連(おおむらじ)・大畑(おこば)・大笹生(おおざそう)

使いわけ タイ〔大・太〕
〔大〕比較的大きい。「大国・大木」
〔太〕絶対的に大きい。「太古・太陽」

解字 甲骨文 金文 古文
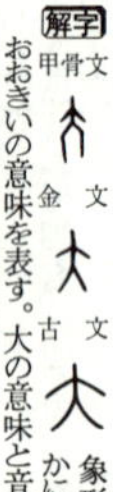
象形。両手両足をのびやかにした人の形にかたどり、おおきいの意味を表す。大の意味と音符とを含む形声文字に、太・泰・佚(イツ)・秩(イツ)などがある。

▼偉大・遠大・拡大・過大・寛大・高大・誇大・細大・自大・甚大・正大・絶大・壮大・措大・尊大・多大・長大・肥大・膨大・雄大・老大

【大安】(タイアン・ダイアン) ①大いに安らかなこと。②国大安日の略。陰陽家で万事に吉であるという日。

【大位】(タイイ) ①天子の位。帝位。②尊い(高い)官位。

【大医(醫)】(タイイ) ①宮中の侍医。②すぐれた医師。

【大尉】(タイイ) ①＝太尉→三六一ページ。②国㋐太政大臣(ダジョウダイジン)の唐名。㋑もと、陸海軍の尉官の最上位。少佐の下。

【大意】(タイイ) ①あらまし。大体の意味。②大きい志。大志。

【大一】(タイイツ) ①非常に大きい。この上もなく大きい。②＝太一の①②。→三六一ページ。

【大△尹】(タイイン) ①天子の側近に仕えるお気に入りの臣。②郡の長官。郡守。

【大陰】(タイイン) ①地。大地。②北極。③国(ダイオン) 大陰神(ダイオンジン)。陰陽家で祭る神。

【大隠(隱)隠(隱)二朝市一】(タイインはチョウシにかくる) さとりきった真の隠者は、山林などにかくれず、町中に住んでいる。朝・市は、朝廷と市場で、ともに人の多く集まるところ。衆人の中に住んで、一見衆人と異ならない生活をしながら、しかもその身の清さを保つ意。→小隠(三二七ページ)。〔文選、王康琚、反招隠詩〕

【大宇】(タイウ) 宇宙。天下。

【大△禹惜二寸陰一】(タイウはスンインをお(を)しむ) 夏(カ)の禹王は、聖人でありながらわずかな時間も惜しんで努力した。まして一般人はなおさらそうしなければならないという意。大禹は、禹王の美称。〔晋書、陶侃伝〕

【大△瀛】(タイエイ) 大きい海。大海。

【大役】(タイエキ) ①国家の大きな仕事。②大戦争。大戦役。③国(タイヤク) 重い役目。

【大越】(タイエツ・ダイエツ) 国名。インドシナ半島の東岸にベトナム人の建てた国。①宋代(ソウダイ)、李公蘊(リコウウン)が建て、八世で陳氏に滅ぼされた。(一〇一〇—一二二五) ②明代(ミンダイ)、黎利(レイリ)が建てた国。(一四二八—一七八九) ③中国から独立後のベトナム。

【大閲】(タイエツ) 戦争に用いる車馬を検閲し、訓練を行うこと。また、三年ごとに軍隊を検閲すること。閲は、しらべる意。

【大円(圓)・大△圜】(タイエン) 天をいう。↕大方(地)。

【大△宛】(タイエン・ダイエン) 漢代の西域の国名。中央アジアのシル河の上流域フェルガーナ盆地にあったという。イラン系民族で、農耕を主とし、葡萄(ブドウ)・汗血馬(名馬の称)を産した。東西交通の要地で、前漢時代から、漢と密接な関係があった。

【大△衍】(タイエン) ①五十。占いに用いるめどぎが五十本であるによる。②広大な湿地。

【大王】(ダイオウ・タイオウ) ①偉大な王者。②君主の敬称。③周の古公亶父(ココウタンポ)。太王。④晋(シン)の書家、王羲之(オウギシ)をいう。⑤国(おおきみ) ㋐＝②。㋑親王・王子・王女の敬称。

【大王父】(タイオウフ) ①曽祖父(ソウソフ)。②祖父。

【大化】(タイカ) ①大きな変化。②徳教をもって大いに人心を善導すること。③国日本の最初の年号。第三十六代孝徳天皇の即位元年に始まった。(六四五—六五〇)

【大火】(タイカ) ①大火事。大火災。②夏のはなはだしい暑さ。③星の名。二十八宿中の心星の大赤星。今のさそり座のアンタレス。単に火ともいう。

【大夏】(タイカ) ①夏(カ)の禹王(ウオウ)の音楽の名。夏も大の意で、禹が洪水を治めて中国を大にした功業をたたえる意。②夏の季節をいう。

【大家】(タイカ) ①大きな家。富貴な家。また、身分の高い家がら。勢力のある家がら。②側近の者が天子を呼ぶ称。③その道の達人。学問・芸術にすぐれた人。④他人の敬称。⑤(タイコ) ㋐しゅうとめ。㋑女子の尊称。㋒太后、または皇后の称。⑥国(おおや) 本家。また、貸家の持主。

【大過】(タイカ) ①易(エキ)の六十四卦(カ)の一つ。☱☴ 巽下兌上(ソンカダジョウ)。盛大に過ぎる象。②他より大いにすぐれること。③大きなあやまち。④大きなわざわい。大禍。

【大△廈】(タイカ) 大きな家屋。廈は、家。「大廈高楼」

【大△廈将(將)△顛非二一木所一レ支】(タイカのまさにたお(ふ)れんとするやイチボクのささう(ふ)るところにあらず) 大きな家屋が倒れる時は、一本の木では支えきれない。国家が倒れる大勢にある時は、一人の力では支えきれないたとえ。〔文中子、事君〕

【大禍】(タイカ) 大きなわざわい。大過。

【大△牙】(タイガ) 天子・将軍の本陣にたてる旗。大きな象牙(ゾウゲ)をかざりとしてつけるのでいう。牙旗。

【大我】(タイガ) ①哲学用語。宇宙の本体としての唯一絶対の精神。↕小我。②仏せまい見解や執着を離れて、自由自在な働きをする境地。

【大雅】(タイガ) ①すぐれて正しい。また、その人。②学識ある人をいう。転じて、文人がたがいに敬称として用いる語。③『詩経』の詩の一体。宴会の時に用いる楽歌。↕小雅。

【大△駕】(タイガ) 天子の乗り物。転じて、天子をいう。

【大会(會)】①大いに集まる。大ぜい集まる。②大ぜいが集まるさかんな会合。③国ある組織や会に所属する者全部が集まる会合。

【大戒】①大いにいましめる。②（犯すことのできない）大きないましめ。

【大塊】①地をいう。大地。②天地・自然・造物主をいう。〔荘子、斉物論〕〔唐、李白、春夜宴二桃李園一序〕大塊仮レ我以二文章一。訳文⇩陽春（二六六ページ）。

【大△魁】①大勢力の頭目。おやだま。巨魁。②官吏登用試験である科挙の最優秀合格者。状元。

【大害】大きな損害。大きな災害。

【大角】①大きな角。②楽器の名。大きな角ぶえ。③星の名。蒼竜（東方の星）の一本の角に当たる。農業の神として祭られ、また、船乗りの間にも重んじられる。牛飼座のアークチュルス。

【大覚(覺)】①大いにさとる。②大いにさとった人。③仏㋐さとりを開く。大悟。㋑仏の別称。

【大△濩】殷の湯王の音楽の名。湯王が天下を救い、万民を安らかに治めた功をたたえて歌ったもの。濩は、護。

【大学(學)】①昔、天子の建てた学校。修己治人の道を教える最高の学府。↕小学。天子・公卿・大夫の子、および一般人の俊秀な者を入学させた。漢の武帝の時、董仲舒の建議により官吏を養成する大学を設け、五経博士を置き、後世、これに従った。②書名。四書（『大学』『中庸』『論語』『孟子』）の一つ。もと『礼記』の中の一編で、宋の朱熹が四書の一つとして表章（広く明らかにすること）し、大いに世に行われた。③国㋐大宝令によって制定せられた大学寮の略。貴族の子弟を教育した学校。→大学寮。㋑現行の最高学府。

【大学(學)章句】書名。一巻。南宋の朱熹が『礼記』の一編であったものを抜き出して、これを経一章と伝十章とに分けて注釈を施したもの。→大学の②。

【大学(學)寮】国天智天皇の時に設けた学校で、式部省に属し、文章・紀伝（歴史）・算道・明経（経書）・明法（律令・格式）などを教えた。

【大喝(喝)】大声でしかる。どなりつける。「大喝一声」

【大△奸・大△姦】大悪人。また、大悪事。〔宋史、呂誨伝〕大姦似レ忠。

【大△旱望二雲△霓一】おおひでりに雨雲や虹を望んで、雨の降ることを待ちこがれる。りっぱな王者の出現などを大いに待望するたとえ。〔孟子、梁恵王下〕に「民望レ之若三大旱之望二雲霓一也」とあるのに基づく。

【大官】①地位の高い官職。また、その官職についている人。②卿をいう。③漢代、天子の食事をつかさどる官。④天子をいう。

【大巻(卷)】①大部の書物。紙数の多い書物。②黄帝の音楽の名。巻は、族類の意。黄帝の徳があまねく及んで多くの族類が安楽な生活をすることができる意を歌ったものという。

【大患】①重い病気。大病。②大きな心配。大憂。③身のわずらいとなる、名声などに執着する心。〔老子、十三〕

【大寒】①二十四気の一つ。陰暦の十二月のうち、小寒の後、十五日目。陽暦では一月二十日ごろから節分までの間。小寒と立春との間。②非常な寒さ。

【大△諫】①大いにいさめる。②君をいさめることを職とする官名。③唐代、諫議官（天子をいさめる役）の別名。

【大簡】①＝大諫の①。②大いに検閲する。車馬・兵士などを検閲するにいう。簡は、しらべる。③はなはだしく簡略なこと。おおまかすぎること。〔論語、雍也〕

【大観(觀)】①広く見とおす。大局から事物を観察する。②雄大なながめ。壮大なながめ。偉観。

【大願】①大きな願い。②大いに願い望む。③仏大きな祈願。「大願成就」

【大器】①天をいう。②大きな器量。偉大な人物。③大きなうつわ。大切なうつわ。転じて、天子の位・国家・権力などをいう。

【大器晩成】大きくりっぱなうつわは容易にできあがらぬものである。転じて、大人物は早くから頭角を現さないが、ついには大成するというたとえ。〔老子、四十一〕

【大帰(歸)】①女性が離縁されて実家に帰ること。②根元に帰る。死をいう。また、万物の帰するところ。

【大△槻△磐渓(溪)】国江戸末期の儒学者。仙台の人。名は清崇、字は士広、磐渓は号。詩文に巧み、また、西洋の砲術をきわめ、開港論を主張した。『近古史談』などの著がある。（一八〇一―一八七八）

【大機】①天下の政治。大政。②重大なきっかけ。機は、変化を起こすきっかけ。

【大△諱】①大いにいむ。また、大いにいむべきもの。②天子の崩御。

【大吉】国おみくじなどで、運勢が非常にいいこと。↕大凶。

【大偽(僞)】大きないつわり。また、大きな人為。〔老子、十八〕智慧出有二大偽一。

【大義】①人間としてふみ行うべき大切な道。君臣・父子などの道をいう。〔易経、家人〕②根本精神。本来の精神。③あらましの意味。

【大義名分】大義と名分。臣下として行わなければならない大きなすじ道と本分。

【大義滅レ親】人としてふみ行うべき道義を全うするためには肉親をも犠牲にする。君国の大事のためには父子兄弟の親族を捨てて顧みない。〔左伝、隠公四〕

【大儀】①人として重大な事。②万物の根源。太極。③国㋐重大な儀式。㋑ほねのおれること。めんどうなこと。㋒他人の骨折りを慰労する語。御苦労。

【大△誼】＝大義の①。

【大虐】①大きなわざわい。大災。②大残虐。非常にむごたらしい行い。

【大逆】はなはだしく人間の道にそむく悪い行い。君や父を殺すなどの行為にいう。

【大逆無道】①はなはだしく人倫に背き道理を無視した行為。〔史記、高祖本紀〕②謀叛をいう。

【大△舅】①父のしゅうと。②母の兄。

【大挙(擧)】①多人数でくり出す。大勢で一時にかかる。また、大軍を起こす。②大いに人材を挙げ用いる。

【大凶】①凶年。不作の年。②国㋐はなはだ悪いこと。㋑おみくじなどで、運勢が非常に悪いこと。↕大吉。

【大教】①りっぱな教え。②仏の教え。③儒教・仏教・道教の総称。④他人の教示を尊んでいう。高教。

【大△饗】①天子が祖先を祭る儀式。②賓客などをもてなす盛大な酒宴。

【大業】①大事業。偉大な事業。偉業。②深遠な学業。深い学問。③儒学者。大いに儒業をなすものの意。

【大局】国囲碁の盤面における大体の形勢。転じて、時局の大勢、天下の大勢をいう。

【大△鈞】①天。また、造化。②五音中の宮・商の音。鈞は、調の意。③魏の音楽の名。鈞は、平で、北朝の魏は、よく太平に治めたのでいう。

【大禁】大きないましめ。国の法度・禁令。

【大愚】非常におろか。また、その者。〔荘子、天地〕

【大君】①おおぎみ。天子。②天神をいう。③長子。④朝鮮王の子弟で君に封ぜられた者。⑤国江戸時代、外国に対して用いた将軍の称。

【大袈裟】国①大きな僧衣。②事実より大きく言うこと。

【大兄】①兄の通称。②男同士で、同輩や年長者を呼ぶ敬称。

【大計】①大きなはかりごと。②三年ごとに官吏の成績を考査すること。③会計の総計。

【大経(經)】①人が常にふむべき大道。不変の大道。常道。②唐・宋代、大学の教科及び進士の試験に、経書を大・中・小の三種に分け、唐では『礼記』『左伝』を、宋では『詩経』『礼記』『周礼』『左伝』を大経とした。

【大慶】①大いにめでたい。大きなさいわい。大きなよろこび。②国家の大慶典。③老年者の誕生日。

【大決】河川の堤防が大いに決壊すること。

【大月氏】秦・漢代、西域の国の名。トルコ系、あるいは、イラン系、またチベット系ともいわれ、中央アジアのアム川流域に活躍した民族。漢の張騫の使いした所として有名。

【大賢】非常な賢者。知識・徳行の非常にすぐれた人。〔孟子、離婁上〕

【大憲】①大きなおきて。大法。②憲法をいう。

【大権(權)】①天子の権限。統治権。②国旧憲法では、天皇の国土・人民を統治する権限、すなわち統治権をいう。

【大言】①すぐれてよいことば。②おおげさに言うこと。③高慢なことば。

【大言壮(壯)語】おおげさに言う。えらそうな口のききかた。おおぼらを吹く。また、そのことば。

【大言難レ入二俚耳一】りっぱなことばは俗人には理解されにくい。俚は、俗。→大声不レ入二於里耳一。

【大原】おおもと。大本。根本。

【大戸】①大酒飲み。上戸。②かねもち。大家。富家。③国大宝令の制で、戸を四等に分けた中の第一等の戸。一戸に八人以上の成年男子のあるものをいう。

【大姑】夫の姉。こじゅうとめ。

【大故】①非常に悪い行い。大罪。〔論語、微子〕②父母の喪。大喪。③大きなできごと。大災難。

【大鼓】①楽器の名。軍中で鳴らすつづみ。②木をくりぬいて胴とし、両面に獣皮を張り、ばちでたたき鳴らす楽器。太鼓。

〔大鼓①〕

【大悟徹底】仏まよいの心を打破して真理をさとり、何らの疑惑もなくなること。さとりきること。

【大工】①すぐれた職人。②大工事。③船頭。④国㋐昔、飛騨や大和の国から京都にのぼり御所の造営修理に従事した職人。㋑職名。昔、木工寮や大宰府などで諸営作の工事に従事した職。㋒主として木造の建築職人。木工。

【大公】①この上もなく公平なこと。至公。②太公望をいう。

【大功】①大きなてがら。「大功臣」②喪服の名。九か月間服する喪に用いる。大紅。↔小功。

【大功若レ拙】真の巧妙なものは、小細工を用いないので、俗人にはかえってつたないように見える。〔老子、四十五〕

【大行】①大いに行われる。②遠く行く。③りっぱな行為。大きな事業。④天子の崩御。また、崩御されてまだ諡を付けない間の天子の称。⑤太上皇、または皇后の崩御。⑥＝大行人。→次項。

【大行人】周代の官名。外国の賓客の接待をつかさどる。漢代は大鴻臚という。

【大行不レ顧二細謹一】大きな事をなす時は、小さなつつしみなど気にかけていられない。大事の前に小事にかかわっていてはならないという戒め。〔史記、項羽本紀〕――、大礼不レ辞二小譲一。

【大江】①長江をいう。②大きな川。大川。

【大江音人】国平安時代前期の漢学者。故実に明るく大江家の家学の祖。江相公。家集に『江音人集』がある。(八一一―八七七)

【大江匡房】国平安時代後期の漢学者。京都の人。後三条天皇の親任を受け、中納言・大蔵卿に至った。故実に通じ、詩文・和歌をよくした。『江家次第』『江談抄』などの著がある。(一〇四一―一一一一)

【大江朝綱】国平安時代中期の学者・書家。音人の孫。音人を江相公というに対して後江相公という。詩文にすぐれ、村上天皇の命を奉じて『新国史』『坤元録』を著した。(八八六―九五七)

【大皇】①天。②非常に美しい。皇は、美。③三国時代の呉の孫権をいう。

【大荒】①大凶年。大饑饉。②中国から遠く離れた所。月日の没する所。転じて、遠地・海外。

【大祫】歴代の祖先を併せまつる祭り。

【大黄】①石弓の名。色が黄色で大きいもの。②薬草の名。


【大較】①おおむね。あらまし。②重要な法則。大法。また、大権。

【大綱】①おおづな。おおもと。根本。②あらすじ。

【大鴻臚】漢代の官名。＝大行人。

【大豪】①豪傑。②富豪。

【大国(國)】①大きな国。強大な国。②国太宝令で、戸数・田地などで国の等級を四つに分けた、第一級の国。

【治二大国(國)一若レ烹二小鮮一】大きな国を治めるには、小魚を煮るときかきまぜないように、寛大にして自然にまかせるのがよいとの教え。〔老子、六十〕

【大獄】①重大な犯罪事件。②また、そのために多数の犯罪者が捕らえられること。

【大才】大材。りっぱな才能。また、その才能をもつ人。

【大宰】①周代の官名。六卿の首位で、国政をつかさどる。宰相。大臣。冢宰。太宰。②春秋時代、諸侯のおいた官。諸政をすべ行う。家老。執政。

【大宰府】国昔、筑前の国(今の福岡県)に置かれた役所で、西海道(九州・壱岐・対馬)を治め、外交を処理した。→太宰府(三六三ﾍﾟ)。

【大作】①大事業をおこす。大いに土木工事をおこす。②すぐれた製作をする。また、傑作。③国㋐大著述。大きな作品。㋑他人の作品に対する敬称。高著。

【大札】①はげしい流行病。大疫。②人の手紙に対する敬称。おてがみ。貴札。

【大散関(關)】関所の名。陝西省宝鶏市西南の大散嶺にあり、関中から蜀に通ずる道の要衝で、諸葛亮が魏を討った時もここを通り、宋代にはここで金と国境を接した。散関ともいう。

【大士】①神の祭りをつかさどる官。②周代、刑罰をつかさどる官。③りっぱな人物。④仏菩薩の通称。⑤国ますらお(を)。剛強な男子。

【大子】天子及び諸侯のあとつぎ。太子。

【大史】周代の官名。史官の長。

【大司楽(樂)】周代、楽官の長。大楽正。

【大司教】ローマ・カトリック教会の最高の職。

【大司空】周代、六卿の一つ。国の土地・民事をつかさどる官の長。漢代は御史大夫を改めて大司空と称し、後世、工部尚書をいう。

【大司寇】周代、秋官の長。国の刑罰及び警察をつかさどった法官の長。

【大司徒】周代、地官の長。教化をつかさどる。前漢は丞

相を改めて大司徒と称し、後漢以後は司徒という。後世は戸部尚書を大司徒と称した。「官。

【大司農】漢代、穀物・貨幣などをつかさどった官の長

【大司馬】周代、夏官の長。軍事をつかさどる。前漢では大将軍・驃騎将軍を改めて大司馬とし、後漢では太尉と称した。後世、兵部尚書を大司馬という。

【大旨】大体の意義。大要。大指。

【大使】①天子の命を奉じて事を代行する正使（最高の使者）。②節度使。③元・明代、長官の下にあって事務を管理した官。④一国を代表して外国に駐在する外交官。⑤国遣唐使の長官。

【大△祀】①天子が自ら行う最も大きな祭り。周代では天地・祖先、隋では上帝・日月・地神・社稷。祖先、清では天地・上帝・祖先・社稷・先師孔子などを祭るまつり。②国日本では大嘗祭の類をいう。

【大姉】①一番年上の姉。また、姉の尊称。②天女。③仏尼僧または地位のある女人の敬称。後世、日本で婦人の法名（戒名）の下につける。↔居士。

【大指】①大体の意味。大旨。②おやゆび。

【大師】①大軍。②官名。㋐周代、楽工の長。㋑三公の一つ。天子を助け天下を教化することをつかさどる。太師。③大学者。大先生。④大衆。⑤国太政大臣の唐名。⑥仏㋐朝廷から高徳の僧に賜る尊号。㋑弘法大師の特称。

【大児（兒）】①年の多い子。兄。②二人のすぐれた人物のうち、年長者をいう。↔小児（年少者）。

【大△姒】周の文王の妃。武王の母。賢夫人の誉れ高く、文母と称せられた。太姒。

【大事】①大きい事業。②大きな事件。③祭りと戦争。④＝大袷。⑤国㋐大切。丁寧。㋑容易でないこと。危ういこと。㋒重大なこと。

【大慈大悲】仏非常に大きないつくしみ。観世音菩薩の徳をほめたたえた語。

【大室】①祖廟（祖先を祭るおたまや）の中央の室。太室。②魯の伯禽の廟（みたまや）。③大きい室。巨室。

【大社】①国土を守る社で、王が建てたもの。社は、土地の神。②国最高の格式の神社。「出雲大社」

【大赦】①天子が十悪以外の罪人をゆるして放免すること。→十悪の①（二六二ジ）。②国恩赦の一つ。皇室や国家によろこびごとがあったとき、ある種の犯罪人全体を同時に赦免すること。

【大謝】南朝宋の謝霊雲をいう。↔小謝（謝恵連）。

【大手】①大きい手。②国城の正面。↔搦手。

【大守】郡の長官。太守。

【大受】大事に任ずる。大きな任務を引き受ける。

【大儒】すぐれた学者。また、すぐれた儒学者。

【大樹】①大きな樹木。大木。②後漢の馮異が謙虚な性格のために、諸将が功を論じあう時、常に樹木の下に避けていたので、大樹将軍と呼ばれた故事。〔後漢書、馮異伝〕③国大将・将軍の唐名。

【大修】大いに修得すること。

【大衆】①おおぜい。多人数。②仏多くの僧。③国一般の人々。民衆。

【大醜】①悪者の頭目。元凶。②大きな恥。

【大順】①大いに道にかなっていること。②自然の道・順序。天理。③それぞれの分に安んずること。

【大暑】①二十四気の一つ。夏の終わりの季節。七月二十三日ごろから八月八日ごろまでで、小暑と立秋との中間。②夏のひどい暑さ。

【大除】大みそか。

【大小】①大と小。大きなものと小さいもの。②大きさ。寸法。③国㋐長短一対の腰刀。大刀と脇差。㋑大鼓と小鼓。㋒大の月と小の月。㋓こよみ。柱暦。

【大匠】①すぐれた工人。また、大工の長。②漢代の官名。宮室・宗廟などの建築・改修及び土木・植樹などをつかさどる。

【大将（將）】①軍の総指揮官。②国㋐昔、近衛府の長官。だいしょう。㋑旧陸・海軍武官の階級の名。将官の最上位。㋒団体や一群の者を率いる人。

【大将（將）軍】①＝大将の①。②集団のかしら。頭領。③陰陽道でいう八将軍の一つ。この神の方向は縁起が悪いとして、三年間忌まれた。

【大祥】①葬式後の祭りの名。二十五か月で行う祭り。三周忌。↔小祥（一周忌）。②大きな幸い。大福。③大変異の起こるきざし。

【大象】①易の一卦のかたちを説明したことば。②大きなおきて。大法。③極めて大きい形象。〔老子、四十一〕大象無形。④天地間の現象。⑤大きなぞう。

【大上】＝太上。→三六三ジ。

【大丈夫】①意志のしっかりしたりっぱな男。ますらお。丈夫は、一人前の男子。大は美称。〔孟子、滕文公下〕富貴不レ能レ淫、貧賤不レ能レ移、威武不レ能レ屈、此之謂二大丈夫一〈富貴にも迷わされず、苦しい境遇でも動揺せず、権威や暴力にも屈しない、こういうのがほんとうの大丈夫なのである〉②国㋐あぶなげがない。確実。堅固。㋑壮健。

【大乗（乘）】仏仏教の深遠な義理を説いたもの。慈悲博愛によって一切の衆生を救う意。大は、教理の広大無限なこと、乗は、衆生を乗せて生死を超越し、涅槃の彼岸（さとりの境地）に達せしめること。↔小乗。

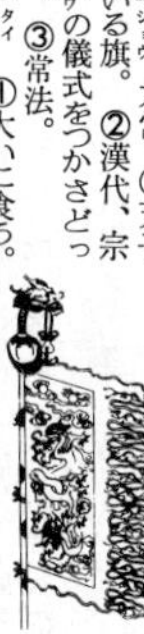
〔大常①〕

【大常】太常。①天子の用いる旗。②漢代、宗廟の儀式をつかさどった官。③常法。

【大食】①大いに食う。おおぐい。②国の名。Tazi または Taziks の音訳。サラセン。

【大身】国①身分の高い人。高位・高禄の人。②㋐天子の御身。玉体。㋑刃わたりの長く大きいこと。「大身の槍」

【大△秦】国名。①中国人が西方の大国を称したもので、漢・魏代の大秦国はローマ帝国を指すとする説、また、ローマ帝国の東方領を指すとする説などがある。宋代にはイスラムの首都バクダードを指す。②五胡十六国の一つ。㋐苻健の建てた前秦。（三五一—三九四）㋑姚萇の建てた後秦。（三八四—四一七）

【大△秦寺】唐の太宗が貞観十二年（六三八）に長安に建てたキリスト教ネストリウス派（景教）の寺。波斯寺。

【大人】①有徳者や長上などに対する敬称。②昔の官名。夢を占うことをつかさどる。③漢代の女官の称。夫人。④権勢のある家がら。⑤体の大きい人。巨人。⑥国㋐㋑領主または貴人の称。㋒男の師匠・学者の称。㋓書簡文で男子のあて名の下にそえる敬語。㋑成人になった人。成人。

【大尽（盡）】①陰暦で大の月の最終日。↔小尽（小の月の最終日）。②国㋐資産家。富豪。百万長者。㋑遊里で豪遊する客。

【大臣】①政務を執る最高の官。②清代、行政官庁の長官。③国㋐太政官の上官の称。太政大臣・左右大臣・内大臣等の称。おとど。㋑国務大臣、または各省大臣の称。

【大数（數）】①定まった数。また、運命。②非常に多いか

ず。③おおよその数。④大きなはかりごと。大謀。

【大成】タイセイ ①大いに功を成し遂げて世を太平にすること。②大いにたいらぐ。また、大きな平和。③事をりっぱに成し遂げること。多くの資料を集め、一つの研究を成功させること。

【大成殿】タイセイデン 孔子を祭る廟(みたまや)の正殿の名。宋の仁宗の時、名づけられたもので、『孟子』に、「孔子は集めて大成すという」とあるに基づく。日本では寛永九年(一六三二)に徳川義直が江戸上野忍岡の林道春の私邸に先聖殿を建てて孔子を祭り、その後、元禄三年(一六九〇)に徳川綱吉が江戸湯島に聖堂を建てたのに始まる。現存のものは昭和十年(一九三五)に復興したもの。

〔孔子廟大成殿(曲阜)〕

【大声(聲)不レ入二於里耳一】タイセイはリジにいらず 高雅な音楽は俗人には分からない。高尚な言論が俗人には理解されないたとえ。〔荘子、天地〕

【大姓】タイセイ 代々続いた勢力のある家がら。

【大勢】タイセイ ①天下のなりゆき。自然のなりゆき。また、おおよそのありさま。②位が高く権力のあること。③タイゼイ・おお(ほ)ゼイ 人数の多いこと。多人数。

【大聖】タイセイ ①この上もなく知徳のすぐれた人。至聖。〔礼記、楽記〕②仏タイショウ 如来をいう。

【大△刹】タイセツ・タイサツ 大きな寺。巨刹。

【大雪】タイセツ・ダイセツ ①おおゆき。②二十四気の一つ。小雪の次の気節、十二月七日ころ。陰暦では十一月。

【大節(節)】タイセツ ①守るべき重要な事がら。②職分上の大事。大任。③国家の大事変。また、死生存亡に関する大事件。〔論語、泰伯〕臨二大節一不レ可レ奪也タイセツにのぞんでうばう(ふ)べからざるなり。④手足の節の大きいこと。

【大△蘇】タイソ 北宋の蘇軾をいう。父の洵を老蘇、弟の轍を小蘇といい、合わせて三蘇という。

【大宗】タイソウ ①物のはじめ。原始。②昔、諸侯の嫡子の弟を始祖とし、その後をつぐその弟の長男の系統をいう。③天子。④勢力のある一族。

【大宗伯】ダイソウハク 周代、国の祭事・典礼をつかさどった官の長官。

【大喪】タイソウ ①天子・皇后・皇太子の喪。②親の喪。③国が亡びること。また、大いに人が死ぬこと。④手厚く期間の長いとむらい。⑤国天皇が大行天皇・太皇太后・皇太后・皇后の喪に服すること。

【大葬】タイソウ ①君臣の礼をもって行うりっぱな葬式。②国天皇または太皇太后・皇太后・皇后の葬儀。

【大蔵(藏)経(經)】ダイゾウキョウ 仏書名。仏教聖典の全集。経(教説)・律(戒律)・論(研究)の三蔵の仏書を網羅したもの。一切経。蔵経。

【大息】タイソク ためいき。また、ためいきをついてなげく。

【大率】タイソツ・おお(ほ)むね あらまし。大略。

【大△儺】タイダ・タイナ ①おにやらい。冬至後の第三の戌の日の前日に行う悪鬼を追い払う行事。②国昔、十二月末日に禁中の追儺に、悪鬼を追う役の人。

【大体(體)】ダイタイ ①おおよそ。あらまし。②大きなかたち。③完全なすがた。④大きなからだ。⑤心をいう。↔小体(耳目)。〔孟子、告子上〕

【大△戴礼(禮)】ダタイレイ 書名。前漢の戴徳が周末から漢末までの儒者の礼に関する記録を整理して八十五編としたもの。今、三十九編が残っている。

【大宅】ダイタク ①大きな邸宅。②天地。③道家で顔をいう。

【大沢(澤)】ダイタク ①大きな沢地。沢は、湖沼地帯。②大きな恩恵。天子のめぐみ。

【大胆(膽)】ダイタン ①物ごとにおじない心。度胸のあること。「大胆不敵」②ずぶといこと。横着なこと。

【大端】ダイタン ①おおもと。大きな端緒。大根原。端は、はじめ。もと。②あらまし。大体。

【大団(團)円(圓)】ダイダンエン (物語・芝居・事件などで)最終の場面。おわり。終局。

【大知・大△智】タイチ すぐれた知識、また、知恵。また、それを備えた人。〔中庸〕

【大致】タイチ おおむね。あらまし。大概。

【大△椿】タイチン 太古の大木の名。八千年を春とし八千年を秋とし、三万二千年が人間の一年に当たるという。転じて、人の長寿にこの語を用いる。「大椿の寿を祝う」〔荘子、逍遥遊〕

【大通】タイツウ ①道家で万物を生成する大道をいう。②(ふさがっているものが)大いに通じる。③人目につくような言行をしないで、しかも融通自在で困窮しないこと。また、その人。④よく物事に通達すること。⑤国おお(ほ)どお(ほ)り (町の中の)はばの広い道。

【大弟】タイテイ ①男同士で、同輩の年少者を呼ぶ敬称。②皇太弟を称する語。太弟。

【大帝】タイテイ ①天。天の神。②紫微宮をいう。北極星。③特に徳の高い帝王の称号。また、弱小国を一挙に大国にした帝。

【大典】タイテン ①重要な書物。また、大部な記録。②重要な法典。③(国家の)重大な儀式。

【大△篆】タイテン・ダイテン 書体の名。周の宣王の時、史籀が作ったという。籀文。

【大田△錦城】おお(ほ)たキンジョウ 国江戸後期の漢学者。加賀(今の石川県)の人。名は元貞、字は公幹。錦城は号。皆川淇園・山本北山に学び、宋儒の空理を排して考証を主とし、折衷学派の大家となる。加賀藩儒。『大学原解』『中庸原解』『九経談』などの著がある。(一七六五—一八二五)

【大都】タイト ①大きな都市。②おおむね。あらまし。③北京の元時代の称。

【大△杜】ダイト 唐の杜甫(五四四ペ-)をいう。老杜。↔小杜(杜牧)。

【大度】タイド 大きな度量。心が広く大きいこと。〔史記、高祖本紀〕常有二大度一つねにタイドあり。

【大刀頭】ダイトウトウ 還るの隠語。大刀頭は刀頭と同じで、刀剣の頭の環をいい、環は還と音が通ずることからいう。

【大東】ダイトウ ①東のはて。極東。②国日本の称。

【大唐】ダイトウ ①唐の美称。②尭をたたえた歌。大章。

【大唐西域記】ダイトウセイイキキ 書名。十二巻。唐の玄奘の述、弁機の編。玄奘が貞観三年(六二九)から十七年間にわたって西域、インド地方を旅行した時の見聞録。

【大統】タイトウ・ダイトウ ①天子の位。皇統。②国家統一の大事業。③僧官の名。隋代、僧を取り締まる官。

【大△纛】タイトウ ①節度使がたてる旗。②天子の旗。天皇旗。

〔大纛〕

【大同】ダイドウ ①差別をつけない。②天地と一体になる。よく同化する。③太古、無為自然の大道の行われた平和な世。④公羊学でいう、天下が統一され、民族の差別がない平和な世の中。→大同書。⑤人心がよく和同すること。⑥大同小異。⑦地名。今の山西省大同市。北魏の中期ごろに作られた雲崗の石窟寺院で名高い。

【大同書】ダイドウショ 書名。十部。清の康有為の著。公羊学派の立場に立ち、さらにこれに『礼記』の礼運編の拠乱・小康・大同の三世説とをたくみに合わせて、人類平等の太平大同の世を理想の社会として述べたもの。今日の社会主

義・世界主義の思想に近いものがある。

【大同小異】少しのちがいはあっても大体においては同じなこと。〔荘子、天下〕

【大道】①大きな道路。②人がふみ行うべき道。大法。③老子のいう宇宙の本体としての道。無為自然の道。〔孟子、滕文公下〕行二天下之大道一。〔老子、十八〕大道廃有二仁義一、智慧出有二大偽一。〈大道が衰えたために、仁義の道などというものが説かれるようになったのだ。知恵がある者が出て来てから、ひどいいつわりが行われ出したのだ〉④正しい道。正しい方法。

【大徳】①りっぱな徳。また、その徳のある人。大得。②天地の造化のはたらき。③大節。大きな節義。④大きなめぐみ。徳は、恩沢。⑤高位。大位。⑥[仏]高僧の称。

【大納言】[国]太政官の次官。右大臣の次位。大政に参与して可否を奏上し、宣旨を伝達する職。亜相。亜槐。

【大内】①天子の寝所。太内。②天子の御所。宮城。禁裏。③天子の府庫をつかさどる官。また、京師の府庫。④[国]宮中。内裏。

【大内裏】[国]平城京・平安京の宮城の称。禁中。

【大難】①大きなわざわい。大きな災難。②＝大儺の①。

【大日如来(來)】[仏]梵語 Mahāvairocana (摩訶毘盧遮那)。大遍照の意。真言密教の本尊。知徳の光で日輪のように全宇宙を照らし、一切の万物を育てる慈母と説かれる。大日。遍照如来。

【大日本史】[国]書名。三百九十七巻。徳川光圀の著。神武天皇から後小松天皇に至る歴史を漢文の紀伝体で記したもの。本紀七十三巻、列伝百七十巻、志百二十六巻、表二十八巻から成る。明暦三年(一六五七)に着手し、光圀は未完のうちに没したが、明治三九年(一九〇六)に完成した。その大義名分論の史観は、幕末の尊王思想に大きな影響を与えた。

【大任】①重大な任務。だいじな役目。〔孟子、告子下〕天将レ降二大任於是人一、必先苦二其心志一、労二其筋骨一。〈天がある人に大任を授けようとするときは、必ずまずその人の心身を苦しめて試練の境遇に置くものである〉②殷の人。周の王季の妃となり、文王を生んだ。太任。

【大念仏(佛)】多くの人が集まり、大声で念仏を唱えること。また、その法会。


【大杯・大盃】大きなさかずき。

【大白】①この上もなく潔白。また、その人。②大きなさかずき。大杯。白は、罰杯の名。③星の名。太白星。金星のこと。太白。

【大漠・大幕】①広い砂はら。大砂漠。②ゴビ砂漠をいう。

【大貉小貉】文化の低い野蛮人的な為政者をいう。古来、理想的な税法とされた十分の一の税率を、更に多くしようとする者をいう。貉は、北方の未開の異民族。

【大凡】おおよそ。あらまし。大旨。

【大半】①ほとんど。おおかた。②三分の二。↔少半(三分の一)。

【大盤石・大磐石】①きわめて大きな岩石。②転じて、物事の堅固で動かないこと。また、丈夫なもののたとえ。

【大比】①三年ごとに国民の人数を調査すること。②三年ごとに役人の成績を考査すること。今の国勢調査の類。③科挙(官吏登用の試験)。

【大廟】①天子・諸侯の始祖を祭るおたまや。宗廟。太廟。②[国]伊勢大神宮の称。

【大夫】①周代の官名。卿の下、士の上。②爵位の名。秦代、功労を賞するために制定したもの。第五級の位。③ひろく官位のある者をいう。④医者。⑤松。→大夫樹。⑥[国]㋐大名の家老。㋑職(中宮職・春宮職)の長官。㋒五位の通称。(甲)俳優・能役者などのおもなもの。(乙)歌舞伎の女形。(丙)上位の遊女。(戊)神職。神主。

【大夫樹】松の別名。秦の始皇帝が泰山に登り、風雨を松樹の下に避け、その木を五大夫に封じた故事。〔史記、秦始皇本紀〕

【大父】①父の父。祖父。②母方の祖父。外祖。③天。↔大母(地)。

【大不敬】①はなはだしい不敬。②天子・皇后その他王室及び社寺に対する不敬罪。十悪の一つ。

【大府】①朝廷の府庫。府は、文書庫。②丞相の府。③上級の官庁。また、上官。④周代、財貨をつかさどる官名。⑤[国]㋐大蔵省の唐名。㋑幕府の敬称。㋒大名の家老の別名。

【大傅】①天子のおもり役。三公の一つ。太傅。②[国]左大臣の唐名。

【大武】①周の武王の音楽の名。武王が殷の紂王を討ち、武功をもって天下を平定したことをたたえたもの。②りっぱな武徳。

【大部】①書物の冊数、またはページ数の多いこと。②大部分。


【大風】①おおかぜ。はげしい風。→大風歌。②ハンセン病。〔唐、柳宗元、捕蛇者説〕

【大風歌】漢の高祖劉邦が天下を平定して故郷の沛に帰り、昔なじみを招いて酒宴を開いた時に自ら歌った歌。〔史記、高祖本紀〕

【大幅】①大きな掛軸。②[国]㋐もめん幅の二倍の幅。また、その布。㋑数量・価格などの変動の大きいこと。

【大分】①おおよそ(大体)のきまり。大綱。②大きな名分。③寿命。④親しい交際。⑤[国]よほど。かなり。

【大兵】①多くの兵士。大軍。②大戦争。③[国]体の大きいこと。また、その人。↔小兵。

【大柄】①大きな権力。②[国]㋐体が普通より大きいこと。㋑模様が大きくはでなこと。

【大辟】①古代の五刑の一つ。死刑。辟は罪。②死。

【大変(變)】①大きな変化。②非常な出来事。大いに驚くべき出来事。③自然の変化。④[国]はなはだ。大いに。非常に。

【大弁(辯)若レ訥】すぐれた雄弁は、かえって口べたのようで、むやみにしゃべらない。〔老子、四十五〕

【大輔】①天子の補佐役。②[国]古代の官名。省の次官。

【大母】①祖母。②太后。③地。↔大父(天)。

【大方】①大きな四角。②非常に品行方正なこと。③大地。↔大円(天)。④かたよらないこと。⑤大きな法則。⑥正しい道。正しい方法。⑦えらい人。⑧世間一般の人。

【大法】①重要な法則。②[仏]すぐれた仏の教え。また、大乗の仏法。

【大宝(寶)】①貴いたからもの。至宝。②天子の位。帝位。③自分の身。④富貴栄華をいう。

【大鵬】おおとり。想像上の大鳥の名。〔荘子、逍遥遊〕

【大砲・大礮】大きな弾丸を発射する兵器。おおづつ。

【大望】①大きなのぞみ。②分に過ぎた望み。

【大謀】大きなはかりごと。

【大卜】①殷代、神をつかさどった官。②周代、卜筮(うらない)の官の長。太卜。

【大本】おおもと。根本。〔中庸〕中也者、天下之大本也。

【大名】①りっぱな名声。②[国]㋐平安時代末期、多くの名田を有した者の称。㋑鎌倉時代に、将軍の家臣の中で領地の多い守護・地頭に与えた称号。㋒江戸時代、一

万石以上の武家の称。諸侯。

【大命】タイメイ ①天命。天子となる命。王位。②君(天子)の命令。③大きな運命。④寿命。⑤命の綱。命脈。⑥軍隊を出す命令。

【大明】タイメイ ①太陽。②日月。③大いに明らかなこと。また、明らかにする。④宮殿の名。唐代、長安城(今の陝西省西安市)の北にあった。⑤タイミン 明朝の尊称。「大明国」

【大目】タイモク ①大きな目。②大まかに分けた項目。また、重要な項目。

【大門】タイモン・ダイモン ①大きな門。正門。②寺の総門。③りっぱな家がら。④碁の打ち方の一つ。げたをはかせること。

【大△冶】タイヤ ①かじや。鋳鉄工。②地名。湖北省武昌県の東南。鉄を産する。

【大夜】タイヤ ①死の世界。黄泉。②火葬の前夜。逮夜。

【大約】タイヤク おおよそ。大略。

【大勇】タイユウ まことの勇気。真の勇気。また、真の勇者。〔孟子、公孫丑上〕吾嘗聞二大勇於夫子一矣。

【大憂】タイユウ ①大きなうれえ。②天子の崩御。また、父母の喪。

【大要】タイヨウ ①あらまし。概略。②おおもと。

【大用】タイヨウ ①大いに用いる。②大きな使い道。荘子は、無用の用の意に用いる。〔荘子、人間世〕③ダイヨウ 大便。

【大吏】タイリ 高い地位の役人。大官。

【大理】タイリ・ダイリ ①大きな道理。②大いに治める。③官名。司法をつかさどる。後世、大理寺という。④国検非違使の別当(長官)の唐名。

【大理寺】タイリジ 司法をつかさどる役所。昔、大理と称し、秦・漢代は廷尉と称し、北斉の時、また大理と称し、更に大理寺と称した。寺は、官署の意。宋以後、左右に分かれた。

【大理石】ダイリセキ 石灰岩が高熱・強圧を受けて変質し再び結晶したもの。普通白色で、美しい模様があり、建築・彫刻などに用いられる。大理府(今の雲南省大理県)に多く産したので、この名がある。マーブル。

【大△戮】タイリク ①死刑に処し、しかばねをさらす刑罰。②大きな恥辱。

【大略】タイリャク ①大きなはかりごと。②人なみすぐれた知略。③「おおむね。大体。

【大△呂】タイリョ ①周の宗廟(おたまや)の大鐘の名。九鼎とともに周の宝器。転じて、貴重なもののたとえ。九鼎大呂。②十二律の一つ。陰暦十二月に配するので、陰暦十二月の別名とする。

【大慮】タイリョ ①遠大な思慮。②大きなはかりごと。

【大△梁】タイリョウ ①大きなうつばり。②戦国時代の魏の都。今の河南省開封市の西北。

【大僚】タイリョウ 位が高く任務の重い役人。大官。大吏。

【大倫】タイリン ①大きな道理。②人間のふむべき大道。

【大礼(禮)】タイレイ ①すぐれた礼。②王が行う天地人の鬼神を祭る礼。③朝廷の重大な儀式。④君臣間の大きな礼。⑤大きな法則。大法。⑥君主のお召し。⑦一生のうちの最も重要な礼式。冠・婚・葬・祭の類。⑧国推古天皇十一年(六〇三)に制定した冠位十二階の第五位。

【大礼(禮)不レ辞(辭)二小譲(讓)一】タイレイはショウジョウをジせず 重大な礼を行うには、ささいなゆずりは問題にしない。〔史記、項羽本紀〕⇩大行不レ顧二細謹一(二五七ページ)。

【大路】タイロ ①大きな道。大道。②天を祭る時に天子の乗る車。また、諸侯の乗る車。大輅。

【大老】タイロウ ①すぐれた老人。年老いた賢人。②祖父。③国㋐豊臣時代、豊臣家の置いた最高の執政官。大年寄。㋑江戸時代、老中の上に位し、将軍を補佐して政務を総括した職。

〔大路②〕

【大△牢】タイロウ 天子が社稷を祭る時の供え物。牛・羊・家(豚)の三種の犠牲をいう。転じて、盛大なごちそう。太牢。↕小牢(羊と豕)。

【大△麓】タイロク ①山のふもとの広大な林。②大いにすべ治める。また、天子の事をすべ治める官。③国摂政の唐名。

【大和】タイカ・タイワ ①最良のものをいう。②大いに調和する。また、すぐれた調和。③国やまと ㋐旧国名。五畿内の一つ。今の奈良県。もと倭・大倭などと書かれたが、天平宝字元年(七五七)以来、地名は二字を用いることと定められ、倭に通ずる和に美称の大の字を冠したもの。㋑都が大和にあったことから、転じて、日本国の称。やまとのくに。

【大△倭】タイワ・ダイワ・おお(ほ)やまと 国日本国の古名。

(4)1
【夬】1398 △
一 漢カイ(クワイ)・呉ケ 国 guài
二 漢ケツ・呉ケチ 匣 jué
5279
546F

字義 一 ❶わける(分)。❷きめる。決断する。❸易の六十四卦の一つ。☱☰ 乾下兌上。小人がすくみ君子がのび出るかたち。二 ゆがけ。弓を射るときにはめる皮製の手袋。

解字 文 篆 象形。象牙製で、中がえぐられた、弦を引くための道具を手にした形にかたどり、ゆがけの意味を表す。夬が形声文字の音符となるときには、えぐりとられて欠けるの意味を共通して表す。夬を音符に含む形声文字に、袂・訣・抉・缺・決などがあり、これらの漢字は、「えぐる」の意味を共有している。

【夬夬】ケツケツ 思いきりのよいさま。決断力のあるさま。

(4)1
【太】1399
教 2 タイ・タ ふとい・ふとる
タイ 秦 tài
慣タ
太刀
3432
4240

筆順 一 ナ 大 太

字義 ❶はなはだしい。はなはだ。非常に。❷＝大(1397)・泰(3889)。❸長上に対する尊称として用いる。「太后」「太君」国❶ふとい。㋐まわりが大きい。㋑肥えている。㋒気がつよい。大胆。㋓ずうずうしい。❷ふとる。肥える。

名乗 うず・しろ・たか・と・ひろ・ふと・ふとし・ます・み・もと

難読 太海・太占・太秦・太田窪・太刀・太刀魚・太良

参考 熟語は大(1397)をも見よ。→二五五ページ。

使いわけ タイ〔大・太〕⇩大(1397)。

解字 形声。二＋大音。本来は、泰の古文の 𡗗、借りて、大きい上にも大きい、はなはだの意味を表す。

▼猶太

【太△阿】タイア 古代の宝剣の名。泰阿。

【太医(醫)】タイイ 官名。皇帝・皇室の侍医。秦・漢以来、歴朝にあった。

【太尉】タイイ 官名。秦代、武事をつかさどる。漢はこれにより、武帝の時、大司馬と改名したが、後漢の光武帝のとき、旧名に改めて三公の首とし、以後歴朝に置いた。

【太一】タイイツ ①万有を包含する大道。天地創造の時の混沌たる元気。②いちばん初め。太初。太始。③天帝をいう。また、星の名。太乙。④山名。秦嶺山脈の終南山をいう。【太乙。

【太乙】タイイツ ＝太一の③・④。→前項。

【太陰】タイイン ①陰気ばかりで陽気が少しもない状態。また、そのもの。②北。③冬。④月。⑤天神の名。

【太陰暦(曆)】タイインレキ 月のみちかけを基礎として作った暦。↓陰暦(一一六三ページ)。太陰は、月。旧暦。↕太陽暦。

【太易】タイエキ 宇宙混成以前をいう。まだ気のあらわれない時。宇宙は、太易・太初・太始・太素の順に成立するという。〔列

子、天端〕

【太液】タイエキ　池の名。①漢代のものは、長安の建章宮の北（今の陝西省西安市の西北）にあり、漢の武帝が造ったという。②唐代のものは、長安城北の大明宮の北にあった。〔唐、白居易、長恨歌〕太液芙蓉未央柳 訳文⇩池苑（六一八㌻）。③清代以後、北京の西苑内の池をいう。

【太河】タイガ　黄河の別名。大河。河。

【太学（學）】タイガク　昔、天子の建てた最高の学校。大学。

【太楽（樂）】タイガク　官名。音楽をつかさどる。

【太虚（虛）】タイキョ　①宇宙の根源たる大元気。また、宇宙生成の初め。②おおぞら。天空。

【太極】タイキョク　①宇宙の大元気。宇宙を構成する陰陽二元気の根本。②宮殿の名。長安にあった。

【太極△拳】タイキョクケン　拳法（拳じ）の突きや足蹴りなどを用いる格闘技の名。北宋の張三丰が創始したという。

【太極図（圖）】タイキョクズ　太極、すなわち宇宙の根本を図解し、万物発展の過程を明らかにしたもの。北宋の周敦頤がくふうした図形で、この解釈書を「太極図説」という。

【太極殿】タイキョクデン　①宮中の正殿の名。天子が居住する御殿。②国ダイゴクデン　天皇が政務を執り、また、即位などの大礼を行った宮殿。

【太△鈞】タイキン　造物者。造物者が万物を造るのは、陶工が器物を鈞（ろくろ）で造るのに似ているからいう。

【太君】タイクン　①役人の母で封地を与えられている者。②他人の父をいう。尊太君。

【太玄】タイゲン　①道家の道。②書名。十巻。前漢の揚雄の著した『太玄経』をいう。『易経』の体裁により、宇宙万物の生成を論じている。

【太原】タイゲン　地名。今の山西省の省都。秦代に太原郡が置かれ、唐代以後、太原府となった。

【太古】タイコ　①おおむかし。②時代区分の名。学問上で区割りした年代の最も古い期間。

【太湖】タイコ　湖の名。江蘇・浙江両省にまたがり、湖中に小山多く、風景絶佳。震沢、笠沢、五湖ともいった。

【太公】タイコウ　①祖父。②父。③他人の父の尊称。④高年者の尊称。⑤曾祖父の俗称。⑥→太公望。

【太公望】タイコウボウ　①周の文王の師、呂尚をいう。文王が渭水でつりをしていた呂尚をわが太公（父）の時から待ち望んでいた方であるといって、迎えて師とし、太公望と号した。〔史記、斉太公世家〕②転じて、つりをする人。

【太后】タイコウ　天子の母をいう。

【太△昊・太△皞】タイコウ　中国古代の伝説上の帝王の伏羲をいう。

【太皇】タイコウ　①昔の帝王の最も尊い者。泰皇。②天。③＝太皇太后の①。

【太皇太后】タイコウタイゴウ　①天子の祖母の尊称。②国天皇の祖母で、皇后の位についた人。

【太康】タイコウ　＝太平。

【太剛】タイゴウ　はなはだつよい。剛強すぎる。

【太宰】タイサイ　百官の最高位官。今の総理大臣。大宰。

【太宰府】ダザイフ　国福岡県にある地名。昔、大宰府が置かれた所。→大宰府（二五七㌻）。◇古くから、官名は「大」、地名は「太」と使いわける。

【太歳】タイサイ　木星の別名。約十二年で天を一周する。

【太山】タイザン　山東省にある名山。五岳の一つ。→泰山（六一三㌻）。岱山・岱宗・太岳ともいう。

【太山△之安】タイザンのやすき　太山のようにきわめて安泰なこと。

【太山不レ譲（讓）二土壌（壤）一】タイザンはドジョウをゆずらず　太山はどんな土でもえり好みせずに受けいれるから、あのように高い山となった。大成しようと思うなら、度量を大きくして、広く受け入れよという教え。〔戦国策、秦〕⇩河海不レ択二細流一（六二四㌻）。

【挟（挾）二太山一超二北海一】タイザンをわきばさんでホッカイをこゆ　太山（泰山）をこわきにかかえて北海（渤海湾）を飛び越す。不可能なことのたとえ。〔孟子、梁恵王上〕

【太子】タイシ　もと、天子及び諸侯の長男。漢代は、天子の長男を皇太子、諸王の子を太子という。

【太史】タイシ　①天文・暦法をつかさどる官。②国の記録をつかさどる官。史官。

【太史簡】タイシのカン　春秋時代、斉の崔杼がその君を殺したとき、太史が身の危険を顧みず、その事実を簡（竹のふだ）にそのまま書きしるしたこと。転じて、世をはばかることなく、事実をそのまま歴史に書きしるすことをいう。〔宋、文天祥、正気歌〕在レ斉太史簡

【太史公】タイシコウ　①官名。太史令（太史の長官）のこと。②前漢の司馬談と、その子の司馬遷をいう。ともに太史令になったのでいう。太史公書は、『史記』のこと。

【太始】タイシ　天地のはじめ。宇宙のはじめ。形の初め。太初の次。→太易（二六一㌻）。

【太師】タイシ　①周代、三公（太師・太傅・太保）の一つ。天子の師表（手本）の意で、文官の最高官。大師。②昔、楽官の長。

【太△姒】タイジ　＝大姒。→二五八㌻。

【太室】タイシツ　①＝大室の①。→二五八㌻。②嵩山（五岳の一つ）の東峰。山に石室があるので名づける。また、嵩山の別名。今の河南省登封県の北。

【太守】タイシュ　①郡の長官。地方長官。②国㋐親王が上総・常陸・上野の国守に任じられたときの称。㋑国守。地方の領主。

【太初】タイショ　①万物の根源である気のはじめ。ものごとの初め。太易の次。→太易（二六一㌻）。②道のもと。〔荘子、知北遊〕

【太上】タイジョウ　①おおむかし。太古。三皇五帝の世。②最上のもの。

【太上皇】タイジョウコウ・ダジョウコウ　皇帝の父。また、天子が位を譲った後の称号。

【太政官】ダジョウカン・ダイジョウカン　国大宝令による中央官庁。今の内閣に当たる。長官は太政大臣。

【太真（眞）】タイシン　①宇宙を構成する陰陽の二元気。②金の別名。③人名。㋐西王母の使用人。㋑唐の玄宗皇帝の愛妃、楊貴妃の号。楊太真。→楊貴妃（五七三㌻）。

【太清】タイセイ　①道家で、天道（自然の大法則）をいう。〔荘子、天道〕②天をいう。

【太祖】タイソ　①もののはじめ。原始。②初代の帝王の号。始祖。大祖。

【太素】タイソ　①もののはじめ。物質のはじめ。太始の次。〔列子、天瑞〕→太易（二六一㌻）。②かざりのない性質。また、質素。

【太宗】タイソウ　①物事のもとをいう。②太祖についで王室に功績のあった帝王に付ける号。多くは第二代。

【太倉】タイソウ　都に設けた政府の米倉。

【太息】タイソク　ためいき。また、ためいきをする。大息。

【太白】タイハク　①はなはだ潔白なこと。②星の名。金星。③大きいさかずき。大白。④唐の詩人、李白の字。

【太半】タイハン　三分の二を太半、三分の一を少半という。転じて、おおかた。過半。

【太父】タイフ　祖父をいう。

【太夫】タイフ・タユウ　国＝大夫の⑥。→二六〇㌻。

【太夫人】タイフジン　①諸侯が母を呼ぶ称。②老母。

【太△傅】タイフ　①周代の官名。天子の補佐役。三公（太師・太傅・太保）の一つ。大傅。②国天皇がまだ成年に達しない時、その保育の任にあたる職。

【太平】タイヘイ　世の中がよく治まって安らかなこと。

【太平御覧（覽）】タイヘイギョラン　書名。一千巻。宋の李昉らが天子の命令で編集した類書（百科辞書）。宋の太宗が一年かか

って閲覧し終わったので名づけた。太平興国八年（九八三）に完成した。

【太平広(廣)記】書名。五百巻。宋の李昉らが天子の命令で編集した説話小説集。漢代から宋初までの短編小説（伝説・怪談の類）が九十二類に分類されている。太平興国六年（九八一）に完成した。

【太平天国(國)】清の咸豊元年（一八五一）洪秀全が建てた国の名。近代中国最大の反乱であったが、同治三年（一八六四）滅ぼされた。

【太保】周の官名。天子の補佐役。三公（太師・太傅・太保）の一つ。大保。

【太母】①祖母。②天子の母。

【太僕】官名。周代、夏官の属。車馬や牧畜の事をつかさどる。秦・漢以後、多くこれによった。

【太陽】①陽気ばかりで、陰気のない状態、また、そのもの。②日。③夏。④南。

【太陽暦(曆)】地球が太陽を一周する日数を一年とした暦。新暦。現在使用されている暦。↔太陰暦。

【太△牢】祭りに牛・羊・豕(豚)の三種の犠牲が備わること。転じて、りっぱなごちそうをいう。大牢。

(4)1
【天】1400　教1　テン　あめ・あま　テン　㊥ tiān　3723　*4537*

筆順　一　二　チ　天

字義　❶あめ。あま。空。「天空」↔地。❷天体。また、その運行。❸太陽。日。❹宇宙の主宰者。造化の神。造物主。〔孟子、離婁上〕順レ天者存。❺自然。無為自然の道。❻君。帝王。❼父、または、夫。❽時節。気候。「天候」❾ひ。にち。「今天」「明天」❿運命。めぐりあわせ。「天運」⓫生まれつき。性。「天性」「天才」⓬世の中。境遇。⓭易では乾☰の卦にあてる。⓮仏天上界に住む神々。また、その神々が住む霊妙な世界。梵語 deva または sūra の音訳。国あめ。あま。日の神。また、天地創造の神の住む所。

名乗　かみ・そら・たか・たかし　難読　天塩・天鵞絨・天牛・天皇・天降・天蚕糸・天爾乎波・天主・天生・天生目・天晴・天叢雲剣・天孫・天満・天離

解字　甲骨文

篆文

指事。甲骨文でよくわかるように、人の頭部を大きく強調して示し、うえ・いただき・そらの意味を表す。

▼一天・雨天・炎天・回天・干天・仰天・暁天・極天・後天・皇天・高天・終天・春天・昇天・衝天・上天・人天・青天・先天・早天・霜天・中天・沖天・脳天・普天・弁天・暮天・楽天・涼天・戻天・漏天・露天

【天衣】①天子の衣服。②仙人の衣服。③仏天人の衣で、極めて軽いという。

【天衣無縫】天女の着物には、ぬいめがない。転じて、詩や文章などに技巧のあとがなく、ごく自然に書かれていること。また、天真爛漫の意。〔霊怪録、郭翰〕

【天位】①天の位。②天子の位。③天が与えた官位。

【天威△咫尺】天子の威光がすぐ眼前にある。天子に接近して恐れ多いこと。咫は、八寸。〔左伝、僖公九〕

【天為(爲)】天のしわざ。自然のはたらき。↔人為。

【天意】①天の心。主宰者の意志。②帝王の心。

【天一】①星の名。天帝の神。戦争をつかさどり人の吉凶を知るという。天乙。②天の数。一は陽、天は陽であるからいう。③北極神の別名。

【天乙】①＝天一の①。②殷の湯王。

【天韻】①天子の作った詩歌。②ごく自然に作られて巧みな詩をいう。

【天宇】①天下。あめがした。②みやこ。帝都。③おおぞら。天空。

【天運】①天から授かった運命。自然のまわりあわせ。②天体の運行。

【天△媛】①たなばたひめ。②天女。

【天△淵】①天とふち。天地。②へだたりのはなはだしいたとえ。「天淵氷炭」

【天王】①天子の称。〔春秋、僖公二十四〕②星の名。天の王。心宿の輝きの最も強い星。③仏欲界第六天の最下天で、須弥山山腹の四方にある四人の天王をいう。

【天恩】①造化の恩。上帝のめぐみ。②天子のめぐみ。皇恩。君恩。

【天下】①あめがした。世の中。世界中。②国全体。一国内。③世の中の人々。人民。④国㋐江戸時代、将軍を指していう。㋑思うままにふるまうこと。「嬶天下」㋒国家の政務。

【天下三分】三世紀ころ、中国が魏・蜀・呉の三国に分かれて、たがいに対立したこと。「天下三分之計」〔文選、諸葛亮、出師表〕

【天下△之広(廣)居】孟子が仁をたとえたことば。広居は、広い居所、広い住み家。仁の中にいれば、天地にも恥じず、人からも愛され、これほど安全な住宅はないからいう。〔孟子、滕文公下〕

【天下△之正位】孟子が礼をたとえたことば。〔孟子、滕文公下〕

【天下△之大道】孟子が義をたとえたことば。〔孟子、滕文公下〕

【先二天下△之憂一而憂、後二天下△之楽(樂)一而楽(樂)】天下の人々が憂える前に天下のことを心配し、天下の人々がすべて楽しんでからのちに自分も楽しむ。志士・仁人の心構えをいったもの。〔宋、范仲淹、岳陽楼記〕

【天下太平】天下がよく治まって平和なこと。天下泰平。〔礼記、仲尼燕居〕

【天下無双(雙)】天下にならぶ者がない。天下第一。〔史記、李将軍伝〕李広才気天下無双

【天下無敵】天下に匹敵するものがない。〔荘子、説剣〕

【天火】①自然に起こって原因のわからない火。②病気の名。丹毒。

【天花】天華。①雪の別名。②ほうそう。天然痘。③仏天上の妙花。

【天河】天の川。銀河。天漢。雲漢。

【天界】①大空。②仏天にある世界。天上界。

【天海】①大空。広い空を海にたとえたもの。②天と海。③非常にへだたっているたとえ。

【天階】①天に登る階段。②天子の左右にある役所。③星の名。三台星をいう。

【天外】天のそと。はるかに遠い所や高い所。

【天涯】天の果て。ごく遠いところ。「天涯地角」（遠く離れていることのたとえ）〔唐、孟浩然、送三杜十四之二江南一詩〕日暮孤舟何処泊、天涯一望断二人腸一〈日が暮れたら君の乗っている小舟はどのあたりにとまるであろうか、はるか天のはてを眺めては別れのつらさにはらわたもちぎれるほどである〉

【天涯孤独(獨)】故郷を遠く離れて、ひとりぼっちなこと。

【天△蓋】①地をおおう空。天。②仏仏具の名。仏像・棺などの上にかざす絹がさ。③国㋐虚無僧の用いる深編笠。㋑僧家で蛸の隠語。

【天楽(樂)】①天上の（たえなる）音楽。②宮中の音楽。③元代の、音楽をつかさどる役所。④天と和合する楽しみ。〔荘子、天道〕

【天官】①周代、六官の一つ。長官を冢宰といい、今

の総理大臣に当たる。②天子に仕える役人。③天文をいう。④耳・目・口・鼻・皮膚の五官。

【天眼鏡】テンガンキョウ　①人相見の用いる凸レンズのめがね。②望遠鏡の古称。

【天漢】テンカン　天の川。天河。銀河。

【天眼】テンガン・テンゲン　①仏肉眼で見ることのできない物事を見とおす眼力。千里眼。②眼球が上方にひきつること。

【天眼通】テンガンツウ・テンゲンツウ　①仏衆生(シュジョウ)の生死・苦楽の相や一切世間の種々相を見とおすことのできる神通力。六神通の一つ。②事物を見とおすこと。先見の明。

【天顔】テンガン　天子の顔。竜顔(リュウガン)。

【天顔△咫尺】テンガンシセキ　＝天威咫尺。

【天気(氣)】テンキ　①天空の気。②空模様。天候。気象状態。「天気清朗」③国テンキ・テンケ・テンケイ　㋐天子のごきげん。天皇のおぼしめし。天機。㋑よいひより。晴天。

【天紀】テンキ　天の綱紀。天体の運行するきまり。

【天機】テンキ　①天の秘密。造化の機密。転じて、重大な機密。「泄二天機一(テンキをもらす)」②自然にそなわっている機関。手足・心・能力など。③天の運行する機関。天のはたらき。④天子の位。⑤天子の行う政治。⑥星の名。南斗六星をいう。⑦天馬をいう。千里の馬。⑧国天子のきげん。天気。

【天弓】テンキュウ　虹(にじ)の別名。帝弓。

【天宮】テンキュウ　①天帝の宮殿。②天空。③仏テングウ　天人の宮殿。

【天鏡】テンキョウ　①天上のかがみ。②月。③湖水。

【天極】テンキョク　①自然の道。②天道の至り極まるところ。③星の名。天極星。北極星。④地軸の延長と天球との交点。天球の南北極。

【天△鈞】テンキン　①自然平等の理。〔荘子、斉物論〕②極北の寒地。③楽器の名。

【天空海△闊】テンクウカイカツ　天が空虚で海が広々していること。気象が大きくからりとして、何のわだかまりもないこと。度量が大きく何でも包容すること。

【天隅】テングウ　①天空のかたすみ。大空の果て。②極遠の地。遠い果ての地。

【天刑】テンケイ　①自然の法則。②天が降す刑罰。天罰。③去勢すること。

【天恵(惠)】テンケイ　①天子のめぐみ。②国天のめぐみ。自然の恩恵。

【天経(經)】テンケイ　①天の常道。天の正しい道。②孝。「天経地義」③礼。④日。⑤月経。

【天慶】テンケイ　天からたまわる喜び。

【天△倪】テンゲイ　①自然のけじめ。②天の果て。天際。

【天△闕】テンケツ　①天帝の居所。②天子の宮殿の門。③転じて、天子。また、宮城。

【天△眷】テンケン　①天のめぐみ。②天子のめぐみ。

【天険(險)】テンケン　天然の険しいところ。自然の要害の地。

【天顕(顯)】テンケン　①天の明らかな道。尊卑上下の分をいう。②天が明らかにすること。

【天△譴】テンケン　天のとがめ。天罰。譴は、とがめ。

【天元】テンゲン　①天の元気(万物生育のもととなる気)が運行すること。天の元気。②陰暦の十一月を正月とする周の暦をいう。天正。③君主の称。④宋(ソウ)末・元初に発達した代数学の称。一元、すなわち一つの未知数を用いて行ったもの。天元術。⑤碁盤の面の九個の黒星のうち、中央の星。

【天鼓】テンコ　①天上のつづみ。雷をいう。また、雷鳴に似た音。②星の名。③仏寺でならす夜明けの鐘。

【天工】テンコウ　①天が天下を治める働き。②天然の力でできた細工。自然のわざ。かみわざ。↔人工。③技芸のたくみなこと。

【天工人△其代レ△之】テンコウひとそれこれにかわ(は)る　天の行う仕事を人が代わって行う。人君は天に代わって天下を治めるのであるから、大いにつつしまなければならないという意。〔書経、皋陶謨〕

【天公】テンコウ　①天子。②天帝。③司徒。

【天后】テンコウ　①天子。②唐の則天武后の称。③天子の母。

【天光】テンコウ　①天にかがやく光。日の光。日光。②霊妙な光。霊光。

【天行】テンコウ　①天の運行。また、天道の流行。〔荀子、天論〕天行有レ常(つねあり)。②はやりやまい。時節によって流行する病気。

【天△狗】テンコウ　①星の名。流星で音と火を発するもの。②怪獣の名。狸(たぬき)に似て白首。③国テング　㋐人の形をして鼻が長く、羽があって深山に住み、空中を飛行するという、想像上の怪物。㋑自慢する者。高慢な者。

【天香】テンコウ　①天からきたような香り。非常によい香り。②元旦(ガンタン)・節句・朔望(サクボウ)(陰暦で、月のついたちと十五日)などに、香をたいて天をまつること。また、その香。

【天香国(國)色】テンコウコクショク　ぼたんの別名。天下第一の香りと国中第一の美色とをもつという意。〔唐詩紀事、李正封〕

【天皇】テンコウ・テンノウ　①天帝。天の神。②中国古代伝説上の帝王の号。三皇(天皇・地皇・人皇)のはじめ。③天子の称。中国では、唐の高宗が天皇と称した以外は、みな王、または皇帝と称した。④国テンノウ　日本国統合の象徴。

【天荒】テンコウ　①遠い果ての地。②天地が未開の時の混沌(コントン)としたさま。③進士の試験に一名も及第したことのない、人知の開けない地方。天荒解。「破天荒」

【天△潢】テンコウ　①天の川。②皇族。③軍隊が大海などを渡るに用いる橋のようなもの。天船。

【天高馬肥】テンたかくうまこゆ　秋の空が高く澄みわたって、馬も肥える季節となった。もと北方辺境の地の情景をいった。〔唐、杜審言、贈二蘇味道一詩〕雲浄妖星落(くもきよくしてヨウセイおち)　秋高塞馬肥(あきたかくしてサイバこゆ)〈雲も清く晴れわたって、不吉な妖星も姿をけし、秋の空は高く澄みわたり、辺地の馬も肥えてきた〉

【天作△孽猶可レ違】テンのなせるわざわ(は)いはなお(ほ)さくべし　天の下した災いは、(いかにひどいものでも)なんとかのがれることはできる。〔孟子、離婁上〕——、自作孽不レ可レ活(みずから(づから)なせるわざわ(は)いはいく(ひ)べからず)〈——、自分で招いた災いは、それからのがれることはできない〉

【天才】テンサイ　生まれつきすぐれた才能。また、その人。

【天災・天△烖】テンサイ　天のくだすわざわい。自然の災害。↔人災。

【天際】テンサイ　天の果て。そらのかなた。〔唐、李白、黄鶴楼送二孟浩然之一広陵一詩〕唯見長江天際流(ただみるチョウコウのテンサイにながるるを)。↓孤帆。

【天産】テンサン　①天然の物産。②動物、特に牛・馬などの畜類。↔地産(植物)。

【天山】テンザン　山脈の名。新疆(シンキョウ)ウイグル自治区中央部を東西に走る大山脈で、北と南のふもとに、天山北路・天山南路があり、東西交流の重要な交通路であった。もと白山・雪山・祁連(キレン)と並び、天山山脈東方の一高山であったが、後にこの山脈全体の名称となる。祁連は、匈奴(キョウド)の語で、天の意。

【天子】テンシ　①天命を受けて、天に代わって天下を治める者の称。天帝の子の意。皇帝の尊称、また自称。②国天皇。

【天△之暦(曆)数(數)】テンのレキスウ　帝王となる自然の順序。〔論語、尭曰〕

【天旨】テンシ　天子の意。天子の心。

【天使】テンシ　①天の使い。天帝の使者。㋐日月。㋑流星。㋒火星。②天子の使者。③天のしわざ。人欲を離れた自然の心。④キリスト教で、上帝の意を奉じて人間界につかわされるという使者。

【天姿】テンシ　①天然のすがた。生まれつきの美しい姿。②天子の顔かたち。③生まれつき。生まれつきの才能。天資。

【天師】テンシ　①天子の軍隊。②すぐれた道士。転じて、後漢の張道陵(道教の創始者)をいう。

【天資】テンシ　生まれつき。生まれつきの才能。

【天時】テンジ　①天のとき。寒暑・晴雨・昼夜、日の吉凶などをいう。↓次項。②天の降すわざわい。③天子のきげん。

【天時不レ如二地利一】テンのときはチのりにしかず　戦争などで、寒暑・晴雨・

昼夜など、天の時のよろしきを得て攻めても、地形の要害堅固を得ている者には勝てない意。〔孟子、公孫丑下〕——、地利不レ如二人和一（チのリはひとのワにしかず）。〈——、どんな城壁や地勢に堅固な有利さがあっても、戦う人の心が和合しているのには勝てない〉

【天△竺】テンジク　インドの古称。身毒。

【天質】テンシツ　生まれつき。天資。天性。「天質自然」

【天日】テンジツ　①太陽。②天子。「天日の表（天子の相）」

【見二天日一】テンジツをみる　①帝位にかえること。②罪人が許されること。③盲目がなおって視力を回復すること。

【回二天日△於既(既)墜一】テンジツをキツイにかえ(へ)す　西に没した太陽をもとの位置にひきもどす。おとろえた皇室の威光を再びもりかえす意に用いる。天日は天子。〔日本外史、楠氏論〕

【天△錫】テンシャク・テンセキ　天からたまわる。また、そのもの。天授。天賜。

【天爵】テンシャク　天から受けた、自然にそなわった尊い爵位。仁義忠信など、天賦の徳性をいう。↔人爵（公・卿(ケイ)・大夫(タイフ)）など、人の与える爵位。〔孟子、告子上〕仁義忠信(ジンギチュウシン)、楽レ善不レ倦（ゼンをたのしみて、うまざるは）、此天爵也（これテンシャクなり）。

【天主】テンシュ　①神の名。八神の一つ。②国＝天守の②。③キリスト教で、天にいます神。ラテン語 Deus の音訳。

【天主教】テンシュキョウ　ローマ法王を教主と仰ぐキリスト教の一派。キリスト教の中で最も早く日本に伝わった。切支丹(キリシタン)。

【天守】テンシュ　①自然の道を保ち守る。天性を守る。②国城の本丸の中に築いた高いやぐら。天守閣。

【天寿(壽)】テンジュ　自然に定まっている寿命(ジュミョウ)。天年。

【天授】テンジュ　天からのさずかり。うまれつき。〔史記、淮陰侯伝〕陛下所謂天授（ヘイカはいわ(は)ゆる、テンジュにして）、非二人力一也（ジンリョクにあらざるなり）。

【天女】テンジョ・テンニョ　①織女星。たなばた。〔史記、天官書〕②天上にいる女。あまつおとめ。転じて、美人の形容。③燕(つばめ)の別名。

【天上】テンジョウ　①天のうえ。天空。また、空。②中国をいう。③天へのぼること。昇天。④仏人が死んでから行くという所。天上界。〔唐、白居易、長恨歌〕但令三心似二金鈿堅一（ただこころをしてキンデンのかたきににしめば）、天上人間会相見（テンジョウジンカン かならずあい(ひ)みん）。〈ただお互いの心さえ黄金や青貝の細工のように堅くしっかりしてさえいれば、一方は天上界に一方は人間世界に住んでいても、いつかきっと会えるであろう〉⑤国㋐死。㋑最高。「天上の栄花」

【天上界】テンジョウカイ　仏最善の世界。六道(リクドウ)（地獄・餓鬼・畜生・修羅・人間・天上）の一つ。天上にあるという世界。天界。

【天上天下唯我独(獨)尊】テンジョウテンゲユイガドクソン　仏釈迦(シャカ)が生まれた時、自ら言ったということば。広い天地間で自分より尊い者はないという意。〔大唐西域記、六〕

【天情】テンジョウ　①人が天から受けた（喜・怒・哀・楽・好・悪の）感情。②天の心。③天の正しい道理。④天子の愛情。

【天壌(壤)】テンジョウ　①あめつち。天と地。天地。②転じて、へだりのはなはだしいさま。また、きわまりのないたとえ。

【天壌(壤)無窮】テンジョウムキュウ　天地とともに永久にきわまりないこと。皇位の長久などにいう。〔日本書紀、神代紀下〕

【天職】テンショク　①天の職分。②天が与えた職務。人がつくさなければならない職分。③自分の性質にあった職業。

【天心】テンシン　①天帝の心。②天子（帝王）の心。③天の中心。空のまん中。「月到二天心一（つきテンシンにいたる）」

【天神】テンシン　①天にいる神。あまつかみ。↔地祇(チギ)。（わが国では、テンジンと読むことが多い）②国テンジン　菅原道真(みちざね)の霊をまつる神社。天満宮。

【天津】テンシン　①星の名。銀河の中の星。②市名。河北省東部にある華北最大の貿易港。また商工業都市。中央政府直轄市。③橋の名。河南省洛陽市の西南。隋(ズイ)の煬帝(ヨウダイ)が洛陽(ラクヨウ)に遷都した時、城中を貫流している洛水を銀河に比し、これにかけた橋を天津と名づけた。

【天真(眞)】テンシン　①天から与えられた純粋の性。生まれつきの本性。②道教の神の名。

【天真(眞)△爛漫】テンシンランマン　生まれつきのすなおな心を言動にあらわして、つつみかくしのないこと。自然のままがありありとあらわれること。〔輟耕録、狷潔〕

【天人】テンジン・テンニン　①天と人。また、天意と人事。②天上界の人。仙人の類。③顔かたちの美しい人。美人。④天子をいう。⑤学問・武勇などのすぐれた人。⑥道を修めた人。⑦天下の人。⑧仏テンニン　天上界の人。⑨国テンニン・あまびと　天女。

【天人合一】テンジンゴウイツ　天意と人道との一体を理想とし、修養や政治の極致を天意・天道との一致に求めようとする中国古代の思想。

【天△瑞】テンズイ　天がくだす瑞祥(ズイショウ)（めでたいきざし）。天祥。

【天枢(樞)】テンスウ　①天の中心。②星の名。㋐北極星。㋑北斗の第一星。③国土の中央。都をいう。④天下の政治の大権。⑤ほぞ。へそ。

【天数(數)】テンスウ　①天の数。一・三・五・七・九の奇数をいう。②天の道。自然のなりゆき。③天文。

【天井】テンセイ　①日・月・星。昔、墓の中を天地にかたどり、その上をおおう部分を天井という。②国テンジョウ　㋐建物の上部の板張り。㋑ものの一番高い所。

【天生・天性】テンセイ　生まれつき。→天生麗質難二自棄一（テンセイのレイシツはおのず(づ)からすてがたし）。→次項。

【天生麗質難二自棄一】テンセイのレイシツはおのず(づ)からすてがたし　美しい生まれつきは、そのまうちすてられて世にうずもれ果てるはずのものではない。楊貴妃(ヨウキヒ)の生来の美貌(ビボウ)をいう。〔唐、白居易、長恨歌〕——、一朝選在二君王側一（イッチョウえらばれてクンノウのかたわ(は)らにあり）。〈——、ある日選ばれて天子（玄宗）のおそばにはべることになった〉

【天成】テンセイ　①天の運行が順序だって万物がよく生成すること。②自然で道に合うこと。③自然になる。意を用いないでたくみなこと。

【天声(聲)】テンセイ　①天が発する声。雷の音をいう。また、雷のような大きな声。②天子の声。

【天旋地転(轉)】テンセンチテン　天地旋転。時間がたち天下の情勢が一変すること。〔唐、白居易、長恨歌〕天旋地転廻二竜馭一（テンめぐりチテンじて、リュウギョをめぐらす）、到レ此躊躇不レ能レ去（ここにいたりてチュウチョして。さることあたわ(は)ず）。〈やがて天下の情勢が一変し帰ることとなったが、途中、ここ愛した彼女の亡くなった所へ来ると、ためらって立ち去ることができない〉

【天祖】テンソ　国天皇の祖先。多く、天照大神(あまてらすおおみかみ)をいう。皇祖。

【天△聡(聰)】テンソウ　①天の与えたすぐれた能力。聡は、聞いたことを正しく理解判断する能力。②天子の耳。天聴。

【天造】テンゾウ　①天が万物を創造すること。②天然につくられたもの。↔人造。

【天孫】テンソン　①織女星の別名。たなばた。②天子の諸孫。③泰山の別名。→六二三ページ。④国天神の子孫。特に、天津彦火瓊瓊杵尊(あまつひこほにぎのみこと)の称。

【天尊】テンソン　①天が高く上方にあること。尊は、高。②神仙の尊称。③仏仏の別称。

【天尊地卑】テンソンチヒ　天は高く上にあり、地は低く下にあること。転じて、君臣上下の分の定まっていること。〔易経、繫辞上〕

【天体(體)】テンタイ　天上の物体。日・月・星などの総称。

【天△台】テンダイ　①山名。㋐浙江(セッコウ)省天台県の北にある。一名、桐柏山(ドウハクザン)。陳の太建七年（五七五）智者大師(チシャダイシ)智顗(チギ)が天台宗を開いた地。㋑国比叡山(ヒエイザン)の別名。②仏天台宗。日本では桓武(カンム)天皇の時、伝教大師が中国の天台山の智者(チシャ)大師七世の法孫、道邃寿(ドウスイジュ)について学び、帰朝後、比叡山で広めた。

【天壇】天子が天を祭る祭壇。北京市の正陽門外の南郊にあるのが有名。

〔天壇(北京)〕

【天地】①天と地。あめつち。②非常な違いがあることにいう。雲泥。③世の中。世界。「別天地」

【天地一指】天地は一本の指である。相対の世界を超越して見れば、天地間の万物はすべて同一であるという意。〔荘子、斉物論〕天地一指也。

【天地玄黄】天の色は黒、地の色は黄。『千字文』の最初の句。〔易経、坤〕

【天地者万(萬)物㆑之逆旅】天地は、その間に万物が生滅してやむ時がないから、たとえてみれば旅人を送り迎える宿屋のようなものである。逆旅は、宿屋。〔唐、李白、春夜宴㆓桃李園㆒序〕――、光陰者百代之過客〈――、時間は永遠に休まずにこの天地の間を過ぎて行く旅人のようなものである〉

【天池】①天然の大池。海をいう。〔荘子、逍遥遊〕南冥者天池也。②星の名。

【天柱】①天を支えているという柱。②世の中を支える道義。③星の名。㋐紫微宮の中にある五星。㋑三台星。

【天衷】①天の心。②天が人に与えた良心。

【天㆑誅】①天の行う征伐。②有徳者が天に代わって行う征伐。

【天長節(節)】①唐の玄宗皇帝の誕生日。もと千秋節といったのを天宝七年（七四八）に改めたもの。②国もと四大節の一つ。天皇誕生の祝日。明治元年制定。戦後、天皇誕生日と改称。

【天長地久】極めて長久なことにいう。〔老子、七〕〔唐、白居易、長恨歌〕天長地久有㆑時尽、此恨綿綿無㆓絶期㆒〈天地は永久に変わらないといってもいつか滅びることもあろうが、この二人の満たされない恋心は、いつまでも長く続いて絶え尽きることはないだろう〉天地が永久につきないこと。

【天頂】①天。そら。②いただき。てっぺん。

【天朝】朝廷の尊称。皇朝。

【天聴(聽)】①天が聞くこと。②天子の耳。天子が聞くこと。また、天子の思考・判断。

【天㆑寵】天帝、または、天子のいつくしみ。

【天定㆑亦能勝㆑人】悪人が一時栄えることがあるが、天が本来の力を発揮するようになると、悪人に懲罰を加えて滅ぼすようになる。〔史記、伍子胥伝〕

【天帝】①天の主宰者。造化の神。上帝。②北極五星のうちで最も明るい星。帝星。

【天庭】①天帝の宮廷。②天。③天子の庭。④崑崙山のいただき。⑤相術（人相をみる術）で、ひたいの中央。

【天都】①天帝の居所。②天。③天子のみやこ。帝都。④七星。

【天怒】①天の怒り。暴風・雷鳴など。②天子の怒り。逆鱗。

【天統】①陰暦の十一月を正月とする周の暦。天正。↕地統・人統。②天の綱紀。③天子の正しい血すじ。天子の位。

【天道】①天の道。天の道理。天が万物を生成・存在させる法則。天理。②天地を支配する神。③天の運行。④天をいう。⑤仏欲界・色界・無色界の総称。⑥国太陽。日輪。

【天道是㆑耶非㆑耶】（善を行って禍を得、悪を行って福を得ることがある）天道は果たして正しいのか正しくないのか。常に正しい者の味方であるはずの天に疑問を発した言葉。〔史記、伯夷伝〕

【天道無㆑親】天は公平で、特定の人だけにえこひいきすることがない。〔老子、七十九〕――、常与㆓善人㆒〈――、ただ善行ある者に対して味方するものである〉

【天徳】①天が万物を作り育てる広大なはたらき。②天子の徳。

【天年】天から受けた命数。寿命。〔荘子、山木〕此木以㆓不材㆒、得㆑終㆓其天年㆒。

【天然】①自然。人為の加わらないこと。②造化の神。造物主。③生まれつき。天性。④人力ではどうにもできないもの。

【天馬】①天帝が乗って空をかける馬。「天馬行㆑空」（文章・筆勢のすぐれたさま）②転じて。すぐれた馬。駿馬。特に、大宛国産の馬をいう。③獣の名。白犬に似て黒頭、人を見ると飛び去るという。④漢の武帝の時、大宛国から天馬が来たので作ったという楽府の名。郊祀歌十九首の一つ。

〔天馬③〕

【天罰】天の加える罰。悪事に対する自然のむくい。天刑。

【天表】①＝天外。②天子のしるし。

【天㆑飆】空高く吹く強風。飆は、つむじ風。〔藤井竹外、遊㆓吉野㆒詩〕古陵松柏吼㆓天飆㆒

【天㆑稟】天から受けた性質。うまれつき。天賦。天資。天性。

【天㆑秤】両方の重みを平均させて目方をはかるはかり。

【天府】①自然の宝庫。天然の要害で地味が肥え、物資の多い土地をいう。〔史記、留侯世家〕②宮中の倉庫。天子の倉。③周代の官名。祭器・宝物・公文書などを管理する。④星の名。

【天符】天の降すめでたいしるし。天祥。天瑞。

【天賦】天が与えたもの。生まれつき。もちまえ。

【天覆地載】天は万物をおおい、地は万物をのせている。転じて、天地のように広大なめぐみをいう。

【天物】①天の分け与えたもの。生まれつきの才能。②自然に産する物。天産物。

【天分】天が分け与えたもの。生まれつきの才能。天賦。

【天兵】①天子の軍隊。②天意に合した軍隊。

【天辺(邊)】①空の果て。②遠隔の地。

【天変(變)地異】天地に現れる不思議な現象。日食や暴風などをいう。↕地異（地震や洪水など）。

【天歩㆑艱難】天の運行に支障があって順調でないこと。転じて、時運が悪く困難の多いこと。〔詩経、小雅、白華〕

【天宝(寶)】①天の与えた宝物。また、天然の珍宝。②道家の語で、道教はその進境を初中上の三つに分け、上の部を洞真天宝という。唐の玄宗の年号である天宝（七四二―七五六）はこれに基づく。

【天魔】①舞の名。元の順帝が遊宴にふけり、宮女十六人を仏菩薩の姿をさせて舞わせた舞。②仏四魔（衆生を悩ます四つの魔）の一つ。天上にいる悪魔で、人の心を迷わせ、人を邪道に誘うという。

【天民】①天道をよくわきまえている民。〔孟子、尽心上〕②天が生じた民。人民。〔孟子、万章上〕予天民之先覚者也。③道を体得した人。

【天命】①天の命令。天子となって天下を治めよという天の命令。②天から受けた運命。また、天の与えた使命。〔論語、為政〕⇩五十而知㆓天命㆒（四七㌻）。〔文選、陶潜、帰去

来辞」楽二夫天命一復奚疑。〈あの天命というものを楽しんでそれに安んじその上さらに何を疑うことがあろうか〉③天の与えたいのち。寿命。④天の与えたもの。〔中庸〕天命之謂レ性、率レ性之謂レ道。〈天の与えたもの、つまり生まれつきを性といい、性に従って行動することを道という〉

【天明】①天から受けた命令。②天の明らかな道。③天にある明らかなもの。日月の類。④天の与えた明らかな視力。⑤夜があける。また、明けがた。

【天網△恢△恢、疎△而不レ失】天が悪人を捕らえるために張るあみの目はあらくて大きいが、結局とりにがすことはない。善は必ず栄え、悪は必ずほろびるたとえ。「不レ失」は「不レ漏」ともいう。〔老子、七十三〕

【天文】天体の現象。日・月・星など。文は、もよう。

【天門】①万物の生ずる門戸。②天上の門。天帝の住居の門。③宮中の門。宮門。④道家で、鼻の穴。また眉と眉との間。また、心。⑤塔のいただき。⑥山名。安徽省にある二つの山の総称。東の当塗県の博望山と西の和県の梁山とが、長江をはさんで門のように向かい合ってそびえているのでいう。〔唐、李白、望二天門山一詩〕天門中断楚江開、碧水東流至レ此廻。〈天門の山は二つに断たれてその間を楚江が流れている。緑色の水は東へ流れていたがここで方向を変える〉

【天△佑・天△祐】天の助け。「天佑神助」

【天与（與）】①天が与える。②天の与えたもの。天賦。

【天△籟】①自然の音響。風の音など。↕地籟・人籟。〔荘子、斉物論〕②詩文などの円熟してすぐれているたとえ。

【天覧（覽）】天子が見ること。

【天吏】①天の命を奉じて行う役人。②天子の役人。

【天理】①万物が生成する自然の道理。②天賦の本性。正しい道理をそなえている人の本性。

【天竜（龍）寺船】国室町時代、足利尊氏が天竜寺を建てる費用を作ろうとして元に派遣した船。天竜船。

【天倫】①自然に備わった、人の順序。父子・兄弟など。天然の倫次。〔唐、李白、春夜宴二桃李園一序〕会二桃李之芳園一、序二天倫之楽事一。〈桃の花の咲きかおる庭園に集まって、兄弟たちのつどう楽しい宴を次々とくりひろげてゆく〉②天の道理。天理。

【天路】①天子のまつりごと。②天の法則。③天上の道。また、はるかに遠い道。

【天△禄】①天から授かる幸福。天のめぐみ。②天子の位。天位。

【天無二二日一】天に二つの太陽はない。国に二君のないたとえ。〔礼記、曾子問〕

【仰レ天△而△唾】天に向かってつばをはけば、自分の顔に返ってくる。人に害を加えようとして、かえって自分自身をそこなうたとえ。〔雲笈七籤〕

【局レ天△蹐レ地】天は高いのに、頭をうたないかと心配して背を低くまげ、地は厚いのに、踏み破って落ちないかと心配してぬき足で歩くこと。恐れおののくことの甚だしいさま。局は跼とも書く。局蹐。〔詩経、小雅、正月〕

(4)1
【夫】
1401　教 4　フ・フウ　おっと

㊀フ　fū　㊁漢フ・呉ブ　fú　慣フウ

4155
4957

筆順　一　二　チ　夫

字義　㊀❶おっと。妻のある男子。↕妻。❷おとこ。一人前の男子。「丈夫」↕婦。❸公共の仕事を割り当てられた男。えだち。ぶやく。また、その割り当て。「夫役」❹兵士。または、人夫。㊁助字。⇩助字解説

助字解説

①かな。か。や。詠嘆。……なのだなあ。〔論語、子罕〕逝者如レ斯夫、不レ舎二昼夜一。〈過ぎ去ってゆくものはこの（川の水の）ようなものだなあ、昼も夜もやむことがない〉

②それ。発語。だいたい。いったい。そもそも。〔唐、李白、春夜宴二桃李園一序〕夫天地者万物之逆旅……。〈そもそも天地は万物のはたご屋であり……〉

③かの。指示。あの。〔論語、微子〕夫執レ輿者為レ誰。〈あの手綱をとって車の中にいるのはだれか〉

名乗　あき・お・すけ　難読　夫子・夫神・夫婦・夫恋

解字　甲骨文  篆文  指事。成人を表す大に、冠のかんざしを表す一を付し、成人の男子の意味を表す。夫の意味と音符とを含む形声文字に、扶などがある。

▼一夫・役夫・駅夫・褐夫・寡夫・火夫・頑夫・義夫・狂夫・工夫・功夫・士夫・丈夫・情夫・征夫・潜夫・船夫・壮夫・大夫・太夫・田夫・独夫・人夫・薄夫・販夫・匹夫・病夫・武夫・僕夫・牧夫・凡夫・野夫・老夫

【夫役】おおやけの仕事に民を使役すること。また、使役される民。

【夫家】①男女。②夫と妻。夫妻。③夫の家。

【夫家△之征】周代、定職がなく勤労しない民に、罰金として出させた税。農民の一組の夫婦が出す百畝の田地に対する税に相当する額の税。

【夫君】①妻が夫を呼ぶ敬称。あなた。②かのきみ。友人をいう。③国他人の夫を呼ぶ敬称。

【夫差】春秋時代、呉王闔閭の子。越王句践を夫椒に破ったが、後、句践に会稽で滅ぼされた。在位、前四九五—前四七三。↓臥薪嘗胆（九九一ページ）。

【夫妻】夫と妻。夫婦。

【夫子】①昔、男子の通称。②大夫・先生・長者を呼ぶ尊称。孔子の弟子がもっぱら孔子を夫子と称してから、後世、師の尊称となる。〔論語、里仁〕夫子之道。③妻が夫を呼ぶ称。④子が父を呼ぶ称。

【夫唱婦随（隨）】夫がまず言いだして、妻がそれに従うのが、夫婦のよく和合する道であるということ。唱は倡とも書く。〔関尹子、三極〕

【夫人】①諸侯の正妻。夫は、扶で、夫を助ける意。②貴人の妻。③皇后。王后。④皇后の次に位する後宮の婦人。⑤他人の妻の敬称。⑥母の敬称。⑦婦人の尊称。⑧多くの人々。衆人。⑨かの人。あの人。

【夫婦】①夫と妻。②一夫一婦の意で、凡人をいう。匹夫匹婦。

【夫婦有レ別】夫と妻とは、それぞれ定まった職分があり、そのきまりを守らなければならない。また、夫婦の間にはおのずから礼儀の存すべきもので、たがいになれけなし合ってはならない。〔孟子、滕文公上〕

【夫里△之布】夫布と里布の税。夫布は、定職がなく勤労しない者に課する税。里布は、宅地に桑・麻を植えない者に課する税。〔孟子、公孫丑上〕

(4)1
【夭】
1402　△

㊀ヨウ（エウ）　yāo　㊁オウ（アウ）　ǎo　㊂ヨウ（エウ）　yǎo

5280
5470

字義　㊀❶わかい。わかじに。❷のびやか。やわらぐさま。❸わざわい。災難。㊁❶わかご。生まれたばかりの鳥獣の子。❷わかい木。㊂❶わかじに。わかじにする。❷ふさぐ。とめる。

解字　甲骨文  篆文  象形。若いみこ（巫女）がしなやかに身をくねらせて神を招く舞いをするさまにかたどり、わかいの意味を表す。夭を音符に含む形声文

字に、妖(ヨウ)・殀(ヨウ)・祅(ヨウ)・宊(ヨウ)などがあり、これらの漢字は、「若いみこ」の意味を共有している。


【夭閼】(ヨウアツ) ①ふさぎとどめる。②わかじに。夭死。

【夭昏】(ヨウコン) ①わかじに。昏は、名をつけないうちに死ぬこと。②わかじにと精神障害者。

【夭寿(壽)】(ヨウジュ) わかじにと長命。

【夭殤】(ヨウショウ) わかじに。殤は、成年に達しないで死ぬこと。

【夭折】(ヨウセツ) わかじに。夭死。夭逝。夭化。

【夭没・夭殁】(ヨウボツ) わかじに。夭死。

【夭夭】(ヨウヨウ) ①若く美しいさま。若く生き生きとしたさま。〔詩経、周南、桃夭〕⇩桃之夭夭(もものヨウヨウたる)、灼灼其華(シャクシャクたるそのはな)(五六一ページ)。②やわらいで、のびのびしているさま。「夭夭如」

(5)2
【央】1403
教3　オウ
一漢ヨウ(ヤウ)・呉オウ(アウ)　陽 yāng
二漢エイ・呉ヨウ(ヤウ)　庚 yīng
1791　317B

筆順　丨　冂　口　央

字義　一❶なかば。㋐まんなか。中心。「中央」㋑中途。㋒まったけなわ。真っ最中。❷ひさしい(久)。遠い。❸つきる(尽)。また、やむ(已)。❹ひろい。
二❶あざやかなさま。❷声のやわらぐさま。

名乗　あきら・ちか・てる・なか・ひさ・ひさし・ひろ・ひろし

解字　金文　篆文

象形。首かせをつけられた人の象形。人の首が首かせの中央にあるところから、まんなかの意味を表したものであろう。
央を音符に含む形声文字に、怏(オウ)・映・殃(ヨウ)・泱(オウ)・瑛(エイ)・盎(オウ)・秧(オウ)・英・霙(エイ)・鞅(オウ)などがあり、これらの漢字には、怏・殃・鞅など「くびかせ」の意味を共有するものと、景に通じた英・霙など「高まる光」の意味を共有するものがある。

▼中央・未央

【央央】(エイエイ) ①音声のやわらぐさま。②あざやかなさま。③(オウオウ) 広いさま。

(5)2
【失】1404
教4　シツ　うしなう
一漢シツ・呉シチ　質 shī
二漢イツ・呉イチ　質 yì
2826　3C3A

筆順　ノ　𠂉　牛　失

字義　一❶うしなう(うしなふ)。㋐なくする。うせる。「得失」㋑にがす。にげる。㋒見うしなう。㋓あやまる(誤)。みだれる。㋔見そこなう。㋕のこす。忘れる。落とす。「遺失」㋖そこなう。そこねる。㋗たがう。くるう。❷あやまち。油断してしくじる。「過失」「千慮一失」❸ふでき。失敗。
二❶はなつ。ほしいままにさせる。❷のがれる。にげる。＝逸。❸たのしむ。＝泆(イツ)。

難読　失物(うせもの)

解字　文　篆

指事。手＋乙。乙は、手からそれた物を示し、手から物がそれる、うしなうの意味を表す。失を音符に含む形声文字に、佚(イツ)・帙(チツ)・泆(イツ)・秩・軼(イツ)などがあり、これらの漢字は、「それる」の意味を含むものが多い。

▼遺失・過失・自失・焼失・喪失・得失・紛失・忘失

【失意】(シツイ) ①人の機嫌を損なう。おもしろくなく思われる。②自分の思うようにならない。また、そのためにがっかりする。↔得意。

【失格】(シッカク) 資格をうしなう。

【失脚】(シッキャク) ①足をふみはずす。つまずく。②地位をうしなう。③しくじる。

【失計】(シッケイ) ＝失策。

【失敬】(シッケイ) ①礼儀にはずれる。無礼。失礼。②国㋐別れるときのことば。さよなら。㋑挙手の礼。

【失言】(シツゲン) 言ってはならないことをいう。言いそこない。

【失効(效)】(シッコウ) 国効力を失う。無効になる。

【失策】(シッサク) はかりごとや方法を誤る。しくじる。また、しそこない。失計。

【失笑】(シッショウ) こらえきれないで、吹き出して笑う。「失笑噴飯」

【失色】(シッショク) ①顔色をかえる。驚き恐れる。②威厳のある顔つきをすべきなのに、それをやわらげて人にへつらうこと。

【失職】(シッショク) ①職務を怠り、または職務上の過ちを犯すこと。②父祖の業をかえる。③職業を失う。失業。④正当な地位が得られない。〔史記、淮陰侯伝〕

【失心】(シッシン) ①本心を失い、ぼんやりする。②気が狂う。③気絶する。正気を失う。

【失神】(シッシン) ＝失心。↓前項。

【失声(聲)】(シッセイ) 泣き過ぎて声が出なくなる。

【失政】(シッセイ) 政治を誤る。また、誤った政治。

【失踪】(シッソウ) ①ゆくえを見失う。踪は、蹤(ショウ)(足あと)。②姿をかくす。③人の所在や生死が不明なこと。

【失体(體)】(シッタイ) 失態。①標準の体裁に合わない。体裁を失う。②面目を失う。体面をけがす。③国あやまち。しくじり。

【失地】(シッチ) 戦いに敗れたりして、土地を失うこと。また、その失った土地。「失地回復」

【失墜】(シッツイ) ①おとす。うしなう。②やりそこなう。③地位を失う。

【失当(當)】(シットウ) 道理に合わない。正当でない。不当。

【失念】(シツネン) わすれる。

【失望】(シツボウ) 望みを失う。あてがはずれる。

【失命】(シツメイ) ①命令にそむく。②生命を失う。

【失明】(シツメイ) ①視力を失う。②かがやきを失う。

【失礼(禮)】(シツレイ) ①礼儀を失う。礼に合わない。無礼。②国相手に別れを告げることば。

【失路】(シツロ) ①道に迷う。②人生行路をまちがえる。出世しそこなう。

【失鹿】(シツロク) 帝位を失う。鹿(しか)は、天子の位のたとえ。

(5)2
【夲】1405
△　ホン　本(3288)の俗字。→五三八ページ。
5281　5471

(6)3
【夷】1406
標　イ　支 yí
1648　3050

字義　❶えびす。㋐特に、東方の未開の異民族。「東夷」㋑四方の異民族の総称。㋒外国。遠方。❷たいらげる(たひらぐ)。㋐敵をうち滅ぼす。㋑治める。治まる。㋒平らにする。ならす。㋓刈りとる。除く。㋔殺す。❸たいらか(たひらか)。㋐ひらたい。㋑おだやか。❹なみ。普通。等しい。❺つね。人が常によるべき道。❻傷。きり傷。また、傷つける。そこなう。「傷夷」国えびす。㋐えぞ。えみし。古代、関東以北に住んでいたアイヌ民族をさした。㋑あらあらしい武士。㋒七福神の一つ。恵比須(エビス)。

難読　夷曲(ひなぶり)・夷隅(いすみ)

解字　甲骨文　金文　篆文

象形。ひものまきついた矢の象形。いぐるみの意味や、いぐるみで傷つけたいらげるの意味を表す。また、東方のえびすの意味を表した戸(シ)に通じ、えびすの意味をも表す。夷の意味と音符とを含む形声文字に、痍(イ)・荑(イ)などがある。夷は、字の形・音・意味の上で、矢と近い関係にある。

【夷険(險)】(イケン) 険夷。①土地の平らな所とけわしい所。②順境と逆境。

【夷斉(齊)】(イセイ) 伯夷・叔斉の兄弟をいう。

【夷然】(イゼン) 落ち着いて、動じないさま。平然。平気。

【夷則】(イソク) ①十二律の一つ。黄鐘から九番目の律。②陰暦七月の別名。

【夷俗】(イゾク) 異民族の風俗。

【夷坦】(イタン) ①平らな道。②心が平らなこと。

【夷狄】(イテキ) 未開の異民族。東方に夷、北方に狄という。

【夷貉・夷貊】(イバク) 東北方の未開の異民族。貉・貊は、北方の異民族。

【夷服】(イフク) 九服の一つ。蛮服の外、方五百里をいう。→九服(三八ページ)。

【夷滅】(イメツ) 平らげ滅ぼす。一族をみな殺しにする。

【以レ夷制レ夷】(イをもってイをセイす) 自分は手を下さないで、外敵を利用

して外敵をおさえること。以レ夷攻レ夷（イをもって イをせむ）。

(6)3
【夸】 1407 △ 漢カ（クヮ）・呉ケ 慣コ 拼 kuā　5282 *5472*

字義 ❶**おごる**。❷**ほこる**（誇）。大げさに言う。❸はびこる。❹大きい。

解字 金文 篆文 形声。大＋亏㊥。音符の亏（ウ）は、弓なりに曲がった、またの意味。またを大きくするの意味から、おごる・ほこるの意味を表す。

【夸言】（コゲン） 大げさな話。ほら。誇言。

【夸詐】（コサ） ほらをふく。大言を吐いていつわる。誇詐。

【夸者】（コシャ） ほこりたかぶる人。また、栄誉を好む人。誇者。〔史記、伯夷伝〕夸者死レ権（コシャはケンにシす）。

【夸大】（コダイ） 大げさ。誇大。

【夸△燿】（コヨウ） ほこりみせびらかす。大げさに言って自慢する。「燿（コヨウ）」。誇

(7)4
【夾】 1408 △ 一 漢コウ（カフ） 拼 jiā　二 呉キョウ（ケフ） 拼 jiā　二 キョウ（ケフ） 拼 jiá　5283 *5473*

字義 一 ❶**はさむ**。㋐左右から持つ。㋑さしはさむ。＝挟。❷助ける。そばから助ける。❸近づく。また、近い。㋒帯びる。二 ❶つか。刀のにぎり。❷せまい。＝狭。

解字 金文 篆文 象形。手をひろげて立つ人の両わきを左右から手ではさむさまにかたどり、はさむの意味を表す。夾（夹）を音符に含む形声文字に、俠（キョウ）・峡・挟・狭・陜（キョウ）・莢（キョウ）・愜（キョウ）・蛺（キョウ）・篋（キョウ）・鋏（キョウ）・頰（キョウ）などがあり、これらの漢字は、「はさむ」の意味を共有している。

【夾岸】（キョウガン） 川をはさむ両岸。

【夾撃（擊）】（キョウゲキ） はさみうつ。夾攻。

【夾谷】（キョウコク） 春秋時代の地名。孔子が前五〇〇年に魯（ロ）の定公を助けて斉の景公と会見した所。今の江蘇（コウソ）省贛楡（コウユ）県の西といわれる。

【夾雑（雜）】（キョウザツ） まじる。また、まじりもの。

【夾侍】（キョウジ） ①左右にはべること。また、その人。②仏仏像の左右にはべる者。釈迦（シャカ）に対する文殊（モンジュ）・普賢など。→脇士（キョウジ）（五三六ページ）。

【夾△鍾・夾鐘】（キョウショウ） ①十二律の一つ。②陰暦二月の別名。

【夾帯（帶）】（キョウタイ） ①他の荷物の中にかくして持ちこむ。ひそかに携帯する。②科挙の受験者が試験場に書物などをかくして持ちこむこと。

【夾△輔】（キョウホ） 左右からはさみ助ける。補佐する。

(8)5
【奄】 1409 標 一 エン 拼 yǎn　二 エン 拼 yān　1766 *3162*

字義 一 ❶おおう。❷なでる。なつける。❸おおいに。大きい。❹**たちまち**。にわか。❺ものの形容。「奄奄」 二 ❶ひさしい（久）。ひさしく。❷去勢されて後宮に仕える男。宦官（カンガン）。

難読 奄美（あまみ）

解字 金文 篆文 会意。大＋电（申）。大は、人の象形。申は、いなずまの象形。雷雲が人の頭上をおおうの意味から、おおうの意味を表し、また、長時間をある事がらがおおう、久しいの意味をも表す。奄を音符に含む形声文字に、庵（アン）・掩（エン）・晻（アン）・淹（エン）・罨（アン）・醃（エン）・閹（アン）・鵪（アン）などがあり、これらの漢字は、「覆（おお）う」の意味を共有している。

【奄奄】（エンエン） ①息がふさがって絶えそうなさま。虫の息。「気息奄奄」②暗いさま。

【奄△忽】（エンコツ） たちまち。にわか。奄然。

【奄人】（エンジン） 宦官（カンガン）のこと。→宦官（三〇四ページ）。

【奄然】（エンゼン） ①ぴったり合うさま。②おおわれるさま。暗いさま。③にわかなさま。④息の絶えそうなさま。⑤いこうさま。

【奄有】（エンユウ） おおって自分のものにする。土地を残らず取ってその主となる。〔書経、大禹謨〕奄有四海（シカイをエンユウす）。

【奄留】（エンリュウ） 久しく（長く）とどまる。長く滞在する。

(8)5
【奇】 1410 常 キ　2081 *3471*

数奇屋（すきや）

一 漢キ・呉ギ 拼 qí　二 キ 拼 jī

筆順 一 ナ 大 杏 奇

［竒］ 俗字 5284 *5474*

字義 一 ❶**めずらしい**（めずらし）。ことなる。かわっている。「珍奇」「奇抜」❷**あやしい**（あやし）。不思議。思いがけない。「奇怪」❸すぐれる。ぬきでる。「奇麗」 二 ❶ひとつ。対（ツイ）の片方。❷二で割りきれない数。↕偶。❸あまり。はした。❹ふしあわせ。不運。「数奇」

名乗 くす　難読 奇稲田姫（くしなだひめ）

参考 現代表記では［畸］(4844) の書きかえに用いる。「畸人→奇人」「畸形→奇形」また、［綺］(5802) の書きかえに用いることがある。「綺談→奇談」

解字 篆文 形声。大＋可㊥。大は、両手両足をひろげて立つ人の象形。音符の可は、かぎ型に曲がるの意味。かわっている人の意味を表す。奇を音符に含む形声文字に、寄・倚（イ）・剞（キ）・埼（キ）・崎（キ）・掎（キ）・攲（キ）・旖（イ）・漪（イ）・猗（イ）・琦（キ）・畸（キ）・碕（キ）・綺（キ）・羇（キ）・觭（キ）・踦（キ）・騎などがあり、これらの漢字は、「かたむく・かたよる」の意味を共有している。

▼怪奇・高奇・新奇・数奇・絶奇・珍奇・伝奇・猟奇

【奇異】（キイ） 普通とちがってめずらしいこと。

【奇偉】（キイ） すぐれてりっぱなこと。すぐれて偉大なこと。

【奇縁】（キエン） 国不思議な縁。思いがけない関係。

【奇貨】（キカ） ①めずらしい品物。②うまい金もうけ。もっけのさいわい。

【奇貨可レ居】（キカおくべし） めずらしい品は後に値上がりするから、買っておいて時機を待つべきである。転じて、よい機会に乗ずるたとえ。秦（シ）の商人呂不韋（リョフイ）が、趙（チョウ）に人質となって冷遇されている秦の王子の子楚（シソ）を見て、「奇貨居くべし」と言って子楚に金を与え、のちに子楚が荘襄王（ソウジョウオウ）となるや、その宰相となり、文信侯に封ぜられた故事。〔史記、呂不韋伝〕

【奇禍】（キカ） 思いがけないわざわい。

【奇怪】（キカイ） ①あやしい。また、あやしいもの。②国（キッカイ・キカイ） けしからぬこと。不都合なこと。

【奇観（觀）】（キカン） めずらしいながめ。めずらしいみもの。

【奇奇怪怪】（キキカイカイ） 非常に不思議なこと。きわめてあやしいこと。

【奇矯】（キキョウ） 人とちがった言行をすること。

【奇遇】（キグウ） 思いがけなくめぐりあう。思いがけない対面。

【奇形】（キケイ） ①変わっためずらしい形。異様な形。奇状。②生物で、普通一般のものとは異なった形態。

【奇計】（キケイ） 人の意表をついたはかりごと。すぐれたはかりごと。奇策。

【奇警】（キケイ） すぐれてかしこい。

【奇巧】（キコウ） ①めずらしい技巧。②いつわり多いたくらみ。

【奇行】（キコウ） 風がわりな（普通でない）行い。

【奇骨】（キコツ） ①人とちがう骨相。②めずらしい気骨のあること。③節操をまげないりっぱな人物。

【奇才】（キサイ） すぐれた才能。また、その人。奇材。

【奇策】（キサク） ＝奇計。

【奇士】（キシ） すぐれた人物。

【奇日】（キジツ） 奇数の日。↕偶日。

【奇趣】（キシュ） めずらしいおもむき。妙趣。

【奇襲】（キシュウ） 不意に敵を攻撃する。ふいうち。

【奇勝】（キショウ） ①めずらしくすぐれたけしき。②奇計を用いて敵に勝つ。

【奇人】（キジン） ①風がわりな人。かわりもの。畸人（キジン）。②ひまな人。奇は、あまり。

【奇△瑞】（キズイ） 不思議なめでたいしるし。

【奇数（數）】（キスウ） ①二で割りきれない数。↕偶数。②不思議な方術。奇術。

【奇正】（キセイ） 敵の側面から不意を打つ奇兵と正面から堂々と

攻める正兵。また、奇襲と正攻とを用いること。〔孫子、兵勢〕
【奇跡・奇蹟】キセキ 常識では考えられない不思議な現象や出来事。神わざ。
【奇絶】キゼツ すぐれてめずらしい。
【奇想】キソウ 風がわりな（奇抜な）思いつき。
【奇想天外】キソウテンガイ 国きわめて奇抜な思いつき。普通人の想像もつかぬ思いつき。
【奇態】キタイ ①珍しいかたち。かわった様子。②不思議。奇妙。
【奇談】キダン めずらしい話。奇譚キタン・キダン。綺談キダン。
【奇道】キドウ ①めずらしい方法。非凡な方法。②ふだん通らない道路。③正しくない方法。
【奇童】キドウ めずらしい才知のある（すぐれた）子供。神童。
【奇特】キトク ①特にすぐれていること。たぐいなくめずらしい。②国キドク・キトク ㋐すぐれている。㋑不思議なしるし。㋒思いもよらぬこと。めずらしいこと。㋓普通の人にはできないことを進んでやること。
【奇抜】キバツ ①すぐれぬきん出る。なみなみでない。②思いもよらぬこと。
【奇物】キブツ めずらしいもの。奇品。珍物。〔老子、五十七〕人多二技巧一（ひとぎこうおお（ほ）くして）、奇物滋起（キブツますますおこる）。
【奇聞】キブン めずらしい話。珍談。奇談。
【奇兵】キヘイ 奇襲を用いて敵の不意を打つ兵。
【奇癖】キヘキ 不思議なくせ。片寄ったくせ。
【奇味】キミ めずらしい味わい。珍味。
【奇妙】キミョウ ①めずらしく不思議なこと。②なみはずれてたくみなこと。③めずらしくすぐれる。④国物事が予期しないで思うつぼにはまること。
【奇略】キリャク 非凡なはかりごと。
【奇麗】キレイ すぐれて美しい。綺麗レイキ。

(8)5【奈】1411 囚 一漢ダイ・呉ナイ 泰 nài 二漢ダ・呉ナ 箇　3864 *4660*

筆順 大 夳 夺 奈

【柰】本字 字義 一二 ❶木の名。からなし。べにりんご。❷いかん。いかんせん。どうしようか。どうしたらよいであろうかの意。多く「奈何・奈…何」のように、「何」と複合してその手段・方法・処置を尋ねる疑問の意を表す。＝如何。〔史記、項羽本紀〕虞兮虞兮奈若何（ぐやぐやなんじ（ち）をいかんせん）。❸いかんぞ。なに。なんぞ。どうしての意。疑問・反語の意を表す。❹いかんとも。どうにも。「不可奈何（いかんともすべからず）」
名乗 なに・なん 難読 奈翁ナポレオン・奈癸私なきさいち・奈川渡ながわど・奈破崙ナポレオン・奈半利なはり

解字 篆文  会意。大（木）＋示。示は、神事に関する語に用いられる。神事に用いられる果樹の意味を表す。借りて、疑問の「いかん」の意味に用いる。
【奈何】いかん いかに。いかんぞ。いかんせん。→字義の❷❸。
【奈落】ナラク ①仏地獄。梵語ボン naraka の音訳。②国㋐どん底。どんづまりの所。㋑劇場で舞台の下に設けた地下室。

(8)5【奉】1412 常 ホウ・ブ たてまつる 漢ホウ・呉ブ 腫 fèng　4284 *4A74*

筆順 三 夫 叁 奉

字義 ❶たてまつる。献上する。また、ささげ物。献上品。❷ささげ持つ。うやうやしく持つ。「奉持」❸やしなう。まかなう。また、まかない。「奉養」❹つかえる。つとめる。❺たすける。❻天子・神仏などのことに対する敬語。「奉迎」「奉納」
国たてまつる。自己の動作にそえて、先方へ敬意を表す語。謙譲の補助動詞。
名乗 とも・よし 難読 奉膳ぶんぜ・かみ
解字 金文  篆文  形声。廾＋手＋丰（音）。廾は、両手をささげた形にかたどる。音符の丰ホウは、葉の寄り集まった草木の象形。両手を寄せて物をささげるの意味を表す。
▼供奉・遵奉・順奉・信奉・進奉
【奉安】ホウアン ①君主や父を葬ること。②清代シンダイ、帝王のひつぎを山陵に葬ること。③国神仏などを一定の場所に安置すること。
【奉加】ホウガ 仏堂の造営などに財貨を寄付すること。転じて、寄付。「奉加銀」「奉加帳」
【奉還】ホウカン 国かえしたてまつる。お返しする。「大政奉還」
【奉迎】ホウゲイ 貴人をむかえる。
【奉献（獻）】ホウケン 差し上げる。献上する。奉呈。
【奉公】ホウコウ ①おおやけの仕事につくす。また、主君のためにつくす。②国㋐主君に仕える。また、召使いなどが主人の家にやとわれて住み込むこと。主どり。「奉公人」㋑忠実に仕える。サービスにつとめる。
【奉行】ホウコウ ①主君の命令を受けて行う。②国ブギョウ ㋐命令によって物事をとり行うこと。また、その責任者。㋑武家時代の職名。各種の職の長官。
【奉朔】ホウサク 天子が新たに定めた正朔セイサク（こよみ）を奉ずる。王朝の治下にあってその政令に従う意。
【奉賛（贊）】ホウサン つつしんでお助けする。助ける。
【奉仕】ホウシ ①主君や神仏に仕える。②国他人のためにつくす。サービス。
【奉伺】ホウシ おうかがい申しあげる。
【奉祠】ホウシ ①神をまつる。②宋代ソウダイ、功臣や学者を優遇するため、各地の道教の寺などを管理させて待遇した恩典をいう。
【奉書】ホウショ ①君主の文書をたずさえる。②国㋐室町時代、役人が将軍の命を受けて出す書きつけ。㋑江戸時代、老中が将軍の命を受けて出す書きつけ。㋒紙の一種。奉書紙。
【奉承】ホウショウ ①うやうやしくお受けする。②仕える。
【奉上】ホウジョウ ①君に仕える。②差し上げる。贈呈する。
【奉職】ホウショク 職を奉ずる。官職につく。
【奉体（體）】ホウタイ 上意をうけ、謹んで実行する。
【奉戴】ホウタイ おしいただく。君主としていただき、うやうやしく仕える。
【奉勅（敕）・奉勑】ホウチョク 天子の命令を受ける。奉詔。
【奉答】ホウトウ つつしんで答える。
【奉納】ホウノウ 神社・仏閣に金品を寄付すること。
【奉幣】ホウヘイ ①弊物ヘイモツ（礼物）を献上する。②国神社に幣帛ヘイハク（ごへい）をたてまつる。「奉幣使（神社にごへいを奉る、天皇の使い）」
【奉養】ホウヨウ ①父母や目上の人に仕えて世話をする。②日常の飲食・起居をいう。

(8)5【奔】1413 常 ホン
(9)6〔奔〕1414 ホン 元 bēn　4359 *4B5B*

筆順 大 本 夲 奔

字義 ❶はしる。㋐かける。勢いよくかけだす。疾行。㋑おもむく。かけつける。㋒にげる。負けてにげる。「出奔」㋓正式でなく結婚する。「淫奔インポン」❷はやい（疾）。
解字 金文  篆文  会意。大＋卉（歮）。大は、人の走る象形。歮は、多くの足あとのさまにかたどる。さかんに走るの意味を表す。奔（卉）を音符に含む形声文字に、僨フン・噴・墳・憤・濆フン・賁ホン・餴フンなどがあり、これらの漢字は、「盛んにはしりまわる」の意味を共有している。
▼狂奔・出奔・逃奔・跳奔・来奔・雷奔
【奔育】ホンイク 孟賁モウホンと夏育。古代の勇者。
【奔逸】ホンイツ ①はしりにげる。②気ままの行動をする。
【奔駛】ホンシ ①走る。駆ける。②騎馬や水流などの勢いの急

なこと。

【奔出】ホンシュツ（水などが）ほとばしり出る。

【奔走】ホンソウ ①はしりまわる。東奔西走。②世話する。尽力する。「奔走の友」

【奔喪】ホンソウ 他郷で親の死を聞き、走り帰って喪に服すること。古くは、親族にもいう。

【奔湍】ホンタン はやせ。水が速く流れる所。急湍。

【奔馳】ホンチ 馬に乗って駆ける。

【奔注】ホンチュウ 勢いよく流れそそぐ。

【奔濤】ホントウ はげしい大波。怒濤。濤は、大波。

【奔騰】ホントウ ①駆けあがる。②物価などが急に高くなる。

【奔波】ホンパ ①速く流れる水。急流。②はげしくうち寄せる波。③争いおもむく。奔走する。④苦労するさま。

【奔馬】ホンバ にげ走る馬。あばれ馬。

【奔放】ホンポウ ①勢いよく走る。②水勢の速いこと。③詩や文章の勢いがよいたとえ。④思うままに（勝手に）ふるまう。「奔放自在」

【奔命】ホンメイ ①君命のままに走りまわる。②いそがしく駆けまわる。

【奔流】ホンリュウ 勢いよく流れる。また、速い流れ。急流。

【奔浪】ホンロウ はしり狂う波。荒れる波。

(9)6 【奕】1415 △ 漢エキ 呉ヤク 陌 yì　5285 5475

字義 ❶おおきい（大）。❷うつくしい。さかん。❸ならう。❹かさなる（重）。つづく。❺いご（囲碁）。ばくち。＝弈。「博奕」

参考 ⇩弈（2053）の 参考

解字 篆文 形声。大＋亦（音）。大は、おおきいの意味。音符の亦は、人の両わきの象形で、かさなるの意味。かさねて大きいの意味や、かさなるの意味を表す。

【奕奕】エキエキ ①大きいさま。②美しいさま。③さかんなさま。④光りかがやくさま。⑤うれえるさま。⑥行くさま。⑦舞うさま。⑧世代などのかさなるさま。

【奕棋】エキキ 囲碁。碁を打つこと。

【奕世】エキセイ 世々。よよ。累代。累世。奕代。

【奕葉】エキヨウ ＝奕世。↓前項。

(9)6 【奐】1416 △ カン（クヮン）翰 huàn　5286 5476

字義 ❶とりかえる。交換する。❷さかん。おおい。また、あきらか。あやかざりの美しいさま。「輪奐」

解字 篆文 象形。産婦のまたに両手をあてた形にかたどり、つぎつぎにあるときは男児を、また女児をというように赤子をとりだすさまから、とりかえる・さかん・変化に富むいろどりの意味を表す。奐の意味と音符とを含む形声文字に、喚・換・渙・煥などがある。

(9)6 【奎】1417 人 [一]ケイ 斉 kuí [二]キ 紙 kuǐ　5287 5477

筆順 大 太 夳 奎

字義 [一]❶また（股）。またぐら。❷星宿の名。二十八宿の一つ。西方にあり、十六星ある。アンドロメダ座にあたる。文章をつかさどるという。奎星。[二]両足を開いて行くさま。

名乗 ふみ

解字 篆文 形声。大＋圭（音）。

【奎運】ケイウン 文運。学芸の進歩する勢い。

【奎章】ケイショウ 天子の書。また、文章。奎画。

(9)6 【契】1418 常 ケイ ちぎる　2332 3740

(9)6 【契】1419 [一]ケイ 霽 qì [二]漢ケツ・呉ケチ 屑 qiè [三]漢セツ・呉セチ 屑 xiè [四]漢キツ・呉コチ 物 qì

筆順 十 丰 㓞 契

字義 [一]❶わりふ。かきつけ。手形。「符契」❷ちぎり。㋐ちかい。約束。「契約」㋑まじわり。交際。「交契」㋒前世からの因縁。❸ちぎる。約束する。❹うらなうために亀の甲を焼く。また、その道具。❺刻む。切る。❻うれえ苦しむ。また、あわただしい。[二]❶つとめ苦しむ。また、あわただしい。❷久しい。うとい。[三]人名。殷の湯王の先祖。禹を助けて商に封ぜられた。[四]契丹は、種族、また、国名。

名乗 ひさ

解字 篆文 形声。大＋㓞（音）。音符の㓞は、刃物で刻むの意味。大は、人の象形。人の肌や骨に符号を刻みつけるさまから、きざむ・ちぎる・しるし等の意味を表す。

▼勘契・券契・賢契・交契・書契・心契・深契・同契・符契・盟契・黙契・約契

【契印】ケイイン 書類が二枚以上あるとき、二枚にまたがらせて押す印。割り印。

【契闊】ケッカツ ①つとむ苦しむ。②久しぶり。久しくあわない。遠くへだたる。疎遠になる。久闊。③ケイカツ ㋐誓約を結ぶ。固い交わりを結ぶ。㋑歩きまわる。

【契機】ケイキ ①物事の動機。きっかけ。原因。②物事の変化・発展の過程を決定する本質的な要素。モメント。

【契券】ケイケン わりふ。手がた。

【契合】ケイゴウ わりふを合わせたように、ぴったりと合うこと。

【契丹】キッタン 中国の東北部にいた種族で、北魏のころに契丹と称し、唐末にいたって興隆した。九一六年、耶律阿保機が契丹国を創建し、九四七年、遼と号したが、金に滅ぼされた。キタイ（キッタンはキタイの複数形）。

【契刀】ケイトウ 漢代、王莽が作った貨幣。刀の形で「契刀五百」の文字がある。

〔契刀〕

【契符】ケイフ わりふ。木片などに文を書いてまん中に証印をおし、二つに割ったもの。後日の証拠に、その一片を与え、他の一片を保存しておく。

【契文】ケイブン ①獣骨や亀の甲に刻んだ文字。殷の遺跡から出土した。甲骨文字。②契約書。

【契約】ケイヤク ①とりきめ。約束。②二人以上の意志が一致して法律上の効果を生じさせる約束。

(9)6 【奓】1420 △ [一]タ 禡 zhà [二]シャ 麻 shē

字義 [一]❶はる（張）。❷ひらく（開）。あける。[二]おごる（奢）。

解字 形声。大＋多（音）。音符の多は、おおいの意味。大きくて多い、おごるの意味を表す。

(9)6 【奏】1421 教 6 ソウ かなでる　ソウ 宥 zòu, ④zǒu, ⑤còu　3353 4155

筆順 三 夫 奏 奏

字義 ❶すすめる。㋐さし上げる。㋑申しあげる。「奏上」❷申しぶみ。「上奏文」❸かなでる。音楽を演奏する。「奏楽」❹はしる（走）。おもむく。＝走。❺あつまる。＝湊。❻なす。なしとげる。「奏功」

名乗 かな

解字 篆文 会意。屮＋夲＋収。屮＋夲は、はっきりしないが、一説に、裂いた「けもの」の意味という。ある物を両手を寄せながらあげて、おしすすめるさまから、すすめる・さしあげるの意味を表す。奏の意味と音符とを含む形声文字に、湊・輳などがある。

▼劾奏・合奏・議奏・協奏・章奏・上奏・申奏・進奏・吹奏・節奏・弾奏・伝奏・伏奏・覆奏

【奏案】ソウアン ①上奏文をのせる机。②上奏文の下書き。③上

奏して罪を調べる。④上奏して天子の許可を得た事がら。

【奏可】ソウカ　上奏の事がらを裁可する。

【奏劾】ソウガイ　天子に申しあげて役人の罪過をただすこと。奏弾。

【奏楽（樂）】ソウガク　音楽をかなでる。演奏する。奏曲。

【奏議】ソウギ　文体の名。天子に意見を上奏する文章。「文。上奏る。

【奏功】ソウコウ　①てがらをたてる。②事の成功を君主に申しあげる。③できあがる。成就する。④ききめがあらわれる。奏効。

【奏章】ソウショウ　天子に申しあげる文章。上奏文。奏書。

【奏上】ソウジョウ　天子に申しあげる。奏陳。

【奏請】ソウセイ　上奏して許しを求めること。

【奏△疏】ソウソ　文体の一つ。臣下が君主に対して意見を述べる上奏文書の総称。

【奏弾（彈）】ソウダン　＝奏劾。

【奏聞】ソウブン・ソウモン　臣下が天子に申しあげること。

(9)6【奔】(1414)　ホン　奔（1413）の旧字体。→二七〇ページ。

［奊］→而部　八九一ページ。

［臭］→自部　九〇三ページ。　［美］→羊部　八七九ページ。

(10)7【奚】1422　△　㊥ケイ　㊦ゲイ　斉 xī　5288 5478

字義 ❶助字。⇩助字解説　❷女の奴隷。また、召使い。❸中国東北地方にいた種族の名。鮮民族。

助字解説

①なに。なんぞ。いずくいづく。いずれいづれ。疑問。なに。どうして。どこ。どちら。類奚・何。〔論語、子路〕子将二奚先一シまさになにをかさきにせんとす。〈先生は何から先になさいますか〉

②なんぞ。反語。どうして……か。類奚・何。〔文選、陶潜、帰去来辞〕奚惆悵而独悲なんぞチュウチョウとしてひとりかなしまん。〈どうして、がっかりして恨み嘆き、ひとり悲しむことがあろうか〉

解字　甲骨文 　金文 　篆文 　形声。大＋㒵（綴）音。音符の綴ケイは、系の古字で、つなぐの意味。大は、人の象形。つながれた人、召使いの意味を表す。借りて、「なんぞ」の意味の疑問や反語に用いられる。奚（奚）の意味と音符とを含む形声文字には、渓・鶏・蹊ケイなどがある。

【奚若】いかん・なんすれぞ　どうか。どうして。なんとして。何如いかん。事実や状態を尋ねる疑問のことば。

【奚奴】ケイド　①宮中で使われる女の奴隷ドレイ。②しもべ。召使。

【奚童】ケイドウ　子供の召使い。

(10)7【奘】1423　△　㊥ソウ（サウ）　㊦ゾウ（ザウ）　慣ジョウ（ジャウ）　養 zhuǎng　5289 5479

字義 ❶おおきい（大）。❷さかん。❸すこやか（健）。

［奘］俗字　5518 5732

解字　篆文 　形声。大＋壯音。音符の壯（壯）は、さかんの意味。

(10)7【套】1424　標　㊀トウ（タウ）　皓 tǎo　㊁トウ（タウ）　号 tào　3769 4565

字義 ㊀大きく長い。㊁❶かさねる（重）。重ねもの。❷おおい（被）。「外套」❸ひとそろい。一組。❹ふるくさい。きまったとおり。「常套」「旧套」

解字　会意。大＋長。大きくて長いの意味を表す。また、転じて、大きくて長い・おおいの意味や、それまである事物にかさねる・かさねて古くさいの意味などを表す。

【套印本】トウインボン　色刷り本。明末ミンマツから清初シンショにかけてさかんに行われた多色刷りの本。朱墨本シュボクボンともいう。套印は、上から重ねて印刷する意。

【套語】トウゴ　ありきたりの（きまり）文句。常套語。

(11)8【奝】1425　△　チョウ（テウ）　蕭 diāo

字義 ❶おおきい（大）。❷おおい（多）。

解字　形声。大＋周音。

【奝然】チョウネン　国平安時代、東大寺の僧。九八三年に宋ソウに渡航し、『今文鄭注孝経キンブンテイチュウコウキョウ』を宋の太宗に献上した。（九三八？―一〇一六）〔宋史、日本伝〕

［爽］→爻部　六九九ページ。　［匏］→勹部　一五七ページ。

(12)9【奥】1426　常　オウ　おく　1792 317C

(13)10［奧］1427　㊥許　㊀オウ（アウ）　号 ào　㊁イク　屋 yù　5292 547C

筆順 

字義 ㊀おく。❶昔、へやの西南のすみをいい、へやの中で最も尊いところ。ここに神を祭った。〔論語、八佾〕与二其媚一於奥一、寧媚二於竈一そのオウにこびんよりは、むしろかまどにこびよ。❷おく座敷。寝室。❸内部へ深く入りこんだところ。終極の所。「奥義」「蘊奥ウンオウ」❹深くかすかで知りがたいところ。「深奥」❺かなめ。主要な点。＝澳イク。

㊁❶くま。川の水が折れ曲がって入りこんだところ。＝澳イク。❷あたたか。＝燠イク。

国おく。㋐奥方。夫人。㋑身心の発達のおそいこと。また、その子。㋒おくて。おくいね。晩稲。㋓陸奥みちのく。奥州。東北地方。㋔書物の奥書。㋕終わり。また、将来。行く末。㋖右を辺へというのに対し左。

名乗 おき・すみ・ふか　難読 奥海おねみ・奥津城おくつき・奥入瀬おいらせ

解字　篆文 　会意。審省＋廾。審は、つまびらかにするの意味。廾は、両手の象形。目がとどかず手でしかつまびらかにすることができない、おくの意味を表す。

▼胸奥・玄奥・枢奥・堂奥・秘奥

【奥義】オウギ・おくギ　学問・技芸などの奥深い意味。奥の手。奥旨。極意。「義。

【奥旨】オウシ　奥深い意味。学問・技芸などの奥深いところ。奥

【奥書】おくがき　国①巻軸・写本などの終わりに、その来歴などを記した書き入れ。②芸能などを伝授するとき、師匠から門人に与える証文。奥義を授ける文書の意。③書物の終わりに、著作の年月日や著者の氏名・経歴などを記した文章。奥付おくづけ。

【奥秘】オウヒ　奥深くかくれて、あらわれぬところ。奥深い秘密。奥義。

【奥妙】オウミョウ　①学問・技芸などの奥深くてすぐれたところ。おくので。②奥深くてすぐれる。

(12)9【奡】1428　△　ゴウ（ガウ）　号 ào

字義 ❶あなどる。おごる。❷つよい。大力のさま。❸人名。夏カの時代の、大力の人。陸地で舟を押し動かしたという。

解字　篆文 　象形。大きな顔をした人の象形で、あなどるの意味を表す。

(12)9【奢】1429　標　シャ　麻 shē　5290 547A

字義 ❶おごる。㋐ぜいたくする。↕倹。〔論語、八佾〕礼与二其奢一也寧倹レイはそのおごらんよりは、むしろケンなれ。㋑ほこる（誇）。大げさにいう。㋒たかぶる。尊大にかまえる。「奢傲ゴウシャ」❷おごり。ぜいたく。「奢侈シャシ」

解字　金文 　篆文 　形声。大＋者音。音符の者は、多くのものを集めるの意味。大きくて多いの意味から、ぜいたくの意味を表す。

【奢△佚】シャイツ　おごりなまける。ぜいたくをして遊び暮らす。

【奢華】シャカ　ぜいたくで、はでなこと。おごり飾ること。

【奢△侈】シャシ　ぜいたく。侈は豊富の意。

【奢△恣】シャシ　ぜいたくで、勝手気ままなこと。

【奢△僭】シャセン　身分不相応にぜいたくをする。僭は、分に過ぎておごること。

【奢⁺蕩】シャトウ ぜいたくで、だらしのないこと。
【奢⁺靡】シャビ ぜいたくで、はでなこと。靡は、はなやか。奢華。
【奢欲】シャヨク ぜいたくを好む欲望。

(12)9 【奠】1430 △ 漢テン 呉デン 霰 diàn 5291 547B

字義 ❶まつる。神仏に物を供えて祭る。「釈奠セキテン」 ❷すすめる（薦）。そなえる。神仏に物を供える。また、その供え物。「香奠コウデン」 ❸おく（置）。すえおく。安置する。 ❹さだめる。さだむ。位置をきめる。決定する。「奠都」

参考 現代表記では［典］(466)に書きかえることがある。「香奠→香典」

解字 甲骨文 篆文 会意。甲骨文は、酉＋一。酉は、酒の意味。一は、台を示す。神に酒をそなえてまつるの意味を表す。篆文は酋＋丌の奠に変形した。

【奠菜】テンサイ 神前に野菜を供える。また、その供え物。
【奠⁺羞】テンシュウ 神仏へのお供えもの。羞は、すすめる。
【奠⁺枕】テンチン まくらを安置する。転じて、おちつく・安定する。
【奠都】テント 都を定める。

(13)10 【奥】(1427) オウ 奥(1426)の旧字体。→二七三ページ。 5292 547C

(13)10 【奨】1431 常 ショウ 3009 3E29

(14)11 【奬】1432 人 許 漢ショウ（シャウ） 呉ソウ（サウ） 養 jiǎng 5293 547D

筆順 丨 丬 丬 将 奨

【獎】本字 6450 6052 【將＋廾】同字

字義 ❶すすめる。すすむ。㋐はげます。「奨励」 ㋑とりもつ。推す。推薦する。 ❷ほめる ❸たすける。

名乗 すすむ・つとむ

解字 篆文 形声。大（犬）＋将音。音符の将（將）は、肉をささげすすめる意味。犬にけしかけて肉をくわせる、すすめるの意味を表す。常用漢字の奨は省略形による。

▼勧奨・推奨・報奨・褒奨
【奨学（學）】ショウガク 学問をすすめ励ます。
【奨率】ショウソツ はげまし率いる。奨帥ショウソツ。〔文選、諸葛亮、出師表〕
【奨励（勵）・奨⁺厲】ショウレイ すすめはげます。

(14)11 【奬】(1432) ショウ 奨(1431)の旧字体。→前項。 5293 547D

(14)11 【奪】1433 常 ダツ うばう 3505 4325

筆順 大 夲 夵 奞 奪

漢タツ・呉ダチ 曷 duó

字義 ❶うばう。うばふ。とる。㋐取りあげる。しいて取る。㋑うちとる。㋒盗む。かすめる。 ❷うしなう。なくす。 ❸みだす。乱れる。 ❹現代中国語で、文章に脱落のあること。「訛奪カダツ」

解字 金文 篆文 会意。金文は、衣＋雀＋寸。衣服の中にはいっている小鳥を手でとりだすさまから、うばうの意味を表す。のち、奞＋又。奞は、羽ばたくの意味。はばたく鳥を手にする、うばうの意味を表す。

▼強奪・争奪・与奪・略奪
【奪還】ダッカン うばいかえす。とりかえす。
【奪取】ダッシュ うばいとる。
【奪胎】ダッタイ 古人の詩文の要旨をとり、表現を変えて自分の詩文に作りなおすこと。つくりかえ。やきなおし。「換骨奪胎」

(14)11 【奩】1434 △ レン 塩 lián 5294 547E

【匳】正字 5029 523D 【籢】同字

字義 ❶くしげ（櫛笥）。鏡ばこ。化粧用具を入れる小箱。 ❷はこ。一般に、物を入れる小箱をいう。 ❸転じて、嫁入り道具。

解字 匳の俗字。匳は、形声。匚＋僉音。匚は、こばこの象形。音符の僉は、おさめるの意味。小物をおさめるこばこの意味を表す。

(15)12 【奫】1435 △ イン（ヰン） 真 yūn

字義 ❶泉の水。わき出る水。 ❷奫淪リンイン・奫潫ワンインは、水のうずまくさま。

解字 形声。大＋淵音。

(15)12 【奭】1436 △ 漢セキ 呉シャク 陌 shì

字義 ❶さかん（盛）。 ❷怒るさま。 ❸赤いさま。 ❹人名。召公奭は、周の文王の子。周公とともに成王を助けた。→召公（一八六ページ）。

解字 甲骨文 篆文 会意。大＋皕。大は、人の象形。皕は、甲骨文では、人の両側に盛んに燃える火の象形で、さかんの意味。さかん・あかいの意味を表す。

【樊】→木部 五八〇ページ。

(16)13 【奮】1437 教6 フン ふるう 4219 4A33

フン 問 fèn

筆順 大 夲 夵 奞 奮 奮

字義 ふるう。ふるふ。ふるわす。㋐はばたく。飛ぶ。「奮飛」 ㋑ふるいたつ。きおいたつ。いさむ。はげむ。「奮戦」「奮起」 ㋒いかる。いきどおる。「奮怒」 ㋓ひらく。明らかにする。発揚する。 ㋔うごく。ゆれる。振動する。 ㋕ふる（振）。ふりはらう。ふりまわす。

使いわけ ふるう［奮・振・震］
［奮］意気を盛んにする。「奮って参加してください」
［振］ふって動かす。物事が盛んになる。「刀を振るう・事業が振るわない」
［震］細かくくりかえし動く。「身震い」

解字 金文 篆文 会意。金文は、衣＋隹＋田。田は、竹かごの象形。かごや衣服の中のとりが、いのちがけではばたくさまから、ふるうの意味を表す。のち、変形して奮となった。

▼感奮・興奮・発奮
【奮起】フンキ ＝奮発の①。
【奮激】フンゲキ はげしくふるいたつ。はげしく怒る。
【奮撃（擊）】フンゲキ 勇気や力をふるって敵を撃つ。
【奮迅】フンジン たけりはやる。勢いすさまじくふるいたつ。「獅子奮迅シシフンジン」
【奮戦（戰）】フンセン ふるいたってたたかう。力戦。奮闘。
【奮然】フンゼン ふるいたつさま。きおいたつさま。
【奮怒】フンヌ ふるいたっていかる。はげしく怒る。
【奮闘（鬭）】フントウ ＝奮戦。
【奮発（發）】フンパツ ①ふるいおこる。ふるいたつ。奮起。「勇気奮発」 ②もれて出てくる。 ③国思いきって金品を出す。はずむ。
【奮飛】フンピ 強くはばたいて勢いよく飛ぶ。
【奮躍】フンヤク 勢いよくおどり上がる。勇み進む。
【奮励（勵）・奮⁺厲】フンレイ ふるいはげむ。はげます。「奮励努力」

3 女部

〔部首解説〕おんな。おんなへん。女を意符として、いろいろな女の人、女性的な性状・行為、男女関係などに関する文字ができている。

女 二七四　2奴 二七四　3奸 二七五　好 二七五　妁 二七五　如 二七五　妃 二七六　妄 二七六　4妓 二七六　妍 二七六

姊 二七六　妝 二七六　妥 二七六　妒 二七七　妊 二七七
妣 二七七　妨 二七七　妙 二七七　好 二七七　妖 二七七
5 委 二七八　姁 二七八　姑 二七八　妻 二七八　姍 二七八
始 二七八　姉 二七九　姒 二七九　妾 二七九　姓 二七九
姐 二七九　姐 二七九　妬 二七九　妺 二七九　姆 二七九
妹 二七九　6 娃 二七九　威 二八一　姨 二八一　姻 二八一
姶 二八一　姱 二八一　姦 二八一　姜 二八一　姸 二八一
姤 二八三　姣 二八三　姮 二八三　姿 二八三　姝 二八三
娍 二八三　姪 二八三　娗 二八三　姥 二八三　姚 二八三
7 娥 二八三　姫 二八三　娟 二八三　娯 二八三　娑 二八三
婓 二八三　娘 二八三　娠 二八三　娜 二八三　娣 二八三
娚 二八三　娓 二八三　娉 二八三　娩 二八三　[女+君] 二八三
8 婀 二八四　婭 二八四　婬 二八四　婉 二八四　婚 二八四
娖 二八四　婥 二八四　娶 二八四　娵 二八四　娼 二八四
婕 二八四　婆 二八四　婢 二八四　婦 二八五　婪 二八五
婁 二八五　9 媛 二八五　媧 二八五　婿 二八五　媟 二八五
婧 二八五　媮 二八五　媒 二八五　媚 二八五　媻 二八六
媢 二八六　10 媼 二八六　嫁 二八六　媿 二八六　嫌 二八六
嫄 二八六　媾 二八六　嫉 二八六　嫋 二八六　媳 二八六
嫂 二八六　嫐 二八六　嫛 二八七　媽 二八七　媵 二八七
11 嫗 二八七　嫣 二八七　嫦 二八七　嫡 二八七　嫩 二八七
嫖 二八七　嫫 二八七　嫚 二八七　嫠 二八七　12 嫺 二八八
嫻 二八八　嬉 二八八　嬀 二八八　嬌 二八八　嬈 二八八
嬋 二八八　嫵 二八八　13 嬴 二八八　嬛 二八八　嬙 二八八
嬢 二八八　嬖 二八八　14 嬰 二八八　嬬 二八九　嬲 二八九
嬭 二八九　嬪 二八九　嬶 二八九　16 嬾 二八九　17 孃 二八九
孅 二八九　孀 二八九　19 孋 二八九　孌 二八九

要→襾部　九八八ページ。
耍→而部　八九一ページ。

(3)0
【女】1438
教1　ジョ・ニョ・ニョウ　おんな・め
海女(あま)・乙女(おとめ)
㊀漢ジョ(ヂョ)・呉ニョ　語nǚ
㊁漢ジョ(ヂョ)・呉ニョ　語rǔ
㊂漢ジョ(ヂョ)・呉ニョ　御nǜ
慣ニョウ

2987
3D77

筆順　く 女 女

字義　㊀❶おんな(をんな)。め。おみな。女性。↔男。❷むすめ。㋐女の子。㋑まだ嫁にいかない若い女。処女。↔婦。❸小さくかよわいもののたとえ。㊁なんじ(なんぢ)。＝汝(ジョ)。㊂めあわす(めあはす)。人の妻とする。嫁にやる。

名乗　こ・たか・め・よし　難読　女子(めこ・めのこ・おなご)・女将(おかみ・かみ)・女川(おながわ)・女貞(ねずみもち)・女夫(みょうと)・女方(おやま)・女満別(めまんべつ)・女蘿(さるおがせ)・女良(めら)・女連(うなづれ・うなづら)・女鹿(めか)

解字　甲骨文 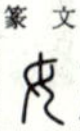 篆文 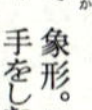 象形。甲骨文でよくわかるように、両手をしなやかに重ね、ひざまずく女性の象形。おんなの意味を表す。女の意味と音符とを含む形声文字に、如・恕(ジョ)・絮(ジョ)・茹(ジョ)・奴・努・弩(ド)・怒・砮(ド)・笯(ド)などがある。

▼悪女・乙女・海女・宮女・皇女・妻女・士女・子女・侍女・児女・淑女・商女・織女・処女・神女・信女・静女・石女・績女・仙女・息女・貞女・天女・童女・魔女・遊女・令女・列女・烈女・老女

【女謁(謁)】(ジョエツ) 君主から愛されている女が、その愛をたのんで君主に請い求めること。婦人の内密のたのみごと。

【女垣】(ジョエン) 城の上の低いかき。ひめがき。女牆(ジョショウ)。

【女禍】(ジョカ) 婦人との情事から起こるわざわい。女難。

【女△媧氏】(ジョカシ) 中国古代の伝説中の女帝の名。五色の石を練って天の割れ目を補い、鼇(おおがめ)の足を切って天をささえる柱を立てたという。〔史記、三皇紀〕

【女戒・女△誡】(ジョカイ) 女色におぼれないためのいましめ。

【女楽(樂)】(ジョガク) ①女子の奏する舞楽。②舞楽を奏する女子。うたいめ。

【女官】(ジョカン) ①宮中に奉仕する女。②女道士。③国(ニョカン・ニョウカン) 宮中に仕える下級の女の役人。

【女御】(ジョギョ) ①周代の女官。天子の食事・寝所につきそった。②国(ニョウゴ・ニョゴ) 昔、天皇の寝所につきそった、皇后・中宮に次ぐ高位の女官。

【女兄】(ジョケイ) あね。↔女弟(妹)。

【女形】(ジョケイ) ①女の顔。女子の容貌。②国(おやま・おんながた) 芝居などで、女に扮(フン)する男の役者。

【女傑】(ジョケツ) とりわけすぐれた女子。男まさりの女。女丈夫。

【女△衒】(ゼゲン) 国江戸時代、遊女の口いれを業とした者。衒は、なかだちして売る意。

【女護島】(ニョゴのしま・ニョゴがしま) 国女ばかりが住むという想像上の島。転じて、女性ばかりであることのたとえ。

【女工・女功】(ジョコウ) 女子の仕事。はたおり・裁縫など。女紅。

【女士】(ジョシ) ①女でりっぱな行いのある者。教養のある女子。②女の姓名の下にそえる敬称。女史。

【女子与(與)二小人一難レ養】(ジョシとショウジンとはやしない(ひ)がたし) 女性や小人(教養のない者)は、優しくすればつけ上がり、きつくすれば恨みやすくて、なかなか扱いにくい。〔論語、陽貨〕

【女史】(ジョシ) ①後宮の記録をつかさどる女官。②国女の学者・芸術家や、有名な婦人の敬称。女士。

【女児(兒)】(ジョジ) ①女の子。小娘。うら若い女性。おとめ。②蚕の俗称。

【女将(將)】(ジョショウ) ①婦人の将軍。②国客商売の家の女主人。おかみ。

【女△牆】(ジョショウ) ＝女垣(ジョエン)。

【女色】(ジョショク) ①女の顔かたち。女の色香(いろか)。②女との情事。いろごと。

【女真(眞)】(ジョシン・ジュルチン) 種族の名。松花江・黒竜江下流域・沿海州地方に住んだツングース系民族。隋(ズイ)・唐のころ靺鞨(マッカツ)といい、五代の時、女真と称し、また、後に女直とも称した。北宋(ホクソウ)の末に国を建てて金といい、遼(リョウ)・宋を滅ぼして最盛期を迎えたが、元に滅ぼされた。後に、その一族の満洲(州)族が明(ミン)を滅ぼして清(シン)朝を建てた。

【女婿(壻)】(ジョセイ) むこ。娘の夫。

【女装(裝)】(ジョソウ) 女のよそおい。男が女のよそおいをすること。

【女弟】(ジョテイ) いもうと。↔女兄(姉)。

【女徳】(ジョトク) ①女子のふみ行うべき道徳。婦徳。②女子の性情。

【女房】(ジョボウ) ①女のへや。②国(ニョウボウ) ㋐女官のへや。㋑宮廷でへやをもらっている高位の女官。㋒貴族の家に仕える女子。㋓女。婦人。㋔妻。

【女流】(ジョリュウ) 女性の仲間。女性。

【女郎】(ジョロウ) ①若い女。少女。②国㋐貴族や大名の奥向きに勤めた女性。㋑遊女。あそびめ。㋒(めロウ)(甲)女の子。(乙)婦人をいやしめていう語。

【女郎花】(ジョロウカ・おみなえし(をみなへし)) ①もくれんの別名。②こぶしの別名。③国

(5)2
【奴】1439
常　ド
漢ド　呉ヌ　語nú

3759
455B

筆順　女 女 奴 奴

字義　❶やっこ。㋐奴隷。罪人・捕虜やその子女で、役人に使役される者。㋑召使い。㋒小者。いやしい者。❷やつ。自分または他人を卑しめていう語。やつがれ。きゃつ。❸動物・

植物・器物などの名の下につける語。「竹奴(竹夫人)」国やっこ。㋐昔、武家の下男。仲間。ぞうり取り。㋑江戸時代のおとこだて。「町奴」㋒方形のもの。「奴豆腐」

難読 奴借屋・奴児哈赤

解字 甲骨文  金文  篆文  形声。又＋女㊥。音符の女は、おんなの意味。又は、手の象形。捕らえられた女奴隷の意味を表す。

▼下奴・農奴・蛮奴・庸奴・老奴

【奴視】シド 見下げる。軽蔑する。

【奴輩】ドハイ ①しもべ(召使い)ども。②あいつら。人をいやしめていう称。③わたくしども。てまえども。自分の謙称。

【奴▵婢】ドヒ・ヌヒ 男女のしもべ。召使い。

【奴僕】ドボク・ヌボク 男のしもべ。男の召使い。

【奴隷(隸)】ドレイ ①しもべ。男の召使い。奴僕。「奴隷人」②自由を奪われ、売買されて、労働を強制された者。③国あるものにしばりつけられている人。「金銭の奴隷」

(6)3 【奸】1440 標 一カン 寒 gān 二漢カン・呉ケン 删 jiān 5301 5521

字義 一❶おかす(犯)。㋐婦女をけがす。㋑してはならないことをする。きまりを乱す。＝干。❷もとめる(求)。＝干。二よこしま。＝姦。㋐悪い。ずるい。㋑いつわる。わたくしする。㋒みだら。男女関係が正しくない。

参考 熟語は姦(1482)を見よ。→二六一㌻。

解字 篆文  形声。女＋干㊥。音符の干は、おかすの意味。男女間の道徳をおかす、よこしまの意味を表す。

(6)3 【好】1441 教4 コウ このむ・すく 一コウ(カウ) 皓 hǎo 二コウ(カウ) 号 hào 2505 3925

筆順 女 女 好 好

字義 一❶よい。㋐このましい。正しい。㋑すぐれている。りっぱな。㋒人がらがよい。㋓美しい。みめよい。㋔むつまじい。仲がよい。❷よしみ。したしみ。親しい交わり。親善。「友好」❸よく。㋐よろしく、うまく。㋑ともすれば。しばしば。❹よし。ままよ。よろしい、それならば。軽い肯定のことば。詩語に用いる。二❶このむ。すく。よろこぶ。「愛好」↔憎。❷このみ。すき。「嗜好」❸このんで。❹ひきで物。❺はなはだ。

名乗 たか・み・よし

解字 甲骨文  篆文  会意。女＋子。甲骨文は、母＋子の会意。母親が子を抱くさまから、このましく、うつくしいの意味を表す。

▼愛好・旧好・時好・情好・親好・絶好・同好・友好

【好意】コウイ 親切な気持ち。親愛感。

【好雨】コウウ ちょうどよい時に降るうるおいの雨。〔唐、杜甫、春夜喜ㇾ雨詩〕好雨知二時節一、当ㇾ春乃発生〈よい雨は降るべき時を心得ており、春になった今こそ降りはじめたのである〉

【好悪(惡)】コウオ このむこととにくむこと。すききらい。愛憎。

【好音】コウオン・コウイン ①よい声。うるわしい音声。②よいおとずれ。よいたより。

【好会(會)】コウカイ よしみ(親善友好)を結ぶ会合。

【好看】コウカン ①よいけしき。好景。②このましい。きれいな。

【好漢】コウカン よい男。役に立つりっぱな男子。快男子。

【好感】コウカン 気持ちのよい感じ。

【好奇心】コウキシン ものずきな心。珍ものに興味や関心を持つ心。

【好機】コウキ ちょうどよいおり(機会)。チャンス。

【好▵仇・好▵逑】コウキュウ よい相手・仲間。似合いの配偶者。仇・逑は、つれあいの意。〔詩経、周南、関雎〕窈窕淑女君子好逑。

【好況】コウキョウ 景気がよいこと。好景気。↔不況。

【好景】コウケイ よいけしき。佳景。好風景。

【好個・好箇】コウコ ほどよい。ちょうどよい。適当な。個・箇は、助字。

【好好▵爺】コウコウヤ 国人のよい老人。

【好合】コウゴウ 心があう。仲がよい。親密。

【好在】コウザイ 壮健でいらっしゃい。ごきげんよう。別れの時に相手にいうことば。健在。

【好事】コウジ ①よい(有益な)こと。善事。②めでたいこと。③変わった物事をこのむ。ものずき。好奇。「好事家」

【好事多ㇾ魔】コウジマおおし よいことには、とかくじゃまが入りやすい。〔琵琶記、幾言諫ㇾ父〕

【好事不ㇾ出ㇾ門、悪(惡)事行二千里一】コウジもんをいでず、アクジセンリをゆく よいことはなかなか世間に知られないが、悪いことはすぐに知れ渡る。〔北夢瑣言、六〕

【好日】コウジツ よい日。良日。吉日。

【好尚】コウショウ このみたっとぶところ。このみ。嗜好。

【好色】コウショク ①いろごのみ。おんなずき。②美人。

【好戦(戰)】コウセン 戦争を好む。「好戦的」

【好男子】コウダンシ 国①りっぱな男子。男らしい男。②男ぶりのよい男。いろおとこ。美男子。

【好調】コウチョウ 国①音声の調子がよい。②調子(ぐあい)がよい。③景気がよい。

【好敵手】コウテキシュ 国よい相手。不足のない相手。

【好転(轉)】コウテン (物事の状態などが)よい方に変わる。↔悪化。

【好評】コウヒョウ よい評判。よい批評。↔悪評。

【好風】コウフウ こころよい風。気持ちのよい風。「好風好月」

【好物】コウブツ ①よいもの。②国すき好む食物。

【好文】コウブン ①学問をこのむ。②梅。好文木の略。

【好文木】コウブンボク 梅の別名。晋の武帝が学問に親しめば梅が開き、学問をやめると開かなかったという故事。〔東見記〕

(6)3 【妁】1442 △ シャク 薬 shuò ［妁］ 5302 5522

字義 なこうど。結婚の媒妁人。

参考 媒妁は、日本では媒酌とも書く。

解字 篆文 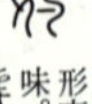 形声。女＋勺㊥。音符の勺は、ひしゃくの意味。両姓をくみとるの意味から、結婚のなかだちをするの意味を表す。

(6)3 【如】1443 常 ジョ・ニョ 漢ジョ 呉ニョ 魚 rú 3901 4721

筆順 女 女 如 如

字義 ❶助字。⇩助字解説 ❷ゆく。いたる。おもむく。❸いかん。いかんせん。「何」を上または下につけて、疑問、または反語の意を表す。＝奈。〔論語、子罕〕匡人其如ㇾ予何。❹語尾につけて形容語を作る。＝然。「突如」❺仏ニョ。ありのままの真のすがた。真如。

助字解説

①もし。仮定。もし……ならば。類若・儻。〔唐、李白、春夜宴二桃李園一序〕如詩不ㇾ成、罰依二金谷酒数一〈もし詩ができあがらなかったら、その罰は金谷園の故事にならって三杯の酒を飲ませよう〉

②ごとし。比況。……のようである。類若。〔論語、述而〕於ㇾ我如二浮雲一。〈自分にとっては浮雲のようにはかないものである〉

〈不ㇾ如二……一〉……にしかず。類〈莫ㇾ如二……一〉……にしくはなし。(……には及ばない。)〔漢書、趙充国伝〕百聞不ㇾ如二一見一。〈百度聞いても一度実際に見ることには及ばない〉

名乗 いく・すけ・なお・もと・ゆき・よし

解字 甲骨文 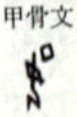 篆文  形声。口＋女㊥。音符の女は、従順な女性の意味。口は、神に祈るの意

味。神に祈って従順になるの意味を表す。転じて、にているの意味に用いる。

▼一如・欠如・自如・真如・突如・躍如・翼如

【如意】①思うままになる。②道教の僧の持つ道具。③仏僧が説教のとき持つ道具。鉄や木竹製で、まごの手の形をした棒。如意杖。木・玉・鉄などで作る。振り上げたら、思うままの物が出たという伝説に基づく。

【如意輪】仏①自由自在に法の功徳を表すこと。輪は、法の功徳をぐるぐるまわす意。②六本の手があり、如意宝珠・如意輪宝を持っている観世音の像。如意輪観音。

【如何】①いかんぞ。どうして。反語の語。如レ之何（これをいかんぞ）となる場合もある。〔唐、白居易、長恨歌〕対レ之如何不二涙垂一（これにタイしていかんぞなみだたれざらん）。②いかんせん。対処・処置の仕方を問う場合に用いる、疑問、または反語の語。「…をどうしようか」の意で、補語をとるときには、「如…何」の形になる。③なんぞ。〔唐、柳宗元、送二薛存義一序〕如二吾民一何（わがたみをいかんせん）。④いかに。いかが。どうですかと問う語。＝何如。それ以外の何ものでもない意。人を非難する語。

【如月】国陰暦二月の別名。

【如今】ただいま。いま。現今。〔史記、項羽本紀〕

【如実（實）】あるがまま。実際そのまま。さながら。

【如是我聞】仏かくのごとくわれきく。仏教の経文の書き出しのことばで、このように自分は聞いているという意。

【如来（來）】仏仏の尊称。「阿弥陀如来」

【莫レ如】……に及ばない。不レ如（しかず）。

(6)3
【妃】1444 常 ヒ

㊀ヒ 微 fēi
㊁ハイ 隊 pèi

— 4062 485E

筆順 妃

字義 ㊀❶きさき。㋐天子の第二夫人。皇后の次に位するもの。㋑皇太子の正妻。❷つれあい。妻。❸女神の尊称。㊁❶妻。＝㊀の②。❷つれそう。配偶者となる。また、組み合わせる。

名乗 き・ひめ　国 ヒ。皇族の妻。

解字 甲骨文　金文　篆文　会意。女＋己。甲骨文の己の形は、へびの象形で、雨の神の意味。へびの形をした雨の神にそいつかえる女性の意味から、きさきの意味を表すにいたった。

▼貴妃・元妃・后妃・正妃・明妃・麗妃

【妃妾】そばめ。側室。

【妃匹】つれあい。配偶。妃耦。妃合。

【妃嬪】天子のそばに付きそう女性。皇后の次を妃、妃の次を嬪という。転じて、身分の高い女官をいう。

(6)3
【妄】1445 常 モウ・ボウ
(6)3
〔妄〕1446

漢 ボウ（バウ）　呉 モウ（マウ）　漾 wàng

— 4449 4C51

筆順 妄

字義 ❶みだり。でたらめ。㋐すじ道の立たないこと。道理に合わないこと。㋑遠慮のないこと。不作法。㋒あとさきを考えないこと。分別のないこと。㋓うそ。いつわり。「虚妄」❷みだりに。でたらめに。むやみに。無遠慮に。分別もなく。

参考 現代表記では〔盲〕(5019) に書きかえることがある。「妄動→盲動」

解字 金文　篆文　形声。女＋亡（亡）音。音符の亡は、ないの意味。道理がない、でたらめの意味を表す。女は、心理状態を表す語に付される。

▼虚妄・詐妄・誕妄・無妄・迷妄

【妄挙（擧）】①でたらめに挙げ用いる。②むやみに事をおこす。③あとさきを考えない行動。でたらめな計画。

【妄言】①口から出まかせにいう。また、そのことば。妄語。「妄言妄聴」「妄言綺語」②仏五戒・十悪の一つ。うそをいうこと。いつわり。

【妄語】＝妄言の①。→前項。

【妄作】むやみに事をする。また、つくりごと。でたらめ。

【妄執】仏善悪の分別もなく、ただ一つの物事に執着する。思いこんで離れぬ迷いの心。妄習執見。

【妄信】真実かどうかを確かめずに、むやみに信用する。わけもわからず信じこむ。盲信。

【妄人】わけのわからぬ人。むちゃな人。

【妄想】①でたらめな（とりとめのない）考え。「誇大妄想」②みだらな考え。③仏 ＝妄念。

【妄誕】うそ。いつわり。

【妄動】①むやみに事をおこす。②あとさきを考えない無分別な行動。盲動。「軽挙妄動」

【妄念】仏みだりな考え。迷いの心。妄想。

【妄批】＝妄評。

【妄評】①いいかげんな、また、無遠慮な批評。②他人に対してする批評の謙称。

(7)4
【妓】1447 標 漢 キ　呉 ギ　紙 jì

— 2124 3538

字義 ❶うたいめ。まいひめ。芸者。「芸妓」❷あそびめ。遊女。「倡妓」

難読 妓生（キーサン・キーセン）

解字 篆文　形声。女＋支音。音符の支は、木の枝を持つの意味。枝を持ち、たくみに演ずるわざおぎの意味を表す。

【妓院】＝妓楼。

【妓楽（樂）】うたいめの奏する音楽。

【妓女】①酒席にはべり、歌や舞で客をもてなす女性。うたいめ。まいひめ。芸者。②あそびめ。遊女。倡妓・娼妓。

【妓楼（樓）】遊女屋。青楼。倡家。妓院。

(7)4
【妍】1448 △ ケン　妍（1484）の俗字。→二八一ページ。

— 5311 552B

(7)4
【姉】1449 △ シ　姉（1466）の正字。→二七九ページ。

(7)4
【妝】1450 △ 漢 ショウ（シャウ）　呉 ソウ（サウ）　陽 zhuāng

— 5303 5523

〔粧〕俗字　3049 3E51　〔妝〕同字

字義 ❶よそおう。かざる（飾）。❷よそおい。化粧。

参考 熟語は粧（5656）をも見よ。→八三四ページ。

解字 金文　篆文　形声。女＋爿音。音符の爿は、装に通じ、よそおうの意味。女性がよそおう・かざるの意味を表す。

【妝匣】化粧箱。匣は、こばこ。妝奩。

【妝靚】よそおいかざる。めかす。靚は、装飾。

【妝梳】化粧をする。梳は、くしけずる。

【妝奩】化粧箱。奩は、鏡ばこ。妝匣。

(7)4
【妥】1451 常 ダ
(7)4
〔妥〕1452

タ　慣 ダ　哿 tuǒ

— 3437 4245

筆順 妥

字義 ❶おだやか。やすらか。「妥結」❷安らかに座る。座に落ち着く。

名乗 やす

解字 甲骨文　金文　篆文　会意。爪＋女。爪は、上からさしのべた手の象形。女性をやさしく上から手をさしのべて、すわらせるさまから、やすんじるの意味を表す。

【妥協】ダキョウ 折りあう。たがいにゆずりあっておだやかに話をまとめる。
【妥結】ダケツ 国たがいにゆずり合って約束を結ぶ。
【妥当(當)】ダトウ よくあてはまる。穏当で適切なこと。

(7)4 【妒】1453 △ ト 妬（1472）と同字。→二九六ページ。

(7)4 【妊】1454 常 ニン ㊥ジン ㊢ニン 沁侵 rèn ― 3905 4725

筆順

【姙】同字 5312 552C

字義 はらむ。みごもる。身おもになる。「懐妊」

解字 金文 篆文 形声。女＋壬㊚。音符の壬ジンは、ある重さのものを持続的にいだくの意味。女性が胎児を胎内にいだく、みごもるの意味を表す。

▼懐妊
【妊娠】ニンシン 子をはらむこと。懐妊。妊娠ニンシン。妊孕ニンヨウ。
【妊婦】ニンプ 妊娠した女。はらみ女。妊婦ニンプ。

(7)4 【妣】1455 △ ヒ 紙寘 bǐ ― 5306 5526

字義 ❶なきはは。亡母。生前には母、死後には妣という。↕考（亡父）。「考妣」 ❷はは（母）。

解字 甲骨文 金文 篆文 形声。女＋比㊚。音符の比は、ならぶの意味。なき父と並ぶ人、なき母の意味を表す。甲骨文は、年老いた女性の象形。

(7)4 【妨】1456 常 ボウ さまたげる ホウ（ハウ） 慣ボウ（バウ） 漾陽 fáng, fāng ― 4324 4B38

筆順

字義 ❶さまたげる。邪魔をする。また、さまたげ。さしつかえ。邪魔。「妨害」 ❷そこなう。いためる。

解字 文 篆 形声。女＋方㊚。音符の方は、左右に突き出すの意味。手を左右に突き出し、さまたげるの意味を表す。

【妨遏】ボウアツ ＝妨止。遏は、止める。
【妨害】ボウガイ さまたげそこなう。さまたげる。じゃまする。また、さまたげ。じゃま。妨礙ボウガイ。
【妨△碍・妨△礙】ボウガイ さまたげる。じゃまする。また、さまたげ。じゃま。礙は、さえぎる意。碍は礙の俗字。
【妨止】ボウシ じゃまをして止める。防止。妨遏ボウアツ。

(7)4 【妙】1457 常 ミョウ ㊥ビョウ（ベウ） ㊢ミョウ（メウ） 嘯 miào ― 4415 4C2F

筆順

【玅】同字

字義 ❶たえ。この上なくたくみで、言い表しようのないほどすぐれること。㋐この上なく美しい。すぐれてよい。「妙麗」 ㋑すぐれてたくみ。「絶妙」 ㋒くわしい（精）。念入りである。「精妙」 ㋓人知ではかり知られない、すぐれた働きがある。不思議。「神妙」 ㋔この上もなく奥深い。「妙遠」 ❷わかい。「妙齢」 国ミョウ。普通でない。変わっている。変な。「奇妙」

名乗 ただ・たふ 難読 妙見よしみ・妙泉よしずみ

解字 形声。女＋少（眇）㊚。音符の眇ビョウ＝ミョウは、目にかすかに小さく映るの意味。奥床しい女性の意味から、美しい・不思議ではかり知れないの意味を表す。

▼奇妙・極妙・軽妙・玄妙・巧妙・高妙・至妙・衆妙・神妙・精妙・絶妙・即妙・微妙・霊妙

【妙案】ミョウアン すぐれたよい考え（思いつき）。名案。
【妙技】ミョウギ すぐれてたくみなわざ（うでまえ）。巧妙な技術。妙伎ミョウギ。
【妙境】ミョウキョウ なんともいえないすばらしい境地。佳境。妙処。
【妙曲】ミョウキョク すぐれた音楽。たえなる音色。
【妙計】ミョウケイ すぐれたはかりごと（考え）。巧妙な計略。妙策。妙略。
【妙見】ミョウケン 仏菩薩ボサツの名。妙見菩薩。国土を守り、貧しい人を救い、諸願を成しとげさせる仏。北斗七星の神格化されたもの。
【妙悟】ミョウゴ 十分にさとる。また、この上なく深いさとり。
【妙語】ミョウゴ すぐれた、いうにいわれぬ味のあることば。
【妙姿】ミョウシ すぐれてよいすがた。たえなる姿。
【妙手】ミョウシュ ①すぐれたうでまえ。また、その人。名人。②碁・将棋などの勝負ごとで、あざやかな手。
【妙趣】ミョウシュ すぐれたおもむき。妙味。妙致。
【妙処(處)・妙所】ミョウショ ＝妙境。
【妙絶】ミョウゼツ 非常にすぐれること。絶妙。
【妙想】ミョウソウ すぐれた考え（思想）。妙思。
【妙年】ミョウネン 若い年ごろ。また、その年ごろの人。少年。
【妙筆】ミョウヒツ すぐれた筆のあと。すぐれた書画。
【妙舞】ミョウブ たくみにまう。また、非常にたくみな舞。〔唐、劉廷芝、代下悲二白頭一翁上詩〕清歌妙舞落花前セイカミョウブすラッカのまえ（に）。訳文↓公子王孫（一二三ページ）。
【妙法】ミョウホウ ①すぐれてよい方法。巧妙な手段。②仏㋐たえなる仏の道。この上なくすぐれた仏法。㋑特に、妙法蓮華経ミョウホウレンゲキョウ（日蓮ニチレン宗の経文）をいう。
【妙味】ミョウミ すぐれた、いうにいわれぬおもむき（あじ）。妙趣。
【妙妙】ミョウミョウ すぐれてたくみなさま。
【妙薬(藥)】ミョウヤク 不思議によくきくくすり。神薬。霊薬。
【妙用】ミョウヨウ ①たくみな使い方。②不思議なはたらき。
【妙齢(齡)】ミョウレイ 若い年ごろ。うら若い。主として女性にいう。妙年。妙歯。
【妙麗】ミョウレイ （女の姿の）この上なく美しいこと。

(7)4 【妤】1458 △ ヨ 仔（170）と同字。→七三ページ。

(7)4 【妖】1459 標 ヨウ（エウ） 蕭 yāo ― 4537 4D45

字義 ❶なまめく。あでやか。しなを作る。笑顔でこびる。「妖艶ヨウエン」 ❷あやしい。また、怪しいもの。ばけもの。もののけ。「妖術」「妖怪」 ❸わざわい。

解字 文 篆 形声。篆文は、女＋芺㊚。音符の芺ヨウは、髪をふり乱したみこ（巫女）の象形で、なまめかしくもあやしいの意味を表す。女性の一種の姿態であるところから女を付した。

【妖△艶・妖△豔】ヨウエン 妖婉ヨウエン。なまめいて、あやしいほどの美しさ。あでやかな姿。また、その女。艶は、つやっぽい美しさの意。
【妖怪・妖△恠】ヨウカイ ばけもの。もののけ。「妖怪変化ヨウカイヘンゲ」
【妖気(氣)】ヨウキ 何か悪い事でも起こりそうな、あやしいけはい。
【妖教】ヨウキョウ あやしい教え。まやかしの宗教。邪教。
【妖△孽・妖△孼】ヨウゲツ わざわい。また、そのきざし。孽は、わざわい。
【妖言】ヨウゲン 世人をまどわす、あやしいうわさ。怪しい流言。
【妖姿】ヨウシ なまめかしい姿。
【妖術】ヨウジュツ あやしい術。魔術。
【妖女】ヨウジョ ①なまめいて美しい女。あでやかな女。②顔が美しくて心の悪い（男をまどわす）魔性の女。毒婦。妖婦。③魔女。魔法使いの女。
【妖星】ヨウセイ 天災など不吉な事が起きるしるしとして現れる、あやしい星。彗星スイセイなど。
【妖精】ヨウセイ あやしい精霊。もののけ。
【妖僧(僧)】ヨウソウ あやしい僧。人をまどわす悪僧。
【妖態】ヨウタイ なまめいてこびるようなそぶり。人を迷わす、なまめいたようす。

【妖童・妖△僮】ヨウドウ　なまめいて美しい少年。美少年。
【妖婦】ヨウフ　＝妖女。
【妖△氛】ヨウフン　あやしい（不吉な）けはい。転じて、災い・戦乱。
【妖魔】ヨウマ　人に害を加える、あやしいもの。
【妖麗】ヨウレイ　なまめいてうつくしい。また、その女。

(8)5
【委】1460
教 3　イ
㊀イ（ヰ）紙 wěi
㊁イ（ヰ）寘 wèi
㊂イ（ヰ）支 wēi
1649
3051

筆順　二　禾　委　委

字義　㊀❶ゆだねる（ゆだぬ）。まかせる。「委託」❷くわしい（くはし）。つぶさ。ことこまか。「委細」❸まげる。かがめる。❹つむ（積）。かさねる。「委積」❺すてる（す）。すておく。みすてる。「委棄」❻しおれる。なえる。「委靡（ビ）」㊁役所にたくわえておく穀物。また、その倉庫。㊂美しいさま。また、ゆったりしたさま。

名乗　とも　難読　委文（しどり・しずり）

解字　篆文  会意。禾＋女。禾は、穂先のなよやかに垂れたいねの象形。なよやかな女性の意味から、転じて、すなおにしたがう、ゆだねるの意味を表す。委の意味と音符とを含む形声文字に、萎（イ）・諉（イ）・餧（イ）・痿（イ）・矮（ワイ）などがある。

【委委△佗△佗】イイタダ　のびやかで美しいさま。
【委蛇】イイ・イダ　①委迤・委它・委佗（イタ・イイ）。㋐ゆったりと落ち着いたさま。㋑顔を地につけてはって行くさま。㋒うねり曲がるさま。㋓素直に従うさま。㋔旗のひるがえるさま。②泥鰌（どじょう）の別名。
【委棄】イキ　①物をすてる。②すておく。ほったらかし。
【委曲】イキョク　①くわしくこまかなこと。すみずみまですべて。委細。委悉（イシツ）。②身をかがめて従うさま。
【委細】イサイ　＝委曲の①。
【委質】イシ・イシツ（シをイす）　はじめて仕官すること。質は贄（シ）で、礼物、委は置く意。仕官の初めに礼物の雉（きじ）をささげて君の前に置いたからいう。委贄（シ）。〔左伝、僖公二十三〕
【委積】イシ　①つみたくわえる。委は少し積む、積は多く積む意。②凶年に備えて、米をたくわえること。
【委△悉】イシツ　くわしくつぶさ。委曲。
【委譲（讓）】イジョウ　ゆだねゆずる。譲りまかせる。
【委属（屬）・委嘱（囑）】イショク　ゆだねまかす。たのむ。委託。依嘱。
【委△托・委託】イタク　ゆだねまかせる。あずけたのむ。委嘱。
【委任】イニン　ゆだねまかせる。まかせる。
【委△靡】イビ　なえしおれる。おとろえる。弱る。
【委付・委附】イフ　ゆだね渡す。まかせる。
【委吏】イリ　米穀の出し入れをつかさどる役人。倉番の役人。

(8)5
【姁】1461
△
㊀ク 遇 xǔ
㊁ク 虞 xū

字義　㊀ばば。老女。おうな。㊁やわらぎ親しむさま。

解字　篆文  形声。女＋句㊥。音符の句は、クルッと曲がるの意味。背が曲がった女、おうなの意味を表す。

(8)5
【姑】1462
標　コ　虞 gū
2440
3848

字義　❶しゅうとめ（しうとめ）。夫または妻の母。❷おば（をば）。父の姉妹。❸しばらく（且（シ・ヨ））。とりあえず。一時。「姑息」

解字　金文 　篆文  形声。女＋古㊥。音符の古は、ふるいの意味。ふるい女の意味から、夫の母、しゅうとめの意味を表す。

【姑△舅】コキュウ　しゅうとめとしゅうと。夫の父と母。
【姑娘】コジョウ・クーニャン　①むすめ。年若い女。②おば。父の姉妹。
【姑△蘇】コソ　①山名。江蘇省蘇州市の西南。別名、姑胥（コショ）また、姑余。②台の名。春秋時代に、呉王の闔廬（コウリョ）が築き、その子の夫差が越を破って得た美人の西施と遊んだところで、姑蘇山上にあった。③今の江蘇省蘇州市の旧名。〔唐、張継、楓橋夜泊詩〕姑蘇城外寒山寺（コソジョウガイのカンザンジ）、夜半鐘声到二客船一（ヤハンのショウセイ、カクセンにいたる）〈姑蘇の町はずれの寒山寺、そこでつく、夜半を告げる鐘の声が旅の船にまで響いてくる〉
【姑息】コソク　①一時のがれ。まにあわせ。②女や子供。姑は婦女、息は小児。
【姑射山】コヤサン　藐姑射山（はこやのやま）。①仙人の住むという山。②国上皇の御所。仙洞（セントウ）御所。

(8)5
【妻】1463
教 5　サイ　つま
㊀㊥セイ・㊞サイ　斉 qī
㊁㊥セイ・㊞サイ　霽 qì
2642
3A4A

筆順　ヨ　彐　妻　妻

字義　㊀つま。夫の配偶者。生きているつまを妻というのに対し死んだつまを嬪（ヒン）という。↕夫。国つま。料理のそえ物。㊁めあわす（めあはす）。嫁にやる。とつがせる。

難読　妻沼（めぬま）・妻鳥（めんどり）・妻夫（めおと）・妻（め）・妻（みょう）・妻良（めら）

解字　篆文  会意。屮＋又＋女。屮は、かんざしの象形。かんざしに手をやり、髪を整え飾る女のさまから、つまの意味を表す。妻を音符に含む形声文字に、凄（セイ）・悽（セイ）・棲（セイ）・淒（セイ）・萋（セイ）などがあり、これらは単に音符に妻を借りている漢字が多い。

▼寡妻・継妻・山妻・小妻・拙妻・嫡妻・適妻・夫妻・良妻

【妻子】サイシ・めこ　①妻と子。②妻。子は助字。
【妻子△眷属（屬）】サイシケンゾク　妻と子と親族。一家一門。
【妻女】サイジョ　①妻。②妻と、むすめ。
【妻△妾△之奉】サイショウのホウ　妻やそばめを養うに十分な費用。妻妾の生活費。〔孟子、告子上〕
【妻△嫂】サイソウ　妻と兄よめ。
【妻帯（帶）】サイタイ　妻を持つ。男が結婚すること。
【妻△孥】サイド　妻と子。孥も、妻子の意。妻帑（サイド）。

(8)5
【姍】1464
△
㊀㊥サン・㊞セン　删 shān
㊁セン　先 xiān

字義　㊀そしる。けなす。㊁❶よろめき歩くさま。なよなよと歩くさま。「姍姍」❷衣のゆれ動くさま。「便姍（ベンセン）」

解字　篆文  形声。女＋冊（删省）㊥。

(8)5
【始】1465
教 3　シ　はじめる・はじまる
シ　紙 shǐ
2747
3B4F

筆順　女　女　女　始

字義　❶はじめ。はじまり。↕終。㋐もと。おこり。起源。㋑以前。最初。❷はじめる（はじむ）。はじまる。新しくおこす。「開始」❸はじめに。はじめて。新たに。また、やっと。

名乗　とも・はる・もと　難読　始神（はじかみ）

使いわけ　はじめ・はじめる〔始・初〕
〔始〕継続する事柄の出発点。第一回。「仕事始め」
〔初〕ある期間や時間の最初の部分。「咲き初め・年の初め」
なお、動詞「はじめる・はじまる」は〔始〕、副詞「はじめて」は〔初〕を用いる。

解字　甲骨文 　金文 　篆文  形声。女＋台㊥。音符の台は、農具のすきの象形で、大地を掘りおこして柔らかにするの意味。子供から思春期を迎え、女性らしいやわらかさを迎えた、はじめの意味を表す。

▼経始・原始・事始・終始・正始・創始・年始

【始元】シゲン　はじめ。起こり。もと。始原
【始皇】シコウ　秦（シン）の第一代の皇帝。→秦始皇（元八ページ）。
【始終】シジュウ・シシュウ　①終始。㋐はじめとおわり。㋑はじめからおわりまで。②つねに。たえず。③ついに。結局。

【始祖】ソシ　初代の人。先祖。鼻祖。

【始末】シマツ　①はじめとすえ。もとどおわり。本末。始終。終始。②はじめからおわりまで。事の起こりから落着まで。顚末テンマツ。③国㋐ととのえおさめる。かたづける。処分する。㋑倹約する。

【始如処女、後如脱兎】はじめはショジョのごとく、のちにはダットのごとし　はじめは処女のようにおとなしくして敵に油断させ、のちには逃げるうさぎのように急速で、敵に防ぐ暇を与えない。最初はおとなしくしていて、後に大活躍する意にも用いる。〔孫子、九地〕

(8)5
【姉】1466　教2　シ　あね　シ　紙 zǐ　姉ねえさん　2748 3B50

筆順　女 女 妒 姉

【姊】正字

字義　❶**あね**。年上の女のきょうだい。↕妹。❷はは。生母。＝姐ソ。❸婦人を親しみ、また、尊敬してよぶ言葉。

名乗　え　難読　姉体あねたい

解字　篆文　形声。女＋市（𠂔）音。音符の𠂔シは、進に通じ、先にすすむの意味。先に生まれた女性、あねの意味を表す。𠂔の字形そのものが意味するものはよくわからないが、のち、市の形をとるようになった。

▼大姉

【姉姉】シシ　①乳母。②生母。③あね。

【姉妹】シマイ　①あねと、いもうと。②女のきょうだい。③あそび め。遊女。妓女ギジョ。④国同じ系統でたがいに類似点を持つ二つ、または二つ以上のもの。「姉妹編」

(8)5
【姒】1467　△　漢シ　呉ジ　紙 sì

字義　❶**あによめ**。兄の妻。「姒婦ジフ」❷あね。特に、一緒に同じ夫のもとに嫁いだ姉。

解字　形声。女＋以音。

(8)5
【妾】1468　標　ショウ（セフ）葉 qiè　3010 3E2A

字義　❶めかけ。そばめ。側室。正妻以外の夫人。「妻妾」❷高貴な人の身辺の世話をする女性。こしもと。侍女。❸**わらわ**。わたし。婦人がへりくだって言う自称。

解字　甲骨文　金文　篆文　会意。辛＋女。辛は、針の象形で、入れ墨の意味。貴人に近づき奉仕する入れ墨をほどこされた女性、こしもとの意味を表す。

【妾婦】ショウフ　そばめ。こしもと。

【妾腹】ショウフク　そばめの生んだ子。妾出。

【妾媵】ショウヨウ　そばめ。媵は、嫁に付きそって夫の家に入ったそばめ。

(8)5
【姓】1469　常　セイ・ショウ　漢セイ・呉ショウ（シャウ）敬 xìng　3211 402B

筆順　女 女 女 姓 姓

字義　❶**かばね**。血統や家系の由来を示す呼称。氏が家がらを表すのに対する。みょうじ。❷うじ。家がらを表す名称。漢以後、氏と混同して用いられている。❸うむ。また、子。＝生。❹やから。うから。家族。一族。❺人民。「百姓」国**かばね**。古代、家がらの尊卑と世襲の官職とを表した名称。臣おみ・連むらじ・稲置いなぎ・真人まひと・朝臣あそみなど。

名乗　うじ

解字　金文　篆文　形声。女＋生音。音符の生は、うまれるの意味。人が母から生まれたところの意味から、かばねの意味を表す。金文は、人＋生音。

▼素姓・俗姓・族姓・百姓・複姓・名姓

【姓系】セイケイ　氏族の系統。系図。系譜。

【姓氏】セイシ　姓かばねと氏うじ。→字義の①②・名字（一九一ページ）。

【姓字】セイジ　①名字と、あざな。②姓名。〔晋、陶潜、五柳先生伝〕不レ詳ニ其姓字一そのセイジをつまびらかにせず。

【姓名】セイメイ　姓と名。名姓。⇩コラム・姓名の慣習（二八〇ページ）。

【冒レ姓】セイをおかす　他の姓を名のる。

(8)5
【姐】1470　△　シャ　馬 jiě　慣ソ　1625 3039

字義　❶**あね**。女のきょうだいのうちの年長者。❷はは（母）。❸女子の通称。また、女性の名の下につけて、親愛の意を表す。「小姐」国**あねご**。

解字　篆文　形声。女＋且音。音符の且ショは、つみ重ねるの意味。年を重ねた女性、はは・あねの意味を表す。

【姐御】あねご　国親分の妻。また、女親分。

(8)5
【妲】1471　△　漢タツ・呉タチ　曷 dá　慣ダツ　5307 5527

字義　女のあざな。妲己ダッキは、殷イの紂王チュウオウの妃きさきで、紂王と酒池肉林にふけるなど悪行多く、殷が滅びるもとを作ったといわれる。

解字　篆文　形声。女＋旦音。

(8)5
【妬】1472　標　漢ト　呉ツ　遇 dù　3742 454A

【妒】同字

字義　**ねたむ**。やく。やきもちをやく。他の男女の仲をにくむ。また、他人のよいところをうらやみ憎む。「嫉妬シット」

解字　篆文　形声。女＋石音。音符の石セキ＝トは、貯に通じ、積もりたくわえられるの意味。婦人の夫に対する積もった感情、ねたみの意味を表す。

【妬忌】トキ　ねたみ、いやがる。嫉妬シットする。

【妬猜】トサイ　ねたむ。そねむ。ねたみ。

【妬婦】トフ　ねたみ深い女性。やきもちやきの女性。

(8)5
【妺】1473　△　漢バツ・呉マチ　曷 mò　慣マツ

字義　女性のあざな。妺嬉（妺喜・末喜）バッキ・マッキは、夏カの桀王ケツオウの妃きさき。桀王と共に日夜、遊楽にふけり、夏の滅ぶもとをなしたといわれる。

参考　〔妹マイ〕は別字。

解字　形声。女＋末音。

(8)5
【姆】1474　△　㊀漢ボ・呉モ　麌　㊁漢ボウ・呉モ　宥 mǔ　5308 5528

字義　㊀❶**うば**（乳母）。めのと。また、付きそって婦道を教える婦人。❷あによめ。

参考　現代表記では〔母〕(3848)に書きかえることがある。「保姆→保母」

解字　篆文　形声。女＋母（毋）音。音符の毋は、母に通じ、ははの意味。母にかわって幼児を養育する女性、うばの意味を表す。

(8)5
【妹】1475　教2　マイ　いもうと　漢バイ・呉マイ　隊・泰 mèi　4369 4B65

筆順　女 女 奸 妹

字義　❶**いもうと**。いもと。年下の女のきょうだい。↕姉。「姉妹」❷年下の女性や妻を親しんでいうことば。

難読　妹兄いもせ・妹背牛もせうし・妹背山いもせやま・妹尾せのお

参考　〔妺バツ〕は別字。

解字　甲骨文　金文　篆文　形声。女＋未音。音符の未は、まだ若いの意味。まだ小さい、いもうとの意味を表す。

▼外妹・姉妹

【妹妹】マイマイ　①よめ。また、妻。②妹。

(9)6
【娃】1476　△　漢アイ　呉エ　佳 wá　1603 3023

字義　❶**うつくしい**うつくし。みめよい。❷美女。たおやめ。

解字　篆文　形声。女＋圭音。音符の圭ケイは、佳に通じ、美しい人の意味。うつくしい女性の意味を表す。

姓名の慣習

姓　〈姓〉はもともと同じ血筋であることを表す名称であり、〈氏〉はその姓の中が居住地や職業・身分などによって枝分かれした家柄を表す名称であって、姓と氏とは本来区別して用いられていた。しかし、漢代以後は混同して姓・氏ともに血統や家系の由来を示す呼称として使われている。

中国の姓は、盛唐の詩人李白や杜甫の李・杜のように一字の〈単姓〉が圧倒的に多く、前漢の史家司馬遷の司馬、三国時代の蜀の宰相諸葛亮の諸葛、唐代の名筆欧陽詢の欧陽などのような二字からなる〈複姓〉は数が少ない。

現在『中国姓氏彙編』（一九八四年刊）には、五千七百三十の姓が収められ、このうち二千七十七のものがよく見られる姓として用いられていると記されている。十万以上もあるとされる日本の姓に比較すると、中国の姓は、その数は大変に少ないといえる。

日本で最も多い姓は、鈴木に佐藤に田中であるといわれているが、中国には、「張王李趙遍地劉（張・王・李・趙・劉の五大姓が至るところにあふれ流れている）」ということばがある（劉は流と掛けことば）。一九八七年の調査では、李が総人口の七・五％を占めて一位の王（七・四％）、三位の張（七・一％）をおさえた。李姓だけでも一億人近い人口があることになり、ほとんど日本人全部が同じ姓を名乗っているのと同じことになる。

中国では、女性は結婚しても夫の姓を名乗らずに、自分の実家の姓のままである。孫文の夫人は宋慶齢、その妹の宋美齢は蔣介石夫人、また鄧穎超は周恩来夫人である。このように夫婦は別姓であるが、生まれた子は一般に父の姓を名乗ることになる。また、中国では、先祖を同じくする者、すなわち姓が同じ者とは結婚しない「同姓不婚」「同姓を娶らず」という習慣が古くからあり、現在でも法律で禁じられてはいないのに、同姓間の結婚は少ないといわれる。

名　〈名〉は、生まれた時に親が付けるもので、一般に男女ともに漢字一字または二字を用い、三字以上のものは少数民族の間などに見られる。名に用いられる文字に男女の区別はあまり顕著には見られないが、女性の名には女偏や玉偏の文字、また美・静・淑・香などの女性らしさを表す文字、華・桃・蓮・燕・月・雪・霞などの花鳥風月を表す文字がよく用いられている。

幼い子どものころだけに用いる〈幼名〉（小名・乳名ともいう）という一種の愛称がある。この幼名を付ける風習はすでに漢代からあり、前漢の司馬相如は犬子といい、三国時代蜀の後主劉禅は阿斗、魏の曹操は阿瞞、唐の玄宗も同じく阿瞞といった。「阿」は親愛感を表す。日本で、女性の名に「お」を付けて愛称とする類。「瞞」は目の形容に用いる語だが、幼児の目に特徴があったのであろうか。あるいはちょっとした言動とか、幼名はそういう些細なことから付けられることが多い。

幼児が成長して学齢に達し勉学が始まると、正式の名で呼ぶようになる。これを〈学名〉とか〈大名〉という。

字　〈字〉は、男子が二十歳の成人に達した時に、生まれた時に付けた〈名〉とは別に付ける呼び名である。自分が他人に対して自分自身の名をいう時、および目上の人（君主・親・師）が目下の者（臣下・子・弟子）を呼ぶ時には名を用いるが、それ以外の場合には、この字を用いて呼ぶことが礼儀とされた。

字は、名と意味上関連のある文字を用いることが普通であり、たとえば杜甫は、甫というのが男子の美称なので、子美という字が付けられた。

号　〈号〉は、居住地や書斎などにちなんで付けた名で、雅名・雅号・ペンネームといったところのものである。昔の士大夫階級の人々や文人は、自分の官職や住んだ土地の名にちなむもの、趣味あるいはその志を表す語などをも好んで号に用いたので、いろいろな号が多く用いられるようになった。中唐の詩人白居易（字は楽天）の号は酔吟先生、また香山居士。香山は白居易が住んだ洛陽の地の山名にもとづく。

排行　何世代もの親族が一つ屋敷の中に生活する大家族制度の中国にあっては、〈排行〉による呼称が用いられた。排行とは、同姓の一族の同じ世代に属する兄弟・姉妹、従兄弟・従姉妹を、年齢順に男女別にして番号をつけて、某大（一番めには大を用いる）・某二・某三などと呼んで、その通称とするものである。たとえば、杜甫を杜二拾遺ともいうのは、杜甫の排行が二番めで左拾遺の官にあったからである。白居易は白二十二郎、かれと親交を結び「元白」と並称される詩人元稹（字は微之）は元九と呼ばれている。

諡・諱　〈諡〉（贈り名）は、死後その人の生前の功績にもとづいて付けられる名で、諡号ともいう。たとえば、春秋時代の思想家孔子（名は丘、字は仲尼）は文宣王、宋代の文人蘇軾（字は子瞻）は文忠と贈り名されている。

〈諱〉とは生前の〈名〉で、在世中はこの名で呼ぶが、死後には遠慮して生前の名を忌みはばかって用いない。代わっては諡を用いることになる。

以上に挙げた人物の姓名・字・号・諡をまとめて掲げる。

姓	名	字	号	諡
孔	丘	仲尼		文宣王
諸葛	亮	孔明		忠武
李	白	太白	青蓮居士	
杜	甫	子美	少陵野老・杜陵布衣	
白	居易	楽天	酔吟先生・香山居士	
蘇	軾	子瞻	東坡居士	文忠

(9)6 【威】1477 常 イ　イ（ヰ） 微 wēi　1650 3052

筆順 丿 厂 厈 威

字義 ❶たけし。強い。いかめしい。おごそか。「威厳」 ❷おどす。おどかす。恐れさす。「威嚇カク」 ❸おそれる。おそろしい。おそれ。 ❹いきおい。ちから。人を従わせる力。威光。権勢。「権威」

名乗 あきら・たか・たけ・たけし・たける

解字 金文 篆文 会意。女＋戊。戊は、大きなおのの象形。おので女性をおどすさまから、おどすの意味を表す。

▼王威・恩威・脅威・権威・厳威・示威・武威・猛威

【威圧（壓）】イアツ 威勢・威力によって相手の活動をおさえること。

【威嚇】イカク おどす。おどかす。「威嚇射撃」

【威儀】イギ ①おごそかでいかめしい態度。重々しい挙動。②礼法にかなった、りっぱな動作。③礼の細則。礼儀作法上のこまかなきまり。

【威厳（嚴）】イゲン おごそかなこと。いかめしいこと。

【威光】イコウ 人におそれとうやまう気持ちを起こさせる力。おかしがたい気品。

【威信】イシン 威光と信用。貫禄カンロク。重み。

【威神】イシン 重みがあって奥ゆかしいこと。気高さ。

【威勢】イセイ ①人をおそれさせる力。たけく勇ましい勢い。②いきおい。

【威徳】イトク ①おごそかでおかしがたい徳。②威と徳。刑罰と恩恵。威沢。

【威武】イブ ①権力と武力。〔孟子、滕文公下〕威武不レ能レ屈イブモクッすることあたわず ②強く勇ましい力。

【威風】イフウ おごそかでおかしがたいようす。威容。「威風堂堂」

【威服】イフク ①おどかして服従させる。②おそれ従う。

【威望】イボウ 威光と人望。貫禄カンロクと信望。

【威容】イヨウ ＝威風。

【威△稜】イリョウ みいつ。天子の威光。稜威。威霊。

【威力】イリョク 人をおそれ従わせる力・勢い。

【威令】イレイ ①威光と命令。②おごそかな命令。部下に徹底する命令。

【威霊（靈）】イレイ いかめしく尊い、ふしぎな力。神霊の威光。

【威烈】イレツ さかんな威光。

(9)6 【姨】1478 △ イ 囡 yí　5309 5529

字義 ❶おば。母の姉妹。 ❷妻の姉妹。一説に、妻の妹。

難読 姨捨おばすて

解字 篆文 形声。女＋夷㊥。音符の夷イは、弟に通じ、年下のおとうとの意味。妻の妹の意味から、一般に妻の姉妹の意味を表す。

【姨父】イフ 母の姉妹の夫。姨夫。

【姨母】イボ おば。母の姉妹。

(9)6 【姻】1479 常 イン　イン 眞 yīn　1689 3079

筆順 女 如 姻 姻

【婣】古字

字義 ❶えんぐみ。よめいり。結婚。「婚姻」 ❷みうち。結婚によってできた親族。親類。縁者。「姻戚セキ」

解字 篆文 形声。女＋因㊥。音符の因は、より親しむの意味。女性がより親しむ婿の家の意味や、とつぐの意味を表す。

▼婚姻・締姻・連姻

【姻家】インカ 縁組みした家。縁組みによってできた親族。みうち。親類。姻戚。姻族。姻類。

【姻△媾】インコウ 親類の間で結婚すること。

【姻親】インシン 婚姻関係で成立した親類。親族。

【姻△戚】インセキ ＝姻家。「姻戚関係」

(9)6 【姶】1480 △ オウ（アフ） 合 è　1608 3028

字義 ❶女性の字あざな。 ❷うつくしいさま。みめよいさま。 ❸しずか。

難読 姶罪あいの・姶良あいら

解字 篆文 形声。女＋合㊥。

(9)6 【姱】1481 △ 〔一〕漢カ（クワ）・呉ケ 麻 kuā 〔二〕漢コ・呉ゴ 麌

字義 〔一〕❶おごるさま（奢）。 ❷うつくしいうつくし。みめよい。 ❸大きい。〔二〕うつくしい。みめよい。

解字 形声。女＋夸㊥。音符の夸カは、おごるの意味。ほこらしげに美しい女性の意味を表す。

(9)6 【姦】1482 標 漢カン 呉ケン 刪 jiān　2015 342F

【姧】同字

字義 ❶よこしま。＝奸カン。わるい。心がねじけて正しくない。また、その者。 ❷いつわる。わたくしする。盗む。 ❸みだす。おかす。 ❹みだれ。内乱。また、外敵。 ❺みだら。淫行コウ。男女関係の正しくないこと。「姦通」

国 かしましい かしまし。やかましい。

解字 金文 篆文 会意。女＋女＋女。女性がひしめくさまから、みだら・よこしまの意味を表す。

【姦淫】カンイン 男女のみだらな（不正な）交わり。

【姦回】カンカイ よこしま。また、悪人。回は、よこしま。奸回カンカイ。

【姦△猾】カンカツ わるがしこい。また、その者。猾は、わるがしこい。

【姦軌・姦△宄】カンキ よこしまな。また、悪人。姦回。

【姦凶・姦△兇】カンキョウ わるもの。悪人。奸凶カンキョウ。

【姦曲】カンキョク よこしま。心がねじけて正しくないこと。奸曲カンキョク。

【姦計】カンケイ わるだくみ。姦策。奸計カンケイ。

【姦△狡】カンコウ わるがしこい。狡は、ずるい意。

【姦詐】カンサ わるがしこく、いつわりが多い。

【姦才】カンサイ 悪知恵。姦知。奸才カンサイ。

【姦策】カンサク わるだくみ。姦計。奸策カンサク。

【姦邪】カンジャ よこしま。不正。奸邪カンジャ。

【姦臣】カンシン よこしまな家来。不正な臣下。奸臣カンシン。

【姦知・姦△智】カンチ 悪知恵。よこしまな知恵。奸知カンチ。

【姦通】カンツウ 夫のある女性が他の男と密通すること。転じて、男女が不倫の関係を結ぶこと。

【姦△佞】カンネイ 心がねじけていて人にへつらうこと。また、その者。奸佞カンネイ。

【姦夫】カンプ ①わるもの。②他人の妻に密通する男。まおとこ。

【姦婦】カンプ 夫以外の男性と密通する女性。

【姦雄】カンユウ 悪知恵にたけた英雄。奸雄カンユウ。「乱世之姦雄」

【姦吏】カンリ 不正な役人。不正を行って私利をはかる役人。奸吏カンリ。

(9)6 【姜】1483 △ 漢キョウ（キャウ） 呉コウ（カウ） 陽 jiāng　5310 552A

字義 ❶川の名。姜水。岐水の別名。源は陝西セン省の岐山。太公望呂尚リョショウは姜姓で、斉に封じられた。後、斉の姓となる。 ❷姓。 ❸しょうが（生姜）。生薑セイキョウ・ショウガ。薑キョウの俗用。

解字 金文 篆文 形声。女＋羊㊥。

(9)6 【姸】1484 標 ゲン 慣ケン 先 yán　[姸] 5311 552B

【妍】俗字

字義 うつくしい うつくし。あでやか。清らか。

解字 篆文 形声。女＋幵㊥。音符の幵ケンは、みがくの意味。みがかれた女性、うつくしいの意味を表す。

【姸△媸・姸△蚩】ケンシ ＝姸醜。↓次項。

【姸醜】ケンシュウ 美しいことと、みにくいこと。美醜。

【妍麗】(ケンレイ) 美しい。きれい。あでやか。
【争(爭)レ妍】(ケンをあらそう(ふ)) 美しさを争う。美をきそう。

(9)6
【姤】1485 △ 漢コウ 呉ク 宥 gòu

字義 ❶あう(遇)。出会う。「邂逅(カイコウ)」 ❷うつくしい。みめよい。 ❸易(エキ)の六十四卦(カ)の一つ。☰☴巽下乾上(ソンカケンショウ)。女性の勢いのさかんなかたち。

解字 篆文 形声。女＋后㊅。音符の后は、厚に通じ、あついの意味。女性の女性らしさが厚い、みめよいの意味を表す。

(9)6
【姣】1486 △ 一 漢コウ(カウ) 呉キョウ(ケウ) 㓁 jiāo (jiǎo)
二 漢コウ(カウ) 呉ギョウ(ゲウ) 効看 xiáo

字義 一❶うつくしい。みめよい。なまめかしい。 ❷あなどる(侮)。 二みだら(淫)。淫乱(インラン)。

解字 篆文 形声。女＋交㊅。音符の交は、人がすねを組む形で、まじわるの意味。女性が足組みなどして、一種の媚態(ビタイ)を示す意味から、うつくしい・みだらの意味を表す。

(9)6
【姮】1487 △ 漢コウ 呉ゴウ 蒸 héng

字義 姮娥(コウガ)は、月の別名。また、月世界に住むという美人の名。中国古代の伝説によれば、姮娥はもと羿(ゲイ)の妻で、夫が西王母から得た不死の薬を盗んで飲み、仙女(センニョ)となって月に逃げ、月の精になったという。嫦娥(ジョウガ・コウガ)。＝嫦(ジョウ・コウ)。

参考 漢代、文帝の名の恒をさけ、姮を嫦と書いた。

解字 形声。女＋亘㊅。音符の亘(コウ)は、月が空を渡るの意味。月の世界に住む女性の意味を表す。

(9)6
【姿】1488 教6 シ すがた　2749 3B51
(9)6
〔姿〕1489 一シ 支 zī　二シ 寘 zì

筆順 冫 次 姿

字義 一❶すがた。㋐からだつき。「容姿」 ㋑みなり。なりふり。風采。「風姿」 ㋒ようす。おもむき。態度。 ❷もと。たち。天分。素質。＝資。 二こびる。しなを作る。

名乗 かた・しな・たか

解字 篆文 形声。女＋次㊅。音符の次は、リラックスするの意味。リラックスしたときの女性のさまざまなすがたの意味から、一般に、すがたの意味を表す。

▼英姿・聖姿・天姿・風姿・妙姿・勇姿・雄姿・容姿・令姿・麗姿

【姿質】(シシツ) (外面的な)姿かたちと、(内面的な)性質。
【姿色】(シショク) すがたと器量。姿かたちと、顔の美しさ。
【姿勢】(シセイ) 体の構え。体つき。転じて、態度・やり方。
【姿体(體)】(シタイ) すがた。かたち。
【姿態】(シタイ) すがた。体つき。姿体。
【姿媚】(シビ) しなを作ってこびる。

(9)6
【姝】1490 △ 一シュ 虞 shū　二チュ 虞

字義 一二❶うつくしい。みめよい。 ❷すなおにつき従うさま。また、ういういしいさま。

解字 篆文 形声。女＋朱㊅。音符の朱は、あかいの意味。ほほくれないに、みめよい女性の意味を表す。

(9)6
【娀】1491 △ シュウ(シウ) 東 sōng 慣ジュウ(ジウ)

字義 有娀(ユウジュウ)は、昔の国名。その国の娘の簡狄(カンテキ)は、帝嚳(テイコク)の妃(きさき)で、玄鳥(つばめ)の卵をのんで、殷(イン)の国の始祖の契(セツ)を生んだという。〔史記、殷本紀〕

解字 甲骨文 篆文 形声。女＋戎㊅。

(9)6
【姪】1492 標 漢テツ 呉デチ 屑 zhí　4437 4C45
〔侄〕俗字

字義 ❶めい。㋐女子から見て、兄弟の子。↔甥(セイ)(姉妹の子)。 ㋑男子から見て姉妹の子。 ❷おい。兄弟の男の子。 国めい。兄弟姉妹の娘。

解字 甲骨文 金文 篆文 形声。女＋至㊅。音符の至(シ＝テツ)は、迭(テツ)に通じ、かわるがわるするの意味。嫁ぐ女性についてゆき、その女性にかわってかわるがわる仕事を分担する女性、つきそいの意味から、転じて、めいの意味を表す。

【姪孫】(テッソン) おいの子。兄弟の孫。

(9)6
【姙】1493 △ ニン 妊(1454)と同字。→二七七ページ。　5312 552C

(9)6
【姥】1494 標 漢ボ 呉モ 麌 mǔ　1724 3138

字義 ❶うば。また、ばば。年老いた女性。老婦。 ❷はは。年老いた母。老母。

解字 会意。女＋老。老いた女性、ばば・うばの意味を表す。

(9)6
【姚】1495 △ ヨウ(エウ) 蕭 yáo　5313 552D

字義 ❶うつくしい。みめよい。 ❷はるか。＝遥(ヨウ)。

解字 篆文 形声。女＋兆㊅。

【姚江】(ヨウコウ) 川の名。浙江(セッコウ)省余姚市の南を流れる。明(ミン)の学者、王陽明(余姚の出身)の学派を姚江学派という。
【姚秦】(ヨウシン) 晋代(シンダイ)、五胡(ゴコ)十六国の一つ。姚萇(ヨウチョウ)の建てた秦の国。後秦。
【姚鼐】(ヨウダイ) 清(シン)の学者・文章家。字(あざな)は姫伝(キデン)・夢穀(ボウコク)、号は措抱。安徽(アンキ)省桐城(トウジョウ)の人で、桐城学派の中心人物。古文に精通し、著に『古文辞類纂(コブンジルイサン)』がある。(一七三一—一八一五)
【姚冶】(ヨウヤ) 容姿が美しくなまめかしい。妖冶(ヨウヤ)。

〔要〕→襾部 九八八ページ。　〔耍〕→襾部 八九一ページ。

(10)7
【娥】1496 △ ガ 歌 é　5314 552E

字義 ❶うつくしい。みめよい。また、美人。 ❷月の別名。→娥影。

解字 甲骨文 篆文 形声。女＋我㊅。音符の我は、ぎざぎざのあるおのの象形。ぎざぎざの髪かざりをつけた、みめよい女性の意味を表す。

【娥影】(ガエイ) ①月の光。つきかげ。娥は姮娥(コウガ)のこと。姮娥は、中国古代の伝説で、月に住むという美人の名。月の別名にも用いる。 ②鏡にうつる美人のかげ。月中の姮娥にたとえていう。
【娥娥】(ガガ) 女子の顔の美しい形容。
【娥皇】(ガコウ) 中国古代の伝説で、舜(シュン)の妻となった堯(ギョウ)の娘。妹の女英とともに舜に嫁ぎ、よく舜につかえ、舜の死後、姉妹共に湘江(ショウコウ)に身投げして死んだという。〔列女伝、一〕
【娥眉】(ガビ) 美しいまゆ。転じて、女性の顔の美しいさま。蛾眉(ガビ)。
【娥眉山】(ガビサン) →峨眉山(ガビサン)(三三三ページ)。

(10)7
【姫】1497 常 ひめ　4117 4931
(10)7
〔姬〕1498 一イ 支　二キ 支 jī 慣キ

筆順 女 女 姫 姫

字義 一❶ひめ。㋐天子のむすめ。㋑女子の美称。 ❷きさき。皇后。王妃。 ❸そばめ。「姫妾(キショウ)」 二姓。 ❶中国古

代の王、黄帝の姓。姫水のほとりにいて姫を姓とした。❷周の王室の姓。姫は、あと(跡)の意で、周の先祖の后稷(コウショク)は、母が巨人の足跡を踏んで生んだ子なので、姫を姓とした。国 ひめ。㋐女子の名にそえる美称。↕ひこ(彦)。㋑貴人の娘。㋒小さくて愛らしいものにつけることば。「姫百合(ひめゆり)」

解字 金文 篆文 形声。女＋𦣝(音)。金文でわかるように、音符の𦣝(イ)は、二つの乳の象形。子を養い育てることのできる女性、ひめの意味を表す。常用漢字の姫は、もと別字で、音シン、つつしむの意味であるが、姫の新字体として用いる。

▼愛姫・幸姫・美姫・舞姫

【姫△姜】(キキョウ) ①大国の姫君。また、宮中の婦人。姫は周の姓、姜は斉の姓、共に大国であるからいう。②美女。姫は黄帝の姓、姜は炎帝の姓で、この二つの姓の者に美女が多かったからいう。

【姫周】(キシュウ) 周王朝のこと。姫は周の王室の姓。

【姫△妾】(キショウ) そばめ。姫媵(キヨウ)。

(10)7 【娟】1499 △ 一エン(エン) 先 juān 二漢ケン・呉ゲン 先 juān　5315 552F

【𡛷】俗字

字義 一❶あでやか。美しい。また、姿の美しいさま。「嬋娟(センエン)」❷曲がりうねるさま。二美しいさま。みめよいさま。少し曲がるさま。また、かすかで遠いさま。

解字 文 篆 形声。女＋肙(音)。音符の肙(エン)は、細く小さいの意味を表す。細くてしなやかな女性、あでやかの意味を表す。

【娟娟】(ケンケン・エンエン) ①美しいさま。美しく清らかなさま。②(エンエン) ㋐かすかで遠いさま。㋑しなやかに舞うさま。

【娟好】(ケンコウ・エンコウ) みめうるわしい。器量がよい。娟秀(ケンシュウ)。

(10)7 【娯】1500 常 ゴ　2468 3864

(10)7 〔娛〕1501 ゴ 遇 yú

筆順 女 如 娯 娯

字義 たのしむ。たのしませる。また、たのしい。たのしみ。「歓娯」

解字 文 篆 形声。女＋呉(音)。音符の呉は、人が舞い楽しむ形にかたどり、たのしむの意味。呉が国名として用いられたため、女を付し、区別した。

▼歓娯

【娯△嬉・娯喜】(ゴキ) たのしみよろこぶ。

【娯楽(樂)】(ゴラク) 笑い興じてたのしむ。また、たのしみ。悦楽。愉楽。

(10)7 【娑】1502 標 一サ 歌 suō 二サ 哿 suǒ 慣シャ　5316 5530

字義 一まう(舞)。また、舞うさま。「婆娑(バサ)」二仏梵語(ボンゴ) sa の音訳字。

解字 文 篆 形声。女＋沙(音)。

【娑婆】(サバ) ①舞うさま。婆娑。②(シャバ) ㋐仏梵語(ボンゴ) sahā の音訳。人間がいろいろの苦悩を堪え忍んでいる所の意で、この世。現世。㋑国刑務所や軍隊などからみて、外部の自由な世界。

【娑羅双(雙)樹】(サラソウジュ・シャラソウジュ) →沙羅(サラ)・沙羅双樹(六二〇ページ)。

(10)7 【娤】1503 △ ショウ 妝(1450)と同字。→二七六ページ。

(10)7 【娘】1504 常 むすめ 漢ジョウ(ヂャウ) 呉ニョウ(ニャウ) 陽 niáng　4428 4C3C

筆順 女 女 娘 娘

字義 ❶むすめ。少女。❷はは(母)。＝孃。↕爺(ヤ)(父)。❸婦人の通称。

参考 中国では一般に娘は孃の略字として用いられるが、日本では娘はむすめ、孃はその敬称に用いる。

解字 会意。女＋良。良い女、むすめの意味を表す。

▼花娘・秋娘・令娘・老娘

【娘子】(ジョウシ) ①むすめ。若い女。少女性。②婦女。婦人。③母。④妻。

【娘娘】(ジョウジョウ) ①母。②皇后。王妃。③(ニャンニャン・ジョウジョウ) 子を授けるという女神。「娘娘廟(ニャンニャンビョウ)」

(10)7 【娠】1505 常 シン 一シン 真 shēn　3117 3F31

筆順 女 女 娠 娠

字義 ❶はらむ。みごもる。腹に子を宿す。「妊娠」❷うごく(動)。

解字 文 篆 形声。女＋辰(音)。音符の辰(シ)は、ふるえるの意味。身ごもった子が動くの意味から、みごもるの意味を表す。

▼妊娠

(10)7 【娜】1506 △ 漢ダ 呉ナ 哿 nuó　[娜] 5317 5531

字義 しなやか。たおやか。なよなよとして美しいさま。

解字 形声。女＋那(音)。

(10)7 【娣】1507 △ 漢テイ 呉ダイ 薺 dì

字義 いもうと(妹)。㋐女兄弟のうちの年少者。㋑同じ夫に仕える妻妾(サイショウ)のうちの年少者。㋒そばめ。側室。㋓弟の妻。おとうとよめ。

解字 文 篆 形声。女＋弟(音)。音符の弟は、おとうとの意味。女性の年少者、いもうと・側室・弟嫁の意味を表す。

【娣△姒】(テイジ) 一緒に同じ夫のもとにとついだ妹と姉。

【娣△妾】(テイショウ) 側室。そばめ。

(10)7 【娚】1508 △ ドウ 嬲(ドウ)(1553)の俗字。→二六六ページ。　5319 5533

難読 娚杉(めおとすぎ)

(10)7 【娓】1509 △ 漢ビ 呉ミ 尾 wěi

字義 ❶したがう(従)。すなお。❷美しい。❸つとめる(勉)。❹娓娓(ビビ)は、話がながと続いて飽きないさま。

解字 文 篆 形声。女＋尾(音)。

(10)7 【娉】1510 △ 一漢ヘイ 呉ヒョウ(ヒャウ) 敬 pìn 二漢ホウ(ハウ) 呉ヒョウ(ヒャウ) 庚 pīng　5318 5532

字義 一❶とう(問)。たずねる。❷めす。よぶ。＝聘(ヘイ)。❸めとる。嫁にもらう。二うつくしいさま。「娉婷(ホウテイ)」

解字 文 篆 形声。女＋甹(音)。音符の甹(ヘイ)は併(併)に通じ、あわせるの意味。女を男にあわせる、めとるの意味や転じて、問うの意味を表す。

(10)7 【娩】1511 標 一漢バン・呉マン 阮 wǎn 二漢ベン・呉メン 銑 miǎn　[娩] 4258 4A5A

字義 一二❶うむ。子を生む。「分娩」❷こびる。しなをつくる。❸おどる。とびはねる。

解字 形声。女＋免(音)。音符の免は、新生児の生まれる形にかたどり、娩の原字。免が、まぬがれ出るの意味に用いられるようになったため、女を付し、区別した。

【娩痛】(ベンツウ) お産のときの腹のいたみ。陣痛。

(10)7 【娾】1512 国字 △

字義 **こなみ**。先にめとった妻。前妻。本妻。↔嫐うわなり(後妻)。

解字 会意。女＋君。君は、かしらの意味。一夫多妻の時代に、かしらとなる妻、前妻の意味を表す。また、君は、コ＋ナ＋口と分解でき、このコナとキミのミで、コナミの読みをも含ませた造字であろう。

(11)8 **【婀】** 1513 △ア 圏 ē.ě 5320 5534

［娿］同字

字義 **しなやか**。たおやか。女子の姿が弱々しく美しいさま。「婀娜ダ」

解字 篆文 形声。女＋阿㊨。

【婀△嬌】アキョウ しなやかで美しい姿。なまめかしい体つき。また、その人。美人。

【婀△娜】アダ 体つきのしなやかで美しいさま。たおやか。

(11)8 **【婭】** 1514 △ア 禡 yà

字義 ❶**あいむこ**あひむこ。自分の妻の姉妹の夫。❷こびる。

解字 形声。女＋亞㊨。

(11)8 **【婬】** 1515 △イン 侵 yín 5321 5535

字義 ❶**みだら**。男女間の交わりの正常でないこと。＝淫イン。❷たわむれる。楽しみ遊ぶ。

参考 熟語は淫(4069)を見よ。→六四三ページ。

解字 篆文 形声。女＋㸒㊨。音符の㸒インは、むさぼり求めるの意味。異性をむさぼり求める、みだらの意味を表す。

(11)8 **【婉】** 1516 標 漢エン(ヱン) 呉オン(ヲン) 阮 wǎn 5322 5536

字義 ❶**したがう**。また、すなお。おとなしい。柔順。❷**しとやか**。ものごしが静かで上品なこと。❸うつくしい。みめよい。若くて美しい。「妖婉ヨウエン」❹したしむ。親愛。❺遠まわし。露骨でない。「婉曲」❻めぐる。まとう。また、曲がる。

解字 篆文 形声。女＋宛㊨。音符の宛エンは、身をしなやかに曲げるの意味。しなやかで美しい女性の意味を表す。

【婉婉】エンエン ①素直なさま。②しなやかなさま。③美しいさま。④曲がりくねるさま。

【婉曲】エンキョク ①柔らかで、かどがないこと。②遠まわしに言うこと。「婉言」

【婉然】エンゼン 素直で美しいさま。しとやかなさま。

【婉転(轉)】エンテン まといからまる。また、めぐりくねる。宛転エンテン。

【婉容】エンヨウ しとやかな姿。やさしい態度。

【婉麗】エンレイ しとやかで美しい。

【婉△孌】エンレン ①年若くて美しい。②愛したう。

(11)8 **【婚】** 1517 常 コン 2607 3A27

筆順 女 妃 㛅 婚

コン 元 hūn

［㛰］同字

字義 **えんぐみ**。よめとり。むことり。また、縁組みする。夫婦になる。「婚礼」「結婚」

解字 金文 篆文 形声。女＋昏㊨。音符の昏コンは、日ぐれの意味。結婚式が日ぐれに行われたところから、えんぐみの意味を表す。

▼結婚・合婚・重婚・成婚

【婚姻】コンイン 夫婦になること。縁組み。結婚。

【婚期】コンキ ①よめ入りの年ごろ。②結婚の時期。

【婚儀】コンギ 結婚の儀式。結婚式。婚礼。

【婚△媾】コンコウ 結婚。また、結婚をしている間がら。婚は、新しい縁組み。媾は、親族との縁組み。

【婚約】コンヤク 縁組みのとりきめ。結婚の約束。

【婚礼(禮)】コンレイ 結婚式。婚儀。

(11)8 **【婇】** 1518 △サイ 賄 cǎi

字義 女のあざな。国**うねめ**。**うねべ**。采女。㋐姓氏。㋑昔、天皇の食事に奉仕した女官。

解字 形声。女＋采㊨。

(11)8 **【婥】** 1519 △シャク 覚 chuò

字義 **うつくしい**。みめよい。なよなよとして美しい。＝綽シャク。「婥約」

解字 篆文 形声。女＋卓㊨。

(11)8 **【娶】** 1520 標 漢シュウ(シウ) 呉シュ 遇・麌 qǔ 5324 5538

字義 **めとる**。妻を迎える。「嫁娶」

解字 篆文 形声。女＋取㊨。音符の取は、とるの意味。女性をめとるの意味を表す。

(11)8 **【娵】** 1521 △ 一ソウ 宥 二漢シュウ(シウ)・呉シュ 虞 jū 5323 5537

字義 一優美な女性。美女。二娵訾シュシは、星宿(星座)の名。国**よめ**。息子の妻。また、結婚した女性。

解字 形声。女＋取㊨。

11(8) **【娼】** 1522 標 ショウ(シャウ) 陽 chāng 3011 3E2B

字義 **あそびめ**。**うたいめ**うたひめ。遊女。＝倡ショウ。

参考 熟語は倡(293)を見よ。→九一ページ。

解字 形声。女＋昌㊨。音符の昌ショウは、唱に通じ、うたうの意味。うたいめの意味を表す。

【娼家】ショウカ 娼妓ショウギをおいて遊び客を相手に商売をする家。遊女屋。女郎屋。妓楼。倡家ショウカ。

【娼△妓】ショウギ 歌舞音曲などをして遊び客の相手をする女性。あそびめ。うたいめ。遊女。女郎。娼女。娼婦。倡妓ショウギ。

【娼女】ショウジョ ＝娼妓ショウギ→前項。

【娼婦】ショウフ ＝娼妓ショウギ。倡婦ショウフ。

(11)8 **【婕】** 1523 △ショウ(セフ) 葉 jié

字義 ❶**うつくしい**。みめよい。❷婕妤ショウヨは、漢代の女官の名。爵位シャクイは列侯レッコウに相当した。倢伃ショウヨ。

解字 篆文 形声。女＋疌㊨。

(11)8 **【婆】** 1524 常 バ 漢ハ 呉バ 歌 pó 3944 474C

筆順 氵 汇 波 婆

字義 ❶**ばば**。㋐年老いた女性。老女。「老婆」㋑年老いた母。❷物のさま。「婆娑バサ」

解字 形声。女＋波㊨。

▼塔婆・老婆

【婆△娑】バサ ①舞うさま。衣のひるがえるさま。②歩きまわるさま。③影などのゆれ動くさま。④しおれて垂れ下がるさま。⑤乱れ散るさま。⑥琴の調子が変化に富むさま。

【婆心】バシン 老婆のように親切な心。また、必要以上の親切心。老婆心。

【婆羅門】バラモン ①梵語ボン brāhmaṇa (浄行の意)の音訳。インドの四つの階級中の最高階級(その下に武人・平民・奴隷の三階級がある)で、バラモン教の僧の部族。宗教・学問をつかさどり、国民に対し絶大な権力を持っていた。②バラモン教。仏教以前に起こったインドの宗教で、梵天ボンテンを宇宙の創造神とし、難行苦行の修養を重んずる。

(11)8 **【婢】** 1525 △ 漢ヒ 呉ビ 紙 bì 5325 5539

字義 ❶**はしため**。召使いの女性。「下婢」❷わらわ。婦人が自分をいやしんでいうことば。

難読 婢女はしため

解字 篆文 形声。女＋卑㊀。音符の卑は、いやしいの意味。身分の低い女性、はしための意味を表す。

【婢子】ヒシ ①婦人が自分をへりくだっていうことば。わらわ。②はしため。下女。婢女。③そばめ。

【婢僕】ヒボク 下女と下男。男女の召使い。婢僮ヒドウ。

(11)8 【婦】1527 〔婦〕1527 教5 フ 漢フ 呉ブ 有 fù　4156 4958

(11)8 【婦】1526

(11)8 〔婦〕1527

筆順 女 女 女ヲ 妇 婦 婦

【媍】同字

字義 ❶一家の主婦。一家のきりもりをする女性。↔夫。❷よめ。子の妻。❸妻。夫のある女性。❹おんな。女子。「婦女」

難読 婦中なか・婦負ねい

解字 甲骨文 金文 篆文 会意。女＋帚(帚)。帚は、ほうきの意味。ほうきを持つ女性、家事に服する人の意味を表す。

▼家婦・寡婦・健婦・賢婦・主婦・小婦・少婦・織婦・新婦・石婦・節婦・貞婦・田婦・毒婦・妊婦・匹婦・夫婦・命婦・烈婦・老婦

【婦翁】フオウ 妻の父。婦公。岳父。

【婦功】フコウ 女性の仕事。妻としてなすべき仕事。

【婦女子】フジョシ ①おんな。婦女。②おんなやこども。③転じて、弱い者。

【婦人】フジン ①おんな。女子。婦女。婦女子。②とついで人の妻となった女性。庶人の妻に対し、士の身分の者の妻をいった。

【婦徳】フトク 女性として守るべき道徳。

(11)8 【婪】1528 △ 一ラン 覃 lán 二ラン 感 lǎn　5326 553A

字義 一むさぼる。ほしがる。「貪婪ドンラン」 二つつしまない。

解字 篆文 形声。女＋林㊀。音符の林は、立に通じ、ある位置を独占してたつの意味。ただ金品にばかり心が位置をしめる、むさぼるの意味を表す。

(11)8 【婁】1529 △ 一ル 虞 lǘ 二ル 麌 lǚ 三漢ロウ・呉ル 尤 lóu　4712 4F2C

【娄】俗字

字義 一❶ひく。衣のすそをひく。❷ちりばめる。ちりばむ。二しばしば。＝屢ル。三❶むなしい。中がうつろなこと。❷星座の名。たたら。二十八宿の一つ。「婁宿」

解字 篆文 象形。長い髪を巻きあげて、その上にさらに装飾を加えた女性の形にかたどり、ちりばめる・つなぐ・しばしばするの意味を表す。婁(娄)を音符に含む形声文字には、「とぎれずにつづく」の意味を共有する字群と、「クルッとまがる」の意味を共有する字群とがある。塿ロウ・屢ロウ・慺ロウ・摟ロウ・膢ロウ・楼ロウ・瘻ロウ・簍ロウ・縷ル・螻ロウ・褸ロウ・鏤ロウ・髏ロウ・僂ロウ・窶ロウなどがある。

(12)9 【媛】1530 人 エン(エン) 霰 yuàn　4118 4932

(12)9 〔媛〕1531

筆順 女 女' 女ℊ 姪 媛 媛

字義 ❶ひめ(姫)。たおやめ。美しくしとやかな女性。美女。「才媛」❷うつくしい。たおやか。国ひめ。貴人の女性に添える敬称。「橘媛たちばなひめ」

解字 篆文 形声。女＋爰㊀。音符の爰エンは、ひくの意味。心をひかれる美しい女性の意味を表す。

(12)9 【媧】1532 △ 漢カ(クヮ) 呉ケ 麻 wā

字義 中国古代伝説上の帝王の名。女媧氏。

解字 篆文 形声。女＋咼㊀。

(12)9 【婿】1533 常 セイ むこ 漢セイ 呉サイ 霽 xù　4427 4C3B

(12)士9 〔壻〕1534　5270 5466

筆順 女 女 女ア 妒 婿 婿

字義 ❶むこ。むすめの夫。「女婿」❷妻が自分の夫を呼ぶことば。❸わかもの。男子。

【聟】俗字　7061 665D

解字 篆文 別体 会意。士＋胥。士は、おとこの意味。胥は、同居するの意味。自分の娘と同居する男、むこの意味を表す。常用漢字の婿は別体で、女＋胥。

▼亜婿・女婿・令婿

(12)9 【媟】1535 △ 漢セツ 呉セチ 屑 xiè

字義 ❶なれる。なる。㋐なれなれしくする。㋑あなどる。❷けがす。けがれる。❸みだれる。秩序が乱れる。

解字 篆文 形声。女＋枼㊀。音符の枼ヨウは、褻セツに通じ、なれるの意味。女を付し、なれあってあなどるの意味を表す。

【媟近】セッキン (君主に)なれ近づく。また、その者。

【媟瀆】セットク ①なれけがす。なれなれしすぎて礼を失う。②男女の別が乱れる。

(12)9 【媠】1536 △ 一タ 哿 tuǒ 二漢タ・呉ダ 箇 duò 慣ダ

字義 一うつくしい。りっぱな。二おこたる。惰(2413)の古字。

解字 形声。女＋育㊀。

(12)9 【媮】1537 △ 一漢トウ・呉ツ 尤 tōu 二ユ 虞 yú

字義 一❶わるがしこい。❷ぬすむ。＝偸トウ。❸ごまかす。「媮合トウゴウ」❹かりに。かりそめに。❺うすい。うすくする。あなどる。「媮薄トウハク」 二たのしむ。＝愉。

解字 篆文 形声。女＋兪㊀。音符の兪ユは、ぬけでるの意味。人の意表に出てごまかす・ぬすむの意味を表す。また、愉に通じ、たのしむの意味をも表す。

(12)9 【媒】1538 常 バイ 漢バイ 呉マイ 灰 méi　3962 475E

筆順 女 女 女甘 姓 媒 媒

字義 ❶なかだち。はしわたし。とりもち。㋐男女の間に立って結婚をとりもつ。また、その人。なこうど。仲人チュウニン。「媒酌」「媒妁バイシャク」㋑人と人との間に立って物事をとりもつ。また、その人。仲介チュウカイ。「媒介」㋒さそいだす働きをするもの。「媒体」❷おとり。「媒鳥」

解字 篆文 形声。女＋某㊀。音符の某は、神木に祈る・はかるの意味。男女の結婚をはかるの意味を表す。

▼触媒・鳥媒・良媒・霊媒

【媒介】バイカイ 仲立ちする。また、仲立ち。仲介。

【媒氏】バイシ 周代の官名。男女の結婚をとりもつことをつかさどる。媒官。

【媒酌・媒妁】バイシャク 結婚の仲立ちをすること。また、その人。媒酌人。なこうど。酌は、妁のかり字。

【媒体(體)】バイタイ 媒質となる物体。また、情報の仲立ち。メディア。

(12)9 【媚】1539 標 漢ビ 呉ミ 寘 mèi　5327 553B

字義 ❶こびる。こぶ。こび。㋐へつらう。人の気に入るようにふ

るまう。「阿媚ビア」㋑あだめく。なまめく。人の気を引くように色っぽくする。❷うつくしい。「風光明媚」❸いつくしむ。かしずく。❹よろこぶ。

解字 甲骨文 篆文 形声。女＋眉（𥄉）音。音符の𥄉ビは、まゆ毛の意味。女性がまゆ毛を動かし、こびるの意味を表す。

【媚笑】ビショウ 人にこびて笑う。おせじ笑い。
【媚態】ビタイ こびるさま。なまめかしいようす。
【媚付・媚附】ビフ こびへつらって、つき従う。

(12)9 【婺】1540 △ 漢ブ 呉ム 遇 wù

字義 ❶したがわない。❷隋代におかれた州名。今の浙江セッコウ省金華県。婺州。❸星の名。婺女ブジョ。

解字 篆文 形声。女＋敄音。

(12)9 【媢】1541 △ 漢ボウ 呉モウ 号 皓 mào

字義 ❶ねたむ。そねむ。❷にくむ。

解字 篆文 形声。女＋冒音。

【媢△嫉】ボウシツ そねみにくむ。いみきらう。媢疾。

(13)10 【媼】1542 △ オウ（アウ） 皓 ǎo　5328 553C
［媪］同字

字義 ❶おうな。年老いた母。また、年老いた女。❷はは（母）。また、祖母。❸土地の神。「媼神」

解字 篆文 形声。女＋𥁕音。

【媼△嫗】オウウ 年取った女。ばば。老婆。老媼ロウオウ。

(13)10 【嫁】1543 常 カ よめ・とつぐ 漢カ・呉ケ 禡 jià　1839 3247

筆順 女 … 嫁

字義 ❶とつぐ。よめに行く。よめ入りする。「降嫁」❷ゆく（往）。でかける。「転嫁」❸なすりつける。自分の責任や罪などを人におしつける。「転嫁」国よめ。㋐むすこの妻。㋑結婚したての女性。新婦。

解字 文 篆 形声。女＋家音。音符の家は、いえの意味。女が生家から夫の家にゆく、とつぐの意味を表す。

▼下嫁・帰嫁・許嫁・降嫁・転嫁

【嫁期】カキ とつぐ時期。嫁入りの年ごろ。婚期。
【嫁帰（歸）】カキ とつぐ。嫁入りする。帰も、とつぐ。
【嫁子】カシ ①むすめをとつがせる。嫁女。②とついでゆく子。
【嫁△娶】カシュ よめ入りすることとよめを迎えること。結婚。

(13)10 【媿】1544 △ キ 愧（2426）と同字。→四三一ページ。

(13)10 【嫌】1545 常 ケン・ゲン きらう・いや 漢ケン 呉ゲン 塩 xián　2389 3779
(13)10 ［嫌］1546

筆順 女 … 嫌

字義 ❶きらう。いとう。いやがる。気持ちよく思わない。にくむ。また、いや。きらい。「嫌悪」❷うたがう。うたがわしい。うたがい。「嫌疑」❸まぎらわしい。

難読 嫌呂きろ

解字 篆文 形声。女＋兼（兼）音。音符の兼は、かねるの意味。心が二つのことにまたがって安らかでないの意味から、うたがう・きらうの意味を表す。

▼機嫌

【嫌△厭】ケンエン きらう。いやがる。いやに思う。
【嫌悪（惡）】ケンオ きらいにくむ。憎みきらう。
【嫌忌】ケンキ いみきらう。いやがる。
【嫌疑】ケンギ うたがい。うたがわしいこと。
【嫌△猜】ケンサイ きらいうたがう。にくみうたがう。猜は、疑う。
【嫌名】ケンメイ 音が似かよってまぎらわしい名前。また、君主や父などの名と同音または同意の名前。もと嫌名は問題にしなかったが、後世、天子の名前と紛らわしいものは禁じられた。

(13)10 【嫄】1547 △ 漢ゲン 呉ガン（グヮン） 元 yuán

字義 周の先祖后稷コウショクの母のあざな。姜嫄キョウゲン。

解字 篆文 形声。女＋原音。

(13)10 【媾】1548 △ 漢コウ 呉ク 宥 gòu　［媾］ 5329 553D

字義 ❶親戚同士の結婚。血族結婚。「婚媾」❷いつくしむ。かわいがる。いつくしみ。❸仲なおりする。よしみを結ぶ。また、仲なおり。＝講。「媾和」❹まじわる。交合。「媾合」

難読 媾曳あいびき

参考 現代表記では［講］（7272）に書きかえることがある。「媾和→講和」

解字 金文 篆文 形声。女＋冓音。音符の冓コウは、組み合わせるの意味。男女が交わるの意味を表す。

【媾解】コウカイ 仲直りする。和解する。講解。
【媾和】コウワ 戦争を終わらせ、平和を回復するための、交戦国間の合議。仲直りの会議。講和。

(13)10 【嫉】1549 標 漢シツ 呉ジチ 質 jí　2827 3C3B

字義 ❶ねたむ。そねむ。やく。また、ねたみ。そねみ。「嫉妬シット」❷にくむ。

難読 嫉妬やきもち

解字 形声。女＋疾音。音符の疾は、やまいの意味。心が病む、ねたむの意味を表す。

【嫉悪】シツアク ①悪事をにくみきらう。②シツオ（ヲ） ひどくにくみきらう。
【嫉視】シッシ ねたみ（そねみ）見る。
【嫉妬・嫉△妒】シット ねたむ。そねむ。また、ねたみ。そねみ。

(13)10 【嫋】1550 △ 漢ジョウ（デウ） 呉ニョウ（ネウ） 篠 niǎo　5330 553E

字義 ❶たおやか。しなやか。弱々しい。❷風のそよぐさま。❸音声の細く長くつづくさま。

難読 嫋竹なよたけ

解字 篆文 形声。女＋弱音。音符の弱は、なよやかの意味。女性のもつしなやかさの意味を表す。

【嫋嫋】ジョウジョウ ①風のそよぐ様子。風に揺れ動く様子。②しなやかで美しいさま。③音声が細く長く続いて絶えないさま。〔宋、蘇軾、前赤壁賦〕→余音嫋嫋ヨインジョウジョウ（七三ページ）。
【嫋△娜】ジョウダ たおやか。なよやか。しなやかで美しいさま。

(13)10 【媳】1551 △ 漢セキ 呉シャク 陌 xí 慣ソク

字義 よめ。息子のよめ。「媳婦」

解字 形声。女＋息音。

(13)10 【嫂】1552 △ ソウ（サウ） 皓 sǎo　［嫂］ 5331 553F
［㛐］本字

字義 ❶あによめ。兄の妻。❷老婦人の称。老人の称。＝叟ソウ。

解字 篆文 形声。女＋叟（叜）音。

(13)10 【嫐】1553 △ 漢ドウ（ダウ） 呉ノウ（ナウ） 皓 nǎo　5344 554C
［娚］俗字

字義 たわむれる。もてあそぶ。なぶる。国うわなり。男一人に女二人の嫉妬シットの所作をいう。歌舞伎カブキ十八番の一つで、うわなりうち（後妻打）

…の風習を劇化したもの。

(13)10【媻】1554 △ 一㊥ハン・㊇バン 寒・翰 pán 二㊥ハ・㊇バ 歌 pó 5540

字義 一二❶おごる（奢）。❷そばめ。側室。❸老女。老婆。❹媻媻は、行きつもどりつするさま。❺媻娑は、舞うさま。❻媻姍・媻珊は、よろめくさま。

解字 篆文 形声。女＋般㊜。

(13)10【媽】1555 △ ㊥ボ ㊇モ 麌 mā 5332 5540

字義 ❶はは（母）。「媽媽」❷ばば。老婦。❸女の召使い。「阿媽」❹めす馬。

解字 形声。女＋馬㊜。

(13)10【媵】1556 △ ヨウ 径 yìng

字義 ❶おくる（送）。㋐物をやる。㋑見送る。❷つきそい。侍女。貴人の嫁に付きそってゆく女性。そばめとなる慣習であった。「媵侍」

解字 形声。女＋勝省㊜。音符の勝は、上に向かって送るの意味。貴人に嫁ぐ婦人を送ってつきそう、つきそいの意味や、おくるの意味を表す。『説文』では倂と書き、人＋弁㊜の形声文字。

【媵侍】昔、貴人の嫁に付きそっていった女性。こしもと。

【媵妾】こしもと。そばめ。侍女。媵人。媵御。

【媵嬙】宮中の女官。宮仕えの女性。皇后の次を妃、次を嬪、次を媵、次を嬙という。

(14)11【嫗】1557 △ 一ウ 遇 yù 二ウ 麌 yǔ 慣オウ 5334 5542

字義 一❶おうな。ばば。老女。老婆。「老嫗」❷女。女性。二あたためる。抱いてからだで暖める。

解字 篆文 形声。女＋區㊜。音符の區は、クルッとするの意味を表す。背がクルッと曲がった女性、おうなの意味を表す。

【嫗煦】あたためそだてる。親が子を大事に育てる。転じて、人民を大切にいつくしみ育てること。煦は、息をかけて温める。煦嫗。

(14)11【嫣】1558 △ エン 先 yān 5333 5541

字義 ❶にこやかに笑うさま。あでやかに笑うさま。「嫣然」❷すらりとして美しいさま。美しい。

解字 篆文 形声。女＋焉㊜。

(14)11【嫦】1559 △ 一コウ 蒸 héng 二㊥ショウ（シャウ）㊇ジョウ（ジャウ）陽 cháng 5335 5543

字義 一二嫦娥は、月の別名。また、月に住むという美人の名。姮娥。→姮(1487)。

解字 形声。女＋常㊜。漢代、文帝の名の恒を避け、姮を嫦と書き、のちに、ジョウの音が生じた。

(14)11【嫡】1560 常 チャク ㊥テキ ㊇チャク 錫 dí 3568 4364

筆順 女 女' 妒 嫡 嫡

字義 ❶よつぎ。あととり。本妻の生んだ男の子で家を継ぐ者。嫡子。↔庶（そばめの子）。❷正夫人。正妻。「嫡妻」

難読 嫡妻

解字 篆文 形声。女＋啇（啻）㊜。音符の啻は、中心に向かって寄るの意味。夫がその最も中心的女性として向から相手、正夫人の意味を表す。

▼世嫡・正嫡・長嫡・廃嫡

【嫡妻】正妻。嫡室。嫡配。

【嫡子】①本妻の生んだ男の子で、家を継ぐ者。よつぎ。あととり。総領。嫡嗣。嫡男。②本妻の生んだ子。↔庶子・支子。

【嫡嗣】＝嫡子の①。→前項。

【嫡出】本妻から生まれること。「嫡出子」

【嫡孫】嫡子の本妻が生んだ男の子。家を継ぐべき孫。

【嫡長】本妻の生んだ長男。嫡長子。

【嫡伝（傳）】代々、正しい血筋を伝える。

【嫡男】本妻が生んだ長男。嫡子。

【嫡母】庶子（そばめの子）から父の正妻を呼ぶ称。

【嫡流】本家の血筋。正統。正系。

(14)11【嫩】1561 △ ㊥ドン ㊇ノン 願 nèn（nùn） 5336 5544

【媆】俗字

字義 わかい。若くて弱々しい。若くてしなやか。柔らか。

難読 嫩葉

解字 形声。女＋敕（軟）㊜。本字は媆であったが、輭の俗字が軟となるのと並行し、字形が敕にくずれてしまった。音符の軟は、やわらかいの意味。女性のようにしなやか、柔軟でわかいの意味を表す。

【嫩芽】草や木の柔らかい若い芽。新芽。

【嫩草】わかくさ。萌えはじめの草。

【嫩葉】わかば。新葉。

【嫩緑】わかばのみどり。新緑。嫩碧。

(14)11【嫖】1562 △ ヒョウ（ヘウ） 嘯・蕭 piào, ② piāo 5337 5545

字義 ❶かるい。すばやい。軽くすばやい。❷芸者遊びをする。

解字 篆文 形声。女＋票（㶾）㊜。音符の㶾は、軽く舞いあがるの意味。

【嫖姚】①軽くすばやいさま。軽疾。剽姚。票姚。②もと漢代の武官の名。武帝の時、霍去病が嫖姚校尉となり匈奴を討って戦功を立てたことから、特に、霍去病をいう。

(14)11【嫫】1563 △ ㊥ボ ㊇モ 虞 mó

【嫫】同字

字義 みにくい女性。醜女。

解字 篆文 形声。女＋莫㊜。

【嫫母・嫫姆】①中国古代の伝説で、黄帝の四番目の妃の名。賢徳があったがみにくい女であったという。〔淮南子、説山訓〕②転じて、醜女。

(14)11【嫚】1564 △ ㊥バン ㊇マン 諫 màn

字義 ❶あなどる（侮）。みくだす。軽蔑する。❷けがす（汚）。いやしめけがす。❸おこたる（怠）。

解字 篆文 形声。女＋曼㊜。音符の曼は、のばすの意味。ことの核心を率直に言わずにひきのばす、あなどる・おこたるの意味を表す。

(14)11【嫠】1565 △ リ 支 lí

字義 やもめ。未亡人。夫をなくした女性。寡婦。「嫠婦」

解字 篆文 形声。女＋𠩺㊜。音符の𠩺は、釐に通じ、すじ道をたてておさめるの意味。夫との区切りのついてしまった女性、やもめの意味を表す。

【嫠婦】やもめ。後家。未亡人。寡婦。〔宋、蘇軾、前赤壁賦〕泣二孤舟之嫠婦一。訳文⇩幽壑（三五六ページ）。

【嫠不レ恤レ緯】機織りのやもめが、緯の少ないのを心配しないで、祖国の滅びるのを心配した故事。転じて、自分の職業を捨て置いて国事をうれえるたとえ。〔左伝、昭公

二十四〕

(15)12【嫺】1566 △ 漢カン 呉ゲン 删 xián　5338 5546

字義 ❶みやびやか。しとやか。静か。❷なれる(なる)。ならう。なれている。熟達している。

【嫺】同字　5339 5547

解字 篆文　形声。女＋閒音。

(15)12【嫻】1567 △ カン　嫺(1566)と同字。→前項。　5339 5547

(15)12【嬉】1568 人 キ 因 xī　2082 3472

筆順 女 女 娃 娃 嬉 嬉

字義 ❶たのしむ(楽)。よろこぶ(喜)。❷たわむれる(戯)。❸あそぶ(遊)。❹うつくしい。国うれしい(うれ・し)。

名乗 よし　難読 嬉野(うれしの)

解字 形声。女＋喜音。音符の喜は、よろこぶの意味。うれしい・よろこぶの意味を表す。

【嬉嬉】キキ ①喜び楽しむさま。②喜んだ時に発する声。

【嬉戯(戲)】キギ 遊びたわむれる。

【嬉笑】キショウ たわむれ笑う。

【嬉遊・嬉△游】キユウ 楽しみ遊ぶ。

(15)12【嬀】1569 △ キ 因 guī 慣ギ

字義 ❶川の名。㋐山西省の歴山から、山西省永済県の南を経て、黄河に注ぐ。嬀水(ギスイ)。㋑中央アジアのアム河の古称。❷舜帝(シュンテイ)(中国古代伝説上の天子)の姓。

解字 金文　篆文　形声。女＋爲音。

【嬀△汭】ギゼイ 嬀水のくま。汭は水流の屈曲している内側。

(15)12【嬌】1570 標 キョウ(ケウ) 蕭 篠 jiāo　5340 5548

字義 ❶なまめかしい(なまめ・かし)。なよなよとして愛らしい。「愛嬌」❷愛する。かわいがる。❸美女。また、娘。❹おごる。＝驕(キョウ)

難読 嬌態(しな)

解字 篆文　形声。女＋喬音。音符の喬(キョウ)は、高いの意味。すらりとしてみめよい女性の意味を表す。

【嬌児(兒)】キョウジ ①愛らしい子供。やんちゃな子。②愛する子。

【嬌△羞】キョウシュウ なまめかしく(愛らしく)はじらう。

【嬌態】キョウタイ なまめかしい様子。こびを含んだ姿。嬌姿。嬌容。

【嬌恥】キョウチ ＝嬌羞(キョウシュウ)。

【嬌痴(癡)】キョウチ 愛らしくあどけない、また、その子。おぼこ。

【嬌名】キョウメイ ①なまめかしい名声。芸者などの美人であるとの評判。②なまめいたうわさ。

【嬌面】キョウメン 愛らしい顔。なまめかしい顔。嬌顔。

(15)12【嬈】1571 △ 一 漢ジョウ(ゼウ)・呉ニョウ(ネウ) 篠 rǎo　二 漢ジョウ(ゼウ)・呉ニョウ(ネウ) 蕭 ráo　三 ヨウ(エウ) 篠 yǎo

字義 一❶わずらわしい(わづら・はし)。また、むごい。❷たわむれる(戯)。なぶる。もてあそぶ。二あでやか。三弱々しい。「嬈嬈」

解字 篆文　形声。女＋堯音。音符の堯(ギョウ)は、繞(ジョウ)に通じ、まといつくの意味。女性にまといつかれて、わずらわしいの意味を表す。

(15)12【嬋】1572 △ 漢セン 呉ゼン 先 chán　5341 5549

字義 ❶うつくしい(うつ・くし)。なまめかしい。たおやか。❷つづく(続)。つながる。

解字 篆文　形声。女＋單音。音符の單は、ひとえでうすいの意味。ひとえの衣服のように、女の姿態がしなやかの意味を表す。

【嬋△娟】センケン・センエン あでやかで美しいさま。また、なよなよとして美しいさま。

(15)12【嫵】1573 △ 漢ブ 呉ム 麌 wǔ

字義 ❶こびる(こ・ぶ)。なまめく。❷みめよい。美しい。「嫵媚(ブビ)」

解字 篆文　形声。女＋無音。

(16)13【嬴】1574 △ 漢エイ 呉ヨウ(ヤウ) 庚 yíng

字義 ❶みちる(満)。また、のびる(伸)。❷あまる。また、あまり。❸めぐる。めぐらす。❹中国古代の秦(シン)の王室の姓。「嬴秦」「嬴政(秦始皇)」

解字 金文　篆文　形声。女＋羸省音。音符の羸(エイ)は、のびのびするの意味。のびのびとしてみめよい・ゆたか・みちるの意味を表す。

【嬴余(餘)】エイヨ 余り。余分。剰余。

(16)13【嬛】1575 △ 一ケン 先 xuān　二 漢ケイ・呉ギョウ(ギャウ) 庚 qióng

字義 一❶かたい(かた・し)。質が細かくつんでいる。緻密(チミツ)。❷しなやか。たおやか。「嬛嬛」❸かるい。身のこなしが軽い。すばやい。「便嬛」二ひとりぼっち。孤独のさま。「嬛嬛」

解字 篆文　形声。女＋睘音。

(16)13【嬙】1576 △ 一 漢ショウ(シャウ) 呉ゾウ(ザウ) 陽 qiáng　二 漢ショク・呉シキ 職 qiáng

字義 一二❶女官の名。妃(きさき)の下位。❷毛嬙(モウショウ)は、昔の美人の名。また、王昭君の名。

解字 篆文　形声。女＋牆省音。

(16)13【嬢】1577 常 ジョウ　3078 3E6E

2017【孃】1578 人 許 漢ジョウ(ヂャウ) 呉ニョウ(ニャウ) 陽 niáng　5348 5550

筆順 女 女 婝 婝 嬢 嬢

字義 ❶はは(母)。↕爺(ヤ)(父)。「爺嬢(ヤジョウ)(父母)」❷むすめ。小女。＝娘。❸わずらわしい。国ジョウ。未婚の女子の名にそえる敬称。また、むすめの敬称。

解字 篆文　形声。女＋襄(襄)音。音符の襄(ジョウ)は、おんなの意味。はは・むすめの意味を表す。

▼令嬢

(16)13【嬖】1579 △ 漢ヘイ 呉ハイ 霽 bì　5342 554A

字義 ❶お気にいり。貴人に愛される、身分の低い女性。また、男性。❷いつくしむ。愛する。身分の低い者を愛する。❸なれる。なれなれしくする。❹いやしい。身分が低い。

解字 甲骨文　篆文　形声。女＋辟音。音符の辟(ヘキ)は、つみの意味。つみのある女性の意から転じて、身分は低いが君主のお気にいりの者の意味を表す。

【嬖幸・嬖△倖】ヘイコウ 身分のいやしい者が、君主などに特にかわいがられること。また、その人。嬖人。

【嬖臣】ヘイシン 君主のお気に入りの家来。

【嬖人】ヘイジン ＝嬖幸。

(17)14【嬰】1580 標 漢エイ 呉ヨウ(ヤウ) 庚 yīng　1737 3145

字義 ❶みどりご。乳のみご。赤ん坊。❷くびかざり。❸めぐる。めぐらす。❹おびる。まとう。また、まつわる。❺かける(か・く)(繫)。つなぐ。また、連なる。❻ふれる(触)。❼くわえる(加)。❽女の子。↕児(男の子)。

難読 嬰児(みどりご)

解字 金文　篆文　形声。女＋賏音。音符の賏(エイ)は、首飾りの意味。女の首飾りの意味から、

まとう・めぐらすの意味を表す。

【嬰△孩(エイガイ)】みどりご。赤ん坊。孩も赤子。

【嬰児(兒)(エイジ)】生まれたばかりの乳飲みご。みどりご。

(17)14【嬬】1581 △ 漢ジュ 呉ニュ 虞 rú 3660 445C

字義 ❶つま(妻)。❷そばめ。❸よわい(弱)。

難読 嬬恋(つまごい)

解字 篆文 形声。女＋需㊥。音符の需は、しなやかの意味。しなやかな女性のさまから、よわい・つまの意味を表す。

(17)14【嬲】1582 △ 漢ジョウ(デウ) 呉ニョウ(ネウ) 篠 niǎo 5343 554B

字義 ❶なぶる。おもしろがっていじめたり、からかったりする。❷みだす(乱)。＝嬈(ジョウ)。

解字 会意。男＋女＋男。男が女につきまとう、なぶるの意味を表す。

(17)14【嬭】1583 △ 一漢ダイ・呉ナイ 蟹 nǎi 二漢デイ・呉ナイ 薺 nǐ

[奶]俗字

字義 一はは(母)。❷ちち(乳)。また、乳を飲ませる。二はは(母)。

解字 形声。女＋爾㊥。

(17)14【嬪】1584 △ 漢ヒン 呉ビン 真 pín 5345 554D

字義 ❶よめ。つま。❷そばめ。側室。❸周代、天子につかえる女官の名。九嬪。三夫人の下位、二十七世婦の上位。↓妃嬪。❹婦人の美称。❺死んだ妻。↔妻(生きている妻)。❻したがう。つれそう。夫に従う。妻となる。

解字 甲骨文 篆文 形声。女＋賓㊥。音符の賓は、まろうどの意味。よそから夫の所に来た女性、つまの意味を表す。

【嬪△娥(ヒンガ)】美しい宮女。宮中の美人。

【嬪御(ヒンギョ)】天子に仕える女官。天子のそばめ。嬪嬙(ヒンショウ)・嬪媵(ヒンヨウ)。

(17)14【嬶】1585 国字 △ 5346 554E

字義 かかあ。かか。妻を軽蔑(ケイベツ)して、また、親しんでいう俗語。＝嚊(かかあ)。

解字 会意。女＋鼻。

(19)16【嬾】1586 △ ラン 旱 lǎn 5347 554F

字義 おこたる。なまける。また、ものうい。おっくう。＝懶(ラン)。

解字 篆文 形声。女＋賴㊥。音符の賴は、物をとじこめるの意味。仕事をためこんで、なまけるの意味を表す。

【嬾惰(ランダ)】なまけおこたる。懶惰(ランダ)。

(20)17【孃】(1578) ジョウ 嬢(1577)の旧字体。→二八八ページ。 5348 5550

(20)17【孅】1587 △ セン 塩 xiān 5349 5551

字義 ❶こまかい。小さい。細い。❷かよわい(かよわし)。弱い。しなやか。

解字 篆文 形声。女＋韱㊥。音符の韱(セン)は、かぼそいの意味。かぼそい女性、かよわいの意味を表す。

【孅介(センカイ)】小さい。細かい。纖介。

【孅△妍(センケン)】小作りで美しい。細くて美しい。纖妍。

(20)17【孀】1588 △ 漢ソウ(サウ) 呉ショウ(シャウ) 陽 shuāng 5350 5552

字義 やもめ。夫と死別した女性。未亡人。「孀婦」「孀妻」

解字 形声。女＋霜㊥。音符の霜は、喪に通じ、うしなうの意味。夫を失った妻の意味を表す。

(22)19【孋】1589 △ 一リ 支 lí 二漢レイ・呉ライ 霽 lì

字義 一❶国名。昔、山西省にあった異民族の国。＝驪(リ)。❷孋姫(リキ)は、孋国のむすめ。二うつくしい(美)。

解字 形声。女＋麗㊥。

(22)19【孌】1590 △ レン 銑 luán

字義 ❶みめよい(みめよし)。美しい。❷したう(慕)。恋いしたう。＝恋。

解字 金文 篆文 形声。女＋䜌㊥。音符の䜌(ラン)は、捋(ラツ)に通じ、両手で引きあってとるの意味。心が引かれる、したわしいの意味を表す。

3 子部

〔部首解説〕こども。こ。こどもへん。子を音符として、いろいろな子供やそれに関する文字ができている。

子 二八九　孑 二八九　子 二八九　1 孔 二九〇　2 孕 二九一
3 存 二九一　4 李 二九一　孛 二九一　孚 二九一　5 学 二九一
季 二九三　孤 二九三　孥 二九三　孟 二九三　6 孩 二九四
7 孫 二九四　8 孰 二九四　9 孳 二九四　10 孶 二九五　11 孵 二九五
13 學 二九五　14 孺 二九五　16 孼 二九五　17 孽 二九五　19 孿 二九五
字→宀部 二九七ページ。孝→老部 八九〇ページ。孜→攴部 四七三ページ。
孱→尸部 三三六ページ。

(3)0【孒】1591 △ 一漢ケツ・呉カチ(クヮチ) 月 jué 二漢キョウ・呉クウ 腫 juě

字義 一左の腕がない。↔孑(右の腕がない)。二孑孒(ゲッキョウ)は、ぼうふら。

解字 篆文 指事。子の左腕を欠き、左の腕がないの意味を示す。

(3)0【孑】1592 △ 漢ケツ・呉ケチ 慣ゲツ 屑 jié 5351 5553

字義 ❶右の腕がない。↔孒(左の腕がない)。❷のこる。また、のこり。❸ちいさい。❹ひとり。ひとつ。❺孑孒(ゲッキョウ)は、ぼうふら。

難読 孑孒(ぼうふら・ぼうふり)・孑然(つくねん)

解字 篆文 指事。子の右腕を欠き、右の腕がないの意味を示し、また、いとけない・ひとりの意味を示す。

【孑遺(ゲツイ)】のこり。生き残りの者。

【孑孑(ゲツゲツ)】①一つ抜け出ているさま。孤立のさま。②小さいさま。

【孑然(ゲツゼン)】ひとりぼっちのさま。孤独のさま。

【孑立(ゲツリツ)】ひとりぼっちで立っている。孤立。

(3)0【子】1593 教1 こ シ・ス 漢シ 紙 zǐ 唐ス 迷子(まいご)・息子(むすこ) 2750 3B52

筆順 ㇇ 了 子

字義 ❶こ。㋐こども。㋑むすこ。また、むすめ。㋒子孫。㋓動物の子。❷み。果実。また、種(たね)。「種子」❸たまご。「卵子」❹利息。「利子」❺男子の尊称。㋐学徳・地位のある人に用いる。また、特に孔子を指す。「孟子(モウシ)」㋑先生。姓氏の上に冠することもある。「子程子」❻男子の自称。❼あなた。きみ。おんみ。第二人称の代名詞。❽…する者。人。「遊子(たびびと)」「舟子(船頭)」❾物の名にそえる接尾語。特に、小さい意を表すことが多い。「帽子」「瞳子(ドウシ)(ひとみ)」❿思想家。学者。また、その著書。「諸子百家」⓫書籍を経・史・子・集の四部に分類する時の一部門。主として、思想家(諸子)の著書。⓬五等爵(公・侯・伯・子・男)の一つ。⓭ね。十二支の第一位。㋐方位では北。㋑月では陰暦十一月。㋒時刻では夜の十二時。または、その前後二時間。㋓動物では、ねずみ。㋔

五行では水。⑭いつくしむ。愛する。＝慈。
国こ。もと、多く女子の名を構成する語に用いた。「玲子」
名乗 しげ・しげる・たか・ただ・ちか・つぐ・とし・み・やす
難読 子饗原・子子子・子生・子不知

解字 甲骨文　金文　篆文　象形。頭部が大きく、手足のなよやかな乳児の形にかたどり、「こ」の意味を表す。また、借りて、十二支の第一位、「ね」の意味にも用いる。子の意味と音符とを含む形声文字に、字・牸・耔・秄などがある。

▼遺子・花子・菓子・季子・鬼子・金子・銀子・君子・継子・公子・孝子・格子・合子・黒子・骨子・妻子・才子・冊子・嗣子・死子・弱子・舟子・種子・樹子・小子・松子・障子・娘子・処子・庶子・諸子・世子・赤子・扇子・草子・息子・賊子・太子・卓子・稚子・嫡子・弟子・適子・天子・童子・敗子・拍子・夫子・父子・附子・瓶子・胞子・母子・払子・面子・遊子・様子・乱子

【子愛】①自分の子のように愛する。②いつくしみ。慈愛。

【子嬰】秦の始皇帝の長男扶蘇の子。趙高が二世皇帝胡亥を殺し、秦王として子嬰を立てたが、在位四十六日で沛公に降服し、後、項羽に殺された。(？—前二〇六)

【子夏】孔門の十哲の一人。姓は卜。名は商。子夏は、その字。文学に通じ、孔子の詩学を後世に伝えた。(前五〇七？—前四二〇？)

【子我】孔子の弟子、宰予の字。(前五三二—前四五八)

【子罕】戦国時代の宋の家臣。皇喜ともいう。子罕は字。

【子規】鳥の名。ほととぎす。また、杜宇・杜鵑・不如帰などという。

【子衿】男子の服のえり。転じて、書生・学生の意。

【子月】陰暦十一月の別称。

【子午】十二支のね(子)とうま(午)。方角では、北と南。時刻では、真夜中の十二時と正午。

【子貢】孔門の十哲の一人。姓は端木。名は賜。子貢は、その字。才知があり、弁説に長じ、魯や衛のためにしばしば外交談判に当たって成功した。また、理財の才があり、金持ちであった。(前五二〇—前四五六？)

【子羔】孔子の弟子。姓は高。名は柴。子羔は、その字。温厚で親孝行であった。(前五二一？—？)

【子細】①こまかいわけ。くわしい事情。②綿密。こまか。

【子産】春秋時代、鄭の名宰相、公孫僑の字。(前五八五？—前五二二)
【子子孫孫】子や孫のずっと後の者。子孫の続く限り。〔書経、梓材〕
【子思】孔子の孫。名は伋。子思は、その字。曾子に学んだ。『中庸』の著者といわれる。(前四八三？—前四〇二？)
【子字】漢字の反切で、一字目の韻を表す字。→母字の②(六〇三ページ)
【子女】①息子と娘。子供。また、年少者。②娘。③おんな。◇法令では、「年少者」「若者」の意としては「子弟」を用いず、「子女」を用いている。「帰国子女」
【子城】大城に付属している小城。出城。
【子銭(錢)】利子。↕母銭(元金。もときん)。
【子息】①男の子供。息子。②元金から生ずる利益。利息。
【子孫】①子と孫。②子・孫と続いた血筋の人々。
【子張】孔子の弟子。姓は顓孫。名は師。子張は、その字。(前五〇三—？)
【子弟】①子と弟。↕父兄。②(その人より年下の)若者。↕父老。〔史記、項羽本紀〕江東子弟八千人。↓子女。
【子程子】北宋の儒学者、程顥・程頤兄弟の尊称。二程子ともいう。→程顥・程頤(八〇〇ページ)
【子房】①めしべの下部のふくれている部分。②前漢の張良の字。→張良(三七三ページ)
【子夜】①今の夜の十二時。また、その前後二時間。ねの刻。三更。丙夜。②東晋の女子の名。歌がうまく、その調子に哀愁をおびていた。東晋は昔の呉の地なので、後にその歌を子夜呉歌ともいい、後世、これにならって作った詩歌を子夜歌・子夜呉歌という。〔唐、李白、子夜呉歌〕
【子有】①孔子の弟子。姓は有。名は若。子有は、字。(前五三八、一説に前五一八—？)②→冉求(一三一ページ)の字。
【子游】孔門の十哲の一人。姓は言。名は偃。子游は、その字。礼や文学にすぐれていた。(前五〇六—？)
【子輿】①孔子の弟子、曾参(曾子)の字。→曾参(五二一ページ)。②孟軻(孟子)の字。→孟子(二九四ページ)
【子養】①子としてやしなう。②自分の子のようにいつくしみ養う。
【子欲レ養而親不レ待】子が親に孝行をつくしたいと思う時には、親は死んで世にいない。→樹欲レ静而風不レ止(五八二ページ)
【子来(來)】子が親をしたうように庶民が君主をしたって来ること。〔詩経、大雅、霊台〕庶民子来。

【子路】孔門の十哲の一人。姓は仲。名は由。子路または季路は、その字。勇気があり信義を重んじた。(前五四二—前四八〇)

(4)1
【孔】1594
常 コウ
筆順
漢コウ　呉ク　董 kǒng
2506
3926

字義 ❶あな(穴)。また、すきま。＝空。「眼孔」❷とおる(通)。達する。❸むなしい。❹おおきい。❺はなはだ。❻孔子の略称。
名乗 ただ・みち・よし　難読 孔王部・孔舎衛
解字 金文　篆文　指事。子は、こどもの意味。乚は、乳房を示し、子を育てるための乳の出る穴の意味を示す。また、深い穴の意味から、ふかいの意味や、程度がはなはだしいの意味も表す。
▼眼孔
【孔安国(國)】前漢の儒学者。字は子国。孔子の十二代目の子孫。漢の武帝の時の博士。孔子の家の壁から出た古文の書物を解読し、『古文尚書』の注釈を書いたといわれる。
【孔穎達】唐の儒学者。字は仲達。孔子の三十二代目の子孫。勅命により『五経正義』を編集した。(五七四—六四八)
【孔丘】＝孔子。〔論語、微子〕是魯孔丘与。
【孔子】春秋時代の思想家・教育者・政治家。孔は姓。子は尊称。名は丘。字は仲尼。魯の昌平郷陬邑(今の山東省曲阜市の東南)の人。初め魯に仕え、後、十余年間、遊歴して諸侯に説いたが用いられず、晩年、魯に帰って門人の教育と『詩経』『書経』などの古典の整理に力を尽くし、『春秋』を著した。儒教の始祖として尊ばれてきた。(前五五一、一説に前五五二—前四七九)

〔孔子(唐、呉道子筆)〕

【孔子家語】書名。十巻。著者不詳。現在のものは三国時代、魏の王粛が偽作とされる。孔子の言行や門人との

問答などを記した説話集。

【孔雀】コウジャク　鳥の名。キジ科に属す。熱帯産。

【孔席不レ暖】コウセキあたたまらず　孔子の座席はあたたまる暇がなかった。孔子が世を救おうとして諸国を周遊したことをいう。〔唐、韓愈、争臣論〕

【孔夫子】コウフウシ　孔子をいう。夫子は、先生の意。

【孔墨】コウボク　孔子と墨子。

【孔明】コウメイ　①はなはだ明らか。②三国時代、蜀ショクの名相、諸葛亮ショカツリョウの字あざな。→諸葛亮（一〇一五ページ）。

【孔孟】コウモウ　孔子と孟子。

【孔門】コウモン　孔子の門人。

【孔門四科】コウモンのシカ　孔子が弟子の長所を評した時に挙げた四科目。徳行・言語・政事・文学。→次項。〔論語、先進〕

【孔門十哲】コウモンのジッテツ　孔子の門人の中の学徳のすぐれた十人。徳行（道徳）では、顔淵ガンエン・閔子騫ビンシケン・冉伯牛ゼンハクギュウ・仲弓、言語では、宰我・子貢、政事（政治）では、冉有ゼンユウ・季路、文学（学問）では、子游シユウ・子夏をいう。

【孔老】コウロウ　孔子と老子。

(5)2【孕】1595　標　ヨウ　径　yùn　5352　5554

字義　はらむ。㋐みごもる。妊娠する。㋑物を含む。物を含んでふくれる。「孕レ風かぜをはらむ」

解字　文　篆　形声。子＋乃㊐。音符の乃ダイ＝ヨウは、胎児の象形で孕の原字。乃が、すなわち等の助字に用いられるようになったので、それと区別するために、子を付した。

【孕乳】ヨウニュウ　子をはらみ、生むこと。

【孕婦】ヨウフ　妊娠している女。妊婦。

(6)3【存】1596　教　6　ソン・ゾン　漢ソン　呉ゾン　元　cún　3424　4238

筆順　一　ナ　才　存

字義　❶ある。存在する。↔亡。❷生きながらえる。生存する。❸たもつ（保）。保存する。存在させる。❹とう（問）。㋐安否を問う。見舞う。「存問」㋑ねぎらう。なぐさめる。❺みる。観察する。国ゾンずる。㋐思う。考える。㋑知る。心得る。承知している。

名乗　あきら・あり・ありや・さだ・すすむ・たもつ・つぎ・なが・のぶ・まさ・やす・やすし

解字　文　篆　形声。在省＋子（孫）㊐。在は、あるの意味。孫は、ひとすじにつなぎとめるの意味。そのままある状態につなぎとめておく、たもつの意味を表す。

▼依存・遺存・温存・恵存・現存・残存・実存・所存・保存

【存外】ゾンガイ　国予想した以上。思いのほか。案外。

【存在】ソンザイ　①人がいること。事物が有ること。また、そのもの。②哲学で、有るということ。および「有るもの」の意。

【存恤・存卹】ソンジュツ　なぐさめめぐむ。ねぎらいあわれむ。

【存心】ソンシン　本心を保持すること。本心を失わぬこと。→存養の①。

【存身】ソンシン　身を全うすること。生き長らえること。

【存神】ソンシン　＝存心。

【存全】ソンゼン　無事に生き長らえること。

【存念】ゾンネン　①常に思って忘れぬこと。②国考え。

【存廃（廢）】ソンパイ　保存と廃止。残しおくことと捨てること。

【存否】ソンピ　①有るか無いか。②生きているかいないか。

【存撫】ソンブ　なぐさめ安んじる。あわれみ、なぐさめる。撫は、手でなでてやること。

【存亡】ソンボウ　①存続することと滅びること。「危急存亡の秋とき」②生きていることと死ぬこと。生死。③亡を存す。滅びそうになっているものを助ける。「継絶存亡」

【存命】ゾンメイ　生きていること。命があること。

【存問】ソンモン　安否を問う。見舞ってなぐさめる。存候。

【存養】ソンヨウ　①本心を保持して失わず、生まれながらに持っている善なる性を養い育てること。一説に、自己の心を省察して善性を養うこと。存は、察。『孟子モウシ』尽心上編に「存二其心一養二其性一（そのこころをソンしてそのセイをやしなう）」とあるのに基づく。②なぐさめやしなう。めぐみやしなう。

【存立】ソンリツ　滅びないで立ちゆくこと。

［字］→宀部　二九七ページ。

(7)4【孶】1597　△　ガク　学（1600）の俗字。→下段。　5361　555D

(7)4【孛】1598　△　一漢ハイ・呉バイ　隊　bèi　二漢ホツ・呉ボチ　月　bó　慣ボツ　5354　5556

字義　一二❶ほうきぼし。彗星スイセイ。孛彗ハイスイ。孛星。❷くらい（暗）。❸顔色が変わる。むっとする。❹草木のしげるさま。

解字　文　篆　象形。へたの下の子房が、さかんに満ちふくらむ形にかたどり、草木のしげるさま・光りかがやくさまを表す。また、艴ホツに通じ、顔色を変えておこるの意味をも表す。孛の意味と音符とを含む形声文字に、勃ホツ・悖ホツ・浡ホツ・渤ホツなどがある。

(7)4【孚】1599　△　フ　虞　fú　5353　5555

字義　❶卵をかえす。卵がかえる。❷はぐくむ。やしないそだてる。「孚育」❸つつむ。おおう。❹から。もみがら。種子の外皮。❺まこと。「孚信」「信孚」

解字　金文　篆　会意。爪＋子。爪は、手の象形。子は、乳児の象形。乳児を抱きかかえるさまから、卵をかえすの意味を表し、借りて、まことの意味をも表す。孚の意味と音符とを含む形声文字に、俘フ・孵フ・桴フ・浮フ・艀フ・蜉フなどがある。

【孚育】フイク　やしないそだてる。孚養。

【孚信】フシン　まこと。

［孝］→耂部　八九〇ページ。　［孜］→攵部　四七二ページ。

(8)5【学】1600　教　1　ガク　まなぶ　1956　3358

(16)13［學］1601　一漢カク・呉ガク　覚　xué　二漢コウ（カウ）・呉キョウ（ケウ）　効　jiào　5360　555C

筆順　⺍　𭕄　学　学

［斆］古字　［孶］俗字　5361　555D

字義　一❶まなぶ。㋐知る。さとる。㋑ならう。見習う。❷まなぶこと。学問。〔論語・為政〕吾十有五而志二于学一（われジュウユウゴにしてガクにこころざす）。❸まなぶ人。学問する者。❹まなびや。学校。学舎。❺体系的に組織された知識。「天文学」❻学派。学統。「朱子学」「陽明学」　二おしえる（をし）。＝教。

名乗　あきら・さと・さとる・たか・のり・みち　難読　学田がくでん・学文路かむろ

解字　甲骨文　金文　篆　古文　文　形声。甲骨文は、臼＋冂＋爻㊐。臼は、両手でひきあげる形。冂は、建物の形。音符の爻コウは、まじわるの意味。教える者が学ぶ者を向上させる交わりの場である建物、がっこうの意味を表す。篆文は、臼＋冂＋孝（教）㊐の形声文字。常用漢字の学は省略体による。

▼異学・韻学・王学・家学・科学・勧学・官学・漢学・教学・曲学・勤学・苦学・軍学・経学・顕学・向学・後学・皇学・講学・古学・国学・私学・視学・耳学・実学・就学・従学・儒学・術学・小学・初学・心学・進学・聖学・絶学・俗学・大学・哲学・同学・道学・督学・篤学・農学・博学・晩学・武学・文学・兵学・勉学・末学・無学・名学・遊学・幼学・理学・力学・老学・和学

【学園】（ガクエン）まなびのその。学校。学苑（ガクエン）。

【学海】（ガッカイ）①川の水が流れてやまず、海に入るように、学問にいそしむたとえ。②学問の広大で限りないことを海にたとえていう。

【学官】（ガッカン）①学校の建物。学舎。②学校の教官。③大学の講座。漢の武帝が五経博士をおいて以後、五経の専門家が博士となり、大学において専門の講座を担当した。これを学官に立つという。

【学究】（ガッキュウ）①まなびきわめる。②学者。③書生。④他事に目もくれず、研究一筋に打ちこむ学者。

【学宮】（ガッキュウ）学校。学舎。学館。

【学兄】（ガッケイ）国①学問上の先輩。②学問上の友人に対する敬称。

【学芸（藝）】（ガクゲイ）①学問と技芸。②学問。学術。③まなびのわざ。学業。

【学行】（ガッコウ）①学問と品行。②仏（ガクギョウ）学問。仏道の修行。

【学才】（ガクサイ）学問上の才能。学問によって得た才能。

【学士】（ガクシ）①学問をする人。学者。②唐代の官名。詔勅などの起草に当たった。「学士院」③国㋐大宝令（タイホウリョウ）に定められた宮中の官職。㋑大学の卒業者に与えられる称号。

【学△而時習ㇾ△之】（まなんでときにこれをならう（ふ））学問をして、その学んだことを機会あるごとに復習し体得するように努める。〔論語、学而〕――、不ㇾ亦説ㇾ乎（またよろこばしからずや）。〈――、なんと喜ばしいことではないか〉

【学△而不ㇾ思則△罔】（まなびておもわ（は）ざればすなわ（は）ちくらし）物事を学んでも、自分でそれについて深く考えてみなければ、本当の理解には到達しない。罔は、うすぼんやりしていて不確実なこと。〔論語、為政〕――、思而不ㇾ学則殆（おもいて（ひ）てまなばざればすなわ（は）ちあやうし（ふ）し）。〈――、考えるだけで学ばなければ（独断に陥って）危険である〉

【学識】（ガクシキ）①学んで得た知識。②学問と見識。③学問的な知識と一般的な常識。

【学者】（ガクシャ）①学ぶ人。学問をする人。学生。〔論語、憲問〕古之学者為ㇾ己（いにしえ（へ）のガクシャは、おのれのためにし）、今之学者為ㇾ人（いまのガクシャは、ひとのためにす）。訳文⇩古之学者為ㇾ己（一八三㌻）。②学問を積んだ人。学問にすぐれた人。

【学術】（ガクジュツ）①学問と技芸。学芸。②学問と、その応用の方面をあわせていう。

【学匠】（ガクショウ）①仏仏道を修めて、師匠たる資格のある者。②学者。物知り。

【学殖】（ガクショク）学問の素養。学問の深いこと。

【学人】（ガクジン）①学問をする人。②仏（ガクニン）仏道の修行者。


【学生】（ガクセイ）①学問をする人。②国大学以上の学校に学ぶ者。③（ガクショウ）㋐仏㊥仏寺に寄宿して仏典以外の書を学ぶ者。㋑大寺で仏典を修学する者。㋑国昔、大学寮または国学に籍を置いた生徒。

【学政】（ガクセイ）①教育上の行政。教育行政。学校行政。②学問と政治。

【学窓】（ガクソウ）国学校のまど。転じて、学校。

【学僧（僧）】（ガクソウ）①学問のある僧。②修業中の僧。

【学灯（燈）】（ガクトウ）①学問または学界を照らすともしび。また、学問または学界の光明・目当て。②読書を照らすともしび。勉強室のともしび。読書の灯。

【学統】（ガクトウ）学問の系統。

【学徳】（ガクトク）①学問と人徳。②学問の功徳（ドク）。

【学閥】（ガクバツ）国同じ学校出身者による排他的党派。

【学府】（ガクフ）①学問の大家。府は、くら。②学問の中心となる所。学者の集まる所。③国学校。「最高学府」

【学僕】（ガクボク）国昔、先生の家や家塾・学校などで使用人としての仕事をしながら学問をする人。

【学問】（ガクモン）①学ぶことと、問うこと。勉強すること。②学び問うべきもの。修学の対象。〔孟子、告子上〕③学んで得た知識。

【学庸】（ガクヨウ）『大学』と『中庸』。共に書名。

【学林】（ガクリン）学問の多くある所の意。①学界の中心。㋐学者の多く集まる所。㋑その時代にその学問に最も優れた人をいう。②仏仏教の学校。③国学校。

【学如ㇾ不ㇾ及】（ガクはおよばざるがごとくす）学問をするには、にげる者をいくら追っても追いつけない時のように、少しも休まず続けるべきである。〔論語、泰伯〕

(8)5【季】1602　教4　キ

筆順　二　千　禾　季

キ　寘　jì

2108
3528

字義　❶すえ。すえ。㋐末っ子。兄弟姉妹のうちで最年少の者。出生の順序を、伯・仲・叔・季で表す。㋑四季の各三か月の終わりの月。その三か月の順は、孟（モウ）・仲・季で表す。「季春」「季冬」㋒おとろえた世。末年。❷わかい。幼い。「季女」❸ちいさい。こまかい。ほそい。❹とき。㋐春夏秋冬の各期間、三か月をいう。㋑季節。時節。また、時期。時のひとくぎり。

名乗　とき・とし・ひで・みのる

使いわけ　キ〔期・季〕⇩期（3207）。

解字　甲骨文  篆文  会意。子＋禾。禾は、穀物の象形。穀物の霊に扮して舞う年少者のさまから、わかい・すえの子の意味を表す。

▼群季・叔季・節季・年季

【季夏】（キカ）夏の終わりの一か月。晩夏。陰暦六月の別名。

【季刊】（キカン）定期刊行物を三か月ごとに出すこと。↓字義の④の㋐。

【季月】（キゲツ）①四時の終わりの月。陰暦の三月・六月・九月・十二月。②一年の最終の月。

【季語】（キゴ）＝季題。

【季候】（キコウ）気候。時候。また、季節。時節。

【季札】（キサツ）春秋時代、呉の賢者。呉王寿夢（ジュボウ）の第四子。徐の国の君主が自分の剣を欲しがったことを忘れず、その死後に徐君の墓にかけて贈った。これを「季札挂ㇾ剣（キサツケンをかく）（信義を重んじることにたとえる）」という。〔史記、呉太伯世家〕

【季子】（キシ）①すえの子。末子。②あによめが夫の弟を呼ぶ称。③呉の季札。↓前項。

【季氏】（キシ）春秋時代、魯（ロ）の大夫の家がら、三桓（サンカン）（孟孫（モウソン）・叔孫・季孫）の一つ、季孫氏の略称。三桓中、最も権力をふるった。

【季秋】（キシュウ）晩秋。陰暦九月の別名。

【季春】（キシュン）晩春。陰暦三月の別名。

【季女】（キジョ）①末の娘。②若い娘。〔詩経、召南、采蘋〕

【季世】（キセイ）①末の世。②風俗・道義などの衰えた時代。

【季孫氏】（キソンシ）↓季氏。

【季題】（キダイ）国俳句に詠み込む、季節感を表すための特定のことば。季語ともいう。

【季冬】（キトウ）晩冬。陰暦十二月の別名。

【季年】（キネン）末年。晩年。

【季父】（キフ）末のおじ。父の末弟。

【季布】（キフ）秦（シン）末・漢初の武将。初め項羽の将となり、後に漢の高祖に仕えた。一たび引き受けたことは必ず実行したので人々に信用された。〔史記、季布伝〕得二黄金百斤一（オウゴンヒャッキンをうるは）、不ㇾ如ㇾ得二季布一諾一（キフのイチダクをうるにしかず）。

【季母】（キボ）末のおば。父母の末の妹。

【季△孟△之間】（キモウのカン）①春秋時代、魯（ロ）の三桓（サンカン）の季氏（上卿（ジョウケイ））と孟氏（下卿）との中間程度の礼遇。〔論語、微子〕②伯仲する。差がない。

【季路】（キロ）孔子の弟子、仲由の字（あざな）。↓子路（二九〇㌻）。

(8)5【孤】1603　常　コ

筆順　子　孑　孤　孤

コ　虞　gū

2441
3849

字義 ❶みなしご。父または両親をなくした子供。「孤児」❷ひとりもの。よるべのない者。「孤独」❸ひとり。ひとつ。❹ひとりぼっち。㋐仲間のないこと。〔論語、里仁〕徳不レ孤。㋑助けのないこと。「孤立」❺いやしい（卑）。❻そむく。「孤負」❼離れる。遠ざける。遠ざかる。「孤臣」❽王侯の謙称。

名乗 かず・とも　難読 孤児

解字 篆文 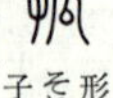 形声。子＋瓜（音）。音符の瓜カは、懼クに通じ、おそれておどおどするの意味。父がなくおどおどした子、みなしごの意味を表す。

▼窮孤・幼孤

【孤雲】①はなれ雲。②寄るべのない者のたとえ。

【孤雲野鶴】はなれ雲と、群をはなれた一羽のつる。世俗を捨てた隠者をいう。

【孤景・孤影】ひとりぼっちのかげ。ひとりぼっちのさびしい姿。「孤影悄然」

【孤往】ひとり行くこと。独行。独往。〔文選、陶潜、帰去来辞〕懐二良辰一以孤往。

【孤寡】①身寄りのない者。②やもめ。③みなしごとやもめ。④孤も寡も、共に王侯の自称。〔老子、三十九〕

【孤介】偏屈で他人と調和しないこと。孤立狷介。介は、ひとり・ひとつの意。

【孤客】ひとりぼっちの旅人。〔唐、劉禹錫、秋風引〕朝来入二庭樹一、孤客最先聞。〈秋風がけさがた庭の樹々に吹き入ったのを、ひとりぼっちの旅人である私がだれよりも先に聞きつけた〉

【孤鶴】仲間から離れた一羽のつる。

【孤寒】身寄りがなく、貧しいこと。

【孤苦】身寄りがなく、非常に貧しい。また、ひとりぼっちで苦労する。〔晋、李密、陳情表〕

【孤軍】孤立している、援軍のない軍隊。「孤軍奮闘」

【孤月】ぽつんと空に輝く一輪の月。孤月輪。

【孤剣（劍）】①ひとふりの剣。一剣。②簡単な武装をいう。③ただひとりで、助けのない武士。

【孤高】①群をぬいて一つ高くそびえていること。②ひとり世俗から離れて超然としていること。「孤高を保つ」

【孤国（國）】①助けがなく孤立している国。②わたしの国。自国の謙称。

【孤魂】ひとりぼっちのたましい。また、弔う人のない魂。

【孤山】①一つぽつんと立っている山。②浙江省杭州市の西湖の中にある島。宋代の詩人、林逋（林和靖）がかくれ住んだ所。梅花の名所。

【孤弱】助ける者がなくかよわい。身寄りがなく、年が若い（人）。

【孤舟】ただ一つの舟。つれのない舟。〔唐、杜甫、登二岳陽楼一詩〕→老病有二孤舟一（八六九ページ）。〔唐、柳宗元、江雪詩〕孤舟蓑笠翁、独釣寒江雪。〈ただ一そうの小舟にみのと笠を着けた老人が、ひとりで寒々とした雪の川で釣り糸を垂れている〉

【孤愁】ひとりぼっちで物思いに沈むこと。また、孤独の寂しさ。

【孤松】一本松。〔晋、陶潜、四時詩〕冬月秀二孤松一。

【孤峭】①一つけわしくそびえていること。②転じて、心がきびしくて世俗と合わず、超然と孤立していること。

【孤城落日】孤立して援軍の来ない城に夕日がさしていること。たよりなく心細いさまのたとえ。〔唐、王維、送二韋評事一詩〕

【孤臣】①主君に見捨てられた臣。②主君から遠くはなれた土地にいる臣。

【孤生】寄るべない身。孤独な身。〔唐、柳宗元、南澗中題詩〕孤生易レ為レ感。

【孤征】ひとりぼっちで旅路を行く。征は、行くの意。

【孤栖・孤棲】ひとりぼっちで住む。ひとりずまい。

【孤孀】①みなしごと女やもめ。②女やもめ。

【孤村】一つぽつんとある村。

【孤竹】①一本だけ生えている竹。②殷代の国名。今の河北省から遼寧省にかけての地。「孤竹君」

【孤灯（燈）】一つさびしくともるともしび。〔唐、白居易、長恨歌〕孤灯挑尽未レ成レ眠。訳文⇩夕殿（三五一ページ）。

【孤特】＝孤独。→次項。

【孤独（獨）】①幼くて父のない子供と、老いて子のない者。『孟子』梁恵王下に「老而無レ子曰レ独、幼而無レ父曰レ孤」とあるのに基づく。②ひとりぼっち。

【孤帆】一そうのほかけ舟。孤舟。〔唐、李白、黄鶴楼送三孟浩然之二広陵一詩〕孤帆遠影碧空尽、唯見長江天際流。〈ただ一つの帆かけ舟の遠い姿が、青空に吸いこまれるように消えて、あとにはただ長江が空の果てへと流れてゆくのが見えるだけである〉

【孤負】そむく。違背。

【孤蓬】一つのよもぎ。ただ一つ風にひるがえって飛んでゆくよもぎ。ひとりで遠くに旅する者などのたとえ。蓬はアカザ科の二年草。枯れると、強風で原野を転がるという。〔唐、李白、送二友人一詩〕此地一為レ別、孤蓬万里征。〈この地で、いったん別れをつげたら、君は孤蓬のように、万里のかなたへと旅立って行く〉

【孤立】①ひとりぼっちで助けがない。また、その者。「孤立無援」②対立するものがないこと。

【孤塁（壘）】孤立したとりで。たった一つのとりで。「孤塁を守る」

(8)5
【孥】 1604 △

一（漢）ド・（呉）ヌ 虞 nú
二（漢）ド・（呉）ヌ 遇

5355
5557

字義 一❶こ（子）。「妻孥」❷やっこ。しもべ。奴隷。＝奴。❸とりこ。捕虜。二❶妻と子。❷父・夫の罪によって妻子まで罰する刑。

解字 形声。子＋奴（音）。

【孥輩】召使いの者ども。

【孥戮】罪を犯した者の妻子をもあわせて罰すること。一説に、罰して奴隷にすること。

(8)5
【孟】 1605 人

一（漢）モウ（マウ）（呉）ミョウ（ミャウ） 敬 mèng
二（漢）モウ（マウ） 養
三（漢）バン・（呉）マン

4450
4C52

筆順 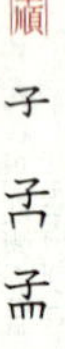

字義 一❶かしら。㋐長男。長女。兄弟姉妹のうちで最年長の者。出生の順序を、伯（孟）・仲・叔・季で表す。↔季。㋑おさ（長）。❷はじめ。㋐物事のはじめ。㋑四季、各三か月の初めの月。三か月の順は、孟・仲・季で表す。「孟夏」❸大きい。たけだけしい。❹つとめる。❺孟子の略称。二三とりとめがない。でたらめ。「孟浪」

名乗 たけ・たけし・とも・なが・はる・もと

難読 孟買

解字 金文  篆文  形声。子＋皿（音）。音符の皿メイは、萌ボウに通じ、めばえ・はじめの意味。はじめの子の意味を表す。

【孟夏】初夏。陰暦四月の別名。

【孟軻】→孟子の①。

【孟月】四季、春夏秋冬の初めの月。陰暦の正月・四月・七月・十月。

【孟郊】中唐の詩人。字は東野。韓愈と親しかった。（七五一―八一四）

【孟浩然】盛唐の詩人。襄陽（今の湖北省襄樊市）の人。名も字も浩然。王維とならんで自然

詩人と称される。（六八九－七四〇）

【孟子】モウシ　①戦国時代中期の思想家。鄒（今の山東省鄒県）の人。名は軻。字は子輿・子車。子は「先生」の意。子思の門人に学び、後、諸国を周遊して王道・仁義を説き、儒教の伝道者をもって任じた。また、人間の本性を善とする性善説を説いた。（前三七二－前二八九）②書名。七編。十四巻。孟子の言行を記したもの。四書の一つ。

〔孟子〕

【孟秋】モウシュウ　初秋。陰暦七月の別名。

【孟春】モウシュン　初春。陰暦正月の別名。

【孟△嘗君】モウショウクン　戦国時代、斉の王族・政治家。姓は田、名は文。斉の大臣となり、食客数千人を養い、薛（今の山東省内）に封ぜられた。鶏鳴狗盗の故事は有名。（？－前二七九？）

【孟△蜀】モウショク　五代十国の一つ。後蜀の別称。孟知祥が蜀に拠って建てた国。同じ五代の時に王建が建てた蜀と区別していう。（九三三－九六五）

【孟津】モウシン　昔の黄河の渡し場の名。今の河南省孟津県の東北。周の武王が殷の紂王を討った時に諸侯とここで盟ったので、盟津ともいう。今、河陽渡という。

【孟宗】モウソウ　①三国時代、呉の人。孝子として有名。冬、母が筍を求めたので竹林の中で祈ると、たちまち筍が出てきたという。二十四孝の一人。〔呉志、孫皓伝、注、楚国先賢伝〕②竹の一種。

【孟冬】モウトウ　初冬。陰暦十月の別名。

【孟東野】モウトウヤ　→孟郊。

【孟母三遷】モウボサンセン　孟子の母が、環境が及ぼす感化を恐れて、孟子の教育のために、三か所に住居を移した故事。〔列女伝、鄒孟軻母伝〕

【孟母断（斷）機】モウボダンキ　孟子が学問の完成しないうちに遊学から帰って来た時、孟子の母が織っていた織物を断ち切って、学問を中途でやめるのは織りかけた機を断ち切るようなものだといましめた故事。〔列女伝、鄒孟軻母伝〕

【孟△賁】モウホン　戦国時代、衛の勇者。

【孟浪】モウ・マン　ロウ・ラン　①とりとめのないこと。粗雑なこと。でたらめ。おろか。②放浪する。さすらう。

(9)6
【孩】1606
△ 漢カイ 呉ガイ 灰 hái　5356 *5558*

字義 ❶みどりご。ちのみご。また、みどりごが笑う。❷おさない（幼）。いとけない。❸あやす。

解字 形声。子＋亥音。音符の亥は、あかごの笑い声の擬声語。あかごが笑うの意味や、あかごの意味を表す。

【孩提】ガイテイ　ちのみご。また、二、三歳の幼児。提は、手を引く意。孩提の童。孩提者。〔孟子、尽心上〕孩提之童無レ不レ知レ愛ニ其親一也（孩提の童も、その親を愛するを知らざるなし）。

(10)7
【孫】1607
教4 ソン まご
一ソン 元 sūn
二ソン 願 xùn　3425 *4239*

筆順 孑 孖 孫 孫

字義 一❶まご。子の子。❷子孫。孫以下の血すじの者。❸分かれ出たもの。分かれ生じたもの。「孫竹」
二＝遜。❶ゆずる。へりくだる。❷したがう（したがふ）。❸のがれる。

国 まご。「間接」の意。「孫引（まごびき）」

名乗 さね・ただ・ひこ

解字 甲骨文　金文　篆文　会意。子＋系。系は、甲骨文では幺、金文では糸と書かれ、ひとすじにつながる糸の意味。子の子へとひとすじにつながる、まごの意味を表す。孫を音符に含む形声文字に、遜などがある。

▼雲孫・王孫・外孫・玄孫・公孫・昆孫・子孫・児孫・慈孫・従孫・耳孫・嫡孫・適孫・天孫・末孫・来孫

【孫△卿】ソンケイ　荀子をいう。→荀子（九三四ページ）。

【孫堅】ソンケン　後漢末期の武将。三国時代、呉の孫権の父。（一五七－一九三）

【孫権（權）】ソンケン　三国時代、呉の第一代の君主。字は仲謀。父の堅・兄の策の業を継いで、長江下流以南の地を領有し、建業（今の南京市）に都した。（一八二－二五二）

【孫呉△之略】ソンゴのリャク　孫武と呉起（共に兵法家）の兵略。

【孫康】ソンコウ　晋の御史大夫。幼少の時、貧乏で油が買えないので、雪の反射光で本を読んだ。→蛍雪之功（九六一ページ）。

【孫策】ソンサク　三国時代、呉の武将。孫権の兄。長江下流以南の地を平定したが、事業半ばで、刺客に殺された。（一七五－二〇〇）

【孫子】ソンシ　①子孫。まご。②孫武をいう。③書名。一巻十三編。春秋時代末の孫武の著。中国最古の兵法書で、『呉子』と並び称せられる。

【孫叔△敖】ソンシュクゴウ　春秋時代、楚の政治家。幼少のとき、それを見れば死ぬといわれていた両頭のへびを見てこれを殺して埋め、その害を除いたという。楚の荘王の宰相となり、荘王の覇業を助けた。

【孫△臏】ソンピン　戦国時代、斉の兵法家。孫武の子孫。魏の龐涓にその才をそねまれて足きりの刑を受けたが、後、斉の兵を率いて魏軍と戦い、龐涓を大敗させた。

【孫武】ソンブ　春秋時代、呉の兵法家。呉王闔閭に仕えて四方を征伐し、大功を建てた。兵法の書『孫子』を著し、後世、兵法の祖と称せられる。

【孫文】ソンブン　近代中国の革命家・政治家。字は逸仙。中山先生と呼ばれる。広東省香山（今の中山市）の人。一九〇五年、東京で中国革命同盟会を起こし、三民主義を唱え、清朝の滅亡後、臨時大総統となる。また、中国国民党をおこし、中国の民主化に努め、近代中国の父といわれる。（一八六六－一九二五）

(11)8
【孰】1608
△ 漢シュク 呉ジュク 屋 shú　5357 *5559*

字義 ❶助字。⇩助字解説 ❷にる（煮）。にえる。❸みのる。成熟する。＝熟。

助字解説
①たれ。たれか。疑問・反語。だれが……か。類誰。〔唐、韓愈、師説〕人非ニ生而知レ之者一。孰能無レ惑（人は生まれながらにして、これを知る者にあらず。たれかよく惑い（ひ）なからん）〈人は生まれながらにして道理を知っている者ではない。だれが惑いがないといえようか〉
②いずれ。いずれか。疑問。どちらが……か。〔論語、公冶長〕女与レ回也孰愈（なんじ（ぢ）と回と、いずれ（づ）れかまされる）〈おまえと顔回とどちらがまさっているか〉

解字 金文　篆文　会意。金文は、亯＋女＋丮。亯は、土なべに食物を盛って煮て人をもてなすの意味。丮は、手にとるの意味。女性が土なべに手をかけて食物を煮るさまから、よく煮るの意味を表す。借りて、疑問の、たれ・なにの意味に用いる。のち、𦎧＋丮となり、さらに、享＋丸に変形した。孰の意味と音符とを含む形声文字に、塾・熟などがある。

【孰若】いず（づ）れぞ　どちらか。両方を比べて、その優劣などを質問していう語。この字のすぐ下にある語を優先・選択する。孰与。

【孰与（與）】いず（づ）れぞ　＝孰若。〔史記、廉頗・藺相如伝〕公之視ニ廉将軍一孰ニ与秦王一（公の廉将軍を見ること、秦王にいず（づ）れぞ）。

(12)9
【孳】1609
△ ジ　孳（1610）の俗字。→二九五ページ。　5358 *555A*

【孱】→尸部　三六〇ページ。

(13)10 【孳】1610 △ 一シ 支 zī 二漢シ・呉ジ 寘 zì
［孶］俗字 5358 555A
字義 一❶うむ（生）。子を多く生む。「孳生」❷しげる。ふえる。ふやす。❸つとめる。はげむ。＝孜。二子をもつ。子をうむ。さかる。
解字 金文 篆文 形声。子＋茲音。音符の茲は、ふえるの意味。子がつぎつぎにふえるの意味を表す。
【孳孳】シシ・ジジ つとめはげむさま。孜孜。

(14)11 【孵】1611 標 フ 虞 fū 5359 555B
字義 かえる。卵がかえる。また、かえす。卵をかえす。
解字 形声。卵＋孚音。音符の孚は、乳児を抱きかかえるさまを表す。卵を付し、卵をかえすの意味を表す。
【孵化】フカ ①卵がかえる。②卵をかえす。
【孵卵】フラン 卵をかえす。

(16)13 【學】(1601) ガク 学(1600)の旧字体。→二九一ページ。 5360 555C

(17)14 【孺】1612 △ 漢ジュ 呉ニュ 遇虞 rú 5362 555E
字義 ❶ちのみご。おさなご。また、子供。年少者。❷小僧。こぞっこ。人を見さげていう語。❸おさない。いとけない。❹したう（慕）。したしむ。❺つく（付）。したがう。また、つながる。
解字 篆文 形声。子＋需音。音符の需は、しなやかの意味。しなやかな子、ちのみごの意味を表す。
【孺子】ジュシ ①おさなご。幼児。〔孟子、公孫丑上〕②人を見さげていう語。小僧。こぞっこ。〔史記、留侯世家〕孺子可レ教。
【孺人】ジュジン 妻をいう。③若くて美しい女。側女をいう。孺は、従う・つながる。

(19)16 【孼】1613 △ 漢ゲツ 呉ゲチ 屑 niè
［孽］俗字
字義 ❶嫡出でない子。妾腹。庶子。「孼庶」❷ひこばえ。＝櫱。❸わざわい。わざ。〔書経、太甲中〕天作孼猶可レ違。❹わるい。不吉な。
解字 篆文 形声。子＋辥音。音符の辥は、櫱（蘖）に通じ、ひこばえの意味。正妻の子でない意味を表す。
【孼遺】ゲツイ ①忘れがたみ。②残り。余り。
【孼子】ゲッシ 嫡出でない子。庶子。孼庶。
【孼臣】ゲッシン 悪い家来。姦臣。
【孼党（黨）】ゲットウ 悪者ども。姦党。孼類。

(20)17 【孽】1614 △ ゲツ 孼(1613)の俗字。→前項。

(22)19 【孿】1615 △ レン 囲 luán
字義 ❶ふたご。双生児。「孿子」❷つなぐ（繫）。また、つながる。
解字 篆文 形声。子＋䜌音。

3 宀部 ［宀］ 5363 555F

〔部首解説〕うかんむり。形が片かなのウに似ているところからいう。文字としては、宀は、音漢ベン・呉メン。象形。篆文冂。屋根の形にかたどり、やね・いえの意味を表す。また、音の上では丏（おおう）に通じ、おおうもの・やねの意味を示す。宀を意符として、いろいろな家屋や付属物、屋内の状態などに関する文字ができている。

2 宄 二九五　穴 二九五　它 二九五　宁 二九五　3 安 二九五
宇 二九六　字 二九七　守 二九七　宅 二九七　4 完 二九八
宏 二九八　宋 二九八　宍 二九八　5 宛 二九八　官 二九九
宜 二九九　実 二九九　宗 三〇〇　宙 三〇〇　定 三〇一
宕 三〇一　宓 三〇一　宝 三〇一　6 客 三〇二　室 三〇三
宣 三〇三　宥 三〇三　7 宴 三〇三　家 三〇三　害 三〇四
宦 三〇四　宮 三〇五　宰 三〇五　宵 三〇五　宸 三〇五
宬 三〇五　寀 三〇六　容 三〇六　8 寅 三〇六　宼 三〇六
寉 三〇六　寄 三〇六　寇 三〇七　宷 三〇七　寂 三〇七
宿 三〇七　9 寓 三〇八　寒 三〇八　寓 三〇九　寔 三〇九
寐 三〇九　富 三〇九　10 寛 三〇九　寘 三一〇　寝 三一〇
寖 三一〇　11 寡 三一〇　寠 三一〇　寤 三一〇　察 三一〇
實 三一〇　寢 三一〇　寧 三一〇　寞 三一一　寥 三一一
12 寬 三一一　寫 三一一　審 三一一　寮 三一一　13 寰 三一一
16 寵 三一二　寳 三一二　17 寶 三一二

牢→牛部七〇二ページ。案→木部五五六ページ。密→山部三三四ページ。
塞→土部二四〇ページ。寨→木部五七五ページ。搴→手部四三五ページ。
蜜→虫部九六六ページ。賓→貝部一〇四六ページ。憲→心部四〇八ページ。
褰→衣部九七九ページ。謇→言部一〇三三ページ。蹇→足部一〇八一ページ。
賽→貝部一〇四八ページ。騫→馬部一一三四ページ。鶱→鳥部一一五七ページ。

(5)2 【宄】1616 △ キ 紙 guǐ
字義 ❶みだれ。よこしま。邪悪。「姦宄」❷わるもの。ぬすびと。
解字 金文 篆文 形声。宀＋九音。音符の九は、曲がっていきどまりになるの意味。宀は、家屋の意味から、人の心の内面の意味。曲がった心・よこしまの意味を表す。

(5)2 【宂】1617 △ ジョウ 冗(488)の正字。→一三四ページ。

(5)2 【它】1618 △ タ 歌 tā, tuō 5364 5560
字義 ❶へび。まむし。＝蛇。❷ほか。よそ。＝他。
解字 甲骨文 篆文 象形。身をくねらせ、尾を垂れるへびの形にかたどる。甲骨文では、特に上部に、止（あし）を付し、人の足にかみつくへび、まむしの意味を表す。蛇の原字。借りて、よそ・ほかの意味をも表す。它の意味と音符とを含む形声文字に、佗・拖・沱・舵・駝などがある。

(5)2 【宁】1619 △ 漢チョ 呉ジョ（ヂョ） 語 zhù
字義 ❶たたずむ。＝佇。「宁立」❷たくわえる。つむ。＝貯。
解字 甲骨文 篆文 象形。物を貯え積むための器具の象形で、たくわえるの意味を表す。貯の原字。また、その器具の安定感から、たちどまる・たたずむの意味を表す。宁を音符に含む形声文字に、佇・貯などがある。

(6)3 【安】1620 教3 アン やすい
筆順 宀 安 安 安
アン 寒 ān 1634 3042
字義 ❶やすい。やすし。やすらか。㋐しずか。おだやか。「平安」㋑落ち着く。㋒おもむろ。ゆるやか。❷やすんずる。㋐やすらかになる。落ち着く。静まる。定まる。㋑やすらかにする。やすらかに治める。「治安」㋒安心する。満足する。㋓楽しむ。好む。㋔甘んずる。㋕おく（置）。すえる。❸やすらぎ。やすらかさ。楽しみ。❹やすんじて。安心して。静かに落ち着いて。❺助字。⇩
助字解説 国やすい。㋐値段がやすい。㋑やさしい。容易である。

助字解説
①いずくに。いずくにか。疑問。どこ。どこに。〔史

記、項羽本紀〕沛公安在（いずくにかある）。〈沛公はどこにいるか〉②いずくんぞ。類悪・焉・寧。㋐疑問。どうして……か。〔史記、項羽本紀〕君安与₂項伯₁有ㇾ故。〈あなたはどうして項伯と知りあいなのか〉㋑反語。どうして……か。〔史記、陳渉世家〕燕雀安知₂鴻鵠之志₁哉。〈つばめやすずめなどにどうしておおとりの志がわかるだろうか。とてもわかるまい〉

名乗 やす・やすし　難読 安乎（あが）・安家（あっか）・安居院（あぐい）・安芸（あき）・安芸津（あきつ）・安口（はたくち）・安子島（あこがしま）・安宿（あすか）・安食（あじき）・安心院（あじむ）・安寝（やすい）・安栖里（あせり）・安積（あさか）・安詮院（あぜぶ）・安足間（あんたろま）・安孫子（あびこ）・安宅（あたか）・安達太良（あだたら）・安土（あづち）・安登（あと）・安曇（あずみ）・安曇川（あどがわ）・安倍（あべ）・安比（あっぴ）・安平（あびら）・安房（あわ）・安幕（あまか）・安茂里（あもり）・安毛（あたげ）・安来（やすぎ）・安楽城（あらき）

参考「やすい」は現代表記では、すべて［安］に統一。ただし、「書きやすい・雨の降りやすい時季」のような場合は仮名書き。

解字 甲骨文　篆文　会意。宀＋女。家の中で女性がやすらぐさまから、やすらかの意味を表す。安を音符に含む形声文字に、按・案・鞍・頞などがあり、安の変形と思われる晏（晏）を音符に含む形声文字に、宴・偃・堰・蝘などがある。これらの漢字は、「やすらぐ」の意味を共有している。

▼慰安・公安・大安・治安・鎮安・平安・保安・奉安

【安易】（アンイ）①くつろぐ。②国㋐たやすい。㋑手軽。㋒のんき。なげやり。㋓軽はずみ。

【安逸・安佚】（アンイツ）逸は、楽しむ、怠ける。①安んじ楽しむ。また、安楽。②何もせずに遊んでいること。〔十八史略、唐、太宗〕莫ㇾ不ㇾ得₂之於艱難₁、失₂之於安逸₁。〈天下を辛苦の末に得て、これを安楽無事に過ごすうちに失わない者はない〉

【安穏（穩）】（アンオン・アンノン）①心が落ち着いて、ゆったりとしたさま。やすらか。おだやか。②国気楽なこと。無為にすごすこと。

【安居】（アンキョ）①安らかにいる。安らかにくらす。②安らかな住居。③居に安んずる。自分の生活している場所に満足していること。④仏（アンゴ）陰暦四月十六日から七月十五日までの九十日間（インドでは雨期に当たる）、僧が外出せず、一室に静居して修行すること。

【安行】（アンコウ）①安んじて行う。〔中庸〕②静かに行く。

【安康】（アンコウ）安らか（に治まる）。太平無事。

【安座・安△坐】（アンザ）①安らかにすわる。また、何事もしないでいる。②仏㋐仏像を安置する。㋑座禅のとき、両脚を組んで座る。

【安史】（アンシ）唐の安禄山とその部将の史思明。両者が相次いで起こした乱を、安史の乱という。玄宗の天宝十四年（七五五）から九年間に及んだ。→安禄山。

【安車】（アンシャ）座って乗る、老人・婦人用の小さな馬車。古代の一般の車は四頭だてで、立って乗る。

〔安車〕

【安車△蒲輪】（アンシャホリン）車輪を蒲で包み、揺れないようにしたもの。老人を手厚く待遇する意。

【安心】（アンシン）①安らかな心。心配がないこと。②仏（アンジン）信仰によって心を落ちつけること。

【安心立命】（アンシンリツメイ・アンジンリュウメイ）仏信仰によって天命をさとり、心を安らかにし、生死利害などを超越すること。安心は仏教語、立命は儒教語。

【安人】（アンジン）人々を安らかに治める。人々の心や生活を安らかにすること。安民。〔論語、憲問〕修ㇾ己以安ㇾ人。

【安井息軒】（やすいソッケン）国江戸末期の漢学者。名は衡。字は仲平。息軒は号。日向（今の宮崎県）の人。昌平黌の教授となった。著に『左伝輯釈』『息軒遺稿』などがある。（一七九九―一八七六）

【安西】（アンセイ）①地名。唐代、ここに安西都護府が置かれた。今の新疆ウイグル自治区庫車県。②県名。甘粛省敦煌県の東北。

【安積△艮斎（齋）】（あさかゴンサイ）国江戸後期の漢学者。名は重信。字は思順。艮斎は号。佐藤一斎・林述斎に学び、昌平黌の教授となった。（一七九一―一八六〇）

【安積△澹泊】（あさかタンパク）国江戸中期の漢学者。名は覚。字は子先。澹泊は号。朱舜水に師事し、彰考館総裁として『大日本史』の編修に従った。（一六五六―一七三七）

【安禅】（アンゼン）静かに座禅すること。〔唐、王維、過₂香積寺₁詩〕安禅制₂毒竜₁。

【安息】（アンソク）①安らかにいこう。休息。②紀元前三世紀にイラン系民族が西アジア（今のイラン地方）に建てたパルティア国の中国風の呼び名。

【安泰】（アンタイ）やすらか。無事。安穏。泰も、やすらかの意。

【安宅】（アンタク）①安らかな（安全な）住まい。②安らかに居る。安らかに住む。③仁をいう。人が身を置くべき場所の意。一説に、身を置くのに最も安全な場所の意。〔孟子、公孫丑上〕仁、人之安宅也。④国（あたか）石川県西南部の日本海沿岸にあった関所の名。

【安△堵】（アンド）①安らかにくらす。家をとりまく堵（土塀）の中に安んじている意。案堵。②国㋐心配のないこと。㋑鎌倉・室町時代、武士や寺社の旧領地の所有権をそのまま主君が公認すること。「本領安堵」

【安南】（アンナン）インドシナ半島の東海岸地方。また、この地方にベトナム人が建てた国。ベトナム。安南の名は、唐代、安南都護府が今のハノイに置かれたのに始まる。

【安寧】（アンネイ）①安らかなこと。寧も、安らか。②冬の別名。

【安排】（アンバイ・アンパイ）①ほどよく並べる（加減する）。按排。②物のあるがままに安んずること。

【安倍仲△麿】（あべのなかまろ）→阿倍仲麿（一一五七ページ）。

【安否】（アンピ）安全かどうか。無事かどうか。

【安△撫】（アンブ）人（人々）を、安らかに落ち着かせるようにすること。

【安民】（アンミン）民を安んずる。人民を教化し、その衣食を豊かにして、平和で安楽な生活をさせること。安人。

【安△邑】（アンユウ）地名。夏の禹王の都。また、戦国時代の魏の初期の都。今の山西省夏県の西北。

【安陽】（アンヨウ）河南省の市名。殷の末期の都のあった所。西郊の小屯村を中心とした殷代の都城の遺跡（殷墟）から甲骨文字など考古学上の貴重な史料が数多く出土している。

【安養浄（淨）土】（アンヨウジョウド）仏極楽浄土。安養。

【安△禄山】（アンロクザン）唐の武将。突厥族の出身。玄宗に重んじられ、范陽（今の北京市の西南）の節度使となったが、天宝十四年（七五五）に謀反を起こして長安に攻め上り、帝号を称した。後、その子慶緒に殺された。（七〇五―七五七）

【△偸ㇾ安】（やすきをぬすむ・トウアン）眼前の安楽をむさぼる。また、一時の安穏をはかる。

(6)3
【宇】1621　教6　ウ　—　ウ　慶 yǔ　—　1707　3127

筆順 宀 宀 宇 宇

【寓】古字

字義 ❶のき（軒）。ひさし。のきば。❷いえ（家）。また、屋根。「屋宇」❸天地四方。無限の空間。↔宙「宇宙」❹天。空。❺ところ。あたり。「眉宇」❻心。魂。精神。器量。「気宇」

名乗 うま・たか・のき　難読 宇甘（うかい）・宇合（うまかい）・宇宿（うすき）・宇津谷（うつのや）・宇泥須（うねす）・宇土（うと）・宇都井（うずい）・宇奈比処女（うないおとめ）・宇野気（うのけ）

解字 文  籀文  形声。宀+于音。音符の于は、弓なりに曲がってまたがるの意味。家屋の中で、またぐように覆う部分、のき(軒)の意味を表す。

▼営宇・屋宇・館宇・器宇・気宇・胸宇・区宇・結宇・大宇・宅宇・壇宇・殿宇・棟宇・飛宇・仏宇

【宇内】天地の間。あめがした。天下。世界。〔文選、陶潜、帰去来辞〕寓ニ形宇内一、復幾時。

【宇宙】①天地四方と過去・現在・未来にわたる無限の時間。宇は空間、宙は時間。また、ありとあらゆる存在物の一切を包括する空間。無限の空間。〔荘子、知北遊〕②天地。世界。③天文学上では、すべての天体を含む全空間。

(6)3

【字】1622

教1　ジ　あざ

漢シ　呉ジ　寘 zì

2790　3B7A

筆順 宀 宁 字 字

字義 ❶うむ(生)。子を産む。❷はらむ(孕)。妊娠する。❸やしなう。そだてる。乳を飲ませる。また、いつくしむ。愛する。❹ます。ふえる。❺もじ(文字)。もと、象形文字・指事文字を文といい、それらを組み合わせて作られた会意文字・形声文字を字という。❻あざな。また、あざなする。中国で元服の時に、実名のほかにつける名。呼び名。多くは実名と関係のある意味の文字を使用する。ある人を、その人の親・君主・師以外の者が呼ぶ時には、その人の字を呼ぶのが礼であり、自分が人に対して自分の名を言う時には、実名(諱)を言うのが礼である。

国あざ。町村内の小区分。

参考 ①もと、子部に所属した。②⇩名(859)の参考

解字 金文  篆文 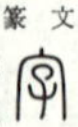 形声。宀+子音。音符の子は、おさなごの意味。家の中で子を育てるの意味を表す。また、もじの意味も表す。→字義の⑤。

▼遊字・韻字・音字・解字・仮字・活字・虚字・金字・検字・国字・古字・実字・集字・植字・助字・姓字・正字・俗字・題字・本字・苗字・名字・文字・倭字

【字育】はぐくみ育てる。いつくしみ育てる。字養。

【字音】国中国伝来の日本語化した漢字の音。漢音・呉音・唐音などがある。山・川の類。↕字訓。⇩コラム・日本の漢字音(六五八ページ)。

【字眼】ある詩文の中の、全体の出来ばえを左右する重要な文字。

【字義】文字の意味。

【字訓】国漢字の日本読み。漢字の意味を言い表す日本語がその字の読み方として固定したもの。山・川の類。↕字音。

【字乳】やしなう。育てる。乳を飲ませる。

【字母】①漢字の声母(頭子音)を表す代表字。三十六字母。②文字の音を表す符号。アルファベットや注音字母など。③活字を作るもとになる文字型。母型。

【字△謎】文字を材料としたなぞ。「出頭天」が「夫」を意味する類。

【字養】=字育。

【識レ字憂患始】文字を学び学問をすると悩みが生ずる。無学の方が気楽でよろしい。〔宋、蘇軾、石蒼舒酔墨堂詩〕

(6)3

【守】1623

教3　シュ・ス　まもる・もり

㊀漢シュウ(シウ)・呉シュ　有 shǒu
㊁漢シュウ(シウ)・呉シュ　宥 shòu
慣ス

2873　3C69

筆順 宀 宀 守 守

字義 ㊀❶まもる。㋐持ちこたえる。保持する。「保守」㋑ふせぎまもる。「守備」㋒保護する。㋓見はる。番をする。「看守」㋔つかさどる。処理する。㋕大切にする。また、つつしむ。❷まもり。㋐そなえ。防備。㋑つとめ。役目。職務。㋒みさお。節操。❸位が低く官の高いことを表す語。㊁❶まもる。ふせぐ。また、防備兵。❷役人。地方官。郡の長官。国❶まもる。見つめる。❷まもり。神仏のお守り札。❸もり。もり役。子もり。❹かみ。昔の官名で、一国の長官。国守。

名乗 え・ま・もれ

難読 守瓜・守宮・守道・守内

解字 金文  篆文 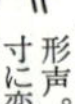 形声。宀+寸(手)音。音符の手は、寸に変形したが、「て」の意味。宮殿などを手で守るの意味を表す。

▼監守・看守・郡守・攻守・国守・固守・死守・巡守・遵守・順守・大守・太守・鎮守・墨守・保守・留守

【守一】①一事に専心すること。「守一無適」②道(特に道家の道)に専心し、あるいは、それを執り守ること。

【守旧(舊)】ふるい習慣をまもる。保守。

【守宮】やもり。一説に、蜥蜴の別名。

【守御・守禦】敵の攻撃を防ぎ、城などを守る。防禦。

【守愚】①自分の鈍才を悲しまず、それに甘んじていること。②おろか者のふりをしていること。

【守護】①まもる。保護。②国鎌倉時代、源頼朝が警備のために諸国に置いた官。守護職。

【守死】死ぬ覚悟をして事に当たること。死守。

【守株】くいぜを守る。いつまでも旧習を守って時勢の変化に応じることをしないたとえ。昔、一農夫が、うさぎが木の切り株にぶつかって死んだのを見て、耕作をやめて、いつまでも切り株を見守り、もう一度うさぎを得ようと、いつまでも切り株を見守り、世のもの笑いとなった故事。〔韓非子、五蠹〕

【守成】すでに出来上がった事業などを、衰退させないように保持してゆくこと。↕創業。〔十八史略、唐〕創業守成孰難。訳文⇩創業(一四五ページ)。

【守勢】守り防ぐ立場。受身。↕攻勢。

【守拙】①世渡りの下手な自分の性質を悲しまず、それに甘んじていること。〔晋、陶潜、帰ニ田園居一詩〕守レ拙帰ニ園田一。②世に処するに、賢く立ちまわらず、手腕や才能をかくして、じっとしていること。

【守銭(錢)奴】金銭をためることに異常な執着心を持っていて、少しの金も出し惜しみする人をののしった語。

【守蔵(藏)史】書庫をつかさどる役人。司書官。

【守備】城または陣地を守り、敵の攻撃に備えること。守り。固め。

【守令】①郡の長官と県の長官。②地方の長官。郡守・県令・邑令(町村の長)など。

(6)3

【宅】1624

教6　タク

漢タク　呉ジャク(チャク)　陌 zhái

3480　4270

筆順 宀 宀 宀 宅

字義 ❶すまい。家。屋敷。「住宅」❷いる所。また、おるべき所。〔孟子、離婁上〕仁、人之安宅也。❸住む。居住する。また、居る。❹墓。墓地。国❶タク。おっと。妻が夫をさしていう語。❷やか。やけ。家。

名乗 いえ・おり

解字 甲骨文  篆文 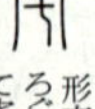 形声。宀+乇音。音符の乇は、くつろぐ人の象形。人が身をのびやかにして寄せ、くつろぐ家屋の意味を表す。

▼安宅・外宅・火宅・故宅・私宅・第宅・本宅・方宅

【宅宇】家。すまい。また、家の軒。

【宅兆・宅△兆】はか。墓場。墓穴。

【△徙レ宅△而忘ニ其妻一】転居して、その妻を忘れる。大切なものを忘れるたとえ。また、ひどい健忘者、愚者のたとえ。〔十八史略、唐〕

【△卜レ宅】(ボクス タクを) ①都とすべき候補地の吉凶を占う。②（占って）住居地を選び定める。③墓場を選び定める。

(7)4
【完】1625 教4 カン
漢カン（クヮン）　呉ガン（グヮン）　寒 wán
2016
3430

筆順 宀 宀 宇 完

字義 ❶まったし。そなわる。欠けた所がない。完全。❷まっとうする。㋐保つ。しっかりと守る。そこなわない。㋑つくろう。治める。㋒はたす。仕遂げる。完成する。❸おわる。

名乗 さだ・たもつ・なる・ひろ・ひろし・まさ・また・みつ・ゆたか

難読 完戸・完草・完道

解字 篆文  形声。宀＋元音。音符の元は、院に通じ、ぐるりとめぐらした垣の意味。周囲を垣でめぐらし、内部がしっかり守られるさまから、まったしの意味を表す。

【完△裙】(カンクン) 完全なスカート。破れていないスカート。〔唐、杜甫、石壕吏詩〕出入無二完裙一

【完結】(カンケツ) すっかり終わる。完全に終了する。完了。

【完済(濟)】(カンサイ) 国借金を残らず返すこと。

【完遂】(カンスイ) 完全に成し遂げる。

【完全無欠(缺)】(カンゼンムケツ) 十分に整っていて少しも欠点のないこと。

【完備】(カンビ) 十分にそなわる。完全にそなわる。↔不備。

【完膚】(カンプ) 傷のない完全な皮膚。転じて、無傷の個所。「完膚無からしむ(人の言動を徹底的に非難攻撃して相手を負かす)」

【完△璧】(カンペキ) ①委託せられた宝玉を無事に持ち主に返すこと。転じて、借り物を損なわずに返すこと。戦国時代、趙の藺相如が、璧を持って秦に使いし、その璧を無事に持ち帰った故事。〔史記、廉頗・藺相如伝〕城不レ入、臣請完レ璧帰レ趙。②傷のない玉。転じて、物事に全く欠点のないこと。③国完全で欠けた所のないこと。

【完本】(カンポン) 巻数が全部そろっている本。↔欠本・端本。

(7)4
【宏】1626 人 コウ
漢コウ（クヮウ）　呉オウ（ワウ）　庚 hóng
2508
3928

筆順 宀 宀 宇 宏

字義 ❶ひろい。❷おおきい。❸家が奥深い。

名乗 あつ・ひろ・ひろし

参考 現代表記では〔広〕(1979)に書きかえる。ただし、人名は別。「宏大→広大」「宏壮→広壮」熟語は〔広〕をも見よ。

解字 金文  篆文  形声。宀＋厷音。音符の厷は、ひろいの意味を表す擬声語。屋内の深い広がりの意味を表す。

【宏△豁】(コウカツ) 野原などの、広々と開けていること。

【宏器】(コウキ) ①大きな(立派な)器具。②大きな器量。人物が大きく立派なこと。

【宏儒】(コウジュ) すぐれた儒学者。また、大学者。大儒。碩儒。

【宏壮(壯)】(コウソウ) 広くて大きい。立派で大きい。広壮。

【宏図(圖)】(コウト) 遠大な(立派な)はかりごと。

【宏度】(コウド) ①大きな度量。立派な才略。②立派なのり(法度)。

【宏弁(辯)】(コウベン) 立派な弁論。雄大な弁論。

【宏△謨】(コウボ) ＝宏図。

【宏△猷】(コウユウ) ＝宏図。

(7)4
【宋】1627 標 ソウ　宋 sòng
3355
4157

字義 ❶国名。春秋時代の国。殷の宗族の微子啓が周から封ぜられた国。今の河南省商邱市の地。三十二代続き、前二八六年、斉に滅ぼされた。❷王朝の名。㋐南北朝時代、南朝の劉裕が四二〇年に建てた国。建康(今の南京市)に都し、八代五十九年で、四七九年に、斉に滅ぼされた。劉宋ともいう。㋑趙匡胤が建てた国。九六〇年、汴(今の河南省開封市)に都し、第十代の高宗の時、金に圧迫されて、一一二七年、臨安(今の浙江省杭州市)に移った。それ以前を北宋、以後を南宋という。合計十八代三百二十年続き、一二七九年、元に滅ぼされた。趙宋ともいう。❸すまい。おる(居)。

解字 金文  篆文  会意。宀＋木。屋内に木のあるさまで、国名を表すのに用い、他には用例がない。

【宋音】(ソウオン) 鎌倉時代に禅僧などによって日本に伝えられた漢字音。行灯のアン・ドンなど。宋代の江南地方の字音に基づく。唐音ともいう。→唐音(二〇四ページ)。

【宋学(學)】(ソウガク) 宋代の学者によってなされた儒教の哲学的解釈・論説。経書の字句の解釈を主とした漢唐の学(漢学)に対していう。その代表的な学者が程明道・程伊川兄弟及び朱熹であることから、程朱学・朱子学ともいい、内容から、理学・性理学ともいう。

【宋玉】(ソウギョク) 戦国時代、楚の文学者。屈原の弟子。(前二九〇—前二二三)

【宋△之問】(ソウシモン) 初唐の詩人。字は延清。武后に仕えたが、後、流されて死罪となった。詩は沈佺期と並んで沈宋と称された。(?—七一二)

【宋史】(ソウシ) 書名。四百九十六巻。元の托克托(脱脱)らが勅命により編集したもので、宋代の歴史を記した書物。二十四史の一つ。

【宋儒】(ソウジュ) 宋代の学者。特に、宋学の学者。→宋学。

【宋書】(ソウジョ) 書名。百巻。南朝梁の沈約が勅命により編集した南朝の宋の歴史を記した書物。二十四史の一つ。

【宋△襄△之仁】(ソウジョウのジン) つまらない、行き過ぎたなさけ・あわれみをいう。宋の襄公の仁。春秋時代、宋の襄公が楚と戦った時、敵の陣立てが整わないうちに攻めようと言った目夷の言を用いないで、かえって負けた故事。〔十八史略、春秋戦国、宋〕

【宋人】(ソウひと) ①春秋・戦国時代の宋の国の人。おろか者の例として用いられることが多いが、宋人が周に征服された殷人の子孫であったから、征服者たる周人からさげすまれたためと思われる。②宋代の人。

【宋版・宋板】(ソウハン) 宋代、木版によって印刷された書物。宋代に出版された本。現存の版本中、最も古く、また、善本とされている。宋本。

【宋本】(ソウホン) 宋代に出版された本。宋版。

(7)4
【宍】1628 △ ニク　肉(6141)の俗字。→八九九ページ。
2821
3C35

難読 宍戸・宍喰・宍道

参考 国語では、いま一般に、肉を「にく」、宍を「しし」と読むことが多い。

【牢】→牛部　七〇三ページ。

(8)5
【宛】1629 標 漢エン（エン）　呉オン（ヲン）　阮 wǎn
1624
3038

字義 ❶かがむ(屈)。まがる。かがめる。まげる。❷あたかも。さながら。まるで。❸そぞろ。何となく。❹したがう(順)。

国 ❶あてる。あてがう。㋐割り当てる。㋑当てはめる。㋒名ざす。❷あて。「宛名」❸ずつ。

難読 宛行・宛然

解字 篆文  形声。宀＋夗音。音符の夗は、くつろぎふすの意味。屋内で身をくつろぎ曲げて休む、かがむの意味を表し、転じて、あたかもの意味をも表す。

【宛延・宛△蜒】(エンエン) ①へびなどがうねうね曲がりくねって行くさま。②うねうねと長く続いているさま。「宛延長蛇の列(宛は、婉・蜿とも書く)」

【宛宛】エンエン ＝宛延。

【宛然】エンゼン ①さながら。あたかも。まるで。そっくり同じさま。②たくみに身をかわすさま。

【宛転(轉)】エンテン ①変化するさま。②三日月形の美しい眉(まゆ)のさま。転じて、顔かたちの美しいさま。〔唐、劉廷芝、代下悲二白頭一翁上詩〕宛転蛾眉能幾時(エンテンたるガビ、よくいくときぞ)、須臾鶴髪乱如レ糸(シュユにしてカクハツ、みだれていとのごとし)。〈すらりとした美しい眉の美人もいつまでそのままでいられようか、たちまちにして白髪が糸のように乱れた老婆になってしまうだろう〉③柔らかく自由に動くさま。④ゆるやかに舞うさま。⑤臥(ふ)しまろぶさま。やたらに寝返りをするさま。⑥玉などの転がるさま。⑦ゆるやかに曲がり巡るさま。⑧従うさま。⑨とけ散るさま。

(8)5 【官】1630 教4 カン

筆順 宀 宀 宀 官

カン(クヮン) 寒 guān — 2017 3431

字義 ❶つかさ。㋐役所。官庁。㋑つとめ。役目。公務。㋒つかさびと。役人。官吏。❷おおやけ。↔民。朝廷。また、政府。❸つかさどる。❹任用する。役職を授ける。また、つかえる。役人になる。❺感覚器官。また、その働き。❻のっとる。手本としてまねる。

名乗 たか・のり・ひろ　難読 官奴(やっこ・みやつこ)

解字 甲骨文  文 篆  会意。宀+𠂤。𠂤は祭り用の肉の象形で、軍隊の意味。のちに、少し変形した。軍隊が長くとどまる家屋の意味から、役所の意味を表す。官を音符に含む形声文字に、棺・管・菅(カン)・館などがある。

▼尉官・外官・学官・貴官・刑官・兼官・権官・県官・顕官・左官・散官・仕官・史官・士官・儒官・小官・上官・冗官・庶官・女官・除官・職官・素官・俗官・属官・大官・代官・天官・内官・拝官・売官・買官・判官・卑官・微官・文官・本官・僚官・猟官・暦官

【官位】カンイ ①官職と位階。②官の等級。官等。

【官家】カンカ・カンケ ①天子。②朝廷。政府。

【官衙】カンガ 役所。官庁。

【官戒】カンカイ 役人をいましめる。また、役人の守るべきいましめ。

【官学(學)】カンガク ①政府で建てた学校。清(シン)の国子監・府州県学の類。②国㋐国立の学校。↔私学。㋑政府で制定した学問。江戸時代の朱子学の類。

【官妓】カンギ 官に仕え、また、公家に養われて歌舞を行った女。漢代に始まる。

【官権(權)】カンケン 官庁や役人の権限、または権力。

【官憲】カンケン ①国家の規則・命令。②役人。官吏。

【官差】カンサ 官命による使者。

【官寺】カンジ ①役所。官庁。寺も役所。②朝廷で建てた寺。

【官事】カンジ 役所の事務。役人の仕事。〔論語、八佾〕

【官舎】カンシャ ①役所。官庁。②官で建てて官吏に貸し与える住宅。③旅館。館舎。

【官守】カンシュ ①役目。官職。②官職上の責任。

【官情】カンジョウ ①役人になりたいと望む心。②役人らしい気分。役人かたぎ。役人根性。

【官場】カンジョウ ①役所。官庁。②役人の社会。

【官職】カンショク ①官庁の機構上分類された職務。②官吏として割り当てられた職務。

【官人】カンジン・カンニン ①役人。官吏。②人を呼ぶ敬称。

【官撰】カンセン 政府で編修した書物。

【官秩】カンチツ ①官の階級。官位。②官の俸給。

【官邸】カンテイ ①官で建てて、官吏に与える家。↔私邸。②国高級官吏や大臣などのために政府が与える官舎。

【官途】カント ①官吏になる道。②官吏の勤務・地位など。③＝官場の②。官界。

【官能】カンノウ ①生物の生理的な働き。②肉体的快楽を感じる諸器官の働き。

【官板・官版】カンパン ①政府や官庁で刊行した書籍。官本。②国江戸時代、幕府の昌平坂(ショウヘイざか)学問所出版の書。

【官費】カンピ 政府・公共団体などから出る費用。↔私費。

【官府】カンプ ①朝廷。政府。官庁。②長官。

【官符】カンプ 国朝廷の命令書。

【官房】カンボウ ①公務を行う部屋。②国政府や役所などで、長官に直属し、職員の進退・文書の受付などを行う機関。

【官報】カンポウ ①役所や兵営の門にいて通報する者。②国㋐政府が、叙任・法律などの公事に記して発行する日刊の公報。㋑役所が公務で打つ電報。

【官遊】カンユウ ①仕官を求めて他郷に旅すること。②官吏となって他郷に勤務すること。

【官理】カンリ 国家の政治。理は、治。唐代には高宗の諱(いみな)を避けて、治を理といった。

【官寮】カンリョウ ①役所。官庁。②役人。官僚。③役所の事務。

【官僚】カンリョウ 官吏。役人。また、同僚。現代では、主として国の役人をいう。

【官禄】カンロク ①官位と俸給。②官からの俸給。

【官話】カンワ 清代(シンダイ)の標準語。公用語。北京官話・南京官話・西方官話の三種があった。

(8)5 【宜】1631 常 ギ

筆順 宀 宂 宜 宜

ギ 支 yí — 2125 3539

[宐]本字

字義 ❶よろしい。よい。㋐筋道にかなっている。正しい。㋑都合がよい。ぐあいがよい。「便宜」㋒ほどよい。「適宜」㋓ふさわしい。このましい。㋔むつまじい。❷やすんずる。また、落ちつく。落ちつく所。❸むべ。うべ。むべなり。当然である。もっともである。〔宋、周敦頤、愛蓮説〕牡丹之愛(ボタンをこれアイするは)、宜乎衆矣(うべなるかなおお(ほ)きこと)。❹よろしく……べし。⇩助字解説 ❺さかな(肴(コウ))。肉や魚。

助字解説 よろしく……べし。再読文字。適当・当然。……するのがよい。〔詩経、大雅、文王〕宜レ鑒二于殷一(よろしくインにかんがみるべし)。〈殷の盛衰の理由を手本とするのがよい〉

名乗 すみ・のぶ・のり・のる・まさ・やす・よし・よろし　難読 宜保・宜野湾(ぎのわん)

解字 甲骨文  金文 文 篆  象形。甲骨文・金文は、まないたの上に肉片をのせた形にかたどり、調理した鳥・けもの・魚などの肉、さかなの意味を表す。特に、出陣にあたり行われる儀礼にかなった調理の意味から、転じて、よろしいの意味を表す。篆文は、宀を付加し、特に、屋内で行われる調理のさまを表す会意文字。

▼機宜・事宜・時宜・適宜・土宜・便宜

【宜春】ギシュン ①立春をいう。気候の順調な、よい春の意で、春を迎えて祝うことば。②秦(シン)・漢の宮殿の名。

(8)5 【実】1632 教3 ジツ み・みのる

(14)11 【實】1633

筆順 宀 宀 宣 実

漢シツ・呉ジチ 質 shí — 2834 3C42

慣ジツ — 5373 5569

[实]俗字

字義 ❶みちる(みつ)。㋐一杯になる。充実する。㋑さかえる。また、さかん。㋒そなわる。足りる。富む。㋓伸びる。育つ。❷みたす。㋐一杯にする。㋑もる(盛)。㋒実行する。❸みのる。また、みのり。❹み。㋐くだもの。また、穀物。「果実」㋑たね。種子。さね。㋒なかみ。内室。実質。㋓たち。素質。本質。❺とみ。たから。❻まこと。㋐まごころ。「誠実」㋑真なるもの。ほんとう。「真実」❼まことに。じつに。げに。国ジツ。親切な心。

名乗 さね・なお・のり・まこと・みつ　難読 実葛(さねかずら)・実籾(みもみ)

解字 金文 篆文 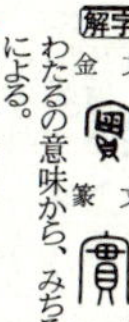 会意。金文は、宀＋貝＋周。周は、いきわたるの意味。屋内に財貨がいきわたるの意味から、みちるの意味を表す。常用漢字は省略形による。

▼確実・華実・虚実・結実・堅実・現実・口実・故実・史実・質実・写実・充実・情実・信実・誠実・切実・着実・忠実・篤実・如実・不実・無実・名実

【実演】ジツエン　国①実際にして見せる。②俳優などが舞台の上で劇を演ずること。映画への出演などに対する語。

【実学(學)】ジツガク　実用的な、実行を目的とした学問。

【実感】ジッカン　国実物に接して起こる感じ。実際の感じ。

【実業】ジツギョウ　国①農・工・商・漁など、すべて実用に属する事業。②実際の仕事。実務。

【実語教】ジツゴキョウ　国書名。一巻。儒教の古典の中から格言などを抜き出して、暗唱に便利なようにまとめた児童向きの教訓書。弘法大師の作と伝える。

【実検(檢)】ジッケン　国実地についてほんとうかどうかを調べること。

【実権(權)】ジッケン　国名義だけでない実際の権力。

【実験(驗)】ジッケン　①実際の事実にあたってためす。②実地の経験。③自然現象に人為を加え、変化を生じさせて行う観察。

【実現】ジツゲン　実際にあらわれる。また、実際にあらわす。

【実際】ジッサイ　①仏真如（不変の真理）を見きわめて、その窮極に達すること。②国㋐まこと。ほんとう。㋑実地の場合。「理論と実際」㋒本当に。

【実在】ジツザイ　国①現実にあること。②哲学で、主観的な体験・認識・思惟などから独立し客観的に存在すると考えられるもの。精神の対象としての自然。現象に対して不変不滅の実体。

【実字】ジツジ　名詞・代名詞・動詞・形容詞・副詞を表す文字。文中で実質的内容のある意味を表す文字。狭義では、名詞。↔虚字。

【実事求是】ジツジキュウゼ　事実に基づいて物事の真相や真理をたずね求めること。清代の考証学の学風。

【実質】ジッシツ　事物の内容・性質。本質。正味。↔形式。

【実証(證)】ジッショウ　①確かな証拠。②実際に、現地で証明する。

【実状(狀)】ジツジョウ　実際の状況。

【実情】ジツジョウ　物事の（特に内面的な）本当の姿。また、本当の気持ち。◇内面的なことに関しては「実情」、外面的なことに関しては「実状」と使い分ける向きもあるが、実際には区別しがたいことが多いので「実情」と表記するのが一般的。

【実践(踐)】ジッセン　実際に行う。自ら行う。実行。践は、踏む・ふみ行う。「実践躬行（自分で実際に行動すること）」

【実相】ジッソウ　①実際の姿。②仏万物の真実の姿。真相。

【実存】ジツゾン　国哲学用語。①（本質に対して）現実に存在すること。②人間の、現実および真実の存在として考えられるあり方。

【実体(體)】ジッタイ　①まことの形体。真実の姿。〔晋、陸機、浮雪賦〕無二実体之真形一（実体の真形無し）。②常に変わることのない内容。本質。③国まじめで正直なこと。律義。実直。

【実態】ジッタイ　国実際のありさま。実情。

【実地】ジッチ　国①実際の土地。ほんとうの場所。「実地検証」②まこと。ほんとう。実際。

【実直】ジッチョク　国＝実体の③。

【実用】ジツヨウ　実際に用いる。また、実際に役にたつ。

【実録】ジツロク　事実をありのままに書いたもの。事実の記録。

(8)5
【宗】
1634

教6　ソウ・シュウ

ソウ　慣シュウ　图 zōng

2901
3D21

筆順　宀 宀 宁 宗

字義　❶みたまや。おたまや。祖先の廟屋。「宗廟」❷もと。分かれ出たもののもと。㋐祖先。「祖宗」㋑本家。「宗家」㋒おおもと。本源。❸むね。㋐おもだったもの。中心となるもの。㋑おさ（長）。かしら。第一人者。「詩宗」㋒人の仰ぎ尊ぶ者。「宗師」❹よつぎ（世嗣）。長子。正妻から生まれた長男。❺同一の祖先から出た一族。❻たっとい（尊）。また、たっとぶ。❼まみえる。諸侯が天子に拝謁する。春の謁見を朝、夏の謁見を宗という。❽あつまる。また、おもむく。❾仏教の流派。「真言宗」

名乗　たかし・とき・ひろ・もと　難読　宗像・宗太鰹・宗右馬

解字 甲骨文 篆文  会意。宀＋示。宀は、家屋の意味。示は、神事の意味。神事の行われる家屋、おたまやの意味を表し、転じて、祖先の意味や、祖先をまつる一族の長の意味をも表す。宗の意味と音符とを含む形声文字に、崇・綜などがある。

▼改宗・帰宗・皇宗・師宗・邪宗・儒宗・真宗・正宗・禅宗・祖宗・朝宗・律宗

【宗家】ソウカ　①一族。一門。②ソウケ㋐本家。㋑国家元。芸道などの一派の正統を伝える中心の人。

【宗器】ソウキ　①宗廟に用いる礼楽の器。祭器と楽器。②祭器。③伝家の宝物。

【宗教】シュウキョウ　神や仏などの絶対者を信仰して祭り、それによって慰安・幸福を得ようとするもの。

【宗国(國)】ソウコク　①本家のあととり。宗主と仰ぐ国。本家すじの国。②同族の子。

【宗子】ソウシ　①本家のあととり。嫡子。②同族の子。

【宗旨】①ソウシ　おもな意味。根本義。主旨。②シュウシ　仏㋐その宗教の主義。教義の中心となっているもの。㋑同一宗教の中での分派。宗派。③シュウシ　国主義・主張。

【宗△祀】ソウシ　①祖先として祭る。②尊び祭る。

【宗師】ソウシ　①尊んで手本とする。②仰ぎ尊ばれる師匠。③宗族の子弟を取り締まる官。④仏シュウシ㋐正法を伝えて人に尊ばれる人。㋑各宗の祖。

【宗室】ソウシツ　①祖先のみたまや。②王族。③一族。一門。④本家。⑤おおもと。より所。

【宗社】ソウシャ　①宗廟（祖先のみたまや）と社稷（社は土地の神、稷は穀物の神）。②王室と国土。③転じて、国家。

【宗主】ソウシュ　①本家のあととり。②祖先のみたまやの位牌。③かしら。中心として尊ばれるもの。④もと。根本。

【宗周】ソウシュウ　①周代の王都（豊・鎬・洛邑と地が変わった）をいう。②周の国。

【宗匠】ソウショウ　①師としてすぐれ、尊ばれる人。②国和歌・連歌・俳諧・茶道などの師匠。③仏シュウショウ＝宗師の④。

【宗臣】ソウシン　①国家の重職について尊敬されている臣。重臣。②君主と同族の臣。

【宗祖】ソウソ　①先祖。祖宗。②仏シュウソ　一宗の開祖。

【宗族】ソウゾク　①本家と分家。②父方の一族。③一族。中国独特の大家族制による集団。三族、また、九族がその範囲という。

【宗徒】シュウト　国①その宗教の信仰者。信徒。②むねと　宗（むね・主・中心）たる者。おもだった者。たのみになる臣。

【宗派】ソウハ　①一族の分かれ。②学芸などの流派。③仏シュウハ　同一宗教の中での分派。

【宗△廟】ソウビョウ　①祖先のみたまや。神主（いはい）を祭ってある所。王城を背にして左側に宗廟をたて、右側に社稷（土地・穀物の神を祭る所）をたてる。②国家。

【宗法】ソウホウ　①宗族の規則。大宗（諸侯の別子のたてた家）と小宗（大宗の別家）の系統を明らかにする規則。大宗は本家として小宗を統制した。後世は、各層の社会にも存したといわれる。②仏シュウホウ　宗門のおきて。

【宗門】ソウモン　①一族。宗族。②シュウモン＝宗派。宗旨。

(8)5
【宙】
1635

教6　チュウ

3572
4368

漢チュウ(チウ) 呉ジュウ(ヂウ) 宥 zhòu

筆順 宀 宀 宙 宙

字義 ❶そら(空)。大空。天。❷天地間の広がり。空間。「宇宙」❸とき。時間。過去・現在・未来に及ぶ無限の時間。↕宇。〔淮南子、斉俗訓〕往古来今(オウコライコン)、謂ニ之宙一(これをチュウといい(ひ))、四方上下(シホウジョウゲ)、謂ニ之宇一(これをウという(ふ))。国チュウ(チュウ)。そら。そらでおぼえていること。暗記。「宙で覚える」

名乗 おき・ひろし・みち

解字 篆文  形声。宀＋由(音)。音符の由は、深く通じるの意味。奥深く通じる建築物のさまから、むなぎ・永遠に通じる「とき」の意味を表す。『説文(セツモン)』は、宙の音が舟と通じ、由に経由の意味があるところから、舟がこちらを経由して、あちらに至るように循環する時間の意味を表すと説く。

▼宇宙

(8)5 【定】 1636 教3 テイ・ジョウ さだめる・さだまる・さだか
漢テイ 呉ジョウ(ヂャウ) 径 dìng
3674 *446A*

筆順 宀 宀 宀 定

字義 ❶さだまる。㋐安らかになる。静まる。落ち着く。「安定」㋑止まる。㋒成る。できあがる。㋓まとまる。帰着する。❷さだめる(さだむ)。㋐安らかにする。治める。㋑整える。正す。また、きめる。㋒平らげる。「平定」㋓やめる。❸さだめ。㋐きまり。規則。㋑運命。❹さだめて。必ず。❺仏ジョウ(ジャウ)。雑念を去って無念無想の境地に入る。「禅定(ゼンジョウ)」国❶さだめ。㋐決定。㋑約束。❷さだか。たしかである。はっきり。

名乗 さだ・つら・また・やす 難読 定義(じょうげ)

解字 金文  篆文  形声。宀＋正(音)。音符の正は、まっすぐの意味。のちに、少し変形した。家屋がまっすぐ建つ、さだまるの意味を表す。

▼一定・確定・仮定・勘定・鑑定・規定・議定・協定・決定・限定・考定・肯定・裁定・査定・暫定・制定・測定・断定・鎮定・認定・判定・必定・否定・評定・不定・平定・約定・略定

【定遠侯】(テイエンコウ) 後漢の班超(ハンチョウ)の封号。西域に遠征し五十余国を平定したのでいう。

【定款】(テイカン) ①定まった条項。規定。規則。②国会社・銀行などの、組織及び業務上の規定。

【定義】(テイギ) あるものの意味を(他のものと区別できるように)はっきり決めること。また、その決められた意味。

【定業】(テイギョウ) ①一定の職業。②仏(ジョウゴウ) 前世から決まっている報い。前世からの約束ごと。

【定見】(テイケン) 定まった意見。しっかりした見解。

【定住】(テイジュウ) きまった場所に住むこと。

【定情】(テイジョウ) 男女が契りを結ぶこと。結婚すること。夫婦になること。

【定数(數)】(テイスウ) ①自然に定まっている運命。②一定の数量、または員数。

【定省温(溫)△凊】(テイセイオンセイ) 親に仕えて、晩にはその寝具を安らかに整え(定)、朝にはその安否の様子をうかがい(省)、冬には暖かくし(温)、夏にはすずしくしてあげる(凊)こと。親孝行のしかた。〔礼記、曲礼上〕

【定石】(テイセキ) ①どっしりとして、動かぬ石。②国(ジョウセキ) ㋐囲碁で、攻守両面から見て、最もすぐれた打ち方として定められた石の置き方。㋑物事を処理するための、きまりきった順序・方法。将棋については「定跡」という。

【定説】(テイセツ) 人々に正しいと認められている確定した説。

【定足数(數)】(テイソクスウ) 会議で、議決に必要な最小限の人数。

【定評】(テイヒョウ) ①品定めをする。②国㋐世間の一定した評判。世評。㋑世間に行われているよい評判。

【定分】(テイブン) ①君子・父子・夫婦などの定まった身分。②自然に定まっている運命。定数。③定まった制限。一定の制限。④地位・身分を定めること。

【定法】(テイホウ) ①きまった法則。また、法を定める。②仏(ジョウホウ) 定まった教え。

【定本】(テイホン) (異本の多い古典などで)誤りや異同を正した、標準となるべき本。

【定命】(テイメイ) ①自然に定まっている運命。天命。②変更することのできない(天や君主などの)命令。③天命を全うすること。④仏(ジョウミョウ) もって生まれた寿命。前世の因縁(インネン)できめられているという寿命。

【定理】(テイリ) ①絶対の真理。〔中庸章句〕中者(チュウは)、天下之正道(テンカのセイドウ)、庸者(ヨウは)、天下之定理(テンカのテイリなり)。②数学で、公理・定義から証明されたもの。

【定離】(ジョウリ) 仏必ず別れ離れること。「会者定離(エシャジョウリ)」

【定連】(ジョウレン) 国いつも連れ立って行動する仲間。また、飲食店などの常客。→常連(三四七ページ)。

【定論】(テイロン) 人々に正しいと認められている議論。定説。

(8)5 【宕】 1637 標 漢トウ(タウ) 呉ドウ(ダウ) 漾 dàng
3770 *4566*

字義 ❶ひろい(広)。大きい。❷すぎる(すぐ)(過)。❸あらい。おおまか。❹いわや。㋐度を越える。㋑気まま。わがまま。石の穴の住居。

解字 甲骨文  篆文  会意。宀＋石。宀は、家屋の意味。石は、いしの意味。石のほら穴の住居、いわやの意味を表す。また、蕩(トウ)に通じて、気ままの意味を表す。

(8)5 【宓】 1638 △ 一漢ビツ・呉ミチ 質 mì 二漢フク・呉ブク 屋 fú 慣ヒツ

字義 一❶やすらか(安)。また、安んずる。❷ひそか。静か。二人名。＝伏。

解字 篆文  形声。宀＋必(音)。音符の必は、閉に通じ、とじるの意味。屋内にとじこもってひっそり静かにするの意味を表す。

【宓△羲・宓△犧】(フッキ) ＝伏犠。中国古代の伝説上の帝王。

【宓子】(フッシ) 孔子の弟子。名は不斉。字(あざな)は子賤(シセン)。

【宓妃】(フクヒ・フッピ) 宓羲(フッキ)のむすめ。洛水(ラクスイ)に落ちて死に、水神になったという。虙妃(フクヒ・フッピ)。

(8)5 【宝】 1639 教6 ホウ たから
(20)17 【寶】 1640 ホウ 皓 bǎo
4285 *4A75*
5379 *556F*

筆順 宀 宀 宝 宝

【寳】俗字 5380 *5570*

字義 ❶たから。㋐金・銀・珠玉などの類。㋑最も尊重すべきもの。❷たからとする(たからとす)。㋐尊ぶ。㋑大切にする。❸たっとい。また、美しい。りっぱな。❹天子・天・神仏・仙人(センニン)、あるいは他人に関することに冠していう敬語。「宝算」「宝灯」

名乗 かね・たか・たかし・たけ・とみ・とも・みち・よし

難読 宝槻(ほうつき)・宝登山(ほどさん)・宝飯(ほい)・宝木(ほうぎ)・宝来(たから)

解字 甲骨文  金文  篆文  形声。もと、宀＋玉＋貝＋缶(音)。音符の缶(フ＝ホウ)は、つぼの意味。屋内に宝石と金銭とつぼとがあるさまから、たからの意味を表す。常用漢字は略字による。

▼貨宝・財宝・至宝・重宝・神宝・大宝・珍宝・通宝・天宝・秘宝

【宝愛】(ホウアイ) 宝として愛する。大切にする。

【宝位】ホウイ　天子の位。皇位。

【宝△蓋】ホウガイ　仏仏・菩薩や講師・読師の上にかける、宝玉で飾った天蓋（覆い）。

【宝冠】ホウカン　①宝玉でかざった冠。②昔、女帝が儀式に用いた冠。天冠。

【宝鑑】ホウカン　①立派な鏡。②人の手本となることを書いてある書物。③その道での粋を集めた書物。また、実用的な知識を書いた一種の百科事典。

【宝庫】ホウコ　①宝物を収める倉。②よい産物を多く産出する土地。物資の多くある土地。③役に立つものが集まっている所。「知識の宝庫」

【宝算】ホウサン　天子の年齢。宝齢。

【宝珠】ホウシュ　①大切な宝玉。②仏ほしいと思うものをなんでも出すという玉。如意珠。

【宝船】ホウセン　①仏㋐珊瑚・琥珀・金剛石を乗せた船。㋑衆生を救う仏の道。②国たからぶね　正月二日の夜、枕の下にしいて、よい夢を祈る船の図。種々の宝と七福神を乗せた船。

【宝△祚】ホウソ　天子の位。皇位。

【宝蔵(藏)】ホウゾウ　①宝物を収めておく倉。②さまざまの物資を産する土地。③大切にしまっておく。④仏衆生の苦しみを救う仏の教えのたとえ。

【宝典】ホウテン　①最も重んずべき書籍。貴重な本。また、役に立つ本。②仏教の経典の美称。

【宝灯(燈)】ホウトウ　神仏などの前のともしび。

【宝塔】ホウトウ　仏①宝石でかざった塔。②寺の塔の敬称。③多宝如来を安置する塔。

(9)6 【客】1641　教3 キャク・カク　漢カク・呉キャク　kè　2150　3552

筆順　宀 … 客

字義　❶まろうど。常に住むべき所を離れて、臨時によそへ行っている人。㋐訪問者。招きよんだ人。↔主。「賓客」㋑旅人。旅行者。「旅客」㋒いそうろう。「食客」㋓外来者。❷商売の目あてとなる人。「顧客」「乗客」「上客」❸中心となるもの・重要なものに対して、付属なもの・重要でないもの。「主客転倒」❹相手。また、敵。❺人士。「剣客」「墨客」❻他所に身を寄せる。❼たび。旅行。また、旅する。❽過ぎ去った。「客歳」❾哲学用語。自己の意識に対して、外界。↔主。「客観」

解字　甲骨文 　金文 　篆文 　形声。宀＋各㊤。宀は、家屋の意味。音符の各は、いたるの意味。よそから家にやってくるの意味を表す。

▼異客・雲客・佳客・華客・過客・雅客・棋客・行客・顧客・孤客・刺客・詩客・主客・酒客・食客・酔客・政客・接客・仙客・遷客・騒客・賓客・墨客・野客・遊客・旅客・論客

【客衣】キャクイ・カクイ　たびごろも。旅衣。

【客位】キャクイ・カクイ　客のすわる位置・座席。客席。

【客意】キャクイ・カクイ　たびごころ。旅人の（さびしい）思い。客恨。

【客観(觀)】キャッカン・カッカン　自己の認識・行為の対象となる外物と考えられるもの。また、主観の作用とは独立して存在すると考えられたもの。自然・世界など。客体。↔主観。

【客気(氣)】キャッキ・カッキ　①一時のから元気。ものにはやる勇気。血気。②遠慮がちで堅くなっている気分・態度。③よそ行きの態度・挙動。

【客居】カッキョ・キャッキョ　たびずまい。

【客△寓】キャクグウ・カクグウ　＝客居。寓は、かりずまい。

【客月】キャクゲツ・カクゲツ　先月。去月。

【客語】キャクゴ・カクゴ　目的語。他動詞の目的となる語。

【客歳】キャクサイ・カクサイ　去年。昨年。客年。

【客子】キャクシ・カクシ　たびびと。

【客死】キャクシ・カクシ　旅先（他郷）で死ぬこと。

【客思】キャクシ・カクシ　＝客意。

【客舎】キャクシャ・カクシャ　やどや。旅館。〔唐、王維、送元二使安西詩〕渭城朝雨浥軽塵、客舎青青柳色新〈渭城では朝の雨が軽いほこりをしっとりとぬらし、旅館の前には青々とした柳の新緑があざやかである〉

【客車】キャクシャ・カクシャ　①賓客の乗る車。②旅人の乗る車。③国キャクシャ　旅客用の列車。

【客将(將)】キャクショウ・カクショウ　他国から来て大将の地位にある人。客人待遇の大将。

【客愁】キャクシュウ・カクシュウ　旅路のうれえ。旅愁。

【客情】キャクジョウ・カクジョウ　旅人の思い。故郷を離れて他郷にある者の寂しい心。旅情。客思。客心。客恨。

【客心】キャクシン・カクシン　＝客情。〔唐、杜甫、登楼詩〕花近高楼傷客心〈はなはコウロウにちかくしてカクシンをいたましむ〉

【客心何事転(轉)凄然】カクシンなにごとぞうたたセイゼン　旅にいる私の気持ちはどうしたことか、ますます物悲しくなるばかりである。〔唐、高適、除夜作詩〕旅館寒灯独不眠〈リョカンのカントウ、ひとりねむらず〉——。〈旅館のわびしいともし火のもと、私はひとり眠れずにいる、——〉

【客身】キャクシン・カクシン　旅にある身。旅行中の身。

【客船】キャクセン・カクセン　旅路のふね。客を乗せるふね。〔唐、張継、楓橋夜泊詩〕夜半鐘声到客船〈ヤハンのショウセイ、カクセンにいたる〉→訳文 姑蘇の③（三七八ページ）。

【客体(體)】キャクタイ・カクタイ　＝客観。

【客土】キャクド・カクド　①旅の土地。他郷。②置き土。もり土。土質を改良するため、性質の違う土を他から持ってきて入れること。

【客夢】キャクム・カクム　旅中のゆめ。

【客夜】キャクヤ・カクヤ　①旅の夜。②昨夜。

【客遊・客△游】キャクユウ・カクユウ　他郷を旅する（また、流浪する）こと。

【客路】キャクロ・カクロ　たびじ（旅路）。客途。客塗。

(9)6 【室】1642　教2 シツ むろ　漢シツ・呉シチ　shì　2828　3C3C

筆順　宀 … 室

字義　❶へや。奥のへや。居間。寝室。↔堂（表座敷）。❷いえ（家）。住宅。「宮室」❸つま（妻）。「正室」❹家族。一家。❺むろ。ほらあな。土中のへや。物を蓄えるあな。❻墓の穴。❼さや。刀剣のさや。❽星座の名。二十八宿の一つ。はついぼし。ペガサス座の付近にある。国むろ。㋐ぬりごめ。上代、家の奥に設けた、土で塗りこめた室。寝室などに使う。㋑山腹などに掘った岩屋。㋒住みこもる所。家。特に僧のすみか。㋓物を入れたり、苗を育てたりするために外気に触れないような特別な構造に作った所。温室。「室咲きの花」

名乗　いえ　難読　室生むろお

解字　甲骨文 　金文 　篆文 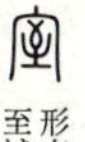　形声。宀＋至㊤。音符の至は、いたるの意味。人が至りとどまるへやの意味を表す。

▼王室・家室・漢室・宮室・巨室・虚室・後室・在室・蚕室・正室・石室・宗室・蔵室・側室・茶室・帝室・同室・堂室・入室・便室・密室・令室

【室家】シッカ　①いえ。家屋。へや。②夫婦。家族。家庭。室廬。〔詩経、周南、桃夭〕之子于帰、宜其室家〈このこゆき、そのシッカによろしからん〉

【室△鳩巣(巢)】むろキュウソウ　国江戸中期の漢学者。江戸の人。名は直清なおきよ。鳩巣は号。木下順庵の門に学び、朱子学を信奉した。新井白石の推薦で、幕府の儒官となり、将軍吉宗の侍講となった。著書に『駿台雑話』『義人録』などがある。（一六五八—一七三四）

【室人】シツジン　①主人。②家族。家人。③妻。また、側室。④

こじゅうと。夫の姉妹。

【入レ室】（シツにいる） 学問技芸などの最も奥深い所をきわめ尽くしていること。室は、堂より奥のへや、転じて、深奥のところ。『論語』先進編に「由也升レ堂矣（ユウやドウにのぼれり）、未レ入二於室一（いまだシツにいらず）」とあるのに基づく。

(9)6
【宣】1643
教6 セン
筆順 宀 宀 宣
セン 𠂉 xuān
3275 406B

字義 ❶のべる（のぶ）。㋐行き渡る。行き渡らせる。広める。㋑示す。知らせる。㋒言う。述べる。「宣言」㋓明らかにする。表明する。㋔あげる（揚）。発揚する。❷のる。のたまう（のたまふ）。言うの敬語。また、みことのり。詔勅。「勅宣」❸とおす。流れを通す。また、通る。❹あまねし（遍）。明らか。

名乗 しめす・すみ・つら・のぶ・のぶる・のり・ひさ・よし

解字 甲骨文 金文 篆文 形声。宀＋亘（音）。音符の亘（セン）は、めぐりわたるの意味。天子が臣下に自分の意志をのべ、ゆきわたらせるへやの意味から、一般に、のべるの意味を表す。

▼院宣・口宣・託宣・勅宣・伝宣・不宣

【宣下】（センカ・センゲ） ①詔勅を下す。②国（センゲ） 臨時に任官の命令を下すこと。

【宣化】（センカ） 民を教化し、善政を行うこと。

【宣教】（センキョウ） 教えを世間に述べ広めること。布教すること。

【宣言】（センゲン） ①大衆（世間・相手）に向かって（公然と）いう。言いふらす。②国個人や団体が世間に対してその意志や方針を表明する。

【宣告】（センコク） ①あまねく告げ知らせる。②言い渡す。③裁判の申し渡し。

【宣旨】（センシ） ①天子のみことのり。②国（センジ） ㋐みことのりを、上卿（ショウケイ）から外記（ゲキ）に伝えて下知（ゲチ）すること。また、その下知。詔勅の内輪のもの。㋑天皇の言を蔵人（くろうど）に伝える女官。

【宣示】（センジ） のべ示す。広く示し知らせる。

【宣戦（戰）】（センセン） 戦争を始める意思を、相手国に通告すること。「宣戦布告」

【宣託】（センタク） 神仏のお告げ。託宣。

【宣伝（傳）】（センデン） ①上から下に述べ伝える。②あまねく伝え知らせる。③言い広める。多くの人の理解・共鳴を求めるため、述べ伝える。④国事実以上におおげさに言いふらすこと。

【宣布】（センプ） 広く知らせる。広く行き渡らせる。

【宣△撫】（センブ） 君主・政府などの意志を述べ伝えて、人心をやわらげ安んじさせること。

【宣命】（センメイ） ①みことのり。また、みことのりする。②みことのりを伝える。③国（センミョウ） 神事・改元・立太子などの際の、国文体で書いた詔勅。

【宣明】（センメイ） ①明らかに表れる。②述べ明らかにする。

【宣揚】（センヨウ） 天下にはっきりと表し示す。

(9)6
【宥】1644
囚 漢ユウ（イウ） 呉ウ
筆順 宀 宀 宥 宥
宥 yòu
4508 4D28

字義 ❶ゆるす。おおめに見る。また、ゆるめる。❷ひろい。寛大。国なだめる（なだむ）。やわらげ静める。

名乗 すけ・ひろ

解字 金文 篆文 形声。宀＋有（音）。音符の有は、囿（ユウ）に通じ、「その」の意味。庭園のように広い家屋の意味から、ゆるめる、ゆるすの意味を表す。

【宥△坐△之器】（ユウザのキ） 座右に置いていましめとする道具。

【宥赦】（ユウシャ） 罪をゆるす。宥罪。

【宥△恕】（ユウジョ） 罪をゆるす。大目にみる。見のがす。

【宥和】（ユウワ） 国敵対的な態度を大目にみて、ゆるして仲よくすること。「宥和政策」

(10)7
【宴】1645
常 エン
筆順 宀 宀 宴 宴
エン 𠂉 yàn
1767 3163

字義 ❶やすらか。❷やすんずる。くつろぐ。いこう。❸たのしむ。また、たのしみ。❹うたげ。さかもり。さかもりをする。＝燕（エン）・讌（エン）。「宴会」

名乗 もり・よし

解字 金文 篆文 形声。宀＋妟（音）。音符の妟（アン）は、やすらかの意味。屋内にあっていこう、やすらかの意味を表す。

▼飲宴・花宴・賀宴・享宴・曲宴・高宴・賜宴・酒宴・寿宴・招宴・送宴・朝宴・内宴・夜宴・遊宴

【宴安△酖毒】（エンアンチンドク） いたずらに遊び楽しむことは、酖毒のようにその人を損なう。宴安は、のんびり遊びくらす。酖毒は鴆（チン）（鳥の名）から取った猛毒。〔左伝、閔公元〕

【宴飲】（エンイン） 酒盛り。また酒盛りをする。燕飲（エンイン）。

【宴居】（エンキョ） 家でのんびりとしていること。燕居（エンキョ）。

【宴△餞】（エンセン） 送別の宴を開くこと。

【宴息】（エンソク） やすんじいこう。のんびりくつろぐ。燕息（エンソク）。

【宴△游・宴遊】（エンユウ） 酒盛りをして遊び楽しむ。

【宴楽（樂）】（エンラク） 燕楽（エンラク）。①安んじ楽しむ。②酒宴を開いて楽しむ。③（エンガク） 酒宴と音楽。

【侍レ宴】（エンにジす） 宴会に列席する。

(10)7
【家】1646
教2 カ・ケ いえ・や
筆順 宀 宀 宀 家 家
漢カ・呉ケ 𠂉 jiā
1840 3248

母家（おもや）

字義 ❶いえ（いへ）。うち。㋐すまい。や。居住する建物。「民家」㋑家族。家庭。「一家」㋒一族。一門。㋓家がら。「良家」㋔財産。また、くらし向き。「家計」㋕夫または妻。㋖ふるさと。故郷。「家郷」㋗卿大夫（ケイタイフ）。また、その領地。❷都城。また、国。「国家」❸学問・技芸の流派。学派。また、それに属する学者・技芸者。「儒家」「道家」❹いえする。居住する。世帯を持つ。国や。屋号や雅号の下に添える語。「鈴の家」

名乗 え・お・やか

難読 家鴨（あひる）・家守（やもり）・家苞（いえづと）・家野（いえのよ）・家和楽（やわら）・家苴（いえづと）・家城（いえき）・家ぎ（やぎ）

使いわけ や〔屋・家〕⇩屋（1752）。

解字 甲骨文 金文 篆文 会意。宀＋豕。宀は、家屋の意味。豕は、ぶたの意味。ぶたなどのいけにえを供える屋内の神聖なところのさまから、そこを中心とする「いえ」の意味を表す。家の意味と音符とを含む形声文字に、稼・嫁などがある。

▼姻家・王家・貴家・挙家・公家・豪家・高家・故家・国家・在家・作家・雑家・山家・蚕家・私家・自家・室家・主家・酒家・儒家・出家・商家・人家・世家・宗家・大家・伝家・田家・当家・道家・農家・夫家・仏家・兵家・法家・邦家・母家・名家・良家

【家翁】（カオウ） ①家の主人。家長。②＝家君。

【家学（學）】（カガク） その家に代々伝えられている専門の学問。

【家給人足】（いえ（へ）ごとにキュウし ひとごとにたる・いえ（へ）いえ（へ）キュウし ひとびとたる） どの家もどの人も生活の豊かなこと。〔漢書、貢禹伝〕

【家居】（カキョ） ①住居。②役人にならないで家に居ること。③嫁に行かないで家にいること。④家にひきこもっていること。⑤国（いえい・いへゐ） ㋐家。住居。㋑家に居ること。

【家郷（鄕）】（カキョウ） ふるさと。故郷。家山。

【家君】（カクン） 他人に対して、自分の父をいう。家厳。

【家訓】（カクン） ①先祖が子孫に残した一家の教え。②家庭における親の教え。庭訓（テイキン）。

【家兄】（カケイ） ①他人に対して、自分の兄をいう。②金銭の別名。

【家憲】（カケン） 家のおきて。家族や子孫の守るべきおきて。家法。

【家厳(嚴)】カゲン　＝家君。
【家口】カコウ　①家族。②家族の人数。〔列子、黄帝〕
【家公】カコウ　①家の主人。②他人に対して、自分の父・祖父・外祖父(母の父)をいう。
【家刻】カコク　個人で書物を出版すること。また、その本。
【家宰】カサイ　家臣の長。家老。家令。
【家山】カザン　①故郷の山。②ふるさと。故郷。家郷。
【家事】カジ　①一家の私事。家庭の用事。↕公事。②国家政。
【家慈】カジ　他人に対して、自分の母をいう。
【家室】カシツ　室家。①すまい。住む家。②夫婦。③家族。〔詩経、周南、桃夭〕之子于帰、宜其家室。
【家主】カシュ　①一家の長。戸主。②国やぬし　家賃をとって家を貸す人。
【家集】カシュウ　個人(家人)の詩・文を集めたもの。↕撰集。
【家塾】カジュク　個人の経営する小規模な学校。私塾。
【家書】カショ　①その家に伝わる書籍。②家族からの手紙。〔唐、杜甫、春望詩〕烽火連三月、家書抵万金。〈のろしの火は春の三箇月の間うち上げ続けられて(戦乱はおさまるようすもなく)、家族からの便りは、一万金に相当するほど(貴重なもの)に思われる〉③家族に送る手紙。〔唐、張籍、秋思詩〕洛陽城裏見秋風、欲作家書意万重。〈洛陽の町の中で秋風の吹くのに出あった。家族への手紙を書こうとすると、さまざまな思いで胸がいっぱいになる〉
【家常茶飯】カジョウサハン　ありあわせの食事。転じて、ありふれた、平凡な物事。家常飯。
【家臣】カシン　①卿大夫に仕える家来。公臣に対して、一家に仕える臣をいう。②国家に属する家来。家の子。
【家信】カシン　＝家書の②③。
【家人】カジン　①家族。②庶民。家にいて官職のない人。③しもべ。召使い。④妻。⑤国ケニン　譜代(代々その家に仕える)の家来。家の子。
【家声(聲)】カセイ　家の名誉。家のほまれ。
【家政】カセイ　①一家の取り締まり。家事のきりもり。②一家のくらし向き。
【家蔵(藏)】カゾウ　家に所蔵する。また、家の秘蔵物。
【家尊】カソン　他人に対して、その人の父をいう。
【家大人】カタイジン　＝家父。
【家庭】カテイ　①家の庭。②いえ。家族が生活している所。③家族の生活のさま。④国夫婦を中心とした家族の生活体。

【家伝(傳)】カデン　①その家の記録。家乗。家史。②その家に先祖から伝わって来たこと。また、そのもの。
【家道】カドウ　①家庭の人として守るべき道徳。家庭内の道徳。②家庭を治める道。③くらし向き。家計。
【家童・家△僮】カドウ　個人の家の召使い。
【家督】カトク　①一家を監督する意から、家を継ぐ子をいう。あとつぎ。②国家長・戸主の身分。また、その身分に伴う権利と義務。
【家範】カハン　＝家憲。
【家貧思良妻】いえ(へ)まず(づ)しくしてリョウサイをおもう(ふ)　家が貧しくなると、はじめてよく家の内を治めるりっぱな妻を得たいと思う。〔十八史略、春秋戦国、魏〕――、国乱思良相。〈――、国家が乱れたときには、りっぱな宰相を得たいと思う〉
【家父】カフ　他人に対して、自分の父をいう。
【家府】カフ　＝家父。→前項。
【家婦】カフ　主婦。妻。
【家風】カフウ　その家庭特有の生活様式。家のしきたり。
【家邦】カホウ　国。国家。邦家。
【家法】カホウ　①師から門人に伝えて行く、その学派の学問。②家を治める道。③その家のおきて。家憲。
【家名】カメイ　①その家の名称。家号。②一家の名誉。家のほまれ。家声。
【家門】カモン　①家の門。②いえ。家庭。③家族。一族。④家筋。家がら。⑤大夫の一家。重臣の一族。⑥郷里。故郷。
【家令】カレイ　①一家の者の守るべきおきて。家憲。②一家の取り締まりをする人。
【家老】カロウ　①大夫などの家臣の長。家宰。②一族中の長老。③国江戸時代、大小名の家臣の長。
【傾レ家】いえ(へ)をかたむく　①財産の全部を費やす。財産を使いはたす。②家をおとろえさせる。家を滅ぼす。③いえ(へ)をかたむけて　一家を挙げて。全家族で。
【斉レ(齊)家】いえ(へ)をととのう(ふ)　一家をりっぱに治める。『大学』の八条目の一つ。〔大学〕

(10)7
【害】1647　教4　ガイ
(10)7
【害】1648　㊀漢カイ・呉ガイ　㊁漢カツ・呉ガチ　秦hài　曷hé　1918　*3332*

筆順　宀 宀 宀 宔 害

字義　㊀❶そこなう。㋐傷つける。また、殺す。「傷害」㋑こわす。❷さまたげる。「妨害」❸きらう。にくむ。ねたむ。❹わざわい。災難。また、うれい。❺防ぐに都合よく、攻めるに困難な場所。「要害」
㊁助字。㋐なに。いずれ。いつか。疑問を表す。＝何。〔孟子、梁恵王上〕時日害喪。㋑なんぞ…ざる。再読文字。疑問または反語を表す。＝盍。

難読　害人

参考　現代表記では〔碍〕(5166)の書きかえに用いることがある。「障碍→障害」「妨碍→妨害」

解字　金文  篆文  形声。宀＋口＋丯㊟。音符の丯は、刻みつけるの意味。宀は、おおうの意味。口は、いのりの言葉の意味。祈りの言葉を切り刻み、ふさぐさまから、わざわい・さまたげの意味を表す。

▼禍害・干害・危害・公害・災害・殺害・惨害・残害・自害・傷害・障害・侵害・阻害・損害・大害・迫害・被害・弊害・妨害・無害・要害・利害・冷害

【害悪(惡)】ガイアク　国他を損なう悪事。害となる悪事。害毒。
【害意】ガイイ　＝害心。
【害心】ガイシン　人や物を損なおうとする心。害意。
【害馬】ガイバ　馬の天性を損なう。転じて、害となるもの。また、政治の妨げとなるもの。〔荘子、徐無鬼〕

(10)7
【宦】1649　標　漢カン(クヮン)　呉ゲン　諫huàn　5365　*5561*

字義　❶つかえる。宮仕えする。また、宮仕え。❷官職。また、役人。❸去勢されて宮中の奥に仕える男。「宦官」❹学ぶ。役人となる心得を学ぶ。

解字　金文  篆文  会意。宀＋臣。臣は臥に通じ、身をかがめてつかえるけらいの意味。宮中につかえる者の意味を表す。

【宦官】カンガン　①去勢した男子で宮中の奥むきに仕えている人。宮刑に処せられた罪人、異人種の俘虜、自宮者(自分から去勢して志願した者)などで、時には、政治上の実権を握ったこともある。宦者。宦人。寺人。②官吏。
【宦寺】カンジ　＝宦官。寺は、寺人で、宮中の奥むきに仕える人。
【宦事】カンジ　役人として仕える。
【宦者】カンジャ　＝宦官。宦者令は、宦官の長官。
【宦情】カンジョウ　官情。①官吏になりたいと望む心。②役人かたぎ。
【宦達】カンタツ　官吏として立身する。
【宦途】カント　官途。①官吏になるみち。②役人の勤務・地位など。③官界。
【宦遊】カンユウ　①役人となって他郷にいること。②仕官するために郷里に出ること。

【宮】1650 (10)7 教3 キュウ・グウ・ク みや 2160 355C

漢キュウ（キウ） 呉ク・クウ 慣グウ 東 gōng

筆順 宮

字義 ❶いえ。すまい。古代は身分の別なく住居をいう。❷みや。㋐壮大な家。㋑天子の住居。皇居。「王宮」㋒祖先のみたまや。祖廟ソビョウ。㋓神社・仏閣。また、道教の寺。㋔仙人の住居。❸へや。室。❹五音（宮・商・角・徴チ・羽）の一つ。❺刑罰の一つ。生殖機能を除去する刑。→宮刑。また、宮刑を施す。去勢する。国みや。皇族の尊称。

名乗 いえ・たか 難読 宮山みやま・宮首みやじ・宮処みやこ・宮道みやじ

解字 甲骨文 金文 篆文 象形。建物の中のへやが連なった形にかたどり、「みや」の意味を表す。

▼行宮・外宮・学宮・玉宮・金宮・月宮・后宮・後宮・故宮・斎宮・紫宮・春宮・深宮・中宮・天宮・東宮・迷宮・幽宮・離宮・六宮・竜宮

【宮△娃】キュウアイ 宮中に仕える美女。宮女。御殿女中。

【宮△闈】キュウイ 奥御殿。闈は、宮中の小門。宮掖キュウエキ。

【宮△掖】キュウエキ ①奥御殿。御所の内。掖は、女官の居る建物。②転じて、宮城。

【宮監】キュウカン ①宮中の事務をとる役人。②宮中。

【宮観（觀）】キュウカン ①離宮。転じて、一般に、御殿。壮大な建物。②道教の寺。道宮。

【宮禁】キュウキン ①宮中の禁令。②天子の居室。転じて、宮中。

【宮刑】キュウケイ 五刑の一つ。死刑に次ぐ重刑で、その生殖機能を除去するもの。腐刑。

【宮△闕】キュウケツ 宮城の門。転じて、宮城。皇居。

【宮市】キュウシ 宮中の必要物資を満たすために、特設された市場。一般から物資を安く徴発して、宮廷内で販売した。

【宮室】キュウシツ ①すまい。家。家屋。②宮殿。御殿。

【宮女】キュウジョ 宮中に仕える女。御殿女中。

【宮相】キュウショウ ①太子を補佐する官。②国もと宮内大臣をいう。

【宮商】キュウショウ ①五音（宮・商・角・徴チ・羽）の中の、基本となる宮・商の二音。②転じて、音楽の調子。音楽。音律。

【宮△墻・宮△牆】キュウショウ 家屋とまわりのかき。墻・牆は、土で作ったかき。ついじ。

【宮扇】キュウセン 宮中で用いるうちわ。

【宮中】キュウチュウ ①家の中。②皇居の中。宮廷。〔文選、諸葛亮、出師表〕宮中府中キュウチュウフチュウは、俱為二一体一ともにイッタイたり。③宦官ガンカンや女官の事務所。また、そこにいる人々。日本の侍従職に当たる。

【宮廷・宮庭】キュウテイ 宮城。天子の日常おられる所。

【宮内】キュウナイ・クナイ ①宮中。②家の中。室内。

【宮葉】キュウヨウ 宮中の御殿の庭の落ち葉。〔唐、白居易、長恨歌〕西宮南苑多二秋草一、宮葉満レ階紅不レ掃セイキュウナンエン シュウソウおお(ほ)く、キュウヨウ カイにみちて くれないはらわ(は)ず〈西宮や南苑には秋の草がしげり、宮殿の落ち葉は階段にいっぱいになっても、その紅葉ははらわれないままになっている〉

【宮裏】キュウリ 宮殿の中。

【宮楼（樓）】キュウロウ 宮殿。御殿。

【宮漏】キュウロウ 宮中の水時計。一時刻ごとに鼓をうって時を報じた。

【宰】1651 (10)7 常 サイ 2643 3A4B

サイ 賄 zǎi

筆順 宰

字義 ❶つかさ。事を主となってつかさどる人。㋐おさ（長）。かしら。㋑大臣。宰相。「太宰」㋒諸官の長。㋓家老。家令。㋔県の長官。地方の町・村の長。「里宰」〔論語、雍也〕子游為二武城宰一シュウブジョウのサイとなる。❷つかさどる。きりもりする。治める。❸官吏。役人。❹料理する。ほふる。また、料理人。

名乗 おさむ・かみ・すず・ただ

解字 金文 篆文 会意。宀＋辛。宀は、家屋の意味。辛は、調理用の刃物の象形。祭事や宴会のために調理するの意味や、仕事を処理する人、「おさ」の意味を表す。

▼家宰・主宰・真宰・大宰・太宰

【宰我】サイガ 孔子の弟子。→宰予。

【宰割】サイカツ ①料理する。②主となって処理すること。

【宰執】サイシツ 宰相で、国の政治をとるもの。大臣。

【宰相】サイショウ ①天子を補佐して役人を統率し政治を行う人。大臣。②国㋐参議（太政官ダジョウカンの職員の一つ）の別名。㋑総理大臣の別名。

【宰△予】サイヨ 春秋時代、魯ロの人。孔門十哲の一人。宰は姓。予は名。字あざなは子我。弁舌にすぐれた。（前五三二—前四五八）

【宰領】サイリョウ ①取りしまる。かしらとなって事を処理すること。②運送の仕事を監督する役の者。

【宵】1652 〔宵〕1653 (10)7 常 ショウ よい 3012 3E2C

ショウ（セウ） 蕭 xiāo

筆順 宵

字義 ❶よい。よ。㋐よる（夜）。「徹宵（夜どおし）」㋑夜のまだふけない間。㋒夜ふけ。「宵寝」❷おろか。道理に暗い。❸小さい。❹にる（似）。＝肖。

参考 ⇩夜（1391）の参考

解字 金文 篆文 形声。宀＋月＋小音。音符の小は、ちいさいの意味。宀は、まどの意味。月がわずかに窓にさしこむの意味から、よい（日暮時）の意味を表す。

▼元宵・今宵・終宵・昼宵・通宵・徹宵・良宵

【宵衣△旰食】ショウイカンショク 夜の明けないうちに起きて衣服を着、日がくれてから食事をする。天子が政務に励むこと。宵旰。〔唐書、劉蕡伝〕

【宵△旰】ショウカン 宵衣旰食の略。→前項。

【宵寝（寢）】ショウシン ①夜ふけてから寝ること。②国よい(ひ)ね 日がくれてまもなく寝ること。早寝。

【宵分】ショウブン 夜のなかば。夜半。

【宸】1654 (10)7 標 5366 5562

漢シン 呉ジン 真 chén

字義 ❶のき（軒）。❷天子の住まい。転じて、天子に関する語の上にそえて用いる語。❸そら。大空。虚空コクウ。

解字 篆文 形声。宀＋辰音。音符の辰シンは、くちびるの意味。家屋のへり、のきの意味から、帝王の居所の意味を表す。

【宸△翰】シンカン 天子の自筆の文書。宸章。

【宸極】シンキョク ①天子の居所。皇居。②天子の位。

【宸襟】シンキン ＝宸念。襟は、胸・心。

【宸△眷】シンケン 天子の心、また、天子の恩・寵愛チョウアイ。

【宸章】シンショウ ＝宸翰シンカン。

【宸念】シンネン 天子の心。宸襟。宸慮。

【宸筆】シンピツ 天子が自分で書いたもの。天子の自筆。

【宸遊・宸△游】シンユウ 天子がお出ましになること。行幸。

【宬】1655 (10)7 △

漢セイ 呉ジョウ（ジャウ） 庚 chéng

字義 くら。特に、書物を収める蔵をいう。書庫。

解字 篆文 形声。宀＋成音。

(10)7
【寀】 1656　△セキ　寂（1664）の俗字。→三〇七ページ。

(10)7
【容】 1657　教5　ヨウ　漢ヨウ　呉ユウ　图 róng　4538　4D46

筆順　宀 宂 穴 容 容

字義　❶いれる（い）。㋐器物などの中に入れる。盛る。また、置く。㋑つつむ。つつみこむ。「包容」㋒受ける。受け入れる。「受容」㋓ゆるす。聞き入れる。「許容」❷かたち。㋐すがた。ようす。「容姿」㋑立ちいふるまい。身のこなし。また、礼にかなった動作。❸かたちづくる。化粧をする。しなを作る。また、かざり。〔史記、魯仲連伝〕女為㆓説㆑己者㆒容（おんなはおのれをよろこぶもののためにかたちづくる）。❹なかみ。「内容」❺ゆとりあるさま。安らかなさま。「従容（ショウヨウ）」❻たやすい。やさしい。「容易」❼まさに…べし。再読文字。推量や当然の意を表す助字。

名乗　おさ・かた・なり・ひろ・ひろし・まさ・もり・やす・よし

解字　篆文　古文　形声。宀＋谷㊥。音符の谷（コク＝ヨウ）は、口に通じ、くちの意味。宀は、家屋の意味。口や家のように多くのものを入れるの意味を表す。また、谷は、古文に見るように公に通じ、宗廟（ソウビョウ）などの公共広場での、つつましやかな姿の意味も表す。

▼偉容・威容・音容・海容・寛容・顔容・儀容・玉容・許容・軍容・形容・言容・山容・収容・従容・縦容・陣容・声容・壮容・美容・舞容・変容・包容・礼容

【容易】（ヨウイ）たやすいこと。

【容悦】（ヨウエツ）こびへつらう。他人の気に入るようにする。

【容顔】（ヨウガン）顔かたち。かんばせ。容色。

【容疑】（ヨウギ）疑いをいれる。疑問をさしはさむ。特に、犯罪の疑いのあること。

【容儀】（ヨウギ）①すがたかたち。容姿。②立ちいふるまい。③礼儀にかなった態度や動作。

【容光】（ヨウコウ）①すきまからさしこむ光。②顔や姿の美しい（りっぱな）こと。③おもかげ。おもざし。

【容止】（ヨウシ）身のこなし。ふるまい。

【容姿】（ヨウシ）なりかたち。すがた。器量と姿。「容姿端麗」

【容△膝】（ヨウシツ・ひざをいる）膝（ひざ）を入れられるだけの意。小さい室のたとえ。〔文選、陶潜、帰去来辞〕審㆓容㆑膝之易㆑安（ひざをいるるのやすんじやすきをつまびらかにす）。

【容赦・容捨】（ヨウシャ）①ゆるす。大目にみる。②国控えめにする。遠慮する。

【容色】（ヨウショク）①姿や顔の美しさ。色は、つや・輝き。②容貌（ヨウボウ）と顔色。姿と顔の様子。転じて、顔かたち。器量。③和らいだ態度・表情。

【容飾】（ヨウショク）①態度や動作のりっぱな（美しい）こと。②身体［のかざり。

【容体（體）】（ヨウタイ）＝容態。→次項。

【容態】（ヨウタイ）①すがた。態度。②国（ヨウダイ）㋐ようす。特に、病気のようす。病状。㋑もったいぶること。

【容忍】（ヨウニン）大目にみる。許してがまんする。

【容認】（ヨウニン）国許し認める。認容。

【容範】（ヨウハン）すがたかたち。容貌態度。

【容△貌】（ヨウボウ）①すがた。様子。②顔かたち。

【容与（與）】（ヨウヨ）①ゆったりとしているさま。②遊びたわむれるさま。③舟や車が静かに行くさま。

【△斂㆑容】（ヨウをおさむ）容姿・衣服をととのえてつつしみ深い態度をとること。

【案】→木部　五三六ページ。

(11)8
【寅】 1658　囚イン　图 yín　3850　4652

筆順　宀 宀 宙 寅 寅

字義　❶とら。㋐十二支の第三位。㋑月では陰暦の正月。㋒時刻では、今の午前四時、及びその前後二時間。一説に、その後の二時間。㋓方位では東北東。㋔五行（ゴギョウ）では木。㋕動物では虎（とら）。❷つつしむ（敬）。

名乗　とも・のぶ

解字　甲骨文　甲骨文　篆文　象形。甲骨文には矢そのものの象形と、矢を両手でひっぱる形にかたどるものとがあり、ひっぱる・のばすの意味を表す。今日の寅は、その後者の変形したものである。借りて、十二支の第三位、とらの意味に用いる。演の原字。寅の意味と音符とを含む形声文字に、演・縯（エン）などがある。

(11)8
【寃】 1659　△エン　冤（492）の俗字。→一三五ページ。　5367　5563

(11)8
【寉】 1660　△カク　隺（8450）の俗字。→一一七〇ページ。　5369　5565

(11)8
【寄】 1661　教5　キ　よる・よせる　キ　图 jì　2083　3473
数寄屋（すきや）・寄席（よせ）・最寄（もより）

筆順　宀 宀 宏 寄 寄

【寄】俗字

字義　❶よせる（よす）。㋐たのむ。「託寄」㋑まかす。あずける。㋒やる。送る。与える。㋓かたむける。心をよせる。❸たより。たのみ。期待。❷よる。㋐たよる。すがる。㋑かりずまいする。❸よせる（よす）。加える。やって来る。来させる。❹よせ。寄席。国❶よる。集まる。立ちよる。❷よる。❸より。おできのよりなど。

難読　寄居虫（やどかり・ごうな）・寄生木（やどりぎ）・寄木（よりぎ）・寄畑（よりはた）

使いわけ　よる〔寄・因〕
〔寄〕近づく。「左へ寄る」
〔因〕基づく。「不注意に因る事故」
右の二つ以外の場合は仮名書き。「城によって抵抗する・しわがよる」

解字　篆文　形声。宀＋奇㊥。音符の奇は、身体を曲げて立つ人の意味。つりあいが保てずに片方による、屋根の下に身をよせるの意味を表す。

▼数寄・託寄

【寄△寓】（キグウ）一時、仮に住んでいること。仮ずまい。

【寄語】（キゴ）ことづてする。伝言。寄言。

【寄航】（キコウ）船が港に立ち寄ること。寄港。

【寄稿】（キコウ）新聞・雑誌などに原稿を送ること。投稿。

【寄△傲】（キゴウ・ゴウをよす）たればかることなく、きままにする。傲は、おごる、ほしいままにすること。〔文選、陶潜、帰去来辞〕倚㆓南牕㆒以寄㆑傲（ナンソウによりてもってゴウをよす）。

【寄書】（キショ）①手紙をやる。②＝寄稿。③国（よせがき）多数の人が、一枚の紙に名前・短文などを書くこと。また、その書いたもの。

【寄食】（キショク）他人の家に身を寄せて生活すること。居候（いそうろう）していること。

【寄進】（キシン）国神社や寺に、金品を寄付すること。

【寄生】（キセイ）①他人の力に頼って生活すること。②生命を託する。③ある生物が、他種の生物に取り付き、その養分を吸い取って、自分の身を養うこと。

【寄贈（贈）】（キソウ・キゾウ）おくりあたえる。寄与。

【寄託】（キタク）あずけたのむ。人に物を預け、その保管を頼むこと。たのみ。委託。

【寄付・寄附】（キフ）①たよる。たのむ。②身を寄せる。宿泊する。③物をあたえること。④国公共事業などに無償で金品を出すこと。

【寄命】（キメイ）①現世に一時、仮に宿り生きている命。②㋐命を寄す。政治を任せる。〔論語、泰伯〕可㆓以寄㆒百里之命㆒（もってヒャクリのメイをよすべし）。㋑生命をまかす。

【寄与（與）】（キヨ）①おくりあたえる。②国社会・他人などに力を貸して、利益をあたえること。

【寄留】（キリュウ）一時、他郷や他家に住むこと。

(11)8 **【寇】1662** △ 漢コウ 呉ク 宥 kòu

［冦］俗字 4946 *514E* ［宼］俗字

5368 *5564*

字義 ❶**あだ。** ㋐かたき。敵。㋑国外から侵攻して来る敵。外敵。また、外敵の難。「外寇」㋒群をなしている盗賊。❷**あだする。** ㋐害を加える。そこなう。あらす。㋑しいたげる。乱暴する。㋒かすめ取る。うばい取る。

解字 金文  篆文  会意。宀＋元＋攴。宀は、屋内の意味。元は、人の意味。攴は、うつの意味。他人の家に入りこんで、人をたたくさまから、他人に害を与えるの意味を表す。

【寇▵讎・寇▵讐】コウシュウ あだ。かたき。

【寇敵】コウテキ ①外敵。②あだ。かたき。

【寇盗】コウトウ 群をなして乱暴し、盗むこと。また、その人。

【寇乱(亂)】コウラン 外敵と内乱。

【寇略・寇▵掠】コウリャク 攻め入ってかすめ取ること。

【▵藉二寇兵一而▵齎二盗糧一】コウにへいをかしてトウにリョウをもたらす 敵に武器を貸し与え、盗賊に食糧をやる。わざわざ敵を助けて自分が不利になるようなことをするたとえ。〔史記、李斯伝〕

(11)8 **【寀】1663** △ サイ 賄 cǎi

字義 領地。知行所。采地。国**うつぼ。** 矢を入れて腰に負う具。靫。空穂。寀を片仮名のウツホに分けた読み。

解字 篆文  形声。宀＋采音。

(11)8 **【寂】1664** 常 ジャク・セキ さび・さびしい・さびれる 漢セキ・呉ジャク 錫 jì

2868 *3C64*

筆順 宀 宀 宋 寂

【寂】俗字 字義 ❶**さびしい。** さびし。**しずか。** しづか。「閑寂」❷やすらか（安）。❸仏㋐死をいう。特に、僧が死ぬこと。涅槃ネハン。「入寂」「帰寂」㋑煩悩ボンノウを滅しつくして解脱ゲダツの境地に入る。国❶**さび。** 閑寂なおもむき。❷**さびれる。** 景気が悪くなる。名乗 しず・ちか・やす

解字 篆文  形声。宀＋叔音。篆文は、宀＋尗音。音符の叔（尗）は、いたむの意味。屋内がいたましく、さびしいの意味を表す。

▼閑寂・間寂・空寂・静寂・入寂・幽寂

【寂光】ジャッコウ 仏①衆生シュジョウを解脱ゲダツさせる真理と真知の力。②寂光浄土（解脱ゲダツしたさとりの境地）。

【寂若レ無レ人】セキとしてひとなきがごとし ひっそりして人のいないようである。

【寂静(靜)】セキセイ ①世俗を離れて静かなこと。②仏ジャクジョウ 煩悩ボンノウを離れ苦しみを絶つこと。解脱ゲダツの境地。

【寂寂】セキセキ・ジャクジャク さびしく静かなさま。〔宋、蘇軾、春夜詩〕歌管楼台声寂寂カカンロウダイこえ(ゑ)セキセキ。訳文⇩歌管（五九〇ページ）。

【寂然】セキゼン・ジャクネン ひっそりとして静かなさま。

【寂▵寞・寂漠】セキバク・ジャクマク ひっそりとしてものさびしいさま。〔唐、白居易、長恨歌〕玉容寂寞涙闌干ギョクヨウセキバクとしてなみだランカン。訳文⇩梨花一枝春帯レ雨（五六四ページ）。

【寂滅】セキメツ ①物が自然に消えうせること。②仏ジャクメツ ㋐煩悩ボンノウから脱却し生死を超越すること。㋑死ぬこと。

【寂滅為(爲)楽(樂)】ジャクメツイラク 寂滅の境地に達して、初めて楽しみの世界が開ける。生死の苦に対して涅槃ネハンの境地を楽とすること。〔涅槃経〕

【寂慮】セキリョ さびしくもの静かな思い。

【寂▵寥】セキリョウ ＝寂寞セキバク。

【寂歴(歷)】セキレキ ＝寂寞セキバク。

(11)8 **【宿】1665** 教3 シュク やど・やどる・やどす 漢シュク・呉スク 屋 sù, xiǔ

2941 *3D49*

筆順 宀 宀 宿 宿

【㝛】本字 字義 ❶**やどる。** 一夜とまる。❷**やどす。** やどらせる。❸**やど。** やどり。㋐やどや。旅館。「宿次」「投宿」㋑星のやどり。星座。「二十八宿」㋒住み家。❹とのい。宿直。❺とどまる。とどめる。❻もとからの。㋐前々からの。「宿願」㋑前夜からの。「宿雨」㋒前世からの。「宿世」❼年功を積んだ。「宿将」「宿老」国**シュク。** 馬継ぎ場。宿場。名乗 いえ・おる・すみ 難読 宿戸しゅくのへ・宿酔ふつかよい・宿禰すくね・宿田やすだ・宿尼すくに・宿毛すくも

解字 甲骨文  篆文  会意。甲骨文は、人＋百。百は、寝具の象形。寝具にやどるの意味を表す。のち、宀を付し、屋内にやどるの意味を表す。夙に通じ、はやくからの意味や、肅（粛）に通じて、いましめるの意味をも表す。宿を音符に含む形声文字に、縮・蹜シュク・稸シュクなどがある。

▼在宿・星宿・投宿・同宿・独宿・房宿・野宿・旅宿・列宿・露宿

【宿▵痾】シュクア ずっと以前からの病気。持病。

【宿悪(惡)】シュクアク 古くからの悪事。積もり積もった悪事。

【宿因】シュクイン 仏前世からの因縁イネン。前世からのきまり・約束。宿縁。

【宿雨】シュクウ ①連日降り続いている雨。ながあめ。②前夜からの雨。

【宿雲】シュクウン 前夜からたれこめていた雲。

【宿営(營)】シュクエイ ①兵士の泊まるための宿舎。②国軍隊が兵営以外の所で泊まること。

【宿衛(衞)】シュクエイ 宿直して警衛すること。また、その人。

【宿駅(驛)】シュクエキ 国宿場。旅人を宿し、また荷物を運ぶ人夫や馬を用意したり交換したりする所。

【宿▵怨】シュクエン ①長年の、積もり積もったうらみ。②うらみをとどむ いつまでも恨んでいる。

【宿縁】シュクエン 仏＝宿因。

【宿学(學)】シュクガク 長年学問をした偉い学者。老儒。碩学セキガク。

【宿願】シュクガン ①かねてからの願い。②仏前世からの願い。

【宿業】シュクゴウ 仏前世でしたことのむくい。

【宿恨】シュクコン・シュッコン ＝宿怨シュクエン。

【宿根】シュクコン・シュッコン ①仏前世から定まっている、人の能力・素質。②生まれ。素性。③冬、枝葉が枯れても、根は越年して再び芽を出すもの。宿根草。

【宿志】シュクシ 前々からの志。かねての希望。宿心。宿意。

【宿儒】シュクジュ ＝宿学。

【宿将(將)】シュクショウ 多年の経験を積んだ大将。

【宿心】シュクシン ＝宿志。

【宿世】シュクセ・スクセ・スグセ 仏①過去の世。前世。②＝宿因。

【宿夕】シュクセキ ①一晩。一夜。転じて、わずかの時間。つかの間。②＝宿昔の①。

【宿昔】シュクセキ ①むかし。以前。また、昔から。前々から。〔唐、張九齢、照レ鏡見二白髪一詩〕宿昔青雲志シュクセキセイウンのこころざし、蹉跎白髪年サタたりハクハツのとし。〈昔、若い時には立身出世の大きな志を抱いていたが、つまずいて思うにまかせぬままに、今は白髪の年となってしまった〉②長い間。平生。③＝宿夕の①。

【宿鳥】シュクチョウ ねぐらで寝ている鳥。

【宿直】シュクチョク ①役所などで、交代に泊まり守ること。②国とのい(ゐ) ㋐＝①。㋑天皇の寝所に皇后・女御ニョウゴなどが奉仕すること。

【宿敵】シュクテキ 前々からのかたき。

【宿弊】シュクヘイ 古くからの弊害。積もり積もった弊害。

【宿坊】シュクボウ ①寺院で、参拝人の休憩・宿泊する所。②自分の信仰する寺。③僧の住む所。

【宿望】シュクボウ ①長年の人望。②老成して名望のある人。③年来の望み。宿願。

【宿命】シュクメイ・シュクミョウ 仏前世から定まっている運命。

【宿老】シュクロウ ①経験を積み、事理に通じている老人。②国武

家の重臣。江戸幕府の老中、大名の家老など。

【密】→山部 三四ページ。

(12)9【寓】1666 △ウ　宇(1621)の古字。→元六ページ。

(12)9【寒】1667 教3 カン さむい

(12)9【寒】1668 漢カン 呉ガン 寒 hán

2008
3428

筆順 宀 宀 宑 実 寒

字義 ❶さむい。つめたい。また、さむさ。↔暑。「厳寒」「向寒」❷おののく。ぞっとする。恐れる。❸こごえる。ひえる。「饑寒」❹ひやす。つめたくする。❺まずしい（貧）。いやしい。身分が低い。「貧寒」❻さびしい。さむざむとした。「寒山」❼二十四気の一つ。大寒と小寒。小寒（寒の入り、陽暦一月六日ごろ）から大寒の終わり（寒の明け、立春の前日）までの三十日間。❽くるしい。また、苦しむ。なやむ。

難読 寒河・寒河江・寒水・寒川・寒蟬

解字 金文 篆文 会意。もと、宀＋茻＋人＋仌。茻は、草のしとねの意味。仌は、氷の象形。寒さにこごえてしとねに身をまるくする人のさまから、こごえる・さむいの意味を表す。寒を音符に含む形声文字に、搴・攐・褰・蹇などがある。

▼悪寒・飢寒・苦寒・劇寒・厳寒・向寒・歳寒・残寒・春寒・傷寒・小寒・大寒・避寒・余寒

【寒鴉】冬の飢えたからす。冬のさびしげな鳥。「寒鴉枯木」（画題に用いる）

【寒衣】①寒さを防ぐ衣服。冬の着物。〔唐、杜甫、秋興詩〕寒衣処処催二刀尺一、白帝城高急二暮砧一〈冬着の支度をする季節、方々でそのための裁縫をせよとせきたてているようであり、高くそびえる白帝の町では、日暮れにきぬたの音がせわしげに響いている〉②薄い着物。冬の薄ごろも。

【寒燠】寒さと暑さ。寒暑。

【寒雨】①寒々とした冷たい冬の雨。②さびしく降る雨。

【寒雲】冬空の雲。寒々と見える雲。

【寒煙・寒烟】寒々と見えるもや（けむり）。

【寒温（溫）】①寒さと暖かさ。寒暖。②寒さ暑さのあいさつ。時候のあいさつ。

【寒郷（鄉）】①寒い土地。②さびれた土地・村。

【寒行】寒中三十日間、信仰のために行う修行。

【寒苦】①寒さが厳しい。苦は、はだはだしい。②はなはだしい貧乏。③くるしみ。寒も、苦。

【寒空】さむぞら。寒々とした空。

【寒径（徑）】さびしい小道。寒々とした小道。

【寒月】①寒い夜の月。②さえた光の、寒そうな冬の月。

【寒暄】①寒さと暖かさ。②気候。③寒さと暑さのあいさつ。④春秋。歳月の意。

【寒光】①寒々とした風光。冬の風景。②冬の太陽の光。③月の光。④寒々とした光。またさびしい光。刀剣・鏡・滝などについていう。

【寒江】冬の川。寒々とした川。〔唐、柳宗元、江雪詩〕独釣寒江雪。訳文⇩孤舟（元三ページ）。

【寒酸】貧しく生活が苦しい。貧苦。

【寒山】①秋から冬にかけての、ものさびしい山。〔唐、杜牧、山行詩〕遠上二寒山一石径斜。②冬枯れの山。③人名。→寒山拾得。

【寒山寺】寺の名。江蘇省蘇州市の西、楓橋の近くにある。唐の高僧、寒山・拾得が住んだという。〔唐、張継、楓橋夜泊詩〕姑蘇城外寒山寺。姑蘇の③（三七八ページ）。

〔寒山寺の鐘楼〕

【寒山拾得】唐の憲宗時代（八・九世紀）の高僧、寒山と拾得。拾得は寒山の弟子。共に独特の詩を作り、寒山寺に住んだという。

【寒士】貧しい人。また、地位の低い人。寒生。→寒門。

【寒枝】①冬の枝。②葉の落ちた寒々とした枝。さびしい姿の枝。〔宋、曾鞏、虞美人草詩〕⇩芳心寂寞寄二寒枝一（九一七ページ）。

【寒疾】寒気のする病気。

【寒樹】冬の木立。葉の落ちた樹林。

【寒暑】①寒さと暑さ。②冬と夏。③寒暑を通じて、いつも。始終。④歳月。

【寒宵】冬の夜。寒い夜。

【寒螿】①蟬の類。ひぐらし。寒蟬。②晩秋初冬に鳴く虫。こおろぎの類。③水鳥。

【寒食】①冷たい食物。②冬至から百五日目の前後三日間にする行事の名。この三日間は火を用いず、冷たいものを食べる。春秋時代、晋の文公が介子推の山中での焼死をあわれみ、その日には火を禁じ冷食を用いさせたことによるという。

【寒心】きもをひやす。ぞっとする。心配し恐れる。

【寒水】①冷たい水。さむざむとした川の水。②氷。

【寒声（聲）】①冬の風の音。②冷たい水の音。③寒々とした声。④国寒中に歌をうたったり、経を読んだりして声をきたえること。

【寒戦（戰）】①寒さにふるえる。②身ぶるいする。

【寒蟬】①ひぐらしぜみ。②鳴かない蟬。

【寒素】倹約で質素なこと。

【寒窓・寒窗】①冬の窓。また、寒々としてさびしい窓。〔唐、元稹、聞三楽天授二江州司馬一詩〕暗風吹レ雨入二寒窓一。訳文⇩垂死（三三ページ）。②破れている、貧しい家の窓。また、あばらや。

【寒村・寒邨】①さびれた村。②貧しい村。

【寒餒】①寒さと飢え。②こごえ飢える。

【寒柝】冬の夜に打ちならす拍子木。寒々とひびく拍子木の音。

【寒竹】①寒中の竹。冬の竹。②竹の一種。節の間がつまっていて、杖などに用いる。漢竹。

【寒虫（蟲）】①こおろぎ。②晩秋初冬のころ鳴いている虫。また、その声。

【寒鳥】①冬の鳥。②寒々として見える鳥。さびしい感じの鳥。

【寒砧】晩秋のころの、さびしいきぬたの音。

【寒灯（燈）】①冬の夜ともしび。②さびしい灯火。〔唐、高適、除夜作詩〕旅館寒灯独不レ眠。訳文⇩客心何事転凄然（三〇三ページ）。

【寒梅】冬の梅。寒中に咲いている梅。

【寒門】①貧しい一族。寒族。南北朝時代、士と庶の二つの身分のうち、士階層の中の下層に属する家がらの人。②極北の地。③自分の家の謙称。

【寒流】①冬の川。〔唐、白居易、江楼宴別詩〕寒流帯レ月澄如レ鏡、夕吹和霜利似レ刀〈冬の川には月影が映って澄んだ鏡のように見え、夕方の風は霜気を帯びて吹き、刀のように鋭く冷たい〉②冷たい水流。③＝寒門の①。④＝寒士。⑤南北両極地方から、赤道の方向に流れる海流。↔暖流。

【寒林】①冬の林。②さむざむとした林。人気のないさびし

い林。

【寒露】①冷たいつゆ。ひえびえとして見える露。②二十四気の一つ。陰暦九月の節。陽暦の十月八・九日ごろ。秋分の十五日あと。

(12)9
【寓】1669 標 グ 遇 yù 慣グウ 2287 *3677*

字義 ❶よる（寄）。身を寄せる。㋐仮住まいする。また、仮住まい。「仮寓」㋑宿る。泊まる。❷よせる。㋐宿らせる。㋑与える。㋒たとえる。かこつける。「寓話」㋓たのむ。依託する。㋔向ける。そそぐ。「寓目」❸やど。宿屋。「旅寓」

解字 金文 篆文 形声。宀＋禺㊟。音符の禺は、さるに似たなまけもの類の象形。きまった住みかを持たず木の枝にぶらさがって眠る、なまけもの類の家の意味から、かりずまいの意味を表す。

【寓意】思っていることを他の物事にかこつけて、それとなくぼかして述べること。

【寓居】仮の住まい。仮住まい。自分の家をへりくだって言うときにも用いる。

【寓形】形をやどす。身を置く。（この世に）仮に身を寄せる。〔文選、陶潜、帰去来辞〕寓二形宇内一

【寓言】他の物事にことよせて、意見や教訓を含めたことば。たとえばなし。〔荘子、寓言〕

【寓直】泊まり番。順番の宿直。

【寓目】目を向けて見る。じっと見る。目をとめる。

【寓話】国教訓または諷刺を含めたたとえ話。寓言。

(12)9
【寔】1670 △ 漢ショク 呉ジキ 職 shí 5370 *5566*

字義 ❶まことに。まさしく。❷これ。この。

解字 篆文 形声。宀＋是㊟。

(12)9
【寐】1671 △ 漢ビ 呉ミ 寘 mèi 5371 *5567*

字義 ねる。いぬ。ねむる。寝（寢）は横になる。ねころぶ。寐は眠る・まどろむ。「夢寐」

解字 甲骨文 篆文 形声。宀＋爿＋未㊟。宀は、家屋の象形。爿は、ベッドの象形。音符の未は、目をつむるの意味。ねるの意味を表す。

(12)9
【富】1672 教5 フ・フウ とむ・とみ フ 宥 fù 慣フウ 4157 *4959*

筆順

【冨】俗字 4158 *495A*

字義 ❶とむ。㋐財産や物などが、多くなる。↔貧。「殷富」㋑多くある。豊か。また、満ち足りている。「豊富」❷とませる。豊かにする。「富国強兵」❸とみ。財産。また、財産が多くあること。「富豪」「巨富」

名乗 あつし・さかえ・と・とよ・ひさ・みつる・ゆたか・よし

難読 富永・富海・富取・富津・富田林・富来・富良野

解字 金文 篆文 形声。宀＋畐㊟。音符の畐は、神に供える酒だるのふっくらした形にかたどる。宀は、家屋の意味。家に物が豊かにそなわるさまから、とむの意味を表す。

▼貧富・豊富

【富岳（嶽）】国富士山の別名。

【富貴】家が富んでいて身分が高いこと。また、富と高い身分。↔貧賤。

【富貴花】ぼたんの別名。宋の周敦頤の「愛蓮説」に「牡丹、華之富貴者也」とあるのに基づく。

【富貴在レ天】富貴は天から与えられるもので、人力で自由になるものではない。〔論語、顔淵〕

【富貴不レ帰二故郷一、如二衣レ繡夜行一】富貴の身分になって帰郷しないのは、刺繡をしたりっぱな着物を着て闇夜を歩くようなものだ。出世しても帰郷しなければ、そのかいがないたとえ。〔史記、項羽本紀〕

【富貴不レ能レ淫】富貴を与えることを条件にして誘っても、その人の心を動かすことができない。利に動かされぬ、節操の堅固な人にいう。〔孟子、滕文公下〕

【富強・富彊】財力が豊かで兵力が強いこと。

【富厚】①すべて、多いこと。②財産の多いこと。〔史記、伯夷伝〕終身逸楽富厚

【富国（國）安民】国を富ませ人民の生活を安楽にする。

【富国（國）強兵】①国が富んで兵力が強いこと。②国を富ませ兵力を強くする。〔戦国策、秦〕

【富歳】穀物の収穫の多い年。豊年。

【富室】金持ち。富家。

【富潤レ屋】財産が豊かになると、家屋も自然にうるおってくる。人も修養を積むと、自然に品格が生まれるたとえ。〔大学〕――、徳潤レ身。〈――、徳があると、自然に外に表れてわが身をうるおし立派にする〉

【富庶】①人民が多く且つ富んでいる。②多い。また、富んでいる。

【富饒】たくさんあること。豊か。豊富。饒も、豊か。

【富贍】贍は、豊か。①たくさんある。豊か。②財産がたくさんある。

【富有】①たくさんあること。また、たくさん持っていること。②財産の多くあること。

【富裕】＝富有の②。裕は、豊か。

(13)10
【寛】1673 常 カン 2018 *3432*

(15)12
【寬】1674 人 許 カン（クヮン） 寒 kuān

筆順

字義 ❶ひろい。ひろし。㋐家などが広い。㋑心がゆったりしてゆとりがある。度量がゆたか。㋒ゆるい。ゆるやか。また、のびやか。おだやか。↔厳。「寛大」❷ゆるやかにする。ゆるめる。ゆるす。❸くつろぐ。のんびりする。

名乗 ちか・とう・とみ・とも・のり・ひと・ひろ・ひろし・ゆたか

解字 篆文 形声。宀＋萈㊟。音符の萈は、角と目とを強調した、やぎの象形。小屋の中にゆったりとしているやぎのさまから、ひろいの意味を表す。

▼裕寛

【寛雅】ゆったりとして上品なこと。

【寛闊】①ひろびろとして果てしないこと。②心が広くてゆったりしている。

【寛簡】心が広く大まかなこと。鷹揚で気軽なこと。

【寛厚】心が広く親切なこと。心が広くおだやかなこと。

【寛恕】①心が広くて思いやりのあること。②ゆるす。大目に見る。

【寛仁】心が広くあわれみ深いこと。

【寛大】心が広くゆったりしていること。心を大きくもち、人に対してゆるやかにすること。〔史記、高祖本紀〕独沛公素寛大長者

【寛博】①（心が）広い。（度量が）大きい。②だぶだぶした衣服。いやしい人の衣服。「褐寛博」

【寛宥】大目にみて許すこと。宥は、許。

【寛裕】心が広くゆったりとしている。度量が大きくて、よく人を受けいれる。

【寛容】①心が広く人の過ちを許すこと。②広い心で人の言うことを聞き入れること。③ゆったりとしてこせつかないこと。

(13)10【寘】1675 △シ 寘 zhì　5374 556A

字義 ❶おく(置)。❷とめる(止)。止め置く。捨て置く。❸いれる(納)。おさめる。蔵する。

解字 篆文 形声。宀＋眞㊉。音符の眞(真)は、つめるの意味。屋内に物をつめこんでおくの意味を表す。

(13)10【寝】1676 常 シン ねる・ねかす　3118 3F32

(14)11【寢】1677 ㊇許 シン 寢 qǐn　5374 556A

筆順

字義 ❶ねる。いぬ。㋐横になる。ねころぶ。㋑病気で床につく。❷ねむる。やすむ。❸ねかす。①②の他動詞。❹ねむり。「午寝」❺へや。㋐奥座敷。また、寝室。㋑表座敷。客間。❻おたまや。祖先の霊を祭ってある建物。主として、祭神の生前の衣服を蔵する。❼やめる。やむ。すたれる。❽みにくい。風采(フウサイ)があがらない。

難読 寝屋川(ねやがわ)・寝刃(ねただ)・寝腐髪(ねくたれがみ)

解字 甲骨文 篆文 形声。宀＋爿(爿)＋㬳(侵省)㊉。爿は、ベッドの意味。音符の侵は、奥深くに入りこむの意味。家の奥にあるへやの意味や、へやでねるの意味を表す。

▼外寝・仮寝・高寝・正寝・内寝・陵寝・路寝

【寝園】(シンエン) ＝寝殿の③④。

【寝食】(シンショク) 寝ることと食べること。

【忘二寝食一】(シンショクをわする) 寝ることも食べることも忘れる。物事に熱中するたとえ。〔蜀志、譙周伝〕誦二読典籍一欣然独笑、以忘二寝食一(テンセキをショウドクし、キンゼンとしてひとりわらい(ひ)、もってシンショクをわする)。

【寝息】(シンソク) ①やすむ。ねる。②やむ。止まる。③国(ねいき) 寝ている時のいきづかい。

【寝殿】(シンデン) ①正殿。表座敷。②寝室。③祖先のみたまやの奥にある、衣冠を蔵する室。→寝廟(シンビョウ)の①。④天子のみささぎの上にある正殿。⑤国㋐寝殿造(シンデンづくり)(建築様式の一つ)の正殿。主人が居住し、客を接待した所。㋑天皇が平素生活する宮殿。

【寝廟】(シンビョウ) ①祖先のみたまやの建物の前部を廟といって、祖先の像や木主(いはい)を安置し、後部を寝といって、その生前の衣冠などを蔵しておく。②転じて、みたまや。

【寝陋】(シンロウ) たけが低く顔かたちのみにくいこと。風采(フウサイ)のあがらぬこと。

(13)10【寖】1678 △シン 浸(4038)と同字。→六三七ページ。

【塞】→土部 二四〇ページ。

(14)11【寡】1679 常 カ ㊇カ(クヮ) ㊐ケ 馬 guǎ　1841 3249

筆順

字義 ❶すくない。すくなし。また、少ないこと。少ないもの。↔衆。「衆寡」❷よわい。力が少ない。寡力。❸やもめ。未亡人。夫を失った女。また、やもお。妻を失った男。「鰥寡孤独(カンカコドク)」❹王侯の自称。また、自分の主君や自分を謙遜(ケンソン)していう語。徳の少ない意。「寡人」「寡君」「寡臣」

難読 寡男(夫)(やもお)・寡婦(やもめ)

解字 金文 篆文 会意。宀＋憂省。憂は、うれえるの意味。屋内でひとりうれえる人のさまから、やもめの意味を表す。転じて、すくないの意味をも表す。

▼孤寡・衆寡・多寡

【寡居】(カキョ) やもめぐらし。また、やもめ。

【寡君】(カクン) 臣下が他国人に対して自国の君主を謙遜(ケンソン)していう語。

【寡言】(カゲン) ことばかずの少ないこと。無口。

【寡妻】(カサイ) ①自分の妻をいう。②そばめに対して、正妻をいう。③やもめ。夫を失った妻。

【寡少】(カショウ) すくない。

【寡臣】(カシン) 臣下が自分をへりくだっていう語。

【寡人】(カジン) 「徳の少ない人」の意。①諸侯の自称。②諸侯の夫人の自称。

【寡徳】(カトク) 徳の少ないこと。(君主が)自分をへりくだって言う語。

【寡夫】(カフ) 妻を失った男。やもお。鰥夫(カンプ)。

【寡婦】(カフ) 夫を失った女。やもめ。

【寡聞】(カブン) 見聞がせまい。知識が少ない。謙遜(ケンソン)していう場合が多い。「浅見寡聞」「寡聞小見」

【寡民】(カミン) わずかの民。〔老子、八十〕小国寡民(ショウコクカミン)。

【寡黙(默)】(カモク) 平素あまり口をきかないこと。無口。「寡言沈黙」の意。

【寡欲】(カヨク) 欲望の少ないこと。

(14)11【寠】1680 △ク 窶(5428)と同字。→八一〇ページ。

(14)11【寤】1681 △ゴ 遇 wù　5372 5568

字義 ❶さめる。目がさめる。❷さとる。＝悟。「改寤」❸ゆめ。夢にみる。❹さかさ(逆)。

解字 篆文 形声。㝱(寢省)＋吾㊉。音符の吾(ゴ)は、交互になるの意味。㝱(ム)は、ゆめの意味。夢にかわって、目がさめるの意味を表す。

【寤生】(ゴセイ) 逆子(さかご)。また、母の睡眠中に生まれるとも、目を開いて生まれるともいう。〔左伝、隠公元〕

【寤寐】(ゴビ) 目が覚めていることと眠ること。寝ても覚めても。

(14)11【察】1682 教4 サツ ㊇サツ ㊐セチ 黠 chá　2701 3B21

筆順

字義 ❶つまびらかにする。つまびらかにす。明らかにする。知る。❷つまびらか。明らか。❸みる。㋐よく見る。くわしく見る。調べ見る。「観察」㋑見わける。❹よく考える。調べ考える。また、考える。「考察」「推察」❺えらぶ。また、選んで登用する。

国❶サッする。サッす。推量する。思いやる。❷サッし。推量。思いやり。

名乗 あき・あきら

解字 篆文 形声。宀＋祭㊉。音符の祭は、まつるの意味。屋内でまつり、神の心をはっきりさせるの意味を表す。

▼監察・観察・警察・検察・賢察・考察・高察・査察・視察・巡察・照察・詳察・診察・推察・省察・精察・偵察・洞察・拝察・明察・了察

【察挙(擧)】(サッキョ) 選んで挙げ用いる。

【察察】(サッサツ) ①いさぎよく清らかなさま。潔白なさま。②遠慮しないではっきりものを言うさま。③細かなことまで明らかに吟味するさま。④わずらわしく細かいさま。行為などの厳しいさま。〔老子、二十〕俗人察察、我独悶悶(ゾクジンはサツサツたるも、われはひとりモンモンたり)。

【察知】(サッチ) ①明らかに知る。はっきり理解する。②国推量して知る。

【察納】(サツノウ) よく聞きいれる。理解して受けいれる。また、明らかなさとい心で受けいれる。〔文選、諸葛亮、出師表〕察二納雅言一(ガゲンをサツノウす)。

(14)11【實】(1633) ジツ 実(1632)の旧字体。→二九九ページ。　5373 5569

(14)11【寢】(1677) シン 寝(1676)の旧字体。→上段。　5374 556A

(14)11【寧】1683 常 ネイ　3911 472B

(14)11 **【寧】** 1684 漢ネイ 呉ニョウ(ニャウ) 青 níng, ⑤ nìng

筆順 宀 宀心 寍 寧

【寍】古字

字義 ❶**やすい**。やすらか。㋐変わりがない。無事。「安寧」㋑落ち着いている。安定する。㋒のんびりしている。㋓しずか。おだやか。❷**やすんずる**。安らかにする。しずめる。❸ねんごろ。「丁寧」❹里帰りする。「帰寧」❺助字。⇩助字解説

助字解説

①**いずくんぞ**。疑問・反語。どうして……だろうか。類安・焉・悪。〔史記、陳渉世家〕王侯将相寧有レ種乎〈王・大名・大将・大臣になるのにどうして生まれつきの血筋によろうか〉

②**なんぞ**。疑問・反語。どうして……だろうか。類何・曷・奚。〔唐、李白、把レ酒問レ月詩〕寧知暁向ニ雲間一没〈どうして知っていようか、夜明け方に月が雲の間に沈んで行くのを〉

③**むしろ**。一方を選択する形。……よりも……がよい。〔史記、蘇秦伝〕寧為ニ鶏口一、無レ為ニ牛後一〈むしろ鶏の口となっても、牛のしりになるべきでない〉

名乗 しず・やす・やすし

参考 現代表記では〔嚀〕(1124)の書きかえに用いることがある。「叮嚀→丁寧」

解字 甲骨文  金文  篆文  会意。甲骨文は、宀＋皿＋示。皿は水盤の意味。屋内に水盤を置いて神に願いごとをし、心をやすらかにするの意味を表す。のち、心を付した。借りて、むしろ・なんぞ等の助字に用いる。

▼安寧・帰寧・清寧・静寧・丁寧・無寧

【寧一・寧壱(壹)】(ネイイツ) 安定して乱れないこと。

【寧居】(ネイキョ) 安心している。安らかに日を過ごす。寧処。

【寧△馨児(兒)】(ネイケイジ) 「このような子」の意。元来、善悪両方にいったが、後にはもっぱら良い方に用い、非常にすぐれた少年・青年をいう。麒麟児。寧馨は、六朝時代の俗語。

【寧日】(ネイジツ) 安らかな日。無事な日。

【寧処(處)】(ネイショ) 落ち着いて居る。安らかにくらす。

【寧静(靜)】(ネイセイ) ＝寧靖。→次項。

【寧△靖】(ネイセイ) やすらか。おだやか。安らかに治まっている。靖も、やすらか。

【寧波】(ニンポー) 地名。浙江省東北海岸の寧波市。唐代の明州。古くから海上交通の中心地として栄えた。

【寧楽(樂)】(ネイラク) ①心安らかに楽しむ。②国 奈良のこと。

【寧為(爲)ニ鶏(鷄)口一無レ為(爲)ニ牛後一】 鶏の口になっても牛のしりにはなるな。大きな者の後ろにつくよりは、小さい者の頭になった方がよいということ。〔史記、蘇秦伝〕→鶏口牛後(一三五四ページ)

(14)11 **【寞】** 1685 △ 漢バク 呉マク 薬 mò 5375 556B

字義 **しずか**(静)。**さびしい**。「寂寞」「落寞」

解字 形声。宀＋莫音。音符の莫は、日がくれるの意味。日ぐれ時のようにしずかの意味を表す。

(14)11 **【寥】** 1686 標 リョウ(レウ) 蕭 liáo 5376 556C

字義 ❶むなしい。空虚。❷さびしい。しずか。ひっそりとしている。「寂寥」❸からりと広い。また、奥深く広い。❹大空。そら。虚空。

解字 形声。宀＋翏音。

【寥△廓】(リョウカク) ①からりとして広いさま。②度量が広いこと。「天下寥廓之士」③大空。④久しく遠い。久遠。

【寥落】(リョウラク) ①(星などの)少ないさま。まばら。②おちぶれたさま。③荒れ果ててすさまじいさま。

【寥寥】(リョウリョウ) ①しんとして静かなさま。②空虚なさま。③数の少ないさま。

【寨】→木部 五七五ページ。

【搴】→手部 四三五ページ。

【蜜】→虫部 九六六ページ。

(15)12 **【寬】** (1674) カン 寛(1673)の旧字体。→三〇九ページ。

(15)12 **【寫】** (490) シャ 写(489)の旧字体。→一二四ページ。 5377 556D

(15)12 **【審】** 1687 常 シン ― シン 寢 shěn 3119 3F33

筆順 宀 宆 宷 審 審

字義 ❶**つまびらかにする**。㋐くわしく知る。知りつくす。㋑明らかにする。はっきりさとる。㋒くわしく調べる。くわしく考える。❷**つまびらか**。㋐くわしい。「精審」㋑明らか。きちんとしている。正しい。

名乗 あき・あきら

解字 篆文  形声。番＋宷省音。番は、播に通じ、ばらまくの意味。音符の宷は探に通じてさぐるの意味。深く物事の本質をさぐるために、要素的なものにばらばらにして、つまびらかにするの意味を表す。

▼結審・誤審・詳審・省審・陪審・不審

【審核・審△覈】(シンカク) くわしく調べる。

【審議】(シンギ) 十分に、くわしく討議すること。

【審査】(シンサ) よく調べて、優劣・適否を決めること。

【審察】(シンサツ) ①よくみる。よく考える。②周密で明らか。

【審美】(シンビ) 国①美の本質・法則などを研究すること。②美醜をよく見分けること。「審美眼」

【審問】(シンモン) ①くわしく問いただす。つまびらかに問う。『中庸』で説く、学問をする五つの方法(博学・審問・慎思・明弁・篤行)の一つ。②国法律で、裁判所が、裁判の当事者や関係者に陳述の機会を与えて、くわしく聞くこと。

【審理】(シンリ) ①くわしく調べて処理する。②国くわしく調べる。

(15)12 **【寮】** 1688 常 リョウ ― リョウ(レウ) 蕭 liáo 4632 4E40

筆順 宀 宊 宊 寮 寮

字義 ❶**つかさ**。役人。❷同役の人。同僚。＝僚。❸小さい窓。❹小さい室。小さい家。❺勉学中の僧の宿舎。「僧寮」国**リョウ**。㋐令制の省に付属した役所。「図書寮」㋑すきや(数寄屋)。茶寮。また、しもやしき。別荘。㋒寄宿舎。

解字 形声。宀＋尞音。

▼群寮・茶寮

【寮佐】(リョウサ) 下役。佐は、手助けする人。

【寮属(屬)】(リョウゾク) ＝寮佐。

【寮友】(リョウユウ) ①同じ官職にあるもの。同僚。②同じ寄宿舎生。

(16)13 **【寰】** 1689 △ 漢**カン**(クヮン) 呉ゲン 刪 huán 5378 556E

字義 ❶封建時代の天子の直轄の領地。畿内。❷あめのした。天下。世界。❸区域。地域。❹宮殿の周囲の垣(土塀)。

解字 篆文  形声。宀＋睘音。音符の睘は、めぐらすの意味。一つの屋根の下のものとしてめぐらされた地域の意味を表す。

【寰宇】(カンウ) 世界。天下。天地。

【寰海】(カンカイ) 世界。天下。陸と海とを合わせていう。

【寰中】(カンチュウ) ①世界中。②畿内(帝都の四方五百里以内の土地)の中。寰内。

【賓】→貝部 一〇四六ページ。

【憲】→心部 四八ページ。

【褰】→衣部 九七九ページ。

【謇】→言部 一〇三三ページ。

【蹇】→足部 一〇六一ページ。【賽】→貝部 一〇四八ページ。

(19)16 【寵】1690 標 漢チョウ 呉チュウ（チウ） 腫 chǒng 3594 437E

字義 ❶めぐむ。いつくしむ。かわいがる。「愛寵」 ❷めぐみ。恩恵。いつくしみ。 ❸はえ（栄）。名誉。「寵辱」 ❹お気に入りの家臣、また、婦人。 ❺おごり。 ❻たっとぶ。また、尊い。

解字 金文 篆文 会意。宀＋龍。龍は、りゅうの意味。竜神をまつるたっとい家の意味から、たっといの意味を表す。

【寵愛】いつくしみかわいがる。〔唐、白居易、長恨歌〕三千寵愛在二一身一。訳文 後宮（三八三ページ）。

【寵異】特別に、目をかける。特別扱い。

【寵栄（榮）】君主に寵愛されて栄える。

【寵姫（姬）】お気に入りの女。愛妾。

【寵光】君主のめぐみ。君主から与えられる栄誉。

【寵賜】寵愛されて物を賜ること。また、手厚いたまもの。

【寵児（兒）】国①気に入りの子。②世にときめく人。③好運の人。

【寵錫】＝寵賜。

【寵招】お招き。御招待。人から招かれることの敬称。

【寵辱】ほめられることとそしられること。名誉と恥辱。〔老子、十三〕寵辱若レ驚。

【寵臣】特別に愛される、お気に入りの家来。

【寵命】天子の深いめぐみ。また、その命令。

【寵用】めで愛してとり用いる。

(19)16 【寶】1691 △ ホウ 宝（1639）（寶）の俗字。→三〇一ページ。 5380 5570

(20)17 【寶】(1640) ホウ 宝（1639）の旧字体。→三〇一ページ。 5379 556F

【騫】→馬部 一三二四ページ。【鶱】→鳥部 一三五七ページ。

3 寸 部

〔部首解説〕 すん。文字の要素としての寸（篆文 ）は、多くのばあい、右手を表す又（篆文 ）が変化して寸になったもので、又と同じく、手の意味を表す。

寸 三一二 3 寺 三一二 4 寿 三一二 対 三一三 6 専 三一三
耐 三一四 封 三一四 7 尅 三一四 射 三一五 将 三一五
8 尉 三一五 將 三一五 專 三一五 9 尋 三一六 尊 三一六
11 對 三一六 12 導 三一六 13 導 三一六

(3)0 【寸】1692 教6 スン ㊀ソン 願 cùn ㊁ソン 阮 cǔn 慣スン 3203 4023

筆順 一 寸 寸

字義 ㊀❶長さの単位。尺の十分の一。（三・〇三センチ、周代では二・二五センチ）。❷長さ。寸法。「寸が足りない」 ❸すこし。わずか。「寸陰」 ㊁はかる。おしはかる。＝忖。 国❶とき。時（3026）の省略字。❷き。馬のたけを測る語。 名乗 き・ちか・のり 難読 寸莎・寸寸

解字 篆文 指事。右手の手首に親指をあて、脈をはかるさまから、はかるの意味を示す。また、その親指ほどの長さ、一尺の十分の一の単位をも表す。寸の意味と音符とを含む形声文字に、噂・尊・忖・樽・罇・蹲などがある。

▼火寸・尺寸・方寸

【寸陰】わずかな時間。陰は、光陰で、時間。一寸の光陰。〔晋書、陶侃伝〕大禹聖者、乃惜二寸陰一。

【寸暇】少しのひま。短い時間。寸隙。

【寸功】わずかの手がら。自分の功績を謙遜していう。

【寸毫】わずか。少し。毫は、細い毛。

【寸志】①わずかの志。②自己の志の謙称。③国心ばかりの贈り物。自己の贈り物の謙称。

【寸謝】国心ばかりのお礼。

【寸心】こころ。方寸。

【寸寸】①一寸ごとに。②ずたずたに。③少しずつ。

【寸善尺魔】国世の中は、とかくよい事は少なく、わるい事が多いこと。一寸の善に一尺の魔。

【寸草心】子供の、父母の恩に報いようとする心。寸草は、小さな草、子供のたとえ。〔唐、孟郊、遊子吟〕誰言寸草心、報二得三春暉一。

【寸断（斷）】①一寸ほどの長さに切る。②ずたずたに切る。寸裂。

【寸楮】①名刺。②短い手紙。自分の手紙の謙称。寸書。寸箋。楮は紙の材料にする木の名。転じて、紙の意。

【寸腸】わずかばかりの真心。

【寸鉄（鐵）】短い武器（刃物）。小さな武器。

【寸鉄（鐵）殺レ人】短い刃物で人を殺す。短いことばで人の急所をつくたとえ。警句などにいう。〔鶴林玉露、殺人手段〕

【寸土】わずかの土地。

【寸馬豆人】遠くて小さく見える人馬の形容。また、画中の遠景の人馬の形容。

【寸分】すこしすこしばかり。「寸分の狂いもない」

【寸歩】少しのあゆみ。ごくわずかな距離。

【寸法】①長さ。大きさ。②計画。手だて。手順。

【詘レ寸伸レ尺】一寸を曲げ、一尺を伸ばす。小事を捨てて大事を成就する、小利を捨てて大利を得るたとえ。〔淮南子、氾論訓〕

(6)3 【寺】1693 教2 ジ てら 漢シ 呉ジ 寘 sì 2791 3B7B

筆順 十 土 圭 寺

字義 ❶やくしょ。朝廷。官庁。❷てら。寺院。❸はべる（侍）。 難読 寺谷

解字 金文 篆文 形声。寸＋土（㞢）音。寸は、手の象形。音符の㞢は、止に通じ、とどまるの意味。法を持して役人が駐在するところ、役所の意味を表す。仏教伝来以後、てらの意味を表す。寺を音符に含む形声文字のうち、「とどまる」の意味を共有するものに、侍・塒・待・恃・時などがある。

▼氏寺・官寺・府寺・末寺

【寺院】てら。

【寺観（觀）】①仏寺と道観（道教のてら）。②てら。てらとやしろ。神社仏閣。社寺。

【寺社】

【寺主】①寺の住職。②天台宗で、寺院三綱の一である「僧官をいう。

【寺人】宮中の奥向きに仕える小臣。宦官。

【寺門】①役所の門。②寺の門。③国三井寺（園城寺）。↕山門（延暦寺）。

(7)4 【寿】1694 常 ジュ ことぶき 2887 3C77

(14)士11 〖壽〗1695 人許 漢シュウ（シウ） 呉ジュ 慣ス 宥 shòu 5272 5468

筆順 三 ⺷ 夫 寿 寿

［壽］俗字 長い。

字義 ❶ひさしい。いのちながし。寿命が長い。❷いのち。とし。よわい。「長寿」❸とし より。❹ことほぐ。いわう。また、ことほぎ。ことぶき。尊者に杯を進め、健康を祝福したり喜びをいわうこと。また、そのことば。❺星座の名。二十八宿の一つ。人の生命をつかさどるという。

名乗 いき・かず・たもつ・つね・とし・としなが・なが・のぶ・ひさ・ひさし・ひで・ひろし・ほぎ・やすし・よし　難読 寿歌・寿都・寿府

解字 金文 篆文 形声。篆文は、⺹（老）+𠷎㊀。音符の𠷎は、長くつらなるの意味。年老いるまで生命が長くつらなる、いのちながいの意味を表す。この篆文は、壽と書き改められ、常用漢字の寿は、この壽の草書体による。壽（寿）の意味と音符とを含む形声文字に、鑄・儔・疇・籌・禱・躊などがある。

▼延寿・賀寿・喜寿・高寿・上寿・人寿・仁寿・聖寿・長寿・天寿・年寿・白寿・万寿・福寿・米寿・老寿

【寿域】①よく治まった世。②生存中につくる墓。寿宮。寿城。③長寿の境地。

【寿宴・寿△讌】長寿を祝う宴。

【寿賀】長寿の祝い。還暦（六十歳）・古稀（七十歳）・喜寿（七十七歳）・米寿（八十八歳）・白寿（九十九歳）などの祝い。

【寿考】長生き。長寿。考は、老に同じ。

【寿康】長生きで健康なこと。

【寿山福海】人の長寿を祝うことば。

【寿詞】①酒をすすめ、長寿を祝うことば。②国 天皇の御代の長久繁栄を祝うことば。祝詞の一種。

【寿則多レ辱】長生きをしていると、はじを受けることが多い。〔荘子、天地〕

【寿長】①長命。長寿。②髪の神。

【寿杯】祝いのさかずき。祝杯。

【寿福】長生きと幸い。また、長生きで幸福なこと。

【寿命】いのち。生命。

【寿△夭】長生きと若死に。長命と短命。

【寿楽（樂）】長生きして楽しむ。また、長寿で安楽なこと。

【為（爲）レ寿】尊者に杯をすすめて長寿（健康）を祈ること。→字義の④。

【上レ寿】＝為レ寿。→前項。

(7)4【対】1696 教3 タイ・ツイ

⒁11〖對〗1697 漢タイ 呉ツイ 隊 duì

5384 3448 / 5574 4250

筆順 ⺌ ナ 文 対

［対］俗字

字義 ❶こたえる。こたう。また、こたえ。㋐返答する。多く、目上の人に対して答えるのに用いる。「応対」㋑報いる。❷むかう。むく。むき合う。「対面」❸あたる。相手になる。また、つりあう。ひとしい。❹あいて。つれあい。また、敵対する者。❺ツイ。そろい。二つで一組のもの。「対句」❻上奏文の一体。天子の下問に対し意見を申し述べるもの。「対策」 国タイ。対等であること。同等。

難読 対雁・対島・対馬

解字 甲骨文 金文 篆文 会意。篆文は、丵+口+又。丵は、上がのこぎりの歯のような形の、のみの象形。又は、手の象形。のみを手にして、天子の命令である言葉にこたえる、目上の人の問いに答えるの意味を表す。常用漢字の対は、省略形による。

▼応対・召対・絶対・専対・相対・敵対・反対

【対飲】向かい合って酒を飲むこと。対酌。

【対応（應）】①向きあう。②つりあう。③相手の出方に応ずる。

【対句】ことばの意味や調子のよく似た、相対する二つの句。対句は古来、中国の詩文に広く用いられ、特に、律詩の三・四句、五・六句には、必ず用いる。

【対偶】①二つそろったもの。それぞれが、相対する詩文の対句。四六文の類。②たぐい。仲間。友。

【対△耦】夫婦。耦は、相対する組。対匹。

【対決】国①法廷で原告と被告とを向かい合わせて行うさばき。②両方が向かい合って互いの正否をきめること。

【対抗】①たがいに張りあうこと。たがいに競争すること。②向かいあう。

【対座・対△坐】向かいあってすわること。

【対策】①策問に答える文章。漢代の官吏登用試験の答案の一つ。策は、政治や経書に関する問題を書いた札。②相手の出方や事件に対する方策。

【対△峙】①向かいあって高くそびえ立つ。②国対立しているものが、じっと向きあって動かずにいること。

【対酌】向かいあってたがいに酒をくみかわす。〔唐、李白、山中対酌詩〕両人対酌山花開

【対処（處）】ある事件や情勢に対して適当な処置をとること。

【対△蹠】国（タイセキの慣用読み）正反対のこと。蹠は、足のうら。「対蹠的」

【対称（稱）】①つりあう。ふさわしい。②人称代名詞で、第二人称。③数学用語。ある点、直線・平面を中心として、二つの点、直線・平面の距離が等しく、方向が正反対のこと。シンメトリー。

【対象】①目標。相手。②国哲学用語。あるものに、認識や意志などの主観的活動が向けられたとき、そのものを対象という。（主観に対する）客観にほぼ同じ。

【対照】①照らし合わせる。見くらべる。②国たがいに対立する二つの要素が対立によって一種の統一を形づくること。英語 contrast の訳語。

【対審】国＝対決の①。

【対等】二つの物の間に優劣・上下などの差がないこと。

【対比】二つの物をつき合わせてくらべる。比較。

【対面】たがいに、直接顔をあわせること。

【対立】異なったものが、同じぐらいの力で向かい、張りあうこと。

【対話】二人が向かい合って話すこと。対談。

(9)6【専】1698 教6 セン もっぱら

⑾8〖專〗1699 人許 セン 先 zhuān

5383 3276 / 5573 406C

筆順 𠀃 亩 由 甫 専

字義 ❶もっぱら。もはら。㋐その事だけで占められていること。ひたすら。いちず。㋑ほしいまま。かってきまま。❷もっぱらにする。その事だけで占める。また、気ままにする。❸あつい。てあつい。❹ひとえ。また、一枚だけにすること。

名乗 あつし・あつむ・たか・もろ

解字 甲骨文 篆文 会意。叀+寸。叀は、糸まきの象形。糸を糸巻にまきつけるの意味から、転じて、一つの中心をめぐる、もっぱらの意味を表す。常用漢字の専は、省略体による。專の意味と音符とを含む形声文字に、傳（伝）・磚・慱・團（団）・摶・轉（転）などがある。

【専一・専壱（壹）】①もっぱら。ひたすら。一事にはげんで他を顧みないこと。②一様で変化しないこと。

【専横】ほしいままにする。かってきまま。

【専決】ひとりでかってにきめること。

【専権(權)】センケン・ケンをもっぱらにす　権力をひとりで握っていること。自分の思うままに権力をふるうこと。
【専行】センコウ　①ひとりできめて行う。かってにふるまう。②仏ギョウ　ひたすら一つの法を修行すること。
【専攻】センコウ　一事を専門に修め習うこと。
【専殺】センサツ　ほしいままに殺すこと。
【専^恣】センシ　わがまま。ほしいまま。
【専修】センシュウ　①もっぱら一つの事を勉強する。専攻。②仏センジュ　浄土宗で極楽往生をとげるために称名念仏の行を一心に修めること。
【専心】センシン　心を一つのことに向ける。専念。〔孟子、告子上〕
【専制】センセイ　①独断で思うがままに物事を処置する。②支配者がかってに法文を作ること。
【専政】センセイ　①政治の権をひとりで握っていること。独断で思うままに政治を行うこと。②専制の政治。
【専^擅】センセン　ほしいままにする。擅も、ほしいまま。
【専対(對)】センタイ　ひとりで（独断で）受け答えすること。
【専断(斷)】センダン　＝専決。擅断センダン。
【専任】センニン　そのことだけを受け持つこと。また、その人。
【専念】センネン　そのことだけを一途イチズに思う。専意。
【専務】センム　主として一つの事をつとめる。また、一事を主として取りしまる。
【専門】センモン　①ある書籍・学問・技術を特に修めること。②ある一つの学科や仕事だけに従事すること。
【専有】センユウ　自分ひとりで持つ。ひとりじめ。↕共有。

(9)6
【耐】1700

常　タイ　たえる

㊀㊥ダイ・㊤ナイ　隊 nài
㊁㊥ドウ・㊤ノウ　蒸 nêng
慣タイ

3449
4251

筆順　ー 丆 而 耐 耐

字義 ㊀❶ひげをそりおとす刑。＝耏ダイ。❷たえる。ふた。㋐負担することができる。ささえることができる。また、することができる。㋑しのぶ。こらえる。がまんする。こらえしのぶ。「忍耐」
㊁よく。また、よくする。できる。＝能。名乗　つよし
参考　もと、而部に所属した。
使いわけ　たえる〔耐・堪〕
がまんするの意の場合は〔耐〕〔堪〕の両方が用いられるが〔耐〕の例が多い。能力がある・値打ちがあるの意の場合と、打消を伴うときは〔堪〕を用いる。「鑑賞に堪えない」

解字　形声。寸＋而㊥。寸は、ひじの意味。音符の而ジは、ひげの象形で、ひげのように、やわらかいの意味。ひじをやわらかくして、もちこたえるの意味を表す。
▼忍耐
【耐火】タイカ　火にたえる。燃えにくいこと。
【耐久】タイキュウ　ながもちする。ながく持続する。
【耐震】タイシン　地震にたえる。地震にあっても容易にこわれない。
【耐乏】タイボウ　物のとぼしいのをたえしのぶこと。

(9)6
【封】1701

常　フウ・ホウ

㊥ホウ
㊤フウ　冬 fēng

4185
4975

筆順　土 圭 圭 封 封

字義 〔ホウ〕❶盛り土。㋐境界を示すために堤防形に築いた盛り土。㋑つか（塚）。㋒墓。盛り土状の墓。「塋封エイホウ」❷さかい。国境。→❶の㋐。❸諸侯の領地。「封建」❹ホウずる。ホウず。㋐土を盛る。土を盛って境界や墓を造る。㋑領地を与えて諸侯とする。㋒封禅の祭り（天と山川とを祭る）を行う。❺大きい。富んでいる。「素封」❻周代の土地の広さの単位。同（百里四方）の十倍。
〔フウ〕❶フウずる。フウず。❷とじる。とづ。とじこめる。封印する。「完封」❷封書。封じた手紙。また、そのふうじめ。❸上奏文。
国ポンド。英国の重量単位 pound の音訳あて字の「封度」の略。
名乗　かね　難読　封戸こべ・ふべ・封度ポンド
参考　土地に関する意のときホウと読み、とじる意のときフウと読むのは、日本の習慣。

解字　甲骨文　金文　篆文

形声。土＋寸＋土（丰）㊥。甲骨文は、丰と同形で、よく茂った草の象形。金文では、これに、土と寸とを付す。篆文は、㞢＋土＋寸の会意と説かれるが、㞢は丰の変形したもの。音符の丰ホウは、草が密生するさまから、寄り集まるの意味。土を寄せ集めて盛るさまから、盛り土の意味を表す。また、盛り土をして境界を作り、領土を与えて諸侯とするの意味をも表す。
▼移封・開封・冊封・襲封・食封・増封・勅封・分封
【封域】ホウイキ　①国境。域も境。②国境の内。領土。領地。
【封印】フウイン　袋・箱などの封じ目に印をおすこと。また、その印。
【封界】ホウカイ　①さかい。②国境。また、国境の内。領土。③区別。
【封^緘】フウカン　手紙などの封をすること。
【封境・封^疆】ホウキョウ　＝封界の①②。疆も、さかい。
【封君】ホウクン　諸侯。大名。
【封建】ホウケン　天子が土地を分け与えて諸侯を置くこと。「封建制度」は、天子が諸侯を置いて各自の領土及び領土内の兵・政の権利を世襲させる、国家統治の制度。中国では周時代から行われた。（西洋のフューダリズムの訳語としての封建制度は、支配階層内部の主従関係を意味し、中国の封建とは異なる）〔左伝、僖公二十四〕
【封建的】ホウケンテキ　封建制度特有の性格を持っているさま。専制的・因襲的で個人の自由・権利を認めず、上下の従属関係を重視する傾向。
【封侯】ホウコウ　諸侯。大名。また、諸侯に封ずる。
【封鎖】フウサ　①とざして出入させぬこと。②錠ジョウをおろす。国経済の働きを止める。
【封^豕長蛇】ホウシチョウダ　大きなぶたと長いへび。欲の深い邪悪な人をいう。〔左伝、定公四〕
【封事】フウジ　天子一人だけに見せるために封入して提出する機密の意見書。
【封爵】ホウシャク　領土を与え、爵位を授ける。
【封樹】ホウジュ　墓の盛り土の上に植えた木。
【封人】ホウジン　国境を守る役人。〔論語、八佾〕
【封禅(禪)】ホウゼン　天子の行う祭りの名。封は、土を積んで壇を造り、天を祭ること。禅は、地をはらって山川を祭ること。〔管子、封禅〕
【封題】フウダイ　手紙に封をして表書きを書くこと。〔唐、白居易、与微之書〕封題之時フウダイのとき。
【封地】ホウチ　諸侯の領地。
【封泥】フウデイ　古代、竹帛チクハクに文字を書いた時代に、書状を入れた箱を縄で縛り、その結び目を泥で封じて、その上に印を押したことをいう。泥封。

〔封泥（馬王堆漢墓）〕

【封伝(傳)】ホウデン　関所通行の手形。旅行券。〔史記、孟嘗君伝〕
【封土】ホウド　①高く盛りあげた土。②土を積みあげて造った祭壇。③諸侯の領地。封地。
【封閉】フウヘイ　とじる。とじこめる。
【封^邑】ホウユウ　領地。封地。封土。
【封^禄】ホウロク　知行チギョウ。扶持フチ。今の、給料にあたる。

(10)7
【尅】1702

△　コク　剋(599)の俗字。→一四〇ページ。

5381
5571

(10)7
【射】1703
教 6
シャ
いる

一漢シャ・呉ジャ 禡 shè
二漢セキ・呉ジャク 陌 shè
三漢エキ・呉ヤク 陌 yì
四ヤ 禡 yè

2845
3C4D

筆順 ′ 亻 身 身 射 射

字義 一二❶弓をいる術。六芸の一つ。❷いる。㋐弓の矢などを放つ。㋑あてる。ねらう。さす。「射倖（セキコウ）」❸勢いよく発する。「噴射」「放射」 三❶いとう。いやになる。❷無射（ブエキ）は、音階の名。十二律の一つ。 四❶僕射（ボクヤ）は、秦代（シンダイ）の官名。❷射姑（ヤコ）は、人名。❸姑射（コヤ）は、山名。

難読 射屋（いてや）・射干（ひおうぎ・しゃが）・射干玉（ぬばたま・うばたま）・射和（いざわ・さいく）

解字 甲骨文 金文 篆文 象形。甲骨文・金文は、弓に矢をつがえている形にかたどり、「いる」の意味を表す。常用漢字は、身＋寸の会意。身は、弓矢の変形。寸は、手の意味。

▼暗射・騎射・速射・弾射・注射・直射・放射

【射干】（エキヤ・カンカン）①ひおうぎ。アヤメ科の多年草。花は黄赤色、実は黒色。その実を射干玉（ぬばたま）という。しゃが。②伝説上の悪獣。狐（きつね）に似ているという。野干。

【射御】（シャギョ）弓を射る術と馬をあやつる術。六芸の中の二つ。

【射幸・射△倖】（シャコウ・セキコウ）偶然（まぐれ）の利益をねらうこと。

【射侯】（シャコウ）①弓のまと。②（セキコウ）まとを射る。

【射策】（シャサク・セキサク）漢代の官吏登用試験の科目の一。経書または政治上の問題を策（竹の札）に書き、それに解答させた。

【射的】（シャテキ）①まと。②コルク玉などでまとを撃つゲーム。③（セキテキ）まとを射る。

【射利】（セキリ）（手段を選ばずに）利益をねらうこと。

【射獵（獵）】（シャリョウ）弓矢で鳥獣をとること。また、その狩り。

(10)7
【将】1704
教 6
ショウ

3013
3E2D

(11)8
〖將〗1705
人 許

一漢ショウ（シャウ）・呉ソウ（サウ） 漾 jiàng
二漢ショウ（シャウ）・呉ソウ（サウ） 陽 jiāng, ⑦qiāng

5382
5572

筆順 丨 丬 丬 将 将 将

字義 一❶ひきいる。従える。❷軍隊をひきいる人。将軍。 二❶助字。⇩助字解説 ❷まさに。今にも。❸と。＝与。❹ほとんど。❺もつ（持）。❻おくる（送）。❼ねがう。こう（請）。❽たすける。献上する。贈る。また、申し上げる。❾すすむ（進）。ゆく。❿すすめる。⓫たてまつる。⓬おこなう。⓭したがう。⓮ととのえる。⓯大きい。さかん。長い。

助字解説

①まさに……す。再読文字。今にも……しようとする。今にも……になりそうだ。類且。〔文選、陶潜、帰去来辞〕帰去来兮（かえりなんいざ）、田園将レ蕪（デンエンまさにあれんとす）。〈さあ帰ろう、故郷の田畑は今まさに荒れはてようとしている〉

②はた。それともまた。それなのに。〔唐、李華、弔二古戦場一文〕秦歟（シンか）、漢歟（カンか）、将近代歟（はたキンダイか）。〈秦か、漢か、それともまた近代か〉

③もって。……によって。類以。〔唐、白居易、長恨歌〕唯将二旧物一表二深情一（ただキュウブツをもってシンジョウをあらわ（は）さん）。〈せめては思い出の品によって私の深い気持ちを表しましょう〉

名乗 すすむ・たすく・ただし・のぶ・ひとし・まさ・もち　難読 将曹（さかん）

解字 文 篆 形声。寸＋夕（肉）＋爿音。音符の爿（シャウ）は、長い調理台の象形。寸は、手の象形。肉を調理してささげるの意味を表し、神に肉をささげる人、統率者の意味をも表す。常用漢字の将は、省略形による。

▼騎将・客将・宿将・女将・神将・大将・敗将・飛将・辺将・謀将・猛将・雄将・良将・虜将・列将・老将

【将器】（ショウキ）大将となるべき器量。また、その人。

【将御】（ショウギョ）すべおさめる。統御。

【将軍】（ショウグン）①一軍の総大将。②国勅命を奉じて軍隊をひきい外敵と戦う職名。陸奥（むつ）鎮東将軍など。鎌倉時代（頼朝）以降は、征夷大将軍の略。幕府の長。

【将軍楼（樓）閣】（ショウグンのロウカク）りっぱな邸宅をいう。後漢の梁冀（リョウキ）将軍が、大将軍となった時、その屋敷に神仙の図を描いて室をかざったことからいう。〔唐、劉延芝、代下悲二白頭一翁上詩〕将軍楼閣画二神仙一（ショウグンのロウカクシンセンをえ（ゑ）がく）。訳文⇩光禄池台（一〇七ページ）。

【将迎】（ショウゲイ）①送ることと迎えること。②養い育てる。

【将護】（ショウゴ）たすけ守る。

【将校】（ショウコウ）①軍隊の指揮官。②国もと、陸海軍の少尉以上の武官。

【将指】（ショウシ）手の中指。足の親指。将は、大の意。

【将相】（ショウショウ）将軍と宰相。大将と大臣。→王侯将相寧有レ種乎（七二九ページ）。

【将将】（ショウショウ・ソウソウ）①物の鳴る音の形容。②厳正なさま。③りっぱで美しいさま。④高いさま。⑤（ショウにショウたり）大将の上に立って、それを統率する大将になる。将軍を率いる技量がある。〔史記、淮陰侯伝〕⇩不レ能レ将レ兵而善将レ将（二一七六ページ）。

【将帥】（ショウスイ）軍をひきいる将軍。大将。

【将星】（ショウセイ）①大将になぞらえられる星。②将軍。大将。

【将息】（ショウソク）養生の意。「健康を祈る」との意で、送別の際や手紙の末尾などに用いる語。

【将卒】（ショウソツ）①将校と兵卒（下級の兵）。将士。②（ショウスイ）軍の長。将軍。大将。＝将率の②。

【将率】（ショウソツ・ショウシュツ）①ひきいる。②（ショウスイ）大将。将軍。

【将兵】（ショウヘイ）将校と兵卒（下級の兵）。

【将門有レ将】（ショウモンショウあり）代々将軍を出してきた家がらにはまた将軍が出る。〔史記、孟嘗君伝〕

【将欲】（ショウヨク）ほっする。…しようと思う。欲と同意。

【将来（來）】（ショウライ）①未来。前途。②もたらす。

【将略】（ショウリャク）大将としての用兵のはかりごと。

【将領】（ショウリョウ）①将軍。大将。②すべひきいる。

【将レ将】（ショウにショウたり）→将将の⑤。

(11)8
【尉】1706
常 イ

一イ（ヰ） 未 wèi
二漢ウツ・呉ウチ 物 yù

1651
3053

筆順 尸 尸 尽 尉 尉

字義 一❶おさえる。ひのしをかけてしわを伸ばす。転じて、上からおさえて正しくする。❷ひのし。❸なぐさめる（慰）。❹官名。㋐衛門府（エモンフ）・兵衛府（ヒョウエフ）・検非違使（ケビイシ）などの三等官。㋑おきな。老翁（ロウオウ）。㋒炭火の白くなった灰。 二ひのし（熨（ウツ））。国じょう。

名乗 やす・じょう　難読 尉鶲（じょうびたき）

解字 文 篆 会意。𡰥＋又＋火。𡰥は、ひのしの象形。火であたためた火のしを手にしたさまから、ひのしの意味を表す。また、火のしをかけて、しわをのばす、転じて、しわのように縮んだ心をのばす、なぐさめるの意味をも表す。

▼衛尉・校尉・廷尉・都尉

【尉官】（イカン）国もと陸海軍の武官の大尉・中尉・少尉。

【尉△繚子】（ウツリョウシ）①戦国時代の兵法家。鬼谷子の弟子という。②書名。五巻。二十四編。尉繚子の著。兵法書。

(11)8
【將】(1705)
ショウ 将（1704）の旧字体。→上段。

5382
5572

(11)8
【專】(1699)
セン 専（1698）の旧字体。→三三ページ。

5383
5573

(12)9
【尋】1707
常 ジン たずねる

(12)9
〔尋〕1708
漢シン 呉ジン 侵 xún

筆順 尋

3150
3F52

字義 ❶たずねる。㋐さぐる。さがす。㋑聞きただす。質問する。㋒おとずれる。訪問する。❷つぐ。㋐ひきつぐ。㋑かさねる。㋒つづく。❸いたる。及ぶ。つく。❹もちいる（用）。❺ひろ。両手を左右に伸ばした長さ。周代では八尺（約一・八メートル）。「万尋」❻つね。なみ。「尋常」❼ついで。まもなく。

名乗 つね・のり・ひろし・みつ　難読 尋来津（しきつ）・（ひろきつ）

参考 現代表記では〔訊〕（7105）の書きかえに用いることがある。「訊問→尋問」

使いわけ たずねる〔尋・訪〕
〔尋〕ききだす。たずねきわめる。「安否を尋ねる」
〔訪〕おとずれる。「生家を訪ねる」

解字 篆文 形声。篆文は、左＋右＋彡㊚。音符の彡（サン）は、同じ種類のものが次々に加わっていくの意味。両手を交互に動かして、手もとに引き寄せる動作をくりかえすの意味から、たずねる・つぎかさねるの意味を表す。

▼千尋・万尋

【尋繹】（ジンエキ）①繰り返して行う。再三復習する。②事の道理を研究する。たずねきわめる。

【尋章摘句】（ジンショウテキク）細かい章句の末をほじくり考えること。

【尋常】（ジンジョウ）①八尺と一丈六尺。②わずかの長さ・広さ。③なみ。普通。④国㋐りっぱ。㋑けなげ。㋒すなお。

【尋常一様】（ジンジョウイチヨウ）普通で、特に他とかわりがない。

【尋究】（ジンキュウ）たずねさぐる。調査究明する。

【尋問】（ジンモン）①たずねとう。②国法律用語。裁判官・警察官が、被告人・証人・被疑者などに、口頭で聞きただすこと。訊問（ジンモン）。

【尋幽】（ジンユウ）①奥深くけしきのよい所を尋ね求める。②深い道理をきわめる。

(12)9
【尊】1709
教6 ソン たっとい・たっとぶ・とうとい・とうとぶ

(12)9
〔尊〕1710
ソン 元 zūn

筆順 尊

3426
423A

字義 ❶たっとい（たっとし）。とうとい（たふとし）。身分・価値・品位などが高く近寄りがたい。↔卑。❷たかい。また、重い。❸たっとぶ。とうとぶ（たふとぶ）。うやまう。重んずる。「尊重」❹たかぶる。「尊大」❺敬称の一つ。他人に関する事物の上につけて敬意を表す。「尊顔」❻たる（樽）。酒だる。国みこと。神や貴人の敬称。「日本武尊（やまとたけるのみこと）」

〔尊⑥〕

名乗 たか・たかし

使いわけ たっとぶ・たっとい〔尊・貴〕
〔尊〕尊敬・尊厳の意。「祖先を尊ぶ・尊い犠牲」
〔貴〕貴重・高貴の意。「真実を貴ぶ・貴い人命」

解字 甲骨文 金文 篆文 形声。酋＋寸㊚。音符の酋は、酒だるの象形。ずんぐりした酒だるの意味を表す。篆文は、酋＋廾の会意。廾は、両手の象形。寸は、ずんぐりした親指の象形。両手で酒だるをささげて、たっとぶの意味を表す。

▼犠尊・金尊・至尊・自尊・釈尊・世尊・達尊・追尊・天尊・独尊・本尊

【尊栄（榮）】（ソンエイ）①とうとい身分になって栄える。栄達。②高い地位にのぼらせて優遇する。

【尊影】（ソンエイ）①とうとい人や神仏の肖像・写真。②あなたのお姿（写真）。

【尊下】（ソンカ）手紙などの宛名（あてな）の下に書く敬語。

【尊顔】（ソンガン）他人の顔の敬称。お顔。「尊顔を拝す（おめにかかる）」

【尊君】（ソンクン）他人の父に対する敬称。

【尊厳（嚴）】（ソンゲン）とうとくおごそか。

【尊公】（ソンコウ）他人の敬称。また、他人の父の敬称。

【尊号（號）】（ソンゴウ）とうとんでいう呼び名。天子・上皇・太上皇などの称号。秦（シン）の始皇帝を秦皇、漢の高祖を高皇帝と呼ぶ類。

【尊者】（ソンシャ・ソンジャ）①とうとい者。②仏有徳の者。③国昔、大臣の主催する宴で、正座にすわる人。

【尊爵】（ソンシャク）とうとい位。〔孟子、公孫丑上〕

【尊攘】（ソンジョウ）尊王攘夷（王室を尊び外夷（外敵）を討ち払う）の略。

【尊信】（ソンシン）とうとんで信頼する。あがめて帰依（エ）する。

【尊親】（ソンシン）①なつく。②親をとうとぶ。③他人の親の敬称。

【尊崇】（ソンスウ）とうとびあがめる。とうとぶ。あがめる。

【尊前】（ソンゼン）①身分の高い人の前。手紙などであなたの意に用いる。②酒だるの前。尊は、樽（たる）。

【尊俎折衝】（ソンソセッショウ）笑の間に外交交渉をすること。〔戦国策、斉〕敵国の君臣や使者と、宴会の席の談
【尊像】（ソンゾウ）①とうとい人の像。②他人の肖像の敬称。

【尊属（屬）】（ソンゾク）①目上の血族。②国法律上、父母と同系列以上の親族。父母・祖父母など。↔卑属。

【尊体（體）】（ソンタイ）他人の身体や像などの敬称。

【尊大】（ソンダイ）おごりたかぶる。

【尊台（臺）】（ソンダイ）自分よりやや目上の人に対する敬称。

【尊重】（ソンチョウ）①とうとび重んずる。②身分が高く、権勢の盛んなこと。

【尊堂】（ソンドウ）①他人の母親の敬称。尊母。②国㋐他人の家の敬称。㋑相手の人を呼ぶ敬称。

【尊卑】（ソンピ）とうといこととといやしいこと。

【尊名】（ソンメイ）①りっぱな評判。②たっとい称号。③他人の名の敬称。お名前。

【尊命】（ソンメイ）他人の命令の敬称。お申しつけ。仰せ。

【尊来（來）】（ソンライ）他人の来ることの敬称。おいで。光来。

(14)11
【對】(1697)
タイ　対（1696）の旧字体。↓三三八ペ一。

5384
5574

(15)12
【導】1711
教5 ドウ みちびく

(16)13
〔導〕1712
漢トウ（タウ） 呉ドウ（ダウ） 号 dǎo（dào）

筆順 導

3819
4633

字義 ❶みちびく。㋐案内する。手びきする。「先導」㋑教える。指導する。「教導」❷みちびき。㋐案内。また、その人。㋑教え。指導。また、指導者。

名乗 おさ・みち

解字 篆文 形声。寸＋道（道）㊚。寸は、手の意味。音符の道は、みちの意味。手を引いて道をいく、みちびくの意味を表す。

▼引導・教導・訓導・指導・先導・善導・補導・誘導

【導引】（ドウイン）①道案内。②道家で、大気を導いて体内に引き入れる養生法。

【導呵】（ドウカ）しかりみちびく。呵は、しかる。

【導師】（ドウシ）仏①人を導いて正道に入らせる者。仏・菩薩（ボサツ）の通称。②死者に引導をわたす僧。また、法要のとき、中心となる僧。

(16)13
【導】(1712)
ドウ　導（1711）の旧字体。↓前項。

3 小（⺌）部

〔部首解説〕 **しょう。しょうがしら。（⺌）なおがしら。**
小は少と字源的にも共通し、小・少をもとにして、小さい・すくないの意味を含む文字ができている。⺌の形は、党（黨）・常・賞など、尚が音符になっている文字に多く見られるが、これらと小とは関係がない。常用漢字で、旧字体では小の形であった尚・肖・消・鎖などがすべて⺌（尚・肖・消・鎖）になっているので、便宜上、小の部首に⺌の形を含めた。［小］［少］の解字を見よ。

小 三一七　1 少 三一八　2 尓 三一八　3 尖 三一九　当 三一九
5 尚 三一九　10 尠 三二〇　尟 三二〇

光→儿部 一〇六ページ。劣→力部 一四八ページ。肖→月部 五三〇ページ。
毟→毛部 六〇六ページ。党→儿部 一一〇ページ。雀→隹部 一一七〇ページ。
常→巾部 三四六ページ。堂→土部 二三七ページ。掌→手部 四三四ページ。
棠→木部 五六八ページ。當→田部 七四二ページ。嘗→口部 二一四ページ。
裳→衣部 九七八ページ。輝→車部 一〇七三ページ。賞→貝部 一〇四五ページ。
黨→黒部 一三六九ページ。耀→羽部 八八七ページ。

(3)0
【小】 1713
教 1
ショウ
ちいさい・こ・お
ショウ（セウ） 篠 xiǎo
小豆
3014
3E2E

筆順　亅 ⺖ 小

字義 ❶ちいさい。こまか。こ。お。長さ・面積・分量・価値などの大きくないこと。↔大。「最小」「小鳥」「小川」㋐細かい。細い。狭い。㋑低い。短い。㋒若い。幼い。㋓いやしい。つまらない。つたない。「小人」㋔少ない。わずか。❷ちいさくする。❸ちいさいと考える。あなどる。軽んずる。❹ちいさいもの。つまらないもの。①の体言化。❺自分に関することにつける謙称。「小著」❻すこしく。わずかに。国こ。お。さ。語調をととのえる接頭語。「小脇」「小田」「小男鹿」「小夜」

名乗 さ　難読 小火・小河内・小灰蝶・小櫃・小鰭・小旧・小牛田・小魚・小塙・小郡・小月・小鉤・小合・小谷松・小墾田・小女淵・小佐々・小山内・小雀・小手指・小諸・小女子・小城・小生・小石・小千谷・小値賀・小竹・小竹島・小長・小鳥遊・小汀・小田和湾・小豆・小豆島・小波渡・小泊瀬・小筒・小動・小童・小督・小波・小母・小夜・小夜曲・小半・小百合・小父・小歩危・小柳津・小友・小来川・小栗栖（槍）・小連翹・小和清水・小和田・小俣

解字 甲骨文 金文 篆文　象形。ちいさな点の象形で、ちいさいの意味を表す。小の意味と音符とを含む形声文字に、俏ショウ・削ショウ・哨ショウ・宵・峭ショウ・悄ショウ・肖・消・梢ショウ・稍ショウ・霄ショウなどがある。

▼過小・狭小・群小・弱小・少小・大小・短小・幼小

【小隠(隱)】ショウイン ①世をのがれてはいるが、まだ徹底せぬ隠者。↔大隠。②小さい隠宅（かくれが）。
【小我】ショウガ ①考えのせまい利己心。②国自分一個にとらわれた小さな自我。↔大我。
【小雅】ショウガ 『詩経』の詩の分類の一つ。雅は、主として朝廷貴族の宴会に用いられた歌。↔大雅。
【小閣】ショウカク ①小さい家。ささやかな高殿。一説に、中二階の家。閣は、二階造りの家。②婦女子の部屋。
【小学(學)】ショウガク ①古代、太子・王子・諸侯の子などに初歩的な学問を教えた学校。↔大学。②文字の形や音や意味などを研究する学問。文字学。③書名。六巻。宋ソウの朱熹シュキの命を受けて、門人の劉子澄リュウシチョウが、経書や歴史などから、修養の資となる話をぬき集めたもの。
【小官】ショウカン ①位の低い役。また、小役人。②官吏が自己をいう謙称。
【小寒】ショウカン 二十四気の一つ。冬至から十五日目で、陽暦一月六日ごろ。寒気が強くなる。寒の入り。
【小器】ショウキ ①小さい器物。②度量のせまい人。
【小径(徑)・小逕】ショウケイ 小さな道。こみち。
【小慧】ショウケイ 小さいちえ。こざかしいちえ。
【小憩】ショウケイ すこし休む。短時間の休息。
【小姑】ショウコ ①夫の妹。こじゅうとめ。②配偶者の姉妹。
【小功】ショウコウ 五か月間の服喪。一説に、三か月。→大功（三五七ページ）。
【小康】ショウコウ ①世の中がややおだやかなこと。②国重い病気が少し落ち着いているさま。

【小国(國)寡民】ショウコクカミン 小さい国と少ない人口。国土が小さく人民の少ないこと。老子が理想とした国家の形態。〔老子、八十〕
【小妻】ショウサイ そばめ。側室。
【小子】ショウシ ①こども。②自分を卑下していう語。わたくし。③身分の高い者が低い者を呼ぶ語。④師が弟子を呼ぶ語。⑤他人をあなどって呼ぶ語。こぞう。
【小疵】ショウシ ①小さなきず（欠点）。②わずかなあやまち。小過。
【小字】ショウジ ①幼少の時の呼び名。幼名。②小さい文字。細字。
【小児(兒)】ショウジ・ショウニ ①小さいこども。幼者。②小さい方のこども。弟。③自分の子をいう謙称。④人をいやしめていう語。
【小謝】ショウシャ ①南朝宋ソウの謝恵連をいう。↔大謝（謝霊運）。②斉の謝朓シャチョウをいう。
【小弱】ショウジャク ①小さくて弱い。②幼少。幼少の者。
【小豎】ショウジュ 人をさげすんでいう語。こわっぱ。青二才。
【小秋】ショウシュウ 秋の初め。初秋。
【小春】ショウシュン・こはる 陰暦十月の別名。
【小暑】ショウショ 二十四気の一つ。夏至ゲシの次の気節。陽暦七月七日ごろ。
【小小】ショウショウ ①きわめて小さい。わずかばかり。②若い。
【小相】ショウショウ 君主の礼を助ける世話役。
【小祥】ショウショウ 人の死後一年目に行う祭り。一周忌。↔大祥（三周忌）。
【小照】ショウショウ ①小さい肖像画・写真。②自分の肖像画・写真の謙称。
【小丈夫】ショウジョウフ ①心のいやしい男。②せの低い男。こおとこ。
【小乗(乘)】ショウジョウ 仏自己の救済を第一とし、卑近な教えを説く仏教の一派。↔大乗。
【小譲(讓)】ショウジョウ 小さなゆずりあい。〔史記、項羽本紀〕大礼不レ辞二小譲一タイレイはショウジョウをジせず。
【小心】ショウシン ①小さい心。㋐おずおずする心。㋑せまい心。②注意深い心。
【小心文】ショウシンブン 文体の名。細かな点にまで周倒な注意をし、微妙な筆法で綿密に議論するもの。↔放胆文。
【小心翼翼】ショウシンヨクヨク ①つつしみ深く、小さなことまでよく気をくばるさま。②気が小さく、びくびくしているさま。
【小臣】ショウシン ①身分の低い家来。②家来が自分をいう謙称。
【小寝(寢)】ショウシン 天子・諸侯の居所の表座敷の東西両側の休息室。寝室。便殿。

【小人】①身分の低い者。庶民。②徳のない者。教養がなく、心の正しくない者。〔論語、里仁〕小人喩二於利一。③召使い。④自己の謙称。⑤たけの低い人。こびと。⑥国㋐こども。↕大人。㋑こびと。㋙背たけの特に低い人。㋺童話などに登場する、背たけの低い人。

【小人間居為(爲)二不善一】小人がすることもなくひとりでいると、よくないことをしがちである。〔大学〕

【小人之過必文】小人は、あやまちを犯すと、（改めようとはせずに）必ず弁解し、それをとりつくろう。〔論語、子張〕

【小人之交甘若レ醴】→君子之交淡若レ水（一九三ページ）。

【小人儒】徳のない学者。名利を求め人に誇ろうとする学者。↕君子儒。〔論語、雍也〕

【小尽(盡)】陰暦で小の月の最終日。↕大尽。

【小生】①後輩の者。また、人をいやしめていう語。②自己の謙称。わたくし。③初学者。

【小成】わずかな（ちょっとの）成功。

【小雪】①二十四気の一つ。陽暦十一月二十二日ころ。②わずか降っている雪。こゆき。

【小節(節)】①小さい事がら。小さい義理・節操。②国楽曲の最も小さい区切り。

【小説】①取るに足らない議論。②昔、中国で、俗世間の出来事などのおもしろい話。また、それを書いた書籍。六朝の志怪小説、唐代の伝奇小説などの文語体の短編小説と、宋以後の白話の長編小説の二大系統がある。③近代文学の形式の一つ。作者が創造し、または事実を脚色した散文形式の文学。novel の訳語。

【小鮮】小魚。〔老子、六十〕治二大国一、若レ烹二小鮮一。

【小△姐】①未婚の女子の通称。むすめ。②他人の娘に対する敬称。お嬢さん。③宋代には、宮女・妓女の称にも用いた。

【小△蘇】北宋の蘇轍をいう。↕老蘇（父、蘇洵）・大蘇（兄、蘇軾）。

【小体(體)】①身体の一部。耳・目の類。↕大体（心）。②小さな体。

【小弟】①末の弟。②弟。③自己の謙称。

【小△篆】漢字の字体の一つ。秦の始皇帝の時、李斯が作ったという。周の大篆を簡略にし実用的にしたもの。

⇩コラム・文字・書体の変遷（四八一ページ）。

【小△杜】晩唐の詩人、杜牧（四九七ページ）をいう。↕大杜・老杜（杜甫をいう）。

【小道】①小さい道。こみち。②聖賢の道（儒学）以外の諸子百家の説く道。また、農業・医薬・占い・技芸など。③小さい道義。

【小年】①年若いこと（人）。少年。②生命の短いこと。③一年近く。小一年。

【小婦】①年若い妻。②若い女子。③そばめ。側室。

【小兵】①小さい戦争。②国㋐弓の力の弱いこと。㋑体の小さいこと。↕大兵。

【小満(滿)】二十四気の一つ。立夏の次の気節で、陽暦五月二十一日ころ。

【小民】人民。庶民。下民。

【小名】①つまらぬ名（誉れ）。②幼時の名。小字。③国領地の小さい諸侯。↕大名。

【小吏】身分の低い役人。小役人。

【小勇】つまらぬ事に対する勇気。血気の勇。匹夫の勇。小人の勇。〔孟子、梁恵王下〕

【小△牢】羊と豚をいけにえ。また、そのご馳走。↕大牢。

(4)1
【少】
1714

教2　ショウ　すくない・すこし

㈠ショウ（セウ）篠 shǎo
㈡ショウ（セウ）嘯 shào

3015
3E2F

筆順
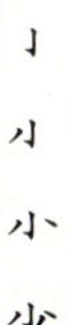

字義 ㈠❶すくない。すこし。まれ。わずか。〔唐、白居易、長恨歌〕峨嵋山下人行少。↕多。「僅少」❷かける（欠）。すくなくする。へらす。すくなくなる。へる。「減少」〔唐、王維、九月九日憶二山東兄弟一詩〕偏挿二茱萸一少二一人一。❸すくないとする。㋐不足に思う。㋑そしる。㋒軽んずる。❹しばらく。しばらくして。

㈡❶わかい。おさない。「年少」❷子供。若者。❸添え役。副官。次官。「太師・太傅」の次官を「少師・少傅」という。

国ショウ。㋐諸省の次官。㋑大宝令での年齢区分。三歳以上十六歳以下。

名乗 お・すく・まさ・まれ

難読 少女・少草・少輔

解字 甲骨文　金文　篆文
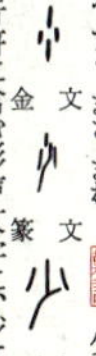
象形。ちいさな点の象形で、すくないの意味を表す。少を音符に含む形声文字に、抄などがある。

▼寡少・過少・希少・鮮少・多少・年少・幼少・老少

【少△焉】少したって。〔宋、蘇軾、前赤壁賦〕少焉月出二於東山之上一。

【少△艾】若くて美しい。また、その人。

【少閑】＝少間の①。→次項。

【少間】①少しのひま。②少しのすきま。③少し休む。④病気が少しよくなること。

【少許】少しばかり。

【少△頃】しばらく。少しの間。また、しばらくして。

【少好】若くて美しい。

【少△昊・少△皞】中国古代の伝説上の帝王。金天氏。黄帝の子。五行の金徳をもって王となり、後世、秋をつかさどる神とされた。

【少子】幼い子ども。年の少ない子ども。また、年の少ない方の子ども。また、末子。

【少師】①周代の官名。少保・少傅とともに三公を補佐する役。②音楽をつかさどる役人。大師の次位。

【少時】①年少（幼年）の時。②しばらく。

【少小】年が若い。また、その人。年少。↕老大。

【少少】①少し。わずか。②国並み。普通。

【少壮(壯)】年が若くて血気さかんなこと。〔文選、漢武帝、秋風辞〕少壮幾時兮奈レ老何。訳文⇩歓楽極兮哀情多

【少壮(壯)有為(爲)】少壮で、将来大いに活動することが期待されること。

【少長】①年の少ないことと多いこと。②年少者と年長者。③少しく生長する。やや年が多くなる。④やや年長なこと。

【少年】①年の若い者。わかもの。②わずかな年月。

【少年易レ老学(學)難レ成】若い者は老いやすく、年月は過ぎやすいが、その学問は成就しがたい。〔宋、朱熹、偶成詩〕

【少半】三分の一。小半。↕大半（三分の二）。

【少婦】①年若い妻。②若い女。

【少陵】昔の地名。長安（今の陝西省西安市）の南。もと、漢の宣帝の皇后許氏の陵。宣帝の杜陵に比してやや小さいのでいう。盛唐の詩人杜甫はその西に住んで少陵の布衣・少陵の野老と号したので、杜少陵と称せられる。〔唐、杜甫、哀江頭詩〕

【少△牢】羊と豚のいけにえ。小牢。↕太牢・大牢。

(5)2
【尓】
1715

5385
5575

△ジ　爾（4504）の俗字。→六九九ページ。

参考 字形、もと尗に作る。

(6)3 【尖】1716 標 セン 圏 jiān 3277 406D

字義 ❶とがる。物の先が細くするどい。「尖鋭」「尖利」❷とがり。とがっている部分。㋐さき（先）。はし（端）。「筆尖」㋑山のとがった峰。「峰尖」㋒指の先。

参考 現代表記では［先］（430）に書きかえることがある。「尖鋭→先鋭」「尖端→先端」

解字 指事。小十大。大の字の上に小の字を置き、下が大きく上にいって小さい物を示し、とがるの意味を表す。

【尖鋭】①（とがって）するどい。②国急進的なこと。先鋭。

【尖端】①とがった端。先端。②国時代や流行のさきがけ。思想や風俗の最新。先端。

【尖塔】先のとがった塔。

【尖兵】軍隊の行軍で、本隊の前方を進み敵情をさぐり、敵の斥候などを警戒・撃破する小部隊。

(6)3 【当】1717 教 2 トウ あたる・あてる 3786 4576
⒀田8 ［當］1718 ㊀トウ（タウ）陽 dāng ㊁トウ（タウ）漾 dàng 6536 6144

筆順 丨 ⺌ 当 当

字義 ㊀❶あたる。㋐向かい合う。向き合う。㋑つり合う。匹敵する。㋒あたいする。値打ちがある。㋓かなう。あてはまる。適合する。的中する。「当選」「該当」㋔正しい。「正当」「不当」㋕ぶつかる。つきあたる。出会う。ふれる。はり合う。「当惑」㋖引き受ける。仕事を受け持つ。つかさどる。㋗宿直する。［史記、項羽本紀］所レ当者破（あたるところのものはやぶる）❷あてる。㋐あてはめる。㋑ぶつける。㋒仕事を与える。㋓わりあてる。❸法律を適用して罪人を処断する。❹まさに…べし。再読文字。

㊁❶そこ（底）。❷あたる。＝㊀の❶。❸しち（質）。質のかた。❹問題になっているところの。目下のところの。こちらの。ちょうどそこにあるところの。「当地」「当座」

国❶あたる。㋐さぐる。こころみる。㋑火で暖まる。❷あたり。㋐的中。㋑めあて。手がかり。❸あて。めあて。見込み。

⇩助字解説

✝助字解説
まさに…べし。再読文字。当然。……するのが当然である。……すべきである。［宋、范仲淹、岳陽楼記］士当下先二天下之憂一而憂上、後二天下之楽一而楽上也（士はまさにテンカのうれいにさきんじてうれえ、テンカのたのしみにおくれてたのしむべきなり）〈士たるものは天下の人々が心配するよりも前に心配し、天下の人々が楽しむよりもおくれて楽しむべきである〉

名乗 たえ・まさ 難読 当麻（たいま・たぎま）・当縁（とうべり）・当帰（うまぜり）・当所（あてど）・当世（まさよ）・

使いわけ あてる〔充・当〕⇩充（429）。

解字 篆文 形声。篆文は、田＋尚㊥。音符の尚（ショウ→トウ）は、ねがうの意味。田間に実りを願って事にあたるの意味を表す。

▼穏当・該当・過当・勘当・失当・至当・充当・順当・正当・相当・妥当・担当・抵当・配当・不当・別当・郎当

【当為（爲）】①当然そうすべきこと。②哲学で、「あるべきこと」「なすべきこと」の意。独語 Sollen の訳語。↔存在・実在（あること）・不可不（あらざるを得ないこと）。

【当意】①心にぴったりあてはまる。心にかなう。気に入る。②国当座。→次項。

【当意即（卽）妙】国その場にあてはまるように、即座に機転をきかすこと。即座の機転。

【当家】①この家。その家。②家業をいとなむ。③家政をつかさどる下男。管家。④美しい筆墨。⑤自分の家。

【当該】国該は、あたる・その・それ。①そのこと。そのもの。②その事に当たること。そのかかり。受け持ち。

【当局】①局（碁盤）に当たる意で、碁をうつこと。②転じて、直接その事にあたって仕事をすること（人・機関）。

【当今】①いまの時。ただ今。現時。現今。②国当代の天皇。今上天皇。

【当座】国①その席上。その場。②すぐその場。即座。③その場かぎり。④しばらくの間。当分。さしあたり。

【当時】①この時。現在。②その時。むかし。③即座に。即時に。すぐ。

【当事者】直接その事にあたっている（関係している）人。

【当日】①この日。②その日。その事のあった日。③ありし日。むかし。

【当初】はじめ。最初。

【当世】①現在の世。今の時代。いまどき。「当世風」②㋐国君の位にいること。㋑政権を握ること。

【当代】①今の世。現代。②その時代。過去のある時代をさしていう。③国今の主人。

【当直】当番で、日直や宿直をすること。また、その人。

【当途・当塗】道にあたる意。①要路にいること。重要な地位にいて権力を握っていること（人）。②道のまん中にいる。道をさえぎる。

【当年】①ことし。今年。②そのとし。そのころ。その昔。往年。昔年。当時。

【当否】①正しいか正しくないか。②あてはまっているかどうか。適当かどうか。

【当方】①その方面。②国私のほう。↔先方。

【当面】①面前に存在すること。まのあたり。眼前。②国さしあたり。今の場合。

【当夜】①今夜。②その夜。その事のあった夜。

【当用】国①さしあたっての用事。②さしあたっての需要・必要。

【当用漢字】国日常使用する漢字の範囲を制限したもので、昭和二十一年（一九四六）に政府が訓令をもって公布した当用漢字表の一八五〇字の漢字をいう。その後、昭和二十三年に当用漢字音訓表・当用漢字別表（教育漢字とも呼ばれるもので八八一字）、さらに昭和四十七年に当用漢字改定音訓表が公布されたが、昭和五十六年に常用漢字表が発表されるに伴い廃止された。

【当路】＝当途。

【当惑】事にあたってどうしてよいかわからず、処置に困ること。

【光】→儿部 一〇八ページ。 【劣】→力部 一四八ページ。
【肖】→月部 五二〇ページ。

(8)5 【尚】1719 常 ショウ 3016 3E30
(8)5 ［尙］1720 漢ショウ（シャウ） 呉ジョウ（ジャウ） 漾 shàng

筆順 ⺌ 尚 尚 尚

字義 ❶こいねがう。こいねがわくは。たのむ。希望する。❷このむ。したう。「好尚」❸たっとぶ。とうとぶ。「尚武」❹たかい。たかくする。［孟子、尽心上］尚レ志（こころざしをたかくす）❺くわえる。そえる。［論語、里仁］好レ仁者無三以尚二之（ジンをこのむものはもってこれにくわ（は）う（ふ）るなし）❻ひさしい。古い。遠い。また、昔。かみ（上）。「尚書」❼めとる。めあわせる。特に天子の娘（公主）をめとること。「尚主」❽なお。㋐かつ。その上。㋑やはり。それでもまだ。㋒さえ。すら。［唐、白居易、与二微之一書］此句他人尚不レ可レ聞（このク タニンすらなお（ほ）きくべからず）。❾つかさどる。＝掌。特に天子の衣食についていう。

名乗 さね・たか・たかし・なか・なり・ひさ・ひさし・まさ・まし・ます・よし・より 難読 尚侍（ないしのかみ）

解字 金文 篆文 会意。八＋向。八は、神の気配がくだるさまを示す。向は、屋内で祈るさまを示す。こいねがう・たっとぶの意味を表す。常用漢字は、尚の形をとる。尚の意味と音符とを含む形声文字に、儻・黨（党）・堂・嘗ショウ・常・當（当）・掌・裳ショウ・賞などがある。

▼高尚・好尚・崇尚・風尚・和尚

【尚古】ショウコ 古いにしえをとうとぶ。昔の文物制度をとうとぶこと。

【尚志】ショウシ 志を高くする。〔孟子、尽心上〕

【尚歯（齒）】ショウシ 老人を尊敬すること。歯は、年齢。「尚歯会」

【尚主】ショウシュ 公主（天子の娘）をめとること。

【尚書】ショウショ ①書名。十三巻。上代の書の意。『書経』の別名。五経の一つ。尭ギョウ・舜シュンと夏カ・殷イン・周三代の政道を記した書。②官名。㋐秦シンの時、宮中の文書をつかさどる。㋑隋ズイ・唐以後は、大体、今の大臣に当たる官。

【尚早】ショウソウ まだ早い。まだその時期でないこと。「時期尚早」

【尚武】ショウブ 武をとうとぶ。武徳・武事を重んずる。

【尚方】ショウホウ ①天子の御物を作る官。②薬品の調合をつかさどる官。

【尚友】ショウユウ 昔の賢人を友とすること。古人を友とする。〔孟子、万章下〕

【尚論】ショウロン 昔の人のことを論評すること。〔孟子、万章下〕尚二論古之人一いにしえ（へ）のひとをショウロンす

［毟］→毛部 六〇六ページ。　［党］→儿部 一一〇ページ。

［雀］→隹部 一一七〇ページ。　［常］→巾部 三四六ページ。

［堂］→土部 二三七ページ。　［掌］→手部 四三四ページ。

［棠］→木部 五六八ページ。

(13)10 【尠】1721 △セン 銑 xiǎn　5386 *5576*

字義 すくない（少）。すくなし。＝鮮。

［尟］本字

解字 篆文 会意。甚＋少。篆文は、是＋少。はなはだ少ないの意味を表す。

(13)10 【尟】1722 △セン 尠（1721）の本字。→前項。

［當］→当（1717）の旧字体。三一九ページ。

［營］→口部 二四〇ページ。　［裳］→衣部 九七六ページ。

［輝］→車部 一〇七三ページ。　［賞］→貝部 一〇四五ページ。

［黨］→党（447）の旧字体。一一〇ページ。　［耀］→羽部 八八七ページ。

3 ⺍部

〔部首解説〕 つ。⺍は、ある種の複雑な字形の一部を簡略化するとき、符号的に用いられる。常用漢字では、旧字体で單・嚴、勞・榮・螢・營、舉・譽、學・覺、巢、獵であった字形の一部が⺍に略され、単・厳、労・栄・蛍・営、挙・誉、学・覚、巣、猟になっている。これらの新字体のうち、もとの所属部首に分類できなくなった文字をまとめるため、新しい部首として⺍部を設けた。

5 巛 三二〇　6 単 三二〇　8 巣 三二〇　9 営 三二一　14 厳 三二一

労→力部 一四九ページ。学→子部 二九一ページ。栄→木部 五五一ページ。

挙→手部 四三四ページ。蛍→虫部 九六一ページ。覚→見部 九九三ページ。

誉→言部 一〇一〇ページ。

［労］→力部 一四九ページ。

(8)5 【巛】1723 △ソ 鼠（9349）の俗字。→一二七三ページ。　8375 *736B*

［学］→子部 二九一ページ。

(9)6 【単】1724 教4 タン　3517 *4331*

(12)口9 〖單〗1725 人許 一タン 寒 dān 二タン 旱 dǎn 三漢セン・呉ゼン 先 chán　5137 *5345*

筆順 ⺍ 𠕁 当 単

字義 一❶ひとつ。ただひとつ。また、ひとり。「単一」❷ひとえ（ひとへ）。「単衣」＝襌タン。❸つきる。つくす。＝殫タン。❹かきつけ。カード。「伝単」 二❶まこと。まことに。❷あつい（厚）。あつくする。❸たんに。ただ。 三❶めぐる。めぐらす。❷単于ゼンウは、匈奴キョウドの王の称。

難読 単冠ひとかっぷ

解字 甲骨文 篆文 象形。甲骨文でわかるように、先端が両またになっている、はじき弓の象形。常用漢字の単は省略体。單を借りて、ひとつの意味に用いる。單を音符に含む形声文字に、嬋セン・彈（弾）・憚タン・戰（戦）・燀セン・癉タン・蟬セン・襌タンなどがあり、これらの漢字は、「はじく」の意味を共有している。また、借りて、「一つ」の意味を表すものもある。

▼伝単

【単衣】タンイ・ひとえ（へ） ①ひとえの着物。②一枚の着物。

【単▵于】ゼンウ →字義の三の❷。

【単▵舸】タンカ ①一そうの舟。舸は、小形で舟足の早い舟。②はしけぶね。小舟。

【単記】タンキ 国①そのことだけ記すこと。②一枚の投票用紙にひとりの候補者だけを書き入れること。↔連記。

【単騎】タンキ ①ただひとり馬に乗って行くこと。②ただひとりの騎兵。一騎。

【単行】タンコウ ①ひとりで行く。独行。②他と関係なく、それだけが単独で行われること。「単行法」③ただ一回行うこと。

【単行本】タンコウボン それだけが単独で出版された書物。↔雑誌・全集・叢書ソウショ。

【単▵蓑】タンサ ①一枚のみの。②みのに身を包んだ、ただひとりの人。転じて、ただひとり。単身。

【単辞（辭）】タンジ ①片方のいい分だけで証拠にならないことば。②かたよって中正でないことば。

【単車】タンシャ ①ただ一台の車。②ただひとり車に乗ること。転じて、ただひとり、単独・単身の意。③国オートバイの訳語。

【単純】タンジュン 国①まじりけのないこと。②こみいっていないこと。簡単。一本調子。

【単身】タンシン ①ただひとり。一人。②ひとり身。独身。

【単調】タンチョウ 一本調子で、変化のないこと。

【単刀直入】タントウチョクニュウ ①ただひとりで敵の陣に切りこむこと。②前おき・予告などなしに、いきなり要点にふれること。遠回しにせず、直接要点に突き入ること。

【単葉】タンヨウ 飛行機の翼が一枚であること。↔複葉。

［栄］→木部 五五一ページ。　［挙］→手部 四三四ページ。

(11)8 【巣】1726 教4 ソウ す　3367 *4163*

(11)巛8 〖巢〗1727 人許 漢ソウ（サウ） 呉ジョウ（ゼウ） 肴 cháo

筆順 ⺍ 㞢 巢 単 巣

字義 ❶す。㋐鳥のす。また、獣や虫・魚のすみか。㋑鳥のすのような木の上に設けた人のすみか。㋒すみか。すまい。また、かくれが。❷すくう（すくふ）。すを作る。❸あつまる。むらがる。

解字 篆文 象形。上部は「す」の中のひな鳥、臼は「す」、木は「き」の形にそれぞれかたどり、樹上の鳥の「す」の意味を表す。常用漢字の巣は省略体による。

▼危巣

【巣居】（ソウキョ） 鳥のように樹上にすまいを作って住んでいること。

【巣△窟】（ソウクツ） 樹上の住居と土中の住居。転じて、かくれが。

【巣車】（ソウシャ） 車上に物見やぐらを設けた兵車。遠くから見ると鳥の巣のようであるからいう。

〔巣車〕

【巣△燧】（ソウスイ） 有巣氏と燧人氏。転じて、太古の時代。

【巣父】（ソウホ） 尭（ギョウ）の時代の隠者。山ずまいをし、木の上に巣を作って寝ていたので巣父といわれる。尭が許由に天下を譲ろうとするのを聞いて、許由は耳のけがれであるといって潁川（エイセン）で耳を洗ったが、巣父はその水がけがれていると言って、この川を渡らなかったという。〔潜夫論、交際〕

【巣由】（ソウユウ） 巣父と許由。ともに尭（ギョウ）の時代の隠者。→巣父。

【巣林一枝】（ソウリンのイッシ） 鳥は林の中に巣を作っても、一本の枝に巣を作るにすぎない。転じて、小さい家に満足して住むたとえ。また、分に安んじ満足するたとえ。『荘子』逍遥遊編に「鷦鷯巣₌於深林₋、不₋過₌一枝₋」（ショウリョウシンリンにすくう（ふ）も、イッシにすぎず）とあるのに基づく。

【蛍】→虫部 九六一ページ。

(12)9 【営】1728 教5 エイ いとなむ 1736 3144

(17)火13 〖營〗1729 ㊥エイ ㊐ヨウ（ヤウ） 庚 yíng 5159 535B

筆順 ⺍ 㞢 巛 営 営

〖営〗俗字

字義 ❶いとなむ。㋐つくる。こしらえる。「造営」㋑はかる。計画する。工夫する。「営利」㋒おさめる（治）。㋓いそしむ。とり行う。仕事をする。「経営」❷いとなみ。しごと。しわざ。❸めぐる。めぐらす。＝縈（エイ）。❹まどう。まどわす。みだれる。❺とりで。陣屋。「陣営」「兵営」❻くみ（組）。こわけ。❼清代（シンダイ）の兵制の名。❽漢方医学の用語。食物から摂取するエネルギー。「営養」 名乗 よし

解字 篆文 形声。宮＋熒（ケイ・エイ）省 ㊟。音符の熒は、夜の陣中にめぐらすかがり火の意。宮は、部屋の多い家屋の意。周囲にかがり火をめぐらせた陣屋の意味を表す。

▼軍営・経営・公営・行営・自営・宿営・陣営・造営・屯営・幕営・兵営・本営・夜営・野営・柳営・露営

【営為（爲）】（エイイ） いとなむ。また、いとなみ。

【営宇】（エイウ） ①すまい。住居。②宮室。建物。

【営営】（エイエイ） ①はげしく往来するさま。②せっせと働くさま。

【営業】（エイギョウ） 営利の目的で事業を行うこと。また、その事業。

【営△窟】（エイクツ） 岩穴を造って住むこと。穴居。

【営私】（エイシ） 自分の利益だけを考える。

【営室】（エイシツ） ①家屋をつくる。②星の名。二十八宿の一つ。今のペガサス座中の二星。

【営繕】（エイゼン） いとなみつくろう。建物を新築したり、修繕すること。

【営造】（エイゾウ） 家屋をいとなみつくる。ふしんする。造営。

【営中】（エイチュウ） ①軍営の中。②国将軍のいる所。幕府。

【営田】（エイデン） ①土地をたがやす。②屯田（トンデン）の制度で、ふだんは耕作し、事あるときは戦う。③流民を集め、宿舎を与え、官のために耕作させること。また、その田地。④国平安時代、官府が壮丁に耕作させた土地。公営田（クエイデン）という。

【営△魄】（エイハク） たましい。一説に、営は熒（ケイ）で、まよえるたましいという。営魂。〔老子、十〕

【営養】（エイヨウ） 生物が他から養分を取って生活力を維持すること。栄養。

【営利】（エイリ） 利益をはかること。金もうけ。

【営塁（壘）】（エイルイ） とりで。軍営。

【覚】→見部 九九三ページ。

【誉】→言部 一〇一〇ページ。

(17)14 【厳】1730 教6 ゲン・ゴン おごそか・きびしい 2423 3837

(20)口17 〖嚴〗1731 人許 ㊥ゲン ㊐ゴン 塩 yán 5178 536E

筆順 ⺍ 㞢 严 崖 崖 厳

字義 ❶きびしい（きびし）。はげしい。ひどい。また、きびしくする。「厳寒」❷おごそか。いかめしい。いかつい。「荘厳」❸たっとい。たっとぶ。❹いましめる。いましめ。「戒厳」❺父。↕慈（母）。「令厳」「家厳」

名乗 いかし・いず・いつ・いつき・いわ・かね・たか・つよ・ひろ・よし

難読 厳原（いずはら）・厳根（いわね）・厳山（いずやま）・厳島（いつくしま）・厳美（いずみ・いつくしみ・いわみ）・厳木（きゅうらぎ）

参考 現代表記では〔儼〕(420) の書きかえに用いることがある。「儼然→厳然」

解字 金文 篆文 形声。吅＋厰（カン）㊟。吅は、きびしくつじつまを合わせるの意味。のち、音符の厰（カン）を付し、音を明らかにした。

▼威厳・戒厳・家厳・謹厳・華厳・森厳・荘厳・尊厳・端厳・令厳

【厳威】（ゲンイ） ①きびしくたけだけしい。おごそかで威光のあること。②おそれつつしむ。厳畏（ゲンイ）。

【厳羽】（ゲンウ） 南宋（ナンソウ）の詩人。字（あざな）は儀卿（ギケイ）・丹邱（タンキュウ）。号は滄浪逋客（ソウロウホカク）。『滄浪集』『滄浪詩話』などの著がある。

【厳家】（ゲンカ） 家風のきびしい家。

【厳戒・厳△誡】（ゲンカイ） きびしくいましめる。厳重に警戒する。また、きびしいいましめ。厳重な警戒。

【厳△恪・厳△愨】（ゲンカク） おごそかでつつしみ深い。恪は、つつしむ意。

【厳格】（ゲンカク） きびしくただしい。厳正。きびしくて、過失や不正をゆるさない。

【厳寒】（ゲンカン） きびしいさむさ。酷寒。

【厳禁】（ゲンキン） きびしくさしとめる。また、厳重な禁止命令。

【厳君】（ゲンクン） 父を敬っていう語。厳父。また、父母の敬称。

【厳訓】（ゲンクン） おごそかなおしえ。きびしい教訓。

【厳△乎】（ゲンコ） きびしい、また、おごそかなさま。厳然。

【厳刻・厳酷】（ゲンコク） きびしくてむごい。また、非常にむごい。

【厳師】（ゲンシ） ①きびしい先生。厳格な師匠。②師を敬っていう語。

【厳粛（肅）】（ゲンシュク） おごそか。おごそかでいかめしい。おごそかでつつしみ深い。

【厳△峻】（ゲンシュン） おごそかできびしい。また、きびしい。峻は、高くけわしい意。峻厳。

【厳△恕】（ゲンジョ） 厳格でありながら、しかも思いやりが深い。

【厳森】（ゲンシン） 身が引きしまるようにおごそかなこと。森厳。

【厳正】（ゲンセイ） ①きびしくただしい。厳格。②いかめしく、また、おごそかで端正。

【厳正中立】（ゲンセイチュウリツ） 国争っている者のどちらにも味方しない立場を守ること。

【厳切】（ゲンセツ） きびしい。非常にきびしい。

【厳然】ゲンゼン おごそかでおもおもしいさま。威厳があって犯しがたいさま。儼然ゲンゼン。
【厳霜】ゲンソウ ①きびしい霜。草木を枯らすほどの、ひどい霜。②刑罰などのきびしいこと。
【厳談】ゲンダン 国きびしくかけあう。厳重に談判する。また、強硬な談判。
【厳重】ゲンチョウ ①威厳があっておもおもしい。②たっとび重んずる。③国ゲンジュウ きびしい。いかめしい。
【厳程】ゲンテイ ①きちんときめられて、余裕のない日程。②期日を限られた旅行。また、その期限。③人の旅行の日程を問うのにいう語。厳は、尊敬の意を表す。
【厳冬】ゲントウ 寒さのきびしい冬。
【厳父】ゲンプ ①きびしい父親。②自分の父の敬称。
【厳法】ゲンポウ きびしいおきて。きびしい法律。
【厳密】ゲンミツ きびしく、すきまがない。ておちなく、こまかなこと。
【厳明】ゲンメイ おごそかで明らか。厳格で公明。
【厳命】ゲンメイ きびしく言いつける。また、きびしい命令。

3 尢（尣・兀）部

尣は四画。

尢 三二二　1尤 三二二　4尨 三二二　尪 三二二　9就 三二二

〔部首解説〕 おうにょう（尢繞）。まげあし。尢をもとにして、足や歩行が正常でないという意味をもつ文字ができている。尣・兀は尢の異体字で、繞ニョウの形になるときにもこの三体がある。ほかに尤ユウの形も含め、部首に立てられる。

(3)0【尢】1732 △ オウ（ワウ）陽 wāng ［尢］—5387 5577

【尣】同字 字義 あしなえ。すねの曲がった人。尪（1735）の古字。

解字 古文  篆文  象形。古文は、すねの曲がった人の形にかたどり、歩行が不自由な人の意味を表す。尪（1735）の古字。

(4)1【尤】1733 標 漢ユウ（イウ） 呉ウ 因 yóu —4464 4C60

字義 ❶ことなる（異）。㋐かけはなれている。他よりすぐれている。㋑はなはだしい。❷もっとも（最）。はなはだ。とりわけ。また、最もすぐれたもの。❸とがめる。とがむ。とがめ。❹うらむ。うらみ。国もっとも。㋐道理に合っている。全くそのとおり。㋑ただし（但）。とはいえ。

解字 甲骨文  篆文  指事。甲骨文でわかるように、手の先端に一線を付し、異変としてとがめるの意味を示す。
【尤異】ユウイ はなはだすぐれている。
【尤物】ユウブツ ①すぐれた人物。また、すぐれてよいもの。②美人。美女。

(7)4【尨】1734 △ 一 漢ボウ（バウ）呉モウ（マウ）江 máng、②páng　二 漢ボウ・呉モウ 東 méng ［尨］—5388 5578

字義 一❶むくいぬ。毛のむくむくと多い犬。❷大きい。＝厖。❸まじる。㋐毛髪に白髪がまじる。㋑いろんな色がまじる。二みだれる。 難読 尨毛むくげ

解字 甲骨文  篆文  象形。毛の多い犬にかたどり、むくいぬの意味を表す。尨を音符に含む形声文字に、厖ボウがある。
【尨茸】ボウジョウ 毛などがひどく入り乱れているさま。
【尨大】ボウダイ 非常に大きいさま。厖大。
【尨眉皓髪】ボウビコウハツ 半白のまゆと、白い髪。老人をいう。

(8)4【尪】1735 △ オウ（ワウ）陽 wāng 【尢】古字 5387 5577 【尫】同字 【尩】俗字

字義 ❶あしなえ。すねの曲がった人。❷よわい（弱）。からだが弱い。「尪弱」

解字 形声。尣＋王音。尣は、足の悪い人の象形。音符の王は、枉オウに通じ、まがるの意味。歩行が不自由な人の意味を表す。

(12)9【就】1736 教6 シュウ・ジュ つく・つける 漢シュウ（シウ）・呉ジュ 宥 jiù —2902 3D22

筆順 亠 古 京 就 就

字義 ❶つく。また、つける。つく。㋐つきしたがう。近づいてみる。〔論語、学而〕就有道而正焉（有道ユウドウに就つきて正ただす）。㋑おもむく。そこへ行く。身を寄せる。「去就」㋒とりかかる。従事する。㋓…し始める。…になりかかる。〔文選、陶潜、帰去来辞〕三径就荒（三径サンケイ荒コウに就く）。❷なる（成）。なす。できあがる。しあげる。「成就」❸すなわち（すなはち）。すぐに。そこで。❹たとい（たとひ）。もし。「就使」国…につき。それゆえに。「不在に就き…」

名乗 なり・ゆき

使いわけ つく〔付・着・就〕⇩付（141）。

解字 篆文  会意。京＋尤。京は高い建物の象形。尤は、犬の象形。高貴な人の家に飼われた番犬のさまから、つくの意味を表す。また、ある事がらが目的につくの意味から、なるの意味を表す。
▼去就・成就
【就学】シュウガク ①学問を始める。②学校に入る（入っている）。
【就業】シュウギョウ ①仕事（また、学業）に従事する。②業をなす。仕事をなしとげる。
【就使】たとい(ひ)・もし 仮に条件を設けていう語。就令。
【就将（將）】シュウショウ 学問や人格が日に月に進歩すること。日就月将の略。〔詩経、周頌、敬之〕
【就褥】シュウジョク 寝床にはいる。褥は、しとね。就寝。
【就正】シュウセイ ①学徳の高い人について、自分の是非を問いただす。②正しいことにつき従う。③詩文の添削をたのむこと。
【就中】なかんずく その中でも。とりわけ。ことに。〔唐、白居易、琵琶行〕就中泣下誰最多、江州司馬青衫湿（就中なかんずく泣下なくだること誰たれか最も多おほき、江州司馬コウシュウシバ青衫セイサン湿うるほふ）〈中でも最も多く涙を流したのはだれであったか、それは外ならぬ江州の司馬であるわたくし自身であり、その青い上衣は涙でしっとりとぬれるのであった〉
【就養】シュウヨウ 父母に、つきそって孝養をすること。
【就令】たとい(ひ)・もし ＝就使。

3 尸部

〔部首解説〕 しかばね。文字としては屍しかばね（死体）を意味するが、文字の要素としては、人体を表しているばあいが多い。その他、家屋や履き物に関する文字で尸がつくものがある。

尸 三二三　1尹 三二三　尺 三二三　2尻 三二三　尼 三二三
3尽 三二三　4局 三二四　尿 三二四　屁 三二四　尾 三二四
5届 三二四　居 三二四　屈 三二五　6屋 三二五　屍 三二五
屎 三二五　屏 三二六　7屓 三二六　屐 三二六　屑 三二六
展 三二六　8屛 三二六　9孱 三二六　属 三二六　屠 三二七
屡 三二七　11屣 三二七　層 三二七　屢 三二七　12層 三二七
履 三二七　14屨 三二七　15屩 三二七　18屬 三二七　21屭 三二七

咫→口部 二〇三ページ。昼→日・曰部 五〇三ページ。
犀→牛部 七〇五ページ。鳲→鳥部 一三四九ページ。

(3)0
【尸】1737　△シ 図 shi　5389 *5579*

字義 ❶しかばね（屍）。死骸(シガイ)。❷つらねる。並べる。さらす。❸死人のように、手足をだらりと伸ばしてあおむけに寝る。❹かたしろ（形代）。㋐祖先などを祭る時、その霊の代わりになる者。祭られる者の子孫がこれになる。㋑位牌(イハイ)。❺つかさどる。また、つかさ。❻おこたる。職責を全うしない。

解字 金文 篆文 象形。死んで手足を伸ばした人の象形で、しかばねの意味を表す。屍の原字。

【尸位素△餐】(シイソサン) その地位にいながら、責任をつくさず、むだに禄(ロク)をもらっていること。尸位は、かたしろがその位置にいて動かないように、何もしないこと。素餐は、何もせずに食うこと。〔漢書、朱雲伝〕

【尸解】(シカイ) 道家の術の一つ。体だけをこの世に残して、魂だけが体外にぬけ去る術。

【尸△諫】(シカン) しかばねになっていさめること。衛の国の史魚が、主君の霊公をいさめるために、自分の死体をほうむらせず、ついにそのあやまちを改めさせた故事による。〔韓詩外伝、七〕

【△鞭レ尸】(しかばねにむちうつ) 死体をむち打って、深い恨みをはらすこと。〔史記、伍子胥伝〕

(4)1
【尹】1738　標 イン（キン）彰 yǐn　5390 *557A*

字義 ❶おさめる（治）。つかさどる。❷ただす（正）。また、ただしい。❸つかさ（官）。また、おさ。長官。国イン。弾正台(ダンジョウダイ)・左右京職の長官。かみ。

解字 甲骨文 篆文 象形。神聖な物を手にする形にかたどり、氏族の長の意味から、おさの意味を表す。尹を音符に含む形声文字に、君がある。また、むらがるの意味を共有するものに、宭(クン)・峮(クン)・群・郡・裙(クン)などがある。

【尹喜】(インキ) 周代、秦(シン)の人。函谷関(カンコクカン)の役人の長で、老子が通ったとき、『道徳経』を授けられたという。〔史記、六十三〕

【尹文子】(インブンシ) 書名。一巻。戦国時代の斉の尹文の著。主として道家の思想が述べられている。

(4)1
【尺】1739　教6 シャク　漢セキ 呉シャク 陌 chǐ　2860 *3C5C*

筆順

字義 ❶長さの単位。十寸。周代では、約二二・五センチメートル。日本では、約三〇・三センチメートル。（鯨尺の一尺は、曲尺(かねジャク)の一尺二寸五分、約三七・八センチ）❷ものさし。さし。「巻尺」❸ながさ。たけ。「縮尺」❹小さい。短い。わずか。「咫尺(シセキ)」❺年齢の二歳半。❻てがみ。「尺素」

名乗 かね・さか・さく　難読 尺蠖(しゃくとり)・尺度(さかど)

解字 篆文 象形。親指と他の四本の指との間を開いてはかる形とも、ひじの形ともいわれるが、人を横から見た形にかたどり、両足の間の長さ、歩幅くらいの長さの単位を表す。

▼曲尺・縮尺・書尺・刀尺

【尺一】(セキイツ) 天子のみことのり。詔勅。漢代、詔書を書くのに一尺一寸の木の板を用いたことによる。

【尺△蠖△之屈以求レ信△也】(セキカクのクッするはもってのびんことをもとむるなり) しゃくとり虫のかがむのは、後でのびようとするためである。成功するためには、忍耐しなければならないたとえ。〔易経、繋辞伝下〕

【尺簡】(セキカン) 手紙。尺翰(セキカン)。→尺牘(セキトク)。

【尺書】(セキショ) ①手紙。②短い文書。③書物。

【尺寸】(セキスン・シャクスン) ①一尺か一寸の意。わずか。少し。「尺寸之地(セキスンのチ)」②ものさし。③のり。法度。

【尺寸△之△功】(セキスンのコウ) わずかばかりのてがら。

【尺素】(セキソ) 手紙。素は、絹。昔は絹に文字を書いた。

【尺沢(澤)△之△鯢】(セキタクのゲイ) 小さい池にすむさんしょう魚。一説に、めだか。見聞のせまいたとえ。井底之蛙(セイテイのア)。〔戦国楚、宋玉、対二楚王問一〕

【尺度】(シャクド・セキド) ①ものさし。②ながさ。寸法。

【尺△牘】(セキトク) 手紙。牘は、木札。昔、文字を書きつけた物の一つ。幅一尺で、短いのを牘、長いのを簡という。

【尺八】(シャクハチ) 笛の一種。竹を、根に近いところから、七節、一尺八寸の長さに切り、五孔（表に四つ、裏に一つ）をあけて縦にして吹く。

【△枉レ尺直レ尋】(シャクをまげてジンをなお(ほ)くす) 八尺（尋）をまっすぐにするために一尺をまげる。大のために小を犠牲にするたとえ。〔孟子、滕文公下〕

(5)2
【尻】1740　標 コウ（カウ）豪 kāo　3112 *3F2C*

字義 ❶しり。けつ。❷そこ（底）。根もと。物の地に着いている所。国しり。末の方。終わり。

難読 尻手(しって)・尻尾(しっぽ)

解字 篆文 形声。尸＋九音。音符の九は、曲がって尽きる形にかたどる。人体のきわまりにある、しりの意味を表す。

(5)2
【尼】1741　常 ニ あま　㊀漢ジ（ヂ）・呉ニ 支 ní　㊁漢ジツ（ヂツ）・呉ニチ 質 nì　3884 *4674*

筆順

字義 ㊀❶あま。出家して仏門に入った女子。比丘尼(ビクニ)の略。（転じて、カトリックの修道女をもいう）❷ちかづく。㊁❶ちかづく。❷とどめる。

難読 尼生(あまがせ)

解字 篆文 会意。尸（尸）＋匕。尸も匕も、人の象形で、人と人とが近づき親しむの意味を表す。また、梵語(ボン)を漢訳した比丘尼(ビクニ)の略称、あまの意味をも表す。尼を音符に含む形声文字に、怩(ジ)・昵(ジツ)・泥などがあり、これらの漢字は、「したしむ」の意味を共有している。

▼禅尼・僧尼・摩尼

【尼山】(ジザン) 尼丘。尼丘山。山東省曲阜(キョクフ)市の南東にある山。孔子の母がこの山に祈って孔子が生まれたという。それより、孔子は名を丘、字を仲尼という。〔史記、孔子世家〕

【尼僧(僧)】(ニソウ) あま。女の僧。出家した女。

【尼父・尼△甫】(ジホ) 孔子の尊称。尼は孔子の字(あざな)。仲尼。

(6)3
【尽】1742　常 ジン つくす・つきる・つかす　3152 *3F54*
(14)皿9
〔盡〕1743　人許 漢シン 呉ジン 彰 jìn　6624 *6238*

筆順

字義 ❶つきる(つく)。㋐なくなる。終わる。きわまる。「無尽蔵」㋑死ぬ。命がつきる。❷つくす。㋐なくす。きわめる。ありったけを出す。「尽力」㋑皆殺しにする。❸ことごとく。すべて。みな。❹つごもり。陰暦で、月の三十日を大尽、二十九日を小尽という。

参考 現代表記では〔甚〕(4784)の書きかえに用いることがある。「蝕甚→食尽」

解字 甲骨文 篆文 会意。甲骨文は、聿＋皿。聿は、はけを手にした形にかたどる。皿は、うつわの意味。うつわの中をはけではらってからにするさまから、つきるの意味を表す。篆文は皿＋㶳音。常用漢字の尽は省略体による。盡を音符に含む形声文字に、燼(ジン)などがある。

▼傾尽・自尽・焼尽・大尽・不尽・無尽

【尽日】(ジンジツ) ①一日中。ひねもす。終日。②月の末の日。また、一年の最後の日。みそか。おおみそか。

【尽心】(ジンシン) ①心をつくす。精いっぱいやる。②心の本体をきわめる。

【尽△瘁】(ジンスイ) 全力をつくして労苦する。瘁は、病み疲れる。

【尽忠報国(國)】(ジンチュウホウコク) 忠義をつくして、国恩にむくいること。宋(ソウ)の忠臣岳飛は、この語を背中にいれずみしていたという。〔宋史、岳飛伝〕

【尽年】(ジンネン) 寿命を全うして死ぬこと。

【尽力】(ジンリョク) ①力をつくす。ありったけの力を出しつくす。②ほねをおる。せわをする。また、ほねおり。

【尽信レ書、則不レ如レ無レ書】(ことごとくショをシンずれば、すなわ(は)ちショなきにしかず) 『書経』の記事には誤りもあるから『書経』に書いてあることを全部信用するようなら、いっそ『書経』がない方がましである。書籍を読むには批判力が必要であることをいう。〔孟子、尽心下〕

(7)4
【局】 1744
教 3　キョク
漢キョク　呉ゴク　因 jú　2241　3649

筆順 コ 尸 月 局

字義 ❶くぎる。しきる。また、くぎり。しきり。❷つぼね。へや。❸役所。事務所。「当局」「支局」❹つとめ。職責。「その局にある者」❺才能。度量。「器局」❻碁・将棋などの勝負・回数。「対局」❼転じて、事件の情勢や結果。「戦局」「時局」「結局」❽かがまる。曲がる。ちぢまる。せぐくまる。❾せまい。小さい。国つぼね。へやもちの女官。へやもちの遊女。

名乗 ちか

解字 篆文　形声。尸(尺)+句(音)。尺は、人体の象形。音符の句は、曲げるの意味。背をまげるの意味を表す。また、區(区)に通じて、区切るの意味を表す。

▼器局・棋局・結局・時局・終局・書局・政局・戦局・大局・当局・難局・破局・変局

【局外】(キョクガイ) ①囲碁の対局者以外の者。また、その位置。②転じて、その事に関係のない立場。また、その無関係な立場にある者。「局外中立」

【局限】(キョクゲン) 限る。しきる。また、限り。しきり。

【局所】(キョクショ) ①全体の中の一部分。②身体の一部分。

【局勢】(キョクセイ) ①囲碁・将棋の勝敗の様子。②転じて、世の中や事件などのなりゆき・様子。

【局束・局促】(キョクソク) ①身をかがめ小さくなる。こせこせする。②ちぢまりせばまる。③びくびくして恐れる。

【局天△蹐地】(キョクテンセキチ) 天に背ぐくまり地に抜き足する。高い天の下にも背をかがめ、厚い大地の上にも抜き足さし足で歩く意。びくびく恐れて、天地の間に身の置き所のないたとえ。跼天(キョクテン)蹐地。跼蹐。〔詩経、小雅、正月〕

【局面】(キョクメン) ①碁盤・将棋盤の面。また、その勝敗の様子。②事件のなりゆき。

(7)4
【尿】 1745
常　ニョウ
漢ジョウ(デウ)　呉ニョウ(ネウ)　嘯 niào　3902　4722

筆順 コ 尸 尿 尿

字義 しと。いばり。ゆばり。小便。

難読 尿前(しとまえ)・尿瓶(しびん)

解字 篆文　会意。篆文は、尾+水。後尾から出る水、小便の意味を表す。

▼利尿

(7)4
【屁】 1746
標　ヒ　寘 pì　5391　557B

字義 へ。おなら。

解字 形声。尸+比(音)。尸は、人のしりの意味。音符の比は、擬声語。

(7)4
【尾】 1747
常　おビ
漢ビ　呉ミ　尾 wěi, yǐ　4088　4878

筆順 コ 尸 尸 尾

字義 ❶お。動物のしっぽ。❷うしろ。しりえ。すえ(末)。さき。おわり。「首尾」「尾行」❸つるむ。交尾する。❹星座の名。二十八宿の一つ。あしたれ星。❺魚を数える語。

名乗 すえ

難読 尾関(おぜき)・尾高(おだか)・尾西(びさい)・尾鷲(おわせ)・尾上(おのえ)・尾岱沼(おだいとう)・尾道(おのみち)・尾籠(おこ)

解字 篆文　会意。尸+毛。尸は、獣のしりの象形の変形したもの。毛を付し、毛のあるしっぽの意味を表す。

▼魚尾・結尾・交尾・首尾・焼尾・竜尾

【尾行】(ビコウ) こっそりと、人の後をつけて行くこと。また、その人。

【尾生△之信】(ビセイのシン) かたく約束を守って融通のきかないことのたとえ。春秋時代の魯(ロ)の尾生が、女と橋の下で会う約束をし、待っていたが女は来ず、やがて川の水が増し、ついに橋の柱に抱きついて死んだという故事。抱柱信(ホウチュウのシン)。〔荘子、盗跖〕

【尾大不レ△掉】(ビダイなればふるわ(は)ず) 獣の尾があまりに大きいときは自力ではその尾をふるうことができない。上より下の勢力が強く制しがたいたとえ。〔左伝、昭公十一〕

【尾△藤二△洲】(ビトウジシュウ) 国江戸後期の儒学者。名は孝肇(コウチョウ)。字(あざな)は志尹(シイン)。良佐ともいう。二洲は号。寛政の三博士の一人。(一七四五—一八一三)

【尾△聯】(ビレン) 漢詩で、律詩の第七句・第八句をいう。

【尾△籠】(ビロウ) 国(「おこ」の当て字「尾籠」の音読) ①礼を失すること。無作法。②きたない。けがらわしい。

【△曳二尾△於塗中一】(お(を)をトチュウにひく) 貧しくとも自由な生活をしていること。仕官して地位が高くなっても束縛されていることに対していう。占いに用いられる亀(かめ)は死んで神亀(シンキ)として尊ばれるが、それよりも、泥(どろ)の中に尾をひきずって生活している方が亀にとって幸福である、との寓話(グウワ)に基づく。〔荘子、秋水〕

【露レ尾蔵(藏)レ頭】(お(を)をあらわ(は)しあたまをかくす) 頭かくしてしりかくさず。悪事は、かくしたと思っても一方からすぐわかるたとえ。〔帰潜志〕

(8)5
【届】 1748
教 6　とどける・とどく　3847　464F

(8)5
〔屆〕 1749
カイ　卦 jiè　5392　557C

筆順 コ 尸 吊 届

字義 ❶ゆきなやむ。❷いたる(至)。きわまる。到着する。およぶ。国❶とどく。❷とどける。わたす。申し出る。❸とどけ。役所などへ提出する文書。「出生届」

名乗 ゆき

解字 篆文　形声。尸(尸)+由(出)(音)。音符の出(カイ)は、詣(ケイ)などに通じ、いたるの意味。いたる・きわまるの意味を表す。日本では、とどけるの意味に用いる。

(8)5
【居】 1750
教 5　キョ　いる
一漢キョ・呉コ　魚 jū　二キ　支 jī　2179　356F

一言居士(いちげんこじ)

筆順 尸 尸 居 居

字義 一❶いる。おる。そこにいる。㋐すわる。腰をおろす。㋑とどまる。身をおく。住む。「穴居」㋒くつろいでいる。㋓役人にならず家にいる。「家居」㋔ふだん。平常。日常。㋕たつ(経)。時間が経過する。「居数月(おることスウゲツ)」❷おく。すえる。住まわせる。たくわえる。❸いどころ。すまい。「卜居(ボッキョ)」❹いながら。いながらにして。すわったままで。❺うずくまる＝踞(キョ)。

二や。か。疑問・よびかけに用いる助字。〔詩経、邶風、柏舟〕日居月諸(ひやつきや)。

名乗 おき・おり・すえ・やす・より　難読 居初・居能

解字 金文 篆文　形声。尸（尸）＋古㊊。尸は腰掛ける人の象形。音符の古は、固に通じ、しっかりするの意味。しっかりすわるの意味から、いるの意味を表す。

▼安居・隠居・宴居・家居・寡居・間居・閑居・起居・窮居・群居・穴居・広居・巣居・端居

【居延】地名。今の内モンゴル自治区の北西部の額済納旗（行政区画の一。県に当たる）にあたる。漢代、匈奴の侵入を防ぐ居延塞が築かれた。一九三〇年、スウェーデン人のスウェン・ヘディンにより、漢代の木簡（文字を記した木札）が多数発見された。

【居敬窮理】朱子学の学問修養の目標。居敬は、内的修養法で、心を専一にし反省して怠らず、常に起居動作に注意すること。窮理は、外的修養法で、広く事物の道理を窮めて正確な知識を得ること。〔朱子語類、九〕

【居恒（恆）】つね。ふだん。恒は、つね。

【居士】①学徳がありながら、官に仕えずに家にいる人。処士。②雅号の下にそえる称号。③国㋐仏の信仰にはいった（僧でない）人。㋑法名の下にそえる、男子の称号。↕大姉。

【居諸】つきひ。太陽と月。年月。詩経の「日居月諸」の句から出た語。居・諸は、もと呼びかけの助字。〔詩経、邶風、柏舟〕

【居常】①道を守って変わらない。②つねづね。ふだん。居恒。

【居然】①すわって動かぬさま。物に動じないさま。②安らかなさま。③つれづれなさま。④そのままに。いながらに。

【居多】多きにおる。大部分をしめる。

【居留】①一時的にその地にとどまり住むこと。②外国で、特別に定められた所に住むこと。

【居移レ気（氣）】居所や境遇は人の気持ちを変える。〔孟子、尽心上〕

【屈】1751

(8)5　常 クツ　漢クツ 呉クチ 物 qū　2294 367E

筆順 尸 尸 屈 屈

字義 ❶かがむ。かがめる。㋐曲がる。曲げる。ちぢむ。ちぢめる。㋑くじける。くじく。「不屈」㋒へりくだる。服従する。「卑屈」❷つきる。つくす。きわまる。きわめる。❸つよい。「屈強」

難読 屈斜呂・屈惑

参考 現代表記では〔窟〕(5418) の書きかえに用いることがある。「理窟→理屈」

解字 金文 篆文　会意。尸（尾）＋出。出は、くぼみの象形の変形したもの。くぼみに尾を曲げて入れるさまから、かがむの意味を表す。屈を音符に含む形声文字に、堀・崛・掘・窟などがある。

▼詰屈・窮屈・退屈・盤屈・卑屈・不屈・偏屈・理屈

【屈起】起き上がる。そびえ立つ。

【屈強・屈△彊】力・勢い・意地などが強いこと。彊も強。

【屈曲】折れ曲る。まがりくねる。また、折り曲げる。

【屈原】戦国時代、楚の王族。『楚辞』の代表的作家。名は平。原はその字。おとろえかけている国勢をもり返そうと努力したが、反対派の讒言によって退けられ、汨羅の淵に身を投げて死んだ。作品に「離騒」「九歌」「漁父」などがある。（前三四〇？—前二七八？）

〔屈原〕

【屈指】①指折り数える。②数多い中で、特にすぐれていること。

【屈△膝】①ひざを曲げる。②転じて、降参する。屈服。③蝶番。

【屈従（從）】身を曲げて従う。屈服。

【屈辱】おさえつけられて恥辱を受けること。身を屈してはずかしめを受けること。

【屈伸・屈申・屈信】かがむこととのびること。申・信も、「伸」。

【屈△宋】屈原とその弟子の宋玉。ともに戦国時代、楚の文学者。→屈原。→宋玉（三八八ページ）。

【屈託】国①一つのことにこだわり、くよくよ心配すること。②くたびれて飽きること。③たいくつでこまること。

【屈伏】①かがみふす。②＝屈服。→次項。

【屈服】力が及ばないで従う。恐れ従う。

【屈平】→屈原。

【屈抑】おさえつける。

【屋】1752

(9)6　教3 オク や　オク（ヲク）屋 wū　1816 3230

母屋・部屋

筆順 尸 尸 层 屋

字義 ❶や。いえ。すみか。「家屋」❷やね。むね。「屋上」❸おおい。屋根のように物をおおう物。「黄屋」国や。㋐商店の名や職業の名の下にそえる語。「質屋」「屋号」㋑人。ややあなどる意の接尾語。「きどり屋」

難読 屋久

使いわけ や〔屋・家〕
建物を意味する場合は〔屋〕〔家〕ともに用いる。「借屋・借家」職業・商店については〔屋〕を用いる。「事務屋・酒屋」

解字 篆文　会意。尸（尸）＋至。尸は、もと厂で、家屋の意味。至は、いたるの意味。人がいたるいえの意味を表す。屋を音符に含む形声文字に、幄・握・渥などがあり、これらの漢字は、「へや」の意味を共有している。

▼華屋・金屋・高屋・場屋・廃屋・破屋・弊屋・漏屋

【屋宇】家。すみか。

【屋△烏之愛】その人を愛するあまり、その家の屋根の上にとまるからすまで愛すること。偏愛することのたとえ。〔尚書大伝〕

【屋△檐・屋△簷】家ののき。また、屋根。

【屋下架レ屋】屋根の下にさらに屋根をつくる。人のまねをして、新味のない、何のねうちもないことをするたとえ。また、すでにあってそれ以上必要のないことを重ねて行うことのたとえ。屋上架レ屋。〔世説新語、文学〕

【屋舎】家。屋宇。

【屋上架レ屋】＝屋下架レ屋。

【屋△廡】①屋根。②のき。また、ひさし。

【屋△溜・屋△霤】家の雨だれ。

【屋△廬】家、すまい。

【屋漏】①室の西北のすみで、中霤の神（土神）を祭る所。家の最も奥深い暗い場所。②転じて、人の見ていない所。③屋根の雨もりすること。

【不レ△愧二于屋漏一】人の居ない所においても恥ずべきことはしないこと。ひとりをつつしむこと。〔中庸〕

【屍】1753

(9)6　標 シ 図 shī　2751 3B53

字義 しかばね。かばね。むくろ。なきがら。死体。「屍骸」

参考 現代表記では〔死〕(3803) に書きかえることがある。「屍体→死体」

解字 篆文　形声。死＋尸（尸）㊊。音符の尸は、しかばねの象形。死は、しぬの意味。しかばねの意味を表す。

【屎】1754

(9)6　標 シ 紙 shǐ　5393 557D

字義 くそ。大便。「屎尿」

解字 形声。米＋尸㊊。音符の尸は、死体の象形。米の死体、くその意味を表す。

(9)6 **【屏】1755** 簡 ヘイ　屛(1760)の簡易慣用字体。　→中段。　5402 *5622*

【咫】→口部 三〇三ページ。　**【昼】**→日部 吾三ページ。

(10)7 **【屓】1756** △ キ 寘 xì　5394 *557E*

【贔】本字

字義 ❶力を出すさま。つとめるさま。また、力のあるさま。「贔屓」❷さかん。きびしい。

国 贔屓は、自分が好意を持つ人に、特別に便宜をはかってやること。

解字 会意。尸＋貝(贔)。尸は、人体の象形。贔は、財貨が多いさまを表す。財物をかかえこんでしまったさまから、気力をふるいおこすの意味を表す。「贔屓」は、力む時に出す声の擬声語。これを国語では、「ひいき」と言い、自分が好意を持つ人に特別に力を入れるの意味を表す。

(10)7 **【屐】1757** △ 漢ケキ・呉ギャク 慣ゲキ 陌 jī　5401 *5621*

字義 **はきもの**。木製のはきもの。げた・あしだの類。「木屐」

解字 篆 文　形声。履省＋支音。履は、はきものの意味。音符の支は、枝わかれの意味。下に枝のように歯のあるはきもの、げたの意味を表す。

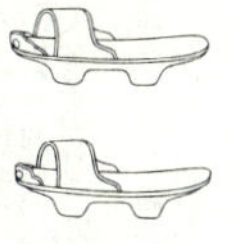
〔木屐〕

【不レ覚(覺)二屐歯(齒)折一】喜びのあまり、こおどりして、下駄の歯の折れたことも気づかない。晋の謝安が囲碁の最中に戦勝の報を受け、碁が終わってからこおどりして喜んだときの故事。〔晋書、謝安伝〕

(10)7 **【屑】1758** 標 漢セツ 呉セチ 屑 xiè　［屑］2293 *367D*

字義 ❶こせこせする。細かい。かるがるしい。❷**いさぎよい**。いさぎよしとする。「不屑之教」❸かえりみる(顧)。心にかける。❹**くず**。小さい破片。「玉屑」

解字 篆 文　会意。尸＋肖。尸は、人体の意味。肖は、小さいの意味。肉体をこなごなにする、こせこせするの意味や、心をくだく、心にかけるの意味や、小さいくずの意味を表す。

【屑屑】①こせこせするさま。また、落ちつかないさま。〔宋、曾鞏、虞美人草詩〕何用屑屑悲二紅粧一 訳文 万人敵②(三三ページ)。②雨などの細かく降るさま。

【屑然】①こまごまとして数の多いさま。②にわか。だしぬけに。③声のかすかなさま。一説に、つとめるさま。また、いさぎよいさま。

(10)7 **【展】1759** 教6 テン　テン 銑 zhǎn　3724 *4538*

筆順 尸 尸 屈 屈 展

字義 ❶ころがる。まろぶ。「展転」❷**のびる**。広がる。進む。のびのびする。「進展」❸**のべる**。**のばす**。広げる。並べる。開く。「親展」❹みる。ながめる。お参りする。「展望」「展墓」

名乗 のぶ・ひろ

解字 篆 文　形声。篆文は、尸(尸)＋㠭省音。音符の㠭は、また、衣＋㠭で、衣服に㠭をのせてのばしひろげるの意味。㠭は、重しとなる物の象形。尸は、のびた死体の象形。のばしひろげるの意味を表す。また、ひろげて見るの意味を表す。

▼開展・伸展・親展・進展・発展

【展開】①のび広がる。また、伸ばし広げる。②広く散らばる。③行きづまりの状態から一変してひらけること。

【展観(觀)】①広げて見る。また、広げて見せる。②＝展示。

【展示】ならべて見せる。「展示会」

【展転(轉)】輾転。①(眠れずに)寝返りする。「展転反側」②ついたりそむいたりする。③ころがるように急いで行く。

【展△眉】喜んでまゆをのばす。心配事がなくなること。

【展墓】墓まいり。墓参。

【展望】①広く(遠く)ながめ渡す。②見晴らし。

【展覧(覽)】＝展観。

(11)8 **【屛】1760** 標 一漢ヘイ・呉ビョウ(ビャウ) 青 píng　二漢ヘイ・呉ヒョウ(ヒャウ) 梗 bìng

【屏】簡易 5402 *5622*

字義 一❶**へい**。ついじ。かき。❷ついたて。びょうぶ。おおい。目かくし。❸おおう。かくす。さえぎる。ふせぐ。二❶**しりぞく**(退)。さがる。かくれる。ひっこむ。❷**しりぞける**(退)。さける。遠ざける。捨てる。のぞく(除)。ひっこめる。ひそめる。❸おさめる(蔵)。しまいこむ。

参考 塀(塀)は、屛に土偏を加えた国字。

解字 篆 文　形声。尸＋幷音。尸は、もと广で、家屋の意味。音符の幷は、ならぶの意味。人を並べたようにたつ建築物、おおいの意味を表す。転じて、おおって中にあるものをかばい、他をしりぞけるの意味をも表す。

【屛△帷・屛△幃】ついたて。とばり。転じて、室内。

【屛居】①家にひきこもっていること。②世をのがれてかくれ住むこと。

【屛語】ひそひそ話。また、ひそひそ語る。

【屛△幃・屛障】①ふすま・ついたて・びょうぶの類。②切り立った険しい山の形容。

【屛息】息をひそめる。息をころしておそれつつしむこと。

【屛風】室内に置いて、風を防いだり、仕切り・おおい・装飾などに用いる具。ついたて。

(12)9 **【孱】1761** △ 一漢セン・呉ゼン 先 chán　二漢サン・呉ゼン 刪 chǎn　5403 *5623*

字義 一二❶**よわい**。よわし。また、おとる。❷つつしむ(謹)。❸ちいさい。小さいさま。

解字 篆 文　会意。尸＋孨。屋内に小さな子供たちが多くいるさまから、せまくるしいの意味を表す。

(12)9 **【属】1762** 教5 ゾク　3416 *4230*

(21)18 **〔屬〕1763** 漢ショク 呉ゾク 沃 zhǔ, shǔ　5404 *5624*

筆順 尸 居 属 属 属

字義 ❶つらなる。つらねる。続く。❷つづる。作る。「属レ文」❸つく。㋐くっつく。付着する。「付属」㋑したがう。「隷属」「帰属」「属国」❹あつ。集まる。また、集める。集まり。❺そそぐ。そばだてる。「属レ耳」❻つなぐ。結ぶ。かける。❼およぶ。いたる。とどく。❽**すすめる**(勧)。「属レ酒」❾たのむ。ゆだねる。寄せる。「属望」「属託」❿いいつける。また、いましめる。⓫かこつける。⓬**やから**。身内。血族。「尊属」⓭**ともがら**。仲間。同類。「金属」⓮部下。家来。⓯たまたま(適)。ちょうど。⓰このごろ。国**さかん**。昔の官制の第四等官。主典。

名乗 さか

解字 篆 文　形声。尾＋蜀音。音符の蜀は、つづくの意味。尾のあとにつづくの意味から、つらなるの意味を表す。常用漢字は、屬の省略体。

▼帰属・支属・私属・従属・親属・尊属・配属・卑属・付属・附属・隷属

【属△厭・属△饜】あきる。あきたりる。

【属官】部下の役人。属吏。属僚。

【属耳】(立ち聞きなどをするため、ふすまなどに)耳を付ける。耳をそばだてる。注意して聞こうとすること。

【属者】①付き従う者。②近ごろ。

【属性】そのものが本来もっている性質。

【属託】①たのむ。たのみ。②国(嘱託)事務などの担当を頼むこと(人)。

【属望】ショク・ゾク ボウ・ボウ　望みをかける。期待を寄せる。

【属目】ショク・ゾク モク・モク　①目をそそいで（注意して）見ること。②国目にふれること。「属目吟」

【属吏】ゾク リ　①部下の役人。②地位の低い役人。

【属僚・属寮】ゾク リョウ　地位の低い役人。下役人。属吏。

【属△鏤】ショク ル　春秋時代、呉王が伍子胥シショに自殺を命じた時に与えた名剣の名。〔史記、伍子胥伝〕

(12)9
【屠】1764　標　漢ト　呉ズ（ヅ）　慣 tú　［屠］ 3743 454B

字義 ❶ほふる。㋐牛馬などを殺す。「屠殺」㋑虐殺する。皆殺しにする。㋒敵の城（町）をおとし人民を殺す。城を攻め滅ぼす。❷さく（割）。牛馬などの肉を裂いてばらす。

解字 篆文　形声。尸＋者音。尸は、しかばねの象形。音符の者は、多く集まるの意味。死体が多く集まる、牛馬などを殺すの意味を表す。

【屠殺】トサツ　肉や皮をとるために牛馬など家畜を殺すこと。

【屠者】トシャ　牛馬などを解体する者。

【屠所△之羊】トショのひつじ　屠殺場に連れて行かれる羊。死が目前に迫っている人のたとえ。また、人生のはかないことのたとえ。うちしおれた様子にもいう。〔涅槃経〕

【屠△蘇】トソ　さんしょうなどを混ぜた薬の名。正月一日にこれを酒に入れてのめば、病を除くという。

【屠中】トチュウ　牛馬などを解体する者の仲間。

【屠腹】トフク　腹を切って自殺すること。切腹。

【屠△戮】トリク　ほふりころす。ころす。

【屠竜（龍）△之技】トリョウのギ　竜を殺す技術。世の中の役に立たない妙技のたとえ。〔荘子、列禦寇〕

(12)9
【屡】1765　△　ル　屢（1769）の俗字。→中段。　2840 3C48

［犀］→牛部 七〇五ページ。

(14)11
【屣】1766　△　シ　紙 xǐ

字義 ❶はきもの。ぞうりの類。❷つっかける。ぞうりを引きずる。

解字 形声。徙＋尸音。

(14)11
【層】1767　教6　ソウ　3356 4158

(15)12
〔層〕1768　人許　漢ソウ　呉ゾウ　慣 céng

筆順 尸 尸 … 層

字義 ❶かさなる。また、かさなったもの。かさなり。「断層」❷たかどの（高殿）。二階以上の建物。「高層」❸だん。階段。階級。

解字 篆文　形声。尸＋曽（曾）音。音符の曾ソウは、積み重なるの意味。屋根の積み重なった、たかどのの意味を表す。転じて、一般に、かさなるの意味をも表す。

▼一層・階層・下層・九層・高層・断層・地層

【層雲】ソウウン　幾重にも重なっている雲。

【層閣】ソウカク　たかどの。二階以上の建物。層楼。

【層層】ソウソウ　幾重にも重なっているさま。

【層氷】ソウヒョウ　かさなってはった厚い氷。

【層△巒】ソウラン　重なり連なっている山。

(14)11
【屢】1769　標　ル　週 lǚ　［屡］ 2840 3C48

［屡］俗字

字義 ❶しばしば。たびたび。くりかえし。❷わずらわしい。

解字 篆文　形声。尸（尸）＋婁音。音符の婁ロウは、しばしばするの意味。尸もつらなるの意味。しばしば・くりかえしの意味を表す。

［鳲］→鳥部 一二四九ページ。

(15)12
【層】(1768)　ソウ　層（1767）の旧字体。→上段。

(15)12
【履】1770　常　リ　はく　草履ぞうり　リ　紙 lǚ　4590 4D7A

筆順 尸 … 履

字義 ❶はきもの。㋐はきものの総称。㋑くつ。❷はく。くつをはく。❸ふむ。㋐足でふむ。ふみつける。㋑その位置につく。㋒歩く。行く。㋓行う。経験する。「履歴」❹おこない（行）。行為。❺領土。ふみ歩く土地の意。❻易エキの六十四卦カの一つ。☱☰兌下乾上ケンショウ。ふみ進むかたち。

名乗 ふみ

解字 篆文　会意。もと尸＋彳＋夂＋舟。尸は、人の象形。彳は、道の象形。夂は、下向きの足の象形。舟は、はき物の象形。のち、この舟の部分が変形した。人が道を行くときにはく、はき物の意味を表す。

▼珠履・糸履・践履・草履・弊履・木履

【履行】リコウ　ふみ行う。実際に行う。

【履霜△之戒】リソウのいましめ　前兆をみたら、やがてくる災いに対してあらかじめ用心せよというしめ。『易経』の「履」霜堅氷至しもをふんでケンピョウいたる」に基づく語。〔易経、坤〕

【履歴（歷）】リレキ　今までに経て来た地位・職業・学業などの次第。経歴。

(17)14
【屨】1771　△　ク　週 jù

字義 ❶はきもの。㋐はきものの総称。㋑皮ぐつ。㋒麻製のくつ。㋓粗末なくつ。❷はく。❸ふむ。足でふむ。また、その位置につく。

解字 篆文　形声。履省＋婁音。履リは、はきものの意味。

(18)15
【屩】1772　△　漢キャク　呉カク　薬 juē

字義 ❶くつ。麻で作ったはきもの。❷くつしき。しきわら。

解字 篆文　形声。履省＋喬音。

(21)18
【屬】(1763)　ゾク　属（1762）の旧字体。→三六六ページ。　5404 5624

(24)21
【屭】1773　△　キ　屓（1756）の本字。→三六六ページ。

3

屮(屮)部

〔部首解説〕めばえ。てつ。屮テツは、草の芽生えを表し、これを重ねて艸ソウ（艹くさかんむり）の原字。草）・𡴭キ（卉の本字。多くの草）のように草を表す文字ができている。

屮 三七　屮 三七　1屯 三八　3屰 三八

𡴭→艸部 九一三ページ。蚩→虫部 九六〇ページ。巂→隹部 一一七四ページ。

(3)0
【屮】1774　△　サ　哿 zuǒ　5405 5625

［ナ］同字

字義 ひだり。左の手。＝左。

解字 甲骨文　篆文　象形。左手の形にかたどり、ひだりの意味を表す。左の原字。

(3)0
【屮】1775　△　㊀漢テツ・呉テチ　屑 chè　㊁ソウ（サウ）　皓

字義 ㊀め（芽）。めばえ。また、めばえる。めぐむ。㊁艸ソウの古字。

解字 金文・篆文 象形。草のめばえた形にかたどる。

(4)1
【屯】1776
常 トン

筆順 

㊀㊥トン・㊟ドン 㘝 tún
㊁チュン 眞 zhūn

3854
4656

字義 ㊀❶たむろする。❷たむろ。㋐一か所に集まる。㋑集まりとどまって守る。「駐屯」 ㋑集まり守っている場所。また、その集団。❸つらねる。つらなる。㊁❶なやむ（悩）。苦しむ。❷易の六十四卦の一つ。☳☵震下坎上。険しくて行きなやむかたち。国トン。ton の音訳。噸。

難読 屯倉（家）・屯田

解字 金文  篆文 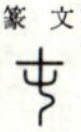 象形。金文でよくわかるように、幼児が髪をたばね飾った形にかたどり、多くのものをたばね集める、たむろするの意味を表す。金文では、のちの純の意味で用いられることが多く、まじりけのない美しい飾りの意味を表す。

▼雲屯・駐屯

【屯営（營）】トンエイ 兵士が集まって守っている所。陣営。屯所。

【屯衛（衞）】トンエイ たむろして守る。また、その人・場所。

【屯騎】トンキ ①駐屯している騎兵。②多くの騎兵。③お供の騎兵。

【屯険（險）】チュンケン ①けわしくて行きなやむ。②けわしさ。困難。

【屯蹇】チュンケン ＝屯困。

【屯困】チュンコン ①なやみ苦しむ。②悩み。苦しみ。

【屯戍】トンジュ たむろして守る。また、その兵士・陣営。

【屯所】トンショ ＝屯営。

【屯邅・屯亶】チュンテン 行きなやむさま。また、ふしあわせ。

【屯田】トンデン 兵士が、平時は農耕に従事し、事変があると武器を取って守ること。また、その田地・兵士。「屯田兵」

【屯屯】トントン ①集まっているさま。②誠実なさま。③チュンチュン 苦しむさま。

【屯難】チュンナン ①なやみ苦しむ。②時運や国家の困難。

(6)3
【屰】1777
△

㊀㊥ゲキ・㊟ギャク 陌 nì
㊁㊥ハク・㊟ヒャク 陌 pò

字義 ㊀❶さからう（さからふ）。❷ふたつの枝のあるほこ（戟）。
㊁＝霸（8518）。

解字 甲骨文  篆文  象形。甲骨文でわかるように、人をさかさまにした形にかたどり、さからう・不順の意味を表す。屰の意味と音符とを含む形声文字に、愬・槊・朔・逆・塑・遡などがある。

[芔]→艸部 九二三ページ。

[巂]→隹部 一二七四ページ。

[蚩]→虫部 九六〇ページ。

3
山部

〔部首解説〕 やま。やまへん。山を意符として、いろいろな種類の山や、山の形状、山の名を表す文字などができている。

山 三二八	1 乢 三二九	3 屺 三三〇	屹 三三〇	屼 三三〇
4 岐 三三〇	岌 三三〇	岑 三三〇	岔 三三〇	岦 三三〇
5 岳 三三〇	岸 三三〇	岩 三三一	岵 三三一	岡 三三一
岬 三三一	岣 三三一	[illegible] 三三一	岫 三三一	岨 三三一
岱 三三一	岧 三三一	岻 三三一	岶 三三一	岷 三三一
岪 三三一	峅 三三一	岾 三三一	岼 三三一	6 峡 三三一
峇 三三二	峙 三三二	峒 三三二	峠 三三二	7 峨 三三二
峩 三三二	峽 三三二	峴 三三二	峺 三三二	峻 三三二
峭 三三二	島 三三二	峰 三三二	峯 三三二	峪 三三二
8 崋 三三三	崖 三三三	崕 三三三	崎 三三三	嵜 三三三
崟 三三三	崛 三三三	崤 三三三	崆 三三三	崗 三三三
崑 三三三	崔 三三三	崒 三三三	崇 三三三	崧 三三四
崢 三三四	崩 三三四	密 三三四	崚 三三四	崙 三三四
崘 三三四	9 嵁 三三四	嵌 三三四	嵒 三三四	㟢 三三五
崎 三三五	嵎 三三五	嵇 三三五	嵋 三三五	嵐 三三五
崴 三三五	10 嵬 三三五	嵯 三三五	嵳 三三五	嵩 三三五
嵑 三三五	11 嶇 三三五	嶄 三三五	嶂 三三五	嶋 三三五
嶌 三三五	12 嶠 三三六	嶢 三三六	嶔 三三六	嶝 三三六
嶐 三三六	嶙 三三六	13 嶧 三三六	嶰 三三六	嶬 三三六
嶮 三三六	嶼 三三六	14 嶽 三三六	嶷 三三六	嶸 三三六
嶺 三三六	17 巌 三三六	巇 三三六	巉 三三七	18 巋 三三七
巍 三三七	19 巑 三三七	巓 三三七	巒 三三七	20 巖 三三七
巘 三三七				

屶→刀部 一三四ページ。炭→火部 六八二ページ。耑→而部 八九一ページ。豈→豆部 一〇三一ページ。

(3)0
【山】1778
教 1 サン やま

筆順

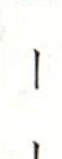

㊥サン・㊟セン 刪 shān

山車（だし）・築山（つきやま）

2719
3B33

字義 ❶やま。また、山の形をしたもの。「火山」「氷山」 ❷はか（墓）。つか。❸寺院。「山門」 国やま。㋐物事の頂点・重点。㋑万一の幸運をねらって行う冒険的な行為。「山をはる」 ㋒昔、特に比叡山（ヒエイザン）をいう。

名乗 たか・たかし・のぶ

難読 山桜桃（ゆすらうめ）・山茱萸（ぐみ）・山科（やましな）・山家（やまが）・山香（やまが）・山谷（さんや）・山葵（わさび）・山峡（やまかい）・山県（やまがた）・山樝（査）子（さんざし）・山梔子（くちなし）・山車（だし）・山車（だんじり）・山雀（やまがら）・山女（あけび）・山女（やまめ）・山女魚（やまめ）・山賤（やまがつ）・山鼠（やまね）・山茶（つばき）・山茶（さざんか）・山都（やまと）・山刀（なた）・山背（やましろ）・山脈（やまなみ）・山毛欅（ぶな）・山門（やまと）・山羊（やぎ）・山棟蛇（やまかがし）・山鹿（やまが）

解字 金文  篆文  象形。山の形にかたどり、やまの意味を表す。

▼開山・家山・寒山・関山・帰山・丘山・仰山・玉山・銀山・空山・江山・孤山・故山・湖山・出山・青山・雪山・仙山・泰山・築山・治山・道山・入山・半山・芳山・本山・満山・遊山・連山

【山阿】サンア 山の入りこんだ所。山のくま。山の奥。

【山靄】サンアイ 山のもや。

【山陰】サンイン ①山の北側。山の日の当たらない方。↔山陽。②国山陰道（中国地方の日本海側の地域）の略。

【山雨欲レ来（來）風満（滿）レ楼（樓）】サンウきたらんとほっしてかぜロウにみつ 山からの雨が降りこもうとして、まず一陣の風が楼いっぱいに吹き込んで来た。事件が起ころうとする前、何となくおだやかでない形勢がただようたとえ。〔唐、許渾、咸陽城東楼詩〕

【山煙】サンエン 楼山にかかっているもや。山靄（サンアイ）。

【山家】サンカ ①やまが。山中の家。②仏ケ 天台宗の正系（比叡山（ヒエイザン）の延暦寺（エンリャクジ））をいう。

【山歌】サンカ いなかの歌。ひなびた歌。きこりの歌など。

【山窩】サンカ 国定住せず、山奥などにテントを張って自然人のような生活をする者。

【山河】サンガ・サンカ ①山と川。やまかわ。また、自然のありさま。②世の中。また、その移り変わりのたとえ。③遠くへだたっているたとえ。④永久不変のたとえ。⑤大きいたとえ。

【山海経（經）】センガイキョウ 書名。十八巻。著作・成立年代不詳。中国古代の地理書で、神話や伝説なども多く載せられている。

【山海珍味】サンカイのチンミ　山や海の珍しい食品。大変なごちそう。
【山郭】サンカク　山べの村。山村。郭は、村里をかこんでいるくるわ（土や石で築いたどて・へい）。〔唐、杜牧、江南春詩〕水村山郭酒旗風スイソンサンカクシュキのかぜ。訳文⇩水村（六二一ページ）。
【山岳（嶽）】サンガク　①山。②永久不変の形容。③大きい形容。④重い形容。⑤高い形容。また、ひいでている形容。
【山△澗】サンカン　たにがわ。谷川。
【山気（氣）】サンキ　①山の（ひえびえとしてさわやかな）空気。山のけはい。〔晋、陶潜、飲酒詩〕山気日夕佳、飛鳥相与還〈山のけはいは夕方になると特にすばらしく、空飛ぶ鳥は連れだってねぐらに帰って行く〉②山にただよう（たちこめる）もや。③国やまっ気・やまけ　投機・冒険を好む心。
【山鬼】サンキ　山中の怪物。
【山崎△闇斎（齋）】やまざきアンサイ　国江戸初期の儒学者。名は嘉。闇斎は号。京都の人。江戸で数千人の門人に教えた。朱子学のほかに神道を学び、垂加神道を創始した。（一六一八―一六八二）
【山△祇】サンギ　山の神。やまつみ。
【山居】サンキョ　山中に住む。また、山中の住居。
【山峡（峽）】サンキョウ　山と山との間の谷あい。山のはざま。やまかい。
【山△禽】サンキン　山の中の鳥。山鳥。
【山隅】サングウ　山のすみ。山のふもと。
【山光】サンコウ　山のかがやき（色・景色）。
【山行】サンコウ　①山を行く（歩く）。②山歩き。山遊び。山登り。
【山△肴・山△殽】サンコウ　山に産する、酒のさかな。わらび・たけのこなど。肴・殽は、酒のさかな。
【山谷△之士】サンコクのシ　世をのがれて山中に住む人。
【山骨】サンコツ　①山の表に現れているごつごつした岩石。②山の真髄。
【山妻】サンサイ　山家（いなか）育ちの妻。自分の妻の謙称。
【山△砦】サンサイ　山上のとりで。
【山△塞・山△寨】サンサイ　＝山砦。↓前項。
【山斎（齋）】サンサイ　①山中のいこいの室。②山中の書斎。
【山紫水明】サンシスイメイ　山が紫色で水が清らか。山川のけしきの清らかで美しいこと。国頼山陽が京都東山の紫色と鴨川の清らかなことをほめて言った語。
【山車】サンシャ　①めでたいきざしの一つ。自然に円く曲がった木でできた車。天下太平の時、山に現れるという。②国だし　祭りに、山や岩などのかざり物をつけて引く車。だんじり。
【山△岫】サンシュウ　①山のいただき。②山のほら穴。
【山△椒】サンショウ　①山頂。②落葉低木の一つ。香り高く、香料・薬用に用いる。

【山上有レ山】サンジョウやまあり　出の字の隠語。山の上に山がある意。〔玉台新詠、十、古絶句四首〕
【山色】サンショク　山の色。山のけしき。
【山人】サンジン　①世をのがれて山中に住んでいる人。山客。②雅号にそえていう語で、雅号の一部をなす。「漁洋山人」③昔の官名。山林をつかさどる官。
【山水】サンスイ　①山と水。また、山河のけしき。山川。②山からでる水。③山水画。風景画。④築山と池のある庭園。
【山吹】サンスイ　①山から吹く風。②国やまぶき　㋐バラ科の低木。初夏に黄金色の花を開く。㋑大判・小判の金貨。転じて、金銭の別名。
【山西】サンセイ　①山の西側。②陝西省の華山以西の地。③太行山脈から西の地。昔の晋、今の山西省の地。④省名。太行山脈の西にあるのでいう。省都は太原市。
【山精】サンセイ　①山の神。②山中の怪物。
【山積】サンセキ　山のようにつみ重なる。物や仕事の多いたとえ。
【山荘（莊）】サンソウ　山中の別荘。
【山△藪】サンソウ　①山と沢。山沢。一説に、沢のある山。②山野にいて仕えないこと。在野。
【山茶花】サザンカ　木の名。ツバキ科。秋から冬にかけて花を開く。「サザンカ」は、「サンサカ」の転音とも、「茶山花」と誤読したともいう。
【山中宰相】サンチュウサイショウ　①山中に隠退していながら、国家の大事には相談を受けている人物。〔南史、陶弘景伝〕②宰相になる才能を持ちながら、空しく山中にくらしている人物。〔宋史、鄧孝甫伝〕
【破二山中賊一易、破二心中賊一難】サンチュウのゾクをやぶるはやすく、シンチュウのゾクをやぶるはかたし　山賊を打ち破るのはやさしいが、私心・欲心を打ち破るのはむずかしい。精神修養のむずかしさを言った、明の王陽明の語。〔陽明全書、一〕
【山長水遠】やまながくみず（づ）とお（ほ）し　①山や川が遠く連なっていること。②永遠に続くたとえ。③遠く隔たっているたとえ。
【山亭】サンテイ　①山中のあずまや。②山中の宿屋。
【山△巓・山△巓】サンテン　山のいただき。山頂。
【山東】サントウ　①山の東。②函谷関から東の地方。戦国時代の燕・斉・楚・韓・魏・趙の六国の地。③陝西省の華山から東の地。④太行山脈から東の地。また、中国の東半分の地一帯をさす。⑤省名。中国の東部、黄河の下流域に位置する。東は黄海・渤海に臨む。省都は済南市。
【山童】サンドウ　山中に育った子ども。山に住んでいる子ども。

【山堂】サンドウ　山の家。山荘。〔木戸孝允、偶成詩〕山堂夜半夢難レ結サンドウヤハンゆめむすびがたし、千岳万峰風雨声センガクバンポウフウウのこえ〈山荘にあって国を憂えて夜もほとんど眠ることができない、多くの山々には風雨が吹きすさび激しい音をたてている〉
【山扉】サンピ　山中の家のとびら。転じて、山中の家。
【山伏】サンプク　①山の中にかくれる。②国やまぶし　山野に起居して神仏の道を修行する者。修験者。
【山腹】サンプク　山のいただきとふもとの中ほどのところ。山の中腹。
【山房】サンボウ　①山中の別荘・家・寺院・書斎。②人名や号などの下に添え、その人の書斎の意を表す。「漱石山房」
【山本北山】やまもとホクザン　国江戸後期の儒学者。名は信有。北山は号。性霊説を主張し、漢詩文に大きな影響を与えた。（一七五二―一八一二）
【山門】サンモン　①山中の門。②仏寺の楼門。③禅宗の寺院。④国比叡山延暦寺（天台宗）の別称。↔寺門（三井寺）。
【山野】サンヤ　①山と野原。山や野原。②いなか。③いなかじみて、洗練されていないこと。
【山容】サンヨウ　山のすがた。山態。
【山陽】サンヨウ　①山の南側。陽は、山の南、川の北。↔山陰。②終南山・太華山の南の地。山南の国。③国㋐山陽道（日本の中国地方の瀬戸内海側の地域）の略。㋑頼襄の号。
【山陽詩△鈔】サンヨウシショウ　国書名。八巻。江戸時代の儒学者頼山陽の漢詩集。
【山△梁】サンリョウ　①山間のかけ橋。②転じて、雉の別名。〔論語、郷党〕
【山陵】サンリョウ　①山岳と丘陵。山とおか。②高原。③天子の墓（土を積んだ塚）。みささぎ。
【山△鹿素行】やまがソコウ　国江戸前期の儒学者・兵学者。会津（今の福島県）の人。『聖教要録』を著して朱子学を非難し、幕府の怒りを受けて赤穂に流された。後、許されて江戸に帰り、日本的儒学と武士道の体系づくりを行った。（一六二二―一六八五）
【山△麓】サンロク　①山のふもと。②ふもとの林。

(4)1
【乢】1779　国字　△　5406 5626
字義　たわ。たお。峠。岡山県の地名に多く用いられる。＝峪・垰。
参考　「たわ・たお」は、山の尾根がたわんで低くなった所、峠の意味で、中国地方の地名に多く使われる。ほかに峪・垰・峠とも書かれ、いずれも国字。↓峠（1813）の参考

【解字】会意。山＋乚。乚は曲がるの意味。山のくまの意味を表す。山の頂上のたわんだように見える所、たわの意味をも表す。

【屶】→刀部 一三四ページ。

(6)3
【屺】1780 △ キ 紙 qǐ

【字義】はげやま。はだか山。草木のない山。↔岵コ。

【参考】岵(1792)の【参考】を見よ。→三二〇ページ。

【解字】篆文 形声。山＋己音。

(6)3
【屹】1781 標 漢ギツ・呉ゴチ 物 yì 慣キツ　5408 5628

【字義】❶そばだつ。また、そのさま。直立しているさま。❷たかい。けわしい。

【解字】形声。山＋乞音。音符の乞キツは、高くわきあがる雲の意味。山のそばだつさまを表す。

【屹然】キツゼン ①そびえ立つさま。②きちんと立つさま。③ものに屈せぬさま。

【屹屹】キツキツ そびえ立つさま。また、高大なさま。

【屹度】キット 国あて字。①厳重に。②必ず。

【屹立】キツリツ ①そびえ立つ。②きちんと立つ。

(6)3
【屼】1782 △ 漢ゴツ・呉ゴチ 月 wù 慣コツ

【字義】❶はげやま。❷はげ山のさま。

【解字】形声。山＋兀音。音符の兀ゴツは、高くて上がのっぺりしているの意味。はげ山の意味を表す。

(7)4
【岐】1783 常 キ 漢キ 呉ギ 支 qí　2084 3474

筆順 山 山 山+ 岐 岐

【字義】❶わかれる。ふたまたに分かれる。「分岐」❷えだ道。分かれ道。

名乗 ちまた・ふなど・みち　難読 岐波きわ・岐陸きき

【解字】形声。山＋支音。音符の支は、えだの意味。山のえだ道・わかれ道の意味を表す。本来は郊の別体であったが、郊が廃止されて岐が用いられるようになった。

▼多岐・分岐

【岐山】キザン 山名。陝西セン省岐山県の東北。周王朝の祖先の古公亶父タンポがこのふもとの地に都したと伝えられる。

【岐周】キシュウ 岐山のふもとにあった周（西周）。

【岐路】キロ わかれ道。ふたまた道。えだ道。

【哭岐泣練】キにコクしレンになく 楊朱が、岐路（どちらにも行けるわかれ道）を見て泣き、墨子が練糸ねりいと（どんな色にも染まる白い糸）を見て泣いた故事。本もとは同じでも末の異なることを嘆くたとえ。〔淮南子、説林訓〕

(7)4
【岌】1784 △ 漢ギュウ(ギフ) 呉ゴウ(ゴフ) 緝 jí 慣キュウ(キフ)　5409 5629

【字義】❶たかいさま。❷あやうい（危）。❸岌嵑キュウコウは、鉄をつちうつ音。

【解字】篆文 形声。山＋及音。音符の及は、手がとどくの意味。天にまで手のとどきそうな山の高いさまを表す。

【岌岌】キュウキュウ ①高いさま。②あやういさま。③きびしく速いさま。④さかんなさま。

(7)4
【岑】1785 △ 漢シン 呉ジン 侵 cén　5410 562A

【字義】❶みね。やま。高くつき出ている小さい山。❷たかい。けわしい。❸するどい。

【解字】篆文 形声。山＋今音。

【岑参(參)】シンシン・シンジン 盛唐の詩人。嘉州カシュウ（今の四川省内）の刺史（長官）となったので、岑嘉州とも呼ばれ、その集を『岑嘉州集』という。多く辺境の地の風物を歌ったので辺塞ヘンサイ詩人と称される。（七一五—七七〇）

【岑楼(樓)】シンロウ 高くとがった峰。また、山のように高いたかどの。

(7)4
【岔】1786 △ 一 漢サ・呉シャ 麻　二 タ 禡 chà　三 フン fēn　5411 562B

【字義】一二山と山との分かれ目。また、本道から分かれでた道。また、その分岐点。三山のさま。

【解字】会意。山＋分。

(7)4
【岦】1787 △ 音義未詳。　5412 562C

(8)5
【岳】1788 常 ガク たけ　1957 3359

(17)14
【嶽】1789 ガク 覚 yuè　5454 5656

筆順 ノ 丘 丘 岳

【字義】たけ。高大な山。

名乗 おか・たか・たかし・たけ

【参考】岳は嶽の古字で一般にはどちらでも書かれるが、姓（岳飛）・地名（岳陽・岳州）には岳を用い、嶽は用いない。また、岳父（妻の父親）の意味でも岳を用いることが多い。

【解字】甲骨文 篆文 会意。丘＋山。丘は、おかの象形。けわしい山の意味を表す。篆文は嶽で、山＋獄音。音符の獄ゴクは、人をおさえつけるろうやの意味。人をおさえつけるような、けわしい山の意味を表す。

▼河岳・山岳・令岳

【岳翁】ガクオウ ＝岳父。

【岳岳】ガクガク かどばっていかめしいさま。転じて、文章の格調が高い形容。

【岳飛】ガクヒ 南宋ソウの武将。字あざなは鵬挙ホウキョ。金と戦ってしばしばその軍を破ったが、和議を唱える秦檜シンカイに反対して殺された。忠義をたたえられ、武穆ブボクと諡おくりなされ、のちに忠武と改められた。（一一〇三—一一四一）

【岳父】ガクフ 妻の父をいう。岳公。岳翁。

【岳牧】ガクボク ①四岳と十二牧。古代の諸侯と地方長官の類。②国境を守る役人。

【岳陽楼(樓)】ガクヨウロウ 楼の名。湖南省岳陽市の西門の城楼。洞庭湖に面し、楼上からの眺めが雄大で美しい。〔唐、杜甫、登二岳陽楼一詩〕昔聞洞庭水むかしきくドウテイのみず(ヲ)、今上岳陽楼いまのぼるガクヨウロウ。〈以前から聞いていた洞庭湖の水（の広がり）を、今ここに、岳陽楼に登って眺めている〉

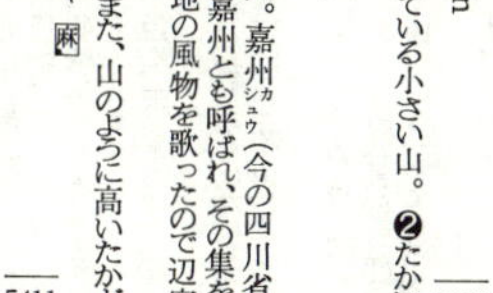
〔岳陽楼〕

(8)5
【岸】1790 3 教 ガン きし 漢ガン 翰 àn 河岸かし　2063 345F

筆順 山 岸 岸 岸

【字義】❶きし。がけ。みぎわ。「海岸」「対岸」❷たかい。けわしい。かどばっている。❸うったえる。訴訟。❹ひとや。牢獄ロウゴク。＝犴ガン。

【解字】篆文 形声。屵＋干音。音符の干は、けずりとるの意味。水でけずりとられた高いがけ、きしの意味を表す。

▼涯岸・危岸・断岸・彼岸

【岸芷汀蘭】ガンシテイラン 岸べの芷（よろいぐさ）とみぎわの蘭。芷も蘭も香草。〔宋、范仲淹、岳陽楼記〕

【岸頭】ガントウ 岸のほとり。岸辺。

【岸壁】①けわしく切り立った岸。②船をつけるために造った、コンクリートや石の岸。

(8)5 【岩】1791 教 2 ガン いわ　㊥ガン ㊣ゲン 國 yán　2068 3464

筆順 山 屮 岸 岩

字義 いわ。いわお。巌（1880）の俗字。

名乗 いわお・かた・せき・たか　難読 岩槻・岩魚・岩子島・岩城・岩代・岩動・岩峅

参考 字義と熟語は巌（1880）をも見よ。→三六ページ。

解字 会意。山＋石。

【岩窟】いわや。岩屋。

【岩礁】水中にかくれている岩。かくれいわ。

(8)5 【岵】1792 △ ㊥コ ㊣ゴ 麌 hù

字義 しげやま。あお山。草木の多い山。↔屺。

参考 屺（はげやま）・岵（しげやま）の解釈には古来、別の説があり、『詩経』魏風・陟岵の詩の注（毛伝）では逆に岵を草木のない山、屺を草木のある山とする。

解字 篆文 岵　形声。山＋古㊔。

(8)5 【岡】1793 標 コウ（カウ）陽 gāng　1812 322C

［崗］準標 5430 563E　［堽］同字 5246 544E

字義 ❶おか（丘）。小山。❷山の背。❸みね。❹さか（坂）。

解字 金文　篆文　形声。山＋网㊔。音符の网は、亢に通じ、アーチ形の意味。アーチ形の山、おかの意味を表す。

(8)5 【岬】1794 常 みさき　㊥コウ（カフ）㊣キョウ（ケフ）洽 jiǎ　4408 4C28

筆順 山 山ᄀ 岬 岬

字義 ❶山のかたわら。❷やまあい。はざま。山と山の間。国みさき。陸地の海中に突き出した部分。

解字 形声。山＋甲㊔。音符の甲は、脅に通じ、わきの意味。山のかたわらの意味を表す。また、峡に通じて、はざまの意味をも表す。日本では、みさきの意味に用いる。現在では中国にも逆輸入されて、中国語でも、みさきの意味に用いる。

(8)5 【岣】1795 △ ㊥コウ ㊣ク 有 gǒu

字義 岣嶁は、山のいただき。また、山の名。湖南省衡陽市の北にある衡山の主峰。夏の禹王の廟がある。

解字 形声。山＋句㊔。

(8)5 【岝】1796 △ ㊥サク ㊣ザク 薬 zuò

字義 岝客・岝嶨・岝嶺は、山の高くけわしいさま。また、山のけわしく高低のあるさま。

解字 形声。山＋乍㊔。

(8)5 【岫】1797 △ ㊥シュウ（シウ）㊣ジュ 宥 xiù　5413 562D

字義 ❶くき。山のほら穴。また、ほら穴のある山。❷みね。山のいただき。

解字 篆文 岫　形声。山＋由㊔。音符の由は、酉に通じ、酒器の意味。酒つぼのように深い、山のあなの意味を表す。

(8)5 【岨】1798 △ ㊀㊥ソ・㊣ショ 魚 jū　㊁㊥ソ・㊣ショ 語 jǔ　3327 413B

字義 ㊀❶いしやま。頂に土をかぶっている石山。❷そばだつ。けわしい。❸そわ。そば。山のけわしい所。がけ。㊁けわしい。山のけわしいさま。

参考 現代表記では［阻］（8371）に書きかえることがある。「嶮岨→険阻」

解字 篆文 岨　形声。山＋且㊔。音符の且は、積み重なるの意味。上に土の積もった岩山の意味を表す。

(8)5 【岱】1799 △ ㊥タイ ㊣ダイ 隊 dài　3450 4252

字義 山の名。五岳の一つ。泰山をいう。山東省泰安市の北にある。

解字 篆文 岱　形声。山＋代㊔。

【岱宗】泰山の別名。宗は、本家・長の意。岱岳。

(8)5 【岧】1800 △ ㊥チョウ（テウ）㊣ジョウ（デウ）蕭 tiáo

字義 高い。また、そのさま。「岧岧」

解字 形声。山＋召㊔。

(8)5 【岻】1801 △ ㊥テイ ㊣タイ 斉 chí　5414 562E

字義 山の名。

解字 形声。山＋氏㊔。

(8)5 【岶】1802 △ ㊥ハク ㊣ヒャク 陌 pò　5415 562F

字義 嶼岶は、草木の密生するさま。国さこ。山のはざま。小さい谷。＝迫。

解字 形声。山＋白㊔。

(8)5 【岷】1803 △ ㊥ビン ㊣ミン 真 mín　5417 5631

字義 ❶山の名。四川・甘粛両省の境にある。❷川の名。↓岷江。❸岷山・岷江付近の地方。

解字 篆文　形声。篆文は、山＋敃㊔。岷は略体。

【岷江】川の名。岷山に発して四川省を南流し、成都市を経、宜賓市で長江に合流する。

(8)5 【岪】1804 △ ㊥フツ ㊣ブチ 物 fú

字義 ❶やまみち。山のふところにある道。❷山がけわしく奥深いさま。❸山のくま。山脈の湾曲している所。

解字 篆文 岪　形声。山＋弗㊔。

(8)5 【岹】1805 国字 △　5418 5632

字義 くら。谷。芦峅寺・岩峅寺は、富山県中新川郡立山町の地名。

解字 会意。山＋弁。弁は、かんむりの意味。かんむりのように深い山中の谷。くらたにの意味を表す。

(8)5 【岾】1806 国字 △　5419 5633

字義 やま。地名。広岾は、京都市左京区の旧地名。

(8)5 【岼】1807 国字 △　5416 5630

字義 ゆり。山の中腹の小さな平地。丹波高原の地名に用いられる。

解字 会意。山＋平。

(9)6 【峡】1808 常 キョウ　2214 362E

(10)7 【峽】1809 人 許　㊥コウ（カフ）㊣ギョウ（ゲフ）慣キョウ（ケフ）洽 xiá　5423 5637

筆順 山 山一 山ニ 峡

字義 ❶はざま。かい。谷あい。また、谷川。「峡谷」❷谷間のように細長くせまい所。「海峡」

解字 形声。山＋夾（夾）㊔。音符の夾は、はさむの意味。

二つの山がはさんでいる水の流れる道、はざまの意味を表す。

▼山峡

【峡雨】キョウウ　谷間に降る雨。

【峡谷】キョウコク　たに。たにあい。

(9)6【峇】1810　△　コウ(カフ)　㕣　kē　5420　5634

字義　❶岩峇（コウ）は、鉄をつちうつ音。❷ほらあな。山の洞窟（ドウクツ）。

解字　形声。山＋合㊥。

(9)6【峙】1811　標　漢チ　呉ジ(チ)　紙　zhì　5421　5635

字義　❶そばだつ。㋐山が高くそびえたつ。㋑背骨を伸ばしてきちんと立つ。❷おか。高い丘。❸そなえる。また、積む。

解字　形声。山＋寺㊥。音符の寺は、止に通じ、立っていて不動の意味。不動の山、そばだつの意味を表す。

(9)6【峒】1812　△　一漢トウ・呉ドウ　東　tóng　二漢トウ・呉ドウ　送　dòng

字義　一崆峒（コウドウ）は、甘粛省にある山の名。→崆峒（三三三ページ）。二❶山のほら穴。＝洞。❷中国西南地方に住む部族の称。また、その居住地区をいう。

解字　形声。山＋同㊥。

(9)6【峠】1813　国字　常　とうげ　3829　463D

筆順

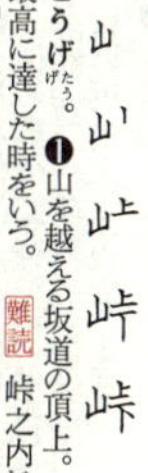

字義　とうげ（たうげ）。❶山を越える坂道の頂上。❷転じて、ものごとが最高に達した時をいう。　難読　峠之内（たわのうち）

参考　①「とうげ」は「たむけ」の転じた語で、ここで峠の神に手向（たむ）けして道中の安全を祈ったからいうといわれる。一説に「たわ越え」の転じた語。「たわ」は、山の尾根の低くたわんだ所。②とうげを意味する国字には、ほかに岾（たわ）・峅（おたわ）・垰（たお）などがある。

解字　会意。山＋上＋下。山の背を上下するための道の意味を表す。

【炭】→火部　六八二ページ。　【耑】→而部　八九一ページ。

(10)7【峨】1814　標　ガ　歌　é　1869　3265

【峩】同字　5422　5636

字義　❶たかい（たか・し）。けわしい。また、山が高くけわしいさま。❷たかね。高くけわしい峰。❸いかめしい。おごそか。

解字　篆文

形声。山＋我㊥。音符の我は、ぎざぎざした刃のある斧（おの）の象形。鋭いぎざぎざのある、けわしい山の意味を表す。

【峨峨】ガガ　①山の高くけわしいさま。②姿のりっぱでいかめしいさま。

【峨眉山・峨嵋山】ガビサン　四川省峨眉県の西南にある山。峰の相対する形が、蛾（が）の眉（まゆ）に似ているので名づけられたという。標高三〇九九メートル。峨は、蛾・娥とも書く。

(10)7【峩】1815　△　ガ　峨（1814）と同字。→上段。　5422　5636

(10)7【峽】(1809)　キョウ　峡（1808）の旧字体。→三三一ページ。　5423　5637

(10)7【峴】1816　△　漢ケン　呉ゲン　銑　xiàn

字義　山の名。湖北省襄樊（ジョウハン）市の南にある。

解字　形声。山＋見㊥。

(10)7【峺】1817　△　漢コウ(カウ)　呉キョウ(キャウ)　梗　gěng　5424　5638

字義　山のけわしい所。　難読　峺迫（ざがいこ）

解字　形声。山＋更㊥。

(10)7【峻】1818　人　シュン　震　jùn　2952　3D54

筆順

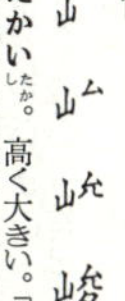

字義　❶たかい（たか・し）。高く大きい。「高峻」❷けわしい（けは・し）。❸きびしい（きび・し）。はげしい。むごい。「峭峻（ショウシュン）」

名乗　たか・たかし・とし・みち・みね

解字　篆文

別体

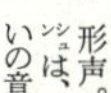

形声。篆文は、山＋陵㊥。音符の陵（シュン）は、丘陵が高いの意味。山がけわしいの意味を表す。

【峻隘】シュンアイ　①高く迫ってけわしい。②性質がけわしく度量がせまい。

【峻急】シュンキュウ　①性質がきびしくて人をゆるす度量のないこと。②流れのはげしく急なさま。

【峻険（險）・峻嶮】シュンケン　高くけわしい。また、その場所。

【峻厳（嚴）】シュンゲン　①きびしくおごそか。②きびしくむごい。人の過失やごまかしを許さず、妥協をきらう性格。峻刻。③けわしく高い。

【峻刻】シュンコク　きびしくむごい。

【峻酷】シュンコク　＝峻刻。→前項。

【峻秀】シュンシュウ　山などの高くぬけ出てそびえているさま。転じて、人物のすぐれていること。

【峻峭】シュンショウ　①高くけわしい。②きびしい。③すぐれてけだかい。

【峻竦】シュンショウ　高くそびえる。

【峻絶】シュンゼツ　非常にけわしい。

【峻徳】シュントク　すぐれた徳。大きな徳。俊徳。高徳。

【峻別】シュンベツ　きびしく区別する。また、その区別。「公私を峻別する」

【峻烈】シュンレツ　きびしくはげしい。

(10)7【峭】1819　△　ショウ(セウ)　嘯　qiào　5425　5639

字義　❶けわしい（けは・し）。高くけわしい。「峻峭（シュンショウ）」❷きびしい（きび・し）。はげしい。

解字　形声。山＋肖㊥。音符の肖は、けずるの意味。けずりとられたようなけわしい山の意味を表す。

【峭刻】ショウコク　きびしく残忍なこと。

【峭峻】ショウシュン　①山のけわしいさま。②きびしいさま。③けだかいさま。

【峭絶】ショウゼツ　高くけわしいさま。

【峭直】ショウチョク　性質がむごくきびしく、妥協しないこと。

【峭壁】ショウヘキ　壁のようにけわしくそばだつがけ。

(10)7【島】1820　教3　トウ　しま　トウ(タウ)　皓　dǎo　3771　4567

筆順

【嶋】同字　3772　4568　【嶌】同字　5426　563A　【㠀】本字　【陦】俗字　8003　7023

字義　しま。海中や湖中の小陸地。　国　しま。㋐周囲とかけ離れたせまい土地。㋑池・築山（つきやま）のある庭園。

解字　篆文

形声。篆文は、山＋鳥㊥。音符の鳥は、とりの意味。渡り鳥がよりどころとして休む海中の山、しまの意味を表す。

▼遠島・絶島

【島夷】トウイ　①島に住む未開の異民族。②中国の北方人が南方人をさげすんで言う語。

【島嶼】トウショ　島。大小の島々。島は大きい島、嶼は小さい島。

(10)7【峰】1821　常　ホウ　みね　漢ホウ　呉フウ　冬　fēng　4286　4A76

筆順

【峯】同字　4287　4A77

字義　❶みね。山のいただき。❷やま。けわしく高い山。　国　みね。むね。刀の背。

名乗　お・たか・たかし・ね

解字　篆文

形声。山＋夆㊥。音符の夆（ホウ）は、寄り集まるの意味。山の尾根の集まってくるところ、みねの意味を表す。

▼雲峰・危峰・秀峰・主峰・畳峰・霊峰
【峰嶂】ホウショウ 高くそびえる峰（山）。また、山々。
【峰巒】ホウラン （連なっている）山。山々。

(10)7 【峯】1822 △ ホウ 峰（1821）と同字。→前項。 4287 *4A77*

(10)7 【峪】1823 △ ヨク 因 yù 5427 *563B*
字義 たに（谷）。谷あい。さこ。
解字 形声。山＋谷㊟。音符の谷は、たにの意味。
【豈】→豆部 一〇三二ページ。

(11)8 【崋】1824 △ 漢カ（クヮ） 呉ゲ 麻 huà ［崋］ 5428 *563C*
字義 山の名。五岳の一つ。陝西省東部にある。→華山（九二八ページ）。
解字 篆文 形声。山＋華㊟。

(11)8 【崖】1825 標 漢ガイ 呉ゲ 佳 yá (yái) 1919 *3333*
【崕】同字 5429 *563D*
字義 ❶がけ。「断崖」 ❷かど。また、かどだつ。「崖異」 ❸きし（岸）。みぎわ。＝涯。❹さかい。かぎり。果て。
解字 篆文 形声。山＋厓㊟。音符の厓は、がけの意味。山を付し、意味を明らかにした。
【崖異】ガイイ ①きわだって異なる。②他人と和合しないこと。孤独で世人と交わらないこと。
【崖岸】ガイガン ①水ぎわのがけ。②＝崖異の②。
【崖谷】ガイコク 深い谷。
【崖略】ガイリャク あらまし。おおよそ。概略。

(11)8 【崕】1826 △ ガイ 崖（1825）と同字。→前項。 5429 *563D*

(11)8 【崎】1827 常 さき 2674 *3A6A*
㊀キ 因 qí ㊁キ 紙 qǐ ㊂漢キ・呉ゲ 微 qí
筆順 山 峠 峼 崎
【嵜】同字 【﨑】俗字 【嵜】俗字 5431 *563F*
字義 ㊀けわしい。山がけわしいこと。㊁あやうい。やすらかでないさま。㊂きし。くま。岸の湾曲した所。＝埼・碕。国さき。先の意。㋐みさき。陸地が海中や湖中に突き出した所。㋑山の出張った先端。山の鼻。
解字 形声。山＋奇㊟。音符の奇は、曲がるの意味。曲がりくねった山の意味を表す。
【崎嶇】キク ①山路のけわしいさま。②なやむさま。苦労するさま。人生行路の困難なさま。
【崎陽】キヨウ 国長崎を中国風に呼んだ名。

(11)8 【嵜】1828 △ キ 崎（1827）と同字。→前項。 ［嵜］ 5431 *563F*

(11)8 【崟】1829 △ 漢ギン 呉ゴン 侵 yín 5432 *5640*
字義 ❶みね。❷高く大きいさま。❸けわしいさま。
解字 篆文 形声。山＋金㊟。

(11)8 【崛】1830 △ ㊀漢クツ・呉グチ 物 jué ㊁漢グツ・呉グチ 物 yù 5433 *5641*
字義 ㊀❶そばだつ。山が高くぬきんでる。❷岩穴。㊁そばだつさま。そびえるさま。
解字 篆文 形声。山＋屈㊟。音符の屈は、かがむの意味。不安定なかがむ形の山、そばだつの意味を表す。
【崛起】クッキ 急にそびえ立つ。そばだつ。
【崛崎】クッキ 山のけわしいさま。

(11)8 【崤】1831 △ 漢コウ（カウ） 呉ギョウ（ゲウ） 肴 xiáo, yáo
字義 山の名。河南省洛寧県の北西にある。嶔崟山。
解字 形声。山＋肴㊟。
【崤函】コウカン 崤山と函谷関。ともに河南・陝西両省間の要害の地。

(11)8 【崆】1832 △ ㊀漢コウ・呉ク 東 kōng ㊁コウ（カウ） 江 kōng
字義 ㊀山の高いさま。㊁山のけわしいさま。
解字 形声。山＋空㊟。
【崆峒】コウドウ ①山名。甘粛省平涼市の西。②伝説上の山の名。その所在については諸説がある。

(11)8 【崗】1833 標 コウ 岡（1793）の俗字。→三二〇ページ。 5430 *563E*

(11)8 【崑】1834 △ コン 元 kūn 5434 *5642*
【崐】同字
字義 崑崙は、山の名。昔、中国の西方にあると考えられた霊山で、西王母が住む所といわれた。今、チベットと新疆ウイグル自治区の境を東西につらなるコンロン山脈をいう。
解字 篆文 形声。山＋昆㊟。
【崑曲】コンキョク 戯曲の名。崑山腔。南曲の一種。明代、崑山（江蘇省内）の魏良輔の創始したもの。
【崑玉】コンギョク ①崑崙山から出る美しい玉。②転じて、すぐれた詩文をいう。

(11)8 【崔】1835 △ ㊀漢サイ・呉ザイ 灰 cuī ㊁スイ 支 ㊂サイ 賄 5435 *5643*
字義 ㊀㊁大きく高い。山の高大なさま。㊂❶うごくさま。❷すみやかなさま。❸まじわる。いりみだれる。
解字 篆文 形声。山＋隹㊟。音符の隹は、𩰲に通じ、厚い、高いの意味。高大な山の意味を表す。
【崔嵬】サイカイ ①石をいただく土の山。②土をいただく石の山。③山のいただき。④山の高くけわしいさま。⑤建物などの高くそびえるさま。⑥心中のおだやかでないさま。
【崔顥】サイコウ 盛唐の詩人。汴州（今の河南省開封市）の人。「黄鶴楼」の詩は有名。（七〇四？—七五四）
【崔隤】サイタイ つまずく。つまずいて、思うようにならないさま。
【崔頽】サイタイ ①くずれやぶれる。②つかれるさま。

(11)8 【崒】1836 △ ㊀漢シュツ・呉ジュツ 質 zú ㊁スイ 寘 cuì
字義 ㊀❶たかくけわしい。❷くずれる。㊁あつまる。
解字 篆文 形声。山＋卒㊟。音符の卒は、限度にまで達するの意味。山が山らしさの極限にまで達する、けわしいの意味を表す。
【崒乎】シュッコ 山などの高くけわしいさま。崒然。

(11)8 【崇】1837 常 スウ 3182 *3F72*
漢シュウ（シウ）・呉ズウ 東 chóng
慣スウ・ソウ
筆順 山 岜 岦 崇
字義 ❶たかい。山が高く大きい。また、たかくする。❷たっとぶ。あがめる。「尊崇」 ❸たてる。樹立する。❹終わる。終える。❺みたす。みちる。❻山名。＝嵩。→嵩山（三三五ページ）。
名乗 かたし・たか・たかし
解字 篆文 形声。山＋宗㊟。音符の宗は、おさの意味。山の中のかしら、高い山の意味を表す。

▼尊崇

【崇敬】スウケイ　たっとびうやまう。尊敬。

【崇玄館】スウゲンカン　唐代、道教を教えた学校。初め崇玄学といい、天宝二年（七四三）、崇玄館と改めた。

【崇高】スウコウ　たっとくたかい。けだかい。

【崇山】スウザン　①高い山。②山名。→嵩山スウザン（三三五ページ）。

【崇尚】スウショウ　あがめたっとぶ。尊崇。

【崇信】スウシン　とうとび信ずる。尊信。

【崇替】スウタイ・スウテイ　①物事が終わってやむこと。崇は、終、替は、廃。②勢いのさかんなこととおとろえること。盛衰。

【崇朝】スウチョウ　夜明けから朝食までをいう。終朝。

【崇徳】スウトク　①徳をたっとぶ。また、有徳者を尊敬する。②トクをたかくす　徳を積む。

【崇拝（拜）】スウハイ　尊敬する。また、信仰する。「偶像崇拝」

【崇文】スウブン　①文（武に対す）をたっとぶ。②文官。

【崇文館】スウブンカン　唐の三館の一つ。貞観ジョウガン十三年（六三九）に設け、書籍の校正整理をつかさどった。初め、崇賢館といい、後に太子の名を避けて崇文館と改めた。

(11)8 【崧】1838　△ スウ　嵩（1859）と同字。→三三五ページ。

(11)8 【崢】1839　△ 漢ソウ（サウ）　呉ジョウ（ジャウ）　庚 zhēng　5436　5644

字義 ❶山の高くけわしいさま。❷高いみね。

解字 形声。山＋争音。音符の争は、あらそうの意味。高さを争うみねの意味を表す。

【崢嶸】ソウコウ　①高くけわしいさま。②深くて危険なさま。③おく深いさま。④寒さのきびしいさま。⑤年月の積み重なるさま。⑥年末のいそがしいさま。⑦才能のすぐれているさま。

(11)8 【崩】1840　常 ホウ　くずれる・くずす　雪崩なだれ　4288　4A78

(11)8 〔崩〕1841　ホウ　蒸 bēng

筆順 山 屵 岿 崩

字義 ❶くずれる。くづる。㋐山やがけがくずれる。㋑こわれる。やぶれる。すたれる。㋒ばらばらになる。❷かくれる。みまかる。天子の死をいう。「崩御」❸くずす。くづす。国くずす。くづす。㋐字画を省いて簡略に書く。㋑ひざをみだす。㋒ごまかしにする。

難読 崩平くえひら

解字 篆文 形声。山＋朋音。音符の朋ホウは、鳳の象形が変形したもの。鳳は凡に通じ、ひろがり散るの意味。山がひろがりちる、くずれるの意味を表す。

▼壊崩・土崩

【崩解】ホウカイ　くずれてばらばらになること。

【崩壊（壞）・崩潰】ホウカイ　くずれやぶれる。くずれ落ちる。

【崩御】ホウギョ　国天皇・皇后・皇太后のなくなること。昔は上皇・法皇にもいう。崩殂ホウソ。登遐トウカ。

【崩殂】ホウソ　天子の死去をいう。崩御。

(11)8 【密】1842　教6 ミツ　漢ビツ・呉ミチ　質 mì　慣ミツ　4409　4C29

筆順 宀 宀 宓 宓 密

字義 ❶ひそか。ひそかに。ひそやか。㋐かくして人に知られない。もらさない。「内密」「隠密」㋑しずか。ひっそりしている。㋒奥深くて知りがたい。❷こまか。こまかい。こまやか。㋐すき間がない。こみあっている。↔疎。「稠密チュウミツ」㋑ぬかりがない。行き届く。「緻密チミツ」「精密」㋒くわしい。つまびらか。「綿密」❸ちかい。親しい。また、近づく。親しむ。

名乗 たかし

解字 金文 篆文 形声。山＋宓音。音符の宓ヒツは、ひっそりしているの意味。ひっそりしている山の意味から、ひそかの意味を表す。また、必に通じ、すきまがないの意味を表す。

▼隠密・機密・緊密・謹密・厳密・細密・周密・詳密・枢密・精密・疎密・秘密・綿密

【密雲】ミツウン　厚く重なっている雲。厚い雲。

【密会（會）】ミッカイ　①心の奥深くで相通ずる。②秘密の会合。③国男女のあいびき。

【密教】ミッキョウ　仏法身大日如来が説いた秘密の教え。日本には、最澄サイチョウの伝えた台密（天台宗）と空海の伝えた東密（真言宗）の二系統がある。仏教を密教と顕教ケンキョウ（禅宗・浄土宗など）に二大別する。

【密告】ミッコク　他人に知れぬようにひそかに告げ知らせること。

【密察】ミッサツ　詳細に調べる。綿密に見きわめる。

【密邇】ミツジ　間近く接近する。邇は、近。

【密室】ミッシツ　①しめきった室。②国㋐秘密の室。㋑入室を禁じてある室。

【密接】ミッセツ　国①ぴったりと透き間なく着く。密着。②深い関係があって、離すことができないこと。「密接不離」

【密葬】ミッソウ　国ひそかに、内々で葬式を行うこと。↔本葬。

【密偵】ミッテイ　国ひそかに敵の様子や他人の内情などを調べること。また、その人。

【密密】ミツミツ　①細かいさま。②茂っているさま。③努め励むさま。

【密網】ミツモウ　①目の細かい網。②きびしい法令。

【密約】ミツヤク　秘密の約束。

(11)8 【崚】1843　囚 リョウ　蒸 líng　5437　5645

筆順 山 山土 山夫 崚 崚

字義 山の高くけわしいさま。

名乗 たかし

解字 形声。山＋夌音。音符の夌リョウは、高い地をこえるの意味。いくえにも越えなければならない、高く重なる山のさまを表す。

(11)8 【崙】1844　△ ロン　元 lún　5438　5646

〔崘〕同字　5439　5647

字義 崑崙コンロンは、山の名。→崑(1834)。

解字 篆文 形声。山＋侖音。

(11)8 【崘】1845　△ ロン　崙（1844）と同字。→前項。　5439　5647

(12)9 【嵁】1846　△ カン　覃 kān

字義 山のけわしいさま。

解字 形声。山＋甚音。

(12)9 【嵌】1847　標 一 漢カン・呉ケン　感 qiàn　二 漢カン・呉ケン　陥 qiàn　慣ガン　5440　5648

字義 一❶山の奥深いさま。❷けわしい。❸あな。ほら。「嵌谷」❹谷の深いさま。❺そばだつさま。二❶はめる。はむ。はまる。はめこむ。＝篏カン。❷える。ゑる。ちりばめる。

参考 現代表記では〔眼〕(5043) に書きかえることがある。「象嵌→象眼」

解字 篆文 形声。山＋欿（歁省）音。

【嵌空】カンクウ　①うつろ。ほら穴。②清らかで美しいさま。玲瓏レイロウ。

(12)9 【嵒】1848　△ 漢ガン　呉ゲン　咸 yán　5441　5649

〔嵓〕同字

字義 ❶いわお。いはほ。いわ。いは。＝岩・巖ガン。❷けわしい。

(12)9 【嵜】1849　△ キ　崎（1827）の俗字。↓三三三ページ。　5431 *563F*

(12)9 【崎】1850　△ キ　崎（1827）の俗字。↓三三三ページ。

解字 甲骨文 篆文 会意。品＋山。品はいろいろな物の意味。山にあるさまざまな形のいわの意味を表す。

(12)9 【嵎】1851　△ グ 慣グウ 虞 yú　5442 *564A*

字義 ❶山のくま。山脈のまがりかど。❷すみ（隅）。❸高くけわしい。

解字 篆文 形声。山＋禺㊥。音符の禺は、ぼんやりしているの意味。山地の奥まってぼんやりしている所、山のくまの意味を表す。

【嵎夷】グウイ 中国の古代神話で、太陽が出てくる所と想像した東方の山。

【負嵎】グウをおう（ふ） 山の一角を背にしてかまえる。転じて、英雄が一地方に立てこもっているたとえ。〔孟子、尽心下〕

(12)9 【嵆】1852　△ 漢ケイ 呉ゲイ 斉 jī

字義 ❶山名。安徽省宿県にある。❷姓。

［嵇］同字

解字 篆文 形声。山＋稽省㊥。

【嵆康】ケイコウ 三国時代、魏の人。字は叔夜。竹林の七賢の一人。琴・画・詩をよくし、老荘の思想を好み、「養生論」を著した。中散大夫になったが、鍾会に嫌われ、その中傷により司馬昭に殺された。著書に『嵆中散集』がある。（二二三—二六二）

(12)9 【嵋】1853　△ 漢ビ 呉ミ 支 méi　5443 *564B*

字義 峨嵋は、山の名。→峨眉山（三三二ページ）。

解字 形声。山＋眉㊥。

(12)9 【嵐】1854　人 ラン 覃 lán　4582 *4D72*

筆順 山 岚 嵐 嵐

字義 ❶山にたちこめる青々とした空気。山中のもや。山気。「青嵐」❷山の風。❸つむじ風。また、烈風。国 **あらし**。暴風雨。

解字 篆文 形声。山＋風㊥。音符の風は、かぜの意味。山の風の意味を表す。

【嵐陰】ランイン 青々とした山気のかげり。山気の色の濃いさまにいう。

【嵐煙】ランエン 青々とした山気。煙は、もや。

【嵐気（氣）】ランキ ①青々とした山気。②山おろしの風。

(12)9 【嵗】1855　△ ワイ 灰 wēi

字義 山の高低のはげしいさま。また、たかくけわしいさま。

解字 形声。山＋威㊥。

(13)10 【嵬】1856　△ 一ガイ（グヮイ）灰 wéi, ②guì 二ワイ 灰 wěi 慣カイ（クヮイ）　5444 *564C*

字義 一❶**けわしい**。高くけわしい。❷あやしい。でたらめ。＝傀。二山の高低のはげしいさま。＝嵗。

解字 篆文 形声。山＋鬼㊥。音符の鬼は、なみでないの意味。高くてけわしい山の意味を表す。

【嵬峨】カイガ ①高くそびえたつさま。②声の高いさま。③科挙（官吏登用試験）に最高で及第すること。④酒に酔ったさま。

【嵬嵬】カイカイ 高くそびえたつさま。

【嵬説】カイセツ でたらめな説。また、とるにたらない説。

(13)10 【嵯】1857　人 一漢サ・呉ザ 歌 cuó 二シ 支 cī　2623 *3A37*

筆順 山 峅 嵯 嵯 嵯

字義 一❶山石がごろごろしているさま。❷山がけわしいさま。❸高い。二山に高低があってふぞろいなさま。

［嵳］同字 5445 *564D*

解字 篆文 形声。山＋差㊥。音符の差は、ふぞろいの意味。山のふぞろいの意味を表す。

【嵯峨】サガ 高くそびえたってけわしいさま。

(13)10 【嵳】1858　△ サ　嵯（1857）と同字。→前項。　5445 *564D*

(13)10 【嵩】1859　人 シュウ（シウ）東 sōng 慣スウ　3183 *3F73*

筆順 山 出 岜 嵩 嵩

字義 ❶**たかい**。高く大きい。❷そばだつ。❸山の名。→嵩山。国❶**かさ**。分量。❷**かさむ**。かさばる。

名乗 たか・たかし・たけ

［崧］同字

解字 篆文 会意。山＋高。山がたかいの意味を表す。

【嵩呼】スウコ 嵩山のさけび。君主の万歳をとなえること。漢の武帝が嵩山に登ったとき、どこからともなく万歳を三唱する声が聞こえてきたという故事。〔漢書、武帝紀〕

【嵩山】スウザン 山名。五岳の一つ。中岳。河南省登封県の北にある名山。標高一四四〇メートル。崧山。崇山。

(13)10 【嵶】1860　国字 △　5446 *564E*

字義 **たわ**。**たお**。たおり。峠。岡山県の地名に用いられる。＝乢・垰。

参考 乢（1779）・峠（1813）の 参考 を見よ。

解字 会意。山＋弱。

(14)11 【嶇】1861　△ ク 虞 qū　5447 *564F*

字義 ❶**けわしい**。山道が平らでない。❷なやむ。くるしむ。❸そばだつ。

解字 形声。山＋區㊥。音符の區は、区切られるの意味。山が他の山と区別できるほど高くけわしいの意味を表す。

(14)11 【嶄】1862　△ 一漢サン・呉ゼン 豏 zhǎn 二漢サン・呉ゼン 咸 chán 慣ザン　5448 *5650*

字義 一**たかい**。けわしい。また、そのさま。＝巉。❷える。彫りつける。二❶たかいさま。＝鏨。

［嶃］同字

解字 形声。山＋斬㊥。音符の斬は、きるの意味。山が切りたってけわしいの意味を表す。

【嶄巌（巖）】ザンガン ①山がとがってけわしいさま。②谷が深くけわしいさま。

【嶄新】ザンシン 斬新（目あたらしい）の誤用という。

【嶄然】ザンゼン ①山が高くそびえたつさま。②多くの中で、ひときわ目だってすぐれているさま。

【嶄然見二頭角一】ザンゼントウカクをあらわ（は）す 多くの人の中で、ひときわ目だってすぐれていること。頭角は、頭のさき。〔唐、韓愈、柳子厚墓誌銘〕

(14)11 【嶂】1863　△ ショウ（シャウ）漾 zhàng　5449 *5651*

字義 ❶高くけわしい山。❷びょうぶのように連なる峰。「連嶂」

解字 形声。山＋章㊥。音符の章は、障に通じ、へだてるの意味。視野をさえぎる、けわしい山の意味を表す。

(14)11 【嶋】1864　△ トウ　島（1820）と同字。→三三二ページ。　3772 *4568*

(14)11 【嶌】1865　△ トウ　島（1820）と同字。→三三二ページ。　5426 *563A*

(15)12【嶠】1866　△　㊥キョウ(ケウ)　㊣ギョウ(ゲウ)　嘯 jiào　5450 *5652*

字義 ❶するどくて高い。また、その山。❷やまみち。❸みね。

解字 篆文　形声。山＋喬㊥。音符の喬(キョウ)は、たかいの意味。高い山の意味を表す。

【嶠道】(キョウドウ)　山中のけわしい道。嶠路。

(15)12【嶢】1867　△　ギョウ(ゲウ)　蕭 yáo

【嶤】同字

字義 ❶山が高い。また、そのさま。❷あやういさま。

解字 篆文　形声。山＋堯㊥。音符の堯(ギョウ)は、たかいの意味。山の高くけわしいさまを表す。

【嶢屼】(ギョウコツ)　山が高くけわしいさま。

(15)12【嶔】1868　△　㊥キン　㊣コン　侵 qīn

字義 ❶山が高くけわしい。また、そのさま。❷高くそびえるさま。

解字 形声。山＋欽㊥。

【嶔崎】(キンキ)　①山の高くけわしいさま。②転じて、世俗を脱して人格の高潔なたとえ。

【嶔崟】(キンギン)　山が高くそびえるさま。

(15)12【嶝】1869　△　トウ　径 dèng　5451 *5653*

字義 ❶さかみち。小さい坂。❷あおぐ(仰)。

解字 形声。山＋登㊥。音符の登は、のぼるの意味。山をのぼる坂道の意味を表す。

(15)12【嶐】1870　△　リュウ(リウ)　東 lóng　5455 *5657*

字義 たかい(高)。山の隆起したさま。

解字 形声。山＋隆㊥。音符の隆(リュウ)は、たかいの意味。

(15)12【嶙】1871　△　㊀リン　真 lín　㊁リン　軫

字義 ㊀嶙峋(リンシュン)は、㋐がけの深いさま。㋑階段の高くけわしいさま。㊁巃嶙(リインリン)は、山の高くけわしいさま。

解字 篆文　形声。山＋粦㊥。

(16)13【嶧】1872　△　㊥エキ　㊣ヤク　陌 yì

字義 ❶つらなり続く山。❷山の名。鄒嶧(スウエキ)・鄒山(スウザン)ともいう。山東省鄒県の東南にある。秦(シン)の始皇帝が、この山に登り石に刻して秦の功績をしるした。「嶧山碑」

解字 篆文　形声。山＋睪㊥。

(16)13【嶰】1873　△　㊥カイ　㊣ゲ　蟹 xiè

字義 ❶たに。たにあい。❷谷の名。嶰谷は、崑崙(コンロン)の北にあり、黄帝のとき、伶倫(レイリン)がその竹を取って笛を作り、音律を定めたという。

解字 形声。山＋解㊥。

(16)13【嶬】1874　△　ギ　支 yí　5452 *5654*

字義 けわしい。山が高くけわしい。

解字 形声。山＋義㊥。

(16)13【嶮】1875　△　ケン　琰 xiǎn　5453 *5655*

字義 けわしい(けはし)。高くけわしい。

参考 現代表記では〔険〕(8398)に書きかえることがある。「嶮岨→険阻」

解字 形声。山＋僉㊥。音符の僉(セン)は、険に通じ、けわしいの意味。けわしい山の意味を表す。

【嶮阨・嶮隘】(ケンアイ)　けわしくせまい。

【嶮岨】(ケンソ)　けわしい。また、その場所。険阻。

(16)13【嶼】1876　△　㊥ショ　㊣ジョ　語 yǔ(xù)　5457 *5659*

字義 ❶しま。小島。「島嶼」❷おか。小山。

解字 篆文　形声。山＋與㊥。

(17)14【嶽】(1789)　5454 *5656*

ガク　岳(1788)の旧字体。→三〇〇ページ。

(17)14【嶷】1877　△　㊀ギ　支 yí　㊁㊥ギョク・㊣ゴク　職 nì　5456 *5658*

字義 ㊀九嶷は、山の名。湖南省寧遠県の南にある。舜(シュン)の墓があるといわれる。

㊁❶たかい(たかし)(高)。また、そのさま。❷さとい。子どものかしこいこと。

解字 篆文　形声。山＋疑㊥。音符の疑は、じっととどまるの意味。山が不動のまま立っているの意味を表す。

【嶷然】(ギョクゼン)　高くぬきんでたさま。

【嶷立】(ギョクリツ)　ひときわ高くそびえ立つこと。

(17)14【嶸】1878　△　㊀㊥コウ(クワウ)・㊣オウ(ワウ)　庚 róng　㊁㊥エイ・㊣ヨウ(ヤウ)　庚 róng

字義 ㊀㊁けわしい。深くけわしい。「崢嶸(ソウコウ)」

解字 篆文　形声。山＋榮㊥。音符の榮は、營に通じ、めぐるの意味。山がめぐりとりまき、けわしいの意味を表す。

(17)14【嶺】1879　囚　㊥レイ　㊣リョウ(リャウ)　梗 lǐng　4670 *4E66*

筆順

字義 ❶みね。山のいただき。❷やまなみ。連山。❸やまみち。❹さか。❺五嶺(湖南・広東(カントン)両省の境にある大庾(タイユ)・始安・臨賀・桂陽(ケイヨウ)・掲陽の五つの山)の略。

名乗 ね・みね

解字 篆文　形声。山＋領㊥。音符の領は、すべる(統)の意味。多くの山々をしめくくる、いただきの意味を表す。

【嶺阨】(レイアイ・レイヤク)　山のけわしくせまい場所。

【嶺南】(レイナン)　五嶺の南の地。広東(カントン)省・広西チワン族自治区の二地方。→字義の⑤。

【嶺表】(レイヒョウ)　＝嶺南。→前項。

(20)17【巌】1880　囚　2064 *3460*

(23)20〔巖〕1881　㊇許　㊥ガン　㊣ゲン　咸 yán　5462 *565E*

筆順

【岩】俗字 2068 *3464*

字義 ❶いわお(いはほ)。いわ(いは)。大きい岩。＝嵒(ガン)。❷がけ。❸あな。ほらあな。❹たかい。けわしい。

名乗 いわ・みち・みね

難読 巌谷(いわや)

解字 篆文　形声。山＋嚴(厳)㊥。音符の嚴は、きびしいの意味。きびしい山の意味から、けわしい、いわおの意味を表す。

【巌巌】(ガンガン)　①石が高く積み重なるさま。②山の高くけわしいさま。③宮殿などの高くそびえるさま。

【巌窟】(ガンクツ)　いわや。岩あな。

【巌穴】(ガンケツ)　①岩あな。②世俗を離れた所。③→次項。

【巌穴之士】(ガンケツのシ)　岩あなにかくれて世をしのぶ人。世俗に汚されない、心清らかな人。巌穴隠者。〔史記、伯夷伝〕

【巌岫】(ガンシュウ)　岩のほらあな。巌穴。

【巌牆之下】(ガンショウのもと)　高い石垣の下。一説にくずれそうな土塀の下。危険な場所のたとえ。

【巌阻】(ガンソ)　けわしい要害の地。

(20)17【巇】1882　△　キ　支 xī

字義 ❶けわしい。❷すきま。すき。
解字 形声。山＋巖㊀。

(20)17
【巉】1883 △ 漢サン 呉ゼン 咸 chán　5458 565A
字義 ❶山のけわしいさま。❷高くけわしい。
解字 形声。山＋毚㊀。音符の毚は、人の判断を乱すの意味。おそろしいほど高い山の意味を表す。
【巉巖（巉巗）】ザンガン 山や岩石がけわしく高いさま。また、その岩石。
【巉峭】ザンショウ 山のけわしくきり立っていること。

(21)18
【巋】1884 △ 一キ 支 kuī 二キ 賓 kuì
字義 一❶多くの小山が集まっている山。❷高くけわしいさま。高大なさま。二独立のさま。
解字 形声。山＋歸㊀。

(21)18
【巍】1885 △ ギ 微 wēi (wéi)　5459 565B
字義 ❶たかい。❷高大なさま。
解字 篆文 形声。嵬＋委㊀。嵬は、山が高いの意味。音符の委は、語の音形を示すために添えられた。たかいの意味を表す。
【巍巍】ギギ 高大なさま。また、富貴で勢力の強いさま。巍巍然。巍巍乎。
【巍闕】ギケツ 宮城の門外の二つの台で、上に物見やぐらがある。昔、法令をここに掲げて民に示した。
【巍然】ギゼン ①山の高大なさま。②人物のすぐれているさま。

(22)19
【巑】1886 △ 漢サン 呉ザン 寒 cuán
字義 巑岏サンガンは、㋐するどくそびえたつ山。また、山の鋭くとがるさま。㋑山がそびえ連なるさま。㋒枯木などの高くとがっているさま。
解字 形声。山＋贊㊀。音符の贊サンは、鑽サンに通じ、のみ・きりの意味。「きり」のように鋭くそびえる山の意味を表す。

(22)19
【巓】1887 △ テン 先 diān　5460 565C
字義 ❶いただき。㋐みね。山頂。㋑かしら。頭。❷おちる。くだる。
解字 形声。山＋顚㊀。音符の顚テンは、いただきの意味。山のいただきの意味を表す。

(22)19
【巒】1888 △ ラン 寒 luán　5461 565D
字義 ❶小さくてとがった山。❷長くてせまい山。❸小山。❹みね（峰）。❺やまなみ。連なる山。
解字 篆文 形声。山＋䜌㊀。音符の䜌ランは、みだれもつれるの意味。山のみねみねの意味を表す。

(23)20
【巖】(1881)　ガン 巖（1880）の旧字体。→三六六ページ。　5462 565E

(23)20
【巘】1889 △ ゲン 慣ケン 銑 yǎn
字義 ❶けわしい。❷みね。❸がけ。❹大きな山からわかれ出ている小山。
解字 形声。山＋獻㊀。

3

巛(川)部

［巛］　5463 565F

〔部首解説〕 かわ。〔巛〕まがりがわ。〔川〕さんぼんがわ。巛センは、川の本字。巛・川を意符として、川の意味を含む文字ができている。

川 三三七　1 巛 三三七　3 州 三三七　4 巠 三三八　8 巢 三三八

邕→邑部 一一〇六ページ。順→頁部 一一九四ページ。巤→巛部 九〇六ページ。

(3)0
【川】1890 教1 セン かわ　セン 先 chuān　川原かわら　3278 406E
筆順 丿 川 川
字義 ❶かわ。かわ。水流。❷あな。❸はら。平原。❹四川省の略称。
難読 川額かわはけ・川岸かわし・川鰭かわばた・川水流かわずる・川代かわだい・川渡かわたび・川内かわうち・せんだい・川反かわばた
解字 甲骨文 金文 篆文 象形。流れる水、かわの象形で、かわの意味を表す。
川の音符に含む形声文字に、釧セン・巡・順・馴ジュン・訓などがあり、これらの漢字は、「川のようにうまく流れる」の意味を共有している。
▼晴川・逝川
【川原】センゲン ①川のみなもと。川源。②かわ。川流。③川の流域の原野。④川と高原。はてしなく広々として人影も見えない所をいう。⑤国かわら（は）ら 川のほとりの、水がなく砂や石の多い所。河原。
【川上】センジョウ ①川のほとり。②川の水面。③国かわ（は）かみ 川の上流。みなかみ。
【川上之嘆（歎）】センジョウのタン 孔子が川のほとりに立ち、流れ去る水を見て、時は過ぎてしまえば二度と帰らず、万物の移り変わってやまないのを嘆いた故事。『論語』子罕シカン編に「子在二川上一曰シ、センジョウにありていわ（は）く、逝者如レ斯夫ゆくものはかくのごときかな、不レ舎二昼夜一チュウヤをおかず」とあるのに基づく。→逝者如レ斯夫（一〇八七ページ）。
【川流】センリュウ ①川が流れる。また、川の流れ。水流。②川の流れのように続くこと。③川の流れが流域をうるおすように、恩恵がおよぶこと。

(4)1
【巛】1891 △ サイ 灰 zāi
字義 わざわいわざはひ。災（4358）の本字。
解字 甲骨文 篆文 形声。甲骨文は、川＋才㊀。音符の才は、川のはんらんをせきとめるために建てられた良材の意味。水害の意味を表す。

(6)3
【州】1892 教3 シュウ す　漢シュウ（シウ） 呉ス・シュ 尤 zhōu　2903 3D23
筆順 丶 リ 州 州
字義 ❶す。しま。なかす。＝洲シュウ。❷行政区画の称。㋐中国の古代は、天下を十二州、または九州に分けた。㋑周代、二百十国の称。伯が統治した。㋒周代、二千五百戸のある部落。また、一万二千五百戸ともいう。㋓漢以後は大体、㋐の区分を継承して郡の上に位したが、唐以後は郡を州と改めた。❸むら。さと。❹くに。
参考 現代表記では［洲］（4004）の書きかえに用いる。「欧洲→欧州」「坐洲→座州」
解字 金文 篆文 象形。金文でよくわかるように、川の流れの中に囲まれた土地、なかすの象形で、なかすの意味を表す。
▼江州・砂州・神州・中州・本州
【州学（學）】シュウガク 州に設けられた学校。州序。
【州郡】シュウグン ①州と郡。ともに古代から各時代によって設けられた地方の行政区域。②地方。田舎。③州や郡の長官。
【州祭酒】シュウのサイシュ 州の学制を監督する長官。
【州牧】シュウボク 州の長官。地方の長官。牧は、民を養う意。
【州里】シュウリ むらざと。州は二千五百戸の家。里は、二十五戸の家。

【州閭】シュウリョ　むらざと。州は、二千五百戸の家。閭は、二十五戸の家。

【巠】(7)4 1893

△ 漢ケイ 呉キョウ(キャウ) 唐 jīng

字義 ❶地下水。地中の水みち。❷まっすぐに立つ波。❸水の広々としたさま。

解字 金文　篆文　古文　象形。はたをおるときの、たて糸の象形で、たていとの意味を表す。古文は、それにまっすぐのびる意味の壬を書き、まっすぐのびるたていとの意味を表す。巠(坙)を音符に含む形声文字は、力強くまっすぐにのびるの意味を共有し、莖・徑・勁ケイ・剄ケイ・涇ケイ・脛ケイ・痙ケイ・経・逕ケイ・軽・頸ケイなどがある。

【邕】→邑部 一〇六ページ。

【巢】(11)8 (1727)

ソウ　巣(1726)の旧字体。→三〇〇ページ。

【順】→頁部 一一九四ページ。　【𦐇】→廾部 九〇六ページ。

3 工部

〔部首解説〕たくみ。工を意符として、工具・工作の意味を含む文字ができている。

工 三三八　2 巨 三三八　巧 三三八　左 三三八　4 巫 三三九　7 差 三四〇

仝→人部 六四ページ。功→力部 一四八ページ。邛→邑部 一一〇六ページ。攻→攴部 四七一ページ。貢→貝部 一〇三七ページ。項→頁部 一一九四ページ。

【工】(3)0 1894

教2 コウ・ク　漢コウ 呉ク 唐 gōng　2509 3929

筆順 一 丅 工

字義 ❶たくむ。作る。❷たくみ。㋐上手なこと。㋑仕事。作業。㋒細工や技術。「加工」「人工」㋒細工や技術を心得ている人。器物を作る職人。特に大工を指す。「名工」❸楽師。楽人。❹占い師。❺つかさ。役人。「百工」❻工業。「商工」

名乗 つとむ・のり・よし　難読 工匠たくみ・工てひと・工造きぬぬい

解字 甲骨文　金文　篆文　象形。にぎるところのある、のみ(鑿)の象形とも、さしがねの象形ともいう。工具の象形から、工作するの意味を表す。工を音符に含む形声文字に、功・攻・訌コウ・腔コウ・控・空・紅・虹コウ・江・貢・扛コウ・項などがあり、これらの漢字には、「大きい」の意味を含む紅・虹コウ・江など、音符だけを借りる漢字も多く含まれる。画数の少ない基本字は仮借されて、さまざまな意味に用いられる。

▼化工・画工・楽工・起工・鬼工・玉工・細工・手工・上工・女工・神工・人工・図工・大工・天工・陶工・同工・土工・農工・百工・仏工・木工・名工・良工

【工役】コウエキ　土木などの工事。普請フシン。功役。

【工芸(藝)】コウゲイ　工作(製作)に関する芸術。陶磁器・織物・染色など。

【工巧】コウコウ　①たくみなこと。じょうず。②たくみな大工。良匠。③うすっぺら。軽薄。

【工作】コウサク　①土木の仕事。②大工の仕事。③はたらき。また、はたらきかけ。④工芸の基礎として学習する学科。

【工師】コウシ　①工作の職人を監督する役人。②大工のかしら。棟梁トウリョウ。

【工匠】コウショウ　①大工。木材を使って仕事をする人。職人。②工作物の意匠(デザイン)。

【工△廠】コウショウ　①工場。②国もと、陸海軍に直接所属し、軍需品を製造した工場。

【工人】コウジン　①物を作る職人。②大工。③労働者。

【工程】コウテイ　①仕事の進みぐあい。②仕事の順序。

【工部】コウブ　①官庁の名。六部の一つ。隋ズイ・唐以後、造営工作のことをつかさどった。②盛唐の詩人、杜甫ホをいう。杜甫が工部員外郎であったからいう。杜工部。③国宮内省の中国風の呼び名。

【工夫】クフウ　①手段を考える。思慮をめぐらす。また、そのくめん。②コウフ　㋐仕事と人足。㋑時間。ひま。㋒国土木工事をする人。

【巨】(5)2 (716)

キョ　巨(715)の旧字体。→一五九ページ。

【巧】(5)2 1895

常 コウ たくみ　漢コウ(カウ) 呉キョウ(ケウ) 唐 巧 効 qiǎo　2510 392A

筆順 丅 工 エ一 巧

字義 ❶たくみ。㋐うまい。上手なこと。↔拙。「精巧」㋑わざ。うでまえ。「技巧」㋒つくり。こしらえ。㋓くわだて。たくらみ。しかけ。からくり。㋔いつわり。㋕よい。❷たくみに。上手に。❸たくむ。はかる。くわだてる。❹たくみにするたくみにす。上手にする。はかる。

名乗 たえ・よし

解字 篆文　形声。工＋丂(音)。工は、のみの象形。音符の丂コウも曲がった彫刻刀の象形。合わせて、たくみの意味を表す。

▼奇巧・技巧・精巧・繊巧・便巧・弁巧・利巧・老巧

【巧△猾】コウカツ　わるがしこい。ずるい。狡猾。

【巧官・巧△宦】コウカン　たくみに上官に取り入ること。また、その人。

【巧偽(僞)】コウギ　①巧みにいつわる。また、巧みないつわり。②いつわり。巧も、いつわり。

【巧月】コウゲツ　陰暦七月の別名。乞巧奠キッコウテン(たなばた)の月の意。

【巧言令色】コウゲンレイショク　上手にしゃべり、顔色をやわらげて人にこびへつらうこと。真心のないようす。〔論語、学而〕——、鮮矣仁すくなしジン。〈巧言令色の人で仁徳のある人はめったにいない〉

【巧詐】コウサ　ことばたくみに人をあざむく。

【巧詐不ㇾ如二拙誠一】コウサはセッセイにしかず　たくみにいつわるのは、まずくともまごころのあるのには及ばない。「巧詐不ㇾ如二拙誠一コウギはセッセイにしかず」ともいう。〔韓非子、説林上〕

【巧匠】コウショウ　うでのよい大工。良匠。

【巧笑】コウショウ　愛らしく笑うこと。

【巧拙】コウセツ　たくみなこととつたないこと。上手と下手。巧妙と拙劣。

【巧舌】コウゼツ　口先のたくみなこと。たくみなことば。巧言。

【巧知・巧△智】コウチ　①たくみでさとい。はしこい。②たくみな知恵。

【巧遅(遲)不ㇾ如二拙速一】コウチはセッソクにしかず　上手で遅いよりは、下手でも速い方がよい。『孫子』作戦編に「兵聞二拙速一ヘイはセッソクをきく、未ㇾ覩二巧之久一也いまだコウのひさしきをみざるなり」とあるのに基づく。

【巧△緻】コウチ　たくみでこまかい。上手でゆきとどいている。工緻。

【巧△佞】コウネイ　たくみにへつらう。へつらってうまくとりいること。

【巧婦】コウフ　①裁縫や機織りなど、婦人の仕事の上手な女。②みそさざいの別名。たくみどり。

【巧妙】コウミョウ　すぐれて上手なこと。また、その人。

【左】(5)2 1896

教1 サ ひだり　サ 唐 zuǒ　2624 3A38

筆順 一 ナ 𠂇 左

【𠂇】俗字 字義 ❶ひだり。↕右。㋐左の手。また、左側。㋑東。人君は南面したから、東を左という。㋒転じて、陽の位。㋓した。下位。昔は右を尊んだ。↓参考 ❷ひだりする。㋐左に置く。左につける。㋑左に向ける。㋒左に行く。❸ひだりにする。㋐右(尊位)に次いで尊ぶ。「右文左武」㋑下げる。遠ざける。うとんずる。「左遷」❹たすける。❺あかし。証拠。しるし。また、あかしを立てる。「証左」❻たがう。もとる。くいちがう。手足は右がきき左がきかないからいう。国❶政治思想の上で、急進的な。「左翼」❷酒好き。「左党」名乗 すけ 難読 左見右見・左手・左沢・左部・左右・左右田

参考 左右いずれを尊位とするかは、時代や国によって一様ではない。中国では、ほぼ周は左を尊び、戦国時代は右を尊び、秦・漢も同じく右、六朝時代には左、唐・宋もこれと同じく左、元は右、明・清は左を尊び清に及んでいる。

解字 金文  篆文 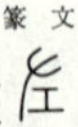 会意。ナ+工。ナは、ひだり手の象形。工は、工具の象形。工具を持つひだり手、ひだりの意味を表す。また、左右の手が相互に助けあうことから、たすけるの意味をも表す。たすけるの意味には、のちに佐を用いるようになる。左を音符に含む形声文字に、佐・差があり、また、差が音符となって、傞・嵯・嵳・槎・瑳・蹉などがある。

▼験左・江左・証左

【左尹】サイン 周代、楚の官名。大臣に相当した。

【左掖】サエキ ①宮城の正門の左の小門。②諫議の官のいる役所。

【左官】サカン ①諸侯に仕える役人。漢代には右をとうとんだので、天子を捨てて諸侯に仕えるものを左官といった。②国壁を塗る職人。

【左丘明】サキュウメイ 春秋時代、魯の人とも、戦国時代の人ともいう。姓は左、または左丘ともいう。『左伝』『国語』の作者といわれているが疑わしい。

【左契】サケイ ①二分したわりふの左半分。契約を書いた木の札を二つに割って、左右の一片ずつを約束をした者それぞれが持って、後日の証拠とする。②約束の証拠。

【左傾】サケイ ①左にかたむく。心の平らかでないたとえ。②左翼思想に傾くこと。

【左券】サケン =左契。

【左験(驗)】サケン かたわらで見た者の証拠・しるし。証左。また、「証人。

【左顧右眄】サコウベン 左右を見わたす。①得意のさま。〔文選、曹植、与二呉季重一書〕②ためらうさま。

【左降】サコウ ①左の階段をくだる。②官位をおとされること。左遷。

【左国(國)史漢】サコクシカン 『左伝』『国語』『史記』『漢書』。中国古代の代表的歴史書・文学書として文章家の必読書とされた。

【左驂】サザン 四頭だての馬車の左のそえ馬。

【左氏伝(傳)】サシデン 書名。三十巻。『春秋左氏伝』の略。魯の左丘明の著といわれるが明らかでない。孔子の制作した『春秋』の解釈書で、史実に詳しい。『公羊伝』『穀梁伝』と合わせて、春秋三伝という。

【左史右史】サシユウシ 昔、天子の左右(側近)に仕えた記録係。左史は天子の行動、右史は天子のことばを記録した。

【左思】サシ 晋の文人。字は太沖。(二五〇?—三〇五?)「三都賦」を作り、洛陽の紙価を高からしめたという。

【左手】サシュ ①ひだりて。②国弓を持つ手。ひだり手。↕右手・馬手。

【左手画(畫)レ方、右手画(畫)レ円(圓)】サシュにはホウをえがき、ユウシュにはエンをえがく 左手では四角を描き、右手では円形を描く。同時に二つのことはできにくいたとえ。また、明敏なことのたとえ。

【左相】サショウ ①左右二人の宰相のうち、左の宰相。↕右相。②唐代は、侍中をいう。

【左省】サショウ 唐代、門下省をいう。中書省(右省)に対して左にあったのでいう。

【左証(證)】サショウ あかし。証拠。左券。

【左衽・左袵】サジン えりを左まえにあわせること。辺地の未開人の衣服の着かた。転じて、未開人の風俗。

【左遷】サセン 官位をさげる。官位をさげて遠地に転任させる。左降。

【左袒・左襢】サタン ①左のかたはだをぬぐこと。祖は、衣の袖をぬいで肩をあらわすこと。②他人に同意すること。味方する。漢の周勃が呂氏の乱を鎮定しようとして、軍中で「呂氏に荷担する者は右祖せよ、劉氏(漢王)を助けようとする者は左祖せよ」と言ったとき、全軍左祖した故事。〔史記、呂后紀〕

【左提右挈】サテイウケイ 左にひっさげ、右にたずさえる。手を取りあって助け合うこと。

【左伝(傳)】サデン =左氏伝。

【左道】サドウ 正しくない道。邪道。

【左文右武】サブンユウブ 文武両道をともに尊び用いること。

【左右】サユウ ①ひだりとみぎ。②左右に動かす。③そば。かたわら。④同列の人。同僚。⑤近臣。おそばの者。⑥直接その人をさすことをはばかって、おそばにいる人をさしていう語。⑦たすける。⑧補佐する大臣。⑨自由にする。勝手にする。⑩ばかり。ほど。その前後。

【顧二左右一而言レ他】サユウをかえ(へ)りみてタをいう(ふ) 左右の臣下をかえりみて話題と関係のないことを言う。話題をそらしてごまかすこと。〔孟子、梁恵王下〕

【左翼】サヨク ①鳥の左のつばさ。②中央軍の左方にある軍隊。③社会主義・共産主義などの急進的思想をもっている人・団体。↕右翼。

【仝】↓人部 六四ページ。

【功】↓力部 一四八ページ。

【邛】↓邑部 一一〇六ページ。

(7)4

【巫】1897 標 漢ブ・呉ム 慣フ 廣 wū (wú) 5464 5660

字義 ❶みこ。かんなぎ。舞楽をして神がかりの状態になり、神意を知り、これを人に伝えるという女。もと、男女ともに巫といったが、後に女を巫、男を覡と称した。❷医師。❸みだり。でたらめ。 難読 巫山戯る・巫女

解字 甲骨文  篆文 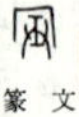 象形。甲骨文は、神を祭るとばりの中で、人が両手で祭具をささげる形にかたどり、神を招きもとめる者、みこの意味を表す。篆文は、両そでの衣装を舞わせている形にかたどると説かれるが、甲骨文の字形の変形したものであろう。

【巫医(醫)】フイ みこと、医者。また、医者をいう。

【巫峡(峽)】フキョウ 峡谷の名。瞿塘峡・西陵峡とともに、長江三峡の一つ。四川省巫山県の大寧河口から湖北省巴東県の官渡口に至る約四〇キロメートル。「の①。

【巫覡】フゲキ 女みこと、男みこ。また、みこ。かんなぎ。→字義

【巫蠱】フコ ①巫は、みこ。蠱は、まじないなどをして人をまどわす者。②巫などが邪道をもって人をまどわすこと。

【巫山】フザン ①山名。四川・湖北両省の境にあり、その真中を長江が横切って流れる。②男女の情事。→巫山之夢。

【巫山雲雨】フザンウンウ ①巫山の雲と雨。②転じて、男女の情事。→巫山之夢(次項)。

【巫山之夢】フザンのゆめ ①楚の懐王が高唐に遊び、夢の中で巫山の神女とちぎったが、神女が去るに臨み、「妾は巫山の陽、高丘の岨に在り、旦には朝雲となり、暮れには行雨となる。」と言って立ち去ったという故事。〔文選、宋玉、高唐賦〕②男女の情事をいう。

【巫史】フシ 神につかえて祭事や神事をつかさどるもの。かんなぎ。はふり。

【巫呪】（フジュ・フシュウ）まじない。のろい。

【巫祝】（フシュク）＝巫史。

【巫術】（フジュツ）みこのわざ。まじない。

【巫女】（フジョ）①みこ。②巫山の神女。→巫山之夢（フザンのユメ）。

［攻］→攴部 四七一ページ。

(10)7
【差】 1898　教4　サ　さす　差し支える
□一 漢サ・呉シャ 麻 chā
□二 シ 支 cī
□三 漢サイ・呉シャ 佳 chāi
□四 漢サイ・呉シャ 卦 chài
慣サ

2625
3A39

筆順　丷 䒑 兰 𦍌 差

字義　□一 ❶**たがう**（たがふ）。㋐くいちがう。合わない。㋑そむく。二心を持つ。❷**たがい**（たがひ）。あやまり。間違い。「誤差」「差失」❸まじわる。❹サ。残り。さしひき。↕和。□二 ❶ちがい。わかち。へだたり。「差別」❷しなさだめする。❸ひとしくない。そろわない。「参差（シンシ）」「差差（シシ）」□三 ❶**つかわす**（つかはす）。「差遣」❷つかう。使役する。賦役（ブヤク）。「差役」□四 ❶**いえる**（いゆ）。病気が治る。❷**やや**。国❶**さす**。㋐潮が満ちて来る。㋑現れる。「赤味が差す」㋒光線が入る。㋓水を入れる。❷**さし**。㋐ものさし。㋑さしむかい。難読 差塩（さいそ）

参考　現代表記では［叉］(803)の書きかえに用いることがある。「交叉→交差」

使いわけ　**さす**［指・刺・挿・差］⇩指(2653)。

解字　金文  篆文  形声。𠂹（𠂹）+左音。𠂹は、金文では禾で、ふぞろいの穂が出た稲の象形。左は叉に通じ、指をばらばらに開いて、その間に物を挟むさまを表す。ふぞろいで、ばらばらの意味、事物のちがいの意味を表す。

▼過差・交差・誤差・参差・等差・落差
【差異】（サイ）ちがい。たがい。相違。差違。

【差役】（サエキ）①宋代（ソウダイ）、人民に課した力役の一つ。貧富によって九等に分け、上の四等から人夫を徴発し、下の五等は免除した。②土地の治安を取り締まる下級役人。③用人。

【差肩】（サケン）肩をならべて、やや後ろに立つこと。

【差遣】（サケン）役人を地方に出張させる。派遣。

【差錯】（ササク）①まじわる。入り乱れる。②ちがう。

【差次】（サジ）等級をつけて順序を定めること。また、等級。差等。差級。また、差別。

【差池】（シチ）ひとしくないさま。ふぞろいのさま。

【差等】（サトウ）等級のちがい。等差。また、差別。

【差配】（サハイ）①手分けして事務を取り扱うこと。②国㋐所有主にかわって貸地・貸家などを管理すること。㋑取り扱い。

【差別】（サベツ）ちがい。けじめ。分けへだて。また、不当な区別。

［貢］→貝部 一〇三七ページ。

［項］→頁部 一二九四ページ。

3　己（已・巳）部

〔部首解説〕　**おのれ**。文字の要素としての己には一定した意味はなく、もっぱら字形分類のために部首にたてられる。なお、常用漢字で己の形をもつ文字のうち、巻はもと巻で卩(㔾)部に属した。また、起・選・包・抱などはもと起・選・包・抱で巳の形であり、いずれも新字体で己の形に改められたもの。

己 三四〇　已 三四〇　巳 三四一　1巴 三四一　2㠯 三四一
4巵 三四一　6巻 三四一　巹 三四一　巷 三四一　8巽 三四一
改→攴部 四七一ページ。

(3)0
【己】 1899　教6　コ・キ　おのれ
漢キ・呉コ 紙 jǐ

2442
384A

筆順　㇕ コ 己

字義　❶**おのれ**。おの。㋐自分。私。↕他。「自己」㋑私欲。「克己」❷**つちのと**。十干の第六位。五行で土に配する。
国**おのれ**。同等以下の人をののしって呼ぶ語。
難読　己惚（うぬぼれ）・己西（こせ）・己等（おいら）

参考　己・已・巳はそれぞれ別字。古い歌に「キ・コの声、オノレ・ツチノト、下につき、イ・スデニ中ば、シ・ミはみなつく」また、「ミは上に、オノレ・ツチノト下につき、スデニ・ヤム・ノミ中ごろにつく」などとある。

解字　甲骨文  金文  篆文  象形。人のひざまずく形に似た三本の横の平行線を持ち、その両端に糸を巻き、中の横線を支点とする糸巻きの象形。紀の原字で、糸すじをわける器具の意味を表したが、借りて、おのれ・つちのとの意味を表す。己を音符に含む形声文字に、忌・紀・記・起・跽（キ）などがあり、これらの漢字は、「糸すじを整える」の意味を共有している。

▼一己・克己・知己・利己
【己所レ不レ欲、勿レ施二於人一】（おのれのほっせざるところは、ひとにほどこすことなかれ）自分のいやだと思うことは、他人にしてはならない。一説に、他人にさせてはならない。〔論語、顔淵〕
【己欲レ達而達レ人】（おのれタッせんとほっしてひとをタッす）自分が達したいと願うなら、他人もそうであろうと推量して、達成させてやるように力添えをする。達は、栄達など、自分の志望をとげること。〔論語、雍也〕夫仁者己欲レ立而立レ人（それジンシャはおのれたたんと、ほっしてひとをたて）――。〈さて仁徳ある人は自分が立ちたいと願うなら、他人もそうであろうと推量して立たしてやり、――〉
【為（爲）レ己】（おのれのためにす）自分自身の修養のために学問をする。↕為レ人（ひとのためにす）。〔論語、憲問〕古之学者為レ己（いにしえ（へ）のガクシャは、おのれのためにす）。
【克レ己】（おのれにかつ）私欲にうちかつ。
【克レ己復レ礼（禮）】（おのれにかちてレイにかえ（へ）る）私欲にうちかって礼にたち返る。礼は、社会秩序を維持する制度やおきて。〔論語、顔淵〕克レ己復レ礼為レ仁（おのれにかちてレイにかえ（へ）るをジンとなす）。〈――ことが、仁である〉
【修レ己治レ人】（おのれをお（を）さめてひとをお（を）さむ）→修己治人（三七六ページ）。

(3)0
【已】 1900　標　イ　寘 紙 yǐ

5465
5661

字義　❶**やむ**。**やめる**（やむ）。中止する。終わる。辞職する。❷助字。⇩助字解説　❸はなはだ（甚）。「已甚」❹すでに。もう。↕未。

助字解説
のみ。類而已・也已・已矣・而已矣。㋐断定・強意。…なのだ。〔孟子、梁恵王上〕放辟邪侈（ホウヘキ、ジャシ）、無レ不レ為已（なさざるなきのみ）。〈わがまま勝手な、どんな悪事でもするようになるのだ〉㋑限定。だけだ。……にすぎない。ただし、単独に「已」のみを用いないで、「而已」「而已矣」と複合して限定の意味を表すことが多い。〔論語、里仁〕夫子之道（フウシのみちは）、忠恕而已矣（チュウジョのみ）。〈先生の説かれる道は、まごころと思いやり、ただそれだけである〉

参考　⇩己(1899)の参考

解字　象形。農耕具のすきの形にかたどり、すきの意味を表した。耜（シ）の原字。借りて、やむ・すでに・のみ等の意味に用いる。
【已△矣】（やんぬるかな）もうだめだ。もうこれまでだ。絶望のことば。
【已△矣△乎】（やんぬるかな）＝已矣。〔文選、陶潜、帰去来辞〕
【已往】（イオウ）以前。過去。〔文選、陶潜、帰去来辞〕悟二已往之不一レ諫（イオウのいさめられざるをさとり）、知二来者之可一レ追（ライシャのお（お）うべきをしる）。〈過去のことはいさめて改めることはできないことを悟り、将来のこと

はなお追いかけてまにあうことを知った〉

【已下】イカ それより下。その下。以下。

【已還】イカン その後。以来。以後。

【已業】イギョウ・すでに 已も業も「すでに」の意。業已すでに。

【已後】イゴ その後。以後。

【已降】イコウ それより後。その後。以降。

【已甚】イジン・はなはだ 已も甚も、「はなはだ」の意。

【已然】イゼン すでにそうなっている（終わっている）こと。↕未然。

(3)0 【巳】1901 囚 漢シ 呉ジ 紙 sì 4406 4C26

筆順 ㇕ ㇕ 巳

字義 ❶み。十二支の第六位。月では陰暦四月。方位では東南と南南東の間。時刻では午前十時、およびその前後二時間。動物ではへび（蛇）。五行では火に当てる。❷子。はらみご。胎児。

参考 ⇨己(1899)の参考

解字 甲骨文 文 篆 象形。『説文せつもん』では、へびの象形とする。また、胎児の象形とも考えられる。十二支の第六位に用いられる。巳の意味と音符とを含む形声文字に、祀シなどがある。

(4)1 【巴】1902 囚 ハ 麻 bā 3935 4743

筆順 ㇕ ㇕ ㇕ 巴

字義 ❶虫の名。一説に、象を食うへび。❷うずまき。水流が巴ともえの字の形のようにうずまくもの。❸地名。現在の四川省重慶地方。国ともえ。㋐鞆とも（昔、弓を射るとき、左のひじにつけた皮製の道具）に描いた絵。㋑転じて、その形をした模様。

名乗 とも 難読 巴波うずま

解字 文 篆 象形。へびが地面にぺったりはっている形にかたどり、へび・うずまきの意味を表す。巴の意味と音符とを含む形声文字に、把・杷ハ・爬ハ・葩ハなどがある。

【巴猿】ハエン 巴峡で鳴くさる。転じて、山の峡谷で鳴くさる。巴峡の両岸にさるが多いのでいう。→巴峡（次項）。

【巴峡（峽）】ハキョウ 長江上流の峡谷の名。湖北省巴東県の西にある。巫山フザンから巴東までの間の急流。

【巴山】ハザン 山の名。陝西センセイ省西郷県の西南にある。大巴山。巴嶺ハレイ。また、この他にも同名の山がいくつかある。

【巴蜀】ハショク 四川省の別名。巴は今の四川省重慶地方。蜀は四川省成都地方。

【巴旦杏】ハタンキョウ 杏あんずの別種。もと大宛タイエンの産。

【巴調】ハチョウ ①巴人の歌う歌の（いやしい）調子。②俗歌。俗曲。③自作の詩文の謙称。

【巴里・巴黎】パリ Paris の音訳。フランスの首府。

【巴陵】ハリョウ ①山名。湖南省岳陽市の南西にある。下は洞庭湖に臨み、景勝の地である。一名、東陵。②郡名。南朝の宋ソウの時に置く。郡都は、今の湖南省岳陽市。

(5)2 【㠯】1903 △ イ 以(129)の本字。→六二ページ。

(7)4 【巵】1904 △ シ 卮(765)の俗字。→一六九ページ。 5466 5662

【改】→攴部 四七一ページ。

(9)6 【巻】1905 教6 カン まく・まき 2012 342C

(8)卩6 〖卷〗1906 人許 ㊀ケン 銑 juǎn ㊁ケン 霰 juàn ㊂漢ケン・呉ゲン 先 quán 慣カン（クヮン） 5043 524B

筆順 丷 龹 关 巻 巻

字義 ㊀❶まく。㋐長い物の一方を中心にしてくるくるとまるめる。㋑たばねる。まとめる。収束する。㋒とりまく。囲む。㋓まき上げる。＝捲ケン。❷ひざがまがる。㊁❶まがる（曲）。まげる。❷まき。巻き物や書物。また、それを数える語。「巻子カンス」「上巻」 ㊂❶まがる。❷にぎりこぶし（拳）。❸髪が美しい。

難読 巻向まきむく・巻子塚おだまき・巻繊けんちん

解字 文 篆 形声。㔾（卩）＋龹（𢍏）音。音符の龹ケンは、まくの意味。卩は、人がひざをまげている形にかたどる。まくの意味を表す。巻（卷）を音符に含む形声文字に、倦ケン・圏ケン・拳ケン・捲ケン・惓ケン・眷ケン・綣ケン・踡ケンなどがあり、これらの漢字は、「まく」の意味を共有している。

▼圧巻・開巻・経巻・首巻・書巻・図巻・席巻・万巻

【巻曲】ケンキョク まがる。

【巻巻】ケンケン ①親切・忠実なさま。②おちぶれたさま。③やわらかく、かよわいさま。

【巻耳】ケンジ 植物の名。みみなぐさ。ナデシコ科の越年生草木。〔詩経、周南、巻耳〕

【巻舒】ケンジョ ①まくこととのばすこと。②才能をかくすことと表すこと。③縮んだり伸びたりすること。

【巻子本】カンスボン 巻き物に作った本。

【巻石】ケンセキ にぎりこぶしほどの石。巻は、拳ケンに通ずる。

【巻舌】ケンゼツ したをまく。①驚嘆するさま。②ものを言わないさま。

【巻帙】カンチツ 書籍。帙は和装の書籍をおおい包む物。

【巻土重来（來）】ケンドチョウライ・ケンドジュウライ 砂ほこりを巻きあげて再び来る。一度敗れた者が勢力を盛りかえして再び攻めて来ること。転じて、一度失敗した者が勢力をたくわえ準備をととのえて再び試みること。巻は、捲とも書く。〔唐、杜牧、題二烏江亭一詩〕巻土重来未レ可レ知ケンドチョウライいまだしるべからず

【巻頭】カントウ ①書籍の本文の書き初めの所。巻首。②書物の本文の最初にある書名や編著者名の部分。③本文の前にある序文・目次などの付録的な部分。④その本の中の最もすぐれた詩文。⑤物事のはじめをいう。

【掩レ巻】カンをおおう（ふ） 書籍を閉じる。読むことをやめること。

【不レ釈（釋）レ巻】カンをおかず・カンをすてず 書籍をはなさない。いつも読んでいること。

(9)6 【巹】1907 △ 漢キン 呉コン 吻 jǐn

字義 ❶したがう。また、つつしむ。また、受ける。❷さかずき（さかづき）。ひさごを二つに割って作ったもの。婚礼に用いる。

【卺】俗字

解字 文 篆 会意。丞＋己。丞は、両手をあげて受けるの意味。わが身を屈して、つつしんで受けるの意味を表す。

(9)6 【巷】1908 標 漢コウ（カウ） 呉ゴウ（ガウ） 絳 xiàng 【巷】 2511 392B

【衖】同字

字義 ❶ちまた。㋐町や村里の小道。また、町や村。㋑路地。❷門の外側。国ちまた。❶道の分かれる所。つじ。❷町の中。世間。「巷の声」 ❸場所。「戦火の巷」

解字 文 篆 形声。篆文は、邑＋共音。邑は、むらの意味。音符の共は、ともにするの意味。むらの人が共有する村なかの道の意味を表す。

【巷歌】コウカ 町の中で歌う。また、その歌。

【巷間】コウカン ①まちのなか。②世上。世間。

【巷議】コウギ ①街頭で論議する（悪口をいう）。②世間の風説。世評。「街談巷議」

【巷衢】コウク ちまた。まち。衢は、つじ道。

【巷説】コウセツ ちまたのうわさ。巷談。巷議。

【巷談】コウダン ＝巷説。→前項。

(12)9 【巽】1909 囚 3507 4327

⑿9
【巽】1910 ソン 願 xùn

筆順 巳 巳巳 巺 巽

字義 ❶易の卦の名。㋐八卦の一つ。☴。表面は強いが、内心は柔順である意。風に当てる。㋑六十四卦の一つ。䷸。巽下巽上。へりくだり柔順である意。❷たつみ。東南の方角。❸供える。❹したがう。また、うやまう。つつしむ。❺ゆずる。＝遜。

名乗 ゆく・よし

解字 篆文 会意。𢀖(卯)＋丌。卯は二人のひざがそろうの意味。丌は物を供える台の象形。物をきちんと供えるの意味を表す。また、遜に通じて、つつしみゆずるの意味をも表す。

【巽与(與)之言】ソンヨのゲン うやうやしく人にさからわないことば。婉曲なことば。与は、やわらぐ意。〔論語、子罕〕

3 巾部

〔部首解説〕**はば。はばへん。**きんべん。巾が幅の略字として用いられるところからいう。また、巾の音キンから、きんべんともいう。巾を意符として、布や、布で作ったものを表す文字ができている。

巾 三四二	3 师 三四三	帙 三四三	帔 三四四	帬 三四五	8 帷 三四六	幃 三四七	10 幌 三四八	幕 三四八	幣 三四九
1 帀 三四二	帆 三四三	帖 三四三	6 帟 三四四	師 三四五	常 三四六	幀 三四八	幕 三四八	幔 三四八	幣 三四九
市 三四二	4 希 三四三	帑 三四四	帥 三四四	帨 三四六	帶 三四七	幅 三四八	幎 三四八	12 幟 三四九	幞 三四九
2 市 三四二	帋 三四三	帛 三四四	帝 三四四	席 三四六	帳 三四七	幇 三四八	11 幗 三四八	幢 三四九	14 幬 三四九
布 三四二	5 帚 三四三	帕 三四四	7 帰 三四四	帯 三四六	9 幄 三四七	帽 三四八	幘 三四八	幡 三四九	幪 三四九
									15 幭 三四九

(3)0
【巾】1911 標 キン 真 jīn

2250
3652

字義 ❶てふき。てぬぐい。「手巾」❷おおい。お膳などのおおい。❸ずきん(頭巾)。❹えりかけ。ひれ。❺きれ。ぬの。織物。❻おおう(蔽)。また、きせる。かぶせる。
国❶はば。幅の略字として用いる。❷ちきり。頭巾の類。❸べき。＝冪(499)の字義の❸。

〔巾③〕

解字 甲骨文 篆文 象形。布きれにひもをつけて、帯にさしこむ形にかたどり、布きれの意味を表す。

【巾幗】キンカク ①婦人の髪かざり。一説に、婦人が喪中にかぶる冠。②転じて、婦人。

【巾笥】キンシ 布張りの小箱。手文庫。巾箱。また、その中に入れること。

【侍巾櫛】キンシツにジす 妻、またはそばめとなることを謙遜していう。巾櫛(手ぬぐいとくし)をとって夫に仕える意。

【巾車】キンシャ ほろをかけた車。ほろ馬車。

【巾箱】キンソウ 布張りの小箱。座側に置いて手回り品や書物などを入れる小さい箱。手文庫。

【巾箱本】キンソウボン 小型(半紙四半分以下)の本。巾箱にはいるほどの小さな本。南宋時代、科挙がさかんで、受験勉強者の携帯の便をはかって作られたものという。

(4)1
【帀】1912 △ ソウ 匝(722)の本字。→一六〇ページ。

(4)1
【市】1913 △ 漢フツ 呉フチ 物 fú

字義 **ひざかけ**。まえだれ。＝韍。

参考 〔市〕は別字。

解字 金文 篆文 象形。古代の礼制として天子・諸侯などが身につけたまえだれの形にかたどり、まえだれの意味を表す。

(5)2
【市】1914 教2 シ いち 漢シ 呉ジ 紙 shì

2752
3B54

筆順 亠 亣 市 市

字義 ❶いち。㋐人が集まって物品の売買をするところ。市場。「朝市」㋑転じて、人や物の多く集まるところ。㋒あきない。とりひき。また、あきないをする。売り買いをする。❷しおきば。さらしば。刑場。(昔は人の多く集まる場所で刑罰を施行した)❸まち。人家が多くてにぎやかなところ。
国シ。行政上の自治団体。府県の下に属し、人口五万以上で、地方自治法によって定められる。

名乗 ち　難読 市塙はない・市正いちのかみ・市来いちき

解字 金文 篆文 形声。冂＋乁＋之(㞢)音。㞢(之)シは、ゆくの意味。冂は、市場の一定の区域を示す。乁キュウは、及の古字。物品を売買するために人々が行く場所、いちの意味を表す。

▼海市・街市・棄市・宮市・港市・城市・井市・朝市・馬市・坊市

【市隠(隱)】シイン 町なかに住んでいる隠者。

【市易】シエキ 宋の王安石の新法の一つ。都に交易所を設け、政府の金で物価の安いときに買い、高いときに売る法。

【市街】シガイ まちなみ。人家が続いてにぎやかな所。

【市況】シキョウ ①まちの景気。②取引・売買のようす。

【市虎】シコ 市中に虎がいると、三人も同じうそを言えば、それが事実として信用される。無根のことばも、これを言う者が多いと、人を惑わすというたとえ。「三人言い(ひ)て虎を成す」とか「市虎三人に成る」ともいう。〔戦国策、魏〕

【市肆】シシ みせ。商店。

【市場】シジョウ ①売り手と買い手が規則的に会合する組織。②商人が集まって商品を売買する所。③いちば。㋐＝②。㋑マーケット。

【市井】シセイ まち。人家の多い所。昔は、井戸のある所に市ができたのでいう。

【市井之臣】シセイのシン 町にいる人民。また、仕官しないで国都にいる者。

【市井之人】シセイのひと 市中の俗人。町に住む庶民。

【市井之徒】シセイのト 市中のならず者。市井無頼。

【市曹】シソウ ①町役人。②官職を売ること。また、金で買った官職。③人を刑罰に処する所。昔、人を市で刑したからいう。→字義の❷。

【市朝】シチョウ ①市中。まちなか。市中の公衆が集まる所。朝は、朝廷に役人が並んでいるように、人が並んでいること。②市(まちなか)と朝廷。

【市道】シドウ ①市中の道路。②商売道。利を重んじ義を忘れること。「市道の交わり」

【市販】シハン 市中で売っていること。また、その商人。

(5)2
【布】1915 教5 フ ぬの 漢ホ 呉フ 遇 bù

4159
495B

筆順 ノ ナ 右 布

字義 ❶ぬの。㋐植物の繊維で織った織物。麻や葛の織物とか綿布。㋑織物の総称。❷ぜに。貨幣。「泉布」❸しく。広げる。行き渡らせる。くばる。「公布」「頒布」

〔布②〕

名乗 しき・たえ・のぶ・よし

難読 布哇・布佐・布忍・布団・布良

解字 金文 篆文 形声。巾＋ナ(父)音。音符の父は、木づちを手にする形にかたどる。きぬたで「つや」を出した、ぬのの意味を表す。また、敷に通じ、しくの意味をも表す。

▼絹布・公布・散布・宣布・泉布・銭布・調布・刀布・塗布・配布・発布・頒布・羅布・流布

【布衣】①布製の(一般庶民)の着物。②転じて、官位のない人。③国㋐六位以下の役人が着る無紋の狩衣。また、それを着る身分の人。㋑江戸時代、武士の第四級の礼服。

【布衣之極】庶民としての最高の出世。

【布衣之交】身分や地位を離れてのつきあい。庶民的なつきあい。布衣の友。

【布衍】のべ(おし)ひろめる。敷衍。

【布教】教え(宗教)を広める。

【布衾】ぬので作った粗末な夜具。

【布告】告示して一般にしらせること。また、その文。「宣戦布告」

【布施】①人に物を施す。②仏僧に金銭や品物の施しを与える。また、その金品。

【布陣】戦いの陣をしく。いくさの陣立てをする。また、しかれた陣立て。

【布政】政治を行う。施政。

【布袋】①ぬので作った袋。②いりむこ。③㋐布袋竹の略。幹が短く節が多い。杖を作るのに用いる。㋑五代後梁の高僧。布袋和尚。杖で布の袋を背負い、太った腹を出し、人の吉凶を占った。(?—九一七?)④国七福神の一つ。布袋和尚をまねたものという。

【布置】くばりならべる。配置。

【布陳】①つらなりならぶ。また、しきならべる。敷陳。②ばらばらになる。

【布帛】①もめんと絹。②織物。

【布帆】①布の帆。②転じて、舟をいう。

【布縷】布とより糸。昔、賦税として徴収した。

【布令】法令や命令などを一般に広く示すこと。ふれ。

(6)3 【师】1916 △ シ 師(1934)の俗字。→三四五ぺー。 4033 4841

(6)3 【帆】1917 常 ハン ほ 一漢ハン・呉ボン 咸 fān 二漢ハン・呉ボン 陥 fàn

筆順 巾 巾 帆 帆

字義 一❶ほ。風を受けて舟を走らせる布。「順風満帆」❷ほかけぶね。帆船。「孤帆」二❶ほ。❷ほをあげて走らせる。

解字 形声。巾＋凡音。音符の凡は、帆の象形。凡が、「すべて」の意味に用いられるようになったので、巾を付して区別し、「ほ」の意味を表す。

▼帰帆・軽帆・孤帆・征帆・風帆・布帆・片帆・満帆

【帆影】①ほかげ。ほのすがた。②遠くに見える帆。また、その舟。

【帆檣】ほばしら(帆柱)。マスト。帆竿。

【帆船】ほかけぶね。ほまえせん。ほぶね。

(7)4 【希】1918 教4 キ 漢キ 呉ケ 微 xī 2085 3475

筆順 ノ メ 孑 产 希

字義 ❶まれ。＝稀。㋐すくない。㋑うとい。まどおい。❷かすか。声がないので聞くことができない。❸のぞむ(望)。あおぐ(仰)。❹こいねがう。もとめる。ねがう。「希望」❺かわく。＝晞。国国名。希臘の略。

参考 現代表記では[稀](5338)の書きかえに用いる。「稀少→希少」「稀代→希代」

解字 会意。爻＋巾。爻は、織り目の象形。巾は、ぬのきれの意味。織り目が少ない、まれの意味を表す。また、祈に通じ、のぞみもとめるの意味をも表す。希の意味と音符とを含む形声文字に、晞・睎・稀などがある。

【希有】めったにない。めずらしい。ふしぎな。稀有。

【希冀】こいねがいのぞむ。希望。

【希求】こいねがい求める。冀求。

【希覯】まれに見る。めったにない。めずらしい。「希覯本」

【希少】まれ。すくない。めずらしく思うほど少ししかないこと。稀少。「希少価値」

【希世】①世にまれな。めずらしい。稀世。②世俗の名誉を求める。

【希代】世にもまれな。めずらしい。ふしぎな。稀代。

【希薄】(気体・液体などの)うすいこと。稀薄。

【希望】こいねがいのぞむ。また、のぞみ。冀望。

【希臘】国Hellas の音訳。バルカン半島の南端にある共和国。

(7)4 【帋】1919 △ シ 紙(5721)と同字。→八四三ぺー。 5467 5663

(8)5 【帚】1920 標 ソウ 箒(5540)の本字。→八二四ぺー。 難読 帚木 5468 5664

(8)5 【帙】1921 △ 漢チツ 呉ジチ(ヂチ) 質 zhì 【袟】同字 5469 5665

字義 ❶ふまき。ふみづつみ。和とじの書物を包むおおい。「書帙」「巻帙」❷書物。❸書物の次第・編序。

〔帙①〕

解字 篆文 形声。巾＋失音。音符の失は、秩に通じ、秩序だててつめるの意味。書物を秩序だててつめこむ覆いの意味を表す。

【繙帙】書物を開く。書を読むこと。開巻。

(8)5 【帖】1922 標 チョウ(テフ) 慣ジョウ(デフ) 葉 tiè, ③tiě 3601 4421

字義 ❶うわがき。絹布に記した標題。❷石ずりの書。習字の手本。法帖。❸かきもの。㋐帳簿。書類。張面。「手帖」㋑ふれぶみ。布告の書。㋒手紙。書簡。㋓張り紙。張りふだ。❹とばり。カーテン。❺さだまる。さだめる。おちつく。❻たれる(垂)。国ジョウ。㋐折り本。㋑半紙二十枚。また、美濃紙四十八枚、海苔の十枚。㋒屏風・畳などを数える語。

難読 帖木児

参考 現代表記では[帳](1941)に書きかえることがある。「手帖→手帳」

解字 篆文 形声。巾＋占音。音符の占は、牒に通じ、うすくてひらたいの意味。ものを書きつけるためのうすい布、かきつけの意味を表す。また、寝室の前のとばりの意味をも表す。

【帖耳】耳をたれる。ごきげんを取り、あわれみを請うさま。

【帖装(装)】書物の装訂法の一つ。横に長い紙を同じ幅に折って作った本。俗称、折本。

【帖帖】①ゆったりと落ちついているさま。②ついて離れないさま。③たれさがっているさま。④心服するさま。

【帑】1923 (8)5 △ 漢ド 呉ヌ 虞 nú　5470 5666
字義 ❶かねぐら。金銀をいれておく所。「帑庫」 ❷子。妻子。子孫。＝孥ド。 ❸鳥の尾。 ❹とりこ。捕虜。
解字 篆文 形声。巾＋奴音。

【帛】1924 (8)5 標 漢ハク 呉ビャク 陌 bó　5471 5667
字義 ❶きぬ。うすぎぬ。しろぎぬ。にしき。絹織物の総称。［孟子、梁恵王上］五十者可三以衣二帛矣ゴジュウのもの もってきぬをきるべし。「布帛」 ❷ぬさ。贈り物にするきぬ。
解字 甲骨文 金文 篆文 形声。巾＋白音。音符の白は、しろいの意味。しろぎぬの意味を表す。
【帛書】ハクショ 絹に書いた文字や手紙。

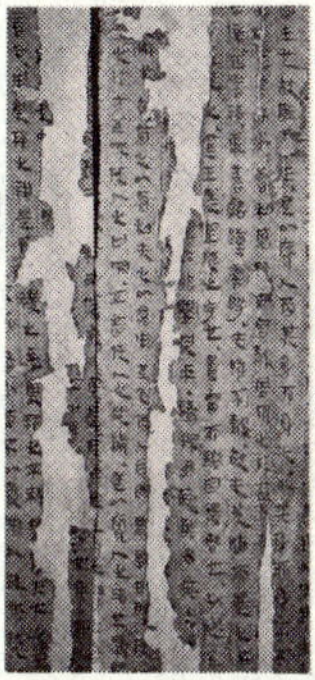
〔老子・帛書(馬王堆漢墓)〕

【帕】1925 (8)5 △ 一漢バツ・呉メチ 黠 mò 二ハ 禡 pà 三漢バク・呉ミャク 陌 慣ハク
字義 一❶はちまき。ひたいあて。 ❷つつむ(包)。 二三❶ふくさ。 ❷とばり。カーテン。 ❸ハンカチ。手帕。
【帞】同字
解字 会意。巾＋白。

【帔】1926 (8)5 △ ヒ 寘支 pèi
字義 ❶すそ。はかま。スカート。 ❷うちかけ。そでのない衣。また、ショール。 ❸てぬぐい。 国たれぎぬ。昔、婦人が外出のとき、笠のまわりに長くたらした、からむしの薄い布。むしのたれぎぬ。
解字 篆文 形声。巾＋皮音。音符の皮は、かわの意味。かわのように胴をおおう布、チョッキの意味を表す。

【帟】1927 (9)6 △ 漢エキ 呉ヤク 陌 yì
字義 ひらはり。ひらとばり。上に張って、ごみを防ぐ小さな幕。
解字 篆文 形声。巾＋亦音。音符の亦エキは、両わきの意味。本幕の上部に平らに張る小さな幕の意味を表す。

【帥】1928 (9)6 常 スイ　3167 3F63
一スイ 寘 shuài 二漢シュツ・呉シュチ・ソチ 質 慣ソツ・ソチ
筆順 帥
字義 一❶ひきいる(率)。したがえる。 ❷かしら。おさ。軍をひきいる最高の将官。「元帥」 二❶＝一の❶。 ❷＝一の❷。 ❸したがう。 ❹ただす。 国ソツ・ソチ。大宰府ダザイフの長官。
解字 金文 篆文 会意。巾＋自。金文の自の部分は、両手で物をひきあげているさまにかたどる。巾は、人をひきいる時に用いた布の象形。ひきいるの意味を表す。
▼元帥・主帥・将帥・総帥・統帥
【帥先】シュッセン・ソッセン さきに立って人をみちびく。率先。

【帝】1929 (9)6 常 テイ　3675 446B
【帝】1930 (9)6 漢テイ 呉タイ 霽 dì
筆順 帝
字義 ❶みかど。きみ。天子。「帝王」「皇帝」 ❷あまつかみ。天の神。「天帝」「上帝」 ❸かみ。五行ゴギョウの神。「五帝」 ❹大きい。
名乗 ただ 難読 帝魂ほととぎす
解字 甲骨文 篆文 象形。甲骨文でわかるように、木を組んで締めた形の、神をまつる台の象形。天の神の意味から、天下を治める、みかどの意味を表す。帝を音符に含む形声文字に、締テイ・諦テイ・蹄テイ・禘テイなどがあり、これらの漢字は、「しめくくる」の意味を共有している。
▼義帝・皇帝・黄帝・上帝・聖帝・先帝・大帝・天帝・廃帝
【帝胤】テイイン 天子の血統(子孫)。皇胤。
【帝掖】テイエキ 天子のいる所。皇城。宮城。
【帝紀】テイキ ①帝王のことを述べた歴史書。②天帝の位。③帝王の守るべき道。
【帝畿】テイキ 天子が直接治める領地。また、帝都のある地方。畿内。王畿。
【帝居】テイキョ ①天帝のいる所。②五帝のいる所。③天子のいる所。皇居。
【帝京】テイキョウ 天子の都。皇都。帝都。帝城。
【帝郷(鄕)】テイキョウ・テイケイ ①天帝のいる所。②仙人のいる所。［文選、陶潜、帰去来辞］ ③天子の郷里(出身地)。④天子のいる所。帝都。
【帝堯(堯)】テイギョウ 中国古代伝説上の帝王の名。平陽(今の山西省臨汾リンフン市の南西)に都したと伝えられる。姓は陶唐氏。帝舜シュンとともに理想的な聖天子とされる。
【帝業】テイギョウ 天子の(天下を統治する)事業。
【帝系】テイケイ 天子の血統。皇統。帝胤イン。
【帝闕】テイケツ 宮城の門。転じて、宮城。
【帝嚳】テイコク 中国古代伝説上の帝王の名。黄帝の曾孫ソウソンという。帝堯ギョウの父。姓は高辛氏。
【帝室】テイシツ 天子の家。皇居。また、天皇の一家。皇室。
【帝釈(釋)天】タイシャクテン 仏須弥山シュミセンの頂上、善見城におり、仏法を擁護し、阿修羅アシュラを征服するという神。
【帝舜】テイシュン 中国古代伝説上の帝王の名。顓頊センギョク七世の孫。堯ギョウに用いられて位を譲られた。姓は有虞ユウグ氏。帝堯とともに理想的な聖天子とされる。
【帝城】テイジョウ ①天子のいる城。皇城。宮城。②天子のいる都。帝京。帝都。
【帝制】テイセイ ①天子の定めた制度。②皇帝が最高主権者として国を統治する制度。
【帝祚】テイソ 天子の位。帝位。
【帝儲】テイチョ ①天子のあとつぎ。皇太子。東宮。②星の名。五帝座の北にある。
【帝図(圖)】テイト 天子のはかりごと。帝猷ユウ。
【帝傅】テイフ ①天子の師。帝師。②宰相をいう。
【帝命】テイメイ ①天子の命令。②天帝の命令。
【帝猷】テイユウ ①天子のはかりごと。②帝王の道。
【帝力】テイリョク ①天子の力。②天子のめぐみ。［十八史略、五帝、帝堯］帝力何有二於我一哉テイリョクなんぞわれにあらんや。〈天子のおかげなど、どうしてわれわれに関係があろうか〉

【帰】1931 (10)7 教2 キ かえる・かえす　2102 3522
【歸】1932 (18)止14 一キ 微 guī 二漢キ・呉ギ 寘 kuì　6137 5D45
筆順 帰
【帰】古字 【皈】俗字 6607 6227

【字義】㊀❶とつぐ。嫁に行く。❷ゆく（往）。❸かえる（かへる）。もどる。引き返す。❹かえす（かへす）。もどす。❺身を寄せる。また、その所。❻くみする。味方する。また、集まる。おちつく。❼まかせる。ゆだねる。❽終わる。死ぬ。㊁おくる（贈）。与える。

【名乗】もと・より

【使いわけ】かえる・かえす（帰・返）
〔帰〕人間が戻る場合。「帰らぬ旅」
〔返〕人間以外のものが戻る場合。「野性に返る」
ただ、「初心にかえる」のように紛らわしい例も多い。

【解字】甲骨文　金文　篆文
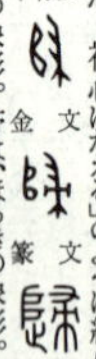
会意。甲骨文・金文は、𠂤＋帚。𠂤は、神に供える肉の象形。帚は、ほうきの象形。人が無事にかえったとき、清潔にした場所で神に感謝をささげたさまから、かえるの意味を表す。金文の一部から、のち「あし」の意味を表す止を付加し、その歩行にかかわる意味を明らかにした。転じて、女性が落ち着くべき所に落ち着く、とつぐの意味をも表す。常用漢字は省略形による。

▼詠帰・回帰・還帰・指帰・適帰・不帰・復帰

【帰安】キアン　とついだ女が里へ帰って父母の安否を問うこと。
【帰一】キイツ　分かれたものが一つにまとまる。同じ所に帰着する。結局同じになる。
【帰隠（隱）】キイン　官職をやめて帰り、世を捨てて隠居する。
【帰依】キエ　①㊃あつく信仰して仏にすがる。②転じて、すぐれたものに頼みすがること。
【帰往】キオウ　おもむく。また、たよって行く。
【帰化】キカ　①（都から遠い地方の人が）君主の徳に感化されてつき従う。②他国の国籍を得て、その国民となる。
【帰嫁】キカ　とつぐ。よめいりする。
【帰△臥】キガ　家に帰っていこう。また、官職をやめて故郷に帰り余生を送る。隠退すること。
【帰還】キカン　もとの所へかえる。特に外地・戦地から内地へ帰る。
【帰△雁】キガン　①春、北に帰るかり。②夕方、ねぐらに帰るかり。
【帰休】キキュウ　①家に帰って休む。②美名を他人に帰すること。よい評判は他人の手柄にする。一説に、帰ることをうながすこと。③死をいう。
【帰去来（來）△兮】キキョライ・かえ（へ）りなんいざ　さあ故郷に帰ってゆこう。役人をやめて故郷に帰る決意を述べたことば。兮は助字。〔文選、陶潜、帰去来辞〕――、田園将レ蕪（デンエンまさにあれんとす）、胡不レ帰（なんぞかえ（へ）らざる）。〈――、故郷の田園はいままさに荒れはてようとしている。どうして帰らずにおられようか〉

【帰△禽】キキン　夕方ねぐらに帰る鳥。
【帰結】キケツ　物事のおちつくこと。また、事の終局。結果。
【帰元】キゲン　㊃死、特に僧の死をいう。生滅界（この世）を出て本元の世界に帰る意。
【帰向】キコウ　①おもむき向かう。②心を寄せる。なつく。
【帰耕】キコウ　（それまでの仕事をやめて）故郷に帰って耕作する。
【帰国（國）】キコク　本国に帰る。また、故郷に帰る。帰寮。
【帰山】キザン　①故山に帰る。故郷に帰る。②道家で、死をいう。③㊂僧がその住んでいる寺にもどる。
【帰舎】キシャ　①家に帰る。帰家。②㊂寄宿舎に帰る。帰寮。
【帰趣】キシュ　＝帰趨（キスウ）。
【帰順】キジュン　（敵対していた者が）心を改めて服従する。なつき従う。
【帰処（處）】キショ　①帰るべきところ。②たより安んずること。③心安らかに住むべきところ。安住の地。
【帰心】キシン　①故郷に帰りたいと思う心。「帰心矢のごとし」②なつき従う心。
【帰真（眞）】キシン　①本来の心にかえる。いつわりを捨てて真実に帰る。②㊃死をいう。
【帰△趨】キスウ　①おもむく。かえる。②おもむき。③帰着点。
【帰省】キセイ　故郷に帰り父母の安否をたずねる。転じて、単に故郷に帰ることをいう。
【帰宗】キソウ　①宗家（本家）に帰る。他家に嫁いだ婦人が、父の喪に実家に帰る類。②他家の養子となった者、または妻となった者が、夫の死や離婚などによって実家に帰る。
【帰葬】キソウ　遺体を故郷に持ち帰ってほうむる。
【帰蔵（藏）】キゾウ　殷（イン）の易（エキ）。夏（カ）の連山と、周易と合わせて三易という。一説に、黄帝の易という。
【帰俗】キゾク　僧をやめて俗人となる。還俗（ゲンゾク）。
【帰属（屬）】キゾク　①つきしたがう。②ある人、またはある団体に従属する。
【帰著・帰着】キチャク　①かえりつく。②議論や意見などが一点におちつく。また、その帰着点。③経過はどうあれ、結局そうなること。
【帰朝】キチョウ　①朝廷に帰属する。②君主の命令で他国に行った者が朝廷に帰る。また、外国から本国に帰ること。
【帰田】キデン　①田地をかえす。②公田をかえす。③官職をやめて故郷に帰って農耕に従事する。
【帰寧】キネイ　①嫁いだ女が実家に帰って父母の安否をたずねること。寧は、安の意。②男子が故郷に帰って父母の安否を問うこと。③家に帰って喪祭をとり行うこと。

【帰年】キネン　故郷に帰る年。〔唐、杜甫、絶句詩〕何日是帰年（いずれ（づ）れのひか これキネンならん）。訳文⇨今春（五九ページ）。
【帰納】キノウ　①寄せ集める。②反切によって漢字の音を出す。③個々の事実の間に共通点を求めて、一般的な法則を引き出すこと。↔演繹（エンエキ）。
【帰農】キノウ　官職をやめ、故郷に帰って農業をする。
【帰馬放牛】キバホウギュウ　戦争をやめるたとえ。周の武王が殷（イン）に勝って、馬を華山の南に帰し、牛を桃林の野に放った故事による。〔書経、武成〕
【帰帆】キハン　帰る帆かけ船。帰途につく船。帰舟。
【帰付・帰附】キフ　したがいつく。心をよせて従う。
【帰伏】キフク　①降伏して従う。帰降。②故郷に帰りかくれる。
【帰服】キフク　なつきしたがう。帰順する。
【帰命】キメイ　①なつきしたがう。帰順。②㊃キミョウ　梵語（ボンゴ）namas（南無（ナム））の意訳。心から仏を信仰すること。
【帰命頂礼】キミョウチョウライ　㊃厚く信仰し、頭を地につけておがむこと。
【帰△沐】キモク　①家に帰って髪を洗う。②役人が休暇をもらって家に帰り休息すること。
【帰養】キヨウ　家に帰って父母をやしなう。
【帰老】キロウ　老いて官職をやめる。官をやめて故郷に帰る。
【同レ帰異レ塗】キをおなじくしてみちをことにす　→殊レ塗同レ帰（三四一ページ）。

(10)7【帬】1933　△　クン　裙（6972）と同字。→九八三ページ。

(10)7【師】1934　教5　シ　師走（しわす）　シ　因 shi　2753　3B55

筆順
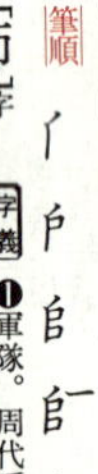

【师】俗字

【字義】❶軍隊。周代では二千五百人の軍隊。「出師（スイシ）」❷易（エキ）の六十四卦（カ）の一つ。☵☷坎下坤上（カンカコンショウ）。多くの人を統率する人君・将軍を表す。❸かしら。おさ。長官。❹人を教え導く人。先生。また、先生と仰ぐこと。師とする。手本とする。「恩師」❺天子の最高の補佐官。太師。❻音楽や礼儀の専門家。また、一般に技芸のすぐれた人。「医師」「技師」❼役人。官吏。❽風や雨をつかさどる神。「雨師」「風師」❾もろもろ。多くの人。衆人。また、多いこと。「京師」

【名乗】かず・つかさ・のり・もと・もろ

【難読】師歯迫山（しはせやま）

【解字】甲骨文　金文　篆文
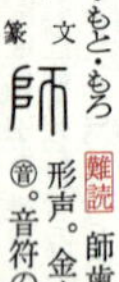
形声。金文は、𠂤＋辛省。（音）。音符の辛（シン）は、刃物の象形で、つみするの意味。𠂤は、大きな切り肉の象形。敵を

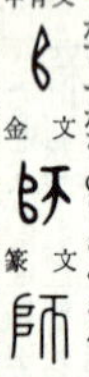

処罰するという目的で祭肉を奉じて出発する軍隊の意味を表す。甲骨文と早期の金文では、𠂤のみで音符はまだついていなかった。転じて、指導者の意味をも表す。辛の省略形が、帀となった。

▼医師・雨師・鋭師・王師・外師・楽師・旧師・漁師・軍師・京師・経師・厳師・講師・国師・士師・常師・人師・出師・先師・禅師・宗師・祖師・大師・導師・道師・読師・父師・仏師・法師・牧師・薬師・律師・猟師・老師

【師役】シエキ　いくさ。戦争。

【師家】シカ　①先生の家。②先生。③仏ケシ　学徳のある禅僧。一般の禅僧の師となる禅僧。特に座禅の師をいう。

【師訓】シクン　先生の教え。師匠のいましめ。

【師△曠】シコウ　春秋時代、晋(シ)の国の楽師（音楽の官）で、名は曠といった。よく音調を聞き分け、吉凶を占ったという。

【師子】シシ　ライオン。獅子(シシ)。

【師資】シシ　①先生。資は、たすけの意。②師匠と弟子。

【師事】ジシ　先生としてその人につかえる。

【師授】ジシュ　先生から教え授けられること。

【師匠】シショウ　①手本となる人。②学問・技術を教える人。先生。③国日本的芸能を教える人。

【師承】シショウ　先生から教えを受ける。また、その伝承。

【師△襄】シジョウ　春秋時代、魯(ロ)の国の楽師（音楽の官）で、名を襄といった人。琴の名手で、孔子もこれに琴を学んだ。

【師走】シわ(は)す　国陰暦十二月の別名。

【師宗】シソウ　師として尊ぶ。

【師長】シチョウ　①先生。②目上の人。③百官の長。師は、もろもろの意。④二千五百人の軍隊の長。

【師弟】シテイ　先生と生徒。師匠と弟子。

【師道】シドウ　①先生の伝える道。先生から授けられた道。②先生につかえる道。③国人の師として守るべき道。

【師範】シハン　①手本。また、手本となる人。師表。模範。②南宋(ナンソウ)の臨済宗の高僧。字(あざな)は無準。理宗から仏鑑禅師の号を賜った。（一一七八―一二四九）③国武道や技芸などの先生。

【師表】シヒョウ　手本。また、世の中の手本となる人。

【師父】シフ　①先生。父としてつかえる先生。②先生と父。③僧や道士などの敬称。

【師△傅】シフ　①太師と太傅。ともに天子を助ける高官。②教えみちびきながら守り育てる役。もりやく。

【師風】シフウ　先生の人格・気風、また、学風。

【師保】シホ　①太師と太保。ともに天子を助ける高官。②教え助ける。教え養う。

【師法】シホウ　①手本。また、手本とする。②先生の教え。師匠から授けられた正しい道。③軍隊を出動させる法。

【師友】シユウ　①先生とも仰ぐ友人。②先生と友人。

【師旅】シリョ　①軍隊。二千五百人を師、五百人を旅という。②転じて、戦争。

---

(10)7

【帨】1935

△　漢セイ・呉サイ　慣ゼイ　霽

字義　❶てふき。腰にさげ手をふくに用いるきれ。❷ぬぐう。ぬぐ(ふ)。手をふく。

解字　形声。巾＋兌㊥。音符の兌(タイ=イセ)は、ぬけおちるの意味。手の水滴をぬぐう、てふきの意味を表す。

(10)7

【席】1936

教 4　セキ　寄席(よせ)

漢セキ　呉ジャク　陌 xí

3242　*404A*

筆順　亠 广 庐 庐 席

字義　❶むしろ。草や竹などで編んだ敷物。ござ。❷すわる場所。占める位置。「座席」「首席」❸多くの座席を設けた場所。会場。「宴席」❹しく。敷物をしく。座席を設ける。❺よる。たよる。国セキ。寄席(よせ)。

難読　席田(むしろた)

解字　甲骨文 　篆文 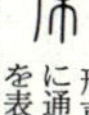　形声。巾＋庶省㊥。音符の庶は、藉に通じ、草を編んだ「しきもの」の意味を表す。

▼研席・講席・主席・首席・上席・薦席・即席・陪席・別席・臨席・列席

【席巻・席△捲】セッケン　むしろを巻くように、かたはしから土地を攻め取ること。

【席末】セキマツ　末席。①しもざ。座席の下のほう。②自分の座席をへりくだっていうことば。

【席不レ暇レ暖】セキあたたまるにいとまあらず　あちこち忙しくかけ回って、座席のあたたまるひまもない。ひと所におちついているひまもないほど多忙なこと。〔唐、韓愈、争臣論〕

(10)7

【帯】1937

教 4　タイ　おびる・おび

3451　*4253*

(11)8

【帶】1938

人許　タイ　泰 dài

5472　*5668*

筆順　一 十 卄 卌 帯

字義　❶おび。㋐腰のあたりに巻いて着物のおさえとするもの。「束帯」㋑着物のおびのように、物のまわりに巻くもの。「包帯」㋒すじ。帯状に長く続いているもの。「緑地帯」❷おびる。おぶ。㋐腰にさげる。身につける。手に持つ。「帯刀」「携帯」㋑含み持つ。㋒おびのようにめぐらす。まく。❸へび（蛇ダ）。❹へた。＝蔕イテ。

名乗　たらし・よ

難読　帯王(たらしこ)・帯刀(たてわき・おびなた)

解字　篆文 　象形。おびに飾りのたれ布の重なり垂れさがった形にかたどり、おびの意味を表す。常用漢字は省略形。帶（帯）を音符に含む形声文字に、蔕イテ・螮イテ・滞などがあり、これらの漢字は、「おびる」の意味を共有している。

▼衣帯・一帯・拐帯・魚帯・襟帯・携帯・兼帯・妻帯・所帯・世帯・束帯・付帯・連帯

【帯金】タイキン・おびがね　刀剣のさやにつけた輪形の金具。それに刀剣のひもを通して腰におびる。

【帯剣（劍）】タイケン　刀剣を腰につける。また、その刀剣。

【帯甲】タイコウ　よろいを着けた兵士。甲士。

【帯△鉤】タイコウ　おびがね。おびの両端をかけ合わせて締める金具。

【帯出】タイシュツ　物を持ち出す。

【帯同】タイドウ　いっしょに連れて行く。同行。

(11)8

【帷】1939

標　イ（ヰ）　支 wéi

5473　*5669*

字義　❶とばり。たれぬの。たれぎぬ。カーテン。❷ひきまく。まんまく。❸車の覆い。また、柩(ひつぎ)の覆い。❹おおう。かくす。

難読　帷子(かたびら)

解字　篆文 　形声。巾＋隹㊥。音符の隹(イス)は、圍（囲）に通じ、めぐらすの意味。めぐらした布、とばりの意味を表す。

【帷△幄】イアク　①とばりを張りめぐらした所。幄は、上方と四周を囲む幕。②作戦計画をする所。また、大将の陣営。参謀本部。③参謀官をいう。

【帷△幄△之臣】イアクのシン　いつも君主のそばにいて計略をめぐらす臣。謀臣。参謀。

【帷△裳】イショウ　①縫い目のない裳(も)。裳は、腰から下につける衣。スカート。一はばを、帷（どんちょう）のように作るからいい、出仕・祭典のとき着用する。②婦人の車のひきまく。車帷。

【帷帳】イチョウ　①とばり。②作戦計画をする所。

【帷幕】イバク・イマク　①＝帷帳。②婦人の居室。

【帷房】イボウ　①とばりを垂れた部屋。②ねや。寝室。

【帷△幔】イマン　まく。とばり。帷は、ひき幕。

【下レ帷】イをくだす　とばりを垂れおろす。家にこもって読書すること。後世、塾を開いて弟子たちに教えること。

(11)8

【常】1940

教 5　ジョウ　つね・とこ

漢ショウ（シャウ）　呉ジョウ（ジャウ）　陽 cháng

3079　*3E6F*

筆順 ⺌ 尚 常

字義 ❶つね。㋐いつまでも変わらないこと。「恒常」 ㋑ふだん。ひごろ。平生。「日常」 ㋒なみ。普通。「常人」 ㋓いつまでも変わらない道。のり。おきて。また、ならわし。「五常」 ❷つねに。いつも。いつまでも。とこしえに。❸かつて。昔。以前。❹旗の一種。日月・黄竜を描いた旗。天子が用いる。❺長さの単位。尋(八尺)の二倍。周代の尺度で三・六メートル。「尋常」

国とこ。接頭語。永久不変の意。「常夏」

名乗 つら・とき・ときわ・のぶ・ひさ・ひさし 難読 常夏(とこなつ)・常滑(とこなめ)・常山(とこやま)・常世(とこよ)・常田(ときた)・常磐津(ときわづ)・常葉(ときわ)・常陸(ひたち)・常呂(ところ)

解字 金文 篆文 形声。巾＋尚㊢。音符の尚は、長に通じ、ながいの意味。長い布の意味から、転じて、長く変わらない、つねの意味を表す。

▼居常・恒常・綱常・尋常・非常・平常・無常

【常娥】ジョウガ ＝嫦娥(ジョウガ)(三六七ページ)・姮娥(コウガ)(三八二ページ)。

【常軌】ジョウキ つねにふみ行うべき道。常道。「常軌を逸する」

【常規】ジョウキ つねに変わらない法則。普通のきまり。

【常経(經)】ジョウケイ つねに守るべき、永久不変の道。

【常山舌】ジョウザンのした 節を守って、死ぬまで敵をののしること。唐の安史の乱に、常山郡(今の河北省)の太守、顔杲卿(ガンコウケイ)は、賊と戦って捕らえられたが、あくまでも安禄山の罪をののしり、ついに舌をたち切られた故事。〔宋、文天祥、正気歌〕為二顔常山舌一(ガンジョウザンのしたとなる)。

【常山蛇勢】ジョウザンのダセイ 前後左右どこにもすきのないこと。また、そのような陣形、または文章。常山(河北省曲陽県の北西の山)に両頭の蛇がいて、その体のどこを打っても反撃して、すきがなかった故事による。〔孫子、九地〕

【常師】ジョウシ きまった師匠。一定の先生。

【常識】ジョウシキ 普通の人が持っており、また、持っているべき、あたりまえの知識や見識。

【常赦】ジョウシャ 特別の恩典によって、一定の範囲内で刑罰を減ずること。恩赦の一つ。

【常住】ジョウジュウ ①いつも一つの場所にとどまり住むこと。②いつも。ふだん。「常住不断」 ③仏生滅(ショウメツ)も変化もすることなく、つねに生存すること。

【常住坐臥】ジョウジュウザガ ふだんの行動(において)の意。転じて、いつも。つねに。ふだん。

【常勝】ジョウショウ 戦うごとにきまって勝つ。「常勝軍」

【常情】ジョウジョウ 人として普通にもつ気持ち(考え)。

【常職】ジョウショク 一定の職務、また、職業。定職。

【常心】ジョウシン ①一定不変の心。②ふだんの心。

【常数(數)】ジョウスウ ①一定の数。②自然の定め。一定の運命。

【常世】ジョウセイ ①一般の世間。②国とこよ ㋐つねに変わらぬこと。永久不変。㋑常世の国の略。㊀遠く離れたところにあるという想像上の国。㊁不老不死の仙境。㊂人が死後に行く国。よみじ。黄泉。

【常体(體)】ジョウタイ ふつうのありさま・状態。

【常態】ジョウタイ きまった状態。ふだんのようす。

【常談】ジョウダン ①普通の話。平凡な話。②日常の談話。

【常駐】ジョウチュウ 久しく(また、いつも)そこにとどまっていること。

【常度】ジョウド ①いつも変わらない法則。②ふだんの態度。また、いつも変わらない態度。

【常套】ジョウトウ ありふれた(また、きまった)やりかた。「常套手段」

【常道】ジョウドウ ①いつもきまって変わることのない道理。不変不易の道理。人間のつねに守るべき正しい道。②普通のやり方。ありふれた方法。

【常任】ジョウニン つねにその任務にあたること。

【常馬】ジョウバ なみの馬。普通の馬。凡馬。

【常磐】ジョウバン 国①ときわ(は) とこ岩の意。いつも変わらないこと。永久不変。②とこ葉の意。松・杉など、草木の葉が、一年中緑色で変わらないこと。常緑。

【常備】ジョウビ いつも備えておく。「常備軍」「常備薬」

【常平倉】ジョウヘイソウ 米の値段を平均に維持するため政府が設けた倉庫。米価の安いときは政府が高く買い入れて農民を利し、高いときはその貯蔵米を安く売り、消費者を利した。漢の宣帝の時に置かれ、以後歴代これを設けた。

【常法】ジョウホウ ①つねに守るべきおきて。②一定の規則。③普通のやりかた。

【常用漢字】ジョウヨウカンジ 国昭和五十六年(一九八一)十月に内閣告示として公布された常用漢字表の一九四五字の漢字。同表は、従来の当用漢字表(一八五〇字)の制限的な意味を緩和し、一般の社会生活における漢字使用の目安を定めるとしたもので、その字種と字体、および音訓が示されている。

【常緑】ジョウリョク 草木が秋冬になっても落葉せず、一年中、緑色をしていること。常磐(ときわ)。「常緑樹」

【常鱗凡介】ジョウリンボンカイ 普通の魚やありふれた貝類。平凡な人のたとえ。

【常例】ジョウレイ いつものしきたり。恒例。慣例。

【常連】ジョウレン 国いつも連れだって行動する仲間。また、飲食店などの常客。定連。◇「定連」が本来の用字だが、現代では「常連」と書くのが一般的。

【不二常有一】つねにはあらず いつもあるとはかぎらない。ないときもある。一部否定。「常不レ有」(つねにあらず)は、全部否定。

(11)8 【帯】(1938) タイ 帯(1937)の旧字体。→三四六ページ。 5472 5668

(11)8 【帳】1941 教3 チョウ 蚊帳(かや) チョウ(チャウ) 漾 zhàng 3602 4422

筆順 巾 巾 帳 帳

字義 ❶とばり。室内に使うたれぬの。たれぎぬ。カーテン。「玉帳」 ❷ひきまく。まんまく。陣営の幕。❸はり。とばり・まくなどを数える語。❹帳面。帳簿。ノート。

参考 現代表記では〔帖〕(1922)の書きかえに用いることがある。「手帖→手帳」

解字 文 篆 形声。巾＋長㊢。音符の長は、ながく張るの意味。布をはりめぐらした、とばりの意味を表す。

▼開帳・記帳・玉帳・紙帳・組帳・蚊帳・羅帳

【帳帷】チョウイ とばり。たれぎぬ。

【帳飲】チョウイン 野外に幕を張って送別の酒盛りをすること、帳餞(チョウセン)。

【帳下】チョウカ ①とばりの下。②戦場で大将のいる陣屋。また、その大将の支配下。幕下(バッカ)。旗下。麾下(キカ)。

【帳中】チョウチュウ とばりの中。幕の内。陣営の中。帳裏。

【帳殿】チョウデン とばりで作った仮の宮殿。

【帳裏】チョウリ とばりのうち。たれぎぬの内。帳中。

(12)9 【幄】1942 △アク 覚 wò 5474 566A

字義 ❶てんまく。テント。上方・四方をおおい囲む、大きな幕。「帷幄(イアク)」 ❷ひきまく。まんまく。四方を囲む幕。陣屋の幕。❸とばり。たれぎぬ。たれぬの。

解字 形声。巾＋屋㊢。音符の屋は、へやの意味。布のへや、まんまくの意味を表す。

【幄帷】アクイ たれぎぬ。とばり。また、とばりをめぐらした所。

【幄舎】アクシャ 国神事または朝廷の儀式などに、庭に設けた仮屋。四周に幕を張り、上方を布でおおったもの。幄屋(アクのや)。幄座(アクのザ)。

【幄幕】アクバク・アクマク 陣中に用いるまく。じんまく。

(12)9 【幃】1943 △イ(ヰ) 微 wéi 5475 566B

字義 ❶とばり。一重（ひとえ）のたれぎぬ。＝帷（イ）。❷においぶくろ。香ぶくろ。

解字 文 金 篆 文 形声。巾＋韋㊤。音符の韋（イ）は、圍（囲）に通じ、かこむの意味。かこむための布、とばりの意味を表す。

(12)9【幀】1944 △ 漢トウ（タウ） 呉チョウ（チャウ） 慣テイ 敬 zhèng 5476 *566C*

字義 ❶木わくに張った絵ぎぬ。また、絹地にかいた絵。❷絵絹を木わくに張ること。また、かけものを仕立てること。「装幀」❸書画のかけものを数える語。一幅を一幀という。「水墨画一幀」

参考 現代表記では［丁］(4)に書きかえることがある。「装幀→装丁」

解字 形声。巾＋貞㊤。

(12)9【幅】1945 常 フク はば 一フク 屋 fú 二漢ヒョク・呉ヘキ 職 慣フク 4193 *497D*

筆順 巾 巾 帄 幅 幅

字義 一❶はば。㋐織物の横の広さ。周代、二尺二寸を一幅とした。約四七・二五センチメートル。㋑すべて、物の横の長さ。さしわたし。「幅員」❷ぬのじ。きれじ。布帛（フハク）。❸ふち。へり。転じて、うわべ。みえ。「辺幅」❹かけもの。かけじく。また、かけものを数える語。「双幅」 二むかばき。脚絆（キャハン）。 国はば。はぶり。威勢。「幅が利（き）く」

解字 文 篆 形声。巾＋畐㊤。音符の畐（フク）は、鄙（ヒ）に通じ、あるひろがりをともなうものの周辺部の意味。巾は、布きれの意味。布のはば、へりの意味を表す。

▼全幅・双幅・大幅・辺幅

【幅員・幅△隕】（フクイン） ①はば。②はばと、まわり。広さ。員・隕は、圓（エン）に通じて、まわりの意。周囲。

【幅△巾】（フッキン） ひとはばの布で作ったずきん。隠士などのかぶりもの。

(12)9【幇】1946 △ ホウ（ハウ） 陽 bāng 5483 *5673*

【幫】同字 【帮】俗字

字義 たすける（たす）。力をそえる。手伝う。

解字 形声。巾＋封㊤。

難読 幇間（たいこもち）

【幇間】（ホウカン） ①両方の間をとりもち助ける者。仲介者。②酒席をとりもち、客の遊興を助ける者。たいこもち。転じて、他人にこびる者の意にも用いる。

【幇助】（ホウジョ） たすける。手伝う。「殺人幇助」

(12)9【帽】1947 常 ボウ

(12)9［帽］1948 漢ボウ 呉モウ 号 mào 4325 *4B39*

筆順 巾 巾 帄 帽 帽

字義 ❶ぼうし。かぶりもの。頭巾（ズキン）。❷物の頭にかぶせるものの総称。

解字 形声。巾＋冒（冐）㊤。音符の冒は、ぼうしの意味。巾を付し、ぼうしの意味を表す。原字は冃であったが、目・月などの字との区別がしにくいためこの字形となった。

(13)10【幌】1949 標 漢コウ（クワウ） 呉オウ（ワウ） 養 huǎng 4358 *4B5A*

字義 ❶ほろ。車などのおおい。❷とばり。たれぬの。たれぎぬ。❸看板の旗。酒屋ののぼり。 国ほろ。母衣（ほろ）。㋐人力車・馬車の覆い。雨・風・日光などを防ぐもの。㋑鎧（よろい）の背に負い、矢を防ぐ布。

解字 形声。巾＋晃㊤。

難読 幌延（ほろのべ）・幌向（ほろむい）

(13)10【幕】1950 教6 マク・バク

(14)11［幕］1951 漢バク 呉マク 薬 mù 4375 *4B6B*

筆順 艹 苩 莒 莫 幕

【幙】同字

字義 ❶マク。てんまく。上方をおおうまく。❷とばり。たれまく。❸将軍の陣営。将軍が政務を執る所。幕府。❹おおう。また、覆い。覆いのぬの。❺こてあて。すねあて。❻すなはら。砂漠。＝漠。 国マク。㋐芝居の一くぎり。「第二幕」㋑相撲番付の最上段のグループ。幕内（マクうち）。㋒場面。場合。「出る幕ではない」㋓おわり。しまい。終結。「幕になる」

難読 幕間（まくあい）

解字 文 甲骨 篆 文 形声。巾＋莫㊤。音符の莫（バク）は、日が草むらにかくれるさまから、おおいかくすの意味。おおうための布、「まく」の意味を表す。

▼開幕・剣幕・終幕・序幕・討幕

【幕営（營）】（バクエイ） ①幕を張って設けた陣屋。②将軍の本陣。本営。

【幕下】（バッカ・バクカ） ①たれまくの下。②将軍のひざもと。また、将軍直属のけらい。旗本（はたもと）。③将軍の尊称。④国㋐近衛大将の中国風の呼び名。㋑（マクした） すもうの十両の次位の力士。

【幕議】（バクギ） 国幕府の評議。幕府の人々の主張。幕論。

【幕臣】（バクシン） 国将軍直属のけらい。旗本（はたもと）。幕下。

【幕南】（バクナン） ゴビ砂漠の南。漠南。↔幕（漠）北。

【幕府】（バクフ） ①将軍の本営。いくさの時、行くさきざきで幕を張って本陣としたからいう。②官署。役所。③国㋐近衛（コノエ）大将の中国風の呼び名。㋑鎌倉・室町・江戸時代、将軍が政治を執った所。㋒将軍。

【幕北】（バクホク） ゴビの砂漠の北。漠北。幕朔（バクサク）。↔幕（漠）南。

【幕僚】（バクリョウ） ①将軍の本営にあって将軍を助ける者。②人の相談に加わる者。顧問。③国軍隊で参謀総長や司令官などの下で参謀事務や副官事務を執る将校。

(13)10【幎】1952 △ 漢ベキ 呉ミャク 錫 mì 5477 *566D*

【幂】同字

字義 ❶おおう（おほ）。おおいかくす。❷うわおいのぬの。また、かおかくし。死者の顔をおおいかくす布。幎冒（ベキボウ）。❸すだれ。

解字 篆 文 形声。巾＋冥㊤。音符の冥（メイ）は、おおうの意味。おおい布の意味を表す。

【幎冒】（ベキボウ） かおかくしで死者の顔をおおう。また、その物。冒は、おおう。また、おおい。

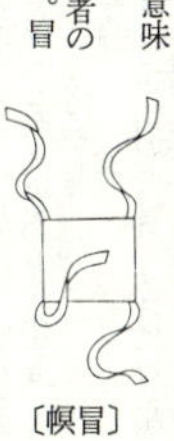

〔幎冒〕

(14)11【幗】1953 △ カク（クワク） 陌 guó 5478 *566E*

字義 ❶婦人の髪かざり。髪をつつむ飾りのきれ。大きなリボン。「巾幗（キンカク）」❷婦人の、喪中のかぶりもの。

解字 篆 文 形声。巾＋國㊤。

(14)11【幘】1954 △ 漢サク 呉シャク 陌 zé

字義 ❶かみづつみ（髪包）。頭巾（ズキン）。ひたいあて。かんむりした。❷鶏のとさか。「鶏幘」

解字 篆 文 形声。巾＋責㊤。

(14)11【幕】(1951) バク 幕(1950)の旧字体。→中段。

(14)11【幔】1955 △ マン 翰 màn 5479 *566F*

字義 ❶ひきまく。まんまく（幔幕）。四方を囲む幕。❷とばり。たれぬの。カーテン。❸看板の旗。酒屋ののぼり。❹ほろ。おおい。「車幔」

解字 文 篆 形声。巾＋曼㊉。音符の曼ﾏﾝは、長くのびていくの意味。のびていく引き幕の意味を表す。

【幔幕】ﾏﾝﾏｸ 引きめぐらしたまく。まく。

(15)12 【幟】1956 標 シ 寘 zhì 5480 5670

字義 ❶のぼり。はた。「旗幟」❷しるし。めじるし。標識。＝識ｼ。「標幟」

解字 文 篆 形声。巾＋戠㊉。音符の戠ｼは、識に通じ、区別するしるしの意味。しるしとする布の旗の意味を表す。

(15)12 【幢】1957 △ ㊀㊇トウ（タウ）㊉ドウ（ダウ）江 chuáng ㊁㊇トウ（タウ）㊉ドウ（ダウ）絳 zhuàng ㊂㊇トウ ㊉ドウ 東 5481 5671

字義 ㊀❶はた。はたぼこ。軍の指揮に用いる旗。❷かざし。おおい。㊁ほろ。皇后の車の屋根に下げるかざりのたれぎぬ。㊂❶ほろ。車のとばり。❷→幢。

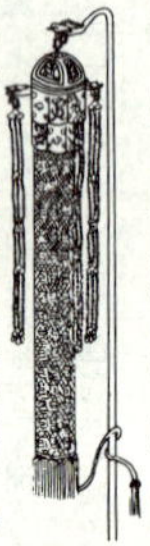
〔幢㊀①〕

解字 文 篆 形声。巾＋童㊉。音符の童は、鐘に通じ、つりがねの意味。布をつりがねのような形に作った、はたの意味を表す。

【幢牙】ﾄｳｶﾞ 大将の立てる旗。

【幢蓋】ﾄｳｶﾞｲ はたぼこと朱のかさ。大将軍や州郡の長官などが用いる。

【幢棨】ﾄｳｹｲ 旗をつけたほこ。はたぼこ。

【幢幢】ﾄｳﾄｳ ①羽毛が風にゆれるさま。②火の光がゆらゆらゆれ動くさま。

【幢幡・幢旛】ﾄｳﾊﾝ ①はた。②仏ﾌﾞｯ ﾄﾞｳ ﾊﾞﾝ 仏堂にかざる旗。

(15)12 【幡】1958 標 ㊇ハン ㊉ホン 元 fān 4008 4828

字義 ❶のぼり。はた。＝旛ﾊﾝ。❷ひるがえす。また、ひるがえる。＝翻ﾎﾝ。❸ふきん。

難読 幡屋ﾊﾀﾔ・幡生ﾊﾀﾌﾞ・幡豆ﾊｽﾞ

解字 文 篆 形声。巾＋番㊉。音符の番は、放射状にひろがるの意味。ひろがる布きれ、ふきんの意味を表す。また、旛ﾊﾝに通じ、はたの意味にも用いる。

【幡旗】ﾊﾝｷ はた。のぼり。

【幡幟】ﾊﾝｼ はたじるし。しるしのはた。旗幟ｷｼ。

【幡然】ﾊﾝｾﾞﾝ・ﾎﾝｾﾞﾝ ①旗などのひるがえるさま。②心をさらりとひるがえすさま。

【幡幡】ﾊﾝﾊﾝ・ﾊﾞﾝﾊﾞﾝ ①しきりにひるがえるさま。②威厳がなく軽々しいさま。

(15)12 【幣】1959 常 ヘイ ㊇ヘイ ㊉ベイ 霽 bì 4230 4A3E

(15)12 〖幤〗1960

筆順 丷 尚 尚 敝 幣

【幤】俗字 5482 5672

字義 ❶みてぐら。神に供える絹。幣帛ﾍｲﾊｸ。❷贈り物。㋐天子へのみつぎもの。進物ｼﾝﾓﾂ。㋑客への贈り物。ひきでもの。㋒一般に、贈り物をいう。❸たから。宝物。財宝。❹ぜに。かね。「貨幣」国へイ。ごへい。おんべ。ぬさ。しで。神を祭るに使う、白紙を切って柄にはさんだもの。「幣束」

名乗 しで・ぬさ

難読 幣原ｼﾃﾞﾊﾗ・幣帛ﾐﾃｸﾞﾗ

解字 文 篆 形声。巾＋敝(㡀)㊉。音符の敝ﾍｲは、拝に通じ、おがむの意味。神におがみささげる布の意味を表す。

▼貨幣・厚幣・紙幣・泉幣・造幣・重幣・皮幣・奉幣

【幣制】ﾍｲｾｲ 国家の規定した貨幣の制度。

【幣帛】ﾍｲﾊｸ ①神にささげるぬさ。②天子に奉る礼物のきぬ。③客への贈り物のきぬ。④おくりもの。進物ｼﾝﾓﾂ。⑤ぜにと、きぬ。⑥国ﾐﾃｸﾞﾗ 神に供える品物の総称。

【幣物】ﾍｲﾌﾞﾂ・ﾍｲﾓﾂ 贈り物。進物ｼﾝﾓﾂ。礼物。幣財。

【幣聘】ﾍｲﾍｲ ①贈り物をして人を招くこと。②礼をもって賢者を招くこと。

(15)12 【幤】1961 △ ヘイ 幣（1959）の俗字。→前項。 5482 5672

(15)12 【幞】1962 △ ㊇ホク ㊉ボク 因 fú

字義 頭巾ｽﾞｷﾝ。幞頭ﾎﾞｸﾄｳ。頭にかぶるきれ。また、はちまき。

解字 文 篆 形声。巾＋菐㊉。

(17)14 【幬】1963 △ ㊀㊇チュウ（チウ）㊉ジュウ（ヂウ）尤 chóu ㊁㊇トウ（タウ）・㊉ドウ（ダウ）号 dào

字義 ㊀❶とばり。たれまく。たれぎぬ。❷車のこしきをおおう革ｶﾜ。㊁おおう（覆ﾌｳ）。

解字 文 金 文 篆 形声。巾＋壽㊉。音符の壽ﾁｭｳは、つらねるの意味。つらねた布、とばりの意味を表す。

【幬帳】ﾁｭｳﾁｮｳ かや。蚊帳ﾌﾞﾝﾁｮｳ。蚊幬ﾌﾞﾝﾁｭｳ。蚊幬。

(17)14 【幪】1964 △ ㊀㊇ボウ・㊉モウ 東 méng ㊁㊇ボウ・㊉モウ 董 měng

字義 ㊀❶おおう。おおい（覆）。❷ひたいあて。頭巾ｽﾞｷﾝ。昔、刑の軽い者につけさせた。「幪巾」㊁しげってさかんなさま。

解字 形声。巾＋蒙㊉。音符の蒙ﾓｳは、おおうの意味。

(18)15 【幭】1965 △ ㊇ベツ ㊉メチ 屑 miè

字義 ❶おおい（覆）。物をおおう布。❷夜着ﾖｷﾞ。ねまき。

解字 文 篆 形声。巾＋蔑㊉。音符の蔑ﾍﾞﾂは、見えないの意味。布で見えなくするおおいの意味を表す。

3

干部

〔部首解説〕 かん。ほす。この部首の文字で干が意符になっている例はなく、もっぱら字形分類のために部首にたてられる。

干 三四九 2 平 三五〇 3 幵 三五一 年 三五二 5 幸 三五三 幷 三五四 10 幹 三五四

于→二部 四五㌻。幷→八部 一二六㌻。罕→网部 八七五㌻。

(3)0 【干】1966 教6 カン ほす・ひる カン 寒 gān 2019 3433

筆順 一 二 干

字義 ❶おかす。してはならないことをする。そむく。さからう。「干犯」❷もとめる。手に入れようと努める。「干禄」❸あずかる。かかわる。関係する。「干渉」❹ふせぐ（扞ｶﾝ）。❺たて（盾）。「干戈ｶﾝｶ」❻ほす（乾）。かわかす。また、ひる。かわく。

「干物」「干潮」　❼きし(岸)。みぎわ。❽えと。十干(甲・乙・丙・丁・戊・己・庚・辛・壬・癸)。❾欄干は、てすり。❿若干は、いくつか。いくばく。

名乗 たく・もと　難読 干海鼠・干潟・干飯崎・干鰯

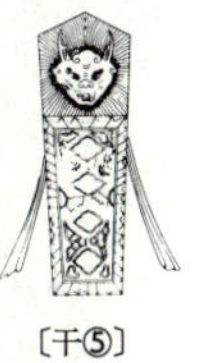

〔干⑤〕

参考 現代表記では〔旱〕(2979)の書きかえに用いることがある。「旱害→干害」「旱天→干天」

解字 金文 篆文 象形。先のふたまたになっている武器の象形で、おかす・ふせぐの意味を表す。干を音符に含む形声文字に、奸・刊・肝・汗・馯などがある。また、幹に通じて、さお・はしらの意味を表すものに、竿・軒などがある。

▼射干・支干・若干・水干・野干・欄干

【干羽】(カンウ) 夏の禹王がはじめた舞楽の名。干はたてで、武の舞に用い、羽は鳥の羽のかざしで、文の舞に用いた。干舞・羽舞。この舞によって苗族(貴州・雲南地方の未開人種)が帰服したという。〔書経、大禹謨〕

【干戈】(カンカ) ①たてと、ほこ。②武器。③たたかい。戦争。④武の舞。たてとほことを持って舞う。

【倒置干戈】(カンカをトウチす) 武器をさかさまにしておく意で、世の中が平和であること。〔史記、留侯世家〕

【干害】(カンガイ) ひでりによる損害。旱害。

【干支】(カンシ・えと) 兄と弟の意で、十干と十二支とを組み合わせた「十干十二支」の略。「幹枝」ともいう。→十干(一六三ページ)・十二支(一六三ページ)。十と十二の最小公倍数である六十で干支は一巡する。その最初の甲子から最後の癸亥までの順序によって、年次や日付を表す紀年・紀日法が古くから行われた。この干支は、五行・八卦とともに、時刻や方位などにも当てはめて用いられた。⇩ コラム・十干十二支・時刻・方位表(三五一ページ)。

【干渉】(カンショウ) ①関係する。②他人の仕事をさしずしたり、妨害したりする。くちばしを入れる。③国際法上、一国が他国の内治・外交に口出しすること。

【干将(將)莫邪】(カンショウバクヤ) ①古代の二ふりの名剣の名。干将は呉(楚、または韓ともいう)の刀工、莫邪はその妻。二人が呉王のために作った陰の剣(莫邪)と陽の剣(干将)の二ふり。②転じて、名剣をいう。

【干城】(カンジョウ) たてと、しろ。君主のたてとなり城となって外を防ぎ内を守ること。転じて、軍人・武人をいう。

【干戚】(カンセキ) ①たてと、まさかり。転じて、武器。②武の舞。たてとまさかりを持って舞う。

【干拓】(カンタク) 湖や海の水をほして耕地にすること。

【干潮】(カンチョウ) ひきしお。しおひ。↕満潮。

【干天】(カンテン) 旱天。①ひでり。②夏の空。

【干瀆・干瀆】(カントク) おかしけがす。人に面会を求めることにいう。「干瀆尊厳」(ソンゲンをカントクす)

【干犯】(カンパン) おかす。そむきおかす。法律などをおかす。

【干宝(寶)】(カンポウ) 晋代の学者。字は令升。『周易注』『晋紀』『捜神記』などの著がある。

【干満(滿)】(カンマン) 潮のみちひ。干潮と満潮。

【干与(與)・干預】(カンヨ) あずかる。関係する。関与。

【干禄】(カンロク・ロクをもとむ) 俸禄をもとめる。仕官する。また、天の助けを求める。

(5)2【平】1967　(5)2〔平〕1968

教 3　ヘイ・ビョウ　たいら・ひら

㊀漢ヘイ・呉ビョウ(ビャウ)　庚 píng　㊁漢ヘン・呉ベン　先　慣ヒョウ(ヒャウ)

4231　4A3F

筆順 一 ㇀ 䒑 亚 平

字義 ㊀❶たいら。たいらか。ひらたい。㋐ことばがおだやかなこと。㋑高低・凹凸のないこと。「水平」㋒何事もなく安らかなこと。「太平」㋓正しいこと。㋔等しい。かたよらない。「平等」❷たいらにする。❸たいらげる。㋐おさまる。おだやかになる。㋑仲直りする。「和平」❹たいらぐ。討ちしずめる。征服する。「平定」❺つね。㋐なみ。普通。㋑ふだん。ひごろ。「平生」❻平声。漢字の発音上の四区分の一つ。四声(平・上・去・入)の一つ。

㊁❶わかつ。❷ととのい治まる。

国 ❶ひらに。なにとぞ。ひとえに。❷ひら。㋐ひらたい椀。㋑なみ。普通。また、山間の平地。❸たいら。ひざをくずすこと。楽にすわること。❹たいらげる。食べ尽くす。

名乗 おさむ・つね・とし・なる・はかる・ひとし・まさる　難読 平群・平取・平城・平生・平成・平内・平鮒・平目・平栗・平良・平鹿

解字 金文 篆文 象形。水の平面に浮く水草の象形から、たいらの意味を表す。平(平)を音符に含む形声文字に、坪・苹・萍・評・鮃などがある。

▼下平・公平・衡平・上平・升平・水平・生平・太平・泰平・治平・不平・偏平・和平

【平安】(ヘイアン) ①たいらかで、やすらかなこと。何事もなくおだやかなこと。太平。無事。〔唐、岑参、逢入京使詩〕馬上相逢無紙筆、憑君伝語報平安(バジョウにあいて、シヒツなし、きみによりてデンゴしヘイアンをホウぜん)〈馬に乗ったまま出会ったので手紙を書く紙や筆がない、あなたに伝言を頼み無事でいることを家族に伝えよう〉②国京都の旧名。平安京。

【平夷】(ヘイイ) ①平定する。②たいらかなこと。平安。

【平易】(ヘイイ) ①たやすい。容易。②やすらか。平静。

【平遠】(ヘイエン) たいらかで、とおい。土地が平らで遠くまで続いていること。

【平穏(穩)】(ヘイオン) おだやか。やすらか。「平穏無事」

【平仮(假)名】(ひらがな) 国平安時代初期に、漢字の草書体をさらに簡略にくずして作られた表音文字。

【平闊】(ヘイカツ) ＝平曠。

【平気(氣)】(ヘイキ) ①平和な気。②気持ちを落ち着ける。また、その気持ち。③国気にかけないこと。

【平起】(ヒョウキ・ヒョウおこり) 漢詩の作法で、絶句・律詩の第一句の第二字に平声の字を用いること。↕仄起(ソッキ・ソクおこり)。

【平議】(ヘイギ・ベンギ) 公平に議論する。また、理非を判別して論定する。

【平居】(ヘイキョ) ふだん。つねひごろ。いつも。平常。

【平羌】(ヘイキョウ) 川の名。四川省雅安市から、峨眉山の北を流れ、楽山市で岷江に合流する。青衣江の別名。

【平均】(ヘイキン) ①おしなべて等しい。差のないこと。②差のないように、ならすこと。③数学で、多くの数または量の、中間の値。

【平原】(ヘイゲン) たいらな野原。平野。

【平原君】(ヘイゲンクン) 戦国時代、趙の武霊王の子、趙勝。平原君はその封号。多くの食客を養った。戦国四君の一人。(?―前二五一)

【平午】(ヘイゴ) 昼の十二時。まひる。正午。亭午。平昼。平は、正しくその時にあたる意。

【平康】(ヘイコウ) ①たいらかで、やすらか。平安。平穏。②唐代、長安の花柳街の名。平康坊。北里。

【平衡】(ヘイコウ) ①正しいはかり。②かたよらないで、平均のとれていること。衡は、はかりのさお。③腰を折り頭を下げて、腰と頭とが平らになるおじぎの仕方。

【平曠】(ヘイコウ) たいらで広いこと。平闊。

【平沙】(ヘイサ) たいらで広い砂はら。砂漠。〔唐、岑参、磧中作詩〕今夜不知何処宿、平沙万里絶人烟(コンヤはしらずいずれのところにかシュクするを、ヘイサバンリ、ジンエンたゆ)〈今夜はさてどこへ泊まったらよいのやら。平らな砂漠が見渡す限り万里も続いて、人家から立ち上る炊事の煙など、まったく見えない〉

十干・十二支の組み合わせ

五行	十干	十二支
木	（兄）甲（きのえ）	子（ね）①
木	（弟）乙（きのと）	丑（うし）②
火	（兄）丙（ひのえ）	寅（とら）③
火	（弟）丁（ひのと）	卯（う）④
土	（兄）戊（つちのえ）	辰（たつ）⑤
土	（弟）己（つちのと）	巳（み）⑥
金	（兄）庚（かのえ）	午（うま）⑦
金	（弟）辛（かのと）	未（ひつじ）⑧
水	（兄）壬（みずのえ）	申（さる）⑨
水	（弟）癸（みずのと）	酉（とり）⑩
	甲	戌（いぬ）⑪
	乙	亥（い）⑫

丙…子⑬ 丁…丑⑭ 戊…寅⑮ 己…卯⑯ 庚…辰⑰ 辛…巳⑱ 壬…午⑲ 癸…未⑳ 甲…申㉑ 乙…酉㉒ 丙…戌㉓ 丁…亥㉔

戊…子㉕ 己…丑㉖ 庚…寅㉗ 辛…卯㉘ 壬…辰㉙ 癸…巳㉚ 甲…午㉛ 乙…未㉜ 丙…申㉝ 丁…酉㉞ 戊…戌㉟ 己…亥㊱

庚…子㊲ 辛…丑㊳ 壬…寅㊴ 癸…卯㊵ 甲…辰㊶ 乙…巳㊷ 丙…午㊸ 丁…未㊹ 戊…申㊺ 己…酉㊻ 庚…戌㊼ 辛…亥㊽

壬…子㊾ 癸…丑㊿ 甲…寅(51) 乙…卯(52) 丙…辰(53) 丁…巳(54) 戊…午(55) 己…未(56) 庚…申(57) 辛…酉(58) 壬…戌(59) 癸…亥(60)

甲…子(61)…（還暦） ←

●十二支には、十二種の動物が当てられ、次のように呼ばれる。

子 ね（鼠ねずみ）
丑 うし（牛）
寅 とら（虎）
卯 う（兎うさぎ）
辰 たつ（竜）
巳 み（蛇へび）

午 うま（馬）
未 ひつじ（羊）
申 さる（猿）
酉 とり（鶏にわとり）
戌 いぬ（犬）
亥 い（猪いのしし）

時刻・方位表

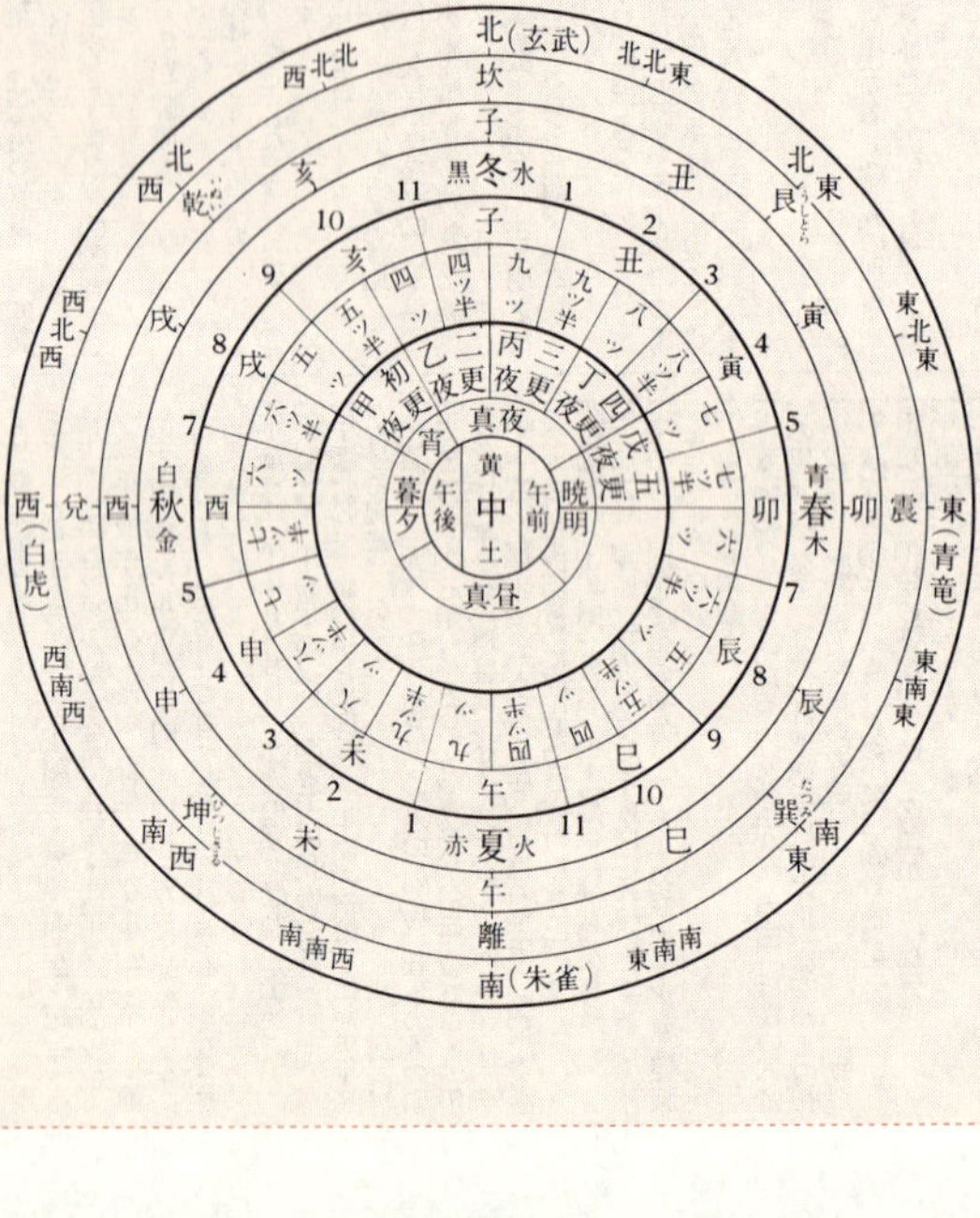

【平時】ヘイジ ①平和な何事もないとき。↕戦時・非常時。②ふだん。平常。
【平準】ヘイジュン ①価格を平均にし、標準を定める。物価が下落すれば官が買い入れ、高いときに売り出して、物価の調節をすること。〔史記、平準書〕②みずもり。水準器の一つ。
【平叙(敍)】ヘイジョ ありのままにのべる。
【平章】ヘイショウ・ヘイジョウ ①公平に品定めする。②結婚の仲介をする。③ととのえ明らかにして治める。
【平章事】ヘイショウジ・ヘイジョウジ 唐・宋ソウの宰相。正しくは、同中書門下平章事、または、同平章事。
【平常】ヘイジョウ ①つね。ふだん。②平凡。珍しくないこと。
【平心】ヘイシン 落ち着いた気持ち。また、心を落ちつける。
【平信】ヘイシン ①無事を知らせる手紙。また、急用でない手紙。②①の意味から、手紙の表に記す語。
【平世】ヘイセイ おだやかな世。平和な世。
【平成】ヘイセイ ①家庭が治まり、社会が安定する。〔左伝、文公十八〕②国昭和の次の年号。
【平生】ヘイゼイ ①ふだん。平常。②かつて。そのむかし。
【平声(聲)】ヒョウセイ・ヒョウショウ 四声の一つ。→平仄ヒョウソク。
【平静(靜)】ヘイセイ ①おだやかで、しずか。おちついて、しずかなこと。②私心のないこと。
【平昔】ヘイセキ ①むかし。②ふだん。＝平生。
【平然】ヘイゼン 平気なさま。気にかけないさま。おちついて物事に動じないさま。
【平素】ヘイソ ①ふだん。平生。②過去。昔。
【平仄】ヒョウソク ①平韻と、仄韻の字。平韻は高低のない平らな音で、上平・下平に分かれて三十韻、仄韻は高低の変化のある音で、上・去・入の三声に分かれて七十六韻。⇩コラム・漢詩（六〇ページ）。②国つじつま。条理。「平仄が合わない」
【平旦】ヘイタン よあけ。あかつき。平明。
【平旦之気(氣)】ヘイタンノキ 明け方のすがすがしい気持ち。朝の澄みきった精神。〔孟子、告子上〕
【平坦】ヘイタン たいら。また、平らな地面。坦も、平らの意。
【平淡】ヘイタン あっさりして、しつこくないこと。
【平地起二波瀾一】ヘイチにハランをおこす 何事もないおだやかな所に波風を起こす。強いて争いを起こすたとえ。〔唐、劉禹錫、竹枝詞〕等間平地起二波瀾一トウカンのヘイチにハランをおこす。
【平治】ヘイチ・ヘイジ ①おだやかに治まる。また、治める。②ベンチ 公平に罪をさばく。
【平直】ヘイチョク ①たいらとまっすぐ。平面と直線。②たいらでまっすぐ。③公平で正しい。
【平定】ヘイテイ たいらげ、さだめる。武力で服従させる。

【平頭】ヘイトウ ①数のそろうこと。ちょうど。②詩の八病（八つの欠点）の一つ。上の句の頭二字と下の句の頭二字と同声、上の句の第一字と下の句の第一字と同声など。「平頭病」③召使い。「平頭奴子」④頭の平らな頭巾ズキンの名。
【平等】ビョウドウ 差別がなく等しい。かたよらないで一様なこと。
【平年】ヘイネン ①一年が三百六十五日の年。↕閏年うるうどし（ふ）。②河水の平隠な年。洪水のない年。③国米や気温に特に異変のない、普通の年。↕豊年・凶年。
【平板】ヘイバン ①種まきのとき、泥田をならす農具。②国詩文などが単調で、おもしろみもないこと。
【平蕪】ヘイブ 雑草の茂った（遠く広い）野原。
【平伏】ヘイフク ひれふす。平たくふしかがむ。
【平復】ヘイフク 病気がなおり、もとの体になること。全快。
【平平】ヘイヘイ ①たいらか。平坦ヘイタン。②平凡なさま。なみなみ。③ベンベン ととのい治まる（治める）さま。
【平平凡凡】ヘイヘイボンボン きわめて平凡なさま。
【平凡】ヘイボン 特にすぐれたところがなく、なみなこと。↕非凡
【平民】ヘイミン ①一般の（官位のない）人民。庶民。②民を平和に治める。③国もと、戸籍上の階級。皇族・華族・士族以外の者。
【平明】ヘイメイ ①よあけ。平旦ヘイタン。②公平で明らか。「平明之治ヘイメイのチ」③たやすくて、はっきりしていること。簡明。
【平癒・平愈】ヘイユ ＝平復。
【平和】ヘイワ おだやかなこと。たいらかに治まること。
【平話】ヘイワ ①批評を加えながら口語で話す、歴史物語の講釈。宋ソウの講史（一種の歴史小説）から発展し、明ミン・清シン代に流行した。もと評話といい、平は評の略という。②国（改まったところのない）普通の話。

(6)3 【幵】1969 △ ケン 㐂 jiān　5484　5674

字義 ❶たいら（平）。❷古代の部族の名。羌キョウ族の別種。

解字 篆文  象形。二本のさおを並べて上が平らなさまにかたどり、たいらの意味を表す。

(6)3 【年】1970 教1 ネン とし　ネン 㐂 nián　今年ことし　3915　472F

筆順 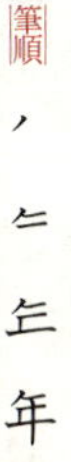

【秊】本字 字義 ❶とし。㋐元日から大みそかまで。一年。㋑年齢。寿命。❷とき（時）。よ（代）。時代。年代。❸みのる。みのり（稔）。❹穀物。

名乗 かず・すすむ・ちか・と・とせ・みのる　難読 年魚あゆ・年次としなみ・年増としま

解字 甲骨文  篆文  形声。甲骨文は、禾＋人㊥。音符の人は、成熟したひとの意味。成熟した穀物、みのるの意味から、転じて、としの意味にも用いる。篆文は会意で、禾＋千。千は、多いの意味。多くの穀物がみのるの意味を表す。

▼永年・越年・延年・往年・隔年・帰年・期年・紀年・享年・凶年・行年・高年・今年・残年・弱年・終年・少年・衰年・成年・生年・盛年・青年・積年・早年・卒年・他年・中年・長年・当年・同年・拝年・万年・晩年・平年・芳年・豊年・忘年・没年・厄年・余年・例年・暦年・歴年・連年

【年華】ネンカ ①年月。月日。②春の光。③若い年ごろ。
【年賀】ネンガ ①新年の祝い。②老人の長寿の祝い。
【年鑑】ネンカン 一定の項目に関し、一年間の情勢を記し毎年発行する記録。
【年顔】ネンガン 元気さかんな年ごろの人の顔色。壮年の人の顔色。
【年忌】ネンキ ①厄年ヤクどし。としいみ。②仏人の死後三年・七年などに仏事を行い追善供養すること。年回。回忌。
【年季】ネンキ 国①奉公人などを雇う約束の年限。②年季奉公の略。年限をきめて商店などに雇われること。
【年紀】ネンキ ①年齢。とし。②年数。年代。③年号。
【年魚】ネンギョ 国鮎あゆの別名。多く年の内に死ぬのでいう。
【年功】ネンコウ 国①多年の功労。②多年の修練による熟練（腕まえ）。「年功序列」
【年光】ネンコウ ＝年華。
【年号(號)】ネンゴウ 年につけるよび名。元号。中国では漢の武帝の建元（前一四〇）、日本では孝徳天皇の大化（六四五）がその初め。
【年穀】ネンコク 穀物。五穀。年も穀物。
【年歳】ネンサイ ①とし。年月。②年齢。③穀物。年穀。
【年始】ネンシ ①年のはじめ。年頭。②国年始の祝賀。
【年歯(齒)】ネンシ とし。よわい。年齢。
【年時】ネンジ としつき。年月。年代。
【年寿(壽)】ネンジュ 人のいのち。寿命。
【年所】ネンショ 年月。歳月。年数。所は、助字。
【年少】ネンショウ 年が若い。また、その者。
【年代】ネンダイ ①過ぎ去った時代。②時代。③紀元から数えた年数。④年齢層。「年代の差」
【年中行事】ネンチュウギョウジ・ネンジュウギョウジ 毎年きまって行われる儀式やもよおし。⇩コラム・年中行事（次ページ）。

【年頭】ネントウ 年の初め。年始。「年頭月尾」は、一年中。
【年年歳歳】ネンネンサイサイ 毎年毎年。来る年も来る年も。〔唐、劉廷芝、代下悲二白頭一翁上詩〕年年歳歳花相似（ネンネンサイサイはなあい（ひ）にたり）、歳歳年年人不レ同（サイサイネンネンひとおなじからず）。〈来る年も来る年も、花は同じように咲くが、それを見る人は、毎年毎年違った人なのだ〉
【年輩】ネンパイ ①年のならび。長幼の序。②国㋐年のころ。年かっこう。「同年輩」㋑世間のことによく通じた年ごろ。年配。
【年表】ネンピョウ 歴史上の事項を年月順に書いた表。『史記』の十二諸侯年表に始まる。
【年譜】ネンプ 人の一代の事跡や、特定の事項について年代順に記した記録。
【年芳】ネンポウ 春の美しい花。
【年来（來）】ネンライ 国数年このかた。数年来。
【年齢（齡）】ネンレイ とし。よわい。年歯。⇩コラム・年齢の別称「（三五四ページ）」。
【幷】→八部 一六〇ページ。　【罕】→网部 八七三ページ。

(8)5
【幸】1971 教3 2512 392C
コウ
さいわい・さち・しあわせ
漢コウ（カウ）　呉ギョウ（ギャウ）　便 xìng

筆順 十 土 圭 幸

【卒】古字

字義 ❶さいわい（さいはひ）。さち。しあわせ（しあはせ）。幸福。「不幸」❷さいわいする（さいはひす）。運よく。ありがたいことに。❸さいわいにして（さいはひにして）。さきわう。さいわいをもたらす。❹かわいがる。いつくしむ。「幸姫」❺めぐみ。いつくしみ。❻こいねがう（こひねがふ）。希望する。❼みゆき。天子の外出。「行幸」 国さち。㋐獲物を取る道具。㋑山や海からの収穫物。「海の幸・山の幸」

名乗 さい・さき・たか・たつ・ひで・むら・ゆき・よし

難読 幸崎（さいざき）・幸矢（さつや）・幸手（さって）・幸先（さいさき）

参考 現代表記では［倖］（287）の書きかえに用いる。「薄倖→薄幸」「射倖心→射幸心」

解字 甲骨文 象文 象形。甲骨文でもわかるように、手かせの象形。執が、手かせにとらえられた人の象形であるのに対して、手かせだけの象形で、さいわいにも手かせにはめられるのを免れて、しあわせの意味を表す。

▼愛幸・恩幸・還幸・貴幸・行幸・御幸・至幸・射幸・巡幸・遷幸・多幸・薄幸・不幸・遊幸・臨幸

【幸運】コウウン しあわせなめぐりあわせ。幸福な運命。
【幸姫（姬）】コウキ お気に入りの女。寵妾（チョウショウ）。

年中行事

長い歴史と広い土地と多くの民族とを持つ中国では、その年間行事も極めて変化に富んでいる。以下に、その一端を紹介する。日付は陰暦による。

一月一日〈元日〉〈春節〉

最も重要な祭日。〈除夕〉（大晦日（おおみそか））の夜は寝ないで新年を迎え、午前零時を待って爆竹を鳴らして魔を払い、神を迎える。また紅紙にめでたい文句（春聯（シュンレン））を書いて門の左右の柱に張り、門の両扉に武人の絵（門神）を描いた紙を貼る。

一月七日〈人日〉

唐代まで重視された節日。厄除けのため〈登高〉する習慣があったが、九月九日の〈重陽節〉に代わられた。万病を避けるため、七種の菜で粥を作る七種粥（ななくさがゆ）の風習、煎餅（センベイ）を作る風習もあった。

一月十五日〈元宵節〉〈上元節〉

春節（旧正月）の最後を祝う華やかな行事。唐代から始まる。この夜を〈元宵〉と言い、数日間にわたって、家々の門や道路に美しい灯籠（トウロウ）、走馬灯を飾り、竜や獅子（シシ）、花などを形どった灯籠（行灯）を持って町を行進する。

二月二日〈竜擡頭〉

古くは、郊外に出て遊ぶ〈春遊〉と、菜摘みの日であった。のち華北地方では〈竜擡頭（リュウタイトウ）〉（竜が頭をもたげる日）、江南地方では〈土地神誕〉（土地の神の誕生日）となった。

二月四日前後〈立春〉

天子が諸侯や卿大夫を率い、春を東郊に迎える〈迎気〉の儀式を行う。土製の牛を鞭（むち）で打ったので、〈打春〉の名称が生れた。

二月十五日（また十二日）〈花朝〉

百花の誕生日として神を祭る日。花園にテーブルを置き、菓子や果物などを供えて花神を祭った。

三月三日〈上巳節〉

〈上巳（ジョウシ）〉は、月初めの巳（み）の日だが、後に三日となった。川辺で心身を清める、厄払いの日。宮中では〈曲水の宴〉を催したり、庶民は郊外に遊んだりした。

四月五日前後〈清明節〉

二十四節気の一つ。春の雰囲気に満ちあふれる時季で、郊外に出て遊ぶ習慣がある。また、墓参りをする。

五月五日〈端午節〉

厄払いの日。昔はヨモギや菖蒲（ショウブ）を門に挿したり、朱索（朱色の絹糸で編んだ紐）や五色印（五色に染めた桃木の板）を飾ったりして、厄払いをした。今でも、戦国時代の屈原にちなむという粽子（ソウシ）（ちまき）を食べたり、南方では竜船のレースをしたりする。

七月七日〈七夕〉

牽牛（ケンギュウ）星と織女星との、年に一度の出会いを祭り、女性は機織りや裁縫の上達を願って、酒や果物を並べる、〈乞巧（キッコウ）〉という行事を行った。

八月十五日〈中秋節〉

中秋の明月（「端正の月」という）を賞しながら（翫月（ガンゲツ）・賞月）、一家全員の集まることを願った。この日に食べる月餅（ゲッペイ）にも、この願いが込められている。

九月九日〈重陽節〉

陽数の「九」が重なる日。昔は災厄を免れるため〈登高〉（高い所に登る）や、菊を観賞し、茱萸（シュユ）を身につける風習があった。

十月一日〈小春〉〈十月朔〉〈陽朔〉

秦代から漢の武帝までは、十月が年の初めだったので、宮廷では公式行事が行われた。民間では、農事が終わり休息に入るので、酒宴を設け、暖炉を開き、墓参りをした。

十一月下旬〈冬至節〉

元日に次ぐ、国家的な重要な節日。宮廷でも民間でも、天や先祖を祭り、朝賀・拝賀を行った。

十二月二十三日（二十四日）〈送竈（ソウソウ）〉

一年間を各家で過ごした竈（かまど）の神が天に上るのを感謝する日。

十二月末日〈除夜〉〈大晦日〉

宮廷でも民間でも、疫病の鬼を追い払う〈追儺（ツイナ）〉の儀式を行った。

【幸^冀】コウキ　こいねがう。万一のことを願い望む。
【幸慶】コウケイ　しあわせ。また、よろこび。
【幸臣】コウシン　気に入りのけらい。寵臣（チョウシン）。倖臣（コウシン）。
【幸甚】コウジン　①非常にしあわせである。ありがたい。なによりのしあわせ。②手紙の終わりに書くことば。
【幸便】コウビン　国①よいついで。②人に持たせてやる手紙の脇付（わきづけ）に用いる語。③よいたより。
【幸福】コウフク　しあわせ。さいわい。
【幸臨】コウリン　①天子が行幸して、その場所に出ること。臨幸。②他人が臨席することをいう敬語。

(8)5
【幷】1972　5485 *5675*
標　漢ヘイ　呉ヒョウ（ヒャウ）　庚・敬　③bìng, ③bīng　[并]

[并]易簡

字義　❶**ならぶ。ならびに。**ともに。それにまた。❷**あわせる**（あはす）。一つにする。まぜる。また、かねる。＝併。「合幷」「幷有」❸中国古代の十二州の一つ。今の河北省西部と山西省北東部一帯の地。

解字　甲骨文　篆文　象形。甲骨文でわかるように、人を並べてつないだ形にかたどり、あわせるの意味を表す。幷(并)を音符に含む形声文字に、併・塀・屏（ヘイ）・鵧（ヘイ）・蓱（ヘイ）・軿（ヘイ）・餅（ヘイ）などがある。

【幷合】ヘイゴウ　あわせる。一つにする。併合。
【幷州^之情】ヘイシュウのジョウ　第二の故郷ともいうべき土地を、去るにあたってなつかしむこと。唐の賈島（トウカ）が十年住んだ幷州（今の山西省太原市）を去るに当たって故郷のように慕った故事。〔唐、賈島、渡₂桑乾₁詩〕
【幷^呑】ヘイドン　他国をあわせて自国の領土とすること。

■年齢の別称

年齢の別称には典拠のあるものが多い。十五歳を〈志学〉というのは、『論語』為政編の「吾（われ）十有五ニシテ学ニ志ス」にもとづく。同じく〈笄年（ケイネン）〉は、『礼記（ライキ）』内則編の女子は「十有五年ニシテ笄シ、二十ニシテ嫁ス」による。初めて笄（こうがい）をつけるのは、いわば女子の成年式で、男子の二十歳を〈弱冠〉（弱は若い、また、二十歳の意）といい、元服の式を行ったことに相応する。『礼記』曲礼上編の「二十ヲ弱ト曰ゥフ。冠ス」にもとづく。

年齢	別称	典拠
10	幼学	『礼記』曲礼上編
15	志学 笄年（女のみ）	『論語』為政編 『礼記』内則編
20	弱冠（男のみ）	『礼記』曲礼上編
30	而立（ジリツ） 壮室	『論語』為政編 『礼記』曲礼上編
40	不惑 強仕	『論語』為政編 『礼記』曲礼上編
48	桑年	
50	知命	『論語』為政編
60	耳順 華甲（花甲）	『論語』為政編
70	従心 古稀（コキ）（古希）	『論語』為政編 唐、杜甫、曲江詩

〈桑年〉は、桑の字の別体、桒の字画が十が四箇、八が一箇になることから四十八歳という。また〈華甲（花甲）〉は、華の字を十が六箇、一が一箇に分け、六十一としたことによる。甲は干支（えと）の第一の年、甲子（きのえね）のことで、干支は六十年で一巡する。満六十歳は数え年で六十一歳に当たる。日本で六十歳を〈還暦〉というのは生れ年と同じ干支に還（かえ）る意である。

〈上寿〉(百歳)は中寿(八十歳)・下寿(六十歳)に対応するもので、『荘子』盗跖（トウセキ）編にもとづく。

わが国でのみ用いられる別称を次に挙げる。

年齢	別称
60	還暦
77	喜寿
80	傘寿
81	半寿
88	米寿
99	白寿

それぞれ長寿を祝うことばで、〈還暦〉以外はみな字形にもとづく。〈喜寿〉は喜の草書体の㐂、〈傘寿〉は傘の略体の仐によるもの、また〈白寿〉は百の字から一を減じて九十九の意。なお、卒の略体の卆から九十歳を〈卒寿〉ともいうが、卒には「終わる・死ぬ」の意味があり、賀寿のことばとしてふさわしい文字ではない。

(13)10
【幹】1973　2020 *3434*
教5　カン　みき　カン　翰　gàn

筆順

[榦]本字

字義　❶**みき。**㋐木の幹。㋑物事の主要な部分。「語幹」❷からだ。骨組み。❸わきばら。また、背骨。❹うでまえ。わざ。才能。「才幹」❺つかさどる。中心となって行う。❻えと。干に通ずる。❼強い。また、すぐれている。

名乗　から・き・たかし・つね・つよし・とし・とも・み・もと・き・よし
難読　幹竹（からたけ）

解字　篆文　形声。篆文は、木＋倝㊥。音符の倝（カン）は、旗ざおの象形。よく伸びた木のみき・はしらの意味を表す。

▼器幹・根幹・才幹・材幹・枝幹・主幹・身幹・世幹
【幹国(國)】カンコク　国家を治める。
【幹才】カンサイ　はたらき。うでまえ。才能。幹材。才幹。
【幹枝】カンシ　①幹と枝。②十干十二支。＝干支（カンシ・えと）。
【幹事】カンジ　中心となって事を処理すること。また、その人。
【幹線】カンセン　道路・鉄道の主要な線。↕支線。
【幹部】カンブ　①団体の中心となる者。首脳部。②枝葉に対する幹（みき）の部分。中心部。
【幹吏】カンリ　①主要な役人。②有能な役人。

3
幺部

〔部首解説〕　いとがしら（糸頭）。幺、あるいは幺を二つ合わせた幺幺（ユウ）（かすかの意）をもとにして、小さい・かすかの意味を含む文字ができている。

(3)0
【幺】1974 △ ヨウ（エウ）薾 yāo
5486 5676

［么］俗字 字義 ❶ちいさい。「幺小」❷おさない。いとけない。＝幼。❸くらい。かすか。

参考 么は、麼(9292)の俗字としても用いる。

解字 金文 篆文 象形。糸の先端の象形で、ちいさいの意味を表す。幺を音符に含む形声文字に、幽（ユウ）・幽・幼・坳（オウ）・窈（ヨウ）・黝（ヨウ）などがある。

(4)1
【幻】1975 常 ゲン まぼろし
漢カン（クヮン）呉ゲン 諫 huàn
2424 3838

筆順 ㄑ 幺 幺 幻

字義 ❶まぼろし。あるかのように見えて、またすぐ消えさるもの。仮象。「夢幻」❷まどわす。くらます。たぶらかす。「幻惑」❸かわる。変化する。「変幻」❹てじな。人の目をくらます術。奇術。「幻術」

解字 金文 篆文 象形。金文によれば、染色した糸を木の枝にかけた形にかたどるかと思われる。変色のさまから、かわるの意味を、深い染色のさまから、まどわす・まぼろしの意味を表す。玄と近い語である。

▼誕幻・変幻・夢幻

【幻影】(ゲンエイ) ①まぼろしと、かげ。はかないもののたとえ。②まぼろし。幽霊。③実現できない望み。

【幻化】(ゲンカ) まぼろしのように変化すること。また、まぼろし。

【幻覚(覺)】(ゲンカク) 実際に存在しないものをあるかのように知覚すること。

【幻術】(ゲンジュツ) てじな。奇術。魔法。妖術（ヨウジュツ）。

【幻世】(ゲンセイ) まぼろしのように、はかない世。無常の世。この世・現世・人生をいう。

【幻想】(ゲンソウ) 実際にありもしないものをあるかのように思うこと。とりとめのない思い。

【幻滅】(ゲンメツ) ①まぼろしのように消えうせる。②幻想からさめて現実に返ること。「幻滅の悲哀（幻想から覚めて現実にふれたときに感ずる悲しみ）」

【幻惑】(ゲンワク) まどわす。また、まどう。眩惑（ゲンワク）。

［幼］→力部 一四八ページ。

(9)6
【幽】1976 常 ユウ
ユウ（イウ）因 yōu
4509 4D29

筆順 丨 幺 幺幺 幽

字義 ❶かくれる。ひそむ。また、かくす。❷くらい。あきらかでない。「幽暗」❸かすか。ほのか。「幽光」❹おくふかい。深く遠い。奥深くてもの静か。「幽谷」❺暗い所。奥深い所。かたすみ。❻中国古代の十二州の一つ。→幽州。❼夜。❽あの世。めいど。よみじ。死後に行く世界。「幽界」❾鬼神。超現実的なもの。「幽霊」❿とらえる。また、とじこめる。おしこめる。幽閉。

解字 甲骨文 篆文 形声。甲骨文は、火＋幺幺（ユウ）音。音符の幺幺は、かすかの意味。火の光がかすかに暗いの意味を表す。篆文は変形して、山＋幺幺音の形声。

▼尋幽・明幽

【幽意】(ユウイ) もの静かな思い。心の奥深く抱く思い。また、憂い。

【幽隠(隱)】(ユウイン) ①世をさけて、かくれ住むこと。また、その人。②奥深くかくれたところ。かくれて目に見えない所。③暗くてはっきり見えないさま。

【幽韻】(ユウイン) ①かすかなひびき。②奥深い情趣。

【幽△咽】(ユウエツ) ①かすかにむせび泣く。〔唐、杜甫、石壕吏詩〕夜久語声絶、如レ聞二泣幽咽一〈夜もすっかり更けて話し声もとだえてから、だれかのむせび泣く声が聞こえてきたように思われた〉②かすかな水流の音の形容。〔唐、白居易、琵琶行〕幽咽泉流氷下灘。訳文⇨間関（二一五〇ページ）。

【幽△婉】(ユウエン) 奥ゆかしくしなやか。ものしずかでしとやか。

【幽遠】(ユウエン) 奥深く、遠くはるかなこと。幽深。

【幽界】(ユウカイ) あの世。冥土（メイド）。よみじ。死後に行くという世界。

【幽懐(懷)】(ユウカイ) 心の奥深く（人知れず）いだく思い。胸の中。

【幽客】(ユウカク) ①＝幽人。②蘭（ラン）の別名。

【幽△壑】(ユウガク) 奥深い谷。〔宋、蘇軾、前赤壁賦〕舞二幽壑之潜蛟一、泣二孤舟之嫠婦一。〈奥深い谷にかくれひそむ竜も舞いださせるほどであり、一つ浮かぶ小舟に乗っているやもめも泣かせてしまうほどである〉

【幽閑・幽間】(ユウカン) もの静かで奥ゆかしい。

【幽鬼】(ユウキ) ①死者のたましい。②ばけもの。

【幽宮】(ユウキュウ) 奥深い御殿（宮殿）。

【幽居】(ユウキョ) 世のわずらわしさをさけて静かにくらす。また、その住まい。かくれが。幽棲（ユウセイ）。〔唐、韋応物、幽居詩〕

【幽△墟】(ユウキョ) ①遠いところ。遠方の地。②ものさびしい廃墟。

【幽境】(ユウキョウ) 奥深くてもの静かな場所。

【幽興】(ユウキョウ) 奥ゆかしいおもむき。また、それを味わうこと。

【幽襟】(ユウキン) 静かな思い。また、深い思い。襟は、心の意。

【幽径(徑)・幽△逕】(ユウケイ) 人けのない静かなこみち。

【幽玄】(ユウゲン) ①おもむきが奥深くて、はかり知ることのできないこと。②老荘や禅の哲理の深遠なこと。③国表現を通して言外に奥深い情趣の感じられること。文学論・歌論の理念の一つ。

【幽光】(ユウコウ) ①かすかなひかり。②奥深い徳のかがやき。

【幽△巷】(ユウコウ) 奥深い小道。また、人里離れた所。

【幽香】(ユウコウ) 奥ゆかしいかおり。

【幽△篁】(ユウコウ) 静かな竹やぶ。また、奥深い竹やぶ。

【幽谷】(ユウコク) 奥深い谷。「深山幽谷」

【出レ自二幽谷一遷二于△喬木一】(ユウコクよりいでてキョウボクにうつる) ①鳥が深い谷間から出て、高い木に飛びうつる。〔詩経、小雅、伐木〕②転じて、学問・人格の向上するたとえ。〔孟子、滕文公上〕③官位が進み、出世するたとえ。

【幽恨】(ユウコン) 心の奥深くに抱くうらみ。人知れぬうらみ。

【幽魂】(ユウコン) ①死者のたましい。幽鬼。②静かな心。

【幽思】(ユウシ) ＝幽懐・幽意。

【幽寂】(ユウジャク)・(ユウセキ) 奥深くてもの静か。

【幽趣】(ユウシュ) 奥ゆかしいおもむき。

【幽囚】(ユウシュウ) 捕らえられて、ろうやにとじこめられる。また、その人。めしゅうど。

【幽州】(ユウシュウ) 古代、帝舜（シュン）の定めた十二州の一つ。今の河北省の北部から遼寧（リョウネイ）省一帯の地。

【幽愁】(ユウシュウ) 心の奥深くいだく憂い。人知れぬなげき。

【幽処(處)】(ユウショ) 静かな所。また、静かな所にいる。

【幽勝】(ユウショウ) 静かですぐれたけしき。

【幽賞】(ユウショウ) 静かにほめ味わう。〔唐、李白、春夜宴二桃李園一序〕幽賞未レ已、高談転清。〈心静かに景色を飽かず眺め、超俗の高尚な話はますます盛んになっていく〉

【幽情】(ユウジョウ) 静かな心情。また、心の奥深くいだく気持ち。

【幽深】(ユウシン) もの静かで奥深い。また、その場所。幽寂。

【幽人】(ユウジン) 世をさけて静かに暮らしている人。隠者。〔唐、韋応物、秋夜寄二丘二十二員外一詩〕山空松子落、幽人応レ未レ眠。〈山には人けがなくひっそりとし、松かさの落ちる音が聞こえるだけである。世捨て人たる君もきっとまだ眠らないでいることだろう〉

【幽△翠】(ユウスイ) 奥深く茂ってあおい。もの静かな緑色。

【幽△邃】(ユウスイ) ＝幽深。邃は、奥深い意。

【幽△棲・幽△栖】(ユウセイ) ＝幽居。棲は、住む意。

【幽石】(ユウセキ) 静かな奥山の石。〔文選、謝霊運、過二始寧墅一詩〕白雲抱二幽石一。

【幽絶】(ユウゼツ) 静かで人里はなれたところ。

【幽草】（ユウソウ）①深くおい茂った草。②さびしい所に生えている草。

【幽鳥】（ユウチョウ）奥深い所に住むとり。幽禽（ユウキン）。

【幽討】（ユウトウ）静かにたずねる意で、名所・旧跡をたずね歩くこと。

【幽美】（ユウビ）奥ゆかく美しい。〔幽尋。幽探。

【幽憤】（ユウフン）（心の底の）人知れぬいきどおり。

【幽閉】（ユウヘイ）①とじこめる。おしこめる。監禁する。②心が深くとじこもる。心のふさぐこと。

【幽△僻】（ユウヘキ）奥深くかたよった所。かたいなか。

【幽△昧】（ユウマイ）奥深く暗い。また、暗い。

【幽明】（ユウメイ）①暗いことと、明るいこと。明暗。②あの世とこの世。冥土（メイド）と現世。③目に見えない天地の理と、目に見える人間界の事がら。④鬼神と人。⑤暗愚と賢明。

【幽△冥】（ユウメイ）①かすかで暗い。②奥深く微妙なさま。「幽冥の論」③あの世。冥土（メイド）。よみじ。地下。「幽冥の地」

【幽幽】（ユウユウ）①奥深いさま。②暗いさま。③もの静かなさま。

【幽△蘭】（ユウラン）奥深い谷に生える蘭（ラン）。奥ゆかしく気品のある蘭。

【幽林】（ユウリン）奥深く静かなはやし。

【幽△厲】（ユウレイ）①周の幽王と厲王。ともに暴君。②転じて、亡国の君、また、暴君のたとえ。

【幽霊（靈）】（ユウレイ）①死者のたましい。②国死者が、成仏（ジョウブツ）しないで、この世に現れた姿。亡者。

(12)9
【幾】1977　常　キ　いく
一漢キ・呉ケ　微 jī
二漢キ・呉ゲ　尾 jǐ
2086
3476

筆順　幺　幺幺　𢆶　幾　幾

字義　一❶きざし。けはい。まえぶれ。「幾微」❷かすか。また、おだやかに。それとなく。「幾諫（キカン）」❸あやうい（危）。❹ほとんど。㋐すんでのことに。㋑あらかた。大体。❺ちかい（ちかし）。＝近。「庶幾」❻こいねがう（こひねがふ）。こいねがわくは（こひねがはくは）。ねがう。「庶幾」　二助字。いく。いくばく。⇩助字解説

✝助字解説
いく。いくばく。疑問・反語。どれほどか。〔唐、王翰、涼州詞〕古来征戦幾人回（コライセイセン いくニンか かえ（へ）る）。〈昔から戦いに行った人が何人無事で帰ってきただろうか〉

名乗　おき・ちか・ちかし・のり・ふさ　難読　幾寅（いくとら）・幾許（いくばく・ここだ）

解字　金文 　篆文 　会意。丝＋戍。丝は、こまかい糸の象形。戍は、まもるの意味。戦争の際、守備兵の抱く細かな心づかいのさまから、かすかの意味や、あやういの意味を表す。また、近に通じて、ちかいの意味を、祈に通じて、ねがうの意味を表し、借りて、いくつの意味をも表す。幾を音符に含む形声文字に、機・畿（キ）・磯（キ）・禨（キ）・蟣（キ）・譏（キ）・鐖（キ）・饑（キ）などがある。

▼刺幾・庶幾・万幾・無幾
【幾何】（いくばく）①どれほど。いかほど。いくつ。幾許（いくばく）。〔唐、李白、春夜宴二桃李園一序〕為レ歓幾何（よろこびをなすこといくばくぞ）。②（キカ）図形の性質や相互関係を体系的に研究する、数学の一部門。幾何学。

【幾△諫】（キカン）それとなく（おだやかに）いさめる。

【幾許】（いくばく）＝幾何の①。

【幾多】（いくタ）①いかほど。どれほど。②たくさん。あまた。

【幾重】（いくチョウ）①いくつかの重なり。いくかさね。②国（いくえ（へ））かさねがさね。くれぐれも。

【幾微】（キビ）①きざし。けはい。②容易には知りがたい微妙な事がら・おもむき。機微。

【知レ幾△其神△乎】（キをしるはそれシンか）物事を（まだ表面にあらわれない）きざしのうちに、それと察知する人は、神のようにさとい人であろうか。（「…である」の強意的表現）〔易経、繫辞下〕

【無レ幾】（いくばくもなし）①なにほどでもない。すくない。②（いくばくもなく）まもなく。ほどなく。やがて。

【畿】→田部　七四二ページ。
【嚮】→口部　二一七ページ。

3　广部

〔部首解説〕まだれ（麻垂）。麻（マ）の垂（たれ）になるところからいう。广を音符として、建築物などを表す文字ができている。

广 三五六	4 庋 三五七	底 三五八	度 三五八	8 庵 三六〇	廂 三六一	10 廈 三六二	廓 三六三	12 廞 三六三	廛 三六四	廥 三六四	18 廱 三六五
2 広 三五六	序 三五七	店 三五八	7 庫 三五九	康 三六〇	廃 三六二	廋 三六二	廄 三六三	廣 三六三	廢 三六四	廩 三六四	22 廳 三六五
庁 三五七	床 三五七	府 三五八	座 三六〇	庶 三六一	廇 三六二	廉 三六二	廐 三六三	廝 三六三	廟 三六四	16 龐 三六四	
庀 三五七	庇 三五七	庖 三五八	庭 三六〇	庸 三六一	庾 三六二	廊 三六三	廑 三六三	廠 三六三	廡 三六四	廬 三六四	
3 庄 三五七	5 庚 三五八	6 庠 三五八	庬 三六〇	9 廁 三六一	廊 三六二	11 廕 三六三	廖 三六三	廚 三六三	13 廨 三六四	17 廰 三六五	

応→心部　三九三ページ。席→巾部　三四六ページ。唐→口部　二〇四ページ。
麻→麻部　一三六四ページ。鹿→鹿部　一三六〇ページ。腐→肉部　九〇〇ページ。
慶→心部　四〇六ページ。賡→貝部　一〇四四ページ。磨→石部　七八三ページ。
應→心部　四〇八ページ。膺→月部　五三五ページ。鷹→鳥部　一三五九ページ。

(3)0
【广】1978
一ゲン　琰 yǎn
二漢ゲン・呉ゴン　琰 yǎn
5488
5678

字義　一二❶いえ（家）。がけの上の家屋。また、小さい家。❷むなぎ。

解字　篆文 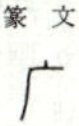　象形。家屋のおおいに相当する屋根の象形。建築物を示す文字の要素文字となる。

(5)2
【広】1979　教 2　コウ　ひろい・ひろまる・ひろめる・ひろがる・ひろげる
2513
392D

(15)12
〔廣〕1980
人許
一コウ（クヮウ）養 guǎng
二コウ（クヮウ）漾 guàng
5502
5722

筆順　亠　广　広　広

字義　一❶大きな屋根があり四方の壁のない建物。❷ひろい（ひろし）。広大。❸ひろめる（ひろむ）。ひろげる（ひろぐ）。広くする。❹ひろまる。ひろがる。広くなる。❺広東（カントン）省・広西チワン族自治区の地。　二❶ひろさ。ひろがり。❷よこ。東西の長さ。↕輪・袤（ボウ）。❸さしわたし。直径。❹むなしい。＝曠（コウ）。❺兵車十五乗の称。

難読　広岾（ひろやま）

参考　現代表記では〔宏〕（1626）の書きかえに用いる。「宏大→広大」「宏壮→広壮」また、〔弘〕（2070）・〔曠〕（3107）の書きかえに用いることがある。「弘報→広報」「曠野→広野」

解字　金文 　篆文 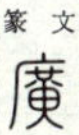　形声。广＋黄音。音符の黄は、王に通じ、大きいの意味。大きく広い屋根の意味から、ひろいの意味を表す。

【広韻】（コウイン）書名。五巻。北宋（ホクソウ）の陳彭年（チンホウネン）らが勅命により編集した字書、韻書。二万六千余字を二百六韻に分類、配列し、毎字に音・義を施した。

【広益】（コウエキ）ひろく世のためになる。

【広△廈・広夏】（コウカ）ひろく大きい家。廈は、大きい家。

【広△闊】（コウカツ）ひろびろと開ける。闊も広い意。

【広寒宮】（コウカンキュウ）月の中にあるという宮殿の名。広寒殿府。

【広義】（コウギ）①あることばの意味の範囲に、広さの違いがあると

き、その広い意味をいう。↕狭義。②意味をひろめる。

【広居】 広大なすまい。仁をいう。〔孟子、滕文公下〕居二天下之広居一（テンカのコウキョにお(を)り）

【広虚(虛)】 ①ひろびろとして何もない所。②おおぞら。

【広狭(狹)】 ①ひろいこととせまいこと。広さと狭さ。②ひろさ。

【広衢】 ひろい道。大通り。

【広言】 大口をきく。口にまかせて無遠慮にいう。また、そのことば。大言。放言。

【広敞】 ひろびろと開けていること。敞は、からりと開ける意。宏敞。

【広饒】 土地がひろく物産が多い。饒は、豊の意。

【広壮(壯)】 ひろくてりっぱなさま。宏壮。

【広大無辺(邊)】 ひろびろとして、かぎりのないこと。限りなくひろいこと。宏大無辺。

【広博】 (学問・見識などが)広い。宏博。

【広漠・広莫】 ひろびろとして大きい。ひろびろとして果てしがない。また、その土地。

【広汎】 ひろくゆきわたること。

【広範】 ＝広汎。広い範囲の意。広汎の書きかえ。

【広被】 ひろくおおう。あまねく行き渡る。

【広袤】 土地のひろさ。広は東西の、袤は南北のひろがり。

【広瀬(瀨)淡窓】 国江戸後期の漢学者・詩人。豊後(今の大分県)の人。名は健、字は子基。淡窓は号。私塾咸宜園を開いて子弟を教育し、そこで学んだ者は四、五千人にも達したという。著書に『遠思楼詩鈔』『淡窓詩話』などがある。(一七八二－一八五六)

【広陵】 郡名。前漢、広陵国を置き、後漢、郡に改めた。今の江蘇省の長江以北一帯の地。治所は広陵(今の揚州市)。隋代に廃されたが、唐の天宝・至徳年間に揚州を改め広陵郡といった。

(5)2 【庁】 1981 教6 チョウ

3603 4423

(25)22 〔廳〕 1982 人 許 漢テイ 呉チョウ(チャウ) 青 ting

5512 572C

〔廰〕俗字 5513 572D

筆順 亠 广 广 庁

字義 ❶やくしょ。官庁。「都庁」 ❷いえ(家)。❸へや。客間。おもてざしき。「客庁」

解字 形声。广＋丁(廳)音。音符の聽は、よくきくの意味。政務を聴く家屋の意味から、やくしょの意味を表す。庁は俗字であったが、常用漢字として用いられる。

▼正庁

【庁舎】 役所の建物。

【庁堂】 ①役所の政務をとる所。また、役所。②表座敷。大広間。

(5)2 【庀】 1983 △ ヒ 紙 pǐ

字義 ❶おさめる(治)。❷そなえる(具)。❸ならぶ。

解字 形声。广＋匕音。音符の匕は、比に通じ、ならぶの意味。屋内に家具などがならびそなわっているの意味を表す。

(6)3 【庄】 1984 人 漢ショウ(シャウ) 呉ソウ(サウ) 陽 zhuāng

3017 3E31

筆順 亠 广 广 庄

字義 むらざと。いなか。莊(6340)の俗字。 名乗 まさ

国荘園。私有の領地。

解字 形声。广＋土(壯)音。

【庄屋】 国江戸時代の村長。なぬし。むらおさ。

【庄司】 国荘園の雑務にあたった役職。莊司。

(7)4 【庋】 1985 △ キ 紙 guǐ

字義 ❶たな。膳だな。とだな。❷おく(置)。しまう。

解字 形声。广＋支音。

(7)4 【序】 1986 教5 ジョ 漢ショ 呉ジョ 語 xù

2988 3D78

筆順 亠 广 庁 序

字義 ❶かき。かべ。家の東西の境のかき。❷わきや。わきべや。母屋の両側のへや。❸まなびや。学校。庠序。わきべやで教えたからいう。❹順序。次第。ついで。❺ついず。㋐順序・階級などを定める。㋑順序正しく並べる。㋒のべる。順を追ってのべる。❻いとぐち。はし(端)。＝緒。❼文体の名。序文。はしがき。前書。また、序文を書くこと。↕跋。

名乗 つね・のぶ・ひさし

解字 篆文  形声。广＋予音。广は、建物の意味。音符の予は、伸びるの意味。家の東西に伸びたかきねの意味を表す。また、叙に通じ、順序の意味に用いる。

▼後序・歳序・歯序・次序・自序・節序・秩序・列序

【序曲】 ①歌劇などの開幕の前に演奏する楽曲。②国楽曲の形式の一つ。多くソナタ形式を用い、単楽章で完結する独立の管弦楽曲。プレリュード。転じて事件の始まりの意。

【序次】 ①順序。次第。②順序を立てる(定める)。

【序破急】 国①雅楽や能楽などの構成・緩急・高低などの変化を表す語。序は一曲の最初の部分で、舞人が舞台に現れる。破は中間の部分で、ゆるい拍子で、静かに舞う。急は最終の部分で、早い拍子で舞う。②転じて、物事の初め・中ごろ・終わり。

【序跋】 書物のはしがきと、おくがき。

【序文】 書物のはじめに、その書についての考えなどを記した文章。はしがき。序言。

【序幕】 ①芝居の初めの幕。第一幕。②物事のはじまり。発端。序の口。

【序列】 順序。また、順序をつけて並べる。

【序論】 本論のいとぐちとなる議論。緒論。序説。

(7)4 【床】 1987 常 ショウ とこ・ゆか 漢ショウ(シャウ) 呉ジョウ(ジャウ) 陽 chuáng

3018 3E32

筆順 亠 广 庁 床

字義 ねだい。寝台。また、こしかけ。牀(4506)の俗字。

国❶とこ。㋐ねどこ。ふしど。㋑とこのま。❷ゆか。屋内で、板を張って地面より高くした所。

参考 字義と熟語は〔牀〕(4506)をも見よ。→六九六ページ。 難読 床次

解字 形声。广＋木(牀省)音。广は、たてものの意味。音符の牀は、寝台の意味。屋内に置かれる寝台の意味を表す。床は、牀の俗字であったが、常用漢字として用いられる。

▼起床・鉱床・病床・臨床

【床几】 国(昔、陣中や狩場などで使った)折りたたみ式のこしかけ。牀几。

(7)4 【庇】 1988 標 ヒ 寘 bì

4063 485F

字義 ❶おおう。おおいかくす。❷かばう。おおい守る。守り助ける。「庇護」❸おおい(覆)。また、おかげ。たすけ。❹よる(寄)。たよる。❺ひさし。家ののきにさし出した小さな屋根。

解字 篆文 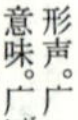 形声。广＋比音。音符の比は、ならび親しむの意味。广は、屋根の象形。並び親しむ屋根の意味から、かばうの意味を表す。

【庇蔭・庇廕】 ①たすけ守る。②おかげ。

【庇護】 ①かばいまもる。②おかげ。庇保。たすけ。

【応】→心部　三九三ページ。

(8)5 【庚】1989　標　漢コウ（カウ）　呉キョウ（キャウ）　庚 gēng　2514 392E

字義 ❶かのえ。十干の第七位。五行（ゴギョウ）では金、方位では西、四時では秋に配する。❷とし。よわい。年齢。「同庚」❸みち（道）。❹かわる。＝更。❺つぐなう。

解字 甲骨文  篆文  象形。甲骨文でもわかるように、きねを両手でもちあげる形にかたどる。十干の第七位、かのえの意味に用いる。庚を音符に含む形声文字に、康・慷（コウ）・糠（コウ）・糠（コウ）・賡（コウ）などがある。

【庚申待】（コウシンまち）　国庚申（かのえさる）の日に、仏教では帝釈天（タイシャクテン）と青面金剛（ショウメンコンゴウ）、神道では猿田彦（さるだひこ）を祭り、徹夜して夜明けを待つ行事。道家で、人の身についている三尸虫（サンシチュウ）が人の眠りに乗じて、その罪を天帝に告げたり、人の命を短くしたりすると説くことから、眠らないでそれを防ぐためという。庚申会（コウシンエ）。

【庚伏】（コウフク）　夏のいちばん暑い時期。三伏。

(8)5 【底】1990　教4　テイ　そこ　漢テイ　呉タイ　薺 dǐ　3676 446C

筆順　广 广 庀 底 底

字義 ❶そこ。㋐物の下部・低い部分。した。うら。「水底」㋑器物の下方。㋒おく。なか。うち。「心底」㋓きわみ。果て。「徹底」❷とどまる。行きどまる。「底止」❸いたる。また、いたす。❹文書のしたがき。草稿。「底本」「底稿」❺なに。なんぞ。疑問の助字。唐・宋（ソウ）代の俗語。「底事（なにごと）」❻の。ところ。所属を示す助字。＝的。

参考 現代表記では［柢］(3396)の書きかえに用いることがある。「根柢→根底」

解字 篆文  形声。广＋氐㊥。音符の氐（テイ）は、そこの意味。家屋の基底部の意味から、一般に、そこ・底部にいたるの意味を表す。

▼花底・胸底・根底・徹底・到底・払底

【底蘊】（テイウン）　おくそこ。学問・技術などの奥深いところ。また、深く積みたくわえた学問・知識。

【底事】（なにごと）　なぜ。どうして。どうしたことか。何事。

【底本】（テイホン）　①文書のしたがき。草稿。②国もととなる本。特に校訂や翻訳などで、よりどころとした原本。

【底流】（テイリュウ）　①川や海の表面にあらわれない、底を流れているながれ。②国転じて、表面にあらわれないで内部で動いている勢い。

(8)5 【店】1991　教2　テン　みせ　テン　艶 diàn　3725 4539

筆順　广 广 庐 店 店

字義 ❶みせ。たな。商品をならべて売る所。「商店」❷はたご。やどや。国たな。㋐みせだな。「店（たな）おろし」㋑あきんどや。商家。㋒貸し家。借家。「店子（たなこ）」㋓自分が奉公人として仕えている主人のみせ。

解字 形声。广＋占㊥。音符の占は、一定の場所をしめるの意味。一定の場所をしめて物品を並べてあきなう場所、みせの意味を表す。また、坫（テン）の俗字として用いられる。

▼飯店・野店

【店肆】（テンシ）　みせ。みせや。商店。肆もみせ。肆店。

【店頭】（テントウ）　みせさき。

【店舗】（テンポ）　①家。へや。②みせ。みせや。商店。

(8)5 【府】1992　教4　フ　フ　麌 fǔ　4160 495C

筆順　广 广 庁 府 府

字義 ❶くら。文書や財宝を入れるくら。「府庫」❷役所。官庁。「政府」❸あつまる。また、あつまるところ。「怨府（エンプ）」❹みやこ。まち。「都府」❺行政区画の一つ。唐代に始まり、清代（シンダイ）までつづいた。❻やしき。貴人の邸宅。❼はらわた。＝腑（フ）。❽かがむ。＝俯（フ）。国フ。㋐国司の役所が置かれていた所。㋑江戸。「出府」㋒都・道・県とともに地方自治体の最上級。京都と大阪とがある。

名乗　あつ・もと

難読　府中（こう）・府役（こうまた）

解字 金文  篆文 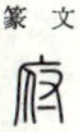 形声。广＋付㊥。广は、屋根・建物の意味。音符の付は、わたす・よせるの意味。重要な書類を寄せてしまっておく、くらの意味を表す。金文は、府＋貝の形で、貝は財物の意味であるから、財物をしまう、くらの意味を早い時代から表していたことがわかる。

▼衛府・学府・楽府・官府・軍府・在府・首府・城府・枢府・政府・天府・内府・秘府・明府・霊府

【府尹】（フイン）　府の長官。府知事。尹は、長。

【府君】（フクン）　①漢代、太守（地方長官）の尊称。②亡祖父・亡父の尊称。③尊者・長者の尊称。

【府庫】（フコ）　文書・財宝・器物などを入れるくら。

【府寺】（フジ）　役所。寺も役所の意。府署。

【府第】（フダイ）　役所。また、その建物。

【府中】（フチュウ）　①政治を行う表向きの役所。↔宮中（奥向き）。②軍中での将軍の執務所。③国昔、国ごとにおかれた地方行政の役所。国府（コクフ・コウ）。また、その所在地。

【府帑】（フド）　①政府の財宝を入れるくら。国庫。②政府の金。

【府吏】（フリ）　役所の役人。

(8)5 【庖】1993　標　漢ホウ（ハウ）　呉ボウ（バウ）　肴 páo　［庖］4289 4A79

字義 ❶くりや。台所。料理場。❷料理人。❸料理。

参考 現代表記では［包］(702)に書きかえることがある。「庖丁→包丁」

解字 篆文  形声。广＋包㊥。音符の包（ホウ）は、つつむの意味。广は、家屋の意味。肉を包んでおく部屋、くりやの意味を表す。

【庖犠（犧）氏】（ホウギシ）　中国古代の伝説上の最初の帝王の名。犠牲（いけにえ）を飼って食用にすることを教えたという。伏羲氏（フッキシ）。炮犠氏（ホウギシ）。宓犠氏（フッキシ）。

【庖人】（ホウジン）　料理人。庖子。庖仕。庖丁。庖宰。

【庖廚・庖廚】（ホウチュウ）　くりや。台所。料理場。廚も台所。

【庖丁】（ホウテイ）　①昔、中国で名高い料理人。牛の骨と肉とを分けるのがたくみであった。転じて、料理人。庖人。［荘子、養生主］②国（ホウチョウ）料理用の刃物。また、料理すること。

(9)6 【庠】1994　△　漢ショウ（シャウ）　呉ゾウ（ザウ）　陽 xiáng　5489 5679

字義 まなびや。学校。殷（イン）・周代の学校。また、地方の学校。いなかの学校。郷学。

解字 篆文  形声。广＋羊㊥。音符の羊は、養に通じ、老人をたいせつにする殷（イン）代の学校の意味を表す。また、音符の羊は、詳に通じ、古典をくわしく講義する周代の学校の意味を表す。

【庠校・庠黌】（ショウコウ）　＝庠序。→次項。

【庠序】（ショウジョ）　地方の学校。また、学校。周代に庠、殷代（インダイ）に序という。庠校。

(9)6 【度】1995　教3　ド・ト・タク　たび　㊀漢ト・呉ド　遇 dù　㊁漢タク・呉ダク　薬 duó　3757 4559

筆順　广 广 庐 庐 度

字義 ㊀❶のり（法）。法則。規則。また、制度。❷ものさし。また、長さ。「度量衡」❸めもり。角度・温度等の単位。❹ほど。どあい。程度。標準。「知名度」❺たび。㋐回数。

㋑場合。とき。「初年度」❻心。器量。また、様子。「大度」「態度」❼わたる（渡）。越える。過ぎて行く。また、わたす。❽仏門に入る。出家する。僧・尼となる。また、すくう。「得度」「済度」

二 ❶はかる。㋐測量する。計算する。㋑考える。分別する。㋒推量する。おしはかる。「忖度（ソンタク）」㋓たずねる。相談する。❷いる（居）。おる（居）。国 たい（たし）。希望を表す助動詞。

名乗 ただ・のり　難読 度会（わたらい）・度度（よりより）

解字 文 篆 度 形声。又＋庶（庶）省音。音符の庶（ヨシ）は、尺に通じ、ものさしの意味。又は、手の意味。ものさしを使ってはかるの意味を表す。度を音符に含む形声文字に、渡・鍍（ト）などがある。

▼緯度・過度・規度・擬度・極度・襟度・限度・国度・済度・識度・常度・制度・節度・測度・大度・態度・調度・程度・得度・頻度・民度・用度・料度

【度越】（ドエツ）まさる。こえまさる。

【度外】（ドガイ）①数に入れないこと。範囲のほか。のけもの。②心（気）にとめない。「度外視」③国（はず（づ）れ）程度はずれ。なみはずれ。

【度支】（タクシ）会計官。経理官。また、財政。

【度数（數）】（ドスウ）①（温度・角度などの）目盛りの示す数。②物事の起こる（行われる）回数。③定まった制度。

【度脱】（ドダツ）仏さとりを開いて（開かせて）俗世の苦しみからのがれる（のがれさせる）こと。

【度△牒】（ドチョウ）新たに僧や尼になった者に政府から与える許可証。牒は、書札。

【度鳥】（トチョウ）わたりどり。渡鳥。

【度量】（ドリョウ）①㋐ものさしとます。㋑長さと容積。②心の広さ。はらの大きさ。また、心が広く大きく、よく人をうけいれること。③（タクリョウ）はかる。はかり考える。

【度量衡】（ドリョウコウ）①ものさしと、ますと、はかり。②長さと容積と重さ。

【失レ度】（ドをうしなう（ふ））あわててとりみだす。

(10)7 【庫】 1996　教3　コ・ク　漢コ　呉ク　週 kù　2443　384B

筆順 广 … 庫

字義 ❶くら。㋐兵車や武器をいれておく倉。「兵器庫」㋑書物をいれておく倉。「書庫」㋒広く、物品をいれておく倉。「倉庫」❷庫裏（クリ）

・庫裡（クリ）は、寺院の台所や僧の居室。

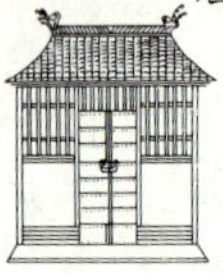

〔庫①〕

難読 庫倫（クーロン）

■ 度量衡歴代変遷表

単位 ＼ 時代（世紀）		周～前漢（前10～前1）	新・後漢（1～3）	魏（3）	隋（6～7）	唐（7～10）	宋・元（10～14）	明（14～17）	清（17～20）	現代中国（20）	日本（20）
度	尺（cm）	22.50	23.04	24.12	29.51	31.10	30.72	31.10	32.00	33.33	30.3
度	歩（m）	1.350（6尺）	1.382（6尺）	1.447（6尺）	1.771（6尺）	1.555（5尺）	1.536（5尺）	1.555（5尺）	1.600（5尺）	1.667（5尺）	
度	里（m）	405.0（300歩）	414.7（300歩）	434.2（300歩）	453.2（300歩）	559.8（360歩）	553.0（360歩）	559.8（360歩）	576.0（360歩）	500.0（300歩）	3927
量	升（l）	0.194	0.198	0.202	0.594	0.594	0.948	1.704	1.036	1.000	1.804
衡	両（g）	16.14	13.92	13.92	41.76	37.30	37.30	37.30	37.30	31.25	
衡	斤（g）	257.2	222.7	222.7	668.2	596.8	596.8	596.8	596.8	500.0	600.0
面積	畝（a）	1.823（100方歩）	4.586（240方歩）	5.027（240方歩）	7.524（240方歩）	5.803（240方歩）	5.663（240方歩）	5.803（240方歩）	6.144（240方歩）	6.666（240方歩）	0.992（30歩）

■ 度量衡換算表

度		量		衡	
毫（毛）	$=\frac{1}{10}$氂$=\frac{1}{10000}$尺	圭	＝10粟$=\frac{1}{100000}$升	毫（毛）	$=\frac{1}{10}$氂$=\frac{1}{10000}$両
氂（厘）	$=\frac{1}{10}$分$=\frac{1}{1000}$尺	抄	＝10圭$=\frac{1}{10000}$升	氂（厘）	$=\frac{1}{10}$分$=\frac{1}{1000}$両
咫	＝8寸$=\frac{8}{10}$尺	撮	＝10抄$=\frac{1}{1000}$升	分	$=\frac{1}{10}$銭$=\frac{1}{100}$両
分	$=\frac{黄鐘の長さ}{90}=\frac{1}{100}$尺	勺	＝10撮$=\frac{1}{100}$升	銭	$=\frac{1}{10}$両
寸	＝10分$=\frac{1}{10}$尺	龠	＝1200黍粒$=\frac{1}{20}$升	銖	＝100黍粒$=\frac{1}{24}$両
尺	＝10寸＝1尺	合	＝2龠$=\frac{1}{10}$升	両	＝24銖＝1両
丈	＝10尺	升	＝10合＝1升	斤	＝16両
引	＝10丈＝100尺	斗	＝10升	鈞	＝30斤＝480両
跬・武	＝3尺	斛（石）	＝10斗＝100升	石	＝4鈞＝1920両
揲・墨	＝5尺	掬	＝1升	捷	＝1.5両
歩	＝2跬＝6尺	豆	＝4掬＝4升	挙	＝2捷＝3両
仞	＝7尺（8尺・4尺）	区	＝4豆＝16升	錙	＝6両（8両）
尋	＝8尺	釜（鬴）	＝4区＝64升	鎰	＝20両（24両）
常	＝2尋＝16尺	鐘	＝10釜（4釜）＝640升（256升）	鼓	＝4石＝7680両
端	＝4揲＝20尺				
匹	＝2端＝40尺				
里	＝300歩＝1800尺				

解字 金文  篆文 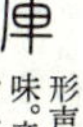 形声。广＋車㊥。广は、家屋の意味。音符の車は、くるまの意味。車を入れる「くら」の意味を表す。

▼公庫・書庫・倉庫・府庫・武庫・文庫・宝庫

【庫銭(錢)】政府のかねぐらに収めてあるぜに。

【庫蔵(藏)】くら。倉庫。

【庫門】①王宮の五門の一つ。雉門の外にある。②倉庫の門。

【庫吏】くら番の役人。

【庫裡・庫裏】仏①寺の台所。②住職やその家族・寺僧などが住む、寺の付属建物。

(10)7
【座】1997

教6　ザ　すわる

漢サ　呉ザ　箇 zuò　2634　3A42

筆順　广 広 座 座

字義 ❶すわる所。いどころ。席。「座席」❷敷物。❸器具をすえる台。「砲座」❹ざしき。また、集まり。つどい。「座長」❺くらい。地位。❻星の集まり。星座。

国❶くら。くらい（位）の略。「高御座」❷ザ。㋐中世、商品の製造・販売上、独占権を得ていた商工業者の組合。ギルド。「紙座」㋑江戸時代、貨幣や度量衡器などを製造した公設の場所。「金座」「枡座」㋒芝居などの興行場の名の下につける語。「歌舞伎座」㋓芝居などの芸人の集団。「一座」㋔仏像などを数える語。❸すわる。❹います。ある・いるの尊敬語。

名乗　え

参考　①現代表記では［坐］(1202)の書きかえに用いる。「坐視→座視」「坐禅→座禅」②もと［座］はすわる場所、［坐］はすわる動作のように使い分けたが、現代ではすべて［座］を用いる。

解字　形声。广＋坐㊥。音符の坐は、すわるの意味。家屋の中のすわる場所の意味を表す。

▼安座・一座・起座・玉座・挙座・下座・講座・上座・星座・正座・静座・即座・対座・端座・中座・鎮座・当座・独座・便座・満座・黙座・霊座・列座・連座・露座

【座下】①敷き物の下。②座席のそば。③手紙のあて名に書きそえて敬意を表すことば。

【座客】同席の人。その席にいあわせた客。

【座次】①座席の順序。席順。坐次。②すわり場所。

【座主】①唐代、科挙（官吏登用試験）の試験官の称。②仏㋐本山の寺務をつかさどる、首席の僧。㋑比叡山延暦寺の貫主。天台宗の管長。天台座主。

【座礁】船が暗礁（かくれ岩）にのりあげる。坐礁。

【座上】①かみざ。上位の座席。②集まりの席。席上。③敷き物の上。

【座禅(禪)】禅宗などで、静座して精神を統一し雑念を去って思いをこらすこと。坐禅。→禅（九二ページ）。

【座談】①向かい合ってすわりながら語り合うはなし。②国その場だけの話。その場の興味にのってする話。

【座中】①ざしきの中。②同じ席に集まっている人々。列席者。③国演劇の一団の人々。一座。

【座右】①座席のみぎ。②座のそば。かたわら。身ぢか。③手紙のあて名のわきに書きそえて敬意を表すことば。

【座右銘】座席のそば近くに記しておいて、常に自分のいましめとする格言。

(10)7
【庭】1998

教3　テイ　にわ

漢テイ　呉ジョウ（ヂャウ）　青 tíng　3677　446D

筆順　广 庄 庭 庭

字義 ❶にわ。㋐門から堂（表座敷）の階段までの空地。㋑ながめのために、木を植えたり池を造ったりした、やしきの中の土地。庭園。㋒物事を行う広広としたところ。広場。「校庭」❷宮中。朝廷。「宮庭」❸役所。「法庭」❹家のうち。家内。「家庭」

名乗　なお・ば

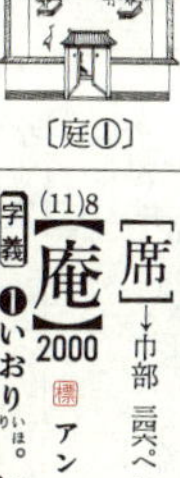

〔庭①〕

解字 篆文 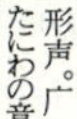 形声。广＋廷㊥。音符の廷は、宮殿からつき出たにわの意味。广を付し、にわの意味を表す。

▼外庭・家庭・禁庭・径庭・戸庭・訟庭・中庭・朝庭・天庭・辺庭・法庭・来庭

【庭闈】①親のいる部屋。闈は、奥座敷。②転じて、父母。また、家庭。③王宮の門（の内）。闈は、宮中の大門のわきの小門。

【庭院】やしき。門・塀の内の空地。

【庭宇】家やしき。庭や家屋。

【庭柯】庭の木の枝。転じて、にわき。庭樹。

【庭訓】家庭の教育。孔子の子の鯉が庭を走り過ぎたとき、孔子が呼び止めて、詩や礼を学ぶように教えた故事に基づく語。家教。〔論語、季氏〕

【庭訓往来(來)】国書名。一巻。室町時代前期、僧玄慧（？—一三五〇）の著という。正月から十二月までの手紙文を集めた読み書きの手本。寺子屋などで使った。

【庭戸】①庭の出入口の戸。②転じて、学問などの入り口。初歩の段階。

【庭樹】庭に植えてある木。庭の樹木。〔唐、岑参、山房春事詩〕庭樹不レ知人去尽、春来還発旧時花〈庭の樹木は昔の人がすべて亡くなったことを知らぬように、春になるとまた昔のままの花を咲かせている〉

【庭除】にわ。除は、門と塀との間。

【庭砌】庭の石だたみ。

【庭潦】雨が降って地上にたまった水。にわたずみ。

【庭燎】昔、宮中の庭で、夜中参内の臣下を照らすためにたいたかがりび。衛士のたく火。にわび。

(10)7
【庬】1999

△

一漢ボウ・呉ム　董 mĕng
二漢ボウ（バウ）呉モウ（マウ）　江・講 máng

字義 一庬澒・庬鴻は、天の気がはっきり分かれない状態。混沌としているさま。二ゆたか。大きい。庬(785)の俗字。

解字 形声。广＋尨㊥。音符の尨は、むく犬の象形で、ゆたかの意味。广は、いえの象形。大きい・ゆたかの意味を表す。

【席】→巾部　三六ページ。

【唐】→口部　二〇四ページ。

(11)8
【庵】2000

標　アン　覃 ān　1635　3043

字義 ❶いおり。いお。㋐草ぶきの小さな家。「草庵」㋑僧や尼が仏を安置して住む小さな家。「庵室」❷雅号にそえる語。

難読　庵原

解字 形声。广＋奄㊥。音符の奄は、おおうの意味。小さな丸い屋根におおわれた、いおりの意味を表す。

【庵室】国僧・尼や世捨て人の住む小さな仮屋。いおり。いお。

【庵主】国①いおりの主人。いおりに住む僧。②茶の湯で、客に対する主人。③あま。尼僧。

【庵住】いおりに住むこと。また、その人。

【庵廬】いおり。廬も、いおり。

(11)8
【康】2001

教4　コウ

コウ（カウ）　陽 kāng　2515　392F

筆順　广 戶 庚 康 康

字義 ❶やすい。やすし。やすらか。やすんずる。「安康」 ❷丈夫。たっしゃ。すこやか。「健康」 ❸やわらぐ。仲が良い。 ❹楽しい。楽しむ。 ❺大きい。 ❻五方に通ずる大きな道。→康衢。 ❼むなしい。からっぽ。

名乗 しず・しずか・みち・やす・やすし・よし 難読 康棣

解字 甲骨文 篆文 形声。米＋庚㊥。音符の庚は、両手できねをもちあげ脱穀するさまにかたどる。米は、こぼれ落ちるもみの形にかたどる。実りが多くて安楽の意味を表す。

▼安康・健康・小康

【康乂】コウガイ やすらかに治まる。乂は、治。

【康熙字典】コウキジテン 書名。四十二巻。清の陳廷敬・張玉書らが康熙帝の勅命によって編集した字書。清の康熙五十五年（一七一六）に完成。二百十四の部首に分類配列し、収録字数は四万七千余字。歴代の字書を集大成した、中国の代表的な字書。

【康熙帝】コウキテイ 清朝第四代の天子。在位六十一年。廟号は聖祖。世祖順治帝の第三子。内政・外交・文化の各方面で実績を残した。（一六五四—一七二二）

〔康熙帝〕

【康強・康彊】コウキョウ すこやかで強い。じょうぶ。

【康衢】コウク 往来のはげしい、にぎやかな大通り。康は五方、衢は四方に通ずる道。

【康健】コウケン すこやか。じょうぶ。健康。

【康荘（莊）】コウソウ ＝康衢。荘は六方に通ずる道。

【康有為（爲）】コウユウイ 清朝末期の学者・政治家。広東省南海県の人。字は広夏、号は長素。春秋公羊学を修め、『孔子改制考』『大同書』などの著書は、清朝末期の政治運動に多くの影響を及ぼした。（一八五八—一九二七）

【康楽（樂）】コウラク ①やすんじたのしむ。安楽。 ②舞曲の名。 ③晋の詩人、謝霊運の号。

(11)8 【庶】 2002 常 ショ | ショ 御 shù | 2978 3D6E

筆順 广 户 庐 庐 庶

【庻】俗字

字義 ❶おおい。おほし。㋐あまた。たくさん。㋑多くの人。すべての人。もろびと。「衆庶」 ❷もろもろ。いろいろ。さまざま。「庶務」 ❸官位のない人。平民。「庶人」 ❹正妻でない女から生まれた子。妾出。↕嫡。「庶子」 ❺本家から分かれ出た家。分家。「支庶」 ❻こいねがう。こひねがふ。 ❼こいねがわくは。こひねがはくは。望む。願う。 ❼ちかい。ちかし（近）。

名乗 ちか・もり・もろ 難読 庶路

解字 金文 篆文 会意。广＋炗。广は、やねの意味。炗は、器の中の物を火で煮たり沸かしたりする形にかたどり、煮の原字ともいわれ、屋内をいぶして害虫を除去するの意味ともいわれる。借りて、諸の意味に用いる。

▼衆庶・臣庶

【庶官】ショカン 多くの役人。百官。庶僚。

【庶幾】ショキ ①こいねがう。のぞみねがう。希望する。 ②こいねがわくは。なにとぞ。どうぞ。 ③近い。今にもそうなりそうだ。

【庶兄】ショケイ 正妻以外の女から生まれた兄。妾出の兄。

【庶孼】ショゲツ 妾出の子。わきばら。＝庶子の②。

【庶子】ショシ ①太子づきの官。 ②正妻以外の女から生まれた子。妾出の子。 ③本妻に生まれた長男以外の子。 ④国旧民法で、父が認めた非嫡出児。↕嫡子。

【庶士】ショシ ①多くの人。 ②官にある人。 ③兵士。

【庶事】ショジ さまざまの事。よろずの事。万事。

【庶羞】ショシュウ 神に供えるいろいろのごちそう。

【庶人】ショジン ①もろもろの（多くの）人々。衆人。 ②官位のない人。ただびと。平民。庶民。

【庶績】ショセキ いろいろのてがら。多くの功績。

【庶弟】ショテイ 妾出のおとうと。→庶兄。

【庶物】ショブツ いろいろの物。また、多くの事がら。万物。

【庶母】ショボ 父の側室で、子を生んだ者をいう。

【庶民】ショミン もろもろのたみ。一般の人民。百姓。庶人。

【庶務】ショム ①各種の事務。 ②特別の名目のない雑多な事務。

【庶僚】ショリョウ 多くの役人。百僚。庶官。

(11)8 【庸】 2003 常 ヨウ | 漢ヨウ 呉ユウ 冬 yōng | 4539 4D47

筆順 广 户 肩 肩 庸

字義 ❶もちいる。もちゐる。㋐人を挙げ用いる。「登庸」 ㋑やとう（傭）。つかう。 ❷もって（以）。もってする。 ❸てがら。いさお。「庸功」 ❹つね（常）。つねに。㋐一定して変わらない。「中庸」 ㋑なみ。平凡。なみの人。凡人。「凡庸」 ❺おろか（愚）。 ❻なんぞ。どうして。反語の意を示す。 ❼唐代の税法の一つ。一定期間、政府の労役に従事すること。「租庸調」

名乗 いさお・のぶ・のり・もち・やす

解字 篆文 形声。庚＋用㊥。庚は、両手にきねを持つさまの象形。音符の用は、鐘の象形で、もちいるの意味。鐘やきねなどの重い物をもちあげる、とりあげる・もちいるの意味を表す。また、転じて、一定してかたよらないの意味も表す。

▼学庸・功庸・中庸・徴庸・登庸・附庸・凡庸

【庸医（醫）】ヨウイ 平凡な医者。また、やぶ医者。

【庸器】ヨウキ ①＝庸才。器は、はたらき・器量。 ②人の功績を記念するため鋳造した器物。

【庸詎】なんぞ・なんすれぞ どうして。反語の助字。詎も何ぞの意。庸何。

【庸愚】ヨウグ おろか。庸劣。

【庸君】ヨウクン 平凡な君主。とりえのない主君。庸主。

【庸言】ヨウゲン ①中庸を得たことば。 ②ふだんのことば。

【庸功】ヨウコウ てがら。いさお。勲功。

【庸行】ヨウコウ ①ふだんの行い。素行。 ②中庸を得た行い。

【庸才】ヨウサイ 普通（平凡）の才能。また、その人。庸器。

【庸作】ヨウサク 人にやとわれて働く。傭作。

【庸弱】ヨウジャク 平凡（おろか）で（権力・知力などが）弱いこと。

【庸儒】ヨウジュ 平凡な儒者。つまらぬ学者。

【庸人】ヨウジン ①普通の人。凡人。 ②国ヨウニン 雇い人。やとわれた人。傭人。

【庸績】ヨウセキ てがら。いさお。功績。

【庸奴】ヨウド ①おろかなしもべ。ばかなやつ。人をののしることば。 ②ヨウドとす ばか者扱いする。

【庸保】ヨウホウ・ヨウホ 保証人を立ててやとわれること。また、その人。

【庸庸】ヨウヨウ ①平凡で、とりえのないさま。また、その人。 ②かすかで小さいさま。 ③せっせと働くさま。

【庸劣】ヨウレツ 才知のおとること。おろか。また、その者。庸愚。

【厤】→厂部 二五四ページ。

【鹿】→鹿部 二六〇ページ。

(12)9 【廁】 2004 △ | 一シ 寘 cè 二漢ショク・呉シキ 職 cè | 5490 567A

【厠】俗字 5046 524E

字義 一❶かわや。かはや。便所。 ❷ぶたごや。 ❸まじわる。まじはる。まじる。また、まじえる。まじふ。

二❶そばだてる。 ❷かたわら。＝側。

解字 篆文 形声。广＋則㊥。音符の則は、側に通じ、かたわらの意味。家の片隅の方に置かれる便所の意味を表す。

(12)9 【廂】 2005 標 | 漢ショウ（シャウ） 呉ソウ（サウ） 陽 xiāng | 5491 567B

【廂】俗字

字義 ❶ひさし。正堂の両わきのへや。❷表座敷の東西のかべ。❸そどの。わたどの。渡り廊下。国ひさし。㋐のきの下につけそえた小屋根。のき。㋑寝殿造りで、母屋もやの外側にある部屋。ひさしの間。

解字 篆文 形声。广＋相㊐。音符の相は、そいしたがうの意味。母屋もやにそい従う形で建てられた、ほそどの・ひさしの間の意味を表す。

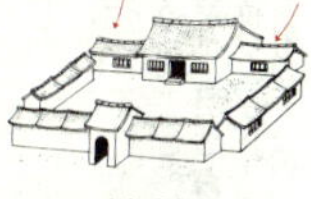
〔廂①〕

(12)9【廃】2006 常 ハイ すたれる・すたる　3949 4751

(15)12【廢】2007 ハイ 隊 fèi　5506 5726

筆順 广 户 庐 庐 庐 廃

字義 ❶すたれる。すたる。おとろえる。ゆるむ。役に立たなくなる。ほろびる。「興廃」「廃物」❷やめる。すてる。のぞく（除）。「撤廃」「廃棄」❸ふす。ひれふす。❹身体の重い障害。また、不治の病。＝癈ハイ。

解字 篆文 形声。广＋発（發）㊐。音符の發は、敝ヘイに通じ、やぶれるの意味。こわれた家の意味から、すたれるの意味を表す。

▼改廃・朽廃・興廃・荒廃・存廃・退廃・撤廃・老廃

【廃案】ハイアン 廃止になった議案。また、考案。
【廃屋】ハイオク 住む人のないあばらや。破屋。廃宅。
【廃棄】ハイキ すてる。やめて使わない。
【廃墟】ハイキョ 城・家屋・市街などのほろびすたれたあと。すたれて荒れはてたあと。廃址ハイシ。
【廃業】ハイギョウ 学問・仕事・商売などをやめること。
【廃錮】ハイコ 官吏の資格をとり上げる。
【廃興】ハイコウ すたれることと、おこること。おとろえることと、さかんになること。興亡。興廃。
【廃国(國)】ハイコク ほろんだ国。亡国。
【廃残(殘)】ハイザン 病人や身体に障害のある人をいう。
【廃止】ハイシ すてる。やめる。
【廃弛】ハイシ すたれゆるむ。すたれて弱くなる。弛廃。
【廃址】ハイシ ＝廃墟ハイキョ
【廃紙】ハイシ 不用になった紙。反故ほご。
【廃疾】ハイシツ なおらないやまい。通常の社会生活ができないような不治の病気や障害。癈疾ハイシツ。
【廃人】ハイジン ①病気などのために通常の社会生活ができなくなった人。癈人ハイジン。②無用の人。役に立たない人。
【廃絶】ハイゼツ すたれてなくなる。家系などにいう。
【廃嫡】ハイチャク 相続人の資格をとり消すこと。
【廃黜】ハイチュツ 官職をとりあげて、しりぞける。
【廃朝】ハイチョウ 天子が凶事や事故などで政務をとるのを一時やめること。
【廃帝】ハイテイ 位を奪われた、また、追われた帝王。
【廃品】ハイヒン ＝廃物。→次項。
【廃物】ハイブツ 役にたたなくなったもの。廃品。
【廃滅】ハイメツ すたれほろびる。また、ほろぼす。
【廃立】ハイリツ・ハイリュウ 臣下がかってに君主をやめさせて、別の君主を立てること。

(12)9【庿】2008 △ ビョウ 廟（2027）の古字。→三六四ページ。

(12)9【庾】2009 △ ユ 麌 yǔ

字義 ❶くら。㋐こめぐら。一説に、川辺にある米倉。㋑屋根のない倉。野外に穀物を積み周囲をかこったもの。❷古代のますめの単位。一六斗の量。約三〇リットル。

解字 篆文 形声。广＋臾㊐。音符の臾ユは、髪をつかねてすきあげるの意味。髪をすきあげた形、円錐エンスイ形のこめぐらの意味を表す。

【庾信】ユシン 南北朝時代、北周の詩人。字あざなは子山。徐陵と並んで徐庾体と称された。著書に『庾開府集』がある。（五一三—五八一）

〔庾①㋑〕

(12)9【廊】2010 常 ロウ

(13)10【廊】2011 人 許 ロウ（ラウ）陽 láng　4713 4F2D

筆順 广 庐 庐 庐 廊

字義 ❶ほそどの。わたどの。渡り廊下。ろうか。「回廊」❷ひさし（廂）。正堂の東西のへや。

解字 篆文 形声。广＋郎（郞）㊐。音符の郎は、浪に通じ、なみの意味。なみのようにうねりつらなる、ひさし・わたどのの意味を表す。

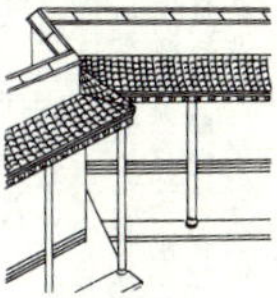
〔廊①〕

▼回廊・画廊・高廊・歩廊

【廊宇】ロウウ ひさしと、のき。
【廊閣】ロウカク 渡り廊下と、高殿たかどの。
【廊廟】ロウビョウ 庇ひさしのある堂。表御殿（政事をとるところ）をいう。朝廷。廟堂。
【廊廟材】ロウビョウのザイ 廊廟に立って、天下の政治を行うことのできる才能。大臣・宰相の才能をそなえた人物。廊廟具ロウビョウのグ。廊廟之器ロウビョウのキ。
【廊廡】ロウブ 表御殿に付属して設けた細長い建物。
【廊腰】ロウヨウ 渡り廊下の低いかべ。また、腰板。

(13)10【廈】2012 △ 漢カ 呉ゲ 馬 shà, xià　5492 567C

【厦】俗字　5047 524F

字義 ❶いえ。大きな家。また、屋根を四方にふきおろした家。「広廈」「大廈」❷廈門アモイは、福建省南東岸にある島の名。また、その島と対岸の大陸とにまたがる都市名。

解字 篆文 形声。广＋夏㊐。音符の夏は、大きいの意味。大きな家の意味を表す。

(13)10【廋】2013 △ 慣ソウ 漢シュウ（シウ）尤 sōu

字義 ❶かくす（匿）。かくれる。❷さがす。求める。＝捜。❸すみ。くま。

解字 形声。广＋叟㊐。音符の叟ソウは、さがすの意味。屋内に入ってさがすの意味を表す。

(13)10【廉】2014 常 レン　4687 4E77

(13)10【廉】2015 レン 塩 lián

筆順 广 产 庐 廉 廉 廉

字義 ❶いさぎよい。きよく正しい。「清廉」❷やすい。やすし。価がやすい。「低廉」❸つづまやか。つつましい。倹約。❹かど。稜角リョウカク。すみ。また、かどかどしい。かどがある。節度がある。❺みきわめる。明らかに見る。また、とり調べる。「廉問」

国かど。事項。理由。「不審の廉」

名乗 おさ・きよ・きよし・すが・すなお・ただし・やす・ゆき

難読 廉屋かどや

解字 篆文 形声。广＋兼（兼）㊐。音符の兼は、かねるの意味。へやの直角にまじわる両面からなる直線、両面のかどを兼ねている直線、かどの意味を表す。この稜線リョウセン

の端正なところから、いさぎよいの意味をも表し、また、利に心が動かぬ・価がやすいの意味などを表す。
▼孝廉・清廉・低廉・貞廉

【廉価(價)】レンカ　やすい値段。やすね。
【廉謹】レンキン　無欲で、つつしみ深い。律義(リチギ)。
【廉隅】レングウ　①物のかど。すみ。②転じて、おりめ正しい。品行が正しく節操が堅い。
【廉潔・廉△絜】レンケツ　心が正しく清い。清廉潔白。
【廉公】レンコウ　正直で、えこひいきのないこと。清廉公平。
【廉士】レンシ　いさぎよい人。心が清く欲の少ない人。
【廉譲(讓)】レンジョウ　心が清く正しくて、よく人にへりくだる。
【廉正】レンセイ　心が清く正しい。
【廉清】レンセイ　心の清らかなこと。
【廉恥】レンチ　正直で欲がなく、はじを知っていること。「破廉恥(恥しらず)」
【廉直】レンチョク　①正直で、曲がったことをしない。廉正。②やすい値段。やすね。安価。廉価。
【廉能】レンノウ　心が清らかで才能がある。
【廉△頗】レンパ　戦国時代、趙(チョウ)の将軍。恵文王のとき、斉を破り、孝成王のとき、秦(シン)を破ったが、のち魏(ギ)に行き、更に楚(ソ)につかえた。藺相如(リンショウジョ)との刎頸之交(フンケイのまじわり)(生死を共にすると誓った交友→一三七ページ)は名高い。
【廉白】レンパク　＝廉潔。
【廉夫】レンプ　＝廉士。
【廉平】レンペイ　正直で、えこひいきのないこと。廉公。
【廉問】レンモン　取り調べる。尋問。
【廉吏】レンリ　正直で欲のない役人。

(13)10 【廊】(2011)　ロウ　廊(2010)の旧字体。→三六二ページ。

(14)11 【廕】2016　△　漢イン　呉オン　沁 yìn

字義 ❶おおう(おほふ)。また、かばう。「庇廕(ヒイン)」❷かげ。日かげ・木のかげなど。＝蔭(イン)。❸おかげ。父祖のおかげをこうむること。「恩廕」

解字 形声。广＋陰音。音符の陰は、雲が覆うの意味。屋根でおおうの意味を表す。

【廕叙(敍)・廕除】インジョ　父祖の功によって官位を授けられること。叙・除は、任命。
【廕生】インセイ　清代(シンダイ)、父祖の功によって、官吏・国子監生(国立大学の学生)となった者。
【廕△庇】インピ　①おおいかばう。保護する。②おかげ。

(14)11 【廓】2017　標　カク(クヮク)　薬 kuò　1939 3347

字義 ❶くるわ。城やとりでの周囲にめぐらす外がこい。転じて、外まわり。＝郭。「輪廓」❷大きい。また、広い。広々としている。❸ひろげる。はる。広げて大きくする。「廓大」❹むなしい。うつろ。空虚。国くるわ。㋐囲みの中の土地。一区域。㋑遊里。遊郭。

参考 現代表記では［郭］(7951)に書きかえる。「廓大→郭大」「輪廓→輪郭」。熟語は［郭］をも見よ。→二一〇ページ。

解字 形声。广＋郭音。音符の郭は、広い都市の周囲を囲む「くるわ」の意味。广は、家屋の意味。くるわ・ひろいの意味を表す。

【廓如】カクジョ　からりと開けるさま。
【廓清】カクセイ　不正をすっかりなくす。世の乱れをはらいきよめる。粛正。
【廓然】カクゼン　①むなしいさま。②心が広くさっぱりしているさま。
【廓然大公】カクゼンタイコウ　すべての物事に対し、こだわらない公平な態度をとること。
【廓大】カクダイ　ひらけていて大きい。また、ひろげて大きくする。
【廓落】カクラク　①大きいさま。②心が広くて、さっぱりしているさま。磊落(ライラク)。③むなしく、さびしいさま。

(14)11 【廏】2018　△　漢キュウ(キウ)　呉ク　宥 jiù　5494 567E
［廄］標準　［廐］俗字 5493 567D　［厩］俗字 1725 3139

字義 うまや。馬小屋。廏舎。廏閑。

解字 金文

篆文

形声。广＋㲃(㲃)音。音符の㲃(キュウ)は、かがめるの意味。馬が身をかがめて入る、うまやの意味を表す。

(14)11 【廐】2019　△　キュウ　廏(2018)の俗字。→前項。　5493 567D

(14)11 【廑】2020　△　漢キン　呉ゴン　文 jǐn, ③qín

字義 ❶小さな家。小屋。❷わずか。わずかに。＝僅(キン)。❸つとめる。＝勤。

解字 篆文

形声。广＋堇音。

(14)11 【廖】2021　△　㊀漢リョウ(レウ)　蕭 liáo　㊁リョウ(レウ)　嘯 liào　5501 5721

字義 ㊀むなしい。うつろ。空虚。㊁人の姓。

解字 篆文

形声。广＋翏音。

［腐］→肉部 九〇〇ページ。

(15)12 【廞】2022　△　㊀漢キン・呉コン　侵 xin　㊁漢ギン・呉ゴン　寝 xin

字義 ㊀❶つらねる(つらぬ)。しきならべる。❷おこす。始める。❸山のけわしいさま。㊁❶おこす。＝㊀の②。❷ふさがる。泥でうずまる。

解字 篆文

形声。广＋欽音。

(15)12 【廣】(1980)　コウ　広(1979)の旧字体。→三五六ページ。　5502 5722

(15)12 【廝】2023　△　シ　支 sī　5503 5723
［厮］俗字 5049 5251

字義 ❶しもべ。身分の低い者。❷身分が低い。❸わける。また、ちらす。

解字 形声。广＋斯音。

【廝役】シエキ　しもべ。召使い。また、身分の低い者。
【廝徒】シト　雑役夫。また、軍卒。
【廝養】シヨウ　＝廝役。養は、牛馬などの世話をする意。
【廝隷(隸)】シレイ　＝廝役。隷は、しもべ・奴隷。

(15)12 【廠】2024　△　ショウ(シャウ)　養 chǎng　［廠］　3019 3E33
［厰］俗字 5050 5252

字義 ❶うまや。馬小屋。❷かべのない家。四方の囲いのない家。❸しごとば。工場。工作所。「工廠」

解字 形声。广＋敞音。

【廠獄】ショウゴク　明代(ミンダイ)、勅命で捕らえた罪人を収容した牢屋(ロウヤ)。東・西の二廠がある。詔獄。

(15)12 【廚】2025　△　漢チュウ(チウ)　呉ジュ(ヂュ)　慣ズ(ヅ)　虞 chú　5504 5724
［厨］標準 3163 3F5F　［㕑］俗字

字義 ❶くりや。だいどころ。炊事場。「庖廚(ホウチュウ)」❷ぬし。主人。❸ひつ。はこ。たんす。

参考 ［厨］は俗字だが、印刷標準字体。

解字 篆文

形声。广＋尌音。广は、建物の意味。音符の尌(チュウ)は、つけ物を入れる食器を手にする形。つけ物など料理をする台所の意味を表す。

【廚下】チュウカ　台所。勝手。くりや。
【廚子】チュウシ　①料理人。②国ズシ　㋐調度や書物などを入れる、

二枚とびらの、たなをつけた箱。①神や仏の像を入れる二枚とびらの堂形の箱。


【廚人】料理人。コック。廚宰。廚夫。

【廚房】台所。くりや。炊事場。

(15)12 【廛】2026 △ 漢テン 呉デン 先 chán　5505 5725

［鄽］同字　［墍］俗字 5263 545F

字義 ❶みせ。店舗。「廛肆」 ❷周代、店から取った税金。店舗税。❸すまい。やしき。一家が住まいする二畝半（四・五五アール）の宅地。

解字 文 篆　会意。广＋里＋八。广は、家の象形。八は、分けるの意味。一家族に分け与えられた村里の土地の意味を表す。のち、店に通じ、みせの意味をも表す。

【廛肆】みせ。商店。肆廛。

(15)12 【廢】(2007)　ハイ　廃(2006)の旧字体。→三六二ページ。　5506 5726

(15)12 【廟】2027 標 漢ビョウ（ベウ）呉ミョウ（メウ）嘯 miào　［廟］　4132 4940

［庿］古字　［庙］俗字

字義 ❶たまや。みたまや。祖先の像や位牌を安置し、霊をまつる建物。「霊廟」 ❷やしろ。ほこら。神をまつった建物。❸てら。道教や仏教の寺。寺観。❹いはい（位牌）。かたしろ（形代）。❺おもてごてん。東西に廂のある建物で、王宮の正殿。政治を行う所。政堂。朝廷。「廟堂」

〔廟①〕

解字 金文 篆文 古文　会意。广＋朝。广は、屋根の象形。朝は、朝礼を行う所の意味。祖先を祭る、みたまやの意味を表す。

【廟宇】みたまや。やしろ。宇は、家の意。

【廟議】朝廷の評議。廟堂の議論。朝議。

【廟見】①みたまやに参拝すること。②（結婚後三か月して、嫁が初めて夫の家の）祖先のみたまやに参拝すること。

【廟号（號）】宗廟の称号。天子の霊を太廟に祭る時、追尊して贈る名。この制は、舜が高陽を祖とし、尭を宗としたのに始まるといわれる。〔晋書、成帝紀〕

【廟社】①祖先のみたまやと土地の神を祭ったやしろ。②祖先のみたまや。

【廟食】神として祭られること。みたまやに祭られて供え物を食べる意。

【廟寝（寢）】みたまや。前の建物が廟、後の建物が寝で、寝には祭神の生前の衣服を蔵する。

【廟堂】①祖先の霊を祭った建物。みたまや。②王宮の政殿。政治を行う所。朝廷。

【廟堂之器】朝廷で天下の政治を行うことのできる才能。

【廟謨】＝廟略。

【廟貌】みたまや。なくなった人の容貌（かおかたち）をしのんでつかえる所の意。

【廟略】朝廷のはかりごと。廟議で決定した計画。

(15)12 【廡】2028 △ 一 漢ブ・呉ム 麌 wǔ 二 漢ブ・呉ム 虞 wú　5507 5727

字義 一 ❶ひさし。のき。「廡下」 ❷廊下。わたどの。ほそどの。「廊廡」 ❸家。屋宇。また、大きな家。二 しげる。草木がしげる。＝蕪。「蕃廡」

解字 篆文　形声。广＋無（㷻）音。音符の無は、舞に通じ、両そでをひるがえす舞の意味。おもやのそでにあたる、廊下・ひさしの意味を表す。

［慶］→心部 四六八ページ。

［賡］→貝部 一〇四四ページ。

(16)13 【廨】2029 △ 漢カイ・呉ケ 慣ゲ 卦 xiè　5508 5728

字義 役所。官署。官庁。「官廨」「公廨」

解字 形声。广＋解音。

(16)13 【廥】2030 △ 漢カイ（クヮイ）呉ケ 泰 kuài

字義 ❶まぐさぐら。牛馬の飼料を入れる倉。❷くら（倉）。

解字 篆文　形声。广＋會音。音符の會（会）は、あつまるの意味。まぐさなどを集めておく建物の意味を表す。

(16)13 【廩】2031 △ リン 寝 lǐn　5509 5729

［廪］俗字

字義 ❶くら。こめぐら。また、貨財を入れる倉。「倉廩」 ❷ふち（扶持）。ろく。俸禄。俸給。また、ふち米を与える。「廩食」 ❸しまう。蔵する。❹つむ（積）。また、あつまる。❺おそれる。おそれつつしむ。❻少ない。

解字 篆文　会意。广＋㐭。また、㐭は、亩＋禾。亩が廩の原字で、穀物を積んだくらの象形。のち、建物の意味の广を付した。

【廩給】官吏の給料。

【廩囷】米ぐら。くら。倉廩。

【廩食】官から与える扶持米。俸給。俸禄。また、扶持米を与える（与えられる）。

【廩振】米ぐらを開いて貧民を救済すること。

【廩人】米倉の番人。倉番。

【廩生】官から生活費を与えられる学生。官費生。

【廩粟】①倉庫にある米。粟の原義は、もみがらのままの穀物。②官給米。俸禄として受ける米。

【廩廩】①威儀の正しいさま。身のひきしまるさま。一説に、近づくさま。②あやういさま。また、不足のさま。

［磨］→石部 七六三ページ。

［應］応（2187）の旧字体。→心部 三九三ページ。

［膺］→月部 五三五ページ。

(19)16 【龐】2032 △ 一 漢ホウ（ハウ）呉ボウ（バウ）江 páng 二 漢ロウ・呉ル 東 lóng

字義 一 ❶たかどの。高い建物。❷大きい。高く大きい。厚くて大きい。❸みだれる。乱雑なさま。二 みちる。充実しているさま。「龐龐」

解字 甲骨文 篆文　形声。广＋龍音。

【龐錯】入り乱れる。乱雑。

【龐涓】戦国時代、魏の武将。孫臏とともに兵法を鬼谷子に学び、魏の恵王に仕えた。後に孫臏の指揮する斉軍と戦い、敗れて自殺した。

【龐士元】→龐統（次項）。

【龐統】三国時代、蜀の政治家。字は士元。劉備に仕え、多くの計策を献じたが、流れ矢にあたって死んだ。（一七九―二一四）

【龐眉皓髪】ふといまゆと、白いかみの毛。老人をいう。

(19)16 【廬】2033 標 漢リョ・呉ロ 慣ル 魚 lú　5510 572A

字義 ❶いおり。いお。かりや。かりずまい。そまつな小屋。「草廬」 ❷いえ（家）。「屋廬」 ❸宿直のへや。宿直室。詰所。❹はたご。やどや。❺やどる。また、かりずまいする。いおりを結ぶ。❻山の名。「廬山」

解字 金文 篆文　形声。广＋盧音。广は、家の意味。音符の盧は、クルッとまわすの意味。周囲をクルッとかこんだだけの家、いおりの意味を表す。

【廬山】山名。江西省九江市の南部。主峰の漢陽峰は

の峰の中の一つに香炉峰がある。匡山・匡廬ともいう。標高一四七四メートル。景勝の地で、避暑地でもある。多く

【廬児(兒)】(ロジ) 召使い。こもの。

【廬舎】(ロシャ) かりごや。そまつな小屋。いおり。

【廬遮△那仏(佛)・廬舎△那仏(佛)】(ルシャナブツ) 仏毘廬遮那(ビルシャナ)(梵語 Vairocana の音訳) 仏の略称。密教では、大日如来という。その徳が照らさぬ所のないという仏。

【廬墓】(ロボ) ①父母や師の喪に服するために、そのそばにいおりを作って住むこと。②いおりと墓。廬舎と墳墓。

【廬陵】(ロリョウ) 昔の県名。江西省吉安市にあたり、宋の欧陽脩・文天祥・曾先之らの郷里。

(20)17
【廳】2034 △ チョウ　庁(1981)(廳)の俗字。↓三五七ページ。　5513 *572D*

(21)18
【廱】2035 △ 漢ヨウ 呉オウ 图 yōng
字義 ❶天子の学校。また、中国古代の大学。辟廱(ヘキヨウ)。❷やわらぐ。やはらぐ。＝雍・雝。❸ふさぐ。また、ふさがる。　5511 *572B*
解字 文 篆 形声。广＋雝(音)。音符の雝は、廱の原字。大きな池をめぐらし、庭園をもつ天子の学宮の意味を表す。のち、建物の意味の广を付した。

【鷹】↓鳥部 一三九ページ。

(25)22
【廳】(1982) チョウ　庁(1981)の旧字体。↓三五七ページ。　5512 *572C*

3　廴部

〔部首解説〕 **えんにょう**(延繞)。**えんにゅう**。延の繞(ニョウ)になるところからいう。また、廴の字音インから、いんにょうともいう。文字としては、廴は、音イン。指事。篆文 廴。行(彳)の左半分をとりだし、さらにそれを延ばした形で、長く延びた道を行くの意味を表す。廴を意符として、行く・延びるの意味を含む文字ができている。辶(しんにょう)と字形が似ているために、誤って混同されることがある。

(7)4
【延】(2039) エン　延(2038)の旧字体。↓中段。

(7)4
【廷】2036 常 テイ　3678 *446E*

(7)4
〖廷〗2037 漢テイ 呉ジョウ(ヂャウ) 青 径 tíng

筆順 ニ 千 壬 廷

字義 ❶ひろにわ。ひろには。㋐政事を行う所。「朝廷」㋑訴えを聞き裁判をする所。「法廷」「出廷」❷やくしょ。官庁。「県廷」❸ただしい。❹たいらか。公平。
名乗 たか・ただ・なが
解字 文 金 篆 文 形声。廴＋壬(音)。音符の壬(テイ)は、突き出るの意味。廴は、階段の前につきでた、にわの象形。にわの意味を表す。
▼外廷・宮廷・退廷・朝廷・法廷・明廷

【廷尉】(テイイ) ①秦(シン)・漢代に刑罰をつかさどった官の名。②国 ㋐検非違使(ケビイシ)の佐(すけ)(次官)の中国風の呼び名。裁判官と警察官とを兼ねた職。㋑検非違使の尉(じょう)(三等官)の中国風の呼び名。

【廷議】(テイギ) 朝廷で評議する。また、その評議。政府の意見。朝議。

【廷試】(テイシ) 官吏登用試験の及第者に対して天子が自身で行う試験。殿試。

【廷△叱】(テイシツ) 朝廷などの、多数の面前でしかる。

【廷辱】(テイジョク) 朝廷などの、多数の面前ではずかしめる。

【廷臣】(テイシン) 朝廷に仕えている臣下。朝臣。

【廷折】(テイセツ) ＝廷辱。

【廷争(爭)・廷△諍】(テイソウ) 朝廷などの、多数の面前で君主の非を強くいさめること。

【廷論】(テイロン) ①＝廷議。②朝廷・法廷などで意見を述べること。

(8)5
【延】2038 教 6 エン　のびる・のべる・のばす　1768 *3164*

(7)4
〖延〗2039 エン 先 yán

筆順 亻 下 正 延

字義 ❶ひく。㋐のばす。引き延ばす。㋑みちびく。案内する。㋒招く。引き寄せる。㋓身をひく。退く。引き下がる。㋔すすめる(進)。❷のびる。のぶ。のべる。のぶ。のばす。㋐長くなる。長くする。「延長」㋑長びく。遅れる。長びかせる。「順延」「遅延」㋒広がる。はびこる。行きわたる。広げる。「蔓延(マンエン)」「延焼」㋓およぶ。とどく。❸長い。遠い。また、長さ。広さ。国のべ。全部を寄せ合わせた数。「延べ人員」
名乗 すすむ・ただし・とう・なが・のぶ　難読 延縄(はえなわ)・延生(のぶ)
使いわけ のびる〔伸・延〕⇩伸(185)。
解字 文 金 篆 文 会意。正＋廴。正は、征に通じ、まっすぐに行くの意味。廴は、みちの意味。道をまっすぐにのびていくの意味を表す。延を音符に含む形声文字に、埏(エン)・涎(エン)・莚(エン)・筵(エン)・蜒(エン)・誕・鋋(エン)などがある。
▼外延・順延・遷延・遅延・綿延・連延

【延安】(エンアン) 地名。陝西(センセイ)省の北部、延河中流の南岸の、周りを山に囲まれた町。もと膚施といった。今の延安市。一九三五年、中国共産党は長征の末、ここに本拠を置いた。

【延引】(エンイン・エンニン) ①長びく。おくれる。②引きのばす。③引き入れる(寄せる)。

【延延】(エンエン) ①長いさま。久しいさま。連なり続くさま。②国(のびのび) 物事の次第にのびること。

【延期】(エンキ) 日のべ。定めた期日・期限をのばす。

【延喜式】(エンギシキ) 国書名。五十巻。醍醐(ダイゴ)天皇の勅命により、藤原忠平らが編集。宮中の儀式・作法・制度などを漢文で書いたもの。延長七年(九二七)完成。後の律令政治の基本法となった。

【延見】(エンケン) 客を引き入れて面会すること。引見。接見。

【延寿(壽)】(エンジュ) ＝延年の①。

【延焼(燒)】(エンショウ) 火事が燃えひろがること。

【延滞(滯)】(エンタイ) のびのびになる。とどこおる。

【延△佇】(エンチョ) ①長い間たたずむ。②立ちどまって待ち望むこと。

【延年】(エンネン) ①年(寿命)をのばす。長生きする。また、長命。②新年を迎える。

【延納】(エンノウ) ①ひき入れる。引見。②国期限より遅れて納入すること。

【延△袤】(エンボウ) ①ひろさ。土地のひろがり。延は横(東西)の、袤は縦(南北)の長さ・広さ。②長さ。

【延△蔓・延△曼】(エンマン) とめどなくはびこる。蔓延。

【延命】(エンメイ・エンミョウ) ＝延年の①。

【延△攬】(エンラン) 引き寄せて味方にすること。

【延陵季子】(エンリョウのキシ) 春秋時代、呉の季札。延陵(今の江蘇(コウソ)省武進県)に封ぜられたからいう。

(8)5
【廸】2040 △ テキ　迪(7757)の俗字。↓一〇八三ページ。　5515 *572F*

(9)6
【廻】 2041
㊟標 ㊞漢カイ（クヮイ） ㊞呉ガイ（グヮイ） ㊞慣エ（ヱ） 区 huí
1886
3276

［廻］同字　［廽］俗字　［迴］同字 7779 *6D6F*

字義 ＝回(1152)。❶**まわる**。または。**めぐる**。「廻風」 ❷**まわす**。または。**めぐらす**。❸まがる。うねうね曲がる。❹かえる。かえす。

参考 ①現代表記では［回］(1152)に書きかえる。「廻転→回転」「廻廊→回廊」 ②古くから回と同じに用いられた。熟語は［回］(1152)をも見よ。→二三ページ。

解字 形声。廴＋回㊥。廴は、行くの意味。音符の回は、めぐるの意味。めぐり行くの意味を表す。

【廻船】カイセン 国旅客や貨物を運ぶ船。「廻船問屋カイセンどんや」
【廻漕】カイソウ 船で旅客や貨物を運ぶこと。船による運送。回漕。
【廻天】カイテン 天をめぐらす。天下の状勢をがらりと変えること。また、衰えた勢いをもりかえすこと。回天。「廻天の力」
【廻風】カイフウ ①うずを巻くように吹く風。つむじ風。回飆カイヒョウ。②曲の名。
【廻文】カイブン 回文。①まわしぶみ。多くの人に回覧する文書。廻状。②廻文詩カイブンシの略。→次項。③国かなの字の順を逆にしても同じよみになる語・句。「竹屋が焼けた」
【廻文詩】カイブンシ 初め・終わりのどちらから読んでも意味が通じ、かつ詩の規則にあてはまるよう作られた詩。回文詩。
【廻廊】カイロウ 折れ曲がった長い廊下。回廊。

(9)6
【建】 2042
教 4　ケン・コン　たてる・たつ
㊞漢ケン ㊞呉コン 区 jiàn
2390
377A

筆順 ヨ 彐 聿 建

字義 ❶**たつ**。家などが建つ。❷**たてる**。たつ。㋐まっすぐ建てる。㋑始める。㋒造る。設ける。家などをたてる。「建造」 ㋓定める。「建元」 ㋔成し遂げる。表す。㋕申し上げる。申し立てる。「建白」「建議」 ㋖布告する。❸さす。北斗星の柄が日没直後に十二支のどれかの方角を指すこと。夏暦では正月に寅（とら。東北東）を指す類。❹かぎ。＝鍵ケン。

名乗 たけ・たけし・たける・たつる・たて　難読 建水こぼし・みずこぼし・建部たてべ・たけべ・たけるべ・建陽ゆや・建雷神たけみかずち・たけみのかみ

使いわけ たてる・たつ［建・立］
［建］建築や経済に関係ある場合。「家を建てる・円建て」
［立］右以外のすべて。「予定を立てる・腹を立てる・志を立てる」

解字 金文 篆文 会意。聿＋廴。聿は、ふでの意味。廴は延と同じく、のびるの意味。のびやかに立つ筆の意味から、のびやかにたつの意味を表す。建を音符に含む形声文字に、健・鍵ケン・鞬ケンなどがある。

▼再建・創建・封建

【建安七子】ケンアンのシチシ 後漢の献帝の時、曹操とその子曹丕ソウヒ・曹植ソウチのもとに集まり、この三人と共に文壇の主力をなした七人の文人、孔融・陳琳チンリン・王粲オウサン・徐幹・阮瑀ゲンウ・応瑒オウヨウ・劉楨リュウテイ。建安は年号（一九六―二二〇）。
【建議】ケンギ 上に対して意見を申し上げること。また、その意見。
【建業】ケンギョウ ①事業の基礎を始める（定める）こと。②江蘇コウソ省南京市の、三国時代の旧名。呉の孫権がここに都した。建康。
【建元】ケンゲン ①年号を定めること。②漢の武帝の時の年号（前一四〇―前一三五）。これが年号の初めである。
【建言】ケンゲン ①確固不動の古人のことば。②＝建議。
【建康】ケンコウ 昔の地名。江蘇省南京市の、晋・南北朝時代の旧名。→建業の②。
【建国（國）】ケンコク ①国家の基礎をたてる。国を始める。②国都を建設する。
【建策】ケンサク ①計画をたてる。②策略をたてて、申し上げる。
【建白】ケンパク ＝建議。白は、申す。
【建立】ケンリツ ①たてる。樹立する。②設ける。③成し遂げる。④仏コンリュウ 寺院・仏像・堂塔などを造ること。

(9)6
【廼】 2043
△ダイ　迺（7775）の俗字。→一〇八五ページ。
3922
4736

3　廾部　にじゅうあし
5516
5730

〔部首解説〕 廾(二十脚)。こまぬき。この字の形が廿ジュウ(二十の意味)と似ているので「にじゅうあし」と呼ばれるが、廾と廿とは別字。廾は、音キョウ。象形。篆文㸚。両手でささげる形にかたどり、ささげるの意味を表す。また、拱キョウと音が通じて、こまぬくの意味を表す。廾を音符として、物を両手で持つ・ささげるの意味を含む文字ができている。また、具や兵の六、奐や奉の大の形は、いずれも廾の変形で、両手を表している。

1升 三六六　2弁 三六七　3异 三六七　4弃 三六七　弆 三六七
弄 三六七　6弈 三六八　弇 三六八　7弉 三六八　12弊 三六八
廿→十部 一六四ページ。羿→羽部 八三三ページ。舁→臼部 九〇四ページ。
彝→彑部 三七五ページ。

(4)1
【升】 2044
常　ショウ　ます
ショウ 区 shēng
3003
3E23

筆順 ノ イ チ 升

字義 ❶**ます**。一升ます。また、すべての升ますをいう。❷**ショウ**。ますめの単位。一合の十倍。❸**のぼる**。あがる（上・揚）。のぼらせる。＝昇。「上昇」 ❹すすめる。奉る。❺なる（成）。❻みのる。❼栄える。さかんになる。❽よみ。布の縦糸八十本をいう。❾易エキの六十四卦カの一つ。☷☴巽下坤上ソンカコンショウ。前進向上のかたち。

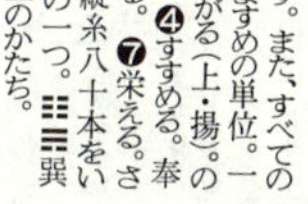
〔升①〕

名乗 たか・のり・みのる・ゆき

参考 もと、十部に所属した。

解字 金文 篆文 象形。金文は、ひしゃく（ヲ＝斗）のますの中に物を入れた形にかたどる。ひしゃくで物をすくいあげることから、ます・量の単位・のぼすの意味を表す。篆文は、毛(斗)＋ノの指事という。升を音符に含む形声文字に、昇・陞ショウなどがある。

▼上升・斗升

【升遐】ショウカ ①天空にのぼる。遐は、遠い所。②天子の死をいう。崩御。登遐。
【升級】ショウキュウ 等級があがること。昇級。①官位などがあがること。昇進。②一段上の学年に進むこと。進級。
【升降】ショウコウ ①のぼりくだり。昇降。②さかんになることとおとろえること。盛衰。
【升第】ショウダイ 試験、特に官吏登用試験に及第すること。
【升沈】ショウチン ①のぼることと、しずむこと。②栄えることとおとろえること。栄枯。盛衰。③官位の昇降。
【升天】ショウテン 天にのぼること。昇天。
【升騰】ショウトウ のぼりあがる。おどりのぼる。
【升聞】ショウブン・ショウモン のぼりきこえる。天帝や天子の耳に入ること。
【升平】ショウヘイ ①穀物がよくみのって、その値段が平らか（適切）

なこと。②平和。昇平。③次第に平和に向う時代。

【以レ升量レ石】ショウをもってコクをはかる 一升のますで一石の量をはかる意で、愚者の心で賢者の心をはかることのたとえ。愚者には賢者の心が理解できないことをいう。〔淮南子、繆称訓〕

【廿】→十部 一六四ページ。

(5)2 **【弁】** 2045 教5 ベン　4259 4A5B

㊀(16)辛9 **【辨】** 2046 漢ハン 呉ベン biàn　4994 517E

㊁(19)瓜14 **【瓣】** 2047 漢ハン 呉ベン bàn　6502 6122

㊂(21)言14 **【辯】** 2048 漢ヘン 呉ベン biàn　7771 6D67

㊃(5)廾2 **【弁】** △ 漢ヘン 呉ベン biàn

筆順 ㄥ ム 厶 弁

㊀【辨】本字 5001 5221

字義 ㊀〔辨〕❶**わける**。わかれる。㋐さく。分離する。㋑区別する。よりわける。見わける。「論弁」「弁別」❷**わきまえる**。❸明らか。明らかにする。❹しらべる。❺おさめる(治)。処理する。❻ただす(正)。❼そなえる。準備する。国律令時代の太政官の官名。八省の連絡を担当する。名乗 さだ・そなう・わけ　難読 弁柄

㊁〔瓣〕❶うりのなかご。うりの種子を含んだやわらかい部分。❷うりのたね。❸果肉のふさ。みかんなどの肉の一片。❹はなびら。花弁。花片。国**ベン**。㋐気体、または液体の出入調節をする器具の総称。「安全弁」㋑心臓内壁や血管内にあって血液の逆流を防ぐ膜。

㊂〔辯〕❶ことばでおさめる。❷ただす(正)。❸明らかにする。❹**とく**(説)。**かたる**(語)。たくみに言う。また、話。話ぶり。「懸河の弁」「弁士」❺言い争う。論争する。「弁難」❻訴える。❼わける。＝辨。❽かわる(変)。❾文体の名。言行の是非・真偽を論断する目的で作る文。国**ベン**。地方的なことばづかい。「関西弁」

㊃〔弁〕❶**かんむり**。また、それをかぶる者。「武弁」❷速い。急ぐ。❸おそれる。おののく。❹うつ。たたく。

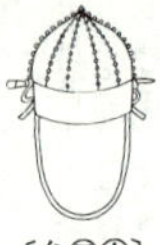
〔弁㊃①〕

参考 ①常用漢字では、辨・瓣・辯の共通の略字(新字体)として弁を用いる。もとの弁(かんむりの意味)は表外字。②日本では俗に、辦(処理する意味)・辮(辮髪の意味)の二字にも弁を当てることがある。

解字 ㊀〔辨〕金文 篆文 会意。刀＋辡。二本の刃物とかたなとで、わけるの意味を表す。

㊁〔瓣〕篆文 会意。瓜＋辡。辡は二本の刃物でわけるの意味。うりの中にある、果肉から分離しやすい種子の意味を表す。

㊂〔辯〕篆文 会意。言＋辡。辡は、わけるの意味。ことばで、ことの道理をわけあきらかにするの意味を表す。

㊃〔弁〕篆文 象形。両手で冠をかぶっている形にかたどり、かんむりの意味を表す。

▼勘弁・強弁・抗弁・思弁・自弁・代弁・多弁・駄弁・訥弁・陳弁・通弁・答弁・能弁・明弁・雄弁・論弁

【弁(辨)異】ベンイ ①(尊卑の別などを)わかちただす。②物事の相違点を明らかにすること。

【弁(辯)解】ベンカイ あかしをたてる。いいわけする。また、いいわけ。

【弁(辯)詰】ベンキツ 言いたてて責めなじる。

【弁(辯)給】ベンキュウ ＝弁巧。

【弁(辯)恵(惠)・弁(辯)慧】ベンケイ 口さきがたくみでかしこい。

【弁(辯)護】ベンゴ ①他人のために言いわけしてかばい助けること。②法廷で他人のために弁論して、その人の利益をはかること。

【弁(辯)口】ベンコウ ことばの(たくみな)言いまわし。

【弁(辯)巧】ベンコウ 言いまわしがうまい。口達者。弁給。「能弁」

【弁(辯)才】ベンサイ ①弁論の才能。②仏たくみに法義を説く才能。

【弁(辯)才天・弁(辯)財天】ベンザイテン 仏インドの神の名。梵天王の妃で、音楽・弁才・知恵・財福をつかさどるという。美しい姿で、琵琶を持っている。一説に、男の神ともいわれ、日本では吉祥天と混同されている。

【弁(辨)済(濟)】ベンサイ 国借りを返すこと。返済。

【弁(辯)士】ベンシ ①弁舌のたくみな人。②弁説をもって遊説する人。③国㋐演説・講話などをする人。㋑無声映画で、映画の説明をする人。活弁。

【弁(辨)似】ベンジ 似ていてまぎらわしいものを区別し明らかにする。

【弁(辯)辞(辭)】ベンジ たくみなことば。ことばのたくみなこと。

【弁(辨)識】ベンシキ ①見分ける。②わきまえる。

【弁(辨)訟】ベンショウ うったえをききわける。

【弁(辯)捷】ベンショウ 口がたっしゃですばやいこと。

【弁(辨)証(證)】ベンショウ 善悪の道理を明らかにして証明する。また、弁論によって証明する。

【弁(辨)償】ベンショウ つぐないかえす。

【弁(辨)析】ベンセキ 見分ける。判断する。

【弁(辨・辯)説】ベンセツ ①物事のよしあしを分けて説くこと。②弁(辯)説ゼツ。＝弁舌。

【弁(辯)舌】ベンゼツ いいまわし。口さきのたくみなこと。弁口。

【弁(辯)疏】ベンソ 言いわけ。申し開き。弁解。

【弁(辨)知】ベンチ わきまえ知る。明らかに知る。

【弁(辨・辯)天】ベンテン ①＝弁才天。②国美人をいう。

【弁(辯)難】ベンナン 言論で反対し非難する。言い争う。

【弁(辯)佞】ベンネイ 口さきがうまく、人にこびへつらう(心がねじけている)こと。また、その人。

【弁(辯)駁】ベンバク 他人の言論の道理に合わない点を論じて攻撃すること。弁難駁撃の略。

【弁(辨)別】ベンベツ 見分ける。また、わきまえる。

【弁(辨)明】ベンメイ 物事の正邪・善悪を区別し明らかにする。

【弁(辯)明】ベンメイ ①説きあかす。②申し開きする。弁解。

【弁(辨)理】ベンリ ①判別して処理する。②道理をわきまえる。③国事務などを処理すること。

【弁(辯)論】ベンロン 弁明し論ずる。おおぜいの前で自説を述べる。また、言い争う。

(6)3 **【异】** 2049 △ ㊀イ 支 yí ㊁イ 寘 yì

字義 ㊀❶**あげる**(挙)。❷やめる。しりぞける。＝已。㊁❶＝㊀の①。❷ことなる。ことにする。＝異。

解字 篆文 形声。廾＋巳(目)音。音符の目は、以の本字で物を持つの意味。手で物を持ちあげるの意味を表し、巳に通じて、やめる・しりぞけるの意味にも用いる。

(7)4 **【弃】** 2050 △キ 棄(3555)の古字。→五七〇ページ。　5517 5731

(7)4 **【尗】** 2051 △シュク 叔(812)の俗字。→一九六ページ。

(7)4 **【弄】** 2052 標 ロウ 送 nòng　4714 4F2E

【挵】同字 【挊】俗字

字義 ❶**もてあそぶ**。㋐手に持ってまさぐる。おもちゃにする。なぐさみにする。「玩弄」㋑たくみにあやつる(扱う)。㋒ほしいままに用いる。「弄権ケンをもてあそぶ」「弄筆」㋓あなどる。なぶる。からかう。たわむれる。「愚弄」㋔めでる。ながめ楽しむ。「弄月」㋕

かなでる。楽器を奏する。また、その楽曲。❷たくみにかざる。❸おもちゃ。

解字 金文 篆文 会意。廾＋玉。廾は、両手の意味。両手で玉を持ってあそぶの意味を表す。

【弄花】ロウカ ①花をもてあそぶ（ながめる・栽培する）。また、草花の栽培や手入れ。②国花がるたをする。花合わせ。

【弄瓦】ロウガ 女児が生まれること。→弄璋ロウショウ。

【弄翰】ロウカン ①筆をもてあそぶ。戯れに書くこと。②戯れに書いた詩文や書画。

【弄月】ロウゲツ 月をもてあそぶ（ながめて楽しむ）。

【弄璋】ロウショウ 男児の生まれること。男児が生まれるとおもちゃとして璋たまを与え、女児が生まれると瓦いとまきを与える故事に基づく語。↔弄瓦ロウガ。〔詩経、小雅、斯干〕

【弄筆】ロウヒツ 筆をもてあそぶ。①事実を曲げてたくみに書くこと。②思うままにたくみに書きまくること。

【弈】 (9)6 2053 △ 漢エキ 呉ヤク 陌 yì

字義 ❶いご（囲碁）。碁をうつ遊び。❷ばくち。博弈バクエキ。

参考 〔奕エキ〕（大きい・美しい）は別字。後世、通じて用いる。

解字 篆文 形声。廾＋亦㊥。廾は、両手をささげる形にかたどる。音符の亦エキは、次々に重なるの意味。手をあげては、かわるがわる碁をうつの意味を表す。

【弇】 (9)6 2054 △ エン 琰 yǎn

字義 ❶おおう（蓋ガイ・蔽ヘイ）。＝揜エン。❷ふかい（深）。❸つぐ。うけつぐ。

解字 甲骨文 篆文 会意。合＋廾。合は、ふたをあわせるの意味。両手でふたをする、おおうの意味を表す。

【羿】→羽部 八六三ページ。 【异】→臼部 九〇四ページ。

【弉】 (10)7 2055 △ ソウ 奘（1423）の俗字。→二七三ページ。 5518 5732

【弊】 (15)12 2056 常 ヘイ 4232 4A40

【弊】 (15)12 2057 漢ヘイ 呉ベイ 霽 bì

筆順 㡀 敝 弊

【獘】本字

字義 ❶たおれるたふ。また、たおすたふ。❷やぶれるやぶ。また、やぶる。切れる。きずつく。❷やりそこなう。❸つかれる（疲）。くたびれる。「疲弊」❹やむ。とまる。❺つきる（尽）。つくす。❻わるい（悪）。㋐害になる。よくない。「語弊」「弊風」㋑粗末。つたない。転じて、自分の物に冠する謙称。「弊店」「弊社」㋒古い。

解字 甲骨文 篆文 形声。もと、犬＋敝㊥。音符の敝ヘイは、やぶれるの意味。犬のようにたおれ死ぬの意味を表す。犬の部分が廾に変形した。

▼悪弊・遺弊・旧弊・語弊・時弊・宿弊・衰弊・積弊・通弊・疲弊・罷弊・余弊

【弊衣】ヘイイ いたみ破れた衣服。敝衣ヘイイ。

【弊屋】ヘイオク 弊家・弊宅。①あばらや。②自分の家の謙称。

【弊害】ヘイガイ よくないこと。害となること。

【弊国(國)】ヘイコク 自分の国の謙称。弊邦。

【弊困】ヘイコン つかれ苦しむ。

【弊事】ヘイジ よくないこと。弊害のある事がら。悪弊。〔唐、韓愈、左遷至藍関示姪孫湘詩〕→聖明。

【弊風】ヘイフウ 悪い習慣・風習。風俗。弊習。

【弊邑】ヘイユウ ①貧乏な村や町。②自分の村や町・国の謙称。

【弊履】ヘイリ はき古したはきもの。破れぞうり。ぼろぐつ。

【弊廬】ヘイロ ＝弊屋。

【乗(乘)レ弊】ヘイにジョウず 弱り目につけこむ。

【彝】→彑部 三七五ページ。

3

弋部

〔部首解説〕しきがまえ（式構）。よく。弋ヨクを意符として、くい（杙コウ）の意味を含む文字ができているが、例は少ない。

弋 三六八 1弌 三六八 2弍 三六八 3弎 三六八 式 三六八 弐 三六九 9弑 三六九

忒→心部 三九四ページ。武→止部 五九四ページ。貳→貝部 一〇四三ページ。

【弋】 (3)0 2058 △ 漢ヨク 呉イキ 職 yì 5521 5735

字義 ❶くい（杙）。地中に打ちこむ棒。＝杙ヨク。❷いぐるみ。鳥を射るため、矢に糸をつないだもの。また、それで鳥を射る方法。❸とる。㋐狩りをする。㋑奪い取る。❹黒い。＝黓ヨク。

解字 金文 篆文 象形。枝のある木に支柱を添えた形にかたどり、くいの意味を表す。また、この形に似た矢のいぐるみの意味をも表す。弋を音符に含む形声文字に、代・式・弑シ・拭ショク・熾シ・職・識・織・試・貸・黛タイなどがある。

【弋射】ヨクシャ いぐるみを使って飛ぶ鳥を射る。

【弋綈】ヨクテイ 黒色のつむぎ。一説に、厚いつむぎ。

【弋猟(獵)】ヨクリョウ かりをする。かる。また、かり。弋は鳥についていい、猟は獣についていう。

【弌】 (4)1 2059 △ イチ 一（1）の古字。→一ページ。 4801 5021

【弍】 (5)2 2060 △ ニ 二（75）の古字。→四三ページ。 4817 5031

【弎】 (6)3 2061 △ サン 三（6）の古字。→三ページ。

【式】 (6)3 2062 教3 シキ 漢ショク 呉シキ 職 shì 2816 3C30

筆順 一 三 式 式

字義 ❶のり（法）。㋐おきて。きまり。法律。「法式」㋑一定の型。規格。「洋式」「新式」㋒手本。模範。㋓ほどあい。節度。❷のっとる。きまりとして従う。手本とする。❸敬礼する。特に、車の前方の横木（軾ショク）に手を載せ、上体をかがめて敬礼する。また、その横木。❹もちいる。こころみる。❺もって（以）。語調を整えたり接続の働きをする語。❻ああ。発語のことば。国シキ。㋐儀式。「卒業式」㋑平安時代、律令リツリョウの施行細則。

名乗 つね・もち 難読 式敷しき

解字 篆文 形声。工＋弋㊥。音符の弋ヨクは、二本の木を交差させ、安定して立つように考案されたくいの象形。工は、工具の意味。工具のように規則的で、安定した形のくいの意味から、手本とすべきもの、のりの意味を表す。

▼格式・儀式・形式・公式・制式・複式・仏式・様式・礼式

【式退】シキタイ 国式体。色体。色代。①挨拶アイサツ。会釈エシャク。②世辞セジ。追従ツイショウ。

【式微】シキビ 王室の非常におとろえること。式は発語の助字。〔詩経、邶風、式微〕

【式部省】シキブショウ 国大宝令の制で官庁の一つ。朝廷の儀式・人事などをつかさどった。

【式目】シキモク 国武家時代、箇条書きにした法律。

(6)3
【弐】2063　常　ニ
⑫貝5
〘貳〙2064　漢ジ　呉ニ　寅 èr
3885　4675
7640　6C48

筆順　ニ 三 弐 弐

【貳】俗字　7641　6C49

字義　❶そえる。加える。増す。また、重ねる。並べる。❷そえ。ひかえ。つぎ（次）。❸相手。❹ふたつ。また、ふたたび。二度。❺裏切る。内応する。ふたごころを持つ。また、そむく。たがう。「弐心」❻離れる。分かれる。❼かわる（代・変）。❽＝二。→二（75）の参考
国すけ。大宰府の次官。

解字　金文　篆文　形声。もと、戈＋貝＋二音。戈は、ほこの象形。貝は、かいの象形。ほこで貝を二分するさまから、ふたつの意味を表す。

▼疑弐・副弐・無弐

【弐車】ジシャ　そえ車。副車。
【弐心】ジシン　ふたごころ。不忠の心。二心。弐志・弐慮。
【弐臣】ジシン　ふたごころのある家来。二君に仕える臣下。

[忒]→心部　三五四ページ。　[武]→止部　五九四ページ。

(12)9
【弑】2065　△　シ　寅 shì　慣シイ
5522　5736

字義　❶シイする。臣が君主を、子が親を殺すこと。❷ころす（殺）。「弑殺」

解字　篆文　形声。杀＋式音。音符の式は、かわるの意味。杀は、殺の字形の一部。目上の者を殺して、それにとってかわるの意味を表す。

【弑逆・弑虐】シギャク・シイギャク　臣が君を、子が父を殺すこと。

3
弓部

〔部首解説〕ゆみ。ゆみへん。弓を意符として、いろいろな種類の弓、弓に付属するもの、また、弓に関する動作や状態を表す文字ができている。

(3)0
【弓】2066　教2　キュウ　ゆみ
漢キュウ（キウ）　呉クウ　東 gōng
2161　355D

筆順　⺕ コ 弓

字義　❶ゆみ。矢を飛ばす器具。また、弓を射る術。弓術。❷ゆみなり。弓の形をしている。また、そのもの。「弓腰」❸弓の的までの距離の、また、土地を測る長さの単位。六尺。二足。約一・三五センチメートル。

名乗　ゆ・ゆげ　難読　弓懸ゆがけ・弓削ゆげ・弓手ゆんで・弓場ゆば・弓納持ゆなもち

解字　甲骨文　金文　篆文　象形。ゆみの象形で、ゆみの意味を表す。弓を音符に含む形声文字に、穹キュウがある。

▼鼓弓・天弓・半弓

【弓衣】キュウイ　弓を入れる袋。弓ぶくろ。
【弓繳】キュウシャク　矢に糸をつけた鳥を射る具。いぐるみ。
【弓手】キュウシュ　①弓を射る役目の者。射手。②国ゆんで　弓を持つ方の手。左手。↕馬手めて（右手）。
【弓人】キュウジン　①周代の官名。弓を作ることをつかさどる。②弓を作る人。弓工。弓師。弓匠。
【弓勢】キュウセイ　①弓のような形。弓なり。②弓のいきおい。③国ゆんぜい　弓を引きしぼる力。
【弓折矢尽（盡）】ゆみおれやつく　武器がすっかりなくなること。戦いで力が尽きはてたたとえ。刀折矢尽かたなおれやつく。〔景徳伝灯録、十七〕
【弓箭】キュウセン　弓矢。①弓と矢。また、武器一般。②国戦争。
【弓弩】キュウド　普通の弓といしゆみ。また、弓一般。
【弓馬】キュウバ　①弓と馬。②弓術と馬術。③武芸。また、武芸者。「弓馬の士（武士）」
【弓弭】ゆはず　国弓の両端の弦をかける所。
【弓腰】キュウヨウ　①弓のように曲がった（しなやかに曲がる）腰。②舞うときの腰のかまえ。

(4)1
【引】2067　教2　イン　ひく・ひける
㊀イン　軫　㊁イン　震　yǐn
1690　307A

筆順　⺕ コ 弓 弓 引

字義　㊀❶ひく。㋐ひっぱる。もってくる。ひきよせる。「牽引ケンイン」「引力」㋑ひきぬく。取り出す。「引用」㋒転じて、推薦する。ひきたてる。㋓さそう。まねく。みちびく。「招引」「引率」㋔しりぞく。しりぞける。「引退」㋕長くする。伸ばす。「延引」㋖連なる。たなびく。㋗広がる。広げる。はびこる。㋘張り渡す。㋙ひき受ける。承知する。負う。「承引」「引責」❷進む。出発する。❸あらそう。❹歌。楽府ガフの一種。❺文体の名。序文の類。❻長さの単位。十丈。❼さつ。紙幣。また、てがた。許可証の類。㊁❶ひつぎを引く綱。柩綱ひつぎづな。❷たづな。❸ふし。楽曲。
国❶ひく。㋐へらす。㋑楽器などをならす。㋒えがく。「線を引く」❷ひき。㋐ひきたて。ひいき。㋑つて。縁故。❸ひける。退勤する。また、消極的になる。

難読　引佐いなさ・引田ひけた・ひきた

使いわけ　ひく〔引・弾〕
〔弾〕楽器に関する場合。「ピアノを弾く」
〔引〕右以外のすべて。「線を引く・手を引く・辞書を引く・熱が引く」

解字　篆文　指事。弓に丨を添え、ひいて張り伸ばした弓を示し、ひくの意味を表す。引を音符に含む形声文字に、蚓イン・紖インなどがある。

▼延引・援引・吸引・強引・拘引・索引・承引・招引・導引・誘引

【引咎】インキュウ　＝引責。
【引拠（據）】インキョ　引いてよりどころとする。また、引用した事がら。
【引決・引訣】インケツ　責任をとって自殺する。
【引見】インケン　引き入れて対面する。呼びよせて面会する。
【引伸】インシン　①引き伸ばす。②応用する。③漢字をもとの意味から転化させて別の意味に用いること。
【引責】インセキ　責めを負う。責任を引き受ける。「引責辞任」
【引接】インセツ　①引き入れて面会する。②仏インジョウ　阿弥陀如来アミダニョライが迎えに来て衆生シュジョウを極楽へ導くこと。
【引退】インタイ　①ひきしりぞく。仕事・地位をしりぞいてやめる。致仕。②隠居する。
【引致】インチ　①（引き）よせる。招く。②引っ立てる。拘引する。

【引導】(インドウ) ①みちびく。案内をする。また、手引き。②仏㋐衆生(シュジョウ)を導いて善道に入らせること。㋑葬式の時、僧が死者に対して極楽往生の法を説くこと。「引導を渡す(最後の決定を申し渡す)」

【引得】(イントク) 索引。英語の index の音訳。

【引△喩】(インユ) 先人の言や故事・ことわざを引いて、自分の意見を表現・証明すること。また、その修辞法。

【引用】(インヨウ) ①(人を)取りたてて用いる。②根拠とするために、他人の説や事例などを引いて用いること。

【引領】(インリョウ) ①(期待・思慕の情などをもって)領(くび)を長くして待ち望む。②引きつれる。案内する。

(4)1
【弔】2068　常　チョウ　とむらう　チョウ(テウ)　嘯 diào　3604 4424

筆順 ㇕ コ 弓 弔

[吊] 俗字 3663 445F

字義 ❶とむらう(とむらふ)。とぶらう(とぶらふ)。㋐死者の霊を慰める。「哀弔」㋑死者の家を訪れて遺族を慰める。くやみを言う。「弔問」「弔電」㋒みまう。安否をたずねる。❷いたむ。なげく。❸あわれむ。❹つる。また、つるす。❺よい。また、よしとする。

参考 日本では、「つるす」意には俗字の「吊」を用いる。

解字 甲骨文　篆文　会意。篆文では、人＋弓。弓は甲骨文では、へびの象形とも、いぐるみの象形とも考えられ、死者の霊をなぐさめるための物の象形。いたむの意味を表す。

▼慶弔・敬弔・追弔

【弔意】(チョウイ) 人の死を悲しみいたむ心。哀悼の心。

【弔慰】(チョウイ) 死者をとむらい、遺族をなぐさめる。

【弔影】(チョウエイ) 自分と自分の影とがなぐさめあうこと。孤独でたよりないさま。形影相弔(ケイエイあい(ひ)とむらう(ふ))。

【弔詞】(チョウシ) ＝弔辞。

【弔辞(辭)】(チョウジ) 人の死をいたみ悲しんで述べることば。

【弔△恤】(チョウジュツ) とむらいあわれむ。

【弔悼】(チョウトウ) とむらいいたむ(悲しむ)。

【弔勉】(チョウベン) なぐさめはげます。

【弔問】(チョウモン) ①死者の家を訪問してくやみを言うこと。②死者をとむらい、病人を見舞うこと。

【弔臨】(チョウリン) 死者の家に行ってとむらうこと。

(4)1
【弖】2069　国字　△　5523 5737

字義 て。氏(イテ)の異体といわれる。日本で、昔、助詞の「て」として借用した。「弖爾乎波(てにをは)」は、助詞をいう。

(5)2
【弘】2070　人　漢コウ　呉グ　蒸 hóng　2516 3930

筆順 コ 弓 弘 弘

字義 ❶ひろい(ひろし)。「弘大」❷ひろめる(ひろむ)。ひろまる。❸おおきい。

名乗 お・ひろ・ひろし・ひろむ・みつ　難読 弘徽殿(こきでん)・弘誓(ぐぜい)・弘前(ひろさき)

参考 現代表記では[広](1979)に書きかえることがある。「弘報→広報」

解字 甲骨文　篆文　形声。弓＋ム音。音符のム(コウ)は、宏に通じ、ひろいの意味。また、弓を強くはじいたときの擬声語でもある。弓の音響がひろまるの意味を表す。甲骨文では、弓の一点に力を加えることを示す指事文字。

【弘遠】(コウエン) ①広く遠い。②広い。大きい。

【弘△毅】(コウキ) 度量が広くて、意志が強固なこと。〔論語、泰伯〕士不ㇾ可ㇾ以不ㇾ弘毅ㇾ(シはもってコウキならざるべからず)。訳文⇩任重而道遠(ニンおもくしてみちとお(ほ)し)(七一ページ)。

【弘済(濟)】(コウサイ・コウセイ) 広く人々を助けすくう。

【弘△敞】(コウショウ) ①大きく高いさま。②広々としたさま。

【弘誓】(グゼイ) 仏広大な誓願。仏が広く衆生(シュジョウ)を救済しようとする誓い。

【弘通】(グツウ・グズウ) 仏仏法を広く世に広める。また、仏法が広く世に行われる。

【弘道】(コウドウ) 人としての道を広める。〔論語、衛霊公〕

【弘道館】(コウドウカン) 国水戸藩の藩校。藩主徳川斉昭(なりあき)が、天保九年(一八三八)に水戸城内に創設した。

【弘布】(グフ) 仏教えを広める。広めゆきわたらせる。

【弘文】(コウブン) 学問を広める。

【弘文館】(コウブンカン) ①唐の高祖の武徳四年(六二一)に設けた官署。初めは、修文館といった。門下省に属し、学士・学生・校書郎をおき、典礼・図書をつかさどった。②国江戸時代、寛永七年(一六三〇)に林羅山が上野の忍が岡(しのぶがおか)に建てた学校。昌平坂(ショウヘイざか)学問所の前身。

【弘法】(グホウ) 仏①仏法を広める。②広大な仏法。③国(コウボウ)僧空海の諡(おくりな)。弘法大師。→空海(八〇六ページ)。

【弘烈】(コウレツ) 大きな事業。烈は、事業。

(5)2
【弗】2071　△　漢フツ　呉フチ　物 fú　4206 4A26

字義 ❶もとる。正しくない。❷助字。ず(不)。⇩助字解説 ❸はらう。除く。国ドル。弗の字形が、アメリカの貨幣単位 dollar の記号 $ に似ているので、ドルの意に借用した。

助字解説
ず。否定。……しない。類不。〔孟子、告子上〕舎ニ其路一而弗ㇾ由(そのみちをすてて、よらず)、放ニ其心一而不ㇾ知ㇾ求(そのこころをはなちて、もとむるをしらず)。〈その正道を捨ててしまってより従わず、その本心を逃がしてしまって捜し求めることをしない〉

解字 甲骨文　篆文　象形。からまるひもを二本の棒で、ふりはらうさまから、はらう・のぞきさるの意味を表す。借りて、打消しの助字に用いられる。弗を音符に含む形声文字に、怫(フツ)・拂(払)・費などがある。

(6)3
【弛】2072　標　一シ 紙　二チ 紙　chí, shǐ　3548 4350

[弛] 同字

字義 一❶ゆるめる(ゆるむ)。ゆるむ。たるむ。たゆむ。㋐解く。はずす。弓の弦をはずしてゆるくする。㋑やわらげる。おだやかにする。寛大に扱う。㋒いこう(息)。休む。㋓なまける。おこたる。㋔すたれる。おとろえる。❷手ばなす。捨てる。❸やぶれる。こわれる。また、こわす。二おちる(落)。おとす。

解字 篆文　形声。弓＋也音。音符の也(ヤ)は、ひさげの意味。ひさげいっぱいの水が、たれ流れるように、弓のつるがたるむの意味を表す。

【弛緩】(シカン) ゆるむ。たるむ。チカンは誤読による慣用読み。

【弛縦(縱)】(シショウ) ①ゆるんでしまりがない。②ほしいまま。自由自在。

【弛然】(シゼン) 気のゆるむさま。のんびりするさま。

【弛廃(廢)】(シハイ) ゆるみすたれる。行われなくなる。

【弛△紊】(シブン・シビン) ゆるみ乱れる。

[夷]→大部 二六八ページ。

(7)4
【弟】2073　教2　テイ・ダイ・デ　おとうと　漢テイ・呉ダイ　慣デ　薺霽 dì, ⑤tì　3679 446F

筆順 丷 弚 弟 弟

字義 ❶おとうと。(「兄弟」というときは「いもうと」の意にも用いる)❷年下の者。また、力の劣る方の者。「兄たり難く弟たり難し」❸でし。門人。「師弟」❹自分の謙称。「小弟」❺したがう。すなおに従う。特に、弟が兄に、年少者が年長者に仕える道。＝悌(テイ)。❻順序。次第。＝第。❼ただ(但)。語調をととのえたり、限定の意を示したりする語。

名乗 おと・くに・ちか・つぎ・ふと 難読 弟子屈(てしかが)

解字 金文 篆文 象形。ほこ(弋)になめし皮を順序よく、らせん形に巻きつけたさまにかたどり、順序・次第の意味を表す。また、出生の順序の低い方、おとうとの意味をも表す。

▼兄弟・賢弟・孝弟・高弟・昆弟・子弟・師弟・舎弟・小弟・庶弟・女弟・仁弟・大弟・長弟・弟弟・徒弟・不弟・母弟

【弟兄】テイケイ ①兄弟。②他人を親しんでいう語。

【弟子】テイシ ①でし。師について学ぶ者。師を父兄になぞらえていう。門人。②弟であり子である者。年若い者。年少者。③国㋐デシ=①。㋑おとご 末子。

【弟弟】テイテイ 弟は弟としての道を尽くす。

(7)4 【弝】2074 △ ハ bà

字義 ❶ゆづか(弓束)。弓の中央部の手でにぎるところ。❷転じて、つか。刀剣のつか。

解字 形声。弓+巴音。音符の巴は、手のひらをぺったりつけるの意味。弓のにぎりの意味を表す。

〔弝①〕

(8)5 【弦】2075 常 ゲン つる 漢ケン 呉ゲン 西xián 2425 3839

筆順 弓 弘 弦 弦

字義 ❶つる。弓のつる。❷弓張り月。弓なりの月。弦月。❸楽器の糸。また、糸を張った楽器。弦楽器。=絃。

名乗 いと・お・ふさ

参考 現代表記では[絃](5740)の書きかえに用いる。「管絃楽→管弦楽」「絃歌→弦歌」

解字 篆文 形声。弓+玄音。音符の玄は、両端が引っ張られた糸の象形。ゆみづるの意味を表す。

▼管弦・絶弦・続弦・断弦・鳴弦

【弦影】ゲンエイ 弓張り月。また、その光・姿。

【弦歌】ゲンカ 弦楽器にあわせて歌うこと。また、弦楽器で奏する音楽と歌声。絃歌。

【弦月】ゲンゲツ 弓張り月。弓なりの月。上弦・下弦の月。

【弦索】ゲンサク 絃索。①楽器の糸。②弦楽器。

【弦△誦】ゲンショウ ①=弦歌。②琴などをひくことと本を読むこと。音楽と読書。絃誦。

【応(應)レ弦△而倒】ゲンにオウじてたお(ふ)る 弓のつるの音がしたと思うとすぐ(敵が)倒れる。弓勢の強いこと。また、射術のたくみなこと。〔史記、李将軍伝〕

(8)5 【弧】2076 常 コ ㊀漢コ・呉ゴ 西hú ㊁漢オ(ヲ)・呉ウ 西wū 2444 384C

筆順 弓 弧 弧 弧

字義 ㊀❶ゆみ。木の弓。また、強い弓。「桑弧蓬矢」❷弓なりに曲がった線や物。「括弧」㊁まがる。ゆがむ。

解字 篆文 形声。弓+瓜音。音符の瓜は、まがるの意味。弓のようにまがるの意味を表す。

▼括弧・懸弧

【弧矢】コシ ①木で作った弓矢。②星の名。

(8)5 【弤】2077 △ 漢テイ 呉タイ 西dǐ

字義 ゆみ。朱のうるしで塗った弓。

解字 形声。弓+氐音。

(8)5 【弩】2078 △ 漢ド 呉ヌ 西nǔ 5524 5738

字義 いしゆみ。おおゆみ。ばねじかけで矢や石を発射する大きな弓。

解字 篆文 形声。弓+奴音。音符の奴は、しなやかで弾力があるの意味。ばねじかけの石弓の意味を表す。

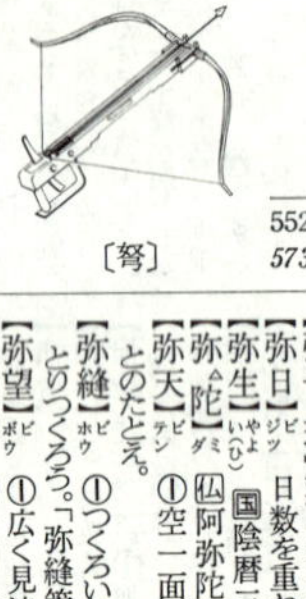
〔弩〕

(8)5 【弢】2079 △ トウ(タウ) 西tāo

字義 ❶ゆぶくろ(弓袋)。❷えびら。矢を入れる具。❸はたぶくろ。❹つつむ。

解字 篆文 形声。弓+叏音。

(8)5 【弥】2080 人 (17)14 【彌】2081 人許 漢ビ 呉ミ 西mí 4479 4C6F 5529 573D

筆順 弓 弘 弥 弥

字義 ❶ひさしい(久)。また、遠い。❷あまねし(遍)。❸わたる。ゆきわたる。㋐続いている。㋑経る。月日を重ねる。㋒一面におおう。また、みなぎる。満ちる。「弥漫」❹大きい。❺きわめて。きわめる。❻終わる。終える。❼つくろう(繕)。ぬう(縫)。❽いよいよ。ますます。

国 いや。や。「いよいよ」の意。「弥栄いやさか」

名乗 いよ・ひさ・ひさし・ひろ・ます・みつ・や・よし・わたり

難読 弥栄(いやさか)・弥彦(やひこ)・弥山(みせん)

解字 金文 篆文 会意。金文は、弓+日+爾。弓は、ゆみの象形。日は、太陽の象形。爾は、はなやかに咲きほこる花の象形。時間的にも空間的にも、のびやかに満ちわたるの意味を表す。篆文は、長+爾、のち、弓+爾となり、爾はまた、省略体の尓となった。

【弥栄(榮)】いやさか 国いよいよ栄える。いよいよ栄えるようにと祈る意に用いられる。万歳と同意。

【弥久】ビキュウ 久しきにわたる。長い時を経る。長びく。

【弥月】ビゲツ ①月をわたる。㋐幾月も幾月も。月を重ねる。㋑翌月にまたがる。②その月を終わる。

【弥△撒】ミサ ラテン語 missa の音訳。カトリック教会の最も重要な儀式の名。聖餐式。

【弥子△瑕】ビシカ 春秋時代、衛の霊公に愛された臣。

【弥日】ビジツ 日数を重ねる。幾日も幾日も。

【弥生】やよい(ひ) 国陰暦三月の別名。

【弥△陀】ミダ 仏阿弥陀仏の略。「弥陀の名号」

【弥天】ビテン ①空一面に満ちる。②志が高遠で、徳の大きいことのたとえ。

【弥縫】ビホウ ①つくろい縫う。②(欠点・失敗などを)一時的にとりつくろう。「弥縫策」

【弥望】ビボウ ①広く見渡す。②見渡す限り、広々としたながめ。

【弥漫】ビマン ①一面に広がる。はびこる。②大水のみなぎっていること。

【弥留】ビリュウ 病気の重いこと。病気が長びく。

【弥歴(歷)】ビレキ 月日が経過する。月日がたつ。

【弥△勒】ミロク 梵語 Maitreya の音訳。慈氏と訳す。遠い未来にこの世に現れ衆生を教化救済するという仏。弥勒菩薩。弥勒仏。慈尊。

(9)6 【弭】2082 △ 漢ビ 呉ミ 西mǐ 5525 5739

字義 ❶角弓(つのゆみ)。両端を骨や角でかざった弓。❷ゆはず(弓筈)。弓の両端の弦をかけるところ。❸やめる。とめる。「弭兵」❹やすめる。安んずる。❺わすれる。「弭忘」❻たれる(垂)。

難読 弭田(はた)

解字 金文 篆文 会意。弓+耳。弓の耳の意味で、弓の両端の弦をかける部分、ゆはずの意

味を表す。転じて、やめるの意味を表す。

【弭息】やめる。とまる。また、とめる。やめさせる。

【弭兵】戦いをやめる。

【弭忘】わすれる。

(9)6【弯】2083 簡 ワン
彎(2099)の簡易慣用字体。→三七六ページ。
5531 573F

(10)7【弱】2084 教 2 ジャク よわい・よわる・よわまる・よわめる
2869 3C65

(10)7〔弱〕2085 漢ジャク 呉ニャク ruò

筆順 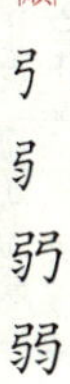

〔弱〕本字
字義 ❶よわい。↔強。㋐力が少ない。また、勢いがない。「弱小」㋑健康でない。弱々しい。「軟弱」㋒やわらか。しなやか。「柔弱」❷よわまる。よわめる。よわる。おとろえる。「衰弱」❸たわむ。しなう。❹わかい。幼い。また、子供。「老弱」❺二十歳。はたち。また、一般に若い男子。「弱冠」〔礼記、曲礼上〕二十曰レ弱冠。❻足りないこと。端数を切り上げた数にそえていう語。「六千万円弱」
難読 弱竹
参考 日本で、年がわかいの意味に若の字を用いるのは、弱と若とが同音であることからきたもの。漢文では、弱を用いる。
解字 篆文  会意。弓彡＋弓彡。弓彡は、また、弓＋彡。弓は、たわむゆみの象形。彡は、なよやかな毛の象形。よわい・たわむの意味を表す。また、柔軟性に富む二十歳・若者の意味も表す。
▼虚弱・孤弱・柔弱・衰弱・繊弱・堕弱・惰弱・軟弱・薄弱・卑弱・微弱・貧弱・文弱・幼弱・老弱
【弱冠】男子の二十歳の称。男子は二十歳(弱)で元服する(冠をかぶる)からいう。→字義の⑤。

【弱行】国実行力の弱い、また、勇気のないこと。「薄志弱行」

【弱志】①意志の弱いこと。また、弱い意志。②心がすなおで欲の少ないこと。

【弱子】おさな子。年わかい子供。稚子。

【弱小】①弱くて小さい。②おさない。年少。

【弱卒】弱い兵士。「勇将の下に弱卒なし」

【弱点(點)】①おとっている所。欠点。②よわみ。後ろめたい所。

【弱肉強食】弱者の肉は強者の食物。強大なものが弱小なものを侵し、しいたげること。優勝劣敗。

【弱年】年若い者。また、二十歳をいう。弱齢。

【弱輩】国若輩。①年若い連中。また、年若い者。②修養の足りない未熟者。

【弱柳】①なよやかなやなぎ。②柳の若い枝。③妓女。

(11)8【強】2086 教 2 キョウ・ゴウ つよい・つよまる・つよめる・しいる
2215 362F

(12)9〔强〕2087 一 漢キョウ(キャウ) 呉ゴウ(ガウ) 陽 qiáng 二 漢キョウ(キャウ) 呉ゴウ(ガウ) 養 qiǎng 三 漢キョウ(キャウ) 呉ゴウ(ガウ) 漾 jiàng

筆順 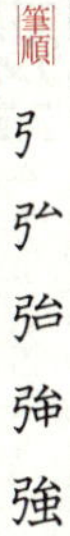

字義 一❶つよい。したたか。＝彊。↔弱。㋐力がある。また、大きい。さかん。「強大」㋑丈夫である。すこやか。「強健」㋒かたい(堅)。「強固」㋓はげしい。きびしい。荒々しい。「強暴」❷つよまる。つよめる。強くなる。強くする。「富国強兵」❸四十歳。気力・活動力のさかんな年齢。(二十歳を弱という)❹余りがあること。端数を切り捨てた数にそえていう語。「五千万円強」 二❶つとめる。努力する。「勉強」❷すすめる(勧)。❸しいる。しいて。無理に。「強制」 三かたくな。頑固。人にしたがわない。国あながち。必ずしも。
名乗 あつ・かつ・すね・たけ・つとむ 難読 強請・強羅
参考 現代表記では〔彊〕(8566)の書きかえに用いることがある。「彊固→強固」
解字 篆文  形声。虫＋彊省音。音符の彊は、つよい・かたいの意味。かたいからをした虫、こくぞう虫の意味を表したが、のち、彊の意味に用いる。
▼頑強・屈強・堅強・豪強・精強・富強・勉強・補強・列強
【強引】①強く引く。②国㋐相撲で、強く引き寄せること。㋑むりやりに行うこと。むりおし。

【強△姦】暴力で婦人をおかすこと。暴行。

【強△悍】強く荒々しい。

【強△諫】強くいさめる。彊諫。

【強顔】①つらの皮の厚いこと。あつかましいこと。②国情け心のないこと。つれないこと。

【強記】記憶力が強い。もの覚えのよいこと。強識。「博覧強記」

【強△禦・強△圉】①武力のすぐれていること。多力。②権力や暴力が強くて善をこばみ退けること。

【強固】強くかたい。しっかりしていること。鞏固。

【強行】おしきって行う。むりに行う。

【強硬・強△梗・強△鯁】①従順でない。片意地。②強くて屈しない。てごわい。

【強項】剛直なこと。たやすく頭をさげないこと。強い項の意。

【強仕】四十歳で初めて官に仕える。転じて、四十歳。

【強襲】①むりやりに攻撃を行うこと。②強い勢いでおそうこと。

【強△恕】つとめて自分の心を基に推量して人に施すこと。努力して恕の道を行うこと。

【強△靭】やわらかで粘り強いこと。弾力性があって強いこと。

【強制】国①しいて人におしつける。②法律の力で人の意志・行為の自由をうばうこと。「強制送還」

【強請】①むりにたのむ。②ゆする。

【強訴】(為政者に対し徒党を組んで)強引にうったえること。

【強壮(壯)】①強くさかん。②健康で強い。③三、四十歳のころをいう。

【強△奪】むりに奪い取ること。

【強調】①調子を強めること。また、強く主張すること。②取引所用語で、相場がしっかりしていて下落に向かわないこと。

【強△弩△之末勢】つよい大弓から発せられた矢の、今にも地上に落ちようとする時のいきおい。力のおとろえたことのたとえ。強は彊にも作る。〔蜀志、諸葛亮伝〕――、不レ能レ穿二魯縞一。(魯縞は、魯の地方に産する薄絹)英雄も衰えては何事もなし得ないということのたとえ。

【強盗】凶器・暴力などを用いて金品を奪い取る者。おしいり。おしこみ。

【強忍】忍び難いのを無理に忍ぶこと。

【強迫】①無理じいする。強くせまる。②法律用語で、相手に害悪を加えることを予告して恐怖心をおこさせること。おどし。→脅迫(五二六ページ)。

【強半】半分以上。大半。過半。

【強飯】①努力して食物を多くたべること。身体を大切にする意。②国もち米を蒸籠でむしたもの。おこわ。

【強兵】①強大な兵力。②兵を強くする。軍隊・軍備を強化すること。「富国強兵」

【強弁(辯)】①さかんな弁論。②どこまでも主張する。③

しいて議論を立てること。こじつけの言いわけ。むりな弁解。
【強勉】キョウベン 努め励む。勉強と同じ。
【強暴】キョウボウ 強く荒々しい。
【強要】キョウヨウ むりに要求する。むりじい。
【強欲・強⁴慾】ゴウヨク あくことを知らぬ、ひどい欲ばり。
【強⁴梁】キョウリョウ 彊梁キョウリョウ。①強くさかんなこと。②頑固で気力の強いこと。③力の強いこと。④横暴。乱暴。
【強力】キョウリョク ①強い力。また、その人。②努力する。強・力は、つとめる。③国ゴウリキ ㋐強い力。㋑登山者の荷物を背負って案内する者。㋒山伏やまぶしの連れて歩いた下男。

(11)8 【張】2088　5 教 チョウ はる
㊀チョウ（チヤウ）陽 zhāng
㊁チョウ（チヤウ）漾 zhàng
3605 4425

筆順 弓 引 張 張 張

字義 ㊀❶はる。㋐弓の弦・琴の糸とか幕・綱などをはる。㋑大きくする。広げる。ぴんと伸ばす。また、大きくなる。広がる。ぴんと伸びる。「誇張」「伸張」「拡張」㋒強くする。さかんにする。また、強くなる。さかんになる。㋓突き出す。むき出す。〔文選、曹植、七啓〕張レ牙きばを。㋔設ける。施す。連ねる。㋕もよおす。開く。㋖意見を言いはる。「主張」❷はり。弓・琴・幕などを数える語。❸星座の名。ちりこ。二十八宿の一つ。
㊁❶はれる。ふくれる。❷ほこる。たかぶる。❸とばり。＝帳。
国はる。㋐張り渡した・張りつめた・満ちふさがった状態にする。また、なる。「肩を張る」「気が張る」㋑強硬にする。「欲を張る」㋒勝負事に賭物かけものをする。㋓つけねらう。番をする。「見張り」「張りこみ」㋔なぐる。「頭を張る」
名乗 とも　難読 張碓はりうす
解字 文 篆　形声。弓＋長㊟。音符の長は、ながいの意味。弓の弦を長くする、はるの意味を表す。
▼開張・拡張・緊張・更張・誇張・主張・怒張・舗張
【張飲】チョウイン とばりを張りめぐらして酒盛りをすること。
【張華】チョウカ 晋代シンダイの学者・詩人。字あざなは茂先。著に『博物志』十巻がある。（二三二—三〇〇）
【張角】チョウカク 後漢末の農民一揆イッキの指導者。黄巾コウキンの賊の乱を起こした。（？—一八四）
【張儀】チョウギ 戦国時代、魏ギの政治家。蘇秦ソシンとともに鬼谷子キコクシに学んだ縦横家。秦シンの恵王のために連衡の策をたて、六国を秦に服従させようとした。（？—前三〇九）
【張九齢（齡）】チョウキュウレイ 盛唐の詩人・政治家。字あざなは子寿。曲江（広東省内）の人。玄宗に仕え、李林甫リリンポと合わず、官を退いて詩文を友とした。（六七三—七四〇）
【張⁴旭】チョウキョク 唐の書家。草書にすぐれ、草聖また、書聖と称された。酒を好み、杜甫トホの「飲中八仙歌」に歌われた。
【張継（繼）】チョウケイ 中唐の詩人。天宝十二年（七五三）の進士。「楓橋夜泊フウキョウヤハク」の詩の作者。
【張⁴騫】チョウケン 前漢の探検家。前一三九年ころ武帝の命で大月氏に使いし、何度か中央アジアに行き、東西交通の道を開いた。（？—前一一四）
【張載】チョウサイ 北宋ホクソウの学者。横渠先生オウキョセンセイと呼ばれた。著に『張子全集』がある。（一〇二〇—一〇七七）
【張三⁴李四】チョウサンリシ ありふれた平凡な人々。張家の三男、李家の四男の意。張・李は、中国でありふれた姓。
【張巡】チョウジュン 唐の武将。安禄山アンロクザンの乱のとき、睢陽スイヨウ城（今の河南省商丘市の南）を死守したが、落城後に殺された。（七〇九—七五七）
【張世傑】チョウセイケツ 南宋ナンソウ末の武将。衛王を奉じて厓山ガイザン（今の広東カントン省新会県の南の島）を死守し、元に破られて溺死デキシした。（？—一二七九）
【張籍】チョウセキ 中唐の詩人。字あざなは文昌ブンショウ。韓愈カンユの門下で、白居易とも親交があった。（七六七？—八三〇？）
【張道陵】チョウドウリョウ 後漢末の宗教家。道教の開祖で、張天師と称せられた。張陵。（三四—一五六）
【張飛】チョウヒ 三国時代、蜀ショクの武将。字あざなは益徳。諸葛亮ショカツリョウ・関羽とともに蜀の三傑といわれる。（？—二二一）
【張本】チョウホン ①後述する文章のもととなる事がら。②事件の原因。③国ホンボン・チョウ 張本人の略。悪事などの首謀者。
【張良】チョウリョウ 前漢の功臣。字あざなは子房。韓カンの貴族の出身。韓の復讐フクシュウのため刺客を養い、秦シンの始皇帝を博浪沙ハクロウサに狙撃ソゲキしたが失敗した。後、蕭何ショウカ・韓信とともに劉邦リュウホウを助けて天下を統一させ、留侯に封ぜられた。（？—前一八九）

(11)8 【弸】2089　△ 漢ホウ（ハウ）呉ビョウ（ビャウ）庚 péng
［弸］ 5526 573A

字義 ❶弓のつよい形容。❷みちる（満）。また、満たす。❸ゆみづる（弓弦）。❹ゆみなり。弓弦の鳴る音。❺風でとばりのひるがえる音。
解字 文 篆　形声。弓＋朋㊟。

(12)9 【强】(2087)　キョウ　強（2086）の旧字体。→三七二ぺ。

(12)9 【弽】2090　△ ショウ（セフ）葉 shè
3538 4346

字義 ゆがけ（弓懸）。弓を射るとき、右手の親指にはめて弦を引く用具。
【韘】同字
解字 形声。弓＋枼㊟。

(12)9 【弾】2091　常 ダン ひく・はずむ・たま
(15)12 【彈】2092　人 許　㊀漢タン・呉ダン 翰 dàn　㊁漢タン・呉ダン 寒 tán
5528 573C

筆順 弓 弓 弾 弾 弾

字義 ㊀❶はじき弓。たまをはじき飛ばす弓。❷たま。㋐はじき弓の石だま。㋑鉄砲などのたま。「砲弾」「弾道」㊁❶はじく。指先ではじく。はじき飛ばす。〔楚辞、漁父〕新沐者必弾レ冠あらたにモクするものはかならずかんむりをはじく。❷はずむ。はねかえる。「弾力」❸いる（射）。❹たたく。うつ（打）。❺ひく。かなでる。弦楽器をかき鳴らす。「連弾」❻ただす。罪過をせめる。「指弾」「弾劾」「糾弾」
難読 弾間はずま・弾崎はじきざき
使いわけ ①たま〔玉・球・弾〕⇩玉（4651）。②ひく〔引・弾〕⇩引（2067）。
解字 甲骨文 篆 文　形声。弓＋単（單）㊟。音符の單は、Y字形をした、はじき弓の象形。弓を付し、はじき弓の意味を表す。
▼劾弾・糾弾・指弾・奏弾・肉弾
【弾圧（壓）】ダンアツ （権力で）強くおさえつけること。
【弾雨】ダンウ 雨のようにはげしく飛んで来る弾丸。「砲煙弾雨」
【弾劾】ダンガイ 官吏の罪状を調べて訴えること。また、一般に罪過をあばくこと。
【弾冠】ダンカン 冠をはじく。冠をはじいて塵ちりを払うこと。①少しの汚れをもきらうたとえ。〔史記、屈原伝〕②官吏に登用されるのを待つこと。出仕の準備をする意。〔漢書、王吉伝〕〔唐、王維、酌レ酒与ニ裴迪一詩〕朱門先達笑ニ弾冠一シュモンのセンダツも、ダンカンをわらう（を）。訳文⇩朱門（五二六ぺ）。③転じて、官吏となること。
【弾丸】ダンガン ①はじき弓のたま。②鉄砲などのたま。③狭い土地のたとえ。→次項。
【弾丸黒子⁴之地】ダンガンコクシのチ 弾丸や黒子（ほくろ）のように非常に狭い土地。領土・勢力範囲の土地などについていう。黒子は、黒痣コクシ（痣は、あざ）とも書く。
【弾糾】ダンキュウ 悪事を調べ正すこと。
【弾⁴鋏】ダンキョウ 刀剣のつかをたたく。地位や俸禄ホウロクのあがるのを求めること。斉の孟嘗君モウショウクンの食客の馮諼フウケンが、刀のつ

かをたいて歌い、不満の意をもらして待遇をよくしてもらった故事。〔戦国策、斉〕

【弾剣(劍)】＝弾鋏。〔史記、孟嘗君伝〕

【弾指】①指をはじく。②爪弾きする。③仏㋐きわめて短い時間。一度指をはじく時間。㋑許諾・歓喜・警告などの意を表す動作。

【弾射】①はじき弓で射る。②他人の欠点を指摘する(そしる)こと。

【弾正】①悪事を正すこと。②国大宝令で定められた弾正台(今の警察庁)の役人の総称。

【弾奏】①官吏の罪状をあばいて上奏すること。②国弦楽器をひき鳴らすこと。

【見二弾求一鴞炙一】はじき弓のたまを見ただけで、ふくろうのあぶり肉を食べようと思う。早計なたとえ。〔荘子、斉物論〕

(12)9
【弼】2093
△ 漢ヒツ 呉ビチ 質 bì　4111 492B

【弻】同字

字義 ❶たすける。また、たすけ。補佐。「輔弼」 ❷ただす(正)。❸ゆだめ。弓の形を整えるための器具。 国すけ。弾正台(今の警察庁)の次官。

解字 金文 篆文 会意。金文は、弜＋因。弜は、二人の人の象形。因は、しとねの象形。しとねを共にして助け合う二人の意味から、たすけるの意味を表す。篆文は、弜＋丙。のち弜＋百に変形した。一説に、弼は、弓のそりを正しくするための器具、ゆだめの意味。転じて、正し助けるの意味を表す。

【粥】→米部 八三四ページ。

(13)10
【彀】2094
△ 漢コウ 呉ク 宥 gòu

字義 ❶はる。弓をいっぱいに引きしぼる。❷物を射るによいほどあい(距離)。矢ごろ。❸まと。的の黒い星。❹いる(射)。

解字 篆文 形声。弓＋㱿音。音符の㱿は、中空な「から」の意味。弓を中空のさまに張るの意味を表す。

【彀騎】弓を射る騎兵。

【彀中】矢のとどく範囲。矢ごろ。「入二彀中一」→次項。

【入二彀中一】矢のとどく範囲に入る。転じて術中に陥る。

【彀率】弓を引きしぼる度合い。標準。〔孟子、尽心上〕

(13)10
【彁】2095
音義未詳。　5527 573B

(14)11
【彅】2096
国字 △

字義 なぎ。草彅は、姓氏。＝薙。

解字 会意。强省＋剪。強く剪るの意味を合わせて、なぐ、なぎの意味を表す。

(15)12
【彈】(2092)
ダン　弾(2091)の旧字体。→三七三ページ。　5528 573C

(16)13
【彊】2097
△ 一 漢キョウ(キャウ) 呉ゴウ(ガウ) 陽 qiáng　二 漢キョウ(キャウ) 呉ゴウ(ガウ) 養 qiǎng　2216 3630

字義 一 ❶つよい弓。❷つよい。＝強(2086)。「彊秦」 二つとめる(勉)。しいる。＝強。

参考 ①強と同じに使う。熟語は強(2086)を見よ。②疆は別字。

解字 甲骨文 篆文 形声。弓＋畺音。音符の畺は、硬に通じ、かたくつよいの意味。強い弓・強いの意味を表す。

(17)14
【彌】(2081)
ビ　弥(2080)の旧字体。→三七一ページ。　5529 573D

(18)15
【彍】2098
△ カク(クヮク) 薬 guō

字義 ❶はる(張)。弓をひきしぼる。❷すばしこい。はしる。

解字 形声。弓＋廣音。音符の廣は、ひろげ張る(拡＝擴)の意味を表す。

【彍騎】唐代の兵種の一つ。弓をもつ騎兵。宿直して警備に当たった。

【疆】→田部 七四二ページ。

(22)19
【彎】2099
標 漢ワン 呉エン(ヱン) 刪 wān　5530 573E

【弯】簡易　5531 573F

字義 ❶ひく。また、はる(張)。弓に矢をつがえて引く。❷まがる。弓なりに曲がる。

参考 現代表記では〔湾〕(4177)に書きかえる。「彎曲→湾曲」「彎入→湾入」。熟語は〔湾〕をも見よ。→六五七ページ。

解字 篆文 会意。弓＋䜌。䜌は、まがる・みだれるの意味。弓がまがる、弓をひくの意味を表す。

【彎曲】弓なりにまがる。湾曲。

【彎入】まがって入りこむ。海や湖が陸地に入りこんで湾や入り江になっていること。湾入。

3
彑(ヨ)部
5532 5740

〔部首解説〕けいがしら。いのこがしら。文字としては、彑は、音ケイ。象形。篆文彑。いのこ(いのしし・ぶた)の象形字である彖の頭部で、特にそのきばを強調して表した形。いのこの頭の意味。ヨは同字。類形のヨも含めて、字形上の分類のために部首にたてられる。

5 彔 三七四　6 彖 三七四　8 彗 三七四　9 彘 三七五　10 彙 三七五
13 彝 三七五　15 彞 三七五

尹→尸部 三三三ページ。互→二部 四九ページ。丑→一部 二三ページ。
当→小部 三一九ページ。帚→巾部 三四三ページ。尋→寸部 三一六ページ。

【尹】→尸部 三三三ページ。

【互】→二部 四九ページ。

【丑】→一部 二三ページ。

【当】→小部 三一九ページ。

(8)5
【彔】2100
△ ロク 屋 lù

字義 きざむ。木を刻む。

解字 甲骨文 金文 篆文 象形。つるべ井戸の滑車のあたりに水があふれしたたるさまにかたどり、多くの事件の中から、重要なものだけをくみあげて記録するの意味を表す。『説文』は、木を刻む象形という。

【帚】→巾部 三四三ページ。

(9)6
【彖】2101
△ タン 翰 tuàn　5533 5741

【彖】同字

字義 ❶いのししが走る。❷易の一卦ごとに意味を総論した言葉。「象辞」は周の文王の作、それを解釈した「象伝」は孔子の作という。

解字 篆文 象形。頭の大きい、いのししの象形で、いのししが走る・めぐるの意味を表す。彖(彖)を音符に含む形声文字に、掾・椽・篆・縁・褖などがある。

(11)8
【彗】2102
囚 漢スイ 呉ズイ 寘 huì(suì)　5534 5742

筆順 彗

字義 ❶ほうき(箒)。❷はく(掃)。はらう。❸ほうきぼ

し。彗星。

解字 篆文 象形。先端をそろえたほうきを手にする形にかたどり、ほうきの意味を表す。

(12)9 【彘】2103 △ 漢テイ 呉デイ 普 zhì

字義 いのこ。ぶた。「人彘」

解字 甲骨文 篆文 形声。甲骨文では、豕＋矢音。豕は、ぶたの意味。音符の矢は、やの意味。矢で射とることのできる、いのこの意味を表す。篆文は、彑＋比＋矢音。彑は、希の省略形で、毛の長い獣の象形。比は、その足の象形が変形したもの。

【彘肩】テイケン 豚の肩の肉。

【彛】→寸部 三六ページ。

(13)10 【彙】2104 標 イ（ヰ） 普 huì ―― 5535 *5743*

【彚】同字

字義 ❶はりねずみ。＝蝟・猬。❷たぐい。なかま。同類のもの。❸あつめる。また、あつまる。あつまり。❹うるわしい。さかん。

解字 篆文 形声。希省＋胃省音。希は、毛の長い獣の象形。胃は昆に通じ、むらがるの意味。毛が密生しているはりねずみの意味を表す。

【彙纂】イサン 各種の事項を集め、分類して編集すること。また、そうして作った書籍。

【彙報】イホウ 分類して集めた報道。

(16)13 【彝】2105 イ 彝（2106）の俗字。→次項。 ―― 5520 *5734*

(18)15 【彝】2106 △ イ 因 yí ―― 5519 *5733*

【彜】俗字 5520 *5734*

字義 ❶宗廟（祖先のみたまや）に常に供えて置く器物・酒器。❷つね。不変。❸のり。法則。人の守るべき不変の道。

解字 甲骨文 金文 篆文 象形。甲骨文・金文は、にわとりをしめ殺して血をしたたらせ、それを両手でささげるさまにかたどる。にわとりの血をそそいだ祭器の意味や、つつしみ守るべきのり・みちの意味を表す。のち、糸＋廾＋米＋希省の会意文字。

〔彝①〕

【彝器】イキ 常に宗廟に供えて置く儀式用の器物。

【彝訓】イクン 常に守るべきおしえ。〔書経、酒誥〕

【彝憲】イケン 常に守るべき道・法則。〔書経、冏命〕

【彝典】イテン ＝彝憲。→前項。

【彝倫】イリン 人の常に守るべき道。倫も、道・法。彝則。〔書経、洪範〕

【秉レ彝】イをとる 人としての道を守り行う。〔詩経、大雅、烝民〕

3 彡部

―― 5536 *5744*

〔部首解説〕 さんづくり。文字としては、彡は、音サン。象形。篆文彡。長く流れる豊かでつややかな髪の形にかたどり、長い髪、また、あやの意味を表す。彡を意符として、模様・色どり、また、飾るの意味を含む文字ができている。

4 形 三七五　彤 三七六　苂 三七六　6 形 三七六　彦 三七六
7 彧 三七六　修 三七六　8 彩 三七七　彫 三七七　彪 三七七
彬 三七七　9 彭 三七七　11 彰 三七八　彯 三七八　12 影 三七八
19 鬱 三七八

肜→月部 五三〇ページ。耏→而部 八九一ページ。須→頁部 一一九四ページ。

鬚→頁部 一二〇〇ページ。

(7)4 【形】2107 教 2 ケイ・ギョウ かた・かたち 漢ケイ・呉ギョウ（ギャウ） 普 xíng ―― 2333 *3741*

筆順 ニ 开 形

【形】本字

字義 ❶かたち。㋐現れているもの。見えるもの。形態。姿。「外形」㋑からだ。肉体。〔文選、陶潜、帰去来辞〕既自以レ心為二形役一（すでにみずから心をもって形の役となす）㋒ありさま。状態。また、容貌。顔つき。「形勢」❷かた。また、かたどる。＝型。❸かたちづくる。㋐形を成す。㋑化粧する。❹あらわれる。あらわす。

名乗 あれ・み

使いわけ かた〔形・型〕
〔形〕目に見える姿。フォーム。「髪形・自由形」
〔型〕かたちのもとになるもの。タイプ。モデル。「血液型・テレビの型」
また、単独で用いるときは〔型〕とする。「時計の型・型にはまる」。なお、熟語を構成する場合もこれに準ずる。「原形を保たない・鋳物の原型」

解字 篆文 形声。彡＋开（幵）音。音符の开は、かた・わくの意味。彡は、あやの意味。かたちづくる・かたちの意味を表す。

▼異形・印形・象形・女形・僧形・造形・地形・童形・人形・美形・有形・流形

【形影】ケイエイ もののかたちとそのかげ。常に離れないもののたとえ。〔韓非子、功名〕形影相応而立（ケイエイあいオウじてたつ）。

【形影相弔】ケイエイあいとむらう 自分のからだと影とがたがいに慰めあう。孤独でたよりないさま。〔文選、曹植、上レ責レ躬応レ詔詩一表〕

【形役】ケイエキ・かたちのエキ 肉体に使用される者。肉体の欲望のために奴隷のごとく使われる者。→字義①㋑。

【形骸】ケイガイ ①からだ。（精神に対して）肉体。②外形。外貌。また、骨組。

【形軀】ケイク からだ。身体。

【形而下】ケイジカ 形のある物。物質。而は助字。→次項。

【形而上】ケイジジョウ 形のないもの。抽象的なもの。精神・道理など。而は助字。哲学で、感覚的に知り得る、有形の現象の世界を形而下というのに対して、その奥にある、窮極のもの、原理として想定したものをいう。〔易経、繫辞上〕形而上者、謂二之道一、形而下者、謂二之器一。

【形式】ケイシキ ①みえ。外形。外見。↔内容・実質。②一定の方式。かた。型。③国㋐方法。手続き。㋑おざなり。かたちだけ。

◇形式と型式の意味の違いも、形と型の違いに準ずる。同音の誤りを避けて型式を「かたしき」と呼ぶことがある。↓

使いわけ

【形象】ケイショウ かたち。すがた。ありさま。形状。（実際の姿でなく、想像し、思い浮かべた物の姿を言うことが多い）

【形勝】ケイショウ ①地勢・風景などのすぐれていること。②地形が要害を成していること。

【形状(狀)】ケイジョウ ①かたち。すがた。②ありさま。様子。

【形色】ケイショク からだつきと顔色。〔孟子、尽心上〕

【形声(聲)】ケイセイ ①形と声。↔影響。②漢字の六書の一つ。意味を表す部分（意符）と発音を表す部分（音符）とから成る漢字。例「江・問」。漢字の八割以上はこれに属する。諧声。⇩コラム・六書（一一五ページ）。

【形勢】ケイセイ ①ありさま。なりゆき。②いきおい。勢力。③勢力・権力のあること。また、その人・その地位。④地形。

【形跡・形迹】ケイセキ　あとかた。物事のあったあと。痕跡コンセキ。

【形相】ケイソウ　①顔かたち。すがた。②形によってはかり考える。③哲学で、質料（素材）に対して、質料を一定の構造に組み立てる形式をいう。④国ギョウソウ　顔つき。様子。

【形態】ケイタイ　かたち。ありさま。形状。

【形体（體）】ケイタイ　①ありさま。様子。②からだ。身体。

【形単（單）影隻】かたちタンにかげセキなり　からだが一つで影が一つ。孤独で身よりのないこと。〔唐、韓愈、祭二十二郎一文〕

【形△魄】ケイハク　からだ。魄は、肉体にともなう気。

【形△貌】ケイボウ　すがた。なりかたち。容貌。

【形名】ケイメイ　形と名。①実物とその名称。②本人の言ったことば（名）と実際の行為（形）。

【形名参（參）同】ケイメイサンドウ　戦国時代の法家、申不害・韓非子カンピシなどの唱えた説。臣下の言ったこと（名）と実行（形）とを照らし合わせ、その合否によって賞したり罰したりすべきだとする説。〔韓非子、主道〕

【形容】ケイヨウ　①顔かたち。すがた。容貌ヨウボウ。〔楚辞、漁父〕形容枯槁ケイヨウココウせり。②ありさま。様子。状態。③状態を（たとえて）言い表すこと。

(7)4
【彤】2108　△　漢トウ　呉ドウ　图 tóng

字義　❶あか（丹・朱・赤）。あかい。❷赤塗り。

解字　金文  篆文 　会意。丹＋彡。丹は、あかいの意味。彡は、いろどりの意味。あかのいろどりの意味を表す。

【彤雲】トウウン　赤い雲。

【彤管】トウカン　赤い軸の筆。昔、女史が使用し、宮中の政令や后妃のことを記した。

【彤弓】トウキュウ　①赤く塗った弓。昔、天子が戦功のあった諸侯に与えたもの。②『詩経』の小雅の編名。

【彤△墀】トウチ　宮中の庭。墀は、きざはしの上の石をしいた地で天子の墀は赤く塗るからいう。彤庭。

(7)4
【彣】2109　△　漢ブン　呉モン　図 wén

字義　❶あや。あや模様。❷青と赤とがまじる。

解字　篆文 　形声。彡＋文音。音符の文は、あやの意味。彡を付し、あやの意味を表す。

【彤】→月部　五三〇ページ。

(9)6
【形】2110　△　ケイ　形（2107）の本字。→三七五ページ。

(9)6
【彦】2111　人
(9)6
〔彥〕2112　ゲン　㊥ yàn

4107
4927

筆順　亠 产 产 彦

字義　❶才徳のすぐれた男子。❷男子の美称。国ひこ。男子の美称。日子ひこの意。↔姫ひめ（日女）。

名乗　お・さと・ひろ・やす・よし　難読　彦火火出見尊ひこほほでみのみこと

解字　篆文 　形声。文＋彡＋厂音。音符の厂カン＝ゲンは、きりぎしの意味。文は、いれずみの象形。彡は、いろどりの意味。きりぎしから得た鉱物性顔料の意味から、転じて、それを用いる美青年の意味を表す。彦（彥）を音符に含む形声文字に、諺ゲン・顔などがある。

【彦士】ゲンシ　りっぱな男。すぐれた人物。

【彦聖】ゲンセイ　才徳のすぐれていること。また、その人。

【彨】→而部　八九一ページ。

(10)7
【彧】2113　△　イク　圉 yù

字義　❶あや。あや模様。あやがあって美しいさま。＝郁クイ。❷さかんに茂るさま。❸長いさま。

解字　形声。彡＋或音。音符の或クワ＝クイは、さかんにあらわれるさまを表す擬態語。彡は、あやの意味。あや模様のさかんなさまを表す。

(10)7
【修】2114　教 5　シュウ・シュ　おさめる・おさまる
漢シュウ（シウ）・呉シュ　因 xiū
慣ス・ズ

2904
3D24

筆順　亻 亻 亻 攸 修

字義　❶おさめるをさ む。㋐正しくする。正しくととのえる。「修養」「修己」㋑学ぶ。習う。「必修」「自修」㋒かざる。模様をつける。「修飾」「修辞」㋓つくろう。なおす。「改修」「修正」㋔行う。儀式を行う。「修法ズホウ」㋕書物を編む。「修史」「監修」❷おさまるをさまる。㋐正しくなる。ととのう。りっぱになる。備わる。㋑ゆきとどく。❸長い。＝脩シュウ。「修竹」❹よい。すぐれている。

名乗　おさ・おさむ・さね・なお・なが・ながき・ながし・のぶ・のり・ひさ・まさ・みち・もと・やす・よし・よしみ

参考　⇩〔脩〕（3190）の参考

使いわけ　おさめる〔納・収・修・治〕⇩納（5728）。

解字　篆文 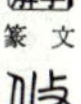　形声。彡＋攸音。彡サンは、あやの意味。音符の攸ユウ＝シュウは、洗い清めるの意味。清めてかざるの意味から、おさめるの意味を表す。また、攸に長いすじとなって流れる水の意味があり、通じて、ながいの意味をも表す。

▼監修・自修・専修・増修・造修・束修・重修・独修・編修・補修

【修業】シュウギョウ・シュギョウ　学問や技芸などを修め習うこと。

【修験（驗）者】シュゲンジャ・スゲンザ　仏修験道を修め行う人。山伏やまぶし。

【修験（驗）道】シュゲンドウ　仏仏教の一派。けわしい山中にはいって難行苦行し、仏道を修める。

【修己治人】シュウコチジン・おのれをおさめてひとをおさむ　自己を修養することと他人を治めること。また、自己をりっぱなものに修め養い、その徳によって人々を感化し、安定した生活をさせるように努力すること。儒教の目標とするもの。修己安人。〔宋、朱熹、大学章句序〕

【修古】シュウコ　①上古。おおむかし。②昔のことをまなぶ。「好。修古」

【修交】シュウコウ　交わりを結ぶこと。国と国が仲よくすること。

【修行】シュウコウ　①行いを修めて、りっぱにする。また、その行い。②㋐仏仏道を身につけ行うこと。「修行者スギョウザ」㋑国学問・技芸などを習いおさめること。修業。

【修史】シュウシ　歴史の本を書く。また、それを編集する。

【修辞（辭）】シュウジ　①文教を整え行うこと。②ことばを修飾して美しくたくみに言い表すこと。

【修飾】シュウショク　①つくろいなおしてりっぱにすること。〔論語、憲問〕②ととのえかざること。③→修飾語。

【修飾語】シュウショクゴ　文法用語。体言・用言の上にあって、それらの語の表す事がらの属性・外的事情などを表現する語。「白い花」の「白い」、「速く走る」の「速く」など。

【修身】シュウシン　身を修める。行いを正しくすること。『大学』の八条目の一つ。〔大学〕以レ修レ身為レ本みをおさむるをもってもととなす。

【修正】シュウセイ　①なおし、ただす。②身が修まって正しいこと。③正しい道を修める。

【修整】シュウセイ　①（心・行為・容姿・物などを）おさめととのえる。②国写真の原板に手を入れ、像を整えること。

【修△撰】シュウセン　①書物を編修すること。②史書の編修官。

【修繕】シュウゼン　つくろいなおす。修復。

【修短】シュウタン　長短。脩短シュウタン。

【修竹】シュウチク　長い竹。脩竹シュウチク。

【修築】シュウチク　建物・堤防などを修理・建造すること。

【修勅（敕）・修△飭】シュウチョク　（身を）おさめつつしむ。勅・飭ともにつつしむ意。

【修訂】シュウテイ 訂正する。誤りをなおしただす。

【修得】シュウトク 学んで会得トクする（身につける）。↓習得（八八四ページ）。

【修徳】シュウトク 徳を修めること。

【修復】シュウフク つくろいなおすこと。修繕。また、関係をよくすること。

【修補】シュウホ つくろいおぎなう。

【修養】シュウヨウ 道を修め徳を養うこと。りっぱな人となるように、工夫し努力すること。道家では養生と同意に用いる。

【修羅】シュラ ①[仏]梵語ボン asura の音訳の阿修羅アシュラの略。仏教では仏法の守護神であるが、バラモン教では、仏法を滅ぼそうとする悪魔。②[国]古代、大石などを運ぶ一種のそり。

【修羅道】シュラドウ ①[仏]六道の一つ。瞋いかり・慢たかぶり・疑うたがいの性質の人が死後ここに落ち、争闘をするという。②転じて、戦場や争乱の場をいう。修羅場。

【修理】シュウリ ①つくろいなおす。修治。修繕。理は、おさめる意。②おさまり整っていること。③[国]シュリ・リス ㋐=①。㋑修理職シュリシキの略。平安時代の役所。内裏ダイリの修理・造営をつかさどった。㋒行いを修める。修行。

【修練・修錬】シュウレン 武術・技芸など、学んだことを、ますますねりみがくこと。

(11)8 【彩】2115 [常] サイ いろどる 2644 3A4C

(11)8 【彩】2116 サイ [賄] cǎi

筆順 ⺍ 平 采 彩

字義 ❶いろどり。あや。模様。色。つや。輝き。「光彩」「多彩」❷いろどる。㋐色をつける。着色する。㋑かざる。❸形。姿。様子。「神彩（心と姿）」❹美しい。あやがある。かざりがある。

名乗 あや・たみ　難読 彩画だみえ

解字 文 篆 形声。彡＋采（采）[音]。彡は、いろどりの意味。音符の采サイは、つみとるの意味。多くの色の中から、人が意識的に選んでとりあげる、いろどるの意味を表す。

▼異彩・月彩・光彩・色彩・詞彩・神彩・水彩・生彩・精彩・多彩・淡彩・文彩

【彩雲】サイウン （朝日や夕日に照らされて）色どりの美しい雲。〔唐、李白、早発二白帝城一詩〕朝辞白帝彩雲間あしたにジすハクテイサイウンのカン。[訳文]→江陵（六一七ページ）。

【彩霞】サイカ ①美しい朝焼け・夕焼けの雲気。②[国]美しい色のもや・かすみ。

【彩管】サイカン いろどりをする筆。絵筆。「彩管を揮ふるう」

【彩虹】サイコウ 美しい色どりのにじ。

【彩色】サイシキ・サイショク いろどり。また、いろどる。

【彩筆】サイヒツ =彩管。

(11)8 【彫】2117 [常] チョウ ほる 3606 4426

(11)8 【彫】2118 チョウ（テウ）[蕭] diāo

筆順 冂 円 周 彫

字義 ❶ほる。える。きざむ。彫刻する。「木彫」❷ほり。彫刻された模様。彫刻のできばえ。❸ちりばめる。彫って金・玉などをはめこむ。❹かざる。また、かざり。❺しぼむ。おとろえる。❻いたむ。やぶれる。傷つく。=凋チョウ。

解字 文 篆 形声。彡＋周[音]。音符の周は、あまねく彫刻がほどこされるの意味。かざりとしての彫刻がゆきとどいているの意味を表す。

【彫刻】チョウコク ほりきざむ。木・石・金属などに文字・絵・模様などをほりつけたり、木・石・金属などで物の形を作ったりすること。また、その物。

【彫残（殘）】チョウザン いたみやぶれる。また、いためそこなわれる。

【彫飾】チョウショク 模様をほりつけて（ちりばめて）かざること。

【彫心鏤骨】チョウシンルコツ 心や骨にほりきざみつける意で、非常に苦心し骨折ること。詩文を作ることなどについていう。

【彫尽（盡）】チョウジン しぼみつきる。弱り（おとろえ）はてる。

【彫塑】チョウソ ①彫刻と塑像。②粘土や石膏セッコウで、彫刻の原型の像（塑像）を作ること。

【彫題】チョウダイ ①題ひたいに入れ墨をすること。南方の未開の異民族の風俗。②書籍の欄外に書くこと。

【彫琢】チョウタク ①ほることとみがくこと。また、ほりみがく。②転じて、文章・人格などをりっぱなものにしようと努力すること。「彫琢刻鏤コクル」

【彫虫（蟲）篆刻】チョウチュウテンコク 詩文の字句をかざりたてること。こまかな細工。

【彫落】チョウラク ①しぼみ落ちる。凋落チョウラク。②おとろえる。落ちぶれる。③死ぬ。④廃し退ける。

【彫鏤】チョウル・チョウロウ ほりちりばめる。彫刻したり金玉をはめ込んだりしてかざること。鏤も、ほる・ちりばめる。

(11)8 【彪】2119 [人] [漢]ヒュウ（ヒウ） [呉]ヒョウ（ヘウ） [尤] biāo 4123 4937

筆順 ⺊ 广 虍 虎 彪

字義 ❶まだら。虎とらの皮の斑文ハンモン。❷あや。模様。文飾。❸あきらか。あざやか。❹小さい虎。

名乗 あき・あきら・あや・たけ・たけし・つよし・とら・ひで・よし

解字 金 文 篆 会意。虎＋彡。彡は、いろどりの意味。虎とらの皮の模様の意味から、あや模様が多くりっぱなさまを表す。

【彪蔚】ヒュウウツ・ヒョウウツ あや模様が多くりっぱなさま。蔚は、しげる・さかん。

【彪炳】ヒュウヘイ・ヒョウヘイ あざやか（きらびやか）で美しいこと。炳は、あきらか。

(11)8 【彬】2120 [人] ㊀ヒン [真] bīn ㊁ハン [刪] bān [慣]ヒン 4143 494B

筆順 十 木 村 林 彬

字義 ㊀文（外形のかざり）と質（内容・実質）とがならびそなわる。=份ヒン・斌ヒン。㊁あきらか。あや（文彩）のさかんであざやかなこと。

名乗 あき・あきら・あや・ひで・よし

解字 份の古文 形声。彡＋焚省[音]。音符の焚フンは、賁ヒに通じ、かざりの意味。目を見はるようなかざりの意味を表す。

【彬蔚】ヒンウツ さかんであざやか。蔚は、しげる。

【彬彬】ヒンピン さかんであざやかなさま。十分に備わってりっぱなさま。また、ほどよく調和しているさま。〔論語、雍也〕文質彬彬ブンシツヒンピンたり。

(12)9 【彭】2121 △ ㊀[漢]ホウ（ハウ） [呉]ビョウ（ビャウ） [庚] pēng ㊁[漢]ホウ（ハウ） [呉]ボウ（バウ） [陽] bāng 5537 5745

字義 ㊀❶つづみの音の形容。❷さかん（盛）。❸ゆく（行）。㊁❶さかん（壮）。❷ふくれる（膨ボウ）。

解字 甲骨文 文 篆 会意。壴＋彡。壴は、太鼓の象形。彡は、鳴る音のひろがりいくさまを表す。太鼓の音のさまを表す。

【彭城】ホウジョウ 地名。今の江蘇コウソ省徐州市。昔、尭帝ギョウテイが彭祖をここに封じて、大彭氏国とした。後に西楚セイソの覇王項羽が都した所。

【彭祖】ホウソ 尭帝ギョウテイの臣で、殷インの末年まで七百余年生きたといわれる。長寿の代表とされる。

【彭沢（澤）】ホウタク 県名。江西省湖口県の東、長江に臨む。また、晋シンの陶淵明トウエンメイが県令（知事）になったところから、陶淵明のことをいう。

【彭湃】ホウハイ 波がたがいに打ちあって寄せてくるさま。また、水が

みなぎりさかまくさま。澎湃(ホウハイ)。

【彭彭】(ホウホウ) ①さかんなさま。多いさま。②休みなく行くさま。③多くの車の音・打ち合う音などの形容。

【須】→頁部 一二九四ページ。

(14)11【彰】2122 常 ショウ
ショウ(シャウ) 陽 zhāng　3020 3E34

筆順 立 音 章 彰

字義 ❶あや。模様。かざり。❷あきらか。❸あらわれる。顕著になる。❹あらわす。明らかにする。世間に知らせる。「表彰」 名乗 あき・あきら・ただ・てる

解字 文 篆  形声。彡＋章音。音符の章は、あや・しるしの意味。彡を付し、あや・かざりの意味を表す。

▼顕彰・表彰

【彰義】(ショウギ) 正義の道をあらわす。

【彰考】(ショウコウ) 過去のことを明らかにし未来を考えること。

【彰旌】(ショウセイ) 人の善行・美徳などを表彰すること。旌は、旗に書いて掲げる(旌表)意。

【彰徳】(ショウトク) 人の善行・美徳を世間に広く知れ渡らせるようにすること。

【彰明】(ショウメイ) あきらかにあらわれる。また、明らかにする。

(14)11【彯】2123 △ 一ヒョウ(ヘウ) 蕭 piāo 二ヒョウ(ヘウ) 嘯 piào

字義 一❶組み糸の長いさま。❷かろやかなさま。軽快なさま。＝嘌(ヒョウ)。「彯揺(嘌姚)(ヒョウヨウ)」❸すてる。＝摽(ヒョウ)。二えがく。かざる。

解字 形声。彡＋票音。彡は、髪の象形。音符の票は、かろやかに舞いあがるの意味。髪が風になびくように、かろやかなさまを表す。

(15)12【影】2124 常 エイ かげ
漢エイ・呉ヨウ(ヤウ) 梗 yǐng　1738 3146

筆順 日 昌 昱 景 景 影

字義 ❶かげ。㋐光線が物体に妨げられた暗い部分。㋑光がさえぎられ、地面などに映った黒い像。㋒鏡や水などに映っている像。㋓物体の後や下。見えない部分。転じて、外面に現れないこと。㋔姿。形。おもかげ。「人影(ひとかげ)」「孤帆遠影(コハンのエンエイ)」㋕光。まぼろし。「幻影」㋖絵姿。絵や写真に表れている像。㋗光。日・月・火などの光。また、日ざし。＝景。❷たすけ。おかげ。国かげ。本物でないこと。「影武者」

参考 現代表記では[翳](6061)の書きかえに用いることがある。「暗翳→暗影」「陰翳→陰影」

使いわけ かげ[影・陰]
[影]物の形。光がさえぎられてできた黒い部分。日や月の光。「人影・影法師・月影」
[陰]物の裏側。人目につかない所。「島陰・陰でうわさする」
なお、[蔭(かげ)]は[陰]に書きかえるが、助けを意味する場合に「お蔭さまで…」と書く例もある。

解字 形声。彡＋景音。音符の景は、卿(ケイ)に通じ、ふたつが向きあうの意味。物体が光を受けたとき、その物体と向きあうようにできるかげの意味を表す。

▼遺影・印影・陰影・遠影・形影・剣影・幻影・弦影・孤影・撮影・樹影・真影・人影・夕影・尊影・電影・倒影・投影・灯影・日影・反影・帆影・片影・落影

【影印】(エイイン) 書籍を写真にうつし(オフセット版・コロタイプ版など)印刷複製すること。こうして作った本を影印本という。

【影響】(エイキョウ) ①かげとひびき。↔形声。②姿と声。消息。③形にかげがあり音にひびきがあるように、一つの事物が他の変化の原因となること。また、その変化。④無形のもの・妄想・虚言(そらごと)などのたとえ。

【影鈔本】(エイショウボン) 古い本をそっくり敷き写しにした本。

【影像】(エイゾウ) 絵などに表した神仏や人などの姿かたち。えすがた。肖像。

【捕レ影】(かげをとらう(ふ)) 影法師をつかまえる。捕らえようとしても捕らえられない、また、とりとめがなくて当てにならないことのたとえ。雲をつかむ。〔前漢、谷永、論二神怪一文〕

【頿】→頁部 一三〇〇ページ。

(22)19【彲】2125 △ チ 支 chī

字義 みずち(みづち)。あまりょう(雨竜)。想像上の動物で、竜の類。＝螭(チ)。

解字 会意。彡＋麗。彡は、あやの意味。麗は、角のきれいな鹿の意味。美しい模様のある、想像上の動物の意味を表す。

3 彳部

〔部首解説〕〔彳〕ぎょうにんべん(行人偏)。〔行〕ぎょうがまえ(行構)。彳部と行部とは旧来、別々の部首であったが、形・意味ともに共通するところがあるので、両部を合わせて彳部とした。行・衍・術・衒・衕・街・衙・衛・衡・衢などは、もと行部。

彳・行を音符として、行くこと、また、道路や街(まち)に関する文字ができている。

彳 三七八
3 行 三七八
彴 三八〇
4 彷 三八〇
役 三八〇
5 往 三八〇
徃 三八一
径 三八一
征 三八一
徂 三八一
彽 三八二
彼 三八二
彿 三八三
6 衍 三八三
徊 三八二
衎 三八二
後 三八二
很 三八四
徇 三八四
待 三八四
徉 三八四
律 三八四
7 徑 三八四
従 三八四
徐 三八五
徒 三八五
8 衒 三八六
徒 三八六
從 三八六
術 三八六
徜 三八六
得 三八六
徘 三八七
徠 三八七
9 街 三八七
御 三八七
徨 三八七
循 三八七
復 三八八
徧 三八八
10 衙 三八八
徯 三八八
微 三八八
徭 三八九
11 徴 三八九
徳 三八九
12 衚 三九〇
衝 三九〇
徵 三九〇
徹 三九〇
德 三九一
13 衛 三九一
微 三九一
衡 三九一
21 衢 三九二

銜→金部 一一三一ページ。鴴→鳥部 一二五三ページ。鵆→鳥部 一二五三ページ。
徽→糸部 八六八ページ。黴→黒部 一二七〇ページ。

(3)0【彳】2126 △ 漢テキ 呉チャク 陌 chì　5538 5746

字義 ❶すこし歩む。❷一説に、左足の歩み。↔亍(チョク)(右足の歩み)。❸彳亍(テキチョク)は、行きつもどりつする。たちもとおる。＝躑躅(テキチョク)。

(6)3【行】2127 教2 コウ・ギョウ・アン いく・ゆく・おこなう　行方(ゆくえ)　2552 3954
一 漢コウ(カウ) 呉ギョウ(ギャウ) 庚 xíng
二 漢コウ(カウ) 呉ギョウ(ギャウ) 敬 xìng (xíng)
三 漢コウ(カウ) 呉ゴウ(ガウ) 陽 háng
四 漢コウ(カウ) 呉ゴウ(ガウ) 漾 hàng
唐アン

解字 文 篆  象形。行(みちの意味)の左半分を抽象して、道を行くの意味を表す。

筆順 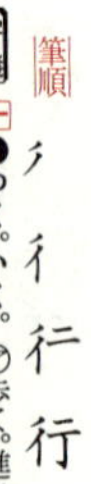

字義 一 ❶ゆく。いく。㋐歩く。進む。めぐる。「徐行」㋑おもむく。その方に向かってゆく。㋒去る。㋓移る。広まる。「流行」㋔経る。経過する。「行年」❷おこなう。㋐する。なす。㋑用いる。使う。❸やる。行かせる。❹みち（道）。㋐道路。㋑みちのり。行程。〔老子、六十四〕千里之行、始於足下。❺旅。旅行。❻ゆくゆく。歩きながら。みちすがら。❼まさに…せんとす（将）。まもなく…なろうとする。訓読では、「ゆくゆく」とも読む。〔史記、項羽本紀〕行略定秦地。❽詩の一体。もと、楽府の一体。「兵車行」〔晋、陶潜、責子詩〕阿宣行志学。❾書体の一種。行書。❿万物を生ずる精気（元素）。五行（木・火・土・金・水）。

二 おこない。ふるまい。行為。「言行」

三 ❶ならび。㋐列。「行列」㋑文字のならび。行。❷みせ。商店。「銀行」❸兵士二十五人の一隊。

四 ❶意志が強いさま。❷次第。順序。また、兄弟の順序。「排行」❸同じ世代の者。

国 ギョウ。仏道の修行。

名乗 き・つら・のり・ひら・みち・もち・やす・ゆき　難読 行宮・行幸・行進曲・行川・行纏・行田・行縢・行方・波行

参考 もと、行部に所属した。

使いわけ ゆく〔行・逝〕
〔逝〕人の死の場合。「母逝きて満一年」
〔行〕右以外のすべて。「行く川の流れ」

解字 甲骨文　金文　篆文 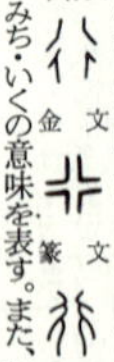 象形。甲骨文・金文でわかるように、十字路の象形で、みち・いくの意味を表す。また、転じて、ととのった列の意味を表す。

▼移行・一行・印行・陰行・運行・横行・慣行・敢行・緩行・奇行・紀行・逆行・凶行・強行・挙行・勤行・吟行・苦行・径行・景行・兼行・現行・言行・孝行・興行・航行・山行・施行・私行・執行・修行・舟行・醜行・順行・所行・徐行・水行・遂行・随行・性行・摂行・先行・専行・潜行・前行・壮行・操行・素行・続行・蛇行・断行・知行・直行・通行・同行・徒行・徳行・独行・難行・排行・版行・蛮行・非行・尾行・微行・品行・併行・並行・勉行・奉行・暴行・歩行・夜行・遊行・洋行・乱行・陸行・履行・流行・力行・励行・連行

【行衣】たびごろも。旅行に着る着物。

【行雲流水】①空行く雲と流れる水。また、きまった形なく、種々に移り変わるたとえ。②心に固執するところがなく、物に応じ事に従って行動することのたとえ。〔宋史、蘇軾伝〕

【行営（營）】①唐代、節度使がその任地を定めないでしばらく軍をとどめる所。②軍の司令官が出征してとどまっている所。陣営。陣屋。③いとなみつくる。④陣営を巡回する。

【行役】①政府の命を受けて、土木事業または国境の守りに従うこと。②旅行。

【行火】①火を用いる。②国 アンカ 移動することのできるこたつ。おきごたつ。

【行貨】①行商。②賄賂を使う。

【行客】旅人。旅客。行子。遊子。

【行間】①軍中。陣中。行は、行列。②隊列や作物の列の間。③文章の行と行との間。④種々の手段を用いて、仲たがいをさせること。

【行儀】礼式作法。エチケット。

【行誼】道にかなった行い。正しい行い。

【行脚】仏 禅僧が修行のために旅行すること。転じて、ある目的をもって諸国を旅行すること。アンギャは唐音。

【行休】だんだん終わりになる。次第に死に近づくこと。〔文選、陶潜、帰去来辞〕善万物之得時、感吾生之行休。〈すべてのものがよい時にめぐり合っているのに満足するとともに、私の生涯の次第に死に近づくことを感ずる〉

【行業】①おこない。品行。②生産の作業。俗に職業をいう。

【行吟】ゆくゆく吟ずる。歩きながら歌う。行歌。行謡。〔楚辞、漁父〕行吟沢畔。

【行宮】天子が行幸の途次に滞在するかりの御所。また、宮城・離宮など、平素から定まっている所以外の、一時的に住む所。行は、たび（旅）・たびさきの意。行在所。〔唐、白居易、長恨歌〕行宮見月傷心色、夜雨聞鈴腸断声。〈行宮で月を眺めると月にも心を悲しませるさまがあり、雨の夜に駅馬の鈴の音を耳にすると、はらわたもちぎれるばかり悲しく聞こえる〉

【行径（徑）】ほそい道。小路。小径。細径。

【行啓】国 皇太后・皇后・皇太子などの外出。啓は、さきばらい。

【行賈】旅をして商いをすること。行商。また、行商人。

【行伍】軍隊。兵士。昔、二十五人を行とし、五人を伍としたのでいう。

【行行】①強いさま。②行き行くさま。どんどん行く。〔文選、古詩十九首〕行行重行行、与君生別離〈どんどん、あなたは遠い旅路を続けて行ってしまうばかり、わたしはあなたと悲しい生き別れの身である〉③どの行にもどの行にも。一行一行に。〔明、袁凱、京師得家書詩〕行行無別語、只道早還郷。〈どの行にもほかの言葉は書いてなかった、ただ早く故郷に帰れというばかりだった〉

【行幸】天子が外出すること。みゆき。天子の行き先ではみな幸福を受けるのでいう。

【行在】＝行宮。行在所。

【行子】旅人。旅客。

【行尸走肉】あるくしかばね、走る肉。何の役にもたたない人、無学無能な人をそしっていう語。

【行止】①行くことと、止まること。転じて、出処進退。②ふるまい。行状。行跡。③取り計らい。

【行使】①賓客を接待する官。行人。②使用する。取り行う。実行する。

【行事】①行った事がら。事実。②使者の勤務上に関係した事がら。③事を行うこと。また、行うべき事がら。④国 ㋐きまって行う事がら。㋑主としてその事を担当すること。また、その人。㋒昔、朝廷の公事・儀式などに主としてその事をつかさどった職。㋓江戸時代、商人または町内の組合で、その組合を代表して事務を行った人。

【行実（實）】行った事がら。事実。

【行者】①道を行く人。行人。②仏 アンジャ 方丈の侍者。③仏 ギョウジャ 仏道を修行する人。日本で俗に、山伏の苦行する者をもいう。

【行戍】国境を守ること。また、その兵士。

【行舟】舟をやる。舟を進める。また、行く舟。

【行住坐臥】①仏 行く・住まる・坐する・臥す。日常のたちいふるまい。仏家でこれを四威儀という。②転じて、ふだん。つねづね。

【行書】書体の一種。楷書の字画を少しくずしたもの。
⇩コラム・文字・書体の変遷（四八一ページ）。

【行商】商品を持ち歩いて商売すること。また、その人。行販。行賈。

【行賞】賞を与える。「論功行賞」

【行状（狀）】①おこない。品行。②人の一生の履歴をしるした文体の名。魏晋のころに始まった。

【行神】道を守る神。旅人の安全を守る神。道祖神。さえのかみ。

【行人】①官名。賓客を接待する官。外交官。②道を行

く人。旅人。〔唐、張籍、秋思詩〕行人臨レ発又開レ封（にのぞみまた、フウをひらく）。③出征兵士。〔唐、杜甫、兵車行〕行人弓箭各在レ腰（コウジンのキュウセン、おのおのこしにあり）訳文⇨怨怨（三七ページ）。④使者の通称。⑤仏ギョウニン 僧の修行をする人。行者。

【行陣】コウジン ①軍列。軍隊。②軍隊が行進すること。行軍。

【行水】コウスイ ①流れ行く水。流水。②舟で水上をゆく。③水を治める。洪水をなくす。④水勢を巡視する。⑤ギョウズイ ㋐神仏に祈るとき、水を浴びて身体を清めること。㋑国たらいで湯水を浴びて汗を流す。⑥国やりみず(ゔ) 流水をせきとめて庭などに導き入れる。遣水。

【行政】ギョウセイ 国を治める三権（立法・司法・行政）の一つ。法律・政令の定めに従って行う政治。

【行跡・行△迹】ギョウセキ ①おこない。品行。行状。行績。②コウセキ 足あと。

【行蔵（藏）】コウゾウ 世に出て進んで道を行うことと、世から退き隠れて才能を表さないこと。『論語』述而編に「用レ之則行、舎レ之則蔵」とあるのに基づく。

【行台（臺）】コウダイ 役所の名。尚書省を中台というのに対し、臨時に地方で尚書の事を行うものをいう。おもに征討のことをつかさどる。

【行第】コウダイ 年齢の順序次第。年次。

【行△厨】コウチュウ 弁当。わりご。

【行程】コウテイ ①みちのり。②旅の道すじ。③国旅行の日程。旅程。

【行灯（燈）】コウトウ ①火を中にともして手にたずさえて行けるように作った照明器具。手燭。②正月十五日の夜にともす大きな灯籠。③国アンドン 木などの枠に紙をはり、中に油皿を置いて灯火をともす器具。室内にすえておくものと、柱にかけるものと二種ある。アンドンは唐音。

【行△縢】コウトウ きゃはん。むかばき。

【行童】コウドウ 召使いの子供。年少の召使い。

【行年】コウネン・ギョウネン ①取った年数。経過したよわい。〔晋、李密、陳情表〕行年四歳（コウネンよんサイ）。②国この世に生きながらえた年数。享年。すでに死んだ者についていう。

【行△嚢】コウノウ ①旅人が持つ袋。②国郵便物を入れて送る袋。

【行馬】コウバ ①門外に設けた馬つなぎの柵。②敵の侵入を防ぐのに用いる、釘を打ちつけたくい。

〔行馬①〕

【行媒】コウバイ なこうど。媒酌人。

【行伴】コウハン 道づれ。同伴。

【行文】コウブン ①筆を運んで文章を作ること。また、その文章。また、その作り方。②文化に関することを行う。

【行△游】コウユウ ①遊び歩く。②故郷を出て、他郷へ行くこと。旅をすること。

【行楽（樂）】コウラク ①遊び楽しむこと。〔唐、劉廷芝、代下悲二白頭一翁上詩〕三春行楽在二誰辺一（サンシュンのコウラク、たがヘンにかある）訳文⇨相識（七六五ページ）。②国外出や旅行などして楽しむこと。

【行△李】コウリ ①官の使者。また、賓客を接待する官。行人。②旅行者の持つ荷物。また、旅行のしたく。③国荷物を入れる、竹または柳で編んだ容器。

【行旅】コウリョ ①旅人。旅行者。行子。②たび。旅行。

【行路】コウロ ①道路。②道を行くこと。また、その人。③世渡り。世路。

【行路難】コウロナン ①道路を行くことが険しくて困難なこと。転じて、世渡りの困難さにたとえる。②南北朝時代の宋の鮑照の詩の名。十九首あり、七言古詩の初期の名作。後、これにならうもの多く、李白の「行路難」など有名。

【行△潦】コウロウ 路上のたまり水。

【行不レ由レ径（徑）】ゆくにこみちによらず・ゆくにケイによらず 道を行くのに小道を通らない。常に大道を歩く。行いの公明正大なことのたとえ。〔論語、雍也〕

(6)3 【彴】2128

△ 一シャク 薬 zhuó　二漢ハク・呉バク 薬 bó

字義 一❶まるきばし。一本ばし。❷とびいし。二彴約は、流れ星。

解字 形声。彳＋勺音。

(7)4 【彷】2129

標　一漢ホウ（ハウ）呉ボウ（バウ）陽 páng　二ホウ（ハウ）養 fǎng

5539
5747

字義 一さまよう。㋐あてもなく歩く。ぶらぶら歩く。㋑たちもとおる。ゆきつもどりつする。「彷徨」　二❶似かよう。さも似たり。さながら。「彷彿」❷ほのか。はっきりと見わけにくい。

参考 熟語は仿（169）をも見よ。→七二ページ。

解字 形声。彳＋方音。

【彷△徨】ホウコウ ①あてどなく、ぶらぶら歩く。さまよう。②たちもとおる。行きつもどりつする。

【彷△彿】ホウフツ 仿仏・髣髴。①ぼんやりとして明らかでないさま。かすかなさま。②似ているさま。さながら。

【彷△徉・彷△徉】ホウヨウ ＝彷徨。

(7)4 【役】2130

教 3　ヤク・エキ　漢エキ　呉ヤク　陌 yì

4482
4C72

筆順 ノ 彳 彸 役

字義 ❶しごと（仕事）。つとめ。職務。「労役」「役員」「配役」❷さきもり。国境を守備する兵士。❸いくさ。戦争。「戦役」❹人民に課する労働。えだち。「徭役」❺兵士。兵卒。❻使う。働かせる。使われる。仕える。また、その者。召使い。「使役」❼なす。いとなむ（営）。❽仲間。国ヤク。㋐つかさ。官職。人の上に立つ地位。「役力士」㋑その事に当たってすべき務め。また、その地位。㋒夫役（→④）から転じて、税。役儀・役銀ともいう。

名乗 まもる

解字 篆文　会意。彳＋殳。彳は、道を行くの意味。殳は、武器をもってうつの意味。辺地を守りに行くの意味を表す。転じて、つとめの意味を表す。

▼課役・苦役・軍役・形役・行役・雑役・使役・大役・懲役・適役・夫役・賦役・服役・兵役・力役・労役

【役役】エキエキ 心または身体を労するさま。〔荘子、斉物論〕

【役作】エキサク 為政者が人民に課する公の労役。

【役使】エキシ つかう。召し使う。使役。

【役人】エキジン ①＝役丁。②国ヤクニン ㋐役目をもっている人。㋑官職・公職にある人。官公吏。㋒天然痘の患者。

【役丁】エキテイ 公から課せられた労働に従事する者。丁は、若者。役徒。役夫。

【役夫】エキフ ①＝役丁。②人をいやしんで呼ぶ語。

【役民】エキミン ①公から課せられた労働に従事する民。えだちのたみ。②たみをエキす 人民を使役する。

(8)5 【往】2131　(8)5 〖往〗2132

教 5　オウ　一オウ（ワウ）養 wǎng　二オウ（ワウ）漾 wàng

1793
317D

筆順 彳 彳 行 往

【徃】俗字　5540　5748　【往】本字

字義 一❶ゆく。↕来・復。㋐すすむ。向かう、おもむく。「往診」㋑いたる（至）。行き着く。㋒おとずれる。訪問。㋓去る。立ち去る。過ぎ去る。また、死ぬ。❷ゆく人。去った人。また、死者。❸過去。過ぎ去ったこと。昔。「既往」「往事」❹さきに。かつて。以前に。❺のち。あと。以後。「以往」　二むかう（向）。心を向ける。

難読 往住（とこずみ）・往（となみ）

解字 甲骨文　篆文　形声。甲骨文は、㞢＋王音。㞢は、行くの意味。音符の王は、大きいの

意味。大いに行くの意味を表す。篆文は、それに彳を付けた形。

▼以往・一往・帰往・既往・古往・孤往・独往・来往

【往往】オウオウ ①ときどき。②つねづね。しばしば。③あちこち。ところどころ。④ともすれば。時として。

【往還】オウカン ①行きと、帰り。また、行き帰りする。②行き来する。交際する。③街道。往来。道路。

【往賢】オウケン 昔のりっぱな人。昔の賢人。

【往古】オウコ むかし。いにしえ。古昔。往昔。

【往行】オウコウ ①過去の行為。②昔の人の行為。

【往事】オウジ 過ぎ去ったこと。昔のこと。

【往時】オウジ 過ぎ去った昔。昔時。昔日。過去。

【往日】オウジツ 過ぎ去った日。前の日。先日。過日。

【往者】オウシャ ①過ぎ去ったこと。往事。②過去。③去り行く者。去って行った者。④かつて(さきに)。以前に。

【往者不レ可レ諫来(來)者猶可レ追】オウシャはいさむべからずライシャはなお(ほ)おう(ふ)べし 過去のことはどうにもならないが、将来のことは心がけ次第でどうにもできる。〔論語、微子〕

【往者不レ可レ及】オウシャはおよぶべからず 過去のことはとりかえしがつかない。〔呂氏春秋、聴言〕

【往生】オウジョウ ①仏この世を去って極楽浄土に生まれ変わる。②国㋐死ぬ。㋑屈服する。㋒こまりはてる。㋓あきらめる。㋔罪を白状する。

【往診】オウシン 医者が患者の家に行って診察すること。

【往聖】オウセイ むかしのりっぱな人。昔の聖人。

【往昔】オウセキ ＝往古。

【往迹・往跡】オウセキ 昔のあと。古跡。

【往年】オウネン 過ぎ去った年。前の年。昔。往歳。

【往反】オウハン 行き帰り。また、その日数・道のり。

【往復】オウフク ①往来。行くことと帰ること。行き来する。②去ってまた来る。循環する。③行き来して交際する。④手紙などをやりとりする。

【往来(來)】オウライ ①行くことと来ること。行き来。②交際。つきあい。また、手紙のやりとり。③国道路。人通りの多い通り。

【告レ往知レ来(來)】オウをつげてライをしる 過去のことを話して聞かせると、それをもとにして将来のことを察知する。一を聞いて十を知る意。〔論語、学而〕⇩告ニ諸往一知レ来これにオウをつげてライをしる（一〇一五ページ）。

(8)5
【徃】2133
△ オウ
往（2131）の俗字。→前項。
5540
5748

(8)5
【径】2134
教 4
ケイ
2334
3742

(10)7
〔徑〕2135
漢ケイ
呉キョウ（キャウ）
径 jìng
5545
574D

筆順
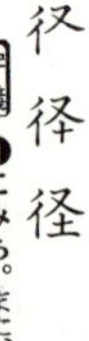

〔逕〕同字 7784 6D74

字義 ❶こみち。㋐細道。また、ちかみち。まっすぐに通じた道。「山径」「石径」〔論語、雍也〕行不レ由レ径ゆくにこみちによらず。㋑よこみち。正しくない道。❷みち（道）。道路。また、方法。❸ただちに。すぐに。直接に。❹まっすぐ。また、速やか。「直情径行」❺さしわたし。わたり。「直径」❻ゆく（行）。通る。経る。

解字 篆文 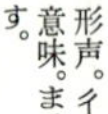
形声。彳＋巠（巠）音。音符の巠ケイは、まっすぐの意味。まっすぐで距離の短い、こみちの意味を表す。

▼口径・行径・邪径・小径・人径・石径・万径・門径・野径・幽径

【径行】ケイコウ 少しも遠慮しないで思ったままに行うこと。「直情径行」

【径庭】ケイテイ 非常にへだたり（差）のあること。径は狭く、庭は広いことからいう。〔荘子、逍遥遊〕大有ニ径庭一おおいにケイテイあり。

【径路】ケイロ ①こみち。ちかみち。②国㋐通って来た道。㋑到達までの筋道。「入手径路」

【不レ由レ径】こみちによらず 小路を通らずに大道をゆく。常に正道によって行動すること。公明正大であるたとえ。〔論語、雍也〕

(8)5
【征】2136
常 セイ
漢セイ
呉ショウ（シャウ）
庚 zhēng
3212
402C

筆順

字義 ❶ゆく。遠くへ行く。旅に出る。〔唐、李白、送ニ友人一詩〕孤蓬万里征コホウバンリにゆく。❷うつ（伐）。兵力を用いて伐つ。「親征」❸とる。㋐利益を求める。利益を取る。㋑税を取りたてる。また、その税。「征賦」❹しちょう。碁の手法の一つ。

名乗 さち・そ・ただし・ただす・まさ・もと・ゆき　難読 征矢（箭）そや

解字 甲骨文 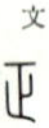 篆文 
形声。彳＋正音。甲骨文は、正と同形。まっすぐ進撃するの意味を表す。篆文は、それに彳を付けた形。

▼遠征・外征・出征・親征・長征・東征・力征

【征衣】セイイ ①旅行中の衣服。たびごろも。②戦争用の衣服。いくさごろも。軍服。

【征夷】セイイ 異民族をうつ。賊をうつ。「征夷大将軍」

【征客】セイカク ①戦争に行く人。また、戦場にいる人。②旅人。

【征戍】セイジュ 遠く（国境・外地）へ行って守る。また、国境警備の兵。

【征人】セイジン ＝征客。

【征税】セイゼイ ①税をとりたてる。②租税。税金。

【征戦（戰）】セイセン ①戦争に行く。また、戦争。〔唐、王翰、涼州詞〕酔臥ニ沙場一君莫レ笑よい（ひ）てサジョウにふす、きみわらう（ふ）ことなかれ、古来征戦幾人回コライセイセンいくニンかかえ（へ）る。〈酔ってこの戦場である砂漠に横になった私を笑ってくれるな、昔から戦争に行って何人無事で帰ったことか〉②征伐して戦う。

【征鳥】セイチョウ ①飛ぶ鳥。空行く鳥。②渡り鳥。③たか・はやぶさの類。猛禽モウキン。猛鳥。

【征途】セイト ①旅の道。たびじ。②人生の行路。③戦場に行くみち。出陣の道。

【征討】セイトウ てむかうものをうつ。上の者が下の者をうつ。

【征馬】セイバ ①戦争に従う馬。②旅で乗る馬。

【征旆】セイハイ ①戦争の時の旗。②進んで行く旗。

【征伐】セイバツ 罪あるもの・反逆者などを伐うち正す。

【征帆】セイハン 遠くへ去って行く舟。旅の舟。〔唐、李白、哭ニ晁卿衡一詩〕日本晁卿辞ニ帝都一ニッポンのチョウケイ、テイトをジし、征帆一片遶ニ蓬壺一セイハンイッペン、ホウコをめぐる。〈日本の阿倍仲麻呂あべのなかまろは都に別れを告げ、その一そうの舟ははるか蓬壺の山に去って行った〉

【征夫】セイフ 旅人。〔文選、陶潜、帰去来辞〕問ニ征夫一以ニ前路一セイフにとう（ふ）にゼンロをもってす。

【征賦】セイフ 税。租税。

【征服】セイフク ①征伐して服従させる。②困難を克服する。また、自分の支配下におく。

【征蓬】セイホウ とびゆくよもぎ。旅人のたとえ。蓬は、アカザ科の一年草。枯れると、風で原野を転がるという。

【征旅】セイリョ ①征伐の軍隊。②旅人。

(8)5
【徂】2137
△ 漢ソ
呉ゾ
虞 cú
5541
5749

字義 ❶ゆく。㋐すすむ。おもむく。㋑いたる。およぶ。㋒去る。㋓死ぬ。❷はじめ。はじめて。

解字 篆文 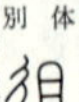 別体 
形声。彳＋且音。音符の且ショは、つみかさねるの意味。歩みを積み重ねる、いくの意味を表す。篆文は、辵＋且音。

【徂歳】ソサイ 徂年。過ぎ去ったとし。去年。

【徂逝】ソセイ ①行く。去って行く。②死亡する。

【徂徠】ソライ ①ゆききする。往来する。②国荻生茂卿おぎゅう（をぎふ）モケイの号。→荻生徂徠（九二九ページ）。

【徂落】ソラク 天子の死をいう。崩御。

(8)5【彽】2138 △ 漢テイ 呉タイ 斉 dī

字義 たちもとおる。さまよう。「彽徊テイカイ」

参考 現代表記では［低］（191）に書きかえることがある。「彽徊→低回」

解字 形声。彳＋氐音。音符の氐テイは、いたるの意味。行きつくの意味を表す。かえるの意味に重点をおいた徊カイと熟して、彽徊は、ゆきつもどりつの意味を表す。

(8)5【彼】2139 常 ヒ かれ・かの　ヒ 紙 bǐ　4064 4860

筆順 彳 彳 彳 彳 彼

字義 ❶か。かれ。㋐あれ。↕此こ。㋑あの人。↕我われ・汝なんじ。㋒かなた。かしこ。↕此処ここ。❷かの。あの。「彼地かのち」「彼女かのじょ」

難読 彼処かしこ・あそこ・彼所あそこ・彼杵そのぎ・彼奴あいつ・きゃつ・彼方かなた・あなた・あちら・彼方此方あちこち・彼様あんな

解字 金文 篆文 形声。彳＋皮音。音符の皮は、波に通じ、なみ（波）の意味。波のように遠方に行ったところ、かなたの意味を表す。

【彼一時ᐞ此一時】かれもいちじこれもいちじ あの時はあの時のこと、この時はこの時のこと。おのおのその時に応じて行ったことで、二つの間に矛盾はないという意。〔孟子、公孫丑下〕

【彼我】ヒガ かれとわれ。相手と自分。むこうとこちら。

【彼岸】ヒガン ①向こうぎし。対岸。②仏 梵語ボン pāramitā の訳語「彼岸に至る」から出た語。㋐この世（此岸シガン）に対して、煩悩ボンノウ（流れにたとえる）を越えて悟りを開いた境地（涅槃ネハンの境地）。㋑春分・秋分の日の前後七日間をいう。㋒彼岸会ヒガンエの略。彼岸の期間に行う法会ホウエ。

【彼ᐞ此】ヒシ ①あれとこれ。あのこととこのこと。あの人とこの人。あちらとこちら。あの地とこの地。〔唐、杜甫、哀江頭詩〕去住彼此無ᐟ消息ᐟ（キョジュウヒシ、ショウソクなし）。②かれとわれ。彼我。③あれこれ。あのことこのこと。あの人この人。たれかれ。なにやかや。④国 これかれ ㋐＝①。㋑＝③。㋒とやかく。なんのかの。㋓おおよそ。ほとんど。やがて。

【彼人ᐞ也ᐞ予人ᐞ也】かれもひとなりわれもひとなり 彼も我も同じ人間である。彼にできることが我にできぬことはないという意。〔唐、韓愈、原毀〕

【彼ᐞ蒼】ヒソウ そら。大空。あの青い天の意味で、心中の煩悶ハンモンを天に訴える気持ちを有する語。『詩経』秦風・黄鳥の「彼蒼者天かのソウたるものはテン」に基づいた語。

【知ᐟ彼知ᐟ己百戦（戰）不ᐟ殆】かれをしりおのれをしればヒャクセンあやうからず 敵と自分の実力や状態を明らかに知っていれば、何回戦っても負けることはない。〔孫子、謀攻〕

(8)5【彿】2140 △ 漢フツ 呉フチ 物 fú　5542 574A

字義 にかよう。さも似る。また、ほのか。かすか。髴フツ。↓彷彿ホウフツ（三八〇ページ）。

解字 形声。彳＋弗音。

(9)6【衍】2141 △ エン 銑 yǎn　6207 5E27

字義 ❶ながれる（流）。水が流れて行く。❷ゆく（行）。めぐりゆく。❸あふれる（溢）。❹あまる（余）。余計な。「衍文」❺はびこる（蔓）。ひろがる。❻しく（布）。ひろげる。「敷衍」❼大きい。また、広い。❽さかん（盛）。❾ひらち。平地。❿美しいさま。⓫す（洲）。川の中の島。⓬さわ（沢）。

参考 もと、行部に所属した。

解字 甲骨文 篆文 会意。行＋氵（水）。行は、みちの象形。水が道にあふれひろがるの意味を表す。

【衍ᐞ溢】エンイツ 満ちあふれる。充衍。盈衍エイエン。

【衍ᐞ盈】エンエイ あふれ満ちる。盈衍。

【衍ᐞ繹】エンエキ 一つの事柄から他の事柄に意味を述べ広めて解明すること。演繹。

【衍義】エンギ ①仁義の道をおし広める。②おし広めた意義。また、意義をおし広めてくわしく説く。

【衍字】エンジ 文章の中に誤ってはいっている無用な字。衍文。

【衍聖公】エンセイコウ 孔子の子孫が世襲する爵号シャクゴウ。

【衍文】エンブン 文章の中に誤ってはいっている無用な文字・文句。衍字。

【衍ᐞ曼・衍漫】エンマン はびこる。ひろがる。曼衍。漫衍。蔓衍エマン。

【衍ᐞ沃】エンヨク 広々としてよく肥えた土地。

(9)6【徊】2142 標 漢カイ（クヮイ） 呉ガイ（グヮイ） 灰 huái, huí　5543 574B

字義 さまよう。たちもとおる。「彽徊テイカイ」

参考 現代表記では［回］（1152）に書きかえることがある。「彽徊→低回」

解字 形声。彳＋回音。音符の回は、めぐるの意味。

(9)6【衎】2143 △ カン 翰 kàn

字義 ❶よろこぶ（喜）。❷たのしむ（楽）。❸満足しているさま。また、ゆったりしているさま。

参考 もと、行部に所属した。

解字 篆文 形声。行＋干音。音符の干は、つきすすむの意味。思うままに進んで満足する、たのしむ・よろこぶの意味を表す。

【衎衎】カンカン ①楽しむさま。和らぎ楽しむさま。②強くてすばやいさま。一説に、剛直なさま。③「衎衎然」は、はばからずに直言するさま。

【衎然】カンゼン ①楽しみ喜ぶさま。②安定したさま。

(9)6【後】2144 教2 ゴ・コウ のち・うしろ・あと・おくれる　漢コウ・呉グ 慣ゴ 有 hòu　2469 3865

筆順 彳 彳 彸 後

字義 ❶あと。↕先・前。㋐うしろ。背後。過去。「先後」㋑のち。（甲）将来。こののち。また、その人。「向後」（乙）事のすんだのち。（丙）ちすじ。子孫。あとどり。（丁）仏 来世。死後。❷おくれる。おくる。㋐あとになる。㋑おそくなる。まにあわない。㋒おくれて来る。㋓おとる（劣）。❸のちにする。あとまわしにする。国 おくれる。おくる。㋐あとに残る。㋑生き残る。㋒気おくれする。㋓負ける。

名乗 しつ・のり

難読 後閑ごかん・後妻うわなり・後志しりべし・後取しりとり・しんどり・後生掛ごしょがけ・後川しずかわ・しつかわ・後朝きぬぎぬ・後方しりえ

使いわけ ①あと［跡・後］⇩跡（7521）。②おくれる［遅・後］⇩遅（7847）。

解字 金文 篆文 会意。彳＋幺＋夂（夊）。彳は、道を行くの意味。幺は、糸でつなぐの意味。一説に、おさないの意味。夂は、足の意味。道を行くときに糸が足にからまって（一説に、幼いために）歩みがおくれるの意味を表す。

▼以後・牛後・向後・自後・身後・絶後・戦後・背後

【後院】コウイン ①正殿の後ろにある建物・役所・住居。②家の後ろの庭園。

【後ᐞ胤】コウイン 子孫。胤は、ちすじ・子孫。

【後ᐞ裔】コウエイ 子孫。裔は、着物のすそ。転じて、末の意。

【後援】コウエン ①あとから来る援兵。②後方から助ける。あとおし。

【後ᐞ燕】コウエン 五胡ゴ十六国の一つ。鮮卑族の慕容垂が中山（今の河北省定県）に建てた国。四代、二十四年で北燕に滅ぼされた。（三八四―四〇七）

【後架】コウカ ①禅家で、僧堂のうしろにかけ渡した洗面所。②

便所。かわや。

【後会(會)】コウカイ　後日に会うこと。後日の会合。〔和漢朗詠集、大江朝綱、餞別〕後会期遥コウカイごはるかなり、霑二纓於鴻臚之暁涙一エイをコウロのあかつきのなみだにうるお(ほ)す。〈後日、再び会うのははるか先であり、鴻臚館の夜明けの別れに冠のひもを涙でぬらすことだ〉↓前途(二四二ページ)。

【後悔】コウカイ　(前にしたことを)あとからくいる。また、あとに残るくい。

【後悔△噬△臍】コウカイほぞをかむ　事が起こってから後悔しても及ばないこと。臍(へそ)をかもうとしても、口はへそにとどかないことからいう。〔左伝、荘公六〕

【後覚(覺)】コウカク　人より後に道をさとる人。↕先覚。

【後学(學)】コウガク　①人よりおくれて学問を始めた人々。②学者の謙称。③国後日の心得。後々の参考。

【後患】コウカン　のちのちのうれい。後日の心配。

【後漢】ゴカン　王朝の名。①前漢の景帝の子孫の劉秀(光武帝)が、王莽(前漢を滅ぼし、新を建てた)を滅ぼして建てた国。都は洛陽。十二代百九十六年で魏に帝位を奪われた。東漢ともいう。(二五—二二〇)　②コウカン　五代の国の一つ。劉知遠が建てた国。都は、汴(今の河南省開封市)。五代の第四王朝。後周に滅ぼされた。二代、四年。(九四七—九五〇)

【後漢書】ゴカンジョ　書名。百二十巻。南朝宋の范曄の著。後漢時代の歴史を記した書。二十四史の一つ。

【後△魏】コウギ　南北朝時代の北朝の一国。鮮卑族の拓跋珪の建てた国。初め盛楽(今の内モンゴル自治区和林格爾県)に、後、平城(今の山西省大同市)に都し、また、洛陽に遷都した。別名、北魏。後、東魏・西魏に分かれた。後魏・西魏で合計十五代、百七十一年(三八六—五五六)。東魏は一代、十七年。(五三四—五五〇)

【後宮】コウキュウ　①天子が住居する前殿の後ろにある、后妃や女官の住む宮殿。内宮。後庭。〔唐、白居易、長恨歌〕後宮佳麗三千人コウキュウのカレイ、サンゼンニン、三千寵愛在二一身一サンゼンのチョウ、アイイッシンにあり。〈後宮に住むうるわしい美女は三千人、その三千人にそそがれるはずの天子の寵愛は、彼女一身に集まった〉②転じて、皇后などの総称。

【後継(繼)】コウケイ　①あとからつづくこと。また、あとをつぐこと。②あとつぎ。あとめ。

【後月】コウゲツ　①翌月。来月。②国㋐のちのつき　次の月。㊥閏月うるうづき。㋑あとのつき・あとゲツ　先月。前の月。㋒陰暦八月十五日の月(中秋の名月)に対し、九月十三日の月。十三夜。

【後見】コウケン　①会見におくれること。②国㋐昔、家長が幼い時に、それを補佐した人。㋑禁治産者や親権のない未成年者を保護監督する役目。㋒うしろみ　陰にいて世話をすること。また、その人。

【後言】コウゲン　①あとで言う。また、そのことば。②あとで悪口を言う。また、その悪口。陰口。

【後顧△之憂】コウコのうれい(ひ)　あとに残る心配。後顧は、後ろをふりかえる。〔魏書、李冲伝〕

【後光】ゴコウ　仏仏の五体から発する光。仏像の背に円環・船形などをつけるのは、これをかたどったもの。

【後昆】コウコン　昆は、後。①子孫。②後世。

【後嗣】コウシ　①あとつぎ。②子孫。

【後事】コウジ　①前の事件に続いて起こった事件。②死後のこと。また、将来のこと。「後事を託す」

【後室】コウシツ　①家の奥にある部屋。②国貴人の未亡人。

【後日】ゴジツ　のちの日。またの日。いつか。

【後者】コウシャ　①あとの者。②あとから続く者。③後世の人。④二つのうち、あとの方のもの。

【後主】コウシュ　①後世の君主。②君主のあとつぎ。③歴史家が王朝の最後の君主を呼ぶ語。

【後周】コウシュウ　五代の国の一つ。郭威が建て、汴(今の河南省開封市)に都した。五代最後の王朝。三代、十年。(九五一—九六〇)

【後序】コウジョ　書籍の末につけられた序文。跋。

【後△蜀】コウショク　国名。①五胡十六国の一つ。↓成漢(四二七ページ)。②五代十国の一つ。孟知祥が今の四川省成都に都して建てた国。(九三四—九六五)

【後身】コウシン　①生まれ変わった身。来世の身。②境遇などの変わった後の身。

【後△晋(晉)】コウシン　五代の国の一つ。石敬瑭の建てた国。初め洛陽に都し、後に汴(今の河南省開封市)に遷都。五代の第三王朝。二代、十一年。(九三六—九四六)

【後△秦】コウシン　国名。五胡十六国の一つ。羌族の姚萇が長安(今の陝西省西安市)に都して建てた国。三代、三十四年。(三八四—四一七)

【後進】コウシン　あとから進んで来る者。後輩。

【後人】コウジン　①あとから来る人。後世の人。②子孫。後嗣あとつぎ。③ひとにおくる　人におくれをとる。劣る。

【後△塵】コウジン　①人や車馬の通ったあとに立つほこり。②人のあと。人のしりえ。

【拝(拜)二後△塵一】コウジンをハイす　①人の通ったあとに起こるちりをおがむ。貴人にこびへつらうことのたとえ。②国転じて、人におくれをとること。

【後世】コウセイ　①後の世。〔文選、古詩十九首〕但為二後世嗤一ただコウセイのわらい(ひ)となる。②子孫。③仏ゴセ　死後。来世。「後世を願う」

【後生】コウセイ　①あとから生まれる。また、その人。↕先生。②子孫。③年少者。後輩。④ゴショウ　㋐仏後の世に生まれかわること。来世。↕前生ゼンショウ。㋑国㊥来世の安楽。また、その因となる行為。善根。㋒折り入って事を頼むときに使う語。

【後生可△畏】コウセイおそるべし　後進者は年が若くて気力が強いから、学んでやまなければ、その進歩はおそるべきものである。〔論語、子罕〕

【後素】コウソ　①仕上げを重んじること。「素より後にす」と読み、絵を描くとき、まず、素(胡粉ゴフン)をぬって、その上に彩色を施すこと。一説に、「素を後にす」と読み、まず、彩色を施して描き、その上に素(胡粉)を加えて完成する意。〔論語、八佾〕②転じて、絵画。

【後則為(爲)二人所一レ制】おくるればすなわ(は)ちひとのセイするところとなる　人におくれて事を行えば、必ず人に先手をとられておさえられてしまう。物事は後手にまわると成功しがたいことのたとえ。〔史記、項羽本紀〕⇩先即制レ人さきんずればすなわ(は)ちひとをセイす(一〇八ページ)。

【後知】コウチ　人よりあとに道理をさとり知る人。後覚。

【後△趙】コウチョウ　国名。五胡十六国の一つ。羯族の石勒の建てた国。都は襄国(今の河北省邢台市)、後に鄴(今の河北省臨漳県)。七代、三十三年。(三一九—三五一)

【後庭】コウテイ　①宮中の奥むき。后妃や女官の居る所。後宮。②転じて、后妃などの総称。③家の裏にある庭園。うらにわ。

【後庭花】コウテイカ　歌曲の名。南北朝の陳の後主が、宴を開き、数千の美女に歌わせた歌曲の一つ。後主は宴楽に明けくれしたために、ついに国を滅ぼした。〔唐、杜牧、泊二秦淮一詩〕隔レ江猶唱後庭花コウをへだててなお(ほ)うたう(ふ)コウテイカ。

【後天】コウテン　①生まれてから後に身につくこと。↕先天。②テンにおくる　㋐天時に遅れる。天の時・運行に後れて行動する。㋑長寿をいう。「後天の寿」

【後図(圖)】コウト　後のはかりごと。後日の計画。死後の計画。

【後唐】コウトウ　五代の国の一つ。李存勗が洛陽に都して建てた国。五代の第二王朝。四代、十四年。(九二三—九三六)

【後難】コウナン　後のなんぎ。後日の災難。後患。

【後輩】コウハイ　後に生まれた人。後進者。↕先輩。

【後房】コウボウ　①奥の部屋。②妻やそばめのいる部屋。

【後夜】ゴヤ　①夜半から朝までをいう。↕初夜。②仏夜中から朝までの勤め、特に朝早く行われる勤行ゴンギョウ。

【後葉】コウヨウ　①後世。後代。後の世。②子孫。

【後来(來)】コウライ　①今からのち。こののち。将来。②その後。③

あとから（おくれて）来る。

【後楽（樂）】①あとで楽しむ。②天下の人の楽しみにおくれて楽しむ。宋の范仲淹の「岳陽楼記」に「先二天下之憂一而憂、後二天下之楽一而楽」とあるのに基づく。↔先憂。

【後楽（樂）園】庭園の名。①南宋の賈似道が理宗から賜った、西湖（浙江省杭州市）のほとりの葛嶺に開いた庭園。②国東京と岡山にある。

【後涼】五胡十六国の一つ。氐族の呂光の建てた国。都は涼州姑臧（今の甘粛省武威市）。四代、十八年。（三八六—四〇三）

【後梁】①南北朝時代、西魏の後援で蕭詧が建てた国。都は江陵（湖北省江陵県）。一名、北梁。三代、三十三年。（五五五—五八七）②五代の国の一つ。唐の臣、朱全忠が哀宗の位を奪って建てた国。都は汴（今の河南省開封市）。五代の第一王朝。二代、十七年。（九〇七—九二三）

【後聯】律詩の第五・第六句をいう。↔前聯。

(9)6【很】2145

△ 漢コン 呉ゴン 阮 hěn ―5544 574C

字義 ❶もとる。たがう。また、聞き入れない。❷あらそう。訴え争う。❸はなはだ。

解字 篆文 形声。彳+艮（皀）音。音符の皀は、ふみとどまって進まないの意味。行きなやむの意味を表す。また、自分の考えにふみとどまって、人の意見を聞きいれない、もとる・あらそうの意味も表す。

【很忤】もとりさからう。

【很愎】ねじけもとる。ごうまんで他人の言に従わないこと。

【很戾】ねじけもとる。道にそむく。

(9)6【徇】2146

△ 一漢シュン・呉ジュン 震 xùn 二シュン 真 xún ―5546 574E

字義 一❶となえる。㋐広く告げ知らせる。㋑さらしものにする。見せしめにする。㋒てらう。❷したがう。㋐服従する。㋑あとを追う。ついて行く。㋒身命を捨ててある物事にたずさわる。㋓まきぞえになる。❸もとめる。❹めぐる（巡）。とりまく。守る。二❶いとなむ（営）。❷使う。❸あまねく。広く。

参考 殉に通ずる。熟語は殉（3814）を見よ。→五九九ページ。

解字 篆文 形声。彳+旬（勻）音。音符の勻は、均に通じ、ひとしいの意味。ひとしくあまねく行きわたるの意味を表す。

(9)6【待】2147

教3 タイ まつ ―漢タイ 呉ダイ 賄 dài ―3452 4254

筆順

字義 まつ。㋐まちうける。「招待」㋑あしらう。もてなす。「遇する。「接待」㋒そなえる（備）。用意する。㋓ふせぐ。当たる。㋔任用する。㋕たすける。㋖たのむ。㋗望みをかける。「期待」㋘時日をかし与える。猶予する。

名乗 なが・まち・みち

解字 篆文 形声。彳+寺音。音符の寺は、止に通じ、とどまるの意味。彳は歩行の意味。歩行をやめてとどまる、まつの意味を表す。

▼歓待・期待・虐待・遇待・招待・接待・賓待・優待

【待機】機会の来るのを準備をととのえて待つこと。

【待遇】もてなす。あしらう。また、もてなし。

【待賈】よい商人を待って売る。明君・賢相の招きを待つ意。一説に「タイカ」と読み、価格の高くなるのを待って売る。適当な礼遇を待って仕える意。〔論語、子罕〕我待レ賈者也。

【待詔】①みことのり（の下るの）を待つ。②天子に召し出されて、まだ正式の官につかぬ間の称。③漢代以後の官名。天子の下問に答える職で、学問にすぐれた人が任ぜられた。

【待制】①=待詔の①。②唐代の官名。詔勅を書いたり、下問に答えたりする職。

【待避】危険の去るのを待つこと。→退避（一〇八五ページ）。

【待望】待ち望む。期待する。

【待命】①命令（の下るの）を待つ。②国㋐一定期間職務につかずに給与を受け、期限になると辞職する制度。㋑官吏の職務・任地のまだ決まらないこと。㋒事に従うことをとどめて後の命令を待たせること。

(9)6【徉】2148

△ ヨウ（ヤウ）陽 yáng ―4607 4E27

字義 さまよう。たちもとおる。あてもなく歩く。「徜徉」

解字 形声。彳+羊音。音符の羊は、漾に通じ、ただようの意味。彳を付し、人がさまようの意味を表す。

(9)6【律】2149

教6 リツ・リチ ―漢リツ 呉リチ 質 lǜ

筆順

字義 ❶のり。おきて。さだめ。「法律」「規律」❷のっとる。手本とする。❸はかる。法律または一定の標準により測る。また、測り正す。❹音階・楽調の基準となる一種の笛。律管。❺音楽の調子。また、音階。「調律」また、周期的に生起する音の変化・強弱などの関係。節奏。リズム。「旋律」❻漢詩の一体。律詩。「七律」❼仏リツ。仏法修業上のいましめ。戒律。

名乗 ただし・ただす

解字 篆文 会意。彳+聿。彳は、人の行く道の意味。聿は、甲骨文では卜辞を刻みつけるための道具の象形。人が行くべき道として刻みつけられている言葉、おきての意味を表す。

▼一律・音律・戒律・紀律・規律・軍律・自律・声律・旋律・他律・排律

【律儀・律義】①仏㋐のり。おきて。戒律。㋑戒律を守り威儀を整えること。②国実直なこと。

【律師】①道士の尊号の一つ。法師・威儀師と並んで三号の一つ。②仏戒律を保った徳の高い僧。③国僧正・僧都に次ぐ僧の位。

【律詩】漢詩の近体詩の一つ。一句が五言または七言八句から成り、各々の二句ずつを一組（聯）とし、初めから起聯・頷聯・頸聯・尾聯と称する（別称がある）。第三句と第四句、第五句と第六句が対句をなし、押韻は、五言では二・四・六・八句の末尾、七言では一・二・四・六・八句の末尾の文字にふむ。唐代に定まった詩形。⇩コラム・漢詩（六六〇ページ）。

【律宗】仏仏教の一宗派の名。日本には唐の鑑真和尚が伝え、戒律を守ることを主とする。

【律動】国一定の時間を周期として変化してゆく運動。リズミカルな運動。

【律呂】①音調の基準を示す管。竹で作った、一定の直径と長さを有する十二本の開管（竹の両節を切り落とした管）。律管。六本を律（六律）、他の六本を呂（六呂）と名づける。そのおのおのが他と異なった一音を発する。②音階。③音楽の調子。④音楽。

【律令】①国家のおきて。刑律と法令。また、大綱を律、条目を令という。②国律と令。律は、罪人を処罰する法を規定し、令は、諸般の制度を規定したもの。

(10)7【徑】(2135)

ケイ　径（2134）の旧字体。→三八一ページ。 ―5545 574D

(10)7【従】2150

教6 ジュウ・ショウ・ジュ　したがう・したがえる ―2930 3D3E

(11)8〔從〕2151

人許　一漢ショウ 呉ジュ・ジュウ 冬 cóng, ⑥zóng, ⑦zōng　二漢ショウ 呉ジュ・ジュウ 宋 zòng ―5547 574F

筆順 彳 … 従

【从】本字 4826 503A

字義 一❶したがう。㋐後についてゆく。追う。追いかける。「従軍」㋑つきそう。近づく。そばに行く。㋒なつく。服従する。いうことをきく。「聴従」「屈従」㋓たずさわる。「従業」「従事」㋔まかせる。㋕引き連れる。㋖征服する。❷したがって。よって。❸したがえる ❹よる(由・因・依)。❺助字。より。⇩助字解説 ❻たて(縦)。また、南北。「合従(ガッショウ)」❼あと。=蹤(ショウ)。❽ゆるやか。「従容(ショウヨウ)」

二❶したがう。=一の①。❷ほしいまま。きまま。=縦。「従覧(ショウラン)」「放従(ホウショウ)」❸はなつ。ほしいままにさせる。❹まかせる。ゆるす。❺とも。つきそい。家来。「主従」「侍従」❻そえ(副)。次。位階で正に対していう。「従五位(ジュゴイ)」❼血族の関係を表す語。傍系の三親等。「従兄弟」

助字解説

より。……から。類自・由。〔唐、白居易、長恨歌〕従レ此君王不二早朝一(これよりクンノウ ソウチョウせず)。〈これからというものは天子は朝の政務をとらなくなった〉

名乗 しげ・つぐ 難読 従兄弟(いとこ)・従子(いとこ)・従姉妹(いとこ)・従父(母)兄弟(いとこ)・従父(母)姉妹(いとこ)

解字 甲骨文 金文 篆文(从) 篆文 形声。辵+从㊥。もともと甲骨文は从で、会意。人のあとに人がしたがうさまから、したがうの意味を表す。のち、ゆくの意味の辵を付して、従となる。常用漢字は従の省略形による。

▼合従・曲従・屈従・侍従・主従・追従・忍従・陪従・服従・僕従・面従・盲従

【従横】(ジュウオウ・ショウコウ) ①たてよこ。従は、縦。②南北(従)と東西(横)。③合従(ガッショウ)と連衡。④意のまま。自由自在なこと。⑤いろいろさまざま。あれやこれや。

【従横家】(ジュウオウカ・ショウオウカ) 合従連衡(ガッショウレンコウ)の説をなす一派の人々。蘇秦(ソシン)・張儀など。

【従△駕】(ジュウガ) 天子の行幸に従う。

【従学(學)】(ジュウガク) その人について学ぶこと。

【従衡】(ショウコウ) 合従連衡(ガッショウレンコウ)の策をいう。

【従合】(ショウゴウ) 合従(ガッショウ)(南北の国が連合)すること。

【従子】(ジュウシ) 兄弟の子。おい。めい。

【従△祀】(ジュウシ) 主となる者に合わせてまつること。

【従事】(ジュウジ) 事にたずさわる。その事をする。

【従順】(ジュウジュン) すなおで逆らわない。

【従心】(ジュウシン) こころにしたがう。心のままに行動する。転じて、七十歳をいう。『論語』為政編に「七十而従二心所一レ欲不レ踰レ矩(シチジュウにしてこころのほっするところにしたがえ(へ)ども、のりをこえず)」とあるのに基づく。

【従親】(ショウシン) 合従(ガッショウ)して親しくする。従合。合従。〔十八史略、春秋戦国、趙〕与レ趙従親(チョウとショウシンせしむ)。

【従前】(ジュウゼン) 今より前。以前。これまで。

【従然】(ショウゼン) ゆったりと落ち着いているさま。従容。

【従属(屬)】(ジュウゾク) ①つき従う。付属する。②おとも。

【従卒】(ジュウソツ) ①つき従うもの。とものもの。②つき従う兵士。従兵。

【従孫】(ジュウソン) 兄弟の孫。おいまご。姪孫(テッソン)。

【従犯】(ジュウハン) 正犯者を助けて罪を犯すこと。また、その人。共犯。↕正犯。

【従父】(ジュウフ) 父の兄弟。おじ。

【従母】(ジュウボ) 母の姉妹。おば。

【従約】(ショウヤク) ①合従(ガッショウ)の約束。②=従合・従親。

【従容】(ショウヨウ) ①ゆったりと落ちついているさま。くつろいでいるさま。②すすめる。さそう。③ふるまい。④さまよう。

【従来(來)】(ジュウライ) ①今まで。もとから。②よって来る。

(10)7

【徐】2152 常 ジョ

漢ショ 呉ジョ 魚 xú

2989 3D79

筆順 彳 … 徐

字義 ❶おもむろ。おもむろに。㋐ゆっくり。ゆるやか。㋑ゆったり。㋒しずか。しずか。おだやか。❷ゆっくり行く。

名乗 やす・ゆき

解字 篆文 形声。彳+余㊥。音符の余は、のびやかの意味。彳は、道を行くの意味。のびやかな心で行く、ゆっくり行くの意味を表す。

▼虚徐

【徐△鍇】(ジョカイ) 北宋(ホクソウ)の学者。徐鉉(ジョゲン)の弟。その著、『説文繫伝(セツモンケイデン)』は、『説文解字(セツモンカイジ)』の注釈書の最初のもの。(九二〇—九七四)→次項。

【徐△鉉】(ジョゲン) 北宋(ホクソウ)の学者。太宗の命によって『説文解字(セツモンカイジ)』に校注をつけた。鉉を大徐、弟の鍇(カイ)を小徐という。(九一七—九九二)

【徐行】(ジョコウ) そろそろ行く。ゆっくり歩く。

【徐△泗】(ジョシ) 徐州の泗水。山東省泗水県の東から発する川。

【徐州】(ジョシュウ) ①昔の九州の一つ。今の山東省の東南部から江蘇(コウソ)・安徽(アンキ)両省の北部にかけての地域。②地名。今の江蘇省の西北部、徐州市の地。

【徐徐】(ジョジョ) ①そろそろと。ゆるやかに。静かに。②しとやかなさま。もの静かなさま。

【徐福】(ジョフク) 徐市(ジョフツ)ともいう。秦(シン)の方士。始皇帝の命令で、不老不死の薬を求めて東海の蓬萊山(ホウライサン)を目ざして行き、ついに帰らなかったという。日本に漂着したともいわれ、和歌山県新宮市の南方にその墓がある。

【徐陵】(ジョリョウ) 南北朝の陳の詩人。『玉台新詠』の編者。(五〇七—五八三)

(10)7

【徒】2153 教 4 ト

漢ト 呉ド 虞 tú

3744 454C

筆順 彳 … 徒

字義 ❶かち。歩き。徒歩。❷むなしい。からっぽ。また、何も持たない。から手(徒手)。はだし。❸いたずらに。むなしく。むだに。「徒食」「徒然」❹助字。ただ(唯)。ただに。⇩助字解説 ❺馬に乗らない兵卒。雑兵(ゾウヒョウ)。❻力仕事に従事する労働者。❼囚人。❽しもべ。召使い。従者。❾門人。弟子。「門徒」❿仲間。ともがら。また、人々。衆人。⓫刑罰の一つ。→徒刑。

国❶いたずら。㋐悪いたわむれ。悪戯。わるさ。㋑みだらなこと。❷ただ。普通の。❸あだ。何の役にもたたない。むだ。むなしい。

助字解説

ただ。ただに。ただ……だけ。わずかに。〔史記、廉頗・藺相如伝〕強秦之所三以不二敢加二兵於趙一者、徒以三吾両人在一也(キョウシンのあえ(へ)てヘイをチョウにくわ(は)えざるゆえ(ゑ)んのものは、ただわがリョウニンあるをもってなり)。〈強大な秦が決して趙に出兵しないのは、ただわれわれ両人がいるという理由からだけである〉

難読 徒士(かち)・徒名(あだな)・徒野(あだしの)

解字 金文 篆文 形声。『説文(セツモン)』は辻で、辵+土㊥。音符の土は、つちの意味。道を行くとき乗物に乗らず土をふんで歩くの意味を表す。

▼逆徒・凶徒・刑徒・使徒・司徒・宗徒・酒徒・僧徒・賊徒・博徒・暴徒・門徒

【徒為(爲)】(トイ) むだな行為。むだごと。

【徒役】(トエキ) ①義務として国家の仕事に使われること。また、その人民。②使われる者。こもの。

【徒刑】(トケイ) ①五刑の一つ。労役に服させる刑罰。②国旧刑法で、重罪者を労役に服させた刑罰。

【徒行】(トコウ) =徒歩の①。

【徒死】(トシ) むだじに。何の役にもたたない死に方。

【徒△爾】(トジ) むだ。無意味。爾は、助字。

【徒手】(トシュ) すで。からて。手に何も持っていないこと。「徒手空

拳」

【徒取】トシュ（てがらや苦労もなく）ただでとる。
【徒衆】トシュウ ①衆人。ひとびと。②群衆。群集した人々。
【徒渉】トショウ 徒歩で川を渡る。かちわたり。
【徒食】トショク 働かずにぶらぶらとくらす。居ぐい。「無為徒食」
【徒△裼】トセキ ①はだぬぎ。②はだしとはだぬぎ。
【徒△跣・徒践(踐)】トセン すあし。はだし。
【徒然】トゼン ①いたずらに。あてもなく。漫然。②うそ。むなしいこと。③しかり 全くそうである。また、それだけである。④国つれづれ 何もすることがなくてたいくつなさま。
【徒善】トゼン 何の効果もあげ得ない善行。
【徒弟】トテイ ①弟子。門人。②国商家や職人に使われる見習いの少年。小僧。丁稚。
【徒党(黨)】トトウ 一緒に事をする仲間。徒属。「徒党を組む」
【徒歩】トホ ①歩いて行く。かちあるき。②身分の低い者。匹夫。③国かち 歩いて行くこと。
【徒労(勞)】トロウ むだぼねおり。役にたたないことに労力を費やすこと。

(11)8【衒】2154 △ 漢ケン 呉ゲン 〔霰〕xuàn　7442 6A4A

字義 ❶てらう。自分自身をみせびらかす。自分をひけらかす。才能などを世間に自己宣伝する。❷うる（売）。歩きながら売る。

参考 もと、行部に所属した。

解字 篆文 体 別 形声。行＋玄音。音符の玄は、眩ゲンに通じ、くらますの意味。人の目をごまかして商品を実質以上にほめて売りあるくの意味を表す。篆文の衒は会意で、行＋言。

【衒異】ゲンイ 人と異なりすぐれていることをてらい示す。
【衒△鬻】ゲンイク ①実物の価値以上にほめ上げて売る。②実力以上に自分の才能をみせびらかして売り込む。
【衒学(學)】ゲンガク 学者ぶる。自分の学識をてらう。
【衒気(氣)】ゲンキ てらい高ぶる心。自分をよく見せようとする気持ち。
【衒才】ゲンサイ 自分で自分の才能を誇りてらうこと。
【衒士】ゲンシ 自分の才能をてらい誇る男。
【衒女】ゲンジョ 器量自慢の女。
【衒売(賣)】ゲンバイ ①＝衒鬻ゲンイクの①。②自分をほめて広告する。
【衒△耀】ゲンヨウ 自分の才能や学問を誇らしげに示す。

(11)8【徙】2155 △ シ 〔紙〕xǐ　5548 5750

字義 うつる。うつす。場所を変える。移動する。また、左遷する。「転徙」

解字 甲骨文 篆文 形声。辵＋止音。音符の止は、之シに通じ、ゆくの意味。足を進めてゆく、うつるの意味を表す。

【徙△倚】イシ ①さまよう。行きつもどりつする。②だらしないさま。

(11)8【從】(2151) ジュウ 從（2150）の旧字体。→三八四ページ。　5547 574F

(11)8【術】2156 教5 ジュツ　2949 3D51

(11)8【術】2157 漢シュツ・呉ジュチ 〔質〕shù 慣ジュツ

筆順 彳 什 休 術

字義 ❶すべ。目的を達するてだて。手段。方法。「仁術」❷わざ。㋐学問・技芸。「学術」「技術」㋑しごと。事業。㋒はかりごと。「権謀術数」㋓うらない（占）。❸みち。㋐とおりみち。通路。㋑すじ道。㋒のり。おきて。法則。❹のべる。＝述。

名乗 みち・やす・やすし

参考 もと、行部に所属した。

解字 篆文 形声。行＋朮音。音符の朮ジュツは、整然と実の並ぶ「もちきび」の象形。整然とある行為を継続させていくための、みち・てだての意味を表す。

▼学術・技術・芸術・幻術・詐術・算術・仁術・仙術・戦術・秘術・美術・方術・魔術

【術学(學)】ジュツガク 技術と学問。
【術業】ジュツギョウ 学問・技芸。学業。〔唐、韓愈、師説〕術業有専攻（術業に専攻あり）。
【術計】ジュッケイ はかりごと。てだて。方法。術策。計略。
【術芸(藝)】ジュツゲイ ①技術と文芸。②経書と芸術。③歴数・卜筮ボクゼイの術。
【術語】ジュツゴ 学問上の専門語。学術語の略。
【術策】ジュッサク てだて。はかりごと。術数。術計。
【術士】ジュツシ ①儒学の術に通じた人。儒士。②方術に詳しい人。方士。③たくらみ・はかりごとにすぐれた人。策士。
【術数(數)】ジュッスウ ①＝術計。「権謀術数」②法制で国を治めるやり方。③陰陽家・占い師などの術。
【術知・術△智】ジュッチ わざと知恵。道術と才知。

(11)8【徜】2158 △ 漢ショウ（シャウ） 呉ジョウ（ジャウ） 〔陽〕cháng

字義 さまよう。たちもとおる。「徜徉ショウヨウ」

解字 形声。彳＋尚音。

(11)8【得】2159 教4 トク える・うる　トク 〔職〕dé　3832 4640

筆順 彳 彳 㝵 得

字義 ❶える。うる。↔失。㋐手に入れる。自分のものとする。「取得」「拾得」㋑むさぼる。欲張る。㋒知る。さとる（悟）。理解する。「会得」「納得」㋓足りる。㋔満足する。得意になる。「自得」㋕かなう。合う。つぼにはまる。うまくゆく。㋖親しむ。気が合う。気に入る。❷う。…できる。❸利益。もうけ。↔損。「利得」❹徳のある人。❺徳とする。ありがたく思う。恩に感ずる。

名乗 あり・え・なり・のり・やす　難読 得撫うるっぷ

参考 機会や便宜に恵まれてできるのを「得」、能力があってできるのを「能」と使い分ける。

使いわけ ①える〔得・獲〕
〔得〕手に入れる。自分のものとする。「信頼を得る」
〔獲〕狩りをして魚や鳥獣をとらえる。また、広く、つかまえる意。「うさぎを獲る」
②トク〔得・徳〕
〔得〕利益。もうけ。「損して得取れ・お買い得」
〔徳〕値打ちがある。好結果。「早起きは三文の徳・お徳用」

解字 甲骨文 金文 篆文 形声。彳＋㝵音。音符の㝵トクは、える・とるの意味。歩いて行ってとるの意味を表す。甲骨文は貝＋又の会意。貝は、「かい」の象形で、財物の意味。又は、手の象形。財物を手に入れるの意味を表す。

▼引得・会得・獲得・感得・自得・修得・拾得・習得・取得・所得・心得・生得・説得・体得・独得・納得

【得意】トクイ ①自分の心にかなうこと。望みどおりになること。↔失意。②おごりたかぶること。③心地よいこと。④国㋐上手ジョウズ。えて。㋑商売上のきまったお客。おとくい。
【得策】トクサク 得になるやりかた。有利な方法。
【得失】トクシツ ①得ることと失うこと。②得と損。利と不利。利害。「利害得失」〔晋、陶潜、五柳先生伝〕忘懐得失（得失を懐おもいに忘る）。③良いことと悪いこと。④長所と短所。⑤成功と失敗。
【得心】トクシン ①心が満たされる。②国承知する。納得する。
【得喪】トクソウ ①得ることと失うこと。②成功と失敗。
【得度】トクド 仏①迷いの世界からのがれてさとりの世界に入ること。②出家シュッケして僧・尼になること。仏の済度を得る意。
【得得】トクトク ①わざわざ。ことさらに。②得意なさま。意気のあがるさま。

(11)8
【徘】2160 標 漢ハイ 呉バイ 灰 pái, péi 5549 *5751*

字義 さまよう。たちもとおる。

解字 形声。彳＋非音。

【徘徊】（ハイカイ） さまよい歩く。ぶらぶら歩きまわる。〔荀子、礼論〕

(11)8
【徠】2161 △ 一ライ 灰 lái 二ライ 隊 lài 5550 *5752*

字義 一くる。＝来（來）。二ねぎらう。いたわる。＝勑。

解字 形声。彳＋來音。音符の來は、くるの意味。かえりくるの意味を表す。

(12)9
【街】2162 教4 ガイ・カイ まち 漢カイ・呉ケ 佳 jiē 慣ガイ 1925 *3339*

筆順 彳 彳 𢓊 往 街

字義 ❶まち。㋐まちなか。ちまた。「市街」㋑まちの大通り。❷よつまた。十字路。

参考 もと、行部に所属した。

使いわけ まち〔町・街〕⇩町（4802）。

解字 篆文 形声。行＋圭音。音符の圭は、縦横に線の模様のある玉の象形。圭の模様のようなみち・まちの意味を表す。

▼花街・市街

【街衢】（ガイク） まち。ちまた。四方・八方に通ずる道。街巷。

【街巷】（ガイコウ） まち。ちまた。街は、まっすぐで広い道、巷は、曲がった狭い道。道路。街衢。

【街市】（ガイシ） まち。ちまた。市街。街巷。

【街談巷語】（ガイダンコウゴ） 町のつまらないうわさ。世間のうわさ。街談巷説。

【街頭】（ガイトウ） 町の通り。人通りの多い通り。道ばた。街上。

【街道】（カイドウ） 大通りの道。町の広い道。往来の激しい道路。また、交通上、主要な道路。

【街陌】（ガイハク） 町のとおり。街頭。街上。

【街坊】（ガイボウ） ①まち。市街。②近所の人。

(12)9
【御】2163 常 ギョ・ゴ おん 一漢ギョ・呉ゴ 御 yù 二漢ギョ・呉ゴ 語 yù 2470 *3866*

筆順 彳 彳 𢓊 徉 御 御

字義 一❶あつかう。あやつる。特に、馬を扱う。車馬を操る。また、その方法、その人。馬丁。御者。❷すべる（統）。つかさどる。おさめる。「統御」❸もちいる。使う。❹すすめる（進・勧）。❺はべる。そばに仕える。また、その人。近侍。「侍御」❻そばめ（側女）。女官。侍女。「女御（ジョギョ・ニョウゴ）」❼のぞむ（臨）。その場へ行く。「臨御」❽女性をかわいがる。❾天子・諸侯に関することにいう敬語。「御製」「還御」 二とどめる。ふせぐ（禦）。国おん。お。み。ゴ。ギョ。敬意、または丁寧の意を表す接頭語・接尾語。「御身」・御米・御魂・御殿・御意・父御」

名乗 のり 難読 御衣・御弓・御高祖頭布・御宿・御薦・御座・御手水・御手洗・御神酒・御神・御所・御庄・御裳濯川・御食・御井・御膳・御津・御饌・御荘・御蔵島・御母・御息所・御着・御厨・御調・御殿場・御徒町・御内儀・御佩刀・御幣原・御母衣・御坊・御目見・御来屋・御廉

参考 ①現代表記では〔馭〕（8800）の書きかえに用いる。「馭者→御者」「制馭→制御」また、〔禦〕（5299）の書きかえに用いることがある。「制禦→制御」「防禦→防御」②尊敬・丁寧の意のゴは、それの付く語を漢字で書く場合は漢字書き、仮名で書く場合は仮名書きが原則。「御案内・ご結婚・ごあいさつ・ごめん」。ただし、近ごろでは「ご案内・ご結婚」のように「御」を用いない例が増加している。なお、ギョは漢字書き、オ・ミは仮名書きとする。「御製・お言葉・み仏」

解字 甲骨文 金文 篆文 形声。辵＋卩＋午音。音符の午は、きねの形をした神体の象形。卩は、ひざまずく形にかたどる。神の前にすすみ出てひざまずき、神を迎えるの意味を表す。常用漢字の御は、その変形したもの。馭に通じて、馬をあつかうの意味をも表す。

▼還御・供御・侍御・射御・出御・女御・進御・制御・遷御・統御・崩御・防御

【御衣】（ギョイ・おんぞ） 天子の衣服。貴人の衣服。

【御意】（ギョイ） 国①他人の心・気持ちの敬語。お心。おぼしめし。お考え。②他人の命令の敬語。お言いつけ。御命令。③他人のことばの敬語。

【御宇】（ギョウ） 天下を統治する。宇は、宇内（天下）。転じて、天下を統治している期間。御代。〔唐、白居易、長恨歌〕御宇多年求不得（御宇多年求むれども得ず）。

【御苑】（ギョエン） 宮中の庭園。御所の庭。

【御幸】（ギョコウ・みゆき） ①天子が外出すること。行幸。②国（ゴコウ） 上皇・法皇・女院の外出。

【御溝】（ギョコウ） 宮城のほり。また、御苑のみぞ。

【御史】（ギョシ） 官名。①周代の記録係の官。②秦・漢以後、官吏を監察し、その不正をさばき正す官。その長官は「御史大夫」、次官は「御史中丞」、役所は「御史台」（日本では、弾正台）。

【御璽】（ギョジ） 天子の印。

【御者】（ギョシャ） ①馭者。馬または車馬を扱う人。②ともびと。侍者。③当直の下役人。

【御所】（ギョショ） ①天子の居所。②国（ゴショ） ㋐天子・上皇などの居所。㋑天皇。㋒後世、将軍・大臣などの敬称。また、そのすまいをいう。

【御諚】（ゴジョウ） 国天子・貴人・長者の命令。

【御製】（ギョセイ） 天子が製作すること。また、天子の作った詩文・楽曲。

【御前】（ギョゼン） ①天子の前。②（まえ(へ)に）天子・貴人の前にはべること。③国（ゴゼン） ㋐天子や貴人の前。㋑貴人の敬称。㋒貴婦人または女性の敬称。ごぜ。「母御前」㋓婦人の名の下に付ける敬称。「静御前」④国（おまえ(へ)・おんまえ(へ)） ㋐第二人称の代名詞。㋑敬称に用いる第三人称の代名詞。⑤国（おんまえ(へ)・みまえ(へ)） まえの敬称。

【御題】（ギョダイ） ①天子の直筆の題字。②天子の出す詩歌・文章の題。

【御中】（おんチュウ） 国手紙に用いる脇付の語。受信者が大勢の場合、または、役所・会社などの場合、宛名にそえて記す。

【御批】（ギョヒ） ①天子が書類を決裁すること。また、その書類。②天子の批評。

【御悩（惱）】（ゴノウ） 国天子など高貴な人の病気。

【御筆】（ギョヒツ） 天子がみずから書いた書画。宸筆。

【御府】（ギョフ） 天子の倉。御物を入れる倉。

【御物】（ギョブツ・ギョモツ） 天子の用いる品物。

【御覧（覽）】（ギョラン） ①天子が見ること。②書名。『太平御覧』の略。→三六三ページ。③国（ゴラン） 見るの敬語。

【御稜威】（みいつ・みいず） 国神・天子の威光。

(12)9
【徨】2164 △ 漢コウ（クヮウ） 呉オウ（ワウ） 陽 huáng 5551 *5753*

字義 ❶さまよう。たちもとおる。＝偟。「彷徨」❷ゆく。むかう。❸徨徨は、驚くさま。

解字 形声。彳＋皇音。音符の皇は、往に通じ、大いに行くの意味。彳を付し、ゆくの意味を表す。

(12)9
【循】2165 常 ジュン 漢シュン 呉ジュン 真 xún 2959 *3D5B*

筆順 彳 𢓊 循 循

【字義】❶したがう。㋐あとについて行く。㋑なつく。服従する。㋒よりそう。頼りとする。㋓そう(沿)。そって行く。㋔踏襲する。まなぶ。❷めぐる(巡)。まわる。「循環」❸なでる。㋐さする。㋑なぐさめる。❹ためらう。ぐずぐずする。「因循」

名乗 みつ・ゆき・よし

解字 甲骨文 篆文 形声。彳+盾㊀。音符の盾ジュは馴ジュンに通じ、したがうの意味。したがい行くの意味を表す。

▼因循

【循環】ジュンカン ①中央に丸いあなのある玉。たまき。②転じて、めぐりめぐってもとにかえること。〔史記、高祖本紀賛〕三王之道サンノウのみちは、若二循環一ジュンカンのごとく、終而復始おわ(は)りてまたはじまる。③同じ道をぐるぐるまわること。

【循行】ジュンコウ ①めぐり歩く。②命令に従って行う。

【循循】ジュンジュン 順序の整っているさま。整然。

【循吏】ジュンリ 法律をよく守り政治につとめる善良忠実な役人。

【循良】ジュンリョウ 法を守って善良なこと。また、その人。

(12)9【復】2166 教5 フク

㊀㋕フク・㊇ブク 屋 fù
㊁㋕フ・㊇ブ 宥 fù
慣フク

4192
497C

筆順 彳 … 復

字義 ㊀❶かえる(かへる)。もどる。また、かえす(かへす)。もどす。❷つぐなう。補う。❸報いる。「報復」❹申す。申し上げる。㋐告げる。報告する。㋑答える。❺くりかえす。再びする。「反復」「復習」❻重なる。また、重ねる。❼免除する。夫役フヤク・租税などを免除すること。❽たまよばい(魂呼)。人の死の直後、高い所に登り、死者の名を呼び、その魂を招くこと。❾易の六十四卦カの一つ。☷☳震下坤上シンカコンショウ。機運の循環するかたち。❿ふむ。実行する。〔論語、学而〕言可レ復也ゲンふむべきなり。
㊁❶助字。また。⇨助字解説 ❷ふたたびする(ふたたびす)。重ねる。二度行う。

助字解説

また。㋐ふたたび。かさねて。〔唐、王維、鹿柴詩〕返景入二深林一ヘンケイシンリンにいり、復照二青苔上一またセイタイのうえ(へ)をてらす〈夕日が深林の中にさしこみ、ふたたび青いこけの上を照らしている〉㋑強意。いったい。〔文選、陶潜、帰去来辞〕寓二形宇内一復幾時ケイをウダイにグウするこそ、またいくときぞ〈肉体をこの世にとどめるのは、いったいどれほどの時間だろうか〉

名乗 あつし・さかえ・しげる・なお

解字 甲骨文 金文 篆文 形声。彳+夏(复)㊀。甲骨文は、畐省+夂の会意文字。畐は、ふっくらした酒つぼの象形。ひっくりかえった酒つぼをもとにもどすの意味。夂は、きびすを返すさまにかたどる。もとの道をかえるの意味を表す。転じて、ふたたびの意味をも表す。のち、彳を付す。

▼往復・回復・敬復・克復・修復・拝復・報復・本復

【復位】フクイ もとの地位・位置にかえる。

【復活】フッカツ ①生きかえる。よみがえる。蘇生ソセイ。②国すたれたものが再びさかんになること。③国キリスト教などで、一度死んだ人が再び生きかえるとする信仰。

【復帰(歸)】フッキ もとの地位や場所にもどること。

【復元】フクゲン もとにかえること。もとの位置・状態にもどすこと。◇「復原」も同意。新聞などで「復元」に統一されて以来、「復元」が一般的。

【復古】フッコ 昔にかえる。また、かえす。昔の体制にかえす。過去の思想や伝統などに根拠を求めること。〔公羊、昭公五〕

【復興】フッコウ もとのようにおこる。また、おこす。(一度おとろえたものを)再びさかんにする。

【復刻】フッコク 国出版物をもとの体裁で、もう一度出版する。覆刻。「復刻版」◇本来の表記は「覆刻」。新聞などで「復刻」に統一して以来、「復刻」が一般的。

【復△讎・復△讐】フクシュウ かたきをうつこと。あだうち。仕返し。復仇フッキュウ。

【復除】フクジョ 夫役ブヤクや租税を免除すること。

【復△誦】フクショウ 国復唱。①くりかえしてよむこと。②命令された語を、すぐ命令者の前でくり返して言うこと。

【復飾】フクショク 仏僧が髪をのばして俗人にかえること。還俗ゲンゾク。↔落飾。

【復職】フクショク もとの職にかえること。

【復性】フクセイ 欲心を除き去って生まれながらの善性にたちかえること。復初ともいう。

【復道】フクドウ 二階造りの廊下。上下に道があるからいう。

【復文】フクブン 国かなまじりに書きくだした漢文を再びもとの形になおすこと。

【復△辟】フクヘキ 退位した天子が再び位につく、また、つけること。

【復命】フクメイ ①命ぜられてしたことの結果を命令者に報告すること。また、その報告。②生まれつきの本性にたちかえること。命は、天から与えられた本性。

【復礼(禮)】フクレイ 礼にかえる。礼により従う。一説に、礼をふみ行う。復は、履(ふむ)。〔論語、顔淵〕⇩克レ己復レ礼おのれにかちてレイにかえ(へ)る(三四〇ぺ)。

(12)9【徧】2167 △ヘン 霰 biàn

字義 ❶あまねし。広く行き渡っている。❷あまねく。広く。残らず。

解字 篆文 形声。彳+扁㊀。音符の扁ヘンは、ひらたいの意味。ひらたくゆきわたるの意味を表す。

【徧歴(歷)】ヘンレキ あまねく回って歩く。周遊。遍歴。

7443
6A4B

(13)10【衙】2168 標 ㊀㋕ガ・㊇ゲ 麻 yá ㊁㋕ギョ・㊇ゴ 魚 yú

字義 ㊀❶役所。つかさ。官府。「官衙」❷唐代、天子のいる所。❸天子の護衛兵。❹まいる。役所に出勤する。また、参内する。㊁衙衙は、行くさま。また、疎遠なさま。

参考 もと、行部に所属した。

解字 篆文 形声。行+吾㊀。音符の吾ゴは、御に通じ、守り防ぐの意味。護衛兵が行き来して守る所、役所の意味を表す。

【衙参(參)】ガサン 朝夕、官吏が朝廷に参集すること。

【衙内】ガナイ・ガダイ ①宮城の囲いの中。②役所の中。③唐代の宮中を守る兵。④貴族の子弟。唐末から宋初ソウショに至るまで、貴族の子弟を地方官の護衛の官に任じたのでいう。

【衙兵】ガヘイ 宮城を守る軍隊。禁兵。禁軍。

【衙門】ガモン ①兵営の役所の門。②役所。官庁。

(13)10【徯】2169 △㋕ケイ・㊇ゲイ 薺・霽 xī (xì)

字義 ❶こみち。よこみち。=蹊ケイ。❷まつ(待)。

解字 篆文 形声。彳+奚㊀。音符の奚ケイは、ひもでつなぐの意味。細いひもをつなげたような細道の意味を表す。

(13)10【微】2170 常 ビ

(13)10【微】2171 ㋕ビ・㊇ミ 微 wēi (wéi)

4089
4879

筆順 彳 … 微

字義 ❶かすか。ほのか。㋐うす暗くてはっきり見えないさま。㋑こまか。小さい。「細微」㋒少ない。少し。わずか。また、欠けている。❷おとろえる。おちぶれる。「式微」❸いやしい(卑)。身分が低い。「微賤ビセン」❹ひそかに。こっそり。目立たないように。それとなく。❺たえ(妙)。すぐれている。奥深い。❻あらず(非)。ない。❼なかりせば。なかったならば。〔論語、憲問〕微二管仲一カンチュウなかりせば、吾其被髪左衽矣われそれヒハツサジンせん。❽病気の名。足にできるお

でき。⑨小数の単位。一の百万分の一。忽の十分の一。⑩自分のことをへり下って言うときにつかう語。「わずか」「とるに足らぬ」の意。「微力」「微志」

名乗 よし　難読 微温湯（ぬるまゆ）・微笑（ほほえみ）・微睡（まどろむ）・微風（そよかぜ）

解字 篆文 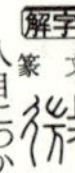 形声。彳＋散（音）。音符の散は、微の原字で、攴＋耑の変形。耑は、先端の意味。彳を付し、人目につかずに行くの意味を表したが、一般に、かすかの意味を表す。微を音符に含む形声文字に、徽・黴などがある。

▼隠微・幾微・機微・顕微・細微・式微・衰微・精微

【微意】ビイ ①わずかな心づかい。②自分の心づかいの謙称。③奥深い心。
【微雨】ビウ こさめ。こぬか雨。細雨。
【微温】ビオン なまあたたかい。なまぬるい。
【微瑕】ビカ ①少しのきず。②わずかな欠点。
【微官】ビカン ①下級の官吏。②官吏の謙称。
【微諫】ビカン それとなくいさめる。おだやかにいさめる。
【微躬】ビキュウ 身分の低い者。自分の謙称。躬は、身。
【微吟】ビギン 小声で歌う。くちずさむ。
【微軀】ビク ＝微躬。軀は、身。
【微醺】ビクン 酒に少し酔うこと。ほろ酔い。醺は、よう・よい。「微酔。
【微言】ビゲン ①意味の深いことば。奥深い意味のある、すぐれたことば。②ひそかに言う。③それとなしに（ぼかして）言う。また、なぞをかける。あてこする。
【微行】ビコウ ①しのびあるき。尊貴の人が人に知られぬように出歩くこと。②こみち。③わずかな行い。ちょっとした行為。④わずかなことば。
【微細】ビサイ ①こまか。きわめて小さいこと。微小。②こまかでくだくだしい。③身分がいやしいこと。
【微子】ビシ 殷の紂王の庶兄。名は啓。紂の暴虐をいさめて聞き入れられず、ついに国を去り、殷の滅亡後、殷のあとを継ぐ者として、宋に封ぜられた。
【微志】ビシ ①小さな志。また、＝微意の①。②自分の意志の謙称。
【微時】ビジ 身分の低かった時。貧しかった時。
【微辞（辭）】ビジ ①あらわに言わないで、ほのめかして言うことば。②わずかなことば。③意味の深いすぐれたことば。
【微弱】ビジャク ①よわい。かすか。②小さくて弱い。③おとろえて弱い。
【微臣】ビシン ①身分の低い臣。②臣下の謙称。
【微塵】ビジン・ミジン ①きわめて小さいちり。②きわめて小さい（こまかい・わずかな）こと。
【微賤】ビセン 身分が低い。また、その人。
【微衷】ビチュウ わずかなまごころ。自分のまごころの謙称。
【微動】ビドウ ①かすかに動く。②ほんのわずかな動揺。
【微眇】ビビョウ ①かすかで小さい。微妙。②身分が低い。とるに足りない。
【微風】ビフウ 弱く、かすかに吹く風。そよかぜ。〔唐、高駢、山亭夏日詩〕水精簾動微風起（スイショウのレンうごきてビフウおこる）。訳文⇩水精の②（六二一ページ）。
【微服】ビフク 人目につかない服装。身分の高い者が低い者の服装をすることなど。
【微茫】ビボウ はっきりしないさま。かすかでぼんやりしているさま。
【微妙】ビミョウ ①すぐれていること。高尚で深遠なこと。②なんとも言い表しがたい細かい趣。デリケート。〔孫子、用間〕
【微恙】ビヨウ すこしの病気。軽いやまい。
【微力】ビリョク わずかな力。とぼしい努力。また、わずかなほねおり。自分の能力の謙称。
【微禄】ビロク ①わずかな給料。②国落ちぶれること。零落。
【莫レ顕（顯）二乎微一】（かすかなるよりあきらかなるはなし）→莫レ見二乎隠一（かくれたるよりあらわるるはなし）（一一六八ページ）。

(13)10 【徭】2172 △ ヨウ（エウ）蕭 yáo　5552 *5754*

【傜】同字　字義 えだち。夫役。義務として公の土木工事などに使われること。＝繇。

解字 形声。彳＋䍃（音）。音符の䍃は、正しくは、䍃で、神に肉をそなえ、うたうさまを表す。公用のために行く人の意味を表す。

【徭役】ヨウエキ 公用のために義務として使役されること。
【徭戍】ヨウジュ 辺境を守る兵卒。

(14)11 【徴】2173 常 チョウ
(15)12 【徵】2174 人許 一チョウ 蒸 zhēng 二チ 紙 zhǐ　3607 *4427*

筆順 徵

字義 一❶めす（召）。官の用で呼び出す。お召し。「徴兵」「徴用」❷もとめる。取り立てる。「追徴」❸しるし。㋐あかし。証拠。証明。また、あかしをたてる。証明する。手がかりを見つける。㋑めじるし。「特徴」㋒ききめ。㋓きざし（兆）。また、きざす。「徴候」❹あらわれる。また、あらわす。明らかにする。❺こらす（懲）。こらしめる。二五音（宮・商・角・徴・羽）の一つ。→五音（四六ページ）。

名乗 あき・あきら・きよ・きよし・すみ・よし

解字 篆文  形声。彳＋壬＋攴＋屮（音）。壬は、他よりもすぐれた人の意味。音符の屮は、登に通じ、登用するの意味。すぐれた人材をめしあげるの意味を表す。また、とりあげるに値する証拠、しるしの意味をも表す。徴を音符に含む形声文字に、懲・瀓などがある。

▼吉徴・象徴・追徴・特徴・表徴・明徴

【徴君】チョウクン 徴士の美称。
【徴験（驗）】チョウケン ①ききめ。効験。②しるし。証拠。
【徴候】チョウコウ ①しるし。きざし。兆候。②ききめ。効験。
【徴士】チョウシ 天子の命によって召し出されても仕えない、学徳のある人をいう。
【徴収（收）】チョウシュウ 税金などを取りたてること。
【徴集】チョウシュウ ①人をつのり集める。②物品をとりたてる。
【徴召・徴招】チョウショウ 召し出す。呼び出す。
【徴逐】チョウチク 招いたり招かれたりして往来すること。親しくして行き来すること。
【徴発（發）】チョウハツ 人夫や兵士、また軍需品を、民間からかり集めること。
【徴兵】チョウヘイ ①諸方にいる兵士を召しよせる。②兵士をかり集める。③国家が法律によって、国民を義務として兵役に服させること。
【徴聘】チョウヘイ 天子が礼をもって招くこと。
【徴辟】チョウヘキ 天子からの召し出し。辟も、召す。
【徴募】チョウボ 召しつのる。召し集める。
【徴命】チョウメイ 天子などの呼び出しの命令。呼び出し。
【徴用】チョウヨウ ①召し出して用いる。任用する。②国国家が権力で国民を呼びだし、国家が必要とする職務につかせること。
【徴庸】チョウヨウ ＝徴用の①。

(14)11 【徳】2175 教5 トク
(15)12 【德】2176 人許 トク 職 dé　3833 *4641*

筆順 徳

【悳】本字 5560 *575C*

字義 ❶品性として先天的または後天的に身に得ているもの。特に、その中の正しくよいもの。「人徳」❷品性を向上させるために人の修得すべきもの。道徳。「徳育」❸そのものに備わっている特性。本性。❹徳を積んだ人。君子。賢者。「大徳」❺めぐみ。恩恵。また、幸い。〔論語、憲問〕何以報レ徳（なにをもってトクにむくいん）。❻トクせしむ。めぐむ。恩恵を与える。〔史記、項羽本紀〕吾為レ若徳（われなんじ（ち）のためにトクせしめん）。❼トクとする（トクとす）。ありがたく思う。恩に感ずる。❽行為。働き。能力。作用。ききめ。❾教え。教化。感化。❿

よい。りっぱ。ありがたい。長所。「徳音」「徳政」 ⓫利益。富。＝得。「早起きは三文の徳」「徳用」 ⓬国名。徳意志（ドイツ）の略。「徳国〔ドイツ〕」

名乗 あきら・あつ・あつし・あり・いさお・え・かつ・さと・ただし・とこ・とみ・なり・なる・のぼる・のり・めぐむ・やす・よし

難読 徳久（とくさ）・徳富（とくとみ）・徳本（とくごう）

使いわけ トク〔得・徳〕⇩得（2159）。

解字 金文 篆文 形声。もと、彳＋悳（トク）㊀。音符の悳は、まっすぐな心の意味。彳は、行くの意味。まっすぐな心で人生を歩むの意味を表す。

▼悪徳・逸徳・偉徳・威徳・遺徳・陰徳・恩徳・学徳・寡徳・刑徳・公徳・功徳・厚徳・高徳・至徳・修徳・淑徳・女徳・人徳・仁徳・崇徳・成徳・盛徳・聖徳・積徳・大徳・達徳・道徳・敗徳・背徳・美徳・福徳・不徳・婦徳・武徳・文徳・報徳・民徳・明徳・有徳・陽徳・累徳・令徳

【徳育】（トクイク） 国徳義心の養成を特に重視する教育。↕知育・体育。

【徳音】（トクイン・トクオン） ①よいことば。りっぱなことば。②天子のことば。③天子の徳。④よい評判。徳声。令聞。⑤道徳と音楽。⑥徳のあらわれた音楽。⑦手紙用語で、「おたより」の意。

【徳化】（トクカ・トッカ） 徳をもって教化すること。徳による教化。

【徳器】（トクキ・トッキ） 徳行と才能。また、りっぱな人格。

【徳義】（トクギ） 人が実行すべき道。道徳上の義務。道義。

【徳教】（トクキョウ・トッキョウ） 道徳によって人を善道に導く教え。

【徳恵(惠)】（トクケイ・トッケイ） めぐみ。いつくしみ。

【徳△慧】（トクケイ・トッケイ） ①徳行と知恵。②徳性のすぐれていること。すぐれた徳性。

【徳行】（トクコウ・トッコウ） ①道徳にかなったりっぱな行い。②徳と行い。品性と行為。

【徳声(聲)】（トクセイ） 徳が高いという評判。よい評判。

【徳性】（トクセイ） ①（人間が生まれながらにもっている）りっぱな本性。②道徳にかなった性質。道徳を守ろうとする心。

【徳政】（トクセイ） ①めぐみ深い政治。善政。徳治。②国㋐昔、窮民を救うため、政府から貸し付けたものの返済を免除すること。㋑室町時代、幕府の財政を救うため、法令を出して、ある期間中の幕府の借り入れ、人民相互間の貸借のすべてを無効にしたこと。

【徳星】（トクセイ） ①めでたいしるしの星。景星。②木星。歳星。

【徳川光△圀】（とくがわ（は）みつくに） 国江戸前期の水戸藩主。字（あざな）は子竜。号は日新斎・梅里など。水戸黄門・西山公と称せられる。朱子学に傾倒し、明の亡命儒者、朱舜水（シュシュンスイ）に学び、彰考館を江戸小石川の藩邸に設け、学者を招いて『大日本史』の編集を行い、後世の水戸学の基礎を築いた。（一六二八—一七〇〇）

【徳操】（トクソウ） ①不変の節操。堅固なみさお。②りっぱなみさお。道徳にかなった行為。

【徳沢(澤)】（トクタク） めぐみ。おかげ。恩沢。恩徳。恩恵。

【徳治】（トクチ） ＝徳政の①。↕法治。

【徳風】（トクフウ） 徳をいう。徳が人を感化すること、風が草をなびかせるのに似ているからいう。転じて、徳による感化。

【徳望】（トクボウ） 徳が高く、人望のあること。

【徳目】（トクモク） 個々の道徳の名。仁・義・勇など。

【徳潤レ身】（トクはみをうるお(ほ)す） 徳があれば、それが自然に外に表れて、身をうるおしりっぱにする。〔大学〕⇩富潤レ屋（とみはオクをうるお(ほ)す）（三〇九ページ）。

【徳不レ孤必有レ隣】（トクはコならずかならずとなりあり） 徳のある人は孤立することなく、かならずその徳に感化されて共鳴者が出てくるものである。〔論語、里仁〕

【以レ徳報レ△怨】（トクをもってうらみにむくゆ） うらみのある者に、逆に恩恵をほどこす。うらみをめぐみで返す。〔論語、憲問〕

【以レ徳報レ徳】（トクをもってトクにむくゆ） →以レ直報レ怨（七六三ページ）。

【銜】→金部 一一三一ページ。

(15)12
【衚】2177 △

㊀コ ㊁ゴ 虞 hú

字義 衚衕（コドウ・フートン）は、路地。横町（よこチョウ）・小路（こうじ）の意。胡同（コドウ）。＝胡。

参考 もと、行部に所属した。

解字 形声。行＋胡㊀。行は、人の行く道の象形。音符の胡（コ）は、蒙古（モウコ）語の路地の意味を漢字音に訳したもの。路地・横町の意味を表す。

(15)12
【衝】2178 常 ショウ

一 ㊀ショウ ㊁シュウ 冬 chōng, ③chòng
二 ㊀ショウ・㊁シュウ 宋

3055
3E57

筆順 彳 㣔 徸 衝

字義 一 ❶つく（突）。当たる。つきあたる。「衝突」 ❷うごく（動）。また、動かす。「衝動」 ❸むかう。 ❹みち。大通り。また、交通の中心。 ❺戦車。「衝車」 二 かなめ。要処。「要衝」

名乗 つぎ・みち

参考 もと、行部に所属した。

解字 篆文 形声。行＋重（童）㊀。音符の童は、ドンという音を表す擬声語。路上でドンとつきあたるの意味を表す。

▼緩衝・折衝・要衝

【衝撃(擊)】（ショウゲキ） ①つき当たってはげしくうつ。突然の激しい打撃。②国心に激動を感ずること。ショック。

【衝車】（ショウシャ） 戦車の名。敵に突きあたる戦車。

【衝然】（ショウゼン） 高くつき立ったさま。

【衝天】（ショウテン） 天をつく。勢いのさかんな形容。「意気衝天」

【衝動】（ショウドウ） ①つき動かす。②理性的に考えないで、感情のおもむくままに、突然行動に移ろうとすること。

【衝突】（ショウトツ） ①つきあたる。②あらそい。けんか。意見や立場などが相反して、たがいに争うこと。

【衝風】（ショウフウ） つむじ風。また、はやて。暴風。

【衝要】（ショウヨウ） 重要な所。要衝。

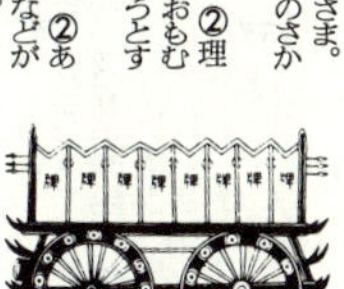
〔衝車〕

(15)12
【徵】(2174)

チョウ　徴（2173）の旧字体。→三六九ページ。

(15)12
【徹】2179 常 テツ

㊀テツ・㊁デチ 屑 chè

3716
4530

筆順 彳 彳 徜 徹 徹

字義 ❶とおる（通）。また、とおす。突き通す。「貫徹」「徹底」 ❷とどく。達する。とどける。 ❸あきらか。「明徹」 ❹のぞく（除）。取り去る。はぎ取る。また、捨てる。 ❺こわす。こぼつ。 ❻つらねる（列）。つらなる。 ❼夜を明かす。 ❽周代の税法。徹法。井田法。

名乗 あきら・いたる・おさむ・とお・ひとし・みち・ゆき

解字 甲骨文 篆文 会意。甲骨文は、鬲＋又。鬲は、かなえの象形。又（手）を付し、食後のあとかたづけをするの意味を表す。常用漢字の徹は、彳＋育＋攴の会意文字。育は鬲の変形、攴は又の変形。一般に、事が最後のかたづけにまで行く、とおす・とどくの意味を表すよう

になり、亻を付した。

▼一徹・感徹・貫徹・清徹・透徹・洞徹・冷徹

【徹侯】諸侯。列侯。通侯。秦代、列侯の称。

【徹宵】夜どおし起きている。夜あかし。徹夜。

【徹底】①底まで貫きとおる。②余す所なく行きとどく。③心がくまなく開ける。大いにさとる。④奥義に達する。

【徹頭徹尾】初めから終わりまで。①一から十まで。残らず。〔宋、程子、中庸解〕②少しも。決して。

【徹兵】派遣した軍隊を引きあげること。撤兵。

【徹法】周代の税法。一里四方の田地を百畝ずつに九等分し、八農家に百畝ずつ与えて私田とし、残りの百畝を公田とする。公田のうち、二十畝を宅地とし、八十畝を八家で共同耕作して、その収穫を租税として政府に納めさせた。井田法。

【徹夜】＝徹宵。

(15)12【德】(2176)　トク　徳（2175）の旧字体。→三八九ページ。　1750 3152

(16)13【衛】2180　教5　エイ

(16)13【衞】2181　人許　漢エイ（ヱイ）　呉エ（ヱ）　wèi　7444 6A4C

筆順　亻 仁 彳 徫 衛

字義　❶まもる。ふせぐ。「護衛」「防衛」❷まもり。守ること。また、守る人。❸いとなむ（営）。❹国の果て。辺境。❺明代、要所にもうけた軍営。❻周代の国名。武王の弟、康叔が封ぜられた所。今の河北・河南の両省にまたがる。秦の二世のとき滅びた。

参考　もと、行部に所属した。　名乗　ひろ・もり・よし

解字　甲骨文　金文　篆文　形声。行＋韋音。音符の韋は、ある場所の上下に足をおく形にかたどり、宮室などの周囲をめぐりあるくの意味から、まもるの意味を表す。

▼禁衛・近衛・警衛・護衛・侍衛・自衛・親衛・直衛・兵衛・防衛

【衛尉】①天子の護衛に当たる官。②国平安時代、左衛門・右衛門の尉をいう。

【衛瓘】晋代の政治家・書家。字は伯玉。草書にすぐれていた。（二二〇―二九一）

【衛士】①宮中を護衛する兵士。②国昔、諸国から召されて衛門府に属し、一年交代で宮中を守った兵士。

【衛戍】軍隊が長い間ある地域にとどまって警備すること。

【衛生】生命を守り全うする。からだの健康を保ち、病気の予防・治癒をはかること。〔荘子、庚桑楚〕

【衛青】前漢の武将。字は仲卿。武帝のとき、霍去病とともに七回にわたって匈奴を討ち、大将軍に任ぜられ、長平侯に封ぜられた。（?―前一〇六）

【衛星】天文学用語。惑星の周囲を回転しながら、その惑星とともに太陽のまわりを回転する星。地球の衛星は月。

【衛府】昔、宮中の警備を担当した役所。左右の近衛府・衛門府・兵衛府の六府。

【衛兵】①宮城を護衛する兵。②警備の番兵。

(16)13【徼】2182　△　㊀キョウ（ケウ）　jiāo　㊁キョウ（ケウ）　jiào　5553 5755

字義　㊀❶めぐる。見まわる。❷もとめる。❸うかがう。❹さえぎる。㊁❶めぐる。❷みまわりの兵。❸みち。こみち。❹国境。特に、中国西南の異民族の地に接する国境。また、そのとりで。

解字　篆文　形声。彳＋敫音。音符の敫は、白い光が流れていくさま。光が流れていく、めぐるの意味を表す。

【徼外】とりでの外。国境の外。特に、南方国境外の未開の地。

【徼幸・徼倖】まぐれあたりの幸福を求めること。また、まぐれあたりの幸福。僥倖。

【徼巡・徼循】見回る。巡回する。

(16)13【衡】2183　常　コウ　漢コウ（カウ）　呉ギョウ（ギャウ）　heng　hēng　2553 3955

筆順　亻 徉 徫 衡 衡

字義　❶はかり。また、はかり竿。「度量衡」❷はかる。物の重さをはかる。❸平らか。つり合いがとれている。「平衡」「均衡」❹横。また、横ざま。「合従連衡」❺よこぎ。㋐くびき。馬車の横木。㋑つのぎ。牛の角が人を傷つけないように角に結びつけた横木。㋒屋根の上の横木。また、冠木門。㋓車の前の横木。❻てすり。❼渾天儀（天体観測器）の心棒。❽こうがい。冠を止めるもの。❾北斗七星の第五星。

〔衡①〕

名乗　ちか・ひで・ひとし・ひら・ひろ・まもる

参考　①もと、行部に所属した。②現代表記では［考］（6074）に書きかえることがある。「銓衡→選考」

解字　金文　篆文　形声。角＋大＋行音。角は、つのの意味。大は、牛の体の象形。音符の行は、十字路の象形。牛の角から角へ横になるようにわたした木、つのぎの意味を表す。転じて、てんびんばかりの意味にも用いる。

▼玉衡・均衡・権衡・平衡・連衡

【衡宇】木を横たえた軒。転じて、粗末な家。一説に、冠木門と家。また、家の門や屋根。〔文選、陶潜、帰去来辞〕乃瞻衡宇（すなわち衡宇をみて）、載欣載奔（すなわちよろこび、すなわちはしる）。

【衡漢】北斗七星と、天の川。→字義の❾。

【衡鑑】はかりと、かがみ。この二つは、物の軽重・美醜を明らかにするところから、転じて、物の是非をわきまえ区別するもの。

【衡鈞】平らでひとしい。公平を保つ政治をいう。

【衡権（權）】はかりのさおと、おもり。

【衡行】横に行く。転じて、気ままに行うこと。横行。

【衡巷】ちまた。民間をいう。

【衡山】①五岳（泰山・華山・衡山・恒山・嵩山）の一つ。湖南省衡陽市の北、衡山県の西にある。南岳ともいう。主峰の祝融峰は一二九〇メートル。②湖南省の県名。

【衡軸】衡は衡星、軸は車輪の心棒。転じて、枢要な官職。

【衡人】戦国時代、連衡説（秦の東方の六国を連合させ、秦に仕えさせようとした政策）を唱えた張儀などの一派。

【衡石】はかり。衡は、はかりのさお、石は、百二十斤。

【衡度】はかりと、ものさし。

【衡平】平均。また、平均する。

【衡茅】冠木門とかやぶきの家。粗末な住居。また、隠者の住宅。

【衡門】①二本の柱の上に木を横たえて造った門。冠木門。粗末な門。転じて、隠者の家。②宮殿の前に立って天子を守る人。

【衡陽】衡山の南。また、その地方。

【衡廬】衡山と廬山（三六四ページ）。

【持衡】物の重さをはかるとき、はかりを平らに保つこと。転じて、平衡を保つこと。

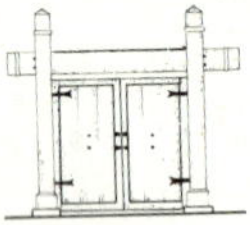

〔衡門〕

【鴴】→鳥部 一三五二ページ。

【鵆】→鳥部 一三五三ページ。

【徽】→糸部 八六ページ。

【黴】→黒部 一三七〇ページ。

(24)21 【衢】 2184 △ 漢ク 呉グ 國 qú 7445 6A4D

字義 ❶ちまた。四方に通ずる大通り。また、道。道路。「康衢」 ❷えだ。別れ道。

参考 もと、行部に所属した。

解字 篆文  形声。行＋瞿音。音符の瞿クは、鳥が目をきょろきょろさせるの意味。にぎやかで目をきょろきょろさせる大通りの意味を表す。

【衢巷】クコウ ちまた。街巷。

【衢地】クチ 四通八達の地。四方八方から道が集まってきている所。

【衢道】クドウ 分かれ道。四方に通ずる道。岐路。

4 心(⺗)部

〔部首解説〕 〔心〕こころ。〔⺗〕したごころ。〔忄〕りっしんべん（立心偏）。もと、心・⺗・忄は、同一部首に含まれていたが、形・画数とも異なる忄を分離して、心部のあとに忄部を設けた。心を意符として、感情・意志などの心の動きに関する文字ができている。

心 三九二　1 必 三九三　3 応 三九三　忌 三九四　志 三九四
忒 三九四　忍 三九四　忘 三九五　4 忽 三九五　忠 三九五
忝 三九六　念 三九六　忞 三九六　忿 三九六　5 怨 三九六
急 三九六　思 三九七　怎 三九七　怱 三九七　怠 三九七
怒 三九七　6 恚 三九八　恩 三九八　恭 三九八　恐 三九八
恵 三九九　恣 三九九　恧 三九九　恕 三九九　恁 三九九
息 三九九　恥 三九九　恙 四〇〇　恋 四〇〇　恷 四〇〇
7 悪 四〇〇　患 四〇一　悉 四〇一　悤 四〇一　您 四〇一
悠 四〇一　8 惡 四〇一　惎 四〇一　惠 四〇一　惣 四〇一
惄 四〇一　悳 四〇一　悲 四〇一　悶 四〇三　惑 四〇三
愗 四〇三　9 愛 四〇三　意 四〇三　感 四〇三　愚 四〇四
愆 四〇四　慈 四〇四　惹 四〇五　愁 四〇五　惷 四〇五
想 四〇五　愍 四〇五　愈 四〇五　愈 四〇五　10 慇 四〇五
愨 四〇六　愿 四〇六　慁 四〇六　慈 四〇六　愬 四〇六
態 四〇六　慕 四〇六　慂 四〇六　11 慰 四〇六　慶 四〇六
慧 四〇六　憇 四〇七　慙 四〇七　慫 四〇七　慼 四〇七
憃 四〇七　慝 四〇七　慕 四〇七　憂 四〇七　慾 四〇七
慮 四〇七　12 憨 四〇七　憙 四〇七　憖 四〇八　憩 四〇八
憲 四〇八　憝 四〇八　憊 四〇八　憑 四〇八　13 應 四〇八
懃 四〇八　懇 四〇八　懋 四〇八　14 懕 四〇八　懲 四〇九
懟 四〇九　懣 四〇九　15 懲 四〇九　16 懸 四〇九　18 懿 四〇九
19 戀 四〇九　24 戇 四〇九

(4)0 【心】 2185 教2 シン こころ 心地ここち シン 漢 xīn 3120 3F34

筆順 

字義 ❶こころ。㋐精神。知情意の本体。考え。気持ち。「小心」「愛国心」 ㋑意味。 ㋒おもむき。 ❷心臓。また、胸。 ❸シン。㋐まんなか。中央。「遠心力」「天心」 ㋑中心に入っている物。芯シン。 ㋒物事の重要な部分。「核心」 ❹星座の名。なかご。さそり座の中にある。二十八宿の一つ。

名乗 きよ・ご・ごり・さね・なか・み・むね・もと 難読 心算つもり・心太ところてん・心天ところてん

参考 現代表記では〔腎〕(3224)の書きかえに用いることがある。「肝腎→肝心」

解字 金文  篆文  象形。心臓の象形で、こころの意味を表す。心を音符に含む形声文字に、芯シなどがある。

▼安心・異心・違心・一心・会心・回心・戒心・改心・外心・害心・核心・河心・花心・寒心・感心・歓心・甘心・肝心・関心・帰心・義心・客心・逆心・協心・虚心・苦心・決心・恒心・江心・湖心・細心・私心・弐心・執心・失心・獣心・重心・宿心・春心・傷心・小心・従心・焦心・初心・信心・人心・尽心・寸心・成心・聖心・石心・赤心・専心・洗心・潜心・争心・俗心・素心・存心・丹心・池心・中心・忠心・衷心・天心・点心・伝心・同心・童心・道心・得心・内心・二心・熱心・氷心・病心・腹心・腐心・仏心・変心・放心・芳心・本心・慢心・無心・銘心・野心・有心・用心・乱心・離心・両心・良心・労心

【心意】シンイ こころ。思い。意志。精神。

【心猿】シンエン 欲望のおさえ難く心の乱れ騒ぐことを、猿の落ち着きなく騒ぐのにたとえて言った語。〔伝習録、上〕初学時ショガクのとき、心猿意馬シンエンイバ、拴縛不レ定センバクさだまらず。

【心画(畫)】シンガ 書をいう。書は書く人の心が表れるからいう。

【心会(會)】シンカイ ＝心得の①。

【心外】シンガイ ①こころのそと。②思いのほか。意外。③残念。無念。

【心学(學)】シンガク ①心の修養を特に重んじ、その修養法を説いた学。南宋ナンソウの陸象山リクショウザン、明ミンの王陽明らが唱えたもの。陸王の学。②国江戸時代、石田梅巌ばいがん（バイガン）らが唱えた、神・儒・仏の三教を調和した平易な実践道徳の教え。石門の心学。

【心肝】シンカン ①心臓と肝臓。②こころ。まごころ。

【心眼】シンガン ①物事をはっきりと見きわめる心の働き。↔肉眼。②仏ゲシン＝①。

【心願】シンガン ①心中の願い。また、心からの願い。②国神仏に対して、心の中で立てている願ガン。

【心△悸】シンキ ①心が騒ぐ。胸がどきどきする。②胸むな騒ぎ。③心臓の鼓動。動悸ドウキ。

【心機】シンキ 心の働き。心の動き。

【心機一転(轉)】シンキイッテン 気持ちががらりと変わること。

【心境】シンキョウ 心持ち。心の状態。

【心鏡】シンキョウ 心の鏡。明らかな心をいう。

【心曲】シンキョク 心のすみ。心の底。また、心。

【心契】シンケイ 外面だけでなく、心の底から深くちぎり合うこと。

【心計】シンケイ ①暗算。胸算用むなザンヨウ。②心の中で計る。もくろむ。

【心血】シンケツ 心のありったけ。全精神。

【心月】シンゲツ 仏さとりを開いた、明らかな心。その明るさを月の光にたとえて言った語。こころのつき。

【心骨】シンコツ ①心と骨。心とからだ。②心の奥底。

【心魂】シンコン 心の奥底。たましい。神魂。

【心斎(齋)】シンサイ 心をむなしくして統一すること。邪念欲望を払い除いて虚心になること。〔荘子、人間世〕

【心算】シンサン ①＝心計。②国ザンシン つもり。

【心志】シンシ こころ。こころざし。意志。〔孟子、告子下〕

【心思】シンシ 心。また、思い。考え。〔孟子、離婁上〕

【心事】シンジ ①心に思っている事がら。②心に思うことと実際のこと。

【心術】シンジュツ ①心だて。心の持ち方。②心の働き。③心とその動き。また、正しい心と欲望。

【心緒】シンショ・シンチョ 心のはし。転じて、心。思い。

【心証(證)】シンショウ ①心が仏性を認識すること。②国㋐心に

受けた印象。㋑裁判の審理で、裁判官が弁論・証拠から得た認識・確信。

【心象】シンショウ ①心に浮かぶまぼろし。心に浮かぶ思い。②国感覚もしくは感覚的要素の心中に再生したもの。英語 image の訳語。

【心神】シンシン こころ。精神。

【心情】シンジョウ ①こころ。思い。②心境。③性質。

【心酔(醉)】シンスイ 心をかたむけて感心する。心の底からしたうこと。夢中になる。〔列子、黄帝〕

【心髄(髓)】シンズイ ①心の奥底。②中心にある髄の意で、中心・要点。物事の最もたいせつな所。

【心性】シンセイ ①こころ。心の本質。本心。②生まれつき。③心と生まれつきの性質。④仏シンショウ ㋐まごころ。変わることのない心の本体。㋑生滅無常(心)と、恒常不変(性)。

【心星】シンセイ 星の名。蝎座(さそり)の首星アンタレス。盛夏の夕、南の地平に赤色光をはなって輝く。一名、大火。また、これを含む三つの星を心星ともいう。

【心喪】シンソウ 喪服をつけず、心の中で喪に服すること。門人が師の喪に服する時など、これによる。〔礼記、檀弓上〕

【心操】シンソウ 心ばえ。心にとり守る所。志操。

【心胆(膽)】シンタン こころ。きもったま。胆は、きも。

【心胆(膽)寒】シンタンさむし 恐ろしくて心がふるえおののくこと。

【心地】シンチ ①心。また、心の中。心底。本心。②仏シンジ 心。精神。③国ここち 心もち。気分。

【心中】シンチュウ ①心のうち。意中。胸中。②国シンジュウ ㋐まごころ。また、義理。「心中立て」㋑相愛の男女が一緒に自殺すること。情死。㋒転じて、一般に、二人以上の者が共に自殺すること。「親子心中」㋓ある人または物事と共に不利や災害をこうむること。「事業と心中する」

【心中賊】シンチュウのゾク 私欲にとらわれた心。私心。→破ニ山中賊一易……(三元六ページ)。

【心痛】シンツウ ①心配のあまり心が痛むこと。②胸の痛み。胸の病。

【心頭】シントウ こころ。胸の内。念頭。

【滅ニ却心頭一火△亦涼】シントウをメッキャクすればひもまたすずし 心の動きをとどめて無念無想の境地に至れば、火の熱さをも感じない。精神の持ち方しだいでは、苦難を感じないとの意。日本の快川禅師が火を放たれて焼死しようとした時、端座してこの句を唱えた。〔碧巌録、四十三〕

【心得】シントク ①心によく理解する。会得(エトク)すること。②国こころえ ㋐たしなみ。理解。覚悟。㋑規定。㋒下級の者が臨時に上級の職を代行する時の称。

【心服】シンプク 心から従う。また、感心する。〔孟子、公孫丑上〕以レ力服レ人者(ちからをもってひとをフクするものは)、非ニ心服一也(シンプクするにあらざるなり)。

【心腹】シンプク ①胸と腹。心臓と胃腸。②心。まごころ。③重要な所のたとえ。

【心法】シンポウ ①心を練りきたえる方法。②根本思想。③仏心。心の働き。

【心理】シンリ ①心のうごき。精神の状態。②人の心と事物の理。

【心力】シンリョク 心と力。心身。また、心の力。気力。

【心霊(靈)】シンレイ たましい。(肉体をはなれて考えられた)精神。また、心。

【心労(勞)】シンロウ ①こころづかい。心配。②精神上の疲れ。

(5)1 **【必】** 2186 4 教 ヒツ かならず ㊥ヒツ 呉ヒチ 〔質〕bì 4112 492C

筆順 丶ソ义必必（丶心心心必）

字義 ❶**かならず**。きっと。間違いなく。「必然」「必死」❷きっと行う。なんとしてもやりとげる。「必読」❸**ヒッす**。期待する。あてにする。❹**かならずしも**。必が打消(不など)の言葉や反語(何(なん)・豈(あに)など)の下にある時は「かならずしも」と読み、「…とは限らない」の意となる。〔左伝、哀公六〕不ニ必亡一二大夫一(かならずしもニタイフをうしなわず)。〔孟子、梁恵王上〕何必曰レ利(なんぞかならずしもリといわん)。

名乗 さだ

解字 金文  篆文  会意。八＋弋。弋は、くいの意味。八は、飾りのたれたひもの象形。飾りひもで武器にしめつけた柄の意味を表す。柲の原字。借りて、かならずの意味を表す。必を音符に含む形声文字に、宓・密・柲・樒・泌・謐・苾・蜜・飶などがある。

【必携】ヒッケイ ぜひ持っていなければならない。また、その物。

【必殺】ヒッサツ かならずころす。殺さずにはおかない。

【必死】ヒッシ ①かならず死ぬ。②死を覚悟する。命がけ。

【必至】ヒッシ 必ずそのようになる。必ずその事が到来する。

【必需】ヒツジュ ぜひとも入用なこと。必要。

【必定】ヒツジョウ ①仏成仏に至る道を迷わず、退かずに進むこと。②転じて、きっと。かならず。

【必△須】ヒッス・ヒッシュ ぜひなくてはならない。必要。

【必衰】ヒッスイ かならずおとろえる。〔仁王経〕盛者必衰(ショウジャヒッスイ)。

【必然】ヒツゼン かならず然(しか)り。必ずそうなる。また、必ずそうである。↔偶然。「必然性」

【必罰】ヒツバツ (罪を犯したものは)必ず罰する。「信賞必罰」

【必滅】ヒツメツ 仏かならずほろびる。必ず死ぬ。〔大涅槃経〕生者必滅(ショウジャヒツメツ)。

(7)3 **【応】** 2187 教5 オウ 1794 317E

(17)13 **〔應〕** 2188 人 許 ㊀漢ヨウ・呉オウ 〔径〕yìng ㊁漢ヨウ・呉オウ 〔蒸〕yīng 5670 5866

筆順 亠广広応

字義 ㊀❶**こたえる**(こたふ)。返事をする。「呼応」❷引き受ける。承知する。❸したがう(順・随)。「順応」❹求めに応ずる。また、他の動きにつれて起こる。手ごたえがある。「臨機応変」「反応」「応援」❺楽器の名。㋐小さい鼓の一種。振りつづみ。㋑木製の長方形の打楽器。

㊁❶あたる(当)。❷うける(受)。❸再読文字。**まさに……べし**。⇩助字解説 ❹まさにこれ(応是)。＝❸。

助字解説 **まさに……べし**。再読文字。推量・当然。おそらく……であろう。当然……すべきであろう。〔唐、王維、雑詩〕君自ニ故郷一来(きみコキョウよりきたる)、応レ知ニ故郷事一(まさにコキョウのことをしるべし)〈あなたは故郷からやってきた、当然故郷のことを知っているでしょう〉

名乗 かず・たか・のぶ・のり・まさ

解字 金文  篆文  形声。心＋䧹(䧹)㊥。音符の䧹ヨウは、たか(鷹)の意味。狩に使うたかを胸もとに引き寄せておくの意味から、あたるの意味を表す。

▼感応・供応・響応・呼応・策応・順応・照応・相応・即応・対応・適応・答応・内応・反応・報応

【応感】オウカン 心が物に応じて動くこと。

【応急】オウキュウ 急場に処する。また、急場のまにあわせ。

【応化】オウゲ ①仏仏が衆生(シュジョウ)を救うために、いろいろに姿を変えてこの世に現れること。②国オウカ 動植物が環境に適するように、その形態・習性をかえる現象。

【応験(驗)】オウケン 行った事に対して現れるしるしやききめ。

【応護】オウゴ 仏仏の御利益。仏が衆生(シュジョウ)の願いに応じて下す加護。

【応試】オウシ ①(官吏登用の)試験を受ける。②天子の命によって詩を作ること。応制。

【応酬】オウシュウ ①答え報いる。答える。②手紙の返事。また、返礼。③応待する。接待する。交際する。

【応召】オウショウ（軍人が）召集に応ずること。

【応詔】オウショウ　みことのりに従う。また、みことのりに答える。

【応鐘】オウショウ　①十二律の一つ。②陰暦十月の別名。

【応身】オウジン　仏衆生ジュジョウを救うため、教法を受ける機会や縁に応じて、この世に化現した仏身。たとえば、釈迦カシャ・弥勒ミロク・如来ニョライの応身である類。応仏。

【応制】オウセイ　天子の命によって詩文を作ること。

【応接】オウセツ　①人に面会して受け答えすること。人をあしらうこと。②出会うものに応じてそれを処理すること。

【応対(對)】オウタイ　①受け答え。応答。②＝応待。③物事を処理すること。

【応待】オウタイ　相手をあしらう。相手をもてなすこと。接待。

【応諾】オウダク　引き受ける。人から頼まれたことを承諾する。

【応答】オウトウ　受け答え。

【応分】オウブン　①身分に相応する。②相応な。適当な。

【応変(變)】オウヘン　（その時の）変化に応ずる。「臨機応変」

【応報】オウホウ　①こたえむくいる。②仏行為の善悪に対するむくい。「因果応報」

【応門】オウモン　①古代の宮廷の正門の名。②門をおとずれる客（来客）の取り次ぎをする。

【応用】オウヨウ　①あることから得た理論・技術を、時や場合に応じて他のことに活用すること。②理論を実際にあてはめて利用すること。

【応令】オウレイ　①命令に応ずる。②太子・諸王の命令によって詩文を作ること。

(7)3
【忌】2189
常　キ　いむ・いまわしい
漢キ・呉ギ　寘　jì
2087
3477

筆順　コ　己　己心　忌

字義　❶いむ。また、いまわしい。㋐にくむ。きらう。いやがる。㋑おそれる。はばかる。さける。❷いみ。ものいみ。タブー。㋐陰陽家が凶として避けるもの（方位・日時など）。㋑親や祖先などの命日。❸うやまう。❹いましめる。❺語調をととのえる助字。

難読　忌寸いみき・忌部いんべ

解字　金文 　篆文 　形声。心＋己音。音符の己は、糸すじを整える糸巻の象形。かしこまるの意味から、いむの意味を表す。

▼遠忌・回忌・禁忌・嫌忌・触忌・年忌

【忌諱】キキ・キイ　①いみきらう。いみさける。また、そのこと・そのもの。②おそれはばかる。おそれはばかるべきもの。国の禁令。〔老子、五十七〕天下多忌諱テンカキキおお(ほ)し。

【触(觸)忌諱】キキにふる　人の気にさわり、嫌われる。ねたんで、むごくあたること。

【忌刻】キコク

【忌日】キジツ・キニチ　①死んだ人の命日。②事を行うのにいみさけるべき不吉な日。

【忌辰】キシン　＝忌日の①。

【忌憚】キタン　いみはばかる。遠慮。

【忌中】キチュウ　国①人が死んでから葬式の日までの間。②人の死後四十九日間。③死者のため心身を慎む一定の期間。喪中。

【忌避】キヒ　①いみさける。②国訴訟事件で、不公平な裁判の行われるおそれのあるとき、担当の裁判官などを拒否すること。

(7)3
【志】2190
教5　シ　こころざす・こころざし
シ　寘　zhì
2754
3B56

筆順　十　士　志心　志

字義　❶こころざし。心の向かうところ。意向。目的。めあて。「初志」「大志」❷こころざす。心を向ける。目標をたてる。❸しるす。㋐おぼえる。記憶する。㋑書きしるす。記録する。また、その記録。「三国志」❹しるし。㋐めじるし。㋑旗。のぼり。❺文体の一種。記録文。❻イギリスの貨幣単位シリング(shilling)の略音訳。国こころざし。㋐厚意。親切。㋑お礼や感謝の意を表すための贈物。

名乗　さね・むね・ゆき

難読　志談しだみ・志都美しずみ・志豆機しずはた・志布志しぶし

解字　篆文 　形声。心＋士(㞢)音。音符の㞢(之)シは、ゆくの意味。心のゆき向かうこと、こころざすの意味を表す。

▼意志・異志・遺志・雅志・言志・厚志・高志・弱志・宿志・尚志・初志・心志・寸志・壮志・素志・地志・闘志・同志・篤志・微志・芳志・雄志・立志

【志学(學)】シガク　①学問に志す。②十五歳をいう。「志学の年」『論語』為政編の「吾十有五而志二於学一われジュウユウゴにしてガクにこころざす」に基づく。→十有五而志二於学一（一六二ページ）。

【志願】シガン　こころざしねがう。ねがい。のぞみ。

【志気(氣)】シキ　こころざし。意気ごみ。→士気（二四六ページ）。

【志向】シコウ　心の向かう所。心ばせ。意向。

【志士】シシ　大きな志を有する人。道や学問に志し、正義のためには一身をもかえりみない人。〔論語、衛霊公〕

【志尚】シショウ　①こころざしの向かう所。このみ。②こころざしが高尚なこと。高尚な志。

【志操】シソウ　①こころざしと、みさお。②堅い志・みさお。「志操堅固」

【志念】シネン　思慮。考え。

【志慮】シリョ　かんがえ。こころざし。〔文選、諸葛亮、出師表〕志慮忠純チュウジュンなり。

(7)3
【忒】2191
△　トク　職　tè, ④tui
3906
4726

字義　❶たがう(差)。ちがう。❷かわる(変)。あらたまる。❸うたがう。❹はなはだ(甚)。

解字　篆文 　形声。心＋弋音。音符の弋ヨク＝クトは、たがいちがいになるの意味。心がかわる・たがうの意味を表す。

(7)3
【忍】2192
〖忍〗2193
常　ニン　しのぶ・しのばせる
漢ジン・呉ニン　軫　rěn

筆順　フ　刃　刃心　忍

字義　❶しのぶ。たえる。こらえる。我慢する。「隠忍」「容認」❷むごい。思いやりがない。「残忍」❸しのんで。むごいことに。あつかましくも。国❶しのぶ。人目をさける。かくれる。❷しのび。㋐しのびの術。忍術。また、忍術使い。㋑間者。スパイ。㋒内密。㋓微行。㋔微服。❸しのばせる。しのばす。人に知られないようにする。「声を忍ばせる」

名乗　おし・しの・たう

難読　忍辱にんにく・忍足おしたり・おたり・忍冬すいかずら・にんどう・忍坂おさか・忍壁おさかべ・おしかべ・忍野おしの・忍路おしょろ

解字　篆文 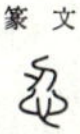　形声。心＋刃(刄)音。音符の刃は、弾力があってしかも強いやいばの意味。しなやかで、しかも強い心の意味から、しのぶの意味を表す。

▼隠忍・堪忍・堅忍・惨忍・残忍・容忍

【忍苦】ニンク　苦しみ（苦痛）をこらえしのぶこと。

【忍従(從)】ニンジュウ　（苦しみを）耐えしのんで従うこと。

【忍術】ニンジュツ　国武家時代に行われた、しのびの術。隠密に行動する術。

【忍辱】ニンジョク　①はじをしのぶこと。②仏ニンニク　侮辱・苦難を耐えしのんで、怒ったりうらんだりしないこと。

【忍心】ニンシン　むごい心。残忍な心。

【忍人】ニンジン　むごいことを平気でする人。残忍な人。

【忍耐】ニンタイ　たえしのぶ。苦難や怒りをじっと我慢すること。

【忍土】ニンド　仏この世。娑婆世界シャバセカイ。

【不レ忍】むごいことができない。

(7)3 【忘】2194 教6 ボウ わすれる
(7)3 〔忘〕2195 ㊀漢ボウ（バウ）・呉モウ（マウ）陽 (wáng) ㊁漢ボウ（バウ）・呉モウ（マウ）漾 wàng　4326 4B3A

筆順　亠 亡 忘 忘

【㤀】本字

字義 ㊀㊁わすれる。わすす。㋐記憶から消える。思い出せなくなる。「備忘録」㋑おろそかにする。注意がむかない。

解字 金文  篆文 
形声。心＋亡（亾）音。音符の亡は、なくなるの意味。心の中から記憶がなくなる、わすれるの意味を表す。

▼遺忘

【忘我】われを忘れる。うっとりとする。夢中になる。

【忘却】忘れてしまう。忘れ去る。

【忘形】形を忘れる。①自分の肉体を忘れる。㋐物我の区別を忘れて自然の道に合する。㋑夢中になる。忘我。②たがいの容姿や地位などを問題にしないこと。「忘形の交（相手の外形を問題にしない心からの親しい交際）」

【忘言】①ことばによらなくても相手の意志が通じる。親しい交わりのたとえ。②言を忘る。心にはわかっていても、表現すべき適当なことばが思いつかない。〔晋、陶潜、飲酒詩〕此中有二真意一、欲レ弁已忘レ言。

【忘失】忘れる。すっかり忘れる。忘却。

【忘年】年を忘れる。①年の老いを忘れる。②年齢の差を心におかぬこと。「忘年の友・忘年の交（年齢の差を問題にしないで相手を尊敬する友・交際）」③年月のたつのを意識しない。④国年末にその年の苦労を忘れること。としわすれ。「忘年会」

【忘憂】①うれいを忘れる。心配事を忘れ去ること。②草の名。わすれぐさ（萱草）。

【忘憂物】①酒をいう。酒を飲めば、うれいを忘れるからいう。〔晋、陶潜、飲酒詩〕②わすれぐさ（萱草）。

(8)4 【忽】2196 標 漢コツ 呉コチ 月 hū　2590 397A

字義 ❶たちまち。にわか。すみやか。突然。❷ゆるがせにする。ゆるがす。おろそかにする。㋐気にかけない。わすれる。「粗忽」㋑あなどる。「軽忽」❸つきる。ほろびる。❹小数の第五位の名。一の十万分の一。もと蚕のはく一筋の糸。それを五本合わせたものが糸、十本合わせたものが糸（絲・小数の第四位）。

難読 忽滑谷・忽布

解字 篆文 
形声。心＋勿音。音符の勿は、ないの意味。心の中になにもないの意味から、気にかけない・ゆるがせにする・たちまちの意味を表す。

【忽焉】①すみやかなさま。たちまち。にわかに。ふと。突然。忽然。忽爾。〔左伝、荘公十一〕其亡也忽焉。②はっきりと見定め難いさま。〔論語、子罕〕忽焉在レ後。

【忽・怳・忽・恍】①見定め難いさま。無形のさま。とりとめのないさま。②固執する所がなく、物事を超越し、おおらかにぼうっとしているさま。

【忽荒】①広大でとりとめのないさま。空しいさま。②空中。大空。

【忽忽】①すみやかに過ぎ去り行くさま。②心のぼんやりしているさま。③何もする気のないさま。④不幸・不遇などによって心が乱れ、悲しみうれえているさま。⑤思い迷うさま。⑥忘れるさま。⑦明らかでないさま。さだかでないさま。

【忽諸】①たちまち。にわか。②たちまちにして滅びること。諸は、助字、然とほぼ同意。③国なおざり。ゆるがせ。

【忽然】①たちまち。突然。忽焉。②無心のさま。心がぼうっとなるさま。

【忽必烈】元の初代の皇帝、世祖。成吉思汗の孫。宋を滅ぼして中国を統一し、領土は欧・亜両州にまたがった。元寇の時の皇帝。（一二一五－一二九四）

〔忽必烈〕

(8)4 【忠】2197 教6 チュウ チュウ（チウ）東 zhōng　3573 4369

筆順　口 中 忠 忠

字義 ❶まごころ。まこと。「忠恕」❷臣下が君主に仕える道。忠義。「誠忠」❸まめ。まめやか。忠実。❹ただしい。

名乗 あつ・あつし・きよし・すなお・ただ・ただし・つら・なり・のり

難読 忠実

解字 篆文 
形声。心＋中音。音符の中は、なかにあって、かたよらないの意味。かたよらない心、まごころの意味を表す。

▼敬忠・純忠・精忠・誠忠・不忠

【忠愛】①まごころから愛する。②忠君愛国の略。

【忠益】まごころをつくして世の益になること。

【忠肝】忠義な心。忠魂。

【忠諫】まごころからのいさめ。忠義の心からのいさめ。

【忠義】まごころをつくして正道を行うこと。転じて、国家や君主にまごころをつくすこと。

【忠勤】まごころをつくして勤める。

【忠君愛国（國）】君に忠義をつくし、自分の国を愛し、大切にすること。〔宋、陳傅良、跋下蘇黄門論二章子厚一疏上文〕

【忠言】①まごころをこめたいさめのことば。②忠告のことば。

【忠言逆レ耳】まごころからのいさめのことばは、とかく相手に気に入られないものであるとの意。〔史記、淮南王安伝〕⇩良薬苦二於口一（九一〇ページ）。

【忠孝】主君に忠義をつくすことと、親に孝行をつくすこと。「忠孝両全」「忠孝義烈」

【忠厚】まごころがあって情があつい。忠実で親切丁寧なこと。

【忠告】まごころから人の悪い点を注意すること。また、その注意。〔論語、顔淵〕忠告而善二道之一、不可則止。〈真心から注意してやって善い方へ導くが、聞き入れられなければやめる〉

【忠魂】①忠義にあふれた心。「忠魂義胆」②忠義のために死んだ人の魂。「忠魂碑」

【忠実（實）】①まじめ。まめやかで、いつわりのないこと。②まじめに（かげひなたなく）勤める。

【忠純】まごころがあって、純粋なこと。純粋なまごころ。〔文選、諸葛亮、出師表〕志慮忠純。

【忠恕】まごころをつくすことと他人を思いやること。また、真心からの思いやり。孔子の説いた「仁」の基本。〔論語、里仁〕夫子之道、忠恕而已矣。

【忠心】①忠義な心。②まごころ。

【忠臣不レ事二二君一】忠義な家来はふたりの君主に仕えない。〔史記、田単伝〕

【忠信】まごころをつくして、いつわりのないこと。まこと。〔論語、学而〕主二忠信一。

【忠誠】①まごころ。②忠義のまこと。

【忠節】忠義のみさお。また、忠義。

【忠善】忠実で善良。誠実で、人がらのよいこと。忠良。

【忠貞】まごころがあって正しい。

【忠勇】忠義で勇気があること。「忠勇義烈」

【忠良】忠義で善良なこと。また、その人。

【忠亮】まこと。まごころのあること。亮も、まこと。

【忠烈】チュウレツ　忠義の心がはげしい。非常に忠義なこと。また、忠義で勇ましいこと。忠勇義烈。

(8)4 **【忝】** 2198　△　一テン　琰 tiǎn　二テン　銑 tiǎn　5559 575B

［𢗊］本字

字義　一❶**はずかしめる**（辱）。けがす。❷はじ。はずかしめ。二❶**かたじけない**　ありがたい。もったいない。畏れ多い。❷**かたじけなくする**　かたじけなくも…を受けていること。自分がそれを汚しているとの謙遜の意から、感謝の意となる。

解字　篆文　会意。天＋心。天に対するときの心の意味から、かたじけない・はずかしめるの意味を表す。『説文』では、心＋天音とするが、天は ten、忝は tem で音形にずれがあるので、天を音符とするのは無理である。

(8)4 **【念】** 2199　教4　ネン　漢デン　呉ネン　艶 niàn　3916 4730

筆順　人　今　念　念

字義　❶**おもう**　㋐いつも気にしている。心にかける。㋑おぼえている。㋒考える。思いめぐらす。❷**おもい**　考え。気持ち。❸となえる。口ずさむ。読む。「念仏」❹つつしむ。気をつける。「入念」❺二十。廿（にじゅう）の字の代わりに用いる。廿の俗音が念に近いので宋代から用いられた。「念九日（二十九日）」❻仏きわめて短い時間。国ネン。心。一心。注意。用心。「念入り」　名乗　むね　難読　念珠関ねずがせき

解字　金文　篆文　会意。今＋心。今は含に通じ、ふくむの意味。心の中にふくむの意味から、いつもおもうの意味を表す。

▼一念・概念・観念・祈念・紀念・記念・懸念・失念・思念・邪念・執念・信念・専念・想念・俗念・存念・丹念・断念・通念・入念・無念・妄念・欲念・余念・理念

【念願】ネンガン　願い望む。また、長い間の願い。

【念珠】ネンジュ・ネンズ　仏じゅず。仏を拝むときに手にかけるもの。数珠ジュズ。

【念△誦】ネンジュ・ネンズ　仏心に念じて口に仏の名号ミョウゴウや経文キョウモンを唱えること。念仏誦経ジュキョウ。

【念頭】ネントウ　心。思い。胸中。考え。

【念念】ネンネン　①一念ごとにの意。常に心にかけている。思い続ける。②時時刻刻。

【念仏(佛)】ネンブツ　仏南無阿弥(彌)陀仏ナムアミダブツ（六字の名号ミョウゴウ）を唱えること。

【念仏(佛)三△昧】ネンブツザンマイ　仏一心に念仏すること。

【念力】ネンリキ　一心に思いこんだ心の力。精神力。

【念慮】ネンリョ　思い。考え。おもんぱかり。

(8)4 **【忞】** 2200　△　一漢ビン・呉ミン　真 mín　二漢ブン・呉モン　吻 wěn

字義　一❶つとめる。はげむ。❷くらい。心のくらいさま。「忞忞」　二みだれる。乱れるさま。「忞忞」

解字　篆文　形声。心＋文音。音符の文は、敃ビンに通じ、つとめるの意味。心を用いてつとめるの意味を表す。

(8)4 **【忿】** 2201　△　フン　問 fèn　5561 575D

字義　❶**いかる**（怒）。いきどおる。また、いかり。いきどおり。❷うらむ。また、うらみ。

解字　篆文　形声。心＋分音。音符の分は、憤に通じ、いきどおるの意味を表す。

【忿△恚】フンイ　いかる。忿怒ドン・フンヌ。恚も、いかる。

【忿激】フンゲキ　大いにいかる。激しくいかる。

【忿△懥】フンチ　いかる。懥も、いかる。

【忿怒】フンド・フンヌ　いかる。大いにいかる。また、いかり。

【忿忿】フンプン　いかるさま。忿憤。忿然。

【忿△懣】フンマン　いきどおりもだえる。不平に思って腹だたしいこと。懣は、もだえる（悶モン）。憤懣。

【忿戻】フンレイ　いかりさからう。いきどおり人と争う。戻は、理にそむく。

(9)5 **【怨】** 2202　標　一漢エン（ヱン）　呉オン（ヲン）　願 yuàn　二漢エン（ヱン）　呉オン（ヲン）　元 yuān　1769 3165

字義　一❶**うらむ。うらみ。**㋐うらめしく思う。残念。「閨怨ケイエン」㋑にくむ。「宿怨」❷そしる。とがめる。❸わかれる。　二❶あだ。かたき。❷＝一の①。　難読　怨鳥ほととぎす

解字　篆文　形声。心＋夗音。音符の夗エンは、身を曲げるの意味。心が曲がる、うらむの意味を表す。

【怨悪(惡)】エンオ　うらみにくむ。

【怨家】エンカ　うらみをもっている家・人。

【怨言】エンゲン　うらみのことば。うらみごと。また、うらんで言う。

【怨△曠】エンコウ　怨女曠夫コウフの略。

【怨恨】エンコン　うらむ。うらみ。〔墨子、兼愛中〕

【怨△嗟】エンサ　うらみなげく。

【怨女】エンジョ　①婚期を失って嫁に行けず悲しみなげく女。〔孟子、梁恵王下〕②夫を失って悲しみなげく女。寡婦。③出征・旅行などで夫のいない留守を守ってさびしく暮らす婦人。④君主や夫の愛を失って悲しむ女。

【怨女△曠夫】エンジョコウフ　怨女と曠夫。曠夫は、年ごろになっても妻をめとり得ない男。また、長い間、妻と別れている夫。曠は、むなしい意で、妻のいないこと。〔孟子、梁恵王下〕

【怨情】エンジョウ　うらむ心。うらみの情。

【怨色】エンショク　うらんでいるような顔つき。うらめしげな様子。

【怨△詛】エンソ　うらみのろう。

【怨敵】エンテキ　うらみのある敵。かたき。

【怨毒】エンドク　うらみにくむ。また、深いうらみ。

【怨△誹】エンピ　うらみそしる。怨謗エンボウ。

【怨府】エンプ　人々のうらみの集まる所。府は、倉。

【怨婦】エンプ　＝怨女。

【怨慕】エンボ　①うらみながらもなおしたうこと。②悲しみしたう。

【怨望】エンボウ　うらめしく思う。うらむ。また、うらみ。望も、うらむの意。

【怨霊(靈)】オンリョウ　仏うらみをいだいて死んだ人の魂。うらみをはらそうとして、たたりをする死者の霊。

【怨入二骨髄(髓)一】うらみコツズイにいる　うらみが骨のしんまでしみわたる。深いうらみのたとえ。〔史記、秦本紀〕

(9)5 **【急】** 2203　教3　キュウ　いそぐ　漢キュウ（キフ）　呉コウ（コフ）　緝 jí　2162 355E

(9)5 ［急］2204

筆順　⺈　刍　急　急

字義　❶せまい。心がせまい。かたくな。ゆとりがない。にわか。突然。「火急」「救急車」❷さしせまっている。❸ひきしめる。また、ひきしまる。きびしくする。❹**きびしい**。残酷。❺**いそぐ**。せく。また、速い。すみやか。「急流」「至急」❻けわしい。傾斜が強い。「急坂」国キュウ。序破急の三段階の最後。雅楽などで最後に急速度になり全曲の終結に至るもの。

難読　急須きびしょ・急度きっと

解字　篆文　形声。心＋刍(及)音。音符の及は、おいつくの意味。追われる時の気ぜわしい心の意味を表す。

▼応急・火急・緩急・危急・救急・緊急・困急・早急・至急・性急・迫急

【急雨】キュウウ　にわか雨。

【急△遽】キュウキョ　いそぐ。あわてる。また、あわてて。にわかに。

【急激】キュウゲキ　にわかではげしい。急に変化するさま。急劇。

【急撃(擊)】キュウゲキ　にわかに撃つ。不意に攻める。

【急刻】キュウコク　きびしい。苛刻カコク。

【急△峻】キュウシュン 傾斜が急でけわしい。
【急所】キュウショ 国①身体の中で、そこを傷つけられると生命にかかわる大事な所。②物事の要点。
【急進】キュウシン ①急いで進む。②官位などが急に進みのぼる。③国急に目的や理想を実現しようとすること。↔漸進。「急進主義」
【急△須】キュウス ①酒の燗をする小鍋。②国取っ手のついた小さいどびん。茶を出すに用いる。
【急先△鋒】キュウセンボウ 国攻撃や改革などに、まっさきに立って進む人。
【急装(裝)】キュウソウ ①急いで支度する。急ぎの支度。②しっかりと身支度をする。
【急速】キュウソク ①いそぐこと。②すみやか。はやいこと。
【急△湍】キュウタン はやせ。流れの速い浅瀬。急流。湍は、はやせ・急流。
【急△灘】キュウタン ＝急湍。灘は、はやせ・急流。
【急追】キュウツイ 急いで追いかける。にげるものを、はげしく追う。
【急転(轉)直下】キュウテンチョッカ 急に形勢が変わって解決に向かうこと。
【急難】キュウナン にわかに起こった災い。また、差し迫っている災難・難儀。
【急迫】キュウハク さしせまる。せっぱつまる。
【急変(變)】キュウヘン 急に変わる。また、急の出来事。非常の事故。
【急務】キュウム 急いでなすべき仕事。

(9)5
【思】2205 教2 シ おもう
㊀シ 支 sī
㊁シ 寘 sì
2755
3B57

筆順 冂 田 思 思

字義 ㊀❶おもう。㋐考える。思いめぐらす。「沈思」㋑願う。望む。㋒したう。恋しく思う。愛する。あわれむ。いつくしむ。㋓かなしむ。うれえる。㋔心配する。❷語調をととのえる助字。
㊁おもい。「意思」 国❶おもい。㋐うらみ。執念。㋑喪に服すること。また、その間。喪中。❷おぼす。思うの尊敬語。❸おぼしい。…に見える。 名乗 こと

解字 篆文  会意。田（囟）＋心。囟は、小児の脳の象形。頭脳と心でおもうの意味を表す。思を音符に含む形声文字に、偲・諰などがある。

▼懐思・客思・凝思・愁思・秋思・所思・慎思・精思・聖思・相思・沈思・旅思

【思案】シアン ①思い。考え。②心配。物思い。
【思△惟】シイ ①考える。また、考え。〔漢書、董仲舒伝〕思二惟往古一。②＝思考の②。③仏 シユイ 対象を分別すること。
【思議】シギ 思いはかる。考える。「不レ可二思議一」
【思考】シコウ ①思い。考え。②哲学用語。感覚や知覚で得たものをまとめ、それらの連関・全体・法則性・本質を知る精神作用。
【思索】シサク 筋道をたどって深く考え求める。また、秩序立った考え。
【思△而不レ学(學)則△殆】おもいてまなばざればすなわちあやうし ↓学而不レ思則罔（二九二ページ）。
【思春】シシュン 恋心をいだくこと。「思春期」
【思想】シソウ ①思いめぐらす。②思いやる。③ある物事に対する個々の考えや理論ではなく、世界や人生に対する、あるまとまった考え・体系をいう。
【思潮】シチョウ その時代の思想の流れ・傾向。
【思念】シネン ①思う。考える。〔古詩、悲歌〕思二念故郷一。②思い。考え。
【思婦】シフ うれえ悲しむ婦人。
【思服】シフク 常に思って忘れないこと。慕い焦がれること。
【思弁(辨)】シベン 考えてものの道理を明らかに知り分けること。「思慮分別」
【思慕】シボ 思いしたう。
【思慮】シリョ 考え思う。また、おもんぱかり。考え。
【思量】シリョウ 思いはかる。考える。また、考え。思料。
【思過レ半】おもいなかばにすぐ ①さとる所の非常に多いこと。②事実が想像以上であること。〔易経、繋辞下〕
【思無レ邪】おもいよこしまなし 心が正しく、少しもまがったところのないこと。孔子が『詩経』の詩を評したことば。〔論語、為政〕

(9)5
【怎】2206 △ シン 寝 zěn
唐ソ・ソモ
5567
5763

字義 いかで。いかでか。いかんぞ。なんぞ。どうして。如何（いかん）の俗語。

解字 形声。乍㊥＋心㊥。俗語の「作甚麽」（どうして）から作られた文字。乍は、作の最初の子音を示し、心は、甚麽を縮めた音を示す。

【怎生】ソモサン・いかんか 什麽生（ソモサン）。宋代以来の俗語。①いかなる。どんな。②なぜ。何ゆえ。どうして。

(9)5
【怱】2207 △ ソウ 東 cōng
【悤】正字
5568
5764

字義 ❶あわてる。あわただしい。＝匆（ソウ）。❷さとい。あきらか。＝聡（ソウ）。

解字 金文  篆文  形声。心＋匆（囪）㊥。音符の囪（ソウ）は、促に通じ、心がせくの意味を表す。金文は、心の上の方に点を加えて、心があがる、あわてるの意味を示す。

【怱怱】ソウソウ ①いそがしいさま。あわただしいさま。〔唐、張籍、秋思詩〕復恐怱怱説不レ尽、行人臨レ発又開レ封（またおそるソウソウとして、ときつくさざるを、コウジンハッするにのぞみまたフウをひらく）。〈あわただしく書いたので書きもらしたことがありはしないかと、ふと気がかりになって（手紙をあずける）旅人の出発にあたって、もう一度封を開いてみるのだった〉②国手紙の末尾にそえる語。急いでいるのでことばをつくさない意。匆匆（ソウソウ）。
【怱卒】ソウソツ いそがしいさま。
【怱忙】ソウボウ いそがしい。せわしい。

(9)5
【怠】2208 常 タイ おこたる・なまける
漢タイ・呉ダイ 賄 dài
3453
4255

筆順 ム 台 怠 怠

字義 ❶おこたる。㋐なまける。なまくる。ゆるむ。油断する。「怠業」㋑あきる。うむ。❷あなどる。国おこたり。おこたる。㋐おこたりから起こる過失・罪。㋑わび。謝罪。㋒病気が少しよくなる。

解字 篆文  形声。心＋台㊥。音符の台は、止に通じ、とどまるの意味。心がとどまる、おこたるの意味を表す。

▼解怠・過怠・勤怠・荒怠・疲怠

【怠解・怠△懈】タイカイ おこたる。なまける。また、ゆるむ。解は、懈に通じ、懈も、怠の意。
【怠業】タイギョウ ①仕事をおこたる。②国労働者が同盟して仕事の能率をさげること。サボタージュ。争議行為の一手段。
【怠荒】タイコウ なまけて仕事をなげやりにする。
【怠△傲】タイゴウ ①なまけ遊ぶ。②おこたり、おごる。あなどる。傲も、あなどる。
【怠惰】タイダ おこたる。なまける。惰も、怠る。
【怠廃(廢)】タイハイ ＝怠荒。
【怠慢・怠△嫚】タイマン おこたってなげやりにする。

(9)5
【怒】2209 常 ド いかる・おこる
漢ド・呉ヌ 遇 nù
3760
455C

筆順 女 奴 怒 怒

字義 ❶いかる。おこる。㋐腹をたてる。いきどおる。「憤怒」

㋑しかる。責める。㋒激する。荒れ狂う。勢いがさかん。「怒濤ドトウ」㋓はげむ。勢いを盛んにする。奮い立つ。❷いかり。

難読 怒留湯ぬるゆ

解字 篆文 形声。心＋奴㊀。音符の奴は、力を尽くして働く奴隷の意味。感情に力をこめる、いかるの意味を表す。

▼嚇怒・激怒・震怒・憤怒

【怒気(氣)】ドキ いかりを含んだ顔つき。怒りの気持ち。

【怒号(號)】ドゴウ ①いかりさけぶ。②風雨などが激しい音を立てる。

【怒生】ドセイ 草木が勢いよく芽を出すこと。

【怒長】ドチョウ 勢いよく生長する。

【怒張】ドチョウ ①はちきれるようにふくらむ。②筆の力の勇ましいたとえ。③肩などをいからせること。

【怒△漲】ドチョウ 勢いよくみなぎる。

【怒△濤】ドトウ さかまく荒波。

【怒△罵】ドバ いかりののしる。

【怒髪】ドハツ 怒って逆立った髪。

【怒髪衝レ冠】ドハツかんむりをつく・ドハツカン をつく 怒髪が冠を下からつきあげる。激怒の様子の形容。怒髪衝レ天テンをつく。怒髪指レ冠かんむりをさす。

【不レ遷レ怒】いかりをうつさず ある者に対するいかりを、何の関係もない者に及ぼさない。やつあたりをしない。〔論語、雍也〕⇩不レ弐レ過あやまちをふたたびせず(一〇九五ページ)。

(10)6

【恚】2210 △

㊀イ 寘 huì
㊁㊉ケイ・㊊エ(ヱ) 霽 huì

5575
576B

字義 ㊀㊁いかる(怒)。また、いかり。

解字 篆文 形声。心＋圭㊀。音符の圭ケは、撃に通じ、うつの意味。敵意をもってうつ、いかるの意味を表す。

【恚恨】イコン いかりうらむ。恚望。

【恚憤】イフン いきどおる。憤慨する。

【恚望】イボウ いかりうらむ。いかり。恨み。望は恨。恚恨。

(10)6

【恩】2211

教 5 オン

㊉オン
㊊オン(ヲン) 元 ēn

1824
3238

筆順 冂 円 因 因 恩

字義 めぐみ。めぐむ。また、いつくしみ。いつくしむ。また、受けた方がありがたく思う行為。相手に感謝されるような行為。

名乗 おき・しだ

解字 篆文 形声。心＋因㊀。音符の因は、愛に通じ、いつくしむの意味。心を付し、いつくしむの意味を表す。

▼旧恩・洪恩・高恩・国恩・至恩・慈恩・謝恩・主恩・殊恩・仁恩・聖恩・天恩・芳恩・浴恩

【恩愛】オンアイ・オンナイ ①なさけ。いつくしみ。御寵愛ゴチョウアイ。〔唐、白居易、長恨歌〕昭陽殿裡恩愛絶ショウヨウデンリオンアイたゆ。②親子・兄弟・夫婦などの愛情。

【恩威】オンイ ①恩恵と威光。いつくしみと厳しさ。②恩賞と刑罰。賞と罰。

【恩義】オンギ ①恩愛と義理。人情と道理。②恩返しをしなければならない義理。③いつくしみ。めぐみ。恩誼オンギ。

【恩△誼】オンギ ＝恩義の③。

【恩遇】オングウ なさけ深いもてなし。手厚い待遇。

【恩恵(惠)】オンケイ いつくしみ。めぐみ。なさけ。

【恩顧】オンコ なさけ。めぐみ。ひいき。

【恩幸・恩△倖】オンコウ ①いつくしみ。ひいき。②天子の特別な寵愛チョウアイ。また、それを受けている者。

【恩旨】オンシ いつくしみ深いおぼし召し。天子のおぼし召し。

【恩賜】オンシ ①めぐみたまわる。また、その物。②天子から賜ること。また、その物。

【恩赦】オンシャ ①特別の情けで罪を許すこと。天子の特別の許しにいう。②国行政権による刑罰の減免。

【恩借】オンシャク ①めぐみ。恩恵。②国情けによって人から金品を借りる。人から借りることの敬語。

【恩△讎】オンシュウ なさけとあだ。恩とうらみ。愛と憎。

【恩詔】オンショウ ありがたいみことのり。天子のみことのり。

【恩賞】オンショウ 主君がほうびとして賜ること。また、その物。

【恩情】オンジョウ 情け深い心。恩愛の心。いつくしみ。

【恩沢(澤)】オンタク めぐみ。いつくしみ。また、おかげ。特に、天子の寵愛チョウアイ。〔唐、白居易、長恨歌〕始是新承二恩沢一時はじめてこれあらたにオンタクをうくるとき。訳文⇩侍児(八一ページ)。

【恩△寵】オンチョウ ①いつくしみ。寵愛。恩遇。②キリスト教で、神のみめぐみ。

【恩典】オンテン ①情け深い取り扱い。めぐみ。②＝恩礼。

【恩徳】オントク めぐみ。なさけ。恩恵。

【恩波】オンパ 天子のいつくしみ。広く行き渡ることを波にたとえた。

【恩命】オンメイ 情け深いおおせ。ありがたいおことば。

【恩△宥】オンユウ 情け深い心で罪を許す。寛大に扱う。

【恩礼(禮)】オンレイ 臣下をいつくしみ礼遇(優待)すること。

(10)6

【恭】2212

常 キョウ うやうやしい

㊉キョウ・㊊ク 冬 gōng

2219
3633

筆順 艹 共 共 恭 恭

〔恭〕本字

字義 ❶つつしむ。うやうやしくする。礼儀正しく、つつしみ深い。❷うやうやしいうやうやし。

名乗 うや・すみ・たか・たかし・ただ・ただし・ちか・つか・のり・やす・やすし・ゆき・よし

難読 恭菜ふだんそう・恭仁くに

解字 篆文 形声。⺗(心)＋共㊀。音符の共は、そなえるの意味。神に物をそなえるときの心境、うやうやしい・つつしむの意味を表す。

▼温恭・謙恭・粛恭・足恭・篤恭・不恭

【恭賀】キョウガ うやうやしく祝う。「恭賀新年」

【恭勤】キョウキン つつしみ深くして勤める。〔晋書、車胤伝〕

【恭敬】キョウケイ ①つつしむ。うやうやしくする。②つつしんで敬う。人に対してはうやうやしくし、自分の身はつつましくすること。つつしみ深いこと。〔論語、学而〕

【恭倹(儉)】キョウケン

【恭謙】キョウケン つつしみ深くへりくだる。

【恭順】キョウジュン つつしみ深く従順なこと。恭敬従順。

【恭黙】キョウモク つつしみ深く、口かずの少ないこと。また、つつしみ深い態度で、だまっていること。

(10)6

【恐】2213

(10)6

〔恐〕2214

常 キョウ おそれる・おそろしい

㊀㊉キョウ・㊊ク 腫 kǒng
㊁㊉キョウ・㊊ク 宋 kǒng

2218
3632

筆順 エ 玑 玑 巩 恐

字義 ㊀❶おそれるおそる。㋐こわがる。びくびくする。「恐怖」㋑つつしむ。かしこまる。「誠恐」「恐縮」㋒気づかう。心配する。❷おどす。おびやかす。「恐喝キョウカツ」❸おそろしいおそろし。こわい。

㊁おそらくは。多分。

参考 現代表記では〔兢〕(451)の書きかえに用いることがある。「戦々兢々→戦々恐々」

使いわけ おそれ〔恐・虞〕

心配の意に〔虞〕を用いる以外は、〔恐〕、または仮名書きとする。「がけくずれの虞・恐れ入りました・おそれ多い」

解字 篆文 形声。心＋巩㊀。音符の巩キョウは、つつしみ深く工具の「のみ」を手にするさま。つつしみ深い心、おそれの意味を表す。

▼振恐・震恐・誠恐

【恐悦】キョウエツ 国かしこまりよろこぶ。①他人に喜びをいう時の敬語。②自分の喜びをいう謙譲語。

【恐喝(喝)・恐△愒・恐△猲】キョウカツ 威力でおどかす。また、おどかし。喝は、しかること。恐嚇。

【恐恐謹言】キョウキョウキンゲン 手紙の末尾に書く敬語。おそれながら

つつしんで申し上げますの意。恐惶(キョウコウ)謹言。

【恐懼】キョウク 非常におそれる。おそれいる。懼も、恐れる。

【恐惶】キョウコウ おそれる。また、おそれつつしむ。惶も、恐。(手紙の末尾に書く敬語としても用いる)

【恐慌】キョウコウ ①おそれおののく。おそれる。②経済界が不安と混乱に陥った状態。好景気から急に不景気になる時などに起こる。危機。パニック。③国おそれあわてる。

【恐察】キョウサツ 国つつしんで推しはかる。他人のことを推量するにいう敬語。

【恐縮】キョウシュク おそれいる。申しわけなく思う。おそれて縮みあがるの意。

【恐△悚・恐△竦】キョウショウ おそれすくむ。大いにおそれる。

【恐怖】キョウフ おそれる。こわがる。

(10)6 【恵】2215 常 ケイ・エ めぐむ 2335 3743

(12)8 〔惠〕2216 人許 呉エ(ヱ) 漢ケイ 霽 huì 5610 582A

筆順 一 𠮛 亩 恵 恵

字義 ❶めぐむ。恩を施す。㋐情けをかける。あわれむ。いつくしむ。㋑与える。あわれに思って金品を与える。❷めぐみ。㋐あわれみ。思いやり。㋑ほどこし。たまもの。❸さとい。かしこい。「知恵」❹すなお。従う。従順。❺美しい。❻他人が自分に対してした行為に冠する敬語。「恵与」「恵音(おたより)」

名乗 あや・さと・さとし・しげ・とし・やす・よし 難読 恵山(えさん)・恵庭(えにわ)・恵那(えな)・恵比島(えびしま)・恵良(えら)

解字 金文 篆文 会意。心+専省。専は、糸まきの象形で、いちずになるの意味。他に対して、いちずな心を傾ける、めぐむの意味を表す。

▼恩恵・互恵・慈恵・仁恵・知恵・天恵・徳恵・弁恵

【恵音】ケイオン ①めぐみ深いたより。他人からの音信に対する敬語。②おだやかな(なごやかな)音(音楽)。

【恵△贶】ケイキョウ めぐみ与える。たまもの。人からの贈与に対する敬語。恵賜。恵贈。

【恵子】ケイシ ①恵施の②の尊称。②恵施の著書の名。一巻。

【恵施】ケイシ ①めぐみほどこす。②戦国時代の宋(ソウ)の学者。名家(詭弁学(キベンガク)派)の一人。荘子の友人で、魏(ギ)の恵王の宰相になったともいう。

【恵△恤】ケイジュツ めぐみあわれむ。また、めぐみ。あわれみ。

【恵人】ケイジン めぐみ深い人。〔論語、憲問〕

【恵存】ケイゾン・ケイソン 国他人への贈り物(主として自分の著書など)の宛名(あてな)の下にそえる語。とっておいてくださいの意。

【恵沢(澤)】ケイタク めぐみ。恩恵。恩沢。

【恵忠】ケイチュウ めぐみ深いことと忠義なこと。

【恵投】ケイトウ 国めぐみ与える。人からの贈与に対する敬語。

【恵比寿(壽)・恵比△須】エビス 国七福神の一つ。商家の神とされている。

【恵風】ケイフウ ①草木を生長繁茂させる、肌ざわりのよい、晩春初夏の風。南風。②君主の恩恵のたとえ。③陰暦三月の別名。

【恵方】エホウ 国歳徳神(としトクジン)のいる方角をいう。この方角を明(あ)きといい、万事に吉であるという。陰陽家(オンヨウカ)の語。

【恵与(與)】ケイヨ 国=恵投。

【恵養】ケイヨウ いつくしみやしなう。

(10)6 【恣】2217 標 シ 寘 zì 5583 5773

字義 ❶ほしいまま。わがまま。気まま。❷ほしいままにする(ほしいままにす)。思うままにする。わがままにふるまう。

解字 篆文 形声。心+次㊥。音符の次は、リラックスするの意味。心をリラックスさせる、気ままにするの意味を表す。

【恣意】シイ ①思ったとおりにする。気ままにする。②国わがままな心。自分勝手な考え。

【恣△睢】シキ ①自分の思うままにして人のいうことをきかない。②そしる。ののしる。③勝手に振る舞ってにらむ。また、怒る。

【恣縦(縱)】シショウ ほしいまま。気まま。縦も、恣。恣肆(シシ)。

(10)6 【恧】2218 △ 漢ジク(チク) 呉ニク 屋 nǜ

字義 はじる。心に恥じる(はづ)。=忸(ジク)。

解字 篆文 形声。心+而㊥。音符の而(ジ)は、しなやかなひげの象形。しなやかな心の意味から、気はずかしいの意味を表す。

【恧然】ジクゼン はじいるさま。

(10)6 【恕】2219 人 ショ 慣ジョ 御 shù 2990 3D7A

筆順 𡿨 女 如 如 恕 恕

字義 ❶おもいやり(おもひやり)。同情。いつくしみ。「忠恕」❷おもいやる。同情する。いつくしむ。あわれむ。❸ゆるす。おおめに見る。「寛恕」「宥恕(ユウジョ)」

名乗 くに・しのぶ・ただし・のり・はかる・ひろ・ひろし・ひろむ・みち・もろ・ゆき・ゆるす・よし

解字 篆文 古文 形声。心+如㊥。音符の如は、古文では女、しなやかな女性の意味。しなやかな心、おもいやり・ゆるすの意味を表す。

(10)6 【恁】2220 △ 漢ジン 呉ニン 唐イン 寝 沁 rèn 5576 576C

字義 ❶おもう。❷宋代以来の俗語。㋐この。あの。㋑かく。このように。

解字 金文 篆文 形声。心+任㊥。

【恁地】ジン・チ イン・チ このように。このような。地は、助字。

【恁△麽】ジン・モ イン・モ 麽は、助字。①このような。このように。②どんな。どのように。

(10)6 【息】2221 教3 ソク いき 息吹(いぶき)・息子(むすこ) 漢ショク 呉ソク 職 xī 3409 4229

筆順 ノ 白 自 自 息 息

字義 ❶いき。いきをする。呼吸。「嘆息」❷生きる。生きながらえる。「生息」❸うむ(産)。うまれる。また、生まれた子。また、むすこ。「子息」❹育つ。育てる。❺のびる。広がる。増える。増やす。また、増えたもの。「利息」❻いこう(いこふ)。休む。「休息」「安息」❼やむ。やめる(やむ)。終わる。尽きる。「終息」「息災」

名乗 おき・やす 難読 息長(おきなが)・息長鳥(しながどり)

参考 現代表記では〔熄〕(4419)の書きかえに用いることがある。「終熄→終息」

解字 篆文 会意。心+自。心は心臓の、自は鼻の象形。心臓部から鼻に抜ける、いきの意味を表す。また、静かないきの意味から、いこうの意味をも表す。また、いきをする、生きるの意味や、自分の分身として生きのびていく者、子の意味をも表す。

▼安息・気息・休息・脅息・子息・終息・消息・生息・絶息・太息・嘆息・窒息・長息・鼻息・閉息・令息

【息△偃】ソクエン やすむ。いこう。偃は、ふす・ねる。

【息災】ソクサイ ①仏仏力で災いを止めること。「息災延命」②国身の無事なこと。「無病息災」

【息子】むすこ 国その家の男の子。特に、自分の子についていうことが多い。せがれ。

【息女】ソクジョ ①自分の娘。②国身分のある人の娘。また、その娘を敬って言う語。

(10)6 【恥】2222 常 チ はじる・はじ・はじらう・はずかしい 3549 4351

チ 紙 chǐ

筆順 丅 耳 耳 恥 恥

〔耻〕俗字 7055 6657

字義 ❶はじる。はじらう。㋐きまり悪く思う。「羞恥」 ㋑気がとがめる。自らやましく感ずる。「無恥」「廉恥」 ❷はずかしめる。国はずかしい。はじをかかせる。❸はじ。はじる心。

解字 篆文 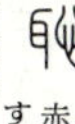 会意。心＋耳。耳は、みみの象形で、はじて耳を赤らめるの意味。心を付し、はじるの意味を表す。

▼無恥・廉恥

【恥辱】(チジョク) ①はじ。②はずかしめ。不名誉。

【有レ恥且格】(はじ(ち)ありてかついたる) 恥を知り、修養をして善に至る。格は、至る。〔論語、為政〕

(10)6
【恙】2223 △ ヨウ(ヤウ) 漾 yàng 5589 5779

字義 つつが。㋐うれえ(憂)。㋑やまい。病気。㋒つつが虫。人をかむ毒虫の名。＝蛘(ヨウ)。

解字 篆文  形声。心＋羊(羊)音。音符の羊は、痒に通じ、やむの意味。心がやむ、うれえるの意味を表す。

【無レ恙】(つつがなし) うれいがない。平安無事である。

(10)6
【恋】2224 常 レン こう・こい・こいしい 4688 4E78

(23)19
〔戀〕2225 レン 霰 liàn 5688 5878

筆順 亠 亣 亦 恋 恋

字義 ❶こう。こいしく思う。したう。「恋愛」 ❷こいしい。❸こい。男女間でしたい合う気持ち。「悲恋」

解字 形声。もと、心＋䜌省音。音符の䜌(レン)は、ひくの意味。心がひかれる、こいするの意味を表す。

▼顧恋・悲恋

【恋賞】(レンショウ) (風景・音楽などに)心が引かれて、めで眺める(聞きいる)こと。

【恋情】(レンジョウ) こいしたう心。

【恋着・恋著】(レンチャク) こいしたって離れられないこと。あきらめきれない・忘れられないこと。

【恋慕】(レンボ) こいしたう。

【恋恋】(レンレン) ①思いこがれるさま。②愛情のこまやかなさま。③いつまでも心が引かれているさま。思いきりの悪いさま。

10(6)
【怺】2226 5578 576E

音義未詳。

(11)7
【悪】2227 教3 アク・オ わるい 1613 302D

(12)8
〔惡〕2228 人 許 一アク 薬 è　二漢オ(ヲ)・呉ウ 遇 wù　三漢オ(ヲ)・呉ウ 虞 wū 5608 5828

筆順 亜 亜 悪 悪

字義 一 ❶わるい。あし。↔善・良。㋐正しくない。よくない。「積悪」「諸悪」 ㋑好ましくない。いや。不快。また、みにくい。きたない。「険悪」「醜悪」 ㋒おとっている。下等。粗末。「悪衣」「粗悪」 ㋓荒い。はげしい。てあらい。❷わるい人。また、わるいこと。「悪党」「善悪」 ❸病気。やまい。❹きず。欠点。
二 ❶にくむ。㋐憎く思う。㋑きらう。いむ。いとう。「好悪」 ❷そしる。悪くいう。
三 助字。⇩助字解説
国 アク。たけだけしく強いこと。「悪源太」「悪僧」

助字解説

①いずくに。いずくにか。疑問・反語。どこに……か。どういう点に……か。類安・焉。〔論語、里仁〕君子去レ仁、悪乎成レ名〈君子が仁を離れたら、どこに君子たる名をなすところがあろうか〉

②いずくんぞ。反語。どうして……か。〔史記、李斯伝〕今身且不レ能レ利、将悪能治二天下一哉〈今は自分自身のことでさえうまくいかない、それなのにどうして天下を治めることができようか〉

③ああ。感嘆。〔孟子、公孫丑下〕悪是何言也〈ああ、これはなんということを言うのか〉

難読 悪戯(いたずら)・悪阻(つわり)

解字 篆文 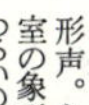 形声。心＋亞(亜)音。音符の亞は、古代の墓室の象形。墓室に臨んだときの心、いまわしい・わるいの意味を表す。

▼過悪・改悪・害悪・旧悪・凶悪・険悪・嫌悪・好悪・極悪・罪悪・疾悪・邪悪・醜悪・積悪・粗悪・憎悪・俗悪・懲悪・同悪・劣悪

【悪衣】(アクイ) 粗末な着物。〔論語、里仁〕恥二悪衣悪食一者、未レ足二与議一也

【悪意】(アクイ) ①わるい考え。②悪い意味。悪い見方。↔善意。

【悪運】(アクウン) ①悪いめぐりあわせ。不幸な運命。②国悪事をしても、かえって栄える強い運。

【悪疫】(アクエキ) たちの悪い流行病。

【悪縁】(アクエン) ①仏悪事にさそいこむ外界の事情。また、前世でおかした悪行の報い。②国㋐良くない縁。㋑思うようにならない男女の間がら。また、離れようとしても離れることのできない男女の間がら。くされ縁。

【悪化】(アッカ) 状態・形勢などが悪くなる。

【悪貨】(アッカ) 品質の悪い貨幣。↔良貨。

【悪臥】(アクガ) 寝相が悪いこと。また、その姿。

【悪寒】(オカン) 病気のときなどに、熱が出てぞくぞくと寒けがすること。

【悪漢】(アッカン) 悪いことをする男。悪者。漢は、男。

【悪気(氣)】(アクキ・アッキ) ①人を害する気。②悪いにおい。③国㋐(わるギ) 悪意。邪推。㋑(わるゲ) 悪そうなさま。

【悪鬼】(アッキ・アクキ) 人に悪いことをするもののけ。たたりをする魔物。強く恐ろしい魔物。

【悪戯(戲)】(アクギ) 悪いいたずら。悪ふざけ。わるさ。

【悪逆】(アクギャク) 人の道にはなはだしくそむいた行い。主君や父母などを殺したり虐待したりすること。「悪逆無道」

【悪業】(アクギョウ) ①よからぬわざ。不正な行為。②仏(アクゴウ) その結果として苦を生ずる行為。特に、現世で苦しみを受ける原因となっている前世の行為。

【悪口雑(雜)言】(アッコウゾウゴン) 国さまざまに出まかせの悪口をいう。また、そのことば。

【悪歳】(アクサイ) 穀物のとれない年。飢きんの年。凶年。

【悪事千里】(アクジセンリ) 「悪事行二千里一(アクジセンリをゆく)」の略で、悪い事はたちまちに世間に知れ渡るものであるとの意。〔景徳伝灯録、十二〕

【悪趣】(アクシュ) ＝悪道の②。

【悪習】(アクシュウ) わるいならわし。よくない習慣。悪癖。悪弊。

【悪女】(アクジョ) ①心や行為のよくない女。②顔や姿の醜い女。

【悪少】(アクショウ) 品行のよくない若者。不良少年。

【悪色】(アクショク) 性質・品行のよくない女。色は、女・美人の意。

【悪食】(アクショク) ①粗末な食物。粗食。②国(アクジキ) ㋐昔、獣肉を食うことをいう。仏教思想に基づく語。㋑普通には食用としない物を食うこと。いかものぐい。

【悪声(聲)】(アクセイ) ①耳に快くない声。雑音など。②気味の悪い、不吉な声。③みだらな音楽。④悪口。⑤よくないうわさ。悪い評判。

【悪戦(戰)】(アクセン) 難儀(ナンギ)して戦う。不利な戦闘に死にものぐるいで戦う。また、苦しい戦い。「悪戦苦闘」

【悪銭(錢)】(アクセン) ①品質の悪い銭。②国不正の方法で得た金。「悪銭、身につかず」

【悪相】(アクソウ) ①仏不吉なありさま。不吉な現象。②国㋐醜い人相。㋑おそろしい人相。㋒悪人らしい人相。

【悪僧】(アクソウ) 武芸にたけた僧。

【悪態】国人に悪口をいうこと。悪対。「悪態をつく」

【悪道】①まちがった道。邪道。②悪い道路。③仏悪事をはたらいた者が死後に行くという世界。地獄・餓鬼・畜生の三悪道に、修羅を加えて四悪道という。悪趣。

【悪徳】不道徳な行為・考え。また、不道徳。④国酒色の遊び。また、それをする人。

【悪△罵】口ぎたなくののしる。

【悪筆】国①悪い筆。書きにくい筆。②文字を書くことの下手なこと。③下手な字。

【悪弊】悪いならわし。弊害を伴う習慣。

【悪魔】①仏人の心を迷わし、仏道修行の妨げになる悪神。②転じて、この上ない悪人。極悪人。

【悪夢】縁起の悪い夢。恐ろしい夢。↔吉夢。

【悪名】よくないうわさ。悪い評判。

【悪用】国物事を悪いことに利用すること。悪く使うこと。↔善用。

【悪△辣】国たちが悪く手厳しいこと。ひどくたちの悪いこと。「悪辣な手段」

【悪霊(靈)】たたりをする死人の魂。

【△勿下以二悪小一△而為(爲)上之】小さな悪事だからといって、それをしてはならない。〔蜀志、劉備伝、注〕〈——、勿下以二善小一而不上為〉小さな善行だからといってやらないことがあってはならない〉

(11)7
【患】2229
常 カン わずらう
漢カン(クヮン) 呉ゲン 諫 huàn
2021 *3435*

筆順 口 吕 串 患 患

字義 ❶うれえる。思いなやむ。心に苦しむ。心配する。「内憂外患」❷わずらう。㋐＝①。㋑病気になる。❸わずらい。㋐なやみ。苦しみ。心配。㋑病気。「急患」㋒わざわい。災難。

使いわけ わずらう〔煩・患〕⇩煩(4409)。

解字 篆文  形声。心＋串㊥。音符の串カンは、物に穴をうがちつらねる形にかたどる。心を突きさすものがあって、うれえるの意味を表す。

▼外患・後患・国患・疾患・重患・大患・内患・憂患

【患禍】わざわい。

【患難】わざわい。うれえ。苦しみ。悩み。

【患累】わざわい。うれい。

(11)7
【悉】2230
標 漢シツ 呉シチ 質 xī
2829 *3C3D*

字義 ❶つくす。残すところなく全部に及ぶこと。きわめつくす。❷ことごとく。すべて。残らず。皆。「悉皆」

解字 篆文  会意。釆＋心。釆は、獣のつめの象形。獣が爪で他の獣の心臓をえぐりとるさまから、残らずとる、ことごとく・つくすの意味を表す。

【悉皆】すべて。ことごとく。残らず。皆。

【悉達多】仏釈迦の出家する前の名。梵語 Siddhārtha の音訳。悉達・悉陀・悉多とも書く。（前四六三?—前三八三?）

【悉曇】①梵語で成就の意。②梵語の文字。悉曇文字。また、梵語の音声に関する学問の総称。

(11)7
【恖】2231
△ ソウ 怱(2207)の正字。→三九七ページ。

(11)7
【您】2232
△ ニン nín

字義 あなた。もと、你們が一音化した語。今は、第二人称の敬語に用いる。

解字 形声。你㊥＋心㊥。元代には既に用いられるようになった俗語で、你は、あなたの意味と二の音とを示し、心は、ン(ム)の音を示して、敬語の意味を加える。

(11)7
【悠】2233
常 ユウ
漢ユウ(イウ) 呉ユ 尤 yōu
4510 *4D2A*

筆順 亻 仆 攸 攸 悠

字義 ❶うれえる。いたむ。❷おもう。❸とおい(遠)。はるか。「悠久」❹ゆったりしているさま。気の長いさま。「悠悠」

名乗 ちか・ひさ・ひさし

解字 篆文 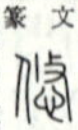 形声。心＋攸㊥。音符の攸ユウは、長いすじの意味。心に長く感じられる、はるかの意味を表す。また、弔に通じ、いたみうれえるの意味にも用いる。

【悠遠】はるかに遠い。時間・空間の両方にいう。

【悠久】ながく久しい。長久。永遠。

【悠然】ゆったり。また、のんびりとしたさま。のどかなさま。〔晋、陶潜、飲酒詩〕悠然見二南山一 訳文⇩采レ菊東籬下(九三一ページ)。

【悠長】①はるかに遠い。久しく長い。②国落ち着いてあわてない。気の長いこと。

【悠悠】①ひまなさま。のんびりしたさま。他のものとかかわりなく、ゆったりとしたさま。〔唐、崔顥、黄鶴楼詩〕白雲千載空悠悠。②無関心なさま。〔唐、張謂、題二長安主人壁一詩〕→縦令(六六七ページ)。③遠く(広く)はるかなさま。〔文選、阮籍、詠懐詩〕悠悠分二曠野一 〔唐、陳子昂、登二幽州台一歌〕念二天地之悠悠一 訳文⇩愴然(四三一ページ)。④うれえ悲しむさま。⑤多いさま。

【悠悠閑閑】のんびり(ゆったり)しているさま。悠閑。

【悠悠自適】俗世間の事にわずらわされず、ゆったりと心静かにくらすこと。自適は、自分の心に合うようにくらす意。

【悠揚】①ゆったり、また、のんびりしているさま。②遠くかすかなさま。また、おぼろなさま。

(12)8
【惡】(2228)
アク 悪(2227)の旧字体。→四〇〇ページ。
5608 *5828*

(12)8
【惎】2234
△ 漢キ 呉ギ 寘 jì
5610 *582A*

字義 ❶そこなう(害)。❷にくむ。いむ。❸おしえる(教)。❹おもう(思)。

解字 篆文  形声。心＋其㊥。

(12)8
【惠】(2216)
ケイ 惠(2215)の旧字体。→三九九ページ。
5610 *582A*

(12)8
【惣】2235
人 ソウ 総(5819)の俗字。→八五八ページ。
3358 *415A*

筆順 牛 牞 物 惣 惣

名乗 おさむ・のぶ・ふさ

参考 ①現代表記では〔総〕(5819)に書きかえる。「惣領→総領」「惣菜→総菜」。熟語は総を見よ。→八五八ページ。②日本では、人名に用いるとき総領(長男)の意をあらわすことが多い。

(12)8
【惄】2236
△ 漢デキ 呉ニャク 錫 nì

字義 ❶うえる(飢)。❷うれえる。＝慼。❸おもう(思)。❹いたむ。なげく。

解字 金文  篆文  形声。心＋叔㊥。音符の叔は、弔に通じ、いたむの意味。心をいためるの意味を表す。

(12)8
【悳】2237
△ トク 徳(2175)の本字。→三八九ページ。
5560 *575C*

(12)8
【悲】2238
教3 ヒ かなしい・かなしむ
ヒ 支 bēi
4065 *4861*

筆順 丿 ヨ 非 非 悲

字義 ❶かなしむ。㋐なげきいたむ。㋑したいいたむ。〔漢書、高帝紀下〕游子悲ㇾ故郷（ユウシコキョウをかなしむ）。❷かなしい。❸かなしみ。❹仏あわれみ。慈悲。

解字 篆文 形声。心＋非音。音符の非は、左右にわかれるの意味。心がひきちぎられ、いたみかなしむの意味を表す。

▼慈悲・傷悲

【悲哀】（ヒアイ）悲しむ。また、かなしみ。哀も、かなしみ。

【悲運】（ヒウン）悲しい運命。不幸な運命。

【悲笳】（ヒカ）悲しい音色の胡笳（コカ）（胡人の笛）の音。

【悲歌忼慨】（ヒカコウガイ）悲しんで歌い、世をいきどおりなげく。〔史記、項羽本紀〕項王乃悲歌忼慨（コウオウすなわちヒカコウガイす）。

【悲感】（ヒカン）悲しむ。悲しみいたむ。感は、いたむ・かなしむ。

【悲観(觀)】（ヒカン）①物事をかなしいもの、苦しいもの、悪なるものとして考えること。↔楽観。②国がっかりする。悲しんで失望する。

【悲願】（ヒガン）①仏仏・菩薩（ボサツ）のいつくしみの心から発する、衆生（シュジョウ）を救うための誓願。②国悲壮な願い。是非とも達成しようとする願望。

【悲喜】（ヒキ）悲しみと喜び。

【悲喜交至】（ヒキこもごもいたる）悲しみと喜びとが同時にやってくる。悲しくもあり喜ばしくもある。

【悲泣】（ヒキュウ）悲しんで泣く。

【悲境】（ヒキョウ）悲しい境遇。あわれな境遇。あわれな身のうえ。

【悲響】（ヒキョウ）もの悲しいひびき。悲しい音色。悲曲。

【悲劇】（ヒゲキ）①人生の悲惨な出来事を題材とし、不運な結末で終わる劇。↔喜劇。②人生の悲惨な出来事。

【悲惨(慘)】（ヒサン）悲しくいたましい。みじめ。悲酸。

【悲酸】（ヒサン）＝悲惨。酸はむごい・いたましい。また、悲しがる。〔唐、陳鴻、長恨歌伝〕生ㇾ女勿ㇾ悲酸（おんなをうむもヒサンすることなかれ）、生ㇾ男勿ㇾ喜歓（おとこをうむもキカンすることなかれ）〈女を生んでも悲しがってはいけない、男を生んでも喜んではいけない。（女によって栄達することもある）〉

【悲秋】（ヒシュウ）もの悲しい秋。もののあわれを感ずる秋。〔唐、杜甫、登高詩〕万里悲秋常作ㇾ客（バンリヒシュウつねにキャクとなる）。

【悲愁】（ヒシュウ）悲しみうれえる。また、悲しみとうれえ。

【悲傷】（ヒショウ）悲しみいたむ。また、悲しく痛ましい。

【悲壮(壯)】（ヒソウ）悲しい中にさかんな意気や力のあること。悲しくも勇ましいこと。

【悲愴】（ヒソウ）悲しみいたむ。また、悲しくいたましい。

【悲田】（ヒデン）仏貧しい者をあわれみ、ほどこしをすること。悲は慈悲。田は、耕作地からの収穫のように効果をあげるの意。

【悲慟】（ヒドウ）非常にかなしみなげく。慟は、身をふるわせて大声で泣く。

【悲風】（ヒフウ）もの悲しく吹く風。特に、秋風。「悲風千里」

【悲憤】（ヒフン）悲しみいきどおる。「悲憤慷慨（コウガイ）」

【悲鳴】（ヒメイ）①悲しんで鳴く。また、悲しげに鳴く。また、その声。②急に驚き、思わずあげる叫び声。

【悲涼】（ヒリョウ）悲しむ。また、悲しくさびしい。

【悲恋(戀)】（ヒレン）①悲しみしたう。②結ばれない恋。

(12)8 【悶】 2239 標 モン 奥 mèn. mēn 4469 4C65

［悶］同字

字義 ❶もだえる。㋐口に出さず、心の中でなやみ苦しむ。「煩悶」㋑気絶しそうになるほど苦しむ。❷うれえる。

解字 篆文 形声。心＋門音。音符の門は、問に通じ、とうの意味。口には出さないが、あれこれ自問して、もだえるの意味を表す。

【悶死】（モンシ）もだえて死ぬ。もだえじに。

【悶絶】（モンゼツ）もだえ苦しんで気絶すること。

【悶着・悶著】（モンチャク）国あらそい。もめごと。

【悶悶】（モンモン）①思いわずらうさま。「悶悶の情」②道理に暗いさま。すじ道の通っていないさま。〔老子、二十〕我独悶悶（われひとりモンモンたり）。

(12)8 【惑】 2240 常 ワク まどう　漢コク 呉ワク 奥 huò 4739 4F47

筆順 ㇀ 式 或 或 惑

字義 ❶まどう。まよう。㋐心が乱れて分別が困難になる。みだれる。くらむ。「不惑」㋑うたがう。あやしむ。「疑惑」❷まどわす。①の他動詞。❸まどい。まよい。

解字 篆文 形声。心＋或音。音符の或（ワク）は、さかんにあらわれるさまを表す擬態語。さまざまな考えがさかんにあらわれて、心を乱すの意味を表す。

▼欺惑・疑惑・幻惑・誤惑・困惑・当惑・不惑・魅惑・迷惑・誘惑

【惑志】（ワクシ）①まどう心。まどいの心。②うたがう心。うたがい。③心をまどわす。

【惑星】（ワクセイ）①太陽の周囲をまわっている星。水星・金星・火星・地球など。遊星。↔恒星。②国㋐人物・力量などは未知であるが有力と考えられる候補者。ダークホース。㋑何をやりだすかわからぬ、なぞの人物。

【惑溺】（ワクデキ）迷いおぼれる。本心を失うこと。

【惑乱(亂)】（ワクラン）①（冷静な判断ができなくなるほどに）心がまどい乱れる。まどい。乱れ。②まどわし乱す。

(12)8 【憗】 2241 国字 △

字義 なまじい（なまじい）。＝憖（ギン）。

解字 憖の異体字の慭が変化した形。

(13)9 【愛】 2242 教4 アイ　アイ 奥 ài 1606 3026

［㤅］古字

字義 ❶アイする。㋐いつくしむ。かわいがる。「溺愛（デキアイ）」↔憎。㋑こいしたう。「恋愛」㋒親しむ。❷めでる。好む。また、ほめる。賞美する。「愛読」❸おしむ。㋐大切にして手離さない。㋑物惜しみする。けちけちする。❹おしい。心残りである。残念。❺仏異性や物をむさぼり求めること。十二因縁の一つ。❻キリスト教で、神が人類に幸福を与えること。また、人類すべてを兄弟としていつくしむこと。❼アイ。㋐愛情。㋑生きがいと考えすべてを打ちこむ心。「学問への愛」国国名。愛蘭（または、愛耳蘭（アイルランド））の略。

名乗 あき・さね・ちか・ちかし・なる・のり・ひで・めぐむ・よし・より

難読 愛媛（えひめ）・愛冠（あいかっぷ）・愛子（あやし）・愛娘（まなむすめ）・愛知川（えちがわ）・愛宕（あたご）・愛知（あいち）・愛鷹（あしたか）・愛蘭（アイルランド）

解字 篆文 形声。もと㤅に作り、夂＋㤅音。音符の㤅（アイ）は、会意で、旡＋心。旡は、頭をめぐらせふりかえる人の象形。ふりむき見る心のさまから、いつくしむの意味。夂は、足の象形で、いつくしむ心がおもむき及ぶの意味を表す。

▼遺愛・恩愛・割愛・求愛・敬愛・兼愛・慈愛・自愛・純愛・情愛・仁愛・忠愛・熱愛・博愛・偏愛・盲愛・友愛

【愛育】（アイイク）いつくしみ育てる。大事にして育てる。

【愛縁】（アイエン）仏恩愛から生ずる人と人とのつながり。恩愛のきずな。

【愛玩・愛翫】（アイガン）①大切に所蔵して賞玩する（めで楽しむ）こと。②かわいがる。

【愛姫(姬)】（アイキ）気に入りの侍女。寵愛（チョウアイ）する側室。

【愛嬌】（アイキョウ）国①顔のかわいらしいこと。②情けのあること。③人をほほえませる行為。

【愛敬】（アイケイ）①愛し敬う。②国㋐（アイキョウ）㊊＝①。㊋＝愛嬌の①②。古語。㋑＝愛嬌の③。

【愛顧】（アイコ）かわいがって目をかけること。ひいきすること。

【愛護】（アイゴ）かわいがって、大切に守る。

【愛好】（アイコウ）①愛し好む。②身を大事にする。

【愛幸】（アイコウ）かわいがる。寵愛（チョウアイ）する。

【愛国(國)】（アイコク）自分の国を愛すること。

【愛日】（アイジツ）①愛すべき太陽（日光）。冬の日の別称。夏の強烈な日光に対して、冬のやわらかく暖かい日光をいう。『左伝』文公七年、注に「冬日可レ愛（トウジツは、アイすべく）、夏日可レ畏也（カジツはおそるべきなり）」とあるのに基づく。②日を惜しむ。時間を大切にする。③転じて、時日を惜しんで父母に孝養をつくすこと。

【愛称(稱)】（アイショウ）国相手を親しんで呼ぶ特別の呼び名。

【愛情】（アイジョウ）かわいいと思う気持ち。愛する心。また、異性をこいしたう感情。

【愛惜】（アイセキ）①愛し惜しむ。深く愛する。②物惜しみする。〔文選、古詩十九首〕愚者愛ニ惜費一（グシャはついえをアイセキす）③人を愛して大切にする。

【愛染】（アイゼン）仏むさぼり愛して執着すること。恋愛に執着すること。また、愛に引かれる心。

【愛想】（アイソウ・アイソ）①仏愛好するものに執着する思い。②国㋐人あしらいのよいこと。愛嬌（アイキョウ）。㋑もてなし。㋒人に与える感じ。㋓料理屋などの勘定（カンジョウ）・会計。

【愛憎(憎)】（アイソウ）愛と憎しみ。また、好もしく思い、かわいがることと憎むこと。

【愛着】（アイチャク・アイジャク）国深く愛して、それに引かれ、離れられないこと。恋々として忘れられないこと。

【愛憫】（アイビン）いつくしみあわれむ。

【愛撫】（アイブ）①いつくしみいたわる。かわいがる。撫は、なでる。②国かわいがってなでさする。

【愛別離苦】（アイベツリク）仏親子・兄弟・夫婦など相愛する者が生別・死別するつらさ・悲しみ。

【愛欲・愛慾】（アイヨク）①仏深く妻子などを愛する心。②国男女間の情欲。

【愛悋】（アイリン）おしむ。悋も、惜しむ意。

【愛憐】（アイレン）①かわいそうに思う。②かわいがる。

(13)9
【意】2243　教3　イ　意気地（いくじ）　イ　寘　yì　1653　*3055*

筆順　亠　立　音　意　意

字義　❶こころ。㋐思い。考え。おもわく。「任意」「随意」㋑わけ。意味。「大意」「寓意（グウイ）」㋒勝手な考え。私欲につられての考え。「私意」㋓おもむき。ありさま。❷おもう（おもふ）。考える。推測する。❸おもうに（おもふに）。㋐考えるに。㋑あるいは。かえって。そもそも。❹仏六根の一つ。思慮・分別。

名乗　お・おき・おさ・のり・むね・もと　難読　意岐（おき）

解字　篆文

会意。心＋音。音は、人の言葉とならないおとの意味。言葉になる前の、おもいの意味を表す。意を音符に含む形声文字に、億・憶などがある。

▼悪意・一意・雨意・鋭意・雅意・介意・会意・害意・隔意・貴意・客意・極意・敬意・決意・故意・厚意・好意・合意・懇意・作意・殺意・賛意・私意・失意・謝意・主意・趣意・祝意・上意・情意・心意・深意・真意・神意・随意・生意・盛意・聖意・誠意・善意・素意・創意・総意・他意・大意・達意・着意・弔意・天意・当意・同意・得意・内意・如意・任意・反意・微意・筆意・不意・別意・発意・本意・翻意・来意

【意気(氣)】（イキ）①気だて。心もち。②意気ごみ。元気。③意志と勇気。④国粋（いき）。あかぬけしていること。つう（通）。

【意気(氣)軒▵昂】（イキケンコウ）意気がさかんにあがること。

【意気(氣)消(▵銷)沈】（イキショウチン）意気込みがなくなってしょげる。がっかりする。

【意気(氣)衝天】（イキショウテン）意気込みが、天を衝っくほど盛んなこと。非常に元気なこと。

【意気(氣)阻(▵沮)喪】（イキソソウ）気がくじける。

【意気(氣)地】（イキジ・イクジ）国自分の考えをあくまで通そうとする心。＝意地の②。

【意気(氣)投合】（イキトウゴウ）両者の気がよく合うこと。

【意気(氣)揚揚】（イキヨウヨウ）大いに得意なさま。いばるさま。満足しているさま。揚揚は、洋洋とも書く。〔史記、晏嬰伝〕

【意義】（イギ）①意味。わけ。②国理由。価値。「存在の意義」

【意見】（イケン）①心に思うところ。考え。②国忠告。いさめ。

【意向】（イコウ）国心のむかうところ。おもわく。

【意志】（イシ）①考え。②やり抜こうとする心。積極的なこころざし。③哲学で、事をしようとする行動を起こす過程または原因の一つを選び、その実現を意欲する心の作用をいう。◇考え・思いを表わす場合、心理学では「意志」、法令用語では「意思」を用いるが、一般には、成し遂げようとする心を「意志」、考え・思いを「意思」というように使い分ける。「意志の強い人」「意思表示」

【意思】（イシ）考え。思い。

【意地】（イジ）①仏こころ。地は心のある場。②国㋐しいて人に逆らい、自分の意を通そうとする心。㋑根性（コンジョウ）。㋒気概。

【意識】（イシキ）①心に知る。②仏分別する心の作用。③心理学で、自分が自分または対象を知っている精神状態。

【意趣】（イシュ）①心のおもむき。意向。おもわく。心持ち。②国㋐わけ。理由。㋑うらみ。遺恨。

【意匠】（イショウ）①考える。工夫（クフウ）。②国物の形・色・模様などを考えること。デザイン。

【意中】（イチュウ）心のうち。心に思うこと。「意中の人（思い慕う人）」

【意図(圖)】（イト）①心にはかる。思いはかる。②国考え。ねらい。計画。

【意馬心猿】（イバシンエン）仏煩悩（ボンノウ）のために情が動いておさえ難いことを、走る馬・さわぐ猿にたとえた語。煩悩のために心が狂いさわぐ意。心猿意馬。

【意表】（イヒョウ）思いのほか。思いがけない。意外。

【意望】（イボウ）のぞみ。ねがい。

【意味】（イミ）①事のわけ。おもむき。②ことばの指し示す内容。意義。

【意味深長】（イミシンチョウ）意味が奥深く含蓄のあること。

【意訳(譯)】（イヤク）国単語の一つ一つの意味にこだわらず、全体の意味をとって翻訳すること。↔直訳。

【意欲】（イヨク）何かを求め、また、そうしたいと思う心の働き。

【不レ介レ意】（イにカイせず）気にかけない。何とも思わない。無視する。介は、はさむ。不レ為レ意（イとなさず）。

(13)9
【感】2244　教3　カン　カン　感　gǎn　2022　*3436*

筆順　丿　厂　后　咸　咸　感

字義　❶カンずる（カンず）。カンじる。㋐外物に触れて心が動く。「直感」「敏感」㋑感覚器官によって、暑さ・寒さ・痛みなどを知る。❷うごかす。＝撼（カン）。❸まどわす。❹かんじ。思い。感覚。

使いわけ　カン〔感・観〕
〔感〕感じ。自覚。「満腹感・親近感」
〔観〕見方。考え方。観察の結果。「先入観・歴史観」

解字　篆文

会意。心＋咸。咸は、大きな威圧の前に声を出しきるの意味。人の心が大きな刺激の前に動くの意味を表す。

▼共感・偶感・交感・好感・語感・実感・情感・多感・直感・痛感・鈍感・万感・悲感・敏感・予感・霊感

【感応(應)】（カンオウ・カンノウ）①心が物事にふれて感じ動く。②仏衆生（シュジョウ）が仏を感じようとすれば、仏はすぐそれに応ずること。③導体が電気や磁気を帯びること。

【感化】（カンカ）影響を与えて心を変えさせること。また、他の影響を受けて心が変わること。

【感荷】カンカ　有り難く思う。荷は、恩にきる。
【感懐(懷)】カンカイ　①感じ思う。②思い。感想。
【感慨】カンガイ　①悲しみなげく。悲しみいきどおる。②身にしみて深く感ずる。
【感慨無量】カンガイムリョウ　限りなく深く身にしみて感ずること。
【感覚(覺)】カンカク　感官（耳・目・舌・鼻・皮膚など）に受けた刺激によって起こる感じ。
【感泣】カンキュウ　（有り難さを）深く心に感じて泣く。
【感興】カンキョウ　興味（おもしろみ）を感ずる。また、おもしろみ。
【感遇】カングウ　①恩遇（めぐみ深い待遇）に感謝する。②人生の遇・不遇（めぐりあわせのよしあし）を思う。③不遇をなげき悲しむ。
【感激】カンゲキ　深く感じて心が奮いたつこと。〔文選、諸葛亮、出師表〕由レ是感激（これによりてカンゲキす）。
【感悟】カンゴ　感じさとる。気がつく。
【感受性】カンジュセイ　ものや刺激を感じる能力や働き。
【感傷】カンショウ　物事に感じて心をいためる（悲しむ）こと。
【感情】カンジョウ　①気持ち。心持ち。②物事に感じて動く、喜び・悲しみ・楽しみ・苦しみなどの心の活動。
【感触(觸)】カンショク　①外界の刺激に触れて起こる感じ。②国手ざわり。手に触れる感じ。
【感心】カンシン　①心に深く感じ入る。②国㋐立派でほめられるべきこと。㋑驚くこと。あきれること。
【感性】カンセイ　国外界の刺激に対して、感覚や知覚の生ずる感覚器官の感受性をいう。
【感染】カンセン　①他の物事の影響を受けて、そのようになること。かぶれる。好ましくない習慣などにいう。②病気がうつること。「感じ。伝染。
【感想】カンソウ　ある物事を感じ、それに対して心に起こった考えや
【感嘆・感△歎】カンタン　①感心してほめたたえる。②嘆き悲しむ。
【感知】カンチ　国直感的に感じ知ること。
【感徹】カンテツ　自分（相手）の心が相手（自分）に十分にとどくこと。感通。
【感動】カンドウ　深く感じて心が動く。また、人の心を動かす。
【感得】カントク　感じさとる。感じて会得（エトク）する。
【感△佩】カンパイ　心に深く感じて（有り難く思って）忘れないこと。佩は、身に帯びる。
【感服】カンプク　深く感じて心から敬い従う。
【感憤】カンプン　心に感じて奮い立つ。感忿（カンプン）。感奮。
【感奮】カンプン　感激して奮い立つ。感憤。「感奮激励」
【感冒】カンボウ　かぜ。風邪。もと、病気にかかる意。感は、染まる・かかる。冒は、こうむる・冒される。
【感銘】カンメイ　深く感じて忘れないこと。また、深く感ずる。銘は、〔彫りつける。肝銘。
【感涙】カンルイ　深く心に感じて流す涙。

(13)9
【愚】2245　常　グ　おろか
筆順　冂 吕 禺 禺 愚
グ　慮 yú
2282
3672

字義　❶おろか。才知の働きのにぶいこと。「暗愚」❷ばか正直。❸おろかな心。また、その人。❹あなどる。ばかにする。愚弄（グロウ）。❺自己に関することに冠する謙称。また、自己の謙称。「愚考」「愚妻」

解字　篆文 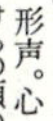　形声。心＋禺㊥。音符の禺（グ）は、さるに似たなまけもの類の象形で、不活発でにぶいの意味を表す。心のはたらきがにぶい、おろかの意味を表す。

▼暗愚・下愚・賢愚・至愚・守愚・大愚・痴愚・庸愚

【愚暗】グアン　おろか。暗愚。
【愚見】グケン　①おろかな考え。つまらぬ意見。②自分の考え・意見の謙称。
【愚公移レ山】グコウやまをうつす　絶えず努力すれば、ついに成功することのたとえ。愚公という人が、長い年月をかけて、自分の家の前の山の土を運び、ついに山を他に移したという寓話（グウワ）に基づく。〔列子、湯問〕
【愚者千慮必有二一得一】グシャもセンリョにかならずイットクあり　おろか者でもたまにはよい考えを出すことがある。〔史記、淮陰侯伝〕智者千慮必有二一失一（チシャもセンリョにかならずイッシツあり）、——。〈すぐれた知恵者でもたまには失敗することもある。——〉
【愚生】グセイ　自己の謙称。私。小生。
【愚誠】グセイ　①おろかなまこと。つまらぬ真心。②自分の真心の謙称。〔晋、李密、陳情表〕矜二愍愚誠一（グセイをキョウビンせよ）。
【愚△叟】グソウ　①おろかなじじい。また、老人の謙称。②山を移したという愚公をいう。→愚公移レ山。
【愚僧(僧)】グソウ　国僧の謙称。
【愚痴(癡)】グチ　①おろか。②国言ってもどうにもならないことを言って嘆くこと。「愚痴をこぼす」
【愚衷】グチュウ　①おろかな真心。②自分の真心の謙称。
【愚直】グチョク　ばか正直。また、自分の正直さの謙称。
【愚△禿】グトク　国僧の謙称。禿は、はげ頭。
【愚鈍】グドン　おろかで、にぶい。のろま。
【愚△衲】グノウ　国僧の謙称。衲は、僧の衣。
【愚△鄙】グヒ　①おろかでいやしい。②自分の才能の謙称。
【愚△昧】グマイ　おろか。昧は、暗い。
【愚△蒙・愚△矇】グモウ　おろかで道理に暗いこと。
【愚劣】グレツ　①おろか。②劣っている。ばかげている。
【愚△弄】グロウ　あなどりなぶる。ばかにする。
【愚△陋】グロウ　おろか。陋は、狭い。
【愚論】グロン　①おろかな議論。ばかげた理論。②自分の議論の「謙称。
【守レ愚】グをまもる　①才知をかくして愚者のようにふるまうこと。②自分のおろかさを自覚し、それに安住し、才能以上のことを求めないこと。

(13)9
【愆】2246　△　ケン　慳 qiān
5620
5834

字義　❶あやまる。あやまつ。過失をおかす。❷あやまち。とが。過失。「愆失」❸悪性の病気。

解字　金文 　篆文 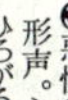　形声。心＋衍㊥。音符の衍（エン）は、のびひろがるの意味。度を越して気ままに振る舞うさまから、あやまつの意味を表す。

(13)9
【慈】2247
(14)10
〔慈〕2248
常　ジ　いつくしむ
㊇シ　㊇ジ　因 cí
2792
3B7C

筆順　䒑 玄 兹 慈 慈

字義　❶いつくしむ。かわいがる。情けをかける。「慈雨」❷いつくしみ。㋐あわれみ。情け。㋑父母の子に対する、また、子の父母に対する愛。❸はは（母）。↕厳（父）。❹仏衆生（ジジョウ）に楽しみを与えること。

名乗　しげ・しげる・ちか・なり・やす・よし　難読　慈姑（くわい）

解字　篆文 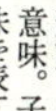　形声。心＋玆（兹）㊥。音符の玆（シ）は、ふえるの意味。子をふやし育てる心、いつくしみ・愛の意味を表す。

▼孝慈・仁慈・令慈

【慈愛】ジアイ　いつくしみかわいがる。また、いつくしみ。
【慈△烏】ジウ　からす。烏（からす）は成長後、親にえさを運んで来て、幼時の恩を返すという伝えからいう。慈鴉（ジア）。一説に、からすの一種という。〔唐、白居易、慈烏夜啼詩〕
【慈雨】ジウ　①めぐみのあめ。よいしめり。ほどよい時に降って生物を養い育てる雨。②転じて、君主のめぐみの広くゆきわたるた〔とえ。
【慈恩】ジオン　いつくしみ。めぐみ。慈恵。
【慈恩寺】ジオンジ　陝西（センセイ）省西安市の東南にある寺の名。唐の高宗が太子の時、文徳皇后のために建立（コンリュウ）。大雁塔（ダイガントウ）で有名。その南に曲江池があった。
【慈△誨】ジカイ　＝慈訓。↓次項。
【慈訓】ジクン　いつくしみ深い教え。母の教訓。慈誨（ジカイ）。

〔慈恩寺（大雁塔）〕

【慈恵（惠）】いつくしみ。めぐみ。慈恩。

【慈孝】親が子に対する慈愛と、子が親に対する孝行。

【慈善】①あわれみ助ける。情けをかけてめぐむこと。②情け。めぐみ。③不幸な人・困っている人（特に貧困者）を助ける。

【慈孫】祖父母に孝養をつくす孫。孝孫。

【慈悲】①仏が衆生に楽しみを与え苦しみを除くこと。②あわれみ。情け。

【慈母】①愛情の深い母。また、母。〔唐、孟郊、遊子吟〕慈母手中線、遊子身上衣。〈慈愛深い母は手に糸を持って、遊学に出発しようとする我が子の衣服を縫っている〉②めのと。うば。

(13)9
【惹】2249　△　㊀㊥ジャ・㊦ニャ　㊥ rě　㊁㊥ジャク・㊦ニャク　㊥ ruò　2870 3C66
【惹】標準
字義 ㊀❶ひく。ひきつける。ひきよせる。❷みだれる（乱）。❸まつわる。㊁ひく。ひかれる。心がひかれる。
解字 篆文　形声。心＋若㊥。音符の若は、髪をふり乱し神がかりになった人の象形。心が乱れる、ひきつけるの意味を表す。
【惹起】ひきおこす。（事件などを）しでかす。

(13)9
【愁】2250　常　シュウ　うれえる・うれい　㊥シュウ（シウ）・㊦ジュ　㊥ chóu　2905 3D25
筆順　千 禾 秋 秋 愁
字義 ❶うれえる。思いなやむ。思いにしずむ。悲しむ。「哀愁」「旅愁」。❷うれえ。うれい。悲しみ。❸さびしい。［＝愀］
使いわけ うれえる［憂・愁］⇒憂（2275）。
解字 篆文　形声。心＋秋㊥。音符の秋は、かぼそい鳴き声の擬声語。心が悲しくなる、泣きたくなる、うれえるの意味を表す。
▼哀愁・客愁・郷愁・孤愁・春愁・沈愁・悲愁・辺愁・暮愁・幽愁・憂愁・離愁・旅愁

【愁苦】思いなやみ苦しむ。

【愁恨】うれえうらむ。悲しみうらむ。うれえ悲しむ。

【愁殺】非常にうれえ悲しませる。殺は、程度のはなはだしいことを表す助字。

【愁思】悲しみうれえる物思い。

【愁傷】①うれえいたむ。悲しみなげく。②国いたましい。気のどく。「御愁傷様（死んだときのくやみの語）」

【愁色】うれえにしずんだ顔色。また、憂愁をふくんだ色・ようす。

【愁人】①心にうれえ悲しみを持っている人。〔唐、戴叔倫、湘南即事詩〕不下為二愁人一住少時上。

訳文⇩沅湘（六二九㌻）。②物のあわれを感ずる人。騒人。

【愁訴】①悲しみ訴える。②泣きごとを言って訴える。泣きつく。

【愁霜】心配や苦労のために生じた白髪をいう。

【愁腸】①うれえ悲しみの満ちている心。②心をいたみ悲しませる。愁心。

【愁△眉】心配して寄せたまゆ。心配げな目つきや顔つき。「愁眉を開く（安心する・ほっとすること）」

【愁眠】さびしい眠り。旅のさびしさや悲しみのために熟睡できず、うつらうつらとしていること。〔唐、張継、楓橋夜泊詩〕月落烏啼霜満レ天、江楓漁火対二愁眠一。訳文⇩月落烏啼霜満天（五一八㌻）。

【愁夢】悲しい夢。さびしい夢。〔唐、岑参、胡笳歌送二顔真卿使赴二河隴一詩〕辺城夜夜多二愁夢一、向レ月胡笳誰喜レ聞。〈辺境の町では毎夜さびしい夢をみることであろう、そこで月に向かって吹く胡笳の悲しげな音をだれが聞くことを喜ぼうか〉

【愁裏】うれえて悲しみの中にあること。愁中。

(13)9
【惷】2251　△　シュン　㊥ chǔn　5622 5836
字義 ❶みだれる（乱）。❷うごめく。＝蠢。❸あつい（厚）。
参考 惷（2273）は別字。
解字 篆文　形声。心＋春（萅）㊥。音符の萅は、うごめくの意味。心がうごめくの意味から、みだれるの意味を表す。

(13)9
【想】2252　教 3　ソウ・ソ　㊥ショウ（シャウ）・㊦ソウ（サウ）　慣ソ　㊥ xiǎng　3359 415B
筆順　十 木 朩 相 想
字義 ❶おもう。思いめぐらす。考える。おしはかる。思いやる。計画をたてる。「構想」❷おもい。考え。想像。イメージ。❸仏五蘊（色・受・想・行・識）の一つ。対象を心に思い浮かべること。
解字 篆文　形声。心＋相㊥。音符の相は、ものの姿を見るの意味。心にものの姿を見るの意味から、おもうの意味を表す。
▼愛想・回想・感想・奇想・空想・懸想・幻想・構想・思想・詩想・随想・着想・追想・発想・妙想・夢想・妄想・黙想・理想・連想
【想見】①想像する。思いやる。②追想する。過去のことを心に浮かべて思う。

【想象・想像】実際に知覚していないものの像（すがた・かたち）を心に浮かべて見ること。

【想到】おもいいたる。考え及ぶ。

【想念】思い。考え。また、思う。

【想望】おもいのぞむ。思いしたう。期待する。

(13)9
【愍】2253　△　㊥ビン・㊦ミン　㊥ mǐn　5630 583E
字義 ❶いたむ。悲しむ。＝閔。❷あわれむ。＝憫。「憐愍」❸うれえる。
解字 篆文　形声。心＋敃㊥。音符の敃は、紊に通じ、みだれるの意味。心が乱れて悲しむの意味を表す。
【愍凶】父母に死なれた不幸。憫凶。
【愍然】悲しみいたむさま。あわれみいたむさま。憫然。

(13)9
【愈】2254　標　ユ　㊥ yù, ③yú　4492 4C7C
【愈】俗字
字義 ❶まさる。すぐれる。❷いえる。なおる。また、いやす。＝癒。❸たのしむ。＝愉。❹いよいよ。ますます。
解字 形声。心＋兪㊥。音符の兪は、ぬけでるの意味。人並よりぬけでる、まさるの意味を表す。

(13)9
【愈】2255　△　ユ　愈（2254）の俗字。→前項。　[愈] 4492 4C7C

(14)10
【慇】2256　△　㊥イン・㊦オン　㊥ yīn　5632 5840
字義 ❶いたむ。うれえる。❷ねんごろ。ていねい。
解字 篆文　形声。心＋殷㊥。音符の殷は、隠・哀に通じ、いたむの意味を表す。
【慇慇】うれえいたむさま。思いなやむさま。
【慇△懃】殷勤。①ていねい。ねんごろ。②よしみ。特に、

男女の思慕の情。③うれえいたむさま。

(14)10 【愨】2257 [慤]俗字 △ カク 覚 què 5634 5842

字義 ❶つつしむ。❷まこと。まじめ。実直。質朴。

解字 篆文 形声。心＋㱿音。音符の㱿(殻)は、固いからの意味。堅実な心の意味から、つつしみ・まことの意味を表す。

(14)10 【愿】2258 △ 漢ゲン 呉ガン（グワン） 願 yuàn 5637 5845

字義 ❶つつしむ。❷まじめ。実直。質朴。❸よい（善）。

解字 篆文 形声。心＋原音。音符の原は、みなもとの意味。人がはじめから持っている心、すなお・つつしみの意味を表す。

(14)10 【慁】2259 △ 漢コン 呉ゴン 願 hùn

字義 ❶うれえる。気にかける。❷みだす。けがす。わずらわす。迷惑をかける。はずかしめる。＝溷。

解字 篆文 形声。心＋圂音。音符の圂は、困に通じ、くるしむの意味。うれえるの意味を表す。

(14)10 【慈】(2248) ジ 慈（2247）の旧字体。→四〇四ページ。

(14)10 【愬】2260 △ 一ソ 遇 sù 二漢サク・呉シャク 陌 sè 5639 5847

字義 一❶うったえる（訴）。㋐告げ口する。讒言する。㋑不平やうらみなどを人に告げる。泣きごとを言う。❷うったえ。❸むかう。二おどろく。驚きおそれる。

解字 形声。心＋朔音。音符の朔は、さからうの意味。他人にさからって、うったえるの意味を表す。

(14)10 【態】2261 教5 タイ ― タイ 隊 tài 3454 4256

筆順 ム 肖 能 能 態

字義 ❶ありさま。様子。姿。かたち。「状態」「形態」❷身ぶり。しぐさ。❸なまめかしいさま。国わざと。故意に。ことさらに。「態態」は、わざわざ。

解字 篆文 形声。心＋能音。音符の能は、能力としてよくできるの意味。ある事ができるという心構えの意味から、すがた・身ぶりの意味を表す。

▼悪態・旧態・狂態・形態・姿態・事態・実態・醜態・常態・状態・衰態・酔態・世態・生態・痴態・動態・別態・変態・本態・容態

【態勢】身構え。準備ができている状態。

【態度】①身構え。そぶり。身ぶり。②おもむき。

(14)10 【慕】2262 (15)11 [慕]2263 常 ボ したう 漢ボ 呉モ 遇 mù 4273 4A69

筆順 艹 苜 莫 慕 慕

字義 したう。㋐恋しく思う。なつかしく思う。「思慕」「追慕」㋑たっとぶ。手本として見習う。㋒ほしがる。

解字 金文 篆文 形声。心＋莫音。音符の莫は、もとめるの意味。心の中で求める、こいしたうの意味を表す。

▼仰慕・傾慕・敬慕・景慕・思慕・追慕・恋慕

【慕情】なつかしく、また、恋しく思う気持ち。

(14)10 【慂】2264 △ 漢ヨウ 呉ユウ 腫 yǒng 5642 584A

字義 すすめる。説き（誘い）勧める。「慫慂」

解字 形声。心＋涌音。音符の涌は、水があがる、わくの意味。人の心をわきたたせる、すすめるの意味を表す。

(15)11 【慰】2265 常 イ なぐさめる・なぐさむ イ（ヰ） 未 wèi 1654 3056

筆順 尸 层 尉 尉 慰

字義 ❶なぐさめる。㋐心を安らかにさせる。いたわる。「弔慰」㋑なだめる。すかす。❷なぐさむ。不満が静まる。心楽しむ。❸なぐさみ。楽しみ。❹いかる。うらむ。

名乗 のり・やす

解字 篆文 形声。心＋尉音。音符の尉は、火のしの意味。縮んだ心をあたためのばすの意味から、なぐさめるの意味を表す。

▼自慰・弔慰

【慰安】なぐさめて安らかにさせる。

【慰謝】①わびてなぐさめる。②（逆境にある人を）なぐさめいたわる。慰藉。

【慰藉】なぐさめいたわる。なぐさめて力づける。慰謝。

【慰撫】なぐさめいたわる。撫は、なでる。

【慰勉】なぐさめはげます。

【慰問】なぐさめるために訪れる。見舞う。

【慰諭・慰喩】なぐさめさとす。

【慰留】なだめて、思いとどまらせる。

【慰労（勞）】ほねおりをなぐさめねぎらう。また、なぐさめねぎらう。労も、ねぎらう。

(15)11 【慶】2266 常 ケイ 漢ケイ 呉キョウ（キャウ） 敬 qìng 2336 3744

筆順 广 声 鹿 慶 慶

字義 ❶よろこぶ。❷いわう（祝）。❸さいわい。幸福。❹めでたい。縁起がよい。また、吉事。「慶雲」❺たまう。くださる。賞与。また、そのたまもの。

名乗 のり・みち・やす・よし　難読 慶滋・慶良間

使いわけ よろこぶ〔喜・慶〕⇨喜（1012）。

解字 金文 篆文 会意。鹿＋心＋夂（夊）。鹿は、牛に似た一角獣の象形で、むかし、被疑者に触れさせて裁判の判決に用いた。それを少し省略している。心は、勝訴したときの飾りの象形で、金文では、文と書かれることもある。夂は、行くの意味。人のよろこびをいわいに行くの意味を表す。

▼吉慶・国慶・積慶・大慶・同慶・表慶・余慶・落慶

【慶雲】めでたい雲。太平のしるしの雲。よいことのある前兆の雲。縁起のよい雲。紫、また、五色の雲。景雲。卿雲。瑞雲。

【慶賀】よろこび祝う。また、祝い。

【慶祥】めでたいしるし。吉兆。瑞祥。

【慶賞】功績をたたえて恩賞を賜ること。また、その恩賞。

【慶瑞】めでたいしるし。瑞祥。吉兆。

【慶節（節）】めでたい日。祝日。

【慶弔】喜びごととくやみごと。吉事と凶事。

【慶典】祝賀の儀式。特に、国家の祝典。

(15)11 【慧】2267 (15)11 [慧]2268 人 漢ケイ 呉エ（ヱ） 霽 huì 2337 3745

筆順 ≡ 丰 丰丰 彗 慧

字義 ❶さとい。かしこい。❷わるがしこい。❸ちえ。知恵。智。恵と混用される。❹仏さとり。道理を見ぬき疑いを解く力。

名乗 あきら・さと・さとし・さとる

解字 篆文 形声。心＋彗音。音符の彗は、儇に通じ、才知のめぐりが速いの意味。さといの意味を表す。

参考 慧→知恵」

現代表記では〔恵〕(2215)に書きかえることがある。「智

【慧眼】ケイガン ①眼識のするどいこと。活眼。②仏ゲン この世の真理を識別する心のまなこ。

【慧悟】ケイゴ かしこくさとい。

【慧知・慧△智】ケイチ かしこく知恵のあること。

(15)11 【慦】2269 △ ケイ 憩(2281)の俗字。→四〇八ジペー。 5660 585C

(15)11 【慙】2270 △ 漢サン 呉ザン 覃 cán 5647 584F

字義 はじる。はずかしく思う。

【慚】同字 5648 5850

解字 篆文 形声。心＋斬音。音符の斬ザンは、きるの意味。心を切られるような思いをする、はじるの意味を表す。

【慙△恚】ザンイ はじいかる。

【慙△愧】ザンキ ①はじる。また、はじ。愧も、恥。②自分の行為をはじ、後悔する。「慙愧に堪えない」

【慙△羞】ザンシュウ ＝慙愧。羞も、恥。

(15)11 【慫】2271 △ 漢ショウ 呉シュウ 腫 sǒng 5649 5851

字義 ❶おどろく。おそれる。❷すすめる。

解字 篆文 形声。心＋従音。音符の従は、束に通じ、ひきしまるの意味。心がひきしまる、おどろくの意味を表す。また、慫慂ショウヨウの熟語は、従容などに近く、むすぼれた気分を伸びやかにして、その気にさせる、すすめるの意味を表す。

【慫△慂】ショウヨウ 勧める。そそのかす。催促する。

(15)11 【慼】2272 △ 漢セキ 呉シャク 錫 qī

字義 ❶うれえる。うれい。また、うれい。＝慽セキ。❷いたむ。悲しむ。

【慽】同字

解字 篆文 形声。心＋戚音。音符の戚セキは、うれえるの意味。戚がいろいろな意味を表すようになったので、心を付し、うれえいたむの意味を表す。

(15)11 【惷】2273 △ 一トウ(タウ) 江 chōng 二漢ショウ・呉シュウ 冬 chōng

字義 一二 おろか(愚)。にぶい。＝憧ショウ。「惷愚トウグ」

参考 惷シュン(2251)は別字。

解字 金文 篆文 形声。心＋舂音。音符の舂トウは、うすづくの意味。うすでつく仕事は単調で、おろかなものに見えるところから、心を付し、おろかの意味を表す。

(15)11 【慝】2274 △ 一トク 職 tè 二漢ジョク(ヂョク)・呉ニョク 職 nì 慣トク 5655 5857

字義 一❶わるい。よこしま(邪)。悪事。かくれた悪事。悪行。悪人。❷けがれ。❸わざわい。災害。二かくす(匿)。いつわる。

解字 形声。心＋匿音。音符の匿トクは、かくれるの意味。かくれた悪事の意味を表す。

(15)11 【慕】(2263) ボ 慕(2262)の旧字体。→四〇六ジペー。

(15)11 【憂】2275 常 ユウ うれえる・うれい・うい 漢ユウ(イウ)・呉ウ 尤 yōu 4511 4D2B

筆順 亓 直 㥑 憂

【㥑】本字

字義 ❶うれえる。㋐気にかける。心配する。「内憂外患」㋑苦しむ。病む。また、悲しむ。❷うれえ。うれい。㋐なやみ。思いわずらい。㋑おそれ。苦しみ。㋒つかれ。やまい。㋓も。喪中。❸おだやかに行われる。国うい。㋐つらい。苦しい。「憂き目」㋑なやましい。㋒気が進まない。㋓つれない。無情である。「憂き人」

使いわけ うれえる・うれい〔憂・愁〕

〔憂〕心配や悩みが主である場合。「後顧の憂い」

〔愁〕嘆きや悲しみが主である場合。「春の愁い」

解字 金文 篆文 形声。夊＋㥑音。音符の㥑ユウは、うれえるの意味。夊を付しても㥑のかわりに用いられる。また、優に通じ、しとやかに行われるの意味をも表す。

▼外憂・近憂・深憂・大憂・沈憂・内憂・忘憂

【憂△鬱】ユウウツ 心配ごとがあって気がふさいでいるさま。

【憂患】ユウカン ①うれえる。うれえ。わずらい。心配ごと。②災難。

【憂△懼】ユウク うれえおそれる。

【憂△惶】ユウコウ うれえおそれる。

【憂国(國)】ユウコク 国のことを心配すること。

【憂囚】シュウユウ うれえに沈む。うれえに閉じ込められる。

【憂愁】ユウシュウ うれえ悲しむ。うれえに沈む。また、うれえ。悲しみ。

【憂△恤】ユウジュツ ①うれえる。心配する。②哀れむ。

【憂傷】ユウショウ うれえいたむ。いたみ悲しむ。

【憂色】ユウショク うれえる顔色。うれえる様子。

【憂世】ユウセイ ①世の中のことを心配すること。②国うきよ 苦しみの多いこの世。現世。浮世。

【憂△慼・憂△戚】ユウセキ うれえいたむ。

【憂望】ユウボウ ①遠い地にいる人を、心配して思いやること。②うれえる。また、うれえ。心配。望も、うれえ。

【憂△悶】ユウモン うれえもだえる。

【憂慮】ユウリョ うれえ思う。心配して思案すること。

【丁レ憂】うれえ(へ)にあたる 父母の喪にあう。親の忌中にこもる。

(15)11 【慾】2276 △ ヨク 沃 yù 4561 4D5D

字義 ❶ほしいと思う心。欲情。❷むさぼる。「貪慾ドンヨク」

参考 現代表記では〔欲〕(3769)に書きかえる。「無慾→無欲」「慾情→欲情」。熟語は〔欲〕をも見よ。→五八八ジペー。

解字 形声。心＋欲音。音符の欲は、ほしいの意味。ほしいと思う心の意味を表す。

【慾情】ヨクジョウ ①愛欲の心。色欲の情。欲情。②ものをほしがる心。欲心。

【慾望】ヨクボウ ほしがること。また、その心。欲望。

(15)11 【慮】2277 常 リョ 漢リョ 呉ロ 御 lǜ 4624 4E38

筆順 广 虍 虐 盧 慮

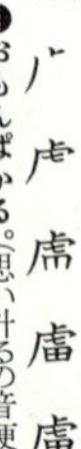

字義 ❶おもんぱかる。(思い計るの音便) ㋐思いめぐらす。深く考える。「遠謀深慮」㋑くわだてる。たくらむ。㋒うれえる。おそれる。「憂慮」㋓うたがう。まどう。㋔いましめそなえる。気をくばる。❷おもんぱかり。考え。計画。

名乗 のぶ

解字 篆文 形声。心＋盧(虚)音。音符の虚ロは、クルッとめぐらすの意味。心をめぐらせる、深く考えるの意味を表す。

▼遠慮・苦慮・考慮・顧慮・熟慮・焦慮・志慮・思慮・神慮・聖慮・念慮・配慮・不慮・無慮・憂慮

【慮外】リョガイ ①思いがけないこと。思いのほか。意外。案外。②国㋐けしからぬ。㋑無礼。「慮外千万」

(16)12 【憨】2278 △ カン 覃 hān

字義 おろか(愚)。

解字 形声。心＋敢音。音符の敢は、道理に合わないことをしいてするの意味。おろかな心の意味を表す。

(16)12 【憙】2279 △ キ 寘 紙 xǐ 5658 585A

字義 ＝喜。❶よろこぶ。❷このむ。❸たのしむ。

【憘】同字

解字 篆文 形声。心＋喜音。音符の喜は、よろこぶの意味。心理にかかわるところから、心を付した。

(16)12【慭】2280 △ ギン 震 yìn 5659 585B
［憖］俗字
字義 ❶なまじいに。気が進まないのにつとめて。しなくともよいのに無理をして。❷しばらく。❸いたむ。うれえる。❹つつしむ。❺ねがう。❻欠ける。❼よろこぶ。
解字 篆文 形声。心＋猌㊥。音符の猌ギンは、犬が歯をむきだし怒るさま。気が進まないのにしいて…するの意味を表す。また、祈に通じて、ねがわくはの意味を表し、听に通じて、よろこぶの意味を表す。

(16)12【憩】2281 常 ケイ いこい・いこう 2338 3746
ケイ 霽 qì
筆順
［憇］俗字 5660 585C
字義 いこう。やすむ。また、いこい。「休憩」
解字 会意。活省＋息。活は、いきいきするの意味。息は、いこうの意味。活力回復のためにいこうの意味を表す。
▼休憩・小憩・流憩

(16)12【憲】2282 教 6 ケン 2391 377B
(16)12［憲］2283 一㊥ケン・㊥コン 願 xiàn 二ケン 銑 xiǎn
筆順
字義 一❶さとい（敏）。かしこい。❷のり。㋐おきて。さだめ。㋑手本。模範。㋒特に、国の根本の法則。憲法。❸いいつけ。教え。❹のっとる。手本とする。❺あらわす。あまねく示す。❻主要な地位にいる役人。「官憲」
二さかんになるさま。また、喜ぶさま。
名乗 あきら・かず・さだ・ただし・ただす・とし
解字 金文 篆文 形声。金文は、目＋害省㊥。音符の害は、刃物でそこなうの意味。目をけずりとる刑のさまから、おきての意味を表す。のち、心が付され、憲となり、常用漢字は憲となる。
▼違憲・家憲・官憲・護憲・国憲・大憲・立憲
【憲憲】ケンケン ①さかんに興るさま。さかんなさま。②喜ぶさま。
【憲章】ケンショウ ①のっとって明らかにする。②法律。おきて。③国国家の定めた、行政上の基本原則。「児童憲章」
【憲政】ケンセイ 憲法に従って行う政治。
【憲兵】ケンペイ もと、軍隊で警察活動をつかさどる兵。
【憲法】ケンポウ ①国のおきて。〔国語、晋語九〕賞レ善罰レ悪、国之憲法也（善を賞し悪を罰するは、国の憲法なり）。②国家の統治組織を規律する最も基本的な法。

(16)12【憝】2284 △ ㊥タイ ㊥ズイ（ヅイ） 隊 duì 5664 5860
字義 ❶うらむ（怨）。にくむ。❷わるい（悪）。また、悪者。
解字 篆文 形声。心＋敦㊥。音符の敦タイは、厚いの意味。心につもった厚い、いかり・うらみの意味を表す。

(16)12【憊】2285 △ 一㊥ハイ・㊥バイ 卦 bèi 二㊥ヘイ・㊥バイ 霽 5665 5861
字義 一つかれる（疲）。よわる。「困憊」
二くるしむ。なやむ。
解字 篆文 形声。心＋備㊥。篆文は、心＋葡㊥。音符の葡ビは、えびらの象形で、からだにぴったりつくの意味。心を付し、心にねばりついてくるもの、つかれの意味を表す。

(16)12【憑】2286 標 ㊥ヒョウ ㊥ビョウ 蒸 píng 5665 5861
［凴］俗字
字義 ❶よる。㋐たよる。すがる。よりどころとする。㋑よりかかる。もたれる。＝凭。㋒身をまかせる。乗る。宿る。住む。㋓乗りうつる。つく。❷よりどころ。証拠。また、しるし。証文。❸大きい。さかん。❹みちる（満）。❺川を歩いてわたる。かちわたる。川を徒歩で渡る。＝馮。「憑河」
難読 憑人よりまし
解字 形声。心＋馮㊥。音符の馮ヒョウは、よるの意味。心がたよるの意味を表す。
【憑依】ヒョウイ ①よりかかる。②乗り移る。とりつく。
【憑河】ヒョウガ 大河を徒歩で渡ること。転じて、向こう見ずなことをすること。「憑河の勇」は、無謀な勇気。「暴虎憑河ボウコヒョウガ」
【憑拠（據）】ヒョウキョ よりどころ。また、より所とする。頼る。
【憑軒】ヒョウケン てすりに寄りかかる。〔唐、杜甫、登岳陽楼詩〕憑レ軒涕泗流（軒に憑りて涕泗流る）
【憑恃】ヒョウジ よりかかりたのむ。たのみとする。

(17)13【應】(2188) オウ 応（2187）の旧字体。→三九三ページ。 5670 5866

(17)13【懃】2287 △ ㊥キン ㊥ゴン 慣ギン 文 qín 5673 5869
字義 ❶つとめる。＝勤。❷ねんごろ。ていねい。「慇懃インギン」
解字 形声。心＋勤㊥。
【懃恪】キンカク ねんごろでつつしみ深いこと。
【懃懇】キンコン ねんごろ。親切なさま。

(17)13【懇】2288 常 コン ねんごろ 2609 3A29
コン 阮 kěn
筆順
字義 ❶ねんごろ。丁寧。「昵懇ジッコン」❷まこと。まごころ。
解字 篆文 形声。篆文は、心＋貇㊥。音符の貇コンは、ふみとどまるの意味。一定の範囲内に心をふみとどめておく、ねんごろにするの意味を表す。
▼誠懇・別懇
【懇意】コンイ ①ねんごろな心。親切な心。②親しい仲。
【懇願】コンガン ひたすらに願う。切に頼む。悃願コンガン。
【懇懇】コンコン まごころのあるさま。まことをつくすさま。繰り返し丁寧に説得するさま。
【懇謝】コンシャ ①ねんごろにお礼を述べる。②丁寧に断る。丁寧にわびる。
【懇書】コンショ ねんごろな手紙。他人の手紙に対する敬称。
【懇親】コンシン ねんごろに親しむ。仲良くする。親睦シンボク。
【懇誠】コンセイ まこと。まごころ。
【懇請】コンセイ ねんごろにたのむ。懇願。
【懇切】コンセツ 非常にねんごろなさま。親切丁寧。
【懇談】コンダン ねんごろに話す。うちとけて話す。
【懇到】コントウ 親切で、じゅうぶんに行き届く。懇至。
【懇望】コンボウ・コンモウ 切に望む。心の底から願い望む。
【懇論】コンユ ねんごろにさとす。丁寧に言い聞かせる。
【懇話】コンワ ＝懇談。

(17)13【懋】2289 △ ㊥ボウ ㊥モ 宥 mào 5676 586C
字義 ❶つとめる。❷さかん。また、さかんにする。❸うつくしい。よい。❹よろこぶ。
解字 金文 篆文 別体 形声。心＋楙㊥。音符の楙ボウは、務に通じ、つとめるの意味。心をつくしてつとめるの意味を表す。別体は、心＋矛㊥。
【懋績】ボウセキ すぐれたてがら。大きな功績。

(18)14【懕】2290 △ エン 塩 yān
［懨］同字
字義 懕懕は、㋐安らかで落ちついているさま。＝厭厭。㋑病みつかれるさま。
解字 篆文 形声。心＋厭㊥。音符の厭エンは、あきたりるの意味。みちたりた心、やすらかの意味を表す。

(18)14【懲】2291 常 チョウ こりる・こらす・こらしめる

(19)15〔懲〕2292 人許 漢チョウ 呉ジョウ（ヂョウ） 蒸 chéng

3608 *4428*

筆順 彳 徉 徨 徵 懲

字義 ❶こらす。こらしめる。将来を戒めるために制裁を加える。「膺懲」「勧善懲悪」 ❷こりる。過失などを後悔して、二度としまいと思う。❸いましめる（戒）。❹くるしむ。❺とめる。やめさせる。また、やめる。❻定める。

解字 篆文 形声。心＋徵（徵）音。音符の徵は、止に通じ、とまるの意味。心の活動がとまる、こりるの意味を表す。

▼勧懲

【懲悪（惡）】悪いことや悪い者をこらしめる。

【懲役】国罪人をこらしめるために刑務所に入れて、定められた期間、労役に従わせること。また、その刑。

【懲戒】①こりて自らいましめる。②こらしめる。不正不当の行為に対して罰を加えていましめること。

【懲勧（勸）】悪をこらし善をすすめること。勧善懲悪。

【懲罰】不正・不当な行為に対して、こらしめのために制裁を加えること。

【懲△貶】こらしめのために官位などを下げること。

(18)14【懟】2293 △ 一漢ツイ・呉ズイ（ヅイ） 寘 duì 二漢タイ・呉ズイ（ヅイ） 隊 duì

字義 一❶うらむ。うらみいかる。❷うれえる。❸もとる。間違える。二❶うらむ。❷おろか（愚）。

解字 篆文 形声。心＋對音。

(18)14【懣】2294 △ 一モン 願 mèn 二マン 旱 mèn

5680 *5870*

字義 一❶もだえる。思いわずらう。❷いきどおる。二もだえる。

解字 篆文 形声。心＋滿音。音符の滿は、みちるの意味。心にみちてくるもだえ、いきどおりの意味を表す。

(19)15【懲】(2292) チョウ 懲（2291）の旧字体。→上段。

(20)16【懸】2295 常 ケン・ケ かける・かかる

漢ケン・呉ゲン 先 xuán 慣ケ

2392 *377C*

筆順 目 県 県糸 縣 懸

字義 ❶かける。㋐つり下げる。ひっかける。㋑かかげる。かかげて示す。㋒とどめる。とめておく。❷かかる。ぶらさがる。たれさがる。❸へだたる。かけはなれる。「懸隔」

使いわけ かける〔掛・架・懸〕⇩掛（2692）。

難読 懸鉤子

解字 形声。心＋縣音。音符の縣（県）は、心にかけるの意味を表したが、縣が行政区画の意味に用いられるようになったため、さらに、心を付し、かけるの意味を表す。

▼倒懸

【懸案】解決されずに残っている議案・問題。

【懸河】①傾斜のはなはだしい土地を流れている川。急流。早瀬。②滝をいう。

【懸河△之弁（辯）】勢いよく流れる水のように、よどみのない弁舌。立て板に水の弁舌。〔隋書、儒林伝序〕

【懸解】さかさまにつるされたものが解かれる。苦しみがなくなる。また、生死の苦楽を超越する意味に用いられる。

【懸△崖】①高くきり立ったがけ。きりぎし。②国盆栽菊などで、幹・茎が根の位置よりも下がった形に作ったもの。懸崖作り。

【懸隔】はるかにへだたる。かけはなれる。懸絶。

【懸軍】根拠地や本隊を離れて遠地や敵地の奥深く軍隊を進めること。また、その軍隊。「懸軍万里」

【懸弧】男子の誕生をいう。また、その誕生日。昔、男児が生まれると桑の弓を門の左にかけたのでいう。〔礼記、郊特牲〕一説に、桑の弓に蓬（やなぎよもぎ）の矢をつがえて天地四方を射た。〔礼記、内則〕

【懸衡】①衡にかける。②衡をかけて示す。法度（法令）を天下に示すこと。③重さが等しい。転じて、勢力の相等しいこと。

【懸車】①官職を退くこと。漢の薛広徳が年老いて退官した時、天子から賜った安車（老人用の車）を、高い所にかけつるし、光栄の記念として子孫に残した故事に基づく。〔漢書、薛広徳伝〕②七十歳のこと。昔は七十歳で退官した。③旅行先で、夕方、宿に入ること。

【懸象】①天にかかっているもの。太陽や月・星など。②法令をかけ示すこと。

【懸賞】賞をかける。物事をつのり、または求めるときに、賞品・賞金をかけること。懸は、多くの人に見えるように、高い所につるすこと。

【懸垂】①たれさがる。宙にぶらさがる。②国鉄棒にぶら下がり、腕を屈伸する体操。

【懸△旌】竿の先に掲げられた旗。風に揺れ動くことから、心が動揺して定まらないことのたとえ。

【懸絶】はるかにへだたっている。非常な差がある。

【懸泉】たき。滝。飛泉。瀑布。

【懸想】①はるかに思う。また、想像する。②国ほれること。恋。

【懸胆（膽）】きもを懸ける。きもを懸け、それをなめてはわが身を苦しめはげます。非常な辛苦に耐えることのたとえ。→嘗胆（三二四ページ）。

【懸注】水が高い所から流れ落ちること。

【懸△榻】客を特別に優遇すること。転じて、珍客をいう。後漢の陳蕃が普通の客には会わず、徐穉だけに榻を用意して会談し、その帰ったあとは榻を壁にかけ他人には使わせなかった故事に基づく。〔後漢書、徐穉伝〕

【懸念】①心にかける。気にかける。②国心にかける。あやぶむこと。心配。気がかり。

【懸命】①生命をかける。また、いのちがけ。決死。②国非常に熱心なこと。全力をそそぐこと。「一所懸命」

(22)18【懿】2296 △ イ 寘 yì

5684 *5874*

字義 ❶うるわしい。よい。❷ほめる。たたえる。❸ああ。感嘆の助字。

解字 金文 篆文 形声。もと、欠＋心＋壹音。音符の壹は、飲みもので満ちたつぼの意味。欠は、口をあけた人の象形。つぼの飲みものを口をあけて飲むときの心、充足感の意味から、うるわしい・ほめるの意味を表す。金文は、会意文字で、亞＋欠。亞は、つぼの象形。

【懿訓】りっぱな教訓。

【懿旨】皇后や皇太后の言葉。

【懿親】うるわしい情愛を有する親族。近親。

【懿△戚】①＝懿親。②りっぱな親類。③天子の外戚（皇后の親類）。

【懿績】りっぱな手がら。すぐれた功績。

【懿徳】①すぐれた徳。②女性の温厚な性格。

【懿風】うるわしい風俗。

【懿望】すぐれた人望。高い人望。

(23)19【戀】(2225) レン 恋（2224）の旧字体。→四〇〇ページ。

(28)24【戇】2297 △ 一トウ（タウ） 絳 zhuàng 二漢コウ・呉ク 送 gàng

5688 *5878*

【字義】[一][二] ❶おろか。愚直。❷いっこく。がんこ。ばか正直。

【解字】篆文  形声。心＋贛(音)。

【戇愚】トウグ おろか。ばか。

【戇直】トウチョク おろかで正直。ばか正直。愚直。

3 忄部

【部首解説】りっしんべん（立心偏）。心が偏になるときの形。→［心］の部首解説・解字。

2 忉 四一〇　3 忖 四一〇　忕 四一〇　忙 四一〇　4 快 四一〇
忻 四一一　忤 四一一　忼 四一一　忮 四一一　忸 四一一
忱 四一一　忰 四一一　忡 四一一　忭 四一一　5 怡 四一一
怏 四一一　怪 四一一　怯 四一一　怳 四一二　怙 四一二
怐 四一二　怍 四一二　怩 四一二　怵 四一二　性 四一二
怚 四一二　怗 四一二　怊 四一二　怕 四一二　怖 四一三
怫 四一三　怦 四一三　怜 四一三　怺 四一三　6 悔 四一三
恢 四一三　恠 四一三　恪 四一三　恊 四一三　恟 四一三
恔 四一三　恇 四一三　恒 四一三　恰 四一四　恍 四一四
恨 四一四　恃 四一四　恤 四一四　恂 四一四　恬 四一四
恫 四一四　7 悦 四一五　悁 四一五　悔 四一五　悝 四一五
悍 四一五　悟 四一五　悞 四一五　悃 四一五　悛 四一五
悚 四一五　悄 四一五　悌 四一五　悩 四一五　悖 四一六
悗 四一六　悒 四一六　悧 四一六　悢 四一六　悋 四一六
8 惟 四一六　悸 四一六　惧 四一六　惓 四一六　悾 四一六
悻 四一六　惚 四一六　惛 四一六　惨 四一七　惝 四一七
情 四一七　悴 四一七　悽 四一八　惜 四一八　惆 四一八
悵 四一八　惕 四一八　惙 四一八　悼 四一八　惇 四一八
悱 四一八　惘 四一八　惏 四一九　惋 四一九　9 愔 四一九
惲 四一九　愒 四一九　愕 四一九　愜 四一九　惸 四一九
愃 四一九　慌 四一九　惶 四一九　愀 四一九　惴 四一九
惺 四一九　愡 四一九　惻 四二〇　惰 四二〇　惵 四二〇
愓 四二〇　惱 四二〇　愊 四二〇　愎 四二〇　惼 四二〇

愉 四二〇　10 慍 四二〇　慨 四二〇　愷 四二〇　愾 四二〇
愧 四二一　慊 四二一　慌 四二一　慎 四二一　愴 四二一
慅 四二一　慆 四二一　愽 四二一　慄 四二一　11 慨 四二一
慣 四二一　慷 四二一　慠 四二三　慘 四二三　慚 四二三
慴 四二三　慯 四二三　憎 四二三　慥 四二三　慱 四二三
慟 四二三　慓 四二三　慢 四二三　慵 四二三　憀 四二三
慺 四二三　12 憒 四二三　憪 四二三　憬 四二三　慳 四二三
憯 四二三　憔 四二三　憎 四二三　憚 四二三　憧 四二三
憫 四二三　憮 四二三　憤 四二三　憐 四二三　13 懌 四二三
懊 四二四　憶 四二四　懐 四二四　懈 四二四　憾 四二四
懁 四二四　憸 四二四　懆 四二四　憺 四二四　憤 四二五
懍 四二五　14 懦 四二五　懥 四二五　懜 四二五　15 懴 四二五
懮 四二五　16 懷 四二五　懵 四二五　懶 四二五　17 懺 四二五
18 懽 四二五　懼 四二五　懾 四二五　20 戄 四二五

(5)2 **【忉】** 2298　△ トウ（タウ）　豪 dāo

【字義】❶うれえる(うれ-ふ)。❷忉忉は、うれえるさま。

【解字】形声。忄(心)＋刀(音)。

【忉利天】トウリテン 仏六欲天（欲界に属する六つの天。四王天・夜摩天など）の第二天。須弥山(シュミセン)の頂上にあり、帝釈天(タイシャクテン)の居所。三十三天。

5554
5756

(6)3 **【忖】** 2299　△ ソン　阮 cǔn

【字義】はかる。思いはかる。おしはかる。

【解字】篆文  形声。忄(心)＋寸(音)。音符の寸は、脈をはかる形で、はかるの意味。脈をはかるように、他人の心をはかるの意味を表す。

【忖度】ソンタク（他人の心を）おしはかる。推測。〔孟子、梁恵王上〕詩云(シにいはく)、他人有レ心(タニンこころあり)、予忖二度之一(われこれをソンタクす)。

(6)3 **【忕】** 2300　△ [一] 漢タイ・呉ダイ 泰 tài　[二] 漢セイ・呉ゼイ 霽 shì

【字義】[一] おごる。ぜいたくする。「忕侈(タイシ)」 [二] なれる。習慣。

【参考】「狃忕(ジュウセイ)」 字形、[一]の意味では忲とも書くが、これを誤りとする説もある。

【解字】篆文  形声。忄(心)＋大(音)。

(6)3 **【忙】** 2301　常 ボウ いそがしい
(6)3 **〔忙〕** 2302　漢ボウ（バウ）・呉モウ（マウ）　陽 máng

筆順 

【字義】❶いそがしい(いそが-し)。せわしい。「多忙」❷あわただしい。心がせかせかする。あわてる。

【解字】形声。忄(心)＋亡(音)。音符の亡は、ないの意味。おちついた心がない、いそがしいの意味を表す。

▼多忙・繁忙

【忙劇】ボウゲキ 非常にいそがしいこと。

【忙月】ボウゲツ いそがしい月。農時に多忙な月。↔閒月・閑月。

【忙殺】ボウサツ 非常にいそがしいこと。殺は、程度のはなはだしい意を表す助字。

【忙然】ボウゼン 気抜けしてぼんやりしているさま。芒然(ボウゼン)。呆然。

4327
4B3B

(7)4 **【快】** 2303　教5 カイ こころよい
漢カイ（クワイ）・呉ケ　卦 kuài

筆順 

【字義】❶こころよい(こころよ-し)。気持ちがよい。楽しい。喜ばしい。「痛快」「明快」❷はやい(はや-し)。すばやい。「快走」❸ほしいまま。気まま。思う存分に。❹するどい。「快刀」

国病気が直る。「全快」「快気」

名乗 はや・やす・よし

【解字】篆文  形声。忄(心)＋夬(音)。音符の夬(カイ＝ケツ)は、活に通じ、いきいきするの意味。心が生き生きする、こころよいの意味を表す。

▼軽快・豪快・痛快・不快・明快・雄快・愉快

【快活】カイカツ ①楽しい。愉快な。楽しみ。愉快。②国はきはきして元気のよいこと。

【快闊・快濶】カイカツ ①ひろびろとしているさま。②気性の晴れやかなさま。気性がさっぱりして心の広いさま。③＝快活の②。

【快漢】カイカン ＝快男子。

【快気(氣)】カイキ 国病気がなおること。

【快挙(擧)】カイキョ ①楽しくなって行動する。②見ていて気持ちのよい行動。勇ましい行動。

【快傑】カイケツ 国気性がさっぱりとしていて、才知勇力のすぐれた男。魁傑(カイケツ)。

1887
3277

【快哉】カイサイ こころよきかな。まことに心地よい。転じて、愉快である意を表す嘆声。「快哉を叫ぶ」
【快晴】カイセイ 空が気持ちよく晴れ渡ること。
【快戦(戰)】カイセン 思う存分に戦う。また、その戦い。
【快諾】カイダク 気持ちよく引き受ける。こころよく承知する。
【快男子】カイダンシ 快男児。気性のさっぱりした男らしい男。
【快調】カイチョウ ①気持ちのよい調子。②速い調子。③国物事が思うままに都合よく進行していること。
【快適】カイテキ 心身によく合って心地よいこと。
【快刀断(斷)乱(亂)麻】カイトウランマをたつ するどい刀で乱れた麻を断ち切る。物事をてきぱきと処理することのたとえ。略して、快刀乱麻ともいう。
【快報】カイホウ ①こころよい知らせ。うれしい報告。吉報。②急ぎの知らせ。急報。
【快癒】カイユ 病気がすっかりなおること。全快。
【快楽(樂)】カイラク・ケラク 主に欲望を満足させるこころよい楽しみ。

(7)4 【忻】2304 △ 漢キン 呉コン 図 xīn 5555 *5757*

字義 ❶よろこぶ。たのしむ。＝欣キン。❷ひらく。心がひらける。

解字 篆文 形声。忄(心)＋斤音。音符の斤は、こまかくするの意味。呼吸を小刻みに心はずませてよろこぶの意味を表す。

(7)4 【忤】2305 △ ゴ 遇 wǔ 5556 *5758*

字義 ❶さからう。もとる。❷みだれる。

解字 形声。忄(心)＋午音。音符の午は、悟ゴに通じ、さからうの意味を表す。

(7)4 【忼】2306 △ コウ 慷(2436)と同字。→四三一ページ。

(7)4 【忮】2307 △ シ 寘 zhì

字義 ❶もとる。さからう。❷そこなう。やぶる。❸うらむ。ねたむ。❹わるい。❺かたくな。

解字 篆文 形声。忄(心)＋支音。音符の支は、離れ分かれるの意味。心が相手から離れる、さからう・そこなう・うらむの意味を表す。

(7)4 【忸】2308 △ 一 漢ジク(チク)・呉ニク 屋 niù(nǜ) 二 漢ジュウ(ヂウ) 呉ニュウ(ニウ) 有 niǔ 5557 *5759*

字義 一はじる(慙ザン)。二❶＝一。❷なれる。また、ならす。＝狃ジュウ。

解字 形声。忄(心)＋丑音。音符の丑チュウは、ひねる形にかたどる。心がひねられる、はじるの意味を表す。
【忸怩】ジクジ はずかしく思うさま。心にはじるさま。

(7)4 【忱】2309 △ 漢シン 呉ジン 侵 chén 5558 *575A*

字義 まこと(誠)。まごころ。真情。

解字 篆文 形声。忄(心)＋冘音。音符の冘インは、専心するの意味。心が他にそれず一事に専心するの意味から、まことの意味を表す。

(7)4 【忰】2310 △ スイ 悴(2385)の俗字。→四一七ページ。 5613 *582D*

(7)4 【忡】2311 △ チュウ(チウ) 東 chōng

字義 うれえる。うれえるさま。

解字 篆文 形声。忄(心)＋中音。音符の中は、弔に通じ、いたみあわれむの意味。心をいためうれえるの意味を表す。

(7)4 【忭】2312 △ 漢ヘン 呉ベン 霰 biàn

字義 よろこぶ。たのしむ。

解字 形声。忄(心)＋卞音。

(8)5 【怡】2313 △ イ 支 yí 5562 *575E*

字義 ❶よろこぶ(喜)。たのしむ(楽)。❷やわらぐ(和)。

解字 篆文 形声。忄(心)＋台音。音符の台イは、よろこぶの意味で、怡の原字。のち、心を付した。
【怡怡】イイ やわらぎよろこぶ。
【怡顔】イガン ①よろこび楽しむさま。・顔色をやわらげる。
【怡然】イゼン ①よろこび楽しむさま。にこにこするさま。また、のんびり楽しむさま。②素直なさま。

(8)5 【怏】2314 △ 漢ヨウ(ヤウ) 呉オウ(アウ) 漾・養 yàng 5573 *5769*

字義 うらむ。満足しない。不平に思う。おもしろくなく思う。

解字 篆文 形声。忄(心)＋央音。音符の央は、首かせをかけられた人の象形。首かせをかけられた人の心理状態、うらむ・たのしまないの意味を表す。
【怏怏】オウオウ 不満に思うさま。不服に思うさま。
【怏悒】オウユウ ①うらみうれえる。②不満。不安。

(8)5 【怪】2315 常 カイ あやしい・あやしむ 漢カイ(クヮイ)・呉ケ 卦 guài 1888 *3278*

筆順 

【恠】俗字 5563 *575F*

字義 ❶あやしい。㋐不思議である。「奇怪」㋑疑わしい。信用できない。「怪文書」㋒珍しい。見なれない。❷あやしむ。㋐不思議に思う。㋑疑問に思われる。いぶかる。❸あやしいこと。あやしいもの。不思議なこと。見なれないものごと。国あやしい。㋐とがめられるべき。けしからぬ。㋑いやしい。見苦しい。

解字 篆文 形声。忄(心)＋土＋又音。土は、土地の神の象形。音符の又ユウは、右手の象形。触れてはいけない土地の神の上に右手を置き、異常な心理状態となる、あやしむの意味を表す。

▼奇怪・醜怪・珍怪・物怪・変怪

【怪異】カイイ ①あやしいこと。不思議なこと。②ばけもの。
【怪偉】カイイ ①非常にえらい。②非常に雄大なこと。
【怪訝】カイガ ①あやしむ。訝も、怪しむ。②国ケゲン 不思議でわけのわからぬさま。
【怪怪】カイカイ 非常にあやしい(不思議な・珍しい)こと。「奇奇怪怪」
【怪漢】カイカン あやしい男。挙動の怪しい男。漢は、男。
【怪奇】カイキ ①あやしくて不思議な。不思議で珍しい。②グロテスク。
【怪鬼】カイキ ばけもの。変化ヘンゲ。
【怪詭】カイキ あやしい。いぶかしい。また、そのもの。
【怪傑】カイケツ ①えたいの知れない力を持っている人物。②不思議なほどすぐれた人物。
【怪僧(僧)】カイソウ ①あやしい僧。②行為・性情のはかり知れない、力量のすぐれた僧。不思議な術を使ったりする僧。
【怪誕】カイタン あやしくとりとめのないこと。でたらめ。
【怪童】カイドウ ①あやしげな子供。②怪力のある子供。
【怪物】カイブツ ①あやしいもの。ばけ物。②見慣れない物。③行動や性情がはかり知ることのできない、力量のすぐれた人物。
【怪聞】カイブン あやしいうわさ。へんな評判。
【怪力】カイリキ ①なみはずれて強い力。②カイリョク 怪異と勇力。↓怪力乱神(次項)。
【怪力乱(亂)神】カイリョクランシン 不思議なこと、力ずくですること、道を乱すこと、鬼神(神秘的なもの)。〔論語、述而〕子不レ語ニ怪力乱神一。〈先生は怪・力・乱・神の四つについては語らなかった〉

(8)5 【怯】2316 標 漢キョウ(ケフ) 呉コウ(コフ) 葉 qiè 2217 *3631*

字義 ❶おびえる（おびゆ）。ひるむ。おそれる（おそる）。おじける。気おくれする。❷よわい。いくじがない。臆病（オクビョウ）。「卑怯」
解字 会意。忄（心）＋去。去は、さる・しりごみするの意味。心を付し、おそれるの意味を表す。
【怯惰】キョウダ 意気地（イクジ）がなく、なまける。
【怯懦】キョウダ 臆病（オクビョウ）。意気地なし。懦は、弱。
【怯夫】キョウフ 臆病（オクビョウ）な男。臆病者。
【怯怖】キョウフ おじおそれる。おそれおじける。

(8)5 【怳】2317 △ 漢キョウ（キャウ） 呉コウ（クヮウ） 養 huǎng
字義 ❶狂うさま。❷気ぬけしてぼんやりしているさま。❸うっとりする。＝恍（コウ）。❹ほのか。さだかでない。
解字 篆文 形声。忄（心）＋兄音。

(8)5 【怙】2318 △ 漢コ 呉ゴ 麌 hù 5564 5760
字義 ❶たのむ。たよる。また、たのみ。❷父。↔恃（母）。❸転じて、おや。両親。
解字 篆文 形声。忄（心）＋古音。音符の古は、固に通じ、かたまるの意味。特定の人への期待が固まる、たのむの意味を表す。
【怙恃】コジ ①たのむ。たのみとする。②父母。子がたのみとする者の意。恃も、たのむ。『詩経』小雅・蓼莪（リクガ）に「無レ父何怙（ちちなくばなにをかたのまん）、無レ母何恃（ははなくばなにをかたのまん）」とあるのに基づく。

(8)5 【怐】2319 △ 漢コウ 呉ク 宥 kòu 5565 5761
字義 怐愗（コウボウ）は、愚かなさま。
解字 形声。忄（心）＋句音。

(8)5 【怍】2320 △ 漢サク 呉ザク 薬 zuò
字義 ❶はじる（はづ）。きまり悪く思う。はずかしそうな顔色・様子をする。❷怒った顔つきをする。
解字 篆文 形声。忄（心）＋乍音。音符の乍（サク）は、酢（サク）に通じ、酸っぱい「す」の意味。心が酸っぱくなる、はじる・怒るの意味を表す。

(8)5 【怩】2321 △ 漢ジ（ヂ） 呉ニ 支 ní 5566 5762
字義 はじる（はづ）。「忸怩（ジクジ）」
解字 篆文 形声。忄（心）＋尼音。音符の尼は、ねばりつくの意味。ねばりついてくる感情のさまから、はじるの意味を表す。

(8)5 【怵】2322 △ 一漢チュツ 呉チュチ 質 chù 二漢シュツ・呉シュチ 質 xù 慣ジュツ（チュツ）
字義 一❶おそれる（おそる）。❷いたむ。かなしむ。二いざなう。誘惑する。
解字 篆文 形声。忄（心）＋朮音。
【怵然】ジュツゼン ①おそれるさま。②さそわれて心ひかれるさま。
【怵惕】ジュツテキ おそれて心の安らかでないこと。驚いてはっとする。〔孟子、公孫丑上〕怵惕惻隠之心（ジュッテキソクインのこころ）。

(8)5 【性】2323 教5 セイ・ショウ 漢セイ 呉ショウ（シャウ） 敬 xìng 3213 402D
筆順 忄 忄 忄 性
字義 ❶さが。たち。本性。生まれつきの性質。持ちまえ。物の性質・傾向。「性能」「急性」❷心。心の本体。精神。❸いのち。生命。❹生きていること。生活。❺男女の別。また、そこから起こる色欲の本能。「同性」「性欲」❻仏ショウ（シャウ）。不変・普遍な、万物の原因。
名乗 なり・もと
解字 篆文 形声。忄（心）＋生音。音符の生は、うまれるの意味。生まれながらの心、さがの意味を表す。
▼異性・陰性・感性・気性・個性・悟性・根性・至性・資性・習性・心性・真性・属性・素性・惰性・知性・通性・適性・天性・徳性・特性・品性・仏性・本性・魔性・慢性・無性・野性・理性
【性悪（惡）説】セイアクセツ 人の生まれつきの性質は悪であるという説。荀子（ジュンシ）が、孟子の性善説に対して唱えた説。『荀子』性悪編に「人之性悪、其善者偽也（ひとのせいはアクなり、そのゼンなるものはギなり）」とあるのに基づく。
【性格】セイカク 考え方や行動によって特徴づけられる、その人独特の性質。人がら。もちまえ。
【性急】セイキュウ 短気。せっかち。
【性向】セイコウ 国性質の傾向。
【性行】セイコウ 性質と行為。
【性根】セイコン ①生まれつき。②国ショウね たましい。根性。
【性質】セイシツ ①生まれつき。天性。たち。性格。②事物を他の事物と区別する、その事物固有のもの。
【性情】セイジョウ ①性質と心情。②気だて。心ばえ。③生まれつき。
【性善説】セイゼンセツ 人の生まれつきの性質は善であるという説。孟子（モウシ）の唱えた説で、荀子（ジュンシ）の唱えた、性悪説の対。
【性度】セイド ①生まれつき。性質。②性質と度量。
【性能】セイノウ ①自然にそなわっている能力。②物が作用を発生する能力。③国性質と能力。
【性分】セイブン・ショウブン 生まれつきもっている性質。
【性癖】セイヘキ 生まれつきのくせ。性質の傾向。
【性命】セイメイ ①天から与えられた性質。②生命。
【性理】セイリ ①生まれつき。本性。②宋代（ソウダイ）の学者の説。人間の本性と理（宇宙万物の本体）。
【性相近也習相遠也】セイあいちかし（ひ）ならいあい（ひ）とお（ほ）し 人の生まれつきはだれでも似たようなものであるが、習慣のいかんによって大きな隔たりを生ずるものである。〔論語、陽貨〕

(8)5 【怛】2324 △ 一漢タツ・呉タチ 曷 dá 二タン 翰 慣ダツ 5569 5765
字義 一❶いたむ。悲しむ。うれえる。❷おどろく（驚）。おどろかす。二❶＝一の❶。❷おごりたかぶる。
解字 篆文 形声。忄（心）＋旦音。音符の旦（タン）は、嘆に通じ、なげくの意味。心をいためるの意味を表す。
【怛然】タンゼン・ダツゼン ①いたみ悲しむさま。うれえ苦しむさま。②ダツゼン ㋐驚くさま。㋑おそれるさま。
【怛怛】タンタン・ダツダツ うれえ苦しむさま。心をいためるさま。

(8)5 【怗】2325 △ 一チョウ（テフ） 葉 tiē 二セン 塩 zhān
字義 一❶しずか（しづか）。やすらか。❷したがう。服従する。また、したがえる。二怗懘（センタイ）は、楽音が乱れて調和しない。怗滞。
解字 形声。忄（心）＋占音。

(8)5 【怊】2326 △ 一チョウ（テウ） 蕭 chāo 二ショウ（セウ） 嘯
字義 一❶かなしむ（悲）。いたむ。❷うらむ。なげき恨む。二怊悵（ショウチョウ）は、失意のさま。がっかりしたさま。
解字 篆文 形声。忄（心）＋召音。

(8)5 【怕】2327 △ 一ハ 禡 pà 二漢ハク・呉ヒャク 陌 bó 5570 5766
字義 一❶おそれる（おそる）。こわがる。❷おそらくは。おおかた。多分。二しずか。やすらか。
解字 篆文 形声。忄（心）＋白音。音符の白は、空白になっていて何もないの意味。心の中に何もない、しずか・やすらかの意味を表す。

(8)5【怖】2328　常 フ こわい　漢ホ 呉フ 遇 bù　4161 495D

筆順 忄 忄ノ 怖 怖

字義 ❶おそれる(恐)。こわがる。こわい。「恐怖」❷おののく。おそれわななく。❸おどす。おどかす。

難読 怖気(おぞけ・おじけ)・怖怖(おずおず)

解字 体 別(悑) 形声。忄(心)＋布音。悑ホの別体。悑は、忄(心)＋甫音。音符の甫ホは怕ハに通じ、おそれるの意味を表す。

▼恐怖・驚怖・震怖

【怖駭】フガイ おそれおどろく。

【怖懼】フク おそれる。こわがる。懼も、おそれる。

(8)5【怫】2329　△ 漢フツ 呉ブチ 物 fú　5571 5767

字義 ❶いかる。心中に怒る。むっとする。❷気がふさぐ。心がむすぼれる。❸もとる。たがう。

解字 篆文 形声。忄(心)＋弗音。音符の弗フツは、沸に通じ、わきたつの意味。怒りが心の中にわきたつの意味を表す。

【怫恚】フツイ むっとして怒る。

【怫鬱】フツウツ 気がふさぐさま。心が結ぼれるさま。

【怫然】フツゼン 心中に怒るさま。むっとするさま。

(8)5【怦】2330　△ 漢ホウ(ハウ) 呉ヒョウ(ヒャウ) 庚 pēng　5572 5768

字義 怦怦ホウホウは、㋐心がせくさま。㋑正しくて真心のあるさま。

解字 形声。忄(心)＋平音。

(8)5【怜】2331　人 一 漢レイ 呉リョウ(リャウ) 青 líng 二 レン 先 lián　4671 4E67

字義 一 さとい。かしこい。＝伶レイ。二 あわれむ(憐レン)。いつくしむ。

名乗 さと・さとし・とき

筆順 忄 忄ハ 怜 怜

解字 形声。忄(心)＋令音。音符の令は、澄み透るの意味。心が澄む、さといの意味を表す。また、憐に通じて、あわれむの意味にも用いる。

【怜質】レイシツ かしこい生まれつき。

【怜悧】レイリ かしこい。りこう。また、こざかしい。伶俐レイリ。

(8)5【怺】2332　国字 △　5574 576A

字義 こらえる。㋐がまんする。㋑ゆるす。

解字 会意。忄(心)＋永。

(9)6【悔】2333　常 カイ くいる・くやむ・くやしい　1889 3279

(10)7【悔】2334　人 許 カイ(クヮイ) 賄 隊 huǐ 慣ゲ

筆順 忄 忄ノ 恤 悔 悔

字義 ❶くいる。くやむ。自分の犯した過失をさとり、心を痛める。くい改める。❷くい。㋐心残り。残念な気持ち。㋑過失。失敗。㋒とが。とがめ。❸易エキの卦カの六爻コウのうち、上の三爻の称。外卦。↔貞(下の三爻)。国❶くやみ。他人の死を弔うこと。また、そのことば。また、その時に贈る品物。❷くやしい。口惜しい。残念である。

解字 篆文 形声。忄(心)＋毎音。音符の毎マイは、くらいの意味。心が暗くなる、くいるの意味を表す。

▼後悔・追悔

【悔過】カイカ あやまちをさとりくいること。

【悔咎】カイキュウ ①あやまち。②とがめ。災い。

【悔悟】カイゴ いままでのあやまちをさとり、くいること。

【悔恨】カイコン 後悔して残念に思う。後悔し反省する。

【悔吝】カイリン ①くいうらむ。吝は、うらむ。②小さいあやまち。吝は、小さいきず。

(9)6【恢】2335　標 カイ(クヮイ) 灰 huī　[㰥]　1890 327A

字義 ❶ひろい。大きい。❷大きくする。広くする。広める。また、盛んにする。❸そなえる。用意する。❹とりかえす。もとのとおりになる。＝回。「恢復」

参考 現代表記では[回](1152)に書きかえることがある。「恢復→回復」

解字 篆文 形声。忄(心)＋灰音。音符の灰は、宏コウに通じ、広く大きいの意味。心が広く大きいの意味を表す。

【恢恢】カイカイ ①広く大きいさま。〔老子、七十三〕天網恢恢テンモウカイカイ、疎而不失ソにしてうしなわず。②ゆったりして余裕のあるさま。

【恢廓】カイカク ①広く大きい。②心が広く大きいこと。大度。③広げる。拡張。

【恢詭・恢恑】カイキ はなはだ不思議。非常にあやしい。

【恢弘・恢宏】カイコウ ①広く大きい。②広げる。

【恢誕】カイタン ①大きい。誕も、大。②大げさでとりとめのないこと。大ぼら。

【恢張】カイチョウ 大きくする。広める。また、さかんにする。

【恢復】カイフク とりかえす。もとの状態にかえす。回復。

(9)6【恠】2336　△ カイ　怪(2315)の俗字。→四二一ページ。　5563 575F

(9)6【恪】2337　△ カク 薬 kè　5577 576D

字義 ❶つつしむ。❷うやまう。❸ただす。

解字 篆文 形声。篆文は、心＋客音。音符の客は、よそから来た人の意。外来者を迎えるときの心の意から、つつしむの意味を表す。のち、省略体の恪が用いられる。

【恪勤】カッキン ①つつしみつとめる。忠実につとめる。②国カクゴン・カクゴ ㋐＝①。㋑恪勤者の略称。㊙平安時代、親王・大臣などに仕えた侍さむらいの称。㋙鎌倉時代、宿直とのいをつとめた下級の武士。

【恪守】カクシュ 規則などを忠実に守ること。

【恪遵】カクジュン つつしみ従う。

【恪励(勵)】カクレイ つつしみはげむ。

(9)6【恊】2338　△ キョウ　協(751)と同字。→一六五ページ。　5580 5770

(9)6【恟】2339　△ 漢キョウ 呉ク 冬 xiōng　5579 576F

字義 おそれる。びくびくする。

解字 形声。忄(心)＋匈音。

【恟恟】キョウキョウ おそれるさま。びくびくするさま。おそれて心が騒ぐさま。「人心恟恟」

(9)6【恔】2340　△ 一 キョウ(ケウ) 篠 jiǎo 二 漢コウ(カウ) 呉ギョウ(ゲウ) 効 xiào

字義 一 さとい。かしこい。また、わるがしこい。二 こころよい(快)。

解字 篆文 形声。忄(心)＋交音。

(9)6【恇】2341　△ 漢キョウ(キャウ) 呉コウ(クヮウ) 陽 kuāng

字義 おそれる。おびえる。「恇怯キョウキョウ」

解字 篆文 形声。忄(心)＋匡(匡)音。音符の匡キョウは、惶コウに通じ、おそれるの意味を表す。

(9)6【恒】2342　常 コウ　2517 3931

(9)6【恆】2343　人 許 一 漢コウ・呉ゴウ 蒸 héng 二 コウ 径 gèng　5581 5771

筆順 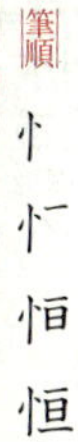

字義 ㊀❶つね。㋐いつもと変わらない。一定している。不変。㋑ふだん。日常。❷つねに。いつも。永久に。❸つねにする。変えない。❹つねとする。普通のこととみなす。❺久しい。長い間の。永久。「恒久」❻易の六十四卦の一つ。☳巽下震上。恒久で変わらないかたち。
㊁❶あまねし（遍）。❷弓張り月。弦月。

名乗 ちか・ひさ・ひさし・ひとし　難読 恒良

解字 甲骨文  金文  篆文 
形声。忄（心）＋亘（亙）㊥。音符の亙は、一方から他方へとつねにわたるの意味。いつも変わらない心の意味や、わたるの意味を表す。『説文』では、会意で、心＋舟＋二。河岸と河岸の間を舟でわたるから、心はいつまでも安定していて変わらないと説く。

▼居恒

【恒河】（ゴウガ）インドのガンジス川。

【恒河△沙】（ゴウガシャ）ガンジス川の砂の意から、数が非常に多いたとえ。恒沙。

【恒久】（コウキュウ）とこしえに変わらない。永久不変。

【恒産】（コウサン）①一定の生業。きまった職業。②一定の財産・収入。

【無二恒産一無二恒心一】（コウサンなければコウシンなし）（一般大衆は）一定の生業や財産・収入がなければ、道徳心を持ち続けられない。恒は、一定不変の意。〔孟子、梁恵王上〕

【恒山】（コウザン）五岳の一つ。北岳。もとは今の河北省曲陽県の北西にあった。別名、常山、大茂山。主峰の玄武峰は二〇一七メートル。清の順治年間に、北岳を山西省渾源県の東南の大茂山に移した。

【恒心】（コウシン）一定不変の道徳心。→無二恒産一無二恒心一。

【恒常】（コウジョウ）一定で変わらない。また、一定のきまり。

【恒星】（コウセイ）天球上で相互の位置をほとんど変えない星。自らのエネルギーで光っている。↕惑星・遊星。

【恒風】（コウフウ）一定の方向に吹いている風。貿易風（恒信風）もその一つ。

【恒例】（コウレイ）いつもきまって行われること。しきたり。

(9)6【恰】2344　標　㊥コウ（カフ）　㊈キョウ（ケフ）　慣チョウ（チャウ）　洽 qià　1970 3366

字義 ❶ねんごろ。よく心を用いる。❷あたかも。ちょうど。まるで。

解字 篆文 
形声。忄（心）＋合㊥。

【恰好】（コウコウ）①ちょうどよい。適当。②国（カッコウ）（カッはカフの音便）㋐＝①。㋑かたち。すがた。様子。

【恰度】（チョウド）国あたかも。まるで。丁度の丁に恰をあてた語。

(9)6【恍】2345　標　コウ（クヮウ）　養 huǎng　5582 5772

字義 ❶ほのか。かすか。おぼろ。はっきりと見定めがたいさま。また、ほのかに明るい。うす暗い。❷形のないさま。微妙深遠でわかりにくいさま。❸うっとりとしているさま。われを忘れてぼうっとしているさま。

解字 形声。忄（心）＋光㊥。音符の光は、はっきりしないさまを表す擬態語。心理に関する語から、心を付した。

【恍△惚・恍△忽】（コウコツ）①ほのかで見定めがたいさま。②うっとりとしているさま。ぼうっとして我を忘れているさま。

【恍然】（コウゼン）＝恍惚。→前項。

(9)6【恨】2346　常　コン　うらむ・うらめしい　㊥コン・㊈ゴン　願 hèn　2608 3A28

筆順 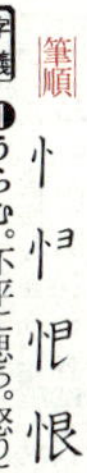

字義 ❶うらむ。不平に思う。怒りにくむ。悲しむ。くやむ。「痛恨」❷うらみ。また、満たされない思い。「長恨歌」❸うらめしい。うらみに思う。❹うらむらくは。残念なことに。

解字 篆文 
形声。忄（心）＋艮（皀）㊥。音符の皀は、ふみとどまるの意味。いつまでも心にふみとどまっている悪感情、うらみの意味を表す。

▼暗恨・遺恨・悔恨・多恨・長恨・痛恨・幽恨・離恨

【恨恨】（コンコン）うらみのつきないさま。限りなくうらむさま。

【恨殺】（コンサイ・コンサツ）深くうらむ。殺は、程度のはなはだしさを表す助字。

【恨事】（コンジ）残念に思うことがら。また、うらみの残ること。

【飲レ恨】（うらみをのむ）心の底に深くうらみを抱く。うらみをうったえたり、晴らしたりするすべがなく、心にいだいていること。

(9)6【恃】2347　△　㊥シ　㊈ジ　紙 shì　5584 5774

字義 ❶たのむ。たよる。たのみとする。❷母。↕怙（父）。↓怙恃（四二三ページ）。

解字 金文  篆文 
形声。忄（心）＋寺㊥。音符の寺は、待に通じ、まつの意味。何かを心待ちにする、たよるの意味を表す。

(9)6【恤】2348　△　㊥シュツ・㊈シュチ　慣ジュツ　質 xù　5585 5775
【卹】同字

字義 ❶うれえる。心配する。❷あわれむ。同情する。❸めぐむ。救う。金品を与えて救う。「救恤」

解字 篆文 
形声。忄（心）＋血㊥。

【恤孤】（ジュッコ）みなしごをあわれみ救う。

【恤荒】（ジュッコウ）饑饉などの災害を金品を与えてすくうこと。救荒。

【恤兵】（ジュッペイ）国出征兵士の苦労をねぎらって物品を贈ること。

【恤問】（ジュツモン）なぐさめ見舞う。あわれみ訪ねる。

(9)6【恂】2349　△　㊀シュン　真 xún　㊁シュン　震 shùn　慣ジュン　5586 5776

字義 ㊀❶まこと（誠）。まことに。❷おそれる（畏・恐）。㋐おそれおののく。㋑おそれつつしむ。❸またたく。（目が）くらむ。＝眴。
㊁❶きびしい。ひきしまっている。❷にわか。

解字 篆文 
形声。忄（心）＋旬㊥。音符の旬は、均に通じ、ひとしいの意味。心が変わらず均質であるの意味から、まことの意味を表す。

【恂恂】（ジュンジュン）①つつしみ深いさま。②まじめなさま。③心配してびくびくするさま。

【恂△慄】（ジュンリツ）①きりりとひきしまって威厳のあるさま。②おそれおののくさま。

(9)6【恬】2350　△　㊥テン　㊈デン　塩 tián　5587 5777

字義 ❶やすい。安らか。❷しずか。心があっさりしていること。平気でいるさま。「恬として恥じない」

解字 篆文 
形声。忄（心）＋甛省㊥。音符の甛は、あまいの意味。物事に対して心の中で甘いと考える、あまんずる・やすんずるの意味を表す。

【恬虚（虚）】（テンキョ）心が静かで、とらわれるところのないこと。虚心。

【恬然】（テンゼン）①安らかで静かなさま。穏やかなさま。②平気でいるさま。平然。「恬然不レ恥（テンゼンとしてはじず）」「平気。

【恬淡・△恬澹】（テンタン）心静かで無欲なさま。あっさりとしているさま。「恬淡虚無」

【恬愉】（テンユ）心が安らかで楽しい。

(9)6【恫】2351　△　㊀トウ　東 tōng　㊁㊥トウ・㊈ドウ　送 dòng　慣ドウ　5588 5778

(10)7 【悦】2352 常 エツ

〔悅〕2353 (10)7 漢エツ（ヱツ） 呉エチ（ヱチ） 屑 yuè

筆順 忄 忄' 悅 悦

【悅】俗字

字義 ❶よろこぶ（喜）。よろこび。心の中でよろこぶ。「喜悦」 ❷たのしむ（楽）。たのしみ。❸したう（慕）。よろこんで従う。 名乗 のぶ・よし

解字 形声。忄（心）＋兌㊉。音符の兌（タイ・エツ）は、むすぼれていたものがぬけおちるの意味。心の中のわだかまりがぬけおち、よろこぶ・たのしいの意味を表す。

▼喜悦・恐悦・法悦・満悦・愉悦・容悦・和悦

【悦喜】（エッキ） 大いによろこぶ。喜悦。説喜（エッキ）。

【悦服】（エップク） よろこんで心から従う。

【悦目】（エツモク） 目をよろこばす。見て楽しむ。

【悦予（豫）】（エツヨ） よろこび楽しむ。予は、楽しむ。

【悦楽（樂）】（エツラク） よろこび楽しむ。

1757 *3159*

(10)7 【悁】2354 △ 一エン（ヱン） 先 yuān 二ケン 霰 juàn

字義 一❶いかる。「悁忿（エンプン）」 ❷うれえる。❸つかれる。二あせる。いらだつ。

解字 篆文 形声。忄（心）＋肙㊉。音符の肙（エン）は、小さなぼうふらの象形。心が小さくなる、いかる・うれえる・いらだつの意味を表す。

【悁悁】（エンエン） ①うれえ悲しむさま。②怒るさま。

5590 *577A*

(10)7 【悔】(2334) カイ 悔（2333）の旧字体。→四三六ページ。

(10)7 【悝】2355 △ 一カイ（クヮイ） 灰 kuī 二リ 紙 lǐ

字義 一❶たわむれる（たはむる）。あざける。❷やむ（病）。❸わたくし。二❶うれえる（憂）。❷かなしむ（悲）。❸＝一の②。

解字 篆文 形声。忄（心）＋里㊉。

5591 *577B*

(10)7 【悍】2356 標 漢カン 呉ガン 翰 hàn

字義 ❶たけだけしい（たけだけし）。㋐いさましい（勇）。強い。「勇悍」 ㋑あらい（あらし）。あらあらしい。気が荒い。❷乱暴。❸気みじか。せっかち。性急。❹目をいからす。❺おぞましい。うとましい。

解字 篆文 形声。忄（心）＋旱㊉。音符の旱（カン）は、干に通じ、犯すの意味。他を犯し進む心、たけだけしいの意味を表す。

【悍驕】（カンキョウ） 気が強くておごりたかぶること。

【悍然】（カンゼン） 気の荒いさま。

【悍馬】（カンバ） あばれ馬。荒馬。

【悍勇】（カンユウ） あらあらしく勇ましい。また、その人。

【悍吏】（カンリ） 気の荒い役人。乱暴な役人。

5592 *577C*

(10)7 【悟】2357 常 ゴ さとる

ゴ 遇 wù

筆順 忄 忄丆 忄五 悟

字義 ❶さとる。㋐理解する。会得（エトク）する。㋑迷いがさめる。「大悟」「覚悟」 ❷さとり。❸さとす。さとらせる。❹さとい。

名乗 さと・さとし・のり

解字 篆文 形声。忄（心）＋吾㊉。音符の吾（ゴ）は、晤（ゴ）に通じ、明るくなるの意味。心が明るくなる、さとるの意味を表す。

▼英悟・悔悟・改悟・覚悟・感悟・警悟・妙悟・了悟

【悟性】（ゴセイ） ①りこうな生まれつき。②知性一般をいう。③哲学で、合理的に判断し、概念を作る論理的な思考力。感性や理性と区別して用いることが多い。

【悟入】（ゴニュウ） 仏さとりを開くこと。道理を会得（エトク）すること。

2471 *3867*

(10)7 【悞】2358 △ ゴ 遇 wù

字義 あやまる。まちがえる。＝誤。

解字 形声。忄（心）＋呉㊉。

(10)7 【悃】2359 △ コン 阮 kǔn

字義 ❶まこと。まごころ。❷ねんごろ（懇）。

解字 篆文 形声。忄（心）＋困㊉。

【悃悃】（コンコン） ①ねんごろなさま。②志のひとすじなさま。

【悃誠】（コンセイ） まごころ。まこと。

5593 *577D*

(10)7 【悛】2360 △ シュン 真 xūn

字義 ❶あらためる（あらたむ）。過去の悪行をくい改める。「改悛」 ❷まこと。

5602 *5822*

解字 篆文 形声。忄（心）＋夋㊉。音符の夋（シュン）は、俊に通じ、才知のすぐれた人の意味。心が才知あるさまとなる、さとるの意味を表す。

(10)7 【悚】2361 △ 漢ショウ 呉シュウ 腫 sǒng

字義 ❶おそれる（おそる）。おそれてすくむ。❷あわてる。

解字 形声。忄（心）＋束㊉。音符の束（ソク・シュウ）は、たばねた「たきぎ」の象形で、ひきしまりちぢまるの意味。心がひきしまりちぢまる、おそれるの意味を表す。

【悚然】（ショウゼン） おそれすくむさま。

【悚慄】（ショウリツ） おそれおののく。びくびくする。

5594 *577E*

(10)7 【悄】2362 △ 一ショウ（セウ） 篠 qiǎo 二ショウ（セウ） 嘯 qiào

字義 一❶うれえる（うれふ）。うれえしおれる。❷しずか。ひっそりしてさびしいさま。二きびしい。はげしい。

難読 悄気（しょげる）・悄悄（しおしお）

解字 篆文 形声。忄（心）＋肖㊉。音符の肖は、小さくなるの意味。心が小さくなる、うれえるの意味を表す。

【悄悄】（ショウショウ） ①うれえなやむさま。うれえ悲しむさま。しょんぼりするさま。②静かでものさびしいさま。

【悄然】（ショウゼン） ＝悄悄。

【悄愴】（ショウソウ） うれえいたむ。悲しみいたむ。

5601 *5821*

(10)7 【悌】2363 人 漢テイ 呉ダイ 霽 tì

筆順 忄 忄' 悌 悌

字義 ❶したがう（したがふ）。兄や年長者に対して従順で、よく仕えること。「孝悌」 ❷兄弟仲よくすること。「悌友」 ❸やすらか。

名乗 とも・やす・やすし・よし

解字 篆文 形声。忄（心）＋弟㊉。音符の弟は、おとうとの意味。弟の兄に対する心、したがうの意味を表す。

3680 *4470*

(10)7 【悩】2364 常 ノウ なやむ・なやます

〔惱〕2365 (12)9 漢ドウ（ダウ） 呉ノウ（ナウ） 皓 nǎo

3926 *473A* 5629 *583D*

筆順 忄 忄' 忄𡿺 悩

【悩】俗字

字義 ❶なやむ。思いわずらう。苦しむ。「苦悩」 ❷なやます。思い迷わせる。苦しめる。❸なやみ。❹仏俗世の事に引かれて起こるなやみ。煩悩（ボンノウ）。

国 ノウ（ナウ）。病気。「御悩（ゴノウ）」は、天子の病気。

解字 形声。忄(心)＋㐫(㐫)音。音符の㐫ノウは、脳の象形で、あたまの意味。心や頭にかかわるもの、なやみの意味を表す。
▼苦悩・煩悩

【悩殺】ノウサツ・ノウサイ 非常になやます。特に、女の肉体的美しさが男をなやますことにいう。殺は、程度のはなはだしい意を表す助字。

【悩乱(亂)】ノウラン 心がなやみ乱れる。

(10)7 【悖】2366 △ 一漢ホツ・呉ボチ 月 bèi ③bó 二漢ハイ・呉バイ 隊 bèi 慣ボツ 5603 5823

字義 一❶もとる。そむく。たがう。さからう。❷みだす。みだれる。❸さかん。二❶＝一の①②。❷おおう。

参考 現代表記では［背］(3160)に書きかえることがある。「悖徳→背徳」

解字 形声。忄(心)＋孛音。音符の孛ボツは、急にさかんになるの意味。心がたかぶって普通でなくなる、心が乱れる、もとるの意味を表す。

【悖△焉】ボツエン ＝悖然。

【悖逆】ハイギャク もとりさからう。道理・法などに逆らう。

【悖然】ボツゼン ①急に顔色を変えて怒るさま。②急に元気よく笑うさま。

【悖徳】ハイトク 道徳にそむく。背徳。

【悖乱(亂)】ハイラン ①そむき乱れる・乱す。正道にそむき、正しくない言動をすること。謀反を起こす。②心が混乱する。

【悖戻】ハイレイ さからいもとる。正道・道理に逆らう。

(10)7 【悗】2367 △ 一漢バン・呉マン 寒 mán 二漢ボン・呉モン 阮 mèn 5604 5824

字義 一❶まどう(惑)。❷わずらう。また、わずらい。二❶すなお。従順なさま。❷わすれる(忘)。

解字 形声。忄(心)＋免音。

【悗密】ボンミツ すなおでさからわない。［韓非子、忠孝］

(10)7 【悒】2368 △ 漢ユウ(イフ) 呉オウ(オフ) 緝 yì 5605 5825

字義 うれえる。心が安らかでない。気がふさぐ。はればれしない。「悒鬱ユウウツ」

解字 篆文  形声。忄(心)＋邑音。音符の邑ユウは、あつまるの意味。心が一つのことにあつまって気がかり、不安の意味を表す。

【悒△鬱】ユウウツ 心配ごとがあって気がふさいでいるさま。憂鬱。

【悒悒】ユウユウ うれえるさま。心の安らかでないさま。

(10)7 【悧】2369 △ リ 俐(268)と同字。→八八ページ。 5606 5826

参考 現代表記では［利］(587)に書きかえることがある。「悧口→利口」

(10)7 【悢】2370 △ 一リョウ(リャウ) 漾 liàng 二ロウ(ラウ) 養 lǎng

字義 一悢悢リョウリョウは、㋐悲しむさま。うらみなげくさま。㋑心にかけていつくしむさま。二がっかりするさま。失意のさま。

解字 形声。忄(心)＋良音。

(10)7 【悋】2371 △ リン 震 lìn 5607 5827

【恡】俗字

字義 やぶさか。けち。物をおしむ。＝吝リン。国ねたむ。→悋気。

解字 形声。忄(心)＋吝音。音符の吝リンは、おしむの意味。心を付し、心理を表す語として、おしむの意味を表す。

【悋気(氣)】リンキ 国やきもち。男女間の嫉妬シット。

【悋△嗇】リンショク 物惜しみする。けち。吝嗇リンショク。

(11)8 【惟】2372 人 漢イ(ヰ) 呉ユイ 支 wéi 1652 3054

筆順 

字義 ❶おもう。おもんみる(思ひみる)。よく考える。「思惟」❷助字。⇩助字解説 ❸はい。承諾の返事の語。＝唯イ。

助字解説

①ただ。限定。ただ……だけ。類唯・但・只・祇・啻。［孟子、梁恵王下］惟仁者為ニ能以レ大事一レ小(ただジンシャのみよくダイをもってショウにつかう(ふ)ることをなす)〈ただ仁者だけが大国でありながら小国に礼をつくすことができる〉

②これ。文頭または句間において口調を整える。類維。［書経、泰誓上］惟天地万物父母、惟人万物之霊(これテンチはバンブツのフボにして、これひとはバンブツのレイなり)〈それ天地は万物を生育する父母であり、人は万物の霊長である〉

名乗 たもつ・のぶ・よし　難読 惟神かんながら

解字 篆文  形声。忄(心)＋隹音。音符の隹スイは、維に通じ、つなぐの意味。一つの事に心をつなぎとめて、おもうの意味を表す。

【惟惟】イイ 承諾の意を表す語。はいはい。転じて、承諾するさま。人の言うことに従うさま。唯唯イイ。「惟惟諾諾ダクダク」

【惟一】ユイイツ ただこれ一つ。これだけ。唯一。専一。

(11)8 【悸】2373 標 漢キ 呉ギ 寘 jì 5609 5829

字義 ❶おそれる。おそれて胸がどきどきする。「動悸」❷むなさわぎ。❸心臓の病気。＝痵キ。❹帯のたれているさま。

解字 篆文  形声。忄(心)＋季音。音符の季は、恤ジュツに通じ、うれえるの意味。うれえおそれて心が動く、むなさわぎがするの意味を表す。

(11)8 【惧】2374 標 ク 懼(2485)の俗字。→四三五ページ。 5592 577C

(11)8 【惓】2375 △ 漢ケン 呉ゲン 先 quán 5611 582B

字義 ❶つつしむ。❷ねんごろ。❸はげしい。

解字 形声。忄(心)＋卷音。

【惓惓】ケンケン ①つつしむさま。②ねんごろなさま。まごころをつくすさま。③つとめるさま。

(11)8 【悾】2376 △ 漢コウ 呉ク 東 kōng

字義 ❶まこと。❷つつしむさま。

解字 形声。忄(心)＋空音。音符の空は、むなしいの意味。心中になにもない、邪心がなくて、まことの意味や、知恵がないの意味を表す。

【悾悾】コウコウ ①誠意のあるさま。②愚直なさま。

(11)8 【悻】2377 △ 一漢ケイ・呉ギョウ(ギャウ) 迥 xìng 二漢コウ(カウ)・呉ギョウ(ギャウ) 梗

字義 一二❶もとる。たがう。❷いかる。うらみいかる。また、そのさま。「悻悻コウコウ」

解字 形声。忄(心)＋幸音。

(11)8 【惚】2378 標 漢コツ 呉コチ 月 hū 2591 397B

字義 ❶うっとりとする。「恍惚コウコツ」❷ほのか。かすか。奥深い。国❶ほれる。㋐恋慕する。㋑心酔する。❷ぼける。また、とぼける。

難読 惚気のろけ

解字 形声。忄(心)＋忽音。音符の忽コツは、かすかなさまを表す擬態語。意識がかすかになる、うっとりするの意味を表す。

【惚△恍・惚△怳】コッコウ ①我を忘れてうっとりとするさま。②かすかなさま。③奥深くてはかり知れぬさま。

(11)8 【惛】2379 △ 一コン 元 hūn 二漢ボン・呉モン 願 mèn

【惽】同字

字義 一❶くらい(くら)。㋐おろか。心が明らかでない。㋑かすか。不明瞭なさま。「惛然コンゼン」❷まよう(迷)。まよわす。❸みだれる(乱)。❹黙々として心を集中して努めるさま。惛惛コンコン。二もだえる。＝悶モン。

解字 篆文  形声。忄(心)＋昏音。音符の昏コンは、くらいの意味。心が暗いの意味を表す。

(11)8 **【惨】** 2380 常 サン・ザン みじめ
(14)11 〔慘〕 2381 サン 感 cǎn 慣ザン
2720 3B34 / 5646 584E

筆順 忄 … 惨

字義 ❶そこなう。しいたげる。❷いたむ。いたましい（いたましい）。むごい。つらい。いたいたしい。みじめ。「悲惨」「凄惨（セイサン）」 ❸やつれる。❹わびしくもの足りない。

解字 篆文  形声。忄（心）＋参（參）音。音符の參は、侵に通じ、おかすの意味。心の平安をおかす、いたむの意味を表す。

▼陰惨・悲惨・無惨

【惨禍】（サンカ） いたましい災い。風水害や戦災にいう。

【惨害】（サンガイ） いたましい災害・損害・被害。

【惨虐】（ザンギャク） むごたらしくいじめる。ひどくしいたげる。残虐。

【惨劇】（サンゲキ） いたましい出来事。むごたらしい事件。

【惨刻】（ザンコク） ＝惨酷。↓次項。

【惨酷】（ザンコク） むごくきびしい。非常にむごい。残酷。

【惨殺】（ザンサツ） むごたらしく殺す。

【惨惨】（サンサン） ①いたみ悲しむさま。②暗いさま。③疲れてやつれはてるさま。

【惨死】（ザンシ） むごたらしい目にあって死ぬ。

【惨事】（サンジ） むごたらしいできごと。

【惨状（狀）】（サンジョウ） むごたらしいありさま。

【惨悽】（サンセイ） ①いたむ。いたましく悲しい。②寒さのきびしいさま。

【惨怛】（サンダツ・サンタン） ①悲しみいたむ。②いたましいさま。

【惨淡・惨澹・惨憺】（サンタン） ①うす暗いさま。②ものさびしいさま。③いたましく悲しいさま。④心をなやますさま。苦心するさま。「苦心惨憺」

【惨忍】（ザンニン） むごい。残忍。

【惨敗】（サンパイ・ザンパイ） さんざんに負ける。むごいまけ方。

【惨慄】（サンリツ） ①いたみ恐れる。②きびしくいたましい。

【惨烈】（サンレツ） ①きびしくはげしい。②非常にいたましい。

(11)8 **【惝】** 2382 △ ショウ（シャウ） 養 chǎng, tǎng

字義 ❶ぼんやりする。がっかりするさま。気ぬけするさま。失意のさま。「惝怳（ショウキョウ）」 ❷おどろくさま。驚いて気の遠くなるさま。「惝怳」「惝罔（ショウモウ）」 ❸うっとりするさま。我を忘れるさま。「惝然」「惝惝」

解字 形声。忄（心）＋尚音。

(11)8 **【情】** 2383 教5 ジョウ・セイ なさけ
(11)8 〔情〕 2384 漢セイ 呉ジョウ（ジャウ） 庚 qíng
3080 3E70

筆順 忄 … 情 情

字義 ❶こころ。心持ち。感情。❷まこと。本当のありさま。㋐真心。本心。㋑事実。実物。ありさま。様子。実情。「世情」「情報」 ❸おもむき。情趣。おもしろみ。味わい。風情。「余情」 ❹なさけ。㋐思いやり。あわれみ。「同情」「温情」 ㋑私情のかかわりあい。情実。❺男女間の愛情。恋心。「情欲」「情死」 国なさけ。㋐もののあわれを知る心。㋑みやび心。風流心。㋒人情を解する心。㋑＝③。㋒＝⑤。 難読 情人（ろい）

解字 篆文  形声。忄（心）＋青（靑）音。音符の青は、まじりけのないあおの意味。いつわりのない心、まことの意味を表す。

▼哀情・愛情・恩情・温情・下情・感情・含情・旧情・近情・苦情・激情・交情・厚情・高情・剛情・国情・色情・私情・至情・詩情・事情・実情・春情・純情・心情・深情・真情・世情・性情・俗情・素情・多情・痴情・衷情・直情・陳情・同情・内情・人情・熱情・薄情・非情・表情・風情・物情・芳情・慕情・民情・無情・幽情・有情・欲情・余情・旅情・劣情・恋情

【情愛】（ジョウアイ） なさけ。たがいに愛し合う感情。

【情意】（ジョウイ） ①感情と意志。②こころ。心持ち。㋐考え。㋑感情。③なさけ心。愛情。

【情火】（ジョウカ） 火のようにはげしい情欲。

【情懐（懷）】（ジョウカイ） 思い。心もち。心。また、心に思う。感情。心持ち。また、心に感ずる。

【情感】（ジョウカン） 感情。心持ち。また、心に感ずる。

【情義】（ジョウギ） 人情と義理。情けと道理。

【情偽（僞）】（ジョウギ） ①真実と虚偽。真偽。②ありのまま。③いつわり。欠点。

【情誼】（ジョウギ） ①＝情義。②よしみ。親しみ。好意。

【情況】（ジョウキョウ） ようす。ありさま。状況。↓状況（七〇六ページ）。

【情景】（ジョウケイ） ①ありさま。けしき。②趣（おもむき）と景色（ケシキ）。

【情好】（ジョウコウ） なかよし。仲のよいこと。

【情交】（ジョウコウ） ①親しいまじわり。②国男女が肉体的関係を持つこと。

【情死】（ジョウシ） 愛し合っている男女が、そいとげられないのを悲しみ、合意の上で一緒に死ぬこと。心中。

【情事】（ジョウジ） ①心に思っている事がら。②本当の事がら。事実。③国男女間の情愛・情欲に関する事がら。

【情実（實）】（ジョウジツ） ①事実。真相。②まごころ。いつわりのない気持ち。③国私情にからんで公正な処置のしにくいこと。転じて、私情のかかわりあい。

【情趣】（ジョウシュ） ①おもむき。ふぜい。②心持ち。気分。

【情緒】（ジョウショ・ジョウチョ） ①思いにつれて起こる、さまざまの感情。②心理学で、怒り・悲しみ・驚きなど、強く本能的に現れる感情。（「ジョウチョ」は、誤読による慣用読み）

【情状（狀）】（ジョウジョウ） ありさま。また、事情。「情状酌量」

【情人】（ジョウジン・ジョウニン） ①心に思って忘れられない人。㋐親友。㋑恋人。②自分の妻または夫以外に情を通じている相手。情婦。情夫。

【情性】（ジョウセイ） ①人が生まれつき持っている本性。②感情と本性。

【情勢】（ジョウセイ） ありさま。なりゆき。形勢。状勢。

【情操】（ジョウソウ） 情緒よりも知的な精神活動にともなって起こり、対象に対して習慣的に持続する心の働き。対象によって、知的・美的・道徳的・宗教的情操に分かれる。

【情態】（ジョウタイ） ありさま。ようす。状態。

【情調】（ジョウチョウ） ①調子。ふし。②おもむき。気分。③感覚に伴う快・不快などの感情。

【情熱】（ジョウネツ） 熱烈な心。熱情。

【情夫】（ジョウフ） 夫以外で肉体関係のある男。間夫（まぶ）。

【情報】（ジョウホウ） 物事の実情についての知らせ。

【情味】（ジョウミ） ①味わい。情趣。②やさしい心づかい。

【情欲・情慾】（ジョウヨク） ①心持ち。②望み。欲望。③男女間の愛欲。色情。④仏むさぼり執着する心。

【情話】（ジョウワ） ①まごころからの話。愛情のこもった話。②国男女間の情事に関する話。

【通レ情】（ジョウをツウず） 好意を相手に通ずる。①内々によしみを結ぶ。②内通する。③男女がひそかに情交を結ぶこと。

【定レ情】（ジョウをさだむ） 結婚初夜に夫婦の交わりを行うこと。

(11)8 **【悴】** 2385 △ 漢スイ 呉ズイ 寘 cuì
5612 582C
〔悴〕俗字 5613 582D

字義 ❶うれえる。なやむ。いたむ。❷やつれる（やつる）。やせ衰える。「憔悴（ショウスイ）」 ❸つかれる。❹しぼむ。国せがれ。＝倅。（倅（サイ）の字と似ていることから起こった誤用） ㋐自分の息子の謙称。㋑小児をいやしんでいう語。「小せがれ」

解字 篆文  形声。忄（心）＋卒音。音符の卒は、つきるの意味。心がつきる、うれえるの意味を表す。

(11)8 【悽】2386
△ 一セイ・サイ 斉 qī　二セイ・サイ 霽 qì　5614 582E

字義 一❶いたむ。かなしむ。また、いたましい。❷すさまじい。さむざむとする。ぞっとする。＝凄（セイ）。二うらむ。

解字 篆文 形声。忄(心)＋妻㊥。音符の妻は、淒（セイ）に通じ、雨雲のために天が暗くなるの意味。心がくもってくる、悲しみいたむの意味を表す。

【悽△艶・悽△豔】セイエン ①悲しみを含んだあでやかさ。②すごいほどのあでやかさ。
【悽惨(慘)】セイサン ①悲しみいたむ。惨も、いたみ悲しむ。②非常にいたましいさま。凄惨（セイサン）。
【悽悽】セイセイ ①悲しい。いたましい。②飢えて疲れたさま。③忙しいさま。
【悽絶】セイゼツ 非常にもの悲しいさま。この上なくいたましいさま。
【悽然】セイゼン いたましい。悲しい。
【悽△愴】セイソウ ①悲しくいたましい。②さむい。
【悽△惻】セイソク 悲しみいたむ。
【悽断(斷)】セイダン ①非常に悲しくいたましい。②風のはげしくすさまじいさま。

(11)8 【惜】2387
常 セキ おしい・おしむ　漢セキ・呉シャク 陌 xī　3243 404B

筆順 忄 忄 忄 惜 惜

字義 ❶おしむ。㋐もったいないと思う。手離しがたく思う。㋑大切にする。重んずる。また、めでる（愛）。㋒いたむ、悲しむ。❷おしい。残念である。もったいない。

解字 篆文 形声。忄(心)＋昔㊥。音符の昔は、楚（ソ）に通じ、とげのあるいばらの意味。心をつきさす、いたみの意味を表す。

▼哀惜・愛惜・追惜・痛惜・悼惜
【惜陰】セキイン 時間をおしむ。陰は、光陰、時間。
【惜春】セキシュン 春の過ぎ行くのをなごりおしく思う。
【惜敗】セキハイ 国おしいところで負ける。わずかの差で負ける。↔辛勝。
【惜不レ得】お(を)しみえず 惜しんでもどうしようもない。
【惜別】セキベツ 別れをなごりおしく思う。また、別れのなごりをおしむ。
【惜命】セキメイ・シャクミョウ 命を大事にすること。
【惜△吝】セキリン おしむ。また、けちけちする。

(11)8 【惆】2388
△ チュウ（チウ）尤 chóu　5615 582F

字義 ❶うらむ。いたむ。かなしむ。なげく。❷がっかりする。気落ちする。

解字 篆文 形声。忄(心)＋周㊥。音符の周は、弔に通じ、いたむの意味。心をいためるの意味を表す。

【惆△悵】チュウチョウ ①なげき悲しむ。②がっかり気落ちしたさま。失意のさま。悵も、惆と同意。

(11)8 【悵】2389
△ チョウ（チャウ）漾 chàng　5616 5830

字義 ❶うらむ。いたむ。なげく。❷がっかりする。「惆悵（チュウチョウ）」❸ぼんやりするさま。

解字 篆文 形声。忄(心)＋長㊥。音符の長は、傷に通じ、いたむの意味。心がいたむの意味を表す。

【悵恨】チョウコン いたみうらむ。残念がる。
【悵然】チョウゼン ①いたみうらむさま。なげくさま。②がっかりしたさま。
【悵望】チョウボウ 悲しい（うらめしい）気持ちで遠くをながめる。

(11)8 【惕】2390
△ 漢テキ 呉チャク 錫 tì
［惖］同字

字義 ❶つつしむ。おそれつつしむ。「怵惕（ジュッテキ）」❷おそれる。こわがる。ぞっとする。❸うれえる。❹おどろく。

解字 篆文 形声。忄(心)＋易㊥。音符の易は、色をかえるの意味。顔色を変えて、恐れる・おどろくの意味を表す。

【惕若】テキジャク おそれつつしむさま。若は形容の助字。
【惕然】テキゼン ①おじおそれるさま。②うれえるさま。
【惕惕】テキテキ ①驚きおそれるさま。②うれえるさま。③愛するさま。

(11)8 【惙】2391
△ 漢テツ 呉テチ 屑 chuò

字義 ❶うれえる。❷心が落ちつかない。❸つかれる。❹やめる。

解字 篆文 形声。忄(心)＋叕㊥。音符の叕（テツ）は、つづくの意味。心中に絶え間なくつながってくる、うれえるの意味を表す。

(11)8 【悼】2392
常 トウ いたむ　漢トウ（タウ）・呉ドウ（ダウ）号 dào　3773 4569

筆順 忄 忄 忄 悼 悼

字義 ❶おそれる。❷いたむ。㋐悲しむ。「嗟悼（サトウ）」㋑人の死をいたみ悲しむ。「哀悼」㋒気の毒に思う。あわれむ。

使いわけ いたむ〔痛・傷・悼〕⇩痛（4888）。

解字 篆文 形声。忄(心)＋卓㊥。音符の卓は、高くおどりあがるの意味。心が悲しみのために動揺するの意味を表す。

▼哀悼・弔悼・追悼
【悼惜】トウセキ 人の死をいたみ惜しむ。
【悼痛】トウツウ 人の死を悲しみいたむ。ひどく悲しむ。
【悼亡】トウボウ 妻の死をいたみ悲しむ。また、広く妻子・友人などの死を悼む場合にもいう。亡は、死。

(11)8 【惇】2393
囚 一トン 元 dūn　二漢シュン・呉ジュン 真 dūn　3855 4657

筆順 忄 忄 忄 惇 惇

字義 一二❶あつい（厚）。㋐人情が厚い。㋑てあつい。てあつくする。ねんごろ。❷まこと。まごころ。

名乗 あつ・あつし・つとむ・とし・まこと

解字 篆文 形声。忄(心)＋享(𦎫)㊥。音符の𦎫（トン）は、厚いの意味。心があつい、てあつくするの意味を表す。

【惇△樸・惇朴】ジュンボク・トンボク まごころがある、かざりけのないこと。敦樸（トンボク）。敦朴（トンボク）。

(11)8 【悱】2394
△ ヒ 尾 fěi

字義 ❶いらだつ。いらいらする。わかってはいるが、うまく言い表せないでいらいらする。「憤悱」❷かなしむ。

解字 篆文 形声。忄(心)＋非㊥。音符の非は、そむき裂けるの意味。心の中が分裂して、いらだつの意味を表す。

【悱憤】ヒフン 心中のいきどおり。口に出そうとして出せないいきどおり。
【不レ悱不レ発(發)】ひせざればハッせず 心に一応理解しながら、それをうまく口に言い表せないで、いらいらしているという状態にまでならなければ、教えてやることをしない。自分から積極的にやろうとするのでなければ教えてやらない。〔論語、述而〕⇩不レ憤不レ啓（フンせざればケイせず）（四三三ページ）。

(11)8 【惘】2395
△ 漢ボウ（バウ）呉モウ（マウ）養 wǎng　5617 5831

字義 ぼんやりする。悲しみなどのためにぼんやりしているさま。

国 あきれる（呆）。あっけにとられる。

解字 形声。忄(心)＋罔㊥。音符の罔（モウ）は、あみでとらえるの意味。心があみでとらえられる、我を忘れてぼうっとなるの意味

を表す。

【惘然】ボウゼン・モウゼン がっかりしてぼんやりしているさま。茫然ボウゼン。惘然自失。

(11)8 【惏】2396 △ 一ラン 覃 lán 二リン 侵 lín

字義 一❶むさぼる。＝婪ラン。❷そこなう。二❶さむいさま。また、おそれおののくさま。＝凜。「惏慄リンリツ」❷悲しみいたむさま。「惏悷リンレイ」

解字 篆文  形声。忄(心)＋林㊥。音符の林は、立に通じ、ある位置を独占してたつの意味。心が金品のことばかりにたちどまる、むさぼるの意味を表す。

(11)8 【惋】2397 △ ワン 翰 wǎn

字義 ❶なげく。おどろき悲しむ。❷気力が衰える。

解字 形声。忄(心)＋宛㊥。音符の宛エンは、しなやかに曲がるの意味。心がくじけ曲がる、意気がおとろえる、なげくの意味を表す。

(12)9 【愔】2398 △ 一イン 侵 yīn 二㊥アン・㊤オン 覃

字義 一❶やわらぐ。安らかにやわらぐさま。❷奥深く静かなさま。二だまる。沈黙する。

解字 形声。忄(心)＋音㊥。

(12)9 【惲】2399 △ ウン 吻 yùn

字義 ❶あつい。重厚。❷はかる(謀)。

解字 篆文  形声。忄(心)＋軍㊥。

(12)9 【愒】2400 △ 一ケイ 霽 qì 二カイ 泰 kài 三㊥カツ・㊤カチ 曷 hé

字義 一いこう(憩)。二❶むさぼる。❷いそぐ。にわか。すみやか。三おどす。おびやかす。

解字 篆文  形声。忄(心)＋曷㊥。音符の曷カツは、割に通じ、中断するの意味。仕事を中断する、いこうの意味を表す。

(12)9 【愕】2401 標 ガク 薬 è 5619 5833

字義 ❶おどろく。驚きあわてる。❷直言するさま。＝諤ガク。

解字 形声。忄(心)＋咢㊥。音符の咢ガクは、予期に反することが起こっておどろくの意味。心を付し、おどろくの意味を表す。

【愕愕】ガクガク 遠慮せずに正しいと信ずることをまくしたてるさま。諤諤ガクガク。「侃侃愕愕カンカンガクガク」

【愕然】ガクゼン おどろいたさま。

(12)9 【愜】2402 △ キョウ(ケフ) 葉 qiè

【㥦】同字

字義 ❶こころよい。❷みちたりる。満足する。❸よい(可)。

解字 篆文  形声。忄(心)＋匧㊥。音符の匧キョウは、はこの意味。整然として満たされたはこのように、心の中がみちたりて、こころよいの意味を表す。

(12)9 【惸】2403 △ ㊥ケイ ㊤ギョウ(ギャウ) 庚 qióng

字義 ❶ひとり(独)。ひとり者。兄弟がない者。❷うれえる。「惸惸」❸＝煢ケイ。

解字 形声。忄(心)＋子＋瞢省㊥。音符の瞢ボウ＝ケイは、目がくらむの意味。瞢の下部が省略変形して、旬となった。子がいないために心が暗くなる、うれえるの意味を表す。「ない者。

【惸独(獨)】ケイドク ひとり者。身よりのない者。困窮してよる所のない者。

(12)9 【愃】2404 △ 一㊥ケン ㊤カン(クヮン) 阮 xuǎn 二セン 先 xuān 5626 583A

字義 一ゆたか。ひろい。心がゆたかで広い。二❶こころよい(快)。❷わすれる。＝萱ケン。

解字 篆文 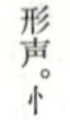 形声。忄(心)＋宣㊥。

(12)9 【慌】2405 (13)10 【慌】2406 常 コウ あわてる・あわただしい 一コウ(クヮウ) 養 huǎng 二コウ(クヮウ) 陽 huāng 2518 3932

筆順 

【㤺】同字

字義 一❶くらい(昏)。ほのか。かすか。❷うっとりする。ぼうっとなる。＝恍コウ。「慌惚コウコツ」二❶わすれる。❷あわてる。あわただしい。切迫している。「慌忙」❸おそれる。「恐慌」

解字 形声。忄(心)＋荒(㠩)㊥。音符の荒は、亡に通じ、なくすの意味。心の中に何もない、ぼんやりするの意味を表す。

▼恐慌

(12)9 【惶】2407 △ ㊥コウ(クヮウ) ㊤オウ(ワウ) 陽 huáng 5621 5835

字義 ❶おそれる。おそれかしこむ。「憂惶」❷あわてる。にわか。

参考 現代表記では[皇](4964)に書きかえることがある。「蒼惶→倉皇」

解字 篆文  形声。忄(心)＋皇㊥。音符の皇は、徨コウに通じ、落ち着かないで歩くの意味。心が動揺すると、おそれるの意味を表す。

【惶急】コウキュウ おそれあわてる。

【惶遽】コウキョ おそれあわてる。

【惶恐】コウキョウ おそれる。大いにおそれる。

【惶恐再拝(拜)】コウキョウサイハイ おそれいって二度も拝する。手紙の末尾に記し、敬意を表す語。

【惶惶】コウコウ ①大いにおそれるさま。②あわただしいさま。

【惶惑】コウワク おそれまどう。

(12)9 【愀】2408 △ 一ショウ(セウ) 篠 qiǎo 二㊥シュウ(シウ)・㊤ジュ 有 5623 5837

字義 一二❶うれえる。❷つつしむ。おそれつつしむ。❸顔色を変える。態度を改める。

解字 形声。忄(心)＋秋㊥。

【愀然】シュウゼン ①緊張した態度・顔色になるさま。②うれえ悲しむさま。

(12)9 【惴】2409 △ スイ 寘 zhuì 慣ズイ 5624 5838

字義 おそれる。うれえおそれる。びくびくする。

解字 篆文  形声。忄(心)＋耑㊥。音符の耑タンは、ものの生まれたての意味。初体験のときにいだく心のおののきの意味を表す。

【惴惴】ズイズイ おそれてびくびくするさま。

【惴慄】ズイリツ おそれおののく。おそれてびくびくする。

(12)9 【惺】2410 △ 一㊥セイ ㊤ショウ(シャウ) 青 xīng 二㊥セイ ㊤ショウ(シャウ) 梗 xǐng 5625 5839

字義 一❶さとい。さとりがよい。❷しずか(静)。心が静か。二さとる。「惺悟」

解字 形声。忄(心)＋星㊥。音符の星は、澄みきったほしの意味。澄みきった心、さといの意味を表す。

(12)9 【愡】2411 △ ソウ 送 còng 5627 583B

【憁】正字

字義 愡恫ソウドウは、㋐おろか。無知なさま。㋑思いどおりにならないさま。㋒志を得ないさま。せわしくたちまわるさま。

【解字】形声。忄（心）＋怱（悤）(音)。

(12)9 【惻】2412 △ 漢ショク・呉シキ [職] cè　5628 583C

【字義】いたむ。いたみ悲しむ。あわれむ。

【解字】篆文 形声。忄（心）＋則(音)。音符の則は、ものさしの意味。人の心をはかって同情する、いたむの意味を表す。

【惻隠(隱)】ソクイン あわれいたむ。いたましく思う。孟子モウシの四端の一つ。隠も、いたむ。→四端（三〇ページ）。

【惻隠(隱)△之心仁△之端△也】ソクインのこころはジンのタンなり 人の不幸などをあわれみいたむ心は、仁の本もとである。端は、本・根源。一説に、はじめ。〔孟子、公孫丑上〕

【惻惻】ソクソク ①いたみ悲しむさま。あわれみいたむさま。②ねんごろなさま。懇切なさま。

(12)9 【惰】2413 常 ダ 漢タ 呉ダ [箇] duò　3438 4246

筆順 忄 忄 忄 惰 惰

【憜】同字

【字義】❶おこたる。㋐なまける。「怠惰」㋑あきる。疲れる。❷あなどる。軽んずる。❸つつしまない。気をつけない。行儀が悪い。❹これまでの習慣。「惰性」

【解字】篆文 体 別 形声。忄（心）＋育（隋）(音)。音符の隋ダは、緊張がとれてくずれるの意味。心の緊張がとれて、つつしみがないの意味を表す。

▼解惰・勤惰・柔惰・怠惰・放惰・遊惰

【惰気(氣)】ダキ なまけ心。なまけゆるんだ気持ち。

【惰弱】ダジャク 懦弱ダジャク。①なまけてだらしのないこと。②進取の気性のないこと。意気地イクジのないこと。③体力・勢力などの弱いこと。

【惰性】ダセイ ①物理学用語。物体が外部から力を受けない限り、現在の状態を続けようとする性質。②いままでの習慣・くせ。

【惰眠】ダミン ①なまけて眠る。「惰眠を貪むさぼる」②だらだらしてなまける。

【惰容】ダヨウ なまけてだらしない様子。

(12)9 【惵】2414 △ 漢チョウ（テフ） 呉ジョウ（デフ） [葉] diē、②tiē

【字義】❶おそれる。おそる。びくびくする。また、そのさま。「惵惵」「惵然」❷しずか。やすらか。おだやか。＝怗チョウ。

【解字】形声。忄（心）＋枼(音)。

(12)9 【惕】2415 △ 一 漢トウ（タウ） 呉ドウ（ダウ） [養] dàng 二 ショウ（シャウ） [陽] shāng

【字義】一❶ほしいまま。かってきまま。「惕悍トウカン」❷たいら。二まっすぐ。また、まっすぐではやい。「惕惕」

【解字】金文 篆文 形声。忄（心）＋昜(音)。音符の昜ヨウは、日があがるの意味。心がうわついて、かってきままにふるまうの意味を表す。

(12)9 【惱】(2365) ノウ　悩（2364）の旧字体。→四一五ページ。　5629 583D

(12)9 【愊】2416 △ 漢ヒョク・呉ヒキ [職] bì 慣フク

【字義】❶まこと。まごころ。❷気がふさがる。心がむすぼれる。胸がつまる。

【解字】篆文 形声。忄（心）＋畐(音)。

(12)9 【愎】2417 △ 漢ヒョク・呉ビキ [職] bì 慣フク　5631 583F

【字義】もとる。人にそむく。人の言を聞きいれず、かたいじなこと。かたくな。「剛愎」

【解字】形声。忄（心）＋复（夏）(音)。音符の复フクは、ひき返すの意味。人の言葉に従わず、自分のからにひき返す、かたくなの意味を表す。

(12)9 【惼】2418 △ ヘン [銑] biǎn

【字義】❶せまい。せまし。心がせまい。「惼狭」❷せわしい。せっかち。気みじか。＝褊ヘン。

【解字】形声。忄（心）＋扁(音)。

(12)9 【愉】2419 常 ユ
(12)9 【愉】2420 ユ [虞] yú　4491 4C7B

筆順 忄 忄 愉 愉 愉

【字義】❶たのしむ。たのしい。こころよい。よろこぶ。また、よろこばしい。❷やわらぐ（和）。

【解字】金文 篆文 形声。忄（心）＋俞（兪）(音)。音符の兪ユは、ぬきとるの意味。不快な心を抜きとって、たのしいの意味を表す。

【愉悦】ユエツ よろこぶ。喜び楽しむ。

【愉快】ユカイ 楽しくて気持ちのよいこと。快は、こころよい。

【愉色】ユショク ①喜びにあふれた顔色。②やわらいだ顔色。

【愉楽(樂)】ユラク よろこびたのしむ。

(13)10 【慍】2421 △ 一 ウン [問] yùn 二 オン（ヲン） [阮] wěn　5618 5832

【愠】同字

【字義】一❶うらむ。❷いかる。いきどおる。むっとする。心中に不平不満を持つ。二もだえ乱れる。

【解字】篆文 形声。忄（心）＋昷(音)。音符の昷オン（ウン）は、皿に盛られたあたたかな煮物の意味。不平が熱気のように心にたちこめる、いかるの意味を表す。

【慍色】ウンショク いきどおりうらむ顔色。むっとした表情。

【慍怒】ウンド いきどおる。腹を立てる。

(13)10 【慨】2422 常 ガイ
(14)11 【慨】2423 カイ [隊] kǎi 慣ガイ　1920 3334

筆順 忄 忄 忄 慨 慨

【槪】俗字

【字義】❶いきどおる。「忼慨コウガイ」❷なげく。ため息をつく。「慨嘆」❸悲しむ。悲しみいたむ。うれえる。

【解字】篆文 形声。忄（心）＋既（旣）(音)。音符の既は、むせぶの意味。心がつまる、なげくの意味を表す。

▼感慨・憤慨

【慨世】ガイセイ 世のありさまをうれえなげくこと。

【慨然】ガイゼン ①うれえ悲しむさま。②なげきいきどおるさま。③志をふるい起こすさま。

【慨嘆・慨△歎】ガイタン ①うれえなげく。悲しみなげく。②いきどおりなげく。

(13)10 【愷】2424 △ カイ [賄] kǎi 慣ガイ

【字義】❶やすらか。❷やわらぐ（和）。❸たのしむ。❹戦勝を祝う音楽。＝凱ガイ。「愷歌」

【解字】篆文 形声。忄（心）＋豈(音)。音符の豈ガイは、たのしむの意味。心を付し、たのしむの意味を表す。

【愷△悌・愷弟】ガイテイ ①和らぎ楽しむ。②徳がりっぱなさま。

【愷風】ガイフウ 南風。万物を生長させる晩春初夏の風。また、恩沢のたとえ。凱風ガイフウ。

(13)10 【愾】2425 △ カイ [隊] kài 慣ガイ　5633 5841

【字義】❶なげく。ため息をつく。❷いかる。うらみいかる。い

きとおる。「敵愾心」❸みちる。気が内に満ちる。

解字 文 篆 形声。忄(心)＋氣㊖。音符の氣は、いきの意味。なげき・いかりの心から出てくるいき、ためいきの意味を表す。

(13)10【愧】2426 △ キ 漢 kuì 5635 5843

【媿】同字

字義 ❶はじる(はづ)。また、はじ(はぢ)。「慙愧(ザンキ)」 ❷はずかしめる(はづかしむ)。

解字 金 文 篆 文 別 体 形声。忄(心)＋鬼㊖。音符の鬼は、平常ではないの意味。心中に平常でないものを感じる、はじるの意味を表す。媿の別体。

【愧恨】コン はじうらむ。

【愧死】シ ①はじて死ぬ。②深くはじいる。

【愧色】ショク はずかしそうな顔色。

【愧赧】キタン はじて赤面する。

(13)10【慊】2427 △ 一ケン 琰 qiàn 二ケン 塩 xián 三漢キョウ(ケフ) 呉コウ(カフ) 葉 qiè 5636 5844

字義 一❶こころよい(快)。満足する。❷あきたりない。不満に思う。❸うらむ。❹たりない。まずしい。❺まごころ。 二❶うたがう。❷きらう。＝嫌。 三＝一の①。

解字 文 篆 形声。忄(心)＋兼㊖。音符の兼は、かねるの意味。心が二つにまたがって、一つのことに満足しない、あきたりないの意味を表す。

【慊焉】ケンエン ①満足するさま。②不満なさま。

【慊慊】ケンケン ①あきたらぬさま。不満に思うさま。②心が満たされず、こいしたうさま。

(13)10【慌】(2406) コウ 慌(2405)の旧字体。→四一九ページ。

(13)10【慎】2428 常 シン つつしむ 3121 3F35

(13)10〖愼〗2429 ㊇許 漢シン 呉ジン 震 shèn 5638 5846

筆順 忄 忄 忄 恒 慎

字義 ❶つつしむ。㋐おろそかにしない。注意深くする。気をつける。㋑重んずる。大切にする。❷まこと。まことに。

名乗 ちか・のり・まこと・よし

使いわけ つつしむ〔謹・慎〕⇩謹(7266)。

解字 金 文 篆 文 形声。忄(心)＋真(眞)㊖。音符の眞は、つめこむの意味。心をすみずみにまでつめこむ、注意深くしてつつしむの意味を表す。

▼戒慎・勤慎・謹慎・粛慎・重慎

【慎戒】シンカイ つつしんで用心する。

【慎思】シンシ つつしんで思う。よくよく考えてみる。〔中庸〕

【慎思録】シンシロク 国書名。六巻。江戸時代の学者、貝原篤信(あつのぶ)(号は益軒(エキケン))の著。学問・道徳に関する識見を漢文で書いたもの。正徳四年(一七一四)成立。→貝原益軒(一〇三六ページ)。

【慎終】シンシュウ おわりをつつしむ。①物事のしめくくりに十分(ジュウブン)気をつけること。②父母の葬式などを手厚く行うこと。

【慎重】シンチョウ 注意深く軽々しくないこと。

【慎到】シントウ 戦国時代の趙(チョウ)の思想家。法家に属し、『慎子』を著す。(前三九五?—前三一五?)

【慎独(獨)】シンドク ひとりをつつしむ。他人の見ていない所でも心を正しくもち、行いをつつしむこと。『大学』に「君子必慎二其独一也(くんしはかならずそのひとりをつつしむ)」とあるのに基づく。

【慎密】シンミツ 注意が行き届いていること。慎重で手落ちのないこと。

(13)10【愴】2430 △ 漢ショウ(シャウ) 呉ソウ 漾 chuàng 5640 5848

字義 ❶いたむ。かなしむ(悲)。「悲愴」 ❷いたましい(いたまし)。「悽愴(セイソウ)」

解字 文 篆 形声。忄(心)＋倉㊖。音符の倉は、刅(ソウ)に通じ、きずつくの意味。心がきずつく、かなしむの意味を表す。

【愴然】ソウゼン 悲しみいたむさま。〔唐、陳子昂、登二幽州台一歌〕念二天地之悠悠一(テンチのユウユウたるをおもい)、独愴然而涕下(ひとりソウゼンとしてなみだくだる)〈天地自然のはるかで窮まりないことを思うと、ただひとりの私の心は(人生の限りあるを思って)悲しみいたむあまり、涙がとめどもなく流れてやまないのだ〉

(13)10【慅】2431 △ 一ソウ(サウ) 豪 sāo 二ソウ(サウ) 晧 cǎo

字義 一❶うごく。さわぐ。また、心が乱れる。❷おそれる。❸おきる(起)。 二❶つかれる(疲)。つかれるさま。❷うれえる。悲しむ。

解字 文 篆 形声。忄(心)＋蚤㊖。音符の蚤(ソウ)は、騒に通じ、さわぐの意味。心がさわぐの意味を表す。

(13)10【慆】2432 △ トウ(タウ) 豪 tāo

字義 ❶よろこぶ。よろこび楽しむ。また、よろこばす。❷あなどる。❸みだら。ほしいまま。❹すぎる。すごす。月日がたつ。久しい。❺みだれる。乱れるさま。❻たがう。❼つつむ。かくす。つつみかくす。

解字 文 篆 形声。忄(心)＋舀㊖。音符の舀(トウ)は、ぬきとるの意味。気ままに楽しいことだけをぬきとるの意味を表す。

(13)10【慱】2433 △ ハク 博(756)の俗字。→一六七ページ。 5641 5849

(13)10【慄】2434 標 漢リツ 呉リチ 質 lì 5643 584B

字義 ❶おそれる(おそる)。おそれてすくむ。おそれてぞっとする。「惴慄(ズイリツ)」「戦慄」 ❷おののく(をののく)。ふるう(ふるふ)。ふるえる。❸いたむ。悲しむ。うれえる。

解字 形声。忄(心)＋栗㊖。音符の栗(リツ)は、いがのあるくりの意味。いがを見て心の中でおそれる、一般に、おそれる・おののくの意味を表す。

【慄然】リツゼン おそれるさま。ふるえおののくさま。

【慄烈・慄冽】リツレツ 寒さのはげしいさま。

(14)11【慨】(2423) ガイ 慨(2422)の旧字体。→四三〇ページ。

(14)11【慣】2435 教5 カン なれる・ならす 2023 3437

カン(クヮン) 諫 guàn

筆順 忄 忄 忄 忄 慣 慣

字義 ❶なれる(なる)。ならう。習熟する。❷ならす。❸ならわし(ならはし)。ならい。「習慣」

解字 形声。忄(心)＋貫㊖。音符の貫は、物をつらぬき通すの意味。初めから終わりまで、一つの仕方、心の働き方を通して、なれるの意味を表す。

▼旧慣・習慣

【慣行】カンコウ 習慣的に行う。また、その行為。

【慣習】カンシュウ なれる。また、ならわし。習慣。

【慣用】カンヨウ 使いなれる。

【慣用音】カンヨウオン 国日本の漢字音の一つ。中国の字音と違った字音、または、誤って読んだ字音で、古くから一般に用いられてきたもの。輸ユ(正音はシュ)、耗モウ(正音はコウ)など。

⇩コラム・日本の漢字音(六五八ページ)。

【慣例】カンレイ ならわし。しきたり。常例。恒例。

(14)11【慷】2436 △ コウ(カウ) 陽 養 kāng (kǎng) 5645 584D

【慷】同字　字義 ❶なげく。いきどおりなげく。❷気が高ぶる。
解字 形声。忄（心）＋康㊥。音符の康は、庚に通じ、もちあがるの意味。心が高ぶってくる、なげくの意味を表す。
【慷慨（慨）・慷△愾】①いきどおりなげく。忼慨。②心がたかぶって嘆きいたむ。③意気がさかんで感激しやすいこと。

(14)11 【慠】2437　△　ゴウ　傲（360）と同字。→九八㌻。

(14)11 【慘】(2381)　サン　惨（2380）の旧字体。→四一七㌻。　5646 584E

(14)11 【慚】2438　△　ザン　慙（2270）と同字。→四〇七㌻。　5648 5850

(14)11 【慴】2439　△　ショウ（セフ）㊇葉 shè（zhé）　5650 5852

字義 ❶おそれる。おそれおののく。すくむ。おびえる。❷おどす。おびやかす。
解字 篆文 形声。忄（心）＋習㊥。音符の習は、鳥が羽を重ね合わせるの意味。鳥がすくむさまから、おそれる・おびえるの意味を表す。
【慴伏】おそれふす。おそれすくむ。威勢におそれて屈服する。
【慴服】おそれて従う。慴服。

(14)11 【慯】2440　△　ショウ（シャウ）㊇陽㊇漾 shāng　5651 5853

字義 ❶うれえる（憂）。心が痛む。❷思う。
解字 篆文 形声。忄（心）＋傷省㊥。音符の傷は、いたむ意味。

(14)11 【憎】2441　常　ゾウ　にくむ・にくい・にくらしい・にくしみ　3394 417E

(15)12 〔憎〕2442　㊇許　ソウ　慣ゾウ　㊇蒸 zēng

筆順　忄　忄'　忄𠆢　忄曾　憎

字義 ❶にくむ。きらう。いやがる。↕愛・好。「愛憎」❷にくしみ。国にくい。にくらしい。㋐はらだたしい。㋑あっぱれである。
解字 篆文 形声。忄（心）＋曽（曾）㊥。音符の曾は、重なり積もるの意味。重なり積もる心、にくしみの意味を表す。
▼愛憎
【憎悪（惡）】にくむ。悪も、にくむ。

【憎△嫉】にくみねたむ。

(14)11 【慥】2443　△　ソウ（サウ）㊇号 zào（cào）　慣ゾウ（ザウ）　5652 5854

字義 ❶まこと。❷せわしい。あわただしい。国たしか。たしかに。㋐きっと。確実に。㋑おおかた。
解字 形声。忄（心）＋造㊥。
【慥慥・慥△爾】まことのあるさま。言行の一致につとめるさま。慥爾。

(14)11 【慱】2444　△　㊇タン　㊇ダン　㊇寒 tuán　5653 5855

字義 ❶うれえる（憂）。また、うれえるさま。「慱慱」❷まるい。＝団（團）。
解字 形声。忄（心）＋専㊥。

(14)11 【慟】2445　△　㊇トウ　㊇ドウ　㊇送 tòng　5654 5856

字義 なげく。ひどく悲しむ。身をふるわし、大声で泣く。［論語、先進］子哭レ之慟。
解字 篆文 形声。忄（心）＋動㊥。音符の動は、うごくの意味。身をうごかしふるわせて、かなしむの意味を表す。
【慟泣】非常に悲しみなげき泣く。
【慟△哭】非常に悲しんで、大声で泣く。身もだえして泣く。哭は、声をあげて泣く。

(14)11 【慓】2446　△　ヒョウ（ヘウ）㊇嘯 piào　5656 5858

字義 ❶はやい。すばやい。すばしこい。＝剽。❷勇ましい。
参考 熟語は剽（634）をも見よ。→一四五㌻。
解字 篆文 形声。忄（心）＋票（㶾）㊥。音符の㶾は、暴に通じ、すばやくあらあらしいの意味を表す。
【慓△悍】すばしこく荒々しい。剽悍。

(14)11 【慢】2447　常　マン　4393 4B7D

㊇バン　㊇マン　㊇諫 màn

筆順　忄　忄冂　忄旦　忄昌　慢

字義 ❶おこたる。なまける。「怠慢」❷あなどる。おごる。おごりたかぶる。「自慢」「高慢」❸おろそかにする。軽んずる。❹おそい。おくれる。ゆるい。ゆるやか。「緩慢」
解字 篆文 形声。忄（心）＋曼㊥。音符の曼は、のびるの意味。心がのびたるんで、おこたるの意味を表す。
▼我慢・緩慢・欺慢・高慢・上慢・怠慢
【慢易】あなどりかろんずる。

【慢心】うぬぼれ。おごりたかぶる心。

【慢性】長びいてなおらない病気の性質。転じて、好ましくない状態が長く続くこと。

【慢然】①たかぶって得意なさま。②注意をおこたっているさま。しまりのないさま。漠然。③とりとめのないさま。はっきりしないさま。ぼんやり。漠然。

【慢侮】あなどる。あなどり軽んずる。

【慢舞】ゆるやかに舞う。静かに舞う。縵舞。

(14)11 【慵】2448　△　㊇ショウ　㊇ジュウ　㊇冬 yōng（yóng）　慣ヨウ　5657 5859

字義 ものうい。おっくうである。だるい。
解字 篆文 形声。忄（心）＋庸㊥。音符の庸は、一定してかたよらないの意味。心に動きがなく、ものういの意味を表す。
【慵惰】①ものういこと。ものうさ。②なまける。おこたる。

(14)11 【憀】2449　△　リョウ（レウ）㊇蕭 liáo

字義 ❶あきらか。心の明らかなさま。❷さわやか。音声のすみとおるさま。「憀亮」❸悲しむ。うらむ。❹いささか。ちょっと。
解字 篆文 形声。忄（心）＋翏㊥。

(14)11 【慺】2450　△　㊀ル　㊇虞　㊁㊇ロウ・㊇ル　㊇尤 lóu

字義 ㊀㊁❶よろこぶ。❷つとめる。❸つつしみうやまうさま。❹ねんごろ。まじめにつとめはげむさま。
解字 形声。忄（心）＋婁㊥。音符の婁は、切れ目なく続けるの意味。まじめさを続ける、つとめるの意味を表す。

(15)12 【憒】2451　△　㊇カイ（クヮイ）　㊇ガイ（グヮイ）　㊇隊㊇賄 kuì

字義 ❶みだれる。心が乱れる。「憒乱」❷くらい。おろか。
解字 篆文 形声。忄（心）＋貴㊥。音符の貴は、毀に通じ、つぶれるの意味。心がつぶれる・乱れるの意味を表す。

(15)12 【憪】2452　△　㊀㊇カン・㊇ゲン　㊇刪 xián　㊁㊇カン・㊇ゲン　㊇潸 xiàn

字義 ㊀❶たのしむ。また、楽しい。❷しずか。心静か。のんびりしている。㊁❶＝㊀の①。❷おちつかない。不安なさま。❸怒りたかぶるさま。
解字 篆文 形声。忄（心）＋閒㊥。

(15)12 【憬】2453　△　㊇ケイ　㊇キョウ（キャウ）　㊇梗 jǐng　5661 585D

字義 ❶さとる。❷広大なさま。❸遠く行くさま。❹憧憬（ドウケイ・ショウケイ）は、あこがれる。

解字 篆文　形声。忄（心）＋景㊅。音符の景は、ひかりの意味。心の中があかるくなる、さとるの意味を表す。

(15)12 【慳】 2454　△ ㊥カン ㊐ケン 刪 qiān　5644 584C

字義 ❶やぶさか。おしむ（をしむ）。物惜しみする。しみったれ。けち。❷しぶる。ぐずつく。❸かたい。また、かたくひめかくす。

解字 形声。忄（心）＋堅㊅。音符の堅は、かたいの意味。心を固くする、おしむの意味を表す。

【慳貪（ケンドン）】①仏物惜しみしてむさぼること。欲の深いこと。②国㋐むごい。情愛のないこと。ぶあいそう。そっけないこと。邪険。「突慳貪（つっケンドン）」㋑一杯盛り切りで売る飲食物。

【慳△吝・慳△悋（ケンリン・カンリン）】けち。しみったれ。

(15)12 【憯】 2455　△ サン 感 cǎn

【𢡎】俗字

字義 ❶いたむ。❷うれえる。❸いたましい（いたまし）。むごい。＝惨（サン）。❹はやい。

解字 篆文　形声。忄（心）＋朁㊅。音符の朁（サン）は、深くひそむの意味。心の深みで痛むの意味を表す。

【憯痛（サンツウ）】心をいためる。うれえ悲しむ。

【憯毒（サンドク）】むごくそこなう。むごく害する。

(15)12 【憔】 2456　△ ㊥ショウ（セウ） ㊐ジョウ（ゼウ） 蕭 qiáo　5662 585E

字義 やつれる（やつる）。やせおとろえる。

解字 形声。忄（心）＋焦㊅。音符の焦は、こげるの意味。心がこげて、やつれるの意味を表す。

【憔△悴（ショウスイ）】①やせおとろえる。②つかれ苦しむ。③うれえなやむ。思いなやむ。

【憔慮（ショウリョ）】①なやみ思う。思いをこがす。②心をいらだたせる。

(15)12 【憎】 (2442)　ゾウ　憎（2441）の旧字体。→四三〇ページ。

(15)12 【憚】 2457　標 ㊥タン ㊐ダン 翰 dàn　5663 585F

字義 ❶はばかる。㋐いみきらう。㋑おそれる。「畏憚（イタン）」㋒むずかしがる。㋓あやぶむ。気おくれする。❷おどす。❸やむ（病）。つかれる。国はばかり。恐縮。遠慮。

解字 篆文　形声。忄（心）＋單㊅。音符の單は、はじき弓の象形。困難をはじいて、いみきらうの意味を表す。

(15)12 【憧】 2458　囚 ㊥ショウ・㊐シュウ 冬 chōng　慣ドウ　3820 4634

筆順 忄 忙 愔 憧 憧

字義 ❶心が定まらない。思い余る。❷往来の絶えぬさま。❸あこがれる（あこがる）。あこがれ。❹おろか。にぶい。＝惷（トウ）。

解字 篆文　形声。忄（心）＋童㊅。音符の童は、動に通じ、うごくの意味。心が動いて定まらない、あこがれるの意味を表す。

【憧△憬（ショウケイ・ドウケイ）】①あこがれる。また、あこがれ。②うっとり見とれる。「とれる。」

【憧憧（ショウショウ）】①心が定まらないさま。一説に、絶えず行ききするさま。また、行くさま。②光や炎がゆらゆらするさま。

(15)12 【憫】 2459　標 ㊥ビン ㊐ミン 軫 mǐn　5666 5862

字義 ❶あわれむ（あはれむ）。＝愍（ビン）・閔。「憐憫（レンビン）」❷うれえる（うれふ）。❸もだえる。

解字 形声。忄（心）＋閔㊅。音符の閔（ビン）は、いたみあわれむの意味。心を付し、あわれむ・うれえるの意味を表す。

【憫凶（ビンキョウ）】父母に死なれた不幸。親の喪をいう。

【憫察（ビンサツ）】あわれんで思いやること。

【憫笑（ビンショウ）】あわれみ笑う。あわれなものだとさげすみ笑う。

【憫然（ビンゼン）】①あわれむさま。②うれえるさま。悲しげなさま。

【憫△惻（ビンソク）】あわれみいたむ。哀憐。

(15)12 【憮】 2460　△ ㊥ブ ㊐ム 麌 wǔ　5667 5863

字義 ❶いつくしむ。❷かなしむ。❸あなどる。おごる。❹憮然は、㋐失意のさま。がっかりするさま。しょんぼりするさま。㋑あやしみ驚くさま。

解字 篆文　形声。忄（心）＋無㊅。音符の無は、ないの意味。心がなくなる・失意するの意味を表す。また、侮に通じ、あなどるの意味をも表す。

(15)12 【憤】 2461　常 フン いきどおる　㊥フン ㊐ブン 吻 fèn　4216 4A30

(16)13 〔憤〕 2462

筆順 忄 忄 忭 忭 憤 憤

字義 ❶いきどおる（いきどほる）。㋐いかる。腹を立てる。「私憤」㋑もだえ奮い立つ。激する。「発憤」❷いきどおり。怒り。❸みちる。さかんになる。

解字 篆文　形声。忄（心）＋賁（賁）㊅。音符の賁（ホン）は、さかんに走るの意味。心の中を何かが走りまわる、いきどおるの意味を表す。

▼感憤・義憤・公憤・私憤・痛憤・発憤・悲憤・幽憤

【憤△怨（フンエン）】いきどおりうらむ。

【憤慨（慨）（フンガイ）】いきどおりなげく。また、いきどおる。怒る。

【憤激（フンゲキ）】①いきどおって気がいらだつ。②いきどおって励む。③ひどく怒る。

【憤死（フンシ）】憤慨して死ぬ。

【憤然（フンゼン）】①むっとしていきどおるさま。②奮い立つさま。

【憤怒（フンド・フンヌ）】いきどおり怒る。また、怒り。

【憤発（發）（フンパツ）】精神を奮い起こす。奮発。

【憤憤（フンプン）】①ぷんぷん怒るさま。②もだえるさま。

【憤△懣（フンマン）】いきどおりもだえる。おさえきれないほどいきどおる。忿懣（フンマン）。

【憤△悶（フンモン）】いかりもだえる。

【憤△厲（フンレイ）】いきどおりを発してはげむこと。また、奮い立ってはげむこと。

【発（發）レ憤忘レ食（いきどお（ほ）りをハッしてショクをわする）】（勉強をしていて理解できないことがあるときには）いきどおりの心をふるいおこして、食事を忘れる（ほど熱心に努力する）。〔論語、述而〕——、楽以忘レ憂（たのしみてもってうれえ（へ）をわすれ）、不レ知二老之将一レ至云爾（おいのまさにいたらんとするをしらずというのみ）〈——、理解ができると楽しんで心配事を忘れてしまい、老いのやって来るのも気づかずにいるというわけだ〉

【不レ憤不レ啓（フンせざればケイせず）】（勉強をしていて理解できないことがあるときには）いきどおりの心をふるいおこすほどでなければ、教えてやらない。自発的に勉強しない者には教えてやらない。啓は、開・啓発、教えること。〔論語、述而〕——、不レ悱不レ発（ヒせざればハッせず）〈——、一応わかってはいるが、うまく言い表わせないでいらいらするほどでなければ、教えてはやらない〉

(15)12 【憐】 2463　△ レン 先 lián　[憐] 4689 4E79

【憐】標準

字義 ❶あわれむ（あはれむ）。㋐悲しむ。気の毒に思う。㋑いつくしむ。かわいがる。㋒めでる。鑑賞する。❷あわれみ。いつくしみ。❸おしむ。

参考 〔憐〕は俗字であるが、印刷標準字体。

解字 篆文　形声。忄（心）＋粦（粦）㊅。音符の粦（リン）は、隣に通じ、となりの意味。隣人どうしが抱く心、あわれみの意味を表す。

【憐△憫・憐△閔・憐△愍（レンビン・レンミン）】あわれむ。あわれみ。

【可レ憐（あわ（は）れむべし）】感嘆を示すことば。すべて物事に深く感動したときに用いる。ああ。あわれ。りっぱなことよ。見事なことよ。

(16)13 【懌】 2464　△ ㊥エキ ㊐ヤク 陌 yì　5668 5864

字義 ❶よろこぶ。たのしむ。「欣懌(キンエキ)」❷改める。❸したがう。喜び従う。

解字 篆文 形声。忄(心)＋睪㊥。音符の睪(エキ)は、糸玉のように固まっていたものをたぐり寄せほどくの意味。心のむすぼれがほどける、よろこぶの意味を表す。

【懊】2465
(16)13 △ オウ（アウ） 号 晧 ào　5669 *5865*

字義 ❶なやむ。うれえもだえる。❷うらむ。かなしむ。❸くいる(悔)。

解字 形声。忄(心)＋奥㊥。音符の奥は、おく深いの意味。心がおく深く落ちこむ、なやむの意味を表す。

【懊恨】オウコン うらむ。なやみうらむ。残念に思う。

【懊悩(惱)】オウノウ うれえもだえる。悲しみもだえる。

【憶】2466
(16)13 常 オク　漢ヨク 呉オク（ヲク） 職 yì　1817 *3231*

筆順 忄 忄亠 忄立 愔 憶

字義 ❶おもう。また、おもい。かんがえ。「追憶」❷おぼえる。記憶する。❸＝臆。

参考 現代表記では［臆］(3261)の書きかえに用いることがある。「臆説→憶説」「臆測→憶測」

解字 形声。忄(心)＋意㊥。音符の意は、おもうの意味。心におもって忘れないの意味を表す。

▼記憶・追憶

【憶説】オクセツ 確実なよりどころのない説。臆説。

【憶測】オクソク 想像によるいいかげんな推量。あて推量。臆測。

【憶断(斷)】オクダン 推量して判断する。また、いいかげんな想像で判断する。

【懐】2467
(16)13 常 カイ ふところ・なつかしい・なつかしむ・なつく・なつける　1891 *327B*

【懷】2468
(19)16 人 許 漢カイ（クヮイ） 呉エ（ヱ） 囲 huái　5671 *5867*

筆順 忄 忄 忄 惊 懐 懐

字義 ❶おもう。おもい。心にいだく。「本懐」❷ふところ。ふところにする。いだく。㋐ふところに入れる。㋑みごもる。はらむ。㋒つつみもつ。つつみかくす。❸なつく。なつかしい。なつかしむ。なれ親しむ。親しみやすんずる。したう。また、なつける。なれ親しませる。「懐柔」❹やすんずる。おちつく。

名乗 かね・きたす・ちか・もち・やす

解字 篆文 形声。忄(心)＋褱(褢)㊥。音符の褱(カイ)は、なつかしむの意味。心を付し、なつかしく思うの意味を表す。

▼永懐・詠懐・雅懐・感懐・久懐・旧懐・胸懐・襟懐・近懐・遺懐・述懐・所懐・書懐・素懐・中懐・追懐・風懐・抱懐・本懐・幽懐

【懐疑】カイギ 疑いをいだく。疑問を持つ。怪しく思う。

【懐旧(舊)】カイキュウ 昔を思いしのぶ。

【懐郷(鄕)】カイキョウ 故郷を恋しく思うこと。

【懐古】カイコ ＝懐旧。

【懐顧】カイコ 昔を思い、なつかしくふり返る。

【懐思】カイシ おもう。したう。

【懐紙】カイシ 国❶和歌・連歌などを正式にしたためるときに用いる紙。昔は檀紙(ダンシ)・杉原紙(すぎはらがみ)を使用したが、後には多く奉書紙を用いた。❷(カイシ・ふところがみ) おりたたんでふところに入れておく紙。はながみ。たとうがみ。

【懐△羞】カイシュウ はじらう心を抱く。はにかむ。

【懐柔】カイジュウ なつけやわらげる。たくみにてなづける。

【懐春】カイシュン 青年男女が結婚したいと思うこと。恋心を抱くこと。〔詩経、小雅、野有死麕〕有レ女懐レ春(女有り春を懐(おも)ふ)。

【懐石】カイセキ 国茶の湯で、茶の前に出す簡単な料理。

【懐胎】カイタイ みごもる。子をはらむこと。

【懐中】カイチュウ ❶ふところ。❷さいふ(財布)。

【懐土】カイド ❶安らかな居住地を得たいと思う。❷現在の居住地に満足し、安んじていること。❸故郷を思いしたう。

【懐妊・懐△姙】カイニン ＝懐胎。

【懐風藻】カイフウソウ 国書名。一巻。現存する日本最古の漢詩集。淡海三船(おうみのみふね)の編というが、不詳。天智(テンジ)天皇から奈良朝までの詩百十数首(作者六十四人)を収載。天平勝宝三年(七五一)成立。

【懐慕】カイボ なつかしみ、したう。思慕。

【懐抱】カイホウ ❶ふところにいだく。抱く。また、ふところ。❷思い考える。また、こころ。心中。考え。見識。

【懐△緬】カイメン はるかに遠いものや昔のことを思うこと。

【懈】2469
(16)13 △ 漢カイ 呉ケ 卦 xiè　5672 *5868*

【［解＋心］】同字

字義 ❶おこたる。なまける。❷ゆるむ。だるい。

解字 篆文 形声。忄(心)＋解㊥。音符の解は、ばらばらになるの意味。心の緊張がとけ、おこたるの意味を表す。

【懈△弛】カイシ ❶ゆるみおこたる。❷おろそかにする。

【懈惰・懈堕(墮)】カイダ なまける。おこたる。懈怠。

【懈怠】カイタイ・ケタイ・ケダイ なまける。おこたる。

【憾】2470
(16)13 常 カン　漢カン 呉ガン 勘 感 hàn　2024 *3438*

筆順 忄 忄 忻 憾 憾 憾

字義 ❶うらむ。うらめしく思う。心残りに思う。残念がる。❷うらみ。「遺憾」

解字 形声。忄(心)＋感㊥。音符の感は、大きな刺激に心がすっかりゆれ動くの意味を表す。のちにそれにまた心を付し、特に悪い場合を言い、うらむの意味を表す。

▼遺憾

【憾△恚】カンイ・カンケイ うらみいかる。

【憾悔】カンカイ 残念に思い後悔する。

【懁】2471
(16)13 △ 一ケン 霰 xuàn 二漢カン（クヮン）・呉ゲン 刪 huān

字義 一きびしい。気性がはげしい。二❶きばや。気みじか。❷へんくつ。かたくな。

解字 篆文 形声。忄(心)＋瞏㊥。音符の瞏(ケン)は、めぐるの意味。心がめまぐるしく動くの意味を表す。

【憸】2472
(16)13 △ 一セン 塩 琰 xiān 二ケン 琰 xiǎn

字義 一二❶かたよる。ねじける。ひねくれる。よこしま。❷へつらう。おもねる。口がうまい。こざかしい。

解字 篆文 形声。忄(心)＋僉㊥。音符の僉(セン)は、険(險)に通じ、けわしいの意味。心がけわしい、ねじけるの意味を表す。

【憸巧】センコウ こざかしく、じょうずに人にへつらう。

【憸佞】センネイ 心がよこしまで人にへつらう。また、その者。

【懆】2473
(16)13 △ 一ソウ（サウ） 晧 cǎo 二ソウ（サウ） 号 zào　5674 *586A*

字義 一うれえる。憂えておちつかない。＝慅(ソウ)。二❶むさぼる。❷おちつかない。

解字 篆文 形声。忄(心)＋喿㊥。音符の喿(ソウ)は、さわがしいの意味。心がさわぐ、不安になるの意味を表す。

【憺】2474
(16)13 △ 一漢タン・呉ダン 感 dǎn 二漢タン・呉ダン 勘 dàn　5675 *586B*

字義 一❶＝二。二やすらか。しずか。安らかで静かなさま。「憺然」❷うごく。うごかす。❸おそれる(恐)。

解字 篆文 形声。忄(心)＋詹㊥。音符の詹(タン)は、淡に通じ、あわいの意味。心が何事にもあわく無欲で、やすらかの意味を表す。

(16)13【憒】(2462)　フン　憒（2461）の旧字体。→四三三ページ。

(16)13【懍】2475　△リン　㊥lǐn　5678　586E

［懔］俗字

字義　心のひきしまるさま。㋐おそれる。おそれおののく。あやぶむ。㋑威厳がある。りりしい。㋒きびしい。強くはげしい。寒さがきびしい。

解字　形声。忄（心）＋稟㊫。音符の稟リンは、凜リンに通じ、冷たくて身がひきしまるの意味。心を付し、心がひきしまるの意味を表す。

【懍然】リンゼン　おそれるさま。ぞっとするさま。

【懍△慄】リンリツ　①おそれおののく。慄は、おののく。②寒さにふるえおののく。

【懍懍】リンリン　①危ぶみおそれるさま。②威厳のあるさま。りりしいさま。③つつしむさま。

(17)14【懦】2476　△　㊀㊥ジュ・㊦ニュ　㊧nuò　㊁㊥ダ・㊦ナ　㊧nuò　5679　586F

［愞］同字

字義　㊀㊁❶よわい。よわ し。いくじがない。気が弱い。臆病オクビョウ。「怯懦キョウダ」❷にぶい。思いきりが悪い。❸ゆるい。ゆるくする。❹くだる。さがる。

解字　篆文　形声。忄（心）＋需㊫。音符の需は、やわらかの意味。心がやわらかく弱いの意味を表す。

【懦者】ダシャ　臆病者オクビョウもの。卑怯者ヒキョウもの。

【懦弱】ダジャク　弱い。無気力。柔弱。

【懦夫】ダフ　気の弱い男。臆病オクビョウで意気地のない男。

(17)14【懥】2477　△チ　㊧zhì

［懫］正字

字義　❶うらむ（恨）。❷いかる（怒）。「忿懥フンチ」

解字　形声。忄（心）＋疐（懫）㊫。

(17)14【懜】2478　△　㊀㊥ボウ・㊦モウ　㊧méng　㊁㊥ボウ・㊦モウ　㊧měng　㊂㊥ボウ・㊦モウ　㊧mèng

［懵］同字

字義　㊀❶おろか。くらい（惛コン）。無知なさま。＝儚ボウ。❷はじる（慙ザン）。㊁❶心が乱れるさま。❷＝㊀❶。㊂明らかでない。はっきりしない。

解字　篆文　形声。忄（心）＋夢㊫。音符の夢ボウは、くらいの意味。心がくらい、おろかの意味を表す。

(18)15【懴】2479　△ザン　懺（2483）の俗字。→中段。　5683　5873

(18)15【懮】2480　△　㊀㊥ユウ（イウ）・㊦ウ　㊧yǒu　㊁㊥ユウ（イウ）・㊦ウ　㊧yōu

【懷】(2468)　カイ　懐（2467）の旧字体。→四三四ページ。　5671　5867

字義　㊀ゆったりとしたさま。態度がゆるやかなさま。㊁うれえるさま。心の痛むさま。懮懮ユウユウ。＝憂。

解字　形声。忄（心）＋憂㊫。音符の憂は、うれえるの意味。心を付し、うれえるの意味を表す。また、悠に通じ、ゆったりしているさまを表す。

(19)16【懵】2481　△ボウ　懜（2478）と同字。→上段。

(19)16【懶】2482　△　㊀ラン　㊥lǎn　㊁ライ　㊧lài　5681　5871

［嬾］俗字

字義　㊀❶おこたる。なまける。❷ものうい。ものうし。㊁にくむ。

解字　形声。忄（心）＋賴㊫。音符の賴は、羸ルイに通じ、つかれる・やせるの意味。心がつかれる・ものういの意味を表す。

【懶惰】ランダ　なまける。おこたる。

(20)17【懺】2483　標　㊥サン・㊦セン　㊧chàn　慣ザン　5682　5872

［懴］俗字　5683　5873

字義　❶くいる。くゆ。後悔する。❷梵語ボンゴ kṣama（過失・罪悪を告白して、ゆるしを請うこと）の略音訳字。→懺悔ザンゲ。

解字　形声。忄（心）＋韱㊫。音符の韱センは、かぼそいやまらの意味。心をほそめる、くいるの意味を表す。

【懺悔】サンゲ・ザンゲ　仏過去の非を悔い、それを改めようと思うこと。また、それを告白すること。

(21)18【懽】2484　△カン（クヮン）㊧huān　［懽］　5685　5875

字義　❶よろこぶ。＝歡。❷あう（合）。かなう。

解字　篆文　形声。忄（心）＋雚㊫。音符の雚は、喚カンに通じ、呼ぶの意味。声をかけあってよろこぶの意味を表す。

(21)18【懼】2485　△　㊥ク　㊦グ　㊧jù　5686　5876

［惧］標準　5592　577C

字義　❶おそれる。おそる。びくびくする。あやぶむ。うれえる。「畏懼イク」❷つつしむ。つつしみいましめる。❸おどろく。❹おどす。

参考　「恐懼」「危惧」などと使い分けることがある。

解字　篆文　形声。忄（心）＋瞿㊫。音符の瞿クは、鳥がおそれて目をきょろきょろさせるさま。心を付し、おそれるの意味を表す。

【懼然】クゼン　①おそれるさま。②驚き見るさま。ぎょっとするさま。

【懼怖】クフ　おそれる。怖も、おそれる。

(21)18【懾】2486　△ショウ（セフ）㊧shè（zhé）　5687　5877

字義　❶おそれる。おそる。びくびくする。おじける。くじける。❷おどす。❸したがう（従）。おそれいって従う。

解字　篆文　形声。忄（心）＋聶㊫。音符の聶ジョウ・ショウは、耳を寄せあってささやくの意味。他人をおそれてひそひそささやくの意味を表す。

【懾△畏】ショウイ　おそれる。

【懾△慴】ショウショウ　おじおそれる。慴も、おそれる。

【懾△憚】ショウタン　おそれはばかる。

【懾服】ショウフク　おそれ従う。おそれて服従する。

(23)20【戄】2487　△　㊀㊥キャク・㊦カク（クヮク）㊧jué　㊁ワク　㊧　㊂ク　㊧

字義　㊀おどろく。㊁あわてる。㊂おそれる。おそれつつしむ。

解字　形声。忄（心）＋矍㊫。音符の矍キャクは、おどろき見るの意味。心を付し、おどろくの意味を表す。

4 戈部

〔部首解説〕ほこづくり。かのほこ。たすき。戈カを意符として、ほこ・武器、武器を用いることに関する文字ができている。

戈 四二五
1 戊 四二六
戌 四二六
2 戍 四二六
戎 四二六
戍 四二六
成 四二六
3 我 四二七
戒 四二七
成 四二八
4 戔 四二八
戕 四二八
或 四二八
7 戛 四二八
戚 四二八
8 戞 四二八
戟 四二八
9 戡 四二九
戢 四二九
戦 四二九
10 截 四二九
戩 四二九
11 戯 四二九
戮 四三〇
12 戰 四三〇
13 戲 四三〇
戴 四三〇
14 戳 四三〇

威→女部 二八一ページ。咸→口部 二〇一ページ。哉→口部 二〇一ページ。
栽→木部 五五九ページ。烖→火部 六八三ページ。幾→幺部 三五六ページ。
裁→衣部 九七七ページ。胾→肉部 九〇〇ページ。載→車部 一〇七一ページ。

(4)0【戈】2488　△カ（クヮ）㊧gē　5689　5879

字義 ❶ほこ。片方に枝の出たほこ。❷いくさ。戦争。「干戈」

〔戈①〕

解字 甲骨文 篆文 象形。甲骨文でよくわかるように、にぎりのついた柄の先端に刃のついたほこの象形で、ほこの意味を表す。

【戈戟】カゲキ ほこ。戟は、三つまたのほこ。
【戈甲】カコウ ほことよろい。武具。
【戈矛】カボウ ほこ。矛は、枝のないほこ。
【偃戈】ほこをふす ほこをふせて使わない。戦いをやめること。また、戦争がやんで、世の中が平和になること。
【止戈】ほこをとどむ ほこなどの武器を使わないようにする。戦乱をおさめること。「武」の字を分解すると、戈止になることから、戈を止めることが、武の本来の意義とされる。〔左伝、宣公十二〕止戈為武（ほこをとどむるをブとなす）
【枕戈】ほこをまくらにす ほこをまくらにして寝る。常に武器を身から離さぬこと。片時も国のことや父母のあだを忘れぬこと。
【倒戈】ほこをさかしまにす 味方にほこを向ける。裏切ること。

(5)1 【戉】2489 △ 漢エツ（ヱツ） 呉オチ（ヲチ） 月 yuè　5690 587A

字義 ❶まさかり。はじめは武器、のちに儀式に用いる。＝鉞。❷こえる（越）。❸星の名。

解字 甲骨文 金文 篆文 象形。大きなおのの象形で、まさかりの意味を表す。鉞の原字。

(5)1 【戊】2490 標 漢ボウ・呉モ 宥 wù 慣ボ　4274 4A6A

字義 ❶つちのえ。十干の第五。五行では土、方位では中央に配する。時刻は午前四時ごろ。→戊夜。❷ほこ。矛の古字。❸しげる（茂）。

解字 甲骨文 篆文 象形。おののような刃がついた、ほこ（戈）の形にかたどる。借りて、十干の第五位、つちのえの意味にあてる。

【戊夜】ボヤ 今の午前四時ごろから午前六時ごろまで。寅（とら）の刻。五更。

(6)2 【戍】2491 △ シュ 遇 shù 慣ジュ　5691 587B

字義 ❶まもる。武器を取って国境などをまもる。また、その守備兵。❷まもり。国境などの守備のやくめ。また、その兵。戍兵。❸たむろ。守備兵の陣営。

参考 〔戌（ジュツ）〕は別字。

解字 金文 篆文 会意。人＋戈。戈は、ほこの象形。人がほこを持って守る意味を表す。特に辺境を守ること。また、その営所。また、その守備兵。

【戍役】ジュエキ 国境などの守備の兵として使われること。また、その兵。
【戍衛（衞）】ジュエイ 国境などを守ること。
【戍卒】ジュソツ 国境などを守る兵。戍兵。戍人。戍客。
【戍煙】ジュエン 戍衛から立ちのぼる煙。
【戍楼（樓）】ジュロウ 国境を守る物見やぐら。

(6)2 【戎】2492 △ 漢ジュウ（ジウ） 呉ニュウ（ニウ） 東 róng　2931 3D3F

字義 ❶いくさどうぐ。武器の総称。「戎器」❷いくさぐるま。兵車。「戎車」❸いくさ。たたかい。戦争。「戎事」❹つわもの。兵士。軍人。また、軍隊。❺えびす。西方の異民族。また、一般に、未開の異民族。「戎狄（ジュウテキ）」❻大きい。さかんなさま。❼たすける。また、たすけ。❽なんじ。＝汝（ジョ）。

解字 甲骨文 篆文 会意。戈＋十。戈は、ほこの意味。十は、甲骨文では、かめの甲の象形で、よろいの意味。ほことよろいの重装備、武器の意味を表す。篆文も、戈＋甲の会意。

【戎衣】ジュウイ ①いくさに着る衣服。軍服。②軍服を身につける。武装する。
【戎夷】ジュウイ 未開の国。また、その住民。夷は、東方の異民族。
【戎軒】ジュウケン ①戦いに使う車。兵車。②軍隊。③軍事。戦争。
【戎甲】ジュウコウ ①武器。②兵士。③軍備。
【戎行】ジュウコウ ①軍隊の列。また、部隊。行伍（コウゴ）。②兵車（軍隊）の行く道。③戦争。
【戎克】ジャンク 英語 junk の音訳。中国の沿海や河川などで使われる、小型の運送船。
【戎事】ジュウジ 戦争に関する事柄。軍事。戦争。
【戎車】ジュウシャ いくさぐるま。四頭立ての兵車。大きいのを元戎・大戎、小さいのを小戎という。

〔戎車〕

【戎陣】ジュウジン いくさの陣立て。軍陣。戦陣。
【戎装（裝）】ジュウソウ 武装。いくさのよそおい。軍装。
【戎狄】ジュウテキ ＝戎夷（ジュウイ）。狄は、北方の異民族。
【戎馬】ジュウバ ①いくさに使う馬。軍馬。②武器と軍馬。③戦争。軍事。〔唐、杜甫、登岳陽楼詩〕戎馬関山北（ジュウバカンザンのきた）、憑軒涕泗流（ケンによってテイシながる）〈わがふるさとである関所のある山々の北の地では今も戦争が行われており、それを思うと楼のてすりによりかかりながらなみだがとめどもなく流れてやまない〉
【戎蛮（蠻）】ジュウバン えびす。未開の国。また、未開の民。蛮は、南方の異民族。夷狄（イテキ）。戎夷。
【戎備】ジュウビ いくさのそなえ。軍備。兵備。
【戎服】ジュウフク ＝戎衣。
【戎右】ジュウユウ 兵車の右側に乗って、武器を持つ者。勇者がその任に選ばれる。
【戎虜】ジュウリョ ＝戎夷（ジュウイ）。虜も、異民族。

(6)2 【戌】2493 標 漢シュツ・呉シュチ 質 xū 慣ジュツ　5692 587C

字義 ❶いぬ。十二支の第十一位。月では陰暦九月。時刻では午後八時ごろ、また、午後七時から九時までの二時間。方位では北西。五行では土。動物では犬に配する。❷ほろぼす。❸けずる。断ち切る。

参考 〔戍（ジュ）〕は別字。

解字 甲骨文 篆文 形声。戊＋一㊥。戊は、ほこの象形。一文字にほこでたつの意味を表す。転じて、十二支の第十一位の意味に用いる。

(6)2 【成】2494 (7)3 〔成〕2495 教4 セイ・ジョウ なる・なす 漢セイ 呉ジョウ（ジャウ） 庚 chéng　3214 402E

筆順 ノ 厂 万 成 成

字義 ❶なる。㋐できあがる。しあがる。↔敗。「完成」㋑なりたつ。変化する。ある状態になる。「成人」㋒実る。「成熟」❷なす。㋐しあげる。なしとげる。「大成」㋑する。行う。ある状態にする。❸たいらげる（たひらぐ）。たいらぎ（たひらぎ）。㋐仲直りする。和解。㋑治める。鎮定する。❹しきたり。さだめ。❺よい。りっぱ。また、大きい。❻楽曲の一段の終わること。その段落を数えることば。❼→成漢。国なり。貴人の外出。

名乗 おさむ・さだ・さだむ・しげ・しげる・なり・のり・はかる・ひで・ひら・ふさ・まさ・みち・みのる・よし

難読 成岩（ならわ）・成東（なるとう）

解字 甲骨文 金文 篆文 形声。戊＋丁㊥。音符の丁は、くぎづけする・平定するの意味。戊は、大きな刃のついたまさかりの意味。まさかりで敵を平定するの意味から、ある事がらがなるの意味を表す。

▼育成・開成・化成・期成・玉成・偶成・結成・構成・合成・混成・作成・賛成・集成・守成・小成・助成・生成・早成・促成・速成・組成・大成・達成・天成・晩成・平成・編成・養成・翼成・落成・錬成・老成

【成案】セイアン ①実行できるように立てた案。見積もり。②できあがった案。③事件に関する判例の類。

【成育】セイイク 育てて大きくする。また、育って大きくなる。→生育［七三三ページ］。

【成因】セイイン 物事のなりたつ原因。成立のもと。

【成果】セイカ できあがり。結果。また、できばえ。

【成漢】セイカン 国名。五胡十六国の一つ。氐族の李雄が建てた国で、今の四川省成都に都して国号を成とし、後に漢と改めたが、東晋に滅ぼされた。世に成漢または後蜀という。（三〇四—三四七）

【成吉思汗】ジンギスカン・チンギスハン 元の開国の天子。元の太祖。名は鉄木真。南宋の嘉泰四年（一二〇四）内・外蒙古を統一、開禧二年（一二〇六）皇帝の位につき、嘉定八年（一二一五）金の国都燕京（北京）を奪取。その勢力はアジア・ヨーロッパ二州に及んだ。（一一六二—一二二七）

〔成吉思汗〕

【成業】セイギョウ ①財産を形成する。②できあがった事実。③国学業を成就する。

【成句】セイク ①句と句とが結びついて一つのまとまった意味を表す句。フレーズ。②昔から伝わって、広く人々に使われている句。

【成蹊】セイケイ（桃や李の木の下に人が集まって）自然に小道ができる。徳のある人の所には黙っていても自然に人が集まってくることのたとえ。［史記、李広伝］桃李不レ言、下自成レ蹊（桃李もの言わ（は）ざれども、下おのずから蹊を成す）。

【成語】セイゴ ①二つ以上の語が結びついて一つのまとまった意味を表す語。熟語。②＝成句の②。

【成功】セイコウ ①事業をなしとげること。最初の目的どおりにでき上がること。②事業をなしとげた功績。③秋のとりいれ。④国立身出世する。

【成婚】セイコン 結婚が成立すること。成昏。

【成算】セイサン ①既定の計画。②事をなしとげる見通し。

【成事】セイジ ①すでにできてしまったこと。②事をなしとげる。

【成事不レ説】セイジはとかず できてしまったことについては、かれこれ言わない（言ってもむだである）。［論語、八佾］

【成就】ジョウジュ ①なしとげる。②仏願いがかなう。

【成熟】セイジュク ①穀物や果物などが十分に実ること。②からだや心などが十分にできあがること。③物事がちょうどよい時期に達すること。④物事によくなれて上手になること。熟達。

【成心】セイシン ①先天的にもっている完全な心。②あらかじめ持っている偏見。

【成人】セイジン ①人格・教養のそなわった、りっぱな人。②おとな。二十歳以上の人。③一人前になること。④昔の中国で、男子の二十歳以上、女子の十五歳以上の人をいう。成年。

【成績】セイセキ ①てがら。②できばえ。なしとげた結果。

【成竹】セイチク 前もって心に描いている計画。かねての考案。画家が竹を描く時、まずでき上がった竹のさまを心に描き、その後に筆を執ることからいう。→胸中有二成竹一（五三六ページ）。

【成長】セイチョウ 育って大きくなる。◇一般に、動物については「成長」、植物については「生長」を用いる。なお、派生的用法では「成長」を用いる。「成長株」

【成丁】セイテイ 一人前になった者。丁年（二十歳）に達した者。

【成都】セイト 地名。現在、四川省の省都。三国時代、蜀の都。諸葛孔明を祭る武侯祠や、杜甫の草堂など名所旧跡で有名。

【成湯】セイトウ 殷の湯王。→湯王（六五五ページ）。

【成童】セイドウ 十五歳以上の少年。一説に、八歳以上の少年。

【成道】ジョウドウ 仏仏道の真理をさとる。悟道。

【成徳】セイトク 徳を完成する。また、完成した徳。

【成年】セイネン ①満二十歳。②大人。成人。

【成敗】セイハイ・セイバイ ①事がなることと、やぶれること。成功と失敗。②勝つことと負けること。③国セイバイ ㋐さばき。裁判。㋑しおき。処罰。㋒切り捨てること。㋓政治を行うこと。とりはからうこと。㋔命令。下知。

【成否】セイヒ 成功することと、しないこと。成功と失敗。

【成仏（佛）】ジョウブツ ①仏俗世の悩みを超えて、さとりを開くこと。②死ぬこと。往生。

【成文】セイブン 文章に書き表されていること。また、その文。

【成立】セイリツ ①なりたつ。できあがる。また、そのこと。②成長して一人前になる。③国なりたち ㋐なりたつこと。㋑なりはじめ。㋒なりたった過程。できかた。㋓成分。要素。

(7)3
【我】2496
教 6 ガ われ・わ
ガ 〓 wǒ
1870 3266

筆順 

字義 ❶われ。自分。私。「自我」「没我」❷わが。私の。㋐自分に属すること。自分の所有することを表す語。㋑自分の味方や国を指している。㋒親しみの意を表す語。［論語、述而］窃比二於我老彭一（ひそかに我が老彭に比す）。❸かたいじ。頑固。ひとりよがり。「我流」❹仏自分のことに執着すること。

難読 我何・我儘・我孫子・我如古

解字 甲骨文 金文 篆文 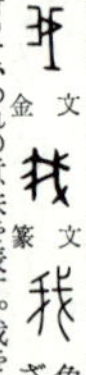 象形。もと、刃先が、ぎざぎざしたほこ（戈）の形にかたどり、借りて、われの意味を表す。我を音符に含む形声文字に、儀・娥・峨・曦・檥・犠・義・羲・艤・蛾・蟻・議・餓・鵝などがある。

▼自我・小我・人我・大我・彼我・非我・物我・忘我・没我・無我

【我意】ガイ ①自分の心。自分の気持ち。②自分勝手の考え。わがまま。

【我見】ガケン 仏自分だけのせまい誤った意見。

【我執】ガシュウ 自分の気持ち・意見を張り通すこと。片意地。

【我曹】ガソウ・わがともがら 自分たちの仲間。

【我田引水】ガデンインスイ 国自分の田に水を引き込む意で、自分の都合のよいように言ったり、行ったりすること。

【我儂】ガノウ われ。わし。自分。儂も、われの意。

【我慢】ガマン ①仏自分の才能をたのんで人を軽んずること。転じて、我意を張ること。片意地。我執。②国こらえしのぶこと。辛抱すること。忍耐。

【我流】ガリュウ 自分勝手のやりかた。自己流。

【自レ我作レ古】われよりいにしえをなす 古くからのやり方があるにもかかわらず、自分で新しいやり方をはじめ、それに後の人も従わせること。［宋史、礼志二十五］

(7)3
【戒】2497
常 カイ いましめる
カイ 〓 jiè
1892 327C

筆順 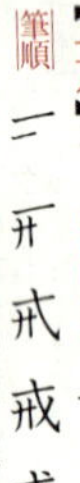

字義 ❶いましめる。いましむ。㋐非常の場合にそなえる。用心する。「厳戒」「警戒」㋑つつしむ。ひかえめにする。㋒告げる。さとす。注意を与える。「訓戒」❷いましめ。❸ととのえる。そなえる（具）。❹ものいみ。ものいみする。「斎戒」❺文体の一種。いましめの文。訓戒の文。❻仏身心の過ちを犯さぬためのいましめ。「戒律」

参考 現代表記では［誡］（7177）の書きかえに用いる。「誡告→戒告」「訓誡→訓戒」また、［誨］（7178）の書きかえに用いることがある。「教誨→教戒」

解字 金文 篆文  会意。戈＋廾。戈は、ほこの象形。廾は、左右の手の象形。武器を両手に

していましめるの意味を表す。戒を音符に含む形声文字に、械・誡などがある。

▼遺戒・勧戒・鑑戒・教戒・禁戒・訓戒・警戒・厳戒・告戒・斎戒・斉戒・持戒・自戒・受戒・授戒・女戒・慎戒・懲戒・破戒・銘戒

【戒禁】キン ①いましめ。おきて。②仏ゴン すべての悪をいましめ禁ずること。

【戒厳(嚴)】カイゲン ①きびしく警戒する。また、厳重な警戒。②戦時または事変の時、軍隊が行政・司法の権を保持するとともに一定地域を厳重に警備すること。その命令を「戒厳令」という。

【戒行】コウ 戒律を守り仏道を修行すること。

【戒告】コク ①いましめ告げる。注意を与える。②行政上、義務を果たさない者に対し、その義務を実行するよう書面で催促すること。誡告カイコク。

【戒心】シン 用心する。油断しない。気を許さない。また、自分の非を悟り、心を入れかえること。

【戒杖】ジョウ 仏山伏やまぶしなどが身の護りに持つつえ。錫杖シャクジョウ。

【戒慎(愼)】シン いましめつつしむ。用心する。

【戒壇】ダン 仏仏門に入る者に戒律を授ける式場。

【戒牒】チョウ 仏僧・尼が戒律を受けたしるしの書きつけ。度牒。

【戒勅(敕)・戒飭】チョク いましめる。注意を与える。

【戒名】ミョウ 仏①戒律を受けて僧・尼となるとき、師から与えられる名。法号。②僧が死者につける名。法名。↔俗名。

【戒律】リツ 仏仏教上のいましめと、僧・尼の守るべき規則。

(7)3 【戍】(2495) セイ 成(2494)の旧字体。→四六ぺ。

(8)4 【戔】2498 △ ㊀漢サン・呉ザン 寒 cán ㊁セン 先 jiān　5693 587D

字義 ㊀❶そこなう。❷戔戔は、数の多いさま。また、積みかさなっているさま。㊁❶すくない。わずか。❷＝㊀の❷。

解字 甲骨文 篆文 会意。戈＋戈。ほこを重ねて切りこんで、ずたずたにするさまから、そこなうの意味を表す。今は、残(殘)が用いられる。戔(戋)を音符に含む形声文字に、残・浅・濺セン・賤セン・箋セン・綫セン・諓セン・賤セン・践・銭・餞センなどがある。

(8)4 【戕】2499 △ 漢ショウ(シャウ) 呉ゾウ(ザウ) 陽 qiáng

字義 ❶そこなう。きずつける。痛める。❷ころす(殺)。

解字 篆文 形声。戈＋爿音。戈は、ほこの意味。音符の爿ショウは、創に通じ、きずつくの意味。そこなうの意味を表す。

【戕害】ショウガイ そこなう。殺す。殺害。戕賊。

【戕虐】ショウギャク そこないしいたげる。いじめ殺す。

【戕賊】ショウゾク ＝戕害。

(8)4 【或】2500 標 漢コク 呉ワク 職 huò　1631 303F

字義 ❶あるいは。㋐または。㋑もしかすると。ことによると。ことによっては。㋒あるものは。あるときは。❷ある。不定の物事をさす語。❸あるひと。不定の人をさす語。❹あり。存在する。＝有。❺つねに。いつも。❻まどう。まよう。＝惑。❼うたがう。あやしむ。

解字 甲骨文 金文 篆文 会意。口＋戈＋一。口は、むらの象形。戈は、ほこの象形。一は、境界の象形。もと、武装した地域の意味で、域・國(国)の原字。借りて、あるいはの意味に用いる。或を音符に含む形声文字には、「くぎる」の意味を共有する域・國などと、「さかんに現れる」の意味を共有する彧イク・惑などがある。

【或者】あるいは ①または。おそらくは。②あるもの ある人。

【或問】ワクモン ある人の質問に答えるという形式の文体。議論文などに用いる。

【威】→女部 三六一ページ。　【咸】→口部 二〇一ページ。
【哉】→口部 二〇一ページ。　【栽】→木部 五五九ページ。
【烖】→火部 六八二ページ。

(11)7 【戛】2501 △ 漢カツ 呉ケチ 黠 jiá　5694 587E
【戞】俗字　5701 5921

字義 ❶ほこ。長いほこ。❷する(摩)。こする。すって平らにする。❸うつ(撃)。軽くたたく。❹金属などのかち合う音の擬声語。❺くいちがうさま。❻かた。法式。作法。

解字 篆文 会意。百＋戈。百は、首の意味。戈は、ほこの意味。首を切り落とすほこの意味を表す。また、金石のふれ合う音を表す擬声語としても用いられる。

【戛戛】カツカツ ①金・石など堅い物のふれ合う音の擬声語。②物事のくいちがうさま。

【戛然】カツゼン ①金・石など堅い物のふれ合う音の形容。②鶴の鳴き声の形容。③物事のくいちがうさま。

(11)7 【戚】2502 標 ㊀漢セキ・呉シャク 錫 qī ㊁漢ショク・呉ソク 沃 cù　3244 404C

字義 ㊀❶おの。まさかり。❷儀式用の武器で木製、おのの型をしたもの。「干戚」❸うれえる。いたむ。かなしむ。「哀戚」❹したしむ。❺みうち。転じて、一般に、親族。「親戚」❻ひきがえる。㊁❶せまる。せばまる。また、ちぢむ。❷すみやか。

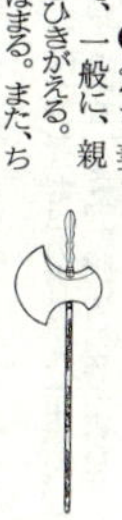
〔戚㊀①〕

解字 金文 篆文 形声。戉＋尗音。戉は、まさかりの意味。音符の尗シュクは、豆の象形。豆のように小さなまさかりの意味を表す。また、尗は弔に通じ、いたみうれえるの意味を表す。また、いたみいたわる心の通いあう親族の意味をも表す。

【戚施】セキシ ①背骨の曲がる病気。戚はちぢむ、施は斜めの意。②卑屈な人のたとえ。③ひきがえる。顔かたちの醜いことのたとえ。

【戚戚】セキセキ ①親しみあうさま。②うれえ恐れるさま。うれえ悲しむさま。③心の動くさま。感動するさま。

【戚然】セキゼン うれえ悲しむさま。

【戚族】セキゾク 妻のみうち。妻の生家の一族。

【戚里】セキリ 長安にあり、天子の外戚(皇后の親類)の住んでいた地域。転じて、外戚のこと。

(12)8 【戞】2503 △ カツ 戛(2501)の俗字。→中段。　5701 5921

(12)8 【戟】2504 標 漢ケキ・呉キャク 陌 jǐ　2365 3761
【戟】本字

字義 ❶ほこ。枝刃のでたほこ。❷さす。「刺戟」❸たて(楯)。❹まげる(曲)。

参考 ①現代表記では[激](4289)に書きかえることがある。「刺戟→刺激」②戟は、戈カと矛ボウとの合体から生まれる武器で、引っ掛ける戈と突き刺す矛との双方の働きを兼ねる。三者の基本形は次の通り。

〔戈〕〔矛〕〔戟〕

解字 金文 篆文 会意。戈＋榦省。戈は、ほこの意味。榦は、みきの意味。木の幹と枝のように、枝刃の出たほこの意味を表す。

【戟手】ゲキシュ 腹を立て、両手をほこのように張り出すこと。一説に、にぎりこぶしを打ち振ること。

【幾】→幺部 三六六ページ。　【裁】→衣部 九七七ページ。

【戠】→肉部 九〇〇ページ。

(13)9
【戡】2505 △ カン 覃 kān　5702 5922

字義 ❶かつ。勝って平らげる。❷ころす。また、さす（刺）。

解字 文 篆 形声。戈＋堪省㊥。音符の堪は、かつの意味。また、抯に通じ、はさむの意味。ほこではさむ、さすの意味を表す。

【戡定】（カンテイ）戦に勝って平定する。

【戡殄】（カンテン）皆殺しにする。殄は、尽くす意。

(13)9
【戢】2506 △ シュウ（シフ）緝 jí

字義 ❶おさめる。㋐しまいこむ。武器をしまう。㋑あつめる。㋒やめる。とどめる。❷やわらげる。安んじる。

解字 文 篆 形声。戈＋咠㊥。音符の咠は、寄せ集めるの意味。ほこなど兵器を集めおさめるの意味を表す。

【戢兵】（シュウヘイ）戦争をやめること。

【戢翼】（シュウヨク）①鳥がつばさをつぼめて飛ばないこと。戢羽。②転じて、官をやめて隠居することのたとえ。

【戢鱗】（シュウリン）①魚や竜がうろこを休めてじっとしていること。②志を抱いて、じっと時機を待つこと。

(13)9
【戦】2507 教4 セン いくさ・たたかう　3279 406F

(16)12
〔戰〕2508 ㊇許 セン 霰 zhàn　5705 5925

筆順 ⺍ 㣺 単 戦 戦 戦

字義 ❶たたかう。㋐武器をとって争う。いくさをする。「交戦」㋑勝負する。競争する。「名人戦」❷たたかい。いくさ。争い。戦争。❸おののく。ふるう。ふるえる。また、おそれる。❹そよぐ。そよそよとゆれ動く。

使いわけ たたかう〔戦・闘〕
〔戦〕勝敗をはっきりさせるために争う場合。「優勝候補と戦う」
〔闘〕相手の力につぶされないように立ち向かう場合。「病気と闘う」

解字 金文 篆文 形声。戈＋単（單）㊥。音符の單は、はじき弓の象形。戈は、ほこの象形。たたかうの意味を表す。

▼悪戦・快戦・合戦・義戦・苦戦・血戦・交戦・好戦・抗戦・攻戦・混戦・作戦・死戦・緒戦・水戦・征戦・接戦・舌戦・宣戦・善戦・挑戦・停戦・督戦・筆戦・百戦・奮戦・防戦・野戦・勇戦・乱戦・力戦・論戦・和戦

【戦雲】（センウン）①戦場にただよっている雲。②戦争の気配。「戦雲急を告げる」

【戦火】（センカ）①戦争で起きる火災。兵火。②戦争。

【戦禍】（センカ）戦争による災い。戦争の被害。

【戦記】（センキ）戦争（勝負）の有様を記録したもの。

【戦機】（センキ）①戦いが起きるきっかけ。②戦争に関する機密。軍機。

【戦局】（センキョク）戦争のなりゆき。戦いのありさま。

【戦血】（センケツ）戦争で流された血。

【戦後】（センゴ）①戦争の終わったのち。②国特に、第二次世界大戦の終わったあとをいう。↔戦前。

【戦国（國）】（センゴク）①戦争の絶え間のない国。②戦争をしている国。③戦争で乱れた世の中。乱世。

【戦国（國）策】（センゴクサク）書名。三十三編。漢の劉向（リュウキョウ）の編。戦国時代の十二の諸国の事跡や遊説家の言行などを国別に記した書。

【戦国（國）時代】（センゴクジダイ）①周の威烈王の二十三年（前四〇三）に韓（カン）・趙（チョウ）・魏（ギ）が晋（シン）を分割してから、秦（シン）の始皇帝が天下を統一するまで（前二二一）の、百八十三年間の乱世をいう。②国応仁（オウニン）の乱（一四六七—一四七七）から豊臣秀吉が天下を統一するまでの約百二十年間。

【戦国（國）七雄】（センゴクのシチユウ）中国の戦国時代の七強国、斉・楚・燕（エン）・韓（カン）・趙（チョウ）・魏（ギ）・秦（シン）。

【戦骨】（センコツ）戦場に横たわる戦死者のなきがら。戦死した者の遺骨。

【戦史】（センシ）戦争・事変の歴史・経過。また、それを書いた書物。

【戦死】（センシ）＝戦没。

【戦術】（センジュツ）戦いのしかた。戦法。

【戦竦・戦悚】（センショウ）おののき、すくむ。

【戦捷】（センショウ）戦いに勝つ。戦勝。

【戦色】（センショク）おののきおそれる顔色。

【戦陣】（センジン）戦陣。①いくさの陣立て。転じて、戦いのやりかた。戦法。②戦いの場所。戦場。③戦争。

【戦塵】（センジン）①戦場に立つ砂ぼこり。②戦争のさわぎ。

【戦跡】（センセキ）戦いのあったところ。古戦場。

【戦績】（センセキ）戦いの成績・結果。

【戦戦兢兢】（センセンキョウキョウ）おそれつつしむさま。びくびく。◇現代表記では「戦戦恐恐」に書きかえる。

【戦線】（センセン）戦場で、最前線の戦闘部隊が保っている地点を結んだ、仮想の線。戦いの行われている地域。

【戦端】（センタン）戦いの初め。戦いの糸口。

【戦図（圖）】（セント）戦争の行われる範囲。

【戦闘（鬭）】（セントウ）戦い。戦う。戦争。

【戦犯】（センパン）①戦争犯罪の略。②戦争犯罪人。㋐戦争を起こした罪。㋑戦争で犯した罪。

【戦没・戦歿】（センボツ）戦争で死ぬ。戦死。

【戦友】（センユウ）①一緒に敵と戦った仲間。②同じ軍隊にいた仲間。

【戦乱（亂）】（センラン）①戦争。②戦争のために起こる世の乱れ。兵乱。

【戦利品】（センリヒン）戦争で、敵からぶんどった品物。

【戦慄・戦栗】（センリツ）おそれおののく。びくびくする。

【戦略】（センリャク）戦のはかりごと。作戦計画。作戦の大局的な計画。

【載】→車部 一〇七一ページ。

(14)10
【截】2509 標 ㊥セツ ㊦ゼチ 屑 jié　5703 5923

〔㦸〕本字

字義 ❶たつ。きる。たちきる。切断する。❸截断。また、さえぎる。はばむ。❷ととのえる。おさめる（治）。❹口先のうまいさま。「截截」

解字 文 篆 会意。篆文は、小＋隹＋戈。とりをほこで小さくばらばらに切るさまから、きる・たつの意味を表す。

【截然】（セツゼン）①断ち切るさま。②物事の区別のはっきりするさま。きっぱり。（サイゼンと読むのは誤読による慣用読み）

【截断（斷）】（セツダン）たちきる。切り離す。切断。

(14)10
【戩】2510 △ セン 銑 jiǎn

字義 ❶つくす（尽）。また、尽きる。❷ほろぼす。ほろびる。❸ことごとく。すべて。みな。❹さいわい。

解字 文 篆 形声。戈＋晉㊥。音符の晉は、すすむの意味。ほこでどんどん切りすすめる、ほろぼすの意味を表す。

(15)11
【戯】2511 常 ギ たわむれる　2126 353A

(17)13
〔戲〕2512 ㊇許 ㊀キ 寘 xì ㊁㊥コ・㊦ク 虞 hū 慣ギ・ゲ　5706 5926

〔戱〕俗字

筆順 ⼘ 虍 虚 戯 戯

字義 ㊀❶たわむれる。㋐興じ遊ぶ。おもしろく遊ぶ。いたずらする。「悪戯（いたずら）」㋑ふざける。おどける。「球戯」㋒もてあそぶ。なぐさみものにする。❷たわむれ。おどけ。遊び。冗談。❸演技。芝居。また、演技をする。芝居をする。❹旗。旗さしもの。㊁ああ。嘆息の声。ま

た、息を吐く。国ざれる。ざる。㋐たわむれる。㋑あだめく。㋒おもむきがある。難読 戯言（ざれごと・たわごと）

解字 金文　篆文　形声。戈＋虚（䖒）音。音符の虚は、虚に通じ、むなしいの意味。むなしいほこ、実戦用ではなく、軍楽用のほこの意味を表し、さらに転じて、たわむれるの意味を表す。また、なげきの声の擬声語としても用いられる。

▼悪戯・雑戯・児戯・調戯

【戯下】キカ　はたもと。麾下（キカ）。旗下。①大将の旗のあるところ。②大将に直属する家来。

【戯画（畫）】ギガ・ざれえ（ゑ）　①たわむれに描いた絵。②こっけいを主とした絵。世の中を風刺するために描いた絵。漫画。

【戯▵謔】ギギャク　たわむれる。おどける。ふざける。

【戯曲】ギキョク　①芝居の筋書き。演劇の脚本。台本。②主として会話と人物の行動とで表現される文学作品。ドラマ。

【戯劇】ギゲキ　しばい。演劇。

【戯言】ギゲン・ざれごと　たわむれのことば。冗談。戯語。

【戯作】ギサク　①たわむれに作る詩文。②国（ゲサク）江戸時代、娯楽小説類の総称。「戯作者」

【戯水】ギスイ　川の名。陝西（センセイ）省臨潼（リンドウ）県の東。

【戯西】ギセイ　戯水の西。

【戯談】ギダン　冗談をいう。また、冗談。

【戯文】ギブン　①芝居の筋書き。演劇の脚本。②たわむれに書いた文章。滑稽文（コッケイブン）。狂文。

【戯▵弄】ギロウ　たわむれてもてあそぶ。戯玩（ギガン）。

(15)11 【戮】2513　標　漢リク　呉ロク　屋 lù　5704 5924

字義 ❶ころす。死罪に処する。「殺戮」❷さらす。死体をさらしものにする。❸つみ。ばつ。刑罰。「刑戮」❹はずかしめる。また、はずかしめ。はじ。恥辱。「戮辱」❺あわせる。力をあわせる。＝勠（リク）。「戮力」❻あらあらしい。

参考 僇（3711）に通じる。熟語は僇をも見よ。→100ページ。

解字 篆文　形声。戈＋翏音。音符の翏は、卯に通じ、二つにひきさくの意味。ほこで殺すの意味を表す。

【戮辱】リクジョク　刑罰によってはずかしめられる。また、むごたらしく殺される。僇辱（リクジョク）。

【戮没】リクボツ　殺し滅ぼす。

【戮力】リクリョク・ちからをあわ（は）す　力を合わせる。協力。勠力（リクリョク）。

【臧】→臣部 九九一ページ。

(16)12 【戰】(2508)　セン　戦（2507）の旧字体。→四二九ページ。　5705 5925

(17)13 【戲】(2512)　ギ　戯（2511）の旧字体。→四二九ページ。　5706 5926

(17)13 【戴】2514　標　タイ　隊 dài　3455 4257

字義 ❶いただく。㋐頭の上にのせる。「負戴」㋑尊んでおしいただく。あがめる。「推戴」㋒ありがたくうける。「頂戴」❷ふえる。増加する。国いただく。㋐目よりも高く物をささげる。㋑「貰（もら）う」の敬語。

解字 篆文　形声。𢦏＋異音。音符の異は、鬼頭の面をつけ両手をあげている人の象形。𢦏は、載に通じ、のせるの意味。鬼頭の面を頭にのせるように、のせる・いただくの意味を表す。

【戴冠式】タイカンシキ　西洋で、皇帝が位につくとき、帝王の象徴である冠をかぶる儀式。

【戴星】タイセイ・ほしをいただく　星を空にいただく。朝早く家を出、夕方おそく家に帰ること。

【戴白】タイハク　頭に白髪をいただくこと。しらが頭。また、年寄り。「老人」

(18)14 【戳】2515　△　タク　覚 chuō　5707 5927

字義 ❶つく（突）。さす。突き刺す。❷印判。また、印を押す。

解字 形声。戈＋翟音。

4 戶部

〔部首解説〕 とだれ。とかんむり。とびらのと。戸を意符として、とびら、住居、住居に付属するものに関する文字ができている。

戸 四三〇　1 戹 四三〇　3 戻 四三〇　4 所 四三一　房 四三一
戾 四三一　5 扃 四三一　居 四三一　扁 四三二　6 扆 四三二
扇 四三二　7 扈 四三二　8 扉 四三二

肩→月部 五三二ページ。雇→隹部 一一七〇ページ。

(4)0 【戸】2516　教2　コ　と　2445 3840

(4)0 【戶】2517　漢コ　呉ゴ　慶 hù

筆順　一 ヨ 戸

【户】俗字

字義 ❶と。とびら、片開きのと。❷家・へやの出入り口。かどぐち。とぐち。❸家。また、へや。❹家屋を数える語。戸数。❺とめる。とどめる。❻飲酒の量。「上戸」「下戸」❼ひと。住民。❽あや模様のあるさま。国へ。家。人家。

名乗 いえ・かど・ど・ひろ・べ・もり　難読 戸河内（とがうち）・戸田（へた）・戸坂（へさか）・戸木（へき）・戸来（へらい）

解字 甲骨文　篆文　象形。甲骨文でよくわかるように、片開きの「と」の象形で、「と」の意味を表す。戸を音符に含む形声文字に、雇などがある。

▼塩戸・下戸・漁戸・魚戸・高戸・酒戸・上戸・井戸・桑戸・方戸・門戸

【戸戸】ココ　家々。家ごと。どの家も。毎戸。

【戸口】ココウ　①戸数と人口。家の数と人の数。②国（とぐち）出入りぐち。

【戸税】コゼイ　家ごとに取り立てる税。

【戸籍】コセキ　①戸数・人口をしるした帳簿。人別帳。②国一組の夫婦を中心に、その家族の本籍地・家族関係・生年月日などをしるした公文書。戸口。

【戸庭】コテイ　門戸と庭。戸口や庭先。また、門から内をいう。

【戸部】コブ　①役所の名。尚書省の六部（リクブ）の一つ。国中の戸口・租税などをつかさどった。②国昔、民部省の唐名。

【戸別】コベツ　家ごと。軒別。毎戸。

【戸▵牖】コユウ　いりぐちと窓。牖は、壁にあけたまど。

(4)1 【戹】2518　△　漢アク　呉ヤク　陌 è

字義 ＝厄（ヤク）。❶くるしむ。なやむ。また、くるしみ。❷わざわい。災難。危難。❸せまい。せまくるしい。❹乏しい。

(7)3 【戻】2519　常　レイ　もどす・もどる　4465 4C61

(8)4 【戾】2520　漢レイ　呉ライ　霽 lì

解字 金文　篆文　象形。金文は、くびきの象形。軶の原字。くびきが牛馬の首につけ、せま苦しい感じがあるところから、せまい・くるしむの意味を表す。

筆順　ヨ 戸 戸 戻

字義 ❶もとる。そむく。たがう。❷よじる。よじれる。ねじまげる。ねじまがる。❸てあらい。あらっぽい。むごい。❹つみ。罰。❺むさぼる。よくばる。❻いたる（至）。行く。来る。❼とどまる。

国❶もどす。㋐返す。㋑はく(吐)。❷もどる。かえる。

解字 甲骨文 篆文 会意。戸(戶)+犬。戸口にいる犬の意味から、あらあらしい。もとるの意味を表す。「説文(セツモン)」では、戸の下から身をねじまげて出る犬の意味から、身をよじるの意味を表すと説く。また、履(リ)に通じ、いたる。ふみとどまるの意味をも表す。常用漢字の戻は戾の省略形による。

【戻止】(レイシ) ①来る。至る。②とどまる。

【戻天】(レイテン・テンにいたる) 天に達する。天にとどくかと思うほど高く上る。

【戻戻】(レイレイ) 急なさま。

▼違戻・罪戻・背戻・払戻・返戻・暴戻

(8)4 【所】 2521 教3 ショ ところ

2974 3D6A

(8)4 [所] 2522 漢ショ 呉ソ 語 suǒ

筆順 ⺕ 戸 所 所

字義 ❶ところ。㋐場所。機関。「役所」「入所」 ㋑こと。もの。場合。「所得」「所思」⇩助字解説 ㋒もと。根本。また、道理。㋓処置。しかるべきはからい。❷ところとする(ところとす)。身のおきどころとする。❸ばかり。ほど。❹助字。⇩助字解説 ❺木を切る音。のこぎりの音。

✝助字解説

①る。らる。受身。……される。類見・被。〔史記、高祖本紀〕所レ殺蛇白帝子(ころさるるへびは、ハクテイのこなり)〈殺された蛇は、白帝の子である〉

②ところ。……のもの。……のこと。〔論語、里仁〕富与レ貴是人之所レ欲也(フウキとは、これひとのほっするところなり)〈富と貴い身分とは、これは人の望むものである〉

〈為ニ——所一……〉受身。……する所となる。……される。〔史記、項羽本紀〕後則為二人所一レ制(おくるればすなわ(は)ちひとのセイするところとなる)。〈後れると人に押さえつけられる〉

名乗 ど・のぶ 難読 所古(ところ)・所縁(ゆかり)

解字 金文 篆文 会意。戸(戶)+斤。戸は、入口の「と」の象形。斤は、おのの象形。金文では、地位の高い人のいる場所の意味に用いる例が多く、おのなどを置いた入口の戸の意味から、ところの意味を表すようになったものであろう。

▼箇所・急所・局所・高所・在所・死所・出所・短所・長所・屯所・難所・配所・便所

【所以】(ゆえん) ①いわれ。わけ。理由。②方法。

【所為(爲)】(ショイ・ショセ) しわざ。ふるまい。

【所謂】(いわゆる) 言われるの意。いうところの。「世に所謂」は、世の中で言われている、世に言っているところの、の意。

【所縁】(ショエン) ①たよりとするところ。身を寄せるところ。②国ゆかり。たより。しるべ。

【所懐(懷)】(ショカイ) 心に思うこと。思い。考え。

【所轄】(ショカツ) 権限をもって管理すること。また、その範囲・事がら。

【所管】(ショカン) =所轄。→前項。

【所期】(ショキ) 心に待ちもうけること。期待すること。

【所行】(ショギョウ) 行い。仕業。

【所業】(ショギョウ) ①ふるまい。仕業。所為。所行。②仕事。

【所化】(ショケ) 仏僧侶(ソウリョ)の弟子。仏法に帰依した者。↔能化(ノウゲ)。

【所見】(ショケン) ①見たところ。②意見。考え。

【所怙】(ショコ) 自分がたのみにするところの人の意で、父母をいう。

【所作】(ショサ) ①=所為。②国㋐からだのこなし。みぶり。しぐさ。㋑おどり。ておどり。㋒しごと。わざ。

【所在】(ショザイ) ①ありばしょ。また、いばしょ。ありか。すまい。②ここかしこ。いたるところ。③場所。ところ。④国する用事。しごと。「所在ない」

【所司】(ショシ) ①役目。持ち場。②国㋐室町時代の侍所(さむらいどころ)の長官。その代理を所司代という。㋑僧侶(ソウリョ)の職名。上座・寺主・都維那(ツイナ)をいう。三綱。㋒院の御所の下北面のうち、家がら・才能のよい者から選ばれた武士。

【所思】(ショシ) ①心の中に思っていること。考え。②思慕する人。

【所信】(ショシン) 信じるところ。信念。

【所生】(ショセイ) ①生みの親。父母。②生んだ子。実子。

【所詮】(ショセン) 仏つまるところ。帰するところ。結局。

【所存】(ショゾン) 国思うところ。考え。見込み。

【所帯(帶)】(ショタイ) ①領土。官職。資産。身に帯びるものの意。②国一戸を構えて独立のくらしを立てること。世帯。◇もと、「所帯」と「世帯」はほぼ同意に用いられたが、現代では「所帯」は一家を持って営む独立の生計を言い、「世帯」は「セタイ」と読み、一家のことをいう。「所帯やつれ」「世帯(セタイ)主」

【所天】(ショテン) 自分が天とするところの意で、尊敬する人のこと。臣が君を、子が父母を、弟子が先生をさしていう類。

【所得】(ショトク) ①手に入れるもの。②収入。利益。

【所望】(ショモウ) ①望み願うもの。望み。②好み。注文。

【所有】(ショユウ) ①自分のものとして持っていること。所持。②(あらゆる)ありとある。あるだけの。すべての。

【所領】(ショリョウ) 領有する土地。領地。領分。

(8)4 【房】 2523 常 ボウ ふさ

4328 4B3C

(8)4 [房] 2524 漢ホウ(ハウ) 呉ボウ(バウ) 陽 fáng

筆順 ⺕ 戸 房 房 房

字義 ❶へや。室。㋐母屋(おもや)の左右の小部屋。㋑居間(いま)。居室。㋒ねや。寝室。❷すまい。家。「山房」 ❸内部が小部屋状に分かれたもの。「蜂房(ホウボウ)」 ❹分家。大家族から分かれた家族。❺つくえ。いけにえを供える台。❻星の名。→房宿。国ふさ。㋐たばねた糸の一端を散らして垂らしたもの。㋑花や実の群がってついたもの。

名乗 お・のぶ・ふさ

解字 篆文 形声。戸(戶)+方音。音符の方は、かたわらに張り出すの意味。堂の左右に張り出した所にある小室の意味を表す。

▼雲房・官房・監房・空房・後房・獄房・茶房・山房・子房・書房・女房・禅房・堂房・洞房・独房・文房

【房玄齢(齡)】(ボウゲンレイ) 唐初の名臣。太宗に仕えて宰相の位にあること十五年、杜如晦(トジョカイ)と並んで、房杜と称された。(五七八—六四八)

【房宿】(ボウシュク) 星の名。二十八宿の一つ。蠍座(さそりざ)の西北隅。そいぼし。房星。

【房事】(ボウジ) 寝室の中のこと。閨中(ケイチュウ)の行い。

(8)4 【戾】 (2520) レイ 戻(2519)の旧字体。→四三〇ページ。

【肩】→月部 五三一ページ。

(9)5 【扃】 2525 △ 漢ケイ 呉キョウ(キャウ) 青 jiōng

字義 ❶かんぬき。かんのき。とざし。門戸をしめる横木。「扃関」 ❷じょう(錠)。じょうまえ。「扃鎖」 ❸出入り口。戸口。門戸。❹とじる。とざす。しめる。「扃扉(ケイヒ)」 ❺兵車の前部にあって、ほこや旗を立てる横木。❻鼎(かなえ)の耳にさしわたして鼎をさげる横木。

解字 篆文 形声。戶+冋音。音符の冋(ケイ)は、掛に通じ、かけるの意味。戸にかける、かんぬきの意味を表す。

【扃関(關)】(ケイカン) 門戸をとざす横木。かんぬき。

【扃鎖】(ケイサ) じょうまえ。また、とじまり。

【扃扉】(ケイヒ) ①とびらをしめる。②とびら。

(9)5 【扂】 2526 △ 漢テン 呉デン 琰・艶 diàn

字義 かんぬき。とざし。門をしめる横木。
解字 形声。戸＋占㊥。
【居△楔】テンセツ かんぬきと、ほこだち。楔は、門の両側の木柱で、ほこだち・ほうだて。

(9)5
【扁】2527 標 ㊀ヘン 銑 biǎn ㊁ヘン 先 piān ㊂漢ハン・呉ホン 元　［扁］ 5708 *5928*

字義 ㊀❶よこがく（横額）。文字や画を書いて門戸の上や堂にかかげるもの。「扁額」❷ひらたい。ひらたし。たいら。「扁平」
㊁❶ヘン。左右組み合わせでできている漢字のおおむね左の部分＝偏。↔旁・傍。「扁旁ヘンボウ」❷ちいさい。「扁舟」
㊂❶数が多い。「扁然」❷広くゆきわたる。
難読 扁柏ひのき・扁螺きさご・きしゃご
解字 篆 文 会意。戸＋冊。戸は、門のとびらの象形。冊は、文字をしるしたふだをひもで編んだ形にかたどる。門戸に書きしるした、ふだの意味から、転じて、ひらたいの意味を表す。扁(扁)を音符に含む形声文字に、偏・匾ヘン・徧・篇ヘン・編・翩ヘン・蝙ヘン・褊ヘン・諞ヘン・遍などがある。
【扁額】ヘンガク 室内や門などに掛ける額。額。
【扁△鵲】ヘンジャク 戦国時代の鄭テイの名医。姓は秦シ、名は越人。
【扁舟】ヘンシュウ 小さな舟。こぶね。
【扁桃】ヘントウ すももの一種。からもも。はたんきょう。
【扁平】ヘンペイ ひらたい。たいら。
【扁△旁】ヘンボウ 漢字のへんと、つくり。漢字の左の部分をなす字形を扁、右の部分をなす字形を旁つくりという。偏傍。→字義の㊁の①。

(10)6
【扆】2528 △ 漢イ 呉エ 尾 yǐ
字義 ❶ついたて。絳コウ（赤いきぬ）に斧おのの形を縫いとりしたついたて。昔、天子が諸侯に会うとき背後に立てた。「斧扆イフイ」❷戸と窓との中間。

〔扆①〕

解字 篆 文 形声。戸＋衣㊥。音符の衣は、まとうの意味。座席の周囲をまとうように立てる戸、ついたての意味を表す。

(10)6
【扇】2529 常 セン おうぎ
(10)6
〔扇〕2530 ㊀セン 霰 shàn ㊁セン 先 shān　— 3280 *4070*
筆順 ヨ 戸 戸 扇 扇

字義 ㊀❶おうぎあふぎ。また、うちわうちは。あおぐあふぐ。❷あおる。おだてる。そそのかす。＝煽セン。「扇動」❸とびら。竹で編んだとびら。「門扇」❹肩かけ。ショールの類。❺さかん。㊁あおぐあふぐ。うちわや扇などで風をおこす。

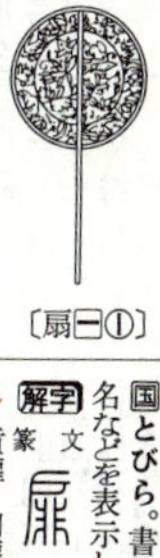
〔扇㊀①〕

参考 現代表記では〔煽〕(4418)の書きかえに用いることがある。「煽情→扇情」「煽動→扇動」
解字 篆 文 会意。戸（戶）＋羽（羽）。鳥の羽のように、ひろがったり閉じたりするとびらの意味を表し、転じて、ひろげた羽のようなおうぎの意味をも表す。
▼羽扇・歌扇・宮扇・秋扇・団扇
【扇眼】センガン おうぎのかなめ。扇轂センコク。
【扇子】センシ ①うちわ。団扇。子は助字。②国センス おうぎ。
【扇情】センジョウ 情欲をあおりたてる。煽情センジョウ。
【扇動】センドウ あおりたてる。おだてる。すすめそそのかす。煽動センドウ。
【扇面】センメン ①おうぎ。せんす。②国おうぎの地紙。
【扇揚】センヨウ あおって高くあげる。また、あおられて高くあがる。影響が広範囲に及ぶこと。煽揚センヨウ。
【扇惑】センワク おだてあげて惑わす。煽惑センワク。

(11)7
【扈】2531 △ 漢コ 呉ゴ 麌 hù　［扈］ 7829 *6E3D*
字義 ❶つきそうつきそふ。おともをする。扈従。（扈）。❷やとう。また、しもべ。けらい。❸とどめる。禁止する。❹ひろい、また、大きい。❺夏カ時代の国の名。今の陝西センセイ省鄠コ県の北にあった。
解字 篆 文 形声。邑＋戸㊥。邑は、むらの意味。夏カ時代の戸というむらの意味を表す。倶グに通じて、大きいの意味や、護に通じて、つきそいまもるの意味にも用いられる。
【扈扈】ココ ①広いさま。②鮮明なさま。③光彩のあるさま。美しいさま。
【扈従(從)】コショウ・コジュウ 高い身分の人のお供をすること。随行する。また、その人。
【扈△蹕】コヒツ 天子の行幸につき従うこと。
【扈遊】コユウ 天子につき従って旅行すること。

(12)8
【扉】2532 常 ヒ とびら
(12)8
〔扉〕2533 ヒ 微 fēi　— 4066 *4862*
筆順 戸 戸 扉 扉 扉

字義 ❶とびら。開き戸の戸。「門扉」❷家。すまい。国とびら。書物を開いた最初にあって、書名・著者名・出版社名などを表示したページ。標題紙。
解字 篆 文 形声。戸（戶）＋非㊥。音符の非は、左右に分かれるの意味。両開きの戸、とびらの意味を表す。
▼黄扉・山扉
【雇】→隹部 一二七〇ページ。

4
手部

〔部首解説〕 て。手が偏になるときは扌の形をとり、手偏てへんと呼ぶ。もと、手と扌とは同一部首に含まれたが、形・画数とも異なる扌を分離して、手部のあとに扌を設けた。手を意符として、手の各部分の名称や、手の動作に関する文字ができている。

手 四三三	挈 四三四	掣 四三五	摩 四三五	擘 四三六
4 承 四三三	拳 四三四	9 掔 四三五	摹 四三六	14 擪 四三六
5 拏 四三四	挐 四三四	10 搴 四三五	13 擧 四三六	15 攀 四三六
拜 四三四	拿 四三四	11 撃 四三五	擎 四三六	[illegible] 四三六
6 挙 四三四	8 掌 四三四	摯 四三五	擊 四三六	19 攣 四三六

(4)0
【手】2534 教1 シュ て・た 上手じょうず・下手へた・手伝てつだう 漢シュウ（シウ）・呉シュ 有 shǒu 慣ズ　— 2874 *3C6A*
筆順 丿 二 三 手

字義 ❶て。㋐手首から先の部分。五指と手のひら。㋑うで。肩から手先までの総称。㋒手わざ。手法。また、技能。「妙手」㋓しごと。作業。「着手」㋔てだて。やり方。「手段」㋕ひと。ある仕事を受け持つ者。また、ある技能に長ずる者。「水手（船頭）」「名手」㋖手もとの。また、手軽な。「手冊」❷てにするてにす。持つ。手にとる。❸てずからてづから。自ら。自分で直接に。国て。㋐とって。器物の柄え。㋑労力。㋒方法。策略。㋓方向。方面。「行く手」㋔筆法。また、筆跡。㋕た。動詞の上につき、手に関する動作であることを強調する。「手た折る」

難読 手枷・手械・手強(緻)・手巾・手結・手向山・手弱女・手斧・手薬練

解字 金文 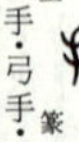 篆文 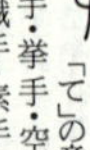 象形。五本の指のある「て」の象形で、「て」の意味を表す。

▼下手・弓手・凶手・挙手・空手・交手・高手・国手・上手・隻手・拙手・繊手・素手・着手・敵手・転手・徒手・拍手・把手・凡手・妙手・名手・落手・老手

【手下】部下の者。配下。部下。こぶん。

【手格】素手で格闘して捕える。

【手簡・手△翰】手紙。書簡。特に、自筆の手紙。

【手記】自分で書くこと。また、自分で書いたもの。覚え書。

【手△巾】①てぬぐい。②ハンカチ。

【手芸(藝)】①自分の手で植える。②手先を使ってする家庭工芸。手先のわざ。

【手語】①琴の音。手でかなでて心情を表現する意。②手まねで話す。

【手工】手先でする工芸。また、そのたくみな人。手芸。

【手交】国直接に手渡しする。

【手札】①自筆の書きつけ。②自筆の手紙。③国名刺。

【手写(寫)】①(自分の)手で書く。②手で写しとる。

【手書】①＝手記。②＝手簡。③＝手写の①。

【手抄・手△鈔】自分で書きぬく。自分で書き写す。自分で書く。また、そのもの。

【手詔】天子が自分で書いたみことのり。

【手△燭】持ち運びができるように柄のついた燭台。

【手水】国①手・顔などを洗う水。「手水鉢」②手・顔を洗い清めること。③便所に行くこと。④大・小便。

【手勢】①てぶり。てまね。②国手もとの軍勢。手兵。

【手跡・手△蹟・手△迹】書いた文字。筆跡。

【手足】①てあし。手と足。②兄弟をいう。「骨肉の恩、手足の愛」

【手足異レ処(處)】手と足とが離ればなれになる。からだをいくつかに切り離すこと。〔史記、孔子世家〕

【無レ所レ措二手足一】手足を置く場所がない。安心していられないこと。〔論語、子路〕

【手沢(澤)】①長く持っている間に、物についた手あか。②転じて、死んだ人が生前によく手を触れた品。遺愛の品。

【手沢(澤)本】①故人がくり返し読んで手あかのついた本。②ある人が書き入れなどをした本。

【手段】てだて。仕方。方法。

【手談】囲碁をいう。手で碁石を置くことによってたがいの考えが表れるからいう。

【手△套】てぶくろ。手袋。

【手△搏】①＝手格。②手と手とでうち合うこと。また、その勝負。武芸。

【手板】笏のこと。昔、位階のある人が礼装したときに持った細長い板。

【手筆】①自分で書いた筆跡。②自筆の手紙。③文章。④文章家。

【手兵】自分が直接率いる兵。手もとの兵。

【手法】やりかた。方法。

【手練】国①たくみな腕まえ。「手練の早業」②人をだますてだて。「手練手管」

【手腕】①うで。てくび。②腕前。働き。手並み。

【手腕家】国腕まえのある人。働きのある人。

【手握レ汗】握りしめた手のひらに思わず汗が出る。恐れや心配でわれ知らず身の緊張するさま。

【信レ手】手の動くままにまかせる。

【随(隨)レ手】手の動くにつれて。手が動くとすぐに。ただちに。たちまちに。

【束レ手】手をつかねる。手出しをしない。手を下さない。抵抗しない。また、何もしないこと。

【△唾レ手】重い物を持ち上げるときなど、手のひらにつばをつける。転じて、勇気を奮い起こして事に着手するにいう。

【不レ知二手△之舞足△之踏一】知らぬ間に手・足が踊りだす意で、非常にうれしいさま。踏は、蹈とも書く。〔孟子、離婁上〕

【分レ手】人と別れることをいう。

【翻レ手作レ雲】手をあおむければ雲となる。たちまちのうちに変わる意。〔唐、杜甫、貧交行〕翻レ手作レ雲覆レ手雨、紛紛軽薄何須レ数〈手をあおむければ雲となり、手を下向ければ雨となるように簡単に心変わりをしてしまう、こんな多くの軽薄な者どもは物の数ではないのだ〉

(8)4
【承】 2535
教5 ショウ うけたまわる
一 漢ショウ・呉ジョウ 蒸 chéng
二 漢チョウ・呉ジョウ(ヂョウ) 蒸
3021
3E35

筆順 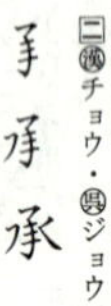

字義 一❶うける。㋐受けて、それをいただく。授かったものを持つ。㋑つつしんで聞く。受け入れる。「了承」㋒従う。従い守る。❷つぐ。㋐受けつぐ。ひきつぐ。伝える。「継承」「口承」㋑貴族の女をめとること。❸次第。順序。❹たすける。助け。❺ふせぐ。二とどめる。また、こりる。＝懲。

国うけたまわる。「聞く」の敬語。

名乗 うけ・こと・すけ・つぎ・よし

解字 甲骨文 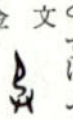 金文  篆文 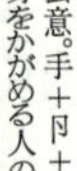 会意。手＋卩＋廾。卩は、身をかがめる人の象形。身をかがめた人を両手で持ちあげながらうけとるの意味を表す。

▼敬承・継承・師承・伝承・奉承・了承

【承意】①気持ちを察する。②言いつけなどを心に入れてそれに従うこと。③志をうけつぐ。④きげんをとる。

【承引】承知する。聞き入れる。承認する。

【承歓(歡)】承レ歓。①父母などのうれしそうな様子を仰ぎ見ること。また、それを見て更にその喜びを増すようにすること。②人の喜びそうなことを、あらかじめ察して、気に入るようにふるまうこと。〔唐、白居易、長恨歌〕承レ歓侍レ宴無二間暇一、春従二春遊一夜専レ夜〈天子の気持ちを察して気に入られるようにふるまい、宴席にはつきっきりで相手をし、春は春の遊びのおともをし、夜は、天子の夜を独り占めにする〉

【承顔】①人の顔色を見て、さからわないようにすること。②面会する。会う。

【承句】漢詩の絶句(起承転結の四句からなる詩)の第二句。第一句の意をうけて述べる。

【承継(繼)】うけつぐ。承襲。継承。

【承△藉】うけ、たよる意で、父祖や人の勢力にたよること。

【承襲】＝承継。襲も、継ぐ意。

【承順】うけしたがう。命令などに服従すること。

【承前】①前の文のあとをうけつぐこと。前からの続き。②以前。従前。

【承諾】聞き入れる。承知する。うべなう。

【承知】①うけたまわり知る。知る。わかる。②聞き入れる。承諾。③知遇(恩顧)をうける。

【承認】①承知してみとめ許す。②(事実として)みとめる。

【承服・承伏】国承知して従う。納得して従う。

【承平】太平を受けつぐ意で、平和の世が長く続くこと。また、太平と同意に用いられる。

【承露盤】漢の武帝が長安(今の陝西省西安市)の建章宮に設けたもので、銅製の高い柱の上に大きな盤を付

け、それに天から降る露を受けてためた。その露を飲むと不老長寿を得ると信じられた。

【拏】 (9)5 2536 △ ダ 拿(2543)の正字。→下段。 5728 593C

【拜】 (9)5 (2628) ハイ 拜(2627)の旧字体。→四六ページ。 5733 5941

【挙】 (10)6 2537 教4 キョ あげる・あがる 2183 3573

〔擧〕 (17)13 2538 漢キョ 呉コ 語 jǔ 5809 5A29

筆順 ⺍ 𭕄 兴 㐅 挙

【擧】同字 5810 5A2A 字義 ❶あげる。㋐下から上へあげる。さし上げる。「挙手」㋑かつぐ。担う。㋒たたえる。ほめる。また、ほめて用いる。登用する。「推挙」㋓言う。数える。並べたてる。「列挙」「枚挙」㋔攻め滅ぼす。抜く。㋕捕らえる。めしとる。また、めしあげる。没収する。「検挙」㋖音楽を奏する。㋗生む。そだてる。❷あがる。㋐上がる。高まる。飛び上がる。㋑よく行われる。興る。㋒立つ。立ち上がる。また、立ち去る。❸行う。企てる。動く。「軽挙」「快挙」❹選び取る。また、そのための試験。「科挙」❺目方の単位。三両。❻あげて。こぞって。みな。「挙国」❼たくわえる。買いこむ。

名乗 しげ・たか・たつ 難読 挙母(ころも)

使いわけ **あげる・あがる〔挙・揚・上〕**

〔挙〕とりあげる。目立たせる。「例を挙げる」「犯人を挙げる」また、とり行う。こぞっての意の場合。「国を挙げる（挙国）・式を挙げる（挙式）」

〔揚〕高くあげる。油であげる。船からあげる。「国旗を揚げる・天ぷらを揚げる・荷揚げ」

右の二つ以外はすべて〔上〕を用いると考えてよいが、実際には紛らわしい場合が少なくないので、仮名書きの例がかなり多い。

解字 篆文 形声。手＋與(音)。音符の與（与）ヨ＝ヨキは、ともに手を合わせて物をあげるの意味。これにさらに手を付し、力を合わせて物を持ちあげるの意味を表す。常用漢字の挙は擧の省略形。

▼一挙・快挙・科挙・義挙・軽挙・検挙・貢挙・高挙・再挙・推挙・盛挙・選挙・壮挙・大挙・美挙・暴挙・枚挙

【挙哀】キョアイ ①葬式または納棺後、死者のために声をあげて泣く礼。②仏 コアイ 禅宗の葬式で、仏事が済んでから、一同が哀哀哀と三度声をあげる式。

【挙火】キョカ 火を燃やす。転じて、生計をたてる。生活する。

【挙家】キョカ 一家こぞって。一家全体。

【挙業】キョギョウ 科挙（官吏登用試験）のための勉強。

【挙軍】キョグン 全軍残らず。

【挙行】キョコウ あげ行う。公に行う。皆が行う。

【挙国（國）】キョコク ①国中の者（国民）残らず。「挙国一致」②国力のすべてをつくす。③くにをあぐ 国を攻め取ること。

【挙座】キョザ 一座の者残らず。満座。

【挙子】キョシ ①子を推挙する。②科挙（官吏登用試験）を受ける人。③子を産む。

【挙止】キョシ 立ち居ふるまい。挙動。行動。

【挙手】キョシュ ①手をあげる。②手をあげて敬意を表す礼式。

【挙首】キョシュ ①第一位で引きあげられる者。②申し出る。訴え出る。

【挙場】キョジョウ 科挙（官吏登用試験）の試験場。

【挙人】キョジン ①人を抱きあげる。②人を挙げ用いる。③官吏登用試験制度の一つ。漢代は、郡国の長官に推薦を受けて登用された者。唐以後は、各人の郷里で試験（郷試）を受けて合格し、都で行う試験（会試）を受ける資格のできた者。④官吏登用試験を受ける者をいう。

【挙世】キョセイ 世をあげて。世間の人こぞって。

【挙措】キョソ 立ち居ふるまい。挙は行動すること、措は静止すること。

【挙錯】キョソ ①行うこととやめること。②＝挙措。③人をあげ用いることと捨てておくこと。

【挙動】キョドウ 立ち居ふるまい。動作。挙止。

【挙兵】キョヘイ 兵を挙げる。戦いを起こす。

【挈】 (10)6 2539 △ 一 漢ケツ・呉ケチ 屑 qiè 二 ケイ 霽 qì 〔挈〕 5745 594D

字義 一❶ひっさげる。さげる。手に下げて持つ。また、持ち上げる。❷たずさえる。㋐手に下げる。㋑ひき連れる。ともなう。❸伝える。❹ととのえる。また、作り上げる。二❶かく。また、絶つ。❷きざむ。傷つける。❸証文。しるし。証書。

解字 甲骨文 篆文 形声。手＋契(音)。音符の契ケツは、系に通じ、かけるの意味。手に懸ける、ひっさげるの意味を表す。甲骨文は象形で、人が物をさげ持つ形にかたどる。

【挈挈】ケツケツ 急ぐさま。

【拳】 (10)6 2540 囚 漢ケン 呉ゲン 先 quán 2393 377D

〔拳〕 (10)6 2541

筆順 ⺍ 𭕄 关 劵 拳

字義 ❶こぶし。にぎりこぶし。げんこ。「鉄拳」❷にぎる。こぶしをにぎる。❸力。勇気。気力。❹遊技・武芸などの一種。拳法など。❺ささげ持つさま。うやうやしいさま。❻かがむ。まがる。＝巻。

名乗 かたし・つとむ 難読 拳螺(さざえ)

解字 篆文 形声。手＋𠔉（𢍏）(音)。音符の𢍏ケンは、まきこむの意味。指をまきこみ、こぶしをにぎるの意味を表す。

【拳握】ケンアク ①にぎる。②にぎりこぶし。③小さい・わずかの物事のたとえ。

【拳曲】ケンキョク かがまる。曲がってこぶしのような形になること。「曲」

【拳拳】ケンケン ①ささげ持つさま。②うやうやしいさま。慎むさま。③ねんごろなさま。親切なさま。④努めるさま。

【拳拳服膺】ケンケンフクヨウ 両手で物を大切にささげ持つように、常に心に抱いて忘れずに守ること。〔中庸〕

【拳大】ケンダイ・こぶしダイ にぎりこぶしほどの大きさ。

【拳匪】ケンピ 光緒二十四年（一八九八）に、天津地方に起こって、居留民地をおそい、北京の各国公使館を包囲した結社。義和団。団匪。

【拳法】ケンポウ こぶしをふるって格闘するわざ。柔術に似ている。白打法。

【拳攣】ケンレン こいしたう。思いこがれる。攣は、恋。

【挐】 (10)6 2542 △ 一 漢ジョ（ヂョ）・呉ニョ 魚 rú 二 漢ダ・呉ナ 麻 ná

字義 一二❶ひく（引）。ひっぱる。❷みだれる。❸とる。手に持つ。つかむ。＝拏。

解字 篆文 形声。手＋如(音)。

【拿】 (10)6 2543 標 漢ダ 呉ナ 麻 ná 5729 593D

〔拏〕正字 5728 593C

字義 ❶とる。手に持つ。❷とらえる。とらふ。つかむ。「拿捕」

解字 会意。手＋合。手を物に近づけ合わせて、とるの意味を表す。

【拿破崙】ナポレオン Napoleon の音訳。フランス皇帝ナポレオン一世。

【拿捕】ダホ とらえる。つかまえる。拿獲。

【掌】 (12)8 2544 常 ショウ ショウ（シャウ） 養 zhǎng 3024 3E38

筆順　⺌　⺌⺌　尚　掌

字義 ❶たなごころ。てのひら。❷動物の足のうら。「熊掌（ユウショウ）」❸うつ。たたく。手のひらで打つ。❹つかさどる。「職掌」❺ただす（正）。❻うでまえ。手腕。❼ささげる。ささげ持つ。

難読 掌侍（ないしのじょう）

解字 篆文 形声。手＋尚㊮。音符の尚は、当に通じ、あたるの意味。物を持つとき手のあたる部分、てのひらの意味を表し、転じて、物事にあたる、つかさどるの意味をも表す。

▼運掌・合掌・管掌・指掌・職掌・分掌

【掌握】（ショウアク）①手の中ににぎる。つかむ。②自分のものとする。③手の中。

【掌鞅】（ショウオウ）いそがしく骨の折れること。また、せわしく立ち働くこと。鞅掌。

【掌管】（ショウカン）取り扱う。

【掌故】（ショウコ）①しきたり。故実。②官名。漢代に設け、礼儀・音楽に関する古来のしきたりをつかさどった。

【掌中】（ショウチュウ）①たなごころの中。手の中。②手のとどく範囲。自分の所有。③自由に扱うこと。

【掌中珠】（ショウチュウのたま）①手の中の玉。②大切なもののたとえ。③愛する妻や子をいう。

【入二掌中一】（ショウチュウにいる）自分のものになる。また、先方の事情を詳細に知ってしまうこと。

【反レ掌】（ショウをかえ(へ)す）手を裏返す。簡単にできることのたとえ。また、急にまったく変わってしまうことのたとえ。〔漢書、枚乗伝〕

【運二於掌上一】（ショウジョウにめぐらす）手のひらに物を転がすように、たやすく自分の思うようにすること。〔孟子、公孫丑上〕

(12)8
【掣】2545　標 セイ 霽 chè　5758 595A

字義 ❶ひく。㋐おさえる。ひかえる。引きとどめて自由にさせない。「牽掣（ケンセイ）」㋑ぬく（抜）。引きぬく。㋒ひきのばす。ひっぱる。❷なびくさま。

解字 形声。手＋制㊮。音符の制は、おさえとどめるの意味。手で引きとめて自由にさせないの意味を表す。

【掣籤】（セイセン）くじを引く。くじ引き。

【掣肘】（セイチュウ）人のひじを引いて自由にさせないこと。干渉して自由を束縛すること。掣臂（セイヒ）。

【掣電】（セイデン）①いなずま。電光。②速いことのたとえ。③短い時間のたとえ。

(13)9
【掔】2546　△ ゲン 先 yán 慣ケン

字義 みがく。とぐ。する。＝研。

解字 篆文 形声。手＋研㊮。音符の研は、みがくの意味。

(14)10
【搴】2547　△ ケン 先 銑 qiān　5775 596B

字義 ❶ぬく。とる。ぬきとる。❷まく（巻）。❸かかげる（かかぐ）。もちあげる。

解字 形声。手＋寒省㊮。音符の寒は、さむいの意味。まとっている物をとって寒いさまから、とる・かかげるの意味を表す。

(15)11
【撃】2548　常 ゲキ うつ　2366 3762

(17)13
〔擊〕2549　人 許 漢ケキ・呉キャク 錫 jī 慣ゲキ

筆順　亘　車　軎　軗　撃

字義 ❶うつ。㋐たたく。なぐる。「打撃」㋑攻める。おそう（襲）。「反撃」「攻撃」㋒おしのける。のぞく（除）。㋓殺す。うち殺す。㋔囲碁・博奕（バクち）などの遊びをする。㋕治める。㋖触れる。当たる。「目撃」❷やいば（刃）。❸つながる。ひっかかる。❹もとる。そむく。❺かんなぎ。男のみこ。＝覡（ゲキ）。

使いわけ うつ〔打・討・撃〕⇩打（2562）。

解字 篆文 形声。手＋毄（毄）㊮。音符の毄（ゲキ）は、車がぶつかりあうの意味。手を付し、一般に、うつの意味を表す。

▼急撃・挟撃・攻撃・襲撃・衝撃・打撃・追撃・痛撃・電撃・突撃・排撃・迫撃・反撃・奮撃・目撃・遊撃

【撃剣（劍）】（ゲキケン・ゲッケン）剣を使うわざ。

【撃砕（碎）】（ゲキサイ）うちくだく。装飾品などをうちくだくにも、敵を攻めくじくにもいう。

【撃刺】（ゲキシ）①ほこでうち、刀でさすこと。②剣で人をさし殺すこと。また、そのわざ。

【撃楫】（ゲキシュウ）①舟のかいをうつこと。②天下を平定することをいう。晋（シン）の祖逖（ソテキ）が長江を渡るとき、かいを打って、賊を平定しなければ、再び江を渡るまいと言った故事による。〔晋書、祖逖伝〕

【撃壌（壤）】（ゲキジョウ）地面を足で踏み鳴らして拍子をとること。一説に、壌は木製のくつのようなもので、その一つを地に立て、他の一つを投げて当てる遊びをすること。尭（ギョウ）のとき、天下が太平であったので、老人がこの遊びをして楽しんだ故事。転じて、太平無事の形容として用いる。一説に、壌は、土製の楽器ともいう。〔史記、五帝本紀〕

【撃攘】（ゲキジョウ）うって追いはらう。撃退。

【撃節（節）】（ゲキセツ）①拍子をとる。②節操を高くするようはげます。

【撃退】（ゲキタイ）（敵などを）うちしりぞける。

【撃柝】（ゲキタク）拍子木をたたいて夜まわりをすること。また、その人。夜番。

【撃断（斷）】（ゲキダン）①ほしいままに法律に照らして処分すること。やたらに処罰すること。②うってたち切る。

【撃沈】（ゲキチン）敵の軍艦などを大砲や魚雷などで撃ち沈めること。

【撃墜】（ゲキツイ）敵の航空機を銃砲で撃ち落とすこと。

【撃破】（ゲキハ）①うち破る。②撃沈や撃墜より軽い損害を与えること。

【撃缶】（ゲキフ）ほとぎを打つ。ほとぎは、酒つぼで、胴が太く口の小さい素焼の土器。これをたたいて拍子をとる。また、未開地の音楽を軽蔑（ケイベツ）して言うのに用いる語。

【撃滅】（ゲキメツ）うちほろぼす。

(15)11
【摯】2550　標 シ 寘 zhì　5785 5975

字義 ❶つかむ。持つ。にぎる（握）。❷至る。❸手厚い。ゆきとどく。また、まこと。まじめ。「真摯」❹きわまる。❺いたす。❻あらい。てあらい。あらあらしい。❼おる（折）。行う。

解字 甲骨文 篆文 形声。手＋執㊮。音符の執は、とるの意味。手でしっかりと持つの意味を表す。

(15)11
【摩】2551　常 マ　4364 4B60

(15)11
〔摩〕2552　漢バ 呉マ 歌 mó

筆順　广　庥　麻　麽　摩

字義 ❶する。こする。なでる。ふれる。さする。❷みがく。けずる。消す。❸ちかづく。せまる。❹あらためる。❺へる。きえる。滅びる。❻おさめる（蔵）。かくす。❼おしはかる。「揣摩（シマ）」❽ただれる。

名乗 きよ・なず　難読 摩太（マタイ）・摩文仁（まぶに）

解字 篆文 形声。手＋麻（厤）㊮。音符の厤は、あさの意味。あさは表皮を水に浸してつぶして繊維をとるところから、手ですりつぶすの意味を表す。

▼研摩・肩摩・護摩・消摩

【摩訶】（マカ）仏大きい。多い。優れる。梵語（ボンゴ）mahā の音訳。「摩訶不思議」は、非常に不思議なこと。

【摩改】（マカイ）不要の所をけずり改める。

【摩研】（マケン）とぐ。みがく。研磨。

【摩擦】(マサツ) ①こする。また、すれあう。②比喩(ユヒ)的に、意見などの不一致・紛争などをいう。

【摩頂】(マチョウ) 頭をすり減らす。戦国時代の墨子は兼愛説を唱え、「人のためなら、頂きを摩して踵(かかと)に放(いた)る（頭から足のかかとまですりへらす）」と言った。〔孟子、尽心上〕

【摩天楼(樓)】(マテンロウ) 天にとどくほどに高い建物。

【摩尼】(マニ) ①仏梵語(ボンゴ) maṇi の音訳。摩尼珠・摩尼宝珠の略。龍王の脳の中にあるという清浄な玉。②三世紀ごろ、ペルシアに発達した宗教の名。摩尼教。

【摩滅】(マメツ) すれてなくなる。すれて消える。磨滅。

【摩利支天】(マリシテン) 仏インドの神。常に太陽のそばにいる女神で、国を守り災いを救う大力があるという。武人・力士などの守り神とされる。摩利支は、梵語(ボンゴ) Marīci の音訳。陽炎と訳す。

【摩塁(壘)】(マルイ) 敵のとりでに迫る。

(15)11【摹】2553 △ 漢ボ 呉モ 虞 mó

字義 ❶ならう(ならふ)。まねる。のっとる。❷うつす。まねて書く。＝摸(モ)。❸のり。かた。＝模。

解字 篆文  形声。手＋莫音。

【摹刻】(モコク) 原本に似せて板木に刻むこと。また、その版木で印刷したもの。模刻。

【摹臨】(モリン) 手本や実物を見てまねて写すこと。模臨。臨摹。

(17)13【擧】(2538) キョ 挙(2537)の旧字体。→四三四㌻。 5809 5A29

(17)13【擎】2554 △ 一漢ケイ・呉ギョウ(ギャウ) 庚 qíng 二漢ケイ・呉ギョウ(ギャウ) 敬

字義 一❶ささげる(ささぐ)。かかげる。上げる。❷たかい(高)。また、そばだつ。二もつ(持)。

解字 形声。手＋敬音。音符の敬は、つつしむの意味。つつしんで手を上にかかげるの意味を表す。

(17)13【擊】(2549) ゲキ 撃(2548)の旧字体。→四三五㌻。

(17)13【擘】2555 △ 漢ハク 呉ヒャク 陌 bò 5806 5A26

字義 ❶おやゆび。❷さく(裂)。つんざく。

解字 篆文  形声。手＋辟音。音符の辟(ヘキ)は、ひらくの意味。手でさくの意味を表す。

【擘指】(ハクシ) おやゆび。おおゆび。第一指。

【擘柳風】(ハクリュウのかぜ) 柳の枝を折る風。春、はげしく吹く風。

【擘裂】(ハクレツ) ひきさく。つんざく。

(18)14【擪】2556 △ 一ヨウ(エフ) 葉 yè 二エン 琰 yè

字義 一❶おさえる(おさふ)。一本の指でおさえる。また、指で押す。❷もつ(持)。二❶もつ(持)。❷おさえる。

解字 篆文  形声。手＋厭音。音符の厭(エン)は、おおうの意味。手でおおいつぶす、おさえるの意味を表す。

(19)15【攀】2557 標 ハン 刪 pān 5821 5A35

字義 ❶ひく(引)。引き寄せる。❷よじる(よづ)。よじのぼる。「登攀」❸すがる。とりつく。❹たよる。たのむ。

解字 形声。手＋樊音。音符の樊(ハン)は、扳(ハン)に通じ、ひくの意味。

【攀援】(ハンエン) ①よじのぼる。②たよる。たのみとする。③引き戻す。引きとめる。

【攀縁】(ハンエン) ①よじのぼる。②俗事（俗縁）にひかれる。

【攀桂】(ハンケイ) 月の中のかつらによじのぼる意。科挙（官吏登用試験）に及第すること。また、立身出世すること。

【攀折】(ハンセツ) 引き寄せて折る。

【攀登】(ハントウ) よじのぼる。登攀(トハン・ハントウ)。

【攀附】(ハンプ) ①よじのぼる。②すがる。たよる。

【攀竜(龍)】(ハンリュウ・ハンリョウ) 竜にかまる。すぐれた人物につき従って出世すること。攀竜附驥(ハンリュウフキ・ハンリョウフキ)（驥は千里の馬）・攀竜附鳳(ハンリュウフホウ・ハンリョウフホウ)（鳳は鳳凰(ホウオウ)）は、みな同じ意味。

【攀恋(戀)】(ハンレン) とりすがって別れを惜しむこと。

(19)15【擥】2558 △ ラン 攬(2874)と同字。→四七〇㌻。

(23)19【攣】2559 標 一レン 先 luán 二レン 霰 luán、②liàn 5827 5A3B

字義 一❶かける(かく)。また、かかる。つながる。❷かかわる。なずむ。❸つる。ひきつる。「痙攣(ケイレン)」二❶かがまる。手足がまがる。❷こいしたう。＝恋。

解字 篆文  形声。手＋䜌音。音符の䜌(レン)は、捋(ラツ)に通じ、両手で引きあうの意味。ひく・ひきつる・つながるの意味を表す。

【攣踠】(レンエン) 手足がまがって伸びない病気。手足の萎(な)える病気。

【攣拘】(レンコウ) つなぎしばられる。束縛される。

【攣攣】(レンレン) こいしたうさま。思いこがれるさま。

3

扌部

〔部首解説〕 てへん。手が偏になるときの形。→〔手〕の部首解説。→四三二㌻。

(3)0

【才】 2560　教2　サイ

筆順　一　十　才

㊥サイ　㊇ザイ　㊄ cái

2645
3A4D

字義 ❶め(芽)。草木の芽。❷うまれつきの能力。素質。たち。❸サイ。ざえ。働き。能力。「文才」「才色兼備」❹才能のある人。賢人。「天才」❺はじめて(始)。＝哉(サイ)。❻わずかに(わづかに)。やっと。＝纔(サイ)。❼はかる。はかり定める。＝裁。国ザエ。㋐学問。特に漢学。㋑技芸。特技。

参考 年齢をあらわす「歳」の代わりに「才」を用いることがある。

名乗 たえ・とし

解字 甲骨文　金文　篆文

象形。川のはんらんをせきとめるために建てられた良質の木の象形で、もともと備わっているよいもちまえの意味を表す。才を音符に含む形声文字のうち、材料の意味の系列のものに、材・財などがあり、たち切るの意味の系列のものに、在・栽・裁・載・豺(サイ)などがあり、わざわいの意味の系列のものに巛(サイ)・災などがある。

▼偉才・異才・逸才・英才・学才・漢才・奇才・鬼才・賢才・秀才・俊才・商才・人才・多才・天才・鈍才・非才・敏才・不才・文才・弁才・雄才・良才

【才△穎】(サイエイ) 知恵が非常にすぐれていること。

【才△媛】(サイエン) 高い教養を身につけた女性。学問詩文にすぐれている女性。閨秀(ケイシュウ)。

【才華】(サイカ) ①はなやかに外に表れた才知をいう。②才知。才能。

【才覚(覺)】(サイカク) 国①知力の働き。気転。②くめん。工夫(クフウ)。【考え。

【才幹】(サイカン) 働き。腕前。知恵。能力。

【才気(氣)】(サイキ) 才知の働き。知恵の働き。

【才器】(サイキ) 才知と器量。才知があって役に立つこと。また、その人物。

【才子】(サイシ) ①才知のすぐれた人。②詩文の才のすぐれた人。③国気がきいてぬけめのない人。如才のない人。

【才質】(サイシツ) ①生まれつき。②才知のすぐれた性質。

【才俊】(サイシュン) 才知のすぐれた人物。

【才色】(サイショク) すぐれた才能と、美しい容姿。「才色兼備」

【才人】(サイジン) ①才知のすぐれた人。才子。②後宮の女官の階級の名。

【才藻】(サイソウ) 才知と文藻。詩文の才能の豊かなこと。

【才地】(サイチ) ①才知と家がら。地は、門地。②才能と地位。

【才知・才△智】(サイチ) 才能と知恵。頭の働き。

【才度】(サイド) 才能・度量。すぐれた能力・器量。

【才筆】(サイヒツ) ①すぐれた文章。②すぐれた文章を作る才能。③すぐれた筆跡。

【才物】(サイブツ) 才知のある人物。才子。

【才分】(サイブン) 生まれつき持っている才能。

【才望】(サイボウ) 才知と人望。「才望高雅」

【才名】(サイメイ) 才知があるという評判。

【才略】(サイリャク) 才知と、はかりごと。知恵があってよく計略を立てること。

【才力】(サイリョク) ①才知と力量。②知恵の働き。

(4)1

【扎】 2561　△

㊥サツ　㊇セチ　㊄ zhá, ③④zhā, ⑤zā

5709
5929

字義 ❶ぬく(抜)。❷ふだ。手紙。札(3286)の俗字。「書扎」❸さす(刺)。❹とどまる(停)。❺まく(巻)。くくる。

解字 会意。扌(手)＋乚。

(5)2

【打】 2562　教3　ダ　うつ

㊥テイ・㊇チョウ(チャウ)　㊄ dǎ, ⑤dá　慣ダ

3439
4247

筆順　扌　才　扌一　打

字義 ❶うつ。たたく。また、ける。「強打」❷する。つくる。名詞の上につき、各種の動作を示す。❸動詞の上につく接頭語。「打算」❹…から。…より。❺ダース。十二個一組の称。英語dozenの音訳、打臣の略。国うち。動詞につけて、意を強め、また、語調を整える接頭語。「打ちなびく」

難読 打保(うつぼ)

使いわけ うつ〔打・討・撃〕
〔討〕攻めて相手を倒す。「あだ討ち」
〔撃〕射撃する。「的を撃つ」
〔打〕右以外は「打つ」か、仮名書き。「碁を打つ・心を打つ」

解字 篆文

形声。扌(手)＋丁㊉。音符の丁は、くぎの象形。くぎを手にしてうつの意味から、一般に、うつの意味を表す。

▼乱打

【打囲(圍)】(ダイ) 狩をする。囲んで捕らえるからいう。

【打開】(ダカイ) 行き詰まった状態から解決への道をきり開く。

【打鬼】(ダキ) 雍和宮(ヨウワキュウ)や喇嘛寺(ラマでら)で行う、邪鬼を追い払う行事。鬼やらい。

【打△毬】(ダキュウ) けまり。蹴鞠(シュウキク)。

【打魚】(ダギョ) 網をうって魚を捕る。

【打撃(擊)】(ダゲキ) ①うつ。たたく。②損害。いたで。③国バッティング。

【打算】(ダサン) 勘定する。計算する。また、見積もる。

【打診】(ダシン) ①胸や背を指さきでたたき、また、打診器を当てて、その音で内臓を診察すること。②相手に当たって様子を探る。

【打擲】(チョウチャク) 人をぶつ。なぐる。

【打▵扮】(ダフン) 扮装(フンソウ)する。化粧する。扮装。化粧。

【打撲傷】(ダボクショウ) うたれてできたきず。打ち傷。打ち身。

(5)2【払】2563
常 フツ はらう
4207 *4A27*

(8)5〔拂〕2564
㊇許
㊀㊚フツ・㊛フチ 㘝 fú
㊁㊚ヒツ・㊛ビチ 質 bì
㊞ホツ

筆順 扌 扌 払 払

字義 ㊀❶はらう。㋐はらいのける。捨てる。㋑なでる。ぬぐう。ふく。㋒はたき清める。ふるう(振)。㋓かかげる。着物のすそをかかげる。❷もとる。さからう。たがう。❸おおう。かぶせる。❹せまる。至る。㊁たすける。たすけ。＝弼(ヒツ)。国はらい。㋐代金または賃金を渡すこと。支払い。㋑物品を売り渡すこと。

解字 篆文 形声。扌(手)＋弗㊥。音符の弗(フツ)は、はらいのけるの意味。弗が助字に用いられるようになり、手を付した。

5736 *5944*

▼拔払

【払逆】(フツギャク) 自分の心にもとり逆らう。思いどおりにならないこと。

【払暁(曉)】(フツギョウ) 夜明け。あかつき。払旦(フッタン)。

【払士】(ヒッシ) 君主を助ける賢者。弼士(ヒッシ)。

【払▵曙】(フッショ) ＝払暁。

【払▵拭】(フッショク) ①はらい去る。すっかりぬぐい去る。②才能ある者を民間から挙用すること。器物を使用するとき必ずよごれをふき去るように、君主に寵愛されることを謙遜(ケンソン)していう。

【払子】(ホッス) 仏はぐま(犛(や)くの白い尾)や牛・馬の尾毛をたばねて柄をつけた仏具。僧がちり・はえ・煩悩などを払うため持つもの。「ホッス」は唐音。

〔払子〕

【払▵旦】(フッタン) ＝払暁。
【払底】(フッテイ) 国入れ物の底を払う意。入れ物の中が空になること。一物もないこと。また、非常に乏しくなること。品ぎれ。たねぎれ。
【払乱(亂)】(フツラン) もとりみだれる。くい違う。また、さからってかき乱す。
【払戻】(フツレイ) ①もとる。たがう。さからう。②(はらいもどし) 金銭を、納入した人、または支払った人に返すこと。

(5)2【扑】2565
△ ホク 屋 pū
慣ボク

字義 ❶かるく打つ。❷うつ(撃)。＝撲。「扑滅」❸むち。また、むちうつ。「扑撻(ボクタツ)」

参考 熟語は撲(2824)を見よ。→四六六ページ。

解字 形声。扌(手)＋卜㊥。音符の卜(ホク)は、ポクッという音を表す擬声語。ポクッと打つの意味を表す。

(5)2【扐】2566
△ ロク 職 lè

字義 ❶はさむ。指の間にはさむ。易(エキ)で筮竹(ゼイチク)を数えるとき、余ったものを左手の無名指（くすりゆび）と小指の間にはさむこと。❷あまり(余)。

解字 篆文 形声。扌(手)＋力㊥。音符の力は、ちからの意味。手の指に力を入れてその間にはさむの意味を表す。

(5)2【扖】2567
国字 △

字義 はめる。また、しぼる。

解字 会意。扌(手)＋入。

(6)3【扞】2568
△ ㊚カン ㊛ガン 翰 hàn
5710 *592A*

〔捍〕同字 5750 *5952*

字義 ❶ふせぐ。まもる。❷おかす。抵触する。❸こて(籠手)。左右の腕をおおう、鎧(よろい)のこて。❹ゆがけ。また、ゆごて(弓を射るとき、左の臂(ひじ)につける)。❺いしづき。矛(ほこ)・槍(やり)などの柄の端を包んだ金具。❻荒れ馬。元気のよい馬。

解字 形声。扌(手)＋干㊥。音符の干は、武器の象形で、防ぐの意味。武器を手にして防ぐの意味を表す。

【扞格】(カンカク) たがいにこばみあうこと。相手をたがいに寄せつけないこと。

【扞▵禦】(カンギョ) ふせぐ。禦も、防ぐ意。

【扞城】(カンジョウ) ふせぎ守る。また、ふせぎ守る城壁・物・人。

【扞制】(カンセイ) ふせぎとどめる。

【扞馬】(カンバ) 元気のよい馬。あばれ馬。悍馬(カンバ)。

【扞▵蔽】(カンペイ) ふせぎおおう。また、おおい。

(6)3【扛】2569
△ コウ(カウ) 江 gāng, ③kāng
5712 *592C*

字義 ❶あげる。あぐ。さしあげる。重い物を両手でもちあげる。❷棒を通して二人でかつぎあげる。❸肩でかつぐ。になう。

難読 扛秤(ちぎり)・(ちぎばかり)

解字 篆文 形声。扌(手)＋工㊥。音符の工は、共に通じ、ささげるの意味。手を付し、あげるの意味を表す。

【扛▵鼎】(コウテイ) かなえを持ちあげる。力の強いこと。〔史記、項羽本紀〕力能扛ㇾ鼎(ちからよくかなえ(へ)をあぐ)。

(6)3【扣】2570
△ ㊚コウ ㊛ク 宥 kòu
5711 *592B*

字義 ❶ひかえる。ひかふ。(控)。㋐ひきとめる。おさえる。〔左伝、襄公十八〕扣ㇾ馬(うまをひかう(ふ))。㋑手をかける。「扣ㇾ舷(ふなべりを)」「扣ㇾ剣(ケンをひかう(ふ))」❷たたく。うつ。＝叩(コウ)。「扣ㇾ舷(ふなばたをたたく)」❸さしひく。割り引く。また、さしひき。割引。八扣は、八掛けで、二割引。❹ボタン。＝鈕(コウ)。

参考 現代表記では〔控〕(2702)に書きかえることがある。「扣除→控除」

解字 篆文 形声。扌(手)＋口㊥。音符の口は、寇(コウ)に通じ、人をたたくの意味。手を付し、たたくの意味を表す。また、控(コウ)に通じ、ひかえるの意味をも表す。

【扣▵舷】(コウゲン) 舷側をたたく。拍子をとったりすること。〔宋、蘇軾、前赤壁賦〕扣ㇾ舷而歌ㇾ之(ふなばたをたたきてこれをうたう(ふ))。

【扣除】(コウジョ) 引き去る。さし引く。取り除く。控除。

【扣制】(コウセイ) ひきとめる。おさえとどめる。控制。

【扣頭】(コウトウ) ぬかづく。頭で地をたたく意。叩頭。

【扣門】(コウモン・モンをたたく) 人を訪問すること。

【扣問】(コウモン) 質問する。意見をたたく。

(6)3【扠】2571
△ ㊚サ ㊛シャ 麻 chā
5713 *592D*

字義 ❶はさみとる。❷さす(刺)。❸やす。水中の魚を突きさして取る道具。

国 さて。ところで。話を改めることば。＝扨(さて)(国字)。

解字 形声。扌(手)＋叉㊥。音符の叉(サ)は、はさむの意味。手を付し、はさむの意味を表す。

(6)3【扱】2572
常 あつかう
1623 *3037*

(7)4〔扱〕2573
㊀㊚ソウ(サフ)・㊛ショウ(セフ) 洽 chā
㊁㊚キュウ(キフ)・㊛コウ(コフ) 緝 xì

筆順 扌 扌 扨 扱

字義 ㊀❶おさめる。おさめ入れる。＝収。❷つまむ。とる。❸はさむ。さしはさむ。＝挿(ソウ)。❹およぶ。とどく。㊁＝㊀の①④。

国 ❶あつかう。あつかふ。また、あつかい。❷こく。しごく。かきおとす。

解字 篆文 形声。扌(手)＋及㊥。音符の及は、吸に通じ、すいこむの意味。手で引きこむ、おさめるの意味を表す。

(6)3【托】2574 標 タク 薬 tuō　3481 4271

字義 ❶おす。手で物をおす。＝拓。❷うけ。うけ台。物をのせる台。「茶托」❸＝託。㋐たのむ。まかせる。あずける。「委託」㋑かこつける。ことよせる。

解字 形声。扌(手)＋乇音。

【托子】タクシ 茶わんをのせる小さな台。茶托。茶台。

【托鉢】タクハツ 仏僧・尼が経文キョウモンを唱えながら家々の戸口に立って、鉢ハチに米や銭の施しを受けること。

(6)3【扨】2575 国字 △　5714 592E

字義 さて。ところで。話題を変えるときに言う語。＝扠サ。

解字 刄(叉)＋扌(手)。叉はサ、手はテ、合わせてサテの音を表し、話題を転じることばに用いる。

(7)4【找】2576 △　㊀漢カ(クヮ)・呉ゲ 麻 huá　㊁ソウ(サウ) zhǎo　5718 5932

字義 ㊀さおさす。＝划カ。㊁❶おぎなう(補)。不足を補う。❷たずねる(尋)。さがす。人を尋ねさがす。

解字 形声。扌(手)＋戈音。

(7)4【技】2577 教5 ギ わざ　漢キ 呉ギ 紙・寘 jì　2127 353B

筆順 扌 扌 扌 技

字義 ❶わざ。てわざ。たくみ。技芸。技術。「球技」❷うでまえ。はたらき。技能。＝伎ギ。「美技」 名乗 あや

使いわけ わざ〔業・技〕⇩業(3556)。

解字 篆文 形声。扌(手)＋支音。音符の支シ＝キは、木の枝をささえ持つの意味。枝を持ちたくみにふるまう、わざの意味を表す。

▼演技・国技・雑技・絶技・武技・末技・妙技・余技

【技芸(藝)】ギゲイ わざ。芸。技術。

【技巧】ギコウ ①てわざ。細工。農事に対して工芸をいう。②てわざのたくみなこと。③武技。剣道・弓道など。④国文芸・美術の表現や製作の上の手腕・手段。テクニック。

【技術】ギジュツ ①てわざ。生産や加工のわざ。②理論を実際に応用するわざ。

【技能】ギノウ うでまえ。働き。才能。

【技法】ギホウ わざ。やりかた。手法。

【技△倆】ギリョウ うでまえ。働き。伎倆ギリョウ。

【技量】ギリョウ ＝技倆。

(7)4【扛】2578 △ オウ　5716 5930

枉(3327)の俗字。→五四六ページ。

(7)4【抉】2579 標 漢ケツ 呉ケチ 屑 jué　5717 5931

［刔］同字 4969 5165

字義 ❶えぐる。くじる。こじる。ほじくる。くりぬく。❷あばく。かくれたものを手でかき出す。❸ゆがけ。弓を射るとき、弦を持つ指を傷つけぬために用いるもの。

解字 篆文 形声。扌(手)＋夬音。音符の夬カイ＝ケツは、えぐるの意味。手を付し、えぐるの意味を明らかにした。

【抉△剔】ケッテキ えぐり出す。ほじくり出す。剔抉。

【抉摘】ケッテキ かくれているものを探し出すこと。

(7)4【抗】2580 常 コウ　コウ(カウ) 漾 kàng　2519 3933

筆順 扌 扌 扩 抗

字義 ❶あげる。上にあげる。持ち上げる。❷あらがう。❸ふせぐ。さからう。てむかう。あたる。「反抗」「抵抗」❹すすめる(進)。❺たかい。高くする。❻おさめる。しまいこむ。

解字 篆文 形声。扌(手)＋亢音。音符の亢コウは、たかぶるの意味。手を高くあげる、こばむの意味を表す。

▼拒抗・対抗・抵抗・反抗

【抗顔】コウガン たかぶった顔つき。強顔。亢顔コウガン。

【抗議】コウギ 反対の意見を主張、または通知すること。

【抗拒】コウキョ 張り合ってふせぐ。また、手向かってふせぐ。

【抗言】コウゲン 張り合って言いはる。張り合って議論する。

【抗衡】コウコウ たがいに譲らずに張り合う。衡は、車のくびきで、二台の車が道で出会って譲り合わない意。

【抗告】コウコク 国裁判所の判決に不服で、さらに上級の裁判所に訴えること。控訴。

【抗節(節)】コウセツ 自分の意志を堅く守って屈しないこと。

【抗戦(戰)】コウセン 張り合い戦う。また、はむかい戦う。

【抗△疏】コウソ 天子に意見書をさしあげる。抗表。

【抗訴】コウソ はりあって訴える。

【抗争(爭)】コウソウ 張り合いあらそう。反抗。

【抗直】コウチョク 気が強くて正直なこと。一本気。

【抗敵】コウテキ 張り合う。はむかう。対抗(敵対)する。

【抗弁(辯)】コウベン ＝抗論。

【抗命】コウメイ 命令にさからう。命令に従わない。

【抗礼(禮)】コウレイ 対等の礼。また、対等の交際。

【抗論】コウロン 張り合って議論する。反論する。抗言。抗弁。

(7)4【抵】2581 △ シ 紙 zhǐ　（右の抵と別字）

字義 ❶うつ。たたく。❷おさえる。❸なげる。❹あたる。

参考 〔抵テイ〕(2625)は別字。

解字 篆文 形声。扌(手)＋氏音。音符の氏は、つぶれた目の象形。目をつぶすほどに平手で横からうつの意味を表す。

(7)4【抒】2582 標 漢ショ 呉ジョ 語 shū　5719 5933

字義 ❶くむ。くみとる。❷さらえる。井戸などの底をさらえる。❸のべる。思いをうちあける。意中をもらす。❹ゆるめる。また、ゆるむ。

参考 現代表記では〔叙〕(815)に書きかえることがある。「抒情→叙情」

解字 篆文 形声。扌(手)＋予音。音符の予は、伸ばすの意味。手を伸ばして、くむの意味を表す。また、敍(叙)に通じて、のべるの意味をも表す。

【抒情】ジョジョウ 感情を述べ表すこと。

【抒情詩】ジョジョウシ 作者自身の感動や心の動きを主題として述べた詩。叙情詩。

(7)4【抄】2583 常 ショウ　漢ソウ(サウ) 呉ショウ(セウ) 肴 chāo　3022 3E36

筆順 扌 扌 扌 抄

字義 ❶かすめる。かすめ取る。❷さじですくい取る。❸うつす。書き写す。また、書き写した物。うつし。❹ぬき書きする。書きぬく。また、ぬき書きしたもの。「論語抄」❺すく。紙をすく。国ショウ。解釈書。注釈書。抄物ショウもの。

解字 形声。扌(手)＋少音。音符の少は、すこしの意味。少しだけ手に取る、かすめ取るの意味を表す。

▼手抄

【抄紙】ショウシ 紙をすく。紙を造る。また、かみすき。

【抄出】ショウシュツ ①ぬき書きする。書きぬく。②ぬき出す。

【抄本】ショウホン ①書物・文書から一部を書きぬいてまとめたもの。②書き写した本。写本。

【抄物】ショウモツ ＝抄本。国①室町時代に作られた、漢籍の講義の筆記録。②ショウもの

【抄訳(譯)】ショウヤク 国原文の一部分を翻訳すること。また、その訳文。↔全訳。

【抄略・抄△掠】かすめとる。おびやかして奪う。

【抄録】ぬき書きする。また、その文書。

(7)4
【折】2584　教4　セツ　おる・おり・おれる
漢セツ　呉セチ　慣シャク　屑 zhē, shé
3262 405E

筆順　扌　扌　折

［㪿］本字

字義 ❶おる。おれる。おりまげる。おって切断する。おりたたむ。「屈折」「曲折」 ❷くじく。くじける。やぶる。「挫折」 ❸なじる。責める。「面折」 ❹しぬ。「夭折」 ❺さだめる。判断する。「折獄」 ❻わける。わけて選び取る。「折半」 ❼へる。損をする。❽さし引く。割り引く。❾北曲（元代の戯曲）で、音楽のひとふし。また、芝居の一幕。国❶おり。㋐とき。場合。機会。とたん。「折節」㋑おりづめ。料理やかしなどを詰めた箱。❷へぎ。杉などを薄くはいだ板。

難読　折生迫・折板・折敷

解字　金文　篆文　会意。扌（屮）＋斤。屮は、ばらばらになった草木の象形。斤は、おのの象形。おので草木をばらばらにくじくの意味を表す。金文は㪿で、屮と書かれた部分がのち篆文では変形して扌と書かれ、今日の常用漢字の折となった。折を音符に含む形声文字に、哲・晢・誓・逝などがある。

▼曲折・廷折・半折・百折

【折角】①つのを折る。②頭巾の角を折る。後漢の郭泰は人に敬慕されていたが、その頭巾の角が雨にうたれて折れたことから流行したもの。〔後漢書、郭泰伝〕③高慢の鼻をくじく。前漢の朱雲が五鹿充宗と易を論じてやりこめたのを、鹿の角を折ったと、時人がしゃれた故事。〔漢書、朱雲伝〕④国㋐力をつくす。また、むだ骨をおること。㋑つとめて。ずいぶん。㋒わざわざ。

【折△檻】①強くいさめる。前漢の成帝が朱雲の強いいさめを怒り、朝廷から引き出そうとしたとき、朱雲が檻につかまり反抗したため、檻が折れた故事。〔漢書、朱雲伝〕②国きびしく責めしかる。

【折△桂】科挙に合格すること。→折レ桂（五五八ジ）。

【折△肱】・ 苦労することのたとえ。にがい経験のたとえ。〔左伝、定公十三〕⇩三折レ肱（一六ジ）。

【折獄】訴訟を裁く。裁判する。

【折△挫】くじける。また、くじく。挫折。

【折枝】①按摩する。手足の筋をもみさする。枝は、肢で、手足の意。〔孟子、梁恵王上〕為二長者一折枝。②枝を折る。また、折った枝。

【折衝】①敵が攻めて来るのをくじく。敵のほこさきをくじく。②国際上の談判。③かけひき。

【折辱】くじきはずかしめる。しいたげはずかしめる。

【折足】鼎が重くて、その足が折れることから、任務に耐えるだけの能力がないことをいう。〔易経、鼎〕

【折衷・折中】あれこれと（相反する意見を）取捨して、その中間のほどよい意見をとること。衷は、中。

【折半】二つに分ける。二分する。二等分する。

【折伏】①くじいて従わせる。②仏仏の教えを説いて悪人・悪法をくじき伏せる。自分の宗派に従わない人たちを論破し屈服させること。破邪。↕摂受。

【折柳】①柳の枝を折る。②人を見送って別れること。送別。漢代、長安（今の陝西省西安市）の都を旅立つ人を見送る時、覇橋のたもとの柳の枝を折って別れた故事による。折楊柳。また、別れを歌った楽府の曲名。

(7)4
【抓】2585　△
漢ソウ（サウ）　呉ショウ（セウ）　巧肴 zhuā
5720 5934

字義 ❶かく（搔）。手でかく。「抓癢（かゆいところをかく）」 ❷つねる。❸つまむ。

解字　形声。扌（手）＋爪音。音符の爪は、上から手で下にある者をつまみ持つ形にかたどる。手を付し、つまむ・かくの意味を表す。

(7)4
【扱】(2573)　ソウ　扱(2572)の旧字体。→四三八ジ。
3482 4272

(7)4
【択】2586　常　タク
(16)13
［擇］2587
漢タク　呉ジャク（ヂャク）　陌 zé, zhái
5804 5A24

筆順　扌　扌　択

字義 ❶えらぶ。㋐えらびとる。よいものをえらびとる。「選択」㋑えりわける。区別する。❷やぶれる。

難読　択捉・択捉

解字　金文　篆文　形声。扌（手）＋尺（睪）音。音符の睪は、つぎつぎにあらわれるものの中からえらび出すの意味。手でえらびとるの意味を表す。

▼簡択・採択・選択

【択一】国二つの中から一つを選ぶこと。「二者択一」

【択吉】よい日を選ぶ。吉日を選ぶ。択日。

【択言】善とか悪とか判断しなければならないことば。「無二択言一」は、そのように判断する必要がないということで、すべて正しいの意。〔孝経、卿大夫章〕口無二択言一。

【択交】交わるべき国や友を選ぶこと。択友。

【択行】善とか悪とか判断しなければならない行い。「無二択行一」はそのように判断する必要がないということで、すべて正しいの意。〔孝経、卿大夫章〕身無二択行一。

【択材】人材を選ぶ。

【択木】鳥がとまるべき木を選ぶことから、臣下が仕える君主を選ぶたとえ。〔左伝、哀公十一〕

(7)4
【投】2588　教3　トウ　なげる
漢トウ　呉ズ（ヅ）　尤 tóu
3774 456A

難読　投網

筆順　扌　扌　扌　投

字義 ❶なげる。㋐なげうつ。ほうりなげる。「暴投」㋑なげ出す。あきらめる。ほうり出す。「投降」❷なげ入れる。入れる。「投票」❸会う。かなう。ぴったり合う。「意気投合」❹とまる（泊）。とどまる。〔唐、杜甫、石壕吏詩〕暮投二石壕邨一。「投宿」❺進む。行く。❻よる。たよる。託する。❼ふるう。振りはらう。❽古代の遊戯の一つ。矢を壺に投げ入れる遊び。投壺。

解字　篆文　形声。扌（手）＋殳音。音符の殳は、木の棒を手にしてなぐるの意味。さらに手を付し、なげるの意味を表す。

▼恵投・筆投

【投影】国①物体が映った影。②物体をある点から見た形の平面図。射影。

【投轄】客を引き留めてもてなすこと。轄は、車のくさび。漢の陳遵が家で宴を開いた時、客の轄を抜き取って井戸に投げこんで、客を帰らせなかった故事。〔漢書、陳遵伝〕

【投機】国よい機会をとらえて、うまくもうけようとすること。また、その売買取り引き。

【投△壺】矢を壺に投げ入れることを争い、勝者が敗者に酒を飲ませる、宴席の遊び。

【投降】敵に降る。敵に降参する。

〔宴客投壺（漢代画像石）〕

【投稿】トウコウ　読者などが多くは自発的に新聞社や雑誌社などへ原稿を送ること。また、その原稿。
【投合】トウゴウ　たがいに合う。ぴったりと一致する。「意気投合」
【投獄】トウゴク　牢（ロウ）に入れる。監獄に入れる。
【投△竄】トウザン　流し者にする。投は棄てる。竄は放つ。
【投刺】トウシ　①名刺を差し出す。面会を求めること。②名刺をなげ棄てる。面会をやめること。また、世間との交際を断ち切ること。
【投宿】トウシュク　宿をとる。宿に泊まる。
【投書】トウショ　①書状をなげこむ。②投稿する。
【投身】トウシン　身投げ。身を水中に投じて自殺すること。
【投△杼】トウチョ　人の告げ口を信ずること。孔子の弟子の曾参（ソウシン）と同姓同名の者が人殺しをし、参が人殺しをしたと知らされて、初めは信じなかった母も、知らせる人が三人にもなると疑いを起こし、ついに織りかけの機（はた）の杼（ひ）（横糸を巻きつける具）を投げ棄てて家を飛び出した故事。〔戦国策、秦〕
【投△擲】トウテキ　なげうつ。なげとばす。
【投筆】トウヒツ・ふでをトウず　筆を投げ出す。①軍事に従うため学問・文事をやめること。後漢の班超が、筆耕をしながら生計を立てていたが、ある日、筆を投げ出して、男子たる者、武将となって功をたてるべきで、こんなことをしているべきではないと言い、後日、大功を立てた故事による。〔後漢書、班超伝〕。〔唐、魏徴、述懐詩〕投ㇾ筆事二戎軒一（ふでをトウじてジュウケンをこととす）。②あまりにすぐれていて、筆で表現することができないで、書くのをやめること。
【投△錨】トウビョウ　いかりを水中に投げ入れる。船を止めること。↕抜錨。
【投報】トウホウ　①贈り物に対して返礼すること。②恩に報いること。③男女が情を通じあうこと。〔詩経、衛風、木瓜〕
【投了】トウリョウ　国①投げてしまうこと。②碁・将棋などで、駒（こま）を投げ出して、一方が負けを認めること。

(7)4
【抖】2589　△　漢トウ　呉ツ　慣ト　宥 dǒu　5721　*5935*

字義　ふるう。また、あげる。
解字　形声。扌（手）＋斗音。
【抖△擻】トウソウ・トソウ　①ふるいたつ。奮発する。擻は、あげる意。②ふりはらう。さっぱりとはらい落とす。擻は、ふるい去る意。③仏（ト）梵語（ボンゴ）dhūta 頭陀（ズダ）の訳。衣食住の煩悩（ボンノウ）をはらい清める修業。また、世捨て人・僧侶（ソウリョ）の意。

(7)4
【把】2590　常　ハ　ハ　馬 bǎ　3936　*4744*

筆順　扌 扌 扌 把

字義　❶とる。手にとる。にぎる。つかむ。とらえる。❷つか。とって。にぎり。❸ひとにぎりの量。〔孟子、告子上〕拱把之桐梓（キョウハのドウシ）。❹たば。たばねたもの。
解字　篆文　形声。扌（手）＋巴音。音符の巴（ハ）は、ぺったりつけるの意味。手のひらをぺったりつけてにぎるの意味を表す。
難読　把手（ハンドル）
▼刀把
【把握】ハアク　①にぎる。しっかりとつかむ。②ひとにぎりほどの、わずかな量。また、せまい範囲。③手を携えること。手を取り合うこと。④国要点を理解する。
【把△玩】ハガン　手に取ってもてあそぶ。把弄（ハロウ）。
【把持】ハジ　①しっかりと手に持つ。手ににぎる。②心理学で、記憶過程の一要素。ある表象・感情などがある時まで保存されていること。
【把手】ハシュ・とって　器物のとって。柄。ハンドル。
【把△捉】ハソク　①にぎりとる。しっかりつかむ。とらえる。②心をしっかりきめて乱さない。

(7)4
【抜】2591　常　バツ　ぬく・ぬける・ぬかす・ぬかる　4020　*4834*
(8)5
〔拔〕2592　人許　一漢ハツ・呉バチ　黠 bá　二漢ハツ・呉バチ　曷 bá　慣バツ　5722　*5936*

筆順　扌 扌 扐 抜

【扳】俗字

字義　一❶ぬく。㋐引きぬく。ぬいて取り除く。「抜糸」㋑ぬき出す。多くの中から選び出す。「抜擢（バッテキ）」㋒攻め落とす。奪い取る。〔史記、刺客伝〕抜二薊城一（ケイジョウをぬく）。❷ぬける（ぬく）。ぬけ落ちる。ぬけ出す。❸たすける。救う。二❶とる。手に取る。❷はやい。すみやか。❸やどる。野宿する。❹やはず。矢の端で弓の弦を受ける部分。
国❶ぬかす。飛ばす。❷ぬかる。失敗する。
名乗　やはず
難読　抜海（ばっかい）
解字　篆文　形声。扌（手）＋犮（犮）音。音符の犮（バツ）は、不祥をぬきとるために犬をいけにえにする形にかたどる、手でぬきとるの意味を表す。
▼海抜・簡抜・奇抜・警抜・秀抜・選抜・不抜
【抜群】バツグン　群をぬく。多くの中からぬけでてすぐれていること。
【抜山△蓋世】バツザンガイセイ　山を引きぬき、意気は世全体をおおうほどである。力や気力の強大なことのたとえ。『史記』の項羽本紀に「力抜ㇾ山兮気蓋ㇾ世（ちからはやまをぬきキはよをおおう（ふ））」とあるのに基づく。↓力抜ㇾ山兮気蓋ㇾ世（一四七ページ）。
【抜粋（粹）】バッスイ　①＝抜萃（バッスイ）の②。↓次項。②国抜粋。
【抜△萃】バッスイ　①＝抜群。萃は、群がり集まる意。②㋐多くの中からよいものをぬき出すこと。㋑書物などの中から要点をぬき出す。また、ぬき出して作ったもの。抄録。
【抜俗】バツゾク　普通の人より高くぬきんでること。
【抜△擢】バッテキ　多くの人の中から引きぬいて用いること。擢は、ぬき出す意。
【抜刀】バットウ　かたなをぬく。また、その刀。ぬきみ。
【抜△錨】バツビョウ　いかりを上げる。船を出航させること。↕投錨。
【抜本△塞源】バッポンソクゲン　木の根をぬきとり、水源をふさぐ意で、物事を処理するに、災いとなる根本原因を取り除くこと。〔左伝、昭公九〕

(7)4
【扳】2593　△　ハン　刪 bān

字義　＝攀（ハン）。❶ひく。ひっぱる。ひきあげる。❷よじる。よじのぼる。
解字　形声。扌（手）＋反音。音符の反は、癶（ハン）に通じ、ひくの意味。

(7)4
【批】2594　教6　ヒ　一漢ヘイ・呉ハイ　斉 pī　二漢ヒ・呉ビ　支 pí　慣ヒ　4067　*4863*

筆順　扌 扌 扎 批

字義　一❶うつ。手でうつ。また、ふれる。さわる。❷正す。改める。❸よしあしを判定する。品定めする。「批判」❹臣下から提出した書類の末尾に天子が決裁を書き示すこと。また、その決裁。「批准」❺ひらく。おしのける。
二批把（ビワ）は、楽器の名。琵琶（ビワ）。
解字　篆文　形声。扌（手）＋比音。音符の比は、ならぶの意味。規準となるものと並べくらべ正すの意を表す。篆文は、扌（手）＋毘音の形声文字。
▼高批・妄批
【批准】ヒジュン　①臣下から差し出した文書に対し、君主がよしあしをきめて許すこと。准は準で許す意。↓准（512）の参考。②法律上、全権委員が署名・調印した条約を主権者が承認すること。
【批点（點）】ヒテン　①詩文などのたくみな所、重要な所のわきに打つ点。②詩文の批評。
【批答】ヒトウ　臣下の上奏文に対し、天子が意見を書いて答え

ること。また、その回答の文。

【批判】ヒハン ①臣下の差し出した上奏文に大臣がよしあしの意見を加えること。②よしあしを批評してきめること。

【批評】ヒヒョウ 物事の善悪・是非・優劣を判断し論ずること。

【批△鱗】ヒリン 逆鱗ゲキリン（天子の怒り）に触れること。

(7)4【扶】2595 常 フ　4162 495E

筆順 扌 扌 扌 扶 扶

字義 ㊀漢フ・呉ブ 慣 fú　㊁漢ホ・呉ブ 慣 pú

㊀❶たすける。力を貸す。救う。「扶養」❷寄る。寄りつく。寄りそう。❸よじのぼる。❹手の指を四本並べた長さ。㊁❶はう。はらばう。＝匍ホ。❷わだかまる。とぐろをまく。

名乗 すけ・たもつ・もと

解字 金文 篆文 形声。扌(手)＋夫㊥。音符の夫は、おとこの意味。おとこが手をさしのべ助けるの意味を表す。

【扶育】フイク たすけそだてる。

【扶侍】フジ 付きそって世話をする。

【扶持】フジ ①たすけささえる。②国チフ ㋐昔、米で給与された俸禄ホウロク。扶持米フチマイ。㋑生活のめんどうをみること。世話すること。

【扶助】フジョ たすける。力をそえる。「相互扶助」

【扶植】フショク ①しっかりとたてる。②うえつける。

【扶疎・扶△疏】フソ ①木の枝が四方に広がるさま。②ゆらゆらと舞うさま。また、よろめくさま。

【扶△蘇】フソ 秦シンの始皇帝の長子。始皇帝の暴虐をいさめた後、趙高チョウコウに謀殺された。（?—前二一〇）

【扶桑】フソウ ①東海中の日の出る所にあるという神木。②東方にあって、扶桑を産するという国。③日本。〔唐、王維、送ニ秘書…監還一日本一詩〕郷国扶桑外キョウコク、フソウのそと。④南方に産する木の名。ぼさつばな。りゅうきゅうむくげ。

【扶風】フフウ ①はやて。疾風。暴風。②地名。今の陝西センセイ省咸陽カンヨウ市の東。

【扶伏・扶服・扶△匐】フフク ①はらばう。はう。②ふしつまろびつして急ぐさま。③ひれふして恐縮するさま。

【扶揺(搖)】フヨウ ①東海に生ずるという神木の名。②つむじかぜ。旋風。〔荘子、逍遥遊〕搏ニ扶揺一而上者九万里フヨウにうちてのぼるもの。③勢いよく動き起こること。まきおこる。

【扶養】フヨウ たすけやしなう。

【扶翼】フヨク ①たすける。②おおいかくす。

【扶老】フロウ（ロウをたすく） ①竹の名。杖を作るに用いる。②老人の杖。③老いの身をささえる。〔文選、陶潜、帰去来辞〕

(7)4【扮】2596 標　4217 4A31

漢フン 呉ブン 吻 fěn

字義 ❶よそおう。いでたつ。いでたち。「扮装」❷にぎる。❸あわせる。まぜる。

解字 篆文 形声。扌(手)＋分㊥。音符の分は、賁フンに通じ、かざるの意味。手を付し、かざるの意味を表す。また、分は粉に通じ、こなの意味。白粉を手にしてよそおうの意味を表すともいう。

【扮飾】フンショク よそおいかざる。身なりをかざる。粉飾。

【扮装(裝)】フンソウ ①姿をかざりつくる。装う。また、装い。いでたち。②俳優が舞台に出るときのいでたち。

(7)4【抃】2597 △　5723 5937

漢ヘン 呉ベン 霰 biàn

字義 うつ。㋐手をうつ。手をたたく。㋑手でうつ。手打ちにする。

解字 形声。扌(手)＋卞㊥。卞ベンは手をうつ音の擬声語。

【抃手】ベンシュ 手を打って喜ぶ。「抃ニ手太平一タイヘイをベンシュす」

【抃舞】ベンブ 手を打って舞い踊る。喜ぶさま。抃踊。

【抃躍】ベンヤク 手を打っておどりあがる。喜ぶさま。

(7)4【抔】2598 △　5724 5938

漢ホウ 呉ブ 尤 póu

字義 ❶あつめる。かきあつめる。❷すくう。手ですくう。

国 など。なんど。等。複数を示す語。

解字 形声。扌(手)＋不㊥。音符の不は、ふっくらと大きいの意味。両てのひらをふっくらと大きく合わせて物をすくいとるの意味を表す。

【抔飲】ホウイン 手ですくって飲む。

【抔土】ホウド ①手ですくうほどのわずかな土。②墓。

(7)4【抛】2599 △　5738 5946

ホウ 拋(2638)の俗字。→四七六ページ。

(7)4【扼】2600 △　5715 592F

［扼］同字

漢アク 呉ヤク 陌 è

字義 ❶おさえる。おさえつける。とりひしぐ。＝搤ヤク。❷くびき。車の轅ながえの端の横木で、馬の首をおさえるもの。＝軛ヤク。

解字 形声。扌(手)＋厄㊥。音符の厄ヤクは、せまいの意味。手でおさえて、のどや腕などを強くしめるの意味を表す。

【扼△喉】ヤクコウ のどをおさえつける。転じて、急所をおさえて死命を制すること。扼吭ヤクコウ。

【扼殺】ヤクサツ のどをおさえてしめ殺すこと。

【扼腕】ヤクワン 怒ったり、残念がったりするとき、自分の腕を強くにぎりしめること。「切歯扼腕」

(7)4【抑】2601 常 ヨク おさえる　4562 4D5E

筆順 扌 扌 扌 抑

漢ヨク 呉オク 職 yì

字義 ❶おさえる。㋐おさえつける。おさえとどめる。㋑退ける。くいとめる。㋒へりくだる。❷おさえられる。ふさがる。❸そもそも。㋐いったい。さて。㋑それとも。〔論語、学而〕求レ之与これをもとめたるか、抑与レ之与そもそもこれをあたえられたるか。

難読 抑抑そもそも

使いわけ おさえる［抑・押］

［抑］下から上がってくるのをとめる。「物価の上昇を抑える」

［押］動かないようにする。「暴れ馬を押さえる」

なお、派生的な言い方には［押］を用いる。「差し押さえ・証拠を押さえる」

解字 文 篆 俗体 指事。篆文は、印の字を裏返しにした形で、印を押すの意味を示す。一般に、おさえるの意味を表す。抑は、これに手を付した俗体による。

▼屈抑・損抑

【抑圧(壓)】ヨクアツ おさえつける。

【抑△遏】ヨクアツ おさえとめる。おさえて止めさせる。抑止。抑制。遏は、止める。

【抑△鬱】ヨクウツ おさえつけられて心がのびのびしない。心が結ぼれふさがる。

【抑耗】ヨクコウ おさえ減らす。〔唐、柳宗元、種樹郭橐駝伝〕不ニ抑ニ耗其実一而已そのみのるをヨッコウせざるのみ。

【抑止】ヨクシ おさえとどめる。

【抑制】ヨクセイ おさえつけて止める。抑止。抑遏ヨクアツ。

【抑△塞】ヨクソク ①おさえてふさぎ止める。②おさえられて心がすっきりしない。③退けすてて用いない。

【抑損】ヨクソン ①控えめにする。へりくだる。②減らす。③おさえつけて退ける。

【抑△黜・抑△絀】ヨクチュツ おさえしりぞける。

【抑揚】ヨクヨウ おさえることとあげること。あげさげ。あがりさがり。㋐楽器の調子の高低。㋑文章の調子のあげさげ。修辞法の一つ。後節で「しかし」「まして」などと転じて印象を強くする法。㋒けなすことと、ほめること。㋓時勢とともに浮き沈みすること。

【抑抑】ヨクヨク つつしんで控えめにするさま。つつしみ深いさま。

【抑留】(ヨクリュウ) 無理に引きとめる。

(8)5
【押】2602 常 オウ おす・おさえる
㊀漢オウ(アフ) 呉ヨウ(エフ) 洽 yā
㊁漢コウ(カフ) 呉キョウ(ケフ) 洽 xiá
1801 3221

筆順 扌 扣 押 押

字義 ㊀❶かきはん。自分の名の下に書く様式化したマーク。「花押」 ❷おす。おさえる(おさ)。ふ。㋐重みで上から、おさえつける。「押印」 ㋑権力でおさえる。「押収」 ㋒韻をふむ。押韻する。
㊁❶のり。規範。❷なれる。なれなれしくする。＝狎(コウ)。❸たすける。たすけ。

使いわけ おさえる〔抑・押〕⇩抑(2601)。

解字 形声。扌(手)＋甲㊥。音符の甲は、かめのこうの象形で、おおうの意味。手で物をおおって、おさえるの意味を表す。

▼花押・判押

【押印】(オウイン) 印判をおす。

【押韻】(オウイン) 韻をふむ。詩句のきまったところに同じ韻の文字を用いること。⇩コラム・漢詩(六六〇ページ)。

【押字】(オウジ) 書きはん。花押。→字義の㊀の①。

【押収(收)】(オウシュウ) 国裁判所で証拠物件や法律違反の品物を差し押さえ、取りあげること。

【押送】(オウソウ) 罪人を他の場所へ護送する。

【押△捺】(オウナツ) 印判をおす。

【押領】(オウリョウ) ①守る。護衛する。②国㋐兵卒を統率する。㋑無理やりに奪い取る。力ずくで横取りする。横領。

(8)5
【拗】2603 標
㊀漢オウ(アウ) 呉ヨウ(エウ) 巧 ǎo
㊁漢オウ(アウ) 呉ヨウ(エウ) 効 ào, niù
5725 5939

字義 ㊀おる。手折る。㊁❶たがう。❷ねじれる(ねぢる)。ねじける。㋐ねじまがる。㋑すねる(すぬ)。ひねくれる。しつこい。「執拗」

解字 篆文 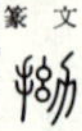 形声。扌(手)＋幼㊥。

【拗音】(ヨウオン) ヤ・ユ・ヨ・ワの音が他の音に加わって生ずる音。キャ・シュ・チョ・クヮなど。↔直音。

【拗強】(オウキョウ・ヨウキョウ) 心がひねくれて強情なこと。すねる。

【拗体(體)】(オウタイ・ヨウタイ) 漢詩の一体。絶句・律詩の中で、平仄(ヒョウソク)の規定にはずれているもの。

(8)5
【拐】2604 常 カイ
漢カイ(クワイ) 呉ケ 蟹 guǎi
1893 327D

【拐】俗字 【拐】同字

筆順 扌 扣 拐 拐

字義 ❶かたる。金品などをだましとる。❷かどわかす(かどはかす)。「誘拐」 ❸つえ(杖(ジョウ))。＝枴(カイ)。❹物の把手(とって)。

解字 形声。扌(手)＋另㊥。音符の另(カイ)＝(カ)は、わかれるの意味。鹿(しか)の角のように枝わかれしたものの意味。枝わかれした「とって」の意味や、油断している婦女やこどもをひっかけてさらう、かたるの意味を表す。

▼誘拐

【拐帯(帶)】(カイタイ) ①持ちにげする。②かどわかす。

【拐△騙】(カイヘン) ①かたる。だまし取る。②かどわかす。

(8)5
【拡】2605 教6 カク
1940 3348

(18)15
〖擴〗2606
㊀カク(クワク) 薬 kuò
㊁カク(クワク) 陌
㊂コウ(クワウ) 漾 tǎng, ②guàng
5818 5A32

筆順 扌 扩 拡 拡

字義 ㊀ひろめる(ひろむ)。ひろげる(ひろぐ)。また、ひろがる。「軍拡」 ㊁はる(張)。㊂❶うつ。たたく。❷みたす(充)。

解字 形声。扌(手)＋広(廣)㊥。音符の廣は、ひろいの意味。手を付し、ひろげるの意味を表す。

【拡散】(カクサン) ①ひろがりちる。②気体や液体が、どの部分にも同じ比率で交じっていること。

【拡充】(カクジュウ) ①おしひろげてみたす。もと、仁義礼知(智)の素質を伸ばす意味。〔孟子、公孫丑上〕②(組織や設備などを)拡張して充実させる。

【拡大】(カクダイ) おしひろげる。ひろげて大きくする。拡張。

【拡張】(カクチョウ) おしひろげる。拡大。

(8)5
【拑】2607 △
漢ケン 呉ゲン 塩 qián
慣カン
5726 593A

字義 ＝箝(カン)・鉗(カン)。❶はさむ。❷つぐむ。口を閉じる。「拑口(口をつぐむ)」

解字 篆文  形声。扌(手)＋甘㊥。音符の甘は、口に物をはさんだきまを示す。手を付し、はさむ・口を閉じるの意味を表す。

(8)5
【拒】2608 常 キョ こばむ
2181 3571

(8)5
〖拒〗2609
漢キョ 呉ゴ 語 jù

筆順 扌 扌 拒 拒

字義 ❶こばむ。ことわる。〔孟子、尽心下〕来者不レ拒(きたるものは こばまず)。❷ふせぐ。ささえふせぐ。❸あたる。敵対する。

解字 形声。扌(手)＋巨㊥。音符の巨は、却などに通じ、しりぞけるの意味。手でしりぞける、こばむの意味を表す。

▼抗拒

【拒△扞】(キョカン) ふせぐ。支え防ぐ。

【拒抗】(キョコウ) こばみさからう。反抗する。

【拒止】(キョシ) ①ことわる。②ふせぎ止める。

【拒絶】(キョゼツ) ことわる。こばむ。はねつける。拒否。

【拒否】(キョヒ) ＝拒絶。

(8)5
【拠】2610 常 キョ・コ
2182 3572

(16)13
〖據〗2611
漢キョ 呉コ 御 jù
5801 5A21

筆順 扌 扨 扨 拠

【摅】俗字

字義 ❶よる。㋐すがる。たよる。たのむ。㋑たてこもる。そこに位置を占める。「占拠」 ㋒よりどころとする。もとづく。「根拠」「論拠」 ❷よりどころ。あかし。しるし。❸ひく。❹やすんずる。おちつく。❺おさえる。国よんどころ。「よんどころなし」は、やむを得ない、仕方がない意。

解字 篆文  形声。扌(手)＋処(豦)㊥。音符の豦(キョ)は、獣のもつれあいの意味。手をもつれあわせる、たよる・すがるの意味を表す。

▼依拠・割拠・原拠・根拠・準拠・証拠・占拠・典拠・盤拠・本拠・論拠

【拠依】(キョイ) よりたのむ所。よりどころ。

【拠守】(キョシュ) たてこもり守る。

【拠点(點)】(キョテン) よりどころ。活動のよりどころとなる地点。

【拠有】(キョユウ) 占拠して自分のものとする。

(8)5
【抾】2612 △
㊀漢キョ・呉コ 魚 qū
㊁漢キョウ(ケフ) 呉コウ(コフ) 葉 qū, ③jiē

字義 ㊀❶とる。くみとる。❷ささげる。❸おびやかす(劫)。
㊁❶とる。くみとる。❷もつ。

【解字】形声。扌(手)+去(音)。

(8)5 【拘】2613 常 コウ　—2520 3934

一ク 虞 jū
二(漢)コウ・(呉)ク 尤 gōu

筆順 扌 扚 拘 拘

字義 一❶とらえる(とらふ)。つかまえる。とどめておく。また、とらえられる。❷かかわる(かかはる)。関係を持つ。また、こだわる(こだはる)。「拘泥コウデイ」 二❶かかえる。持つ。❷取る。❸まがる。まげる。 国「拘かからず」は、㋐関係なく。「晴雨に拘らず」㋑…ではあるけれど。反対の結果になる意。

【抅】俗字

解字 文 篆  形声。扌(手)+句(音)。音符の句は、曲がったかぎの象形。かぎをひっかけてとめるの意味から、とどめる・とらえるの意味を表す。

【拘引】コウイン ①とらえて連れて行く。②裁判所が尋問のため人を強制的に出頭させること。
【拘禁】コウキン とらえて閉じこめ、自由な行動をさせないこと。
【拘牽】コウケン ①かかわる。とらわれる。なずむ。②ひきとめる。③かかわりあい。
【拘拘】コウコウ ①曲がって伸びないさま。②物事にかかわるさま。
【拘士】コウシ 物事にこだわって融通のきかない人。
【拘守】コウシュ ①固く守る。②とらえて自由にさせない。
【拘儒】コウジュ 融通のきかない、頑固な儒者・学者。
【拘囚】コウシュウ とらえる。また、とらえられた人。囚人。
【拘執】コウシュウ ①つかまえる。②かかわる。関係を持つ。また、こだわる。
【拘束】コウソク ①とらえしばる。捕らえて自由を奪うこと。②官職や道徳などに縛られて自由に行動できないこと。③束縛されたように、のびのびとしないこと。ぎごちないこと。④国法律上、行動の自由を制限または停止すること。
【拘置】コウチ ①捕らえて留めておく。②国法律上、刑事被告人を監獄に拘禁すること。
【拘泥】コウデイ こだわる。物事に執着して融通がきかないこと。
【拘絆】コウハン とらえしばる。また、しばられて自由にならぬ。心が引かれる。絆は、つなぐ。
【拘欄】コウラン 句欄。①てすり。欄干ランカン。②芝居小屋しばいごや。
【拘留】コウリュウ ①とらえて留めておく。②国法律上の、自由刑の一つ。一日以上三十日未満の期間、拘置所に拘置する。

(8)5 【招】2614 教5 ショウ まねく　—3023 3E37

一ショウ(セウ) 蕭 zhāo
二(漢)ショウ(セウ) (呉)ジョウ(ゼウ) 蕭 sháo
三(漢)キョウ(ケウ) (呉)ギョウ(ゲウ) 蕭 qiáo

筆順 扌 打 扫 招

字義 一❶まねく。㋐さしまねく。手でまねき寄せる。㋑よぶ。よびよせる。㋒接待の用意をして人を呼ぶ。❷うごく。ふるえうごく。❸あらわす。明らかにする。❹つなぐ。しばる。 二音楽の名。中国古代伝説上の帝王、舜シュンが作ったという。＝韶ショウ。 三❶あげる。持ち上げる。❷あがる。高くあがる。

名乗 あき・あきら

解字 金文  篆文 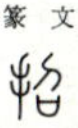 形声。扌(手)+召(音)。音符の召は、まねくの意味。手でまねきよせるの意味を表す。

▼徴招

【招引】ショウイン まねきよせる。よびよせる。招延。
【招隠(隱)】ショウイン ①世をのがれてかくれている賢人を招き呼ぶ。②隠者を尋ね求める。
【招宴】ショウエン 宴会に招く。また、人を招待して開く宴会。
【招喚】ショウカン よびまねく。呼び出し。召喚。
【招還】ショウカン よびかえす。召還。
【招降】ショウコウ 敵をさとして降参を勧める。
【招魂】ショウコン ①死者の魂たましいを呼び返すこと。昔、人が死ぬと、屋根に上り、北方に向かって死者の衣を振り、三度その名を呼んで魂を招き返そうとした。たまよばい。〔儀礼、士喪礼〕②生者の魂を呼び戻して、元気をよみがえらせること。〔楚辞、宋玉、招魂〕
【招集】ショウシュウ まねきあつめる。呼び集める。◇「招集」「召集」ともに呼び集める意。「召集」にはやや高圧的な感じを伴うので、一般に、国会議員・警官などを集める以外は「招集」を用いている。
【招請】ショウセイ ＝招待。また、無理に頼んで来てもらうこと。請も、招く意。
【招待】ショウタイ 人を招いてもてなすこと。また、招く。
【招提】ショウダイ 仏梵語ボン cāturdiśa の訳。四方から僧の集まり住む所の意。寺。寺院。道場。
【招致】ショウチ 招きよせる。呼び寄せる。招来。
【招牌】ショウハイ 客寄せの立札たてふだ。看板。
【招撫】ショウブ 人民を招き、説諭してしたがわせる。帰順させる。「招撫使」
【招聘】ショウヘイ 礼を厚くして招く。丁重に召しかかえること。
【招辟】ショウヘキ まねきめす。召し出す。政府が民間の賢人に官職を与えるため呼び出すこと。
【招揺(搖)】ショウヨウ ①さまよい歩くさま。逍遥ショウヨウ。②背伸びしてふらふら動くさま。③北斗星の第七星。
【招邀】ショウヨウ まねき迎える。邀は、迎。
【招来(來)・招徠】ショウライ ＝招致。徠は、來。

(8)5 【抻】2615 △　—5727 593B

一シン 震 chēn
二チン 真 shēn

字義 一のばす。引っぱって長く伸ばす。 二のばす。まっすぐ伸ばす。＝伸。

解字 形声。扌(手)+申(音)。音符の申は、のばすの意味。

(8)5 【拙】2616 常 セツ　—3259 405B

(漢)セツ (呉)セチ 屑 zhuō

筆順 扌 扌 抖 拙 拙

字義 ❶つたない(つたなし)。㋐へた。まずい。↔巧。㋑おとっている。おろか。㋒運が悪い。不遇。㋓役に立たない。用をなさない。❷自分のことをへり下っていう語。「拙宅」

解字 篆文 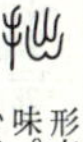 形声。扌(手)+出(音)。音符の出は、でるの意味。手のわざがうまくおさまらず、はみ出るの意味から、つたないの意味を表す。

▼巧拙・古拙・守拙・稚拙

【拙悪(惡)】セツアク つたなくて悪い。拙劣。
【拙詠】セツエイ 自作の詩歌を謙遜ケンソンしていう語。
【拙荊】セッケイ ＝拙妻。→荊妻(九三六ページ)
【拙妻】セツサイ 自分の妻を謙遜ケンソンしていう語。拙荊セッケイ。
【拙策】セッサク ①へたなはかりごと。まずい計略。②自分の考えた計略を謙遜ケンソンしていう。
【拙者】セッシャ ①才能のおとっている人。②自分を謙遜ケンソンしていう語。わたし。目下や同輩に対して用いた。
【拙射】セッシャ 弓を射ることの下手な者。下手な射手。
【拙手】セッシュ へた。拙劣な腕前。
【拙誠】セッセイ 言動に表すことはへたであるが、真心のあること。
【拙速】セッソク やり方はまずくても事の運びの早いこと。できは悪くても仕事の早いこと。↔巧遅。〔孫子、作戦〕兵聞ニ拙速一ヘイは
【拙著】セッチョ へたな(まずい)著作。自分の著作物の謙称。
【拙筆】セッピツ へたな文章。下手な筆跡。自分の書いた文章や文字の謙称。

【拙劣】（セツレツ）つたなくおとっている。へた。

【守ㇾ拙】（セツをまもる）世渡りのへたな自分の性質を守って、しいてうまく立ち回ろうとしないこと。〔晋、陶潜、帰ニ田園居一詩〕守ㇾ拙帰ニ園田一（セツをまもりてエンデンにかえ（へ）る）。

(8)5 【拖】 2617 △タ 歌 箇 tuō

【拕】同字

字義 ❶ひく（曳）。ひっぱる。ひきずる。❷髪をざんばらにする。❸うばう（奪）。

解字 甲骨文 篆文 形声。扌（手）＋㐌（它）音。音符の它は、へびの象形。その軌跡がへびののたくるような線を描くように、手でひきずるの意味を表す。

(8)5 【抬】 2618 △タイ 擡（2847）の俗字。→四六八ページ。 5813 5A2D

(8)5 【拓】 2619 常 タク 一タク 薬 tuò、③tà 二漢セキ・呉シャク 陌 zhí 3483 4273

筆順 扌 扌 扩 拓

字義 一❶ひらく。未開の土地をひらく。また、広げる。「開拓」❷押す。手で押す。❸こすって石ずりを作る。→拓本。「魚拓」 二❶ひろう（拾）。❷おる（折）。

名乗 ひろ・ひろし

解字 文 篆 形声。扌（手）＋石音。音符の石は、庶に通じ、多くのものを集めるの意味。ひろうの意味を表す。いま、拆に通じて、きりひらくの意味を表す。

▼開拓・干拓・魚拓・落拓

【拓殖】（タクショク）土地を開き民を移住させること。拓地殖民。

【拓地】（タクチ）土地をひらく。土地を開拓する。

【拓跋】（タクバツ）鮮卑族の一部族の名。中国東北部に起こり、二世紀後半ごろから山西省の北、陰山山脈の南に居住し、三国時代から晋代にかけ勢力を張り、前秦の苻堅に敗れて一度は滅んだが、三八六年にその一族が北魏（拓跋魏）を建てた。

【拓本】（タクホン）石刷り。石碑や器物などの文字や模様を墨で紙に刷り写したもの。

【拓落】（タクラク）＝落拓。①ふしあわせ。落ちぶれること。②広大なさま。③しまりのないさま。

(8)5 【拆】 2620 △漢タク 呉チャク 陌 chāi（chè） 5730 593E

字義 ＝坼。❶ひらく（開）。❷さく（裂）。わける。また、さける。

解字 形声。扌（手）＋斥音。

【拆字】（タクジ）文字を偏・旁・冠・脚などに分解すること。松を十八公、貨泉（銭の意）を白水真人という類。これによって吉凶を占う。

【拆裂】（タクレツ）さける。われる。

(8)5 【担】 2621 教6 タン かつぐ・になう 3520 4334

㊀ (16)13 〔擔〕 2622 一タン 覃 dān 二タン 勘 dàn 5731 593F

㊁ (8)5 〔担〕 一漢ケツ・呉ケチ 屑 jiē 二タン dān、dàn

筆順 扌 扣 担 担

字義 ㊀〔擔〕 一になう。㋐かつぐ。荷を負う。㋑引き受ける。「担当」 二❶にもつ。かつぎ荷。❷量の単位。重さで百斤。容積で一石。国かつぐ。㋐だます。㋑縁起を気にする。
㊁〔担〕 一あげる（挙）。かかげる。＝掲。「担橋」 二擔（2622）の俗字。

名乗 ゆたか 難読 担桶

解字 ㊀形声。扌（手）＋旦（詹）音。音符の詹は、かざすの意味。肩をおおうようにして、になうの意味を表す。㊁形声。扌（手）＋旦音。擔の俗字として用いる。

▼加担・荷担・負担・満担

【担（擔）石】（タンセキ）①一荷の重さと一石（一斛）の量。②一石の量。③転じて、少しばかりの物。

【担（擔）当（當）】（タントウ）引き受ける。受け持つ。また、受け持ち。担任。

【担（擔）保】（タンポ）かた。ひきあて。抵当。

(8)5 【拄】 2623 △漢チュウ（チウ） 呉チュ 麌 zhǔ

字義 ❶あげる。❷ささえる。❸そしる。❹こばむ。❺ゆびさす。

解字 形声。扌（手）＋主音。音符の主は、じっと一つのところにとどまるの意味。手で一点のところにとどまるように支えるの意味を表す。

【拄頰】（チュウキョウ）ほおづえをつくこと。

【拄杖】（チュウジョウ）つえをつく。

(8)5 【抽】 2624 常 チュウ チュウ（チウ） 尤 chōu 3574 436A

筆順 扌 扣 抽 抽

字義 ❶ひく。ぬく。引き出す。抜き出す。「抽象」❷ぬきんでる。ぬけ出る。ひいでる。❸さく。やぶる。

難読 抽斗

解字 篆文 形声。扌（手）＋由音。㨨の別体。㨨は、扌（手）＋畱音。音符の畱は、深く通じるあなの意味。穴から手でひきぬくの意味を表す。

【抽出】（チュウシュツ）①引き出す。ぬき出す。②国 机・たんすなどのひきだし。

【抽象】（チュウショウ）個々の物事や観念に共通する性質をぬき出して、一つの新しい観念にまとめること。↔具象・具体。

【抽籤】（チュウセン）くじを引く。また、くじ引き。抽選とも書く。

【抽抜】（チュウバツ）引きぬく。多くの者の中からぬき出す。

(8)5 【抵】 2625 常 テイ 一漢テイ・呉タイ 薺 dǐ 二シ 紙 zhǐ 3681 4471

筆順 扌 扌 扺 抵

字義 一❶あたる。あてる。㋐ふれる。さわる。「抵触」㋑相当する。「抵当」❷こばむ。さからう。ふせぐ。「抵抗」❸いたる（至）。行きつく。❹たよる。身を寄せる。❺なげる。投げうつ。❻あざむく（欺）。 二うつ（撃）。

名乗 あつ・やす 難読 抵梧

参考 ①〔抵〕（2581）は別字。②現代表記では〔牴〕（4529）・〔觝〕（7079）の書きかえに用いることがある。「牴触→抵触」「觝触→抵触」

解字 篆文 形声。扌（手）＋氐音。音符の氐は、刃物をといしにあてるさまを示す。手をあてるの意味を表す。

▼角抵

【抵梧】（テイゴ）ふれさからう。食い違う。

【抵抗】（テイコウ）てむかう。さからう。はりあう。

【抵触（觸）】（テイショク）牴触。觝触。①ふれる。ぶつかる。突き当たる。②一致しない。食い違う。③国規則や法律に、ふれる。さしさわりがある。

【抵当（當）】（テイトウ）①引き当て。かた。担保。②質ぐさ。

(8)5 【拈】 2626 △ネン 塩 niān 5732 5940

字義 ❶ひねる。❷つまむ。「拈香」

解字 篆文 形声。扌（手）＋占音。音符の占は、点に通じ、小さな点の意味。指先のわずかな部分を用いて

物をつまむの意味を表す。

【拈華微笑】ネンゲミショウ　仏以心伝心のたとえ。釈迦が説法したとき、華(花)をひねってその意を示したところ、迦葉だけがその意をさとって微笑したので、仏教の真理を授けたという。〔五灯会元〕

【拈香】ネンコウ　香を指先でつまんでたくこと。焼香。

【拈出】ネンシュツ　ひねり出す。㋐字句を考え出す。㋑国やりくり算段する。捻出。

(8)5【拝】2627　教6　ハイ　おがむ　3950 4752

(9)手5〔拜〕2628　人許　ハイ　卦 bài　5733 5941

筆順　扌 扌 拦 拝

字義　❶おがむ。おじぎする。また、おじぎ。「礼拝」❷いただく。ありがたく受ける。「拝領」❸官職を授ける。また、授かる。❹おたずねする。お目にかかる。❺自分の動作を表す語の上につけて、謙譲の意を示す。つつしんで…するの意。「拝見」「拝読」

解字　金文　篆文　会意。扌(手)＋丰(𠦬)。𠦬は、枝のしげった木の象形。邪悪なものを除くために、たまぐしを手にしておがむの意味を表す。

▼九拝・再拝・粛拝・崇拝・答拝・礼拝

【拝謁(謁)】ハイエツ　高貴な人にお目にかかること。お目どおり。

【拝賀】ハイガ　拝礼してお喜びを申し上げる。つつしんでお喜びを申し上げる。

【拝官】ハイカン　官職を授けられる。役人になる。

【拝顔】ハイガン　国お目にかかる。拝芝。拝眉。

【拝^跪】ハイキ　両膝を地につけ、頭を下げて行うおじぎ。

【拝^拱】ハイキョウ　両手を胸の前で重ね合わせて礼をすること。

【拝啓】ハイケイ　国つつしんで申し上げる。啓は、申す意。手紙の初めに書くことば。拝呈。謹啓。

【拝見】ハイケン　①お目にかかる。お目どおりする。②つつしんで見る。見るの謙譲語。

【拝察】ハイサツ　国お察しする。推察の謙譲語。

【拝芝】ハイシ　＝拝顔。芝は、芝眉の意で、他人の顔立ちをいう敬語。

【拝辞(辭)】ハイジ　①おいとまする。②お断りする。辞退する。

【拝謝】ハイシャ　①つつしんでお礼を申しあげる。②お断りする。

【拝手】ハイシュ　頭を手のあたりまで下げて、丁寧におじぎをする。

【拝受】ハイジュ　ありがたくいただく。お受けする。

【拝^塵】ハイジン　車のたてるほこりを拝することで、貴人におもねる意。晋の石崇の故事。〔晋書、石崇伝〕

【拝^趨】ハイスウ　①貴人の前に進み出ること。②他人に対し、その家を尋ねることをいう。参上。おうかがい。

【拝^疏】ハイソ　天子に上奏文を奉ること。

【拝送】ハイソウ　つつしんでお見送りする。見送るの敬語。

【拝^埽】ハイソウ　祖先・父母の墓を掃除する。また、墓参。

【拝聴(聽)】ハイチョウ　つつしんで聞く。謙譲の語。

【拝呈】ハイテイ　国①つつしんでさしあげる。物を贈ることの謙譲語。②＝拝啓。

【拝年】ハイネン　新年を祝う。新年の挨拶をする。拝春。

【拝^眉】ハイビ　国＝拝顔。眉は、まゆ。

【拝舞】ハイブ　官位や恩賞を賜ったときに、喜びの意を表すために、君主の前でする礼の一形式。拝をして舞うような動作をする。

【拝伏】ハイフク　ふしおがむ。ひれふす。

【拝復】ハイフク　国つつしんでお答え申し上げる。答えるの謙譲語で、返事の手紙の初めに書く語。復啓。

【拝命】ハイメイ　①仰せを承る。命令を承る。②官職を授けられる。拝官。

【拝領】ハイリョウ　(貴人から)物をいただく。もらうの謙譲語。

【拝礼(禮)】ハイレイ　おがむ。おじぎをする。

(8)5【拍】2629　常　ハク・ヒョウ　漢ハク・呉ヒャク　陌 pāi　慣ヒョウ(ヒャウ)　3979 476F

筆順　扌 扌 拍 拍

〔拍〕本字

字義　❶うつ。たたく。手をたたく。「拍手」❷拍子をとる。リズムをとる。また、そのリズム。❸ひょうし木。木の板で作り、楽曲の拍子をとるもの。「拍板」❹兵器の一種。車・船にそなえて敵の城壁や船材などを突き破るもの。国かしわ。「拍」を「柏」に誤って訓読したものという。「拍手」

難読　拍板

解字　金文　篆文　形声。篆文は、扌(手)＋百音。音符の百は、手のひらを打つ音を表す擬声語。拍は俗字。

【拍子】ヒョウシ　①楽曲の、等速の各小節が強音部と弱音部をもって連続反復するもの。②音楽・舞踏の緩急。③国㋐はずみ。とたん。㋑ほど。しお。ころあい。㋒ぐあい。調子。

【拍車】ハクシャ　馬に乗るとき、靴のかかとにつける金具。その歯車で馬の腹部を刺激して馬を走らせる。

【拍手】ハクシュ　①手をたたく。②国かしわで　神を拝するとき、手を打つこと。

【拍手喝(喝)^采】ハクシュカッサイ　手を打ってほめそやす。喝采は、やんやとほめはやすこと。

【拍拍】ハクハク　ばたばたと打つさま。鳥の羽音などにいう。

〔拍板演奏(五代石刻)〕

(8)5【抜】(2592)　バツ　抜(2591)の旧字体。→四一ページ。　5722 5936

(8)5【拌】2630　△ハン　旱・寒 bàn、②③pān　5734 5942

字義　❶かきまぜる。「攪拌」❷さける(裂)。また、さく。わける。❸すてる。

解字　形声。扌(手)＋半音。音符の半は、分けるの意味。手を付し、わけるの意味や、両手にスプーンなどを持って、まぜるの意味を表す。

(8)5【披】2631　常　ヒ　㊀ヒ　支 pī　㊁ヒ　紙　4068 4864

筆順　扌 扌 扩 扩 披

字義　㊀❶ひらく。㋐広げる。あける。「直披」㋑広める。うちあける。「披露」「披瀝」。㋒ほりおこす。❷わける。さく。❸きる(着)。身につける。❹なびく。ふす。㊁＝㊀の①②。

名乗　ひら・ひろ

解字　篆文　形声。扌(手)＋皮音。音符の皮は、獣のかわをはぎとるさまの象形。手を付し、皮をひらくの意味を表す。

▼直披・離披

【披閲】ヒエツ　開いて調べる。開いてよく目をとおす。

【披襟】ヒキン　①着物のえりを開く。②心の中を打ち明ける。

【披見】ヒケン　(文書などを)開いて見る。披覧。

【披対(對)】ヒタイ　胸襟を開いて相対する。

【披^繙】ヒハン　(書物を)開いて読む。繙は、ひもとく意。

【披披】ヒヒ　①長いさま。②なびくさま。③髪がほどけて乱れるさま。

【披^靡】ヒビ　①なびき従う。ふるえ伏す。靡は、なびく意。〔史記、項羽本紀〕漢軍皆披靡。②草が風に吹き倒されてな

び伏すさま。

【披払（拂）】ヒフツ ①押し開き払う。風が草むらなどを押しわける・なびかせること。また、木の葉などが風になびくこと。②あおる。ゆり動かす。

【披離】ヒリ ①ばらばらになる。ちりぢりになる。②枝葉が散り乱れるさま。

【披▵瀝】ヒレキ 心の中をかくさず打ち明けること。瀝は、そそぐ。

【披露】ヒロ ①開き表す。さらけだす。あばく。②国ヒロウ 広く人に発表する。ひろめる。また、ひろめ。

(8)5 【拊】2632 △ フ 慶 fǔ　5735 5943

字義 ❶なでる。なでて安らかにする。＝撫。「慰拊」❷うつ。軽くうつ。❸にぎり。つか。❹楽器の名。鼓の形をしなめしがわで作り、中に糠を入れて、調子をとるに用いるもの。

解字 篆文  形声。扌（手）＋付㊥。音符の付は、寄せるの意味。手を寄せる、なでる・うつの意味を表す。

【拊育】フイク かわいがり育てる。撫育。

【拊手】フシュ 喜びを表すときの動作。「拊手歓笑」

【拊循】フジュン なでやすんずる。なぐさめいたわる。

【拊心】フシン 胸を打つ。①悲しむさま。②いきどおるさま。

【拊▵髀】フヒ ももを打つ。①勇み奮いたつさま。②喜び勇むさま。③悲しみいきどおるさま。

【拊▵膺】フヨウ ①胸を打つ。また、胸をなでる。②勇みたつさま。③いきどおるさま。また、くやしがるさま。④なげき悲しむさま。

(8)5 【拂】(2564) フツ 払（2563）の旧字体。→四三六ページ。　5736 5944

(8)5 【拚】2633 △ 一㊥ヘン・㊡ベン 霰 biàn 二㊥ハン・㊡ホン 元 fān 三フン 問 fèn

字義 一❶手をうつ。❷うちあう。二ひるがえりとぶ。また、そのさま。三はく。はらう。すてる。

解字 篆文 形声。扌（手）＋弁㊥。

(8)5 【拇】2634 △ ㊥ボウ・㊡モ 有 mǔ 慣ボ　5737 5945

字義 おやゆび。親指。将指。拇指。

解字 篆文  形声。扌（手）＋母㊥。音符の母は、はは親の意味。手の指の中でも、母親のような、おやゆびの意味を表す。

【拇印】ボイン つめいん。印章のかわりに手の親指の先の指紋を押したもの。

(8)5 【抱】2635 常 ホウ だく・いだく・かかえる　(8)5 〔抱〕2636　㊥ホウ ㊡ボウ 皓 bào　4290 4A7A

筆順 扌 扚 抅 抱

字義 ❶だく。いだく。㋐かかえる。腕の中にかかえこむ。㋑ふところに入れる。㋒包む。❷ふところ。胸。❸思い。考え。また、思う。考える。心にいだく。「抱負」「辛抱」❹鶏が卵をだいてかえす。国かかえる。家来にする。やとい入れる。また、かかえ。家来。雇い人。

解字 形声。扌（手）＋包（包）㊥。音符の包は、つつむの意味。手でつつむ、いだくの意味を表す。

▼介抱・懐抱・高抱・合抱・連抱

【抱一】ホウイツ 道をいだき守る。一は、老子の道をいう。〔老子、十〕抱レ一能無レ離乎（一を抱いて能く離るること無からんか）

【抱懐（懷）】ホウカイ 心にいだき持つ。心に思う。また、考え。

【抱関（關）撃（擊）▵柝】ホウカンゲキタク 門番や夜回りのような地位の低い役。関は門のかんぬき。柝は、拍子木。〔孟子、万章下〕

【抱玉】ホウギョク ①玉をいだく。玉をふところに入れて持つ。②知徳をいだき持つことのたとえ。

【抱残（殘）守欠（缺）】ホウザンシュケツ わずかに残ったり、欠けて不完全になったりした古書を、大事に保存すること。

【抱▵膝】ホウシツ ひざをかかえる。孤独なさま。

【抱柱信】ホウチュウのシン 約束を堅く守って融通のきかないこと。小さな信義をがんこに守り通すこと。尾生が橋下で会う約束をした女を待つうち、水かさが増して来たが、あくまで約束を守り、橋下の柱を抱いて、ついにおぼれ死んだ故事。尾生之信ビセイのシン。〔荘子、盗跖〕

【抱▵璞】ホウハク 璞玉（まだみがいてない玉）をいだく。美しい素質を持っていること。

【抱氷】ホウヒョウ 非常に骨折り努めることのたとえ。〔呉越春秋、句践帰国外伝〕冬常抱レ氷（冬は常に氷を抱く）

【抱負】ホウフ ①だいたり、背おったりすること。かかえたり、おぶったりすること。②心中にいだく考え・計画・自信。

【抱腹】ホウフク 腹をかかえて笑うこと。大いに笑うこと。捧腹の俗用。「抱腹絶倒」

【抱朴子】ホウボクシ 書名。内編二十巻。外編五十巻。東晋の葛洪（号は抱朴子）の著。道教の書で、内編は、不老長寿の神仙の術について述べ、外編は、当時の政治や社会について論じている。

【抱▵樸】ホウボク あら木、加工しない木。生まれながらの性質を保持すること。樸は、あら木。〔老子、十九〕見レ素抱レ樸（素を見はし樸を抱く）

【抱擁】ホウヨウ だく。だきかかえる。だきしめる。

(8)5 【抨】2637 △ ㊥ホウ（ハウ） ㊡ヒョウ（ヒャウ） 庚 pēng

字義 ❶はじく。❷罪をしらべる。「抨劾」「抨弾」❸しむ（使）。せしむ。使役の助字。

解字 篆文  形声。扌（手）＋平㊥。音符の平は、はじく音を表す。

(8)5 【抛】2638 △ ホウ（ハウ） 肴 pāo　【拋】俗字 5738 5946

字義 なげうつ。ほうる。なげすてる。なげとばす。

参考 現代表記では〔放〕（2882）に書きかえることがある。「抛棄→放棄」「抛物線→放物線」

解字 篆文  会意。扌（手）＋尢＋力。尢は、手が曲がるの意味。力を入れて腕を曲げるようにして投げるの意味を表す。

【抛棄】ホウキ なげすてる。うっちゃる。放棄。

【抛▵擲】ホウテキ なげうつ。なげやりにする。放擲。

(8)5 【抹】2639 常 マツ　㊥バツ・㊡マチ 曷 mǒ, mò, mā 慣マツ　4385 4B75

筆順 扌 扌 抹 抹

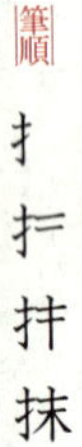

字義 ❶する。こする。❷はく（刷）。㋐ぬる（塗）。なする。㋑ぬりつぶす。ぬり消す。「抹消」㋒はらう。ぬぐう（拭）。㋓さっと過ぎる。「一抹」❸粉にする。また、粉。＝末。「抹茶」

解字 形声。扌（手）＋末㊥。音符の末は、かすかな先端の意味。手でこすって、はっきり見えないようにするの意味を表す。

▼一抹・塗抹・濃抹

【抹香】マッコウ 粉にした香。昔は沈香と栴檀の粉末で製したが、今では、しきみの葉と皮とを干し、粉末にして製する。

【抹殺】マッサツ ①ぬり消す。消してなくする。殺は、助字。②存在を否定する。ないものにする。

【抹消】マッショウ ＝抹殺の①。

【抹茶】マッチャ 粉にした茶。ひき茶。

(8)5 【拉】2640 標 ロウ（ラフ） 合 lā 慣ラツ・ラ　5739 5947

字義 ❶ひしぐ。くじく。くだく。おしつぶす。❷ひく。ひっぱる。ひっぱってつれて行く。「拉致」 難読 拉麺(ラーメン)

解字 篆文 形声。扌(手)＋立音。音符の立は、ひとり占めして場所をとってたつの意味。わしづかみにしてにぎりつぶすの意味を表す。

【拉△薩・拉△撒】(ラッサ・ラサ) 地名。チベット自治区の区都。唐時代、吐蕃(トバン)(チベット族)の国都。喇薩とも書く。

【拉殺】(ロウサツ・ラッサツ) 手でおしつぶして殺すこと。

【拉致】(ラッチ・ラチ) ひっぱって行く。

【拉丁】(テン) Latin の音訳。ラテン民族・ラテン語の意。拉典・臘丁・羅甸とも書く。

(9)6
【按】2641
標 アン 翰 àn　1636 3044

字義 ❶おさえる(おさ)。㋐手でおさえる。㋑おしとどめる。ひきとめる。❷なでる(な)。なでさする。もむ。「按摩」❸さだめる。おちつける。やすんずる。「按排」❹しらべる。㋐罪を問いただす。「按問」㋑とりしまる。みまわり調べる。「巡按」❺かんがえる。＝案。❻並べる。順序よく並べる。

参考 現代表記では[案](3411)に書きかえることがある。「按分→案分」

解字 篆文 形声。扌(手)＋安音。音符の安は、やすんじるの意味。動かないように安定させるの意味を表す。

【按験(驗)】(アンケン) 調べて証拠だてる。

【按察】(アンサツ) ①調べて明らかにする。②国(アゼチ) 内侍(ナイシ)以上の女官で、天皇の譲位後も引き続いてその院に奉仕する者。

【按察使】(アンサツシ) ①唐代に初めておかれた、地方の行政・風俗などを検察する長官。明(ミン)・清(シン)の時代は、省の司法長官。②国(アゼチ・アゼツ) 昔、地方官の行政上の実績を調べ、民情を視察する職。唐名は、都護。

【按針】(アンシン) 磁石の針を案じ考えて、船の進路を定める者。水先案内。パイロット。

【按△堵】(アンド) 自分の居所に安んずる。安心して居住する。堵(かき)ねの中に安んじおる意。

【按排】(アンバイ・アンパイ) ①ぐあいよく並べる。ほどよく処置する。安排。②国(アンバイ) 料理の味かげん。また、物事のぐあい。塩梅(アンバイ)。按配(アンバイ)。

【按分】(アンブン) 一定の比率で物を分ける。案分。

【按摩】(アンマ) もみ療治。また、もみ療治を業とする人。

【按問】(アンモン) 罪を調べたずねること。吟味する。

【按レ剣(劍)】(ケンをアンず) 剣のつかに手をかける。

(9)6
【拽】2642
△ 一 エイ 霽　二 漢エツ・呉エチ 屑 yè

字義 一 二 ひく。ひきずる。＝曳(エイ)・抴(エイ)。

解字 形声。扌(手)＋曳音。音符の曳(エイ)は、ひくの意味。手を付し、ひくの意味を表す。

(9)6
【挌】2643
△ カク 陌 gé　5740 5948

字義 うつ。なぐり合う。つかみ合ってたたかう。「挌闘」

参考 現代表記では[格](3418)に書きかえることがある。「挌闘→格闘」

解字 篆文 形声。扌(手)＋各音。音符の各は、いたる、つきでるの意味。手をつきだす、うつの意味を表す。

(9)6
【括】2644
常 カツ　漢カツ(クヮツ)　呉カチ(クヮチ) 曷 kuò　1971 3367

筆順 扌 扌 扦 括

字義 ❶くくる。㋐たばね結ぶ。㋑まとめる。ひとまとめにする。「概括」㋒とりしまる。㋓束縛する。ひきしめる。❷やはず。矢をつがえるとき、矢が弦に当たる部分。❸いたる(至)。集まる。

解字 篆文 形声。扌(手)＋舌音。音符の舌(カツ)は、もと昏(カツ)であった。昏は會(会)に通じ、合わせるの意味。手でまとめあわせるの意味を表す。

▼一括・概括・総括・統括・包括

【括弧】(カッコ) 文字・文章や数式をくくるために用いる符号。「 」・［ ］・（ ）・｛ ｝など。

【括△嚢】(カツノウ) ①袋の口をくくって閉じる。②ひとまとめにする。③口を閉じて何も言わない。黙する。

【括約】(カツヤク) くくりしめる。しめくくる。

(9)6
【拮】2645
標 一 漢キツ・呉キチ 質 jié　二 漢ケツ・呉ケチ 屑 jié　三 漢カツ・呉ケチ 黠 jiá　5741 5949

字義 一 二 はたらく。手と口とを動かしてはたらく。せわしく働く。「拮据(キッキョ)」 三 せまる。

解字 篆文 形声。扌(手)＋吉音。音符の吉は、ひきしめるの意味。心をひきしめて手足をはたらかせるの意味を表す。

【拮△据】(キッキョ) ①せわしく働く。手と口とを動かして働くこと。②難儀する。生活に苦しむこと。

【拮抗】(キッコウ) たがいに力を張り合うこと。また、人にたてつくこと。

(9)6
【挟】2646
常 キョウ はさむ・はさまる　2220 3634

(10)7
〔挾〕2647
一 漢キョウ(ケフ) 葉 xié　呉ギョウ(ゲフ) 葉　二 ショウ(セフ) 葉　5749 5951

筆順 扌 扌 扌 挟

字義 一 ❶はさむ。さしはさむ。また、はさまる。㋐物と物との間にさしこむ。㋑左右からはさむ。「挟撃」㋒わきばさむ。わきにかかえる。また、身につける。㋓たのみとする。また、自分のたのむところを鼻にかける。いばる。❷まもる。助ける。
二 ❶もつ(持)。❷ゆきわたる。あまねくゆきわたる。❸さす。矢をつがえる。 難読 挟間(はざま)

解字 篆文 形声。扌(手)＋夾(夾)音。音符の夾(キョウ)は、はさむの意味。手ではさむの意味を表す。

【挟撃(撃)】(キョウゲキ) はさみうつ。

【挟△纊△之恩】(キョウコウのオン) 纊(綿)を身につければからだが暖まることから、君主や人の恩恵をいう。

【挟持】(キョウジ) ①わきにはさみ持つ。こわきにかかえる。②身につける。③心に抱いている。

【挟日】(キョウジツ) 十日間。十干の甲(きのえ)から甲の間の意。

【挟書律】(キョウショのリツ) 秦(シン)の始皇帝が、李斯(リシ)の進言によって、民間で医薬・卜筮(ボクゼイ)(うらない)・種樹(農業や園芸)以外の書物をもつことを禁じた法律(前二一三)。漢の恵帝四年(前一九一)に至ってこの禁止令を解いた。→焚書坑儒(六八三ページ)。

【挟△輔】(キョウホ) かかえ助ける。補佐する。

(9)6
【拱】2648
△ 漢キョウ・呉ク 腫 宋 gǒng　慣コウ　5742 594A

字義 ❶こまぬく。こまねく。両手を胸の前で重ね合わせること。「拱手」❷かかえる。両手でだき持つ。また、それほどの大きさ。「拱木」❸めぐる。とりまく。❹手でかかえるほど、大きな玉。拱璧(キョウヘキ)。＝珙(キョウ)。

解字 篆文 形声。扌(手)＋共音。音符の共は、ともにするの意味。両手を一緒にする、こまぬくの意味を表す。

【拱手】(キョウシュ・コウシュ) ①両手を胸の前で重ね合わせて敬礼する。②手をつかねたままで何もしないさま。「拱手傍観」

【拱△把】(キョウハ) 両手でにぎることと、片手でにぎること。また、その太さ。

【拱△璧】(キョウヘキ) 両手でかかえるほどの大きな宝玉。

【拱抱】(キョウホウ) 両手でだきかかえる。また、その大きさ。

【拱木】(キョウボク) ①→字義の②。②墓に植えた木の、年を経て大きくなったもの。死後、年月のたったことを表すに用いる語。

【拱△揖】 両手を胸の前に重ね合わせて会釈する。

(9)6 【挂】2649 △ ㊥カイ（クワイ）・㊣ケ 㐀卦 guà 慣ケイ ─ 5744 594C

【掛】同字 1961 335D

字義 ❶かける。ひっかける。また、かかる。ひっかかる。「挂冠」 ❷わける（別）。

解字 篆文 形声。扌（手）＋圭㊥。音符の圭は、系に通じ、かけるの意味。手で物をひっかけるの意味を表す。

【挂冠】 制服の衣冠を脱いで柱などにかける意で、官を去り職を辞すること。後漢の逢萌が王莽にわが子を殺され、冠を東都の城門に掛け、遼東に逃れた故事。挂綬。挂冕。〔後漢書、逢萌伝〕

【挂△罥】 引っかかる。

【挂剣（劍）】 剣をかける。延陵の季子（季札）が徐君の墓に、生前に与えると心に誓った剣をかけた故事。転じて、死者に対して信を守ることのたとえ。「季札、剣を挂く」〔史記、呉太伯世家〕

【挂△錫】 僧が一か所に長く滞在すること。→掛錫（四五三ページ）。

【挂△綬】 ＝挂冠。綬は、印綬。

(9)6 【挍】2650 △ ㊥コウ（カウ）㊣キョウ（ケウ）㊊效 jiào

字義 ❶はかる（度）。くらべる。比較する。 ❷むくいる。 ❸＝校（3431）。

解字 形声。扌（手）＋交㊥。音符の交は、まじえるの意味。はかる対象となる物を、基準のものさしと交わらせて、はかるの意味を表す。

(9)6 【拷】2651 常 ゴウ ─ 2573 3969

コウ（カウ）㊤晧 kǎo 慣ゴウ（ガウ）

筆順 扌 扌 拷 拷

字義 ❶うつ。たたく。罪を白状させるために打つ。「拷問」 ❷かすめる。かすめとる。「拷掠」

解字 形声。扌（手）＋考㊥。音符の考は、攷に通じ、うちすえるの意味。手に棒を持ってうつの意味を表す。

【拷問】 肉体的な苦痛を与えて自白を強いること。

【拷△掠】 ①かすめ取る。奪い取る。②＝拷問。

(9)6 【拶】2652 標 ㊥サツ ㊣サチ ㊊曷 zā。②zǎn ─ 2702 3B22

字義 ❶せまる。 ❷ゆびかせ（指を責める刑具）をする。「拶指」 ❸せめる。

解字 会意。扌（手）＋⺗（㞕）。㞕は列に通じ、わけるの意味。木を指と指の間にはさみ、わけておいてしめる、ゆびかせをするの意味を表す。

(9)6 【指】2653 教3 シ ゆび・さす ─ 2756 3B58

シ ㊤紙 zhǐ

筆順 扌 扌 扎 指

【㫖】古字

字義 ❶ゆび。「屈指」 ❷さす。ゆびさす。さし示す。また、指図する。「指名」「指令」 ❸むね。心持ち。意向。おもむき。 ❹ゆく。おもむく。

名乗 むね　難読 指貫・指宿・指保

使いわけ さす〔指・刺・挿・差〕

〔指〕方向を示す。「一番右の人を指す」

〔刺〕とがった物で突く。「とげを刺す」

〔挿〕間にさしこむ。「挿し木」

〔差〕右の三つ以外のすべて。「傘を差す・日が差す・目薬を差す」

解字 篆文 形声。扌（手）＋旨㊥。音符の旨は、うまいの意味。うまい物に食指が動くさまから、ゆび・ゆびさすの意味を表す。また、ゆびさす焦点の意味から、むね・おもむきの意味を表す。

▼屈指・染指・繊指・大指・弾指・直指・目指

【指画（畫）】 ①指で描き示す。②指先に墨をつけて描く。唐の張璪に始まる画法。指頭画。

【指帰（歸）】 おもむき帰する所の意で、根本となる考え・思想。また、すべてのものの従うべき模範。

【指揮・指△麾】 指図する。

【指教】 ゆびさし示して教える。指授。

【指呼】 ①ゆびさしよぶ。指でさし示し、声で呼ぶ。②転じて、近い距離。「指呼の間」

【指顧】 ①ゆびさしながらかえり見る。②指呼。

【指使】 ゆびで指図して人を使う。また、指揮者。

【指示】 ①ゆびさして示し教える。②命令する。

【指事】 漢字の六書の一つ。字形が数量・位置などの抽象的な意味をさし示すもの。一・二・上・下など。⇩コラム・六書（一一五ページ）。

【指趣】 むね。おもむき。趣旨。

【指掌】 ①たなごころをさす。手のひらをゆびさす。②転じて、物事のたやすいこと、明白なことのたとえ。

【指針】 ①磁石のはり。磁針。②メーターの針。③物事の方針。④てびき。案内。

【指数（數）】 ①ゆびさし数える。②数学で、ある数、またはある文字の乗冪・乗根を示すため、その右肩に付記する数字や文字。③経済学で、物価・賃金などの変動の目じるしとなる一定の数字。

【指斥】 ①ゆびさす。②退ける。排斥する。

【指切】 ①要点を指摘して評論する。②国㋐ゆびきり 約束を守るしに、たがいの小指をひっかけ合うこと。㋑さしきり 将棋で、攻撃する方法がなくなること。

【指△嗾】 指図しそそのかす。けしかける。使嗾。

【指弾（彈）】 ①曲げた指を急にのばして物をはじくこと。②つまはじきする間。わずかの間。③国つまはじき。排斥。

【指陳】 さし示して述べる。

【指摘】 ①さし示す。誤りなどをさし示す。②指でつみとる。選び用いる。

【指点（點）】 ①一つ一つゆびさし示す。②いちいちあげて非難の的とすること。

【指導・指道】 教えみちびく。

【指南】 教えみちびく。案内する。手引き。案内。指南車から来た語。

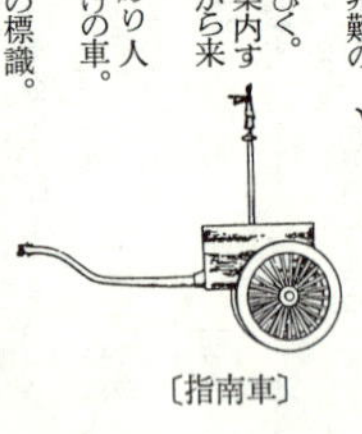
〔指南車〕

【指南車】 車上の木彫り人形の指が常に南をさすしかけの車。中国古代の車の一つ。

【指標】 めじるし。指示の標識。

【指腹婚】 子が母親の腹中にあってまだ生まれない前から、将来結婚させると約束すること。指腹之約。

【指名】 だれと、その人の名をさすこと。名ざし。

(9)6 【持】2654 教3 ジ もつ ─ 2793 3B7D

㊥チ・㊣ジ（ヂ）㊊支 chí

筆順 扌 扌 拄 持

字義 ❶もつ。手にとる。たずさえる。身につける。「所持」 ❷たもつ。もちこたえる。守る。「保持」「堅持」 ❸もちあう。つり合いがとれる。「持碁」 ❹さだめる。正す。 ❺もって（以）。

国 ❶もつ。㋐所有する。㋑負担する。引き受ける。受けもつ。❷もち。㋐歌合わせや囲碁などの勝負ごとで、たがいに優劣のないこと。あいこ。引き分け。㋑所有。㋒負担。担当。

名乗 よし

解字 金文  篆文  形声。扌(手)＋寺㊍。音符の寺は、止に通じ、たちどまるの意味。手の中にとどめおく、もつの意味を表す。

▼維持・加持・堅持・固持・護持・支持・住持・操持・把持・扶持・保持

【持戒】(ジカイ) 仏仏教のいましめを守ること。持律。↔破戒。

【持久】(ジキュウ) 長く持ちこたえる(ひさしきをじす)。「持久戦」

【持△戟】(ジゲキ) ほこをもつ。また、その兵士。「持戟の士」

【持衡】(ジコウ) ①はかりざおを持つ。②大臣。天下の平衡を維持する者の意。③人物を品評すること。④科挙(官吏登用試験)の主任の試験官。

【持国(國)天】(ジコクテン) 仏梵語(ボンゴ) Dhṛtarāṣṭra の訳語。帝釈天(タイシャクテン)の部下である四天王の一人。東方を守護するという。左手に刀、右手に珠(たま)を持つ。治国天とも書く。

【持参(參)】(ジサン) 持って行く。持って来る。また、その品物。

【持節(節)】(ジセツ) ①天子から賜った節(わりふなど)をもつこと(セツをジす)。②節操を守る。

【持説】(ジセツ) 変えずに持ち続ける意見。常に主張する意見。持論。

【持続(續)】(ジゾク) たもちつづける。ある状態などを長くつづけること。

【持重】(ジチョウ) ①おもおもしくする。大事をとる。②正道を守る。

【持仏(佛)】(ジブツ) 仏仏間に安置したり、身につけたりして、常に信仰する仏。

【持満(滿)】(ジマン) ①弓を十分にひきしぼった状態のままにしていること(マンをジす)。②満ち足りた境遇・地位を長く保つこと。③準備を十分に整えて待機していること。

【持薬(藥)】(ジヤク) 国ふだん飲んでいる薬。

【持論】(ジロン) ＝持説。

(9)6 【拾】 2655 教3 シュウ・ジュウ ひろう

㊥シュウ(シフ)・㊇ジュウ(ジフ) 緝 shí 慣ジッ

2906 3D26

筆順 

字義 ❶ひろう(ひろふ)。ひろいとる。「拾得」❷おさめる(収)。あつめる。「収拾」❸ゆごて。弓を射るとき左臂(ひだりひじ)につけるもの。❹とお(とを)。＝十。→十(738)の参考

解字 篆文  会意。扌(手)＋合。手でものを合わせるの意味から、ひろいあつめるの意味を表す。

▼採拾・収拾

【拾遺】(シュウイ) ①落ちているものを拾う。〔史記、孔子世家〕塗不ㇾ拾ㇾ遺(みちにおちたるをひろわ(は)ず)。②もれたもの、抜け落ちたものを拾い集めて補う。③君主の気づかぬ過去を拾い上げていさめること。④唐・宋(ソウ)代の官名。君主をいさめる役。

【拾△芥】(シュウカイ) ごみを拾う。物事のたやすいことのたとえ。

【拾収(收)】(シュウシュウ) ①拾い収める。②乱れたものを集めてうまく整理すること。

【拾△翠】(シュウスイ) 春の山野でつみ草をすること。翠は、みどりで、緑草をいう。

【拾△摭】(シュウセキ) 拾いとる。摭も、拾い取る意。

【拾△掇】(シュウテツ) 拾いとる。掇も、拾い取る意。拾摭(シュウセキ)。

【拾得】(シュウトク) ①(他人の落とした物を)拾いとる。拾う。②(ジットク)唐の僧。寒山とともに岩穴に住み、奇行が多かった。→寒山拾得(三〇八ページ)。

(9)6 【拯】 2656 △ ショウ 迥 zhěng 慣ジョウ

5746 594E

字義 すくう(すくふ)。すくいあげる。たすける。「拯救」

解字 篆文  形声。扌(手)＋丞㊍。音符の丞(ジョウ)は、助けあげるの意味。水に沈もうとする人を助けあげるの意味を表す。

(9)6 【拭】 2657 標 ㊥ショク 職 shì ㊇シキ

3101 3F21

字義 ぬぐう(ぬぐふ)。ふく。きよめる。よごれ・ぬれ・くもりなどをふき清める。「払拭」

解字 形声。扌(手)＋式㊍。音符の式は、織に通じ、縦横に糸を織るの意味。手を縦横に動かす、ぬぐうの意味を表す。

【拭目】(ショクモク) 目をぬぐって見る意で、注意して見ること。

(9)6 【拵】 2658 △ 一㊥ソン・㊇ゾン 元 cún 二㊥ソン・㊇ゾン 願 zùn

5747 594F

字義 一よる(拠)。二さしはさむ。国❶こしらえる(こしらふ)。つくる。製作する。❷こしらえ(こしらへ)。つくり。

解字 形声。扌(手)＋存㊍。

(9)6 【挑】 2659 常 チョウ いどむ 一チョウ(テウ) 蕭 tiāo 二トウ(タウ) 豪 tāo

3609 4429

筆順 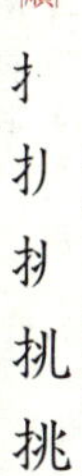

字義 一❶いどむ。しかける。そそのかす。気を引く。❷かかげる(かかぐ)。灯心をかきたてる。灯火のしんを上に出す。〔唐、白居易、長恨歌〕孤灯挑尽未ㇾ成ㇾ眠(コトウかかげつくしていまだねむりをなさず)。訳文⇩夕殿（三五一ページ）。❸はねる。はねあげる。❹になう。❺えらぶ。あげる。二→挑達。

解字 篆文  形声。扌(手)＋兆㊍。音符の兆は、うらないのときに現れる割れ目の象形。手を加えて割れ目をつける・かきたてるの意味を表し、転じて、いどむの意味を表す。

【挑戦(戰)】(チョウセン) ①戦いをいどむ。戦争をしかける。②けんかをふっかける。③国試合を申し込む。

【挑達】(トウタツ) 落ち着きがなく、軽々しくはねまわり歩くさま。

【挑灯(燈)】(チョウトウ) ①ともしびをかかげる。灯心をかきたてて、あかるくする。②国(チョウチン) ろうそくを中に立てて持ち歩く照明具。

【挑発・挑△撥】(チョウハツ) ①かかげあげる。②いどむ。しかける。③そそのかす。そそる。

(9)6 【挵】 2660 △ ロウ 弄(2052)の俗字。→三六七ページ。

(9)6 【挘】 2661 国字 △ むしる。 毟(3856)と同字。→六〇六ページ。

字義 国はたらく。家業にはげむ。

(9)6 【挧】 2662 △ ウ yǔ

5743 594B

字義 姓。

(10)7 【挨】 2663 標 アイ 蟹 賄 ǎi

1607 3027

字義 ❶うつ。背をうつ。❷おす。おしすすめる。おしのけて進む。❸せまる。たがいに近づく。接近する。

解字 篆文  形声。扌(手)＋矣㊍。音符の矣(イ)は、疑の字の左半分の変形したもので、たちどまり思いまようの意味。ある場所から離れないで、人々が思いまようの意味から、ちかづく、混雑しておしあうの意味を表す。

【挨△拶】(アイサツ) ①押し進む。大勢の人が押しのけ合って進む。②禅宗で、僧が問答を繰り返しやり合うこと。③国㋐会釈(エシャク)。おじぎ。受け答え。応対。㋑答礼。返礼。報酬。

【挨次】(アイジ) 後から後からと続いて。順次に。

(10)7 【捐】 2664 △ エン 先 juān 【挶】俗字

5748 5950

字義 ❶すてる(すつ)。やめる。除く。すておく。❷さしだす。寄付する。❸金で官位を買う。「捐官」❹こじき。

解字 篆文  形声。扌(手)＋肙㊍。音符の肙(エン)は、細く小さいの意味。手で細く小さくする、すてるの意味を表す。

【捐館】(エンカン) 住んでいたやかたを捨てること。貴人の死をいう。

【捐棄】キエン すてる。棄捐。
【捐金】キエン ①金をすてる。②金を寄付する。「義捐金」
【捐命】エンメイ 命をすてる。捐生。

(10)7【捍】2665 △ カン 扞(2568)と同字。→四三六ページ。 5750 5952

(10)7【挾】(2647) キョウ 挾(2646)の旧字体。→四八ページ。 5749 5951

(10)7【捄】2666 △ 一ク 虞 jū 二漢キュウ(キウ)・呉グ 尤 qiú 三漢キュウ(キウ)・呉ク 宥 jiù

字義 一 ❶もる(盛)。土をもっこの中に入れる。❷かきあつめる。二 ❶もる(盛)。❷長いさま。三 すくう(救)。

解字 篆文 形声。扌(手)+求㊥。音符の求は、手もとに引きよせ集める、もとめるの意味。土をかき集めて、もっこに盛るの意味を表す。

(10)7【捃】2667 △ クン 問 jùn 【攈】本字

字義 ひろう(拾)。ひろい取る。

解字 篆文 形声。扌(手)+君㊥。篆文は、扌(手)+麇㊥。音符の麇クンは群に通じ、むれの意味。多くのものの中からひろうの意味を表す。捃は略字。

【捃採】クンサイ 拾い取る。拾取。捃摭クンセキ。
【捃拾】クンシュウ 拾い取る。また、探し集める。
【捃摭】クンセキ 多くのものの中から拾い取る。

(10)7【捂】2668 △ ゴ 遇 wǔ

字義 ❶ふれる。さわる。❷もとる。さからう。❸むきあう。

解字 形声。扌(手)+吾㊥。

(10)7【捆】2669 △ コン 阮 kǔn

字義 ❶ととのえる。❷うつ。たたく。わらぐつなどを、しめらせてたたき堅くする。❸しばる。

解字 形声。扌(手)+困㊥。

(10)7【挫】2670 標 サ 箇 cuò 慣ザ 2635 3A43

字義 ❶くじく。㋐へし折る。㋑いためる。屈服させる。❷くじける。㋐折れる。㋑くだける。弱まる。❸とる。とらえる。

解字 篆文 形声。扌(手)+坐㊥。音符の坐ザは、ひざをおるの意味。手を付し、くじくの意味を表す。

【挫衄】ザジク くじく。また、くじける。衄も、同じ意。
【挫辱】ザジョク くじきはずかしめる。
【挫折】ザセツ ①くじき折る。②くじけ折れる。失敗する。頓挫〔トンザ〕。

(10)7【捎】2671 △ 漢ソウ(サウ) 呉ショウ(セウ) 肴 shāo

字義 ❶とる。❷はらう(払)。❸かすめる。かする。❹かる。きりはらう。❺ころす。

解字 篆文 形声。扌(手)+肖㊥。音符の肖は、けずりとるの意味。物の表面をかすめとるの意味を表す。

(10)7【振】2672 常 シン ふる・ふるう 3122 3F36

一シン 震 zhèn 二シン 真 zhēn

筆順 扌 扩 扩 扩 振

字義 一 ❶ふるう。ふるわす。㋐ゆり動かす。勢いよく動かす。「三振」㋑ふるい立たせる。さかんにする。「振起」㋒うちふるう。ふるってはらう。「振衣」❷ふるう。㋐ゆれ動く。ふるえる。㋑ふるいたつ。さかんになる。「振起」❸すくう。助ける。❹道を通す。❺おさめる。整える。❻古い。昔。いにしえ。❼より(自)。から。❽むらがる。→振鷺シンロ。二 →振振。

国 ❶ふる。㋐わりあてる。㋑きらう。㋒うしなう。すてる。❷ふり。㋐おこない。ふるまい。㋑すがた。ようす。なり。㋒いつわって見せかける。「見ぬ振り」㋓時日の経過を示す語。「久し振り」㋔刀剣を数える語。㋕芝居で音楽に伴ってする所作。「振り付け」

使いわけ ふるう〔奮・振・震〕⇨奮(1437)。 名乗 とし・のぶ

解字 篆文 形声。扌(手)+辰㊥。音符の辰シンは、ふるえるくちびるの意味。手を付し、ふるうの意味を表す。また、勇気をふるいたたせ、はげまし救うの意味をも表す。

▼玉振

【振衣】シンイ ①衣を振って、ほこりなどを払うこと。〔楚辞、漁父〕新浴者必振レ衣(あらたによくするものは、かならずころもをふるう)。②転じて、官に仕えることを予期して、衣の手入れをすること。③山野にかくれ住んで、世俗のけがれを落とすこと。
【振駭】シンガイ ふるいおどろく。また、ふるいおどろかす。震駭。
【振起】シンキ ふるいおこす。また、さかんになる。振挙。
【振救】シンキュウ すくう。ほどこしめぐむ。賑救シンキュウ。
【振窮】シンキュウ 貧民を救うこと。賑窮シンキュウ。
【振恐】シンキョウ ふるえあがっておそれる。また、ふるえあがらせる。
【振古】シンコ ①おおむかし。いにしえ。振も、古の意。②いにしえより。昔から。振は、自より。
【振興】シンコウ =振作。→次項。
【振作】シンサク ふるい起こす。さかんにする。また、ふるい起こる。振興。
【振刷】シンサツ ふるいはらう。これまでの悪い点をすっかり改めて新しくすること。刷新。
【振振】シンシン ①仁愛や信義の心の厚いさま。②さかんなさま。③群がり飛ぶさま。
【振恤・振卹】シンジュツ ほどこし救う。恤・卹は、あわれむ意。
【振旦】シンタン 中国をいう。昔、インドで用いた語の音訳で、シン・シナと同系の称呼。震旦。
【振動】シンドウ ①九拝の一つ。両手を打つ拝礼。かしわで。②ゆれうごく。また、ふり動かす。
【振盪】シントウ ふり動かす。盪は、動。振動。震盪。
【振徳】シントク めぐむ。ほどこしめぐむ。徳は、恵む意。
【振武】シンブ ①武術をさかんにする。②武勇をふるいあらわす。
【振慄】シンリツ ふるえおののく。
【振旅】シンリョ 軍隊の隊列などを整える。凱旋ガイセンするにいう。
【振鈴】シンレイ 鈴をふり鳴らして、合図や警告をする。また、その鈴。
【振鷺】シンロ むらがり飛んでいるさぎ。転じて、潔白な賢者をいう。〔詩経、周頌、振鷺〕

(10)7【挻】2673 標 セン 先 shān

字義 ❶のばす。ながくする。❷うつ。こねる。こねのばす。❸やわらげる(柔)。❹ゆるくする。ゆるめる。❺ひく(引)。❻とる。❼うばう。

解字 篆文 形声。扌(手)+延㊥。音符の延は、のびるの意味。手を付し、のばすの意味を表す。

【挻埴】センショク 粘土をこねのばす。また、粘土をうつ。〔老子、十一〕挻埴以為レ器(しょくをうちてもってきをつくる)。

(10)7【捜】2674 常 ソウ さがす 3360 415C
(13)10【搜】2675 人 許 シュウ(シウ) 尤 sōu 慣ソウ(サウ) 5751 5953

筆順 扌 扣 扫 押 捜

字義 ❶さがす。さがしもとめる。❷えらぶ。❸多い。

使いわけ さがす〔捜・探〕
〔捜〕見えなくなったものについてさがす。「犯人を捜す・なくした財布を捜す」

［探］欲しいものについてさがす。「職を探す・手ごろな辞典を探す」

実際には紛らわしいことが多いので「捜索する」の意以外の場合は多く［探］を用いている。

解字 文 篆 形声。扌(手)＋叟(叜)音。音符の叜ソウは、手さぐりするの意味。のち、手を付し、捜となる。常用漢字は、捜の省略形による。

【捜検(檢)】ソウケン ①さぐりしらべる。②身体検査をする。

【捜査】ソウサ ①さがして取り調べる。②国検察官や警察官が犯人をさがし、また証拠を集めること。

【捜索】ソウサク ①さがし求める。②ゆききする。③国検察官や警察官が物件・犯人の発見のために強制的に家宅・身体などを調べること。

【捜神記】ソウシンキ 書名。八巻、または、二十巻。東晋トウシンの干宝の編。六朝時代の志怪小説集。鬼神・怪異の話を集めたもので、仏教の影響も見られる。

【捜討】ソウトウ さがし求める。討は、尋ねる意。

【捜羅】ソウラ さがしあつめる。羅は、あみ。

(10)7 **【挿】** 2676 常 ソウ さす　3362 415E

(12)9 **【插】** 2677 漢ソウ(サフ) 呉ショウ(セフ) 洽 chā　5771 5967

筆順 扌 扌 扌 扌 挿

【挿】俗字 字義 ❶さす。さしこむ。「挿入」 ❷にない棒。❸すき。＝鍤ソウ。

使いわけ さす［指・刺・挿・差］⇩指(2653)。

解字 文 篆 形声。扌(手)＋臿(臿)音。音符の臿ソウは、うすにきねをさしこんださまの会意文字。手を付し、さしこむの意味を表す。常用漢字の挿は俗字の略体。

【挿秧】ソウオウ 苗を植えること。田植えする。

【挿花】ソウカ ①花をかんざしとしてさすこと。②生け花。

【挿架】ソウカ ①棚に置く。また、書棚に置く書物。②書棚。本棚。書架。

【挿画(畫)】ソウガ・さしエ 書物や新聞・雑誌などの中にさしはさむ絵。挿図。

【挿頭】ソウトウ ①髪かざり。かんざし。②国かざし 頭髪や冠にさした「花・造花」。

【挿話】ソウワ 国文章または談話の中にさし入れた本筋以外の短い話。エピソード。

(10)7 **【捉】** 2678 標 サク 慣ソク 覚 zhuō　3410 422A

字義 ❶とる。もつ。にぎる。つかむ。「把捉ハソク」 ❷とらえる。からめとる。「捕捉」

解字 文 篆 形声。扌(手)＋足音。音符の足は、束に通じ、たばねるの意味。手でしばる、とらえるの意味を表す。

【捉髪】ソクハツ ①結いかけた髪をにぎって立つこと。急ぐことの形容。②「吐哺捉髪トホソクハツ」の略で、食事や洗髪中に来客があれば、口中の食物を吐き出し、髪をにぎったままで急いで出迎える意から、賢者を求めるのに熱心な意に用いる。［韓詩外伝、三］

(10)7 **【挼】** 2679 △ 一漢ダ・呉ナ 歌 ruó, ruá 二スイ 因

字義 一❶おす。おしおとす。❷もむ。もみあわす。もみくちゃにする。もみくだく。二うつ。

解字 文 篆 形声。扌(手)＋妥音。音符の妥は、女性を上から手でおさえるの意味。なでさする・もむの意味を表す。

(10)7 **【捗】** 2680 標 一漢ホ・呉ブ 遇虞 bù, pū 二チョク 職 zhì　［捗］3629 443D

字義 一おさめる(収)。二うつ(打)。国はかどる。仕事が早く進行する。「進捗」 難読 捗捗はかばかし

解字 形声。扌(手)＋歩音。

(10)7 **【挺】** 2681 標 漢テイ 呉ジョウ(ヂャウ) 慣チョウ(チャウ) 迥 tǐng　3682 4472

字義 ❶ぬく(抜)。ひきぬく。❷ぬきんでる。ぬけでる。また、人よりすぐれる。❸つきだす。❹まっすぐにする。ぴんと伸ばす。❺細長く、まっすぐなものを数える語。「巨竹千挺」 ❻ゆるくする。ゆるめる。❼とく。解放する。

参考 現代表記では［丁］(4)に書きかえることがある。「一挺→一丁」

解字 文 篆 形声。扌(手)＋廷音。音符の廷は、突き出るの意味。手でぬきだすの意味を表す。

【挺秀】テイシュウ ぬきんでてすぐれる。ずばぬける。

【挺身】テイシン ①身を引いて去る。また、やっと逃れる。②身をぬきだして進む。真っ先に立つ。勇敢に事に当たる。

【挺進】テイシン ひとりぬきんでて進む。

【挺然】テイゼン 多くの人の中からぬきんでるさま。「挺然不群」

【挺立】テイリツ ぬきんでて立つ。衆にすぐれること。ずばぬける。傑出。

(10)7 **【捏】** 2682 標 漢デツ・呉ネチ 屑 niē 慣ネツ　5752 5954

【揑】俗字 字義 ❶おさえる。おす。❷こねる。こねあわせる。また、あつめる。つくねる。❸にぎる。国こねる ㋐水をまぜてねる。㋑いろいろに言いまわす。㋒無理難題をいう。

解字 会意。扌(手)＋呈(呈)。呈は、また臼＋土で、うすの中に土のあるさま。うすで土をこねるの意味を表す。

【捏造】ネツゾウ ①土などをこねて物の形を作る。②根も葉もないことをでっちあげる。事実でないことを事実らしく作る。

(10)7 **【捌】** 2683 標 一漢ハツ・呉ハチ 黠 bā 二漢ヘツ・呉ヘチ 屑 bā　2711 3B2B

字義 一❶えぶり。さらえ。穀物などをかき寄せる農具。❷やつ。やっつ。＝八。→八(456)の参考 二さばく。分ける。分解して処理する。＝扒。国❶さばく。㋐乱れたものごとをきちんと処理する。㋑手でたくみに扱う。㋒商品を売りこなす。❷さばける 世なれてものわかりがよい。❸さばき。㋐裁判。㋑処置。処分。取り扱い。

解字 文 篆 形声。扌(手)＋別音。

(10)7 **【挽】** 2684 標 漢バン 呉マン 阮 wǎn　［挽］4052 4854

字義 ＝輓バン。❶ひく(引)。ひっぱる。また、ひきもどす。「挽回」 ❷人を高い地位に引きあげる。「推挽」 ❸死者をいたむ。→挽歌。国ひく。鋸のこぎりで木材をきりさく。

解字 形声。扌(手)＋免音。音符の免は、新生児を生み出す形にかたどる。手で引き出すの意味を表す。

【挽歌】バンカ 輓歌バンカ。①葬式のとき、棺をのせた車を挽ひく者が歌う歌。とむらいうた。②転じて、死者をいたむ詩歌。挽詩バンシ。

【挽回】バンカイ もとにひきもどす。回復。

(10)7 **【捕】** 2685 常 ホ とらえる・とらわれる・とる・つかまえる・つかまる 漢ホ・呉ブ 遇 bǔ　4265 4A61

筆順 扌 扌 捕 捕

字義 とる。とらえる。つかまえる。めしとる。また、とらわれる。つかまる。「逮捕」

使いわけ とる［執・採・撮・捕・取］⇩取(810)。

解字 文 篆 形声。扌(手)＋甫音。音符の甫ホは、いねのなえの意味。苗を手ににぎる、しっかり手にとるの意味を表す。

▼逮捕・追捕

【捕獲】ホカク つかまえる。生け捕る。また、ぶんどる。

【捕捉】(ホソク) とらえる。特に、罪人を逮捕すること。

【捕治】(ホチ) 罪人を捕らえて調べること。

【捕縛】(ホバク) とらえてしばる。

【捕吏】(ホリ) 国昔、罪人をとらえる役人。とりて。とりかた。

【捕虜】(ホリョ) とりこ。捕らわれびと。戦争で捕らえられた将兵。

(10)7 【挪】2686 △ ヤ　挪(2762)と同字。→四六〇ページ。

(10)7 【挹】2687 △ ユウ(イフ) 緝 yì
字義 ❶くむ。㋐水などをくむ。㋑気持ちをくむ。思いやる。❷おさえる。ひかえめにする。❸とる。手にとる。❹こまぬく。両手を胸の前で重ね合わせる敬礼。
解字 篆文 形声。扌(手)＋邑音。音符の邑(ユウ)は、あつめるの意味。手であつめるの意味を表す。
【挹掬】(ユウキク) 手ですくうこと。また、手でくみとること。
【挹損】(ユウソン) 自分の心をおさえてへりくだること。抑損。

(10)7 【捋】2688 △ 漢ラツ 呉ラチ 曷 luō, lǚ
字義 ❶とる。つまみとる。❷する。こする。なでる。
解字 金文 篆文 形声。扌(手)＋寽音。音符の寽(ラツ)は、上下から手を近づけていってとる形にかたどる。のち、さらに手を付した。

(10)7 【挵】2689 △ ロウ 送 nòng
字義 弄(2052)と同字。→三六七ページ。国せせる。つつく。ほじくる。
解字 形声。扌(手)＋弄音。音符の弄(ロウ)も、もてあそぶ意味。

(11)8 【掖】2690 △ 漢エキ 呉ヤク 陌 yè　5753 5955
字義 ❶わきばさむ。❷たすける。「誘掖」❸わき。わきのした。＝腋(エキ)。❹宮門の両わきにある小門。❺後宮。女官のいる所。❻宮殿。御所。宮掖。

難読 掖上(わきがみ)

解字 篆文 形声。扌(手)＋夜音。音符の夜(ヤ＝エキ)は、また、夕＋亦音。音符の亦(エキ)は、わきの下の象形。手を付し、わきばさむの意味を表す。

【掖垣】(エキエン) 宮殿の正門のそばにある土塀。転じて、宮廷。

【掖省】(エキショウ) ①唐代、門下・中書二省の称。宮中の左右にあったのでいう。②国宮内省。

【掖廷・掖庭】(エキテイ) 宮殿のわきに設けた御殿。宮女のいる所。後宮。

【掖門】(エキモン) 宮殿の正門の両わきにある小さな門。

【掖誘】(エキユウ) たすけみちびく。誘掖。

(11)8 【掩】2691 △ エン 琰 yǎn　1770 3166
字義 ❶おおう。おほふ。㋐おおいかくす。「掩蔽(エンペイ)」㋑閉じる。㋒つつむ(包)。㋓おそう(襲)。不意をうつ。❷とまる。

参考 現代表記では［援］(2741)に書きかえることがある。「掩護→援護」

解字 篆文 形声。扌(手)＋奄音。音符の奄(エン)は、おおうの意味。手でおおうの意味を表す。

【掩咽】(エンエツ) 顔をおおって泣きむせぶこと。咽は、むせぶ。

【掩蓋】(エンガイ) ①おおいかくす。また、覆い。②敵弾を防ぐために塹壕(ザンゴウ)などの上にかける屋根。

【掩泣】(エンキュウ) 涙をおさえる。手で顔をおおって泣くこと。泣は、涙。

【掩撃(擊)】(エンゲキ) 敵の不意を打つこと。不意打ち。

【掩護】(エンゴ) ①おおい守る。かばう。援護。②国敵の攻撃を防ぎ、味方を守ること。「掩護射撃」

【掩襲】(エンシュウ) 敵の不意をうつこと。掩撃。

【掩塞】(エンソク) おおいふさぐ。

【掩鼻】(エンビ) ①(臭気をきらって)鼻をおおう。②人をだますこと。荆王(ケイオウ)の夫人鄭袖(テイシュウ)が王とその愛人をだまし、王に愛人の鼻を切らせた話。〔韓非子、内儲説下〕

【掩蔽】(エンペイ) おおいかくす。また、おおわれかくれる。

【掩有】(エンユウ) おおいたもつ。合わせ持つ。全部を所有すること。

【掩抑】(エンヨク) おさえとどめる。〔唐、白居易、琵琶行〕絃絃掩抑声声思(ゲンゲンエンヨクしてセイセイおもい(ひ)あり)

(11)8 【掛】2692 常 かける・かかる・かかり 漢カイ(クワイ)・呉ケ 卦 guà 慣カ(クワ)　1961 335D
筆順 扌 扗 挂 掛 掛
字義 かける。かかる。挂(2649)と同字。㋐ひっかける。つりさげる。㋑心に留める。気にかける。国❶かける。㋐かぶせる。㋑掛け算をする。❷かかる。着手する。始める。❸かかり。㋐関係。㋑受持ち。担当。㋒費用。❹かけ。㋐かけ値。㋑かけ売り。㋒かけそばの略。
難読 掛澗(かかりま)
使いわけ かける・かかる［掛・架・懸］
［架］かけわたす。「橋を架ける」
［懸］離れないようにする。つなぐ。「思いを懸ける」
［掛］右以外は［掛］を用いるか、またはかな書き。「腰を掛ける・電話を掛ける・保険を掛ける・迷惑を掛ける」
解字 形声。扌(手)＋卦音。挂(2649)と同字。→四四九ページ。
【掛冠】(カイカン) 辞職することをいう。→挂冠(ケイカン)(四四九ページ)。
【掛錫】(カシャク・ケシャク) 仏錫杖(シャクジョウ)をかける。行脚の僧がしばらく他の寺にとどまり住むこと。→飛錫(一二〇六ページ)。

(11)8 【掴】2693 △ カク　摑(2792)の俗字。→四六三ページ。　3647 444F

(11)8 【掎】2694 △ キ 紙 jǐ　5754 5956
字義 ひく。ひっぱる。足をひく。弓を引く。
解字 篆文 形声。扌(手)＋奇音。音符の奇は、かぎ型に曲がるの意味。うでを曲げて片足を持ってひくの意味を表す。
【掎角】(キカク) 前後からはさんで敵を攻めること。鹿(しか)を捕らえるのに、後ろから足を引き、前から角を抑えるのに基づく。〔左伝、襄公十四〕
【掎摭】(キセキ) 引き寄せて収め取る。一つ一つ拾い取る。

(11)8 【掬】2695 標 キク 屋 jū　2137 3545
字義 ❶すくう。すくふ。むすぶ。両手でくみあげる。❷両手。両手のひら。❸くみとる。心情を察する。❹量の単位。両手一ぱいぐらいの量。約〇・二リットル。

解字 形声。扌(手)＋匊音。音符の匊(キク)は、両手ですくうの意味。手を付し、意味を明らかにした。

【掬飲】(キクイン) すくって飲む。

【掬水】(キクスイ) 水を両手ですくう。また、すくいあげた水。

【可レ掬】(キクすべし) 手ですくいとることができる。多いことの形容。

(11)8 【据】2696 常 すえる・すわる 一漢キョ・呉コ 魚 jū 二漢キョ・呉コ 御 jù　3188 3F78
筆順 扌 护 [illegible] 据
字義 一はたらく。二❶＝一。❷よる(拠)。❸おごる。おごりたかぶる。＝倨(キョ)。国❶すえる。すう。㋐すえおく。そのままにしておく。㋑神仏に物をそなえる。㋒灸(キュウ)をする。❷すわる。動かないでいる。「目が据わる」
解字 篆文 形声。扌(手)＋居音。音符の居は、固に通じ、かたいの意味。手をこわばらせてはたらくの意味を表す。日本語では、居の訓「いる」から類推して、すえるの意味に用いる。

▼考据

【据△傲】キョゴウ　おごる。おごりたかぶる。傲も、おごる。倨傲キョゴウ。

【掀】 (11)8 2697 △ 〓漢ケン・呉コン 元 xiān　5755 5957

字義 〓〓❶**あげる**(挙)。**かかげる**(掲)。❷たかいさま。

解字 篆文 形声。扌(手)＋欣(音)。音符の欣キンは、斤に通じ、ふりあげる「おの」の意味。手で振りあげるの意味を表す。

【掘】 (11)8 2698 常 クツ ほる　漢クツ 呉グチ 物 jué　2301 3721

筆順

字義 ❶**ほる**。㋐うがつ。穴をほる。㋑ほりおこす。ほり出す。「採掘」❷くぼむ。へこむ。❸つきる。きわまる。

解字 篆文 形声。扌(手)＋屈(音)。音符の屈は、かがめるの意味。腰をかがめて穴をほるの意味を表す。

▼採掘・発掘

【掘起】クッキ　ひときわ目立ってそびえていること。

【掘強・掘△彊】クッキョウ　①力などのきわめて強いこと。②威をふるうこと。

【掘△鑿】クッサク　ほりうがつ。ほって穴をあける。掘削。

【掲】 (11)8 2699 常 ケイ かかげる　(12)9［揭］2700 人 許 〓ケイ 霽 qì 〓漢ケツ・呉ケチ 月 jiē　2339 3747

筆順

字義 〓❶**かかげる**。㋐高くあげる。人目につくようにする。「掲揚」「前掲」㋑着物のすそを持ち上げる。〔詩経、邶風、匏有苦葉〕浅則掲あさければすなわち(は)ちかかぐ。❷になう。〓＝〓の❶。❷長いさま。高いさま。❸しるし。

解字 篆文 形声。扌(手)＋曷(曷)。音符の曷カツは、かかげるの意味。手を付し、高くかかげるの意味を明らかにした。

▼高掲

【掲△焉】ケツエン　①高くあがるさま。②国ケチエン　はっきりときわだっているさま。

【掲掲】ケイケイ・ケツケツ　①長いさま。②高いさま。③高くあがるさま。

【掲載】ケイサイ　新聞・雑誌などに文章や広告などを載せる。

【掲示】ケイジ　①かかげ示す。はり出して人に示す。②はりふだ。一般の人に知らせるためにかかげ示す文書。

【掲揚】ケイヨウ　国かかげあげること。旗を高くあげること。

【捲】 (11)8 2701 標 漢ケン 呉ゲン 先 quán ［捲］ 2394 377E

字義 ❶**まく**。ぐるぐるまく。❷こぶし。にぎりこぶし。❸勇気。気力。

解字 篆文 形声。扌(手)＋卷(音)。音符の卷は、まくの意味。のちに、手を付し、意味をいっそう明らかにした。

【捲握】ケンアク　しっかり手ににぎること。また、にぎりこぶし。

【捲土重来(來)】ケンドチョウライ・ケンドジュウライ　＝巻土重来ケンドチョウライ(三四一ページ)。

【控】 (11)8 2702 常 コウ ひかえる　〓漢コウ・呉ク 送 kòng 〓コウ(カウ) 江 qiāng　2521 3935

筆順

字義 〓❶**ひく**。㋐手前にひく。引き寄せる。㋑弓をひく。㋒さしひく。「控除」❷**ひかえる**。ひきとめる。おさえる。❸告げる。訴える。「控訴」❹投げる。身を投げる。❺つまずく。〓うつ。たたく。国❶**ひかえる**。㋐やめにする。見合わせる。㋑ひかえめにする。㋒書きとめておく。㋓後に待ちかまえる。❷**ひかえ**。㋐うつし。副本。㋑たくわえ。そなえ。㋒そばで待っているもの。後詰め。

参考 現代表記では〔扣〕(2570)の書きかえに用いることがある。「扣除→控除」

解字 篆文 形声。扌(手)＋空(音)。音符の空は、あきまの意味。弓を引きしぼって弦とのあきまを作るの意味から、ひくの意味を表す。

【控御・控△馭】コウギョ　①馬を押さえあやつること。②他人などを自由にあやつること。③他人の自由を制して、取り締まること。

【控弦】コウゲン　弓の弦を引く。また、弓を引く兵士。

【控告】コウコク　うったえ出る。上訴する。

【控除】コウジョ　取りのける。さし引く。

【控訴】コウソ　①うったえる。告訴する。②第一審の判決に不服なとき、上級裁判所に訴えて再審を求めること。

【掐】 (11)8 2703 △ 漢コウ(カフ) 呉キョウ(ケフ) 洽 qiā

字義 ❶**つまむ**。つねる。❷たたく(叩コウ)。

解字 篆文 形声。扌(手)＋臽(音)。

【採】 (11)8 2704 教5 サイ とる　(11)8［採］2705 サイ 賄 cǎi　2646 3A4E

筆順

字義 ❶**とる**。㋐手にとる。手に入れる。「採光」㋑つむ。つみとる。㋒えらぶ。選んでとり上げる。「採用」❷きこり。

使いわけ とる〔執・採・撮・捕・取〕⇩取(810)。

名乗 もち

解字 形声。扌(手)＋采(采)(音)。音符の采サイは、つみとるの意味。手を付し、つみとるの意味を表す。

▼新採・伐採

【採掘】サイクツ　地を掘って鉱石などを掘り出すこと。

【採決】サイケツ　国決を採る。会議で、議案の可否を議員にはかり決定すること。

【採算】サイサン　国①支出と収入とが引き合うこと。②原価・諸費用・利潤を加えて、販売価格を算定すること。

【採拾】サイシュウ　①ひろう。取り集める。②薪を取り、木の実を拾う意で、貧しい生活をすること。

【採薪△之憂】サイシンのうれい(ひ)　病気にかかっていることを謙遜ケンソンしていう。採は、采とも書く。〔西廂記、崔鶯鶯夜聴琴雑劇〕

【採△摭】サイセキ　拾い取る。取り集める。

【採択(擇)】サイタク　選び取る。適当な物をとりあげる。

【採摘】サイテキ　つまみとる。つみとる。

【採納】サイノウ　意見を取り入れる。受け入れる。

【採訪使】サイホウシ　唐の玄宗が、州や県の役人の善悪を調べさせるために全国十五道に遣わした官の名。

【採録】サイロク　とりあげてしるす。記録する。

【捨】 (11)8 2706 教6 シャ すてる　(11)8［捨］2707 シャ 馬 shě　2846 3C4E

筆順

字義 ❶**すてる**。㋐手離す。不用の物として手ばなす。㋑やめる。ほうっておく。あきらめる。❷ほどこす。神仏などに金品を寄付する。「喜捨」❸仏常に平らで、執着することのない心。

名乗 いえ・すて

解字 篆文 形声。扌(手)＋舍(舍)(音)。音符の舍は、射に通じ、はなすの意味。手からはなす、すてるの意味

を表す。
▼喜捨・浄捨・容捨・用捨
【捨仮（假）名】すてがな　国漢文を訓読するときの送りがな。
【捨身】シャシン　①仏㋐一身をすてる。命をすてる。㋑俗界を捨てて仏門に入ること。出家すること。②国みすて　事をするに命を捨てる覚悟ですること。

(11)8
【授】2708
教5　ジュ　さずける・さずかる
漢シュウ（シウ）・呉ジュ　宥　shòu
2888　3C78

筆順　扌 扌 扌 授

字義　❶さずける。㋐与える。特に、上から下の者へ与える。たまわる。㋑教える。伝える。「教授」❷さずかる。いただく。受ける。❸さずかりもの。

解字　文　篆　形声。扌（手）＋受音。音符の受は、うけわたすの意味。手を付し、主として、さずけるの意味を表す。

▼教授・口授・師授・受授・神授・天授・伝授
【授衣】ジュイ　①衣を授ける。②陰暦九月の別名。『詩経』豳風ヒンプウ・七月に「七月流火シチガツリュウカ、九月授レ衣クガツイをさずく（九月に冬衣を家族に与える）」とあるのに基づく。
【授戒】ジュカイ　仏新しく仏門に入る人に、師が戒律を授けること。戒律は、五戒・十戒など、仏門で守るべきおきて。
【授業】ジュギョウ　①学業を教え授ける。②国生活の道を授ける。生活の方法を立ててやる。授産。
【授産】ジュサン　国職業を与え、生活できるように世話すること。
【授受】ジュジュ　授けることと受けること。やりとり。受け渡し。
【授命】ジュメイ　生命を投げ出して尽力すること。〔論語、憲問〕見レ危授レ命あやうき（へ）をみてはめいをさずく

(11)8
【捷】2709
人　漢ショウ（セフ）呉ジョウ（ゼフ）　葉　jié
3025　3E39

筆順　扌 扌 捷 捷

字義　❶ぶんどる。ぶんどった物。戦利品。❷かつ（勝）。また、かちいくさ。「戦捷」❸はやい。すみやか。すばやい。「敏捷」❹近道をする。❺かしこい。さとい。❻およぶ。続く。

名乗　かち・さとし・すぐる・とし・はや・まさる

解字　文　篆　形声。扌（手）＋疌音。音符の疌ショウは、すばやいの意味。手をすばやく動かして獲物をとるの意味を表す。

【捷給】ショウキュウ　すみやかに供給する意で、弁舌や動作の敏捷なこと。特に、人との応対について言い、善・悪両義に用いられる。
【捷径（逕）】ショウケイ　①近道。②必ずしも正道によらない手近な方法。早道。
【捷疾】ショウシツ　すばやい。敏捷。
【捷書】ショウショ　戦勝の報告書。
【捷捷】ショウショウ　①挙動のすばやいさま。すばしこく立ちまわるさま。②おしゃべりの声の形容。
【捷足】ショウソク　すばやい足。「捷足先得（早いもの勝ち）」
【捷敏】ショウビン　さとい。すばやい。「聡明ソウメイ捷敏」
【捷報】ショウホウ　戦勝の知らせ。捷聞。

(11)8
【推】2710
教6　スイ　おす
一スイ　支　二漢タイ・呉ツイ　灰　tuī
3168　3F64

筆順　扌 扌 扌 扌 推

字義　一二❶おす。㋐前へ押す。押して動かす。「推敲スイコウ」㋑押し上げる。下から上へすすめる。「推挙」㋒いただく。おしいただく。「推戴」㋓おしはかる。推量。「類推」〔唐、韓愈、祭二十二郎一文〕理者不レ可レ推りなるものはおすべからず。㋔推弘はおし広める。㋕きわめ問う。責め問う。「推問」❷おしうつる。うつりかわる。「推移」❸推推タイタイは、さかんなさま。

解字　文　篆　形声。扌（手）＋隹音。音符の隹スイは、出に通じ、でるの意味。手でおし出すの意味を表す。

▼邪推・類推
【推移】スイイ　うつりかわる。おしうつる。また、うつりかわり。〔楚辞、漁父〕与レ世推移よとスイイす。
【推引】スイイン　人を引き立てて用いる。推薦引用。
【推演・推衍】スイエン　おしひろめる。演は、ひろめる。敷衍フエン。
【推恩】スイオン　恩愛を広く推し及ぼす。〔孟子、梁恵王上〕故推レ恩足三以保二四海一ゆえにオンをおさばもってシカイをやすんずるにたる
【推究】スイキュウ　おしきわめる。深く調べる。
【推挙（擧）】スイキョ　人を上の地位にすすめあげること。推薦。
【推敲】スイコウ　詩文の字句を練ること。中唐の詩人賈島カトウが詩を作り、「鳥宿池辺樹とりはやどるチヘンのき、僧敲月下門ソウはたたくゲッカのモン」の句で、推（おす）の字にしようか、敲（たたく）の字にしようかと苦心した故事による。〔唐詩紀事、四十〕
【推轂】スイコク　車のこしきをおす。①天子が将軍を遣わすとき、自ら車をおすこと。②人の事業を助成すること。③賢才を推薦すること。
【推察】スイサツ　推し量り考える。推考。推量。
【推参（參）】スイサン　国①わざわざ出むく。②おしかけてゆく。許しのない所に参上する。また、突然に人を訪問した時にいう謙譲の語。③無礼なふるまい。さしでがましい。
【推称（稱）】スイショウ　ほめあげる。
【推奨（奬）】スイショウ　ほめあげる。また、ほめて人にすすめること。
【推譲（讓）】スイジョウ　他人を推薦して自分からゆずる。
【推進】スイシン　①おしすすめる。前進させる。②他人を推薦する。また、人から推薦される。
【推薦】スイセン　人をすすめあげる。人を引き立てて、他人に紹介する。推挙。◇「推選」もほぼ同義。映画や図書の推薦のように、「選んですすめる」ということを強調したい場合に「推選」を用いることもあるが、最近では「推薦」の用例が多い。
【推測】スイソク　おしはかる。推量。
【推戴】スイタイ　おしいただく。尊んで自分の上におく。
【推択（擇）】スイタク　人を用いること。また、選抜されること。
【推治】スイチ　罪を責めただす（しらべる）こと。
【推重】スイチョウ　尊び重んずる。
【推輓・推挽】スイバン　車を後ろから押し、前から引く意。転じて、人を推薦すること。輓・挽は、ひく意。
【推服】スイフク　その人を心から尊敬して従う。
【推歩】スイホ　天体の運行を計算して暦を作ること。
【推明】スイメイ　（意を）おしはかって明らかにする。推考究明。
【推問】スイモン　罪状を取り調べる。
【推理】スイリ　①物ごとの道理をおしはかること。②ある判断から他の判断を導き出す思考作用。
【推量】スイリョウ　おしはかる。推測。
【推論】スイロン　ある事物・問題・道理などを基として結論を導くこと。

(11)8
【捶】2711
△　スイ　紙　chuí
5757　5959

字義　❶むちうつ。うつ。また、むち。「鞭捶ベンスイ」❷つく。臼うすでつく。❸むち。

解字　文　篆　形声。扌（手）＋垂（𡍮）音。音符の𡍮スイは、たれさがるの意味。つえでうちおろすの意味を表す。

【捶撃（擊）】スイゲキ　むちうつ。
【捶殺】スイサツ　むちでうち殺すこと。
【捶撻】スイタツ　むちうつ。撻は、うつ。捶打。
【捶笞】スイチ　むちうつ。笞は、罪人を罰するむち。捶扑スイボク。

(11)8
【接】2712
教5　セツ　つぐ
漢ショウ（セフ）　葉　jiē
慣セツ
3260　405C

筆順　扌 扌 拉 接 接

字義 ❶つぐ。つづける。つなぐ。また、つらなる。つづく。「密接」「接頭語」 ❷ちかづく。ふれる（触）。「接戦」 ❸まじわる（まじはる）。また、まじえる（まじふ）。人とまじわる。「接待」「面接」 ❹うける。受け取る。「接収」 ❺手にとる。もつ（持）。

名乗 つぎ　難読 接骨木（にわとこ）

使いわけ つぐ〔次・継・接〕⇩次（3760）。

解字 篆文　形声。扌（手）＋妾音。音符の妾（ショウ）は、貴人に近くつかえる「こしもと」の意味。手と手とを近づける、まじわる・つぐ・ふれるの意味を表す。

▼応接・逆接・近接・交接・順接・直接・密接・隣接

【接意】（セツイ）①人の心に合わせる意で、人の気に入るようにすること。②人の心持ちを受け継ぐこと。

【接客】（セッカク・セッキャク）①客をもてなす。②旅館の者や遊女などが客引きをすること。

【接見】（セッケン）人を引きいれて面会すること。引見。

【接合】（セツゴウ）つぎあわせる。くっつく。また、つながりあって一つになる。

【接△轂】（セッコク）車のこしき（車輪の中心の太い部分）を接すること。雑踏のさま。

【接収（收）】（セッシュウ）①受け付ける。受け取る。②国家などが、強制的に個人の所有物を一時的に取り上げること。

【接△踵】（セッショウ・セッす）（くびすを）①人々のかかとが互いに接する。②物事が続いて起こること。また、人が続いてやってくること。

【接触（觸）】（セッショク）近づいてふれる。さわる。ふれあう。

【接刃】（セツジン）①やいばをふれる。②刃物と刃物とを交える意で、戦いを開くこと。

【接戦（戰）】（セッセン）①近づき戦う。また、敵と入りまじって戦う。〔史記、項羽本紀〕持二短兵一接戦（タンペイをジして、セッセンす）。②国容易に勝負のつかない戦い。互角の戦い。

【接続（續）】（セツゾク）連なり続く。また、続ける。

【接待】（セッタイ）①もてなす。また、もてなし。②招待。③仏人に飲食物を施すこと。

【接伴】（セッパン）客をもてなす。また、その人。

【接△吻】（セップン）くちづけ。英語 kiss の訳語。

【接容】（セツヨウ）招き入れる。面会する。

(11)8
【措】2713　常　ソ

一ソ　遇 cuò
二漢サク・呉シャク　陌 zé

3328
413C

筆順　扌 拱 措 措

字義 一❶おく。㋐すえつける。設ける。㋑さしおく。そのままにしておく。「挙措」 ❷はからう。手を下す。「措置」 ❸まじえる。まぜる。 二❶はさむ。❷とらえる。つかまえる。

解字 篆文　形声。扌（手）＋昔音。音符の昔は、日を重ねるの意味。他のものの上に重ねて置くの意味を表す。

▼挙措

【措辞（辭）】（ソジ）①ことばを配置する意で、ものを言うこと。②詩文などのことばの使い方、字句の用い方。

【措大】（ソダイ）書生をいう。また、貧しい書生。多くの場合、軽蔑（ケイベツ）の意をこめて用いる語。

【措置】（ソチ）①始末をつけること。また、取り計らい。さばき。②手足を置く意で、安んじていること。

【不レ知レ所レ措】（おくところをしらず）どうしてよいか分からない。じっとしておられない。

(11)8
【掃】2714　常　ソウ　はく
(11)8
【掃】2715

ソウ（サウ）　皓 号　sǎo

3361
415D

筆順　扌 扫 掃 掃

【埽】同字

字義 はく。はらう（はらふ）。㋐ほうきではく。ちりをはく。「掃除」 ㋑除く。なくす。滅ぼす。「一掃」 ㋒なする。こする。㋓ことわる。

名乗 かに・かにもり　難読 掃守（部）（かもん・かにもり・かもり）

参考 現代表記では〔剿〕（632）の書きかえに用いることがある。「剿滅→掃滅」

解字 形声。扌（手）＋帚（帚）音。音符の帚（ソウ）は、ほうきの意味。ほうきを手にする、はくの意味を表す。

▼一掃・電掃

【掃△夷】（ソウイ）はらい平げる。夷は、平らげる・滅ぼす。

【掃海】（ソウカイ）航海の安全の目的で危険物を海中から除去する。

【掃△灑・掃△洒】（ソウサイ）はいて水をそそぐ。掃除する。

【掃除】（ソウジョ・ソウジ）①はらい除く。また、掃除する。②国（ソウジ）はらい清める。

【掃清】（ソウセイ）はききよめる。

【掃地】（ソウチ・チをはらう（ふ））①地上をはき清める。②すわる場所を掃除する。③きれいになくなる。影もとどめない。

【掃△滌】（ソウデキ・ソウジョウ）はらい清める。滌は、水を注ぐこと。

【掃△殄】（ソウテン）はらいつくすこと。殄は、尽くす意。

【掃△蕩】（ソウトウ）すっかり平らげる。平定する。「掃蕩作戦」

【掃滅】（ソウメツ）盗賊や敵などをすっかりほろぼしつくすこと。

(11)8
【掫】2716　△

一漢ソウ・呉ス　尤 zōu
二漢シュウ（シウ）・呉シュ　宥
三漢ソウ・呉シュ　宥
四漢シュウ（シウ）・呉シュ

5756
5958

字義 一二❶よまわりする。拍子木を打ち鳴らし夜まわりする。一説に、かがり火をたいて夜警する。❷あさがら。おがら（麻幹）。また、たきぎ（薪）。三❶うつ（撃）。❷なす（成）。❸つける（着）。四❶もつ（持）。たもつ。❷とる。とらえる。

解字 篆文　形声。扌（手）＋取音。手にとるの意味を表す。

(11)8
【掻】2717　簡　ソウ

掻（2781）の簡易慣用字体。
→四六三ぺー。

3363
415F

(11)8
【捽】2718　△

漢ソツ
呉ゾチ　月 zuó

字義 ❶つかむ。髪をつかむ。❷ぬきとる。❸むかいあう。あたる。対抗する。

解字 篆文　形声。扌（手）＋卒音。

(11)8
【探】2719　教6　タン　さぐる・さがす

タン　覃 勘　tàn

3521
4335

筆順　扌 扌 扌 挥 探

字義 ❶さぐる。さがす。もとめる。「探究」 ❷たずねる。おとずれる。「探勝」

使いわけ さがす〔捜・探〕⇩捜（2674）。

解字 篆文　形声。篆文は、扌（手）＋突音。音符の突（タン）は、深い胎内から赤子をまさぐりだすさまにかたどる。手を付し、さぐるの意味を表す。常用漢字の探は、変形したもの。

▼試探

【探韻】（タンイン）詩を作るとき、韻字をさがすこと。

【探花】（タンカ）①花の名所を尋ねること。②官吏の登用試験たる進士の試験に第三番で及第した者。唐代、進士に合格した祝いの宴を探花宴と称し、合格者のうち、最年少者二人を探花使と称して、名園を巡りみごとな牡丹（ボタン）の花を探させ、それを観賞し合ったが、後に合格第三位の者を探花と称した。

【探丸】（タンガン）遊侠（ユウキョウ）の者が、はじき弓のたまを探り、くじびきで

赤玉の者は武官を殺し、黒玉の者は文官を殺し、白玉の者は葬式の世話をしたこと。〔漢書、尹賞伝〕

【探究】タンキュウ さぐりきわめる。物事の真実をさぐるために深く研究する。

【探検(檢)・探険(險)】タンケン 危険をおかして実地にさぐり調べること。◇さぐり調べることに重点を置けば「探検」、危険をおかすことに重点を置けば「探険」というように使い分けることもあったが、実際には区別できないことがほとんどなので、現代では探検に統一されている。

【探索】タンサク ①道理をさぐり求める。②様子や行動などをさぐる。

【探△賾】タンサク かくれて明らかでないものをさぐり求めること。賾は、深くかくれて見えないもの。〔易経、繋辞伝上〕

【探春】タンシュン 春の景色をたずね歩くこと。

【探勝】タンショウ 景色のよい所をたずね歩くこと。

【探題】タンダイ ①詩歌の会などで、いくつかの詩題の中から、自分の詠ずべきものを、抽籤チュウセンで分け取ること。②仏仏法の論議の題を選び、また、議論の判定をする役。③国鎌倉・室町時代、遠国の重要な地に置いた地方官。その地方の政務・訴訟をつかさどり、反乱などの防止・鎮定に当たった。

【探知】タンチ 秘密のことなどをさぐり知ること。

【探△籌】タンチュウ くじをさぐる。くじを引く。

【探湯】タントウ ①にえかえった湯の中に手を入れること。②熱湯にふれるとすぐに手を引くように、悪事からすぐ手を引くこと。〔論語、季氏〕見二不善一如レ探レ湯（フゼンをみることゆをさぐるがごとし）。③国くがたち 昔、事の是非正邪を判別するために、神に誓って熱湯の中に手を入れさせ、手をいためない者を正とし、いためた者を不正としたこと。

【探△嚢】タンノウ ①ふくろの中のものをさぐること。②ぬすむことのたとえ。③容易なことのたとえ。

【探梅】タンバイ 梅見に行く。梅花をたずね賞する。

【探訪】タンボウ・タンポウ さぐりたずねる。あちこち出かけて行って真相などをさぐる。

(11)8 【捉】2720 標 漢テイ 呉ジョウ（ヂャウ） 径 dìng 5761 595D

字義 おきて。天のさだめ。国おきて。㋐世のさだめ。しきたり。㋑規則。法度ハット。

解字 形声。扌(手)＋定音。

(11)8 【掇】2721 △ 漢テツ 呉テチ 屑 duō

字義 ❶ひろう。ひろいとる。選びとる。よりとる。❷けずる(削)。

解字 篆文  形声。扌(手)＋叕音。音符の叕テツは、つづるの意味。細切れのものを手でひろい集めるの意味を表す。

【掇遺】テツイ 先人の遺業をひろい集めること。

【掇去】テッキョ けずりさる。削去。

【掇拾】テッシュウ ひろいとる。とり集める。

(11)8 【掉】2722 △ 漢チョウ（テウ） 呉ジョウ（デウ） 慣トウ（タウ） 嘯 diào 5760 595C

字義 ❶ふる。ふるう。うごかす。ふり上げる。❷ふるえる。ゆれる。うごく。❸ただす(正)。

解字 篆文  形声。扌(手)＋卓音。音符の卓は、高くおどりあがるの意味。手を高くふりあげるの意味を表す。

【掉舌】トウゼツ・チョウゼツ 舌をふるう。さかんにしゃべること。また、遊説。

【掉頭】トウトウ・チョウトウ 頭をふる。否定する動作のさま。

【掉△臂】トウヒ・チョウヒ ひじをふるう。腕をふり動かす。勢いのよい、あるいは、いばっている態度。

【掉尾】トウビ・チョウビ ①尾をふる。②最後になって勢いのよいこと。「掉尾の勇を奮う」

(11)8 【掏】2723 △ 漢トウ（タウ） 呉ドウ（ダウ） 豪 tāo 5759 595B

字義 ❶えらぶ(択)。❷くむ。とる。❸する。手さぐりで物をとる。

難読 掏児すり

解字 形声。扌(手)＋匋音。音符の匋トウは、陶器の意味。陶器の中に手を入れて探る、手さぐりするの意味を表す。

【掏摸】トウボ・すり 人にさわったはずみにこっそりと盗み取る(者)。掏児。

(11)8 【捺】2724 人 漢ダツ・呉ナチ 慣ナツ・ナ 曷 nà 3872 4668

筆順 扌 扶 捺 捺

字義 ❶おす。おさえつける。「捺印」❷筆法の一つ。右下に斜めに書きさげること。大や人の乀の類。 名乗 とし

解字 形声。扌(手)＋奈音。

【捺印】ナツイン 印形をおす。

【捺落】ナラク 仏地獄。奈落。

(11)8 【捻】2725 標 ネン 塩 niǎn 3917 4731

字義 ❶ひねる。ねじる。よる。＝撚ネン・拈ネン。❷つまむ。＝拈ネン。

解字 篆文  難読 捻子ねじ 形声。扌(手)＋念音。

【捻△挫】ネンザ 関節をくじく。

【捻出】ネンシュツ 国ひねりだす。工夫して生み出すこと。拈出ネンシュツ。

(11)8 【排】2726 常 ハイ 漢ハイ 呉バイ 佳 pái 3951 4753

筆順 扌 扎 排 排 排

字義 ❶おす。㋐おしのける。しりぞける。「排斥」「排除」㋑おしひらく。❷ならぶ。また、ならべる。「排列」「按排アンバイ」

解字 篆文  形声。扌(手)＋非音。音符の非は、左右に分けるの意味。手で左右におし開く、おしのけるの意味を表す。

【排外】ハイガイ 外国人や外国の商品などを排斥すること。

【排撃(擊)】ハイゲキ しりぞけうつ。強く排斥し攻撃する。

【排行】ハイコウ 一族中の同世代の者(特に、兄弟・いとこ)を年齢の順序で並べた数。古くは、伯仲叔季を用い、伯某・仲某と呼び、後世一般には、一(または大)・二・三…を用いて某二・某三などと呼ぶ。「元二」「李十二白リジュウニハク」

【排除】ハイジョ 押しのけてとりのぞく。

【排水】ハイスイ ①水を吐き出す。また、水を流れ去らせる。また、水はけ。②船体などを水に浮かべるとき、その水に浸る部分と同じ容積の水を押しのけること。その排水量の多少によって、船の噸数トンスウをきめる。

【排△擠】ハイセイ しりぞけおとす。排斥する。

【排△泄】ハイセツ 廃物を体外に出すこと。

【排他】ハイタ 仲間でないものを排除すること。「排他的」

【排△黜】ハイチュツ ①官位などをしりぞけおとすこと。②しりぞける。排斥。

【排△詆】ハイテイ そしる。非難する。

【排△擯】ハイヒン おしのける。しりぞける。擯も、しりぞける。

【排仏(佛)】ハイブツ 仏教をしりぞける。「排仏毀釈キシャク」

【排△悶】ハイモン (心の)うさを晴らす。また、うさばらし。

【排律】ハイリツ 近体詩の一つ。五言または七言の句、十句以上の偶数句から成る。律詩(八句)に四句増した十二句のものが多い。⇩コラム・漢詩(六六〇ページ)。

【排列】ハイレツ 順序よく並べること。配列。→配列(一二一五ページ)。

(11)8 【捭】2727 △ 漢ハイ 呉ハ 蟹 bǎi

字義 ❶うつ。両手で撃つ。なげうつ。❷ひらく(開)。

解字 篆文 形声。扌(手)＋畁㊅。

(11)8【描】2728 常 ビョウ えがく
(12)9［描］2729 漢ビョウ(ベウ) 呉ミョウ(メウ) 蕭 miáo 4133 4941

筆順 扌 拦 描 描 描

字義 えがく。絵をかく。うつす。「描写」「素描」「線描」

解字 形声。扌(手)＋苗(苗)㊅。音符の苗は、貌に通じ、かたちの意味。物の形を手でえがくの意味を表す。

▼素描

【描写(寫)】えがきうつす。文章・絵画・音楽などによって表現する。また、そのこと。

(11)8【捧】2730 標 ホウ 腫 pěng 4291 4A7B

字義 ❶ささげる。両手で高く持つ。さしあげる。「拝捧」❷うける(受)。❸すくう。くむ。

解字 形声。扌(手)＋奉㊅。音符の奉そのものに、ささげるの意味があるが、その上にまた、手を付した。

【捧持】うやうやしく両手でささげ持つこと。

【捧日】①太陽をささげ持つ。②主君に忠誠をつくすこと。

【捧読(讀)】ささげ読む。文書を両手でさしあげてうやうやしく読むこと。

【捧腹絶倒】腹をかかえ、息ができないようになって倒れる。こらえきれないほどに笑いこけること。(抱腹絶倒は俗用)

(11)8【掊】2731 △ 一 漢ホウ・呉ブ 尤 póu 二 漢ホウ・呉フ 有 pǒu 三フ 遇 fù

字義 一❶かく(搔)。手でかきとる。❷とりたてる。むさぼりとる。❸ふかい。ひどい。❹ほこる。おごる。二❶うつ(撃)。❷さく。わる(割)。三たおす。また、たおれる。

解字 篆文 形声。扌(手)＋咅㊅。

【掊撃(擊)】うつ。攻撃する。また、うたれる。

【掊克】①おごりたかぶって、人の上に立つことを好む。②きびしく税を取り立てて人を苦しめる。

【掊斂】きびしく税を取り立てること。

(11)8【捫】2732 △ モン 元 mén 5763 595F

字義 ❶なでる(撫)。さする。❷さぐる。手さぐりでさがす。❸とる。もつ。つかむ。❹ひねる。ひねりつぶす。

解字 篆文 形声。扌(手)＋門㊅。音符の門は、問に通じ、とうの意味。手さぐりして求める、なでるの意味を表す。

【捫蝨】①しらみをひねる。②あたり気にせず、無頓着なこと。晋の王猛が人前もはばからず、着物のしらみを手さぐりで取りながら、当世の事を談じた故事に基づく。〔晋書、苻堅載記〕

【捫著】国もめごと。いさかい。悶着。

(11)8【掠】2733 標 一リャク 薬 lüè 二リョウ(リャウ) 漾 lüè 4611 4E2B

字義 一二❶かすめる。㋐うばいとる。「掠奪」㋑かすめ飛ぶ。すれすれに通りすぎる。❷むちうつ。罪人をむちで打って調べる。

参考 現代表記では［略］(4831)に書きかえる。「掠奪→略奪」「侵掠→侵略」熟語は［略］をも見よ。→七二一ジ。

解字 篆文 形声。扌(手)＋京㊅。音符の京は、略に通じ、かすめとるの意味。手を付し、かすめるの意味を表す。

【掠考】罪人をむち打って調べること。

【掠殺】むち打って殺す。

【掠奪】かすめうばう。無理やり取る。略奪。

【掠治】むち打つ。罪人をむち打って調べること。

【掠笞】＝掠考。

(11)8【捩】2734 △ 一 漢レイ・呉ライ 霽 lì 二 漢レツ・呉レチ 屑 liè ［捩］5764 5960

字義 一ばち。びわをひくばち。二❶ねじる。ひねる。もじる。よじる。❷くじく。❸もどる。まがる。国❶ねじ。❷もじる。他のことばに口調を似せていう。

解字 形声。扌(手)＋戾㊅。音符の戾は、ねじれるの意味。手でねじるの意味を表す。難読 捩子

(11)8【掄】2735 △ 一ロン 元 lún 二リン 真

字義 一二えらぶ(択)。「掄選」「掄択」

解字 篆文 形声。扌(手)＋侖㊅。音符の侖は、すじみちをたてるの意味。すじみちのたつものをえらぶの意味を表す。

(11)8【捥】2736 △ 一ワン 翰 wàn 二ワン 寒 wān 三ワン 旱 wǎn

字義 一うで。かいな。＝腕。二ねじる。三とる(取)。国もぐ。もぎる。ねじ切って取る。

解字 形声。扌(手)＋宛㊅。

(11)8【掵】2737 国字 △ 5762 595E

字義 はば。掵上は、秋田県湯沢市の地名。

(11)8【挘】2738 国字 △ むしる 毟(3856)と同字。→六〇六ジ。

(12)9【握】2739 常 アク にぎる　アク 覚 wò 1614 302E

筆順 扌 扌 护 握 握 握

字義 ❶にぎる。㋐手でにぎる。㋑指をまげてこぶしを作る。㋒とる。しめる(占)。領有する。「掌握」「把握」❷にぎり。㋐にぎりとる所。とって。㋑にぎりこぶし。❸単位の名。㋐長さの単位。ひとこぶしの長さ。四本の指をならべた長さ。㋑量の単位。ひとにぎりの量。❹とばり(帳)。カーテン。

解字 篆文 形声。扌(手)＋屋㊅。音符の屋は、人をやわらかくつつむへやの意味。手の中につつみこむ、にぎるの意味を表す。

▼掌握・把握

【握齪】こせこせしているさま。心の狭いさま。齷齪・偓促。

【握髪】人材を求めるに熱心なことのたとえ。周公が一回髪を洗う間に、幾度も髪を握ったまま士に面接した故事。吐哺握髪。〔史記、魯周公世家〕

(12)9【揠】2740 △ 漢アツ 呉エチ 黠 yà

字義 ぬく(抜)。ひきぬく。ぬきだす。草木のしんをぬく。

解字 篆文 形声。扌(手)＋匽㊅。

(12)9【援】2741 常 エン
(12)9［援］2742 漢エン(ヱン) 呉オン(ヲン) 元 yuán 1771 3167

筆順 扌 扌 援 援 援

字義 ❶ひく。㋐ひっぱる。また、引きよせる。㋑ひきあげる。ひきあげて用いる。登用する。㋒引用する。「援用」❷たすける。すくい助ける。「援助」「応援」「救援」❸たすけ。

参考 現代表記では［掩］(2691)の書きかえに用いることがある。「掩護→援護」

解字 篆文 形声。扌(手)＋爰(爰)㊅。音符の爰は、ひくの意味。手を付し、ひくの意味を表す。

▼外援・救援・後援・支援・勢援・声援・増援
【援引】エンイン ①引きよせる。味方にする。②引用して、自分の説の証拠とする。
【援用】エンヨウ 他のものを引用する。
【援助】エンジョ 助ける。力を貸す。また、たすけ。
【援護】エンゴ たすけまもる。また、たすけ。

(12)9 【掾】 2743 △ エン(エン) 霰 yuàn — 5765 5961
字義 ❶たすける(助)。❷したやく。小役人。掾史。❸ふち。また、えり。そでぐち。国じょう。昔の国司の三等官。
解字 篆文 形声。扌(手)+彖音。音符の彖タン=エンは、へりをめぐるの意味。周辺的なあまり重要でない仕事を手がけるの意味から、たすける・小役人の意味を表す。
【掾史】エンシ 下級の官吏。属官。下役人。小役人。掾佐。掾吏エンリ。掾属。

(12)9 【揜】 2744 △ エン 琰 yǎn — 5766 5962
字義 ❶とる。とらえる。また、うばう。❷おおう。＝弇エン・掩エン。㋐おおいかくす。「揜蔽エンペイ」㋑あまねく行きわたらせる。❸おそう。うけつぐ。踏襲トウシュウする。❹はやいさま。「揜乎エンコ」
解字 篆文 形声。扌(手)+弇音。音符の弇エンは、奄エンに通じ、おおうの意味。のち、手を付した。

(12)9 【揩】 2745 △ カイ 佳 kāi
字義 ❶する。こする。みがく。❷ぬぐう。はらいぬぐう。❸あつめる。
解字 形声。扌(手)+皆音。

(12)9 【換】 2746 常 カン かえる・かわる 漢カン(クヮン)・呉ガン(グヮン) 翰 huàn — 2025 3439
筆順 扌 扌' 扌' 挣 換
字義 ❶かえる。㋐とりかえる。「交換」㋑あらためる。変更する。❷かわる。㋐いれかわる。さしかわる。「転換」㋑あらたまる。
使いわけ かえる〔変・代・替・換〕⇩変(1381)。
解字 篆文 形声。扌(手)+奐音。音符の奐カンは、とりかえるの意味。のち、手を付した。
▼交換・互換・転換
【換韻】カンイン 一首の詩の中で句末にふむ韻を途中でかえること。また、そのかえた韻。
【換鵞】カンガ 晋シンの王羲之オウギシが『道徳経』を書いて鵞鳥と交換した故事。書物を請い求めるにいう。〔晋書、王羲之伝〕
【換言】カンゲン ことばをかえる。他のことばでいい換えること。
【換骨】カンコツ ①骨を取りかえる。②道家の説で、仙人になろうとする者が、金丹の薬を飲んで、凡骨を仙骨にかえること。
【換骨奪胎】カンコツダッタイ 古人の詩や文を作りかえて、自分の作品とすること。奪胎は、もとの胎(胎盤)を取り去る意。『冷斎夜話』に「不レ易二其意一而造二其語一(そのイをかえ(へ)ずして、そのゴをつくる)、謂二之換骨法一(これをカンコツホウといい(ひ))、規二範其意一形二容之一(そのイをキハンとして、これをケイヨウす)、謂二之奪胎法一(これをダッタイホウという(ふ))」とあるのに基づく。
【換算】カンサン・カンザン ①ある単位を他の単位でいい表すこと。②両「替え。

(12)9 【揀】 2747 △ 漢カン 呉ケン 潸 jiǎn — 5767 5963
字義 ❶えらぶ。選抜する。❷わける。よりわける。
解字 形声。扌(手)+柬音。音符の柬カンは、えらぶの意味。手を付し、えらぶの意味を表す。
【揀退】カンタイ えらび退ける。多くの者の中から、えり出して、官をやめさせること。

(12)9 【揮】 2748 教6 キ — キ 微 huī — 2088 3478
筆順 扌 扩 扌 揮 揮
字義 ❶ふるう。㋐ふりまわす。㋑ふりはらう。はらいのける。㋒あらわす。「発揮」㋓まき散らす。㋔動かす。ゆり動かす。❷とぶ。羽をふるって飛ぶ。❸指図する。指揮。❹はた(旗)。指図する旗。
解字 篆文 形声。扌(手)+軍音。音符の軍は、めぐらすの意味。手をめぐらす、ふるうの意味を表す。
▼指揮・発揮
【揮霍】キカク ①勢いがはげしいさま。②速いさま。③変わるさま。④思いきってすてる。
【揮毫】キゴウ 筆をふるう。書画を書くこと。毫は、毛筆。
【揮洒・揮灑】キシャ・キサイ ①書画を書くこと。筆をふるい、墨を灑ぐ意。②あかを洗い流すこと。
【揮染】キセン 筆をふるい紙を染める。書画を書くこと。
【揮掃】キソウ ①はらう。はらいすてる。②勢いよく筆をふるって書画を書くこと。
【揮発(發)】キハツ 常温で液体が気体となって発散すること。
【揮揚】キヨウ さかんにする。発揚。

(12)9 【揆】 2749 標 漢キ 呉ギ 紙 kuí — 5768 5964
字義 ❶はかる(度)。❷はかりごと。❸みち。方法。やり方。「一揆」❹つかさ。官吏。また、宰相。
解字 篆文 形声。扌(手)+癸音。音符の癸キは、はかるの意味。のち、手を付し、はかるの意味を表す。
【揆一也】キイツなり 道は同じである。よりどころとしている道は、皆一つ(同じ)であることをいう。〔漢書、外戚恩沢表〕世代雖レ殊(セダイことなりといえ(へ)ども)、其揆一也(そのキイツなり)。
【揆度】キタク ①はかる。おしはかる。はかり考える。②ドみち。のり。法則。

(12)9 【揭】 (2700) ケイ 掲(2699)の旧字体。→四五四ページ。

(12)9 【揵】 2750 △ 一漢ケン・呉ゲン 先 qián 二漢ケン・呉コン 阮 jiàn
字義 一❶あげる(挙)。❷になう。肩に物をかつぐ。二❶たてる。また、立つ。❷さかいを立てる。❸とじる(閉)。❹かんぬき。❺せき。水をせきとめるもの。
解字 形声。扌(手)+建音。

(12)9 【揣】 2751 △ スイ 紙 chuǎi 慣シ — 5769 5965
字義 ❶はかる。㋐高さをはかる。㋑おしはかる。さぐる。考える。❷こころみる。ためす。❸さだめる(定)。❹おさめる。刃物をきたえる。❺手にとる。持つ。
解字 篆文 形声。扌(手)+耑音。音符の耑タン=スイは、物のはじの意味。手で物のはじをはかる意味を表す。
【揣度】シタク おしはかる。考えはかる。
【揣知】シチ おしはかりさとる。探って知る。
【揣摩】シマ 自分の心で他人の心を推しはかること。「揣摩憶測」

(12)9 【揉】 2752 標 一漢ジュウ(ジウ) 呉ニュウ(ニウ) 尤 róu 二漢ジュウ(ジウ) 呉ニュウ(ニウ) 宥 róu — 5770 5966
字義 一❶もむ。❷まじる。いりみだれる。❸やわらげる(柔)。やわらげなつける。二(矯)ためる。まがりをまっすぐにする。「揉レ木(きをたむ)」
解字 形声。扌(手)+柔音。音符の柔は、やわらかいの意味。やわらかくする、もむの意味を表す。

(12)9 【揲】 2753 △ 一漢セツ・呉ゼチ 屑 shé 二漢チョウ(テフ) 呉ジョウ(デフ) 葉 dié
字義 一二❶かぞえる。占いをするとき、めどき(筮竹ゼイチク)

をかぞえること。❷うるおす。❸うつ。

解字 篆文 形声。扌(手)＋枼音。音符の枼は、牒に通じ、ふだの意味。ふだを手にとってかぞえるの意味を表す。

(12)9
【揳】2754
△ 一漢セツ・呉セチ 屑 xiè 二漢ケツ・呉ケチ 屑 xiē 三漢カツ・呉ケチ 黠 jiá

字義 一❶ただしくない。欠けている。❷ふさぐ。二はかる(計)。三うつ。打ち鳴らす。

解字 形声。扌(手)＋契音。

(12)9
【揃】2755 標 セン 銑 jiǎn ［揃］ 3423 4237

字義 ❶もむ。また、さする。❷きる。たつ。❸わける。❹えらぶ。えりぬく。❺そろえる。きりそろえる。国❶そろう。㋐同一である。一致している。㋑集合する。㋒ととのう。❷そろい。㋐そろうこと。また、そろうもの。㋑衣服などの色・模様・布地などが同じなこと。㋒揃ったものを数える語。

解字 篆文 形声。扌(手)＋前音。音符の前は、剪の原字で、きるの意味。手を付し、きるの意味を明らかにした。

【揃刈】センガイ かり切る。かりそろえる。

(12)9
【揔】2756 △ ソウ 総(5819)の俗字。→八五八ページ。

(12)9
【插】(2677) ソウ 挿(2676)の旧字体。→四五三ページ。 5771 5967

(12)9
【揕】2757 △ チン 沁 zhèn

字義 ❶うつ(撃)。❷さす(刺)。❸手にとる。

解字 形声。扌(手)＋甚音。

(12)9
【揥】2758 △ 一漢テイ・呉タイ 霽 tì, ②dì 二漢テキ・呉チャク 錫 tì

字義 一❶こうがい。さし櫛。❷すてる(捨)。❸かたる。言う。❹たわむれる。二❶たわむれる。❷とる(取)。

解字 形声。扌(手)＋帝音。音符の帝は、摘に通じ、つまむの意味。髪をつまむように、かきあげるための道具、こうがいの意味を表す。

(12)9
【提】2759 教5 テイ さげる
一漢テイ・呉ダイ 斉 tí
二漢シ・呉ジ 支 shí
慣チョウ(チャウ)
3683 4473

筆順 扌 扣 担 挰 提

字義 一❶さげる。ひっさげる。手にさげる。手に持つ。❷かかげる。㋐あげる。持ちあげる。㋑かかげ示す。持ち出す。「提出」❸つりあう。たがいに肩を並べる。❹すべおさめる。つかさどる。「提督」❺とって。器物の手をかける部分。❻よそおい。支度。❼とどこおる。つかえて進まない。❽碁の手法の一つ。うってあげ。二❶安らかなさま。❷鳥の群れ飛ぶさま。 難読 提子

使いわけ さげる〔提・下〕
上部をおさえて下にさげる場合に〔提〕を用いる以外は〔下〕を用いる。「手提げかばん・値段を下げる・頭を下げる・預金を下げる」

解字 篆文 形声。扌(手)＋是音。音符の是は、柄の長くつき出た「さじ」の意味。うでをつき出して、ひっさげるの意味を表す。

▼招提・前提

【提掖】テイエキ 掖は、わきばさむ・たすさえる。①人の手を引くこと。㋐力を貸すこと。助けること。㋑連れだつこと。②ねんごろに教え導くこと。
【提誨】テイカイ 手をとって教える。ねんごろに教えさとすこと。誨は、教える。
【提孩】テイガイ 幼いこども。提は、手を引くこと。孩は、あやせば笑う意。孩提。
【提学(學)】テイガク 官名。地方の学校行政を管理する役人。
【提起】テイキ ①とき明かす。②引き起こす。③持ちあげる。④奮い起こす。振起。⑤持ち出す。提出する。⑥国問題を持ち出し、注意を喚起する。
【提議】テイギ 議論を持ち出す。また、提出した議題。
【提挙(擧)】テイキョ ①特殊事務を管理すること。また、その役人。②およそ。あらまし。
【提琴】テイキン ①楽器の名。胡弓に似て二弦。②国バイオリン。

〔提琴〕

【提携・提攜】テイケイ ①たがいに手をつなぐ。②たがいに助け合うこと。
【提挈】テイケツ ①ひっさげる。たずさえる。携帯する。②助ける。助け合う。③処理する。④かかげ出す。
【提綱】テイコウ 事の主要な点を挙げること。提要。
【提示】テイジ さし出して見せる。◇「提示」と「呈示」には意味・用法の違いはないが、昭五六、法令用語改正で「提示」に統一されて以来、一般でも「提示」が多く用いられている。
【提倡】テイショウ 自ら言い出して人に勧める。主張し奨励する。
【提唱】テイショウ ①言い出す。②主張する。③仏禅僧が学僧に宗旨を掲げ示して導くこと。
【提撕】テイセイ ①後進を教え導くこと。撕は、さとす意。②奮い起こす。振作。③引きつけ助ける。④仏門弟をいましめ導くこと。
【提訴】テイソ 訴訟を提出する。訴訟を起こす。
【提提】テイテイ ①しとやかにゆったりしたさま。②安らかに満足するさま。③明らかなさま。④鳥の群れ飛ぶさま。
【提灯(燈)】テイトウ・チョウチン 手に提げて持ち歩くように作った灯火。チョウチンは唐音。
【提督】テイトク ①清代、武官最高の官。②艦隊の総指揮官。水師提督。
【提封】テイホウ おおよそ。おおよそ。合計。
【提要】テイヨウ ①要点を挙げる。要領を示す。②要所を挙げ示したもの。摘要。

(12)9
【搭】2760 常 トウ
(13)10
［搭］2761
トウ(タフ) 合 dā
3775 456B

筆順 扌 扌 搭 搭 搭

字義 ❶うつ。たたく。❷つける。加える。❸かかる(掛)。また、かける。つるす。❹のる。また、のせる。「搭乗」❺はおり。うちかけ。

解字 形声。扌(手)＋荅(荅)音。

【搭載】トウサイ 船や車などに荷物を積み込む。
【搭乗(乘)】トウジョウ 船や飛行機などに乗り込むこと。

(12)9
【描】(2729) ビョウ 描(2728)の旧字体。→四五八ページ。

(12)9
【揶】2762 標 ヤ 麻 yé 5772 5968

［揶］同字

字義 もてあそぶ。からかう。あざける。揶揄。

解字 形声。扌(手)＋耶音。

(12)9
【揄】2763 標 一ユ 虞 yú 二ヨウ(エウ) 蕭 yáo 5773 5969

字義 一❶ひく(引)。ひきだす。ひきずる。❷もてあそぶ。からかう。「揶揄」❸くみとる。さらえる。二きじの羽でかざった王后の衣。揄狄。

解字 篆文 形声。扌(手)＋兪音。音符の兪は、ぬきとるの意味。手でぬきとる、ひきだすの意味を表す。

【揄揚】①ひきあげる。②ほめる。ほめそやす。

(12)9
【揖】2764　△　㊀ユウ（イフ）緝 yī　㊁シュウ（シフ）緝 jí　4512 4D2C

字義 ㊀❶会釈。㋐両手を胸の前で組み合わせて、上下し、または前におしすすめてする礼の作法。㋑胸の前で組み合わせた両手を胸にあてて人を招きすすめる動作。❷ゆずる。へりくだる。また、辞退する。❸おす。おし進める。❹くむ。くみとる。❺はさむ。さしはさむ。㊁❶あつまる（集）。あつめる。❷あわせる。＝緝。

解字 篆文　形声。扌（手）＋咠㊥。音符の咠は、寄せ集めるの意味。左右の手を胸元に寄せ前方におし出す礼の意味を表す。

難読 揖屋・揖斐・揖保

【揖揖】多いさま。多く集まっているさま。

【揖譲（讓）】①両手を胸の前で組み合わせてする礼。会釈しゆずる。③へりくだった温和な動作をすること。④②平和のうちに天子の位をゆずること。尭が舜に、舜が禹に位をゆずったような類をいう。

(12)9
【揚】2765　常　ヨウ　あげる・あがる　ヨウ（ヤウ）陽 yáng　4540 4D48

筆順 揚 揚

字義 ❶あげる。㋐高く上げる。さし上げる。かざす。「揭揚」㋑引き上げる。あげ用いる。㋒おこす。さかんにする。㋓明らかにする。あらわす。「揚レ名」❷あがる。㋐高く上がる。「浮揚」㋑さかんになる。おこる。気勢が上がる。㋒あらわれる。知れわたる。❸ひたい。みけん。眉の上・下のあたり。❹おの。まさかり。❺昔の中国の九州の一つ。長江の南方一帯で、今の江蘇・安徽・江西・浙江・福建の各省をあわせた地方。国あげ。㋐子どもの衣服のあげ。㋑油であげたもの。

名乗 あき・たか・のぶ　難読 揚雲雀・揚川

使いわけ あげる〔挙・揚・上〕⇨挙（2537）。

解字 甲骨文　金文　篆文　形声。扌（手）＋昜㊥。音符の昜は、日があがるの意味。手を付し、あげるの意味を表す。

▼揭揚・賛揚・称揚・賞揚・宣揚・発揚・飛揚・抑揚

【揚棄】国哲学で、二つの矛盾した概念を調和統一して内に含む、いっそう高い概念をいう。止揚。

【揚言】声をはりあげて（公然と）言いふらすこと。

【揚州】①→字義の⑤。②地名。江蘇省の中部、長江の北、大運河西岸の都市。漢代に広陵郡が置かれ、隋代には揚州また江都郡、唐代は揚州といった。唐・宋代には、ことに商業地として栄えた。〔唐、李白、黄鶴楼送$_{二}$孟浩然之$_{二}$広陵$_{一}$詩〕烟花三月下$_{二}$揚州$_{一}$。

【揚州夢】唐の杜牧が揚州の繁華街に遊び楽しんだことを追憶した故事。転じて、昔の豪遊を夢にたとえていう。〔唐、杜牧、遣$_{レ}$懐詩〕

【揚子江】川の名。長江。中国第一の大河。全長約五八〇〇キロ。古くは江あるいは江水といい、後に大江・長江といった。揚子江の名は、もと、今の南京からやや下流の地方の、長江の部分の名であったのを、外国人が、長江全体の名称と誤認したもの。→長江（二四六ページ）。

【揚波】①波をあげる（たてる）。②時勢に従って行動すること。〔楚辞、漁父〕世人皆濁、何不$_{下}$漏$_{二}$其泥$_{一}$而揚$_{中}$其波$_{上}$。

【揚△眉】①まゆをあげる。目を見はる。眉は、まゆ。②きっとした目付きをする。気力あふれるさま。

【揚名】名を揚げる。名声を高くする。〔孝経、開宗明義章〕

【揚雄】前漢末の学者。字は子雲。成都（四川省内）の人。文章家として名高く、司馬相如にならい、「河東賦」「甘泉賦」「長楊賦」を作った。晩年、王莽に仕え、『易経』にまねて『太玄経』を作り、『論語』にまねて『法言』を作った。〔（前五三—一八）〕

【揚揚】得意なさま。「意気揚揚」

(12)9
【揺】2766　常　ヨウ　ゆれる・ゆる・ゆらぐ・ゆるぐ・ゆする・ゆさぶる・ゆすぶる　4541 4D49

(13)10
〔搖〕2767　人許　ヨウ（エウ）蕭 yáo　5774 596A

筆順 揺 揺

字義 ❶ゆれる。ゆらぐ。ゆるぐ。ゆれ動く。「動揺」❷ゆする。ゆさぶる。ゆらす。ゆる。動かす。「揺籃」❸あげる。あがる。❹かんざし。ゆれかんざし。「歩揺」

解字 篆文　形声。扌（手）＋䍃（䍃）㊥。音符の䍃は、抑揚をつけて口ずさむの意味。手で上下左右に動かす、ゆするの意味を表す。

▼消揺・動揺・漂揺・扶揺・歩揺

【揺△曳】①ゆれたなびく。雲などのさま。②ゆれなびく。旗などのさま。③楽音の静かにゆるく流れるさま。④ひるがえりあがるさま。また、ひるがえり飛ぶさま。⑤ゆったりとさまよい歩くさま。

【揺△撼】ゆり動かす。

【揺△蕩・揺△盪】ゆれ動く。また、ゆすり動かす。

【揺動】ゆれ動く。ゆるぎ動く。また、ゆるがし動かす。

【揺風】つむじかぜ。はやて。疾風。

【揺揺】①ゆれ動くさま。②落ち着かないさま。たよる所がなくて不安なさま。〔唐、白居易、長恨歌〕翠華揺揺行復止。

【揺△漾】①ゆれうごく。②ただよう。③飛ぶさま。また、飛ぶ。

【揺落】ゆれ落ちる。木の葉などが風を受けて、ひらひら散ること。

【揺△籃】ゆりかご。籃は、かご。転じて、人の幼時や物事の初期にたとえる。「揺籃期」

(13)10
【搉】2768　△　カク　覚 què

字義 ❶うつ。たたく。❷ひく（引）。❸しめる（占）。独占する。❹はかる。はかり考える。「商搉」❺およそ。あらまし。

解字 篆文　形声。扌（手）＋隺㊥。音符の隺は、敲に通じ、たたくの意味。

(13)10
【携】2769　常　ケイ　たずさえる・たずさわる　漢ケイ・呉エ（ヱ）斉 xié　2340 3748

〔攜〕正字　5824 5A38　〔擕〕俗字　〔攜〕俗字

筆順 携 携

字義 ❶たずさえる。㋐ひっさげる。さげ持つ。㋑身につける。「必携」㋒引き連れる。連れてゆく。❷つらなる（連）。「提携」❸はなれる（離）。そむく。また、離す。国たずさわる。関係する。従事する。

解字 篆文　形声。扌（手）＋雋（巂）㊥。音符の巂は、系に通じ、つなぐの意味。手をつなぐの意味を表す。

▼提携・必携・連携

【携弐（貳）】そむきはなれる。

【携手】手をたずさえる。親密なことをいう。

【携帯（帶）】①身につける。②持ち歩く。

【携負】手を引いたり、背に負ったりする。

【携抱】手を引き、ふところにだくこと。また、ふところにいだくこと。幼児を愛育するにいう。

(13)10
【搆】2770　△　㊀漢コウ・呉ク 宥 gòu　㊁漢コウ・呉ク 宥 gōu　〔搆〕5776 596C

字義 ㊀ひく。ひっぱる。㊁❶かまえる。つくる。組み合わせる。＝構。「搆木」❷こねあわせる。❸事を解しない。

解字 形声。扌(手)＋彗音。音符の彗は、組み合わせるの意味。手を付し、かまえるの意味を表す。

(13)10 【搰】2771 △ 漢コツ 呉ゴチ 月 hú

字義 ❶ほる(掘)。❷あばく。❸みだす。また、にごす。❹力を用いるさま。搰搰。

解字 篆文 形声。扌(手)＋骨音。

(13)10 【搓】2772 △ サ 歌 cuō 5777 596D

字義 ❶うつ。❷もむ。手ですりもむ。❸よる。なう。

解字 形声。扌(手)＋差音。音符の差は、物を切るときの音の擬声語。サッと切るの意味を表す。

(13)10 【搾】2773 常 サク しぼる 漢サ・呉シャ 禡 zhà 慣サク 2681 3A71

筆順 扌 扌' 搾 搾

字義 榨サ(3617)の俗字。❶しぼる。しぼりとる。「搾取」❷しめる。しめつける。「圧搾」 難読 搾菜ザーサイ

使いわけ しぼる〔絞・搾〕⇩絞(5771)

解字 形声。扌(手)＋穴＋乍音。榨(3617)の俗字。

▼圧搾

【搾取】サクシュ ①しぼってその汁をとる。②資本家や地主が、労働者や農民の労働に対し、相当するだけの支払いをせずに、利益の大部分を自分のものとすること。

(13)10 【搘】2774 △ シ 支 zhī

字義 ささえる(支)。

解字 形声。扌(手)＋耆音。

(13)10 【搦】2775 △ 漢ダク・呉ニャク 陌覚 nuò 慣ジャク(ヂャク) 5778 596E

字義 ❶おさえる。❷こする。みがく。❸とる。もつ。にぎる。❹からめる。とらえてしばりあげる。

解字 篆文 形声。扌(手)＋弱音。

【搦手】からめて ①国城の裏門。敵の後方。↔大手おおて・追手おうて(正門)。②人をからめとる軍勢。捕り手。

(13)10 【搊】2776 △ 漢シュウ(シウ) 呉シュ 尤 chōu

字義 つまびく。楽器を爪つめでかき鳴らす。搊弾。

解字 形声。扌(手)＋芻音。

(13)10 【搢】2777 △ シン 震 jìn

【搢】俗字 字義 はさむ。さしはさむ。

解字 篆文 形声。扌(手)＋晉音。

【搢笏】シンコツ ＝搢紳。↓次項。

【搢紳】シンシン 笏しゃくを大帯にさしはさむこと。紳は、大帯。転じて、朝廷に仕える高官をいう。高貴の人。搢笏シンコツ。

(13)10 【摂】2778 常 セツ 3261 405D

(21)18 【攝】2779 人 許 ショウ(セフ) 葉 shè 慣セツ 5780 5970

筆順 扌 扌 扌 拒 摂 摂

字義 ❶とる。とらえる。また、持つ。からげて持つ。おさめる(収)。「摂取」❷かねる。兼務する。〔論語、八佾〕官事不摂カンジはかねず ❸かわる。代行する。「摂政」「摂行」❹はさまれる。〔論語、先進〕摂乎大国之間タイコクのカンにセッす ❺ひく。ひっぱる。引き寄せる。❻ととのえる。正す。とりしまる。❼すべる(統)。統括する。❽おそれる。また、おどす。❾たすける。

名乗 おさむ・かぬ・かね 難読 摂津せっつ

解字 篆文 形声。扌(手)＋聶(聶)音。音符の聶ショウは、耳をそろえるの意味。手でそろえて持つの意味を表す。常用漢字は省略体。

▼兼摂・総摂・包摂

【摂位】セツイ 天子の代理として位につき政治を行うこと。

【摂兼】セッケン 兼ねる。

【摂行】セッコウ ①仮にその職務を代行すること。②国摂政が天皇に代わって政治を執ること。

【摂取】ショウシュ ①仏仏の慈悲で衆生シュジョウを救うこと。②セッシュ 取り入れる。取り収める。

【摂受】セツジュ ①受け入れる。②仏ショウジュ 仏が衆生シュジョウを救いあげること。↔折伏シャクブク。

【摂政】セッショウ・セッセイ ①天子に代わって政治を執ること。また、その人。②国天皇が幼少、または病気などのとき、天皇に代わって政治を執る役目。また、その人。

【摂生】セッセイ 生をやしなう。健康を保つこと。養生。

【摂理】セツリ ①他人に代わって事を処理する。②統べ治める。③国キリスト教で、世を導き、人に幸福を与える神の意志・恩恵。

(13)10 【搶】2780 △ 一 漢ショウ(シャウ) 呉ソウ(サウ) 養 qiǎng 二 漢ショウ(シャウ) 呉ソウ(サウ) 陽 qiāng 5779 596F

字義 一❶つく。突きさす。❷とどく。到着する。❸あらそい取る。奪い取る。二❶＝一の①。❷＝一の②。❸あつまる(集)。

解字 形声。扌(手)＋倉音。音符の倉は、刃ソウに通じ、きずつくの意味。手で勢いよく傷つける、つく・かすめるの意味を表す。

【搶攘】ソウジョウ 星の名。また、戦争をいう。

【搶奪】ソウダツ うばい取る。

(13)10 【搔】2781 標 ソウ(サウ) 豪 sāo

【掻】簡易 3363 415F

字義 ❶かく。爪つめでかく。かきむしる。❷さわぐ。さわぎたてる。＝騒。

解字 篆文 形声。扌(手)＋蚤音。音符の蚤ソウは、のみの意味。のみにくわれて手でかくの意味を表す。

【搔首】ソウシュ 頭をかく。心が落ち着かないときの動作。

【搔擾】ソウジョウ さわぐ。さわがす。また、さわがしい。騒擾。

【搔頭】ソウトウ ①頭をかく。②かんざし。〔唐、白居易、長恨歌〕翠翹金雀玉搔頭スイギョウキンジャクギョクソウトウ

【搔爬】ソウハ ①かゆい所をかく。手でかくこと。②国医師が患部を削り取ること。また、人工流産。

【搔痒・搔癢】ソウヨウ かゆい所をかく。

(13)10 【搜】(2675) ソウ 捜(2674)の旧字体。→四五一ページ。 5751 5953

(13)10 【損】2782 教5 ソン そこなう・そこねる ソン 阮 sǔn 3427 423B

筆順 扌 扌' 捐 捐 損

字義 ❶へる。へらす。失う。「減損」❷そこなう。そこねる。こわす。いためる。「破損」❸へりくだる。また、おさえる。けなす。「抑損」❹易エキの六十四卦カの一つ。☶☱兌下艮上ダカゴンショウ。下をへらし、上に増し加えるかたち。国ソン。利益を失う。↔得。

解字 篆文 会意。扌(手)＋員省。員イは、おちるの意味。手でおとすの意味から、へらす・そこなうの意味を表す。

▼汚損・欠損・耗損・破損・抑損

【損益】(ソンエキ) ①減ることと、増えること。また、減らすことと、増やすこと。〔論語、為政〕所二損益一可レ知也(ソンエキするところしるべきなり)。②損害と利益。〔文選、諸葛亮、出師表〕斟二酌損益一(ソンエキをシンシャクす)。③易(エキ)の、損の卦(カ)と益の卦。

【損壊(壞)】(ソンカイ) いたみやぶれる。そこないやぶる。

【損害】(ソンガイ) そこなう。また、利益をそこない害せられること。利益を失うこと。

【損△秏・損耗】(ソンコウ・ソンモウ) へる。いたんでへる。また、使いへらす。秏・耗も、減る意。「モウ」と読むのは誤読による慣用読み。

【損者三楽(樂)】(ソンシャサンゴウ・ソンシャサンラク) 身を損なう三つの好み。驕楽(キョウラク)（おごりたかぶって得意になる）・佚遊(イツユウ)（なまけて気ままに遊ぶ）・宴楽（酒色にふける）の三つ。〔論語、季氏〕

【損傷】(ソンショウ) ①いたみ破れる。いたむ。②いため苦しめる。いためる。

【損友】(ソンユウ) 交際しても、益にならない友。有害な友。便辟(ベンペキ)（口先きが達者で心が正しくない者）・善柔（態度はやわらかいが不誠実な者）・便佞(ベンネイ)（口先ばかりで、真の知識のない者）の友。〔論語、季氏〕

【損抑】(ソンヨク) おさえしりぞける。また、自分をおさえてへりくだること。損挹(ソンユウ)。

(13)10【搥】2783 △ 一㊥タイ・㊦ツイ 㕚 duī　二㊥ツイ・㊦ズイ(ヅイ) 囡 chuí　—5781 / 5971

字義 一なげうつ。二うつ。たたく。つちでうつ。

解字 形声。扌(手)＋追㊟。

(13)10【搭】(2761) トウ　搭(2760)の旧字体。→四六〇ページ。

(13)10【搪】2784 △ ㊥トウ(タウ) ㊦ドウ(ダウ) 陽 táng

字義 ❶つく(突)。つきあたる。触れる。「搪突」❷防ぐ。ふさぐ。こばむ。❸ぬる(塗)。

解字 形声。扌(手)＋唐㊟。

(13)10【搨】2785 △ トウ(タフ) 合 tà　[搨]—5782 / 5972

字義 ❶おさめる(斂(レン))。❷おおう。また、かぶる。頭にかぶる。❸する。石ずりにする。碑や器物の文字を紙に写し取ること。また、石ずりしたもの。拓本。「搨本」

解字 形声。扌(手)＋㬰㊟。音符の㬰(トウ)は、羽でおおうの意味。おおう、石を紙でおおうようにして、石ずりにとるの意味を表す。

(13)10【搗】2786 △ トウ(タウ) 晧 dǎo　—5781 / 5971

字義 擣(2849)と同字。❶つく。うすでつく。❷うつ。たたく。国かてて。「搗(か)てて加えて」は、さらにその上に。＝糅(かて)て。

難読 搗布(かじめ)・かちめ

参考 熟語は擣(2849)を見よ。→四六八ページ。

解字 形声。扌(手)＋島㊟。

(13)10【掐】2787 △ トウ(タウ) 豪 tāo

字義 ❶とりだす。ぬく。「掐擢(トウテキ)」❷たたく(叩(コウ))。❸よろこぶ。

解字 篆文 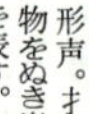 形声。扌(手)＋舀㊟。音符の舀(トウ)は、うすから物をぬき出すの意味。手を付し、とりだすの意味を表す。

(13)10【搏】2788 △ ハク 藥 bó　—5783 / 5973

字義 ❶とらえる(捕(とらふ))。❷とる(取)。❸うつ。手でうちなぐる。たたく。❹はばたく。はうつ。❺はりつけにする。❻せまる(迫)。近づきいたる。❼わき。側面。

難読 搏風(はふ)

解字 金文 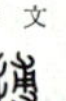 篆文  形声。扌(手)＋尃㊟。音符の尃(フ・ハク)は、斧に通じ、おのやつちで「うつ」の意味。手を付し、うつの意味を表す。

【搏撃(擊)】(ハクゲキ) うつ。たたく。なぐる。

【搏殺】(ハクサツ) なぐりころす。手で打って殺す。

【搏闘(鬭)・搏△鬭】(ハクトウ) 手でなぐりあって戦う。

(13)10【搬】2789 常 ハン　—ハン 寒 bān　—4034 / 4842

筆順 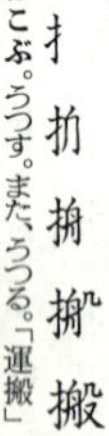

字義 はこぶ。うつす。また、うつる。「運搬」

解字 形声。扌(手)＋般㊟。音符の般は、大きな舟を動かすの意味。般に多くの意味が派生したので、手を付し、はこぶの意味を表す。

▼運搬

【搬出】(ハンシュツ) はこび出す。↕搬入。

【搬入】(ハンニュウ) はこび入れる。↕搬出。

【搬△弄】(ハンロウ) なぶる。からかう。

(13)10【搒】2790 △ 一ホウ(ハウ) 漾 bàng　二㊥ホウ(ハウ) ㊦ビョウ(ビャウ) 庚 péng

字義 一❶おおう(蔽(ヘイ))。❷舟をすすめる。❸掲示する。＝榜(ボウ)。二むちうつ。

解字 篆文  形声。扌(手)＋旁㊟。音符の旁(ホウ)は、左右に広がるの意味。物を左右に広げておおうの意味を表す。また、榜(ボウ)に通じ、舟をやるの意味や、笞(ホウ)に通じて、むちうつの意味をも表す。

【搒人】(ホウジン) 舟人。船頭。

【搒△掠】(ホウリャク) むち打って取り調べること。

(13)10【搤】2791 △ ㊥アク ㊦ヤク 陌 è

字義 ❶とらえる。つかむ。にぎる。❷おさえる。しめつける。❸ふさぐ。

解字 篆文  形声。扌(手)＋益㊟。音符の益は、せまくるしいの意味。手でしめつけるの意味を表す。

【搤△咽】(ヤクイン) のどをつかむ。転じて、急所をおさえること。

【搤殺】(ヤクサツ) 手でしめころす。また、つかみころす。

【搤腕・搤△捥】(ヤクワン) うでをさすって意気込むこと。扼腕(ヤクワン)。

(13)10【搖】(2767) ヨウ　揺(2766)の旧字体。→四六一ページ。　—5774 / 596A

(14)11【摑】2792 標 カク(クヮク) 陌 guó　[掴]—3647 / 444F

字義 うつ(打)。手のひらでうつ。国つかむ。にぎる。「手摑み」

【掴】俗字

解字 形声。扌(手)＋國㊟。

(14)11【摎】2793 △ ㊥キュウ(キウ) ㊦ク 尤 jiū　—5787 / 5977

字義 ❶しばりころす。しめころす。❷くくる。❸まつわる(まつはる)。めぐる。❹いりくむ。まじわる。❺みだれる。❻もとめる(求)。

解字 篆文  形声。扌(手)＋翏㊟。音符の翏(リュウ)は、丩(キュウ)に通じ、まつわるの意味。手をまといつかせて、しめころすの意味や、まつわるの意味を表す。

(14)11【摳】2794 △ ㊥コウ ㊦ク 尤 kōu

字義 ❶くくる。紐(ひも)などでくくる。❷かかげる(かかぐ)。すそをからげる。❸あげる(挙)。❹なげる(投)。❺さぐる。さぐり取る。

解字 篆文 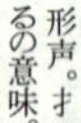 形声。扌(手)＋區㊟。音符の區(ク)は、クルッとするの意味。着物のすそをクルッとかかげるの意味を表す。

(14)11【摧】2795 △ ㊥サイ ㊦ザイ 灰 cuī　—5784 / 5974

字義 ❶おす。おしおとす。❷くだく。くじく。また、くだける。くじける。❸はばむ。❹そしる。❺ほろびる。また、ほろぼす。❻おとろえる。❼うれえる。かなしむ。

参考 現代表記では[砕](5137)に書きかえることがある。「破摧→破砕」

【解字】篆文 形声。扌(手)＋崔㊥。音符の崔(サイ)は、砕(碎)に通じ、くだくの意味。手でくだくの意味を表す。

【摧挫・摧剉】(サイザ・サイザイ) くだく。うちくだく。くだき破る。

【摧砕(碎)】(サイサイ) くだく。うちこわす。破摧(ハサイ)。

【摧残(殘)】(サイザン) くだいてこわす。破壊する。また、くじける。くだける。

【摧折】(サイセツ) くじき折る。うちこわす。また、くだけ折れる。くじける。

【摧北】(サイホク) くじけ敗れて逃げる。敗走する。

【摧抑】(サイヨク) くじきおさえる。はばむ。

(14)11【摻】2796 △ 一 漢サン・呉セン 二 セン 塩 shān 豏 shǎn
【字義】一 ❶とる。手におさめる。❷ほそい。また、ちいさい。二 しなやか。女の手の細くしなやかなさま。摻摻。
【解字】篆文 形声。扌(手)＋參㊥。音符の參(サン)は、多いの意味。多くのものを手でくくるの意味を表す。

(14)11【摺】2797 標 一 ショウ(セフ) 葉 zhé 二 ロウ(ラフ) 合 lā　[摺] 3202 *4022*
【字義】一 ❶やぶる。こわす。❷たたむ。折りたたむ。❸ひだ。しわ。二 くじく。ひしぐ。
国 する。搨(トウ)の誤用。㋐印刷する。㋑こする。
【解字】篆文 形声。扌(手)＋習㊥。音符の習は、鳥が羽を重ね合わせるの意味。おりたたむの意味を表す。
【摺扇】(ショウセン) 扇子をいう。「摺畳扇(扇子)」
【摺奏】(ショウソウ) 上奏の書類をいう。機密を要するもので、臣下が直接に上奏するもの（取次いで上奏するものを題本という）。摺子。
【摺本】(ショウホン) ①折り本。②国(すりホン) 印刷した本。

(14)11【摭】2798 △ 漢セキ 呉シャク 陌 zhí　5786 *5976*
【字義】ひろう。ひろいとる。「摭採」

【解字】形声。扌(手)＋庶㊥。音符の庶は、屋内の害虫をいぶし出すの意味。手を付し、とるの意味を表す。

(14)11【摶】2799 △ 一 漢タン・呉ダン 寒 tuán 二 セン 先 zhuān
【字義】一 ❶まるめる。まるい。また、まるい。❷むすぶ。かたまる。❸あつまる。❹うつ。❺もっぱら(専)。二 ❶＝一の⑤。❷ほしいままにする。

【解字】篆文 形声。扌(手)＋專㊥。音符の專(セン)は、糸を糸巻にまきつけるの意味。手を付し、まるめるの意味を表す。

【摶一】(センイツ) もっぱら。一事にはげみ他をかえりみないこと。専一。

【摶沙】(タンサ) 砂をまるめて団子にすること。少しも団結力のないたとえ。

【摶心】(センシン) 心をもっぱらにする。専心。

(14)11【摛】2800 △ チ 支 chī
【字義】❶しく。しきのべる。❷ひらく。❸はる(張)。
【解字】篆文 形声。扌(手)＋离㊥。音符の离(チ)は、列に通じ、つらねるの意味。手でしきのべるの意味を表す。

(14)11【摴】2801 △ チョ 魚 chū
【字義】❶のべる(舒(ジョ))。❷摴博・摴蒱(チョボ)は、ばくち。
【解字】篆文 形声。扌(手)＋雩㊥。

(14)11【摘】2802 常 テキ つむ 漢テキ・呉チャク 錫 zhāi　3706 *4526*
筆順 扌 扩 摘 摘 摘
【字義】❶つむ。とる。㋐つみとる。つまみとる。㋑選び取る。選び出す。❷ゆびさす。「指摘」❸あばく。❹みだす(乱)。
【解字】篆文 形声。扌(手)＋啇(啻)㊥。音符の啇(テキ)は、中心に寄せ集めるの意味。五本の指先を集めて、果物の実などをつまみとるの意味を表す。
▼採摘・指摘
【摘抉】(テキケツ) あばきだす。えぐり出す。抉も、あばく意。

【摘出】(テキシュツ) ①つまみ出す。②ぬき出す。あばき出す。

【摘発(發)】(テキハツ) （かくれた悪事を）あばき出す。

【摘要】(テキヨウ) ①要点をつまみ取る。②要点をぬき書きすること。また、要点をぬき書きしたもの。

【摘録】(テキロク) ＝摘要。→前項。

(14)11【摽】2803 △ 一 漢ヒョウ(ヘウ) 呉ビョウ(ベウ) 篠 piǎo 二 ヒョウ(ヘウ) 蕭 biāo
【字義】一 ❶うつ(撃)。心をうつ。また、その形容。❷おちる(落)。二 ❶＝一の①。❷さしまねく。❸たかい。高くあがるさま。高くて目立つさま。❹すえ(末)。また、刀の切っ先。

【解字】篆文 形声。扌(手)＋票(㶾)㊥。音符の㶾(ヒョウ)は、飛び散るの意味。手で打って飛び散らし落とすの意味を表す。

【摽幟】(ヒョウシ) しるし。めじるし。標幟。

【摽梅】(ヒョウバイ) ①梅の実が熟し過ぎて落ちること。②女子が嫁入りする時期の来たこと。また、その時期の過ぎることのたとえ。〔詩経、召南、摽有梅〕

【摽榜】(ヒョウボウ) 人目につくようにかかげ表す。特に、人の善行をほめて表しかかげること。標榜(ヒョウボウ)。

【摽末】(ヒョウマツ) ①刀の切っ先。②ごくわずかのこと。「摽末之功」

(14)11【摸】2804 △ 一 漢バク・呉マク 薬 mō 二 漢ボ・呉モ 虞 mó　4446 *4C4E*
【字義】一 ❶さぐる。手さぐりする。なでる。❷とる。つかむ。もつ。二 ❶うつす。まねる。＝摹(モ)。「摸写」❷かた。のり。＝模。

【参考】現代表記では[模](3631)に書きかえる。「摸索→模索」「摸写→模写」熟語は[模]をも見よ。→五六六ページ。

【解字】形声。扌(手)＋莫㊥。音符の莫(バク)は、さぐり求めるの意味。手を付し、なでる・さぐるの意味を表す。

【摸索】(モサク) さぐり求める。手さぐりでさがす。模索。〔世説新語、補、箭傲〕暗中摸索亦可レ識(アンチュウにモサクするもまたしるべし)。

【摸拓】(モタク) 碑文などを刷りうつすこと。

(14)11【摟】2805 △ 漢ロウ 呉ル 尤 lōu
【字義】❶ひく。ひきあつめる。ひきよせる。❷あつめる。❸とる。さぐりとる。
【解字】篆文 形声。扌(手)＋婁㊥。音符の婁(ロウ)は、とぎれることなく続けるの意味。手でつぎつぎにひきよせるの意味を表す。

(15)12【撹】2806 簡 カク　攪(2872)の簡易慣用字体。→四七〇ページ。　1941 *3349*

(15)12【撝】2807 △ キ 支 huī
【字義】❶さく(裂)。はなす(離)。❷まきちらす。❸へりくだる。❹ふるう(揮)。ふるいおこす。❺さす。ゆびさす。❻指図する。指揮する。

【解字】篆文 形声。扌(手)＋爲㊥。

【撝謙】(キケン) へりくだる。

【撝損】(キソン) へりくだる。

【撝遜】(キソン) へりくだる。遜も、へりくだる。

(15)12【撟】2808 △ キョウ(ケウ) 篠 jiǎo
【字義】❶あげる(挙)。あがる。㋐手をあげる。㋑上にあげる。㋒こぞる。❷ためる(矯)。曲げる。❸ほしいまま。❹強いさま。意気の上がるさま。
【解字】篆文 形声。扌(手)＋喬㊥。音符の喬(キョウ)は、高いの意味。手を高くする、あげるの意味を表す。

(15)12
【撮】2809
常 サツ とる
一 漢サツ・呉サチ 曷 cuō　二 サイ 泰 zuì
2703 3B23

筆順 扌 扫 揖 撮

字義 一 ❶量の単位の名。一升の千分の一。❷つまむ。また、つまみ。ひとつまみほどの少量。❸すべる(統)。統括する。❹とる(取)。❺あつめる。❻写真をうつす。「撮影」
二もとどり。髪を頭上で束ねた根もとの所。

使いわけ とる〔執・採・撮・捕・取〕⇩取(810)。

解字 篆文 形声。扌(手)＋最㊥。音符の最は、撮の原字でつまみとるの意味。最が、もっとものの意味に転用されたため、手を付し、区別した。

【撮影】サツエイ 国映画・写真などをうつす。
【撮土】サツド ひとつまみほどの土。わずかな量のたとえ。「一撮土」
【撮要】サツヨウ 要点をつまみとる。また、そうして作った書物。

(15)12
【撒】2810
標 漢サツ・呉サチ 曷 sǎ, ②sā
慣サン
2721 3B35

字義 ❶まく。まき散らす。「撒水」❷はなつ(放)。❸なげうつ。

参考 現代表記では〔散〕(2901)に書きかえることがある。「撒水→散水」「撒布→散布」

解字 形声。扌(手)＋散㊥。音符の散は、ちるの意味。まきちらすの意味を表す。

【撒水】サンスイ・サッスイ 国水をまくこと。散水。
【撒布】サンプ・サップ 国ふりまく。まき散らす。散布。

(15)12
【撕】2811
△ 漢セイ 呉サイ 斉 xī
5789 5979

字義 いましめさとす。後進を教え導く。提撕テイセイ。

解字 形声。扌(手)＋斯㊥。音符の斯シは、手でさくの意味。手を付し、さくの意味を表す。提撕テイセイは提醒テイセイに通じ、注意をうながすの意味を表す。

(15)12
【撰】2812
標 一 漢サン・呉ゼン 潸 zhuàn　二 漢セン・呉ゼン 銑 xuǎn
［撰］ 3281 4071

字義 一 ❶とる。持つ。❷そなえる(具)。そなわる。❸あらわす。著述する。また、詩文を作る。「撰者」❹あつめる(纂サン)。編集する。❺つくる(造)。
二えらぶ。えりわける。＝選。

解字 形声。扌(手)＋巽㊥。音符の巽ソンは、整えそろえるの意味。手を付し、えらぶ、そなえるの意味を表す。

【撰次】センジ 選定して順序を立てる。また、詩文を作り、順序よくならべること。
【撰者】センジャ ①詩文や書物の作者。②選択の任にあたる人。選者。
【撰修】センシュウ ①＝撰述。②＝撰集の①。
【撰集・撰輯】センシュウ ①えらびあつめる。詩文などを編集すること。②国センジュウ 人々の歌の中から勅命によって、すぐれたものを選び集めること。また、そうして編集された本。↕家集。
【撰述】センジュツ 書物を著す。また、その書。
【撰進】センシン 詩文や書物を作り、天子に提出すること。
【撰定】センテイ えらび定める。詩文や書物を作りあげる。
【撰文】センブン 文章を作る。また、その文章。作文。
【撰録】センロク えらびしるす。また、文章につづって書き記す。

(15)12
【撙】2813
△ ソン 阮 zǔn

字義 ❶おさえる(抑)。また、くじく(挫ザ)。また、ふみつける。❷つつましい。節約。❸へりくだる。❹おもむく。

解字 形声。扌(手)＋尊㊥。

【撙詘】ソンクツ 言行をつつしみへりくだる。謙遜ケンソンする。

(15)12
【撤】2814
常 テツ
漢テツ 呉デチ 屑 chè
3717 4531

筆順 扌 扌 撤 撤 撤

字義 のぞく(除)。とりはらう。さる(去)。捨てる。「撤退」「撤回」

解字 形声。扌(手)＋徹省㊥。音符の徹は、食事のあとかたづけの意味。手を付し、目の前のものをすっかりかたづけてしまうの意味を表す。

【撤回】テッカイ 出したものをひっこめること。公示したものを取り下げる。
【撤去】テッキョ とりのける。撤廃。建物などを取り去る。
【撤収】テッシュウ ①取りさっておさめ込む。②＝撤退。
【撤退】テッタイ 軍隊で、陣地などを取り払い後退すること。
【撤廃(撤廢)】テッパイ ①取りのける。②(制度・法規などを)やめる。
【撤兵】テッペイ 派遣した軍隊を引き揚げること。↕出兵。

(15)12
【撐】2815
△ 漢トウ(タウ) 呉チョウ(チャウ) 庚 chēng

字義 ❶ささえる(支)。つっかい棒をする。また、その支柱。❷さおさす。舟をすすめる。「撐刺トウセキ」

【撑】俗字

解字 形声。扌(手)＋掌㊥。音符の掌トウは、ささえ柱の意味。

(15)12
【撑】2816
△ トウ 撐(2815)の俗字。→前項。

(15)12
【撞】2817
標 漢トウ(タウ) 呉ドウ(ダウ) 江・絳 zhuàng
慣シュ
3821 4635

字義 つく。㋐はやくうつ。㋑つきならす。㋒つきさす。㋓つきすすむ。突進する。

解字 篆文 形声。扌(手)＋童㊥。音符の童は、擬声語でドンという音を表す。手でドンとつくの意味を表す。

【撞球】ドウキュウ 玉つき。室内遊戯の名。ビリヤード。
【撞著・撞着】ドウチャク つじつまが合わないこと。矛盾ムジュン。
【撞入】ドウニュウ 勢いよく突き入る。
【撞木】シュモク 仏鉦かねを鳴らすのに用いる丁字形の棒。

(15)12
【撓】2818
△ 一 漢ドウ(ダウ) 呉ニョウ(ネウ) 巧 nǎo　二 コウ(カウ) 豪 náo
慣トウ(タウ)
5790 597A

字義 一 ❶たわむ。また、たわめるたわむ。ためる。また、まがる。かがむ。しなう。くじける。「不撓不屈フトウフクツ」❷みだす。かきみだす。
二みだす。

解字 篆文 形声。扌(手)＋堯㊥。音符の堯ギョウは、弱に通じ、しなやかの意味。しなやかにたわめるの意味を表す。また、擾ジョウに通じ、みだすの意味をも表す。

【撓滑】ドウカツ みだす。まどわしみだす。
【撓屈】ドウクツ ①たわめかがめる。②しりごみする。
【撓擾】ドウジョウ みだしさわがす。苦しめ乱す。
【撓折】ドウセツ たわめくじく。くじく。また、たわめ折る。また、乱す。
【撓敗】ドウハイ くじけやぶれる。
【撓乱(撓亂)】ドウラン・コウラン みだれる。また、みだす。

(15)12
【撚】2819
標 ネン 銑 niǎn
3918 4732

字義 ❶とる。とらえもつ。❷ひねる。よる。ねじる。もむ。こねる。＝捻ネン。❸ふみにじる。❹琵琶ビワのひき方の一つ。
国より。こより。

解字 篆文 形声。扌(手)＋然㊥。音符の然は、もえるの意味。火炎がうずまくように手でひねるの意味を表す。

(15)12
【播】2820
標 ハ 箇 bō
慣バン
3937 4745

字義 ❶まく。種をまく。❷しく。広く及ぼす。まき散らす。「伝播」❸うつる(遷)。動く。また、動かす。❹あげる(揚)。あがる。
国バン。播州。播磨はりま。今の兵庫県。

難読 播磨はりま

解字 金文 篆文 形声。扌(手)＋番㊥。音符の番は、田畑に種をまくの意味。のち、番が別

の意味に用いられるようになり、手を付した。

【播越】ハエツ　うつりのがれる。居場所を失って他国にさすらう。「流浪播越」

【播種】ハシュ　たねをまく。また、たねまき。

【播植・播殖】ハショク　種をまいたり、植えつけたりすること。

【播遷】ハセン　①移る。また、移す。②ちらばり移る。ちりぢりになる。③遠地に流浪すること。

【播揚】ハヨウ　①自分から事件を引き起こす。②広く人に知られるようにする。

(15)12【撥】2821　標　漢ハツ・呉ハチ　曷 bō　慣バチ　5791 597B

字義 ❶おさめる(治)。整える。❷はねる。はらう。はじく。はねかえる。㋐はねちらす。はねあげる。「反撥」㋑上へあげる。掲げる。㋒弦をはねて鳴らす。❸ひらく。❹そる。はねかえる。そりかえる。❺おこる(興)。おこす。❻かきたてる。また、かきまぜる。❼かもす。発酵させる。❽バチ。弦楽器をかき鳴らす器具。❾さおさす。舟を進ませる。❿たつ。断ち切れる。⓫のぞく(除)。とりさる。抜く。⓬ひつぎの車を引く綱。国はねる。㋐一部分をかすめ取る。㋑突きもどす。難読 撥条ぜんまい・ばね

参考 現代表記では[発](4951)に書きかえることがある。「反撥→反発」

解字 篆文 形声。扌(手)＋發音。音符の發ハツは、はなつの意味。手ではねかえすの意味を表す。また、乱れた状態をはねかえし除去するの意味から、おさめるの意味をも表す。

【撥去】ハッキョ　除き去る。

【撥乱(亂)反正】ハツランハンセイ　世の乱れを治めて正しい平和な世にすること。『公羊伝』哀公十四に「撥二乱世一反二諸正一」(ランセイをおさめてこれをセイにかえ(へ)す)とあるのに基づく。

【撥簾】ハツレン　すだれをかかげる・すだれをあげる。すだれをはねあげる。〔唐、白居易、香炉峰下……偶題二東壁一詩〕香炉峰雪撥レ簾看(コウロホウのゆきはすだれをかかげてみる)。訳文⇒遺愛寺(一一〇三ページ)。

(15)12【撫】2822　標　フ　麌 fǔ　慣ブ　4179 496F

字義 ❶なでる。㋐さする。「愛撫」㋑いつくしむ。かわいがる。慰める。❷うつ(打)。手のひらで軽くたたく。❸おさえる。手のひらで軽くおさえる。❹たもつ。手に入れる。❺めぐる(巡)。❻おおう。

難読 撫牛子ないじょうし・撫養むや

解字 篆文 形声。扌(手)＋無音。音符の無は、おおいかぶせるの意味。手をおおいかぶせて、なでるの意味を表す。

【撫慰】ブイ　いたわりなぐさめる。いたわる。

【撫育】ブイク　いつくしみそだてる。

【撫御・撫馭】ブギョ　情をかけ、いたわりつつ統べ治める。

【撫軍】ブグン　①太子が君に従って戦いに行くこと。②将軍の名。魏に始まり、隋に廃せられた。③明・清代、巡撫の別称。→巡撫(一〇八一ページ)。

【撫子】なでしこ　国草花の名。秋の七草の一つ。

【撫字】ブジ　なでいつくしむ。いたわる。字は、いつくしむ。

【撫柔】ブジュウ　なでやわらげる。いつくしみ安んずる。

【撫恤・撫卹】ブジュツ　いつくしみめぐむ。

【撫循】ブジュン　なでしたがえる。いたわって服従させる。

【撫綏】ブスイ　いつくしみ安んずる。

【撫存】ブソン　いたわりいつくしむ。存は、問い慰める意。

【撫寧】ブネイ　いつくしみ安んずる。

【撫有】ブユウ　いつくしんで自分のものとする。

【撫養】ブヨウ　いつくしみやしなう。

【撫弄】ブロウ　①かなでる。楽器をかなでること。②もてあそぶ。

【撫和】ブワ　(異民族や民衆を)やわらげ治める。

(15)12【撇】2823　△　一漢ヘツ・呉ヘチ　屑 piē, ⑤piě　二ヘイ　霽 piē

字義 一二❶ぬぐう(拭)。❷はらう(払)。❸かすめる(掠)。❹うつ(撃)。❺書法の名。人のノのように、筆先を左にはらうこと。

解字 篆文 形声。扌(手)＋敝音。音符の敝ヘイは、やぶるの意味。手を付し、ぬぐいすてる・はらうの意味を表す。

(15)12【撲】2824　常　ボク　相撲すもう　漢ハク・呉バク　覚 pū　慣ボク　4348 4B50

字義 ❶うつ(撃)。なぐる。「打撲」❷うちたおす。❸もつ(持)。❹つくす(尽)。あげて。すべて。ことごとく。

筆順 扌 扌 撲 撲

解字 篆文 形声。扌(手)＋菐音。音符の菐ボクは、うつ時に出る音の擬声語。

【撲朔】ボクサク　つまずくさま。よろめくさま。

【撲殺】ボクサツ　なぐりころす。

【撲地】ボクチ　①にわかに。②地にみちる。地上いっぱいになる(あること)。

【撲殄】ボクテン　うちほろぼす。撲滅。

【撲蕩】ボクトウ　敵を打ち倒して払い除く。

【撲滅】ボクメツ　うちほろぼす。完全になくす。

(15)12【撩】2825　△　一リョウ(レウ)　蕭 liáo　二リョウ(レウ)　篠 liǎo　5792 597C

字義 一❶おさめる。乱をおさめる。❷いどむ。❸とる。手にとる。二❶えぐる。❷たすける。

解字 篆文 形声。扌(手)＋尞音。音符の尞リョウは、料に通じ、はかるの意味。乱をうまくはかりおさめるの意味を表す。

【撩戦(戰)】リョウセン　戦いをいどむ。挑戦。

【撩乱(亂)】リョウラン　みだれあう。入り乱れる。「百花撩乱」

(15)12【擄】2826　△　漢ロ　呉ル　麌 lǔ

字義 ❶かすめる。かすめ取る。❷える(獲)。とりこにする。

解字 形声。扌(手)＋虜音。

【擄掠】ロリャク　うばい取る。かすめ取る。奪掠。

(15)12【撈】2827　△　一ロウ(ラウ)　豪 lāo　二リョウ(レウ)　嘯　5793 597D

字義 一とる。すくいあげる。水中にはいって物を取る。「漁撈」二とる。ひっかけて取る。

参考 現代表記では[労](655)に書きかえることがある。「漁撈→漁労」

解字 形声。扌(手)＋勞音。

【撈採】ロウサイ　水にもぐって物をとる。

(16)13【撼】2828　△　漢カン　呉ガン　感 hàn　5794 597E

字義 ❶うごかす(動)。ゆする。❷うごく。ゆらぐ。ゆれる。

解字 形声。扌(手)＋感音。音符の感は、大きな刺激に対して心がゆれ動くの意味。手を付し、一般に、ゆする・うごかすの意味を表す。

【撼動】カンドウ　ゆすり動かす。相手を罪におとしいれることにいう。

【撼頓】カントン　ゆれて倒れる。また、ふらついて倒れる。

(16)13【擐】2829　△　漢カン(クヮン)　呉ゲン　諫 huàn　5801 5A21

字義 ❶つらぬく(貫)。❷きる(着)。つける。まとう。

解字 篆文 形声。扌(手)＋睘音。音符の睘カンは、めぐるの意味。よろいかぶとを身にめぐらす、まとうの意味を表す。

【擐甲】カンコウ　よろいを着る。

(16)13【據】(2611)　キョ　拠(2610)の旧字体。→四三六ページ。

(16)13【撽】2830　△　キョウ(ケウ)　嘯 qiào

字義 うつ(撃)。たたく。そばからうつ。

解字 篆文 形声。扌(手)＋敫㊥。音符の敫(キョウ)は、うつの意味。手でうつ、たたくの意味を表す。

(16)13【擒】2831 △ 漢キン 呉ゴン 侵 qín ―5802 5A22

字義 とりこにする(とりこにす)。とらえる(とらふ)。また、とりこ。

解字 形声。扌(手)＋禽㊥。音符の禽(キン)は、とり・とりこにするの意味。手を付し、とりこにするの意味を表す。

【擒縦(縦)】(キンショウ) とりこにすることと、許して帰すこと。縦は、許してはなつこと。

【擒生】(キンセイ) いけどる。また、いけどり。

【擒縛】(キンバク) とらえてしばる。いけどりにしてしばる。

(16)13【撿】2832 △ 一ケン 二レン 琰 jiǎn 琰 liǎn

字義 一❶しめくくる。また、とりしまる。引きしめる。❷しらべる(しらぶ)。引き合わせる。

二こまぬく。両腕を胸の前で組み合わせる。

参考 一の①②は検と混用される。

解字 篆文 形声。扌(手)＋僉㊥。音符の僉(セン)は、多くの人が口をそろえて言うの意味。手を付し、多くの人のいう言葉をとり調べるの意味を表す。

【撿閲】(ケンエツ) しらべる。検閲。

【撿勘】(ケンカン) しらべる。吟味する。検勘。

【撿△繋】(ケンケイ) くくりつなぐ。束縛。

【撿△挍】(ケンコウ) 検校。①しらべただす。また、その役。②国(ケンギョウ) ㋐社寺の事務を監督する役。㋑昔、盲人の最上の官。

(16)13【擉】2833 △ サク 覚 chuō

字義 ❶さす。つく。水中の魚をやすで突き刺す。❷やす。魚を突いてとる道具。

解字 形声。扌(手)＋蜀㊥。

(16)13【擅】2834 △ 漢セン 呉ゼン 霰 shàn ―5803 5A23

字義 ❶ほしいまま。自分ひとりで処理する。自分勝手。❷しめる(占)。占有する。❸ゆずる。＝禅。

参考 ①独壇場の壇は、擅の誤用。②現代表記では、[専](1698)に書きかえることがある。「擅権→専権」「擅横→専横」

解字 篆文 形声。扌(手)＋亶㊥。音符の亶(タン)は、単に通じ、ひとつの意味。手の中にひとまとめにする、ほしいままの意味を表す。

【擅横】(センオウ) わがまま勝手なこと。横も、ほしいまま。

【擅権(權)】(センケン) 権力をほしいままにする。専権。

【擅△恣】(センシ) ほしいまま。わがまま。恣も、ほしいまま。

【擅場】(センジョウ) 場（その場所）をほしいままにする（占有する）意。①その場にならぶ相手がいないこと。一人舞台。独擅場。俗に誤って、独壇場(ドクダンジョウ)という。②主席。唐代、送別会や宴会などで、詩を作ったときの第一等の者をいう。

【擅断(斷)】(センダン) ほしいままに決める。自分一人で決める。専断。

(16)13【操】2835 教6 ソウ みさお・あやつる 一ソウ（サウ）豪 cāo 二ソウ（サウ）号 cào ―3364 4160

筆順 扌 扣 掃 操 操

字義 一❶とる。㋐もつ。にぎる。㋑かたく守る。❷あやつる。うまく扱う。「操車」

二❶みさお(みさを)。心身をけがれなく保つこと。節操。❷おもむき。

名乗 さお・みさ・もち

解字 篆文 形声。扌(手)＋喿㊥。音符の喿(ソウ)は、巣に通じ、巣を作るの意味。鳥が巣をつくるように手をたくみに動かす、あやつるの意味を表す。また、手にしっかり持つの意味を表し、転じて、みさおの意味をも表す。

▼士操・志操・情操・節操・体操・貞操・徳操・特操

【操業】(ソウギョウ) ①業務をとり守る。仕事をする。②操(みさお)と行い。志行。③国仕事をする。作業。

【操△觚】(ソウコ) 文章を作ること。文筆に従事すること。觚は、木製の四角な札で、昔、事をしるしたもの。〔文選、陸機、文賦〕

【操行】(ソウコウ) 品行。身持ち。行い。素行。

【操作】(ソウサ・ソウサク) ①仕事をする。また、仕事。②国(ソウサ) ㋐うまくやりくりする。また、やりくり。「帳簿を操作する」㋑あやつる。機械をうまく動かす。

【操持】(ソウジ) かたくとり守る。

【操舎】(ソウシャ) かたく守ることと捨てること。舎は、捨。

【操守】(ソウシュ) 心にかたく守って変わらないこと。また、しっかりしたみさお。「操守堅正」

【操縦(縱)】(ソウジュウ) 国自分の思いのままにあやつること。

【操履】(ソウリ) 平素の心がけや行い。品行。操行。

【操練】(ソウレン) ①練習する。②兵隊を訓練する。調練。練兵。

(16)13【撾】2836 △ 一漢タ・呉テ 麻 zhuā 二カ（クヮ）歌

字義 一二❶うつ（撃）。たたく。なぐる。❷ばち（撥）。❸もも（股(コ)）。

解字 会意。扌(手)＋過。過は、せめるの意味。あやまちを責めて手でうつの意味を表す。

(16)13【擇】(2587) タク 択（2586）の旧字体。→四四〇ページ。 ―5804 5A24

(16)13【撻】2837 △ 漢タツ 呉タチ 曷 tà ―5805 5A25

字義 ❶むちうつ。うつ。「鞭撻(ベンタツ)」❷はやい（疾）。

解字 篆文 形声。扌(手)＋達㊥。音符の達は、むちうつときの音を表す擬声語。手を付し、むちうつの意味を表す。

【撻辱】(タツジョク) むちうって、はずかしめる。撻戮(タツリク)。

【撻△笞】(タッチ) むちうつ。笞も、むちうつ。「撻笞之刑(タッチのケイ)」

【撻△戮】(タツリク) ①むちうって殺す。②むちうってはずかしめる。

(16)13【擔】(2622) タン 担（2621）の旧字体。→四四五ページ。 ―5731 593F

(16)13【擗】2838 △ 一漢ヘキ・呉ビャク 陌 pì 二漢ヘキ・呉ヒャク 錫 pì

字義 一むねうつ。手で胸を打つ。

二❶おる（折）。❷ひらく。さく（裂）。さきあける。

解字 形声。扌(手)＋辟㊥。音符の辟(ヘキ)は、劈(ヘキ)に通じ、さくの意味。手でひらくの意味を表す。

(16)13【擁】2839 常 ヨウ 漢ヨウ 呉オウ 腫 yōng ―4542 4D4A

筆順 扌 扩 扩 擁 擁 擁

字義 ❶いだく。だく。だきかかえる。「抱擁」❷もつ（持）。❸まもる（衛）。助ける。「擁護」❹したがえる。❺うずめる。ふさぐ。❻とどこおる。

解字 篆文 形声。扌(手)＋雍（雝）㊥。音符の雝(ヨウ)は、とりかこむの意味。手でとりかこむ、いだくの意味を表す。

▼抱擁

【擁△遏】(ヨウアツ) ふさぎとどめる。おさえる。また、ふさがる。

【擁衛(衞)】(ヨウエイ) かばいまもる。たすけまもる。

【擁護】(ヨウゴ) たすけまもる。かばいまもる。抱擁庇護(ヒゴ)。

【擁△膝】(ヨウシツ・ひざをいだく) ひざをだきかかえる。考えこむこと。

【擁△腫】(ヨウショウ・ヨウシュ) はれあがる。ふくれあがる。木に節やこぶの多いこと。転じて、みにくい。役立たない。臃腫(ヨウショウ)。

【擁△蔽】(ヨウヘイ) おおいかくす。また、おおわれかくれる。

【擁△佑・擁右】(ヨウユウ) 臣下が、幼少の天子などをまもりたすける。

【擁立】(ヨウリツ) 助け守って、おし立てる。もり立てる。君主を擁護

し位につかせること。

(16)13 【擂】2840 △ 一ライ 二ライ 灰 léi 隊 lèi 5807 5A27

字義 一する。すりつぶす。二❶おとす(落)。おろす(降)。❷うつ。たたく。

解字 形声。扌(手)＋雷㊥。

(17)14 【擱】2841 △ カク gē, ③gé 5808 5A28

字義 ❶おく(置)。さしおく。❷やめる。また、とどまる。❸たえる(耐)。

解字 形声。扌(手)＋閣㊥。音符の閣は、門をとめるくいの意味。とめる・動かなくなるの意味を表す。

【擱座・擱坐】カクザ ①船が浅瀬に乗りあげること。座礁。②戦車などがこわれて動けなくなること。

【擱筆】カクヒツ 筆をおく。特に、書き終えて筆を下に置くこと。閣筆。↔起筆。

(17)14 【擬】2842 常 ギ　ギ 紙 nǐ 2128 353C

筆順 扌 扌 挨 擬 擬

字義 ❶はかる(度)。おしはかる。❷なぞらえる。まねる。くらべる。似せる。のっとる。「模擬」「擬声語」❸うたがう(疑)。❹欲する。…しようとする。国まがい。もどき。似せて作ること。また、そうして作られた物。

解字 文 篆 形声。扌(手)＋疑㊥。音符の疑は、思いをこらしてじっと立つさまにかたどる。思いをこらしてはかるの意味を表す。また、二物を疑わしいほどに似せる、なぞらえるの意味を表す。

▼比擬・模擬

【擬議】ギギ ①おしはかる。また、考え論議する。②ぐずぐずためらう。あやぶみためらう。

【擬古】ギコ ①昔のものになぞらえる。文章を作るにあたって古人の方法をまねること。②詩体の名。古詩にならったもの。

【擬古文】ギコブン ①古体の文章にまねて作った文。②国江戸時代の国文学者が平安時代の文をまねて作った文をいう。

【擬作】ギサク ①作ろうと欲する。②まねて作る。また、その作品。

【擬似】ギジ 国よく似ていてまぎらわしいこと。

【擬装】ギソウ ＝偽装。→九四ページ。

【擬人法】ギジンホウ 国修辞法の一つ。人間以外のものを人間になぞらえていう方法。

【擬勢】ギセイ 国表面だけの勇気。みせかけの威力。

【擬態】ギタイ 国動物が自分を保護するために、他物の色・形・模様などに似せること。

【擬度】ギタク はかり考える。熟慮する。

【擬定】ギテイ はかり定める。案を定める。

【擬宝珠(寶珠)】ギボウシュ・ギボシ・ギボウシ 国①橋の欄干の柱などにつける宝珠形のかざり。②ユリ科の多年草。

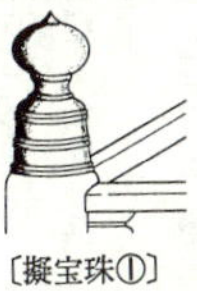

〔擬宝珠①〕

(17)14 【擤】2843 △ 漢コウ(カウ) 呉キョウ(キャウ) 梗 xǐng

字義 かむ。鼻をかむ。

解字 会意。扌(手)＋鼻。手と鼻を合わせて、手で鼻をかむ意味を表す。

(17)14 【擦】2844 常 サツ　する・すれる　漢サツ・呉セチ 黠 cā 2704 3B24

筆順 扌 挖 捬 擦 擦

字義 する。さする。こする。なでる。また、かする。すれる。「摩擦」

使いわけ する［擦・刷］

【擦】こする。「擦り傷」

【刷】印刷する。「刷り物」

右以外は仮名書きが一般的。

解字 形声。扌(手)＋察㊥。音符の察は、物をするときの音の擬声語。

▼摩擦

(17)14 【擩】2845 △ 漢ジュ 呉ニュ 麌 rǔ

字義 ひたす。つける(漬)。

解字 文 篆 形声。扌(手)＋需㊥。音符の需は、しなやかの意味。水にひたしてしなやかにするの意味を表す。

(17)14 【擠】2846 △ 漢セイ 呉サイ 霽 jǐ 5811 5A2B

字義 ❶おす。おしおとす。おしのける。❷おちる。おちいる。❸そこなう。❹くじく。

解字 文 篆 形声。扌(手)＋齊㊥。音符の齊は、そろえるの意味。両手をそろえて、おしのけるの意味を表す。

【擠陥(陷)】セイカン 突き落とす。人を罪におとしいれる。

【擠排】セイハイ・サイハイ おしのぞける。おしのける。

【擠抑】セイヨク 排斥しておさえつける。おとしいれて邪魔する。

(17)14 【擡】2847 △ 漢タイ 呉ダイ 灰 tái 5812 5A2C

【抬】俗字 5813 5A2D

字義 ❶うごかす(動)。ゆする。❷もたげる。あげる。もちあげる。

解字 形声。扌(手)＋臺㊥。音符の臺は、土を高く積みあげた見はらし台の意味。高くもちあげるの意味を表す。

【擡挙(擧)】タイキョ ①もちあげる。②人を挙げ用いること。

【擡頭】タイトウ ①頭をもちあげる。勢力を得てくること。台頭。②文章を書くとき、天子や貴人の姓名などを文中で改行し、普通の行よりも一字または二字分、上に出して敬意を表す書式。一字上がるのが一字擡頭、二字上がるのが二字擡頭。

(17)14 【擢】2848 標 漢タク・呉ダク 慣テキ 覚 zhuó 【擢】3707 4527

字義 ❶ぬく。ひきぬく。❷ぬきんでる。㋐すぐれる。ひいでる。㋑そびえる。そばだつ。㋒えらび出す。よりぬく。「抜擢」❸のぞく。すてる。とりさる。❹のびる(伸)。長く伸びる。

解字 文 篆 形声。扌(手)＋翟㊥。音符の翟は、羽の高くあがる「きじ」、高い・おどりあがるの意味。手を付し、高い方にぬきだすの意味を表す。

【擢挙(擧)】テッキョ 多くの人の中から引き抜いて用いること。

【擢秀】テキシュウ ①人柄・能力などが衆人にすぐれぬきんでること。人にすぐれ秀でること。②草木の穂が長く伸びること。草木がさかんに生長すること。

【擢出】テキシュツ ぬきだす。また、ぬきでる。

【擢用】テキヨウ ＝擢挙。

(17)14 【擣】2849 △ トウ(タウ) 皓 dǎo 5814 5A2E

【搗】同字 5781 5971

字義 ❶つく。㋐うすでつく。㋑つきかためる。きずく。❷うつ。㋐たたく。「擣衣」㋑攻撃する。

解字 文 篆 形声。扌(手)＋壽㊥。音符の壽は、長く続けるの意味。長く続けて、つくの意味を表す。

【擣衣】トウイ 布をしなやかにし、また、つやを出すために、砧にのせて槌で打つこと。〔唐、李白、子夜呉歌〕長安一片月、万戸擣衣声

〔擣衣〕

【擣砧・擣碪】トウチン きぬたを打つ。きぬたで衣を打つこと。

(17)14 【擯】2850 △ ヒン 震 bìn 5815 5A2F

字義 ❶しりぞける。排斥する。また、すてる。❷みちびく。客を案内する。また、その人。

解字 形声。扌(手)+賓音。音符の賓ヒンは、外来者の意味。他国者としてしりぞけるの意味を表す。また、儐ヒンに通じて、外来者を導く人の意味をも表す。

【擯介】ヒンカイ 主人と客との間に立って世話をする人。主人側の者を擯といい、客側の者を介という。介添え。

【擯斥】ヒンセキ しりぞけてのけ者にする。排斥する。

(17)14 【擭】2851 △ 一ワク 陌 wò 二漢カク(クヮク)・呉ワク 薬 huò

字義 一 ❶つかむ。にぎる。持つ。取る。❷正しくない。二 わな。けものを捕らえるわな。

解字 篆文 形声。扌(手)+蒦音。音符の蒦カクは、つかみとるの意味。手を付し、にぎる・とるの意味を表す。

(18)15 【擴】(2606) カク 拡(2605)の旧字体。→四四三ページ。 5818 5A32

(18)15 【擷】2852 △ 漢ケツ 呉ゲチ 屑 xié

字義 ❶つむ。つみとる。❷はさむ。つまばさむ。着物の褄つまを帯にはさんで、そこに物を包みこむ。=襭ケツ。

解字 篆文 形声。扌(手)+頡音。

(18)15 【攅】2853 △ サン 攢(2869)の俗字。→四七〇ページ。 5825 5A39

(18)15 【擾】2854 標 漢ジョウ(ゼウ) 呉ニョウ(ネウ) 篠 rǎo 3081 3E71

字義 ❶みだれる。また、みだす。さわぐ。「擾乱」「騒擾」❷ならす。❸したがう(順)。したがえる。ならす。また、すなお。❹わずらわせる。❺やすんずる。

解字 篆文 形声。扌(手)+憂(夒)音。音符の夒ドウ(ジョウ)は、のちに憂に誤る。夒は、怒ジョクに通じ、心をいためるの意味。心をいためみだすの意味を表す。

【擾化】ジョウカ ならして変化させる。ならしてりっぱにする。

【擾△馴】ジョウジュン ならす。馴も、ならす意。

【擾擾】ジョウジョウ ①さわぎ乱れるさま。ごたごたするさま。「緑雲擾擾」②やわらかなさま。

【擾△攘】ジョウジョウ =擾乱。攘も、乱れる。

【擾民】ジョウミン 人民をならし従えること。

【擾乱(亂)】ジョウラン ①入り乱れさわぐ。また、乱しさわがす。②乱れる。乱す。

(18)15 【擶】2855 △ セン 霰 jiàn 5817 5A31

字義 ただす。矢のまがりを正しくする。

解字 形声。扌(手)+箭音。音符の箭センは、矢の意味。手で矢の曲がりを正しくするの意味を表す。

難読 擶山やまたも

(18)15 【攄】2856 △ チョ 魚 shū

字義 ❶のべる。しく(布)。広げる。張りわたす。❷のびる。❸のぼる。あがる。

解字 会意。扌(手)+慮。慮は、心をめぐらすの意味。手ではりめぐらすの意味を表す。

(18)15 【擲】2857 △ 漢テキ 呉ジャク(ヂャク) 慣チャク 陌 zhì 5819 5A33

字義 ❶なげうつ。㋐なげとばす。なげつける。「投擲」「抛擲ホウテキ」㋑さいころをなげて、ばくちをする。打擲チョウチャクは、むちなどで打ちたたく。「乾坤一擲ケンコンイッテキ」❷すてる。❸はねる。はねあがる。ふるう(振)。

解字 形声。扌(手)+鄭音。

【擲去】テッキョ 投げすてる。

【擲殺】テキサツ 投げ殺す。

【擲弾(彈)】テキダン 国手で投げる爆弾。手榴弾シュリュウダン。

【擲博】テキハク ばくちをうつ。賭博トバク。

【擲△抛】テキホウ 投げうつ。

(18)15 【擿】2858 △ 一漢テキ・呉ジャク(ヂャク) 陌 zhì 二漢テキ・呉チャク 錫 tì

字義 一 ❶かく(搔)。ひっかく。❷なげる。なげうつ。なげだす。二 ❶ひらく。❷あばく(摘)。あばき出す。❸かかげる。つまみあげる。

解字 篆文 形声。扌(手)+適音。

【擿△抉】テッケツ あばき出す。ほじくり出す。摘抉。

【擿発(發)】テキハツ 悪事をあばき出す。ほじくり出す。摘発。

【擿伏】テキフク かくれた悪事をあばき出すこと。

(18)15 【擺】2859 △ 漢ハイ 呉ハ 蟹 bǎi 5820 5A34

字義 ❶ひらく。❷ならべる。配列する。❸ふるう。ふるいおとす。❹ゆらぐ。

解字 形声。扌(手)+罷音。

【擺脱】ハイダツ ①のぞきさる。②のがれ出る。

【擺落】ハイラク (俗塵ゾクジンを)ふるい落とす。

(18)15 【擽】2860 △ 一リャク 薬 lüè 二漢レキ・呉リャク 錫 lì 三ラク 薬 lüè 5822 5A36

字義 一 うつ(撃)。二 ❶うつ。❷かすめる。三 石のかたいさま。国 こそぐる。くすぐる。

解字 形声。扌(手)+樂音。

(19)16 【攈】2861 △ クン 問 jùn

字義 ❶ひろう(拾)。❷とる(取)。=捃クン。

解字 篆文 形声。扌(手)+麇音。音符の麇クンは、しばるの意味。

【攈△摭】クンセキ 拾い集める。収拾。

(19)16 【攏】2862 △ 一ロウ 董 lǒng 二ロウ 東

字義 一 ❶おさえる。❷くくる。また、合わせる。二 ❶おさめる(理)。❷髪をくしけずる。

解字 形声。扌(手)+龍音。

【攏△撚】ロウネン (琴の弦などを)指でおさえ、ひねること。

(20)17 【攖】2863 △ 漢エイ 呉ヨウ(ヤウ) 庚 yīng

字義 ❶ふれる(触)。❷せまる。近づく。❸からめる。しばる。❹まとう。まつわる。❺もとる。

解字 形声。扌(手)+嬰音。音符の嬰エイは、女の首かざりで、まとうの意味。

(20)17 【攓】2864 △ ケン 先 銑 qiān

字義 ❶とる(取)。ぬきとる。❷かかげる。もちあげる。❸=搴ケン。

解字 形声。扌(手)+蹇音。

(20)17 【攙】2865 △ 漢サン・呉ゼン 慣ザン 咸 chān

字義 ❶さす(刺)。また、つく(突)。❷たすける。❸まぜる(混・雑)。❹攙搶ザンソウは、ほうき星。

解字 篆文 形声。扌(手)+毚音。音符の毚サンは、わりこむの意味。わりこんでまぜあわす、刃物でわりこむ、さすの意味を表す。

(20)17 【攘】2866 標 一漢ジョウ(ジャウ) 呉ニョウ(ニャウ) 陽 漾 ráng 二漢ジョウ(ジャウ) 呉ニョウ(ニャウ) 養 rǎng 5823 5A37

字義 一 ❶おす(推)。手を前におして人にへりくだる態度を示す。❷ゆずる(譲)。❸はらう。しりぞける。おいはらう。除く。「尊皇攘夷」❹こばむ。ふせぐ。❺かかげる。かかげる。まくる。❻ぬすむ。㋐自分の所に迷いこんで来たものを、そのまま自分のものにする。㋑奪い取る。㋒まねる。身分をこえたまねをする。二 みだす。また、みだれる。「攘乱」

解字 篆文 形声。扌(手)+襄㊥。音符の襄ジョウは、衣服の中にまじないの品をつめこんで邪気を払うの意味。手を付し、しりぞける意味を表す。また、他人の物を懐中にしのばせる、ぬすむの意味を表す。

【攘夷】ジョウイ 異民族を追いはらう。「尊王攘夷」
【攘災】ジョウサイ 災害をはらい除く。
【攘除】ジョウジョ はらい除く。
【攘攘】ジョウジョウ ①ごたごた乱れているさま。②多いさま。
【攘斥】ジョウセキ はらいのける。しりぞける。
【攘窃(竊)】ジョウセツ 盗み取る。
【攘臂】ジョウヒ ひじ(ひじを)かかぐ 腕をまくる。勇みふるい立つこと。

(20)17 【攔】2867 △ラン 寒 lán
字義 ❶さえぎる。じゃまする。❷てすり。=闌ラン。
解字 形声。扌(手)+闌㊥。音符の闌ランは、さえぎりとじこめるの意味。手を付し、さえぎるの意味を表す。

(21)18 【攜】2868 △ケイ 携(2769)の正字。→四六二ページ。 5824 5A38

(21)18 【攝】(2779) セツ 摂(2778)の旧字体。→四六三ページ。 5780 5970

(22)19 【攢】2869 標 ㊀漢サン・呉ザン 寒翰 cuán ㊁サン 旱 zǎn
字義 ㊀❶あつまる。むらがる。また、あつめる。❷葬らないで棺に土をかけること。❸えぐる(彫)。うがつ。㊁❶おる(折)。❷あつまるさま。=纂サン。❸たくわえる。
【攅】俗字 5825 5A39
解字 形声。扌(手)+贊㊥。音符の贊サンは、全に通じ、そろうの意味。手を付し、そろえあつめるの意味を表す。
【攢聚】サンシュウ むらがり集まる。
【攢蹙】サンシュク ①むらがり集まる。②ちぢんで、ひと所に集まること。
【攢竦】サンショウ (山が連なって)むらがりそびえる。
【攢眉】サンビ まゆをひそめる。
【攢峰】サンポウ 重なり続いているみね。
【攢立】サンリツ むらがり立つ。

(22)19 【攤】2870 △ ㊀タン 寒 tān ㊁漢ダン・呉ナン 翰 nàn ㊂漢ダ・呉ナ 歌 5826 5A3A
字義 ㊀❶ひらく(開)。広げる。❷ゆるやか。㊁おさえる。㊂おにやらい。=儺ダ。
解字 篆文 形声。扌(手)+難㊥。音符の難ナンは、展に通じて、ひろげるの意味。手を付し、ひろげるの意味を表す。
【攤銭(錢)】タンセン ばくちの一種。ぜにうち。
【攤飯】タンパン・タンハン 食後に少し眠ること。ひるね。午睡。

(23)20 【攫】2871 △ 漢キャク 呉カク(クヮク) 薬 jué 5828 5A3C
字義 ❶つかむ。つかみとる。❷とる(取)。国さらう。かすめとる。(人の油断を見て)急に奪い取る。
解字 篆文 形声。扌(手)+矍㊥。音符の矍キャクは、つかみとるの意味。さらに、手を付した。

(23)20 【攪】2872 標 漢コウ(カウ) 呉キョウ(ケウ) 巧 jiǎo 慣カク 5788 5978
字義 ❶みだす。また、みだれる。❷かきまわす。また、かきまぜる。❸うごかす。ゆする。
【撹】簡易 1941 3349
解字 篆文 形声。扌(手)+覺㊥。音符の覺カクは、交に通じ、まじわり乱れるの意味。手でかきみだすの意味を表す。
【攪拌】カクハン・コウハン かきまわす。また、かき混ぜる。拌も、かき混ぜる。
【攪乱(亂)】カクラン・コウラン かき乱す。

(23)20 【攩】2873 △トウ(タウ) 養 dǎng, ②tǎng
字義 ❶むれ。とも。なかま。=党(黨)。❷たたく。うつ。❸さえぎりとどめる。
解字 篆文 形声。扌(手)+黨㊥。

(25)22 【攬】2874 △ラン 感 lǎn 5816 5A30
字義 ❶とる。㋐手にとる。にぎる。㋑つまむ。つまみとる。つみとる。❷すべる。また、すべつかさどる。
【擥】同字
解字 篆文 形声。もと、扌(手)+監㊥。音符の監は、斂レンに通じ、そろえおさめるの意味。あれこれあるものをとりまとめて持つの意味を表す。のち、扌(手)+覧㊥の形声文字となる。擥と同字。

4 支部

〔部首解説〕しにょう。えだにょう。じゅうまた(十又)。繞ニョウの名をもつがその例は少ない。多くは傍ボウ(音符)として用いられ、枝分かれするの意味を表す。

支 四七〇 8 敧 四七一
翅→羽部 八八三ページ。跂→豆部 一〇三二ページ。

(4)0 【支】2875 教5 シ ささえる シ 支 zhī 2757 3B59
差し支える
筆順 一 十 ㄅ 支
字義 ❶ささえる。㋐もちこたえる。ささえたもつ。㋑ふせぎとめる。❷ささえ。支柱。❸わかれる(分)。はなれる。わける。❹わかれ。わかれたもの。㋐分家。㋑嫡出でない子。㋒支流。分流。㋓わりふ。❺えだ。草木のえだ。=枝。❻てあし(手足)。四肢。=肢シ。❼十二支。十干と合わせて、年・月・日・時・方位などに配する。❽はらう。支払う。「収支」❾はかる。計算する。国❶支那(中国に対する旧呼称)の略称。「日支」❷つかえる。さしつかえ。さしさわり。❸つかえる。とどこおる。ふさがる。
名乗 なか・もろ・ゆた 難読 支笏しこつ・支主すき・支倉はせくら
解字 篆文 象形。竹や木の枝を手にする形にかたどり、ささえる・枝を払う・わけるの意味を表す。支を音符に含む形声文字は、枝分かれするの意味を共有し、忮シ・肢・枝・翅シ・豉シ・岐などがある。
▼干支・四支・収支・本支
【支裔】シエイ ①わかれ。末流。裔は末。②分かれた血すじ。分家の子孫。
【支援】シエン ささえ助ける。力をそえて助ける。
【支解】シカイ 四肢(両手両足)を切りはなすこと。昔の残酷な刑罰。
【支干】シカン 十二支と十干。干支。
【支給】シキュウ はらいわたす。あてがいわたす。
【支孼】シゲツ ①ひこばえ。切り株から出る新芽。②嫡出でない子。③傍系の者。中心人物でない者。
【支子】シシ ①本妻の生んだ、長男以外の子。②嫡出でない子。↔嫡子。
【支持】シジ ①ささえもつ。ささえ助ける。②人の主義・政策・意見などに賛成し援助する。
【支庶】シショ ①=支子。②分かれた血すじ。分家。
【支族】シゾク 一族の分かれ。分かれた血すじ。分家。
【支属(屬)】シゾク 分かれた血筋。分家の一族。

【支体(體)】 肢体。①手足とからだ。②からだ。

【支柱】 ささえのはしら。つっかい柱。

【支△那】 中国の旧称。昔、インドで中国を呼んだ名称を、仏典を漢訳するときに音訳したもの。秦がその語源といわれる。から。もろこし。漢土。唐土。

【支派】 ①えだがわ。支川。支流。②党派などの、もとの仲間から分かれ出た一派。分派。支部。

【支配】 ①区分けして手くばりする。②部下を監督し事務を処理すること。とりしまる。③統治する。④ある者の力が他人の考えや行動を規定する。他人を思うように動かす。また、他を制約する。

【支分節(節)解】 支体を分け、関節を解く意で、書物をこまかく分解して調べ明らかにすること。

【支脈】 主脈から分かれ出たすじ。山脈の分かれなど。

【支葉】 枝と葉。また、子孫などをいう。枝葉。

【支離】 ①わかれわかれになる。②めちゃめちゃにする。③身体に障害のある人。

【支離滅裂】 ちりぢりばらばら。めちゃくちゃ。

【支流】 ①えだがわ。本流に流れこむ川。②分かれ出た家系。分家。③国家元から分かれた流儀。別派。

［翅］→羽部八八三ページ。 ［豉］→豆部一〇三二ページ。

(12)8
【攲】2876

△ キ 図 qī ②jī

字義 ❶かたむく(傾)。また、そばだてる。傾ける。＝攲。「傾攲」 ❷箸ではさみとる。

解字 文 篆 形声。支＋奇㊟。支は、分かれた枝、箸の意味。音符の奇は、斜めに傾き立つの意味。箸を傾けて物をはさみ取るの意味を表す。

【攲危】 傾いてあぶない。足もとがふらついてあぶない。

4 攴(攵)部

［攴］ 5829 5A3D　［攵］ 5830 5A3E

〔部首解説〕 ぼくづくり。 ぼくにょう。〔攴〕とまた(卜又)。〔攵〕のぶん(ノ文)。文字としては、攴は、音ホク。慣用音ボク。形声。又＋卜㊟。又は右手の象形。トはボクッという音を表す擬声語。手でボクッとうつ、たたくの意味を表す。攵は攴の省略形。攴を意符として、打つ、強いる、仕向けるなどの意味を含む文字ができている。

牧→牛部 七〇三ページ。 致→至部 九〇三ページ。

(6)2
【攷】2877

△ コウ(カウ) 晧 kǎo

5831 5A3F

字義 ❶たたく。うつ。❷かんがえる。＝考。

解字 文 篆 形声。攴(攴)＋丂㊟。攴は、うつの意味。音符の丂は、曲がった彫刻刀の象形。彫刻刀や鑿のみなどをうつの意味から、うつ・たたくの意味を表す。転じて、かんがえるの意味をも表す。

(6)2
【收】(805)

シュウ 收(804)の旧字体。→一七六ページ。

5832 5A40

(7)3
【改】2878

教4 カイ あらためる・あらたまる

カイ 賄 gǎi

1894 327E

筆順 改

字義 ❶あらためる。かえる。なおす。新しくする。あらたまる。「更改」 ❷あらためて。新しく。国❶あらため。検査。吟味。❷あらたまる。ことさらに態度をよくする。四角ばる。

解字 文 篆 形声。攴(攴)＋己㊟。音符の己は、かしこまるの意味。かしこまるように仕向ける、あらたまるの意味を表す。

▼更改・変改・摩改

【改悪(惡)】 ①悪い事をあらため直すこと。②国改めてかえって悪くすること。↔改善。

【改易】 ①あらためかえる。とりかえる。また、あらたまり変わる。②国江戸時代、武士に科した刑罰。家禄・屋敷を没収し、士籍を除いた。

【改革】 あらためかえる。また、改まり変わる。改易。

【改元】 年号を改める。新しい年号にする。

【改悟・改△悛】 くいあらためる。あやまちをさとって改める。

【改作】 あらためて作る。作りなおす。

【改△刪】 ＝改竄。刪は、削る意。

【改△竄】 文字・語句を改めなおすこと。竄は、改め変える意。改刪。

【改宗】 ①今まで信仰していた宗教・宗派をやめて、他の宗教・宗派にかえる。宗旨替え。②思想や態度を改め変える。

【改△悛】 ＝改悟。悛は、改める意。悔悛。

【改称(稱)】 名称を改める。

【改心】 心を改める。心を入れかえる。

【改進】 ①物事のあらたまり進むこと。②古い弊害を改めて進歩を図ること。

【改新】 ①あらため新しくする。②新年。

【改正】 ①あらためただす。改めてよくする。②正朔(こよみ)を改める。

【改善】 あらためてよくする。よい方に改める。改良。↔改悪。

【改組】 組織をあらためかえる。

【改装(裝)】 ①よそおいを改める。服装をかえる。②船や建物などの装備・装飾をかえる。

【改葬】 いったん葬った死体をよそに葬りなおすこと。

【改造】 あらためてつくる。つくりなおす。

【改題】 題名をあらためる。題目を変える。

【改定】 あらためる。新たに定める。◇もと、古いものを改めるのを「改定」、正しくないものを改めるのを「改訂」と使い分けた。現代では「改定」が一般的。法令用語は「改定」。ただ、正誤ということに力点を置く場合には「改訂」を用いている。

【改訂】 国著書の文章や内容をあらため正すこと。「改訂版」

【改廃(廢)】 改めることと、やめること。改めたり、やめたりすること。

【改版】 ①版木をほりかえる。②活字を組みかえる。

【改変(變)】 あらためかえる。

【改名】 なまえを変える。

(7)3
【攻】2879

常 コウ せめる

漢コウ・呉ク 東 gōng

2522 3936

筆順 攻

字義 ❶せめる。㋐兵力を用いて敵を討つ。「難攻」 ㋑と

がめる。過失を責める。❷おさめる（をさむ）。㋐学ぶ。研究する。「専攻」㋑みがく。とぐ。「攻玉」㋒つくる。㋓なおす。❸かたい（堅）。❹たくみ。＝工。名乗 おさむ

使いわけ せめる〔攻・責〕
〔攻〕兵力で敵をうつ。勝とうとしてせめる。「水攻め」
〔責〕罪を問いただす。責任を求める。「良心に責められる」

解字 金文 篆文 形声。攵（攴）＋工㊌。攴は、うつの意味。音符の工は、工具の象形。のみなどの工具をたたいて、物を作るの意味を表し、軍事上・農業上の害を除く、せめるの意味も表す。

▼機攻・近攻・正攻・専攻・内攻

【攻陥（陷）】コウカン せめて、おとしいれる。
【攻究】コウキュウ おさめきわめる。研究する。
【攻玉】コウギョク たまをみがく。転じて、知徳をみがくこと。
【攻苦】コウク 苦心する。また、苦心して勉学すること。
【攻苦食△啖】コウクタンを くらう（ふ） 苦境と戦い粗食に甘んずる。転じて、苦心して勉学する意。啖は、淡で、味気（あじけ）のないもの。〔史記、叔孫通伝〕
【攻撃（擊）】コウゲキ ①武力で敵をせめうつ。②言論で人をせめる。「せめとがめる。
【攻守】コウシュ せめることと守ること。攻撃と守備。
【攻城野戦（戰）】コウジョウヤセン 城をせめ、野で戦う。〔史記、廉頗・藺相如伝〕
【攻勢】コウセイ ①せめかかるいきおい。②積極的に攻撃している状態。攻める方の立場。↕守勢。
【攻戦（戰）】コウセン ①せめたたかう。②「攻城野戦」の略。
【攻抜】コウバツ 敵の城や陣地をせめて奪い取ること。
【攻略】コウリャク せめとる。略は、奪い取る。攻奪。

(7)3
【孜】2880 △ シ 因 zī ―2758 3B5A

字義 つとめる（つとむ）。はげむ。休まずにはげむさま。孜孜。

解字 篆文 形声。攵（攴）＋子㊌。音符の子は、つぎつぎにふえるの意味。努力をつぎつぎ増していく、つとめるの意味を表す。

【孜孜】シシ 熱心につとめはげむさま。せっせと。

(7)3
【攸】2881 △ 漢ユウ（イウ） 呉ユ 因 yōu ―5833 5A41

字義 ❶水の流れるさま。❷ところ（所）。助字。用法は、所と同じ。「攸レ帰（キするところ）」❸遠くはるかなさま。＝悠（ユウ）。「攸攸」❹はやく行くさま。一説に、ゆったりしているさま。「攸然」

解字 甲骨文 金文 篆文 会意。攵（攴）＋人＋｜（水）。攴（ボク）は、手で軽くたたくの意味。｜は水の省略形で、みずの意味。人の背に水を流して手で洗うさまから、長いすじとなって流れる水の意味を表す。滌（デキ）の原字。借りて、助字に用いる。攸を音符に含む形声文字に、悠・條（条）・滌・修・脩（シュウ）などがある。

(8)4
【放】2882 教3 ホウ はなす・はなつ・はなれる ―4292 4A7C
㈠ホウ（ハウ） 漾 fàng
㈡ホウ（ハウ） 養 fǎng

筆順 亠 方 放 放

字義 ㈠❶はなす。はなつ。㋐ときはなす。自由にする。「解放」「釈放」㋑すてる。ほうりだす。すておく。「放棄」「放置」㋒おいやる。しりぞける。「追放」㋓発する。とばす。「光を放つ」「矢を放つ」㋔つける。「火を放つ」❷はなれる（はなる）。㋐にげる。㋑遠ざかる。❸ほしいまま。わがまま。「放縦」「奔放」❹しまりがない。㈡❶ならう。まねする。＝倣（ホウ）。❷よる（依）。つき従って行く。❸いたる（至）。名乗 ゆき・ゆく 難読 放出（はなてん）

参考 現代表記では〔抛〕（2638）の書きかえに用いることがある。「抛棄→放棄」「抛物線→放物線」

使いわけ はなれる〔離・放〕⇩離（8480）。

解字 篆文 形声。攵（攴）＋方㊌。音符の方は、左右に広がるの意味。攴は、強制するの意味。しいて左右に広げる、はなすの意味を表す。

▼開放・豪放・釈放・疎放・粗放・追放・奔放

【放逸・放△佚】ホウイツ ほしいまま。わがまま。きまま。
【放△溢】ホウイツ ①流れあふれる。②＝放逸。
【放下】ホウカ ①手から離す。②流れくだる。③安心する。④国放下師・放下僧（ともに、曲芸・手品などを演じた芸人）の略。⑤仏（ホウゲ）禅宗で、世俗の縁をすてて無我の境に入ること。
【放歌】ホウカ 大声でうたう。「放歌高吟」
【放△鶴亭】ホウカクテイ ①北宋（ホクソウ）の張天驥（チョウテンキ）が雲竜山（江蘇（コウソ）省徐州市の南）のふもとに作った亭（チン）の名。二羽の鶴を飼い、朝放せば暮れに帰ったという。北宋の蘇軾（ソショク）に「放鶴亭記」がある。②宋代の林逋（リンポ）（諡（おくりな）は和靖（ワセイ））は、孤山（浙江（セッコウ）省杭州（コウシュウ）市）の北に退隠し、二羽の鶴を飼って共に遊んだ。後に元の陳子安がここに放鶴亭を建てた。
【放棄】ホウキ なげすてる。すてさってかまわない。抛棄（ホウキ）。
【放吟】ホウギン ＝放歌。放歌高吟。
【放言】ホウゲン 言いたいほうだいに言う。また、無責任なことば。
【放効（效）】ホウコウ 人の行いを見ならう。まねる。効は、ならう意。
【放散】ホウサン ①まきちらす。②ほしいまま。わがまま。

【放△恣・放△肆】ホウシ ＝放逸。恣は、ほしいまま。
【放失】ホウシツ ①はなち捨てる。②失う。
【放赦】ホウシャ 罪人をはなちゆるすこと。放免。釈放。
【放射】ホウシャ ①中央の一点から四方八方へ放出する。②光・熱などを外へ出す。
【放出】ホウシュツ ①はなって出す。自由にして出してやる。②ふきだす。ほとばしり出る。③国貯蔵の食糧・物資などを一般に分け与えるために、貯蔵所から出すこと。「放出物資」
【放縦（縱）】ホウショウ・ホウジュウ わがまま。きまま。放逸。
【放心】ホウシン ①良心を失う。また、外物に迷って本体を失った心。〔孟子、告子上〕学問之道無レ他（ガクモンのみちはタなし）、求ニ其放心一而已矣（そのホウシンをもとむるのみ）。②気ぬけする。頭がぼうとなる。うっかりする。③心づかいをやめる。安心する。放念。④心を自由にする。思いのままに。
【放水】ホウスイ 水を流し出す。
【放生】ホウセイ ①鳥・魚などの生き物をはなつこと。②仏（ホウジョウ）功徳（クドク）を積むため、鳥・獣・魚などの生き物をにがしてやる。
【放惰】ホウダ わがままでなまける。
【放達】ホウタツ きままで物事にこだわらない。放曠（ホウコウ）。
【放胆（膽）】ホウタン 思いきって大胆に事を行う。転じて、大胆。
【放胆（膽）文】ホウタンブン 文法などにとらわれず、思うままに大胆に書いた文。↕小心文。
【放誕】ホウタン 思うままに大きなことをいう。大きな口をきくこと。誕は、大言する意。
【放談】ホウダン 思うがままに話す。放言。
【放置】ホウチ ①すえおく。②国すておく。そのままにしておく。
【放逐】ホウチク 追いはらう。追いだす。追放。
【放△黜】ホウチュツ はなちしりぞける。放逐する。
【放△擲】ホウテキ 抛擲（ホウテキ）。①なげすてる。②なげやりにする。うっちゃっておく。
【放△蕩】ホウトウ ①ほしいまま。わがまま。放逸。②国酒色にふけって品行が修まらないこと。身持ちが悪いこと。道楽。
【放任】ホウニン 国①なげやりにして成り行きにまかせる。②うっちゃらかして自由にまかせる。
【放伐】ホウバツ ①追い払うことと、討ち滅ぼすこと。②昔、中国で徳を失った暴虐な君主を追放したり、討ち滅ぼしたりした易姓（エキセイ）革命の思想。↕禅譲。〔孟子、梁恵王下〕
【放飯流△歠】ホウハンリュウセツ 大口にめしを食い、流しこむように汁をすする。無作法な食事のしかたをいう。
【放△辟邪△侈】ホウヘキジャシ わがままかってな悪い行いをいう。放はほしいまま、辟はかたよる、邪はよこしま、侈はぜいたく。〔孟子、

梁恵王上〕苟無二恒心一(いやしくもコウシンなくんば)、放辟邪侈(ホウヘキジャシ)無レ不レ為已(なさざるなきのみ)。〈もしも一定不変の良心がなかったならば、放辟邪侈となってどんな悪事でもすべてやってしまう〉

【放△榜・放△牓】(ホウボウ) 試験の合格者を発表すること。

【放漫】(ホウマン) やりっぱなしでしまりがないこと。

【放免】(ホウメン) ①はなちゆるす。自由にしてやる。②拘留中の容疑者・被告人を釈放すること。

【放△鷹】(ホウヨウ) たかがり。飼いならしたたかを放って小鳥などを捕らえさせる狩り。

【放△埒】(ホウラツ) 国馬が埒(ラチ)（馬場の囲い）をはなれてとびだす。①わがまま。きまま。②酒色にふけって品行がおさまらないこと。道楽。放蕩(ホウトウ)。

【放△懶】(ホウラン) 気ままにし、なまけること。

【放浪】(ホウロウ) ①きままにする。②さまよいあるく。流浪。

【牧】→牛部七〇三ページ。

(9)5
【故】 2883
教5 コ ゆえ

コ 遇 gù ―― 2446 *384E*

筆順 十 古 古 故

字義 ❶もと。むかし。以前。❷もとの。㋐以前の。㋑死んだ。人の官名や名の上につけて死んだ意を表す。❸もとより。㋐もともと。はじめから。㋑まことに。たしかに。❹ふるい(ふる)。❺ふるい事がら。ふるいしきたり。ならわし。先例。「典故」❻ふるなじみ。旧知。「故旧」❼としより。年長者。「故老」❽死ぬ。「物故」❾ゆえ(ゆゑ)。わけ。理由。❿ゆえに(ゆゑに)。それだから。⓫こと。㋐ことがら。しごと。「世故」㋑できごと。非常のこと。わざわい。むほん。うらみ。「事故」「故障」⓬ことさら。わざと。わざとする。「故意」⓭ときあかし。古語の現代訳。=詁(コ)。「訓故」

名乗 ひさ・ふる

解字 金文 篆文
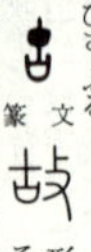
形声。攵(攴)＋古㊥。攴は、強制するの意味。音符の古は、ふるく固いの意味。しいて古く固くしてしまうの意味から、ことさらに・死ぬ・わざわい等の意味を表し、古に通じて、ふるいの意味を、固に通じて、もとよりの意味も表す。

▼縁故・旧故・訓故・事故・世故・大故・典故・物故

【故意】(コイ) ①古い心。また、昔の人の心。②古めかしいおもむき。③わざとたくらむ心。わざとする。④もとからの心。変わらぬ友情。

【故園】(コエン) ①古い庭。旧園。故苑。②ふるさとの庭。転じて、「ふるさと。」

【故△淵】(コエン) 魚がもと住んでいたふち。〔晋、陶潜、帰二田園居一詩〕池魚思二故淵一(チギョコエンをおもう(ふ))。

【故家】(コカ) 古くから続いている家。古い家がら。旧家。

【故丘】(コキュウ) ①ふるさとのおか。転じて、ふるさと。②古い墓。

【故旧(舊)】(コキュウ) 古くからの知り合い。古なじみ。旧知。

【故宮】(コキュウ) ①ふるい宮殿。②北京の故宮をいう。明(ミン)・清(シン)時代の宮殿であった紫禁城。現在は故宮博物院と称し、建物や遺品が公開されている。

【故△墟】(コキョ) 昔の城や建築物などの跡。廃墟。故址(コシ)。

【故郷(鄕)】(コキョウ) ①生まれた土地。ふるさと。〔史記、項羽本紀〕②もと長く住んでいた土地。

【故訓】(コクン) 古訓。①昔の訓(よ)み方。②昔の教え。

【故故】(ココ) ①鳥の鳴き声などの形容。②しばしば。たびたび。

【故国(國)】(ココク) ①古くからある国。②生まれた国。祖国。③ふるさと。故郷。

【故山】(コザン) ふるさとの山。転じて、ふるさと。故郷。故国。

【故△址・故△趾】(コシ) むかしの町・建物などのあと。

【故事】(コジ) ①昔あった事実。②昔から伝わっている事がら。先例。「故事来歴」

【故式】(コシキ) 古くからのしきたり。古い儀式。古式。

【故実(實)】(コジツ) ふるい事がら。昔の儀式・法制・作法・服装などの実例や習慣。「有職故実(ユウソクコジツ)」

【故人】(コジン) ①古くからの知り合い。昔なじみ。旧友。故知。故旧。〔唐、王維、送三元二使二安西一詩〕勧レ君更尽一杯酒(きみにすすむさらにつくせイッパイのさけ)、西出二陽関一無二故人一(にしのかたヨウカンをいでなばコジンなからん)。〈さあ君、もう一杯の酒を飲みほしたまえ、西へ進んで陽関を出ると、もう古くからの友人はいなくなるのだから〉②もとの夫、また、妻をいう。③死んだ人。なき人。

【故俗】(コゾク) 古いならわし。古い風俗習慣。古俗。旧俗。

【故宅】(コタク) もとの家。昔住んでいた家。旧宅。

【故地】(コチ) ①昔、所有していた土地。②古いゆかりのある土地。

【故知】(コチ) ①=故旧。②故智(コチ)。昔の人が用いた知恵、はかりごと。

【故都】(コト) ①古都。古いみやこ。昔のみやこ。旧都。②前の都。もと都として住んでいたところ。旧都。

【故土】(コド) ①昔、遊んだことのある土地。②ふるさと。祖国。

【故道】(コドウ) ①古い道路。古くなってさびれた道。旧道。②もと来た道。もと通った道。③先王の道。

【故△廟】(コビョウ) 古いみたまや。古いやしろ、また、寺。

【故夫】(コフ) もとのおっと。先夫。前夫。

【故物】(コブツ) 古い品物。昔の物。古物。

【故里】(コリ) ①ふるさと。生まれた土地。故郷。故山。②昔、住んだ土地。因縁のある土地。

【故林】(コリン) 古いはやし。また、もと住んだ林。

【故塁(壘)】(コルイ) 古いとりで。昔の城壁。古塁。

【故老】(コロウ) 老人で徳望のある人。また、老人。旧臣。

【温レ故知レ新】(ふるきをたず(づ)ねてあたらしきをしる・ふるきをあたためてあたらしきをしる) もと得た知識を再びよく考えたずねて（一説に、古い物事を研究して）、そこから新しい道理を導きだす。孔子が人の師たる者の資格を述べた語。〔論語、為政〕⇩温故知新（六五一ぺ一）。

(9)5
【叓】 2884
△ コウ 更（2981）の本字。→四九六ぺ一。

(9)5
【政】 2885
教5 セイ・ショウ まつりごと

㊀㊇セイ・㊉ショウ（シャウ）敬 zhèng
㊁㊇セイ・㊉ショウ（シャウ）庚 zhēng
―― 3215 *402F*

筆順 丁 下 正 政

字義 ㊀❶まつりごと。国家の主権者が領土・人民を治めること。「政治」❷おきて。政治を行うときの法律・規則。❸物事をととのえ治める方法。「家政」❹ただす（正）。ただしくさせる。❺えだち。人民に課する労役。賦役。
㊁みつぎ。賦税。=征。

名乗 おさ・かず・きよ・こと・すなお・ただ・ただし・ただす・つかさ・なり・のり・まさ・まさし・まん

難読 政所(まんどころ・まどころ)

解字 金文 篆文

形声。攵(攴)＋正㊥。攴は、強制するの意味。音符の正は、ただすの意味。強制してただすの意味を表す。

▼為政・院政・王政・学政・家政・虐政・行政・軍政・憲政・財政・参政・施政・執政・失政・親政・聖政・摂政・専政・徳政・内政・農政・暴政・民政

【政客】(セイカク・セイキャク) 政治にたずさわる人。政治家。

【政教】(セイキョウ) ①政治と教育。②政治と宗教。

【政局】(セイキョク) 政界のありさま。政治のなりゆき。

【政経(經)】(セイケイ) ①政治で、常に守るべき正しい道。②政治と経済。

【政見】(セイケン) 政治上の意見。

【政権(權)】(セイケン) 政治上の権力。政治を行う権力。

【政策】(セイサク) 政治上のはかりごと。政治の方針。政略。

【政治】(セイジ) 国家の主権者が、国民・領土を統治すること。国をおさめること。まつりごと。〔管子、宙合〕

【政事】(セイジ) まつりごと。政治上の事がら。

【政体(體)】(セイタイ) ①国家の組織形態。②統治権の運用の形式。「立憲政体」

【政談】セイダン 政治についての話や議論。
【政敵】セイテキ 政治上の意見が違い、反対の立場に立つ人。政治上の競争相手。
【政党（黨）】セイトウ 政治上、同じ主義・主張を持つ者が集まって組織する団体。政治結社。
【政府】セイフ ①国家の統治機関。②国家の行政機関。内閣、または中央官庁。
【政柄】セイヘイ ＝政権。
【政変（變）】セイヘン ①政治上の移り変わり。内閣がかわること。②政治上の騒乱。
【政務】セイム 政治上の事務。行政事務。
【政略】セイリャク ①政治上のはかりごと。政治の方針。政策。②国かけひき。「政略結婚」
【政令】セイレイ ①政治上の命令、または法令。②憲法や法律の規定を実施するために内閣が定める命令。

(9)5
【畋】2886 △ 漢テン 呉デン 先 霰 tián
5834
5A42

字義 ❶たつくる。たがやす。田地を耕して平らにする。❷かり（狩）。また、狩りをする。「畋猟」

解字 甲骨文 篆文 形声。攵（攴）＋田音。音符の田は、狩猟・耕作地の象形。攴は動作を加えるの意味。狩猟・耕作するの意味を表す。

(10)6
【效】(661) コウ 効(660)の旧字体。→一五〇ページ。
5835
5A43

(10)6
【敉】2887 △ 漢ビ 呉ミ 紙 mǐ

字義 ❶なでる。なでてやすらかにする。「敉寧」❷いつくしむ。

解字 金文 篆文 形声。攵（攴）＋米音。音符の米は、民に通じ、多くのたみの意味。たみをなでいつくしむの意味を表す。

(10)6
【敏】2888 常 ビン
(11)7
〖敏〗2889 人 許 漢ビン 呉ミン 軫 mǐn
4150
4952

筆順 毎 敏

字義 ❶とし。㋐すばしこい。すばやい。「機敏」㋑さとい。かしこい。「俊敏」「明敏」❷つとめる（勉）。❸つまびらか。❹足の親指。

名乗 さと・さとし・すすむ・つとむ・と・はや・はやし・はる・みぬ・ゆき

難読 敏馬（みぬめ）

解字 甲骨文 金文 篆文 形声。攵（攴）＋毎音。音符の毎は、晦などに通じ、くらいの意味。意識にはっきりのぼらないうちに事がすむさまから、すばやいの意味を表す。また、勉に通じて、つとめるの意味や拇に通じて、おやゆびの意味をも表す。

▼鋭敏・過敏・機敏・警敏・秀敏・俊敏・不敏・明敏

【敏活】ビンカツ 才知やからだのはたらきのすばやいこと。
【敏感】ビンカン 国こまかなことにもよく感ずること。感じ方がするどいこと。↕鈍感。
【敏給】ビンキュウ ①すばしこい。②かしこくて、口のよくまわること。
【敏慧】ビンケイ さとい。かしこい。利口。
【敏行】ビンコウ ①つとめて行う。②すばやく行う。〔論語、里仁〕
⇩君子欲下訥二於言一而敏中於行上（クンシはゲンにトツにしておこない（ひ）にビンならんとほっす）〔一九三ページ〕。
【敏才】ビンサイ すばしこくはたらく才能。
【敏疾】ビンシツ すばやい。すばしこい。敏捷（ビンショウ）。敏速。
【敏捷】ビンショウ ＝敏疾。捷も、はやい意。
【敏達】ビンタツ かしこく、物事の道理に通じていること。
【敏腕】ビンワン 国物事をてきぱき処理するうでまえ。

【致】→至部 九〇三ページ。

(11)7
【救】2890 教4 キュウ すくう 漢キュウ（キウ）・呉ク 慣グ 宥 jiù
2163
355F

筆順 十 才 求 救

字義 ❶すくう。すくふ。たすける。㋐力や物を貸して助ける。「救助」㋑守る。㋒悪事や過失をやめさせ、正しくしてやる。❷すくい。すくひ。たすけ。

名乗 すけ・たすく・やす

難読 救仁郷（くにごう）

解字 金文 篆文 形声。攵（攴）＋求音。攴は、うつの意味。音符の求は、一点を求めて分散していたものがあつまるの意味。無秩序に分散しようとするものに歯どめをかけておさめ、すくうの意味を表す。

▼振救

【救援】キュウエン すくいたすける。加勢する。
【救急】キュウキュウ 急場を救う。急に起こった難儀や病気を救うこと。「救急箱」
【救護】キュウゴ すくいまもる。救助して保護する。
【救荒】キュウコウ 凶作を救う。凶作の年に困っている人たちを救うこと。救凶。
【救災】キュウサイ 災難にあった人たちを救うこと。
【救済（濟）】キュウサイ すくう。たすける。
【救恤・救卹】キュウジュツ すくいあわれむ。金品を施して困窮者を救う。
【救世】キュウセイ ①世の中の人を救う。悪い世の中を救ってよくする。②仏（ク・セ・ゼ／グ・セ・ゼ）菩薩（ボサツ）の通称。特に、観音（カンノン）をいう。
【救世済（濟）民】キュウセイサイミン 世の中を救い、人民の難儀を助けること。
【救世主】キュウセイシュ 人類を救う人の意で、キリスト教で、イエス・キリストをいう。
【救難】キュウナン 難儀（ナンギ）を救う。

(11)7
【敔】2891 △ 漢ギョ 呉ゴ 語 yǔ

字義 ❶さしとめる。とどめる。❷楽器の名。木製、虎（とら）形で、楽をやめるときに使う。

解字 金文 篆文 形声。攵（攴）＋吾音。音符の吾（ゴ）は、たがいちがいになるの意味。その背にたがいちがいにぎざぎざが刻まれ、うずくまった虎（とら）の形をした木製の楽器の名を表す。

(11)7
【教】2892 教2 キョウ おしえる・おそわる
(11)7
〖敎〗2893 漢コウ（カウ） 呉キョウ（ケウ） 效 肴 jiào, jiāo
2221
3635

筆順 土 耂 孝 教

字義 ❶おしえる（をしふ）。さとす。みちびく。つける（告）。❷おしえ（をしへ）。いましめ。さとし。「宗教」「布教」❸おおせ。命令。「教令」❹おしえられる。おそわる（をそはる）。❺しむ。助字。⇩助字解説

助字解説 しむ。使役。……させる。類使・令・遣・俾。〔唐、白居易、長恨歌〕遂教二方士殷勤覓一（ついに（ひ）にホウシをしてインギンにもとめしむ）〈ついに方士に命じて、ねんごろにさがし求めさせた〉

名乗 かず・こ・たか・のり・みち・ゆき

解字 甲骨文 金文 篆文 形声。攵（攴）＋孝（斈）音。音符の斈は、教える者とならう若者とのまじわりの意味から、ならう・おしえるの意味を表す。攴は、むちうつの意味で、これを加えて、おしえるの意味を明らかにした。

▼異教・遺教・回教・旧教・景教・高教・国教・指教・示教・邪教・釈教・宗教・儒教・殉教・助教・新教・政教・聖教・説教・善教・胎教・治教・調教・道教・徳教・風教・布教・仏教・文教・密教・名教・明教・礼教

【教育】(キョウイク) おしえそだてる。〔孟子、尽心上〕得₂天下之英才₁而教₂育之₁、三楽也(テンカのエイサイをえてこれをキョウイクするはサンラクなり)。〈天下のすぐれた人材を集めて教えそだてることは三番目の楽しいことである〉

【教育漢字】(キョウイクカンジ) 国常用漢字のうち、小学校六年間に学習することになっている漢字の通称。小学校学習指導要領（平成四年施行）の学年別漢字配当表に、一〇〇六字が示された。

【教化】(キョウカ) ①おしえ導いて善にすすませる。教えて感化する。②仏(キョウゲ) 衆生(シュジョウ)を教え導いて仏道に入らせること。

【教戒・教△誡】(キョウカイ) おしえいましめる。

【教△誨】(キョウカイ) おしえさとす。誨も、おしえる意。「教誨師」

【教学(學)】(キョウガク) ①教えることと、学ぶこと。教育と学問。②学校を建て教師を置いて教えること。学校教育。

【教学(學)半】(おしう(ふ)るはまなぶのなかばなり) 人に教えることは、なかばは自分の勉強になる。〔書経、説命下〕

【教義】(キョウギ) ①教育の主旨。②ある宗教の本質的な趣旨。教理。

【教訓】(キョウクン) おしえさとす。また、おしえ。教は学芸上のおしえ、訓は道徳上のおしえ。

【教唆】(キョウサ) おしえそそのかす。人に教えて犯罪実行の意志を生じさせること。

【教主】(キョウシュ) ①教化をほどこす主。僧をいう。②一つの宗教・宗派を開いた人。教祖。宗祖。

【教授】(キョウジュ) ①おしえさずける。②弟子に学術を教える人の官名。③国大学などで専門の学術を教える人の官名、また、職名。

【教書】(キョウショ) 国①将軍や諸侯の発する命令書。②ローマ法王が公式に信徒に発する訓告書。③アメリカで、大統領（州知事）が、国会（州議会）に出す政治上の意見書。

【教条(條)】(キョウジョウ) ①学生の守るべききまり。②法規。

【教場】(キョウジョウ) ①宋代(ソウダイ)、武術を教習した所。練兵場。講武所。②学業を教える場所。教室。

【教祖】(キョウソ) ＝教主の②。

【教導】(キョウドウ) おしえみちびく。また、おしえ。教道。

【教範】(キョウハン) 教育の方法、また、形式。

【教父】(キョウフ) ①おしえの父。真理を世に伝える者。師。②国キリスト教で、キリストの説いた教えを教義にまとめる仕事をした人たち。また、洗礼の時の男性の保証人。

【教△鞭】(キョウベン) 教師が授業のときに手に持つむち。「教鞭を執る」は、教師として勤務すること。

【教坊】(キョウボウ) ①唐代、都内に官立の、音楽・歌舞の教習所。②国遊芸を覚えさせる所。芸者屋町。遊里。

【教諭】(キョウユ) ①おしえさとす。教喩(キョウユ)。②国小学校・中学校・高等学校の教員の職名。

【教養】(キョウヨウ) ①おしえ育てる。②国その人の人がらをつくっている学問や知識。身についた、ひろい文化的な素養。

【教令】(キョウレイ) ①命令。号令。②教化。③父母の教えといいつけ。④時節時節になすべき事がらの規定。⑤そそのかす。教えて悪事をさせる。

【教練】(キョウレン) ①おしえ、ならす。②国㋐もと、学校で行った軍事訓練。㋑もと、軍隊で行った戦闘の訓練。

(11)7 【敖】2894 △ 一ゴウ（ガウ）豪 áo 二ゴウ（ガウ）号 ào — 5836 5A44

字義 一❶あそぶ。気ままに遊びまわる。「敖遊」❷かまびすしい。やかましい。＝嗷(ゴウ)。二❶たわむれる。また、からかう。❷おごる。たかぶる。あなどる。＝傲(ゴウ)。

解字 金文 篆文 会意。篆文は、出＋放。出は、でるの意味。放は、ときはなすの意味。自由に出遊ぶの意味を表す。転じて、おごるの意味に用いる。敖を音符に含む形声文字に、傲(ゴウ)・嗷(ゴウ)・慠(ゴウ)・贅(ゴウ)・謷(ゴウ)・遨(ゴウ)などがある。

【敖惰】(ゴウダ) 遊びなまける。

【敖慢】(ゴウマン) おごりたかぶる。

【敖遊・敖△游】(ゴウユウ) 気ままに遊ぶ。

(11)7 【赦】2895 常 シャ — シャ 禡 shè — 2847 3C4F

筆順 土 ｷ 赤 赦 赦

【赦】同字

字義 ❶ゆるす。罪・あやまちを許す。また、すておいて責めない。❷ゆるし。「恩赦」

解字 篆文 形声。攵(攴)＋赤音。赤は捨に通じ、はなつ・すてるの意味。特に、罪をゆるすの意味に用いる。

▼恩赦・大赦・特赦・放赦・容赦

【赦状(狀)】(シャジョウ・ゆるしぶみ) 罪を許すことを書いた書状。許し文。

【赦文】(シャブン) ＝赦状。

【赦免】(シャメン) 罪を許すこと。赦原。赦宥(シャユウ)。

(11)7 【敘】2896 △ ジョ 叙(815)（敍）の俗字。→一九九ページ。 — 5839 5A47

(11)7 【敍】(816) ジョ 叙(815)の旧字体。→一九九ページ。 — 5838 5A46

(11)7 【敕】(664) チョク 勅(663)の旧字体。→一五一ページ。 — 5837 5A45

(11)7 【敗】2897 教4 ハイ やぶれる 一漢ハイ・呉バイ 卦 bài 二ハイ 卦 bài — 3952 4754

筆順 冂 月 貝 敗

字義 一やぶれる(やぶる)。㋐負ける。↔勝「勝敗」㋑しくじる。やりそこなう。↔成。「失敗」㋒こわれる。そこなわれる。つぶれる。ついえる。「損敗」「頽敗(タイハイ)」㋓くさる。「腐敗」㋔かれる（枯）。花がしぼむ。葉がおちる。二❶やぶる。こわす。うちまかす。❷わざわい（災）。❸ききん。不作。

使いわけ やぶれる〔破・敗〕⇨破(5147)。

解字 金文 篆文 形声。攵(攴)＋貝音。音符の貝(バイ)は、敝(ヘイ)に通じ、やぶれるの意味。攴は、動作を加えるの意味。やぶれるの意味を表す。

▼壊敗・朽敗・興敗・荒敗・惨敗・勝敗・衰敗・成敗・惜敗・退敗・腐敗・劣敗

【敗荷】(ハイカ) 秋になって破れたはすの葉。荷は、はすのこと。

【敗壊(壞)】(ハイカイ) やぶれくずれる。こわれくずれる。

【敗△潰】(ハイカイ) やぶれくずれる。まけて逃げる。

【敗業】(ハイギョウ) 仕事をしくじる。

【敗軍将(將)不ㇾ可₂以言ₗ勇】(ハイグンのショウはもってユウをいう(ふ)べからず) いくさに敗れた大将は、武勇のことについて話す資格はない。〔史記、淮陰侯伝〕

【敗残(殘)】(ハイザン) ①やぶれそこなわれる。②国戦いにまけて生き残ること。「敗残兵」

【敗子】(ハイシ) 家をやぶる男子の意で、道楽むすこ。やくざな不孝者。

【敗△衄・敗△衂】(ハイジク) 戦いにまけること。衄・衂は、くじけまける意。

【敗将(將)】(ハイショウ) いくさにまけた大将。敗軍の将。

【敗訴】(ハイソ) 訴訟に負ける。↔勝訴。

【敗卒】(ハイソツ) 戦いにやぶれた兵。敗兵。

【敗退】(ハイタイ) まけてしりぞく。敗却。

【敗△頽】(ハイタイ) やぶれくずれる。また、柔弱・不健全なこと。頽敗。

【敗徴】(ハイチョウ) 戦いにまけるきざし。敗兆。敗壊。

【敗徳】(ハイトク) 徳義をやぶる。人の道にそむくこと。また、道にはずれた行い。不徳義。

【敗筆】(ハイヒツ) 使い古したふで。ちびふで。禿筆(トクヒツ)。

【敗亡】(ハイボウ・ハイモウ) やぶれほろびる。また、まけて逃げる。敗北。

【敗北】(ハイボク) ①まけてにげる。北は、にげる。②まける。

【敗没】(ハイボツ) やぶれほろびる。敗亡。

【敗滅】(ハイメツ) やぶれほろびる。

【敗余（餘）】①戦いにまけた後。②失敗したあと。

【敗乱（亂）】やぶれみだれる。また、やぶりみだす。

【敗△爛】やぶれただれる。また、くされただれる。糜爛。

【敗柳残（殘）花】葉の落ちた柳と、しぼみかけた花。容色の衰えた美人のたとえ。

(11)7
【敂】(2889)　ビン　敏（2888）の旧字体。→四七四ページ。

(12)8
【敢】2898　常　カン
筆順　エ　Ĕ　耳　敢
カン　感 gǎn　2026　343A

字義　❶あえて。助字。⇩助字解説　❷あえてする。おしきってする。「果敢」❸いさましい。進取の気象がある。思いきりがよい。「勇敢」

✝助字解説
あえて　押しきって……する。類肯。〔唐、杜甫、兵車行〕役夫敢申レ恨〈兵士であるわたしは、思いきって恨みを言うことができようか〉
〈不二敢……一〉否定。すすんで……しない。〔史記、項羽本紀〕会二其怒一不二敢献一〈怒りにあって、思いきって献上することができなかった〉
〈敢不二……一〉反語。どうして……しないことがあろうか。〔戦国策、楚〕百獣之見レ我、而敢不レ走乎。〈動物どもがわたしを見たら、どうして走り逃げないことがあろうか〉

名乗　いさみ・いさむ
参考　「不敢…」は、「あえて…ず」と読んで、否定の意。「敢不…」は、「あえて…ざらんや」と読んで反語の意。
解字　金文　篆文　会意。金文は、又＋又＋占の変形。両手で、占の上部のトをしいておし曲げたさまから、道理として合わないことをしいてする、あえての意味を表す。
▼果敢・勇敢

【敢為（爲）】思いきってする。おしきってする。勇気をふるって行う。自ら進んで行う。敢行。

【敢言】思いきって言う。勇気をふるって言う。

【敢行】思いきって行う。おしきって行う。敢為。〔史記、李斯伝〕断而敢行、鬼神避レ之。

【敢戦（戰）】しにものぐるいでたたかう。決死の覚悟で激しく戦う。

【敢然】思いきってするさま。

(12)8
【敬】2899　教6　ケイ　うやまう
(13)9
〔敬〕2900
筆順　艹　苟　苟　敬
漢ケイ　呉キョウ（キャウ）　敬 jìng　2341　3749

字義　❶うやまう。たっとんで礼をつくす。うやまい。「崇敬」「尊敬」❷つつしむ。真心をこめてつとめる。つつしみ。「篤敬」❸うやうやしい。

名乗　あき・あつ・いつ・うや・かた・さとし・たか・たかし・とし・のり・はや・ひろ・ひろし・ゆき・よし
難読　敬川

解字　金文　篆文　形声。攴（攵）＋苟（苟）音。音符の苟は、髪を特別な形にして、身体を曲げ神に祈るさまにかたどる。攴は、ある動作をするの意味。つつしむ・うやまうの意味を表す。敬（敬）を音符に含む形声文字に、儆・警・驚などがある。
▼愛敬・起敬・恭敬・孝敬・失敬・粛敬・崇敬・誠敬・荘敬・篤敬・不敬・和敬

【敬愛】うやまい愛する。『孟子』離婁上に「仁者愛レ人、有レ礼者敬レ人」とある。

【敬△畏】うやまいおそれおおく感ずる。

【敬意】うやまう心持ち。尊敬の念。

【敬遠】①うやまって、近づかない。『論語』雍也編に「敬二鬼神一而遠レ之」とあるのに基づく。②国敬しておきざける。うやまうように見せかけて、実はきらってよせつけない。

【敬具】①つつしんでそなえる。②国つつしんで申しあげる。手紙の終わりに書く語。敬白。

【敬△虔】うやまいつつしむ。つつしみかしこむ。

【敬語】敬意を表すために用いることば。

【敬順】うやまいつつしんで従う。

【敬承】①つつしんでうけたまわる。拝承。②つつしんでうけつぐ。

【敬称（稱）】敬意を表すための呼び方。先生・様など。尊称。

【敬譲（讓）】うやまいゆずる。また、つつしんでゆずる。

【敬△憚】尊敬してはばかる。うやまいおそれる。

【敬忠】相手をうやまい真心をつくす。また、つつしみ深く、真心をつくす。〔論語、為政〕

【敬弔】死者をつつしんでとむらう。

【敬重】うやまいおもんじる。尊重。

【敬亭山】山名。安徽省宣城県の北。別名、昭亭山。〔唐、李白、独坐二敬亭山一詩〕相看両不レ厭、只有二敬亭山一。〈いつまで眺めあっていても互いに飽きることがないのは、ただ敬亭山があるだけだ〉

【敬天愛人】天をうやまい、人を愛する。西郷隆盛が学問の目的を説いた語。〔南洲遺訓〕

【敬白】国つつしんで申しあげる。白は、申す意。手紙の終わりに書く語。敬具。

【敬服】うやまい従う。

【敬復】つつしんでご返事を申しあげる。手紙の初めや終わりに書く語。拝復。

【敬慕】うやまいしたう。尊敬してしたう。

【敬礼（禮）】つつしんで礼をする。また、その礼。

【敬老】老人をうやまう。

(12)8
【散】2901　教4　サン　ちる・ちらす・ちらかす・ちらかる
筆順　艹　丗　昔　散
一サン　翰 sàn
二サン　旱 sǎn　2722　3B36

字義　一❶ちる。はなれる。ちらかる。↕集。㋐ちらばる。ちりぢりになる。「分散」「離散」㋑ちりうせる。ちりぢりになってなくなる。「散逸」❷ちらす。㋐わけ与える。ふりまく。㋑はなつ。外へ出す。「発散」　二❶ひま。仕事がなくてぶらぶらしている。「閑散」❷むだ。役に立たない。「散木」❸しまりがない。「散漫」❹こなぐすり。「散薬」「胃散」❺楽曲。「広陵散」
国❶ちる。にじみ広がる。❷ちらす。ちらかす。㋐言いふらす。㋑動詞にそえて、動作のあらあらしいさまを示す。「読み散らす」㋒整理しないで広げたままにしておく。❸ちらし。㋐まき散らす小さな広告。ビラ。㋑ちらしずしの略。㋒ちらしがき（色紙・短冊などに行をそろえないで書くこと）の略。

参考　現代表記では〔撒〕（2810）の書きかえに用いることがある。「撒水→散水」「撒布→散布」

解字　甲骨文　金文　篆文　会意。甲骨文は、林＋攴。木をばらばらにするの意味を表す。金文は、竹＋肉＋攴。竹の肉を皮から分離するさまから、ばらばらにするの意味を表す。常用漢字は篆文の散の省略体。
▼一散・逸散・解散・拡散・閑散・四散・集散・消散・退散・逃散・発散・盤散・分散・霧散・離散

【散逸・散△佚】①ちりうせる。ちりぢりになってなくなる。②仕事がなくてひまなこと。世事に関係しないでのんきにくらすこと。

【散開】サンカイ ①ちらばる。②軍隊で、密集している部隊が、適当な間隔をとって隊形をとること。
【散楽(樂)】サンガク ①昔の民間演劇の一つ。音曲に合わせて、おどり・劇・軽業かるわざ・奇術なども演じた。俗楽。雑楽。②国さるがく 猿楽。申楽。㋐茶番狂言のように一時の座興に行う、こっけいな演技。㋑能楽の旧称。
【散官】サンカン 定まった職務のない官職。ひまな官職。散職。
【散宜生】サンギセイ 周の文王の賢臣。太公望とならんで治世に功があった。
【散華】サンゲ ①仏㋐仏に供養するために花をまき散らすこと。㋑法会ホウエのとき、列を作って読経ドキョウして歩きながら、五色の紙製のれんげの花をまき散らすこと。②国「華はなど散る」意で、戦地で、はなばなしく死ぬこと。
【散斉(齊)】サンサイ 七日間のものいみ。斉は斎で、ものいみ。散斎。
【散在】サンザイ あちこちにちらばっている。
【散財】サンザイ ①財貨を人にわけてやること。②国多くの金銭をむだに使う。また、ぜいたくな失費。
【散策】サンサク つえをついてぶらぶら歩く。策は杖つえ。散歩。
【散史】サンシ 国民間にあって著述に従事する人の謙称。また、その風流な名称。野史。
【散儒】サンジュ 世の中の役に立たない儒者。実用にうとい儒者。〔荀子、勧学〕
【散職】サンショク ＝散官。
【散人】サンジン ①役に立たない人。無能な人。②世事にとらわれないで、のんきにくらす人。官職につかない人。③詩人・画家などの雅号の下につけそえる語。
【散地】サンチ ひまな地位。権勢のない地位。ひまな立場。
【散点(點)】サンテン あちこちにちらばってあること。散在。
【散髪】サンパツ ①髪の毛をふり乱す。転じて、官位をすてて世をのがれかくれること。②国㋐髪をかる。理髪。㋑ちらしがみ 女が髪を結ばずにちらしておくこと。
【散布】サンプ ①ちりしく。ちりひろがる。②まきちらす。ふりかける。撒布サンプ。
【散文】サンブン 詩歌と違って、韻や字数・句法などに制限のない文章。普通の文章。↔韻文。
【散兵】サンペイ ①あちこちにちらばった兵。②敵に面して、適当な距離をおいて兵をちらばせること。
【散歩】サンポ そぞろあるき。ぶらぶらあるき。散策。
【散木】サンボク 役に立たない木。無用の木。〔荘子、人間生〕
【散漫】サンマン ①ちらばりひろがる。いっぱいに散り乱れる。一面にちらばるさま。②とりとめがない。まとまりがない。
【散薬(藥)】サンヤク こなぐすり。粉薬。
【散乱(亂)】サンラン ちりみだれる。ちりぢりになる。ちらばる。

(12)8 【敞】2902 △ ショウ(シャウ) 養 chǎng 5840 5A48

字義 ❶たかい。土地が高くて平らか。高くて見はらしがよい。❷ひらけている。広々としている。

解字 篆文 形声。攴(攵)＋尚音。音符の尚は、堂に通じ、たかどのの意味。たかどのを造るの意味や、高台で見晴らしがよいの意味を表す。

【敞豁】ショウカツ 広々とひらける。からりとひらけているさま。
【敞閑】ショウカン 広々としてものしずか。

(12)8 【敦】2903 3856 4658

筆順 亠 亨 享 敦

囚 一トン 元 dūn ㋐tún 二漢タイ・呉ツイ 隊 duì

字義 一❶あつい。てあつい。人情があつい。「敦厚」❷重んずる。たっとぶ。❸ただす。とりしまる。せめる(責)。❹おおきい。盛んな。❺うつ。投げうつ。❻せまる(迫)。❼たむろする。陣する。
二❶穀物を盛る器。❷うらむ。

名乗 あつ・あつし・おさむ・つとむ・つる 難読 敦賀つるが

解字 金文 篆文 形声。攴(攵)＋享(章)音。音符の章トンは、亯＋羊で、亯は厚手の土器の象形。羊の肉を長時間かけて煮るための厚手の土なべの意味を表し、一般に、あついの意味を表す。また、屯に通じて、むらがるの意味。集中的に打つの意味を表すようになって攴がつけられたものであろう。

【敦化】トンカ てあつく教化する。ねんごろに教育する。
【敦行】トンコウ てあつい行い。人情に厚い行為。
【敦厚】トンコウ 人情があつい。てあつい。また、その人。敦篤。
【敦厚周慎(愼)】トンコウシュウシン 人情があつくて、つつしみぶかい。
【敦煌】トンコウ 甘粛省西北部にある都市の名。漢代からの西域との交通の要地。市街の東南にある六朝時代から唐末五代にかけて造営された大石窟セックツの千仏洞(莫高窟バッコウクツ)は、古い仏教芸術の貴重な遺跡である。燉煌トンコウ。
【敦実(實)】トンジツ てあつくてまじめ。親切で誠実。
【敦尚】トンショウ あつくたっとぶ。うやまいあがめる。敦崇。
【敦朴・敦樸】トンボク 人情があつく、かざりけがない。
【敦睦】トンボク 人情があつく、むつまじい。親切で仲がよい。

(12)8 【敝】2904 △ 漢ヘイ 呉ベイ 霽 bì 5841 5A49

字義 ❶やぶれる。やぶる。㋐こわれる。ぼろぼろになる。㋑まける(敗)。㋒おとろえる。つかれる。❷自分の物事につける謙称。「敝屋」

解字 甲骨文 篆文 形声。攴(攵)＋㡀音。音符の㡀ヘイは、やぶれた衣服の意味。攴は、ある動作を加えるの意味を表す。

【敝衣】ヘイイ 破れたきもの。ぼろぼろの着物。「敝衣破帽」
【敝縕袍】ヘイウンポウ・ヘイオンポウ やぶれどてら。ぼろぼろの綿入れ。
【敝屋】ヘイオク ①破れた家。あばらや。②自分の家の謙称。
【敝蹝・敝屣】ヘイシ やぶれぞうり。蹝・屣は、わらぞうり。転じて、すてて惜しくないもの。不用の品。
【敝族】ヘイゾク ①おとろえた一族。②自分の一族の謙称。
【敝衲】ヘイノウ 破れた僧衣。やぶれごろも。
【敝邑】ヘイユウ 自分の国の謙称。敝国。
【敝履】ヘイリ 破れたはきもの。履は、はきもの。転じて、すてて惜しくないもの。不用の品。
【敝廬】ヘイロ ＝敝屋。廬は、いおり。

(13)9 【敬】(2900) ケイ 敬(2899)の旧字体。→四七六ページ。

(13)9 【数】2905 教2 3184 3F74
スウ・ス かず・かぞえる 数珠ずず・数寄(奇)屋すきや

(15)11 【數】2906 5843 5A4B
一漢スウ・呉シュ 麌 shǔ 二漢スウ・呉シュ 遇 shù 三サク 覚 shuò 四漢ショク・呉ソク 沃 cù 慣ス

筆順 半 米 娄 数

【數】俗字

字義 一❶かぞえる。かぞ。㋐計算する。かずに入れる。㋑調べる。❷せめる。せむ。罪をかぞえあげて責める。❸いくらか。若干の。「数人」
二❶かず。㋐物の多い少ないの量。「数量」㋑きまったかず。㋒なかま。❷さだめ。運命。「命数」❸すじみち。道理。❹なりゆき。情勢。❺六芸リクゲイの一つ。算術。「数学」❻はかりごと。方法。わざ。技術。
三❶しばしば。しきりに。しばしばする。❷はやい。はやくする。
四こまかい。

名乗 かず・のり・や 難読 数河すごう

解字 篆文 会意。攴(攵)＋婁。攴は、うつの意味。婁は、とぎれることなく続けるの意味。続けて打つさまから、せめる・かぞえるの意味を表す。常用漢字は數の省略体。

▼易数・奇数・件数・算数・指数・珠数・術数・常数・大数・定数・度数・頻数・命数・有数・暦数

【数奇】スウキ (なまって、サッキとも読む) ①ふしあわせ。不運。数

は運命、奇はくいちがって合わぬこと。②国（キス）＝数寄。

【数寄】（すき）国好きのあて字。もと数奇と書く。①ものずき。②風流の道を好むこと。③茶の湯。「数寄屋」は、茶室。

【数△闋】（スウケツ）数曲。また、数回くりかえして歌うこと。闋は、一曲の終わること。〔史記、項羽本紀〕歌数闋（うたうこと（ふ）スウケツ）、美人和レ之（ビジンこれにワす）。

【数△罟】（ソッコ・ソクコ）目のこまかなあみ。〔孟子、梁恵王上〕

【数口】（スウコウ）三、四人。また、五、六人。数人。

【数行】（スウコウ）①はらはらと落ちる涙の幾すじ。②ならんで飛ぶ雁などの、いくつかの列。③（スウギョウ）文章の三、四行、また五、六行。

【数合】（スウゴウ）数度、敵とわたりあうこと。

【数刻】（スウコク）①三、四時間。また、五、六時間。②しばらく。

【数数】（サクサク）①しばしば。たびたび。②せく。③（ソクソク）いそがしいさま。あくせくするさま。

【数術】（スウジュツ）術数。①はかりごと。②暦法家・陰陽家などの計算の術。また、その書。

【数譲（讓）】（スウジョウ）せめる。せめとがめる。

【数珠】（ジュズ・ズズ）仏多くの玉をひもにとおして輪にしたもの。念仏を唱えるとき、まさぐってその回数を数えたり、礼拝のとき、もみ合わせたりする。

【数多】（スウタ・あまた）たくさん。多数。

■ 数を表すことば

無量大数（ムリョウタイスウ）	10^{88}	億（オク）	10^{8}	埃（アイ）	10^{-10}
不可思議（フカシギ）	10^{80}	万（マン）（萬）	10^{4}	渺（ビョウ）	10^{-11}
那由他（ナユタ）	10^{72}	千（セン）	10^{3}	漠（バク）	10^{-12}
阿僧祇（アソウギ）	10^{64}	百（ヒャク）	10^{2}	糢糊（モコ）	10^{-13}
恒河沙（ゴウガシャ）	10^{56}	十（ジュウ）	10	逡巡（シュンジュン）	10^{-14}
極（ゴク）	10^{48}	一（イチ）	1	須臾（シュユ）	10^{-15}
載（サイ）	10^{44}	分（ブ）	10^{-1}	瞬息（シュンソク）	10^{-16}
正（セイ）	10^{40}	厘（リン）（釐（リ））	10^{-2}	弾指（ダンシ）	10^{-17}
澗（カン）	10^{36}	毛（モウ）（毫（ゴウ））	10^{-3}	刹那（セツナ）	10^{-18}
溝（コウ）	10^{32}	糸（シ）（絲）	10^{-4}	六徳（リットク）	10^{-19}
壌（ジョウ）	10^{28}	忽（コツ）	10^{-5}	虚（キョ）	10^{-20}
秭（シ）	10^{24}	微（ビ）	10^{-6}	空（クウ）	10^{-21}
垓（ガイ）	10^{20}	繊（セン）	10^{-7}	清（セイ）	10^{-22}
京（ケイ）	10^{16}	沙（シャ）	10^{-8}	浄（ジョウ）	10^{-23}
兆（チョウ）	10^{12}	塵（ジン）	10^{-9}		

【数重】（スウチョウ）いくえにも重なること。

【数量】（スウリョウ）かずと、かさ。個数と分量。

【不レ可レ勝レ数】（かぞう（ふ）るにたう（ふ）べからず）（あまり多くて）数えきれない。「勝（あ）げて数ふべからず」ともよむ。

(14)10
【敲】2907
標　漢コウ（カウ）　呉キョウ（ケウ）　肴 効　qiāo　5842 5A4A

［敲］俗字

字義 ❶たたく。うつ。❷むち。短い杖。国たたき。㋐江戸時代、罪人をうちたたく刑罰。㋑庖丁（ホウチョウ）でたたいた魚肉。それを用いた料理。

解字 篆文　形声。攴＋高音。攴は、うつの意味。高もたたくの意味。たたくの意味を表す。

(15)11
【數】(2906)
スウ　数(2905)の旧字体。→四七七ページ。　5843 5A4B

(15)11
【敵】2908
教5　テキ　かたき　漢テキ・呉ジャク（ヂャク）　錫 dí　3708 4528

筆順　亠 产 商 敵

字義 ❶かたき。あだ。「仇敵」❷あいて。㋐自分とつりあう者。対等の者。㋑自分にてむかう者。対抗する者。「強敵」❸あたる。㋐つりあう。たぐう。「匹敵」㋑てむかう。対抗する。「敵対」❹こたえる。むくいる。

難読 敵娼（あいかた）

解字 篆文　形声。攵（攴）＋啇（啻）音。音符の啇（テキ）は、中心に寄っていくの意味。手向かっていく相手、あだ・あいての意味を表す。

▼宿敵・政敵・朝敵・匹敵・不敵・無敵・利敵・論敵

【敵△愾】（テキガイ）①君主のためにうらみをはらそうとすること。愾は、うらみ怒る意。②国敵に対するいきどおり。また、敵と戦おうとするいきごみ。「敵愾心」

【敵国（國）】（テキコク）①国力などの対等な国。②自国にあだをなす国。かたきの国。

【敵国（國）破謀臣亡】（テキコクやぶれてボウシンほろぶ）敵国が破れ滅びると、これまで重んじられて来た、はかりごとのたくみな臣も、無用のじゃま者として殺されてしまう。世の中の冷たいご都合（ゴツゴウ）主義のたとえ。〔史記、淮陰侯伝〕

【敵手】（テキシュ）①自分と同等の力を持つ相手。「好敵手」②あだ。

【敵△讎】（テキシュウ）あだ。かたき。仇敵。

【敵勢】（テキセイ）①敵のいきおい。②国（テキゼイ）敵の軍勢。

【敵対（對）】（テキタイ）敵として対抗する。はむかう。てむかう。

【敵△鋒】（テキホウ）敵のほこさき。敵軍のいきおい。

【敵△侔】（テキボウ）力が匹敵する。対等。侔は、等しい意。

【敵本主義】（テキホンシュギ）国いかにも目的がほかにあるように見せかけて行動するやり方。昔、明智光秀が、毛利氏討伐のため中国地方に向かうと見せかけて、途中で急に「我が敵は本能寺にあり」と叫んで馬をかえし、本能寺を襲って、織田信長を攻め殺した故事に基づく。

【敵虜】（テキリョ）敵の者ども。敵兵。虜は、ののしっていうことば。

【敵塁（壘）】（テキルイ）敵のとりで。敵堡（テキホ）。

【敵礼（禮）】（テキレイ）対等の礼。

(15)11
【敷】2909
常　フ　しく　栈敷（さじき）　4163 495F

(15)11
［敷］2910
フ　虞 fū

筆順　敷

字義 ❶しく（布）。㋐ひろげる。おしひろげる。ひろがる。ひろまる。㋑ならべる。つらねる。㋒まき散らす。散らばる。㋓わける。治める。分け治める。❷ひろく。あまねく。❸大きい。おおいに。国❶しく。㋐しきものにする。㋑下におさえつける。❷しき。㋐しきもの。㋑保証として差し出す。金品。「敷金（しききん）」

名乗 のぶ・ひら

参考 現代表記では下に広げる意は〔敷〕、広く行きわたらせる意はかな書き。「ふとんを敷く・教えをしく」

解字 金文 篆文　形声。攵（攴）＋尃（尃）音。音符の尃（フ）は、いねの苗をしきならべるの意味。攴を付し、しくの意味を明らかにした。

▼羅敷

【敷△衍】（フエン）①しきひろげる。おしひろめる。②意味をおしひろめて説明すること。敷演。

【敷演】（フエン）＝敷衍（フエン）。→前項。

【敷教】（フキョウ）①教化をひろめる。教育を普及させる。②宗教をひろめる。布教。

【敷告】（フコク）広くつげ知らせる。布告。

【敷奏】（フソウ）のべすすめる。君主に意見を述べ申しあげること。

【敷陳】（フチン）しきのべる。ならべたてて述べる。

【敷島】（しきしま）国①大和の国（奈良県）の別称。②日本の別称。③敷島の道の略。和歌のみち。

(16)12
【整】2911
教3　セイ　ととのえる・ととのう　漢セイ・呉ショウ（シャウ）　梗 zhěng　3216 4030

筆順　敕 整

字義 ❶ととのえる。そろえる。乱れたものをきちんとする。合わせて一様にする。備える。「調整」❷ととのう。そろう。「端整」❸きちんとそろって、はんぱのないこと。「整数」

名乗 おさむ・ただし・なり・のぶ・ひとし・まさ・よし

使いわけ ととのえる・ととのう【整・調】
〔整〕乱れた所を直す。手落ちのないようにする。「服装を整える」
〔調〕準備する。まとめる。「旅費を調える・交渉を調える」

解字 金文 篆文 形声。攵（支）＋束＋正㊥。束は、たばねるの意味。攵は、打つの意味。たばねたり打ったりして、正しくととのえるの意味を表す。

▼均整・修整・粛整・精整・斉整・端整・調整

【整合】セイゴウ ぴったり合う。また、きちんと合わせる。

【整粛（肅）】セイシュク ①ととのって、おごそか。②ととのえ治める。

【整飾】セイショク ととのえかざる。

【整斉（齊）】セイセイ きちんとそろっていること。また、そろえる。

【整整】セイセイ きちんと、ととのっているさま。秩序正しいさま。整然。

【整然】セイゼン ＝整整。

【整△飭】セイチョク ①ととのえただす。②ととのって正しい。すじみちがたっていること。きちんとしていること。「志行整飭」

【整△頓】セイトン きちんと、ととのえる。また、きちんとしている。頓も整う意。「整理整頓」

【整版】セイハン 国①写真版・銅版・石版・活字版などの印刷版を作ること。②板の面に彫って作る印刷版。木版。↔活字版。

【整理】セイリ ①ととのえ、おさめる。きちんとする。②国むだ（あるいは不用）な物や人を、除き去る（また、捨てる）こと。

【整列】セイレツ きちんとならぶ。また、きちんと並べる。

(17)13【斁】2912 △ 一漢エキ・呉ヤク 陌 yì 二漢ト・呉ツ 遇 dù

字義 一いとう。いやになる。あきる。二やぶる。やぶれる。

解字 金文 篆文 形声。攵（支）＋睪㊥。音符の睪エキは、つぎつぎにたぐり寄せるの意味。糸玉のように固まっていたものをたぐり寄せ分解するの意味を表す。興味が分解してしまう、いやになるの意味をも表す。

(17)13【斂】2913 △ レン 琰 艶 liǎn 5844 5A4C

字義 ❶おさめる。㋐あつめとる。「苛斂」㋑おさめいれる。しまう。かくす。㋒ちぢめる。㋓やめる。㋔ひきしめる。「収斂」❷おさまる。❸死者のなきがらをおさめる礼式。㋐なきがらの衣を着かえさせるのを小斂、棺に入れるのを大斂という。㋑なきがらを墓穴に葬る礼式。

解字 篆文 形声。攵（支）＋僉㊥。音符の僉センは、多くの人が口をそろえて言うの意味。攵を付し、そろえさせる、おさめるの意味を表す。

【斂△昏】レンコン 夕ぐれ。たそがれ。黄昏コウコン。

【斂手】レンシュ 手をおさめる。手をださない。何もしない。

【斂葬】レンソウ 死体を地中にほうむる。

【斂足】レンソク ①足を緊張させる。つつしみ深い足どりで進むことにいう。②足をちぢませる。㋐恐れて足が思うように進まないことにいう。㋑立ちすくむことにいう。

【斂△眉】レンビ まゆをひそめる。まゆをしかめる。

【斂△殯】レンピン ①斂と殯。斂は、字義の❸㋐をみよ。殯は、死者の棺を、ある期間、一定の場所に安置しておく礼式。②斂して殯位に安置する。

【斂容】レンヨウ 顔かたちをひきしめる。態度を正しくする。

(18)14【斃】2914 標 漢ヘイ 呉ベイ 霽 bì 5845 5A4D

字義 ❶たおれる。死ぬ。「斃死」❷たおす。ころす。

解字 形声。死＋敝㊥。音符の敝ヘイは、やぶれるの意味。死を付し、たおれるの意味を表す。

【斃死】ヘイシ たおれ死ぬ。

【斃△而后△已】たおれてのちやむ 死ぬまでやりとおす。命のあるかぎりやりつづける。死而後已シしてのちやむ。〔礼記、表記〕

(20)16【斆】2915 △ ガク 学（1600）（學）の古字。→元一ページ。

(23)19【變】(1382) ヘン 変（1381）の旧字体。↓三五九ページ。 5846 5A4E

4 文部

〔部首解説〕ぶん。ぶんにょう。ふみづくり。文を音符として、あや・模様の意味を含む文字ができている。

文 四七九 8 斑 四八二 斐 四八二 斌 四八二 9 斒 四八二 17 斕 四八二

孶→子部 二九一ページ。吝→口部 一九六ページ。対→寸部 三一三ページ。
彣→彡部 三七六ページ。紊→糸部 八四五ページ。忞→心部 三九六ページ。

(4)0【文】2916 教1 ブン・モン ふみ 4224 4A38

筆順 丶 亠 ナ 文

一漢ブン・呉モン 文 wén 二漢ブン・呉モン 問 wèn (wén)

字義 一❶あや。模様。かざり。いろどり。外見の美。外面的修飾。↔質。〔論語、雍也〕質勝レ文則野シツブンにかてばすなわちやなり。訳文⇒ ❷あらわれ。現象。「天文」❸すじ。すじみち。❹のり。法律。礼儀。❺もじ。文字。「篆文テンブン」❻ことば。語句。文句。❼ことばをつづって、まとまった意味を表すもの。特に文章をいう。「詩文」「名文」❽ふみ。書いたもの。文書。書物。手紙。❾学問。芸術。道徳文化。↔武。「人文」❿よい。美しい。みやびやか。「文雅」⓫仁徳。めぐみ深い徳。
二❶かざる。㋐美しくする。りっぱにする。㋑うわべをかざる。あやまちをとりつくろう。〔論語、子張〕小人之過也必文ショウジンのあやまつや、かならずかざる。❷いれずみをする。
国❶モン。㋐一厘の穴あき銭。㋑たび・くつなどの大きさを表す単位。一文は二・四センチメートル。❷ふみ。手紙。

名乗 あき・すじめ・とも・のぶ・のり・ひとし・ふみし・み・や・ゆき

難読 文屋ふんや・文挟ふばさみ・文色あいろ・文身いれずみ・文旦ぶんたん・文目あやめ

解字 甲骨文 金文 篆文 象形。人の胸を開いて、そこに入れ墨の模様を書くさまにかたどり、模様・あやの意味を表す。文を音符に含む形声文字に、彣ブン・紋・雯ブンなどがある。

▼案文・逸文・韻文・回文・下文・雅文・漢文・勘文・戯文・今文・金文・空文・契文・経文・芸文・原文・公文・好文・高文・古文・互文・祭文・作文・冊文・雑文・散文・死文・時文・赦文・主文・上文・冗文・縄文・証文・人文・崇文・成文・正文・省文・聖文・誓文・績文・節文・達文・地文・天文・同文・俳文・売文・白文・繁文・煩文・碑文・飛文・表文・復文・不文・変文・本文・明文・訳文・右文・羅文・和文

【文案】ブンアン ①つくえ。②文章のしたがき。草案。

【文衣】ブンイ もようのある着物。〔史記、孔子世家〕

【文運】ブンウン ①学問の気運・形勢。②文明の気運。

【文△苑】ブンエン ＝文壇。

【文△苑英華】ブンエンエイカ 書名。千巻。北宋ホクソウの太平興国七年（九八二）に、太宗の勅命により、李昉リボウ等が編集した詩文集。梁リョウ末から唐までの詩文を三十七類に分けてある。

【文王】ブンオウ 周の始祖。武王の父。武王が殷インを滅ぼして周の天子となってから、文王と称したもの。殷の諸侯として西

方の覇者となったので、西伯とも称された。

【文化】ブンカ ①文徳で教化すること。力や刑罰を用いないで人民を教え導くこと。②学問・芸術・道徳・法律・経済などが進歩して、世の文明が開けてゆくこと。文明開化。

【文化財】ブンカザイ 国①文化活動の結果として作り出されたもの。文化価値のあるもの。②文化財保護法によって保護される文化財。有形文化財（建造物・絵画・彫刻・工芸品・筆跡・典籍など）、無形文化財（演劇・音楽など）、民俗資料、史跡・名勝・天然記念物の四種がある。

【文華】ブンカ ①文明のはなやかさ。文明の光。②文章のはなやかなこと。③文学にすぐれた人。

【文華秀麗集】ブンカシュウレイシュウ 国書名。三巻。嵯峨天皇の勅命によって、藤原冬嗣らが編集した漢詩集。平安初期の作品を集め、作者二十八人、作品百四十八首。弘仁九年（八一八）成立。

【文雅】ブンガ みやびやか。文事にすぐれて風流なこと。

【文学（學）】ブンガク ①学問。学芸。孔子の四教科（徳行・言語・政治・文学）の一つ。〔論語、先進〕②学問を教授する官職。漢代に始まる。経書を教えた。③感情や思想を、言語や文字によって表現する芸術。詩・小説・戯曲・随筆など。文芸。

【文官】ブンカン 武官以外の官吏の総称。↕武官。

【文挙（擧）】ブンキョ 科挙（官吏登用試験）の文科の試験に合格した者。↕武挙。

【文教】ブンキョウ 学問・教育によって人を教化すること。

【文句】ブンク ①文章の中の語句。字句。文言。②国モンク ㋐＝①。㋑いいぶん。こごと。苦情。非難。

【文具】ブング ①法文だけが備わっていること。うわべのかざりだけが備わること。②国文房具。

【文芸（藝）】ブンゲイ ①学問と技芸。②文学と芸術。また、文学。

【文月】ふみづき・ふづき 国陰暦七月の別名。

【文△檄】ブンゲキ ふれぶみ。檄文。檄は、役所から人民に出した木札の文書。

【文献（獻）】ブンケン ①書物と賢人。書きしるされたものと、賢人に記憶されたもの。記録と口碑。昔の制度・文物を知る資料となるもの。〔論語、八佾〕②筆記、または印刷された資料。文書。書物。

【文言】ブンゲン ①『易経』の十翼（注釈書）の一つ。乾・坤二つの卦の意味を説明したもの。②修飾に意を用いて、実のないことば。③文語。文章ことば。↕白話（口語）。④国モンゴン 文章や手紙の中のことば。文句。

【文庫】ブンコ ①書物を入れるくら。書庫。②国㋐書き物や文房具などを入れるはこ。「手文庫」㋑蔵書の保管を主要な目的とする図書館。㋒出版物の形態の一つ。小型で安価な、叢書・全集の類。

【文語】ブンゴ ①文章と言語。②文章に用いることば。文章ことば。↕口語。③国平安時代の語法を基礎として発達した文章ことば。

【文行忠信】ブンコウチュウシン 学問・徳行（道徳と実践）・忠誠（真心をつくすこと）・信義（人をあざむかないこと）。孔子の教育上の四要点。〔論語、述而〕

【文豪】ブンゴウ 非常にすぐれた文章家。文学の大家。

【文才】ブンサイ 文章や文学作品をたくみに作る才能。

【文彩・文△采・文△綵】ブンサイ あや。模様。いろどり。

【文士】ブンシ ①詩文・書画などに従事する人。また、学者。文人。②国小説家。

【文思】ブンシ ①学問・徳行があって思慮ぶかいこと。②文章中にもられた思想。詩文の根本となる考え。

【文字】モンジ・モジ ①ことばや音声を書きあらわす符号。思想・感情の発表・伝達・記録の手段となるもの。文は象形文字のような単体の文字、字は形声・会意文字のように、二字以上を合わせてなるもの。②ことば。文章。詩文。

【文事】ブンジ 学問・芸術・教育などに関する事がら。↕武事。

【文質】ブンシツ 外面にあらわれた美しさと内面の実質。外見の美と実質。外形と内容。

【文質△彬△彬】ブンシツヒンピン 外見の美と実質とがほどよく調和しているさま。〔論語、雍也〕質勝レ文則野、文勝レ質則史。文質彬彬然後君子〈実質が外見よりまさっていれば田舎びており、外見が実質よりまさっていれば派手な物知りのようだ。外見と実質とがほどよく調和しているのが君子である〉

【文弱】ブンジャク 文事にばかりふけって、弱々しくなること。

【文殊・文珠】モンジュ 仏釈迦の左にあって（右は普賢）、知恵をつかさどる菩薩。「文殊の知恵」

【文儒】ブンジュ 学者。また、すぐれた学者。

【文集】ブンシュウ ①詩・文を集めた書物。②国モンジュウ『白氏文集』（唐の白居易の詩文集）の略。

【文△繡】ブンシュウ 美しい模様のぬいとり。一説に、描いたり、縫いとりしたりした美しい模様。転じて、美しい着物。

【文術】ブンジュツ 学問。文章と学術。

【文章】ブンショウ ①＝文彩。②礼楽・制度など、その国の文化を形成しているもの。③内面の徳が外面にあらわれたもの。威儀・文辞など。④字句をつらねて、まとまった思想を述べたもの。詩や文。また、それを作る才能。〔文選、魏文帝、典論論文〕文章経国之大業、不朽之盛事。⑤詩文を作る才能。〔唐、李白、春夜宴二桃李園一序〕大塊仮レ我以二文章一。訳文⇩陽春（二六六ジ）。

【文章軌範】ブンショウキハン 書名。七巻。南宋の謝枋得の編。官吏登用試験の受験生のため、軌範（手本）となる文章六十九編を漢・晋・唐・宋時代の、集めたもの。

【文章博士】モンジョウハカセ 国昔、大学寮の職員で、文章詩賦と歴史の教授をつかさどった。博士は官名。

【文場】ブンジョウ ①＝文壇。②科挙（官吏登用試験）の試験「場」。

【文飾】ブンショク ①かざり。また、かざる。②過失や悪事をいつくろうこと。うわべをとりつくろうこと。

【文臣】ブンシン 武官以外の官吏。文官。↕武臣。

【文身】ブンシン からだにほりものをすること。いれずみ。刺青。

【文人】ブンジン ①文徳のある人。②＝文士。

【文人画（畫）】ブンジンガ 文人（在野の学者や士大夫など）が余技として描く絵の意。多く水墨淡彩で、詩的な味わいや気品を尊ぶ。→南宗画（一六六ジ）。

【文籍】ブンセキ 書物。書籍。

【文宣王】ブンセンオウ・ブンセンノウ 唐の玄宗の開元二十七年（七三九）に孔子に贈った尊号。

【文選】モンゼン ①書名。三十巻。梁の蕭統（昭明太子）の編。周から梁までのすぐれた文章・詩賦を種類別に集めたもの。日本でも奈良・平安時代に広く愛読され、日本文学に大きな影響を与えた。②国ブンセン 活版印刷で、原稿に合わせて活字を拾うこと。また、その工員。文選工。

【文宗】ブンソウ ＝文豪。

【文藻】ブンソウ ①あや。模様。②＝文才。

【文体（體）】ブンタイ ①文章の体裁。文章の構成・語句などに表れた、作者独特の個性的な特色。②文章の様式。

【文壇】ブンダン 文学者の社会。文学界。文苑。文場。

【文治】ブンチ・ブンジ 学問・芸術による教化や法令などで世を治めること。文政。↕武断。

【文中子】ブンチュウシ 書名。十巻。隋の王通（文中子は死後の諡）の著といわれる。『論語』にならったもので、『中説』ともいう。

【文徴明】ブンチョウメイ 明の画家・書家・詩人。名は璧。徴明はその字。号は衡山。詩文・書画ともにたくみで、最も画にすぐれ、また、書は日本の江戸時代の唐様書道に大きな影響を与えた。（一四七〇―一五五九）

文字・書体の変遷

むかし伏羲(フッキ)や倉頡(ソウケツ)が文字を初めて作ったとの伝説があるが、現在の考古学がつきとめた漢字の起源は紀元前四八〇〇から前四三〇〇年ころの西安の半坡(ハッ)遺跡から発掘された一種の単純な記号にまでさかのぼれるのかも知れない。

しかし、中国の文字の確たる存在の証明はやはり殷(イン)（商）代からである。

甲骨文　甲骨文は殷の晩期（およそ前一三〇〇―前一〇〇〇）・西周初期（およそ前一〇〇〇）に用いられた文字である。甲骨文は亀の腹側の甲羅（図①）や、牛などの獣の肩胛(ケンコウ)骨に小刀で刻みつけた文字であることから〈亀甲獣骨文字〉〈甲骨文字〉ともいわれ、刻みつけた文字の意味で〈契文(ケイブン)〉ともいわれる。

甲骨文は、王室の祭り・狩り・戦争・豊作への祈りなどを決めるときの卜(うらな)いの記録である。そのため〈卜辞(ボクジ)〉ともいわれる。

金文　甲骨文よりもややおくれて登場する金文は〈鐘鼎(ショウテイ)文〉〈彝器(イキ)銘文〉ともいわれ、殷周時代に青銅器の主として内側に鋳造された文字である（図②）。

篆文　戦国時代に秦では〈籀文(チュウブン)〉を用い、その他の六国で用いていたのは〈古文〉であるといわれる。

この籀文は〈大篆(ダイテン)〉ともいわれ、秦が六国を統一（前二二一）して新王朝を建ててから、この大篆を基礎に六国文字の長所を採用して創制した標準字体を〈小篆〉という（図③）。後に後漢の許慎の著『説文解字(セツモンカイジ)』はこの小篆を基本に解説したものである。

隷書　小篆は秦の通行文字とされたが、実用上は曲線のため書くのに不便な書体であった。そこで小篆を簡単に直線的に速記できるよう工夫したのが隷書である（図④）。

草書　書写のスピードをあげるための隷書から〈草隷〉が、すでに漢代から通行した。草は草率(ソウソツ)（なおざり）の意味である。許慎『説文解字』にも草書の語が見える。漢の章帝が愛好したから漢代の草書を〈章草〉という。これが晋代以降になると幾つかの文字を連続して活発に書いていく草書に発展していく。これを〈今草〉という。

楷書　後漢末ごろになり、隷書の形を整備し、方形で筆画が平直な楷書(カイショ)が工夫された。これは魏晋(ギシン)南北朝を通じて盛んに行われ、初唐には字体の規範を示す字書類も出版されて、唐代に楷書は完成する。

行書　行書は草書に遅れてやはり後漢末に起こる。草書と楷書との中間的書体で、ちまたに流行したので行書といわれる。

甲骨文　金文　篆文　隷書　草書　楷書　行書

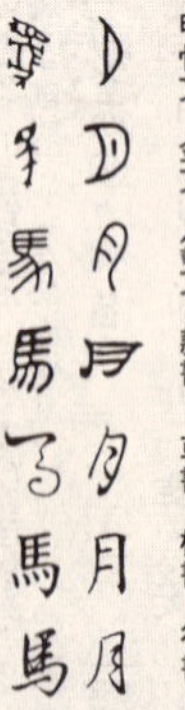

印刷書体　筆写体としての楷・行・草書などに対して、今日では活字体として明朝・宋朝などの各書体がある。このほかゴシック体・教科書体や、さまざまなデザインが漢字の書体にも工夫されつつある。

明朝体	宋朝体	教科書体	ゴシック	ナール
月	月	月	月	月
馬	馬	馬	馬	馬

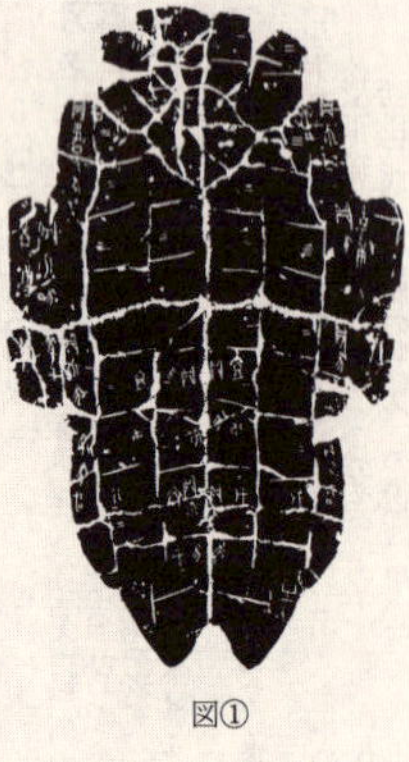

図①

図②

図③

図④

【文天祥】ブンテンショウ　南宋ソウナン末期の政治家。号は文山。元軍に捕らえられたが、宋王朝への忠誠を貫いて殺された。その作に「正気歌」がある。（一二三六—一二八二）
【文典】ブンテン　文法を説明した書物。
【文△恬武△嬉】ブンテンブキ　世の中が平和で、文官も武官も心安らかに楽しむこと。恬は安らか、嬉は楽しむ。
【文徳】ブントク　人を心服させる、学問・教養の徳。〔論語、季氏〕
【文備】ブンビ　学問上の用意。文教上の設備。↕武事。
【文筆】ブンピツ　①詩歌・文章を作り、また、書画をかくこと。文墨。②六朝リクチョウ時代、韻文と散文をいう。
【文△廟】ブンビョウ　孔子を祭ったやしろ。明ミン・清シン代にいう。孔子廟。聖廟。「王。
【文武】ブンブ　①文事と武事。学問と武術。②周の文王と武
【文物】ブンブツ　世の中の進歩によって生み出された、文化的なもの。学問・芸術・法律・制度・宗教など。
【文法】ブンポウ　①法令の成文。法律。規則。②文章の法則。文章中の語の配列、語形の変化などの規則。グラマー。
【文房】ブンボウ　①読書室。書斎。②文章のことをつかさどる地位。文書起案の係員室。
【文墨】ブンボク　①＝文筆の①。②書きつづられたもの。詩文。また、法律。
【文名】ブンメイ　詩文にすぐれているという名声。文学者としての評判。文声。文誉。
【文明】ブンメイ　①文徳がかがやくこと。学問・教養があって、りっぱなこと。②人知が進み、世の中の開けること。
【文明開化】ブンメイカイカ　文化の②。
【文面】ブンメン　①顔にいれずみをすること。また、その顔。②国㋐文章の表面にあらわれた意味。㋑手紙の文句。
【文盲】モンモウ　国字が読めないこと。また、その人。
【文雄】ブンユウ　学問や詩文の大家。
【文吏】ブンリ　①文官。②法律をつかさどる役人。
【文理】ブンリ　①物事のすじめ。条理。②文章のすじみち。文脈。③文科と理科。
【文林】ブンリン　①＝文壇。②＝文集の①。
【学（學）レ文】ブンをまなぶ　『詩経』『書経』などの典籍を学ぶ。学問をする。〔論語、学而〕行有ニ余力一おこない（ひ）て、ヨリョクあらば　則以学レ文すなわ（は）ち もってブンをまなべ。

［吝］→口部　一九六ページ。
［对］→寸部　三一三ページ。
［忞］→心部　三九六ページ。
［孶］→子部　二九一ページ。
［彣］→彡部　三七六ページ。
［紊］→糸部　八四五ページ。

(12)8
【斑】2917　標　ハン　㊥ bān
字義　まだら。ふ。ぶち。むら。
難読　斑鳩いかるが・斑雪はだらゆき・斑入ふいり・斑濃むらご・斑猫はんみょう
解字　文　篆

会意。篆文は、文＋辬。辬は、わけるの意味。文は、もようの意味。もようにわかれ目がある。まだらの意味を表す。斑は俗字であったが、辬にかわって用いられる。

【斑△鳩】ハンキュウ・いかるが　鳥の名。①しらこばと。じゅずかけばと。②国アトリ科の鳥。いかる。まめまわし。鵤いかるが。

【斑竹】ハンチク・まだらだけ　まだらの模様のある竹。とらふだけ。

【斑点（點）】ハンテン　まだらに散らばった点。まだら。ぶち。

【斑白】ハンパク　しらがまじりの頭髪。また、その人。

【斑斑】ハンパン　①まだらなさま。点点。②いりまじるさま。

【斑文・斑紋】ハンモン　まだらの模様。

4035
4843

(12)8
【斐】2918　人　ヒ　尾 fěi
筆順　ノ　ヨ　ヨ|　非　斐　斐
字義　❶あやがあって美しいさま。❷あきらかなさま。❸軽いさま。❹なびく。＝靡ビ。
名乗　あきら・あや・なが・よし
難読　斐伊ひい
解字　文　篆

形声。文＋非㊥。音符の非は、賁ヒに通じ、かざりの意味。文も模様の意味。あやの意味を表す。
【斐然】ヒゼン　①あやがあって美しいさま。②なびくさま。靡然ビゼン。
4069
4865

(12)8
【斌】2919　△　ヒン　真 bīn
字義　❶あや模様と生地じきとが調和して美しいさま。文（外見の美）と質（実質）とが程よく調和してりっぱなさま。＝彬ヒン・份ヒン。❷頒斌ハンピンは、いりみだれるさま。
解字　会意。文＋武。文は、もようの意味。武は、たけだけしいの意味。文化的要素とたけだけしさ（武事・戦力）との調和がとれているの意味を表す。
4144
494C

(13)9
【斒】2920　△　㊥ハン　㊇ヘン　㊥ bān
字義　まだら（斑ハン）。また、あやのあるさま。
解字　形声。文＋扁㊥。

(21)17
【斕】2921　△　㊥ラン　㊇レン　㊥ lán
字義　あやがあって美しいさま。まだらがあって美しいさま。
解字　形声。文＋闌㊥。
【斕△斑】ランパン　まだらのさま。あやのあるさま。斑斕。

4 斗部

〔部首解説〕とます。はかる。斗を音符として、ひしゃく・汲くむ・はかるの意味を含む文字ができている。

(4)0
【斗】2922　常　ト
㊥トウ・㊇ツ　有 dǒu
慣ト
筆順　丶　ﾐ　三　斗
字義　❶容量の単位。十升。周代の一斗は約一・九四リットル。日本の一斗は約一八リットル。❷とます。十升を入れるます。❸ます。量器の総称。❹ひしゃく。酒などをくむ柄のついた器。❺ひしゃくの形をしたもの。「科斗おたまじゃくし」❻天の南・北にある星座。北の七星を北斗、南の六星を南斗という。❼少しの量。少ないこと。小さいこと。つまらない人物。❽けわしい。かどだつ。とがる。❾たちまち。急に。
名乗　け・はかる・ほし・ます
難読　斗米とまい
参考　⇩〔闘〕（8347）の参考。
解字　金文　篆文

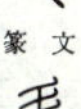

象形。金文でよくわかるように、物の量をはかるための柄のある、ひしゃくの象形で、十升・ますの意味を表す。
▼科斗・火斗・牛斗・玉斗・筋斗・金斗・星斗・泰斗・北斗・漏斗
【斗△魁】トカイ　北斗星の第一星から第四星までの四星（枢・璇セン・璣キ・権）。北斗のますがた。
【斗牛】トギュウ　①北斗星と牽牛星ケンギュウ。また、二十八宿中の斗宿と牛宿。②虯キュウ（みずち）。角のある竜の子）の類。明代ミンダイ、功臣に賜った衣服の刺繍シシュウの模様に用いた。
【斗△斛】トコク　①ます。②一斗と一石イッコク。斛は、石（十斗）に同
3745
454D

じ。③すこし。わずか。

【斗△斛之△禄】トコクのロク わずかな俸禄。

【斗△卮酒】トシシュ 一斗入りのさかずきの酒。

【斗酒】トシュ ①一斗の酒。②少量の酒。③多量の酒。

【斗酒十千】トシュジュッセン 一斗が一万銭もする高価な酒。一斗は今の約一・九四リットル。

【斗出】トシュツ 土地などが険しいがけとなって突き出る。とがって突き出る。

【斗升】トショウ 一斗と一升。転じて、わずか・少し。

【斗△筲】トソウ・トショウ 斗は一斗ます、筲は一斗二升をいれる竹製の器。ともにわずかな分量をいれるもの。①器量のせまく小さなことのたとえ。斗筲の人（とるにたりぬ、つまらぬ人物）。〔論語、子路〕②わずかな俸禄ホウロクのたとえ。斗筲の吏（俸禄の少ない、低い身分の役人）。

【斗胆（膽）】トタン 一斗ますのように大きなきもだま。三国時代、蜀ショクの姜維キョウイの胆が斗のように大きかった故事に基づく。「斗胆豪心」〔蜀志、姜維伝、注〕

【斗南一人】トナンイチニン 北斗星以南にただひとりの人。天下にただ一人。天下第一の人。

【斗柄】トヘイ 北斗七星の、ひしゃく形の柄にあたる三つの星。第五・六・七の星。斗杓トヒョウ。

【斗△桶・斗△甬】トヨウ ます。桶・甬は、六升ます。

【斗量】トリョウ ますではかる。また、ますではかるほど量の多いこと。

【斗量△帚掃】トリョウソウソウ ますではかり、ほうきで掃きすてる意で、物のたくさんあることのたとえ。

(10)6 【料】 2923 教4 リョウ

リョウ（レウ） 蕭 嘯 liào 4633 4E41

筆順 半 米 米 料 料

字義 ❶はかる。㋐ますではかる。㋑数をかぞえる。かぞえる。㋒おしはかる。推量する。考える。「思料」㋓はからう。おさめる。きりもりする。「料理」❷はかり。ます。❸たね。もととなるもの。「材料」「原料」❹てあて。給与。「給料」❺かて（糧）。えさ。「食料」「飼料」❻なでる。＝料ニ虎頭一（コトウをなず(づ)）〔荘子、盗跖〕

国リョウ。㋐代金。代物。「手数料」「入場料」㋑用品。使う物。

解字 金文 篆文 会意。米＋斗。米は、こめ。斗は、柄のついたますの象形。米をますではかるさまから、はかるの意味を表す。

▼科料・過料・顔料・香料・材料・質料・食料・史料・資料・飼料

【料簡】リョウケン ①はかりえらぶ。考えしらべる。②国リョウケン 了簡。㋐かんがえ。意見。思案。㋑たえしのぶこと。また、ゆるすこと。

【料紙】リョウシ 国使用するかみ。用紙。

【料△峭】リョウショウ 春の風のはだ寒い形容。料は、なでふれる、峭は、きびしい意。「春寒料峭」

【料度】リョウタク はかり考える。度も、はかる意。

【料理】リョウリ ①はかりおさめる。物事を適当に処理すること。②世話をする。③国食べ物を調理する。また、調理した食べ物。

【料量】リョウリョウ ますではかる。はかる。また、はかり。ますめ。計量。

(11)7 【斛】 2924 △ 漢コク 呉ゴク 屋 hú 5847 5A4F

字義 ❶容量の単位。石コク。一斗の十倍。周時代の一斗は約一・九四リットル。いまの日本では約一八リットル。❷ます。量器の総称。

参考 日本では、十斗の意味に多く石を用いる。石をコクと読むのは、斛の字音を借りたもの。

解字 篆文 形声。斗＋角音。斗は、ひしゃくの象形。角は、つのの象形。角製のひしゃくの意味から、ますの意味を表す。また、容量の単位で十斗を表す。

(11)7 【斜】 2925 常 シャ なな(め)

一漢シャ・呉ジャ 麻 xié(xiá) 二ヤ 麻 yé 2848 3C50

筆順 ⺈ 余 余 斜 斜

字義 一❶ななめ。㋐かたむいていること。かたむき。「傾斜」㋑はす。はすかい。すじかい。㋒正しくない。よくない。❷くむ（汲）。くみだす。二斜谷は、陝西セン省にある谷の名。

国ななめ。㋐よくない。悪い。「ご機嫌斜め」㋑ひととおり。ふつう。

難読 斜子ななこ・斜里しゃり

解字 篆文 形声。斗＋余音。斗は、ひしゃくの象形。音符の余は、のばすの意味。手をのばし、ひしゃくでくむの意味を表す。邪ジャに通じて、ななめの意味に用いる。

▼狭斜・傾斜

【斜影】シャエイ ななめにうつった物のかげ。夕日・夕月などで斜めに長々とうつる影。

【斜△柯】シャカ ①ななめの枝。②ななめによりかかる。

【斜△暉・斜輝】シャキ 夕日の光。斜曛シャクン。

【斜景】シャケイ ①ななめにうつったかげ。斜影。②夕日。転じて、老年のたとえ。

【斜月】シャゲツ 西にかたむいた月。入りかかった月。

【斜視】シャシ ①ながしめに見る。②やぶにらみ。

【斜日】シャジツ 西にかたむいた日。夕日。斜陽。斜照。

【斜陽】シャヨウ ①＝斜日。②国没落してゆくもののたとえ。「斜陽族」

(12)8 【斝】 2926 △ 漢カ 呉ケ 馬 jiǎ

字義 中国古代の儀式用の酒器の名。三足と取っ手のある円形の口をしたもの。殷代インと周代初期に盛んに用いられた。

解字 甲骨文 篆文 門＋斗。会意。甲骨文でもわかるように、二つの耳の突き出た酒器の象形。斗は、酒をくむひしゃくの象形。祭りに用いる酒器の意味を表す。

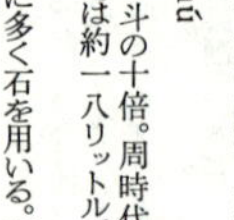
〔斝〕

(13)9 【斟】 2927 △ シン 侵 zhēn 5848 5A50

字義 ❶くむ（汲）。くみとる。㋐水などをくみとる。㋑酒をつぐ。くみかわす。㋒はかりとる。人の心や物事の事情などをはかり考える。❷したたる。❸のみもの。しる。

解字 篆文 形声。斗＋甚音。斗は、ひしゃくの象形。音符の甚は、探に通じ、スープなどをひしゃくでさぐり求める、くむの意味を表す。

【斟酌】シンシャク ①酒などをくむ。②人の心中や物事の事情などをくみとる。また、それらをくみとって、ほどよく処置すること。手加減カゲン。③国ひかえめにする。遠慮。辞退。

(14)10 【斡】 2928 標 慣アツ

一漢ワツ・呉ワチ 曷 wò 二カン（クワン） 旱 guǎn 1622 3036

字義 一❶めぐる。まわる。めぐらす。まわす。❷ひしゃくの柄。二❶つかさどる。＝幹。❷めぐる。

解字 篆文 会意。斗＋倝。斗は、ひしゃくの意味。倝は、柄の意味。ひしゃくの柄の意味を表し、亘センに通じて、めぐるの意味を表す。

【斡旋】アッセン ①めぐる。また、めぐらせる。②とりもつ。世話をする。周旋。

【斡流】アツリュウ めぐりながれる。

【魁】→鬼部 一一三七ページ。

4 斤部

〔部首解説〕 おのづくり。きん。はかり。斤を意符・音符として、おの・切るの意味を含む文字ができている。

(4)0
【斤】2929 常 キン
㊀漢キン・呉コン 文 jīn
㊁漢キン・呉コン 問 jìn
2252 3654

筆順

字義 ㊀❶おの。まさかり。「斧斤」 ❷きる。おので木をきる。❸重量の単位。唐代の一斤は、約六〇〇グラム。
㊁斤斤は、あきらかに察するさま。
国 キン。重量の単位。普通には一六〇匁（六〇〇グラム）。
名乗 のり

解字 甲骨文　篆文　象形。甲骨文は、曲がった柄の先に刃をつけた手おのの形にかたどり、おのの意味を表す。音形上は、幾などに通じ、量を少なくする、形を小さくするための道具の意味であろう。斤を音符に含む形声文字に、釿・斷・听・芹・近・訢・欣・忻・頎などがある。

【斤斧】おの。まさかり。斧斤。

【斤量】はかりでめかたをはかること。また、めかた。

(5)1
【斥】2930 常 セキ
漢セキ 呉シャク 陌 chì
3245 404D

筆順

字義 ❶しりぞける。㋐おしのける。おいはらう。「排斥」 ㋑こばむ。❷さす。指さす。「指斥」 ❸うかがう。こっそり様子をさぐる。「斥候」 ❹ひらく。ひらける。広い。❺さわ。湿地帯。＝沢・潟。 難読 斥候峠

解字 篆文　形声。篆文は、广＋屰㊥。音符の屰は、却に通じ、しりぞけるの意味。家からしりぞけるさまから、しりぞけるの意味を表す。

▼指斥・逐斥・非斥

【斥鷃】小鳥の名。みそさざいの類。

【斥騎】こっそり敵の様子をさぐる騎兵。斥候の騎兵。

【斥遣・斥譴】しりぞけてとがめる。しかってしりぞける。

【斥候】こっそり敵の様子をうかがいさぐること。また、その兵。

【斥鹵】塩分を多量に含んでいて、植物が育たない土地。塩地。

(8)4
【斧】2931 標 フ 麌 fǔ
4164 4960

字義 ❶おの。まさかり。㋐木をきる道具。「斤斧」 ㋑戦いに用いる武器。罪人を処刑する道具。❷きる。おので物を切る。❸おの形の模様。

〔斧〕

解字 金文　篆文　形声。斤＋父㊥。斤は、曲がった柄のおのの象形。音符の父は、むち・おのなどを手にした形。おのの意味を表す。

【斧鉞・斧戉】①おの。まさかり。罪人を切り殺す刑具。転じて、重刑。②天子が出征する大将にしるしとしてこれを授けたことから、征伐の意。③文章の字句などを削ること。

【斧柯】①おのの柄。また、おの。②政権のたとえ。【修正。

【斧鑊】おので首を切られることと、釜で煮られること。首切りと釜ゆで。重刑。極刑。

【斧斤】おの。まさかり。斤斧。

【斧鑿】①おのと、のみ。②おのとのみを使って、細工をすること。詩文・書画などに小手先の技巧をこらすこと。

【斧質・斧鑕】首を切るおのと、首切りの台。処刑の道具をいう。転じて、罪人を殺すこと。

【斧正・斧政】人に詩文の添削をこうときの謙辞。おので削り正す意。

【斧劈】中国の山水画で、岩石などを描く画法の一つ。おのでつんざいたようなさまに描写したもの。

(9)5
【斫】2932 △ シャク 薬 zhuó
5849 5A51

字義 ❶きる。切りはなす。❷うつ（撃）。❸おろか。無知。

解字 篆文　形声。斤＋石㊥。斤は、おのの象形。音符の石は、柞に通じ、きるの意味。おので切るの意味を表す。

(11)7
【斬】2933 標 漢サン・呉セン 豏 zhǎn 慣ザン
2734 3B42

字義 ❶きる。㋐刀で切る。切りはなす。㋑切り殺す。「斬殺」 ❷刑罰の名。うちくび。また、こしきり。❸たえる。つきる（尽）。❹はなはだ。「斬新」 ❺喪服の一種。→斬衰。

使いわけ きる〔切・斬・伐〕⇩切（555）。

解字 篆文　会意。斤＋車。斤は手おのの象形。車でひき、おので切る刑罰の名を表す。斬を音符に含む形声文字に、塹・嶄・慙・暫・槧・漸・鏨などがある。

【斬刈・斬艾】①草木をかりとる。②切り殺す。③根こそぎ取る。

【斬奸・斬姦】悪人を切り殺す。

【斬衰】裁ちはなしたままで、縁を縫わない喪服。喪の五服の中、最も重い三年の喪に用いる。

【斬罪】首切りの刑罰。打ち首。

【斬新】非常にあたらしい。唐代の方言で、斬は、はなはだ・きわだっての意。

【斬馬】「斬馬剣」の略。漢代の名剣の名。馬を切るほどの名剣の意。悪臣を切る剣の意にたとえる。〔漢書、朱雲伝〕

【斬伐】①討ち滅ぼす。征伐する。②罪のある者を切り殺す。③木を切る。

(11)7
【断】2934 教 5 ダン たつ・ことわる
(18)14
〔斷〕2935
㊀漢タン・呉ダン 旱 duǎn
㊁漢タン・呉ダン 翰 duàn
3539 4347
5850 5A52

筆順

【𣃔】本字

字義 ㊀たつ。きる。㋐たち切る。きりはなす。「切断」「寸断」 ㋑たやす。ほろぼす。たえる。「断絶」 ㋒やめる。廃する。「断酒」 ㋓みすてる。関係をなくする。
㊁❶きめる。さだめる。「断定」「判断」 ❷さばく。「裁断」 ❸たえる。きれる。たちきれる。❹思いきって。おして。また、決して。絶対に。
国 ことわる。㋐わけを述べる。㋑前もって知らせる。㋒謝絶する。辞退する。

使いわけ たつ〔断・絶・裁〕
〔断〕続いているものを途中で切り離す。「通信網を断つ」
〔絶〕続いているものをそれ以上続けないようにする。「息を絶つ」
〔裁〕服飾に関する場合。「裁ち方」

解字 甲骨文　金文　篆文　会意。㡭（𢇍）＋斤。𢇍は、つながる糸の意味。斤は、おのの象形。つながりをたつの意味を表す。

▼英断・易断・憶断・果断・間断・叫断・禁断・決断・裁断・遮断・縦断・処断・診断・吹断・寸断・聖断・専断・

速断・中断・腸断・独断・判断・不断・武断・無断・明断・勇断・雄断・油断・予断

【断案】ダンアン　判断してきめた考え。結論。判断。
【断雲】ダンウン　ちぎれぐも。きれぎれの雲。片雲。
【断△崖・断△厓】ダンガイ　きりたったがけ。断岸。
【断簡】ダンカン　きれぎれになった書き物。断片の文書。
【断岸】ダンガン　きりたって、がけになったきし。けわしいきし。がけ。
【断機】ダンキ　孟子が他郷に勉強に行き、学業半ばで家に帰ったとき、母親が織りかけの機（はた）の織り物を断ち切って、学問を中途でやめるのは、織りかけたはたを断ち切るようなものだといましめた故事。孟母断機。〔列女伝、母儀伝〕
【断金】ダンキン　金属を断ち切る意で、友情のきわめて堅いこと。「断金契（ダンキンのちぎり）」「断金之交（ダンキンのまじわり）」〔易経、繫辞上〕二人同レ心（ニニンこころをおなじくすれば）、其利断レ金（そのりきんをたつ）。
【断弦・断△絃】ダンゲン　①琴などの音のとだえること。とだえた琴の音。②妻の死をいう。
【断△乎】ダンコ　ためらわず、きっぱりと事を行うさま。断然。断断乎。断固。
【断固】ダンコ　＝断乎。→前項。
【断行】ダンコウ　①おしきって行う。思いきってする。②列をなさず、きれぎれになること。行は列。
【断交】ダンコウ　交わりをたつ。つきあいをやめる。
【断獄】ダンゴク　①うったえをさばく。裁判。②国罪によって首を切ること。打ち首。断罪。
【断魂】ダンコン　たましいをたちきる。非常にいたましく、悲しいことのたとえ。断腸。
【断罪】ダンザイ　①罪をさばく。②国＝断獄の②。
【断△而敢行、鬼神避△之】ダンじてカンコウすれば、キシンもこれをさく　思い切って行えば、鬼神もおそれてさける。〔史記、李斯伝〕
【断章取義】ダンショウシュギ　詩・文全体の意味にかまわず、自分の役にたつ一部分だけを切り取り、自分勝手に解釈して用いること。〔南宋、朱熹、孟子集注〕
【断食】ダンショク　①食事をやめる。食物をたべない。②ダンジキ　神仏への願・治療・要求などのため一定期間食物をたつこと。
【断△截】ダンセツ　たちきる。きりはなす。切断。截断。
【断絶】ダンゼツ　①たちきる。また、たやす。②とぎれる。たえる。
【断然】ダンゼン　①断乎。②傾向が強いこと。「断然有利」
【断層（層）】ダンソウ　地層が切れてくい違った所。また、比喩（ひゆ）的に、くい違いの大きな意に用いる。
【断続（續）】ダンゾク　切れたり、つづいたりすること。
【断断】ダンダン　①一つのことに集中するさま。また、守って変わらぬさま。②きっぱりときめて間違いのないさま。断定するさま。
【断腸】ダンチョウ　①はらわたをたち切る。②はらわたがちぎれるほどの思い。非常な悲しみのたとえ。〔世説新語、黜免〕
【断定】ダンテイ　判断してきめる。はっきりきめる。
【断頭台（臺）】ダントウダイ　罪人の首を切る台。ギロチン。
【断念】ダンネン　思い切る。あきらめる。
【断髪文身】ダンパツブンシン　髪を切り、からだに入れ墨をする。未開の風習。
【断△蓬】ダンポウ　根の断ち切れたよもぎ。→蓬（6551）の字義の①㋑。風に吹かれてどこまでもころがって行く。孤独の旅人、さすらいの旅人などにたとえる。飛蓬。転蓬。
【断末魔・断末摩】ダンマツマ　仏①息を引き取るまぎわの苦しみ。②死にぎわ。臨終。
【断落】ダンラク　①文章の中の切れ目。段落。②物事のくぎり。きれめ。
【断△爛】ダンラン　（書物や記録などが）きれぎれにやぶれる。

(12)8
【斮】2936　△　サク　覚　zhuó

字義　❶きる（斬）。たちきる。❷けずる（削）。❸うつ（撃）。

解字　文　篆　形声。斤＋昔（㫺）音。音符の㫺（セキ）は、柞（サク）に通じ、木を切り除くの意味。きるの意味を表す。

(12)8
【斯】2937　標　シ　支　sī　2759　3B5B

字義　❶この。「斯文（シブン）」❷これ。❸ここ。このところ。❹かく。このように。かかる。このような。❺語調をととのえる語句末の助字。〔論語、子罕〕逝者如レ斯夫（ゆくものはかくのごときかな）。❻しばらく。また、すぐに。「斯須（シシュ）」❼すなわち。

解字　金　文　篆　会意。其＋斤。其は、「み」の象形で、穀物をふり分けるの意味。斤は、おのの象形で、さくの意味。さく・わけるの意味を表す。此（シ）の音に通じ、借りて、「これ」の意味を表す。

【斯△須】シシュ　しばらく。暫時（ザンジ）。須臾（シュユ）。
【斯道】シドウ　このみち。①聖人の道。仁義の道。儒教の道。②その人が奉じている道、または技芸など。
【斯文】シブン　この学問。この道。聖人の教え。儒教の学問・道徳。〔論語、子罕〕天之未レ喪二斯文一也（てんのいまだこのブンをほろぼさざるや）、匡人其如レ予何（キョウひとそれわれをいかんせん）。〈天がまだこの聖人の道や学問を滅ぼしたくないのなら、匡の地の者どもがこのわたしをどうすることができようか〉
【斯△臾】シユ　＝斯須（シシュ）。

(13)9
【新】2938　教2　シン　あたらしい・あらた・にい　シン　真　xīn　3123　3F37

筆順　立　亲　新　新

字義　❶あたらしい。あたらし。あらた。↔旧。❷あたらしくする。あらためる。あらたまる。「刷新」❸あたらしいものごと。また、近ごろ。❹あらたに。㋐はじめて。「新刊」㋑…したばかり。…して間もない。〔唐、杜甫、石壕吏詩〕二男新戦死（ニダンはあらたにセンシせり）。❺国名。前漢末、王莽（オウモウ）が建てた国。一代十五年（八—二三）で滅びた。国あら。にい。語の上につけてあたらしい意を表す。「新湯（あらゆ）」「新妻（にいづま）」

名乗　あきら・すすむ・ちか・はじめ・よし・わか　難読　新屋（あらや）・新嘉波（シンガポール）・新冠（にいかっぷ）・新居（あらい）・新居浜（にいはま）・新魚目（しんうおのめ）・新見（にいみ）・新原（しんばる）・新谷（にいや）・新今（にいま）・新墾（にいばり）・新座（にいざ）・新西蘭（ニュージーランド）・新治（にいはり）・新所原（しんじょはら）・新嘗（にいなめ）・新井（にい）・新成生（しんなりう）・新田原（しんでんばる）・新湯（さらゆ）・新納（にいろ）・新発田（しばた）・新免（にいみ）・新野（あらたの）・新鹿（あたしか）・新墾（にいばり）・新座（あらき）・新嘗（にわない）・新井（にい）・新田原（にゅうたばる）・新湯（あらゆ）・新納（にいの）・新（しんのう）

解字　金　文　篆　形声。斤＋木＋辛音。音符の辛は、刃物の象形。木を切ってたきぎにするの意味を表す。薪の原字。また、切り口があざやかなところから転じて、あたらしいの意味をも表す。

▼維新・一新・改新・革新・更新・作新・刷新・清新・日新

【新安】シンアン　地名。河南省。洛陽市の西三十キロほどの所にある。項羽が秦（シン）の兵二十万人を穴うめにした所。
【新鋭】シンエイ　新しくて勢いがするどい。また、その人・物。新進気鋭。
【新奇】シンキ　あたらしくてめずらしい。
【新鬼】シンキ　最近死んだ人。また、その魂。鬼は死んだ人の魂。↔旧鬼。〔唐、杜甫、兵車行〕新鬼煩冤旧鬼哭（シンキはハンエンし、キュウキはコクし）、天陰雨湿声啾啾（テンくもりあめうるおうときこえシュウシュウたり）〈死んで間もない人の霊魂は、もだえうらみ古い亡霊は泣き叫び、空が曇り雨がしっとりと降る時、亡霊のうらみ泣く声がしくしくと聞こえてくる〉
【新規】シンキ　①新しい規則。②国すべて物事を新しくすること。
【新機軸】シンキジク　これまでのものと全く違った、新しい工夫、また、企画。
【新△禧】シンキ　新年のよろこび。禧は、神から受ける幸い。
【新教】シンキョウ　ローマ旧教に反対して、十六世紀にドイツのマルチン・ルーテルらが唱え出した、キリスト教の新宗派。プロテスタンティズム。↔旧教。
【新△疆】シンキョウ　地名。中国西北部の新疆ウイグル自治区。省都は烏魯木斉（ウルムチ）市。昔の西域の地で、天山山脈によって南北に分かれ、北にジュンガル盆地、南にタリム盆地（タクラマカン砂漠）がある。
【新月】シンゲツ　①陰暦で月の三、四日ごろのつき。三日月（みかづき）。初

月。②東の空にのぼったばかりの月。〔唐、白居易、八月十五日夜禁中独直対ㇾ月憶ニ元九一詩〕⇩三五夜中新月色（一四㌻）。

【新五代史】シンゴダイシ　書名。七十四巻。北宋の欧陽脩の著。後梁から後周に至る五国の歴史を記した書。二十四史の一つ。北宋の薛居正らの「旧五代史」を改修したものであるところから「新五代史」という。

【新参（參）】シンザン　国↕古参。①新しく仕えたこと。また、その者。②新たに仲間入りしたこと。また、その者。新米。新入り。

【新秋】シンシュウ　はつ秋。秋のはじめ。肇秋。

【新春】シンシュン　暦の新しくなった、年の初めの春。はつはる。新年。新陽。開春。

【新書】シンショ　①㋐新しく著作された書物。新版の書物。㋑国出版物の規格の一つ。文庫本よりやや大型で、比較的読みやすい著作を集めた叢書。②シンジョ　書名。十巻。前漢の賈誼の著。政治・道徳・学問・風俗などに関する論説を集めたもの。『賈誼新書』ともいう。

【新序】シンジョ　書名。十巻。前漢の劉向の著。春秋時代から漢の初めまでの人物の言行を分類して集めたもの。

【新粧・新△妝】シンショウ　新しいよそおい。つくりたての化粧。

【新△嘗】シンショウ　①新しく取れた穀物を神に供えて祭ること。②天子がはじめてその年の新穀を食すること。③国にいなめ（ひ）　毎年十一月二十三日に天皇が新穀を食する宮中の行事。新嘗祭。

【新人】シンジン　①新たに迎えた婦人。もとからの妻と区別していう。②はなよめ。新婦。結婚したばかりの嫁。③新たに迎えた夫を、妻がさしていう。④国㋐新しく世に知られた人。新進の人。㋑その社会・方面に入ったばかりの人。

【新炊】シンスイ　たきたてのめし。

【新井白石】あらい（ゐ）ハクセキ　国江戸中期の儒学者・政治家。常陸（今の茨城県）の人。名は君美。字は在中・済美。白石は号。木下順庵に学び、徳川家宣・家継に仕えて幕政を補佐した。朱子学者として詩文にも通じ、歴史・地理・言語学にも造詣が深く、著に『読史余論』『藩翰譜』『西洋紀聞』『東雅』『折たく柴の記』などがある。（一六五七—一七二五）

【新正】シンセイ　新年の正月。あらたまった年の初め。

【新生】シンセイ　①未熟な書生。②新しく生まれ出る。③新しく芽を出す。

【新生面】シンセイメン　国新しい方面。

【新声（聲）】シンセイ　新しく作られた歌曲・音楽。新曲。

【新鮮】シンセン　新しくて生き生きしていること。また、そのもの。

【新体（體）詩】シンタイシ　国詩と言えば漢詩を意味していたのに対し、明治初期に西洋の詩歌の形式・精神をとりいれて作り始めた新しい形体の詩。後、単に詩という。

【新知】シンチ　①新しい知り合い。↕旧知。②新しく初めて知る。③国新しい知行（領地）。

【新注・新△註】シンチュウ　①新しい注釈。②経学では特に、宋代の学者朱子などの注釈をいう。↕古注・古註（漢・唐代の注釈）。

【新調】シンチョウ　①新しいみつぎもの。②新しい歌。③国新しくこしらえること。また、その物。

【新陳代謝】シンチンタイシャ　①新しいものと、ふるいものとが入れかわること。陳は古い、謝は辞し去る意。②生物の体内で、必要な生活物質が摂取され、不要な物が排泄される作用。

【新唐書】シントウジョ　書名。二百二十五巻。北宋の欧陽脩らが勅命によって編集した、唐代の歴史を記した書。二十四史の一つ。後晋の劉昫らの「旧唐書」を改修したものであるところから「新唐書」といい、また単に「唐書」ともいう。

【新婦】シンプ　①はなよめ。にいづま。↕新郎。②子のよめ。③若妻が謙遜していう自称。わらわ。

【新△蒲】シンポ　がまの新芽。生えはじめたばかりのがまの芽。〔唐、杜甫、哀江頭詩〕⇩細柳（八四七㌻）。

【新法】シンポウ　①新しい方法。②新しい法律。③宋の神宗のとき、王安石が政治・経済・社会・軍備など各方面の改革を行う目的で作った諸法令。

【新発（發）意】シンボッチ・シンポチ・シンポチ　仏①新しく仏門に入った人。②真宗で、寺のあとつぎをいう。

【新△沐者必弾（彈）ㇾ冠、新浴者必振ㇾ衣】あらたにモクするものはかならずかんむりをはじき、あらたによくするものはかならずころもをふるう（ふ）　髪の洗いたての者は必ず手でちりを落としてから冠をかぶり、湯あみしたての者は必ずほこりを振るってから着物をきる。自分の身を清く保とうとする者は、自分の身が他のものによって汚されるのを恐れるたとえ。弾冠振衣。〔楚辞、漁父〕

【新約】シンヤク　①新しい約束。新規の契約。②新約聖書。旧約聖書に対してキリスト出現以後のことを記す。↓旧約（四九三㌻）。

【新陽】シンヨウ　はつはる。新春。

【新羅】シンラ・シラ・シンギ　古代朝鮮の国名。三韓の一つ。前五七年の建国と伝えられる。唐と連合して百済・高句麗を平定し、朝鮮全土を統一したが、九三五年、高麗に滅ぼされた。（？—九三五）。

【新柳】シンリュウ　芽をふいたばかりの柳。

【新柳髪】シンリュウのかみ　芽をふいたばかりの柳を髪にたとえた語。↓旧苔鬚（四九三㌻）。〔和漢朗詠集、都良香、早春〕気霽風梳ニ新柳髪一キはれてはかぜシンリュウのかみをくしけず（づ）る〈天気がうららかに晴れ、風が新しい芽をふいたやなぎの枝をそよがしている〉

【新涼】シンリョウ　秋の初めのすずしさ。初秋の涼風。

【新暦（曆）】シンレキ　①新たに制定したこよみ。②新しい年のこよみ。③太陽暦。↕旧暦。

【新郎】シンロウ　①唐代、新しく進士の試験に及第した者。新郎君。②新婚の男子。はなむこ。↕新婦。

(15)11
【斲】2939
△　タク　㊥ zhuó
［斵］俗字
字義　きる。木をきる。また、けずる。けづる。

解字　篆文 
形声。斤＋㔺㊤。音符の㔺は、豆（たかつき）の一種の象形。物を立てておいて、斤（おの）できるの意味を表す。

(18)14
【斷】(2935)
ダン　断（2934）の旧字体。→四八四㌻。

5850
5A52

4
方部

〔部首解説〕かたへん。ほう。部首としての方は、㫃（㫃）エンの左半分の形をとったもの。㫃は、音㊦エン・㊤オン。象形。甲骨文 。篆文 。旗が風にひるがえる形にかたどり、はたの意味を表す。㫃は㫃の変形。㫃を意符として、旗の意味を含む文字ができている。

方 四八六　4 於 四八七　㫄 四八八　5 施 四八八　斿 四八八
6 旂 四八八　旃 四八八　旁 四八八　旄 四八九
7 旌 四八九　旋 四八九　族 四八九　8 旐 四九〇
9 旒 四九〇　10 旖 四九〇　旗 四九〇　12 旛 四九〇　14 旜 四九〇
15 旝 四九〇　旟 四九〇
放→攴部　四七三㌻。

(4)0
【方】2940
教2
ホウ　かた
ホウ（ハウ）陽 fāng
行方ゆくえ

4293
4A7D

筆順
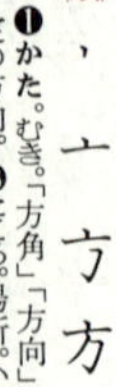

字義 ❶かた。むき。「方角」「方向」 ❷むかう。向かう所。行く先。一定の方向。 ❸ところ。場所。かたわら。「地方」 ❹くに。国土。「異方」 ❺てだて。やり方。「方法」 ❻わざ。㋐技術。㋑神仙の術。「方士」 ㋒医術。「医方」 ❼薬の調合。「処方」 ❽よも。また、四角のものを一辺の長さで表すのに用いる。「四方」「方千里」 ❾地。土地。大地。 ❿かく（角）。しかく。「方円」 ⓫かど。四角な物のすみ。 ⓬いた（板）。文字を書く、四角な木のふだ。 ⓭ただしい。きちんとしている。「品行方正」 ⓮ほしいまま。＝放。 ⓯みち（道）。道義。「義方」 ⓰ならべる。ならべあわせる。 ⓱ならんだ舟。＝舫。 ⓲いかだ。いかだで渡る。 ⓳くらべる。比較する。「比方」 ⓴わける。区別する。 ㉑たぐい。㋐種類。㋑仲間。 ㉒あたる（当）。 ㉓まさに。ちょうどその時。「方今」 ㉔さからう。そむく。＝妨。 ㉕ある数の自乗。「平方」 国かた。㋐他人をさして呼ぶ敬称。「お方」 ㋑かかり（係）。「道具方」 ㋒ころ。時分。「夕方」 ㋓…のところ。「鈴木方」 ㋔しかた。方法。「書き方」

名乗 お・しげ・すけ・ただし・たもつ・のり・まさ・まさし・み・みち

難読 方違・方谷・方舟・方波羽・方波見・方波江・方便・たつき

解字 甲骨文 篆文 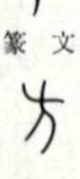 象形。甲骨文は、ㅗ＋ㇴに分解できる。ㇴは刃物の象形。両方に突き出た柄のあるすきの象形で、ならんで耕すさまから、ならぶ・かたわらの意味を表す。方を音符に含む形声文字に、仿・傍・坊・妨・房・放・枋・肪・膀・旁・滂・紡・舫・芳・訪などがある。

▼恵方・下方・漢方・義方・公方・殊方・上方・処方・大方・多方・地方・当方・途方・秘方・百方・無方

【方位】①ある一つの方向が基準の方向に対してどう向いているかを示す語。東西南北などの向き。方角。②国方角の吉凶。

【方域】地方。区域。また、国内。

【方員・方円(圓)・方▵圜】四角とまるがた。員は、円(圓)の古字。〔孟子、離婁上〕

【方外】①浮き世のそと。世俗を超越した世界。「方外の友」②中国の地域の外。異民族の地。外国。

【方技・方▵伎】①医術・占い・神仙術の類。方士の行う術。方術。②医者や占い者。

【方言】①同一国語で、一地方だけに使われることば。くになまり。土語。②書名。十三巻。前漢の揚雄の著。各地の方言を集録したもの。「揚子方言」ともいう。

【方▵壺】①渤海の東にあって、神仙が住むと想像された島の名。五山の一つ。方丈。②口が四角で、腹の丸いつぼ。

【方孝▵孺】明の儒学者・政治家。字は希直、また、希古。号は遜志斎。正学先生と称した。洪武帝・恵帝に仕えたが、成祖永楽帝が位を奪ったとき、即位の詔勅の起草をこばんで、殺された。（一三五七―一四〇二）

【方今】ただいま。今日。当今。

【方策】①書物。記録。方は木の板、策は竹の札で、昔、紙のなかった時代、これに書いた。方冊。②はかりごと。手段。

【方士】医術・占い・仙術（不老不死の術）を行う人。道士。〔唐、白居易、長恨歌〕

【方志】一地方の事がらをしるした書物。地方誌。

【方舟】二そうならべた舟。

【方術】①＝方技の①。②学芸技術。

【方丈】①一丈四方の広さ。②＝方壺の①。③仏寺の住職・長老。また、その室。

【方陣・方陳】四方に向かって攻撃可能な陣形。

【方寸】①一寸四方の面積。転じて、わずかな大きさ。②こころ。むね。昔、心の働きは、胸中の方寸の間（心臓）にあると考えた。〔蜀志、諸葛亮伝〕

【方正】①きちんとして正しいこと。また、その人。方直。②漢代、民間の優秀な人物を官吏に採用したときの科目の一つ。

【方内】四方のうちの意で、国内。天下。

【方宅】四角い宅地。

【方直】＝方正の①。

【方鎮(鎭)】辺要の地の軍事をつかさどり、防衛治安に任ずる職。唐の節度使の類。また、その駐在地。

【方土】ある地方。また、その地味・気候・土地がら。

【方伯】諸侯のはたがしら。一方面の地域の諸侯を統べおさめる大諸侯。

【方物】①その地方の産物。②事物を識別すること。方は、比較する・比較して区別する意。

【方便】①機会。②仏仏が衆生を導くためかりに使った手段。③転じて、まにあわせの手段。その場をうまく処置するてだて。

【方▵輿】土。大地。昔、地は方形（四角）で、万物をのせると考えた。輿は、物をのせる台。

【方略】はかりごと。方策。

(8)4
於
2941
囚 ㊀㊥オ（ヲ）・㊥ウ 虞 wū ㊁㊥ヨ・㊥オ 魚 yú
1787
3177

筆順

【扵】俗字

字義 ㊀ああ。⇩助字解説 ㊁❶助字。⇩助字解説 ㋐訓読では読まないが、上下の語句の関係を示す。㋑おいて。 ❷おいてする。 ㋒発語の助字。接頭語として用いる。「於越」 ❷。おいてする。そこから離れない。

助字解説 ①訓読では読まないが、上下の語句の関係を示すので、送りがなによってその意味を表す。類乎。于。㋐場所。……に。……へ。……で。〔宋、蘇軾、前赤壁賦〕蘇子与レ客泛レ舟、遊二於赤壁之下一。〈蘇子は客といっしょに舟に乗って赤壁山のふもとで遊んだ〉 ㋑対象。……に向かって。……に対して。〔論語、衛霊公〕己所レ不レ欲、勿レ施二於人一。〈自分のいやに思うことを人にさせてはならない〉 ㋒時間。……までに。〔唐、柳宗元、捕レ蛇者説〕積二於今一六十歳矣。〈今まで六十年である〉 ㋓比較。……より。〔荀子、勧学〕氷水為レ之、而寒二於水一。〈氷は水からできるが、水よりもつめたい〉 ㋔受身。……される。〔孟子、滕文公上〕労レ力者治二於人一。〈力仕事をする者は人に治められる〉 ㋕起点。……から。〔荀子、勧学〕青取二於藍一、而青二於藍一。〈青の染料は藍草から取るが、もとの藍草よりも青い〉 ㋖目的。……を。〔論語、雍也〕君子博学二於文一。〈君子はは広く学問をする〉 ②おいて。おける。……において。……にとって。〔論語、述而〕於レ我如二浮雲一。〈わたしにとっては浮雲のようにはかないものである〉 ③ああ。詠嘆。ああ。〔書経、尭典〕於、鯀哉。〈ああ、鯀だなあ〉

名乗 うえ・お・おうい

難読 於鍋・於札内・於福・於保野

解字 金文 鳥の古文 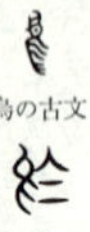 象形。金文では、烏（からす）と同じ字形。烏の鳴き声の擬声語から、感嘆を表す、「ああ」の意味に用いられ、関係・受身・比較などを示す助字としても用いられる。

【於越】越の国をいう。於は、接頭語。

【於戯(戲)】感嘆のことば。嘆息のことば。

【於▵乎】感嘆のことば。ああ。

【於▵菟】虎の別名。春秋時代、楚の国の方言。

【於▵邑・於▵悒】悲しんで気がふさぐさま。悲しんで気がはればれしないさま。邑・悒は、気がふさぐ意。

(8)4
【㫃】2942
△　ボウ　旁(2948)の本字。→下段。

【放】→攴部　四七二ページ。

(9)5
【施】2943
常　シ・セ　ほどこす

㊀㊥シ・㊥セ・シ　㊀ shī
㊁㊥シ・㊥セ・シ　㊀ shì
㊂イ　㊀ yí

2760
3B5C

筆順　方 方 施 施

字義　㊀❶ほどこす。㋐しく。しきおよぼす。おこなう。「実施」 ㋑もうける(設)。「施設」 ㋒くわえる(加)。❷ひろがる。ゆきわたる。はびこる。❸さらす。死体を人目にさらす。❹よろこぶ。
㊁❶ほどこす。あたえる。めぐむ。❷ほどこし。めぐみ。「布施」
㊂ななめ。ななめに歩く。かたむく。

名乗　とし・のぶ・はる

解字　篆文　形声。㫃＋也㊥。㫃は、旗の象形。音符の也(ヤ)は、うねるの意味。うねりゆらぐ旗のさまから、次第に及んでいく、ほどこすの意味を表す。

▼逆施・財施・貸施・布施・報施

【施為(爲)】(シイ) 事を行うこと。また、しわざ。

【施餓鬼】(セガキ) 仏無縁の死者の霊をとむらって読経(ドキョウ)し供養すること。餓鬼は、死後、餓鬼道(うえの苦しみにあう所)に落ちた亡者(モウジャ)。

【施行】(シコウ・セコウ) ①実地に行うこと。②国法令の効力を現実に発生させる。

【施策】(シサク) 国実地に行う計画。

【施施】(シシ) ①進みにくいさま。また、ゆっくり歩くさま。②よろこぶさま。自得するさま。

【施舎】(シシャ) ①めぐみをほどこし、労役や負債を免除する。舎は、ゆるす。②めぐみをほどこす。恩恵をしく。舎も施す意。③はたご。旅館。④与えることと、与えないこと。舎は、すておく意。⑤興ることとすたれること。

【施主】(セシュ) 仏①仏事に寄付したり、僧に物を与えたりする人。②葬式や法事を主となって行う人。③国建築・造園などの依頼人。

【施政】(シセイ) 政令をしく。政治を行う。また、そのこと。

【施耐庵】(シタイアン) 元末明(ミン)初の人。名は子安。耐庵は字(あざな)。『水滸伝(スイコデン)』の作者といわれる。

【施展】(シテン) ひろげのべる。ひろげる。また、ひろがる。発展する。

【施与(與)・施予】(セヨ・シヨ) ほどこし与える。また、ほどこし。

【施療】(セリョウ) 国無料で人の病気を治療すること。

(9)5
【斿】2944
△　㊥ユウ(イウ)　㊥ユ　㊀ yóu

字義　はたあし。長い旗の末端。

解字　会意。㫃＋子。㫃は、旗ざおにつけた、ふき流しの象形。子は、流の字の省略体で、ながれるの意味。風に流れる、はたあしの意味を表す。

(10)6
【旂】2945
△　㊥キ　㊥ゲ　㊀ qí

字義　はた。❶のぼり竜とくだり竜とを描いた赤い旗で、旗ざおの上端に鈴をつけたもの。諸侯が建てる旗。❷はたの総称。

解字　甲骨文　篆文　形声。㫃＋斤㊥。音符の斤は、祈に通じ、幸福を祈るの意味。諸侯が神に幸福を求め、民衆に命令するときに用いる旗の意味を表す。旗には、装飾の鈴がついているが、甲骨文には、それがよく示されている。旂・祈は本来、同一語を表す異体字であった可能性が大きい。

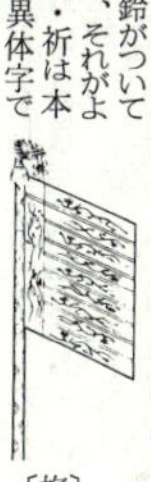
〔旂〕

(10)6
【旃】2946
△　セン　㊀ zhān

5851
5A53

字義　❶はた。㋐無地の赤い目じるし用の旗で、曲げた柄にたれさげたもの。兵や人夫を集めるときに用いる。㋑旗の総称。❷けおりもの。＝氈(セン)。❸これ。これを。

解字　甲骨文　金文　篆文　形声。㫃＋丹㊥。音符の丹は、赤いの意味。赤い旗の意味を表す。

〔旃〕

【旃△裘】(センキュウ) 毛織物の着物。裘は、かわごろも。

【旃△旌】(センセイ) はた。旃は赤地の旗、旌は五彩の羽を竿首(カンシュ)に垂らした旗。

【旃△檀】(センダン) ①インドなどに産する高いかおりのある植物。また、それから作った香。栴檀(センダン)。②転じて、すぐれた才徳や詩文のたとえ。③棟(おうち)の別名。

【旃△檀従(從)二葉一香】(センダンはふたばよりかんばし) 旃檀は芽を出したばかりのころからすでに香気がある。偉大な人物は幼少のころから並はずれてすぐれていることのたとえ。〔観仏物三昧海経〕

【旃毛】(センモウ) 毛織物の毛。

(10)6
【旆】2947
△　㊥ハイ　㊥バイ　㊀ pèi

5852
5A54

字義　❶はた。㋐黒地に、さまざまな色の絹のふちかざりをつけ、その末端を燕の形にさいた旗。大将の立てるもの。㋑はたの総称。❷旗が風になびくさま。❸旗が長くたれさがったさま。

解字　篆文　形声。㫃＋巿(朩)㊥。音符の朩(ハイ)は、わかれるの意味。末端がつばめの尾のようにさけた旗の意味を表す。

【旆△旌】(ハイセイ) はた。旆旗。

【旆旆】(ハイハイ) ①旗がたれさがるさま。一説に、高くひるがえるさま。②長いさま。

(10)6
【旁】2948
△　㊀㊥ホウ(ハウ)　㊥ボウ(バウ)　㊀ páng
㊁㊥ホウ(ハウ)　㊥ボウ(バウ)　㊀ bàng

5853
5A55

［㫃］本字

字義　㊀❶かたわら(かたはら)。わき。そば。＝傍。❷あまねし(遍)。ひろい。あまねく。広く。❸つくり。左右の組み合わせでできている漢字の構成で、おおむね右の部分。＝傍。↔扁(ヘン)・偏。
㊁❶よる(依)。よりそう。❷まじわる。行きかう。
国かたがた。ついでに。…をかねて。「涼みかたがた見物する」

解字　甲骨文　金文　篆文　形声。甲骨文・金文は、凡＋方㊥。凡は、広がり散るの意味。音符の方は、左右に広がるの意味。左右に広がった部分、かたわらの意味を表す。

【旁引】(ボウイン) あまねく探って引き出すこと。広くあちこちから根拠となる事項を引き出すこと。くわしく考証すること。博引。

【旁観(觀)】(ボウカン) ①あまねくみる。②わきからみる。傍観。

【旁求】(ボウキュウ) あまねく(落ちなく)さがし求める。

【旁系】(ボウケイ) 分かれ出た血すじ。傍系。↔直系。

【旁午】(ボウゴ) ①たてよこ十文字にまじわること。行きかうこと。往来のはげしいさま。②転じて、物事の煩雑なこと。

【旁行】(ボウコウ) ①あまねくゆきわたる。②文字を横書きにする。③横に行く。④歩き方の正しくないこと。

【旁射】(ボウシャ) (光などが)あまねくさす。また、照らす。旁照。

【旁若無人】(ボウジャクブジン) かたわらに人無きがごとし。人を人とも思わぬような態度・言動にいう。傍若無人。

【旁人】(ボウジン) かたわらの人。そばの人。他人。第三者。

【旁側】(ボウソク) かたわら。近辺。そば。また、そばに仕える人。近侍。

【旁通】(ボウツウ) あまねく通ずる。広く行きわたる。

【旁△礴・旁薄・旁△魄】(ボウハク・ホウハク) ①まじる。まじって一つになる。混同する。②満ちふさがる。また、満ち広がる。

(10)6
【旄】2949　△　㈠㊥ボウ・㊐モウ 豪 máo　㈡㊥ボウ・㊐モウ 号 mào　5854 5A56

字義 ㈠❶はたかざり。旗につけた、氂牛（ギュウ・りからうし）の尾などの毛のかざり。❷さしずばた。指揮用の旗。舞にも用いた。❸氂牛。また、その尾。

㈡としより。八、九十歳の老人をいう。＝耄（ボウ）。

〔旄〕

解字 金文 篆文 形声。㫃＋毛㊤。㫃は、なびく旗の象形。長い毛のある牛の尾をさおにかざった旗の意味を表す。

【旄倪】（ボウゲイ）老人と子供。〔孟子、梁恵王下〕

【旄頭】（ボウトウ）星宿の名。二十八宿の一つ。すばる、またはプレアデスに当たる。

(10)6
【旅】2950　(10)6〔旅〕2951　教3　リョ たび　㊥リョ ㊐ロ 語 lǚ　4625 4E39

筆順 方 㣺 旅 旅

字義 ❶たび。たびする。❷たびびと。「商旅」❸軍隊。いくさ。周の軍制では、兵士五百人の隊。「軍旅」❹もろもろ。多くの人。民衆。❺ならべる。つらねる。順序だてる。❻まつりの名。天の神や山の神を祭る。❼背骨（せぼね）。＝膂（リョ）。❽易（エキ）の六十四卦（カ）の一つ。☶☲艮下離上（ゴンカリジョウ）。おるべき所におらないさま。

難読 旅籠（はたご）

解字 甲骨文 金文 篆文 会意。㫃＋从。㫃は、軍旗の象形。从は、衆人の意で、多くの人が軍旗をおしたてて行くの意から、軍隊・たびの意味を表す。

▼軍旅・逆旅・行旅・商旅・師旅・征旅

【旅客】（リョカク・リョキャク）たびびと。旅人。遊子。

【旅館】（リョカン）やどや。逆旅（ゲキリョ）。

【旅△鴈・旅△雁】（リョガン）ゆくかり。遠くに飛んで行くかり。

【旅△寓】（リョグウ）たびのやどり。旅宿。

【旅魂】（リョコン）旅人の心。旅路の思い。旅思。

【旅思】（リョシ）旅路の思い。客心。旅魂。旅情。

【旅次】（リョジ）①たびのやどり。旅のとまり。旅宿。旅泊。②たびの途中。

【旅情】（リョジョウ）旅でのしみじみとした思い。

【旅愁】（リョシュウ）たびで感ずるわびしさ。客愁。

【旅宿】（リョシュク）①やどや。旅館。②旅のやどり。旅次。

【旅食】（リョショク）①他郷でくらすこと。客処。②おおぜいで食すること。転じて、庶民で官にある者。

【旅人】（リョジン）①たびびと。旅行する人。②昔の官名。庶民で官にある者。

【旅生】（リョセイ）種をまかずに生える。自生。野生。

【旅程】（リョテイ）①たびの道のり。旅の道。②旅行の日程。旅行の行く先・宿泊・乗り物・日数などのわりふり。

【旅力】（リョリョク）①もろもろの力。すべての力。衆力。②せぼねの力。膂力（リョリョク）。

(11)7
【旌】2952　△　㊥セイ ㊐ショウ（シャウ） 庚 jīng　5855 5A57

字義 ❶はた。㋐旗ざおの先に旄（ボウ）（からうしの尾）を付け、それに五色の羽を垂らした旗。天子が士気をはげますのに用いる。㋑はたの総称。「旌旗」❷あらわす（あらはす）。㋐表彰する。ほめる。㋑表示する。はっきりさせる。

〔旌①㋐〕

解字 篆文 形声。㫃＋生㊤。㫃は、旗の象形。音符の生は、精に通じ、士卒を精進させる旗の意味を表す。

【旌旗】（セイキ）はた。旗の総称。旌旂（セイキ）。

【旌旗△蔽レ空】（セイキそらをおおう）旗が空をおおいかくすほどならび立っていること。軍勢のさかんなさま。〔宋、蘇軾、前赤壁賦〕

【旌△麾】（セイキ）①指揮する旗。大将の旗じるし。②はた。旗の類の総称。

【旌節（節）】（セイセツ）使者が持って行く旗じるし。

【旌表】（セイヒョウ）人の善行をほめて世人に知らせること。

【旌褒（褒）】（セイホウ）あらわしほめる。表彰する。旌賞。

【旌門】（セイモン）①祭りや宴会のとき設ける、旗で作ったかりの門。②善行者の名を村里の門に掲示して表彰すること。

【旌△閭】（セイリョ）＝旌門の②。閭は、村里の入り口の門。

(11)7
【旋】2953　常　セン　㊥セン ㊐ゼン 先 xuán　3291 407B

筆順 方 㣺 旃 旋

字義 ❶めぐる。ぐるぐるまわる。また、かえる（かへる）。「旋回」❷めぐらす。ぐるぐるまわす。かえす。「凱旋（ガイセン）」❸かえって。また。❹やや。少し。❺ゆばり。いばり。小便。小便する。

難読 旋花（ひるがお）・旋風（はやて・つむじかぜ）・旋毛（つむじ）

解字 甲骨文 金文 篆文 会意。疋＋㫃。疋は、足の象形。㫃は、ふきながしの象形。ふきながしがめぐるように、ぐるぐる歩きまわるの意味を表す。

▼回旋・周旋・盤旋・便旋

【旋回・旋△廻】（センカイ）ぐるぐるまわる。

【旋△踵】（センショウ）くびすをめぐらす。ひきかえす。退却する。

【旋転（轉）】（センテン）＝旋回。

【旋反】（センパン）①方向を変えてもどる。②ひるがえる。また、ひるがえす。

【旋盤】（センバン）工作機械の一つ。工作物を主軸とともに回転させ、刃物を当てて削ったり、穴をあけたりする。

【旋風】（センプウ）つむじかぜ。社会に強烈な動揺を与える物事のたとえ。旋飆（センピョウ）。

【旋毛】（センモウ）うずまいた毛。つむじ。

【旋律】（センリツ）楽音の高低や長短の変化が規則正しいリズムをもって連続的にひびいているもの。節（ふし）。メロディ。

(11)7
【族】2954　教3　ゾク　㊥ソク ㊐ゾク 屋 zú　3418 4232

筆順 方 㣺 𣃔 族

字義 ❶やから。㋐みうち。血つづき。「家族」「親族」㋑なかま。同類。「貴族」❷一人の罪を、その父母・妻・子などにまでおよぼす刑罰。一族みなごろしの刑。また、その刑に処する。❸周代、百軒の家を一組にしてよぶ称。❹やじり。＝鏃（ゾク）。❺むらがる。あつまる。

名乗 えだ・つぎ・つぐ

参考 現代表記では〔簇〕(5583) の書きかえに用いることがある。「簇生→族生」

解字 甲骨文 金文 篆文 会意。㫃＋矢。㫃は、ふきながしの旗の象形。軍旗のもとに多くの矢があつまるさまから、あつまるの意味を表す。

▼羽族・華族・貴族・旧族・系族・血族・豪族・語族・支族・氏族・種族・親族・水族・宗族・部族・民族

【族兄弟】（ゾクケイテイ）①高祖（祖父の祖父）を同じくする者相互の称呼。②同宗（一族）中の同年輩の者をいう。

【族殺】（ゾクサツ）一人の罪によって、その父母・妻・子（三族という）までも殺すこと。また、一族全部を殺すこともある。族滅。族誅（ゾクチュウ）。

【族子】（ゾクシ）①親類の子供。同族の子。②兄弟の子。おい・めい。

【族人】（ゾクジン）遠い祖先は同じであるが、現在、親族（互いの喪に服すべき）関係のない者。一門の人。

【族生】（ゾクセイ）むらがり生える。簇生（ゾクセイ）。

【族姓】（ゾクセイ）①家族や一族の姓氏。また、それによって表される

家がら。②同族と異姓。
【族属(屬)】ゾクゾク 親属。
【族△誅】ゾクチュウ ＝族殺。
【族党(黨)】ゾクトウ ＝族隷ゾクレイ。
【族望】ゾクボウ 他人の信望の厚い一族。りっぱな家がら。望族。
【族滅】ゾクメツ ＝族殺。
【族類】ゾクルイ ①親族一門。同族。②同類。
【族隷(隸)】ゾクレイ 一族郎党。身内と家来の総称。族党。

(12)8 【旐】2955 △ 漢チョウ(テウ) 呉ジョウ(デウ) 篠 zhào

字義 ❶亀かめと蛇を描いた旗。❷柩ひつぎに先行する旗。葬列の先頭を行く旗。

解字 篆文 形声。㫃＋兆音。

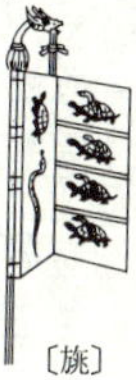
〔旐〕

(13)9 【旒】2956 △ 漢リュウ(リウ) 呉ル 尤 liú　5856 5A58

【旈】俗字

字義 ❶はたあし。旗のたれ。長い旗の末端。また、吹き流し。❷たまだれ。冠の前後に糸に貫いてたれさげた玉のかざり。「冕旒ベンリュウ」

国旗を数えることば。ながれ。

解字 形声。㫃＋流省音。㫃は、はたの象形。音符の流は、ながれるの意味。旗の風に流れる部分、はたあしの意味を表す。

(14)10 【旖】2957 △ イ 支紙寘 yǐ

字義 ❶旗や雲が風になびくさま。❷さかんなさま。

解字 篆文 形声。㫃＋奇音。音符の奇は、より近づくの意味。波の寄せるように旗のなびくさまを表す。

(14)10 【旗】2958 教4 キ はた 漢キ 呉ギ 支 qí　2090 347A

筆順 方 方 旂 旗 旗

字義 ❶はた。㋐熊くま・虎とらを描いた赤いはた。大将のたてるもの。「旗下」㋑はたの総称。❷しるし。標識。❸清代シンダイ、八つの旗色で区別した軍団の称。満人八旗・漢人八旗など。「旗人」❹蒙古モウコ人の集落集団。また、今の内蒙古自治区の行政区画(県に相当する)の名。❺星の名。二十八宿の一つ。

名乗 たか　難読 旗魚かじき

〔旗①㋐〕

解字 篆文 形声。㫃＋其音。㫃は、風になびくはたの象形。音符の其キは、ととのっているの意味。方形・長方形に整った、はたの意味を表す。

▼義旗・酒旗・白旗・半旗・反旗・竜旗

【旗下】キカ ①大将の旗の下。本陣。本営。②大将直属の兵。はたもと。麾下キカ。
【旗艦】キカン 司令長官や司令官が乗っている軍艦。
【旗鼓】キコ ①戦場で軍隊を指揮し、号令を伝えるのに使う、はたと太鼓。②軍令。軍隊の命令。③軍勢。
【旗△幟】キシ ①はた。のぼり。はたじるし。②国態度。立場。
【旗△幟鮮明】キシセンメイ 国旗色があざやかで、はっきりしていること。転じて、主義・主張のはっきりしていること。
【旗章】キショウ はたじるし。
【旗人】キジン 清代シンダイ、八旗に属した人。→字義の③。転じて、満州・蒙古モウコ人の上流階層の人。
【旗△旌】キセイ はた。旗幟キシ。
【旗亭】キテイ 酒屋。また、料理屋。旗をたててしるしとするからいう。
【旗△旄】キボウ はた。からうし(犛牛ギュウ)の尾をつけた旗。
【旗本】はたもと 国①大将のいる陣屋。本陣。また、大将直属の兵。麾下キカ。②江戸時代、将軍直参ジキサンの侍で、禄高ロクだか一万石未満、百俵以上の者。

(16)12 【旙】2959 △ ハン 旛(2960)の俗字。→次項。　5858 5A5A

(18)14 【旛】2960 △ 漢ハン 呉ホン 元 fān　5857 5A59

【旙】俗字 5858 5A5A

字義 ❶はた。㋐長くたれさげたはた。のぼり。㋑はたの総称。❷(車や馬が)疾走するさま。「旛旛」

解字 篆文 形声。㫃＋番音。音符の番は、放射状に広がるの意味。風に吹かれると広がりあがる、はたの意味を表す。

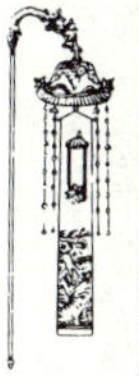
〔旛①㋐〕

(19)15 【旝】2961 △ 漢カイ(クワイ) 呉ケ 泰 kuài

字義 ❶はた。軍を指揮する旗。❷いしゆみ(石弓)。石を飛ばす兵器の一種。

解字 篆文 形声。㫃＋會音。

(19)15 【旟】2962 △ ヨ 魚 yú

字義 ❶はた。隼はやぶさを描いた赤いはた。行軍のときにたてて、急ぎの意を表す。❷高くあがるさま。

解字 篆文 形声。㫃＋與音。

〔旟①〕

4 旡(旡・无)部

旡は五画。

〔部首解説〕すでのつくり。旡キを意符として、顔をそむけるような状態に関する文字ができている。旡の部分は四画に書くが、常用漢字では五画に書く。

旡 四九〇　无 四九〇　5 既 四九〇　7 既 四九一

(4)0 【旡】2963 △ 漢キ 呉ケ 未 jì　5860 5A5C

字義 むせぶ。息がつまる。

解字 甲骨文 篆文 象形。甲骨文でよくわかるように、すわった人が顔をそむける形にかたどり、息がつまる・食べあきるの意味を表す。旡を音符に含む形声文字に、既・穊キ・慨・概・漑ガイなどがある。

(4)0 【无】2964 △ ム 無(4473)と同字。→六九二ページ。　5859 5A5B

(10)5 【既】2965 常 キ すでに 漢キ 呉ケ 未 jì ⑤xì　2091 347B

(11)7 〔旣〕2966

筆順 ヨ 艮 既 既 既

【既】俗字

字義 ❶すでに。↔未。㋐以前に。㋑もはや。もとより。❷すでにして。ある事が終わって間もなく。やがて。❸みな(皆)。ことごとく。全く。「皆既食」❹つきる(尽)。つくす。おわる。おえる。❺月ごとの給米。月給米。＝餼キ。

解字 甲骨文 篆文 形声。皀(皀)＋旡音。音符の旡キは、そっぽを向く人の象形。皀は、食器に盛ったごちそうの意味。ごちそうを食べつくし、そっぽを向いた

人のさまから、つくす・すでにの意味を表す。

【既△已】(すでに) 二字で「すでに」と読む。已も、すでに。

【既以】(すでに) 二字で「すでに」と読む。以は、音が已(イ)に通じ、「すでに」の意。

【既往】(キオウ) すでに過ぎ去った事。過去。

【既往不△咎】(キオウはとがめず) 過去の事は、とがめだてしない。〔論語、八佾〕

【既決】(キケツ) 国①すでに決定したこと。↕未決。②裁判の判決のすでにきまったこと。↕未決。

【既済（濟）】(キサイ) ①易(エキ)の六十四卦(カ)の一つ。☲☵離下坎上(リカカンショウ)。万事がすでにできあがっているかたち。②国すでに事のすんだこと。↕未済。

【既遂】(キスイ) すでに成しとげたこと。↕未遂。

【既倒】(キトウ) すでにたおれる。倒れてしまっている。

【既望】(キボウ) 陰暦十六日。また、その夜。また、その夜の月。望は、十五日。

【既△廩】(キリン) 毎月の給米。扶持米(フチマイ)。餼廩(キリン)。

(11)7
【旣】(2966) キ 既（2965）の旧字体。↓前項。

4 日・曰部

〔部首解説〕〔日〕にち。ひへん。〔曰〕ひらび。日部と曰部は、もとは別の部首であるが、字形が似ていて区別しがたいので、便宜上、部首を一つに合わせた。親文字の上に記した日・曰の区別は、本来の部首を示す。

〔にち〕日を意符として、太陽、明暗、時間などに関する文字ができている。

〔ひらび〕日(ニチ)以外で曰の形をもつ文字をまとめるため、便宜的にたてた部首。

甲→田部 七三六ページ。中→田部 七三六ページ。由→田部 七三七ページ。
亘→二部 四九ページ。冐→冂部 一三三ページ。勗→力部 一五三ページ。

(4)日0
【日】2967
教 1
ニチ・ジツ　ひ・か
明日(あす)・昨日(きのう)・今日(きょう)・一日(ついたち)・二十日(はつか)・日和(ひより)・二日(ふつか)
漢ジツ・呉ニチ　置 rì
3892
467C

筆順 丨 冂 日 日

字義 ❶ひ。㋐太陽。↕月。「白日」㋑日光。ひざし。㋒ひあし。太陽が空を行く速度。「春日遅遅」㋓ひる。↕夜。㋔一昼夜。一日。㋕つきひ。光陰。㋖時。時期。時代。「昔日」㋗ひにち。「月曜日」❷ひび。日ごと。毎日。❸国名。日本の略。「日中両国」 国❶ひ。天皇のことに関していう語。「日嗣(ひつぎ)の御子(みこ)」「日の御位(みくらい)」❷か。日を数える語。「三日(みっか)」

名乗 あき・はる・ひる　難読 日宇(ひう)・日下(くさか)・日下部(くさかべ)・日吉(ひえ)・日月(たちもり)・日原(にっぱら)・日向(ひなた・ひゅうが)・日向神(ひゅうがみ)・日向野(ひがの)・日次(ひなみ)・日出(ひじ)・日出塩(ひでしお)・日照雨(そばえ)・日生(ひなせ)・日前(ひのくま)・日置(へき・ひき)・日置川(ひきがわ)・日当(ひなた)・日奈久(ひなぐ)・日暮里(にっぽり)・日本(やまと)・日立木(にったき)・日和(ひより)・日和佐(ひわさ)

解字 甲骨文 ㊀ 篆文 ㊀ 象形。太陽の象形で、「ひ」の意味を表す。

▼愛日・異日・永日・縁日・往日・隔日・佳日・夏日・暇日・過日・元日・忌日・吉日・好日・後日・斎日・残日・社日・終日・春日・旬日・初日・除日・人日・尽日・聖日・昔日・節日・前日・即日・他日・誕日・遅日・中日・天日・当日・寧日・白日・不日・厄日・浴日・来日・落日・良日・暦日・歴日・烈日

【日△晏】(ニチアン) ひぐれ。夕方。晏は、おそい（晩）。

【日域】(ニチイキ・ジツイキ) ①太陽の照らす範囲。天下。全世界。②日の出る所。極東の地。③昔、中国で朝鮮をさしていう。④国日本の別名。

【日△烏】(ニチウ) 太陽の中に三本足の烏(からす)がいるとの伝説から、その烏、または太陽をいう。

【日△暈】(ニチウン) ひがさ。雲気が太陽をとりまいて環状になった現象。

【日景・日影】(ニチエイ・ひかげ) ①ひかげ。太陽の光によって生ずるかげ。②日あし。

【日下】(ジッカ・ニッカ) ①太陽の照らす下。天下。全世界。②みやこ。国都。③遠い所。遠方。④東方のはてにある国。

【日華】(ニッカ) ①日光。②日本と中国。

【日角】(ニッカク) ひたいの中央の骨が太陽の形に隆起していること。貴人の相という。

【日官】(ニッカン) 天子に仕えて暦をつかさどる役人。天官。

【日記】(ニッキ) ①日々の記録。日録。②国㋐ある特定事件の記録。㋑古い文書。

【日旗】(ニッキ) 太陽の形を描いた旗。宋(ソウ)の太祖の時に制定されたという。

【日△晷】(ニッキ) ①日かげ。㋐太陽の光によって生ずる影。㋑日光。②光陰。時間。③日時計。

【日脚】(ニッキャク・ひあし) ①太陽の進む速さ。②雲間から地上にさす日かげ。日ざし。

【日興】(ニッキョウ) ①日々の楽しみ。遊興。②(ひびにおこる) ㋐毎日発生す

る。㋑日ごとにさかんになる。

【日近長安遠】晋の明帝の幼時、元帝に太陽と長安(今の西安市)とどちらが遠いかと問われ、長安からは人が来るが太陽からは来ないから、太陽の方が遠いと答え、次の日の同じ質問に対しては、太陽は見えるが長安は見えないから、太陽の方が近いと答えた故事。〔晋書、明帝紀〕

【日月】①日(太陽)と月。②つきひ。③天子や聖賢にたとえる。

【日限】日を何日とかぎる。期限の日。期日。

【日午】まひる。正午。

【日子】①日づけ。②日かず。日数。③国太陽のむすこの意。男子の美称。普通、彦の字を当てる。↔日女。

【日至】冬至・夏至をいう。

【日次】日どり。日の順序。

【日者】①日の吉凶をうらなう人。②さきの日。先日。以前。往時。

【日就月将(將)】＝日進月歩。〔詩経、周頌、敬之〕

【日女】国太陽のむすめの意。女子の美称。普通、姫・媛の字を当てる。↔日子。

【日章】①日々に明らかになること。②太陽をえがいた旗。〔管子、兵法〕

【日乗(乘)】日々の記録。日記。日誌。

【日常茶飯事】国ありふれた普通の事。なんでもない平凡な事。茶飯事は、茶と飯。転じて、ありふれたこと。

【日色】太陽の色。

【日昃・日仄】ひるすぎ。午後の二時ころ。また、日がかたむく。昃は、かたむく。

【日食・日蝕】月が、太陽と地球の間に入り、日光をさえぎる現象。〔詩経、小雅、十月之交〕

【日進月歩】日に月に(日毎)進歩すること。

【日新】日々に新しくなる。〔大学〕苟日新、日日新、又日新。〈まことに日に新しくなり、日に日に新しくなり、そのうえさらに新しくなる〉

【日夕】①ひるとよる。②夕方。〔晋、陶潜、飲酒詩〕山気日夕佳。訳文⇩山気の①(三九ページ)。

【日仄】＝日昃。仄は、かたむく。

【日旦】あさ。旦は、朝。

【日知録】書名。三十二巻。清初の顧炎武の著。経書の解釈や諸子・歴史・詩文など、広い分野にわたって日々に読書して得たところを記録したもので、考証学上著名な書物。

【日中】①太陽が中天に至る。太陽が南中する。また、その時。正午。②日のある間。ひるま。③昼夜の等しい時。春分。秋分。④国日本と中国。

【日東】①「中天にある太陽の東方」の意から、東方の遠い地をいう。②日本の別名。日出国。

【日南】①「中天にある太陽の南方」の意から、南方の遠い地をいう。②漢代の郡名。今のインドシナ半島のベトナムの中部地方。

【日薄二西山一】①太陽が西の山の端に近づく。日が暮れかかる。②転じて、老い先の短いこと。また、ほとんど死にかかっていること。〔晋、李密、陳情表〕

【日辺(邊)】①日のほとり。太陽のあるあたり。大空。〔唐、李白、望二天門山一詩〕両岸青山相対出、孤帆一片日辺来。〈両岸には青い山が向き合ってそびえ、一点の帆船は太陽のあたりから流れて来たかと思われるほどである〉②王城のほとり。宮城のそば。③天子の左右。

【日晡・日餔】ひぐれ。午後四時ころ。晡は、午後四時ころ・夕ぐれ。餔は、夕めし、転じて、夕めし時。

【日暮・日莫】①日がくれる。②日ぐれ。

【日暮道遠】日がくれたのに前途がまだ遠い。年老いて、しかも目的がなかなか達せられそうにないことのたとえ。道は、路・途・塗とも書く。〔呉子、治兵〕

【日本】わが国の称。〔唐書、日本国伝〕

【日本外史】国書名。二十二巻。頼山陽の著。源平二氏から徳川氏に至る武家の興亡を漢文で記した歴史書。武家の横暴と皇室の尊ぶべきことを情熱的な文章をもって読者に感得させようとした書で、明治維新の思想に大きな影響を及ぼした。

【日本書紀】国書名。三十巻。舎人親王・太安万侶らの編著。養老四年(七二〇)成立。神代から持統天皇までの事跡を漢文で記した編年体の歴史書。日本の勅撰正史の最初のもの。六国史の一つ。

【日本政記】国書名。十六巻。頼山陽の著。神武天皇から後陽成天皇までの事跡を漢文で記した編年体の歴史書。

【日夜】①昼と夜。②夜も昼も。いつも。終始。

【日来(來)】日頃。今まで。従来。また、ふだん。

【日和】①空が晴れて日光のうららかなこと。②国㋐空模様。㋑空がよく晴れておだやかなこと。

【可二計レ日△而待一】日数を数えて待つことができる。「必ずそうなる」の意。〔文選、諸葛亮、出師表〕

【△曠レ日△弥(彌)レ久】長い間、むなしく日を過ごす。むだに日を送る。〔戦国策、燕〕

【倍レ日△幷レ行】二日分の行程を一日で行くことで、「大急ぎで進む」の意。幷は併とも書く。

【不レ日】①間もなく。日数が多くかからぬこと。②一日も終わらぬ。③期限を定めぬ。日を限らぬ。

【併(倂)レ日】二日分を一日ですることで、「大急ぎ」の意。

(4)曰0

【曰】2968　標　漢エツ(ヱツ)　呉オチ(ヲチ)　月 yuē　5909　5B29

字義　❶いう(言)。㋐しゃべる。㋑名づける。よぶ。❷いわく。言うことには。言うこと。❸のたまわく。いわくの敬語。おっしゃることには。❹ここに。さて。発語の助字。

国いわく。いわれ。理由。事情。

解字　甲骨文 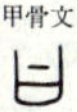　篆文 　象形。口と呼気とにかたどり、音声を出して言うの意味を表す。

(5)日1

【旧】2969　教5　キュウ　2176　356C

(18)臼12

〔舊〕2970　漢キュウ(キウ)・呉グ　宥 jiù　慣ク　7149　6751

筆順 

字義　❶ふるい。ふる。↔新。㋐昔のことである。以前のことである。久しく年を経ている。㋑ふるくさい。めずらしくない。昔の。過去の。❷ふる。ふるくなる。年を経てふるびる。❸もと。昔。以前。また、もとより。昔から。❹むかしなじみ。「故旧」❺年より。「耆旧」❻ふるい物事。ふるい事例。国キュウ。旧暦のこと。「旧盆」

解字　甲骨文 　金文 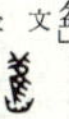　篆文 　形声。篆文は、萑＋臼(音)。萑は頭毛の多い鳥の象形。もと、みみずくなどの鳥の意味を表したが、久と音が近く、久しく経過して古いの意味を表すようになった。旧はもと臼の略字。また、舊の略字としても用いられ、常用漢字はこれによる。

▼懐旧・故旧・守旧・親旧・知旧・倍旧

【旧△痾】ふるい病気。前々からの病気。持病。宿痾。

【旧悪(惡)】ふるい悪事。昔おかした悪事。

【旧雨今雨】ふるい友と、新しい友。雨と友とは音が通ずるので、しゃれていう。〔唐、杜甫、秋述〕旧雨来、今雨不レ来。

【旧怨】昔からのうらみ。ふるいうらみ。旧恨。

【旧苑】昔のその。ふるい庭園。故園。

【旧恩】昔受けた恩。

【旧懐(懷)】昔をなつかしむ心。また、以前からいだいてきた思い。

【旧貫・旧慣】昔からのならわし。ふるい習慣。

【旧観(觀)】①昔のありさま。もとのすがた。②ふるい高どの。昔の楼閣。旧閣。

【旧鬼】昔死んだ人。また、その魂。鬼は霊魂。↔新鬼。〔唐、杜甫、兵車行〕⇩新鬼(四八五ページ)。

【旧記】昔の書きもの。ふるい記録。古記。旧志。

【旧誼】＝旧好。

【旧墟】昔、城などのあったあと。

【旧教】①昔からのおしえ。ふるい教訓。旧訓。②キリスト教の一派。カトリック教。ルーテルらの宗教改革以前の宗派。↔新教。

【旧郷(鄉)】ふるさと。故郷。

【旧業】①むかしから積みたててきた財産の類。②昔の人のした事業。昔からの事業。③昔の別荘。

【旧曲】ふるい音楽のふし。昔から伝わってきた楽曲。また、昔からなじんできた楽曲。思い出の曲。〔宋、曾鞏、虞美人草詩〕⇩芳心寂寞寄二寒枝一(ホウシンセキバクカンシによる)(九一七ページ)。

【旧勲(勳)】昔たてた手がら。旧功。

【旧京】もとのみやこ。ふるい都。古都。旧都。

【旧劇】国①明治中期に新派劇が起こる以前の演劇。昔からの伝統を守る芝居。歌舞伎をいう。②映画で、現代劇に対して、時代劇をいった。

【旧故】①昔なじみ。ふるくからの友だち。故旧。②昔の事がら。

【旧五代史】書名。百五十巻。北宋の薛居正らが勅命によって編集した後梁から後周までの五代の歴史を記した書。二十四史の一つ。『五代史』と称していたが、後に宋の欧陽脩が著した『新五代史』に対して『旧五代史』という。

【旧交】昔の交わり。ふるい交際。旧遊。

【旧好】昔のよしみ。ふるいなじみ。旧誼。

【旧国(國)】①昔から続いている国。ふるくからある国。旧邦。②ふるさと。故郷。故国。

【旧穀】ふるい穀物。

【旧址・旧阯・旧趾】＝旧跡。

【旧師】昔の先生。もとの師匠。

【旧識】＝旧知。旧相識。

【旧習】昔からのならわし。ふるい習慣。

【旧章】昔のおきて。ふるい法令。

【旧蹤】ふるい足あと。以前、旅したことのある地をいう。

【旧情】①昔の心もち。②ふるなじみの情愛。

【旧臣】ふるくから仕えている家来。また、もと仕えていた家来。

【旧人】①昔の人。②昔からの知り合い。ふるなじみ。旧知。旧友。③古くからの家来。④国ふるくさい人。時代おくれの人。

【旧跡・旧蹟・旧迹】ある歴史的な事件や建造物などのあったあと。ふるい跡。遺跡。旧址。旧趾。

【旧説】ふるい説。昔、行われた意見。

【旧相識】＝旧知。

【旧染】昔からのならわし。ふるい習慣。古くからしみこんだくせ。

【旧蔵(藏)】以前に所蔵していたこと(物)。

【旧俗】昔からのならわし。ふるい風俗。旧慣。

【旧族】昔から続いている家すじ。ふるい一族。

【旧苔鬚】国冬を越した、ふるいこけを、ひげにたとえていった語。↓新柳髪(四八六ページ)。〔和漢朗詠集、都良香、早春〕氷消浪洗二旧苔鬚一(こおり(ほ)りきえては、なみ、キュウタイのひげをあらう(ふ)。)〈はりつめていた氷もとけ、波が水辺の冬越しのこけをひたしている〉

【旧態】昔のままの状態。もとのありさま。「旧態依然」

【旧知】もとからの知りあい。ふるなじみ。旧識。↔新知。

【旧典】①ふるくから伝わる文章や書物。古文書。②昔の制度。ふるい規則。

【旧冬】去年のふゆ。昨年の冬。客冬。

【旧套】ふるい形式。ありきたりのやりかた。

【旧唐書】書名。二百巻。五代、後晋の劉昫らが勅命によって編集した、唐代の歴史を記した書。二十四史の一つ。後に北宋の欧陽脩が著した『新唐書』に対して『旧唐書』という。

【旧徳】①以前に行った善事。もと施しためぐみ。②先祖の功労。③昔のよしみ。旧好。④徳の高い老人。また、徳望のある老臣。

【旧幕】国明治維新後、徳川幕府をさしていう。「旧幕時代」

【旧物】昔からある古くさいもの。また、思い出の品。〔唐、白居易、長恨歌〕唯将二旧物一表二深情一、鈿合金釵寄将去(ただキュウブツをもってシンジョウをあらわ(は)すと、デンゴウキンサイ、よせもちさらしむ。)〈ただ昔の思い出の品でせつない気持ちを表わそうと、青貝細工の香箱と黄金のかんざしをことづけるのであった〉

【旧聞】時がたってから聞いた話。また、周知のことなっている古い話。

【旧弊】①昔からの悪いならわし。昔ながらの弊害。②古い風俗習慣や考え方にとらわれること。

【旧邦】＝旧国の①。

【旧朋】＝旧友。

【旧夢】①以前に見たゆめ。②過ぎ去った、はかない事がらのたとえ。

【旧約】①ふるい約束。以前にかわした約束。②旧約聖書(旧約全書)の略。キリスト降誕以前のことが述べられている。もとユダヤ教の聖典で、キリスト教徒によって採用されたもの。↔新約。

【旧友】昔のともだち。ふるい友人。故旧。故人。旧侶。

【旧遊】①以前、旅したことがあること。②昔の交わり。ふるい交際。旧交。昔の遊行。曾遊。「旧遊の地」

【旧来(來)】昔から。ふるくから。前々から。

【旧里】ふるさと。故郷。

【旧侶】昔の友だち。ふるい友人。旧友。

【旧僚】昔のなかま。以前の同役。もとの同僚。

【旧林】もと住んだ林。また、昔なじんだ林。

【旧例】昔からのしきたり。ふるい例。

【旧暦(曆)】①昔、行われたこよみ。②太陰暦。月のみちかけを基礎として作ったこよみ。一年を十二か月、大の月を三十日、小の月を二十九日とし、数年ごとに閏月を置いたもの。↔新暦(太陽暦)。

【旧盧】昔すんだいおり。もとのすまい。

【旧老】昔のことを知っているとしより。宿老。故老。

【旧臘】去年のくれ。昨年の十二月。臘は、陰暦十二月の別名。客臘。

【依レ旧】もとのまま。昔のまま。〔唐、白居易、長恨歌〕帰来池苑皆依レ旧(かえ(へ)りきたればチエンみなキュウによる。)

(5)日1
【旦】
2971 囚 タン 漢 dàn 慣 ダン 3522 4336

筆順 丨 冂 日 日 旦

字義 ❶あした(朝)。よあけ。あさ。あけがた。「平旦」「元旦」❷あける。夜があける。❸女形。中国劇で婦女に扮する役者。

名乗 あき・あきら・あさ・ただし　難読 旦開(あさげ)

解字 金文　篆文　指事。日に地平線を示す一を加えて、日が地平線から上る早朝の意味を示す。旦を音符に含む形声文字のうち、平地の意味の系列のものに、坦・壇・靼などがあり、あらわになるの意味の系列のものに、膻・袒・襢などがある。

【旦日】①あくる朝。翌朝。また、明日。〔史記、項羽本紀〕旦日饗二士卒一。②朝日。

【旦夕】①あさばん。朝夕。②朝も晩も。ふだん。つねづね。③きわめて短い時間をいう。④時や事のさし迫っていること。「旦夕の危」「命旦夕に迫る」

【旦旦】①朝な朝な。毎朝。毎日。〔孟子、告子上〕旦旦而伐レ之。②丁寧で誠意のあるさま。③明らかなさま。

【旦昼(晝)】①朝と昼。②昼間。

【旦△那】①仏僧に施しをする人。施主。寺の檀家。梵語 dāna-pati の略音訳。（dāna は布施・ほどこし）檀那とも。②国ア主人。イ夫。ウ商人が得意先を呼ぶ称。エ身分の低い者が身分の上の者を呼ぶ称。

【旦復旦】朝な朝な。くる日もくる日も。毎日。〔尚書大伝、虞夏伝〕日月光華、旦復旦兮。

【旦暮・旦△莫】①夜明けと日ぐれ。朝夕。②朝も夕も。つねづね。ふだん。③やがて。また、たちまち。短時日。一日をいう。

【旦明】夜明け。あけがた。

【甲】→田部 七三八ページ。

【申】→田部 七三八ページ。

【由】→田部 七三七ページ。

(6)日2
【曳】2972　標　エイ　yè (yì)　1740　3148

【曵】俗字 5910 5B2A

字義 ❶ひく。アひっぱる。引きよせる。イひきずる。❷ひかれる。❸つまずく。

解字 篆文　象形。からみあったひもの一方を両手でひきあげる形にかたどり、ひくの意味を表す。曳を音符に含む形声文字に、拽・栧・洩・絏などがある。

【曳曳】①長くたなびくさま。②かけ声・ときの声のさま。

【曳航】国船をひっぱって航行すること。

(6)日2
【旭】2973　人　漢キョク　呉コク　xù　1616　3030

筆順 ノ 九 旭 旭

字義 ❶あさひ（朝日）。❷日ののぼるさま。❸おごるさま。得意なさま。

名乗 あき・あきら・あさ・てる

解字 篆文　形声。日＋九音。音符の九は、曲がって尽きるの意味。屈曲して抑えられていた光が地平線に出て一時に輝くことから、朝日の出るさま・あさひの意味を表す。

【旭光】あさひの光。

【旭日】さしのぼる朝日。あさひ。「旭日昇天の勢い」

【旭△旦】朝日ののぼるころ。早朝。日の出。

(6)曰2
【曲】2974　教3　キョク　まがる・まげる　漢キョク・呉コク　因 qū, ⑦⑧qǔ　慣ゴク　2242　364A

筆順 丨 冂 巾 曲

字義 ❶まがる。↕直。ア折れまがる。「屈曲」イたわむ。ウゆがむ。ねじける。「歪曲」❷まげる。いつわる（詐）。❸よこしま（邪）。不正。↕直。❹かたよる（偏）。❺事実をまげる。❻あまねく。広く。また、つぶさに。くわしく。❼ふし。音楽の節まわし。「音曲」❽うた（歌）。しばいの歌詞。戯曲。❾くみ（組）。なかま。「部曲」国❶くせ。正しくない意。「曲者」❷まげる。ア ぬすむ。イ質におく。❸キョク。アおもしろみ。「曲がない」イ軽業などの芸。「曲芸」❹ゴク。古代の音楽で、器楽曲をいう。「曲の物」

名乗 のり　難読 曲玉・曲者・曲尺手・曲直部・曲田・曲突・曲舞・曲輪

解字 金文　篆文　象形。木や竹で作った、まげもの細工の形にかたどり、まがるの意味を表す。

▼委曲・音曲・歌曲・河曲・戯曲・旧曲・屈曲・元曲・巻曲・私曲・詞曲・邪曲・城曲・序曲・俗曲・秘曲・舞曲・部曲・妙曲・隣曲・湾曲

【曲引】音楽のふし。楽曲にあわせて歌う歌。

【曲宴】天子が臣下と私的に催す小宴。

【曲解】①事実をまげて解釈すること。②人の言動や考えをこじつけて解釈すること。

【曲学(學)】①真理を曲げた正道でない学問。また、とるに足らないつまらぬ学問。②真理を曲げて時世に迎合する学者。

【曲学(學)△阿世】真理を曲げて、時世におもねる（世間に迎合する）こと。阿は、おもねる。〔史記、儒林伝〕無二曲学以阿一レ世。

【曲芸(藝)】①小さい技能。②普通の人にはできない離れわざ。かるわざ。

【曲江】①浙江の別名。流れが屈曲しているからいう。②池の名。曲江池。陝西省西安市の東南。前漢の武帝が宜春苑をここに作り、水流が之の字の形に屈曲しているので名づけた。唐の玄宗がしばしば楊貴妃とここに遊んだ。池は現存しない。

【曲△肱△之楽(樂)】清貧に安んじて道を行い楽しむこと。また、その楽しみ。曲肱は、（貧しくて枕がなく）肱をまげて枕とすること。『論語』述而編に「食二疏食一飲レ水、曲レ肱而枕レ之、楽亦在二其中一矣」とあるのに基づく。

【曲士】①ある一部分のことしか知らず、道の全体に通じていない人。偏った知識しかもっていない人。つまらぬ人。とるに足らぬ人。②いなかの人。③心の正しくない人。

【曲尺】①直角に曲がった金属製のものさし。大工道具の一つ。まがりかね。②かぎの手。直角に曲がった形。③国その一尺が鯨尺の八寸（三〇・三センチメートル）にあたるものさし。また、それによる長さの単位。

【曲従(從)】自己の意志を曲げて従うこと。

【曲尽(盡)】①つまびらかにきわめる。細かな所まで言い尽くす。②残らずしやりとげる。

【曲水宴】①昔、陰暦三月三日に、曲水のほとりに座し、流れに杯を浮かべて流し、それで酒を飲みながら詩を作った風流な宴会。永和九年（三五三）に、晋の王羲之が会稽山の蘭亭に文人を会してこの遊びをしたのに始まる。②国＝①。平安時代、宮中で行われた。

【曲成】一つ一つ、つぶさに作りあげる。

【曲折】①折れまがる。②変化の多いこと。あや。③こみいった事情。「紆余曲折」〔史記、李将軍伝〕青欲三上書報二天子軍曲折一。

【曲説】一方にかたよった正しくない議論。

【曲全】曲がっている樹木は役にたたないので、かえって生命を全うすることができる。才知を包みかくすことが、かえって安全を求めることのできる意。『老子』二十二に「曲則全」とあるのに基づく。

【曲調】音楽のふしと調子。〔唐、白居易、琵琶行〕

【曲直】①まがったこととまっすぐなこと。②よいことと悪いこと。正邪。是非。「理非曲直」③歌の曲折。

【曲△撓】①まがりたわむ。②無実の罪で死ぬ。

【曲△庇】道理を曲げて人をかばうこと。

【曲△眉】キョクビ なだらかに湾曲した(三日月形の)まゆ。
【曲筆】キョクヒツ 故意に事実を曲げて書きしるすこと。↕直筆。
【曲△阜】キョクフ 地名。山東省曲阜市。周公の子の伯禽(ハクキン)がここに封ぜられて魯(ロ)国を建てた。孔子の生地で、市中の闕里(ケツリ)に孔子廟(コウシビョウ)がある。
【曲浦】キョクホ 曲がりくねっている水辺、また、入り江。
【曲礼(禮)】キョクレイ ①こまかい礼儀作法。②『礼記(ライキ)』の編名。
【曲論】キョクロン 正しくないのに正しいかのように言う議論。

(6)日2 **【旨】** 2975 常 シ むね — シ 紙 zhǐ — 2761 3B5D

筆順 ノ ヒ 旨

[旨]俗字

字義 ❶**うまい**。味がよい。おいしい。❷うまいもの。❸よい。うるわしい。❹**むね**。㋐こころもち。考え。こころざし。「趣旨」㋑わけ。おもむき。よし(由)。❺天子の考え。「聖旨」❻命令。上官の命令。「上旨」

名乗 よし

解字 甲骨文 篆文

会意。甲骨文では、ヒ＋口。ヒは、さじの象形。口にさじで食物を流しこむさまから、うまいの意味を表す。篆文では、ヒ＋甘。旨を音符に含む形声文字に、嗜(シ)・指・脂・稽(ケイ)・耆(キ)・蓍(シ)・詣(ケイ)・鮨(シ)などがある。

▼違旨・奥旨・恩旨・経旨・高旨・主旨・趣旨・詔旨・上旨・聖旨・宣旨・宗旨・大旨・勅旨・内旨・本旨・諭旨・要旨・来旨・令旨・論旨

【旨意】シイ ①かんがえ。「旨意深遠」②わけ。おもむき。
【旨甘】シカン うまい食べ物。甘旨。
【旨△肴】シコウ うまい料理。嘉肴。
【旨酒】シシュ うまいさけ。うまざけ。美酒。
【旨趣】シシュ・シシイ ＝旨意。趣旨。

(6)日2 **【旬】** 2976 常 ジュン — 漢シュン 呉ジュン 真 xún — 2960 3D5C

筆順 ノ 勹 旬

字義 ❶十日。十日間。「上旬・下旬」❷十回。また、十年。❸あまねし。広くゆきわたる。❹ひとしい(等)。国**シュン**。野菜・魚・鳥などの最も味のよい時期。ある事物に適当な時。「旬の魚」

名乗 ただ・とき・ひとし・ひら・まさ

解字 甲骨文 金文 篆文

形声。日＋勹(匀)音。音符の匀(キン＝ジュン)は、ひとしいの意味。むらのない、太陽の運行を表す。

▼由旬

【旬刊】ジュンカン 十日ごとに発行する。また、その定期刊行物。
【旬月】ジュンゲツ ①まる一か月。②十か月。③十日か一か月の間。わずかな日数。
【旬△朔】ジュンサク ①十日とついたち。②十日間。③わずかな日数。
【旬日】ジュンジツ 十日間。また、十日ばかり。わずかの日数。
【旬年】ジュンネン ①満一年。②十年。
【旬報】ジュンポウ 十日ごとに出す報告、または雑誌類。
【旬余(餘)】ジュンヨ 十日あまり。十余日。

(6)日2 **【早】** 2977 教1 ソウ・サッ はやい・はやまる・はやめる 早乙女(さおとめ)・早苗(さなえ) 慣サッ — ソウ(サウ) 晧 zǎo — 3365 4161

筆順 冂 日 旦 早

字義 ❶**はやい**。㋐時間的に初めの方。「早朝」㋑きまった時期よりも前。時期がまだ来ない。「時機尚早」㋒すみやか(速)。いそぐ。急である。㋓わかい(若)。❷**はやく**。㋐つとに。朝はやく。㋑きまった時期よりも前に。前もって。㋒若いうちに。㋓すみやかに。急に。❸あさ(朝)。夜あけ。↕暮・晩。

国❶**さ**。わかい意を表す接頭語。「早苗(さなえ)」「早乙女(さおとめ)」❷**はや**。すでに。とっくに。❸**はやまる**。**はやめる**。はやむ。早くなる。

難読 早乙女(さおとめ・そうとめ)・早岐(はいき)・早蕨(さわらび)・早矢(はや)・早出(そって)・早少女(さおとめ)・早生(わせ)・早池峰(はやちね)・早稲(わせ)・早稲田(わせだ)・早日渡(はやひと)・早来(はやきた)

使いわけ **はやい・はやめる〔早・速〕**
〔早〕時刻がはやい。「開始を早める」
〔速〕スピードがはやい。「足を速める」。実際には「早口・早がわり」のように〔速〕の代わりに〔早〕を用いている例も多い。

解字 篆文

会意。篆文は、日＋甲。日は、「ひ」の意味。甲は、人の頭の象形。人の頭上に太陽があがりはじめる朝まだきの意味から、はやいの意味を表す。常用漢字は、甲の部分を十に改めた。

▼尚早・侵早

【早△晏】ソウアン 早いとおそいと。早晩。
【早△雁・早△鴈】ソウガン 秋の初めに来る雁。
【早急】サッキュウ・ソウキュウ 国急ぐこと。にわかなこと。急なこと。
【早△蛩】ソウキョウ 初秋になくこおろぎ。
【早暁(曉)】ソウギョウ よあけがた。早朝。払暁。
【早計】ソウケイ ①はやまること。十分に考えないで急いで事をすること。②早まった(うかつな)計画。
【早歳】ソウサイ 年若いとき。弱年。
【早熟】ソウジュク ①早く成熟する。②身心が普通の人より早く成熟して、おとなびる(ませる)こと。
【早△晨】ソウシン 明けがた。早朝。
【早世】ソウセイ ①若い時。②若死にする。
【早成】ソウセイ はやくおとなびる。ませる。
【早早】ソウソウ ①はやばや。②国㋐間もなく。始まってすぐ。「入学早々」㋑手紙の末尾に書くことば。取り急いで、十分に意を尽くせないの意。草草。匆匆(ソウソウ)。
【早速】サッソク 国すぐに。すみやかに。急いで。
【早△旦】ソウタン あさまだき。早朝。
【早朝】ソウチョウ ①朝の早い時刻。②(ソウチョウ・あさまつりごと) 朝早く政務を見ること。また、その集会。〔唐、白居易、長恨歌〕従レ此君王不二早朝一(これよりクンノウあさまつりごとせず)。
【早潮】ソウチョウ ①あさしお。②流れの早い海潮。
【早天】ソウテン ①夜明けの空。②夜明け。早朝。
【早年】ソウネン 若い時。↕晩年。
【早晩】ソウバン ①はやいこととおそいこと。②おそかれはやかれ。いずれ。③この間。先日。また、昨今。④あさばん。朝夕。また、いつも。⑤国ついに。しまいに。
【早夜】ソウヤ ①日がくれて間もない時刻。よいの口。②朝早くから夜おそくまで。夙夜(シュクヤ)。
【早涼】ソウリョウ 初秋のすずしさ。初秋の涼気。
【早老】ソウロウ 国年齢よりも早く老人くさくなること。

[亘]→二部 四九ページ。

(7)曰3 **【曳】** 2978 △ エイ 曳(2972)の俗字。→四九四ページ。 — 5910 5B2A

(7)日3 **【旱】** 2979 標 漢カン 呉ガン 旱 hàn — 5861 5A5D

字義 ❶**ひでり**。雨が長い間降らないこと。「旱害」❷かわく。水のないこと。❸かわいていること。水に対して陸地などをいう。「旱路」

難読 旱魃(ひでり)

参考 現代表記では〔干〕(1966)に書きかえることがある。「旱害→干害」「旱天→干天」

解字 篆文

形声。日＋干音。音符の干は、暵(カン)に通じ、ひでりの意味。日を付し、日でりの意味を表す。

【旱雲】カンウン ひでりの空の雲。ひでり雲。

【旱殃】カンオウ ひでりのわざわい。旱害。
【旱害】カンガイ ひでりの災害。干害。
【旱乾】カンカン ひでりで水のないこと。また、ひでり。
【旱災】カンサイ ひでりの災害。
【旱天】カンテン ①ひでり。干天。②夏の空。
【旱魃】カンバツ ひでり。魃は、ひでりの神の名。〔詩経、大雅、雲漢〕旱魃為虐カンバツギャクをなす。
【旱潦】カンリョウ ひでりと大雨。
【旱路】カンロ 水路に対して陸路をいう。

(7)日3 【旰】2980 △カン 翰 gàn

字義 ❶くれる。日がくれる。❷くれ方。ひぐれ。❸おそい。〔時刻が遅い〕

参考 〔旰ク〕(朝・朝日)は別字。

解字 篆文  形声。日＋干㊥。

【旰食】カンショク 時刻はずれにおそく食事をとる意で、天子・諸侯が政務に熱心なことにいう。「宵衣旰食ショウイカンショク」

(7)日3 【更】2981 常 コウ さら・ふける・ふかす　2525 3939

㊀㊥コウ(カウ) ㊥キョウ(キャウ) 庚 gēng
㊁㊥コウ(カウ) ㊥キョウ(キャウ) 敬 gèng

筆順 

【㪅】本字

字義 ㊀❶かえる。㋐あらためる。㋑とりかえる。「変更」❷かわる。㋐あらたまる。㋑いれかわる。交代する。❸こもごも。かわるがわる。❹つぐ(継)。あとをうけつぐ。❺へる(経)。経験する。通過する。❻老人。経験をつんだ人。「三老五更」❼一夜を五つに分けた時間の単位。また、その時刻。「初更」
㊁さらに。㋐その上に。重ねて。㋑ますます。いよいよ。
国❶さら。㋐新しいこと。「さらの洋服」㋑言うまでもない。もちろん。「言うもさらなり」❷さらに。少しも。決して。❸ふける。㋐夜がおそくなる。「深更」㋑年をとる。㋒ふかまる。「秋更ける」❹ふかす。「夜ふかし」

名乗 のぶ　難読 更衣わたぬき・ころもがえ・更級(科)さらしな・更埴こうしょく

参考 現代表記では〔甦〕(4791)の書きかえに用いることがある。「甦生→更生」

解字 金文  篆文  会意。攴＋丙。攴は、うつの意味。丙は台座の象形。金文では、丙が二つ重なる。台を重ねて圧力を加え固めて平らにするの意味から、かえる・あらためる・さらにの意味を表す。更を音符に含む形声文字に、哽コ・梗コウ・硬コウ・粳コウ・綆コウなどがある。

▼残更・深更・変更・夜更

【更衣】コウイ ①ころもがえ。着物を着かえること。②便所に行くこと。昔、中国で、便所に行くには着物を着かえたからいう。③国平安時代、女御ニョウゴの次の位の女官。
【更改】コウカイ ①かえあらためる。②国契約を新たに結びなおすこと。
【更月】きさらぎ 国陰暦二月の別名。如月。
【更紗】サラサ 国ポルトガル語 saraça の音訳。五彩の模様をおして染めた金巾カナキン。もとインド西岸のスラタの産。印花布。
【更新】コウシン 従来のものにかえて新しくする。あらたにする。更始。
【更生】コウセイ ①生まれかわる。また、生きかえる。再生。②役に立たなくなったものを利用すること。
【更張】コウチョウ ①張りなおす。②今までゆるんでいたことを改めよくする。また、今までのことを改め、さかんにする。
【更直】コウチョク かわるがわる宿直すること。
【更訂】コウテイ あらためただす。また、入れかえること。
【更迭】コウテツ ①入れかわること。迭も、かわる。②役職などを改め変える。
【更番】コウバン かわるがわる番にあたる。
【更漏】コウロウ 時を報ずる漏刻。水時計。

(7)日3 【㫖】2982 △シ 旨(2975)の俗字。→四九六ペ

(7)日3 【⿱日下】2983 国字 △

字義 くさか。日下くさかの二字の合字。

(8)日4 【易】2984 教5 エキ・イ やさしい　1655 3057

㊀㊥エキ・㊥ヤク 陌 yì
㊁イ 寘 yì

筆順 

字義 ㊀❶かえる。㋐改める。「改易」㋑とりかえる。交換する。「貿易」❷かわる。㋐変化する。改まる。「変易」㋑入れかわる。❸うらない(占)。筮竹ゼイチクによるうらない。❹→易経エキキョウ。❺とかげ。やもり。
㊁❶やすい。㋐やさしい。↔難。「容易」㋑やすらか。おだやか。㋒…しがちである。…しやすい。〔宋、朱熹、偶成詩〕少年易老ショウネンおいやすし。❷たいら(平)。❸おさめる(治)。ととのえる。また、おさまる。〔論語、八佾〕喪与其易也寧戚もはそのおさまらんよりはむしろいため。❹てがるな。「簡易」❺はぶく(省)。❻あなどる。「慢易」

名乗 おさ・やす

解字 金文  篆文  象形。金文でわかるように、とかげの象形。光線のぐあいでその色が変化して見えるところから、かわるの意味を表す。借りて、やさしいの意味をも表す。

▼安易・移易・改易・革易・簡易・軽易・険易・交易・市易・難易・不易・平易・変易・貿易・慢易・容易

【易易】イイ たやすいさま。
【易牙】エキガ 春秋時代の斉の桓公カンコウの料理人。桓公に美味を献じて喜ばれようと、自分の子を殺し、その肉を蒸して進めたという。〔管子、小称〕
【易簡】イカン 作為を用いないであっさりしていること。てがる。簡易。〔易経、繋辞上〕易簡而天下之理得矣イカンにしてテンカのリう。
【易経(經)】エキキョウ 書名。二巻。五経の一つ。占いの書。占いの法によって倫理道徳を説いている。単に『易』ともいい、また『周易』ともいう。
【易行道】イギョウドウ 仏念仏宗・浄土宗の教えで、念仏を唱え、阿弥陀如来アミダニョライの助力によって極楽ゴクラクに往生オウジョウする方法。他力本願。自力で修業して成仏ジョウブツする難行道に対していう。
【易簀】エキサク 病床を取りかえることで、人の死をいう。孔子の門人の曾参ソウシンが、臨終の時、今まで敷いていた大夫タイフ用の簀すのこを、自分の身分にふさわしくないとして取りかえさせた故事。〔礼記、檀弓上〕
【易象】エキショウ 周易の象辞(卦カと爻コウに対する解釈のことば)。
【易水】エキスイ 川の名。河北省易県の西から東南に流れて南拒馬河に注ぎ、大清河に入る。戦国時代、燕エンの太子丹が、秦シンの始皇帝暗殺のため遣わした刺客の荊軻ケイカと送別した所。〔史記、荊軻伝〕
【易水歌】エキスイのうた 荊軻ケイカが易水で燕エンの太子丹らと別れたときに歌った歌。『史記』荊軻伝に「風蕭蕭兮易水寒かぜはショウショウとしてエキスイさむし、壮士一去兮不復還ソウシひとたびさってまたかえらず」と歌ったと記されている。
【易数(數)】エキスウ 易占によって事の吉凶を判断する術。
【易姓革命】エキセイカクメイ 王朝が変わること。中国古来の政治思想で、天子は天命によって天下を治めているもので、その徳が衰えると他姓の有徳者に天命がくだり、新しい王朝を建てると考えた。姓を易かえ命メイを革あらためる意。
【易筮】エキゼイ うらない。筮は、占いに用いる筮竹、めどき。
【易占】エキセン 易でうらなう。うらない。

【易俗】風俗をかえる。悪い風俗を改変すること。

【易断(斷)】占いによる吉凶の判断。

【易慢】あなどる。ばかにする。

(8)日4
【旺】2985　囚　オウ（ワウ）　漾　wàng　1802 3222

[筆順] 冂 日 町 旺

[字義] ❶さかん。さかんなさま。❷ひかり。美しい光。また、うつくしい。

[名乗] あき・あきら

[参考] わが国では、曜の略字に用いることがある。「火旺日」

[解字] 形声。日＋王㊉。音符の王は、大きいの意味。大きくさかんな日、さかんの意味を表す。

【旺盛】元気があること。物事のはなはださかんなこと。

(8)日4
【昕】2986　△　漢キン　呉コン　文　xīn　2523 3937

[字義] ❶よあけ。日の出のころ。❷あきらか。

[解字] 篆文　形声。日＋斤㊉。音符の斤は、おのできり開くの意味。日の光がひらかれる、あさの意味を表す。

(8)日4
【昂】2987　囚　ゴウ（ガウ）　慣コウ（カウ）　陽　áng

[筆順] 冂 日 旦 昂

【昻】俗字

[字義] ❶あがる。㋐日がのぼる。㋑高くなる。㋒たかぶる。たかまる。意気があがる。「意気軒昂」㋓頭があがる。❷たかい（高）。❸あきらか。

[名乗] あき・あきら・たか・たかし・のぼる

[参考] 現代表記では〔高〕（8919）・〔興〕（6167）に書きかえることがある。「昂騰→高騰」「昂揚→高揚」「昂奮→興奮」

[解字] 篆文　形声。日＋卬㊉。音符の卬は、あおぐの意味。日があおぎ見るように高くなる、あがるの意味を表す。

【昂昂】①志や行為のすぐれて高いさま。②高くぬきんでているさま。③明らかなさま。④馬が元気よく走るさま。⑤＝昂然。→次項。

【昂然】①意気のさかんなさま。②自信に満ち、他を恐れないさま。

【昂騰】国高まりあがる。物価があがること。高騰。

【昂奮】国気持ちが高ぶること。興奮。

【昂揚】高くあがる。また、あげる。さかんになる。また、さかんにする。高揚。

(8)日4
【昊】2988　△　漢コウ（カウ）　呉ゴウ（ガウ）　皓　hào　5863 5A5F

[字義] ❶そら（空）。㋐天。おおぞら。㋑春の空。また、夏の空。㋒東の空。また、西の空。❷大きいさま。さかんなさま。

[解字] 金文　篆文　形声。日＋天（𡗜）㊉。音符の𡗜は、大きな顔をした人の象形。日のさかんな大空の意味を表す。𡗜は、のち、そらの意味に引かれて、天に変わった。

【昊天】①天をいう。天空。そら。〔詩経、小雅、蓼莪〕昊天罔極〈天は広大で果てしがない。（父母の恩徳の広大なたとえ）〉②春の空。↔蒼天（夏の空）。一説に、その逆という。③東の空。また、西の空。④天神。天帝。上帝。

(8)日4
【杲】2989　△　コウ（カウ）　皓　gǎo　5862 5A5E

[字義] ❶あきらか。日光のあきらかなさま。「杲杲」❷たかい（高）。「杲乎」

[解字] 篆文　指事。日が木より高いところにあることから、日が出る・あきらか・高いの意味を示す。

(8)日4
【昒】2990　△　漢コツ　呉コチ　月　hū

[字義] ❶よあけ。あけがた。早朝。❷ほのぐらい。

[解字] 篆文　形声。日＋勿㊉。音符の勿は、はっきり見えないの意味。日の光がまだよく見えない、夜明けの意味を表す。

(8)日4
【昏】2991　標　コン　元　hūn　2610 3A2A

【昬】同字

[字義] ❶くれ。夕ぐれ。日ぐれ。また、夜。「黄昏」❷くらい（暗）。㋐日がくれて暗い。㋑道理にくらい。おろか。＝惛。❸くらむ。まよう。乱れる。❹わかじに。子どもが生まれて命名以前に死ぬこと。「夭昏」❺よめいり。また、よめとり。めとる。＝婚。

[参考] ①現代表記では〔混〕（4088）に書きかえることがある。「昏迷→混迷」②⇩夜（1391）の[参考]

[解字] 甲骨文　篆文　指事。甲骨文は、人の足もとに日が落ちたさまから、日ぐれの意味を示す。篆文の昏は、人の部分が氏に変形したもの。

【昏暗・昏闇】①暗い。②おろかなこと。暗愚。昏愚。

【昏姻】結婚すること。婚姻。

【昏晦】くらい。昏暗。昏冥。

【昏虐】おろかで、てあらいことをすること。

【昏暁(曉)】①夕と朝。朝夕。②おろかなこととさといこと。

【昏愚】道理に暗くておろか。暗愚。闇愚。

【昏黄】①夕ぐれ。たそがれ。黄昏。②薄暗いこと。またおぼろなこと。

【昏黒】まっ暗なこと。夕やみ。

【昏昏】①暗いさま。暗くて物の見えないさま。②おろかなさま。③深く眠っているさま。また、うつらうつらしているさま。

【昏晨】あさばん。朝夕。

【昏睡】①深く眠る。正体なく眠る。②国病気や薬物などで意識不明になる。

【昏酔(醉)】前後が分からないほど酔う。

【昏定】晩に父母の寝床を安定させること。↔晨省（五〇八ページ）。〔礼記、曲礼上〕

【昏倒】目がくらんで倒れる。気絶して倒れる。

【昏憊】頭がぼんやりして疲れる。

【昏暮】ひぐれ。夕ぐれ。

【昏忘】おろかで物忘れをする。

【昏眊】目が見えない。暗くて見えない。

【昏暴】道理に暗く乱暴なこと。また、その者。

【昏昧】①くらい。②おろか。③乱れる。

【昏明】①暗いことと明るいこと。②夜と昼。

【昏迷】心がくらみ乱れること。混迷。

【昏冥】くらい。くらやみ。

【昏耄】おいぼれる。また、おいぼれ。

【昏蒙】くらむ。また、暗黒。

【昏乱(亂)】①心がくらみ乱れること。道理が分からなくなること。②世の中などの乱れること。〔老子、十八〕↓国家昏乱有二忠臣一（三四ページ）。

【昏礼(禮)】結婚の儀式。婚礼。

【昏惑】道理にくらく迷う。

(8)日4
【昆】2992　常　コン　コン　元　kūn　2611 3A2B

[筆順] 冂 日 旦 昆

[字義] ❶あに（兄）。❷のち（後）。あと。㋐子孫。「後昆」㋑のちほど。❸おおい（多）。❹むし（虫）。昆虫。❺＝崑（1834）。

[名乗] ひ・ひで・やす

[解字] 金文　篆文　象形。足の多い虫の象形で、昆虫の意味を表す。

【昆夷】周代、中国の西方に居住した異民族。その国を昆吾という。夷は、えびすで、未開民族の意。

【昆裔】子孫。昆は後、裔は末の意。後裔。後昆。

【昆季】兄弟をいう。昆は長兄、季は末弟。

【昆吾】①夏代の国名。今の河南省濮陽県の東。

②周代の異民族の国。後世の伊吾。今の新疆ウイグル自治区哈密市のあたりという。

【昆吾剣(劍)】昆吾の国で作った名剣。玉を切り鉄を削ることができるという。

【昆後】後昆。①あとつぎ。②子孫。③後世。

【昆孫】①玄孫（孫の孫）の孫。②遠い子孫。

【昆虫(蟲)】①多くの虫類。昆は、衆い。②転じて、天地間の小動物をいう。③国節足動物中の一綱目。頭・胸・腹の三部が明らかに分かれ、六足を有する虫の総称。

【昆弟】あにとおとうと。兄弟。

【昆明池】①陝西省西安市の西南にあった池の名。漢の武帝が、今の雲南地方を攻めるために、雲南の昆明池の形に似せて作らせ、水戦の訓練をさせた。今は水がかれてない。②雲南省昆明市の南の湖。滇池の別名。

【昆侖】山名。→崑の字義（三三三ページ）。

(8)日4【昇】2993　常 ショウ のぼる　ショウ 蒸 shēng　3026 3E3A

筆順 冂 日 尸 昇 昇

字義 ❶のぼる。あがる。↔降。㋐日がのぼる。㋑高い所にのぼる。「上昇」㋒官位があがる。「昇進」❷のぼす。のぼらせる。あげる。

名乗 すすむ・のぼり・のり

参考 現代表記では［陞］(8390)の書きかえに用いる。「陞叙→昇叙」「陞任→昇任」

使いわけ のぼる［昇・登・上］

［昇］天体関係について用いることが多い。「天に昇る・月が昇る」

［登］相当の労力を費やしてのぼる。「山に登る・木登り」

［上］広く下から上へ行く意のほか、程度の進む意にも用いる。「上り急行・川を上る・話題に上る・かなりの額に上る」実際には「坂をのぼる」のように紛らわしいものも多い。

解字 篆文　形声。日＋升音。音符の升は、すくいあげるの意味。日がのぼるの意味を表す。

▼上昇

【昇華】①国固体が液状にならずに直接に気体になる現象。その逆の現象をもいう。②物事が一段と高尚な域に高められること。

【昇降】あがりさがり。升降。

【昇叙(敘)】国官位をあげること。陞叙。

【昇進】官位や地位があがること。升進。

【昇仙】天にのぼって仙人になること。登仙。

【昇天】①天にのぼる。升天。②物事がさかんになる。「意気昇天」③国キリスト教で、信者が死ぬこと。

【昇任】国役が上位になること。陞任。

【昇平】世が平和なこと。太平。升平。

(8)日4【昌】2994　人 ショウ（シャウ）陽 chāng　3027 3E3B

筆順 冂 日 日 昌 昌

字義 ❶さかん（盛）。さかり。さかえる。「隆昌」❷あきらか。明かるい。❸よい。美しい。❹草の名。あやめ。昌蒲。❺日の光。

名乗 あき・あきら・あつ・さかえ・すけ・まさ・まさし・まさる・ます・よし

難読 昌谷

解字 金文　篆文　象形。光を放つ日の象形で、日の光・さかん・よいの意味を表す。昌を音符に含む形声文字に、倡・唱・娼・猖・閶などがある。

【昌運】さかんになる運命（めぐりあわせ）。また、物事の栄えてゆく時節。

【昌言】りっぱなことば。ためになるよいことば。道理にかなったことば。善言。

【昌昌】さかんなさま。

【昌盛】さかん。隆盛。

【昌平】①国運がさかんで世の中が平和なこと。太平。昇平。②地名。山東省曲阜市の東南。孔子の生地。昌平郷。

【昌平郷(鄉)】孔子の生地。→昌平の②。

【昌平黌】昌平坂学問所の一名。

【昌平坂学(學)問所】国元禄三年（一六九〇）五代将軍徳川綱吉が、湯島（今の東京都文京区湯島）に、大成殿を建てて孔子を祭り、そこに付設した幕府はじめての官立学校。普通は昌平黌・聖堂などという。今の湯島の聖堂はそのなごり。

【昌黎】①三国魏の郡名。今の遼寧省義県の地。②河北省の地名。時代によってその位置が異なり、唐代の昌黎県は、今の北京市通県の東方。③唐の詩文の大家、韓愈（七六八―八二四）の号。→韓愈（一二九一ページ）

【昌黎集】書名。五十巻。中唐の韓愈の詩文集。門人の李漢の編。一に『韓文』ともいう。

(8)日4【昃】2995　△ 漢ショク・呉シキ 職 zè　5864 5A60

字義 ❶かたむく（傾）。㋐日が西にかたむく。㋑かたよる。❷ひるすぎ。㋐午後。㋑午後二時ごろ。㋒午後四時ごろ。

解字 甲骨文　金文　篆文　形声。日＋仄音。音符の仄は、かたむくの意味。日が西に傾くの意味を表す。

(8)日4【昔】2996　教3 セキ・シャク むかし　漢セキ・呉シャク 陌 xī　3246 404E

筆順 艹 丗 昔 昔

字義 ❶むかし。いにしえ（古）。↔今。「今昔」❷さきごろ。以前。数日前。❸きのう。昨日。❹ゆうべ。夜。＝夕。❺ほじし。ほした肉。＝腊。

名乗 つね・とき・ひさ・ふる

解字 甲骨文　篆文　会意。𠀎（㸚）＋日。㸚は、多くつみ重ねた肉片の象形。太陽にほした肉、ほじしの意味を表す。腊の原字。また、昨に通じ、借りて、むかしの意味を表す。

▼往昔・今昔・在昔・宿昔

【昔歳】去年。昨年。往年。昔年。

【昔在】いにしえ。在昔。

【昔日】むかし。さきごろ。昔時。

【昔者】①むかし。いにしえ。以前。者は、助字。〔易経、説卦〕②きのう。昨日。〔孟子、公孫丑下〕③国むかし ㋐昔の人。㋑昔かたぎの人。

【昔人】昔の人。〔唐、崔顥、黄鶴楼詩〕昔人已乗白雲去（昔人已に白雲に乗りて去る）

(8)日4【旻】2997　△ 漢ビン 呉ミン 真 mín　5865 5A61

字義 ❶あきぞら。秋の空。❷そら。天。❸うれえる。うれい。＝閔。

解字 篆文　形声。日＋文音。音符の文は、閔に通じ、あわれむの意味。万物しぼみ落ちる悲しい季節、あきのそらの意味を表す。

【旻序】秋の時節。

【旻天】①秋の空。②一般に、天・空をいう。

(8)日4【昉】2998　△ ホウ（ハウ）養 fǎng

字義 ❶あきらか（明）。❷まさに。たまたま。❸はじめて。はじめ。

解字 篆文　形声。日＋方音。音符の方は、両わきに広がるの意味。日の光が四方に輝く意味から、あきらかの意味を表す。

(8)日4

【明】 2999

教2

メイ・ミョウ あかり・あかるい・あかるむ・あからむ・あきらか・あける・あく・あくる・あかす

漢メイ・呉ミョウ（ミャウ） 唐ミン 英 míng 明日(あす)

4432 4C40

筆順 ⺆ 日 明 明

【朙】古字

字義 ❶あきらか。あかるい。↕暗。㋐光りが照らしてあかるい。㋑はっきりしている。めだってあらわれる。「著明」㋒すきとおっている。清らかである。「透明」㋓かしこい（賢）。「聡明」㋔視力がすぐれている。❷あきらかにする。㋐はっきりさせる。㋑見わける。❸あける。あくる。夜があける。また、あからむ。あかるむ。あかるくなる。❹夜あけ。あけがた。「黎明」❺あかり。㋐ひかり。光線。㋑ともしび。❻ひる（昼）。日中。「晦明」❼この世。現世。「幽明」❽つぎ（次）。また、次の日。明日。翌日。❾視力。「失明」❿物事を見わける知力。⓫かみ（神）。「神明」⓬ミン。王朝名。朱元璋(シュゲンショウ)が元を滅ぼして建てた。初め南京市に都し、後、北京市に遷都。清(シ)に滅ぼされた。十七代、二百七十七年（一三六八―一六四四）。国❶あく。㋐すきまができる。㋑ひまになる。㋒からになる。㋓はじまる。㋔おわる。㋕ひらく。❷あかす。㋐夜をあかす。㋑うちあける。㋒秘密をばらす。「種をあかす」❸あき。㋐すきま。空所。㋑ひま。㋒から。

名乗 あか・あかる・あきら・あけ・きよし・くに・てる・とし・はる・ひろ・みつ

難読 明日香(あすか)・明野(あけの)・明科(あかしな)・明後日(あさって)・明石(あかし)・明太(めんたい)・明日(あした・あす)

使いわけ あく・あける〔空・開・明〕⇩空（5394）。

解字
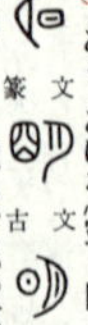

会意。甲骨文の時代から明・朙の二つの字体があった。明は、日十月で、あかるいの意味を表し、朙は、囧十月で、まどを照らす月の意味から、あかるいの意味を表す。常用漢字は明による。明を音符に含む形声文字に、盟・萌(ホウ)などがある。

▼英明・開明・簡明・究明・糾明・空明・賢明・厳明・光明・公明・高明・克明・斉明・失明・自明・釈明・松明・証明・神明・声明・清明・精明・聖明・宣明・鮮明・貞明・天明・灯明・透明・発明・判明・表明・分明・文明・平明・弁明・未明・滅明・夜明・有明・幽明

【明△夷】(メイイ) 易(エキ)の六十四卦(カ)の一つ。☲☷離下坤上(リカコンショウ)。賢者が志を得ず、讒言(ザンゲン)やそしりを恐れる象(かたち)。

【明衣】(メイイ) ①神に奉仕し、ものいみをする者が、沐浴(モクヨク)（洗髪と入浴）した後に着る着物。②死者に身体を洗ってやった後に着せる着物。③死者に贈る着物。

【明王】(メイオウ) ①聡明(ソウメイ)な徳の高い君主。②鬼神の尊号。③仏(ミョウオウ) ㋐大日如来(ダイニチニョライ)の命を奉じて、怒りの形相(ギョウソウ)を表し、諸悪魔を降伏(ゴウブク)し、仏法を守護するという仏たち。㋑特に不動明王をいう。

【明快】(メイカイ) ①明るくて気持ちのよいこと。②はっきりしていること。思想・議論などにいう。

【明△覈】(メイカク) 明らかによくしらべる。

【明鑑】(メイカン) ①明らかなかがみ。明鏡。②りっぱな手本。③すぐれた見識。また、それをもっている人。④私心・欲心がなく、静かで、事象をありのままに識別する心。

【明△毅】(メイキ) 知識があり物事にあかるく、意志が強い。

【明器】(メイキ) ①死者が生前に用いた器物を模造した、墓の中に死者と共に埋める器物。凶器（凶事に使う道具）。蔵器。②諸侯が天子から受け、子孫に伝えて宝物とする器物。

【明教】(メイキョウ) 明らかなおしえ。りっぱなおしえ。

【明鏡】(メイキョウ) 澄んだ鏡。曇りのない鏡。〔唐、李白、秋浦歌〕不レ知明鏡裏(しらずメイキョウのうち)。

【明鏡止水】(メイキョウシスイ) 明らかな鏡と、しずまりかえっている水。心の曇りがなく明らかで静かなさまの形容。〔荘子、徳充符〕

【明君】(メイクン) ①賢明ですぐれた、りっぱな君主。↕暗君。②王昭君をいう。

【明訓】(メイクン) ＝明教。

【明経（經）】(メイケイ) ①経書（儒教の教典）を研究し明らかに知ること。②昔、中国で行われた官吏登用試験の科目の名。経書の意味を問題として出題した。③国(ミョウギョウ) 昔、大学寮で経書を教えた学科の名。明経道とも呼び、教官を明経博士といった。

【明月】(メイゲツ) ①明らかな月。晴れた夜の月。〔文選、阮籍、詠懐詩〕薄帷鑑二明月一(ハクイにメイゲツてる)。②満月。もちづき。特に、陰暦八月十五夜の月。③(ミョウゲツ) 翌月。来月。

【明月△之珠】(メイゲツのたま) 自ら光を発して暗い所においてもよく見える（大きい）珠。珠は、水中に産するたまで、真珠の類。

【明験（驗）】(メイケン) 明らかなしるし。また、ききめ。

【明公】(メイコウ) 高い地位の人や偉い人などに対する尊称。

【明皇】(メイコウ) ①唐の玄宗皇帝をいう。その諡(おくりな)が至道大聖大明孝皇帝であったから、俗にいう。→唐玄宗（三〇四ページ）。②賢明な天子。すぐれて立派な天子。

【明察】(メイサツ) ①物事の奥底まで明らかに見抜くこと。②国相手の推察に対していう敬語。賢察。手紙などに用いる。

【明史】(ミンシ) 書名。三百三十六巻。清(シ)の張廷玉らが世宗の勅命によって編集した明代の歴史の書。乾隆四年（一七三九）成立。二十四史の一つ。

【明時】(メイジ) ①よく治まった時代（世）。平和な時代。太平の世。昭代。②(ミンジ) 明の時代。

【明識】(メイシキ) 明らかな見識。りっぱな見識。

【明主】(メイシュ) 賢明な君主。明君。〔韓非子、二柄〕明主之畜レ臣(メイシュのシンをやしなう(ふ)や)、臣不レ得二越レ官而有一レ功(シンカンをこえてコウあるをえず)。

【明珠】(メイシュ) ①光るたま。②＝明月之珠(メイゲツのたま)。③すぐれた詩文・人物などをたとえていう。

【明州】(メイシュウ) 唐代の州名。その治所は、今の浙江(セッコウ)省寧波(ニンポウ)市。昔、日本の遣唐使が上陸・乗船した所。

【明粛（肅）】(メイシュク) 公明で、しかも厳粛。

【明浄（淨）】(メイジョウ) けがれがなくきよい。「風姿明浄」

【明神】(メイシン) ①あらたかな神。神。神明。②国㋐(ミョウジン) 神を尊んでいう。㋑(あきつかみ) 現世にいる神。昔、天皇をいう。現神(あきつかみ)。

【明水】(メイスイ) 神に供える水。

【明星】(メイセイ・ミョウジョウ) ①明らかに輝く星。特に、明け・宵(よい)の明星、すなわち金星。〔詩経、鄭風、女曰雞鳴〕明星有レ爛(メイセイランたるあり)。②万人にその徳や技能などを仰ぎ見られる輝かしい人。

【明清】(メイセイ) ①明らかできよい。②(ミンシン) 明朝と清朝。

【明盛】(メイセイ) 道があきらかで、盛んなこと。「明盛の世」

【明△霽】(メイセイ) 空の明るくはれていること。また、浮き雲などのくっきりと明るいさま。霽は、はれる。

【明△晳】(メイセキ) はっきりしていること。明らか。

【明窓浄（淨）△几】(メイソウジョウキ) あかるいまどと清らかな机。清潔な書斎をいう。〔宋、欧陽脩、試筆〕

【明△駝】(メイダ) 健脚な駱駝(ラクダ)。「明駝千里の足」

【明達】(メイタツ) 物事の道理に明らかに通ずること。

【明△旦】(メイタン・ミョウタン) ①あけがた。夜明け。②あすの朝。明朝。

【明断（斷）】(メイダン) 明らかに判断する。また、すぐれた判断。

【明知】(メイチ) ①明らかに知る。②すぐれた知恵。明智。

【明△智】(メイチ) ＝明知の②。

【明朝】(ミョウチョウ) ①あすの朝。〔唐、高適、除夜作詩〕故郷今夜思二千里一(コキョウコンヤセンリをおもう(ふ))、霜鬢明朝又一年(ソウビンミョウチョウまたイチネン)。〈大みそかの今夜故郷では千里のかなたにいる私のことを思っているとであろう。長い旅の間に鬢の毛はいつか霜のように白くなり、明日の朝はまた一つ年をとるのだ〉②(ミンチョウ) 明(ミン)の朝廷・王朝・時代。③国(ミンチョウ) 木板または活字の書体の一つ。縦の線が太く横の線の細いもので、普通の新聞・雑誌な

どに用いられている。明のころから始まった。
【明△暢】メイチョウ　①音声がはっきりとしてのびやかなこと。②論旨がはっきりとよく通っていること。
【明徴】メイチョウ　はっきり証明する。また、明らかな証拠。明証。
【明廷】メイテイ　①昔、神霊を祭る所。②太守（郡の長官）・県令（県知事）などの尊称。明府。③朝廷をいう。明君のいる朝廷、りっぱな朝廷の意。
【明哲】メイテツ　聡明で物事の道理に明らかなこと。知恵がすぐれてさといこと。また、その人。
【明哲保身】メイテツホシン　知恵がすぐれて道理にあかるく、身を全うすること。〔詩経、大雅、烝民〕
【明堂】メイドウ　①天子の太廟（祖先のみたまや）。国家の重要な儀式を皆ここで行った。清廟。②天子が巡狩した時、諸侯を参朝させた殿堂。地方にあった。
【明道】メイドウ　①明らかな道。また、道を明らかにする。②北宋の学者、程顥の号。程顥を尊んで明道先生という。
【明徳】メイトク　①りっぱな徳・徳行。②人間が生まれながらに有している曇りのない（りっぱな）本性。〔大学〕大学之道、在レ明二明徳一（大学の道は、明徳を明らかにするにあり）。
【明白】メイハク　あきらか。はっきりとしていること。
【明発（發）】メイハツ　①夕から朝まで。夜どおし。②夜明けがた。あかつき。
【明版・明板】ミンバン・ミンバン　明代に刊行された書物。
【明妃】メイヒ　王昭君をいう。（晋の文帝の諱をさけ、昭を明に作ったもの）→王昭君（七二九ページ）。
【明△媚】メイビ　①自然のけしきの清らかで明るく美しいこと。「風光明媚」②女の目の清らかで美しいこと。
【明敏】メイビン　物事の道理に明らかでかしこいこと。頭の働きが鋭いこと。
【明府】メイフ　＝明廷の②。府は、役所。
【明分】メイブン　①当然の職分。当然守るべき道。②本分を明らかにする。
【明文】メイブン　①法典に明らかに書かれている文。転じて、一般に、明記されている文をいう。②筋のよく通っている、りっぱな文章。
【明弁（辨・辯）】メイベン　①（明辨）㋐はっきり見分ける。㋑明らかにわきまえる。②（明辯）㋐はっきり説明する。㋑明快な弁舌。
【明法】メイホウ　①法を正し明らかにすること。②明らかなおきて（法令）。③官吏登用試験の科目の名。法律を主としたもの。④国ミョウボウ　昔、大学寮で教えた学科の名。律令・格式がその内容。明法道ともいい、教官を明法博士といった。
【明△眸△皓歯（齒）】メイボウコウシ　明らかなひとみと白い歯。美人の形容。〔唐、杜甫、哀江頭詩〕明眸皓歯今何在、血汚遊魂帰不レ得（明眸皓歯今何くにか在る、血汚遊魂帰り得ず）〈あの明るいひとみと白い歯の美人は、いったいどこにいるのか、血でけがされた人の、さまよう魂は帰り落ちつくことができずにいる〉
【明明】メイメイ　①大いに明らかなさま。「明明白白（はっきりしていて疑う余地もないこと）」②明徳の人をあげ用いること。
【明滅】メイメツ　明るくなったり暗くなったりすること。
【明幽】メイユウ　幽明。①あかるいこととくらいこと。あらわなこととかくれて見えないこと。②この世とあの世。現世と冥土。③鬼神と人間。④有形と無形。⑤日と月。また、昼と夜。⑥賢者と愚者。⑦長と幼。⑧雄と雌。
【明了・明△瞭】メイリョウ　はっきりとしていること。
【明良際会（會）】メイリョウサイカイ　賢明な君主と忠良な臣下とが同時に出会うこと。
【明△亮】メイリョウ　声のはっきりして正しいこと。また、あきらかなこと。
【明倫】メイリン　人倫（人としてふみ行うべき道）を明らかにする。

(8)日4【杳】3000　△　ヨウ（エウ）篠 yǎo　5866 5A62

字義 ❶くらい。❷ふかい。奥深い。❸はるか。とおい。〔唐、王維、臨高台詩〕川原杳無レ極（川原杳として極まりなし）。

解字 篆文  指事。木の下に日があることによって、日が西に沈んで、くらいの意味を表す。

【杳然】ヨウゼン　はるかなさま。遠いさま。〔唐、李白、山中問答詩〕桃花流水杳然去（桃花流水杳然として去る）。
【杳△渺・杳△眇】ヨウビョウ　はるかに遠いさま。
【杳△冥・杳△溟】ヨウメイ　①奥深く暗いさま。②はるかに遠いさま。
【杳杳】ヨウヨウ　①奥深く暗いさま。②はるかに遠いさま。

【冐】→冂部　一三ページ。

(9)日5【昱】3001　△　イク　屋 yù

字義 ❶あきらか。かがやく。❷つぎの日。

解字 甲骨文  篆文  会意。日＋立。日が立つの意味から、あきらか・さかんの意味を表す。

(9)日5【映】3002　教6　エイ　うつる・うつす・はえる　漢エイ・呉ヨウ（ヤウ）敬 yìng　1739 3147

筆順　日 旿 映 映

〔暎〕俗字　5885 5A75

字義 ❶うつる。㋐光や色が反射する。光や色調がうかび出る。「反映」㋑影がうつる。❷うつす。㋐影を出す。㋑像をうつし出す。㋒映写する。❸はえる。㋐照りかがやく。うつりかがやく。㋑色があざやかに見える。〔唐、杜牧、江南春詩〕千里鶯啼緑映レ紅（千里鶯啼いて緑紅に映ず）。❹ひざし。ひかげ。

名乗　あき・あきら・てる・みつ

使いわけ　①うつす〔写・映・移〕⇩写（489）。②はえる〔栄・映〕⇩栄（3360）。

解字 篆文  形声。日＋央音。音符の央は、亢に通じ、もりあがるの意味。他から光を受けて、そのものが本来持つ色彩がもりあがってはっきり見える、はえるの意味を表す。

▼陰映・夕映・透映・反映

【映△蔚】エイウツ　青々と茂りうつりあって美しいこと。
【映輝】エイキ　うつり輝く。
【映帯（帶）】エイタイ　色や景色などの色が、たがいにうつりあう（うつりはえる）こと。
【映発（發）】エイハツ　光や色彩がうつりあって明るく美しいこと。照りはえる。美しくきらめく。

(9)曰5【曷】3003　△　漢カツ・呉ガチ　曷 hé　5911 5B2B

字義 助字。❶なんぞ（何）。いずくんぞ。❷いつか。いつ。

助字解説　なんぞ。疑問・反語。どうして……か。類奚・何。〔文選、陶潜、帰去来辞〕曷不三委レ心任二去留一（なんぞ心を委ねて去留に任せざる）。〈どうして心を自然にゆだねて運命に身を任せないのか〉⇩助字解説

解字 篆文  形声。曰＋匃音。音符の匃は、請い求めるの意味。曰は、言うの意味。祈りの言葉を言って、幸福を求めるの意味を表したが、借りて、疑問の「なに・いつ」の意味を表す。

【曷為（爲）】なんすれぞ　何のゆえに。なんで。
【曷若】いかん　どうか。どうであるか。＝何如。

(9)日5【昿】3004　△　コウ　曠（3107）の俗字。→五一六ページ。　5906 5B26

日(9)5【昻】3005　△　コウ　昂（2987）の俗字。→四九七ページ。

(9)日5【昨】3006　教4　サク　昨日　漢サク・呉ザク　藥 zuó　2682 3A72

筆順　日 日 昨 昨

字義 ❶きのう。前日。昨日。❷前年。昨年。❸過去。以前。昔。

解字 文 篆 形声。日＋乍㊥。音符の乍サは、徂ソに通じ、いくの意味。行ってしまった時、きのう・さきの意味を表す。 難読 昨夜ゆうべ

▼再昨

【昨今】サッコン きのうきょう。ちかごろ。近来。

【昨非】サクヒ 今までの悪かったこと。過去の過失。〔文選、陶潜、帰去来辞〕覚₂今是而昨非₁（いまのぜにしてサクのひなるをさとる）。

【昨夢】サクム ①昨夜の夢。②はかなく過ぎ去った過去のことをたとえて言う。

(9)日5【昵】3007 △ 漢ジツ（チツ） 呉ニチ 質 nì 5867 5A63

【昵】俗字 6634 6242 【暱】同字

字義 ❶なじむ。ちかづく。近づきなれる。なれ親しむ。❷ちかづき。身近な者。

解字 文 篆 体 別 形声。日＋尼㊥。音符の尼ジ＝ジツは、なじみ親しむの意味。日ごと近づくの意味を表す。

【昵交】ジッコウ したしみ交わる。親しい交際。また、その友。

【昵狎】ジッコウ なれしたしむ。なれなれしくする。

【昵懇】ジッコン 国親しいこと。心安いこと。入魂ジッコン。

(9)日5【春】3008 2 教 シュン はる —— シュン 眞 chūn 2953 3D55

筆順 三 夫 夫 春

【萅】本字 【旾】古字

字義 ❶はる。㋐四季の第一。立春から立夏までの間。今の三月から五月まで。陰暦では、一月から三月まで。㋑年の初めの称。「新春」㋒としごろ。青少年期。「青春」「回春」㋓男女間の情欲。春情。❷酒。唐代の俗語。

名乗 あずま・あつ・かす・かず・す・とき・は・はじめ 難読 春賀はるが・春原すのはら・春日かすが・春日部かすかべ

解字 金 文 篆 形声。篆文は、日＋艸（艸）＋屯㊥。音符の屯トンは、むらがるの意味。草が日を受けて、むらがり生ずるさまから、季節のはるの意味を表す。

▼回春・季春・迎春・残春・思春・小春・初春・新春・青春・惜春・探春・仲春・買春・晩春・暮春・陽春・立春

【春意】シュンイ 春ののどかな心持ち。春情。

【春陰】シュンイン 春のくもり。花ぐもり。また、春がすみ。

【春栄（榮）】シュンエイ ①春の花。②ときめき栄えること。

【春影】シュンエイ 春の日かげ。春の日の光。

【春煙・春烟】シュンエン 春のもや。春のかすみ。

【春官】シュンカン 周代の六官の一つ。礼法や祭祀サイをつかさどる。

【春寒】シュンカン 春のまだ浅いころの寒さ。余寒。「春寒料峭リョウショウ（春さきの余寒のなおきびしいこと）」

【春嬉】シュンキ ①春の気分になってうかれあそぶこと。②年少のとき、陽気にうかれあそぶこと。

【春暉】シュンキ ①春の日光。②陽春の和気。父母のめぐみのたとえ。

【春機】シュンキ ①春に織る機はた。②国いろけ。男女間の情欲。色情。

【春興】シュンキョウ 春の楽しみ。春のおもしろみ。

【春暁（曉）】シュンギョウ 春のあかつき。春の夜明け。

【春宮】シュンキュウ・トウグウ ①皇太子の御殿。皇太子の御殿は皇居の東にあるので「東宮」といい、五行説ゴギョウセツで、東は春に当たるので、「トウグウ」とも読む。②転じて、皇太子。

【春禊】シュンケイ 陰暦三月三日（上巳ジョウシの節）に行うみそぎ。

【春光】シュンコウ ①春の日光。〔唐、王之渙、涼州詞〕羌笛何須怨₂楊柳₁（キョウテキなんぞもちいん、ヨウリュウをうらむを）、春光不₂度玉門関₁（シュンコウわたらずギョクモンカン）〈羌人の吹く笛よ、どうして折楊柳の曲をうらめしげに吹く必要があろうか、柳を芽ぶかせる春の光はここ玉門関までは来ないのだから〉②春げしき。

【春恨】シュンコン 春のものおもい。春愁。

【春日】シュンジツ ①春の太陽・日ざし・日あし。②春の季節・春の日。〔詩経、小雅、出車〕春日遅々。

【春愁】シュンシュウ 春の日の何となく気がふさがり悩ましく感ずること。春の物思い。

【春秋】シュンジュウ ①春と秋。②年月。転じて、年齢。〔戦国策、秦〕王之春秋高（オウのシュンジュウたかし）。③書名。五経の一つ。魯ロの国の記録に孔子が手を加えて作ったという。魯の隠公の元年（前七二二）から哀公の十四年（前四八一）までの二四二年間の歴史を記した書。「春秋の筆法（『春秋』が一字で褒貶ホウヘンの意を示すように、批評が厳正であること）」④周の東遷から、晋シンの大夫、韓カン・魏ギ・趙チョウが独立するまで（前七七〇—前四〇三）の時代。ほぼ『春秋』に書かれた時代にあたるからいう。

【春秋高】シュンジュウたかし 年老いたことをいう。→春秋の②。

【春秋戦（戰）国（國）】シュンジュウセンゴク 春秋時代と次の戦国時代との併称（前七七〇—前二二一）。

【春秋伝（傳）】シュンジュウデン 『春秋』の注釈書。『左氏伝』（三二九ページ）『公羊伝クヨウデン』（二一四ページ）『穀梁伝コクリョウデン』（八〇三ページ）の三つがあり、「春秋三伝」という。

【春秋富】シュンジュウとむ 年齢のまだ若いことをいう。富₂於春秋₁（シュンジュウにとむ）ともいう。

【春女】シュンジョ 年ごろのむすめ。十七、八歳の女子。

【春宵一刻直千金】シュンショウイッコクあたい（ひ）センキン 春の夜のながめや気分は、ほんのわずかの時間が千金にも値するほどにすぐれている。〔宋、蘇軾、春夜詩〕——、花有₂清香₁月有₂陰（はなにセイコウあり、つきにかげあり）〈——、花には清らかな香りがただよい、月はおぼろにかすんでいる〉

【春情】シュンジョウ ①春ののどかな心もち。②男女間の情欲。色情。

【春色】シュンショク ①春げしき。②酒気を含んだ顔色。

【春心】シュンシン ①春のもの思い。春の風物を見て感傷的になること。②＝春情の②。

【春申君】シュンシンクン 戦国時代の楚ソの宰相。姓名は黄歇コウケツ。春申君はその封号。二十数年間、宰相の地位にあり、食客三千人を養ったという。李園リエンに殺された。（？—前二三八）

【春信】シュンシン 春のたより。春のおとずれ。花が咲き鳥が鳴くなどをいう。信は、たより・音信・通信。

【春潮】シュンチョウ 春にさしてくる潮。〔唐、韋応物、滁州西澗詩〕春潮帯ㇾ雨晩来急（シュンチョウあめをおびてバンライキュウなり）。訳文⇩野渡（一一三ページ）。

【春天】シュンテン ①春。〔唐、杜甫、春日憶₂李白₁詩〕渭北春天樹（イホクシュンテンのき）。②春の空。

【春蕪】シュンブ ①春の雑草。②春の荒れ野原。

【春風】シュンプウ ①春に吹く風。②春風が万物を生育することから、人を教育することのたとえに用いる。③暖かで、おだやかな人柄のたとえ。また、恩沢のたとえ。

【春服】シュンプク 春にきる着物。春着。〔論語、先進〕

【春分】シュンブン 二十四気の一つ。今の三月二十一・二日をいう。俗に彼岸ヒガンの中日といい、昼夜の長さがほぼひとしい。

【春望】シュンボウ 春のながめ。〔唐、杜甫、春望詩〕

【春眠】シュンミン 春の夜の心地よいねむり。〔唐、孟浩然、春暁詩〕春眠不ㇾ覚ㇾ暁（シュンミンあかつきをおぼえず）、処処聞₂啼鳥₁（ショショテイチョウをきく）〈春の夜の眠りは（気持ちよくて）朝が来たことに気がつかない（ほどぐっすりと眠った）。あちらからもこちらからも小鳥の鳴く声が聞こえてくる〉

【春夢】シュンム ①春の夜のゆめ。②人生のはかないことのたとえ。

【春容】シュンヨウ ①春のすがた・おもむき。②春げしき。③なまめかしいさま・姿・趣。

【春陽】シュンヨウ 春の日光。また、春の時節。

(9)日5
【昭】3009　教3　ショウ

ショウ（セウ）㊥ zhāo　3028　3E3C

筆順　日 日フ 日刀 昭

字義　❶**あきらか**。㋐日が照りかがやいて明るい。㋑現れてはっきりしている。㋒よく治まっている。「昭代」❷**あきらかにする**。あらわす。「顕昭」❸あらわれる。❹廟の順序の名。→昭穆

名乗　あき・あきら・てる・はる

解字　篆文 　形声。日＋召㊥。音符の召は、まねくの意味。日を招くの意味から転じて、あきらかの意味を表す。

▼光昭

【昭儀】ショウギ　女官の官名。官女の最高位。
【昭君】ショウクン　王昭君の略称。→王昭君（七一九ページ）。
【昭顕（顯）】ショウケン　明らかにあらわれる。
【昭乎】ショウコ　①明らかなさま。②光り輝くさま。
【昭光】ショウコウ　①明らかにてりかがやくひかり。②明らかにする。
【昭曠】ショウコウ　明らかで広い。
【昭昏】ショウコン　明らかなことと暗いこと。
【昭昭】ショウショウ　明らかなさま。
【昭雪】ショウセツ　潔白を明らかにして無実の罪をすすぐ。
【昭然】ショウゼン　＝昭乎。
【昭代】ショウダイ　①よく治まっている御代。聖代。②当代をほめていう語。
【昭穆】ショウボク　廟（みたまや）の順序の名。太祖の廟を中央にして、二世・四世・六世の廟をその左の南に列してそれらを昭といい、三世・五世・七世の廟をその右の南に列してそれらを穆という。昭は明で、父を尊んでいい、穆は敬で、子が父をうやまう意。
【昭明太子】ショウメイタイシ　南朝梁の蕭統の諡。字は徳施。武帝の長子で、『文選』の編者。（五〇一—五三一）
【昭容】ショウヨウ　女官の名。昭儀に次ぐ地位。漢代にはじまる。唐代は九嬪の一つ。
【昭陽殿】ショウヨウデン　①漢の成帝が寵愛した皇后趙飛燕の妹の昭儀を住まわせた宮殿。②唐の玄宗が楊貴妃を住まわせた宮殿。楊貴妃を飛燕・昭儀になぞらえて、その宮殿をかりに昭陽殿といったもの。〔唐、白居易、長恨歌〕昭陽殿裏恩愛絶、蓬萊宮中日月長〈生前、昭陽殿でいただいためぐみ深い愛は、今は断ち切られ、蓬萊宮の中にあって長い月日が過ぎ去った〉→蓬萊宮（九四四ページ）。
【昭烈皇帝】ショウレツコウテイ　蜀の始祖劉備の諡。→劉備（一四六ページ）。
【昭和】ショウワ　①天下があきらかで平和に治まること。『書経』尭典編に「百姓昭明、協和万邦」とあるのに基づく。②国年号。（一九二六—一九八九）

(9)日5
【是】3010　常　ゼ

㊥シ　㊇ゼ・シ　紙 shì　3207　4027

筆順　日 旦 早 是

字義　❶**これ**。**この**。**ここ**。**かく**。指示代名詞。❷**これ**。…である。英語の be 動詞にあたる。❸ただしい。よい（善）。↕非。〔文選、陶潜、帰去来辞〕覚今是而昨非（いまのぜにしてサクのひなりしをさとる）。

解字　金文 　篆文 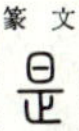　会意。金文は、早＋止。早は、柄の長くつき出たさじの象形。止は、あしの象形で、この場合は、まっすぐのびた柄の意味。つき出た柄のあるさじの意味を表したが、正に通じ、ただしいの意味に用いるようになったため、篆文では、日＋正の会意文字となった。借りて、「これ」の意味にも用いる。是を音符に含む形声文字に、堤・提・諟・鍉・隄・題などがある。

▼壱是・国是

【是以】ここをもって　このゆえに。以上の理由で。上文全体を受ける。
【是是非非】ゼゼヒヒ　正しいことは正しいと認め、正しくないことは正しくないと認め、すべて私心に左右されることなく、道理によって公平に判断すること。〔荀子、脩身〕是是非非、謂之智（ぜをぜとしひをひとする、これをチという）。
【是正】ゼセイ　ただす。まちがいを正しなおすこと。
【是認】ゼニン　よいとみとめる。ゆるす。承知する。
【是非】ゼヒ　①正と不正。善と悪。また、それについての批評。②国「是でも非でも」の意で、どうしても。必ず。きっと。
【是非之心】ゼヒのこころ　①物事の善悪を判断する心。〔孟子、公孫丑上〕②世の中の出来事について、そのよしあしをやたらに気にかける心。
【是耶非耶】ぜかひか　是非いずれかわからずに疑うことば。〔史記、伯夷伝〕⇩天道是耶非耶（テンドウぜかひか）（三六六ページ）。
【以是】これをもって　これで。これを用いて。是は指示語で、上文のある部分を受ける。

(9)日5
【星】3011　教2　セイ・ショウ　ほし

㊥セイ・㊇ショウ（シャウ）青 xīng　3217　4031

筆順　日 旦 早 星

【曐】本字

字義　❶**ほし**。㋐空にかがやくほし。「恒星」「惑星」㋑としつき。歳月。光陰。㋒小さく丸い点。また、小さなもの、点々としたもののたとえ。「星星」❷天体。日・月・星・地球などの総称。❸重要な地位にある人。「将星」❹朝早く。朝の暗いうち。また、夜。国**ほし**。㋐目あて。目ぼし。また、犯人。㋑（占星術でいう九星のめぐりあわせの意味から）運勢。運命。

名乗　とし　難読　星港（シンガポール）

解字　金文 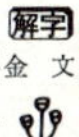　篆文 　形声。金文・篆文は、晶＋生㊥。晶は、ほしの象形。音符の生は、清に通じ、すみきっているの意味。澄んだ光のほしの意味を表す。

▼衛星・暁星・巨星・景星・恒星・歳星・残星・将星・参星・心星・占星・徳星・明星・遊星・流星・惑星

【星移】セイイ　①星の位置が移り変わる。②年月がたつ。月日が流れる。
【星隕】セイイン　＝星落。
【星火】セイカ　①流星の光。転じて、事の急なさまのたとえ。②小さい火。わずかな火。③星の名。心宿中で最も明らかな星。大火。
【星河】セイガ　あまのがわ。銀河。天漢。星漢。〔唐、白居易、長恨歌〕耿耿星河欲曙天（コウコウたるセイガあけんとほっするのテン）。
【星官】セイカン　①天文をつかさどる役人。②星の総称。星に百官の名を配当したもの。天官。
【星漢】セイカン　＝星河。漢は、漢水、中国の大河の一つ。あまのがわを地上の漢水にたとえて言った語。天漢。
【星期】セイキ　①結婚の期日。たなばたの伝説から出た語という。②現代中国語で、週。週間。また、曜日。
【星行】セイコウ　①星の運行。②流星の飛ぶようにすみやかに行くこと。大急ぎで行く。③早朝、星のまだ出ているうちに出発する。また、夜行。「星行夜帰」
【星槎】セイサ　①太古、ある人が光のある巨大な槎に乗って天を一周したという故事。また、槎に乗って天の川に行ったという故事（天の川と海とが通じているとの考えに基づく）。②転じて、はるかに遠くへ行く舟。また、世界の海を航海する舟。③俗世間を離れることを「泛星河槎（セイカのサをうかぶ）」「泛星槎（セイサをうかぶ）」などという。
【星座】セイザ　星の位置を示すための区分。さそり座・オリオン座など、八十八（古代中国では二十八）の星座がある。星宿。
【星使】セイシ　天子の使い。勅使。天上の星の使者にたとえてい

う。後漢の和帝の故事に基づく。〔後漢書、方術上、李部伝〕

【星次】星のやどり。星座。

【星宿】星のやどり。星座。

【星将(將)】大将をいう。

【星△辰】①ほし。辰も、星。また、天体。②星座。

【星津】星のやどり。星座。

【星星】①ぽつぽつと白いさま。白髪まじり。②細かい物のさま。ぽつぽつ。点々。

【星霜】年月をいう。恒星は一年で天を一周し、霜は毎年同じような季節に降るからいう。

【星△躔】星のやどり。星座。

【星斗】ほし。斗は、星宿の名、北斗星・南斗星。

【星妃】織女星(たなばたひめ)をいう。

【星△芒】星の光。

【星門】軍営の門。軍門。

【星夜】星がたくさん出ている夜。ほしづきよ。

【星落】①流星が流れ落ちて消えること。②聖賢・名将・偉人などの死をいう。「星落秋風五丈原」

【星暦(曆)・星歴(歷)】天文暦法。

(9)日5 【昼】3012 教2 チュウ ひる 3575 436B

(11)7 〔晝〕3013 人許 チュウ(チウ) 宥 zhòu 5876 5A6C

筆順 コ 尺 昼 昼

字義 ❶ひる。㋐日の出から日没まで。ひるま。㋑まひる。正午ごろ。❷戦国時代の斉の地名。 難読 昼御座

解字 篆文 会意。晝(画)+日。晝は、くぎるの意味。日の出から日の入りまでの太陽の出ている間として区切られた時間、ひるの意味を表す。

【昼△錦】出世して故郷に帰ること。「富貴にして故郷に帰らざるは、錦を着て夜行くが如し」という諺を反対にした語。衣レ錦昼行。〔北史、毛鴻賓伝〕

【昼宵】昼と夜。昼夜。昼夕。

【昼夜兼行】①昼も夜も休まずに行くこと。②国転じて、昼も夜も続けて働くこと。

【不レ舎二昼夜一】夜ひるの休みがない。〔論語、子罕〕逝者如レ斯夫、——。訳文⇩逝者如レ斯夫(一〇八七ページ)。

【昼漏】ひるの時間。漏は、漏刻(水時計)。

(9)日5 【昶】3014 △ チョウ(チャウ) 養 漾 chǎng 5868 5A64

字義 ❶ながい(長)。㋐日が長い。㋑久しい。❷とおる。＝暢。❸あきらか(明)。

解字 金文 篆文 会意。日+永。永は、ながいの意味。日が長いの意味を表す。

(9)日5 【昳】3015 △ 漢テツ 呉デチ 屑 dié

字義 ❶かたむく。日が傾く。❷ひつじの刻。今の午後二時ごろ。

解字 篆文 形声。日+失音。音符の失は、ぬけ出るの意味。日がかたむくの意味を表す。

(9)日5 【昺】3016 △ 漢ヘイ 呉ヒョウ(ヒャウ) 梗 bǐng

字義 あきらか。＝炳。

解字 形声。日+丙音。音符の丙は、広い台の象形で、ひろがるの意味。日がひろがる、あきらかの意味を表す。

(9)日5 【昴】3017 人 漢ボウ(バウ) 呉モウ(マウ) 巧 mǎo 5869 5A65

筆順 冂 日 旦 昴

【昻】本字

字義 すばる。星宿(星座)の名。二十八宿の一つ。牡牛座にある。六連星。プレアデス。昴宿。

解字 篆文 形声。日+卯(丣)音。

(9)日5 【冒】3018 常 ボウ おかす 4333 4B41

(9)冂7 〔冐〕3019 一漢ボウ・呉モウ 号 mào 二漢ボク・呉モク 職 mò 三漢バイ・呉マイ 隊 mèi

筆順 冂 日 冒 冒

【冐】俗字 7078 666E

字義 一❶おかす。㋐向こう見ずに進む。押しきってする。しのぐ。「冒険」㋑ふれる。さわる。けがす。㋒他人の姓をかりる。❷おおう(覆)。㋐かぶる。かぶせる。㋑かくす。❸かぶりもの。頭巾。❹むさぼる。「貪冒」❺ねたむ。そねむ。「冒嫉」二❶おかす。❷冒突は、戦闘に用いる船の名。三毒冒は、亀の名。玳瑁。冒頓は、匈奴の単于(王)の名。

使いわけ おかす〔犯・侵・冒〕⇩犯(4563)。

解字 篆文 形声。目+月(冃)音。音符の冃は、かぶり物の意味。目を覆うの意味を表す。また、矛・戊に通じ、つき進む・押し切って進む・おかすの意味も表す。

▼感冒

【冒寒】①寒さをしのぐ。②寒さにおかされる。かぜをひく。

【冒険(險)】危険をおかす。

【冒行】おかして(おしきって無理に)行う。

【冒疾・冒△嫉】そねむ。ねたむ。やく。

【冒進】(危険や障害を)おかして進む。

【冒頭】①文章や話の初めの、まえおき。冒は、かぶりもの(帽子)の意から転じて、初めの意。②ものごとの最初。

【冒△瀆・冒△黷】おかしけがす。また、けがす。

【冒△頓】漢初の、匈奴の単于(王)の名。東胡・月氏を破り、漢を攻めて高祖を白登に囲んだが、後、漢と和親した。(?—前一七四)

【冒△昧】がむしゃらで道理にくらい。道理を考えず向こう見ずに進む。わがままなふるまい。

(9)日5 【昧】3020 標 漢バイ 呉マイ 隊 mèi 4370 4B66

字義 ❶くらい(暗)。㋐夜などの暗いこと。㋑ほのぐらい。ほの暗い時。❷よあけ。夜明けがたの、ほの暗い時。❸かすかな。ごく小さい。「草昧」❹おかす。＝冒。

解字 金文 篆文 形声。日+未音。音符の未は、微に通じ、はっきり見えないの意味。夜あけがたの意味を表す。

【昧谷】太陽の沈む所。太陽がこの谷にはいると日がくれると考えられた所。↕暘谷。〔書経、尭典〕

【昧死】死(の危険)を冒す。決死の覚悟で。君主への上奏文などに用いた語。「昧死以聞(決死の覚悟で申し上げる)」

【昧△爽】夜明け。未明。早朝。爽は、明。

【昧△旦】＝昧爽。旦は、朝・夜明け。

【昧昧】①夜明けや日ぐれなどの、ほのぐらいさま。②深く思い沈むさま。③てあついさま。丁寧なさま。④暗いさま。

【昧△蒙】おろか。暗愚。蒙昧。

(9)日5 【昜】3021 △ ヨウ(ヤウ) 陽 yáng 5870 5A66

字義 ❶日があがる。日の出。＝暘。❷ひなた。日の当たる所。＝陽。

解字 甲骨文 篆文 象形。太陽が地上にあがるさまにかたどり、日があがる・あたたかいの意味を表す。昜を音符に含む形声文字に、傷・場・揚・暘・暢・腸・楊・殤・煬・瘍・觴・陽・颺・鬺などがある。

(10)日6 【晏】 3022 人 漢アン 呉エン 諫 yàn　5871 5A67

筆順 晏 晏

字義 ❶おそい(晩)。〔論語、子路〕何晏也(なんぞおそきや)。❷やすい。やすらか。しずか。「清晏」❸はれる。空が晴れわたる。❹あざやか(鮮)。うつくしい。❺暮れる。夕方。

名乗 おそ・さだ・はる・やす

解字 篆文 形声。日＋安(音)。音符の安は、やすらぐの意味。おだやかな日、はれの意味を表す。また、安は、家に入ってやすらぐの意味。太陽が西に入って落ち着く夕ぐれ・おそいの意味をも表す。

【晏晏】アンアン ①たのしく平和なさま。②天性のままで無理のないさま。自然のままであるさま。

【晏嬰】アンエイ 春秋時代、斉の政治家。字(あざな)は仲。諡(おくりな)は平。霊公・荘公・景公に仕え、宰相となった。(?—前五〇〇)

【晏駕】アンガ 天子の死をいう。霊柩(レイキュウ)(ひつぎ)が日がくれてから出発する意。一説に、天子が死んで、朝廷へ出ることがないのを遠まわしに言った語。崩御。

【晏起】アンキ 朝、おそく起きること。朝寝。

【晏子】アンシ ①晏嬰(アンエイ)をいう。②書名。『晏子春秋』をいう。

【晏子春秋】アンシシュンジュウ 書名。八巻。春秋時代の斉の晏嬰(アンエイ)の言行に関する記録や伝聞を後人が編集したものという。→晏嬰。

【晏如】アンジョ 安らかなさま。安らかでおちつくさま。〔晋、陶潜、五柳先生伝〕

【晏然】アンゼン ＝晏如。→前項。

【晏朝】アンチョウ ①おそく朝廷に出仕する。②やすらかに治まっている朝廷。

【晏寧】アンネイ 安らか。安寧。

【晏平仲】アンペイチュウ ＝晏嬰(アンエイ)。

(10)日6 【晃】 3023 人 漢コウ(クヮウ) 呉オウ(ワウ) 養 huǎng　2524 3938

【晄】同字 5872 5A68

筆順 晃

字義 ❶あきらか。❷ひかる。かがやく。また、ひかり。国日・光の二字から成っているので、日光山を晃山と書くこともある。

名乗 あき・あきら・きら・てる・ひかる・みつ

解字 篆文 形声。日＋光(音)。音符の光は、ひかりの意味。日の光があきらかの意味を表す。

【晃晃】コウコウ 光りかがやくさま。

【晃蕩】コウトウ ①光がゆらぐさま。②明らかで広々としているさま。

【晃曜・晃燿】コウヨウ ひかりかがやく。光曜。

(10)日6 【晄】 3024 △ コウ 晃(3023)と同字。→前項。　5872 5A68

(10)日6 【晒】 3025 標 サイ 曬(3112)の印刷標準字体。→五一七ページ。　2715 3B2F

難読 晒布(さらし)

(10)日6 【時】 3026 教2 ジ とき 漢シ・呉ジ 支 shí　2794 3B7E

難読 時雨(しぐれ)・時計(とけい)

筆順 日 旪 時

【时】俗字 【旹】古字

字義 ❶とき。㋐一年の四つの区分。春・夏・秋・冬。「四時」㋑一日の区分。昔は十二に、今は二十四に分ける。㋒日月の経過。時の流れ。光陰。㋓世。時世。時代。㋔世のなりゆき。時勢。〔史記、項羽本紀〕時不レ利兮(ときにりあらず)、騅不レ逝(スイゆかず)。㋕めぐりあわせ。まわりあわせ。㋖おり。機会。時節。適当な時期。一定の時期。〔孟子、梁恵王上〕斧斤以レ時入二山林一(フキンときをもってサンリンにいる)。㋗そのころ。その当時。㋘大事なとき。重要な期間。❷ときに。㋐そのとき。おりしも。㋑おりにふれて。機会あることに。〔論語、学而〕学而時習レ之(まなびてときにこれをならう(ふ))。㋒ときおり。たまに。〔文選、陶潜、帰去来辞〕時矯レ首而游観(ときにこうべをあげてユウカンす)。❸うかがう。機会をねらう。❹これ。この。国❶とき。㋐臨時。当座。㋑文法用語。動詞・助動詞の表す過去・現在・未来。テンス。❷ときに。さて。ところで。❸ジ。仏道の勤行(ゴンギョウ)の時刻。

名乗 これ・ちか・はる・よし・より

難読 時化(しけ)・時任(とうとう)

解字 甲骨文 篆文 形声。日＋寺(音)。音符の寺は、之(シ)に通じ、ゆくの意味。すすみゆく日、ときの意味を表す。

▼異時・一時・往時・花時・及時・今時・歳時・暫時・四時・少時・随時・盛時・天時・当時・農時・平時・民時・明時・累時

【時雨】ジウ ①時に応じて降る雨。ほどよい時に降る雨。②国しぐれ。秋冬のころに断続して降る雨。

【時運】ジウン 時のめぐりあわせ。世のなりゆき。

【時下】ジカ このごろ。また、いま。ただいま。目下(モッカ)。

【時患】ジカン その時世の弊害。

【時宜】ジギ ①その場に適したこと。時義。②ほどよいころあい。

【時議】ジギ その時代の議論。時人の議論。

【時局】ジキョク 現在の世の中のありさま・情勢。

【時好】ジコウ その時代のこのみ・流行。

【時効(效)】ジコウ 国一定の日時の経過によって権利を生じ、または権利を消滅し、あるいは刑罰権が消滅すること。

【時候】ジコウ 時節。四時のかわりめ。

【時事】ジジ ①その時代(当時)の出来事。②昨今(現代)の出来事。

【時時】ジジ ①ときどき。おりおり。②その時その時に。いつも。常に。③「時時刻刻」は、しだいしだいに。一刻一刻。

【時羞】ジシュウ その季節の食物。また、それを祭りに供えること。「時羞之奠(ジシュウのテン)」

【時習】ジシュウ ①機会あるごとに常に復習・練習すること。〔論語、学而〕⇩学而時習レ之(まなびてときにこれをならう(ふ))(二九二ページ)。②その時代の風俗・習慣。時俗。

【時辰】ジシン とき。時刻。また、時辰儀(時計)。

【時人】ジジン その当時(時代)の人。

【時世】ジセイ ①その時代。②時代と世のありさま。

【時世粧】ジセイよそおい(ほひ) その時代に流行するよそおい。

【時勢】ジセイ 時のなりゆき。世のありさま。

【時節(節)】ジセツ ①四季の順序。②四時の佳節。③時候。季節。④国㋐おり。時機。㋑時世。㋒よい機運。好機会。

【時俗】ジゾク ①当時のならわし。②世人。俗世間。

【時代】ジダイ ①区切られた一定の期間。②歳月。年次。③時世。④時期。そのころ。⑤国長い年月を経て古めかしくなった(さびがついた)こと。「時代物」

【時代錯誤】ジダイサクゴ 国保守的で現代の思想や傾向に適合しないこと。時代おくれ。アナクロニズム。

【時中】ジチュウ 時の変化に応じて適正を得ること。〔中庸〕君子而時中(クンシにしてときにチュウす)。

【時鳥】ジチョウ ①その季節の鳥。②国ほととぎす。鳥の名。杜鵑(トケン)。子規。

【時珍】ジチン ①その季節の珍しい(すぐれた)食物。②その時代のすぐれた人物。

【時文】ジブン ①昔、中国で官吏登用試験に課した文。宋(ソウ)に始まり清(シン)まで用いられた。一名、八股文(ハッコブン)。②主として清末に、公用文・新聞・手紙などに用いられた、古文と白話文(口語文)との中間の文体。③現代文。

【時弊】ジヘイ その時代の悪い風習。
【時望】ジボウ その時代における人望。当時の人気。
【時務】ジム ①当世の仕事・政治。また、その時代になすべき仕事。②時に応じたつとめ。春・夏・秋の農事。
【時命】ジメイ ①時の運命。②その時の政府の命令。
【時夜】ジヤ 鶏が鳴いて時を告げること。転じて、鶏。
【時△耶命△耶】ときかメイか 時のめぐりあわせによるのであろうか、天命によるのであろうか。〔唐、李華、弔二古戦場一文〕嗚呼噫嘻、──従レ古如レ斯。
【時流】ジリュウ ①その時代の人。当時の人。時人。②その時代の流行。当時の風潮。
【時令】ジレイ ①年中行事。また、それを書いたもの。②時節。
【時論】ジロン その時代の人々の議論。
【感レ時花△濺レ涙】ときにカンじてははなにもなみだをそそぐ (乱れた)時勢をいたみ悲しむ心をもって見れば、(美しい春の)花を見ても盛んに涙を流す。〔唐、杜甫、春望詩〕──、恨レ別鳥驚レ心〈──、(一家の)離別の状態を恨めしく思っては(愛らしい春の)小鳥の鳴き声を聞いても、はっと心を痛ましめられるばかりである〉
【及レ時当(當)二勉励(勵)一】ときにおよんでまさにベンレイすべし 学ぶべき時を失うことなく、つとめ励むべきである。時に及びては、学ぶべき時を逃がさないでの意。→勉励（一五三ページ）。
【与(與)レ時△俯仰】ときとフギョウす 時世の流れに従って行動する。俯はうつむく、仰はあおぐ。与レ世俯仰。〔資治通鑑、宋紀〕

(10)日6
【書】3027 教2 ショ かく ── ショ 魚 shū ── 2981 3D71

筆順
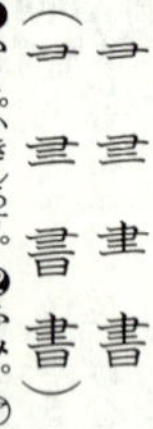

字義 ❶かく。かきしるす。❷ふみ。㋐書籍。本。㋑手紙。「家書」❸もじ。文字。「楷書」「草書」❹かきかた。習字。字のでき具合。筆跡。❺記録。❻帳簿。❼みことのり。詔勅。❽文体の名。意見を上申する文。❾書名。『書経』をいう。五経の一つ。

名乗 のぶ・のり・ひさ

解字 金文　篆文

形声。篆文は、聿＋者(音)。聿は、ふでの意味。音符の者は、しばをかき集めた形にかたどる。事物を集めてかきつけるの意味を表す。

▼緯書・遺書・逸書・韻書・家書・偽書・教書・行書・琴書・禁書・群書・軍書・経書・血書・原書・校書・国書・古書・策書・司書・私書・詩書・辞書・手書・証書・詔書・上書・信書・真書・親書・正書・善書・草書・俗書・竹書・虫書・勅書・陳書・投書・図書・白書・秘書・飛書・兵書・奉書・芳書・落書・良書・臨書・類書・隷書・和書

【書案】ショアン ①文書の草案。②つくえ(机)。
【書院】ショイン ①学問の講義をする所。②書斎。③国㋐書院造りの家の客間。㋑書店。
【書△淫】ショイン 淫は、度を過ごすこと。①過度に読書にふける。また、その人。②書籍を集蔵することに過度の趣味をもつ。また、その人。
【書屋】ショオク ①書籍を入れておく家・室。②書店。
【書架】ショカ 本だな。
【書懐(懷)】ショカイ 思いをのべる。〔唐、杜甫、旅夜書懐詩〕
【書巻】ショカン 書籍。昔、書籍は巻き物にしてあったからいう。
【書△翰】ショカン 翰は、筆・文書。①文書。かきもの。②手紙。
【書簡】ショカン ＝書翰。簡は、文字をしるす竹の札。
【書記】ショキ ①かきしるす。②書き物。書籍。③文書をつかさどる役人。書き役。書佐。④国上司の命を受けて、文書その他の事務を行う役目の人。
【書経(經)】ショキョウ 五経の一つ。『尚書』の宋代以後の称。
【書局】ショキョク ①官庁で書籍を編修する所・役人。②清代、官庁で書籍を刊行する所。③書店。出版社。
【書契】ショケイ ①文字。たがいの約束(契)・了解によって使用されたからいう。②証拠として用いる文書。③記録の帳簿。
【書計】ショケイ 読み書きと計算。読書・習字・算術。
【書剣(劍)】ショケン ①書籍とつるぎ。昔、学者・文人が常に携帯したもの。②読書・習字と武術。学問と武芸。
【書庫】ショコ ①書籍を入れておくくら。②博学の人。
【書△賈】ショコ 書物をあきなう人。書籍商。本屋。
【書佐】ショサ かきやく。書記。佐は、補助役。
【書斎(齋)】ショサイ 書物を読むへや。勉強部屋。
【書策】ショサク 書籍。策は、文字をしるす札。
【書冊】ショサツ 書籍。冊は、文字を書いた札をつなぎ合わせたもの。
【書札】ショサツ ①書き物。かきつけ。②手紙。
【書算】ショサン 書道と数学。
【書史】ショシ ①書籍の歴史。②経書と歴史書。
【書誌学(學)】ショシガク 書籍の著者・年代・印行・伝流形式などについて研究する学問。
【書△肆】ショシ 書店。本屋。転じて、書物をたくさん持っているだけで読むことを知らない者をあざけっていう。
【書写(寫)】ショシャ かきうつす。また、書く。〔聴雨紀談〕読書不レ如二書写一。
【書社】ショシャ 村里の戸口や田地の段別を社の帳簿に記載すること。周代には、二十五戸を里とし、里ごとに社(土地の神のやしろ)を立て、一社を中心とする二十五家の土地を「書社の地」といった。
【書状(狀)】ショジョウ てがみ。書翰。
【書信】ショシン 手紙。書信によるたより。
【書生】ショセイ ①学問をしている人。特に、その若者。〔草場佩川、山行示二同志一詩〕登レ山恰似書生業、一歩一歩高光景開〈山登りはちょうど書生の学業に似ている。一歩一歩進んで高い所に登って行くと新しい眺めが開けるように学問の視野も次第に開けてくる〉②国㋐他家に住み込んで家事を手伝いながら勉強する人。㋑学生。生徒。㋒世間知らずの学者。
【書聖】ショセイ 書道の名人。
【書尺】ショセキ ①手紙。昔は幅一尺の方板(四角の板)に書いたからいう。尺牘。②文具の一つ。文鎮。
【書跡・書△迹・書△蹟】ショセキ 書いた文字のかたち。筆のあと。筆跡。
【書窓・書△牕】ショソウ 書斎のまど。転じて、書斎。
【書体(體)】ショタイ ①字のかきぶり。書風。②字のいろいろな形体。時代によって異なり、古くは甲骨文・鐘鼎文・籀文があり、秦から前漢にかけては、篆・隷、後漢から六朝に至って、章・草・楷・行の各書体が発達した。⇩コラム・文字・書体の変遷（四八一ページ）。
【書痴(癡)】ショチ 読書にふけって他事をかえりみない人。世事にうとい人。本きちがい。痴は、ばかもの。
【書△帙】ショチツ ①書籍を包むおおい。②書籍。
【書△厨】ショチュウ 厨は、箱・ひつ。①本箱。本だな。②博学な人。③読書ばかりしていても真にその内容をつかまない人、実用の役に立たない人を、あざけっていう。
【書鎮(鎭)】ショチン 文具の名。文鎮。圭算。
【書伝(傳)】ショデン ①書籍。書籍に書き伝えている事がら。②『尚書』の注釈。
【書△蠹】ショト 書物を食いいためる虫。しみ。紙魚。
【書△牘】ショトク 手紙。牘は、文字をしるす札。尺牘。
【書判】ショハン ①唐代、人を選抜する科目。書法のすぐれているものを書、文章の筋や見解のすぐれているものを判という。②国書き判。名まえの下に印を押すかわりに、自筆で一定の形式に書いた判。花押。
【書癖】ショヘキ 読書を好むくせ。
【書法】ショホウ ①文字の書き方。また、書の手本。②文章の記

述のしかた。

【書房】ショボウ ①書斎。②蔵書室。③書店。

【書目】ショモク 本の名を連ねしるしたもの。図書の目録。

【書物】ショモツ ①本。書籍。②国かきもの ㋐文字などを書くこと。㋑文字などを書いた紙片。文書。

【書林】ショリン ①書籍が多く集まっている所。蔵書室。②多く集まっている書籍。③書物を出版・販売する所。書店。

【書簏】ショロク ＝書廚(ショチュウ)の①③。簏は、かご。

【書足㆔以記㆓名姓㆒而已】ショはもってメイセイをキするにたるのみ 文字は自分の姓名を書くに役だつくらいのものである（だから学ぶ価値のないものだ）。項羽の言った言葉。〔史記、項羽本紀〕

⑽日6 【晌】3028 △ ショウ（シャウ）㊤養 shǎng

字義 ❶まひる。正午。「晌午」❷とき。時間。「半晌」は、短い時間。片時。

解字 会意。日＋向。日が真向かいになる時刻、まひるの意味を表す。

⑽日6 【晋】3029 囚 3124 3F38

⑽日6 〖晉〗3030 シン ㊤震 jìn 5873 5A69

筆順 一 丌 亚 晋

字義 ❶すすむ（進）。❷おさえる（抑）。つつしむ。❸シン。国の名。周の成王の弟、叔虞(シュクグ)の封ぜられた国。今の山西省太原地方を中心とした春秋時代の大国。後、韓(カン)・魏(ギ)・趙(チョウ)の三国に分かれた。「三晋」❹シン。王朝の名。㋐司馬炎が三国魏(ギ)の後をついで建てた国。初め洛陽に都し、後、長安に遷都。四代五十二年（二六五―三一六）で前趙に滅ぼされた。西晋（前晋）という。㋑司馬懿(シバイ)の曾孫(ソウソン)、司馬睿(シバエイ)が、西晋を継いで建てた国。都は建業（今の南京）。十一代百四年（三一七―四二〇）で宋(ソウ)に譲った。東晋（後晋）という。㋒五代の時、石敬瑭(セキケイトウ)が後唐を滅ぼして建国。初め洛陽に都し、後に汴(ベン)（開封）に遷都。二代十一年（九三六―九四六）で契丹(キッタン)に滅ぼされた。普通、後晋と呼ばれている。❺易(エキ)の六十四卦(カ)の一つ。☲☷ 坤下離上(コンカリショウ)。地上に明るさの出る象(かたち)。

名乗 あき・くに・ゆき

解字 甲骨文  篆文  象形。二本の矢を下向きにして、入れ物にさしこむ形にかたどり、はさむの意味を表したが、音形上、進に通じ、すすむの意味を表す。

【晋書】シンジョ 書名。百三十巻。唐の太宗の勅命により、房玄

書籍――装訂の歴史

簡策（簡冊）

古く中国では、細長い竹や木の札に、毛筆と墨とを用いて文字を書写して、その数十枚をまとめてひもで綴(つづ)って一つの篇(ヘン)（編）とした。この文字を書いた一枚の竹や木の札を〈簡〉といい、その簡をひもで綴って一篇にまとめたものを〈策〉あるいは〈冊(サツ)〉といった。この〈簡策(カンサク)（簡冊）〉が書籍の起源とされる。

「韋編(イヘン)三たび絶つ」という有名な言葉があるが、これは孔子が晩年に易(エキ)を愛読してその簡策を繰り返し繰り返しひもとき、その簡策を編んだなめし皮のひもが何度もすり切れるほどだったというのである。ひもが切れて簡がばらばらになり順序が乱れてしまうことを「錯簡」、簡が編んであるひもからすり脱けて落ちてしまうことを「脱簡」というが、乱丁や落丁の意のこれらの言葉や、今日、第一篇・第二篇などと文章を数えるのに用いる「篇」、また一冊・二冊などと本を数える「冊」（ひもで編んだ札の形にかたどる象形文字）など、いずれもこの簡策から発したものである。

帛書

戦国時代には絹布にかいた〈帛書(ハクショ)〉が出現し、また更に後漢の時代には紙に書写する紙書が行われだすが、書籍の形態としては依然として一般には簡策が行われていた。それからすぐれた書写の材料として絹布が用いられるようになり、やがて紙が発明されて絹布に代わって広く用いられるようになった。

絹布に書写された帛書は、折り畳んでおくほかに、通常は芯(シン)にした軸に巻いて、巻きもののかたち（巻子本(カンスボン)・(ケンスボン)）にしておいた。そのひと巻きを一巻といい、簡策を一篇・二篇と数えたのに対して、「巻」を用いてかぞえた。

紙の発明

帛(ぬき)のもつ長所をすべて備えた上に、容易に得られる原料から大量に生産できるものとして紙が発明された。

後漢の和帝の元興元年（一〇五）に蔡倫(サイリン)が、麻や樹木の皮などの植物繊維にぼろぎれなどを混ぜて紙を製造する方法を発明したといわれる。しかし、紙が発明されたのは、すでに前漢の時代であり、それに蔡倫が一層の改良を加えたということであろう。

その後、桑や楮(こうぞ)、あるいは檀(まゆみ)などの樹皮からも上質な紙がつくられるようになり、宋代以後には竹を原料にして紙をつくる方法が考案され、更にこれに稲藁(いなわら)を混ぜて紙を製造するようにもなっていった。

巻子本

紙による最も古い書籍の装訂としては、帛書の形式を踏襲した〈巻子本〉がみられる。料紙を長く何枚か糊(のり)で張って継ぎ合わせ、その末端に一本の細い棒を芯にして、左から右へ巻き込み、巻首の部分に表紙（褾(ヒョウ)）をつけて、一巻きにしたものである。唐代の書籍の代表的な装訂であるが宋代にも行われた。

帖装本

巻子本を巻かないで、始めの方から一定の幅に折り畳み、前後に表紙をつけた形式のものを〈帖装本(ジョウソウボン)〉という。これは、巻子本の不便さを解消するために考え出されたものである。仏教の経典や拓本の装訂によくみられるもので、俗に〈折本(おりホン)〉といわれる。

旋風葉

帖装本の前表紙と後表紙との背の部分を一枚に続けてつなげるか、前表紙と後表紙はそのままにしてその背の部分に別の紙や布を使って前後の表紙をつなげたものを〈旋風葉〉という。表紙以外は糊づけされていないので、開いたところに風が当たると、本紙が吹き上げられることから、この名がある。

冊子本

隋(ズイ)・唐の時代は、写本による巻子本が盛行したが、唐代も後期になるとすで

齢らが編集した西晋・東晋の歴史書。二十四史の一つ。

【晋文】シンブン 春秋時代の晋の文公（在位、前六三六—前六二八）。春秋五覇の一人。名は重耳。献公の次子。（?—前六二八）

(10)日 6 【晟】3031 人
(11)日 7 〖晟〗3032
漢セイ 呉ジョウ（ジャウ） 敬庚 shèng, chéng 5880 5A70

筆順 日 日 日丿 昗 晟 晟

字義 ❶あきらか。日光がみちみちる。❷さかん。
名乗 あきら・てる・まさ

解字 篆文 （篆文字形） 形声。日＋成音。音符の成は、盛に通じ、さかんの意味。日の光がさかん、あきらかの意味を表す。

【晠】同字

(10)日 6 【晁】3033 △
漢チョウ（テウ） 呉ジョウ（デウ） 蕭 ①cháo ②zhāo 5874 5A6A

字義 ❶姓。❷あさ。＝朝・鼂チョウ。

解字 形声。日＋兆音。

【晁衡】チョウケイコウ 阿部仲麿あべのなかまろの唐名。仲麿は唐で、姓名を晁衡（または、朝衡）と改めた。卿は、身分ある者の尊称。（六九八—七七〇）→阿部仲麿（一二五七ページ）。

【晁錯】チョウソ ＝鼂錯チョウソ。→一三七二ページ。

【晁補之】チョウホシ 北宋ホクソウ末の詩文家。字あざなは无咎ムキュウ。晋シンの陶潜を慕い、陶潜の「帰去来辞」に基づいて、帰来子と号した。（一〇五三—一一一〇）

(11)日 7 【晦】3034 標
カイ（クワイ） 隊 huì ［晦］ 1902 3322

字義 ❶みそか。つごもり。陰暦の最終日。月の出ないやみ夜。❷くらいくらし（暗）。㋐光がなくてくらい。㋑おろか（愚）。㋒かすか（微）。❸やみ（闇）。また、夜。❹くらむ。くらます。ごまかす。「韜晦トウカイ」

解字 甲骨文 （甲骨文字形） 篆文 （篆文字形） 形声。日＋毎音。音符の毎イマ＝イカは、夢に通じ、暗いの意味。日が暗いの意味を表す。

【晦庵】カイアン 南宋ナンソウの儒学者、朱熹シュキの書室の名。福建省建陽県の北西にあった。朱熹は晦翁と号し、人々は、晦庵先生と尊称した。→朱熹（五四一ページ）。

【晦顕（顯）】カイケン ①くらますことと現すこと。②世に知られないことと知られること。隠顕。

【晦朔】カイサク ①みそかとついたち。②朝と晩。〔荘子、逍遥遊〕

【晦日】カイジツ・みそか・つごもり 月の最終日。「いとど。

【晦渋（澁）】カイジュウ 文章や言葉がむずかしくて意味がわかりにく

に印刷術が発明されていたので、書籍の装訂は巻子本や帖装本・旋風葉などから、一枚一枚の紙をわざわざつなぎ合わせることなく、そのまま装訂する冊子の形態が工夫された。この冊子本の形式が成立するには、整版印刷術が大きな影響を与えている。

蝴蝶装 冊子本の最初の形態は〈蝴蝶装コチョウソウ〉である。書写面あるいは印刷面を、その版心の中縫で字面を中心に内側に二つに折り、これを重ねて、その折り目の外側のところに糊をつけて外側からくるんで表紙の内側に張りつけたものである。

蝴蝶装は、五代のころから始まり、宋代に盛行し、元代になり次第に包背装にとってかわられることになった。

包背装 蝴蝶装とは反対に、書写面あるいは印刷面を外にして二つに折り、これを重ねて、折り目と反対側を糊づけして、一枚の表紙で包みこんだものである。

包背装は、元代から明ミン代の半ばにかけての代表的な装訂で、明代の中央官庁の出版物や『永楽大典』、また清シン代の『四庫全書』など、明・清時代の宮中での写本の類に多く用いられた。

線装本 線装は包背装を基にして発達したもので、包背装の形で重ねられた本文用紙の上下や書背の部分を切りそろえ、前と後ろに別々に表紙をつけて、表紙の背に近い部分に通常四箇所穴をあけ、その綴じ穴に糸を通して綴ゞったもので、漢籍の装訂のうち最も普通に行われているものである。この四つ目綴じは、明朝綴じともいい、明代中ごろ以降行われ、清朝に盛行し、現在までずっと行われているものである。

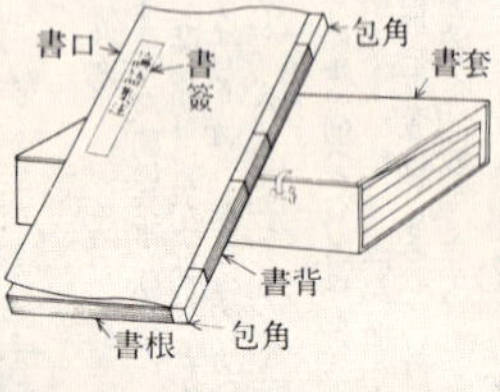

〔線装本〕

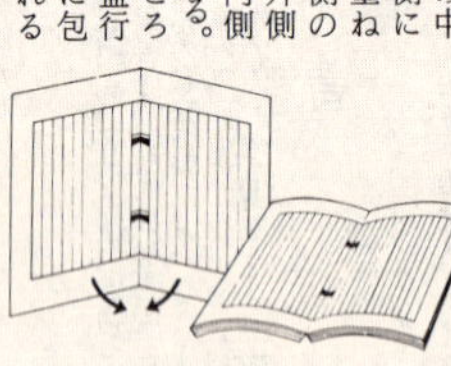
〔胡蝶装〕

次に線装本の一葉（二つ折りにして袋とじにした二頁分を開いたもの）の各部の名称を図示する。

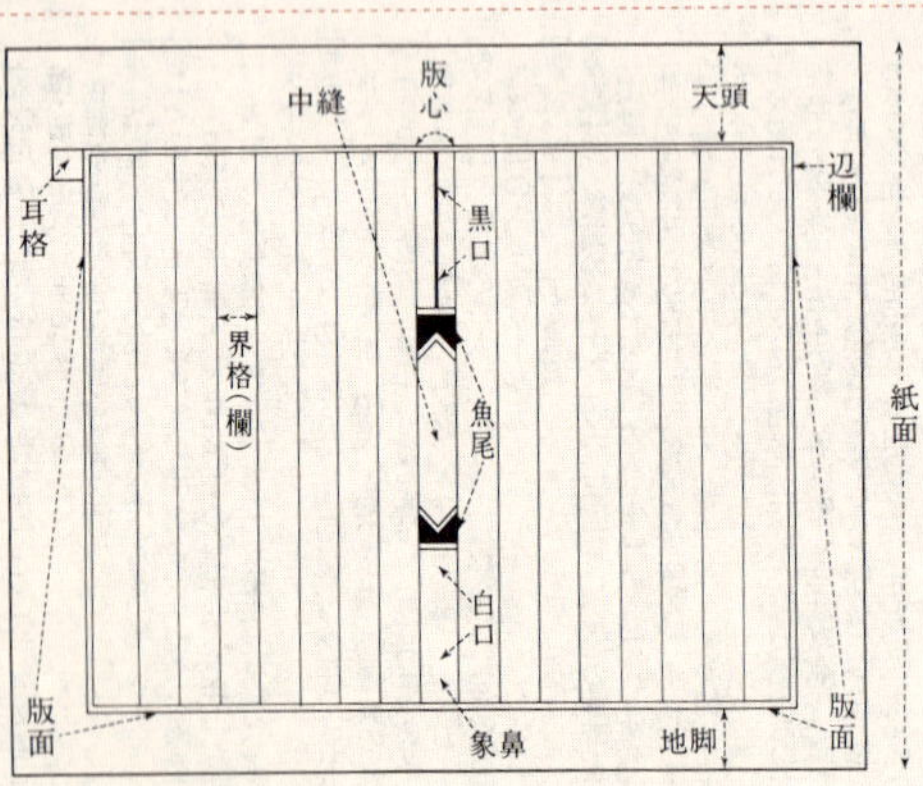

【晦蔵(藏)】カイゾウ　くらましかくす。また、ひそみかくれる。
【晦匿】カイトク　くらましかくす。自分の才知などをかくして現さないこと。愚かなふりをすること。
【晦明】カイメイ　①暗いことと明るいこと。②夜と昼。
【晦△冥・晦△瞑】カイメイ　くらやみ。まっくら。「風雨晦冥」〔史記、高祖本紀〕雷電晦冥ライデンカイメイして。
【晦△蒙】カイモウ　暗くて見えない。また、世の中が乱れてくらやみとなる。

(11)日7　【晞】3035　△　漢キ　呉ケ　微 xī　5875 5A6B
字義　❶かわく(乾)。かわかす。❷さらす(暴)。日にさらす。❸あける(明)。朝日の光が初めてさし出る。また、日の出。
解字　文 篆　形声。日＋希音。音符の希は、まばらの意味。穀類や髪などを、すきまをとって日にさらし、かわかすの意味を表す。

(11)日7　【晤】3036　△　ゴ　遇 wù　5877 5A6D
字義　❶あきらか(明)。かしこい。「英晤」❷あう(会)。面会する。「面晤」❸うちとける。❹さめる。目ざめる。＝寤ゴ。
解字　文 篆　形声。日＋吾音。音符の吾ゴは、交互になるの意味。夜にかわって日が明けるの意味を表す。
【晤言】ゴゲン　①対話する。〔詩経、陳風、東門之池〕②めざめていう。また、はっきりという。〔文選、阮籍、詠懐詩〕

(11)日7　【晧】3037　△　漢コウ(カウ)　呉ゴウ(ガウ)　晧 hào　5878 5A6E
字義　❶日の出のさま。❷しろい(白)。＝皓コウ。❸ひかる。ひかり。❹あきらか(明)。
解字　文 篆　形声。日＋告音。音符の告は、好に通じ、このましいの意味。このましい日の光の意味を表す。

(11)日7　【晨】3038　囚　漢シン　呉ジン　真 chén　5879 5A6F
筆順　
字義　❶あした。あさ。夜明け。「早晨」❷あしたする。時をつげる。鶏が夜明けを告げて鳴く。〔書経、牧誓〕牝鶏之晨ヒンケイのあしたするは、惟家之索これいえ(へ)のつくるなり。❸星の名。二十八宿の一つ。房星。
名乗　あき・とき・とよ
解字　文 篆 体 別　形声。日＋辰音。音符の辰シは、あかいくちびるの意味。朝やけの中を日がのぼろうとするころ、あさの意味を表す。
【晨△晷・晨△暉】シンキ　朝日の光。
【晨鶏(鷄)】シンケイ　朝を告げる鶏。
【晨光】シンコウ　①朝日の光。晨暉シンキ。②太陽の光。③あきらかな光。
【晨△昏】シンコン　あさばん。朝夕。旦暮タンボ。
【晨△餐】シンサン　朝めし。朝食。
【晨鐘】シンショウ　仏寺でならす朝の鐘。
【晨炊】シンスイ　朝早く炊事をする。また、朝の食事。朝ごはん。
【晨星】シンセイ　①明け方の星。②夜明けの星がまばらなことから、物の少ないことのたとえ。③「晨星落落ラクラク」は、明け方の空に晨星のまばらなこと。転じて、友人などが(死んだりして)少なくなったこと。
【晨省】シンセイ　早朝に父母のご機嫌を伺うこと。↔昏定コンテイ。〔礼記、曲礼上〕
【晨△旦】シンタン　あさ。早朝。
【晨門】シンモン　朝早く城門を開くことを仕事とする者。門番。
【晨夜】シンヤ　①朝と夜。②朝早くから夜おそくまで。

(11)日7　【晟】(3032)　セイ　晟(3031)の旧字体。→五〇七ページ。　5880 5A70

(11)日7　【晢】3039　△　一 漢セツ・呉セチ　屑 zhé　二 セイ　霽 zhì　5881 5A71
字義　一 あきらか(明)。あかるい。㋐日の光があかるい。㋑かしこい。二 晢晢セイセイは、星の光るさま。
参考　〔晣セ〕〔晳セキ〕は別字。
解字　文 篆　形声。日＋折(斦)音。音符の斦セは、物と物とがよく分離するの意味。日は、日の光があきらかの意味。あきらかの意味を表す。

(11)日7　【曹】3040　常 ソウ　漢ソウ(サウ)　呉ゾウ(ザウ)　豪 cáo　3366 4162
筆順　
【曺】同字　【𣍘】本字
字義　❶つかさ。㋐裁判官。「法曹」㋑役人。属官。㋒役所の部局。役所。❷ともがら。㋐なかま。㋑たぐい(類)。㋒複数を表す語。「児曹(子供たち)」❸むれ(群)。また、おおい(衆)。❹へや(室)。つぼね(局)。❺国の名。周の武王の弟、叔振鐸シュクシンタクが封ぜられた小国。春秋時代の中ごろ、宋ソウに滅ぼされた。
難読　曹達ソーダ
解字　甲骨文 金文 篆文　会意。甲骨文は、𣗥＋口、金文・篆文は、𣗥＋日。東は木を中心にしてくくった袋の象形。𣗥は、裁判で原告と被告とがそれぞれ誓いを示す矢などの入った袋を持って向きあうさまを表す。日は、口の象形。獄事をつかさどる裁判官、つかさの意味を表し、たがいに向きあうともがらの意味をも表す。常用漢字の曹は省略形。曹を音符に含む形声文字に、槽・漕ソウ・遭などがある。
▼我曹・市曹・児曹・若曹・兵曹・法曹
【曹局】ソウキョク　①役所の部局。②役所の事務室。
【曹参(參)】ソウサン　前漢の政治家。沛ハイ(今の江蘇コウソ省内)の人。もと秦シンの臣。蕭何ショウカと共に漢の高祖の天下統一を助け、蕭何ショウカの死後、宰相となってその政策を受け継ぎ、よく天下を治めた。(？—前一九〇)
【曹司】ソウシ　①役所。②下役人。③国ゾウシ　㋐昔、宮中の官人・女官などの詰め所。㋑大学寮の教場。㋒貴族の、部屋住みの子。まだ独立の生計を営まない、貴族の子。曹子。御曹子おんゾウシ。㋓長男。御曹子。㋔へや。室。
【曹松】ソウショウ　晩唐の詩人。字あざなは夢徴。舒州ジョシュウ(今の安徽アンキ省内)の人。(八三〇？—九〇一)
【曹雪△芹】ソウセッキン　→曹霑ソウテン。
【曹操】ソウソウ　後漢の政治家・詩人。三国時代、魏ギの武帝。沛国譙ハイコクショウ(今の安徽アンキ省内)の人。字あざなは孟徳モウトク。幼名は瞞マン。知略にすぐれ詩に巧みで、後漢の献帝の時、丞相ジョウショウとなり、魏王に封ぜられた。その子、曹丕ソウヒが後漢を倒して天子となり、武帝と追尊した。(一五五—二二〇)
【曹大家】ソウタイコ　後漢の和帝(在位、八八—一〇五)ごろの女性歴史家。班固・班超の妹。名は昭、字あざなは恵姫ケイキ。同郷の曹世叔に嫁し、世人が敬って曹大家と呼んだ(家は、姑・おばさん)。和帝の命によって班固の著した『漢書』の未完成の部分を補って完成させた。
【曹植】ソウショク・ソウチ　三国の魏ギの詩人。曹操(武帝)の第三子。曹丕ソウヒ(文帝)の弟。字あざなは子建。陳思王に封ぜられた。詩文に巧みで『曹子建集』(十巻)が残っているが、生前は曹丕に憎まれて悲運の生涯を送った。(一九二—二三二)
【曹△霑】ソウテン　清シンの小説家。字あざなは夢阮ムゲン、号は雪芹セッキン。長編小説『紅楼夢』の作者といわれる。(一七二四—一七六三？・)
【曹洞宗】ソウトウシュウ　仏禅宗の一派。中国で禅宗の六祖慧能エノウが曹渓ソウケイで法を伝え、その法孫良介が洞山で道をひろめたので、曹洞宗と名づけたという。日本の道元禅師(一二〇〇—一二五三)が宋ソウに渡り如浄禅師から伝えられて、日本にひろめた。
【曹△丕】ソウヒ　三国時代、魏ギの初代の帝。文帝。政治家で詩人。曹操の長男。父のあとを継いで魏の王となり、後漢の献帝から帝位を譲り受け、在位七年で没した。詩に巧みで、文学を好み、その意義を主張して『典論』を著した。(一八七—二二六)

【曹⁴孟徳】ソウモウトク →曹操。

(11)日7 【曽】3041 簡 ソウ 曽(3058)の簡易慣用字体。→五二一ページ。 3330 413E

(11)日7 【晝】(3013) チュウ 昼(3012)の旧字体。→五〇三ページ。 5876 5A6C

(11)日7 【晩】(3062) バン 晩(3061)の旧字体。→五一二ページ。

(11)日7 【晡】3042 △ 漢ホ 呉フ 虞 bū

字義 ❶申の刻。今の午後四時ごろ。❷日ぐれ。夕方。

解字 形声。日＋甫音。

(11)日7 【曼】3043 標 漢バン 呉マン 願 màn 5056 5258

【㬅】俗字 【曼】本字

字義 ❶ひく。ひっぱる。長くひっぱる。❷ながい。❸ひろい。かぎりがない。❹うつくしい。つやがある。きめが細かい。❺たくみな。口先のたくみな。❻ない(無)。

解字 金文 篆文 会意。日(冃)＋目＋又。冃は帽子の象形。金文には帽子をかぶり、目の上下に手をあてて目を切れ長に見せるような化粧のさまにかたどるものがある。おしゃれをして、美しい・つやつやしいの意味を表す。また、擬態語として、とおい、ながいの意味をも表す。曼を音符に含む形声文字に、嫚・墁・幔・慢・漫・縵・蔓・謾・鏝・饅・鰻などがある。

【曼⁴衍】マンエン ①はてがない。無限。②つらなり続く。③広がる。また、広がり満ちている。

【曼谷】バンコク Bangkok の音訳。タイの首都。盤谷とも書く。

【曼辞(辭)】マンジ 美しくかざった(たくみな)ことば。

【曼珠⁴沙華】マンジュシャゲ 仏花の名。梵語ボン mañjūṣaka の音訳。①天上に咲くという白い花。②国彼岸花ヒガンバナの別名。

【曼⁴荼羅・曼⁴陀羅】マンダラ 仏梵語ボン maṇḍala の音訳。諸仏の悟りの境地を描いた絵図。

【曼⁴陀羅華】マンダラゲ ①仏花の名。梵語ボン māndārava の音訳。天上に咲き、見る者の心を喜ばせるという。②国毒草の名。朝鮮朝顔の別名。

【曼曼】マンマン ①非常に長い(また、遠い)さま。②非常に広いさま。

【勖】→力部 一五三ページ。

(12)日8 【晻】3044 △ ㊀アン 勘 àn ㊁エン 琰 yǎn

字義 ㊀❶くらい。＝暗・闇アン。❷雲霧がたちこめる。❸→晻晻の①。㊁❶おおう。さえぎる。＝奄エン。

解字 文 篆 形声。日＋奄音。音符の奄エンは、おおうの意味。日をおおう雲があって、くらいの意味を表す。

【晻⁴藹】アンアイ 樹木が茂って暗いさま。

【晻晻】エンエン ①日の光がうすらいでゆくさま。②アンアン 暗いさま。

【晻⁴昧】アンマイ ①暗いこと。やみ。②おろか。愚昧。

(12)日8 【晼】3045 △ 漢エン(ヱン) 呉オン(ヲン) 阮 wǎn

字義 晼晩エンバンは、日が傾く形容。日がくれようとすること。転じて、人が老年にさしかかろうとする形容。

解字 形声。日＋宛音。音符の宛エンは、かがむの意味。日がかがむ、暮れるの意味を表す。

(12)日8 【晷】3046 △ キ 紙 guǐ

【晷】同字

字義 ❶ひかげ。㋐日の光。㋑日光によって生ずる物の影。❷太陽の運行をはかるために立てた柱のかげ。日時計のかげ。また、その柱。❸ひかり。月の光。また、星の光。

解字 文 篆 形声。日＋咎音。音符の咎キュウは、人のいる所までいたるの意味。日の光によって生ずる物の影が地上にいたるさまから、ひかげ・柱かげの意味を表す。

【晷景】キエイ ひかげ。日影。→字義の①。

【晷刻】キコク とき。時間。

【晷漏】キロウ 日時計と水時計。転じて、時刻。

(12)日8 【暁】3047 常 ギョウ あかつき 2239 3647

(16)日12 【曉】3048 人 許 キョウ(ケウ) 慣ギョウ(ゲウ) 篠 xiǎo 5892 5A7C

筆順 日 日 日土 暁 暁

字義 ❶あかつき。夜明け。明け方。「払暁」[唐、孟浩然、春暁詩]春眠不レ覚レ暁シュンミンあかつきをおぼえず ❷さとる。知る。よくわかる。さとい。「通暁」❸あきらか。「分暁」❹さとす。教え知らせる。❺つげる(告)。のべる(述)。もうす(申)。

名乗 あき・あきら・あけ・さとし・とき・とし 難読 暁暇(霞)あかつか

解字 文 篆 形声。日＋尭(堯)音。音符の堯ギョウは、高いの意味。日が高くのぼるころ、あかつきの意味を表す。

▼解暁・今暁・春暁・早暁・通暁・払暁・分暁

【暁⁴鴉・暁⁴鵶】ギョウア あけがらす。

【暁韻】ギョウイン 夜明けごろの物音。雨の音など。

【暁⁴霞】ギョウカ ①あさやけ。夜明けの空が赤やだいだい色に染っていること。②あかつきのもや・かすみ。

【暁角】ギョウカク あかつきに鳴っている角笛。また、その音。

【暁示】ギョウジ さとしめす。

【暁習】ギョウシュウ よくわかり慣れる。熟練する。

【暁粧・暁⁴妝】ギョウショウ 朝化粧。

【暁鐘】ギョウショウ 夜明けを告げる鐘の音。

【暁色】ギョウショク 夜あけの景色。

【暁吹】ギョウスイ ①あかつきの風。②あかつきにひびく角笛の音。

【暁星】ギョウセイ あかつきの空の星。少なくまばらなたとえ。

【暁然】ギョウゼン 明らかなさま。よくわかるさま。

【暁達】ギョウタツ 物事や道理に精通していること。

【暁⁴暢】ギョウチョウ 明らかに通ずる。物事や道理をよく知っていること。通達。

【暁天】ギョウテン あけ方のそら。「暁天星ギョウテンのほし(＝暁星)」

【暁⁴暾】ギョウトン 朝日の光。また、朝日。旭日キョクジツ。

【暁魄】ギョウハク 明け方の月。また、その光。

【暁⁴梵】ギョウボン 仏夜明け方の読経ドキョウの声。

【暁諭】ギョウユ さとす。暁喩ギョウユ。

(12)日8 【景】3049 教 4 ケイ 景色けしき 2342 374A

㊀漢ケイ・呉キョウ(キャウ) 梗 jǐng
㊁漢エイ・呉ヨウ(ヤウ) 梗 yǐng

筆順 日 旦 昌 景 景

字義 ㊀❶ひかり。ひざし。日光。❷あきらか(明)。❸けしき。ながめ。「勝景」❹ありさま。様子。おもむき。風情。❺あおぐ(仰)。したう(慕)。❻めでたい。＝慶。❼おおきい。堂々としている。❽おだやか。㊁かげ。光により生ずるかげ。＝影。国ケイ。風情をそえる意から、売り物にそえて客に贈る物。「景品」

名乗 あきら・かげ・ひろ

解字 文 篆 形声。日＋京音。音符の京は、高い丘の意味。高い丘での高まる日ざし、ひかり・けしきの意味を表す。

▼陰景・煙景・佳景・光景・好景・勝景・情景・叙景・夕景・絶景・点景・日景・背景・晩景・美景・風景・返景・芳景・暮景・夜景・落景・流景

【景雲】ケイウン めでたい雲。太平の世に現れるという。慶雲。

【景観(觀)】ケイカン けしき。ながめ。おもむき。

【景気(氣)】ケイキ ①光と大気。転じて、けはい・ありさま・様子。

②産業界の活動の状態。③国㋐元気。意気。勢いのよいこと。㋑人気。評判。㋒商売上の状況。㊁社会の経済状態。

【景況】ケイキョウ　ありさま。様子。情況。

【景教】ケイキョウ　唐初に中国に伝えられた、ネストリウス派のキリスト教の中国風の呼び名。一名、大秦景教（タイシンケイキョウ）（大秦は東ローマ帝国）。

【景仰】ケイギョウ・ケイコウ　（徳を）したいあおぐ。〔詩経、小雅、車舝〕

【景行】ケイコウ　①大きい道。②りっぱな徳やおこない。③ケイコウ・ケイギョウ　したいあおぐ。景仰。〔詩経、小雅、車舝〕

【景光】ケイコウ　①めでたい光。恩徳や栄誉のたとえ。②としつき。光陰。

【景趣】ケイシュ　おもむき。ありさま。けしき。風致。

【景従（從）】ケイジュウ・エイジュウ　影のようにつき従う。したってつき従う。

【景象】ケイショウ　①けしき。②ありさま。ようす。③エイショウ　影とかたち。

【景勝】ケイショウ　すぐれてよいけしき。

【景色】ケイショク・ケシキ　山や川など、自然のながめ。風致。

【景星】ケイセイ　大きな星。また、めでたい星。瑞星（ズイセイ）。

【景致】ケイチ　おもむき。風致。風趣。また、けしき。

【景徳鎮（鎭）】ケイトクチン　江西省東北部にある市。宋代（ソウダイ）から窯業が盛んに行われ、明（ミン）・清（シン）代には中国最大の陶磁器の産地となった。地名は、北宋の真宗の景徳（一〇〇四—〇七）の年号にちなんでつけられた。

【景附】ケイフ　かげが形にそうように、ぴったりとつき従う。

【景風】ケイフウ　おだやかな風。

【景福】ケイフク　大なる幸い。すばらしい幸福。

【景物】ケイブツ　①花鳥風月など、四季おりおりの（趣をそえる）物。②季節に応じた珍しい食物など。③国商店で売品に添えて客に贈る物など。景品。

【景慕】ケイボ　したう。あおぎしたう。仰慕。

(12)曰8 【最】3050　教4　サイ　もっとも

サイ　㊥ zuì　最寄（もより）　2639　3A47

筆順　曰 旦 昰 昰 最

［冣］俗字　［最］本字

字義　❶もっとも。この上なく。一番。第一に。❷一番すぐれているもの。❸かなめ。要所。しめくくり。❹すべて。合計。おおかた。❺あつまる。あつめる。国も。接頭語。㋐まことの。第一番の。「最寄（もより）」㋑さらに。また。「最一度」

名乗　かなめ・たか・たかし・まさる・よし　難読　最寄（もより）・最勝海（ほつめ）・最上（もがみ）・最早（もはや）・最中（もなか・さなか）

解字　文　篆　会意。曰（冃）＋取。冃は、ずきんの象形。ずきんをつまみあげるさまから、つまむの意味を表す。撮の原字。つまみ出すの意味から転じて、他と区別して特別とりあげる、とりわけ・もっともの意味を表す。最を音符に含む形声文字に、嘬（サイ）・撮などがある。

▼殿最

【最恵（惠）国（國）】サイケイコク　通商（航海）条約を締結している国の間で、関税・船舶の交通・支払条件などで最も有利な取り扱いを受ける国。

【最期】サイゴ　国①最後の時。おわり。②命の終わる時。臨終。③死にざま。また、死。「壮烈な最期をとげる」

【最勝】サイショウ　もっともすぐれる。

【最澄】サイチョウ　国平安初期の僧。天台宗の開祖。俗姓は三津首（みつのおびと）。近江（おうみ）（今の滋賀県）の人。比叡山（ヒエイザン）に根本中堂を建て、延暦二十三年（八〇四）、入唐して天台山に学び、翌年帰朝して天台宗をひろめた。『顕戒論』『守護国界章』などの著書がある。諡（おくりな）は伝教大師。わが国大師号の始め。（七六七—八二二）

(12)曰8 【暑】3051　教3　ショ　あつい

(13)曰9 ［暑］3052　人許　ショ　㊥ shǔ　2975　3D6B

筆順　曰 旦 早 昇 暑

字義　❶あつい（あつ・し）。↔寒。㋐日光が照りつけてあつい。㋑気温が高い。㋒むしあつい。❷あつさ。「避暑」❸あつい季節。夏。

使いわけ　あつい［暑・熱・厚］

［暑］気温が高い。「暑くるしい夜」

［熱］そのものの温度が高い。「熱いふろ」

［厚］ぶあつい。また、情がこもっている。「厚く御礼申し上げます」

なお、比喩（ユヒ）的用法には［熱］が多い。「熱い二人」

解字　文　篆　形声。日＋者（者）音。音符の者は、しばを集めてもやす形にかたどる。太陽が物を煮るほどに、あついの意味を表す。

▼炎暑・寒暑・劇暑・向暑・酷暑・残暑・小暑・処暑・大暑・薄暑・避暑

【暑気（氣）】ショキ　夏の暑さ。暑熱。

【暑月】ショゲツ　①暑い月。夏の季節。②陰暦六月。

【暑歳】ショサイ　暑い年。ひでりの年。

【暑△魃】ショバツ　夏のひでりの神。

【暑伏】ショフク　夏の土用。盛夏。暑月三伏の時。

(12)日8 【晶】3053　常　ショウ

漢セイ・呉ショウ（シャウ）　㊥ jīng　3029　3E3D

筆順　日 日 日 日日 晶

字義　❶あきらか（明）。明るくきらきら輝く。❷ひかり。❸鉱物の名。水晶。　名乗　あき・あきら・てる・まさ

解字　文　篆　象形。澄みきった星の光のさまにかたどり、ひかり・あきらかの意味を表す。

▼結晶

(12)日8 【晴】3054　教2　セイ　はれる・はらす

(12)日8 ［晴］3055　漢セイ　呉ジョウ（ジャウ）　㊥ qíng　3218　4032

筆順　日 日 日十 日圭 晴

字義　❶はれる（は・る）。雲が散って青空が現れる。❷はれ。うららかな天気。好天気。↔曇・雨。「快晴」❸はれやかな。はればれとした。また、明るい。国❶はれ。㋐表むき。人まえ。㋑はれがましいこと。❷はれる（は・る）。疑いや心配などがなくなる。❸はらす。悩みやしこりなどをなくす。

名乗　きよし・てる・はる　難読　晴海（はるみ）

解字　形声。日＋青（青）音。音符の青は、すみきっているの意味。空が澄みきって日がみえる、はれるの意味を表す。

▼陰晴・快晴

【晴陰】セイイン　はれとくもり。晴曇。

【晴雲】セイウン　晴れた空に浮かぶ雲。はれやかな雲。「晴雲秋月」（心の中がけがれなくすみとおるたとえ）

【晴光】セイコウ　明るい日光。また、ゆらぐ水面にきらめく日光。

【晴好雨奇】セイコウウキ　（山水のけしきが）晴れた日にも雨の日にも美しいこと。奇は、すぐれている。宋（ソウ）、蘇軾（ソショク）の「飲二湖上一初晴後雨詩」に「水光瀲灩晴方好、山色空濛雨亦奇」とあるのに基づく。

【晴耕雨読（讀）】セイコウウドク　晴れた日には外に出て耕作し、雨の日には家で読書する。都会を離れて悠々と暮らす読書人の生活をいう。

【晴川】セイセン　①雨あがりの川。②水面が晴れわたって遠くまではっきり見える川。〔唐、崔顥、黄鶴楼詩〕晴川歴歴漢陽樹（セイセンレキレキたり、カンヨウのき）、芳草萋萋鸚鵡洲（ホウソウセイセイたり、オウムシュウ）〈晴れた光に照らされた川の水は、ありありと見え、対岸の漢陽の並木まで

手に取るよう、かなた鸚鵡洲のあたりは、かんばしい春草が盛んに生い茂っている〉と。

【晴天白日】セイテンハクジツ 青天白日。①よく晴れた天気。白日は、明るく輝く太陽。②潔白で少しもうしろ暗いところがないこと。

【晴天△霹△靂】セイテンのヘキレキ 晴れた空に突然に鳴りわたる雷。思いがけなく突然に起こった変動などのたとえ。霹靂は、激しく鳴るかみなり。青天霹靂。

【晴△嵐】セイラン 晴れた日に立ちのぼる山気。嵐は、山や林などにただよっているように見える、かすかに青い大気。

【晴朗】セイロウ 空がよく晴れ、大気が澄んでいること。

【晴和】セイワ 空が晴れてのどかなこと。

(12)日8 【晳】3056 △ 漢セキ 呉シャク 陌 xī 【晰】標準 5882 5A72

字義 あきらか(明)。はっきりしているさま。「明晳」

参考 〔晢セツ〕(明らか)は別字。

解字 形声。日+析音。

(12)日8 【晰】3057 △ セキ 晳(3056)と同字。→前項。 5882 5A72

(12)曰8 【曾】3058 標 〔一〕ソウ 蒸 zēng 〔二〕漢ソウ・呉ゾウ 蒸 céng 慣ソ 3329 413D

【曽】簡 3330 413E

字義 〔一〕❶すなわち すなはち。⇩助字解説 ❷かさなる(層)。かさねる。❸ます(増)。ふえる。❹あがる(挙)。あげる。❺ます。ますます。❻親族関係をいう称。直系の三親等。「曾孫」 〔二〕かつて(嘗)。以前に。これまでに。「未曾有ミゾウ」

†助字解説 すなわち すなはち。接続。なんとまあ。いったいぜんたい。語調をゆるやかにする語。類乃。〔孟子、公孫丑上〕爾何曾比二予於管仲一 なんじなんぞすなわちわれをカンチュウにひするか〈おまえは何だってわたしを管仲に比較しようとするのか〉

難読 曾孫ひこ・ひ・曾波神そばのかみ

解字 金文 篆文 象形。蒸気を発するための器具の上に、重ねたこしきから蒸気が発散している形にかたどり、かさねるの意味を表す。借りて、すなわち・かつての意味をも表す。

【曾△鞏】ソウキョウ 北宋の文学者・政治家。字は子固。号は南豊。唐宋八大家の一人。(一〇一九—一〇八三)

【曾経(經)】かつて 以前に。これまでに。これまでずっと。経も、かつての意。〔唐、李白、把レ酒問レ月詩〕今月曾経照二古人一 いまのつきはかつてこじんをてらせり

【曾国(國)藩】ソウコクハン 清シン末の政治家。字は滌生デキセイ。諡おくりなは文正。学問・文章にもすぐれ、太平天国(長髪賊)の乱を平定した。著に『曾文正公全集』がある。(一八一一—一八七二)

【曾子】ソウシ =曾参ソウシン。子は、尊称。

【曾臣】ソウシン 末席の臣。身分の低い臣。諸侯が天子に対する謙遜ケンソンの言葉。

【曾参(參)】ソウシン 春秋時代の学者。魯(今の山東省内)の人。孔子の弟子。字は子輿シヨ。孔子の教えを伝えるのに最も功のあった一人。特に親孝行で有名。『孝経』の著者といわれる。(前五〇五—前四三六?)

【曾先△之】ソウセンシ 南宋ナンソウ末・元初の歴史家。字は孟参、一説に従野。咸淳元年(一二六五)の進士。元になってからは仕官せず、隠棲インセイして九十二歳で死んだ。著に『十八史略』がある。

【曾孫】ソウソン ①孫の子。ひまご。②子孫。

【曾遊】ソウユウ かつての旅行。また、以前に行ったことがある。「曾遊の地」

(12)日8 【替】3059 常 タイ かえる・かわる 為替かわせ 漢テイ・呉タイ 霽 tì 3456 4258

筆順 二 夫 夫夫 替

【朁】同字

字義 ❶かえる(代)。とりかえる。❷かわる。「交替」❸すたれる。おとろえる。滅びる。「興替」❹すてる。やめる。のぞく(除)。

使いわけ かえる〔変・代・替・換〕⇩変(1381)。

難読 替佐かえさ

解字 金文 篆文 会意。扶(竝)+日。竝は、立つ二人の象形。日は、もの言うの意味。金文では、口をあけた二人の人が大声をあげて引き継ぎをするさまから、かわるの意味を表す。

▼交替・興替・崇替・隆替・陵替

【替壊(壞)】タイカイ おとろえてすたれる。

【替△懈】タイカイ やめおこたる。

【替人】タイジン・テイジン かわりの人。代理人。代人。

【替廃(廢)】タイハイ すたれる。廃替。

(12)日8 【智】3060 人 チ 寘 zhì 3550 4352

筆順 ヒ 矢 知 智

字義 ❶ちえ。頭のはたらき。物事を知り分ける能力。知恵。智慧チエ。「才智」❷さとい。かしこい。↔愚。❸ちえのある人。かしこい人。賢人。智者。❹しる(知)。さとる。❺はかりごと。たくらみ。「智謀」 国国名。智利チリの略。

名乗 あきら・さかし・さと・さとし・さとる・とし・とも・のり・まさる

難読 智頭ちず・智利チリ

参考 現代表記では〔知〕(5118)に書きかえる。「智能→知能」「機智→機知」 熟語は〔知〕をも見よ。↓七三八ペ。

解字 甲骨文 金文 篆文 会意。もと知に同じ。甲骨文は、矢+干+口。干は、物をえぐるための刀の象形。矢や刀をそえていのり、神意を知るさまから、知るの意味を表す。篆文ではこれに日を付し、知恵のある発言をする人の意味に用いる。智は省略形。

【智恵(惠)】チエ・チケイ すぐれた心のはたらき。知恵。

【智△慧】チエ・チケイ ①物事を分別する心のはたらき。〔老子、十八〕智慧出有二大偽一 チエいでて、タイギあり 訳文⇩大道(二六〇ペ)。②エチ ㋐仏物事を決断したり善悪をえらぶ心のはたらき。㋑唐の高僧。北天竺テンジク(インド)の人。大乗に通じ、経典をもって中国に渡り、「般若心経ハンニャシンギョウ」その他の訳がある。

【智者千慮必有二一失一】チシャもセンリョに かならずイッシツあり すぐれた知恵者でもたまには失敗することがある。〔史記、淮陰侯伝〕——、愚者千慮必有二一得一 グシャもセンリョに かならずイットクあり。〈——、おろかな者でもまにはよい考えを出すことがある〉

【智術】チジュツ 知恵の深いはかりごと。知恵と手段。

【智△嚢】チノウ ちえ袋。知恵のすぐれた人をいう。

【智勇】チユウ 知恵と勇気。智謀と武勇。〔唐、李白、経二下邳圯橋一懐二張子房一詩〕豈曰レ非二智勇一 あにチユウにあらずといわんや

(12)日8 【晩】3061 教6 バン 4053 4855

(11)日7 【晚】3062 人許 漢バン 呉マン 阮 wǎn

筆順 日 日' 日ク 晩 晩

字義 ❶くれ。日ぐれ。夕方。↔朝・旦。❷すえ(末)。㋐おわり。「晩唐」㋑老年。老後。❸くれる(暮)。日がくれる。❹おそい。㋐夜がふけている。㋑時代・時期が後である。❺おくれる。おそくなる。

名乗 かげ・くれ

難読 晩香坡バンクーバー・晩熟おくて・晩生内おそきない

解字 篆文 形声。日+免音。音符の免は、新生児の生まれ出る形にかたどり、ぬけ出るの意味を表す。日の光がぬけ出てしまってからの時刻、くれの意味を表す。

▼歳晩・早晩

【晩△鴉】バンア　夕方のからす。ゆうがらす。

【晩煙】バンエン　①夕方にかかるもや・かすみ。②夕食を作るかまどのけむり。

【晩△鶯】バンオウ　晩春のうぐいす。

【晩△禾】バンカ　おそく成熟するいね。晩稲。

【晩△霞】バンカ　①夕やけ。②国夕方のかすみ。

【晩学（學）】バンガク　①後進の学者。後学。②年とってから学問すること。

【晩気（氣）】バンキ　①夕ぐれ（また、夜）の気。②晩秋の気。

【晩△暉】バンキ　夕日の光。

【晩景】バンケイ　①夕ぐれの景色。②年のくれ。③晩年。④国夕方。

【晩歳】バンサイ　①＝晩年。②時期おくれのとりいれ。

【晩△餐】バンサン　夕食。

【晩秋】バンシュウ　①秋の末。②陰暦九月の称。

【晩熟】バンジュク　おそく（おくれて）成熟する。おくて。

【晩春】バンシュン　①春の末。②陰暦三月の称。

【晩照】バンショウ　＝晩暉。

【晩鐘】バンショウ　夕ぐれを告げる鐘の音。入相の鐘。

【晩△翠】バンスイ　①冬枯れの季節の葉の緑。また、その葉。②老年になっても変わらぬ節操のたとえ。

【晩世】バンセイ　①近世。②末世。後世。

【晩生】バンセイ　①おそく生まれる・生ずる。②あとから生まれた者。③国おくて　穀物・果実・野菜などのおそく成熟するものをいい、転じて、人にもいう。

【晩成】バンセイ　おそくできあがる。年とってから大成する。〔老子、四十一〕大方無レ隅、大器晩成。

【晩△霽】バンセイ　夕方の雨あがり。

【晩節（節）】バンセツ　①末のころ。末年。②晩年。老年。③晩年の節操。

【晩唐】バントウ　①唐代を初・盛・中・晩の四つに分けたときの一つ。文宗の大和の初年（八二七）から唐末までの八十余年間。②唐代の終わりごろ。

【晩稲（稻）】バントウ・おくて　おそく実る稲。↕早稲。

【晩年】バンネン　人の一生の末年。老年。老後。暮年。↕早年。

【晩葉】バンヨウ　晩秋の草木の、色づき枯れかけた葉。

【晩来（來）】バンライ　①日ぐれ方。夕方。来は、助字。〔唐、杜甫、喜レ雨詩〕晩来声不レ絶。②夕方から。また、夜ふけから。〔唐、韋応物、滁州西澗詩〕春潮帯レ雨晩来急。訳文⇩野渡（二三三ページ）。

【晩涼】バンリョウ　夕方のすずしさ。

⑫日 8
【普】3063
常 フ
漢ホ　呉フ　pǔ
4165
4961

筆順　丷　䒑　並　普

【暜】本字

字義　❶あまねし。あまねく。広く行きわたっている。❷広い。大きい。❸なみ（並）。普通。

国国名。普魯西の略。

名乗　かた・ひろ・ひろし・ゆき　難読　普代・普魯西

解字　篆文　形声。日＋並（竝）音。音符の竝は、ならびひろがるの意味。太陽の光が広くゆきわたるの意味を表す。

【普及】フキュウ　あまねくとどく。広くおよぶ。

【普賢】フゲン　仏普賢菩薩の略。あまねく衆生を済度する菩薩の名。多くは、白象に乗り、釈迦の右わきに立つ。

【普△洽】フコウ　広く行きわたる。

【普請】フシン　①仏あまねく請い受ける。特に、世人に寄付を請うて堂塔を建築すること。②国土木建築工事。

【普茶】フチャ・フサ　①仏黄檗宗で、法会の終わった後、大衆に茶を供すること。②（黄檗宗の寺で調理した）一種の精進料理。「普茶料理」

【普天】フテン　あまねく広い天。広い空。転じて、天下。世間。

【普天△之下率土△之浜（濱）】フテンのもと・ソットのヒン　空のおおっている下、大地の果て（まで）のすべての土地。全世界。率は循で、沿う、はみ出さないの意。浜は涯。〔左伝、昭公七〕普天之下、莫レ非ニ王臣一、莫レ非ニ王土一、率土之浜。

【普遍・普△徧】フヘン　①広くゆきわたる。すべてのものにゆきわたる。②すべてのものに共通に存すること。↕特殊。

⑫日 8
【晷】3064
△　音義未詳。
5883
5A73

⑬日 9
【暗】3065
教3　アン　くらい
アン　勘　àn
1637
3045

筆順　日　日　日立　暗

字義　❶くらい。くらし。↕明。㋐日の光がない。㋑明らかでない。㋒知恵がない。おろか。㋓くろい。黒ずんだ。❷やみ（闇）。くらがり。また、夜。「暗中模索」❸ふかい。おく深い。❹地下の。水面下の。「暗渠」「暗礁」❺アンに。ひそかに。人に知れず。どこからともなく。「暗涙」❻だまる（黙）。ものを言わない。❼そらんずる。心の中によく覚える。＝諳。「暗記」

名乗　くら・はらい

参考　現代表記では〔闇〕（8333）の書きかえに用いる。「闇黒→暗黒」「闇夜→暗夜」

解字　篆文　形声。日＋音音。音符の音は、陰に通じ、くもるの意味。くもりのために太陽に光がない、くらいの意味を表す。

▼愚暗

【暗暗】アンアン　①暗いさま。②奥深い、また、ひっそりとして静かなさま。③それとなく。ひそかに。④知らず知らずに。

【暗暗△裡・暗暗裏】アンアンリ　裡・裏は、うち・なか。①こっそり。内内。②知らず知らずのうちに。

【暗雲】アンウン　①黒い雲。今にも雨の降り出しそうな黒い雲。②おだやかでない様子。よくない事が起こりそうな様子。

【暗鬼】アンキ　①くらがりに居て姿のはっきり見えないもののけ。②妄想によって生ずる恐れ。「疑心生ニ暗鬼一」

【暗△渠】アンキョ　地下に設けたみぞ。暗溝。

【暗愚】アングン　道理に暗くおろかなこと。おろか。闇愚。

【暗君】アンクン　愚かな君主。↕明君。

【暗香】アンコウ　①どこからともなくただよってくるかおり。②やみにただよう花のかおり。「暗香疎影（梅をいう）」

【暗香浮動月黄△昏】アンコウフドウ・つきコウコン　梅花の香気がどこからともなくおってきて、夕方の空に月が出ている光景。〔宋、林逋、山園小梅詩〕

【暗合】アンゴウ　無意識の中に行ったこと、またはたがいに知らずにいてしたことなどが、自然に一致すること。

【暗黒】アンコク　①まっくら。②国世の中の文化や道徳が衰えていること。闇黒。

【暗恨】アンコン　人知れぬうらみ・悲しみ。〔唐、白居易、琵琶行〕別有ニ幽愁暗恨生一。

【暗殺】アンサツ　人に知れぬようにして殺すこと。やみうち。

【暗算】アンザン　①書いたり器具を使ったりしないで頭の中で計算する。②ひそかにはかる。陰謀。また、暗殺する。

【暗示】アンジ　①ひそかに、それとなく示すこと。②心理学用語で、感覚・観念・意図・行動などが、ことばなどによって理性に訴えることなく他人に伝達される現象。

【不レ欺ニ暗室一】アンシツをあざむかず　暗いへやでもやましいことをしない。人の見ていない所においても身をつつしむたとえ。「不レ侮ニ暗室一」も同意。〔宋史、呂希哲伝〕

【暗射】アンシャ・アンセキ　①めくらめっぽうに射ること。②事物を見ないで、そらで言いあてること。

【暗唱】アンショウ　文章を見ずに、そらで覚えていてよめること。そらんじる。そらよみ。

【暗△誦】アンショウ　＝暗唱。

【暗礁】アンショウ　①水面の下にかくれている岩。②物事の進行が

はばまれるような困難。

【暗然】①暗いさま。②悲しくて心のふさぐさま。

【暗△澹】①暗くて、はっきりしないさま。また、暗くて静かなさま。②前途に希望のないさま。

【暗中模索・暗中△摸索】①暗やみの中を手さぐりで物を捜すこと。転じて、手がかりがないのにあてもなく捜すこと。〔隋唐嘉話〕②古人の語句などをわけも分からずに引き抜いて用いること。

【暗転(轉)】①人の知らないうちに（ひそかに運動して）地位が進むこと。②国演劇で、舞台を暗くして場面を変えること。

【暗闘(鬭)】①たがいに敵意を表面に現さないで争うこと。②芝居の、だんまり。

【暗風】暗やみの中を吹く風。

【暗△昧】味も、くらい。闇昧。①くらい。②はっきりしない。あいまい。③おろか。

【暗黙(默)】だまっていること。また、気持ちを外に現さないこと。

【暗躍】人に知られぬようにひそかに活躍すること。暗中飛躍。

【暗△喩】比喩法の一つ。物事を他にたとえていうとき、「ごとし」「似たり」などのたとえの表現を用いないで直接にいう法。韓愈の「雑説」の「天下に馬なし」の「馬」は、「人材」にたとえる類。隠喩ともいう。

【暗流】①地下の水流。②暗い水流。夕方などの水流。③表面に現れぬ推移の気運。④表だたぬ内部のもめごと。

【暗涙】人知れず（また、人目を忍んで）流す涙。

⑬日9 【暈】 3066 標 ウン 囸 yùn, yūn ― 5884 5A74

字義 ❶かさ。日や月の周囲に薄く現れる光の輪。ひがさ。つきがさ。❷あや。くま。ぼかし。❸目がくらむ。めまい。また、舟に酔う。「眩暈」 国❶ぼかす。㋐だんだんに色をうすくする。㋑あいまいにする。❷くま。くらがり。かげ。

解字 甲骨文 篆文 形声。日＋軍音。音符の軍は、めぐるの意味。日や月の周囲に現れる光の輪の意味を表す。甲骨文は象形。

【暈囲(圍)】太陽や月のまわりに生じる光の輪。

【暈△繝】国昔の、染色法の名。色と色との境界をぼかして染めたもの。繧繝。

⑬日9 【暎】 3067 △ エイ 映（3002）の俗字。→五〇〇ページ。 ― 5885 5A75

⑬日9 【暍】 3068 △ 漢エツ 呉オチ 囝 yē

字義 暑気あたり。暑さのために健康を害すること。

解字 篆文 形声。日＋曷音。

【暍死】暑気にあたって死ぬ。暑さで死ぬ。

【暍人】暑さ（熱）のために苦しんでいる人。

⑬日9 【暇】 3069 常 カ ひま 漢カ 呉ゲ 囗 xiá ― 1843 324B

筆順 日 暇

字義 ❶ひま。いとま。忙しくないこと。「閑暇」❷やすみ（休）。仕事がないこと・時間。「休暇」❸ゆっくりする。ひまでのびのびする。国いとま。㋐別れ。「暇ごい」㋑主従などの縁を切ること。解雇。

解字 篆文 形声。日＋叚音。音符の叚は、未加工の玉の意味。かくれた価値を持つひまな時間の意味を表す。

▼間暇・閑暇・給暇・賜暇・寸暇・請暇・余暇

【暇逸】ひまで遊ぶ。のんびり遊ぶ。

【暇給】ひま。いとま。

【暇△遑】いとま。ひま。

【暇日】ひまな日。ひまな時。〔孟子、梁恵王上〕壮者以暇日一、修其孝悌忠信一（壮者は暇日を以て、その孝悌忠信を修む）。

【暇予(豫)】＝暇逸。

【暇余(餘)】いとま。ひま。余暇。

⑬曰9 【會】（147） カイ 会（146）の旧字体。→六七ページ。 ― 4882 5072

⑬日9 【暉】 3070 人 キ 微 huī ― 5886 5A76

筆順 日 暉

字義 ❶かがやく。ひかる。てる。＝煇。❷かがやき。ひかり。「春暉」 名乗 あき・あきら・てらす・てる 難読 暉峻

【輝】同字 2117 3531

解字 篆文 形声。日＋軍音。音符の軍は、めぐるの意味。日がめぐり、かがやくの意味を表す。

【暉映・暉△暎】かがやきうつる。光彩が照りはえる。

【暉暉】日が明るく照るさま。

⑬日9 【暌】 3071 △ 漢ケイ 呉ケ 囝 kuí

字義 ❶日が入る。❷そむく。たがう。はなれる。

解字 形声。日＋癸音。

⑬日9 【暄】 3072 △ 漢ケン 呉カン（クワン） 园 xuān ― 5887 5A77

字義 ❶あたたかい（暖）。＝煖。❷春の末。晩春。

【煊】同字

解字 形声。日＋宣音。音符の宣は、のびのびとゆきわたるの意味。日がのびのびとゆきわたる、あたたかの意味を表す。

【暄△燠】あたたか。温暖。

【暄寒】時候のあいさつをのべること。暖かいとか寒いとかいう意。「寒暄」

【暄△妍】気候が暖かで、景色の美しいこと。

【暄風】春の暖かな風。

【暄和】あたたかくのどか。暖和。

⑬日9 【暑】（3052） ショ 暑（3051）の旧字体。→五一〇ページ。

⑬日9 【暖】 3073 教6 ダン あたたか・あたたかい・あたたまる・あたためる 漢ダン・呉ナン 唐ノン 旱 nuǎn ― 3540 4348

⑬日9 〔暖〕 3074

筆順 日 暖

字義 ❶あたたかい。日ざしがあたたかい。❷あたためる。あたたまる。国あたたかい。㋐愛情が深い。㋑経済状態がよい。「ふところが暖かい」

【煗】同字 ＝煖。あたたかい。また、あたたかさ。

名乗 あつ・はる・やす

参考 現代表記では〔煖〕（4407）の書きかえに用いることがある。「煖房→暖房」「煖炉→暖炉」

使いわけ あたたか〔暖・温〕
〔暖〕寒いの対として用いる。「暖かな春・暖かい地方」
〔温〕冷たいの対として用いる。「温かな料理・温かいふろ」

解字 会意。日＋爰（爰）。爰は亘に通じ、わたるの意味。日がわたってあたたかいの意味を表す。

▼軽暖

【暖衣飽食】着物を十分に着、腹いっぱい食べること。満ち足りた生活、またはぜいたくなくらしをすること。暖衣。暖飽。〔説苑、臣術〕

【暖気(氣)】①あたたかい気候。あたたかさ。②国気持ちがのびのびとしてゆるやかなこと。暢気。呑気。

【暖雪】あたたかい雪。桜の花をいう。

【暖流】ダンリュウ 海流の一種。赤道付近から高緯度の方に流れる、比較的に水温の高い海流。↔寒流。
【暖簾】ノウ・ノン・レン・レン 国「ノウ」は唐音「ノン」の音便。「ノ」は「ノウ」の約音。簾は、すだれ。①室の境界や入口などにさげる布製の幕。②屋号などを染め抜いて商家の店先にさげる布製の短い幕。③店の信用・名声・格式・歴史。④屋号。また、営業。「暖簾を分ける」

⑬日9 【暘】3075 △ ヨウ（ヤウ）陽 yáng　5888 5A78
字義 ❶日の出。＝昜ヨウ。❷あきらか。明るい。❸はれる。晴れ。❹かわく。かわかす。
解字 篆文 形声。日＋昜音。音符の昜ヨウは、日が高くあがるの意味。高くあがった太陽、ひのでの意味から、あきらか・ひるの意味を表す。
【暘谷】ヨウコク 想像上の地。東の果ての太陽の出る所。↔昧谷マイコク。〔書経、尭典〕

⑭日10 【朅】3076 △ 漢ケツ 呉ケチ 屑 qiè
字義 ❶さる（去）。❷たけだけしい。勇壮なさま。❸なんぞ（何）。疑問・反語の意味を示す助字。＝曷カ。
解字 文 篆 形声。去＋曷音。音符の曷カツは、切断するの意味。関係をたち切って去るの意味を表す。

⑭日10 【暭】3077 △ コウ 皞（4974）と同字。→七五六ページ。

⑭日10 【暢】3078 人 チョウ（チャウ）漾 chàng　3610 442A
筆順 日 申 申旦 暢 暢
字義 ❶のびる（伸）。㋐長くなる。生長する。㋑のびのびする。やわらぐ。「和暢」㋒ゆきわたる。❷とおる。とどく。「流暢」❸のべる（延）。のばす。広げる。
名乗 いたる・かど・とおる・なが・のぶ・まさ・みつ・みつる
難読 暢気のんき
参考 現代表記では［長］（8294）に書きかえることがある。「伸暢→伸長」
解字 形声。申＋昜音。音符の昜ヨウ＝チョウは、のびやかにあがるの意味。申も、のびるの意味。さまたげるものなく、のびるの意味を表す。
【暢洽】チョウコウ あまねく行きわたる。
【暢月】チョウゲツ 陰暦十一月の別名。
【暢叙（敍）】チョウジョ 十分に述べる。十分に書きしるす。叙暢。
【暢達】チョウタツ ①伸びる。そだつ。すくすくとそだつ。②勢いがさかんになったり立身出世したりすること。③のびのびとしていること。④文章・言語の表現がすらりとしていて意味が十分にわかること。
【暢適】チョウテキ 心がのびのびとして楽しむこと。
【暢茂】チョウモ 草木が生長して茂る。

⑭日10 【暮】3079 教6 ボ くれる・くらす　⑮日11 ［暮］3080 漢ボ 呉モ 遇 mù　4275 4A6B
筆順 艹 昔 莫 暮 暮
字義 ❶くれる。㋐日がくれる。〔史記、伍子胥伝〕日暮途遠ひくれてみちとおし。㋑年・月・季節・人生などの末になる。終わりになる。❷くれ。㋐日ぐれ。「薄暮」㋑年のくれ。「歳暮」㋒すえ。おわり。「暮春」❸よる（夜）。夕方。「旦暮タンボ」❹おそい（晩）。国❶くらす。㋐月日を送る。㋑生活する。㋒一日中やりとおす。❷くれる。迷う。苦しむ。「思案に暮れる」❸くらし。生活。生計。
参考 ⇩夜（1391）の参考
解字 形声。日＋莫（莫）音。音符の莫ボが原字で、ひぐれの意味。のち、莫が、打消・禁止の助字として使われるようになり、日を付し、区別した。
▼歳暮・夕暮・日暮・薄暮・野暮
【暮陰】ボイン 夕ぐれの薄暗さ。夕やみ。
【暮雲】ボウン 夕方のくも。ゆうぐも。
【暮笳】ボカ 夕ぐれに吹く胡笳コカ（西北方の異民族のあし笛）。
【暮角】ボカク 夕ぐれに吹いている角笛。また、その音。
【暮景】ボケイ ①夕ぐれのけしき。②老境。晩年。
【暮歳】ボサイ ①年のくれ。②老年。晩年。
【暮愁】ボシュウ 夕ぐれのさびしいもの思い。暮思。
【暮春】ボシュン 春の末。晩春。陰暦の三月。
【暮色】ボショク 夕ぐれの色・けしき・けはい。「暮色蒼然ソウゼン」
【暮雪】ボセツ 夕ぐれに降る雪。また、夕方の雪げしき。
【暮砧】ボチン 夕ぐれにうつきぬた。また、その音。〔唐、杜甫、秋興詩〕白帝城高急二暮砧一（ハクテイジョウたかくして、ボチンキュウなり）。訳文⇩寒衣（三〇八ページ）。
【暮天】ボテン 夕ぐれの空。
【暮年】ボネン 老いた年。老年。晩年。
【暮暮】ボボ 夕ぐれのたびに。毎夕。〔唐、白居易、長恨歌〕聖主朝朝暮暮情セイシュチョウチョウボボのジョウ。
【暮夜】ボヤ よる。夜になったばかりの時刻。また、夜分。夜中。「暮夜金」は、賄賂ワイロ。後漢の楊震ヨウシンが、夜、ある人の持って来た賄賂を拒絶した故事に基づく。〔後漢書、楊震伝〕

⑯日10 【暝】3081 △ 一 漢メイ 呉ミョウ（ミャウ）青 míng　二 漢メイ 呉ミョウ（ミャウ）径 míng　5889 5A79
字義 一❶くらい（暗）。かすか。「晦暝カイメイ」❷くれる。日が沈む。二くれ。日ぐれ。また、夜。
解字 形声。日＋冥音。音符の冥メイは、くらいの意味。日の光がかすかの意味を表す。
【暝天】メイテン 暗い夜の空。
【暝途】メイト 暗い道。
【暝暝】メイメイ 暗く、おおわれてさびしいさま。寂寂。

⑭日10 【暦】3082 常 レキ こよみ　⑯日12 ［曆］3083 人 許 漢レキ 呉リャク 錫 lì　4681 4E71
筆順 厂 厈 厤 曆
字義 ❶こよみ。天体の運行を測り、季節などを推算する方法。また、その結果を記録したもの。カレンダー。❷かず（数）。かぞえる。❸めぐり合わせ。さだめ。運命。❹よわい。年齢。❺年代。歳月。❻日記。
名乗 とし
解字 篆文 形声。日＋厤音。音符の厤レキは、屋内に稲を整然とつらねる形にかたどる。日の経過を整然と順序立てる、こよみの意味を表す。
▼陰暦・還暦・旧暦・聖暦・西暦・陽暦
【暦官】レキカン こよみをつかさどる官。暦正。
【暦日】レキジツ ①月日。年月。こよみで定めた日や月。②こよみ。〔唐、太上隠者、答レ人詩〕山中無二暦日一（サンチュウにレキジツなし）。
【暦術】レキジュツ ＝暦法の①。
【暦象】レキショウ ①こよみによって天体の運行を観察すること。②日・月・星。天体。象は、すがた。
【暦数（數）】レキスウ ①日月の運行を測ってこよみを作る方法。②季節・年月のめぐり。③めぐりあわせ。自然に定まっている運命。④天命を受けて帝位につく運命。〔論語、尭曰〕天之暦数在二爾之躬一（テンのレキスウなんじ（の）みにあり）。⑤国年代。年数。
【暦年】レキネン ①としつき。歳月。②こよみで定められている一年。太陽暦では平年は三百六十五日。閏年うるうどしは三百六十六日。
【暦法】レキホウ ①こよみの法則。②こよみを作る方法。

［嘗］→口部 二四ページ。

⑮日11
【暵】3084　△カン　㊥hàn

字義　❶かわく(乾)。かわかす。日にさらす。❷しぼむ。枯れしぼむ。❸あつい(熱)。あつさ。

解字　甲骨文　篆文　形声。日＋𦰩㊥。音符の𦰩カンは、甲骨文によれば、のりとをささげ持つみこが火につつまれる形にかたどり、ひでりの意味を表す。のち、日を付し、かわかすの意味を表す。

⑮日11
【暭】3085　△コウ　皞(4974)と同字。→七五六ページ。

⑮日11
【暫】3086　常 ザン　㊥サン　㊦ザン　㊥zàn　2735　3B43

筆順　亘 車 斬 暫

字義　❶しばらく。しばし。わずかの間。❷にわか。急。❸かりの。かりに。「暫定」　国しばらく。久しく。久しぶり。

解字　篆文　形声。日＋斬㊥。音符の斬ザンは、きるの意味。切りとられた時間、しばらくの意味を表す。

【暫時】ザンジ　しばらく。しばし。少時。「暫且ザンショ」

【暫定】ザンテイ　①一時の安定。②かりに定める。

⑮日11
【暱】3087　△ジツ　昵(3007)と同字。→五〇一ページ。

⑮日11
【暮】(3080)　ボ　暮(3079)の旧字体。→五一四ページ。

⑮日11
【暴】3088　教5　ボウ・バク　あばく・あばれる　一㊥ホウ・㊦ボウ　二㊥ハク・㊦バク　㊥bào　㊥pù　4329　4B3D

筆順　日 昱 昦 暴 暴

【曓】本字

字義　一❶あらい。㋐あらあらしい。たけだけしい(猛)。手あらい。「強暴」㋑はげしい。きびしい。「暴風」❷あらす。㋐そこなう(害)。㋑しいたげる(虐)。むごくする。❸あばれる。あばれ者。「暴漢」❹おかす(犯)。しのぐ(凌)。❺悪い。よこしま(邪)。❻度をすごす。不当な。「暴利」❼うつ(撃)。素手でうつ。「暴虎ボウコ」❽にわか。にわかに。突然。
二❶さらす。＝曝バク。㋐日にかわかす。日光であたためる。㋑日光や風雨にあてる。外に出しておく。❷あらわす。明らかにする。あらわれる。知れる。❸あばく。「暴露」❹かれる(枯)。かわく(乾)。「槁暴コウバク」

難読　暴代あらしろ

参考　現代表記では［曝］(3108)の書きかえに用いることがある。「曝露→暴露」

解字　篆文　会意。日＋出＋米＋廾。日は、太陽の象形。廾は両手の象形。出＋米の部分は、動物をさいた形にかたどる。動物の毛皮などをさき開いて、日にさらすさまから、日にあててかわかすの意味を表す。この作業のあらあらしいさまから転じて、あらい・にわかの意味を表す。暴を音符に含む形声文字に、曝バク・瀑バク・爆などがある。

▼横暴・凶暴・強暴・狂暴・侵暴・粗暴・乱暴・陵暴

【暴悪(惡)】ボウアク　乱暴。また、乱暴者。
【暴飲】ボウイン　度をすごして、むやみに酒などをのむこと。
【暴悍】ボウカン　性質や素行があらあらしい。
【暴漢】ボウカン　乱暴をする者。あばれ者。無法者。
【暴起】ボウキ　①にわかにおこる。②にわかに昇進する。
【暴虐】ボウギャク　しいたげる。むごい行いをする。
【暴逆】ボウギャク　①乱暴で人道にそむく。また、その人。②あらあらしくしていじめる。暴虐。
【暴挙(擧)】ボウキョ　①乱暴なふるまい。②無謀なくわだて。
【暴君】ボウクン　①暴虐な君主。②国非常にわがままな人。
【暴言】ボウゲン　乱暴で無礼なことば。
【暴虎馮河】ボウコヒョウガ　虎とらを手打ちにし、黄河を歩いて渡る。血気の勇にはやって無謀な行動をするたとえ。馮は、舟に乗らずに歩いて渡ること。〔論語、述而〕
【暴行】ボウコウ　①乱暴な行い。②国暴力を他人に加えること。
【暴恣】ボウシ　手荒くほしいまま。横暴。
【暴疾】ボウシツ　①あらあらしくてはやい。はげしくてはやい。②にわかに発した病気。急病。
【暴食】ボウショク　度をすごして、むやみにたべること。「暴飲暴食」
【暴秦】ボウシン　乱暴な秦国。無道な秦国。
【暴政】ボウセイ　乱暴な政治。
【暴憎(憎)】ボウゾウ　ひどく憎む。
【暴殄】ボウテン　乱暴にあつかい、滅ぼす。
【暴徒】ボウト　乱暴をはたらいた(暴動を起こした)者ども。徒は、「やから・人々」。
【暴怒】ボウド　はげしく(また、にわかに)怒る。激怒。
【暴騰】ボウトウ　(物価などが)にわかにはげしくあがる。↔暴落。
【暴動】ボウドウ　多数の人が集まって騒ぎを起こし、社会の治安を乱すこと。
【暴発(發)】ボウハツ　①急に起こる・はじめる。②国㋐的を定めずにむちゃくちゃに発射すること。㋑不意に弾丸が飛び出すこと。
【暴慢・暴謾】ボウマン　乱暴で(かって気ままに)いばりちらす。
【暴落】ボウラク　(物価などが)にわかにはげしくさがる。↔暴騰。
【暴乱(亂)】ボウラン　無法を行い世の中を乱す。また、暴動により世が乱れる。
【暴利】ボウリ　不当に多い(正当でない)利益。
【暴略・暴掠】ボウリャク　乱暴して人の物を奪う。強奪する。
【暴力】ボウリョク　無法で乱暴な行為。力ずく。
【暴戻】ボウレイ　乱暴で道理に反する。〔史記、伯夷伝〕暴戻恣睢ボウレイシキ。
【暴露】バクロ　①日光や風雨にさらす。外におく。②身体を風雨にさらすこと。戦場などで、苦労して働くこと。③かくしていたことが表れること。ばれる。また、秘密をあばくこと。
【以暴易暴】ボウをもってボウにかう(ふ)　乱暴な手段で他の乱暴をおさえつけようとする。悪を制するために悪を行う。伯夷ハクイ・叔斉が、周の武王が殷インの紂王チュウオウを武力をもって征伐したことを非難した言葉。〔史記、伯夷伝〕

⑯日12
【曀】3089　一二　△一㊥エイ　㊥yì　二㊥エツ・㊦エチ　㊥

字義　❶くもる。暗くなる。日がかげる。❷曇って風が吹く。

解字　篆文　形声。日＋壹㊥。音符の壹イツは、つぼを密閉するさまにかたどる。雲が天をおおって、くもるの意味を表す。

⑯日12
【暨】3090　△㊥キ　㊦ギ　㊥jì　5890　5A7A

字義　❶およぶ(及)。いたる(至)。❷と。ともに。および。❸たけし。強いさま。

解字　篆文　形声。旦＋既㊥。

⑯日12
【曉】(3048)　ギョウ　暁(3047)の旧字体。→五〇九ページ。5892　5A7C

⑯日12
【暹】3091　△セン　㊥xiān　5891　5A7B

字義　❶太陽がのぼる。また、日の出。❷すすむ(進)。❸暹羅は、シャム(Siam)。今のタイ国。

解字　会意。日＋進。日がすすむの意味を表す。

⑯日12
【曃】3092　△タイ　㊥dài

字義　くらい。明らかでないさま。「曖曃アイタイ」

解字　形声。日＋逮㊥。

⑯日12
【曈】3093　△㊥トウ　㊦ドウ　㊥tóng

字義　❶曈曨トウロウは、夜があけそめる。❷日の出。ほのぐらい。曈曚トウモウ。曈曈。

参考　〔瞳ドウ〕は別字。

解字 文 篆 形声。日＋童㊥。

(16)日12 【暾】3094 △ トン 元 tūn 5893 5A7D

字義 ❶日の出のさま。転じて、朝日。「晨暾シントン」❷朝日が物をあたためる。また、あたたか。

解字 形声。日＋敦㊥。

(16)日12 【曇】3095 常 ドン くもる 漢タン 呉ドン 覃 tán 3862 465E

筆順 曰 旦 旱 昙 曇

字義 ❶くもる。雲が日をおおう。↔晴。❷くもり。くもり空。「曇天」❸仏梵語ボン dharma の音訳、曇摩ドンマ（法の意）の略。多く僧の名に冠して用いる。国くもる。㋐はっきりしない。㋑つやが無くなる。㋒心が晴々しない。

解字 文 篆 会意。日＋雲。太陽が雲の中に沈んで、くもるの意味を表す。

(16)日12 【暼】3096 △ 漢ヘツ 呉ヘチ 屑 piē 5894 5A7E

字義 暼暼は、日の落ちる勢い。

解字 形声。日＋敝㊥。

(16)日12 【曄】3097 △ ヨウ（エフ）葉 yè ［曅］ 5901 5B21

字義 ❶かがやく。ひかる。「曄曄」❷さかん（盛）。❸いなずまの光るさま。

解字 文 篆 会意。日＋華（𠌶）。𠌶は、はなやかの意味。日の光りがはなやかにかがやくの意味を表す。

(16)日12 【暸】3098 △ リョウ（レウ）嘯 liào 5902 5B22

字義 あきらか（明）。

解字 形声。日＋尞㊥。音符の尞リョウは、かがり火があかるいの意味。日があかるい、あきらかの意味を表す。

(16)日12 【曆】(3083) レキ 暦（3082）の旧字体。→五二四ページ。

(17)日13 【曖】3099 標 アイ 隊 ài 5903 5B23

【曖】俗字 6657 6259

字義 ❶くらい。ほの暗い。❷かげる。日がかげって明らかでない。

解字 形声。日＋愛㊥。音符の愛は、まといつくの意味。日に雲がまといつく、かげるの意味を表す。

【曖曖】アイアイ ①ほのぐらいさま。②おぼろなさま。かすんではっきりしないさま。〔晋、陶潜、帰二田園居一詩〕曖曖遠人村アイアイたりエンジンのむら、依依墟里煙イイたりキョリのけむり。〈遠い村里がぼんやりかすんで見え、村里から炊事の煙がゆらゆらと立ちのぼっている〉

【曖然】アイゼン うす暗いさま。

【曖△靆】アイタイ ＝曖曖。

【曖△昧】アイマイ はっきりしないこと。あやふやなこと。確かでないこと。「曖昧模糊アイマイモコ」

(17)日13 【曏】3100 △ 一 漢キョウ（キャウ）漾 xiàng 呉コウ（カウ） 二 ショウ（シャウ）養

字義 一二 ❶さき。さきに。前に。以前。前日。❷むかう。ゆく。❸あきらかにする。

解字 文 篆 形声。日＋鄉㊥。音符の鄉は、向に通じ、むかうの意味。向かって行ってしまった日、さき・以前の意味を表す。

【曏者】キョウシャ さきに。以前に。嚮者・向者。者は、助字。

【曏来（來）】キョウライ ＝曏者。来は、助字。

(17)日13 【曙】3101 人 漢ショ 呉ジョ 御 shǔ 2976 3D6C

(18)日14 【曙】3102

筆順 日 旫 曙 曙 曙

字義 ❶あけぼの。夜明け。❷あける。夜があける。日が出る。〔唐、白居易、長恨歌〕耿耿星河欲レ曙天コウコウたるセイガ、あけんとほっするテン。

名乗 あきら・あけ 難読 曙覧あけみ

解字 文 篆 形声。日＋署㊥。音符の署は、赭シャに通じ、あかいの意味。日光が赤くかがやきそめる、あけぼのの意味を表す。

【曙△鴉・曙△鵶】ショア あけがらす。暁鴉。

【曙光】ショコウ ①あけぼのの光。夜明けのあかり。朝日の光。曙色。②国よい事の起きるきざし。好転のきざし。

(18)日14 【曛】3103 △ クン 文 xūn

字義 ❶入り日の光。夕日のくすんだ日ざし。❷たそがれ。夕方。❸赤黄色。

解字 形声。日＋熏㊥。音符の熏クンは、いぶすの意味。いぶしたような入り日のひかりの意味を表す。

【曛黄】クンコウ たそがれ。夕方。黄昏コウコン。

【曛黒】クンコク 日がくれて暗い。また、夕やみ。

【曛日】クンジツ 夕日。夕陽。

(18)日14 【曙】(3102) ショ 曙（3101）の旧字体。→中段。

(18)日14 【曚】3104 △ 漢ボウ 呉モウ 董東 méng 5904 5B24

字義 くらい。ほの暗い。はっきりと見えない。

解字 形声。日＋蒙㊥。音符の蒙モウは、おおうの意味。日の光がおおわれてほのぐらいの意味を表す。

【曚△昧】モウマイ ①暗い。うす暗い。②道理に暗い。おろか。「無知曚昧」

【曚△曨・曚△矓】モウロウ ①ほの暗くぼうっとしているさま。②心などがぼうっとしていて不確かなさま。

(18)日14 【曜】3105 教2 ヨウ ヨウ（エウ）嘯 yào 4543 4D4B

(18)日14 【曜】3106

筆順 日 旧 晒 暭 曜

字義 ❶かがやく。ひかる。＝燿ヨウ・耀ヨウ。❷ひかり。日のかがやき。❸あきらか（明）。❹日・月と五星（火・水・木・金・土）の総称。七曜。国ヨウ。日・月と五星を一週七日に配当して呼ぶ称。

名乗 あきら・てらす・てる

解字 形声。日＋翟（𦐇）㊥。音符の翟テキは、高くおどりあがるの意味。高くあがる日、かがやくの意味を表す。

▼光曜・七曜・照曜

(19)日15 【曠】3107 標 コウ（クヮウ）漾 kuàng 5905 5B25

【昿】俗字 5906 5B26

字義 ❶むなしい（空）。ひろい（広）。広くて何もない。「空曠」❷むなしくする。㋐あける。からにする。㋑むだにする。おろそかにする。❸ひろい（広）。大きい。❹ひさしい（久）。遠い。❺あきらか。さえぎるものがなくて明らかなさま。

参考 現代表記では［広］（1979）に書きかえることがある。「曠野→広野」

難読 曠野あらの

解字 文 篆 形声。日＋廣㊥。音符の廣（広）は、ひろいの意味。日が広く照って明るいの意味を表す。また、転じて、ひろすぎてむなしいの意味をも表す。

【曠遠】コウエン 広くて遠い。また、遠い。

【曠恩】コウオン 広大な恩。

【曠懐（懷）】コウカイ 広々とした心。また、心を広くする。

【曠官】コウカン 官を曠むなしくする。官職を怠り、務めをおろそかにすること。

【曠古】コウコ 古いにしえをむなしくする意。前例のないこと。空前。未曾有ミゾウ。前代未聞ゼンダイミモン。「曠古の大業」

【曠歳・曠載】(コウサイ) むだに年月を過ごす。また、久しい年月。

【曠士】(コウシ) 物事にこだわらず、心のゆったりした人物。

【曠日】(コウジツ) ①一日中。終日。②日をむなしくする。むだに日を過ごす。③多くの月日を経る。曠日経年。

【曠日持久】(コウジツジキュウ) ①長い間もちこたえる。〔戦国策、趙〕②なにもせずに（むなしく）幾日もすごす。

【曠日△弥（彌）久】(コウジツビキュウ) ①多くの月日を経る。〔韓非子、説難〕②日をむなしくして久しきに弥(わた)る。むだに月日を過ごす。〔戦国策、燕〕

【曠職】(コウショク) ①職務をおこたること。職責をつくさないこと。②官職を欠けたままにしておいて後任者を置かないこと。

【曠世】(コウセイ) ①一世をむなしくする意。またと世にない。当世にくらべ得るものがない。「曠世の才」②久しい間。また、一生の間。

【曠然】(コウゼン) ①広大なさま。②むなしいさま。わだかまりのないさま。

【曠代】(コウダイ) ①世にまれな。「曠代の盛事」②何代も経る。長い年月にわたる。「曠代弥久(コウダイビキュウ)」

【曠達】(コウタツ) 心が広く、物事にこだわらないこと。

【曠度】(コウド) 大きな度量。広い心。大きな気構え。大度。

【曠△蕩】(コウトウ) ①広々として広大なさま。②広く大きい度量。③しまりのないこと。放埒(ホウラツ)なこと。

【曠年】(コウネン) ①長い年月。長い間。②長い年月を経る。

【曠廃（廢）】(コウハイ) ①捨てる。おこたる。おろそかにする。②すたる。弛廃(シハイ)。荒廃。

【曠夫】(コウフ) 男やもめ。壮年で妻のない男。〔孟子、梁恵王下〕

【曠野】(コウヤ) 広い野原。（人家や樹木のない）荒れ野。曠原。広野。〔詩経、小雅、何草不黄〕率彼曠野(かのコウヤにしたがう(ふ))。

(19)日15 **【曝】** 3108 標 漢ホク・呉ボク 〔屋〕 pù 慣バク　—3988 *4778*

字義 さらす。日にさらす。日にかわかす。＝暴(バク)。〔戦国策、燕〕蚌方出曝(ボウまさにいでてさらす)。

参考 現代表記では［暴］（3088）に書きかえることがある。「曝露→暴露」

解字 形声。日＋暴㊥。音符の暴は、さらすの意味で、曝の原字。

【曝書】(バクショ) 書籍を日光や風にさらして虫くいなどを防ぐこと。書物の虫干し。曬書(サイショ)。

(20)日16 **【曦】** 3109 △キ 〔支〕 xī 慣ギ　—5907 *5B27*

［曦］俗字

字義 ❶太陽の色。日色。❷太陽の光。日光。

解字 形声。日＋羲㊥。音符の羲(ギ)は、義に通じ、規則正しいの意味。運行の規則正しい、太陽の意味を表す。

(20)日16 **【曨】** 3110 △ロウ 〔董東〕 lóng

字義 あけぼの。日の出のころの明るさ。うす明るいさま。「曨曨」

解字 篆文 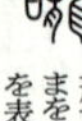 形声。日＋龍㊥。音符の龍は、はっきりしないさまを表す擬態語。まだうす暗い、あけぼのの意味を表す。

(21)日17 **【曩】** 3111 △ノウ（ナウ） 〔養〕 nǎng　—5908 *5B28*

字義 ❶さき。㋐以前。前日。昔。㋑さきの事がら。前者。❷さきに。かつて（嘗）。以前に。

解字 篆文  形声。日＋襄㊥。音符の襄(ジョウ→ノウ)は、つめこむの意味。日数が間につめこまれた以前、さきごろの意味を表す。

【曩者】(ノウシャ) ①さきに。以前に。むかし。者は、助字。②さきの者。前者。

【曩昔】(ノウセキ) さきの日。前日。以前。かつて。むかし。

【曩祖】(ノウソ) 先祖。祖先。

(23)日19 **【曬】** 3112 △ 漢サイ 呉シャ 〔卦〕 shài

［晒］準標 2715 *3B2F*

字義 さらす。㋐日にさらしてかわかす。㋑照りつける。

参考 ［晒］は同字で、印刷標準字体。

解字 篆文  会意。日＋麗。麗は、きれいにならぶの意味。日の方に向けて、きれいに並べる、さらすの意味を表す。

【曬書】(サイショ) 書物を日にさらす。書物の虫干し。曝書(バクショ)。

4 月（月）部

〔部首解説〕 つき。にくづき（肉月）。つきへん。この部首の月には、日月の月(つき)と、肉が偏になるときの形の肉月(にくづき)と、二種が含まれる。両者は意味上まったく関係がないが、同形なので、肉部の中で肉月の形をもつ文字をこの部首に含めた。また、この両者とも成り立ちの異なる舟月(ふなづき)の形（旧字体で、月。舟の変形）があるが、これはもとから月部に含まれていた。親文字の上に記した月・肉の区別は、本来の部首を示す。

〔つき〕 月を意符として、月や日にちに関する文字ができている。

〔にくづき〕 〔肉〕の部首解説を見よ。→八九九ページ。

豚→豕部一〇三三ページ。勝→力部一五三ページ。塍→土部二四一ページ。

媵→女部二八七ページ。滕→水部六一四ページ。縢→糸部八六七ページ。

螣→虫部九六八ページ。謄→言部一〇三五ページ。騰→馬部一二三四ページ。

鰧→魚部一二四六ページ。黱→黒部一二七〇ページ。

(4)月0【月】3113 教1 ゲツ・ガツ つき

(4)月0〔月〕3114 漢ゲツ・呉ガチ（グヮチ）円 yuè　2378 376E

五月晴（さつきばれ）・五月雨（さみだれ）

筆順 丿 冂 月 月

字義 ❶つき。㋐太陰。地球の衛星。↕日。㋑つきの光。つきかげ。㋒一年を十二分した一期間。㋓としつき。つきひ。歳月。光陰。㋔つきのもの。月経。❷月ごとに。毎月。

難読 月下部（かすかべ）・月極（つきぎめ）・月見里（やまなし）・月次（つきなみ）・月代（さかやき）・月日（おち）・月来（つきごろ）

解字 甲骨文 金文 篆文

象形。つきの欠けた形にかたどり、つきの意味を表す。

形声文字の音符となるときには、えぐりとられて欠けるの意味を共有する。月を音符に含む文字に、刖（ゲツ）・跀（ゲツ）などがある。

▼雨月・海月・隔月・花月・寒月・期月・季月・吉月・弦月・江月・極月・孤月・今月・蚕月・残月・日月・秋月・祥月・暑月・如月・除月・新月・水月・夕月・繊月・霜月・団月・半月・風月・片月・辺月・望月・満月・名月・明月・落月・良月・臨月・累月

【月暈】（ゲツウン）つきがさ。月のまわりに生ずる環状の雲気。

【月下】（ゲッカ）つきかげのもと。月光のさす所。

【月下氷人】（ゲッカヒョウジン）月下老と、氷上人。ともに縁結びの神。転じて、結婚のなかだちをする人。なこうど。媒酌人。

【月華】（ゲッカ）①月の光。月光。②つきがさ。月暈（ゲツウン）。③転じて、月。

【月晦】（ゲッカイ）月のみそか。つごもり。

【月宮】（ゲッキュウ）つきのみやこ。また、月の中の都にあると信じられていた宮殿。広寒宮。月宮殿。月府。

【月琴】（ゲッキン）弦楽器の一種。四弦で琴柱（ことじ）が十二ある。形は琵琶（ビワ）に似て、円く、音は琴に近い。

〔月琴〕

【月窟】（ゲックツ）①月の中の岩穴。また、だれ一人訪れる者もなく、月だけがむなしく照らすいわやの中。②西の果ての地。西域の月氏国をいう。③月の出る所。

【月桂】（ゲッケイ）①月の中に生えるというかつらの木。転じて、月。また、月光。②科挙に及第すること。③木の名。クスノキ科に属する常緑高木。中国南方や地中海沿岸などに産し、葉・実によいかおりがある。月桂樹。

【月桂冠】（ゲッケイカン）月桂樹の枝葉で作った冠。昔、ギリシャで月桂樹をアポロ神の霊木とし、その枝葉で作った冠を競技の優勝者にかぶらせた。転じて、勝利のしるし・最高の名誉のある地位をいう。

【折二月桂一】（ゲッケイをおる・つきのかつらをおる）科挙（官吏登用試験）に及第すること。晋（シン）の郤詵（ゲキシン）が科挙に及第することを「桂林の一枝・崑山（コンザン）の片玉」にたとえた故事。のちに「桂」を「月中の桂」としたもの。折桂。〔兼明書、雑説、月桂〕⇩桂林一枝・折レ桂（五五八ページ）。

【月卿】（ゲッケイ）①最高位高官の人。大臣。天子を日にたとえるに対し、大臣を月にたとえていう。②国三位以上の公卿（クギョウ）。

【月卿雲客】（ゲッケイウンカク）国高位高官の人たち。卿は三位以上の公卿（クギョウ）、雲客は雲の上人・殿上人（テンジョウびと）。

【月光】（ゲッコウ）月の光。月あかり。〔唐、李白、把レ酒問レ月詩〕唯願当レ歌対レ酒時（ただねがう（ふ）うたにあたりさけにタイするとき）、月光長照二金樽裏一（ゲッコウのながくキンソンのうちをてらさんことを）。〈ただひたすら願うことは、歌をうたい、酒を飲んでいる時だけは、月の光がずっと黄金造りの酒だるの中まで照らしていてほしいことだ〉

【月彩】（ゲッサイ）月の光。月光。月華。

【月朔】（ゲッサク）月のはじめ。毎月のついたち。月吉。

【月氏】（ゲッシ）昔、西域の国の名。トルコ種族で、今の甘粛省の西境にいたが、漢代、匈奴（キョウド）に破られて、中央アジアのソグジアナ南部に移った。大月氏・小月氏がある。月支。

【月食・月蝕】（ゲッショク）地球が太陽と月との間にはいって、太陽の光をさえぎるために、月面の全部または一部分が暗くなる現象。

【月精】（ゲッセイ）①月の精。また、姮娥（コウガ）（月中に住む美人）をいう。②うさぎ。

【月夕】（ゲッセキ）①月の出ている夕べ。つきよ。②陰暦八月十五夜。仲秋の名月の夜。③月末。

【月旦】（ゲッタン）①月のついたち。朔日（サクジツ）。月朔。②人物の批評。後漢の許劭（キョショウ）が毎月のついたちに、友人と郷里の人物を批評し合った故事。月旦評。〔後漢書、許劭伝〕

【月旦評】（ゲッタンヒョウ）＝月旦の②。

【月中桂】（ゲッチュウのかつら）月にはえているという、かつらの木。高さ五百丈あり、切っても切っても、すぐに切り口が直るという。↓月桂（ゲッケイ）の①。

【月兎】（ゲット）月の別名。月の中に兎（うさぎ）がいるという伝説に基づく。

【月白風清】（つきしろくかぜきよし）月があきらかで、吹く風がここちよい。秋の月夜のさわやかなさま。〔宋、蘇軾、後赤壁賦〕——、如二此良夜一何（このリョウヤをいかんせん）。〈——、このすばらしい晩をどのようにして過ごそうか（とても無為に過ごす気にはなれない）〉

【月魄】（ゲッパク）月の精。また、月の別名。月霊。

【月俸】（ゲッポウ）月ぎめの給料。月給。↕日給・年俸。

【月望】（ゲツボウ）もちづき。十五夜。望月。

【月満（滿）則虧】（つきみつればすなわ（は）ちかく）満月になるとかならずかける。物ごとがさかんになるとかならずおとろえるたとえ。〔史記、蔡沢伝〕——、物盛則衰（ものさかんなればすなわ（は）ちおとろう（ふ））。〈——、物事は盛りを極めればあとはかならずおとろえるものである〉

【月明星稀】（つきあきらかにほしまれなり）月の光があきらかで、星がまばらにしか見えない。すぐれた賢人が出て、小人の影の薄くなるたとえ。三国時代、魏（ギ）の曹操が、蜀（ショク）の劉備（リュウビ）の逃走をそしった詩句。〔文選、武帝、短歌行〕——、烏鵲南飛（ウジャクみなみにとぶ）。〈かささぎが南の方に飛んで行く（劉備は南へ逃走した）〉

【月落烏啼霜満（滿）レ天】（つきおちからすなきてしもテンにみつ）月は西に傾き、からすが鳴き、霜の気が天空いちめんに満ちている。〔唐、張継、楓橋夜泊詩〕——、江楓漁火対二愁眠一（コウフウギョカシュウミンにタイす）。〈——、川岸のかえでの間には、いさり火が点々としており、旅愁のために寝つかれないわが目に映じている〉

■ 十二月の別名

月	季名	漢名	和名
正月	孟春・上春	元月（ゲンゲツ）・陬月（スウゲツ）・太簇（タイソウ）	睦月（むつき）
二月	仲春	令月（レイゲツ）・如月（ジョゲツ）・仲陽（チュウヨウ）・夾鐘（キョウショウ）	如月（きさらぎ）・衣更着
三月	季春・晩春	竊月（ヘイゲツ）・嘉月（カゲツ）・姑洗（コセン）	弥生（やよい）
四月	孟夏・初夏	余月（ヨゲツ）・麦秋（バクシュウ）・正陽（セイヨウ）・中呂（チュウリョ）	卯月（うづき）
五月	仲夏	皐月（コウゲツ）・蕤賓（ズイヒン）	皐月（さつき）
六月	季夏・晩夏	且月（ショゲツ）・林鐘（リンショウ）	水無月（みなづき）
七月	孟秋・新秋	相月（ソウゲツ）・涼月（リョウゲツ）・夷則（イソク）	文月（ふみづき・ふづき）
八月	仲秋・正秋	壮月（ソウゲツ）・南呂（ナンリョ）	葉月（はづき）
九月	季秋・晩秋	玄月（ゲンゲツ）・粛霜（シュクソウ）・無射（ブエキ）	長月（ながつき）
十月	孟冬・初冬	陽月（ヨウゲツ）・良月（リョウゲツ）・応鐘（オウショウ）	神無月（かんなづき）
十一月	仲冬	辜月（コゲツ）・朔月（サクゲツ）・黄鐘（コウショウ）	霜月（しもつき）
十二月	季冬・残冬	涂月（トゲツ）・臘月（ロウゲツ）・極月（ゴクゲツ）・大呂（ダイリョ）	師走（しわす）

【月輪】ゲツリン ①月をいう。②国つきのわ ㋐円い形。㋑熊くまののどにある三日月みかづき形の白い毛。

【月令】ゲツレイ・ガツリョウ ①一年、十二か月の、それぞれの時候に応じて、行うべき政令。また、その政令を記録したもの。『礼記ライキ』に月令編がある。②転じて、時候。

【月齢(齡)】ゲツレイ 国月の満ち欠けの大きさを表す日数。新月を一日とし、満月を十五日とする。陰暦の基礎となるもの。

【乗(乘)レ月】つきにジョウず 月夜をさいわいに。また、月の光を受けながら。

【酔(醉)レ月】つきによう(ふ) 月をながめながら酒に酔う。

【△喘レ月】つきにあえ(へ)ぐ 呉の地方の牛が炎熱を恐れるあまり、月かげを見ても太陽かと思い、息をせわしくすること。過度に恐れることのたとえ。〔世説新語、言語〕

【歩レ月】つきにホす つきかげをふんで歩く。月夜に歩く。

(6)肉2
【肌】3115 常 はだ
㊀キ 支 jī
㊁漢キ・呉ケ 寘 jì
4009
4829

筆順 ⺆ 月 肌 肌

字義 ㊀はだ。はだえはだ。皮膚。
㊁からだ。肉体。国はだ。はだあい。気質かたぎ。「学者肌」
難読 肌理きめ

解字 篆文 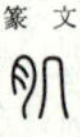 形声。月(肉)＋几音。几キは、緊キンに通じ、ひきしまるの意味。生きた肉体を覆う、ひきしまった〔はだの意味を表す。
▼死肌・雪肌・氷肌
【肌膚】キフ はだ。はだえ。皮膚。
【肌理】キリ 皮膚のきめ。膚理。

(6)肉2
【有】3116 教3 ユウ・ウ ある
㊀漢ユウ(イウ)・呉ウ 有 yǒu
㊁漢ユウ(イウ)・呉ウ 宥 yòu
4513
4D2D

筆順 ノ ナ 冇 有

字義 ㊀❶ある。あり。↕無。㋐実存する。存在する。㋑もっている。所持する。㋒あらわれ生ずる。事が起こる。❷あること。あるもの。実在。「万有」❸もつ。持っている。備えている。「具有」「所有」❹たもつ。持ちつづける。「保有」❺もちもの。所有物。富とみ。財産。❻おおい(多)。とむ(富)。❼国名などにそえる接頭語。「有虞」「有周」❽仏ウ。十二因縁の一つ。生死輪廻リンネの根源となるもの。
㊁また。そのうえさらに。＝又ユウ。「十有五(十五歳)」
名乗 あり・すみ・とも・なお・みち・もち・り
難読 有家うげ・有りえ・有ありそ海のうみ・有功いさお・有珠うす・有住ありす・有年うね
（※難読 有家うげ・有りえ…）

参考 文字の成り立ちからいえば、意符の月は肉であるが、『康熙コウキ字典』に従って月の部に入れる場合もある。

使いわけ ある〔有・在〕
〔有〕……がある。「責任の一半が有る」
〔在〕……にある。存在する。「都の西北に在る」
ただ紛らわしい例も多い。「ありし日のおもかげ・相手のあることだから……」

解字 甲骨文 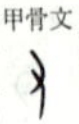 金文 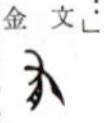 篆文  形声。月(肉。月つきは誤った形)＋又音。音符の又ユウは、右手の象形で、有の原字。金文になって、下に肉を付した。肉を持つ・あるの意味を表す。
▼享有・拠有・希有・固有・所有・占有・専有・通有・万有・富有・無有・領有

【有為(爲)】ユウイ ①ことをなす才能がある。役に立つこと。有能。②なすべきつとめがある。③仏ウイ 人の世の変わりやすく、はかないこと。↓次項。
【有為(爲)転(轉)変(變)】ウイテンペン 仏世の中のことが、常に移り変わって、少しの間も同じ状態にとどまらぬこと。無常ではかないこと。
【有夏】ユウカ ①中国本土。中国。中華。有は接頭語、夏は大の意。②夏后氏。夏カの王朝。有は接頭語。
【有閑】ユウカン ①ひまがある。有間。②国資産があって生活に余裕があり、ひまの多いこと。
【有間】ユウカン ①しばらくして。少したって。②病気が少しよくなる。③ひまがある。有閑。④すきまがある。仲が悪い。
【有機】ユウキ 生活機能を持っていること。また、その物。動・植物。↕無機。
【有機体(體)】ユウキタイ ①生活機能を持っている組織体。動・植物。有機物。↕無機体。②多くの部分が一つに組織され、部分と全体とが切りはなすことのできない関係にあるもの。宇宙・社会など。
【有給】ユウキュウ 給料が支給されること。↕無給。「有給休暇」
【有虞氏】ユウグシ 中国古代伝説上の帝王、舜シュンをいう。虞(今の山西省平陸県の北)を領したから称する。有は接頭語。
【有△卦】ウケ 陰陽家の語。運が向いてきてよい事が続くこと。都合がよくなること。「有卦にいる」
【有形】ユウケイ かたちがある。また、形のある物。物体。↕無形。
【有△頃】ユウケイ・しばらくありて しばらくして。
【有効(效)】ユウコウ ①ききめがある。効果がある。②役にたつ。③法律上の効力を生ずること。
【有子】ユウシ ①子がある。②孔子の門人の有若。子は尊称。
【有史】ユウシ 国歴史としての記録が残っている。↕先史。「有史以来」
【有司】ユウシ 役人。官吏。
【有事】ユウジ ①仕事がある。用事がある。②ふだんと変わった事がある。事件が起こる。↕無事。
【有職】ユウショク ①つかさどるところがある。②国ユウソク ㋐その道にあかるい人。もの知り。学者。㋑朝廷や武家などの儀式・法制などに明るい人。有識家。故実家。
【有識】ユウシキ ①学問や見識があること。また、その人。ものしり。②仏ウシキ 生きもの。衆生シュジョウ。凡夫。③国ユウソク・ユウショク ㋐＝①。
②。㋑おおやけの儀式や先例。㋒人柄のりっぱなこと。
【有若】ユウジャク 孔子の門人。字あざなは子有。顔が孔子に似ていたので、孔子の死後、門人が立てて師とした。有子。（前五三八—〔?〕）
【有周】ユウシュウ 周の国をいう。有は接頭語。
【有終△之美】ユウシュウのビ 物事を最後までりっぱになしとげること。「有終の美を飾る」〔は、接頭語。
【有衆】ユウシュウ たみ。人民。朝廷や君主が人民をよぶことば。有
【有情】ユウジョウ ①㋐喜怒哀楽などの感情がある。↕非情。㋑なさけがある。㋒おもむきがある。㋓男女の間に恋心がある。恋愛。②仏ウジョウ この世に生をうけてなさけを解するもの。いっさいの人間・鳥獣などをいう。↕無情(草木など)。
【有心】ユウシン ①心に思うことがある。思慮がある。②気をつける。③国ウシン ㋐分別がある。気がきいている。㋑普通の和歌。↕無心(狂歌)。㋒滑稽コッケイを主とする無心連歌に対して純正の連歌をいう。
【有数(數)】ユウスウ ①数えるほどしかないこと。数少ない。屈指。②自然の道理がある。数は術。③定まった運命がある。
【有政】ユウセイ まつりごと。政事。有は、接頭語。
【有巣(巢)氏】ユウソウシ 中国古代伝説上の天子。人民に居住の方法を教え、鳥獣の害から守ったと伝えられる。
【有象無象】ウゾウムゾウ ①仏形のあるもの、ないものすべて。天地間のありとあらゆるもの。万物。②国つまらぬ者ども。
【有頂天】ウチョウテン ①仏形ある世界の最も高い所。九天の中で最も高い所にある天。②国喜びのあまり、われを忘れること。うわのそら。夢中。
【有土】ユウド 国をたもつ。また、その国君。「有土之君ユウドのきみ」
【有道】ユウドウ ①道徳を身にそなえていること(人)。②道徳が行われて、世の中のよく治まること。
【有徳】ユウトク ①りっぱな徳をそなえていること。また、その人。②ウトク ㋐＝①。㋑富裕なこと。「有徳人(金持ち)」
【有年】ユウネン ①穀物がよくみのる。豊作。②幾年もたつ。

【有方】（ユウホウ）①四方。有は、接頭語。②道にかなった行い。③一定の方角がある。きまった場所がある。

【有邦】（ユウホウ）国家。有は、接頭語。

【有△朋】（ユウホウ）志を同じくする友達がある。〔論語、学而〕→有下朋自二遠方一来上（ともエンポウよりきたるあり）〔五三六ページ〕。

【有望】（ユウボウ）①のぞみがある。みこみがある。②遠くから仰ぎ見る。

【有明】（ユウミン）①明の王朝。有は、接頭語。②国（ありあけ）㋐夜があけているのにまだ残っている月。有明月。㋑ありあけ月のあるころ。あかつき。夜あけ。

【有無】（ユウム・ウム）①あることと、ないことと。あるなし。また、物がじゅうぶんにあることと、ないことと。②国（ウム）承知することと、しないことと。いやおう。諾否。「有無をいわせず」

【有名】（ユウメイ）①名高い。著名。②名のあるもの、天地をいう。天地の根源である道を無名というのに対していう。〔老子、一〕無名天地之始（ムメイはテンチのはじめ）、有名万物之母（ユウメイはバンブツのははなり）。〈名のつけようのないもの（老子の道）こそ、天地の根源であり、（道によって生成されて）名づけられた天地は、万物を生みだす母である〉

【有名無実（實）】（ユウメイムジツ）名前だけがりっぱで、実質がそれに伴わないこと。〔呉志、趙達伝〕

【有△耶無△耶】（ウヤムヤ）国どっちつかず。あいまいなこと。

【有用】（ユウヨウ）使いみちがある。役にたつ。また、入り用がある。↕無用。

【有生△於無一】（ユウはムにショウず）形あるものは形のない無から生じる。天地万物が無形の道から生じることをいう。〔老子、四十〕

(6)肉2【肋】3117 標 ロク 職 lèi, (lè)　4730 4F3E

字義 あばら。あばらぼね。前部の胸骨とともに胸を囲んで肺や心臓を保護する骨。肋骨。

解字 篆文 形声。月（肉）＋力音。音符の力は、理に通じ、すじの意味。胸の所にすじになって見える、あばらの意味を表す。

【肋骨】（ロッコツ）①あばらぼね。→字義。②国船体の外側を形づくる、あばら骨状の骨組み。

【肋膜】（ロクマク）あばらぼねの内部にあって、肺を包む薄いまく。

(7)肉3【肝】3118 常 カン きも　カン 寒 gān　2046 344E

筆順 月 月 肝 肝

字義 ❶きも。肝臓。五臓の一つ。❷こころ。また、まごころ。「銘肝」「肺肝」❸かなめ。たいせつな所。「肝要」 難読 肝属（きもつき）

解字 篆文 形声。月（肉）＋干音。音符の干は、幹に通じ、みきの意味。肉体の中のみきにも当たる重要な部分、きもの意味を表す。

▼心肝・忠肝・肺肝・銘肝

【肝△膈】（カンカク）①肝臓と、みぞおち。②心の中。

【肝心】（カンシン）①肝臓と心臓。転じて、こころ。②（カンジン）かなめ。たいせつな所。肝要。肝腎（カンジン）。

【肝△腎】（カンジン）①肝臓と腎（ジン）臓。②＝肝心の②。

【肝臓（臟）】（カンゾウ）消化管に付属する一大分泌腺（ブンピツセン）。胆汁を作り、栄養をたくわえる。

【肝胆（膽）】（カンタン）①肝臓と胆嚢（タンノウ）。きも。②こころ。また、まごころ。

【肝胆（膽）相照】（カンタンあい（ひ）てらす）たがいに心の中をうちあけ合って、親しく交わること。主として、友人の間についていう。〔故事必読成語考、朋友賓主〕

【肝脳（腦）塗レ地】（カンノウチにまみる）肝臓や脳がどろにまみれる。戦場などで悲惨な死に方をすること。「肝胆塗レ地」も同じ。〔史記、劉敬伝〕

【肝肺】（カンパイ）肝臓と肺臓。転じて、こころ。まごころ。

【肝銘】（カンメイ）心に深く刻みこんで忘れない。

【肝要】（カンヨウ）かなめ。たいせつな所。肝心。肝腎（カンジン）。

(7)肉3【肛】3119 標 □一コウ（カウ）江 gāng □二漢コウ・呉グ 東 gāng　7074 666A

字義 □一はれる（はる）。ふくれる。□二しりのあな。肛門。

解字 形声。月（肉）＋工音。音符の工は、大きいの意味。腹がふくれるの意味を表す。工は、また、つらぬくの意味。肉体をつらぬく穴、しりの穴の意味をも表す。

(7)肉3【肓】3120 △ コウ（クヮウ）陽 huāng　7075 666B

字義 むなもと。心臓の下、横隔膜の上で、昔の医者が鍼（はり）も薬もとどかないと考えた所。「膏肓（コウコウ）」

参考 〔盲（モウ）〕は別字。

解字 篆文 形声。月（肉）＋亡音。音符の亡（モウ＝ボウ）は、盲に通じ、見えないの意味。人の目のとどかない、肉体の奥の所の意味を表す。

(7)肉3【肖】3121 常 ショウ　(7)肉3〔肖〕3122　ショウ（セウ）嘯 xiào　3051 3E53

筆順 丨 小 肖 肖

字義 ❶にる（似）。骨組や体つきが似る。「不肖」❷にせる。のっとる。かたどる。❸ちいさい。＝小。 難読 肖者（あやかりもの）・肖奈（あえもの）（せな）

解字 篆文 形声。月（肉）＋小音。骨肉の中の幼く小さいものの意味から、似るの意味を表す。

▼不肖

【肖似】（ショウジ）よく似ていること。

【肖像】（ショウゾウ）にすがた。人の顔や姿などを写した絵、または彫刻。

(7)肉3【肘】3123 標 チュウ（チウ）有 zhǒu　4110 492A

字義 ❶ひじ（ひぢ）。腕の関節。また、その上下の部分。❷ひじをつかまえてとめる。おさえる。掣肘（セイチュウ）。

解字 篆文 形声。月（肉）＋寸音。音符の寸は、手のひじを示す指事文字。肉を付し、ひじの意味を表す。

(7)肉3【肚】3124 △ □一漢ト・呉ズ（ヅ）麌 dù □二漢ト・呉ツ 麌 dǔ　7076 666C

字義 □一はら（腹）。□二い（胃）。いぶくろ。

解字 形声。月（肉）＋土音。

【肚裏・肚△裡】（トリ）腹のうち。心の中。

(7)肉3【肜】3125 △ ユウ（イウ）東 róng

字義 ❶祭りの名。本祭りの翌日に行う祭り。❷肜肜は、やわらぎ楽しむさま。

解字 会意。月（肉）＋彡。

(8)肉4【育】3126 教3 イク そだつ・そだてる　イク 屋 yù　1673 3069

筆順 亠 云 云 育

〔毓〕同字 6158 5D5A　〔育〕本字

字義 ❶そだてる（そだつ）。はぐくむ。やしなう。しつける。「養育」「教育」❷そだつ。生長する。❸うむ。生まれる。❹おさない（幼）。 名乗 なり・やす

解字 甲骨文 金文 篆文 別体 象形。甲骨文・金文は、女性が子を生む形にかたどり、うむ・はぐくむの意味を表す。篆文は会意で、𠫓＋月（肉）。

▼愛育・化育・教育・訓育・飼育・成育・生育・体育・徳育・発育・扶育・保育・養育

【育英】（イクエイ）①英才を教育する。②教育。

【育△鞠】（イッキク）こどもを育てる。

【育成】養い育てる。育てあげる。

(8)肉4 【肸】3127 △ 漢キツ 呉キチ 質 xì

字義 ❶しく(布)。ひろがる。ひびきわたる。❷ととのえる。❸ふるいおこる。さかんにおこる。

解字 篆文 形声。十+肸音。十は、多いの意味。音符の肸は、肉を細かに切りならべるの意味。小虫などが、さかんに群がるの意味を表す。 2410 382A

(8)肉4 【肩】3128 常 ケン かた

(8)肉4 〔肩〕3129 ケン 先 jiān

筆順 一 ⺕ 戸 肩

字義 ❶かた。腕と胴体とが接続する関節の上部。❷になう。かつぐ。また、たえる。もちこたえる。❸三歳の獣。

難読 肩巾

解字 篆文 会意。戸(戶)+月(肉)。戶は、かたの象形。月は、肉の象形。かたの意味を表す。

▼双肩・比肩・並肩

【肩章】国制服のかたにつけて、階級などを表すしるし。

【肩随(隨)】①目上の人と歩くとき、少しうしろからついて行くこと。②転じて、ついて行く。いっしょに行く。

【肩摩】肩と肩とすれあう。人の混雑すること。

【肩△輿】ふたりで肩にかつぐかご。

【脅レ肩】両肩をすぼめて高く上げ、身をすくませる。㋐こびるさま。㋑おそれつつしむさま。

【比レ肩】肩をならべる。㋐同列・同位にいること。㋑一緒に、また、同時にすること。

(8)肉4 【股】3130 標 コ 麌 gǔ

字義 ❶もも。足の膝から上の部分。膝から下を脛(すね)という。大腿部。❷また。㋐またぐら。足のつけね。足の上部のまたになっている部分。㋑物の分かれてまたになっているもの。「釵股」❸直角三角形の直角をはさむ二辺のうち、長い方の辺。❹物事の一部分。 2452 3854

難読 股座

解字 篆文 形声。月(肉)+殳(殻)音。音符の殻は、胯に通じ、またの意味を表す。

【股△肱】①ももと、ひじ。手足。②主君の手足となって働く、最もたのみになる家来。「股肱之臣」③手足となって、助けること。

【股戦(戰)】恐ろしさで足がふるえること。戦は、おののく。

【股△栗・股△慄】＝股戦。

【刺レ股読(讀)レ書】戦国時代の蘇秦が読書して眠くなると、錐でももをさした故事。刻苦勉励すること。〔戦国策、秦〕

(8)肉4 【肴】3131 標 漢コウ(カウ) 呉ギョウ(ゲウ) 肴 yáo

【餚】同字

字義 さかな。調理した骨つきの肉・魚。また広く、肉や魚を使った料理をいう。国さかな。㋐酒を飲むとき、そえて食べる料理。㋑酒席で興をそえる歌舞など。 2672 3A68

解字 篆文 形声。月(肉)+爻音。音符の爻は、まじえるの意味。いろいろな肉を交える、ごちそうの意味を表す。

【肴核】肉料理とくだもの。ごちそう。核は、くだもの。〔宋、蘇軾、前赤壁賦〕肴核既尽。

(8)肉4 【肯】3132 常 コウ

コウ 迥 kěn 2546 394E

筆順 ⺊ ⺊ 止 肯

【肎】本字

字義 ❶骨についた肉。「肯綮」❷がえんずる。うべなう。うなずく。よいとする。承知する。「首肯」❸あえて。⇩助字解説

助字解説 あえて。進んで……する。類敢。〔唐、杜甫、客至詩〕肯与二隣翁一相対飲。〈ぜひ隣りのおじいさんをさそってさしむかいで飲もう〉

解字 金文 篆文 会意。止+月(肉)。篆文は、冖+月(肉)。止・冖は、骨の象形。月は、肉の象形。ほねについている肉の意味を表し、承知するの意味をも表す。

▼首肯

【肯△綮】肯は骨についた肉、綮は筋肉の結合したところ。牛などの肉を切り離すとき、刃物がここにあたればたくみに切り離せることから、転じて、物事の急所・要所をいう。〔中二肯綮一〕〔荘子、養生主〕

【肯諾】承知する。承諾する。

【肯定】そうであると認める。↔否定。

(8)肉4 【肱】3133 △ コウ 蒸 gōng 2547 394F

字義 ❶ひじ。ひじの関節のうしろ。❷かいな。うで。国ひじ。腕の関節。また、その上下の部分。

解字 形声。月(肉)+厷音。音符の厷は、ひじの意味。肉を付し、ひじの意味を表す。

(8)肉4 【肢】3134 常 シ

シ 支 zhī 2772 3B68

筆順 月 肞 肢

字義 てあし(手足)。＝支・胑。「四肢」

解字 形声。月(肉)+支音。音符の支は、分かれるの意味。肉体の中の枝分かれになっている部分、手足の意味を表す。

▼下肢・上肢

【肢解】手足を切り離す、昔の残酷な刑。

【肢体(體)】①手足と胴体。②からだ。③手足。

(8)肉4 【肫】3135 △ 一シュン 真 zhūn 二シュン 真 chún 慣ジュン

字義 一❶ほおぼね。❷肫肫は、丁寧なさま。また、精密なさま。二ほじし。まるごとの干し肉。切ったりしてない干し肉。

解字 篆文 形声。月(肉)+屯音。

(8)肉4 【肭】3136 △ 漢ドツ 呉ノチ 月 nà 7077 666D

字義 ❶膃肭は、肥えてやわらかい。❷膃肭臍は、海獣の名。→膃(3236)。

(8)肉4 【肺】(3159) ハイ 肺(3158)の旧字体。→五三四ページ。

解字 形声。月(肉)+内音。

(8)肉4 【肥】3137 教 5 ヒ こえる・こえ・こやす・こやし 漢ヒ・呉ビ 微 féi 4078 486E

筆順 月 月 肥 肥

字義 ❶こえる。こえている。㋐ふとる。肉づきがよい。特に、腯が、豚・鳥のふとるのに対し、牛・羊のふとるのをいう。「肥満」㋑地味がゆたか。「肥沃」㋒ゆたか。富裕。さかん。❷こやす。ふとらせる。❸こえ。こやし。肥料。❹こえた馬。また、一般にこえているもの。❺たのしむ。ゆったりとして満足する。

名乗 うま・くま・とも・みつ・ゆたか

解字 篆文 会意。月(肉)+巴。巴は、ふとった人の象形。肉を付し、ふとるの意味を表す。

▼軽肥・鮮肥

【肥甘】カン　こえてうまい。また、肥えた肉や、おいしい食物。ごちそう。美味。

【肥墝・肥△磽】ヒコウ　地味のこえていることと、やせていること。

【肥△饒】ジョウ　地味のこえていること。肥腴ユ。肥沃ヨク。

【肥水】スイ　安徽アン省を流れる川。淝水スイ。

【肥碩】セキ　＝肥大。碩は、大。

【肥△瘠】セキ　①からだがこえていることと、やせていること。②地味が肥えていることと、やせていること。

【肥大】ダイ　こえて大きい。ふとって大きい。肥碩セキ。肥大漢は、肥え太った男。でぶ。肥漢。

【肥△遯】トン　ゆったりとして世をのがれる。高隠。

【肥肉】ニク　こえふとった鳥獣の肉。おいしい肉。

【随(隨)㆓肥馬△塵㆒】ヒバのちりにしたがう(ふ)　肥えた馬のあげる土ぼこりの後について行く。富貴の人にこび従う。〔唐、杜甫、奉㆓贈韋左丞丈㆒詩〕

【肥美】ビ　土地がこえて美しい。

【肥△笨】ホン　からだはこえふとって筋肉にしまりがないこと。

【肥△腴】ユ　＝肥饒ジョウ。

【肥△沃】ヨク　＝肥饒ジョウ。

【服】(8)月4　3138　教3　フク　4194　497E

〔服〕(8)月4　3139　漢フク　呉ブク　屋　fú　⑭fù

筆順　月　月　肌　服

字義　❶きもの。「衣服」❷きる(着)。おびる(佩)。身につける。❸もちいる(用)。身につけて使う。❹心につけて離さない。忘れない。「服膺フクヨウ」❺のむ(飲)。薬や茶などを飲む。「頓服トンプク」❻したがう。㋐心から従う。したう。「心服」「思服」㋑おそれいる。くだる。「屈服」❼こと(事)。つとめ。また、こととする。つとめる。「服務」❽ならう(習)。また、なれる(慣)。❾周代に、王畿キ(みやこ)の外に五百里ごとに設けた区域。「五服」❿もふく。また、喪もにこもる。「喪服」⓫車を引く馬。四頭立ての馬車で、中にはさまる二頭。⓬牛馬を車につける。⓭えびら。矢を入れるもの。＝箙フク。⓮一度に飲む薬の量。

名乗　こと・はとり・もと・ゆき・よ　難読　服部はっとり・はとりべ

解字　甲骨文 　篆文 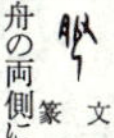 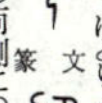　形声。月(舟)＋𠬝音。音符の𠬝フクは、つける・従えるの意味。舟は、ふねの意味。舟の両側につけるそえ板の意味を表す。転じて、身につけるの意味を表す。

▼一服・威服・悦服・感服・歓服・帰服・凶服・屈服・敬服・元服・降服・克服・呉服・私服・春服・承服・信服・心服・臣服・推服・征服・喪服・素服・着服・朝服・内服・被服・微服・美服・便服・法服・紋服

【服役】エキ　①使われて公の仕事につとめる。②兵役に従うこと。③懲役に服すること。

【服△玩・服△翫】ガン　日常の愛用の品。

【服御】ギョ　①天子が使用する衣服・車馬の類。②使用する。③馬を車につけて走らせる。服馭ギョ。

【服降】コウ　降参する。降伏。

【服罪】ザイ　つみに従い罰を受けること。

【服事】ジ　①官の仕事に従事する。②したがい、つかえる。事は仕える意。

【服従(從)】ジュウ　つきしたがう。他人の意志・命令に従う。

【服色】ショク　衣服・車馬などの色。昔、中国では王朝のかわるごとに服色を改め、夏カは黒、殷イは白、周は赤を尊び用いた。「正朔セイサク(こよみ)服色」

【服食】ショク　①衣服と食物。②飲み食いする。また、服用する食物。

【服飾】ショク　①衣服のかざり。昔は、身分によって区別があった。②衣服と装飾。

【服制】セイ　①喪服に関する制度。喪中のきまり。②身分・職業に応じて定めた服装のきまり。

【服毒】ドク　毒薬を飲む。

【服△佩】ハイ　佩服ハイフク。①身につける。おびる。②心にとめて忘れないこと。

【服部南郭】はっとりナンカク　国江戸中期の儒者・詩人。京都の人。名は元喬ゲンキョウ。南郭は号。荻生徂徠おぎゅうソライの弟子。『南郭文集』の著がある。（一六八三—一七五九）

【服務】ム　国つとめにつく。官庁・会社などの仕事に従事すること。

【服薬(藥)】ヤク　くすりを飲む。

【服用】ヨウ　①身につけて用いること。②国薬を飲むこと。

【服△膺】ヨウ　心にしっかりとめて片時も忘れぬこと。よく守ること。膺は、胸の意。「拳拳服膺ケンケンフクヨウ」

【服労(勞)】ロウ　労役に従う。ほねおり仕事に従いつとめること。

【朋】(8)月4　3140　人　4294　4A7E

〔朋〕(8)月4　3141　漢ホウ　呉ボウ　蒸　péng

筆順　刀　月　肌　朋

字義　❶とも。㋐ともだち。友人。㋑師を同じくする学友。同門の友。㋒なかま。たぐい。「朋党」❷たから。貨幣に用いた五個一組、または二個一組の貝。❸対ツイ。組。❹おおとり。鳳凰ホウオウ。想像上の鳥の名。

解字　甲骨文 　金文 　鳳の古文 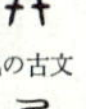　象形。甲骨文・金文は、数個の貝を糸でつらぬいて二列に並べた形にかたどり、なかまの意味を表す。

【朋△儔】チュウ　友達。なかま。儔は、ともがら。

【朋党(黨)】トウ　①なかま。②主義や利害を同じくする者が一つに結び合って他の者を排斥する団体。一味徒党。

【朋輩】バイ・ハイ　身分・年齢が同じくらいの友達。なかま。

【朋友】ユウ　友達。友人。同門を朋、同志を友という。（ホンユーと読むのは現代中国語音）

【有㆘朋自㆓遠方㆒来(來)㆖】ともエンポウよりきたるあり　またたのしからずや　ともに学ぶ友人が遠くからやって来てくれる。〔論語、学而〕——、不㆓亦楽㆒乎〈——、なんと楽しいことではないか〉

【肪】(8)肉4　3142　常　ボウ　4335　4B43

漢ホウ(ハウ)・呉ボウ(バウ)　陽　fáng

筆順　月　肚　肪　肪

字義　❶こえる(肥)。あぶらぎる。❷あぶら。動物の体内の油質の固まったもの。脂肪。

解字　篆文 　形声。月(肉)＋方音。音符の方は、両方にはり出すの意味。肉体がはり出す、あぶらぎるの意味を表す。

▼脂肪

【肪△膩】ホウジ・ボウジ　はだにあぶらがあって、すべすべしていること。

【肪△脆】ホウゼイ　あぶらがのっていて、やわらかい。

【肬】(8)肉4　3143　△　ユウ　7079　666F

疣(4864)と同字。→七四四ページ

【胃】(9)肉5　3144　教4　イ　1663　305F

イ(ヰ)　未　wèi

筆順　冂　冊　田　胃

字義　❶イ。いぶくろ。いのふ。内臓の一つ。❷こころ。「心胃」❸星の名。こきえぼし。二十八宿の一つ。西方にある。胃宿。

解字　金文 　篆文  　会意。田(図)＋月(肉)。図は、胃の中に入った食物の象形。肉を付し、いぶくろの意味を表す。

【洗レ胃】（イをあらう(ふ)）心を改める。「飲レ灰洗レ胃（はいをのんでイをあらう）」

(9)肉5 【胤】3145 囚 イン 㝢 yìn　1693 307D

筆順 丿 𠂆 胤 胤

字義 ❶つぐ。子孫が父祖のあとをつぐ。❷たね。ちすじ。血統。血統をうけついだ子孫。「後胤」❸よつぎ。あとつぎ。

名乗 かず・つぎ・つづき・み

解字 金文 篆文 会意。月(肉)＋八＋幺。八は、分化するの意味。幺は、いとの象形で、つながりの意味。肉親が分化しつつもつながるさまから、つぐの意味を表す。

【胤▵裔】（インエイ）子孫。後裔（コウエイ）。

【胤嗣】（インシ）あとつぎ。また、子孫。胤子。

(9)肉5 【胠】3146 △ 漢キョ 呉コ 魚御語 qū

字義 ❶わきのした。❷わきぞなえ。軍隊の右のそなえ。右翼。❸ひらく(開)。わきから開く。

解字 篆文 形声。月(肉)＋去㊥。音符の去は、離れるの意味。身体の中、自由にひらける部分、わきのしたの意味を表す。

(9)肉5 【朐】3147 △ 漢ク 呉グ 虞 qú

字義 ❶まがったほし肉。乾肉のまがっているもの。❷まがる。

解字 篆文 形声。月(肉)＋句㊥。音符の句は、曲がるの意味。曲がったほし肉の意味を表す。これに対して、まっすぐなほし肉のことを脡（テイ）と言う。

(9)肉5 【胡】3148 囚 漢コ・呉ゴ 唐ウ 虞 hú　2453 3855

筆順 十 古 胡 胡

字義 ❶えびす。㋐北方または西方の異民族。秦（シン）・漢以前は主に匈奴（キョウド）をいう。北狄（ホクテキ）。㋑異民族。外国。❷助字。なんぞ。いずくんぞ。⇩助字解説 ❸けだもののあごのたれ下がった肉。❹命がながい。長生き。老人。❺はるか。とおい。❻でたらめ。とりとめがない。「胡説」

助字解説

なんぞ。疑問・反語。どうして……か。類何。〔文選、陶潜、帰去来辞〕田園将レ蕪（デンエンまさにあれんとす）、胡不レ帰（なんぞかえ(へ)らざる）。〈故郷の田畑は今まさに荒れはてようとしている、どうして帰らずにいられようか〉

名乗 ひさ

難読 胡奚（なんすれぞ）・胡（なん）ぞ・胡座（坐）（あぐら）・胡床（あぐら）・胡頽子（ぐみ）・胡蝶花（しゃが）・胡籐（どと）・胡蜂（すずめばち）・胡籙（録）（やなぐい）

解字 文 篆 形声。月(肉)＋古㊥。音符の古は、ぼんやりしている（模糊（モコ））さまを表す擬態語。肉の一部なのか、あごひげなのか、ぼんやりしてわからない、牛のあごの下のたれ肉の意味を表す。またぼんやりしてよくわからない、はるかに遠いえびすの地の意味も表す。また、借りて、なんぞの意味の助字に用いられる。

【胡安国(國)】（コアンコク）北宋（ホクソウ）の儒学者。字（あざな）は康侯、諡（おくりな）は文定。『春秋胡氏伝』を著し、世に胡氏春秋といわれた。(一〇七四—一一三八)

【胡為(爲)】（なんすれぞ）どうして。なぜ。なにゆえ。疑問のことば。

【胡越】（コエツ）①北方の異民族と、南方の異民族。また、その居住地。②転じて、たがいに遠くへだたっているたとえ。

【胡▵瓜】（コカ・きゅう(きう)）ウリ科の一年草。果実は細長く、食用となる。黄瓜。

【胡▵笳】（コカ）あしぶえ。西北方の異民族があしの葉をまいて作った笛。もの悲しい音色を出す。〔唐、岑参、胡笳歌送三顔真卿使赴二河隴一詩〕辺城夜夜愁夢多（ヘンジョウヤヤシュウムおお(ほ)し）、向レ月胡笳誰喜レ聞（つきにむかう(ふ)のコカたれかきくをよろこばん）。〔訳文〕愁夢（四〇五六一）。

【胡▵羯】（コカツ）北方の異民族。羯は匈奴（キョウド）の別種。

【胡▵雁】（コガン）かり。がん。雁は北方の異国の地に住むからいう。

【胡姫(姬)】（コキ）西北方の異民族の女。

【胡騎】（コキ）北方異民族の騎馬兵。

【胡弓】（コキュウ）弦楽器の一種。三弦で、形は三味線（シャミセン）に似てそれより小さく、馬の尾をはった小弓で弦をすり鳴らす。鼓弓。

【胡琴】（コキン）弦楽器の一種。二弦で、形は琵琶に似、胴とさおとは竹で作り、馬の尾をはった竹の弓で弦をすり鳴らす。

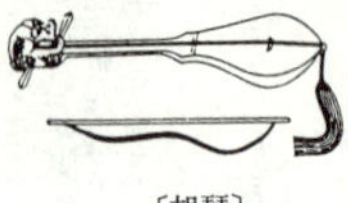
〔胡琴〕

【胡君】（コクン）胡人で中国の天子となったもの。元や清（シン）の天子など。

【胡元】（コゲン）元朝をいやしんでいう称。元は北方の異民族から起こったので、胡という。

【胡言】（コゲン）でたらめのことば。「胡言乱説」

【胡考】（ココウ）ながいき。また、老人。寿考。

【胡▵齕】（ココツ）戦国時代の斉の宣王の近臣。

【胡▵沙】（コサ）北方の未開の地の砂漠。蒙古（モウコ）地方の砂漠。

【胡▵坐】（コザ・あぐら）前で足を組んですわること。

【胡散】（ウサン）国あやしい。疑わしい。いかがわしい。

【胡床】（コショウ）胡牀とも書く。①背によりかかりのある腰掛け。不用のときはたたんでおく。②国高く大きく設けた座。高御座（たかみくら）。③あぐら。

【胡▵椒】（コショウ）コショウ科の常緑低木。東インド原産。球形の実をつけ、辛味が強い。また、その実を粉末にした調味料。

【胡人】（コジン）①北方の未開の異民族。西域の異民族。②また広く、異民族。

【胡▵塵】（コジン）異民族の兵馬によって起こる砂塵（砂ぼこり）。

【胡説】（コセツ）でたらめの議論。

【胡▵銓】（コセン）南宋（ナンソウ）の政治家。字（あざな）は邦衡、号は澹菴（タンアン）。高宗に仕え、金国との和議を主張した秦檜（シンカイ）らを処刑すべきことを強く主張した。(一一〇二—一一八〇)

【胡▵髯】（コゼン）あごひげ。胡は、たれ下がったあごの肉。

【胡孫】（コソン）さる。猿。

【胡▵蝶】（コチョウ）虫の名。ちょう。蝴蝶（コチョウ）。

【胡▵蝶▵之夢】（コチョウのゆめ）昔、荘周が夢に胡蝶となって、物と我との差別を忘れ、物我一体の境地に遊んだ故事。転じて、人生のはかないたとえ。また、物我一体の境地。〔荘子、斉物論〕

【胡▵狄】（コテキ）胡は、西方の異民族。狄は、北方の異民族。転じて、異民族の総称。夷狄（イテキ）。

【胡適】（コテキ・コセキ）中華民国の学者。字（あざな）は適之（セキシ）。アメリカに留学し、北京大学教授となる。一九一七年、口語による文学を提唱し、五四新文化の運動で、新文学・国語運動の先駆者となる。のちにマルクス主義に反対し、伝統思想を擁護、やがてアメリカに亡命した。『中国哲学史大綱』『白話文学史』『胡適文存』などの著がある。(一八九一—一九六二)

【胡天】（コテン）胡国。胡地。

【胡桃】（コトウ・くるみ）クルミ科の落葉高木。秋、殻の堅い実を結び、食用となる。材木は家具などに用いる。

【胡同】（コドウ）北方の中国人は、ちまた・横町・小路を、衚衕（コドウ）といい、胡同はその字形を省略したもの。

【胡馬】（コバ）①西方または北方の異民族の地に産する馬。↓次項。②西方または北方の異民族の騎馬兵。

【胡馬依二北風一】（コバはホクフウによる）北方の異民族の地に生まれた馬は、他国にいて北風が吹いてくると、頭をあげてその方に身を寄せてなつかしむ。転じて、故郷を忘れないたとえ。〔文選、古詩十九首〕——、越鳥巣二南枝一（エッチョウはナンシにすくう(ふ)）。〈——、南の越から来た鳥は、同じ木でも南側の枝を求めて巣を作る〉

【胡服】（コフク）北方の異民族の衣服。

【胡粉】（ゴフン）①おしろい。昔、鉛の粉にあぶらをまぜて作った。②貝殻を焼いて作った白い粉。絵の具・塗料に用いる。

【胡麻】（ゴマ）ゴマ科の一年生草。実は小粒で、食用とし、また、

油をしぼる。

【胡虜】①西方または北方の異民族。秦・漢代以前は匈奴をさす。→良人の①（九一〇ページ）。②異民族をののしっていう語。

【胡盧】①口をおおって笑う。②ゆうがお。ふくべ。

【胡簶】（やなぐい）矢を入れて背に負う武具。胡禄・胡簶・古鹿とも書く。

【胡乱（亂）】たしかでないこと。あやしく疑わしいこと。でたらめなこと。烏乱。

(9)肉5【胛】3149　△ コウ（カフ）　jiǎ　7080 6670

字義　かいがらぼね。腕の骨をからだに接続させる、平たい逆三角形の骨。肩胛骨。

解字　形声。月（肉）＋甲㊌。音符の甲は、かめのこうの象形。かめのこうのように、肩を形づくる骨（肩胛骨）、かいがらぼねの意味を表す。

(9)肉5【胥】3150　△ ショ　xū　7081 6671

字義　❶あい（相）。たがいに。❷みな。ともに。❸みる。うかがう。❹まつ（待）。❺下級の役人。小役人。❻語調をととのえる助字。

解字　文 篆　形声。月（肉）＋疋㊌。音符の疋は、酢に通じ、酢づけのかにの肉の意味を表したが、相に通じ用いられる。

【胥山】山名。春秋時代、呉王闔廬に仕えて不運な最期をとげた伍員（字は子胥）のほこらをたてたので、胥山という。今の江蘇省蘇州市の西南。一説に、今の浙江省杭州市の呉山。また、今の浙江省嘉興市の東。

【胥靡】ろうやにつながれている者。囚人。胥は相、靡は繫、たがいに鎖でつながれる意。一説に、貧乏。貧困。

【胥吏】小役人。下級の役人。小吏。胥徒。

(9)肉5【胜】3151　△ ㊧セイ ㊥ショウ（シャウ）　xīng

字義　❶なまぐさい。犬の肉のにおい。❷なま。なま肉。

解字　文 篆　形声。月（肉）＋生㊌。音符の生は、なまの意味。なまの肉、なまぐさいの意味を表す。

(9)肉5【胙】3152　△ ㊧ソ ㊥ゾ　zuò　7082 6672

字義　❶ひもろぎ。神に供えた肉で、祭りの後で分配するもの。❷むくいる。功績に報いる。❸さいわい。また、さいわいする。❹くらい（位）。＝祚。❺たまう（賜）。たまもの。

解字　文 篆　形声。月（肉）＋乍㊌。音符の乍は、つくるの意味。手を加えた肉、神に供える肉の意味を表す。

【胙余（餘）】お供え物のあまり肉。

(9)肉5【胎】3153　常 タイ　タイ　tāi　3459 425B

筆順　月 肚 胎 胎

字義　❶はらむ。みごもる。妊娠する。❷はらごもり。妊娠。妊娠三か月のこと。「懐胎」❸はらご。おなかの子。胎児。❹子ぶくろ。子の宿るところ。子宮。また、はら（腹）。❺きざし。物事のはじめ。もと。おこり。「胚胎」

解字　文 篆　形声。月（肉）＋台㊌。音符の台は、始に通じ、はじめの意味。肉体の始まりの意味から、はらむ・はらのこ・きざしの意味を表す。

▼懐胎・受胎・堕胎・奪胎

【胎衣】えな。＝胎盤。

【胎教】妊婦が身を慎んで胎児によい感化を与えるようにすること。胎誨。

【胎生】子が母親の胎内で適当に発育してから生まれること。↔卵生。

【胎蔵（藏）界】仏 密教で説く両部法門（二つの、仏の教法）の一つ。胎蔵は、一切を含有する意で、大日如来の慈悲をいう。

【胎息】腹の中で深く呼吸し、心を落ちつける法。腹式呼吸の類で、道家の長生術。

【胎動】①母体内の胎児が行う運動。②物事の始まる気配。

【胎盤】胎児が臍の緒によって養分を受ける所。えな。

(9)肉5【胆】3154　常 タン　3532 4340

(17)肉13［膽］3155　タン　dǎn　7128 673C

筆順　月 肌 胆 胆

字義　❶きも。胆嚢。胆汁をたくわえておく器官。六腑の一つ。❷きもだま。たましい。気力。度胸。決断力。「胆力」❸こころ。「肝胆」❹ぬぐう。ふきとる。

難読　胆振・胆沢

解字　文 篆　形声。月（肉）＋旦（詹）㊌。音符の詹は、ひさしの意味。肝臓をひさしのようにして位置する器官、きもの意味を表す。常用漢字の胆は膽の俗字。

▼肝胆・懸胆・豪胆・魂胆・心胆・大胆・落胆

【胆石】胆汁の成分からできる石のようなかたまり。

【胆大心小】大胆で細心の注意をはらう。度胸は大きく、注意は細かい。

【胆勇】物事に驚き恐れない勇気。ふといきもだま。

【胆略】大胆で知略のあること。度胸がよくて、はかりごとがうまい。

【胆力】物事に驚き恐れない気力。度胸。

【胆如レ甕】きもだまの大きいたとえ。〔頼山陽、蒙古来詩〕

【胆如レ斗】きもが一斗ますのように大きいこと。転じて、きもだまの大きいたとえ。〔蜀志、姜維伝、注〕

【嘗レ胆】春秋時代、越王の句践がにがい胆をなめて、呉王夫差に対する復讐を忘れなかった故事。転じて、かたきをうつために長い間苦心すること。また、将来の成功のために長い間苦心すること。→臥薪嘗胆（九九一ページ）。〔史記、越世家〕

(9)肉5【胝】3156　△ チ　zhī　7083 6673

字義　たこ。まめ。絶えずそこを使うため、手のひらや足うらなどの皮膚が厚くかたくなったもの。「胼胝」

解字　篆　形声。月（肉）＋氐㊌。音符の氐は、底の意味。足の裏にできるたこの意味を表す。

(9)肉5【胄】3157　△ ㊧チュウ（チウ） ㊥ジュウ（ヂウ）　zhòu　7084 6674

字義　❶よつぎ。あととり。あとつぎ。長男。❷ちすじ。ちつづき。すえ。子孫。

参考　冑（かぶと）（484）は別字。

解字　金文 篆　形声。月（肉）＋由㊌。音符の由は、深い穴の意味。肉体的に深く通じあうものがある、よつぎの意味を表す。

【胄裔】ちすじ。子孫。後裔。胄胤。

【胄子】天子から卿大夫に至るまでの、あととりの子。長子。

(9)肉5【肺】3158　教6 ハイ

(8)肉4［肺］3159　ハイ　fèi　3957 4759

筆順　月 肝 肺 肺

字義　❶ハイ。肺臓。五臓の一つ。❷こころ。まごころ。❸あかい（赤）。

解字 篆文 形声。月（肉）＋市（朩）音。音符の朩（ハイ）は、わかれるの意味。左右ふたつにわかれている肺臓の意味を表す。

▼肝肺

【肺肝】（ハイカン） ①肺臓と肝臓。②こころ。心の中。まごころ。

【肺△腑】（ハイフ） ①肺臓。②心の中。心の底。③たいせつなところ。急所。④みうち。親類。

(9)肉5 【背】 3160 教6 ハイ せ・せい・そむく・そむける 3956 4758

㊀ハイ 隊 bèi ㊁漢ハイ・呉バイ 隊 bèi

筆順 丬 北 背

字義 ㊀❶せ。せい。せなか。↔腹。❷うしろ。うら。↔向・面。「背面」㊁❶せにする（せにす）。うしろにする。↔向。「背水之陣（ハイスイのジン）」❷そむく。㋐うしろ向きになる。せなかを向ける。❸そむける（そむく）。↔面。㋑うらぎる。「背信」「違背」㋒みすてる。すてて去る。㋓死ぬ。国せ。せい。せたけ。身長。

名乗 しろ 難読 背向（そがい）・背評（へこぼり）・背負子（しょいこ）・背面（そとも）

参考 現代表記では［悖］（2366）の書きかえに用いることがある。「悖徳→背徳」

解字 篆文 形声。月（肉）＋北音。音符の北は、人の背の方、きたの意味。肉体のうちのせなか・せなかにする・そむくの意味を表す。

▼違背・光背・向背・紙背

【背恩】（ハイオン） 恩義にそむく。

【背棄】（ハイキ） そむき捨てる。捨て去る。転じて、死ぬ。

【背逆】（ハイギャク） そむきさからう。謀反する。

【背教】（ハイキョウ） ①教えにそむく。②宗教の教義にそむく。

【背景】（ハイケイ） 国①絵画で、主要題材の背後の部分。バック。②舞台正面に描かれたけしき。③背後のけしき。④背後の勢力。背後であやつるもの。⑤中心人物をとりまく周囲の情景。

【背後】（ハイゴ） ①うしろ。背面。②国表立っていない、陰（かげ）の方。黒幕。「背後関係」

【背向・背郷（鄕）】（ハイコウ・ハイキョウ） ①そむくことと、従うこと。向背。②前後をいう。

【背指】（ハイシ） ①うしろをふりかえって指さす。ふりかえって見る。②うしろから指さす。うしろゆびをさす。

【背△誦】（ハイショウ） そらよみ。暗誦。背書。背文。背読。

【背信】（ハイシン） 信義にそむく。信頼をうらぎる。「背信行為」

【背水△之陣】（ハイスイのジン） ①川や湖などをうしろにした陣立て。進むだけで絶対に退却しない決死の覚悟で事に当たること。のるかそるかの態勢。②失敗すれば滅亡する覚悟で敵に対すること。『史記』淮陰侯（ワイインコウ）伝に「信乃使三万人先行出一（信すなわち万人をして先行出でしめ）、背レ水陣（水を背にして陣す）」とあるのに基づく。

【背△馳】（ハイチ） ①そむく。②あべこべになる。反対になる。

【背徳】（ハイトク） 徳義にそむく。道徳に反する。

【背任】（ハイニン） 任務にそむくこと。役目にそむいて不正行為をすること。

【背反】（ハイハン） ①そむく。謀反する。②論理的に両立しえないこと。悖反（ハイハン）。「二律背反」

【背△叛・背畔】（ハイハン） ＝背反の①。

【背面】（ハイメン） ①顔をそむける。②うしろ。背後。③うしろを向く。

【背約】（ハイヤク） 約束にそむく。違約。

【背戻】（ハイレイ） そむき逆らう。道理にたがう。

(9)肉5 【胚】 3161 標 ハイ 灰 pēi 7085 6675

字義 ❶はらむ。みごもる。❷はらごもり。妊娠。妊娠一か月のこと。❸物事のはじめ。きざし。また、始まる。きざす。「胚胎（ハイタイ）」

国ハイ。㋐。卵黄の上面にある眼点で、孵化（ふか）するとひなになるもの。㋑種子の内部にある二枚の子葉をもった芽。「胚芽」

解字 形声。月（肉）＋丕音。音符の丕（ヒ・ハイ）は、大きいの意味。胎内で子が大きくなる、はらむの意味を表す。

【胚珠】（ハイシュ） 種子が子房内にあって、まだ果実とならないもの。後に成熟して種子となる。

【胚胎】（ハイタイ） ①はらむ。みごもる。妊娠する。②物事の初め。きざし。また、始まる。きざす。

(9)肉5 【肢】 3162 △ 漢ハツ 呉バチ 曷 bá

字義 ❶もも（股）の毛。❷にこげ。うぶげ。やわらかい毛。❸白い肉。

解字 形声。月（肉）＋犮音。音符の犮（ハツ）は、髪に通じ、かみの毛の意味。肉の厚いところに生えた毛、ももの毛の意味を表す。

(9)肉5 【胖】 3163 △ ㊀ハン 翰 pàn ㊁漢ハン・呉バン 寒 pàng, pán 7086 6676

字義 ㊀❶かたみ（片身）。いけにえの半身の肉。❷あばら肉。㊁❶ゆたか。やすらか。おおらか。［大学］心広体胖（こころひろくタイゆたかなり）。❷おおきい。肥えふとる。

解字 篆文 形声。月（肉）＋半音。音符の半は、はんぶんの意味。いけにえの肉の半分の意味を表す。また、半は般に通じ、大きいの意味を表し、肉体がゆたか、ふとるの意味を表す。

(9)月5 【朏】 3164 △ ヒ 尾 fěi 5912 5B2C

字義 みかづき。三日月。陰暦三日めの月。

解字 金文 篆文 会意。月＋出。月が出はじめて、まだ光の明らかでないもの、みかづきの意味を表す。

(9)肉5 【胞】 3165 常 ホウ 4306 4B26

(9)肉5 〖胞〗 3166

㊀ホウ（ハウ）肴 bāo ㊁漢ホウ（ハウ）・呉ボウ（バウ）肴 pāo

筆順 月 肑 朐 胞

字義 ㊀❶えな。胎児を包む膜。胎盤。胞衣（えな）。❷はら。母の体内。「同胞」❸同一父母から生まれた。「胞兄」❹外部を膜で包まれている小さいもの。「胞子・細胞」㊁くりや。料理場。また、料理人。胞人。＝庖（ホウ）。

難読 胞衣（えな）

解字 篆文 形声。月（肉）＋包（包）音。音符の包は、子をみごもる形にかたどる。胎児を包む膜、えなの意味を表す。

▼細胞・同胞

【胞衣】（ホウイ） えな。胎盤。

【胞子】（ホウシ） 隠花植物の子嚢（シノウ）中にある粉状の生殖器官。

【胞人】（ホウジン） 料理人。庖人（ホウジン）。

(9)肉5 【脉】 3167 △ ミャク 脈（3184）の俗字。→五二七ページ。 7087 6677

(10)肉6 【胸】 3168 教6 キョウ むね・むな 漢キョウ・呉ク 冬 xiōng 2227 363B

筆順 月 肑 胸 胸

〔胷〕 同字

字義 むね。＝匈（キョウ）。㋐からだの前部で、首と腹との間。㋑こころ。おもい。むねのうち。「胸懐」

難読 胸座（むなぐら）

解字 形声。月（肉）＋匈音。音符の匈（キョウ）は、むねの意を表す。

【胸宇】（キョウウ） ＝胸中。

【胸奥】（キョウオウ） 胸のおく。心のおく。心の中。

【胸△臆】（キョウオク） 胸の中。心の中。胸中。

【胸懐（懷）】（キョウカイ） 胸の思い。心の思い。胸襟。

【胸郭・胸△廓】（キョウカク） 胸をとりまく骨格。肋骨（ロッコツ）。心臓・肺臓がその中にある。

【胸襟】キョウキン 胸の中。心の中。心。襟は、着物のえり。「胸襟を開く（心の中をうちあける）」
【胸算用】むなザンヨウ 国心の中で計算すること。胸勘定。
【胸中】キョウチュウ 胸のうち。心の中。心。思い。
【胸中正△眸子△瞭】キョウチュウただしければボウシあきらかなり 心の中が正しくて曇りがなければ、自然にひとみも澄んで輝いてくる。〔孟子、離婁上〕
【胸中無二宿物一】キョウチュウシュクブツなし 心の中にわだかまりがない。宿物は、とどこおり宿っているもの。先入観・偏見など。
【胸中有二成竹一】キョウチュウセイチクあり 竹を描くに先だって胸の中に構図ができあがっていること。事を行う前から成功の見込みのあるたとえ。〔宋、蘇軾、篔簹谷偃竹記〕
【胸底】キョウテイ 胸のそこ。心の中。
【胸裏・胸△裡】キョウリ ＝胸中。

(10)肉6 **【脅】** 3169 常 キョウ おびやかす・おどす・おどかす　2228 363C
一 漢キョウ（ケフ）・呉コウ（コフ）葉 xié
二 漢キュウ（キフ）・呉コウ（コフ）緝 xié

筆順 ヵ ヵヵ 劦 脅

【脇】同字 4738 4F46

字義 一❶**わき**。わきばら。胸の両がわ。＝脇キョウ。❷かたわら。そば。❸**おびやかす**。**おどす**。**おどかす**。また、おびえる。＝劫キョウ「脅迫」❹おさめる。＝翕キュウ。❺ひそめる。二すくめる。肩をすぼめる。

参考 国語では、「わき」の意味に〔脇〕、「おびやかす」の意味に〔脅〕と、使い分ける習慣があり、これに従って熟語を分けた。→脇（次項）。

解字 文 篆 形声。月（肉）＋劦音。音符の劦キョウは、あわせるの意味。うでと胴の間に、わきばさむの意味を表す。また、劦は、劫キョウにも通じ、おびやかすの意味をも表す。

▼迫脅・誘脅
【脅威】キョウイ おびやかす。おどす。
【脅嚇】キョウカク どなりつけておどす。おどしつける。脅喝キョウカツ。
【脅喝（喝）】キョウカツ ＝脅嚇。
【脅肩】キョウケン・キュウケン 肩をすくめる。肩をすぼめて首をちぢめること。㋐わざとうやまいつつしむ態度をするさま。㋑おそれるさま。
【脅息】キョウソク ①いきを殺す。おそれる形容。②国わき腹でいきをする。③ひじかけ。脇息キョウソク。
【脅迫】キョウハク おびやかしせまる。おどしつける。◇「脅迫（おどして実行を迫る）」と「強迫（無理強いをする）」は法令でははっきりと区別しているが、一般には区別しがたい場合がほとんどなので「強迫観念」を除いて、すべて「脅迫」を用いるようになってきている。

(10)肉6 **【脇】** 3170 標 漢キョウ（ケフ）・呉コウ（コフ）葉 xié　4738 4F46

字義 脅（3169）と同字。❶**わき**。わきばら。胸の両がわ。❷かたわら。そば。国**わき**。能楽で、仕手しての相手をする人。

参考 脅の参考を見よ。→脅（前項）。

解字 形声。月（肉）＋劦音。脅の別体で、わきばらの意味を表す。

【脇士】キョウジ・わき 仏中心となる仏像の左右に付きそって立っている仏。弥陀ミダに対する観音・勢至、釈迦シャカに対する文殊モンジュ・普賢フゲン、薬師如来に対する日光・月光菩薩ボサツの類。夾侍キョウジ。脇侍キョウジ。脇立わきだち。
【脇息】キョウソク 国ひじかけ。すわったとき、ひじをかけてよりかかり、からだを楽にする具。脅息。

(10)肉6 **【胯】** 3171 △ コ 遇 kuà　7088 6678

字義 **また**。またぐら。両股リョウコの間。股間コカン。

解字 文 篆 形声。月（肉）＋夸音。音符の夸コは、弓なりに曲がるの意味。人体の弓なりに曲がった部分、またの意味を表す。

(10)肉6 **【胱】** 3172 標 コウ（クヮウ）陽 guāng　7089 6679

字義 膀胱ボウコウは、小便ぶくろ。

解字 形声。月（肉）＋光音。

(10)月6 **【朔】** 3173 人 サク 覚 shuò　2683 3A73

筆順 ㇀ 屰 屰 朔

字義 ❶**ついたち**。陰暦で月の第一日。「月朔」❷こよみ。昔、天子が年末に諸侯に与えた明年のこよみ。「正朔」❸天子の政令。❹はじめ。❺きた。北方。十二支の第一番の子ねが北に配されたことから、朔はじめを北とした。

名乗 きた・はじめ・もと　難読 朔日ついたち

解字 文 篆 形声。月＋屰音。音符の屰ギャク＝サクは、もとへもどるの意味。欠けた月がまた、もとへ逆もどりするついたちの意味を表す。

【朔気（氣）】サッキ 北方のきびしい寒気。
【朔△禽】サクキン・サッキン 雁かりをいう。北方の寒地を好むのでいう。
【朔日】サクジツ ついたち。月の第一日。朔月。
【朔吹】サクスイ ＝朔風。
【朔雪】サクセツ 北方の雪。
【朔△旦】サクタン ついたちの朝。
【朔漠】サクバク 北方の砂漠。
【朔風】サクフウ きたかぜ。北風。朔吹。
【朔辺（邊）】サクヘン 北方の辺地。
【朔方】サクホウ ①きた。北方。朔北。②郡名。漢の武帝のとき、匈奴キョウドを追いはらって朔方郡を置いた。今の内蒙古モウコ自治区の黄河以南のオルドス地方。
【朔望】サクボウ 陰暦で、月のついたちと、十五日。
【朔北】サクホク ①きた。北方。②北方の辺境の地。北方のとりでの外の、未開の異民族の地。

(10)肉6 **【脂】** 3174 常 シ あぶら　シ 支 zhī　2773 3B69

筆順 月 月ヒ 脂 脂

字義 ❶**あぶら**。㋐動物性のあぶら。肉あぶら。㋑化粧用のあぶら。❷あぶらぎる。あぶらがのって肥える。また、あぶらを塗ってなめらかにする。❸**やに**。樹木のやに。樹脂。❹**べに**。くちべに。「燕脂エンジ」「脂粉」

使いわけ あぶら〔油・脂〕⇒油（3984）。

解字 文 篆 形声。月（肉）＋旨音。音符の旨は、うまいの意味。肉のうまみ、あぶらがのるの意味を表す。

▼凝脂・樹脂・松脂・油脂
【脂△膏】シコウ あぶら。①動物のあぶら。転じて、豊かな物資のたとえ。②からだからにじみ出るあぶら。転じて、苦労して得た収益のたとえ。
【脂△膩】シジ あぶらあか。からだからにじみ出たあぶら。
【脂△燭】シショク・シソク 昔の照明具の一種。松の木を棒状に削り、先を炭火で焦がし、上にあぶらを塗って火をともすもの。〔紙燭シソク〕
【脂粉】シフン べにと、おしろい。転じて、化粧。
【脂肪】シボウ ①動物のあぶら。②広く、動・植物のあぶら。

(10)肉6 **【胹】** 3175 △ 漢ジ 呉ニ 支 ér

字義 **にる**（煮）。よくにる。やわらかくにる。

解字 文 篆 形声。月（肉）＋而音。音符の而ジは、ひげの意味。しなやかによく煮えた肉の意味を表す。

(10)肉6 **【脆】** 3176 標 漢セイ・呉サイ 慣ゼイ 霽 cuì　3240 4048

字義 ❶**もろい**。こわれやすい。よわい。「脆弱」❷やわらかい。❸かるい。かるがるしい。

解字 文 篆 形声。月（肉）＋危（絶省）音。音符の絶は、たつの意味。たちきれやすい肉のさまから、もろい・や

わらかいの意味を表す。
【脆弱】もろくてよわい。弱い。
【脆薄】①もろくてうすい。薄くてこわれやすい。②人情が軽く薄い。軽薄。薄情。
【脆美】やわらかくてうまい。
【脆味】やわらかくてうまい味。

⑽肉6
【脊】3177　標　漢セキ　呉シャク　陌 jí, ③jǐ　3252 *4054*

字義 ❶せ。㋐せぼね。脊椎。㋑せなか。㋒せぼねのように、中央が高く両側の低くなっているもの。「山脊」❷すじ。すじみち。❸脊脊は、互いに踏みつけ乱れるさま。
国せ。せい。せたけ。身長。
解字 文 篆　会意。もと、巫＋月（肉）。巫は、積み重なっているせぼねの象形。肉を付し、せぼねの意を表す。
【脊髄（髓）】セキズイ　脊椎骨の穴の中にある、やや平たい円柱状の器官。脳髄とともに中枢神経系をなす。
【脊椎】セキツイ　せぼねを組み立てている骨。
【脊令】セキレイ　水辺にすむ小鳥の名。鶺鴒。

⑽月6
【脁】3178　△ チョウ（テウ）　篠 篠 tiǎo

字義 ❶みそかづき。晦に西方に見える月。❷はやい。進みがはやい。
参考 肉部の脁（祭りの名。＝祧）は別字。
解字 文 篆　形声。月＋兆音。音符の兆は、割れるの意味。西に傾いた割れたような月、みそかづきの意味を表す。

⑽月6
【朕】3179　常　チン
⑽月6
〔朕〕3180　漢チン　呉ジン（ヂン）　寝 zhèn　3631 *443F*

筆順 月 月 朕 朕

字義 ❶われ。㋐昔、一般に、自分をいう。㋑天子の自称。秦の始皇帝以来、天子の自称のことばとなった。❷きざし。また、しるし。あと。兆候。
解字 甲骨文 金文 篆文　形声。篆文は、舟＋灷音。音符の灷（＝チン）は、上に向かって物をおしあげるの意味。舟を上流に向かっておしあげるとき航跡をえがくさまから、しるし・あとの意味を表す。借りて、われ、天子の自称の意味を表す。

⑽肉6
【胴】3181　常　ドウ　漢トウ　呉ドウ　送 dòng　3825 *4639*

筆順 月 肌 肌 胴

字義 大腸。腸。国ドウ。㋐動物の、首と手足とを除いたからだの中間部。身体の幹部。胴体。㋑鎧・剣道具などで、からだの幹部をおおう部分。㋒太鼓などの楽器で、音を共鳴させる中空の部分のかこい。㋓物の中央部。
解字 形声。月（肉）＋同音。音符の同は、筒に通じ、つつの意味。つつの形の大腸の意味を表す。日本では、首・手足を除いた身体の部分の意味に用いる。
【胴乱（亂）】ドウラン　国①薬や印などを入れて腰にさげる皮製のふくろ。②植物採集で、採集物を入れる長方形の器。

⑽肉6
【能】3182　教5　ノウ　3929 *473D*
一 漢ドウ・呉ノウ　蒸 néng
二 漢ダイ・呉ナイ　灰 tái
三 漢ダイ・呉ナイ　隊 nài

筆順 ム 自 能 能

字義 一❶あたう。できる。たえうる。〔孟子、梁恵王上〕非レ不レ能也（あたわ（は）ざるにあらざるなり）。❷よく。よくする。できる。「よく」と訓読しても、多くは「あたう」と同じ意である。〔孟子、尽心上〕人之所ニ不レ学而能一者（ひとのまなばずしてよくするところのものは）、其良能也（そのリョウノウなり）。❸はたらき。ちから。才能。「有能」〔唐、韓愈、雑説〕安求ニ其能千里一也（いずくんぞそのノウのセンリなるをもとめんや）。❹ききめ。「効能」❺才能にすぐれている。また、その人。二三本足の亀。三❶たえる（耐）。たえしのぶ。❷はたらき。国ノウ。能楽の略。
名乗 たか・ちから・のり・ひさ・みち・むね・やす・よき・よし
難読 能取・能生・能代・能都・能平・能褒野
参考 ⇩〔得〕（2159）の参考
解字 金文 篆文　象形。金文は、尾をふりあげ、大きな口をあけた「くま」の形にかたどり、くまの意味を表す。借りて、能力としてできるの意味を表す。
▼可能・官能・機能・技能・芸能・権能・効能・職能・性能・多能・堪能・知能・低能・万能・本能・無能・良能
【能化】ノウカ　①よく教化する。②仏ノウゲ　人をよく教化する者。仏・菩薩。また、師の僧。↕所化。
【能楽（樂）】ノウガク　国猿楽などから発達したもので、謡曲を歌い、笛・大鼓・小鼓に合わせて行う演劇。
【能士】ノウシ　才能のある人物。はたらきのある人。
【能事】ノウジ　①なしとげなければならない事がら。なすべきこと。②特別にすぐれたわざ。
【能事畢矣】ノウジおわ（を）わ（は）る　なすべきことは、全部なしおわった。〔易経、繋辞上〕
【能動】ノウドウ　国自分の方から他に働きかけること。はたらきかけ。↕受動。
【能筆】ノウヒツ　文字を達者に書く。また、その人。
【能文】ノウブン　文章を作ることのうまいこと。
【能弁（辯）】ノウベン　弁説の達者なこと。また、よくしゃべる人。
【能吏】ノウリ　才能のある役人。事務処理にすぐれた官吏。能官。
【能率】ノウリツ　国①一定時間内にできあがる仕事の割合。②標準作業量に対する実際作業量の割合。
【能力】ノウリョク　①物事をなしとげることのできる力。はたらき。②国㋐法律上、完全に私権を行使することのできる資格。㋑ノウリキ　寺男。寺の下働きの男。

⑽肉6
【胼】3183　△ ヘン　胼（3218）の俗字。→五三一ページ。　7106 *6726*

⑽肉6
【脈】3184　教4　ミャク
⑽肉6
〔脈〕3185　漢バク　呉ミャク　陌 mài, mò　4414 *4C2E*

筆順 月 肛 脈 脈

〔脉〕俗字 7087 *6677*　〔衇〕古字

字義 ❶ミャク。㋐血のすじ。血管。「動脈」「静脈」㋑すじになって続いているもの。「山脈」「水脈」❷脈搏。血管の規則正しい動き。また、脈搏をみて病状を診断する。
国ミャク。物事についての見込み。
解字 文 篆 体 別　形声。篆文は、血＋𠂢（辰）音。音符の𠂢は、支流の意味。体内を流れる血のすじの意味を表す。脈は別体で、月（肉）＋𠂢音。
▼気脈・血脈・鉱脈・支脈・水脈・泉脈・地脈・動脈・命脈・乱脈
【脈動】ミャクドウ　国①表面に出ず、奥底で絶えず行われている動き。②周期的に絶えず起こっている、地面のかすかな震動。
【脈搏】ミャクハク　脈拍。→字義の②。
【脈脈】ミャクミャク　①つづいて絶えないさま。②感情が心の中に波打っているさま。③たがいに情をこめて見つめ合うさま。
【脈絡】ミャクラク　①血の流れている管。血管。②すじみち。続きぐあい。
【脈理】ミャクリ　すじみち。続きぐあい。条理。

⑽月6
【朗】3186　教6　ロウ　ほがらか　4715 *4F2F*

(11)月7
【朗】 3187 ㊇許 ロウ（ラウ）㊥ lǎng

筆順 ㇷ ョ 良 朗

【朖】 本字 5913 5B2D

字義 ❶**ほがらか**。㋐明るく広々としているさま。「開朗」㋑曇りのないさま。「晴朗」㋒快活なさま。「明朗」❷**あきらか**。きよらか。「清朗」❸たからか。たからかに。高く澄んでいるさま。

名乗 あき・あきら・お・さえ・ほがら

解字 篆文 形声。月＋良㊥。音符の良は、よいの意味。よいつきの意味から、あかるいの意味を表す。

▼開朗・高朗・晴朗・清朗

【朗詠】(ロウエイ) ①声高らかに歌う。朗吟。②国㋐雅楽の一種。平安時代に漢詩や和歌に節をつけて歌ったもの。㋑『和漢朗詠集』の略。

【朗吟】(ロウギン) 声高らかに歌う。ほがらかに歌う。朗詠。

【朗月】(ロウゲツ) あかるく、曇りのない月。

【朗唱】(ロウショウ) ＝朗誦。

【朗誦】(ロウショウ) 声高らかに読む。朗読。

【朗然】(ロウゼン) ＝朗朗。

【朗達】(ロウタツ) 賢明で物事をよく知っている。

【朗暢】(ロウチョウ) ほがらかで、のびのびしている。

【朗徹】(ロウテツ) 清くてすきとおる。

【朗読(讀)】(ロウドク) 声高らかに読む。朗誦。

【朗報】(ロウホウ) 国明るい報せ。うれしい報せ。

【朗朗】(ロウロウ) ①音声が清くすんで、よくとおるさま。②月光などの、あかるく、さえわたるさま。

(11)肉7
【脚】 3188 常 キャク・キャ あし　㊥キャク・㊐カク ㊥ jiǎo, ㊂jué 2151 3553
㊖キャ

筆順 月 月ᅩ 肚 脚

【腳】 正字

字義 ❶**あし**。㋐すね。はぎ。膝の下、くるぶしの上の部分。㋑あし全体。㋒物の下につい て、ささえの用をなすもの。「橋脚」㋓物の下部。もと。すそ。「脚注」「山脚」㋔あゆみ。歩行。通り過ぎること（もの）。「雲脚」㋕あしば。立場。身の置き所。「失脚」❷あしのある器物を数える語。「机二脚」❸役者。俳優。＝角。

難読 脚崎(すねざき)・脚結(あゆい)・脚榻(きゃたつ)・脚立(きゃたつ)

使いわけ あし〔足・脚〕⇩足(7493)。

解字 篆文 形声。月(肉)＋却(卻)㊥。音符の卻は、ひざをつかってあとずさりするの意味。あとずさりする時に使う肉体の部分、すねの意味を表す。

▼行脚・雨脚・健脚・失脚・日脚・馬脚・立脚

【脚下】(キャッカ) ①足のした。あしもと。②現在。目下。

【脚気(氣)】(カッケ) ビタミンBの欠乏によって足がしびれたり、むくんだりする病気。あしのけ。脚疾。

【脚光】(キャッコウ) 国舞台の正面の下方から俳優をてらす照明。フット・ライト。「脚光を浴びる（注目の的となる）」

【脚色】(キャクショク) ①昔、仕官するときにさし出した履歴書。②演劇で、俳優の役割。③国㋐芝居のしくみ。芝居のすじがき。㋑小説などを演劇や映画になるように書きかえること。

【脚注・脚註】(キャクチュウ) 書物の本文の下方につけた注釈。「注」。↕頭注。

【脚絆・脚半】(キャハン) 国昔、徒歩旅行などに、すねにつけて歩きやすいようにするもの。脛巾(はばき)。脚巾(はばき)。

【脚本】(キャクホン) 国演劇などの筋書を書いた本。台本。シナリオ。

【脚力】(キャクリョク) ①足のちから。歩く力。②飛脚。手紙や金品などを預かって送り届ける人。

(11)肉7
【脛】 3189 標 ㊥ケイ ㊐ギョウ（ギャウ）㊥ jìng 7090 667A

字義 ❶**すね**。はぎ。膝から下、踝(くるぶし)から上の部分。❷脛脛は、まっすぐなさま。正直なさま。＝硜。

解字 篆文 形声。月(肉)＋巠㊥。音符の巠は、力強くてまっすぐの意味。肉体の中で力強くまっすぐな部分。すねの意味を表す。

【脛巾】(はばき) 国＝脚絆(キャハン)。

(11)肉7
【脩】 3190 ㊇ ㊥シュウ（シウ）㊐シュ ㊥ xiū 7091 667B

筆順 亻 亻 亻攵 攸 脩

字義 ❶**ほじし**。ほした肉。「束脩」❷**おさめる**(をさむ)。ととのえる。ととのえおさめる。＝修。❸いましめる。❹かざる。「脩飾」❺**ながい**(ながし)。「脩竹」

名乗 おさ・おさむ・なが・のぶ・はる・もろ

参考 脩はほじし、修はおさめる意で、もと別字であるが、音が通じて、後世、混用する。熟語は修(2114)をも見よ。

解字 篆文 形声。月(肉)＋攸㊥。音符の攸(ユウ=シュウ)は、長いすじの意味。原義は、肉を細長く裂いて干したもの。乾肉。また、修に通じて、おさめるの意味に用いる。

【脩遠】(シュウエン) はるかに遠い。

【脩己】(シュウコ) 自分をりっぱに修養する。修己。「脩己治人」

【脩古】(シュウコ) ①上古。②昔の道を修め習う。

【脩飾】(シュウショク) かざる。修飾。

【脩竹】(シュウチク) 長い竹。また、竹やぶ。

【脩飭】(シュウチョク) 身をおさめととのえること。修飭。

(11)肉7
【脣】 3191 △ シン 唇(963)の正字。→二〇三ページ。 7092 667C

(11)肉7
【脤】 3192 △ ㊥シン ㊐ジン ㊥ shèn

字義 **ひもろぎ**。社稷(シャショク)（土地・穀物の神）の祭りに供えるなま肉。

解字 形声。月(肉)＋辰㊥。音符の辰(シ)は、大はまぐりの象形。はまぐりの食器に盛って供えたなま肉、ひもろぎの意味を表す。

(11)肉7
【脱】 3193 常 ダツ ぬぐ・ぬげる　㈠㊥タツ・㊐ダチ ㊥ tuō　㈡タイ ㊥ tuì 3506 4326
㊖ダツ

(11)肉7
【脫】 3194

筆順 月 月' 胪 脱

字義 ㈠❶**ぬぐ**。身につけていた物を取り去る。また、**ぬげる**(ぬぐ)。「脱衣」❷やせる。肉が落ちる。❸**ぬける**(ぬく)。ぬけ落ちる。「離脱」❹ぬかす。落とす。「脱字」❺ぬけ出す。のがれる。「脱走」❻おろそか。おおまか。そまつ。❼もし。かりに。
㈡脱脱(タイタイ)は、ゆったりした形容。また、よろこぶ。

解字 篆文 形声。月(肉)＋兌(兊)㊥。音符の兌(タ)は、ぬけおちるの意味。肉がおちてやせるの意味を表し、転じて、ぬける・ぬぐの意味を表す。

▼逸脱・解脱・滑脱・虚脱・軽脱・誤脱・超脱

【脱化】(ダッカ) ①殻(から)からぬけ出て形を変える。②古い形式からぬけ出て、新しい形式に変わる。

【脱簡】(ダッカン) 書物のページが脱落していること。古くは竹簡（竹の札）を連ねて、その上に書いたのでいう。

【脱却】(ダッキャク) ①ぬぎすてる。すて去る。②ぬけ出る。のがれ去る。危険な状態・因習などからぬけ出る。

【脱臼】(ダッキュウ) 骨の関節がはずれる。

【脱誤】(ダツゴ) 文字がぬけたり、まちがったりすること。

【脱穀】(ダッコク) ①殻つぶを穂からとりはなす。②もみがらから穀つぶをぬき出す。

【脱獄】(ダツゴク) 囚人が獄を破ってにげ出す。ろう破り。

【脱屣】(ダッシ) ①はきものをぬぎ捨てる。惜しげもなく捨てること。②国天皇が退位すること。

【脱然】(ダツゼン) ①病気がさっぱりとよくなるさま。重荷をおろしたよ

うにさっぱりするさま。②ゆるやかに（のろのろ）行くさま。

【脱△疽】手足の指先などから次第に腐ってゆく疾患。

【脱俗】俗気をはなれる。俗世間からぬけ出る。世の中を超越する。

【脱胎】他人の作った詩文の趣意をとり、形式を変えて自分の詩文を作ること。奪胎。「換骨脱胎」

【脱退】ぬけしりぞく。ひきさがる。関係している所から身をひく。

【脱△兎】逃げるうさぎ。行動のすばやいたとえ。「脱兎之勢（ダットのいきおい）」

【脱皮】①蛇や虫などが成長するにつれ古い表皮をぬいで新しい表皮に変わること。②古い考えからぬけ出て進歩すること。

【脱法】法律をうまくくぐりぬける。法の抜けあなをくぐって禁制を犯す。

【脱落】①ぬけおちる。②仲間はずれになる。③すて去る。ぬぎすてる。

【脱略】①軽んじおろそかにする。②ぬかしはぶく。

【脱漏】ぬけもれる。もれ落ちる。もれる。

(11)肉7 【脡】3195 △ 漢テイ 呉チョウ（チャウ） 迥 tǐng　3930 473E
字義 ❶ほじし。細長く伸ばしたほし肉。❷まっすぐ。
解字 月(肉)＋廷㊥。音符の廷は、まっすぐ突き出るの意味。まっすぐなほし肉の意味を表す。これに対し、曲がったほし肉を朐（ク）という。

(11)肉7 【脰】3196 △ 漢トウ 呉ズ（ツ） 宥 dòu
字義 ❶うなじ。くびすじ。❷すね。はぎ。
解字 篆文 形声。月(肉)＋豆㊥。

(11)肉7 【脳】3197 教6 ノウ　7110 672A
(13)肉9 【腦】3198 漢ドウ（ダウ） 呉ノウ（ナウ） 晧 nǎo
筆順 月 月' 脳
字義 ❶のうみそ。脳髄。頭蓋骨（ズガイコツ）の中にある、灰白色のやわらかい物質で、精神のはたらきをするもの。❷あたまのはち。あたま。❸頭のはたらき。精神のはたらき。また、こころ。たましい。「頭脳」❹草木のずい。しん。
解字 篆文 会意。篆文は、匕＋巛＋囟。巛は、髪の象形。囟は、まだ上部が開いている乳児の頭蓋骨の象形。匕は、つくの意味。このヒは、のちに月(肉)に変形した。髪と頭蓋骨とについている脳みその意味を表す。
▼主脳・首脳・髄脳
【脳△溢血】脳の血管が破れて、脳の組織内に出血する病気。脳出血。

【脳△漿】①のうみそ。脳髄。②転じて、あたまのはたらき。知恵。

【脳髄（髓）】＝字義の❶。

【脳天】国あたまのいただき。頭のてっぺん。

【脳裏・脳△裡】あたまの中。心の中。

(11)肉7 【脗】3199 △ 漢ブン・呉モン 慣フン 吻 wěn
字義 あう（合）。ぴったりあう。「脗合」
解字 形声。月(肉)＋曶㊥。音符の曶（コツ＝ブン）は、唇の意味。上下の唇が合わさるように、あうの意味を表す。

(11)肉7 【脯】3200 △ 漢フ 慣ホ 麌 fǔ　7093 667D
字義 ❶ほじし。ほし肉。薄くさいて塩をつけただけのほし肉。❷果実をほしたもの。❸ほじしにする。昔の残酷な刑罰。

解字 篆文 形声。月(肉)＋甫㊥。音符の甫（ホ）は、薄に通じ、うすいの意味。肉をうすくほした、ほじしの意味を表す。

【脯△醢】①ほし肉と、しおから。②人を殺して、そのからだをほじしや、しおからにする、昔の残酷な刑罰。

【脯資】①ほし肉と糧食。②旅費。

【脯△糒】ほし肉とほしいい。

(11)肉7 【脬】3201 △ ホウ（ハウ） 肴 pāo
字義 ゆばりぶくろ。膀胱。
解字 篆文 形声。月(肉)＋孚㊥。

(11)月7 【望】3202 教4 ボウ・モウ のぞむ　4330 4B3E
(11)月7 【朢】3203 漢ボウ（バウ） 呉モウ（マウ） 漾陽 wàng
筆順 亡 切 望 望
字義 ❶のぞむ。㋐ねがう。ほっする。「希望」「待望」㋑見わたす。遠くを見わたす。「眺望」㋒見あげる。「仰望」㋓向きあう。相対する。❷のぞみ。㋐ねがい。「願望」㋑ながめ。見はらし。㋒ほまれ。名声。「声望」❸うらむ。うらみ責める。うらみ。また、憂える。「怨望」❹もち。もち月。満月。また、陰暦で小の月の十五日（大の月の十六日）。❺祭りの名。昔、王侯が柴をやいて領内の山川の神をまつった祭り。また、祭られる名山・大川。
名乗 み　難読 望春（こぶし）・望春花（こぶし）・望帝（ほととぎす）
使いわけ のぞむ［望・臨］
【望】希望する。また、遠くを眺める。「国民に望む・はるかに富士を望む」
【臨】そこへ行く。また、近くにある。「会議に臨む・湖に臨むホテル」
解字 甲骨文 金文 篆文 形声。月＋王＋亡㊥。甲骨文は背のびした人の上に強調した目のある形にかたどり、遠くをのぞむの意味を表す。金文から、満月の意味に借りて用いられるようになり、月を付して、朢となり、この臣の部分を変えて、音符の亡とし、望となった。のぞむ・もちづきの意味を表す。
▼一望・威望・渇望・願望・企望・希望・既望・仰望・高望・懇望・才望・失望・四望・資望・衆望・宿望・春望・所望・信望・人望・勢望・声望・切望・絶望・想望・大望・待望・眺望・展望・徳望・熱望・非望・風望・本望・野望・有望・欲望・令望
【望雲】雲をのぞみ見る。①子が他郷で故郷の親を恋いしたうこと。「望雲の情」②臣下が君主の徳を仰ぎしたうこと。

【望外】国思いのほか。期待したより以上。

【望気（氣）】雲気を望み見て人事の吉凶をうらなうこと。

【望郷（鄉）】故郷の方角をのぞみ見る。故郷をなつかしく思うこと。思郷。懐郷。

【望月】①月をながめる。②国（もちづき）満月。陰暦十五日の夜の月。

【望春】①春の景色をながめること。②百舌（もず）の別名。

【望△蜀】一つののぞみを達して、さらにもう一つと欲ばること。むさぼって飽くことを知らないたとえ。「得隴望蜀（ロウをえてショクをのぞむ）」〔後漢書、岑彭伝〕

【望族】名高い家がら。令族。名門。

【望帝】杜鵑（ほととぎす）の別名。蜀王（ショクオウ）の杜宇（トウ）は望帝と号したが、後に杜鵑に化したという伝説による。〔華陽国志〕

【望夫石】妻が遠方に旅立つ夫のうしろ姿を見送って悲しみ、また、はるかに夫の方を望んで待ちわびながら、そのまま化したという石。〔幽明録〕

【望風】①はるかに風姿をのぞみ慕う。遠くから仰ぎ慕う。②いきおいを望み見る。③風声（評判）を遠くで聞く。

【望文生義】ボウブン・ブンをのぞみセイギ・ギをショウず　文章を解釈するとき、字義をよく考えず、その前後から推定して解釈すること。

【望望】ボウボウ　①恥じ入るさま。②後をも見ずに去って行くさま。③がっかりするさま。④思い慕うさま。

【望羊・望△佯・望洋・望陽】ボウヨウ　遠くを見やるさま。また、仰ぎ見るさま。また、まとまりのないこと。とりとめのないこと。望羊は、羊を望む意で、分かれ道が多くて、にげた羊がどの道を行ったか分からないこと。洋は大海。陽は、太陽。佯は、羊・洋との同音から用いる。

【望楼(樓)】ボウロウ　ものみやぐら。

(11)月7【腺】3204　△　ロウ　朗(3186)の本字。→五二七ページ。　5913　5B2D

(11)月7【朗】(3187)　ロウ　朗(3186)の旧字体。→五二七ページ。

(11)肉7【朕】3205　国字　△　また。＝股。
解字　俣の類推から、股が変化した形。股は、またの意味。

【豚】→豕部 一〇三三ページ。

(12)肉8【腋】3206　標　漢エキ　呉ヤク　陌 yè　7094　667E
字義　❶わき。わきのした。❷わきの下の皮。　難読　腋臭
解字　形声。月(肉)＋夜音。音符の夜ヤ＝エキは、また、夕＋亦音の形声文字。この音符の亦エキは、わきの下の意味で腋の原字。亦が、またの意味に用いられるようになったため、わきの意味として腋が用いられるようになった。

【腋臭】エキシュウ　わきが。わきの下のくさい病気。腋気。

(12)月8【期】3207　教3　キ・ゴ　漢キ・呉ゴ・ギ　囡 qī, jī　2092　347C
筆順　廾 甘 其 期
【朞】同字　5914　5B2E
字義　❶あう(会)。約束して会う。❷ちぎる。約束する。❸きめる。固く心にきめる。決心する。❹あてにする。あてにして待つ。「予期」「期待」❺とき。おり。㋐一定の日時・時間。㋑約束した日時。限定された日時。「期日」「期限」㋒機会。❻ひとまわり。年・月のひとめぐり。「期月」「期年」＝朞。❼百歳。→期頤。
国❶限度。きり。❷死ぬ時。　名乗　さね・とき
使いわけ　キ〔期・季〕
〔期〕人間が定めた期間。「夏期休暇・前期」
〔季〕自然現象によって意識される期間。「冬季オリンピック・季刊」
ただ、実際には紛らわしい例が多い。
解字　金文　篆文　形声。月＋其音。音符の其は、整然と区切るの意味。区切られた時間の意味を表す。また、一定期間に一定の効果が得られるのを待つの意味をも表す。
▼延期・佳期・花期・婚期・最期・死期・周期・週期・所期・半期・末期・予期

【期△頤】キイ　百歳をいう。『礼記』曲礼上に、「百年を期といい、頤わる」とあるに基づく。

【期会(會)】キカイ　①日時を約束して集まること。②必ず実行しようと計画する。また、約束すること。③とき。おり。機会。④一年間の会計。また、会計。

【期月】キゲツ　①満一か月。②満一年。十二か月をひとめぐりする意。期年。

【期成】キセイ　国ある物事が必ずできあがることを期待すること。あてにしてまつ。まちもうける。

【期待】キタイ　あてにしてまつ。まちもうける。

【期年】キネン　満一年。一周年。期月。

【期服】キフク　満一か年の喪。

【期約】キヤク　約束。

(12)月8【朞】3208　△　キ　期(3207)と同字。→前項。　5914　5B2E

(12)肉8【腔】3209　標　コウ(カウ)　江 qiāng　2548　3950
字義　❶うつろ。胸・腹・口など、体内の空虚な所。「腹腔」❷からだ。身のうち。「満腔」❸ふし。歌のふしまわし。曲調。
参考　医学用語では、クウと読むことが多い。「口腔(口の中)」
解字　文　篆　形声。月(肉)＋空音。音符の空は、うつろの意味。体内の空虚なところの意味を表す。

【腔腸】コウチョウ　くらげ・いそぎんちゃくなどの体内で、栄養をつかさどる所。「腔腸動物」

(12)肉8【腊】3210　△　漢セキ　呉シャク　陌 xī
字義　❶ほじし。ほし肉。よく乾燥させた肉の小片。また、ほし肉にすること。❷ひもの。「腊魚」❸はなはだしい。きびしい。「腊毒(猛毒)」
解字　形声。月(肉)＋昔音。音符の昔は、腊の原字で、ほじしの意味。昔が、むかしの意味に用いられるようになったため区別して、肉を付した。

【腊葉】サクヨウ　押し葉。「サク」は「シャク」の転。

(12)月8【朝】3211　教2　チョウ　あさ　今朝　一チョウ(テウ)　蕭 zhāo　二漢チョウ(テウ)　呉ジョウ(デウ)　蕭 cháo　3611　442B

(12)月8〖朝〗3212

筆順　十 吉 卓 朝

字義　一❶あさ。あした。↔夕。❷はじめ。❸一朝は、ある日。また、一旦。いったん。
二❶まつりのにわ。天子が政治をとるところ。朝廷。昔は、朝日を迎えて政治を行った。↔野。❷まつりごと。政治。政務。また、政務をとる。❸つかさ。官庁。諸侯や地方の太守などが政務をとるところ。❹朝廷に参る。宮中に参内して天子におめにかかる。朝見。❺ひとりの天子が在位する期間。❻一王朝の存続する期間。「唐朝」❼くに(国)。「異朝」❽あつまる。あつめる。
名乗　さ・つと・とき・とも・のり・はじめ　難読　朝霞・朝餉・朝日・朝来
解字　金文　篆文　会意。もと、𠦝＋日。𠦝は、草原の意味。草原にあがる太陽で、あさの意味を表す。のち、これは𠦝に省略され、金文では、潮流が岸に至るさまを示す月が付された。常用漢字は、これを整理した形による。
▼異朝・一朝・王朝・外朝・帰朝・皇朝・今朝・在朝・市朝・聖朝・早朝・天朝・登朝・内朝・廃朝・本朝・来朝・歴朝

【朝衣朝冠】チョウイチョウカン　朝廷に出るとき着ける、制服やかんむり。礼装。正装。

〔朝衣朝冠〕

【朝意】チョウイ　朝廷の意志。また、天子の考え。朝旨。

【朝威】チョウイ　朝廷の威厳。天子の威光。御稜威。

【朝謁(謁)】チョウエツ　天子にお目通りする。朝見。

【朝宴】チョウエン　朝廷でもよおされる宴会。

【朝家】チョウカ　①天子の家。王室。皇室。②転じて、朝廷。また、国家。

【朝賀】チョウガ　臣下が参内して天子に祝詞を述べること。また、その祝詞。

【朝△暉】チョウキ　朝日の光。暉は、日光。

【朝儀】チョウギ　朝廷で行われる儀式。

【朝議】チョウギ　朝廷で相談する。また、朝廷の会議。また、その決

定した事がら。

【朝菌】（チョウキン）短命なもの、はかないもののたとえ。㋐朝生えて晩に枯れるというきのこ。〔荘子、逍遥遊〕朝菌不ㇾ知二晦朔一（チョウキンはカイサクをしらず）。㋑朝生まれて晩に死ぬという、かいこに似た、水中の虫。蜉蝣（フユウ）。孳母（ジボ）。㋒＝朝槿（チョウキン）。

【朝△槿】（チョウキン）むくげ。花が朝開いて夕にしぼむことから、はかないもののたとえ。木槿。

【朝△覲】（チョウキン）諸侯が天子にお目にかかること。

【朝見】（チョウケン）臣下が参内（サンダイ）して天子にお目にかかること。朝謁（チョウエツ）。

【朝権（權）】（チョウケン）朝廷の権力。政治の権力。朝柄。

【朝憲】（チョウケン）朝廷のおきて。国家のおきて。国法。国憲。

【朝△譴】（チョウケン）朝廷のとがめ。天子の叱責（シッセキ）。

【朝衡】（チョウコウ）→晁卿衡（五〇七ぺ一）。

【朝貢】（チョウコウ）諸侯や属国の使臣などが来朝して天子にみつぎものを奉ること。朝献。

【朝三暮四】（チョウサンボシ）いつわって人をごまかすこと。また、どちらにしても大差のないこと。春秋時代、宋（ソウ）の狙公（ソコウ）（猿まわし）が、飼い猿に朝三つ夕方四つのとちの実をやるといったら猿が怒ったので、では朝四つ夕方三つやろうといったら、猿が喜んだ故事。〔列子、黄帝〕

【朝士】（チョウシ）朝廷につかえる役人。

【朝市】（チョウシ）①朝廷と市場。転じて、名誉・利益を争う所。また、人の大ぜい集まる所。人なか。市朝。②朝たつ市場。③国（あさいち）＝②。

【朝旨】（チョウシ）＝朝意。

【朝△餉】（チョウショウ・あさがれい（ひ））あさめし。朝食。

【朝臣】（チョウシン）①朝廷につかえる役人。②国（あそみ・あそん）㋐昔、家がらの尊卑を分けた、八つの姓（かばね）の第二位。㋑四位以上の役人の敬称。

【朝紳】（チョウシン）朝廷の高位高官の人。

【朝夕】（チョウセキ）①朝と夕方。あさばん。②あけくれ。常に。ふだん。③朝見と暮見。朝と晩にごきげんをうかがうこと。

【朝鮮】（チョウセン）国名。殷（イン）の箕子（キシ）が殷の乱を避けて朝鮮王となったのがその初めという。現在、北緯三十八度線の付近に軍事境界線が引かれて南北にわかれ、南部は大韓（ダイカン）民国、北部は朝鮮民主主義人民共和国となっている。

【朝宗】（チョウソウ）①諸侯が天子にお目にかかること、また、帰服すること。②川の水が海に集まりそそぐこと。

【朝朝暮暮】（チョウチョウボボ）毎朝毎晩。〔唐、白居易、長恨歌〕聖主朝朝暮暮情（セイシュチョウチョウボボのジョウ）。→蜀江（九六四ぺ一）。

【朝廷・朝庭】（チョウテイ）天子が政治を執るところ。朝堂。廟堂（ビョウドウ）。

【朝敵】（チョウテキ）国朝廷にそむいて謀反する者。

【朝△暾】（チョウトン）あさひ。朝旭（チョウキョク）。

【朝服】（チョウフク）朝廷に出仕するときに着る制服。礼服。朝衣。

【朝△聘】（チョウヘイ）諸侯が天子にお目にかかって物を献上すること。

【朝△謨】（チョウボ）朝廷のはかりごと。政府の政策。

【朝命】（チョウメイ）朝廷の命令。天子の命令。

【朝野】（チョウヤ）①朝廷と民間。官吏と民間人。官民。②世の中。世間。天下。

【朝陽】（チョウヨウ）①朝日。旭日（キョクジツ）。②山の東がわ。朝日のあたる山面。↔夕陽（山の西がわ）。

【朝来（來）】（チョウライ）①朝。朝早く。来は助字。②朝やって来る。

【朝令暮改】（チョウレイボカイ）朝、命令を出して、夕方にはそれを改め変える。むやみに命令や法律を変えること。〔漢書、食貨志上〕

【朝露】（チョウロ）①あさつゆ。朝おりるつゆ。②はかないもののたとえ。〔漢書、蘇武伝〕人生如二朝露一（ジンセイはチョウロのごとし）。

【朝不ㇾ慮ㇾ夕】（あしたにゆう（ふ）べをはかられず）朝にその日の晩のことを考えることができない。事がさし迫っていると一寸先が予測できないこと。また、物事のはかないこと。〔晋、李密、陳情表〕

【朝聞ㇾ道夕死可△矣】（あしたにみちをきかばゆう（ふ）べにシすともカなり）朝、人としての道を開くことができたら、その日の夕方死んだとしても悔いることはない。孔子が、人として道を学ばねばならぬことを強調したことば。〔論語、里仁〕

⑿肉8【脹】3213　常 チョウ　チョウ（チャウ）漢 zhàng　3617　4431

筆順

字義 ❶ふくれる。腹や物などがふくれる。「膨脹（ボウチョウ）」❷はれる。皮膚がはれる。

解字 形声。月（肉）＋長音。音符の長は、はるの意味。腹がはってふくれるの意味を表す。

▼膨脹

【脹満（滿）】（チョウマン）①腹がはりふくれること。②液体またはガスがたまって腹のふくれる病気。

⑿肉8【腆】3214　△ テン　銑 tiǎn　7102　6722

字義 ❶あつい。手厚い。丁重。「腆贈」「不腆」❷いたる（至）。❸おおい（多）。膳（ゼン）にごちそうが多い。❹よい（善）。美しい。

解字 文 篆 形声。月（肉）＋典音。音符の典は、とうといの意味。とうとい肉の意味から、あつい・よいの意味を表す。

【腆贈（贈）】（テンゾウ）てあついおくりもの。

⑿肉8【脾】3215　標　一 漢 ヒ・呉 ビ　支 pí　二 ヒ　紙 bì　7103　6723

字義 一 脾臓（ヒゾウ）。五臓の一つ。胃の左下にあって、白血球を作り、老廃した赤血球を破壊する働きなどを営む。二 もも（股）。「脾肉之歎（ヒニクのタン）」

解字 文 篆 形声。月（肉）＋卑音。音符の卑は、ひくいの意味。胃よりも低いところにある器官の意味を表す。

⑿肉8【腓】3216　△ 漢 ヒ　呉 ビ　微 未 féi　7104　6724

字義 ❶こむら。ふくらはぎ。脛（はぎ）のうしろのふくれた所。❷足きりの刑罰。＝剕（ヒ）。❸さける（避）。

解字 文 篆 形声。月（肉）＋非音。音符の非は、肥に通じ、ふとるの意味。はぎのうしろのふとっている部分、こむらの意味を表す。

⑿肉8【腑】3217　標　フ　麌 fǔ　7105　6725

字義 ❶はらわた。臓腑。❷こころ。心の中。「肺腑」❸身うちのたとえ。

解字 形声。月（肉）＋府音。音符の府は、物をしまいこむ倉の意味。内臓をしまいこむ部分の意味を表す。

⑿肉8【胼】3218　△ 漢 ヘン　呉 ベン　先 piān

【胼】俗字　7106　6726

字義 ❶たこ。まめ。絶えずそこを使うため、手のひらや足うらなどの皮膚が厚く堅くなったもの。❷あかぎれ。ひび。

難読 胼胝（たこ）

解字 形声。月（肉）＋并音。

【胼△胝】（ヘンチ）ひび。あかぎれ。また、たこ。まめ。

⑿肉8【腕】3219　常 ワン　うで　ワン　翰 wàn　4751　4F53

筆順

字義 ❶うで。㋐かいな（かいな）。肘（ひじ）と手首との間。㋑手首。❷うでまえ。うでの力。てなみ。はたらき。「手腕」国うで。㋐肩さきから手首までの称。手。㋑うでのように、本体から横につきだしたもの。

解字 形声。月（肉）＋宛音。音符の宛（エン）は、しなやかに曲がるの意味。自由にしなやかに曲げることのできる肉体の部分、うでの意味を表す。

▼手腕・敏腕

【腕白】ワンパク 国子供がわがままでいたずらなこと。また、その子供。

【△扼レ腕】ヤクワン・うでをやくす 自分で自分のうでを強く握りしめる。怒ったり、残念がったりするときのさま。切歯扼腕。〔戦国策、燕〕

【勝】→力部 一五三ページ。

(13)肉9 【脚】3220 △ キャク 脚(3188)の正字。→五三八ページ。

(13)肉9 【腱】3221 標 漢ケン 呉ゴン 唐jiàn　7107 6727

字義 ❶肉の繊維の端が集まって骨に結びついて筋肉の運動を助ける組織。「アキレス腱」 ❷すじ。ふとい筋肉の繊維。

解字 形声。月(肉)＋建音。

(13)肉9 【腮】3222 △ サイ 灰 sāi　7108 6728

【顋】正字 8091 707B

字義 あご。あぎと。 国えら。魚類の呼吸器。＝鰓サイ。

解字 形声。月(肉)＋思音。

(13)肉9 【腫】3223 標 漢ショウ 呉シュ・シュウ 腫 zhǒng　2880 3C70

字義 ❶はれる。むくむ。ふくれる。 ❷はれ。むくみ。また、はれもの。できもの。「腫物シュモツ」

解字 篆文 形声。月(肉)＋重音。音符の重は、ふくれておもいふくろの象形。肉体の一部がふくれた、はれものの意味を表す。

【腫△瘍】シュヨウ はれもの。できもの。腫瘡シュソウ。

(13)肉9 【腎】3224 標 漢シン 呉ジン 軫 shèn　3153 3F55

字義 ❶腎臓ジンゾウ。五臓の一つ。下腹部後壁、脊椎セキツイの両側にあって、尿の分泌をつかさどる器官。 ❷かなめ。たいせつな所。「肝腎」 「腎→肝心」

参考 現代表記では[心](2185)に書きかえることがある。「肝腎→肝心」

解字 篆文 形声。月(肉)＋臤音。音符の臤ケン=シンは、臣に通じ、家来として従うの意味。他の器官に従属してはたらく器官、じんぞうの意味を表す。

(13)肉9 【腥】3225 △ 漢セイ 呉ショウ(シャウ) 青・径 xīng　7109 6729

字義 ❶なまぐさい。なまぐさし。＝胜セイ。 ❷豚のしもふり肉。 ❸生肉。 ❹あぶら。鶏肉のあぶら。 ❺きたない。けがらわしい。

解字 篆文 形声。月(肉)＋星音。音符の星は、ほしの意味。肉の中に星のようにまじる白い脂肪のある、しもふり肉の意味を表す。

【腥血】セイケツ なまぐさい血。

【腥△膩】セイジ なまぐさく、あぶらじみていること。

【腥臭】セイシュウ なまぐさいにおい。

【腥△羶・腥△膻】セイセン ①なまぐさい。また、その獣。②外国人をののしっていう。生肉を食するから。

【腥△臊】セイソウ ①なまぐさい。②けがらわしい。

【腥聞】セイブン けがらわしいうわさ。不品行の評判。

(13)肉9 【腠】3226 △ ソウ 宥 còu

字義 はだ(膚)。また、はだのきめ。腠理。

解字 形声。月(肉)＋奏音。

(13)肉9 【腟】3227 △ チツ 膣(3249)と同字。→五三四ページ。　7121 6735

(13)肉9 【腸】3228 教4 チョウ 漢チョウ(チャウ) 呉ジョウ(ヂャウ) 陽 cháng　3618 4432

筆順 月 … 腸

【膓】俗字 7122 6736

字義 はらわた。㋐六腑ロップの一つ。消化器の一部で、消化・吸収・排泄ハイセツの作用を行う。大腸・小腸の別がある。㋑こころ。「心腸」

解字 篆文 形声。月(肉)＋昜音。音符の昜ヨウ＝チョウは、のびあがるの意味。のびる大腸・小腸、はらわたの意味を表す。

▼剛腸・愁腸・寸腸・断腸・羊腸

【腸断(斷)】チョウダン はらわたがちぎれる。非常な悲しみの形容。断腸。

【腸断(斷)声(聲)】チョウダンのこえ(声) はらわたもちぎれるばかりの悲しい音。〔唐、白居易、長恨歌〕夜雨聞レ鈴腸断声 訳文 行宮(三九ページ)。

【腸△肚】チョウト はら。心の中。肚は、腹。

(13)肉9 【腯】3229 △ 一漢トツ・呉トチ 月 tú 二漢トン・呉ドン 願

字義 一二こえる(肥)。ふとる。豚や鳥がふとる。牛羊のこえるのを肥という。

解字 篆文 形声。月(肉)＋盾音。

(13)肉9 【腦】(3198) ノウ 脳(3197)の旧字体。→五二九ページ。　7110 672A

(13)肉9 【腷】3230 △ 漢ヒョク 呉ビキ 職 bì

字義 ❶胸がつまって気がはればれしない。「腷臆ヒョクオク」 ❷腷腷・腷膊ヒョクハクは、鳥のはばたき・氷のさける音・戸をたたく音などの形容。

解字 形声。月(肉)＋畐音。

【腷△臆】ヒョクオク 胸がふさがり、気がはればれしない。また、その悩み。腷憶。

(13)肉9 【腹】3231 教6 フク はら フク 屋 fù　4202 4A22

筆順 月 … 腹

字義 ❶はら。㋐胸の下で、胃や腸などの内臓を包んでいる所。㋑こころ。考え。心中。また、度量。胆力。㋒母親の胎内。「同腹」 ㋓まえ。前面。↔背。「腹背」 ㋔中央のふくれた部分。「山腹」 ❷いだく。だきかかえる。 ❸あつい(厚)。

難読 腹赤はらか・腹帯はらたい

解字 篆文 形声。月(肉)＋复(夏)音。音符の夏フクは、包に通じ、つつむの意味。内臓をつつむ肉体、はらの意味を表す。

▼異腹・口腹・業腹・鼓腹・山腹・私腹・心腹・船腹・同腹・抱腹

【腹案】フクアン 心の中に持つ考え。

【腹稿】フッコウ・フクコウ 心の中であらかじめ文章を組み立てること。また、その草稿。

【腹△笥】フクシ 学問の素養。蘊蓄ウンチク。腹中の本箱の意。

【腹疾】フクシツ はらいた。腹の痛む病気。

【腹心】フクシン ①はらと、むね。②まごころ。心の奥底。③自分の腹とも胸ともたのむ人。絶対の信頼をおける人。

【腹心△之疾】フクシンのやまい(ひ) 腹や胸の病気。なおしがたい重い病気。転じて、救いがたい心配ごと・除きがたい敵のたとえ。〔史記、越王句践世家〕

【布二腹心一】フクシンをしく 心の中をかくさずにうちあける。布は、敷き広げる。

【腹蔵(藏)】フクゾウ 心の中に包みかくす。心に思うことをかくして外に表さない。

【鼓レ腹】はらをコす 腹つづみをうつ。満腹のさま。また、太平のさま。「鼓腹撃壌コフクゲキジョウ」

(13)肉9 【腴】3232 △ ユ 虞 yú　7111 672B

字義 ❶こえる。こゆ。㋐下腹部が肥える。㋑地味が肥える。

㋒美しく豊か。富む。「肥腴」 ❷あぶら（脂）。肥えてあぶらののった肉。 ❸はらわた。豚・犬のはらわた。

解字 篆文 形声。月（肉）＋臾㊉。音符の臾ユは、円すい形に盛りあがるの意味。下腹部が肥えるの意味を表す。

⒀肉9 【腰】3233 常 ヨウ こし　2588 3978

⒀肉9 『腰』3234 ヨウ（エウ）㊥ yāo

筆順 月 肝 腰 腰 腰

【䁘】同字

字義 ❶こし。㋐背骨と骨盤とつながる部分。＝要。㋑物で、人体にたとえてこしにあたる部分。㋒山のふもとに近い部分。㋓重要な部分のたとえ。かなめ。 ❷こしにつける。帯びる。「腰刀」

国 こし。㋐押し通す気力。ねばり。がんばり。㋑弾力。ねばり。㋒和歌の第三句めの五字。

解字 形声。月（肉）＋要（要）㊉。音符の要は、こしの意味。要が、こし以外の多くの意味に用いられるようになり、肉を付して区別し、こしの意味を表す。

▼細腰・纖腰・柳腰

【腰間】ヨウカン こしのまわり。こしのあたり。

【腰斬】ヨウザン 胴切り。腰の部分を切りはなす刑罰。

【腰縄（繩）】ヨウジョウ・こしなわ（は） 罪の軽い囚人などを、こしだけをなわでつなぐこと。また、そのなわ。

【腰椎】ヨウツイ 腰部の脊椎骨セキツイコツ。

【腰輿】ヨウヨ たごし。前後から手でながえを腰の高さにかかえて行く輿こし。

【折腰】こしをおる 人に頭をさげること。〔晋書、隠逸、陶潜伝〕吾不能為五斗米折腰われゴトベイのためにこしをおることあたわず

⒀肉9 【腺】3235 国字 標 セン xiàn　3303 4123

字義 生物の体内にあって、特定の分泌作用を営む器官。「涙腺」「乳腺」

参考 国字であるが、中国でも用いられる。

解字 形声。月（肉）＋泉㊉。肉の中で水分がたまる部分の意。

【腺病質】センビョウシツ 体格が貧弱で貧血性の体質。病気にかかりやすい神経質な体質。

【膣】→土部 二四一ページ。

【媵】→女部 二六七ページ。

⒁肉10 【膃】3236 △ ㊥オツ ㊦オチ（ヲチ）㊒ wà　7112 672C

字義 ❶膃肭オットツは、肥えてやわらかい。 ❷膃肭臍オットセイは、アシカ科の海獣の名。膃肭獣。

参考 膃肭臍オットセイは、アイヌ語 onnep に膃肭オットツを当てた語といわれる。その臍ほぞや睾丸コウガン・陰茎が強壮剤となり、膃肭臍と呼ばれたことにもとづく。

解字 形声。月（肉）＋昷㊉。

⒁肉10 【膈】3237 △ ㊥カク ㊦キャク ㊒ gé　7113 672D

字義 ❶胸と脾ひとの間。みぞおち。「膈膜」 ❷胸のうち。胸中。心中。 ❸つりぎ。鐘をつるす木。

解字 形声。月（肉）＋鬲㊉。

⒁肉10 【膏】3238 標 ㊀コウ（カウ）㊥ gāo ㊁コウ（カウ）㊦ gào　2549 3951

字義 ㊀❶こえる（肥）。㋐ふとる。あぶらがのってふとる。肥えた肉。㋑地味が肥える。肥えた土地。 ❷あぶら。㋐肉のあぶら。脂肪。㋑化粧あぶら。べに。㋒あぶら薬。「軟膏」 ❸うまい。美味。 ❹つやがあってなめらか。 ❺めぐみ。恩沢。 ❻むなもと。心臓の下の部分。「膏肓コウコウ」 ㊁❶あぶらをさす。あぶらを塗ってなめらかにする。 ❷うるおす。めぐむ。

解字 甲骨文 篆文 形声。月（肉）＋高㊉。音符の高は、皦キョウに通じ、つやのある白の意味。白い脂肪の意味を表す。

【膏雨】コウウ 草木をうるおし育てる雨。めぐみの雨。慈雨。甘雨。

【膏火】コウカ あぶらの火。ともしびの火。灯火。

【膏血】コウケツ ①あぶらと、ち。②転じて、苦労して得た利益や財産。

【膏肓】コウコウ 膏は心臓の下の部分、肓は横隔膜オウカクマクの上の部分。膏と肓との間は、薬も鍼はりも及ばぬ、病気のなおしがたい所という。「病入膏肓やまいコウコウにいる」 ◇肓を盲と混同して、コウモウと読むのは誤り。〔左伝、成公十〕

【膏壌（壤）】コウジョウ 地味の肥えた土地。

【膏沢（澤）】コウタク めぐみ。恩恵。恩沢。

【膏田】コウデン よく地味の肥えた田地。

【膏味】コウミ よいあじ。うまい味。好味。美味。

【膏薬（藥）】コウヤク あぶらでねって作ったくすり。あぶらぐすり。

【膏沃】コウヨク 地味のよく肥えていること。

【膏粱】コウリョウ ①あぶらののった肉と、味のよい飯。うまい食物。美食。②富豪。財産家。

⒁肉10 【腿】3239 標 ㊥タイ ㊦ツイ ㊒ tuǐ 〔腿〕 3460 425C

字義 もも。はぎ。股もと脛はぎを合わせた称。股を大腿、脛を小腿という。

解字 形声。月（肉）＋退㊉。

⒁肉10 【膊】3240 △ ハク ㊒ pò、③～⑤bó　7114 672E

字義 ❶ほじし。肉を薄くたたいて乾燥させたもの。 ❷はりつけにする。さらす。 ❸肩の骨。＝髆ハク。 ❹うで。臂ひじから肩までを上膊、臂から手首までを下膊という。 ❺膊膊は、鶏の羽ばたきの音・物を打つ音・氷の割れさける音の形容。

解字 篆文 形声。月（肉）＋尃㊉。音符の尃フは、しくの意味。たたいてうすく敷いて乾かした肉の意味を表す。

⒁肉10 【膀】3241 標 ㊥ホウ（ハウ）㊦ボウ（バウ）㊒ páng　7115 672F

字義 ❶わきばら。あばら。 ❷膀胱ボウコウは、小便ぶくろ。腎臓ジンゾウから出る尿をたくわえておくふくろ。

解字 篆文 形声。月（肉）＋旁㊉。音符の旁ボウは、かたわらの意味。肉体の側面、わきばらの意味を表す。

⒁肉10 【膜】3242 常 マク　4376 4B6C

⒂肉11 『膜』3243 ㊀㊥バク・㊦マク ㊒ mó ㊁㊥ボ・㊦モ ㊒ mó

筆順 月 肝 腊 膜 膜

字義 ㊀❶マク。体内の筋肉や器官をおおい包む薄い皮。 ❷物をおおう薄いかわ。うすかわ。 ㊁膜拝ハイモは、両手をあげ地にひざまずいて拝むこと。

解字 篆文 形声。月（肉）＋莫（莫）㊉。音符の莫バクは、おおいかくすの意味。生物の体内の器官をつつみおおう薄い皮の意味を表す。

⒁肉10 【膂】3244 △ ㊥リョ ㊦ロ ㊒ lǚ　7116 6730

字義 ❶せぼね。 ❷ちから。筋骨の力。体力。膂力。 ❸になう。

解字 篆文 形声。月（肉）＋旅㊉。音符の旅は、呂リョに通じ、つらなるの意味。三十以上の椎骨ツイコツがつらなってできている、せぼねの意味を表す。

【膂力】リョリョク せぼねの力。筋骨の力。

⒁肉10 【膋】3245 △ リョウ（レウ）㊥ liáo

字義 あぶら（脂）。動物の腸の間にあるあぶら。

解字 形声。月（肉）＋勞省㊉。

⑮肉11【膕】3246 △ カク（クヮク）陌 guó　7118 6732

字義 ひかがみ。よぼろ。ひざの後ろ側の折れ曲がってくぼんだ部分。

解字 形声。月（肉）＋國㊥。

⑮肉11【膠】3247 標 一 漢コウ（カウ）呉キョウ（ケウ）肴 jiāo　二 漢コウ（カウ）呉キョウ（ケウ）巧 jiǎo　7117 6731

字義 一❶にかわ。動物の骨や皮などを煮つめて作った接着剤。❷にかわする。にかわでつける。❸つく。ねばりつく。❹かたい。❺もとる。ねじまがる。
二膠膠は、やわらぐさま。また、動き乱れるさま。

解字 篆文 形声。月（肉）＋翏㊥。音符の翏リョウは、丩キュウに通じ、まといつくの意味。ねばりつくにかわの意味を表す。

【膠固】コウコ ①にかわでつけたように、かたいこと。②こり固まって融通のきかないこと。
【膠△瑟】コウシツ 琴柱ことじを一か所ににかわづけにすれば、それを動かして琴の音を変化させることができない意から、一つのことにとらわれ融通のきかないたとえ。
【膠漆】コウシツ ①にかわと、うるし。②たがいにぴったりとくっついて離れないこと。また、まじわりの固く親しいことのたとえ。「膠漆の心」「膠漆の交わり」
【膠質】コウシツ ①にかわのようにねばりのある性質。②にこごり。煮た魚肉などに生じるもの。
【膠州湾（灣）】コウシュウワン 山東半島の南、黄海に面した湾の名。港口に青島チンタオ港がある。
【膠折】コウセツ にかわが折れる。寒いとにかわが折れやすいことから、寒冷の気候をいう。
【膠着】コウチャク ①ぴったりと固まりつく。②戦線などが同じ状態を続けて、はかばかしく動かないこと。

⑮肉11【膝】3248 標 漢シツ 呉シチ 質 xī　4108 4928

字義 ❶ひざ。㋐股ももと脛はぎとの間の関節部。㋑ひざがしら。ひざのさき。ひざこぶし。❷ひざもと。

解字 文 篆 形声。もと、卩＋桼㊥。卩は、人がひざまずく形にかたどり、ひざ関節の意味。音符の桼シツも節に通じ、ひざの意味。あわせて、ひざの意味を表す。膝は俗字で、月（肉）＋桼㊥の形声文字。

【膝下】シッカ ①ひざもと。父母のひざもと。親のそば。②手紙で父母などの宛名あての脇付わきづけに用いる語。
【膝行】シッコウ ひざを地にすりつけながら進む。非常におそれつつしむさま。膝歩。
【屈レ膝】ひざをクッす ①ひざを折りまげる。ひざをかがめる。②人に屈服すること。
【抱レ膝】ひざをいだく ひざをかかえる。相手がなくて、ひとりでさびしがっているさま。
【容レ膝】ひざをいる やっとひざが入れられるほどの、せまい所をいう。せまく質素な部屋などの形容。

⑮肉11【膣】3249 標 漢チツ 呉チチ 質 zhì　7120 6734

字義 ❶肉ができる。❷女性の生殖器の一部。陰門から子宮までの管。

解字 形声。月（肉）＋窒㊥。

［腟］同字　7121 6735

⑮肉11【腸】3250 △ チョウ　腸（3228）の俗字。→五三二ページ。　7122 6736

⑮肉11【膚】3251 常 フ　フ 虞 fū　4170 4966

筆順 

字義 ❶はだ。はだえ。からだの表面。「皮膚」❷物の表面。うわっつら。うわべ。❸うすい。あさい。あさはか。「膚浅」❹おおきい。❺うつくしい。❻四本の指を並べた長さ。＝専フ。

解字 篆文 形声。月（肉）＋盧（虍）㊥。音符の虚ロは、クルッと一まわりするの意味。肉体をクルッと包む表皮、はだの意味を表す。

▼完膚・肌膚・雪膚・皮膚・裂膚

【膚引】フイン あちこちから、うわべだけを引用して自分の説の助けとする。
【膚学（學）】フガク あさはかな学問。浅学。
【膚見】フケン うわべだけの見かた。あさはかな考え。浅見。
【膚受】フジュ ①はだに切りつけられるように、痛切なこと。身にさしせまること。②うわっつらだけを受け伝えて、じゅうぶん理解しないこと。
【膚受△之△愬】フジュのうったえ はだに切りつけられるような、痛切なうったえ。一説に、垢あかなどがいつのまにかはだにたまるように、それとなしに次第に人を讒言ザンゲンしてゆくこと。〔論語、顔淵〕
【膚寸】フスン わずかの長さ。膚は指四本を並べた幅、寸は指一本の長さ。
【膚浅（淺）】フセン あさはか。浅薄。膚薄。
【膚△撓】フトウ 皮膚を突きさされて、意気がくじける。
【膚敏】フビン 美徳があって、時を見るにすばやいこと。
【膚理】フリ はだのきめ。肌理キリ。

⑮肉11【膜】（3243） マク　膜（3242）の旧字体。→五三三ページ。

⑮肉11【膢】3252 △ 一 漢ロウ・呉ル 尤 lóu　二 ル 虞 lǘ

字義 一二 ❶飲食の神の祭り。❷狩りの祭り。天子が立秋の日に出猟し、帰ってから宗廟ソウビョウを祭る。

解字 篆文 形声。月（肉）＋婁㊥。音符の婁ロウは、とぎれることなく続くの意味。むかし、春や秋や十二月に豚・羊などの肉をつづけて食べて、豊作の続くことを祈ったまつりの意味を表す。

(15)11【膤】3253 国字 △ ゆき　膤割ゆきわりは熊本県の地名。　7119 6733

［滕］→水部 六一四ページ。

⑯肉12【膩】3254 △ 漢ジ（ヂ）呉ニ 寘 nì　7123 6737

字義 ❶あぶら。皮膚からにじみ出たあぶら。❷あぶらぎる。肥える。❸あか。あぶらあか。❹なめらか。すべすべする。

解字 篆文 形声。月（肉）＋貳㊥。音符の貳は、尼に通じ、くっつくの意味。ねばるあぶらの意味を表す。

【膩滑】ジカツ なめらか。すべすべする。
【膩理】ジリ なめらかで、きめが細かい。また、みめよいさま。

⑯肉12【膳】3255 標 漢セン 呉ゼン 霰 shàn　3323 4137

［饍］同字

字義 ❶そなえもの。よく料理した食物。料理。❷そなえる。すすめる。食物を供えすすめる。❸くう（食）。たべる。国ゼン。㋐食器をのせる台。「食膳」㋑めし。ごはん。食事。㋒茶碗に盛ったご飯を数える語。㋓箸の一対。

難読 膳所ぜぜ・膳夫かしわで・膳部かしわで

解字 金文 篆文 形声。月（肉）＋善㊥。音符の善は、よいの意味。よい肉の意味から、よく整った料理の意味を表す。

【膳△羞】ゼンシュウ うまい食物。料理。ごちそう。羞は、すすめ供する物。
【膳部】ゼンブ ①晋代ジンダイの官名。宮中の料理をつかさどる役。②国㋐料理人。㋑膳に供する食物。料理。

⑯月12【朣】3256 △ 漢トウ 呉ドウ 東 tóng

字義 ❶月がはじめて出る。月の出。❷月が出かけて明るくなるさま。おぼろなさま。「朣朦ドウモウ」「朣朧ドウロウ」

⒃肉12 【膰】3257 △ 漢ハン 呉ボン 元 fán 7124 6738

字義 ひもろぎ。宗廟(ソウビョウ)(祖先のみたまや)などの祭りに供える、焼いた肉。祭りが終われば人々に分け与える。

解字 形声。月(肉)＋番音。音符の番は、放射状にひろがるの意味。祭りに供えた肉を、祭りの終わりに参加した人々にわけ、それが放射状に広がっていくさまから、ひもろぎの意味を表す。

【膰俎】(ハンソ) 膰肉をのせて神前に供える台。

【膰肉】(ハンニク) ひもろぎ。→字義。

⒃肉12 【膴】3258 △ 一 漢ブ・呉ム 虞 　二 漢コ・呉ク 虞 hū 　三 漢ブ・呉ム 麌 wǔ 7126 6739

字義 一二 ❶ほじし。骨のないほし肉。❷大きな肉の切り身。❸魚のひらき。❹のり(法)。＝模。三 ❶あつい(厚)。❷うつくしい。土地が肥えているさま。「膴膴」

解字 篆文 形声。月(肉)＋無音。音符の無は、ないの意味。骨のないほし肉の意味を表す。

⒃肉12 【膨】3259 常 ボウ ふくらむ・ふくれる 漢ホウ(ハウ)・呉ビョウ(ビャウ) 慣ボウ(バウ) 敬庚 pēng 4336 4B44

筆順 月 … 膨

字義 ふくれる。ふくらむ。はれる。大きくなる。

参考 現代表記では〔厖〕(785)の書きかえに用いることがある。「厖大→膨大」

解字 形声。月(肉)＋彭音。音符の彭(ホウ)は、つづみの音の形容で、ふくれるの意味。肉体がはれる・ふくれるの意味を表す。

【膨大】(ボウダイ) ふくれて大きい。厖大(ボウダイ)。

【膨脹】(ボウチョウ) 膨張。①ふくれる。ふくれあがる。②物体が温度の上昇により体積を増す現象。

⒃肉12 【膵】3260 国字 △ スイ cuì 7125 6739

字義 膵臓(スイゾウ)。消化器官の一つ。胃の下部にあり、消化液の膵液を分泌(ブンピ)するもの。

【膵】標準

解字 形声。月(肉)＋萃音。

【滕】→糸部 八六七ページ。

【螣】→虫部 九六八ページ。

⒄肉13 【臆】3261 標 漢ヨク 呉オク(ヲク) 職 yì 1818 3232

字義 ❶むね(胸)。❷こころ。心の中。おもい。考え。「胸臆」❸おしはかる。推量する。国オクする(オクす)。気おくれする。おどおどする。恐れる。

参考 現代表記では〔憶〕(2466)に書きかえることがある。「臆説→憶説」「臆測→憶測」

解字 形声。月(肉)＋意音。音符の意は、おもうの意味。感情をつかさどる、むねの意味を表す。

【臆決】(オクケツ・オッケツ) ＝臆断。

【臆見】(オクケン・オッケン) 自分ひとりの考え。また、あて推量の考え。

【臆説】(オクセツ) ①確証のない、あて推量の意見。②仮説。

【臆測】(オクソク) おしはかる。また、あて推量。

【臆度】(オクタク) 臆測。度は、はかる意。

【臆断（斷）】(オクダン) 推量して断定する。臆決。

【臆面】(オクメン) 国気おくれした顔色。おどおどするようす。恐れるようす。

⒄肉13 【膾】3262 △ 漢カイ(クワイ) 呉ケ 泰 kuài 7126 673A

字義 ❶なます。細かく切った生の肉。❷なますにする(なますにす)。なますにつくる。

【鱠】同字

国なます。野菜や魚肉などを細かく切って酢づけにした食品。

解字 篆文 形声。月(肉)＋會音。音符の會は、あわせるの意味。細かく切った生の魚肉に酢をあわせた、なますの意味を表す。

【膾炙】(カイシャ) ①なますと、あぶり肉。ともに美味で、人によろこばれる。②広く世にもてはやされる。転じて、広く世間の評判になる。多くの人に知られる。「膾二炙人口一(ジンコウにカイシャす)」

⒄肉13 【臉】3263 △ ケン 琰 liǎn 7132 6740

字義 ❶下まぶた。目の下、頰(ほお)の上にあたる部分。❷かお(ほか)。顔面。

解字 形声。月(肉)＋僉音。

⒄肉13 【髄】3264 △ ズイ 髓(8911)(髓)と同字。→一三六八ページ。 7127 673B

⒄肉13 【臊】3265 △ ソウ(サウ) 豪 sāo

字義 ❶豚や犬のあぶら。また、そのにおい。❷なまぐさい。

解字 篆文 形声。月(肉)＋喿音。

【臊羯狗】(ソウカック) なまぐさい羯(カツ)(北方の異民族)のいぬ。唐の顔杲卿(ガンコウケイ)が安禄山(アンロクザン)をののしった語。〔資治通鑑、唐紀〕

⒄肉13 【膻】3266 △ 一 漢タン・呉ダン 旱 dàn 　二 セン 先 shān 7128 673C

字義 一 はだをぬぐ。＝袒(タン)。二 なまぐさい(なまぐさし)。＝羶(セン)。

解字 篆文 形声。肉(月)＋亶音。音符の亶(タン)は、且(タン)に通じ、あらわれるの意味。肌をあらわすの意味を表す。

⒄肉13 【膽】(3155) タン 胆(3154)の旧字体。→五三四ページ。

⒄肉13 【臀】3267 標 漢トン・呉ドン 慣デン 元 tún 7129 673D

字義 ❶しり。いしき。「臀部」「臀肉」❷そこ。物の底。

【臋】同字

解字 形声。月(肉)＋殿音。音符の殿は、しりの意味。

⒄肉13 【膿】3268 標 漢ドウ 呉ノウ 冬 nóng 3931 473F

字義 ❶うみ。うみしる。できものや傷などがくずれて生ずる汁。❷うむ。うみをもつ。「化膿」❸ただれる。

解字 文 篆 体 俗 形声。もと、血＋農省音。音符の農(ノウ)は、ねばっこいの意味。ねばる血、うみの意味を表す。膿は俗体。肉＋農音の形声。

【膿血】(ノウケツ) うみち。血のまじったうみ汁。

⒄肉13 【臂】3269 標 ヒ 寘 bì 7130 673E

字義 ❶うで。㋐かいな。ただむき。肩から手首まで。㋑一の腕。ひじから手くびまで。㋒二の腕。肩からひじまで。❷動物の前足。国ひじ(ひぢ)。一の腕と二の腕とをつなぐ関節部。また、その上下の部分。

解字 篆文 形声。月(肉)＋辟音。音符の辟(ヘキ)は、わきへ寄るの意味。人体の両わきにつく、ひじの意味を表す。

【臂指・臂使】(ヒシ) うでが手の指を使うように、自由に人を使うこと。

【把レ臂】(ひじ(ひぢ)をとる) たがいにひじを取りあって、親愛の情を表すこと。

【奮レ臂】(ひじ(ひぢ)をふるう(ふ)) 勇気をふるいおこす形容。

⒄肉13 【臃】3270 △ ヨウ 癰(4948)と同字。→七五〇ページ。

⒄肉13 【膺】3271 △ 漢ヨウ 呉オウ 蒸 径 yīng 7131 673F

字義 ❶むね(胸)。「服膺」❷あたる(当)。うける。引き受ける。「膺受」❸うつ(撃)。征伐する。「膺懲」❹馬のはらおび。馬帯。

解字 金文 篆文 形声。月(肉)＋雁(䧹)音。音符の䧹(ヨウ)は、たか狩りのたかの意味。金文

は、ひじにとまらせたたかを胸わきに引き寄せた形にかたどる。これに肉を付し、たか狩りのとき、たかを引き寄せる人の肉体の部分、むねの意味を表す。

【膺懲】ヨウチョウ うちこらす。外敵を征伐する。

(17)肉13 【膓】3272 △ ロウ 臘(3279)と同字。→中段。 7137 6745

【謄】→言部 一〇三五ページ。 【賸】→貝部 一〇四八ページ。

(18)肉14 【臑】3273 △ 一㊥ジュ・㊒ニュ ㊂ rú 二㊥ドウ(ダウ) ㊒ノウ(ナウ) ㊂ nào 三㊥ジ・㊒ニ ㊂ ér 7134 6742

字義 一❶犠牲にする羊や豚の、前足の上部。❷やわらかなさま。二＝一の①。三にる(煮)。やわらかにになる。㊂すね。膝からくるぶしまでの間。脛。

解字 篆文 形声。月(肉)+需㊥。音符の需は、しなやかの意味。羊や豚のやわらかなひじ肉の意味を表す。

(18)肉14 【臍】3274 標 ㊥セイ ㊒ザイ ㊂ qí 7133 6741

字義 ほぞ。へそ。㋐腹の中央にある、臍帯(へそのお)のあと。㋑へそのような形をしたもの。

参考 医学用語では、サイと読む。「臍帯(へそのお)」

解字 金文 篆文 形声。月(肉)+齊㊥。音符の齊は、そろいととのうの意味。均斉のとれた、身体の中央部にある、へその意味を表す。

【臍下丹田】セイカタンデン へその下の下腹部にあたる所。ここに力をこめると、健康を得、勇気を生ずるという。

【噬臍】ほぞをかむ 自分のへそをかもうとしても届かないことから、悔いても及ばぬことのたとえ。[左伝、荘公六]

(18)肉14 【臏】3275 △ ㊥ヒン ㊒ビン ㊂ bìn

字義 ❶ひざのさら。膝蓋骨。❷脛の骨。❸あしきる。足を切断する刑罰。一説に、膝蓋骨を取り去る刑罰。

解字 形声。月(肉)+賓㊥。

【臏脚】ヒンキャク 足をきる刑罰。また、その刑に処せられること。

(18)月14 【朦】3276 △ ㊥ボウ ㊒モウ ㊂ méng 5915 5B2F

字義 おぼろ。月の光のうすぼんやりとしているさま。うすぐらい。

解字 篆文 【朦】標準 形声。月+蒙㊥。音符の蒙は、おおわれて見えないの意味。月が雲におおわれて見えないの意味を表す。

【朦朦】モウモウ ①おぼろなさま。うすぐらいさま。②ぼんやりとして物事の確かでないさま。

【朦朧】モウロウ ①おぼろに見えるさま。ぼんやりしたさま。②物事のはっきりしないさま。確かでないさま。

(19)肉15 【臓】3277 教6 ゾウ 3401 4221

(23)肉19 【臟】3278 人 許 ㊥ソウ(サウ) ㊒ゾウ(ザウ) ㊂ zàng 7139 6747

筆順 月 … 臓

字義 はらわた。内臓。体内にある諸器官の総称。五臓は、心臓・肝臓・腎臓・肺臓・脾臓。

解字 形声。月(肉)+藏(蔵)㊥。音符の藏は、かくしまうの意味。身体の内部にかくされている器官の意味を表す。

▼肝臓

【臓腑】ゾウフ ①五臓(心・肝・肺・腎・脾)と、六腑(胃・胆・大腸・小腸・膀胱・三焦)。はらわた。②こころ。胸のうち。

(19)肉15 【臘】3279 標 ロウ(ラフ) ㊂ là 7136 6744

【膓】同字 7137 6745 【臈】標準

字義 ❶冬至の後、第三の戌の日に行う祭りの名。獣を猟して神々や祖先を祭る。❷くれ。年のくれ。陰暦十二月の別名。「旧臘」「臘月」❸㊃僧侶が得度してから後、修業を積んだ年数。㊂ロウ。(同字の臈を用いる。)❶③の意味から転じて、年功によって得られる身分・地位の称。「上臈」❷「臈たける」は、洗練される。上品である。 難読 臘虎(らっこ)

解字 篆文 形声。月(肉)+巤㊥。音符の巤は、長いたてがみの象形。大きな狩りをして得た獲物で先祖を祭る祭りの名。それを行う年のくれの意味を表す。

【臘月】ロウゲツ 陰暦十二月の別名。臘祭を行う月の意。

【臘日】ロウジツ ①冬至の後、第三の戌の日。また、陰暦十二月八日。臘祭の日の意。②㊂おおみそか。

【臘酒】ロウシュ 陰暦十二月にかもす酒。

【臘梅】ロウバイ 落葉低木の一つ。二月ごろ黄色の花を開き、うめに似たかおりがある。からうめ。南京梅。

【臘八】ロウハチ 陰暦十二月八日。釈迦がさとりを開いた日という。

(20)肉16 【臙】3280 △ エン ㊂ yān 7135 6743

【胭】同字

字義 ❶のど。❷べに。紅色の顔料。臙脂。

解字 形声。月(肉)+燕㊥。音符の燕は、咽に通じ、のどの意味。肉を付し、のどの意味を表す。また、燕の国でとれた、べにの意味を表す。

【臙脂】エンジ・エンジン べに。紅色の顔料。

(20)肉16 【臚】3281 △ ㊥リョ ㊒ロ ㊂ lú 7138 6746

字義 ❶かわ(皮)。はだ(膚)。皮膚。❷はら。腹の前部。❸つらねる。ならべる。また、ならぶ。❹つたえる。伝え告げる。

解字 金文 篆文 形声。月(肉)+盧㊥。音符の盧は、クルッと一まわりするの意味。肉体をクルッと包む表皮、はだの意味を表す。

(20)月16 【朧】3282 標 ロウ ㊂ lóng 5916 5B30

字義 おぼろ。月の光のうすぼんやりとしたさま。㊂おぼろ。春の夜のうすぐもり。

解字 篆文 形声。月+龍㊥。音符の龍は、はっきりしないさまを表す擬態語。おぼろ月の意味を表す。

【朧月】ロウゲツ・おぼろづき おぼろにかすんだ月。おもに、春の月をいう。

【朧朧】ロウロウ おぼろなさま。うす明るいさま。

【騰】→馬部 一三二四ページ。

(21)肉17 【臝】3283 △ ラ ㊂ luǒ

字義 ❶はだか。また、はだかになる。＝裸。❷あらくて短い毛のある獣の総称。虎・豹など。

解字 形声。羸+果㊥。羸は、なめくじ・かたつむりの象形。音符の果は、裸に通じ、はだかの意味。なめくじのようなあかはだかの意味を表す。

【鰧】→魚部 一二四六ページ。

(22)肉18 【臞】3284 △ ㊥ク ㊒グ ㊂ qú

【癯】同字

字義 ❶やせる。体がほそる。❷へる。減ずる。

解字 篆文 形声。月(肉)+瞿㊥。音符の瞿は、おそれて目を見はるの意味。おそれて肉体がやせるの意味を表す。

【黱】→黒部 一三七〇ページ。

(23)肉19 【臟】(3278) ゾウ 臓(3277)の旧字体。→中段。 7139 6747

4

木部

〔部首解説〕き。きへん。木を意符として、いろいろな木の種類、木の部分、木でできたもの、木の状態などを表す文字ができている。

相→目部七六四ページ。渠→氵部六五三ページ。集→隹部一一七二ページ。
麓→鹿部一三六三ページ。鬱→鬯部一三三四ページ。

(4)0
【木】
3285

教 1　ボク・モク
き・こ
漢ボク・呉モク　屋　mù
木綿（もめん）

4458
4C5A

筆順　一　十　才　木

字義 ❶き。㋐立ち木の総称。「樹木」 ㋑ざいもく。建築や器具製作の用材。「材木」 ㋒五行の一つ。その首位に当たり、生育の徳があるとされ、方位では東、四季では春、五音では角、五星では歳星(木星)、五味では酸、十干では甲・乙、五常では仁に配する。❷七曜の一つ。木星。また、木曜日。❸八音の一つ。木製の楽器。❹ありのままでかざりけのないこと。=樸。「木訥」 国❶き。芝居の拍子木の略称。❷ボク。曲がりくねって古びた、樹木の幹や根。❸モク。木目の略称。

名乗 こ・しげ 難読 木花開耶姫・木患(槵)・木偶・木古内・木魂・木次・木上・木場茶屋・木全・木端・木知原・木通・木菟(莬)・木幡・木尾・木末・木綿・木与・木履

使いわけ き〔木・樹〕
〔木〕は㋐立ち木、㋑木材の二つの意味があるが、㋐の場合に〔樹〕を用いることがある。「樹々の緑」 ただし、常用音訓では〔樹〕に「き」の訓を認めていない。

解字 甲骨文 金文 篆文  象形。大地を覆う「き」の象形で、「き」の意味を表す。形声文字の音符となるときは、覆うの意味を共有する。木を音符に含む形声文字に、沐などがある。

▼香木・算木・若木・神木・土木・板木・落木

【木下順庵】きのしたジュンアン 国江戸前期の儒学者。京都の人。名は貞幹、順庵は号。錦里とも号した。松永尺五に朱子学を学び、加賀侯に仕え、ついで徳川綱吉の侍講となる。著に『錦里先生文集』がある。(一六二一—一六九八)

【木瓜】ボッカ・ボケ バラ科の落葉低木。枝にとげがあり、春、紅色・白色などの花を開き、実を結ぶ。

【木客】ボッカク ①きこり。②山に住むばけもの。山の精。

【木簡】モッカン 文字を書くに用いた木の札。昔、紙のない時代に木をけずって文字を記した。

〔木簡〕

【木牛流馬】モクギュウリュウバ 三国時代、蜀の諸葛孔明が考案した、牛・馬にかたどり、機械仕掛けで動く、兵糧運びの車。

【木魚】モクギョ 経を読むときにたたく木製の仏具。

【木強・木彊】ボッキョウ むきだしで気が強い。ぶこつ。

【木琴】モッキン 打楽器の一種。シロフォン。

【木槿・木菫】モッキン・モクキン・もくげ・むくげ アオイ科の落葉低木。花は朝開き夕方しぼむので、はかないことのたとえに引かれる。

【木偶】モクグウ 木で作った人形。でく。木人。木梗。

【木屐】ボクゲキ・モクゲキ 木製のはきもの。きぐつ。

【木工】ボッコウ・モッコウ ①大工。木匠。②国木材を使って家具などを作ること。また、その仕事をする人。

【木公】ボッコウ 松の別名。松の字を分解していう。

【木耳】モクジ・きくらげ きのこの一種。朽ち木に生じ、形は人の耳に似、食用。

【木食】モクジキ 木の実だけを食べて命をつなぐこと。

【木主】ボクシュ 位牌。みたましろ。

【木匠】モクショウ・ボクショウ 大工。木工。

【木樵】ボクショウ ①木製の物見やぐら。②国きこり 山で木をきることを職業としている人。

【木人】ボクジン ①=木偶。②おろかもの。愚直の人。

【木犀・木樨】モクセイ モクセイ科の常緑小高木。十月ごろ、かおりの高い、黄または白の小花を開く。

【木石】ボクセキ ①木と石。②人情味の薄い人のたとえ。

【木屑】ボクセツ のこぎりくず。おがくず。

【木賊】モクゾク・とくさ トクサ科の多年生常緑草。

【木鐸】ボクタク ①振り子を木で作った、金属製の鈴。昔、法令や教令を人民にふれまわるときに鳴らした。→鐸(一二四三ページ)。②転じて、世の人を教え導く者をいう。〔論語、八佾〕天将㆘以㆓夫子㆒為㆗木鐸㆖(テンまさにフウシをもってボクタクとなさんとす。)

〔木鐸〕

【木菟・木莬】ボク・ト・みみずく 鳥の名。ずく。このはずく。

【木訥】ボクトツ かざりけがなくて、無口なこと。朴訥。〔論語、子路〕剛毅木訥近㆑仁(ゴウキボクトツ、ジンにちかし。)

【木乃伊】ミイラ ポルトガル語の mirra を日本でミイラとなまったのを、英語の mummy の音訳字に当てたもの。人間や動物の死体が腐らずにかわき固まり、原形を保存しているもの。

【木版・木板】モクハン 木の板に文字や絵を彫って作った印刷用の版。また、その出版物。

【木筆】ボクヒツ ①木製のふで。②辛夷(木の名)の別名。③国ボク・ヒツ・モク・ヒツ 鉛筆。

【木本】モクホン ①木の根もと。②植物学用語。木質の茎をもつ植物。↔草本。

【木蘭】モクラン・ボクラン ①=木蓮の①。②昔、父に代わり、男装して十二年間従軍していたという娘の名。これを題材とした古詩に「木蘭辞」がある。

【木理】モクリ 材木の切り口にあらわれる、年輪や繊維などの模様。木目。

【木履】モクリ・ボクリ ①=木屐。②国㋐あしだ。㋑ぽっくり。少女用のげたの一種。

【木蓮】モクレン ①モクレン科の落葉低木。葉は大きくて裏に毛があり、春、葉に先だって、大きな六弁の花を開く。木蘭。②木芙蓉(もくげ)の別名。

【縁㆑木求㆑魚】きによってうお(を)をもとむ 木に登って魚を探し求める。目的と手段とが全く逆で、不可能なたとえ。升㆑山採㆑珠(やまにのぼりてたまをとる。)(珠は真珠)〔孟子、梁恵王上〕

(5)1
【札】3286
教4 サツ ふだ
漢サツ 呉セチ 黠 zhá
2705 3B25

筆順 一 十 木 札

字義 ❶ふだ。木のふだ。文字を書きしるす薄く小さな木片。「簡札」 ❷かきもの。かきつけ。㋐ふみ。手紙。書信。「書札」 ㋑上司から下級の官に与える公文書。❸さね。よろいで緒を通して編む、鉄または皮の小片。❹若死に。また、流行病で死ぬこと。「夭札」 国❶サツ。紙幣。❷ふだ。㋐神社・仏寺などのお守り。㋑たてふだ。表示。

名乗 ぬき・ぬさ 難読 札苅・札弦・札比内

解字 篆文  会意。木＋乙。乙は、彫刻刀の象形。木を刃物でけずり作ったふだの意味を表す。

▼禁札・高札・手札・書札・制札・飛札・筆札・落札

【札記】サッキ 読書をして、その要点や、そこから得た知識・感想などを書きしるしたもの。読書ノート。

【札札】サツサツ ①せみの鳴き声の形容。②すきで耕す音の形容。③はたを織る音の形容。

(5)1
【朮】3287
△
一 漢シュツ・呉ジュチ 質 shú
二 漢チュツ 呉ジュチ(ヂュチ) 質 zhú
慣ジュツ
5918 5B32

字義 一もちきび。=秫。二薬草の名。おけら。うけら。えやみぐさ。

解字 象形。もちきびの穂の象形で、もちきびの意味を表す。秫の原字。朮を音符に含む形声文字に、怵・術・述などがある。

(5)1
【本】3288
教1 ホン もと
ホン 阮 běn
4360 4B5C

筆順 一 十 木 本

【夲】俗字 5281 5471

字義 ❶もと。↔末。㋐ね。ねもと。草木の根。㋑物事の大切な部分。かなめ。中心。㋒はじめ(始)。おこり。みなもと。㋓もとい(基)。土台。「基本」 ㋔心。本性。㋕農業。国の本となるもの。㋖もと

で。「資本」❷もとづく。もととする。もとをたずねる。❸正しい。主要な。本来の。「本義」❹ある語の上にそえて、この・その・当のなどの意を表す接頭語。「本朝」❺書物。書籍。「書本」❻草木の数をかぞえる語。❼書物を数える語。

国ホン。㋐原本。㋑手本。模範。㋒ほんとう。真実。

名乗 なり・はじめ　難読 本江（ほんごう）・本栖（もとす）・本渡（ほんど）

使いわけ もと［元・本・基・下］⇩元（424）。

解字 金文  篆文  指事。木の根もとの部分に、そのしるしを加えて、もとの意味を示す。

▼赤本・印本・刊本・完本・基本・脚本・欠本・絹本・原本・校本・稿本・国本・紙本・写本・抄本・正本・善本・草本・俗本・大本・拓本・張本・定本・底本・謄本・日本・反本・板本・版本・秘本・民本・様本・和本

【本意】（ホンイ・ホイ）①まことの心。本心。②本来の意味。

【本営（營）】（ホンエイ）総大将のいる陣営。本陣。

【本懐（懷）】（ホンカイ）もとからの願い。本望。

【本覚（覺）】（ホンガク）仏人が本来もっている清浄な知覚力。

【本官】（ホンカン）①おもな官職。正式の官職。本職。↕兼官。②もとの官職。③国官吏の自称。

【本貫】（ホンカン・ホンガン）本籍。原籍。

【本願】（ホンガン）①本来の願い。もとからの願い。②仏㋐仏・菩薩（ボサツ）が衆生（シュジョウ）を救おうとする、本来の願い。㋑本願主（寺や仏像などを作る発起人）の略。

【本紀】（ホンギ）紀伝体の歴史書で、帝王の事跡を記した部分。↕世家（セイカ）・列伝。

【本義】（ホンギ）①まことの意味。ほんとうの意味。根本の意味。②その文字の最初の意味。↕転義。

【本拠（據）】（ホンキョ）①よりどころ。②ねじろ。

【本業】（ホンギョウ）①根本の職業。農業をいう。↕末業（商工業）。②その人の主とする職業。本職。↕副業。

【本卦回】（ホンケがえ（へ）り）国生まれた年の干支（えと）にかえること。満六十歳。本卦還（ホンケがえり）。還暦。華甲。

【本原・本源】（ホンゲン）もと。みなもと。根元。

【本根】（ホンコン）おおもと。根本。

【本山】（ホンザン）①仏一つの宗派に属する寺々を支配する、おおもとの寺。↕末寺。②この寺。当寺。当山。

【本支】（ホンシ）本枝。①もとと、わかれ。②幹と枝。③本家と分家。一家一門。

【本支百世】（ホンシヒャクセイ）一家一門の長く栄えること。〔詩経、大雅、文王〕

【本旨】（ホンシ）本来の趣旨。もともとのわけ。

【本字】（ホンジ）①正しい、もとの字。字源的に忠実な形の字。↕略字・俗字。②漢字。↕仮字（かな）。

【本事】（ホンジ）①根本の事。農業。商工業を末とするのに対していう。②物事の基づくいわれ。出典。

【本地垂迹】（ホンジスイジャク）仏仏・菩薩（ボサツ）が衆生（シュジョウ）を救うため、その本身を仮に種々の姿に変えて現れること。日本の神々も、インドの仏・菩薩が仮に姿を現したものと説かれる。〔維摩経、序〕

【本質】（ホンシツ）本来の性質。根本の性質。もちまえ。

【本州】（ホンシュウ）①その人の生まれた土地。故郷。②国日本列島の中心をなす最大の島。

【本色】（ホンショク）①本来のいろ。天然の色。②本来の性質。もちまえ。本領。③租税のうち（粟（あわ）などに対して）米麦をいう。

【本心】（ホンシン）①人間が生まれつき持っている真心。良心。②いつわり飾らぬ心。③本気。正気（ショウキ）。

【本陣】（ホンジン）①＝本営。②国江戸時代、宿駅にあって、大名が泊まった、公認の宿泊所。

【本性】（ホンセイ）①本来の性質。うまれつき。②国（ホンショウ）㋐＝①。㋑本気。正気（ショウキ）。本心。

【本籍】（ホンセキ）①その人の身の上に関する事がらを登録してある戸籍。原籍。＝本貫。②本籍のある土地。本籍地。

【本然】（ホンゼン・ホンネン）①うまれつき（自然）のまま。②人の手を加えない、もとのままの姿。本来の姿。

【本然之性】（ホンネンのセイ）天から与えられた、自然のままの性質。宋（ソウ）の学者はそれを、純粋で絶対的な善であるとした。天地之性ともいう。↕気質之性。〔朱子語類、性理一〕

【本草】（ホンゾウ）①木と草。植物。②薬のもととなる草。薬草。転じて、広く薬となる植物・動物・鉱物の総称。それを研究する学問を、本草学という。

【本尊】（ホンゾン）①仏㋐信仰の中心としてあがめる仏・菩薩（ボサツ）。㋑寺院の本堂の中央に安置する仏・菩薩。②国団体または事件の中心人物。

【本体（體）】（ホンタイ）①まことの姿。②天から与えられた、生まれつきの性質。本然之性（ホンネンのセイ）。③すべての現象の根本となる実体。④国神社の神体。寺院の本尊。

【本隊】（ホンタイ）①軍隊で主力・中心となる部隊。②国この部隊。当隊。

【本態】（ホンタイ）もとの姿。本来の姿。

【本宅】（ホンタク）①常に住んでいる家。自宅。本邸。↕別宅。②あの世。死後の世。この世をかりの宿とするに対していう。③国本家。↕分家。

【本朝】（ホンチョウ）自分の仕えている朝廷。また、わが国。

【本朝文粋（粹）】（ホンチョウモンズイ）国書名。十四巻。藤原明衡（あきひら）の編。嵯峨（サガ）天皇の弘仁年間から後一条天皇の長元年間に至るまで平安朝中期約二百年間の漢詩文四百二十七編を『文選（モンゼン）』の体裁にならって編集したもの。

【本能】（ホンノウ）教育や経験などによらないで、生まれながらにもっている心身の働き。先天的な一定の適応様式。↕理性。

【本復】（ホンブク）国病気が全快すること。

【本分】（ホンブン）①本来の身分。②果たさなければならない務め。本務。③当然の運命。

【本文】（ホンブン・ホンモン）①注釈などの文章に対し、そのもとの文章。②文書や書物の中の主要な文。③古い書物などにある、よりどころとなる文句。◇注釈に対する原文、引用のもとである原文、異本に対する原文などについては「ホンモン」と読むが、他は「ホンブン」と読むのが一般的。

【本末】（ホンマツ）①もとと、すえ。②初めと、終わり。③先にすべきものと、後回しにすべきもの。大切なものと、そうでないもの。「本末転倒」④農業と商業。

【本務】（ホンム）①はたさなければならない務め。本来の務め。②農業をいう。③国その人の主とする職務。

【本命】（ホンメイ・ホンミョウ）①生まれた年の干支（えと）。②国（ホンメイ）競馬・競輪などで、一着と予想されている馬や選手。

【本望】（ホンモウ）もとからののぞみ。心からの希望。

【本来（來）】（ホンライ）①もとから。はじめから。②普通。

【本来（來）無一物】（ホンライムイチモツ）仏この世のすべての事物はもともと空（クウ）で、真実の存在は一つもない。一切を空とさとって、物に執着しない、自由自在の心の境地。〔六祖壇経、行由一〕

【本来（來）面目】（ホンライのメンボク）仏人為を加えない、生まれながらの心の本性。自己本来の心性。〔伝習録、中〕

【本立而道生】（もとたちてみちショウず）物事の根本が立ち定まれば道は自然に生ずる。人の道の根本たる孝悌（コウテイ）を行えば、自然に仁道にかなうようになる。〔論語、学而〕君子務ﾚ本（クンシはもとをつとむ）、――、孝弟也者其為ﾚ仁之本与（コウテイなるものはそれジンをなすのもとか）。〈君子は根本に力をつくす。根本が定まれば道は自然に開ける。孝と悌とは仁を行う根本であろう〉

【本領】（ホンリョウ）①もちまえ。特色。本質。本は木の根、領は着物のえりで、ものの大本をいう。②国もとからの領地。

【本論】（ホンロン）①中心となる（主な）論説。②この議論。

(5)1
【末】
3289
教 4　マツ・バツ　すえ
漢バツ・呉マチ　慣マツ　圏 mò
4386
4B76

筆順 一 二 キ 末

【字義】❶すえ。↔本。㋐こずえ。㋑はし。さき。「末端」㋒物事の大切でない部分。「末節」㋓終わり。しまい。はて。最後。「末尾」㋔人生の終わり。老後。晩年。「末路」㋕世の終わり。衰え乱れた時世。「末世」㋖のち。未来。将来。㋗子孫。「末孫」㋘しも。下位。下方。「末席」㋙とるに足らない。ちいさい。また、あさい。うすい。「瑣末」㋚商工業。農業を国のもとにするのに対していう。㋛手足。また、背。❷すえに。ついに。終わりに。❸こな。くず。「粉末」❹演劇で、男に扮装する俳優。❺ない。また、なかれ。＝無・莫。

名乗 とめ・ひろし・ほず　難読 末生(成)・末続・末木

解字 金文　篆文　指事。金文は、木の上部に一線を加えて、こずえの意味を示す。篆文は、木＋一の会意。一は、うえの意味。木の上の方、こずえの意味を表す。末を音符に含む形声文字は、先端・先端でよく見えない等の意味を共有し、抹・沫・秣などがある。

▼豪末・始末・粗末・本末

【末裔】マツエイ・バツエイ 子孫。裔は、衣のすそ。末孫。
【末学(學)】マツガク ①未熟な学問。また、その学者。浅学。②学者の謙称。③重要でない学問。枝葉末節の学問。
【末喜・末嬉】マッキ・バッキ 夏の桀王のきさき。妹喜。
【末期】マッキ ①終わりの時期。②国マツゴ 死にぎわ。
【末技】マツギ ①役に立たないわざ。②未熟なわざ。
【末議】マツギ ①議席の末。末席。②つまらない議論。
【末業】マツギョウ すえの職業。農業を本とするのに対し商工業をいう。↔本業。
【末座・末坐】マツザ すえの座席。しもざ。末席。↔上座。
【末寺】マツジ 本山の支配を受ける寺。↔本山。
【末梢】マッショウ ①こずえ。②はし。さき。先端。「末梢神経」
【末世】マッセ・マッセイ ①すえの世。時代が下って、道のおとろえ乱れた世。②終わりの時代。世を終わるまで。終年。〔荀子、勧学〕末世窮年。③仏末法の世。↓末法の①。
【末節(節)】マッセツ とるにたりない、つまらぬ事がら。「枝葉末節」
【末孫】マッソン・バッソン 後世の子孫。
【末代】マツダイ ①すえの世。末世。②死後の世。後世。
【末塗】マツト ①道の終わり。ゴール。②すえの世。おとろえた世。③晩年。老年。
【末輩】マッパイ とるにたりない、つまらぬ者ども。
【末筆】マッピツ 手紙などの終わりの方に書く文句。
【末法】マッポウ ①仏釈迦の死後、五百年を正法、次の一千年を像法と称し、これに続く一万年を末法という。仏法のおとろえすたる時期。②時代が下って、道のおとろえ乱れた世。末世。
【末葉】マツヨウ ①すえの世。末世。②末年。③子孫。末孫。
【末利】マツリ 商工業の利益。また、商工業。
【末流】マツリュウ・バツリュウ ①川の下流。②子孫。末孫。③すえの世の悪い風俗。末俗。④すえの流派。⑤つまらぬ者。卑しい者。
【末路】マツロ ①道のすえ。行路のしまい。②一生のすえ。人生の終わり。晩年。特に、衰えてみじめな老後。なれのはて。

(5)1
【未】
3290　教4　ミ　漢ビ　呉ミ　未 wèi　4404　4C24

筆順 一 二 キ 未

【字義】❶いまだ。まだ。↔既・已。❷助字。㋐いまだ…ず。㋑いまだし。㋒いまだしや。⇩助字解説 ❸いなや。どうであろうか。＝否。❹ひつじ。十二支の第八位。五行では土、方位では西南と南南西の間、月では六月、日時では午後二時、また、午後一時から三時までの間、動物では羊に配する。

✝助字解説
①いまだ……ず。再読文字。否定。まだ……ない。〔論語、里仁〕未ㇾ足ニ与議一也（いまだともにはかるにたらざるなり）。〈まだ一緒に論ずる資格はない〉
②いまだし。否定。まだである。〔論語、季氏〕対曰（こたえていわく）、未也（いまだし）。〈まだであると答えた〉
③いまだしや。疑問。まだであるか。〔唐、王維、雑詩〕寒梅著ㇾ花未（はなをつけしやいまだしや）。〈寒梅は花を咲かせたか、まだか〉

難読 未草（ひつじぐさ）・未通女（おぼこ・おとめ）

解字 甲骨文　金文　篆文　象形。木に若い枝がのびた形にかたどり、わかい・まだ小さいの意味を表したが、借りて、否定の助字に用い、また、十二支の第八位にも用いる。未を音符に含む形声文字は、事物がはっきり形をとらない、まだ小さい、かすかなどの意味を共有し、味・妹・昧・寐・魅などがある。

【未央】ミオウ・ビオウ ①まだなかばにならない。②まだ尽きない。③まだ朝にならない。④長安（陝西省西安市）にあった漢の宮殿の名。未央宮。〔唐、白居易、長恨歌〕太液芙蓉未央柳（タイエキのフヨウ、ビオウのやなぎ）訳文↓池苑（六一八ページ）
【未開】ミカイ ①まだ花が開かない。②人間の知識や土地がまだ開けないこと。「未開の国」
【未決】ミケツ ①まだきまらない。②犯罪の疑いで捕らえられているが、有罪か無罪かまだきまらない。↔既決。
【未済(濟)】ミサイ ①まだきまりがつかない。②まだ物事の処理や支払いがすまない。↔既済。③易（エキ）の六十四卦（カ）の一つ。☲☵ 坎下離上（カンカリショウ）。事がまだ完成しないかたち。
【未熟】ミジュク ①まだよく実らない。②まだよく焼けない。まだよく煮えない。③まだ上達しない。学問・技芸などの修業が十分でない。
【未詳】ミショウ まだくわしくわからない。
【未遂】ミスイ ①まだなしとげない。②法律上、犯罪に着手したが、まだ完全になしとげなかった場合をいう。↔既遂。
【未然】ミゼン まだそうなっていない。事が起こらない前。
【未曾有】ミゾウ これまでにまだ一度もなかったこと。漢文で「いまだ曾て有らず」と訓読する。
【未知】ミチ ①まだ知らない。②まだ会ったことがないこと。
【未知数(數)】ミチスウ ①数学で、方程式の中で数値のまだわかっていない数。②国将来どうなって行くかわからないこと。
【未到】ミトウ まだ到達していない。
【未踏】ミトウ 国まだ足をふみ入れたことがないこと。◇独創的な業績に関しては「未到」、地理的なことに関しては「未踏」を用いる。「未到の研究」「人跡未踏の地」
【未発(發)】ミハツ まだ外に現れない。まだ動き出さない。
【未発(發)中】ミハツのチュウ 喜怒哀楽の情がまだ発動しない、中正の心的状態。『中庸』に「喜怒哀楽之未ㇾ発（キドアイラクのいまだハッせざる）、謂ニ之中一（これをチュウという）」とあるのに基づく。
【未聞】ミブン・ミモン まだ聞いたことがない。「前代未聞」
【未亡人】ミボウジン 夫に死なれた婦人。もと、その婦人の自称であったが、今は他からその婦人をいう称。後家（ゴケ）。↔義夫。
【未満(滿)】ミマン まだ一定の数にみたないこと。
【未明】ミメイ 夜がまだあけきらない時。
【未来(來)】ミライ ①まだ来ない時。将来。②仏三世（過去・現在・未来）の一つ。死後の世。来世。
【未来(來)永劫】ミライエイゴウ 仏これからさきいつまでも。とこしえ。永久。永遠。
【未了】ミリョウ ①まだわからない。②まだ終わらない。まだ尽きない。
【未練】ミレン ①まだ慣れて（熟練して）いない。未熟。②国あきらめられない。思いきりが悪い。
【未ㇾ成ニ一簣一止】いまだイッキをなさずしてやむ 最後の一もっこの土を運べば山作りの仕事が完成するというところで中止すれば、結局、山はできない。最後のわずかな努力を欠くために、今までのせっかくの努力がむだとなるたとえ。『書経』旅獒（リョゴウ）に「為ㇾ山九仞（やまをつくる、キュウジン）、功虧ニ一簣一（コウ、イッキにかく）」とある。

(6)2
【机】
3291　教6　キ　つくえ　㊀キ 紙 jǐ　㊁キ 支 jī　2089　3479

机（続き）

筆順 十 木 朾 机

字義 ㊀❶つくえ。＝几。❷さるなし。檽に似た木の名。

解字 篆文 形声。木＋几㊖。音符の几は、つくえの意味。さらに木を付し、その意味を明らかにした。

▼浄机

【机案】つくえ。几案。

【机下】㊟つくえの下の意で、手紙のあて名の左わきに書きそえる敬語。

【机上論】㊟つくえの上の議論。理屈だけで実際の役に立たない議論。机上の空論。

(6)2
【朽】3292　常　キュウ　くちる　㊥キュウ（キウ）・㊦ク　㊀有 xiǔ　2164　3560

筆順 十 木 朩 朽

字義 くちる。㋐くさる。腐れて形がやぶれる。「腐朽」㋑おとろえる。衰えて役に立たなくなる。㋒すたれる。尽きる。滅びる。「不朽」　名乗 ゆ　難読 朽木・朽網

解字 金文 篆文 形声。木＋丂㊖。音符の丂は、曲がるの意味。くさって曲がった木の意味を表す。

▼衰朽・不朽・腐朽・老朽

【朽壊（壞）】くさって、こわれる。

【朽索】くちたなわ。くされなわ。朽条。

【朽敗】くさって、くずれる。

【朽廃（廢）】くちすたれる。くさって役に立たない。

【朽木糞牆】くち木と、腐りくずれた土壁。それらは彫刻も上塗りもできないことから、教育しようのない、精神の腐った者のたとえ。転じて、気力のないなまけ者。朽木糞土。『論語』公冶長編に「朽木不レ可レ彫也、糞土之牆不レ可レ杇也」とあるのに基づく。

【朽老】年老いて気力がおとろえる。また、その人。老朽。「衰老」

(6)2
【朿】3293　△　㊀シ　㊀寘 cì　㊁㊥キョク・㊦コク　㊀職 jí　5919　5B33

字義 ㊀とげ。草木ののぎ。㊁＝棘（3504）。

解字 甲骨文 金文 篆文 象形。とげの象形。とげの意味を表す。

(6)2
【朱】3294　常　シュ　シュ　㊀虞 zhū　2875　3C6B

筆順 ノ 二 牛 朱

字義 ❶あか。あけ。深赤色。五行で、南方の正色とする。❷赤色の顔料。また、朱墨。水銀と硫黄と化合した赤色の土。❸中心のあかい木。松・柏の類。❹こびと。＝侏。

㊟シュ。昔の貨幣の単位。一両の十六分の一。銖の略字。また、目方の単位。一両の二十四分の一。

名乗 あけみ・あや　難読 朱鞠内・朱子・朱雀・朱楽・朱欒・朱鷺

解字 甲骨文 篆文 指事。木の中心に一線を引いて、木の切り口のしんが赤いの意味を表す。

朱を音符に含む形声文字に、侏・咮・姝・株・珠・硃・茱・袾・誅などがある。

▼丹朱

【朱印】①朱肉をつけて押した印章。②㊟武家時代、官許を証明する印。「御朱印船」

【朱夏】なつ。朱明。

【朱顔】①酒に酔った赤い顔。②赤味がさして、生き生きとした顔。美人や少年の顔。紅顔。

【朱熹】南宋の儒学者。徽州婺源（今の江西省内）の人。字は元晦・仲晦。号は晦菴。諡は文公。朱子学の祖で、『四書集注』『詩集伝』『通鑑綱目』『近思録』など、多くの著がある。朱子。（一一三〇—一二〇〇）

【朱闕】①朱ぬりの宮門。朱門。②皇居。

【朱軒】①朱ぬりの車。高位高官の人の乗り物。②朱ぬりのき。

【朱元璋】明の第一代の天子。太祖。高皇帝・洪武帝ともいう。元末の乱を平定し、南京で即位した。在位三十一年。（一三二八—一三九八）

【朱子】朱熹の尊称。→朱熹。

【朱子学（學）】南宋の儒者、朱熹が大成した学説。学問究理と道徳実践とによって自己を完成すべきことを説いた。朱子が継承した程顥・程頤の学と合わせて、程朱学という。江戸時代には、幕府が官学として保護したため、さかんに行われた。

【朱子語類】書名。百四十巻。南宋の黎靖徳の編。朱熹とその門人との問答を事項別に分類して編集したもの。

【朱之瑜】明末の朱子学者。余姚（今の浙江省内）の人。字は魯璵・楚璵、号は舜水。明朝の復興に努めたが失敗した。万治二年（一六五九）、日本に帰化して、徳川光圀に仕え、水戸学に影響を与えた。（一六〇〇—一六八二）

【朱紫】①あかと、むらさき。②正と邪。善人と悪人。朱は正色（交りけのない色）、紫は間色（他の色の交りあった色）であるからいう。『論語』陽貨編に「悪三紫之奪二朱也」とあるのに基づく。③衣服や車などの色が朱や紫であること。高位高官の人にいう。

【朱雀】①東西南北の四方の星座の中、南方にあたる星座。南方の神とする。東は青竜、西は白虎、北は玄武。②軍隊の旗号の名。行軍のとき、前の方に立てる。③宮城の南にある門の名。④長安（今の西安市）の街路の名。⑤六朝時代、建康（今の南京市）の正南の橋の名。⑥㊟ス㋐＝①。㋑平安京大内裏の正南の門の名。

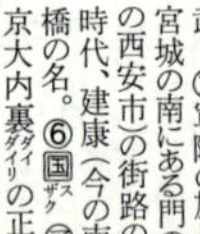

〔朱雀①〕

【朱儒】侏儒。①短小な人。②未成年者。③道化役者。

【朱舜水】→朱之瑜。

【朱唇皓歯（齒）】赤いくちびると白い歯。美人の形容。〔楚辞、大招〕

【朱全忠】五代、後梁の初代の天子。太祖。名は温。唐の哀帝に迫って帝位につき、汴州（今の河南省開封市）に都し、のち洛陽に遷都した。在位六年。（八五二—九一二）

【朱鳥】＝朱雀の①②。

【朱邸】みやこにある、王侯のやしき。その門の戸を赤く塗ったからいう。朱門。

【朱頓】春秋時代の越の陶朱公（范蠡）と、魯の猗頓。共に大金持ちであったので、転じて、大富豪をいう。「朱頓の門（金持ちの家）」

【朱買臣】前漢の政治家。家が貧しく、行商しながら読書したという。武帝に仕え会稽（今の江蘇・浙江・安徽省の地）の太守・丞相長史となったが、後に失脚し、武帝に殺された。（?—前一〇九）

【朱墨】①しゅずみ。朱色のすみ。②朱色と黒色。物事の異なるたとえ。③朱ずみと、黒ずみ。朱筆と墨筆。④朱・墨の筆で、帳簿に記す。転じて、役所の事務をとること。⑤詩文に手を加えること。添削。

【朱明】①夏の別名。太陽が赤く輝くからいう。朱夏。②太陽。日。③祝融（火の神）。④明の王朝。明の天子は姓が朱であるからいう。

【朱門】朱塗りの門。転じて、高位高官のやしき。朱邸。

〔唐、王維、酌レ酒与ニ裴迪一詩〕白首相知猶按レ剣、朱門先達笑ニ弾冠一（白髪頭になるまでつき合って来た古い友人も突然剣のつかに手をかけてにらむこともあり、豪壮な邸宅に住む郷士の先輩も推薦をあてにして待っている後輩をあざ笑ったりする）

【朱陸】南宋の朱熹と陸象山。学説を異にし、たがいに論争した。世に「朱陸の争い」という。

【近レ朱必赤近レ墨必レ緇】朱に交われば、その感化を受けて必ず善人となり、悪人に交われば必ず悪人となるたとえ。朱に交われば赤くなる。〔晋、傅玄、太子少傅箴〕

(6)2 【朶】 3295 △ タ 慣ダ 哿 duǒ 5920 5B34

【朵】同字

字義 ❶えだ。花のついた枝。また、花のひとかたまり。「万朶の桜」 ❷動く。動かす。 ❸しだれる。木の枝・花・実がたれさがる。

解字 文 篆 会意。乃＋木。乃は、たるんだ弓の形にかたどり、たるみ・たれるの意味を表す。木を付し、木の枝がたれる・しだれるの意味を表す。篆文は、几＋木。

【朶頤】あごを下げ動かして食べようとするさま。転じて、強国が弱国を征服しようとするさま。〔易経、頤〕

【朶雲】垂れ下がった雲。他人からの手紙の敬称。

(6)2 【朷】 3296 △ 一トウ（タウ） 豪 dāo 二 漢チョウ（テウ） 呉ジョウ（デウ） 蕭 tiáo 5923 5B37

字義 一❶木の名。❷木の心。 二枝が落ちる。

難読 朷迫(おおさこ)

解字 形声。木＋刀㊅。

(6)2 【朳】 3297 △ 漢ハツ 呉ハチ 黠 bā

字義 えぶり。さらい。土をならしたり、穀物などをかき寄せる農具。＝捌。

参考 〔杁〕は別字。

解字 形声。木＋八㊅。

(6)2 【朴】 3298 常 ボク 4349 4B51 ハク 覚 屋 ①④pò、②③pǔ、⑤pū 慣ボク

筆順 十 木 朴 朴

字義 ❶木の皮。 ❷すなお。かざりけがない。＝樸。「素朴」 ❸大きい。 ❹ほお。モクレン科の落葉高木。山野に自生し、五月ごろ、九弁の白い大きな花を開く。 ❺うつ。＝扑。

名乗 すなお・なお

解字 文 篆 形声。木＋卜㊅。音符の卜は、ポクッという音を表す擬声語。ポクッという音のする厚い木の皮の意味を表す。樸に通じ、すなおの意味にも用いられる。

▼質朴・純朴・素朴

【朴直】かざりけがなく、正直。

【朴念仁】国樸念仁。①無口で、あいそうのない人。②わからずや。

【朴野】かざりけがなく、田舎びている。素朴で粗野。

【朴魯】かざりけがなく、おろか。

(6)2 【朸】 3299 △ 一ロク 職 lè 二 漢リョク 呉リキ 職 lì 5922 5B36

字義 一もくめ。年輪。 二すみ（隅）。へやのすみ。

国 おうご。物をかつぐのに用いる棒。てんびん棒。

解字 文 篆 形声。木＋力㊅。音符の力は、理に通じ、すじの意味。木のすじ目の意味を表す。

(6)2 【杁】 3300 国字 △ 5921 5B35

字義 いり。姓・地名に用いられる。＝圦。「杁中」（愛知県の地名）

参考 〔朳〕は別字。

解字 会意。木＋入。

(7)3 【杅】 3301 △ 一ウ 虞 yú 二ウ 遇 wū

【桙】同字 5966 5B62

字義 一❶はち。飲食物を盛る器。＝盂。 ❷ゆあみだらい。 ❸杅杅は、自ら満足するさま。 二ひく。おさえる。

解字 形声。木＋于㊅。

(7)3 【杇】 3302 △ 漢オ（ヲ） 呉ウ 虞 wū

字義 ❶こて。ぬりごて。壁をぬる道具。 ❷ぬる（塗）。壁をぬる。こてでぬる。〔論語、公冶長〕糞土之牆不レ可レ杇也

解字 文 篆 形声。木＋亏㊅。音符の亏は、弓なりに曲がるの意味。柄の曲がった、こての意味を表す。

(7)3 【杆】 3303 △ カン 寒 gān 5924 5B38

【桿】俗字 5969 5B65

字義 ❶たて（盾）。敵の攻撃から身をおおい防ぐもの。＝干。 ❷てこ。てこぼう。「槓杆」

解字 形声。木＋干㊅。音符の干は、ふせぐの意味。木製のたての意味を表す。

(7)3 【杞】 3304 △ キ 紙 qǐ 慣コ 5925 5B39

字義 ❶木の名。㋐かわやなぎ。こぶやなぎ。水辺に生じる柳の一つ。杞柳。 ㋑くこ。ナス科の落葉小低木。夏、淡紫色の五弁の花を開き、卵形の赤い実を結ぶ。葉・根・皮とも薬用となる。枸杞。 ㋒おうち。楝に似た落葉高木。もくめが細かくなめらかで、建築・家具の用材となる。「杞梓」 ❷周代の国の名。夏の王朝の子孫が封ぜられ、雍丘（今の河南省杞県）に都した。

解字 甲骨文 金文 篆文 形声。木＋己㊅。

【杞梓】おうちとあずさの木。ともに器物をつくる良材。

【杞憂】無用の心配。とりこし苦労。昔、杞の国の人が天が落ちてきたらどうしよう、地がくずれたらどうしようと心配した故事。〔列子、天瑞〕

【杞柳】こぶやなぎ。かわやなぎ。木質がやわらかく、行李やさかずきを作るに用いる。

(7)3 【杏】 3305 人 漢コウ（カウ） 呉ギョウ（ギャウ） 唐アン 慣キョウ（キャウ） 梗 xìng 1641 3049

筆順 十 木 杏 杏

字義 ❶あんず（杏子）。バラ科の落葉高木。早春、白または淡紅色の花を開く。実は甘く、食用。からもも。 ❷ぎんなん（銀杏）は、いちょうの木の実。

難読 杏子(あんず)

解字 甲骨文 篆文 形声。木＋口（向）㊅。

【杏園】唐代、都長安（今の陝西省西安市）の西部、曲江のほとりにあった園の名。進士の試験に合格した者に宴を賜った所。

【杏花村】あんずの花咲く村。〔唐、杜牧、清明詩〕⇩借問（九〇ページ）。

【杏壇】孔子の旧居にある講堂の遺跡。（壇を築き、周囲に杏を植えたからいう）転じて、学問所。講堂。〔荘子、漁父〕

【杏仁】あんずの核の中の肉。薬用となる。

【杏林】医者の美称。三国時代、呉の董奉が治療代を取らないで、重症者には五本、軽症者には一本の杏を植えさせたところ、数年で杏の林ができたという故事。董仙の杏

林。〔五車韻瑞〕

【杠】 (7)3 3306 △ **コウ**（カウ）江 gāng 5926 5B3A

字義 ❶こばし。小さい橋。「杠梁（コウリョウ）」 ❷はたざお。旗竿（キカン）。❸車の上の覆いの柄。❹寝台の前の横木。
国 ❶**ちぎ**。ちきり。大きな秤（はかり）。❷木の名。ゆずりは。
難読 杠秤（ちぎ・ちきり）・杠葉（ゆずりは）

解字 篆文 形声。木＋工㊥。

【杌】 (7)3 3307 △ ㊂**ゴツ** ㊇ゴチ 月 wù

字義 ❶枝のない木。❷あやういさま。不安なさま。

解字 形声。木＋兀㊥。音符の兀（ゴツ）は、はげあたまの象形。枝のない木の意味を表す。

【杈】 (7)3 3308 △ ㊀㊂**サ**・㊇シャ 麻 chā ㊁㊂サイ・㊇シャ 佳 ㊂㊂サ・㊇シャ 禡 chà

字義 ㊀❶えだ。またになった枝。❷**やす**。さきがまたになっていて、魚を刺し取る鉄製の漁具。❸**さすまた**。武器の一種で、さきがまたになったもの。㊁さらい。くまで。土をならしたり、穀物をかき寄せる農具。㊂やらい。竹や木を組んで作った柵（サク）。こまよせ。

〔杈㊀③〕

解字 篆文 形声。木＋叉㊥。音符の叉（サ）は、さすまたの意味。木を付し、木製のさすまたの意味を表す。

【材】 (7)3 3309 教 4 ザイ ㊂**サイ** ㊇**ザイ** 灰 cái 2664 3A60

筆順 十 木 朩 材

字義 ❶まるた。あらき。建築などに用いる木。「材木」「木材」 ❷もと。原料。「材料」「鉄材」 ❸たち。もちまえ。資質。「逸材」 ❹はたらき。うでまえ。才能。＝才。「材幹」 ❺たから。＝財。❻はかる。きりもりする。＝裁。

名乗 き・もとき・もとし

解字 篆文 形声。木＋才㊥。音符の才は、川のはんらんをせきとめるために建てられた木の象形。まっすぐにすえられた良い木材の意味を表す。

▼異材・英材・角材・巨材・詩材・資材・俊材・人材・素材・題材・不材・良材

【材幹】（サイカン）①はたらき。うでまえ。才幹。②（ザイカン）木材。材木。

【材士】（サイシ）①才知のすぐれた人。②武勇のすぐれた兵士。

【材質】（サイシツ）①うまれつき。素質。②（ザイシツ）木材の品質。

【材能】（ザイノウ・サイノウ）はたらき。うでまえ。才能。

【材料】（ザイリョウ）①物を作るもとどなるもの。原料。②芸術表現の題材。③物事の資料。

【材力】（サイリョク）はたらき。うでまえ。力量。能力。

【杉】 (7)3 3310 常 すぎ ㊂**サン** ㊇セン 咸 shā, shān 3189 3F79

筆順 十 木 朩 杉

字義 **すぎ**。スギ科の常緑高木。幹がまっすぐで、建築用材となる。

解字 形声。木＋彡㊥。

【杓】 (7)3 3311 標 ㊀ヒョウ（ヘウ）蕭 biāo ㊁㊂**シャク** ㊇ジャク 薬 sháo ［杓］ 2861 3C5D

字義 ㊀❶ひしゃくの柄。❷北斗七星の柄に当たる第五・六・七星。❸ひく。引きあげる。㊁❶**ひしゃく**。水をくむ器。＝勺（シャク）。「杓子」❷くむ。くみかわす。しゃくる。

難読 杓文字（しゃもじ）

解字 篆文 形声。木＋勺㊥。音符の勺（シャク）は、ひしゃくの意味。ひしゃくの柄の意味を表す。

【杓子定規】（シャクシジョウギ） 国①正しくないじょうぎ。②形式にとらわれて応用融通のきかないこと。

【条】 (7)3 3312 教 5 ジョウ 3082 3E72
〔條〕 (11)7 3313 人 許 ㊂チョウ（テウ） ㊇**ジョウ**（デウ） 蕭 tiáo 5974 5B6A

筆順 ク 夂 夅 条

字義 ❶**えだ**（枝）。こえだ。❷ながい（長）。❸のびる。のびのびとする。「条暢（ジョウチョウ）」 ❹**すじ**（すじ）。すじみち。また、すじみちをたてて述べる。「条理」 ❺くだり。箇条。箇条書き。「条文」 ❻細長いものを数える語。❼木の名。柚（ゆず）の類。また、楸（ひさぎ）の類。
国 **ジョウ**（デウ）。㋐京都の町筋を南北に割った道。㋑ゆえに。よって。書簡文に用いる。「何々に候条」

名乗 え

解字 甲骨文 篆文 形声。木＋攸㊥。音符の攸（ユウ＝ジョウ）は、長いすじの意味。木の長いすじ、えだの意味を表す。

▼科条・箇条・教条・玉条・枝条・糸条・信条・繊条・逐条・別条・柳条

【条貫】（ジョウカン） すじみち。条理。

【条件】（ジョウケン） ①くだり。箇条。箇条書きの事がら。②きめた約束の事がら。③国ある事が成立するために必要な事柄。

【条項】（ジョウコウ） 順序を立てて書きつらねた箇条。

【条対（對）】（ジョウタイ） 箇条書きにして答える。条答。

【条達】（ジョウタツ） ①伸び通じる。四方に伸びる。②のびやか。

【条△暢】（ジョウチョウ） のびやか。のびのびとする。

【条陳】（ジョウチン） いちいち箇条を立てて述べる。

【条風】（ジョウフウ） ①東北から吹いて来る、春の風。万物を伸ばし育てるからいう。②東風。こち。

【条目】（ジョウモク） 箇条書きの項目。条項。

【条約】（ジョウヤク） ①条文で約束すること。また、その約束。②国と国との間でたがいの権利・義務を定めた約束。また、その条文。

【条理】（ジョウリ） すじみち。物事の道理。

【条例】（ジョウレイ） ①いちいちすじみちを立ててならべあげた例。②箇条書きにした規則。③国地方自治体が、その地方の議会の決議を経て自主的に制定する法規。

【杖】 (7)3 3314 標 ㊂チョウ（チャウ） ㊇**ジョウ**（ヂャウ） 養 漾 zhàng 3083 3E73

字義 ❶**つえ**（つえ）。歩行を助けるためにつく棒。❷**つえつく**（つえつく）。つえをつく。❸よる。たよる。たのむ。❹とる。持つ。❺むちうつ。たたく。❻昔の五刑（笞（チ）・杖・徒（ト）・流（ル）・死）の一つ。つえで打つ刑罰。

解字 篆文 形声。木＋丈㊥。音符の丈は、木の棒を手にした形にかたどる。長い木の棒の意味を表す。

【杖家】（ジョウカ） 五十歳をいう。昔、五十歳になると家の中でつえをつくことを許されたのでいう。また、六十歳を「杖郷」、七十歳を「杖国」、八十歳を「杖朝」という。〔礼記、王制〕
【杖△屨】（ジョウク） つえと、くつ。老人の持ち物。転じて、老人に対する敬称。杖履（ジョウリ）。〔礼記、曲礼上〕
【杖策】（ジョウサク） 馬のむちをつえにつく。むちを手にして立つ。
【杖履】（ジョウリ） ＝杖屨（ジョウク）。
【杖△藜】（ジョウレイ） あかざのつえをつく。藜は、あかざ。その茎を干して作ったつえは軽いので、老人が用いる。
【泣レ杖】（つえ（ゑ）になく） 漢の韓伯兪（カンハクユ）が親孝行で、自分をむち打つ母の力のおとろえを泣き悲しんだ故事。〔説苑、建本〕

【束】 (7)3 3315 教 4 ソク たば ㊂ショク ㊇**ソク** 沃 shù 3411 422B

筆順 一 ⼞ 申 束

字義 ❶**たば**。ひとまとめにくくったもの。また、それを数える語。布帛（フハク）は十反。また、五匹。矢は、五十本。また、百本、十二本。❷**たばねる**（たばぬ）。**つかねる**（つかぬ）。くくる。しばる。「束縛」❸つなぐ。ひきとめる。「拘束」
国 ❶**ソク**。㋐稲十把（パ）。㋑紙

十帖ジョウ。❷つか。㋐四本の指のひとにぎり。㋑わずか。すこしの時間。「束の間」㋒束柱ツカバシラの略。梁うつばりと棟むなとの間などに立てる、短い柱。

名乗 つかぬ・つかね　難読 束子たわし・束稲たばしね

解字 甲骨文　篆文　象形。たきぎをたばねた形にかたどり、たばねる・しばるの意味を表す。束を音符に含む形声文字に、嗽ソウ・漱ソウ・速などがある。

▼結束・検束・拘束・収束・装束・約束

【束手】ソクシュ ①手をつかねる。手を組み合わせる。㋐何もしないこと。㋑反抗しないで従うこと。②手をしばる。

【束修・束脩】ソクシュウ ①たばねた干し肉。一束は、細長い干し肉十本。昔、進物に用いた。②はじめて入門するとき師に進物としたことから、入門料・入学金の意。〔論語、述而〕

【束帯(帶)】ソクタイ ①礼服を着てしめるおび。転じて、礼装すること。②国平安時代以後の正服。天皇以下文武百官が朝廷の公事クジに着る服装。「衣冠束帯」

〔束帯①〕

【束帛】ソクハク たばねたきぬ。一束は絹十端で、昔、これを進物とした。

【束縛】ソクバク ①つかねしばる。しばる。②制限を加えて自由を奪う。

【束髪】ソクハツ ①男子が十五歳になって髪を結び冠をつけること。元服。結髪。転じて、十五歳。②国婦人の、西洋風の髪の結い方。

(7)3 **【村】** 3316　教 1　ソン　むら　　ソン　元 cūn　3428　423C

筆順 十 木 村 村

【邨】字 古 7823 6E37　字義 ❶むら。さと。いなか。「村落」❷いなかめく。ひなびる。国むら。地方行政区画の一つで、最も規模の小さい自治体。「市町村」

難読 村雨むらさめ・村主すぐり

解字 形声。木＋寸音。邨（7918）を見よ。→二〇六ページ。

▼寒村・江村・孤村・水村

【村翁】ソンオウ 村の年寄り。いなかおやじ。

【村歌】ソンカ 村人のうたう歌。ひなうた。俚歌リカ。

【村墟】ソンキョ むらざと。村落。郊墟。

【村巷】ソンコウ ①村のこみち。村路。②むらざと。

【村舎】ソンシャ 村の家。いなかや。村家。村戸。村屋。

【村酒】ソンシュ いなかの酒。地酒。村醸。村醪ソンロウ。

【村墅】ソンショ いなかにある別荘。

【村笛】ソンテキ 村人の吹くふえ。

【村夫子】ソンプウシ・ソンフウシ 村のものしり。田舎の学者。見識のせまい、地方の学者をあざけっていう語。村学究。村儒。

【村落】ソンラク むらざと。落は、聚シュで、人の集まり住む所。

【村閭】ソンリョ ①村の入り口の門。②むらざと。

【村醪】ソンロウ ＝村酒。醪は、にごり酒。

(7)3 **【杕】** 3317　△　一 漢テイ 呉ダイ 霽 dì　二 漢タ 呉ダ 哿 duò

字義 一 ❶木が一本だけ生えているさま。一本立ちの木のさま。❷木が盛んに茂っているさま。二 かじ。船のかじ。＝柁ダ。

解字 金文　篆文　形声。木＋大音。音符の大は、のびやかにしている人の象形。のびやかな一本立ちの木の意味を表す。

(7)3 **【杜】** 3318　人　漢ト 呉ド・ズ(ヅ)　麌 dù　3746　454E

筆順 十 木 杜 杜

字義 ❶やまなし。バラ科の落葉小高木。山野に自生し、春の末、五弁の白い小花を開き、りんごに似た小さな実を結ぶ。あまなし。こりんご。ずみ。棠梨トウリ。❷とじる。とざす。ふさぐ。国もり。森林。

名乗 あかなし・もり　難読 杜宇ほととぎす・杜翁トルストイ・杜鵑ほととぎす・杜鵑花さつき・杜若かきつばた・あやめ・杜松ねず・むろ・杜魄ほととぎす

参考 現代表記では［途］（7805）に書きかえることがある。「杜絶→途絶」

解字 金文　篆文　形声。木＋土音。

【杜宇】トウ ほととぎすの別名。周末の蜀王ショクオウ杜宇が死後化してこの鳥となったという。杜鵑ケン。杜魂。杜魄ハク。子規。

【杜鵑】トケン ①ほととぎす。＝杜宇。②つつじの一種。さつき。ほととぎすの鳴くころ花を開くからいう。杜鵑花。

【杜工部】トコウブ →杜甫ホ。杜甫の詩文集を『杜工部集』という。

【杜口】トコウ くちをとじる。口をふさぐ。緘口カンコウ。

【杜康】トコウ 中国で初めて酒を作った人という。周時代、一説に、黄帝時代の人という。少康。転じて、酒。

【杜衡】トコウ 香草の名。かんあおい。杜葵キ。

【杜撰】ズサン・ズザン ①詩文・著述などが、根拠がなく、誤りの多いこと。宋ソウの杜黙の詩が多く律に合わなかったことに基づくという。〔野客叢書、八〕②そまつ。ぞんざい。

【杜子春】トシシュン ①後漢の学者。前漢末の劉歆リュウキンから周礼シュライを学び、九十歳の高齢で南山に住み、鄭衆テイシュウ・賈逵カキに周礼を教えた。②唐の鄭還古カンコの小説「杜子春伝」の主人公。

【杜子美】トシビ →杜甫ホ。

【杜氏】とじ 国酒を作る職人の長。

【杜若】トジャク ①ツユクサ科の多年草。やぶみょうが。山野の陰地に自生し、夏、白い小花を開き、球形の実を結ぶ。②国日本では誤って燕子花かきつばたの別名ともする。

【杜如晦】トジョカイ 唐初の政治家。杜陵（今の陝西セイ省西安市の東南）の人。字あざなは克明。太宗に仕えてその創業を助け、房玄齢とともに房杜と併称された。（五八五—六三〇）

【杜少陵】トショウリョウ →杜甫ト。

【杜審言】トシンゲン 初唐の詩人。字あざなは必簡。襄陽ジョウ（今の湖北省内）の人。杜甫の祖父。（六四五?—七〇八）

【杜絶】トゼツ ふさいでたちきる。とだえる。

【杜魄】トハク ＝杜宇。

【杜甫】トホ 盛唐の詩人。襄陽ジョウヨウ（今の湖北省内）の人。字あざなは子美。長安郊外の杜陵（漢の宣帝の陵）・小陵（許后の陵）の西に住み、杜陵の布衣・少陵の野老と称した。玄宗のとき、蜀ショク（今の四川省）の節度使の厳武に用いられて検校工部員外郎となったから、杜工部ともよばれる。武の死後再び流浪し、代宗の大暦五年、耒陽ライヨウ（今の湖南省内）で死んだ。李白ハクとともに唐代詩人の代表として李杜と併称されるが、李白が天才はだであるのに対して、杜甫は努力型とされている。また、李絶杜律（李白は絶句にすぐれ、杜甫は律詩にすぐれる意）の称がある。雄渾・沈痛な詩風で、現実に対する怒りや、人生の憂愁を誠実にうたいあげたものが多い。唐末の杜牧に対し、老杜・大杜ともよばれる。『杜工部集』二十巻がある。（七一二—七七〇）

〔杜甫〕

【杜牧】トボク 晩唐の詩人。京兆（今の陝西セイ省内）の人。字あざなは牧之ボクシ、号は樊川ハンセン。詩風は豪放な面と、艶麗・軽妙な面とをあわせ持つ。杜甫ホに対して小杜といわれ、書画にもすぐれていた。著に『杜樊川集』がある。（八〇三—八五二）

【杜門】トモン 門をとざして外出しない。

【杜佑】トユウ 唐の政治家・史学者。字あざなは君卿クンケイ。徳宗・憲宗に仕え宰相となった。著に『通典ツテン』がある。（七三五—八一二）

【杜預】トヨ・ドヨ 晋シンの学者・政治家。杜陵（今の陝西セイ省内）の

人。字（あざな）は元凱（ゲンガイ）。武将として功があったが、学を好み、特に『春秋左氏伝』の学に精通して『春秋経伝集解』『春秋釈例』の著がある。（二二二—二八四）

【杙】 3319 (7)3 △ 漢ヨク 呉イキ 職 yì 5927 5B3B

字義 ❶くい。牛馬などをつなぐくい。＝弋（ヨク）。❷木の名。ざくろの一種。

解字 金文  篆文  形声。木＋弋㊥。音符の弋（ヨク）は、くいの意味。木を付し、木のくいの意味を表す。

【来】 3320 (7)3 教 2 ライ くる・きたる・きたす 4572 4D68

〔來〕 3321 (8)人6 人 許 一ライ 灰 lái 二ライ 隊 lài 4852 5054

筆順 一 𠀆 平 来

【耒】俗字

字義 一 ❶くる。きたる。〔論語、学而〕有下朋自二遠方一来上。❷いたる。帰る。❸きたす。こさせる。招く。❹このかた。…から後。「而来」「昨夜来」〔宋、周敦頤、愛蓮説〕自二李唐一来、世人甚愛二牡丹一。❺これから先。将来。未来。〔論語、微子〕来者猶可レ追。❻語勢を強めるために、句中または句末にそえる助字。訓読では、特定の読み方がある場合以外は読まない。〔文選、陶潜、帰去来辞〕帰去来兮。 二 ねぎらう。「労来」

名乗 ゆき　難読 来位（きしゅう）・来宮（きのみや）・来待（きまち）・来島（くるしま）

解字 甲骨文  篆文  象形。ライむぎの形にかたどり、借りて、くるの意味を表す。常用漢字の来は、來の省略形。來を音符に含む形声文字に、勑（ライ）・徠（ライ）・賚（ライ）などがある。

▼往来・外来・元来・旧来・去来・近来・後来・古来・在来・襲来・従来・出来・将来・招来・子来・自来・生来・朝来・伝来・到来・如来・年来・舶来・晩来・本来・未来・夜来・由来

【来意】（ライイ）①来訪の目的・理由。②＝来旨。

【来△裔】（ライエイ）子孫。

【来往】（ライオウ）ゆきき。行ったり来たりすること。往来。〔唐、白居易、燕詩〕須臾十来往。

【来賀】（ライガ）よろこびを言いに来ること。

【来△駕】（ライガ）国来訪の敬語。身分の高い人や目上の人が訪問してくれること。おいでいただく。

【来簡】（ライカン）＝来信。来翰（ライカン）。

【来帰（歸）】（ライキ）①帰って来る。②やって来て集まる。③離婚されて実家へ帰る。出もどりになる。

【来儀】（ライギ）①鳳凰（ホウオウ）などがやって来て威儀を正していること。〔書経、益稷〕②来ることの敬語。

【来迎】（ライゲイ）①来てむかえる。②（ライゴウ）㋐仏人が死ぬ時、仏が現れて極楽浄土に迎えてくれること。㋑国㋙高山の上で日の出を見ること。㋚高山で、日没・日の出時に、反対側の雲霧の上に自分の影が投影され、来迎仏のように見えること。

【来光】（ライコウ・ライゴウ）国①日の出。②特に、高山の上で見る日の出をいう。来迎（ライゴウ）。

【来貢】（ライコウ）他国の使者が来てみつぎ物を献上すること。

【来△寇】（ライコウ）外敵が攻めよせて来ること。

【来旨】（ライシ）手紙で言って来た事がら。申し越しの趣旨。

【来示】（ライジ）手紙に書いて来たこと。

【来事】（ライジ）未来の事。将来の事。

【来△茲】（ライジ）①来年。〔文選、古詩〕何能待二来茲一。②将来。

【来日】（ライジツ）①あす。明日。②将来の日。将来。後日。③この日ごろ。④国（ライニチ）外国人が日本に来ること。

【来者】（ライシャ）①今から後に来る事。将来の事。↓来者可レ追（次項）。②自分より後に生まれて来る者。後生。〔論語、子罕〕焉知二来者之不一レ如レ今也。③（ライシャ・きたるもの）㋐来る者。㋑したって来る者。

【来者可レ追】（ライシャはおう（ふ）べし）将来の事はどうにでもやりようがある。↔往者不レ可レ諫。可レ追は、追いつくことができる、どうにでもすることができるの意。〔論語、微子〕

【来者不レ可レ待】（ライシャはまつべからず）未来の事は期待することができない。未来の事はどうなるか予測できない。↔往者不レ可レ及。〔呂氏春秋、聴言〕

【来者不レ拒去者不レ追】（きたるものはこばまずさるものはおわ（は）ず）自分の所へ来る者はきらって追い払おうとはしないし、去って行く者は追いかけて引き留めようとはしない。留まるも去るもその人の自由にまかせる。『孟子』尽心下編の語に基づく。

【来襲】（ライシュウ）来ておそう。おそって来る。攻めよせて来る。

【来信】（ライシン）①人からのたより。来書。②他人のおとずれ。③他人の申し出。他人の申し込み。

【来世】（ライセイ）①後の世。後の時代。後世（コウセイ）。②仏（ライセ）死後に生まれ出る世界。後世（ゴセ）。↔前世。現世。

【来孫】（ライソン）玄孫の子。耳孫ともいう。→玄孫（七二六ページ）。

【来朝】（ライチョウ）①諸侯が天子の朝廷に来ること。入朝。②国外国人が日本に来ること。

【来聴（聽）】（ライチョウ）来て人の話を聴く。

【来庭】（ライテイ）①諸侯が朝廷に来て天子にお目にかかること。諸侯が天子に服従している、または帰順する意を表す。②国法廷に来る。

【来哲】（ライテツ）後日に現れる賢人。将来の知者。

【来賓】（ライヒン）①来る。他国・他郷・外部の者が来て客となること。②国お客として来る人。主として儀式・集会などでの特別な客をいう。

【来△聘】（ライヘイ）①来朝して礼物を献上する。聘問（ヘイモン）すること。②でかけて行き、礼を厚くして人を招く。

【来奔】（ライホン）今まで住んでいた国からにげ出して来ること。にげて来る。

【来由】（ライユウ）起こり。いわれ。由来。原因。

【来遊】（ライユウ）①来てあそぶ。遊びに来る。②旅行に来る。

【来葉】（ライヨウ）後の世。後世。来世。

【来臨】（ライリン）①そこへやって来る。その場所へ来る（出席する）こと。②国他人が自分の所に来ることに対する敬語。

【来歴（歷）】（ライレキ）①物事の経て来た次第。由来。経歴。②人が経て来た身分・境遇など。履歴。経歴。③国従来のしきたり。前例。

【欲レ知レ来者察レ往】（ライをしらんとほっするものはオウをサッす）未来の事を知りたいと思う者は過去の事をよく観察し調べる。未来の事を知ろうと思うなら過去の事を調べて参考にせよとの意。〔荀子、非相〕

【李】 3322 (7)3 人 リ 紙 lǐ 4591 4D7B

筆順 十 木 李 李

字義 ❶すもも。桃に似た果樹。春、白い花を開き、実には酸味がある。❷裁判官。法官。獄官。＝理・吏。❸つかい。使者。＝使。「行李」

名乗 すもも・もも

解字 篆文 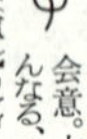 会意。木＋子。子は、こどもの象形。実のたくさんなる、すももの意味を表す。

【李△娃伝（傳）】（リアイデン）唐代の伝奇小説。白居易の弟、白行簡の作。長安の名妓（メイギ）の李娃が、常州刺史の息子を愛し、かれを励まして立身出世させる物語。

【李延年】（リエンネン）前漢の音楽家。武帝の愛妃李夫人の兄。武帝に信任されて楽府（ガフ）の長官の協律都尉（キョウリツトイ）となった。李夫人の死後、殺された。（？—前八七？）

【李△淵】（リエン）唐の第一代の天子。在位九年（六一八—六二六）。高

祖。字は叔徳。隋の恭帝（煬帝の孫、楊侑）に迫り退位させ、唐朝を建てた。後に次子李世民（唐の太宗）に位を譲り、自らは太上皇と称した。（五六六—六三五）

【李下不レ正レ冠】実を盗むのではないかと疑われやすいから、李の木の下では冠をかぶり直すことをしない意。転じて、疑われやすい言動はさけねばならぬたとえ。〔文選、古楽府、君子行〕⇩瓜田不レ納レ履（七三九ページ）。

【李華】盛唐の詩人。賛皇（今の河北省内）の人。字は遐叔。天宝十一年（七五二）、監察御史となった。後、隠退して仏教を奉じた。散文にもすぐれ「弔二古戦場一文」がある。（七一五？—七七四）

【李賀】中唐の詩人。福昌（今の河南省内）の人。唐の王室の一族。字は長吉。若い時から詩才を称されたが、二十七歳で死んだ。著書に『昌谷集』がある。（七九〇—八一六）

【李郭】①後漢の李膺と郭太。非常に仲がよかった。「李郭同舟」②唐の李光弼と郭子儀。ともに忠臣として名高い。

【李嶠】初唐の詩人・政治家。賛皇（今の河北省内）の人。字は巨山。高宗・中宗・睿宗・玄宗の四朝に仕えた。その詩集の『李嶠雑詠』は、中国で滅びて、日本に伝わっている。（六四四—七一三）

【李広(廣)】前漢の武将。李陵の祖父。文帝の時、たびたび匈奴を討って功を立て、匈奴から飛将軍と恐れられたが、武帝の時、衛青に従って匈奴を討ち、道に迷ったことを責められ、自殺した。（？—前一一九）

【李翺】晩唐の儒学者。字は習之。韓愈のめいの婿。その著の『復性書』は、宋代の性理説の源をなしたといわれる。（七七二—八四一）

【李公佐】晩唐の文人。隴西（今の甘粛省内）の人。字は顓蒙。進士に及第して官吏になったが、晩年、罪にふれて免ぜられた。伝奇小説「謝小娥伝」「南柯太守伝」などの作品がある。（七七〇？—八五〇？）

【李鴻章】清代末期の政治家。安徽省合肥の人。太平天国の乱の平定に活躍し、日清戦争（下関条約）・義和団事件（北京条約）などの外交交渉に力をつくした。（一八二三—一九〇一）

【李思訓】唐代の画家。字は建。王室の一族で、北宗画の祖。その子の昭道も画にたくみで、大李・小李と並び称された。（六五一—七一六）

【李斯】秦の政治家。楚（今の湖北・湖南省）の人。始皇帝を助けて、丞相となり、従来の封建制を廃して郡県制をしき、文字を制定し、焚書坑儒を行って思想統一をはかるなど、大いに活躍したが、始皇の死後、趙高に欺かれて刑死した。（？—前二〇八）

【李商隠(隱)】晩唐の詩人。河内（今の河南省内）の人。字は義山。号は玉渓生。温庭筠と並んで温李と称され、晩唐の象徴詩人の代表である。宋の初めの西崑体（故事を多用し、修辞に凝る詩風）の祖とされる。著に『李義山詩集』がある。（八一三—八五八）

【李世民】唐の第二代の天子、太宗。在位二十三年。高祖李淵の第二子。父を助けて隋末の乱を平げて天下を統一し、房玄齢・杜如晦・魏徴・李靖らの名臣を用いて、唐朝の基礎を築いた。その治を貞観の治という。（五九八—六四九）

【李靖】唐初の武将。字は薬師。高祖・太宗に仕えて武功をたて、衛国公に封ぜられた。後の人が靖の用兵論を集録した『李衛公問対』がある。（五七一—六四九）

【李善】唐の学者。江都（今の江蘇省内）の人。博学で、『文選』に注をつけた。（？—六八九）

【李太白】＝李白。太白は、その字。

【李朝】朝鮮の王室。一三九二年、李成桂が高麗を滅ぼして自立し、国を朝鮮と号した。一八九五年、国号を韓と改め、一九一〇年、日本が合併した。二十七代、五百十八年。

【李杜韓柳】李白・杜甫・韓愈・柳宗元をいう。唐代の詩文の名家。

【李東陽】明の文学者・政治家。茶陵（今の湖南省内）の人。字は賓之、号は西涯。憲宗・孝宗・武宗の三代に仕え、詩文と書に巧みであった。（一四四七—一五一六）

【李唐】王朝の名。唐の称。李は、始祖の李淵の姓。

【李白】盛唐の詩人。蜀（今の四川省）の人。字は太白、号は青蓮居士。若い時から諸国を遊歴。才を認められて玄宗の宮廷に迎えられたが、三年後、追われて諸国を放浪。安史の乱の時、永王璘の謀反に加わった疑いで夜郎（今の貴州省内）に流されたが、途中で許されて帰り、代宗から左拾遺に任ぜられたが、そのとき既に死んでいた。性質奔放で男気があり、酒を好んだ。詩は天才的で豪放。杜甫が詩聖と称されたのに対して、詩仙といわれる。『李太白集』三十巻がある。（七〇一—七六二）

〔李白〕

【李攀竜(龍)】明の詩人。歴城（今の山東省内）の人。字は于鱗。号は滄溟。古文辞派の主張に基づき、詩文は秦漢以前に学ぶべきことを唱え、王世貞と共に李王と称された。その文学思想は、日本の荻生徂徠らに影響を与えた。『唐詩選』は、後人が彼の名を使って出版したものという。（一五一四—一五七〇）

【李夫人】前漢の武帝の夫人。李延年の妹。絶世の美人で舞いがうまく、武帝に寵愛された。（？—前一二〇）

【李泌】唐の政治家。字は長源。玄宗・粛宗・代宗・徳宗に仕えた。（七二二—七八九）

【李密】晋の政治家。祖母劉氏に養育され、武帝に招かれたが、陳情表を奉って固辞し、祖母の喪を終えてから招きに応じた。（二二四—二八七）

【李膺】後漢の政治家。襄城（今の河南省内）の人。字は元礼。桓帝に仕え、人望を集めた。霊帝のとき、宦官を除こうとして失敗し殺された。（一一〇—一六九）

【李陵】前漢の武将。李広の孫。字は少卿。武帝のとき、匈奴を討って捕らえられ、匈奴の右校王となって、止まること二十余年で病死した。（？—前七四）

【李林甫】唐の政治家。玄宗に仕え、後、宰相となって政治をもっぱらにし、安禄山の乱の原因をなした。（？—七五二）

(7)3
【枒】3323 国字 △
字義 すぎ。＝杉。
参考 杉の旁彡を書写体に従って久に改めたもの。
5928 5B3C

(7)3
【杣】3324 国字 標
字義 そま。㋐そまやま。材木を切り出す山。㋑そまき。山林から切り出した材木。㋒そまびと。きこり。
解字 会意。木＋山。木をとるやま、そまやまの意味を表す。
5929 5B3D

(7)3
【杤】3325 国字 △
とち。栃(3409)と同字。→五五六ページ。
参考 ⇩栃(3409)の参考
4461 4C5D

(7)3
【杢】3326 国字 △
字義 もく（木工）。大工。こだくみ。
難読 杢師・杢比野
解字 会意。木＋工。木と工とを合わせて、だいくの意味を表す。

(8)4
【枉】3327 △ オウ（ワウ）養 wǎng
5930 5B3E

【枉】俗字 5716 *5930*

字義 ❶まがる。ゆがむ。まげる（まぐ）。ゆがめる。「枉屈」❷しいたげる。いじめる。いためつける。❸まがった人。心のねじけた人。正しくない人。〔論語、為政〕挙レ直錯二諸枉一（なお（ほ）きをあげてこれをまがれるにおく）。❹まげて。無理にも。ことさらに。❺無実。無実の罪。また、それにおとしいれる。❻むだに。むなしく。いたずらに。

国まがまがしい（まがまがし）。いまわしい。不吉だ。

解字 篆文 形声。木＋王音。音符の王は、匡キョウに通じ、ため曲げるの意味。木を曲げるの意味を表す。篆文は、木＋㞷音。

【枉△駕】オウガ 乗物をわざわざまげて立ち寄らせる。人の来訪をいう敬語。「枉駕光臨」

【枉屈】オウクツ ①まげる。ゆがめる。②とうとい身をまげかがめる。貴人の来訪にいう敬語。枉駕オウガ。

【枉顧】オウコ とうとい身をまげてたずねる。人の来訪にいう敬語。枉駕オウガ。枉屈。

【枉死】オウシ 殺されたり災いにあったりして死ぬこと。非業ゴウの死。不慮の死。横死。「枉死城（地獄）」

【枉道】オウドウ ①正道をまげる。②まわり道する。

【枉法】オウホウ 法をまげる。法律を悪用する。

(8)4 【果】3328 教4 カ はたす・はてる・はて　果物くだもの　カ（クヮ）哿 guǒ　1844 *324C*

筆順 口 旦 甲 果

字義 ❶くだもの。木の実。「果実」↔蓏ラ（草の実）。❷はて。終わり。また、できばえ。しあがり。「結果」❸はたす。しとげる。❹思いきりがよい。勇ましい。「果断」❺はたして。思ったとおりに。❻はては。ついには。終わりには。❼仏むくい。善・悪業ゴウの報い。応報。また、さとり。↔因。国はてる（はつ）。㋐終わる。きわまる。行きつく。㋑死ぬ。

名乗 あきら・まさる　難読 果無はかない

解字 甲骨文 金文 篆文 象形。甲骨文でわかるように、木に実がなる形にかたどり、木の実の意味を表す。転じて、なしとげるの意味をも表す。果を音符に含む形声文字は、クヮ・ラ両系に読まれ、いずれも外皮をむいた、つぶらな木の実の意味を共有する。夥カ・菓・裹カ・裸・課・踝カ・顆カなどがある。

▼因果・結果・業果・成果・善果

【果鋭】カエイ 決断力に富み気力がするどいこと。

【果園】カエン 果樹園。

【果△悍】カカン 決断力があって強いこと。

【果敢】カカン 思いきりがよく、物事をおしきってする。決断力があること。「勇猛果敢」

【果決】カケツ 思いきりがよい。果断。

【果然】カゼン ①はたして。思ったとおり。②あきるさま。③尾ながざる。猓然カゼン。

【果断（斷）】カダン 思いきりがよい。勇断。果決。

【果報】カホウ ①仏因果応報の略。むくい。②国よい結果。しあわせ。幸運。「果報者」

【果蓏】カラ 草木の実。果は、木の実。蓏は、草の実。

(8)4 【枅】3329 △ ケイ 枅（3428）の俗字。→五六八ジ。　5939 *5B47*

(8)4 【杰】3330 △ ケツ 傑（358）の俗字。→九八ジ。　5931 *5B3F*

(8)4 【杭】3331 標 漢コウ（カウ）　呉ゴウ（ガウ）　陽 háng　2526 *393A*

字義 ❶わたる（航）。船で渡る。また、わたし船。❷杭州は、浙江セッコウ省の省都。南宋ソウのときの首都臨安の地。京杭大運河の南の起点として繁栄し、また、西湖に臨んで勝景が多い。国くい。杙ヨク。

解字 形声。木＋亢音。音符の亢コウは、行に通じ、行くの意味。木造の舟で行く、わたるの意味を表す。

(8)4 【采】3332 囚　(8)4 ［釆］3333　一サイ 賄 cǎi　二サイ 隊 cài　2651 *3A53*

筆順 ノ ⺤ 平 采

字義 一❶とる。手にとる。えらびとる。＝採。❷知行所チギョウ。領地。❸いろどり（彩）。もよう。あや。❹すがた。かたち。「風采」❺つかさ。官職。❻みつぎ。みつぎもの。二❶知行所。❷な（菜）。野菜。国サイ。采配の略。昔、大将が軍を指揮するのに使った道具。

名乗 あや・うね・こと　難読 采女うねめ

解字 甲骨文 金文 篆文 会意。木＋爫。木は、甲骨文では、果につくるものもあり、木の実の意味。爫は、手の象形。果実を採取するの意味から、一般に、とるの意味。采（采）を音符に含む形声文字に、彩・採・綵サイ・菜などがある。

【采衣】サイイ いろどった着物。彩衣。綵衣サイ。

【采△芹】サイキン 泮水ハンスイの芹せりを採るということから、学校に入ることを「入泮」また、「采芹」という。泮水は学校をめぐる水。〔詩経、魯頌、泮水〕

【采采】サイサイ ①いろいろの事がら。②とり続ける。つぎつぎとる。③さかんなさま。多いさま。④はなやかにかざるさま。

【采詩】サイシ 民間の詩歌をとり集めること。昔、民情を察し政治の参考とするために行った。

【采女】サイジョ ①漢代の女官の階級の一つ。②女官。③国うねめ。天皇の食事を世話した宮女。

【采色】サイショク ①美しい色どり。彩色。②かおいろ。〔荘子、人間世〕采色不レ定（采色さだまらず）。

【采薪△之憂】サイシンのうれい（ひ） 病気で薪たきぎも採ることができない心配。自分の病気をへりくだっていうことば。負薪之憂フシンのうれい（ひ）。〔孟子、公孫丑下〕一説に、薪をとる疲れ。

【采△摭】サイセキ 拾いとる。採拾。摭拾。

【采地】サイチ 知行所チギョウ。領地。采田。

【采△椽】サイテン ①櫟くぬぎのたるき。一説に、伐採したままのたるき。②転じて、質素な建物。

【采配】サイハイ 国大将が戦争で指揮するためうち振る道具。また、指揮すること。さしず。

【采△薇歌】サイビのうた 周の武王が殷インを滅ぼして天子となったとき、伯夷ハク・叔斉が周の穀物を食うのを恥じて首陽山に隠れ、薇（のえんどう）をとって食い、餓死したが、その死に臨んで作った歌。〔史記、伯夷伝〕

【采△邑】サイユウ ＝采地。邑は、村。

(8)4 【枝】3334 教5 シ えだ　一シ 支 zhī　二漢キ・呉ギ 支 qí　2762 *3B5E*

筆順 十 木 （木＋十） 枝

字義 一❶えだ。㋐木の幹から分かれ出た部分。㋑大もとから分かれ出たもの。わかれ。すえ。❷分かれる。ばらばらになる。❸手足。四肢シ。❹えと。十二支。＝支。❺ささえる（支）。支え。支え柱。二むつゆび（跂キ）。六本ゆび。「枝指」

名乗 え・しげ・しな　難読 枝幸えさし

解字 篆文 形声。木＋支音。音符の支は、えだの意味。木を付し、えだの意味を表す。

▼寒枝・幹枝・折枝

【枝△胤】シイン 血すじの分かれ。子孫。

【枝△柯】シカ えだ。柯も、枝の意。

【枝解】シカイ ①ばらばらにする。②手足をばらばらに切りはなす。昔の残酷な刑罰。

【枝幹】①えだと、みき。②十二支と、十干。干支。③手足と、胴体。④上下主従の関係にいう。

【枝△梧】ささえる。また、さからう。抵抗する。梧は、ななめの柱。枝捂。支吾。

【枝条(條)】えだ。条も、枝の意。

【枝族】本家からの分かれ。分家。支族。

【枝頭】えだの先。

【枝葉】①えだと、は。②主要でない物事。「枝葉末節」③子孫。

【折レ枝】あんまする。枝は肢で、手足の意。一説に、草木の枝を折る。また、腰をかがめて敬礼する。〔孟子、梁恵王上〕為二長者一折レ枝

(8)4
【杵】3335　標　ショ　語 chǔ　2147 354F

字義 ❶きね。臼に入れたものをつく道具。❷つち。㋐きぬたのつち。「杵声（きぬたの音）」㋑土壁などをつき固めるつち。❸たて。大きな盾。戦いに身を守る武具。

〔杵臼〕

難読 杵築

解字 文 篆 形声。木＋午音。音符の午は、両人が向きあってかわるがわるつく、きねの象形で、きねの意味を表したが、午が、十二支のうまの意味に用いられるようになり、木を付した。

(8)4
【松】3336　教 4　ショウ　まつ　漢ショウ　呉ジュ ウ　冬 sōng　3030 3E3E

筆順 十 木 木 松

【枩】同字 5932 5B40　【枀】同字　【枩】同字

字義 まつ。常緑の高木。葉は針状。姿が男性的で樹齢が長く、その葉が色を変えないことから、人の節操・長寿・繁栄などの象徴とされる。

名乗 ときわ・ます　難読 松毬・松魚・松橋・松神子・松前・松濤・松任・松蘿

解字 文 篆 形声。木＋公音。

▼孤松・貞松

【松韻】松風の音。松濤。松籟。

【松煙】①松をたく煙。②たいまつの煙。③松をたいたすす。墨の原料にする。松煤。「松煙墨」

【松下村塾】国吉田松陰が長州の萩（今の山口県内）に開いた私塾。高杉晋作・久坂玄瑞・伊藤博文などの人材が輩出した。

【松崎△慊堂】国江戸末期の儒者。肥後（今の熊本県）の人。名は復、慊堂は号。昌平黌に学び、掛川藩（今の静岡県内）の儒者。（一七七一—一八四四）

【松△炬】＝松明。

【松△喬】①赤松子と王子喬。ともに、長命の伝説上の仙人。②長寿をいう。転じて、高尚な隠者をいう。

【松江】①今の呉淞江の古称。太湖から発して、上海で黄浦江に合流し海に注ぐ。②元・清代、府の名。今、県名。上海市の西。

【松江△鱸】呉淞江（上海市松江県）に産するすずきに似た魚。鱸魚。美味で名高い。

【松子】①まつの実。まつかさ。松実。〔唐、韋応物、秋夜寄二丘二十二員外一詩〕山空松子落 訳文⇩ 幽人（三五五ページ）。②赤松子。昔の仙人。

【松脂】松の幹から出るやに。粘りけが強く、せっけん・テレビン油・ワニスなどの製造に用いる。

【松△楸】①まつと、ひさぎ。ともに多く墓地に植える。②転じて、墓地をいう。

【松竹梅】①まつとたけとうめ。冬の寒さに耐えるから、歳寒の三友という。②国まつとたけとうめ。めでたい物として〔慶事に用いる。

【松△濤】＝松韻。濤は、なみ。

【松△柏】松と、このてがしわ。ともに樹齢の長い常緑樹であることから、人の節操・長寿・繁栄にたとえる。「松柏之寿（長命）」〔論語、子罕〕歳寒然後知二松柏之後レ凋也。

【松△柏△摧為(爲)レ薪】（墓地に植えられている）常緑の松柏（松やこのてがしわ）も、ついにはきりくだかれてたきぎとなってしまう。世の中の変転のはげしさにたとえる。〔文選、古詩十九首〕⇩古墓犂為レ田、松柏摧為レ薪（一八四ページ）。〔唐、劉廷芝、代下悲二白頭一翁上詩〕⇩桑田変成レ海（五六一ページ）。

【松風】①松を吹く風。まつかぜ。②国㋐茶の湯で茶がまの煮えたつ音。㋑菓子の名。

【松明】昔、松のやにの多い部分や竹・葦などを束ね、火をつけて、屋外の照明に用いたもの。松火。松炬。

【松△籟】＝松韻。籟は、ひびき。

【松露】①松の葉におく露。②小形の食用きのこの一種。

(8)4
【枩】3337　△　ショウ　松（3336）と同字。→前項。　5932 5B40

(8)4
【枢】3338　常　スウ　3185 3F75

(15)11
【樞】3339　シュ　慣スウ　虞 shū　6068 5C64

筆順 十 木 杈 枢

字義 ❶とぼそ。くるる。開き戸を開閉する軸となる所。❷からくり。しかけ。❸かなめ。たいせつな所。「枢要」❹まんなか。中央。「中枢」❺天子の位。また、国家の政治の大権。❻よりどころ。たよりとする所。❼北斗七星の第一星。❽やまにれ。あきにれ。楡に似た落葉低木。

解字 文 篆 形声。木＋区（區）音。音符の區は、クルッとまわるの意味。開き戸がクルッと開閉するに便利となるように工夫された軸、くるるの意味を表す。

▼機枢・中枢・天枢

【枢奥】奥深く大切な所。

【枢機】①物事の大切な所。かなめ。枢は、とぼそ、機は弩（いしゆみ）のはじきがね。②大切な政務。天下・国家の政治。政治の大権。

【枢衡】国家の政治上の重要な職務。また、中心。

【枢軸】①開き戸のくるると、車の心棒。②活動の中心。大切な所。③政治機関の中心。権要な地位。④国第二次世界大戦の前から戦時中にかけて、日本・ドイツ・イタリアの間に結ばれた同盟関係。

【枢相】①枢密院の長官、枢密使の別称。②国もとの枢密院議長。

【枢府】＝枢密院。

【枢柄】政治上の権力。重要な権力。

【枢密】①政治上秘密にすべき事がら。政治の機密。②枢密院の略。枢府。

【枢密院】①唐・五代・宋の各時代に、軍政や政治上の秘密事項をつかさどった役所の名。長官を枢密使、次官を枢密副使という。②国もと、重要な国務や皇室の事務について天皇の相談に応じた機関。

【枢務】大切な政務。重要な国務。

【枢要】大切な所。かなめ。

(8)4
【枘】3340　△　漢ゼイ　呉ネイ　霽 ruì

字義 ほぞ。木材と木材とをつなぎ合わすため、他方の穴にさ

しこむ突起部。「枘鑿」

解字 形声。木＋内㊖。音符の内は、なかに入れこむ意味を表す。穴にさしこむ木のほぞの意味を表す。

(8)4 **【析】3341** 常 セキ ― ㊥セキ ㊐シャク 錫 xī ― 3247 *404F*

筆順 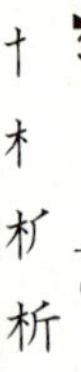

字義 ❶**さく**。わる。木をわる。❷**わける**。**わかつ**。分解して明らかにする。「分析」❸わかれる。分散する。そむきはなれる。「析別」

解字 金文 篆文 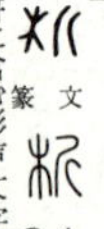 会意。木＋斤。斤は、おのの意味。おので木をわる、さくの意味を表す。析を音符に含む形声文字に、淅・晳・蜥などがある。

▼解析・開析・分析

(8)4 **【杻】3342** △ 一チュウ（チウ）有 chǒu 二㊥ジュウ（ヂウ）・㊐ニュウ（ニウ）有 niǔ

字義 一**てかせ**。罪人の手にはめて自由をうばう刑具。二**もち**。モチノキ科の常緑高木。木質が固くて印材などになる。

解字 形声。木＋丑㊖。音符の丑は、ひねるの意味。手をひねってはめる、てかせの意味を表す。

(8)4 **【杼】3343** △ 一㊥チョ・㊐ジョ（ヂョ）語 zhù 二㊥ショ・㊐ジョ 語 shù ― 5933 *5B41*

字義 一❶**ひ**。はた織りで、横糸を通す道具。❷うすい（薄）。❸そぐ。先端を細める。❹のべる。また、けずって薄くしたもの。＝舒。二**どんぐり**。つるばみ。櫟の実。＝芧。

解字 篆文  形声。木＋予㊖。音符の予は、はた織りに用いる横糸を自由に走らせるための道具、「ひ」の象形で、ひの意味を表す。のち、木を加えた。

(8)4 **【枕】3344** 標 シン 慣チン 寝 zhěn ― 4377 *4B6D*

字義 ❶**まくら**。❷**まくらにする**。まくらをして横になる。〔論語、述而〕曲レ肱而枕レ之。❸のぞむ（臨）。❹車の後部の横木。軫。国**まくら**。前置きのことば。落語などで初めにつけて話す短い話。

解字 篆文  形声。木＋冘㊖。音符の冘は、人が頭の下にしきあてるまくらの象形。木製のまくらの意味を表す。

【枕△骸】重なり合った死体。

【枕△肱】ひじをまくらとする。清貧を楽しむさま。『論語』述而編に「曲レ肱而枕レ之、楽亦在ニ其中一矣」とあるのに基づく。

【枕△藉】たがいにまくらにして寄りかかり合う。重なり合って寝る。〔宋、蘇軾、前赤壁賦〕枕ニ藉乎舟中一。

【枕上】①まくらもと。まくらべ。枕頭。②まくらの上。眠りがさめて、まだ寝床の中にいるときをいう。

【枕席】まくらと、しとね。寝具。転じて、寝ること。

【枕中記】唐代の伝奇小説。唐の沈既済の作。盧生が邯鄲（河北省内）の宿屋で仙人の呂翁に会い、そのまくらを借りて眠り、栄枯盛衰の一生を夢みて、人生のはかなさをさとるという物語。

【枕△簟】まくらと、たかむしろ。寝具。ねどこ。

【枕頭】まくらもと。まくらべ。枕上。枕側。

【枕流△漱石】流れにまくらし石にくちすすぐ。負け惜しみの強いこと。晋の孫楚が王済に向かって、「枕レ石漱レ流」と言うべきを誤ってこのように言い、流れにまくらするは、耳を洗うためであり、石にくちすすぐは、歯をみがくためであるとこじつけた故事。〔晋書、孫楚伝〕

【△欹レ枕聴】まくらを傾け、耳を澄まして聞く。〔唐、白居易、香炉峰下……偶題ニ東壁一詩〕遺愛寺鐘欹レ枕聴。訳文⇩遺愛寺（二〇三ページ）。

【高レ枕】安らかに寝る。安心する。

(8)4 **【料】3345** △ 一シュ 麌 zhǔ 二㊥トウ・㊐ツ 有 dǒu

字義 一**ひしゃく**。水をくむ道具。二**ますがた**。とがた。柱の上の、棟木をささえる方形の材木。「料栱」

解字 篆文  形声。木＋斗㊖。音符の斗は、ひしゃくの象形。木製のひしゃくの意味を表す。

(8)4 **【東】3346** 教 2 トウ ひがし ― トウ 東 dōng ― 3776 *456C*

筆順 

字義 ❶**ひがし**。**ひんがし**。日の出る方角。五行では木、四季では春、五色では青に配する。❷**ひがしする**。東方へ行く。❸主人。昔は、客が西に、主人が東に位置したからいう。国**あずま**。箱根から東の方の地。東国。「関東」

名乗 あきら・こち・はじめ・はる・ひで・もと　難読 東海林・東金・東庄・東風・東文・東北風・東浪見

解字 甲骨文 金文 篆文  象形。ふくろの両端をくくった形にかたどる。重いふくろをうごかすさまから、万物をねむりから動かす太陽の出る方、ひがしの意味を表す。一説に、木の中間に日があることによって、日がのぼるひがしの方の意味を示す指事文字とする。

▼極東・大東・日東

【東△夷】①東方の未開の異民族。東方の未開人。②国㋐昔、東国に住んでいた異民族。㋑京都人が東国の武士をあざけって呼んだ語。

【東雲】①東の空の雲。②あかつき。あけがた。

【東△瀛】①東の海。瀛は、大海。②日本。

【東屋】①東側にある家屋。②国四本の柱を建て、屋根を四方にふきおろした、壁のない小屋。また、草ぶきの民家。四阿。

【東下】①都から東方へ行く。②国昔、京都から関東に下ったこと。関東下向。

【東家】①東隣の家。②宿屋の主人。③主人。

【東海】①東方の海。②東シナ海。③日本。④国東海道（江戸・京都間の海岸沿いの街道）の略称。

【東岳（嶽）】①山東省にある泰山の別称。五岳の一つ。東岱。②国筑波山の別称。関東平野の東部にあるのでいう。

【東漢】①後漢の別称。東都（洛陽）に都したからいう。↕西漢（前漢。都は西都、長安）。②五代十国の北漢。

【東観（觀）】漢代、宮中の蔵書する所。宮中の図書館。

【東△魏】国名。後魏の末期、高歓が孝静帝を擁立して鄴（今の河北省臨漳県の西南）に都した国。

【東郷（鄉）・東△嚮】東向。東の方に向かう。

【東宮】①皇太子の宮殿。②皇太子。↓春宮（五〇一ページ）。

【東君】①太陽。また、その神。②春の神。東皇。

【東京】①後漢の都、洛陽（河南省内）。↕西京（前漢の都、長安）。②北宋の都汴京（今の河南省開封市）。③ベトナムの北部地方。中心都市はハノイ。④国日本の首都。

【東皇】春の神。また、春。東帝。東君。

【東△皐・東△臯】東方のおか。また、東方の田畑。

【東西】①東と西。②方角。方向。むき。③品物。また、銭。④㋐別々の方角。㋑あたり。周囲。㋒あちこち動くこと。㋓芝居やすもうで見物人の注意を要求することば。⑤国東洋と西洋。

【東西南北人】①住所の一定しない人。流浪の人。〔礼記、檀弓上〕今丘也、東西南北之人也。②四方の人。諸方の人。

【無ニ東西一】農作物の列がひどく乱れていること。農作業に手の回らないさま。

【不レ弁（辨）ニ東西一】東と西の区別も知らない。物

事を分別する力のないこと。〔唐、白居易、重傷二小女子一詩〕

【無二東西一】無秩序のさま。〔唐、杜甫、兵車行〕禾生二隴畝一無二東西一

【東作】春の耕作。春の農事。東は、四季で春に配する。〔書経、尭典〕

【東山】①＝東蒙。②浙江省にある山の名。東晋の謝安がここに隠棲した。③東方の山。④国㋐東山道の略。八道の一つ。㋑京都の東方に連なる丘陵。

【東周】周の平王が都を鎬京（今の陝西省西安市）から、その東方の洛邑（今の河南省洛陽市）に移して（前七七〇）以後の周をいう。

【為(爲)二東周一】周初の理想とした政治を東方の魯で実現する。

【東城】①町の東。城東。〔唐、李白、送二友人一詩〕白水遶二東城一。②秦の県名（今の安徽省定遠県の南東）。

【東△晋(晉)】司馬睿が建てた国。都は建業（今の南京）。十一代、百四年（三一七—四二〇）で滅びた。後晋。↕西晋。

【東垂・東△陲】東の果て。国の東の果て。

【東征】東方を征伐する。

【東遷】①東方に移る。②周の平王が前七七〇年に都を鎬京（今の陝西省内）から、東方の洛陽（今の河南省内）に移したこと。

【東漸】しだいに東の方へ移り進む。

【東天紅】国①朝、東の空があからむこと。②暁に鳴く鶏の声。東の空の赤らむのを知らせる意を、その鳴き声にあてたもの。③長鳴鶏の一種。高知県原産。

【東都】①東周・後漢時代、洛陽を東都と称した。→東京の①。②国東京（昔は江戸）をいう。

【東道主人】主人となって来客の道案内や世話をする人。また、道案内。

【東△坡】①東のどて。②宋の蘇軾の号。黄州（今の湖北省黄岡県）に流され、その東坡にいたから、東坡居士と号した。

【東風】①ひがしかぜ。こち。②春風。

【東風射二馬耳一】馬の耳に春風が吹き入る意で、人の意見・批評などをなんとも思わぬたとえ。馬の耳に念仏。馬耳東風。〔唐、李白、答二王十二…有レ懐詩〕

【東壁】①文章をつかさどる星の名。②転じて、図書室をいう。③東がわのかべ。

【東方△朔】前漢の文学者。字は曼倩。弁舌文章にすぐれ、そのユーモアと奇行とによって武帝に愛された。伝説では、仙術をよくした方士で、西王母の桃を盗み食って長寿を保ったという。

【東奔西走】東西に奔走する。あちこちいそがしくかけまわる。東行西走。南行北走。

【東△蒙】山東省費県の西北にある蒙山をいう。魯の東にあり、昔、孔子が登ったという。東山。

【東洋】①アジア大陸の東部の称。②トルコ以東のアジアの諸国の称。③黄海をいう。④中国人が日本をさしていう。

【東△籬】東がわのまがき。「東籬の君子」（菊）〔晋、陶潜、飲酒詩〕采レ菊東籬下。

【東流】①水が東方に流れる。②川。中国の川は多く東に流れるからいう。③仏東方にひろまる。

(8)4
【杷】3347
標　一漢ハ・呉バ　麻 pá　二漢ハ・呉バ　禡 bà　3939　*4747*

字義　一❶さらい。えぶり。穀物をかき集める農具。❷かく。ならす。牛や馬にひかせて田の土をならす。❸枇杷は、果樹の名。　二つか。え。刀剣や物のにぎり持つ部分。＝欛。

解字　篆文　形声。木＋巴音。音符の巴は、地面にぺったりつくの意味。地面を平らにするための木の柄のついた農具、さらいの意味を表す。

(8)4
【杯】3348
常　ハイ　さかずき　ハイ　灰 bēi　3953　*4755*

筆順　十 木 杯 杯

【盃】俗字　3954　*4756*　【桮】本字

字義　❶さかずき。「酒杯」❷器物に入れた液体などの数量を数える語。

解字　篆文　形声。木＋不音。篆文は、木＋否音。音符の否は、ふっくらと大きいの意味。ものを入れるためのふっくらとした木製の器、さかずきの意味を表す。

▼玉杯・金杯・献杯・賜杯・酒杯・寿杯・賞杯・大杯・罰杯・別杯・流杯

【杯△杓】杯と、酒をくむひしゃく。転じて、酒もり。

【不レ勝二杯△杓一】これ以上は酒が飲めない。飲みすぎて、これ以上酒の相手ができない意。〔史記、項羽本紀〕

【杯酒】さかずきについだ酒。

【杯△觴】さかずき。

【杯中蛇影】神経質で自分から疑い迷う心が生じて苦しむこと。疑心暗鬼。河南の長官楽広の友人が、役所の壁にかけた弓が杯の酒に蛇のように映って見えてから病気になった。しかし楽広から事実を聞いてけろりと直ったという故事。〔晋書、楽広伝〕

【杯中物】さかずきの中の物の意で、酒をいう。〔晋、陶潜、責レ子詩〕且進二杯中物一

【杯盤△狼△藉】さかずきや皿などがいり乱れる。酒席が乱れているさま。〔宋、蘇軾、前赤壁賦〕

(8)4
【柿】3349
△ハイ　隊 fèi

【杮】本字

字義　国こけら。こっぱ。木のけずりくず。柿板の略。屋根をふくために、木材を薄くけずって作った細長い板。「柿葺」

参考　〔柿〕(3381)は別字。

解字　形声。木＋市音。

(8)4
【板】3350
教3　ハン・バン　いた　ハン　潸 bǎn　慣バン　4036　*4844*

筆順　十 木 杤 板

字義　❶いた。㋐材木をうすく平らにしたもの。㋑金属や石などをうすく平らにしたもの。❷はんぎ。印刷のために文字や絵を彫った木板。＝版。❸ばんぎ。たたき鳴らして合図に使う板。❹打楽器の一つ。平らな板を重ね合わせ、一端をくくり、打ち合わせて音を出すもの。「拍板」❺ふだ。書きもの。㋐手紙。㋑みことのり。詔書。㋒辞令書。㋓名札。㋔戸籍簿。❻長さの単位。一丈（十尺）、また、八尺（周時代の一尺は、約二二・五センチメートル）。❼そむく。もとる。

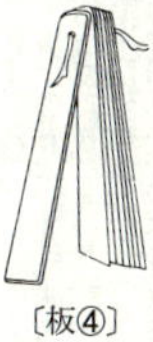
〔板④〕

解字　形声。木＋反音。

▼甲板・手板・平板・木板

【板屋】板ぶきの屋根の家。

【板行】板木に彫り印刷して世に広めること。版行。

【板刻】印刷のため文字・図画を板木に彫ること。版刻。

【板築】①土べいや城壁を築くとき用いる板ときね。②土べいや城壁を築く土木工事。また、その工事をする人。

【板△蕩】国が乱れ動くこと。世の乱れること。板も蕩も、周の厲王の無道な政治を歌った『詩経』の大雅の編名。

【板板】そむく。反する。道を失う。また、その形容。

【板木】(ハンギ) 国①印刷のために文字や図画を彫刻する、また、彫刻した板。②(バンギ) たたいて合図する板。
【板本】(ハンポン) 板木に彫って印刷した書物。↕写本。

(8)4
【枇】3351　標　漢ヒ　呉ビ　図 pí　4090 487A
字義　枇杷(ビワ)は、㋐果樹の名。また、その果実。㋑弦楽器の名。琵琶(ビワ)。
解字　篆文　形声。木＋比音。

(8)4
【杪】3352　△　漢ビョウ（ベウ）　呉ミョウ（メウ）　篠 miǎo　5934 5B42
字義　すえ(末)。㋐こずえ(梢)。木のさき。㋑はし。さき。終わり。「歳杪（年末）」「杪春（晩春）」
解字　篆文　形声。木＋少(眇)音。音符の眇(ビョウ)は、目に小さく映るの意味。木のすえの目に小さく見える部分、こずえの意味を表す。

(8)4
【枌】3353　△　漢フン　呉ブン　図 fén　5935 5B43
字義　木の名。白にれ。楡(にれ)の一種。国そぎ。木をうすくそいだ板で、屋根をふくに用いる。そぎ板。
解字　篆文　形声。木＋分音。
【枌楡】(フンユ) ①にれの木。②漢の高祖の郷里の豊の社（土地の神）の名。にれの木が社にあったのでいう。高祖が天子となったのち、その社を都に移して望郷の心を慰めた。③転じて、郷里。「枌楡同契（郷里が同じであること）」

(8)4
【枋】3354　△　㊀ホウ（ハウ）　陽 fāng　㊁ホウ（ハウ）　漾 fǎng　5936 5B44
字義　㊀❶ふしづけ。柴(しば)をならべて魚を捕らえるしかけ。❷木の名。まゆみ。檀(ダン)。㊁いかだ。＝方。
解字　篆文　形声。木＋方音。音符の方は、並べるの意味。柴(しば)を並べて水をせきとめ魚を捕らえる、ふしづけの意味や、木を並べて作るいかだの意味を表す。

(8)4
【枚】3355　教 6　マイ　漢バイ　呉マイ　灰 méi　4371 4B67
筆順　十 木 朩 枚
字義　❶うすく平たいものを数える語。❷数える。いちいち数える。「枚挙」❸みき(幹)。❹むち。馬のむち。また、杖(つえ)。❺バイ。昔、夜討ちなどのとき、声を立てぬように兵士の口にくわえさせ、ひもでくびに結びつけた、箸(はし)のような木。馬にも用いた。❻こまかなこと。細かいさま。「枚枚」
名乗　かず・ひら　難読　枚聞(ひらきき)・枚方(ひらかた)
解字　金文　篆文　会意。木＋攵(攴)。攴は、手にむちを持つ形にかたどる。手にするむち・みきの意味を表す。転じて、木片など、うすく平たいものをかぞえるときにそえる語としても用いる。
【枚挙(擧)】(マイキョ) 一つ一つ数えあげる。「枚挙に遑(いとま)あらず」
【枚乗(乘)】(バイジョウ) 前漢の文学者。字(あざな)は叔。賦（韻文の一体）にすぐれ、「七発」は、その代表作。武帝に召されたが、老齢のため途中で死んだ。（？—前一四〇）
【銜枚】(バイをふくむ) ①バイを口にくわえる。→字義の❺。②転じて、口をとざして語らない。

(8)4
【林】3356　教 1　リン　はやし　リン　侵 lín　4651 4E53
筆順　十 木 村 林
字義　❶はやし。㋐木や竹が群がりはえている所。「森林」㋑物事や仲間が多く集まっている所。「語林」「儒林」❷多い。衆多。また、さかん。「林立」❸野外。
名乗　きみ・しげ・しげる・もと・もり　難読　林檎(りんご)
解字　甲骨文　篆文　会意。木＋木。木が並び立つさまから、はやしの意味を表す。林を音符に含む形声文字は、ある時空間を長くひとり占めにするの意味を共有し、惏(リン)・淋(リン)・痳(リン)・醂(リン)・霖(リン)などがある。
▼学林・寒林・空林・芸林・語林・儒林・植林・書林・辞林・深林・聖林・石林・禅林・談林・文林・緑林
【林園】(リンエン) 樹木の茂った庭園。林苑。
【林間煖酒焼紅葉】(リンカンにさけをあたためてコウヨウをたく) 林の中で紅葉を燃やして酒の燗(カン)をする。風流なおもむきを述べたもの。焼は、また「やく」ともよむ。〔唐、白居易、送王十八帰山寄題仙遊寺詩〕——、石上題詩払緑苔(セキジョウにシをダイしてリョクタイをはらう)。〈——、石上に緑のこけを払い清めて詩を書きつける〉
【林景】(リンケイ) 林の姿。景は影と同じ。
【林述斎(齋)】(はやしジュッサイ) 国江戸後期の儒学者。名は衡(たい)。字(あざな)は徳詮(トクセン)。述斎は号。岩村藩（今の岐阜県内）主松平乗蘊(のりもり)の子。幕命により林家を継ぎ、幕府の儒官となり、大学頭(ダイガクのかみ)となった。（一七六八—一八四一）
【林鐘・林鍾】(リンショウ) ①音律の十二律の一つ。呂(リョ)の音。六月の音律。②転じて、陰暦六月の別名。
【林泉】(リンセン) はやしといずみ。また、それのある庭園。
【林藪】(リンソウ) ①草木の茂ったところ。やぶ。藪は、水のない沢。②草深い田舎。③物の多く集まる所。
【林塘】(リントウ) はやしと、つつみ。また、林の中の池。
【林薄】(リンパク) 草木の茂ったところ。やぶ。薄は、草むら。林藪(リンソウ)。
【林霏】(リンピ) 林にたちこめているもや。林靄(リンアイ)。
【林府】(リンプ) 物の多く集まる所。
【林逋】(リンポ) 北宋(ホクソウ)の詩人。銭塘(セントウ)（今の浙江(セッコウ)省内）の人。字(あざな)は君復。諡(おくりな)は和靖(ワセイ)。博学で、詩・書にすぐれていたが、梅と鶴(つる)とを友として西湖の孤山にかくれ住み、生涯仕えなかった。著に『林和靖詩集』がある。（九六七—一〇二八）
【林羅山】(はやしラザン) 国江戸初期の儒学者。林家(リンケ)の始祖。京都の人。名は忠、また信勝。字(あざな)は子信。羅山は号。出家して道春と称した。藤原惺窩(セイカ)に朱子学を学び、家康・秀忠ら四代に仕えて書を講じ、また政治上の相談にもあずかった。（一五八三—一六五七）
【林立】(リンリツ) 林のように、物が群がり立つ。

(8)4
【枦】3357　△　ロ　櫨（3746）の俗字。→五八六ページ。〔枦〕　5937 5B45

(8)4
【枡】3358　国字　標　5938 5B46
〔桝〕簡易　4381 4B71
字義　ます。＝升。㋐物の容量をはかる道具。㋑芝居などの観覧席の四角なしきり。
解字　会意。木＋升。「ます」の意味を表す升に、さらに木を付して意味を明らかにした国字。

(8)4
【枠】3359　国字　常　わく　4740 4F48
筆順　十 木 朼 枠
字義　わく。㋐まわりをふちどって囲むもの。㋑定まった型。制約。限度。
解字　会意。木＋卆。卆は、糸を巻きつける道具の象形。木を付し、わくの意味を表す。

〔杲〕→日・日部 四九七ページ。
〔杳〕→日・日部 五〇〇ページ。
〔牀〕→爿部 六九九ページ。

(9)5
【栄】3360　教 4　エイ　さかえる・はえ・はえる　1741 3149
(14)10
〔榮〕3361　漢エイ　呉ヨウ（ヤウ）　庚 róng　6038 5C46
筆順　⺍ 𰀁 学 栄

【栄】俗字

字義 ❶さかえる（さか）。はえる（は）。↕枯。㋐草木がさかんに茂る。㋑さかんになる。隆盛になる。繁昌（ハンジョウ）する。㋒あらわれる。名声があがる。かがやく。❷さかえ。はえ。㋐草木がさかんに茂ること。〔晋、陶潜、帰去来辞〕木欣欣以向レ栄（木は欣欣として栄に向かふ）。㋑隆盛。繁昌（ハンジョウ）。「繁栄」㋒ほまれ。名誉。↕辱。「栄誉」「光栄」㋓ひかり。かがやき。光明。❸花。また、草花が咲く。

名乗 さこう・しげ・しげる・たか・てる・とも・なが・はる・ひさ・ひさし・ひで・ひろ・まさ・よし　難読 栄螺（さざえ）

使いわけ はえる・はえ〔栄・映〕
〔栄〕名誉・栄光に関するもの。「栄えある優勝・出来栄え」
〔映〕光を受けて美しい。調和して美しい。「朝日に映える・ネクタイが洋服に映える」

解字 金文　篆文　象形。金文は、燃えるたいまつを組み合わせて立てた、かがり火の象形で、さかんにかがやくさまから、さかえるの意味を表す。篆文は、木＋熒省㊥の形声文字とし、あおぎりの意味を表すという。常用漢字の栄は、榮の省略体。

▼虚栄・光栄・春栄・声栄・清栄・繁栄・余栄

【栄位】（エイイ）名誉ある地位。光栄ある地位。

【栄華】（エイカ・エイガ）①草木がさかんに茂ること。花を開くこと。また、花。②時めきさかえる。はなやかにさかえる。

【栄冠】（エイカン）ほまれのかんむり。最上のほまれ。かがやかしい勝利・成功などにいう。

【栄観（觀）】（エイカン）①りっぱなたかどの。宮殿。〔老子、二十六〕②りっぱな名声。

【栄顕（顯）】（エイケン）身がさかえ名があらわれる。顕栄。

【栄枯】（エイコ）①草木の茂ることと、かれること。②さかえることと、おとろえること。栄枯盛衰。

【栄光】（エイコウ）①ほまれ。名誉。②かがやかしい光。はえある光。

【栄爵】（エイシャク）①名誉ある爵位。貴い位。②国五位の称。

【栄辱】（エイジョク）ほまれと、はずかしめ。名誉と恥辱。

【栄進】（エイシン）前より高い地位にのぼる。

【栄達】（エイタツ）さかえて高い地位に進む。

【栄適】（エイテキ）さかえ楽しむ。自分の思いがかなって栄えること。

【栄典】（エイテン）①名誉を表彰するために設けた制度。国家に功労のあった者に与える爵位・位階・勲等など。②めでたい儀式。

【栄転（轉）】（エイテン）①前よりもよい地位に移り進むこと。②他人の転任の敬称。

【栄誉（譽）】（エイヨ）ほまれ。りっぱな名誉。

【栄養】（エイヨウ）①親によい着物や食べ物を勧めて孝養をつくすこと。②生物が食物をとり養分を吸収して生活力を維持すること。また、その食物。

【栄△耀】（エイヨウ）①さかえかがやく。さかえる。栄曜。②国（エヨウ）おごり。ぜいたく。はで。「栄耀栄華」

【栄落】（エイラク）さかえることと、おちぶれること。「一栄一落」

【栄覧（覽）】（エイラン）他人の文書を見せてもらうこと。また、自分の文書を人が見ることをいう敬称。

【栄利】（エイリ）名誉と利益。〔晋、陶潜、五柳先生伝〕不レ慕二栄利一（栄利を慕はず）。

(9)5
【榏】3362　△　㊀エイ　霽 yì　㊁㊥セツ・㊤セチ　屑 xiè　1845 / 324D

【栧】同字

字義 ㊀かい。舟をこぎ進める道具。㊁ゆだめ。弓のまがりを直す道具。

解字 形声。木＋世㊥。

【鼓レ榏】（エイをコす）かいの音をたてる。

(9)5
【架】3363　常　カ　かける・かかる　㊥カ・㊤ケ　禡 jià

筆順 カ　加　架　架

字義 ❶たな。物をのせる平らな台。「書架」❷いこう。きものかけ。「衣架」❸かける（か）。かけわたす。かかる。「架橋」

使いわけ かける〔掛・架・懸〕⇩掛（2692）。

解字 形声。木＋加㊥。音符の加は、くわえるの意味。木を加えわたすたな・かけるの意味を表す。

▼衣架・橋架・後架・銃架・書架・筆架

【架橋】（カキョウ）橋をかける。また、かけ渡した橋。

【架空】（カクウ）①空中にかけ渡す。②根拠のないこと。

【架設】（カセツ）かけわたす。高い所に橋・電線などをかける。

【架蔵（藏）】（カゾウ）国（書籍を）たなに所蔵する。

(9)5
【枷】3364　△　㊀㊥カ・㊤ケ　麻 jiā　㊁㊥カ・㊤ケ　禡 jià　5940 / 5B48

字義 ㊀❶かせ。くびかせ。罪人の首にはめて自由を奪う木製の刑具。❷からざお（からを）。刈り取った稲・麦などの穂をたたいて実を落とす農具。㊁いこう。着物かけ。＝架。

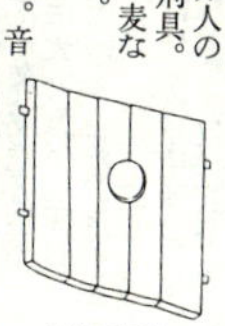

〔枷㊀①〕

解字 篆文　形声。木＋加㊥。音符の加は、くわえるの意味。柄の先に棒を加えた、からざおの意味や、人の首に加える、くびかせの意味を表す。

(9)5
【柯】3365　△　カ　歌 kē　5941 / 5B49

字義 ❶え。斧（おの）の柄。❷えだ（枝）。木の枝。❸くき。草の茎。

解字 篆文　形声。木＋可㊥。音符の可は、曲がったかぎの意味。かぎ型の斧（おの）の「え」の意味を表す。

(9)5
【柺】3366　△　㊥カイ（クヮイ）・㊤ケ　蟹 guǎi

字義 つえ（つえ）（杖）。老人のつえ。

【枴】同字　5942 / 5B4A

解字 形声。木＋另㊥。

(9)5
【柑】3367　標　カン　覃 gān　2027 / 343B

字義 こうじ（柑子）。蜜柑（ミカン）の一種。実は普通の蜜柑より小さく、皮は黄色で薄く、酸味が強い。

解字 形声。木＋甘㊥。音符の甘は、あまいの意味。あまい実の、柑子（コウジ）の意味を表す。

【柑△橘類】（カンキツルイ）ミカン科の果樹・果実。みかん・だいだい・ゆず・きんかん・ザボンなどの総称。

【柑子】（カンシ・コウジ）①みかんの古名。②みかんの一種。

(9)5
【柬】3368　△　㊥カン・㊤ケン　潸 jiǎn　5943 / 5B4B

字義 ❶えらぶ。えりわける。❷手紙。また、名刺。

解字 金文　篆文　会意。束＋八。束は、たばねたふくろの象形。八は、そのふくろに選別して入れた物の象形。えらぶの意味を表す。柬（東）を音符に含む形声文字に、揀（カン）・煉（レン）・練・諫（カン）・錬などがある。

(9)5
【枳】3369　△　㊀キ　紙 zhǐ　㊁シ　支　5944 / 5B4C

字義 ㊀からたち。ミカン科の落葉低木。春、五弁の白い小花を開き、秋、実をつける。とげが多く、いけがきに多く用いられる。枳殻（キコク）。㊁えだ（枝）。また、わかれ。　難読 枳殻（からたち）

解字 篆文　形声。木＋只㊥。

【枳△棘】（キキョク）からたちと、いばら。ともにとげのある、役に立たない木。転じて、じゃまもの。

(9)5
【柩】3370　標　㊥キュウ（キウ）・㊤グ　宥 jiù　5945 / 5B4D

字義 ひつぎ。人の死体をおさめ入れる、木製の箱。棺（カン）。「霊柩車」

解字 篆文 形声。木＋匛音。音符の匛キュウは、長期間にわたって人の死体をおさめるはこの意味。木を付し、木製のひつぎの意味を表す。

(9)5
【柜】3371 △ 一漢キョ・呉コ 語 jǔ 二キ

字義 一柜柳キョリュウは、やなぎの一種。二櫃(3724)の俗字。

解字 篆文 形声。木＋巨音。

(9)5
【枵】3372 △ キョウ(ケウ) 蕭 xiāo

字義 ❶むなしい。から。うつろ。空虚。❷大きなさま。

解字 篆文 形声。木＋号音。

(9)5
【枸】3373 △ 一ク 麌 jǔ 二漢コウ・呉ク 尤 gōu 三漢コウ・呉ク 有 gǒu 5946 5B4E

字義 一けんぽなし。クロウメモドキ科の落葉高木。夏、白色の小花を開き、秋、球状の実を結ぶ。二❶からたち。❷まがる。また、わだかまる。三❶クコ。→枸杞。❷ひいらぎ。

解字 篆文 形声。木＋句音。音符の句は、曲がるの意味。枝が曲がった木の意味を表す。

【枸△櫞酸】クエンサン 柑橘類カンキツルイの果実の中に含まれる塩基性の酸。水にとけやすく、清涼飲料水などの材料となる。
【枸杞】クコ ナス科の落葉小低木。夏、薄紫の五弁花を開き、赤い卵形の実を結ぶ。葉と根は食用・薬用となる。
【枸木】コウボク 曲がった木。曲木。

(9)5
【柧】3374 △ 漢コ 呉ク 虞 gū 5955 5B57

字義 ❶かど。㋐物の角。㋑殿堂の屋根の角のつき出た所。柧棱コリョウ。❷さかずき。＝觚コ。

解字 篆文 形声。木＋瓜音。

(9)5
【枯】3375 常 コ かれる・からす 漢コ・呉ク 虞 kū 2447 384F

筆順 十 木 朴 枯

字義 ❶かれる。↔栄。㋐草木の生気がなくなる。「枯木」㋑水がかわく。ひあがる。「枯井」㋒おとろえる。「栄枯」㋓やせる。やせおとろえる。㋔死ぬ。くちはてる。「枯骨」❷からす。かれるの他動詞。❸かれき。国かれる。円熟する。老成する。

参考 現代表記では［涸］(4085)の書きかえに用いることがある。「涸渇→枯渇」

解字 篆文 形声。木＋古音。音符の古は、ふるく固くなるの意味。木がかれて固くなるの意味を表す。

▼栄枯・偏枯

【枯栄(榮)】コエイ かれることと、茂ること。また、おとろえることと、栄えること。栄枯。〔唐、白居易、草詩〕
【枯渇(渴)】コカツ ①かわいて水分がなくなる。涸渇コカツ。②つきる。なくなる。欠乏する。資金・アイディアなどについていう。
【枯朽】コキュウ かれ、くちる。また、かれくちた物。
【枯魚】コギョ ほした魚。ひもの。
【枯△涸】ココ・コカク 水がかれる。ひあがる。枯渇。
【枯△槁】ココウ ①草木がかれる。槁も、かれる意。②おちぶれる。③やせおとろえる。やつれる。生気がない。〔楚辞、漁父〕形容枯槁ケイヨウココウす。④かわく。
【枯骨】ココツ ①くちはてた骨。②死んだ人。
【枯△痩】コソウ やせおとろえる。
【枯淡】コタン 俗気やはでなところがなく、あっさりしていること。欲がなく、さっぱりしていること。〔宋書、鄭樵伝〕
【枯△凋】コチョウ ①かれ、しぼむ。②物事のおとろえること。
【枯腸】コチョウ ①ひからびたはらわた。すきっぱら。②詩文の才能のないこと。
【枯木死灰】コボクシカイ かれきと、冷たいはい。転じて、情味のない人。浮世ばなれした人。
【枯木発(發)レ栄(榮)】コボクエイをハッす かれきに花がさく。死んだ者が生きかえる。枯樹生華。〔文選、曹植、七啓〕
【枯落】コラク ①かれおちる。②おちぶれる。

(9)5
【柙】3376 △ 漢コウ(カフ) 呉ギョウ(ゲフ) 洽 xiá

字義 ❶おり。動物などを捕らえて入れておくもの。また、おりにいれる。❷はこ。＝匣コウ。また、箱にいれる。おさめる。❸香木の名。

解字 篆文 形声。木＋甲音。音符の甲は、おさえるの意味。獣などをおさえこむための木のおりの意味を表す。

(9)5
【査】3377 5 教 サ 漢サ 呉ジャ 麻 chá ③zhā 2626 3A3A

筆順 十 木 杏 査

【査】俗字

字義 ❶しらべる(調)。「検査」「調査」❷いかだ。＝槎サ・楂サ。❸木の名。さんざし(山査子)。＝樝サ。

解字 形声。木＋且音。音符の且ショは、つみかさねるの意味。木をかさねた、いかだの意味を表す。のちに、察に通じ、しらべるの意味を表す。

▼監査・考査・主査・審査・精査・捜査・踏査

【査閲】サエツ 調べ見る。調べる。
【査験(驗)】サケン 調べ明らかにする。調査して証拠だてる。検査。
【査察】ササツ 調べ見きわめる。調査・考察する。
【査△滓】サシ かす。渣滓サシ。
【査収(收)】サシュウ 調べて受け取る。
【査証(證)】サショウ ①調べて証明する。②旅券の裏書き。ビザ。
【査定】サテイ 調べて決定する。
【査問】サモン 調べ問いただす。

(9)5
【柤】3378 △ 漢サ 呉シャ 麻 zhā 5947 5B4F

字義 ❶さんざし(山樝子)。果実は薬用となる。＝査・樝サ。❷いせき。水を他に引くために川水をせきとめる所。

難読 柤岡けびおか

解字 篆文 形声。木＋且音。音符の且ショは、阻に通じ、はばむの意味。ものを阻みさえぎる、しきりの意味を表す。

(9)5
【柵】3379 標 漢サク 呉シャク 陌 zhà 2684 3A74

字義 ❶やらい(矢来)。木や竹を並べ立てて作ったかき。❷しがらみ。水中に設けたやらい。❸とりで。砦サイ。

【栅】同字

難読 柵原やなはら・柵口ませぐち・柵養蝦夷さこうえぞ

解字 篆文 形声。木＋冊音。音符の冊サクは、ひもで編んだふだの象形。木や竹を編んでつくったかきねの意味を表す。

(9)5
【柞】3380 △ 一漢サク・呉ザク 薬 zuò 二漢サク・呉シャク 陌 zé 5948 5B50

字義 一ははそ。くぬぎ(櫟)・なら(楢)の類。二❶きる。木を切る。❷せまい。国いすのき。マンサク科の常緑高木。

難読 柞原ゆすはら・くばら・ほそはら・柞田くにた・柞磨たるま

解字 篆文 形声。木＋乍音。音符の乍サクは、柞の原字。木の小枝を切りはらう形にかたどり、きるの意味を表す。のち、木を付し、意味を明らかにした。

(9)5
【柹】3381 標 漢シ 呉ジ 紙 shì 1933 3341

［柹］同字 解字 形声。木＋市㊉。

(9)5
【枲】 3382　△　シ　紙 xǐ

字義 **からむし**。麻の一種。夏、青色の小花をつけるが、実を結ばない。牡麻(ボマ)。茎の皮から繊維をとって、織物の原料とする。

解字 篆文　形声。木＋(朩)＋台㊉。

(9)5
【柅】 3383　△　㊊ジ（ヂ）　㊇ニ　紙・支 nǐ

字義 ❶木の名。梨(なし)に似た実がなる。❷いとわく。❸はどめ。車どめ。車の進行をとめる木。❹柅柅は、さかんにしげるさま。

解字 篆文　形声。木＋尼㊉。音符の尼は、ねばりつくの意味。車の下につけ、速度をおさえる、とめぎの意味を表す。

(9)5
【柒】 3384　△　シツ　漆（4230）の俗字。→六六六ページ。

参考 金銭の記載などには、文字の改変を防ぐため、七のかわりに用いることがある。

(9)5
【柘】 3385　標　シャ　禡 zhè

字義 ❶**やまぐわ**(やまぐは)。野ぐわ。桑の一種。❷くわいろ。黄と赤との中間色。「柘黄」　国❶**つげ**。木の名。黄楊(つげ)。❷柘榴(ザクロ)は、果樹の名。石榴の誤用。難読 柘植(つげ・つみえ)

解字 篆文　形声。木＋石㊉。

(9)5
【柊】 3386　人
(9)5
〔柊〕 3387　シュウ（シウ）　東 zhōng

筆順 十 木 杈 柊

字義 木の名。芭蕉(バショウ)に似た木。　国**ひいらぎ**(ひひらぎ)。モクセイ科の常緑高木。葉は堅く、光沢があり、ふちにとげがある。秋、白色の小花を密生し、実を結ぶ。材は細工用となる。

解字 形声。木＋冬㊉。

(9)5
【柔】 3388　常　ジュウ・ニュウ　やわらか・やわらかい
㊊ジュウ（ジウ）　㊇ニュウ（ニウ）　尤 róu

筆順 マ 矛 柔 柔

字義 ❶**やわらかい**(やはらかし)。㋐しなやか。↕剛。「柔軟」㋑よわい。弱々しい。もろい。「柔弱」㋒おだやか。やさしい。「柔和」❷**やわらげる**(やはらぐ)。なつける。安んずる。「懐柔」❸うるおす。ぬらす。水にひたす。❹したがう。❺陰。陰の日。十干の中の乙・丁・己・辛・癸(き)にあたる日。「柔日」　国**やわら**(やはら)。柔術。柔道。

名乗 なり・やす・よし　難読 柔田津(にぎたづ)

使いわけ **やわらか**〔軟・柔〕⇩軟（7637）。

解字 篆文　会意。木＋矛。矛は、ほこの意味。ほこの柄にすることができる、折れないしなやかな木の意味から、やわらかいの意味を表す。柔を音符に含む形声文字に、揉(ジュウ)・糅(ジュウ)・蹂(ジュウ)・鞣(ジュウ)などがある。

▼陰柔・温柔・懐柔・剛柔・善柔・優柔

【柔恵(惠)】(ジュウケイ) ①おだやかで従順。②いつくしむ。いつくしみ。

【柔日】(ジュウジツ) 十干のうち乙・丁・己・辛・癸(き)にあたる日。偶数の日をいう。↕剛日。

【柔弱】(ジュウジャク・ニュウジャク) やわらかでよわい。よわよわしい。〔老子、七十八〕天下莫柔弱於水(テンカみずヨリジュウジャクなるはなし)。

【柔順】(ジュウジュン) おとなしくて、すなお。

【柔△脆】(ジュウゼイ) やわらかで弱い。〔老子、七十六〕万物草木之生也柔脆(バンブツソウモクのショウずるやジュウゼイなり)。

【柔△毳】(ジュウゼイ) ①やわらかい細毛。わたげ。②やわらかなこと。

【柔惰】(ジュウダ) 気が弱くてなまける。いくじがない。

【柔△懦】(ジュウダ) 心が弱く気が小さい。柔弱で臆病(オクビョウ)。

【柔道】(ジュウドウ) ①やわらかな道。柔順の道。②国日本固有の武道の一つ。素手で相手に立ち向かい、相手の攻撃力を利用して相手を倒す。同時に、心身の鍛練・修養を目的とする。

【柔軟・柔△輭】(ジュウナン) やわらか。しなやか。

【柔能制レ剛】(ジュウよくゴウをセイす) 柔弱なものがかえって剛強なものに勝つ。〔三略、上略〕

【柔△媚】(ジュウビ・ニュウビ) ものやわらかで、こびる。また、なまめく。

【柔和】(ニュウワ) おとなしい。やさしい。

(9)5
【柷】 3389　△　シュク　屋 zhù

字義 楽器の名。音楽を始めるとき合い図に鳴らすもの。長方形の木箱の一方に穴をあけて柄をさしこみ、柄を動かして鳴らす。

解字 篆文　形声。木＋祝省㊉。

〔柷〕

(9)5
【染】 3390　教6　セン　そめる・そまる・しみる・しみ
㊊ゼン・㊇ネン　慣セン　琰・豔 rǎn

筆順 シ 氿 氿 染

字義 ❶**そめる**(そむ)。㋐きれ地などを液にひたして色を着ける。「染色」㋑色どる。ぬる(塗)。㋒ひたす。つける。㋓描く。書く。㋔けがす。よごす。❷**そまる**(そむ)。㋐しむ。しみこむ。㋑色づく。㋒感化される。㋓うつる。病気などがうつる。「伝染」㋔けがれる。よごれる。「汚染」㋕なれる。習慣となる。❸**しみ**。けがれ。よごれ。　国**しみる**(しむ)。㋐深く感じる。㋑うるおう。しみとおる。㋒…らしく見えるの意。「気違い染(じ)みる」

解字 篆文　会意。氿＋木。氿(キ)は、穴からわき出る泉の意味。樹液などでそめるの意味を表す。

▼愛染・汚染・感染・伝染

【染愛】(センアイ) 深い愛情。

【染汚】(センオ) よごれる。よごす。また、よごれ。しみ。

【染化】(センカ) 感化する。また、感化される。

【染△翰】(センカン) 筆を墨にそめる。字をかく。

【染指】(センシ) ①ゆびをそめる。指を物にさしこみ、なめて味をためす。②転じて、物事に着手する。手をつける。

【染色】(センショク) ①そめだした色。そめいろ。②色をそめつける。

【染織】(センショク) そめることと。おること。染め物と、織物。

【染筆】(センピツ) 筆をそめる。筆に墨や絵の具をひたして、書や絵を書く。潤筆。染翰(センカン)。

(9)5
【柁】 3391　△　ダ　舵（6192）と同字。→九〇八ページ。

(9)5
【柝】 3392　△　タク　薬 tuò

字義 ❶ひょうしぎ。合い図または警戒のために打ち鳴らす二本一組の角材。また、拍子木を打って警戒する。「撃柝」❷**さける**(さく)。木がさける。❸ひらく（開）。

解字 金文　篆文　形声。木＋斥（㡿）㊉。音符の㡿(セキ)は、さくの意味。木をさく、木をさいて作ったひょうしぎの意味を表す。

(9)5
【柟】 3393　△　㊀㊊ダン・㊇ナン　覃 nán　㊁㊊ゼン・㊇ネン　塩

［枏］同字　字義 ㊀㊁❶木の名。くすのきの類。＝楠。❷一説に、うめ（梅）。

解字 形声。木＋冉㊉。音符の冉(ゼン)は、南に通じ、南方の暖

地を好む、くすの木の意味を表す。

(9)5 【柱】3394　教 3　チュウ　はしら　3576 436C

(9)5 〔柱〕3395　㊀漢チュウ(チウ)・呉ジュ(ヂュ) 麌 zhù　㊁漢チュウ(チウ)・呉チュ 麌 zhǔ

筆順　十 木 杧 柱

字義 ㊀❶はしら。㋐梁(はり)・棟木を受けて屋根をささえる材木。㋑広く、物をささえるものの称。「天柱」「支柱」㋒はしらのように直立しているもの。「氷柱」㋓中心として他から寄り頼まれるもの。「柱石臣(チュウセキのシン)」❷ことじ(琴柱)。琴の弦をささえ、移動させて音調の高低を生じさせるこま。㊁❶ささえる。支持する。＝拄(チュ)。❷ふさぐ。国 神仏や高貴の人を数えるのに添える語。

解字 篆文　形声。木＋主㊥。音符の主は、静止しているの意味。動かない木、はしらの意味を表す。

▼琴柱・支柱・天柱・鼻柱・氷柱

【柱下史】(チュウカシ) ①蔵書室のかかりの役人。②老子が周の蔵書室の役人であったため、特に老子をいう。③漢代の侍御史(天子の秘書役)の別称。

【柱幹】(チュウカン) はしらと、みき。転じて、大切なところ。中心。

【柱国(國)】(チュウコク) ①柱が家を支えるように、国家を支える重要な人物。また、重要な土地。国都。②官名。戦国時代、楚ッに置かれ、武功を賞して与えられた。後には、職務のない名誉職。

【柱石】(チュウセキ) ①はしらの下のいしずえ。②はしらと、いしずえ。③柱とも、いしずえともたのむべき物、また、人。国家を支える重任を負う人。

【△膠レ柱鼓△瑟】(ことじ(ぢ)ににかわ(は)してシツをコす) 動かして音調をととのえるべきことじをにかわづけにして瑟をひく。規則にこだわって融通のきかないたとえ。〔史記、廉頗・藺相如伝〕

(9)5 【柢】3396　△　漢テイ・呉タイ 薺 dǐ　5950 5B52

字義 ❶ね(根)。㋐木の根。㋑物事のもと。根本。基礎。「根柢」❷ねざす。もとづく。

参考 現代表記では〔底〕(1990)に書きかえることがある。「根柢→根底」

(9)5 【柮】3397　△　漢トツ・呉トチ 月 duò　5951 5B53

解字 篆文　形声。木＋氏㊥。音符の氏(テイ)は、ひくいの意味。木の低い部分、ねの意味を表す。

字義 ㊀ばち。太鼓のばち。㊁ならの木。ブナ科の落葉高木。ははそ。楢(なら)。

解字 篆文　形声。木＋包㊥。

【枹鼓】(コフ) ばちと、つづみ。転じて、軍陣。

字義 ほた。ほだ。木の切れはし。木端(こっぱ)。榾柮(コツトツ)。

解字 篆文　形声。木＋出㊥。

(9)5 【柏】3398　〔栢〕俗字 1992 337C　標　漢ハク・呉ヒャク 陌 bǎi (bó)　3980 4770

字義 ひのき・さわら・このてがしわなどの、常緑樹の総称。かえ。その葉が常に色を変えないことから、松とならんで、節操の堅いことなどにたとえられる。国 かしわ(かしは)。㋐木の名。ブナ科の落葉高木。槲(かしわ)。㋑食器の総称。㋒かしわもちの略。

難読 柏原(かしわら)・柏山(かしやま)・柏林(ベルリン)

解字 篆文　形声。木＋白㊥。

【柏手】(かしわ(は)で) 国 神を拝するとき、両手を打ち合わせて鳴らすこと。拍手の誤用。

【柏酒】(ハクシュ) 邪気を払うため、元旦(ガンタン)に飲む酒で、柏(ひのきなどの常緑樹)の葉をひたして作ったもの。柏葉酒。

【柏城】(ハクジョウ) みささぎ。天子の陵墓。

【柏台(臺)】(ハクダイ) 御史台の別称。漢代、御史府中に柏を植え「たからいう。柏府。

【柏△梁体(體)】(ハクリョウタイ) 漢の武帝が柏梁台を築いたとき、群臣を集めて、七言の連句を作らせたときの詩体。七言詩の最古のもので、連句の起原とされているが、後人の偽作ともいわれる。

【柏△梁台(臺)】(ハクリョウダイ) 漢の武帝が長安城内に築いた台。

(9)5 【柲】3399　△　㊀ヒ 寘 bì　㊁漢ヒツ・呉ビチ 質

字義 ㊀㊁❶え(柄)。にぎり。ほこの柄。❷ゆだめ。弓のまがりを直す道具。＝弼(ヒツ)。

解字 篆文　形声。木＋必㊥。音符の必は、柲の原字で、武器にしっかりつけられた柄の象形。のち、木を付し、木の柄の意味を明らかにした。

(9)5 【柎】3400　△　㊀フ 虞 fū　㊁フ 麌 fǔ　㊂漢フ・呉ブ 遇 fù　5953 5B55

字義 ㊀うてな。花の萼(がく)。また、子房。㊁❶よる。よりかかる。❷弓を強くするため、弓束(ゆづか)にとりつける骨片。㊂つける。塗りつける。＝拊(フ)。

解字 篆文　形声。木＋付㊥。音符の付は、つくの意味。花につく、うてなの意味を表す。

(9)5 【枹】3401　△　㊀漢フ・呉ブ 虞 fú　㊁ホウ(ハウ) 肴 bāo　5952 5B54

(9)5 【柄】3402　常　ヘイ　がら・え　漢ヘイ・呉ヒョウ(ヒャウ) 敬 bǐng　4233 4A41

筆順　十 木 杤 柄

字義 ❶え。器物のとって。❷つか。刀剣の手ににぎるところ。❸もと。もとい。根本。❹いきおい(勢)。ちから。権力。「権柄」国 がら。㋐なり。体格。㋑身分。品格。「人柄」㋒きれ地などの模様。

名乗 えだ・もと　難読 柄杓(ひしゃく)

解字 篆文　形声。木＋丙㊥。音符の丙は、張り出すの意味。道具の張り出した所、とっての意味を表す。

▼横柄・権柄・国柄・執柄・政柄・斗柄・話柄

【柄臣】(ヘイシン) 権力を握っている家来。権臣。

【柄用】(ヘイヨウ) 重く用いられて政権をにぎる。

(9)5 【某】3403　常　ボウ　㊀漢ボウ・呉モ 有 mǒu　㊁漢バイ・呉マイ 灰 méi　4331 4B3F

筆順　廾 甘 苴 某

字義 ㊀それがし。なにがし。❶人の名や、日時・場所などの明らかでないか、または、わざと明らかにしないときに用いる代名詞。「某氏」「某日」「某所」❷自分を謙遜(ケンソン)していう自称代名詞。わたくし。やつがれ。㊁うめ。梅(3451)の古字。

解字 金文　篆文　会意。甘(曰)＋木。曰は、いのりの言葉の意味。子がさずかるように祈るのに用いる木、うめの意味を表し、借りて、それがしの意味にも用いる。某を音符に含む形声文字に、媒・禖(ボウ)・謀などがある。

(9)5 【柚】3404　人　㊀漢ユウ(イウ)・呉ユ 宥 yòu　㊁漢チク・呉ジク(ヂク) 屋 zhóu (shú)　4514 4D2E

筆順　十 木 柚 柚

字義 ㊀ユズ。常緑小高木。柑橘類(カンキツルイ)の一種。冬、香気

と酸味のある黄色の果実を結ぶ。 二たてまき。機織りの縦糸を巻く道具。

解字 文 篆 形声。木＋由音。

難読 柚子ゆず・柚須ゆす・柚木ゆのき・ゆぎ

【柳】(9)5 3405

常 リュウ やなぎ 漢リュウ（リウ）・呉ル 匍 liǔ　4488 4C78

筆順 十 木 杪 柳

［桺］本字 ［栁］俗字

字義 ❶やなぎ。㋐しだれやなぎ。枝が細長く下に垂れる種類のもの。中国の原産。㋑やなぎの総称。❷ぬりこ。星宿の名。二十八宿の一つ。

解字 金文 篆文 形声。木＋卯（丣）音。音符の丣リュウは、流に通じ、ながれるの意味。長い枝がながれるような形の木、しだれやなぎの意味を表す。

難読 柳津やないず・柳葉魚ししゃも・柳楽やぎら

▼花柳・細柳・新柳・垂柳・折柳

【柳暗花明】リュウアンカメイ 柳がこんもりとほの暗く茂っている間に、桃の花が灯ひのように明るく見える。田舎の美しい春景色のさま。〔宋、陸游、遊山西村詩〕山重水複疑無路サンチョウスイフクみちなきかとうたがう（ふ）、柳暗花明又一村リュウアンカメイまたイッソン。〈山が重なりあい川がいくえにも折れ曲がって流れていて、道はもう行き止まりかとあやぶまれていると、柳がこんもりと茂り桃の花が明るく咲いているところに、さらにまた一つの村が現れた〉

【柳営（營）】リュウエイ ①将軍の陣営。漢の周亜夫が匈奴キョウドを討ったとき、細柳という地に陣し、軍営の規律がとれていたので、文帝が大いに感動した故事による。細柳営。〔漢書、周亜夫伝〕②国将軍。将軍家。

【柳煙】リュウエン 柳にたなびくかすみ・もや。

【柳下恵（惠）】リュウカケイ 春秋時代、魯ロ（今の山東省内）の賢人。本名は展禽テンキン。柳下（地名）におり、仕えて士師（獄官）となり、恵と諡おくりなされたので、柳下恵という。孟子に、「聖の和なる者（だれとでも調和する聖人）」と称せられた。

【柳眼】リュウガン やなぎの新芽。細く眼に似ている。

【柳糸（絲）】リュウシ やなぎの枝。柳枝。

【柳州】リュウシュウ 地名。今の広西チワン族自治区の柳州市。

【柳絮】リュウジョ ①やなぎのわた。柳の実が熟して、それについた白毛が、晩春のころ綿のように乱れ飛ぶもの。②雪の形容。

【柳条（條）】リュウジョウ やなぎの枝。柳枝。

【柳色】リュウショク やなぎの青々とした色。〔唐、王維、送元二使安西詩〕客舎青青柳色新カクシャセイセイリュウショクあらたなり。

【柳宗元】リュウソウゲン 中唐の詩人・文章家。河東（今の山西省内）の人。字あざなは子厚。監察御史となったが、王叔文の罪に連座して、永州（今の湖南省内）の司馬・柳州（今の広西チワン族自治区）の刺史に左遷された。韓愈カンユとともに古文復興を提唱。唐宋トウソウ八大家の一人。柳河東・柳柳州ともいう。著に『柳河東集』がある。（七七三—八一九）

〔柳宗元〕

【柳態】リュウタイ ①やなぎの枝ぶり。②しなやかな姿。

【柳塘】リュウトウ やなぎのはえているつつみ。柳堤。

【柳陌】リュウハク ①やなぎの植えてあるあぜみち。②いろざと。花街。柳巷リュウコウ。

【柳眉】リュウビ やなぎの葉のように細く美しいまゆ。美人のまゆをいう。柳葉眉。「柳眉を逆立てる」

【柳腰】リュウヨウ ①やなぎの細くしなやかな枝。②細くしなやかな腰。やなぎごし。美人の形容。細腰。

【柳緑花紅】やなぎはみどり はなはくれないなり（る） ①春の自然の美しさを詠じた、北宋ホクソウの蘇軾ソショクの詩句。②自然のままで人工を加えぬことのたとえ。③物事に自然の理の備わっていることのたとえ。④物事がそれぞれに異なっていることのたとえ。

【栁】(9)5 3406

△ リュウ 柳（3405）の俗字。→前項。

【柆】(9)5 3407

△ ロウ（ラフ）合 lā　5954 5B56

字義 折れた木。国くい（杭）くい。姓氏・地名に用いる。

解字 文 篆 形声。木＋立音。

【栂】(9)5 3408

国字 △　3646 444E

字義 とが。つが。マツ科の常緑高木。もくめがこまかく、建築用材や器具製作の材料として用途が多い。

解字 会意。木＋母。母は、拇指おやゆびの意味。おやゆび大の果実のつく、つがの意味を表す。

【栃】(9)5 3409

国字 標　3842 464A

［杤］同字 5929 5B3D

字義 とち。トチノキ科の落葉高木。葉は七枚の小葉をそなえ、夏、淡黄色の花をつけ、実は栗くりに似て、食用となる。橡ショウ。

参考 もと杤と書く。明治初年に栃木県の「とち」を栃と書くことに定めてから、栃の字が広まった。さらには傍つくりの厉（厉）を厲レイの略字とみなして、レイと読むこともある。「帰栃レイ（栃木に帰る）」

解字 会意。もと、木＋万。十（とお）と千（ち）を掛ければ万になるところから、万を「とち」と読み、木を付して、とちのきの意味を表す。

【柾】(9)5 3410

国字 人　4379 4B6F

筆順 木 杠 杆 柾

字義 ❶まさ。まさめ。木材のもくめが縦にまっすぐ並び通っているもの。❷まさき。ニシキギ科の常緑低木。多く生垣に用いられる。

名乗 ただ

解字 会意。木＋正。木目の正しくまっすぐな木の意。

【相】→目部 七六四ページ。

【案】(10)6 3411

教 4 アン　1638 3046

漢アン 匍 àn

筆順 宀 安 安 案

字義 ❶つくえ。台。「几案キアン」 ❷ぜん。足のある食膳ショクゼン。❸かんがえる（考）。考え。また、取り調べる。＝按ア。「案問」「思案」 ❹おさえる。また、なでる。さする。＝按。❺やすんずる（安）。❻書類。公文書。訴訟の判決書や役所の訓令書など。

国アン。㋐計画。㋑下書き。草稿。

参考 現代表記では［按］（3412）の書きかえに用いることがある。「案分→按分」

解字 文 篆 形声。木＋安音。音符の安は、安定するの意味。安定したつくえの意味を表す。

▼勘案・机案・議案・玉案・蛍案・懸案・原案・考案・思案・書案・成案・雪案・草案・廃案・発案・腹案・文案・翻案・妙案・名案・立案

【案件】アンケン 調査したり、相談したりすべき事がら。問題になっている事がら。

【案検（檢）・案験（驗）】アンケン 取り調べる。

【案行】アンコウ ①調べ歩く。②調べる。③隊列を整える。

【案山子】アンザンシ・かかし ①作物を守るため田畑に立てる、鳥おどしの人形。②見かけがりっぱで実のない人。

【案出】アンシュツ 考え出す。

【案堵】アンド 自分の家のかきねの内に安んずる。転じて、安心する。堵は、かきね。安堵。〔史記、高祖本紀〕諸吏人皆案堵

如レ故(もろもろのリジンみなアンドのもとのごとくせよ)。

【案頭】(アントウ) つくえの上。案上。

【案△牘】(アントク) ①取り調べを必要とする書類。②書類や手紙。

【案内】(アンナイ・アナイ) 国①事情・内容によく通じて、人を導くこと。てびき。②内容。実情。ようす。③取り次ぎ。④まねき。招待。⑤知らせ。通知。⑥官庁の前例。⑦たずねる。聞く。

【案分】(アンブン) 一定の比例で物を分けること。按分(アンブン)。

【案文】(アンブン) ①下書きの文章。②文章を考える。③国(モンアン) 役所などの下書きの文章。

(10)6 【桉】3412 △ アン àn, ②ān

字義 ❶案(3411)と同字。→前項。❷ユーカリ。フトモモ科の常緑高木。桉樹。

5966 5B62

(10)6 【桙】3413 △ ウ

国 ほこ。＝鉾(ほこ)。

解字 形声。木＋安㊄。杅(3301)と同字。→五四三ぺー。

(10)6 【栧】3414 △ エイ 枻(3362)と同字。→五五三ぺー。

解字 会意。木＋牟。

(10)6 【桜】3415 教 5 オウ さくら

2689 3A79

(21)17 〖櫻〗3416 人 許 漢オウ(アウ) 呉ヨウ(ヤウ) 庚 yīng

6115 5D2F

筆順 木 桜 桜 桜

字義 ゆすらうめ。ゆすら。桜桃。バラ科の落葉低木。春、葉に先だって白色の五弁花を開き、花後、小果を結び、熟すれば濃い紅色を呈する。実は食用となる。国 さくら。㋐バラ科の落葉高木。日本の国花。㋑露店商人の仲間で、客をよそおって、他の客の購買心をそそる者。㋒桜肉の略。馬肉。

難読 桜桃(さくらんぼ・ゆすら)

解字 篆文 形声。木＋妟(嬰)㊄。音符の嬰(ヱイ)は、首飾りをめぐらすの意味。首飾りの玉のような実をつける、ゆすらうめの意味を表す。

【桜花】(オウカ) ①ゆすらうめの花。②国 さくらの花。

【桜桃】(オウトウ) ①ゆすらうめ。②美女の赤いくちびる。③国㋐さくらんぼう。また、その木。㋑さくらと、もも。

(10)6 【桧】3417 △ カイ 檜(3708)の俗字。→五八四ぺー。

4116 4930

(10)6 【格】3418 教 5 カク・コウ 漢カク・呉キャク 陌 gé 慣コウ(カウ)

1942 334A

筆順 木 杦 格

字義 ❶いたる(至)。来たる。また、いたす。来たす。❷ただす(正)。改める。❸そむく。食い違う。「扞格(カンカク)」❹たたかう。撃つ。「格闘」❺のぼる(登)。あがる。挙げる。❻あたる(当)。てむかう。敵対する。❼止める。止めおく。さしおく。❽のり。おきて。法則。「格式」❾カク。地位。身分。品等。「資格」❿ようす。おもむき。姿。「風格」⓫こうし(格子)。方形に組み合わせたもの。⓬カク。位。文法上、文中で語句が他の語句に対する関係を示す語。「主格」⓭たな。本だな。国 キャク。平安時代、律令を補い、また、改めるために臨時に発せられた勅令・官符。「格式」

参考 現代表記では［挌］(2643)・［骼］(8906)の書きかえに用いることがある。「挌闘→格闘」「骨骼→骨格」

名乗 きわめ・ただ・ただし・つとむ・のり・まさ

解字 甲骨文 金文 篆文 形声。木＋各㊄。音符の各は、いたる・つきでるの意味。木の枝がいたりつく、つきでるの意味を表す。転じて、ようす・のり(法)などの意味をも表す。

▼価格・規格・厳格・降格・合格・骨格・資格・失格・主格・人格・性格・体格・破格・品格・風格・別格

【格外】(カクガイ) さだめのほか。なみはずれ。特別。

【格言】(カクゲン) 教えやいましめになることば。金言。

【格殺】(カクサツ) 手でうちころす。挌殺(カクサツ)。

【格子】(コウシ) 国①建具の一つ。細い角材を縦横に組んだ戸。しとみ。②細い木を縦横に間をすかして組み、窓や出入口に取りつける建具。れんじ。③格子の目のような縞(しま)模様。④遊女屋。また、遊女の格の一つ。上から二番目。

【格式】(カクシキ) ①のり。おきて。きまり。法式。法則。②国㋐身分・階級を表す儀式。また、身分・階級。㋑(キャクシキ) 古代の律令(リツリョウ)の格(補足・改廃)と式(施行細則)。

【格心】(カクシン) 心を正しくする。また、正しい心。

【格致】(カクチ) ①おもむき。ようす。②格物致知の略。

【格調】(カクチョウ) ①詩歌の体裁と調子。②人がら。人品。人格。

【格闘(鬪)】(カクトウ) 手でうち合って戦う。組み打ち。挌闘(カクトウ)。

【格納】(カクノウ) しまい入れる。一定の物を一定の場所に整理してしまうこと。

【格物致知】(カクブツチチ) 『大学』の八条目の格物と致知。古来、異説が多いが、朱子は格を至ると解し、「万物に宿る理(本性)を一つ一つきわめて、わが本性を明らかにする」と説き、王陽明は格を正すと解し、「日常行う所の万事の善悪を正し、天賦の良知を最高に開発する」と説く。『大学』に「致レ知在レ格レ物(チをいたすはものにいたるにあり)」とあるのに基づく。→致知格物(九〇三ぺー)。

【格令】(カクレイ・キャクリョウ) おきて。規則。格律。

(10)6 【核】3419 常 カク 漢カク 呉ギャク 陌 hé

1943 334B

筆順 木 杙 核 核

字義 ❶さね。たね。果実の肉の中にあって、仁(ジン)(胚(ハイ)、芽となるもの)を含むもの。果実の心(シン)。❷かなめ。すべて、物事の大切なところ。中心。「核心」❸きびしい。❹きわめる(究)。調べる。正す。国 カク。㋐生物学で、細胞の核をいう。㋑物理学で、原子核をいう。

解字 篆文 形声。木＋亥㊄。

▼精核・地核・中核

【核心】(カクシン) ①果物のたね。②物事の中心。最も大切な所。急所。

(10)6 【栝】3420 △ 一テン 琰・銑 tiǎn 二漢カツ(クワツ) 呉カチ(クワチ) 曷 guā

字義 一たきぎ。炊事用のたきぎ。二❶ためぎ。木材や弓などの曲がりを直す具。「檃栝(インカツ)」❷はず。やはず。矢の、弓弦につがえる部分。❸木の名。びゃくしん。

解字 篆文 形声。木＋舌㊄。音符の舌(カツ)は、括に通じ、くくるの意味。たばねたたき木の意味を表す。

(10)6 【栞】3421 人 カン 寒 kān

5957 5B59

筆順 干 干干 栞 栞

字義 ❶しおり(しをり)。山や林の中などで、木の枝を折ったり、幹を削ったりして道しるべとしたもの。❷きる(切)。また、ほる。刊。国 しおり。㋐本の間にはさんで、読みかけた所の目印にするもの。㋑案内。手びき。

名乗 けん

解字 篆文 形声。木＋幵㊄。音符の幵(ケン)は、二干で、干は、けずるの意味。木をけずりけずりして道しるべとした、しおりの意味を表す。

(10)6 【桓】3422 標 漢カン(クワン) 呉ガン(グワン) 寒 huán

2028 343C

字義 ❶漢代、宿場のしるしに立てた木。鳥居に似たもの。❷墓穴にひつぎをおろすため四すみに立てる柱。「桓楹カンエイ」❸たけだけしい。勇ましい。「桓桓」❹めぐる。ぐるぐるめぐる。「盤桓」❺むくろじ。ムクロジ科の落葉高木。

解字 篆文 形声。木＋亘(亘)音。音符の亘カンは、めぐらすの意味。建物の四すみにめぐらして立てた木で、宿場のしるしの木の意味を表す。

【桓温(溫)】カンオン 晋シンの武将。字あざなは元子。帝奕エキを廃して簡文帝を立て、帝位を奪おうとしたが、果たさずに病死した。(三一二—三七三)

【桓桓】カンカン たけだけしいさま。勇武のさま。

【桓公】カンコウ 春秋時代、斉の君主。名は小白。一時、国外に逃げたが、帰国して位を継ぎ、管仲を用いて、覇者(諸侯の旗がしら)となった。五覇の一人。在位四十三年。(?—前六四三)

【桓△魋】カンタイ 春秋時代、宋ソウの大夫。向魋ショウタイの別名。孔子を殺そうとした。〔論語、述而〕

【桓文】カンブン 斉の桓公と、晋シンの文公。ともに春秋時代の五覇(諸侯の旗がしら五人)の一人。

【桓霊(靈)】カンレイ 後漢の桓帝と霊帝。ともに暗愚の君主。

(10)6 【桔】3423 △ 漢ケツ・呉ケチ 慣キツ 屑 jié 2143 354B

字義 ❶桔槔ケッコウ・キッコウは、はねつるべ。柱の上に横木を渡し、その一端に石を、他の端につるべをつけて、井戸水を汲み上げるしかけ。❷桔梗キッキョウ・キキョウは、山野に自生する多年生草。初秋に紫または白色の花をつける。秋の七草の一つ。❸橘キツ(3677)の俗字。

解字 篆文 形声。木＋吉音。

(10)6 【栱】3424 △ 漢キョウ 呉ク 腫 gǒng

字義 ❶くい。大きなくい。❷ますがた。とがた。柱の上の四角な木。

解字 形声。木＋共音。音符の共は、大きいの意味。大きな木のくいの意味を表す。

(10)6 【框】3425 △ 漢キョウ(キャウ) 呉コウ(クヮウ) 陽 kuàng 5958 5B5A

字義 かまち。窓・戸・障子などの周囲のわく。

解字 形声。木＋匡音。

(10)6 【栩】3426 △ ク 麌 xǔ 5959 5B5B

字義 ❶くぬぎ。とち。木の名。❷栩栩・栩栩然は、喜ぶさま。うっとりするさま。

解字 篆文 形声。木＋羽音。

(10)6 【桂】3427 人 ケイ 霽 guì 2343 374B

筆順 木 朾 杜 桂

字義 ❶かつら。㋐肉桂ニッケイなどの香木の称。㋑もくせい(木犀)。モクセイ科の常緑樹。秋、芳香を放つ小花を開く。㋒月に生えているという伝説上の木。月桂。❷広西チワン族自治区の別名。昔の桂林ケイリン郡にあたるのでいう。国かつら。カツラ科の落葉高木。腐りにくく、船や建築などの用材となる。

名乗 かつ・よし

解字 篆文 形声。木＋圭音。

【桂△庵】ケイアン 慶庵・慶安。国①奉公人の世話をする者。口入れ屋。周旋屋。②おせじをいう人。

【桂花】ケイカ 木犀モクセイの花。黄色を金桂、白色を銀桂、赤色を丹桂という。

【桂冠】ケイカン ①かつらのかんむり。②月桂冠。

【桂宮】ケイキュウ ①かつらの木で作った、美しい宮殿。②月の中にあるという宮殿。転じて、月。

【桂月】ケイゲツ ①月の別名。月に桂かつらの木があるとの伝説による。桂魄ケイハク。②陰暦八月の別名。

【桂舟】ケイシュウ かつらの木で作った、美しい舟。

【桂秋】ケイシュウ 秋の別名。桂かつら(木犀モクセイ)の花が秋に開くのでいう。

【△桂△櫂△蘭△槳】かつらのさお(を)ランのかじ(ぢ) 桂で作ったさおと蘭で作ったかい。桂と蘭(あららぎ)は、いずれも香りのよい木。さおとかじとを美しく形容したもの。〔宋、蘇軾、前赤壁賦〕桂櫂兮蘭槳かつらのさお(を)ランのかじ(ぢ)、撃二空明一兮泝二流光一クウメイにうちてリュウコウにさかのぼる。〈美しいさおやかいをあやつって、水に映る月影にさおさして、光り輝く流れをさかのぼる〉

【桂△魄】ケイハク 月の別名。桂月。

【桂林一枝】ケイリンのイッシ ①自分に与えられた官職に満足しないたとえ。少しばかりの出世。桂かつらの林の中の一枝を得たに過ぎない意。晋シンの郤詵ゲキシンが賢良の対策に一番で及第して、雍州ヨウシュウの長官に任ぜられたとき、武帝に「桂林の一枝、崑山コンザンの片玉」と答えた故事。→折二月桂一(五六八ページ)。〔晋書、郤詵伝〕②人品が清く、けだかくて、世俗をぬけでているたとえ。

【桂林荘(莊)】ケイリンソウ 国広瀬淡窓(三七ページ)の開いた塾の名。今の大分県日田市にあった。

【折レ桂】かつらをおる 進士の試験(科挙。高等文官試験)に及第すること。晋シンの郤詵ゲキシンの故事に基づく。→桂林一枝。

(10)6 【枅】3428 △ ケイ 斉 jī [枅] 5939 5B47

[枅]俗字

字義 ますがた(枅形)。ひじき。柱の上の横木。

解字 篆文 形声。木＋开音。

(10)6 【桀】3429 △ 漢ケツ 呉ゲチ 屑 jié [桀] 5960 5B5C

字義 ❶はりつけ。刑罰の一種。❷ねぐら。鶏のとまり木。また、鶏小屋。❸すぐれる。ひいでる。＝傑。❹になう。かつぎあげる。❺あらい。凶暴でわるがしこい。「桀黠ケッカツ」❻夏カ王朝の最後の天子の名。殷インの紂王チュウオウと並んで、暴君の代表とされる。「夏桀殷紂カケツインチュウ」

解字 篆文 会意。舛＋木。舛は、左右両足の象形。木の上に両足をはりつけにしたさまから、はりつけの意味を表す。

【桀△黠】ケッカツ あらあらしくわるがしこい。

【桀△紂】ケッチュウ 夏カの桀王と殷インの紂王。ともに暴君の代表とされる。

【桀△溺】ケツデキ 春秋時代、楚ソ(今の湖北・湖南省一帯の地)の隠者。長沮チョウソと並んで耕していたとき、孔子が子路に渡し場を問わせたところ、孔子の天下周遊は無駄なことだといって相手にしなかった。〔論語、微子〕

(10)6 【桍】3430 △ 漢コ 呉ク 虞 kū 5961 5B5D

字義 ❶木の名。❷むなしい(空)。

解字 形声。木＋夸音。

(10)6 【校】3431 教1 コウ 2527 393B

一 漢コウ(カウ) 呉ギョウ(ゲウ) 効 xiào
二 漢コウ(カウ) 呉キョウ(ケウ) 効 jiào

筆順 木 朩 杧 校

字義 一まなびや。学舎。「学校」二❶くらべる。くらぶ。比較する。「校合」❷かんがえる。かんがふ。はかり考える。「考校」❸

かぞえる。数をしらべる。❹むくいる。しかえしする。❺かせ。罪人の手・足や首にはめて、自由を奪う刑具。❻ませ。獣をさえぎりとどめるために設ける柵(さく)。❼陣営中に設けて、みだりな出入を防ぐ、しきりの柵。やらい。転じて、軍隊を指揮する将。「将校」

名乗 とし・なり 難読 校倉(あぜくら)

解字 文 篆 形声。木＋交㊀。音符の交は、組む・まじわるの意味。木を組むの意味から、かせ・木のかきねの意味を表す。また、較に通じて、くらべるの意味を、学に通じて、まなびやの意味を表す。

▼郷校・計校・検校・研校・考校・将校

【校尉】コウイ 天子の宮城の守備兵の隊長。

【校閲】コウエツ ①しらべみる。検査。②著書や文書などの原稿に目を通して、誤りがあれば正し直すこと。

【校覈】コウカク 考え調べる。

【校勘】コウカン ①くらべ考える。②数種の異本を比べ考えて、その異同を正し定める。

【校合】コウゴウ・キョウゴウ 国くらべあわせる。ひき合わせて異同を調べる。

【校讎・校讐】コウシュウ 書物をくらべ合わせて誤りを正すこと。一人が書物を読み、他の一人がひき合わせるさまが、かたきの向かい合うようであるから、讎・讐(あだ・かたき)という。

【校書】コウショ ①書物をくらべ合わせて、異同や正誤を調べる。②芸妓(ゲイギ)の別称。唐の蜀(ショク)(今の四川省)の芸妓、薛濤(セットウ)に文才があり、元稹(ゲンシン)のため校書の役にたった故事。〔唐詩紀事、元稹〕

【校人】コウジン ①池・沼・沢などを管理する下級の役人。②天子の馬の管理にあたる役人。

【校正】コウセイ 写本や印刷物をもとの本や原稿とひき合わせてその誤りを正すこと。校合。校讎(コウシュウ)。

【校注・校註】コウチュウ 書物の文字や文章などの異同・正誤を調べ定めて、注釈をつけること。

【校訂】コウテイ 書物の文字や文章の誤りを調べ正す。訂は、正。校正。校定。

【校本】コウホン ①校合して誤りを正した本。校定本。②校合にあたり比較に用いた本。

(10)6 【桁】3432 標 ㊀㊇コウ(カウ) 呉ギョウ(ギャウ) 庚 héng ㊁㊇コウ(カウ) 呉ゴウ(ガウ) 陽 háng ㊂㊇コウ(カウ) 呉ゴウ(ガウ) 漾 hàng 2369 3765

字義 ㊀けた。㋐柱の上にかけ渡した横木。㋑かけ渡した横木。㊁❶舟をならべて作った橋。浮き橋。❷かせ。足かせ。罪人の足にはめて自由を奪う刑具。㊂着物かけ。「衣桁」

国けた。㋐そろばんの玉を貫く縦の棒。㋑数の位。位どり。

解字 形声。木＋行㊀。

(10)6 【栲】3433 △ コウ(カウ) 晧 kǎo [栲] 5962 5B5E

【栲】俗字

字義 ❶ぬるで。樗(ちょ)に似た落葉小高木。❷栲栳(コウロウ)は、竹や柳の枝を折り曲げて編んだ入れもの。国たえ(たへ)。たく。梶(かじ)の木の皮の繊維で織った白色の布。「白栲(しろたえ)」「和栲(にぎたえ)」

参考 国訓の「たえ」の意味では、俗字の栲を用いることが多い。

解字 形声。木＋考㊀。

(10)6 【根】3434 教3 コン ね コン 元 gēn 2612 3A2C

筆順 木 村 根 根

字義 ❶ね。㋐植物の地中で養分を吸収する部分。㋑物の下部。つけね。㋒もと。みなもと。はじめ。おこり。「根源」㋓よりどころ。「根拠」❷ねざす。㋐ねがつく。植物が根を生じる。㋑もとづく。よりどころとして起こる。❸ねこそぎにする。ねだやしにする。「根絶」❹仏㋐本来の性。たち。「性根」「鈍根」「利根」㋑物事を認識するはたらき。目・耳・鼻・舌・心・意の六根。国コン。㋐物事にたえる気力。「根気」㋑数学で、方程式を満足させる未知数の価。㋒数学で、ある数を何乗かして得た数に対して、そのもとの数。㋓化学で、イオン化することのできない部分。

難読 根雨(ねう)・根室(ねむろ)・根占(ねじめ)・根知(ねち)・根府川(ねぶかわ)・根木(ねき)・根来(ねごろ)

解字 文 篆 形声。木＋艮(㫐)㊀。音符の㫐(コン)は、とどまるの意味。植物を地中で固定する部分、「ね」の意味を表す。

▼雲根・禍根・気根・菜根・罪根・宿根・精根・舌根・善根・同根・鈍根・盤根・病根・無根

【根幹】コンカン ①根と幹。②物事の主要な部分。根本。

【根拠(據)】コンキョ ①よる。よりどころとする。たてこもる。②よりどころ。③ねじろ。本陣。

【根原・根源】コンゲン ねもと。みなもと。おこり。はじめ。

【根治】コンジ・コンチ ①根本まで研究して、もとからなおし治める。②病気などを根本からなおす。

【根性】コンジョウ ①生来の気質。心だて。しょうね。②困難に屈しない気質。

【根絶】コンゼツ ねこそぎ取り去る。ねだやしにする。

【根蔕】コンタイ・コンテイ ①根もとと、へた。②物事のよりどころ。根拠。基礎。土台。

【根底・根柢】コンテイ ①草木のね。ねもと。②物事のもと。土台。基礎。③基づく。

(10)6 【栽】3435 常 サイ ㊀サイ 灰 zāi ㊁㊇サイ・呉ザイ 隊 zài 2647 3A4F

筆順 土 耒 栽 栽

字義 ㊀❶うえる。苗木を植える。「栽培」❷うえき。苗木。若木。❸わかめ。ひこばえ。❹うえこみ。にわ。「前栽(センザイ)」㊁ついじいた。土塀(ドヘイ)を築くのに用いる長い板。

名乗 たね

解字 文 篆 形声。木＋𢦏㊀。音符の𢦏(サイ)は、また、戈＋才㊀。戈は、ほこの象形。才は、川のはんらんをせきとめるために建てた良材の象形。草木をたてたり、切ったりする、うえるの意味を表す。

▼前栽

【栽植】サイショク 草木を植える。

【栽培】サイバイ ①草木を植えて育てる。②人材を養成する。

(10)6 【柴】3436 標 ㊇サイ 呉ジャ 佳 chái 2838 3C46

字義 ❶しば。山野に自生する小さな雑木(ゾウキ)。刈り取ってたきぎなどにする。また、そのたきぎ。❷まがき。かきね。❸祭りの名。しばをたいて天をまつる祭り。＝祡(サイ)。❹ふさぐ。ふさぎ守る。また、積み重ねる。

解字 文 篆 形声。木＋此㊀。音符の此(シ)は、疵(シ)に通じ、きずの意味から、細いの意味を表す。細い枝、しばの意味を表す。

【柴扃】サイケイ ＝柴戸。扃は、とぼそ。

【柴荊】サイケイ ①しばや、いばら。②貧しい住まい。粗末な住居。

【柴戸】サイコ ①しばで作った戸。②あばらや。貧しい住まい。

【柴車】サイシャ ①かざりのない、そまつな車。②国しばぐるま ㋐しばを積んだ車。㋑束ねて山からころがし落とすこと。

【柴薪】サイシン たきぎ。薪柴。

【柴扉】サイヒ ＝柴戸。扉は、とびら。〔広瀬淡窓、桂林荘雑詠示二諸生一詩〕⇩君汲二川流一我拾レ薪(きみはセンリュウをくめわれはたきぎをひろわん)(二九三ジ一)。

【柴望】サイボウ ①しばをたいて天を祭り、山川を望んでその神を祭ること。

【柴門】サイモン ①しばで作った門。転じて、むさくるしい家。隠者の

住まいなどにいう。柴戸。〔唐、杜甫、羌村詩〕柴門鳥雀噪(サイモンチョウジャクかまびすし)。②門をとじる。外と交通しないこと。杜門(トモン)。

【柴野(しばの)△栗山(リツザン)】国江戸後期の儒学者。高松(香川県内)の人。名は邦彦(くにひこ)、栗山は号。寛政三博士の一人。昌平黌(ショウヘイコウ)の儒官となり、異学の禁(朱子学以外の学問を禁止する)を建議した。著書『栗山文集』。(一七三六―一八〇七)

(10)6 【桟】3437 常 サン 桟敷(さじき)　2723 3B37

(12)8 〔棧〕3438 漢サン 呉ゼン 清諫 zhàn　6002 5C22

筆順 木 杧 桟 桟

字義 ❶かけはし。けわしい所に木をかけ渡した橋。「桟道」❷たな。物を載せるために板を渡したもの。❸ねだ。ゆか板をはるために下にしき渡した横木。❹やらい。木を組んで柵(サク)を作り、牛馬などを飼う所。❺ひつぎぐるま。霊柩車(レイキュウシャ)。また、きじのままでかざりのない車。国サン。㋐板のそりを防ぐためにつけた細い木。㋑戸や障子のほね。 難読 桟留(さんとめ)

解字 文 篆 形声。木＋戔(戔)音。音符の戔(サン)は、薄く平らにけずるの意味。木をたいらに並べたかけはしの意味を表す。

▼雲桟・飛桟

【桟雲(サンウン)】山中のかけ橋のあたりにかかっている雲。

【桟閣(サンカク)】＝桟道。→次項。

【桟道(サンドウ)】けわしいがけなどに、たなのように木をかけ渡して作った道。かけはし。桟閣。桟径。

〔桟道〕

(10)6 【桎】3439 △ 漢シツ 呉シチ 質 zhì　5963 5B5F

字義 ❶あしかせ。罪人の足にはめて自由を奪う刑具。「桎梏(シッコク)」❷しばる。とらえる。自由を奪う。また、ふさぐ。ふさがる。自由がきかない。

解字 文 篆 形声。木＋至音。音符の至は、窒に通じ、ふさぐの意味。足をふさぎしめる、あしかせの意味を表す。

【桎△梏(シッコク)】①足かせと手かせ。刑具。②転じて、自由を束縛する。「束縛桎梏」

(10)6 【株】3440 教6 かぶ ㊀シュ 虞 zhū ㊁漢チュウ(チウ)・呉チュ 虞　1984 3374

筆順 木 杧 栏 株

字義 ㊀㊁かぶ。㋐草・木の幹の、地上での最下部で、根と接する部分。㋑くいぜ(くひぜ)。切りかぶ。木を切りたおした残りの部分。「守株」㋒草木の数をかぞえる語。国かぶ。㋐江戸時代にあった家格。また、名跡。「御家人株(ゴケニンかぶ)」㋑官許、またはその家に伝わっている営業権。㋒株式会社の出資者がその会社に対して所有する権利。「株券」㋓言語・動作などで、その人独特のくせとなっているもの。「お株を奪う」

解字 文 篆 形声。木＋朱音。音符の朱は、木の切り口が、あかいの意味。木の切りかぶの意味を表す。

▼守株

【株連△蔓引(シュレンマンイン)】かぶを連ね、つるをひっぱるように、それからそれへとたぐって、関係者を残らず罰すること。株蔓。一説に、株は誅(チュウ)で、処刑すること。

【守レ株(くいぜ(くひぜ)をまもる)】いつまでも旧習を守って時勢の変化に応じることをしないたとえ。昔、一農夫が、うさぎが木の切り株にぶつかって死んだのを見て、もう一度うさぎを得ようと、耕作をやめて、いつまでも切り株を見守り、世のもの笑いとなった故事。守株(シュシュ)。〔韓非子、五蠹〕

(10)6 【栖】3441 標 セイ 棲(3518)と同字。→五六七ページ。　3220 4034

参考 現代表記では[生](4787)に書きかえることがある。「栖息→生息」

(10)6 【栬】3442 △ セイ 霽 zuì

字義 小さな杙(くい)。国もみじ(もみぢ)。紅葉。

解字 形声。木＋色音。

(10)6 【栴】3443 △ セン 先 zhān　3283 4073

字義 栴檀(センダン)は、香木の名。インド・インドネシアなどに産する常緑高木。赤色のものを赤栴檀、または牛頭栴檀、黒紫色のものを紫檀、白色のものを白檀(ビャクダン)という。国栴檀(センダン)は、木の名。センダン科の落葉高木。古名、おうち。→楝(レン)(3588)。

解字 形声。木＋旃省音。

【栴△檀従(従)ニ双(雙)葉一香(センダンはふたばよりかんばし)】せんだんの木は、芽ばえのときから香気がある。偉大な人物は幼少のころから並はずれてすぐれていることのたとえ。

(10)6 【栓】3444 常 セン　3282 4072

(10)6 〔栓〕3445 セン 先 shuān

筆順 木 朴 栓 栓

字義 セン。穴にさしこんで物が動かぬようにする木のくぎ。また、たる・びんなどの口にさしこんで中の物の出ないようにするもの。国セン。せんのき。北海道に産する高木。

解字 形声。木＋全(仝)音。音符の全は、たもつの意味。物が動かぬようにたもつ木のくぎの意味を表す。

(10)6 【栫】3446 △ 漢セン 呉ゼン 霰 jiàn　5965 5B61

字義 ❶ふさぐ。柴木(しば)を立ててふさぐ。❷かこむ(囲)。❸まがき。垣根。

解字 文 篆 形声。木＋存音。

(10)6 【桑】3447 常 ソウ くわ ソウ(サウ) 陽 sāng　2312 372C

筆順 ヌ 叒 桒 桑

字義 ❶くわ(くは)。クワ科の落葉高木。葉は蚕の飼料、樹皮の繊維は製紙の原料、材は家具の良材。実は食用となる。❷くわをつむ。桑の葉をつみ取る。❸くわの木を植えて蚕を飼う。養蚕。「農桑」

【桒】俗字

難読 桑港(サンフランシスコ)・桑折(こおり)

解字 甲骨文 篆 文 象形。甲骨文は、枝葉のしなやかな「くわ」の木の象形で、くわの意味を表す。篆文は、叒＋木の会意。

▼空桑・蚕桑・農桑・扶桑

【桑乾(ソウカン)】山西省北部に源を発し、河北省西部を流れて官庁水庫(ダム)に入る川の名。下流は永定河。

【桑間△濮上△之音(ソウカンボクジョウのオン)】みだらな音楽。亡国の音楽。

殷の紂王の作らせたみだらな音楽。殷の滅亡後、濮水(今の河南省内)のほとりの桑間(地名)で取材したという。〔礼記、楽記〕

【桑戸】ソウコ ①くわの木で作った戸。貧しい家をいう。②昔の隠者、子桑戸の名。

【桑弧△蓬矢】ソウコホウシ くわの木の弓と、よもぎ(やなぎよもぎ)の矢。昔、男の子の生まれたとき、これで天地四方を射て、将来四方に雄飛することを祈った。転じて、男子が志を立てること。〔礼記、内則〕

【桑△梓】ソウシ ①くわと、あずさ。昔、住居の周囲に植えて子孫に残し、くらしの助けとした。②転じて、敬老。後漢以後、故郷・郷里の意。〔詩経、小雅、小弁〕

【桑田】ソウデン くわばたけ。桑園。桑疇。

【桑田変(變)成レ海】ソウデンへんじてうみとなる くわばたけが、いつしか変わって青海となる。世の中の移り変わりのはげしいたとえ。〔唐、劉廷芝、代下悲二白頭一翁上詩〕已見松柏摧為レ薪、更聞桑田変成レ海〈すでに松やこのてがしわでさえ、くだかれて薪となってしまうのを見たし、また、桑畑でさえ海に変わってしまったことを耳にした〉

【桑土△綢△繆】ソウドチュウビュウ 風雨の来る前に、鳥が桑の根を取って巣の穴をふさいで風雨を防ぐこと。災難を未然に防ぐ準備をするたとえ。桑土は、桑の根。綢繆は、まといからむ。〔詩経、豳風、鴟鴞〕

【桑年】ソウネン 四十八歳の称。桑の別体字が桒であり、十が四つ、八が一つで、四十八になるからいう。

【桑△蓬△之志】ソウホウのこころざし 男子が四方に雄々しく活躍しようとする志。→桑弧蓬矢。

【桑麻】ソウマ ①くわと、あさ。養蚕と機織りに用いるもの。②田園。桑麻を植える所の意。

【桑麻交】ソウマのまじわ(は)り 田園に生活する人の気楽な交わり。〔唐、杜甫、寄二薛郎中璩一詩〕蕩蕩桑麻交、公侯為二等倫一。

【桑門】ソウモン 仏出家。僧。仏徒。沙門。

【桑野】ソウヤ ①くわを植えた野原。②東方の果ての地。八紘大地の八方の隅の一つ。

【桑△楡】ソウユ ①くわと、にれ。②西方の日の入る所。③日のくれがた。夕ぐれ。④晩年。老年。

【桑林】ソウリン ①殷の湯王が日照りに雨請いをした地。②殷の湯王の舞楽の名。

(10)6
【桃】3448 常 トウ もも
漢トウ(タウ) 呉ドウ(ダウ) 豪 táo
3777 456D

筆順 木 朾 杉 桃 桃

字義 もも。果樹の名。バラ科の落葉小高木。

難読 桃花(つき)・桃花鳥(とき)・桃生(ものう)

解字 篆文 形声。木＋兆音。音符の兆は、割れるの意味。二つにきれいに割れる木の実、ももの意味を表す。

▼桜桃・仙桃

【桃花源】トウカゲン ＝桃源。「源の①」。

【桃花源記】トウカゲンのキ 作品の名。東晋の陶潜の作。→桃源。

【桃花水】トウカスイ ももの花の咲くころ、雪どけや春雨でみちあふれて流れる川の水。

【桃花扇】トウカセン 戯曲の名。清の孔尚仁の作。名士侯朝宗と名妓李香君との恋愛を軸にして、明朝の衰亡を描く悲劇。清朝第一の傑作とされる。

【桃花△潭】トウカタン 安徽省涇県の西南にある、ふちの名。〔唐、李白、贈二汪倫一詩〕桃花潭水深千尺。

【桃源】トウゲン ①東晋の陶潜の「桃花源記」に描かれた仙境。晋のとき、武陵の一漁夫が、桃林中の流れをさかのぼって、ほら穴に入り、ついに秦の遺民の住む別世界に遊んだという。今、湖南省洞庭湖の西に桃源県があり、その西南の桃源山にある桃源洞は、陶潜が遊んだ所と伝える。②転じて、俗世間をはなれた別天地。理想郷。ユートピア。桃源郷。桃源境。

【桃弧】トウコ ももの木で作った弓。桃は仙木で、災いを払うという。〔左伝、昭公四〕

【桃△夭】トウヨウ 『詩経』周南の詩編の名。婚期が来た女性の若々しい美しさを、桃の葉や花などにたとえて歌ったもの。

【桃△之△夭△夭、△灼△灼△其華】もものヨウヨウたる、シャクシャクたりそのはな 若々しい桃の木に、明るく美しく咲いている花。〔詩経、周南、桃夭〕

【桃△李】トウリ ①ももと、すもも。〔唐、劉廷芝、代下悲二白頭一翁上詩〕→洛陽の①(六三五ページ)。②試験で採用された門下生。また、自分が推薦した賢士。転じて、門人。弟子。③兄弟のたとえ。④美しい顔色のたとえ。

【桃△李不レ言下自成レ△蹊】トウリものいわ(は)ざれどもしたおのず(づ)からケイをなす ももやすももは口をきいて人を招くことはしないが、よい花や実があるから、人が争って来て、その下に自然に小道ができる。徳のある人には自然に人が心服するたとえ。〔史記、李将軍伝賛〕

【桃△茢】トウレツ ももの木と、あしの穂。ともに不吉を払うのに用いる。

(10)6
【桐】3449 人 漢トウ 呉ドウ 東 tóng
2245 364D

筆順 木 村 桐 桐

字義 ❶きり。ゴマノハグサ科の落葉高木。薄紫の筒形五弁花を開く。材はやわらかで軽くて吸湿性が少なく、琴・たんす・箱類などの用材となる。❷あおぎり。アオギリ科の落葉高木。樹皮は緑色。「梧桐」❸こと(琴)。琴は桐で作るからいう。❹とおる(通)。とおす。

名乗 きり・ひさ　難読 桐原(とげ)・桐生(きりゅう)

解字 金文 篆文 形声。木＋同音。音符の同は、筒に通じ、つつの意味。花は筒状で、幹の中心が筒のように中空になりやすい、きりの意味を表す。

【桐城】トウジョウ 安徽省の県名。清の乾隆のころ、多くの古文作家を出し、その一派を桐城派という。

(10)6
【档】3450 △ トウ
5967 5B63

檔(3720)の俗字。→五八四ページ。

難読 档ケ山(まてがやま)

(10)6
【梅】3451 教 4 バイ うめ
(11)7
〔梅〕3452 人 許 漢バイ 呉マイ 灰 méi
3963 475F

難読 梅雨(つゆ)

筆順 木 村 梅 梅

字義 ❶うめ。果樹の名。バラ科の落葉高木。早春に葉に先だって花を開き、つゆのころ、実が熟する。❷すっぱい味。酸味。❸つゆ。うめの実が熟し、雨の多い時節。「梅雨」「入梅」

【楳】同字 3964 4760

難読 梅花(華)皮(かいらぎ)・梅桃(ゆすらうめ)・梅迫(うめざこ)

解字 篆文 別体 形声。木＋毎(每)音。

▼塩梅・寒梅・探梅・入梅

【梅雨】バイウ・つゆ ①うめの実が熟するころに降るながあめ。さみだれ。一説に、衣服などに黴が生じるから黴雨といい、黴・梅が同音で梅雨となったともいう。梅子雨。②六月十日ごろから七月なかばごろまでの時候。

【梅信】バイシン うめの花が咲いたことを知らせる便り。

【梅△尭(堯)臣】バイギョウシン 北宋の詩人。字は聖兪、号は宛陵先生。西崑体の華美な詩風に反対し、閑遠清淡な詩を作った。著に『宛陵集』がある。(一〇〇二―一〇六〇)

【梅里先生】バイリセンセイ 国徳川光圀の自称。梅里は、光圀の号。西山荘(水戸市の北東、今の常陸太田市)に生前、墓碑をたて、「梅里先生の碑」と称し、みずから碑文を作った。

(10)6
【栢】3453 △ ハク
1992 337C

柏(3398)の俗字。→五五五ページ。
国かや(榧)。

(10)6【栗】3454 人 漢リツ 呉リチ 簡 lì　2310 372A

難読 栢山（かやま）

筆順 一 冖 覀 栗

【㮚】本字

字義 ❶くり。ブナ科の落葉高木。実は食用となり、材は強く、家屋の土台、鉄道のまくら木などに用いられる。❷みのる。よく実る。❸きびしい。いかめしい。「厳栗」❹さむい。「栗烈」❺ふるえる。おののく。恐れる。「戦栗」❻つつしむ。おそれつつしむ。＝慄（リツ）。「栗栗」

難読 栗花落（つゆり）・栗毬（いが）・栗刺（いが）・栗栖（くるす）・栗田（くんだ）

解字 甲骨文  篆文  象形。甲骨文は、くりのいがのついている木の象形で、くりの意味を表す。篆文は、鹵＋木の会意。

【栗鼠】（リツソ・リスリ）小獣の名。きねずみ。リスは唐音。

【栗烈・栗冽】（リツレツ）寒さのきびしいさま。

(10)6【栫】3455 国字 △

字義 かせ。㋐錘（つむ）でつむいだ糸を掛けて巻く器具。㋑「かせいと」の略。栫から外した糸。＝綛（かせ）。

解字 会意。木＋上＋下。軸となる木の上下にわくとなる木を組みたてて、糸を掛けて巻く器具の意味を表す。

(10)6【桝】3456 国字 簡 ます　4381 4B71

枡（3358）の簡易慣用字体。→五一六ページ。［桝］

(11)7【械】3457 教4 カイ 漢カイ 呉ガイ 卦 xiè　1903 3323

筆順 木 杧 栟 械 械

字義 ❶かせ。手かせ。足かせ。罪人の手・足にはめて自由を奪う刑具。❷しかけ。からくり。「機械」❸うつわ。道具。器具の総称。「器械」

解字 篆文  形声。木＋戒音。音符の戒は、いましめるの意味。いましめのために作られた木製の手足のかせの意味を表す。

▼器械・機械

【械繫】（カイケイ）かせをはめて、ろうやに入れる。かせをはめ、しばる。

(11)7【桷】3458 △ カク 覚 jué　5968 5B64

字義 ❶たるき。屋根やひさしをささえる長い角材。丸いものを椽（テン）という。❷えだ。平らにのびた枝。国ずみ。ひめかいどう。こりんご。バラ科の落葉小高木。

解字 篆文  形声。木＋角音。音符の角は、かどばるの意味。角材のたるきの意味を表す。

(11)7【梡】3459 △ 漢カン（クワン） 呉ガン（グワン） 旱 kuǎn

字義 ❶まないた。舜帝（シュンテイ）時代の、四足のあるもの。❷たきぎ。また、たきぎのたば。

解字 篆文  形声。木＋完音。

(11)7【桿】3460 △ カン　5969 5B65

杆（3303）の俗字。→五四三ページ。

(11)7【梟】3461 △ キョウ（ケウ） 蕭 xiāo　5970 5B66

字義 ❶ふくろう。ふくろう。＝鴞（キョウ）。みみずくに似た鳥。性質があらく、昼はかくれ、夜出て小鳥などを捕食し、長じてその親鳥をも食うといい、悪鳥・不孝の鳥として憎まれる。❷たけだけしい。荒く強い。「梟雄」❸すぐれたもの。まさったもの。❹さらす。さらし首にする。罪人の首を切って獄門にかける。「梟首」

解字 篆文  会意。鳥省＋木。鳥を木の上につきさしたさまで、ふくろう・さらすの意味を表す。ふくろうは不孝の鳥なので、これをさらし首にし、五月五日にそのスープを作り、みせしめに役人に飲ませたと言われる。

【梟獍】（キョウキョウ）梟鏡。①親不孝の人。梟は母を食う鳥、獍は父を食う獣。②転じて、凶悪忘恩の人。

【梟鴟】（キョウシ）①ふくろう。悪鳥。②転じて、悪人。

【梟首】（キョウシュ）罪人を殺して首をさらす。さらし首。

【梟臣】（キョウシン）勢力のある悪臣。

【梟帥】（キョウスイ）①勇猛な大将。梟将。②賊軍の大将。③国たける。昔、勇猛な未開民族の酋長（シュウチョウ）をいう。「熊襲梟帥（くまそたける）」

【梟名】（キョウメイ）非常に強いという名声。武勇のほまれ。

【梟雄】（キョウユウ）①あらく強い。悪事にたけている。②勇猛な英雄。

(11)7【桾】3462 △ クン 文 jūn　5985 5B75

字義 桾櫏（クンセン）は、果樹の名。さるがき。君遷。

難読 桾原（くぬがはら・くぬぎはら）

解字 形声。木＋君音。

(11)7【梧】3463 人 ゴ 虞 wú　2472 3868

筆順 木 杠 桮 梧

字義 ❶あおぎり（あおぎり）。アオギリ科の落葉高木。樹皮は緑色。葉は広く大きくて、長い柄がある。夏、黄白色の五弁の小花をつけ、豆に似た実を結ぶ。材は琴や建具などに用い、街路樹にも植える。「梧桐（ゴドウ）」❷こと（琴）。琴は梧で作るからいう。❸ささえる。支持する。「枝梧」❹はしら。ささえ柱。❺さからう（牾ゴ）。

難読 梧桐（あおぎり）

解字 篆文  形声。木＋吾音。音符の吾ゴは、五に通じ、いつつの意味。五弁の小花のあおぎりの意味を表す。

【梧下】（ゴカ）①あおぎりの木のした。②あおぎり製の机の下の意。手紙のあて名のわきにそえて敬意を表す語。梧右。

【梧檟】（ゴカ）①あおぎりと、ひさぎ。ともに良材。②転じて、すぐれた人物。

【梧桐】（ゴドウ）あおぎり。→字義の①。

【梧桐一葉】（ゴドウイチヨウ）あおぎりの葉が一枚落ちて、秋になったことを知ること。転じて、物のおとろえるきざし。〔群芳譜〕梧桐一葉落（ゴドウイチヨウおちて）、天下尽知レ秋（テンカことごとくあきをしる）。

【梧右】（ゴユウ）あおぎり製の机のわきの意。＝梧下の②。

【梧葉】（ゴヨウ）あおぎりの葉。〔宋、朱熹、偶成詩〕階前梧葉已秋声（カイゼンのゴヨウすでにシュウセイ）。訳文⇩池塘春草夢（チトウシュンソウのゆめ）（六一八ページ）。

(11)7【梗】3464 標 漢コウ（カウ） 呉キョウ（キャウ） 梗 gěng　2528 393C

字義 ❶やまにれ。山野に自生するニレ科の落葉高木。刺（とげ）がある。❷つよい。たけだけしい。❸まっすぐ。ただしい。正直。❹ふさぐ。ふさがる。つかえる。❺でく。人形。❻あらまし。おおよそ。大略。「梗概」❼桔梗（キッコウ・キキョウ）は、秋草の一種。

解字 篆文  形声。木＋更（㪅）音。音符の㪅コウは、かたいの意味。固いとげのある、やまにれの意味を表す。

【梗概（槩）・梗槩】（コウガイ）あらまし。おおよそ。あらすじ。大略。

【梗塞】（コウソク）ふさがって通じない。

(11)7【梏】3465 △ コク 沃 gù　5971 5B67

字義 ❶てかせ。罪人の手にはめて自由を奪う刑具。「桎梏（シッコク）」❷しばる。つなぐ。捕らえる。また、手かせをする。❸みだす（乱）。

解字 篆文  形声。木＋告音。音符の告は、牛をとらえて神にささげつけるの意味。罪人をとらえておくための刑具、てかせの意味を表す。

【梏桎】（コクシツ）手かせと足かせ。刑具。転じて、自由を束縛すること。桎梏（シッコク）。

【梏亡】（コクボウ）乱し滅ぼす。本心を乱して失わせる。

(11)7【梱】3466 △ 一コン 阮 kǔn 二コン 願　2613 3A2D

字義 一❶しきみ（閫コン）。とじきみ。門の中央に立てるくい。門の内外のしきり。❷たたく。二そろえる。たばねる。国こり。

こうり。㋐竹や柳で編んだかご。㋑包装した荷物。また、それを数える語。

解字 篆文 形声。木＋困音。音符の困は、とじこめるの意味。出入り口にしきりをして内部にとじこめる木、しきみの意味を表す。

【梱外之任】コンガイのニン 将軍の職務。軍隊を率いて、しきみの外（国外）に出征する任務の意。

【梱包】コンポウ 国荷造りする。また、荷造りしたもの。

(11)7 【梭】3467 △ サ 歌 suō 5972 5B68

字義 ひ。はたおりの道具。横糸を通す管のついているもの。＝杼チョ。 難読 梭魚かます・梭魚子いかなご・すかま・梭子魚かます

〔梭〕

解字 篆文 形声。木＋夋音。

【梭杼】サチョ はたのひ。機杼。

【梭投】サトウ はたのひを通わす。時間の速く過ぎさることのたとえ。また、物事のすみやかなたとえ。

(11)7 【梓】3468 囚 シ 紙 zǐ 1620 3034

筆順 木 杧 梓 梓

字義 ❶あずさ。楸シュウ・ひさぎの一種。きささげとも、あかめがしわともいい、定説はない。落葉高木で、中国では最もすぐれた良材として、各家庭に植えられ、棺・版木などに用いられる。❷はんぎ。また、文書を版木に彫って印刷すること。「上梓」❸木材で各種の器具を作る職人。建具師。指し物師。大工ダイク。

解字 篆文 形声。木＋宰省音。

【梓宮】シキュウ ①天子のひつぎ。あずさの木で作るからいう。②転じて、天子の墓。陵。

【梓匠】シショウ 建具師と大工。木工。

【梓人】シジン 大工の親方。また、建具師。指し物工。

【梓里】シリ ふるさと。故郷。父母があずさの木を植えて子孫に残した地の意。→桑梓（五六一ページ）。

【上梓】ジョウシ（のぼす） 文書を版木に彫りつける。転じて、書物を出版する。

(11)7 【梔】3469 △ シ 支 zhī 5973 5B69

【巵】同字

字義 くちなし。アカネ科の常緑低木。夏、白色の六弁花を開き、赤黄色の実を結ぶ。果実は、染料に用い、薬用となる。梔子シ。

解字 篆文 形声。木＋巵音。 難読 梔子くちなし

(11)7 【梢】3470 囚 ［梢］(11)7 3471 漢ソウ（サウ） 呉ショウ（セウ） 肴 shāo 3031 3E3F

筆順 木 杉 梢 梢

字義 ❶こずえ。木のさき。幹の先端。❷すえ。はし。物の末端。また、お（尾）。「末梢」❸旗あし。❹かじ（舵）。船のかじ。❺さお。楽人が手に持って拍子をとる棒。 名乗 すえ・たか

解字 篆文 形声。木＋肖音。音符の肖は、小に通じ、ちいさいの意味。木の小さくなっていくところ、こずえの意味を表す。

【梢梢】ショウショウ ①風に吹かれて鳴る木の音。②小さい。わずか。③尾の垂れさがっているさま。④枝がなく高く伸びている木の形容。⑤木々のこずえ。

(11)7 【條】(3313) ジョウ 条（3312）の旧字体。→五四三ページ。

(11)7 【桵】3472 △ 漢ズイ 呉ヌイ 支 ruí 5974 5B6A

字義 たら。たらの木。白桜。→楤（3568）。

解字 篆文 形声。木＋妥音。

(11)7 【梲】3473 △ ㊀漢セツ・呉セチ 屑 zhuō ㊁漢タツ・呉タチ 曷 tuō

字義 ㊀うだち。うだつ。つか。梁はりの上に立てて棟木むなぎをささえる短い柱。㊁つえ（杖）。大きな杖。

解字 篆文 形声。木＋兌音。音符の兌タイ＝セツは、ぬけ出るの意味。梁はりの上にぬけ出ている支柱、うだちの意味を表す。

(11)7 【梳】3474 △ 漢ソ 呉ショ 魚 shū 5964 5B60

字義 ❶くし。歯のあらい櫛くし。❷くしけずる。とかす。髪をすく。

解字 篆文 形声。木＋疏省音。音符の疏ソは、わけてとおすの意味。髪をすく「くし」の意味を表す。

〔梳①（馬王堆漢墓）〕

【梳盥】ソカン 髪をくしけずり、手を洗う。

【梳洗】ソセン 髪をくしけずり、顔を洗う。化粧する。

【梳沐】ソモク 髪をすき洗うこと。

(11)7 【梍】3475 △ ソウ 皁（4957）の俗字。→七五四ページ 5984 5B74

難読 梍橋さいかいばし

(11)7 【梯】3476 標 漢テイ 呉タイ 斉 tī 3684 4474

字義 ❶はしご。きざはし。かけはし。「雲梯」❷てびき。上の段階に進み、また、ある結果をみちびく手びきとなるもの。「階梯」❸よる。もたれる。 難読 梯子はしご

解字 篆文 形声。木＋弟音。音符の弟は、順序の意味。順序をふんでのぼりおりする、はしごの意味を表す。

【梯航】テイコウ ①はしごをかけて山に登り、船に乗って海を渡る。海山を越えて遠方に行くこと。②てびき。案内。

【梯索】テイサク なわばしご。

(11)7 【梃】3477 △ 漢テイ 呉ジョウ（ヂャウ） 迥 tǐng 5976 5B6C

字義 ❶まっすぐで丸い棒。また、つえ（杖）。❷大きい枝。また、幹。国てこ。

解字 篆文 形声。木＋廷音。音符の廷は、まっすぐ突き出るの意味。突き出た木のえだ・つえの意味を表す。

(11)7 【梼】3478 △ トウ 檮（3725）の俗字。→五八五ページ。 3778 456E

難読 梼原ゆすはら

(11)7 【桶】3479 標 漢トウ 呉ツウ 董 tǒng 1819 3233

字義 おけを。水を入れる木製のおけ。 難読 桶狭間おけはざま

解字 篆文 形声。木＋甬音。音符の甬トウは、中が空洞になっている鐘の柄の象形。中が空洞の木器、おけの意味を表す。

11(7) 【梛】3480 △ 漢ダ 呉ナ 歌 nuó ［梛］ 5975 5B6B

字義 木の名。国なぎ。竹柏チクハク。暖地に自生する、マキ科の常緑高木。葉は竹に似て、厚い縦の線がある。材はきめが細かく、床柱や家具などに用いられる。

解字 形声。木＋那音。

(11)7 【桮】3481 △ ハイ 杯（3348）の本字。→五五〇ページ。

(11)7 【梅】(3452) バイ 梅（3451）の旧字体。→五六一ページ。

(11)7 【梖】3482 △ ハイ 慣バイ 泰 bèi

字義 **ばいたら**。インドに産する常緑高木。葉は経文を書写するのに用いられる。根多羅・貝多羅。
解字 形声。木＋貝㊀。梵語 pattra（葉の意）の音訳字。

(11)7
【梶】3483　標　漢ビ　呉ミ　尾 wěi　1965 3361
字義 こずえ。国 **かじ**。❶かじのき。クワ科の落葉高木。楮の一種。若枝の皮は日本紙製造の原料。❷船尾にあって船の方向を定める器具。舵。❸船を漕ぎ進める具。楫。❹車のかじ棒。
解字 形声。木＋尾㊀。音符の尾は、しっぽの意味。木のしっぽの方、こずえの意味を表す。日本ではこれを船尾にとりつけて船の方向を定める、かじの意味に用いる。
難読 梶取

(11)7
【梹】3484　△ヒン　檳（3728）の俗字。→五八五ページ。　5978 5B6E
難読 梹榔

(11)7
【桴】3485　△ 一漢フ・呉ブ 虞 fú　二フ 尤　5979 5B6F
字義 一 ❶むね。むなぎ。❷**ばち**。太鼓を打つ棒。
二 **いかだ**。小さないかだ。（大きいものを筏という）
解字 金文　篆文　形声。木＋孚㊀。音符の孚は、浮に通じ、うくの意味。家屋の中のうきあがった部分、むねの意味を表す。また、水上にうきあがるために組まれた木、いかだの意味を表す。

(11)7
【梆】3486　△ホウ（ハウ）江 bāng
字義 ❶昔、役所で呼び出しの合図に打った、穴をあけた木、または竹の筒。❷梆子は、中国の芝居で用いる拍子木。
解字 形声。木＋邦㊀。音符の邦は、パーンという音を表す擬声語。木製の打楽器の意味を表す。

〔梆①〕

(11)7
【梵】3487　標　漢ハン　呉ボン　陷 fàn　5980 5B70
字義 仏 ❶梵語ブラフマン brahman の音訳字。㋐インドの婆羅門教で、宇宙の最高原理。また、創造原理。㋑梵天王。宇宙創造の主。❷梵語。サンスクリット。❸インドの貴族で、婆羅門教の司祭者。❹仏教に関する物事に冠することば。
難読 梵論
解字 篆文　形声。林＋凡㊀。音符の凡は、かぜの意味。林の上を吹く風の音の意味を表したが、梵語brahman の音訳字として用いる。

【梵宇】てら。仏寺。寺院。梵宮。梵刹。

【梵夾】仏教の経文。お経。梵経。

【梵行】仏 ①清らかでけがれのない行い。②仏法の修行。

【梵磬】仏寺で用いる、への字形の石の楽器。多く案内を請うとき打ち鳴らす。

【梵語】インドの古代語。聖なる言語の意。サンスクリット。

【梵妻】僧の妻。だいこく。

【梵刹】＝梵宇。

【梵字】仏 古代インドの文字。梵語（サンスクリット）を記載するのに用いる文字。

【梵鐘】寺のつりがね。寺鐘。

【梵天】①仏 梵天王の略。婆羅門教で祭る宇宙創造の主。仏法の守護神として、帝釈天とともに仏像の左右に侍する。②色界の第一天界（欲界を離れた天上界）。③インド。④国 ㋐修験道で、祈禱に用いる幣束（御幣）。㋑昔、劇場で矢倉の左右に立てた招き。㋒延縄漁業で、延縄につけためじるし。

【梵唄】仏教の経文を節をつけて読むこと。

(11)7
【梨】3488　人 リ 支 lí　4592 4D7C
筆順 禾 利 梨 梨
【棃】本字
字義 **なし**。果樹の名。バラ科の落葉高木。四月ごろ、白い花を開く。
難読 梨郷
解字 篆文　形声。木＋利（㓟）㊀。

【梨雲】なしの花の多く咲くさまを白雲にたとえていう。
【梨園】①なしの木を植えた庭園。②芝居。演劇。また、役者の仲間。俳優の世界。演劇界。唐の玄宗が、長安の宮中の梨の園に青年や宮女を集めて、戯曲・音楽を学ばせた故事。「梨園の弟子」〔唐書、礼楽志十二〕
【梨花一枝春帯（帶）レ雨】なしの花の白く咲いた小枝が、春の日に雨に打たれている。美人が涙にくれているさまの形容。〔唐、白居易、長恨歌〕玉容寂寞涙闌干、—。〈美しい顔だちもさびしそうで涙をはらはらとこぼし、まるでなしの花の一枝が春の雨にぬれているようである〉
【梨雪】なしの花の白さを雪にたとえていう。

(11)7
【梩】3489　△リ 支 lí
字義 ❶すき。くわ。農具の名。❷**もっこ**。土をいれて運ぶ道具。
解字 形声。木＋里㊀。

(11)7
【梻】3490　△リュウ　柳（3405）の本字。→五五六ページ。

(11)7
【梠】3491　△ 漢リョ　呉ロ　語 lǚ　5981 5B71
字義 **のき**。ひさしのはしの横木。たるきをそろえる木。
解字 金文　篆文　形声。木＋呂㊀。音符の呂は、つらねるの意味。

(11)7
【梁】3492　標　リョウ（リヤウ）陽 liáng　4634 4E42
字義 ❶**はり**。**うつばり**。柱の上に横たえ、屋根をささえる大きな木材。❷橋。また、橋をかける。「橋梁」❸とびいし。水中に少しずつ離して、渡れるように置いた石。❹**やな**。水流をせきとめて、一箇所だけ流れるようにして魚を捕らえるしかけ。❺つよい。❻国名。戦国時代、魏の別名。恵王が前三六一年に都を大梁（今の河南省開封市）に移してからの称。❼王朝の名。㋐南北朝時代、南朝の一つ。蕭衍が南斉を奪って建てた国。四代五十六年（五〇二—五五七）で、陳に滅ぼされた。㋑五代の国の一つ。朱全忠が唐を滅ぼして建てた国。二代十七年（九〇七—九二三）で、後唐に滅ぼされた。後梁ともいう。

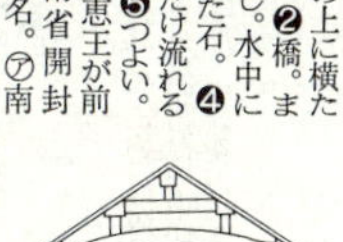
〔梁①〕

難読 梁瀬
解字 金文　篆文　会意。氵（水）＋刅＋木。刅は、やなの象形。金文には水の流れを石でせきとめた形が見える。川の両岸をおさえてせきとめた「やな」の意味を表す。

【梁園・梁苑】漢代、梁の孝王（文帝の次男）が今の河南省開封市付近に造営した庭園。多くの賓客を集めて遊んだ。兎園。
【梁啓超】清末、民国初期の思想家・政治家。康有為の門人。政界に活躍し、晩年は著述に専念した。著には『清代学術概論』『飲冰室文集』などがある。（一八七三—一九二九）
【梁材】①はりになるような、大きな材木。②転じて、すぐれた人材。
【梁山伯】①蝶の一種。黄色い蝶。②晋の人。山伯が病死した後、以前、山伯から求婚されて結婚できなかった男装の美人祝英台が、その墓前で泣き悲しんだところ、地が裂けて、英台も共に葬られたという。後に二人の魂が蝶に化したともいう。（黒色の蝶を、祝英台という）〔宣室志〕
【梁山泊】沢の名。山東省寿張県の東南、梁山のふ

もとにあり、古来、天険の要地として知られた。北宋の宣和年間に大盗賊の宋江らが立てこもり、『水滸伝』で、宋江ら百八人の豪傑の活躍が書かれてから、転じて広く、豪傑を気どる者の集まりの意に用いる。〔水滸伝、十二〕

【梁上君子】リョウジョウのクンシ　ぬすびとの別名。後漢の陳寔が、梁の上に盗賊のひそんでいるのを知って、子弟を呼んで、「人の本性は善であるが、習慣によっては悪人ともなる。梁の上の君子はそれだ」といましめたところ、盗賊も感じさとって、罪を謝した故事。〔後漢書、陳寔伝〕

【梁△塵】リョウジン　はりの上のちり。昔、魯の名音楽家虞公が歌うと、はりの上のちりまで動いたという故事から、巧妙な音楽を形容して、「動二梁塵一」、「梁塵飛」などという。〔劉向別録〕

【梁川星△巌（巖）】やながわ（は）セイガン　国江戸末期の儒学者・漢詩人。美濃（今の岐阜県）の人。名は孟緯、星巌は号。山本北山・古賀精里に学び、江戸神田お玉が池に玉池吟社を開いて詩作した。後、京都に移り、尊皇攘夷を唱えた。安政の大獄で病死。その妻、紅蘭も詩人。（一七八九—一八五八）

【梁棟】リョウトウ　うつばりと、むなぎ。転じて、重任を負う人。重要な人物。

【梁父・梁△甫】リョウホ　山東省泰安市の南にある、泰山の分かれの丘。昔、天子は泰山で天帝を祭り、梁父で地神を祭った。

【梁△甫吟・梁父吟】リョウホギン　人が死んで梁甫の山に葬られるのを歌った古歌。諸葛亮はこれを好んで歌い、また自分でも歌詞を作った。

【梁木壊（壞）】リョウボクやぶる　はりの木が折れくだける。転じて、偉大な人物の死をいう。梁木顚（リョウボクたお（ふ）る）。〔礼記、檀弓上〕

(11)7
【梻】3493　国字　△　5982?

字義　しきみ。山野に自生する常緑小高木。かおりがあり、その枝・葉を仏前に供える。＝樒。

解字　会意。木＋佛。仏前に供える、しきみの意味を表す。

(11)7
【梺】3494　国字　△　5982 5B72

字義　ふもと（麓）。山のすそ。

解字　会意。林＋下。はやしのある山の下、ふもとの意味を表す。

(12)8
【椏】3495　△ア　麻 yā　5983 5B73

字義　また。木のまた。国三椏は、ジンチョウゲ科の落葉低木。内皮は製紙の原料となる。

解字　形声。木＋亞㊥。

(12)8
【椅】3496　標　㊀イ　支 yī　㊁イ　紙 yǐ　1656 3058

字義　㊀いいぎり。梓の一種で、桐に似た木。琵琶などの楽器や器物を作るに用いる。「椅桐」　㊁いす。腰かけ。

解字　篆文　形声。木＋奇㊥。音符の奇は、寄に通じ、よるの意味。よりかかることのできる「いす」の意味を表す。また、木の名。

【椅△几】キイ　きょうそく。おしまずき。ひじかけ。

【椅子】イス　腰掛け。よりかかりのある腰掛け。

(12)8
【椢】3497　△　カイ　欘（3645）の俗字。→五七八ジ。　5990 5B7A

(12)8
【椁】3498　△　カク　槨（3646）と同字。→五七八ジ。　5986 5B76

(12)8
【棺】3499　常　カン　㊀カン（クワン）寒 ㊁カン（クワン）翰 諫 guān　2029 343D

筆順

字義　㊀ひつぎ。かんおけ。うちかん。死体をじかにおさめる箱。↕槨（そとかん）。「棺槨」　㊁死体をひつぎにおさめる。

解字　篆文　形声。木＋官㊥。音符の官は、かこうの意味。死体をつつみかこう、ひつぎの意味を表す。

▼納棺

【棺△槨】カンカク　ひつぎ。死体を納める箱。棺は、うちかん。槨は、そとかん。

【△蓋レ棺事定】カンをおお（ほ）い（ひ）てことさだまる　死体を棺に納め、ふたをした後に初めて、その人の真の価値がきまる。生前のほまれやそしりは、あてにならない意。〔晋書、劉毅伝〕

(12)8
【棋】3500　常　キ　㊥キ　㊤ゴ・ギ　支 qí　2093 347D

筆順

［棊］正字 5987 5B77　［碁］同字 2475 386B

字義　❶囲碁・将棋・すごろくの類。こまを使って競う遊戯。❷こま。碁石。「棋子」❸碁を打つ。また将棋をさす。

解字　篆文　形声。木＋其㊥。音符の其は、ととのっているの意味。整然と線の引かれた囲碁・将棋などの盤の意味を表す。

▼琴棋・象棋

【棋客】キカク　囲碁・将棋をよくする人。

【棋局】キキョク　①囲碁・将棋の盤。②盤上の居面・形勢。

【棋子】キシ　碁石。また、将棋などのこま。

【棋△峙・棋△跱】キジ　碁石のように並び立つ。英雄・豪傑が所所に割拠すること。

【棋布】キフ　碁石を並べたように散らばること。

【棋譜】キフ　囲碁・将棋の手順の記録。

(12)8
【棊】3501　△　キ　棋（3500）の正字。→前項。　5987 5B77

(12)8
【椈】3502　△　キク　屋 jú　5988 5B78

字義　木の名。ひのきの類。国ぶな。ブナ科の落葉高木。＝橅。

解字　形声。木＋匊㊥。音符の匊は、菊の花のような形のものの意味。菊の花のような形の実がなる、ひのき類の意味を表す。

(12)8
【極】3503　教 4　キョク・ゴク　きわめる・きわまる・きわみ　㊥キョク・㊤ゴク　職 jí　2243 364B

筆順

字義　❶きわまる。㋐つきる（尽）。おわる。やむ。㋑つまる。なすすべが無くなる。❷きわめる。㋐つくす。㋑最後まで至る。❸きわみ。かぎり。果て。おわり。物事の最高・最上・最終。「極限」❹きわめて。この上なく。はなはだ。❺最高の位。天子の位。「登極」❻根本。天地宇宙の根本。本体。「太極」❼北極星。❽地軸の両端。また、磁石の両端。「北極」「磁極」❾陰陽両電気の出入りする所。「電極」❿むね。棟木。国❶きわめ。書画・刀剣・道具類などの目きき。鑑定。❷きめる。とり定める。❸きめ。きまり。決定。約束。「月極」

名乗　なか　難読　極月晦

使いわけ　きわめる〔究・窮・極〕⇩究（5392）。

解字　篆文　形声。木＋亟㊥。音符の亟は、問いつめるの意味。木を付して、家屋の最高のところにある、「むね」の意味を表す。きわみ・きわめるの意味を表す。

▼究極・窮極・至極・終極・消極・積極・太極・無極

【極悪（惡）】ゴクアク・キョクアク　この上なく悪い。最悪。

【極意】キョクイ　①思う存分に行う。満足するまで行う。②国ゴクイ　㋐奥の手。奥義。㋑至極。

【極▵諫】キョッ・カン　ゴッ　はげしく（きびしく）諫いさめる。
【極刑】キョッケイ　きわめて重い刑罰。死刑のこと。
【極月】ゴクゲツ・ゴクづき　国十二月の別名。しわす（師走）。
【極言】キョクゲン　①ことばをつくしていう。思う存分にいう。②極端にいう。極端ないい方。
【極限】キョクゲン　かぎり。果て。ぎりぎりの限度。
【極光】キョッコウ・キョクコウ　地球の南・北両極に近い、高緯度の地方で、光線が空中に美しく現れる現象。オーロラ。
【極星】キョクセイ　極に最も近い恒星。極を指示するのに用いる星。北極では、小熊座こぐまの首星。北極星。
【極端】キョクタン　①一番のはし。②はなはだしく一方にかたよること。
【極致】キョクチ　この上もないおもむき。最上のところ。
【極天】キョクテン　①天のきわみ。大空の果て。②天空の続くかぎり。永久に。
【極度】キョクド　①どんづまり。果て。②この上ない程度。最高度。
【極東】キョクトウ　①東の果て。②国日本とアジア大陸の東南地域を欧米で呼ぶ称。中国では遠東という。
【極熱地獄】ゴクネツジゴク　仏八大地獄の七番目にあたり、最も暑い地獄。無間地獄ムゲンジゴク。
【極浦】キョクホ　はるかに続くうら。
【極妙】キョクミョウ・ゴクミョウ　この上なくすぐれていること。
【極目】キョクモク　目のとどくかぎり。見渡すかぎり。
【極楽（樂）】キョクラク　①楽しみを十分につくす。また、この上ない楽しみ。②仏ゴクラク　阿弥陀如来アミダニョライのいる所で、すべての苦しみのない、この上なく安楽な世界。極楽世界。極楽浄土。浄土。〔阿弥陀経〕③国＝①。
【極力】キョクリョク　力のかぎり。できるかぎり。
【極論】キョクロン　①ぎりぎりまで論じる。また、極力、論じる。②極端な議論。
【建レ極】キョクをたつ　中正の道をたてる。道徳の大本をたてる。

(12)8【棘】3504　標　漢キョク　呉コク　職 jí　5989 5B79

字義　❶いばら。なつめの一種。棗なつめに似た、落葉小低木。たけ低く群生して、とげが多く、生けがきに植える。❷とげ。はり。また、とがる。❸ほこ。武器の一種。❹すみやか。せまる。また、あわてる。❺ろうや。牢獄ロウゴク。❻公卿コウケイの地位。昔、外朝（君主が政治を執る所）の左・右にそれぞれ九株ずつの棗なつめを植えて九卿の位置を示したことに基づく。

解字　文　篆　会意。朿＋朿。朿は、とげのある木の象形。からたちなど、とげのある木、いばらの意味を表す。

【棘囲（圍）】キョクイ　官吏登用試験の試験場。唐代に、不正防止のために、いばらで囲んだことからいう。棘院。
【棘矢】キョクシ　いばらの木で作った矢。桃の弓と共に、魔よけにする。
【棘心】キョクシン　①いばらの木の心シ。②いばらの伸びにくいところから、子供の心がいつまでも幼稚で、父母が苦労することをいう。〔詩経、邶風、凱風〕棘心夭夭ヨウヨウたり。
【棘人】キョクジン　父母の喪に服している人の自称のことば。非常な悲しみにあわてている人の意。
【棘門】キョクモン　ほこや、やりなどを立て並べた門。軍門。

(12)8【棨】3505　△　ケイ　薺 qǐ

字義　❶かざりぼこ。王公以下の護衛兵の前駆の者が持ったほこ。❷わりふ。てがた。

解字　文　篆　形声。木＋啓省音。

(12)8【棬】3506　△　一ケン　先 quān　二漢ケン・呉カン（クヮン）　元 juàn

字義　一❶まげもの。木をまげて作った容器。❷力を用いるさま。「棬棬」　二牛のはなわ。

解字　形声。木＋巻音。音符の巻は、まくの意味。木をまいて造った容器の意味を表す。

(12)8【検】3507　教5　ケン　2401 3821
(17)13【檢】3508　人許　ケン　琰 jiǎn　6093 5C7D

筆順　木　朩　椧　検

字義　❶しらべる。とり調べる。「検査」❷ふう。封印。書状を封じて印をおす。❸とりしまる。しめくくる。また、しまり。しめくくり。「検束」❹かんがえる。はかる。❺のり（典）。てほん。方式。法度。❻ためぎ。木の曲がりをため直す器具。❼手かせ。手の自由を奪う刑具。

難読　検見川けみがわ

解字　文　篆　形声。木＋僉（僉）音。音符の僉センは、多くの人が口をそろえて言うの意味。証言が相互につじつまがあうまでとり調べるため用いられた手かせの意を表す。しらべる・しらべてから署名するの意味を表す。

▼考検・参検・実検・巡検・探検・点検・臨検

【検▵按・検案】ケンアン　調べただす。調査。
【検疫】ケンエキ　伝染病のあるなしを調べること。
【検閲】ケンエツ　①調べる。そのまま認めていいかどうか調べる。②新聞雑誌・出版物・映画などの、害があると認めたものの発売などを禁ずるため、強制的に調べること。
【検▵覈】ケンカク　＝検校の①。覈は、調べ明らかにする。
【検挙（擧）】ケンキョ　犯罪者、またはその疑いのある者を官署につれて行くこと。あげる。
【検校】ケンコウ　①調べ考える。取り調べる。検考。検覈ケンカク。②調べただす。検討。③国ケンギョウ　㋐寺社の事務や僧尼を監督する職。㋑昔、盲人の最上級の官名。㋒平安時代、荘園におかれた事務職員。
【検察】ケンサツ　①取り調べる。取り調べて事情を明らかにする。吟味ギンミ。②犯罪を調査し、証拠を集めること。「検察官」
【検死】ケンシ　検屍ケンシ。変死者の死因を取り調べる。
【検視】ケンシ　①実際に見て検査する。②＝検死。
【検字】ケンジ　漢字字典の索引の一種。漢字を総画数の順に並べ、その文字の所在を示すもの。
【検事】ケンジ　①事件を取り調べる。②国犯罪の捜査・公訴の提起・公判手続の遂行など、検察権を行う行政官。検察官。
【検証（證）】ケンショウ　①検査し、証明すること。②国裁判官が証拠資料を得るため、直接に現場を調査すること。
【検束】ケンソク　①心をひきしめ、行いをつつしんで自分自身を取りしまる。②国㋐人を取りしまって自由にさせないこと。㋑もと、警察官が職権で一時、個人の身体の自由を束縛し、警察署に連れて来て、とめ置いたこと。
【検討】ケントウ　①調べて、適不適を判断する。②宋ソウ・明ミン代に置かれた官名。歴史の編集をつかさどった。
【検非違使】ケビイシ　国平安時代、京都で、不法行為を取りしまり、罪人の逮捕・断罪などをつかさどった官職。今の警察官と裁判官とを兼ねたもの。
【検分】ケンブン　国立ち会って検査する。取り調べ見とどける。

(12)8【椌】3509　△　コウ（カウ）　江 qiāng　5993 5B7D

字義　打楽器の名。

難読　椌木通ごうらきとおり

解字　文　篆　形声。木＋空音。音符の空は、からの意味。箱やおけのように中がからになっていて、中に仕掛けた槌ちつが左右に振れ内側面を打つ素朴な楽器の意味を表す。

(12)8【棡】3510　△　コウ（カウ）　陽 gāng　5992 5B7C

字義　土塀ドベイの横木。国つつじ。

難読　棡原ゆずりはら

解字　形声。木＋岡音。

(12)8【棍】3511　△　コン　願 gùn　5994 5B7E

字義　❶ぼう（棒）。つえ。「棍棒」❷わるもの。ならずもの。無頼

の徒。❸たば。たばねる。
解字 形声。木＋昆音。音符の昆は、足の多いこん虫の象形。多くの木をたばねるの意味を表す。

(12)8【椙】3512　コン 冗 hūn　6001 5C21
字義 合椙は、ねむのき。合歓木。
解字 形声。木＋昏音。

(12)8【棧】(3438)　サン　桟(3437)の旧字体。→五六〇ページ。　6002 5C22

(12)8【椒】3513　標　ショウ（セウ）蕭 jiāo　6005 5C25
字義 ❶さんしょう（山椒）。はじかみ。ミカン科の落葉低木。春、黄色の小花をつけ、秋、実を結び、熟すと、裂けて黒い種子を散らす。葉と実には香気と辛味がある。❷かぐわしい。においがよい。❸みね（峰）。いただき。
解字 形声。木＋叔音。
【椒房】ショウボウ 皇后の御殿。昔、山椒サンショウは、暖気を与え、悪気を払うものとし、また、その実の多いのを子孫の多いのに比して、壁にぬりこめたからいう。椒殿。椒屋。
【椒△蘭】ショウラン さんしょうと、らん。香りのよいたきもの。

(12)8【植】3514　教3　ショク　うえる・うわる　3102 3F22
□一漢ショク・呉ジキ 職 zhí
□二漢チ・呉ジ（ヂ）寘
筆順 木 朾 植 植
字義 □一□二❶うえる。草木をうえつける。また、うわる。❷たてる。まっすぐに立てる。❸草木の総称。「動植物」❹そだつ。ふえる（殖ショク）。❺よる。たよる。すがる。❻はしら（柱）。
名乗 たね・なお
解字 篆文 形声。木＋直音。音符の直は、まっすぐであるの意味。まっすぐ立つ木、植物の意味や、はしらの意味を表す。また、まっすぐに立てる、木をうえるの意味を表す。
▼誤植・培植・扶植
【植字】ショクジ 活版印刷で原稿通りに活字を組み並べること。組版。「ちょくじ」とも言う。
【植民】ショクミン 本国以外のまだ開けない土地に国民を移住、定着させて、その開拓に従事させること。また、その移住民。殖民。
【植林】ショクリン 苗木をうえつけて山林を育てる。

(12)8【森】3515　教1　シン　もり　3125 3F39
シン 侵 sēn
筆順 十 木 森 森
字義 ❶樹木のしげるさま。樹木の多いさま。「森森」❷ものの多いさま。また、さかんなさま。❸おごそかなさま。また、奥深いさま。「森厳」❹ならぶ。つらなりならぶ。❺そばだつ。そびえたつ。
国 もり。樹木が群がりはえているところ。
名乗 しげる
解字 甲骨文 篆文 会意。三つの木で、木の多いさまを表す。
▼厳森
【森閑】シンカン もの音一つせず、ひっそりとしたさま。
【森厳（嚴）】シンゲン おごそかなさま。おもおもしいさま。きわめていかめしいさま。
【森森】シンシン ①樹木が高くそびえるさま。②樹木がさかんにしげるさま。〔唐、杜甫、蜀相詩〕丞相祠堂何処尋ジョウショウのシドウいずれのところにかたずねん、錦官城外柏森森キンカンジョウガイハクシンシン〈孔明の廟ビョウはどこにたずねたらよいだろうか、それは成都の郊外、柏の木のこんもりと茂っているあたりである〉
【森△邃】シンスイ ほの暗く奥深い。
【森然】シンゼン ①樹木がこんもりと茂り立つさま。②転じて、並び立つさま。③おごそかなさま。④するどいさま。
【森羅殿】シンラデン 仏地獄界で、亡者モウジャの生前の罪悪を取り調べるという法廷。閻魔庁エンマチョウ。
【森羅万（萬）象】シンラバンショウ 天地間に存在する万物や、あらゆる現象。宇宙間のありとあらゆる事物。万物。森羅は、樹木が限りなく茂り並ぶこと。象は、有形のものの意。

(12)8【棯】3516　漢ジン　呉ニン　寝 rěn　6012 5C2C
字義 果樹の名。なつめの一種。国 うつぎ。姓氏・地名に用いる。
解字 形声。木＋念音。

(12)8【棰】3517　△　スイ 紙 chuí
字義 つえ。杖で打つ。また、むちで打つ。国 たるき。屋根の棟むねから軒にわたす木材。
解字 形声。木＋垂音。捶の別体。
【棰△楚】スイソ ①罪人を打つむち。②むちうつ。

(12)8【棲】3518　標　3219 4033
□一漢セイ・呉サイ 斉 qī, ②xī
□二漢セイ・呉サイ 霽
【栖】標準 3220 4034
字義 □一❶すむ。＝栖セイ。㋐鳥が巣にやどりすむ。㋑その場所にとどまる。とまる。いこう。❷いそがしいさま。「棲棲」
□二す（巣）。＝栖。❶鳥の巣。ねぐら。❷すみか。宿。
参考 ①現代表記では〔生〕(4787)に書きかえることがある。「棲息→生息」②⇩住（183）の参考。③〔栖〕は同字で、〔棲〕と共に印刷標準字体。
解字 形声。木＋妻音。音符の妻は、私に通じ、ひっそりするの意味。鳥が木にひっそりとしている、すむの意味を表す。
【棲△鴉】セイア ねぐらのからす。ねぐらに帰るからす。棲烏セイウ。
【棲隠（隱）】セイイン かくれて住む。世をのがれて住む。
【棲△禽】セイキン 木にすんでいる鳥。
【棲△遑】セイコウ ①おちつかないさま。＝棲棲の②。②めぐりさまよう。
【棲宿】セイシュク ①とまる。やどる。②ねぐら。すみか。
【棲棲】セイセイ ①車馬を調べるさま。②おちつかないさま。
【棲息】セイソク ①とどまりいこう。やどる。住む。栖憩。②国（動物が）生活・繁殖すること。生息。
【棲遅（遲）】セイチ いこう。のんびりくらす。人目につかぬ所で静かにくらす。また、隠退する。

(12)8【椄】3519　△　6006 5C26
□一ショウ（セフ）葉 jiē
□二漢ショウ（セフ）・呉ジョウ（ゼフ）葉 jiē
慣セツ
字義 □一つぐ。つぎき。木をつぎ合わせる。＝接。□二椄槢セッシュウは、昔の刑具の名。かせ。くさび。
解字 篆文 形声。木＋妾音。音符の妾ショウは、ちかづけるの意味。木に木をつぎ合わせるの意味を表す。

(12)8【棈】3520　△　セン 霰 qiàn
字義 木の名。国 ❶あべまき。ブナ科の落葉高木。❷棈木あべき・棈松あべまつは、姓氏。
解字 会意。木＋靑。

(12)8【棗】3521　△　ソウ（サウ）晧 zǎo　6007 5C27
字義 なつめ。クロウメモドキ科の落葉小高木。夏、黄白色の花をつけ、花後、長楕円チョウダエン形の実を結ぶ。実は食用・薬用となる。国 なつめ。抹茶マッチャの茶入れ。形がなつめの実に似ている。
解字 篆文 会意。朿＋朿。朿は、とげの意味。とげの多いなつめの木の意味を表す。
【棗本】ソウホン なつめの木を版木として作った書物。転じて、書物。
【棗△栗】ソウリツ なつめと、くり。昔、婦人が人を訪問するときの手みやげ（贄にえ）にした。結婚にも用いる。

(12)8【棕】3522　△　ソウ 東 zōng　慣シュ　6003 5C23

【椶】正字 6004 5C24

字義 棕櫚は、暖地に産するヤシ科の常緑高木。円柱状の幹が直立して枝がなく、いただきに扇状の葉を群生する。難読 棕櫚

解字 篆文 形声。木＋宗音。篆文は、木＋㚇音。

(12)8 【椓】3523 △ タク 覚 zhuó

字義 ❶うつ。たたく。❷陰部を切りとる刑罰。宮刑。❸宦官。宮刑に処せられて、奥御殿に奉仕する者。

解字 篆文 形声。木＋豖音。音符の豖は、木づちで打つときの音を表す擬声語。たたく・うつの意味を表す。

(12)8 【椎】3524 3639 4447

囚 一 漢ツイ 呉ズイ(ヅイ) 支 chuí, ④zhuī 二 スイ 支 zhuī

筆順

字義 一❶つち(槌・鎚)。物を打ちたたく道具。「鉄椎」❷うつ。たたく。つちで打ちたたく。❸もとどり。❹せぼね。「脊椎」❺にぶい。口が重い。「椎魯」 二しい。ブナ科の常緑高木。葉はかしに似、秋、円錐状の実をつける。

解字 篆文 形声。木＋隹音。音符の隹は、堆に通じ、うずたかいの意味。厚みのある木づちの意味を表す。

【椎撃(擊)】打ちたたく。椎打。

【椎殺】打ち殺す。

【椎埋】人を打ち殺してうずめる。

【椎輪】①竹や木で作った、かざりのない車。②転じて、素朴でかざりけのないもの・不完全なもののたとえ。

【椎△魯】おろかで融通のきかないこと。

(12)8 【棣】3525 △ 漢テイ 呉ダイ 霽 dì 6008 5C28

字義 にわざくら。にわうめの一種。白色または淡紅色の重弁花を開き、ゆすらうめに似た実を結ぶ。

難読 棣棠・にわうめ

解字 篆文 形声。木＋隶音。

【棣△鄂・棣△蕚】①にわうめの花。②転じて、兄弟。にわうめは、蕚が集まって美しい花をつけるからいう。

【棣△鄂△之情】兄弟の美しい愛情をいう。〔詩経、小雅、常棣〕

【棣棣】威儀の整っているさま。挙動のゆったりしたさま。

【棣△棠】木の名。やまぶき。

(12)8 【棹】3526 標 漢トウ(タウ) 呉ジョウ(デウ) 効 zhào 6010 5C2A

【櫂】準 標 6105 5D25

字義 ❶さお。かい。船を進める道具。❷さおさす。かいで船を進める。国さお。㋐竹ざお。㋑はかりざお。㋒三味線の柄。㋓簞笥や、長持ちなどをかつぐ棒。また、簞笥などを数える語。

参考〔櫂〕は同字で、〔棹〕と共に印刷標準字体。

解字 形声。木＋卓音。音符の卓は、高くおどりあがるの意味。船を進めるために高くあげては押す、さおの意味を表す。

【棹歌】船頭が船をこぎながらうたう歌。ふなうた。棹唱。

【棹郎】船頭。

(12)8 【棖】3527 △ 漢トウ(タウ) 呉ジョウ(ヂャウ) 庚 chéng

字義 ❶はしら。また、つえ(杖)。❷ふれる(触)。さわる。「棖触」

解字 篆文 形声。木＋長音。

(12)8 【棟】3528 常 トウ むね・むな トウ 送 dòng 3779 456F

筆順

字義 ❶むね。家屋の最も高い所。両面の屋根と屋根とがあう最上部。❷むなぎ。むねに渡す材木。家屋の構造上、主要なもの。❸かしら。おさ。首領。主要な人物。「棟梁」❹星の名。北斗星の南にあたる。大角。アークツルス。国むね。家屋を数える語。

名乗 たかし　難読 棟居

解字 篆文 形声。木＋東音。音符の東は、重に通じ、おもいの意味。家屋の中で最も重要な部分、むねの意味を表す。

▼充棟・上棟・飛棟

【棟宇】①家のむなぎと、のき。②家屋。

【棟幹】①むなぎの用材。②転じて、すぐれた才能。

【棟△梁】①家のむなぎと、はり。ともに家屋上、重要なもの。②一国または一家の重任にあたる人。③国㋐大工のかしら。㋑大工。

(12)8 【棠】3529 標 漢トウ(タウ) 呉ドウ(ダウ) 陽 táng 6011 5C2B

字義 ❶からなし。やまなし。こりんご。ずみ。バラ科の落葉小高木。春の末、白色で赤いぼかしのある花を開き、黄や紅色の実をつける。❷かいどう(海棠)。バラ科の落葉低木。春、薄紅色の五弁花をふさ状につけ、黄赤色の小果を結ぶ。❸棠棣は、にわうめ。こうめ。いくり。バラ科の落葉低木。春、淡紅色(白色)の五弁花を開き、球形の実を結ぶ。

難読 棠棣

解字 篆文 形声。木＋尚音。

(12)8 【棐】3530 △ ヒ 尾 fěi

字義 ❶ゆだめ。弓のゆがみを直す道具。❷たすける(輔)。❸竹製の箱。＝篚。

解字 篆文 形声。木＋非音。音符の非は、左右に開くの意味。左右両側からあてる、あて木の意味を表し、転じて、たすけるの意味を表す。

(12)8 【棼】3531 △ 漢フン 呉ブン 文 fēn

字義 ❶むなぎ(棟木)。二重屋根のある家屋の棟木。❷みだす。みだれる。＝紊。❸乱れるさま。木が入り乱れるさま。

解字 篆文 形声。林＋分音。

(12)8 【棚】3532 常 たな 3510 432A

(12)8 〖棚〗3533 漢ホウ(ハウ) 呉ビョウ(ビャウ) 庚 péng

筆順

字義 ❶たな。㋐物をのせるために板を渡したもの。㋑上に木や竹などをかけ渡して下をおおうもの。❷かけはし(桟)。長い木をかけ渡したはし。

解字 篆文 形声。木＋朋(朋)音。音符の朋は、凡に通じ、ひろげるの意味。木を組んで広がりを造った、たな・ひさし・かけはしの意味を表す。

難読 棚機

(12)8 【棒】3534 教6 ボウ 漢ホウ(ハウ) 呉ボウ(バウ) 講 漾 bàng 4332 4B40

筆順

字義 ❶ボウ。また、つえ。❷うつ。たたく。

解字 形声。木＋奉音。音符の奉は、ささげ持つの意味。ささげ持つ木、ぼうの意味を表す。

▼痛棒

【棒喝(喝)】仏禅家の問答で、さとりを開かない者をしかって棒で打つ修行。

(12)8【椪】3535 △ ポン pèng 6014 5C2E

字義 椪柑ポンカンは、みかんの一種。実はやや大型で、甘く香気が高い。中国南部に多く産する。難読 椪田はいだ・はえだ

解字 形声。木＋並㊊。音符の並ポは、インド西部の地名poona の音訳。ポーナ原産のみかんの意味を表す。

(12)8【棉】3536 △ 漢ベン 呉メン 先 mián 4441 4C49

字義 わた。わたの木。きわた。アオイ科の一年草。インド・エジプトなどの原産。その実を包む白色の毛状繊維から綿を作る。

参考 現代表記では［綿］(5829) に書きかえることがある。「棉花→綿花」

解字 会意。木＋帛。帛は、しろぎぬの意味。しろぎぬを作る「わた」の木の意味を表す。

(12)8【椋】3537 囚 リョウ（リャウ） 陽 liáng 4426 4C3A

筆順 木 杧 栫 椋

字義 むくのき。ニレ科の落葉高木。けやきに似る。葉の面があらくて物をみがくに用いられ、紫黒色の小さな実を結ぶ。

名乗 くら 難読 椋野むくの

解字 篆文 形声。木＋京㊊。

(12)8【棱】3538 △ ロウ 蒸 léng 慣リョウ 6018 5C32

［楞］同字 6033 5C41

字義 ㊀㊁❶四角な材木。❷かど。すみ。❸かどだつ。きびしい。「剛棱」

解字 篆文 形声。木＋夌㊊。音符の夌リョウは、おかのようにかどだつの意味。かどだつ材木・かどの意味を表す。

(12)8【棆】3539 △ リン 真 lún 6018 5C32

字義 木の名。くすのきの類。難読 棆町くぬぎまち

解字 形声。木＋侖㊊。

(12)8【棙】3540 △ 漢レイ 呉ライ 霽 lì

字義 ❶ばち。琵琶ビワをひくばち。❷ねじる。ねぢる。また、ねじ。

解字 形声。木＋戾㊊。

(12)8【椀】3541 標 ワン 旱 wǎn 4748 4F50

字義 ワン。こばち。食物を盛る小さなはち。盌(4998)と同字。

国 ワン。㋐漆ぬりの木製の食器。㋑わんに盛った料理。わんもり。

難読 椀飯おうばん

解字 形声。木＋宛㊊。音符の宛エンは、しなやかに曲がるの意味。しなやかな曲線を持つ、木製の小さなはちの意味を表す。

(12)8【椚】3542 国字 △ 6015 5C2F

字義 くぬぎ（櫟レキ）。くのぎ。

解字 会意。木＋門。

(12)8【椡】3543 国字 △ 6017 5C31

字義 くぬぎ。三ツ椡みつくぬぎは、新潟県北蒲原かんばら郡の地名。

解字 会意。木＋到。

(12)8【椣】3544 国字 △ 6016 5C30

字義 しで。椣原しではらは、奈良県生駒いこま市の地名。

解字 会意。木＋典。典は、礼式の意味。礼式のときに神前に供える「しで」に似た花穂の垂れる木、しでのきの意味を表す。

(12)8【椙】3545 国字 △ 3190 3F7A

字義 すぎ（杉サン）。杉の木。難読 椙谷すいだに・椙杜すぎもり

解字 形声。もとの字は榅ヲで、木＋𥁕㊊。すぎの意味を表す。のち、日本で字形が変形して、木＋昌となる。

(12)8【椨】3546 国字 △ 6013 5C2D

字義 たぶ。たぶのき。クスノキ科の常緑高木。暖地に自生し、春、黄緑色の小花を開く。材は装飾器具の材に用い、樹皮は褐色の染料となる。いぬぐす。たまぐす。

解字 形声。木＋府㊊。音符の府で、たぶの「ふ」を表した国字。

(12)8【椥】3547 国字 △ 6009 5C29

字義 なぎ。椥辻なぎつじ・椥ノ森なぎのもりは、京都市の地名。

解字 形声。木＋知（和）㊊。音符の和は、「なぎ」の読みを表す。のち、誤って知に変形した。

(12)8【椛】3548 国字 △ 1981 3371

字義 ❶もみじもみぢ。紅葉。❷かば。樺(3598)の略字。

解字 会意。木＋花。葉が花のように色づく、もみじの意味を表す。

(12)8【椦】3549 △ 5991 5B7B

音義未詳。

［渠］→氵部 六〇三ページ。

［集］→隹部 一一七一ページ。

(13)9【椸】3550 △ イ 支 yí 6019 5C33

字義 ころもかけ。衣服をかける家具。衣桁コウ。椸架カ。

解字 篆文 形声。木＋施㊊。

(13)9【楹】3551 △ 漢エイ 呉ヨウ（ヤウ） 庚 yíng 6019 5C33

字義 はしら。丸くふとい柱。

解字 篆文 形声。木＋盈㊊。音符の盈エイは、いっぱいになるの意味。まるまるとふとい柱の意味を表す。

［楹棟］エイトウ ①はしらと、むなぎ。②転じて、重要な人物。棟梁リョウ。柱石。

［楹聯］エイレン はしらかけ。聯句レンを書いて柱に下げたもの。楹帖エイチョウ。

(13)9【楷】3552 △ カイ 蟹 kǎi 6020 5C34

字義 ❶カイ。ウルシ科の落葉高木の名。曲阜キョク（山東省）の孔子廟ビョウに子貢がみずから植えたといわれる木。❷書体の一種。一点一画もくずさずに正しく書く法。真書。「楷書」

⇩コラム・文字・書体の変遷（四八一ジ）。❸かた。手本。「楷式」❹のっとる。❺ただしい。「楷正」

解字 篆文 形声。木＋皆㊊。音符の皆は、ならぶの意味。枝や幹の模様が正しく並ぶ木の名を表す。転じて、正しく整った手本の意味を表す。

(13)9【楽】3553 教2 ガク・ラク たのしい・たのしむ 1958 335A

(15)11［樂］3554 人 許 6059 5C5B

㊀ガク 覚 yuè ㊁ラク 薬 lè ㊂漢ゴウ（ガウ） 呉ギョウ（ゲウ） 効 yào

難読 神楽かぐら

筆順 白 泊 泊 楽

字義 ㊀❶おんがく（音楽）。❷かなでる。音楽を奏する。❸なりもの。楽器。❹歌手。また、演奏者。「女楽」❺経書の名。六経リクケイの一つ。『楽経』

㊁たのしい。たのしむ。たのしみ。喜ぶ。「安楽」

㊂このむ。愛する。また、ねがう。のぞむ。

国❶ラク。㋐たやすいこと。㋑芝居の大太鼓入りのはやし。㋒興行物の千秋楽。㋓楽焼ラクやき（手で形を作り、低熱で焼く陶器）の略。❷ガク。能で中国ふうの人物がまう舞。

名乗 さき・もと・よし 難読 楽車だんじり・楽世ささなみ・楽浪さざなみ

解字 甲骨文・金文・篆文　象形。どんぐりをつけたくぬぎ、または、それに似た楽器、すずの象形。音楽の意味から、転じて、たのしいの意味を表す。樂を音符に含む形声文字に、櫟（レキ）・礫（レキ）・轢（レキ）などがある。

▼逸楽・悦楽・快楽・歌楽・雅楽・管楽・歓楽・享楽・極楽・後楽・行楽・娯楽・散楽・至楽・女楽・神楽・仙楽・奏楽・道楽・独楽・能楽・伯楽・舞楽・礼楽・和楽

【楽易】（ラクイ）心楽しく安らかなこと。人の性質にいう。

【楽△佚・楽逸・楽△軼】（ラクイツ）楽しみ遊ぶ。安楽逸遊。

【楽園】（ラクエン）安楽な場所。苦しみがなく、楽しみが満ちあふれている所。極楽（ゴクラク）。天国。パラダイス。

【楽歌】（ガッカ）音楽に合わせてうたう歌。楽章。

【楽観（觀）】（ラッカン）①楽しみ見る。楽しみ遊ぶ。②物事のなりゆきが簡単に（うまく）いくと気楽に考えること。↔悲観。

【楽△毅】（ガクキ・ガッキ）戦国時代、燕（エン）の将軍。昭王のとき、斉を討って、昌国公（ショウコクコウ）に封ぜられた。恵王のとき、趙（チョウ）に逃げ、観津（カンシン）（今の河南省内）に封ぜられ、望諸君と号した。

【楽郷（鄉）】（ラクキョウ・ラッキョウ）①安楽な場所。楽土。楽境。②安楽な身分や境遇。

【楽経（經）】（ガクケイ・ガッキョウ）書名。儒教の六経の一つ。音楽について論じた書。秦（シン）の始皇帝の焚書（フンショ）のため亡びたとも、最初からなかったともいわれる。

【楽工】（ガッコウ）①音楽をつかさどる人。楽人。楽士。②楽器を作る人。

【楽歳】（ラクサイ）農作物が豊かに実った年。豊年。

【楽△只】（ラクシ）楽しむ。楽しい。只は助字。

【楽思】（ゴウシ）恋い慕う。

【楽師】（ガクシ）①官名。音楽をつかさどる。楽正。②音楽を奏する人。

【楽事】（ラクジ）たのしい事がら。愉快な事がら。

【楽章】（ガクショウ）①音楽に用いる歌。楽歌。②奏鳴曲・交響曲などを構成する数個の曲章。

【楽人】（ガクジン・ガクニン）①音楽を奏する人。演奏家。楽工。楽師。②国（ラクジン）気楽な人。ひまな人。

【楽正】（ガクセイ）周代、楽官の長。大司楽（大楽正）・楽師（小楽正）の二つがある。

【楽壇】（ガクダン）音楽家仲間の社会。楽界。

【楽天】（ラクテン）①天命を楽しむ。自分の境遇に安んずること。②物事を苦にしないこと。くよくよしないこと。気楽。③唐の詩人、白居易の字（あざな）。

【楽土】（ラクド）楽しいところ。安楽な場所。楽郷。

【楽府】（ガクフ）①漢の武帝のとき宮中に設けた、音楽をつかさどる役所。②（ガフ・ガクフ）㋐楽府（ガクフ）に採集された詩で、音楽に合わせて歌われたもの。㋑唐代以後、古い楽府の題をかりて作られた詩。歌うことがなくなり、単に古詩の一体となった。擬古楽府という。⇩コラム・漢詩（六六〇㌻）。

【楽律】（ガクリツ）音楽の調子。

【楽浪】（ラクロウ）①漢の武帝が衛氏朝鮮を滅ぼして（前一〇八）設けた四つの郡の一つ。今の平壌（ヘイジョウ）がその中心地であった。②国（さざなみ・ささなみ）㋐細かく立つなみ。㋑近江（おうみ）（今の滋賀県）の国の一名。また、その枕詞（まくらことば）。

(13)9

【棄】3555

常 キ　―　キ　寘 qì　―　2094　347E

筆順　亠　…　棄

【弃】古字 5517 5731

字義 ❶すてる（す）。㋐なげすてる。ほったらかす。「放棄」㋑取り上げない。しりぞける。用いない。㋒見すてる。見はなす。㋓忘れる。❷周の先祖、后稷（コウショク）の名。

参考 現代表記では［毀］（3841）の書きかえに用いることがある。「破毀→破棄」

解字 甲骨文・金文・篆文・古文　会意。廾＋華＋充省。華は、ごみを押しのける道具の象形。廾は、両手の象形。充は、子を流す形にかたどる。生まれた子をすてるさまから、すてるの意味を表す。

▼遺棄・自棄・廃棄・破棄・放棄・揚棄

【棄△捐】（キエン）①すてる。見すてる。②国財物を人に恵み与えること。施与。

【棄却】（キキャク）①すてて用いない。すてて取り上げない。②裁判所で、訴訟を無効として下げもどすこと。

【棄権（權）】（キケン）自分の権利をすてて、行使しないこと。

【棄材】（キザイ）①すててしまう材木。②転じて、世に用いられぬ人。棄才。

【棄市】（キシ）罪人を死刑にし、死体を市中にさらすこと。

【棄児（兒）】（キジ）すて子。すてられた子ども。

【棄世】（キセイ）①俗世から超越する。世をすてる。②死ぬこと。

【棄△唾】（キダ）はきすてたつば。すてて惜しげのないもののたとえ。

【棄養】（キヨウ）父母の死をいう。子が親に孝養をつくせなくなる意。

(13)9

【業】3556

教3　ギョウ・ゴウ　わざ

漢ギョウ（ゲフ）・呉ゴウ（ゴフ）　葉 yè　―　2240　3648

筆順　丷　业　业　業

字義 ❶わざ。㋐こと。仕事。つとめ。「事業」㋑しわざ。おこない。㋒てがら。いさお。功績。「功業」㋓学問。技芸。「学業」㋔なりわい。世渡りのしごと。よすぎ。「生業」❷はじめ。はじめる。基礎。端緒。❸すでに。まえに。もはや。❹やしき。土地・建物の類。「別業」❺いた（板）。㋐鐘・鼓をかける横木をおおいかざる板。㋑書きつけの板。書冊。❻仏ゴウ（ゴフ）。身・口（ク）・意が行う善・悪の報いをひき起こす行い。「善業」「悪業」

国ゴウ（ゴフ）。㋐腹。心。「業が湧（わ）く」㋑はじ（恥）。「業を曝（さら）す」

名乗 おき・なり・のぶ・のり・はじめ

使いわけ わざ［業・技］
［業］ある能力の範囲内でなし得る動作。「至難の業」
［技］技術。うでまえ。「技を磨く」
ただ、実際には「ねわざ」のように紛らわしいものが多い。

解字 金文・篆文　象形。のこぎり状のぎざぎざの装飾をほどこした楽器を掛ける板の象形で、かざり板の意味を表す。音形上、厳に通じ、きびしい学芸の習得行為、しごとの意味に用いる。

▼悪業・偉業・因業・営業・王業・稼業・課業・勧業・企業・兼業・功業・洪業・興業・罪業・産業・事業・実業・就業・修業・授業・宿業・術業・商業・所業・職業・成業・盛業・聖業・善業・創業・操業・卒業・大業・怠業・帝業・同業・廃業・覇業・罷業・非業・本業

【業△已】（ギョウすでに）もはや。とっくに。

【業因】（ゴウイン）仏善悪の報いを受けるもととなる行い。

【業火】（ゴウカ）①仏悪業（前世の悪い行い）の報いである地獄の猛火。②ものすごい火事。③はげしい怒り。

【業果】（ゴウカ）仏前世の悪い行いによって、この世で受ける悪い報い。業報。

【業業】（ギョウギョウ）①さかんなさま。高大なさま。②あやういさま。

【業苦】（ゴウク）仏悪いことをした報いとして受ける苦しみ。

【業績】（ギョウセキ）事業の成績。仕事のできばえ。

【業病】（ゴウビョウ）①仏悪いことをした報いでかかると昔の人が考えた病気。②国なおらない重い病気。不治の病。

【業腹】（ゴウフク・ゴウはら）国いまいましいこと。非常に腹のたつこと。

【業魔】（ゴウマ）仏悪業。悪業が正道を妨げ、知恵を失わせることを悪魔にたとえていう。

【創レ業垂レ統】（ギョウをはじめトウをたる）王者が建国の基礎を定め、その事業のいとぐちを子孫に伝えること。〔孟子、梁恵王下〕

(13)9

【楬】3557

△　漢ケツ　呉ゲチ　月 屑 jié

字義 ❶たてふだ。ものを書いて掲示する木の札。❷くい（杙ヨク）。

解字 篆文 形声。木＋曷音。音符の曷カツは、高くかかげるの意味。人目につくよう高くかかげる、たてふだの意味を表す。

(13)9 【楗】3558 △ 漢ケン 呉ゴン 韻 jiàn

字義 ❶かんぬき。門や戸をとざす横木。「関楗」❷せき（堰エン）。水流をせきとめるもの。

解字 篆文 形声。木＋建音。

(13)9 【楛】3559 △ 漢コ 呉ゴ 麌 hù. ②kǔ

字義 ❶木の名。にんじんぼくに似た、赤い木。矢を作るのに用いる。❷あらい（粗い）。そまつ。器物のつくりや、仕事ぶりのぞんざいなこと。

解字 篆文 形声。木＋苦音。

(13)9 【楜】3560 △ 漢コ 呉ゴ 虞 hú 6021 5C35

字義 胡椒コショウ。＝胡コ。国くるみ（胡桃）。姓氏・地名に用いる。

解字 形声。木＋胡音。

(13)9 【楂】3561 △ 漢サ 呉ジャ 麻 chá. ②zhā

字義 ❶いかだ（槎サ）。❷さんざし。こぼけ。木の名。❸楂枒サガは、ふぞろいなさま。❹楂楂ササは、かささぎの鳴く声。

解字 形声。木＋査音。

(13)9 【楸】3562 △ 漢シュウ（シウ） 呉シュ 尤 qiū 6022 5C36

字義 ❶ひさぎ。きささげ。ノウゼンカズラ科の落葉高木。葉は桐きりに似、初夏に管状の花を開き、ささげに似た実を結ぶ。❷ごばん（碁盤）。棋局。

解字 篆文 形声。木＋秋音。

(13)9 【楫】3563 △ シュウ（シフ） 緝 jí 6023 5C37

【檝】同字

字義 ❶かじ（梶かぢ）。かい。水をかいて舟を進める具。短いかい。❷こぐ。舟をこぐ。

難読 楫取かとり

解字 篆文 形声。木＋咠音。音符の咠シュウは、寄せ集めるの意味。水を手もとに引き寄せては舟を進める、かじの意味を表す。

【楫師】シュウシ かじとり。船頭。舟子。

(13)9 【楯】3564 標 漢シュン 呉ジュン 軫 dùn. ②shǔn 2961 3D5D

字義 ❶たて。敵の攻撃から身を守る兵器。＝盾。❷てすり。欄干ランカン。

解字 篆文 形声。木＋盾音。音符の盾ジュンは、「たて」の意味。木製の厚みのあるたての意味を表す。また、たてのようにさえぎるための、てすりの意味をも表す。

(13)9 【楔】3565 標 一漢セツ・呉セチ 屑 二漢ケツ・呉ケチ 屑 xiē (xiè) 6024 5C38

字義 一❶くさび。二つの材木をつぎ合わせ、ぬけないようにはめこむV字型の木片、金片。❷さきばしら。

解字 篆文 形声。木＋契音。音符の契ケイ→セツは、きざむの意味。すきまに刻みこむようにはめこむ、くさびの意味を表す。

【楔形文字】セッケイモジ・ケッケイモジ くさびの形をした文字。紀元前三千五百年ごろから前一千年ごろまで、アッシリア・バビロニアなどで用いられたもの。

【楔子】セッシ・ケッシ ①くさび。②元曲で、序幕、または間幕（幕合にはさむ幕）をいう。③明ミン・清シン以降の長編小説で、前おきの章。序章。プロローグ。

(13)9 【楚】3566 標 漢ソ 呉ショ 語 chǔ 3331 413F

字義 ❶いばら。うばら。そだ。雑木ゾウき。❷にんじんぼく。クマツヅラ科の落葉低木。❸むち。しもと。にんじんぼくの杖つえで、師が弟子を罰するとき用いた。❹打つ。むちうつ。たたく。❺いたむ。悲しむ。「痛楚」❻連なるさま。また、茂るさま。❼国名。㋐春秋時代、五覇の一つ。後、戦国時代の七雄の一つとなる。周の成王のとき、熊繹ユウエキの封ぜられた国で、春秋の初め、王を称し、長江中流の地域を領有した。四十一代、五百余年で、秦シンに滅ぼされた。(?—前二二三) ㋑隋ズイの大業十二年(六一六)、林子弘が江南に建てた国。七年で滅んだ。㋒五代十国の一つ。馬殷バインが湖南に建てた国。六代、四十五年(九〇七—九五一) ❽長江下流の左右一帯の地域の称。湖南・湖北二省の異称。

国すわえ（すはえ）。しもと。ずわえ。㋐まっすぐに伸びた細い枝。㋑刑罰に用いるむち。

解字 金文 篆文 形声。林＋疋音。林は、むらがる木の意味。音符の疋ヨ→ソは、酢ソに通じ、すっぱい刺激の意味。群生してとげの刺激を持つ、ばらの意味を表す。

【楚歌】ソカ ①楚人のうた。楚の地方の調子の歌。また、それを歌うこと。②敗北の歌。楚の項羽が垓下ガイカで漢軍のために囲まれ、四面で楚歌を歌うのを聞いて、漢軍がすでに楚を占領してしまったと嘆いた故事による。四面楚歌。〔史記、項羽本紀〕

【楚懐(懷)王】ソのカイオウ ①戦国時代、楚国の王。在位三十年(前三二八—前二九九)。名は槐カイ。おろかな君主で、忠臣屈原を退け、秦シンに捕らえられて殺された。(?—前二九六) ②楚の懐王の孫。名は心。項梁コウリョウに立てられて楚王となった。項羽は義帝の称号を奉ったが、後に殺させた。(?—前二〇五)

【楚狂接△輿】ソキョウセツヨ 春秋時代、楚(今の湖北・湖南省一帯の地)の隠者。接輿は、名、または字あざなという。いつわって狂人のふりをし、孔子が乱世を救おうとして東奔西走するのを非難した。〔論語、微子〕

【楚江】ソコウ 川の名。洞庭湖付近を流れる長江をいう。〔唐、李白、望二天門山一詩〕天門中断楚江開テンモンなかたえてソコウひらく。→天門の⑥(二六七ページ一)。

【楚山】ソザン ①楚の地方の山。②山名。㋐湖北省襄樊ジョウハン市襄陽の西南、馬鞍山バアンザン(一名、望楚山)。㋑陝西センセイ省商県の西南。

【楚辞(辭)】ソジ 書名。戦国時代末の楚の屈原及びその門人や後人の、屈原にまねた作品とを集めたもの。北方文学の代表としての『詩経』に対し、南方文学の代表とされる。

【楚囚】ソシュウ ①他国に捕らえられた楚の国の人。春秋時代、楚の鍾儀ショウギが晋シンに捕らえられたとき、自国の冠の纓ひもをしっかり結んで、ぬがなかった故事。文天祥の「正気歌」に「楚囚纓二其冠一ソシュウそのカンをエイす」とある。②捕らえられて他郷にある者。

【楚人△沐△猴而冠耳】ソひとはモクコウにしてカンするのみ 楚の人はちょうどさるが冠をかぶったようなもので、その衣冠のりっぱさに、につかわしくない。ある人が楚の項羽は学問教養のない野蛮人だとそしったことば。〔史記、項羽本紀〕

【楚楚】ソソ ①あざやかなさま。②ばらの茂ったさま。③痛み苦しむさま。④清らかで美しいさま。

【楚荘(莊)王】ソのソウオウ 春秋時代、楚国の王。在位二十三年(前六一三—前五九一)。名は旅。五覇の一人。(?—前五九一)

【楚△撻】ソタツ むちうつ。撻も、むちうつ。

【楚竹】ソチク 洞庭湖付近に多い篠竹しのだけ。「然二楚竹一ソチクをもやす」は、朝食の準備をすること。

【楚腰】ソヨウ 美人のほっそりとした腰。やなぎごし。細腰。楚の霊王が細腰の美女を愛したので、宮女が食をへらしてやせようとした故事。〔荀子、君道〕

(13)9 【椶】3567 △ ソウ 棕(3522)の正字。↓五六七ページ一。 6004 5C24

(13)9 **【楤】3568** △ 漢ソウ 呉ス 董 sǒng
3442 424A

字義 **たら**。たらの木。ウコギ科の落葉小高木。若芽は食用になる。

(13)9 **【楕】3569** 標 ダ 橢(3691)の印刷標準字体。→五六三ページ。
3442 424A

解字 形声。木+㥯音。

(13)9 **【椴】3570** △ 漢タン 呉ダン 翰 duàn
3846 464E

字義 ❶白楊（はこやなぎ）に似た木の名。❷木槿（むくげ）。落葉低木の一種。国 **とど**。とどまつ（椴松）。日本の中部以北の高山に生えるマツ科の常緑高木。

解字 形声。木+段音。 難読 椴松（とどまつ）・椴法華（とどほっけ）

(13)9 **【楮】3571** 標 チョ 語 chǔ
6026 5C3A

字義 ❶**こうぞ**（かうぞ）。クワ科の落葉低木。葉は桑に似て大きく、実も桑に似る。樹皮は製紙の原料。❷かみ。また、紙に書いた文書や手紙。「寸楮」❸さつ。紙幣。

解字 篆文 形声。木+者音。音符の者は、署に通じ、しるすの意味。文字を書きつけるための紙の原料となる木、こうぞの意味を表す。

(13)9 **【楪】3572** △ 一ヨウ（エフ）葉 yè 二 漢チョウ（テフ）呉ジョウ（デフ）葉 dié 唐チャ
6036 5C44

字義 一まど。二**こざら**（小皿）。＝碟（チョウ）。国 **ゆずりは**（譲葉）。トウダイグサ科の常緑高木。葉を正月の飾りものに用いる。交譲木。

解字 形声。木+枼音。

【楪子】（チャツ）円形の浅い朱塗りの木皿。茶菓子などを盛るのに用い、禅家では多く精進料理の食器として用いる。〔節用集〕

(13)9 **【椿】3573** 人 チュン 慣チン 真 chūn
3656 4458

筆順 木 … 椿

字義 ❶**ちゃん**。**ちゃんちん**（香椿）。センダン科の落葉高木で、高さ十メートルに達する。夏、白色の小花を開く。材は堅くて器具などの製作に用いる。❷太古にあったという霊木。大椿（タイチン）。そのひと春が俗世の八千年にあたるという。転じて、長寿のたとえ。「椿寿」〔荘子、逍遥遊〕国❶**つばき**。ツバキ科の常緑高木。暖地の山野に自生し、また庭に植える。材で器具を作り、実から油を取る。❷**チン**（珍）。変わったこと。思わぬ出来事。「椿事」↓椿（3667）の 参考（五八〇ページ）。 難読 椿象（かめむし・くさがめ）

解字 形声。木+春音。

【椿萱】（チンケン）椿堂と萱堂。父母をいう。椿は、「荘子」にある長寿の木で、父にたとえ、萱は北堂（主婦のいる所）に植える木で、母にたとえる。

【椿事】（チンジ）国不意の出来事。変わった出来事。珍事。↓字義の国②。

【椿寿(壽)】（チンジュ）ながいき。長寿。椿年。椿齢。↓字義の②。

(13)9 **【椹】3574** △ 一チン 侵 zhēn 二 漢シン・呉ジン 寝 shèn
6027 5C3B

字義 一あてぎ。木などを切り割るとき、下に当てる台。また、人を切る台。首切り台。二桑の実。国 **さわら**（さはら）。ヒノキ科の常緑高木。幹は槇（まき）に似、葉は檜（ひのき）に似ている。桶（おけ）などの製作に用いる。

解字 形声。木+甚音。音符の甚は、枕（チン）に通じ、まくらの意味。木などを切るとき、下にあてる木の意味を表す。

(13)9 **【楨】3575** △ 漢テイ 呉チョウ（チャウ）庚 zhēn

字義 ❶ねずみもち。モクセイ科の常緑低木。夏、白色の花を開き、黒紫色の実を結ぶ。材は造船・建築などに用い、実は強壮剤となる。つばきに似ている。別名、たまつばき・ひめつばき。❷土塀（ドベイ）の両端に立てるはしら。❸もと。根本。「楨幹」

解字 篆文 形声。木+貞音。音符の貞は、まっすぐで正しいの意味。まっすぐな木、はしらの意味を表す。

【楨幹】（テイカン）①楨は牆（かき）の両端に立てる木、幹は牆の両辺に立てる木で、ともに牆を築くに大切なもの。②物事の根本となるもの。③ささえる。

(13)9 **【楴】3576** △ 漢テイ 呉ダイ 霽 tì
6028 5C3C

字義 **かんざし**。こうがい。 難読 楴山（くしやま）

解字 形声。木+帝音。音符の帝は、しめくくるの意味。髪をくくるかんざしの意味を表す。

(13)9 **【椽】3577** △ 漢テン 呉デン 先 chuán
6029 5C3D

字義 **たるき**。家の棟から軒にかけ渡して、屋根をささえる木材。一説に、四角なたるきを桷（カク）というに対し、椽は丸いたるき。

解字 篆文 形声。木+彖音。音符の彖（テン）は、傳(伝)に通じ、つぎつぎにつたえるの意味。屋根のむな木・横木の間につなぎわたした、たるきの意味を表す。

(13)9 **【楠】3578** 人 漢ダン 呉ナン 覃 nán
3879 466F

筆順 木 … 楠

字義 木の名。くすのきの一種。＝柟（ダン）。国 **くすのき**。**くす**。常緑高木。材は堅く香気があり、種々の器具を作るに用い、また、樟脳（ショウノウ）をとる。漢名は、樟（ショウ）。

名乗 くす 難読 楠久（くすく）

解字 形声。木+南音。

(13)9 **【楳】3579** △ バイ 梅（3451）と同字。→五六一ページ。
3964 4760

(13)9 **【楣】3580** △ 漢ビ 呉ミ 支 méi

字義 ❶**のき**。**ひさし**。屋根の先端。❷**まぐさ**。門の上の横の梁（はり）。

解字 篆文 形声。木+眉（𥄉）音。音符の𥄉（ビ）は、まゆ毛の意味。家屋のまゆに似た部分、ひさしの意味を表す。

(13)9 **【楓】3581** 人 フウ 東 fēng
4186 4976

筆順 木 机 … 楓

字義 **フウ**。マンサク科の落葉高木。中国原産で、高さ約十メートル。葉は、かえでに似て、秋に紅葉する。からかえで。国 **かえで**（かへで）。もみじ。落葉高木。葉は掌状で、秋、霜にあって紅葉する。漢名は、槭（セキ）。中国の楓とは異なる。 名乗 かえで

解字 篆文 形声。木+風音。音符の風は、かぜの意味。風を媒介にして薄い種子が飛ぶの意味を表す。

【楓橋】（フウキョウ）江蘇（コウソ）省蘇州市の城外にある石橋の名。もと封橋という。唐の張継の「楓橋夜泊」の詩で名高い。

【楓林】（フウリン）楓（からかえで）の林。

(13)9 **【楙】3582** △ 漢ボウ 呉モ 宥 mào
6030 5C3E

字義 ❶**しげる**。木が茂り栄える。＝茂。❷うつくしい。よい。❸ぼけ（木瓜）。バラ科の落葉低木。枝にとげがあり、実を結ぶ。❹つとめる（勉）。

解字 甲骨文 金文 篆文 形声。林+矛音。茂の古字。音符の矛は、冃（ボウ）に通じ、おおうの意味。林がおおいしげるの意味を表す。

(13)9 **【椰】3583** 人 ヤ 麻 yē
6031 5C3F

筆順 木 杠 枒 椰

【椰】同字 字義 やし。熱帯地方に産する常緑高木。「椰子」 名乗 や・やし

解字 形声。木＋耶音。

(13)9 【楡】3584 標 ユ 虞 yú 6032 5C40

字義 にれ。ニレ科の落葉高木。はるにれ（寒地に自生する）・あきにれ（山地に自生する）の二種がある。

解字 文 篆 形声。木＋兪音。

【楡△枋】ユホウ にれの木と、まゆみの木。

【楡柳】ユリュウ にれの木と、やなぎの木。

(13)9 【楢】3585 標 ㊀漢ユウ（イウ）・呉ユ 尤 yóu ㊁漢シュウ（シウ）・呉シュ 尤 ［槱］ 3874 466A

字義 ㊀㊁なら。ブナ科の落葉高木。材は器具・薪炭に、樹皮は染料に、果実は食用にする。

解字 文 篆 形声。木＋酋音。

(13)9 【楊】3586 人 ヨウ（ヤウ）陽 yáng 4544 4D4C

筆順 木 杷 梍 楊 楊

字義 ❶やなぎ。かわやなぎ。ねこやなぎ。ヤナギ科の落葉低木で、多く水辺に生ずる。春、葉に先だって黄白色の穂状の花をつける。枝は堅くて垂れない。❷あがる。あげる。＝揚。❸戦国時代の思想家の、楊朱、また、その学派。「楊墨」

名乗 やす 難読 楊胡・楊公・楊梅・楊柳・楊櫨

解字 文 篆 形声。木＋昜音。音符の昜は、あがるの意味。長くのびあがる木、やなぎの意味を表す。

【楊花】ヨウカ かわやなぎの花。

【楊貴妃】ヨウキヒ 唐の玄宗皇帝の愛妃。幼名は玉環、号は太真。才色すぐれ、皇帝の愛を独占して貴妃（皇后に次ぐ女官）となり、一族も要職を占めた。安禄山の乱に、馬嵬（今の陝西省内）で殺された。（七一九―七五六）

〔楊貴妃〕

【楊巨源】ヨウキョゲン 中唐の詩人。字は景山。貞元の進士。

【楊△炯】ヨウケイ 初唐の詩人。王勃・盧照鄰・駱賓王と並んで初唐の四傑と称された。（六五〇―六九三?・）

【楊国(國)忠】ヨウコクチュウ 唐代の政治家。楊貴妃のまたいとこ。玄宗のとき宰相となり、権力をふるったが、安禄山の乱に、馬嵬（今の陝西省内）で殺された。（?―七五六）

【楊子】ヨウシ ＝楊朱。

【楊枝】ヨウシ ①やなぎのえだ。②口の中を掃除する具。③国ヨウジ ㋐つまようじ。㋑歯ブラシ。

【楊時】ヨウジ 北宋の学者。字は中立。亀山先生と呼ばれた。程顥・程頤の弟子。程氏の正統を継ぐ者とされ、その学派を道南学派という。朱熹の学問もこれに基づくところが多い。（一〇五三―一一三五）

【楊朱】ヨウシュ 戦国時代の思想家。衛の人。字は子居。極端な個人主義と、人間本能を肯定する快楽主義を主張した。（前三九五?―前三三五?・）

【楊朱泣レ岐】ヨウシュキになく 楊朱がえだみちを見ながら、行く人の自由意志によって南にも北にも行けるように、人も生まれは同じでも善人とも悪人ともなる（それなのにどうして悪の道に行くのであろうか）と悲しんだ故事。〔淮南子、説林訓〕

【楊守敬】ヨウシュケイ 清末の歴史・地理学者。宜都（今の湖北省内）の人。字は惺吾。号は鄰蘇。明治十二年（一八七九）、日本に渡り、滞在四年、古書の収集・複製に努力した。著に『日本訪書志』『水経注疏』などがある。（一八三九―一九一四）

【楊慎(愼)】ヨウシン 明代の文学者。新都（今の四川省内）の人。字は用修。号は升菴。著に『升菴集』などがある。（一四八八―一五五九）

【楊震】ヨウシン 後漢の政治家・学者。字は伯起。博学、清廉で、関西の孔子と称された。（五四―一二四）

【楊梅】ヨウバイ やまもも。常緑高木。春、黄白色の小花を密生し、苺に似た実を結び、食用。樹皮は染料にする。

【楊万(萬)里】ヨウバンリ 南宋の詩人・学者。吉水（今の江西省内）の人。字は廷秀。号は誠斎。尤袤・范成大・陸游とともに南宋四家の一人。著に『誠斎集』などがある。（一一二七―一二〇六）

【楊墨】ヨウボク 戦国時代の思想家、楊朱と墨翟。

【楊柳】ヨウリュウ ①やなぎ。楊は、かわやなぎ、柳は、しだれやなぎ。②折楊柳の曲。別離を歌った。〔唐、王之渙、涼州詞〕羌笛何須怨二楊柳一 訳文⇩春光（五〇一ページ）。

(13)9 【楞】3587 △ リョウ 棱（3538）と同字。→五六九ページ。 6033 5C41

(13)9 【楝】3588 △ レン 霰 liàn 6034 5C42

字義 おうち。せんだん。暖地に自生する、センダン科の落葉高木。葉は羽状複葉。春、葉のつけねに薄紫の五弁花をつけ、球状の実を結ぶ。果実はひび薬、材は建築などに用いる。

解字 文 篆 形声。木＋柬音。

(13)9 【楼】3589 常 ロウ 4716 4F30

(15)11 ［樓］3590 漢ロウ 呉ル 尤 lóu 6076 5C6C

筆順 木 杙 桜 楼

字義 ❶たかどの。二階建ての建物。また、高層な建物。「高楼」❷やぐら。物見やぐら。❸茶屋。料理屋。遊女屋。

解字 文 篆 形声。木＋娄（婁）音。音符の婁は、かさなるの意味。増築して上に上にとのびる建造物、たかどのの意味を表す。

▼画楼・玉楼・高楼・鼓楼・酒楼・鐘楼・城楼・青楼・登楼・望楼

【楼閣】ロウカク たかどの。高層な建物。楼観。ものみ。

【楼△闕】ロウケツ やぐらのある門。二階づくりの門。楼門。

【楼月】ロウゲツ たかどのから見る月。また、たかどのを照らす月。

【楼鼓】ロウコ やぐら太鼓。物見やぐらに備えた太鼓。

〔楼①〕

【楼船】ロウセン 物見やぐらのある船。

【楼台(臺)】ロウダイ たかどの。＝楼閣。〔唐、高駢、山亭夏日詩〕緑樹陰濃夏日長、楼台倒レ影入二池塘一〈緑の木々が濃い陰をおとし、夏の日は長い、高殿はその影をさかさまにして池の面に映じている〉

【楼門】ロウモン やぐらのある門。二階造りの門。

【楼△蘭】ロウラン 漢代の史書に見える西域諸国の一つ。天山南路、今の新疆ウイグル自治区ロプノール湖付近にあったと推定される。前二世紀後半ころの西域交通の要地。別名、鄯善。〔史記、匈奴伝〕

(13)9 【楕】3591 国字 △

字義 木の名。かつら。桂。

解字 会意。木＋香。

(13)9 【榀】3592 国字 △

字義 **こまい**（木舞(こまい)・小舞(こまい)）。㋐軒の垂木(たるき)にわたす細長い材。㋑土壁の下地に組みわたす竹。
解字 会意。木＋品。

(13)9【榊】3593 国字 △ さかき　榊(3640)の俗字。→五七七ページ。　2671 3A67

(13)9【椂】3594 国字 △ はんぞう　𤭯(4774)と同字。→七三一ページ。　6025 5C39

(13)9【椌】3595 国字 △
字義 **むろ**。むろのき。ねず（杜松）の別名。ヒノキ科の常緑高木。
解字 会意。木＋室。室は日本語で「むろ」と訓じるので、木を付し、むろのきの意味を表す。　6035 5C43

(14)10【榮】(3361) エイ　栄(3360)の旧字体。→五二一ページ。　6038 5C46

(14)10【榲】3596 △ 一 ㊥オツ・㊐オチ（ヲチ）月 二 オン（ヲン）元 wēn　6037 5C45
【榅】俗字
字義 一 榲桲(オツボツ)は、果樹の名。マルメロ。バラ科の落葉高木。実は梨(なし)に似、酸味が強く、砂糖づけにする。二 ❶**すぎ**（杉・榀）。❷**ね**（根）。
解字 形声。木＋昷㊥。

(14)10【榎】3597 標 カ 馬 jiǎ　1761 315D
字義 ひさぎ。＝檟(カ)。国**えのき**。え。ニレ科の落葉高木。葉は広い長円形、初夏に淡黄色の花を開き、球形でだいだい色の小さな実を結ぶ。
難読 榎原(よわら)
解字 形声。木＋夏㊥。

(14)10【樺】3598 人 ㊥カ（クワ）・㊐ゲ 禡麻 huà　1982 3372
(16)12〔樺〕3599
筆順
字義 **かば**。かんば。寒地に自生する落葉高木。樹皮の白いものを白樺(しらかば)という。材は細工用、また、脂(あぶら)が強くてたきぎとなる。国**かば**。かばいろ。赤みのある黄色。
名乗 から・かんば
解字 形声。木＋華㊥。
【樺△燭】カショク　かばの皮で蠟(ロウ)を巻いて作ったともしび。

(14)10【槐】3600 △ ㊥カイ（クワイ）・㊐エ（ヱ）佳灰 huái　6039 5C47
字義 ❶**えんじゅ**(えんじゅ)。マメ科の落葉高木。葉は藤(ふじ)に似、夏、黄白色の蝶形(チョウがた)の花をつけ、さやのある実を結ぶ。❷三公。三公の位。周代、朝廷の庭に三本の槐樹を植えて三公のつく位置を示した故事に基づく。「台槐」「槐鼎(カイテイ)」〔周礼、秋官、朝士〕
解字 篆文　形声。木＋鬼㊥。
【槐安国（國）】カイアンコク　蟻(あり)の王国。→次項。
【槐安夢】カイアンのゆめ　夢をいう。唐の淳于棼(ジュンウフン)が酒に酔って庭の槐(えんじゅ)の木の下で昼寝し、槐安国に遊んで王女と結婚し、南柯郡(ナンカグン)の太守となって栄えた夢を見た。目がさめて見ると、槐の根もとに蟻(あり)の穴があって、蟻の女王が住んでいたという小説に基づく。南柯の夢（柯は枝の意）。〔南柯記〕
【槐位】カイイ　三公の位。→字義の②。
【槐△棘】カイキョク　えんじゅと、いばら。三公と九卿(キュウケイ)。
【槐市】カイシ　漢代、長安城（今の陝西(センセイ)省西安市）の東にあった市場の名。
【槐△宸】カイシン　天子の宮殿。禁中。
【槐庭】カイテイ　三公の位。大臣の位。→字義の②。
【槐△鼎】カイテイ　大臣の位。鼎(かなえ)は三本の足が支えとなっているように、三公が天子を補佐すること。
【槐門】カイモン　＝槐庭。

(14)10【概】3601 常 ガイ　カイ 隊 gài　1921 3335
(15)11〔槪〕3602 慣ガイ
筆順
【槩】同字　【槪】俗字
字義 ❶**おおむね**(おおむね)。あらまし。おおよそ。大体。「概略」❷**おもむき**。ようす。風致。「勝概」❸みさお。節操。「気概」❹**とかき**。ますかき。ますで物の量をはかるとき、上方を平らにならす棒。また、とかきでならす。❺はかる。物の量をはかる。❻**なげく**。悲しむ。感じる。＝慨。❼洗う。そそぐ。＝漑(ガイ)。
解字 篆文　形声。木＋既（旣）㊥。音符の既は、容器にいっぱいになった物が外にあふれ出るの意味。米をますに入れ、上に盛りあがった米をならして外にあふれ出させる棒の意味を表し、転じて、ならしてみたところ、おおむねの意味を表す。
▼一概・気概
【概括】ガイカツ　似通った事物をひとまとめにする。すべくくる。
【概観（觀）】ガイカン　全体をざっと見通す。
【概況】ガイキョウ　あらまし（だいたい）のようす。
【概見】ガイケン　①ざっと目を通す。②大体の見解。
【概説】ガイセツ　あらましを説く。大要を述べる。また、その論説。
【概念】ガイネン　個々の事物から共通点をひきだし、それをまとめて得た観念。
【概念的】ガイネンテキ　物事の見方や考え方が概念にとどまって、個々に深くゆきわたらないさま。
【概要】ガイヨウ　あらまし。おおよそ。
【概論】ガイロン　大要を述べる。あらましの議論。

(14)10【榷】3603 △ カク 覚 què
字義 ❶**まるきばし**。一本橋。❷昔、政府が物品を専売して、その利益を独占したこと。「榷利」❸税金をかける。
解字 篆文　形声。木＋隺㊥。音符の隺(カク)は、高くあがるの意味。高いところにかかる丸木橋の意味を表す。一本橋が人の通行を独占するところから、転じて、政府の専売制度による利益の独占の意味や、税の意味を表す。
【榷△酤】カクコ・カッコ　民間の酒造を禁じ、政府で専売して利益を独占すること。
【榷利】カクリ　政府が酒などを専売して、利益を独占すること。

(14)10【槅】3604 △ ㊥カク・㊐キャク 陌 gé、②hé
字義 ❶**くびき**。大きな車の、轅(ながえ)の先につけて、牛の首のみねにかける横木。❷**さね**。果実の核。
解字 篆文　形声。木＋鬲㊥。

(14)10【榦】3605 △ カン　幹(1973)の本字。→三五四ページ。

(14)10【榿】3606 △ キ 支 qī　6040 5C48
字義 **はんのき**。**はりのき**。カバノキ科の落葉高木。生長が早く、三年で大木になるという。
難読 榿谷地(はぬきやじ)
解字 形声。木＋豈㊥。

(14)10【槁】3607 △ コウ（カウ）晧 gǎo　6041 5C49
【槀】同字
字義 ❶**かれる**(かる)（枯）。木がかれる。からす。「枯槁」❷**かれき**。枯木。❸かわく（乾）。かわかす。❹やがら。矢の幹。
解字 甲骨文　篆文　形声。木＋高㊥。音符の高は、確に通じ、かたいの意味。木がかたくなる、

かれるの意味を表す。

【槁梧】コウゴ 琴。一説に、ひじかけ。かれた青桐あおぎりで作るからいう。

【槁壤(壤)】コウジョウ かわいた土。

【槁悴】コウスイ ①草木がかれしぼむ。②やつれる。

【槁暴】コウバク 日光にさらして、乾かす。〔荀子、勧学〕

【槁木死灰】コウボクシカイ かれ木と、火のけのない灰。肉体は枯れ木のようであり、心は冷たい灰のようで、まったく生気のないさま。〔荘子、斉物論〕

(14)10 【槓】3608 △ コウ(カウ) gàng 6042 5C4A

字義 てこ。ぼう(棒)。重い物を動かすに用いる棒。「槓杆コウカン」

解字 形声。木＋貢音。

【槓杆】コウカン てこ。ぼう。杆も、てこ。

(14)10 【構】3609 教5 コウ かまえる・かまう 2529 393D

(14)10 〔構〕3610 漢コウ 呉ク 宥 gòu

筆順 構 構

字義 ❶かまえる。㋐組み立てる。家屋などを建設する。「構築」㋑考えを立てる。計画を立てる。詩文などの案を作る。「構想」㋒こじつける。しいる。ないことをあるかのようにしくむ。「虚構」㋓結ぶ。つくりあげる。㋔身がまえをする。❷かまえ。家屋のつくり。❸木の名。かじ。かぞ。こうぞ。国❶かまえる。用意する。準備する。❷かまう。㋐かかわる。干渉する。㋑追放の刑に処する。❸かまえ。㋐つくり。しくみ。組み立て。㋑用意。準備。したく。❹かまい。㋐関係すること。㋑世話。ほねおり。㋒さわり。さしつかえ。㋓追放。所ばらい。

解字 篆文 形声。木＋冓(冓)音。音符の冓コウは、組み合わせるの意味。木を組み合わせる、かまえるの意味を表す。

▼遺構・仮構・機構・虚構・結構

【構怨】コウエン うらみを結ぶ。仲たがいする。

【構会(會)】コウカイ 罪をなすりつける。でっちあげて、ぬれぎぬを着せる。

【構陥(陷)】コウカン 無実の罪をしくんで人を罪におとす。

【構殺】コウサツ 無実の罪をしくんで殺す。

【構成】コウセイ 国①かまえつくる。組み立てる。また、かまえ。組み立て。②成り立たせる。また、成り立つ。成立。

【構想】コウソウ 国①考えを組み立てる。また、その考え。②かりに組み立てた考え。想像。③芸術作品を作るとき、主題・思想内容・組み立て・表現形式など、すべての要素の構成を考えること。

【構造】コウゾウ かまえつくる。組み立て。つくり。

【構築】コウチク かまえきずく。家などを建設する。

【構図(圖)】コウト ①かまえ、はかる。計画する。②国コウズ 図どり。色や形などの配合。また、効果的に配置すること。

【構兵】コウヘイ 兵をかまえる。交戦する。いくさをする。

(14)10 【榼】3611 △ コウ(カフ) 合 kē

字義 ❶さかだる。酒を入れる器。❷みずおけ。❸さや。刀のさや。

解字 篆文 形声。木＋盍音。音符の盍コウは、蓋ふたでおおうの意味。酒を入れ、おおう木の器、さかだるの意味を表す。

(14)10 【榖】3612 △ コク 屋 gǔ

字義 こうぞ。かぞ。クワ科の落葉低木。樹皮は製紙の原料。「榖皮紙コクヒシ」

参考 〔穀コク〕は別字。

解字 篆文 形声。木＋㱿音。音符の㱿カクは、かたいからの意味。樹皮の固い、こうぞの木の意味を表す。

(14)10 【榾】3613 △ 漢コツ 呉コチ 月 gū 6043 5C4B

字義 ほた。木の切れはし。こっぱ。

解字 形声。木＋骨音。

難読 榾柮ほた

(14)10 【槎】3614 △ 一漢サ・呉ジャ 麻 chá 二漢サ・呉シャ 馬 6044 5C4C

字義 一いかだ。木材を組んで水に浮かべたもの。「浮槎」二きる。そぐ。木をななめに切る。

解字 篆文 形声。木＋差音。音符の差は、ふぞろいの意味。多くの木を編んで、ふぞろいになっている、いかだの意味を表す。また、音符の差は、サッと切るの意味を表す擬声語。木をそぐの意味をも表す。

【槎牙・槎枒】サガ 木の枝がそいだようにかどだって入りくむ(ごつごつする)さま。

【槎枿・槎櫱・槎蘖】サゲツ ななめに切った木から出る芽。ひこばえ。

(14)10 【寨】3615 △ 漢サイ 呉ザイ 卦 zhài 6045 5C4D

【砦】標準 2654 3A56

字義 ❶まがき。かきね。＝柴サイ。❷とりで。敵を防ぐための囲いをめぐらした所。兵営。また、村落にもいう。

参考 〔砦〕は、同字で、印刷標準字体。

解字 形声。木＋𡨄音。音符の𡨄ソクは、ふさぐの意味。羊をとじこめておく小屋、まがきの意味を表す。

(14)10 【槊】3616 △ サク 覚 shuò 6046 5C4E

字義 ❶ほこ。柄の長いほこ。武器の名。周尺で、一丈八尺(約四メートル)のほこ。❷すごろく。すごろくの盤。「棊槊キサク」

解字 篆文 形声。木＋朔音。音符の朔サクは、さからうの意味。敵にさからい向かう木製の柄つきのほこの意味を表す。

【横槊賦詩】ほこをよこたえ(へ)てしをふす ほこを横にして詩を作る。軍中で詩歌を作る風流なたとえ。三国時代、魏ギの曹操ソウソウが呉を攻めたときの故事。〔宋、蘇軾、前赤壁賦〕

(14)10 【榨】3617 △ 漢サ・呉シャ 禡 zhà 慣サク

【搾】俗字 2681 3A71

字義 ❶しめぎ。油や酒をしぼる器具。❷しぼる。

解字 形声。木＋窄音。音符の窄サクは、せばめるの意味。押しせばめて油や酒をしぼる木製の器具の意味を表す。のち、動詞のしぼるの意味に用いられて、手偏の搾の字ができた。

(14)10 【榭】3618 △ 漢シャ 呉ジャ 禡 xiè

字義 ❶うてな。屋根のある台。「台榭」❷道場。武術を練る所。❸楽器などの器物を納める倉庫。

解字 篆文 形声。木＋射音。

(14)10 【榛】3619 人 シン 真 zhēn 3126 3F3A

筆順 榛 榛

字義 ❶はしばみ。カバノキ科の落葉低木。葉は円くて広く、先がとがり、春、穂状に小花をつけ、実はどんぐりに似ている。❷やぶ。雑木林ゾウボクリン。国はり。はんのき。カバノキ科の落葉高木。実は松かさに似て小さく、樹皮とともに染料に用いる。

名乗 はる 難読 榛原はいばら・はんばら・榛名はるな

解字 篆文 形声。木＋秦音。音符の秦シンは、のびしげるの意味。雑木のしげる、やぶの意味や、枝葉のしげる、はしばみの木の意味を表す。

【榛穢・榛蕪・榛薉】シンアイ・シンブ・シンワイ 雑草が生いしげる。また、その草むら。転じて、悪習・悪政をいう。

【榛△荊】(シンケイ)　榛棘(シンキョク)。①雑木(ゾウき)のしげみ。②いばら。

【榛荒】(シンコウ)　①雑木(ゾウき)や雑草が生いしげって荒れはてている。また、その所。②荒れはてる。

【榛△蕪】(シンブ)　①雑木(ゾウき)や雑草が生いしげる。また、その所。②入りまじって、ごたごたする。未開のさま。③けがれる。けがらわしい。④身分の低いこと。

【榛△莽】(シンボウ・シンモウ)　雑木(ゾウき)や雑草のしげっている所。やぶ。くさむら。

(14)10【榱】3620　△　スイ 囡 cuī　6067 5C63
字義 たるき。屋根の裏に棟木(むなぎ)から軒にわたす横木。＝椽(テン)・桷(カク)。

解字 篆文 形声。木＋衰㊟。音符の衰は、みのの意味。みのとして編まれた茅(かや)・菅(すげ)のように、棟から軒に流れる、たるきの意味を表す。

【榱△桷】(スイカク)　たるき。桷は、四角なたるき。

【榱題】(スイダイ)　たるきのはし。たるきのこぐち。

【榱△椽】(スイテン)　たるき。椽は、まるいたるき。

(14)10【槍】3621　標　㊥ショウ(シャウ)　㊣ソウ(サウ)　陽 qiāng　3368 4164
字義 ❶やり。＝鎗(ソウ)。❷つく。いたる。とどく。❸草を刈る農具。❹銃。鉄砲。

解字 篆文 形声。木＋倉㊟。音符の倉は、刅(ソウ)に通じ、きずつくの意味。きずつけるやりの意味を表す。

【槍△杆・槍△竿・槍△桿・槍幹】(ソウカン)　やりの柄。

【槍手】(ソウシュ)　やりを使う兵士。槍兵。

【槍△鋒】(ソウホウ)　やりのほさき。

【槍塁(壘)・槍△纍】(ソウルイ)　木をとがらして立てめぐらしたとりで。

(14)10【槌】3622　標　㊥ツイ　㊣ズイ(ヅイ)　囡 chuí　［槌］3640 4448
字義 ❶つち(椎(ツイ))。物を打ちたたく道具。❷うつ。つちで打ちたたく。
解字 篆文 形声。木＋追㊟。音符の追は、椎(ツイ)に通じ、つちの意味。木づちの意味を表す。

(14)10【槙】3623　囚　4374 4B6A
(14)10［槇］3624　テン 囮 diān　8402 7422
筆順 木 术 杧 植 槇
字義 こずえ。樹木のいただき。国まき。㋐暖地に自生するイチイ科の常緑高木。葉は平たい針状、五月に小花を開き、夏、葉の間に実を結ぶ。㋑ひのき。真木。
名乗 こずえ・しん・まき
解字 篆文 形声。木＋真(眞)㊟。音符の眞は、顚(テン)に通じ、いただきの意味。こずえの意味を表す。

(14)10【榻】3625　△　トウ(タフ) 囼 tà　6048 5C50
字義 こしかけ。ながいす。寝台。細長い寝台。国しじ(しぢ)。牛車(ギッシャ)の轅(ながえ)の軛(くびき)をささえる具。
解字 篆文 形声。木＋㬰㊟。音符の㬰(トウ)は、おおうの意味。おおいかぶさるような、大きな木のこしかけの意味を表す。
【榻△牀】(トウショウ)　こしかけ。寝台。
【榻布】(トウフ)　きめがあらくて厚い布。

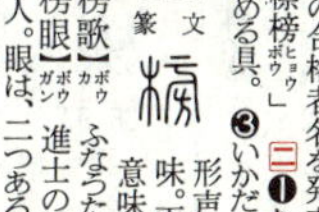
〔榻〕

(14)10【槃】3626　標　㊥ハン　㊣バン　寒 pán　6049 5C51
字義 ❶たらい(ひ)(たら)。両手でささげ持つ、平たいはち。❷たのしむ。また、たのしみ。❸めぐる。たちもとおる。とどまって進まないさま。
解字 甲骨文 金文 篆文 形声。木＋般㊟。音符の般は、大きいふねの意味。大きな舟の形をした、たらいの意味を表す。
【槃△虞】(ハング)　たのしみあそぶ。槃遊。
【槃△跚・槃散】(バンサン)　片足をひいて歩く。よろめく。

(14)10【榧】3627　△　ヒ 尾 fěi　6050 5C52
字義 かや。かやのき。イチイ科の常緑高木。葉は平たい針状、花は四月ごろ開き、実はなつめに似て白く、食用とし、また油をとる。
解字 形声。木＋匪㊟。音符の匪(ヒ)は、左右に開くの意味。針葉が扁平に左右に開いてついている、かやの意味を表す。

(14)10【榑】3628　△　㊥フ　㊣ブ　虞 fú　6052 5C54
字義 榑桑(フソウ)は、東方の日の出る所にあるという神木。扶桑。〔淮南子、覧冥訓〕国くれ。㋐まるた。山から切り出したままの木材。㋑薄板。へぎいた。
難読 榑山(くれやま)・榑族部(はあべ・はあらべ)・榑林(くればやし)
解字 篆文 形声。木＋専㊟。

(14)10【榜】3629　標　㊀㊥ホウ(ハウ)　養 bǎng　㊁㊥ホウ(ハウ)　㊣ヒョウ(ヒャウ)　敬　㊂㊥ホウ(ハウ)　㊣ビョウ(ビャウ)　庚 bēng　慣ボウ(バウ)　6054 5C56
字義 ㊀❶たてふだ。かけふだ。掲示板。特に、官吏登用試験の合格者名を発表する掲示板。❷かかげる(かかぐ)。掲示する。「標榜(ヒョウボウ)」㊁❶むち。むち打つ。❷かじ(かぢ)。かい。舟をこぎ進める具。❸いかだ。＝方。㊂ゆだめ。弓のまがりを正す具。

解字 篆文 形声。木＋旁㊟。音符の旁(ボウ)は、かたわらの意味。両側にそえて弓の曲がりをなおす、ゆみだめの意味を表す。

【榜歌】(ボウカ)　ふなうた。船頭のうた。

【榜眼】(ボウガン)　進士の試験(官吏登用試験)に二番で合格した人。眼は、二つあることから、二の隠語。

【榜人】(ボウジン)　せんどう。かこ。舟人。

【榜△笞】(ボウチ)　罪人をむちで打つこと。榜楚(ボウソ)。

【榜△掠】(ボウリャク・ボウリョウ)　罪人をむちうってきびしくせめる。

(14)10【榠】3630　△　㊥メイ　㊣ミョウ(ミャウ)　青 míng　6053 5C55
字義 榠樝(メイサ)は、果樹の名。木瓜(ぼけ)に似る。
解字 形声。木＋冥㊟。

(14)10【模】3631　教6　㊥ボ　㊣モ　虞 mó, ㋑mú　4447 4C4F
(15)11［模］3632
【橅】同字
筆順 木 杧 栉 模
字義 ❶かた。㋐のり。手本。法式。「規模」㋑いがた(鋳型)。同形の物を鋳造するための原型。また、ひながた。実物にかたどって作ったもの。「模型」㋒かたち。ありさま。「模様」❷まねる。のっとる。かたどる。似せる。「模造」❸→模糊。
名乗 のり
参考 現代表記では［摸］(2804)の書きかえに用いる。「摸索→模索」「摸写→模写」
解字 篆文 形声。木＋莫(莫)㊟。音符の莫(ボ)は、さぐり求めるの意味。同じ形のものを求めるための木型、【転じて、手本の意味を表す。
▼規模
【模△楷】(モカイ)　のり。てほん。法式。

【模擬】(モギ)　まねる。にせる。まねて実物のように見せる。摸擬(モギ)。

「模擬店」

【模型】①いがた。同じ形の物を鋳造するための原型。②ひながた。実物の形に似せて作ったもの。

【模△糊】はっきりしないさま。ぼんやりとしたさま。糢糊。「曖昧模糊」

【模効(效)・△模△倣】手本としてまねる。

【模刻】原本に似せて版木や石に彫ること。摸刻。

【模索】手さぐりで物をさがす。摸索。「暗中模索」

【模写(寫)】まねて書きうつす。似せて書く。摸写。

【模造】まねてつくる。似せて造る。摸造。

【模範】のり。てほん。模楷。模表。

【模倣】まねる。似せる。手本とする。模倣。

【模様(樣)】①ありさま。ようす。かたち。②あや。織物・染め物などのかざりにほどこす種々のかた。

(14)10【様】3633 教 3 ヨウ さま

(15)11〖樣〗3634 人 許 ヨウ(ヤウ) 漾 yàng

6075 5C6B　4545 4D4D

筆順 木 栏 样 样 様

字義 ❶さま。ありさま。かたち。ようす。状態。「同様」❷かた。㋐のり。手本。法式。㋑いがた。ひながた。㋒あや。もよう。「模様」❸しな。いろ。物品の質や種類。「多種多様」❹…のごとくに。…のように。国❶さま。㋐姓名・職名などの下につける敬語。㋑語の下につけて、ていねいにいう語。「御苦労様」❷ヨウ。㋐将来そのようにあれと希望する語。㋑ゆえ。わけ。㋒こと。ものごと。❸ざま。ありさま。ていたらく。

難読 様似

参考 ⇩殿(3842)の 参考

解字 文 篆 形声。木＋羕(羕)音。橡の正字で、とちの実の意味を表したが、相に通じ、ありさまの意味に用いる。

▼異様・模様

【様子】①みほん。②かた。形式。③国 ㋐なりふり。容姿。㋑ありさま。状態。具合。模様。㋒けはい。㋓理由。㋔旨。おもむき。

【様式】①一定の形式。かた。②かたち。すがた。

【様体(體)・様態】①なりふり。すがた。状態。②いかにもそれらしい様子をすること。③しかた。手段。④病気の状態。容体。

【様本】みほん。

(14)10【榕】3635 △ 漢 ヨウ 呉 ユウ 冬 róng　6055 5C57

字義 あこぎ。あこう。ガジュマル。熱帯に産する、クワ科の常緑高木。花は淡紅で、いちじくに似た実をつける。

解字 形声。木＋容音。

(14)10【榴】3636 標 漢 リュウ(リウ) 呉 ル 尤 liú　6056 5C58

〔橊〕本字

字義 ざくろ。果樹の名。幹には瘤が多く、枝には刺がある。六月ごろ、赤い筒形の花を開く。秋、実を結び、熟すると割れて中の種子があらわれる。「石榴」「柘榴」

難読 榴岡

解字 形声。木＋留音。

【榴火】ざくろの花の赤いのを、火にたとえていう。

(14)10【榔】3637 標 ロウ(ラウ) 陽 láng　［梆］4717 4F31

字義 檳榔・檳榔子は、熱帯に産する、ヤシ科の常緑高木。幹は直立して枝がなく、葉は幹の上部に群生する。渋味のある鶏卵大の実をつける。薬用・染料となる。

解字 形声。木＋郎音。

(14)10【梍】3638 △ ロウ 櫳(3747)の俗字。→五八六ページ。　6057 5C59

(14)10【槝】3639 国字 △　6047 5C4F

字義 かし。槝之浦は、鹿児島県阿久根市の地名。

解字 会意。木＋島。

(14)10【榊】3640 国字 標　［梻］2671 3A67

〔梻〕俗字

字義 さかき。㋐ツバキ科の常緑亜高木。枝葉は椿に似、五、六月ごろ黄白色の小花をつける。昔からその枝葉を神前に供える。㋑常緑樹の総称。ときわぎ。

解字 会意。木＋神。神を祭るときに用いる木、さかきの意味を表す。

(14)10【椣】3641 国字 △　6051 5C53

字義 ほくそ。椣川は、和歌山県日高郡の地名。

解字 会意。木＋票。票は票(㷗)の変形で、火の粉が舞いあがるの意味。木のもえがら、ほくその意味を表す。

(15)11【棤】3642 △ 漢 エイ(ヱイ) 呉 エ(ヱ) 霽 huì

字義 ひつぎ。小さな棺おけ。

解字 文 篆 形声。木＋彗音。音符の彗は、小さいの意味。小さなひつぎの意味を表す。

【棤車相望】小さな棺おけを載せた車が道に連なる意。戦死して帰る者の多いたとえ。〔漢書、韓安国伝〕

【棤△櫝】小さな棺おけ。小棺。

(15)11【横】3643 教 3 オウ よこ

(16)12〖橫〗3644 人 許 ㊀漢 コウ(クヮウ)・呉 オウ(ワウ) 庚 hēng ㊁漢 コウ(クヮウ)・呉 オウ(ワウ) 敬 hèng　1803 3223

筆順 木 栏 栏 構 横

字義 ㊀❶よこ。↕縦。㋐左右、または東西の方向。㋑よこて。よこあい。そば。かたわら。❷よこたわる。㋐よこになる。よこに長くねる。「横臥」㋑よこに長く連なる。たなびく。「横雲」㋒満ちあふれる。ふさがる。おおう。「横溢」❸よこたえる。㋐よこにおく。よこにねせておく。㋑よこにして身におびる。❹よこぎる。よこに通りぬける。「横断」❺まなびや。学校。＝黌。「横舎」❻よこぎ。門にさしわたす閂。㊁よこしま。道理に従わない。邪悪。また、ほしいまま。かってきまま。わがまま。「横暴」「横行」

難読 横川

解字 金 文 篆 文 形声。木＋黄(黃)音。音符の黄は、腰のよこに着ける帯び玉の意味。木を付し、よこの意味を表す。

▼従横・縦横・専横

【横△佚・横失・横逸】①自由自在に才知や弁舌をふるう。②かってにふるまう。

【横△溢】水などがみなぎりあふれる。

【横禍】思いがけぬ災難。

【横△臥】横になって寝る。

【横議】①かって気ままに議論する。②道理にそむいた議論。よこしまな議論。

【横逆】わがままで道理に従わないこと。

【横虐】わがままで人をいじめつける。

【横撃(擊)】①横から攻撃する。②思うがままに攻撃する。

【横行】①横に歩く。②ほしいままに歩く。わがもの顔に、いばって歩く。③ほしいままにふるまう。かって気ままに行動する。④広くあちらこちら歩く。また、あまねく世に行われる。

【横行△闊歩】思うままに大手をふってのし歩く。人に遠慮せず、かって気ままにふるまう。

【横死】災難などで天命をまっとうしないで死ぬこと。思いがけない死。変死。

【横△恣】わがまま。ほしいまま。横肆。

【横舎】オウシャ　学校。黌舎コウシャ。
【横生】オウセイ　①あふれ出る。②さかんに起こる。③横に向かってはえる。④人以外の物。万物。
【横政】オウセイ　民をしいたげる悪い政治。暴虐な政治。
【横絶】オウゼツ　よこぎる。よこぎり渡る。
【横△塞】オウソク　①みちふさがる。②オウサイ とりでを横ぎる。
【横著・横着】オウチャク　国①ずるいこと。②なまけること。③わがままかって。
【横笛】オウテキ・ヨウジョウ　よこぶえ。「ヨウジョウ」は「オウテキ」が「王敵」となるのを忌み、わざとなまったもの。
【横被】オウヒ　①あまねくゆきわたる。②不当に害を受ける。
【横柄】オウヘイ　国おごりたかぶること。態度が、いばって無礼なさま。
【横暴】オウボウ　わがままで乱暴なこと。
【横民】オウミン　よこしまな民。法令に従わない民。暴民。
【横目】オウモク　①人の目。人の目は横になっているからいう。「横目之民オウモクのたみ（人類）」②四の字の隠語。③国よこめ　㋐そばめ。わきみ。㋑いろめ。ながしめ。
【横流】オウリュウ　①ほしいままにあふれ流れる。②国よこながし　品物を正しい道すじをとおさずに他に転売すること。
【横領】オウリョウ　よこどりする。不法にうばい取って自分のものとする。

(15)11 【槶】3645　△カイ（クヮイ）　隊 guì　5990 5B7A
字義 かご。また、箱。国くぬぎ（櫟キレ）。
【椢】俗字
解字 篆文　形声。木＋國音。

(15)11 【概】(3602)　ガイ　概(3601)の旧字体。→五七四ジペー。

(15)11 【槨】3646　△カク（クヮク）　薬 guǒ　6058 5C5A
字義 ひつぎ。うわひつぎ。そとかん（外棺）。棺をいれる外箱。↔棺（うちかん）。「棺槨」
【椁】同字　5986 5B76
解字 篆文　形声。木＋郭音。音符の郭は、かこいの意味。棺の外をかこう、そとかんの意味を表す。篆文は、木＋𩫏音。音符の𩫏カクは、郭と同じ。

(15)11 【樂】(3554)　ガク　楽(3553)の旧字体。→五六九ジペー。　6059 5C5B

(15)11 【樌】3647　△カン（クヮン）　翰 guàn　6078 5C6E
字義 木がむらがり生える。＝灌カン。
解字 形声。木＋貫音。

(15)11 【槻】3648　囚 キ　支 guī　3648 4450
筆順 木 木 枎 椢 槻 槻
字義 ❶つき。ニレ科の落葉高木。欅けやきの一種。つきけやき。❷樊槻ハンキは、とねりこ。モクセイ科の落葉小高木。樹皮を秦皮シンピといい、収斂剤シュウレンザイ・解熱剤に用い、また、膠にかわを製する。
名乗 けや　難読 槻村つきむら・槻木つきのき
解字 形声。木＋規音。

(15)11 【樛】3649　△漢キュウ（キウ）　呉ク　尤 jiū　6060 5C5C
字義 ❶まがる。木の枝が曲がりたれる。❷めぐる。うねる。
解字 金文　篆文　形声。木＋翏音。音符の翏リョウは、ㄐキュウに通じ、まといつくの意味。まといつくしだれ木の意味を表す。

(15)11 【槿】3650　△漢キン　呉コン　吻 jǐn　6061 5C5D
字義 むくげ。もくげ。アオイ科の落葉低木。夏から秋にかけて、一重または八重の赤・白などの花を開くが、朝開いて夕方にはしぼむので、はかないことのたとえに引かれる。「木槿」「槿花一朝」
解字 形声。木＋堇音。
【槿域】キンイキ　朝鮮の別名。槿花が多いのでいう。
【槿花・槿華】キンカ　むくげの花。朝開いて夕方にはしぼむので、はかないこと・変わりやすいことにたとえる。
【槿花一日栄（榮）】キンカイチジツのさかえ　しばしの栄華のたとえ。唐、白居易の「放言」の詩に「槿花一日自為レ栄キンカイチジツおのずからエイをなす」とあるのに基づく。

(15)11 【権】3651　教6 ケン・ゴン　2402 3822
(22)18 【權】3652　漢ケン　呉ゴン　先 quán　［権］ 6062 5C5E
筆順 木 杧 栫 桥 権
字義 ❶はかる。㋐物の目方をはかる。㋑はかりごとにかける。謀略をほどこす。いつわる。❷はかりごと。謀略。「権謀」❸かり。㋐目的・結果は正しいが、その手段が常道に反すること。↔経。「権道」㋑臨機の処置。まにあわせ。方便。㋒かりそめ。一時。㋓一時的に他の官職を兼ねること。「権官」❹おもり。はかりの分銅。❺はかり。物の重さをはかる器具。「権度」❻つりあい。平均がとれること。均衡。「権衡」❼いきおい。力。勢力。物事を強制したり、処置する威力。「威権」「特権」❽はじまり。起こり。「権輿ケンヨ」　国ゴン。㋐そえ。正に対する副。定員外のかりにおいた職員。「権大納言ゴンダイナゴン」㋑地位が正式の者に準ずることを示す語。

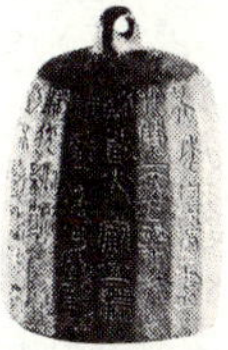

〔権④(秦代)〕

名乗 のり・よし
解字 篆文　形声。木＋雚(藋)音。音符の藋は、援に通じ、ひくの意味。はかろうとする物の重さと同じ重力で引く分銅の意味を表す。分銅を加減してはかるの意味や、転じて、権力の意味を表す。
▼越権・官権・棄権・公権・国権・債権・実権・集権・主権・職権・親権・人権・政権・専権・大権・特権・覇権・兵権・民権・利権
【権威】ケンイ　①人を強制し、服従させる力。権力と威勢。②国その部門で最高の水準に達した者。最高の専門家。泰斗タイト。オーソリティー。
【権益】ケンエキ　国権利と利益。
【権官】ケンカン　①権力のある官位。また、その人。②本官以外に仮に他の官職を兼ねること。兼官。③国ゴンカン　昔、定員以外に仮に任じた官。
【権貴】ケンキ　権力があって地位が高い人。
【権宜】ケンギ　①時と場合とに応じて適宜に処置すること。臨機応変のはからい。②一時の都合。
【権化】ゴンゲ　①仏仏・菩薩ボサツが衆生シュジョウを救うために、かりに姿を変えてこの世に現れること。また、その姿。②国ある特質や観念が、人の形を借りて現れていること。また、その人。「まじめの権化」
【権限】ケンゲン　国法令の規定に基づいて、その職務を行い得る範囲。権能。
【権現】ゴンゲン　①仏＝権化ゴンゲの①。②国㋐昔、神の尊号として用いたもの。神は仏が仮に姿を現したものという考えに基づく。㋑江戸時代、特に徳川家康いえやすをいう。
【権綱】ケンコウ　統治の大権。
【権衡】ケンコウ　①はかりのおもりと、さお。②つりあい。均衡。平均。③事物を品評する標準。比較。
【権豪】ケンゴウ　権力のすぐれた者。
【権詐】ケンサ　いつわり。ごまかし。権謀と詐術。
【権術】ケンジュツ　はかりごと。たくらみ。

〔権衡①〕

権謀術数の略。

【権制】(ケンセイ) ①権力と法制。力とおきて。②権力でおさえつける。③時世に適するように法などを定める。

【権勢】(ケンセイ) 人を強制し、服従させる力。権力と威勢。また、権力威勢のある人。

【権△戚】(ケンセキ) 権力のある、王室の身内。

【権度】(ケンド) ①はかりと、ものさし。②より従うべき規則。

【権道】(ケンドウ) その時その場に応じたやりかた。臨機応変の手段。方便。非常の場合、行為の目的・結果は正しいが、その手段が常道に反する一時的のやりかた。

【権能】(ケンノウ) ＝権限。

【権柄】(ケンペイ) 政治を行う権力。他を自分の思いのままに支配する権力。支配者の持つ、生殺与奪の権力。いきおい。ちから。権は、はかりのおもり、柄は、斧の「え」で、ともに事をなす本として手に握り持つもの。

【権変(變)】(ケンペン) ①その時その場の変化に応じて適宜に物事を処置すること。臨機応変の処置。②いつわり。ごまかし。ぺてん。

【権謀術数(數)】(ケンボウジュッスウ) たくみに人をあざむくはかりごと。権変の謀略。術・数は、はかりごと。権請術策。

【権門】(ケンモン) 官位が高く、権勢のある家。権家。

【権△輿】(ケンヨ) 物事のはじめ。衡を作るには権(おもり)から始め、車をつくるには輿(車の台)から始めるからいう。

【権要】(ケンヨウ) 権力のある重要な地位。また、その地位にあるもの。

【権利】(ケンリ) ①権力と利益。②物事をなし、またはなさぬことを得る資格。↔義務。③一定の利益を受けることを主張し得る資格。

【権量】(ケンリョウ) ①はかりと、ます。②くらべる。比較。

【権力】(ケンリョク) 人を押さえつけて、自由に支配する力。

(15)11【槔】3653　△ コウ（カウ）㊥豪 gāo　6063 5C5F
字義 ❶桔槔(ケッコウ)は、はねつるべ。柱の上に横木を渡し、その一端に石を、他の端につるべをかけ、井戸水をくみ上げるしかけ。❷木の名。㋐もっこく(木斛)。ツバキ科の常緑高木。㋑なんきんはぜ。トウダイグサ科の落葉高木。
解字 篆文　形声。木＋皋(皐)㊥。

(15)11【槲】3654　△ ㊥コク ㊥ゴク ㊥屋 hú　6064 5C60
字義 かしわ(かしわ)。ブナ科の落葉高木。樹皮に深い裂け目があり、葉は大きく、ふちは波状で、柏餅(かしわもち)を包む。柏(かしわ)。
解字 形声。木＋斛㊥。

(15)11【樝】3655　△ ㊥サ ㊥シャ ㊥麻 zhā
字義 木の名。㋐しどみ。くさぼけ。㋑山樝子は、さんざし。春、梅に似た白い花を開く。実は酸味があり、薬用、また食用になる。山査子。
解字 篆文　形声。木＋虘㊥。

(15)11【槧】3656　△ ㊀㊥セン・㊥ゼン ㊥琰 qiàn ㊁㊥サン・㊥ザン　6065 5C61
字義 ㊀㊁❶ふだ。昔、紙のなかった時代に文字を書くのに用いた、大きな木の札。❷手紙。書簡。また、文書。❸はんぎ。印刷するために文書・図画などを彫刻した木板。また、版木を用いて印刷した書籍。刊本。刻本。「槧本」
解字 篆文　形声。木＋斬㊥。音符の斬(ザン)は、きるの意味。文字を切り刻むためのふだの意味を表す。

(15)11【樟】3657　△ ショウ（シャウ）㊥陽 zhāng　3032 3E40
字義 くすのき。くす。暖地に自生する常緑高木。材は種々の器具を作るのに用い、また、特殊の芳香があって、樟脳(ショウノウ)を作る。
解字 形声。木＋章㊥。難読 樟葉(くずは)

(15)11【獎】3658　△ ㊥ショウ（シャウ）㊥ソウ（サウ）㊥養 jiǎng
字義 かじ(かじ)。かい。船をこぎ進める道具。
解字 形声。木＋將㊥。

(15)11【樅】3659　△ ㊥ショウ ㊥シュウ ㊥冬 cōng　6066 5C62
字義 ❶もみ。マツ科の常緑高木。山地に自生し、葉は線形で、初夏に花を開き、円柱状まり形の実を結ぶ。建築用材などとなり、クリスマス・ツリーともする。❷樅樅(ショウショウ)は、樹木の高くしげるさま。
解字 篆文　形声。木＋從㊥。音符の從(ショウ)は、たてにそびえるの意味。そびえたつもみの木の意味を表す。

(15)11【樞】(3339)　スウ　枢(3338)の旧字体。→五四八ページ。　6068 5C64

(15)11【槭】3660　△ ㊀シュク ㊥屋 qì ㊁㊥サク・㊥シャク ㊥陌 sè ㊥セキ　6069 5C65
字義 ㊀かえで(かえで)。もみじ。カエデ科の落葉高木の総称。葉は掌状で、秋、あざやかに紅葉する。楓(フウ)と混同されるが、別種。㊁かれる。葉がかれ落ちる。
解字 篆文　形声。木＋戚㊥。

(15)11【槽】3661　常 ソウ　㊥ソウ（サウ）・㊥ゾウ（ザウ）㊥豪 cáo　3369 4165
筆順
字義 ❶かいばおけ(かいばおけ)。牛・馬などの飼料を入れるおけ。❷おけ。水や酒などを入れる器。「水槽」❸さかぶね。酒を醸造する器。❹うす。茶をひくうす。❺とい。かけい。板で作った通水路。また、溝。
解字 篆文　形声。木＋曹(曹)㊥。音符の曹(ソウ)は、向きあうの意味。向きあう二対の面がある方形・長方形のおけの意味を表す。
▼浴槽
【槽△櫪】(ソウレキ) 馬のかいばおけ。櫪もかいばおけ。一説に、櫪は、うまやのふみ板。皁櫪(ソウレキ)。

(15)11【橾】3662　△ ㊀㊥ソウ（サウ）㊥ジョウ（ゼウ）㊥肴 chāo ㊁ショウ（セウ）㊥篠 jiǎo　6070 5C66
字義 ㊀❶あみ(網)。また、すくう。網ですくいとる。❷やぐら。沢の中の見張り所。㊁たつ(絶)。たえる。＝剿(ショウ)。「橾絶」
解字 篆文　形声。木＋巢㊥。

(15)11【槫】3663　△ ㊥タン ㊥ダン ㊥寒 tuán　6071 5C67
字義 ❶まるい(まるい)(円)。❷ひつぎ車。
解字 形声。木＋專㊥。

(15)11【樗】3664　△ チョ ㊥魚 chū　3584 4374
字義 ❶にわうるし(にわうるし)。しんじゅ(神樹)。ニガキ科の落葉高木。別名、臭椿(シュウチン)。古来、役に立たない木とされた。❷役に立たないもののたとえ。無用の長物。国❶おうち(あふち)。せんだん。暖地に自生する落葉高木。楝(レン)。❷ごんずい。ミツバウツギ科の落葉小高木。
解字 篆文　形声。木＋雩㊥。
【樗散】(チョサン) 役に立たないもの。無能の人物。樗櫟散木(チョレキサンボク)の

略。散木は、役に立たない木をいう。→樗櫟。

【樗蒲】ばくち。ちょぼいち。一つのさいころで勝負を争うもの。樗・蒲は、ともにさいに用いた。

【樗櫟】①樗も櫟も、ともに役に立たない木とされる。無用の材。〔荘子、逍遥遊、人間世〕②役に立たない人。無能の人物。「樗櫟散木」③自分の謙称。樗櫪。

(15)11 【樢】3665 △ チョウ（テウ） 嘯篠 niǎo 6088 5C78
字義 草の名。つた。＝蔦。
解字 形声。木＋鳥音。

(15)11 【樋】3666 標 漢トウ 呉ツウ 東 tōng ［樋］ 4085 4875
字義 木の名。国❶ひ。かけい。とい。竹や木でかけわたして水をひくもの。❷とい。とよ。㋐あまどい。屋根の雨水を受け集めて地上に流すもの。㋑かけい。＝❶。
解字 形声。木＋通音。国字としては、音符の通は、とおるの意味。水をとおす、ひ・といの意味を表す。 難読 樋脇

(15)11 【椿】3667 △ トウ（タウ） 江 zhuāng
字義 ❶くい（杙）。土中に打ちこむ長い棒。❷椿事は、出来事。
参考 〔椿〕は別字。日本で椿事と書いて、珍事の意とするのは、椿事の誤用といわれる。
解字 篆文  形声。木＋舂音。

(15)11 【樊】3668 △ 漢ハン 呉ボン 元 fán 6072 5C68
字義 ❶とりかご。「樊籠」❷まがき。垣根。「樊籬」❸かたわら。ほとり。❹きわ。はて。❺みだれるさま。「樊然」

解字 金文 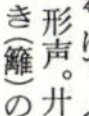 篆文  形声。廾＋棥音。音符の棥は、まがき（籬）の意味。廾は、両手をあげた形。両手でかこいの中に閉じこめるさまから、とりかごの意味を表す。

【樊噲】前漢の高祖（劉邦）の武将。鴻門の会において項羽の臣、范増のさしがねで高祖が殺されようとするのを救った。（?—前一八九）

【樊川】①陝西省西安市の南を流れる。別名、秦川。橘水の支流。②晩唐の詩人杜牧の号。

【樊籬】①まがき。かき。②転じて、学術・文章などの入り口。

【樊籠】①とりかご。②転じて、自由を束縛された境遇。官職や牢獄などのたとえ。〔晋、陶潜、帰二田園居一詩〕久在二樊籠裏一、復得レ返二自然一〈長い間、鳥かごのような束縛の中にいたが、ふたたびもとの自由さの中に帰ることができた〉

(15)11 【標】3669 教4 ヒョウ ヒョウ（ヘウ） 蕭篠 biāo 4124 4938
筆順 木 杅 栖 標 標
字義 ❶しるし。めじるし。また、旗。「標識」❷まと。めあて。しるべ。「目標」❸こずえ。また、高い枝。❹すえ。はし。また、いただき。❺はしら（柱）。❻てほん。みほん。代表となるもの。「標本」❼しな。品格。器量。❽しるす。書きあらわす。また、高くあらわす。目につくようにする。「標榜」国しめ。木をたて、なわを張ったりなどして場所を限るしるし。「標縄」
名乗 えだ・かた・こずえ・しな・すえ・しめき 難読 標津・標茶・標野・標葉
解字 篆文  形声。木＋票（㶾）音。音符の㶾は、火の粉が高く舞いあがるの意味。木の高いところ、こずえの意味を表し、転じて、高くて目につく目じるしの意味を表す。
▼指標・商標・道標・浮標・墓標・門標
【標記】しるしをつける。また、その記号。

【標挙（擧）】①高くあげる。あげ示す。②高くあがる。ぬきんでる。

【標語】国主義や宣伝すべきことがらの内容を要領よく表した短い語句。スローガン。モットー。

【標高】①高い。また、高い品格。②国海の水平面から地表のある点までの垂直の距離。海抜。

【標識】めじるし。しるし。

【標準】①他の手本となるもの。かた。模範。②めじるし。めあて。基準。

【標題】①書物の表に記されている書名。②国演説や演劇などの題目。

【標注・標註】書物の欄外に書き記した注釈。

【標的】①まと。めあて。目的。②手本。

【標点（點）】①めじるしの点。②めじるし。

【標榜】①人の善行を書き記してその人の門や戸口にかかげ、世人に示すこと。②自分の主義・主張などを公然とかかげ示すこと。

(15)11 【樒】3670 △ 漢ビツ・呉ミチ 慣ミツ 質 mì 6073 5C69
字義 じんこう。ジンチョウゲ科の常緑高木。熱帯地に産する香木。沈香。櫁の俗字。国しきみ。モクレン科の常緑小高木。山地に自生し、枝・葉・根・実すべて有毒。仏に供える。＝梻。
【櫁】同字 6074 5C6A
解字 形声。木＋密音。音符の密は、ひそかの意味。花は目立たないが、その芳香がひそかに広がるじんこうの意味を表す。

(15)11 【模】(3632) モ 模（3631）の旧字体。→五七六ページ。

(15)11 【槱】3671 △ 漢ユウ（イウ） 呉ユ 有宥 yǒu
字義 ❶やく。たく。木を積みあげてもやす。❷祭りの名。柴を焼いて天をまつる祭り。❸かがり火。祭りにたくかがり火。
解字 篆文  形声。木＋火＋酉音。

(15)11 【樣】(3634) ヨウ 様（3633）の旧字体。→五七七ページ。 6075 5C6B

(15)11 【樏】3672 △ 一ルイ 紙 lěi 二ルイ 隊 lèi
字義 一はち（鉢）。中仕切りのある、平たいはち。はち。二かんじき。雪や泥に足をふみこまぬため、木の枝や蔓などを曲げて輪にし、靴の下につけるもの。
解字 形声。木＋累音。

(15)11 【樓】(3590) ロウ 楼（3589）の旧字体。→五七三ページ。 6076 5C6C

(15)11 【樰】3673 国字 △
字義 ❶たら。樰沢は、姓氏。❷ゆき。樰沢は、姓氏。
解字 会意。木＋鱈省。国字の鱈の音を取り、たらのきの意味を表し、女房言葉では、「たら」を「ゆき」とも言うので、たらのきの意味で、「ゆき」とも読む。

(16)12 【樾】3674 △ 漢エツ（ヱツ） 呉オチ（ヲチ） 月 yuè
字義 ❶こかげ。樹陰。❷並木。街路樹。
解字 形声。木＋越音。

(16)12 【橫】(3644) オウ 横（3643）の旧字体。→五七七ページ。

12(16) 【樺】(3599) カ 樺（3598）の旧字体。五七四ページ。

12(16) 【橄】3675 △ カン 感 gǎn 6077 5C6D
字義 橄欖は、㋐熱帯原産のカンラン科の常緑高木。㋑

オリーブ。地中海原産のモクセイ科の常緑小高木。卵形の実を結び、食用となり、また、オリーブ油をとる。
解字 形声。木＋敢㊥。 難読 橄欖(オリーブ)・(ほるとのき)

(16)12 【機】 3676 教4 キ はた ㊥キ ㊦ケ 微 jī 2101 3521

筆順 機 機

字義 ❶はた。はた織りの道具。❷はじき弓の矢をとばすばね。❸からくり。しかけ。「機械」❹はずみ。物事の起こるきっかけ。「契機」❺きざし。物事の起ころうとするしるし。「機先」❻おり。しおどき。わかれめ。「機会」❼かなめ。物事の主要な部分。「枢機」❽はたらき。作用。活動。❾たくみ。たくらみ。また、いつわり。「機変」❿ひそか。また、秘密。「機微」

名乗 のり 難読 機関(からくり)・機織(はたおり)

使いわけ キ〔機・器〕
〔機〕精密な構造を持ち、複雑な原理で動くもの。「印刷機・電算機」
〔器〕単純な構造で、動きのほとんどないもの。「消火器・電熱器」
したがって、複雑なものと単純なものとがある場合は「計算機・計算器」のように書き分ける。比喩(ユヒ)的に用いる場合は「機械」を用いる。「機械的に処理する」なお、「機械・器械」についてもこれに準ずる。

解字 文 篆 形声。木＋幾㊥。音符の幾は、こまかいの意。こまかなからくりのしてある器具の意味を表す。

▼危機・軍機・契機・好機・事機・心機・枢機・戦機・待機・断機・転機・投機・動機・無機・有機

【機運】(キウン) 時のまわりあわせ。めぐりあわせ。とき。おり。

【機縁】(キエン) ①仏衆生(シュジョウ)の心の底に教えを受け入れるだけの能力が備わっていて、仏道に進む因縁(インネン)があること。機根と因縁。②とき。おり。きっかけ。

【機会(會)】(キカイ) ①ちょうどよい時。しおどき。チャンス。②運命を決定する、重要なわかれめ。

【機械】(キカイ) ①巧妙なしかけの器具。転じて、世渡りの知恵。また、いつわり。たくらみ。巧知。②武器の総称。③いろいろな動力によって、一定の仕事をするように造られたしかけ。↓ 使いわけ
【機関(關)】(キカン) ①活動のしかけをした機械。からくり。②種々に策略をめぐらす心の働き。心中のはかりごと。③熱エネルギーを動力に変える装置。エンジン。④個人または団体が、ある目的を達する手段として設けたしくみ。「報道機関」⑤その属する団体の意志を決定し、その活動を行う地位にある個人、または集団。

【機宜】(キギ) ①事のきざし。機微。②その場合に応じて、よろしきを得ること。ちょうどよい機会。

【機警】(キケイ) 物事のさとりの早いこと。

【機嫌】(キゲン) ①仏人のきらうこと。人のいやがること。②国㋐時機。場合。つごう。㋑ようす。安否。㋒気持ち。気分。おもわく。㋓気持ちのよいこと。

【機巧】(キコウ) ①たくみなしかけ。精巧な装置。②たくみに知恵を働かせること。いつわり。たくらみ。策略。

【機構】(キコウ) しくみ。組み立て。組織。

【機根】(キコン) 仏衆生(シュジョウ)の心の中に備わっていて、仏の教えによって発動する力。気根。

【機事】(キジ) 秘密の事がら。秘密の政務。

【機軸】(キジク) ①弩(ド)(はじき弓)のばねと、車の心棒。②転じて、中心となる、重要な箇所。また、地位。しくみ。工夫(クフウ)。

【機心】(キシン) いつわりたくらむ心。策をたくらむ心。投機の心。

【機枢(樞)】(キスウ) ①弩(ド)(はじき弓)のばねと、戸のとぼそ。②転じて、物事の最も大切な所。かんじんな所。かなめ。

【機先】(キセン) 物事の起ころうとする直前。また、相手の動こうとする直前。

【制㆓機先㆒】(キセンをセイす) 相手の先手をうって行動し、相手をおさえつけること。

【機知・機△智】(キチ) その場に応じて働く才知。人の意表をついて出る才知。きてん。頓知(トンチ)。

【機△杼】(キチョ) ①はたの杼(ひ)(横糸を通す具)。②はたおりのしごと。③工夫(クフウ)。特に、文章を作る工夫。

【機転(轉)】(キテン) 国気のきくこと。機知。◇気がきくことを意味する「機転」は「気転」とも書くが、現代では「機転」が一般的。

【機動】(キドウ) ①からくりが動く。②国㋐交戦の間およびその前後に軍隊が行う戦略・戦術上の諸行動。㋑状況に応じて敏速に行動すること。

【機能】(キノウ) はたらき。作用。能力。

【機微】(キビ) かすかなきざし。微妙なけはい。

【機敏】(キビン) すばしこい。頭がよく働いて、身の動きがはやい。

【機△辟】(キヘキ) 鳥獣を捕らえるあみなわ。〔荘子、逍遥遊〕

【機変(變)】(キヘン) ①たくらみ。いつわり。②臨機応変のはかりごと。

【機△鋒】(キホウ) ①するどいほこさき。②するどい気力や言葉。

【機密】(キミツ) ①重要で秘密なこと。枢機の秘密。②天子のそば近くの、重要な職務。

【機務】(キム) 重要な政務。大切な政治上の事務。

【機要】(キヨウ) かなめ。大切な事柄。

【機略】(キリャク) 臨機応変のはかりごと。機謀。

(16)12 【橘】 3677 人 ㊥キツ ㊦キチ 質 jú 2144 354C

筆順 橘 橘

字義 ❶みかんの一種。❷陰暦五月の別名。国たちばな。㋐こうじ。柑子蜜柑(コウジミカン)。普通のみかんより小さく、皮が薄くて、酸味が強い。㋑みかん類の総称。「柑橘(カンキツ)」㋒四姓の一つ。「源平藤橘(ゲンペイトウキツ)」

解字 文 篆 形声。木＋矞㊥。音符の矞(ツイ＝ツキ)は、おどかすの意味。人をおどかすようなとげのある、たちばなの意味を表す。

【橘△柚】(キツユウ) ①みかんと、ゆず。②みかん類の称。

【橘化為(爲)△枳】(キツ カして キとなる・たちばなカしてからたちとなる) 江南地方の橘を江北に移植すると、変化して、からたちとなると一般に信じられたことから、境遇によって人の性質が変化するたとえ。江南橘化為レ枳(コウナンのたちばなカしてからたちとなる)。〔晏子春秋、雑、下〕

(16)12 【橋】 3678 教3 キョウ はし ㊀㊥キョウ(ケウ) ㊦ギョウ(ゲウ) 蕭 qiáo ㊁キョウ(ケウ) 篠 jiǎo 2222 3636

【槗】俗字 【𣘺】俗字

筆順 橋 橋

字義 ㊀❶はし。川などにかけ渡して通路とするもの。❷はねつるべのよこぎ。❸たかい。＝喬(キョウ)。㊁ためる。また、もとる。＝矯(キョウ)。

名乗 たか 難読 橋作(はねくら)

解字 文 篆 形声。木＋喬㊥。音符の喬(キョウ)は、高いの意味。谷川に高くかけられた、はしの意味を表す。

▼架橋・艦橋・船橋

【橋架】(キョウカ) はしげた。橋板を支える材。また、はし。橋桁(キョウコウ)。

【橋頭】(キョウトウ) はしのほとり。橋のたもと。橋畔(キョウハン)。橋辺。橋津。

【橋頭△堡】(キョウトウホ) ①橋を守るため、その橋の前後に設けたとりで。②川・湖・海などの向こう岸で、味方の軍の渡過点を守り、作戦を有利にするための拠点。③足掛かり。

【橋△梁】(キョウリョウ) はし。川や谷などにかけ渡した橋。

(16)12 **【橇】** 3679 △ 一キョウ（ケウ） 蕭 qiāo 二漢セイ・呉サイ 霽 cuì　6082 5C72

字義 一二 ❶そり。雪の上を行くのに用いる乗り物。❷かんじき。雪や泥の上を歩くとき、すべったり落ちこんだりしないように、はきものにつけるもの。

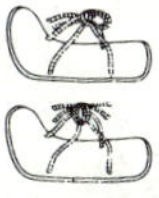

〔橇②〕

解字 形声。木＋毳音。音符の毳セイは、蕝ゼツに通じ、かんじきの意味。木で作った、かんじきの意味を表す。

(16)12 **【橛】** 3680 △ 漢ケツ 呉カチ（クヮチ） 月 jué

【橜】同字

字義 ❶くい。❷とじきみ。門の中央にたてる低いくい。❸きりかぶ。❹かぎ。❺くつわ。くつばみ。

解字 篆文 形声。木＋厥音。音符の厥ケツは、石を掘るの意味。石を掘って立てるくいの意味を表す。

【橛飾】ケツショク 馬のくつわと、それにつけるかざりひも。

(16)12 **【樶】** 3681 △ サイ 灰 zuī　6080 5C70

字義 ふし。木の節。

解字 形声。木＋最音。

(16)12 **【樲】** 3682 △ 漢ジ 呉ニ 寘 èr

字義 さねぶとなつめ（核太棗）。棗なつめの一種。枝に長い刺とげがある。果実は酸味があって、健胃剤などに用いる。「樲棘ジキョク」

解字 篆文 形声。木＋貳音。

(16)12 **【樹】** 3683 教6 ジュ 一漢シュ・呉ジュ 遇 shù 二漢シュ・呉ジュ 麌 shù　2889 3C79

筆順 木 朩 桔 樹 樹

【尌】俗字

字義 一❶き（木）。たちき。「樹木」❷くさき（草木）。植物の総称。❸たてる。へいを立てる。また、へい。二❶うえる（植）。「種樹」❷たてる。たつ。「樹立」

名乗 いつき・しげ・たつ・たつき・な・みき・むら

難読 樹懶なまけもの

使いわけ き〔木・樹〕⇩木(3285)。

解字 甲骨文 金文 篆文 形声。木＋尌音。音符の尌ジュは、樹の原字で、甲骨文では、木＋寸＋豆音。寸は、手の象形。音符の豆は、安定して立つたかつきの象形。樹木や農作物を手で立てて安定させる、うえる・たてるの意味を表す。

▼寒樹・種樹・大樹・芳樹

【樹陰】ジュイン ①こかげ。木のかげ。②木のしげみ。

【樹影】ジュエイ ①樹木の姿。②樹木のかげ。

【樹海】ジュカイ 国広大で海のような森林地帯。森林を海にたとえていう。

【樹下石上】ジュゲセキジョウ 仏木の下、石の上の意で、山野・路傍などに宿ること。出家の身の上。仏道の修行をすること。

【樹芸（藝）】ジュゲイ ①草木を植えつける。種芸。②五穀をいう。

【樹子】ジュシ ①天子の命令であと継ぎとなった諸侯の子。②木の実。

【樹脂】ジュシ 木のやに。

【樹梢】ジュショウ こずえ。樹杪ジュビョウ。

【樹畜】ジュチク 農業の仕事をいう。樹は、桑や麻を植えること、畜は、鶏や豚などの家畜を飼うこと。

【樹立】ジュリツ ①立つ。また、立てること。②しっかりと立つこと。③助けて立たせること。もりたてる。

【樹欲レ静（靜）而風不レ止】きしずかならんとほっすれどもかぜやまず 木が静かになろうとしても、風がやまず、木をゆり動かす。子が親に孝行をつくしたいと思う時には、親は死んで世にいないたとえ。風樹の嘆。〔韓詩外伝、九〕──、子欲レ養而親不レ待こやしなわんとほっすれどもおやまたず。〈──、子が親に孝行をしたいときには親はもうこの世にいない〉

(16)12 **【橡】** 3684 △ 漢ショウ（シャウ） 呉ゾウ（ザウ） 養 xiàng　3843 464B

字義 ❶とち。七葉樹。トチノキ科の落葉高木。葉は大形の掌状複葉で、七枚の小葉から成る。実は栗くりに似て、食用となり、材は板や器具に用いる。❷くぬぎ。また、その実。どんぐり。古名、つるばみ。❸橡皮は、ゴム。

解字 形声。木＋象音。

(16)12 **【樵】** 3685 △ 漢ショウ（セウ） 呉ジョウ（ゼウ） 蕭 qiáo　3033 3E41

字義 ❶きこり。そまびと。山林の樹木の伐採を業とする人。「樵夫」❷たきぎ。まき。そだ。雑木ゾウき。❸こる。きこる。山林の木を切る。たきぎを切り取る。「漁樵」❹やく。火ぜめにする。❺やぐら。物見やぐら。

解字 篆文 形声。木＋焦音。音符の焦は、火にあてて焼くの意味。たきぎ・たきぎをとるの意味を表す。

【樵歌】ショウカ きこりのうたう歌。樵唱。

【樵漁】ショウギョ きこりと漁夫。また、木を切り魚を取る。

【樵径（徑）】ショウケイ きこりの通う小みち。樵路。

【樵蘇】ショウソ 木を切り、草を刈る。また、きこりと、草かり。

【樵夫】ショウフ きこり。そまびと。樵子。樵者。樵父。

(16)12 **【樴】** 3686 △ 漢ショク 呉シキ 職 zhí

字義 くい。牛などの家畜をつなぐ棒ぐい。

解字 篆文 形声。木＋戠音。音符の戠ショクは、弋に通じ、くいの意味。木を付し、木のくいの意味を表す。

(16)12 **【橤】** 3687 △ 漢ズイ 呉ヌイ 紙 ruǐ

字義 ❶しべ。はなしべ。一説に、花。また一説に、実。❷たれる。また、たれるさま。

解字 形声。木＋惢音。

【橤橤】ズイズイ ①たれさがるさま。②花ごとに。どの花も、どの花も。

(16)12 **【樿】** 3688 △ 漢セン 呉ゼン 銑 shàn

字義 つげ。常緑小高木。材質が細かく堅くて、版木や、櫛くし・印材・将棋のこまなどに用いられる。黄楊つげ。

解字 篆文 形声。木＋單音。

(16)12 **【橧】** 3689 △ 一ソウ 蒸 zēng 二漢ショウ・呉ゾウ 蒸

字義 一昔の夏期の住居。柴しばや薪を積んでその上に造ったもの。「橧巣ソウソウ」 二ぶたごや。また、そのしきわら。

解字 形声。木＋曾音。

(16)12 **【樽】** 3690 標 ソン 元 zūn　［樽］3514 432E

【墫】同字 5251 5453　【罇】同字

字義 たる。酒だる。酒を入れるたる。＝尊。国たる。すべて、酒だると同じ造りの木製の容器をいう。

解字 形声。木＋尊音。音符の尊は、酒だるの意味。尊が、たっとぶの意味にも用いられたため、木を付し区別する。

【樽俎】ソンソ ①酒だると、牲いけにえの肉をのせる台。ともに宴会に用いる。②公式の酒宴。外交上の会見。

【樽俎折衝】ソンソセッショウ 宴会での交渉のうちに敵が突いて来るほこさきをくじき折る意で、外交上の交渉で国威をかがやかすこと。また、外交交渉のかけひき。〔新序、雑事一〕

【樽罍】ソンライ さかだる。罍は、雲雷を描いたたる。

(16)12 **【橢】** 3691 △ 漢タ 歌 tuǒ 慣ダ　6083 5C73

【楕】標準 3442 424A

字義 丸くて細長い。また、細長くする。「橢円」

参考 〔楕〕は同字で、印刷標準字体。
解字 篆文 形声。木＋隋㊜。音符の隋ダは、くずれるの意味。形が細長くくずれた木器の意味を表す。

(16)12 【橐】3692 △ タク 團 tuó
【槖】俗字
字義 ❶ふくろ。㋐小さい袋。㋑底のない袋。筒型の中に入れ両端をひもでくくる袋。❷ふいごう。かじ屋が火を起こす道具で、長方形のはこに取っ手をつけ、取っ手を出し入れして風を送るもの。
難読 橐吾つわぶき
解字 篆文 形声。橐省＋石㊜。音符の石は、宕タクの省略体で、中がからの意味。橐は、ふくろの意味。中ががらで、物を入れたら上下をしばる、ふくろの意味を表す。
【橐△駝】タクダ ①駱駝ラクダ。背に袋のような瘤こぶがあるからいう。②背骨の曲がる病気。また、その人。③転じて、植木屋。昔、郭という植木屋が背骨の曲がる病気であったことからいう。柳宗元に「種樹郭橐駝伝」の文がある。
【橐橐】タクタク 杵きねでたたく音。転じて、物音の高いさま。

(16)12 【橕】3693 △ ㊥トウ(タウ) ㊤チョウ(チャウ) 庚 chēng
字義 ささえ柱。支柱。また、ささえる。
解字 形声。木＋掌㊜。

(16)12 【橙】3694 標 ㊀㊥トウ ㊤ジョウ(ヂャウ) 庚 chéng ㊁トウ 徑 dèng 6084 5C74
字義 ㊀だいだい。みかんの一種。実は大きく、酸味が強い。食用となり、正月のかざりにも用いる。「黄橙」 ㊁いす。腰かけ。
解字 篆文 形声。木＋登㊜。
【橙黄△橘緑時】トウコウキツリョクの・トウオウキツリョクのとき だいだいが黄ばみ、みかんが緑色になる時節。初冬小春のころ。陰暦十月のころ。〔宋、蘇軾、初冬作贈二劉景文一詩〕

(16)12 【橦】3695 △ ㊀㊥トウ・㊤ドウ 東 tóng ㊁㊥ショウ・㊤シュウ 冬 chōng ㊂㊥トウ(タウ) ㊤ドウ(ダウ) 江 chuáng 6085 5C75
字義 ㊀❶木の名。雲南地方に産する。❷橦橦は、鼓つづみの音などの形容。㊁❶木切れ。❷つく（突）。㊂❶さお。はしら。❷はた。はたざお。❸ほばしら。
解字 篆文 形声。木＋童㊜。

(16)12 【橈】3696 △ ㊀㊥ドウ(ダウ) ㊤ニョウ(ネウ) 效 巧 náo ㊁㊥ジョウ(ゼウ) ㊤ニョウ(ネウ) 蕭 ráo 6086 5C76
字義 ㊀❶曲がった木。❷たわむ。まがる。曲げる。たわめる。❸しなやか。やわらか。❹くじく。弱める。くじける。❺みだす。みだれる。㊁かじ。かい。船をこぎ進める具。
解字 篆文 形声。木＋堯㊜。音符の堯ギョウは、弱に通じ、しなやかの意味。しなやかに曲がった木の意味を表す。
【橈敗】ドウハイ くじけやぶれる。乱れやぶれる。

(16)12 【橅】3697 △ ボ
模(3631)と同字。 国 ぶな。ブナ科の落葉高木。山野に自生する。山毛欅ぶな。

(16)12 【樸】3698 △ ㊀ハク 覚 pǔ ㊁ホク 屋 pú 慣ボク 6087 5C77
字義 ㊀❶あらき。まるき。切り出したままで、まだ加工しない木材。❷生まれたまま。きじ。自然のままの素質。❸かざりけがなくて、すなおなこと。誠実。「質樸」「樸実」❹じみ。はでないこと。質素。㊁むらがる。密生する。むらがりしげる小木。
解字 篆文 形声。木＋菐㊜。音符の菐ボクは、トクに通じ、ポクッと割れるの意味。ポクッと割れただけの木、手を加えない自然のままの木、きじの意味を表す。
【樸学(學)】ボクガク ①地味な学問。名誉や利益などを目的としない学問。②当面の実用にならない学問。③漢学をいう。
【樸厚】ボクコウ かざりけがなく人情にあついこと。
【樸質】ボクシツ かざりけがない。地味。質素。
【樸実(實)】ボクジツ かざりけがなく、まじめなこと。樸直。
【樸直】ボクチョク 地味で正直。樸実。
【樸△訥】ボクトツ かざりけがなく、口べたなこと。
【樸△陋】ボクロウ かざりけがなく、いなかじみている。樸鄙ボクヒ。

(16)12 【橑】3699 △ ㊀ロウ(ラウ) 皓 lǎo ㊁リョウ(レウ) 蕭 liáo
字義 ㊀❶たるき。棟から軒にわたし、屋根板などをささえる木。椽テン。❷きぎれ。雑木を小さく切ったもの。❸かさぼね。車の蓋おおいの骨組み。＝轑ロウ。㊁かさぼね。＝㊀の❸。
解字 篆文 形声。木＋尞㊜。

(16)12 【樫】3700 国字 標 1963 335F
字義 かし。ブナ科の常緑高木。材質が堅くて、器具などの製作に用いられる。
解字 会意。木＋堅。かたい木、かしの意味を表す国字。

(16)12 【橲】3701 国字 △ 6079 5C6F
字義 じさ。橲原じさばらは、福島県相馬郡の地名。

(16)12 【橳】3702 国字 △
字義 ぬで。橳島ぬでじまは、群馬県の地名。
解字 会意。木＋勝。ぬるでの別名、かちのきの「かち」を勝で表し、しかも、「ぬで」と読ませる国字。

(16)12 【橸】3703 国字 △ 6081 5C71
字義 まさ。木目もくがまっすぐ通っていること。正目まさ。＝柾
解字 会意。木＋晶。晶は、日本語で「まさ」と訓じるので、木を付し、まさの意味を表す。

(17)13 【檃】3704 △ ㊥イン ㊤オン 吻 問 yǐn
字義 ❶ためぎ。木材や弓などの曲がりを直す道具。❷ためる。曲がっているのをまっすぐに直す。
解字 篆文 形声。木＋隱省㊜。
【檃△栝】インカツ ためぎ。栝は、方形を正すもの。転じて、誤りを正すこと。

(17)13 【檐】3705 △ ㊀エン 塩 yán ㊁タン 勘 dàn 6089 5C79
字義 ㊀❶＝簷エン。のき。ひさし。屋根のふきおろした端。❷ひさしの形をしたもの。まびさし。かぶと・帽子などのひさし。㊁になう。かつぐ。＝担(擔タン)。
参考 字義の㊀の意味の熟語は、簷(5602)を見よ。→八二九ページ。
解字 篆文 形声。木＋詹㊜。音符の詹タンには、のきの意味の厃エンを含む。木を付し、のきの意味を表す。

(17)13 【檍】3706 △ ㊥ヨク ㊤オク(ヲク) 職 yì 6090 5C7A
字義 もち。もちのき。冬青。モチノキ科の常緑高木。材質が堅くて印材となり、皮から鳥もちを作る。
解字 篆文 形声。木＋意㊜。

(17)13 【檟】3707 △ ㊥カ ㊤ケ 馬 jiǎ
字義 ひさぎ。きささげ。楸シュウ。ノウゼンカズラ科の落葉高

木。昔、棺を作る材料とした。

解字 篆文 形声。木＋賈音。

【櫃△楚】カソ 人をこらしめるむち。櫃は、教えに従わない者を打つ、ひさぎのつえ。楚は、礼にたがった者を打つ、いばらのつえ。

(17)13 **【檜】** 3708 標 漢カイ(クヮイ) 呉ケ 泰 guì (kuài) 5956 5B58

[桧]俗字 4116 4930

字義 ❶ひのき。ひ。ヒノキ科の常緑高木。材は黄白色で、きめが細かく光沢があり、上質の建築用材となる。木材の中で最も用途が広い。❷棺の上のかざり。❸春秋時代の国の名。＝鄶カイ。

難読 檜原ひはら・ひばら・檜枝岐ひのえまた・檜前ひのくま・檜皮ひわだ

解字 篆文 形声。木＋會音。

【檜皮】ひはだ・ひわだ 国①ひのきの皮。屋根をふくのに用い、また薬用とする。②檜皮葺ひわだぶきの略。ひのきの皮でふいた屋根。

【檜皮色】ひわだいろ ひのきの皮のような黒味がかった赤色。

(17)13 **【檞】** 3709 △ 漢カイ 呉ケ 蟹 jiě

字義 ❶まつやに。松脂。❷やどりぎ。ヤドリギ科の常緑低木。

国 かしわ。槲かしわの誤用。

解字 形声。木＋解音。

(17)13 **【檥】** 3710 △ ギ 紙 yǐ

字義 船を出す用意をする。船の準備をする。ふなよそおい。＝艤ギ。

解字 篆文 形声。木＋義音。音符の義は、正しくよいの意味。木製の舟のしたくを正しく整えるの意味を表す。

(17)13 **【橿】** 3711 標 漢キョウ(キャウ) 呉コウ(カウ) 陽 jiāng 1964 3360

字義 ❶かし。樫かし。暖地に自生する、ブナ科の常緑高木。材質が堅く、船・車や器具などの用材となる。❷もち。冬青。モチノキ科の常緑高木。材質が堅くて印材となり、皮から鳥もちを作る。

難読 橿原かしはら・かしわら

解字 篆文 形声。木＋畺音。音符の畺キョウは、硬に通じ、かたいの意味。固い材質の木の意味を表す。

(17)13 **【檠】** 3712 △ 漢ケイ 呉ギョウ(ギャウ) 庚 qíng [檠] 6091 5C7B

字義 ❶ゆだめ。弓の曲がりをため直す道具。❷ためる。弓の曲がりをため直す。❸ともし火。灯火。また、ともしびたて。灯火を立てる台。灯架。燭台ショクダイ。「短檠」

解字 篆文 形声。木＋敬音。

(17)13 **【檄】** 3713 △ 漢ケキ 呉ギャク 慣ゲキ 錫 xí 6092 5C7C

字義 ❶めしぶみ。ふれぶみ。回状。昔、召集、またはふれを告げるときなどに、役所から人民に出した、木札の文書。特に急を要するときは鶏の羽をつけた。「羽檄」❷めしぶみ・ふれぶみの文書を発すること。❸文体の名。急を告げはげます文。

解字 篆文 形声。木＋敫音。音符の敫キャクは、うつの意味。木のふだに書かれた、心をうつふれぶみの意味を表す。

【檄羽】ゲキウ ＝檄文。

【檄書】ゲキショ ＝檄文。

【檄召】ゲキショウ 檄文で人を呼び集める。檄致。

【檄文】ゲキブン 急にふれだす回しぶみ。ふれぶみ。回状。

【飛レ檄】ゲキをとばす 急ぎの回状を四方にふれまわす。転じて、決起をうながすこと。

(17)13 **【檢】** (3508) ケン 検(3507)の旧字体。→五六六ページ。 6093 5C7D

(17)13 **【檎】** 3714 △ 漢キン・呉ゴン 慣ゴ 侵 qín 2473 3869

字義 林檎リンゴは、果樹の名。

解字 形声。木＋禽音。

(17)13 **【櫛】** 3715 △ シツ 櫛(3734)の俗字。→五八五ページ。 2291 367B

(17)13 **【檝】** 3716 △ シュウ 楫(3563)と同字。→五七一ページ。 6094 5C7E

(17)13 **【檣】** 3717 △ 漢ショウ(シャウ) 呉ゾウ(ザウ) 陽 qiáng

字義 ほばしら(帆柱)。マスト。「檣竿ショウカン」

解字 形声。木＋嗇音。

[艢]同字 7164 6760

【檣△竿】ショウカン 帆柱。

【檣頭】ショウトウ 帆柱のいただき。マストの上。

【檣楼(樓)】ショウロウ 軍艦の帆柱の上部にある物見やぐら。

(17)13 **【檀】** 3718 人 漢タン 呉ダン 寒 tán 3541 4349

筆順 木 … 檀

字義 ❶まゆみ。ニシキギ科の落葉亜高木。初夏に淡緑色の多くの小花をつけ、果実は熟すると、さけて赤い肉をあらわす。材質が強く、中国では車、日本では弓を作るに用いる。❷栴檀センダンの類。白檀ビャクダン・紫檀シタンなどの香木の略称。❸仏ほどこす。ほどこし。布施。梵語ボン dāna の略音訳。「檀那ダンナ」

名乗 せん

解字 篆文 形声。木＋亶音。

【檀越】ダンオツ・ダンオチ 仏施主セシュ。檀那ダンナ。檀は、ほどこし、越は、そのほどこしによって僧が貧窮の海を越える意。

【檀家】ダンカ 仏一定の寺院に属し、金や物を寄付して、その寺院の維持を助ける信徒の家。

【檀弓】ダンキュウ ①まゆみの木で作った弓。②ダングウ『礼記ライキ』の編名。③国まゆみ 檀樹の和名。弓の材となるからいう。

【檀紙】ダンシ・まゆみがみ 国和紙の一種。もと檀まゆみの樹皮の繊維で作り、今は多く楮こうぞを用いる。陸奥紙みちのくがみ。

【檀車】ダンシャ 戦争用の荷車。まゆみの木で車の輻やを作ったからいう。

【檀徒】ダント 仏檀家の人々。

【檀△那】ダンナ ①仏㋐ほどこす。ほどこし。布施フセ。梵語ボン dāna の音訳。㋑施主セシュ。金や物を施す信者を僧が呼ぶ称。檀越ダンオツ。②国＝旦那ダンナ。㋐主人。㋑目上の人を呼ぶ敬称。㋒夫おっと。㋓商人が得意客を呼ぶ称。

【檀板】ダンパン 楽器の名。拍子をとる板で、まゆみの木で作る。拍板。

【檀△欒】ダンラン 竹の美しいさま。竹が生長してしげるさま。

【檀林】ダンリン ①仏栴檀林センダンリンの略。㋐寺院。僧の住む所。㋑僧の学問所。②国江戸時代、西山宗因が始めた俳諧ハイカイの一派。談林。

(17)13 **【檉】** 3719 △ 漢テイ 呉チョウ(チャウ) 庚 chēng

字義 かわやなぎ。御柳ギョリュウ。ギョリュウ科の落葉小高木。針状で小さい葉が密生し、枝は糸のように下にたれ、五、六月ごろ、また秋に淡紅色の房状の花を開く。「檉柳テイリュウ」

解字 篆文 形声。木＋聖音。

(17)13 **【檔】** 3720 △ トウ(タウ) 漾 dàng [档] 5967 5B63

字義 ❶わく。木の枠。❷檔案は、役所の保存文書。

[档]俗字

解字 形声。木＋當音。

(17)13 **【檗】** 3721 △ 漢ハク・呉ヒャク 陌 bò 6101 5D21

[蘗]俗字 6102 5D22

字義 きはだ。山地に自生する、ミカン科の落葉高木。葉は羽状複葉、夏、

黄緑色の小花を開き、秋、球形の黒い実をつけ、薬用となる。また、幹の内皮は黄色で、染料・薬用となり、材は光沢があって、家具などになる。「黄檗(オウバク)」

解字 篆文 形声。木＋辟㊟。音符の辟(ヘキ)は、劈(ヘキ)に通じ、ひきさくの意味。その樹皮をさいて、染料・薬用とする木、きはだの意味を表す。

(17)13【櫟】3722　△　レキ　櫟(3737)の俗字。→下段。　6112 *5D2C*

(18)14【檿】3723　△　エン　㊖ yǎn

字義 やまぐわ(やまぐは)。クワ科の落葉高木。内皮で紙を作り、材は弓や車の轅(ながえ)などを作るのに用いる。檿桑(エンソウ)。

解字 篆文 形声。木＋厭㊟。

【檿弧】(エンコ) やまぐわで作った弓。

【檿糸(絲)】(エンシ) やまぐわの葉で育てた蚕の糸。琴などの弦を作るのに用いる。

(18)14【櫃】3724 標　㊥キ　㊦ギ　㊖ guì　6104 *5D24*

字義 ひつ。はこ。ふたつきの大型の木箱。＝柜(キ)・匱(キ)。

解字 形声。木＋匚＋貴㊟。匚は、はこの象形。音符の貴は、とうといの意味。とうとい物を入れる木の箱の意味を表す。

(18)14【檮】3725 標　㊥トウ(タウ)　㊦ドウ(ダウ)　㊖ táo　5977 *5B6D*

【梼】俗字 3778 *456E*

字義 ❶きりかぶ。木を切ったあとの根かぶ。❷おろか。無知のさま。

解字 篆文 形声。木＋壽㊟。

【檮杌】(トウゴツ) ①役に立たない木の名。②悪獣の名。一説に、瑞獣(ズイジュウ)(めでたい獣)の名。③悪人。凶悪な人物。④書名。春秋時代、楚(ソ)の国の歴史書。悪獣・悪木の名を取り、悪行を書き記していましめを残す意という。〔孟子、離婁下〕

(18)14【櫂】3726 標　トウ　棹(3526)と同字。→五六八ページ。　6105 *5D25*

(18)14【檸】3727　△　㊥ドウ(ダウ)　㊦ニョウ(ニャウ)　㊖ níng　6106 *5D26*

字義 檸檬(ドウモウ)は、レモン。果樹の名。英語 lemon の音訳語。

解字 形声。木＋寧㊟。

(18)14【檳】3728　△　ヒン　㊖ bīng　慣ビン　6107 *5D27*

【梹】俗字 5978 *5B6E*

字義 檳榔(ビンロウ)は、熱帯産のヤシ科の常緑高木。幹は直立して枝がなく、葉は幹の上部に群生する。渋味のある鶏卵大の実をつける。実を檳榔子(ビンロウシ)といい、薬用・染料となる。

解字 形声。木＋賓㊟。

難読 檳榔(あじまさ)・檳榔毛(びろうげ)

(18)14【樒】3729　△　ミツ　樒(3670)と同字。→五八〇ページ。　6074 *5C6A*

(18)14【檬】3730　△　㊥ボウ　㊦モウ　㊖ méng　6108 *5D28*

字義 ❶檬果(モウカ)は、マンゴー。果樹の名。英語 mango の音訳語。❷檸檬(ドウモウ)は、レモン。

解字 形声。木＋蒙㊟。

(19)15【櫞】3731　△　エン(ヱン)　㊖ yuán　6109 *5D29*

字義 枸櫞(クエン)は、果樹の名。また、その実。㋐まるぶしゅかん(丸仏手柑)。㋑レモン。

解字 形声。木＋緣㊟。

(19)15【檻】3732 標　㊥カン　㊦ゲン　㊖ jiàn, kǎn　6103 *5D23*

字義 ❶おり(をり)。猛獣・罪人などを入れておく。堅固なかこい。❷てすり。おばしま。欄干(ランカン)。❸いたがこい。船や車などの上を塀のように板で囲んだもの。❹わな。おとしあな。

解字 篆文 形声。木＋監㊟。音符の監は、見張るの意味。罪人・猛獣などを入れて監視する、おりの意味を表す。

【檻猿】(カンエン) おりの中のさる。自由を奪われた者のたとえ。〔唐、白居易、与二微之一書〕

【檻車】(カンシャ) 罪人や猛獣などを運ぶ、板囲いの車。おりぐるま。

【檻穽】(カンセイ) おりと、おとしあな。わな。

【檻送】(カンソウ) 罪人をおりに入れて送り届ける。檻致。

【檻輿】(カンヨ) 四方を板で囲んだこし(乗り物)。罪人を護送するもの。

(19)15【櫜】3733　△　コウ(カウ)　㊖ gāo

字義 ❶おおぶくろ。車の上において、甲冑(カッチュウ)・弓矢などの武具・武器類をおさめる、大きな袋。❷ゆぶくろ。弓ぶくろ。弓矢を入れる袋。櫜鞬(コウケン)。❸つつむ。また、つつみ。

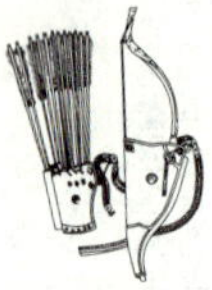

〔櫜鞬②〕

(19)15【櫛】3734　△　㊥シツ　㊦シチ　㊖ zhì　[櫛] 2291 *367B*

【櫛】標準　【楖】俗字

字義 ❶くし。髪の毛をすきとかす(具)。❷くしけずる(くしけづる)。髪の毛をすく。㋐髪の毛をすく。㋑けずる。けずり落とす。❸ならぶ。重なり合ってならぶ。「櫛比」

難読 櫛笥(くしげ)

解字 篆文 形声。木＋節㊟。音符の節(セツ)は、竹のふしの意味。節度よく並ぶ歯をもつ、くしの意味を表す。

【櫛櫛】(シツシツ) 連なり続くさま。立ち並ぶさま。

【櫛梳】(シツソ) 髪をすく。くしけずる。

【櫛比】(シッピ) くしの歯のように、すきまなく並ぶ。ぎっしり並ぶ。比は、並ぶ意。『詩経』周頌・良耜(リョウシ)に「其比如レ櫛(そのならぶことくしのごとし)」とあるのに基づく。

【櫛風沐雨】(シップウモクウ) 風で髪をくしけずり、雨で湯あみする。外にあって風雨にさらされながら苦労するたとえ。櫛雨。『荘子』天下編に「沐二甚雨一(ジンウにモクし)、櫛二疾風一(シップウにくしけず(づ)る)」とあるのに基づく。

解字 篆文

(19)15【櫝】3735　△　㊥トク　㊦ドク　㊖ dú

字義 ❶はこ。ひつ。ふたのある箱。また、箱に入れてしまう。おさめる。❷ひつぎ。棺。

解字 篆文 形声。木＋賣㊟。音符の賣(イク)は、出し入れするの意味。物を出し入れする木のはこの意味を表す。

(19)15【櫑】3736　△　㊀ライ　㊖ léi　㊁ライ　㊖ lěi　6110 *5D2A*

字義 ㊀たる。酒だる。罍(ライ)(5969)と同字。→八七五ページ。㊁櫑具は、剣の柄頭(つかがしら)のかざり。

解字 形声。木＋畾㊟。罍(5969)を見よ。

(19)15【櫟】3737 標　㊥レキ　㊦リャク　㊖ lì　6111 *5D2B*

【栎】俗字 6112 *5D2C*

字義 ❶くぬぎ。ブナ科の落葉高木。実は、どんぐり。材を薪炭(シンタン)とする。❷うつ(擊)。❸こする。国いちい(いちゐ)(一位)。イチイ科の常緑高木。材は、昔から笏(シャク)を作るのに用いた。

難読 櫟原(いちはら・くぬぎはら・ひらはら)・櫟本(いちのもと)

解字 金文 篆文 形声。木＋樂㊟。音符の樂は、どんぐりをつけたくぬぎの象形。木を付し、くぬぎの意味を表す。

(19)15 【櫚】3738 △ 漢リョ 呉ロ 魚 lǘ 6113 5D2D

字義 かりん。バラ科の落葉高木。インドの原産。木目細やかで紫檀に似、質は堅くて紅色を帯び、諸種の器具の材となる。

解字 形声。木＋閭㊥。

(19)15 【櫓】3739 標 漢ロ 呉ル 麌 lǔ 4706 4F26

字義 ❶たて。おおだて。大きな盾。❷やぐら。物見やぐら。❸ろ。船をこぎ進める具。＝艪。国やぐら。㋐武器倉。㋑木を高く組み上げて、太鼓などを打つ所。「櫓太鼓」㋒こたつの上を覆うわく。

解字 篆文 形声。木＋魯㊥。音符の魯は、露に通じ、あらわれてむきだしになるの意味。屋根がなく、むきだしになっている、物見やぐらの意味を表す。

【櫓声(聲)】ロセイ 船のろをこぐ音。

(19)15 【[木+箭]】3740 国字 △

字義 たも。[木+箭]山(たもやま)は、山形県村山市の地名。また、姓氏。

解字 会意。木＋箭。

【麓】→鹿部 一三六二ページ。

(20)16 【櫱】3741 △ ゲツ 蘖(6666)の正字。→九五五ページ。

(20)16 【櫬】3742 △ シン 震 chèn

字義 ❶ひつぎ。なきがらを直接おさめる棺。❷あおぎり。梧桐。❸木の名。むくげ。

解字 篆文 形声。木＋親㊥。音符の親は、したしむの意味。死体に最も近い内側のひつぎの意味を表す。

(20)16 【欄】3743 常 ラン 4583 4D73

(21)17 〔欄〕3744 人 許 ラン 寒 lán

筆順 木 … 欄

字義 ❶てすり。おばしま。「欄干」❷おり。獣などを飼う囲い。❸木を横に渡したしきり。かき。❹文章などを罫で囲んだもの。枠。「欄外」❺いげた。井戸の上の縁を木で四角に組んだもの。

解字 篆文 形声。木＋闌(闌)㊥。音符の闌は、門にさしわたして出入をさえぎる木の意味。木を付して、てすり・わくの意味を表す。

▼句欄・高欄

【欄外】ランガイ ①てすりのそと。欄干のかなた。②枠のそと。文章を囲む輪郭のそと。

【欄干】ランカン 闌干ランカン。①てすり。おばしま。欄檻ランカン。欄杆ランカン。②涙などのさかんに流れるさま。〔唐、白居易、長恨歌〕玉容寂莫涙欄干 梨花一枝春帯レ雨 訳文↓(五六四ページ)。

【欄杆・欄檻】ランカン ＝欄干の①。欄楯ランジュン。

【欄間】ランま 国天井と鴨居との間を、格子またはすかし模様のある板などでかざったもの。

(20)16 【櫪】3745 △ 漢レキ 呉リャク 錫 lì 6114 5D2E

字義 ❶かいおけ。かいばおけ。馬の飼料を入れるおけ。❷うまやのねだ。うまやの床下に渡す横木。うまやのふみ板。転じて馬小屋。❸くぬぎ(櫟)。木の名。❹指ひしぎ。指を責める刑具。

解字 篆文 形声。木＋歴㊥。音符の歴は、等間隔に並ぶの意味。等間隔に並べた木、指ひしぎ、うまやのねだの意味を表す。

【櫪馬】レキバ 馬小屋につながれている馬。転じて、束縛されて自由のない身。

(20)16 【櫨】3746 △ 漢ロ 呉ル 虞 lú 4007 4827

[枦]俗字 5937 5B45

字義 ❶ますがた。とがた。柱の上に設けた四角な木。❷柑橘類の一種。❸はぜ。はじ。ウルシ科の落葉高木。五、六月ごろ、黄緑色の小花を開き、花後、やや平たい実を結ぶ。実から蠟をとる。

解字 篆文 形声。木＋盧㊥。

(20)16 【櫳】3747 △ ロウ 東 lóng [櫳] 6057 5C59

[㰍]俗字

字義 ❶おり。獣を入れて飼うおり。❷れんじ窓。へやの格子窓。

解字 篆文 形声。木＋龍㊥。音符の龍は、つめこむの意味。けものをつめこんだ、おりの意味を表す。

(21)17 【櫻】(3416) オウ 桜(3415)の旧字体。→五五七ページ。 6115 5D2F

(21)17 【欅】3748 標 漢キョ 呉コ 語 jǔ 6116 5D30

字義 ❶けやき。ニレ科の落葉高木。材質が堅くて美しく、建築・器具製作の用材となる。❷かわやなぎ。こぶやなぎ。杞柳。水辺に生じる、ヤナギ科の落葉低木。春、黄白色の穂状の花をつける。

解字 形声。木＋擧㊥。

(21)17 【欂】3749 △ ハク 薬 bó

字義 ますがた。柱の上の、棟木をのせる方形の材木。国くれ。板材。＝榑。

解字 篆文 形声。木＋薄㊥。

(21)17 【欄】(3744) ラン 欄(3743)の旧字体。→上段。

(21)17 【櫺】3750 △ 漢レイ 呉リョウ(リャウ) 青 líng 6118 5D32

字義 ❶れんじ(櫺子)。窓やすてすりなどに取りつける格子。❷てすり。欄干。

解字 篆文 形声。木＋霝㊥。音符の霝は、つらなるの意味。格子がつらなる、れんじまどの意味を表す。

(22)18 【權】(3652) ケン 権(3651)の旧字体。→五七八ページ。 6062 5C5E

(23)19 【欑】3751 △ 漢サン 呉ザン 寒 cuán

字義 ❶つえ。竹を束ねた杖。❷むらがる。あつまる。樹木がむらがり生える。また、その木立ち。❸あつめる。

解字 篆文 形声。木＋贊㊥。音符の贊は、全に通じ、そろうの意味。そろいむらがる木の意味を表す。

(23)19 【欒】3752 △ ラン 寒 luán 6119 5D33

[栾]俗字

字義 ❶おうち。木の名。＝楝。❷ひじき。うでぎ。柱の上のますがたの一部で、上からの重みをささえる横木。❸まどか。まるい。＝團・圞。「団欒」❹あつまる。むらがる。❺ふたご。＝孿。❻欒欒は、からだのやせたさま。＝臠。

解字 金文 篆文 形声。木＋䜌㊥。

(23)19 【欐】3753 △ 一 漢レイ・呉ライ 霽 lì 二 リ 紙 lǐ

字義 一❶むね。棟。棟木。また、はり。うつばり。❷こぶね。小船。二欐佹は、㋐ささえ柱。支柱。㋑かさなる。かさねる。

解字 形声。木＋麗㊥。音符の麗は、きれいに並ぶの意味。

(25)21 【欛】3754 △ ハ 禡 bà

【欛】俗字 字義 つか。刀の手でにぎるところ。刀の柄。「欛柄」＝杷。
解字 形声。木＋覇㊥。
【欛柄】 ①刀のつか。刀のえ。②話のたね。話柄。

(26)22 【欝】3755 △ ウツ
鬱（8966）の俗字。→三三四ページ。
［欝］ 1721 3135

(26)22 【欖】3756 △ ラン 感 lǎn
字義 橄欖は、㋐カンラン科の常緑高木。㋑オリーブ。モクセイ科の常緑小高木。実から油をとる。
解字 形声。木＋覧㊥。
6120 5D34

(29)25 【欟】3757 国字 △
字義 つき。欅の古名。＝槻。
解字 会意。權（権）＋現省。「権」「現」を合わせて一字とし、権現をまつる神社によくある木、つきの意味を表す。
6122 5D36

【鬱】→鬯部 一三三四ページ。

4

欠部

〔部首解説〕 あくび。かける。欠を意符として、息を吐く・吸うなど口をあけること、また、そういう状態を伴う気持ちの動きに関する文字ができている。

欠 五八七　2 次 五八七　4 欧 五八七　欣 五八八　5 欨 五八八
6 欬 五八八　7 欵 五八八　欷 五八八　欲 五八八　8 款 五八九
欿 五八九　欹 五八九　欺 五八九　欽 五八九　欻 五八九
9 歆 五八九　歇 五九〇　歃 五九〇　10 歍 五九〇　歌 五九〇
歊 五九〇　歉 五九〇　11 歐 五九〇　歓 五九〇　歎 五九一
12 歙 五九一　歔 五九一　13 歛 五九一　歟 五九一　15 歠 五九一
18 歡 五九一

欽→缶部 八七四ページ。

(4)0 【欠】3758 教 4 ケツ かける・かく
㊀ (10)缶4 〔缺〕3759 漢ケツ 呉ケチ 闕 quē
2371 3767
6994 657E

㊁ (4)0 〔欠〕 △ 漢ケン・呉コン 陥 qiàn 慣ケツ・カン
筆順 ノ ㇀ ケ 欠
〔欽〕俗字
字義 ㊀〔缺〕❶かける。かく。また、かく。㋐一部分がこわれる。「残欠」㋑足りなくなる。不足する。「欠乏」㋒すたれる。❷かけ。㋐きず。㋑不足。不備。㋒官職などのあき。欠員。
㊁〔欠〕❶あくび。あくびする。「欠伸」❷かける。不足する。＝歉。❸税を納めないこと。国 カン。めべり。目方・分量が減ること。
難読 欠伸・欠唇・欠片
参考 現代表記では〔歉〕（3777）の書きかえに用いることがある。「間歉→間欠」
解字 ㊀〔缺〕 篆文 形声。缶＋夬㊥。缶は、かめの意味。音符の夬は、えぐるの意味。かめの一部がえぐられかけるの意味を表す。常用漢字の欠は、もと別字であるが、日本では缺の俗字として用いられた。
㊁〔欠〕 篆文 象形。人が口をあけている形にかたどり、口をあける・あくびの意味を表す。欠を音符に含む形声文字に厥・歟・蕨・蹶・闕などがある。

▼残欠・補欠
【欠(缺)遺】 欠き落とした所。欠け落ちている所。

【欠(缺)員】 定員に満たないこと。また、足りない人員。

【欠(缺)画(畫)】 ①天子や貴人・父祖などの名をはばかり、その文字の画を省くこと。孔子の名の丘を避けて、丘と書く類。闕筆。②文字の字画が欠けること。

【欠(缺)陥(陷)】 おちど。欠けて足らないこと。また、もの。不備。

【欠(缺)勤】 勤めに出ることを休むこと。

【欠(缺)航】 事故のために定期の船や飛行機が出ないこと。

【欠(缺)如】 ①欠けて不完全なさま。②不満足なさま。

【△欠剰(剩)】 不足と余り。

【△欠伸・△欠申】 あくびと背伸び。また、あくび。

【欠(缺)△脣・欠(缺)唇】 上唇が縦に裂けているもの。兎唇。欠口。

【欠(缺)然】 もの足りない（不満足な）さま。

【欠(缺)損】 ①かけそこなう。器物などがこわれる。②利益を失うこと。損をすること。

【欠(缺)乏】 物が不足する。とぼしい。不足。

【欠(缺)本】 叢書・全集などのひと揃いになっている本の中、欠けている本。また、冊数の全部そろっていない本。闕本。↔完本。

【欠(缺)漏】 かけもれる。ぬけ落ちているところ。不備な所。

(6)2 【次】3760 教 3 ジ・シ つぐ・つぎ
(6)2 〔次〕3761 シ 寘 cì 慣ジ
2801 3C21
筆順 丶 冫 冫 次 次
字義 ❶つぐ。続く。❷つぎ。二番目。第二位。「次席」「次男」❸ついで。㋐順序。「次第」「席次」㋑くらい。位置。㋒おり。とき。……しださい。❹ついず。㋐順序をつける。順序よく並べる。㋑編集する。❺やどる。やどり。やど。㋐軍隊が宿営する。また、その宿営地。陣屋。㋑宿泊する。宿屋。旅館。㋒星座。星のやどり。❻ところ。場所。❼うち（中）。あいだ。❽たび（度）。回数。また、回数を数える語。「二次会」❾とばりを張りめぐらした仮小屋。❿もや。喪に服するためのへや。⓫かつら。まげ。
名乗 ちか・なみ
難読 次官・次木
使いわけ つぐ〔次・継・接〕
〔次〕なにかの後に続く。「相次ぐ事件・社長に次ぐ地位」
〔継〕つなぎ続ける。また、うけつぐ。「夜を日に継ぐ・家業を継ぐ」
〔接〕切れ目をつなぐ。離れないようにつぎ合わす。「接ぎ木・骨「接ぎ」
解字 甲骨文 金文 篆文 象形。甲骨文でよくわかるように、人が吐息をついているさまにかたどり、ほっとしてやどるの意味を表す。また、斉に通じ、順序よく整えるの意味や、つぎにつづくの意味をも表す。次を音符に含む形声文字に、咨・姿・恣・茨・諮・資・趑・餈などがある。
▼位次・今次・順次・序次・漸次・逐次・途次・編次・旅次・列次・路次
【次韻】 他人の詩と同じ韻字を用いて詩を作ること。また、その詩。和韻の一つ。
【次舎】 ①宮中の詰め所。また、そこに詰める人。②宿る。また、とどまる。③軍隊の営舎。
【次序】 ①順序。②順序をつける。
【次第】 ①順序。②国㋐よし。わけ。由来。㋑事のぐあい・場合。㋒ただちに。即刻。即時に。「到着次第」㋓能・狂言などに用いられる七五調二句から成る歌謡。

(8)4 【欧】3762 常 オウ
1804 3224

(15)11
【歐】3763 一㊥オウ・㊦ウ 🅐ǒu 二㊥オウ・㊦ウ 🅐ōu　6131 *5D3F*

筆順 又 区 区 欧

字義 一❶はく(吐)。もどす。へどをはく。＝嘔。「欧吐」❷うつ(撃)。たたく。＝殴。二❶うたう。＝謳。❷かる。かりたてる。おいたてる。❸欧羅巴(ヨーロッパ)の略。欧州。転じて、広く西洋の意。

難読 欧羅巴(ヨーロッパ)

解字 篆文 形声。欠＋区(區)㊥。欠は、人が口をあけている形。音符の區は、区切るの意味。有害なものを区別して吐くの意味を表す。

【欧亜(亞)】(オウア) ヨーロッパとアジア。西洋と東洋。

【欧化】(オウカ) ヨーロッパの風俗・思想に感化されること。また、西洋かぶれすること。

【欧吐】(オウト) はく。もどす。へどをはく。嘔吐。

【欧美】(オウビ) ヨーロッパとアメリカ合衆国。美は、美利堅(メリケン)の略で、アメリカをいう。欧米。

【欧米】(オウベイ) ヨーロッパとアメリカ。単に西洋諸国の意にも用いる。

【欧陽△脩】(オウヨウシュウ) 北宋の政治家・文学者。字は永叔、号は六一居士、または酔翁。仁宗のとき参知政事となったが、王安石と意見が合わず、辞職した。詩文にたくみで、唐宋八大家の一人。唐の韓愈・柳宗元のあとをうけ、古文復興のために活躍した。著に『新唐書』『欧陽文忠公集』がある。(一〇〇七―一〇七二)

【欧陽△詢】(オウヨウジュン) 初唐の学者・書家。字は信本。経学・史学に通じ、隋に仕え、後に唐の高祖に仕えた。初め、王羲之の書風を学んだが、後に一家の書体を作った。編著に、『芸文類聚』がある。(五五七―六四一)

(8)4
【欣】3764 人 ㊥キン・㊦コン 🅐xīn 慣ゴン　2253 *3655*

筆順 丿 斤 斤 欣

字義 ❶よろこぶ。笑いよろこぶ。❷たのしむ。

名乗 やすし・よし

解字 篆文 形声。欠＋斤㊥。欠は、口をあけた形にかたどる。音符の斤は、物をこまかに切るための刃物の象形。喜びのため呼吸が小刻みになり、うきうきしてよろこぶの意味を表す。

【欣悦】(キンエツ) よろこぶ。

【欣快】(キンカイ) よろこばしい。また、うれしく思う。

【欣喜△雀躍】(キンキジャクヤク) よろこびのあまり、こおどりする。欣喜は欣熹とも書く。

【欣欣】(キンキン) ①よろこぶさま。②満足して楽しむさま。自得のさま。③草木の生き生きしているさま。〔文選、陶潜、帰去来辞〕木欣欣以向ㇾ栄(きはキンキンとしてもってエイにむかう(ふ))。

【欣求】(ゴング) 仏よろこんで(心の底から)願い求める。

【欣求浄(淨)土】(ゴングジョウド) 仏極楽浄土に往生することを願い求める。〔往生要集〕

【欣賞】(キンショウ) よろこびほめる。欣喜賞玩(キンキショウガン)。

【欣然】(キンゼン) よろこぶさま。欣欣然。

【欣服】(キンプク) よろこんで従う。悦服。

【欣慕】(キンボ) よろこびしたう。

(9)5
【欨】3765 △ ク 🅐xū

字義 ❶ふく。息をはく。❷なく(鳴)。❸あたためる。＝呴。

解字 篆文 形声。欠＋句㊥。欠は口をあけた人の象形。音符の句は、口をすぼめてフッと息を吹きつける音の擬声語。息をフッと吹きつけるの意味を表す。

(10)6
【欬】3766 △ 一カイ 🅐kài 二アイ 🅐ài 慣ガイ

字義 一❶せき。しわぶき。＝咳。強いせき。(軽いせきを謦という)❷せきばらいする。❸さざめく。談笑する。❹風邪。また、喘息。二おくび。げっぷ。

解字 甲骨文 篆文 形声。欠＋亥㊥。音符の亥は、せきの擬声音。

【欬△嗽】(ガイソウ) せき、しわぶき。嗽も、せき。咳嗽。

【欬△唾】(ガイダ) せきをしてつばをはく。また、そのつば。長者のことばを敬って言う語。→咳唾成ㇾ珠(二〇一ページ)。

【欯】→缶部 八七四ページ。

(11)7
【欸】3767 △ 一アイ 🅐āi 二カイ 🅐　6123 *5D37*

字義 一❶しかる。そしる。❷なげく。❸ああ。＝唉。㋐うらむ声。㋑そのとおりと肯定する語。相応ずる声。㋒そうではないと否定する語。二いかる。また、その声。

解字 篆文 形声。欠＋矣㊥。

【欸△乃】(アイアイ・アイダイ・アイナイ) ①舟にさおさして相応ずる声。また、櫓のきしる音。〔唐、柳宗元、漁翁詩〕煙銷日出不ㇾ見ㇾ人(けむりきえひいでてひとをみず)、欸乃一声山水緑(アイダイイッセイサンスイみどりなり)〈舟をこぎ出す櫓の音が一声ひびき渡ると、目に映るのは山水の緑だけ。朝もやが消え日があがり、あたりには人の姿は全く見えない〉②転じて、舟歌。また、漁夫の歌。③きこりの歌。

(11)7
【欷】3768 △ ㊥キ・㊦ケ 🅐xī　6124 *5D38*

字義 ❶なく。むせびなく。すすりなく。すする。「欷泣」❷なげく。「欷吁」❸おそれるさま。

解字 篆文 形声。欠＋希㊥。

【欷△歔】(キキョ) すすり泣く。すすり泣き。歔欷。

(11)7
【欲】3769 教6 ヨク ほっする・ほしい ヨク 🅐yù　4563 *4D5F*

筆順 八 谷 谷 欲

字義 ❶ほっする。㋐むさぼる。「貪欲」㋑願う。望む。❷ほっす。⇩助字解説 ❸ヨク。欲望。情欲。＝慾。❹仏梵語rajasの訳。色・声・香・味・触・法の六塵を願い求める意。国ほしい。

助字解説 ほっす。㋐状態を表す。……になろうとする。しようとする。〔唐、杜甫、絶句詩〕山青花欲ㇾ然(やまあお(を)くしてはなもえんとほっす)〈山は一めん青葉で花はまっかに燃えあがろうとしている〉㋑……したいと思う。〔史記、項羽本紀〕欲下呼二張良一与倶去上(チョウリョウをよびてともにさらんとほっす)〈張良を呼んで一緒に立ち去りたいと思った〉㋒……が望ましい。〔論語、里仁〕君子欲下訥二於言一而敏中於行上(クンシはゲンにトツにしておこないにビンならんとほっす)。〈君子は口がへたであっても、行動は素早くありたい〉

難読 欲賀(おしか)

参考 現代表記では〔慾〕(2276)の書きかえに用いる。「無慾→無欲」「慾情→欲情」

解字 篆文 形声。欠＋谷㊥。音符の谷は、容に通じ、物を入れるの意味。欠は、人が口をあけた形。物を口に入れようとするさまから、ほしいの意味を表す。

▼愛欲・意欲・寡欲・禁欲・強欲・財欲・色欲・情欲・私欲・肉欲・物欲・利欲

【欲火】(ヨッカ・ヨクカ) 仏火のようにはげしい欲情。慾火。

【欲界】(ヨッカイ・ヨクカイ) 仏三界(色界・無色界・欲界)の一つ。欲心のさかんな世界。人間社会をいう。

【欲海】(ヨッカイ・ヨクカイ) 仏情欲の広く深いのを海にたとえていう。

【欲情】(ヨクジョウ) ①愛欲の心。色欲の情。慾情。②欲心。

【欲心】(ヨクシン) ものをほしがる心。欲念。慾心。

【欲念】(ヨクネン) ＝欲心。

【欲望】(ヨクボウ) ①ほしがること。②ほしいと思う心。慾望(ヨクボウ)。

(12)8 【款】3770 常 カン　カン(クヮン) 漢 kuǎn　2030 343E

筆順 士 𡋽 𡌡 款

【欵】俗字

字義 ❶のぞむ。ねがう。❷よろこぶ。楽しむ。❸まこと。真心。❹まじわる。したしむ。真心をもって親しむ。友好関係。よしみ。❺いたる(至)。また、とどまる。❻たたく。案内を求めて門をたたく。❼きざむ。ほる。しるす。また、金石などにきざみこむ。「落款」❽むなしい。空虚。❾ひろい(広)。❿ゆるやか。遅い。⓫なげく。⓬ひとまとまり。法律文などの箇条書き。条目。「定款」「約款」⓭(歳入・歳出の予算・決算で)部の下、項の上に位する科目。「款項目」

名乗 すけ・まさ　難読 款冬(ふき・やまぶき)

解字 篆文 会意。欠＋祟(祟・柰)音。欠は、大きな口をあけた人の象形。祟は、たたりの意味。柰は、紅色ののりんごの意味。人が何かの対象(祟・柰)に対して、開放的に大きな口をあけ、しかも、かざりけがないさまから、よろこぶ・まこと・親しむの意味を表し、声を出しながら門をたたくの意味を表す。また、鐘鼎(テイショウ)などに口をあける、きざむの意味や、刻まれた法律文の条項の意味をも表す。この字には意味の多様と字形の不明が原因して定説がない。

▼交款・借款・通款・定款・約款・落款

【款愛】(カンアイ) いつくしみ愛する。

【款款】(カンカン) ①忠実な(真心をこめる)さま。②ゆるやかなさま。③ひとりで楽しむさま。

【款曲】(カンキョク) ①いりくんだ事がら。委曲。②うちとけて交わること。ねんごろに親しむこと。

【款言】(カンゲン) そらごと。でたらめ。空言。

【款晤】(カンゴ) うちとけて語る。晤は、対談する。

【款語】(カンゴ) うちとけて語る。懇談する。

【款交】(カンコウ) したしく交わる。したしい交わり。

【款項】(カンコウ) ①条項。項目。②款と項。→字義の⑬。

【款狎】(カンコウ) したしくなれあう。近づき親しむ。

【款識】(カンシ) 鐘や鼎(かなえ)などの銅鉄器に刻んだ文字。款は、陰文で平面よりくぼんで刻む文字。識は、陽文で平面より高く刻む文字をいう。

【款誠】(カンセイ) 真心。誠心。

【款然】(カンゼン) うちとけて(また、真心から)人に接するさま。

【款待】(カンタイ) 手厚くもてなす。優待。

【款冬】(カントウ) ふきの別名。款は、たたく意。冬に氷をたたき破って生えるのでいう。款東。款凍。

【款服】(カンプク) ①心から服従する。②伏罪すること。

【通レ款】(カンをツウず) 他国によしみを通ずる。敵に内通する。

【納レ款】(カンをいる) 通レ款。→前項。

(12)8 【歁】3771 △ 漢カン 呉ガン 感 kǎn

字義 ❶もとめる(もとむ)。❷うれえる。❸あきたらない。歁然は、不満足なさま。❹あな(穴)。＝坎(カン)。

解字 篆文 形声。欠＋臽音。音符の臽(カン)は、おちこむの意味。気がめいって救いを求めなげくの意味を表す。

(12)8 【欹】3772 △ 一イ 支 yī　二キ 支 qī　6126 5D3A

字義 一ああ。嘆息することば。＝猗(イ)。二そばだてる(そばだつ)。かたむける。また、かたむく。かしぐ。＝攲(キ)。

解字 形声。欠＋奇音。

【欹危】(キキ) かたむいて危ないさま。攲危(キキ)。

【欹傾】(キケイ) かたむく。攲傾(キケイ)。

【欹側】(キソク) かたむく。ななめになる。傾斜。攲側(キソク)。

【欹枕】(キチン) 枕(まくら)を傾けて聞く。また、枕もとで耳を傾ける。一説に、枕に横たわったまま聞く。〔唐、白居易、香炉峰下…偶題二東壁一詩〕

(12)8 【欺】3773 常 ギ あざむく　キ 支 qī　慣ギ　2129 353D

筆順 一 卄 其 欺

字義 ❶あざむく。いつわる。だます。「詐欺」❷いつわり(いつはり)。うそ。❸あなどる。しのぐ。けいべつする。❹むさぼる。

解字 篆文 形声。欠＋其音。欠は、人が口をあけた形にかたどる。其(キ)は期に通じ、まつの意味。期待したものが得られなくなって、あいた口がふさがらないさまから、あざむくの意味を表す。

▼詐欺・面欺

【欺誑】(ギキョウ) あざむきたぶらかす。

【欺詐】(ギサ) あざむきいつわる。

【欺負】(ギフ) あざむきそむく。だます。

【欺誣】(ギフ) あざむく。だます。たぶらかす。

【欺騙】(ギヘン) だます。ぺてんにかける。騙も、だます。

【欺慢・欺謾】(ギマン) あざむき、あなどる。だます。

【欺瞞】(ギマン) あざむく。だます。瞞も、だます。

【欺惑】(ギワク) あざむきまどわす。

(12)8 【欽】3774 人 漢キン 呉コン 侵 qīn　2254 3656

筆順 丿 𠂉 金 欽

字義 ❶あくびするさま。❷つつしむ。ひかえめにする。また、うやまう(うやまふ)。❸天子に関する物事に冠して敬意を示す語。「欽定」❹たれる。下がる。かがめる。

名乗 ひとし・まこと・よし

解字 金文 篆文 形声。欠＋金音。音符の金は、含などに通じ、含み覆うの意味。欠は、あくびの意味。口をあけるのをこらえて、あくびするさまから、つつしむの意味を表す。

【欽仰】(キンギョウ) うやまいあおぐ。うやまいしたう。

【欽欽】(キンキン) ①鐘の音のさま。②思い望むさま。思慕して忘れる時がないさま。③つつしむさま。④うれえるさま。

【欽差】(キンサ) ①天子の使者。②公使。

【欽尚】(キンショウ) うやまいとうとぶ。欽崇。

【欽羨】(キンセン) したいうらやむ。

【欽勅(敕)】(キンチョク) 天子のみことのり。仰せ。

【欽定】(キンテイ) 天子が決めること。また、勅命によってえらび定めること。「欽定憲法」

【欽天監】(キンテンカン) 天文測候をつかさどる役所。唐代には司天台といい、宋代(ソウダイ)には司天監といい、明代(ミンダイ)に、欽天監と改めた。

【欽慕】(キンボ) うやまいしたう。仰慕。景慕。

【欽明】(キンメイ) つつしみ深くて道理に明らかなこと。

(12)8 【欻】3775 △ 漢クツ 呉クチ 物 hū, xū

【歘】同字

字義 ❶吹きおこる。❷にわかにおこる。❸たちまち。にわかに。欻忽(クッコツ)。欻然。欻吸。❹軽く上がるさま。

解字 篆文 会意。欠＋炎。欠は、大きな口をする形にかたどる。炎は、ほのおの意味。火を吹きおこすの意味を表す。

(13)9 【歆】3776 △ 漢キン 呉コン 侵 xīn

字義 ❶うける(うく)。㋐神が祭事に満足して供え物を受ける。㋑よろこんで人のもてなしを受ける。❷うごく(動)。❸よろこぶ。＝欣(キン)。❹むさぼる。

解字 篆文 形声。欠＋音㊔。音符の音は、音楽の意味。欠は人が口をあけた形にかたどる。神が祭りのときの音楽などに感じ、喜んでうけるの意味を表す。

【歆享】キンキョウ 祭事が神意にかなって、神が供え物を受けること。［歆饗］。

【歆羨】キンセン ほしがってうらやむ。望みしたう。

(13)9【歇】3777 △ 漢ケツ 呉ケチ 月 xiē 6128 5D3C

【歇】俗字

字義 ❶やすむ（休）。いこう（息）。❷やどる。寝る。❸つきる（尽）。やむ。❹むなしい。ない。

参考 現代表記では［欠］（3758）に書きかえることがある。「間歇→間欠」

解字 篆文 形声。欠＋曷㊔。音符の曷カは割に通じ、切るの意味。仕事をうちきってやすむの意味を表す。

【歇後】ケツゴ ある成語の下の語を略して、成語全体の意を示す方法。例えば、『論語』為政編の「友于兄弟（ケイテイにユウに）」の「友于」を取り、兄弟いつくしみ合って仲よくする意に用い、また、紅於（コウオ）が紅葉（もみじ）を意味するのは、杜牧（トボク）の山行詩「霜葉紅於二月花（ソウヨウはニガツのはなよりもくれない（あ）なり）」の「紅於」をとった類。後略語ともいう。

【歇息】ケッソク やすむ。休息する。

(13)9【歃】3778 △ 漢ソウ（サフ） 呉ショウ（セフ） 洽韻 shà 6129 5D3D

字義 ❶すする。吸って飲む。歃盟は、血をすすってちかうこと。一説に、血を口のはたにぬってちかうこと。→歃血。❷さしこむ。さしはさむ。＝插ソウ。

解字 篆文 形声。欠＋臿㊔。音符の臿ソウは吸に通じ、すいこむの意味。人が口を大きくあけてすいこむ、すするの意味を表す。

【歃血】ソウケツ 昔、諸侯の間で約束を結ぶとき、犠牲（いけにえ）を殺し、たがいにその血をすすり合って（一説に、口のまわりにぬって）違背しないことを盟（ちか）ったこと。

(14)10【歍】3779 △ ㊀漢オ（ヲ）・呉ウ 虞 wū ㊁オウ（アウ） 陽 yāng

字義 ㊀❶はく（吐）。もどす。❷ああ。嘆く声。＝嗚オ。㊁むせぶ。すすり泣く。

解字 篆文 形声。欠＋烏㊔。音符の烏ウは、擬声語。欠は、口をあけるの意味。むかついてはくの意味を表す。

(14)10【歌】3780 教2 カ うた・うたう 1846 324E

カ 歌 gē

筆順 可 哥 歌

【訶】同字 7572 6B68

字義 ❶うたう。㋐歌をうたう。声にふしをつけてうたう。また、音楽に合わせてうたう。㋑歌に作る。㋒鳥がさえずる。❷うた。音楽に合わせて、うたうように作った韻文。❸詩の一体。古詩の一種。

国 うた。やまとうた。和歌。

難読 歌志内（うたしない）・歌燿（かがい）・歌枕（かつらぎ）

使いわけ うたう［歌・謡］

［歌］一般に歌をうたう場合。「歌い手」

［謡］謡曲をうたう。「謡い物」

解字 金文 篆文 形声。欠＋哥㊔。音符の哥カは、歌の原字で、うたうの意味。欠は口をあけるの意味。人が口をあけ大きな声でうたうの意味を表す。

▼詠歌・緩歌・狂歌・漁歌・弦歌・国歌・詩歌・清歌・俗歌・短歌・長歌・反歌・牧歌・連歌・和歌

【歌詠】カエイ うた。また、声を長くしてうたう。

【歌媛】カエン うたひめ。うたいめ。歌女。

【歌筵】カエン 歌い興ずるさかもりの席。

【歌謳・歌嘔】カオウ （声をそろえて）うたう。

【歌楽（樂）】❶カガク ①歌と音楽。❷カラク 歌って楽しむ。

【歌管】カカン 歌声と笛の音。歌と器楽。管は、管楽器。〔宋、蘇軾、春夜詩〕歌管楼台声寂寂（カカンロウダイこえ（あ）セキセキ）、鞦韆院落夜沈沈（シュウセンインラクよるチンチン）〈歌や管弦の音がひびきわたっていた高殿も、すっかりさびしく静まりかえっている。ぶらんこのある中庭に、夜は静かにふけてゆく〉

【歌妓】カギ うたいめ。歌姫。

【歌曲】カキョク ①うた。うたのふし。②声楽のための曲。

【歌呼】カコ ①歌とはやし。②歌ったりはやしたりする。

【歌哭】カコク ①うたい泣く。②吉事には楽しんで歌い、凶事には悲しんで泣く。

【歌什】カジュウ ①詩歌。②歌集。什も、詩歌。

【歌頌】カショウ 功徳をほめたたえる歌。また、それを歌うこと。

【歌鐘】カショウ 楽器の一種。歌の調子を整えるもので、十六の鐘を一つの虡業（キョギョウ）（鐘かけ）にかけたもの。

【歌吹】カスイ 歌をうたい、楽器を吹きならす。また、歌と吹奏楽器。

【歌扇】カセン うたいめの持つおうぎ（うちわ）。昔、美女が扇で顔をおおって歌ったのをいう。

【歌壇】カダン 国歌よみの仲間。歌人の社会。

【歌舞】カブ ①うたいまう。また、歌と舞。②歌い舞って、人の功徳をほめたたえる。③歌い舞って、歓楽をほしいままにする。

【歌舞伎】カブキ ①歌やまいをする芸人。わざおぎ。②国㋐歌舞を演奏すること。㋑江戸時代から行われた、歌と踊りの要素の多い劇。歌舞伎芝居。

【歌謡（謠）】カヨウ うた。また、うたう。楽器に合わせてうたうのを歌といい、楽器に合わせないでうたうのを謡という。

【歌留多】カルタ 国ポルトガル語 carta の音訳。骨牌（カルタ）。いろはがるた・歌がるたなど。

【歌楼（樓）】カロウ うたいめの歌うたかどの。芸者屋。妓楼（ギロウ）。

(14)10【歊】3781 △ キョウ（ケウ） 蕭 xiāo

字義 ❶水蒸気がのぼるさま。雲気が立ちのぼるさま。❷熱気。あつさ。❸さわがしい。

解字 篆文 形声。欠＋高㊔。欠は、人が口をあけていきを吐く形にかたどる。音符の高は、たかいの意味。気ののぼるさまを表す。

(14)10【歉】3782 △ ケン 琰・艶 qiàn 6130 5D3E

字義 ❶あきたらない。少ない。足りない。㋐食いたりない。㋑不満に思う。❷ききん（飢饉）。穀物がみのらないこと。❸すくない（すくなし）。たりない。❹まずしい（貧）。❺心にうらみをもつ。

解字 篆文 形声。欠＋兼㊔。欠は、口を開くの意味。音符の兼は、心が二つのことにまたがって、どちらか一つだけでは食いたりないの意味。あきたりないの意味を表す。

【歉歳】ケンサイ 飢饉（キキン）の年。凶作の年。

【歉然】ケンゼン 不満足なさま。あきたらないさま。

【歉薄】ケンパク 穀物が実らないこと。

【歉敝】ケンペイ 穀物が実らないで苦しみ疲れること。

(15)11【歐】(3763) オウ 欧（3762）の旧字体。→五八七ページ。 6131 5D3F

(15)11【歓】3783 常 カン 2031 343F

(22)18〖歡〗3784 カン（クヮン） 寒 huān ［歡］ 6136 5D44

筆順 歓

字義 ❶よろこぶ。また、たのしむ。「歓喜」「歓声」❷よろこび。また、たのしみ。❸よしみ。したしみ。「交歓会」❹めでる。愛する。また、愛人。

名乗 よし

参考 現代表記では［驩］（8898）の書きかえに用いることがある。「交驩→交歓」

解字 篆文 形声。欠＋雚(雚)音。音符の雚カンは喚に通じ、呼ぶの意味。人が大声で呼びあうさまから、よろこぶの意味を表す。

▼哀歓・交歓・合歓・承歓

【歓会(會)】カンカイ 楽しくうちとけた集まり。
【歓喜】カンキ ①大いによろこぶ。②仏カンギ ㋐身も心もよろこぶこと。歓は、身のよろこび。喜は、心のよろこび。㋑釈迦シャカの門人、阿難陀アナンダをいう。
【歓喜仏(佛)】カンギブツ 仏人に幸福・平和を与えるという神。夫婦が抱き合った形の仏で、象頭人身。歓喜天。
【歓△謔】カンギャク よろこびたわむれる。また、よろこび。
【歓△欣・歓△忻】カンキン よろこぶ。よろこび楽しむ。
【歓呼】カンコ よろこんで大声をあげる。また、その声。
【歓娯】カンゴ よろこび楽しむ。
【歓△狎】カンコウ よろこんでなれ親しむ。また、なれ親しむ。
【歓△洽】カンコウ よろこびやわらぐ。楽しくうちとけあう。
【歓笑】カンショウ よろこびわらう。うちとけて楽しく笑う。
【歓心】カンシン よろこぶ心。うれしく思う心。
【歓△戚】カンセキ よろこびとかなしみ。
【歓然】カンゼン よろこぶさま。うちとけるさま。
【歓待】カンタイ よろこんで人をもてなす。
【歓談】カンダン うちとけて話し合う。
【歓適】カンテキ 心にかなう。また、楽しむ。
【歓天喜地】カンテンキチ 天によろこび地によろこぶ。立ったりすわったりして大よろこびする。
【歓騰】カントウ よろこんでおどりあがる。歓躍。
【歓服】カンプク よろこんで従う。悦服。
【歓楽(樂)】カンラク ①よろこび楽しむ。②国病気のこと。不吉なのをきらったもの。
【歓楽(樂)極△兮哀情多】カンラクきわ(は)まってアイジョウおお(ほ)し 楽しみがきわまると、かえって悲しみの情が生ずる。あまりにも楽しみすぎると、かえって悲しい心が生ずる。〔文選、武帝、秋風辞〕――、少壮幾時兮奈レ老何ショウソウいくときぞ。おいをいかんせん 〈――、少壮の時はどれほど続くか、それはほんのわずかで間もなく老いてしまうのをどうしようぞ〉
【承レ歓】カンをうく 人の喜びそうなことを、あらかじめ察して気に入るようにふるまうこと。〔唐、白居易、長恨歌〕承レ歓侍レ宴無二間暇一カンをうけエンにじして カンカなし。訳文↓承歓(四三ページ)。
【尽(盡)レ歓】カンをつくす 楽しみを極める。十分に楽しむ。

(15)11【歎】3785 標 タン 翰寒 tàn [歎] 3523 4337

字義 ❶うたう(歌)。❷たたえる。ほめる。「歎称」❸なげく。ため息をつく。＝嘆。「歎息」❹うめく。

参考 現代表記では[嘆](1054)に書きかえる。「歎願→嘆願」「慨歎→慨嘆」熟語は[嘆]をも見よ。→二三ページ。

解字 篆文 形声。欠＋鷬省音。音符の鷬ナンは難に通じ、むずかしいの意味。困難に出くわして声をたてる、なげくの意味を表す。

【歎異】タンイ ①すぐれていると感心する。②仏タンニ・イタン 異端・異義を批判する。「歎異抄タンニショウ」
【歎称(稱)】タンショウ ＝歎賞。
【歎賞】タンショウ 感心してほめる。ほめたたえる。
【歎息】タンソク ①なげいてため息をつく。②ひどく感心する。
【歎美】タンビ ＝歎賞。
【歎服】タンプク 感心して従う。感服。嘆伏。
【歎△惋】タンワン びっくりしてため息をつく。

(16)12【歙】3786 △ ㊀漢キュウ(キフ) 緝 xī 呉コウ(コフ) ㊁ショウ(セフ) 葉 shè 慣キュウ(キフ) 6132 5D40

字義 ㊀❶鼻をちぢめる。❷すう。息をすいこむ。❸あう。合わせる。＝翕キュウ。❹おさめる。❺すくめる。すぼめる。＝脅。
㊁安徽アンキ省の地名。硯すずりの名産地。「歙硯キュウケン(歙県産の硯)」

解字 篆文 形声。欠＋翕音。音符の翕キュウは、羽を合わせるの意味。鼻をちぢめるの意味を表す。

【歙歙】キュウキュウ ①固執しないさま。②一致するさま。③憂えるさま。
【歙肩】キュウケン 肩をすくめる。恐れ、または、こびるさま。
【歙然】キュウゼン あつまるさま。一致するさま。

(16)12【歔】3787 △ 漢キョ 呉コ 魚 xū 6133 5D41

【歔】俗字

字義 ❶むせびなく。すすりなく。❷はく(吐)。鼻から息を出す。＝嘘キョ。

難読 歔欷しゃくりなき

解字 篆文 形声。欠＋虚音。音符の虚キョは、むせびなく声の擬声語。

【歔△欷】キョキ ①すすり泣く。むせび泣く。②悲しみおそれるさま。
【歔泣】キョキュウ すすり泣く。むせび泣く。

(17)13【歛】3788 △ カン 覃 hān 6134 5D42

字義 ❶のぞむ(望)。ねがう。❷あたえる(与)。

解字 形声。欠＋僉音。

(17)13【歟】3789 △ ヨ 魚語 yú 6135 5D43

字義 ❶息がゆるやかで安らか。❷か。や。句末に用いて疑問・反語・推量・感嘆の意を表す助字。＝与(與)。〔史記、屈原伝〕子非三閭大夫一歟シはサンリョタイフにあらずや。

解字 篆文 形声。欠＋與音。

(19)15【歠】3790 △ 漢セツ 呉セチ 屑 chuò

字義 ❶すする。のむ。❷飲み物。吸い物。

解字 篆文 形声。㱃省＋叕音。㱃インは、のむの意味。音符の叕テツ＝セツは、つづるの意味。息をつぎながら飲む、すするの意味を表す。

(22)18【歡】(3784) カン 歓(3783)の旧字体。→五九〇ページ。 6136 5D44

4 止部

〔部首解説〕とめる。とめへん。止を意符として、あるく・とまるなど足の動きや、時間の経過に関する文字ができている。

止 五九一 1正 五九二 2此 五九三 3歩 五九三 4武 五九四
歩 五九四 5歪 五九五 9歳 五九五 10歴 五九五 12歴 五九六
14帰 五九六

肯→月部 九三一ページ。 顰→頁部 一二〇六ページ。

(4)0【止】3791 教2 シ とまる・とめる シ 紙 zhǐ 波止場はとば 2763 3B5F

筆順 丨 ㅏ 止 止

字義 ❶あし。また、あしあと。❷とまる。とどまる。㋐じっとして動かない。「静止」㋑終わる。❸とめる。とどめる。㋐ひきとめる。おさえる。「抑止」㋑さしとめる。禁ずる。「禁止」㋒中止する。廃する。㋓減らす。そぐ。❹やめる。❺やむ。㋐とまる。㋑なくなる。終わる。❻いたる。また、帰る。❼まつ。❽すがた。様子。ふるまい。「挙止」❾礼儀。作法。❿ただ。わ

ずかに。⓫句末にそえる助字。〔詩経、召南、草虫〕亦既見止（またすでにみる）。国とどめ。人を殺し、のどをさして生きかえらないようにする。名乗 ただ・と・とめ・とどむ・もと 難読 止止呂美（とどろみ）・止若（やむわっか）・止美（とのみ）・止別（やむべつ）

参考 ⇩辞（7709）の参考

使いわけ とまる・とめる〔止・留・泊〕

〔止〕動いていたものがとまる。「時計が止まる」

〔留〕とまって動かない。「目に留まる・留め置き」

〔泊〕船がとまる。また、宿泊する。「岸壁に泊める・友人宅に泊まる」

なお、「とどまる・とどめる」は現代表記では仮名書き。

解字 甲骨文  篆文 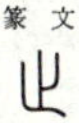 象形。たちどまる足の象形で、あしの意味を表したが、止が、とまるの意味に専用されて、あしの意味には趾が用いられるようになった。止を音符に含む形声文字に、沚（シ）・祉・趾（シ）・阯（シ）などがある。

▼挙止・行止・笑止・進止・制止・阻止・鎮止・停止・廃止・容止・抑止

【止△遏】（シアツ）はばみとどめる。阻止する。停止させる。

【止△戈】（シカ）ほこをとどめる。戦争をやめること。

【止△戈為（爲）レ武】（ほこをとどむるをブとなす）止と戈（ほこ）の二字を合わせると武の字となる。武の字の本意は、戈（ほこ）を止める（戦争をやめる）ことである。〔左伝、宣公十二〕

【止観（觀）】（シカン）仏多くの雑念を払い捨てて宇宙の真理をさとること。止は、雑念をとどめて起こらないようにすること。観は、真理をさとること。

【止至善】（シシゼン）大学の三綱領の一つ。→止二於至善一（シゼンにとどまる）（九〇三ページ）。

【止舎】（シシャ）とまって休む。とまりやどる。「とえ。

【止水】（シスイ）①流れない水。たまり水。②心が静かで動かないたとえ。

【鑑二止水一】（シスイにかんがみる）流れない静かな水に姿を映す。そうすれば、容貌（ヨウボウ）の善悪を知ることができることから、心を静虚にすれば、真理をさとることができる意。〔荘子、徳充符〕

【止足】（シソク）自分の分に安じとどまって満足すること。→〔知レ止〕の②。

【止息】（シソク）①とどまって休む。休息。②やむ。停止。

【止揚】（シヨウ）国哲学用語。二つの矛盾対立する概念を、一段高い段階に統一発展させること。揚棄。アウフヘーベン。

【知レ止】（とどまるをしる）①至善（最高の善、また、境地）にとどまっているべきことを自覚する。〔大学〕知レ止而后有レ定（とどまるをしりてのちさだまるあり）。②自分の分に安んじとどまっているべきことを自覚する。〔老子、四十四〕知レ止不レ殆（とどまるをしればあやうからず）。

---

(5)1

【正】

3792

教 1

セイ・ショウ

ただしい・ただす・まさ

㈠漢セイ・呉ショウ（シャウ）敬 zhèng

㈡漢セイ・呉ショウ（シャウ）庚 zhēng

3221

4035

筆順 

字義 ㈠❶ただしい。㋐まちがっていない。うそではない。まっすぐである。↔邪。「公正」「中正」㋑きちんとしている。整っている。㋒まんなか。中央。❷ただす。ただしくする（ただしくす）。まっすぐにする。㋐直す。改める。「校正」㋑定める。㋒問いただす。取り調べる。㋓心や行いをきちんとする。整える。❸あらかじめする。予期する。前もってはかる。❹まつりごと。政治。❺かしら。おさ。主君。また、村長。❻長男。嫡子（チャクシ）。また、正妻。❼北斗七星の第一星の指す方角。❽同じ官位の上位。また、主となる方のもの。↔従・副。「正使」❾まさに。まさしく。ちょうど。たしかに。「正午」❿本すじのもの。主なもの。表向きのもの。「正妻」「正攻法」㈡❶正月。年の初め。❷鳥の名。❸まと。弓のまとの中央。❹税。＝征。国❶まさ。㋐たしか。確実。㋑正目（まさめ）の略。「桐正（きりまさ）」㋒そっくり。❷かみ。しょう。大宝令によって定められた役所の長官。

名乗 あきら・おさ・きみ・さだ・たか・ただ・ただし・まさし・よし

難読 正親町（おおぎまち）・正面（まとも）

解字 甲骨文 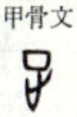 篆文  会意。甲骨文は、口＋止。口は、国や村の象形。止は、あしの象形。他国へ向かって、まっすぐ進撃するの意味で、征の原字。転じて、まっすぐ・ただしいの意味を表す。篆文は、一＋止。正を音符に含む形声文字に、征・政・整などがある。

▼改正・革正・楽正・賀正・雅正・規正・矯正・顕正・厳正・公正・校正・修正・粛正・是正・僧正・端正・弾正・中正・訂正・適正・方正・里正

【正位】（セイイ）①正しい位。中正の位置。②天子の位。③礼。「式。〔孟子、滕文公下〕立二天下之正位一（テンカのセイイにたつ）。④位置をただす。⑤清代（シンダイ）の武官の階級で、日本の旧海軍大尉に当たる。

【正貨】（セイカ）本位貨幣。その実質上の値うちが、名目上の価と等しい金銀貨幣。

【正△衙】（セイガ）天子が政治を行う御殿。

【正会（會）】（セイカイ）元旦（ガンタン）に朝廷に参内すること。また、その儀式。

【正確】（セイカク）正しくたしかなこと。正しくてまちがいがないこと。

【正覚（覺）】（ショウガク）仏正しいさとり。また、正しいさとりをひらくこと。正学。

【正覚（覺）坊】（ショウガクボウ）国①うみがめの別名。②俗に大酒飲みの人をいう。かめはよく酒を飲むということからいう。

【正学（學）】（セイガク）①正しい学問。↔曲学・異端。②仏（ショウガク）仏法のさとりをひらくこと。正覚。

【正△諫】（セイカン）直言していさめる。また、そのいさめ。

【正眼】（セイガン）①まともに見ること。正視。②国刀を中段に構えて切っさきを敵の眼のまともに向けること。青眼。「正眼の構え」

【正気（氣）】（セイキ）①天地間にみなぎると信じられている正大の気。万物のおおもとである元気。②人の正しい気性。③おだやかな感情。④国（ショウキ）気が確かなこと。本心。

【正気（氣）歌】（セイキのうた）南宋（ナンソウ）の文天祥が、元に捕らえられ、至元十八年（一二八一）、獄中で作った五言古詩。孟子の浩然（コウゼン）の気に基づき、古来の忠臣烈士の事跡をのべ、天地間の正気が永遠に変わらぬことを詠じた。日本の藤田東湖（トウコ）・吉田松陰（ショウイン）・広瀬武夫などに、それを模した詩がある。

【正記】（セイキ）国正統な将軍職の伝記。頼山陽は、『日本外史』を著すにあたり、正・前・後の三記を設け、天子の命によって将軍となった者を正記に、そうでない者を前・後記に述べて名分を明らかにした。

【正規】（セイキ）正しいきまり。正式の規定。

【正義】（セイギ）①人間のふみ行うべき正しい道。②正しい議論。正議。③経書の解釈書の名。正しい解釈の意。唐代の『五経正義』がその例。

【正襟】（セイキン）・（えりをただす）着ている着物をきちんと整える。態度をひきしめ、厳粛な気持ちになること。

【正系】（セイケイ）正しい血すじ。正統。

【正経（經）】（セイケイ）①儒教で用いる正しい経書。十三経をいう。→十三経（一六三ページ）。②ただしい。また、まじめな。

【正月】（セイゲツ・ショウガツ）①一月。睦月（むつき）。②＝正陽。

【正言】（セイゲン）①いみはばからないで直言すること。また、そのことば。②道理に合ったことば。

【正午】（ショウゴ）昼の十二時。まひる。午は正南で、太陽が正南に位する時刻をいう。

【正攻】（セイコウ）正面から堂々と攻めいること。「正攻法」

【正△鵠】（セイコク・セイコウ）①弓のまと。正は、布を張ってまとを作り中心に正を画く。鵠は、皮を張って作り、中心に鵠を画く。正も鵠も、鳥の名。②ねらいどころ。要点。急所。〔礼記、射義〕

【正座】（セイザ）①行儀正しくすわること。正坐（セイザ）。②国（ショウザ）正面の席。正客の席。

【正歳】（セイサイ）夏暦（夏（カ）の時代のこよみ）の正月をいう。

【正△朔】セイサク ①正月とついたち。転じて、暦。②正月一日。

【奉二正△朔一】セイサクをホウず その国の臣民となること。中国で新たに国を建てると、新しい暦を作って天下に発布し、国民にこの暦を用いさせたことからいう。

【正史】セイシ ①『史記』『漢書』のような紀伝体の歴史。中国では二十四史をいい、日本では六国史をいう。②標準となるべき歴史。↕私史・稗史。

【正始】セイシ はじめを正しくする。特に、人倫のはじめである夫婦の道を正しくすること。〔詩経、大序〕周南・召南、正始之道、王化之基。

【正始石経（經）】セイシセッケイ 魏の正始年間（二四〇—二四九）に建てた石経。石経とは、経書の文を石に刻したもの。正始石経は、古文・篆文・隷書の三体で書いたので、三字石経、または三体石経ともいう。

【正視】セイシ 正しく見る。まともに見る。

【正字】セイジ ①字画の正しい文字。↕俗字。②正式のあざな。↕且字。→且字（三六ページ）。

【正室】セイシツ ①本妻。正妻。嫡妻。↕側室。②嫡子。長子。③正寝。君主の政事をとる表御殿。④家をおさめただす。

【正△閏】セイジュン ①正統と閏統。正位と閏位。閏は、正統でない位。「正閏論」②平年とうるう年。閏は、うるう。

【正書】セイショ 書体の名。楷書をいう。真書。

【正色】セイショク ①色を正す。まじめな顔をする。顔色を改めてまじめになる。②青・黄・赤・白・黒の五色。③本来の色。その物自体の純粋な色。④美人。⑤役者の主な役割り。

【正真（眞）正銘】ショウシンショウメイ 本当でまちがいがない。全くうそいつわりがなく、本物であること。

【正寝（寢）】セイシン 儀式や政事を行う表御殿。正殿。昔、建物で天子・諸侯のいる処を寝といい、中央にあるものを正寝（路寝）、東西の両側にあるものを小寝（燕寝）といった。

【正正堂堂】セイセイドウドウ 正正の旗、堂堂の陣の略。①正面から明らかに事を行う態度の形容。②勢いがひるまずさかんな形容。③威儀の整った形容。

【正宗】セイソウ・ショウシュウ 初祖から伝えた宗派。転じて、本系統。正しい標準とすべきものの意。↕邪教。

【正体（體）】セイタイ ①正しい姿。②正しい血すじの者。長子。また、太子をいう。③正しい書体。④国ショウタイ ㋐こころ。正気。㋑本当の姿。

【正大】セイダイ ①正しく大きい。「天地正大気」②意志や言語が正々堂々としてりっぱなこと。「公明正大」

【正△旦】セイタン ①元日の朝。元旦。元朝。②中国の劇で女になる主役。立て役の女。

【正嫡】セイチャク・セイテキ ①本妻。正妻。②本妻の生んだ嫡子。「適。正中】セイチュウ ①まんなか。②まひる。③ちょうどさかんなこと。

【正庁（廳）】セイチョウ おもてざしき。正殿。〔盛んな最中。

【正朝】セイチョウ ①天子が群臣の参内をうける所。②正月一日の朝。元旦。

【正直】セイチョク ①正しい。まっすぐである。また、正しくて強い。公正剛直。②国ショウジキ うそいつわりを言わないこと。「正直一途（正直ひとすじ。全くかけひなたのないこと）」

【正適】セイテキ 本妻の生んだ嫡子。嫡長子。

【正殿】セイデン 儀式や政事を行う表御殿。正寝。

【正当（當）】セイトウ ①正しくあたる。ちょうど…にあたる。②国㋐あたりまえなこと。道理にあっていること。㋑ショウトウ 正直でまじめなこと。

【正統】セイトウ ①正しい血統。②教養・学説などの正しい系統。③正しい血すじの天子。

【正堂】セイドウ ①儀式や政事を行う表御殿。正殿。②清代、兵部尚書（兵部省の長官）をいう。また、府・県の長官をいう。③国奉行の別名。

【正犯】セイハン 犯罪行為を実行したもの。主犯。↕従犯。

【正妃】セイヒ 本妻。後世は、君主（皇族）の正妻をいう。

【正否】セイヒ 正しいことと正しくないこと。

【正風】セイフウ ①『詩経』の国風の周南・召南の二十五編をいう。王道のさかんなときの作といわれる。その他の国風を変風と称し、王道のおとろえたときの作という。②国ショウフウ 江戸時代、松尾芭蕉の始めた句風。蕉風。

【正文】セイブン 本文。↕注釈・付記。

【正平版論語】ショウヘイバンロンゴ 国『論語』の何晏集解本で、後村上天皇の正平十九年（一三六四）五月、堺浦の道祐居士が刊行したもの。日本における経典出版の最古のものとして有名。

【正法】セイホウ ①正しいおきて・方法。②法に処する。判決する。③仏ショウボウ ㋐正しい教義。仏教をいう。↕邪法。㋑正法時の略。仏の入滅後五百年間（一千年間とも）。正法の行われる時期という。↕像法・末法。

【正法眼蔵（藏）】ショウボウゲンゾウ 仏①人が本来持っている心の妙徳の形容。一名、清浄眼蔵。正とは中正不偏、法とは中正不偏の心体から現れる方法、眼とは一切の事物を明らかに照らすこと、蔵とはこの心に一切の善法を包蔵していること。②㋐書名。宋の宗杲の法語を待者沖密慧然が集録した書。㋑国書名。八十七巻、また九十五巻とも。曹洞宗の開祖道元の法語集。禅の本質や規範を述べた曹洞宗の基本経典。

【正房】セイボウ ①家の中央で最も奥にあたる室。家長のいる所。②正妻。本妻。正室。

【正本】セイホン ①本源をただす。②副本・謄本・訳本などの原本。③国㋐正規の法式によって原本を写した文書。㋑登記所の台帳。㋒ショウホン ㋐演劇の台本。脚本。㋑＝②。

【正味】セイミ ①正しいあじ。本来の味。②国ショウミ ㋐なかみ。㋑なかみの目方。

【正名】セイメイ ①名をただす。物の名と実とを一致させること。名分を明らかにすること。〔論語、子路〕必正レ名乎。②正しい名。〔荀子、正名〕

【正命】セイメイ ①正当の寿命。天寿を全うし、または正義のために死ぬ命。②万物本来のもちまえ。性命。

【正陽】セイヨウ ①夏暦の四月、周暦の六月をいう。この月は、陽気が満ち陰気がまだきざさないので正陽という。②日中の気。また、日中。まひる。正午。

【正路】セイロ ①正しい道。正道。②本道。

(6)2
【此】
3793　標　シ　紙　cǐ　2601　3A21

字義 ❶ここ。ここに。㋐この所。この時。この点。このこと。㋑そこで。その結果。〔大学〕有レ徳此有レ人。❷この。これ。近いものを指すことば。↕彼。❸かく。このように。このような。〔孟子、公孫丑上〕如レ此則無レ敵二於天下一。

難読 此処（所）・此奴・此方・此方

解字 甲骨文　篆文
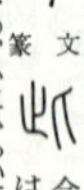
会意。止＋匕。止は、あしの意味。匕は、わずかにひらくの意味。趾の原字で、歩幅をわずかにひらいて踏むの意味を表したが、あしもとの意味からか、転じて、「これ・ここ」の意味を表すのに用いられる。此を音符に含む形声文字に、嘴・疵・眥・紫・觜・訾・雌・訿などがある。

【此学（學）】このガク 聖人の道を修める学問。儒学。

【此岸】シガン 仏こちらの岸。涅槃を彼岸というのに対して、さとりきれずに苦しみくらす生死の世界、俗世をいう。

【此君】シクン・このきみ 竹の別名。晋の王徽之が竹を指して、「何可三一日無二此君一」と言った故事による。〔晋書、王徽之伝〕

(7)3
【歩】
(3796)　ホ　歩（3795）の旧字体。→五九四ページ。

(8)4
【武】3794
教5　ブ・ム
筆順　武
漢ブ　呉ム　慣　wǔ
4180
4970

字義 ❶たけし。強い。たけだけしい。勇ましい。❷威力。武徳。戦乱をとどめること。↕文。「尚武」❸武器。兵器。❹もののふ。つわもの。武人。❺兵法。戦術。また、武芸。武道。❻あと。㋐足あと。㋑事業のあと。遺業。❼しのぐ。越える。❽つぐ（継）。❾ひとあし（一歩）の半分の長さ。約三尺。半歩。「歩武堂堂」❿舞楽の名。周の武王の作った舞楽。⓫冠の下の部分を巻くもの。かんむりまき。⓬金属製の楽器。鐘の類。

名乗 いさ・いさむ・たけ・たける・たつ・ん　難読 武甕槌神・武庫川・武士・武生・武蔵・武尊山・武夫・武部・武並

解字 甲骨文　金文　篆文　会意。止＋戈。止は足の象形で、いくの意味。戈は、ほこの象形。ほこを持って戦いに行くの意味。

▼威武・演武・公武・尚武・振武・文武・歩武・勇武・右武

【武威】ブイ ①武力の威勢。威光。威武。②もと匈奴の地。漢の武帝の時置いた河西四郡の一つ。今の甘粛省武威県。後に涼州ともいう。

【武運】ブウン ①武道の運命。武事の気運。②国戦いの勝敗のめぐりあわせ。また、武士の運命。

【武衛(衞)】ブエイ ①武力をふるって守る。また、強い護衛。②軍制の名。皇居を護衛する軍隊。③平安時代、兵衛府の中国風の名。

【武王】ブオウ 周の初代の帝王。姓は姫、名は発。文王の子。殷の紂王をほろぼして周王朝を建てた。

【武学(學)】ブガク ①宋代の学校の名。文武官で兵学に通じる者を選んで教授とし、兵書・弓馬・武芸を教授した。②武士の修める学問。兵学。

【武幹】ブカン 武芸のうでまえ。武道の才能。

【武漢】ブカン 地名。長江中流にある湖北省の省都。漢口・漢陽・武昌（武漢三鎮という）を合わせたもの。漢水が長江に合流する地点で、漢口・漢陽は江の左岸、武昌は右岸にある。武昌の蛇山にある黄鶴楼は有名。

【武鑑】ブカン 国江戸時代、大名や旗本の氏名・系譜・官位・知行高・邸宅・家紋・臣下の氏名などを記したもの。江戸時代前期から幕末に至るまで逐次改訂出版された。

【武△伎・武技】ブギ 武道に関する技術。敵をたおす力わざ。

【武挙(擧)】ブキョ 武官の採用試験。武芸を試験して採用することる。漢の文帝が勇猛で兵法を知る者を採用したのがはじめで、唐の則天武后のとき、制度化された。↕文挙。

【武勲(勳)】ブクン いくさをしてたてた手がら。軍功。武功。

【武経(經)七書】ブケイシチショ 兵法の七種の古典。→七書（九〇ページ）。

【武芸(藝)十八事】ブゲイジュウハチジ 十八種の武技。日本では普通、弓・馬・槍・剣・水泳・居合・短刀・十手・手裏剣・含針・薙刀・砲・捕手・柔・棒・鎖鎌・錑・隠形。武芸十八般。武芸十八番。

【武庫】ブコ ①いくさの道具を入れる倉庫。武器ぐら。②博学多識の者をほめるに用いる語。

【武功】ブコウ いくさの手がら。武勲。軍功。

【武后】ブコウ ①唐の高宗の皇后、武氏、すなわち則天武后をいう。→則天武后（一四三ページ）。②唐の玄宗の皇后。

【武皇】ブコウ 漢の武帝。唐代の詩人が唐の天子を明言することをはばかっていうことが多い。〔唐、杜甫、兵車行〕武皇開レ辺意未レ已（ブコウヘンをひらくイいまだやまず）

【武骨】ブコツ ＝無骨の③。→六九三ページ。

【武士】ブシ ①もののふ。つわもの。②国昔、武道によって主君に仕えた階級。さむらい。

【武事】ブジ 武人のなす事がら。軍事・戦争に関する事がら。〔史記、孔子世家〕有二武事一者必有二文備一（ブジあるものはかならずブンビあり）。

【武△昌】ブショウ 湖北省の地名。→武漢。

【武断(斷)】ブダン ①武力でおさえつけて事をとりきめる。↕文治。②威力によってかってに処置すること。

【武帝】ブテイ ①前漢、第七代の孝武帝。漢武帝。→漢武帝。②三国時代、魏の始祖、曹操。→曹操（五〇八ページ）。③晋の始祖、司馬炎。（二三六—二九〇）④南朝宋の始祖、劉裕。（三五六—四二二）⑤南朝梁の始祖、蕭衍。（四六四—五四九）

【武道】ブドウ ①武術に関する道。軍事上の事がら。②武人のおさめるべき道。③国㋐武士道。㋑柔道・剣道・弓道など。

【武徳】ブトク ①武道の徳。②漢の雅舞の名。漢の高祖の四年に作る。③国武徳殿は、昔、天皇が武芸を観覧した御殿。

【武備】ブビ 戦争に対する備え。兵備。〔史記、孔子世家〕有二文事一者必有二武備一（ブンジあるものはかならずブビあり）。

【武夫】ブフ ①もののふ。武人。武士。②玉に似た美石。珷玞。

【武辺(邊)】ブヘン 国①武術。武道。②武士。さむらい。

【武△弁】ブベン ①武官のかぶるかんむり。②武人。武士。

〔武弁①〕

【武名】ブメイ 武勇のほまれ。武人としての名声。勇名。

【武門】ブモン 武人の家がら。武家。

【武勇】ブユウ たけく勇ましい。武術にすぐれて戦いに強いこと。

【武略】ブリャク 軍事上のはかりごと。兵略。

【武旅】ブリョ 軍隊。軍勢。旅は、多くの人。

【武陵桃源】ブリョウトウゲン ①秦代に乱世を避けた人たちがかくれ住んだという別天地。武陵は、今の湖南省常徳県の地。晋の陶淵明の『桃花源記』に描かれた仙境。②転じて、理想郷。平和な別天地。桃源。

【武力】ブリョク 武勇のちから。軍隊の力。軍備の力。兵力。

【武烈】ブレツ 戦争でたてた手がら。武功。戦功。

(8)4
【歩】3795
(7)3
〔步〕3796
教2　ホ・ブ・フ　あるく・あゆむ
人許　漢ホ・呉ブ　慣フ　週　bù
筆順　歩
4266
4A62

字義 ❶あるく。あゆむ。足で進む。また、前進する。「進歩」「牛歩」❷あゆみ。歩き方。❸めぐらせる。❹たずねる。たずねまわる。❺なりゆき。まわりあわせ。運命。また、境遇。立場。「国歩」「地歩」❻おしはかる。天体の運行をおしはかる。❼長さの単位。㋐ひとあしの長さ。㋑ふたあしの長さ。六尺、または八尺（周代の一尺は、今の約二二・五センチメートル）。❽面積の単位。六尺四方。❾みぎわ。❿波止場。＝埠。「歩頭」 国❶ブ。㋐つぼ（坪）。六尺四方（約〇・〇三アール）の地。㋑わりあい。率。口銭。㋒利率の単位。一割の十分の一。㋓度合い。程度。❷フ。将棋のこまの一。

名乗 すすむ　難読 歩射

解字 甲骨文　篆文　象形。甲骨文でもわかるように、左右の足のあとの象形で、あるくの意味を表す。

▼間歩・牛歩・散歩・譲歩・進歩・寸歩・退歩・独歩・徒歩・漫歩

【歩△檐・歩△簷・歩△欄】ホエン 屋外の渡り廊下。〔唐、杜甫、夜詩〕歩簷倚レ杖看二斗牛一（ホエンつえ(ゑ)によりてトギュウをみる）。

【歩騎】ホキ 歩兵と騎兵。

【歩月】ホゲツ 月かげをふんであるく。

【歩行】ホコウ 歩いて行く。また、かち。徒行。

【歩△哨】ホショウ 見はり番の兵。哨兵。

【歩渉】ホショウ 陸の上や水の中を徒歩であるき渡ること。渉は、歩いて川を渡る意。

【歩△趨・歩△驟】ホスウ ①歩くことと小走りに走ること。②従い行く。相随う。人の後について行く。
【歩測】ホソク 歩幅で距離をはかること。
【歩卒】ホソツ 徒歩の兵隊。歩兵。歩士。
【歩調】ホチョウ ①多人数が一緒に歩くときの足運び。足並み。②多人数が行動を共にするときの調子。
【歩頭】ホトウ 水ぎわ。波止場。埠頭フトウ。
【歩武】ホブ ①わずかのへだたり。歩は今の二歩、武は半歩。②あゆみ。あしどり。武は、足跡。「歩武堂々」③転じて、人に追随して学ぶ。
【歩歩】ホホ 歩きながら。また、ひと足ごとに。一歩一歩。
【歩△輿】ホヨ 輿こしの一種。人がかついで行くもの。
【歩揺（搖）】ホヨウ かんざしの一種。歩くにつれてゆれるからいう。〔唐、白居易、長恨歌〕雲鬢花顔金歩揺ウンビンカガンキンホヨウ。
【歩△輦】ホレン てぐるま。人が引く車。
【歩廊】ホロウ 渡り廊下。わたどの。
【学（學）二歩△於△邯△鄲一】ホをカンタンにまなぶ 自分の固有のものを捨てて他の行為を習うと、両方とも失うこと。燕エンの少年が、人々の歩き方がうまいといわれた趙チョウの都邯鄲（今の河北省内）に行って、その歩き方をまねたところ、それを学ぶこともできず、もとの歩き方も忘れて、腹ばいになって帰ったという話。〔荘子、秋水〕

〔肯〕→月部 五三二ページ。

(9)5
【歪】3797
標 漢ワイ 呉エ（ヱ） 囲 wāi

4736 *4F44*

字義 ❶ゆがむ。まがる。ゆがめる。ゆがむ。まげる。また、ひずみ。いびつ。「歪曲」❷よくない。ただしくない。

解字 会意。不＋正。正しくないの意味を表す。

【歪曲】ワイキョク ①ゆがみまがる。②（事実などを悪く）ゆがめる。

(13)9
【歳】3798
(13)9
〔歳〕3799
常 サイ・セイ 漢セイ 呉サイ 囲 suì 二十歳はたち

2648 *3A50*

筆順 ⺊ 岸 歳 歳

字義 ❶星の名。木星。木星は天を一年に一次（十二次の一つ）ずつめぐり、十二年で天を一周する。「歳星」「太歳」❷とし。㋐年。一月一日から十二月三十一日まで。「歳末」㋑一か年。「歳入」㋒新年。元旦。㋓つきひ。年月。「歳月」㋔年齢。また、年齢を数える語。才を代用することがあるが不適。❸穀物のできぐあい。❹としごと。毎年。❺その年の運勢。としまわり。

名乗 とせ・とも

解字 甲骨文 金文 篆文

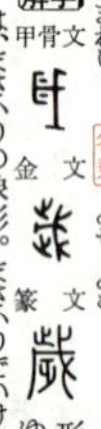

形声。歩＋戌音。歩は、あゆむの意味。音符の戌ジュツは、まさかりの象形。まさかりでいけにえを裂いて一年ごとに祭る儀式から、みのり・としの意味を表す。歩は、一年が終わって次の年へと歩むの意味から付された。常用漢字は省略形。

▼悪歳・飢歳・凶歳・去歳・迎歳・今歳・終歳・太歳・年歳・万歳・暮歳・楽歳

【歳陰】サイイン ①十二支をいう。↕歳陽（十干）。②木星。歳星。③年のくれ。年末。歳暮。
【歳華】サイカ ①としつき。光陰。華は、日月の光。②春の日光。また、春景色。年華。「歳華春」③青春時代。
【歳寒】サイカン ①寒い季節になる。②老年。③逆境。また、乱世。④困難に出あってもひるまないこと。「歳寒の心」
【歳寒三友】サイカンのサンユウ ①冬に友として賞すべき三つのもの。松・竹・梅。②おとろえた世に友とすべき三つのもの。山水・松竹・琴酒。
【歳寒然後知二松△柏△之後一レ凋△也】としさむくしてしかるのちにショウハクのしぼむにおくるるをしる （夏にはどの木も葉をしげらせて同じように見えるが）寒い季節になると、はじめて松や柏（ひのきに似た常緑樹）が緑の色のままで、他の木と違っていることがわかる。困難にあって初めて人物の高下・節操の堅否がわかるとのたとえ。〔論語、子罕〕
【歳月不レ待レ人】サイゲツはひとをまたず 年月はすみやかに過ぎ去って人を待ってはいない。時間を大切にすべきことをいう。〔晋、陶潜、雑詩〕→及レ時当二勉励一ときにおよんでまさにベンレイすべし（五〇五ページ）。
【歳功】サイコウ ①一年（季節）の順序。②一年の行事。③万物の化育。④一年中の農事。また、その収穫。
【歳歳】サイサイ 毎年。年々。歳歳年年。〔唐、劉廷芝、代下悲二白頭一翁上詩〕歳歳年年人不レ同サイサイネンネンひとおなじからず。訳文↓年年歳歳（三五三ページ）。
【歳次】サイジ 歳星（木星）が十二次のどれかに宿ること。歳星の宿り。としまわり。→字義の❶。
【歳事】サイジ ①一年中に行うべき事。年中行事。㋐四時の祭り。㋑農業。農事。㋒毎年行う天子へのご機嫌うかがい。②月日。また、季節。
【歳時】サイジ ①歳と時。歳は一年、時は春夏秋冬の四時。②歳月。年月。時間。③一年中の折々。
【歳時記】サイジキ ①一年の四季に応じてある事物や行事などを順に記した書物。②国俳諧ハイカイで、季語を分類して解説した書。歳事記。
【歳出】サイシュツ 国家や公共団体などの一会計年度中の支出の合計。一年間の支出。↕歳入。
【歳序】サイジョ 四季のめぐり。また、季節。
【歳除】サイジョ おおみそか。また、その夜。除夜。
【歳星】サイセイ 木星。五星の一つ。＝字義の❶。
【歳△旦】サイタン ①一月一日の朝。元旦。②新年。
【歳朝】サイチョウ ①元日の朝。元旦ガンタン。②陰暦の正月から四月までの四か月をいう。
【歳徳神】としトクジン 国陰陽家で、正月に祭る神。その年の大将軍（ふさがりの方角）と相対する方角を支配する神。この神のある方角を明きの方・吉方えほうといい、万事に吉とする。「歳徳棚としトクだな（歳徳神を祭る神だな）」
【歳入】サイニュウ 国家や公共団体などの一会計年度中の収入の合計。一年間の収入。↕歳出。
【歳晩】サイバン 年がくれる。また、年のくれ。年末。
【歳費】サイヒ ①一年間の費用。②国議員などの受ける一年間の手当。
【歳暮】サイボ・セイボ ①年末。歳末。②老年。老境。③国セイボ 年末の贈答品。
【歳余（餘）】サイヨ ①一年あまり。年余。②暦法で、一年の基準日数のあまり。③冬をいう。農閑期。農業のひまなとき。
【歳陽】サイヨウ 十干をいう。↕歳陰。
【歳△闌】サイラン 年がまさにくれようとする。闌は、つきる意。
【罪レ歳】としをつみす 人民の生活が苦しいのは、政治が悪いのでなく、不作のためであると言って、穀物の実りに罪をなすりつけること。〔孟子、梁恵王上〕
【守レ歳】としをまもる おおみそかの夜に寝ないで行く年を送ること。

(14)10
【歴】3800
(16)12
〔歷〕3801
教4 レキ 人許 漢レキ 呉リャク 囲 lì

4682 *4E72*

筆順 厂 厈 厤 歴

字義 ❶へる。すぎる。わたる。めぐる。「歴戦」❷経過してきた事柄。「経歴」「履歴」❸こえる（越）。〔孟子、離婁下〕不二歴レ位而相与言一くらい（ゐ）をこえてあい（ひ）ともにいわ（は）ず。❹まじえる。また、乱れる。❺順序だてる。整える。❻かぞえる（数）。また、数。❼えらぶ（選）。❽ことごとく。あまねく。また、次々に。ひとつひとつ。「歴観」「歴訪」「遍歴」❾あきらか。はっきりとしている。「歴然」❿こよみ（暦）。⓫まばら。⓬かま（釜フ）。物をにる容器。

解字 甲骨文 金文 篆文 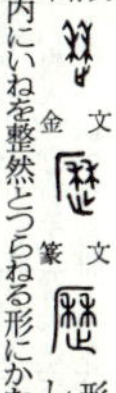 形声。止＋厤㊥。止は、あしの象形。音符の厤(レキ)は、屋内にいねを整然とつらねる形にかたどる。ほどよく並べた稲束の間をかぞえあるくさまから、すぎる・かぞえるの意味を表す。

▼閲歴・経歴・巡歴・前歴・遍歴・遊歴・来歴・履歴

【歴運】(レキウン) めぐりあわせ。天運。

【歴階】(レキカイ) (作法通り一段ごとに両足をそろえることをしないで)きざはしの一段ごとに交互に片あしをかけてのぼる。急いで階段をのぼること。歴級。

【歴観(觀)】(レキカン) あまねくめぐり見る。次々に見る。また、見渡す。

【歴挙(擧)】(レッキョ・レキキョ) いちいち数えあげる。

【歴山】(レキザン) 舜(シュン)が耕作したと伝えられる山。山東・山西・江蘇(コウソ)省など、各所に伝説化されてある。舜耕山。

【歴山王】(レキザンオウ) 古代ギリシャのアレキサンダー大王。

【歴仕】(レキシ) 代々の(また、二人以上の)君に仕える。

【歴史】(レキシ) ①人類社会の過去における変遷の記録。②過去における出来事。

【歴史時代】(レキシジダイ) 伝説や記録が残されるようになってからの時代。↔先史時代。

【歴事】(レキジ) ＝歴仕。

【歴日】(レキジツ) ①年月。また、こよみ。②日をへること。

【歴巡】(レキジュン) 諸方をめぐり歩く。巡歴。

【歴象】(レキショウ) 天体をあまねく観測すること。象は、天体を観測する道具。

【歴数(數)】(レキスウ) ①いちいちかぞえる。②こよみ。③まわりあわせ。運命。④天命を受けて帝位につく運。

【歴世】(レキセイ) ①代々。よよ。累世。歴代。②世をへる。世を経過する。

【歴然】(レキゼン) はっきりしたさま。明らかなさま。歴々。

【歴朝】(レキチョウ) 代々の朝廷・天子・王朝。

【歴程】(レキテイ) 国通りすぎてきた道すじ。

【歴任】(レキニン) 次々に官職に任命されること。

【歴年】(レキネン) ①連年。毎年。②年をへる。

【歴訪】(レキホウ) 次々にたずねまわる。

【歴遊】(レキユウ) 方々を旅してまわること。

【歴落】(レキラク) ①細事にこだわらないさま。②音声の絶えないさま。③入りまじって並ぶさま。交錯。

【歴乱(亂)】(レキラン) ①花が咲き乱れているさま。②物が乱れているさま。

【歴覧(覽)】(レキラン) 一つ一つみる。次々にみる。

【歴歴】(レキレキ) ①明らかなさま。はっきりしたさま。〔唐、崔顥、黄鶴楼詩〕晴川歴歴漢陽樹(セイセンレキレキたりカンヨウのき)。訳文⇩晴川の②(五二〇ページ)。②国㋐晴れがましいさま。㋑身分・家がらの高い人。また、芸能がすぐれて名高い人。

(16)12【歷】(3801) レキ 歴(3800)の旧字体。→五九五ページ。

(18)14【歸】(1932) キ 帰(1931)の旧字体。→三四四ページ。 6137 5D45

【顰】→頁部 一三〇三ページ。

4 歹部

〔部首解説〕がつ。がつへん。いちた(一夕)へん。歹(ガツ)を意符として、死に関する文字ができている。

歹 五九六　2死 五九六　4歾 五九七　歿 五九七　殀 五九七
5殃 五九七　殂 五九八　殆 五九八　殄 五九八　6残 五九八
殊 五九九　殉 五九九　7殍 五九九　8殛 五九九　殘 五九九
殖 五九九　殕 六〇〇　10殞 六〇〇　殠 六〇〇　11殣 六〇〇
殤 六〇〇　殢 六〇〇　12殪 六〇〇　殫 六〇〇　13殭 六〇〇
殮 六〇〇　14殯 六〇〇　15殱 六〇〇　17殲 六〇〇

列→刂部 一三七ページ。

(4)0【歹】3802 △ 一㊥ガツ・㊝ガチ 曷 二タイ 賄 dǎi 6138 5D46

［歺］同字 ［𣦵］本字

字義 一くずれた骨。残骨。二わるい(悪)。

解字 甲骨文 篆文 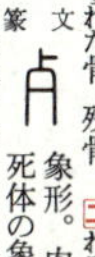 象形。肉の削りとられた、人の白骨死体の象形で、ばらばらの骨の意味を表す。本字は𣦵。歹はその省略形。

(6)2【死】3803 教3 シ しぬ　シ 紙 sǐ 2764 3B60

筆順 一 歹 歹 死

字義 ❶しぬ。シす。㋐いのちがたえる。生命がなくなる。特に、身分の低い者(庶民)についていう。㋑活気がなくなる。生気がなくなる。「死文」㋒きえる。ほろびる。きわまる。つきる(尽)。終わる。㋓碁で、石の目がなくなる。❷ころす。死刑にする。❸死者。死人。また、死体。しかばね。❹幼少の者が死ぬこと。↔終(老人の死)。❺命をかける。死を惜しまない。危険を冒すこと。「死守」「死線」

参考 現代表記では〔屍〕(1753)の書きかえに用いることがある。「屍体→死体」

解字 金文 篆文  会意。歹(𣦵)＋匕(人)。𣦵は、白骨の象形。ひざまずく人の前に横たわる死体の意味から、しぬの意味を表す。

▼圧死・横死・起死・客死・決死・検死・絞死・惨死・殉死・情死・垂死・生死・即死・致死・墜死・万死・必死・百死・憤死・変死・夢死

【死灰】(シカイ) ①火が消えた後に残っている灰。火のけのなくなった灰。②生気のないたとえ。③無我の境地になって俗念を忘れ去った心の形容。

【死灰復然】(シカイまたもゆ) 火のけのなくなった灰が再びもえはじめること。一度失った勢力をもりかえすことのたとえ。然は、燃に同じ。〔史記、韓長孺伝〕

【死骸】(シガイ) しかばね。なきがら。死体。屍骸(シガイ)。

【死角】(シカク) 国弾丸の射程内で、(物の陰などになって)弾丸の飛んで来ないところ。一般に、視線の届かない地点。

【死活】(シカツ) ①死ぬことと生きること。②死ぬか生きるか。死生の際。③死んでも生きても。どんな時でも。きっと。

【死諫】(シカン) 死をもっていさめる。諫は、いさめる。

【死肌】(シキ) くさったはだ。また、感覚のなくなったはだ。

【死期】(シキ) ①死ぬ時期。②国(シゴ) 死のまぎわ。いまわ。臨終。末期(マツゴ)。

【死苦】(シク) ①死ぬほどの苦しみ。②仏四苦(生・老・病・死)の一つ。人間ののがれられない死の苦しみ。

【死交】(シコウ) 相手のためには死んでもよいという堅い交わり。死生の交わり。刎頸之交(フンケイのまじわり)。

【死罪】(シザイ) ①死刑。また、それにあたる罪。②君主に上奏するとき、おそれいる意を表すために用いることば。

【死士】(シシ) 死を決した士。命がけの男。

【死子】(シシ) ①囲碁で、敵にとられることになって盤上にある石。しにいし。

【死屍】(シシ) ①しかばね。②死んだ子供。死児。

【鞭二死屍一】(シシにむちうつ) ①しかばね。②仏罪をおかした僧。死体にむちうって、生前のうらみを晴らす。春秋時代、楚(ソ)の伍子胥(ゴシショ)が父と兄の仇(あだ)を報ずるため平王の墓を掘りおこし、そのしかばねにむちうった故事。転じて、死んだ人を非難し攻撃すること。〔史記、伍子胥伝〕

【死△而後△已】《シしてのちやむ》 死んでそこで初めてやめる。死ぬまで努力してやめない。→任重而道遠（七二ページ）。〔論語、泰伯〕仁以為レ己任一《ジンもっておのがニンとなす》、不二亦重一乎《またおもからずや》、死而後已《シしてのちやむ》、不二亦遠一乎《またとお(ほ)からずや》。〈仁を行うことを自分の任務としている、なんと重いことではないか。しかもそれは死ぬまでやめない、なんと遠いことではないか〉
【死守】《シシュ》 命がけで（決死の覚悟で）守る。
【死囚】《シシュウ》 死刑に処する罪人。死刑囚。
【死且不レ朽】《シすともかつくちず》 人の身は死んでなくなっても名声は後の世まで残り伝えられる。〔左伝、僖公三十三〕
【死所】《シショ》 死に場所。死にどころ。死処。
【死諸△葛走二生仲達一】《シせるショカツいけるチュウタツをはしらす》 すでに死んだ諸葛孔明《コウメイ》が生きている司馬仲達を退却させたこと。三国時代、蜀《ショク》の諸葛孔明が五丈原（今の陝西《センセイ》省内）で死んだとき、蜀の軍隊はその死をかくして陣営を引き払おうとしたが、魏《ギ》の司馬懿《シバイ》（あざなは仲達）はこれを見て蜀軍を討とうとした。そこで蜀の軍は反撃に出たので、仲達は孔明が生きていると思い退却した。このことを当時の民衆が言ったことわざ。〔三国志、蜀志、諸葛亮伝、注〕
【死水】《シスイ》 ①動かない水。たまったまま流れない水。②国《しにみず(づ)》死にぎわの人の口をしめらす水。末期《マツゴ》の水。
【死生】《シセイ》 ①死ぬことと生きること。生死。死活。②殺したり生かしたりする。
【死生契△闊】《シセイケッカツ》 死生を共にしようと約束し、共に努力し苦しむこと。〔詩経、邶風、撃鼓〕
【死生有レ命】《シセイメイあり》 人の生命は天命で、人力ではどうすることもできない。〔論語、顔淵〕
【死節（節）】《シセツ》 節義のために生命を捨てること。生命を捨ててみさおを守ること。
【死戦（戰）】《シセン》 命がけで戦う。必死の戦い。死闘。
【死相】《シソウ》 国①死が近づいたときの人相。②死にがお。
【死蔵（藏）】《シゾウ》 国ただしまっておくだけで、役に立てないこと。持ちぐされ。
【死地】《シチ》 助かる見込みのないところ。きわめて危険な場合や場所。↔生地。〔史記、淮陰侯伝〕陥二之死地一《これをシチにおとしいれて》、而後生《しかるのちにいく》。
【死中求レ活】《シチュウにカツをもとむ》 死ぬべき所で活路を求める。絶望的状態にあってなお切り抜ける方法を捜すこと。死中求レ生《シチュウにセイをもとむ》。〔後漢書、公孫述伝〕男児当二死中求一レ生《ダンジまさにシチュウにセイをもとむべし》、可二坐窮一乎《ザしてキュウすべけんや》。
【死闘（鬭）】《シトウ》 死にものぐるい（命がけ）で戦う。

【買二死馬骨一】《シバのほねをかう(ふ)》 役に立たないもの（人）を買って、役に立つもの（人）がやってくるのを待ったとえ。郭隗《カクカイ》という人が、燕《エン》の昭王に説いた故事で、昔、ある国の君が使者を出して千里の馬を求めさせたところ、死んだ名馬の骨を五百金で買って来たので、その君が使者をしかりつけた。ところが使者は死んだ馬の骨でさえ五百金で買ったのだから、必ず千里の馬を売りに来る者があるだろうと答えた。果たして一年もたたぬうちに、千里の馬の売り手が三人もやって来たという故事。〔戦国策、燕〕
【死△魄・死覇】《シハク》 陰暦のついたちをいう。魄は、月の輪郭の光らないところ。
【死物】《シブツ》 ①生命のない物。↔生物。②働きのないもの。役に立たないもの。↔活物。
【死文】《シブン》 条文が残っているだけで、実際には用いられない法規。空文。
【死別】《シベツ》 死にわかれ。↔生別。
【死魔】《シマ》 仏四魔（天魔・煩悩魔・陰魔・死魔）の一つ。人の生命を奪って修業を妨げる魔物。死をいう。
【死命】《シメイ》 ①生命。②死ぬべき命。③死にものぐるい。極力。死力。④生きるか死ぬか。「死命を制する」
【死友】《シユウ》 ①いのちを惜しまない友。命をかける友。②死んだ友だち。なき友。亡友。
【死力】《シリョク》 あるだけの力。必死の努力。
【死霊（靈）】《シレイ・シリョウ》 国死者のたましい。死んで浮かばれないたましい。↔生霊。
【死△或重二於泰山一△或軽（輕）二於△鴻毛一】《シあるいはタイザンよりもおもく あるいはコウモウよりもかろし》 生命には、大切に重んじて惜しまねばならぬ場合と、いさぎよく捨てねばならぬ場合とがあり、それは義の存するか否かによって決すべきである。泰山は、山東省にある名山。鴻毛は、おおとりの毛。〔文選、司馬遷、報二任少卿一書〕
【視レ死若レ帰（歸）】《シをみることキするがごとし》 死に直面した態度が楽しんでわが家に帰ると同様である。平然として死を恐れるところのないさま。〔大戴礼、曾子制言上〕
【賜レ死】《シをたまう(ふ)》 君主が臣下に自殺を命ずる。
【生レ死肉レ骨】《シをいかしほねにニクす》 死者を生きかえらせ、白骨に再び肉をつける。窮地や危険の中から人を助けるたとえ。〔左伝、襄公二十二〕
【喪レ死】《シをソウす》 死んだ人を手厚くとむらう。
【弔レ死】《シをとむらう(ふ)》 死者をとむらい霊をなぐさめる。↔問レ生《セイをとう(ふ)》。
【比二死△於△鴻毛△之軽（輕）一】《シをコウモウのかるきにヒす》 死をおおとりの毛のように軽く考える。義のために生命を惜しまぬたとえ。

【△瀕レ死】《シにヒンす》 死にかかる。今にも死のうとする。

【列】→リ部 一三七ページ。

(8)4 【歾】 3804 △ 一 漢ボツ・呉モチ 月 mò 二 漢ブン・呉モン 吻 wěn

字義 一 しぬ（死）。＝歿《ボツ》・没。二 くびをはねる。頸《ビク》を切る。＝刎《フン》。

解字 篆文  形声。歹（歺）＋勿音。音符の勿《ブツ》は、なくなるの意味。死んで骨と化し、姿がなくなる、死ぬ・つきるの意味を表す。

(8)4 【歿】 3805 △ 漢ボツ 呉モチ 月 mò 6139 5D47

【殁】俗字

字義 しぬ（死）。＝歾《ボツ》・没。

参考 現代表記では〔没〕(3942)に書きかえる。「死歿→死没」「歿年→没年」 熟語は〔没〕をも見よ。→六三三ページ。

解字 篆文  形声。歹（歺）＋殳（叟）音。音符の叟《ボツ》は、しずむの意味。この世から沈んで見えなくなる、死ぬの意味を表す。歾の別体。

【歿後】《ボツゴ》 人の死んだ後。死後。没後。
【歿年】《ボツネン》 人の死んだ時の年齢。また、その年代。没年。

(8)4 【殀】 3806 △ 漢ヨウ（エウ） 篠 yāo, yǎo 6140 5D48

字義 ❶わかじに。短命。＝夭《ヨウ》。「殀寿（若死にと長生き）」❷ころす。きりころす。

解字 形声。歹（歺）＋夭音。音符の夭《ヨウ》は、わかいの意味。歺は、死体の意味。わかじにの意味を表す。

(9)5 【殃】 3807 △ 漢ヨウ（ヤウ） 呉オウ（アウ） 陽 yāng 6142 5D4A

字義 ❶わざわい《わざはひ》（禍）。❷とがめ。神仏の下すとがめ。天罰。❸わざわいを与える。そこなう。

解字 篆文  形声。歹（歺）＋央音。音符の央は、首かせをはめられた人の象形。歺は、人の死体の象形。わざわいの意味を表す。

【殃禍】《オウカ》 わざわい。災難。
【殃△咎】《オウキュウ》 わざわい。また、とがめ。
【殃慶】《オウケイ》 わざわいとさいわい。吉凶。
【殃及二池魚一】《わざわ(は)いチギョにおよぶ》 昔、宋《ソウ》の城門が焼けたとき、池の水をくんで火を消したので、池の魚が多く死んだ故事。意外の所にわざわいが及ぶたとえ。また、理由なくしてわざわいを受けるたとえ。まきぞえをくうこと。禍及二池魚一《わざわ(は)いチギョにおよぶ》。〔剪刀新話、三山福地志〕

(9)5
【殂】3808 △ 漢ソ 呉ゾ 虞 cú

字義 ゆく。しぬ（死）。君主の死をいみはばかっていうことば。「殂落」

解字 篆文  形声。歹（歺）＋且。歺は、死体の象形。音符の且は、徂に通じ、ゆくの意味。死の世界にゆく、しぬの意味を表す。

【殂・隕・殂・殞】死ぬ。隕・殞も、死ぬ意。

【殂落】①天子の死。君主の死。崩御。崩殂。②しぼみおちる。凋落。

4356
4B58

(9)5
【殆】3809 標 漢タイ 呉ダイ 賄 dài

字義 ❶あやうい。危険。また、あやぶや。しっかりしていない。〔論語、為政〕思而不ㇾ学則殆。❷あやうくする。危険にさらす。❸あやぶむ。疑う。また、心配する。❹おそれる。❺つかれる。❻くずれる。敗れる。❼ほとんど。…に近い。…に似ている。❽おそらく。きっと。❾ちかい（近）。また、ちかづく。近づける。❿はじめ（始）。

解字 篆文  形声。歹（歺）＋台㊀。歺は、死体の象形。音符の台は、始・胎に通じ、きざしの意味。死のきざしの意味から、転じて、「あやうく…だ」の意味に用いる。

6141
5D49

(9)5
【殄】3810 △ 漢テン 呉デン 銑 tiǎn

字義 ❶つきる（尽）。また、つくす。たやす（絶）。たつ（絶）。ほろぼす。「殄滅」❷しぬ（死）。❸ことごとく。残らず。すべて。❹よい。＝腆。

解字 篆文  形声。歹（歺）＋㐱㊀。音符の㐱は、盡（尽）に通じ、つきるの意味。歺は、死体の象形。死んで骨となってつきるの意味を表す。

【殄夷】ことごとく殺す。ころしつくす。夷は、殺す意。

【殄瘁・殄悴・殄顇】ことごとくつかれ苦しむ。また、病みつかれてほろびる。

【殄絶】たえる。たやす。つきる。ほろぼす。

【殄殲】ほろびつきる。また、ほろぼしつくす。みなごろしにする。殲も、つきる、ほろびる。

【殄滅】ほろぼす。たやす。また、ほろびる。たえる。

【殄戮】ころしつくす。戮は、ころす。

2736
3B44

(10)6
【残】3811 教4 ザン のこる・のこす 名残

(12)8
【殘】3812 漢サン 呉ザン 寒 cán

6144
5D4C

筆順 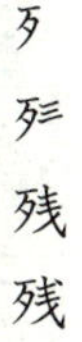

字義 ❶そこなう。㋐ころす。㋑ほろぼす。㋒きずつける。また、切る。㋓こわす。破る。また、こわれる。破れる。「残破」❷きず。痛み。❸むごい。ひどい。思いやりがない。むごく扱う。「残酷」❹わるい。荒っぽい。また、悪人。❺のこる。のこす。また、のこり。「残余」❻消えのこる。今にも消えそうなこと。❼煮た肉。

解字 篆文  形声。歹（歺）＋戔（㦮）㊀。歺は、肉をそいだあとの骨の象形。音符の戔は、ずたずたに切るの意味。そこなうの意味を表し、転じて、のこりかすの意味を表す。

▼焼残・衰残・廃残・敗残・無残・老残

【残鶯】晩春に鳴くうぐいす。

【残花・残華】散り残った花。色香のうせた花。残英。

【残夏】夏の末。また、夏のなごり。

【残霞】夕日の沈んだ後の夕ばえ。夕ばえのなごり。

【残害】いためそこなう。そこない殺す。

【残骸】国①（殺されてすておかれている）なきがら。死体。②こわされたままになっている残片。③自分の老衰を謙遜していう。

【残寒】春になってから（立春以後）の寒さ。余寒。

【残簡】わずか（一部）残っている書き物。断簡。

【残雁】おくれてやってくるかり。時節おくれのかり。

【残暉】夕日の光。また、入り日の余光。残照。

【残毀】そこなう。こわす。傷つきこわれる。

【残菊】①初冬、また、晩秋まで咲き残っている菊。②霜にいためられた菊。いたんだ菊。③九月九日（重陽）を過ぎた菊。

【残虐】そこないしいたげる。苦しめいじめる。また、むごい。ひどい。

【残欠（缺）・残闕】やぶれ欠ける。損じ欠ける。

【残月】ありあけの月。夜明けの月。また、沈みかけている月。

【残更】夜のあけがた。五更。午前四時前後。

【残肴・残殽】食べ残しのさかな。酒宴のあとの食べ残しの料理。

【残香】あとに残っているかおり。余香。

【残紅】散り残りの赤い花。また、落花。

【残酷】むごい。そこないしいたげて平気でいるさま。残虐。

【残魂】①ようやく生きながらえている命。②今も残っているたましい。

【残殺】そこない殺す。むごたらしく殺す。

【残山剰（剩）水】山や川の一小部分のつまらぬながめ。戦いに敗れたりした後の荒れ果てた景色。

【残滓】残りかす。また、水底に残っている不純物。

【残日】①夕日。夕陽。②残りの日数。

【残秋】秋の末。また、秋のなごり。

【残春】春の末。また、春のなごり。

【残暑】立秋の後の暑さ。秋になってからの暑さ。

【残照】夕日の光。また、入り日の余光。

【残傷】①そこないきずつける。残害。②けが。

【残燭】消えかかっているともしび。また、夜ふけ・明け方のともしび。残灯。

【残生】①ながくもない残りの命。余生。②災難をまぬかれて幸いに生きながらえている命。

【残星】夜明けの空に残っている星。

【残喘】①死にかかっている命。余喘。②自分の年齢をいう場合の謙称。余命。「留二残喘一」

【残蟬】季節を過ぎて鳴いているせみ。秋のせみ。

【残礎】残っている古い土台石。

【残賊】①そこない殺す。②仁義をそこないやぶる、また、その者。③討ちもらされている賊。残っている賊。

【残存】①（なくならずに）残っている。②生き残る。

【残徒】＝残党。

【残冬】冬の末。また、冬のなごり。

【残灯（燈）】＝残燭。

【残党（黨）】討ちもらされて残った仲間。

【残忍】むごい。むごたらしい。

【残年】残り少ないいのち。余命。余生。〔唐、韓愈、左遷至二藍関一示二姪孫湘一詩〕肯将二衰朽一惜二残年一

【残念】①思いが残る。未練がある。②くやしい。無念である。

【残破】そこない破る。こわす。また、欠けいたむ。こわれる。

【残兵】戦いに敗れて生き残った兵士。

【残片】①こわれたもののかけら。②枝に散り残っている花びら。

【残編】散佚した残りの書冊。「残編断簡」

【残芳】散り残った花。残花。

【残亡】①やぶれほろびる。また、そこないほろぼす。②負けてにげる。

【残氓】生き残った民。遺民。氓は、民。

【残暴】むごく荒々しい。

【残夢】見はてぬ夢。見のこした夢。明けがたになってうとうとしながらも見続けている夢。また、目が覚めてからもなお続いている夢心地。〔唐、杜牧、早行詩〕林下帯₂残夢₁。

【残夜】夜明け。しののめ。

【残余(餘)】①のこり。あまり。②災害をまぬがれて生きていること。

【残陽】①夕日。入り日。残照。斜陽。②夏の末になっておとろえかけた陽気。

【残^掠】人を殺傷して金品を奪い取る。残略。

【残略】①そこなわれかける。残欠。また、不完全と粗略。②＝残掠。

【残留】あとに残りとどまる。居残。

【残^溜】①残りの雨だれ。②残りの流れ。

【残涙】なみだのあと。涙痕。

【残^瀝】残りのしずく。余瀝。残滴。

【勝レ残去レ殺】人情・義理をわきまえぬ乱暴者を教化して、死刑などのいらない世の中にする。〔論語、子路〕

(10)6 【殊】 3813 常 シュ こと 漢シュ 呉ジュ 虞 shū 2876 3C6C

筆順 歹 歼 殊

字義 ❶ころす。死罪にする。誅殺する。❷たつ。なくす。❸しぬ。命がなくなる。❹きめる。決定する。❺ことなる。㋐普通と違う。よそ。ほか。「特殊」㋑すぐれている。「殊勝」❻ことにする。違える。別にする。〔易経、繋辞下〕天下同レ帰而殊レ塗。❼ことに。特に。とりわけ。❽すぎる。❾大きい。

解字 文 篆 形声。歹(歺)＋朱音。音符の朱は、殳シュに通じ、うつの意味。歺は、死体の意味。ころすの意味を表す。転じて、ことなるの意味を表す。

▼特殊・文殊

【殊位】特別によい地位。特にたっといくらい。

【殊異】ことなる。ことにする。大いにことなる。

【殊域】よその国。外国。

【殊^裔】遠い果ての国。遠方の未開の国。

【殊恩】特別のめぐみ。格別のおぼしめし。

【殊境】①よその国。外国。殊域。②他と土地のようすがちがっていること。

【殊遇】特別の待遇。特によいもてなし。特待。〔文選、諸葛亮、出師表〕追₂先帝之殊遇₁。

【殊勲(勳)】＝殊効。

【殊効(效)】特別な手がら。すぐれたいさお。大功。殊功。

【殊死】①死を決する。命がけになる。必死になる。〔史記、淮陰侯伝〕軍皆殊死戦。②ころす。また、死罪の刑。また、死罪の者。

【殊勝】①とりわけてすぐれる。②国㋐けなげで感心なこと。奇特。「殊勝な心掛け」㋑こうごうしいさま。

【殊色】すばらしい美人。

【殊績】すぐれた(抜群の)手がら。績は、いさおし。

【殊絶】特にすぐれる。かけはなれている。他と非常に異なっていること。

【殊俗】①風俗を異にする。また、ちがった風俗。②風俗のちがった外国。他国。異国。

【殊致】①おもむきを異にする。また、異なったおもむき。②すぐれた景色。

【殊^寵】特別のかわいがり。特別の寵愛。殊恩。

【殊珍】特別にめずらしいもの。すぐれた宝。

【殊能】特別の才能。すぐれた能力。

【殊品】①すぐれた品物。絶品。②種類や程度を異にする。異類。

【殊方】①ことなった土地。他国。外国。②ことなったやり方。ことなった手段。

【殊類】①種類・程度を異にする。②普通とちがったもの。種類のちがったもの。③鬼神などをいう。

(10)6 【殉】 3814 常 ジュン 漢シュン・呉ジュン 震 xùn 2962 3D5E

筆順 歹 殉 殉

字義 ❶したがう。㋐死んだ人について死ぬ。追いじに。主君・貴人などの死んだあとを追って自殺すること。㋑ある事のために身を捨てる。「殉教」❷もとめる。また、むさぼる。❸いとなむ。❹めぐる(巡)。

解字 形声。歹(歺)＋旬音。音符の旬は、徇ジュンに通じ、したがうの意味。貴人などの死にしたがうの意味を表す。

【殉教】信仰する宗教のために身命をささげる。

【殉国(國)】国難のために身命を捨てる。命を捨てて国のためにつくす。

【殉死】①主君のあとを追って、その妻や臣下が自殺すること。②上古、貴人を葬るときに、おそばに仕えたものなどを死なせること。

【殉職】職務を果たすために命を捨てる。

【殉節(節)】節義のために身命を捨てる。

【殉葬】死者と共に人を生き埋めにしたり、器物を埋めること。また、死者のおともをしてその墓に葬られること。

【殉道】正義のために身命を捨てる。

【殉難】国難や信仰のために身命を捨てる。

【殉名】名誉を守るために身命を捨てる。

【殉利】危険や災難をもかえりみず、ただ利益をむさぼること。また、利益を得るために身を犠牲にする。〔荘子、駢拇〕小人則以レ身殉レ利。

(11)7 【殍】 3815 △ 一 漢ヒョウ(ヘウ) 呉ビョウ(ベウ) 篠 piǎo 二 フ 虞 6143 5D4B

字義 一 ❶うえじに。餓死する。❷うえじにした死体。二 「殣ヒョウキン」。

解字 形声。歹(歺)＋孚音。音符の孚フは、浮に通じ、うきあがるの意味。うえて浮きあがるように軽くなってしまった死体のさまから、うえじにの意味を表す。

【殍餓】飢え死にする。また、飢え死にした者。餓死者。殍

(12)8 【殛】 3816 △ 漢キョク 呉コク 職 jí

字義 ころす。罰し殺す。誅殺する。

解字 文 篆 形声。歹(歺)＋亟音。音符の亟キョクは、問いつめるの意味。人を問いつめてころすの意味を表す。

(12)8 【殘】 (3812) ザン 残(3811)の旧字体。→五八六ページ。 6144 5D4C

(12)8 【殖】 3817 常 ショク ふえる・ふやす 漢ショク・呉ジキ 職 zhí 3103 3F23

筆順 歹 殖 殖

字義 ❶くさる。腐敗する。❷しげる。そだつ。のびる。また、そだてる。のばす。❸ふえる。また、ふやす。また、そのふえたもの。たくわえ。「学殖」❹うえる(植)。また、立てる。

名乗 え・しげる・たね・のぶ・ます

使いわけ ふえる〔増・殖〕⇩増(1321)。

解字 文 篆 形声。歹(歺)＋直音。歺は、死体の象形。音符の直は、まっすぐであるの意味。まっすぐにのびた硬直死体の意味から、一般に、のびる・ふえるの意味を表す。

▼学殖・貨殖・生殖・増殖・拓殖・繁殖・養殖・利殖

【殖貨】財貨をふやす。貨殖。

【殖財】財産をふやす。殖産。

【殖産】ショクサン ①＝殖財。②国生産物をふやす。産業をさかんにする。
【殖民】ショクミン 自国以外の未開の土地に、自国民を移住させ、経済的な開拓・活動をさせること。また、その移住民。植民。
【殖利】ショクリ 利益をふやす。金もうけする。利殖。

(12)8【殕】3818 △ 一漢フウ・呉フ 宥 fǒu 二漢ホク・呉ボク 職 bó 6145 5D4D
字義 一くさる。物が腐敗する。二たおれる。たふる。たおす。＝踣ボク。 難読 殕森かぶれもり
解字 形声。歹（歺）＋咅㊥。

(14)10【殞】3819 △ イン（ヰン） 軫 yǔn 6146 5D4E
字義 ❶しぬ（死）。命をおとす。❷おちる。おつ。おとす。＝隕イン。「殞石」「殞レ涕なみだをおとす」
解字 形声。歹（歺）＋員㊥。音符の員は、丸くなるの意味。木の葉などが枯死して丸くなって落ちる。歺は、死体の意味。しぬ・おちるの意味を表す。
【殞砕（碎）】インサイ 命をおとすこと。死ぬ。
【殞石】インセキ 流星が燃えきらないで地上に落ちたもの。隕石インセキ。
【殞墜】インツイ おちる。落下する。墜も、おちる。
【殞△斃】インヘイ たおれる。死ぬ。殞殪イン エイ。
【殞命】インメイ 命をおとす。死ぬ。

(14)10【殠】3820 △ 一漢シュウ（シウ）・呉シュ 宥 chòu 二漢キュウ（キウ）・呉ク 宥 xiù
字義 一二くさみ。くさったにおい。わるいにおい。「悪殠」
解字 篆文 形声。歹（歺）＋臭㊥。歺は、ばらばらの骨の象形。音符の臭は、においの意味。くさったにおいの意味を表す。

(15)11【殣】3821 △ 漢キン 呉ギン 震 jìn
字義 ❶うえじに。うゑじに。餓死。また、ゆきだおれ。❷うめる。死体を埋葬する。❸まみえる。諸侯が天子に会う。＝覲キン。
解字 篆文 形声。歹（歺）＋堇㊥。音符の堇キンは、土を塗りこむの意味。道のかたわらに、行き倒れになった人を棺など用いずに埋葬するの意味を表す。

(15)11【殤】3822 △ ショウ（シャウ） 陽 shāng 6147 5D4F
字義 ❶わかじに。二十歳前に死ぬこと。十六歳から十九歳までの死を長殤、十二歳から十五歳までを中殤、八歳から十一歳までを下殤といい、七歳以下の死を無服の殤という。❷とむらう者のない霊魂。無縁の仏。「国殤（国事に死んでとむらう者のない霊魂）」
解字 篆文 形声。歹（歺）＋傷省㊥。音符の傷は、きずつくの意味。二十歳未満で、わか死にするの意味を表す。

(15)11【殢】3823 △ 漢テイ 呉タイ 霽 tì
字義 ❶つかれる。苦しむ。❷とどこおる。❸まつわりつく。しなだれかかる。
解字 形声。歹（歺）＋帶㊥。音符の帶タイは、おびのようにまつわるの意味。

(16)12【殪】3824 △ エイ 霽 yì 6148 5D50
字義 ❶たおれる。たふる。死ぬ。❷たおす。たふす。ころす（殺）。一矢で射殺す。一発で殺す。❸つきる（尽）。つくす。
解字 篆文 形声。歹（歺）＋壹㊥。音符の壹（壱）は、もっぱらにするの意味。いちずに息の根をとめてしまう、たおすの意味を表す。

(16)12【殫】3825 △ タン 寒 dān 6149 5D51
字義 ❶つきる（尽）。すっかりなくなる。「殫亡」❷つくす。すっかり出す。すっかり取る。〔漢書、杜欽伝〕殫二天下之財一テンカのザイをつくす。❸たおれる。たふる。たおす。たふす。❹病む。＝癉タン。❺ことごとく。のこらず。
解字 篆文 形声。歹（歺）＋單㊥。音符の單（単）は、袒タンに通じ、あらわになるの意味。歺は、死体の象形。白骨があらわとなる、つきはてるの意味を表す。
【殫見△洽聞】タンケンコウブン 残すところなくあまねく見聞する。学問・知識が広いこと。
【殫残（殘）】タンザン ことごとくそこなう。ほろぼしつくす。
【殫亡】タンボウ つきてなくなる。つき果てる。

(17)13【殭】3826 △ 漢キョウ（キャウ）・呉コウ（カウ） 陽 漾 jiāng
字義 こわばる。こはばる。死んでかたくなる。死んでくさらない。＝僵キョウ。
解字 形声。歹（歺）＋畺㊥。音符の畺キョウは、かたまる意味。

(17)13【殮】3827 △ レン 艶 liàn
字義 なきがらをおさめる。かりもがり。埋葬する前に死体に衣を着せて棺に入れ、安置すること。＝斂レン。
解字 形声。歹（歺）＋僉㊥。音符の僉センは、おさめるの意味。死体をおさめるの意味を表す。

(18)14【殯】3828 △ ヒン 震 bìn 6150 5D52
字義 ❶かりもがり。また、かりもがりする。死体を棺に入れ、葬るまで安置し、賓客として待遇する意。❷ほうむる。埋葬する。「殯葬」
解字 篆文 形声。歹（歺）＋賓㊥。音符の賓は、まろうどの意味。人の死体をほうむる前に、死の世界からのまろうどとして棺に納めておくの意味を表す。
【殯△柩】ヒンキュウ 死体を納めたひつぎ。殯棺。
【殯宮】ヒンキュウ 崩御された天子の棺を、葬送まで安置する仮御殿。かりもがりの宮。荒城あらきの宮。殯殿。

(19)15【殱】3829 △ セン 殲（3830）の俗字。→次項。 6152 5D54

(21)17【殲】3830 △ セン 塩 jiān 6151 5D53
【殱】俗字 6152 5D54
字義 ❶つくす（尽）。殺しつくす。みな殺し。❷ほろぼす（滅）。また、ほろびる。全滅する。
解字 篆文 形声。歹（歺）＋韱㊥。原字は𢦏センで、多くの人を残りわずかとなるまで殺すの意味。のち、死体の意味の歺ガツなどを付し、殺しつくすの意味を表す。
【殲撲】センボク うちほろぼす。全滅させる。
【殲滅】センメツ ほろぼしつくす。全滅させる。

4 殳部

〔部首解説〕 ほこづくり。るまた（ル又）。殳シュを意符にして、うつ、たたく、こわすなどの意味を含む文字ができている。

殳 六〇〇　4 殴 六〇一　5 段 六〇一　6 殷 六〇一　殺 六〇一
7 殻 六〇二　殺 六〇二　8 殼 六〇二　殽 六〇二　9 毀 六〇二
殿 六〇二　10 毄 六〇三　11 毆 六〇三　毅 六〇三　14 毉 六〇三

股→月部 五三二ページ。羖→羊部 八八〇ページ。彀→弓部 三七四ページ。
穀→禾部 八〇一ページ。糓→米部 八三六ページ。縠→糸部 八六六ページ。
觳→角部 九九七ページ。轂→車部 一〇七五ページ。

(4)0【殳】3831 △ 漢シュ 呉ジュ 虞 shū 6153 5D55

字義 ❶ほこ。つえぼこ。兵器の名。兵車の上から人をつきはらうに用いる。❷書体の名。兵器に書きつける書体。殳書シュショ。

解字 金文 篆文 象形。手に木のつえを持つ形にかたどり、ほこ・木のつえの意味を表す。部首となり、うつ・なぐるの意味を表す文字に用いられる。

(8)4【殴】3832 常 オウ なぐる 1805 3225

(15)11【毆】3833 一漢オウ・呉ウ 有 ōu 二ク 虞 qū 6156 5D58

筆順 ヌ 区 区几 殴

字義 一うつ（擊）。なぐる。たたく。むちや杖つえなどでたたく。二かる。走らせる。また、かける（驅）。走る。馬がかける。

解字 金文 篆文 形声。殳＋区（區）音。殳シュは、なぐるの意味。音符の區は、区切るの意味。なぐって邪悪なものとの区切りをつけるの意味を表す。

【殴撃（擊）】オウゲキ うつ。たたく。なぐる。殴打。

【殴殺】オウサツ なぐり殺す。

【殴縛】オウバク うちたたいてしばりつける。

【股】→月部 五三一ページ。

(9)5【段】3834 教6 ダン 漢タン 呉ダン 翰 duàn 3542 434A

筆順 亻 ﾄ 阝 段

字義 ❶くぎり。分割。また、ひとくぎり。ひとまとまりの事物をいう語。「段落」「一段」❷どんす。＝緞ドン。❸きたえる。＝鍛タン。❹織物の長さの単位。一両（二匹）の半分。国❶タン。＝反タン。㋐織物の長さの単位。一匹の半分。鯨尺で長さ二丈八尺（一〇・六メートル）、幅九寸（〇・三四メートル）。㋑距離の単位。六間（約一一メートル）。㋒面積の単位。昔は三百六十歩。桃山時代以後は三百歩。九九一・七平方メートル。㋓帆の幅を数える単位。一段は、むしろ一枚の幅で、約一メートル弱。❷ダン。㋐きざはし。だんだん。「階段」㋑囲碁・将棋・柔道・剣道などの等級。㋒くだり。かど。件。次第などの意。「失礼の段」㋓語り物の一節。

解字 金文 篆文 会意。殳＋𠨍。殳は人工を加えるの意味。𠨍は金文では、岩石やがけに区切りをつけて、次第に高くのぼるさまにかたどる。がけなどに手を加え、登降に便利にした、だんの意味を表す。 難読 段子どんす・段峯たみね

▼算段・手段・値段

【段階】ダンカイ 国①きざはし。階段。②等級。順位。

【段干木】ダンカンボク 戦国時代、魏ギの賢者。子夏の弟子。魏の文侯に賓客の礼をもって待遇された。

【段玉裁】ダンギョクサイ 清シン末の学者。字あざなは若膺ジャクヨウ。戴震タイシンの弟子。考証学・小学（文字の形や音や意味などを研究する学問）にすぐれ、著に『説文解字注』がある。（一七三五―一八一五）

【段段】ダンダン ①きぎれ。②しだいに。③国きざはし。階段。

【段落】ダンラク ①文章の切れめ。区切り。②物事の切れめ。区切り。

(10)6【殷】3835 標 一漢イン・呉オン 文 yīn 二漢イン・呉オン 吻 yǐn 三漢アン・呉エン 刪 yān 6154 5D56

字義 一❶さかん。盛大。さかんに音楽を奏する。❷多い。大きい。ゆたか。富む。「殷賑インシン」❸深い。❹正しい。正しくあたる。❺いたむ。うれえる。❻ねんごろ。丁寧。→殷勤。❼古代王朝の名。三代の一つ。初め商と称し、亳ハク（今の河南省商丘市の北）に都した。盤庚バンコウのとき、殷（今の河南省安陽市の西北）に都を移し、国号を殷と改めたという。湯王から二十八代、約六百年続き、紂王チュウオウのとき（前一〇三〇ころ）、周の武王に滅ぼされた。河南省安陽市西北の小屯村一帯に遺跡（殷墟インキョ）がある。二❶雷の音の形容。とどろきわたる音声の形容。「殷殷」❷ふるわす（震）。❸かくす。三あかい。あかし。赤黒い色。

解字 金文 篆文 会意。殳＋㐆（㐆）音。殳は、手にほこを持つ形にかたどり、強制するの意味。㐆は、身の字を裏返した形にかたどり、身ごもり大きくなるの意味。身ごもらせ大きくさせるさまから、さかん・多いの意味を表す。

【殷殷】インイン ①音声の大きくとどろく形容。「砲声殷殷」また、雷のとどろく形容。②うれえの多い形容。③多い様子。④物のたおれようとするさま。

【殷鑑不遠】インカンとおからず 殷の国のいましめとなるよい手本は、近く前代の夏カの国の滅亡である。目前の他人の失敗を見て自分のいましめとするたとえ。鑑は、かがみ。商鑑不遠。〔詩経、大雅、蕩〕

【殷墟・殷虚（虛）】インキョ 殷の都のあと。今の河南省安陽市西北の小屯村を中心とした地。十九世紀末、うらないに使用した殷代の古文字を刻んだ亀甲キッコウ獣骨が発掘され、中国考古学上の貴重な史料となった。→甲骨文字（七六六ページ）。

【殷勤・殷懃】インギン ねんごろ。手あつく親切なこと。殷は慇とも書く。〔唐、白居易、長恨歌〕遂教方士殷勤覓（ついに方士をしてインギンにもとめしむ）

【殷紅】アンコウ 黒ずんだ赤色。

【殷衆】インシュウ さかんで多い。

【殷昌】インショウ 栄える。はんじょうする。

【殷賑】インシン さかえにぎわうこと。富み栄えていること。繁華。

【殷盛】インセイ さかんなこと。また、生活の豊かなこと。

【殷紂】インチュウ 殷の紂王チュウオウ。暴君で周の武王にほろぼされた。暴虐な君として夏カの桀王ケツオウと並称される。「夏桀殷紂（桀紂ケッチュウ）」

【殷阜】インプ さかんで豊か。また、さかん。豊か。阜は、大。

【殷富】インプ さかんで富む。富み栄えにぎわう。栄えて豊か。

【殷民】インミン ①殷の国民。②民を豊かにする。③裕福な人民。

【殷憂】インユウ 大いにうれえる。また、大きなうれえ。

【殷雷】インライ さかんに鳴りひびくかみなり。

【殷礼（禮）】インレイ ①殷代の礼法。また、制度。②盛大な祭礼。

(10)6【殺】3836 教4 サツ・サイ・セツ ころす 2706 3B26

(11)7【殺】3837 一漢サツ・呉セチ 黠 shā 二サイ 卦 shài 慣セツ

筆順 メ 杀 杀几 殺

【煞】俗字

字義 一❶ころす。いのちをたつ。死刑にする。「暗殺」「自殺」❷しぬ。❸そこなう。やぶる。こわす。切る。❹ほろぼす。なくす。除く。「抹殺マッサツ」❺える。狩猟で獲物を手に入れる。❻いけにえ。祭りに供える犠牲。❼きびしい。すごい。「殺気」❽意味を強めるために添える助字。「悩殺」「笑殺」二❶そぐ。減らす。けずる。省く。「相殺」❷おとろえる。薄くなる。小さくなる。❸ちがい。へだたり。区別。❹凶作。穀物が実らない。❺ほそい。ちいさい。❻ぬう。❼はなはだ。大いに。❽せきこむ。

解字 金文 篆文 会意。殳＋杀（杀）。杀は、いのししなど動物の象形。ころす・いけにえの意味を表す。 難読 殺陣たて

▼圧殺・暗殺・活殺・虐殺・減殺・絞殺・惨殺・刺殺・愁殺・笑殺・生殺・相殺・族殺・他殺・毒殺・悩殺・必殺・忙殺・撲殺・抹殺・黙殺

【殺意】サツイ 人をころそうとする意志。

【殺害】サツガイ 人をころすこと。

【殺気（氣）】サッキ ①あらあらしく険悪なけはい。殺伐の気。②寒冷をもよおす気。草木をいためたる秋冬の寒気。殺は、枯らす意。

【殺生】①ころすことと生かすこと。生殺。②生きものを殺すこと。③㋐仏十悪の一つ。生命のあるものを殺すこと。㋑国むごいこと。残酷。

【殺傷】殺すことと、傷つけること。

【殺傷過当（當）】敵を殺傷した数のほうが、味方の殺傷された数よりずっと多いこと。

【殺青】①竹を火にあぶって、青み（あぶら）を除きとること。昔、紙のなかったとき、竹の札に文字を書いたので、書きやすくするためにしたもの。汗簡。汗青。②転じて、文書。

【殺節（節）】草木を枯らす秋冬の寒い時節。

【殺到】勢いするどく押し寄せること。また、多くのものがどっと一時に押し寄せること。

【殺伐】①ころす。②あらあらしいこと。

【殺風景】風雅なおもむきを失わせる。興をさます。おもむきがない。また、その風景。荒涼たる風景。

【殺△戮】殺す。戮は、死罪にする。

【殺略・殺△掠】人を殺し物をうばい取ること。

【羖】→羊部 八〇〇ページ。

(11)7【殻】3838　常　カク　から　1944 334C

(12)8〔殼〕3839　㊀カク 覚 kě, qiào　㊁コク 屋　6155 5D57

筆順　士 声 売 殻 殻

【㱿】本字　字義 ㊀㊁❶から。㋐内部をおおうかたい外皮。「貝殻」「卵殻」㋑ぬけがら。中味のない外皮。❷おおい。つつみ。カバー。❸たね。からの中味。❹たたく。上から下をうつ。

解字　篆文　形声。篆文は、殳＋㱿音。音符の㱿は、中がからになっている物の象形。殳は、たたくの意味。たたいて実をとりだした、からの意味を表す。

▼地殻

(11)7【殺】(3837)　サツ　殺（3836）の旧字体。→六〇一ページ。

(12)8【殼】(3839)　カク　殻（3838）の旧字体。→上段。　6155 5D57

(12)8【殽】3840　△　㊀漢コウ（カウ）　呉ギョウ（ゲウ）　肴 xiáo, ③④yáo　㊁漢コウ（カウ）　呉ギョウ（ゲウ）　効 xiào

字義 ㊀❶まじる。いりまじる。「混殽」❷乱れる。「殽乱」❸骨つきの肉。❹さかな。祭りの供えもの。また、酒のさかな。＝肴。㊁ならう。かたどる。＝効。

解字　篆文　形声。殳＋肴音。音符の肴は、いろんな肉をとりまぜる、さかなの意味。殳を付し、まじるの意味を表す。

【殽核】さかな。もりもの。殽は、豆（木製の器）に盛ったもの。核は、籩（竹製の器）に盛ったもの。

【殽△函】殽山と函谷関。ともに秦代の要害の地。殽山は河南省洛寧県の西北にあり、陝西省境に接し、その西方に函谷関がある。崤函。

【殽雑（雜）】いりまじる。混殽駁雑。

【殽乱（亂）】入り乱れる。混乱。

(13)9【毀】3841　標　キ　紙 huǐ　5244 544C

【毁】俗字　字義 ❶こぼつ。こわす。こぼれる。こわれる。「毀損」❷かく。かける。きずつける。きずつく。「毀欠」❸やぶる。やぶれる。ほろぼす。❹のける。取り去る。❺くじく。くじける。❻そしる。人を悪くいう。「毀誉」❼やせほそる。「哀毀」

参考　現代表記では〔棄〕（3555）に書きかえることがある。「破毀→破棄」

解字　篆文　形声。土＋毇省音。音符の毇は、うすで米をつくの意味。土をつきつぶすさまから、こわすの意味を表す。

【毀垣】やぶれたかき。

【毀壊（壞）】①こわれやぶれる。②やぶりこわす。

【毀言】そしることば。わるくち。悪口。

【毀歯（齒）】子供の歯が抜けかわること。また、その年ごろ。

【毀△呰・毀△疵】そしる。悪口をいう。呰・疵はともに、そしる。

【毀傷】そこないやぶる。いためきずつける。〔孝経、開宗明義章〕不ニ敢毀傷一孝之始也（あえてキショウせざるは、コウのはじめなり）。

【毀△瘠】悲しみのあまり、やせおとろえること。

【毀損】①いたむ。破れる。また、欠ける。②きずつける。いためる。破る。「名誉毀損」

【毀△訾】そしる。悪口をいう。訾も、そしる意。

【毀△謗】そしる。けなす。謗も、そしる。

【毀誉（譽）褒（襃）△貶】そしることとほめること。毀と貶とは、そしりけなすこと。誉と褒とは、ほめること。

(13)9【殿】3842　常　デン・テン　との・どの　漢テン・呉デン　霰 diàn　3734 4542

筆順　尸 屈 屈 屍 殿

字義 ❶との。㋐大きな建物。ご殿。「殿堂」㋑天子・皇后・皇族等の住居。また、貴人の住居。「宮殿」❷政務をとる所。朝廷。❸寺。寺院。❹貴人の尊称。→殿下。❺物を打つ音。❻しんがり。㋐退却する時、後にふみとどまって敵を防ぐこと。また、その軍隊。↔啓。㋑最後尾。最下位。❼しずめる（鎮）。国❶との。㋐自分の仕えている貴人の敬称。㋑城主の敬称。㋒夫または男子の敬称。❷どの。他人の姓名の下にそえて敬意を表す語。→参考

参考　①現代表記では〔澱〕（4294）の書きかえに用いることがある。「沈澱→沈殿」②公文書のあて先は〔殿〕を用いるのが一般的であるが、尊大な印象があるので、〔様〕を用いる自治体が増加している。

名乗　あと・とのもり　難読　殿賀

解字　篆文　形声。もと、殳＋屍音。音符の屍は、台にすわった人のしりの象形。殳は、うつの意味。古代、しりたたきの風俗などがあり、付された。転じて、しりのように安定感のある、たかどのの意味を表す。

▼貴殿・参殿・寝殿・正殿・夕殿・仏殿・便殿・浴殿

【殿宇】御殿。宮殿。殿舎。

【殿下】①御殿の下。殿堂の階段の下。②昔、諸侯の尊称。漢以後は皇太子・諸王の尊称。魏・晋・六朝では天子の尊称。清代では皇后・皇太子の尊称として用いた。③国㋐昔、皇族または摂政・関白・将軍などに対する敬称。㋑皇太子・皇太子妃など、陛下以外の皇族に対する敬称。

【殿階】御殿のきざはし。宮殿の階段。殿陛。

【殿閣】宮殿と楼閣。宮殿。御殿。

【殿△檻】御殿のてすり。宮殿の欄干。「奥。

【殿軍】しんがりの軍隊。殿後。↔先鋒。

【殿後】①しんがりの軍隊。②御殿のうしろ。また、御殿の

【殿最】①しんがりと先頭。殿軍と先鋒。②戦功や成績を調べて、下の者を殿、上の者を最という。③転じて、等級。順序。また、それを定めること。

【殿試】昔、中国で天子が自ら殿中で行った進士の試験。その最高及第者の三人の、第一を状元、第二を榜眼、第三を探花という。

【殿舎】御殿。やかた。殿堂。宮殿。

【殿上】①宮殿または殿堂の上。②国㋐清涼殿にある殿上の間。㋑殿上の間に奉仕すること。㋒殿上人

【殿上▵虎】〈昇殿を許された人〉の略。

【殿上▵虎】殿上で天子をいさめることのはなはだしい者をいう。宋の劉安世をいう。〔宋史、劉安世伝〕

【殿堂】御殿。高大な建物。

【殿版】＝殿本。

【殿▵廡】御殿の回廊。また、御殿の軒下。

【殿本】清代、宮城内の武英殿から出版された書物。武英殿本の略。殿版。

【轂】→弓部 三七四ページ。

(14)10
【轂】3843 △ 一㊞ケキ・㊋キャク 錫 jī 二ケイ 霽 jì 慣ゲキ

【轂】俗字

字義 一❶あたる。うち合う。❷はらう。うちはらう。❸つとめる。努力する。二つなぐ。家畜などをつなぎやしなう。＝繋。

解字 篆文 会意。殳＋軎。殳は、うつの意味。軎は、車軸の先端の意味。車と車とが接し、車軸の車どめのくさびがぶつかりあうの意味を表す。

(15)11
【毆】(3833) オウ 毆（3832）の旧字体。→六〇一ページ。 6156 5D58

(15)11
【毅】3844 囚 ㊞ギ・㊋ゲ 未 yì 慣キ 2103 3523

筆順

字義 ❶つよい。つよし。たけし。意志が強くてくじけない、また、決断力がある。思いきりがよい。「剛毅」❷いかる。大いにおこる。

名乗 かた・こわし・さだむ・しのぶ・たか・たけ・つよ・つよき・つよし・とし・のり・はたす・よし

解字 篆文 形声。殳＋豙（豪）㊥。殳は、なぐるの意味。音符の豙は、針をさされたいのししが毛を逆立てて怒るの意味。むやみやたらに怒る意味から、転じて、つよく決断するの意味を表す。

【毅然】強くしっかりしているさま。

【毅勇】強くて勇気があること。意志が強くて物に動じないこと。

【穀】→禾部 八九七ページ。

【觳】→角部 九九七ページ。

【轂】→糸部 八六六ページ。

【轂】→車部 一〇七五ページ。

(18)14
【毉】3845 △ イ 医（725）（醫）と同字。→一六〇ページ。

4 毋部

〔部首解説〕なかれ。毋が音符になる文字の例はないが、類似の形の母などを含めて、字形分類上から部首にたてられる。

毋 六〇三 毌 六〇三 1 母 六〇三 2 毎 六〇四 3 毐 六〇四
4 毒 六〇四 10 毓 六〇四

貫→貝部 一〇三八ページ。

(4)0
【毋】3846 △ ㊞ブ ㊋ム 虞 wú 6157 5D59

字義 ❶助字。㋐なかれ。㋑ない。なし。⇩助字解説 ❷毋乃・毋寧は、むしろ。

助字解説
①なかれ。禁止。……するな。類勿・莫。〔漢書、南粤伝〕毋レ為二寇災一矣。〈侵攻して災いをもたらすことをするな〉
②なし。否定。……ない。類無。〔史記、屈原伝〕秦虎狼之国、不レ可レ信。不レ如レ毋レ行。〈秦はとらやおおかみのような国であり、信用することはできない。行かないにこしたことはない〉

参考 〔毌〕は別字。

解字 金文 篆文 象形。もと、母と同形で、ははおやの意味を表したが、篆文から二点を横一線に改め、ないの意味に用いる。

【毋状（狀）】①無状。よい行い（また、成績）がない。②無作法。

【毋望】望んでいない。また、思いがけない。「毋望之福」

【毋慮】おおよそ。大概。無慮。

(4)0
【毌】3847 △ カン（クワン）翰 guàn

字義 つらぬく。うがつ。＝貫。

参考 〔毋〕は別字。

解字 甲骨文 篆文 象形。甲骨文でよくわかるように、物に穴をあけて、つらぬきとおす形にかたどり、つらぬくの意味を表す。貫の原字。毌を音符に含む形声文字に、慣・貫・摜などがある。

(5)1
【母】3848 教2 ボ はは ㊞ボウ・㊋モ 有 mǔ 慣ボ 4276 4A6C

乳母・お母さん・叔（伯）母・母屋（家）

筆順

字義 ❶はは。ははおや。↕父。「老母」❷ばば。老女。❸うば（乳母）。めのと。❹めす（雌）。❺もと。根源。物を生ずるもととなるもの。❻もとで。元金。❼おやゆび。❽物の大きいもの・重いもの。

難読 母衣・母家・母子里・母刀自・母野

参考 現代表記では〔姆〕（1474）の書きかえに用いることがある。「保姆→保母」

解字 甲骨文 篆文 指事。女に二点を加えて、ははの意味を示す。二点は両手で子を抱きかかえるさまとも、乳を子に与えるさまともいう。子を生み、養い育てる女性、ははの意味を示す。甲骨文は、象形とも見られる。母を音符に含む形声文字に、姆・拇・苺などがある。

▼雲母・継母・賢母・国母・字母・慈母・叔母・聖母・乳母・伯母・父母・保母

【母家】嫁の実家。嫁のさと。

【母儀】人の母たるものの手本。母道の模範。母範。

【母兄】同じ腹から生まれた兄。同母兄。

【母系】母方に属する系統。↕父系。

【母后】皇太后をいう。

【母国（國）】①分かれた国から、そのもとの国をいう。②自分の生まれた国。生国。また、自分の属している国。主として、海外から自分の本国をいう。

【母子】①母と子。②もと。本源。③元金と利子。元利。

【母氏】はは。母親。〔詩経、邶風、凱風〕母氏労苦。

【母字】①母として（母が子に対するように）いつくしむ。字は、慈。②漢字の反切で、二字目の韻を表す字。例えば、母の反切、莫後の後。↕子字（上例では莫）。

【母銭（錢）】元金。もときん。資本。↕子銭（利子）。

【母体（體）】①母のからだ。②国分かれ出たものの本のもの。

【母胎】国①母の胎内。母親のからだの中。②＝母体の②。

【母弟】同じ腹から生まれた弟。同母弟。

【母党（黨）】母かたの親類。

【母堂】ボドウ 国他人の母を呼ぶ尊称。
【母憂】ボユウ 母の死。母の喪。母艱カン。

(6)2 【毎】3849 教2 マイ
(7)3 【毎】3850 人許 漢バイ 呉マイ 画 měi

4372 4B68

筆順 ノ 𠂉 仁 毎 毎 毎

字義 ❶つね。つねに（常）。〔文選、諸葛亮、出師表〕毎与レ臣論二此事一（つねにシンと このことをロンず）。❷ごと。ごとに。⇩助字解説 ❸しばしば。しきり。❹いえども（雖）。〔詩経、小雅、皇皇者華〕毎レ懐靡レ及（おもう(ふ)といえ(へ)ども およぶなし）。❺しげる。草がさかんにしげる。❻おかす。むさぼる。❼くらい（暗）。おろか。

助字解説 ごとに。……するたびに。〔論語、八佾〕子入二大廟一毎レ事問（シ タイビョウにいれば ことごとにとう(ふ)）〈孔子は大廟に入るといちいち質問した〉

解字 甲骨文 金文 篆文 象形。髪かざりをつけて結髪する婦人の象形であるが、借りて、つねにの意味を表す。『説文セツモン』は中＋母音の形声とし、草がさかんに茂るの意味を表すと説く。毎（毎）を音符に含む形声文字には、マイ・クヮイ両様の音があり、悔・晦カイ・海・誨などがある。

【毎次】マイジ そのつど。そのたびごとに。毎度。毎回。
【毎△旦】マイタン 毎朝。朝な朝な。
【毎毎】マイマイ・バイバイ ①暗いさま。②草や穀物がさかんに生えるさま。③マイマイ つねづね。いつもいつも。

(7)3 【毎】(3850) マイ 毎（3849）の旧字体。→前項。

(8)4 【毒】3851 教4 ドク
一漢トク・呉ドク 沃 dú
二漢タイ・呉ダイ 隊 dài

3839 4647

筆順 十 主 毒 毒 毒

字義 一❶ドク。㋐人の生命や健康を害するもの。「中毒」「消毒」㋑わざわい。害悪。「毒舌」❷ドクする（ドクす）。㋐殺す。㋑そこなう。いためる。苦しめる。㋒毒を入れる。❸にくむ。うらむ。❹いきどおる。❺あらあらしい。乱暴。❻おさめる。❼そだてる。やしなう。❽やすらか。
二毒冒タイマイは、海亀うみがめの名。玳瑁タイマイ。＝玳タイ・瑇タイ。

難読 毒島ぶすじま

解字 篆文 会意。中＋毒。中は、くさの意味。毒は、人がみだらになるの意味。人をみだらにする草、どくの意味を表す。

▼炎毒・解毒・身毒・丹毒・服毒

【毒悪(惡)】ドクアク たいへんわるい。凶悪。
【毒△牙】ドクガ ①どくのあるきば。②国邪悪な手段・行為。
【毒害】ドクガイ ①いためる。害する。②わざわい。③毒を飲ませて殺す。毒殺。
【毒気(氣)】ドクキ・ドッキ ①人を害する悪い気。有毒な空気。毒ガス。②国ドクケ ㋐有毒な成分。㋑人をおとしいれようとする気持。「毒気を抜かれる」
【毒虐】ドクギャク そこないしいたげる。むごいことをする。
【毒言】ドクゲン 人をそしり傷つけることば。悪口。
【毒殺】ドクサツ 毒を飲ませて殺す。
【毒刺】ドクシ ①毒のあるとげ。毒針。②凶悪な者。また、そのことば。
【毒手】ドクシュ ①凶悪なふるまいをする手。②凶悪な人。③邪悪な手段・行為。
【毒暑】ドクショ ひどい暑さ。酷暑。
【毒△瘴】ドクショウ 悪い病を起こす山川の悪気。毒気。
【毒刃】ドクジン 悪人が人を殺すに使うやいば。凶刃。
【毒舌】ドクゼツ ①毒を持っている舌。②国㋐ひどい悪口。㋑しんらつな皮肉。
【毒婦】ドクフ 悪心をいだいていて人を害する女。奸婦カンプ。
【毒味】ドクミ 国飲食物を人にすすめる前に毒があるかないかをためす。転じて、料理の味かげんをみること。毒見ドクみ。
【毒薬(藥)】ドクヤク ①からくにがい薬。強い薬。よくきく薬。〔史記、淮南王安伝〕毒薬苦二於口一（ドクヤクはくちにがけれど）、利二於病一（やまいにあり）。②少量ではげしい作用をなし、生命を危険に導く薬物。
【毒△癘】ドクレイ 毒気。人を害する有毒な空気。また、それに犯されてかかる病気。
【毒竜(龍)】ドクリュウ・ドクリョウ 毒で人を害する竜。また、欲望・煩悩のたとえ。〔唐、王維、過二香積寺一詩〕安禅制二毒竜一（アンゼン ドクリョウをセイす）
【以レ毒制レ毒】ドクをもってドクをセイす 毒を消すために他の毒薬を用いる。悪人を利用して悪人をおさえつけるたとえ。〔普灯録〕以レ毒攻レ毒（ドクをもってドクをせむ）。

【貫】→貝部 一〇六八ページ。

(14)10 【毓】3852 △ イク 育（3126）と同字。→五三〇ページ。

6158 5D5A

4 比部

部首解説 くらべる。比が意符になる文字は毖ヒの一字のみで、音符としての意味も明らかでない。字形分類上から部首にたてられる。

比 六〇四　5 毖 六〇五

毗→田部 七三八ページ。毘→田部 七三八ページ。皆→白部 七五五ページ。
琵→玉部 七三五ページ。

(4)0 【比】3853 教5 ヒ くらべる
一漢ヒ 紙 bǐ
二漢ヒ・呉ビ 寘 bì

4070 4866

筆順 一 ト 上 比

字義 一❶くらべる（くらぶ）。㋐ならべて、善悪・優劣を考える。比較。㋑照らし合わせる。くらべ合わせる。「対比」㋒なぞらえる。たとえる。「比喩ヒユ」㋓あらそう。きそう。❷ならう。まねする。❸なれる。なれなれしくする。❹そなえる。ととのえる。❺同じ。等しい。❻しきりに。❼なかま。ともがら。同類。❽きまり。先例。❾割合。比率。❿『詩経』の六義リクギの一つ。類似のものを取り出し、それにたとえて述べる詩体。
二❶したしむ（親）。ちかづく。また、助ける。❷たのしむ（楽）。やわらぐ。仲がよい。❸あう。合わせる。❹したがう。善を選んで従う。〔論語、里仁〕義之与比（ギとこれともに したがう(ふ)）。❺くみする。仲間を作る。❻順序だてる。おもねる。〔論語、為政〕君子周而不レ比（クンシはシュウして ヒせず）。❼ならぶ。ならべる（ならぶ）。また、ならびに。みな。「比翼鳥」❽およぶ。いたる。❾ころ。ころおい（ころほひ）。❿このごろ。昨今。⓫ため。ために。〔孟子、梁恵王上〕願比二死者一一洒レ之（ねがわ(は)くはシシャのために ひとたびこれをすすがん）。⓬すき櫛ぐし。⓭五人組。周代の制。五家を一組とした。⓮易エキの六十四卦カの一つ。☷☵ 坤下坎上コンカカンジョウ。世間の人が天子を仰ぎ親しむ象かたち。

国 国名。比律賓フィリピンの略。

名乗 これ・たか・たすく・ちか・とも・なみ・ひさ

難読 比延ひえ・比斯馬児ビスマルク・比婆ひば・比売宮ひめみや・比布ぴっぷ・比目魚ひらめ・比律ひつ・比律賓フィリピン・比良ひら・びら

解字 甲骨文 文 篆文 会意。人が二人並ぶさまから、ならぶ・したしむの意味を表す。比を音符に含む形声文字に、妣ヒ・秕ヒ・庇ヒ・批・陛ヘイなどがある。

▼対比・等比・無比・隣比

【比屋】ヒオク ①軒（家）をならべる。②やなみ。毎家。

【比較】ヒカク・ヒコウ （善悪や優劣を）くらべる。

【比干】ヒカン 殷イン の忠臣。紂チュウ王のおじで、紂をいさめて怒りにあい、胸をさかれたという。箕子キシ・微子と合わせて殷の三仁（三人の仁者）といわれる。

【比擬】ヒギ くらべなぞらえる。ひきくらべる。比況。

【比況】ヒキョウ ①ひきくらべる。くらべたとえる。②国動作や状態を他にくらべていう語。助動詞「ごとし（ようだ）」など。

【比興】ヒキョウ ①『詩経』の六義リクギの比と興。→字義の一⑩。興は、自然界の事物などをたとえに引いて言い出し、それから本旨を述べる歌いかた。②他物にたとえておもしろくいうこと。

【比丘】ビク ①仏梵語ボンゴ bhikṣu の音訳。僧。仏に帰依キエして法をこい、施主について食をこう意。②女道士。

【比丘尼】ビクニ ①仏梵語ボンゴ bhikṣuṇī の音訳。あま。女僧。女子の出家したものの称。②国江戸時代に流行した、女僧のよそおいをしている売春婦。

【比△耦】ヒグウ ならぶ。耦は、ふたりならぶ意。

【比肩】ヒケン かたをならべる。①人が多いこと。肩と肩とが触れ合うほど人が多い。②ならんで歩く。③対等の地位を保つ。③国

【比国（國）】ヒコク ①となりの国。隣国。②ベルギーの略。③国フィリピンの略。

【比周】ヒシュウ ①かたよった交際と、公正な交際。比は、私心でかたより親しむこと。周は、正しい道で交わること。『論語』為政編に「君子周而不レ比、小人比而不レ周」とあるのに基づく。②かたよって一方に仲間入りすること。おもねりくみすること。比党。

【比照】ヒショウ くらべ合わせる。比較対照する。

【比党（黨）】ヒトウ 徒党を組む。よくない仲間を組む。

【比年】ヒネン ①毎年。比歳。②近年。

【比比】ヒヒ ①しきりに。しばしば。毎々。②どれもこれも。すべてみな。

【比附】ヒフ つきしたがう。また、近づき親しむ。

【比方】ヒホウ ①くらべる。方も、比に同じ。②たとえ。

【比目】ヒモク ①目をならべる。②比目魚の略。③国ひめ やわらかく煮た飯。

【比目魚】ヒモクギョ ①伝説上の魚の名。一目の魚で、二尾並んで泳いだという。②ひらめ・かれいの類。体の左側に目のあるのをひらめ、右側にあるのをかれいという。③ひらめ。

【比△喩】ヒユ たとえる。また、たとえ。譬喩ヒユ。

【比翼】ヒヨク ①つばさをならべる。②比翼鳥の略。

【比翼鳥】ヒヨクのとり ①伝説上の鳥の名。雌雄ともに目がひとつ、つばさがひとつで、いつも二羽で一体となって飛ぶという鳥。②いつも二羽いっしょに空を飛ぶ鳥。③愛情の深い夫婦をいう。→比翼連理。〔唐、白居易、長恨歌〕在レ天願作二比翼鳥一、在レ地願為二連理枝一（テンにありてはねがわ(は)くはヒヨクのとりとなり、チにありてはねがわ(は)くはレンリのえだとならん。〈天上においては、比翼の鳥になりたいものだ、地上においては、連理の枝になりたいものだ〉

【比翼塚】ヒヨクづか 国情死した男女を、同じ穴に葬った墓。めおとづか。

【比翼連理】ヒヨクレンリ 比翼の鳥と連理の枝。連理の枝は、二本の木の枝が合わさって木目モクめが続いているもの。愛情の深い夫婦のたとえ。→比翼鳥。

【比来（來）】ヒライ このごろ。ちかごろ。近来。

【比倫】ヒリン ①くらべる。②同類。同じ仲間。比類。

【比隣】ヒリン となり近所。近隣。〔唐、杜甫、兵車行〕生レ女猶得レ嫁二比隣一（おんなをうまばなお(ほ)ヒリンにカするをう）。

【比類】ヒルイ ①よいものにくらべなぞらえる。類は、善の意。②同類のものをならべ合わせる。③同類。仲間。比倫。

【比例】ヒレイ ①ためし。前例。②前例にならう。③二つの数の割合が他の二つの数の割合と同じ関係にあること。

(9)5

【毖】3854

△ ヒ 寘 bì

字義 ❶つつしむ（慎）。❷とおい（遠）。❸つかれる。また、なやむ。❹ながれる。また、泉の流れ出るさま。

解字 篆文 形声。比＋必音。

【毗】→田部 七三八ページ。

【毘】→田部 七三八ページ。

【皆】→白部 七三五ページ。

【琵】→玉部 七三五ページ。

4

毛部

〔部首解説〕け。毛を意符にして、毛、毛で作られたものなどに関する文字ができている。

麈→麻部 一三六四ページ。

(4)0

【毛】3855

教 2　モウ　け

漢ボウ　呉モウ　豪 máo

4451　4C53

筆順 ノ 二 三 毛

字義 ❶け。㋐人や動物のけ。「毛髪」㋑果実の表面に生ずる毛のようなもの。❷けもの（獣）。また、獣の毛皮。❸草木の生ずること。また、植物の総称。❹毛が同一色のいけにえ。❺頭髪の色で老壮を判断し席次を定める。❻かるい。細かい。わずか。また、軽い・細かい・わずかなもののたとえ。「毛管」❼分量の単位。一厘の十分の一。㋐尺度の単位。一尺の一万分の一。㋑重量の単位。一貫の百万分の一。㋒銭貨の単位。一銭の百分の一。㋓稲などの実のり。「二毛作」

難読 毛越寺もうつうじ・毛鉤けばり・毛蚕けご・毛人谷えびたに・毛馬内けまない・毛布ケット・毛枚もひら・毛莨うまのあしがた・毛莨きんぽうげ・毛呂もろ

解字 金文 篆文 象形。「け」の生えているさまにかたどり、「け」の意味を表す。毛を音符に含む形声文字に、旄モウ・秏モウ・耗・耄モウなどがある。

▼牛毛・紅毛・豪毛・吹毛・旋毛・不毛・厘毛

【毛衣】モウイ ①鳥の毛・羽。②毛皮で作った衣。

【毛羽】モウウ ①獣の毛と鳥の羽。②獣と鳥。

【毛△穎】モウエイ 筆の別名。穎は、とがっている意。

【毛奇齢（齡）】モウキレイ 清シン初の学者。字あざなは大可。経学に通じ、また、文人。世に西河先生と称した。（一六二三―一七一六）

【毛挙（擧）】モウキョ ①細かい事まで数えあげること。②細かい事まで筆で書きつくすこと。③重いものを軽く取り扱うこと。

【毛詩】モウシ 書名。二十巻。『詩経』の別称。漢初に先秦センシン時代の古文の『詩経』を、毛亨モウコウが伝えたので毛詩という。現在の『詩経』はこの毛詩である。→詩経（一〇〇八ページ）。

【毛△嫱】モウショウ 古代の美女の名。西施と並び称せられる。〔荘子、斉物論〕

【毛遂】モウスイ 戦国時代、趙チョウの人。平原君の食客。弁舌をもって楚王ソオウに説き、趙の難を救った。→穎脱エイダツ（八〇三ページ）。

【毛△錐子】モウスイシ 筆の別名。錐きりに似ているのでいう。

【毛△毳】モウゼイ 鳥獣の細くやわらかい毛。にこげ。

【毛氈】(モウセン) 一種の毛織物。幅が広く、敷物などにする。

【毛沢(澤)東】(モウタクトウ・マオツォートン) 中華人民共和国の政治家・思想家。湖南省湘潭(ショウタン)県韶山(ショウザン)の人。字(あざな)は潤之(ジュンシ)。中国共産党の代表的指導者。一九四九年、中華人民共和国を建国。主な論文には「新民主主義論」「矛盾論」「実践論」などがあり、『毛沢東選集』がある。（一八九三―一九七六）

【毛虫(蟲)】(モウチュウ) ①けもの。獣類。②国けむし。

【毛頭】(モウトウ) ①あかんぼう。幼児。②国毛の先ほど(も)。少し(も)。いささか(も)。下に打消を伴い、意図がないことを表す。

【毛病】(モウヘイ) ①毛の悪いくせ。②くせ。きず。欠点。

【吹レ毛求レ疵】(けをふいてきずをもとむ) 毛を吹き分けてきずをさがし出す。①小さな過ちも許さないできびしくさがし出すたとえ。〔韓非子、大体〕②事をあらだて、かえって自分の身に意外な結果を生ずるたとえ。

(8)4 【毟】3856 国字 △
字義 むしる。つかんで引き抜く。
解字 会意。少＋毛。毛を少なくする。むしるの意味を表す。
【挘】同字　【捲】同字
6159 5D5B

(10)6 【毦】3857 △ 漢ジ 呉ニ 寘 ěr
字義 ❶けかざり。羽毛のかざり。❷毛織物。❸香草の名。❹毛のようにたれさがるもの。ふさ。
解字 形声。毛＋耳音。
6160 5D5C

(11)7 【毬】3858 囚 漢キュウ(キウ) 呉グ 尤 qiú
筆順 ニ 毛 毬 毬
字義 ❶まり。けまり。❷たま。まりのように円いもの。「花毬」❸いが。栗などの果実の外皮にとげの群がり生じたもの。
難読 毬杖(ぎちょう)・毬打(ぎちょう)・毬栗(いがぐり)
解字 篆文 形声。毛＋求音。音符の求は、一点に集まるの意味。毛糸などをまるくたまにした、まりの意味を表す。

【毬子】(キュウシ) ①まり。②菊の一種。

【毬灯(燈)】(キュウトウ) 丸形の灯籠(トウロウ)。
6161 5D5D

(11)7 【毫】3859 標 漢コウ(カウ) 呉ゴウ(ガウ) 豪 háo
字義 ❶ほそげ。長くとがっている細い毛。秋になってごく細くなった獣の毛。「秋毫」❷こまかい。わずか。すこし。「毫末」❸分量の単位。釐(リ)の十分の一。毛。❹筆の穂。転じて、筆。「揮毫」
参考 〔毫(ハク)〕(105)は別字。
解字 形声。毛＋高省音。音符の高は、豪に通じ、やまあらしの意味。やまあらしのような、長くてとがっている毛の意味を表す。

【毫素】(ゴウソ) 筆と絵絹(えぎぬ)。筆と紙。

【毫端】(ゴウタン) ①筆の先。筆端。②毛の先。極めて微細なもののたとえ。

【毫楮】(ゴウチョ) 筆と紙。筆紙。

【毫髪】(ゴウハツ) ①毛すじ。細い毛。②ごくわずか。

【毫芒】(ゴウボウ) 毛と、のぎ(穂さき)。ごく微細なもの。

【毫末】(ゴウマツ) ①毛の先。②少し。わずか。③ごく小さいこと。

【毫毛】(ゴウモウ) ①細い毛。②うぶげ。③少し。わずか。〔史記、項羽本紀〕毫毛不二敢有一レ所レ近(ゴウモウもあえ(へ)てちかづくるところあらず)。

【毫釐】(ゴウリ) 少し。わずか。釐は、十毫。

【毫釐之失差以二千里一】(ゴウリのシツたがう(ふ)にセンリをもってす) 初めはごくわずかの違いでも、終わりには大きな違いとなる。『史記』太史公自序に「失二之毫釐一(これをゴウリにうしなえ(へ)ば)、差以二千里一(たがう(ふ)にセンリをもってす)」とあるのに基づく。

(12)8 【毱】3860 △ 漢キク 呉ギク 屋 jú
字義 まり。けまり。＝鞠(キク)。
解字 形声。毛＋匊音。音符の匊(キク)は、両手ですくうの意味。両手ですくうほどの球形の毛で作られた、まり・けまりの意味を表す。

(12)8 【毳】3861 △ 一漢セイ・呉サイ 霽 cuì 二漢セツ・呉セチ 屑 慣ゼイ
字義 一❶むくげ。にこげ。細くてやわらかい毛。❷はらげ。鳥の腹の毛。❸けおりもの。❹けがわ。❺やわらかい。また、もろい。よわい。＝脆(ゼイ)。二❶むくげ。にこげ。❷そり。＝橇(セイ)。
解字 金文 篆文 会意。毛を三つ合わせて、密生した獣毛のさまから、にこげの意味を表す。

【毳衣】(ゼイイ) ①毛織の衣服。㋐大夫(タイフ)の服。㋑匈奴(キョウド)の服。②仏僧服の名。真言宗の僧衣。

【毳幕】(ゼイバク) 毛織の幕。匈奴(キョウド)の用いる幕。毳帳。

【毳冕】(ゼイベン) 周代に天子が四方の山川を祭るときに用いた服と冠。

【毳毛】(ゼイモウ) 細くて柔らかい毛。むくげ。また、鳥の腹の毛。

〔毳冕〕
6162 5D5E

(12)8 【毯】3862 標 タン 感 tǎn 慣ダン
字義 毛織物の一種。「絨毯(ジュウタン)」
解字 形声。毛＋炎音。音符の炎は、ほのおの意味。ほのおのようにけばだつ、けむしろの意味を表す。

【毯子】(ダンツ・ダンツウ) 綿・麻・羊毛などを交ぜ織りにした、敷物用の厚い織物。緞通(ダンツウ)。
6163 5D5F

(15)11 【毶】3863 △ サン 覃 sān
字義 毛の長いさま。毶毶は、毛の長いさま。また、木の枝などの細長く垂れるさま。
解字 形声。毛＋參音。

(15)11 【氂】3864 △ 一漢ボウ・呉モウ 豪 máo 二リ 支 lí
字義 一❶からうし(犛(ボウ))の毛。❷長い毛。二分量の単位。分の十分の一。＝釐(リ)。
解字 篆文 形声。毛＋犛省音。音符の犛(ボウ)は、からうしの意味。毛を加えて、からうしの尾の意味を表す。

【氂纓】(ボウエイ) からうしの尾で作った、冠のひも。

【氂牛】(ボウギュウ) からうし。ヤク。犛牛(ボウギュウ)。

【麾】→麻部 一三六四ページ。

(16)12 【氅】3865 △ ショウ(シャウ) 養 chǎng
字義 ❶旗につけるかざりの、鷲鳥(シュウチョウ)や孔雀(クジャク)などの鳥の毛。また、その旗。❷とりげ。鳥の羽毛。❸羽ごろも。鳥の羽で造った衣。けごろも。
解字 篆文 形声。毛＋敞音。

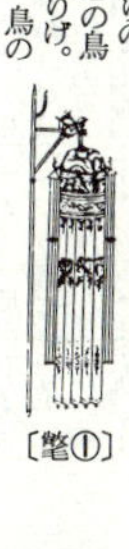
〔氅①〕

(16)12 【氄】3866 △ 漢ジョウ 呉ニュウ 腫 rǒng
字義 にこげ。むくげ。細くてやわらかい毛。「氄毛」
解字 会意。毛＋喬。

(17)13 【氈】3867 △ セン 先 zhān
【氊】俗字　【毡】俗字
字義 毛織物の一種。毛氈(モウセン)。
難読 氈鹿(かもしか)
解字 篆文 形声。毛＋亶音。音符の亶(セン)は、展に通じ、のばしひろげるの意味。しきのべる毛むしろの意味を表す。
6165 5D61

【氈幄】もうせんのとばり。また、それを張りめぐらした所。匈奴が用いたので、転じて、匈奴をいう。

【氈裘】毛織物とかわごろも。北方の異民族の衣服。

【氈車】毛織物を張りめぐらした車。

【氈毳】毛織物。また、その服。北方の異民族が用いる。

【氈帳】もうせんのとばり。また、それを張りめぐらした家。北方の異民族の住居。

(17)13【氊】3868 △ セン 氈(3867)の俗字。→前項。

(22)18【氍】3869 △ 漢ク 呉グ 虞 qú
字義 毛織物の一種。毛氈。
解字 篆文 形声。毛＋瞿音。

(26)22【氎】3870 △ 漢チョウ(テフ) 呉ジョウ(デフ) 葉 dié
字義 ❶織りめの細かい毛織物。❷木綿の布。
解字 形声。毛＋疊音。音符の疊は、厚く重なる意味を表す。

4 氏部

〔部首解説〕うじ。類似の形の民を含めて、字形分類上から部首にたてられる。

氏 六〇七 1氐 六〇七 民 六〇七 4氓 六〇八
昏→日・曰部 四九七ページ。

(4)0【氏】3871 教 4 シ うじ
一 漢シ・呉ジ 紙 shì
二 シ 支 zhī
2765 3B61

筆順

字義 一 ❶うじ。㋐みょうじ。姓から分かれ出たもの。㋑姓。漢代以後、姓と混同して用いる。㋒結婚した女のもとの姓の下にそえることば。「母氏」㋓人を呼ぶ名称の下にそえることば。「伯氏」「仲氏」㋔爵位、または官職の下にそえることば。「師氏」「媒氏」㋕王朝や国名、または諸侯の名称の下にそえることば。夏后氏。❷同類。なかま。二 月氏は、漢代の西域の国名。閼氏は、単于の皇后の名。
国 うじ。㋐家がらを表す名称。「藤原氏」㋑他人の姓名の下にそえる敬称。

解字 甲骨文 金文 篆文 象形。甲骨文・金文は、民の字形とよく似た字形で、斜めの線は、両まぶたが閉じている形、縦線は鋭い刃物の形。刃物で目を突き刺しつぶれた目の形にかたどる。目をつぶされた被支配氏族の意味から、うじの意味を表す。氏を音符に含む形声文字に、抵・祇・紙・鴟などがある。

▼姓氏・母氏

【氏寺】国 昔、諸名家が、祖先の冥福と一族の幸福とを祈願するために建立し、帰依した寺。藤原氏の興福寺の類。

【氏神】国 ①氏の祖先として祭る神。藤原氏の天児屋根命の類。また、それを祭った神社。②氏にゆかりのある神。藤原氏の鹿島・香取の神の類。③住む土地の鎮守の神。産土神。

【氏族】うじとやから。同一の祖先を持つ諸家族の全体を族といい、一族中のある人を祖とする一団（共通の氏を有している）を氏という。

【氏族制度】同一の祖先からでた多数の家が集まって、祖先直系の長をいただき、その支配下に統率される古代の社会制度。

【氏閥】家がら。門閥。

(5)1【氐】3872 △ 一 漢テイ・呉タイ 齊 dī 二 漢テイ・呉タイ 薺 dǐ
字義 一 ❶もと（本）。❷根。木の根。＝柢。❸いたる。＝底。❹おおよそ。おおむね。大氐。＝抵。二 ❶＝低。㋐ふせる。また、たれる。㋑ひくい。いやしい。❷とも。星宿の名。二十八宿の一つ。氐宿。現在の天秤座の第一星を中心とする四星。和名、ともぼし。❸チベット系に属する民族の名。漢代以後、しばしば中国に侵入し、南北朝時代には五胡の一つとして前秦・後涼などの国を建てた。
解字 篆文 指事。氏＋一。氏は、鋭利な刃物の象形。一は、その刃物をあてるところから、いたるの意味を表す。氐を音符に含む形声文字のうち、「といし」の意味のものに、底・砥があり、「低い底」の意味のものに、坻・低・底・胝・柢・詆・骶などがあり、「底に至る・ふれる」の意味のものに、牴・牴・羝・觝・邸などがある。

(5)1【民】3873 教 4 ミン たみ
漢ビン 呉ミン 真 mín
4417 4C31

筆順

字義 ❶たみ。㋐ひと。一般の人。「民衆」㋑国家・君主に統治される者。「国民」「人民」㋒官位のないひと。身分の低い人。「庶民」❷くらい（暗）。また、おろか。
名乗 ひと・み・もと
難読 民部
解字 金文 篆文 象形。金文でよくわかるように、片目を針でさした形にかたどり、片目をつぶされた奴隷・被支配民族の意味から、たみの意味を表す。

▼逸民・移民・遺民・下民・寡民・義民・公民・細民・士民・蒸民・植民・殖民・庶民・臣民・人民・済民・難民・平民・辺民・吏民・流民・良民

【民彝】人の常に守るべき道。彝は、常の道。

【民隠(隱)】人民の苦しみ。隠は、苦しみ。

【民歌】民間で広く歌われている自然発生的な歌。民謡。

【民居】人民のすみか。民家。

【民極】人民の守るべき（手本となる）中正の道。

【民芸(藝)】民間の生活から生まれた造形美術。工芸品など。民族芸術。

【民権(權)】政治上における人民の権利。

【民戸】民の家。民家。民屋。

【民国(國)】中華民国の略。

【民事】①人民の仕事。農業。②人民に関すること。転じて、政治。③ぶやく。えだち。勤労奉仕。④法律で、私法上の法律関係に基づく事柄。

【民時】民の農業をすべき大切な時期。農業のいそがしい時期。〔孟子、梁恵王上〕

【民主】①民のかしら。君主。〔書経、多方〕②国家の主権が人民全体にあること。「民主政体」

【民主主義】国家の主権が人民にあり、人民が主体となって全体の幸福・利益を図ることを目的として政治を行う主義。デモクラシー。

【民衆】世間一般の多くの人々。大衆。庶民。

【民庶】たみ。民衆。庶民。

【民情】①人民の心。②民間の実情。

【民心無常】人民の心は一定していないで、政治の善悪によって善にも悪にもなるという意。〔書経、蔡仲之命〕

【民人】人民。庶民。

【民生】ミンセイ ①人民の生活。②人の自然の性（天性）。③人民の生命。人命。④人民。
【民声（聲）】ミンセイ ①人民の声。②社会の輿論ヨロン。世論。
【民政】ミンセイ 人民の安寧幸福を増進するための政治。直接に人民の生活に関することに関する政治。
【民選】ミンセン 人民が選びだすこと。また、その選びだされた者。↕【官選】。
【民俗】ミンゾク 人民のならわし。民間の風俗。民風。
【民族】ミンゾク 同じ言語・風俗・習慣・宗教を持つ同じ人種の集まり。
【民族主義】ミンゾクシュギ ①他民族による支配に抵抗し、同一民族で一国家を作ろうとする主義。②中華民国の孫文の主張した三民主義の一つ。中国の全民族が外国の圧迫に抵抗して真実の解放を得るとともに、国内各民族が平等の基礎に立つ結合統一を目標とした主義。
【民団（團）】ミンダン ①地方民が防衛のために団結して作った団体。警防団のようなもの。②国外国の一定の区域に住む、本国の人民で組織する法人団体。居留民団。
【民度】ミンド 人民の文化・貧富の程度。
【民徳】ミントク 人民の道徳。人民の道義心。社会道徳。
【民表】ミンピョウ 民の手本。民の師表。
【民部】ミンブ 官名。人事・戸籍のことをつかさどる。後周にはじまり、唐のとき、太宗の名（李世民リセイミン）をはばかり避けて戸部と改めた。
【民風】ミンプウ 人民のならわし。民間の風俗。
【民母】ミンボ ①父の正妻。嫡母チャクボ。②召使いの身分にある生母。③皇后。人民の母の意。
【民法】ミンポウ 人民相互の個人的権利義務を定めた法律。
【民△㞺】ミンボウ たみ。民は、土着の民、㞺は、他国から移ってきた民。
【民望】ミンボウ ①人民の希望。民のねがい。②人民の仰ぎ望む者。③人民の手本。④人望。世間の人気。
【民本】ミンポン ①人民の生活の根本。②国人民は国家存立発展の根本をなすものであるとの意。民主。デモクラシーの訳語として用いられた。
【民力】ミンリョク 人民の力。人民の財力や労働力。
【刻ㇾ民】たみをコクす 重税を課して民を苦しめる。
【視ㇾ民如ㇾ子】たみをみることこのごとし 君主が自分の子のように人民をいつくしむこと。〔左伝、昭公三十〕
【△罔ㇾ民】たみをあみす 人民を法網にかける。罔は網と同じ。
【民可ㇾ使ㇾ由ㇾ△之不ㇾ可ㇾ使ㇾ知ㇾ△之】たみはこれによらしむべしこれをしらしむべからず 人民は、君主の政策に従わせることはできるが、人民の一人一人にその理由を理解させることはできない。可は可能の意。（命令の意にとり、由らしめよ、知らせるなと解釈するのは誤り）〔論語、泰伯〕
【民免△而無ㇾ恥】たみまぬかれてはず(づ)ることなし 人民は刑罰をまぬがれさえすれば何をやってもよいとして、悪事を恥じる心がなくなってしまう。〔論語、為政〕道ㇾ之以ㇾ政これをみちびくに、セイをもってし、斉ㇾ之以ㇾ刑これをととのう(ふ)るに、ケイをもってすれば、――。〈人民を導くのに政令法律によって行い、人民を統一してゆくのに刑罰によってするならば、――〉

(8)4
【㞺】3874 △ 漢モウ（マウ） 呉ミョウ（ミャウ） 慣ボウ（バウ） 庚 méng 6166 5D62

字義 たみ（民）。＝甿ボウ。㋐外来の民。移住民。㋑人民。庶民。「蒼㞺ソウボウ」

解字 文 篆 形声。民＋亡音。音符の亡は、盲に通じ、目の見えない意味。おろかなたみの意味を表す。

［昏］→日・曰部 四九七ページ。

4 气部

〔部首解説〕きがまえ。气を意符として、氣（天地の間を充たし、自然現象や生命などの元になると考えられているもの）に関する文字ができている。

气 六〇八　2 気 六〇八　4 氛 六〇九　6 氤 六〇九　氣 六〇九
10 氳 六〇九

(4)0
【气】3875 △ 一漢キ・呉ケ 宋 qì 二漢キツ・呉コチ 物 qì 6167 5D63

字義 一❶雲気。水蒸気。かすみ。むらむらとたちのぼる気体。＝氣。❷あたえる。＝乞キ。二もとめる。＝乞キツ。

解字 文 金 篆 文 象形。わきあがる雲の象形で、水蒸気・いきの意味を表す。氣（気）の原字。气を音符に含む形声文字に、氣ガイ・氣・汽・氣キなどがある。

(6)2
【気】3876 教 1 キ・ケ 意気地いくじ・浮気うわき 2104 3524

(10)6
〔氣〕3877 人許 漢キ 呉ケ 宋 qì 6170 5D66

筆順 ノ 气 気 気

字義 ❶雲気。水蒸気。かすみ。❷空気。大気。「気圧」❸天地間の自然現象。風雨・寒暑などをいう。「天気」❹元気。万物生成の根元力。身体の根元となる活動力。〔孟子、公孫丑上〕我善養ニ吾浩然之気一われよくわがコウゼンのキをやしなう(ふ)。❺ちから。いきおい。「活気」❻きだて。こころもち。「心気」❼うまれつき。もちまえ。「気質」❽宇宙の万物を生成する質料。宋ソウの程伊川テイイセン・朱子などの唱えた学説で、万物を生成する形而上ケイジジョウの原理を理というに対し、万物を生成する形而下ケイジカのものを気という。「理気の学」❾におい。かおり。においをかぐ。❿いき。また、息をふきかける。⓫おもむき。ようす。感じ。「気運」⓬陰暦で一年を二十四分した一期間。転じて、時候。季節。

名乗 おき　難読 気障きざ・気仙沼けせんぬま・気噴いぶき・気良けら

解字 文 篆 形声。米＋气音。米は、こめ粒のように小さいものの意味。音符の气キは、わきあがる上昇気流の意味。雲気・水蒸気の意味を表す。

▼悪気・意気・一気・陰気・運気・雲気・英気・鋭気・快気・火気・活気・脚気・鬼気・客気・狂気・景気・血気・元気・香気・語気・才気・殺気・士気・志気・磁気・秋気・臭気・酒気・蒸気・暑気・人気・正気・生気・精気・節気・俗気・短気・暖気・稚気・天気・電気・怒気・毒気・覇気・平気・夜気・陽気・理気・和気

【気韻】キイン 文章や書画などの、けだかい趣。気品。「気韻生動（画の六法の一つ。風格・気品の生き生きと満ちあふれていること）」
【気宇】キウ 心の広さ。心意気。見識。度量。「気宇雄豪」
【気△鬱】キウツ 気分がふさぐこと。気持ちがはればれしないこと。気結。
【気運】キウン まわりあわせ。また、なりゆき。
【気鋭】キエイ 意気ごみのするどいこと。「新進気鋭」
【気炎・気△焔・気△燄】キエン ①火の燃えあがるさま。②勢いや意気のさかんなたとえ。
【気概（槪）】キガイ 意気と節操。しっかりしてくじけない意気。いきじ。気節。
【気△蓋ㇾ世】キはよをおお(ほ)う(ふ) 意気がさかんで世を圧倒する。〔史記、項羽本紀〕
【気△俠】キキョウ おとこだて。義俠。俠気。
【気候】キコウ ①時候。気節。もと五日を一候、十五日を一気、六気を一時として、一年を二十四気七十二候に分けた。②天気の変化。天候。

■ 気候（二十四気）

四季		二十四気	陰暦	太陽暦相当日
春	春孟	立春（リッシュン） 雨水（ウスイ）	正月 節 中気	二月四日か五日 二月十九日か二十日
	春仲	啓蟄（ケイチツ） 春分（シュンブン）	二月 節 中気	三月五日か六日 三月二十日か二十一日
	春季	清明（セイメイ） 穀雨（コクウ）	三月 節 中気	四月五日か六日 四月二十日か二十一日
夏	夏孟	立夏（リッカ） 小満（ショウマン）	四月 節 中気	五月五日か六日 五月二十一日か二十二日
	夏仲	芒種（ボウシュ） 夏至（ゲシ）	五月 節 中気	六月六日か七日 六月二十一日か二十二日
	夏季	小暑（ショウショ） 大暑（タイショ）	六月 節 中気	七月七日か八日 七月二十三日か二十四日
秋	秋孟	立秋（リッシュウ） 処暑（ショショ）	七月 節 中気	八月七日か八日 八月二十三日か二十四日
	秋仲	白露（ハクロ） 秋分（シュウブン）	八月 節 中気	九月七日か八日 九月二十三日か二十四日
	秋季	寒露（カンロ） 霜降（ソウコウ）	九月 節 中気	十月八日か九日 十月二十三日か二十四日
冬	冬孟	立冬（リットウ） 小雪（ショウセツ）	十月 節 中気	十一月七日か八日 十一月二十二日か二十三日
	冬仲	大雪（タイセツ） 冬至（トウジ）	十一月 節 中気	十二月七日か八日 十二月二十二日か二十三日
	冬季	小寒（ショウカン） 大寒（ダイカン）	十二月 節 中気	一月五日か六日 一月二十日か二十一日

【気骨】キコツ ①信念を守って他に屈しない気性。②国キほね 気苦労。心づかい。
【気根】キコン ①物事にたえられる力。②根の一種。空気中に出ている根。
【気質】キシツ ①きだて。こころだて。きまえ。気性。②気から生ずる性質。→気質之性。③国かたぎ 身分や職業などに相応した気風。「書生気質」
【気質△之性】キシツのセイ 宋ソウの程伊川テイイセンや朱子などの唱えた学説で、生まれながら持っている本然の性に対し、後天的に気から受ける性質。気の清濁・厚薄などによって、人の賢愚・善悪が分かれるという。〔朱子語類、性理一〕
【気如レ△虹】キにじのごとし ①精気がにじのように輝く。②意気の盛んな形容。気成レ虹キにじをなす。
【気尚】キショウ けだかい人格。
【気性】キショウ・キセイ ①きだて。きまえ。気質。②気ままな性質。
【気祥】キショウ めでたいしるし。瑞祥ズイショウ。
【気象】キショウ ①こころだて。気質。気性。②空中に起こる現象。風雨・寒暑など。③けしき。おもむき。
【気丈】キジョウ しっかりしていて、物に動かされない心。
【気色】キショク ①気持ちが顔に現れる様子。②ありさま。ようす。③国きげん。気分。④国ケシキ・キソク ㋐様子。ありさま。㋑気うけ。おぼえ。おぼしめし。㋒＝③。㋓わけ。しさい。㋔あやしいこと。㋕きざし。前兆。㋖気持ち。意思。㋗叱責シッセキ。処分。
【気随（隨）】キズイ 国わがまま。気まま。
【気数（數）】キスウ めぐりあわせ。運命。気運。
【気勢】キセイ いきおい。元気。意気ごみ。
【気節（節）】キセツ ①意気と節操。しっかりした気質と節操。②時節。気候。
【気絶】キゼツ 息が絶える。呼吸がとまる。一時息が絶え意識を失うこと。
【気息】キソク いき。呼吸。また、呼吸する。
【気息△奄△奄】キソクエンエン 呼吸の絶え絶えなこと。いまにも息が絶えようとするさま。〔晋、李密、陳情表〕
【気体（體）】キタイ ①精気と身体。精神と肉体。心身。②空気・ガス・水蒸気などの気状物体。
【気転（轉）】キテン ①大気の変化。②国よく物事に気がつくこと。すばしこいこと。機転。→機転（五八一ページ）。
【気配】ケハイ・キハイ 国①気くばり。②ようす。ありさま。③そぶり。④景気。人気。
【気△魄】キハク 気力。気概。根気。気迫。
【気品】キヒン ①万物。②きぐらい。人品。③けだかいおもむき。
【気△稟】キヒン ①人が後天的に気から受ける気質の性。②生まれつき。天性。
【気分】キブン ①生まれつきの持ちまえ。気質。②国㋐きだて。気性。㋑気持ち。こころもち。
【気味】キミ ①においとあじ。②おもむき。けはい。③気持ち。感じ。
【気脈】キミャク ①血液のかようすじ。②相互のつながり。感情・意志などのつながり。
【気量】キリョウ 心のはたらき。胸量。度量。器量。
【気力】キリョク 物事を行うにたえる心の力。
【気類】キルイ ①天地の気を受けて生ずるもの。人間と物とをいう。②心の合った仲間。また、気性が似かよっていること。
【△馭レ気】キにギョす 大気に乗る。空中にただよう。
【作レ気】キをなす ①元気をおこす。②怒ること。
【使レ気】キをつかう（ふ） ①意気にまかせて勇む。血気にはやる。②国心をくばる。気を付ける。
【吐レ気】キをはく 万丈の気を吐く。思う存分に元気のあるところを示す。
【負レ気】キをおう（ふ） 血気をたのむ。元気にまかせる。

(8)4
【氛】3878
△ 漢フン 呉ブン 図 fēn ――6168 5D64

【雰】同字 4223 4A37

字義 ❶き（気）。㋐事に先だって現れ吉凶を示す気。㋑わるい気。妖気ヨウキ。「妖氛ヨウフン」㋒天の気。雲気。❷わざわい。

解字 篆文体 別体

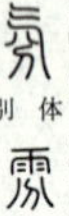

形声。气＋分音。气は、上昇気流の象形。音符の分は、分散するの意味。分散して空中に現れる雲気の意味を表す。

【氛△埃】フンアイ 空中のちり。土ぼこり。氛垢フンコウ。
【氛△氳】フンウン 気のさかんなさま。
【氛△翳】フンエイ 悪い気。不吉の気。
【氛気（氣）】フンキ ①空中に見える雲やかすみなどの気。②悪い気。わざわいの気。
【氛△霓】フンゲイ わざわいが生じる気。妖気。霓はにじ。雰虹フンコウ。
【氛祥】フンショウ 不吉なけはいと、めでたいけはい。
【氛△妖】フンヨウ わざわい。
【氛△厲】フンレイ 悪い気の激しいこと。乱賊の勢いのさかんなこと。

(10)6
【氤】3879
△ イン 真 yīn ――6169 5D65

字義 気のさかんなさま。天地の気が合ってさかんなさま。

解字 形声。气＋因音。音符の因は、気のまつわりのぼる意味を表す。

【氤△氳】インウン ①天地の気のさかんなさま。絪縕インウン。②気のやわらぐさま。③かおりのよいさま。芳香の形容。

(10)6
【氣】(3877)
キ 気（3876）の旧字体。→六〇八ページ。――6170 5D66

(14)10
【氳】3880
△ ウン 図 yūn

字義 氤氳は、気のさかんなさま。

解字 形声。气＋昷音。音符の昷ウンは、皿に盛られたあたたかな煮物の象形。気がさかんにたちのぼるの意味を表す。

4

水(氺)部

氺は五画。

〔部首解説〕 みず。〔氺〕したみず。氺は水の変形。また、水が偏になるときは氵の形をとり、三水と呼ぶ。もと、氵も水部に含まれたが、形・画数とも異なるので、分離して水部のあとに氵部を設けた。水を意符として、水・川の名、また水の状態や水をともなう動作に関する文字ができている。

水 六一〇　1 永 六一二　氷 六一二　2 氶 六一三　求 六一三
3 汞 六一三　4 沓 六一三　5 泉 六一三　泰 六一三　8 淼 六一四
10 滎 六一四　滕 六一四　11 潁 六一四　漿 六一四

(4)0 【水】 3881 教1 スイ みず　スイ 紙 shuǐ　清水　3169 3F65

筆順 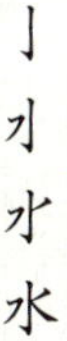

字義 ❶みず。㋐透明で無味無臭の液体。また一般に、水状のもの。「流水」㋑おおみず。洪水。㋒かわ。河川。また、池・沼・湖など。↕陸。❷うるおう。しみこむ。❸水をくむこと。水仕事をすること。「薪水の労」❹五行の一つ。四季では冬に、方位では北、五星では辰星、五音では羽、十干では壬(みずのえ)・癸(みずのと)に配する。❺しる(汁)。液汁。❻平らにする。国みず。㋐相撲で、勝負がつかず、両方が取り疲れた時、しばらく引き離して休ませること。㋑邪魔。故障。「水をさす」㋒さそい。暗示。「水を向ける」

名乗 たいら・な・み・みな・ゆく　難読 水瓜・水鶏・水月・水原・水杉・水松・水城・水蠆・水鳥・水内・水馬・水黽・水夫・水母・水泡・水沫・水脈・水無月・水無瀬・水綿・水門・水流・水窪・水俣

解字 甲骨文  篆文  象形。流れる水の象形で、みずの意味を表す。

▼雨水・雲水・渇水・渓水・硬水・行水・香水・山水・浸水・薪水・清水・逝水・積水・泉水・治水・手水・入水・排水・風水・覆水・放水・漏水

【水衣】 ①みずごけ。↕地衣。②国みずごろも。㋐水仕事などをするとき着る着物。みずぎ。㋑能装束の一種。

【水陰】 ①水。水は陰陽の陰に属するからいう。②川の南岸。山の北側・川の南岸を陰という。陰は、日光の当たらない所の意。↕水陽。

【水雲】 ①水と雲。②水上にでる雲。③海藻の名。もずく。

【水運】 水上の運送。水路によって物を運ぶこと。

【水駅(驛)】 水辺の宿駅。船着き場のある村。

【水煙・水烟】 ①水上のもや。②水たばこ。水ぎせる。③仏塔の九輪の上につけた火炎状のかざり。火を忌んでいう。④国みずけむり。水しぶき。飛沫。

【水甕】 みずがめ。水缸。

【水火】 ①水と火。ひずみ。②水におぼれ火に焼かれるような、非常な苦しみ。〔孟子、滕文公下〕救民於水火之中。③食物の調理。にたき。〔孟子、尽心上〕使有菽粟如水火。④日常生活に一日もなくてはならぬもののたとえ。⑤怒りのはなはだしいことのたとえ。〔左伝、昭公十三〕衆怒如水火焉。⑥はなはだ危険なもののたとえ。⑦たがいに相反するもののたとえ。仲の悪いことのたとえ。⑧大水や火災のように勢いのきわめてさかんなさま。

【踏水火】 水や火を踏む。危険な場所や立場にいることの、また、危険を冒して事をすることのたとえ。

【赴水火】 水や火の中に向かって行く。危険を冒して事をすることのたとえ。

【不通水火】 日常生活に必要な水や火をも融通しあわない。近所と交際しないこと。〔漢書、孫宝伝〕杜門不通水火。

【水花】 ①浮き草。②はすの花の別名。水華。③水けむり。また、あわ(泡)。

【水涯】 みずぎわ。川や海などの岸。

【水客】 ①水路を行く旅客。船で行く旅人。②船頭。水夫。

【水郭】 水辺の町。河川や湖沼のほとりの町。

【水閣】 水辺に建てたたかどの。水観。水楼。水榭。

【水干】 ①水のほとり。②国㋐のりをつかわずに、水張りにして乾燥した絹。㋑昔の衣服の一種。狩衣から変化したもの。

【水旱】 ①大水と日照り。洪水と旱魃。②水と陸。

【水患】 洪水のわざわい。水害。

【水脚】 ふなあし。船の水中に沈む部分。吃水。

【水渠】 みぞ。堀割。溝渠。

【水魚之交】 水と魚との関係のようにたがいにはなれることのできない親しい交際。①君臣が相親しむことをいう。『蜀志』諸葛亮伝に「孤之有孔明、猶魚之有水。〈わたし(劉備)にとって諸葛孔明がいるのは、魚に水があるようなものである〉」とあるのに基づく。②夫婦の仲むつまじいことをいう。

【水郷(鄕)】 ①水のほとりにある村。水辺の村落。②湖沼などの多い土地。

【水鏡】 ①水の鏡。水が物の形を映すこと。②人の手本になるに足る人のたとえ。③聡明な人のたとえ。④月の別名。⑤国みずかがみ。㋐水の鏡。㋑水に映って見える物の形。㋒書名。三巻。鎌倉時代初期に作られた編年体の歴史物語。『大鏡』が記述した以前の、神武天皇から仁明天皇までの五十四代、約千五百年間の事跡を記す。

【水曲】 ①川や湖などの屈曲した所。②みずぎわ。

【水禽】 みずどり。水上に浮遊する鳥。水辺に住む鳥。

【水虞】 昔の官名。河川や湖沼に関する禁令をつかさどった。

【水軍】 水上に行動する軍隊。海軍など。水師。

【水系】 河川が次々に集まりあって流れるとき、その水流の系統をいう。河川に付属する湖沼も含める。

【水経(經)】 書名。四十巻。著者は前漢の桑欽、晋の郭璞などとされるが不明。中国の河川や湖沼について記した地理書。北魏の酈道元の注釈したものが、いま、『水経注』(四十巻)として伝えられる。

【水鶏(鷄)】 ①蛙の一種。かじか。②鳥の名。くいな。

【水月】 ①水と月。②水に映る月かげ。物事のむなしいことや、人格の清美なことのたとえ。③くらげの別名。水母。

【水戸学(學)】 国江戸時代に水戸藩で起こった学派。大義名分を立て、国体を明らかにすることを主眼とした。

【水滸伝(傳)】 明代の長編口語小説。七十回本・百回本・百二十回本などがあり、作者については元末明初の施耐庵、また、その門人の羅貫中との合作などの説がある。北宋の徽宗の時、宋江を首領とする百八人の豪傑が梁山泊(今の山東省内)にたてこもり、官軍に抵抗して活躍する事を述べた長編で、構想・文章ともにすぐれ、『三国志演義』『西遊記』『金瓶梅』とともに四大奇書と称される。

【水光】 水面の光。

【水行】 ①水路を行く。船で行くこと。②水の流れ。

【水垢離】 国神仏に祈願するため、頭から水を浴びて、身のけがれを去ること。垢離は、垢が離れる意。

【水蛟】（スイコウ）みずち。水中にすむという竜。蛟竜。

【水国(國)】（スイコク）河川や湖沼の多い土地。水郷。

【水彩】（スイサイ）①水の光。水で反射されて出る光。②水彩画の略。水でとかした絵の具で書く絵。洋画の一種。

【水際】（スイサイ）①水と陸と接した所。みぎわ。②国「水際立つ」は、あざやかにきわだつこと。

【水師】（スイシ）①＝水軍。②船頭。水夫。

【水次】（スイジ）水路の宿駅。また、水辺にある兵士のたまり場。

【水手】（スイシュ・すいこ・かこ）船頭。水夫。船乗り。舟子。

【水宿】（スイシュク）①＝水駅。②船の中に宿る。③水辺に宿る。④水中に住む。

【水準】（スイジュン）①みずもり。水を盛って、水平かどうかを検する器。②国㋐水（特に海）の平面。陸の高低を計る基準とする。（準は、平）㋑一定の標準。レベル。

【水処(處)】（スイショ）①水中に住む。②水辺に住む。

【水漿】（スイショウ）①水と漿。漿は、どろりとした飲み物。②飲み物。③水。しる。

【水上】（スイジョウ）①水（湖沼、河川など）のほとり。水辺。②水の表面。水面。③みなかみ。川の上流。

【水城】（スイジョウ）①水辺に築いた城。みずしろ。②国（みずき）まわりに堤を築いて水をたたえた城。

【水色】（スイショク）①水のいろ。水面の輝き。水のけしき。②国（みずいろ）薄い青色。淡青色。

【水心】（スイシン）①水の中心。水面のまんなか。河や湖の中央。②国（みずごころ）㋐水泳のたしなみ。㋑一方の人の好意に対する相手の好意。「魚心あれば水心あり」

【水神】（スイジン）水の神。水を守護する神。河伯。水伯。

【水随(隨)方円(圓)器】（みずはホウエンのきにしたがう）①水は容器の形（方は四角、円はまるい）によってその形を変える。人民の善悪は君主の善悪によって左右されることのたとえ。『荀子（ジュンシ）』君道編に「君者槃也。民者水也。槃円而水円。君者盂也。盂方而水方」とある。②国人間は友人・環境などによって変化することのたとえ。〔実語教〕――、人依善悪友（ひとはゼンアクのともによる）。〈――、（それと同じように）人間も友のよしあしによってよくもなり悪くもなる〉

【水清無大魚】（みずきよければタイギョなし）清らかな水には大きな魚が住みつかない意で、人は明察に過ぎると他人からなつかれないとの教え。水清ければ魚すまず。〔後漢書、班超伝〕

【水精】（スイセイ）①水の精。㋐水星。㋑珠（水中から産するたま）。㋒水のすだま。水の妖精（ヨウセイ）。㋓月。②（スイショウ）鉱物の名。水晶。〔唐、高駢、山亭夏日詩〕水精簾動微風起（スイショウのレンうごきてビフウおこり）、一架薔薇満院香（イッカのショウビ。マンインかんばし）。〈そよ風が吹いて来て、水晶のすだれを動かし、ひとたなのバラの花のかおりを吹き送り、庭中いっぱいにそのかおりが漂っている〉

【水棲】（スイセイ）水中に住む。

【水石】（スイセキ）①水と石。②水中にある石。

【水仙】（スイセン）①水中の仙人。②草花の名。

【水戦(戰)】（スイセン）ふないくさ。水上での戦い。

【水葬】（スイソウ）死体を水中に沈めてほうむること。↕火葬・土葬。

【水族】（スイゾク）水中で生活する動物。魚類や貝類など。「水族館」

【水賊】（スイゾク）湖沼や海・河川を働き場としている盗賊。

【水村】（スイソン）水辺の村。川岸や湖沼のほとりの村。〔唐、杜牧、江南春詩〕千里鶯啼緑映紅、水村山郭酒旗風（スイソンサンカクシュキのかぜ）。〈千里も広々とした江南地方には鶯が鳴き、柳の緑が桃の紅に照りはえている、水べの村、山べの村には居酒屋の目印の旗が風に吹かれている〉

【水沢(澤)】（スイタク）水のあるさわ。また、水と沢。

【水濁則魚喁】（みずにごればすなわちうおあぎとう）水がにごると魚が水面に浮かび出てあっぷあっぷと呼吸する。むごい政治を行うと人民が苦しみあえぐことのたとえ。〔韓詩外伝、一〕

【水亭】（スイテイ）水辺にたてた、あずまや。

【水程】（スイテイ）①水路の里程。②船路（ふなじ）。水路。海路。

【水滴】（スイテキ）①水のしたたり。しずく。②すずりの水を入れる器具。水さし。

【水天一碧】（スイテンイッペキ）水と空とがひとつづきになって一様に青々としていること。

【水天髣髴青一髪】（スイテンホウフツセイイッパツ）海と空とが接するあたりに一筋の髪の毛を横に引いたように、ぼんやりと陸地が横たわって見える。一説に、青一髪は水平線の意とする。〔頼山陽、泊天草洋詩〕⇩雲耶山耶呉耶越耶（一一七六ページ）。

【水土】（スイド）①水と土。②河川や海と陸地。水陸。③その地方の気候・風土（自然の環境）。④地をいう。土地。

【水到渠成】（みずいたりてキョなる）水が流れて自然とみぞができる。①学問を十分にすれば道が自然と体得できる。②時節が来れば自然と成就する。〔宋、范成大、送劉唐卿…西帰詩〕

【水頭】（スイトウ）水のほとり。水辺。

【水道】（スイドウ）①水の流れるみち。②船の通るみち。ふなじ。航路。③海や湖で両側の陸地にはさまれてせまくなった部分。「対馬（つしま）水道」④飲料水などを供給する設備。上水道。

【水難】（スイナン）①＝水害。②水上で起こる災難。溺死（デキシ）や難破など。

【水能載舟又覆舟】（みずはよくふねをのせまたふねをくつがえす）水はよく舟を浮かべるが、同時にまた舟を転覆させる。君主は人民によって立つが、また人民によってほろぼされるたとえ。『荀子（ジュンシ）』王制編に「君者舟也。庶人者水也。水則載舟、水則覆舟」とあるのに基づく。

【水馬】（スイバ）①虫の名。かつおむし。②たつのおとしご。

【水伯】（スイハク）①水の神。川の神。②もろもろの川の長。黄河。

【水畔】（スイハン）水のほとり。水辺。

【水盤】（スイバン）底が浅くて平たい陶器、または鉄器。水を盛って花を生け、盆石を置いたりする。

【水浜(濱)】（スイヒン）水のほとり。水辺。水涯。

【水蘋】（スイヒン）浮き草。

【水府】（スイフ）①星の名。②水神のいる所。海底にあるという都。③国江戸時代、水戸藩の別名。現在の茨城県水戸市。

【水平】（スイヘイ）①水が平ら。また、水の表面のように平らなこと。②みずもり。水準。③鉛直線に直角な方向。

【水平線】（スイヘイセン）①海上で、水と空との境界線。②地球の重力の方向に垂直な直線。③普通以上と以下との境界線。

【水辺(邊)】（スイヘン・みずべ）水のほとり。川や湖などのほとり。

【水母】（スイボ）①動物の名。くらげ。②水の神。

【水泡】（スイホウ）①水のあわ。みなわ。うたかた。②人生のはかないことのたとえ。③むだなこと。なんにもならないことのたとえ。「水泡に帰す」

【水墨】（スイボク）①水と墨。また、絵をかくに用いる、うすずみ。②水墨画の略。彩色をほどこさず、うす墨のみで書いた絵。

【水沫】（スイマツ）①水のあわ。みなわ。②水しぶき。

【水脈】（スイミャク）①水の流れるみちすじ。水路。②かわ。河川。③地下水の流れるみち。

【水明】（スイメイ）水流の澄んで明らかなこと。川や湖などの水の明るく美しいこと。「山紫水明」

【水門】（スイモン）①貯水池や水路に設け、開閉して水の流れを調節する門。水閘（スイコウ）。②国（みなと）川や海などの水の出入口。

【水紋】（スイモン）水面に浮かぶ波の模様。転じて、器物などの表面に自然に浮かんだ波模様。

【水陽】（スイヨウ）川の北岸。山の南側、川の北岸を陽という。陽は、日の当たる所の意。水北。↕水陰。

【水楊】（スイヨウ）かわやなぎ。水辺に生ずる枝のたれない柳。蒲柳（ホリュウ）。

【水落石出】（みずおちいしいず）①水がひどく減って、川底などの石が露出すること。冬の川のけしき。〔宋、蘇軾、後赤壁賦〕②事件の真相がついに露見すること。化けの皮がはがれる。

【水利】（スイリ）①河川などの水の便利。灌漑（カンガイ）・船舶の交通などについての水の便。②河川などの水の利用。

【水△潦】①みずたまり。にわたずみ。行潦。②あまみず。雨水。③あめ。降雨。④ながあめ。長い期間降り続く雨。淫雨。⑤おおみず。

【水△簾】たき(滝)。水が高処から落ちているさまが簾のように見えるからいう。

【水路】①水の流れるみち。②船の通るみち。

【水楼(樓)】＝水閣。

【水漏】水時計。→漏刻の①(六六九ジ一)。

(5)1

【永】3882

教5 エイ ながい

漢エイ・呉ヨウ(ヤウ)・慣 yǒng

1742 *314A*

筆順 丶 亅 刁 永

［永］同字

字義 ❶ながい。ア物が長い。イ距離が長い。遠い。はるか。ウ時間が長い。久しい。「永久」「永遠」「永住」❷とこしえ。とこしなえ。❸ながくする。

名乗 つね・とう・なが・のぶ・のり・はるか・ひさ・ひさし　難読 永久・永並・永用

使いわけ ながい〔長・永〕⇩長(8294)。

解字 文 金 文 篆 象形。支流を引きこむ長い流域を持つ川の象形で、ながいの意味を表す。永を音符に含む形声文字に、泳・詠などがある。

【永永】ながく続いて絶えないさま。いつまでも。ながなが。「永永無窮」

【永遠】ながく遠い。時間が無限であること。永久。

【永歌】声をながくのばしてうたう。

【永懐(懷)】ながく思う。長年の心の思い。

【永久】ながく久しい。時間に果てしないこと。

【永△訣】ながの別れ。永別。特に死別をいう。

【永△巷】後宮の女官のいた所。家がつらなり、その間に長い道が通じていたからいう。漢の武帝が名を掖庭と改め、獄を置いて、罪のある女官をここに幽閉した。

【永△劫】非常に長い時間。永久。劫は、仏教できわめて長い時間をいう。「未来永劫」

【永字八法】「永」一字に運筆の八法がそなわっており、その八法にすべての文字の筆法が含まれている

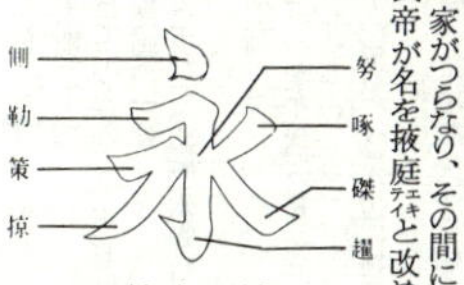

〔永字八法〕

ということ。後漢の蔡邕の創作とも、晋の王羲之が始めたともいう。

【永日】のどかな春の日。春の日なが。

【永州】隋・唐の州の名。州都は零陵(今の湖南省永州市)にあった。

【永終】①ながく続く。②終わりを全うする。③一説に、永久に絶える。

【永住】同じ所に、長年、また、死ぬまで住む。

【永世】長い年代。世のある限り。とこよ。永代。

【永逝】永久に逝く。死去をいう。長逝。

【永代】＝永世。

【永嘆・永△歎】ながく嘆息する。長くため息をしてなげく。

【永図(圖)】永遠のはかりごと。後々のための計画。長計。

【永年】長い年月。多年。長年。

【永別】ながのわかれ。死別にもいう。永訣。

【永眠】ながいねむり。死ぬこと。

【永夜】ながい夜。冬至前後の夜。長夜。

【永楽(樂)銭(錢)】貨幣の名。明の永楽年間(一四〇三—一四二四)に鋳造された銅銭。表に永楽通宝の四文字があり、大小五種ある。日本にも輸入されて流通した。

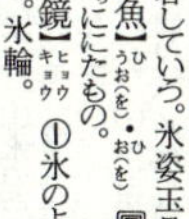

〔永楽銭〕

【永楽(樂)大典】書名。二万二千八百七十七巻。凡例目録六十巻。一万一千九百五十冊。明の永楽元年(一四〇三)から、永楽六年にかけて、解縉らが勅を奉じて編集した類書(分類式の一種の百科事典)。嘉靖中、原本の外に正副二本を書写したというが、原本・正本ともに明代に焼失し、副本も次第に散逸して、現在わずかに伝わっている。

【永楽(樂)帝】明朝第三代の皇帝。姓は朱、名は棣。太宗または成祖という。『永楽大典』『四書大全』『五経大全』『性理大全』などを編集させ、文化の発展に寄与するところが大きい。(一三六〇—一四二四)

(5)1

【氷】3883

教3 ヒョウ こおり・ひ

ヒョウ 慣 bīng

4125 *4939*

筆順 亅 亅 才 氷

［冰］正字 4954 *5156*

字義 ❶こおり。こおり。ひ。❷こおる。こおる。❸清くすきとおり、純白でけがれないものを形容することば。「氷肌」❹矢筒のふた。❺とけやすいたとえ。「氷解」

名乗 きよ　難読 氷雨・氷下魚・氷魚・氷見・氷上・氷柱・氷島

使いわけ こおる・こおり〔氷・凍〕
〔氷〕名詞の場合。「氷が張る」
〔凍〕動詞の場合。「大地が凍る」

解字 文 金 文 篆 形声。水＋冫(仌)音。音符の仌は、こおりの象形で、こおりの意味を表し、冰の原字。のち、水を付し、冰となり、さらに省略されて、氷となった。

▼堅氷・層氷・薄氷

【氷△夷】馮夷。川の神の名。河伯。

【氷河】①高山や極地で、万年雪が氷のかたまりとなり、斜面に沿って流れ下るもの。②氷のはりつめた川。氷川。

【氷解】＝氷釈。

【氷肌】①氷のように清らかなはだ。雪の肌。氷膚。②梅の花を形容していう。氷魂。

【氷肌玉骨】①寒中に白い花を開いた梅の姿を形容していう。氷姿玉骨ともいう。②美人の姿の形容。

【氷魚】・　国 鮎の稚魚。半透明白色で、白魚・しらうおににたもの。

【氷鏡】①氷のように澄んだかがみ。②澄みわたった月をいう。氷輪。

【氷△壺】氷をいれた玉のつぼ。転じて、心の清らかなたとえ。

【氷室】氷をたくわえておくむろ。

【氷釈(釋)】氷がとける。転じて、物事の結ぼれや疑いなどがすっかり解けさること。氷解。

【氷心】氷のように清らかなこころ。〔唐、王昌齢、芙蓉楼送二辛漸一詩〕洛陽親友如相問、一片氷心在二玉壺一〈洛陽にいる私の親友がもし私のことを尋ねたら、一片の氷が白玉のつぼの中にあるような清らかな心境でいると答えてほしい〉

【氷人】なこうど。結婚のなかだちをする人。媒酌人。氷翁。月下氷人。

【氷刃】氷の(ようにとぎすました)やいば。

【氷水為(爲)レ之△而寒二△於水一】氷は、水からできるが、水よりも冷たい。人は学問修養によって本来の才能以上に、りっぱになり得るたとえ。転じて、弟子が師よりもすぐれることをいう。〔荀子、勧学〕青取二之於藍一、而青二於藍一、——。〈青い色の染料は藍草という植物から取り出すが、もとの藍草よりも青い、——〉

【氷雪】①氷と雪。②純白清潔なたとえ。〔荘子、逍遥

遊」肌膚若二氷雪一（キフはヒョウセツのごとし）。
【氷霜】ヒョウソウ ①氷やしも。②苦しみのたとえ。③人のみさおの固いたとえ。また、性質の厳格なたとえ。
【氷炭不二相容一】ヒョウタンあい(ひ)いれず 氷と炭火とはいっしょにならない。二つのものの性質が正反対で、全く調和・一致することのないたとえ。「氷炭不二相並一（ヒョウタンあい(ひ)ならばず）」ともいう。〔楚辞、東方朔、七諫〕「氷炭不レ同レ器（ヒョウタンきをおなじくせず）」
【氷柱】ヒョウチュウ ①つらら。垂氷（たるひ）。氷筍（ヒョウジュン）。②こおりばしら。夏、室内に立てて涼をとるもの。
【氷△轍】ヒョウテツ こおった車輪の跡。
【氷△嚢】ヒョウノウ 氷ぶくろ。氷まくら。
【氷輪】ヒョウリン 月の別名。澄みわたった月をいう。

(6)2 【氶】3884 △ エイ 永（3882）と同字。→六三〇ページ。

(7)2 【求】3885 教4 キュウ もとめる 漢キュウ（キウ）・呉グ 尤 qiú 2165 3561
筆順 寸 才 求 求 求
字義 ❶もとめる（もと-む）。自分のものにしようとする。㋐さがす。さがしもとめる。「求人」㋑ほしがる。のぞむ。こう。ねがう。「欲求」「請求」❷もとめ。❸おわり。
名乗 ひで・まさ・もと 難読 求肥（ぎゅうひ）・求名（くみょう・ぐみょう）
解字 甲骨文 金文 篆文 古文 象形。甲骨文・金文でもわかるように、さきひらいた毛皮の形にかたどる。裘の原字で、かわごろもの意味を表す。求を音符に含む形声文字に、捄（キュウ）・救・毬（キュウ）・球・裘（キュウ）・賕（キュウ）・逑（キュウ）などがある。
▼希求・祈求・講求・購求・追求・反求
【求愛】キュウアイ 愛を求める。とくに、異性に対し愛を打ち明け、相手の愛を求めること。
【求解】キュウカイ ①言いわけ（弁護）をたのむ。②解釈を求める。
【求刑】キュウケイ 検察官が、被告に刑を科するように請求すること。
【求索】キュウサク ①さがし求める。②要求する。
【求志】キュウシ ①志を守る。元来の志を変えないようにすること。②（他人の）志を推量する。
【求心】キュウシン 中心に近づこうとすること。「求心性」
【求全△之△毀】キュウゼンのそしり 修養して完全な人になるようにと努力しているにもかかわらず他人から受けるそしり。思いがけないそしり。〔孟子、離婁上〕
【求道】キュウドウ 道を求める。①正しい道理をさがし求める。②道徳を学び行うことに努めること。③その道に志す。④道路をさがし求める。⑤仏グドウ 仏道を求める。仏教により安心立命を願い求める。
【求法】キュウホウ ①方法をさがし求める。②仏グホウ 仏法を求める。仏法を学ぶことに努力する。

(7)3 【汞】3886 △ 一漢コウ・呉ク 董 gǒng 二漢コウ・呉グ 送 (hòng) 6171 5D67
字義 一二 水銀。また、昇汞。
解字 形声。水＋工音。

(8)4 【沓】3887 標 漢トウ（タフ）・呉ドウ（ダフ） 合 tà 2303 3723
字義 ❶すらすらと言う。流暢（リュウチョウ）にしゃべる。❷あふれる。水があふれる。❸水がよどみなく流れる。❹あう（合）。まじりあう。かさなる。多い。国くつ（靴カ）。 難読 沓掛（くつかけ）
参考 現代表記では［踏］（7546）に書きかえることがある。「雑沓→雑踏」
解字 文 篆 会意。水＋曰。水は、流れる水の意味。曰は、言うの意味。水の流れのようにすらすらと言うの意味を表す。
【沓合】トウゴウ かさなりあう。
【沓雑（雜）】トウザツ こみあう。混雑する。雑沓。雑踏。
【沓至】トウシ 重なってやって来る。続々と来る。
【沓沓】トウトウ ①ことば数の多いさま。多弁で流暢（リュウチョウ）なさま。②怠るさま。③速く行くさま。

(9)5 【泉】3888 教6 セン いずみ 漢セン・呉ゼン 先 quán 3284 4074
筆順 白 白 皁 皁 泉
【湶】同字 6257 5E59
字義 ❶いずみ（いづみ）。地中からわき出ている水。「温泉」❷みなもと。水源。「原泉」❸地下水。「泉脈」❹地下。死後、人が行くと信じられた所。「九泉」「黄泉」❺ぜに（銭）。貨幣。「泉布」
名乗 い・きよし・ずみ・み・みぞ・もと 難読 泉原（いずはら）・泉二（もとじ）
解字 甲骨文 篆文 象形。甲骨文でわかるように、岩の穴からわき出すいずみの象形で、いずみの意味を表す。
▼温泉・貨泉・原泉・源泉・言泉・鉱泉・黄泉・酒泉・刀泉・盗泉・飛泉・噴泉・林泉・霊泉
【泉韻】センイン いずみのわき出る音。流水のひびき。泉声。
【泉下】センカ 地下。冥途（メイド）。よみの国。泉界。泉路。
【泉界】センカイ 地下の世界。泉下。→前項。
【泉水】センスイ ①いずみ。わきみず。②国庭に造った池。
【泉声（聲）】センセイ ＝泉韻。
【泉石】センセキ ①いずみといし。流水と石。転じて、山水のけしき。②国泉水（庭に造った池）と庭石。転じて、庭園。
【泉台（臺）】センダイ ①人が死後に行く地下の世界にあるという高殿（たかどの）。死者はここに登って望郷の思いにかられるという。転じて、地下の世界。よみじ。②墓の中。墓穴。
【泉布】センプ ぜに。貨幣。泉の水のように流通・流布（ルフ）する意によるとも、泉は金属で作ったもの、布は絹製のものともいう。
【泉府】センプ 周代の官名。市税の取り立てや、公費で民間の不用物資を買い上げ、また原価で払い下げることをつかさどる。
【泉幣】センペイ ＝泉布。
【泉脈】センミャク 地中の水脈。地下水の通路。

(10)5 【泰】3889 常 タイ 漢タイ 泰 tài 3457 4259
筆順 三 声 夫 泰 泰 泰
字義 ❶おおきい。きわめて大きい。広い。❷ゆたか（豊）。❸やすらか。やすい（やす-し）。落ちついている。のびのびしている。安心できる。〔論語、子路〕君子泰而不レ驕（クンシはタイにしておごらず）。❹ゆるやか（寛）。❺通る。❻おごる。㋐おごりたかぶる。つつしみがない。㋑ぜいたくする。❼はなはだしい。はなはだ。＝太。❽なめらか。❾山名。→泰山。❿易（エキ）の六十四卦（カ）の一つ。☷☰乾下坤上（ケンカコンショウ）。安泰の象（かたち）。⓫国国名。タイ国。インドシナ半島にある王国。旧称、シャム（暹羅）。
名乗 あきら・とおる・ひろ・ひろし・やす・やすし・ゆたか・よし
解字 甲骨文 篆文 古文 形声。甲骨文は、水＋大音。音符の大は、のびやかな人の象形。水につかって体のよごれを落とし、ゆったりしている人のさまから、やすらかの意味を表す。古文の夳（太）は、その変形。篆文は収＋水＋大音で、収は、両手の意味、両手で水をすくい体を洗うさまを表す。汏と同字であったが、汏は主として、よなげるの意味を表し、泰は、やすらかの意味を表す。
▼安泰・否泰
【泰一】タイイツ・【泰壱（壹）】タイイツ 昔、最も尊ばれた天神の名。太一。
【泰運】タイウン ①安らかになって行く機運。②太平になる機運。太平の機運。
【泰華】タイカ 泰山と華山。共に五岳の一つ。
【泰山】タイザン 山名。山東省泰安市の北。一五二四メートル。

五岳の一つ。東岳。昔、天子が即位後、この山に登って封禅の祭り（天地を祭る儀式）を行った。太山。岱（タイ）山。

【泰山鴻毛】（タイザンコウモウ）　重いものと軽いものとのたとえ。鴻毛は、おおとりの毛。司馬遷の「報㆓任少卿㆒書」に「死或重㆓於泰山㆒、或軽㆓於鴻毛㆒」とあるのに基づく。

【泰山頽梁木折】（タイザンくずれリョウボクおる）　賢人の死をいう。衆山の中心と仰がれる泰山がくずれ、建物で大切な梁（はり）が折れる意で、孔子が自分の死を予期してうたったことば。〔礼記、檀弓上〕

【泰山不㆑譲（譲）㆓土壌（壌）㆒】（タイザンはドジョウをゆずらず）　下に「故能成㆓其大㆒」とあり、「泰山はわずかな土をもえり好みせずに受け入れる。だから大きくなることができた」の意。大成しようと思うなら、度量を大きくして、広く受け入れよという教え。太山不㆑譲㆓土壌㆒。〔文選、李斯、上書秦始皇㆒書〕
⇩河海不㆑択㆓細流㆒（カカイはサイリュウをえらばず）（六二四㌻）。

【泰山北斗】（タイザンホクト）　→泰斗。

【挾（挟）㆓泰山㆒超㆓北海㆒】（タイザンをわきばさんでホッカイをこゆ）　泰山をこわきにかかえて北海（渤海湾（ボッカイワン））をとびこえる。不可能な事のたとえ。〔孟子、梁恵王上〕

【泰侈】（タイシ）　おごり高ぶる。身分不相応のぜいたくをする。

【泰而不㆑驕】（タイにしておごらず・タイなれどもおごらず）　①重々しくどっしりと落ちついているが、おごり高ぶった所がない。君子の理想的な態度の一つ。〔論語、尭曰〕②地位・権力などを得て得意な境遇にいても、おごり高ぶらない。

【泰西】（タイセイ）　西の果て。西洋諸国をいう。↔泰東。

【泰然】（タイゼン）　ゆったりとしているさま。どっしりと構えているさま。「泰然自若（落ちつきはらっていて物に動じないこと）」

【泰斗】（タイト）　泰山北斗の略。学問・芸術などの大家・第一人者をいう。泰山と北斗七星は共に仰ぎ尊ばれることからいう。

【泰東】（タイトウ）　東の果て。極東の諸国をいう。↔泰西。

【泰伯】（タイハク）　①周の太王の長子。末弟、季歴（文王の父）に国を譲るため呉に去った。春秋時代、呉の国の始祖。②『論語』の編名。

【泰平】（タイヘイ）　世の中がよく治まっていること。太平。

(12)8 **【淼】** 3890　△　漢ビョウ（ベウ）　呉ミョウ（メウ）　篠 miǎo

字義　❶ひろびろと広がる水。大水。❷水面などの広く果てしないさま。「淼淼」

解字　篆文 　会意。水を三つ合わせて、広々と果てしない水のさまを表す。

(14)10 **【滎】** 3891　△　漢ケイ　呉ギョウ（ギャウ）　青 xíng

字義　❶きわめて小さい流れ。水たまり。❷滎陽は、地名。戦国時代、韓（カン）の領地。今の河南省成皋（セイコウ）県。

解字　篆文 　形声。水＋熒省(音)。

(15)10 **【滕】** 3892　△　漢トウ　呉ドウ　蒸 téng　［滕］　6278　5E6E

字義　❶あがる。わく。水がわき上がる。❷達する。また、送る。❸春秋・戦国時代の国の名。今の山東省滕県のあたり。

解字　篆文 　形声。水＋朕（䑞）(音)。音符の䑞（チン）は、上に送りだす、おしあげるの意味。水がおどりあがる、わきあがるの意味を表す。

【滕王閣】（トウオウカク）　建物の名。唐の高祖の子の滕王元嬰（ゲンエイ）が洪州（コウシュウ）の都督になっていた時に作った。今の江西省南昌（ナンショウ）市の贛江（コウコウ）のほとりに再建されてある。唐の王勃（オウボツ）の「滕王閣序」や韓愈（カンユ）の「滕王閣記」によって名高い。

(15)11 **【潁】** 3893　△　漢エイ　呉ヨウ（ヤウ）　梗 yǐng　6283　5E73

字義　川の名。潁水。潁川。河南省登封県の嵩山（スウザン）の西南に発し、安徽（アンキ）省で淮河（ワイガ）に注ぐ。尭（ギョウ）の時代の隠士の許由が、この川のほとりに住み、尭が許由に天子の位を譲ろうというのを聞き、汚れたことを聞いたと、この川の水で耳を洗った。このことを聞いて、隠者の巣父（ソウホ）はまた、自分の牛にその水を飲ませることをやめ、上流に行って飲ませたという。〔高士伝〕

解字　篆文 　形声。水＋頃(音)。

(15)11 **【漿】** 3894　標　漢ショウ（シャウ）　呉ソウ（サウ）　陽 jiāng　6289　5E79

字義　❶はやず。こんず。㋐速成の酢。米を炊（かし）いで熱いうちに冷水に入れ、五、六日たつとできる。一種の酒でもある。㋑おもゆ。米を煮た汁。濃漿（こんず）。❷のみもの。飲料。特に、どろりとした飲料。「簞食壺漿（タンシコショウ）」❸しる（汁）。物のしる。

解字　篆文 　形声。水＋將(音)。音符の將（将）は、肉を調理するの意味。調理した飲み物の意味を表す。

3　氵部

〔部首解説〕　さんずい（三水）。三画の水の意。水が偏になるときの形。［水］の部首解説を見よ。

酒→酉部一二四六ﾍﾟ。鴻→鳥部一三五三ﾍﾟ。

(5)2
【氿】 3895

△　キ　紙 guǐ

字義 ❶いずみ。横穴からわき出る泉。「氿泉」 ❷水のかれた岸の土。 ❸せまく長い川。

解字 篆文

形声。氵(水)＋九㊥。音符の九は、曲がって行きどまりになるの意味。屈曲する穴の奥から流れ出る泉の意味を表す。

【氿泉】キセン 横穴からわき出る泉。

(5)2
【汁】 3896

常 ジュウ しる

シュウ(シフ) 緝 zhī

慣ジュウ(ジフ)

2933
3D41

筆順

字義 ❶しる。つゆ。㋐物質から出る、また物質にまじっている液体。「胆汁」 ㋑飲み物。おつゆ。吸い物。 ㋒利益。うまいしる。 ❷なみだ(涙)。 ❸みぞれ。

解字 篆文

形声。氵(水)＋十㊥。音符の十は、探(タン)に通じ、さぐるの意味。果実の中に含まれる液をさぐりしぼる、しるの意味を表す。

▼苦汁

【汁△滓】ジュウシ ①しるのかす。しるかす。 ②しると、かす。

【△啜レ汁】しるをすする 甘い汁をすする。うまい事にありついて利益を得ること。〔史記、魏世家〕欲レ啜レ汁者衆(しるをすすらんとほっするもの おお(ほ)し)。

(5)2
【汀】 3897

四　漢テイ　呉チョウ(チャウ)　青 tīng

3685
4475

筆順

字義 ❶みぎわ(みぎは)。なぎさ。波打ちぎわ。水ぎわの平地。きし。はま。 ❷水が波立たず平らかなこと。

解字 篆文

形声。氵(水)＋丁㊥。音符の丁は、くぎを打って固定させるの意味。寄せる波のなだらかになる所、なぎさの意味を表す。

【汀曲】テイキョク みぎわの入りこんだ所。

【汀沙】テイサ・テイシャ 水ぎわの砂原。はま。

【汀△洲】テイシュウ ①水中に土砂が積もってできた低い陸地。中洲(なかす)。 ②なぎさと中洲。

【汀△渚】テイショ ①みぎわ。なぎさ。渚も、なぎさ。 ②中洲(なかす)。渚も、中洲。→汀洲(テイシュウ)の①。

【汀△濘】テイネイ ①どろ。どろ水。泥濘(デイネイ)。 ②浅い水。小さな流れ。

【汀△蘭】テイラン 水ぎわに生えた蘭(ラン)。

(5)2
【氾】 3898

標　漢ハン　呉ホン　陥 fàn

4037
4845

字義 ❶ひろがる。はびこる。あふれひろがる。「氾濫(ハンラン)」 ❷ひろい(ひろし)。広くゆきわたっている。＝汎(ハン)。「氾論」 ❸ただよう。ただよいゆれる。「氾氾」

参考 ①熟語は汎(ハン)(3909)をも見よ。 ②〔汜(シ)〕は別字。

解字 篆文

形声。氵(水)＋㔾㊥。音符の㔾(ハン)は、汎(ハン)に通じ、ひろがるの意味。水がひろがりはびこるの意味を表す。

【氾氾】ハンハン・ハンパン 水に浮かびゆれてじっとしていないさま。

【氾濫】ハンラン ①水があふれひろがる。〔孟子、滕文公下〕水逆行、氾二濫於中国一(みず(みづ)ギャッコウして、チュウゴクにハンランす)。 ②波にゆらぐさま。 ③浮き沈み。時世につれて変遷するさま。

【氾論】ハンロン 汎論(ハンロン)。①広く(全体を)論ずる。 ②大体(おおよそ)について論ずる。

(6)3
【汚】 3899

常 オ　けがす・けがれる・けがらわしい・よごす・よごれる・きたない

1788
3178

㊀漢オ(ヲ)・呉ウ　虞 wū

㊁漢オ(ヲ)・呉ウ　遇 wù

㊂漢ワ・呉エ(ヱ)　麻 wā

筆順 氵 氵 汀 汚

【汙】同字　【汚】本字

字義 一 ❶けがれる（けがる）。よごれる（よごる）。❷けがす。よごす。❸けがれ。よごれ。㋐あか。しみ。㋑不正。恥。❹きたない（きたなし）。けがらわしい（けがらはし）。きたならしい。不潔。はずかしい。ふしだら。「汚名」❺ひくい。㋐低い土地。くぼ地。また、そこにたまった水。㋑いやしい。地位が低い。❻骨折り。労苦 ❼くだる（下）。

二 ❶よごれた水。にごった水。❷あらう。よごれを洗い落とす。❸小さい池。

三 ❶ほる（掘）。くぼ地を作る。❷ひくい。劣る。

国 けがれ。昔、忌服・出産・月経などのことをいった。

解字 篆文 形声。氵（水）＋亏（亐）音。音符の亏ゥは、くぼみの意味。くぼみにたまった水、けがれの意味を表す。

▼血汚・卑汚

【汚下】（オカ）土地が低い。また、低い土地。低地。

【汚行】（オコウ）けがれた行い。みだらな行為。

【汚△垢】（オコウ）けがれ。よごれ。あか。垢汚。

【汚職】（オショク）職をけがす。職権や地位を悪用して自分の利益をはかること。瀆職（トクショク）。

【汚辱】（オジョク）①けがしはずかしめる。②はじ。はずかしめ。恥辱。③けがれ。けがらわしいこと。

【汚世】（オセイ）けがれた世の中。けがれた時世。濁世。

【汚染】（オセン）①よごす。しみをつける。②けがれに染まる。③よごれ。しみ。汚点。

【汚損】（オソン）①よごしこわす。よごす。②よごれこわれる。けがれる。

【汚濁】（オダク）けがれにごる。よごれる。また、よごれたもの。↕清浄。

【汚池】（オチ）水がたまっている所。水たまり。池・沼など。

【汚泥】（オデイ）①よごれた水と、どろ。②きたないどろ。③土がじめじめしている状態。④行為などのけがれていること。

【汚点（點）】（オテン）①けがれ。よごれ。しみ。②きず。欠点。③不名誉な事がら。

【汚△瀆】（オトク）①きたないみぞ。②小さいみぞ。③けがれる。けがす。

【汚名】（オメイ）けがれた名。不名誉。

【汚吏】（オリ）よこしまな（心のきたない）役人。不正な官吏。貪吏（ドンリ）。〔孟子、滕文公上〕暴君汚吏（ボウクンオリ）。

【汚隆】（オリュウ）①低いことと高いこと。高低。凹凸。②おとろえることとさかんになること。盛衰。

【汚△穢】（オワイ・オアイ）①きたない。けがらわしい。また、その行為。②けがれる。けがす。③きたない物。とくに、糞尿（フンニョウ）。

(6)3
【汗】3900
常 カン あせ
一 漢カン・呉ガン 翰 hàn
二 漢カン・呉ガン 寒 hán
2032
3440

筆順 氵 氵 氵 汗

字義 一 ❶あせ。「冷汗」❷あせする（あせす）。あせをかく。「汗顔」

二 可汗（カカン・カガン）の略。昔の突厥（トッケツ）（トルコ族）の王の尊称。

難読 汗疹（あせも）

参考 〔汙オ〕（けがす・汚）は別字。

解字 篆文 形声。氵（水）＋干音。音符の干は、旱（カン）に通じ、ひでりの意味。暑くてあせが出るの意味を表す。

▼盗汗・流汗・冷汗

【汗簡】（カンカン）①油をぬいた竹のふだ。紙や帛（きぬ）のなかった時代に、竹を火にあぶり、青みを去り油をぬいて、それに漆で字を書いた。汗青。②文書・書籍・歴史書などの意。

【汗顔】（カンガン）額（ひたい）に汗する。①はげしく労働すること。②非常に恥じいること。汗背。

【汗牛充棟】（カンギュウジュウトウ）牛車に載せて引かせると牛が汗をかき、室内に積み重ねると棟木までとどく。蔵書の多いことをいう。唐の柳宗元の「陸文通先生墓表」に「其為ㇾ書（そのショたるや）、処則充二棟宇一（おをればすなわ（は）ちトウウにみち）、出則汗二牛馬一（いず（づ）ればすなわ（は）ちギュウバにあせす）」とあるのに基づく。

【汗血馬】（カンケツバ）名馬をいう。大宛国（タイエンコク）（今の中央アジアのフェルガーナ地方）に産する馬（今のアラビア馬）は、漢代において名馬とせられ、その馬が血のような汗を流すといわれたことに基づく。転じて、すぐれた才能のある人にもいう。

【汗△衫】（カンサン）①はだぎ。あせとり。②国（かざみ）㋐平安時代の女官などが初夏に用いた上衣（うわぎ）。㋑男女共用の夏向きの肌着。

【汗△襦】（カンジュ）＝汗衫（カンサン）の①。

【汗△疹】（カンシン）あせも。

【汗青】（カンセイ）＝汗簡。〔宋、文天祥、過二零丁洋一詩〕留二取丹心一照二汗青一（タンシンをリュウシュして、カンセイをてらさん）。

【汗馬△之労（勞）】（カンバのロウ）馬を汗みどろにするほど働かせてするほねおり。①戦場におけるほねおり。転じて、戦功。〔韓非子、五蠹〕②運搬などのほねおり。〔戦国策、楚〕

【汗背】（カンパイ・せにあせす）背に汗をかく。＝汗顔の②。

【汗漫】（カンマン）①遠く広いさま。水の広々とした様子。②しまりのないさま。③うわっ調子で真実味のないこと。

(6)3
【汍】3901
△ 漢カン（クヮン）
呉ガン（グヮン）寒 wán

字義 汍瀾（カンラン）は、涙の流れるさま。＝萑蘭（カンラン）。

解字 篆文 形声。氵（水）＋丸音。

(6)3
【汔】3902
△ 漢キツ
呉コチ 物 qì

字義 ❶水がかれる。❷ちかい。また、ほとんど。❸川の名。

＝汽（キ）。

解字 形声。氵（水）＋乞音。音符の乞は、氣（気）に通じ、蒸発するの意味。水が蒸発してかれるの意味を表す。

(6)3
【江】3903
常 コウ え
コウ（カウ）江 jiāng
慣ゴウ（ガウ）
2530
393E

筆順 氵 氵 汀 江

字義 ❶川の名。中国南部の大河。長江。大江。近世では揚子江（ヨウスコウ）と呼んだ。❷大きな川。ことに中国南方地方の大河。

国 え。海や湖などの陸地に入り込んでいる所。入江（いりえ）。

名乗 のぶ

難読 江出（えずる）・江津（ごうつ）・江川（ごうかわ）・江釣子（えづりこ）・江豚（いるか）・江平（ごうひら）

解字 金文 篆文 形声。氵（水）＋工音。音符の工は、公に通じ、多くの水系を広くのみこむ大きな川の意味を表す。

▼寒江・大江・長江

【江雨】（コウウ）川の水面に降る雨。

【江煙】（コウエン）江上にただようもや。川霧。江靄（コウアイ）。

【江花】（コウカ）川べりに咲いている花。長江の岸辺に咲く花。〔唐、杜甫、哀江頭詩〕江水江花豈終極（コウスイコウカあについ（ひ）にきわ（は）まらんや）。

【江河】（コウ・ガ）①長江と黄河。②大きい川。

【江夏】（コウカ）地名。今の湖北省武漢市武昌（ブショウ）のあたり。

【江海】（コウカイ）①長江と海。②大きな川と海。河海。③＝江湖の②③。

【江外】（コウガイ）長江から南の地をいう。

【江漢】（コウカン）長江と漢水。漢水も、大河の名。

【江魚】（コウギョ）①かわざかな。②いしもち。石首魚の別名。

【江月】（コウゲツ）①川の上に照る月。②川に映っている月。

【江湖】（ココ）①川と湖。②世間。世の中。③中央の朝廷に対して、いなか。地方。民間。

【江湖客】（コウコのキャク）各地を旅行して歩く人。各地をさすらい歩く人。

【江湖△之人】（コウコのひと）民間にいる人。在野の人。

【江湖之楽(樂)】都をはなれ自然の中に（自然を友として）遊ぶ楽しみ。

【江滸】川のほとり。長江のほとり。

【江皐】①川と沢。②水辺の低地。③いなか。

【江左】＝江東。長江の北岸からみていう。↕江右。

【江山】①川と山。山川。山水。山水の景色。②国土をいう。

【江酒】江州（今の江西省九江市）地方に産する酒。古来美酒として有名。〔唐、白居易、与微之書〕江酒極美。

【江州】①唐代の州の名。州都は今の江西省九江市。②国近江の国（今の滋賀県）をいう。

【江渚】川の水ぎわ。また、長江のなぎさ。

【江上】①川の水面。また、長江の水面。②川のほとり。また、長江のほとり。

【江城】川のほとりにある町。

【江心】川のまんなか。また、長江の中流。

【江津】①長江の渡し場。②川の船着き場。

【江西】①長江中流の南岸、今の江西省あたりの地方をいう。江右。↕江東。②長江以北の地。③省名。長江中流の南に位置し、省都は南昌市。古名は贛省。春秋時代、呉・越・楚の三国の占めた地。④国琵琶湖の西、近江の国の西部地方をいう。

【江西詩派】宋代、黄庭堅を宗とする詩の一派。

【江水】長江の水。また、川の水。〔唐、白居易、琵琶行〕遶船明月江水寒。

【江声(聲)】川の流れの音。また、長江の流水の音。

【江船】長江を上下する船。また、川を上下する船。〔唐、杜甫、春夜喜雨詩〕江船火独明。

【江蘇】省名。長江の下流の地方。省都は南京市。春秋時代は呉・楚に属した。

【江村】川ぞいの村。〔唐、杜甫、江村詩〕長夏江村事事幽。

【江潭】川の深い淵。また、長江の深い淵。また、そのほとり。

【江潮】長江に起きる潮のさしひき。

【江都】①隋代の郡名。今の江蘇省揚州市。別名、揚州・江陵。②国江戸（今の東京）の別名。

【江東】①長江下流の南岸の地方をいう。今の江蘇省南部、浙江省北部の地方。昔の呉・越の地方。楚の項羽はここに兵を挙げた。江左。↕江西。〔史記、項羽本紀〕籍与江東子弟八千人、渡江而西。

②国東京都隅田川の東岸に沿う一帯の地の称。
【江頭】長江のほとり。また、川のほとり。

【江南】長江以南、特に江蘇・安徽・江西三省の、長江の南岸一帯の地方をいう。

【江南一枝春】三国時代の呉の陸凱が長安の范曄に江南から梅の花一枝に詩をそえて贈った故事に基づく語。その詩の末句に「聊贈一枝春」とある。

【江南橘化為(爲)枳】江南地方の橘を江北地方に移し植えると枳になってしまうと信ぜられたことから、人間はその環境によって変化するというたとえ。橘は、みかん。江南を淮南とすることもある。〔爾雅翼〕

【江畔】＝江浜。

【江表】長江の南岸の地方。江南。

【江浜(濱)】川のほとり。川ばた、川岸。また、長江の岸辺。

【江岷】長江の水源地で、岷山のある巴蜀（今の四川省重慶・成都地方）の地方。

【江府】国①江戸。②江戸幕府。

【江楓】川のほとりのかえで。〔唐、張継、楓橋夜泊詩〕江楓漁火対愁眠。（五一八ページ）。訳文⇒月落烏啼霜満天。

【江碧鳥逾白】江の水は紺碧で、（それに対比して）鳥はいよいよ白い。〔唐、杜甫、絶句〕——、山青花欲然。〈——、山は浅みどりで花は燃えたつばかりにまっ赤である〉

【江北】長江以北の総称。今、江蘇省の長江以北の称。

【江右】＝江西。

【江流】大きな川の流れ。また、長江の流れ。

【江陵】地名。湖北省南部、長江北岸の交通の要衝の地。春秋時代、楚の都、郢があった。一名、荊州。〔唐、李白、早発白帝城詩〕朝辞白帝彩雲間。千里江陵一日還。〈朝早く、美しい朝焼け雲たなびく白帝城に別れを告げて、千里も離れた江陵まで、わずか一日で帰る〉

【江楼(樓)】川のほとりのたかどの。江閣。

【江淮】長江と淮水。また、その二つの川のある地方。江蘇・安徽二省の地。

(6)3
【汕】3904
△ 漢サン 呉セン 諫・消・刪 shàn　6172 5D68

字義 ❶魚のおよぐさま。❷すなどる。魚をとる。また、すくいあみ。❸汕頭は、広東省澄海県の西南にある通商港。一八五八年、天津条約により開港。

解字 篆文 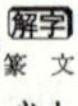 形声。氵(水)＋山音。

(6)3
【汜】3905
△ 漢シ 呉ジ 紙 sì

字義 ❶本流から分かれて、また本流に入る川。❷行き止まりになっている川。水たまり。❸きし（岸）。

参考 〔氾〕は別字。

解字 甲骨文  篆文  形声。氵(水)＋巳音。

(6)3
【汝】3906
標 漢ジョ 呉ニョ 語 rŭ　3882 4672

字義 ❶なんじ。なれ。そなた。おまえ。対等、またはそれ以下の相手の人の称。＝爾。❷川の名。汝水。

解字 甲骨文 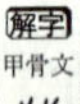 篆文  形声。氵(水)＋女音。川の名。借りて、なんじの意味に用いる。

【汝曹】・【汝輩】おまえたち。君たち。汝輩。

【汝陽】①漢代に置かれた県名。今の河南省汝南県に移された。隋の時、今の河南省汝南県に移された。今の河南省内。②唐の玄宗の兄の子の汝陽王、李璡（?—七五〇）。杜甫のパトロンの一人。酒を好んだ。一説に、北斉の王詢。〔唐、杜甫、飲中八仙歌〕汝陽三斗始朝天。

【汝窯】汝州（今の河南省汝州市）の陶器のかま。宋代に始まり、名高い。

(6)3
【汐】3907
人 漢セキ 呉ジャク 陌 xī　2814 3C2E

筆順 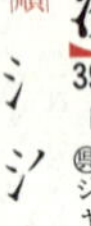

字義 しお。うしお。㋐海水が一定の時間に満ちたり引いたりする現象。特に夕方の干満をいい、朝の干満を潮というのに対する。㋑引きしお。干潮。

名乗 きよ　難読 汐首岬

解字 形声。氵(水)＋夕音。音符の夕は、日ぐれの意味。夕方におこるしおの意味を表す。

(6)3
【池】3908
教 2 チ いけ　漢チ 呉ジ(ヂ) 支 chí　3551 4353

筆順 

字義 ❶いけ。㋐地を掘って水をためた所。「貯水池」㋑すずりなどの、水をためておく部分。「硯池」❷ほり（堀）。みぞ。水のあるほり。↕隍（水のないほり）。❸とい（樋）。❹ひつぎの飾り。

難読 池鯉鮒

解字 篆文 形声。氵(水)＋也㊜。音符の也は、まがりくねるの意味。まがりくねった形の水たまり、いけ・ほりの意味を表す。

▼汚池・差池・湯池・墨池・臨池

【池苑・池園】①池と庭園。②庭園。また、その池や草木など。〔唐、白居易、長恨歌〕帰来池苑皆依レ旧、太液芙蓉未央柳。〈帰って来てみれば庭の様子は昔のままである、太液の池のはすも未央宮の柳も…〉

【池魚】①池の中の魚。②自由をうばわれている身のたとえ。「池魚籠鳥」

【池魚之殃】不慮の(思いがけぬ)わざわい。また、まきぞえをくうこと。昔、宋の城門が焼けたとき、池の水をくみつくして火を消したため、魚が死んだという故事。〔剪灯新話、三山福地志〕

【池魚思二故淵一】池の中の魚は、もと住んだふちを恋しがる。転じて、旅人が故郷を思い、あるいは、捕らわれ人がもとの自由な世界を恋しがるたとえ。〔晋、陶潜、帰二田園居一詩〕羈鳥恋二旧林一、——。〈旅にある鳥はかつて飛びまわっていた林を恋しがり、——〉

【池隍】城壁のまわりの堀。隍は、水のない堀。

【池心】①池の中央。②池の底。

【池台(臺)】①池と高殿。②池のほとり、または池の中の高殿。〔唐、劉廷芝、代下悲二白頭一翁上詩〕光禄池台開二錦繡一。訳文⇨光禄池台(一〇七ページ)。

【非二池中物一】竜は池の中にいてもいつかは天に昇る。それと同様に、やがて大成または大活躍する素質・能力をもっている人であるという意。三国の呉の周瑜が蜀の劉備を批評した語。〔呉志、周瑜伝〕

【池亭】池のほとりのあずまや。池榭。

【池頭】池のほとり。池辺。

【池塘】①池の堤。池坡。〔宋、朱熹、偶成詩〕↓池塘春草夢(次項)。②池。〔唐、高駢、山亭夏日詩〕⇩楼台(五七三ページ)。

【池塘春草夢】つつみに生える春草の中の夢。また、池の塘に春草のもえでたころの楽しい思い出。少年時代の楽しさのたとえ。夢は、楽しさとはかなさの両意を含む。〔宋、朱熹、偶成詩〕未レ覚池塘春草夢、階前梧葉已秋声。〈池の堤の春の若草の中で心地よい夢をみている間に、階段あたりのあおぎりの葉には早くも秋風が訪れている。まだ若いと思っていても、老いはいちはやく至るものであるから、若い時に学問に励むべきである〉

【池畔】＝池頭。

【池辺】池のほとり。〔唐、賈島、題二李疑幽居一詩〕鳥宿池辺樹、僧敲月下門。

(6)3 【汎】3909 標 ㊅ハン ㊇ホン 陷 fàn　4038 *4846*

字義 ❶うかぶ。水にうかぶ。また、うかべる。❷ただよう。水にただよう。❸ひろい。あまねし。広くゆきわたる。また、ひろく。あまねく。〔論語、学而〕汎愛レ衆。❹軽い。❺速い。

参考 現代表記では〔範〕(5558)に書きかえることがある。「広汎→広範」

解字 篆文 形声。氵(水)＋凡㊜。音符の凡は、かぜの意味。風のように軽く浮く、風のようにひろがるの意味を表す。

【汎愛】広く公平に愛する。博愛。

【汎舟】①水にうかんで(ただよって)いる舟。②舟を浮かべる。

【汎称(稱)】広く(ひっくるめて)呼ぶ。また、その呼び方。総称。

【汎渉】①川や海を渡ること。②広く物事に通ずる。博渉。

【汎心論】哲学で、宇宙の万物に心や魂があるとする説。

【汎神論】哲学で、神と万物とは同体で、万物の中に神が存在するという説。

【汎説】広くすべくくって説く。まとめて説明する。総説。

【汎汎】①川水などの、広々とみなぎり(すみやかに)流れるさま。②水にただよい流れるさま。③水に映った影のゆれ動くさま。

【汎濫】①水があふれる。あふれ流れる。氾濫。②広く行きわたる。③でたらめなこと。

【汎濫停蓄】学識が広く深い。広く書物を読んで知識を深く蓄えていること。〔唐、韓愈、柳子厚墓誌銘〕

【汎論】全体にわたって論ずること。また、その論。総論。

(6)3 【汒】3910 △ ㊅ボウ(バウ) ㊇モウ(マウ) 陽 養 máng, ③mǎng　6173 *5D69*

字義 ❶ぼんやり。くらい。「汒焉」 ❷あわただしいさま。❸水の広々としたさま。

(6)3 【汢】3911 国字 △

解字 形声。氵(水)＋土。水と泥とでぬたくるの意味から、ぬたの意味を表す。

字義 ぬた。汢川は、高知県高岡郡の地名。

(7)4 【汩】3912 △ 一㊅イツ(ヰツ)・㊇イチ(ヰチ) 質 yù 二㊅コツ・㊇コチ 月 gǔ

字義 一❶おさめる(治)。㋐水を治める。㋑民を治める。❷みだれる。また、乱す。❸とおる。また、通す。❹ながれる。また、流れるさま。❺ゆく。速く行く。❻にわか。速い。❼きよいさま。また、高いさま。❽しずむ(沈)。

参考 〔汨〕は別字であるが、古くから混用された。

解字 篆文 形声。氵(水)＋曰㊜。

【汩汩】①水が速く流れるさま。②水が休みなく流れるさま。③すみやかに、また、休みなく去り行くさま。④水の流れる音。また、波の音。⑤多いさま。わずらわしいさま。⑥不安なさま。⑦沈みゆくさま。かくれ没するさま。⑧落ちぶれているさま。

【汩没】①沈んで見えなくなること。②世にうずもれる(落ちぶれる)こと。

(7)4 【沄】3913 △ ウン 文 yún

字義 ❶水がめぐり流れるさま。❷広い。広々としているさま。

解字 篆文 形声。氵(水)＋云㊜。音符の云は、めぐるの意味。水がめぐるの意味を表す。

【沄沄】①水がめぐり流れるさま。うずまき流れるさま。②水がわき流れるさま。③広々としているさま。④音声が広くひびきわたるさま。

(7)4 【沇】3914 △ 一エン 銑 yǎn 二㊅イ(ヰ)・㊇ユイ 紙 wěi

字義 一❶川の名。沇水。河南省の濟水の別名。❷沇沇は、㋐流れゆくさま。広くゆきわたるさま。㋑鳥獣の群れ走るさま。鳥獣のさかんにむらがるさま。二沇溶は、㋐水が谷間を流れゆくさま。㋑さかんにむらがるさま。

解字 金文 篆文 形声。氵(水)＋允㊜。

(7)4 【汪】3915 △ オウ(ワウ) 陽 wāng　6174 *5D6A*

字義 ❶ひろい(広)。深くて広い。大きい。❷おおい(多)。ゆたか。さかん。❸いけ(池)。にごった池。❹うみ(海)。

解字 金文 篆文 形声。氵(水)＋王㊜。音符の王は、広く大きいの意味。水が広く深いの

意味を表す。篆文は、水＋㞷㊟。

【汪琬】清の文学者。字は苕文、号は鈍翁。康熙年間の詩文の大家。（一六二四―一六九〇）

【汪汪】①水の深く広いさま。②度量の広いさま。③涙が目にたまって、今にも泣き出しそうなさま。

【汪然】①広く深いさま。②水がさかんに流れるさま。③涙がとめどもなく流れるさま。〔唐、柳宗元、捕レ蛇者説〕

【汪洋】①海。大海。②広々として大きなさま。③ゆったりとしたさま。度量の広いさま。

(7)4
【汽】3916
教2　キ
㈠漢キ・呉ケ　未　qì
㈡漢キツ・呉コチ　物
2105
3525

筆順　氵 氵 汽 汽

字義　㈠ゆげ。水蒸気。㈡＝汔。❶水がかれる。❷ほとんど。近い。

解字　篆文　形声。氵(水)＋气㊟。音符の气は、いきの意味。水が蒸発してかれる、また、そのゆげの意味を表す。

【汽缶(罐)】密閉した鋼製の容器内に圧力の高い蒸気を発生させて動力源とする装置。ボイラー。

(7)4
【沂】3917
△
㈠漢ギ・呉ゲ　微　yí
㈡ギン　真　yín
慣キ
6175
5D6B

字義　㈠川の名。沂水。山東省にあり、汶水と合し、更に西南流して江蘇省に入って運河にそそぐ。沂河。〔論語、先進〕浴二乎沂一。㈡❶大きい笛。❷ほとり。＝垠。❸ふち。へり。すみ(隅)。＝圻。

参考　〔泝〕は別字。

解字　篆文　形声。氵(水)＋斤㊟。

(7)4
【汲】3918
標
漢キュウ(キフ)　緝　jí
呉コウ(コフ)
［汲］
2166
3562

字義　❶くむ。水をくむ。❷ひく。㋐ひっぱる。㋑引き入れる。引き上げる。㋒みちびく(導)。❸いそがしい。せわしい。また、はげむ。「汲汲」

解字　篆文　形声。氵(水)＋及㊟。音符の及は、吸に通じ、すいこむの意味。水をひきこむの意味を表す。

【汲引】水をくみあげる。水をひき入れる。転じて、人を引きあげて用いる。登用する。

【汲汲】①いそがしいさま。②休まず努める(努力する)さま。また、あくせく求めるさま。〔晋、陶潜、五柳先生伝〕不レ汲二汲於富貴一。

【汲古】古いものをくみあげる意。①古書を読むこと。②昔の事を調べること。③「汲古閣」は、明末の毛晋の蔵書室(江蘇省常熟県にあった)の名。蔵書八万余冊に及び、その善本・稀書は覆刻されて世に広められた。

【汲冢周書】書名。十巻。著者不明。周代の記録を載せている。西晋時代に汲郡(今の河南省)の不準が、戦国時代、魏の襄王(一説に、安釐王)の墓から発見した先秦時代の古書で、他に『竹書紀年』『穆天子伝』がある。逸周書ともいう。

(7)4
【決】3919
教3　ケツ
きめる・きまる
漢ケツ・呉ケチ　屑　jué
2372
3768

筆順　氵 汀 汩 決

【決】俗字　4951　5153

字義　❶きる(切)。きれる。さける。堤防などがこわれて水があふれ出る。「決潰」❷あふれる。あふれ出る。❸きずつける。えぐる。❹きめる。㋐是非善悪を判断する。「判決」㋑きっぱりと定める。決断する。㋒覚悟する。「決死」❺きまる。「衆議一決」❻わかれる。＝訣。「決別」❼かならず。たしかに。けっして。ゆめゆめ。❽思いきって、勢いがよい。勇敢に。「決起」「決然」❾ゆがけ。弓の弦を引くとき、手にはめる用具。

名乗　さだ

参考　現代表記では〔蹶〕(7585)・〔訣〕(7115)の書きかえに用いることがある。「蹶起→決起」「訣別→決別」

解字　篆文　形声。氵(水)＋夬㊟。音符の夬は、えぐり取るの意味。堤防を水がえぐって切れ口が生ずるの意味から、きめるの意味を表す。

▼引決・既決・議決・採決・裁決・自決・専決・速決・対決・判決・否決・評決・未決・論決

【決意】心や考えをはっきり決める。決心。

【決河之勢】川の堤防が切れて水があふれ流れるようなすさまじい勢い。

【決壊(壞)・決潰】①水の勢いで堤防が破れくずれる。②腐った物がつぶれる。

【決起】勢いよく(勇敢に・すばやく)立ちあがる。蹶起。

【決議】会議をして決める。評議して決める。また、その決めた事がら。

【決去】別れ去ること。

【決獄】裁判して罪をきめる。訴訟の判決をする。

【決済(濟)】金銭上の債務を終えること。代金の受け渡しを終えること。

【決裁】国上役の人が下級の人の出した案を決める。

【決算】一定期間、または一会計年度における収入・支出の総計算。

【決死】死を決する。死ぬ覚悟をする。必死。

【決勝】①戦って必ず勝つこと。必勝。②最後の勝負をきめること。

【決心】心を決めること。覚悟を決めること。

【決絶】ながの別れ。永別。

【決然】①思いきって(気力を込めて)するさま。②他にかかわることなくさっぱりとしているさま。③にわかに。急に。

【決断(斷)】①判断を決める。㋐さばきを決める。㋑心をきめる。②考えて下した判断。裁決。判決。③きっぱりとした判断(決心)。

【決定】①きっぱりと決めること。また、その取り決め。②仏仏の教えを固く信じて心の動揺しないこと。③国㋐定まっていること。㋑きっと。必ず。

【決瀆】みぞを切り開いて水を流す。

【決別】わかれる。また、わかれ。訣別。

【決裂】①きれさける。②きりさき分ける。分割する。③意見が一致せず、会議や交渉などが物別れになること。

(7)4
【沅】3920
△
漢ゲン
呉ガン(グワン)　元・阮　yuán

字義　川の名。沅水。沅江。貴州省に発し湖南省に入り、洞庭湖にそそぐ。

解字　篆文　形声。氵(水)＋元㊟。

【沅湘】沅江と湘江。ともに洞庭湖に注ぐ。沅江は貴州省東南の雲霧山に発し、湖南省西部を東北に流れ、湘江は広西チワン族自治区東北の海洋山西麓に発し、湖南省東部を東北に流れて洞庭湖に入る。〔唐、戴叔倫、湘南即事詩〕沅湘日夜東流去、不下為二愁人一住少時上。〈沅江・湘江はともに昼となく夜となく東に向かって流れ去り、心にうれいを持つ私などのためにしばらくの間もとどまってくれない〉

(7)4
【沍】3921
△
㈠漢コ・呉ゴ　遇　hù
㈡漢カク・呉ガク　薬
6176
5D6C

字義　㈠とじふさがる。閉塞する。＝冱。㈡かれる(涸)。水がつきる。

解字　形声。氵(水)＋互㊟。

【沍陰】陰気が堅く凍り結ぶ。非常に寒いこと。

【沍寒】非常に寒いこと。万物がこおりつく寒さ。

(7)4 【沆】3922 △ 漢コウ（カウ） 呉ゴウ（ガウ） 養 hàng

字義 ❶ひろい（広）。水の広大なさま。❷たまり水。とどまって流れない水。

解字 篆文 形声。氵（水）＋亢音。

—2627 3A3B

(7)4 【沙】3923 人 漢サ 呉シャ 麻 shā

筆順 氵 氵 沙 沙

字義 ❶すな。＝砂。❷砂原。さばく。❸みぎわ。水辺。砂のある水辺の地。❹小さく（細かく）美味な物の名に冠する語。「沙糖（砂糖）」❺よなげる。水で洗って悪い物を去る。選び分ける。淘汰する。「沙汰」

名乗 いさ・す　難読 沙魚・沙蚕・沙田・沙羅・沙流・沙留

解字 金文 篆文 会意。氵（水）＋少。少は、小さな点。水の中の小さな石、すなの意味を表す。

【沙翁】十六世紀のイギリスの文豪、シェークスピア（Shakespeare）の音訳。

【沙鷗】砂浜にいるかもめ。〔唐、杜甫、旅夜書ㇾ懐詩〕飄飄何所ㇾ以、天地一沙鷗。〈風に吹かれるがままに、さすらいさまよいゆくわが身は、何に似ているというべきか、この広い天地の間に、ねぐら定めぬ砂浜の一羽のかもめにほかならない〉

【沙丘】①砂漠や海岸などで、砂が一定の方向に吹く風に運ばれてできた丘。砂丘。②地名。今の河北省広宗県の北西の大平台。殷の紂王が台を築いて遊楽にふけった所。また、前二一〇年、秦の始皇帝が巡視の途中に没した所。

【沙塞】北方の砂漠にあるとりで。転じて、その地方の異民族をいう。

【沙觜・沙嘴】水中に突き出ている砂原。砂でできたみさき。觜・嘴は、くちばし。

【沙州・沙洲】水中の砂原。すはま。

【沙書】砂を地上にこぼして書画をかく遊び。すながき。

【沙場】戦場。特に西域地方の異民族との戦いの場としての砂漠。〔唐、王翰、涼州詞〕酔臥ニ沙場ー君莫ㇾ笑
【沙磧】①砂原。砂漠。②砂や石におおわれた川原。

【沙汰】①よなげて悪い物を取り去る。また、選び分けること。淘汰。②国㋐理非を論じ定めること。さばき。裁断。㋑処置し定めること。決まりをつけること。㋒朝廷・役所などの命令。御沙汰。㋓便り。知らせ。通知。おとずれ。「御無沙汰」㋔うわさ。評判。㋕訴訟。

【沙汀】水辺の砂原。砂浜。沙渚。

【沙棠】果樹の名。棠（やまなし）に似、花は黄色、実は赤い。その材は船を作るに用いられる。

【沙頭】なぎさのほとり。みぎわのあたり。

【沙漠】降雨量が少ないため、草木の生えない、非常に広い砂や小石ばかりの土地。砂漠。沙幕。

【沙弥（彌）】仏梵語 śrāmaṇera の略音訳。出家得度したばかりの僧。俗に、僧一般をいう。

【沙門】仏梵語 śramaṇa の音訳。出家者。僧。桑門。

【沙羅】梵語 śāla の音訳。①木の名。娑羅。フタバガキ科の常緑樹。葉は大形で長楕円形、花は小さく淡黄色で芳香がある。②ナツバキの別名。沙（娑）羅木。

【沙羅双（雙）樹】沙羅の木の意。釈迦がインドのクシナガラ城外の沙羅樹の林で入滅（死）した際、その四方にあった二本ずつの沙羅樹が釈迦の上をおおい、白色に変じて枯れたという。二本ずつ対になってはえている
【沙礫】砂や小石。転じて、いやしく、くだらない人や物のたとえ。

【沙鹵】塩分のある砂地。

(7)4 【沚】3924 △ シ 紙 zhǐ

字義 ❶なかす（中洲）。川や湖の中の砂の小島。❷うまれつき。さが。

解字 甲骨文 篆文 形声。氵（水）＋止音。音符の止は、とどまるの意味。水が流れてきて止まるところ、なかす・なぎさの意味を表す。

—6177 5D6D

(7)4 【沁】3925 標 シン 沁寝 qìn

字義 ❶しみる。しみ込む。❷ひたす（漬）。❸さぐる。物を用いて水中をさぐる。❹川の名。沁水。山西省に発し、河南省に入り、黄河に注ぐ。

難読 沁沁

解字 篆文 形声。氵（水）＋心音。音符の心は、侵に通じ、奥深くしだいに入るの意味。水がしみこむの意味を表す。

—6178 5D6E

(7)4 【汭】3926 △ 漢ゼイ 呉ネイ 霽 ruì

字義 ❶ながれいる。合流する。❷流れ入る所。㋐二つの川が合流する所。㋑川口。河口。❸川のくま。水のくま。水流が曲がって陸地に入りこんでいる所。「洛汭」❹川の北。❺みぎわ。岸。

解字 篆文 形声。氵（水）＋内音。音符の内は、入るの意味。水のはいりこんでいるところ、いりえの意味を表す。

(7)4 【汰】3927 人 タイ 慣タ 泰 tài

筆順 氵 氵 汰 汰

字義 ❶にごる（濁）。❷なみ。大波。❸おごる。ほこる。ぜいたくをする。「汰侈」❹はなはだしい（太）。❺すぎる。通り過ぎる。❻あらう。洗い除く。❼よなげる。水で洗って悪い部分を去る。一般に、劣悪なものを選び分けて去る。また、選び取る。「淘汰」❽うるおす（潤）。

解字 形声。氵（水）＋太音。泰・汏と同一字。水につかってゆったりしている人のさまから、おごる・うるおうの意味を表す。

【汰沙】選び分ける。水で洗って劣悪・不用なものを取り去ること。淘汰。沙汰。

【汰侈・汰肆】身分不相応なおごり。

—3433 4241

(7)4 【沢】3928 (16)13 【澤】3929 常 タク さわ 漢タク 呉ジャク（チャク） 陌 zé

筆順 氵 氵 沢 沢

字義 ❶さわ。㋐つねに浅く水にひたっている所。浅く広い池や沼。「沼沢」㋑草木のしげっている湿地。谷間や湖沼や大河の付近にあることが多く、また、広大な地域にわたっているものもある。❷つや。ひかり。「光沢」「脂沢」❸うるおす。㋐ぬらす。しめらせる。㋑めぐむ。恩徳をほどこす。❹もてあそぶ。❺もむ。こする。❻扶持。俸禄。

難読 沢渡・沢入

解字 篆文 形声。氵（水）＋尺（睪）音。音符の睪は、つぎつぎにたぐり寄せるの意味。水や湿気が、次から次へと続く、さわ・うるおう・つやの意味を表す。

▼恩沢・滑沢・恵沢・光沢・手沢・潤沢・沼沢・聖沢・徳沢・福沢・余沢・麗沢

—3484 4274 —6323 5F37

【沢庵】(タクアン) 国①臨済宗の僧。名は宗彭(ソウホウ)。沢庵はその字(あざな)。但馬(たじま)（今の兵庫県）出石(いずし)の人。徳川家光の帰依(キエ)を受け、江戸品川の東海寺を開いた。（一五七三—一六四五）②沢庵づけの略。沢庵が創始したという。

【沢雨】(タクウ) 万物をうるおすよい雨。慈雨。

【沢国(國)】(タクコク) 湖沼の多い地方・地帯をいう。水郷。

【沢△瀉】(タクシャ・おもだか) 草の名。オモダカ科の多年草。くわいに似る。水辺に自生し、夏、白い三弁の花を開く。

【沢潤】(タクジュン) ①うるおす。めぐみをほどこす。②つやがあってうるおう。

【沢畔】(タクハン) 沢のほとり。沼や池のほとり。〔楚辞、漁父〕行吟二沢畔一(ゆくゆくタクハンにギンず)。

【沢△梁】(タクリョウ) 沢に設けたやな。梁は、魚を捕らえるしかけ。〔孟子、梁恵王下〕沢梁無レ禁(タクリョウきんなし)。

(7)4
【沖】3930
常 チュウ おき
漢チュウ（チウ）　呉ジュウ（ヂウ）　東 chōng
1813
322D

筆順 

【冲】俗字 4953 5155

字義 ❶わく（湧ユウ）。水がわき動く。❷むなしい（空）。むなし。「沖虚」❸やわらぐ（和）。おだやか。かたよらない。「沖気」❹とどのう（調）。❺いたる。のぼる。高くあがる。「沖天」❻いとけない。「沖子」「沖人」❼深い。奥深い。国おき。㋐海・湖などの岸から遠く離れた水上。㋑村から遠い田畑。

名乗 なか・ふかし　難読 沖永良部(おきのえらぶ)・沖根婦(おきねぶ)

参考 〔冲〕は俗字。一説に、沖と冲とは別字ともいう。

解字 甲骨文 金文 篆文  形声。氵(水)＋中音。音符の中は、なかの意味。水の中の意味から、ふかいの意味を表す。

▼虚沖・幼沖

【沖気(氣)】(チュウキ) 天地間の調和した根元の気。〔老子、四十二〕沖気以為レ和(チュウキもってワをなす)。

【沖虚(虛)】(チュウキョ) ①何もないこと。むなしいこと。②雑念を去って心を空虚にすること。③空をしのぐ。空にのぼる（浮かぶ）。

【沖虚(虛)真(眞)経(經)】(チュウキョシンギョウ) 『列子』の別称。→次項。

【沖虚(虛)真(眞)人】(チュウキョシンジン) 列子の別号。唐の玄宗の天宝元年（七四二）、列子を尊んで沖虚真人といい、その書を『沖虚真経』といった。

【沖子】(チュウシ) おさない子。いとけない子。幼児。童子。

【沖弱】(チュウジャク) おさない。いとけない。

【沖人】(チュウジン) ①＝沖子。②天子が自分をいう謙称。

【沖寂】(チュウセキ・チュウジャク) ひっそりして静か。奥深く静か。

【沖積】(チュウセキ) 流水のために土砂や石などが積み重なって地層をつくること。「沖積金（砂金）」

【沖沖】(チュウチュウ) ①たれ下がっているさま。②氷を切る音の形容。③心にうれえているさま。忡忡(チュウチュウ)。

【沖天】(チュウテン) 天にのぼる。空高く上がる。

【沖和】(チュウワ) おだやかにやわらぐ。また、調和した気。沖和之気(チュウワのキ)。

(7)4
【沈】3931
常 チン しずむ・しずめる
一 漢チン・呉ジン（ヂン）　侵 chén
二 シン　寝 shěn
3632
4440

筆順 

【沉】俗字

字義 一 ❶しずむ。しづむ。㋐水中に没する。「沈没」㋑おぼれる。水に陥って死ぬ。㋒深入りする。ふける。迷う。「沈溺(チンデキ)」㋓おちぶれる。㋔弱る。気がふさがる。なやむ。思いに沈む。「消沈」「沈痛」㋕落ち着いている。静かにしている。奥深く静か。「沈着」「沈思黙考」㋖とどこおる。とどまる。㋗かくれる。ひそむ。❷しずめる。しづむ。❸ひさしい（久）。長年にわたる。❹たまり水。丘陵の上にたまった水。❺どろ（泥）。おり。❻干潟(ひがた)。❼沈香の略。
二 人の姓。姓氏のときの音はシン。

難読 沈丁花(じんちょうげ)・沈黙(しじま)

解字 甲骨文 金文 篆文  形声。氵(水)＋冘音。音符の冘(イン)は、人が頭をしずめるまくらの象形。水中にしずむの意味を表す。

▼撃沈・消沈・深沈・浮沈・陸沈

【沈△痾】(チンア) ながわずらい。年久しくなおらない病気。宿痾。痼疾(コシツ)。沈痼(チンコ)。

【沈△鬱】(チンウツ) 気分が沈みふさがること。気がめいるさま。

【沈雲】(チンウン) 重なり合ったくも。層雲。

【沈下】(チンカ) しずみさがる。沈む。「地盤沈下」

【沈果】(チンカ) 落ち着いていて決断力のあること。沈着果断。

【沈△毅】(チンキ) 落ち着いていて意志が強い。沈着で物事に動じないこと。「沈毅果断」

【沈魚落△雁】(チンギョラクガン) すばらしい美人の形容。美人をみて自分のみにくさを恥じ、魚は底へもぐり、雁(かり)は地に下りかくれるという意の語。『荘子』斉物論に「どんな美人でも魚や鳥には美しいとは見えず、かえっておそろしさを感じてにげかくれる」とある話に基づいて後世作られ、その反対の意味に使用した語。

【沈吟】(チンギン) ①静かに口ずさむ。②小声でぶつぶつとつぶやく。③思いに沈む。

【沈△痼】(チンコ) ①＝沈痾(チンア)。②長年の悪習。

【沈香】(チンコウ・ジンコウ) 熱帯に産する香木。また、それで製した香。

【沈香亭】(チンコウテイ) 唐代、宮中の庭園にあった亭の名。玄宗皇帝と楊貴妃(ヨウキヒ)とが芍薬(シャクヤク)を賞し、李白(リハク)に詩を作らせたところ。

【沈荒】(チンコウ) おぼれすさむ。酒色などにおぼれて学問や仕事をおこたること。

【沈思】(チンシ) ①落ち着いてじっくりと考える。「沈思黙考」②思いに沈む。思い悩む。

【沈周】(シンシュウ) 明代(ミンダイ)の人。字(あざな)は啓南。号は石田・白石翁など。博学で詩にたくみ。また書・画、特に画にすぐれた。（一四二七—一五〇九）

【沈愁】(チンシュウ) ＝沈憂。

【沈浸】(チンシン) ①しずみひたる。②ひたしうるおす。

【沈深】(チンシン) ①落ち着いていて思慮が深い。②重々しくて奥ゆかしい。③深い。また、深い所。

【沈酔(醉)】(チンスイ) ひどく酔う。酒に酔いつぶれる。

【沈睡】(チンスイ) ぐっすり眠る。熟睡。沈眠。

【沈静(靜)】(チンセイ) ①落ち着いて静か。沈着冷静。②静か。静けさ。→鎮静（二一四〇ページ）。

【沈△佺期】(シンセンキ) 初唐の詩人。字(あざな)は雲卿(ウンケイ)。（六五三?—七一三）

【沈潜(潛)】(チンセン) 潜は、ひそむ・ひたる。①水中に深くもぐる、また、隠れること。②落ち着いて考え深いこと。③気を落ち着けてじっくり考えること。④沈みひたる。⑤国㋐ひたり味わう。ひたり考える。㋑没頭する。一所懸命にする。

【沈滞(滯)】(チンタイ) ①しずみとどこおる。②多く積み重なる。③物事がはかどらない。④官位が進まない。いつまでも低い地位にいる。

【沈着・沈著】(チンチャク) 落ち着く。落ち着いて動じない。

【沈沈】(チンチン) ①さかんなさま。②草木のしげっているさま。③夜のふけるさま。〔宋、蘇軾、春夜詩〕鞦韆院落夜沈沈(シュウセンインラクよるチンチン)。訳文歌管（五九〇ページ）。④静かなさま。静寂。⑤落ち着いて黙っているさま。⑥音が断続してかすかに響いて来るさま。⑦水などの深いさま。

【沈痛】(チンツウ) ①深く心にうれえること。また、そのさま。②心にひしひしと感ずること。痛切。

【沈△溺】①しずみおぼれる。②水中に沈む。また、沈める。③困難におちいること。④悪習などにふけりおぼれる。

【沈殿・沈△澱】①水の中に沈みこむこと。また、そのもの。②水底に沈んでたまっている物。おり。かす。（沈殿は沈澱の書きかえ字）

【沈徳潜（潛）】清の詩人。字は確士。号は帰愚。『唐宋八大家文読本』『古詩源』を編集。（一六七三―一七六九）

【沈南△蘋】清の画家。名は銓。南蘋はその号。花鳥画にたくみで、享保十六年（一七三一）長崎に渡来、滞在二年、日本の花鳥画に大きな影響を与えた。長崎派の祖。

【沈没】①水中に沈んで見えなくなる。水中に沈む。②かくれてなくなる。ほろぶ。③国酔って正体を失うこと。また、他所で遊びのあげく泊まりこむこと。

【沈△沔・沈△湎・沈△酗】酒色にふけりおぼれる。

【沈黙（默）】①落ち着いていて口かずの少ないこと。②黙っていること。

【沈約】南朝梁の詩人・音韻学者。字は休文。著に『晋書』『宋書』『四声譜』などがある。（四四一―五一三）

【沈勇】①落ち着いていて勇気があること。②落ち着いた勇気。

【沈憂】うれいに沈む。深く思いわずらう。沈愁。

【沈△淪】淪も、沈む。①（深く）沈む。②落ちぶれる。淪落。

(7)4 【沉】 3932 △ チン　沈（3931）の俗字。→前項。

(7)4 【沌】 3933 標 一漢トン・呉ドン 阮 dùn　二漢トン・呉ドン 元 tún　3857 4659

字義 一❶ふさがる。開通していない。❷万物が、まだ形をなさず、気がもやもやとうずまいているさま。「渾沌」「混沌」❸暗い。おろか。二❶水流のうずまくさま。また、川の小さいさま。❷分かれていない様子。

解字 形声。氵（水）＋屯音。音符の屯は、むらがり集まるの意味。水が入りまじるの意味を表す。

【沌沌】①波があとからあとからと連なって進むさま。②ぐるぐるめぐるさま。③まるいさま。④おろかで分別のないさま。⑤はなれては合し、合してははなれるさま。〔老子、二十〕我愚人之心也哉、沌沌兮。

(7)4 【沛】 3934 △ ハイ 泰 pèi　6179 5D6F

字義 ❶さわ。湿地帯。一面に水草のしげっている所。❷さかんなさま。盛大なさま。多いさま。豊かなさま。❸雨などの勢いのよいさま。❹はやいさま。また、非常に怒るさま。❺たおれる。「顚沛」❻おおわれる。暗い。❼ため池。貯水池。❽地名。今の江蘇省沛県。漢の高祖の出身地。

解字 篆文 形声。氵（水）＋市音。音符の市は、まえだれの象形。まえだれのような幅で水が豊かに流れる、さわの意味を表す。

【沛△艾】①容姿のすぐれて美しいさま。②馬の勇ましく進み行くさま。

【沛△乎】＝字義の②。

【沛公】漢の高祖（劉邦）がまだ帝位につかない時の称。高祖の郷里の沛（今の江蘇省内）の地名に基づく。→字義の⑧。

【沛然】雨の勢いさかんに降るさま。〔孟子、梁恵王上〕沛然下レ雨。

【沛沢（澤）】湿地帯。草木がしげり鳥獣が多く集まるのでよく狩猟場とされた。

【沛沛】①水の流れるさま。②行くさま。

(7)4 【泛】 3935 △ 一漢ハン・呉ホン 陥 fàn　二漢ホウ・呉フウ 腫 fěng　6202 5E22

字義 一❶うかぶ（浮・汎）。うかびただよう。また、うかべる。❷水の流れるさま。❸水の満ちているさま。❹ひろい（汎）。また、ひろく、あまねく。一般に。「泛称」「泛愛」 二くつがえす。（覆）。

解字 篆文 形声。氵（水）＋乏（丑）音。音符の丑は、汎に通じ、うかぶの意味。水にうかぶの意味を表す。

【泛愛】広く愛する。汎愛。

【泛舟】舟を浮かべる。汎舟。

【泛称（稱）】ひっくるめての（一般的な）名称。

【泛△觴】さかずきを浮かべる。昔、三月三日の曲水の宴に流水に杯を浮かべて風流の遊びをした故事。流觴。

【泛然】①浮かびただようさま。②落ち着きのないさま。うわのそらで。

【泛泛】①＝泛然。②満ち満ちているさま。

【泛濫】水が広がりあふれる。泛溢。

【泛論】広く全体にわたって論ずる。汎論。

(7)4 【汾】 3936 △ 漢フン 呉ブン 文 fén　6180 5D70

字義 ❶川の名。汾水。汾河。山西省の北部に発し、太原市を流れ、省の中央を西南に流れて黄河に注ぐ。❷大きい。❸汾沄は、多くてさかんなさま。

解字 篆文 形声。氵（水）＋分音。

【汾水△之遊】①尭帝が汾水のほとりで四人の賢者に会い、天下を忘れた故事。仙界に遊んで俗事を忘れるたとえ。〔荘子、逍遥遊〕②先帝の崩御をいう。

(7)4 【汶】 3937 △ 一漢ブン・呉モン 問 吻 wèn　二漢ビン・呉ミン 真 mín　三漢ボン・呉モン 元 mén

字義 一川の名。汶水。汶河。山東省にある川。二山名。四川省茂県にある。岷山。三❶けがれ。はじ。はずかしめ。❷暗いさま。

解字 篆文 形声。氵（水）＋文音。

【汶汶】①けがれているさま。けがらわしいさま。〔楚辞、漁父〕安能以二身之察察一、受二物之汶汶一者乎。②暗いさま。道理に暗くおろかなさま。

(7)4 【汨】 3938 △ 一漢ベキ・呉ミャク 錫 mì　二漢コツ・呉コチ 月 gǔ　6181 5D71

字義 一川の名。汨水。「汨羅」 二しずむ（沈）。没する。＝汩。

参考 〔汨・汩〕は別字であるが、古くから混用された。

解字 形声。氵（水）＋冥省音。

【汨汨】①沈んでゆくさま。かくれ没するさま。②落ちぶれているさま。

【汨羅】①川の名。江西省から西流した汨水が湖南省湘陰県の近くで羅水を合して汨羅江となり、湘水に注ぐ。②淵の名。汨水・羅水の合流する所とも、汨羅江が湘水に入る所ともいう。戦国時代、楚の屈原が投身自殺した所なので、屈潭ともいう。③市名。汨羅江下流の東北岸、湖南省湘陰県の東北にある。

(7)4 【汴】 3939 △ 漢ヘン 呉ベン 霰 biàn　〔汳〕同字 6182 5D72

字義 ❶川の名。汴水。汴河。黄河の一支流。河南省滎陽県で黄河から分かれ、安徽省泗県で淮水に入ったが、今はない。❷地名。今の河南省開封市。

解字 形声。氵（水）＋卞音。

【汴京】五代の梁・晋・漢・周から北宋までの都。今の河南省開封市。→汴梁。

【汴州】河南省開封市の、隋・唐代の名称。

【汴△梁】河南省の開封市。戦国時代の魏の都で大梁といい、後世、東魏がここに梁州を置き、隋・唐が汴州を置いたことに由来する名。

(7)4 【汳】3940 △ ベン　汴（3939）と同字。→六三㌻。 6182 5D72

(7)4 【沔】3941 △ 漢ベン 呉メン 鈗 miǎn

字義 ❶川の名。沔水。陝西省から湖北省を東南流する漢水の上流をいう。また、古くは漢水の別名。❷みなぎる。水がみなぎり流れる。❸おぼれる。＝湎。

解字 篆文 形声。氵（水）＋丏音。音符の丏は、おおうの意味。水が一面におおう、水が満ちる・おぼれるの意味を表す。

(7)4 【没】3942 常 ボツ 4355 4B57

(7)4 〔沒〕3943 漢ボツ・呉モチ 慣モツ 月 mò, ④méi 6183 5D73

筆順

字義 ❶しずむ（沈）。㋐水底に沈む。底へもぐる。㋑うまる（埋）。かくれる。また、かくす。㋒はまりこむ。「没入」❷なくなる。つきる（尽）。終わる。おとろえる。おちぶれる。また、なくす。「没我」❸死ぬ。＝歿。「没年」❹ない。打消のことば。「没有」❺すぎる。過ごす。❻取り上げる。「没収」❼むさぼる。❽利益を失うこと。

難読 没義道・没法子

参考 現代表記では［歿］（3805）の書きかえに用いる。「死歿→死没」「歿年→没年」

解字 篆文 形声。氵（水）＋𠬛（㲻）音。音符の㲻は、うずまく水中に手を沈め物を取りだすの意味。のち、水を付し、もぐる・しずむの意味を表す。

▼陥没・出没・陣没・戦没・沈没・病没

【没我】（ボツガ）自分をなくする。我を忘れる。

【没却】（ボッキャク）却は、しりぞける。①なくしてしまう。②無視する。

【没交渉】（ボッコウショウ）交渉（かかわり）のないこと。無関係。

【没骨】（ボッコツ・モッコツ）画法の一種。北宋の徐崇嗣の始めた技法で、輪郭線を描かず、直接に水墨や彩色で描くもの。「没骨法」

【没死】（ボッシ）①死を冒す。決死の覚悟で。もしその言に誤りがあれば死をもってわびる意で、上奏文などに用いる語。味死。「没死自陳」②死ぬ。

【没歯（齒）】（ボッシ）①よわいのなくなるまで。一生涯。終生。歯は、年齢。②歯のぬけかわる年。男子は八歳、女子は七歳。

【没趣味】（ボッシュミ）おもむきのないこと。面白味のないこと。趣味のわからないこと。無趣味。

【没収（收）】（ボッシュウ）①取りあげること。②㋐刑法上の付加刑の一つ。犯人が所有する、犯罪関係の財産の所有権をうばって国家の所有に移すこと。㋑行政法上、ある物件が行政の目的を害する場合、その物件を無償で取り上げる処置。没取。

【没書】（ボッショ）投書や原稿が採用されないこと。

【没人】（ボツジン）水中にもぐり魚や貝を取って生活する人。あま。また、潜水夫。

【没世】（ボッセイ）①一生を終わる。一生涯。〔論語、衛霊公〕君子疾ニ没レ世而名不レ称焉。②いつまでも。永久に。〔大学〕没レ世不レ忘也。

【没頭】（ボットウ）①頭をはねる。首を切る。②国頭をつっこむ。事に熱中すること。

【没入】（ボツニュウ）①役所に取りあげる。㋐官有の奴隷にする。㋑財産を没収する。②事に深くはいりこむ（夢中になる）こと。

【没年】（ボツネン）人の死んだ時の年齢。また、その年代。歿年。

【没薬（藥）】（モツヤク）アラビア等に産するカンラン科の小高木の樹脂。香料として用いる。

【没落】（ボツラク）①穴などに落ち入る。②ほろびる。③城などが攻め落とされること。④落ちぶれる。

(7)4 【沐】3944 △ 漢ボク 呉モク 屋 mù 6184 5D74

字義 ❶あらう。髪を洗う。「沐浴」❷うるおう。めぐみをこうむる。恩を受ける。「沐恩」❸漢代、官吏の休暇をいう。家へ帰って髪を洗う意。「休沐」❹髪を洗うに用いる米の汁。

解字 篆文 形声。氵（水）＋木音。音符の木は、尨に通じ、むく犬のように髪がたれるの意味。水で髪を洗うの意味を表す。

【沐雨】（モクウ）雨で髪を洗う意。雨中に身をさらすこと。「沐雨櫛風（雨風にさらされて苦労する）」

【沐恩】（モクオン）恩を受ける。めぐみを受けること。

【沐猴而冠】（モッコウにしてカンす）猿が冠をつけたようなものだ。〔史記、項羽本紀〕⇩楚人沐猴而冠耳（五七一㌻）。

【沐櫛】（モクシツ）髪を洗い、くしけずる。

【沐浴】（モクヨク）①髪を洗い、体を洗うこと。浴は、ゆあみ。②（めぐみを）こうむる。〔晋、李密、陳情表〕沐ニ浴清化一。③習熟すること。

【沐露】（モクロ）露で髪を洗う意。①露にさらされる。苦労する。②めぐみを受ける。

(7)4 【沃】3945 標 オク 因 wò 慣ヨク・ヨウ（エウ） 4564 4D60

字義 ❶そそぐ（注）。㋐水を流しこむ。田に水をかける。㋑水をかける。水をかけて洗う。㋒心をそそぐ。教え導く。❷ひたす（漬）。うるおす。❸流れる。❹肥えている。地味が豊か。「肥沃」❺やわらか。みずみずしく美しい。若い。❻ヨウ。ドイツ語Jod の音訳。沃度。元素の名。沃素。国いる。そそぐ。あびせる。

難読 沃懸

解字 篆文 形声。氵（水）＋夭音。音符の夭は、髪ふりみだした若い巫子の象形。みずみずしく若いの意味を表す。転じて、豊かで生産的で、こえて美しいの意味をも表す。また、浴に通じて、そそぐの意味をも表す。

【沃盥】（ヨクカン・ヨッカン）水をそそぎかけて手を洗うこと。

【沃灌】（ヨクカン・ヨッカン）そそぎかける。そそぎかけて洗う。

【沃若】（ヨクジャク）みずみずしくて、つやのあるさま。

【沃壌（壤）】（ヨクジョウ）地味の肥えた土地。

【沃饒】（ヨクジョウ）地味が肥えていること。饒は、豊か。

【沃瘠】（ヨクセキ）地味の肥えていることと、瘠せていること。

【沃田】（ヨクデン）地味の肥えた田地。作物のよくできる田畑。

【沃土】（ヨクド）地味の肥えた土地。沃地。沃壌。「千里。」

【沃野】（ヨクヤ）地味の肥えた土地・耕作地。〔戦国策、秦〕沃野

(8)5 【泆】3946 △ 漢イツ 呉イチ 質 yì

字義 ❶あふれる。水がゆれあふれる。❷わく（沸・湧）。わきこぼれる。❸ほしいまま。気まま。また、みだら。「淫泆」

解字 篆文 形声。氵（水）＋失音。音符の失は、それるの意味。水が流路をそれて、ほしいままにあふれるの意味を表す。

(8)5 【泳】3947 教3 エイ およぐ 漢エイ・呉ヨウ（ヤウ）敬 yǒng 1743 314B

筆順

字義 およぐ。一説に、水に浮かんでおよぐことを游、水にもぐっておよぐことを泳という。「游泳」

解字 金文 篆文 形声。氵（水）＋永音。金文は、止＋永音。のち、氵の永は、長い川の象形。止は、足の象形。音符の永は、長い川の象形。手足を長く引き伸ばして水をわたる、およぐの意味を表す。

▼遊泳

(8)5 【沿】3948 教6 エン そう エン 先 yán, yàn 1772 3168

筆順 氵 氵 氵八 氵八 沿 沿

【沿】字 【沿】俗

字義 ❶そう。したがう(従)。㋐水流・道路などのふちにそう。「沿道」「沿線」 ㋑よる(因・依)。習慣・前例・時の流れなどにより従う。「沿革」 ❷ふち。へり。縁。

使いわけ そう〔沿・添〕

〔沿〕長く続くものについている場合。「川沿いの家・線路沿いに歩く」

〔添〕ぴたりとくっついて離れないということに力点を置く場合。「連れ添う・影の形に添うごとく……」

解字 文 篆 形声。氵(水)＋㕣音。音符の㕣は、縁に通じ、まつわるの意味。川にそってくだるの意味から、一般に、そうの意味を表す。

【沿海】①海に沿った土地。②陸地の近くの浅い海。

【沿革】(初めから今までの)移り変わり。変遷。革は、改め変える。また、改まり変わる。

【沿習・沿襲】昔からのならわし。また、それに従う。因習。

【沿△泝】流れに従い下ることと、流れに逆らい上ること。

【沿辺(邊)】国や郡県などのはずれの土地。辺境。

(8)5 【泱】 3949 △ 6186 5D76

㊀漢ヨウ(ヤウ)　呉オウ(アウ)　陽 yāng

㊁オウ(アウ)　養

㊂漢エイ・呉ヨウ(ヤウ)　庚

字義 ㊀❶雲のわき上がるさま。❷水の流れるさま。㊁水の多いさま。㊂白雲のわき上がるさま。

解字 文 篆 形声。氵(水)＋央音。音符の央は、景に通じ、高まる光の意味。雲のわきおこるさま・水の流れの広く高まるさまを表す。

(8)5 【泓】 3950 △ 6187 5D77

㊀オウ(ワウ)　庚 hōng

㊁漢コウ(クヮウ)　呉オウ(ワウ)　庚 hóng

字義 ㊀㊁❶ふかい。水が深い。❷水たまり。また、ふち(淵)。水の深い所。

解字 文 篆 形声。氵(水)＋弘音。音符の弘は、ひろいの意味。外見は浅そうだが、下が深く広い水のさまを表す。

【泓泓】水が深いさま。また、水の清らかなさま。

【泓△涵】水が深くたたえているさま。

【泓量】深くて水かさのあること。

(8)5 【河】 3951 教5 1847 324F

カ　かわ

漢カ・呉ガ　歌 hé

河岸・河原

筆順 氵 氵 氵一 氵一 河 河

字義 ❶川の名。黄河の古名。もと、長江を江と呼ぶのに対し、黄河は単に河と呼んだが、後世、河を(大きな)川の意に用いることが多くなってから黄河と呼ぶ。❷かわ。㋐小さいのを川、大きいのを河という。今は混同して用いる。「河川」 ㋑水利・灌漑・航行などのため、陸地を掘って作った水路。ほりわり。「運河」 ❸あまのがわ。天の川。銀河。天漢。

難読 河陰・河鰭・河曲・河堀口・河芸・河戸・河江・河骨・河内・河貝子・河鹿

解字 甲骨文 金文 篆文 形声。氵(水)＋可音。音符の可は、かぎの形に曲がるの意味。曲がって流れる黄河の意味から、一般にかわの意味を表す。

▼銀河・懸河・江河・山河・星河・渡河

【河陰】①黄河の南。②川の南(岸)。↔河陽(川の北岸)。

【河海】①黄河と海。②広大なたとえ。③深厚なたとえ。

【河海不レ択(擇)ニ細流一】黄河や海は小さい川だからとて捨てはしない。小川をも合わせ入れるから大きくなる。心を広くもって人やその意見を受け入れないと大成しないという教え。〔秦、李斯、諫ニ逐客一書〕——、故能就ニ其深一。〈——、だから深くなるのである〉↓泰山不レ譲ニ土壌一(六一四ページ)。

【河外】①＝河右。中原地方から見ていう。②黄河の南の地方。河南。晋(今の山西省)から見ていう。

【河岳(嶽)】①黄河と五岳。②大河と高山。

【河漢】①黄河と漢水。②天の川。銀河。〔文選、古詩十九首〕河漢清且浅。

【河漢△之言】とりとめのないことば。捕らえようのないを、天の川が遠く隔たってきわみないのにたとえていう。〔荘子、逍遥遊〕

【河漢女】織女星をいう。〔文選、古詩十九首〕皎皎河漢女。

【河△渠】①川と、ほりわり(みぞ)。②河渠書は、『史記』の編名。水利・治水のことを記したもの。

【河曲】①川の屈曲している部分。川の隈。②川のほとり。

【河源】①黄河の水源。②川のみなもと。

【河△湟】黄河と湟水。また、その流域の地。西戎の地。

【河△朔】黄河の北の地方。河北。朔は、北。

【河上】①川のうえ。②川のほとり。また、黄河の岸べ。河辺。河畔。③川かみ。④河上公の略。河上公は、漢の文帝時代の仙人の名。『老子』に通じていたといわれる。『老子』の「河上公注」は後世の偽作。〔神仙伝、三〕

【河心】川の流れのまんなか。川の中流。

【河西】＝河右。

【河清】黄河の水が澄むこと。黄河の水は常ににごっているが、千年に一度澄むといい、ふしぎなこと、太平のしるし、望んでも得られないことなどにたとえる。↓百年俟ニ河清一(七五四ページ)。

【河宗】河伯。①黄河の神。②川の神。

【河内】①黄河から北の地方。今の河南省の黄河以北から山西省東南部。↔河外の②。〔孟子、梁恵王上〕河内凶、則移ニ其民於河東一、移ニ其粟於河内一。②ハノイ。ベトナム民主主義人民共和国の首都。③国旧国名。今の大阪府の北・中・南河内郡の三郡。

【河図(圖)△洛書】河図は、中国古代の伝説で、伏羲の時、黄河から出た竜馬の背に現れていた図で、易の卦のもととなったもの。洛書は、禹の時、洛水(川の名)から出た神亀(霊妙なかめ)の背にあった文字で、『書経』の洪範編のもととなったもの。伏羲も禹も古代伝説上の聖王。『易経』繋辞上に「河出レ図、洛出レ書、聖人則レ之」とあるのに基づく。

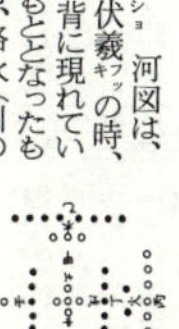
〔河図〕

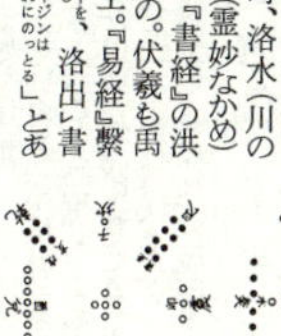
〔洛書〕

【河東】黄河の、山西・陝西両省の境界を南流している部分から東の地方。今の山西省の西南部地方。唐代以後は広く山西全省をいう。

【河△套】今の内モンゴル自治区南部の砂漠地帯(オルドス)の東・西・北の三方が黄河に囲まれている地方。秦・漢時代には河南といい、匈奴の勢力の圧迫を受けた地。

【河童】水中の妖怪。河太郎。

【河△豚】魚の名。

【河南】①黄河以南の地。②周末の王城、すなわち洛邑。今の河南省洛陽市の西。③＝河套。④省名。黄河中流域に位置し、省都は鄭州市。洛陽・開封などの都市がある。

【河伯】①黄河の神。②川の神。

【河浜(濱)】カヒン ①黄河のほとり（みぎわ）。②川のほとり。
【河北】カホク ①黄河以北の地。②省名。中国北部にあり、東北部は渤海ボッカイに臨む。省都は石家庄市。省中部の北京市は中華人民共和国の首府で、天津市とともに、政府直轄市。
【河右】カユウ 黄河の、山西・陝西センセイ両省の境界を南流している部分から西の地で、陝西省・甘粛省などの地をいう。河西。
【河陽】カヨウ ①黄河の北。河北。②川の北岸。↔河陰。③地名。今の河南省孟モウ県の西。
【河△洛】カラク ①黄河と洛水。②河図洛書カトラクショの略。
【河△梁】カリョウ ①（川にかけた）橋。②送別。また、送別の地。→河梁之別。
【河△梁△之吟】カリョウのギン 送別の歌。→次項。
【河△梁△之別】カリョウのわかれ 人を送って橋の上で別れること。送別の意。漢の蘇武ソブが匈奴キョウドを去る時、親友の李陵リリョウの作った送別の詩に「携レ手上二河梁一てをたずさえてカリョウにのぼる」という句があるのに基づく。
【河△隴】カロウ 唐代、西域の地名。黄河の上流、隴山山脈の西の地方をいい、今の甘粛省の西部地方。
【河不レ出レ図(圖)】カトをいださず 黄河が河図を出さない。孔子が現在の乱れた世を悲しみ、絶望的な気持ちで言った語。〔論語、子罕〕⇩河図洛書カトラクショ（六二四ページ）。

(8)5【泔】3952 △ カン 覃 gān　2167 3563

字義 ❶しろみず。米のとぎしる。❷にる（煮）。❸すえる。くさる。食物がくさってすっぱくなる。❹あまい（甘）。

解字 文 篆 形声。氵（水）＋甘㊥。音符の甘は、あまいの意味。甘い水、米のとぎ汁の意味を表す。

(8)5【泣】3953 教4 なく キュウ 漢キュウ（キフ）・呉コウ（コフ） 緝 qì

筆順 氵 汁 泣 泣

字義 ❶なく。もとは、涙を出して声をたてずになく。↔哭（声をあげてなく）。「感泣」❷なみだ（涙）。国なき。㋐苦労。辛苦。「なきのはいっている芸」㋑わび。謝罪。㋒ぐち。なきごと。

使いわけ なく〔泣・鳴〕
〔泣〕人間がなく。「泣きっつらに蜂はち」
〔鳴〕鳥獣や虫がなく。「鳥が鳴く」

解字 文 篆 会意。氵（水）＋立。立は地上にたつ人の象形。人の流す水、なみだの意味を表す。特に、息を急に吸いこんで、しゃくりなきするの意味を表す。

▼哀泣・感泣・号泣・悲泣
【泣△諫】キュウカン 泣いていさめる。
【泣血】キュウケツ ①血の涙が出るほど泣く。非常に悲しんではげしく泣くこと。②血の涙。③声を立てずに泣く。
【泣△哭】キュウコク 泣き悲しむ。なげく。哭泣。
【泣△涕】キュウテイ なみだ。また、涙を流して泣く。
【泣△斬二馬△謖一】なみだをふるってバショクをきる 三国時代、蜀ショクの諸葛孔明ショカツコウメイが、軍律を維持するために、愛する部下の馬謖を命令に背いて敗戦した罪により、泣く泣く処刑した故事。転じて、規律を維持するため、また、大事のためには、自分の愛する者をも、犠牲にすることのたとえ。〔蜀志、馬謖伝〕⇩揮レ涙斬二馬謖一（六四一ページ）。

(8)5【況】3954 常 キョウ 漢キョウ（キャウ） 呉コウ（クヮウ） 漾 kuàng　2223 3637

筆順 氵 泂 況 況

【况】俗字 4955 5157

字義 ❶いわんや。⇩助字解説 ❷たとえる。たとえ。くらべあわせる。「比況」❸ありさま。ようす。「近況」❹たまたま。偶然。❺ます（益）。ますます。まして。❻ここに。❼たまう。また、たまもの。＝貺キョウ。

†助字解説
いわんや いわんや……（をや）。抑揚。まして……はなおさらだ。〔史記、蘇秦伝〕富貴則親戚畏二懼之一フウキなればすなわち（は）シンセキもこれをイクし、貧賤則軽二易之一ヒンセンなればすなわち（は）これをケイイす。況衆人乎いわんやシュウジンをや。〈富貴であれば親戚もおそれかしこみ、貧賤であればばかにする。まして世間の人々はなおさらのことだ〉

解字 文 篆 形声。氵（水）＋兄㊥。本来の意味はよくわからない。様に通じて、ありさまの意味を表す。また、借りて、まして・ここになどの助字に用いる。

▼概況・活況・近況・現況・好況・市況・事況・情況・状況・盛況・比況

(8)5【泂】3955 △ 漢ケイ 呉ギョウ（ギャウ） 迥 jiǒng

字義 ❶さむい。つめたい。❷とおい。❸深く広いさま。

解字 文 篆 形声。氵（水）＋冋㊥。音符の冋ケイは、はるかに遠いの意味。水がはるかの意味を表し、転じて、さむいの意味をも表す。

【泂泂】ケイケイ 水の清く深いさま。
【泂酌】ケイシャク （祭りに神に供えるため）遠く出かけて行って小さな流れの清水をくむ。また、その水。〔詩経、大雅、泂酌〕

(8)5【泬】3956 △ 漢ケツ 呉ケチ 屑 jué

字義 ❶ほとばしる。水が穴の中からほとばしり出る。❷泬泬・泬寥リョウは、（からりとして）むなしいさま。

解字 文 篆 形声。氵（水）＋穴㊥。音符の穴は、あなの意味。水が穴から、ほとばしるの意味を表す。

【泬△寥天】ケツリョウのテン 秋の空。秋は空が高く澄みわたっているからいう。→字義の❷。

(8)5【泫】3957 △ 漢ケン 呉ゲン 銑 xuàn

字義 ❶ながれる。かくれ流れる。❷したたる。露などがしたたる。❸光る。露が光る。

解字 文 篆 形声。氵（水）＋玄㊥。音符の玄は、おく深いの意味。水がおく深い所を流れるの意味を表す。

【泫泫】ゲンゲン ①涙の流れ落ちるさま。②露のしたたり落ちるさま。
【泫然】ゲンゼン 涙などのはらはらと落ちるさま。
【泫露】ゲンロ したたり落ちる露。

(8)5【沽】3958 △ 一コ 遇 gū 二コ 麌 gǔ　6188 5D78

字義 一❶うる（売）。❷かう（買）。酒を買う。＝酤コ。二❶うる（売）。❷酒を売る人。❸おろそか。疎略。❹あらい（粗）。粗悪。

参考 〔沾テン〕は別字。

解字 文 金 篆 形声。氵（水）＋古㊥。もと河の名を表したが、音符の古が賈コに通じ、うりかいするの意味を表す。

【沽券】コケン 国沽券ケン。①土地などの売り渡しの証文。②売り値。売価。③ねうち。品位。体面。「沽券にかかわる」
【沽酒】コシュ ①買った酒。店売りの酒。②酒をうる。
【沽取】コシュ 買い取る。買う。
【沽販】コハン 売り買い。売買。あきない。

(8)5【泗】3959 △ シ 寘 sì　6189 5D79

字義 ❶川の名。泗水。泗河。山東省を流れ、大運河に注ぐ。古くは淮水ワイスイに注いだ。❷はなじる。泣いたときに涙が鼻の中を通って出るもの。「涕泗テイシ」

解字 文 篆 形声。氵（水）＋四㊥。

【泗洙】シシュ　洙泗。泗水と洙水。共に孔子の故郷、山東省の鄒(スウ)の地を流れている川。転じて、孔子の学。儒学。

【泗上】シジョウ　泗水のほとり。孔子の学派。孔子が泗上で教育に当たったからいう。「泗上弟子(シジョウのテイシ)」

(8)5
【治】 3960
教4　ジ・チ　おさめる・おさまる・なおる・なおす
漢チ・呉ジ(ヂ)　寘 zhì
2803 3C23

筆順　氵 氵 汁 治 治

字義　❶おさめる(をさむ)。おさまる(をさまる)。㋐河川をおさめ導く。「治水」㋑国を治める。統治する。「治国」㋒整える。整頓(セイトン)する。うまく扱う。㋓つかさどる。とりしきる。営む。経営する。㋔取り調べる。さばく。正す。㋕なおす(なほす)。修理する。治療する。また、なおる(なほる)。「根治」「湯治」❷政治。まつりごと。❸いさお。功績。❹みやこ。また、州・郡・県などの政庁の所在地。「県治」❺さかん。さかんになる。❻くらべる。また、匹敵する。❼助ける。

名乗　おさむ・さだ・ず・ただす・つぐ・のぶ・はる・よし

難読　治田(はった)

使いわけ　①おさめる〔納・収・修・治〕⇩納(5728)。②なおす〔直・治〕⇩直(5018)。

解字　篆文　形声。氵(水)＋台㊀。音符の台ィは司に通じ、おさめるの意味。水をおさめるの意味から、一般に、おさめるの意味を表す。

▼外治・根治・自治・主治・政治・退治・湯治・統治・徳治・内治・不治

【治安】チアン　①治め安んずること。②治まって安らかなこと。秩序が保たれていること。

【治化】チカ　民を治めて善に導くこと。化は、教化。

【治外法権(權)】チガイホウケン　外国の領土内にいながら、その国の法律の適用を受けない特権。

【治教】チキョウ　①政治。政治上の一つの仕事は人民を教化することであるからいう。②政治と教育。

【治国(國)平天下】チコクヘイテンカ　国を治め天下を太平にする。国は、諸侯の治める一国。天下は、天子の治める全国。〔大学〕

【治獄】チゴク　訴訟を取り調べさばくこと。

【治罪】チザイ　犯罪を取り調べさばくこと。

【治山】チサン・チザン　山を管理する意で、水害防止のために、山に植林したりすること。「治山治水」

【治産】チサン　①家業(産業)に従事し、または、はげむこと。②国財産の管理・処分。「禁治産者」

【治人】チジン　①人民を治める。②自分以外の人を教化する。「修己治人」

【治水】チスイ　河川・湖沼などを管理する意で、水害防止や用水・灌漑(カンガイ)のために、諸種の方法を講ずること。

【治世】チセイ　①よく治まっている時代。太平の世。②世を治めること。③君主の在位年間。

【治生】チセイ　くらしの道をたてる。治産。

【治績】チセキ　①政治の成績。②政治上の功績。

【治装(裝)】チソウ　旅装(旅じたく)を整えること。

【治朝】チチョウ　王者が政事を聞く所。路門(朝廷の正殿の門)の外にある。一名、内朝。↕外朝。

【治道】チドウ　①天下を治める道。政治の方法。②道路を作る(修理する)。③道路に関することをつかさどる。

【治任】チニン　＝治装。任は、荷物。

【治平】チヘイ　①世の中がよく治まって平和なこと。太平。②平和にすること。

【治癒】チユ　病気がなおる。

【治要】チヨウ　①一年間の会計のしめくくりをする。②要点をとりしまる。大要をつかさどる。③国政の要点。政治のかなめ。

【治乱(亂)】チラン　①治まることと、乱れること。「治乱興亡」②乱れること。③乱を治める。

【治療】チリョウ　病気やけがを手当てしてなおすこと。

【居レ治不レ忘レ乱(亂)】チにい(ゐ)てランをわすれず　太平の世においても、常に武を練って、戦乱のときの備えをおこたらないこと。現在の平和・幸福に安心することなく、常に将来の万一の場合のために心を配っていること。治而不レ忘レ乱(チにしてランをわすれず)。〔易経、繋辞伝下〕

(8)5
【泅】 3961
△　漢シュウ(シウ)・呉ジュ　尤 qiú
6190 5D7A

字義　およぐ(泳)。(水の上に)うかぶ。

解字　形声。氵(水)＋囚㊀。

(8)5
【沼】 3962
常　ショウ　ぬま
ショウ(セウ)　篠 zhǎo
3034 3E42

筆順　氵 氵 沼 沼 沼

字義　ぬま。湖に似ているが水が比較的浅く、泥が深く、水中植物などのはえる所。一説に、円いのを池、ゆがんでいるのを沼という。

難読　沼宮内(ぬまくない)・沼垂(ぬたり・ぬったり)

解字　篆文　形声。氵(水)＋召㊀。音符の召は、まねくの意味。河川の流域が変わって、その結果、本流から水を招き入れたようになってできた、ぬまの意味を表す。

【沼上】ショウジョウ　ぬまのほとり。沼畔(ショウハン)。沼辺。

【沼沢(澤)】ショウタク　ぬま。さわ。

(8)5
【泄】 3963
標　㊀漢セツ・呉セチ　屑 xiè
㊁エイ　霽 yì
6185 5D75

〔洩〕標準 1744 314C

字義　㊀❶もれる(もる)。もらす。㋐水があふれ出る。しみ出る。㋑秘密などが露見する。㋒便がもれる。くだる。下痢(リゲ)をする。❷おこる。出る。発する。❸へる。減らす。なくす。❹まじえる。まぜる。❺なれる。なれなれしくする。㊁❶さる(去)。除く。出る。❷→泄泄。

参考　①漏泄・漏洩の語の泄・洩をエイと読むのは、誤読による慣用読み。②〔洩〕は同字で、〔泄〕とともに印刷標準字体。

解字　篆文　形声。氵(水)＋世㊀。音符の世は、曳(エイ)に通じ、ひきのばすの意味。たまった水をひきのばす、もらすの意味を表す。

【泄泄】エイエイ　①鳥のはばたきするさま。また、そのゆるやかなさま。②人が多いさま。③多言するさま。詍詍(エイエイ)。④ぐずぐずして、他人の意見に従うさま。⑤のびのびとするさま。

【泄利・泄痢】セツリ　腹くだし。下痢。

【泄漏】セツロウ　もらす。もれる。漏泄(ロウエイ)。

(8)5
【沾】 3964
△　㊀テン　塩 tiān
㊁セン　塩 zhān
6194 5D7E

字義　㊀❶ます(益)。そえる(添)。❷みる。うかがう。＝覘(テン)。❸川の名。山西省東南に発し、淇水(キスイ)に注ぐ。
㊁うるおす(うるほす)。ぬらす。また、うるおう。ぬれる。＝霑(テン)。

解字　篆文　形声。氵(水)＋占㊀。音符の占は、点をつけるの意味。水分が点になってつく、うるおうの意味を表す。転じて、ます・そうの意味を表す。

【沾洽】センコウ　①あまねくうるおう。また、うるおす。②広くゆきわたる。③あふれる。満ち足りる。

【沾湿(濕)】センシュウ・センジュウ・センシツ　うるおう。また、うるおす。

【沾漸】センゼン　うるおす。うるおう。

(8)5
【沮】 3965
△　㊀漢ソ・呉ジョ　語 jǔ
㊁漢ソ・呉ショ　御 jù
㊂漢ソ・呉ショ　魚 jū
6192 5D7C

字義　㊀❶はばむ。＝阻。㋐さまたげる。くいとめる。邪魔をする。防ぐ。「沮止」㋑間を隔てる。❷やぶる。こわす。また、やぶれる。こわれる。❸もれる。もらす。❹くじける。ひるむ。「沮喪」
㊁しめる。ひたす。また、しめった土地。
㊂川の名。沮水。湖北省を流れ、漳水(ショウスイ)と合し、沮漳(ソショウ)河となって長江に注ぐ。

【参考】現代表記では［阻］(8371)に書きかえる。「沮止→阻止」「沮喪→阻喪」熟語は［阻］をも見よ。→一二五八ページ。

【解字】甲骨文　金文　篆文　形声。氵(水)＋且㊥。音符の且ショは阻に通じ、はばむの意味。川がはばまれるの意味を表す。

【沮止】ソシ　はばみ止める。阻止。

【沮ᐞ洳】ソジョ　湿り気の多い(ぬかるみの)土地。

【沮色】ソショク　①はばむ顔色。不賛成の顔つき。気の進まない様子。②色をはばむ。色をさえぎる。

【沮喪】ソソウ　くじけよわる。くじける。気落ちする。阻喪。「意気沮喪」

【沮廃(廢)】ソハイ　①はばみ捨てる。②くじけすたれる。勢いがなくなる。

(8)5【泝】3966　△　ソ　遇　sù　6191　5D7B

【⿰氵㡿】本字　【遡】同字 3344 414C　【溯】同字 6274 5E6A

【字義】❶さかのぼる。流れに逆らって上る。＝遡ソ。❷むかう。(向)。❸むかえる(迎)。❹ながれる(流)。

【参考】①［沂キ］は別字。②熟語は、遡(7870)を見よ。→一二〇〇ページ。

【解字】篆文　別体　形声。氵(水)＋斥(㡿)㊥。音符の㡿セキは、逆もどりするの意味。水が逆流する、さかのぼるの意味を表す。

(8)5【沱】3967　△　㊀㊇タ・㊉ダ　歌　tuó　㊁㊇タ・㊉ダ　哿　6193　5D7D

【沲】同字

【字義】㊀❶涙の流れるさま。「滂沱ボウダ」❷大雨のさま。「滂沱」❸川の名。沱江。長江の一支流の古名で、四川省にある。今のどの川かについては諸説がある。㊁水の流れるさま。

【解字】金文　篆文　形声。氵(水)＋它㊥。音符の它タは、へびの象形で、まがりくねるの意味。まがりくねって流れる水の意味から、なみだや大雨のさまを表す。

(8)5【注】3968　教3　チュウ　そそぐ　3577　436D

(8)8〖注〗3969　㊀シュ　遇　zhù　㊁㊇チュウ(チウ)・㊉チュ　遇

【筆順】氵　氵　汁　注

【字義】㊀❶そそぐ。㋐水が流れ進む。流れこむ。降る。㋑水を流しこむ。引き入れる。つぐ。かける。「注水」㋒向ける。心や視線を一点に集める。「注意」「注目」❷つける(付)。くっつける。つがえる。矢をつがえる。❸なげる(投)。投げうつ。㊁＝註チュウ。❶しるす(記)。書く。また、記録。❷とく(解)。解き明かす。本文を解釈する。また、その解釈。

【難読】注連縄しめなわ・注連飾しめかざり・注連内しめうち

【参考】現代表記では［註］(7140)の書きかえに用いる。「註釈→注釈」「註文→注文」

【解字】篆文　形声。氵(水)＋主㊥。音符の主は、とどめるの意味。水をたくわえとどめるためにそそぐの意味を表す。また、属に通じて、つぎつぎに連ねるの意味にも用いる。

▼脚注・傾注・校注・古注・集注・新注・転注・伝注・頭注・補注

【注音字母】チュウインジボ　民国七年(一九一八)に制定された中国語の発音記号。民国十九年に注音符号と改称。

【注解】チュウカイ　＝注釈の①。

【注脚】チュウキャク　解釈。注釈。本文の間にあるものを注、下にあるものを脚という。註脚チュウキャク。

【注視】チュウシ　目を向けてよく見る。みつめる。

【注射】チュウシャ　①勢いよくそそぎ流れる。②立て板に水を流すように言語の流暢リュウチョウでとどこおらないこと。③国医学用語。針で薬を体内につぎこむこと。

【注釈(釋)】チュウシャク　①注を加えて本文の語句・文章の意味を説明すること。また、その解釈。註釈チュウシャク。②国説明。また、言いわけ。

【注進】チュウシン　国①事を記して申し進める。②事件を急ぎ報告する。急報。

【注ᐞ疏】チュウソ　経書のくわしい解釈。注と疏。注は、本文の解釈。疏は、注を更にくわしく解釈したもの。

【注目】チュウモク　目をその方に向けてよく見る。

【注連】チュウレン　①水をそそいで清めて連ね張ったなわ。出棺後、死者の魂が家に帰って来ないように、家の入り口に張る。②国しめ　七五三縄しめなわ。㋐地域を限るための目印の縄。㋑神前(神事の場)に張り渡す縄。

(8)5【泥】3970　常　デイ　どろ　3705　4525

㊀㊇デイ・㊉ナイ　斉　ní
㊁㊇デイ・㊉ナイ　霽　nì
㊂㊇デイ・㊉ナイ　薺　nǐ
㊃㊇デツ・㊉ネチ　屑　niè

【筆順】氵　氵　沪　泥

【字義】㊀❶どろ。ひじ。㋐水気を多く含んだ土。㋑土。❷ぬかるみ。「泥濘デイネイ」❸けがす。にごす。けがれる。にごる。「汚泥」❹どろ状の物。金泥など。❺南海に住むという、伝説的な一種の虫。骨がなく、ぐにゃぐにゃしているという。→泥酔。㊁→泥泥。㊂なずむ。とどこおる。「拘泥」㊃くろむ。黒くなる。黒くする。国どろ。㋐はじ(恥)。㋑どろぼう(泥棒)の略。㋒きたない。「泥仕合どろじあい」

【難読】泥谷ひじや・泥鰌どじょう・泥障あおり・あふり・泥濘ぬかるみ

【解字】篆文　形声。氵(水)＋尼㊥。音符の尼は、二人がなじむの意味。ねばりつくどろの意味を表す。

▼雲泥・汚泥・拘泥

【泥金】デイキン　金粉を膠にかわに溶かしたもの。金泥。

【泥行】デイコウ　どろみちを行く。

【泥ᐞ沙】デイサ　①どろと砂。②価値の低い惜しむに当たらないもののたとえ。〔唐、杜牧、阿房宮賦〕用レ之如二泥沙一これをもちいることデイサのごとし

【泥首ᐞ銜玉】デイシュカンギョク　頭をどろにつけ、口に玉を含む。謝罪降伏する時の様子。〔後漢書、公孫述伝〕

【泥人】デイジン　土で作った人形。でく。

【泥酔(醉)】デイスイ　はなはだしく酔うこと。酔って泥(虫の名)のようになること。一説に、どろのようにぐにゃぐにゃになる意。→字義の㊀⑤。

【泥塑人】デイソジン　＝泥人。

【泥中ᐞ蓮】デイチュウのはちす　どろの中のはすの花。よごれた悪い環境の中にあっても、それに染まらず、清らかな美しさを保っているたとえ。〔維摩経〕

【泥泥】デイデイ　①草の葉などの柔らかくつやのあるさま。②うるおいぬれるさま。露のこまやかなさま。

【泥塗】デイト　①どろみち。ぬかるみ。②低い地位のたとえ。③けがれた物・場所のたとえ。④つまらない物のたとえ。⑤苦しくつらい境遇のたとえ。

【泥ᐞ濘】デイネイ　ぬかるみ。どろみち。

(8)5【沺】3971　△　㊇テン・㊉デン　先　tián　6201　5E21

【字義】沺沺は、川の流れの広大ではてしないさま。

【解字】形声。氵(水)＋田㊥。

(8)5【波】3972　教3　ハ　なみ　ハ　歌　bō　波止場はとば　3940　4748

【筆順】氵　氵　氵　汸　波

字義 ❶なみ。㋐小さな波。↕浪。㋑なみの総称。「防波堤」㋒なみ状のもの。「電波」「秋波」❷なみだつ。波が起こる。❸うごく。波のように動く。波のように伝わる。「波及」国国名。波蘭の略。

難読 波高島・波佐見・波子・波止浜・波勝・波川・波波泊・波浮・波瀬

解字 篆文 形声。氵(水)＋皮音。音符の皮は、毛がわの意味。毛皮のようになみうつ水、なみの意味を表す。

▼煙波・金波・銀波・鯨波・秋波・素波・風波・余波

【波及】波が進んで行くように物事の影響が次第に他に及んで行くこと。

【波斯】Persia の音訳。国名。今のイラン。

【波旬】仏梵語 Pāpīyas の音訳。悪魔の名。

【波濤】なみ。大波。波浪。濤は、大波。

【波紋】①波のもよう。水面に広がる輪もよう。②物事の影響。

【波羅密】仏生死にとらわれている境地（此岸）を脱して彼岸に達すること。さとりを開くこと。波羅密多・波羅蜜。

【波乱（瀾）】国＝波瀾の③④。

【波蘭】Poland の音訳。ヨーロッパの国名。

【波瀾】①なみ。大波小波。②文章の起伏・変化。③ごたごた。もめごと。騒ぎ。④国生活上の起伏・変化。

【波浪】なみ。また、大波。浪は、大波。

(8)5
【沬】3973
△

一漢バイ・呉マイ 隊 mèi
二カイ（クワイ）隊 huì

字義 一❶ほのぐらい（昧）。かすかに明るい。❷地名。殷の都、朝歌の地。牧野。今の河南省淇県。二あらう。顔を洗う。

参考 〔沫〕は別字。

解字 甲骨文 篆文 形声。氵(水)＋未音。

(8)5
【泊】3974
常 ハク とまる・とめる

一漢ハク・呉バク 薬 bó
二漢ハク・呉ヒャク 陌 pò

3981
4771

筆順 氵 氵 泊 泊

字義 一❶とまる。㋐船が岸についてとまる。「停泊」㋑とどまる。停止する。㋒宿る。旅の途中で宿る。また、その回数を数えることば。「三泊」㋓身を寄せる。寓居。㋔いこう。休息する。❷とめる。「泊船」❸とまり。㋐船着き場。みなと。㋑宿屋。旅館。❹湖や沼。❺しずか（静）。心が静かであっさりしていること。さっぱりしている。「淡泊」❻うすい（薄）。また、浅い。二泊栢は、さざ波。

難読 泊瀬

使いわけ とまる〔止・留・泊〕⇩止（3791）。

解字 形声。氵(水)＋白音。音符の白は迫に通じ、ぴったり近づくの意味。舟がぴったり近づいてとまる水辺のさまから、とまるの意味を表す。

▼淡泊・停泊・漂泊・夜泊

【泊如】①心が静かで欲のないさま。②水の広いさま。

【泊船】ふねを停泊させる。泊舟。

【泊然】心静かで欲のないさま。泊如。泊乎。

(8)5
【泮】3975
△ ハン 翰 pàn

字義 ❶中国古代の諸侯の学校。泮宮。❷とける。氷がとける。＝泮。❸わける。わかれる。＝判。❹きし（岸）。つつみ。＝畔。❺なかば。

解字 形声。氵(水)＋半音。

(8)5
【泌】3976
常 ヒツ・ヒ

一ヒ 寘 mì, bì
二漢ヒツ・呉ビチ 質

4071
4867

筆順 氵 氵 泌 泌 泌

字義 一二❶ながれ。早い流れ。細い流れ。❷いずみ。また、泉の流れるさま。国しみる。しみ出る。にじむ。にじみ出る。「分泌」

解字 篆文 形声。氵(水)＋必音。音符の必は、閉に通じ、とじるの意味。とじられたところから、ひっそり流れ出る水の意味を表す。

▼分泌

【泌尿器】小便を排出する器官。腎臓・輸尿管・膀胱・尿道の総称。

(8)5
【泯】3977
△

一漢ビン・呉ミン 軫 眞 mǐn
二漢ベン・呉メン 銑 miǎn

6203
5E23

字義 一❶ほろびる。つきる。なくなる。「泯滅」❷しずむ。没する。❸みだれる。「泯乱」また、くらい（暗）。❹泯泯は、物のさま。二眩泯は、目がくらんでよく見えないさま。

解字 篆文 形声。氵(水)＋民音。音符の民は、昏に通じ、くらい・かすかの意味。水におし流されて見えなくなる、ほろびるの意味を表す。

【泯絶】ほろびたえる。泯滅。

【泯然】①ほろびるさま。②はっきりしないさま。

【泯泯】①おろかで道理に暗いさま。②ほろびるさま。③乱れるさま。④豊かで多いさま。⑤水の清らかに流れるさま。

【泯滅】ほろんでなくなる。泯絶。

【泯乱（亂）】秩序や道徳などがすたれ乱れる。

(8)5
【沸】3978
常 フツ わく・わかす

一ヒ 未 fèi
二漢フツ・呉フチ 物 fú
慣フツ

4208
4A28

筆順 氵 氵 沪 沸 沸

字義 一❶わく。わかす。㋐にえたつ。煮えたぎる。「煮沸」「沸騰」㋑わき出る（涌）。㋒さわがしく起こりたつ。さかんに起こる。「沸声」❷にえ湯。❸水の音。二❶そそぐ。❷泉のわき出るさま。

参考 現代表記では煮立つ意に〔沸〕を用い、他は仮名書き。比喩的に用いる場合もこれに準ずる。「お湯が沸く・泉がわき出る・熱戦に沸く・ブームに沸く・興味がわく・実感がわかない」

解字 篆文 形声。氵(水)＋弗音。音符の弗は噴に通じ、ふきだすの意味。水がふき出す、わくの意味を表す。

▼煮沸・麻沸

【沸声（聲）】①わきたつ声。②多数の人がさわぎたつ声。

【沸騰】①水が熱せられてわきたつこと。煮えたぎる。②水や波がわきあがること。③人々ががやがやさわぎたてること。議論などのやかましいこと。

【沸沸】水のわき出るさま。また、煮えたつさま。

(8)5
【法】3979
教 4 ホウ・ハッ・ホッ

漢ホウ（ハフ）・呉ホウ（ホフ） 洽 fǎ
慣ハッ・ホッ

4301
4B21

筆順 氵 汁 注 法

【灋】古字　【泫】同字

字義 ❶のり。のっとるべきもの。㋐しおき。刑罰。㋑おきて。さだめ。規則。法令。制度。「憲法」「合法」㋒手本。模範。㋓型。様式。礼式。きまったやり方。「文法」「戦法」「作法」❷のっとる。ならう。手本とする。従う。かたどる。❸除数。割り算で割る方の数。❹国名。法蘭西の略。「法国（フランス）」

❺仏のり。仏の道。仏の教え。「説法」また、物・心一切の事象。「一切諸法」　国❶のり。㋐さしわたし。直径。㋑傾斜面の程度。❷フラン。フランスの貨幣単位。

名乗　かず・つね・はかる　難読　法被(はっぴ)・法螺(ほら)・法蘭西(フランス)

解字　文　金　篆　体　別　会意。金文は、水＋廌＋去。廌(チ)は、古代の裁判に用いた神獣の意味。裁判にやぶれてけがれた廌を皮袋に入れて水に投じ去るさまから、おきての意味を表す。法は、氵(水)＋灋の省略体。

▼違法・遺法・家法・技法・求法・軍法・憲法・厳法・合法・護法・作法・司法・師法・私法・邪法・手法・遵法・常法・書法・新法・寸法・正法・聖法・説法・脱法・適法・伝法・筆法・秘法・非法・仏法・文法・兵法・便法・妙法・無法・滅法・立法・礼法・暦法

【法印】(ホウイン)　①仏法が、他と異なり、真実で不動不変の教えであることを示す標識。②国㋐法印大和尚(ホウインダイオショウ)の略。㋑江戸時代、画工・仏師・医師などに授けた称号。㋒山伏(やまぶし)。修験者。

【法雨】(ホウウ)　仏衆生を教化しめぐみを人にほどこすこと。雨が万物をうるおすのにたとえていう。〔無量寿経、上〕

【法雲】(ホウウン)　仏仏法が一切(イッサイ)をうるおしおおうたとえ。〔華厳経〕

【法衣】(ホウエ)　法服。①仏ころも。僧衣。②国(ホウイ)　司法官や弁護士が法廷で着用する制服。

【法会(會)】(ホウエ)　仏①仏法を説くための集会。②仏を祭るための行事。

【法悦】(ホウエツ)　①仏仏法によって得る喜び。②転じて、忘我の歓喜。うっとりするような喜び。

【法△筵】(ホウエン)　仏仏法を説くための集会の場所。説法の席。筵は、むしろ・座席・場所。

【法皇】(ホウオウ)　国仏門にはいった太上天皇(ダジョウテンノウ)(譲位した天皇)の尊称。

【法家】(ホウカ)　①先秦(センシン)時代の学派の一つ。法律至上主義で、人情・道徳を主とした儒家の徳治主義に対立した。韓非子(カンピシ)がその代表的人物。②＝法家払士。③法律家。

【法家払(拂)士】(ホウカフッシ)　法度(守るべきのり、道徳・法令など)を厳守して君主を補佐する臣下。払は、弼(ヒツ)に通じ、「たすける」意。

【法△駕】(ホウガ)　天子の乗り物。転じて、天子。

【法界】(ホウカイ・ホッカイ)　①仏㋐全宇宙。㋑仏法の本体。㋒仏の道。仏道。㋓仏教徒の社会。仏門。②国(ホウカイ)　気まぐれで、とりとめのないこと。

【法外】(ホウガイ)　①法律のそと。法律にはずれていること。②国㋐道理にはずれている。不合理。㋑度はずれな。はなはだしい。

【法官】(ホウカン)　司法官。裁判官。

【法眼】(ホウガン)　①正しい眼識。②(ホウゲン)　㋐仏五眼の一つ。諸法を観察する菩薩(ボサツ)の心眼。㋑国僧の位。法印の次位。法眼和尚位の略。大・少僧都(ソウズ)に相当する。江戸時代、医師・画工・連歌師などにも授けた。

【法義・法儀】(ホウギ)　のり。おきて。法則。法度。

【法橋】(ホウキョウ・ホッキョウ)　①仏仏法を、人を渡す橋にたとえていう。②国(ホッキョウ)　僧の位。法橋上人位(ショウニンイ)の略。法眼(ホウゲン)の次位。律師に相当する。江戸時代、医師・画工・連歌師などにも授けた。

【法禁】(ホウキン)　禁止の法令。禁止事項を定めているおきて。

【法華】(ホウケ・ホッケ)　仏①経文の名。妙法蓮華経(ミョウホウレンゲキョウ)の略。②法華宗の略。㋐天台宗の別称。㋑日蓮宗の一派。

【法言】(ホウゲン)　①のっとるべき正しいことば。②書名。十三巻。漢の揚雄の著。『論語』にならって作った書。

【法語】(ホウゴ)　①正しいことば。忠告など。②仏仏法の訓話。

【法効(效)・法△傚】(ホウコウ)　のっとる。手本としてまねる。

【法号(號)】(ホウゴウ)　法名(ホウミョウ)。仏仏式によってつけた名。①仏門にはいった者の名。僧の名。②死者の諡(おくりな)。戒名(カイミョウ)。

【法三章】(ホウサンショウ)　法律三か条。三か条しかない簡単な法。漢の高祖が秦(シン)を滅ぼした後、秦の人民に、秦のわずらわしい法律を破棄して、「人を殺した者は死罪にする。人を傷つけた者及び盗みをした者は罰する」との三か条だけにすることを約束した故事。〔史記、高祖本紀〕

【法師】(ホウシ)　仏①仏教を修行してこの道の師となる者。②僧。出家。③国男の子。

【法事】(ホウジ)　①礼法のこと。②仏㋐追善・供養(クヨウ)のために行う仏事。㋑死者の年忌に営む仏事。

【法主】(ホウシュ・ホッシュ・ホッス)　仏①釈迦如来(シャカニョライ)をいう。②一宗派の長。特に、真宗の最高職をいう。

【法術】(ホウジュツ)　①法家が唱えた政治の術。法律を厳守し賞罰を明らかにするやりかた。②法家の学術。

【法△帖】(ホウジョウ)　手本とすべき筆跡を集めた冊子。習字の手本。法書。

【法親王】(ホウシンオウ・ホウシンノウ・ホッシンノウ)　国皇子で、出家後に親王の称号を許された者。

【法制】(ホウセイ)　①法律と制度。また、法律で定めた各種の制度。②法律。おきて。

【法曹】(ホウソウ)　①司法官の役所。②司法官。③国司法官や弁護士。

【法蔵(藏)】(ホウゾウ)　仏①仏教の教法。経典。②お経を納める所。

【法則】(ホウソク)　①規則。法律。②手本。模範。③のっとる。④国時と所に関係なく、一定の条件の下に成立する普遍的・必然的の関係。また、それを言い表したことば。

【法体(體)】(ホウタイ・ホッタイ)　仏僧の姿。僧であることを表す身なり。

【法治主義】(ホウチシュギ)　①法術をもって国家を治める主義。法家の主張した政治上の主義で、人間の性は本来悪であるとの考えに根ざしている。法律至上主義。↕徳治主義。②君主の統治権の絶対性を否定し、法律に準拠する政治を主張する、近代市民国家の政治原理。

【法廷・法庭】(ホウテイ)　裁判官が裁判を行う場所。

【法典】(ホウテン)　①法令など。規準・規範となるべきことが書いてある書籍。典は、重要な・尊ぶべき書籍。②転じて、のり・おきて・法令など。

【法度】(ホウド)　①法律と制度。おきて。②礼法の尺度。のっとるべき礼儀。③手本。模範。④国(ハット)　㋐おきて。法律。「武家諸法度」　㋑禁令。禁制。

【法灯(燈)】(ホウトウ・ホットウ)　仏①仏法をいう。迷いの闇(やみ)を照らすことを灯火にたとえていう。のりのともしび。②仏祖。③仏前に供えるともしび。

【法服】(ホウフク)　①規定せられた正式の着物。制服。②司法官が法廷で着用する制服。③仏(ホウブク・ホップク)　僧の着物。ころも。法衣。

【法名】(ホウミョウ)　仏＝法号。

【法務】(ホウム)　①法律上の事務。司法関係の事務。②仏㋐仏道関係の事務。㋑寺院の事務。

【法網】(ホウモウ)　法律。法の規定。法律をあみにたとえて言った語。

【法門】(ホウモン)　仏仏道に入る門。仏の教法をいう。

【法要】(ホウヨウ)　仏①仏法の要義。②＝法会(ホウエ)。

【法△螺】(ホウラ・ホラ)　①貝の名。ほら貝。②国大言をはくこと。おおげさに言うこと。また、でたらめを言うこと。

【法楽(樂)】(ホウラク)　①仏㋐仏法を信仰し、善行を積んで自ら楽しむこと。㋑法会(ホウエ)の時、読経(ドキョウ)や奏楽をして本尊に供養(クヨウ)すること。②国㋐神仏のたむけにする行事。㋑なぐさみ。楽しみ。道楽。

【法力】(ホウリキ)　仏仏法の力。仏法の威力。

【法輪】(ホウリン)　①道家で、教えの力をいう。②仏広く衆生の悪を破る、仏の教法。仏法。

【法令】(ホウレイ)　法律と命令。おきて。さだめ。〔老子、五十七〕法令滋彰(ホウレイますますあきらかにして)、盗賊多有(トウゾクおお(ほ)くあり)。

【法△臘】(ホウロウ)　仏僧が仏門にはいってからの年数。

【法話】(ホウワ)　仏仏法に関する話。説教。法談。

【撓△法（ホウをたむ）】法律をまげる。〔史記、酷吏伝〕

(8)5 【泡】3980 常 ホウ あわ 4302 4B22
(8)5 〖泡〗3981 ホウ（ハウ） 肴 pào, pāo

筆順 氵 汋 泃 泡

字義 ❶あわ。うたかた。水上に浮かぶあわ。「水泡」❷さかん。

難読 泡沫（うたかた）

解字 篆文　形声。氵（水）＋包㊥。音符の包は、つつむの意味。空気を中に包んでできた、あわの意味を表す。

▼水泡

【泡影（ホウエイ・ホウヨウ）】①あわ（泡）とかげ（影）。②はかないことのたとえ。

【泡泡（ホウホウ）】①水のわき出るさま。②水の流れるさま。

【泡△沫（ホウマツ）】①あわ。うたかた。水のあわ。沫は、空中に飛びちるしぶき。②転じて、はかないもののたとえ。「泡沫風灯」

(8)5 【泙】3982 △ ㊥ホウ（ハウ） ㊇ヒョウ（ヒャウ） 庚 pēng 6204 5E24

字義 水の勢いのさかんなさま。また、その音のさま。国なぐ。静まる。波や風がおだやかになる。

解字 篆文　形声。氵（水）＋平㊥。

【泙△湃（ホウハイ）】水勢のさかんな（音の）さま。澎湃（ホウハイ）。

(8)5 【沫】3983 標 ㊥バツ・㊇マチ 曷 mò 慣マツ 4387 4B77

字義 ❶あわ（泡）。水のあわ。「泡沫」❷つばき（唾ダ）。唾液の口外に飛び出したしぶき。また、よだれ（涎セ）。❸しぶき。とばしり。水の砕け飛び散ったもの。「飛沫」❹あせ（汗）。また、汗の流れるさま。❺水が上下するさま。❻やむ（已イ）。❼ゆばな。茶を入れると上に浮くあわ。厚いのを餑（ボツ）、薄いのを沫という。

参考 〔沫（バイ）〕は別字。

解字 篆文　形声。氵（水）＋末㊥。音符の末は、木の先端の意味。飛び散った水の先端、しぶきの意味を表す。

(8)5 【油】3984 教3 ユ あぶら ㊥ユウ（イウ）・㊇ユ 尤 yóu 4493 4C7D

筆順 氵 汩 油 油

字義 ❶あぶら。❷油油・油然は、ある状態を形容することば。→各熟語を見よ。

難読 油谷（ゆや）・油須原（ゆすばる）・油田（あぶらでん）

使いわけ あぶら〔油・脂〕
〔油〕液体のあぶら。「火に油を注ぐ」
〔脂〕固体のあぶら。「牛肉の脂身」
なお、たとえとして用いる場合は、多く〔脂〕を用いる。「脂が乗ってきた・脂っこい性格・脂汗」

解字 篆文　形声。氵（水）＋由㊥。音符の由は、「底の深いつぼ」の象形。深いつぼの中からゆったり出る液体で、あぶらの意味を表す。

▼麻油

【油煙（ユエン・ユウエン）】①油・樹脂などを不完全燃焼させるとき生ずる、黒くこまかな炭素粉。墨の原料となる。②油煙墨（ユエンずみ）の略。油煙をにかわで固めて作った墨。

【油脂（ユシ・ユウシ）】動・植物からとった油の総称。

【油然（ユウゼン・ユゼン）】①進まぬさま。②意にとめぬさま。気にかけず、ゆったりしているさま。③雲などのさかんにわき起こるさま。④感情のわき起こるさま。⑤草などの勢いのさかんなさま。

【油断（斷）（ユダン）】仏注意をおこたること。ある王が家来に油の容器を持たせそれをくつがえすと、罰として生命を断ったことに基づく語という。〔涅槃経〕

【油油（ユウユウ・ユユ）】①水や雲などのゆるやかに流れるさま。②しとやかなさま。③ゆったりとして落ちついたさま。④物のつやつやしたさま。〔史記、宋微子世家〕禾黍油油兮（カショユウユウたり）。⑤草などの勢いよく美しいさま。

(8)5 【泪】3985 △ ルイ　涙（4065）と同字。→六四一ページ。 6205 5E25

(8)5 【沴】3986 △ ㊥レイ ㊇ライ 霽 lì

字義 ❶やぶる。そこなう。❷わざわい。悪気。❸よどむ。水がすらすら流れない。❹みぎわ。なぎさ。❺満ちる。

解字 篆文　形声。氵（水）＋㐱（黎の省略形）㊥。黎（黎レイ）は㐱シに誤り伝えられたは、履に通じ、ふむの意味。水が足ぶみする、よどむの意味を表す。

(8)5 【泠】3987 △ ㊥レイ ㊇リョウ（リャウ） 青 líng

字義 ❶すむ（澄）。きよらか。「泠然」❷さとる（聆レイ）。心のさとくはっきりしていること。また、さとす。教える。❸おだやか。やわらぐさま。「泠風」❹楽人。音楽師。伶人（レイジン）。＝伶。

参考 〔冷〕は別字。

解字 篆文　形声。氵（水）＋令㊥。音符の令は、すずしいの意味。水がすずしげに澄むの意味を表す。

【泠然（レイゼン）】①清らかなさま。②軽やかなさま。③すずしく冷やかなさま。（冷と混同誤用された）

【泠風（レイフウ）】そよそよとおだやかに吹く風。気持ちのよいそよ風。微風。

【泠泠（レイレイ）】①水や風の音の清らかなさま。②雨だれの音のさま。③音声のさかんなさま。④音響の清らかなさま。⑤清らかですずしいさま。⑥心中の清いさま。

(9)6 【洟】3988 △ 🈩㊥イ 支 yí 🈔㊥テイ・㊇タイ 霽 tì 6206 5E26

字義 🈩🈔はなじる。鼻水。

解字 篆文　形声。氵（水）＋夷㊥。音符の夷（イ＝イテ）は、涕（テイ）に通じ、次第に流れてくる水の意味。はなみずの意味を表す。

(9)6 【洧】3989 △ イ（ヰ） 紙 wěi

字義 ❶洧水（イスイ）は、川の名。今の河南省の双洎（ソウキ）河。❷洧川（イセン）は、旧県名。河南省中部にある、今の長葛（チョウカツ）県。

解字 甲骨文　篆文　形声。氵（水）＋有㊥。

(9)6 【洿】3990 △ ㊥オ（ヲ） ㊇ウ 虞 wū

字義 ❶たまり水。とくに、くぼみなどにたまっている濁水。「洿池」❷くぼみ。くぼち。❸くぼむ。また、くぼめる。掘り下げる。❹たまる（溜リュウ）。❺低い。深い。❻けがす。けがれる。また、けがれ。＝汚。❼染める。染まる。❽どろ（泥）。＝淤オ。

解字 篆文　形声。氵（水）＋夸㊥。音符の夸コは、くぼみの意味。くぼみにたまったにごり水の意味を表す。

【洿下（オカ）】①地勢の低いこと（所）。②地位・身分の低いこと。また、その地位・身分。

【洿池（オチ）】ため池。水をためてある池。

【洿隆（オリュウ）】おとろえることとさかんになること。盛衰。汚隆。

(9)6 【海】3991 教2 カイ うみ 1904 3324
(10)7 〖海〗3992 人許 カイ 賄 hǎi

海女（あま）・海原（うなばら）

筆順 氵 汇 海 海 海

字義 ❶うみ。わたつみ。↔陸。❷みずうみ（湖）。いけ（池）。「北海（バイカル湖）」❸物事の多く集まる所。「官海」「学海」❹

広く大きい。また、広く大きい所。❺都から遠い土地。辺境。地の果て。

名乗 あま・み　難読 海雲(蘊)(もずく)・海月(くらげ)・海原(うなばら)・海参(いりこ)・海士(あま)・海士名(あまな)・海松(みる)・海松布(みるめ)・海鞘(蛸)(ほや)・海嘯(つなみ)・海神(わたつみ)・海人(あま)・海人(仁)草(まくり)・海星(ひとで)・海石榴(つばいち)・海鼠(なまこ)・海鼠腸(このわた)・海象(せいうち)・海獺(らっこ)・海胆(うに)・海田市(かいたいち)・海土路(みどろ)・海桐花(とべら)・海豚(いるか)・海馬(たつのおとしご)・海髪(おごのり)・海豹(あざらし)・海夫(あま)・海布(め)・海部(あま・かいふ)・海栗(うに)・海驢(あしか)・海老(えび)・海老名(えびな)

解字 金文 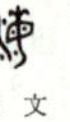 篆文  形声。氵(水)＋毎(音)。音符の毎(マイ＝カイ)は、くらいの意味。広く深く暗い、うみの意味を表す。

▼雲海・沿海・外海・河海・学海・環海・苦海・江海・四海・樹海・人海・絶海・掃海・北海・領海

【海運】(カイウン) ①海水が動く。波が荒れる。〔荘子、逍遥遊〕②船による海上の輸送。↕陸運。

【海△燕】(カイエン) ①うみつばめ。②ちどり。③いとまきひとでの別名。

【海角】(カイカク) ①海の果て。遠い辺境の地をいう。「海角天涯」②半島や岬の突端。

【海客】(カイカク) ①海上の旅行者。②海辺を散歩している人。③海を渡って来る商人。海賈(カイコ)。④通り一遍の（普通の）客。

【海△濶】(カイカツ) ①海が広い。②海のように広い。

【海曲】(カイキョク) ①海が陸地に入り込んだ所。②（都から遠い）海辺。辺地。③海の果て。海角。海隅。

【海隅】(カイグウ) ＝海曲。隅は、すみ。

【海月】(カイゲツ) ①海上の月。海から出る月。②海面に浮かぶ月かげ。③貝の名。たいらぎ。④くらげ。水月。水母。

【海△賈】(カイコ) 船に乗って海外に往来する商人。貿易商。

【海口】(カイコウ) ①港。②川が海に流れ入る所。

【海△寇】(カイコウ) 海賊。

【海国(國)】(カイコク) ①四方が海に囲まれている国。②海に沿っている国。また、その地方。

【海士】(カイシ) 漁夫。漁師。あま。海人。

【海市】(カイシ) 無風の日に、大気の密度や日光の反射の関係で、遠方の物象が空中に出現する現象。蜃気楼(シンキロウ)。

【海若】(カイジャク) 海神の名。

【海女】(カイジョ) ①海神のむすめ。②(カイジョ・あま) 海にもぐって貝や海藻などを取ることを業とする女。

【海△嘯】(カイショウ) 嘯は、うそぶく・鳴る。①海が鳴る。また、海鳴り。海鳴りの音。②津波。海が鳴り、大波が押し寄せて来る現象。中国で普通にいう海嘯は「浙江(セッコウ)の潮(うしお)」のような現象を指す。

【海上】(カイジョウ) ①海の上。②海のほとり。

【海人】(カイジン) ①漁師。漁夫。海女。あま。②海中にいるという怪物の名。海坊主(うみボウズ)。

【海図(圖)】(カイズ) 海の深さ・岩礁の位置・潮流などを詳細に書き込んである地図。主に、航海に用いる。

【海千山千】(うみセンやまセン) 国海に千年、山に千年の年功を経た者の意で、あらゆる経験を積んで、悪賢くなった者をいう。

【海△鼠】(カイソ) なまこ。棘皮(キョクヒ)動物。

【海象】(カイゾウ) 海獣の名。せいうち。北海に住む。海馬。

【海△岱】(カイタイ) 舜(シュン)の時代の十二州の一つ。東海から泰山までの地。昔の青州。今の山東省。岱は、泰山。

【海△苔】(カイタイ) ①水中の岩に生える苔(こけ)に似た藻の総称。②国のり。食品の名。浅草のりの類。

【海内】(カイダイ・カイナイ) 海のうち。国内。天下。↕海外。「海内無双(ソウ)」

【海潮音】(カイチョウオン) ①うしおのひびき。しおの満ちてくる音。②仏観世音菩薩(カンゼオンボサツ)の説法の声。

【海△甸】(カイデン) 海に沿った地方。

【海道】(カイドウ) ①海上の、船の通る道。航路。②海岸に沿った陸道。③国東海道の略称。

【海△棠】(カイドウ) ①バラ科の落葉低木。春、五弁で淡紅色の花が咲く。②なよなよとした美人の形容。

【海軟風】(カイナンプウ) 昼間、海上から陸地に向かって静かに吹いてくる風。海風。↕陸軟風。

【海馬】(カイバ) ①小魚の一種。たつのおとしご。②海獣の名。せいうち。海象。

【海抜】(カイバツ) 国海面を基準として測った陸地の高さ。標高。

【海表】(カイヒョウ) 海のそと。国外の遠い果て。海外。

【海△豹】(カイヒョウ) 海獣の名。あざらし。

【海防】(カイボウ) 海外から来る敵を防ぐこと。海岸の防備。

【海容】(カイヨウ) 海のごとく受け入れる意。海がすべての河川を受け入れるように、度量を大きくもって、他人の言行を受け入れること。また、他人のあやまちなどを許すこと。海涵(カイカン)。

【海里】(カイリ) 海上の距離を表す単位。経度一分の距離の平均値。約一八五二メートル。浬(カイリ)。

【海流】(カイリュウ) 海水が一定の方向に流れ動く現象。赤道方面から南、北極方面へ流動するものを暖流、その逆を寒流という。

【海路】(カイロ) ①海上の、船の通る道。ふなじ。航路。②船旅。

【海老】(カイロウ) ①海水が減る。②国(カイロウ・えび) 鰕(えび)の別名。

(9)6
【洄】3993

△ 漢カイ(クワイ)　呉ガイ(グワイ)　huí

字義 ❶さかのぼる。流れに逆らって上る。「泝洄(ソカイ)」❷めぐる。うずまく。水うずまき流れる。❸おろか(愚)。❹川。川流。

解字 篆文 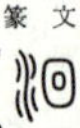 形声。氵(水)＋回(音)。音符の回は、めぐるの意味。水がめぐり流れるの意味を表す。

【洄沿】(カイエン) ①流れを逆上ることと、流れに沿って下ること。水流を上ったり下ったりする。②逆らうことと、従うこと。

【洄洄】(カイカイ) ①水の流れるさま。②おろかなさま。

【洄注】(カイチュウ) 水がうずまいて流れこむ。

(9)6
【活】3994

教2　カツ

漢カツ(クワツ)　呉ガチ(グワチ)　huó

1972
3368

筆順 

【氵𠯑】本字

字義 ❶いきる(い・く)。㋐生命を保っている。生存する。「活仏」㋑くらす。生計をたてる。「生活」㋒命が助かる。「活路」❷いかす。命を助ける。生き返らせる。❸いきいきしている。生気がさかんである。「活発」❹水の勢いよく流れるさま。国❶カツ(クヮツ)。気絶した者をよみがえらせる方法。❷いける。「花を活ける」

参考 現代表記では〔濶〕(4304)の書きかえに用いることがある。「快濶→快活」

解字 篆文 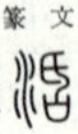 形声。氵(水)＋舌(𠯑)(音)。音符の𠯑(カツ)は、固い誓いを破るさまを表す。水がせきをきってほしいままに流れるの意味から、転じて、いきるの意味をも表す。

▼快活・死活・自活・生活・復活

【活火】(カッカ) さかんに燃えている火。よくおこっている炭火。

【活活】(カツカツ) ①水のさかんに流れるさま。②流れる水の音のさま。③泥路(どろみち)のぬかったりすべったりして音をたてるさま。

【活眼】(カツガン) 真意・真相などを見ぬく眼力。深く理解し、正しく認識する心のはたらき。

【活気(氣)】(カッキ) 生き生きとした元気・気分。

【活況】(カッキョウ) 活気のある状況。

【活句】(カック) 詩文中の生き生きとした句。活気のあることば。

【活計】(カッケイ) 生計。生活を維持するための仕事。

【活殺】(カッサツ) 生かすことと殺すこと。「活殺自在」

【活字】(カツジ) 活版印刷に用いる字型。普通、方形柱状の金属の一端に文字を左向きに浮きぼりしたもの。中国では宋(ソウ)の

慶暦年間（一〇四一—一〇四八）に畢昇が作った膠泥（ねんど）の銅活字印刷書が最も古い。この法が朝鮮に伝わり、更に豊臣秀吉の朝鮮出兵によって日本に伝来した。

【活写（寫）】生き生きと写す。実際さながらに表現する。

【活人】①人を生かす。②生きている人。

【活人剣（劍）】人を殺傷する目的の刀剣も、使い方によっては、人を活かすに役立つということ。

【活水】流れ動いている水。流水。

【活脱】非常によく似ている。生き写し。脱は、本物から抜け出したようなの意。

【活発（發）・活△潑】生き生きとして、元気や勢いのよいこと。発は、潑の書きかえ字。

【活仏（佛）】①生き仏。なさけ深い人、高徳の僧の敬称。②ラマ教の首長。

【活物】生きもの。生気があって活動しているもの。↕死物。

【活躍】国①勢いよくおどる。はねまわる。②めざましく活動する。さかんに仕事をする。

【活用】①物の性能・本質などを十分に活かして用いる。②国文法用語。動詞・形容詞などの語形変化。

【活力】活動、また、生活する力。生命力。

【活路】命の助かる道。のがれ出る道。

(9)6
【泊】3995
△ キ 寘 jì

字義 ❶そそぐ（注）。水をさす。❷うるおう。ひたす（浸）。❸およぶ。❹と（与）。および（及）。❺肉のしる。　難読 泊夫藍

解字 篆文　形声。氵（水）＋自音。

(9)6
【洶】3996
△ 一 漢キョウ・呉ク 腫 xiōng　二 漢キョウ・呉ク 冬 xiōng

6208
5E28

字義 一❶わく。水がさかんにわき出る。❷水のわく音の形容。二❶水の勢い。❷さわぐ（騒）。どよめく。

解字 篆文　形声。氵（水）＋匈音。音符の匈は、不吉な事を前にして、胸さわぎするの意味。水がわきたつの意味を表す。

【洶洶】①水がわきあがるさま。波のわきたつさま。②どよめきさわぐさま。おそれおののくさま。「人心洶洶」

【洶△涌・洶△湧】水のわきあがるさま。波のわきたつさま。洶溶。

(9)6
【洫】3997
△ 漢キョク 呉コク 職 xù

6209
5E29

字義 ❶みぞ（溝）。田畑の用水の通る道。「溝洫」❷ほり（濠）。城壁の周囲にめぐらしたほり。❸小さい川。❹水門。水の出入り口。❺みだれる。やぶれる。❻むなしくする（虚）。

解字 篆文　会意。氵（水）＋血。血は、めぐり流れる「ち」の意味。血管のようにめぐり流れる田間のみぞの意味を表す。

(9)6
【洪】3998
常 コウ　漢コウ 呉グ 東 hóng

2531
393F

筆順 氵 汁 洪 洪

字義 ❶水が増して川や湖からあふれること。おおみず。「洪水」❷大きい。転じて、広い・高い・すぐれた。❸大いに。❹はやせ。国国名。洪牙利の略。

名乗 ひろ・ひろし　難読 洪牙利

解字 篆文　形声。氵（水）＋共音。音符の共は、広く大きいの意味。おおみずの意味を表す。

【洪恩】大きなめぐみ。大恩。洪恵。洪沢。

【洪基】大きな事業のもとい。帝王の事業の基礎。

【洪業】大きな事業。帝王の事業。鴻業。

【洪△鈞】天。造化。造物者。鈞は、陶器を作るろくろで、物を形造るもののたとえ。

【洪勲（勳）】大きな手がら。偉勲。

【洪荒】①広大でとりとめのないさま。②世界の初め。太古。

【洪儒】大学者。鴻儒。

【洪秀全】清代、太平天国の指導者。道光末年（一八五〇）に乱を起こし、翌年、南京に都を定めて太平天国を建て、十五年間たてこもったが、ついに清朝の軍にやぶれ、自殺した。（一八一四—一八六四）

【洪△祚】おおいなる天子の位の意。帝位の美称。

【洪図（圖）】大きなはかりごと。

【洪△蕩】水面の広々としたさま。

【洪△濤】大きな波。大波。巨濤。洪瀾。

【洪範】①偉大な手本。天地の大法。②『書経』の編名。

【洪武帝】明の第一代の皇帝。明の太祖。姓は朱、名は元璋。在位、一三六八—一三九八。（一三二八—一三九八）

【洪溶】水の広く深いさま。

【洪烈】大きな手がら。大きな事業。大業。

(9)6
【洚】3999
△ コウ（カウ） 絳 jiàng

字義 ❶水が増して川などがあふれでること。おおみず。＝洪。❷くだる。＝降。

解字 篆文　形声。氵（水）＋夅音。音符の夅は、洪に通じ、おおみずの意味。水が増して川の水があふれでるの意味を表す。

【洚水】おおみず。

(9)6
【洽】4000
△ 漢コウ（カフ） 呉ギョウ（ゲフ） 洽 qià

6210
5E2A

字義 ❶あまねし。広くゆきわたる。「博洽」❷うるおう（潤）。うるおす。❸あう（合）。かなう。❹やわらぐ（和）。うちとける。

解字 篆文　形声。氵（水）＋合音。音符の合は、あうの意味。水が合流する、あまねし・水気が集まる・うるおうの意味を表す。

【洽博】あまねく広い。知識・学問などが広く、物事によく通じていること。

【洽聞】あまねく聞く。また、見聞が広いこと。「博学洽聞」

【洽覧（覽）】広く書物を見る。

(9)6
【洸】4001
人　一 コウ（クヮウ） 陽 guāng　二 漢コウ（クヮウ） 呉オウ（ワウ） 養 huàng

6211
5E2B

筆順 氵 氵 洸 洸

字義 一❶水がわき立ち光るさま。❷怒るさま。❸ほのか。かすか。明らかでないさま。＝恍。二❶水が深く広いさま。❷水が押し寄せるさま。

名乗 たけし・ひろ・ひろし・ふかし

解字 篆文　形声。氵（水）＋光音。音符の光は、ひかるの意味。水がひかるの意味を表す。

【洸洸】①水が沸き立って光るさま。②大水の押し寄せるさま。③怒るさま。④荒々しいさま。⑤勇ましいさま。

【洸洋】①水の深く広いさま。②転じて、議論・学説などの深遠で知り難いさま。とりとめがないさま。

(9)6
【洒】4002
標　一 漢サイ・呉シャ 蟹 sǎ　二 漢セイ・呉サイ 薺 xǐ　三 セン 銑 xiǎn

6215
5E2F

字義 一＝灑。❶そそぐ。㋐水をまく。㋑したたる。❷散る。❸さっぱりしているさま。「瀟洒」→洒洒落落。二あらう。すすぐ。＝洗。三うやうやしいさま。→洒然。

参考 熟語は灑（4346）をも見よ。→六七七ページ。

解字 篆文　形声。氵（水）＋西（囱）音。音符の囱は、酒などをこすための竹かごの象形。酒をこすときのように、水をそそぎあらうの意味を表す。

【洒洒落落】シャシャラクラク ①けがれやわだかまりがなく、さっぱりしているさま。＝洒落の②。 ②つつしむさま。うやうやしいさま。
【洒然】シャゼン・セイゼン さっぱりしていて俗気のないさま。
【洒脱】シャダツ さっぱりしていて俗気のないこと。
【洒落】シャラク ①散り落ちる。灑落サイラク。 ②シャラク 性質・挙動などの、さっぱりしてこだわりのないこと。洒洒落落。 ③国シャレ・シャラク ㋐気のきいた、粋いきなさま。㋑華美なよそおい。おしゃれ。㋒ことばのしゃれ。ある文句をもじっていいかえすこと。㋓なまいき。

(9)6
【洙】4003 △ 漢シュ 呉ジュ 虞 zhū　6212 5E2C
字義 川の名。洙水。山東省曲阜キョクフの近くを流れて、泗水シスイに注ぐ。
解字 文 篆 形声。氵(水)＋朱音。
【洙泗】シュシ ①洙水と泗水。②孔子が洙泗のほとりの地で門人を教育したことから、孔子の学を洙泗の学という。泗洙。

(9)6
【洲】4004 人 漢シュウ(シウ) 呉ス・シュ 尤 zhōu　2907 3D27
筆順 氵 氵' 洲 洲
字義 ❶す。しま。中洲なかす。川や湖に砂が高くもり上がってできた島。 ❷大陸。「五大洲」
名乗 くに　難読 洲股すのまた・洲本すもと
参考 現代表記では［州］(1892)に書きかえる。「欧洲→欧州」「坐洲→座州」 熟語は［州］をも見よ。↓三七ページ。
解字 形声。氵(水)＋州音。音符の州は、なかすの象形。
【洲渚】シュウショ ①なかす。水中の小島。渚も、小島。 ②なかすのなぎさ。 ③なかすとなぎさ。 ④なぎさ。
【洲嶼】シュウショ 島。嶼も、島。
【洲汀】シュウテイ ①なかすのなぎさ。 ②なぎさ。

(9)6
【洵】4005 囚 漢シュン 呉ジュン 真 xún　6213 5E2D
筆順 氵 汋 洵 洵
字義 ❶まこと。まことに。＝恂ジュン・詢ジュン。 ❷ひとしい（均）。 ❸涙が流れる。
解字 文 篆 形声。氵(水)＋旬音。音符の旬は、絢ケンに通じ、美しいもようの意味。水のもよう、うずまきの意味を表す。
名乗 のぶ・ひとし

(9)6
【洳】4006 △ 漢ジョ 呉ニョ 御 rù　6214 5E2E
字義 ひたる（浸）。うるおう（潤）。「沮洳ショジョ」は、水気が多くてじめじめした土地。
解字 形声。氵(水)＋如音。

(9)6
【浄】4007 常 ジョウ　3084 3E74
(11)8
［淨］4008 人 許 漢セイ 呉ジョウ(ジャウ) 敬 jìng　6238 5E46
筆順 氵 氵' 浄 浄
字義 ❶きよい。けがれがない。いさぎよい。澄んでいる。「清浄」 ❷きよめる。きよくする。「洗浄」 ❸かたきやく（敵役）。悪役。中国の劇で主要な悪役をいう。 ❹仏迷いから解脱ゲダツした意で、仏教に関する事物に冠して用いる語。「浄戒」
名乗 きよ・きよし・しず
参考 現代表記では［滌］(4241)の書きかえに用いることがある。「洗滌→洗浄」
解字 文 篆 形声。氵(水)＋争(爭)音。
▼清浄・洗浄・不浄
【浄域】ジョウイキ 社寺の境内ケイダイ。清く汚れのない地域の意。浄界。
【浄宇】ジョウウ 寺。寺院。仏寺。浄院。浄宮。
【浄衣】ジョウイ ①清潔な衣服。 ②仏ジョウエ 僧の着る衣服。僧衣。 ③国ジョウエ ㋐しろむく。白色の衣服。㋑神事・祭事に着用する、白木綿または生絹で作った狩衣かりぎぬ形の服。
【浄化】ジョウカ 国清める。けがれを去って清くすること。
【浄戒】ジョウカイ 仏仏のいましめ。五戒・十戒など。
【浄界】ジョウカイ ①けがれのない清らかな地域。社寺の境内ケイダイなど。霊地。 ②＝浄土。
【浄几・浄机】ジョウキ ほこりなどのついていない、清らかな机。
【浄行】ジョウギョウ 仏清浄な修行。仏教の修行をいう。
【浄財】ジョウザイ 清い金銭の意。①寺社などへの寄付金。 ②慈善事業などへの寄付金。
【浄罪】ジョウザイ 罪を清めること。
【浄捨】ジョウシャ 金品を人に施し、または神仏に奉納したりすること。喜捨。
【浄刹】ジョウセツ 仏①寺。仏寺。 ②浄土。極楽。
【浄土】ジョウド 仏煩悩ボンノウ・迷い・罪悪などのない清らかな土地(世界)。如来ニョライの住む国。極楽。↔穢土エド(けがれた世界・人間界)。
【浄玻璃】ジョウハリ ①曇りのない透明な水晶。 ②仏浄玻璃鏡の略。地獄の閻魔エンマの庁にあって亡者モウジャ(死者)の生前の行いを映し出すという鏡。 ③転じて、あざむくことのできない するどい眼識。
【浄房】ジョウボウ 便所。かわや。
【浄理】ジョウリ 仏仏教の教える道理。仏道。
【浄瑠璃】ジョウルリ ①仏清く透き通った瑠璃(宝石の名)。けがれのないもののたとえ。 ②国三味線シャミセンを伴奏にした語りもの・音曲オンギョクの総称。今は、とくに義太夫節ギダユウぶしをいう。

(9)6
【津】4009 常 シン つ ｜シン 真 jīn　3637 4445
筆順 氵 氵 浔 津
［⿰氵聿］本字
字義 ❶つ。㋐みなと。船着き場。㋑渡し場。「津渡」 ❷きし(岸)。がけ。 ❸あつまる(集)。 ❹重要なところ(ところ)。「津要」 ❺つて。てづる。てだて。方法。 ❻しる(汁)。つば・あせ・涙など。「津液」 ❼しみ出る。あふれる。 ❽うるおう(潤)。
難読 津幡つばた
参考 地名に用いられる津のよみは、「ず」を用いず「づ」を用いる。「沼津ぬまづ」「会津あいづ」
解字 文 篆 形声。氵(水)＋聿(⿰聿)音。音符の⿰聿シは進に通じ、すすむの意味。水を進む船の発着所の意味を表す。
▼江津・星津・渡津・問津
【津液】シンエキ ①にじみ出る汁液。 ②人体から出る汁液。つば・なみだなど。
【津涯】シンガイ ①水ぎわ。岸。 ②船を着ける岸。
【津岸】シンガン 渡し場。渡船場。津渡。
【津津】シンシン 多くてあふれるさま。あふれるばかりに多いさま。「興味津津」
【津津浦浦】つつうらうら・つづうらうら 国至る所の津や浦の意で、国中至る所。国のすみずみ。
【津逮】シンタイ こちらからあちらへ行く。渡しで向こう岸へ達する。津は、渡し場、逮は、及ぶ意。転じて、橋渡し。手引き。
【津筏】シンバツ 渡しのいかだ。転じて、手引き。案内。
【津要】シンヨウ 重要な点。また、重要な地位。肝要。
【津梁】シンリョウ 渡し場と橋。橋渡し。手引き。案内。
【問津】シンをとう(ふ) 渡し場のありかを問う。転じて、学問などの手引きをたずねる。［論語、微子］使子路問津焉シロをしてシンをとわ(は)しむ。

(9)6
【泚】4010 △ 漢セイ 呉サイ 齊 cǐ 二 シ 紙 cǐ

【字義】㊀❶きよい。水が清い。❷あざやかなさま。鮮明なさま。❸汗の出るさま。❹ぬらす。ひたす。「泚筆」❺はかる。＝咨。㊁きよい。＝㊀の❶。

【解字】篆文　形声。氵(水)＋此㊥。

(9)6【洩】4011　㊢標　セツ　泄(3963)と同字。→六三六ページ。　1744 314C

(9)6【浅】4012　㊢教4　セン　あさい　3285 4075

(11)8［淺］4013　セン　㊥銑 qiǎn　6241 5E49

【筆順】氵 汙 浅 浅 浅

【字義】❶あさい。㋐底までの距離が近い。水かさが少ない。↔深。「浅海」㋑少ない。おとっている。薄い。はかない。丁寧でない。「浅学」「浅緑」❷あさくする。❸虎の皮。国あさ。他の語に冠して「あさい・うすい」などの意を表す語。「浅緑」

【難読】浅海・浅海井・浅傷・浅葱・浅蜊

【解字】篆文　形声。氵(水)＋戔(戔)㊥。音符の戔は、うすく細かに切るの意味。うすい水、あさいの意味を表す。

▼危浅・卑浅

【浅学(學)菲才】学識が浅く才知がとぼしいこと。菲は、薄の意。

【浅近】浅はかで俗っぽいこと。浅薄で卑近。

【浅見】低い見識。浅はかな考え。転じて、自己の見識・考えの謙称。

【浅紅】うすくれない。

【浅絳】うす赤色。絳は、赤。

【浅才】おとった才能。短才。菲才。

【浅酌】静かにほどよく酒を飲むこと。

【浅斟低唱】適度に酒を飲みながら小声で歌って楽しむこと。

【浅笑】ほほえむ。微笑。

【浅浅】浅い水の速く流れるさま。

【浅薄】①浅く薄い。②浅はか。③薄っぺら。軽薄。④知恵・学問などのおとっていること。

【浅膚】浅はかなこと。浅薄。

【浅聞】見聞の少ないこと。知識が狭い。寡聞。

【浅茅】短い(まばらに生えている)ちがや。

【浅茅生】国浅茅の生えている所。

【浅劣】浅はかでおとっていること。浅短。

【浅陋】①浅はかでせまい。見聞のせまいこと。②つたないこと。まずいこと。おとっていること。

(9)6【洗】4014　㊢教6　セン　あらう　㊀セン ㊥銑 xiǎn　㊁㊥漢セイ・㊥呉サイ ㊥薺 xǐ　3286 4076

【筆順】氵 汁 汫 洗 洗

【字義】㊀❶あらう。㋐足をすすぎあらう。㋑あらい清める。あらい流す。「水洗」「筆洗」❷たらいの類。❷きよい。清らか。㊁❶あらい清める。❷あらい。料理の一種。魚肉を冷水にひたしてちぢませたもの。国❶あらう。疑わしい物事を調べあげる。

【名乗】きよ・よし　【難読】洗馬

【解字】金文　篆文　形声。氵(水)＋先㊥。音符の先は、湔に通じ、あらうの意味。水であらうの意味を表す。洗の金文(𣴎)は、止＋舟の会意文字で、水盤で足をあらうさまを表す。

▼筆洗

【洗甲】＝洗兵。甲はよろい。

【洗耳】耳を洗う。①俗世のけがれた事を聞いて、それをあらい清める意。昔、許由が、尭の自分に天下を譲ろうという話を聞いて耳を洗った故事。②耳をすます。耳の穴を通して、話をよく聞こうとする意。

【洗浄(淨)】あらいきよめる。

【洗心】心を洗う。心のわだかまりを洗い去る。また、心の汚れや悪心を洗い去る。改心する。

【洗雪】①あらいすすぐ。②恥をすすぐ。名誉を回復する。

【洗足】足をあらう。転じて、俗界を超脱すること。

【洗滌】あらいすすぐ。洗い清める。洗浄。(センジョウは、誤読による慣用読み)

【洗馬】①馬を洗う。②官名。王者の外出の行列の先駆をする役。漢以後は皇太子付きの役となる。

【洗筆】①筆を洗い清める。②筆を染める。書画を書くこと。

【洗兵】兵器を洗い清める。①出征の門出に雨が降って軍隊をぬらすこと。②戦争をやめること。

【洗沐】①髪を洗う。また、髪とからだを洗い清める。②官吏の休暇。官吏が役所の当直から家に帰って身体や髪を洗う意。

【洗練・洗煉】①あらいねる。②洗ったり手を加えたりしてりっぱにする。③国㋐詩文などを、一層よくするために考え練る。㋑人格・趣味などを高尚にするために修養する。㋒あかぬけする。やぼくさい点を取り去る。修練する。

(9)6【洊】4015　△　㊥漢セン　㊥呉ゼン　㊥霰 jiàn

【字義】❶いたる(至)。水がいたる。❷しきりに。たびたび。

【解字】形声。氵(水)＋存㊥。

(9)6【洮】4016　△　トウ(タウ)　㊥豪 táo

【字義】あらう(洗)。㋐手や顔・髪などを洗う。㋑米をとぐ。㋒きよめる。洗いすすぐ。

【解字】篆文　形声。氵(水)＋兆㊥。

【洮汰】①洗い清める。②米をとぐ。

(9)6【洞】4017　㊢常　ドウ　ほら　㊥漢トウ　㊥呉ドウ　㊥送 dòng　3822 4636

【筆順】氵 汌 汌 洞 洞

【字義】❶ほら。ほら穴。うろ。「洞窟」❷うつろ。むなしい。「空洞」❸とおる。㋐つらぬく。つき通す。㋑さとり知る。見ぬく。「洞察」❹ふかい。奥深い。❺流れが速い。また、速いさま。❻疑う。心がきまらない。

【解字】篆文　形声。氵(水)＋同㊥。音符の同は、中空の意味。水が通りぬけるほらあなの意味を表す。

▼空洞・雪洞・仙洞

【洞開】広く開く。広々とひらける。洞闢。洞啓。

【洞壑】①ほら穴と谷。②谷。深い谷。

【洞貫】①うがちつらぬく。突き通す。②物事についてよく知っていること。通暁。

【洞窟】ほら穴。いわや。

【洞穴】ほら穴。洞窟。

【洞戸】①ほら穴の口。②婦人の室の入り口。

【洞察】見通す。見ぬく。洞見。洞視。

【洞照】明るく照らす。どこまでも照らす。

【洞簫】尺八に似た竹製の管楽器。

【洞然】①穴などのぬけ通っているさま。②広々としたさま。③がらんどうなさま。④はっきりとしたさま。了然。⑤つつしむさま。⑥ほら穴などの中から聞こえてくる音のさま。

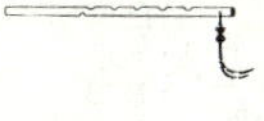

〔洞簫〕

【洞庭湖】湖の名。湖南省北部にある中国第二の淡水湖。面積約二千八百平方キロ。沅水

・湘水ショウスイなどが流れ入り、長江に連なる。周辺に岳陽楼や瀟湘ショウショウ八景などの名勝がある。

【洞徹】ドウテツ ①うがち通す（通る）。②明らかにさとる。

【洞天】ドウテン ①天にとどく（連なる）。②仙人の居る所。

【洞天福地】ドウテンフクチ ①仙人の住んでいる所。三十六洞天・七十二福地。②転じて、天下の名山景勝の地。

【洞洞】ドウドウ・トウトウ ①まじめなさま。まことのあるさま。②無形のさま。③黒いさま。

【洞房】ドウボウ ①奥深い所にある室。②婦人の室。

【洞房花燭】ドウボウカショク ①婦人の室に美しく輝いているともしび。②転じて、結婚式の夜。新婚。

【洞門】ドウモン ①ほら穴の入り口。②門と門とが重なり合う。

(9)6【派】4018 教6 ハ 3941 4749

(9)6［派］4019 漢ハイ 呉ハ 中 pài

筆順 氵 氵 沂 派

字義 ❶わかれ（分）。㋐川の分かれ。分流。㋑本体・基のものから分かれ出たもの。分かれた系統。「分派」「学派」㋒主義・主張を同じくするグループ。「保守派」❷わかれる（わかる）。分ける。「派生」「特派員」

解字 甲骨文 篆文 形声。氵(水)＋𠂢（音）。音符の𠂢ハは、水流が分かれているさまにかたどり、支流・わかれるの意味を表す。

▼硬派・支派・宗派・増派・党派・軟派・流派

【派遣】ハケン ①分けて諸方へ差し向ける。②つかわす。差し向ける。使いにやる。出張させる。

【派出】ハシュツ ①分けてつかわす。②つかわす。③分かれ出る。

【派生】ハセイ 本源から分かれ生ずる。

【派閥】ハバツ 国①ある家から分かれた家がら。②出身地・思想・利害などの関係によってできた仲間。

【派兵】ハヘイ 軍隊を派遣すること。

(9)6【洑】4020 △ 漢フク 呉ブク 中 fú 4546 4D4E

字義 ❶うずまき流れる。❷くぐり流れる。かくれ流れる。❸みなど。船着き場。

解字 形声。氵(水)＋伏（音）。

(9)6【洋】4021 教3 ヨウ 一ヨウ（ヤウ）陽 yáng 二漢ショウ（シャウ）呉ゾウ（ザウ）陽 xiáng

筆順 氵 氵 洋 洋

字義 一❶おおうみ。大海。外海。「遠洋」❷おおなみ。大波。❸水の流れるさま。❹ひろい。広く大きい。また、満ちあふれる。❺外国。特に西洋のこと。「洋食」「洋行」❻中華民国の銀貨。洋銀。二川の名。洋水。漢水の支流。

名乗 うみ・きよ・なみ・ひろ・ひろし・み 難読 洋毬花あじさい・洋剣サーベル・洋灯ランプ

解字 甲骨文 篆文 形声。氵(水)＋羊（音）。音符の羊は、巨に通じ、大きいの意味。大きい水、海よりも大きな水域の意味に用いる。

▼外洋・西洋・東洋・南洋・望洋

【洋夷】ヨウイ 西洋人をいやしんでいう語。夷は、えびす。

【洋溢】ヨウイツ 満ちあふれる。

【洋貨】ヨウカ 外国の貨物。舶来品。

【洋銀】ヨウギン ①銀貨。②国ニッケル二五％、亜鉛二五％、銅五〇％の合金。

【洋行】ヨウコウ ①中国にある外国人の商店。②国西洋（欧米）に行くこと。

【洋洋】ヨウヨウ ①広々として大きいさま。②水などの満ち満ちているさま。行き渡り満ちあふれているさま。③水流のさかんなさま。④多いさま。⑤盛大なさま。⑥美しくさかんなさま。⑦善美なさま。⑧ゆるやかなさま。ゆったりしているさま。⑨寄るべき所、帰るべき所のないさま。⑩足のよろめくさま。⑪うれえるさま。⑫想像するさま。⑬感動するさま。⑭心が広々としてわだかまりのないさま。⑮得意なさま。「意気洋洋」

(9)6【洛】4022 標 ラク 薬 luò 4576 4D6C

字義 ❶川の名。→洛水。❷地名。洛陽の略。→洛陽。❸つらなる。つづく。＝絡。❹つきる。（尽）。国京都をいう。洛陽が中国の周・後漢・西晋セイ・後魏ギ・隋ズイなどの都であったことになぞらえていう。

解字 金文 篆文 形声。氵(水)＋各（音）。

【洛花】ラクカ 牡丹ボタンの別名。洛陽花。

【洛外】ラクガイ ①洛陽の郊外。②国京都の郊外。

【洛学(學)】ラクガク 宋ソウの程顥テイコウ・程頤テイイ兄弟の学問。洛党。→洛閩之学ラクビンのガク。

【洛京】ラクケイ・ラクキョウ 洛陽。転じて、都。京洛。

【洛書】ラクショ →河図洛書カトラクショ（六二四ページ）。

【洛女】ラクジョ 洛水の神。洛神。宓妃フクヒをいう。

【洛城】ラクジョウ ①洛陽をいう。洛陽城。城は、町・都。②国京都をいう。→字義の国。

【洛神】ラクシン 洛水の神。宓妃フクヒをいう。洛女。

【洛水】ラクスイ 川の名。陝西セイ省南東の秦嶺シンレイに発し、河南省洛陽のあたりを過ぎて黄河に注ぐ。雒水ラクスイ。洛河。

【洛西】ラクセイ ①洛水の西。②洛陽の西。③国京都の西の郊外。

【洛東】ラクトウ ①洛水の東。②洛陽の東。③国㋐京都の東の郊外。㋑京都の賀茂川から東の部分。

【洛閩之学(學)】ラクビンのガク 宋ソウの程顥テイコウ・程頤テイイの兄弟と、朱熹シュキとの学問。二程子は洛陽の人。朱子は建陽（今の福建省。昔の閩の地）で学を講じたのでいう。その学は性命理気の説を主とした。→濂洛関閩レンラクカンビン（六七四ページ）。

【洛浦】ラクホ 洛水の水辺。洛水のほとり。

【洛邑】ラクユウ 今の河南省洛陽市の西。周の武王がここを東都とし、周の東遷後、王城（都）となる。洛陽の前身。

【洛陽】ラクヨウ ①地名。中国の古都。今の河南省洛陽市。洛水の北岸（陽）にあるのでいう。漢や唐がここに東都（都の長安が今の陝西セイ省にあったのに対していう）を置き、後漢や西晋セイなどがここに都したので、転じて、都の意にも用いられる。［唐、劉廷芝、代下悲二白頭一翁上詩］洛陽城東桃李花トウリのはな、飛来飛去落二誰家一とびきたりとびさりてたがいえ(へ)にかおつる。〈洛陽の町の東には、桃李の花がまっ盛り、花びらがあちこちに舞い飛んでは、だれの家に落ちてゆくのだろうか〉②国京都をいう。→字義の国。

【洛陽花】ラクヨウカ ①＝洛花。②なでしこ。瞿麦クバクの別名。

【洛陽才子】ラクヨウのサイシ 前漢の文人、賈誼カギをいう。賈誼は洛陽の人で、年少のとき、秀才と称された。

【洛陽紙価(價)貴】ラクヨウのシカたかし 著書の評判がよくてさかんに読まれること。晋シンの左思の「三都賦サントのフ」（文章の名）が評判よく、人々がそれを書写するために争って紙を買ったために、洛陽の町の紙の値段が高くなった故事。［晋書、文苑、左思伝］

(9)6【洌】4023 △ 漢レツ 呉レチ 中 liè 6216 5E30

字義 ❶きよい（清）。清らか。「清洌」❷さむい。つめたい。＝冽。

解字 篆文 形声。氵(水)＋列（冽）（音）。音符の冽レツは、首を切るの意味。身を切るほどのつめたく澄んだ

水、きよい・つめたいの意味を表す。

【洼】(9)6 4024 △ 〔一〕漢アイ・呉エ 佳 〔二〕漢ワ・呉エ(ヱ) 麻 wā

字義 〔一〕〔二〕❶ふかい池。❷くぼみ。くぼむ。＝窪ワ。❸深い。

解字 篆文 形声。氵(水)＋圭㊥。

【洼然】ワゼン 深くくぼんでいるさま。

【海】(10)7 (3992) カイ 海(3991)の旧字体。→六三〇ページ。

【浣】(10)7 4025 △ 漢カン(クヮン) 呉ガン(グヮン) 翰 旱 huàn 6217 5E31

【澣】同字 6321 5F35

字義 ❶あらう。すすぐ。よごれを洗い去る。＝澣カン。「浣濯」❷十日間(旬)をいう。唐代、官吏に身体や髪を洗うために、十日目ごとに一日の休暇を与え、この一か月に三度の休暇を、それぞれ上浣・中浣・下浣と称したことによる。

解字 篆文 別体 形声。氵(水)＋完㊥。音符の完は、めぐらすの意味。水をめぐるようにして注ぎ、あらうの意味を表す。

【浣花渓(溪)】カンカケイ 川の名。錦江の支流。四川省成都市の西郊を流れ、盛唐の詩人杜甫ホがそのほとりに草堂を構えて数年住んでいた。

【浣雪】カンセツ ①あらいすすぐ。②恥をすすぐ。名誉を回復する。

【浣濯】カンタク あらいすすぐ。浣洒カンサイ。

【涇】(10)7 4026 △ 漢ケイ 呉キョウ(キャウ) 青 jīng

字義 ❶川の名。涇水。寧夏ネイ回族自治区の南部に源を発し、陝西セン省で渭水イに注ぐ。❷ながれる。水が通ずる。❸みぞ。

解字 金文 篆文 形声。氵(水)＋巠㊥。音符の巠ケイは、まっすぐの意味。人が作ったまっすぐなみぞの意味を表す。また、まっすぐ流れる流れの意味をも表す。

【涇渭】ケイイ 涇水ケイと渭水イ。ともに川の名。涇水は濁っており、渭水は澄んでいるので、清濁・善悪などの区別の明らかなことにたとえる。「涇渭の分」『詩経』邶風・谷風に「涇以渭濁ケイはイをもってにごる」とあるのに基づく。

【涓】(10)7 4027 △ ケン 先 juān 6218 5E32

字義 ❶小さい流れ。❷しずく。水滴。また、しずくが落ちる。❸小さい。わずか。❹えらぶ(選)。❺のぞく(除)。すてる。＝捐エン。❻きよい。いさぎよい。また、はらい清める。

解字 篆文 形声。氵(水)＋肙㊥。音符の肙エンは、細く小さいの意味。小さい流れの意味を表す。

【涓埃】ケンアイ ①しずくとほこり。②少し。わずか。

【涓潔】ケンケツ 清くさっぱりしていること。清潔。

【涓涓】ケンケン 水がちょろちょろ流れるさま。

【涓毫】ケンゴウ すこし。わずか。毫は、毛すじ。

【涓人】ケンジン ①宮中の掃除や雑用をする人。②宦官カンガン。

【涓塵】ケンジン ①しずくとちり。②すこし。わずか。

【涓滴】ケンテキ ①水のしたたり。しずく。②わずかなもの(小さいもののたとえ)。

【涓流】ケンリュウ ①小さな流れ。細流。②微細な事物のたとえ。

【浩】(10)7 4028 人 漢コウ(カウ) 呉ゴウ(ガウ) 皓 hào 2532 3940

〔浩〕(10)7 4029

【澔】同字

筆順 氵 氵 浩 浩

字義 ❶水の広々としたさま。大水のさま。❷ひろい。大きい。また、大いに。「浩恩」「浩歌」❸ゆたか。多い。

名乗 いさむ・おおい・きよし・はる・ひろ・ひろし・ゆたか

解字 篆文 形声。氵(水)＋告㊥。音符の告は、好に通じ、このましいの意味。心が満たされるような豊かな水の意味を表す。

【浩飲】コウイン 大いに酒を飲む。痛飲。

【浩恩】コウオン 大きな恩。大恩。洪恩。鴻恩コウオン。

【浩歌】コウカ 大きい声で歌う。浩唱コウショウ。

【浩瀚】コウカン ①水の広大なさま。②物の多く豊かなさま。③書籍の巻数の多いこと。

【浩気(氣)】コウキ ＝浩然之気コウゼンの。

【浩浩】コウコウ ①広大なさま。②大水のさま。水の豊かに流れるさま。広々とした水のさま。③道路のはるかに続くさま。④光り輝くさま。

【浩浩乎】コウコウコ 広々としているさま。〔宋、蘇軾、前赤壁賦〕⇒馮虚(六五六ページ)。

【浩浩湯湯】コウコウショウショウ 水が広大に流れるさま。たくさんの水がさかんに流れるさま。

【浩劫】コウゴウ ①宮殿の階段。また、塔。②きわめて長い世をいう。③人間の大きな災い。

【浩笑】コウショウ 大声で笑う。大いに笑う。

【浩然】コウゼン ①広大なさま。②ゆったりしたさま。③水の流れてやまないさま。転じて、帰心のおさえきれないさま。

【浩然之気(氣)】コウゼンのキ 天地間に充満している至大至剛(至って大きく至って強い)の気。これが人間に宿って何物にも屈しない道徳的勇気となる。正気。正大の気。〔孟子、公孫丑上〕我善養二吾浩然之気一(われよくわがコウゼンのキをやしなう(ふ))。

【浩嘆・浩歎】コウタン ①大いになげく。慨嘆。②感慨の深いこと。

【浩蕩】コウトウ ①水の広々としているさま。②広大なさま。③めぐみ・うれえなどの非常に大きいさま。④心の大きくなるさま。

【浩渺・浩淼・浩緲】コウビョウ 広くはるかなさま。

【浩洋】コウヨウ 水の広々としたさま。

【浤】(10)7 4030 △ 漢コウ(クヮウ) 呉オウ(ワウ) 庚 hóng 6219 5E33

字義 浤浤は、波のたちさわぐ音の形容。→浤浤。

解字 形声。氵(水)＋宏㊥。

【浤浤】コウコウ 波の立ちさわぐ音。また、水の激しくわきたつ様子。〔文選、木華、海賦〕

【浞】(10)7 4031 △ 漢サク 呉ザク 覚 zhuó

字義 うるおう。水にぬれる。また、ひたる。

解字 篆文 形声。氵(水)＋足㊥。

【涘】(10)7 4032 △ 漢シ 呉ジ 紙 sì

字義 みぎわ。水際みぎわ。岸。

解字 篆文 形声。氵(水)＋矣㊥。

【浚】(10)7 4033 △ シュン 震 jùn 6220 5E34

字義 ❶さらう。㋐くむ。くみ出す。㋑井戸・川などの底の土砂などを取り去る。底を深くする。「浚渫シュンセツ」㋒他人の物をうばい取る。かっさらう。❷ふかい(深)。「浚谷」❸待つ。❹大きい。

解字 篆文 形声。氵(水)＋夋㊥。音符の夋シュンは、出に通じ、だすの意味。水中から、たまったどろなどをくみ出す、さらうの意味を表す。

【浚急】シュンキュウ 水流の深く早いこと。

【浚渫】シュンセツ 泥などをさらい取って深くすること。「浚渫船」

【消】(10)7 4034 教3 ショウ きえる・けす 3035 3E43

〔消〕(10)7 4035 ショウ(セウ) 蕭 xiāo

筆順 氵 氵' 消 消

字義 ❶きえる。㋐火がきえる。㋑つきる。なくなる。きえうせる。「解消」「雲散霧消」 ❷けす。㋐火をけす。㋑なくす。使いつくす。ほろぼす。「消毒」「抹消(マッショウ)」 ❸弱る。おとろえる。減る。ひかえ目にする。「消極」 ❹とかす(溶)。とける。
国❶きえる。死ぬ。❷けす。㋐跡や姿をなくする。㋑つぶす。「肝をけす」

参考 現代表記では［銷］(8154)の書きかえに用いる。「銷夏→消夏」「銷沈→消沈」

解字 文 篆 [篆文] 形声。氵(水)＋肖(音)。音符の肖は、すくないの意味。水が少なくなる、きえるの意味を表す。

▼抹消・霧消

【消化】(ショウカ) ①物の形が消えて変化する。②胃の中で、食べ物がこなれる。食べ物をこなす。③国㋐(外から受け入れた知識・技術などを)十分に理解して自分のものにする。㋑商品などを売りさばく。

【消夏】(ショウカ) 夏の暑さを払い去る(しのぐ)。消暑。銷夏(ショウカ)。

【消渇(渴)・消△歇】(ショウカツ・ショウカチ) ①のどがかわいて飲み物をほしがり、小便の出にくくなる病気。糖尿病。②婦人の淋病(リンビョウ)。

【消寒】(ショウカン) 冬の寒さを払い去る(しのぐ)。銷寒(ショウカン)。

【消閑・消間】(ショウカン) ひまつぶし。退屈しのぎ。

【消却】(ショウキャク) ①消し去る。なくする。②国㋐ついやす。消費する。㋑(借金などを)かえす。償却。

【消極】(ショウキョク) 物事を進んでしないこと。退き守ること。ひかえめ。↕積極。

【消遣】(ショウケン) ①消し去る。払い去る。②気を晴らす。

【消光】(ショウコウ) 月日を送る。くらす。光は、光陰・時間。

【消魂】(ショウコン) 魂を失う。銷魂(ショウコン)。①気を失う。②ひどく驚くさま。たまげる。③心がくじけ、元気を失う。がっかりする。④うっとりとする。われを忘れる。

【消散】(ショウサン) きえてちらばる。なくなる。

【消除】(ショウジョ) けしのぞく。取り消す。

【消息】(ショウソク) ①陰気の消え去ること(消)と、陽気の生ずること(息)。②時の移り変わり。③生ずることと消え去ること。生滅。④増えることと減ること。増減。⑤栄えることとおとろえること。栄枯。盛衰。⑥見えることとかくれること。隠顕。⑦おとずれ。手紙。幸(消)・不幸(息)などを知らせるものであるからいう。⑧様子。事情。安否。⑨国(ショウソク・ショウソコ)㋐＝⑦。㋑口上。伝言。㋒訪れること。取り次ぎをたのむこと。

【消長】(ショウチョウ) 消えてゆくことと生ずること。さかんになることとおとろえること。盛衰。

【消沈】(ショウチン) ①消えうせる。②おとろえる。活気がなくなる。

【消磨・消摩】(ショウマ) すりへらす。

【消滅】(ショウメツ) 消えてなくなる。

【消耗】(ショウモウ・ショウコウ) ①へる。へってなくなる。②(使い)へらす。(「ショウモウ」は、誤読による慣用読み)

【消揺(搖)】(ショウヨウ) 逍遥(ショウヨウ)。①ゆったりとさまよい歩くこと。②あちらこちらをながめ望むこと。

(10)7【涉】(4101) ショウ 涉(4100)の旧字体。→六四五ページ。

(10)7【浹】4036 △ 一ショウ(セフ)　漢 jiā　二ソウ(サフ)　呉 zā　6221 5E35

［浃］俗字

字義 一❶あまねし。広くゆき渡る。❷とおる(徹)。❸うるおう(潤)。うるおす。❹＝二。
二めぐる(匝)。ひとめぐりする。十干が十日間にひとめぐりするのを「浹日(ひをめぐる)」、十二支が十二日間にひとめぐりするのを「浹辰(シンをめぐる)」という。

解字 文 篆 [篆文] 形声。氵(水)＋夾(音)。音符の夾(キョウ→ショウ)は、はさむの意味。水が物をさしはさむ、うるおすの意味を表す。

【浹△洽】(ショウコウ) ①あまねく行き渡る。②あまねくうるおす。③やわらぎむつまじい。たがいにうちとける。浹和。

(10)7【浸】4037 常 シン　ひたす・ひたる　3127 3F3B
(10)7［浸］4038 一シン 沁 jìn　二シン 侵 qīn

筆順 氵 氵' 浔 浸

［濅］本字　［㓲］同字

字義 一❶ひたる。ひたす。つける。水などにつかる。ぬれる。沈む。「浸水」 二❶しみこむ。にじむ。しみる。「浸透」 ❷おかす(侵)。❸洗う。そそぐ。❹進む。近づく。また、増す。❺やや。ようやく。次第に。

参考 現代表記では［滲］(4234)の書きかえに用いることがある。「滲透→浸透」

解字 文 篆 [篆文] 形声。氵(水)＋侵省(音)。音符の侵は、おかすの意味。水がしだいにおかす、ひたすの意味を表す。

▼漬浸・沈浸

【浸△淫】(シンイン) ①次第にしみこむ。段々に進む。②次第に親しみつく。③ひたりふける。

【浸△灌】(シンカン) 水をそそぐこと。水をかけること。

【浸漬】(シンシ) ①ひたす。つける。ひたりつかる。②転じて、教化・讒言(ザンゲン)などが次第にしみこむこと。

【浸潤】(シンジュン) ①次第にしみこむこと。②次第に侵し広まること。

【浸潤△之△譖】(シンジュンのそしり) 水が次第にしみこむように、徐々に食いこんでゆく讒言(ザンゲン)。〔論語、顔淵〕

【浸食・浸△蝕】(シンショク) 水が次第にしみこんで岩や土などを破壊すること。浸食。転じて、人の領域を次第に侵すこと。

【浸水】(シンスイ) 水にひたる。水につかる。「浸水家屋」

【浸染】(シンセン) ①ひたしそめる。②しみこみそまる。③次第に感化されること。

【浸漸】(シンゼン) 次第に進む。

【浸透】(シントウ) しみとおる。滲透(シントウ)。

(10)7【涔】4039 △ 漢シン　呉ジン　侵 cén

字義 ❶ひたす。つける(漬)。❷たまり水。水たまり。❸雨。また、長雨で水が増す。❹涙や雨のおちるさま。

解字 文 篆 [篆文] 形声。氵(水)＋岑(音)。

【涔雲】(シンウン) 雨を降らせる雲。雨雲。

【涔△旱】(シンカン) 長雨と、日照り。洪水と旱魃(カンバツ)。

【涔涔】(シンシン) ①雨の多いさま。②涙や汗などのさかんに流れ落ちるさま。③天気が曇って薄暗いさま。④苦しみつかれるさま。

(10)7【涗】4040 △ セイ 霽 shuì

字義 ❶ぬるまゆ。微温湯。❷あく。灰をとかした水。❸したむ。酒をこす。❹すむ。清い。

解字 文 篆 [篆文] 形声。氵(水)＋兌(音)。音符の兌(タイ)は、ぬけおちるの意味。にごりがぬけおちた、エキス・エキスだけにする、したむの意味を表す。

(10)7【浙】4041 標 漢セツ　呉セチ　屑 zhè　6222 5E36

字義 ❶川の名。→浙江。❷浙江省の略称。❸よなぐ。とぐ。米などをとぐ。

解字 文 篆 [篆文] 形声。氵(水)＋折(音)。

【浙江】(セッコウ) ①川の名。浙江省を流れる大河。新安江・東陽江・信安江の合流した川で、屈曲が多いので浙江と名づけ、また、曲江ともいう。下流を銭塘江(セントウコウ)と呼び、杭州湾(コウシュウワン)

ワシに注ぐ。❷省名。中国東南部に位置し、東シナ海に面す。省内を流れる浙江により名づける。春秋時代の越の地。省都は杭州市。

【浙江潮】セッコウのうしお　杭州湾の満潮時に、海水が銭塘江（浙江）に逆流し、江水と衝突して起こる大波。すばらしい眺めとして有名。特に陰暦九月九日ころがよい。

【浙西】セッセイ　浙江省北西部の総称。↔浙東。

【浙東】セットウ　浙江より東部。浙江省東南部の地の総称。↔浙西。

(10)7 【涎】4042　△　一 漢セン・呉ゼン 先 xián　二 エン 厳 yàn　6223 5E37

字義 一 ❶よだれ。「垂涎」❷ねばりけのある液。粘液。二 湎涎（ベンエン）は、水の流れるさま。

解字 篆文　形声。氵（水）＋延音。音符の延は、のびるの意味。のびる水、よだれの意味を表す。篆文は、会意で、欠＋水。欠は、人が口をあけている形にかたどる。人の口からの水、よだれの意味を表す。

(10)7 【涑】4043　△　一 ソク 屋 sù　二 ソウ 尤

字義 一 ❶すすぐ。足でふみもんで洗った後、手ですすぐ。❷川の名。涑水（ソクスイ）。山西省西南部にあり、黄河にそそぐ。涑水郷は、山西省夏県の西方の地名。北宋（ホクソウ）の司馬光の郷里。二 ＝一の❶。

解字 篆文　形声。氵（水）＋束音。音符の束は、漱（ソウ）に通じ、すすぐの意味。水を付し、洗いすすぐの意味を表す。

(10)7 【涕】4044　△　漢テイ 呉タイ 薺 霽 tì　6224 5E38

字義 ❶なみだ（涙）。「流涕」↔泗（シ）（鼻からでる涙）。❷なく（泣）。涙を流して泣く。「泣涕」

解字 篆文　形声。氵（水）＋弟音。音符の弟は、次第にの意味。次第に流れおちる、なみだの意味を表す。

【涕△洟】テイイ　＝涕泗（テイシ）。

【涕泣】テイキュウ　なく。涙を流して泣く。

【涕△泗】テイシ　涙と鼻水。また、涙。泗は、涙が鼻の中を通って出るもの。〔唐、杜甫、登岳陽楼詩〕⇩戎馬（四三六ページ）。

(10)7 【涅】4045　【湼】俗字　標　漢デツ 呉ネチ 屑 niè　慣ネ・ネツ　6226 5E3A

字義 ❶くろつち。水底にある黒土。❷黒色。黒い。❸くろむ。黒くなる（染まる）。また、くろめる。黒くする。黒く染める。❹しずむ。おぼれる。

解字 篆文　形声。氵（水）＋土＋日音。音符の日は、泥に通じ、どろの意味。水底にあるどろの意味を表す。

【涅歯（齒）】デッシ　歯を黒く染める。また、黒く染めた歯。

【涅△槃】ネハン　仏梵語（ボンゴ）nirvāṇa の音訳。①煩悩（ボンノウ）をほろぼしつくした解脱（ゲダツ）の境地をいう。②死ぬこと。聖者、特に釈迦（シャカ）の死をいう。入滅。入寂（ニュウジャク）。③涅槃会（ネハンエ）。↓次項。

【涅槃会（會）】ネハンエ　仏釈迦（シャカ）が入滅した陰暦二月十五日に行う、釈迦のための法会（ホウエ）。

(10)7 【涊】4046　△　漢デン 呉ネン 銑 niǎn

字義 ❶淟涊（テンデン）は、けがれる。あかでよごれる。❷涊然は、汗の出るさま。

解字 形声。氵（水）＋忍音。

(10)7 【涂】4047　△　一 漢ト・呉ズ（ヅ）虞 tú　二 漢チョ・呉ジョ（ヂョ）魚 chú　三 ヤ 麻 yé

字義 一 ❶みち（道）。＝途。㋐道路。通路。㋑みぞみち。溝にそった道。㋒堂の下から門までの石だたみの道。❷わたる。通る。❸ぬる（塗）。壁などを塗りかざる。❹そこなう。❺のぞく（除）。涂月（トゲツ）（ジョゲツ）は、十二月の別名。❻涂涂は、露の多いさま。❼＝二。二 川の名。涂水。安徽（アンキ）省から江蘇（コウソ）省に入って長江に注ぐ。三 ❶涿涂（タクヤ）は、山の名。❷涂吾（ヤゴ）は、川の名。

解字 篆文　形声。氵（水）＋余音。音符の余は、除草具の象形。除草具のような形のこてで壁土をぬるの意味を表す。また、途に通じて、みちの意味をも表す。

(10)7 【涛】4048　△　トウ　濤（4313）の俗字。→六七五ページ。　3783 4573

(10)7 【涜】4049　△　トク　瀆（4320）の俗字。→六七五ページ。　3834 4642

(10)7 【涒】4050　△　一 トン 元 tūn　二 イン（キン）真 yūn

字義 一 ❶はく（吐）。もどす。❷大きい。❸涒灘（トンタン）は、十二支の申（さる）の別名。二 水がめぐり流れる。

解字 篆文　形声。氵（水）＋君音。

(10)7 【浜】4051　常　ヒン　はま　4145 494D

一 (17)14 【濱】4052　ヒン 真 bīn　6332 5F40

二 (10)7 【浜】　△　漢ホウ（ハウ）呉ヒョウ（ヒャウ）陽 bāng

筆順　氵 汻 汻 浜 浜

【濵】俗字

字義 一〔濱〕❶はま。みぎわ。なぎさ。水辺。水に沿った土地。「海浜」❷かぎり。はて。「率土之浜（ソツドのヒン）」❸そう（沿）。土地が河・海などに沿う。❹せまる（迫）。近づく。＝瀕（ヒン）。「浜死」二〔浜〕舟をひき入れておく水溝。

難読 浜四津（はまよつ）

解字 一〔濱〕形声。氵（水）＋賓音。音符の賓は、しわがよるの意味。波がしわのように寄ってくる、はまの意味を表す。常用漢字は略字の浜による。二〔浜〕形声。氵（水）＋兵音。

▼河浜・江浜・水浜

【浜海】ヒンカイ　海に沿っている所。海辺。沿海。

【浜涯】ヒンガイ　水のほとり。みぎわ。浜辺。岸。

【浜死】ヒンシ　死に近づく。死にかかる。瀕死（ヒンシ）。

【浜木綿】はまゆう（ゆふ）　国暖国の海浜に自生するヒガンバナ科の常緑多年生の草。一名、浜万年青（はまおもと）。

(10)7 【浮】4053　常　フ　うく・うかれる・うかぶ・うかべる　4166 4962

(10)7 【浮】4054　漢フ 呉ブ 尤 fú　浮気（うわき）・浮（うわ）つく

筆順　氵 氵 浮 浮 浮

字義 ❶うく。うかぶ。うかべる。↔沈。㋐水面や空中にふわふわただよう。「浮揚」「浮上」㋑船などに乗って水上を行く。❷うく。うわつく。㋐落ち着きがない。軽々しい。「軽薄」㋑はかない。根拠がない。定めない。「浮説」「浮世」❸うき。浮き袋・釣糸のうきなど。❹すぎる。まさる。❺軽いもの。❻行う。国❶うく。㋐心が身にそわぬ。㋑余りが出る。❷うかれる。気が引き立つ。陽気になる。❷うかぶ。㋐出世する。㋑死者の霊が成仏する。㋒心の中に出て来る。

名乗 ちか　難読 浮子（うき）・浮腫（むくみ）・浮塵子（うんか）・浮鞭（うきぶち）

解字 金文 篆文　形声。氵（水）＋孚音。音符の孚は、乳児を抱きかかえるさまを表し、包にも通じ、つつみふくれるの意味を表す。

▼軽浮・羅浮

【浮雲】フウン　①うき雲。空にうかんでいる雲。〔唐、李白、送友人詩〕浮雲遊子意（フウンユウシのイ）。訳文⇩遊子（一〇九六ページ）。②は

かなく、あてにならない物事のたとえ。③自分に何の関係もない物事のたとえ。→不義而富且貴、於レ我如二浮雲一（三四ページ）。④人を迷わせる悪人のたとえ。浮雲が太陽の光をさえぎることからいう。⑤筆勢のきわめて自由なさまの形容。「浮雲驚竜」

【浮雲△蔽二白日一】（フウンハクジツをおお(ほ)う(ふ)） 浮き雲が太陽をおおいかくす。（白日を夫の心にたとえて）夫の心に迷いの生じたことのたとえ。また、邪臣が君主の心をまどわすたとえ。〔文選、古詩十九首、其一〕——、遊子不レ顧レ返（ユウシかえ(へ)るをおもわ(は)ず）〈——、旅人であるあなた（夫）は、私のもとにかえろうともしてくれない〉

【浮△漚】（フオウ） ①水面にうかぶあわ。うたかた。②はかないもののたとえ。

【浮華】（フカ） うわべばかり華美で実のないこと。

【浮客】（フカク） さすらいの旅人。

【浮気（氣）】（フキ） ①空にただよっている気。かげろうの類。②軽はずみで移りやすい気持ち。移り気。③国（うわ(は)き）㋐＝②。㋑（一人の異性だけでなく）他の異性に愛情が移りやすいこと。

【浮言】（フゲン） ①根も葉もないことば（うわさ）。②真心のないことば。③国（うわ(は)ごと） 無意識にいうとりとめのないことば。

【浮誇】（フコ） ①てらいほこる。②はでで大げさなこと。③大げさにいうこと。ほらをふくこと。

【浮光】（フコウ） 水にうかんだ光。水面の反射光。水面にきらきらと映っている月や日の光。

【浮△腫】（フシュ） はれむくむこと。むくみ。

【浮世】（フセイ・うきよ） ①定めない（はかない）この世の中。②国（うきよ） 他の語に冠して、現代的・当世風・好色などの意を表す。「浮世絵」

【浮世若レ夢】（フセイはゆめのごとし） 定めない人生は、夢のようにはかなく短い。〔唐、李白、春夜宴二桃李園一序〕——、為レ歓幾何（こびをなすこといくばくぞ）〈——、楽しみごとをするのもどれだけであろうか〉

【浮生】（フセイ） はかない生命・人生。

【浮説】（フセツ） ①根拠の薄弱な説。②根も葉もないうわさ。③真心のないいいかげんなことば。

【浮浅（淺）】（フセン） ①あさはかなこと。軽薄。②はかないこと。もろいこと。

【浮△躁】（フソウ） ①うかれさわぐ。②うわっ調子。落ち着きがないこと。

【浮沈】（フチン） ①うくこととしずむこと。ういたりしずんだり。②重いことと軽いこと。③栄えたりおとろえたりすること。栄枯。盛衰。④時勢の変化に合わせて主義・言動を変えてゆくこと。時勢におし流されること。

【浮図（圖）・浮△屠】（フト） 仏①梵語（ボン）Buddha の音訳。仏をいう。転じて、仏教や僧をいう。②卒塔婆（ソトバ）（梵語 stūpa の音訳）。寺の塔。転じて、寺。

【浮薄】（フハク） 軽薄。うすっぺら。①心が軽々しくてしっかりしていないこと。うわすべりで落ちつきがないこと。軽はずみ。浮気。「軽佻浮薄（ケイチョウフハク）」②人情が薄い。

【浮△萍】（フヒョウ） ①うき草。②よりどころがなく、落ち着かない者のたとえ。

【浮漂】（フヒョウ） ①水上にうきただよう。②真実のないこと。根も葉もないこと。

【浮標】（フヒョウ） 航路標識の一つ。暗礁などを知らせるため、目印として船の航路にうかべておくもの。ブイ。

【浮浮】（フフ） ①気のさかんに立ちのぼるさま。②雨雪のさかんに降るさま。③霧などがたちこめて動くさま。④水のさかんなさま。⑤道行くさま。

【浮文】（フブン） うわべだけで、真実味のない文章。

【浮△沫】（フマツ） ＝浮漚（フオウ）。

【浮民】（フミン） ①仕事をせずにぶらぶら遊んでいる民。②浮浪者。

【浮名】（フメイ） ①実際の値打ちに過ぎた評判・名声・名誉。虚名。②国（うきな） 憂名（うきな）。㋐無実の評判。㋑男女間の情事についての評判。

【浮△游・浮遊】（フユウ） ①あちらこちらと歩きまわる。所定めず旅をする。②（職業がなくて）流浪する。③うかびただよう。④虫の名。蜉蝣（フユウ）。かげろう。

【浮△梁】（フリョウ） ①舟を連ねて作った橋。うき橋。②地名。江西省景徳鎮市の東北。古来、茶の産地として知られている。

【浮浪】（フロウ） ①さすらう。さまよう。流浪。②住所不定で諸所をさまようこと。③一定の職業がなくてぶらぶら遊んでいること。

(10)7
【浼】 4055　△　㊀㊥バイ・㊦マイ 賄 měi　㊁㊥バン・㊦マン 寒　㊂㊥ベン・㊦メン 銑

字義 ㊀㊁❶けがす。また、けがれる。❷＝㊂。
㊂浼浼（ベンベン）は、水のさかんなさま。また、なめらかに流れるさま。

解字 篆文  形声。氵（水）＋免（兔）㊣。音符の兔は、子を産むの意味。お産のときの水で、けがすの意味を表す。

(10)7
【浦】 4056　常　ホ　うら　㊥ホ　㊦フ 麌 pǔ　1726　313A

筆順 

字義 ❶うら。川や湖などのほとりの地。はま。岸。水辺。❷支流が本流に、川が海に注ぐ所。国うら。海や湖などの陸地に入り込んでいる所。入り江。

名乗 ら　難読 浦塩斯徳（ウラジオストック）・浦回（うらみ・うらわ）

解字 篆文  形声。氵（水）＋甫㊣。音符の甫（ホ）は、しきひろがるの意味。ひろがる水、うらの意味を表す。

【浦安国（國）】（うらやすのくに） 国大和（やまと）の国、また日本の国の美称。心安らかな安泰の国の意。

【浦△漵】（ホジョ） うら。うらべ。海辺。海岸。漵も浦。

(10)7
【浡】 4057　△　㊥ホツ・㊦ボチ　慣ボツ 月 bó

字義 ❶おこる（興・起）。さかんに起こる。❷わく（涌（ヨウ））。水がわく。

解字 形声。氵（水）＋孛㊣。音符の孛（ホツ）は、急にさかんになるの意味。水が盛んにわくの意味を表す。

【浡然】（ボツゼン） さかんなさま。さかんに興るさま。浡焉（ボツエン）。勃然（ボツゼン）。

(10)7
【浥】 4058　△　㊥ユウ（イフ）　㊦オウ（オフ） 緝 yì

字義 ❶うるおう（潤・湿）（うるほふ）。うるおす（うるほす）。❷ひたる（浸）。つかる（漬）。

解字 篆文 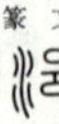 形声。氵（水）＋邑㊣。湿に通じ、しめるの意味を表す。

【浥浥】（ユウユウ） ①露にぬれているさま。②香がかすかにただよい流れるさま。

(10)7
【涀】 4059　△　㊀㊥ユウ（イウ）・㊦ユ 尤 yōu　㊁㊥テキ・㊦チャク 錫 dí

字義 ㊀涀涀（ユウユウ）は、水の流れるさま。
㊁涀涀（テキテキ）は、利益をむさぼるさま。

解字 形声。氵（水）＋攸㊣。

(10)7
【涌】 4060　標　㊥ヨウ　㊦ユウ 腫 yǒng　4516　4D30

〔湧〕同字　4515　4D2F

字義 ❶わく。＝湧（ヨウ・ユウ）。㋐水がわき出る。「涌出」㋑わき上がる。ふき出る。㋒あふれる。㋓現れ出る。生ずる。❷満ちる。

難読 涌谷（わくや）

解字 篆文  形声。氵（水）＋甬㊣。音符の甬（ヨウ）は、用に通じ、もちあげるの意味。水がもちあがる、わくの意味を表す。

【涌△溢】（ヨウイツ） 水がわきあふれる。

【涌出】（ヨウシュツ・ユウシュツ） 水がわき出る。わく。湧出（ユウシュツ）。

【涌泉】（ヨウセン） ①わき出る泉。噴泉。②考えなどのさかんにわきおこるたとえ。③人体経穴（ケイケツ）（鍼（はり）をうち、灸（キュウ）をすえる場所）の名。足の裏のくぼんだ所。土ふまず。

(10)7
【浴】4061　教4　ヨク　あびる・あびせる　ヨク 因 yù　4565 4D61

浴衣（ゆかた）

筆順　氵 氵 氵 浴

字義 ❶あびる。㋐湯あみする。お湯をそそいで身体を洗う。↕沐（髪を洗う）。「入浴」㋑こうむる。身に受ける。「日光浴」❷あびせる。湯や水をかける。

名乗 あみ

解字 篆文 形声。氵（水）＋谷㊤。音符の谷は、低くくぼんでいるたらいの意味。たらいに水を注いであびるの意味を表す。

【浴恩】ヨクオン 恩に浴す。恩を受ける。恩義をこうむる。

【浴△沂之楽（樂）】ヨクキのたのしみ 門人を供につれて郊外に遊ぶ楽しみ。また、名利を忘れて自適する楽しみ。浴沂は、沂水で体を洗う。沂は川の名。『論語』先進編に「浴二乎沂一、風二乎舞雩一、詠而帰」とあるのに基づく。

【浴日】ヨクジツ 日光をあびる。日光に照らされる。

【浴槽】ヨクソウ 入浴に用いる湯ぶね。ふろおけ。

【浴殿】ヨクデン ①宮中の浴室。浴堂殿。②湯殿。ふろば。ふろばの建物。浴室。

【浴仏（佛）日】ヨクブツニチ 仏陰暦四月八日。釈迦の誕生日。この日、釈迦の像に甘茶をかける。灌仏。

(10)7
【浬】4062　△　リ 因 lǐ　1929 333D

字義 かいり（海里）。海上の距離の単位。一浬は、一八五二メートル。国ノット（knot）。船の速度の慣用単位。一時間に一海里の速度を一ノットという。節。

解字 形声。氵（水）＋里㊤。

(10)7
【涖】4063　△　㊀リ　㊁㊥レイ・㊤ライ 霽 lì

【莅】俗字

字義 ㊀㊁❶のぞむ（臨）。＝莅。㋐その場・位置につく（身を置く）。㋑たずさわる。仕事にたずさわる。「涖政」❷みる（視）。❸水の音。

解字 会意。氵（水）＋位。位は、人が立つの意味。水ぎわにたつ、臨むの意味を表す。

【涖政】リセイ 政にたずさわる。君主が政治をとる。

【涖△祚・涖△阼】リソ 天子の位につく。

(10)7
【流】4064　教3　リュウ・ル　ながれる・ながす　㊥リュウ（リウ）・㊤ル 尤 liú　4614 4E2E

筆順　氵 氵 汁 汸 浐 流

【流】本字　【㳅】古字

字義 ❶ながれる。㋐水などがながれる。「放流」「逆流」㋑水などの上を流れる。ただよう。㋒さまよう。あてもなく歩く。「流浪」㋓すらすらとゆく。はかどる。「流麗」㋔広まる。ゆきわたる。伝わる。「流布」㋕移りゆく。おもむく。時がたつ。㋖形を成さずに終わる。「流産」「流会」㋗それる。「流矢」㋘度を越す。ふける。❷ながす。㋐水などをながす。㋑水などの上をながす。㋒広める。伝える。㋓罰として遠地に追いやる。「流刑」㋔移す。㋕なくす。❸ながれ。㋐川。「支流」「激流」㋑川のようながれ。「電流」「気流」㋒系統。血統。なかま。階級。「我流」「上流」❹なかま。㋐やから。人々。「流輩」㋑たぐい（類）。同類。㋒しな。品等。階級。「第一流」❺もとめる（求）。選び取る。❻根拠がない。たしかでない。「流言」❼辺地。殷代は都から千五百里～二千五百里の地。周代は三千五百里～五千里。❽仏煩悩のために三界をめぐり迷うこと。国❶ながす。㋐芸人・物売りなどが歩きながら客を求める。㋑心にとめないようにする。㋒質草を期限になっても受け取りに行かず、所有権を放棄する。㋓そのままやめにする。㋔無効にする。❷リュウ。旗・幕などを数える語。

名乗 とも・はる　難読 流行（はやり）・流連（いつづけ）

解字 篆文 会意。水と㐬（子が羊水と共に急に生まれ出るさまの字。ながれる意）との合字。原義は、水がながれゆくこと。

▼亜流・一流・回流・海流・下流・我流・寒流・貫流・逆流・渓流・原流・源流・交流・合流・周流・主流・上流・女流・支流・時流・清流・川流・濁流・他流・暖流・中流・潮流・底流・配流・漂流・飛流・風流・奔流・末流・名流

【流亜（亞）】リュウア 肩をならべるほどの人物。同じ流派・系統をついだ人。流はなかま・同類。亜は次ぐ者。亜流。

【流域】リュウイキ 川の流れにそった地域。

【流英】リュウエイ 風に飛ぶ花びら。落花。

【流△裔】リュウエイ 子孫。末流。末裔。

【流△鶯】リュウオウ 枝から枝へ飛び移って鳴くうぐいす。

【流火】リュウカ 陰暦七月の夕ぐれに西の空に低く見える大火（心星）。転じて、陰暦七月の別名。

【流△霞】リュウカ ①たなびく夕焼け雲。②仙人の飲む酒の名。流霞酒。

【流汗】リュウカン ①流れ落ちるあせ。「流汗淋漓（リュウカンリンリ）」②恥じたり苦しんだりして、汗をかく。

【流観（觀）】リュウカン 見渡す。あちらこちらとながめる。

【流儀】リュウギ ①学問・技芸などで、その一派の特別の型・方法。②物事のやり方（方法）。

【流金△鑠石】リュウキンシャクセキ 金石を溶かし流す。非常な暑熱の形容。

【流金焦土】リュウキンショウド 金を溶かし流し、大地をこがす。非常な暑熱の形容。

【流△寓】リュウグウ 流浪して他郷に一時身を寄せること。

【流刑】リュウケイ・ルケイ 遠く離れた土地に追放する刑罰。島流し。流罪。

【流形】リュウケイ ①形を敷く。色々な形をして現れる。万物がこの世に現れ出るなどにいう。②転じて、単に物を生ずること。③万物。森羅万象。

【流景】リュウケイ ①流れ来る（照り輝く）日光。②落日の光。

【流憩】リュウケイ あちらこちら歩きまわったり、立ちどまって休息したりすること。〔文選、陶潜、帰去来辞〕

【流血】リュウケツ 血を流す。また、その血。

【流血成レ川】リュウケツかわ（は）をなす 血が川となって流れる。死傷者の多いたとえ。〔戦国策、秦〕

【流血漂レ△杵】リュウケツきねをただよわ（は）す 戦いで死傷者が多く、流れる血がきねのような重い物までおし流す。杵はきね。一説に、鹵で、楯たてという。〔書経、武成〕

【流言】リュウゲン ①根も葉もないうわさ。②言いふらす。

【流言飛語・流言△蜚語】リュウゲンヒゴ ＝流言の①。蜚は、飛。

【流光】リュウコウ ①流れ（もれ）出る光。②水流につれてゆれる月光。波にくだける月光。〔宋、蘇軾、前赤壁賦〕撃二空明一兮泝二流光一（クウメイにうちてリュウコウにさかのぼる）。訳文⇩桂櫂蘭槳（かつらのさお（を）ランのかじ（ぢ））（吾八八一）。③移り行く光陰。過ぎ行くとき（時間）。④祖先の残したおかげ（恩徳）。⑤光を流す。⑥恩徳や感化を広く及ぼす。

【流行】リュウコウ ①広く行き渡る。②広がる。③はやる。④国新しい境へと絶えず進むこと。↕不易。

【流荒】リュウコウ 遠い土地。辺境の地。荒も、辺地。

【流黄】リュウコウ ①玉虫色の絹布。②玉虫色の玉。③硫黄（イオウ）。

【流恨】リュウコン いつまでもつきないうらみや悲しみ。

【流△沙】リュウサ ①中国西北部の砂漠地帯。沙は、砂に同じ。②砂漠。

【流罪】リュウザイ・ルザイ ＝流刑。

【流△竄】リュウザン・ルザン ①流刑に処せられること。②遠地へのがれ

かくれる。
【流矢】リュウシ ①飛び来る（行く）矢。②それ矢。流れ矢。
【流觴曲水】リュウショウキョクスイ 陰暦三月三日、屈曲した水流に杯を流し、自分の所に杯の来ないうちに詩を作り合った故事。晋の王羲之オウギシが蘭亭ランテイに文人を集めて行ったのに始まる。觴は、さかずき。〔晋、王羲之、蘭亭記〕
【流人】リュウジン ①他郷にさすらう人。流浪している人。②ニン。流刑に処せられている人。
【流声（聲）】リュウセイ ①世に伝わっている評判。声は、名声・声誉。②声を流す。名声を広める。評判になる。
【流星】リュウセイ ①流れ星。②昔の名剣の名。③すみやかな動作の形容。④のろし・花火などの光のたとえ。
【流星光底】リュウセイコウテイ 振りあげた名刀の下。〔頼山陽、題ニ不識庵撃ニ機山一図上詩〕流星光底逸ニ長蛇一リュウセイコウテイ チョウダをイッす。
【流石】リュウセキ ①流れる石。②石をとかし流す。③国さすが ㋐そうはいう（思う）ものの。そうではあるが。㋑すぐれたものであるだけあって。有名であるだけあって。なんといってもやはり。「枕レ流漱レ石いしにくちすすぐ」の故事から出た語。
【流説】リュウセツ・ルセツ ＝流言。「流言流説」
【流歠】リュウセツ 流しこみすする。流し飲みする。
【流涎】リュウセン ①よだれ。②よだれを流す。③非常にうらやましがる。また、ほしがること。
【流蘇】リュウソ 五色の糸や羽で作ったふさ。車馬や旗・幕などにつける。
【流霜】リュウソウ 空中を流れる霜。
【流俗】リュウゾク ①世の中の悪いならわし。②俗世間。世の中。③世俗の人。世人。
【流賊】リュウゾク あちらこちら渡り歩いて悪事を働く者。
【流滞（滯）】リュウタイ 流れることと、とどこおること。流れたりとまったりする。
【流謫】リュウタク・ルタク ＝流刑。謫は、責める・罰する。
【流暢】リュウチョウ 言語・文章などの、すらすらとしてとどこおらないこと。なだらか。
【流涕】リュウテイ 涙を流す。また、流れる涙。
【流鏑馬】やぶさめ 国古来の武道の一つ。騎射の一種。馬に乗って走らせながら鏑矢かぶらやで的を射るもの。
【流転（轉）】リュウテン・ルテン ①ぐるぐるめぐること。②次から次へとめぐり移る（歩く）こと。③絶え間なく変化すること。「生死流転ショウジルテン」
【流伝（傳）】リュウデン・ルデン 世に（後世にまで）広く伝わること。また、その伝わったもの。

【流電】リュウデン ①いなずま。②きわめて速いもののたとえ。
【流動】リュウドウ ①流れ動く。②動き変わる。
【流波】リュウハ ①流水。②流し目で見る。思いをこめて見る。秋波。③恩恵の続いてやまないこと。
【流派】リュウハ ①分かれ流れる。②分かれ。支流。㋐分かれ流れている水流（川）。㋑分かれて一派を成しているもの。主義や方法の違いによって分かれた、それぞれのグループ。
【流杯・流盃】リュウハイ さかずきを流す。流觴リュウショウ。→流觴曲水。
【流配】リュウハイ・ルハイ ①流刑に処すること。②流刑に処せられた人。
【流輩】リュウハイ 同じ組の人々。なかま。多くの人々。
【流萍】リュウヒョウ ①流れただようき草。②はかないもののたとえ。
【流漂】リュウヒョウ ①流れただよう。また、ただよわす。②さすらう。
【流布】リュウフ・ルフ ①広まる。行き渡る。②国フル 世上に広く存在していること。
【流布本】ルフボン 国世間一般に用いられているテキスト。
【流風】リュウフウ ①後世に伝わり残っている美風。遺風。↕流弊。②流れて来る音楽。
【流聞】リュウブン うわさが広く伝わる。また、そのうわさ。
【流弊】リュウヘイ 前から伝わって来た弊害・悪風。↕流風。
【流眄】リュウベン 流し目。また、流し目に見る。ひとみだけをななめに動かして見る。流盼リュウハン。
【流芳】リュウホウ ①芳名を世に広める。また、後世に伝える。②世の中（後世）に伝えられた名声。
【流亡】リュウボウ・ルボウ ①にげて他郷へ行くこと。②流浪する。さすらう。
【流氓】リュウボウ ①＝流民。②無頼漢。
【流民】リュウミン・ルミン 居所を失い（一定の居所をもたない）諸方をさすらい歩く人々。
【流目】リュウモク ①目をあちらこちらと移して見ること。見まわす。②国ながしめ 顔を向けずに、視線だけを向けて見ること。また、その目つき。
【流用】リュウヨウ 決まった使い道以外のことに使用する。他の使途に転用する。
【流落】リュウラク ①落ちぶれて流浪すること。流浪落魄リュウロウラクハク。②落ちぶれる。零落。
【流覧（覽）】リュウラン ①諸方をめぐり歩いて見ること。周流観覧。②広く目を通す。③簡単に目を通す。
【流離】リュウリ ①居所を失って諸所をさまようこと。さすらう。流浪。②鳥の名。ふくろう。③宝石の名。琉璃リュウリ・ルリ。
【流麗】リュウレイ のびのびとして美しいこと。なだらかで美しく品のあること。詩文・書法などにいう。

【流連】リュウレン 遊楽にふけって家に帰るのを忘れること。居つづけ。「流連荒亡」も同意。〔孟子、梁恵王下〕
【流露】リュウロ ①草の上のつゆ。②奥底まで表し示すこと。③表れ見える。
【流浪】リュウロウ・ルロウ 流れただよう。あてどもなくさすらう。
【汲レ流】ながれをくむ ①水流をくむ。②国ある人、または流派などの流儀を学ぶ（あとを受け継ぐ）こと。
【枕レ流漱レ石】ながれにまくらし いしにくちすすぐ 負け惜しみの強いこと。ひどいこじつけ。晋シンの孫楚ソンソが山林にかくれ住もうと思い、「石に枕し流れに漱がん」というべきを、誤まって「流れに枕し石に漱ぐ」といったのを王済にとがめられたときに、「流れに枕するのは耳を洗う（俗世のけがれを洗い去る）ためであり、石に漱ぐのは歯をみがくためである」と答えた故事。〔晋書、孫楚伝〕
【乱（亂）レ流】ながれをわたる 水流を横ぎって渡る。

(10)7 【涙】4065 常 ルイ なみだ　4662 4E5E

(11)8 〔淚〕4066 人 許 ㊀ルイ 寘 lèi ㊁漢レイ・呉ライ 霽

筆順 氵 氵 沪 沪 涙

〔泪〕同字 6205 5E25

字義 ㊀❶なみだ。「感涙」❷なみだする。なみだす。涙を流す。泣く。❸たれる。したたる。㊁❶早く流れるさま。❷淒涙セイレイは、さむざむとしたさま。
国なみだ。なさけ。人情。思いやり。

解字 形声。氵（水）＋戻（戾）音。音符の戻は、黎レイに通じ、すきまなくつらなるの意味。とぎれずにつらなる、なみだの意味を表す。

▼暗涙・感涙・血涙・紅涙・熱涙・落涙
【涙河】ルイカ 涙が川のようにさかんに流れるさま。
【涙痕】ルイコン 涙の流れた跡。落ちた涙の跡。
【飲レ涙】なみだをのむ ①悲しくあきらめるさま。②くやしいさま。残念なさま。
【揮レ涙斬ニ馬謖一】なみだをふるってバショクをきる 蜀ショクの諸葛孔明ショカツコウメイが自分の命にそむいて戦闘をして敗れた、愛する部下の大将馬謖を泣きながら斬った故事。法やおきてを守るためには、私情をおさえ、愛するものをも犠牲にするたとえ。→泣斬ニ馬謖一ないてバショクをきる（六三五ページ・一）。

(10)7 【浰】4067 △レン 霰 liàn

字義 ❶水が速く流れるさま。❷はやい（疾）。

解字 会意。氵（水）＋利。

(10)7
【浪】 4068
常 ロウ
㊀ロウ（ラウ）漾 làng
㊁ロウ（ラウ）陽 láng
㊂ラン 翰
4718
4F32

筆順 氵 氵ョ 浪 浪

字義 ㊀❶なみ。㋐大波（波は、小さな波）。㋑波の総称。❷なみだつ。波が起こる。❸起こる。きざす。また、動かす。❹さまよう。さすらう。「流浪」「放浪」❺しまりがない。ほしいまま。気まま。でたらめ。「浪費」❻みだりに。むやみに。やたらに。㊁→浪浪。㊂孟浪（モウラン・マンラン）は、おろそかな。また、とりとめのないさま。

難読 浪越（なごし）・浪花節（なにわぶし）・浪華（なにわ）・浪逆浦（なさかうら）・浪速（なにわ）・浪曼（ロマン）・浪漫（ロマン）

解字 形声。氵（水）＋良㊥。音符の良は、うねるなみを表す擬態語。水を付し、なみの意味を表す。

▼逆浪・濁浪・波浪・浮浪・放浪・奔浪・流浪

【浪花】ロウカ ①波のしぶき。白い波がしら。波の花。②国なにわ（は）大阪。また、摂津（せっつ）の国（今の大阪府・兵庫県の一部）の古名。浪華。難波。

【浪語】ロウゴ むだばなし。

【浪士】ロウシ ①官職がなく、流浪している人。②心の定まらない人。③国主家を去り俸禄（ホウロク）を失った武士。「をくらます。

【浪死】ロウシ むだ死に。犬死に。徒死。

【浪跡・浪迹】ロウセキ ①目当てもなく歩くこと。さまよう。②跡

【浪人】ロウニン ①居所の定まらない（流浪している）人。②官職がなく流浪している人。浪士。③国㋐故郷を離れて他国に流浪している農民。浮浪人。鎌倉時代ころまでの用語。㋑主家を去り俸禄（ホウロク）を失った武士。浪士。室町時代以後の用語。もと「牢人（ロウニン）」と書いた。㋒一定の職業のない者。主として俸給を得て従事する職業関係についていう。㋓入学試験に不合格となって学籍をもたぬ者。

【浪費】ロウヒ むだづかい。金品をむだに使うこと。

【浪孟】ロウモウ 失意のさま。また、とりとめのないさま。孟浪。

【浪遊・浪游】ロウユウ ぶらぶらと遊びくらす。

【浪浪】ロウロウ ①涙のさかんに流れるさま。②雨の降り続くさま。③足のよろめくさま。蹌浪（ソウロウ）。④さまよい歩くさま。⑤流れるさま。⑥寄るべ（たよる所）のないさま。⑦国落ちぶれたさま。「浪浪の身」

【酒】→酉部 一二四ページ。

(11)8
【淫】 4069
標 イン 侵 yín
1692
307C

字義 ❶度を越す。度はずれ。深入りする。熱中し過ぎる。おぼれる。「淫雨」❷みだら。㋐男女関係の不純・過度なこと。「淫蕩（イントウ）」「姦淫（カンイン）」㋑よこしま。道にはずれている。㋒だらしがない。ふしだら。❸みだす。みだれる。まどわす。おかす（犯）。❹みだりに。むやみに。❺うるおす。ひたす。また、うるおう。あふれる。❻とどまる。❼はなはだしい。大きい。❽あそぶ。遊ばせる。

解字 形声。氵（水）＋壬㊥。音符の壬（イン）は爪＋壬で、手をさし出し、進み出て求めるさまから、過度・はなはだしいの意味を表し、降りすぎの雨の意味から、ひたす・ふけるの意味を表す。

【淫佚・淫泆・淫逸】インイツ ①なまけて遊びにふけること。放蕩（ホウトウ）。②男女間のみだらな交わりを行うこと。また、みだらな交わり。③乱れくずれる。乱れる。くずれる。

【淫淫】インイン ①涙や水のさかんに流れ下るさま。②増してゆくさま。③遠く去るさま。④往来するさま。

【淫雨】インウ 何日も降り続く雨。長雨。

【淫楽（樂）】インガク ①下品な（みだらな）音楽。淫声。②ラインラク 度を越した（みだらな）楽しみ。

【淫虐】インギャク みだらでむごいこと。道にはずれた、むごたらしい行い。

【淫驕】インキョウ ほしいままでおごりたかぶる。わがままかって。

【淫行】インコウ みだらなおこない。不品行。

【淫荒】インコウ 正道を離れた行い。特に、酒色にふけることをいう。

【淫志】インシ ①心をみだらにする。みだらな心をおこす。②みだらな気持ち。

【淫祀】インシ いかがわしい（祭るべからざる）神を祭ること。

【淫祠】インシ いかがわしい神を祭った社。

【淫辞（辭）】インジ ①かざりが多く真実がないことば。②道理にはずれたことば。邪説。③人をまどわすようなことば。

【淫酒】インシュ 酒にふけること。

【淫声（聲）】インセイ ①さわがしい音楽。②正しくない音楽。下品な音楽。また、みだらな音楽。

【淫蕩】イントウ 酒色などにふけって身持ちのよくないこと。特に、男女関係のだらしのないこと。蕩は、ほしいまま。

【淫靡】インビ ①過度のおごりやぜいたく。②みだらなこと。

【淫奔】インポン ①正式の結婚をしないで私通すること。奔は、はしる。勝手に男または女のもとへ行くこと。②はなはだしく色を好むこと。

【淫欲・淫慾】インヨク 異性に対するみだらな欲望。男女間の性的欲望。情欲。

【淫乱（亂）】インラン ①規則を守らず過度にはしり、道にはずれた行いをすること。また、その行為。②酒色におぼれ、遊びなまけること。③色を好み、みだらな行いをすること。

【淫猥】インワイ みだらなこと。

(11)8
【液】 4070
教5 エキ
㊀漢エキ・呉ヤク 陌 yè
㊁漢セキ・呉シャク 陌 shì
1753
3155

筆順 氵 氵 汸 液 液

字義 ㊀❶しる（汁）。物の内部から出るしる。「液汁」❷水のたぐい。液体。「血液」❸わき。両わき。＝掖（エキ）。㊁❶ひたす（浸）。つける（漬）。うるおす（潤）。❷とけ散る。

解字 形声。氵（水）＋夜㊥。音符の夜（ヤ＝エキ）は、繹（エキ）に通じ、次々に続くの意味。糸を引くようにつながる水、しるの意味を表す。

▼津液・太液・粘液・鼻液

【液体（體）】エキタイ 一定の体積は有するが、きまった形をもたない流動性の物質。また、その状態。↔気体・固体。

(11)8
【涴】 4071
△
㊀漢エン（エン）・呉オン（ヲン）阮 wǎn
㊁漢カ（クヮ）・呉ワ 箇 wò
6229
5E3D

字義 ㊀涴演（エンエン）は、水がめぐり曲がって流れるさま。㊁けがれる。よごれる。泥がつく。＝汚。

解字 形声。氵（水）＋宛㊥。

(11)8
【渊】 4072
△ エン 淵（4129）の俗字。→六五一ページ。
6229
5E3D

(11)8
【渕】 4073
△ エン 淵（4129）の俗字。→六五一ページ。
6228
5E3C

(11)8
【淹】 4074
△ エン 塩 yān
6227
5E3B

字義 ❶ひたす（浸）。つける（漬）。❷久しい。おそい。❸とどまる。久しくとどまる。とどこおる。❹やぶれる（敗）。決壊する。❺ひろい（広）。国いれる。茶をいれる。

解字 形声。氵（水）＋奄㊥。音符の奄（エン）は、おおうの意味。物を水でおおう、ひたすの意味を表す。

【淹淹】エンエン 気力のないさま。「気息淹淹」

【淹該】エンガイ 広く通じている。淹博。該は、かねる・そなわる。

【淹久】エンキュウ 久しくとどまる。

【淹月】エンゲツ 一か月にわたる。

【淹歳】エンサイ ①久しい年月。②一年にわたる。

【淹宿】(エンシュク) 一夜を経る。一夜を過ごす。よいごし。

【淹滞(滯)】(エンタイ) ①とどまる。久しくとどまる。②下位にとどまっていること。低い地位にとどまって出世しない。また、その人。

【淹遅(遲)】(エンチ) おそいこと。ゆっくり。

【淹通】(エンツウ) 広く通ずる。博通。淹貫。

【淹博】(エンパク) ひろい。身につけた学問などの広いこと。淹該。

【淹留】(エンリュウ) ＝淹滞。

(11)8 【淤】4075 △ 漢ヨ 呉オ(ヲ) 魚 御 yū　6243 *5E4B*

字義 ❶どろ（泥）。おり。かす。水などの底に沈殿したおり。❷す（洲）。しま。泥砂が積もってできた洲。❸とどこおる。ふさがる。❹あきる。あきたりる。

難読 淤能碁呂島(おのころじま)

解字 篆文 形声。氵(水)＋於音。音符の於(オ)は、歍(オ)に通じ、胸がつまってはき気をもよおすの意味。たまったどろの意味を表す。

【淤閼】(オアツ) どろがふさがりたまる。どろでふさがる。淤塞(オソク)。

【淤泥】(オデイ) どろ。ぬかるみ。

(11)8 【涯】4076 常 ガイ　漢ガイ 呉ゲ 佳 yá　1922 *3336*

筆順

字義 ❶みぎわ(みぎは)。水際(みずぎわ)。岸。❷はて。きわみ。かぎり。「天涯」「生涯」❸あたり。一方。

解字 篆文 形声。氵(水)＋厓音。音符の厓(ガイ)は、がけの意味。がけと水との接点、水ぎわの意味を表し、転じて、果ての意味を表す。

▼境涯・際涯・生涯・水涯・天涯

【涯岸】(ガイガン) ①みぎわ。岸。②果て。かぎり。

【涯際】(ガイサイ) ＝涯岸。↓前項。

【涯分】(ガイブン) 身分相応の境遇。分際。

(11)8 【渇】4077 常 カツ かわく
(12)9 〖渴〗4078 人 許 一漢カツ・呉カチ 曷 kě　二漢ケツ・呉ゲチ 屑 jié　1973 *3369*

筆順

字義 一❶かわく。㋐のどがかわく。㋑のどがかわいて水をほしがるように切望する。強く希望する。「渇望」❷かわかす。❸かわき。のどがかわくこと。
二かれる(かる)。水がかれる。水がなくなる。「枯渇」

解字 篆文 形声。氵(水)＋曷(曷)音。音符の曷(カツ)は、割に通じ、たちきるの意味。水がつきる、かわくの意味を表す。

▼飢渇・苦渇・枯渇・酒渇・消渇

【渇愛】(カツアイ) 非常に愛する。また、好む。

【渇仰】(カツギョウ・カツゴウ) ①仏のどがかわいて水を欲し、山をしたい仰ぐように、仏をしたい求めること。②心からあこがれしたうこと。

【渇△而△穿レ井】(カッしていい(ゐ)をうがつ) のどがかわいてから井戸を掘る。事が起きてからあわててもむだなたとえ。泥棒を見て縄をなう。「〈二二〇八ジ〉」。〔説苑、奉使〕

【渇者甘レ飲】(カッしたるものはインをあましとす)〔孟子、尽心上〕⇩飢者甘レ食
【渇者易レ為(爲)レ飲】(カッするものはインをなしやすし) のどのかわいた者はどんな物でも喜んで飲む。虐待されている者はわずかな恩恵にも感じるたとえ。〔孟子、公孫丑上〕 飢者易レ為レ食(うるものはショクをなしやすく)、——。

【渇水】(カッスイ) 日照りで、水がかれること。涸渇(コカツ)。

【渇望】(カツボウ) (のどがかわいている人が水をほしがるように) はなはだしく希望すること。熱望。

【渇不レ飲二盗泉△之水一】(カッすれどもトウセンのみず(づ)をのまず) のどがかわいたとき、泉があっても、それが盗泉という名であれば、その名ゆえに、その泉の水は飲まない。孔子が盗泉という名の泉であると聞いてその水を飲まなかった故事。どんな困苦にあっても決して不義を行わないことのたとえ。〔文選、陸機、猛虎行〕

(11)8 【涵】4079 標 漢カン 呉ガン 覃 hán　6230 *5E3E*
【涵】本字

字義 ❶ひたす（浸・漬）。水などに（水などが）ひたす。ひたる。うるおす（潤）。うるおう。❷しずむ（沈）。❸いれる（容）。とり上げる。用いる。

解字 篆文 形声。氵(水)＋函(圅)音。音符の圅(カン)は、ふくむの意味。水分をふくむ、うるおうの意味を表す。

【涵泳】(カンエイ) 水にひたり泳ぐ。水中に沈み泳ぐ。転じて、恩恵をこうむること。

【涵△煦】(カンク) ひたしあたためる。めぐみをほどこすこと。

【涵△濡】(カンジュ) ひたしうるおす。ひたりうるおう。転じて、恩恵を施す。恩恵をこうむる。

【涵△碧】(カンペキ) みどりをひたす。水や空などの一面にみどり色に見えること。

【涵養】(カンヨウ) ①ひたしやしなう。めぐみを施すこと。②水がしみ込むように次第に養成する。知識や徳などを養成すること。

(11)8 【涫】4080 △ カン（クヮン）翰 guàn

字義 わく。わきたつ。沸騰する。また、その形容。

解字 篆文 形声。氵(水)＋官音。

(11)8 【淦】4081 △ 漢カン 呉コン 勘 覃 gàn　6232 *5E40*

字義 ❶あか。あか水。ゆ。舟の中に入って船底にたまった水。❷どろ。どろ水。

解字 篆文 形声。氵(水)＋金音。

(11)8 【淇】4082 △ 漢キ 呉ギ 支 qí　6231 *5E3F*

字義 川の名。淇水。河南省北部を流れて衛河に注ぐ。

解字 篆文 形声。氵(水)＋其音。

【淇奥・淇△澳】(キイク) 淇水のくま。淇水が湾曲した所で、河南省淇県の西北の地。竹が多い。淇園ともいう。

(11)8 【渓】4083 常 ケイ　2344 *374C*
(13)10 〖溪〗4084 ケイ 斉 xī　6268 *5E64*

筆順

字義 たに（谷）。たにがわ。「渓谷」

【谿】同字 7616 *6C30*

解字 篆文 形声。氵(水)＋奚(奚)音。篆文は、谷＋奚音。音符の奚(ケイ)は、糸がつながるの意味。糸がつながるように水が注ぎこむ、たにの意味を表す。

▼深渓・清渓・雪渓・端渓

【渓△壑】(ケイガク) ①たに。大きな谷。壑も、谷。②欲の深いのにたとえる。「渓壑の欲」

【渓△澗】(ケイカン) たにがわ。渓流。澗も、谷川・谷水。

【渓谷】(ケイコク) たに。谷間。

【渓水】(ケイスイ) 谷川の水。また、たにがわ。渓川。

【渓声(聲)】(ケイセイ) 谷川の水音。谷間のせせらぎの音。

【渓△嵐】(ケイラン) 谷あいの山気。嵐は、かすかに青く見えるもやのようなもの。

【渓流】(ケイリュウ) 谷川の流れ。

(11)8 【涸】4085 標 一漢コ・呉ゴ 遇　二漢カク・呉ガク 薬 hé　6233 *5E41*

字義 一二❶かれる(かる)。つきる（尽）。ひる（干）。水がつきてなくなる。「涸渇」❷からす。水をほす。❸きびしい。「涸陰」

難読 涸沼(ひぬま)

参考 現代表記では［枯］(3375)に書きかえることがある。「涸渇→枯渇」

解字 文 篆 形声。氵(水)＋固㊥。音符の固は、枯に通じ、かれるの意味。水がかれるの意味を表す。

【涸陰】コイン きびしい寒さ。窮陰。

【涸渇(渴)】コカツ 水がかれてなくなる。転じて、一般に物がとぼしくなる。つきてなくなること。枯渇。

【涸旱】コカン 水がれ。ひでり。

【涸轍】コテツ ①水のかれかかっている車のわだち。②苦しい境遇のたとえ。

【涸轍鮒魚】コテツのフギョ 涸轍にいるふな。困窮が身に迫っている者のたとえ。〔荘子、外物〕

【涸鮒】コフ ＝涸轍鮒魚コテツのフギョ。→前項。

(11)8【淆】4086 △ ㊥コウ(カウ) ㊎ギョウ(ゲウ) 肴 xiáo　6234 5E42

字義 ❶まじる。まざる。いりまじる。「玉石混淆」❷にごる(濁)。にごす。❸みだす(乱)。みだれる。

参考 現代表記では［交］(94)に書きかえることがある。「混淆→混交」

解字 形声。氵(水)＋肴㊥。音符の肴コウは、いりまじるの意味。水がまじり物でにごるの意味を表す。

(11)8【淈】4087 △ ㊥コツ ㊎コチ 月 gǔ

字義 ❶にごる(濁)。にごす。❷みだれる(乱)。みだす。❸つきる(尽)。つくす。❹水の勢いよく流れるさま。「淈淈」❺どろ(泥)。

解字 文 篆 形声。氵(水)＋屈(屈)㊥。音符の屈クツは、ほるの意味。水中からどろを掘り、にごすの意味を表す。

(11)8【混】4088 教5 コン まじる・まざる・まぜる ㊥コン・㊎ゴン 阮 hùn, ⑥gǔn　2614 3A2E

筆順 氵 沪 泪 涅 混

字義 ❶まじる。まざる。まじりいる。入り乱れる。こむ。「混入」「混雑」❷まぜる。まじえる。まぜ合わせる。「混合」❸にごる(濁)。にごす。「混濁」❹おなじくする。合わせて一つにする。「混同」❺物が一つになって分かれないさま。はっきりと区別のつかないさま。「混然」❻水が豊かに流れるさま。「混混」❼＝渾コン(4142)→六五三ページ・滾コン(4227)→六六六ページ。

難読 混凝土コンクリート

参考 現代表記では［昏］(2991)の書きかえに用いることがある。「昏迷→混迷」

使いわけ まじる［交・混］⇩交(94)。

解字 文 篆 形声。氵(水)＋昆㊥。音符の昆は、むらがり集まる虫の意味。むらがり集まってくる水の意味から、まじるの意味を表す。

【混一・混壹(壹)】コンイツ ①一つにまとめる。統一する。②一つになる。

【混元】コンゲン ①天地のひらけ初め。②天地。宇宙。

【混交】コンコウ ＝混淆コンコウ。→次項。

【混淆】コンコウ いりまじる。いりまじって区別がつかなくなる。淆も、まじる。「玉石混淆」

【混混】コンコン ①水のさかんにわき出るさま。水のさかんに流れてつきないさま。②めぐり移り行くさま。③波の音のさま。④にごるさま。⑤いりまじって一つになり、区別のつかないさま。⑥はっきりしないさま。

【混雑(雜)】コンザツ ①いりまじって区別がつかない。②ごたごたといり乱れて、秩序がないこと。

【混成】コンセイ まじり合って一つのものができる。また、まぜ合わせてつくること。「混成部隊」

【混戦(戰)】コンセン 敵と味方が入り乱れて戦う。また、力の似た者同士が戦い、どこが勝つかわからない状態。

【混濁】コンダク (乱れ)にごる。また、風俗・思想などの乱れること。溷濁ダク。〔史記、伯夷伝〕挙レ世混濁コンダクよをあげて。

【混同】コンドウ ①本来区別すべきものをごちゃまぜにして一つにする。②まじって一つになる。

【混沌】コントン ①天地の初め、陰陽がまだ分かれない時のさま。②物事の区別のはっきりしないさま。渾沌コントン。

【混芒・混茫】コンボウ ＝混沌コントンの①。

【混迷】コンメイ ①いりまじってわけがわからなくなること。②理性がくらみ、どうしていいかわからなくなる。(昏迷コンメイの書きかえ)

【混冥・混溟】コンメイ ①うす暗いこと。明らかでないこと。②道などの、はかり知れないほど高妙深遠なこと。

【混乱(亂)】コンラン 入り乱れて秩序がなくなる。

【混淪】コンリン ①＝混沌コントン。②入りまじる。③めぐり行くさま。④コンロン 山名。＝崑崙コンロン。→三三ページ。

(11)8【湣】4089 △ コン 元 願 hūn

字義 ❶湣湣は、考えが乱れて定まらないさま。❷くらい(暗)。＝昏コン。

【湣】同字

解字 形声。氵(水)＋昏㊥。

(11)8【済】4090 教6 サイ すむ・すます　2649 3A51

(17)14【濟】4091 一 ㊥セイ・㊎サイ 霽 jì 二 ㊥セイ・㊎サイ 薺 jǐ 慣ザイ　6327 5F3B

筆順 氵 氵 汶 浐 済 済

字義 一 ❶ひとしい。＝斉。❷いれる。❸数の多いさま。おごそかなさま。美しく立派なさま。→済済。❹川の名。済水。
二 ❶わたる。わたす。川をわたる。❷わたし場。わたし。❸すくう。たすける。「救済」「経済」❹なす。成しとげる。また、成る。できあがる。❺すむ。すます。終わる。きまりがつく。「返済」

名乗 いつき・さだ・さとる・ただ・とおる・なり・なる・まさ・ます・やす

解字 文 篆 形声。氵(水)＋斉(齊)㊥。音符の齊セイは、そろうの意味。多くのものがそろう、ひとしいの意味を表す。また、齊は、進に通じ、すすむの意味。川をすすむ、わたるの意味を表す。また、貧困や障害をわたり過ごさせて、たすけるの意味をも表す。

▼開済・完済・既済・救済・共済・経済・弁済・未済

【済化】セイカ・サイカ 救い化す。人を救い導いて善に移らせる。

【済時才】セイジのサイ・サイジのサイ 時世を救う才能。世の乱れを救う才能。

【済水】セイスイ 川の名。河南省済源市の王屋山に発し、東南流して黄河に注ぐ。昔は黄河を過ぎて南下し、東流して山東省に至り、下流は黄河と並行して海に注いでいた。

【済世】セイセイ・サイセイ 世を救う。時の弊害を正し、人民の難儀を救うこと。

【済生】セイセイ・サイセイ 生命を救う。また、生活を助ける。

【済済】セイセイ・サイサイ ①数が多くりっぱなさま。「多士済済」②威儀のりっぱなさま。③容姿や動作のつつしみ深くおごそかなさま。④整いそろっていて美しいさま。

【済度】サイド 仏すくう。仏道によって衆人をこの世の苦海から極楽の彼岸に救い渡すこと。

【済美】セイビ 美事を成しとげる。子孫が父祖の業を受け継いでその善事を成しとげること。

【済北】セイホク 地名。済水の北の地。今の山東省肥城県のあたり。

【済民】セイミン・サイミン 人民を助ける。人民を教化し、生活を豊かにしてやること。

(11)8【淬】4092 △ ㊥サイ ㊎スイ 隊 cuì　6235 5E43

字義 ❶にらぐ。焼きを入れる。刀などをきたえるとき、質を堅くするため、赤く熱して急に水に入れること。「淬礪レイ」❷つとめ

る。はげむ。「淬励」❸洗う。浴びる。❹そめる(染)。❺さむい(寒)。

解字 篆文 形声。氵(水)＋卒㊥。音符の卒は、つきるの意味。刃物に焼きを入れるとき、冷やす水が一気に蒸発してつきるさまから、にらぐの意味を表す。

【淬励(勵)・淬厲】(サイレイ) 心をふるいおこして物事にはげむこと。つとめはげむ。淬勉。

【淬礪】(サイレイ) ①(刃物に)焼きを入れ、きたえみがく。鉄をきたえみがくこと。②転じて、心をふるい起こして学問・修養などに励むこと。砥礪(シレイ)。

(11)8 【淄】4093 △ シ 囡 zī

字義 ❶くろ。黒色。❷くろむ。黒く染まる。❸川の名。淄水。山東省北部にあり、小清河に合流して莱州(ライシュウ)湾に入る。戦国時代の斉の都臨淄(今の山東省淄博(シハク)市の東北)は、淄水に臨んでいるから名づけた。

解字 形声。氵(水)＋甾㊥。音符の甾(シ)は、川のくろにごりの意味。水を付し、くろの意味を表す。

(11)8 【渋】4094 常 ジュウ しぶ・しぶい・しぶる 2934 3D42

(15)12 〖澁〗4095 人 許 シュウ(シフ) 慣ジュウ(ジフ) 緝 sè 6307 5F27

筆順 氵 氵 氵 汁 沚 渋 渋

〖澀〗正字 6308 5F28

字義 ❶しぶい(しぶ)。味がしぶい。❷しぶる。にぶる。とどこおる。すらすらと進まない。行きなやむ。「難渋」「渋滞」 国❶しぶ。㋐まだ熟さない柿(かき)の実の液から取った黒褐色の塗料。㋑草木の茎・幹・果実などから出る褐色の液。㋒栗(くり)の実の内皮。㋓あか。さび。❷しぶい(しぶ)。㋐はなやかでなく、落ちついた奥ゆかしい趣のあること。㋑にがい。いやな。不愉快な。

解字 篆文 会意。篆文は、𣥂＋止＋𣥂＋止。止は、あしの象形。足がもつれるさまから、とどこおるの意味を表す。のち、水を付し、水がなめらかに流れない、しぶるの意味を表す。常用漢字の渋は省略体。

▼苦渋・難渋・冷渋

【渋滞(滯)】(ジュウタイ) とどこおる。物事がすらすらいかない。

【渋濁】(ジュウダク) しぶりにごる。声がすらすら出ず、明朗でないこと。

(11)8 【淑】4096 常 シュク 漢シュク 呉ジュク 屋 shū 2942 3D4A

筆順 氵 氵 汁 汁 沐 淑

字義 ❶よい(よし)。㋐善良である。徳がある。「淑人」㋑しとやか。つつましい。上品。おもに婦人についていう。「淑女」❷きよい。美しい。❸よくする。修養してりっぱになる。

名乗 きよ・きよし・とし・ふかし・よし　難読 淑景舎(しげいしゃ)

解字 金文 篆文 形声。氵(水)＋叔㊥。金文では弔と同字で、他人の不運をいたむの意味から、善良であるの意味を表すようになった。きよくたたえる水と意味の上で共通する点があるので、水を付し、きよい・よいの意味を表す。

▼私淑・貞淑・不淑・令淑

【淑婉】(シュクエン) 美しくあでやかなこと。うるわしい。

【淑艾】(シュクガイ) 君子の道を伝え聞いて修養にはげむこと。艾は、身を治める。

【淑気(氣)】(シュクキ) 春のなごやかな気。

【淑均】(シュクキン) 善良で公平なこと。

【淑景】(シュクケイ) ①春の日光。②春のよい景色(ケシキ)。

【淑質】(シュクシツ) ①善良な性質。りっぱな天性。②＝淑女の①。

【淑女】(シュクジョ) ①善良な婦人。教養があって上品な婦人。〔詩経、周南、関雎〕窈窕淑女(ヨウチョウたるシュクジョは)、君子好逑(クンシのコウキュウ)。②国上流階級の婦人。

【淑真(眞)】(シュクシン) しとやかで誠実なこと。

【淑人】(シュクジン) 善良の徳のある人。りっぱな人。善人。「淑人君子」

【淑徳】(シュクトク) りっぱな徳。主に、女の善美な徳をいう。

【淑美】(シュクビ) しとやかでうつくしい。

【淑問】(シュクブン) よい評判。よい聞こえ。令名。問は、聞。

(11)8 【淳】4097 囚 漢シュン 呉ジュン 真 chún 2963 3D5F

筆順 氵 氵 汁 泞 淳

字義 ❶あつい(あつし)。こい(濃)。ゆたか。まことがある。情が深い。❷すなお。ありのまま。かざりけがない。純粋。「淳朴」❸大きい。❹ひたす。また、こす。したむ。❺そそぐ。洗う。❻塩からい。塩分を含む。また、塩分を含んだ荒れ地。❼ひとそろい。兵車の一対。

名乗 あき・あつ・あつし・きよ・きよし・すなお・ただし・とし・ぬ・まこと・よし

解字 篆文 形声。篆文は、氵(水)＋𦎫㊥。音符の𦎫(ジュン)は、厚いの意味。こくのある水、あつい・こいの意味を表す。淳は潡の省略形。

【淳于髡】(ジュンウコン) 戦国時代(孟子と同時代)、斉の威王に信任された名臣。博聞強記で、滑稽(コッケイ)多弁。

【淳化】(ジュンカ) 淳朴な教化。また、すなおにする。すなおになる。

【淳厚】(ジュンコウ) 邪心がなく(真心があって)手厚い。

【淳粋(粹)】(ジュンスイ) まじりけがないこと。純粋。

【淳風】(ジュンプウ) 淳朴な風俗。

【淳朴・淳樸】(ジュンボク) 朴は、あら木。まだ細工を加えない材木。①すなおでかざりけのないこと。②かざりけがなくて人情に厚いこと。淳淳。

【淳良】(ジュンリョウ) すなおで善良。

【淳和】(ジュンワ・ジュンナ) ①すなおでおだやか。②政治が人情あつく平和なこと。

(11)8 【渚】4098 囚 2977 3D6D

(12)9 〖渚〗4099 人 許 ショ 語 zhǔ

筆順 氵 汁 汢 渚 渚

字義 ❶なぎさ。みぎわ。水際(みずぎわ)。「汀渚(テイショ)」❷す。中洲(なかす)。土砂が積もって川や湖の中にできた小島。

名乗 お・なぎさ　難読 渚滑(しょこつ)

解字 篆文 形声。氵(水)＋者(者)㊥。音符の者は、あつまるの意味。水中に土砂が集まってできた、なかすの意味を表す。

【渚宮】(ショキュウ) ①春秋時代の楚(ソ)の宮殿の名。今の湖北省江陵県城内にあった。後世、江陵の別称に用いる。②池や川などのほとりにある宮殿。〔唐、白居易、八月十五夜禁中独直対レ月憶二元九一詩〕渚宮東面煙波冷(ショキュウのトウメン、エンパひややかに)、浴殿西頭鐘漏深(ヨクデンのセイトウ、ショウロウふかし)。〈渚宮の東側には、もやの立ちこめる水面が冷たくひかり、浴室のある宮殿の西側には、時を知らせる鐘の音が夜ふけの静けさの中に聞こえてくる〉

(11)8 【渉】4100 常 ショウ 3036 3E44

(10)7 〖涉〗4101 人 許 漢ショウ(セフ) 呉ジョウ(ゼフ) 葉 shè

筆順 氵 氵 汁 沚 渉

字義 ❶わたる。㋐水を歩いて渡る。「徒渉」㋑水上を舟などで渡る。㋒へる(経)。経過する。通過する。「渉歴」㋓あるく。歩きまわる。㋔およぶ。達する。連なる。㋕かかわる。あずかる(与)。関係する。「干渉」㋖広く見聞する。調べる。研究する。「渉猟」❷わたり。川などの歩いて渡れる場所。わたし。渡し場。

名乗 さだ・ただ

解字 甲骨文 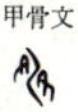 金文  篆文  会意。氵（水）＋歩（歩）。水の中を歩く、わたるの意味を表す。

▼干渉・関渉・交渉・徒渉・猟渉

【渉外】ショウガイ　国外国、また、外部と連絡・交渉すること。

【渉猟(獵)】ショウリョウ　歩きまわって狩をする意。①歩きまわってたずねる。②書籍を広くあさって読むこと。〔漢書、賈山伝〕渉二猟書記一（ショキをショウリョウす）。

【渉歴(歷)】ショウレキ　①経る。㋐経過する（時間・場所のいずれにもいう）。㋑めぐりあるく。わたり歩く。②＝渉猟の②。

(11)8 【淞】4102 △ 漢ショウ 呉シュウ 図 sōng　6236 5E44

字義 川の名。淞江。今の呉淞江。江蘇省の太湖に発し、上海市の北で黄浦江と合流して長江に注ぐ。河口を【呉淞口という。

解字 形声。氵（水）＋松音。

(11)8 【淌】4103 △ 一ショウ（シャウ）漢 chǎng 二トウ（タウ）tǎng　6237 5E45

字義 一おおなみ。大波。二ながれる。たれる。涙・汗などが流【れる。

解字 形声。氵（水）＋尚音。

(11)8 【浄】(4008) ジョウ　浄(4007)の旧字体。→六三三ページ。　6238 5E46

(11)8 【深】4104 教3 シン ふかい・ふかまる・ふかめる　シン 侵 shēn 慣ジン　3128 3F3C

筆順 氵 泙 深

【𣿰】本字

字義 ❶ふかい。ふかし。↔浅。㋐下へ深い。㋑奥へ深い。「幽深」㋒厚い。ねんごろ。㋓大きい。㋔さかんである。㋕たけなわである。（夜などが）ふけている。㋖おそい。㋗十分である。はなはだ。大いに。❷ふかさ。ふかみ。「水深」❸ふかく。ふかくする。❹ふかくなる。ふかまる。また、ふかめる。❺きびしい。むごい。「深刑」国❶み。ふかい意を表す接頭語。「深山」❷ふか。程度のはなはだしい意を表す接頭語。「深酒」

名乗 とお・ふかし　難読 深淵・深谷・深山・深傷・深栖・深雪・深田・深野・深江

解字 篆文  形声。篆文は、氵（水）＋𥥍音。音符の𥥍シは、胎内から赤子をまさぐりだすさまにかたどる。水を付し、水が奥へとふかいの意味を表す。深は𣿰の変形。

▼沈深・幽深

【深衣】シンイ　中国古代の身分ある者の制服。上着ともすそとを続けて仕立てたもの。一般には上（衣）・下（裳）別々のものが行われた。

〔深衣〕

【深意】シンイ　①深い心。深い考え。②深い意味。深いわけ。

【深院】シンイン　①奥深くにある中庭。②奥まった寺院。

【深△淵】シンエン　深いふち。

【深遠】シンエン　奥深く遠い。内容に深みがあり、容易には理解できない。また、そのような所。

【深穏(穩)】シンオン　奥深く静か。また、奥ゆかしくおだやか。

【深間】シンカン　①間者。スパイ。②ふかま。㋐ふかみ。水の深いところ。㋑男女間の交情が深いこと。

【深輝】シンキ　奥深い光。深くさしこむ光。

【深宮】シンキュウ　①奥深い宮殿や家。②宮殿や家の奥深い所。

【深刑】シンケイ　きびしい刑罰。酷刑。厳刑。

【深契】シンケイ　深いちぎり。固い約束。

【深渓(溪)・深△谿】シンケイ　深い谷。深谷。

【深△閨】シンケイ　奥深くにある室。婦人の室。ねや。

【深更】シンコウ　夜ふけ。真夜中。深夜。

【深△巷】シンコウ　奥深いさとの小道。深く奥まった路地。

【深厚】シンコウ　①深く厚い。②てあつい。ねんごろ。

【深刻】シンコク　①深くほりつける。②非常にきびしいこと。③きわめて残忍なこと。④きわめてさしせまること。

【深山幽谷】シンザンユウコク　人里を遠く離れた奥深い山や谷。〔列子、黄帝〕

【深識】シンシキ　深く知る。また、深い見識。深い知識。

【深室】シンシツ　①奥深くにあるへや。②罪人をとじこめるへや。座敷牢の類。

【深謝】シンシャ　①深く感謝する。②深く、心からあやまる。

【深情】シンジョウ　①人を深く思う心。心のうちの深いせつない思い。まごころ。〔唐、白居易、長恨歌〕⇩旧物（四九三ページ）。②心をかくす。本心をかくして人に知らせない。

【深深】シンシン　①奥深くかすかなさま。奥深くて姿や形がよく見えないさま。②静まりかえっているさま。③国㋐夜のふけてゆくさま。㋑寒さの身にしみるさま。

【深甚】ジンジン　非常に深い。はなはだしい。

【深省】シンセイ　①心に深くさとる。②深く反省する。

【深切】シンセツ　①その事にきわめてよく当てはまること。適切。②きわめてねんごろなこと。親切。懇切。

【深窓・深△窗】シンソウ　奥深くにある室のまど。奥深くにあるへや。婦女の室。

【深造】シンゾウ　深く至る。奥義をきわめる。造は、至る。

【深蔵(藏)】シンゾウ　奥深くかくす。また、奥深くかくれる。

【深長】シンチョウ　①奥深く遠い。②奥深くて含みの多いこと。「意味深長」

【深重】シンチョウ　落ち着いていて重々しい。

【深沈】シンチン　①考えが深く落ち着きのあること。②奥深く静かなこと。③深く沈む。物事に入りびたること。沈潜。

【深秘(祕)】シンピ　奥深くかくれて知りがたいこと。

【深謀遠慮】シンボウエンリョ　深くはかり、後々のことまで考える。将来のことまで考えた、深いはかりごと。〔前漢、賈誼、過秦論〕

【深墨】シンボク　真っ黒。顔の色の黒いこと。喪に服してやつれた顔色。〔孟子、滕文公上〕

【深憂】シンユウ　非常な心配。

【深林】シンリン　奥深い林。〔唐、王維、竹里館詩〕深林人不レ知、明月来相照（シンリンひとしらず、メイゲツきたりてあいてらす）。〈奥深い竹の林の趣の奥深さは世の中の人々の知るところではなく、ただ明月だけが訪れて来てわたしを照らしてくれる〉〔唐、王維、鹿柴詩〕⇩返景（一〇八三ページ）。

(11)8 【清】4105 教4 セイ・ショウ きよい・きよまる・きよめる　清水　3222 4036

(11)8 〔淸〕4106 漢セイ・呉ショウ（シャウ）唐シン 図 qīng

筆順 氵 汁 洼 清 清

字義 ❶きよい。きよし。きよらか。↔濁。㋐水が澄んでいる。「清水」㋑にごりやよごれがない。明らか。あざやか。「清潔」㋒心や行いにけがれがない。邪念がない。いさぎよい。「清貧」㋓さっぱりして気分がいい。さやか。さわやか。すがすがしい。「清涼」「清新」❷きよめる。きよむ。きれいに整理する。「粛清」「清算」❸すむ。澄みわたる。❹すます。㋐にごりやけがれを取り去る。㋑くもりなくする。明らかにする。❺すずしい。ひややか。寒い。❻名詞に冠し、高い・貴い・すぐれている意を表す。「清門」❼しずか。おだやか。やわらぐ。❽きびしい。❾シン。王朝の名。ツングース族の愛新覚羅が満洲から興り、明を滅ぼして建てた国。北京に都し、十代二百六十八年（一六四四—一九一二）続いた。辛亥革命によって宣統帝が退位させられ、中華民国となる。

名乗 きよ・きよし・すが・すみ・すむ　難読 清音・清科・清宮・清洲・清水・清水田・清白

解字 篆文 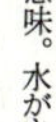 形声。氵（水）＋青（靑）音。音符の青は、すみきっているの意味。水がよく澄んでいる、きよいの意味を表す。

▼河清・粛清・太清

【清△夷】セイイ 世の中がよく治まっていること。天下太平。夷は、平。

【清△渭】セイイ 清らかな(水の常に澄んでいる)渭水(陝西(センセイ)省を東流して黄河に注ぐ)。〔唐、杜甫、哀江頭詩〕清渭東流剣閣深(セイイはトウリュウし、ケンカクはふかく)、去住彼此無二消息一(キョジュウヒシ、ショウソクなし)。〈清らかな渭水は東へと流れ、剣閣の山々は深く、かの蜀(ショク)に行ってしまった彼(玄宗)と、ここ渭水のほとりに死んだこの人(楊貴妃(ヨウキヒ))との間に消息は途絶えてしまった〉

【清△漪】セイイ 清らかなさざ波。

【清逸(逸)】セイイツ ①清らかで人なみすぐれていること。②清らかで俗ばなれしていること。

【清陰】セイイン ①すずしい木陰(こかげ)。②清らかな恩沢(恵み)。

【清韻】セイイン 清らかなひびき。

【清栄(榮)】セイエイ ①美しく栄える。また、美しい栄え。②相手の繁栄・健在をいう敬語。

【清△瑩】セイエイ すっきりとして鮮やかなさま。

【清影】セイエイ ①清らかなくっきりとした、物のかげ。②清らかな月の光。

【清△怨】セイエン 清らかなうらみ・悲しみ。美しい物のあわれ。

【清△婉】セイエン 清らかで美しい。また、清らかでなまめかしい。

【清△猨・清猿】セイエン 悲しげな、かん高い猿の鳴き声。また、その猿。

【清化】セイカ 清らかな徳化。清らかなめぐみ。

【清歌】セイカ ①清らかに歌う。〔唐、劉廷芝、代下悲二白頭一翁上詩〕清歌妙舞落花前(セイカミョウブラッカのまえ)。訳文⇒公子王孫(二三ページ)。②管弦の伴奏なしに歌う。また、その歌。すうたい。

【清華】セイカ ①清らかで(俗気がなく)はなやか。②清らかな花。優美な景物。③高い家がら。④国セイガ 平安時代、摂家(セッケ)の次に位し、大臣になる資格のある家がら。大臣家の上。

【清雅】セイガ きよらかで上品なこと。

【清介】セイカイ 心が清らかで孤立するさま。

【清客】セイカク ①風流な(高貴な)客人。②梅の別名。清友。

【清官】セイカン ①地位は高いが、低い俸給のひまな官職。清班。②清潔な官吏。不正をしない役人。清吏。

【清閑・清間】セイカン ①清らかで静かなこと。②国相手のひまなことをいう敬語。

【清漢】セイカン 天(あま)の川をいう。銀漢。銀河。

【清鑑】セイカン ①明らかに見分けること。②明らかに自分を照らして、写して見る。鑑は、鏡。③御覧。御一読。手紙などで相手に対していう。「清鑑を請う」

【清貴】セイキ 上品で清くとうとい。また、その官職(にいる人)。清顕。

【清△暉・清輝】セイキ 日や月の清らかな光。〔唐、杜甫、月夜詩〕清輝玉臂寒(セイキギョクヒさむからん)。訳文⇒香霧(一三六ページ)。

【清機】セイキ 清らかな心のはたらき。

【清△穹】セイキュウ 清く澄んだ大空。

【清虚(虛)】セイキョ 我欲や我執がなく、心のさっぱりしていること。

【清狂】セイキョウ ①気が狂っていないで、言行が狂人に似ていること。また、その人。②俗人ばなれをしていて、ほしいままに言動すること。また、その人。

【清興】セイキョウ ①清らかで風流な、興味や楽しみ。風流な遊び。②国相手の興味・遊びをいう敬語。

【清襟】セイキン きれいなえり。転じて、清らかな心。

【清吟】セイギン 清らかな声で吟ずること。また、その吟詠。

【清苦】セイク 清廉で、苦しい生活をすること。

【清渓(溪)】セイケイ ①清らかな谷川。清谿(セイケイ)。②唐代の宿駅の名。今の四川省の平羌江(ヘイキョウコウ)と岷江(ビンコウ)の合流する楽山市より八〇キロ下流の犍為(ケンイ)県にあった。

【清潔・清△絜】セイケツ 清らかで、よごれ(けがれ)がない。清浄潔白。↔不潔。

【清顕(顯)】セイケン 高い位にあること(人)。

【清光】セイコウ ①(日や月の)澄みきった清らかな光。②清らかな姿。けだかい姿。

【清香】セイコウ 清らかなかおり。清馥(セイフク)。清芬(セイフン)。〔徳川斉昭、弘道館賞二梅花一詩〕弘道館中千樹梅(コウドウカンチュウ、センジュのうめ)、清香馥郁十分開(セイコウフクイク、ジュウブンにひらく)。〈弘道館の中に植えられた千本の梅の木は、清らかな香気を放ち今まっさかりである〉

【清高】セイコウ ①土地などが清く高い。②人がらが清らかで品がある。気品がある。

【清斎(齋)】セイサイ ①身心を清め物忌みする。潔斎。②清らかな部屋。

【清算】セイサン ①貸し借りを整理する。②結末をつける。「過去を清算する」

【清△斯濯レ△纓、濁△斯濯レ足】すまばここにエイをあらい(ひ)、にごらばここにあしをあらう(ふ) 水が清らかに澄んでいれば貴重な冠のひもを洗い、濁っているときには、汚い足を洗う。人が清らかであれば大切にされ、けがれていれば粗末に扱われるといったとえ。〔孟子、離婁上〕——矣。自取レ之也(みずから(こ)これをとるなり)。〈——、自分自身がそれを招いているのだ〉

【清酒】セイシュ ①清(玄酒で、水のこと)と酒。祭りに用いる。②むした白米にこうじと水とを加えて発酵させ、これをこして製した酒。きよみき。↔濁酒。

【清秀】セイシュウ 顔だちの清らかで人にすぐれること。眉目(ビモク)秀麗。

【清秋】セイシュウ ①大気や空の清く澄み渡った、さわやかな秋。②陰暦八月の別称。

【清△痩】セイシュウ・セイソウ ①やせてすらりとしていること。②(山の姿などの)かど立って清らかなこと。

【清純】セイジュン 心が清らかでにごりのないこと。

【清△醇】セイジュン 清らかでまじりけのないこと。また、その酒。

【清商】セイショウ ①音律の商の音。澄んだ音色。②清くすずしい風。秋風。③シンショウ 清国(シンコク)の商人。

【清唱】セイショウ 清らかな声で歌う。また、清らかな歌声。

【清浄(淨)】セイジョウ・ショウジョウ ①清らかでけがれのないこと。邪念・私心のないこと。↔汚濁。②仏ショウジョウ 煩悩(ボンノウ)を離れ、罪悪などがなく、心の清らかなこと。

【清△晨】セイシン 清らかに晴れたあけがた。

【清新】セイシン 清らかで新しい。すがすがしい。

【清水】セイスイ ①清く澄んだ水。②国しみず(づ) 地面や岩間からわき出る澄んだ水。

【清世】セイセイ よく治まった世。太平の世。

【清聖祖】シンのセイソ 清朝四代目の天子、康熙帝(コウキテイ)。→康熙帝(三六一ページ)。

【清切】セイセツ ①きわめて清らかなこと。切は、はなはだしいこと。②寂しくいたましいこと。③きびしい。

【清絶】セイゼツ 非常に清らかなこと。絶は、他からかけ離れていること。

【清△楚】セイソ ①清らかで美しいこと。こざっぱりしていること。②明らかであること。はっきりしていること。

【清△爽】セイソウ 清くさわやかなこと。

【清濁】セイダク ①澄むこととにごること。②清水と濁水。③善と悪。正と邪。④善人と悪人。君子と小人。⑤清気と濁気。天地間の陰陽の気。⑥世の治まることと、乱れること。⑦清音と濁音。

【清△旦】セイタン ＝清晨(セイシン)。

【清淡虚(虛)無】セイタンキョム 清くさっぱりとして物欲のないこと。

【清談】セイダン ①高尚な話。俗ばなれした話。②魏(ギ)・晋(シン)のころの人が、老荘思想によって、俗世間の形式的なことを打破しようと考え、論じあった談論。竹林の七賢で有名。

【清致】セイチ ①清らかなおもむき。清趣。②清らかな風流心。

【清朝】セイチョウ ①清らかな朝。清晨(セイシン)。②清く明らかな朝廷。当代の朝廷をいう。③国清朝活字の略。毛筆書きの字体に似た楷書(カイショ)活字。④シンチョウ 王朝の名。→字義の⑨。

【清澄】セイチョウ ①清くすんでいること。②政治や刑罰などの、公

平でよこしまのないこと。
【清聴(聽)】セイチョウ ①さえてよく聞こえる耳。澄んだ耳。②静かに、じっと聞き入る。③国相手の聞いてくれることをいう敬語。
【清貞】セイテイ 心が清く正しいこと。
【清適】セイテキ ①さっぱりとして気持ちのよいこと。②国相手の無事で健康なことをいう敬語。
【清徹・清△澈】セイテツ ①清くすきとおる。清く明らか。②物事をよく見通すこと。③清く澄む。
【清寧】セイネイ 清泰。①世の中が平和に治まること。②無事平穏なこと。
【清白】セイハク ①清らかで白い。②清らかなこと。いさぎよいこと。清廉潔白。
【清泌】セイヒ 水が清らかに流れること。
【清△謐】セイヒツ 清らかで静かなこと。
【清△蹕】セイヒツ 先払いする。また、先払い。先払いの声。転じて、天子の行幸。また、その行列をいう。
【清貧】セイヒン 清廉のために貧しいこと。貧しいながら心清らかなくらし。
【清風】セイフウ ①清らかなかぜ。すずしい風。②清らかな風格。③清らかなならわし。
【清△芬】セイフン 清らかな香り。転じて、人の徳行が清くすがすがしいさま。
【清福】セイフク ①清らかな幸福。②国相手の幸福をいう敬語。
【清△穆】セイボク ①清らかでやわらぐ。②国相手の幸福・健康をいう敬語。
【清明】セイメイ ①清く明らか。②二十四気の一つ。陰暦三月の節。春分から十五日目で、今の四月五、六日ごろ。墓参りをする日。［唐、杜牧、清明詩］清明時節(セイメイのジセツ)雨紛紛(あめフンプン)　路上行人(ロジョウのコウジン)欲レ断レ魂(たましい(ひ)をたたんとほっす)。〈清明の時節とあって雨がしきりに降り続いている。道行く旅人である私の魂は消え入るばかりである〉③清明節の後に吹く東南風。清明風。
【清門】セイモン りっぱな家がら。高い家がら。名門。
【清夜】セイヤ 清く晴れた夜。清宵。
【清約】セイヤク 心清らかで、つつましいこと。清倹。
【清遊・清△游】セイユウ ①俗世間のけがれを離れた清らかな遊び(旅行)。②国相手の遊びをいう敬語。
【清要】セイヨウ ①すっきりとして要領を得ていること。②けだかく重要なこと。また、その地位・官職。
【清覧(覽)】セイラン ①清らかなながめ。②人の見ることに対する敬語。高覧。
【清流】セイリュウ ①清らかな水流。↔濁流。②清廉な人。③高貴な人。名士。④清らかな恩沢。とうといめぐみ。
【清△亮】セイリョウ 清らかで明るい。清くほがらか。人の性質や音声などについていう。
【清涼】セイリョウ ①清くすずしい。すがすがしい。②漢代の宮殿の名。③国紫宸殿(シシンデン)の西にあった宮殿の名。清涼殿。
【清涼剤(劑)】セイリョウザイ 気分をさっぱりさせるために飲む薬。転じて、すがすがしい気分にさせる事柄。
【清△冷・清△泠】セイレイ 清らかですきとおっていること。晴れた空・風・水・楽器の音などの形容。
【清△厲】セイレイ 清くはげしい。
【清△冽】セイレツ 水などが清らかで冷たいこと。
【清廉】セイレン 心が清く正しいこと。私利・私欲に心を動かされないこと。「清廉潔白」
【清△漣】セイレン 清らかなさざなみ。
【清朗】セイロウ ①清らかでほがらか。すがすがしくほがらか。②天気のからりと晴れているさま。「天気清朗」
【清和】セイワ ①清らかでなごやか。のどか。②世の中のよく治まっていること。③陰暦四月一日。また、四月の別名。④初夏の気候の形容。よく晴れて暖かいこと。
【清話】セイワ 俗ばなれした清らかな話。高尚な話。清談。

(11)8【淒】4107 △ 漢セイ 呉サイ 圏 qī　6239 5E47

字義 ❶すさまじい(すさまじ)。すごい(すごし)。さびしい。ぞっとするほどさびしい。❷さむい。つめたい。すずしい。ひややか。=凄(セイ)。❸いたましい。かなしい。=悽(セイ)。❹雨雲の出るさま。❺さかん。草木のさかんに茂るさま。=萋(セイ)。

参考 【凄】は元来別字であるが、俗に通じて用いる。熟語は、凄(514)をも見よ。→一三七ページ。

解字 篆文　形声。氵(水)+妻(音)。音符の妻は、齊(セイ)に通じ、出そろうの意味。雨や雲などの気象が出そろって、寒けがする、すさまじいの意味を表す。

【淒淒】セイセイ ①雨雲のさかんに起こるさま。②草木の勢いよくしげるさま。③涙などのさかんに流れるさま。④楽音のひびき渡るさま。⑤風や雨のさびしく冷たいさま。
【淒絶】セイゼツ きわめて(ぞっとするほど)ものさびしいこと。凄切。
【淒然】セイゼン ①つめたく、ひえびえとしているさま。②非常にものさびしいさま。③さびしくいたましいさま。
【淒△楚】セイソ ものすさまじく感ずる。悲しくいたましく思う。
【淒風】セイフウ ①すさまじい風。はげしい風。②西南の風。
【淒涼】セイリョウ ①ものさびしい。うらさびしい。②ひえびえとする。③さびしくひえびえとしている。
【淒冷】セイレイ ひえびえとする。つめたい。また、ものさびしい。

(11)8【淅】4108 △ 漢セキ 呉シャク 錫 xī　6240 5E48

字義 ❶よなげる(よなぐ)。とぐ。米をとぐ。❷かしよね。水でといだ米。❸さびしい音や様子の形容。→淅瀝(セキレキ)

解字 篆文　形声。氵(水)+析(音)。音符の析は、ときほぐすの意味。水に入れてゆすり、ときほぐす、よなぐの意味を表す。

【淅淅】セキセキ 風や鈴などのさびしい音の形容。
【淅△瀝】セキレキ あわれにさびしい様子の形容。また、風・雨・落葉・機(はた)の梭(ひ)などのさびしい音の形容。

(11)8【淺】(4013) セン 浅(4012)の旧字体。→六三四ページ。　6241 5E49

(11)8【淙】4109 △ 漢ソウ 呉ゾウ 冬 cóng　6242 5E4A

字義 水の流れるさま。また、その音の形容。

解字 篆文　形声。氵(水)+宗(音)。

【淙△潺】ソウセン さらさらと水の流れる音の形容。
【淙淙】ソウソウ ①さらさらと水の流れるさま。また、その音の形容。②金石のふれ合う音の形容。
【淙△琤】ソウソウ 水の流れる形容。また玉がふれ合う音の形容。琤は、玉のふれ合う音。

(11)8【涿】4110 △ 一漢トク・呉ドク 屋　二漢タク 覺 zhuō

字義 一❶したたる(滴)。❷ひたす(漬)。❸うつ(撃)。❹みがく。=琢(タク)。❺しり(尻)。二❶したたる。❷涿鹿(タクロク)は、河北省涿鹿県の東南にある山名。黄帝が蚩尤(シユウ)と戦った地と伝えられる。

解字 甲骨文　篆文　形声。氵(水)+豖(音)。音符の豖(チョク)は、たたく音を表す擬声語。水が流れしたたるの意味を表す。

(11)8【淡】4111 常 タン あわい　一漢タン・呉ダン 勘感 dàn　二エン 琰 yǎn　3524 4338

筆順 氵 氵丷 氵火 氵炎 淡

字義 一❶あわい(あはし)。うすい(うすし)。あっさりしている。↔濃。㋐味がない。味がうすい。「淡水」㋑色がうすい。「淡彩」❷欲望が少ない。名誉・利益などに執着しない。「淡白」また、情が薄

い。「冷淡」　二❶水の満ちるさま。❷ただよう。また、水がゆれ動く。

名乗 あう・あわし・あわじ　国あわい（あはし）。㋐もろい。㋑薄情である。　難読 淡河（おうご）・淡竹（はちく）・淡路（あわじ）

参考 ⇩薄（6608）の 参考

解字 甲骨文 篆文　形声。氵（水）＋炎㊥。音符の炎は、さかんにもえあがるほのおの意味。日光を受けて地面からさかんにもえあがる、かげろうの意味を表し、転じて、うすい・あわいの意味を表す。

▼古淡・枯淡・惨淡・濃淡・平淡・冷淡

【淡△靄】（タンアイ）　うすもや。

【淡煙・淡△烟】（タンエン）　①うすけむり。②うすいもや。

【淡雅】（タンガ）　かざりけがなく上品なこと。

【淡海三船】（おうみのみふね）　国奈良時代の学者。官は大学頭・文章博士・刑部卿（ぎょうぶきょう）。神武天皇から光仁（こうにん）天皇までの諡（おくりな）を選んだという。（七二二—七八五）

【淡交】（タンコウ）　あっさりとした交際。君子の交際をいう。

【淡彩】（タンサイ）　あわい色どり。また、あっさり色どる。「淡彩画」

【淡如】（タンジョ）　①あっさりしたさま。②うすい、また、かすかなさま。

【淡粧】（タンショウ）　うす化粧。あっさりした化粧。＝淡粧（タンソウ）。

【淡然】（タンゼン）　＝淡如。

【淡淡】（タンタン）　①＝淡如。②（エンエン）㋐水が一ぱい満ちて安らかに流れるさま。㋑水のゆれ動くさま。㋒物の影のかすかなさま。

【淡泊】（タンパク）　あっさりしていること。澹泊（タンパク）。①味や色などの濃厚でないこと。②欲や執着心の少ないこと。③気持ちがさっぱりしていてかざりけのないこと。④おもむきやおもしろみの少ないこと。

【淡墨】（タンボク）　うすずみ。

(11)8
【添】4112　常　テン　そえる・そう
テン　塩 tiān　3726 *453A*

筆順　氵 汻 沃 添 添

【添】正字

字義　そえる（そふ）。ます（益）。つけ加える。「添付」　国そう（そふ）。㋐つれそう。夫婦になる。㋑つきそう。つき従う。㋒かなう。適応する。　難読 添水（そうず）

使いわけ そう〔沿・添〕⇩沿（3948）。

解字　形声。氵（水）＋忝㊥。

【添加】（テンカ）　そえ加える。つけ加える。添付。加添。

【添削】（テンサク）　文字を加えたり削ったりして詩文を直すこと。

【添丁】（テンテイ）　男児を生むことの謙称。国のために壮丁を増し加える意。

【添付・添附】（テンプ）　そえる。いっしょにつける。

(11)8
【淀】4113　標
㊥デン　㊥テン　霰 diàn　4568 *4D64*

字義　❶よど。よどみ。水が浅くよどんでいる所。水深の浅い湖沼。❷よどむ。＝澱（デン）。国よどむ。とまって動かない。また、活気がない。「空気がよどんでいる」

解字　会意。氵（水）＋定。水がある一つの位置によどんで変わらないの意味を表す。

【淀江】（デンコウ）　国大阪府を流れる淀川（よどがわ）をいう。淀水。澱江（デンコウ）。

(11)8
【淟】4114
△テン　銑 tiǎn

字義　❶けがれる。にごる。❷けがれ。あか。❸しずむ（沈）。また、滅びる。

解字　形声。氵（水）＋典㊥。

(11)8
【淘】4115　標
㊥トウ（タウ）　㊥ドウ（ダウ）　豪 táo　3781 *4571*

字義　❶よなげる（よなぐ）。㋐米をとぐ。㋑細かい物を水に入れてゆり動かし、善い物と悪い物と選び分ける。「淘金」㋒転じて、選び分けて悪い物を捨てる。淘汰（トウタ）する。❷さらう。浚渫（シュンセツ）する。　難読 淘綾（ゆるぎ）

解字　形声。氵（水）＋匋㊥。音符の匋（トウ）は、陶器の意味。陶器に米を入れて水を注ぎ雑物を除く、よなぐの意味や、さらうの意味を表す。

【淘金】（トウキン）　砂金を水でえりわける。

【淘△汰】（トウタ）　①洗いよなげて選び分けること。②すぐる。選び分けて善い物を取り悪い物を捨てること。③洗う。洗い清める。④国生物の、環境に適したものが栄え、適しないものが滅びてゆくこと。自然淘汰。

(11)8
【淖】4116
△　一㊥ドウ（ダウ）　㊥ニョウ（ネウ）　効 nào
二シャク　覚 chuò

字義　一❶どろ（泥）。ぬかるみ。❷ぬかる。泥で行きなやむ。❸うるおう。ぬれる。❹おぼれる。❺にごる。❻やわらぐ。おだやか。　二しなやか。なよやか。＝綽（シャク）。

解字　篆文　形声。氵（水）＋卓㊥。音符の卓は、弱に通じ、しなやかの意味。どろ・うるおうの意味を表す。

【淖△濘】（ドウネイ）　ぬかるみ。泥濘。淖泥。

【淖約】（シャクヤク）　しなやか。なよやか。あでやか。美人の容姿の美しいさま。綽約（シャクヤク）。〔荘子、逍遥遊〕淖約若二処子一（シャクヤクとしてショシのごとし）。

(11)8
【淝】4117
△　㊥ヒ　㊥ビ　微 féi

字義　川の名。淝水。安徽（アンキ）省を流れて一つは巣湖に、一つは淮河（ワイガ）に注ぐ。その合流点は、五胡（ゴコ）十六国の前秦（ゼンシン）の王、苻堅（フケン）が、東晋（トウシン）の謝玄と戦って大敗した所。

解字　形声。氵（水）＋肥㊥。

(11)8
【洴】4118
△　一㊥ヘイ　㊥ビョウ（ビャウ）　青 píng
二㊥ホウ（ハウ）　㊥ヒョウ（ヒャウ）　庚

字義　一綿を白くするために水にさらすこと。「洴澼（ヘイキ）」　二水の音の形容。

解字　形声。氵（水）＋并㊥。

【洴△澼】（ヘイキ）　わたを水にさらしながら打つこと。また、その音。

(11)8
【淕】4119
△　㊥リク　㊥ロク　屋 lù　6244 *5E4C*

字義　雪のしめり。

解字　形声。氵（水）＋坴㊥。

(11)8
【涼】4120　常　リョウ　すずしい・すずむ
リョウ（リャウ）　陽 liáng　4635 *4E43*

筆順　氵 汁 洁 涼

【凉】俗字　4958 *515A*

字義　❶すずしい（すずし）。ひややか。快い冷たさ。すがすがしくひややか。薄ら寒い。❷うすい。少ない。低い。❸ものさびしい。荒れはてている。「荒涼」❹かなしむ。うれえる。❺国の名。東晋（トウシン）の時の五胡（ゴコ）十六国の一つ。前涼・後涼・北涼・西涼・南涼の五つがある。　国❶すずしい（すずし）。清らかですずしそうな感じのすること。「目もとが涼しい」❷すずむ。すずみ。「夕涼み」

「涼秋」「納涼」

名乗 すけ

解字　篆文　形声。氵（水）＋京㊥。音符の京は、良に通じ、よいの意味。良い水の意味から、転じて、すずしいの意味を表す。

▼後涼・荒涼・秋涼・清涼・納涼

【涼意】（リョウイ）　すずしい趣。すずしさ。

【涼陰】（リョウイン）　①すずしい木かげ。涼蔭（リョウイン）。②（リョウアン）天子が父母の喪に服する期間。また、その部屋。諒闇（リョウアン）。

【涼雨】（リョウウ）　①すずしく気持ちのよい雨。②ひややかな、また、つめたい雨。③さびしい雨。

【涼月】（リョウゲツ）　①すずしげにひややかな感じの月。②秋の夜の月。③陰暦七月の別名。

【涼州】（リョウシュウ）　州の名。漢代に置かれたが、清代（シンダイ）に廃された。今の陝西（センセイ）省の西部から甘粛省一帯の地。唐代の涼州は、

今の甘粛省永昌県以東、天祝蔵族自治県以西の武威市を中心とした地。

【涼州詞】楽府の一つ。唐の玄宗の時、涼州から採集したもの。この題をつけている詩は、多く西域に関係ある内容を歌っている。〔唐、王翰 涼州詞〕

【涼秋】①すずしい秋。ひえびえとした秋。〔唐、岑参、胡笳歌送三顔真卿使赴二河隴一詩〕涼秋八月蕭関道。訳文⇩蕭関（九四八ページ）。②ものさびしい秋。

【涼天】すずしい空。秋の空をいう。〔唐、韋応物、秋夜寄二丘二十二員外一詩〕散歩咏二涼天一。

【涼徳】①薄い徳。低い徳。菲徳。②よくない徳。不人情な性格や行為。

【涼風】①すずしい風。②北風。③西南風。

【涼夜】①すずしい夜。②秋の夜。

【涼涼】①すずしくひえびえするさま。②親しみのないさま。③軽薄なさま。

(11)8
【淩】 4121
△ リョウ 㽞 líng

字義 ❶しのぐ。㋐おしわけてゆく。乗り越える。㋑犯す。❷はしる。はせる（馳）。❸おそれる（恐）。おののく。

参考 〔淩〕は別字であるが通じて用いることがある。熟語は、凌（518）を見よ。→一三七ページ。

解字 篆文 形声。氵（水）＋夌㊔。音符の夌は、のりこえていくの意味。水が高い所を乗り越えていくの意味を表す。

4652
4E54

(11)8
【淋】 4122
標 リン 㒱 lín

字義 ❶そそぐ（注）。水をそそぐ。❷したたる。したたり落ちるさま。「淋漓」❸なが雨。＝霖。「淋雨」❹りん病。＝痳。国さびしい。

難読 淋代

解字 篆文 形声。氵（水）＋林㊔。音符の林は、立に通じ、たつの意味。水が垂直に立つものをつたわってたれる、したたるの意味を表す。

【淋雨】①なが雨。霖雨。②雨をそそぐ。

【淋漓】①したたるさま。（血・汗などが）たらたら流れるさま。②元気や筆勢などのさかんなさま。

【淋淋】水のしたたり落ちるさま。

【淋浪】水が流れそそぐさま。また、物や音などの入り乱れるさま。

(11)8
【淪】 4123
△ 一リン 眞 lún
二ロン 阮 lǔn

6245
5E4D

字義 一❶さざなみ。小さい波。❷しずむ。しずむ。㋐水中に没する。おちいる。㋑おとろえる。おちぶれる。「淪落」㋒ほろびる。❸いる。おちいる。おちこむ。❹ひきいる。二混淪は、水のうずまき流れるさま。

解字 篆文 形声。氵（水）＋侖㊔。音符の侖は、輪に通じ、わの意味。わのようにひろがる、さざなみの意味を表す。

【淪猗・淪漪】さざなみ。小波。

【淪棄】しずみかくれて世から見棄てられる。

【淪暮】おちぶれて年よる。

【淪没】①しずむ。沈みかくれる。②おとろえる。おとろえほろびる。

【淪滅】①ほろびる。ほろぼす。②穴などをうずめること。

【淪落】①しずむ。②おとろえる。おとろえほろびる。③おちぶれる。

(11)8
【淚】 (4066)
ルイ 涙（4065）の旧字体。→六四一ページ。

(11)8
【淥】 4124
△ 一ロク 屋 lù
二漢リョク・呉ロク 沃

字義 一❶こす（漉）。水をこして清くする。❷きよい。水が清い。すむ（澄）。

解字 形声。氵（水）＋彔㊔。音符の彔は、くみあげたばかりの水の意味。きよい水の意味を表す。

(11)8
【淮】 4125
△ 漢カイ（クヮイ） 呉エ（ヱ） 佳 huái
慣ワイ

6246
5E4E

字義 ❶川の名。→淮水。❷かこむ。

参考 ⇩〔淮〕（512）の参考

解字 甲骨文 篆文 形声。氵（水）＋隹㊔。

【淮陰】地名。今の江蘇省の淮陰市の地。漢の功臣韓信が封ぜられた地。「淮陰侯」は、韓信をいう。

【淮水】①川の名。淮河。河南省桐柏山に源を発し、安徽・江蘇両省を経て洪沢湖に注ぐ。中国第三の大河。全長約一、一〇〇キロメートル。②秦淮河。今の江蘇省南京市の城南を流れ長江に注ぐ。

【淮南】淮水以南の地をいう。

【淮南子】書名。二十一巻。前漢の高祖の孫、淮南王劉安が、学者たちに各自の学問を論講させて、編集したもの。その説は大体『老子』に基づいているが、一学派に片寄らず、当時の諸種の思想・学説が載せてある。

(12)9
【渥】 4126
囚 アク 覺 wò

1615
302F

筆順 氵 沪 涺 渥

字義 ❶あつい（厚）。てあつい。ねんごろ。懇篤。「優渥」❷うるおう（霑・濡）。ぬれる。うるおす。ひたす（浸）。つける（漬）。❸うるおい。つや。光沢。美しい。つやがあって美しい。❹こい（濃）。「渥丹」❺めぐみ。恩恵。「恵渥」

名乗 あつ・あつし・ひく

解字 篆文 形声。氵（水）＋屋㊔。音符の屋は、へやの意味。くつろげるへやのような、うるおいの意味を表す。

【渥恩】厚いめぐみ。

【渥厚】①てあつい。②ゆたか。

【渥赭】①濃い赤。真っ赤。②赤ら顔。赭顔。

【渥然】（顔が血色よく）つやのあるさま。

【渥丹】①濃いべに。②濃い赤。真っ赤。

【渥美】①きわめて美しいこと。②つやつやして美しいこと。③国㋐地名。㋑姓氏。

(12)9
【渭】 4127
△ イ（ヰ） 未 wèi

6247
5E4F

字義 ❶川の名。→渭水。❷ゆく。流れ行く。

解字 篆文 形声。氵（水）＋胃㊔。

【渭樹江雲】遠方にある友人を思う情の切実なこと。一人は渭水のほとりに、他は長江のほとりにあって、たがいに思いを寄せ合う意。盛唐の杜甫の「春日憶二李白一」の詩に「渭北春天樹、江東日暮雲」とあるのに基づく。

【渭城】①地名。秦の都の咸陽の地で、漢代、渭城県を置いたのでいう。今の陝西省咸陽市の東北。唐代には、都の長安の北西にあたるこの地で、西域地方に行く人を見送った。→②。②楽曲の名。渭城曲。また、送別の詩をいう。盛唐の王維の「送三元二使二安西一」の詩に「渭城朝雨浥二軽塵一」とあるのに基づく。一名、陽関曲。

【渭水】川の名。甘粛省渭源県の鳥鼠山に発し、陝西省渭河平原を東流し、潼関県で黄河にそそぐ。黄河最大の支流。全長七百八十七キロ。渭河。渭川。水が清らかなので清渭とも呼ばれる。

【渭浜（濱）】①渭水のほとり。渭水の岸べ。②周の太公望をいう。→次項。

【渭浜（濱）器】大臣・大将たるべき才能、また人物。周の太公望呂尚が、渭水のほとりで釣りをしていて文王に見出されて、名宰相になった故事に基づく。

【渭陽】①渭水の北岸の地。（川の北を陽という）②母方

のおじをいう。『詩経』の秦風・渭陽に「我送₌舅氏₋(われキュウシをおくり)、曰至₌渭陽₋(ここにイヨウにいたる)」とあるのに基づく。

【渭陽情】(イヨウのジョウ) 母方のおじを思う情。また、母方のおじが甥や姪(おいめい)を思う情。↓渭陽の②。

(12)9
【湮】4128 △ ㊀イン 眞 yīn ㊁エン 先 yān 6248 5E50

字義 ㊀㊁❶しずむ(しづむ)。埋もれる。ほろびる。❷ふさぐ(塞く)。ふさがる。とどこおる。

解字 甲骨文  篆文  形声。氵(水)＋垔(㚇)㊥。音符の㚇(イン)は、ふさぐの意味。水蒸気や水などにふさがれる、しずむの意味を表す。

【湮△鬱】(インウツ) うれいに気持ちがふさいで心が晴れ晴れしないこと。

【湮没】(インボツ・エンボツ) ①うずもれ沈む。跡かたもなく消えうせる。ほろびる。②死ぬ。

【湮滅】(インメツ・エンメツ) ＝湮没。

【湮厄・湮△阨】(インヤク) ふさがること。不幸。不運。

【湮△淪】(インリン・エンリン) ＝湮没。淪は、沈む。

(12)9
【淵】4129 標 エン(ヱン) 先 yuān 4205 4A25

［渕］俗字 6228 5E3C　［渊］俗字 6229 5E3D

字義 ❶ふち。水を深くたたえている所。川などの、特に深くなって水をたたえている所。❷物の多く集まる所。「淵藪(エンソウ)」❸ふかい。「深淵」❹しずか。ひっそりしている。

解字 甲骨文  金文  篆文  形声。氵(水)＋㴊㊥。音符の㴊(エン)は、両岸がせまり、間にふちのある形にかたどり、ふちの意味を表す。

【淵淵】(エンエン) ①奥深く静かなさま。②鼓を打つ音の形容。

【淵雅】(エンガ) 静かに落ち着いて上品なこと。

【淵海】(エンカイ) ふちと海。転じて、深く大きいたとえ。

【淵玄】(エンゲン) 奥深いこと。深奥。幽深。

【淵源・淵原】(エンゲン) みなもと。根原。根本。本原。

【淵静(靜)】(エンセイ) 奥深く静かなこと。

【淵泉】(エンセン) ①ふちと泉。また、深い泉。②ふちのように深く、泉のように湧くこと。

【淵然】(エンゼン) 水の深くて静かなさま。

【淵△藪】(エンソウ) 淵と藪(草木の密生している所、やぶ)。魚や鳥獣の集まる所。転じて、物の多く集まる所。〔書経、武成〕

【淵△叢】(エンソウ) ＝淵藪(エンソウ)。叢は、くさむら。

【淵△塞】(エンソク) ①心が深く、徳が満ちていること。②思慮が深く誠実なこと。

【淵博】(エンパク) 深く広い。見聞・知識などにいう。

【淵謀】(エンボウ) 深いはかりごと。淵図。淵謨(エンボ)。

【淵黙(默)】(エンモク) ①じっと(深い淵(ふち)のように)黙っていること。②落ち着いていて、むだ口をきかないこと。

【為(爲)ㇾ淵△敺ㇾ魚】(ふちのためにうお(を)をかる) 獺(かわうそ)が魚を追いたてて川の深みに入れるのは、ちょうど川の深みのために入れてやるようなものだ。暴虐な君主が人民を追いたてて仁徳ある君主のもとにのがれ集まらせるたとえ。〔孟子、離婁上〕

【臨ㇾ淵△羨ㇾ魚、不ㇾ如₌退△而結ㇾ網₋】(ふちにのぞみてうお(を)をうらやむは、しりぞきてあみをむすぶにしかず) 〈淵のそばで魚をほしがっているよりは家に戻って魚を捕らえる網を作った方がよい〉いたずらに幸福をこいねがうよりは、いかにしたら幸福が得られるかを考え、地道に努力した方がよいことのたとえ。〔漢書、礼楽志〕

(12)9
【温】4130 教3 オン あたたか・あたたかい・あたたまる・あたためる 1825 3239

(13)10
［溫］4131 人 許 ㊀オン(ヲン) 元 wēn ㊁ウン 問 yùn

筆順 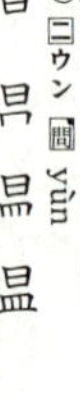

字義 ㊀❶あたたかい(あたたかし)。「温泉」「温暖」❷あたためる(あたたむ)。あたたまる。㋐あたたかくする。㋑大切にする。しまいこむ。「温存」❸おだやか。なごやか。あたたかな感じを与える。「温和」「温顔」❹まるい。まろやか。円満。❺たずねる(たづぬ)。ならう。復習する。よみがえらせる。「温古知新」

㊁つつむ(包)。＝薀(ウン)。

名乗 あつ・あつし・すなお・ただす・なが・ならう・のどか・はる・まさ・やす・ゆたか・よし　難読 温海(あつみ)・温谷(ぬくだに)・温田(ぬくた)・温湯(ぬるゆ)・温飩(うどん)・温根沼(おんねとう)・温習(おさらい)・温楽(ゆいで)

使いわけ あたたか〔暖・温〕⇩暖(3073)。

解字 篆文 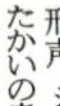 形声。氵(水)＋𥁕(昷)㊥。音符の𥁕(オン)は、あたたかいの意味。もと川の名を表したが、借りて、あたたかいの意味を表す。

▼寒温・微温

【温温】(オンオン) ①柔和なさま。おだやかなさま。やさしいさま。②つやのあるさま。うるおいのあるさま。③熱気のさま。

【温雅】(オンガ) おだやかで、みやびやか。やさしくて奥ゆかしい。

【温顔】(オンガン) おだやかな顔。やさしい顔。

【温恭】(オンキョウ) おだやかでつつしみ深い。

【温故知新】(オンコチシン・ふるきをたずね(つ)ねてあたらしきをしる) 前に習ったことや昔の事をよく復習・研究して、新しい道理・知識を得ること。〔論語、為政〕温ㇾ故而知ㇾ新(ふるきをたず(つ)ねて、あたらしきをしらば)、可₌以為ㇾ師矣(もってシたるべし)。〈昔のことを研究してそこから新しい道理を得ることができたならその人を師として仰いでもよろしい〉

【温厚】(オンコウ) ①おだやかで篤実なこと。やさしく手厚いこと。②富んでいて不足がない。豊か。

【温州】(オンシュウ・ウンシュウ) 唐代の州の名。州都は永嘉(エイカ)(今の浙江(セッコウ)省温州市)。

【温習】(オンシュウ) 前に学んだことを繰り返して学ぶこと。復習。おさらい。

【温柔】(オンジュウ) ①おだやかなこと。温厚で柔順。②あたたかでやわらか。「温柔敦厚」

【温順】(オンジュン) おとなしくすなお。

【温潤】(オンジュン) ①暖かくてうるおいのあること。②やわらかでつやのあること。③おだやかでやさしいこと。

【温△恕】(オンジョ) 心がおだやかで思いやりの深いこと。

【温情】(オンジョウ) やさしい心。なさけ深い心。

【温色】(オンショク) ①おだやかな顔色。やさしい顔色。②あたたかい感じを与える色。赤・黄・緑とそれらの中間色。暖色。

【温△凊定省】(オンセイテイセイ) 父母に対する心がけ。冬には暖かにし(温)、夏にはすずしくし(凊)、夜には寝室の具合(グあい)に心をくばり(定)、朝にはごきげんの様子に気をくばる(省)。〔礼記、曲礼上〕

【温泉】(オンセン) いでゆ。地中から温かい湯のわき出る泉。〔唐、白居易、長恨歌〕温泉水滑洗₌凝脂₋(オンセンみず(づ)なめらかにしてギョウシをあらう(ふ))。訳文⇩華清池(九二八ページ)。

【温存】(オンゾン) ①ねんごろに慰問する。やさしくなぐさめる。②大切に保存する。

【温庭△筠】(オンテイイン) 晩唐の詩人。字(あざな)は飛卿(ヒケイ)。特に詞に新風を開いたとされる。(八一二?—八七〇?)

【温突】(オンドル) (ドルは朝鮮音)中国の東北地方や朝鮮の暖房装置。床下にみぞをつくり煙(熱気)を通すしかけ。中国の炕(コウ)(カン)に同じ。

【温飽】(オンポウ) あたたかに衣服を着、十分に食事をとる。生活に不自由のないたとえ。飽食暖衣。

【温良恭倹(儉)譲(讓)】(オンリョウキョウケンジョウ) おだやか・すなお・うやうやしい・つつましさ・謙遜(ケンソン)の五つの徳。子貢が師の孔子を評した語。〔論語、学而〕

【温和】(オンワ) ①性質・態度がおだやかでやさしいこと。②気候があたたかくおだやか。◇性質のおだやかなことは、「温和」「穏和」の両方が用いられるが、現代では、新聞用語が「温和」に

統一したことによって「温和」が一般的。

(12)9 【渦】4132 常 カ うず 1718 3132
㊀漢カ(クヮ)・呉ワ 歌 wō
㊁カ(クヮ) 歌 guō

筆順 氵 氵 泂 渦 渦

字義 ㊀❶うず。うずまき。「渦紋」 ❷うずまく。
㊁川の名。渦水。河南省より安徽省に出て淮水ワイスイに注ぐ。

解字 形声。氵(水)+咼音。音符の咼カは、亘カンに通じ、めぐるの意味。めぐる水、うずの意味を表す。

▼盤渦

【渦旋】カセン うずまきめぐる。うずまく。
【渦中】カチュウ ①うずまきの中。②紛争の中。もめごとの中。「渦中に入る」

(12)9 【渮】4133 △ カ 歌 hé 6249 5E51
字義 川の名。渮水。古代の済水の支流で、山東省にあった。
解字 篆文 形声。氵(水)+苛音。

(12)9 【渴】(4078) カツ 渇(4077)の旧字体。→六四三ページ。

(12)9 【渙】4134 △ カン(クヮン) 翰 huàn 6250 5E52
字義 ❶とける。❷ちる(散)。㋐飛び散る。㋑分かれる。離れる。❸水の流れのさかんなさま。❹明らか。美しい。❺易エキの六十四卦の一つ。☴☵坎下巽上ソンジョウ。離れ散らばる象かたち。
解字 篆文 形声。氵(水)+奐音。音符の奐カンは、つぎつぎに変化するの意味。水がいろいろに変化して散るの意味を表す。

【渙汗】カンカン ①天子が詔勅を発すること。出たあせがかえらぬように、詔勅は一度出せば取り消せないからいう。〔易経、渙〕②ひろまるさま。流布するさま。
【渙渙】カンカン 水のさかんに流れるさま。
【渙然】カンゼン ①解け散るさま。②新しくなるさま。更新するさま。
【渙発(發)】カンパツ 詔勅を発すること。渙は、易エキの卦カの名で、水が散るように四方に発布する意。

(12)9 【湲】4135 △ 漢カン(クヮン)・呉ゲン 元 yuán 6251 5E53
字義 潺湲センカンは、水のさらさら流れる形容。
解字 篆文 形声。氵(水)+爰音。

(12)9 【渠】4136 △ 2184 3574
㊀漢キョ・呉ゴ 魚 qú
㊁漢キョ・呉ゴ 語 jù
[渠] 標準

字義 ㊀❶みぞ(溝)。㋐地を掘って水を通した所。ほり。ほりわり。「溝渠」 ㋑小川。㋒物の面にきざんだ細い筋目。❷おおきい。❸かしら。「渠魁キョカイ」 ❹かれ(彼)。第三人称の代名詞。㊁なんぞ。疑問・反語の意を表す副詞。=詎キョ。

参考 〔渠〕は俗字であるが、印刷標準字体。 難読 渠儂かれ

解字 篆文 形声。氵(水)+⿱巨木(榘)音。音符の榘クは、じょうぎの意味。定規をあてて人工的に造った、みぞ・ほりわりの意味を表す。

【渠荷】キョカ 花の名。蓮はすの別名。
【渠魁】キョカイ かしら。おやだま。頭目。首領。主として悪者のかしらをいう。魁も、かしら。
【渠渠】キョキョ ①つとめはげむさま。②落ち着かないさま。③深く広いさま。
【渠帥】キョスイ =渠魁キョカイ。帥も、かしら。

(12)9 【減】4137 教5 ゲン へる・へらす 2426 383A
漢カン・呉ゲン 豏 jiǎn

筆順 氵 氵 沪 減 減 減

字義 ❶へる。数量が少なくなる。「減少」 ❷へらす。ひく。数をひく。「加減」「半減」「削減」 ❸そこなう(害)。

【減】俗字

解字 金文 篆文 形声。氵(水)+咸音。音符の咸カンは、ありったけ声を出しつくすの意味。水が出つくす、へるの意味を表す。

▼加減・軽減・削減・縮減・節減・漸減・低減・逓減

【減却】ゲンキャク へらす。おとろえさせる。また、減る。却は、語にそえてその意味を強める助字。〔唐、杜甫、曲江詩〕一片花飛減却春イッペンはなとびてはるをゲンキャクす。
【減降】ゲンコウ へらす。下げる。刑罰などを減らして軽くする。
【減殺】ゲンサイ へらす。へる。殺は、そぎけずって減らす。
【減退】ゲンタイ ①へって少なくなる。②おとろえる。
【減免】ゲンメン 軽減と免除。刑などをへらしたり免除したりすること。

(12)9 【湖】4138 教3 コ みずうみ 2448 3850
漢コ 呉ゴ 虞 hú

筆順 氵 汁 沽 湖

字義 みずうみ。うみ。湖水。 名乗 ひろし

解字 篆文 形声。氵(水)+胡音。音符の胡コは、巨に通じ、大きいの意味。大きな池、みずうみの意味を表す。

▼江湖

【湖雲】コウン 湖の上の空に浮いている雲。
【湖煙・湖烟】コエン 湖上にたちこめているもや。
【湖海】コカイ ①湖と海。②世の中。世間。江湖。③都に対して、いなか。江湖。「湖海の志」 ④広大で強いこと。「湖海の気」 ⑤「湖海之士コカイのシ」は、豪快な気風があって民間にいる人。
【湖山】コザン ①湖と山。また広く、山河をいう。②湖南・湖北地方の山。
【湖上】コジョウ ①湖の上。②湖のほとり。湖畔コハン。
【湖心】コシン 湖のまんなか。
【湖南】コナン 省の名。長江中流の南に位置し、大体、洞庭湖の南にあるので名づけた。省都は長沙チョウサ市。古名は湘省ショウショウ。
【湖畔】コハン 湖のほとり。湖上。湖辺。
【湖北】コホク 省の名。長江中流の北に位置し、大体、洞庭湖の北にあるので名づけた。省都は武漢市。古名は鄂省ガクショウ。

(12)9 【港】4139 教3 コウ みなと 2533 3941
(12)9 【港】4140 コウ(カウ) 講 gǎng

筆順 氵 汁 洪 港 港

字義 ❶みなと。入り海または入り江になっていて、舟が泊まるに適した所。舟着き場。「軍港」 ❷ふなみち。舟の通る道。❸分流。分かれて流れる小川。 難読 港元もと

解字 篆文 形声。氵(水)+巷(巷)音。音符の巷コウは、村なかを通りぬけている道の意味。水上の道の意味から、みなとの意味を表す。

▼鎖港

【港市】コウシ 港町。
【港湾(灣)】コウワン ①港と入り海。②港。

(12)9 【湟】4141 △ 漢コウ(クヮウ) 呉オウ(ワウ) 陽 huáng 6252 5E54
字義 ❶ほり(堀)。城の周りのほりわり。城池。❷くぼ地。湿地。❸川の名。湟水。青海省に発し、甘粛省を流れ黄河に注ぐ。
解字 篆文 形声。氵(水)+皇音。

(12)9 【渾】4142 標 6253 5E55
㊀漢コン・呉ゴン 元 hún
㊁漢コン・呉ゴン 阮 hùn

字義 □一❶にごる（濁）。にごす。❷水のわき出る音。また、水の流れる音。❸くぼみ。水たまり。□二❶まじる。いりまじって区別がつかない。一つになっている。「渾沌コントン」❷すべて。全く。「渾身」❸大きい。さかん。「雄渾」❹まるい。角かどがない。

解字 文 篆 形声。氵（水）＋軍㊥。音符の軍は、めぐるの意味。水がめぐりながらさかんに流れるの意味を表す。また、混に通じて用いられる。

【渾一】コンイツ 物が溶け合って一つになる。また、ひとまとめにする。

【渾元】コンゲン ①自然の気。天地広大の気。②天地。

【渾厚】コンコウ 大きくてどっしりしていること。

【渾△殽】コンコウ 入りまじる。混殽。殽も、まじる。

【渾渾】コンコン ①乱れるさま。濁るさま。②奥深くて（区別がはっきりせず）知り難いさま。③＝渾沌コントン。④水がさかんに流れる。また、波が連なり進むさま。

【渾身】コンシン からだ全体。全身。満身。

【渾然】コンゼン ①差別・区別のない（ひとまとまりになっている）さま。「渾然一体」②角かどやくぼみのない（まるい）さま。

【渾天】コンテン 天。まるい天。

【渾天儀】コンテンギ 昔、天体の観測に使った機械。黄道・赤道の目盛りを設け、回転させて天体の位置と経緯度を観測したもの。

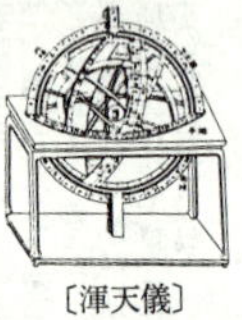
〔渾天儀〕

【渾△沌】コントン ①天地の初め、万物がまだ形成されず、陰陽の気が分かれない状態。〔荘子、応帝王〕中央之帝為二渾沌一チュウオウのテイをコントンとなす。〔淮南子、詮言訓〕洞二同天地一テンチにドウドウし、渾沌為レ樸コントンとしてボクをなす。②物事の区別の明らかでないさま。

【渾名】コンメイ・あだな 人の顔かたちや挙動・くせなどによって実名以外につける名。綽名あだな。諢名コンメイ・あだな。

【渾△碧】コンペキ 見渡すかぎり青々としているさま。

【渾欲レ不レ勝△簪】すべてシンにたえざらんとほっす （仕官の人がつける）冠を髪に留めるピンも、もうまったくさせなくなろうとしている。〔唐、杜甫、春望詩〕白頭掻更短ハクトウかけばさらにみじかく、――。〈白髪頭を手でかきむしると、髪はいよいよ薄れて短くなり、――〉

(12)9 【湣】4143 △コン 涽（4089）と同字。→六四四ページ。 6254 5E56

(12)9 【渣】4144 △ ㊅サ ㊇シャ 麻 zhā

字義 おり。かす。沈殿物。「渣滓サシ」

解字 形声。氵（水）＋査㊥。

---

(12)9 【滋】4145 常 ジ 2802 3C22

(13)10 〔滋〕4146 シ 支 zī 慣ジ

筆順 氵 氵 泫 滋

字義 ❶ます（増・益）。ふえる。❷ますます。〔左伝、昭公元〕其虐滋甚そのギャクますますはなはだし。❸しげる（茂・繁）。しげし。多い。育つ。生長する。「滋長」❹うえる（植）。まく（蒔シ）。種をまく。❺うるおす（潤）。ひたす（浸）。「滋雨」❻しる（汁）。液汁。❼うまい。味がよい。うまみ。「滋味」また、栄養分のあること。「滋養」 名乗 あさ・しげ・ます 難読 滋藤しげとう

解字 甲骨文 文 篆 形声。氵（水）＋茲㊥。音符の茲シは、ふえるの意味。甲骨文は、ふたつの糸と水の形で、糸や水がふえるさまから、ふえるの意味を表す。

【滋雨】ジウ 草木をうるおす雨。日照り続きの時に降る雨。めぐみの雨。

【滋滋】シシ つとめはげむさま。勤勉なさま。孜孜シシ。

【滋潤】ジジュン ①うるおう。しめる。また、うるおい。しめり。②恵みのゆきわたること。

【滋長】ジチョウ ①しげり長ずる。生長する。②ますます長ずる。ますます茂る。

【滋△蔓】ジマン 草木がしげりはびこる。転じて、権勢などのますます強大になること。

【滋味】ジミ よい味。美味。また、滋養になる食物。

【滋養】ジヨウ ①養い育てる。②からだの養いになること。また、その食物。

(12)9 【湿】4147 常 シツ しめる・しめす 2830 3C3E

(17)14 〔濕〕4148 人 許 □一シュウ（シフ）㊇緝 shī □二トウ（タフ）㊇合 慣シツ 6328 5F3C

筆順 氵 泹 湿 湿 湿

【溼】同字

字義 □一❶うるおう。しめる。ぬれる。「湿潤」「湿気」❷うるおす。しめす。しめらせる。ぬらす。❸性格や行為が暗くじめじめしている。「陰湿」❹うれえる。失望する。❺へり下る。卑下する。□二川の名。山東省に発し黄河にそそぐ。

参考 ⇨溼（4193）の参考

解字 甲骨文 篆 文（濕） 会意。甲骨文は、水＋㬎。糸を水につけたさまから、しめらすの意味を表す。のち、土を付し溼となり、また、変形して濕となる。常用漢字は濕の省略体による。

▼乾湿・低湿・卑湿

【湿邪】シツジャ ①リューマチス性の病気。②湿気と邪気。邪気は、人に害を与える気。

【湿潤】シツジュン うるおう。しめる。また、湿気の多いこと。

【湿暑】シツショ 湿気が多くて暑い。

【湿△疹】シッシン 皮膚の表層に起こる炎症。

---

(12)9 【湫】4149 △ □一㊅シュウ（シウ）・㊇シュ 尤 qiū □二ショウ（セウ）㊇篠 jiǎo 6255 5E57

字義 □一❶つきる（尽）。なくなる。❷あつまる（集）。❸土地が低くてせまい。❹いけ（池）。□二❶＝□一の❸。❷すずしい。国くて。低くて湿っていて水草などのはえている土地。

解字 文 篆 形声。氵（水）＋秋㊥。

【湫△隘】シュウアイ・ショウアイ 土地が低くて湿気が多く、せまいこと。

【湫湫】シュウシュウ うれえ悲しむさま。

(12)9 【湑】4150 △ ショ 語 xǔ

字義 ❶したむ。こす。酒をしたたらし、こして糟かすを除く。また、その酒。❷すむ（澄）。清い。❸露が物に宿るさま。❹さかんなさま。❺美しい。❻楽しむ。

解字 文 篆 形声。氵（水）＋胥㊥。

【湑湑】ショショ ①枝や葉がしげっているさま。また、枝や葉が乱れているさま。②吹く風の音の形容。③ちょろちょろ流れる水の音の形容。④露の宿るさま。

(12)9 【渚】（4099） ショ 渚（4098）の旧字体。→六四五ページ。

(12)9 【湘】4151 標 ㊅ショウ（シャウ） ㊇ソウ（サウ） 陽 xiāng 3037 3E45

字義 ❶川の名。→湘水。❷にる（煮）。

解字 文 篆 形声。氵（水）＋相㊥。

【湘△娥】ショウガ ①湘水の神。→湘妃。②美人。

【湘君】ショウクン →湘妃。

【湘△沅】ショウゲン 湘水と沅水。ともに洞庭湖にそそぐ。

【湘水】ショウスイ 川の名。湘江。広西チワン族自治区北部に発し、湖南省永州市に至って瀟水ショウスイと合し（瀟湘という）、北流して洞庭湖に注ぐ。

【湘竹】ショウチク 湘水のほとりに産する竹。湘妃の涙のためにまだ

らができたといわれている。斑竹ハンチク。笛などの材料として有名。

【湘南】ショウナン ①湘水の南の地方。大体、洞庭湖の南の地方をいう。②国神奈川県の西南部の海岸地方をいう。相模さがみ（昔の国名）の相に氵をそえて、しゃれたもの。

【湘妃】ショウヒ 舜シュンの妃の娥皇ガコウ・女英の二人。舜が南方に巡幸したあとを慕って湘水のほとりに来た時、舜の死を聞いて、泣き悲しみ、ついに湘水に投身自殺し、湘水の神になったという。湘君。

【湘流】ショウリュウ 湘水の流れ。また、湘水。〔楚辞、漁父〕

(12)9【湜】4152 △ 漢ショク 呉ジキ 職 shí

字義 ❶きよい。水が澄んで底の見えるさま。「湜湜」❷心の持ち方の正しいさま。

解字 篆文 形声。氵(水)＋是㊀。

(12)9【渫】4153 △ 漢セツ 呉セチ 屑 xiè　6256 5E58

字義 ❶さらう。水底の泥などを除き去る。「浚渫シュンセツ」❷もれる(漏)。＝泄セツ・洩エイ。❸ちる(散)。❹けがす(汚)。❺あなどる。なれなれしくする。❻やむ。やめる。休止する。❼きよい。

解字 篆文 形声。氵(水)＋枼㊀。音符の枼セツは、删サンに通じ、けずるの意味。水底のどろをけずる、さらうの意味を表す。また、泄セツに通じ、もらすの意味にも用いる。

(12)9【渲】4154 △ セン 霰 xuàn

字義 ❶おがわ(小川)。❷くまどる。ぼかす。画法で、輪郭を薄墨でぼかして描くこと。

解字 形声。氵(水)＋宣㊀。

(12)9【湔】4155 △ セン 先 jiān

字義 ❶あらう(洗)。よごれた所を洗う。❷そそぐ(注)。うるおす。ぬらす。❸けがす(汚)。

解字 篆文 形声。氵(水)＋前㊀。音符の前は、洗に通じ、あらうの意味を表す。

(12)9【湶】4156 △ セン　6257 5E59

字義 ❶泉(3888)と同字。→六三六ぺ。❷国あわら。富山県高岡市の地名。また、姓氏。

(12)9【湊】4157 標 ソウ 宥 còu　4411 4C2B

字義 ❶あつまる。水が集まる。＝輳ソウ。「輻湊フクソウ」❷物や人の集まる所。❸みなと。舟の集まる所。舟着き場。❹おもむく。向かう。至る。❺膚のきめ。＝腠ソウ。「湊理」

解字 篆文 形声。氵(水)＋奏㊀。音符の奏は、両手を寄せて物をおしすすめるの意味。水が寄ってくる所、みなとの意味を表す。

【湊理】ソウリ 皮膚のきめ。肌理キリ。腠理ソウリ。

(12)9【測】4158 教5 ソク はかる 漢ショク・呉シキ 職 cè 慣ソク　3412 422C

筆順 氵 氵刀 泪 浿 測

名乗 ひろ

字義 ❶はかる。㋐物の長さ・深さなどをはかる。「測量」㋑思いはかる。推量する。「推測」「不測」❷ふかさ。水深。

使いわけ はかる〔計・測・量・図・謀・諮〕⇩計(7094)。

解字 篆文 形声。氵(水)＋則㊀。音符の則は、人が生活のものさしとするもの、のりの意味。ものさしで水深をはかるの意味を表す。

▼憶測・観測・推測・不測・予測

【測△揆】ソクキ はかる。おしはかる。揆度キタク。

【測候】ソッコウ 天文・気象を観測すること。「測候所」

【測算】ソクサン はかりかぞえる。計算する。

【測度】ソクタク ①心でおしはかる。推測する。度も、はかる意。②ソクド 度数をはかる。

【測定】ソクテイ ①はかってきめる。②特別の器械を用いて、ある量の大きさを測ること。

【測量】ソクリョウ ①おしはかる。他人の心を推しはかる。忖度ソンタク。②器機を用いて、高低・距離などをはかり調べること。

(12)9【湛】4159 標　3525 4339
一 漢タン 呉デン 豏 zhàn
二 タン 覃 dān
三 漢チン・呉ジン(チン) 侵 chén
四 シン 沁

字義 一❶しずむ(沈)。❷あつい(厚)。また、深い。❸たたえる。水などが満ちあふれる。❹川の名。河南省を流れる、黄河の支流。二❶たのしむ。❷ふける。度を越す。深入りする。❸おそい。ゆるい。三＝一の❶❷。四ひたす(漬)。

解字 金文 篆文 形声。氵(水)＋甚㊀。音符の甚は、深に通じ、ふかく水をたたえるの意味を表す。また、沈に通じ、しずむの意味をも表す。

【湛然】タンゼン ①水のたたえているさま。②落ち着いて静かなさま。

【湛湛】タンタン ①重厚なさま。②水の深くたたえたさま。③清く澄んでいるさま。④積み重なっているさま。多いさま。⑤深いさま。⑥水流の激しい音の形容。

【湛△溺】タンデキ・チンデキ ふけりおぼれる。物事にふけること。沈溺チンデキ。耽溺タンデキ。

【湛△沔・湛△湎】タンメン・チンメン しずみおぼれる。まよいおぼれる。酒色などにふけること。

【湛楽(樂)】タンラク 楽しみにふける。耽楽タンラク。

【湛露】タンロ 一杯に置いたる露。繁露。

(12)9【湍】4160 △ タン 寒 tuān　6258 5E5A

字義 ❶せ。はやせ(早瀬)。急流。「奔湍」❷はやい(速・疾)。❸うずまく。たぎる。水がさかまいて流れる。

解字 篆文 形声。氵(水)＋耑㊀。音符の耑タンは、遄センに通じ、速いの意味。はやせの意味を表す。

【湍激】タンゲキ 水の勢いがはやくはげしい。

【湍水】タンスイ はやい流れ。また、流出する口がなく、うず巻いている水。〔孟子、告子上〕性猶二湍水一也セイはなおタンスイのごとし。

【湍瀬】タンライ はやせ(早瀬)。

(12)9【渟】4161 △ 漢テイ 呉ジョウ(ヂャウ) 青 tíng　6259 5E5B

字義 ❶たたえる。水がたまって流れないこと。❷とまる(止)。とどまる。また、とどめる。「渟泊」❸みぎわ。岸。

難読 渟足ぬたり

解字 形声。氵(水)＋亭㊀。音符の亭は、とどまるの意味。水がとどまるの意味を表す。

【渟△膏△湛△碧】テイコウタンペキ・テイコウみどりをたたう(ふ) 水があぶらのように静かによどんで、濃い青色をたたえているさま。

【渟水】テイスイ たまり水。止水。死水。

【渟蓄】テイチク ①水がとどまりたまる。水がたたえられている。②転じて、学問の広く深いこと。〔唐、韓愈、柳子厚墓誌銘〕

【渟渟】テイテイ 水の満々とたたえているさま。

【渟泊】テイハク 船が港にとまること。船どまり。碇泊テイハク。

(12)9【渡】4162 常 ト わたる・わたす 漢ト・呉ド 遇 dù　3747 454F

筆順 氵 氵广 浐 浐 渡

字義 ❶わたる。㋐流れを横切る。川や海を船で行く。「渡河」「渡来」㋑経る。通る。移動する。㋒いたる。行きわたる。およぶ。❷わたす。㋐水上を通らせ対岸にやる。㋑かけわたす。

架する。橋などをわたす。❸わたし。渡し場。国❶わたる。㋐世をわたる。くらす。「渡世」㋑行く・歩くの敬語。㋒在る・居るの敬語。㋓あまねく通ずる。❷わたす。物などを交付する。授ける。「譲渡」❸わたり。かけあい。交渉。

難読 渡会・渡座・渡守武・渡島・渡波・渡良瀬

解字 文 篆 形声。氵(水)＋度㊥。音符の度は、ものさしをわたしてはかるの意味。水をわたるの意味を表す。

▼過渡・古渡・譲渡・野渡

【渡河】(トカ) 黄河を渡る。また、川を渡る。

【渡口】(トコウ) 渡し場。渡頭。

【渡航】(トコウ) 船で海を渡る。海外へ渡る。

【渡江△楫】(トコウのシュウ・トコウのかじ(ぢ)) 西晋の祖逖が長江を渡るとき、中流で楫をたたき、任務を果たさねば再びこの川を渡らぬ意を示して、北方中原の回復を誓い、遂に敵の石勒を破った故事。〔宋、文天祥、正気歌〕

【渡津】(トシン) ①渡し場。②津(渡し場)を渡る。

【渡世】(トセイ) 国①世を渡る。くらす。また、世渡り。くらし。なりわい。生業。②「渡世人」は、やくざのこと。

【渡頭】(トトウ) ①渡し場。②渡し場のかしら。

(12)9
【湯】4163　教3　ゆ　トウ
㊀トウ(タウ) 陽 tāng
㊁ショウ(シャウ) 陽 shāng
3782
4572

筆順 氵 汩 沪 浔 湯 湯

字義 ㊀❶ゆ。㋐水をわかしたもの。「熱湯」㋑いでゆ。温泉。㋒ふろ。ふろ場。浴場。❷せんじぐすり。煎薬。「薬湯」❸ゆあみをする。湯にはいる。❹ほしいまま。＝蕩。❺わかす。にる(煮)。❻洗う。❼ゆり動かす。❽広く大きい。❾殷の建国者の名。湯王。成湯。㊁水のさかんに流れるさま。

難読 湯檜曾・湯女・湯人・湯泉津・湯槽・湯ノ岱・湯湯婆・湯婆・湯布院・湯麺・湯浴・湯来・湯ノ峠

解字 金文 篆文 形声。氵(水)＋昜㊥。音符の昜は、のびあがるの意味。水が自由におどりあがる、ゆの意味を表す。

▼茶湯・探湯・薬湯

【湯王】(トウオウ) 殷(商)の建国の帝王。姓は子、名は履。夏の桀王を滅ぼして天子となり、亳(河南省内)に都し、国号を商と称した。成湯。

【湯火】(トウカ) ①熱湯と火。②非常な苦難のたとえ。

【湯△鑊】(トウカク) 人を煮る刑罰。かまゆでの刑。鑊は、足のない大きな鼎(物を煮る器)。

【湯顕(顯)祖】(トウケンソ) 明の戯曲作家。臨川(今の江西省内)の人。字は義仍。号は若士。臨川の人。書室を玉茗堂という。万暦の進士。「紫釵記」「還魂記」「南柯記」「邯鄲記」などの作がある。(一五五〇—一六一六)

【湯治】(トウジ) 国温泉にはいって病気をなおすこと。また、温泉に入って休養する。

【湯湯】(ショウショウ) ①水のさかんに流れるさま。②水のさかんなさま。大水のさま。③広い水の表面に波の動いているさま。

【湯誓】(トウセイ) 『書経』の編名。殷の湯王が、夏の桀王を討つに当たり衆民に発した宣誓文。

【湯池】(トウチ) ①熱湯の池の意から、要害堅固な城のほり。「金城湯池」②温泉。

【湯△桶読(讀)】(ゆトウよみ) 国「湯桶」のように、上の字を訓で、下の字を音で読む読み方。「割印」「成金」など。↕重箱読。

【湯武】(トウブ) 殷の湯王と周の武王。共に人民の希望によって時の暴君を討ち、天子の位についた。

【湯網】(トウモウ) 寛大な処置をいう。殷の湯王が、網を四面に張って鳥獣がかかるようにと祈っていた人を見て、その三面を除去した故事に基づく語。〔呂覧、異用〕

【湯△沐】(トウモク) ①ゆあみする。沐浴する。湯は、からだを洗い、沐は、髪を洗うこと。②＝湯沐邑。↓次項。

【湯△沐△邑】(トウモクのユウ) その土地からの税金を身のまわりの費用に当てるために与えられ領地。〔礼記、王制〕

【湯薬(藥)】(トウヤク) ①せんじ薬。②湯治と服薬。

(12)9
【湃】4164　△　ハイ 卦 pài
6260
5E5C

字義 ❶水の波うつ勢い・音。❷「澎湃・滂湃」は、水勢のさかんなさま。また、大波の立つさま。

解字 形声。氵(水)＋拜㊥。

(12)9
【浇】4165　△　ハツ　潑(4279)の俗字。↓六七三ページ。
4014
482E

(12)9
【湄】4166　△　㊥ビ　㊤ミ　支 méi

字義 みぎわ。水際。水辺の地。岸。浜。水辺の草の茂っている所。

解字 甲骨文 篆文 形声。氵(水)＋眉(𥄉)㊥。音符の𥄉は、まゆ毛の意味。水のかたわらのまゆ毛にあたる所、みぎわの意味を表す。

(12)9
【渺】4167　△　㊥ビョウ(ベウ)　㊤ミョウ(メウ) 篠 miǎo
6261
5E5D

字義 ❶はるか。ひろい。水面が広々とはてしないさま。＝淼。❷かすか。はっきりと見えないさま。きわめて小さいさま。〔宋、蘇軾、前赤壁賦〕渺滄海之一粟。❸小数の単位。一の千億分の一。

解字 形声。氵(水)＋眇㊥。音符の眇は、目に小さく映るの意味。水のはるか遠く小さく見えるさまを表す。

【渺然】(ビョウゼン) はるかに広いさま。広々としてきわまりないさま。

【渺渺】(ビョウビョウ) ＝渺茫。

【渺△茫】(ビョウボウ) 茫も、広い・はるか。①広く果てしないさま。②遠くかすかなさま。〔唐、白居易、長恨歌〕一別音容両渺茫。

【渺△漭】(ビョウボウ・ビョウモウ) ＝渺茫。漭も、広い。

【渺漫】(ビョウマン) 水の果てしなく広いさま。漫は、大水のさま。

(12)9
【渤】4168　△　㊥ホツ・㊤ボチ 月 bó　慣ボツ
6263
5E5F

字義 ❶水のわき立つさま。水のはげしい音の形容。❷＝浡(4057)・勃(665)。

難読 渤海

解字 形声。氵(水)＋勃㊥。音符の勃は、急に勢いさかんにおこるの意味。水のわきたつさまを表す。

【渤海】(ボッカイ) ①海の名。黄海の一部。遼東半島と山東半島とに囲まれた内海。渤海湾。②国名。唐の玄宗のころ、今の朝鮮北部から中国東北地区を領有。靺鞨族の大祚栄が建て、十四世、二百十五年(七一三—九二七)続き、五代の時、契丹に滅ぼされた。

(12)9
【湓】4169　△　㊀ホン 願 pèn　㊁㊥ホン・㊤ボン 元 pén

字義 ㊀❶水がわきあふれる。また、その音。❷にわか雨。❸はく。はき出す。㊁川の名。湓江。湓水。

解字 形声。氵(水)＋盆㊥。音符の盆は、噴に通じ、吹き出すの意味。水がわきあふれるの意味を表す。

【湓魚】(ボンギョ) 湓江でとれる魚。〔唐、白居易、与微之書〕湓魚頗肥、江酒極美。

【湓口】(ボンコウ) 江西省九江市の西の地。湓江が長江に注ぐ所。湓浦。湓浦口。

【湓江】(ボンコウ) 川の名。湓水。江西省の瑞昌県に発し、九江市の西を流れて湓口で長江に注ぐ。今の竜開河。

【湓城】(ボンジョウ) 地名。唐代には尋陽ともいう。今の江西省九江市。湓江のほとりにある。

【湓水】(ボンスイ) ＝湓江。

【湓浦】ボンポ・ホン ①＝湓口。②湓江の一名。湓浦江。

(12)9 【満】4170 教4 マン みちる・みたす 4394 4B7E

(14)11 【滿】4171 マン 呉 mǎn 6264 5E60

筆順 氵 汁 洪 満 満

字義 ❶みちる(み。)。㋐いっぱいになる。十分になる。「充満」「満腹」㋑一定の標準・期限に達する。「満期」❷みたす。いっぱいにする。❸おごりたかぶる。おごり。❹全体。いっぱい。「満天下」❺満州・満州民族の略称。「満蒙マンモウ」

名乗 ます・まろ・みつ・みつる　難読 満俺ガン・満款マン・満天星どうだんつつじ・どうだん・はくちょうげ

解字 文篆 形声。氵(水)＋㒼(㒼)音。音符の㒼マンは、のびるの意味。水が容器いっぱいにのびひろがる、みちるの意味を表す。

▼円満・干満・持満・充満・豊満・飽満・未満

【満溢】マンイツ みちあふれる。
【満引】マンイン ①弓をいっぱいに引きしぼる。②杯に酒をなみなみとみたして、一息に飲む。
【満院】マンイン 中庭一面。屋敷じゅう。
【満盈】マンエイ みちあふれる。十分にみちる。
【満悦】マンエツ 非常に喜ぶ。満足し喜ぶ。
【満架】マンカ 棚いっぱい。
【満貫】マンガン ①銭さしに銭をいっぱいさすこと。また、その銭さし。②転じて、それ以上捨てておけないほどに悪事を重ねること。また、最高限度の罪。③満点。最高点。
【満願】マンガン ①仏願いのかなうこと。②国期間を定めてした願がけの予定の日数が終わること。
【満喫】マンキツ 国①十分に(満足するほど)飲食する。②十分に味わう。たんのうする。
【満月】マンゲツ ①陰暦十五夜の月。望月。②まる一月。
【満腔】マンコウ 胸(腹・からだ)いっぱい。全身。転じて、全身からの。心からの。
【満座・満坐】マンザ ①その座席にいるすべての人。〔唐、白居易、琵琶行〕満座聞レ之皆掩レ泣マンザこれをききてみなく なみだをおお(ほ)う。②座席に満ちあふれる。
【満載】マンサイ いっぱいにのせる。
【満山】マンザン ①山全体。全山。②寺じゅう。また、その僧全部。
【満酌】マンシャク 杯いっぱいに酒をくむ。
【満州・満洲】マンシュウ ①種族の名。中国東北部に住んでいたツングース族。明ミンを滅ぼして清朝シンチョウを建て、中国を支配した。②地名。中国東北部一帯(遼寧リョウネイ・吉林・黒竜江省)で、清朝の東三省と呼ばれた地方。③国名。㋐清シン国の初名。㋑昭和七年(一九三二)に清国の最後の皇帝宣統帝溥儀フギを元首として日本が満州の地に建てた帝国。首都は新京(今の吉林省長春市)。第二次世界大戦の終結(一九四五)とともに消滅。
【満招レ損謙受レ益】マンはソンをまねきケンはエキをうく 尊大でおごり高ぶる者は損失を招き、謙虚な者は利益を受ける。〔書経、大禹謨〕
【満身】マンシン ①体に満ちる。②体じゅう。「満身是胆これタン」
【満担(擔)】マンタン 肩いっぱいの荷物。
【満地】マンチ 地に満ちる。また、地上一面。
【満潮】マンチョウ・みちしお(ほ) 潮が満ちること。↔干潮。
【満天下】マンテンカ 天下じゅう。全世界。また、全国。
【満堂】マンドウ ①へやいっぱい。②そのへやにいる全員。
【満帆】マンパン ①風が帆いっぱいにはらむこと。②帆をいっぱいに張ること。また、その帆。「順風満帆」
【満満】マンマン 満ちあふれるさま。「自信満満」
【満面】マンメン 顔いっぱい。顔じゅう。〔唐、白居易、売炭翁詩〕満面塵灰煙火色マンメンのジンカイ エンカのいろ。訳文⇨蒼蒼(九四〇ページ)。
【満目】マンモク ①目のとどく限り。見渡す限り。②(忘れられず)目の前にちらつくこと。心に浮かび、ありありと見えるように思われるさま。〔南朝梁、沈約、与二約法師一書〕音容満レ目オンヨウめにみつ
【満目荒涼】マンモクコウリョウ 目に見えるかぎりのけしきが荒れはててものさびしい(ものすさまじい)こと。満目蕭然ショウゼン。
【満了】マンリョウ みち、おわる。かたがつく。完結すること。結了。
【引レ満】マンをひく ＝満引。
【持レ満】マンをジす ①弓を十分引きしぼって、今にも発射しようと構えていること。②物事の極点に達して、そのまま保っていること。十分に準備して待機する。

(12)9 【湎】4172 △ 漢ベン 呉メン 銑 miǎn 6262 5E5E

字義 ❶おぼれる(溺デキ)。ふける(耽タン)。しずむ(しづむ)(沈)。物事(ことに酒色など)に心を奪われて他をかえりみないこと。「沈湎」❷移り変わる。流れ移る。

解字 金文 篆文 形声。氵(水)＋面音。水は、ひたるの意味。音符の面は、顔を向けるの意味。酒やある物事に心を奪われるの意味を表す。

【湎涎】ベンエン・メンエン 水の流れるさま。
【湎湎】メンメン 移り変わるさま。流れ移るさま。

(12)9 【渝】4173 △ ユ 虞 yú 6265 5E61

【渝】俗字

字義 ❶かわる(かは。る)。変化する。❷かえる(かふ)。変更する。改める。❸あふれる。「渝溢イツ」❹州の名。→渝州。

解字 篆文 形声。氵(水)＋兪音。音符の兪ユは、ぬけでるの意味。水がある状態から他の状態にかわるの意味から、一般に、かわるの意味を表す。

【渝州】ユシュウ 隋ズイ・唐代の州の名。今の重慶市のあたり。清渓より四〇〇キロメートル下流になる。
【渝替】ユタイ かわる。かわり衰える。
【渝盟】ユメイ ちかいをかえる。約束をたがえる。

(12)9 【游】4174 △ 一漢ユウ(イウ)・呉ユ 尤 yóu 二漢リュウ(リウ)・呉ル 尤 liú 6266 5E62

【㳺】俗字

字義 一❶およぐ。うかぶ。水面をゆらゆら動く。❷ふらふらする。根拠がないこと。❸あそぶ。あそび。＝遊。㋐行く。出歩く。歩きまわる。㋑仕える。他国に行って仕える。㋒交際する。つきあう。㋓楽しむ。ゆったりする。〔論語、述而〕游二於芸一ゲイにあそぶ。㋔なまける。何もせずぶらぶらしている。❹離宮。別荘。❺広がり。流行。二❶はたあし。長い旗の末端の部分。＝旒リュウ。❷ながれ。水の流れ。＝流。

参考 熟語は遊(7858)をあわせ見よ。→一〇九八ページ。

解字 甲骨文 金文 篆文 会意。甲骨文は、㫃＋子。㫃は、旗ざおにつけた吹き流しの象形。子は、流の変形字で、ながれるの意。水の流れの中をおよぐの意味を表す。『説文セツモン』では、㫃＋汓音。

【游泳】ユウエイ ＝遊泳。〔晏子、問、下〕
【游宴・游燕・游讌・游醼】ユウエン ＝遊宴。〔漢書、張安世伝〕〔列子、周穆王〕〔文選、枚乗、七発〕〔晋書、向秀伝〕
【游学(學)】ユウガク ＝遊学。〔史記、荀卿伝〕
【游宦】ユウカン ＝遊宦。〔史記、張丞相蒼伝〕
【游観(觀)】ユウカン ①＝遊観の①。〔戦国策、秦〕②＝遊観の②。〔南斉書、文恵太子伝〕
【游居】ユウキョ ①ゆったりとしてくつろいで居る。②何もせずに遊んでいること。③外に出ていることと家に居ること。いつでも。④来て住む。
【游居有レ常】ユウキョつねあり 遊ぶ時にも家に居る時にも、その言行が一定のきまりに従っていること。〔管子、弟子職〕
【游魚】ユウギョ 水中をおよぐ魚。
【游侠】ユウキョウ ＝遊侠。〔漢書、宣帝紀〕
【游興】ユウキョウ ①遊覧したいという興味。〔清、邵長蘅夜游二孤

山一記〕②＝遊興の①。〔雲州消息、上、二月晦日〕
【游△禽】①みずどり。水鳥。水禽。②飛びめぐる鳥。
【游芸(藝)】①芸に遊ぶ。六芸を学んで、心をゆったりさせる。芸は、礼・楽・射・御・書・数など。『論語』述而編に「依二於仁一、游二於芸一」とあるのに基づく。②国歌舞・音曲などの技芸。遊芸。
【游撃(擊)】＝遊撃の①。〔唐、沈亜之、万勝岡新城記〕
【游言】根拠のないことば。実のない話。
【游行】①＝遊行の①。〔史記、高祖本紀〕②仏＝遊行の②。〔法華経、信解品〕
【游△敖・游△遨】①楽しんで歩きまわる。逍遥する。②諸国を歩きまわって君主に説き、または仕えること。③遊ぶ。遊び楽しむ。
【游幸】＝遊幸。〔唐書、后妃上、楊貴妃伝〕
【游魂】＝遊魂。〔易経、繋辞伝上〕
【游山】＝遊山の①。〔宋史、外国五、闍婆国伝〕
【游士】①遊説する人。仕官を目的として他国を遊歴する人。また、他国から来て仕えている人。②宣伝・偵察などの目的をもって国内または他国を巡行する人。③富貴な人。農耕等の実業に従事していない人。④浪人。
【游子】＝遊子。〔史記、高祖本紀〕游子悲二故郷一をかなしむ。
【游子猶行二残(殘)月一】旅人が道に迷って宿る所がなく、夜明けがたになってもなお道を歩いている。残月は、明け方まで残っている月。〔唐、賈島、暁賦〕
【游仕】他国に行って仕えること。
【游糸(絲)】＝遊糸。〔文選、沈約、三月三日率爾成レ篇詩〕
【游女】＝遊女の①。〔詩経、周南、漢広〕
【游渉】＝遊渉。〔文選、枚乗、七発〕
【游心】心を遊ばせる。①心を自由自在にし、ゆったりさせる。②常にその物事の上に心を置くこと。
【游人】①＝遊人の①。〔唐、姚揆、村行詩〕②＝遊人の②。〔唐、孟浩然、送二朱大入一レ秦詩〕③国あそびにん ㋐決まった職がなく、ぶらぶらしている人。㋑酒色・ばくちなどにふける人。道楽者。
【游説】＝遊説。〔史記、斉世家〕
【游説△之徒】遊説して歩く人たち。〔文選、班固、答二賓戯一論〕
【游息】くつろいでいこう。楽しみ安んずる。
【游惰・游随(墮)】＝遊惰。〔商子、懇令〕
【游談】①＝遊談の①。〔戦国策、趙〕②＝遊談の②。〔通俗編、言笑、游談〕③＝遊談の③。
【游田・游△畋】狩りをする。また、狩り。
【游△蕩】＝遊蕩。〔詩経、陳風、宛丘序〕
【游牧】＝遊牧。〔清会典事例、理藩院、疆理、游牧喇嘛部落〕
【游民】一定の職業をもたず、遊んでくらしている人。
【游目】＝遊目。〔楚辞、離騒〕
【游△冶】＝遊冶。〔福恵全書、庶政部、禁婦女焼香〕
【游△冶郎】＝遊冶郎。〔唐、李白、採蓮曲〕
【游優】ゆったりとくつろぐこと。優游。
【游予(豫)】①＝遊予の①。〔魏志、斉王芳紀〕②＝遊予の②。〔晋、盧諶、贈二崔温一詩〕
【游△弋】①＝遊弋の①。②＝遊弋の②。〔塩谷青山、記二沖島廻事游一〕
【游猟(獵)】＝遊猟。〔史記、呂后紀〕
【游△鱗】水中をおよいでいる魚。鱗は、うろこで、魚類。
【游歴(歷)】＝遊歴。〔晋書、王献之伝〕
【游必有レ方】外出する時には必ず行きさきを父母に知らせておく。孝子の心がけの一つ。〔論語、里仁〕

(12)9 【湧】4175 囚　4515 4D2F
(12)9 〔湧〕4176　(漢)ヨウ　(呉)ユウ　[腫] yǒng

筆順　氵 氵 涌 涌 湧

字義　わく。水がわき出る。涌(4060)と同字。

名乗　わか・わき　難読　湧別

参考　字義と熟語は、涌(4060)を見よ。→六元ページ。

解字　形声。氵(水)＋勇(音)。涌に通じ、わくの意味を表す。

(12)9 【湾】4177 常 ワン　4749 4F51
(25)22 〔灣〕4178　ワン [刪] wān　6352 5F54

筆順　氵 氵 汁 汴 湾

字義　❶水が陸地に入り込んでいる所。入り江。入り海。「港湾」❷まがる。入りこむ。＝彎。

参考　現代表記では〔彎〕(2099)の書きかえに用いる。「彎曲→湾曲」「彎入→湾入」

解字　形声。氵(水)＋彎(彎)(音)。音符の彎は、弓がまがるの意味。弓なりに曲がって海水が入りこむ、入り江の意味を表す。常用漢字は、省略体。

▼港湾
【湾曲】弓なりに曲がること。彎曲。
【湾頭】入り江のほとり。入り海のほとり。
【湾入】水が入り江になって陸地に入り込んでいること。
【湾泊】みなと。港湾。泊は、舟のとまる所。

(12)9 【溂】4179 国字 △　6267 5E63

字義　ラツ。潑溂は、生き生きと元気なさま。＝剌。

参考　潑剌の剌に三水(氵)をつけて溂と書くのは、国語の慣用。

解字　形声。氵(水)＋剌(音)。

(13)10 【溢】4180 標　(漢)イツ　(呉)イチ　[質] yì　[溢] 1678 306E

字義　❶あふれる。あふる。水が一杯になってこぼれ出る。「横溢」❷みちる(満)。「充溢」❸程度を過ぎる。度を越す。はなはだしい。「溢誉」❹おごる。贅沢。❺春秋・戦国時代の量の単位。片手に盛った量。

解字　文 篆　会意。氵(水)＋益。益は、あふれるの意味。水があふれるの意味を表す。

【溢溢】①みちあふれるさま。②鳥の鳴き声の形容。
【溢喜】非常な喜び。この上ない喜び。
【溢美】①非常に美しい。②ほめすぎること。「溢美溢悪」
【溢誉(譽)】事実に過ぎたほまれ・評判。

(13)10 【滃】4181 △　(漢)オウ(ヲウ)　(呉)オ(ヲ)　[董] wěng

字義　❶雲霧などのわき起こるさま。❷大水のさま。❸にごった色のさま。

解字　篆　形声。氵(水)＋翁(音)。

【滃△鬱】雲が出て暗くなること。
【滃滃】雲のさかんにわき起こるさま。
【滃然】①雲や霧などのさかんにわき起こるさま。②泉の水のさかんにわき出るさま。
【滃△渤】雲や霧のさかんにわき起こるさま。

(13)10 【溫】(4131)　オン　温(4130)の旧字体。→六五一ページ。

(13)10 【滙】4182 △　カイ　匯(734)と同字。→一六一ページ。

(13)10 【滑】4183 常 カツ　すべる・なめらか　1974 336A
㊀(漢)カツ(クヮツ)・(呉)ゲチ [黠] huá
㊁(漢)コツ・(呉)コチ [月] gǔ

■日本の漢字音

中国近隣の日本・朝鮮・ベトナム等は古くから漢字・漢語を通して中国文明を積極的に摂取してきた。この漢語の原音を日本語の体系に取りこむ過程で生じた漢字音を〈日本漢字音〉という。

それはまたその母体となった漢語の時代差とそれに加えて地域差とから、①古音・②呉音・③漢音・④唐音に分けられる。

古音　五世紀から断片的にわが国の金石文に見られ、中国の上古音に見合うものを原音としている。片仮名・平仮名の「ト・と」は「止」、「ノ・の」は「乃」に基づくが、そのトやノの音もこの古音を基礎としている。

呉音　古音に続く漢音伝来以前の時期に用いられていた字音で、五～六世紀の長江下流地域の音（江東音）の系統のものである。それは一時期にまとまって伝えられたものでなく、伝来の積み重なりによって複数の層をなしている。呉音という呼称は漢音の伝来につれ、それとの対立として平安初期に称し始めた。仏典の読誦には伝統的にこの呉音が用いられる一方、日常生活に溶けこんだ漢語にもこの字音のものが多い。肉(ニク)・胡麻(ゴマ)・天井(テンジョウ)・人間(ニンゲン)・極楽(ゴクラク)・龍(リュウ)・布施(フセ)など。

漢音　八世紀をピークに遣隋使・遣唐使の学僧らや渡来中国人によって伝えられた。長安（今の西安）の音（長安音）に基づく字音である。延暦一一年（七九二）には漢音奨励の勅も出され、正音と呼ばれて正統視された。漢籍の読み方には一般にこれを用いる。

唐音　平安中期にはすでに見えはじめ、江戸末期までに伝えられた。宋(ソウ)・元(ゲン)・明(ミン)・清(シン)時代の江南・浙江(セッコウ)・南京・福州などの各地の音に基づくもので、臨済・曹洞・黄檗(オウバク)宗の僧、訳官、中国商人らによってもたらされた。室町時代通行の語彙集『節用集』などに収録されている。行灯(アンドン)・杏子(アンズ)・椅子(イス)・火踏子(コタツ)・鈴(リン)・石灰(シックイ)・蒲団(フトン)など。

ほかに、中国の原音によらない〈慣用音〉があるが、それはもと誤読から生じて定着したものが多い。撒(サン)・攪(カク)・雑(ザツ)など。

中国語の音節構造やそれを構成する子音・母音の種類は日本語に比較して圧倒的に複雑である。それを日本語音の中に融和させるのには大変な苦心を要した。しかも母体の漢字音の変化を微妙に受けとめてきたのが日本漢字音である。

筆順　滑 滑

字義　一 ❶なめらか。㋐すべすべしている。㋑物事がとどこおりなくすらすら運ぶ。「円滑」「潤滑」 ❷すべる。「滑走」 ❸ずるい。＝猾(カツ)。 ❹つややか。光沢がある。美しい。
二 ❶みだす。乱れる。 ❷にごす。 ❸おさめる（治）。
国 ❶すべる。㋐退位する。㋑退出する。㋒にじり移る。すわったまますり動く。㋓思わず口外する。「口が滑る」 ㋔落第する。 ❷ぬめる。㋐すべる。㋑すべすべしている。㋒なまめく。めかす。㋓うかれる。うかれ歩く。㋔まみれる。泥などにまみれる。 ❸ぬめり。㋐すべり。㋑なめらかさ。㋒ぬらぬらしていること。㋓物に付着した泥・よごれなど。また、粘液。㋔のらりくらりとして遊蕩(ユウトウ)すること。
難読　滑河(なめがわ)・滑子(なめこ)・滑川(なめかわ・なめりかわ)

解字　篆文 　形声。氵（水）＋骨㊥。音符の骨は、ほねの意味。肉体のうちの骨が、なめらかに動くところから、なめらかの意味を表す。

▼円滑・潤滑

【滑△稽】(コッケイ)　①口がたっしゃで人を言いくるめる力をもっていること。口先のうまいこと。また、べらべらしゃべること。多弁なこと。滑稽は、もと酒器の名で、今の漏斗(じょうご)の類。そこからとどこおることなく酒が流れ出るからという。②知恵のよくはたらくこと。③たくみにおもしろく言いこなす、また、動作する。おかしいこと。おどけ。道化(ドウケ)。諧謔(カイギャク)。ユーモア。
【滑△膩】(カツジ)　油けがあってすべすべしている。人の皮膚などにいう。
【滑沢（澤）】(カッタク)　なめらかで、つやがある。
【滑脱】(カツダツ)　①すべりぬける。②とどこおりなく自由自在なこと。「円転滑脱」

(13)10 【漢】 4184 教3 カン
(14)11 〔漢〕 4185 人許 カン 簡 hàn

2033
3441

筆順　漢

字義　❶川の名。↓漢水。 ❷天(あま)の川。銀河。「天漢」「銀漢」 ❸おとこ。男子の称。「好漢」「悪漢」 ❹漢中の略。↓漢中。 ❺王朝の名。劉邦(リュウホウ)（漢の高祖）が秦(シン)を滅ぼし（前二〇六）、項羽を倒して建てた国。都は長安（今の西安市）。（前二〇六—前八）後、一時、王莽(オウモウ)に国を奪われたが、劉秀(リュウシュウ)（光武帝）が奪回再興した。都は洛陽。（二五—二二〇） 後世、前者を前漢（西漢）、後者を後漢(ゴカン)（東漢）という。 ❻国名。㋐三国の一つ。劉備の建てた国。都は、今の四川省成都市。別名、蜀漢(ショッカン)・季漢。（二二一—二六三） ↓蜀漢（九六四ペ一）。 ㋑晋(シン)の時の五胡十六国(ゴコジュウロッコク)の一つ。㊀劉淵(リュウエン)の建てた国。都は平陽（今の山西省臨汾(リンプン)市）。後、国号を趙(チョウ)と改め、後世、呼んで前趙という。（三〇四—三二九） ㊁李特(リトク)が建てた国。初号は成。後に漢と改めた。都は成都。後世、成漢または後蜀と呼ぶ。（三〇二—三四七） ㋒五代の国の一つ。劉知遠の建てた国。都は汴(ベン)（今の河南省開封市）。世に後漢(コウカン)と呼ぶ。（九四七—九五〇） ㋓五代十国の一つ。㊀劉旻の建てた国。都は晋陽(シンヨウ)（今の山西省太原市）。北漢。（九五一—九七九） ㊁劉龑(リュウゲン)の建てた国。都は今の広東省広州市。南漢。（九一七—九七一） ❼民族の名。中国本土の人口の大部分を占めている民族。漢族。漢民族。 ❽中国本土をいう。 ❾中国に関する事がら。「漢文」「漢方」 国から。あや。中国をいう。また、あやは「くれ（呉）」に対しては、中国北方地方をさす。

名乗　あや・くに
難読　漢意(からごころ)・漢郷(かべ)・漢主(あやぬし)・漢女(あやめ)・漢織(あやはとり)・漢心(からごころ)・漢人(あやひと・あやんど)・漢竹(からたけ)

解字　篆文 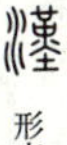　形声。氵（水）＋茣（莫）㊥。川の名を表す。

▼悪漢・雲漢・快漢・怪漢・河漢・巨漢・好漢・史漢・星漢・痴漢・天漢・暴漢・羅漢・和漢

【漢音】(カンオン)　国唐代の長安付近の音が、平安時代初期までに伝わって国語化された漢字音。南方音の国語化されたと思われる呉音(ゴオン)に対していう。昔から標準的な漢字音と考えられ、漢籍を読むには多く漢音による。（仏典は呉音で読むのが通則） ⇩コラム・日本の漢字音（上段）。
【漢家】(カンカ・カンケ)　①漢の王室。また、漢の国家。唐代の詩人は、当時の朝廷に関することをよく漢代のことになぞらえて歌

い、唐の国家を漢家という。→漢皇。〔唐、杜甫、兵車行〕君不レ聞漢家山東二百州。②国中国をいう。

【漢画(畫)】国①鎌倉時代以後におこった宋・元風（北宋風の系統）の画。北画の別称。②日本画に対して、中国画をいう。

【漢学(學)】①漢代の、また、漢から唐までの学。漢唐の学。経典の訓詁（読みや字義の解釈）を主とした。訓詁の学。宋・明の性理の学（人性の原理に照らして経典を解釈した学風で、一名、宋学）に対していう。②国中国の学問を研究する学問。儒学。

【漢奸】敵に内通する者。スパイ。裏切り者。売国奴。

【漢宮秋】戯曲（元曲）の名。元の馬致遠の作。王昭君が匈奴に嫁することに題材をとったもの。

【漢語】①中国本土の言語。②国国語の中で、中国から伝来した語と、漢字で書かれ漢字音で読まれる語。

【漢口】地名。湖北省の漢水と長江との合流点の北にあり、長江の中流域における商工業の中心地。現在は対岸の武昌・漢陽と合併して武漢市。漢皐。→漢陽の②。

【漢光武帝】後漢第一代の天子（在位、前二五—後五七）。前漢の高祖九代の孫。姓は劉、名は秀。字は文叔。兵を湖北に挙げ、新の王莽を滅ぼして漢室を再興した。（前六—後五七）

【漢皇】漢の天子。唐の詩人は、唐の天子のことを歌う場合、直接指すことをはばかって、漢皇の語を借り用いた。〔唐、白居易、長恨歌〕漢皇重レ色思二傾国一。

【漢高】漢の高祖をいう。

【漢高祖】前漢初代の天子（在位、前二〇二—前一九五）。姓は劉、名は邦。今の江蘇省沛県の人。項羽と共に秦を滅ぼし（前二〇六）、後、項羽を倒して天下を統一した。（前二四七—前一九五）

【漢才】国漢学によって得た知識・才能。「和魂漢才」

【漢三傑】漢の高祖に仕えた功臣、張良・蕭何・

■漢文

中国古来の文章、いわゆる漢文は、韻文と散文とに二大別されるが、韻文の代表的なものは〈詩〉と〈辞賦〉であり、散文は〈駢儷文〉と唐宋の〈古文〉とが中心になっている。ただし、ここでいう漢文とは、中国の文語体の文章であり、口語体で書かれたいわゆる〈白話文〉は含まれない。

〔内容上の分類〕

以下、(1)から(9)は散文、(10)から(13)は韻文（詩は除く）。

(1)論弁　議論文
(例)蘇軾「留侯論」

(2)序跋　著書や詩文などの序や跋（あとがき）
(例)李白「春夜桃李園に宴するの序」

(3)奏議　君主に上奏する文章
(例)諸葛亮「出師の表」

(4)書説　論説を主とした書簡や文章
(例)韓愈「師の説」

(5)贈序　送別や慶事に贈る文章
(例)柳宗元「薛存義を送る序」

(6)詔令　君主の詔勅
(例)漢の武帝「賢良を求むる詔」

(7)伝状　伝記行状の文章
(例)柳宗元「種樹郭橐駝伝」

(8)碑誌　石に刻んで後世に示す文章
(例)韓愈「柳子厚墓誌銘」

(9)雑記　記事文
(例)范仲淹「岳陽楼の記」

(10)箴銘　戒める文章
(例)崔瑗「座右銘」

(11)賛頌　賞賛論評する文章
(例)夏侯湛「東方朔画賛」

(12)辞賦　楚辞の流れをくむ散文的な韻文。辞は叙情的、賦は叙事的なもの。
(例)陶潜「帰去来の辞」

(13)哀祭　死者をいたみ祭る文章
(例)韓愈「十二郎を祭る文」

〔修辞上の分類〕

駢儷文　四字句・六字句を基調として、対句を多用し、修辞的に美しく構成する文章。駢も儷も「ならべる」意。〈駢文〉〈四六文〉また、〈四六駢儷文〉などともいう。六朝時代から唐代にかけて盛行した。

春夜宴桃李園序（李白）

夫天地者万物之逆旅、
光陰者百代之過客。　——八字対

而浮生若夢、
為歓幾何。　——四字連用

古人秉燭夜遊、
良有以也。　——六字・四字

況陽春召我以煙景、
大塊仮我以文章。　——七字対

会桃李之芳園、
序天倫之楽事。　——六字対

群季俊秀、
皆為恵連、　——隔句四字対
吾人詠歌、
独慚康楽。　——隔句四字対
（以下略）

古文　修辞的傾向の強い駢儷文は、自らその思想的内容が空疎になるという弊風を生み、前漢以前の達意の古文を範として実用的文章を作ろうとする古文復興の運動が起こった。その先駆をなしたのは、初唐の陳子昂であったが、中唐の韓愈・柳宗元に至ってその極点に達し、宋代、欧陽脩・蘇洵・蘇軾・蘇轍・曾鞏・王安石などが輩出した。韓愈以下の八人の文豪たちを〈唐宋八大家〉あるいは〈唐宋八家〉と称する。

前漢以前の古文とは、いわゆる『孟子』『荘子』『荀子』『史記』などをいう。

韓信(カンシン)の三人。→三傑(一三六ページ)。

【漢詩】(カンシ) ①漢代の詩。②国㋐中国の詩。(現代詩は別) ㋑中国の作詩法に従って漢字だけを用いて作った詩。⇩コラム・漢詩(中段)。

【漢室】(カンシツ) 漢の王室。漢の朝廷。漢室之隆(カンシツのさかんならんこと)、可二計レ日而待一也(ひをかぞえ(へ)てまつべきなり)。〔文選、諸葛亮、出師表〕

【漢儒】(カンジュ) ①漢代の儒学者。②国中国の儒学者。(現代の学者は別)

【漢書】(カンジョ) ①書名。百巻。後漢の班固の著。前漢一代の歴史書。二十四史の一つ。その客観的な叙述態度は後世の史家の模範とするところとなった。『後漢書』に対して『前漢書』ともいう。②国(カンショ) 中国の書籍。漢籍。

【漢人】(カンジン) ①漢民族。漢人種。②(カンひと) 漢の国の人。漢時代の人。③国㋐広く中国の人をいう。㋑(あやひと) 上代、日本に帰化した漢代遺民の子孫。

【漢水】(カンスイ) 川の名。陝西(センセイ)省西南部の寧強県に発し、湖北省を東南に流れて武漢で長江に注ぐ。全長約一五〇〇キロ。長江最長の支流。一名は沔水(ベンスイ)。漢江。

【漢籍】(カンセキ) ①漢代の書籍。②国中国の書籍。漢書。

【漢節(節)】(カンセツ) 漢の天子から使者のしるしとして授けられた割り符。節は、わりふ。〔唐、李白、蘇武詩〕

【漢[△]楚】(カンソ) 漢と楚。沛公(ハイコウ)(漢の高祖)と項羽。沛公は秦(シン)を滅ぼした後、一時、漢中王となり、項羽は自ら西楚の覇王と称し、たがいに天下を争った。楚漢。「漢楚の興亡」

【漢中】(カンチュウ) 秦(シン)の郡の名。治所は南鄭(テナン)(今の陝西(センセイ)省漢中市の東)。漢の劉邦(リュウホウ)が秦(シン)を滅ぼした後に漢中王として項羽により封ぜられた地。

【漢土】(カンド) ①漢の土地。中国本土をいう。②国広く中国をいう。

【漢武】(カンブ) 前漢の武帝。

【漢武帝】(カンのブテイ) 前漢第七代の天子、劉徹(リュウテツ)(在位、前一四一—前八七)。国力を内蒙古・西域・朝鮮・安南にまで伸張し、儒学を国学として文化の興隆に努め、大帝国を築きあげた。(前一五六—前八七)

〔漢武帝〕

【漢文】(カンブン) ①漢代の文章・文学。②漢の文帝。③国㋐中国の文章・文学。(口語文は別) ㋑漢字ばかりで書いた文章・文学。⇩コラム・漢文(六五九ページ)。

【漢文学(學)】(カンブンガク) 国漢字・漢文・漢詩などを研究する学問。漢学。

漢詩

中国で現存する最古の詩集は『詩経』であり、周初(前十一世紀)から孔子(前五五一—前四七九)以前の、主として黄河流域の歌謡を集めたものである。『楚辞(ソジ)』は、それに対して、楚すなわち長江流域の南方各地の民謡から発展したもので、戦国末の屈原(前三四〇?—前二七八?)・宋玉らを主な作者とする韻文集である。『詩経』が一句四言の形式を主とするのに対して、『楚辞』は三言を基調とする六言句が多く、また、音調を整える助字の「兮(ケイ)」を句中・句末に配することが多い。

前漢の武帝(前一五六—前八七)が李延年(リエンネン)を協律都尉に任じて集めさせた民間歌謡を〈楽府(ガフ)〉と称する。当時の楽府の詩句は、長短句入り乱れたものであったが、後漢の時代になると「古詩十九首」(『文選』巻二九)に代表される五言詩が成立した。続いて七言の詩形も現れ、魏晋(ギシン)南北朝期の五言・七言の詩の盛行に引き継がれた。

そして、いわゆる漢詩という文芸は、唐代約三百年間(六一八—九〇七)に最高の結実を見せた。詩経から唐以前の詩を総称して〈古体詩〉、略して〈古詩〉と呼ぶのに対して、唐代に成立し、以後長く盛行した五言・七言の詩体を〈近体詩〉または〈今体詩〉という。ただし、古体の形式の詩もまた唐代以後長く作り続けられた。

詩
- 古体詩
  - 古詩　四言古詩・五言古詩・七言古詩・雑言古詩…句数は不定
  - 楽府　長短句不定のものが多い。
- 近体詩
  - 絶句　五言絶句・七言絶句…四句
  - 律詩　五言律詩・七言律詩…八句
  - 排律　五言排律・七言排律…十句以上の偶数句。

ここでは、主として近体詩における押韻・平仄(ヒョウソク)・構成・対句等について略述する。

押韻　詩には、句末に同韻の字を用いて音調を整える法則がある。これを押韻、または韻を踏むという。韻とは、漢字をその音の韻母にあたる部分によって、二百六種に分類した(元・明(ミン)以後は百六種で〈平水韻〉という)ものである。古体詩も近体詩も五言系統の詩は、次のように

○○○○○　○○○○◎
○○○○○　○○○○◎

◎で示した位置、すなわち偶数句末に韻を踏み、七言系統の詩は、次のように

○○○○○○◎　○○○○○○◎
○○○○○○○　○○○○○○◎

◎で示した位置、すなわち第一句末と偶数句末とに押韻するのが原則である。ただし、実際には、五言詩の第一句末に押韻したり、七言詩の第一句末に押韻しなかったりするものも少なくない。また、古体詩では、長編のものでも最後まで同一の韻のみを用いる〈一韻到底〉の法と、途中で韻を変える〈換韻〉の法とがあるが、近体詩では換韻されることはない。

平仄　漢字音の声調(四声)には、平声(ヒョウショウ)(上平と下平とに分けるが、いずれも高く平らな音)・上声(しり上がりの音)・去声(しり下がりの音)・入声(ニッショウ)(短くつまる音)の四種があり、これによって漢字は、平らで変化しない平声の字と、何らかの変化をする上声・去声・入声の字とに二大別される。前者の〈平(ヒョウ)〉に対し、後者を〈仄(ソク)〉(仄は、かたむくの意)の字と称し、近体の詩をつくる場合、次のような平仄法の原則が設けられている。(○は平字、●は仄字)

(1)二・四不同　二字めと四字めは平仄をかえる。
(2)二・六対(ツイ)　二字めが平なら六字めも平、仄なら仄。ただし五言詩にはあてはまらない。
(3)一・三・五論ぜず　一字めと、三字めと、五字めは、それぞれ平・仄いずれでも自由。
(4)孤平をいむ　●○●のように、平声が仄声の間にはさまることを避ける。
(5)下三連をいむ　七言で、最後の三字を○○

【漢方】カンポウ　国中国から伝わった医術。

【漢陽】カンヨウ　①漢水の北の地。陽は、川の北側をいう。②湖北省の漢水と長江との合流点の南にあり、東、長江を隔てて武昌ブショウの北、漢水を隔てて漢口と相対して武漢三鎮を形成し、古来用兵争奪の地。今は三都市合して、武漢市となる。

【漢和】カンワ　①中国と日本。②中国語と日本語。漢語と和語。「漢和辞典」

(13)10 【溪】 (4084)　ケイ　渓(4083)の旧字体。→六四三ページ。　6268 5E64

(13)10 【源】 4186　教 6　ゲン　みなもと　漢ゲン・呉ガン（グヮン）元 yuán　2427 383B

筆順　氵 氵 汇 沥 源 源

字義　**みなもと**。㋐水流の発する所。「水源」㋑物事のはじめ。もと。根本。「起源」国**みなもと**。四姓（源・平・藤トウ・橘ツキ）の一つ。源氏。

名乗　はじめ・もと・よし　難読　源間もとま・源川みながわ

解字　形声。氵（水）＋原音。音符の原は、みなもとの意味。のち、水を付し、みなもとの意味を明らかにした。

▼河源・起源・語源・根源・財源・資源・桃源・本源

【源源】ゲンゲン　①水の絶えず流れているさま。②物事の絶えないで続くさま。〔孟子、万章上〕源源而来ゲンゲンとしてきたる。

【源泉】ゲンセン　①水流のみなもと。②物事のはじめ・起こり。③もと。根本。原泉。

【源流】ゲンリュウ　①みなもとの流れ。みなもと。②物事のはじめ・起こり。③もと。根本。④源とその流れ。本末。

(13)10 【溘】 4187　△　コウ（カフ）合 kè　6269 5E65

字義　**たちまち**。にわか。

解字　篆文　形声。氵（水）＋盍音。

【溘焉】コウエン　にわかなさま。にわかに。たちまち。多く人の死去にいう。「容。

【溘溘】コウコウ　①急な勢いで来る水の音。②襲い来る寒気の形容。

【溘死】コウシ　にわかに死ぬ。人の死去をいう。長逝。溘逝。

【溘然】コウゼン　にわかなさま。忽然。突然。

(13)10 【滉】 4188　囚　漢コウ（クヮウ）　呉オウ（ワウ）　養 huàng　6270 5E66

筆順　氵 氵 沪 浫 湿 滉

〇、または●●●にすることを避ける。

次に、絶句・律詩の平仄法と押韻を例示する。平仄の形式には〈平起ヒョウおこり式〉（第一句の第二字が平声）と〈仄起ソクおこり式〉（第一句の第二字が仄声）の二つがある。（図中の、〇は平声、●は仄声、◑は平仄どちらでもよい。◎は平韻、⊙は仄韻）一〇六詩韻韻目表については一二八二ページ参照。

五言絶句

平起式（平韻）
◑〇〇●●
◑●●〇◎
◑●〇〇●
◑〇◑●◎

仄起式（平韻）
◑●〇〇●
◑〇◑●◎
◑〇〇●●
◑●●〇◎

平起式（仄韻）
◑〇◑●〇
◑●〇〇⊙
◑●●〇〇
◑〇〇●⊙

仄起式（仄韻）
◑●●〇〇
◑〇〇●⊙
◑〇◑●〇
◑●〇〇⊙

七言律詩（仄韻は略す）

平起式（平韻）
◑〇◑●●〇◎
◑●◑〇◑●◎
◑●◑〇〇●●
◑〇◑●●〇◎
◑〇◑●〇〇●
◑●◑〇◑●◎
◑●◑〇〇●●
◑〇◑●●〇◎

仄起式（平韻）
◑●◑〇◑●◎
◑〇◑●●〇◎
◑〇◑●〇〇●
◑●◑〇◑●◎
◑●◑〇〇●●
◑〇◑●●〇◎
◑〇◑●〇〇●
◑●◑〇◑●◎

構成　絶句の構成として〈起承転結〉の法則がある。この法則は、律詩にも適用される。

絶句の起承転結　起句（第一句）で、まず詩のきっかけを述べ、承句（第二句）で、第一句を承けて展開し、転句（第三句）で、想をがらりと一転させ、結句（第四句）で、全体を結ぶことである。

春暁　（孟浩然）
春眠不レ覚レ暁 ——起句
処処聞ニ啼鳥一 ——承句
夜来風雨声 ——転句
花落知多少 ——結句

律詩の四聯　律詩は八句を二句ずつに分けて、首聯シュレン（起聯。第一・二句）、頷聯ガンレン（前聯。第三・四句）、頸聯ケイレン（後聯。第五・六句）、尾聯（結聯、第七・八句）と呼んでいるが、この四聯は、絶句の起承転結に相応するものである。そして律詩は、頷聯と頸聯とが必ずそれぞれ対句ツイクを構成しているのが特色である。（ただし、左の詩では、首聯も対句）

登ニ岳陽楼一　（杜甫）
昔聞洞庭水
今上岳陽楼 ＞首聯（起聯）—起
呉楚東南坼
乾坤日夜浮 ＞頷聯（前聯）（対句）—承
親朋無ニ一字一
老病有ニ孤舟一 ＞頸聯（後聯）（対句）—転
戎馬関山北
憑レ軒涕泗流 ＞尾聯（結聯）—結

対句　右に挙げた「登ニ岳陽楼一」の詩に例をとれば、

親朋｜無｜一字　　親朋　一字　無く
老病｜有｜孤舟　　老病　孤舟　有り

のように、対応して一対となっている二句を対句という。対句は、原則として、次の条件を備えなければならない。

①二句の文字数が同じである。
②二句の文法的な構造がほぼ同じである。（従って対応する各語の品詞もほぼ同じ）
③二句の意味内容の概念・範疇ハンチュウに何らかの共通性がある。

■漢語

漢語は漢民族が話す言語で、シナ・チベット語族の中でも最も長い歴史と最も多い人口を持つ。殷(イン)(商) 王朝は、湯王が王朝を開いたのがおよそ紀元前一六〇〇年、それから第二十代の帝、盤庚(バンコウ)が河南省安陽県の殷墟に遷都してきたのが紀元前一三〇〇年、そのころから漢字は盛んに使われるようになった。これを〈甲骨文〉といい、それから現代中国語まで三千余年、漢語・漢字は脈々として生き続けている。

漢語は典型的な孤立語で、たとえば英語のような格による語形の変化や、日本語の格助詞に当たるものもなく、語と語との文法的関係は主として語順によって示される。

一語は原則として声調を有する単音節で構成されるため、漢字一字がよくそれに対応して、一字・一語・一音節となっている。

文の基本構造には、次のような型がある。

(1)主語＋述語
　天高、馬肥。（天 高く、馬 肥ゆ）
(2)主語＋述語＋補語
　仁者愛レ人。（仁者は 人を 愛す）
(3)修飾語は被修飾語の前に置かれる。
　盛者必衰。（盛んなる者は 必ず 衰ふ）

熟語の構造には、次のような型がある。

(1)主語＋述語……地震　雷鳴　日没　年少
(2)述語＋補語……読書　握手　帰国　入門
(3)修飾語＋被修飾語……天命　遠路　流水　仮定
(4)似通った意味や同類の語を並列する……山岳
　草木　身体　永久　温暖　満足　滅亡　見聞
(5)対照的な意味の語を並列する……天地　内外
　表裏　善悪　尊卑　愛憎　取捨　進退
(6)助字と結合する……〔不〕不安(やすからず)　〔非〕非常(つねにあらず)
　〔無〕無理(りなし)　〔未〕未定(いまださだまらず)　〔将〕将来(まさにきたらんとす)
　〔被〕被害(ガイせらる)　〔所〕所信(シンずるところ)
　〔然〕敢然　偶然　〔如〕突如　躍如　〔乎(コ)〕断乎
(7)同じ字を重ねる……堂堂　淡淡　洋洋　遅遅
(8)同声（頭の子音が同じ）の字を重ねる＝双声語
　参差(シンシ)　髣髴(ホウフツ)　磊落(ライラク)　伶俐(レイリ)　玲瓏(レイロウ)
(9)同韻の字を重ねる＝畳韻語
　靉靆(アイタイ)　従容(ショウヨウ)　徘徊(ハイカイ)　模糊(モコ)　爛漫(ランマン)
(10)外来語（多くは梵語(ボンゴ)）の音訳にもとづく語
　瑠璃(ルリ)　閼伽(アカ)　菩提(ボダイ)　卒塔婆(ソトバ)　耶蘇(ヤソ)
　このほかに、古人の言葉や故事に由来する成語がある。……古稀(コキ)　而立(ジリツ)　杞憂(キユウ)　推敲(スイコウ)

字義 水の深く広いさま。 名乗 あきら・ひろ・ひろし
解字 形声。氵(水)＋晃㊥。音符の晃(コウ)は、深くて広いさまを表す擬態語。深くて広い水のさまを表す。
【滉△蕩】コウトウ ①水の深く広いさま。②はるかに遠いさま。
【滉△漾・滉△瀁】コウヨウ ①水の深く広いさま。②一般に、広くきわまりないさま。

(13)10【溝】4189 常 コウ みぞ　2534 3942
(13)10〔溝〕4190 漢コウ 呉ク 尤 gōu

筆順

字義 ❶みぞ。㋐地を掘って作った、水を通す道。どぶ。ほり。ほりわり。「側溝」㋑谷川。小川。㋒細長くくぼんだすじ。❷みぞを掘る。

解字 篆文

形声。氵(水)＋冓(冓)㊥。音符の冓(コウ)は、組み合わせるの意味。人工的に網の目のように組み合わせた水路の意味を表す。

▼禁溝・通溝

【溝△澮】コウカイ ＝溝洫(コウキョク)。澮は、小さな流れ。
【溝△壑】コウガク ①谷。谷間。谷あい。壑は、たに。②危険または困難な場所・境遇のたとえ。
【溝△渠】コウキョ みぞ。ほり。どぶ。
【溝△洫】コウキョク 耕作地の間にあるみぞ。洫も、みぞ。
【溝池】コウチ ①ほり。城のほり。②みぞと池。
【溝中△瘠】コウチュウのセキ 困窮してみぞに落ちて死んだ人の死骸(イシガイ)。
【溝△瀆】コウトク みぞ。どぶ。瀆も、みぞ。
【経(經)二△於溝△瀆一】コウトクにケイす 自分で首をしめ、みぞにおちいって死ぬこと。つまらぬ死に方のたとえ。経は、首をくくる。〔論語、憲問〕

(13)10【溷】4191 △ 漢コン 呉ゴン 願 阮 hùn　6271 5E67

字義 ❶みだれる(乱)。❷にごる(濁)。「溷濁」❸けがれる(汚)。❹まじる(雑)。はずかしめる(辱)。❺かわや。便所。❻家畜小屋。犬ごや。豚ごや。

解字 篆文

形声。氵(水)＋圂㊥。音符の圂(コン)は、ぶたごやの意味。きたない水のあるぶたごやの意味を表す。また、混に通じ、みだれるの意味をも表す。

【溷△淆・溷△殽】コンコウ まじり乱れる。
【溷△廁】コンシ かわや。便所。溷圊(コンセイ)。
【溷濁】コンダク にごる。けがれる。また、にごり。けがれ。

(13)10【滓】4192 標 シ 慣 サイ 紙 zǐ　6272 5E68

字義 ❶おり。沈殿物。「渣滓(サシ)」❷かす。汁をしぼり取った残り物。❸くず。ちり。ごみ。❹けがれ。よごれ。にごり。また、けがす。よごす。

解字 篆文

形声。氵(水)＋宰㊥。音符の宰は、調理するの意味。調理のとき底に沈むかすの意味を表す。

(13)10【滋】(4146) ジ 滋(4145)の旧字体。→六五三ページ。

(13)10【溼】4193 △ シツ 湿(4147)と同字。→六五三ページ。

参考 濕(4148)は、もと別字。濕(湿)は音トウ(タフ)、川の名であるが、溼に通じて用いる。今、慣用に従い、濕(湿)と同字とした。

(13)10【溲】4194 △ 一シュウ(シウ) 有 sǒu 二シュウ(シウ) 尤 sōu 唐シュ　6276 5E6C
〔浚〕本字

字義 一❶そそぎ洗う。また、よなぐ。米などをとぐ。❷こねる。水で粉をこねる。二❶ひたす。❷小便。ゆばり。「溲瓶(シュビン・シビン)」

解字 篆文

形声。氵(水)＋叟(叜)㊥。音符の叜(ソウ)は、手さぐりするの意味。水中で手さぐりする、そそぎ洗うの意味を表す。

(13)10【準】4195 教5 ジュン　2964 3D60

筆順　氵 汁 汫 淮 準

【準】俗字 5037 *5245*　【准】俗字 2958 *3D5A*　一シュン 軫 zhǔn　二㊀セツ・㊁セチ 屑 zhuó　慣ジュン

字義 一 ❶たいら。水平。水面の平らなこと。❷みずもり。水平かどうかを調べる器具。❸のり。めあて。法則。手本。めやす。「標準」「基準」❹なぞらえる。のっとる。擬する。「準拠」❺はかる。おしはかる。❻ただす。ひとしくする。平らにする。❼質に入れる。抵当にする。❽ゆるす。許可する。

二 はなばしら。はなすじ。「竜準」

名乗 とし・のり・なろう・ひとし

使いわけ ジュン〔準・准〕

〔準〕やや不十分ではあるが同じように扱う場合。「準決勝・準会員」

〔准〕資格がその次に当たることを示す場合。「准看護婦・准尉」なお、ヒジュンは「批准」と書く。

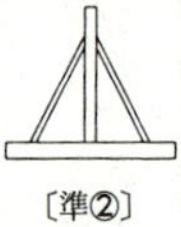

〔準②〕

参考 ⇩准(512)の参考

解字 文 篆 形声。氵(水)＋隼音。音符の隼は、はやぶさの意味。はやぶさの形をしている水準器の意味を表す。また、水準器に似た鼻すじの意味をも表す。

▼基準・規準・照準・水準・鼻準・標準

【準擬】ジュンギ なぞらえる。

【準拠(據)】ジュンキョ ①のっとる。より従う。②よりどころ。③のり。標準。

【準縄(繩)】ジュンジョウ ①水平を測るみずもりと、直線を作る墨縄。〔孟子、離婁上〕継レ之以二規矩準縄一。②転じて、標準。規則。

【準則】ジュンソク ①のっとる。②のっとるべき規則・標準。

【準的】ジュンテキ ①めあて。まと。②標準。

【準備】ジュンビ 用意。したく。そなえ。

【準用】ジュンヨウ 国①標準として適用する。②あることに対して定めた法規を、それと類似する事がらに、なぞらえて適用すること。

(13)10【滁】4196 △ ㊀チョ ㊁ジョ(ヂョ) 魚 chú

字義 ❶川の名。滁河。安徽省東部を流れ、江蘇省で長江に注ぐ。❷州名。隋代に置く。今の安徽省滁県。州城の西城の西南に酔翁亭があり、宋の欧陽脩がその記を作った。

解字 文 篆 形声。氵(水)＋除音。

(13)10【溽】4197 △ ㊀ジョク ㊁ニク 沃 rù　6273 *5E69*

字義 ❶むしあつい。湿気が多く暑い。「溽暑」❷うるおう。しめる(湿)。❸こい。濃厚。

解字 文 篆 形声。氵(水)＋辱音。音符の辱は、草を刈り重ねるの意味。湿気が重なってむし暑いの意味を表す。

(13)10【溱】4198 △ シン 真 zhēn

字義 ❶川の名。溱水。河南省密県東北の渓谷に源を発し、東北流して洧水と合流する。❷おおい(多)。さかん。＝蓁。「溱溱」❸いたる。＝臻。

解字 文 篆 形声。氵(水)＋秦音。音符の秦は、稲がのびしげるの意味。水がさかんなさまを表す。

(13)10【溯】4199 △ ソ　6274 *5E6A*

泝(3966)と同字。→六三七ページ。遡(7870)と同字。→一一〇〇ページ。

(13)10【滄】4200 △ ソウ(サウ) 陽 cāng　6275 *5E6B*

字義 ❶さむい(寒)。＝滄。❷あおい(青)。水の色。＝蒼。「滄海」

解字 文 篆 形声。氵(水)＋倉音。音符の倉は、蒼に通じ、あおいの意味。水があおいの意味を表す。

【滄海】ソウカイ ①うみ。青い海。青海原。②東海(渤海)。③北海中にある、仙人の住む島。

【滄海遺珠】ソウカイのイシュ 大海中に取りのこされたたま、世に知られず埋もれている賢者のたとえ。〔唐書、狄仁傑伝〕

【滄海一粟】ソウカイのイチゾク 大海中の一粒の穀物。比較にならないほど小さい物のたとえ。また、広大で永遠に続く宇宙間における、小さくはかない一個の人間のたとえ。〔宋、蘇軾、前赤壁賦〕

【滄洲】ソウシュウ ①青い水にかこまれた中洲。②いなかの水辺。③隠者の住む所。④仙人の住む所。

【滄桑之変(變)】ソウソウのヘン 滄海(おおうなばら)が桑田(くわばたけ)に変わる。世の中のはげしい変化。〔神仙伝〕

【滄滄】ソウソウ ①寒々としたさま。②天空の広く青々としたさま。

【滄茫】ソウボウ 水面などの青々として果てしなく広いさま。蒼茫。

【滄溟】ソウメイ 青く薄暗い意で、海をいう。

【滄浪】ソウロウ ①青く澄んだ水の色の形容。②川の名。㋐漢水の古名。㋑湖南省常徳県に発して長江に注ぐ。

【滄浪歌】ソウロウのうた ①「滄浪之水清兮、可三以濯二我纓一、滄浪之水濁兮、可三以濯二我足一」〈滄浪の川の水が澄んでいるならば私の冠のひもを洗おう、滄浪の川の水が濁っているならば私の足を洗おう〉の歌。㋐世の中の成り行きに従って自己の出処進退を定めるべきをいう。すなわち、世が治まっていれば出て仕えて理想を行い、世が乱れていれば隠退してひとり身を守る意。〔楚辞、漁父〕㋑わざわいをうけるのは自業自得であるとの意。〔孟子、離婁上〕②舟歌。

(13)10【滞】4201 常 タイ とどこおる　3458 *425A*

(14)11【滯】4202 人 許 ㊀テイ・㊁デイ 霽 zhì 慣タイ　6292 *5E7C*

筆順　氵 汫 泄 滞 滞

字義 ❶とどこおる。㋐止まる。つかえて進まない。動かない。㋑はかどらない。すらすらと運ばない。「渋滞」❷こる。こりかたまる。「凝滞」

解字 文 篆 形声。氵(水)＋帯(帶)音。音符の帯は、おびの意味。帯を巻きつけたように水が流れない、とどこおるの意味を表す。

▼延滞・凝滞・結滞・渋滞・遅滞・沈滞・停滞

【滞淹】タイエン 淹は、留。①とどこおって久しくとどまる。②賢才の世にうずもれていること。

【滞貨】タイカ ①売れないで残っている品物。売れ残りの品。②輸送しきれないで残っている貨物。

【滞礙】タイガイ ①とどこおる。②さわり。さまたげ。

【滞思】タイシ とどこおりつもった思い。胸にふさがっている思い。滞念。

【滞穂(穗)】タイスイ 取り残された穂。また、落ち穂。

【滞積】タイセキ ①とどこおりつもる。②タイシ ㋐つもったたくわえ。たくわえ。㋑＝滞思。

【滞留】タイリュウ ①とどこおる。停滞する。②他の地に長くとどまっていること。滞在。

(13)10【滀】4203 △ チク 屋 chù

字義 ❶あつまる。水がたまる。❷むすぼれる。怒りが胸にたまる。むっとする。

解字 形声。氵(水)＋畜音。音符の畜は、たまりふえる意味。

(13)10【溺】4204 標 一 漢デキ・呉ニャク 錫 nì 二 漢ジョウ(デウ) 呉ニョウ(ネウ) 嘯 niào [溺] 3714 452E

字義 一 ❶おぼれる(おぼる)。㋐水にはまって苦しむ。また、死ぬ。深入りして抜けられない。「溺死」㋑度を越してふける。心を奪われる。「溺愛」「耽溺(タンデキ)」 ❷しずむ。 ❸ひたる(漬シ)。 二 いばり。ゆばり。小便。また、小便をする。＝尿。

解字 篆文 形声。氵(水)＋弱(音)。音符の弱は、よわいの意味。水中でよわる、おぼれるの意味や、尿に通じて、いばりの意味を表す。

【溺愛】(デキアイ) ①愛におぼれる。②むやみに可愛がる。盲愛。

【溺死】(デキシ) 水におぼれて死ぬ。水死。

【溺惑】(デキワク) おぼれまどう。迷って本心を失う。

(13)10【滇】4205 △ テン 先 diān

字義 ❶漢代に今の雲南省に住んでいた異民族の名。❷湖の名。滇池。雲南省昆明市の西南にある。昆明池。❸雲南省の古名。❹さかんなさま。＝闐(テン)。

解字 篆文 形声。氵(水)＋眞(音)。

【滇池】(テンチ) →字義の②。

13(10)【滔】4206 [滔]俗字 △ トウ(タウ) 豪 tāo 6277 5E6D

字義 ❶はびこる。水が広がりみなぎる。ひろがる。満ちる。「滔天」❷大きい。広い。長い。❸集まる。❹うごく。❺おこたる。❻あなどる。

参考 [淊(カン)](どろ水)は別字。

解字 篆文 形声。氵(水)＋舀(音)。音符の舀(トウ)は、壽(寿)に通じ、つらなるの意味。水がつらなりひろがるの意味を表す。

【滔天】(トウテン) ①天にはびこる。洪水が天にとどくほどに満ち広がること。②天をあなどる。

【滔滔】(トウトウ) ①水などの広がりみなぎるさま。その広いさま。②水などの勢いよく、さかんに流れ行くさま。〔宋、曾鞏、虞美人草詩〕滔滔逝水流二今古一(トウトウたるセイスイ、キンコにながれ)、漢楚興亡両丘土(カンソのコウボウ ふたつながらキュウド)〈勢いよく流れ去る川の水は今も昔も変わらないが、興った漢も滅んだ楚もともに今は丘の土と化してしまった〉③多くのものがある方向に進み行くさま。衆に従って進み行くさま。〔論語、微子〕滔滔者天下皆是也(トウトウたるものテンカみなこれなり)、而誰以易レ之(しかるをたれとともにかこれをかえん)〈水が流れてかえらぬように乱れに乱れて救うことのできないことは、天下すべてがそうなのだ。それなのに、だれと一緒にこれを変革しようというのか〉④乱れるさま。⑤武人のたけく勇ましいさま。⑥水の流れるようによどみなくしゃべるさま。

【滔滔者天下皆是也】(トウトウたるものはテンカみなこれなり) 天下の人々がみな同じ風潮に従って行くことをいう。〔論語、微子〕

(13)10【溏】4207 △ 漢トウ(タウ) 呉ドウ(ダウ) 陽 táng 6279 5E6F

字義 ❶いけ(池)。❷どろ(泥)。

解字 形声。氵(水)＋唐(音)。

難読 溏田(いけだ)

(13)10【漠】4208 常 バク 3989 4779

(14)11[漠]4209 漢バク 呉マク 薬 mò

筆順 氵 汁 泄 漟 漠

字義 ❶すなはら。水も草もない広大な砂原。沙漠(バク)。砂漠。❷広い。果てしなく広い。「広漠」❸しずか。静寂。また、さびしい。＝寞(バク)。「寂漠」❹くらい。薄暗くぼうっとしている。❺はっきりしないさま。とりとめのないさま。うつろなさま。「空漠」❻きよい(清)。すむ(澄)。❼しげる。さかんにしげる。❽はかる。はかりごと。＝謨(ボ)。

解字 篆文 形声。氵(水)＋莫(音)。音符の莫(バク)は、ないの意味。水のない原、さばくの意味を表す。

▼空漠・広漠・砂漠・寂漠・絶漠

【漠然】(バクゼン) ①静かなさま。心安らかなさま。ひっそりしているさま。寂然(セキゼン・ジャクネン)。②気にかけぬさま。③広くてとりとめのない、また、ぼんやりとして明らかでないさま。

【漠南】(バクナン) ゴビの砂漠の南。内蒙古(ナイモウコ)地方。

【漠漠】(バクバク) ①一面に続いているさま。平らに連なっているさま。②広々として果てしないさま。③草木の一面に茂っているさま。④ひっそりしているさま。声のしないさま。⑤さびしいさま。⑥ぼうっとして薄暗いさま。

【漠北】(バクホク) ゴビ砂漠の北方。外蒙古(ガイモウコ)地方(モンゴル人民共和国のある地方)。

(13)10【溥】4210 △ 漢ホ 呉フ 麌 pǔ 6280 5E70

字義 ❶大きい。❷広い。❸あまねし。広くゆきわたる。＝普。❹うら。みぎわ。＝浦。

解字 篆文 形声。氵(水)＋尃(音)。音符の尃(フ)は、しきひろげるの意味。水があまねくひろがるの意味を表す。

【溥洽】(フコウ) あまねくゆきわたる。

【溥天】(フテン) ①広い天。おおぞら。天。②「溥天之下(フテンのもと)」の略。天(あめ)の下。天下。全世界。

【溥天之下、率土之浜(濱)】(フテンのもと、ソツドのヒン) 天のあまねくおおう下、陸地の続き行く果ての意。天下じゅう。天(あめ)の下。全世界。〔詩経、小雅、北山〕溥天之下(フテンのもと)、莫レ非二王土一(オウドにあらざるはなく)、率土之浜(ソットのヒン)、莫レ非二王臣一(オウシンにあらざるはなし)。

【溥博】(フハク) 広く大きい。広大。

(13)10【滂】4211 △ 慣ホウ(ハウ) 慣ボウ(バウ) 陽 pāng 6281 5E71

字義 ❶水のみなぎり流れるさま。❷水流の音のさま。❸舟。

解字 篆文 形声。氵(水)＋旁(音)。音符の旁(ボウ)は、張り出すの意味。水が広がるの意味を表す。

【滂沱】(ボウダ) ①雨のさかんに降るさま。②涙や血などのさかんに流れ落ちるさま。「涕泗滂沱(テイシボウダ)」

【滂沛】(ホウハイ) ①水の豊かで広いさま。②雨のさかんに降るさま。③気力などの大きくさかんなさま。④恩沢などの広く行き渡るさま。

【滂湃】(ホウハイ) ①水勢のさかんなさま。②大波のわき起こるさま。

【滂薄】(ホウハク) ①まじり合って一つになっていること。②満ち広がっていること。

【滂渤・滂浡】(ボウボツ) ①水流が激しく波立つさま。②不平で気がいらいらするさま。

【滂洋】(ボウヨウ) 豊かで広いさま。盛大なさま。

(13)10【溟】4212 △ 漢メイ 呉ミョウ(ミャウ) 青 míng 6282 5E72

字義 ❶くらい(くら)。㋐小雨が降って暗い。㋑遠く、深く、薄暗い。❷うみ。大海。海水の黒ずんでいることからいう。「北溟」

解字 篆文 形声。氵(水)＋冥(音)。音符の冥(メイ)は、おおわれて暗いの意味。小雨が降りこめて暗いの意味を表す。

【溟海】(メイカイ) 海。大海。冥海(メイカイ)。

【溟溟】(メイメイ) ①薄暗いさま。②奥深くて知り難いさま。

【溟濛】(メイモウ) 雨がそぼ降って薄暗いこと。また、その雨。

(13)10【滅】4213 常 メツ ほろびる・ほろぼす 漢ベツ・呉メチ 屑 miè 慣メツ 4439 4C47

筆順 氵 汀 泝 滅 滅

字義 ❶ほろびる(ほろぶ)。なくなる。つきる(尽)。絶える。「絶滅」❷消える。光が消える。「点滅」❸ほろぼす。「撃滅」❹沈む。❺仏死ぬ。「寂滅」

難読 滅金(めっき)・滅茶(めちゃ)

解字 篆文 形声。氵(水)＋威㊟。音符の威ケツは、火が消えるの意味。水をかけて火を消す意味から、ほろぼす・消すの意味を表す。

▼隠滅・壊滅・灰滅・撃滅・幻滅・自滅・消滅・衰滅・生滅・寂滅・絶滅・掃滅・族滅・点滅・入滅・破滅・必滅・覆滅・仏滅・不滅・摩滅・磨滅・明滅

【滅却】メッキャク ①ほろびる。②ほろぼしてなくする。〔碧巌録、四十三〕滅ニ却心頭ー火亦涼シントウヲメッキャクすればひもまたすずし。③国死ぬこと。

【滅口】メッコウ・くちをメッす 証言されるのを防ぐために人を殺す。転じて、口止めすること。〔史記、春申君伝〕

【滅罪】メツザイ 仏仏の力によって罪をほろぼすこと。つみほろぼし。

【滅尽(盡)】メツジン ほろぼしつくす。また、ほろびたえる。

【滅相】メッソウ ①仏生命がつきて身体の形がなくなること。②国法外なさま。とんでもないさま。はなはだしいさま。滅法。

【滅多】メッタ 国〔あて字〕①みだりに。やたらに。②容易に。また、ほとんど。(下に打ち消しの語がくる)

【滅度】メツド 仏①さとりを開いて生死に対する心の苦しみを滅ぼし、迷いの海を越えること。②死。入滅。

【滅法】メッポウ ①仏人間のすべての苦をなくすること。②国＝滅相の②。滅法界。

【滅明】メツメイ 灯火などの暗くなったり明るくなったりすること。また、遠くにある物などが見えかくれすること。明滅。

【滅裂】メツレツ ①はなればなれになること。散り散りばらばらになること。「支離滅裂」②たち切る。③軽率で、事をするに粗略なこと。

(13)10【溶】4214 常 ヨウ とける・とかす・とく 漢ヨウ・呉ユウ 冬 róng 4547 4D4F

筆順 溶

字義 ❶水のさかんなさま。❷水の安らかに流れるさま。転じて、ゆったりとして安らかなさま。❸とける。とかす。とく。溶解する。「溶岩」

参考 現代表記では〔熔〕(4420)・〔鎔〕(8229)の書きかえに用いる。「熔接→溶接」「熔岩→溶岩」「鎔解→溶解」「鎔鉱炉→溶鉱炉」

使いわけ とける〔解・溶〕⇩解(7080)。

解字 篆文 形声。氵(水)＋容㊟。音符の容は、多くのものを入れるの意味。広大な豊かな水の意味を表し、とけるの意味をも表す。

▼洪溶

【溶溶】ヨウヨウ ①水がさかんに流れるさま。②心や態度のゆったりとしたさま。

【溶漾】ヨウヨウ 波のゆれただようさま。

(13)10【溜】4215 標 ㊀漢リュウ(リウ)・呉ル 尤 liú ㊁漢リュウ(リウ)・呉ル 宥 liù 4615 4E2F

【澑】本字 6317 5F31

字義 ㊀❶したたる。たれ落ちる。❷したたり。しずく。雨だれ。❸雨だれの落ちる所。軒下の水たまり。❹流れる。水の流れるさま。㊁ながれる。国❶ためる。たまる。㋐積もりふえる。㋑とどこおる。㋒こらえる。❷たまり。多人数が集まり控える所。❸ため。物をためておく所。「ごみため」など。

参考 現代表記では〔留〕(4824)に書きかえることがある。「乾溜→乾留」「蒸溜→蒸留」

解字 篆文 形声。氵(水)＋留(畱)㊟。もと、川の名。音符の畱リュウは、流に通じ、流れるの意味。水がしたたり流れるの意味を表す。

【溜飲】リュウイン 国食物が胃の中にとどこおって、すっぱい液の出る症状。「溜飲がさがる(胸のつかえがすっきりする)」

(13)10【滝】4216 常 たき 3476 426C

(19)16【瀧】4217 ㊀ロウ 東 lóng ㊁ソウ(サウ) 江 shuāng ㊂ロウ(ラウ) 江 3477 426D

筆順 滝

字義 ㊀❶雨の降りしきるさま。❷ひたす。うるおす。㊁滝岡ソウコウは、地名。→滝岡。㊂はやせ(早瀬)。急流。国たき。たぎ。水の高い所から流れ落ちるもの。瀑布バクフ。

解字 篆文 形声。氵(水)＋竜(龍)㊟。音符の龍は、つめこむの意味。雨が降りこめるの意味を表す。

【滝岡】ソウコウ 地名。江西省永豊県の南の鳳凰山ホウオウザン。北宋の欧陽脩オウヨウシュウが父を葬った所。「滝岡阡表センピョウ」は、脩が父の墓に奉った文章。阡は、墓道。

【滝滝】ロウロウ 水の流れる音の形容。

(14)11【漪】4218 △ イ 支 yī

字義 ❶なみ(波)。㋐さざなみ。小波。「漪淪イリン」㋑大波。❷波だつ。❸ほとり。岸。❹語調をととのえる助字。＝猗イ。

解字 形声。氵(水)＋猗㊟。音符の猗イは、よるの意味。岸によってくる波の意味を表す。

(14)11【演】4219 教5 エン エン 銑 yǎn 1773 3169

筆順 演

字義 ❶のべる。㋐のばす。引きのばす。広める。広く及ぼす。「演繹エンエキ」㋑とく(説)。のべる(述)。「講演」「演説」❷ながれる。遠くまで流れる。❸しみこむ。うるおす。❹おこなう(行)。ならう。練習する。実地にやってみる。「熱演」「演習」「演奏」

名乗 ひろ・ひろし

解字 甲骨文 篆文 形声。氵(水)＋寅㊟。音符の寅インは、ひっぱるの意味。水を引きのばすの意味から、一般に、物事を引きのばすの意味を表す。

▼講演・実演・敷演

【演繹】エンエキ ①意義をおしひろめてくわしく説明すること。②国一般的な原理から特殊な事理を推定すること。↔帰納。

【演技】エンギ 見物人の前で芝居・曲芸・舞踊などの芸をすること。また、その技。

【演義】エンギ ①道理・事実などをくわしく述べ説くこと。②歴史上の事実をかざり引きのばしておもしろく述べること。また、その書物。「三国志演義」

【演芸(藝)】エンゲイ 公衆の前でする芸。芝居・曲芸・舞踊・講談・落語など。

【演習】エンシュウ ①けいこする。練習する。また、けいこ。②軍隊で、実戦同様に行う訓練。③国大学で教師の指導のもとに学生が主となって研究を行う教育方法。ゼミナール。

【演出】エンシュツ 脚本やシナリオに基づき、俳優の演技・舞台装置・照明・音楽などの各要素を総合して、舞台や映画の上に表現すること。

【演説】エンゼツ ①道理や意義などを説明する。②公衆の前で意見や主義を述べること。演舌。

【演武】エンブ 武術をけいこすること。

【演漾】エンヨウ ただよう。ゆらゆらとただよう。

(14)11【漚】4220 △ ㊀漢オウ・呉ウ 宥 òu ㊁漢オウ・呉ウ 尤 ōu

字義 ㊀ひたす。長く水につける。㊁❶あわ(泡)。うたかた。❷かもめ。鳥の名。＝鷗オウ。

解字 篆文 形声。氵(水)＋區㊟。音符の區クは、区分けするの意味。麻を長期間水中につけて置き、繊維だけを区別して取ることから、ひたすの意味を表す。

(14)11【漑】4221 △ カイ 隊 gài 慣ガイ 【漑】6284 5E74

【漑】標準

字義 ❶そそぐ(注)。水をかける。水を流し入れる。「灌漑カンガイ」❷すすぐ。あらう。洗い清める。「漑濯ガイタク」

解字 金文 篆文 形声。氵(水)＋既㊥。音符の既は、容器にいっぱいになって外にあふれ出るの意味。水があふれそそぐの意味を表す。

(14)11【潅】4222 △ カン 灌(4344)の俗字。→六七七ﾍﾟ。 2035 3443

(14)11【漢】(4185) カン 漢(4184)の旧字体。→六五八ﾍﾟ。

(14)11【漁】4223 教4 ギョ・リョウ ㊥ギョ・㊣ゴ 慣リョウ(レフ) 魚 御 yú 2189 3579

筆順 氵 氵 汽 渔 漁

【漁】俗字

字義 ❶すなどる。いさる。魚・貝などを捕らえる。「密漁」 ❷あさる。捜し求める。また、むさぼり求める。「漁色」 ❸すなどりびと。漁夫。

参考 リョウ(レフ)と読むのは、猟にあてた国語の音。

解字 甲骨文 金文 篆文 形声。氵(水)＋魚㊥。水中の魚、生きている魚をとらえるの意味を表す。金文には、魚＋両手で、いさるの意味を表すものがある。

▼田漁・不漁

【漁翁】ギョオウ 漁師の老人。老漁夫。

【漁火】ギョカ・いさりび 漁船のともしび。魚を集めるために舟でたくかがり火。〔唐、張継、楓橋夜泊詩〕江楓漁火対ニ愁眠一(コウフウギョカシュウミンにタイす)。

【漁歌】ギョカ 漁夫の歌う歌。

【漁獲】ギョカク 魚・海藻などの水産物を取ること。また、その取れたもの。「たもの。」

【漁戸】ギョコ 魚を捕らえることを業とする人の家。また、漁師。

【漁師】ギョシ・リョウシ 魚を取って生活する人。漁子。漁夫。

【漁樵】ギョショウ ①魚夫ときこり。②すなどりやきこりをすること。漁師や木こりのような生活をする。〔宋、蘇軾、前赤壁賦〕漁ニ樵於江渚之上一(コウショのほとりにギョショウす)。

【漁色】ギョショク・リョウショク 女色をあさること。猟色。

【漁荘(莊)】ギョソウ ＝漁戸。荘は、いなかや。

【漁釣】ギョチョウ 魚を釣ること。魚釣り。

【漁父】ギョフ・ギョホ 漁師(リョウシ)。漁夫。また、年老いた漁夫。

【漁父之利】ギョフのリ・ギョホのリ 両者が相争っている隙(すき)につけこんで、他の者が横取りした利益。どぶ貝としぎ(鳥の名)とが争っている隙に乗じて、漁夫がその両者を捕らえたという故事。鷸蚌之争(イツボウのあらそい(ひ))。〔戦国策、燕〕

【漁父辞(辭)】ギョフのジ・ギョホのジ 『楚辞(ソジ)』の一編。楚の屈平の作というが不明。屈平と漁父との問答に託して、屈平の孤高清廉の心境を述べたもの。

【漁陽】ギョヨウ 今の北京市の東北の地。唐の玄宗の時、安禄山(アンロクザン)が反乱の兵を挙げた地方。〔唐、白居易、長恨歌〕漁陽鼙鼓動レ地来(ギョヨウのヘイコチを、うごかしてきたり)、驚破霓裳羽衣曲(ゲイショウウイのキョクを、キョウハす)。〈漁陽の攻め太鼓が地をゆさぶってやって来て、霓裳羽衣の曲を演奏していた人々を大いに驚かした〉

【漁猟(獵)】ギョリョウ ①魚や鳥獣を取ること。②書物などを広く読みあさること。渉猟。

【漁労(勞)・漁△撈】ギョロウ 魚などをとること。すなどり。漁労は、漁撈の書きかえ字。

(14)11【滸】4224 △ コ 麌 hǔ 6287 5E77

字義 ほとり。水岸。みずぎわの地。「水滸」

解字 形声。氵(水)＋許㊥。

(14)11【滹】4225 △ コ 虞 hū

字義 滹沱(コダ)は、川の名。山西省東北部に源を発し、河北省献県で滏陽(フヨウ)河と合して子牙(シガ)河となる。

解字 形声。氵(水)＋虖㊥。

(14)11【滬】4226 △ ㊥コ ㊣ゴ 麌 hù ［滬］ 6286 5E76

字義 ❶川の名。江蘇(コウソ)省上海(シャンハイ)の東北、松江の下流。❷転じて、上海の一名。滬上ともいう。❸えり。あじろ。海辺に竹を並べ立てて魚を捕らえる仕掛け。

解字 形声。氵(水)＋扈㊥。

(14)11【滾】4227 △ コン 阮 gǔn 6288 5E78

字義 ❶水のさかんに流れるさま。「滾滾」＝渾(コン)。❷たぎる。湯がたぎる。わきたつ。❸ころがる。ころがり行く。

【滚】正字

解字 形声。氵(水)＋袞㊥。

【滾滾】コンコン ①水のさかんに流れるさま。〔唐、杜甫、登高詩〕不尽長江滾滾来(フジンのチョウコウは、コンコンとしてきたる)。訳文⇩蕭蕭②(九四八ﾍﾟ)。②泉のさかんにわき出るさま。③ころがり行くさま。めぐり移って行くさま。

(14)11【漼】4228 △ ㊥サイ ㊣スイ 賄 cuǐ

字義 ❶ふかい。水の深いさま。❷涙の流れおちるさま。「漼漼」❸くだける。＝摧(サイ)。

解字 形声。氵(水)＋崔㊥。

(14)11【漬】4229 常 つける・つかる ㊥シ ㊣ジ 寘 zì 3650 4452

解字 篆文 形声。氵(水)＋崔㊥。

筆順 氵 氵 汁 汼 清 漬

字義 ❶ひたす。つける。水などにつける。❷ひたる。つかる。❸しみる。しみこむ。染まる。感染する。

解字 篆文 形声。氵(水)＋責(賷)㊥。音符の賷(サク)は、積に通じ、つみ重ねるの意味。水の中に積む、ひたすの意味を表す。

▼浸漬・漸漬

【漬浸】シシン ひたる。水につかる。また、ひたす。

(14)11【漆】4230 常 シツ うるし ㊥シツ ㊣シチ 質 qī 2831 3C3F

筆順 氵 汏 汱 漆 漆

【柒】俗字

字義 ❶うるし。㋐うるしの木。㋑うるしの樹液からとった塗料。❷黒い。うるしのように黒い。❸うるしする。うるしをぬる。❹数字の七に代用する。↓七(3)の参考。❺川の名。陝西(セイセン)省の大神山に発し渭(イ)水に注ぐ。

解字 篆文 形声。氵(水)＋桼㊥。音符の桼(シツ)は、うるしの意味。水を付して、川の名を表す。また、液体であるうるしの意味をも表す。

▼乾漆・黒漆

【漆園】シツエン ①地名。戦国時代の荘周(荘子)が役人になった所。三説がある。㋐今の山東省菏沢(カタク)県の北。㋑河南省商丘市の東北、蒙(モウ)県の故城の中。㋒安徽(アンキ)省定遠県の東。②荘周をいう。「漆園の吏」

【漆黒】シッコク 漆をぬったように黒い。真っ黒。真っ暗。

【漆書】シッショ 漆で書く。また、漆で書いた文字。

【漆△喰】シックイ 国石灰・粘土・ふのり・わらなどを混ぜてこねたもの。壁や天井などの上塗りなどに用いる。石灰の唐音の書きかえ。

【漆宅】シッタク ひつぎ。死体を入れる箱。漆をぬるのでいう。

(14)11【滫】4231 △ ㊥シュウ(シウ) ㊣シュ 有 xiǔ

字義 ❶しろみず(しろみづ)。白水。にごし。米のとぎ汁。❷いばり。ゆばり。小便。❸すえたにおい。飲食物の腐ったにおい。

解字 篆文 形声。氵(水)＋脩㊥。

(14)11
【滑】4232　△ 漢シュン 呉ジュン 真 chún

字義 みぎわ（水際）。川岸。

解字 篆文 形声。氵（水）＋脣音。

(14)11
【漳】4233　△ ショウ（シャウ）陽 zhāng

字義 ❶さえる（障）。ふさぐ。❷とりで。❸川の名。㋐漳水は、山西省に発し、河北省に入り、衛河に注ぐ。㋑漳江は、福建省の大峰山に発し、東南に流れて海に注ぐ。

解字 篆文 形声。氵（水）＋章音。

(14)11
【滲】4234　標　一シン 沁 shèn　二シン 侵 qin　6290 5E7A

字義 一❶したたる。しずくとなって落ちる。❷しみる。にじむ。しみこむ。しみ出る。❸つきる。二❶＝一の①。❷ひたす。

参考 現代表記では［浸］（4037）に書きかえることがある。「滲透→浸透」

解字 篆文 形声。氵（水）＋參音。音符の參は、侵に通じ、おかすの意味。水が少しずつしみこむの意味を表す。

【滲▵泄】しみ、もれる。漏れる。

【滲透】しみ通る。浸透。

【滲漏】①しみもれる。②手ぬかり。ぬけめ。遺漏。

(14)11
【漸】4235　常 ゼン　一漢セン・呉ゼン 琰 jiàn　二セン 塩 jiān　三漢サン・呉ゼン 咸 chán　3318 4132

筆順 氵 氵 浐 浐 渐 漸

字義 一❶ようやく。だんだん。次第に。「漸次」❷すすむ（進）。次第に進む。じわじわ進む。「東漸」❸易の六十四卦の一つ。☶☴艮下巽上。順を追って進む象。❹きざし。物事の起こる前に、それが少し現れるもの。❺とおす（通）。通ずる。❻のびる。成長する。❼順序。段階。❽川の名。漸水・漸江水は、今の銭塘江とその上流の新安江の古名。❾ものの形容。→漸漸。二❶そそぐ（注）。流れこむ。❷ひたす（漬）。しみこむ（浸）。うるおす（潤）。ぬらす。❸つくす。終える。三❶→漸漸の③。＝嶄・巉。❷→漸漸の④。

国 やっとのことで。かろうじて。

名乗 すすむ

解字 篆文 形声。氵（水）＋斬音。音符の斬は、きるの意味。水の流れを切って徐々に導きとおすの意味を表し、転じて、ようやくの意味を表す。

▼浸漸・積漸・西漸・東漸

【漸減】次第にへる。次第にへらす。

【漸悟】仏次第にさとること。↔頓悟。

【漸漬】次第にひたす（しみこむ・感化する）。

【漸次】次第に。だんだん。徐々に進むさま。

【漸進】次第に進む。次第に進歩する。↔急進。

【漸漸】①次第に。漸次。徐々に進むさま。②麦などの元気にのびているさま。また、穂の出そろっているさま。〔史記、宋微子世家〕麦秀漸漸兮。③山の石の高くけわしいさま。④涙の流れるさま。

【漸層（層）法】修辞法の一つ。前の句の終わりの語をうけて次の句の初めに置き、論旨を鎖を連ねるように積み重ねる修辞法。連鎖法・承逓法・尻取り法ともいう。

【漸入二佳境一】次第にすばらしい境地に進んでいく。晋の顧愷之が砂糖きびの先の方から次第に根本の方へと食べるので、人がその理由をたずねると、ようやく佳境に入ると答えた故事。転じて、物事が次第におもしろくなること。〔晋書、顧愷之伝〕

(14)11
【漱】4236　人 ソウ 宥 有 shù, sòu　6291 5E7B

筆順 氵 氵 洓 洓 漱 漱

字義 ❶くちすすぐ。口をすすぐ。うがいする。❷すすぐ。あらう。㋐よごれを洗い去る。㋑よごれを洗い去って後、さらに水中でふるい清める。

名乗 すすぐ・そそぐ

解字 篆文 形声。氵（水）＋欶音。音符の欶は、すすって口に含むの意味。水を口に含んですすぐの意味を表す。

【漱玉】玉をすすぎ洗う。滝の水などの飛び散るたとえ。

【漱石▵枕流】負けおしみの強いたとえ。晋の孫楚が枕レ石漱レ流というべきところを誤って「漱石枕流」と言ったが、石にくちすすぐは歯を洗うためであり、流れにまくらするは耳を洗うためであると強弁した故事。〔晋書、孫楚伝〕

(14)11
【漕】4237　【漕】本字　標　漢ソウ（サウ）呉ゾウ（ザウ）豪 cáo　3370 4166

字義 ❶はこぶ（運）。舟ではこぶ。「回漕」❷舟。また、車。

国 こぐ。舟をこぐ。

解字 篆文 形声。氵（水）＋曹（䒷）音。音符の䒷は、二つが向きあうの意味。こぎ手と荷物とが舟の前と後とでバランスをとるように相対して穀物などを運ぶの意味を表す。

【漕運】船で物を運ぶこと。水上の運送。

【漕▵渠】船で荷物を運ぶために掘ったみぞ。運河。

【漕船】貨物船。

【漕転（轉）】船で運び移すこと。

(14)11
【溥】4238　△ 漢タン 呉ダン 寒 tuán

字義 ❶露の多いさま。❷まるい。＝団。

解字 篆文 形声。氵（水）＋専音。音符の専は、まるくまとまるの意味。露の多いさまを表す。

(14)11
【滯】(4202)　タイ　滞（4201）の旧字体。→六〇三ページ。　6292 5E7C

(14)11
【漲】4239　△ 一チョウ（チャウ）漾 zhàng　二チョウ（チャウ）養 zhǎng　6293 5E7D

字義 一二❶みなぎる。満ちあふれる。❷みちしお。また、みなぎる水。❸なみ（波）。わきたつ波。また、海。❹わき起こる。

解字 形声。氵（水）＋張音。音符の張は、はるの意味。水がはる、みなぎるの意味を表す。

【漲▵溢】みなぎりあふれる。満ちあふれる。

【漲海】南シナ海をいう。

【漲天】天いっぱいにみなぎる。

(14)11
【滴】4240　常 テキ しずく・したたる　漢テキ・呉チャク 錫 dī　3709 4529

筆順 氵 氵 汸 汸 滴 滴

字義 ❶しずく。したたり。「雨滴」❷したたる。しずくとなって落ちる。❸わずかなもの・小さいもののたとえ。

解字 篆文 形声。氵（水）＋啇（啻）音。音符の啇は、中心に寄り集まるの意味。水が表面張力によって、中心の一点に丸く寄る、しずくの意味を表す。

▼雨滴・細滴・水滴・点滴

【滴水】したたる水。水のしずく。

【滴滴】①流れ動くさま。②しずくがぽたぽたと落ちるさま。③水のしたたるようにつやがあって美しいさま。

【滴▵瀝】①しずくがしたたる。また、その音。②しずく。

【滴露】したたる露。露の玉。

(14)11
【滌】4241　△ 漢テキ 呉ジャク（ヂャク）慣デキ・ジョウ（デウ）錫 dí　6294 5E7E

字義 ❶あらう（洗）。すすぐ（濯）。❷はらう。除く。ぬぐい取る。掃除する。❸はやいさま。❹ほしいまま。きまま。❺犠牲を養う室。

参考 ①「洗う」意味の時に「ジョウ」と読むのは誤りであるが、俗にこの音を慣用している。「洗滌」②現代表記では［浄］（4007）に書きかえることがある。「洗滌→洗浄」

解字 篆文 形声。氵（水）＋條㊥。音符の條は、長いすじの意味。水を流して洗うの意味を表す。原字は攸。

【滌蕩・滌盪】（デキトウ）①洗いすすぐ。けがれを去る。②ほろびてなくなる。③ゆり動かす。ゆれ動く。

(14)11 【漠】(4209)　バク　漠（4208）の旧字体。→六六四ページ。

(14)11 【漂】4242 常 ヒョウ ただよう　4126 493A

㊀ヒョウ（ヘウ）㊥蕭 piāo
㊁ヒョウ（ヘウ）㊤篠 piǎo

筆順 氵 汀 沔 漂 漂

字義 ㊀❶ただよう。㋐うかぶ。うかんでゆれる。「漂着」㋑さすらう。さまよう。「漂泊」㋒ひるがえる。高く飛ぶ。❷軽いさま。また、速いさま。❸する。こする。また、すれる。こすれる。❹はれもの。できもの。㊁さらす。水中で絮や布を白くするためにさらし打つこと。

難読 漂白粉（さらしこ）・漂泊（さすらい）

解字 篆文 形声。氵（水）＋票（㶾）㊥。音符の㶾は、火の粉が舞いあがるの意味。水面を火の粉の舞うように、ただようの意味を表す。また、水中をただよわせて、さらすの意味をも表す。

▼浮漂・流漂

【漂寓】（ヒョウグウ）さまよって他郷で仮住まいすること。

【漂説】（ヒョウセツ）根拠のないうわさ。ねなしごと。

【漂着・漂著】（ヒョウチャク）ただよい流れて岸につく。

【漂蕩】（ヒョウトウ）①さすらう。さまよう。②広々としたさま。

【漂白】（ヒョウハク）（水や薬品にさらして）白くする。

【漂泊】（ヒョウハク）水上にただようこと。転じて、人が所定めずさすらうこと。さまよう。さすらい。

【漂漂】（ヒョウヒョウ）①ただようさま。②高くあがるさま。

【漂母】（ヒョウボ）絮や布を水でさらしている女。母は、中年以上の女の人。

【漂揺（搖）】（ヒョウヨウ）ただよいゆれる。ただよい動く。

【漂落】（ヒョウラク）①ただよい落ちる。②おちぶれる。零落。

【漂流】（ヒョウリュウ）①ただよい流れる。②所定めずさすらうこと。

【漂淪】（ヒョウリン）＝漂落の②。淪は、しずむ。

【漂零】（ヒョウレイ）＝漂落の②。

【漂浪】（ヒョウロウ）波にただようこと。転じて、さまようこと。

(14)11 【漰】4243 △ ホウ 蒸 pēng

字義 ❶水のはげしくうちあう音。「漰湃（ホウハイ）」「漰渤（ホウボツ）」❷せき。水をせきとめるせき。いせき。＝堋（ホウ）。

解字 形声。氵（水）＋崩㊥。音符の崩は、水のうちあう音の擬声語。

(14)11 【漫】4244 常 マン　マン 翰 màn　4401 4C21

筆順 氵 沪 温 漫

字義 ❶ひろい。水の果てしなく広いこと。❷はびこる。みなぎる。広くゆきわたる。「漫漫」「瀰漫（ビマン）」❸みだり。かってきまま。ほしいまま。とりとめがない。「放漫」「散漫」「漫談」❹みだりに。㋐勝手きままに。ほしいままに。㋑むやみに。いたずらに。❺けがす。けがれる。❻そぞろ。そぞろに。すずろ。なんとはなしに。

解字 形声。氵（水）＋曼㊥。音符の曼（マン）は、どこまでものびるの意味。どこまでものびる広い水の意味を表し、転じて、しまりがない・みだりにの意味を表す。

▼散漫・冗漫・放漫

【漫衍】（マンエン）①広遠できわまりないさま。②一面にあふれ広がるさま。③水勢の広くさかんなさま。④いりまじっているさま。

【漫興】（マンキョウ）何となく感興をもよおすこと。また、その感興。［唐、杜甫、絶句漫興九首］

【漫言】（マンゲン）①深く考えずに言うことば。②とりとめのないことば。

【漫語】（マンゴ）＝漫言。→前項。

【漫然】（マンゼン）何とはなしに。とりとめのないさま。

【漫筆】（マンピツ）筆のまにまに書きつけること。そぞろがき。漫録。

【漫歩】（マンポ）どこと定まった目的もなくあちらこちら歩くこと。そぞろ歩き。散歩。

【漫漫】（マンマン）①広くはるかなさま。②長く遠いさま。③夜の長いさま。④雲などのたなびくさま。⑤もやなどの一面にたち込めているさま。⑥柳絮（リュウジョ）（柳の綿毛をもった種子）などの空中一面に飛散するさま。⑦雨・雪の静かに、しかもさかんに降るさま。⑧行動のゆるやかなさま。⑨品行のおさまらぬさま。しまりがないさま。⑩心のどかに遊ぶさま。

【漫遊】（マンユウ）心のままに諸方を旅行して歩くこと。きまった職業もなくぶらつくこと。放浪。

【漫浪】（マンロウ）

【漫録】（マンロク）①＝漫筆。②そぞろ書きの文章を集めたもの。

(14)11 【滿】(4171)　マン　満（4170）の旧字体。→六五六ページ。　6264 5E60

(14)11 【漾】4245 △ ヨウ（ヤウ）㊤養 ㊦漾 yàng　6301 5F21

字義 ❶ただよう。㋐水がゆれ動く。「溶漾」㋑水にゆらぐ。ただよい流れる。「揺漾」❷水の広大なさま。川の長いさま。

解字 金文 篆文 形声。氵（水）＋羕（羕）㊥。音符の羕（ヨウ）は、揚（ヨウ）に通じ、ゆれあがるの意味。水がゆれ動くの意味を表す。

(14)11 【漓】4246 △ リ 支 lí　6302 5F22

字義 ❶うすい（薄）。❷しみる。水がしみこむ。＝灕（リ）。❸淋漓（リンリ）は、㋐したたるさま。㋑さかんなさま。

解字 形声。氵（水）＋离㊥。

(14)11 【漻】4247 △

㊀リョウ（レウ）㊥蕭 liáo
㊁㊇リュウ（リウ）・㊈ル 尤・㊦宥 liú
㊂㊇レキ・㊈リャク ㊇錫 lì

字義 ㊀❶きよい。水が清い。清く深い。❷高く遠いさま。「漻漻」❸しずかなさま。さびしいさま。＝寥（リョウ）。「寂漻」「漻然」❹ながれる。㊁＝㊀の①。＝瀏（リュウ）。㊂変化のさま。死んでゆくさま。「漻然」

解字 篆文 形声。氵（水）＋翏㊥。

(14)11 【漣】4248 標 レン 先 lián　［漣］ 4690 4E7A

字義 ❶さざなみ。小波。❷波だつ。さざなみが起こる。❸涙のながれるさま。

解字 形声。氵（水）＋連㊥。音符の連は、つらなるの意味。水のつらなり、さざなみの意味を表す。

【漣漪】（レンイ）さざなみ。小波。漪も、小波。

【漣然】（レンゼン）涙の流れるさま。漣如。

(14)11 【滷】4249 △ ㊇ロ ㊈ル ㊤麌 lǔ　6303 5F23

字義 ❶塩からい水。また、にがり（苦汁）。❷しおち（塩地）。塩分を含んだ土地。＝鹵（ロ）。

解字 形声。氵（水）＋鹵㊥。音符の鹵（ロ）は、しおつちの意味。塩からい水の意味を表す。

(14)11【漏】4250 常 ロウ もる・もれる・もらす 漢ロウ・呉ル 宥 lòu 慣ロ

筆順 氵 沪 漏 漏

字義 ❶もる。もれる。㋐水・光などがすきまからもれ出る。「漏水」㋑ばれる。秘密が外に知れる。㋒手ぬかりがある。「遺漏」❷もらす。㋐水・光などをすきまから出す。㋑秘密を外部へ知らせる。❸物忘れのひどいこと。健忘。❹水時計。「玉漏」❺時刻。とき。❻仏ロ。煩悩をいう。難読 漏斗

解字 篆文 形声。氵(水)＋扇音。音符の扇は、また、尸＋雨の会意文字で、屋根に小さな穴があいて、雨水がもれるの意味。のち、水を付した。また転じて、水時計の意味をも表す。

4719 4F33

▼遺漏・屋漏・欠漏・鐘漏・疎漏・粗漏・脱漏

【漏洩】ロウエイ・ロウセツ ＝漏泄。「機密漏洩」→泄(3963)の参考。

【漏屋】ロウオク 雨のもる家。あばら家。陋屋。

【漏決】ロウケツ 水がもって堤がきれること。

【漏壺】ロウコ 水時計の水を入れるつぼ。転じて、水時計。

【漏鼓】ロウコ 時刻を報ずる太鼓。

【漏刻】ロウコク ①昔、時刻を計る器。水時計。底に穴のある壺に水を入れ、それに目盛りのある矢を立て、底から水の漏れ出た度を矢の目盛りによって知り、時刻を計る。②漏箭の目盛り。③転じて、わずかな時間。寸時。寸刻。

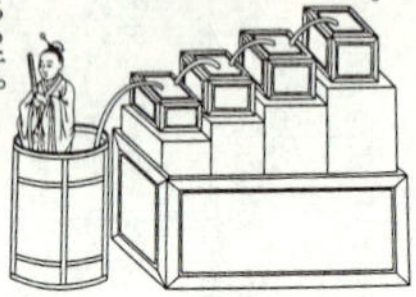
〔漏刻①〕

【漏水】ロウスイ ①もれ出る水。②水時計のしたたり落ちる水。

【漏声(聲)】ロウセイ 水時計の水の落ちる音。

【漏泄】ロウセツ ①もれる。もれ出る。②もらす。

【漏箭】ロウセン 水時計の時刻を示す矢。→漏刻の①。箭は、「矢」。

【漏天】ロウテン 水のもれ落ちる天の意で、長雨の時の空(天候)をいう。転じて、雨の非常に多い地方の名。

【漏斗】ロウト じょうご。液体を口の小さい器に入れる時などに用いる器。

【漏板】ロウハン・ロウバン 時刻を知らせるために打つ板木。

2587 3977

(14)11【漉】4251 標 ロク 屋 lù

字義 ❶さらう。水をさらえる。❷こす。水や酒をこす。❸したたる。❹つきる(尽)。つくす。国すく(抄)。紙をすく。

解字 篆文 別体 形声。氵(水)＋鹿音。音符の鹿は、別体の渌の字があることでもわかるように、彔に通じ、水をくみあげるの意味。井戸・池などをさらう、水をくみつくすの意味を表す。

【漉酒巾】ロクシュキン 酒をこす頭巾。晋の陶潜が酒を愛し、かもした酒を頭巾でこした故事。〔晋書、陶潜伝〕

(14)11【滰】4252 △ ワ 窪(5422)と同字→八〇九ページ。

(15)12【潰】4253 標 漢カイ(クワイ) 呉ガイ(グワイ) 隊 kuì

3657 4459

字義 ❶ついえる。㋐くずれる。「決潰」㋑つぶれる。㋒やぶれる(敗)。「潰走」❷ついやす。くずす。つぶす。❸怒った顔の形容。❹みだれる。❺とげる(遂)。やりぬく。

参考 現代表記では〔壊〕(1343)に書きかえることがある。「潰滅→壊滅」「潰乱→壊乱」「決潰→決壊」「全潰→全壊」「倒潰→倒壊」「崩潰→崩壊」

解字 篆文 形声。氵(水)＋貴(貴)音。音符の貴は、毀に通じ、つぶれるの意味。堤防がくずれて水がもれるの意味から、ついえるの意味を表す。

【潰決】カイケツ (堤防などが)くずれやぶれる。

【潰散】カイサン やぶれてちりぢりになる。ちりぢりになってにげる。

【潰走】カイソウ やぶれてにげ走る。

【潰滅】カイメツ やぶれほろびる。やぶれて全くなくなる。めちゃめちゃになって滅びる。

【潰瘍】カイヨウ ①くずれた腫物。おでき。②国病気の名。胃潰瘍など。

【潰乱(亂)】カイラン 戦いに敗れて軍隊が混乱すること。

(15)12【澗】4254 △ 漢カン 呉ケン 諫 jiàn

〔澗〕標準 【磵】同字

2034 3442

字義 たに(谷)。たにがわ(谷川)。

参考 〔澗〕は俗字であるが、印刷標準字体。

解字 篆文 形声。氵(水)＋閒音。音符の閒は、あいだの意味。山あいの水、たにの意味を表す。

【澗渓(溪)・澗谿】カンケイ 谷川。谷。渓流。

【澗戸】カンコ 谷川のほとりの家。

【澗水】カンスイ ①谷川。谷川の水。②川の名。河南省の白石山に発し、洛水に注ぐ。

【澗声(聲)】カンセイ 谷川の水音。澗響。澗籟。

【澗辺(邊)】カンペン 谷川のほとり。

【澗籟】カンライ 谷川の水音。せせらぎ。

(15)12【潝】4255 △ 漢キュウ(キフ) 呉コウ(コフ) 緝 xì

字義 速く流れる水の音。急流の音。

解字 篆文 形声。氵(水)＋翕音。

【潝潝】キュウキュウ 軽々しく和するさま。付和雷同するさま。

(15)12【澆】4256 △ キョウ(ケウ) 慣ギョウ(ゲウ) 蕭 jiāo

6304 5F24

字義 ❶そそぐ(注)。そそぎかける。❷ひたす(漬)。❸うすい。人情が薄い。また、薄くする。❹めぐる。うずまく。うずまき流れる。

解字 篆文 形声。氵(水)＋堯音。音符の堯は、高くなるの意味。水気が高くなる、そそぐ・ひたす、水気が多くてうすまるの意味を表す。

【澆灌】ギョウカン 田などに水をそそぐ。灌漑。澆漑。

【澆季】ギョウキ 人情が薄く風俗の乱れた世。道徳風俗の軽薄な時代。末世。澆世。澆末。「澆季混濁の世」

【澆薄】ギョウハク 人情の薄いこと。薄情で実のないこと。

(15)12【潔】4257 教5 ケツ いさぎよい 漢ケツ 呉ケチ 屑 jié

(15)12〔潔〕4258

2373 3769

筆順 氵 氵 泸 洯 潔 潔

字義 ❶いさぎよい。きよい。㋐けがれがない。きれい。「清潔」㋑行いが正しく、私心がない。未練がない。「高潔」❷いさぎよくする。心や行為をおさめて清く正しくする。

名乗 きよ・きよし・よし

解字 篆文 形声。氵(水)＋絜(絜)音。音符の絜は、けがれをとり除いて清めるの意味。水を付し、いさぎよい・きよいの意味を表す。

▼簡潔・高潔・純潔・清潔・貞潔・廉潔

【潔行】ケッコウ 清らかでけがれのない行い。潔白な行為。

【潔斎(齋)】ケッサイ ものいみ。神仏に祈願する前などに、飲食・行為などをつつしみ、不浄をさけて心身を清らかにすること。

【潔白】ケッパク ①清く白い。②清い。清らか。特に、心や行為の清く正しいこと。白も、清い。「清廉潔白」

【潔癖】ケッペキ 不潔・不正を極端にきらうこと。また、その性質。

【潔廉】ケツレン 私心・私欲がなく心や行為の清らかなこと。廉潔。

(15)12
【潏】4259　△　㊀㊂ケツ・㊉ケチ　屑 jué　㊁㊂イツ（ヰツ）・㊉イチ（ヰチ）　質

字義　㊀㊁❶わく。水がわき出る。また、その音の形容。❷水の速く流れるさま。

解字　篆文　形声。氵（水）＋矞㊌。

(15)12
【潢】4260　△　㊀㊂コウ（クヮウ）㊉オウ（ワウ）　陽 huáng　㊁㊂コウ（クヮウ）㊉オウ（ワウ）　養 huǎng　㊂㊂コウ（クヮウ）㊉オウ（ワウ）　漾 huàng

字義　㊀❶たまり水。水たまり。❷いけ。ため池。❸渡し場。㊁水の深く広いさま。㊂紙を染める。また、表装（表具）をする。装潢。

解字　甲骨文　篆文　形声。氵（水）＋黄㊌。音符の黄は、廣（広）に通じ、広いの意味。大きな水たまりの意味を表す。

【潢汚】（コウオ）たまり水。

【潢池】（コウチ）①池。水がたまってできた池。②転じて、せまい土地のたとえ。

【潢洋】（コウヨウ）①深く広いさま。②水の広々としているさま。潢漾（コウヨウ）。

【潢潦】（コウロウ）①水たまり。にわたずみ。②雨で増した水。

(15)12
【潸】4261　△　㊂サン　㊉セン　刪・潸 shān　6306 5F26
【潸】俗字

字義　❶涙の流れるさま。❷雨の降るさま。

解字　篆文　形声。氵（水）＋散省㊌。音符の散（散の本字）は、ばらばらになるの意味。はらはらと落ちる涙の意味を表す。

【潸潸】（サンサン・センセン）①雨の降るさま。②＝潸然。

【潸然】（サンゼン・センゼン）涙の流れおちるさま。さめざめ。潸焉（サンエン）。

(15)12
【澌】4262　△　シ　支・寘 sī

字義　❶水がつきる。❷つきる（つく）。なくなる。ほろびる。

解字　篆文　形声。氵（水）＋斯㊌。

【澌澌】（シシ）雨や雪の降る音、また、風の音の形容。

【澌尽（盡）】（シジン）水がつきてなくなる。つきてなくなる。滅びつきる。「澌尽灰滅（シジンカイメツ）」（跡形もなくなってしまう。滅びつきること」

(15)12
【澍】4263　△　㊂シュ　㊉ジュ　遇 shù

字義　❶時節にかなった雨。時雨（ジウ）。❷うるおう。また、ふえる。❸そそぐ（注）。

解字　篆文　形声。氵（水）＋尌㊌。音符の尌（ジュ）は、立てるの意味。万物を生き生きと立たせる、ほどよい雨の意味を表す。

(15)12
【澁】(4095)　ジュウ　渋（4094）の旧字体。→六四五ページ。　6307 5F27

(15)12
【潤】4264　常　ジュン　うるおう・うるおす・うるむ　㊂ジュン・㊉ニン　震 rùn　2965 3D61

筆順　氵 潤 潤 潤

字義　❶うるおう（うるほふ）。また、うるおす（うるほす）。㋐ぬれる。しめる。「湿潤」㋑ます（増）。ふえる。豊かになる。めぐみを受ける。㋒立派になる。かざりが加わる。つやがある。「潤色」㋓うるおうこと。㋑つや。光沢。㋒めぐみ。利益。「利潤」❷うるおい（うるほひ）。❸おだやか。温和。国うるむ。ほとびる。㋐しめりけを帯びる。㋑涙声になる。㋒色などがぼける。

名乗　さかえ・ひろし・まさる・ます・みつ。　難読　潤目鰯（うるめいわし）

解字　篆文　形声。氵（水）＋閏㊌。音符の閏（ジュン）は、うるおうの意味。水気を含んでうるおうの意味を表す。

▼温潤・湿潤・浸潤・芳潤・豊潤・利潤

【潤益】（ジュンエキ）①ます。ふやす。増加。②もうけ。利益。

【潤屋】（ジュンオク）家庭を立派にする。〔大学〕富潤ㇾ屋（とみはオクをうるおす）、徳潤ㇾ身（トクはみをうるおす）。

【潤滑】（ジュンカツ）うるおってなめらか。

【潤湿（濕）】（ジュンシツ）うるおう。うるおす。うるおい。

【潤色】（ジュンショク）①つやを出し色をつける。②美しくかざる。色つやを施して立派に仕上げる。〔論語、憲問〕東里子産潤ㇾ色之（トウリのシサンこれをジュンショクす）。③国表面だけをいつわりかざること。

【潤飾】（ジュンショク）①美しくかざる。美しく修飾する。②かざり。

【潤沢（澤）】（ジュンタク）①うるおす。うるおい。②めぐむ。なさけをかける。めぐみ。③つやがある。つや。④国ゆたか。物が多くあること。

【潤緻】（ジュンチ）うるおいがあってきめがこまかい。

【潤筆】（ジュンピツ）（筆を墨などでぬらす意）書画を書くこと。また、その書き賃。潤筆料。

(15)12
【潯】4265　△　㊂シン　㊉ジン　侵 xún　6309 5F29

字義　❶ふち（潭（タン））。岸辺の水の深い所。❷みぎわ。水際（みずぎわ）。ほとり。岸。❸九江市の別称。

解字　篆文　形声。氵（水）＋尋㊌。

【潯陽】（ジンヨウ）地名。もと唐代の郡及び県の名。今の江西省九江市。尋陽。

【潯陽江】（ジンヨウコウ）川の名。潯陽付近を流れている間の長江の別名。白居易が琵琶行（ビワコウ）の詩を作ったことで有名。〔唐、白居易、琵琶行〕潯陽江頭夜送ㇾ客（ジンヨウコウトウよるカクをおくる）。

(15)12
【瀉】4266　常　かた　㊂セキ　㊉シャク　陌 xì　1967 3363

筆順　氵 氵 瀉 瀉

字義　❶かた。ひがた。海が遠浅で、潮が満ちればかくれ、退けば現れる所。❷しおち（塩地）。にがつち（苦土）。塩分の多い土地。国かた。㋐砂丘などによって外海と分離せられてできた湖沼。多くは狭い水路によって海に通じている。㋑湖。沼。㋒入り江。入り海。湾。

解字　形声。氵（水）＋舄㊌。音符の舄（シャク）は、かささぎの象形。かささぎが飛来してくる、かたの意味を表す。

(15)12
【潜】4267　常　セン　ひそむ・もぐる　㊂セン　㊉ゼン　塩 qián　3288 4078
(15)12
【潛】4268　6310 5F2A
【潜】俗字　6311 5F2B

筆順　氵 氵 潜 潜 潜

字義　❶くぐる。もぐる。しずむ。「潜水艦」❷ひそむ。かくれる。「潜行」❸ひそめる（ひそむ）。㋐かくす。しのばせる。㋑心をこらす。心を深く集中する。「沈潜」❹ひそかに。こっそりと。人知れず。❺深い。また、水の深い所。淵（ふち）。❻ふしづけ。柴を水中に沈め、その中に集まった魚を捕らえるもの。

名乗　すみ・ひそむ　難読　潜戸（くけど）

解字　篆文　形声。氵（水）＋替（朁）㊌。音符の朁（セン）は、かくれるの意味。水中にかくれる、くぐるの意味を表す。

▼沈潜

【潜晦】（センカイ）晦は、暗い。①かくれて人目をくらますこと。②才知などをかくして世に知らせないこと。

【潜魚】（センギョ）水中にひそむ魚。

【潜行】（センコウ）①水中などをもぐって行くこと。②人目をさけてか

くれて行くこと。しのび歩き。〔唐、杜甫、哀江頭詩〕春日潜行曲江曲

【潜幸】天子のしのびの外出。

【潜△蛟】谷間や水中などにひそんでいるみずち。蛟は、みずち、竜の一種。〔宋、蘇軾、前赤壁賦〕舞二幽壑之潜蛟一 訳文⇩幽壑（三五六ページ）。

【潜在】ひそかにかくれていること。外に現れないで内にひそんでいること。「潜在意識」↔顕在。

【潜△竄】かくれのがれる。姿をくらます。

【潜志】志をひそめこらす。心志を集中する。

【潜思】心をひそめる。思いをこらす。心静かに、うちこんで考える。

【潜心】＝潜思。専心。→前項。

【潜匿】①ひそみかくれる。②ひそかにかくす。

【潜徳】①徳をかくす。自分の美徳をかくして現さないようにすること。②かくれた美徳。また、その持ち主。

【潜夫】世をさけてかくれている人。世捨て人。

【潜夫論】書名。十巻。後漢の王符が、自ら潜夫をもって任じ、当時の政治や社会事象を批評した書。

【潜伏】ひそみかくれる。

【潜躍】ひそみおどる。ひそみはねる。魚が水中ではねること。

【潜竜（龍）】①水中や谷間などにひそんでいて、まだ天にのぼらない竜。②転じて、世に出ないでかくれている聖人、まだ活動する機会を得ない英雄などをいう。伏竜。

【潜竜（龍）△勿レ用】まだ天にのぼる時が来ないでひそんでいる竜は活動してはならぬ。まだその時期や機会にあわず、不遇な地位にある時には、いかにすぐれた人でも、無理に活動しようとしてはならないたとえ。〔易経、乾〕

【潜△鱗】水中に深くひそんでいる魚。鱗は、うろこで、魚類をいう。

(15)12 【潺】4269 △ 漢セン 呉ゼン 咫 chán ― 6305 5F25

字義 ❶浅い水の流れるさま。また、その音の形容。さらさら。❷涙の流れるさま。

解字 文 篆 形声。氵（水）＋孱音。音符の孱は、水のさらさらと流れるさまを表す擬態語。

【潺△湲】①浅い水の流れるさま。その音の形容。さらさら。②涙の流れるさま。さめざめ。

【潺潺】①＝潺湲の①。②雨の降るさま。また、その音の形容。

【潺流】さらさら音をたてて流れる小川。せせらぎ。

(15)12 【潨】4270 △ 一漢ソウ・呉ゾウ 图 ③cóng 二シュウ（シウ） 東 zhōng

字義 一二 ❶あつまる。あつまりそそぐ。小川が大川に流れ入る。❷水の集まる所。川の合流する所。❸水の流れる音の形容。＝淙。❹きし（岸）。みぎわ。

解字 形声。氵（水）＋衆音。音符の衆は、多くのものが集まるの意味。水が集まり注ぐの意味を表す。

【潨△潺】水の流れる音の形容。

【潨然】水の流れる音の形容。

(15)12 【潭】4271 △ 漢タン 呉ダン 覃 tán ［潭］ ― 6312 5F2C

字義 ❶ふかい（深）。❷ふち（淵）。水が深くなっている所。「江潭」❸みぎわ。水辺。きし（岸）。

解字 金文 篆文 形声。氵（水）＋覃音。音符の覃は、深いの意味。深い水、ふちの意味を表す。

【潭影】深いふちの水色。

【潭思】深く思う。また、深い物思い。

【潭△湫】深い池。

【潭心】深いふちの底。潭底。

【潭深】①水が深いこと。②学問などの深いたとえ。

【潭潭】①水の深くたたえているさま。②奥深いさま。

【潭府】①水の深くたたえている所。深いふち。②奥深い役所や役人の邸宅。また、他人の邸宅の敬称。

(15)12 【潴】4272 △ チョ 潴（4332）と同字。→六七六ページ。 ― 6344 5F4C

(15)12 【澄】4273 常 チョウ すむ・すます 漢チョウ 呉ジョウ（ヂョウ） 蒸 chéng ― 3201 4021

筆順 氵 氵 氵 氵 澄

［澂］同字 6313 5F2D

字義 ❶すむ。清い。㋐水が静まりかえっていて、かつ、清い。↔濁。㋑透き通って清い。㋒空などに曇りがない。㋓音などがさえる。❷すませる。清らかにする。国すます。㋐まじめな顔をする。㋑気どる。㋒そしらぬ顔をする。

名乗 きよし・すみ・すめる・とおる

解字 文 篆 形声。氵（水）＋登音。篆文は、氵（水）＋徵省音。音符の徵は、止に通じ、とどまるの意味。静止する水、すむの意味を表す。

▼清澄

【澄△瑩】①すみわたって（透き通って）明らか。②気品の清くけだかいたとえ。

【澄高】①月が高くすみわたること。

【澄心】①心をすませる。心を静かにする。②静かにすんだ心。

【澄清】①すんで清らかなこと。②すまし清める。乱世を治め清める。

【澄△潭】すんだ水をたたえているふち。

【澄△澹】すんでいて静か。清く静か。清く淡い。

【澄△澈】すみわたり透き通る。清くすみわたる。

【澄△碧】水がすんで、こいみどり色をしていること。

【澄明】すみきって明るい。

(15)12 【潮】4274 教6 チョウ しお 漢チョウ（テウ） 呉ジョウ（ヂョウ） 蕭 cháo ― 3612 442C

(15)12 〔潮〕4275

筆順 氵 氵 氵 淖 潮

字義 ❶しお。うしお。㋐海水が一定の時間に満ちたり引いたりする現象。特に朝の干満をいい、夕方の干満を汐というのに対する。「満潮」㋑転じて、時勢の流れ。世の傾向。「風潮」「思潮」㋒海水。「潮流」❷さす。㋐潮がさす。海水がみなぎり進む。㋑色が現れ出る。色づく。❸うるおう。しめる。国❶しお。とき。しお時。機会。❷うしお。醤油を用いず、塩で味をつけた魚や貝の吸い物。

難読 潮騒・潮来

解字 金文 篆文 形声。氵（水）＋朝（朝）音。音符の朝は、日がのぼり、うしおのひたひた寄るあさの意味。水を付し、特に朝のうしおの意味を表す。

▼干潮・江潮・思潮・主潮・春潮・赤潮・風潮

【潮音】①うしおの音。波の音。②仏多くの僧の読経の声。

【潮海】海をいう。

【潮候】潮の満ちたり引いたりする時刻。しおどき。

【潮州】州の名。今の広東省潮安県。唐の韓愈が「論二仏骨一表」を奉って流された所。〔唐、韓愈、左遷至二藍関一示二姪孫湘一詩〕夕貶二潮州一路八千 訳文⇩一封（七ページ）。

【潮信】海水の干満。また、満潮。信は、たより。

【潮△汐】うしお。→字義の❶㋐。

【潮流】①うしおの流れ。海水の流れ。②時勢の流れ。その時代の傾向。

(15)12 【澂】4276 △ チョウ 澄（4273）と同字。→中段。 ― 6313 5F2D

(15)12 **【澈】** 4277 △ 漢テツ 呉デチ 屑 chè ―― 6314 5F2E

[字義] ❶きよい。水が澄んで清い。❷つきる。水がつきる。

[解字] 形声。氵(水)＋徹省音。音符の徹は、とおるの意味。水がすきとおって、きよいの意味を表す。

(15)12 **【潼】** 4278 △ 漢トウ 呉ドウ 東 tóng ―― 6314 5F2E

[字義] ❶川の名。潼水。陝西省潼関県の西を流れている。❷関所の名。潼関。後漢時代に設けられ、潼関県の東南にあって、洛陽方面から長安に行く道の要地。❸潼潼は、高いさま。

[解字] 篆文 形声。氵(水)＋童音。

(15)12 **【潑】** 4279 標 漢ハツ 呉ハチ 曷 pō [溌] ―― 4014 482E

【溌】俗字

[字義] ❶そそぐ(注)。水をまき散らす。❷水が飛び散る。水がはね散る。❸わく。水がわき出る。❹勢いのよいさま。動作の生き生きしているさま。「活潑(活発)」❺わるい。性質がよくない。

[参考] 現代表記では［発］(4951)に書きかえることがある。「活潑→活発」

[解字] 形声。氵(水)＋發音。音符の發は、ひらくの意味。水がひろがりひらくように、まき散らすの意味を表す。

【潑刺・潑剌】魚が飛びはねるさま。転じて、あふれるばかりに元気のよいさま。

(15)12 **【潘】** 4280 △ ハン 寒 pān、②pán ―― 6315 5F2F

[字義] ❶しろ水。米のとぎ汁。❷うずまき。うずまく水。

[解字] 篆文 形声。氵(水)＋番音。音符の番は、放射状に広がるの意味。とぐ時、水中に白くにごりながら広がっていく、米のとぎじるの意味を表す。

【潘岳】晋の文人。字は安仁。美男であった。主な作品に「悼亡詩」「秋興賦」がある。(二四七—三〇〇)

(15)12 **【澎】** 4281 △ 漢ホウ(ハウ) 呉ヒョウ(ヒャウ) 庚 pēng ―― 6316 5F30

[字義] ❶水の勢いのさかんなさま。❷水のぶつかりあう音の形容。

[解字] 形声。氵(水)＋彭音。音符の彭は、太鼓の音を表す擬声語。水のうち合うさまを表す。

【澎湃】澎濞。①水勢のさかんなさま。水のみなぎるさま。②水や波のうちあう音の形容。③物事の多くてさかんなさま。

(15)12 **【漭】** 4282 △ 漢ボウ(バウ) 呉モウ(マウ) 養 漾 mǎng

[字義] ❶ひろい。はるか。水面や野原の平らで広大なさま。「漭漭」❷うす暗い。明らかでない。

[解字] 形声。氵(水)＋莽音。音符の莽は、草深く、草のほかになにもないの意味。野原や水面だけでほかになにもない、ひろいの意味を表す。

(15)12 **【澑】** 4283 △ リュウ 溜(4215)の本字。→六六五ページ。 ―― 6317 5F31

(15)12 **【潦】** 4284 △ ロウ(ラウ) 晧 lǎo ―― 6319 5F33

[字義] ❶雨水。大雨であふれ流れる水。❷庭などのたまり水。にわたずみ。❸ながあめ。降り続く大雨。

[解字] 篆文 形声。氵(水)＋尞音。

【潦水】①たまり水。にわたずみ。②大水。

【潦草】なげやりでそそっかしいこと。不注意。

【潦倒】①おだやかで奥ゆかしいこと。②老衰のさま。やつれて元気のないさま。また、落ちぶれたさま。

(15)12 **【澇】** 4285 国字

[字義] おき(沖)。＝澳。

[解字] 澳が変化した形。澳の国訓に、おきの読みがある。

(16)13 **【澳】** 4286 △ 一イク 屋 yù 二オウ(アウ) 号 ào ―― 6320 5F34

[字義] 一❶くま。水が陸に湾入している所。また、その岸べ。みぎわ。二❶ふかい(深)。❷オーストラリアの略称。国おき(沖)。㋐陸地から遠い水面。㋑田畑・野原の遠く開けた所。

[解字] 篆文 形声。氵(水)＋奥音。音符の奥は、おくの意味。おくまで入りこんだ所、くまの意味を表す。

【澳洲】オーストラリアの略称。六大州の一つ。濠(豪)州。また、大洋州。オセアニア。

【澳太利亜(亞)】Australia の音訳。南半球にある世界最小の大陸の名。六大州の一つ。また、国の名。オーストラリア連邦。首都はキャンベラ。

【澳門】地名。広東省の珠江河口の西側にある。清の光緒年間にポルトガル領となったが、一九九九年に返還された。古くは阿媽神の廟があったので阿媽港または媽港と呼んだ。Macao は、それから出たポルトガル名。日本では、昔、天川といった。

(16)13 **【澮】** 4287 △ 漢カイ(クワイ) 呉ケ 泰 kuài

[字義] ❶みぞ。小さいみぞ。耕作地の用水を通ずるみぞ。❷小さい流れ。小川。❸深く平らなさま。

[解字] 篆文 形声。氵(水)＋會音。音符の會は、あつまるの意味。小さな溝に水が集まるの意味を表す。

【澮溝】①みぞ。耕地の用水路。溝澮。②川。小川。

(16)13 **【澥】** 4288 △ カン 浣(4025)と同字。→六三六ページ。 ―― 6321 5F35

(16)13 **【激】** 4289 教6 ゲキ はげしい 漢ケキ・呉キャク 慣ゲキ 錫 jī ―― 2367 3763

[筆順] 氵 泊 湯 滂 激

[字義] ❶はげしい。㋐勢いがするどく強い。「衝激」㋑きびしい。はなはだしい。「過激」㋒速い。すみやか。「急激」❷感情が高ぶる。心が奮い立つ。気がたつ。「感激」「憤激」❸はげます。「激励」❹水をさえぎる。水をさえぎり水の勢いをはげしくする。また、水がつきあたる。勢いはげしく流れる。また、その所。せき。❺きよい(清)。明らか。

[参考] 現代表記では［戟］(2504)の書きかえに用いることがある。「刺戟→刺激」

[使いわけ] ゲキ［劇・激］⇩劇(639)。

[解字] 篆文 形声。氵(水)＋敫音。音符の敫は、うつ・たたくの意味。水が岩などにうちあたって、はげしいの意味を表す。

▼過激・感激・急激・刺激・電激・噴激・憤激・奮激

【激越】①楽音などの高くはげしいこと。②感情が高ぶったために、声や行動のはげしいこと。

【激卬・激昂】①心がはげしく奮いたつこと。②感情が高ぶること。③怒ること。④はげまし奮い立たせること。

【激賞】口をきわめて大いにほめること。

【激情】(一時的に高ぶった)はげしい感情。

【激甚】非常にはげしいこと。激烈。

【激切】①非常にはげしい。非常にきびしい。②感動・恐れなどのため、心を強く動かすこと。③はげます。はげみみがく。④音の高く清らかなこと。

【激湍】流れの非常に速い瀬。はげしい早瀬。

【激怒】はげしくいかる。また、はげしい怒り。

【激発(發)】①ふるいおこる。奮発する。また、奮い立たせ

る。②はげしく興る。③急に思いがけない言動をすること。

【激変(變)】ゲキヘン 急にかわる。はげしくかわる。

【激揚】ゲキヨウ ①はげしく興る。高くあがる。②はげまし奮い立たせる。③感動して奮い立つ。

【激励(勵)】ゲキレイ はげます。奮い立たせる。

【激烈】ゲキレツ きわめてはげしいこと。

【激論】ゲキロン ①きびしく言いたてる。②はげしい議論。

(16)13【澨】4290 △ 漢セイ 呉ゼイ 霽 shì

字義 ❶ついじ。つきじ。築地。水辺の埋め立て地。❷みぎわ。水際みぎわ。なぎさ。岸。

解字 篆文 形声。氵(水)+筮音。

(16)13【澡】4291 △ ソウ(サウ) 晧 zǎo 6322 5F36

字義 ❶あらう(洗)。すすぐ。清める。❷おさめる。よくする。

解字 篆文 形声。氵(水)+喿音。音符の喿ソウは、操に通じ、あつかいこなすの意味。水をたくみに使いこなす、あらうの意味を表す。

【澡▲熨】ソウイ 洗濯して火のしをかける。転じて、改善改良するたとえ。

【澡雪】ソウセツ あらいすすぐ。あらい清める。

【澡洗】ソウセン あらいすすぐ。

(16)13【澤】(3929) タク 沢(3928)の旧字体。→六三〇ページ。 6323 5F37

(16)13【濁】4292 常 ダク にごる・にごす 漢タク・呉ダク 覚 zhuó 慣ジョク(ヂョク) 3489 4279

筆順 氵 罒 渇 濁 濁

【浊】俗字

字義 ❶にごる。にごす。にごり。↔澄・清。❷けがす。けがれる。けがれ。「濁世」❸みだれる。みだす。みだれ。国にごり。なまり。また、濁点。

難読 濁酒どぶろく・濁声だみごえ

解字 篆文 形声。氵(水)+蜀音。音符の蜀ショクは、不快ないも虫の意味。不快な水、にごりの意味を表す。

▼汚濁・混濁・清濁

【濁▲穢】ダクアイ・ダクワイ ①にごり。けがれ。②浮世のけがれ。この世のけがらわしさ。

【濁酒】ダクシュ =濁醪ダクロウ。↔清酒。〔唐、杜甫、登高詩〕潦倒新停濁酒杯ロウトウあらたにとどむダクシュのハイ〈老衰し、落ちぶれて気力のなくなったわたしは、好きなにごり酒も、近ごろやめてしまったばかりなのだ〉

【濁世】ダクセイ ①にごった世。道徳がすたれ風俗の悪くなった世。②仏ジョクセ 人間の住む世界。この世。

【濁乱(亂)】ダクラン にごり乱れる。にごし乱す。

【濁流】ダクリュウ ↔清流。①にごった水流。②不正を働く一味。潔白でない人のなかま。悪党。

【濁浪】ダクロウ にごっている波。

【濁▲醪】ダクロウ にごり酒。どぶろく。こさない酒。

(16)13【澹】4293 △ 漢タン 呉ダン 感勘覃 dàn 6324 5F38

字義 ❶水がゆっくりゆれ動くさま。❷うごく。うごかす。❸しずか。やすらか。❹さだまる。おちつく。❺あわい。うすい。あっさりしている。=淡。

解字 篆文 形声。氵(水)+詹音。音符の詹タンは、淡に通じ、あわいの意味を表す。

【澹然】タンゼン 静かで安らかなさま。

【澹台(臺)滅明】タンダイメツメイ 孔子の門人。澹台が姓、滅明が名。字あざなは子羽。徳行にすぐれた。同門の子游シユウの部下であったことがある。〔論語、雍也〕

【澹淡】タンタン ①水のゆれ動くさま。波紋の広がり行くさま。②水・波・風にただようさま。

【澹澹】タンタン ①あっさりしたさま。淡淡。②水のゆれ動くさま。③心の動かないさま。④静かであわいさま。

【澹▲蕩】タントウ ゆったりとしてのどかなこと。

【澹泊】タンパク 淡泊。泊は、静か・安らか。①心が静かで安らかであること。②静かに落ち着いていて心を外に表さぬこと。③あっさりとして無欲なこと。

(16)13【澱】4294 標 漢テン 呉デン 霰 diàn 3735 4543

字義 ❶おり(滓シ)。かす。どろ(泥)。❷よどむ。㋐水流がとどこおりたまる。㋑泥などが水底に沈んでたまる。「沈殿」㋒物事がとどこおる。すらすら進まぬ。❸よど。よどみ。水のよどんでいる所。淵エンに対して、底が浅く水のよどんでいる所。=淀テン。

参考 現代表記では[殿](3842)に書きかえることがある。「沈澱→沈殿」

解字 篆文 形声。氵(水)+殿音。音符の殿は、しりの意味。しりのように重く水中におちつくもの、おりの意味を表す。

【澱江】デンコウ 国大阪の淀川よどがわをいう。澱は、淀デンに同じ。

(16)13【濃】4295 常 ノウ こい 漢ジョウ(ヂョウ) 呉ニュウ 冬 nóng 慣ノウ 3927 473B

筆順 氵 氵 沪 濃 濃

字義 こい。こまやか。↔淡。㋐密度が大きい。こってりしていること。㋑厚い。深い。色・味・においなどの度合が強い。㋒はなはだしい。さかん。しげる。㋓情がこまやか。なまめかしい。

名乗 あつ・あつし

解字 篆文 形声。氵(水)+農音。音符の農は、ねっとりするの意味。水を付し、液体がねばって「こい」の意味を表す。

【濃▲艶・濃▲豔】ノウエン・ジョウエン あでやかで美しい。なまめかしい。〔和漢朗詠集、菅原文時、花〕誰謂水無レ心たれかいふみづにこころなしと、濃艶臨兮波変レ色ノウエンのぞめばなみいろをへんず〈だれが水には心がないといったのか、美しい花が水面をのぞきこむと水も色をかえてたたえるではないか〉

【濃厚】ノウコウ ①こい。あつい。②ゆたか。多い。③こってりしている。しつこい。

【濃粧】ノウショウ こってりとした化粧。厚化粧。

【濃濃】ジョウジョウ・ノウノウ ①こまやかなさま。②露の多いさま。

【濃淡】ノウタン こいことと、うすいこと。

【濃抹】ノウマツ こってりとぬる。厚化粧。〔宋、蘇軾、飲二湖上一初晴後雨詩〕淡粧濃抹総相宜タンショウノウマツすべてあいよろし

(16)13【濆】4296 △ 一漢フン・呉ブン 文 fén 二漢フン・呉ブン 吻 fěn [濆] 6325 5F39

字義 一みぎわ。水際みぎわ。なぎさ。岸。二❶わく(涌ヨウ)。わきあがる。わきでる。「濆水」❷みだれる。乱れ動く。

解字 篆文 形声。氵(水)+賁音。音符の賁フンは、さかんにふき出す(噴・墳)の意味。水が盛んにわきだす意味を表す。

(16)13【澠】4297 △ 一漢ショウ・呉ジョウ 蒸 shéng 二漢ベン・呉メン 銑 miǎn

字義 一川の名。澠水。古代、斉(今の山東省内)にあった。二❶澠河ベンカは、河南省にある川の名。❷澠池ベンチ・メンチは、戦国時代の韓カンの地名。今の河南省澠池県。藺相如リンショウジョが趙チョウの恵文王を助けて秦シンの昭王と会見し大いに国威をあげた所。

(16)13【澦】4298 △ ヨ 御 yù

解字 形声。氵(水)+黽音。

字義 灩澦堆は、長江の瞿塘峡の入口の水中にある大きな岩の名。→灩澦堆（六七八ﾍﾟｰ）。
解字 形声。氵（水）＋預（音）。

(16)13
【灃】4299 △ 漢レイ 呉ライ 薺 lǐ　6326 5F3A（※番号は次項参照）

字義 ❶川の名。灃水。湖南省にあり、洞庭湖に注ぐ。灃水。❷あまざけ。＝醴。❸灃灃は、波の音。
解字 篆文 形声。氵（水）＋豊（音）。

(16)13
【澪】4300 人 漢レイ 呉リョウ（リャウ） 青 líng　6326 5F3A

筆順
字義 川の名。所在は不明。国みお。水脈・水緒の意。川や海の、水が深くて舟が通行するに適した道筋。水路。
解字 形声。氵（水）＋零（音）。
【澪標】国通行する舟に水路を知らせるために立てた杭。「みおつくし」は、「みをの串」の意。

(16)13
【濂】4301 △ レン 塩 lián　6318 5F32

字義 ❶大きな川から絶えだえに流れ出た小川。❷うすい（薄）。
解字 形声。氵（水）＋廉（音）。
【濂渓（溪）】①谷川の名。㋐湖南省道県（零陵の南方）の西を流れて瀟水に注ぐ。㋑江西省の廬山の蓮花峰のふもとを流れ長江に注ぐ。宋の周敦頤が蓮花峰下に住み、故郷湖南省道県の濂渓を取って命名した。②周敦頤の号。
【濂△洛関（關）△閩】北宋の大儒周敦頤（濂渓に住む）、程顥・程頤兄弟（洛陽の人）、張載（関中、今の陝西省の人）、及び南宋の大儒朱熹（閩中、今の福建省にいた）をいい、また、宋の五子という。宋学の中心人物で、この五人を中心とする学問を「濂洛関閩の学」という。

(16)13
【濊】4302 △ 一 漢ワイ・呉エ（ヱ） 泰 wèi　二 漢カツ（クワツ） 呉カチ（クワチ） 曷 huò

字義 一❶水の深く広いさま。❷おおい。❸けがれ。けがれる。＝穢。二❶流れをせきとめる。❷濊濊は、網をうちこむ音。
解字 篆文 形声。氵（水）＋歳（音）。音符の歳は、越に通じ、度をこすの意味。度を越して水が多いの意味を表す。

(17)14
【濩】4303 △ 一 漢カク（クヮク）・呉ワク 薬 huò　二 漢コ・呉ゴ 遇 hù

字義 一❶雨だれのしたたるさま。❷物音などの形容。❸にる（煮）。＝鑊。二❶しく（布）。広める。❷大濩は、殷の湯王の定めた音楽の名。
解字 甲骨文 篆文 形声。氵（水）＋蒦（音）。
【濩落】①うつろな（がらんとして何もない）さま。②世に用いられず、貧しくて、訪問する人もないさま。落ちぶれたさま。不遇なさま。③うつろな物が風に吹かれ、物にぶつかって鳴る音の形容。

(17)14
【濶】4304 △ カツ　7973 6F69
闊（8336）の俗字。→一二五四ﾍﾟｰ。（3994）に書きかえることがある。参考 現代表記では、〔活〕「快濶→快活」

(17)14
【濠】4305 標 漢コウ（カウ） 呉ゴウ（ガウ） 豪 háo　2574 396A

字義 ❶川の名。安徽省鳳陽県の東北を流れ、淮水に注ぐ。❷ほり。城のまわりにめぐらしたほり。＝壕。

国濠太剌利の略。（いま豪とも書く）

解字 形声。氵（水）＋豪（音）。

【濠△洲】国オーストラリアの略称。豪州。

【濠太△剌利】国Australia の音訳。大陸の名。また、国の名。オーストラリア連邦。濠斯太剌利亜。中国語訳は、澳太利亜。

【濠△梁】濠水（→字義の①）にかけた橋。荘子が恵子とともにこのほとりに遊び、魚の楽しみを知ることができるか否かについて議論したという。「濠上の楽しみ」〔荘子、秋水〕

(17)14
【濟】(4091) サイ　済（4090）の旧字体。→六四四ﾍﾟｰ。　6327 5F3B

(17)14
【濕】(4148) シツ　湿（4147）の旧字体。→六五三ﾍﾟｰ。　6328 5F3C

(17)14
【濡】4306 標 漢ジュ 呉ニュ 虞 遇 rú　3908 4728

字義 ❶うるおう。うるおす。㋐ぬれる。しっとりとぬれる。㋑めぐみを受ける。❷うるおす。㋐ぬらす。㋑めぐむ。恩恵を施す。❸おだやか。やすらか。温和。❹ゆばり。小便。❺とどこおる。ぐずぐずする。
解字 篆文 形声。氵（水）＋需（音）。音符の需は、しなやか・やわらかの意味。水を含んでしなやかになる、つややかになる・ぬれるの意味を表す。
【濡染】①うるおいそまる。②うるおしそめる。字を書く。
【濡滞（滯）】とどこおる。ぐずぐずしている。

(17)14
【澀】4307 △ ジュウ　渋（4094）（澁）の正字。→六四五ﾍﾟｰ。　6308 5F28

(17)14
【濬】4308 △ シュン 震 jùn　6329 5F3D

字義 ❶さらう（浚）。さらえる。泥などを取り除いて水底を深くする。❷ふかい（深）。奥深い。
解字 篆文 形声。氵（水）＋睿（音）。音符の睿は、から谷の意味。水底をさらって深くするの意味を表す。
【濬哲】深い知恵のあること。また、その人。

17(14)
【瀞】4309 △ セイ　瀞（4330）の俗字。→六七六ﾍﾟｰ。　3852 4654

(17)14
【濯】4310 常 タク
(17)14
〔濯〕4311 漢タク 呉ダク 覚 zhuó　3485 4275

筆順
字義 ❶あらう（洗）。すすぐ。そそぐ。洗い清める。潔白にする。「洗濯」❷大きい。❸うるわしい。❹あきらか。著明。
解字 金文 篆文 形声。氵（水）＋翟（翟）（音）。音符の翟は、おどりあがるの意味。水中から衣類をあげるようにして、あらうの意味を表す。
【濯△纓濯足】水が清ければ冠のひもを洗い、水がにごれば足を洗う。時勢に応じて進退するたとえ。また、世俗を超越するたとえ。〔孟子、離婁上〕
【濯△盥】あらう。手足を洗う。
【濯△錦江】川の名。長江の上流、四川省成都市を流れる浣花渓の別名。
【濯濯】①光り輝くさま。②姿のみやびやかで美しいさま。なまめかしく美しいさま。③水で洗ったように、清らかであざやかなさま。④つやつやしているさま。⑤肥え太っているさま。⑥草木のないさま。はげ山・はげ地のさま。⑦楽しみ遊ぶさま。

(17)14
【濔】4312 △ 一 漢デイ・呉ナイ 薺 nǐ　二 漢ビ・呉ミ 紙 mǐ　6330 5F3E

字義 一❶みちる（満）。水がみちる。❷ものの形容。→濔濔。二❶濔池・濔迤は、平らに遠く続くさま。❷水の流れるさま。
解字 篆文 形声。氵（水）＋爾（音）。
【濔△池・濔△迤】平らに遠くつらなるさま。
【濔濔】①数の多いさま。一説に、柔らかなさま。②流れが

どこまでも続くさま。

(17)14【濤】4313 標 漢トウ(タウ) 呉ドウ(ダウ) 豪 tāo 6225 5E39
【涛】俗字 3783 4573
字義 ❶なみ。大波。❷うしお。＝潮。❸なみだつ。
解字 甲骨文 篆 文 形声。氵(水)＋壽㊥。音符の壽は、長く連なるの意味。つらなる波の意味を表す。
【濤△瀾】トウラン 波。大波。瀾も、大波。濤波。

(17)14【濘】4314 △ 漢ネイ 呉ニョウ(ニャウ) 径 nìng 6331 5F3F
字義 ❶ぬかる。❷ぬかるみ。どろ(泥)。❸小川。
解字 甲骨文 篆 文 形声。氵(水)＋寧㊥。音符の寧は、やすらかの意味。おだやかな小さな流れの意味を表す。また、泥に通じ、どろの意味を表す。

(17)14【濱】(4052) ヒン 浜(4051)の旧字体。→六三八ページ。 6332 5F40

(17)14【濮】4315 △ ホク 屋 pú 慣ボク 6333 5F41
字義 川の名。濮水(ボクスイ)。もと、黄河の分流で、河南省北部から山東省東部を流れていたが、黄河の河道が変わり、なくなった。
解字 篆 文 形声。氵(水)＋僕㊥。
【濮上△之音】ボクジョウのオン みだらで国をほろぼす音楽。春秋時代、衛の霊公(孔子のころの君主)が晋(シン)に行く途中、濮水のほとりで聞いた音楽。それを楽官の師曠(シコウ)が、これは殷(イン)が滅亡を招くに至った音楽であるから演奏してはならないと言ったという故事。〔礼記、楽記〕
【濮上△之風】ボクジョウのフウ 勇武任侠(ニンキョウ)の風習。昔の勇者夏育や孔子の門人子路が濮上に住んでいたために、その住民に勇武任侠の風習が生じたという伝説から出た語。濮上は、濮水のほとり。〔漢書、地理志〕

(17)14【濛】4316 △ 漢ボウ 呉モウ 東 méng 6334 5F42
字義 ❶きりさめ。霧雨。こぬか雨。また、きりさめのさま。❷うす暗い。はっきり見えない。おぼろ。
解字 篆 文 形声。氵(水)＋蒙㊥。音符の蒙(モウ)は、おおうの意味。天をおおうようにして降る雨、きりさめ・くらいの意味を表す。
【濛雨】モウウ きりさめ。霧雨。ぬか雨。細雨。
【濛気(氣)】モウキ たちこめているもや。
【濛△昧】モウマイ ぼうっとして薄暗いさま。昧も、暗。
【濛濛】モウモウ ①(霧や小雨で)煙(けむ)るようにぼうっとしているさま。もやや霧の深くたちこめているさま。②心がぼうっとしているさま。

(18)15【瀉】4317 △ 一シャ 馬 二シャ 禡 xiè 6335 5F43
字義 一❶そそぐ(注)。㋐上からそそぎかける。また、降りそそぐ。㋑流す。流し込む。流し出す。また、流れる。流れ出る。❷のぞく。水を取り去る。二❶はく(吐)。もどす。一度食べた食物をはく。❷くだる。くだす。もれる。下痢する。❸塩分を含んだ土。不毛の地。しおつち。
解字 形声。氵(水)＋寫㊥。音符の寫(シャ)は、席に通じ、しきつめるの意味。水を一面にしきつめる、そそぐ・はく・くだすの意味を表す。
【瀉下】シャカ ①そそぎくだる。②下痢する。
【瀉出】シャシュツ そそぎでる。また、そそぎだす。
【瀉土】シャド 塩分を含んだ土。しお土。
【瀉△鹵】シャロ ＝瀉土。

(18)15【瀋】4318 △ シン 寝 shěn 6336 5F44
字義 ❶しる(汁)。液汁。❷川の名。遼寧(リョウネイ)省瀋陽市の南を流れて渾河(コンガ)に入る。
解字 篆 文 形声。氵(水)＋審㊥。音符の審は、探に通じ、さぐるの意味。果物に含まれる液をさぐりしぼった、しるの意味を表す。
【瀋陽】シンヨウ 地名。中国東北地区の遼寧(リョウネイ)省の省都。沈阳(中国の簡体字による表記)。清(シン)王朝初期は首都で盛京といい、北京遷都後は、奉天といった。

(18)15【濺】4319 △ 一サン 翰 jiàn 二セン 霰 jiàn 三セン 先 jiān 6337 5F45
字義 一そそぐ(注)。水をそそぎかける。また、降りそそぐ。二水が激する。飛び散る。三水のはやく流れるさま。
解字 形声。氵(水)＋賤㊥。音符の賤(セン)は、うすいの意味。水が薄い布のようになってそそぐの意味を表す。
【濺濺】センセン ①水のはやく流れるさま。また、水のたぎり流れる音の形容。②涙の流れるさま。
【濺△沫】センマツ 飛び散るしぶき。水しぶき。

(18)15【瀆】4320 標 一漢トク・呉ドク 屋 dú 二漢トウ・呉ズ(ヅ) 宥 dòu ［涜］ 3834 4642
【涜】俗字
字義 一❶みぞ(溝)。㋐耕作地や村の中の、水を通ずるみぞ。㋑小さいみぞ。どぶ。❷大きな川。江(長江)・河(黄河)・淮(ワイ)(淮水)・済(セイ)(済水)を四瀆という。❸にごす(濁)。にごる。❹けがす(汚)。けがれる(けがる)。「冒瀆」❺みだす。乱れる。❻あなどる。二あな。くぐり穴。
解字 篆 文 形声。氵(水)＋賣㊥。音符の賣(トク)は、蜀(ショク)に通じ、不快の意味。不快な水、どぶ・けがすの意味を表す。
【瀆告】トッコク・トクコク ①くどくどと言う。②けがしつける。お耳をけがして申し上げる。貴人にものを言うことの謙称。
【瀆職】トクショク 官公吏が執務上の不都合な行為をして職務をけがすこと。汚職。

(18)15【瀑】4321 標 一漢ホク・呉ボク 屋 pù 二漢ホウ・呉ボウ 号 bào 慣バク 6338 5F46
字義 一たき(滝)。瀑布。高所から直下する流水。二❶にわか雨。❷しぶき(沫)。水しぶき。❸はやい。風がはげしい。
解字 篆 文 形声。氵(水)＋暴㊥。音符の暴は、にわかの意味。水を付し、にわか雨・たきの意味を表す。
【瀑泉】バクセン たき。
【瀑布】バクフ たき。高所から直下する白布のような水流の意。

(18)15【瀁】4322 △ ヨウ(ヤウ) 漾 養 yàng 6339 5F47
字義 ❶水のはてしなく広いさま。❷水のあふれはびこるさま。
解字 形声。氵(水)＋養㊥。

(18)15【濫】4323 常 ラン 一ラン 勘 làn 二漢カン・呉ゲン 豏 三漢カン・呉ガン 勘 4584 4D74
筆順 氵 氵 泹 濫 濫
字義 一❶あふれる(あふる)。はびこる。広がる。「氾濫(ハンラン)」❷みだれる(みだる)。㋐道理にそむく。あやまちをおかす。㋑度が過ぎる。「濫伐」「濫立」❸みだりに。むやみに。やたらに。❹ひたる(漬)。つかる。❺網をしかける。網をしかけて魚をとる。二わき出る。わく。また、泉。三❶たらい。❷湯あみする。沐浴(モクヨク)。❸氷を入れる容器。
参考 「濫用・濫伐」などの語を「乱用・乱伐」と書くのは、当て字。
解字 篆 文 形声。氵(水)＋監㊥。音符の監は、のぞきこむの意味。のぞきこんではじめて見える、地中からふ

きだす泉の意味から、あふれる・みだれる・みだりになどの意味を表す。

【濫獲】ランカク むやみに鳥獣や魚類を捕らえること。

【濫挙(擧)】ランキョ 賢愚の区別なしに、むやみに人を挙げ用いる。

【濫巾】ランキン 隠者でないのに隠者の服装をすること。隠者をよそおった生活をすること。にせの隠者。いつわりの世捨て人。巾は、隠者の頭巾。

【濫觴】ランショウ 大河もその源は觴(さかずき)にあふれる程度の小流であるということばから、物事の初めをいう。一説に、さかずきをうかべる意という。〔荀子、子道〕其源可二以濫一レ觴(そのみなもともってショウをうかぶべし)。

【濫吹】ランスイ 才能がなくてその位にいること。斉の宣王が竽(ウ)(笛の一種)を好んだので、南郭処士がその才能もないのに、数百人の楽人とともに楽人として養われたが、宣王の死後、一人ずつ竽を吹けといわれてにげ去った故事。濫竽。〔韓非子、内儲説上〕

【濫読(讀)】ランドク むやみやたらに本を読むこと。選択もせず、目的も立てず、手当り次第に読むこと。

【濫伐】ランバツ 国むやみに木を切ること。

【濫費】ランピ むやみに金銭などを使う。むだづかい。

【濫用】ランヨウ むやみに用いること。「職権濫用」

(18)15【瀏】4324 △ 漢リュウ(リウ) 呉ル 尤 有 liú 6340 5F48

字義 ❶きよい。きよらか。澄んでいる。すっきりしている。❷ふかい。水が深い。❸すずしい。❹風の速く吹くさま。また、その音の形容。

解字 文 篆 形声。氵(水)+劉(音)。音符の劉リュウは、流に通じ、ながれるの意味。よく流れてきよいの意味を表す。

【瀏覧(覽)】リュウラン 書籍・文書などにひと通り目を通すこと。他人に見てもらう場合にいう語。劉覧リュウラン。

【瀏瀏】リュウリュウ ①清らかなさま。清く明らかなさま。②風の速く吹くさま。また、その音の形容。③行動のすばやいさま。

【瀏亮・瀏喨】リュウリョウ 音声が清らかなさま、清く明らかなさま。澄みきって遠くまで聞こえるさま。

(18)15【濾】4325 標 漢リョ 呉ロ 御 lǜ 6341 5F49

[沪]簡 易

字義 こす。布などの細かい目をくぐらせて液体の中のまざり物を除き去る。

解字 形声。氵(水)+慮(音)。音符の慮は、クルッとめぐらすの意味。液体を布の中でめぐらせて、こすの意味を表す。

【濾過】ロカ こすこと。→字義。

(18)15【瀷】4326 国字 △

字義 ボク。川の名。隅田(すみだ)川。旧表記では、墨田川。荒川の分流。東京都墨田区の西辺を流れ、東京湾に注ぐ。

参考 永井荷風の小説に、『瀷東綺譚(ボクトウキダン)』がある。瀷東は、隅田川下流の東岸、墨田区一帯を指す。

解字 形声。氵(水)+墨(音)。隅田川(墨田川)の意味の「墨水」を一字にしたもの。

(19)16【瀛】4327 △ 漢エイ 呉ヨウ(ヤウ) 庚 yíng 6342 5F4A

字義 ❶うみ。大海。❷池。沼。湖沼。沼沢。

解字 文 篆 形声。氵(水)+嬴(音)。音符の嬴エイは、みちる・あまるの意味。ありあまる水、うみの意味を表す。

【瀛海】エイカイ 海。大海。大洋。

【瀛洲】エイシュウ 中国の東方の海にあり、神仙が住んでいると考えられた三神山の一つ。〔列子、湯問〕

【瀛表】エイヒョウ 海のむこう。海外。

(19)16【瀅】4328 △ 一漢エイ・呉ヨウ(ヤウ) 庚 yíng 二漢エイ・呉ヨウ(ヤウ) 迥 6343 5F4B

字義 一めぐる。水がめぐり流れるさま。二大水。洪水コウズイ。

解字 形声。氵(水)+縈(音)。音符の縈エイは、めぐるの意味。水がめぐり流れるの意味を表す。

(19)16【瀚】4329 △ 漢カン 呉ガン 翰 hàn

字義 ❶ひろい。広大なさま。「浩瀚」❷あらう(洗)。

解字 形声。氵(水)+翰(音)。

【瀚海】カンカイ ①ゴビの砂漠をいう。一説に、バイカル湖をいう。②唐代の都護府の名。ゴビの沙漠以北の地を管轄した。初め燕然エンゼンといった。

(19)16【瀞】4330 標 漢セイ 呉ジョウ(ジャウ) 敬 jìng [瀞] 3852 4654

[瀞]俗字

字義 きよい(清)。=浄。国とろ。どろ。川の流れが深くよどみ、波の静かなこと。また、その所。

解字 金文 篆文 形声。氵(水)+静(音)。音符の静は、きよらかの意味。けがれがなくて、きよらかの意味を表す。

(19)16【潛】4331 △ セン →六七〇ページ。 潜(4267)(潛)の俗字。 6311 5F2B

(19)16【瀦】4332 標 チョ 魚 zhū [瀦] 3585 4375

[潴]同字 6344 5F4C

解字 文 篆 形声。氵(水)+豬(音)。

字義 ❶みずたまり。沼。溜池(ためいけ)。❷たまる。水がたまる。

(19)16【瀕】4333 標 ヒン 真 bīn [瀕] 4146 494E

字義 ❶みぎわ。なぎさ。水辺。岸。=浜(濱)ヒン。❷そう(沿)。土地が川や海などに沿っていること。❸せまる。さし迫る。近づく。「瀕死」

解字 金文 篆文 会意。渉+頁。渉は、水を渡るの意味。頁は、かおの意味。川を渡るときの波のように顔にしわをよせる・しわのように波の寄る、みぎわの意味を表す。

【瀕海】ヒンカイ 海に沿っている土地。海辺。海浜。

【瀕死】ヒンシ 死期が迫る。死にかかる。垂死。

(19)16【瀬】4334 常 せ 3205 4025

(19)16〔瀨〕4335 人許 ライ 泰 lài

筆順 氵 沪 涑 漸 瀬

字義 せ。㋐あさせ。砂石の上を水の流れる所。㋑はやせ。急流。国せ。㋐川などの歩いて渡れるほどの浅い所。浅瀬。㋑事に出あう時。おり。場合。㋒その場所。たのみ所の意。

難読 瀬(いわた)

解字 文 篆 形声。氵(水)+頼(賴)(音)。音符の頼は、刺ラツに通じ、切れ目が入るの意味。水がくだけて流れるはやせの意味を表す。

▼迅瀬・石瀬

【瀬戸】せと 国①小さな海峡。②瀬戸物(陶器)の略。

【瀬戸際】せとぎわ(ぎは) 国成功・失敗、また安全・危険などの別れめ。

(19)16【瀝】4336 △ 漢レキ 呉リャク 錫 lì 6345 5F4D

字義 ❶こす。したむ。細かなすき間を通らせ不純物を取り除く。❷したたる。また、その音。また、そのしずく。❸ながれる。❹風・雨・川の流れなどの形容。「瀝瀝」

難読 瀝青(チャン・アスファルト)

解字 文 篆 形声。氵(水)+歴(音)。音符の歴レキは、一つ一つ歩を進めるの意味。物をこして、一滴ずつしたたらせるの意味を表す。

【瀝血】レキケツ ①したたる血。②血をしたたらせる。③血を注ぐ。

㋐必ずかたきを討とうとちかうこと。「瀝血の仇(あだ)」㋑真心をつくすこと。

【瀝青】(レキセイ) ①松やにに油を加えて作った塗料。黒色でねばっこく、腐朽を防ぐためなどに用いる。②石炭の乾溜(カンリュウ)、石油の蒸溜のときに釜(かま)の底に残る黒色または濃褐色の物質。ピッチ。アスファルト。地中に自然に存在しているものを土瀝青という。

【瀝滴】(レキテキ) ①したたる。したたり落ちる。②しずく。

【瀝瀝】(レキレキ) ①液体のしたたり落ちる音の形容。②水の音の形容。泉のわき出る音、浅い小川の流れの音などの形容。③風の音の形容。

(19)16 **【瀘】** 4337 △ 漢ロ 呉ル 虞 lú　6346 5F4E

字義 川の名。瀘水。金沙江(キンサコウ)の下流の古名。金沙江は長江の上流の名で、青海省に発して雲南省の北辺を流れ、四川省の宜賓市に至って岷江(ビンコウ)と合し、長江となる。

解字 文 篆 形声。氵(水)＋盧音。

(19)16 **【瀧】** (4217) ロウ 滝(4216)の旧字体。→六五六ジ。　3477 426D

(20)17 **【瀯】** 4338 △ 漢エイ 呉ヨウ(ヤウ) 庚 yíng

字義 ❶水のめぐり流れるさま。水のうずまくさま。❷水の流れる音の形容。

解字 形声。氵(水)＋營音。

(20)17 **【瀟】** 4339 △ ショウ(セウ) 蕭 xiāo　6347 5F4F

字義 ❶川の名。瀟水。湖南省寧遠県の南の九嶷(キュウギ)山に発し、西北流して、永州市で湘水(ショウスイ)に合流する。❷きよい。清く深い。

解字 文 篆 形声。氵(水)＋蕭音。

【瀟灑・瀟洒】(ショウシャ・ショウサイ) さっぱりとして清らかなさま。俗気(ゾッケ)なく上品なさま。

【瀟湘】(ショウショウ) 瀟水が湘水に合流してからの湘水の一名。特に湘水の下流、洞庭湖に近い方。また、その沿岸の地。〔唐、銭起、帰雁詩〕瀟湘何事等閑回(ショウショウなにごとぞトウカンにかえへる)

【瀟湘八景】(ショウショウハッケイ) 瀟湘の下流の付近の八つのよい景色。平沙(ヘイサ)の落雁(ラクガン)・遠浦の帰帆・山市の晴嵐(セイラン)・江天の暮雪・洞庭の秋月・瀟湘の夜雨・煙寺の晩鐘・漁村の夕照。日本の近江八景(おうみハッケイ)などはこれにならったもの。〔宋、沈括、夢渓筆談、書画〕

【瀟瀟】(ショウショウ) 雨(風)のさびしく降る(吹く)音のさま。また、風雨のはげしいさま。

(20)17 **【瀰】** 4340 △ 漢ビ 呉ミ 支 紙 mí　6348 5F50

【㳽】俗字

字義 ❶ひろい。はるか。水のはてしなく広いさま。❷ふかい(深)。みちる。水が満ちているさま。

解字 形声。氵(水)＋彌音。音符の彌(ビ)は、のびやかにみちわたるの意味。水がひろくふかい意味を表す。

【瀰瀰】(ビビ) ①川や湖などの水の満ちているさま。また、水の盛んに流れるさま。②物の満ちあふれるさま。多いさま。さかんなさま。

【瀰茫】(ビボウ) 広く果てしないこと。

【瀰漫】(ビマン) 広がりはびこる。

(20)17 **【瀹】** 4341 △ ヤク 薬 yuè

字義 ❶ひたす(漬)。湯にひたす。ゆびく。❷ゆでる。❸あらう(洗)。すすぐ。❹おさめる。水を治める。治水。❺はやい。流れの速いさま。❻決壊する。

解字 文 篆 形声。氵(水)＋龠音。音符の龠(ヤク)は、しめくくるの意味。湯や水にさっとひたして、食物などをひきしめる、ゆびくの意味を表す。

(20)17 **【瀾】** 4342 標 ㊀ラン 寒 lán ㊁ラン 翰 làn　6349 5F51

字義 ㊀❶なみ。㋐大波。「狂瀾」㋑小波。さざなみ。＝漣(レン)。❷なみだつさま。㊁→瀾汗・瀾漫。

解字 文 篆 形声。氵(水)＋闌音。音符の闌(ラン)は、連に通じ、つらなるの意味。水のつらなり、大なみ・さざなみの意味を表す。

【瀾汗】(ランカン) 闌干(ランカン)。①涙のはらはらと流れ落ちるさま。②波の起こり乱れるさま。波のうねりのさま。

【瀾漫】(ランマン) ①したたり落ちるさま。②分かれ散るさま。③乱雑でだらしのないさま。④色彩の美しいさま。

(20)17 **【瀲】** 4343 △ レン 琰 艶 liàn　6350 5F52

字義 ❶水のあふれるさま。水のゆれ動くさま。❷うかぶ(泛)。水にうかぶ。❸みぎわ。波うちぎわ。

解字 形声。氵(水)＋斂音。音符の斂(レン)は、そろい集まるの意味。波がひたひたと集まる所、みぎわの意味を表す。

【瀲灔】(レンエン) ①水の満ちあふれるさま。喜びの色などの顔に満ちあふれるさま。②さざなみの連なり動くさま。③水の静かにゆれ動くさま。④水面が月や日の光に映じてきらめくさま。日光・月光が波にくだけるさま。〔宋、蘇軾、飲二湖上一初晴後雨詩〕水光瀲灔晴方好(スイコウレンエンとしてはれてまさによし)

【瀲瀲】(レンレン) ＝瀲灔(レンエン)の①②③。→前項。

(21)18 **【灌】** 4344 △ ㊀カン(クワン) 翰 guàn ㊁カン(クワン) 旱　[灌] 6285 5E75

【灌】標準 【潅】俗字 2035 3443

字義 ㊀❶そそぐ(注)。㋐そそぎかける。㋑流しこむ。流れこむ。「灌漑(カンガイ)」㋒すすぐ。洗う。「湯灌(ユカン)」㋓酒を地に注いで神を招く。❷ひたす(漬)。❸ささげる。すすめる。❹むらがる。木が群がり生える。「灌木」❺ねんごろなさま。❻なれる。ならう。㊁❶あらう(洗)。手を洗う。❷＝㊀❶の㋓。

解字 文 篆 形声。氵(水)＋雚音。音符の雚(カン)は、眷などに通じ、まるくめぐらすの意味。水をめぐらすようにかける、そそぐの意味を表す。

【灌嬰】(カンエイ) 前漢の高祖の武将。高祖に従って天下の平定に力を尽くし、穎陰侯(エイインコウ)となる。文帝のとき、丞相(ジョウショウ)となる。(?—前一七六)

【灌園】(カンエン) 畑に水をやる。転じて、畑仕事をする。

【灌漑】(カンガイ) 田畑に水を引き入れること。

【灌注】(カンチュウ) ①上から注ぎかける。②流れ込む。流し込む。③ほとばしる。

【灌頂】(カンチョウ・カンジョウ) ①インドで、国王の即位に、頭頂に水をそそいだ儀式。②仏㋐真言宗で、仏門にはいる人や地位の上がる修道者の頭上に香水を注ぎかける儀式。㋑墓に水をそそぐこと。

【灌仏(佛)】(カンブツ) 仏釈迦(シャカ)の像に甘茶を注ぎかけること。釈迦の誕生日の四月八日にこれを行う儀式を「灌仏会(カンブツエ)」という。

【灌木】(カンボク) ①むらがり生えている木。②木の種類の名。たけが低く、根の近くから枝がむらがりはえている木。つつじ・やまぶきなど。低木の旧称。↔喬木(キョウボク)。

【灌莽】(カンモウ) 草木がむらがりはえている地。野原。

(21)18 **【灋】** 4345 △ ホウ 法(3979)の古字。→六二八ジ。

(22)19 **【灑】** 4346 △ ㊀漢サイ・呉シャ 蟹 ㊁漢サ・呉シャ 馬 sǎ ㊂シ 紙 xǐ　6351 5F53

【洒】俗字

字義 ㊀㊁＝洒(サイ)。❶そそぐ。㋐水をまく。㋑したたり落ちる。㋒洗い清める。❷ちる。散らばり落ちる。❸さっぱりしているさま。㊂あらう(洗)。

[参考] 熟語は〔洒〕(4002)をも見よ。→六三ページ。

[解字] 篆文 会意。氵(水)+麗。麗は、きれいにならぶの意味。水をそそいできれいに整えるの意味を表す。

【灑灑】サイサイ ①木の葉などの散りしくさま。②水などのそそぎ落ちるさま。

【灑灑落落】シャシャラクラク 心がさっぱりしていて物事にこだわらぬこと。洒落シャ。洒洒落落シャシャラクラク。

【灑然】サイゼン ①さっぱりとして清らかなさま。②雨が吹きつける「さま。

【灑掃応(應)対(對)】サイソウオウタイ ふき掃除をすることと人に応対すること。日常生活に必要な仕事や作法をいう。洒掃応対サイソウオウタイ。〔論語、子張〕

(22)19
【灘】4347
[標] タン [慣] ダン [寒] tān
[灘] 3871 4667

[字義] ❶せ。はやせ。水が浅く流れが速く、かつ、石や小さい砂洲サ々などが多くて、舟行に危険な所。❷す。砂洲サす。中洲なかす。水中に土砂が積もってできた小島。❸みぎわ。水辺。岸。
[国] なだ。㋐=①。㋑波が荒くて航海に困難な海洋。

[解字] 篆文 形声。氵(水)+難[音]。音符の難ナン=タンは、なやむの意味。水が浅く舟のなんぎする、せの意味を表す。

【灘声(聲)】ダンセイ 急流のひびき。灘響。

(22)19
【灕】4348
△ リ [支] lí

[字義] ❶しみこむ。水がしみこむ。❷したたる。=漓リ。「淋灕リンリ」❸川の名。灕江。広西チワン族自治区の東北部にあり、桂林ケイリン市を流れる一帯は、風光の美しいことで有名。灕水。

[解字] 形声。氵(水)+離[音]。

(24)21
【灝】4349
△ [漢] コウ(カウ) [呉] ゴウ(ガウ) [皓] hào

[字義] ❶ひろい。大きい。平らで大きい。=浩コウ。❷天上の清らかな気。=顥コウ。❸豆の汁。豆を煮た汁。

[解字] 篆文 形声。氵(水)+顥[音]。音符の顥コウは、ひろいの意味を表す。

【灝気(氣)】コウキ ①広大な気。②天上の清らかな気。また、秋の大気。灝は、顥コウに通じ、天上の気。また、秋の気。

(24)21
【灞】4350
△ ハ [禡] bà

[字義] 川の名。→灞水。

[解字] 形声。氵(水)+霸[音]。

【灞橋】ハキョウ 橋の名。長安(今の西安市)の東郊の灞水にかかる。唐代の人は、送別の時、この橋まで送って来て、柳の枝を折って旅に行く人に贈って別れた。覇橋。

【灞水】ハスイ 川の名。陝西セイ省藍田デン県の東の秦嶺レイに発し、西北流して長安(今の西安市)の東方で渭水スイにそそぐ。覇水。

【灞陵】ハリョウ 覇陵。①地名。もと漢の県名。陝西セイ省咸陽カンヨウ市の東北にあり、秦シの芷陽ヨウの地。漢の文帝の陵墓が作られてから灞陵といった。②漢の文帝の陵(墓)の名。灞陵(地名)にある。

(25)22
【灣】(4178)
ワン 湾(4177)の旧字体。→六五七ページ。

(26)23
【灔】4351
△ エン [豔] [琰] yàn
【灎】同字 【灩】正字
6352 5F54

[字義] ❶ただよう。水や波のただよい動くさま。❷水の満ちているさま。水の連なり続いているさま。

[解字] 形声。氵(水)+豔[音]。

【灔灔】エンエン ①水がなみなみと満ちているさま。②水が遠くまで連なり続いているさま。③水面(さざなみ)のゆれ動いているさま。④月の光が水にただよってきらきら光るさま。⑤風が絶えずそよそよ吹いて物をゆり動かしているさま。

【灔△澦】エンヨ =灔澦堆エンヨタイ。→次項。

【灔△澦△堆】エンヨタイ 四川省奉節県の東、長江の瞿唐峡クトウキョウの入口にある大きな岩の名。また、そのあたりの場所の名。水中に岩石が多く水流がはげしく航行の難所として恐れられていたが、今では取り除かれている。

4

火部

〔部首解説〕 ひ。ひへん。火が脚あし(漢字の下部)になるときは多く灬の形をとり、連火れんがあるいは列火れっかと呼ぶ。もと、火と灬とは同一部首に含まれたが、形の異なる灬を分離して、火部のあとに灬部を設けた。火を意符として、火を用いる道具や動作、火の性質・作用などに関する文字ができている。

畑→田部 七三八ページ。

(4)0
【火】4352
[教] 1 カ ひ・ほ
カ(クワ) [哿] huǒ
1848 3250

[筆順] 丶 丷 少 火

[字義] ❶ひ。㋐物が燃える時に生ずる光と熱。「火力」「炭火」㋑燃える物。灯火・たいまつの類。㋒火事。火災。「失火」「大火」㋓光のあるもの。明かりを出すもの。「蛍火」㋔火の模様。㋕はげしい感情。「情火」❷五行の一つ。方角では南、時節では夏、星では火星、十干では丙・丁、十二支では寅とら。❸やく(焼)。もやす(燃)。また、やける。もえる。「火食」❹いそぐ。せく。「火急」❺唐代の兵制で、十人一組の称。❻[仏]四大(地・水・風・火)の一つ。[国]七曜の一つ。火曜日の略。

[名乗] ほ [難読] 火熨斗ひのし・火作こづくり・火傷やけど・火踏子こたつ

[解字] 甲骨文 篆文 象形。燃えたつほのおの象形で、「ひ」の意味を表す。

▼陰火・炎火・煙火・活火・挙火・漁火・蛍火・行火・業火・水火・石火・戦火・大火・耐火・鎮火・鉄火・点火・

灯火・噴火・兵火・砲火・猛火・野火・烈火

【火雲】カウン 夏の雲。また、夏の入道雲。雷雲。
【火炎】カエン 火がもえる。また、火のほのお。
【火^焰・火^燄】カエン 火のほのお。ほのお。
【火化】カカ ①火で物を煮ること。②火葬。
【火官】カカン 昔の官名。五官の一つ。＝火正。〔礼記、月令〕
【火^浣布】カカンプ 石綿で織った、火に燃えない布。
【火気(氣)】カキ ①火の気。②火の勢い。③怒りっぽい性質。また、怒気。
【火器】カキ ①鉄砲の類。②火を入れる器物。小さい火鉢の類。
【火急】カキュウ 火のついたように事のきわめて急なこと。焦眉ショウビの急。
【火牛】カギュウ 牛の角に刀を結びつけ、尾に油を注いだ葦あしを結んで点火し、牛を怒らせて敵中に放ち、それに乗じて敵を攻める法。戦国時代、斉の田単の用いた奇計。「火牛之計」〔史記、田単伝〕
【火^炬】カキョ たいまつ。松明たいまつ。
【火鶏(鷄)】カケイ ①鶏をなわでつなぎ、火をつけて敵中に放って攻める法。②ひくいどり。③七面鳥の別名。
【火^伍】カゴ 唐代の兵制で、兵十人組と五人組の称。伍は五人。火は十人。
【火後】カゴ ①寒食節（冬至後、百五日の節）の後。寒食節には火を禁ずるのでいう。②寒食節後に咲く牡丹ボタン。↕火前。③火災のあと。
【火坑・火^阬】カコウ ①火のあな。火の燃えている穴。②仏火の海。焦熱地獄。
【火耕】カコウ 田畑の草木をやき、そのあとに種子をまくこと。火種。
【火候】カコウ ①火加減。②道家で丹薬をねること。③学問・修養の程度をいう。
【火災】カサイ 火のわざわい。火事。
【火車】カシャ ①火攻めに用いる車。②汽車。③仏カシャ 罪人をのせて地獄に運ぶという車。④国ひのくるま 家計が非常にくるしいこと。

〔火車〕

【火定】カジョウ 仏仏道の信仰者が無余涅槃ムヨネハン（小乗の涅槃）に入るとき、自ら火の中に身を投じて死ぬこと。火中で入定ニュウジョウすること。

【火縄(繩)】カジョウ・ひなわ 昔、竹や檜皮ひわだの繊維に、硝石を含ませた、鉄砲の導火線。
【火食】カショク ①火で物を煮て食べること。②仏カジキ 供物モツを火に投じて諸尊を供養すること。
【火^辰】カシン 星の名。心星。→火星の②。
【火^燼】カジン もえのこり。もえかす。
【火寸】カスン つけぎ。また、マッチ。
【火正】カセイ 昔の官名。五官の一つ。火星を祭り、火に関する政事をつかさどる。正は、長官。〔左伝、昭公二十九〕
【火星】カセイ ①惑星の一つ。地球の軌道よりも外側を回っていて、地球にもっとも近い星。②心宿の第二星。今のさそり座のα星。アンターレス。大火。
【火^箭】カセン 火をつけて射る矢。ひや。
【火前】カゼン ①寒食節（冬至後、百五日の節）の前。寒食節には火を禁ずるのでいう。②寒食節の前に咲く牡丹ボタン。↕火後。
【火葬】カソウ 死体を焼いて骨を葬ること。もと仏教の制で、中国では宋代ソウダイから行われ、日本では文武モンム天皇のころから行われた。茶毘ダビ。
【火^鎗・火^槍】カソウ 火銃。鉄砲。
【火速】カソク 大急ぎ。火急。
【火宅】カタク 仏火が充満している居宅。煩悩ボンノウの多い俗界のたとえ。〔法華経〕
【火^燵】コタツ 国炉の上にやぐらを置き、ふとんをかけて暖をとるもの。炬燵コタツ。コタツのコは唐音。
【火中】カチュウ ①（もえている）ひのなか。②火星が正南に位すること。
【火長】カチョウ 国大宝令の軍隊編成で兵士十人の長。
【火田】カデン ①田畑の雑草を焼いて行う狩り。②山林や原野などを焼きはらって田畑にすること。また、その田畑。
【火斗】カト ①ひのし。火熨斗のし。②国炭火をいれて運ぶ道具。十能。
【火徳】カトク ①王者が受命の運とする五行の徳の一つ。火の徳。昔、中国では王者は五行の徳の一つを受けて新王朝を建てたといわれる。②太陽の熱。
【火^遁】カトン 火を利用して姿をくらます術。仙人の五遁（金遁・木遁・水遁・火遁・土遁）の一つ。
【火夫】カフ ①火の番人。②国汽車や汽船のかまの火をたく人。火手。
【火兵】カヘイ ①火をもって戦う兵。②炊事をつかさどる兵。③火消し。消防士。防火兵。④小銃・機関銃など。

【火薬(藥)】カヤク 硝石・木炭・硫黄イオウなどをまぜて作った発火薬。
【火曜】カヨウ ①火のひかり・かがやき。②火星をいう。七曜の一つ。
【火輪】カリン ①太陽の別名。②火のわ。また、火の玉。
【火烈】カレツ ①火の勢いのさかんなこと。②物事のはげしいたとえ。
【火炉(爐)】カロ ひばち。だんろ。いろり。
【若二火之^燎一于原一】ひのゲンをやくがごとし 勢いの強い火が野原を焼くのに似ている。罪悪の勢いがさかんでどうにもしようのないたとえ。また、物事の勢いのさかんで手の下しようのないたとえ。燎原之火リョウゲンのひ。〔書経、盤庚上〕

1905 3325 (6)2 【灰】 4353 教 6 カイ はい

(6)2 〔灰〕 4354 カイ（クワイ）灰 hui

筆順 

〔炗〕本字

字義 ❶はい。もえがら。❷活気のなくなったもの、また、静かなさまのたとえ。「死灰」❸はいにする。焼きつくす。❹はいになる。滅びる。国はい ㋐取るにたらないもの。ちりあくた。㋑灰色はいいろは、浅黒色、ねずみ色。

難読 灰汁あく

解字 篆文  形声。火＋ナ（又）音。音符の又ユウは、右手の象形。手でつまむことのできる冷めた火、はいの意味を表す。

▼死灰

【灰死】カイシ 火が消えて灰となる。転じて、復活しないたとえ。また、心の静止して動かないたとえ。
【灰心】カイシン ①冷たい灰のように、無欲で平静な心。無心の極にいう。②元気がなくてしょげている心。失意の極にいう。
【灰身】カイシン 身を灰にする。①死ぬこと。②心身の続く限り骨折り働くことのたとえ。
【灰塵】カイジン ①灰とちり。②値うちのないもの。取るにたらないもの。
【灰^燼】カイジン ①灰ともえのこり。もえがら。②ほろびる。なくなる。③秦シンの始皇帝が書物を焼いたこと〔焚書フンショ〕をいう。「帰二灰燼一カイジンにキす」〔焼けて、あとかたもなくなる〕
【灰滅】カイメツ ①ほろびてなくなる。②身がほろび死ぬこと。③焼きつくす。また、ほろぼしつくす。
【飲レ灰洗レ胃】はい（ひ）をのんでイをあらう（ふ） 灰を飲んで胃を洗い清める。心を改めて善に移るたとえ。〔南史、荀伯玉伝〕

3784 4574 (6)2 【灯】 4355 教 4 トウ ひ

㊀(16)12【燈】4356 ㊀(6)2【灯】 ㊅許 トウ 蒸 dēng
△ 慣チン・トン
㊀㊁漢テイ・呉チョウ（チャウ）青
㊂トウ
3785 *4575*

筆順 丶 火 火一 灯

字義 ㊀〔燈〕❶ひ。ともしび。あかり。「消灯」「灯火」❷ひともし。油を入れて火をともす具。「行灯（アンドン）」❸ともす。ともる。❹仏仏の教え。仏法。世の中の闇（やみ）（無明（ムミョウ））を照らす意。「法灯」
㊁〔灯〕㊀ひ。はげしい火。烈火。㊁燈（4356）の俗字。

難読 灯影（ほかげ）

〔灯㊀②(漢代)〕

解字 ㊀〔燈〕形声。火＋登音。音符の登は、のぼるの意味。照明した対象物をはっきりと視界の中にのぼす火の意味を表す。灯は燈の新字体として用いられる。
㊁〔灯〕形声。火＋丁音。

▼学灯・寒灯・紅灯・行灯・孤灯・残灯・提灯・点灯・風灯・宝灯・法灯

【灯影】（トウエイ）ともしびの光。

【灯下】（トウカ）ともしびのもと。灯火のほとり。

【灯火】（トウカ）ともしび。あかり。

【灯火可ㇾ親】（トウカしたしむべし）灯火のそばで読書するに適当であるとの意。初秋の季節について言った語。〔唐、韓愈、符読ニ書城南一詩〕灯火稍可ㇾ親（トウカようやくしたしむべし）。

【灯花】（トウカ）灯心のさきにできるもえかすのかたまり。また、灯火のもえはじけること。

【灯△蛾】（トウガ）好んで灯火に集まる小虫。ひとり虫。

【灯△檠】（トウケイ）ともしびをかかげるもの。提灯（チョウチン）の類。灯架（トウカ）。

【灯△燭】（トウショク）ともしび。灯火。

【灯穂（穗）】（トウスイ）ともしびのほのお。灯火。穂は、ほのおの形の形容。

【灯台（臺）】（トウダイ）①灯火をのせる台。②みさきや島などに設け、強いあかりをつけて航路の標識とした設備。

【灯台（臺）下暗】（トウダイもとくらし）国灯火をともす台の真下は、かえって暗い。手近のことは、かえって知りがたいたとえ。〔世間胸算用、三〕

【灯明】（トウメイ）①ともしび。また、灯火の明るいこと。②仏（トウミョウ）仏前に供える灯火。また、迷いのやみを照らす知恵の光をいう。

【灯△籠】（トウロウ）木・竹・石・金属などのわくに紙や薄いきれなどを張って、灯火をつける道具。神仏の前や軒先・庭などに置く。

〔灯籠〕

(7)3【灸】4357 標 キュウ 漢キュウ（キウ）有 呉ク 有 jiǔ
2168 *3564*

字義 ❶キュウ（キウ）。やいと。もぐさをはだに置いて火をつけ、その刺激で病気をなおす法。❷つける。おしあててふせぐ。❸ささえる。

解字 篆文 形声。火＋久音。音符の久は、もぐさで身体の一点を焼いて治療や刑罰として用いる、きゅうの意味。のち、火を付し、その意味を明らかにした。

【灸刺】（キュウシ）①灸とはり。②病害を除くこと。

【灸△鍼】（キュウシン）灸とはり。針灸。

(7)3【災】4358 教 5 サイ わざわい サイ 灰 zāi
2650 *3A52*

筆順 く 巛 巛 災

【灾】同字 【烖】本字

字義 ❶わざわい（わざはひ）。㋐火事。大きな火事。「火災」㋑さいなん（災難）。禍害。自然におこるわざわい。洪水・地震など。「天災」❷そこなう。傷つける。やぶる。

解字 甲骨文 金文 篆文 籀文 形声。篆文は、火＋𢦏音。音符の𢦏（サイ）は、また、戈＋才音。戈も才も、災害を防ぐための器具の象形。火を付し、火事のようなわざわいの意味を表す。甲骨文は、火＋才音。籀文（チュウブン）は火＋巛音。音符の巛（サイ）は、わざわいの意味。災は、籀文の省略体。

▼火災・震災・人災・息災・天災・変災

【災異】（サイイ）天災地異の略。洪水・地震など。これらは、中国では、昔、悪い政治などに対するいましめとして天がくだすものと考えた。災変。災妖。

【災禍】（サイカ）わざわい。災難。

【災害】（サイガイ）わざわい。天変地異のわざわい。災患。災厄。

【災△咎】（サイキュウ）いましめとして天のくだすわざわい。咎は、とがめ。災譴（サイケン）。

【災祥】（サイショウ）①わざわいとさいわい。禍福。②わざわいのきざし。祥は、きざし。

【災難】（サイナン）わざわい。なんぎ。災禍。

【災△厲】（サイレイ）わざわい。災害と疫病。厲は、流行病。

(7)3【灼】4359 標 シャク 薬 zhuó ［灼］
2862 *3C5E*

字義 ❶やいと。お灸（キュウ）。❷やく（焼）。あぶる。❸あきらか。❹さかんなさま。

解字 篆文 形声。火＋勺音。音符の勺は、的に通じ、あきらかの意味。火が明るくかがやくの意味を表す。

【灼灼】（シャクシャク）①花がさかんに咲いているさま。〔詩経、周南、桃夭〕⇩桃之夭夭（もものヨウヨウたる）、灼灼其華（そのはなシャクシャクたり）（五六一ページ）。②明らかなさま。光りかがやくさま。③才能のすぐれているさま。④功名の高いさま。⑤姿が美しくなまめかしいさま。

【灼△爍】（シャクシャク）①なまめかしく美しいさま。②光りかがやくこと。

【灼熱】（シャクネツ）①焼けてあつくなる。また、焼いてあつくする。②やけつくように熱い。「灼熱の太陽」

【灼△爛】（シャクラン）焼きただらす。焼けただれる。

(8)4【炎】4360 常 エン ほのお
㊀エン 塩 yán
㊁エン 豔 yàn
㊂漢タン・呉ダン 覃 tán
1774 *316A*

筆順 丶 火 炏 炎

字義 ㊀❶もえる（もゆ）。もえ上がる。「炎上」❷やく（焼）。❸あつい（熱・暑）。「炎天」❹さかんな形容。❺南方。炎は火で、火は五行では南方にあたるのでいう。「火炎」「陽炎」 ㊁ほのお（ほのほ）（焔（エン））。ほむら。 ㊂→炎炎の⑥。
国からだのどこかに熱や痛みを起こす病気。「肺炎」「炎症」
参考 現代表記では〔焔〕（4386）の書きかえに用いる。「火焔→火炎」「気焔→気炎」

解字 甲骨文 金文 篆文 会意。火＋火。もえあがるほのおの意味を表す。炎の意味と音符とを含む形声文字に、剡（エン）・啖（タン）・毯（タン）・淡・錟（エン）などがある。

▼煙炎・火炎・気炎・陽炎

【炎炎】（エンエン）①火がさかんに燃えあがるさま。②非常に暑いさま。③光りかがやくさま。④進むさま。⑤ひらひらと風になびくさま。⑥（タンタン）弁舌のたくみなさま。また、美しくさかんなさま。〔荘子、斉物論〕大言炎炎（タイゲンはタンタンたり）。

【炎火】（エンカ）さかんに燃えあがる火。火炎。

【炎夏】（エンカ）あつい夏。真夏。また、あつさ。

【炎△旱】（エンカン）ひでり。旱天。

【炎漢】(エンカン) 漢の王朝の別名。炎は火で、漢は火徳をもって王となったのでいう。

【炎暑】(エンショ) きびしいあつさ。炎熱。

【炎症】(エンショウ) 細菌や薬品などで、体の一部が発熱したり、はれたり、赤くなったり、痛んだりする症状。

【炎上】(エンジョウ・エンショウ) ①火が燃えあがる。やける。②国宮殿や社寺など、大建築物の火災をいう。

【炎精】(エンセイ) ①太陽。日。②火徳の運。③漢の徳（火徳）をいう。

【炎帝】(エンテイ) ①中国古代伝説上の帝王の名。神農。火徳をもって王となったという。〔補史記、三皇本紀〕②夏をつかさどる神。③太陽。

【炎天】(エンテン) ①夏の（暑い）空。②夏の太陽、また、日ざし。③南方の空。

【炎毒】(エンドク) あつさあたり。酷暑のくるしみ。

【炎熱】(エンネツ) 夏のきびしい暑さ・暑気。炎暑。

【炎風】(エンプウ) ①東北の風。八風の一つ。②熱風。

【炎涼】(エンリョウ) ①暑いこととすずしいこと。②人生の栄枯盛衰をいう。また、人情のあついこととうすいこと。

(8)4
【炕】4361
△ コウ（カウ）漾 kàng　6353 5F55

字義 ❶あぶる。かわかす。火にあぶりかわかす。❷かわく。かわき枯れる。❸たつ（絶）。たえる。❹たかぶる。ほこる。＝亢(コウ)。❺オンドル。床下に熱を通して暖をとる装置。

解字 篆文 形声。火＋亢㊥。音符の亢(コウ)は、高めるの意味。火力を高めて、かわかすの意味を表す。

【炕暴】(コウボウ) たかぶって横暴なこと。

【炕陽】(コウヨウ) 太陽の熱がはげしくて、物をかわかし枯らすこと。転じて、下の者にむごく当たること。自ら尊大ぶること。

(8)4
【炙】4362
△ 一漢セキ・呉シャク 陌 zhì　二シャ 禡

字義 一❶あぶる。やく。❷あぶり肉。火で焼いた肉。❸ちかづく。親しみ近づく。親しく教えを受ける。「親炙」❹いかる（怒）。

解字 篆文 会意。夕（肉）＋火。肉を火の上におき、あぶるの意味を表す。

【炙輠】(シャカ) 車の油をさす所（輠(カ)）を火であぶる。油が流れ出てとまらないことから、知恵や弁舌のきわまりないたとえ。輠は、棵とも書く。〔史記、荀卿伝注〕
【炙膾】(シャカイ) 火であぶってこまかく切った肉。
【炙背】(シャハイ) ①太陽で背中をあぶる。転じて、気持ちのよいこと。②背中を火で焼く。転じて、苦しいこと。

(8)4
【炒】4363
標 漢ソウ（サウ）呉ショウ（セウ）巧 chǎo　6354 5F56

字義 ❶いる。いためる。土なべなどであぶりこがす。❷さわぐ。口やかましい。

解字 形声。火＋少㊥。 難読 炒子(いりこ)・炒飯(チャーハン)

(8)4
【炊】4364
常 スイ たく　スイ 支 chuī　3170 3F66

筆順 火 炒 炊 炊

字義 ❶かしぐ。たく。めしをたく。「炊事」「自炊」❷やく。もやす。❸ふく。＝吹。 名乗 い・かし・かしぎ。

参考 現代表記では、炊事の意の「たく」に〔炊〕を用い、火をもやす意の〔焚く〕は仮名書き。「炊きこみ御飯・火をたく」

解字 篆文 形声。火＋欠（吹省）㊥。音符の吹は、ふくの意味。火を吹いて、かしぐの意味を表す。

▼自炊・薪炊

【炊烟・炊煙】(スイエン) めしをたく煙。かまどの煙。
【炊金饌玉】(スイキンセンギョク) 黄金をたいて食べ珠玉を食物とする。すばらしい食事をほめていう。また、他人の歓待を感謝することば。〔唐、駱賓王、帝京篇詩〕
【炊桂】(スイケイ) 桂(かつら)の木（高価な木）で飯をたくこと。物価が高くて（他国での）生活に苦労することのたとえ。〔戦国策、楚〕
【炊爨】(スイサン) 飯をたく。食事ごしらえ。爨も、かしぐ。
【炊累】(スイルイ) ほこりの舞いあがること。また、そのちりやほこり。吹累。〔荘子、在宥〕

(8)4
【炉】4365　〔爐〕4366
常 ロ　2016　漢ロ 呉ル 虞 lú　4707 4F27　6404 6024

筆順 火 炉 炉 炉

字義 ❶いろり(ゐろり)。❷ひばち。手あぶり。足あぶり。「火炉」❸香炉。

解字 形声。火＋盧㊥。音符の盧(ロ)は、クルッととりまくの意味。火力がにげないように周囲を囲んだ設備、いろりの意味を表す。常用漢字の炉は俗字による。

▼火炉・香炉・地炉・風炉

【炉頭】(ロトウ) いろりのほとり。ろばた。炉辺。

【炉辺（邊）】(ロヘン) いろりのほとり。ろばた。炉頭。「炉辺談話」

(9)5
【炬】4367
△ 漢キョ・呉ゴ 語 jù　慣コ　6357 5F59

〔炬〕標準 字義 ❶かがりび。たいまつ。「炬火」❷ともしび。❸やく（焼）。 難読 炬火(たいまつ)

参考 〔炬〕は俗字であるが、印刷標準字体。

解字 形声。火＋巨㊥。音符の巨は、大きいの意味。大きい火、たいまつの意味を表す。

【炬火】(キョカ) たいまつの火。松明(たいまつ)。

【炬眼】(キョガン) かがり火のような眼。物ごとを明らかに見わける才能をいう。

【炬光】(キョコウ) たいまつの光。炬燭(キョショク)。

【炬燵】(コタツ) 国炉の上にやぐらを置き、ふとんをかけて暖をとる設備。火燵(コタツ)。

(9)5
【炯】4368
△ 漢ケイ 呉キョウ（キャウ）迥 jiǒng　6355 5F57

〔烱〕俗字　6356 5F58

字義 ❶ひかり。❷あきらか。「炯炯」

解字 篆文 形声。火＋同㊥。音符の同(ケイ)は、熒(ケイ)に通じ、かがやく火の意味。ひかり・あきらかの意味を表す。

【炯介】(ケイカイ) かたく節操を守ること。介は、ひとり（独）。

【炯眼】(ケイガン) するどい目。物ごとを明らかに見ぬく目。

【炯炯】(ケイケイ) ①光りかがやくさま。②眼光のするどいさま。③明らかではっきりしているさま。

【炯然】(ケイゼン) ①明白なさま。②明るいさま。光りかがやくさま。③眼光のするどいさま。

(9)5
【炫】4369
△ 漢ケン 呉ゲン 霰 銑 xuàn

字義 ❶かがやく。ひかる。❷てらす。かがやかす。また、かがやき。火の光。❸とかす。❹てらう。ほこる。＝衒(ゲン)。❺目がくらむ。まぶしい。＝眩(ゲン)。

解字 篆文 形声。火＋玄㊥。音符の玄は、おくふかいの意味。おくふかい火の光の意味を表す。

【炫怪】(ゲンカイ) 奇怪なことを行って人を驚かすこと。

【炫炫】(ゲンゲン) 光りかがやくさま。

【炫目】(ゲンモク) 目をくらます。また、目がくらむ。まぶしい。眩目(ゲンモク)。

【炫燿・炫耀】(ゲンヨウ) 光りかがやく。また、かがやき。

【炫惑】(ゲンワク) くらみまどう。くらましまどわす。眩惑(ゲンワク)。

(9)5
【炸】4370
標 一サク zhà　二ソウ（サフ）zhá　6358 5F5A

字義 一はじける(はじく)。火薬で爆発させる。爆発する。「炸裂」二油であげる。また、あげもの。

解字 形声。火＋乍㊥。

【炸薬（藥）】(サクヤク) 強烈な火薬。爆薬。

【炸裂】(サクレツ) 爆発して裂ける。炸発。

【炷】(9)5 4371 △ シュ 遇 麌 zhù

字義 ❶とうしん（灯心）。灯油にひたしてあかりをつけるもの。❷ともしび。❸たく（焚）。やく（焼）。ともす。❹香のひとくゆり。線香などを数える単位。

解字 形声。火＋主㊟。音符の主は、炷の原字で、ともしび・灯心の意味を表す。主があるじの意味などを表すようになったため区別して火を付した。

【炤】(9)5 4372 △ 一ショウ（セウ）嘯 zhào 二ショウ（セウ）蕭 zhāo

字義 一てる。てらす。＝照。二あきらか。＝昭。

解字 形声。火＋召㊟。

【炭】(9)5 4373 3 教 タン すみ　3526 433A

［𡶊］(9)5 4374 タン 翰 tàn

筆順 山 屵 岸 炭

字義 ❶すみ。㋐木をむしやきにして作った燃料。「木炭」㋑すみび。おき。㋒きたないもののたとえ。❷灰。❸石炭。「炭坑」❹化学元素の一つ。炭素。「炭化」

難読 炭櫃（すびつ）・炭団（たどん）

解字 文 篆 会意。屵＋火。屵は、けずりとられた「がけ」の象形。がけから掘りだした石炭の意味を表す。

▼骨炭・塗炭

【炭車】タンシャ 炭（すみ）を積んだ荷車。

【炭坑】タンコウ 石炭を掘りだすあな。

【炭鉱（鑛）・炭礦】タンコウ 石炭を掘り出す鉱山。

【炭田】タンデン 炭層のたくさんある地域。

【炳】(9)5 4375 △ 漢ヘイ 呉ヒョウ（ヒャウ）梗 bǐng　6359 5F5B

字義 ❶あきらか。はっきりしている。光りかがやく。＝昺（ヘイ）。❷とる。手に持つ。＝秉（ヘイ）。→炳燭（ヘイショク）。

解字 文 篆 形声。火＋丙㊟。音符の丙は、ひろがるの意味。ひろがる火、あきらかの意味を表す。

【炳焉】ヘイエン あきらかなさま。

【炳燭】ヘイショク 秉燭（ヘイショク）。①ともしびを手にとって照らす。②転じて、晩学のたとえ。春秋時代、晋の平公が晩学を嘆いたとき、師曠（シコウ）が、若いころの勉学を朝日の光に、壮年の勉学を日中の光に比し、晩年の勉学を夜の灯火の明かりにたとえてその有意義なことを述べ、励ました故事に基づく。〔説苑、建本〕

【炳炳】ヘイヘイ ①明るくかがやくさま。②著明なさま。

【炳若二日星一】ヘイとしてジッセイのごとし 天にかがやく日や星のように明らかなこと。

【炮】(9)5 4376 △ 一漢ホウ（ハウ）呉ボウ（バウ）肴 páo 二ホウ（ハウ）効 pào　6360 5F5C

字義 一❶あぶる。やく。丸やきにする。❷火にかけて練って薬品を作る。二❶やく。❷おおづつ。大砲。＝砲・礮（ホウ）。❸はじける。炸裂（サクレツ）する。

解字 文 篆 形声。火＋包㊟。音符の包は、つつむの意味。獣の毛に包まれたまま焼く、まるやきの意味や、物を包んで焼くの意味を表す。

【炮柴】ホウサイ 柴（しば）をやいて天を祭ること。

【炮殺】ホウサツ あぶりころす。焼き殺す。

【炮烙】ホウラク ①火あぶりの刑。銅柱に油をぬり、炭火の上にかけて罪人を歩かせ、足がすべって火中に落ちて焼け死なせる酷刑。殷（イン）の紂王（チュウオウ）が行ったという。〔韓非子、喩老〕②国 ホウロク すやきの平たい土なべ。焙烙（ホウロク）。

［畑］→田部 七三八ページ。

【烟】(10)6 4377 △ エン 煙（4400）と同字。→六八四ページ。　6361 5F5D

難読 烟田（かまた）

【烜】(10)6 4378 △ 一漢ケン・呉カン（クヮン）阮 xuǎn 二カン（クヮン）翰

字義 一❶かわく。かわかす。❷火のさかんなさま。❸あきらか。二ひ。神を祭るに用いる火。また、それをつかさどる官。

解字 形声。火＋亘㊟。音符の亘（カン）は、めぐるの意味。火をめぐらす、かわかす・あきらかの意味を表す。

【烤】(10)6 4379 △ コウ（カウ）kǎo

字義 あぶる。火であぶる。

解字 形声。火＋考㊟。音符の考は、おいるの意味。老人のはだの色のようになるまでに、あぶるの意味を表す。

【烘】(10)6 4380 △ 漢コウ 呉グ 東 hōng

字義 ❶かがりび。❷たく。かがりびをたく。また、火をもやす。❸あぶる。火でかわかす。また、火で暖める。

解字 文 篆 形声。火＋共㊟。音符の共は、大きいの意味。火を大きくして、かがり火とするの意味を表す。

【烖】(10)6 4381 △ サイ 災（4358）の本字。→六八〇ページ。

【烙】(10)6 4382 △ ラク 薬 lào, ①㋐luò 慣ロク　6364 5F60

字義 ❶やく。㋐鉄を熱してからだに焼きつける。また、その刑罰。ひあぶりの刑。「炮烙（ホウラク）」㋑患部にさして病気をなおす鉄の針を熱する。また、熱した鉄の針を患部にさす。❷やきばり。やきがね。

解字 文 篆 形声。火＋各㊟。音符の各は、つきだすの意味。火をつきだして、からだにやきを入れるの意味を表す。

【烙印】ラクイン ①牛馬などのからだに焼きつける印。②刑罰として罪人の額などに押した焼き印。③転じて、ぬぐいさることのできない不名誉のたとえ。「烙印を押される」

【焔】(11)7 4383 △ エン 焰（4386）の俗字。→下段。　1775 316B

【烱】(11)7 4384 △ ケイ 炯（4368）の俗字。→六八一ページ。　6356 5F58

【烽】(11)7 4385 △ ホウ 冬 fēng　6366 5F62

［⿱逢火］本字

字義 ❶のろし。敵の攻め寄せるのを味方に知らせるために、高くあげる火。「烽火」❷いましめ。敵襲に対する警戒。

難読 烽火（のろし）

解字 文 篆 形声。火＋夆㊟。音符の夆（ホウ）は、峰に通じ、みねの意味。みねのように高くあがっていくのろしの意味を表す。篆文は火＋逢㊟。烽は⿱逢火の省略体。

【烽煙・烽烟】ホウエン のろしのけむり。転じて、辺境に事変のあること。

【烽火】ホウカ ①のろし。②兵乱。戦争。〔唐、杜甫、春望詩〕烽火連三月一（ホウカサンゲツにつらなる）。訳文→家書（三〇四ページ）。

【烽起】ホウキ のろしがあがる。転じて、兵乱がおこる。

【烽警】ホウケイ のろしをあげていましめる。また、のろしによるいましめ。転じて、辺地の警戒。

【烽鼓】ホウコ ①のろしと攻め太鼓。②兵乱。戦争。

【烽楼（樓）】ホウロウ のろしを打ち上げて警報を出す物見台。

【焰】(12)8 4386 標 エン 艶 yàn

［焔］俗字 1775 316B　［燄］同字　［爓］同字

字義 ❶ほのお（ほのほ）。ほむら。❷火がすこしもえあがるさま。「焰焰」❸ひかり。火の光。

参考 現代表記では［炎］(4360)に書きかえる。「火焔→火炎」「気焔→気炎」熟語は［炎］をも見よ。→六八〇ﾍﾟ。
解字 形声。火＋臽音。

(12)8 【焱】4387 △ エン 艶 yàn

字義 ❶ひばな(火花)。ほのお。❷火がさかんにもえあがるさま。
解字 篆文 会意。火＋火＋火。

(12)8 【焮】4388 △ 漢キン 呉コン 問 xìn

字義 ❶やく。あぶる。❷てらす。かがやく。
解字 形声。火＋欣音。

(12)8 【焜】4389 △ 漢コン 呉ゴン 阮 kūn 6367 5F63

字義 ❶かがやく。ひかる。「焜昱コンイク」❷あきらか。あきらかにする。❸焜黄は、草木が黄ばんでおとろえるさま。
解字 篆文 形声。火＋昆音。音符の昆は、むらがり集まるの意味。むらがり集まる火、かがやくの意味を表す。
【焜昱】コンイク 光りかがやく。まばゆいまで光輝がある。
【焜炉(爐)】コンロ 国物を煮るのに用いる鉄または土製の小さい炉。しちりん。

(12)8 【焠】4390 △ 漢サイ 呉スイ 隊 cuì

字義 ❶にらぐ。焼いた刀剣の刃を水にいれて堅くする。❷焼く。❸そめる。ぬりつける。しみこませる。
解字 篆文 形声。火＋卒音。音符の卒は、まったく尽きるの意味。刀の刃をきたえるため、熱しては水に浸すとき、一気に焼いた刃の熱がつきるさまから、にらぐの意味を表す。
【焠掌】サイショウ 刻苦勉励して学問すること。孔子の門人の有若が、勉強中、ねむけをさますために掌てのひらを焼いた故事。〔荀子、解蔽〕有子悪レ臥而焠レ掌ユウシガをにくみてショウをやく。
【焠礪】サイレイ (刀剣を)といだり、にらいだりする。転じて、勉強すること。

(12)8 【焯】4391 △ シャク 薬 zhuó

字義 ❶あきらか。明るく輝く。❷やく(焼)。❸火の気。
解字 篆文 形声。火＋卓音。音符の卓は、高くあがるの意味。火が高くあがる、明るく輝くの意味を表す。
【焯焯】シャクシャク 明るく輝くさま。

(12)8 【焼】4392 教4 ショウ やく・やける 3038 3E46
(16)12 〔燒〕4393 人許 一ショウ(セウ) 蕭 二ショウ(セウ) 嘯 shāo 6386 5F76

筆順 火 炷 炷 焼 焼

字義 一❶やく。やける。㋐たく。もやす。燃える。「燃焼」㋑火にあぶる。また、火で熱くなる。㋒心をこがす。もだえる。❷もやなどが日に映じて赤くなること。「夕焼」❸赤い。炎のように赤い。❹病熱。❺酒の一種。「焼酎ショウチュウ」 二❶野火。また、野を焼く。❷熱い。 国❶やく。㋐たちはたらく。世話をやく。㋑ねたむ。しっとする。❷やき。刃物の刃をやいて堅くすること。
難読 焼尻やぎしり・焼津やいづ・焼売シュウマイ
解字 篆文 形声。火＋尭(堯)音。音符の堯ギョウは、高いの意味。火を高くあげる、やくの意味を表す。
▼延焼・類焼
【焼夷】ショウイ やきはらう。夷は、たいらげる意。
【焼棄】ショウキ やきすてる。焼却。
【焼却】ショウキャク やきすてる。
【焼香】ショウコウ ①香をたく。②仏香をたいて仏にたむけること。
【焼残(殘)】ショウザン ①やきほろぼす。残は、そこなう(害)。②国やけのこり 焼けたあとに残ったもの。
【焼失】ショウシツ やけてなくなる。やけうせる。焼亡。
【焼尽(盡)】ショウジン やきつくす。
【焼酎】ショウチュウ 酒かす・さつまいもなどを蒸留して造ったアルコール分の強い酒。焼酒。火酒。
【焼尾】ショウビ ①唐代、初めて大臣に任命された者が食を天子に献ずること。②唐代、士人の子弟で初めて進士に及第したときの祝宴。③魚が竜門で竜となるとき、雷がその尾を焼くという伝説。
【焼眉之急】ショウビのキュウ すておかれない急場のこと。焦眉之急。

(12)8 【焞】4394 △ 一トン 元 tūn 二漢シュン・呉ジュン 真 tūn 三漢タイ・呉ツイ 灰 tuī

字義 一二❶占いで、亀かめを焼く火。❷あきらか(明)。❸火の色。 三焞焞タイタイは、勢いの盛んなさま。
解字 篆文 形声。火＋享(𦎧)音。音符の𦎧トンは、厚いの意味。占いで、亀かめの甲に当てる光はかすかながら熱は高い火、厚手の感じの火の意味を表す。

(12)8 【焚】4395 標 漢フン 呉ブン 文 fén 4218 4A32

字義 ❶やく。たく。もやす。❷やきがり。やきがりをする。山野などを焼いて狩りをすること。❸火あぶりにする。
参考 ⇩炊(4364)の参考。
解字 篆文 会意。火＋林。林を火でやくの意味を表す。
【焚毀】フンキ やきこわす。やけくずれる。
【焚灼】フンシャク ①火でやく。②火あぶりにする。③非常に暑いさま。④非常に心を苦しめること。
【焚舟】フンシュウ 舟を焼く。川を渡ってから舟を焼き捨て、ふたたびもどらないという必死の覚悟を示すこと。〔左伝、文公三〕
【焚書坑儒】フンショコウジュ 秦シンの始皇帝の三十四年(前二一三)に、丞相ジョウショウ李斯リシの建言によって『詩経』『書経』などの儒家の経典を焼き、翌三十五年に咸陽カンヨウで儒者四百六十余人を穴埋めにしたこと。〔史記、秦始皇本紀〕
【焚如】フンジョ 火がさかんに燃えるさま。転じて、火災。「焚如之刑フンジョのケイ」(火あぶりの刑)
【焚燼】フンジン もえのこり。もえかす。灰燼。
【焚滅】フンメツ やけほろびる。また、やきほろぼす。〔漢書、司馬遷伝〕

(12)8 【焙】4396 △ 漢ハイ 呉バイ 隊 bèi 慣ホウ 6368 5F64

字義 ❶あぶる。ほうじるホウず。火気にあてて熱する。❷ほいろ。→焙炉。
解字 形声。火＋音音。音符の音は、ふっくらしているの意味。火気をあてて物をふっくらとさせる、あぶるの意味を表す。
【焙茶】ホウチャ・ハイチャ 茶をほうじる。また、ほうじた茶。
【焙炉(爐)】ホイロ 国①火にかざして茶などを焙ほうじ、また、物をかわかすに用いる器具。②製茶に用いる乾燥炉。
【焙烙・焙碌】ホウロク 国素焼の平たい土製のなべ。薬品・茶・塩・米・豆などをいるのに用いる。炮烙ホウロク。
【焙烙頭巾】ホウロクズキン 国焙烙の形をしたずきん。僧や老人が用いる。大黒頭巾。

(12)8 【煉】4397 △ レン 煉(4412)の俗字。→六八五ﾍﾟ。

(13)9 【煒】4398 △ 一イ(キ) 尾 wěi 二キ 微 huī 4691 4E7B

字義 一❶明らかなさま。光り輝くさま。❷さかんなさま。❸あか。輝くような赤色。また、そのさま。 二かがやく。ひかる。ひかり。かがやき。

解字 篆文 形声。火＋韋㊟。音符の韋(イ)は、偉に通じ、なみはずれるの意味。なみはずれた火のかがやきの意味を表す。

【煒△煌】(イコウ) ①ひかりかがやくさま。②文章のりっぱなさま。

【煒△曄】(イヨウ) ①さかんなさま。②かがやくさま。

(13)9 【煜】4399 △ イク 屋 yù

字義 ❶かがやく。ひかる。「煜煜」 ❷ほのお。 ❸火の光。 ❹さかんなさま。

解字 篆文 形声。火＋昱㊟。音符の昱(イク)は、さかんの意味。火が光り輝くの意味を表す。

【煜煜】(イクイク) 光るさま。輝くさま。

(13)9 【煙】4400 常 エン けむる・けむり・けむい 1776 316C

(13)9 【烟】4401 エン 先 yān

筆順 火 炉 炬 煙

【烟】同字 6361 5F5D

字義 ❶けむり。けぶり。㋐火が燃えるときに立ちあがる黒い気。「火煙」「人煙」 ㋑かすみ・もやの類。「雲煙」 ❷けむる。けぶる。また、けむらす。 ❸すす（煤(バイ)）。 ❹たばこ。煙草(タバコ)。また、阿片(アヘン)。「禁煙」

国 けむい。けむたい。気づまりである。心苦しい。

難読 煙管(きせる)

解字 篆文 形声。火＋垔㊟。音符の垔(イン)は、かまどから出るけむりの象形。火を付して、けむりの意味を表す。

▼雲煙・寒煙・喫煙・禁煙・香煙・茶煙・紫煙・松煙・硝煙・水煙・炊煙・噴煙・油煙・緑煙

【煙雨】(エンウ) けぶるように降る雨。きりさめ。

【煙炎】(エンエン) ①消えかかっている火。②煙とほのお。

【煙火】(エンカ) ①飯をたくけむり。②物をやく火。③のろし。④はなび。

【煙火色】(エンカのいろ) すすけた顔色。

【煙花】(エンカ) ①かすみと花。②かすみがたなびき花が咲く。また、その景色(ケシキ)。花がすみ。〔唐、李白、黄鶴楼送₂孟浩然之₁広陵₁詩〕煙花三月下₂揚州₁(エンカサンガツヨウシュウにくだる)。③妓女(ギジョ)。芸妓。歌い女(め)。

【煙△霞】(エンカ) ①もややかすみ。②山水のけしき。

【煙△霞△癖】(エンカヘキ) 山水を愛する心が非常に強いこと。旅行ずき。煙霞痼疾(エンカのコシツ)。

【煙景】(エンケイ) ①かすみがたなびいている春げしき。〔唐、李白、春夜宴₂桃李園₁序〕陽春召ₗ我以₂煙景₁。訳文 陽春(ヨウシュン)われをまねくに。エンケイをもってす（二二六六ページ）。②湖上のもや。

【煙月】(エンゲツ) かすんで見える月。おぼろ月。

【煙樹】(エンジュ) かすんでぼんやり見える樹木。

【煙△瘴】(エンショウ) 熱帯地方におこる風土病。

【煙△塵】(エンジン) ①けむりとちり。②兵馬の行きかうために起こるちりやほこり。転じて、戦乱をいう。

【煙△燼】(エンジン) 煙と燃えのこり。燃えのこりの煙。

【煙雪】(エンセツ) けぶるように降る細かい雪。

【煙草】(エンソウ) ①かすみがかかっている草原。②(エンソウ・タバコ) 草の名。また、その葉を干して醱酵(ハッコウ)させたもの。

【煙波】(エンパ) もや（かすみ）がたちこめている水面。また、煙ったようにはっきりしない遠い水面。また、水面のもや。〔唐、崔顥、黄鶴楼詩〕煙波江上使₂人愁₁。訳文 郷関（二一〇ページ）。

【煙波△縹△渺】(エンパヒョウビョウ) 遠く広い海上などがけむっているようで、空と水との境がはっきりしないさま。

【煙△霏】(エンピ) ①煙ともや。煙霧。②もやがたなびく。

【煙滅】(エンメツ) ①もやが消えうせる。②煙のごとくほろぶ。はかなくほろんでなくなること。

【煙△嵐】(エンラン) 山がすみ。嵐は、たちのぼる薄青い山気。

【煙△巒】(エンラン) かすみのたなびいている峰。煙嶺(エンレイ)。

【煙楼（樓）】(エンロウ) ①かすんだたかどの。かすみの中にぼんやり見える高楼。②煙突。けむだし。「煙楼を撞っく」は、煙突をつきやぶることから、子が父にまさる意。

(13)9 【煥】4402 △ カン（クヮン）翰 huàn 6369 5F65

字義 ❶火のひかり。❷あきらか。光りかがやくさま。❸あやのあるさま。りっぱなさま。

解字 篆文 形声。火＋奐㊟。音符の奐(カン)は、変化に富むいろどりの意味。色どりの変化に富む火のかがやきの意味を表す。

【煥△乎】(カンコ) ①光りかがやくさま。②文章のあやがあって美しいさま。煥煥。

【煥然】(カンゼン) ①明らかなさま。②さらりととけるさま。

【煥発（發）】(カンパツ) ①火が燃えでるように外面に輝きあらわれること。輝きあらわれる。②詔勅が出される。渙発(カンパツ)の誤用。

(13)9 【煇】4403 △ 一キ 微 huī 二クン 文 xūn 三ウン 問 yùn

字義 一＝暉(キ)・輝。❶ひかる。かがやく。❷ひかり。かがやき。二やく。いぶす。＝燻(クン)。三かさ。太陽や月のまわりに現れる光の輪。＝暈(ウン)。

解字 篆文 形声。火＋軍㊟。音符の軍は、とりかこむの意味。光源の周囲に放つ、かがやきの意味を表す。

(13)9 【煢】4404 △ 漢ケイ 呉ギョウ（ギャウ）庚 qióng 6373 5F69

字義 ❶ひとり。❷ひとりもの。㋐兄弟のないひとりもの。㋑やもお。妻を失った男。おとこやもめ。㋒ひとりぼっち。たよる所のないもの。

解字 篆文 形声。卂＋熒省㊟。音符の熒(ケイ)は、めぐるの意味。卂は、鳥が速く飛ぶの意味。速くめぐるの意味を表す。借りて、ひとりもの・うれえるの意味をも表す。

【煢煢】(ケイケイ) ①ひとりぼっちで、たよる所のないさま。②うれえるさま。③驚きおそれるさま。

【煢独（獨）】(ケイドク) 身よりのないひとりもの。兄弟のないものと子のないもの。〔書経、洪範〕

(13)9 【煊】4405 △ ケン 暄（3072）と同字。→五二三ページ。

(13)9 【煌】4406 標 漢コウ（クヮウ）呉オウ（ワウ）陽 huáng 6374 5F6A

字義 ❶きらめく。かがやく。かがやき。「煌煌」 ❷明らか。❸さかん。❹火の光。

解字 篆文 形声。火＋皇㊟。音符の皇は、大きく盛んの意味。盛んな火の光、かがやくの意味を表す。

【煌煌】(コウコウ) ①きらきら光るさま。②さかんなさま。③美しいさま。

(13)9 【煖】4407 △ 一漢ダン・呉ナン 旱 nuǎn 二漢ケン・呉カン（クヮン）元 xuān 6375 5F6B

字義 一＝暖。❶あたたかい(あたたかし)。あたたまる。また、あたためる(あたたむ)。❷火気。二あたたかい。＝暄(ケン)・煊(ケン)。

参考 現代表記では［暖］（3073）に書きかえることがある。「煖房→暖房」「煖炉→暖炉」

解字 篆文 形声。火＋爰㊟。音符の爰(エン)＝(ケイ)は、引き寄せるの意味。火を引き寄せ、あたたまるの意味を表す。

【煖衣飽食】(ダンイホウショク) あたたかな着物をき、腹いっぱい食べること。衣食に不足のない生活のたとえ。〔荀子、栄辱〕

【煖△烟・煖煙】(ダンエン) あたたかいもや。春のかすみ。暖烟。

【煖房】(ダンボウ) ①あたたかいへや。また、室内をあたためること。暖房。②引越し祝いの宴。

【煖炉（爐）】(ダンロ) ①火をたいて室内をあたためるもの。いろり。

暖炉。②ストーブ。

(13)9 【煤】4408 標 漢バイ 呉マイ 灰 méi 3965 4761

字義 ❶すす。油煙。「煤煙」❷すみ（墨）。❸石炭。
国すすける。すすく。

解字 形声。火＋某音。

【煤煙】バイエン すす。また、すすと煙。
【煤炭】バイタン 石炭。単に煤ともいう。
【煤油】バイユ 石油。

(13)9 【煩】4409 常 ハン・ボン わずらう・わずらわす 4049 4851
漢ハン・呉ボン 元 fán

筆順 火 灯 炘 煩

字義 ❶わずらう。わづらふ。㋐熱が出て頭が痛む。病気になる。㋑胸がつかえる。㋒いらいらする。あせる。㋓もだえる。思いなやむ。「煩悶ハンモン」❷わずらわす。わづらはす。㋐めんどうをかける。㋑つかれさせる。㋒はずかしめる。恥をかかせる。❸わずらい。わづらひ。㋐もだえ。なやみ。心配。「煩悩ボンノウ」㋑めんどうなこと。うるさいこと。㋒病気。❹わずらわしい。わづらはし。㋐ごたごたと多い。くどい。「煩雑」㋑はげしい。いそがしい。㋒やかましい。㋓うるさい。うるさし。めんどうくさい。いらいらする。

使いわけ わずらう・わずらわす〔煩・患〕
〔煩〕思い悩む。「恋煩い」
〔患〕病気になる。「長患い」

解字 文 篆 会意。火＋頁。頁は頭の意味。熱があって頭痛がするさまから、わずらうの意味を表す。

▼頻煩

【煩冤】ハンエン もだえうらむ。もだえ苦しむ。〔唐、杜甫、兵車行〕→新鬼（四八五㌻一）。
【煩簡】ハンカン 煩雑と簡易。また、いそがしいことと、ひまなこと。
【煩囂】ハンゴウ うるさくそうぞうしい。
【煩瑣】ハンサ こまごまとしてわずらわしいこと。
【煩雑(雜)】ハンザツ ごたごたしてわずらわしいこと。繁雑。◇「煩雑」も「繁雑」も、ともに「ごたごたしている」意。「煩雑」には心理的要素（わずらわしい）が含まれるのに対し、「繁雑」は複雑多様であるというような物理的要素が多い。
【煩擾】ハンジョウ （軍規が）わずらわしい。また、そうぞうしいこと。
【煩多】ハンタ わずらわしいことが多いこと。また、用事が多くわずらわしいこと。繁多。
【煩悩(惱)】ボンノウ 仏心身をまよわす欲望。心のまよい。
【煩文】ハンブン ①ごたごたした文章。②わずらわしい儀式。
【煩悶】ハンモン もだえ苦しむ。わずらいもだえる。
【煩懣】ハンモン ①胸がつかえて苦しむこと。②もだえ苦しむ。③気がふさがる。
【煩憂】ハンユウ もだえうれえる。心配する。また、わずらわしい心配ごと。
【煩乱(亂)】ハンラン ごたごたとして乱雑なこと。
【煩累・煩纍】ハンルイ めんどう。わずらい。累は、かかりあい。
【煩礼(禮)】ハンレイ わずらわしい礼儀作法。

(13)9 【煠】4410 △ 一ヨウ（エフ）葉 yè 二チョウ（テフ）葉 三漢ソウ（サフ）呉ジョウ（ゼフ）洽 zhá

字義 一二やく（焼）。三❶ゆでる。ゆづ。湯に入れて煮る。❷あげる。油で揚げる。＝炸ソウ。

解字 形声。火＋枼音。

(13)9 【煬】4411 △ 一ヨウ（ヤウ）漾 yàng 二ヨウ（ヤウ）陽 yáng 6376 5F6C

字義 一❶あぶる。㋐あぶりかわかす。㋑物を火にあてる。㋒さらす。日にあてる。❷火のさかんなこと。❸また、火にあたる。かしぐ（炊）。二金属をとかす。

解字 文 篆 形声。火＋昜音。音符の昜ヨウは、暑い日があがるの意味。火力をあげて、あぶるの意味を表す。

【煬帝】ヨウダイ 隋ズイの第二代の皇帝。在位十二年。姓は楊ヨウ、名は広（一名、英）。文帝の第二子で、文帝を殺して即位し、豪華な生活を好み、土木工事を起こし、離宮を造り、運河を開き、長城を築いて、国民の反感を買い、ついに部下に殺された。（五六九—六一八）

〔煬帝〕

(13)9 【煉】4412 標 レン 霰 liàn ［煉］4691 4E7B
［煉］字 俗

字義 ねる。＝錬。㋐金属を火でとかして精錬する。㋑心をねりきたえる。

参考 現代表記では〔練〕（5838）に書きかえることがある。「試煉→試練」「煉炭→練炭」「煉乳→練乳」

解字 文 篆 形声。火＋柬音。音符の柬レンは、練に通じ、ねるの意味。火力で金属をねりとかすの意味を表す。

【煉瓦】レンガ 国粘土をこねて直方体に焼いた一種のかわら。土木建築の材料。
【煉丹】レンタン ①道教の術で、不老不死の仙薬をねること。丹は、金丹で、不老不死の薬。錬丹。②精神を丹田（へその下三寸のところ）に集中して心身を修錬する方法。

(13)9 【煨】4413 △ ワイ 灰 wēi

字義 ❶うずみび。うづみび（埋み火）。灰の中に埋めてある火。「煨炭」❷うずめてやく。

解字 文 篆 形声。火＋畏音。音符の畏イは、尉に通じ、あたためるの意味。灰を掘ってその中に物を入れ、うずみ火でむし焼きするの意味を表す。

【煨燼】ワイジン 焼けて灰となること。やけのこり。灰燼。

(14)10 【熅】4414 △ ウン 文 yūn
［煴］字 俗

字義 ❶うずみび。うづみび。❷たちこめた煙。❸天地の元気。❹あたたか。

解字 文 篆 形声。火＋𥁕音。音符の𥁕ウンは、あたたかいの意味。うずみ火・けむりがたちこめるの意味を表す。

(14)10 【熒】4415 △ 一漢ケイ・呉ギョウ（ギャウ）青 二漢エイ・呉ヨウ（ヤウ）迥 yíng

字義 一❶ひかり。ともしびの光。❷ひかる。ひかりかがやく。❸あきらか。❹まどう。まどわす。目がくらむ。❺ほたる（蛍）。❻いとなむ（営）。二まどう。まどわす。

解字 文 篆 形声。炏＋冂音。音符の冂ケイは、めぐらすの意味。多くの火をめぐらす、ひかるの意味を表す。熒（または熒の省音）を音符に含む形声文字に、瑩エイ・螢エイ・滎エイ・縈エイ・蛍・栄などがある。

【熒熒】ケイケイ ①ひかりかがやくさま。②ひかってつやがあるさま。③小さい光のさま。また、かすかに光るさま。
【熒光】ケイコウ かすかな光。
【熒惑】ケイワク ①火星の別名。②火神の名。③ケイワク・エイワク まどわす。また、まどう。

(14)10 【熕】4416 △ コウ 6380 5F70

字義 熕砲コウホウ・砲熕ホウコウは、大砲。おおづつ。

解字 形声。火＋貢音。

(14)10 【熇】4417 △ 一コク 沃 hè 二カク 薬 hè 三漢コウ(カウ)・呉キョウ(ケウ) 肴 xiāo 四コウ(カウ) 皓 kǎo

字義 一二❶あつい。火があつい。❷やく(焼)。❸さかんなさま。火がさかんにもえるさま。三❶日にさらす。❷熱さがきびしい。四❶かわく。火でかわかす。❷とろ火で煮る。

解字 篆文 形声。火+高音。音符の高は、たかいの意味。高くあがる火、あつい・さかんの意味を表す。

【熇熇】コクコク ①火がさかんにもえるさま。②物事のさかんなさま。③コウコウ きびしいさま。むごたらしいさま。

(14)10 【煽】4418 標 一セン 霰 shàn 二セン 先 shān ［煽］ 3290 407A

字義 一二❶あおる。あふる。＝扇。㋐火をおこす。㋑そそのかす。おだてる。「煽動」❷さかん。火がさかんなこと。国❶あおる。あふる。㋐扇で風をおこす。㋑酒をひと息に飲む。❷あおり。あふり。㋐風に吹かれて動くこと。㋑馬の両わきにたれている泥よけ。

参考 現代表記では〔扇〕(2529)に書きかえることがある。「煽情→扇情」「煽動→扇動」

解字 篆文 形声。火+扇音。音符の扇は、おおぎ・あおるの意味。火をおこすの意味を表す。

【煽情】センジョウ 感情や情欲をあおること。扇情。

【煽動】センドウ すすめそそのかす。おだてて事をやらせる。扇動。

【煽惑】センワク おだててまどわす。おだてる。扇惑。

(14)10 【熄】4419 △ 漢ショク 呉ソク 職 xī 6379 5F6F

字義 ❶うずみび。灰の中に埋めてある火。❷きえる。火が消える。❸やむ。＝息。なくなる。ほろびる。❹けす。ほろぼす。

参考 現代表記では〔息〕(2221)に書きかえることがある。「終熄→終息」

解字 篆文 形声。火+息音。音符の息は、やすむの意味。火がやすむ、きえるの意味を表す。

【熄滅】ソクメツ きえてなくなる。きえうせる。やむ。

(14)10 【熔】4420 標 ヨウ 鎔(8229)の印刷標準字体。→一二四〇ページ。 4548 4D50

参考 現代表記では〔溶〕(4214)に書きかえる。「熔接→溶接」「熔岩→溶岩」熟語は〔溶〕をも見よ。→六六五ページ。

(15)11 【熨】4421 △ 一イ(ヰ) 未 yù 二漢ウツ・呉ウチ 物 yùn 6381 5F71

字義 一❶おさえる。おさえてあたためる。❷のし。ひのし。尉(1706)の俗字。❸火のし。アイロン。二❶のす。こてなどで衣服のしわをのばす。❷＝一の③。国のし。進物の包み紙の上につけるもの。

解字 形声。火+尉音。音符の尉は、火のしの意味。尉の意味が多くなり、区別して、火を付し、火のし・火のしでおさえるの意味を表す。

【熨斗】ウツト・ウット・のし ①火のし。②国のし㋐のしあわび。㋑方形の色紙を細長い六角形に折りたたみ、中にのしあわびを小さく切ってはさみ、進物の包み紙にそえるもの。

〔熨斗一③〕

(15)11 【熯】4422 △ 一漢ゼン・呉ネン 銑 rǎn 二カン 翰 hàn

字義 一❶かわくさま。❷火がさかんなこと。❸つつしむ。❹やく。もやす。❺つきる。なくなる。二❶かわかす。❷あぶる。焼く。

解字 甲骨文 篆文 形声。火+英音。音符の英は、のりとをささげ持つ「みこ」が焼かれるさまにかたどり、「やく」の意味。のち、火を付し、やくの意味を明らかにした。

(15)11 【熛】4423 △ ヒョウ(ヘウ) 蕭 biāo

字義 ❶ひのこがとぶ。飛び火する。❷火のこ。飛び火。❸ひかる。❹あかい(赤)。❺はやい。はげしい。また、はやて。

解字 篆文 形声。火+票(㶾)音。音符の㶾は、熛の原字で、火の粉が舞いあがるの意味を表す。火のこが飛ぶように早くおこる。火がさかんに燃えるさまをたとえていう。

【熛起】ヒョウキ 火のこが飛ぶように早くおこる。

【熛怒】ヒョウド 火がさかんに燃えるさまをたとえていう。

【熛風】ヒョウフウ はげしい風。はやて。飄風。

(15)11 【熠】4424 △ 一ユウ(イフ) 緝 yì 二漢シュウ(シフ) 呉ジュウ(ジフ) 緝

字義 一二❶ひかり。さかんな光。❷あざやか。あきらか。また、かがやくさま。❸光の定まらないさま。

解字 篆文 形声。火+習音。音符の習は、かさなるの意味。火の光がかさなる、かがやくの意味を表す。

【熠燿】ユウヨウ・シュウヨウ ①光の定まらないさま。②あざやかなさま。③蛍の別名。

(16)12 【燄】4425 △ エン 焰(4386)と同字。→六八二ページ。

(16)12 【熾】4426 標 シ 寘 chì 6385 5F75

字義 ❶さかん。㋐火がさかん。㋑勢いがさかん。❷さかんにする。❸あかい(赤)。国おき。→燠(4438)。

解字 篆文 古文 形声。火+戠音。音符の戠は、縦横の糸をたがいちがいにして織るの意味。火が縦横に飛んでさかんに燃えるの意味を表す。

【熾盛】シセイ はげしくさかんなこと。

【熾烈】シレツ さかんではげしい。

(16)12 【燋】4427 △ 一ショウ(セウ) 蕭 jiāo 二漢ショウ(セウ) 呉ジョウ(ゼウ) 嘯 qiáo

字義 一❶たいまつ(炬火)。❷こげる。こがす。二❶占いに用いる亀の甲をやく木。❷やつれる。

解字 篆文 形声。火+焦音。音符の焦は、こげるの意味。こがすための火、人が手にするたいまつの意味を表す。

【燋槁】ショウコウ 日にやけてかれる。槁は、枯れる。

【燋心】ショウシン 心をこがす。非常に思いなやむこと。焦心。

【燋頭爛額為上客】ショウトウランガクをジョウカクとなす 火災を事前に予防する方法を考えた者を賞しないで、失火に際して、頭をこがし額をただれさせて消火につとめた者を第一として賞する。根本よりも末端を重視するたとえ。〔漢書、霍光伝〕

【燋爛】ショウラン やけただれる。

(16)12 【焼】(4393) ショウ 焼(4392)の旧字体。→六八三ページ。 6386 5F76

(16)12 【燖】4428 △ 一漢シン・呉ジン 侵 xún 二漢セン・呉ゼン 塩 qián

字義 一❶にる。❷あたためる。二ゆびく。ゆがく。湯にひたす。肉を湯につける。

解字 形声。火+尋音。

(16)12 【燀】4429 △ 一セン 銑 chǎn 二タン 旱 dǎn

字義 一❶かしぐ(炊)。たく。❷炎の立つさま。❸さかん。❹もえる。もゆ。❺かがやく。「燀燿」センヨウ ❻あつい(厚)。また、あたたかい。二＝一の⑥。

解字 篆文 形声。火+單音。音符の單は、彈に通じ、はじけるの意。火がはじける、たくの意味を表す。

(16)12 【燈】(4356) トウ 灯(4355)の旧字体。→六七九ページ。 3785 4575

(16)12 【燙】4430 △ 漢トウ(タウ) 呉ドウ(ダウ) tàng

字義 あたためる。あたたむ。㋐熱する。㋑やけどする。

解字 形声。火＋湯㊅。湯や火であたためるの意味を表す。

(16)12 **【燉】** 4431 △ 漢トン 呉ドン 元 tūn, ⑤dūn, ⑥dùn　6387 5F77

字義 ❶火のさかんなさま。❷火の色。❸大きい。❹むす。ふかす。❺燉煌は、地名。→敦煌（四七七ページ）。❻にる。とろ火でゆっくり煮る。

解字 形声。火＋敦㊅。

(16)12 **【燃】** 4432 教5 ネン もえる・もやす・もす 漢ゼン・呉ネン 先 rán　3919 4733

筆順 火 炒 炒 燃 燃

字義 **もえる。もやす。もす。**もと、〔然〕の俗字。

解字 形声。火＋然㊅。音符の然は、もえるの意味。燃の原字。然が、「しかし」などの意味を表すのに用いられるようになり、火を付し区別した。

▼再燃

【燃犀】犀（動物の名）の角をもやす意。くらい所を明らかに照らすこと。犀の角をもやした火は、よく水中までを照らすといわれた。〔晋書、温嶠伝〕

【燃犀之見】明らかで徹底した見識。

(16)12 **【燔】** 4433 △ 漢ハン 呉ボン 元 fán　6388 5F78

字義 ❶やく。あぶる。❷かわかす。❸あぶった肉。❹ひもろぎ（膰）。祭りにそなえる肉。

解字 篆文 形声。火＋番㊅。音符の番は、種をまくの意味。しばなどをたいて火の粉を天にあげながら肉をやくの意を表す。

【燔柴】柴の上に玉帛（玉と絹織物）やいけにえなどをのせ、これを焼いて天を祭ること。

【燔死】焼け死ぬ。やき殺す。

【燔炙】①やく。あぶる。②やき肉。

【燔肉】祭りにそなえた肉。ひもろぎ。

【燔燎】①やく。また、もやす。②（天や祖先を祭るために）かがり火をたくこと。

(16)12 **【燁】** 4434 △ ヨウ（エフ）葉 yè

字義 ❶さかん。光がさかんなさま。❷**かがやく。**火のひかるさま。

解字 篆文 形声。火＋曄（𠌶）㊅。音符の𠌶は、日がかがやくの意味。火がかがやく、さかんの意味を表す。

【燁然】①てりかがやくさま。②さかんなさま。

【燁燁】かがやくさま。曄曄。

(16)12 **【燗】** 4435 △ ラン 翰 làn　6383 5F73

字義 にる（煮）。国**かん。**酒をほどよくあたためること。

解字 形声。火＋閒（闌）㊅。音符の闌は、さかりの意味。さかりの火でにるの意味を表す。

(16)12 **【燎】** 4436 人 リョウ（レウ）嘯 篠 liào, liǎo　6389 5F79

筆順 火 炊 炊 熔 燎

字義 ❶**かがりび。**にわび。庭燎。❷あきらか。❸てらす（照）。❹**やく**（焼）。もやす。「燔燎」❺焼ける。燃える。❻やきがり。山林を焼いてする狩り。また、その火。かり火。❼夜の狩り。❽あぶる。❾柴をもやして天を祭ること。「郊燎」

解字 篆文 形声。火＋尞（㷔）㊅。音符の㷔は、燎の原字で、火の上に組み立てられた木と、飛び散る火の粉との象形。かがり火・てらすの意味を表す。

【燎火】にわび。かがり火。

【燎原火】野原を焼く火。転じて、火が野原に燃え広がるように勢いのさかんなこと。特に、悪事や禍乱のはびこるさま。また、非常な勢いで広がったり、敵を次々と撃破して進んだりするさまの形容。〔書経、盤庚上〕〔左伝、隠公六〕

(16)12 **【燐】** 4437 △ リン 真 震 lín　4653 4E55

【燐】標準

字義 ❶おにび。ひだま。死体からの発光。❷ほたるび。❸非金属元素の一つ。

難読 燐寸

参考 〔燐〕は俗字であるが、印刷標準字体。

解字 形声。火＋粦㊅。

【燐光】①おにび。きつねび。燐火。②物体に光をあてて後、それを暗い所に置いた時に、その物体から発する光。

(17)13 **【燠】** 4438 △ 一イク 屋 yù 二オウ（アウ）号 晧 ào 三ウ 遇　6390 5F7A

字義 一二**あたたかい。**あつい。三→燠休。国**おき。**（熾とも書く）。❶赤くおこった炭火。❷薪が燃えて炭火になったもの。

解字 篆文 形声。火＋奥㊅。音符の奥は、おくの意味。おくの方に火があって、あたたかいの意味を表す。

【燠休】①いたみ思う声。苦痛をなぐさめるに出す声。②いたむ所に息をかけてあたためること。転じて、他人の苦しみを救う意。

(17)13 **【營】** (1729) エイ 営（1728）の旧字体。→三三ページ。　5159 535B

(17)13 **【燬】** 4439 △ キ 紙 huǐ　6391 5F7B

字義 ❶ひ（火）。はげしい火。烈火。❷**やく。**やきつくす。

解字 篆文 形声。火＋毀㊅。音符の毀は、こわすの意味。火でやきつくすの意味を表す。

(17)13 **【燦】** 4440 人 サン 翰 càn　2724 3B38

筆順 火 炒 燉 燦 燦

字義 ❶**あきらか。**あざやか。きらびやか。❷きらめく。

解字 篆文 形声。火＋粲㊅。音符の粲は、あざやかな白米の意味。火があざやかの意味を表す。

【燦然】光りかがやくさま。あざやかなさま。粲然。

【燦爛】あざやかにかがやくさま。きらびやかなさま。はなやかに美しいさま。粲爛。

(17)13 **【燮】** 4441 △ ショウ（セフ）葉 xiè　5057 5259

【爕】俗字

字義 ❶**やわらぐ。**やわらげる。調和する。❷にる（煮）。❸しだいに。ようやく。

解字 金文 篆文 会意。もと、燮で、又＋炎＋辛。辛は、調理用刃物の象形。食物に手を加え、加熱するさまから、よく煮る、煮てやわらかくするの意味を表す。辛は言に変形し、言となった。

【燮燮】しだいに。ようやく。

【燮理】①（陰陽を）やわらげととのえる。また、（国を）治める。（国政を）きりもりする。②転じて、宰相をいう。

【燮和】①やわらげる。やわらげととのえる。②宰相。

(17)13 **【燭】** 4442 標 漢ショク 呉ソク 沃 zhú　3104 3F24

字義 ❶ひ（火）。㋐にわび。かがり火。㋑**ともしび。**たいまつ。あかり。「紙燭」「燭火」「灯燭」㋒ろうそくの火。❷てらす。❸ひかるさま。国**ショク。**電気の光度の単位。

解字 篆文 形声。火＋蜀㊅。音符の蜀は、長時間つづくの意味。長い時間もえつづく火、ともしびの意味を表す。

【燭影】ともしびのひかり。

【燭花】ともしびのほのお。また、ともしび。

【燭光】ショッコウ ①ともしびの光。灯光。②国電気の光度の単位。

【燭台(臺)】ショクダイ ろうそく立て。燭架。

〔燭台〕

【挙(擧)レ燭】ショクをあげよ ともしびを高くあげよ。郢エイの人が燕エンの大臣に手紙を書くとき、侍者に燭をあげよと命じ、そのまま手紙に書きこんでしまい、それを受け取った燕の大臣は、挙燭を、賢人を用いよという意味に取って、賢人を用いたという故事。転じて、賢人を用いるたとえ。〔韓非子、外儲説左上〕

【背レ燭】ともしびをそむく ともしびの向きを壁の方へ向け、部屋を暗くする。〔唐、白居易、春中与二盧四周諒一華陽観同居詩〕背レ燭共憐深夜月ともしびをそむけてはともにあわ(は)れむシンヤのつき、踏レ花同惜少年春はなをふみてはおなじくお(を)しむショウネンのはる。〈ともしびの向きをかえて部屋を暗くし、夜のふけるまでともに深夜の月をめで、落花を踏んで暮れて行こうとする少年の春をともに惜しんだ〉

【秉レ燭夜遊】ショクをとりてよるあそぶ ともしびをともして夜まであそび楽しむ。〔唐、李白、春夜宴二桃李園一序〕古人秉レ燭夜遊コジンショクをとりてよるあそぶ、良有レ以也まことにゆえ(ゑ)あるなり。〈昔の人がともしびをともして夜まで遊び楽しんだのは、まことにもっともなことである〉

(17)13【燧】4443 △ 漢スイ 呉ズイ 寘 suì 6392 5F7C

字義 ❶ひうち。ひどり。火をつける道具。石と鉄とを打ち合わせて発火させるもの。❷たいまつの火。❸のろし。敵襲などを味方に合図するもの。

解字 文 篆 形声。火+遂音。

【燧人氏】スイジンシ 中国古代の伝説上の帝王の名。はじめて木をこすり合わせて火を取り、食物を煮たきすることを教えたという。〔韓非子、五蠹〕

【燧石】スイセキ ひうち石。石英の一種。鉄片と打ち合わせると火を発する。

【鑽レ燧】スイをきる 木や石をきりもみして火をおこす。

(17)13【燥】4444 常 ソウ ｜ ソウ(サウ) 号 皓 zào 3371 4167

筆順 火 炉 炉 焊 焊 燥

字義 ❶かわく。「乾燥」かわかす。また、かわき。かわいたもの。❷こげる。❸火。

参考 現代表記では〔躁〕(7592)の書きかえに用いることがある。「焦躁→焦燥」

解字 篆 文 形声。火+喿音。音符の喿ソウは、さわがしいの意味。さわがしい音をしてこげるさまから、かわくの意味を表す。

▼乾燥・焦燥

【燥湿(濕)】ソウシツ ①かわくこととしめること。また、かわいたものとしめったもの。②人のすまいの様子。人のすまいは、しめった所を避けて、かわいた所に求めるからいう。

【燥吻】ソウフン ①かわいたくちびる。②詩文を作るのに苦心してくちびるがかわくことから、転じて、容易に詩文のよい句が浮かび出ないこと。〔文選、陸機、文賦〕

(17)13【燵】4445 国字 標 タツ 6393 5F7D

字義 炬燵コタツは、暖をとる装置。

解字 形声。火+達音。中国でもと、足をのせて暖をとる暖炉を火踏子コタツという。この語が日本に入り、「踏子」の部分を燵と書いた。

(18)14【燻】4446 △ クン 文 xūn 6378 5F6E

字義 いぶす。くすべる。また、くすぶる。くゆらす。熏(4479)の俗字。

参考 現代表記では〔薫〕(6591)に書きかえることがある。「燻製→薫製」

解字 形声。火+熏音。音符の熏クンは、いぶすの意味。

【燻製】クンセイ 国魚・獣肉などを塩づけにし、火の煙でいぶし乾かして貯蔵するように作ったもの。薫製。

(18)14【燼】4447 △ 漢シン 呉ジン 震 jìn 6394 5F7E

〔烬〕俗字

字義 ❶もえのこり。もえさし。「余燼」❷いき残り。災いから助かり残った民。また、亡国の遺民。

解字 形声。火+盡音。音符の盡ジンは、つきるの意味。燃え尽きたあとの火、もえさしの意味を表す。

【燼滅】ジンメツ ①もえてなくなる。②ほろびつきる。

【燼余(餘)】ジンヨ 余燼。①もえのこり。もえさし。②生きのこり。

(18)14【燹】4448 △ セン 銑 xiǎn 6401 6021

字義 ❶ひ(火)。❷のび(野火)。❸兵乱のためにおこる火事。「兵燹」

解字 金 文 篆 文 形声。火+豩音。

(18)14【燿】4449 囚 6402 6022

(18)14〔燿〕4450 ヨウ(エウ) 嘯 yào

筆順 火 炉 炉 焊 熠 燿

【耀】同字 4552 4D54

字義 ❶かがやく。ひかる。てる。かがやかす。＝曜。❷かがやき。ひかり。❸あきらか(明)。❹くらむ。くらます。

名乗 てる

解字 篆 文 形声。火+翟音。音符の翟テキ＝ヨウは、高くかがやくの意味。火が高くかがやくの意味を表す。

【燿燿】ヨウヨウ ひかりかがやくさま。明らかなさま。曜曜。

(19)15【爍】4451 △ シャク 薬 shuò 6403 6023

字義 ❶ひかる。かがやく。また、その光。「灼爍シャク」❷あつい(熱)。❸きえる。けす。❹くずす。❺とける。とかす。

解字 篆 文 形声。火+樂音。

【爍金】シャクキン ①金属をとかす。②人のことばのおそるべきたとえ。〔国語、周語〕衆口爍レ金シュウコウキンをとかす。

(19)15【爆】4452 常 バク ｜ 一ハク 覚 bó 二ホウ(ハウ) 効 bào 慣バク 3990 477A

筆順 火 炉 焊 焊 爆 爆

字義 一❶やく(焼)。❷火がはげしい。❸火のもえる音の形容。❹おちる(落)。❺はじける。はぜる。さける(裂)。二＝一の❺。

解字 篆 文 形声。火+暴音。音符の暴は、あれるの意味。火がはじけるの意味を表す。

難読 爆竹どんど

【爆竹】バクチク ①細い竹の筒に火薬をつめて爆発させるもの。後世は紙でつくる。もと、鬼(もののけ)を追うために用いたが、後、正月や結婚の祝いの日などに用いる。②国正月十五日に、数本の青竹で左儀長サギチョウ(どんど焼き用の集積)を作り、かどまつ・しめなわなどをそれと共に焼く行事。どんど。

【爆破】バクハ 火薬で破壊する。

【爆発】バクハツ ①火薬や火山が猛烈な勢いで破裂する。②物事が急におこること。③国怒ること。

【爆裂】バクレツ 爆発して破裂する。

(20)16【爐】(4366) ロ 炉(4365)の旧字体。→六八一ジ。 6404 6024

(21)17【爚】4453 △ ヤク 薬 yuè

字義 ❶やく（焼）。とかす。❷ひかり。火の光。また、いなびかり。❸ひかる。かがやく。❹とける。散る。散ってなくなる。

解字 篆文 形声。火＋龠㊅。

6405
6025

(21)17【爛】4454 標 ㊀ラン 翰 làn ㊁㊅ラン・㊇レン 删

字義 ㊀❶ただれる。ただらせる。また、ただれ。くされ。㋐やけどする。㋑くさる。㋒熟しすぎる。煮えすぎる。㋓傷つき破れる。❷ただらす。ただらかす。❸あきらか。あざやか。光り輝く。㊁❶あきらかなさま。❷ひかる。かがやくさま。「爛爛」「燦爛」❹にる。

参考 現代表記では［乱］(62)に書きかえることがある。「腐爛→腐乱」

解字 篆文 形声。もと、火＋蘭㊅。音符の蘭は、長い時間ひたしておくの意味。火の中に長い時間おく、ただれる・にる・ひかるの意味を表す。

【爛熟】ランジュク ①果実などが十分に熟しきる。②物事が十分に成熟しきる。極度に発達する。十分に発達して下り坂に向かうこと。③十分にそのことに通ずる。

【爛酔（醉）】ランスイ ひどく酒に酔う。泥酔。

【爛然】ランゼン 明らかで美しいさま。あざやかなさま。

【爛発（發）】ランパツ ①かがやき出る。色つやなどの輝くばかりに美しいこと。②花が咲きみだれること。

【爛漫・爛△縵】ランマン ①花が咲きみだれているさま。②消え散らばるさま。消散。③くずれ散るさま。④水があふれているさま。⑤よくねむるさま。熟睡するさま。⑥光りかがやくさま。⑦明らかにあらわれ見えるさま。「天真爛漫」⑧ゆったりと歩くさま。あてどなくさまようさま。

【爛爛】ランラン ①きらきらかがやくさま。②眼光がするどく光るさま。

(22)18【爝】4455 △ ㊅シャク ㊇サク 薬 jué

字義 ❶かがりび。たいまつ。❷かがり火をたいて、おはらいをする。

解字 篆文 形声。火＋爵㊅。

(29)25【爨】4456 △ サン 翰 寒 cuàn

6406
6026

字義 ❶かしぐ（炊）。飯をたく。「炊爨」❷かまど。㊂さん。めしたき女を「おさん・おさんどん」という「サン」は、この字に基づくかという。

解字 篆文 会意。䨻＋冖＋林＋廾＋火。䨻は、こしきなど物を煮たきする道具を両手でもちあげる形にかたどる。冖は、そのかま口をかたどる。かまどに両手で木をくべるさまにかたどり、かしぐの意味を表す。

【爨炊】サンスイ 飯をたくこと。

【爨婦】サンプ めしたき女。炊婦。

4 灬部

〔部首解説〕 れんが（連火）。れっか（列火）。四つ点。火が脚になるときの形。→［火］の部首解説。

5 為 六八九	点 六八九	烏 六九〇	6 烏 六九〇	烋 六九一
烝 六九一	烈 六九一	7 焉 六九一	焄 六九一	烹 六九一
8 煮 六九二	焦 六九二	然 六九二	無 六九二	9 煦 六九四
煞 六九四	煑 六九四	照 六九四	煎 六九五	10 熙 六九五
熏 六九五	熊 六九五	11 熙 六九五	熈 六九五	勲 六九五
熬 六九五	熟 六九五	熱 六九六	12 燕 六九六	熹 六九六
14 燾 六九七	15 爇 六九七			

羔→羊部 八八〇ページ。黒→黑部 一三八七ページ。喣→口部 二〇九ページ。
檛→木部 五八〇ページ。麃→鹿部 一三八二ページ。黙→黑部 一三八八ページ。

(9)5【為】4457 常 イ 為替（かわせ）
(12)爪8〖爲〗4458 ㊇許 ㊀イ（㊅）支 wéi ㊁イ（㊅）寘 wèi

1657
3059
6410
602A

筆順 丶 ソ 为 為 為

字義 ㊀❶なす。する。㋐行う。実施する。㋑…とする。…にする。あるものを変えて他のものとする。ある状態を他の状態に変える。〔論語、為政〕温レ故而知レ新、可二以為一レ師矣（ふるきをたずねて、あたらしきをしれば、もってしとなすべし）。㋒…と見なす。㋓…と思う。「以為（おもへらく）…」㋔…と言う。㋕…である。❷助字。たり。⇩助字解説 ❸なる。㋐できあがる。成就する。㋑…となる。…になる。あるものが他のものに変わる。❹つくる（作）。こしらえる。「人為」❺おさめる。㋐統治する。まとめる。㋑なおす。治療する。修理する。㋒学ぶ。ならう。❻いつわる（偽）。まねする。ふりをする。「作為」❼しわざ。行い。「行為」❽ある（有）。❾助字。㋐や。か。疑問・反語を表す。〔史記、項羽本紀〕我何渡為（われなんぞわたらんや）。㋑かな。感嘆を表す。㋒句末にあって語調を整える。❿さる（猿）。㊁❶たすける（助）。❷ため。ために。ためにする。⇩助字解説 ❸まさに…んとす（将）。再読文字。❹助字。㋐と。ともに。＝与。㋑る。らる。〔史記、項羽本紀〕後則為二人所一レ制（おくるればすなわ（は）ちひとのセイするところとなる）。⇩助字解説

✝助字解説

①たり。断定。……である。〔史記、項羽本紀〕人方為二刀俎一、我為二魚肉一（ひとはまさにトウソたり、われはギョニクたり）。〈彼らは包丁とまないたであり、われわれは魚肉のような立場である〉

②ために。㋐目的。……のために。〔史記、刺客、予譲伝〕士為二知レ己者一死（シはおのれをしるもののためにシす）。〈真の男子は自分のことを理解してくれる者のために命を投げだす〉㋑原因。……のために。〔史記、項羽本紀〕……多殺（おおくころさる）。漢卒十余万人皆入二睢水一（カンのソツジュウヨマンニン、みなスイスイにいる）。睢水為レ之不レ流（スイスイこれがためにながれず）。〈多くの漢の兵が殺された。漢の兵十余万人はみな睢水に漬かってしまった。睢水はこのために流れなかった〉

③る。らる。受身。……される。〔文選、古詩十九首〕愚者愛二惜費一（グシャはヒをアイセキして）、但為二後世嗤一（ただコウセイにわらわ（は）る）。〈愚者は費用を惜しんで、ただ後世の人にあざけり笑われるだけだ〉

④為レ所（ところとなる）・為るも受身を表す。〔史記、項羽本紀〕若属皆且レ為レ所レ虜（なんじ（ぢ）がゾクみなまさにとりことするところとならんとす）。〈お前たちの仲間はみな今に捕虜にされてしまうだろう〉

名乗 た・なり・よし 難読 為歌可（いかが）・為体（ていたらく）・為栗（してぐり）

参考 「為レ人」は「ひととなり」とよみ、人がらの意。

解字 甲骨文 篆文 会意。甲骨文は会意で、爪＋象。象は、ぞうの象形。爪は、手の象形。象を飼いならすさまから、人為的につくるの意味を表す。篆文の爲は、それの変形。常用漢字は、爲の省略体。

▼営為・作為・所為・人為・天為・当為・無為・有為

【為我】イガ わがためにす。自分だけの利益をはかる。戦国時代の楊朱の主張。〔孟子、尽心上〕楊子取レ為レ我（ヨウシはわがためにするをとる）。

【為学（學）】イガク 学問をする。また、学問。

【為政】イセイ ①政治を行う。「為政者」②『論語』の編名。

【無レ不レ為】なさざるなし どんな悪い事でもしてしまう。

(9)5【点】4459 教2 テン
(17)黑5〖點〗4460 テン 琰 diǎn

3732
4540
8358
735A

筆順 ｜ ト 占 点

【点】〔字義〕俗字 ……

【占】俗字 ……

〔字義〕❶ぽち。ほし。ちょぼ。「斑点（ハンテン）」❷しるし。小さいしるし。文章の切れ目のしるしなど。「句読点」❸てんをうつ。しるしをつける。「画竜点睛（ガリョウテンセイ）」❹わずかな動作をいう。㋐ちょっと書き入れる。「点景」㋑うなずく。「点頭」㋒軽くふれる。❺ともす。火をつける。「点火」❻一つ一つ調べること。「点検」❼けがす（汚）。よごす。また、よごれ。しみ。❽特定の場所や、物事のある部分を示す語。「起点」「要点」❾時刻を数える単位。更（コウ）（今の二時間）の五分の一。❿たてる。茶をいれる。国テン。㋐漢文を訓読するときに加える各種の記号。訓点。「返り点」㋑品物を数える語。「衣類十点」㋒評点を数える語。「百点満点」

難読 点前（てまえ・たてまえ）・点野（しめの）

解字 篆文  形声。篆文は、黑＋占音。音符の占は、特定の場所をしめるの意味。小さくて黒いほしの意味を表す。常用漢字は略体の点による。

▼汚点・合点・加点・観点・拠点・句点・訓点・圏点・弱点・重点・読点・評点・論点

【点汚】（テンオ）①しみ。よごれ。②きず。欠点。③けがす。

【点火】（テンカ）火をつける。灯火をつける。

【点額】（テンガク）①額（ひたい）に書く。額に字を書く。②試験に落第すること。竜門を登った魚は竜となるが、登れなかった魚は、額に傷をつけてかえることからいう。〔水経、河水注〕

【点鬼簿】（テンキボ）死者の名をしるす帳簿。転じて、詩文中に古人の名を多くいれる欠点。

【点景】（テンケイ）①風景に人物などを描きそえること。②小さい石などを配した盆景。

【点検（檢）】（テンケン）しるしをつけてひとつひとつ調べる。あらため調べること。

【点呼】（テンコ）国ひとりひとり呼んで人数を調べること。

【点行】（テンコウ）召集令が下って戦争に徴発されること。〔唐、杜甫、兵車行〕行人但云点行頻（コウジンはただいう（ふ）テンコウしきりなりと）。

【点茶】（テンサ・テンチャ）茶を入れる。抹茶（マッチャ）に湯をいれてあわだたせること。茶をたてる。

【点在】（テンザイ）あちらこちらに散らばっていること。散在。

【点竄】（テンザン）①文章などの字句を改めること。②国和算の代数学。

【点心】（テンシン・テンジン）簡単な食事をすること。また、その食物。少量の食事を心胸（腹）に点ずるということから、間食の意。また、広く茶菓子・茶うけの類をいう。

【点睛】（テンセイ）動物を描いて最後に、ひとみを入れる。大事な点を加えるたとえ。「画竜点睛（ガリョウテンセイ）」〔晋書、顧愷之伝〕

【点染】（テンセン）①そめつける。画家が景色を描いてそめること。②文章をかざること。③けがれる。また、よごれ。しみ。

【点定】（テンテイ）文章を調べなおす。改め正す。

【点綴】（テンテイ・テンテツ）点をうったようにあちこちにつらなる。また、ほどよく配置する。（「テンテツ」は慣用読み）

【点滴】（テンテキ）雨だれ。しずく。雨滴。

【点灯（燈）】（テントウ）あかりをつけること。

【点頭】（テントウ）うなずく。承知の意を表して頭をさげること。

【点本】（テンポン）国漢文にヲコト点や訓点を施したふるい時代の書籍。

【点滅】（テンメツ）灯火をつけたり、消したりする。

(9)5
【炰】4461 △ 漢ホウ（ハウ）　呉ボウ（バウ）　肴　páo

字義 ❶やく。あぶる。＝炮（ホウ）。❷たけだけしい。はげしい。強い。

解字 形声。灬（火）＋包音。

【炰烋】（ホウコウ）みずから誇って気の強いさま。〔詩経、大雅、蕩〕女炰烋于中国（なんじ（ぢ）チュウゴクにホウコウす）。烋も、気の強いさま。

【炰燔】（ホウハン）①あぶる。焼く。また、あぶり肉。②暑さのはげしいたとえ。

(10)6
【烏】4462 標　漢オ（ヲ）　呉ウ　虞　wū　1708　3128

字義 ❶からす。❷くろい。黒色。❸ああ。＝嗚（オ）。嘆息のことば。❹助字。なんぞ。いずくんぞ（いづくんぞ）。

助字解説

いずくんぞ（いづくんぞ）。疑問・反語。どうして……か。類安・焉・悪。〔漢書、賈誼伝〕遅速有レ命（チソクメイあり）、烏識二其時一（いずくん（づ）ぞそのときをしらん）。〈遅速は運命である。どうしてその時を知っていようか〉

⇩助字解説

難読 烏賀陽（うがや）・烏干玉（うばたま）・烏丸（からすま）・烏帽子（えぼし）・烏竜茶（ウーロンちゃ）・烏魯木斉（ウルムチ）

解字 金文  篆文  象形。鳥の一点を欠いて、黒くて目の見分けがつかない鳥、からすの意味を表す。また、「ああ」など嘆息を表す擬声語としても用いられる。烏を音符に含む形声文字に、歍（ヲ）・嗚（ヲ）などがある。

【烏衣】（ウイ）①黒い着物。粗末な衣。②つばめ。

【烏衣巷】（ウイコウ）地名。金陵（今の江蘇（コウソ）省南京市）の秦淮（シンワイ）河の南。街の入口に朱雀橋がかかっていた。晋代（シンダイ）には王氏・謝氏などの貴族が住んでいた所で、その子弟が黒い衣を着ていたことから名づけられた。〔唐、劉禹錫、烏衣巷詩〕烏衣巷口夕陽斜（ウイコウコウセキヨウななめなり）。

【烏雲】（ウウン）①黒い雲。暗雲。②女性の黒く美しく豊かな髪をいう。

【烏焉】（ウエン）文字の誤り。烏と焉とは、字形が似ているのでたがいに誤るからいう。「烏焉成レ馬（ウエンうまとなる）」

【烏喙】（ウカイ）①からすのくちばし。②からすのくちばしのようにとがった口をいう。欲深いことを表している人相であるという。〔呉越春秋、句践伐レ呉外伝〕

【烏角巾】（ウカクキン）＝烏巾（ウキン）。

【烏獲】（ウカク）戦国時代の秦（シン）の武王の臣で、大力のあった人。〔孟子、告子下注〕

【烏巾】（ウキン）隠者のかぶる黒いずきん。烏角巾。

【烏乎・烏呼】（オコ・ああ）嘆息・感嘆のことば。嗚呼（ああ）。

【烏江】（ウコウ）地名。秦代（シンダイ）に烏江亭が置かれた。今の、安徽（アンキ）省和県の東北、長江の北岸にあり、楚（ソ）の項羽が漢の劉邦（リュウホウ）の軍に攻められて自殺した所。

【烏合】（ウゴウ）からすの集まりのように、規律のないあつまり。「烏合の衆」

【烏号（號）】（ウゴウ）①黄帝が持っていたという良弓の名。②尊敬する人の死をいたんで泣くこと。

【烏之雌雄】（からすのシユウ）からすのめすとおす。からすは黒くて、おす・めすを分けにくいことから、物の是非善悪がまぎらわしいことのたとえ。〔詩経、小雅、正月〕誰知二烏之雌雄一（たれかからすのシユウをしらんや）。

【烏鵲】（ウジャク）①かささぎ。〔文選、武帝、短歌行〕月明星稀（つきあきらかにほしまれなり）、烏鵲南飛（ウジャクみなみにとぶ）。訳文⇩月明星稀（五一八ページ）。②からすとかささぎ。

【烏鵲橋】（ウジャクキョウ）かささぎの渡す橋。陰暦七月七日の夜に、牽牛（ケンギュウ）と織女の二星が天（あま）の川で会うとき、かささぎがその翼で天の川にかけるという橋。

【烏集】（ウシュウ）①からすが集まる。②からすのように群がり集まること。秩序なく集まること。烏合。

【烏賊】（ウゾク・いか）魚の名。いか。墨魚ともいう。

【烏孫】（ウソン）漢代、西域地方、天山山脈の北方に住んでいたトルコ族の遊牧民族。また、その国。漢と和親し、匈奴（キョウド）を破った。

【烏孫公主】（ウソンコウシュ）漢の江都王劉建（リュウケン）の娘で、武帝のとき、政略結婚によって公主（天子の娘）として西域の烏孫王にとつがせられた。その憂いを歌ったものが悲愁歌として有名である。〔漢書、西域伝〕

【烏鳥私情】（ウチョウのシジョウ）からすが親に恩返しをしようとする心。転じて、子が親に孝養をつくそうとする心。〔晋、李密、陳情表〕

【烏兎・烏兔】（ウト）①太陽と月。太陽の中に三本足のから

すが住み、月の中に兎(うさぎ)がいるとの伝説に基づく。②転じて、つきひ（月日）。歳月。「烏兎匆匆(ウトソウソウ)」は、月日のたつのが速いこと。

【烏頭】ウトウ ①黒髪の頭。②水草の名。おにばす。③国烏帽子(エボシ)（昔の成年男子のかぶり物）。④ウズ（ヅ） 毒草の名。とりかぶと。

【烏飛△兎走】ウヒトソウ・からすとびうさぎはしる 月日の速く過ぎ去ることをいう。→烏兎(ウト)。

【烏府】ウフ 御史台の別名。台の周囲の柏(このてがしわ)がしげり、からすが常にすんでいたのでいう。

【烏有】ウユウ なんぞあらんや。何も（全く）ないこと。火災にあって家財を失うこと。「烏有に帰す」

【烏有先生】ウユウセンセイ 世の中に実在しない仮の人名。漢の司馬相如が、その文章中に無是公（実在しない人の名）とならべて用いた人名。〔史記、司馬相如伝〕

【烏△鷺】ウロ ①からすとさぎ。②国㋐黒と白。㋑碁・碁石の別名。「烏鷺を戦わせる」は、碁をうつこと。

【烏乱(亂)】ウロン 国怪しく疑わしいこと。胡乱(ウロン)。

【烏有ニ反△哺△之孝一】からすにハンポのコウあり 子がらすは、幼時親に養われた恩返しに、親鳥に食べ物を口うつしにして食べさせるという孝行を行う。転じて、子が父母の恩に報いるたとえ。〔十六国春秋〕

(10)6 【烋】4463 △ 一 漢コウ（カウ） 呉キョウ（ケウ） 肴 xiāo 二 漢キュウ（キウ）・呉ク 尤 xiū 6362 5F5E

字義 一 気が強く、たかぶるさま。「烋烋」 二 ❶さいわい（さいはひ）。めでたい。よろこび。よい（善）。❷やわらぐ（和）。❸うつくしい（美）。❹かすか。

解字 形声。灬（火）＋休音。音符の休は、さいわいの意味を表す。

(10)6 【烝】4464 △ ショウ 慣ジョウ 蒸 zhēng 6363 5F5F

字義 ❶むす。㋐熱気などがたち上る。むれる。㋑ふかす。❷すすめる。献上する。❸いけにえを俎(ソ)の上に載せる。❹もろもろ（衆）。多い。「烝民」❺きみ。君主。❻冬の祭り。❼身分の高い女性と姦通(カンツウ)すること。❽ここに。発語の語。

解字 甲骨文  篆文   形声。灬（火）＋丞（丞）音。音符の丞(ジョウ)は、下から上におしあげるの意味。熱気があがってむすの意味を表す。転じて、上の者に物を進める・冬の祭りの意味なども表す。

【烝矯】ジョウキョウ まがった木をむしてためなおす。火であたためたり、蒸気で蒸して柔らかくして矯正する。

【烝庶】ジョウショ 多くの民。庶民。

【烝△嘗】ジョウショウ 先祖の祭り。烝は冬祭、嘗は秋祭。

【烝烝】ジョウジョウ ①物がさかんにおこるさま。②善に進むさま。③火がもえあがるさま。④志を得ないで、ぐずぐずするさま。

【烝民】ジョウミン もろもろの人民。万民。〔十八史略、五帝、帝尭〕立ニ我烝民一（わがジョウミンをたつるは）、莫レ匪ニ爾極一（なんじ(ぢ)がキョクにあらざるなし）。〈われわれ万民が無事に生活を成り立たせているのは、すべてあなた尭帝(ギョウテイ)様のこの上ないりっぱな徳によらないものはない〉

(10)6 【烈】4465 常 レツ 漢レツ 呉レチ 屑 liè 4685 4E75

筆順 ア 歹 列 烈

字義 ❶はげしい（はげし）。きびしい（きびし）。あらい。たけだけしい。「烈火」「猛烈」❷気性が強く正しい。また、道義心にあつい。「烈婦」「義烈」❸やく。燃やす。あぶる。❹あきらか。輝かしい。❺てがら。いさお。功績。「功烈」❻あまり（余）。❼害毒。❽さく（裂）。さける。

名乗 いさお・たけ・たけし・つら・やす・よし

解字 篆文  形声。灬（火）＋列（列）音。音符の列(レツ)は、さけるの意味。火力がはげしくて、物がさけるの意味から、はげしいの意味を表す。

▼偉烈・威烈・遺烈・火烈・義烈・劇烈・激烈・誠烈・壮烈・忠烈・痛烈・貞烈・熱烈・武烈・猛烈・雄烈

【烈火】レッカ ①はげしく燃えあがる火。猛火。②はげしく怒ることの形容。③真っ赤なものの形容。

【烈行】レッコウ りっぱな行い。

【烈考】レッコウ 亡父をいう。皇考。考は、亡父。

【烈士】レッシ 気性が強く節義を守る男子。烈夫。烈丈夫。「賢人烈士」

【烈日】レツジツ はげしく照りつける太陽。夏の暑い日。「秋霜烈日」

【烈女】レツジョ 気性が強く貞操のかたい女性。烈婦。

【烈祖】レッソ 大きな手がらをたてた先祖。〔書経、伊訓〕

【烈婦】レップ ＝烈女。

【烈風】レップウ はげしい風。暴風。

【烈烈】レツレツ ①高大なさま。②寒気のはげしいさま。③うれえるさま。④武威のさかんなさま。⑤火のさかんなさま。⑥気性のはげしいさま。⑦風のはげしいさま。⑧水のはげしく流れるさま。

【羔】→羊部 八〇〇ページ。

(11)7 【焉】4466 標 エン 先 yān 6365 5F61

字義 ❶助字。㋐いずくんぞ（いづくんぞ）。いずくに（いづくに）。なにをか。⇩助字解説 ㋑ここに。ここにおいて。すなわち。㋒これ。ここ。代名詞。また、強意。〔大学〕心不レ在レ焉、視而不レ見（こころここにあらざれば、みれどもみえず）。⇩助字解説 ㋓断定・疑問・反語の意を表す。⇩助字解説 ㋔……のように。❷鳥の名。黄色の鳳凰(ホウオウ)。

助字解説

①訓読では読まないが、㋐断定の語気を表す。〔論語、述而〕三人行必有ニ我師一焉（サンニンおこなえ(へ)ば、かならずわがシあり）。〈三人の人が同じ事を行えば、必ずその中には自分の師とすべき者がいる〉㋑疑問・反語の意。〔孟子、公孫丑上〕吾不レ惴焉（われおそれざらんや）。〈私は恐れないだろうか〉

②いずくんぞ（いづくんぞ）。なにをか。反語。どうして……か。類安・烏・悪。〔論語、陽貨〕割レ雞焉用ニ牛刀一（にわ(は)とりをさくにいずくんぞギュウトウをもちい(ゐ)ん）。〈鶏を料理するのにどうして牛刀を用いる必要があろうか〉

③……のように。「然」と同じ。〔十八史略、周〕神農・虞・夏忽焉没兮（シンノウ・グ・カコツエンとしてボッしぬ）。〈神農・虞・夏という古代の聖王たちはたちまちのうちに世を去ってしまった〉

解字 篆文  象形。鳥の形にかたどり、黄色い鳥の意味を表す。借りて、疑問の「いずくんぞ」の意味や、文末を示す助字に用いられる。

【焉△烏△之誤】エンウのあやまり 文字の誤りをいう。焉と烏の字形が似ているからいう。烏焉(ウエン)。

(11)7 【焄】4467 △ クン 文 xūn, hūn

字義 ❶くすべる。いぶす。❷かおり。かんばしいにおい。香気。焄蒿(クンコウ)は、香気のむしのぼるさま。❸香気やから味の強い野菜。

解字 形声。灬（火）＋君音。音符の君は、熏(クン)に通じ、いぶすの意味。火を付して、いぶすの意味を明らかにした。

(11)7 【烹】4468 △ 漢ホウ（ハウ） 呉ヒョウ（ヒャウ） 庚 pēng 4303 4B23

字義 ❶にる（煮）。また、煮たもの。料理したもの。「割烹(カッポウ)」❷にて殺す。また、その刑。

解字 会意。亨（亯）＋灬（火）。亯は、ものを煮るための土なべの象形。火を付し、にるの意味を表す。

【烹△醢】ホウカイ ①肉を煮たり、塩づけにしたりする。②残酷な方法で人を殺すたとえ。

【烹割】ホウカツ 食物を煮たり、さいたりする。料理すること。割烹。

【烹刑】ホウケイ かまゆでの刑。人をかなえで煮て殺す漢代の刑罰。

【烹宰】ホウサイ 食物を料理する。また、料理。
【烹△煎】ホウセン 煮たり、いったりする。料理する。料理すること。
【烹鮮】ホウセン 国政を処理すること。小魚を料理するのに、あまり手を加えすぎると形が砕けてしまうように、国を治めるのに人為を用いすぎるとよく治まらないたとえ。〔老子、六十〕治二大国一、若レ烹二小鮮一。

【黒】→黒部 一三六七ページ。

(12)8
【煮】4469 常 シャ にる・にえる・にやす
⑬9〔煮〕4470 ㊇許 ショ 慣シャ 語 zhǔ
2849 3C51

筆順 十 土 者 煮

字義 ❶にる。❷にえる。国にやす。煮えるようにする。「業をにやす」
〔煑〕同字

解字 文 篆 形声。灬（火）＋者（者）㊥。音符の者は、煮の原字。

【煮沸】シャフツ わかす。にたてる。にえたつ。
【煮△茗】シャメイ 茶をせんじる。茗は茶。

(12)8
【焦】4471 常 ショウ こげる・こがす・こがれる・あせる
ショウ（セウ）語 jiāo
3039 3E47

筆順 亻 亻' 隹 焦

字義 ❶こげる。焼けて黒くなる。また、こがす。焼いて黒くする。❷こがれる。こがす。思いわずらう。なやみ苦しむ。いらだつ。❸こげくさい。❹やつれる（憔）。国❶こがれる。恋いしたう。❷あせる。気がいらだつ。じれる。また、じらす。

解字 金 文 篆 文 形声。もと、灬（火）＋雥㊥。音符の雥は、多くの小鳥の意味。小鳥をあぶるの意味から、こげるの意味を表す。常用漢字の焦は、その省略体。焦を音符に含む形声文字に、樵・蕉・礁などがある。

【焦心】ショウシン・こころをこがす 気をもむ。また、いらだつ心。苦慮。焦思。
【焦△瘁】ショウスイ やみつかれる。
【焦燥】ショウソウ ①やけこげる。②＝焦躁。
【焦△躁】ショウソウ あせる。いらだつ。いらだちさわぐ。
【焦土】ショウド やけつち。火事の焼けあと。焼け野原。
【焦熱】ショウネツ 焼け熱する。また、こがし焼く。
【焦熱地獄】ショウネツジゴク 仏八大地獄の一つ。はなはだしい火熱で、亡者（罪を犯して死んだ者）を苦しめるという所。
【焦△眉△之急】ショウビのキュウ まゆに火がついたような危急の場合。情勢の非常にさしせまったこと。焼眉之急。
【焦△爛】ショウラン やけただれる。
【焦慮】ショウリョ 気をもむ。あせる。いらだつ。

(12)8
【然】4472 教4 ゼン・ネン
漢ゼン・呉ネン 先 rán
3319 4133

筆順 ク タ 夕犬 然

字義 ❶しかり。㋐そのとおり。肯定・同意の意。㋑…のようである。「若（如）…然」の形をとる。〔孟子、公孫丑下〕木若二以美一然。❷しかりとする。もっともと認める。❸しかする。そのようにする。❹接続詞。㋐しこうして。しかして。そして。㋑しかるに。しかれども。しかし。ところが。けれども。㋒しからば。それならば。㋓しかれば。それだから。㋔すなわち（乃）。⇩助字解説 ❺しかく。しかり。そのように。❻しかも。その上。なおかつ。❼句末に用いる助字。断定・推量の意を表す。訓読では通常読まない。〔論語、先進〕若レ由也不レ得二其死一然。❽他の語の下について状態を表す語を作る。「泰然」「悠然」❾もえる。もやす。＝燃。〔唐、杜甫、絶句詩〕山青花欲レ然。

✝助字解説
しかれども。しかるに。逆接。そうではあるが。……けれども。〔史記、項羽本紀〕然今卒困二於此一〈しかしながら今とうとうここで困窮することになった〉

名乗 なり　難読 然然・然別

解字 金 文 篆 文 会意。犬＋夕（肉）＋灬（火）。いけにえとしての犬の肉を火でやくの意味から、一般に、もやすの意味を表す。借りて、しかり・しかしてなどの意味をも表す。然を音符に含む形声文字に、撚・燃などがあり、これらの漢字は「もえる」の意味を共有している。

▼暗然・依然・隠然・慨然・果然・敢然・間然・凝然・居然・偶然・決然・厳然・公然・索然・雑然・自然・釈然・粛然・純然・粋然・井然・整然・全然・騒然・卒然・率然・泰然・卓然・端然・断然・超然・天然・陶然・同然・徒然・突然・漠然・判然・必然・憤然・平然・本然・翻然・慢然・漫然・未然・猛然・黙然・悠然・油然・冷然・歴然

【然△而】しかり しこ（か）うして ①そして。②ところが。そうではあるが。けれども。しかしながら。③こうして。かくのごとくにして。
【然諾】ゼンダク うけあう。承諾する。〔唐、張謂、題二長安主人壁一詩〕⇩縦令（八六七ページ）。
【重二然諾一】ゼンダクをおもんず 一度うけ合ったことは必ず実行する。

(12)8
【無】4473 教4 ム・ブ ない
漢ブ・呉ム 虞 wú
4421 4C35

筆順 𠂉 𠂉 無 無

〔无〕同字 5859 5A5B

字義 ❶ない。否定の意。↕有。「絶無」「有無」❷なかれ。禁止の意。❸混然として区別がなく、万物の根源となる道。道家の説で虚無の道。万物の本体。❹なみする。ないがしろにする。軽んずる。無視する。〔孟子、滕文公下〕無レ父無レ君、是禽獣也。❺ゆたか。草木のゆたかにしげること。⇩助字解説

✝助字解説
①なし。否定。……ない。〔唐、杜甫、登二岳陽楼一詩〕親朋無二一字一、老病有二孤舟一。〈親類や友人からは全く便りもなく、年をとり病を得た身には一そうの舟があるのみである〉
②なかれ。禁止。……するな。類勿・毋。〔論語、学而〕無レ友二不レ如レ己者一〈自分よりすぐれていない者を友として交際するな〉

難読 無花果・無患（槵）子・無数河・無頼漢

使いわけ ない・なくす・なくなる〔無・亡〕
人の死に関する場合に〔亡〕を用いる以外はすべて〔無〕を用いる。「今は亡き人・交通事故で亡くなる」「自信が無い・愛国心が無くなる」

解字 甲骨文 篆 文 奇 字 仮借。もと、舞の字と同形で、人の舞う姿にかたどり、まいの意味を表したが、借りて、「ない」の意味に用いる。篆文は、亡を付し、ないの意味を明らかにし、省略して、無となった。無を音符に含む形声文字に、撫・蕪・膴・憮などがあり、これらの漢字には、「ない」の意味のもの、「おおいしげる」の意味のものとがある。

▼皆無・虚無・空無・絶無・有無

【無為（爲）】ムイ ①何事もしない。少しも干渉しない。②人為を用いない。自然のままなこと。道家の語。「無為自然」③清代の邪教の名。老子の教えを主とした。④仏真理をいう。
【無一物】ムイチブツ・ムイチモツ ①一物もない。何もない。何一つ持っていない。②仏ムイチモツ 心に執着する何物もないこと。

【無射】ブエキ　①十二律の一つ。陽律の六番目。②陰暦の九月にあたる。③いとうことがない。きらわれることがない。④鐘の名。

【無益】ムエキ・ムヤク　役にたたない。用をなさない。むだ。

【無縁】ムエン　①ゆかりがない。縁がない。②仏㋐仏に会い法を聞く縁がない。㋑死者を弔う縁者がない。「無縁仏」㋒だれのためと限るべき縁がない。

【無音】ムオン　①音がない。②インブ・オンブ　たよりや訪れがない。

【無仮(假)】ムカ　①真、または道をいう。仮は、すべて形のあるもの。形体となって現れない本体の意。②いつわりがない。

【無何】ムカ　①いくばくもなく。間もなく。②何もない。㋐何の罪もない。無罪。㋑ほかのことはない。他事ない。③無何有之郷の略。↓次項。

【無何有之郷(鄕)】ムカユウのキョウ　何もなく、はてしなくひろびろとした所。荘子の説く理想郷。〔荘子、逍遥遊〕

【無花果】ムカ・いちじく　果樹の名。クワ科の落葉小高木。

【無価(價)】ムカ　①価をつけられないほどに貴い（すぐれている）こと。②価値がない。

【無我】ムガ　①私心がない。心が公平無私なこと。②無心。③われを忘れる。無我夢中。④仏人間や万物には永遠不変の実体がないこと。一切のものはそれぞれ一定の因縁によって成立しているが、その因縁がなくなると滅びて空になる。

【無懐(懷)氏】ムカイシ　道家が理想とする上古の帝王で、無為にして人民を化したという。〔晋、陶潜、五柳先生伝〕

【無外】ムガイ　①遠い所。②外のわずらいがない。③対立するものがない。王者は天下を家としているので、天下の外にあってこれと相対立するものがない。④非常に大きいたとえ。

【無害】ムガイ　①害がない。②他をさまたげない。かかわりがない。③傷害しない。④人からそしられない。⑤人をそねみそこなうことをしない。⑥たぐいがない。無比。

【無△碍・無△礙】ムガイ　①さえぎるものがない。②仏ゲム　自由自在でさまたげのないこと。融通無碍。〔往生論註、下〕無礙者、謂レ知二生死即涅槃一。

【無学(學)】ムガク　学問がない。知識がない。「無学文盲」

【無間】ムカン　すきまがない。または、わけへだてがない。

【無間地獄】ムゲンジゴク　仏八大地獄の一つ。絶えまなく苦しみを受けるという地獄。

【無軌道】ムキドウ　国道路やレールがない。転じて、きまりのない行動や生活にいう。

【無幾】ムキ　①いくばくもなく。間もなく。②ほとんどない。いくらもない。③望むなかれ。また、望まない。幾は、望む。

【無機】ムキ　①きざしがない。②無心。③生活機能のないこと。↕有機。

【無給】ムキュウ　給料の支払われないこと。↕有給。

【無窮】ムキュウ　きわまりない。はてしない。永久。

【無△疆】ムキョウ　かぎりない。際限がない。無窮。

【無極】ムキョク　①かぎりがない。はてがない。尽きる所がない。②太極の別名。宇宙の本体。

【無虞】ムグ　思いがけない。はかりえないこと。不慮。

【無△稽】ムケイ　よりどころがない。でたらめ。「荒唐無稽」

【無芸(藝)】ムゲイ　①法度がない。きまりがない。②きわまりない。とどまる所がない。でたらめ。③人に見せるような芸がない。芸なし。「無芸大食」

【無限】ムゲン　かぎりがない。はてがない。

【無故】ムコ　①ゆえなし。理由がない。②事故がない。〔孟子、尽心上〕父母俱存、兄弟無レ故、一楽也。

【無△辜】ムコ　罪がないこと（者）。辜は、罪。

【無行】ムコウ　①列がない。整然としていない。乱れること。②実行がともなわない。③節操がない。④行ってはならない行為。⑤特別の善行がない。品行がよくない。だらしない。

【無効(效)】ムコウ　①ききめがない。②法律上、行為が効果を生じないこと。

【無△垢】ムク　①よごれがない。けがれがない。②仏クム　煩悩のけがれがないこと。清浄潔白。

【無告】ムコク　だれにも告げ訴えて救いを求めることができない者。たよる所のない貧窮の人。

【無骨】ムコツ　①骨がない。骨なし。②支離滅裂の文章。③国ブコツ　㋐無作法。また、無風流。スマートなところがない。㋑才能のないこと。役にたたないこと。㋒具合の悪いこと。㋓曲芸の一つ。骨がないように見えるのでいう。

【無骨者】ブコツもの　国無作法者。無風流な者。スマートでない者。また、才能がなく役に立たない者。

【無根】ムコン　よりどころがない。事実がないこと。

【無△沙△汰】ブサタ　国しらせがないこと。たよりをしないこと。

【無策】ムサク　対策がない。策略がない。

【無産】ムサン　①一定の職業がない。②財産がない。

【無残(殘)・無惨(慘)】ムザン　＝無慙の②③。

【無△慙・無△慚】ムザン　①悪いことをして心に恥じないこと。②乱暴なさま。むごたらしいこと。③いたわしいこと。ふびんなこと。

【無私】ムシ　私心がない。

【無△疵】ムシ・むきず　きずがない。

【無視】ムシ　①見ない。②あってもないように扱う。眼中におかない。みくびる。

【無事】ブジ　①かわったことがない。息災。↕有事。②仕事がない。することがない。ひまなこと。

【無実(實)】ムジツ　①それだけの中味がない。実がない。②みのらない。③国㋐誠実の心のないこと。㋑罪がなくて罰せられること。ぬれぎぬ。

【無精】ブショウ　国精を出さないこと。なまけること。ものぐさ。不精。無性。

【無償】ムショウ　①つぐなわない。報酬を与えない。②つぐないがない。また、そのこと。ただ。

【無上】ムジョウ　①この上もない。第一等。最高。②上にあって命令を出す者がない。③かみをなみする。長上をないがしろにする。

【無状(狀)】ムジョウ　①形がない。②よい行いがない。功績がない。③礼儀のないこと。無礼。④そのありさまを言い表すことができない。⑤あわれなさま。

【無常】ムジョウ　①定め（常）がない。②仏一切のものが生滅・変転してさだまりがない。③国人生のはかないこと。

【無情】ムジョウ　①まごころがない。②情愛がない。薄情。③人や鳥獣が有情であるのに対して、金石・土木などのように心情がないもの。↕有情。

【無心】ムシン　①自然であること。②何の考えもない。私心がない。③仏真心。煩悩をはなれた心。④国㋐連歌で言葉を選びつくろわないこと。↕有心。㋑無欲。無邪気。㋒無遠慮。また、遠慮なく物をねだること。㋓分別がない。気がきかない。㋔風流心がない。

【無人】ムジン　①人がいない。人が住んでいない。②すぐれた人物がいない。③国ブニン　人手の少ないこと。

【無尽(盡)】ムジン　①つきることがない。②国無尽講の略。

【無尽(盡)講】ムジンコウ　国金銭の融通をはかる一種の組合。多数の人が金を出し合って、くじびきで順番に金銭を融通するもの。頼母子講。

【無尽(盡)蔵(藏)】ムジンゾウ　いくら取ってもなくならないこと。取ってもつきない蓄積。〔宋、蘇軾、前赤壁賦〕是造物者之無尽蔵也。

【無粋(粹)】ブスイ　国①人情にうといこと。②風流の道にくらいこと。無骨。

【無性】ムセイ　①下等動物などで雌雄の性の区別のないもの。②仏ショウ　㋐一切の万物は実体がないこと。㋑仏となる素質のないもの。③国ブショウ　精を出さないこと。なまけがちなこと。不精。

【無適】ムテキ　①かわらない。不変。②テムキ　㋐熱中しない。固執

しない。㋑心を他に散らさない。専一。「主一無適」㋒匹敵するものがない。

【無双（雙）】ムソウ・ブソウ ①ならぶものがない。対比するものがない。〔史記、淮陰侯伝〕至₂如₁信者₁、国士無双。②国 ㋐すもうの手の一種。㋑衣服や器具などの表裏または全体を同じ材料で作ること。

【無象】ムゾウ 形がない。無形。

【無△乃】むしろ すなわち何々することと無からんや、の意。どちらかといえば、いっそ、かえって、…であるまいかの意。

【無端】ムタン ①はしがない。果てがない。②はしなく。ゆくりなく。おもいもよらず。また、わけもなしに。何の原因もなく。

【無断（斷）】ムダン 事前にことわらない。許しを受けない。

【無恥】ムチ・はじ(ち)なし はじを知らない。はじをはじとも思わない。

【無茶】ムチャ （あて字）国①すじ道の立たないこと。むやみな。無茶苦茶。②道理をかえりみないこと。乱暴。

【無腸】ムチョウ はらわた（堅固な心）がない。

【無敵】ムテキ 敵する者がない。相手がない。敵兵がいない。

【無道】ムドウ・ブドウ ①世の中に道徳が行われていない。②道徳にそむく悪行。また、その人。③みちなし 方法がない。

【無△頓着】ムトンジャク・ムトンチャク 自分のことについて、他人がどう思うかなど少しも気にしない。

【無△那】いかんともするなし ＝無奈。→次項。

【無△奈】いかんともするなし どうしようもない。いたしかたない。

【無難】ブナン・ムナン ①わざわいがない。災難がない。②困難がない。③難点がない。さわりがない。

【無二・無弐】ムニ ①ふたつとない。無比。②二心がない。

【無二無三】ムニムサン ①仏仏になる道は一つで、他の道がないこと。②国㋐ただ一つあって他に類がないこと。唯一。㋑わき目もふらず。一散。

【無寧】むしろ どちらかといえば。いっそのこと。かえって。

【無念】ムネン ①何も考えない。「無念無想」②おもう(ふ)ことなからんや 思う意。③国ムネン くやしいこと。残念。

【無能】ムノウ ①はたらきがない。才能がない。②よくするなし することができない。

【無比】ムヒ たぐいがない。くらべるものがない。

【無父】ムフ ①父がいない。②無父ちちをなみす 父を父とも思わない。

【無辺（邊）】ムヘン ひろびろとして果てしがない。数限りない。〔唐、杜甫、登高詩〕無辺落木蕭蕭下ムヘンのラクボクはショウショウとしてくだる 訳文⇩蕭蕭（九四八ページ）。

【無方】ムホウ ①一定の方角がない。②きまりがない。常がない。③ほしいままなこと。④限りがない。つきる所がない。

【無法】ムホウ きまりがない。道にはずれている。乱暴。無理。

【無妄】ボウ・ムモウ ①あざむかない。いつわらない。②周易の六十四卦の一つ。☳☰震下乾上シンカケンショウ。真実でいつわりのない象かたち。③思いがけず（突然）におこること。

【無謀】ムボウ 深い考えがない。でたらめ。

【無味】ムミ ①あじがない。②おもむきがない。おもしろみがない。「無味乾燥」

【無名】ムメイ ①世間に名が知られていない。↕有名。②姓名がわからない。③正しい理由がない。名義がたたない。④名がついていない。天地創造以前のもの。老子の説く、宇宙の本体たる道をいう。↕有名。〔老子、一〕無名天地之始ムメイはテンチのはじめなり、有名万物之母ユウメイはバンブツのははなり。〈名のつけようのないもの（老子の道）こそ、天地の根源であり、（道によって生成されて）名づけられた天地は、万物を生みだす母である〉

【無名指】ムメイシ・ムメイのゆび 手の第四指。くすりゆび。〔孟子、告子上〕

【無文】ムモン 国①模様がないこと。無地。②かざりのない表現。平淡な表現。

【無有】ムユウ 形体のないこと。道家で、道をいう。

【無用】ムヨウ 役にたたない。用途がない。↕有用。「無用の長物」

【無用△之用】ムヨウのヨウ 役に立たないように見えるものが、かえって役に立つこと。〔荘子、人間世〕

【無△恙】ムヨウ・ブヨウ・つつがなし ①平安無事をいう。恙は、虫の名。②つつがなきや 安否を問うことば。お変わりありませんかの意。

【無頼】ブライ ①たよりにならない。信頼できない。②やくざ。無頼漢。③にくみののしることば。④愛するあまり、わざとののしることば。⑤やすんずることがない。苦しい。

【無頼漢】ブライカン やくざ。ごろつき。ならずもの。漢は、男。

【無理】ムリ ①道理がない。いわれがない。②しいて。

【無慮】ムリョ ①深く考えない。②おおよそ。あらまし。

【無量】ムリョウ ①一定の分量がない。②リョウなし はかれないほどに多大なこと。「感慨無量」

【無量寿（壽）】ムリョウジュ 仏阿弥陀仏アミダブツの寿命の無限なこと。

【無△聊】ブリョウ・ムリョウ ①心配ごとがあって楽しまないこと。聊は、たのしむ意。②さびしいこと。たいくつ。

【無類】ムルイ ①たぐいがない。比類がない。②ルイなし 貴賤・貧富の差別がない。〔論語、衛霊公〕有₂教無₁類おし(を)え(へ)ありてルイなし。

【無礼（禮）】ブレイ 礼儀を知らない。失礼。

【無礼（禮）講】ブレイコウ 上下貴賤の区別なく、入りみだれて行う会合。

【無△禄】ムロク ①ふしあわせ。天禄がなく不幸なこと。不幸。②俸禄がない。知行がない。③士の死をいう。

【無論】ムロン 論なく。もちろん。いうまでもなく。

［煦］→口部　二〇九ページ。

(13)9
【煦】4474
△　㊀ク　㊁ク　xù　xǔ

6372
5F68

字義 ㊀❶あたためる。あたたむ。㋐むす。熱する。㋑息をかけてあたためる。「吹煦」㋒めぐむ。なさけをかける。「恩煦」❷あかい。赤色。また、赤いさま。❸日光。

解字 篆文　形声。灬（火）＋日＋句㊥。音符の句は、口をすぼめて、フッと息を吹きかける音の擬声語。熱気を吹きかけて温めるの意味を表す。

【煦育】クイク ①あたためて育てる。②めぐみ育てる。

【煦△嫗】クウ あたためてそだてる。煦は、息をかける、嫗は、体温であたためる。

【煦煦】クク ①あたたかいさま。②小さいめぐみのさま。

(13)9
【煞】4475
△ サツ　殺（3836）の俗字。→六〇一ページ。

(13)9
【煮】(4470)
シャ　煮（4469）の旧字体。→六九三ページ。

(13)9
【照】4476
教4　ショウ　てる・てらす・てれる
ショウ（セウ）　zhào

3040
3E48

筆順　日　昍　昭　照

字義 ❶てる。光る。明るく輝く。また、日の光。「光照」❷てらす。㋐明るくする。輝かす。㋑つき合わせる。見くらべる。また、基準とする。「照合」㋒うつす。影をうつし見る。❸てがた。証明書。証券。免許状。❹写真。また、写真を撮る。
国てれる。恥ずかしがる。　名乗 あき・あきら

解字 篆文　形声。灬（火）＋昭㊥。音符の昭は、あきらかの意味。火であきらかにする、てらすの意味を表す。

▼観照・光照・参照・残照・夕照・対照・反照・返照・遍照・落照

【照応（應）】ショウオウ ①前後てらし合わせてつりあいをとる。②文章の前後がうまく対応していること。呼応。③せわをする。とりなす。

【照会（會）】ショウカイ ①てらし合わせて考える。②問い合わせる。かけあう。また、打ち合わせる。

【照合】ショウゴウ 照らし合わせる。

【照査】ショウサ つき合わせてしらべる。

【照察】ショウサツ 明らかにしらべる。はっきり調べる。
【照準】ショウジュン 弾丸が目標に命中するように鉄砲のねらいを定める操作。また、ねらいをつけること。
【照祖】ショウソ 国徳川家康をいう。東照公。
【照破】ショウハ ①すべてを明らかに照らし出すこと。②仏仏の知恵の光で、凡夫の無明ムミョウのやみを照らすこと。
【照曜・照耀】ショウヨウ てりかがやく。
【照覧(覽)】ショウラン ①てらしみる。明らかにみる。②仏神や仏がごらんになる。照鑑。
【照臨】ショウリン ①高い所から四方をてらす。日月が天上からてらす。②天子が天下を治めること。君として天下に臨み、明らかに治めること。③貴人の来ることの敬語。光来。④神仏がごらんになる。
【照例】ショウレイ・レイにてらす 例の通り。規則通り。

(13)9【煎】4477 標 ㊀セン 先 jiān ㊁セン 銑 jiǎn ［煎］ 3289 4079

字義 ㊀❶いる。㋐煮つめる。火にかけてからからにする。㋑せんじる。「煎茶」❷浴かして練る。
㊁❶＝㊀の①。❷いりもの。こがし。いって調理したもの。❸食物の一つ。果物を蜂蜜ハチミツに漬けた物。
難読 煎海鼠いりこ・ほしこ・きんこ
解字 篆文 形声。灬(火)＋前㊥。音符の前は、剗に通じ、分離するの意味。エキスだけをとりだすためによく煮る、せんじるの意味を表す。
【煎茶】センチャ 茶の葉を湯でせんじ出すこと。また、その葉。
【煎餅】センベイ ①うどん粉を水でねり、餡アンを包んで油であげたもの。②国うどん粉または米の粉に砂糖や水を加えて練り、うすくのばして焼いたもの。
【煎薬(藥)】センヤク せんじ薬。

(14)10【熈】4478 △キ 熙(4481)の正字。→中段。 6370 5F66

(14)10【熏】4479 △クン 文問 xūn 6377 5F6D
【燻】俗字 6378 5F6E

字義 ❶くすぶる。㋐けむる。いぶる。㋑すすける。❷いぶす。くすべる。香をたく。❸しみる。しみこむ。❹やく(焼)。
解字 金文 篆文 会意。中＋黑。黑は物を袋に入れて下から火を燃やし、くろくいぶすさまにかたどる。中はたちのぼる煙の象形。いぶすの意味を表す。
【熏熏】クンクン やわらぎ喜ぶさま。酒に酔ってよろこぶさま。
【熏灼】クンシャク ①くすべやく。②勢力のさかんなこと。
【熏夕】クンセキ くれがた。日ぐれ。曛夕クンセキ。
【熏天】クンテン 天をいぶし焼く。天を感動させる。

(14)10【熊】4480 入 ユウ(イウ) 東 xióng 2307 3727

筆順 ム 育 能 能 熊

字義 ❶くま。獣の名。❷あざやかに光るさま。「熊熊」
名乗 かげ・くま 難読 熊谷がい・くまがや・熊野ゆや
解字 篆文 形声。能＋黑省＋肱省㊥。この字形についてはよくわからない。能は、くまの象形。肱は、ひじの意味。ひじを自由に動かし、木に登り、えさをとる黒くまの意味を表すか。
【熊虎】ユウコ ①くまととら。②勇猛な人のたとえ。
【熊襲】くまそ 国古代、九州南部に住んでいた部族。
【熊掌】ユウショウ くまの手のひらの肉。非常に美味として珍重される。熊蹯ユウハン。〔孟子、告子上〕
【熊沢(澤)蕃山】くまざわばんざん 国江戸時代の漢学者。京都の人。名は伯継。字あざなは了介。蕃山は号。本姓は野尻のじり。熊沢家の養子となる。中江藤樹なかえとうじゅについて学び陽明学を修めた。岡山藩儒。(一六一九—一六九一)
【熊胆(膽)】ユウタン くまのい。薬用にする。
【熊羆】ユウヒ ①くまとひぐま。②勇猛な人のたとえ。③舜シュンの臣の名。一説に、二人の名という。

(15)11【熙】4481 入 キ 支 xī 8406 7426

筆順 丨 𠂆 臣 配 熙

【熈】正字 6370 5F66 【凞】俗字 6371 5F67

字義 ❶かわく。かわかす。❷ひかる。光り輝く。❸ひろい。広まる。広める。❹おこる。興す。❺やわらぐ。たのしむ。やわらぎたのしむ。よろこぶ。よろこび笑う。❻ああ。感嘆のことば。
名乗 おき・さと・てる・のり・ひろ・ひろし・ひろむ・よし
解字 金文 篆文 形声。灬(火)＋配㊥。音符の配イキは、授乳を待つ胎児の会意文字で、よろこぶの意味。火を付し、よろこびや光の意味を表す。
【熙熙】キキ ①やわらぎ楽しむさま。②みだらで情欲の多いさま。〔老子、二十〕
【熙春】キシュン やわらいだ春。のどかな春。
【熙笑】キショウ やわらぎ笑う。よろこび笑う。嬉笑キショウ。
【熙朝】キチョウ ①よく治まっているみよ。盛世。②りっぱな政治をおこす。政治に力を尽くしてりっぱなものにすること。

(15)11【凞】4482 △キ 熙(4481)の俗字。→中段。 6371 5F67

(15)11【勲】4483 常 クン 2314 372E
(16)力14【勳】4484 人 許 クン 文問 xūn 5014 522E

筆順 𠂉 审 重 動 勲

【勛】古字

字義 ❶いさお。いさおし。てがら。国家または王室のために尽くしたてがら。「勲功」また、いさおをたてた人。❷門番。
解字 篆文 形声。力＋熏㊥。音符の熏クンは、かおりたかいの意味。かおりたかい力、いさおの意味を表す。常用漢字は熏の部分を簡略にした。
▼位勲・偉勲・遺勲・元勲・洪勲・殊勲・賞勲・叙勲・武勲
【勲位】クンイ ①勲等と位階。てがらの等級と、くらいの等級。②昔、武功のあった人間に賜ったくらい。十二等級あった。
【勲旧(舊)】クンキュウ てがらのあるふるい家がら。
【勲業】クンギョウ てがら。また、りっぱな功績のある事業。
【勲功】クンコウ てがら。いさお。勲は王事に尽くした手がら、功は国事につとめた手がら。
【勲章】クンショウ てがらを表彰するために与える徽章キショウ。
【勲臣】クンシン てがらをたてた家来。
【勲等】クントウ 勲功の等級。勲章の等級。
【勲閥】クンバツ てがらのある家がら。勲伐。勲門。
【勲庸】クンヨウ てがら。いさお。庸も功の意。
【勲労(勞)】クンロウ てがら。いさお。また、りっぱな功績のあるほねおり。功労。

(15)11【熬】4485 △ ゴウ(ガウ) 豪 áo 6382 5F72

字義 ❶いる(煎セン)。㋐火でかわかし水気をとる。㋑こがす。やく。❷いらだつ。心がいらいらして苦しむ。❸たえしのぶ。
難読 熬海鼠いりこ・熬子いりこ
解字 金文 篆文 形声。灬(火)＋敖(敖)㊥。音符の敖ゴウは、思うままにもてあそぶの意味。思うままに動かして火でいるの意味を表す。別体に𪎝、麥＋敖㊥がある。

(15)11【熟】4486 教6 ジュク うれる 漢シュク・呉ジュク 屋 shú, shóu 2947 3D4F

筆順 享 𦎫 孰 熟

【字義】❶にる(煮)。にえる。❷みのる。うれる。熟する。「熟柿ジュクシ」❸なれる。また、ならす。「習熟」❹完全・十分な状態に達する。「熟睡」「未熟」❺つらつら。つくづく。じっと。

【難読】熟熟つらつら・熟寝うまい・熟田にいた・熟田津にぎたつ

【解字】形声。灬(火)＋孰㊥。音符の孰ジュクは、よく煮こむの意味。孰が疑問の意味に用いられるようになって、火を付して、区別した。

▼円熟・黄熟・習熟・成熟・早熟・晩熟・豊熟・未熟

【熟議】ジュクギ ①十分に(事の是非を)はかる。よく相談する。②よくはかられた相談。

【熟計】ジュクケイ じっくり考えはかる。また、じっくり考えたはかりごと。

【熟語】ジュクゴ 国①二字以上の単語が結びついて、ひとつのまとまった意味を表すことば。②一定の言いまわしで特有の意味を表す成句。イディオム。

【熟考】ジュッコウ・ジュクコウ よく考える。熟思。熟慮。

【熟察】ジュクサツ 十分にしらべ考える。

【熟視】ジュクシ よくみる。じっと見る。十分に注意してみる。

【熟睡】ジュクスイ ぐっすりと十分にねむる。

【熟達】ジュクタツ なれてじょうずになる。熟練。

【熟知】ジュクチ ①十分に知る。②たがいによく知りあった人。

【熟読(讀)玩味】ジュクドクガンミ 十分にくりかえし読んで、内容を深く味わうこと。〔小学、嘉言〕

【熟蕃】ジュクバン 政府の教化に順応して帰服した原住民。↔【生蕃】。

【熟慮】ジュクリョ 十分に念を入れて考える。

【熟練】ジュクレン ①ねりぎぬの衣服。②なれてじょうずになること。

(15)11 **【熱】** 4487　教4　ネツ　あつい　3914 472E

漢ゼツ　呉ネチ　屑 rè　慣ネツ

筆順　土　圥　坴　埶　熱

【热】俗字　【字義】❶あつい。↔冷・寒。❷あつくする。あつくなる。焼く。❸ねつ。熱いもの。熱くする力。熱さ。❹のぼせる。興奮する。心を打ち込む。「熱中」「情熱」国ねつ。㋐物ごとに対する心の向きかた。気のり。㋑体温。

【名乗】あつ　【難読】熱海あたみ・熱川あたがわ・熱川にえかわ・熱郛ねっぷ

【使いわけ】あつい〔暑・熱・厚〕⇒暑(3051)。

【解字】篆文　形声。灬(火)＋埶㊥。音符の埶ゲイは、藝の異体字で、然に通じ、火でやくの意味。火を付し、あついの意味を表す。

▼炎熱・苦熱・焦熱・情熱・白熱・余熱

【熱愛】ネツアイ はげしく愛する。大いに愛する。

【熱狂】ネッキョウ 国気が狂ったように興奮熱中すること。

【熱血】ネッケツ ①あつい血しお。いきち。②熱烈な精神。③激しく感じて奮起しやすい性質。④血がわきかえるほどの熱意。

【熱情】ネツジョウ ①熱烈な情愛・思慕。②熱烈な心。

【熱心】ネッシン ①熱烈な愛情・同情心。②熱烈なまごころ。③国ある物事に全精神を注ぐこと。

【熱誠】ネッセイ 熱烈なまごころ。熱情から出るまごころ。赤誠。

【熱腸】ネッチョウ ①悲しみのために腸が煮えかえる思いのすること。②熱烈なまごころ。熱誠。

【熱鬧】ネットウ・ネッドウ ①人が混雑してやかましいこと。また、にぎやかな土地。②にぎやかなこと。さわぐこと。

【熱望】ネツボウ 心をこめて願い望む。熱心に願う。切望。渇望。

【熱涙】ネツルイ 感激して流す涙。

【熱烈】ネツレツ ①感情がたかぶること。②熱心なこと。③権勢のさかんなこと。

【麃】→鹿部　一三六一ページ。　【黙】→黒部　一三六八ページ。

【樵】→木部　五八〇ページ。

(16)12 **【燕】** 4488　標　一エン　霰 yàn　二エン　先 yān　1777 316D

【鷰】同字　【字義】一❶つばめ。つばくろ。❷さかもり。また、さかもりをする。＝宴・讌エン。❸やすんずる。やすんじ楽しむ。くつろぐ。「燕居」❹女などの美しいさま。二❶国名。周代に建てられた国で、薊ケイ(今の北京市内)に都し、今の河北・遼寧リョウネイ省などを領有し、戦国時代には戦国の七雄の一つとなったが、四十三代、六百四十三年で前二二二年、秦シンの始皇帝に滅ぼされた。❷東晋トウシン時代、鮮卑族がたてた四つの国。前燕・後燕・西燕・南燕。❸河北省の古名。

【解字】甲骨文　篆文　象形。甲骨文でよくわかるように、つばめの象形。のち変形して燕となる。借りて、さかもり・やすらかの意味を表す。

【燕飲】エンイン 楽しんで酒を飲む。さかもりする。宴飲。

【燕歌】エンカ 燕の地方の歌。燕の地方は歌舞がさかんであったといわれる。「燕歌趙舞チョウブ」

【燕窩】エンカ 海つばめ(金糸燕キンシエン)の巣。中国料理で珍重する食物。

【燕頷虎頭】エンガンコトウ つばめのようなあごと、とらのような頭。遠国で諸侯となる人相。人相見が後漢の班超を予言した故事。〔後漢書、班超伝〕

【燕居】エンキョ ひまでのんびりしていること。くつろいで休息すること。閑居。

【燕京】エンケイ・エンキョウ 北京市の別称。春秋戦国の時代、燕国の都があったのでいう。

【燕饗】エンキョウ 酒もりをして客をもてなす。

【燕語】エンゴ ①つばめがさえずる。また、つばめのさえずり。②酒もりしてうちとけて語る。

【燕子】エンシ つばめ。

【燕子花】エンシカ・かきつばた アヤメ科の草の名。

【燕支】エンシ ①燕脂・臙脂とも書く。草の名。べにを取る。転じて、べに。②匈奴キョウドの地にある山の名。べにを産する。転じて、美人のいる所にたとえる。

【燕私】エンシ ①うちとけて語る。②くつろいで休む。

【燕室】エンシツ 休息のへや。くつろいで休むへや。

【燕雀】エンジャク つばめやすずめのような小鳥。小人物のたとえ。

【燕雀安知鴻鵠之志哉】エンジャクいずくんぞコウコクのこころざしをしらんや 燕雀のような小人物に、どうして鴻鵠のような人物の気持がわかろうか。小人物には大人物の遠大な心はわからないたとえ。鴻鵠は、白鳥などの大鳥。〔史記、陳渉世家〕

【燕寝(寢)】エンシン 休むへや。居室。居間。

【燕石】エンセキ 燕山から出る、玉に似て玉でない石。似て非なるもの、真価のないもののたとえ。

【燕息】エンソク くつろいで休む。

【燕丹】エンタン 戦国時代、燕王の喜の太子。秦シンに人質となったがにげて帰り、壮士荊軻ケイカを遣わして秦の始皇帝を暗殺させようとしたが、失敗し、かえって始皇帝に攻められ、父に殺された。(？—前二二六)〔史記、燕召公世家〕

【燕趙】エンチョウ 今の河北省の北部と山西省の西部地方で、戦国時代、燕と趙との二国の地。昔から悲憤慷慨コウガイの士が多いといわれる。「燕趙悲歌士エンチョウヒカのシ」は憂国の士。

【燕服】エンプク ふだんぎ。いつも着る衣服。

(16)12 **【熹】** 4489　△キ　支 xī　6384 5F74

【字義】❶あぶる。熱する。むす(蒸)。❷さかん。火がさかんに燃える。❸かすかな光。ほのかな光。また、そのさま。❹よろこぶ。

【解字】甲骨文　篆文　形声。灬(火)＋喜㊥。音符の喜は、吹き出す水蒸気・火気の音を表す擬声語。火を付し、あぶるの意味を表す。

【熹微】キビ 光がかすかなこと。夕方になって太陽の光がかすかになること。〔文選、陶潜、帰去来辞〕恨二晨光之熹微一(シンコウのキビなるをうらむ)

うら。

(18)14【燾】4490 △ 一日漢トウ(タウ)・呉ドウ(ダウ) 号 dào 二日漢トウ(タウ)・呉ドウ(ダウ) 豪 tāo
字義 一 ❶てらす。あまねくおおい照らす。❷おおう。上からおおいかぶせる。
解字 篆文 形声。灬(火)＋壽音。音符の壽は、ながくつらなるの意味。つらなる火、あまねくてらすの意味を表す。

(19)15【爇】4491 △ 漢ゼツ・呉ネチ 慣ネツ 屑 ruò
字義 やく(焼)。もやす。
解字 篆文 形声。艹(艸)＋熱音。

4 爪(爫・⺤)部

〔部首解説〕つめ。〔爫〕つめかんむり。のつ(ノツ)、〔爪〕そうにょう。爫は新字体で⺤になる。爪を意符として、手でつかむの意味を含む文字ができている。

爪 六九七 4 争 六九七 爬 六九七 5 爰 六九七 8 爲 六九七
13 爵 六九七 14 爵 六九七

妥→女部 二七六ページ。孚→子部 二九一ページ。采→木部 五四七ページ。
受→又部 一七九ページ。奚→大部 二七三ページ。覓→見部 九九三ページ。
愛→心部 四〇三ページ。舜→舛部 九〇六ページ。

(4)0【爪】4492 標 漢ソウ(サウ) 呉ショウ(セウ) 巧 zhǎo, zhuǎ 3662 445E
字義 ❶つめ。㋐手足のつめ。㋑指先にはめるもの。琴爪。㋒物をかけたり、ひっかくために作ったもの。❷かく。つめで引きかく。❸つめきる。手足のつめをきる。❹つめとなって助け守るもの。護衛するもの。「爪牙の士」❺つかみとる。持つ。

解字 篆文 象形。手を上からかぶせて、下にある物をつまみ持つ形にかたどり、つめの意味を表す。爪の意味と音符とを含む形声文字に、抓・笊などがある。

【爪印】①つめあと。②国つめ・つま 親指に墨・印肉をつけて、実印の代わりに押す印。拇印。

【爪牙】①つめと、きば。②その人の爪となり牙となって助け守るもの。護衛の士。「爪牙之士」③自分の仲間。部下。④てさき。

【爪角】①つめと、つの。②他を防いで自分を守るもの。

【爪哇】Jawa の音訳。東南アジアの大スンダ列島中の島の名。

【匿レ爪】①勇猛な獣や鳥は、むやみにつめをあらわさない。②名人などがその技能をつつみかくして、めったに示さないたとえ。「能ある鷹は爪を匿す」③悪意・悪計などをつつみかくしていること。

【妥】→女部 二七六ページ。 【孚】→子部 二九一ページ。

(8)4【争】(72) ソウ 争(71)の旧字体。→四二ページ。 6407 6027

(8)4【爬】4493 標 漢ハ 呉バ 麻 pá 6408 6028
字義 ❶かく(搔)。つめでかく。「搔爬」❷はう(匍)。はって行く。

解字 形声。爪＋巴音。音符の巴は、手をぺったり地面につけるの意味。爪は、つめ。手の意味。つめでかく、手ではうの意味を表す。

【爬行】はって行く。匍伏して進む。

【爬虫(蟲)類】脊椎動物の一部門。冷血で肺で呼吸する種類。へび・とかげ・かめの類。

【爬羅△剔△抉】①かき集めてえぐり出す。②人の秘密や欠点などをあばき出す。③かくれた人材をさがし出すこと。〔唐、韓愈、進学解〕

【采】→木部 五四七ページ。 【受】→又部 一七九ページ。

(9)5【爰】4494 △ 漢エン(エン) 呉オン(ヲン) 元 yuán 6409 6029
字義 ❶ここに。ここにおいて。それで。❷ひく(援)。❸かえる。取りかえる。❹ゆるい。ゆるやか。

解字 甲骨文 篆文 象形。甲骨文は、ある物を上下から手をさしのべてひくさまにかたどり、ひくの意味を表す。援の原字。借りて、「ここに」の意味に用いる。爰の意味と音符とを含む形声文字に、媛・援・瑗などがある。

【爰居】①海鳥の一種。②住居をかえること。

【爰書】罪人の口述書を交換する。爰は、交換する意。昔、裁判官が公平に裁判するように、罪人の口述書をたがいに交換して取り調べたことによる。〔史記、酷吏、張湯伝〕

【爰田】昔、公田の税を賞与にきりかえて、賞すべき人に与えることにしていた田。〔左伝、僖公十五〕

【奚】→大部 二七三ページ。 【覓】→見部 九九三ページ。

(12)8【爲】(4458) イ 為(4457)の旧字体。→六八九ページ。 6410 602A

【愛】→心部 四〇三ページ。 【舜】→舛部 九〇六ページ。

(17)13【爵】4495 常 シャク 漢シャク・呉サク 慣ジャク 薬 jué 2863 3C5F
(18)14【爵】4496
筆順 爵
【䣼】古字
字義 ❶さかずき。㋐すずめの形をした杯。㋑酒を飲む容器の総称。㋒一升を入れる杯。❷爵位。公・侯・伯・子・男の五等に分けた。爵位を授ける。❹すずめ(雀)。❸くら・たか
名乗 くら・たか

〔爵①㋑〕

解字 甲骨文 金文 篆文 会意。『説文』は、鬯＋又。鬯は、すずめの象形。鬯は、その中に入れる酒の意味。又は、手にとるの意味。すずめの形をしたさかずきの意味を表す。爵は䣼の変形。常用漢字の爵は爵の省略形。甲骨文・金文は、すずめの形をしたさかずき、それに手をのばした形にかたどる。
▼栄爵・高爵・襲爵・叙爵・人爵・天爵・封爵
【爵位】①公・侯・伯・子・男の五等の爵。②爵と位階。また、くらい。

【爵秩】くらいとふち(扶持)。爵位と秩禄(俸給)。また、位。

【爵土】爵位と封土(領地)。爵邑。

【爵服】爵位とそれに相当する服装。

【爵△弁】冠の名。爵は、すずめで、冠の形が、すずめの頭に似ているのでいう。

【爵羅】すずめを捕らえるあみ。「門前爵羅」

【爵△禄】＝爵秩。

〔爵弁〕

(18)14【爵】(4496) シャク 爵(4495)の旧字体。→前項。

4 父部

〔部首解説〕**ちち**。父を意符として、父親・老人に関する文字ができている。

父 六九八　4爸 六九八　6爹 六九八　9爺 六九八

斧→斤部 四八四ページ。釜→金部 一一三六ページ。

(4)0 **【父】** 4497　教2　フ　ちち　4167 *4963*

叔父(おじ)・伯父(おじ)・お父(とう)さん

㊀漢フ・呉ブ　慶 ①～③fù　㊁フ　慶 ③④fǔ　慣ホ

筆順

字義 ㊀㊁ ❶**ちち**。てて。「父母」 ❷親属中の老年の男性。王父・叔父・外祖父など。 ❸老年の男子に対する敬称。おきな。「父老」 ❹男子の称。普通「ホ」と読む。＝甫(ホ)。㋐字(あざな)に用いる。㋑男子の美称。師尚父(シショウホ)(太公望)・仲父(管仲)の類。㋒身分のいやしい老人を呼ぶことば。おやじ。じじい。「漁父」〔韓非子、説難〕其隣人之父亦云(そのリンジンのホもまたいう(ふ))。

難読 父母(ふも)

解字 甲骨文　金文　篆文

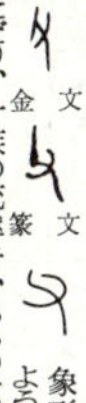

象形。甲骨文でよくわかるように、手にむちを持つ形にかたどり、一族の統率者、ちちの意味を表す。父を音符に含む形声文字に、斧(フ)などがある。

▼亜父・外父・岳父・家父・漁父・継父・厳父・師父・叔父・神父・親父・伯父・老父

【父為(爲)ㇾ子隠(隱)子為(爲)ㇾ父隠(隱)】(ちちはこのためにかくし、こはちちのためにかくす) 父は自分の子供の罪悪をかばいかくし、子は父の罪悪をかばいかくす。それが父子の自然の情の発露であることをいう。〔論語、子路〕——、直在二其中一矣(なお(ほ)きこと、そのうちにあり)。〈——、まっすぐな心は自然その中に備わっているのだ〉

【父君】(フクン・ちちぎみ) 自分、または他人の父の敬称。

【父兄】(フケイ) ①父と兄。↕子弟。②同姓の群臣。③長老。年寄りたち。④国児童・生徒の保護者。

【父系】(フケイ) 父かたに属する系統。↕母系。

【父子】(フシ) ①父と子。親子。②おじとおい。

【父子有ㇾ親】(フシシンあり) 五倫の一つ。親は子をいつくしみ、子は親を愛して孝をつくすという、自然の情愛があること。〔孟子、滕文公上〕

【父師】(フシ) ①父と先生。教えを受ける人。②三公の一つ。太師。天子の指導者。③大夫(タイフ)で七十で退官した者。

【父事】(フジ) 相手を尊んで、父としてつかえる。

【父執】(フシツ・フシュウ) 父の友人。父の同志。執とは、志を同じくする者をいう。父友。

【父△讎△弗二与(與)共△戴一ㇾ天】(ちちのあだはともにテンをいただかず) 父のかたきとはともにこの世に生きていない。子は必ず父のかたきを討つべきであるとの意。「ともに」は「ともには」ともいう。不倶戴天之讎(フグタイテンのあだ)。〔礼記、典礼上〕

【父祖】(フソ) ①父と祖父。②先祖。

【父道】(フドウ) ①父の行った道。②父として守るべき道。

【父父子子】(ちちはちちたりこはこたり) 父親は父親としての道をつくし、子は子としての道をつくすこと。〔論語、顔淵〕⇩君君臣臣(きみはきみたりシンはシンたり)(一九三ページ)。

【父母】(フボ) ①父と母。両親。②国君。③州県の長官。

【父母国(國)】(フボのくに) 父母のいる国。①ふるさと。故郷。②祖国。故国。

【父母△之年、不ㇾ可ㇾ不ㇾ知△也】(フボのとしはしらざるべからざるなり) 父母の年齢は、子供としては正しく記憶しておくべきである。親をおもう子供の真情を述べた言葉。〔論語、里仁〕——、一則以喜(イツはすなわ(は)ちもってよろこび)、一則以懼(イツはすなわ(は)ちもっておそる)。〈——、一方では親が達者でいるのを喜び、一方では親の年齢を考えて老い先短いと心配する〉

【父母唯△其疾△之憂】(フボはただそのやまい(ひ)をこれうれう(ふ)) ①父母は何にもまして子供の病気を心配するものである。だから、子たる者は病気にかからぬように健康に注意すべきである。〔論語、為政〕②父母にはただそのやまい(ひ)をこれうれえ(へ)よ 父母に対しては、子は父母の病気のことを心配すべきである。③父母にはただそのやまい(ひ)をうれえ(へ)しむ 病気で父母に心配をかけるのはやむを得ないとしても、それ以外のことで心配をかけてはならない。

【父老】(フロウ) ①村の主だった年寄り。有徳の老人。②老人の敬称。

【無ㇾ父】(ちちをなみす) 父を父とも思わない。父を無視する。〔孟子、滕文公下〕

(8)4 **【爸】** 4498　△　漢ハ・呉バ　國 bà

字義 ❶**ちち**。父親。❷爸爸(ハハ)は、父の俗称。また、老人の尊称。

解字 形声。父＋巴㊍。

［斧］→斤部 四八四ページ。

(10)6 **【爹】** 4499　△　タ　國 diē

字義 ❶**ちち**(父)。「爹爹(父)」↕嬢。❷老人や目上の人に対する尊称。

解字 形声。父＋多㊍。音符の多は、年長の男子を呼ぶ時の俗語。

［釜］→金部 一一三六ページ。

(13)9 **【爺】** 4500　標　ヤ　國 yé　4476 *4C6C*

［爷］同字

字義 ❶**ちち**。父の俗称。↕嬢。❷主人・上司・尊貴の人に対する尊称。だんなさま。

国**おやじ**(おや)。㋐としより。老人。㋑自分の父の謙称。㋒老人の謙遜(ケンソン)の自称。**じじい**(ぢぢい)。

難読 爺爺岳(ちゃちゃだけ)

解字 形声。父＋耶㊍。

【爺嬢・爺孃(孃)】(ヤジョウ) 父母の俗称。

【爺爺】(ヤヤ) ①父や長者の尊称。②祖父。

4 爻(㐅)部

〔部首解説〕**こう**。めめ(メメ)。爻が意符になる例はなく、もっぱら字形上の分類のために部首にたてられる。

爻 六九八　5爼 六九九　7爽 六九九　10爾 六九九

肴→月部 五三一ページ。

(4)0 **【爻】** 4501　△　漢コウ(カウ)　呉ギョウ(ゲウ)　肴・効 yáo, xiáo　6411 *602B*

字義 ❶**まじわる**(まじはる)。❷易(エキ)の卦(カ)を組み立てている横画。╍を陰爻、━を陽爻といい、この二つを組み合わせて八卦ができ、八卦が二組交わって六十四卦ができている。❸ならう。かたどる。

解字 甲骨文　篆文

象形。屋根のむねの千木(ちぎ)のように、物を組み合わせた形にかたどり、まじ

わるの意味を表す。爻の意味と音符とを含む形声文字に、學(学)・攪カク・教・肴コウ・覺(覚)などがある。

【爻辞(辭)】コウジ 易エキの各卦カの各爻について説明したことば。象辞ショウジ。

【肴】→月部 五三一ページ。

(9)5 **【爼】** 4502 △ソ 俎(258)の俗字。→八五六ページ。 6412 602C

(11)7 **【爽】** 4503 囚 漢ショウ(シャウ) 呉ソウ(サウ) 養陽 shuǎng 3354 4156

筆順 一 爽

字義 ❶あきらか。㋐はっきりしている。㋑明るい。夜明け。㋒神霊のあらたなこと。❷あきらかにする。❸さわやか。すがすがしい。「爽快」❹たがう。たがえる。誤る。❺ほろびる。失う。やぶれる(敗)。そこなう(傷)。❻たけだけしい。はげしい。

名乗 あきら・さ・さや・さやか・さわ

解字 金文 篆文 形声。金文は、日＋喪省㊥。音符の喪は、うしなうの意味。日はまだ出ないが明るくなりはじめた、夜あけの意味を表す。篆文の爽は、この金文の変形したものであろう。また、喪に通じて用いられ、失うの意味も表す。

【爽快】ソウカイ さわやかで気持ちがよい。
【爽旦】ソウタン 夜明け。早朝。
【爽涼】ソウリョウ さわやかですずしい。すがすがしい。

(14)10 **【爾】** 4504 囚 漢ジ 呉ニ 紙 ěr 2804 3C24

筆順 爾

【尓】俗字 5385 5575 【尒】同字

字義 ❶なんじ。相手を呼ぶことば。あなた。おまえ。↔我。❷指示代名詞。㋐かれ(彼)。㋑これ。この。ここ。＝是・此シ。㋒それ。その。そこ。＝其キ。❸しかり。❹しか。しかく。このように。かくのごとく。❺しかする。そうする。そのようにする。❻助字。のみ。＝耳・而已。⇩助字解説 ❼他の語の下について状態を表す語をつくる。「卒爾」「莞爾カンジ」❽ちかい(近)。＝邇ジ。

助字解説 のみ。限定・強意。……だけ。……にすぎない。なのだ。類耳・而已。〔唐、柳宗元、捕ﾚ蛇者説〕非ﾚ死則徙爾シせるにあらずんばすなわち(は)うつりしのみ。〈死んだのでなければ、よその土地に移っただけのことなのだ〉

名乗 ちか・ちかし・みつる

解字 金文 篆文 象形。美しく輝く花の象形で、美しく盛んな花の意味を表す。借りて、二人称に用いる。

【爾雅】ジガ ①言語や文章が正しく美しいこと。②書名。三巻。十三経の一つ。中国古代の辞書で、言語や事物を解釈したもの。『詩経』の語を解釈したものが多い。
【爾後】ジゴ そののち。その後。以後。爾来。
【爾今】ジコン いまから。こののち。自今。
【爾汝】ジジョ おまえ。きさま。人をいやしめていう語。また、人をなれ親しんでいう語。「爾汝の交」
【爾曹】ジソウ なんじ(ら)が・なんじ(ら)がともがら なんじら。おまえたち。曹は、ともがら。
【爾余(餘)】ジヨ そのほか。その他。自余。
【爾来(來)】ジライ その後。それ以来。爾後。
【爾霊(靈)山】ニレイサン 国遼寧リョウネイ省大連市の旅順西北にある山名。日露戦争の激戦地、二〇三高地のあて字。乃木のぎ将軍が名づけたもの。
【云ﾚ爾】しかいう(ふ) 以上のとおり。文末に用いる語。㋐そのようにいう。㋑のみ。
【出ﾚ乎爾一者反ﾚ乎爾一】なんじ(ぢ)にいず(づ)るものはなんじ(ぢ)にかえ(へ)る 自分がしたことの報いは、必ず自分が受けること。善悪ともにいう。〔孟子、梁恵王下〕

4 爿(丬)部

丬は三画。

部首解説 しょうへん。爿は新字体で丬になる。爿が意符になる例はないが、つねに文字の左側の偏の位置にくるので部首にたてられる。ただし、壮(壯)・状(狀)などは右側の傍つくりで分類される。

爿 六九九 4牀 六九九 6牂 六九九 13牆 六九九

壮→士部 二四七ページ。妝→女部 二七六ページ。状→犬部 七〇六ページ。将→寸部 三二五ページ。

(4)0 **【爿】** 4505 △ 漢ショウ(シャウ) 呉ゾウ(ザウ) 陽 qiáng, pán 6413 602D

字義 ❶きぎれ。木を二つに割った左半分。↔片。❷ねだい。＝牀ショウ。

解字 甲骨文 篆文 象形。牀ショウの原字。寝台をたてて横から見た形にかたどり、ねだいの意味を表す。『説文セツモン』では、木の字を縦に割った左半分によって、木片の意味を示す指事文字と説く。爿(丬)を音符に含む形声文字に、壮・奘・妝ショウ・将・牆ショウ・牀・荘・装・醬ショウなどがあり、これらの漢字は、「ベッドのように頑丈な」の意味を共有する。牀・将・牆のほか、音符だけを借りたものもある。

【壮】→士部 二四七ページ。 【妝】→女部 二七六ページ。

(8)4 **【牀】** 4506 △ 漢ショウ(シャウ) 呉ジョウ(ジャウ) 陽 chuáng 6414 602E

【床】俗字 3018 3E32

字義 ❶ねだい。寝台。また、こしかけ。❷寝台とこしかけを兼用できる家具。物をのせておく台。「筆牀(ふでおき)」❸いげた。井戸の上部のかこい。❹基部。地盤。「河牀」

解字 文 篆 形声。木＋爿㊥。音符の爿ショウは、長い寝台の象形で、牀の原字。のち、木を付した。床はその俗字であるが、常用漢字に用いる。

【牀几】ショウキ ①寝台とひじかけ。几は、脇息キョウソク。②国ショウギ 昔、陣屋で用いた、折りたたみできるこしかけ。
【牀蓐】ショウジョク ねどこ。蓐は、しとね、ふとん。牀褥ショウジョク。
【牀前】ショウゼン 寝台のまえ。ねどこのまえ。〔唐、李白、静夜思詩〕牀前看ﾚ月光一ゲッコウをみる。
【牀頭】ショウトウ 寝台のあたり。ねどこのあたり。牀辺。

【状】→犬部 七〇六ページ。

(10)6 **【牂】** 4507 △ ソウ(サウ) 陽 zāng

字義 ❶めすの羊。❷あやしいさま。牂雲は、あやしげな雲。❸ふなつなぎ。舟をつなぎとめるもの。❹牂牂は、さかんなさま。

解字 篆文 形声。羊＋爿㊥。

【将】→寸部 三二五ページ。

(17)13 **【牆】** 4508 △ 漢ショウ(シャウ) 呉ゾウ(ザウ) 陽 qiáng 6415 602F

【墻】同字 5254 5456

字義 ❶かき。かきね。㋐ついじ。土塀。㋑さかい。境界。間をさえぎるもの。❷柩ひつのかざり。

参考 現代表記では〔障〕(8435)に書きかえることがある。「牆

壁→障壁」

解字 篆文 牆 形声。嗇＋爿㊟。嗇は、麦などの穀物をしまう倉の象形。音符の爿ショウは、倉に通じ、しまうの意味。物をおおいかくし、しまいこむための土塀の意味を表す。

【牆衣】ショウイ かきねの苔こけ。土塀の苔。

【牆垣】ショウエン かき。かきね。どべい。牆藩。牆籬ショウリ。

【牆下】ショウカ かきねのもと。

【牆頭】ショウトウ かきねのほとり。土塀のあたり。

【牆壁】ショウヘキ ①土塀。②へだて。境界。

【牆面】ショウメン 土塀に向かって立つ。先が何も見えないことから、学問しないで道理にくらい者のたとえ。〔論語、陽貨〕

【牆有レ耳】ショウにみみあり かきにも耳があって聞いている。秘密がもれやすいことのたとえ。〔管子、君臣下〕

【△鬩二于牆一】かきにせめぐ 兄弟が一家内で争うこと。〔詩経、小雅、常棣〕兄弟鬩二于牆一ケイテイかきにせめぐ。

4 片部

〔部首解説〕かたへん。片を意符にして、板で作られたもの、札などに関する文字ができている。

片 七〇〇　4 版 七〇〇　8 牋 七〇〇　牌 七〇〇　9 牒 七〇一
10 牓 七〇一　11 牕 七〇一　牖 七〇一　15 牘 七〇一

(4)0 **【片】** 4509　6　教 ヘン かた　｜ ヘン 霰 piàn, piān　｜ 4250 4A52

筆順 ノ ノ' 片 片

【片】字 【片】俗

字義 ❶かた。かたかた。かた一方。「片手」 ❷きれ。㋐木ぎれ。木をふたつに割った右半分。↔爿ショウ。㋑かけら。「破片」 ❸ひら。薄く、小さいもの。「花片」また、それを数える語。 国ペンス。イギリスの貨幣の単位 pence の音訳。

難読 片谷へぎたに・片男波かたおなみ・片方かたえ・片木へぎ

解字 甲骨文 篆文 指事。木の字の右半分で、木ぎれの意味や、ひらたく薄い物体の意味を表す。

▼花片・玉片・残片

【片雨】ヘンウ ある地域の一方にだけ降る雨。通り雨。

【片雲】ヘンウン ちぎれ雲。きれぎれの雲。

【片影】ヘンエイ ちらっと見えたかげ。わずかのかげ。また、ちょっと見える物の姿。

【片月】ヘンゲツ かたわれ月。三日月。ゆみはり月。

【片言】ヘンゲン ①ひとこと。わずかなことば。簡単なことば。②一方だけの申し立て。③国かたこと 子どもの不完全なことば。

【片言隻句】ヘンゲンセキク・ヘンゲンセック わずかなことば。一言半句。片言隻辞。

【片山兼山】かたやまケンザン 国江戸中期の漢学者。上野こうずけ（今の群馬県）の人。出雲侯いずもコウに仕え、江戸に塾を開いて教授した。著に『古文考経標注』などがある。（一七三〇―一七八二）

【片帆】ヘンパン・かたほ 一方に傾けて風をはらませた帆。↔真帆。

【片片】ヘンペン ①きれぎれなさま。②ひらひらと軽く飛ぶさま。③国かたかた 一方。かたほう。

【片△鱗】ヘンリン ①魚のうろこのひとかけら。②わずかの部分。物事の一小部分。

(8)4 **【版】** 4510　5　教 ハン　｜ ハン 潸 bǎn 慣バン　｜ 4039 4847

筆順 丿 丬 片 片' 版

字義 ❶ふだ。木のふだ。氏名などを書く木のふだ。また、名簿。戸籍簿。❷いた。㋐木材・金属などを薄く平らにしたもの。＝板。㋑城壁や土塀を築くとき、土を両方からはさむ板。↓版築。㋒しゃく。笏コツ。役人が手に持つ板。❸はんぎ。字をきざんだ印刷用の板。また、出版すること。「活版」「重版」❹長さの単位。一丈（約三メートル）、また、八尺。

解字 篆文 形声。片＋反㊟。片は、平たい板の意味。音符の反は、おしかえすの意味。土塀を築くとき、両側から相互に反対方向に力を作用させ、その中の土をはさみながら突き固めるための板の意味を表し、転じて、はんぎの意味をも表す。

▼雲版・鉛版・改版・原版・製版・石版・殿版・木版

【版行】ハンコウ 書物を印刷して発行する。刊行。

【版心】ハンシン 袋とじの本で紙の折れ目（中心）の所をいう。

【版籍】ハンセキ ①土地と戸籍とをしるした帳簿。②土地と人民。③書籍。

【版△挿（插）】ハンソウ 城壁や土塀を築くに用いる板と、土をおこす鍬すき。土木工事用の道具。

【版築】ハンチク ①土木工事に使う、土どめの板と杵きね。②城壁や土塀などを築くこと。土木工事。また、それに従事する人。

【版図（圖）】ハント ①戸籍と地図。②一国の領土。

【版本】ハンポン ①木版ずりの本。版木にほって印刷した本。②印刷した書物。↔写本。

(12)8 **【牋】** 4511　△ セン 先 jiān　｜ 6416 6030

字義 ＝箋セン。❶ふだ。かみ。文書を書きつける紙・帛きぬ・札など。❷かきつけ。文書。手紙。❸はりふだ。❹文体の名。天子に奉る文。上書。上表。後世、天子に奉るものを表、諸王に奉るものを啓、皇后・太子に奉るものを牋といった。

解字 形声。片＋戔㊟。片は、木ぎれの意味。音符の戔センは、うすいの意味。文書を書きつけるための薄い木ぎれ、かきつけの意味を表す。

【牋△檄】センゲキ まわしぶみ。ふれぶみ。箋檄センゲキ。

【牋△疏】センソ 上に申したてる書状。意見書。箋疏センソ。

【牋奏】センソウ 天子に奉る文章。上奏・上表の類。箋奏センソウ。

(12)8 **【牌】** 4512　標 漢ハイ 呉バ 佳 pái　［牌］｜ 3955 4757

字義 ❶ふだ。㋐かけふだ。たてふだ。文字や目じるしを描いた、標識・掲示の板。㋑かるた・麻雀マージャンの類のふだ。ぱい。「骨牌」㋒わりふ。❷位牌ハイ。❸公文書の一つ。清代シンに中央から地方へ発行した。❹たて（盾）。

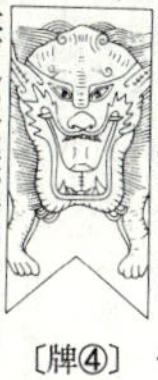

〔牌④〕

解字 形声。片＋卑㊟。片は、木ぎれの意味。音符の卑は、ひくいの意味。簡単なたてふだの意味を表す。

【牌子】ハイシ ①商標。看板。②ふだ。また、切符。また、鑑札。③いはい（位牌）。④カルタ。

【牌△牓・牌△榜】ハイボウ ①かけふだ。②看板。③掲示。牌標。

【牌楼（樓）】ハイロウ 中国の市街に立っている鳥居の形をしたやぐら門で、上に額をかかげる。

〔牌楼〕

(13)9
【牒】4513　標　漢チョウ(テフ)　呉ジョウ(デフ)　葉 dié　3613　442D

字義 ❶ふだ。文書をしるす薄いふだ。❷系図。「譜牒」❸公文書。㋐官庁間でやりとりする公文書。㋑辞令。任命の書。㋒証明書。㋓下級の役人から上官に奉る公文書。❹うったえぶみ。訴状。❺名簿。❻かきもの。記録。帳簿。

参考 現代表記では[丁](4)に書きかえることがある。「符牒→符丁」

解字 篆文　形声。片＋枼㊥。音符の枼ヨウは、木の葉の意味。木の葉のように薄くひらたい、ふだ・かきつけの意味を表す。

(14)10
【牓】4514　△　ホウ(ハウ)　慣ボウ(バウ)　養 bǎng

字義 たてふだ。かけふだ。掲示板。がく。

解字 形声。片＋旁㊥。

【牓札】ボウサツ かけふだ。看板。

【牓子】ボウシ ①なふだ。名刺。②天子に謁見エッケンするときに差し出すかきつけ。

(15)11
【牕】4515　△　ソウ　窓(5410)と同字。→八〇八ページ。

(15)11
【牖】4516　△　漢ユウ(イウ)　呉ユ　有 yǒu

字義 ❶まど。㋐壁をうがち格子コウシをはめたまど。れんじまど。「戸牖」㋑南向きのまど。❷みちびく。❸ひとや。牢獄ロウゴク。

解字 篆文　会意。片＋戸＋甬の変形。甬は通に通じ、穴をあけて抜けとおるの意味。木片でわくどった、壁にあいているまどの意味を表す。甬はのち変形して甫となった。

【牖戸】ユウコ まどと出入り口。また、まどの戸。

【△綢△繆牖戸】ユウコをチュウビュウす 窓や戸をつくろう。小鳥が巣をつくろうこと。転じて、禍を未然に防ぐたとえ。〔詩経、豳風、鴟鴞〕

(19)15
【牘】4517　△　漢トク　呉ドク　屋 dú　6417　6031

字義 ❶ふだ。文字をしるす木のふだ。❷かきもの。文書。書籍。❸公文書。❹てがみ。「尺牘セキトク」❺古代の楽器。竹で作り、地をたたいて音を出す。筑チクの類。

解字 篆文　形声。片＋賣㊥。片は、板の意味。音符の賣トクは、属に通じ、つらねるの意味。文字をしるす板をつらねた木のふだの意味を表す。

4
牙(牙)部
牙は五画。

〔部首解説〕 きばへん。牙は、常用漢字の邪(阝部)や雅(隹部)など、新字体では牙になり、五画に数える。牙を意符にして、犄キ(きば)・犒ク(むしば)など、歯に関する文字ができている。

牙 七〇一　8 牚 七〇一

邪→邑部 一二〇七ページ。雅→隹部 一二七三ページ。

(4)0
【牙】4518　標　漢ガ　呉ゲ　麻 yá　[牙]　1871　3267

字義 ❶は(歯)。㋐歯の総称。歯とも牙ともいう。㋑奥歯。㋒いときり歯。犬歯。❷きば。㋐哺乳ホニュウ動物の歯の特に大きく生長したもの。ライオン・犬・猫などの犬歯、象の門歯の大きくなったもの(象牙ゾウゲ)など。㋑武器・悪意など、人を害するものをたとえていう。「毒牙」㋒人を守り助ける物または人のたとえ。❸かむ(嚙ケ)。かみつく。❹天子または将軍の旗。竿おさきの上部に象牙ゾウゲのかざりがある。牙旗。❺本営。将軍の旗の立っている所。❻役所。牙門。❼さいとり。仲買。売買の仲介をして手数料をとる者。「牙銭」❽め。また、めばえる。

難読 牙僧あいすさいとり

参考 牙は四画。今、牙に作るものは五画に数えた。

解字 篆文　象形。きばの上下がまじわる形にかたどり、きばの意味を表す。牙を音符に含む形声文字に、芽・砑ガ・訝ガ・雅・邪などがあり、これらの漢字には、「きば」の意味を共有するものが多い。

▼童牙

【牙営(營)】ガエイ 将軍の陣屋。将軍の旗である牙旗が立っている陣営の意。本陣。本営。

【牙旗】ガキ 天子、または将軍の立てる旗。旗竿はたざおの上を象牙ゾウゲでかざるのでいう。

【牙行】ガコウ 仲買い。さいとり。

【牙城】ガジョウ 大将のいる城。牙旗のたっている城。本城。本丸。

【牙人】ガジン 仲買人。

【牙銭(錢)】ガセン 手数料。口銭。

【牙△籤】ガセン 象牙ゾウゲで作ったふだ。書名などをしるし、分類の見分けに用いる。

【牙△爪】ガソウ ①きばとつめ。爪牙。②防衛の道具。③手先の者。

【牙△籌】ガチュウ 象牙ゾウゲで作ったかずとり。象牙製の計算用の棒。籌は、かずとり。

【牙帳】ガチョウ 大将のいる陣営のとばり。また、大将の陣屋。

【牙△纛】ガトウ ＝牙旗。纛は、軍を指揮するに用いるはたぼこ。

【牙△牌】ガハイ ①象牙ゾウゲで作り、事物の名称をしるすに用いるふだ。②カルタ。もと、象牙で作った。骨牌。

【牙門】ガモン ①大将のいる陣営の門。大将の旗である牙旗の立っている門の意。②役所。衙門ガモン。

【牙郎】ガロウ 仲買人。

【邪】→邑部 一二〇七ページ。

(12)8
【牚】4519　△　漢トウ(タウ)　呉チョウ(チャウ)　敬庚 chēng, chèng

字義 ❶ささえる。ささえ。また、ささえばしら。支柱。つっかい棒。＝樘トウ。❷はりあう。抵抗する。さからう。

解字 形声。牙＋尚㊥。

【雅】→隹部 一二七三ページ。

4
牛(牜)部

〔部首解説〕 うし。〔牜〕うしへん。牛を意符にして、いろいろな種類の牛や、牛を飼うこと、使うことに関する文字ができている。

牛 七〇一
2 牝 七〇二
牟 七〇二
3 牣 七〇二
牡 七〇二
牢 七〇三
4 物 七〇三
牧 七〇三
5 牲 七〇三
牴 七〇四
6 牸 七〇四
牷 七〇四
特 七〇四
7 牽 七〇四
牾 七〇四
牿 七〇四
犅 七〇四
犁 七〇五
8 犀 七〇五
犇 七〇五
犂 七〇五
9 犍 七〇五
10 犗 七〇五
犒 七〇五
犓 七〇五
犖 七〇五
11 犛 七〇五
13 犠 七〇五
15 犢 七〇五
16 犧 七〇六

(4)0
【牛】4520　教 2　ギュウ　うし　漢ギュウ(ギウ)・呉グ　尤 niú　慣ゴ　2177　356D

筆順　丿 𠂉 㐄 牛

字義 ❶うし。家畜の一種。❷星の名。牽牛星ケンギュウセイ。ひこぼし。また、星座の名。二十八宿の一つ。

名乗 とし　難読 牛久うしく・牛膝いのこずち・牛津オックスフォード・牛頭ごず・牛頭山ごずさん・牛頓ニュートン・牛酪バター

解字 甲骨文  篆文  象形。角のある「うし」の象形で、うしの意味を表す。

▼火牛・耕牛・闘牛・斗牛・土牛・牧牛

【牛飲馬食】ギュウインバショク　牛が水を飲み、馬が草を食うように、大いに飲み大いに食うこと。

【牛王】ギュウオウ　①牛の神。②国ゴオウ　熊野くまの・祇園ぎおん・八幡はちまんなどから出す厄やくよけの守りふだ。牛王法印、または牛王宝命の四字をしるす。

【牛角】ギュウカク　①うしのつの。②仏ゴカク　牛の二本のつのが大小・長短のないこと。物の並立するたとえ。互角。

【牛△驥同△皁】ギュウキドウソウ　足のおそい牛と一日に千里も走る馬とが、同じかいばおけで養われていること。賢者と愚者とが同じ待遇を受けているたとえ。「宋、文天祥、正気歌」に「牛驥同二一皁一ギュウキイッソウをおなじくす」とあるのに基づく。

【牛後】ギュウゴ　牛のしり。強大なもののしりにつき従うたとえ。「鶏口牛後」〔十八史略、春秋戦国、趙〕寧為二鶏口一無レ為二牛後一むしろケイコウとなるともギュウゴとなるなかれ。

【牛耕】ギュウコウ　牛をつかってたがやす。

【牛山】ギュウザン　山東省淄博シハク市臨淄リンシの南にある山。斉の都の東南にあり、都に近かったので、常に木が伐採され、はげ山になっていたという。〔孟子、告子上〕

【牛耳】ギュウジ　①牛の耳。②一党・一派・団体などの首領になる。「牛耳る」→次項。

【執二牛耳一】ギュウジをとる　昔、諸侯が会盟をするとき、いけにえの牛の左の耳をさいてその血を口のまわりにぬったが、盟主が牛耳を手に取ったので、会盟をつかさどることをいい、転じて、一党一派の首領や中心人物となって人々を支配することをいう。〔左伝、定公八〕

【懸二牛首一売(賣)二馬肉一】ギュウシュをかけてバニクをうる　店先に牛の頭をかけて、実際は馬の肉を売る。看板と内容とが違うこと。また、命令と実行とがともなわないこと。懸二羊頭一売二狗肉一ヨウトウをかけてクニクをうる。〔晏子、雑、下〕

【牛△竪】ギュウジュ　＝牛童。牧童。竪は、子ども。

【牛△溲】ギュウシュウ・ギュウソウ　①牛の小便。②草の名。おおばこ。

【牛△溲馬△勃】ギュウシュウバボツ　①下等なくすり。馬勃は、ほこりたけ。湿地や腐った木の上などに生える菌の一種。〔唐、韓愈、進学解〕②ふだん用いぬつまらないもの。また、役に立たないもの。

【牛女】ギュウジョ　牽牛ケンギュウと織女の二星。ひこ星とたなばたつめ。陰暦七月七日の夕、天あまの川で会うという。

【牛△喘】ギュウゼン　暑さのために牛が苦しみあえぐこと。

【牛斗】ギュウト　牽牛ケンギュウ星と北斗星。

【牛刀割レ鶏(鷄)】ギュウトウもてにわ(は)とりをさく　牛を料理する大きな刀で小さいにわとりを料理すること。大器を小事に用いることのたとえ。また、小事を処理するのに大がかりな手段を用いることのたとえ。『論語』陽貨編に「割レ雞焉用二牛刀一にわ(は)とりをさくにいずくんぞギュウトウをもちい(ゐ)んや」とあるのに基づく。

【牛頭】ギュウトウ　①牛の頭。〔唐、白居易、売炭翁詩〕繋二向牛頭一充二炭直一ギュウトウにかけてすみのあたい(ひ)にあつ。②仏ゴズ　牛頭人身をした地獄の番人。

【牛頭天王】ゴズテンノウ・ゴズテンオウ　仏祇園精舎ギオンショウジャの守護神。日本では京都の祇園の八坂神社の祭神。

【牛馬走】ギュウバソウ　自分のことを謙遜ケンソンしていうことば。牛馬の世話をする走り使いの者の意。〔文選、司馬遷、報二任少卿一書〕

【牛歩】ギュウホ　①牛のあゆみ。②おそい歩み。また、物事のはかどらないこと。

【牛△蒡】ゴボウ　野菜の一種。

【牛毛】ギュウモウ　牛の毛。①九牛の一毛。差のはなはだしいたとえ。②きわめて多いたとえ。③法令が細密なたとえ。④こまかいたとえ。小さいたとえ。

【牛羊】ギュウヨウ　①牛と羊。②牛と羊の肉のごちそう。

【牛酪】ギュウラク　牛乳を精製して脂肪を取ったもの。バター。

【牛郎】ギュウロウ　①牛飼い男。②ひこぼし。牽牛星ケンギュウセイ。

【汗レ牛充レ棟】うしにあせせしめむなぎにみつ　蔵書の多いことの形容。運ぶときには牛に汗をかかせ、積み重ねると家のむねにつかえるという意。→汗牛充棟（六一六ページ）。

【放二牛△于桃林△之野一】うしをトウリンのやにはなつ　周の武王の故事。武王が殷インを滅ぼして後、戦争に用いた牛を桃林（地名）の野にはなし飼いにして、自由にさせ、再びこれを用いないことを天下に示したという。転じて、戦争がすんで平和が来たことのたとえ。〔書経、武成〕

(6)2
【牝】4521
標　漢ヒン　呉ビン　軫 pìn　4438　4C46

字義 ❶めす。め。鳥獣の雌。↕牡ボ（おす）。「玄牝」❷たに（谷）。また、地。❸かぎあな。かぎのはいる穴。

解字 甲骨文  篆文  形声。牛（牛）＋匕㊥。音符の匕ヒは、女性の意味。めすの牛の意味を表す。

【牝鶏(鷄)△之△晨】ヒンケイのシン　めんどりがときをつげる。婦人が勢力をふるうこと。かかあ天下。わざわいのもとであるという。牝雞司レ晨ヒンケイシンをつかさどるも同意。〔書経、牧誓〕

【牝△牡】ヒンボ　鳥獣のめすとおす。

(6)2
【牟】4522
標　漢ボウ　呉ム　尤 móu　4422　4C36

字義 ❶牛の鳴き声。❷むさぼる。うばう。❸ます（増）。倍する。❹多い。また、大きい。❺大麦。❻ひとみ（眸ボウ）。❼かぶと。

難読 牟岐むぎ・牟礼むれ

解字 篆文  会意。牛＋厶。厶は、牛の鳴き声・吐く息の象形とも、牛の鼻輪の象形ともいう。牛の鳴き声の擬声語。

【牟食】ボウショク　むさぼり食う。また穀つぶし。

【牟然】ボウゼン　牛が鳴く声の形容。

【牟尼】ニム　仏梵語ボンゴ muni の音訳。静かに瞑想メイソウする聖者の意。おもに釈迦牟尼如来シャカムニニョライをいう。

【牟麦(麥)】ボウバク　大麦。

【牟利】ボウリ　利益をむさぼる。

(7)3
【牣】4523
△　漢ジン　呉ニン　震 rèn

字義 ❶みちる。みつ。㋐充満する。㋑こえふとる。❷しなやか。やわらかで強い。

解字 篆文  形声。牛（牛）＋刃㊥。

(7)3
【牡】4524
標　漢ボ　呉モ　有・麌 mǔ　1820　3234

字義 ❶おす。おすを。お。おを。鳥獣の雄。↕牝ヒン（めす）。❷ひだり。❸おか（丘）。❹かぎ。かぎ穴にさしこむかぎ。

難読 牡鹿おしか・おじか

解字 甲骨文  金文  篆文  会意。牛（牛）＋土。牛は、うしの意味。土は、おすの性器の象形。牛のおすの意味から、一般におすの意味を表す。

【牡丹】ボタン　①花の名。別名、ふかみぐさ。なとりぐさ。②国㋐襲かさねの色目の一つ。㋑いのししの肉の別称。

【牡△牝】ボヒン　鳥獣のおすとめす。

【牡△蠣】ボレイ・かき　貝類の一種。

(7)3
【牢】4525
標　ロウ（ラウ）　豪 láo　4720　4F34

字義 ❶おり。おりを。家畜を飼っておく所。❷かこむ。こめる。❸

かこい。❹ひとや。罪人をとじめておく所。監獄。「牢獄」「入牢」「土牢」❺扶持米（フチマイ）。手当て。❻賃金。❼いけにえ。犠牲。また、ごちそう。牛・羊・豕（ぶた）の三種をそなえたものを太牢（大牢）、羊・豕を少牢という。❽かたい（かたし）。「堅牢」❾かたく守る。❿うれえる。「牢愁」

解字　金文　篆文　象形。金文でもよくわかるように、囲いに入れられた牛の形にかたどる。かこい・おりの意味を表す。

【牢記】（ロウキ）しっかりとおぼえること。

【牢堅】（ロウケン）かたい。堅固。堅牢。

【牢乎】（ロウコ）かたいさま。しっかりしたさま。

【牢固】（ロウコ）かたい。堅牢。

【牢獄】（ロウゴク）ひとや。監獄。刑務所。

【牢愁】（ロウシュウ）うれえる。憂愁。

【牢牲】（ロウセイ）いけにえ。犠牲。

【牢騒（騷）】（ロウソウ）心が不平でふさいでいること。

【牢不レ可レ破】（ロウとしてやぶるべからず）堅固で破ることができない。

【牢落】（ロウラク）①ひろびろとしたさま。とりとめのないさま。②さびしいさま。③まばらなさま。

【牢廩】（ロウリン）扶持米（フチマイ）。俸禄（ホウロク）。

【牢牢】（ロウロウ）①空の曇りふさがっているさま。②気がふさがるさま。③堅固なさま。

【牢籠】（ロウロウ）①ひとまとめにする。②他人を自分の術中におとしいれて思うままにすること。籠絡。

(8)4
【物】4526
教 3　ブツ・モツ　もの　果物（くだもの）
漢ブツ・呉モチ　慣モツ　物 wù
4210 4A2A

筆順　牛 牛 牣 物

字義 ❶もの。㋐天地間にあるいっさいのもの。目に見えるすべてのもの。「食物」「博物」㋑ものごと。ことがら。㋒転じて、世事。世間。「物外」「物議」❷旗の名。周代、大夫や士が用いた。❸みる。また、占う。
国もの。㋐接頭語。㋑ことば。言語。㋒苦情。ものいい。㋓もののけ。

〔物②〕

名乗　たね　難読　物集（もずめ）

使いわけ　もの〔物・者〕
〔物〕形を備えたもの。「物が出回る」
〔者〕人間。「持てる者の悩み」

なお、抽象的なものは、仮名書きとする。「人生ははかないものだ」また、接頭語的用法には〔物〕を用いる。「物覚え・物悲しい」

解字　甲骨文　篆文　形声。牛（牛）＋勿（音）。音符の勿（ブツ）は、悪い物を払い清めるの意味。清められた、いけにえの牛の意味から、「もの」の意味を表す。

▼逸物・異物・遺物・詠物・怪物・外物・貨物・器物・旧物・供物・景物・好物・財物・作物・抄物・書物・人物・即物・俗物・難物・廃物・博物・万物・風物・文物・名物

【物化】（ブッカ）①物の変化すること。万物の変化するすがた。〔荘子、斉物論〕②人の死をいう。物故。

【物華】（ブッカ）①物の光。宝物などのかがやき。②けしき。風景。

【物我】（ブツガ）ものとわれ。外物と自己。外部と内部。客観と主観。

【物怪】（ブッカイ）①もののけ。あやしいもの。②国㋐（もののけ）人にとりついたりする死霊（シリョウ）・生霊（いきリョウ）の類。㋑（モッケ）思いもかけぬこと。意外。勿怪（モッケ）。「物怪の幸い」

【物外】（ブツガイ）世事をはなれた場所。俗世間のそと。

【物換星移】（ものかわ（は）りほしうつる）物事はかわり、歳月が経過する。世の中が移り変わること。〔唐、王勃、滕王閣詩〕

【物議】（ブツギ）世間のうわさ。世評。世論。「物議騒然」

【物故】（ブッコ）①人の死をいう。②事故。

【物候】（ブッコウ）もののありさま。気候による風物。

【物象】（ブッショウ）①ものの形。また、もの。②四季のけしき。自然の風景。

【物情】（ブツジョウ）①事物のありさま。物事の実情。②世間のようす。人々の心。世人の心情。

【物色】（ブッショク）①犠牲の動物の色。毛の色。②ありさま。なりかたち。形状。③人相書きで人をさがす。また、人相書。④さがしもとめる。⑤いろいろなもの。万象。⑥けしき。風物。

【物盛則衰】（ものさかんなればすなわ（は）ちおとろう（ふ））物事がさかんになるとかならずおとろえる。〔史記、蔡沢伝〕⇩月満則虧（五一八ページ）。

【物徂徠】（ブッソライ）国荻生徂徠（おぎゅうソライ）をいう。中国人的に三字に称したもの。物茂卿（ブツモケイ）ともいう。→荻生徂徠（九二九ページ）。

【物騒（騷）】（ブッソウ）国①さわがしい。世の中がおだやかでないこと。②乱暴を働きそうなこと。

【物欲・物慾】（ブツヨク）金銭や品物をほしがる欲望。

【物理】（ブツリ）①物ごとの道理。②「物理学」の略。

【物力】（ブツリョク）①物を生ずる力。②租税以外に人民の財産の多少をはかって銭を徴収すること。③富の力。

【物累・物纍】（ブツルイ）外物のかかりあい。外物から受けるわずらわしさ。世俗のわずらわしさ。

【物論】（ブツロン）世の中のうわさ。世間の評判。「物論囂囂（ブツロンゴウゴウ）」

【有レ物有レ則】（ものあればのりあり）すべての事物には一定のきまりがある。〔詩経、大雅、烝民〕

(8)4
【牧】4527
教 4　ボク　まき
漢ボク　呉モク　屋 mù
4350 4B52

筆順　牛 牛 牜 牧

字義 ❶うしかい。うまかい。「牧童」❷まき。まきば。牛馬などを放し飼いにする所。また、放し飼いにすること。「遊牧」「放牧」❸つかさ。役人。また、つかさどる。治める。㋐州の長官。地方長官。「牧民官」㋑田地をつかさどる役人。㋒舟をつかさどる役人。❹郊外。町はずれ。放牧に適している。❺やしなう（やしふ）。動物を養う。修養する。

解字　甲骨文　金文　篆文　会意。牛（牛）＋攵（攴）。牛は、うしの意味。攴はむちでうつの意味。牛を養う人の意味を表す。

▼司牧・人牧・畜牧・農牧・遊牧

【牧歌】（ボッカ）①牛飼いの歌。牧人の歌う歌。②牛かいや農夫の生活を歌った詩歌。「牧歌的」は、素朴でみずみずしい感じ。

【牧牛】（ボクギュウ）①牛を飼う。牛を放牧する。②野飼いの牛。牧場の牛。

【牧圉】（ボクギョ）①牛や馬を飼う者。②まきば。牧場。牛に牧、馬に圉という。

【牧師】（ボクシ）①周代、牧場をつかさどった官。②キリスト教で信者を教えみちびく人。

【牧守】（ボクシュ）地方長官。州郡の長官。州に牧、郡に守という。

【牧豎】（ボクジュ）牛馬を飼う子供。牧童。

【牧人】（ボクジン）①周代、牧畜をつかさどった官。②牧畜をする人。牧夫。

【牧畜】（ボクチク）家畜を飼育する。また、その家畜。

【牧笛】（ボクテキ）牧人や牧童の吹く笛。

【牧童】（ボクドウ）牛馬を飼う少年。牧子。牧児。

【牧伯】（ボクハク）①地方の長官。②国大名。

【牧夫】（ボクフ）牛や馬を飼う人。牧人。

【牧民】（ボクミン）人民を養い治める。〔管子、牧民〕

【牧民官】（ボクミンカン）地方長官。知事。→牧民。

【牧羊】（ボクヨウ）ひつじを飼う。

【牧養】（ボクヨウ）①家畜を牧場で育て養う。②人民を養い治める。

(9)5
【牲】4528
常　セイ
漢セイ　呉ショウ（シャウ）　庚 shēng
3223 4037

筆順

字義 いけにえ（いけにへ）。㋐神を祭るに供える牛。㋑祭りや食膳（ショクゼン）に供える畜類。㋒転じて、ある物事、またはある人のために生命など大切なものを投げ出すこと。「犠牲」

解字 金文　篆文　形声。牜(牛)＋生㊐。音符の生は、生きているの意味。生きたままの神へのささげ物、いけにえの意味を表す。

▼犠牲・特牲

【牲殺】（セイサツ） いけにえ。いけにえは、殺して用いるのでいう。

【牲△牷】（セイセン） いけにえ。牷は、毛色がまだらでなく、完全な体をしたもの。いけにえは、必ず牷を用いるのでいう。

【牲△牢】（セイロウ） いけにえ。牢も、いけにえ。

(9)5

【牴】 4529　△　一㊌テイ・㊍タイ　薺 dǐ　二㊌テイ・㊍タイ　斉 dī　6418　*6032*

字義 一❶ふれる（ふる）。あたる（当）。角（つの）が当たる。❷いたる。あう（会）。❸ほぼ。おおよそ。二おすの羊。＝羝（テイ）。

難読 牴牾（もどき）

参考 現代表記では［抵］(2625)に書きかえることがある。「牴触→抵触」

解字 篆文　形声。牜(牛)＋氐㊐。音符の氐（テイ）は、いたるの意味。牛の角がふれるの意味を表す。

【牴△牾】（テイゴ） 牾は、そむく。①くいちがう。②さからいあたる。

【牴触（觸）】（テイショク） ①つきあたる。②さしさわる。抵触。

【牴羊】（テイヨウ） おひつじ。おすの羊。

(10)6

【牸】 4530　△　㊌シ・㊍ジ　寘 zì

字義 ❶めすの牛。❷めす。畜類の雌。

解字 形声。牜(牛)＋字㊐。

(10)6

【牷】 4531　△　㊌セン・㊍ゼン　先 quán

字義 ❶いけにえ（いけにへ）。毛色が一色で体の完全なもの。❷＝全。

解字 篆文　形声。牜(牛)＋全㊐。音符の全は、完全の意味。その毛が一色で完全な牛、いけにえの意味を表す。

(10)6

【特】 4532　教 4　トク　㊌トク・㊍ドク　職 tè　3835　*4643*

筆順

字義 ❶おす（をす）。畜類のおす。特におすの牛についていう。❷三歳、または四歳の獣。❸一匹のいけにえ。❹ひとり。ひとつ。❺つれあい。配偶者。❻ぬきんでている。また、すぐれている。ことに。とりわけ。「特権」「特約」❼ただ。わずか。これだけ。㋐ただひとつ。「独特」㋑つれあいのないもの。片われ。

難読 特牛（こってい）

解字 形声。牜(牛)＋寺㊐。おすの牛。獨（独）に通じて、ひとりの意味に用いる。

▼奇特・孤特・独特

【特異】（トクイ） 特にかわった現象。

【特牛】（トクギュウ） ①一匹のいけにえの牛。②おうし（雄牛）。③ことといのうし。ことい。おうしの強健なもの。

【特権（權）】（トッケン） ある身分・地位・階級の人が特に持っている権利。

【特効（效）】（トッコウ） ある事がらに対する、とりわけすぐれたききめ。［「特効薬」］

【特旨】（トクシ） 特別のおぼしめし。

【特使】（トクシ） 特別の任務を持ち、特に派遣される使者。

【特質】（トクシツ） そのものだけが持っている特殊の性質。

【特赦】（トクシャ） ①特別にゆるす。②恩赦の一つ。服役中の犯罪人に対して、刑の執行を免除すること。

【特殊】（トクシュ） 普通とことなる。特別。↕一般・普通・普遍。

【特色】（トクショク） ①そのものだけにあり、他と目立ってちがう所。②他とくらべてすぐれている所。

【特進】（トクシン） ①漢代、諸侯・王公・将軍のうち、功績のあった者に対してたまわった位で、三公の下。②国㋐正二位の中国風の呼び名。㋑官位などが特別に進級すること。

【特性】（トクセイ） そのものだけが持っている性質。特質。

【特牲】（トクセイ） 一匹のいけにえの牛、また、ぶた。

【特操】（トクソウ） 他に左右されないかたいみさお。他にたよらないで自立している、しっかりした心。

【特地】（トクチ） かくべつに。ことさらに。地は、助字。

【特徴】（トクチョウ） ①特別のおめし。徴は、召すこと。②他と異なって特にめだつしるし。特点。

【特典】（トクテン） ①特別の儀式。②特別の待遇。

【特筆】（トクヒツ） 特に目立つようにしるす。特別に取りたててしるす。「特筆大書」

【特別】（トクベツ） 普通でない。一般と異なる。格別。

【特命】（トクメイ） ①特に命ずる。また、特別の命令。②特別の任命。

【特約】（トクヤク） 特別の利益・便宜・条件のある約束や契約。特別契約。

【特有】（トクユウ） その物だけが特にそなわっている。↕通有。

【特立】（トクリツ） ①ひとりだち。他人にたよらない。独立。②特にすぐれてぬきんでる。特出。「特立之士」

【特立独（獨）行】（トクリツドッコウ） 自分の信念に従って独自に行動すること。世俗に従わず、自分の信念を行うこと。初志を貫徹すること。［礼記、儒行］

(11)7

【牽】 4533　標　ケン　先 qiān　2403　*3823*

字義 ❶ひく。ひっぱる。㋐引いて進ませる。引き寄せる。「牽制」「牽強付会」㋑ひきいる（率）。引き連れる。❷ひかれる（ひかる）。㋐ひきつけられる。㋑つながれる。とらわれる。❸つな。引き綱。❹いけにえ。いけにえにされるために引かれて行く動物。

難読 牽牛花（あさがお）・牽牛星（ひこぼし）

解字 篆文　形声。牛＋冖＋玄㊐。冖は、つなの象形。音符の玄は、弦に通じ、張りつめたつなの意味。牛を引くつな・ひくの意味を表す。

【牽引】（ケンイン） ひきあう。また、ひく。ひきよせる。ひっぱる。

【牽牛】（ケンギュウ） ①牛を引く。②星の名。ひこぼし。牽牛星。七夕（たなばた）の男星。③花の名。あさがお。牽牛花。

【牽強】（ケンキョウ） こじつける。

【牽強付会（會）・牽強附会（會）】（ケンキョウフカイ） 自分のつごうよいように、むりにこじつける。傅会（フカイ）ともいう。

【牽制】（ケンセイ） ①ひかれて自由にならない。拘泥（コウデイ）する。②ひきつけて自由にさせない。自由を束縛する。

【牽累】（ケンルイ） ①かかわりあい。②まきぞえの災難。③物にひかれてわずらわされる。

【牽△攣】（ケンレン） ひく。たがいに心がひかれる。「牽攣乖隔（カイカク）」［唐、白居易、与微之書］

(11)7

【牾】 4534　△　ゴ　麌 wǔ, ③wú　6419　*6033*

字義 ❶さからう（さかふ）。たがいもとる。＝忤（ゴ）。「牴牾（テイゴ）」❷あう（逢）。❸獣の名。

解字 形声。牜(牛)＋吾㊐。

(11)7

【牿】 4535　△　コク　沃 gù

字義 ❶おり（をり）（檻（カン））。❷牛馬をおりに入れてやしなう。❸牛のつのぎ。角のはしにつけて、人を突けないようにする横木。

解字 篆文　形声。牜(牛)＋告㊐。音符の告は、とらわれた牛をささげて、神につげるの意味。神や祖霊につげるときに用いる牛馬の入れられる、おりの意味を表す。

(11)7

【犓】 4536　△　一ソ　虞 cū　二㊌ソ・㊍ゾ　麌　三㊌ショク・㊍ソク　沃

字義 ㊀あらい。おおまか。＝粗。 ㊁❶ほぼ。あらまし。おおよそ。だいたい。大略。❷牛の角のまっすぐなさま。 ㊂ふれる(触)。さわる。接触する。

解字 会意。牛(牛)+角。

(11)7【犁】4537 △ レイ 犂(4540)と同字。→上段。 6421 6035

(12)8【犀】4538 標 漢セイ 呉サイ 斉 xī 2652 3A54

【犀】同字

字義 ❶サイ。野獣の名。水牛に似て鼻端に一本の角がある。角は古来薬用に用いられ、皮は甲冑を作るのに適する。❷さいの角。また、それで作ったかざり。❸かたい(堅)。❹するどい。

解字 金文 篆文 会意。牛+尾。

【犀角】①さいのつの。器物や薬用にする。②ひたいの髪ぎわに隆起している骨。貴人の相といわれる。③筆法の一つ。片かなの「ノ」の字風に書く筆法。

【犀甲】さいの皮で造ったよろい。堅固なよろい。

【犀舟】堅固な舟。

【犀利】①かたくてするどい。②文章や論法などの勢いのするどいこと。

(12)8【犇】4539 △ ホン 元 bēn 6422 6036

字義 ❶牛がおどろく。❷はしる。＝奔。 国❶ひしめく。押しあって騒ぐ。❷ひしと。ぎゅっと。 難読 犇犇(ひしひし)

解字 会意。牛三つで、牛がおどろくの意味を表す。

(12)8【犂】4540 △ ㊀漢レイ・呉ライ 斉 lí ㊁リ 支 ㊂漢リュウ(リウ)・呉ル 尤 6420 6034

【犁】同字 6421 6035

字義 ㊀㊁❶すき。からすき。農具の名。牛にひかせて土をたがやす道具。「鋤犂(ジョレイ)」❷たがやす。すく。すきで耕す。❸まだらうし。黄と黒とのまじった毛色の牛。犂牛。❹くろい。❺しみ。老人のはだに生ずるうすぐろい斑点(ハンテン)。❻ころ(頃)。ころおい。「犂明(レイメイ)」 ㊂おののく。おそれおののく。

〔犂 ㊀㊁①〕

解字 篆文 形声。牛+㓠(黎)音。音符の黎(リ)は、すきの意味。牛にすきをひかせて耕すの意味を表す。

【犂牛之子】まだら牛の子。仲弓が悪人の父を持ちながら賢明であったので、孔子が牛にたとえて、まだら牛の子でも、毛色が赤く角がりっぱであれば、犠牲として神に供えることができると言ったことから、悪人から生まれたりっぱな子をいう。〔論語、雍也〕

【犂然】おそれおののくさま。

【犂明】夜あけごろ。あかつき。黎明(レイメイ)。犂旦(レイタン)。

【犂老】としより。老人。

(13)9【犍】4541 △ 漢ケン 呉コン 元 jiān, qián

字義 ❶去勢した牛。❷去勢する。❸怪獣の名。豹(ヒョウ)に似て尾が長く、人首一目で牛耳。❹犍為(ケンイ)は、漢代の郡名。今の四川省宜賓市の西南。

解字 篆文 形声。牛(牛)+建音。

(14)10【犗】4542 △ カイ 卦 jiè

字義 去勢した牛。

解字 篆文 形声。牛(牛)+害音。音符の害は、たちきるの意味。動物の生殖器官をたちきる、去勢するの意味を表す。

(14)10【犒】4543 △ コウ(カウ) 号 kào 6423 6037

字義 ❶ねぎらう。飲食物を贈って将兵の労苦をなぐさめる。いたわりなぐさめる。❷ごちそう。ねぎらいの飲食物。

解字 形声。牛(牛)+高音。

【犒師】飲食物を贈り兵士の労苦をいたわる。師は軍隊。

【犒労(勞)】いたわりねぎらう。労は、疲れをいたわる。

(14)10【犓】4544 △ 漢スウ 呉シュ 虞 chú

字義 まぐさかう。まぐさを与えて牛や羊などを飼う。＝芻(スウ)。「犓豢(スウカン)」

解字 篆文 形声。牛(牛)+芻音。音符の芻(スウ)は、まぐさの意味。まぐさで牛を飼うの意味を表す。

【犓豢】①牛・羊や犬・ぶたの類を飼う。家畜を養う。②草をたべる家畜の牛や羊と、穀類をたべる家畜の犬やぶたの類。家畜類。

(14)10【犖】4545 △ ラク 覚 luò 6424 6038

字義 ❶まだらうし。毛色のまだらな牛。また、その模様。❷あきらか。「犖犖」❸すぐれる。

解字 篆文 形声。牛+勞省音。

(15)11【犛】4546 △ 漢ボウ(バウ) 呉ミョウ(メウ) 肴 máo

字義 からうし。ヤク。牛に似、角は長く、毛は長い。チベットなどの高地に産する。昔、その毛で旄(ボウ)(旗竿のかざり)を作ったので旄牛(ボウギュウ)ともいう。犛牛。氂牛(ボウギュウ)。 難読 犛牛(ヤク)

解字 篆文 形声。牛+𠩺音。

(17)13【犠】4547 常 ギ 2130 353E

(20)16【犧】4548 旧 ギ キ 支 xī 6426 603A

筆順 牛 牪 牲 犠 犠

字義 ❶いけにえ。祖先の祭りに供える色がまだらでなく、体の完全な畜類。転じて、ある物事、またはある人のために生命など大切なものを投げ出すこと。❷いつくしみやしなう。❸いけにえの牛の形をした酒だる。 難読 犠牲(いけにえ)

解字 篆文 形声。牛(牛)+義(羲)音。音符の羲は、さらに義+丂となる。義は、羊をのこぎり様の刃物で、いけにえにするの意味。丂も刃物の象形。いけにえの牛の意味を表す。

【犠牛】いけにえに用いる牛。

【犠象】周代に用いた酒器(さかずきの類)。

【犠牲】①いけにえ。②他人のために、ある目的のために生命やかけがえのないものを捨てること。殷(イン)の湯王(トウオウ)がひでりのとき、自分の身をいけにえにして天に祈り雨ごいをした故事に基づく。〔呂氏春秋、順民〕

【犠尊・犠樽】祭器の名。いけにえの牛の形をした酒だる。また、いけにえの牛の形を描いた酒だる。

〔犠尊(漢代)〕

(19)15【犢】4549 △ 漢トク 呉ドク 屋 dú 6425 6039

字義 こうし(子牛)。牛の子。 難読 犢鼻褌(ふんどし・たふさぎ・とうさぎ)

解字 篆文 形声。牛(牛)+賣音。

【犢車】子牛に引かせる車。また、牛車。

【犢鼻褌】ふんどしの一種。布で腰の前面をおおい、後にまわして結ぶもの。褌は、したおび・ふんどし。

【△舐レ犢】(トクをねぶる) 親牛が子牛をなめて愛すること。転じて、親が子をむやみにかわいがること。

(20)16
【犧】(4548) ギ　犧(4547)の旧字体。→七〇五ページ。
6426
603A

4 犬部

〔部首解説〕いぬ。犬が偏になるときは犭の形をとり、獣偏(けものへん)と呼ぶ。もと、犭も犬部に含まれたが、形・画数とも異なるので分離して、犬部のあとに犭部を設けた。犬を意符にして、いろいろな種類の犬や、犬に似た獣類、また、むかしは異民族を軽べつしたのでその名称に関する文字などもできている。そのほかに、犬の状態や、野獣的な性質・行為、狩猟に関する文字などがある。

(4)0
【犬】4550 教1 ケン いぬ
筆順 一 ナ 大 犬
ケン 銑 quǎn
2404
3824

字義 ❶いぬ。家畜の一種。❷つまらない者のたとえ。自己を卑下し、または他人をいやしめていう。「犬馬の労」 国いぬ。㋐まわし者。スパイ。㋑むだなこと。「犬死(いぬじに)」
難読 犬睾丸(いぬふぐり)・犬童(いんどう)・犬吠埼(いぬぼうさき)
解字 甲骨文 金文 篆文　象形。耳をたてた犬の象形で、いぬの意味を表す。
犬を音符に含む形声文字に、獻(献)・畎(ケン)などがある。
▼豚犬・猟犬
【犬猿】(ケンエン) ①いぬとさる。②国非常に仲の悪いことのたとえ。

【犬死】(いぬじに) 国むだじに。徒死。

【犬△戎】(ケンジュウ) 古代、中国の西北方(今の陝西(センセイ)省鳳翔(ホウショウ)県の北方)に住んでいた異民族。周の幽王は、この犬戎に攻められて、紀元前七七一年に都を洛陽に移した。畎夷(ケンイ)。昆夷(コンイ)。

【犬△彘】(ケンテイ) 犬とぶた。転じて、いやしい者のたとえ。

【犬馬】(ケンバ) ①いぬとうま。②犬や馬などの獣類。③臣下の謙称。臣下が君主に対し、自分を卑下していうことば。④自己の謙称。犬馬のように身分のいやしい者の意。

【犬馬△之歯(齒)】(ケンバのよわい(はい(ひ))) 自分の年齢の謙称。犬や馬のようにむだにとった年齢という意。

【犬馬△之心】(ケンバのこころ) 臣下が主君につくす忠誠の心。

【犬馬△之養】(ケンバのやしない(ひ)) 犬や馬を養うような孝養。他に、犬馬がその子を養う、また、犬馬が人を養うと解する説もあるが、ここでは人が犬馬をその意に解した。食べさせるだけで敬う心がかけていること。〔論語、為政〕至三於犬馬一皆能有レ養(ケンバにいたるまでよくやしなう(ふ)ことあり)、不レ敬何以別乎(ケイせずんばなにをもってわかたんや)。〈人は犬や馬でも養っている。親を養うのに尊敬の念がなければどうしてこの犬や馬を養っているやり方と区別できようか〉

【犬馬△之労(勞)】(ケンバのロウ) 主君や他人のために心力をつくすことの謙称。

【犬△吠】(ケンハイ) ①犬がほえる。また、その声。②衆人が騒ぎたてる声のたとえ。③国(いぬぼえ) 上代、大嘗会(ダイジョウエ)に外国の使節が入朝したとき、隼人(はやと)が宮門を守るために犬の遠ぼえをまねたこと。「え。

【犬羊】(ケンヨウ) 犬と羊。転じて、つまらない者、才能のない者のたとえ。

(5)1
【犮】4551 △ 漢ハツ 呉バチ 曷 bá
字義 ❶犬の走るさま。❷ぬく。ぬき去る。＝抜。
解字 篆文　象形。犬をはりつけにしたさまにかたどり、災害をとり除くの意味を表す。祓(フツ)の原字。犮を音符に含む形声文字に、抜・茇(バツ)・跋(バツ)・髪・魃(バツ)などがある。

(7)3
【状】4552 教5 ジョウ
(8)4
〔狀〕4553 人許 漢ショウ(シャウ) 呉ジョウ(ジャウ) 漾 zhuàng
3085
3E75
筆順 丨 丬 状 状
字義 ❶かたち。ありさま。すがた。顔かたち。㋐犬のかたち。㋑転じて、一般にかたちの意。「形状」「球状」㋒なりゆき。おもむき。様子。「異状」「情状」❷あらわす。かたどる。形容する。のべる。ことばや絵で表す。❸かきつけ。てがみ。「書状」「賞状」❹文体の名。上奏文の類。
解字 篆文　形声。犬＋丬(爿)音。音符の爿(ジョウ)は、像に通じ、すがたの意味。犬のさまざまなすがたの意味から、一般に、すがたの意味を表す。
▼回状・窮状・行状・形状・現状・国状・罪状・惨状・賞状・情状・書状・訴状・白状・名状・免状・令状
【状況】(ジョウキョウ) ありさま。ようす。◇「状況」と「情況」には意味・用法の違いはないが昭五六、法令用語改正で「状況」に統一されて以来、一般でも「状況」が多く用いられている。

【状元】(ジョウゲン) 科挙(官吏登用試験)の最終試験である、天子が行う殿試に一番で合格した者。元は、かしらの意。以下、二番を榜眼(ボウガン)、三番を探花という。

【状態】(ジョウタイ) ありさま。ようす。

【状△貌】(ジョウボウ) かおかたち。なりふり。

(8)4
【狀】(4553) ジョウ　状(4552)の旧字体。→前項。
【畎】→田部 七三八ページ。

(11)7
【倏】4554 △ シュク 屋 shū
〔倐〕俗字
[倏]
6439
6047
字義 ❶犬が速く走るさま。❷たちまち。すみやか(速)。にわか。❸ひかるさま。
解字 篆文　形声。犬＋攸音。
【倏△忽】(シュクコツ・シュッコツ) たちまち。すみやかに。にわかに。転じて、極めて短い間。倏夐(シュクケイ)。「倏忽の間」
【倏倏】(シュクシュク) ひかるさま。
【倏瞬】(シュクシュン) ごく短い時間。一瞬時。
【倏然】(シュクゼン) すばやく。たちまち。

(12)8
【猋】4555 △ ヒョウ(ヘウ) 蕭 biāo
字義 ❶犬が群をなして走るさま。❷はしる。速く走る。❸つむじかぜ。はやて。飇(ヒョウ)。旋風。「猋風」
解字 金文 篆文　会意。犬＋犬＋犬。犬が群れて走るの意味や、はやく走るの意味を表す。
【猋飛】(ヒョウヒ) つむじ風のように飛ぶ。
【猋風】(ヒョウフウ) つむじ風。猋忽(ヒョウコツ)。

(13)9
【献】4556 常 ケン・コン
(20)16
〔獻〕4557 漢ケン 呉コン 願 xiàn
2405
3825
6459
605B
筆順 十 冂 南 南 献
字義 ❶たてまつる。ささげる。すすめる(すすむ)。㋐犬を祖先の祭りに供える。㋑音楽を奏して神を祭る。㋒ささげる。主君

に物を奉る。「献上」㋓君に申しあげる。上奏する。㋔人に物を贈る。㋕酒を客にすすめる。❷たてまつる物。㋐供物。㋑献上品。❸賢人。＝賢。「文献」

名乗 たけ

解字 甲骨文　金文　篆文　形声。篆文は、鬳＋犬㊥。鬳は、頭部が虎の形をした、こしきの象形。犬は、その器に血を塗るためのいけにえの犬の意味。神聖化されたこしきのさまから、神に物をささげるの意味を表す。常用漢字の献は俗字。

▼貢献・文献・奉献

【献遺】ケンイ　つつしんでおくる。進物を贈る。

【献可】ケンカ　ためになることばを君に申しあげる。君に善言を奉って君のあやまちをただすこと。

【献享・献▵饗】ケンキョウ　ごちそうをさしあげてもてなす。

【献▵芹】ケンキン　人に品物を贈ることを、へりくだっていうことば。芹は、せり、つまらぬ野菜の意。また、目上に意見を申しあげる意にも用いる。〔列子、楊朱〕

【献言】ケンゲン　人に意見を申しあげる。また、その意見。

【献功】ケンコウ　①公務に力をつくす。②できあがった物を献上する。

【献歳】ケンサイ　正月元日をいう。献は進で、新しい年が進みきたる意。

【献策】ケンサク　はかりごとを上の人に申しあげる。

【献酬】ケンシュウ　杯のやりとり。献は、相手に杯をさすこと。酬は、受けた杯を返して、その人に酒をすすめること。返杯。

【献上】ケンジョウ　＝献呈。

【献身】ケンシン　一身をささげて、その事に力をつくす。

【献替】ケンタイ・ケンテイ　善を進め、悪をやめさせること。君主を補佐すること。献は進、替は廃（やめさせる）。

【献呈】ケンテイ　目上の人にさしあげる。献上。

【献納】ケンノウ　①善言を君にたてまつる。はかりごとを君に申しあげる。②神仏などに金品を奉る。奉納。③国大納言ダイナゴンを中国風に言った名。

【献▵盃・献杯】ケンパイ　相手に敬意を表してさかずきをさす。

(13)9 【猷】4558　標　漢ユウ（イウ）　呉ユ　尤 yóu　［猷］　4518 *4D32*

字義 ❶はかる。また、はかりごと。「鴻猷コウユウ」❷みち（道）。道義。❸えがく。また、え（画）。

解字 形声。犬＋酋㊥。

(15)11 【獒】4559　△ゴウ（ガウ）　豪 áo

字義 ❶いぬ（犬）。人の心を察して、よく役にたつ犬。❷おおいぬ。強い犬。猛犬。

解字 篆文　形声。犬＋敖㊥。音符の敖ゴウは、大きくて気ままの意味。

(15)11 【獎】4560　△ショウ　奨（1431）の本字。→二七三ページ。　6450 *6052*

(16)12 【獣】4561　常　ジュウ　けもの　2935 *3D43*

(19)15 〔獸〕4562　人　許　漢シュウ（シウ）・呉シュ　慣ジュウ（ジウ）　宥 shòu　6457 *6059*

筆順 獣

字義 ❶けもの。けだもの。❷ほじし。ほした肉。

解字 甲骨文　金文　篆文　会意。甲骨文・金文は、單＋犬。單は、はじき弓の象形。犬は、いぬの象形。犬とはじき弓とを使ってかりをしたときのえもの、けものの意味を表す。獸は、その変形。常用漢字は獸の省略形。

▼仁獣・聖獣・走獣・鳥獣・猛獣

【獣▵檻】ジュウカン　けものを入れておくおり。

【獣畜】ジュウチク　①犬馬などを養うこと。また、けものとして養うことで、かわいがるだけで尊敬しないことをいう。畜は、養う。〔孟子、尽心上〕②野獣と家畜。また、けもの。

【獣行】ジュウコウ　けだものにひとしい行い。人道にはずれたみだらな行為。

【獣骨文】ジュウコツブン　古代文字の一種。殷代インダイ、獣骨にきざんだ文字。占卜センボク（うらない）のことばが多い。→甲骨文字（七三六ページ）。

【獣心】ジュウシン　けもののような心。人道にはずれた心。

(19)15 【獸】(4562)　ジュウ　獣（4561）の旧字体。→前項。　6457 *6059*

(20)16 【獻】(4557)　ケン　献（4556）の旧字体。→七〇六ページ。　6459 *605B*

3　犭部

〔部首解説〕けものへん。犬が偏になるときの形。→〔犬〕の部首解説（七〇六ページ）。

(5)2 【犯】4563　教5　ハン　おかす　漢ハン・呉ボン　豏 fàn　4040 *4848*

筆順 ノ　犭　犯

字義 ❶おかす。一定のわくをふみこえるの意。㋐ふれる（触）。当たる。㋑法を破る。おきてを無視する。「防犯」㋒討つ。攻める。㋓さからう。しのぐ。㋔そこなう（害）。㋕婦人に暴行を加える。❷つみ（罪）。犯罪。また、刑を受けた回数を数える語。「前科三犯」❸罪をおかした人。罪人。犯人。❹仏仏教で戒律にふれること。「ボン」と読む。

使いわけ おかす〔犯・侵・冒〕
〔犯〕おきてを無視する。「校則を犯す」
〔侵〕不法に入りこむ。「権利を侵す」
〔冒〕向こう見ずに進む。おしきってする。「危険を冒す」

解字 篆文　形声。犭（犬）＋㔾㊥。音符の㔾ハンは、氾ハンに通じ、はびこるの意味。犬がみだりにはびこる、おかすの意味を表す。

▼違犯・干犯・共犯・従犯・重犯・主犯・侵犯・正犯・戦犯・不犯・防犯・累犯

【犯科】ハンカ　法律（とが）をおかす。科は、とが、つみ。

【犯顔】ハンガン　君主がいやな顔色をしても、かまわずにいさめること。

【犯逆】ハンギャク 君父にそむくこと。そむきさからう。
【犯禁】ハンキン 禁制をおかす。また、その人。
【犯闕】ハンケツ 宮中に押し入る。闕は、宮門。
【犯罪】ハンザイ つみをおかす。法にふれる。また、法をおかした罪。
【犯上】ハンジョウ 上（かみ）をおかす。目上の人に反抗する。
【犯人】ハンニン 罪をおかした人。罪人。犯罪者。
【犯蹕】ハンピツ 天子の行幸の道をおかす。
【犯分】ハンブン 分（区別・わりあて・身分など）をおかす。分限を越える。「犯分乱理」

(6)3【犴】4564 △ カン 豻（7366）と同字。→一〇三四ページ。

(6)3【犲】4565 △ サイ 豺（7367）と同字。→一〇三五ページ。 6428 603C

(7)4【狁】4566 △ イン（ヰン） 軫 yǔn
字義 玁狁（ケンイン）は、中国の古代、北方に住んでいた種族の名。漢代以後、匈奴（キョウド）という。
解字 形声。犭（犬）＋允㊟。

(7)4【狂】4567 常 キョウ くるう・くるおしい ㊥キョウ（キャウ） ㊒ゴウ（グワウ） 陽 kuáng 2224 3638
筆順 ノ 犭 犭 犴 狂
字義 ❶くるう（くるふ）。㋐気がちがう。精神が錯乱する。「発狂」 ㋑常軌をはずれる。正常でない。くらむ。善悪の別がつかない。一事に熱中し過ぎる。「狂気」 ㋒軽はずみに動く。落ちつきがない。あわてる。㋓こっけい。おどけ。「狂歌」「酔狂」 ❷きちがい。㋐狂犬。㋑精神の錯乱した人。❸くるおしい（くるほし）。気違いじみている。❹おろか。また、おろかな人。❺気持ちばかり大きくて実行のともなわない人。→狂簡。国くるう（くるふ）。㋐酒色におぼれる。㋑たわむれあそぶ。㋒ねらいがはずれる。㋓機械などの調子が変になる。
名乗 よし
解字 甲骨文  篆文  形声。篆文は、犭（犬）＋㞷㊟。音符の㞷（ワウ）は、王と省略して書かれる。枉（ワウ）に通じ、曲がるの意味。獣のように精神が曲がる、くるうの意味を表す。
▼酔狂・清狂・熱狂・陽狂
【狂歌】キョウカ ①正常とは思えない声で歌う。②正常とは思えない歌。③たわむれに歌う。また、たわむれに作った詩。④国狂詩。おどけた歌。たわむれうた。ざれうた。江戸中期以後に流行した。
【狂簡】キョウカン 志が大きくて実行のともなわないこと。また、その人。進取の気象に富んでいるが実行のともなわないこと。〔論語、公冶長〕
【狂気（氣）】キョウキ ①正常とは思えない気質。②熱中して他をかえりみないこと。
【狂喜】キョウキ 気もくるうばかりによろこぶ。
【狂狷・狂獧】キョウケン むやみに理想に走って実行がともなわず、思慮が浅く、かたくななこと。狷・獧は、知識は浅いが心に守る所がある意。〔論語、子路〕
【狂言】キョウゲン ①道理にもとることば。〔荘子、知北遊〕②人を驚かすことば。常識をはずれた大きなことば。③国㋐能のあいまに行われるこっけいな芝居。田楽（デンガク）・猿楽（さるガク）などの民間芸能からおこり、中世に完成した演芸。㋑歌舞伎（カブキ）の出し物。㋒うそを本当らしく、うまくしくんだ事柄。「狂言自殺」㋓芸能を演ずること。㋔されごと。
【狂言綺語】キョウゲンキギョ・キョウゲンキゴ 道理にもとる語と、かざりたてたことば。転じて、小説などの文をいう。〔唐、白居易、香山寺白氏洛中集記〕
【狂号（號）】キョウゴウ ものぐるおしく泣きさけぶ。
【狂士】キョウシ 志が大きくて実行のともなわない人。
【狂詩】キョウシ 国江戸中期以後に流行した、おどけの意をふくんだ漢詩。
【狂生】キョウセイ ①常軌を逸した男。②でたらめでしまりのない者。③志を高く持っている人。常識にとらわれない人。
【狂噪・狂躁・狂譟】キョウソウ ①物ぐるおしくさわがしい。狂騒。②軽はずみ。あわてて手を出す。
【狂態】キョウタイ 正常とは思えない状態。
【狂痴（癡）】キョウチ 常軌を逸する。また、その人。痴は、おろか。
【狂直】キョウチョク 他人をはばからずに正しさをかたく主張すること。また、その人。
【狂悖】キョウハイ・キョウボツ 本心を失って道にそむく。
【狂夫】キョウフ ①気のくるった男。②おろかな男。③婦人が自分の夫をいう謙称。拙夫。
【狂風】キョウフウ 荒れくるう風。強く吹きまくる風。
【狂暴】キョウボウ 気がくるってあばれる。常識はずれの乱暴。
【狂奔】キョウホン ①くるい走る。また、夢中になって走りまわる。②ある目的のために、熱心に動き回り努力すること。
【狂薬（藥）】キョウヤク 酒の別名。酒は人の心を狂わすからいう。
【狂瀾】キョウラン ①あれくるう大きな波。②物事の非常に乱れるさま。
【廻二狂瀾於既（既）倒一】キョウランをキトウにかえ（へ）す さかまく大波がほとんど倒れふしたのを、ささえてもとに押しかえす。衰えて亡びかけているものをもとにかえすたとえ。〔唐、韓愈、進学解〕

(7)4【狃】4568 △ ㊥ジュウ（ヂウ） ㊒ニュウ 有 niǔ 6429 603D
字義 ❶なれる（なる）。㋐犬が人になれ親しむこと。㋑なれしたしむ。㋒なれもてあそぶ。なれて気ままにふるまう。❷ならう。習熟する。❸むさぼる。❹ただす。
解字 篆文  形声。犭（犬）＋丑㊟。音符の丑（ジウ）は、ひねるの意味。犬が身をくねらせて人になれ親しむの意味を表す。

(7)4【狆】4569 △ ㊥チュウ（チウ） ㊒ジュウ（ヂウ） 送 zhòng 6430 603E
字義 貴州・雲南地方に住む種族の名。国チン。犬の一種。体が小さくて毛が長い愛玩（アイガン）用の犬。
解字 形声。犭（犬）＋中㊟。

(7)4【狄】4570 △ ㊥テキ ㊒ジャク（ヂャク） 錫 dí. ③⑥⑦ tì 6431 603F
字義 ❶えびす。㋐北方の異民族。「東夷（トウイ）西戎（セイジュウ）南蛮（ナンバン）北狄（ホクテキ）」 ㋑広く未開の異民族をいう。「夷狄（イテキ）」 ❷身分の低い役人。下士。❸よこしま。❹いぬ（犬）。❺きじの羽。また、それを描いた諸侯の夫人の衣。＝翟（テキ）。❻遠い。＝逖（テキ）。❼けずる（削）。除きととのえる。整理する。
解字 金文  篆文  形声。犭（犬）＋火（亦）㊟。音符の亦（エキ＝テキ）は、人のわきの下の意味。漢民族のわきに住む異民族をさげすんで、犬を付した。
【狄牙】テキガ 春秋時代、斉の桓公（カンコウ）に仕えた易牙の別称。料理の名人。
【狄人】テキジン 北方の異民族。

(7)4【犹】4571 △ ユウ 猶（4619）と同字。→七三三ページ。 6427 603B

(8)5【狗】4572 標 ㊀㊥コウ・㊒ク 有 gǒu ㊁㊥コウ・㊒ク 宥 2273 3669
字義 ㊀いぬ。家畜の一種。犬。また、小さい犬。犬の子。㊁熊（くま）や虎（とら）の子。
難読 狗尾草（えのころぐさ）
解字 篆文  形声。犭（犬）＋句㊟。音符の句は、クルッと曲がるの意味。クルクルはねまわる子犬の意味を表す。
【狗鼠】クソ ①いぬとねずみ。②人格のいやしい人のたとえ。くだらぬ小人。
【狗彘】コウテイ・クテイ ①いぬとぶた。②いやしいこと。また、その人。

人をののしることば。

【狗屠】コウト・クト　犬を殺すこと。屠は、殺す。

【狗盗】クトウ　こそどろ。狗偸クトウ。「鶏鳴狗盗」〔十八史略、春秋戦国、斉〕客有下能為二狗盗一者上（カクによくクトウをなすものあり）。

【狗肉】コウニク・クニク　犬の肉。「羊頭狗肉」

【狗馬】コウバ・クバ　①犬と馬。②臣下が主君に対して自分を卑下することば。犬馬。「狗馬の心」

【狗吠】コウハイ・クバイ　①犬のほえること。また、その声。②犬が飼い主以外の人を怪しんでほえること。転じて、人がその主に専心に報いること。

(8)5

【狐】4573　標　漢コ　呉ゴ　虞 hú　2449 *3851*

字義　きつね。野獣の一種。疑い深いたとえに用いる。国きつね。㋐たくみに人をごまかす人。㋑娼妓ショウギの別称。㋒きつねうどん。㋓いなりずし。㋔きつね色。

難読　狐臭わきが

解字　金文　篆文　形声。犭(犬)＋瓜音。音符の瓜カは、ひさごの意味。頭部が小さく後尾の大きくふくらんだ、ひさご形をした獣、きつねの意味を表す。

【狐貉・狐貈】コカク　①きつねとむじな。②きつねやむじなの皮で作った衣。貴人のきる衣。

【狐疑】コギ　疑いぶかくて決心のつかないこと。狐は疑いぶかくて、凍った川を渡るとき、水のない所をたしかめて渡るという。「狐疑逡巡シュンジュン」。〔楚辞、離騒〕心猶予而狐疑兮こころユウヨしてコギす。

【狐裘】コキュウ　きつねの腋下わきしたの白い毛を集めて作ったころも。貴人の着る服として珍重された。狐白裘。

〔狐裘〕

【狐裘三十年】コキュウサンジュウネン　斉の晏子アンシが一枚の狐裘を三十年も着たことで、その倹約をほめたことば。〔礼記、檀弓下〕

【狐死首丘】きつねシしておかをかしらにす　きつねは死ぬときに、自分の住んでいた丘の方に頭を向ける。根本を忘れないたとえ。また、故郷を思うたとえ。「首丘の情」〔礼記、檀弓上〕

【狐臭】コシュウ　わきが。

【狐鼠】コソ　①きつねとねずみ。②小人。また、こそどろ。

【狐白裘】コハクキュウ　きつねのわきの下の白い毛を集めて作った皮ごろも。古来、容易に得がたいものとして貴ばれた。狐裘。〔史記、孟嘗君伝〕

【狐媚】コビ　きつねが人をまどわすように、たくみに人にこびへつらうこと。

【狐狸・狐貍】コリ　①きつねとたぬき。②こそどろ。

【狐狼】コロウ　①きつねとおおかみ。②ずるくて他を害する心を持つもののたとえ。

【狐惑】コワク　①うたがいまどう。②あざむきまどわす。

【狐仮(假)二虎威一】きつねとらのイをかる　人の威光をかさにきる。〔戦国策、楚〕⇩仮二虎威一（九五六ページ）。

(8)5

【狎】4574　△　漢コウ（カフ）　呉ギョウ（ゲフ）　洽 xiá　6432 *6040*

字義　❶なれる。なる。㋐習熟する。㋑近づく。なれ近づく。親しみなれる。㋒なれなれしくする。なれてあなどる。なれて相手を軽んずる。㋓たわむれる。もてあそぶ。❷ならす。飼いならす。❸かわるがわる。交互に。❹ならぶ。たくさん並ぶ。

解字　篆文　形声。犭(犬)＋甲音。音符の甲は、おさえるの意味。犬などを自分の意のままにおさえこむ、飼いならすの意味を表す。

【狎客】コウカク　①代々親交のある家。②なれ親しんで、遠慮のいらない人。③花柳界のたいこもち。

【狎玩・狎翫】コウガン　あなどりもてあそぶ。なれなれしくしてもてあそぶ。

【狎近】コウキン　なれ近づく。また、近づけてかわいがる。

【狎昵】コウジツ　なれしたしむ。

【狎邪】コウジャ　①なれっこになり礼をかくこと。②遊女をいう。

【狎臣】コウシン　お気に入りの下臣。

【狎侮】コウブ　なれなれしくして相手を軽んずる。

【狎弄】コウロウ　なれたわむれる。いちゃつく。

(8)5

【狌】4575　△　一漢セイ・呉ショウ（シャウ）　庚 xing　二漢セイ・呉ショウ（シャウ）　敬 shēng

字義　一狌狌ショウジョウは、猿の一種。猩猩ショウジョウ。＝猩ショウ(4615)。↓七三三ページ。二いたち。＝鼪セイ。

解字　形声。犭(犬)＋生音。

(8)5

【狙】4576　標　ショ　魚 jū　慣ソ　3332 *4140*

字義　❶さる。てながさる。❷わるがしこい。また、いつわる。❸いぬ(犬)。❹ねらう。ねらう。うかがう。「狙撃」

解字　篆文　形声。犭(犬)＋且音。音符の且ソは、相に通じ、みるの意味。人のすきをうかがう動物、さるの意味や、ねらうの意味を表す。

【狙害】ソガイ　ねらって害する。

【狙撃(擊)】ソゲキ　ねらいうつ。

【狙公】ソコウ　さるを飼う者。さるまわし。

【狙候】ソコウ　ねらいうかがう。候は、うかがう。

【狙猴】ソコウ　さるの別名。

【狙詐】ソサ　いつわりあざむく。だます。

【狙伺】ソシ　さるが物をうかがうように、ひそかにねらいうかがう。

(8)5

【狛】4577　△　ハク　陌 bó　2593 *397D*

字義　獣の名。狼おおかみに似ているという。国こま。昔の朝鮮半島の一国、高麗コウライを「こま」とも呼び、狛の字をこれに当てたもの。後には朝鮮の意にも用いた。

解字　篆文　形声。犭(犬)＋白音。

【狛犬】こまいぬ　国神社の社殿の前などにすえられている、石や木で作った、獅子シシに似た、一対の獣の像。魔よけのために置かれる。高麗犬こまいぬの意という。

(8)5

【狒】4578　△　漢ヒ　呉ビ　未 fèi　6433 *6041*

字義　狒狒ヒヒは、獣の名。猿の一種。多くアフリカに産する。国狒狒ヒヒは淫欲インヨクのさかんな人にたとえる。

解字　形声。犭(犬)＋弗音。

(8)5

【狉】4579　△　ヒ　支 pī

字義　❶こだぬき。狸たぬきの子。❷狸の別名。❸狉狉は、獣のむれ走るさま。

解字　形声。犭(犬)＋丕音。

(9)6

【狢】4580　△　カク　貉(7371)と同字。↓一〇三五ページ。　6434 *6042*

(9)6

【狭】4581　常　キョウ　せまい・せばめる・せばまる　2225 *3639*

(10)7

【狹】4582　人許　漢コウ（カフ）　呉ギョウ（ゲフ）　洽 xiá　慣キョウ（ケフ）　6437 *6045*

筆順　犭 犭 狃 狭 狭

字義　❶せまい。せまし。❷せばまる。また、せばめる。せばむ。国さ。音調をととのえるための接頭語。せまい意に用いることもある。「狭衣さごろも」

難読　狭衣さごろも・狭間はざま・狭山さやま

解字　形声。犭(犬)＋夾(夾)音。もと、陜(8385)の俗字。

▼険狭・広狭・偏狭

【狭隘・狭阨】キョウアイ　せまくて窮屈。せまくるしい。

【狭義】キョウギ　あることばの意味の範囲に広さの違いのあるとき、その狭い意味をいう。↕広義。

【狭巷】キョウコウ　せまいちまた。小路。

【狭斜】キョウシャ　道がななめに通っているせまいちまた。もと長安の

遊里の名。花柳街。いろまち。

【狭小】せまくて小さい。

【狭量】度量がせまい。また、せまい度量。

【狭陋】せまくてきたない。せまくてむさ苦しい。

(9)6
【狡】4583　標　漢コウ（カウ）　呉キョウ（ケウ）　jiǎo　6436 6044

字義 ❶ずるい。悪がしこい。❷すばやい。はしこい。❸うたがう。また、そねむ。❹くるう。乱れる。❺そこなう（害）。❻顔は美しいが誠実さのないこと。→狡童。❼犬の名。また、獣の一種。

解字 篆文 形声。犭（犬）＋交㊤。音符の交は、まじわりの意味。犬のような交わりの意味から、転じて、わるがしこいの意味を表す。

【狡獪】わるがしこい。獪も、わるがしこい。狡猾。

【狡猾】わるがしこく、ずるい。猾も、わるがしこい。狡黠。

【狡譎】わるがしこく、いつわりが多い。譎は、いつわる。

【狡詐】わるがしこく、うそをつく。

【狡知・狡智】わるがしこい知恵。

【狡兎三窟】ずるいうさぎは、三つのかくれあなをもっている。転じて、難をまぬかれるにたくみなたとえ。また、身をかたく保つたとえ。〔戦国策、斉〕

【狡兎死良狗烹】すばしこいうさぎが死ぬと、それを捕らえるに役だったよい猟犬は不用になり煮て食われる。敵国が滅びると、戦功のあった謀臣は殺される、というたとえ。また、役に立つ間は追い使われるが、用がなくなると捨てられるたとえ。「狡兎死走狗烹」（一三三〇ページ）。〔史記、淮陰侯伝〕「高鳥尽良弓蔵」ともいう。→高鳥尽
【狡童・狡僮】①わるがしこい子。②顔は美しいが誠実さのない子供。

【狡吏】わるがしこい役人。

(9)6
【狠】4584　△　㊀ギン　真 yín　㊁コン　阮 hěn　6435 6043

字義 ㊀犬のかみあう声。＝狺。
㊁❶かむ。❷ねじける。❸はなはだ。すこぶる。きわめて。

解字 篆文 形声。犭（犬）＋艮（皀）㊤。音符の皀は、もとるの意味。動物的で心がねじけているの意味を表す。また、擬声語として、犬のあらそう声を表す。

【狠恣】心がねじけて気ままなこと。

【狠戾】心がもとりねじけていること。

(9)6
【狩】4585　常　シュ　かる・かり　漢シュウ（シウ）　呉シュ　宥・有 shòu　2877 3C6D

筆順 犭 犭 犷 狩

字義 ❶かり。㋐鳥獣をかりたてて捕らえること。㋑冬のかり。㋒火を放ち草を焼いて行うかり。❷かりする。かる。狩猟する。❸守っている所。天子の命を受けて守り治めている諸侯の領地。「巡狩」❹やしなう。❺うつ（伐）。征伐する。
国かり。求めること。さがしもとめること。「潮干狩」

難読 狩生・狩野・狩留家

解字 甲骨文 篆文 形声。犭（犬）＋守㊤。甲骨文は、獣と同一字。本来音符の嘼がシュウ＝シュに変化したため、守が用いられるようになった。かりの意味を表す。

▼出狩・巡狩

【狩谷棭斎（齋）】国江戸後期の漢学者。名は望之、字は卿雲、号は棭斎。通称は、津軽屋三右衛門。考証の学に精通した。（一七七五—一八三五）
【狩人】かりゅうど。かりをする人。猟師。
【狩田】冬に行うかり。田も、かり。
【狩猟（獵）】かりをする。また、かり。

(9)6
【独】4586　教5　ドク　ひとり
(16)13
〔獨〕4587　漢トク　呉ドク　屋 dú　3840 4648　6455 6057

筆順 犭 犭 犳 独 独

字義 ❶ひとり。㋐つれがない。助ける者がない。「孤独」「独学」㋑人と異なる。自分だけ。「独自」㋒ただ。もっぱら。❷ひとりもの。老いて子のない者。夫のない婦人。また、子孫のない者。❸ひとり。㋐限定の助字。㋑反語の助字。⇩助字解説 ❹犬のかみ合うこと。
国国名。独逸（または独乙）の略。「日独」

助字解説
ひとり。㋐ひとりだけ。ただ……だけ。〔史記、項羽本紀〕今独臣有レ船〈今わたしだけが船をもっている〉㋑反語。どうして……か。〔史記、項羽本紀〕籍独不レ愧ニ於心一乎〈わたし（籍）は、どうして心に恥じないでいられようか〉

難読 独逸・独乙・独活

使いわけ ひとり〔独・一人〕
〔独〕単独・孤独ということに力点を置く場合。「彼はまだ独りだ」
〔一人〕人数が一人であること。「一人ずつ会った」
ただ、実際には「ひとり暮らし・ひとり歩き・ひとりぼっち」のように両方用いているものが多い。

解字 篆文 形声。犭（犬）＋虫（蜀）㊤。音符の蜀ショク＝クトは、不快ないもむしの意味。争うことの好きな不快な犬の意味から、転じて、ひとりの意味を表す。

▼孤独・慎独

【独往】ただひとりで行く。

【独覚（覺）】①ただひとりめざめる。②ただひとりさとる。③仏ただひとり仏道をさとって生死を離れること。

【独学（學）】師につかず自分一人で学問すること。

【独眼竜（龍）】①片目の英雄。②片目で徳の高い人。③国㋐伊達政宗の別称。㋑片目。また、片目の人。

【独吟】自分一人で詩歌を吟ずる。また、一人で詩歌を作る。

【独鈷】仏真言宗で用いる仏具。鈷は、もと天竺（インド）の兵器で、煩悩を破るという意。

〔独鈷〕

【独行】①ただひとりで行く。②他人にたよらないで自分の力だけで行うこと。③節操や主義を守って、世間の人に左右されないこと。④ひとりぼっち。

【独座・独坐】①ただひとりですわる。〔唐、王維、竹里館詩〕独坐幽篁裏。②いばって、他人を相手にしないこと。③小さいこしかけ。

【独裁】①独断で物事を処理すること。②独裁政治の略。

【独自】①自分ひとり。単独。②国＝独特。

【独酌】相手がなくひとりで酒を飲むこと。

【独修】①他人にかまわず、自分ひとり身を修めること。②国独学。独習。

【独宿】たったひとりでとまる（宿直する）。

【独唱】①ひとりで主張する。ひとりでとなえる。②ひとりで歌う。↔合唱。

【独身】①自分ひとり。単身。②国つれあいのないもの。ひとりみ。

【独占】ひとりじめ。単独で占有する。

【独擅】自分ひとりで思いのままにする。

【独擅場】ひとり舞台。その人だけがかってにふるまえる所。独擅レ場の意。（擅を壇と書くのは誤用による慣用）

【独善】①自分だけを正しく修める。自分だけをりっぱにす

る。②国ひとりよがり。

【独創】(ドクソウ)　自分ひとりの考えで独特なものをつくり出す。

【独尊】(ドクソン)　①仏自分ひとりが他よりすぐれて尊い。仏のことをいう。「唯我独尊(ユイガドクソン)」②自分だけが尊いと考える。

【独断(斷)】(ドクダン)　自分だけの考えできめる。自分かってにきめる。②証拠も研究もなくて、かってに自分の判断をくだすこと。ドイツ語 dogma の訳語。

【独壇場】(ドクダンジョウ)　独擅場(ドクセンジョウ)の誤用による慣用。

【独特】(ドクトク)　そのものだけが特に持っていること。◇ユニークを意味する「ドクトク」の本来の用字は「独得」であるが、現代では「独特」の使用例が多い。

【独得】(ドクトク)　①自分でえらいと思いあがること。②そのものだけが持っていること。独特。

【独白】(ドクハク)　劇などで、ひとりでいうせりふ。モノローグ。

【独夫】(ドクフ)　①独身の男。②くだらない男。匹夫。③臣下や人民がそむきはなれている悪逆無道の君。

【独歩】(ドッポ)　①非常にすぐれて他にならぶ者のないこと。②ひとりで歩く。他人の力を借りず自分一人で行う。「独立独歩」

【独房】(ドクボウ)　①はなれ座敷。また、一軒屋。②国刑務所で受刑者をひとり閉じこめておくへや。

【独夜】(ドクヤ)　ひとりでさびしい夜。〔唐、杜甫、旅夜書ㇾ懐詩〕危檣独夜舟(キショウドクヤのふね)。訳文⇩細草（八四七ページ）。

【独楽(樂)】(ドクラク)　①自分ひとりで楽しむ。自分だけ楽しむ。②国(こま)子供のおもちゃの一種。

【独立】(ドクリツ)　①ひとりで立っている。②他の力を借りないで存在すること。③世俗と交渉がなく生活すること。④他から左右されないで存在すること。

【独立自尊】(ドクリツジソン)　国人の力を借りず何事も独力で行い、自分の尊厳を維持してゆくこと。

【独立独行】(ドクリツドッコウ)　他の力を借りず、また他の支配を受けずに、自分の信念を実行すること。独立独歩。

(10) 7
【豨】4588
△　㊀㊥キ・㊦ケ　微 xī　㊁シ　紙 shǐ

字義　㊀いのこ(ゐのこ)。ぶた。＝豨。㊁豨韋(イシ)は、古代の帝王の名。

解字　形声。犭(犬)＋希㊌。

6437
6045

(10) 7
【狹】(4582)
キョウ　狭(4581)の旧字体。→七〇九ページ。

(10) 7
【狺】4589
△　㊥ギン　㊦ゴン　文・真 yín

字義　犬がかみあう声。また、犬のほえる声。狺狺。

(10) 7
【狷】4590
△　ケン　霰 juàn

字義　❶気みじか。心がせまい。せっかち。❷かたいじ。信念は強いが心がせまいこと。がんこであるが不義を行わないこと。

解字　篆文　形声。犭(犬)＋肙㊌。音符の肙(エン・ケン)は、ぼうふらの象形で、細くて小さいの意味。気が細くて小さい、せっかち・かたいじの意味を表す。

6438
6046

【狷△隘】(ケンアイ)　気みじかで度量がせまい。狷狭。

【狷介】(ケンカイ)　かたいじ。かたく心に守る所があって、他に屈従しないこと。かたくなで、人と融和しないこと。

【狷急】(ケンキュウ)　心がせまく気みじかなこと。せっかち。

【狷狭(狹)】(ケンキョウ)　気みじかで心がせまい。

【狷者】(ケンシャ)　かたく守る所があるが、心のせまい者。〔論語、子路〕狷者有ㇾ所ㇾ不ㇾ為也(ケンシャはなさざるところあるなり)。

【狷△忿】(ケンフン・ケンプン)　心がせまくせっかちで、おこりっぽい。狷憤。

(10) 7
【狻】4591
△　サン　寒 suān

字義　❶ししの一種。狻猊(サンゲイ)は、からじし。❷仏獅子座(シシザ)。仏のすわるところ。「狻下（高僧を呼ぶ敬称）」

解字　篆文　形声。犭(犬)＋夋㊌。

〔狻猊〕

(10) 7
【狽】4592
標　ハイ　慣バイ　泰 bèi

字義　獣の名。→狼狽(ロウバイ)（下段）。

解字　形声。犭(犬)＋貝㊌。

3966
4762

(10) 7
【狴】4593
△　㊥ヘイ　㊦ハイ　斉 bì

字義　❶狴犴(ヘイカン)は、獣の名。❷狴牢(ヘイロウ)は、ひとや。牢獄(ロウゴク)。

解字　形声。犭(犬)＋坒㊌。

(10) 7
【狸】4594
標　リ　支 lí

字義　たぬき。また、野猫。

難読　狸穴(まみあな)

【貍】正字　7630　*6C3E*

解字　篆文　形声。犭(犬)＋里㊌。篆文は、豸＋里㊌。

3512
432C

(10) 7
【狼】4595
標　ロウ(ラウ)　陽 láng

字義　❶おおかみ(おほかみ)。猛獣の名。性質が猛悪。❷おおかみのように、性質がたけだけしくなさけ心のないもののたとえ。「豺狼之心(サイロウのこころ)」❸みだれる。みだれ散らばる。「狼藉(ロウゼキ)」❹あらい。あらあらしい。すさむ。❺東方にある星の名。

4721
4F35

難読　狼煙(のろし)・狼狽(うろたえる)

解字　甲骨文　篆文　形声。犭(犬)＋良㊌。音符の良は、浪に通じて、なみの意味。おし寄せるなみのように群れをなしておそう、おおかみの意味を表す。

【狼煙・狼△烟】(ロウエン)　のろし。おおかみの糞(フン)を用いると、風が吹いても煙はまっすぐにのぼるという。狼火。

【狼△虎】(ロウコ)　①おおかみとトラ。②欲が深く、他を害する者のたとえ。虎狼。

【狼顧】(ロウコ)　①おおかみは後ろを見る性質があることから、人が恐れて見返る意に用いる。②おおかみのように、まうしろを振り返ることのできる首。

【狼疾】(ロウシツ)　①心がみだれていること。②心がみだれて反省することのできないたとえ。おおかみは、よくふり返るが、病気になるとそれができないのでいう。〔孟子、告子上〕

【狼心】(ロウシン)　おおかみのように、欲が深い心。

【狼△藉】(ロウゼキ)　①とりみだしたさま。ものが散らばっているさま。狼も藉も乱雑の意。一説に、おおかみが草をしいて寝たあとの乱雑さからいう。〔宋、蘇軾、前赤壁賦〕杯盤狼藉(ハイバンロウゼキたり)。②国暴行。無法な行い。

【狼△狽】(ロウバイ)　うろたえる。あわてる。狽も獣の一種。狼は前の二足が長く、後の二足が短いが、狽はその反対である。そこで狼と狽とは常にいっしょに行き、離れると倒れるので、あわてる意に用いるという。

【狼戻】(ロウレイ)　①おおかみのように、心がねじけて道理にもとること。②みだれ散らばること。

(11) 8
【猗】4596
△　㊀イ　支 yī　㊁イ　紙 yǐ

字義　㊀❶ああ。嘆美のことば。❷うるわしい(美)。❸ながい(長)。❹よる(依)。よりかかる。❺去勢した犬。㊁❶くわえる(加)。くわわる。❷よる(倚ィ)。❸たばねる。

6440
6048

解字　篆文　形声。犭(犬)＋奇㊌。音符の奇は、整っていないの意味。去勢された犬の意味を表す。また、嘆美のことば、「ああ」の擬声語として用いられる。

【猗猗】(イイ)　①美しくさかんなさま。②多くさかんなさま。一説に、鳥の遊ぶさま。

【猗違】(イイ)　どっちつかず。判然と決しないさま。猗は、依。依るかたがうか、決しないさま。依違。

【猗△嗟】(イサ・ああ)　嘆息の声。

【猗△頓】(イトン)　春秋時代、魯(ロ)の人。大富豪で、越王句践(コウセン)の

臣の范蠡(ハンレイ)(陶朱公)と並び称せられた。「陶朱・猗頓の富」

【猗靡】(イビ) ①しなやかで美しいさま。②よりそうさま。よりそうようになびくさま。③たがいに思いあって忘れないさま。

(11)8 【猓】4597 △ カ(クヮ) 哿 guǒ
字義 ❶猓然は、おながざる。❷猓玀(ラカ)は、雲南・貴州・四川などに住む種族の名。
解字 形声。犭(犬)+果音。

(11)8 【猊】4598 △ ゲイ 斉 ní　6441 6049
【貎】同字 7631 6C3F
字義 ❶狻猊(サンゲイ)は、からじし。＝麑(ゲイ)。❷仏 仏のすわる所。獅子座(シシザ)。転じて、高僧の座席。猊座。
解字 形声。犭(犬)+兒音。
【猊下】(ゲイカ) ①仏 高僧の敬称。猊は、猊座(獅子座)で、高僧はそれにのぼって説法するのでいう。今は、一宗の管長の敬称。②僧に送る書状の脇付(わきづけ)に用いる語。
【猊座】(ゲイザ) 仏 仏のすわる座席。獅子座(シシザ)。転じて、高僧のすわる所。

(11)8 【猜】4599 △ サイ 灰 cāi　6442 604A
字義 ❶そねむ。ねたむ。うらやみにくむ。また、そねみ。❷きらう(嫌)。❸うたがう。疑い。「猜疑心」❹おそれる。

解字 篆文 会意。犭(犬)+青。青黒い犬の意味から、疑いぶかく、ねたむの意味を表す。

【猜畏】(サイイ) そねみおそれる。猜懼(サイク)。

【猜怨】(サイエン) そねみうらむ。猜恨。

【猜忌】(サイキ) そねみきらう。猜嫌。

【猜疑】(サイギ) ①ねたみうたがう。「猜疑心」②うたがう。

【猜拳】(サイケン) 手に物をにぎって、その奇数・偶数・数量・色などをいいあてる、酒興の遊戯の名。

【猜険(險)】(サイケン) 人をそねみ害する。疑い深く、陰険である。

【猜嫌】(サイケン) そねみきらう。

【猜忍】(サイニン) ねたみ深くて無慈悲なこと。

【猜謗】(サイボウ) ねたみそしる。猜毀(サイキ)。

(11)8 【猖】4600 △ ショウ(シャウ) 陽 chāng　6443 604B
字義 くるう(くるふ)。たけりくるう。あばれる。さわぐ。みだれる。
解字 形声。犭(犬)+昌音。音符の昌(ショウ)は、さかんの意味。勢いさかんな犬、たけり狂うの意味を表す。
【猖狂】(ショウキョウ) はげしくくるう。きちがいざたの行いをする。
【猖獗・猖蹶】(ショウケツ) ①たけりくるう。はげしくあばれる。②かたむきくつがえる。また、失敗する。

(11)8 【猘】4601 △ セイ 霽 zhì
字義 ❶きちがい犬。狂犬。❷あらい。凶暴な。
解字 形声。犭(犬)+制音。音符の制は、手で引きとめて自由にさせないの意味。自由に放しておいてはいけない犬、凶暴な犬の意味を表す。

(11)8 【猙】4602 △ 一 漢ソウ 呉ショウ(シャウ) 庚 zhēng　二 漢トウ(タウ) 呉ジョウ(ヂャウ) 庚
字義 一 怪獣の名。㋐一本の角と五本の尾がある、豹(ヒョウ)に似た獣。㋑翼がある、きつねに似た獣。二 猙獰(ドウ)は、あらあらしく、にくらしいさま。また、犬の毛の多いさま。
解字 形声。犭(犬)+爭音。

(11)8 【猝】4603 △ 漢ソツ 呉ソチ 月 cù　6444 604C
字義 ❶にわか(には)か。だしぬけ。いきなり。「猝然」❷はやい。すみやか。
解字 篆文 形声。犭(犬)+卒音。音符の卒は、突に通じ、にわかにの意味。犬が急にとび出すさまから、にわかの意味を表す。
【猝嗟】(ソツサ) にわかに嘆声を発する。また、その怒声。
【猝然】(ソツゼン) にわかに。だしぬけに。俄然(ガゼン)。

(11)8 【猪】4604 人　3586 4376
(12)9 【豬】4605 人許 チョ 魚 zhū
筆順 犭 犭 犲 狫 猪
【豬】正字 7623 6C37
字義 ❶い(ゐ)。いのこ(ゐのこ)。ぶた。❷野猪は、いのしし。
名乗 い・しし
難読 猪牙船(ちょきぶね)・猪甘(いかい)・猪口才(ちょこざい)・猪苗代(いなわしろ)・猪養(いかい)
解字 篆文 形声。犭(犬)+者(者)音。篆文は、豕+者音。
【猪口】(チョク・チョコ) 国①陶製の小さなさかずき。②さしみ・酢の物などをいれる小さな器。
【猪狗不レ食二其余(餘)一】(チョコウもそのよをくらわ(は)ず) 人の食べのこしは、ぶたも犬もくわぬ意で、人をののしる語。犬もくわぬ。〔漢書、元后伝〕
【猪飼敬所】(いかい(ゐかひ)ケイショ) 国江戸末期の儒学者。京都の人。名は彦博(ゲンパク)、敬所は号。古義に基づいて諸家の説を折衷し、『論語考文』『管子補正』などを著した。(一七六一—一八四五)
【猪突】(チョトツ) いのししのようにまっしぐらに突進すること。むこうみずに進むこと。
【猪突猛進】(チョトツモウシン) まっしぐらに突き進む。がむしゃらに突き進むことのたとえ。
【猪突・豨勇】(チョトツキユウ) むこうみずに突き進み勇みたつ者。いのしし武者。〔漢書、食貨志下〕
【猪勇】(チョユウ) 国むこうみずの勇気。

(11)8 【猫】4606 常 ビョウ ねこ　3913 472D
(12)9 【貓】4607 漢ビョウ(ベウ) 呉ミョウ(メウ) 蕭 māo
筆順 犭 犭 犷 猎 猫 猫
【貓】正字
字義 ねこ。家畜の一種。
解字 形声。犭(犬)+苗(苗)音。
【猫額】(ビョウガク) 国ねこの額。きわめて狭い場所のたとえ。

(11)8 【猛】4608 常 モウ　4452 4C54
漢モウ(マウ) 呉ミョウ(ミャウ) 梗 měng
筆順 犭 犭 犭子 猛 猛
字義 ❶たけだけしい犬。❷たけし。たけだけしい。㋐いさましい。あらあらしい。「猛将」「獰猛(ドウモウ)」㋑きびしい。はげしい。「猛烈」ひどい。❸たける。いかる。❹にわか。
名乗 たか・たけ・たけお・たけき
難読 猛者(もさ)
解字 篆文 形声。犭(犬)+孟音。音符の孟(モウ)は、罵(バ)に通じ、ののしるの意味。ののしる犬、たけだけしいの意味を表す。
【猛威】(モウイ) たけだけしい勢い。猛烈な威勢。
【猛雨】(モウウ) はげしい雨。豪雨。
【猛火】(モウカ) はげしく燃える火。烈火。
【猛悍】(モウカン) 強くてあらあらしい。
【猛禽】(モウキン) たけだけしい鳥。猛禽類の鳥。わし・たかの類。
【猛虎】(モウコ) ①たけだけしいとら。②はげしく強い者のたとえ。
【猛虎伏レ草】(モウコくさにふす) 英雄が世をのがれかくれていることのたとえ。自然に世に知られる意をたとえていう。

【猛士】（モウシ）強く勇ましい兵士・武士・人。

【猛獣（獸）】（モウジュウ）強くあらあらしいけもの。しし・とらの類。

【猛将（將）】（モウショウ）たけだけしい（勇猛な）大将。

【猛△捷】（モウショウ）たけくすばやい。捷は、すばやい。

【猛進】（モウシン）勢いするどく進む。はげしい勢いで進む。

【猛省】（モウセイ）①大いに反省する。②にわかにさとる。

【猛勢】（モウセイ）非常に強くはげしい勢い。

【猛然】（モウゼン）①勢いのはげしいさま。②急に。にわかに。

【猛勇】（モウユウ）たけだけしく勇ましい。勇猛。

【猛烈】（モウレツ）強くはげしい。

(11) 8
【猟】4609 常 リョウ　4636 4E44
(18) 15
〔獵〕4610　リョウ（レフ）　葉 liè　6458 605A

筆順　犭 犭 犭 狛 猟

字義　❶かり。鳥獣をかりたて捕らえること。「狩猟」「密猟」❷かる。かりをする。捕らえる。また、さがす。あさる。「渉猟」❸とる。手に取る。❹風や笛などの音の形容。❺へる（経）。わたる。❻ふむ。歩く。❼ふるわす。動かす。
国 リョウ。魚を取ること。また、その獲物。
難読　猟虎（らっこ）・猟矢（さつや）・猟人（かりゅうど）・猟夫（さつお）
解字　篆文　形声。犭（犬）＋巤（巤）音。音符の巤（リョウ）は、長いたてがみの象形。犬を使って長いたてがみの獣類をかるの意味を表す。
▼会猟・漁猟・狩猟・渉猟・田猟・遊猟
【猟官】（リョウカン）国官職にありつこうとして運動すること。

【猟奇】（リョウキ）普通とかわったものをあさり求めること。特に、グロテスクなものについていう。

【猟△狗】（リョウク）かりに用いる犬。猟犬。

【猟犬】（リョウケン）①かりに用いる犬。②国（かりいぬ）星座の名。北斗七星の南側にある星座。

【猟戸】（リョウコ）①猟師の家。②かりゅうど。猟夫。

【猟較】（リョウコウ・リョウカク）かりをして、えものの多少をくらべること。一説に、かりをして、えものをうばいあい、それで祖先を祭ることという。〔孟子、万章下〕

【猟師】（リョウシ）①かりゅうど。猟夫。②国漁夫。

【猟渉】（リョウショウ）渉猟。①あちらこちらを歩きまわること。猟は、経る。渉は、川を渡ること。②書物などを広くあさり見ること。また、植物などを採集すること。

【猟夫】（リョウフ）かりゅうど。猟人。

(12) 9
【猬】4611　△　イ　蝟（6800）と同字。→九六六ページ。

(12) 9
【猨】4612　△　エン　猿（4622）の正字。→七一四ページ。

(12) 9
【猲】4613　△　一漢カツ・呉カチ　曷 xiē　二漢キョウ（ケフ）・呉コウ（コフ）　洽 hè
字義　一猲獢（カツキョウ）は、口の短い犬。二おどす。威力でおどす＝喝（カツ）。
解字　篆文　形声。犭（犬）＋曷音。

(12) 9
【猴】4614　△　漢コウ　呉グ　尤 hóu　6445 604D
〔猴〕本字
字義　さる（猿）。ましら。「猨猴（エンコウ）」
解字　甲骨文　篆文　形声。犭（犬）＋侯音。音符の侯は、けはいをうかがうの意味。けはいをうかがって騒ぎたてる「猿」の意味を表す。

(12) 9
【猩】4615　△　漢セイ　呉ショウ（シャウ）　庚 xing　6447 604F
字義　❶猩猩（ショウジョウ）は、猿の一種。❷赤色。→猩血。
解字　篆文　形声。犭（犬）＋星音。
【猩血】（ショウケツ）猩猩（ショウジョウ）の血。真紅の色のたとえ。
【猩紅】（ショウコウ）猩猩（ショウジョウ）の血のようにあざやかな紅色。
【猩猩】（ショウジョウ）①想像上の獣。さるの一種。最も人類に近く、声は小児の泣き声に似、人の言葉を解し、酒を好むという。狌狌（ショウジョウ）。②オランウータン。カリマンタン・スマトラに住む、類人猿の一種。③国大酒飲みの別称。④（セイセイ）犬のほえる声。

(12) 9
【猯】4616　△　タン　寒 tuān　6446 604E
字義　まみ。あなぐま。
解字　形声。犭（犬）＋耑音。

(12) 9
【猪】(4605)　チョ　猪（4604）の旧字体。→七一二ページ。

(12) 9
【猱】4617　△　漢ドウ（ダウ）　呉ノウ（ナウ）　豪 náo
字義　❶さる。手ながざるの一種。❷琴をひく指法の名。左手で弦をおさえて音をふるわせること。❸ふざける。たわむれみだす。
解字　形声。犭（犬）＋柔音。

(12) 9
【猵】4618　△　一ヘン　先 biān　二ヘン　霰 piàn
字義　一獣の名。かわうそ（獺（ダツ））。かわおそ。二猵狙（ヘンソ）は、犬の頭をした、さるに似た獣。
解字　篆文　形声。犭（犬）＋扁音。

(12) 9
【猶】4619 常 ユウ　4517 4D31
(12) 9
〔猶〕4620　漢ユウ（イウ）　呉ユ　尤 yóu
〔犹〕同字　6427 603B

筆順　犭 犭 犭 犹 猶

字義　❶さるの一種。疑いぶかく、人の声を聞くと木にのぼり、人がいなくなると木からおり、常に木を上下し、ためらっているという。❷ためらう。思いきりがわるくてぐずぐずする。「猶予」❸大きい犬。❹なお……ごとし。⇩助字解説　❺なお。⇩助字解説　❻ゆったりしたさま。❼はかりごと。＝猷（ユウ）。

助字解説
①なお……ごとし。再読文字。比況。ちょうど……のようである。〔論語、先進〕過猶レ不レ及（すぎたるはなお（ほ）およばざるがごとし）。〈やり過ぎたのはちょうどやり足りないのと同じである〉
②なお。㋐やはり。それでもなお。〔文選、陶潜、帰去来辞〕三径就レ荒（サンケイコウにつけども）、松菊猶存（ショウキクなお（ほ）ソンせり）。〈三本の小道は荒れはてようとしているが、松や菊はそれでもなお残っている〉
㋑……でさえなお。〔左伝、隠公元〕蔓草猶不レ可レ除（マンソウすらなお（ほ）のぞくべからず）、況君之寵弟乎（いわ（は）んやきみのチョウテイをや）。〈はびこった草でさえなお取り除くことはできない、まして殿のお気に入りの弟はなおさらのことである〉

難読　猶原（このはら）

解字　甲骨文　金文　篆文　形声。犭（犬）＋酋（酋）音。音符の酋（シュウ）は、ふるざけの意味。いけにえの犬と酒とを神に供えて、神前ではかりごとをするの意味を表す。猷は同一語の異体。また、逌（ユウ）に通じて、ゆったりするの意味も表し、借りて、なおの意味にも用いる。

【猶疑】（ユウギ）ためらって決しないこと。

【猶子】（ユウシ）①わが子と同様である。②兄弟の子。おい。めい。『礼記』檀弓上編に「兄弟之子猶レ子也（ケイテイのこはなお（ほ）このごときなり）」とあるのに基づく。③国養子。

【猶太】（ユダヤ）Judea の音訳。西紀前十世紀から前六世紀ごろ、現在のパレスチナ地方にあったユダヤ人の王国の名。ユダヤ人は第二次大戦後、イスラエル共和国を立てた。

【猶父】（ユウフ）父と同じようにつかえる。転じて、先生をいう。『論

語』先進編に、「回也視レ予猶レ父也カイやわれをみることなお(ほ)ちちのごときなり」とあるのに基づく。

【猶予(豫)・猶与(與)】ユウヨ ①ぐずぐずする。ためらう。→字義の①。予も疑いぶかい獣という。②国予定の時日をのばすこと。

【猶ニ運ニ之掌一也】なお(ほ)これをたなごころにめぐらすがごときなり 手のひらの上で物をころがすように、ごくたやすいたとえ。〔孟子、公孫丑上〕

【猶ニ魚ノ之有レ水】なお(ほ)うお(を)のみず(づ)あるがごとし ちょうど魚が水を得ているようなものである。離れることのできない関係、君臣や夫婦の親密な関係にたとえる。〔蜀志、諸葛亮伝〕

(12)9 【猥】4621 標 ワイ 賄 wěi 6448 6050

字義 ❶みだりに。㋐まげて。わざわざ。みずから謙遜ケンソンすることば。㋑むやみに。やたらに。❷みだれる。みだれまじる。❸みだら。いやしい。㋐けがらわしい。㋑男女間のだらしないこと。❹すべる(統)。一緒にする。❺おおい(多)。❻さかん。さかんになる。❼にわか。急に。❽犬のほえる声。

解字 文 篆  形声。犭(犬)＋畏音。音符の畏ィは、犬の鳴き声の擬声語。犬のほえ声の意味を表し、転じて、みだらの意味をも表す。

【猥瑣】ワイサ みだりで小ざかしいこと。

【猥雑(雜)】ワイザツ ごたごたと入り乱れる。乱雑。

【猥人】ワイジン いなかの人。鄙人ヒジン。

【猥褻】ワイセツ みだらなこと。男女間のだらしない行為。

【猥多】ワイタ ごたごたと多いこと。

【猥談】ワイダン みだらな話。とくに、性に関する話。

(13)10 【猿】4622 常 エン さる 漢エン(エン)・呉オン(ヲン) 元 yuán 1778 316E

筆順 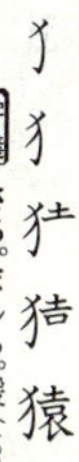

【猨】正字 字義 さる。ましら。猨(4612)の俗字。

難読 猿子ましこ・ますこ・猿渡さわたり・猿島さしま・猿麻桛さるおがせ・猿野ましの

解字 形声。犭(犬)＋袁音。音符の袁ェンは、爰ェンに通じ、ひくの意味。長い手で物をひき寄せてとる動物、さるの意味を表す。

▼犬猿・玄猿・心猿・夜猿

【猿鶴沙虫(蟲)】エンカクサチュウ さるとつると砂と虫。周の穆王ボクオウが南征したとき、全軍戦死し、君子は猿鶴、小人は沙虫となったという故事。転じて、戦死者をいう。

【猿楽(樂)】さるガク 国①能楽の前身である、こっけい味のある劇。②能楽。

【猿猴】エンコウ さる。猴も、さる。

【猿猴取レ月】エンコウつきをとる 身のほどを知らないと災いを受けるたとえ。さるが水にうつった月かげを取ろうとして枝が折れておぼれ死んだ故事。〔僧祇律〕

【猿嘯】エンショウ さるが鳴く。また、その声。猿声。猿啼エンテイ。猿鳴。

【猿狙】エンソ さる。狙は、手長ざる。

【猿臂】エンピ さるのひじ。さるのように長いひじをいう。弓を射るに都合がよいといわれる。〔史記、李将軍伝〕

【猿臂之勢】エンピのいきお(ほ)い(ひ) 軍の進退攻守を自由にすること。

(13)10 【猾】4623 △ 漢カツ(クヮツ) 呉ゲチ 黠 huá 6449 6051

字義 ❶みだれる(乱)。みだす。❷わるがしこい。ずるい。また、その者。「狡猾コウカツ」❸もてあそぶ。

解字 形声。犭(犬)＋骨音。音符の骨は、滑に通じ、なめらかの意味。悪知恵がなめらかに動く、人らしくない人の意味から、わるがしこい・みだすの意味を表す。

【猾悪(惡)】カツアク わるがしこい。

【猾獪】カツカイ わるがしこい。猾悪。

【猾賊】カツゾク わるがしこくて人を害する。また、わるがしこい。

【猾民】カツミン わるがしこい人民。

【猾吏】カツリ わるがしこい役人。猾胥カツショ。

(13)10 【獅】4624 標 シ 支 shī 2766 3B62

字義 しし。ライオン。獅子。

解字 形声。犭(犬)＋師音。

【獅子】シシ ①しし。ライオン。また、それに類する想像上の動物。②星座の名。黄道上の第六の星座。主星はレグルス。

【獅子吼】シシク ①ししがほえること。②ねたみぶかい妻が夫にがみがみいう悪声。③雄弁をふるうこと。④仏獅子がほえると百獣がおそれおののいてかくれふすように、仏の説法で悪魔や外道ゲドウが降伏すること。

【獅子座】シシザ ①仏仏の説法する座席。転じて、高僧の座席。②星座の名。→獅子の②。

【獅子身中虫(蟲)】シシシンチュウのむし ①仏獅子のからだに寄生する害虫のように、仏法を害する仏の弟子。〔梵網経〕②味方でありながら、味方に害をなすもの。うらぎりもの。

【獅子奮迅勢】シシフンジンのいきお(ほ)い(ひ) 獅子が奮い立ちあばれまわるような、はげしい勢い。『大般若経』五十二に「如ニ獅子王自在奮迅一シシオウのジザイにフンジンするがごとし」とあるのに基づく。

(13)10 【猺】4625 △ ヨウ(エウ) 蕭 yáo

字義 ❶獣の名。❷異民族の名。広東カントン・広西・湖南・雲南など、中国の西南地方に居住する種族。❸猺獇ヨウボは、犬の一種。また、広東省合浦県の山中に住む異民族。

解字 形声。犭(犬)＋䍃音。

(14)11 【獄】4626 常 ゴク 漢ギョク 呉ゴク 沃 yù 2586 3976

筆順 

【𤢍】古字 字義 ❶うったえる(訴)。また、うったえ。「断獄」❷さばく。しらべる。また、さばき。❸ひとや。ろうや。獄舎。❹つみ。刑を科する。❺おきて。刑法。

解字 金文 文 篆  会意。犾＋言。犾は、二犬が番をして見張る意味とも、二犬が争う意味ともいう。言は、ちかうの意味とも、うったえ争うの意味ともいう。人に威圧感を与えるような場所、ひとや。また、うったえの意味を表す。

▼下獄・監獄・疑獄・魚獄・刑獄・決獄・地獄・因獄・詔獄・制獄・折獄・大獄・脱獄・断獄・治獄・聴獄・典獄・投獄・破獄

【獄掾】ゴクエン 牢獄ロウゴクの役人。獄胥ゴクショ。獄吏。

【獄辞(辭)】ゴクジ ①法廷で被告が自白したことば。②裁判の判決文。

【獄囚】ゴクシュウ ろうやに入れられている罪人。

【獄訟】ゴクショウ うったえ。訴訟。罪を争うのを獄といい、財を争うのを訟という。

【獄成】ゴクセイ 司法官が犯人を尋問して犯罪事実を確定すること。

【獄訴】ゴクソ うったえ。訴訟。

【獄窓】ゴクソウ ①ろうやのまど。②ろうやの中。獄中。

【獄卒】ゴクソツ ①ろうやの下役。②仏地獄で死者を苦しめるという鬼。

【獄丁】ゴクテイ ろうやの番人。看守。

【獄房】ゴクボウ ①ろうやの中の罪人のいるへや。

【獄門】ゴクモン ①ろうやの門。ろうやの入口。②国さらしくび。昔、斬罪ザンザイに処した犯人の首をろうやの門にさらしたこと。

【獄吏】ゴクリ ①裁判所の役人。②ろうやの役人。

(14)11 【獐】4627 △ ショウ(シャウ) 陽 zhāng

字義 のろ。鹿しかの一種で、角がなく小さい。＝麞ショウ。

解字 形声。犭(犬)＋章音。

(14)11 【獏】4628 △ バク 貘(7381)と同字。→一〇三五ページ。 6451 6053

(15)12 【獟】4629 △ 一ギョウ(ゲウ) 嘯 yào 二キョウ(ケウ) 蕭 xiāo

字義 一狂犬。二❶くるう(狂)。❷すばやい。すばしこい。いさましい。＝趬。「獟悍」

解字 篆文 形声。犭(犬)＋堯音。

【獟悍・獟驍】すばしこくて荒々しい。

(15)12【獗】4630 △ 漢ケツ 呉カチ(クヮチ) 月 jué ―6453 6055

字義 たける。たけりくるう。また、悪事にたけている。「猖獗」

解字 形声。犭(犬)＋厥音。

(15)12【獞】4631 △ 漢トウ 呉ドウ 東 tóng, ②zhuàng

字義 ❶犬の名。❷異民族の名。今の壮(チワン)族の旧称。広西壮族自治区・広東省に居住するタイ系の民族。

解字 形声。犭(犬)＋童音。

(15)12【獠】4632 △ 一リョウ(レウ) 蕭 liáo 二ロウ(ラウ) 皓 lǎo

字義 一かり(狩)。狩猟。二❶異民族の名。今の広西・貴州両省あたりに住む少数民族。今は佬と書く。❷人をののしることば。

解字 篆文 形声。犭(犬)＋尞音。

(16)13【獬】4633 △ 漢カイ 呉ゲ 蟹 xiè, ②jiě

字義 ❶獬豸は、想像上の獣の名。牛に似て、人のたたかうのを見れば、その邪悪な人を角でつき、人の議論を聞けば、その不正の方をかむという。後世、その姿を裁判官の服にえがいた。❷強く雄々しいさま。

〔獬豸〕

解字 形声。犭(犬)＋解音。

(16)13【獪】4634 △ 漢カイ(クヮイ) 呉ケ 泰・卦 kuài ―6454 6056

字義 ❶わるがしこい。ずるい。「狡獪」 ❷みだす。

解字 篆文 形声。犭(犬)＋會音。音符の會は、活に通じ、生き生きするの意味。野獣的な心が生き生きする、わるがしこいの意味を表す。

【獪猾】わるがしこい。猾獪。

(16)13【獲】4635 常 カク える ―1945 334D
(17)14〔獲〕4636 漢カク(クヮク) 呉ワク 陌 huò

筆順 犭 犭 犷 犷 獲

字義 ❶える。㋐狩りをして鳥や獣を捕らえる。「漁獲」 ㋑とる(取)。取り入れる。㋒ぶんどる。うばい取る。「捕獲」 ❷えられる。㋐捕らえられる。㋑信ぜられる。認められる。気に入られる。❸えもの。狩りや戦争で手に入れたもの。❹はしため。下女。また、その子。

使いわけ える〔得・獲〕⇩得(2159)。

解字 甲骨文 金文 篆文 形声。犭(犬)＋蒦音。甲骨文は会意で、隹＋又。とりを手でつかみとるの意味。のち、隹が萑に変形し、犬を付し、犬を使って鳥獣をとるの意味を表す。

▼漁獲・生獲・捕獲・乱獲・濫獲

【獲得】手に入れる。とらえる。

【獲麟】①麒麟を得る。孔子の著した『春秋』に、魯の哀公十四年(前四八一)に西方に狩りして麟を得た、という記事がある。②孔子の春秋は獲麟の記事で終わっていることから、絶筆・擱筆・臨終などの意に用いられる。

(16)13【獧】4637 △ 一ケン 霰 juàn 二ケン 銑

字義 一❶はやくはねおどる。❷犬がはねる。犬が走りまわる。❸はやい。二心はせまいが、信念がかたい。＝狷。「獧者」

解字 篆文 形声。犭(犬)＋睘音。音符の睘は、めぐるの意味。犬がかけまわるの意味を表す。

(16)13【獫】4638 △ ケン 琰 xiǎn

字義 ❶くちさきの長い犬。猟犬。❷異民族の名。獫狁は、周代の北方の異民族。夏の時代には獯鬻、秦・漢代以後は匈奴という。玁狁。

解字 篆文 形声。犭(犬)＋僉音。

(16)13【獨】(4587) ドク 独(4586)の旧字体。→七一〇ページ。 ―6455 6057

(17)14【獲】(4636) カク 獲(4635)の旧字体。→上段。

(17)14【獯】4639 △ クン 文 xūn

字義 獯鬻は、異民族の名。夏の時代、北方に住んでいた。周代は獫狁、秦・漢代以後は匈奴という。

解字 形声。犭(犬)＋熏音。

(17)14【獮】4640 △ セン 銑 xiǎn

字義 ❶かり(狩)。秋の狩り。また、夏の狩り。❷ころす。

解字 篆文 形声。篆文は、犭(犬)＋璽音。

(17)14【獰】4641 △ 漢ドウ(ダウ) 呉ニョウ(ニャウ) 庚 níng ―6456 6058

字義 ❶わるい。かおかたちや性質がにくにくしい。❷猙獰は、犬の毛の多いさま。また、にくにくしいさま。

解字 形声。犭(犬)＋寧音。音符の寧は、佞に通じ、口さきがうまいの意味。憎らしげで、たけだけしい犬の意味を表す。

【獰悪(惡)】悪事にたけ乱暴。にくらしくたけだけしい。

【獰猛】悪事にたけ、たけだけしい。

(17)14【獱】4642 △ 漢ヒン 呉ビン 真

字義 かわうそ。「獱獺」

解字 形声。犭(犬)＋賓音。

(18)15【獷】4643 △ コウ(クヮウ) 梗 jǐng

字義 ❶あらい。あらあらしい。あらくてなつかない。❷あらいぬ。猛犬。❸わるいさま。粗暴なさま。❹さとっているさま。

解字 篆文 形声。犭(犬)＋廣音。

【獷悍】(野蛮で)あらくたけだけしい。

【獷獷】あらあらしいこと。礼儀・風俗などが粗暴なこと。

【獷俗】粗暴な風習。あらあらしいならわし。

【獷賊】わるくたけだけしい賊。

【獷戾】荒々しくて道理にもとる。

(18)15【獵】(4610) リョウ 猟(4609)の旧字体。→七一三ページ。 ―6458 605A

(19)16【獺】4644 △ 漢タツ・呉タチ 慣ダツ 曷 tǎ ―6460 605C

字義 かわうそ。獣の名。「獱獺」

難読 獺郷

解字 篆文 形声。犭(犬)＋賴音。音符の賴は、川の瀬の意味。川の瀬に住む、かわうその意味を表す。

【獺祭】①かわうそが自分の捕らえた魚をならべること。人が物を供えて祭るのに似ているのでいう。〔礼記、月令〕獺祭魚。②転じて、詩文を作るとき、多くの参考書を左右にならべひろげることのたとえ。

(20)17【獼】4645 △ 漢ビ 呉ミ 支 mí

字義 さる(猿)。おおざる。獼猴は、さる。おおざる。

解字 形声。犭(犬)＋彌音。

(23)20【玃】4646 △ 漢キャク 呉カク（クヮク） jué

字義 さる（猿）の一種。おおざる。

解字 篆文 形声。犭（犬）＋矍音。音符の矍キャクは、きょろきょろ見まわすの意味。きょろきょろ見まわす大きな猿の意味を表す。

【玃鳥】カクチョウ 鷹たかや隼はやぶさのような猛鳥。

(23)20【玁】4647 △ ケン 漢 xiǎn

字義 玁狁ケンインは、獫狁ケンインに同じ。→獫（4638）。

解字 形声。犭（犬）＋嚴音。

5 玄部

〔部首解説〕げん。玄を意符として、黒いの意味を表す文字ができている。

玄 七一六　4 妙 七一六　5 玆 七一七

畜→田部 七三八ページ。率→亠部 五五ページ。牽→牛部 七〇四ページ。

(5)0【玄】4648 常 ゲン 玄人くろうと　漢ケン 呉ゲン 先 xuán　2428 383C

筆順 亠 玄 玄 玄

字義 ❶くろ。くろい。くろし。また、暗い。㋐黒い色。「玄米」㋑赤味を帯びた黒い色。❷天の色。転じて、天。「玄黄」❸北。北向き。五行説で、黒（玄）を北に配することに基づく。❹とおい。かすかで遠い。❺ふかい。奥深い。「幽玄」「深玄」❻しずか（静）。❼非常にすぐれていること。たえ（妙）。神妙。❽老子の説いた道の性質。時間・空間を超越して存在し、天地万物の根源である絶対的な道の性質を玄という。❾転じて、老子の説いた道。道家（老荘学派）及びその道・学派などに関することに冠する語。

名乗 しず・しずか・つね・とら・のり・はじめ・はる・はるか・ひかる・ひろ・ふか・ふかし　難読 玄孫やしゃご・玄理くろまろ

解字 金文 篆文 象形。くろい糸をたばねた形にかたどり、黒い糸の意味を表す。転じて、おくふかいの意味も表す。玄を音符に含む形声文字のうち、おくふかいの意味の系列のものに、幻・泫ゲン・炫ゲン・玆ゲン・眩ゲン・衒ゲンなどがあり、つるの意味の系列のものに弦・舷ゲン・鉉ゲンなどがある。

▼太玄・幽玄

【玄猨・玄猿】ゲンエン 黒い手長ざる。

【玄奥】ゲンオウ 奥深いこと。奥深くて測り知れないこと。

【玄翁】ゲンノウ 国鉄製の大きな槌つち。大きなかなづち。玄翁法師が殺生石セッショウセキを砕いた故事に基づいてできた語。

【玄学（學）】ゲンガク 老荘の学をいう。→字義の❾。

【玄冠】ゲンカン 周代の冠の一つ。赤味を帯びた黒色の冠。

【玄関（關）】ゲンカン ①仏㋐玄妙な道に入る関門。仏門にはいる入り口。㋑禅寺で、客殿にはいる門をいう。②世捨て人、また、風雅な人の家の門。③国家の正面の入り口。

【玄鑑・玄鑒】ゲンカン ①玄妙なかがみの意。（はっきり見通す心。②国神仏の深遠な照覧（見通す力）をいう。

【玄虚（虛）】ゲンキョ ①奥深くて知りがたく、虚無で無為なこと。②老荘の道や書をいう。③大空おおぞら。空中。

【玄月】ゲンゲツ 陰暦九月の別名。

【玄元】ゲンゲン もと。はじめ。

【玄元皇帝】ゲンゲンコウテイ 唐代、老子に贈った尊号。唐の天子の姓は李リであるので、同じ李姓の老子を自家の始祖として尊んだ。

【玄黄】ゲンコウ ①黒と黄。天地の色。天は、黒、地は黄。②転じて、天地。宇宙。③黒と黄との幣帛ヘイハク（進物として贈る織物）。④美しい色どり。⑤馬が疲れ弱ると毛が黄色味を帯びるからいうという。黒い馬が疲れ弱ること。転じて、一般に、疲れ（病んで）弱ること。

【玄之又玄】ゲンのまたゲン 奥深い上にも更に奥深いこと。道が深遠で測り知り難いことを形容した語。老子が道を説明した語。〔老子、一〕

【玄酒】ゲンシュ 水をいう。

【玄象】ゲンショウ 天の物象。日・月・星など。天象。

【玄裳】ゲンショウ 黒いもすそ。裳は、腰から下の服。はかまやスカートのようなもの。「玄裳縞衣ゲンショウコウイ」（黒いもすそに白いうわぎ。鶴つるの姿の形容）

【玄奘】ゲンジョウ 唐の名僧。通称、三蔵法師。太宗の時にインドに行き、そこで十七年とどまって仏教を研究し、帰国後、多くの経典キョウテンを翻訳した。その時の旅行見聞記『大唐西域記』は、当時のインドや西域の地理・風俗を知るための重要な文献である。（六〇二—六六四）

【玄聖】ゲンセイ ①非常にすぐれた聖人。②孔子。③老子。

【玄静（靜）】ゲンセイ 玄靖ゲンセイ。静かなこと。

【玄宗】ゲンソウ ＝唐玄宗。→三〇四ページ。

【玄孫】ゲンソン 曾孫ソウソンの子。孫の孫。やしゃご。

【玄端】ゲンタン 周代の礼服の一つ。麻製で黒色。端は正で、袖そでの下方がほぼ方形であるからいう。

【玄談】ゲンダン 深遠な老荘の道に関する話。

【玄鳥】ゲンチョウ 鳥の名。①つばめ。②つる。

【玄天】ゲンテン ①自然の道。老荘の道。②北方の天。③天。空。

【玄兎】ゲント 月の別名。兎は、うさぎ。月の中にうさぎがいるとの伝説に基づく語。

【玄都】ゲント 神仙のいる所。

【玄都観（觀）】ゲントカン 長安の南にある道教の寺の名。

【玄冬】ゲントウ 冬。五行説ゴギョウセツで、冬は北・黒（玄）・水に配する。

【玄同】ゲンドウ 自己の才知をつつみかくして俗人と同じ仲間になっていること。差別観を立てないで、万物を同一視すること。〔老子、五十六〕

【玄徳】ゲントク ①非常にすぐれた徳。②内に備わっているが外に現れない徳。かくれている徳。③天の徳。④他のために力をつくしてもその報いを求めない性格。天地自然が万物に対するやり方。⑤三国時代、蜀ショクの先主劉備リュウビの字あざな。

【玄牝】ゲンピン 万物を生ずる道（本体）。玄は、人間の感覚では知り得ず、その作用の微妙なこと。牝は、雌で、子を生むように万物を生み出すものの意。〔老子、六〕

【玄武】ゲンブ ①北方の神。また、水の神。形は亀かめと蛇との合体という。東方の青竜、南方の朱雀シュジャク、西方の白虎ビャッコとを合わせて四神という。②玄武旗の略。玄武をえがいた旗。行軍などの後方に立てる。③北方に位する物の名に用いる。「玄武門」

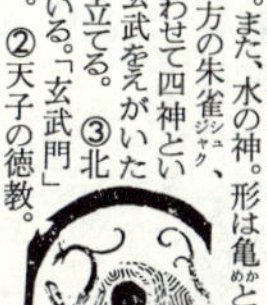

〔玄武〕

【玄風】ゲンプウ ①老荘の道。②天子の徳教。

【玄圃】ゲンポ 崑崙山コンロンサンの上にあるという仙人の居所。

【玄妙】ゲンミョウ 奥深く微妙なこと。また、すぐれて深遠なこと。

【玄冥】ゲンメイ ①暗い。奥深くかすか。②太陰の神。冬の神。北方の神。③水の神。雨の神。

【玄黙（默）】ゲンモク もの静かでだまっていること。もの静かで口かずの少ないこと。

【玄覧（覽）】ゲンラン ①心を奥深い所において万物を見ること。②心。③天子が見ること。天覧。

【玄理】ゲンリ 奥深い道理。

(9)4【妙】4649 △ ミョウ 妙（1457）と同字。→二七七ページ。

(10)5 **【玆】** 4650 △ 一㊥ケン・㊤ゲン 中 xuán 二シ 中 zī

字義 一❶くろい。❷にごる（濁）。 二ここ。これ。この。ここに。＝茲。

参考 〔玆〕は別字であるが、古くから混同して用いる。

解字 文 金文 篆文 会意。玄を二つ合わせて、黒いの意味を表す。

［畜］→田部 七三八ページ。 ［率］→亠部 五五ページ。

［牽］→牛部 七〇四ページ。

5 玉（王）部 （王は四画）

〔部首解説〕 **たま。**〔王〕**たまへん。** おうへん。王は玉が偏になるときの形で、王とは関係がない。玉を意符として、いろいろな種類の玉や、玉製のもの、玉の状態、玉を細工することなどに関する文字ができている。

弄→廾部 三六七ページ。皇→白部 七五五ページ。望→月部 五三九ページ。
斑→文部 四八二ページ。聖→耳部 八九四ページ。項→頁部 一一九五ページ。

(5)0 **【玉】** 4651 教1 ギョク たま ㊥ギョク・㊤ゴク 中 yù 2244 364C

筆順 一 丅 王 玉

字義 ❶**たま。ギョク。** 美しい石。宝石。また、輝石の類。❷玉のようなもの。玉のようなこと。㋐「美しい・すぐれた・たっとい・高価」などの意を表す。「玉顔」「玉楼」㋑天子や他人に関する物事に冠し、尊敬の意を表す。「玉座」「玉音」❸**たまにする。** ㋐玉のようにりっぱにする。㋑玉を愛し惜しむように大切にする。 国❶**たま。** ㋐球形の物（大砲や鉄砲のたまも、元来は球形であった）。㋑真珠。㋒代物。人間にも品物にもいう。「善玉」「悪玉」「上玉」❷**ギョク。** ㋐取引所で売買の物件をいう。㋑芸妓・娼妓のあげ代。玉代の略。

名乗 きよ 難読 玉響・玉筋魚・玉梓・玉章・玉蜀黍・玉生・玉来・玉蜀黍・玉生・玉来

使いわけ ①**たまご〔卵・玉子〕**⇨卵（773）。
②**たま〔玉・球・弾〕**
〔玉〕美しいたま。「玉にきず」
〔球〕球形のもの一般。「電気の球」
〔弾〕弾丸。「流れ弾」
ただし、「めがねのたま・目のたま・たま突き」のように紛らわしい例も多い。

解字 甲骨文 金文 篆文 象形。三つのたまを、縦のひもで貫きとおした形にかたどり、たまの意味を表す。

▼金玉・攻玉・鋼玉・珠玉

【玉案】ギョクアン ①玉でかざった食台（ちゃぶだいのようなもの）。②玉でかざった机。③りっぱな机。机の美称。④天子の机。⑤他人の机の敬称。

【玉音】ギョクオン ①天子のことば。②内容のりっぱなことば。③清らかな、よい音色。④他人のことば。また、他人の手紙の敬称。⑤玉のふれあう音。

【玉花】ギョッカ ①雪の別称 ②鏡をいう。③魚の名。鱭の一種。④沈丁花の花。

【玉△珂】ギョッカ 馬の勒につける玉のかざり。

【玉華宮】ギョッカキュウ 宮殿の名。唐の太宗の離宮。後、寺として用いた。陝西省宜君県の西南。

【玉階】ギョッカイ 玉をちりばめた階段。美しい階段。また、宮殿のりっぱな階段。

【玉関（關）】ギョッカン ①玉門関の略称。〔唐、李白、子夜呉歌〕秋風吹不尽、総是玉関情。〈秋風は吹きやもうともしない、それらはすべて玉門関のかなたに遠征している夫を思う情をかきたてるものである〉②天の入り口の門。③道教で、鼻をいう。

【玉環】ギョッカン ①玉のわ。腰にさげる玉かざり。②月をいう。③楊貴妃の幼名。④琵琶の名。

【玉顔】ギョクガン ①美しい顔。美人の顔。②天子の顔。

【玉宮】ギョクキュウ ①玉をちりばめた宮殿。美しい宮殿。②月にある宮殿。月の宮殿。

【玉鏡】ギョクキョウ ①玉で作った鏡。②月の別名。③澄んで静かな、湖の水面などをいう。④氷の表面の形容。

【玉禁】ギョッキン 皇居。宮禁。禁裏。

【玉△扃】ギョッケイ 玉のじょうまえ。美しいじょうまえ。入り口の美しいとびら。〔唐、白居易、長恨歌〕金闕西廂叩玉扃（金闕の西廂に玉扃を叩く）。

【玉△玦】ギョッケツ ドーナツ形をしていて一部に欠けた所のある佩玉（腰さげの玉）。決断心をもつようにとの願いから腰にさげる。玦は、決と音が通ずる。〔史記、項羽本紀〕挙所佩玉玦（佩ぶるところの玉玦を挙ぐ）。

【玉△闕】ギョッケツ ①玉をちりばめた美しい門。②天帝（神仙）の宮殿の門。③宮城の門。また、宮城。

【玉△壺】ギョッコ ①玉で作った美しいつぼ。→玉壺氷（次項）・氷心（六二ページ）。②玉で作った水時計。また、宮中や貴人の家の水時計。玉漏。

【玉△壺氷】ギョッコのこおり ①玉壺の中にあるこおり。②高潔な心をたとえていう。〔南朝宋、鮑照、代白頭吟〕清如玉壺氷（清きこと玉壺の氷の如し）。

【玉工】ギョッコウ 玉を加工する職人。玉の細工人。

【玉△缸】ギョッコウ 玉のように美しい（酒などを入れる）かめ。

【玉衡】ギョッコウ ①玉でかざった天文観測器。②星の名。㋐北斗七星の第五星。㋑北斗七星の柄にあたる部分の星の総称。北斗の柄。

【玉骨】①高潔な風采。りっぱな人がら。②美人の骨。また、死骸。③梅の木。

【玉座】玉をちりばめた座席。天子のすわるところ。また、天子の位。

【玉砕(碎)】玉のごとく砕ける。玉となって砕ける。節義のために(功名を立てて)、いさぎよく死ぬこと。↔瓦全。〔北斉書、元景安伝〕大丈夫寧可二玉砕一、不レ能二瓦全一。

【玉山】①美しい容姿の形容。②雪におおわれている山をいう。

【玉山崩】容姿のすぐれている人が、酒に酔いつぶれること。玉山倒ともいう。玉山頽。

【玉△卮無レ当(當)】玉の杯に底がない。役に立たない宝をいう。卮は杯、当は底。〔韓非子、外儲説右上〕

【玉璽】天子の印鑑。御璽。

〔乾隆帝玉璽〕

【玉質】①玉のような材質。②生まれつきのうるわしい性質・容姿・肌。

【玉女】①女の仙人。天女。②美人。③他人の娘の敬称。

【玉章】①他人の文章の美称。②他人の手紙の敬称。たまずさ。玉簡。

【玉照】他人の写真の敬称。お写真。

【玉条(條)】①美しい枝。②りっぱな規則。尊ぶべき法律。「金科玉条」

【玉食】①りっぱな食物。ぜいたくな食物。また、それを食べること。②天子の食物。

【玉△燭】四時の気候が調和すること。気候が調和すると、万物の光り輝くこと、玉の光に似ているからいう。

【玉振】八音を合奏するとき、最後に磬をうって終わりにすること。転じて、物事を集大成するたとえ。〔孟子、万章下〕

【玉△宸】①天帝の宮殿。②天子の宮殿。

【玉人】①＝玉工。②玉のように高潔な人。③玉のように美しい人。美女。④玉で作った人形。

【玉成】玉のようにりっぱにみがきあげる。りっぱな人物にしあげる。


【玉石混△淆】玉と石がまじっている。善い物と悪い物、賢者と愚者とが入りまじっているたとえ。玉石雑糅。〔抱朴子、外篇、尚博〕

【玉折】①玉が割れ欠けるように、折れること。りっぱなものがそこなわれること。②りっぱな人が若死にすること。才子・佳人が若死にすること。夭折。

【玉△屑】①玉の粉末。長生不死の薬として用いられるという。②ことばや詩文のすぐれた語句をいう。③降りしきる細かい雪をいう。

【玉泉山】山名。①北京市の西北。清の聖祖が、山のふもとに静明園を造った。②湖北省当陽県の西。山中に玉泉寺がある。別名、覆舟山。

【玉△搔頭】玉で作ったかんざし。〔唐、白居易、長恨歌〕翠翹金雀玉搔頭 訳文⇩花鈿（九二四ページ）。

【玉体(體)】①天子や貴人の身体の敬称。②美人の美しい身体。

【玉台(臺)】①玉のうてな。りっぱな宮殿。台は、高殿。②天帝の宮殿。③天子の宮殿。

【玉台(臺)新詠】書名。十巻。南朝陳の徐陵が、漢から梁までの詩を集めたもの。

【玉△墀】宮殿の庭(きざはし)の上の石だたみ。

【玉帳】①美しいとばり(幕・カーテン)。②将軍の幕営(戦地で幕を張って応急に作った陣屋)。

【玉△牒】①天を祭るときの祭文を書いた札。②帝王や王族の系図。③その国の歴史の書。典策の類。④仏教・道教の経典。

【玉笛】玉で作った笛。また、美しい笛。笛の美称。

【玉斗】①玉で作ったひしゃく。酒をくむ器。〔史記、項羽本紀〕玉斗一双欲レ与二亜父一。②北斗七星。

【玉△兎】月の中に住んでいるというウサギ。転じて、月。

【玉杯・玉△盃】玉のさかずき。また、杯の美称。

【玉△佩・玉△珮】玉製のおびもの。おびだま。

〔玉佩〕

【玉△帛】玉と絹織物。諸侯が天子または他の諸侯に公式に会う時の贈り物。

【玉△璞】掘り出されたままで、まだみがいてない玉。あらたま。

【玉盤】①玉で作った盤。盤は、小さくきわめて浅いたらいのような形をした、食物を盛る器。②月の別名。

【玉△臂】玉のように美しい腕。〔唐、杜甫、月夜詩〕清輝玉臂寒。訳文⇩香霧（一三二六ページ）。

【玉片】①玉のかけら。②氷の形容。

【玉△篇】書名。三十巻。南朝梁の顧野王が五四三年に著した字書。『説文解字』の体裁にならうが、部首は五四二部、収録字数一六九一七字、字解もより詳しい。

【玉歩】①天子や貴人の歩み。②美人の歩み。

【玉門関(關)】漢代に置かれた関所の名。その遺跡は、今の甘粛省敦煌市の西北にある。その西南にある陽関と並んで西域に通ずる重要な関所。玉関。

【玉容】美しい容姿。美しい顔だち。〔唐、白居易、長恨歌〕玉容寂寞涙闌干。訳文⇩梨花一枝春帯レ雨（五六四ページ）。

〔玉門関〕

【玉葉】①玉で作った葉。また、青い玉のように美しい葉。②天子の一族。皇族。公子王孫。「金枝玉葉」③国㋐他人の手紙の敬称。㋑藤原兼実の日記。平安末から鎌倉初期にかけての政局についての記事が多い。

【玉塁(壘)】山名。四川省理県の東南にある。

【玉△輦】玉でかざった天子の手車。玉輅。

【玉露】①玉のように美しい露。②緑茶の中の最高のもの。

【玉楼(樓)】美しい高殿。りっぱな御殿。〔唐、白居易、長恨歌〕玉楼宴罷酔和レ春。訳文⇩金屋（一二二四ページ）。

【玉漏】＝玉壺の②。

【玉不レ△琢不レ成レ器】玉もみがいたり細工を加えたりしなければ、器物として役立つことができない。すぐれた素質をもっている人でも、学問をしなければりっぱな人にはなれないことのたとえ。〈――、人も学ばなければ道理がわからない〉〔礼記、学記〕――、人不レ学不レ知レ道。

【懐(懷)レ玉△其罪】身分不相応な高価な物を持っていると、かえって災いを招くことになる。〔左伝、桓公十〕

匹夫無レ罪、——。

【如レ玉】①美しいものの形容。②温和な、また、円満な人がらの形容。

(5)0
【玊】4652 △ 漢キュウ（キウ） 宥 sù 呉ク

字義 ❶玉に加工する人。玉細工の職人。❷きずのある玉。

参考 玉と玊との異同については、別字とする説と同字とする説とがある。

解字 文 篆 玊 指事。王に一点を加えて、きずのある玉の意味を示す。王は、たまの意味。

(4)0
【王】4653 教1 オウ 1806 3226

一オウ（ワウ） 陽 wáng
二オウ（ワウ） 漾 wàng
三オウ（ワウ） 養 wǎng

筆順 一 丅 干 王

字義 一❶きみ。一国の君主。天子。昔、天子を王、諸侯を公といったが、戦国時代になって諸侯も自ら王と称するに至った。❷秦から後、領地をもっている皇族や重臣の呼称となる。（天子は帝・皇帝）❸徳をもって天下を統治する人。武力・権力をもってする覇に対していう。❹血統上、一親等高い者の尊称。「王父」「王母」❺かしら。おさ（長）。「魔王」「百獣の王」❻大きい。二❶王となる。王にする。❷さかん。＝旺。三ゆく。＝往。国オウ。㋐昔は二世以下の皇族の男子の称。㋑明治以後は五世以下の皇族の男子の称。

名乗 き・こきし・こにきし・たか・み・わか 難読 王子保

解字 甲骨文 金文 篆文

象形。古代中国で、支配権の象徴として用いられた、まさかりの象形で、きみの意味を表す。王を音符に含む形声文字のうち、大きく盛んの意味の系列のものに、往・旺・皇・徨・凰などがある。また、まがるの意味（尪）の系列のものに、筐・狂・枉などがある。

▼花王・勤王・君王・蔵王・親王・聖王・先王・素王・大王・天王・仁王・覇王・魔王・明王・竜王

【王安石】北宋の政治家・文人・学者。臨川（今の江西省内）の人。字は介甫。号は半山。新法といわれる各種の改革を断行したが、保守派の政治家たちの反対に遭い、所期の目的は達せられなかった。唐宋八大家の一人。（一〇二一—一〇八六）

【王威】帝王の威光。みいつ。

【王維】盛唐の詩人。字は摩詰。粛宗に仕えて尚書右丞になったので王右丞ともいわれる。その詩は脱俗の趣があり、日本でも昔から愛読された。また、画にもたくみで、文人画（南画）の始祖とされている。著に『王右丞集』などがある。（六九九?—七六一?）

【王化】君主の徳の感化。天子のりっぱな人格・政治によって人民が善良になること。

【王家】①帝王の家。王室。②君主。天子。

【王学（學）】王陽明の学説・学派。

【王翰】盛唐の詩人。晋陽（今の山西省内）の人。字は子羽。「涼州詞」が有名。（六八七?—七二七?）

【王気（氣）】天子や将来天子になるべき運命をもっている人の住む上空に立ちのぼる気。

【王畿】王城から四方へ五百里以内をいう。畿内。

【王羲之】晋の書家。字は逸少。書道にすぐれて、書聖といわれる。右軍将軍に任ぜられたので、王右軍と呼ばれる。（三二一—三七九）

【王業】帝王が国土を治める大業。

【王建】中唐の詩人。字は仲初。韓愈などと親しく交わった。（七六八—八三〇?）

【王公】①天子と諸侯。②身分の非常に高い人。「王公大人」も同じ。

【王后】①きみ。君主。天子。后も、きみ。②君主のきさき（妻）。皇后。后は、きさき。

【王侯】＝王公の①。

【王侯将（將）相寧有レ種乎】王（帝王）・侯（大名）・将（大将）・相（大臣）も、必ずしもすぐれた家がら・血筋によるものとは限らない。だれでも自分の心がけや実力次第でなれるという意。〔史記、陳渉世家〕

【王国（國）維】清の末、民国初めの大学者。海寧（今の浙江省内）の人。字は静庵、号は観堂。史学・考古学に長じていたが、晩年、世をいとい、投身自殺した。著に『観堂集林』などがある。（一八七七—一九二七）

【王佐】天子の補佐。天子を補佐する人。

【王佐才】帝王を補佐することのできる才能。また、その才のある人。「王佐材」も同じ。

【王粲】三国時代、魏の詩人。字は仲宣。魏の曹操に仕えた。建安七子の一人。（一七七—二一七）

【王之渙】盛唐の詩人。并州（今の山西省内）の人。辺塞の風物を好んで詠じた。（六八八—七四二）

【王士禛】清の詩人。乾隆帝の時、詔命により士禎と改称した。字は貽上。号は阮亭、また、漁洋山人。王維の詩風を尊び、詩論は厳羽の妙悟論をとり入れ、神韻説を説いた。（一六三四—一七一一）

【王子喬】周の霊王の太子晋。仙人になり、白い鶴に乗って雲中に去ったという。

【王師】①帝王の先生。②王者の軍隊。

【王事】①帝王の事業。②王室に関する事がら。③帝王の命ずる労役。

【王室】①帝王の家。帝室。皇室。②転じて、国家。

【王者】①天子。帝王。②王道によって天下を治めている君主。↔覇者。

【王守仁】明の学者。字は伯安、号は陽明。宋の朱子の学説に対抗し、宋の陸象山の学説に基づいて、知行合一・致良知を説き、陽明学の祖とせられた。（一四七二—一五二八）

【王充】後漢初期の思想家。字は仲任。儒教などの伝統的思想や迷信などの非合理性を批判し、『論衡』八十五編を著した。（二七—九七?）

【王粛（肅）】三国時代、魏の学者。後漢の鄭玄の学説に反対した。『孔子家語』などは、彼の偽作書といわれる。（一九五—二五六）

【王昌齢（齡）】盛唐の詩人。字は少伯。辺塞の風物を好んで詠じた。（?—七五六?）

【王昭君】前漢の元帝の女官。名は嬙。昭君は字。非常な美人であったが、匈奴の王妃として遣わされ、その地で死んだ。

【王城】①天子の都。みやこ。②天子の居所。宮城。③仏仏のいる所。

【王世貞】明の政治家・文人。字は元美。号は鳳洲、また弇州山人。李攀竜と共に詩文の復古を主張し、李王古文辞派と称せられ、日本の荻生徂徠などに影響を与えた。（一五二六—一五九〇）

【王制】①天子の定めた制度。②国君主制。

【王政】①天子の行う政治。②王道政治。

【王迹・王跡】王者の事業。また、その後世まで残っているもの。

【王孫】①天子・諸侯の子孫。②貴族の子弟。貴公子。

【王朝】①帝王が政治をする場所。帝王親政の朝廷。朝は、朝廷。②帝王の朝廷でする政治。③同じ王家に属する統治者が治めている時期。「周王朝」④国奈良・平安両時代をいう。また、平安時代の称。

【王統】帝王の血筋。

【王道】①帝王として行うべき道。②道徳によって、人民の幸福をはかって天下を治める政治のやり方。孟子が強く主張した。↔覇道。〔孟子、梁恵王上〕
【王仁】朝鮮の百済の人。応神天皇の十六年（二八五）に来朝して、『論語』と『千字文』とを献じたといわれる。その子孫は朝廷の記録係の役人として仕えた。
【王覇】王者と覇者。→字義の③。
【王八】①人をののしる語。ばかやろう。五代の前蜀の王建が無頼（ろくでなし）で盗みを行ったので、人々が賊王八と呼んだのに始まるという。（王八は、元来、王家の八番目の男の子の意）後、同音から「忘八」とも書く。②妻を人に盗まれた者をいう。
【王弼】三国時代、魏の学者。字は輔嗣。儒・道二学に通じ、『易経』や『老子』の注を書いた。（二二六―二四九）
【王父】①祖父を尊んでいう語。②帝王の父。
【王母】①祖母を尊んでいう語。②帝王の母。
【王法】①帝王の定めたおきて。②仏 国王の法令。
【王勃】初唐の詩人。字は子安。青年時代に「滕王閣序」という文章を作ったことで有名。（六四九―六七六）
【王莽】新の君主。字は巨君。前漢の平帝を毒殺して国を奪い、自ら仮帝と称して国を新と号したが、在位十五年で、後漢の光武帝（劉秀）に攻められて敗死した。（前四五―後二三）
【王右軍】→王羲之。
【王右丞】→王維。
【王陽明】→王守仁。
【王良】春秋時代、晋の人。馬を御するにたくみな人として有名。すぐれた御者の代名詞のように用いられる。

(7)3
【玕】4654
△ カン 寒 gān
字義 琅玕は、玉に次ぐ美石。真珠に似る。
解字 篆文 形声。王（玉）＋干音。

(7)3
【玖】4655
囚 漢キュウ（キウ） 呉ク 有 jiǔ
2274 366A
筆順
字義 ❶黒色の美しい玉のような石。❷数字の九に代用する。→九（56）の参考
名乗 き・たま・ひさ　難読 玖珠・玖波・玖馬
解字 篆文 形声。王（玉）＋久音。

【弄】→廾部 三六七ページ。

(8)4
【玩】4656
標 ガン（グヮン） 翰 wán
2065 3461
字義 ❶もてあそぶ。＝翫。㋐手に持って遊ぶ。また、遊ぶ物。おもちゃ。㋑からかう。なぶる。なぐさみ物にする。おもちゃにする。また、あなどる。軽視する。㋒めでる（賞）。めで楽しむ。なぐさみ興ずる。賞玩する。また、珍重する。「愛玩」❷なれる。なれ親しむ。❸味わう。味わい考える。「玩味」❹むさぼる（貪）。ふける（耽）。「玩読」

解字 篆文 形声。王（玉）＋元音。音符の元は、めぐるの意味。一つの玉に心をとられ、手の中でめぐらす、もてあそぶの意味を表す。

【玩詠】よく味わいながら歌うこと。玩諷。

【玩好】①好みもてあそぶ。また、その品物。②珍重すべき物。珍宝。

【玩索】意義をよく考え求めること。

【玩読（讀）】①意味をよく味わって読むこと。②批判的に読まないで、ただひたすらに読みふけること。

【玩物】①景物を賞玩すること。②無用な物をもてあそぶこと。→次項。③おもちゃ。

【玩物喪志】無用な物をもてあそんで本心を失うこと。〔書経、旅獒〕①珍宝などを度を越して愛好し、正しい心を失うこと。②学問上、枝葉末節のことに力を注いで、真に習得すべきものを見失うこと。

【玩味】じっくり味わう。①食物をよくかみしめて味わうこと。②詩文を読んでその意味などをよく考え味わうこと。「熟読玩味」③物の趣などをよく味わって賞美すること。道理をよく考え味わうこと。

【玩弄】①もてあそぶ。②なぶる。なぶりものにする。③おもちゃにする。

(8)4
【玦】4657
△ 漢ケツ 呉ケチ 屑 jué
字義 ❶おびだま（腰さげの玉）の一種。環状で、一部分の欠けている玉。これを腰におびるのは「決断せよ」「絶縁する」「訣別する（別れる）」の意を表す。→玉玦（七一七ページ）。❷ゆがけ。弓を射るとき、右手の親指にはめるもの。

〔玦①〕
解字 篆文 形声。王（玉）＋夬音。音符の夬は、欠けるの意味。一部分をわざわざ欠いて作った環状の玉の意味を表す。

(8)4
【玫】4658
△ 漢バイ 呉マイ 灰 méi
字義 ❶美しい石。❷玫瑰は、㋐赤色の美玉の名。南方に産する。火珠。㋑バラ科の落葉低木。はまなし。はまなす。茎に刺が密生し、夏に紅色五弁の香気ある花を開く。花を香料に、根皮を黄色染料とする。
難読 玫瑰
解字 形声。王（玉）＋枚省音。

(9)5
【珂】4659
標 カ 歌 kē
1849 3251
字義 ❶玉の名。白瑪瑙。❷くつわ貝。馬の勒のかざりを作る。❸くつわ貝で作った、勒のかざり。転じて、くつわ。
解字 篆文 形声。王（玉）＋可音。音符の可は、よいの意味。よい玉の意味を表す。

(9)5
【珈】4660
△ 漢カ・呉ケ 麻 jiā 慣ガ
6461 605D
字義 婦人の髪かざり。玉をたれ下げた一種のかんざし。国 珈琲は、英語 coffee の音訳。中国では「咖啡」の字をあてる。
解字 篆文 形声。王（玉）＋加音。音符の加は、くわえるの意味。髪の上に加えたかざりの玉の意味を表す。珈琲は、コーヒーの日本における漢字音訳。

(9)5
【珊】4661
標 サン 寒 shān
2725 3B39
【珊】同字　【珊】同字
字義 ❶珊瑚は、熱帯の海中に住む珊瑚虫（腔腸動物の一種）の石灰質の骨格が集積したもので、美しいものは外皮をはいで、中味を装飾に用いる。しばしば樹枝状をなしているので、古人は珊瑚樹とも呼んだ。❷蹣跚は、よろめき歩くさま。❸闌珊は、さかりを過ぎてさびしくなるさま。
国 サンチ。センチメートルの略音訳。
解字 篆文 形声。王（玉）＋冊（刪）音。音符の刪は、けずりとるの意味。海中からけずりとってくる、さんごの意味を表す。
【珊珊】①おび玉（腰にさげる玉）が鳴る音の形容。②鈴の澄んだ音の形容。③水や雨の音の形容。④きぬずれの音の形容。

(9)5
【玳】4662
△ 漢タイ 呉ダイ 隊 dài
6462 605E
【瑇】同字
字義 玳瑁は、熱帯地方に産する亀の一種で、その甲羅は鼈甲細工に用いる。

(9)5 **【珍】** 4663 常 チン めずらしい　チン 真 zhēn　3633 *4441*

筆順 珍

字義 ❶**めずらしい**(めづらし)。㋐めったにない。類が少ない。たやすく手に入らない。㋑たっとい。貴重。㋒すぐれている。美しい。よい。おいしい。❷めずらしい物。めずらしいこと。たから。㋐たっとぶべき物。㋑貴重な物。㋒おいしい物。❸珍とする。貴重である・奇異である・すぐれているなどと考える。また、たっとぶ。重んずる。めでる。愛する。

国 **チン**。こっけい。「珍談」

名乗 いや・うず・くに・くる・たか・のり・はる・よし　難読 珍神(うずかみ)

解字 篆文 形声。王(玉)＋㐱㊥。音符の㐱(シン)は、槙(テン)に通じ、密度が高くみちたりているの意味。貴重な玉の意味を表し、転じて、めずらしいの意味を表す。

▼時珍・自珍・殊珍・土珍

【珍愛】(チンアイ) ①めずらしい物として愛する。②めでる。愛する。たいせつにする。

【珍異】(チンイ) ①めずらしい。普通と異なる。また、その食物。②貴重な物。

【珍怪】(チンカイ) ①めずらしい。また、その物。怪も、他と異なる物。②貴重な物。たから物。③まれに見る怪しいもの。

【珍玩】(チンガン) ①めずらしがってもてあそぶ。②愛好してもてあそぶ。また、そのもの。③めでる。愛する。玩も、めでる。

【珍卉】(チンキ) めずらしい草花。

【珍奇】(チンキ) ①めずらしい。また、めずらしい物。奇は、他と異なる・めずらしい・まれ。②すぐれている。また、すぐれた物。奇は、すぐれる。

【珍事】(チンジ) ①めずらしい事がら。②不思議な事がら。③国思いがけない出来事。一大事。椿事(チンジ)。

【珍羞・珍饈】(チンシュウ) めずらしいごちそう。すぐれた料理。珍膳(チンゼン)。

【珍什】(チンジュウ) 類が少なくすぐれた道具。珍器。

【珍惜】(チンセキ) めでおしむ。愛惜する。珍重する。

【珍説】(チンセツ) ①めずらしい説。耳新しい説。②奇怪な説。③国こっけいな説。

【珍蔵(藏)】(チンゾウ) 宝物として蔵する。たいせつにしてしまっておく。また、その物。

【珍重】(チンチョウ) ①めずらしい物として、愛好してたいせつにする。②人に身体をたいせつにするようにという書簡文用語。また、別れのあいさつにいう語。「自重自愛を祈る」の意。③賛美の意を表す語。すばらしい。あっぱれである。④国めでたい。よろこばしい。結構。また、その事。

【珍宝(寶)】(チンポウ) ①めずらしい宝。②すぐれた宝。たから。宝物。珠玉の類。珍も、たから。

【珍味】(チンミ) めずらしい（おいしい・変わった）食物・料理。

(9)5 **【珎】** 4664 △ チン　6463 *605F*

珍(4663)の俗字。↓上段。

(9)5 **【玷】** 4665 △ テン 艶 琰 diàn　6463 *605F*

字義 ❶**かける**(かく)。㋐玉が欠ける。㋑あやまつ(過)。❷きず。㋐玉のきず。㋑過失。欠点。❸けがす。はずかしめる。

解字 形声。王(玉)＋占㊥。音符の占は、点をつける意味。玉に点がつく、かけるの意味を表す。

【玷欠(缺)】(テンケツ) きず。欠点。

【玷辱】(テンジョク) きずつけ、はずかしめる。

(9)5 **【玻】** 4666 △ ハ 歌 bō　6464 *6060*

字義 玻璃(ハリ)・玻瓈(ハリ)は、玉の名。七宝の一つ。水晶の類。また、ガラス。

解字 形声。王(玉)＋皮㊥。玻璃(ハリ)は、梵語(ボンゴ) sphāṭika の音訳。古くはガラスも玉と見なされ、そのため玉を付した。

【玻璃】(ハリ) ①ガラス。ギヤマン。一説に玉。②仏七宝の一つ。〔水晶。

【玻瓈】(ハリ) ＝玻璃の①。

(9)5 **【珀】** 4667 △ 漢ハク 呉ヒャク 陌 pò　6465 *6061*

字義 琥珀(コハク)は、玉の名。

解字 形声。王(玉)＋白㊥。

(9)5 **【珉】** 4668 △ 漢ビン 呉ミン 真 mín

字義 玉に似た美石の名。珉玉。珉石。

解字 篆文 形声。王(玉)＋民㊥。

(9)5 **【玲】** 4669 人 漢レイ 呉リョウ(リャウ) 青 líng　4672 *4E68*

筆順 玲

字義 ❶玉や金属のふれ合って鳴る音。❷すきとおるように美しいさま。さえてあざやかなさま。

名乗 あきら・たま

解字 篆文 形声。王(玉)＋令㊥。

【玲玲】(レイレイ) ①玉や金属がふれあって鳴る美しい音の形容。②さえてあざやかなさま。③すきとおるように美しいさま。

【玲瓏】(レイロウ) ＝玲玲。玲琅(レイロウ)。〔唐、白居易、長恨歌〕

【皇】 ↓白部 七四五ページ。

(10)6 **【珪】** 4670 標 ケイ　2330 *373E*

圭(1191)の古字。↓三八ページ。

【珪素】(ケイソ) 化学元素の名。シリコン。硅素(ケイソ)。

(10)6 **【珩】** 4671 △ 漢コウ(カウ) 呉ギョウ(ギャウ) 庚 héng

字義 ❶おび玉。佩玉(ハイギョク)を組み立てるとき、上部にあってそれに組ひもを通し、琚(キョ)・璜(コウ)などの玉をつなぎたらすもの。❷かむりひも。冠のひも。

解字 篆文 形声。王(玉)＋行㊥。音符の行は、衡に通じ、よこの意味。他の玉を掛けるように横にわたされたおびだまの意味を表す。

〔珩①〕

(10)6 **【珥】** 4672 △ 漢ジ 呉ニ 寘 紙 ěr　6466 *6062*

字義 ❶**みみだま**。耳かざりのたま。❷つば。刀剣のつば。❸さす(挿)。はさむ。さしはさむ。つらぬく。❹上に載せる。いただく。❺ちぬる。犠牲の血をぬる。❻すう。なめる。

解字 篆文 形声。王(玉)＋耳㊥。音符の耳は、みみの意味。耳かざりの意味を表す。

【珥璫】(ジトウ) みみだま。耳かざりの玉。璫も、耳玉。

(10)6 **【珠】** 4673 常 シュ 数珠(じゅず)　シュ 虞 zhū　2878 *3C6E*

筆順 珠

字義 ❶**たま**。㋐貝類の体内に産する丸いたま。真珠の類。㋑真珠のように丸い粒になっている物。「念珠（じゅずだま）」❷美しい物のたとえや形容。

名乗 み　難読 珠芽(むかご)・珠鶏(ほろほろちょう)・珠洲(すず)

解字 篆文 形声。王(玉)＋朱㊥。音符の朱は、木の切り口の美しい赤の意味。美しい玉、真珠の意味を表す。

▼貫珠・数珠・真珠・念珠・美珠・宝珠・文珠・連珠

【珠瓔】(シュエイ) 真珠で作った首かざり。

【珠纓】(シュエイ) 真珠でかざった、冠の紐(ひも)。

【珠璣】(シュキ) たま。宝玉。宝石。珠は丸いたま。璣は角ばったたま。

【珠玉】(シュギョク) ①たま。②たっといもの・すぐれたもの・美しいもの

のたとえや形容。

【珠江】シュコウ　川の名。雲南省の東境に発し、広西チワン族自治区を経て広東カントン省広州市の南で海に注ぐ大河。

【珠数(數)】ジュズ・ズズ　仏仏をおがんだり、念仏をとなえるときに、手に持ったり掛けたりする具。念珠。数珠。

【珠△翠】シュスイ　真珠と翡翠ヒスイ。婦人の髪かざりに用いることから、転じて、婦人の髪かざりをいう。

【珠△唾】シュダ　真珠のように美しいつば。名言・佳句の形容。

【珠△綴】シュテイ　珠たまをつづる。珠をつづってかざる。また、そのもの。

【珠△箔】シュハク　①珠たまでかざったすだれ。②美しいすだれ。

【珠履】シュリ　真珠でかざったくつ。りっぱなくつ。「珠履客シュリのキャク（上等の客）」

【珠△簾】シュレン　＝珠箔ハク。

【珠楼(樓)】シュロウ　真珠でかざった高殿たかどの・宮殿。美しくりっぱな高殿・宮殿をいう。

(10)6 【玼】4674　△　一漢セイ・呉サイ 薺 cǐ　二シ 紙 cǐ　三シ 支 cī

字義 一二 ❶あざやか。㋐できたばかりの玉の色のあざやかなこと。㋑りっぱではっきりしているさま。❷きず。＝疵シ。
三 ❶玉の中にまじっている石。❷きず。玉のきず。

解字 篆文 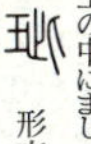　形声。王(玉)＋此音。

(10)6 【珮】4675　△　ハイ 隊 pèi　6467 6063

字義 おびだま。腰にさげる玉。＝佩ハイ。→玉佩（七一八ページ）。

参考 熟語は佩（232）を見よ。→八二ページ。

解字 会意。王(玉)＋凡＋巾。凡は、風をはらむ布の象形。巾も、布きれの象形。腰に布のように帯びる玉の意味を表す。

(10)6 【班】4676　教6　ハン　ハン 刪 bān　4041 4849

筆順 T 王 玎 玔 班

字義 ❶わける（分）。わかつ。㋐いくつかに分ける。㋑分配する。㋒順序・階級・席次などをきめる。また、その順序・階級・席次。❷わかれる（別）。離れる。「班馬」❸列。組。グループ。「炊事班」❹つらねる。ならべる。❺あまねし。行き渡っている。いっぱいに広がっている。❻ひとしい（等）。❼かえす（還）。ひきもどす。❽しく（敷）。しき広げる。❾めぐる。ぐるぐる回って進まない。❿まじる。まだら。＝斑ハン。

難読 班鳩いかるが・班目まだら

解字 金文　篆文　会意。玨＋刀。玨は、二つにわけた玉の意味。刃物でわけて天子が諸侯にしるしの玉をわけあたえるの意味から、一般に、わけるの意味を表す。

▼首班

【班位】ハンイ　①くらい。階級。②位する。ある地位におること。

【班固】ハンコ　後漢の歴史家。扶風（今の陝西センセイ省内）の人。字あざなは孟堅モウケン。父彪ヒョウの志を継ぎ、二十余年間『漢書』の著述に従事したが、完成しないうちに獄死したので、妹の昭がそれを補った。（三二—九二）

【班史】ハンシ　後漢の班固の著した歴史書。『漢書』の別称。

【班師】ハンシ　①軍隊をかえす（引きもどす）こと。②凱旋ガイセン（戦争に勝って帰る）すること。

【班資】ハンシ　地位と俸給。

【班次】ハンジ　位の順序。位次。階級。くらい。班位。

【班△婕△妤・班△倢△伃】ハンショウヨ　漢の成帝の寵妃チョウヒ。女流詩人。趙飛燕チョウヒエンの中傷で、成帝の愛を失い、長信宮で太后に仕えた。「怨歌行」（行は、一種の韻文）はその悲しみをうたったもの。

【班昭】ハンショウ　後漢の班固の妹。字あざなは恵姫ケイキ。曹世叔ソウセイシュクに嫁した。その死後、その淑徳と学問を認められて和帝に召され、皇后や宮女の師に任ぜられた。世人は敬して曹大家ソウタイコという。兄の固の遺業を継いで『漢書』を完成した。→班固。

【班超】ハンチョウ　後漢の人。字あざなは仲升。班固の弟。西域を征して五十余国をてなずけ、定遠侯テイエンコウに封ぜられた。西域都護などの役に任ぜられて、西域にあること三十一年、年老いて帰国した。（三二—一〇二）

【班田収(收)授】ハンデンシュウジュ　昔、国家が公民に一定の規則によって田地を分け与え、死後、これを返させたこと。中国では唐代に、日本では大化の改新後に行われた。

【班馬】ハンバ　①隊列からはなれた馬。隊にはぐれた馬。②別れて行く馬。〔唐、李白、送二友人一詩〕揮レ手自レ茲去てをふるい(ひ)てここよりされば、蕭蕭班馬鳴ショウショウとしてハンバなく。〈手をふって、ここから別れ去ろうとすると、さびしい声で、別れゆく馬さえ、いないている〉③戦場から帰る馬。④班固と司馬遷。共に漢代の歴史家。

【班白】ハンパク　白髪しらがまじり。また、その老人。頒白ハンパク。

【班班】ハンハン・ハンパン　①まだらなさま。②あざやかではっきりしているさま。③車の音の形容。

(10)6 【珱】4677　△　ヨウ　瓔（4751）の俗字。→七五九ページ。　6494 607E

(10)6 【珞】4678　△　一ラク 薬 luò　二漢レキ・呉リャク 錫 lì　6468 6064

字義 一 瓔珞ヨウラクは、玉をつないで作った首かざり。二 つぶて。こいし。また、石の形容。

解字 形声。王(玉)＋各音。

(11)7 【球】4679　教3　キュウ　たま　漢キュウ（キウ）・呉グ 尤 qiú　2169 3565

筆順 T 王 玎 球 球

字義 ❶たま。㋐美しい玉。㋑丸い玉。❷球のように丸い物。球状をなすもの。「地球」❸まり（毬キュウ）。「野球」

難読 球磨くま

使いわけ たま〔玉・球・弾〕⇩玉（4651）。

解字 篆文　形声。王(玉)＋求音。音符の求は、一点を中心に集まるの意味。一点を中心にまるくなっている美玉の意味を表す。

【球△琳】キュウリン　美しい玉。転じて、すぐれた才能をいう。

(11)7 【現】4680　教5　ゲン　あらわれる・あらわす　漢ケン・呉ゲン 霰 xiàn　2429 383D

筆順 T 王 玑 玥 現

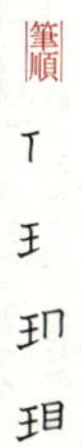

字義 ❶あらわれるあらはる。「出現」❷あらわすあらはす。「表現」❸今。まのあたり。「現在」国うつつ。㋐物事が実際に存在していること。㋑死に対して、この世に生きていること。㋒夢に対して、さめていて正気なこと。また、さめている時。㋓心がぼんやりしている状態。うつらうつらとしている状態。（夢うつつから転じた誤用）

難読 現御神あきつみかみ・現津御神あきつみかみ・現人うつせみ・うつそみ・現人神あらひとがみ・現川うつつがわ

使いわけ あらわれる・あらわす〔現・表・著〕
〔現〕そのままの形であらわれる場合。「姿を現す・正体が現れた」
〔表〕そのままの形でなく別の形であらわれる場合。「名は体を表す・図に表す」
〔著〕書物を世に出す。「伝記を著す」
なお、隠しておくべきものをあらわす場合、「肌を露わす」のように書く向きもあるが、常用音訓では認められていない。

解字 形声。王(玉)＋見音。音符の見は、みえるの意味。玉の光があらわれる、一般に、あらわれるの意味を表す。

▼具現・顕現・権現・示現・実現・体現・発現・表現

【現況】(ゲンキョウ) 現在のありさま。現在の状況。

【現行】(ゲンコウ) 現に行われている。

【現在】(ゲンザイ) ①仏ただ今。過去と未来との境目。②今存在していること。まのあたりにあること。③国㋐現今。現時。㋑まのあたり。現に。実際。

【現実(實)】(ゲンジツ) 現在実際にある事実・状態。

【現出】(ゲンシュツ) あらわし出す。また、あらわれ出る。実際に起こる。

【現象】(ゲンショウ) ①あるかたちをとって現れる。また、その状態。観察・確認された事実。「自然現象」②哲学で、感覚によって受け入れられ、経験されうる形象。↔本質・本体。

【現状(狀)】(ゲンジョウ) 現在の状態。いまの様子。

【現身】(ゲンジン) ①仏仏の三身(法身・報身・応身)の一つ。応身の別名。人間の形をしてこの世に現れた仏のからだ。②国(ゲンシン・うつしみ・うつそみ) 現在のからだ。なまみ。

【現世】(ゲンセ・ゲンゼ) ①仏現在の世。現在世。この世。↔前世・後世(ゴセ)。②(ゲンセイ・ゲンセ) 今の世。現代。

【現存】(ゲンソン・ゲンゾン) 現在、実際に存在している。

【現代】(ゲンダイ) いまの時代。いまの世の中。

【現地】(ゲンチ) ①現在の土地。②現在、ある事の行われている土地。

(11)7
【珸】4681　△ゴ 虞 wú
字義 琨珸(コンゴ)は、山名。また、その山などに産する美石の名。精錬して剣を作る。
解字 形声。王(玉)＋吾音。
6473
6069

(11)7
【琇】4682　△ 漢シュウ(シウ) 呉シュ 宥 xiù
字義 ❶美しい石の名。❷美しい。
解字 形声。王(玉)＋秀音。

(11)7
【琁】4683　△ セン　璇(4734)と同字。→七二七ページ。

(11)7
【琢】4684　囚
(12)8
〖琢〗4685　㊇許
タク 覚 zhuó
筆順 丁 王 琢 琢
3486
4276
字義 ❶みがく。玉をうつ(打)。たたく。える(彫)。椎(つち)や鑿(のみ)で玉をけずって形を整えること。❷転じて、徳・技などをみがくこと。学問・修養・練習などによってりっぱにすること。❸かざる。修飾する。❹えらぶ。選択する。
名乗 あや・たか
解字 篆文 [篆文] 形声。王(玉)＋豕(豕)音。音符の豕(チク＝タク)は、玉を刻むときの音を表す擬声語的音符。玉をみがくの意味を表す。
【琢句】(タクク・タック) 字句をみがき修める。詩文を推敲(スイコウ)すること。
【琢切】(タクセツ) ＝琢磨。切は、骨や角を切ること。
【琢磨】(タクマ) ①玉をみがくこと。磨は、砂や石ですりみがくこと。②おこたらず努力して学徳をみがき修めること。「切磋(セッサ)琢磨」『詩経』衛風・淇奥に「如レ切如レ磋(セッするがごとく、サするがごとし)、如レ琢如レ磨(タクするがごとく、マするがごとし)」とあるのに基づく。

(11)7
【理】4686　教 2
リ
リ 紙 lǐ
筆順 丁 王 玾 理 理
4593
4D7D
字義 ❶おさめる(をさむ)。㋐みがく。玉をみがく。㋑ただす。整える。すじを通す。処置する。さばく。「管理」「料理」「代理」「処理」㋒分ける。区別する。❷おさまる(をさまる)。すじが通る。整う。❸きめ。すじ。㋐ある種の玉の表面に現れる細かなすじ。㋑木のもくめ。木理。㋒皮膚のきめ。膚理。㋓物の表面に見えるすじ。❹ことわり。道理。物事のすじみち。理屈。条理。「義理」「生理」❺みち。人の従うべき道。道義。❻宇宙の本体。宋学(ソウガク)で、現象を気というのに対し、その根底の本性を理といった。❼こと。ものごと。❽区別。区分。❾なかだち。媒酌人。
名乗 おさむ・さだむ・すけ・たか・ただ・ただし・ただす・とし・のり・まさ・まろ・みち
解字 篆文 [篆文] 形声。王(玉)＋里音。音符の里は、すじの意味。玉のすじ・きめ、玉のすじ目を美しく見せるようにみがく・おさめるの意味を表す。
▼管理・究理・窮理・肌理・義理・空理・経理・原理・公理・合理・修理・受理・純理・条理・処理・事理・審理・心理・真理・推理・性理・整理・生理・摂理・総理・代理・調理・地理・定理・哲理・天理・道理・非理・物理・分理・文理・弁理・無理・木理・料理・倫理・連理・論理
【理会(會)】(リカイ) ①道理の集まっている所の意。転じて、道理。②理解し会得(エトク)すること。よく知ること。③考え。思案。意見。④理が合う。道理(考えが)一致する。

【理解】(リカイ) 物事の道理を解きわけてさとる。よくわかる。

【理学(學)】(リガク) ①宋代(ソウダイ)の儒学は人性と天理との関係を説き、性命と理気との問題が論議の主潮をなした。これを漢唐の訓詁学(クンコガク)・清朝(シンチョウ)の考証学に対して、性理学、略して理学という。②自然を対象として研究する学問。自然科学。特に、物理学。

【理官】(リカン) 裁判官。

【理気(氣)】(リキ) 理と気。宇宙の本体とその現象。朱(シュ)の学者は、宇宙は理と気から成ると考え、万物は陰陽の交錯によって生じ、陰陽は気であり、陰陽を働かせ作用させるのが理であると説いた。

【理義】(リギ) 正しい道理。

【理屈】(リクツ) ＝理窟(リクツ)の③。→次項。

【理窟】(リクツ) ①道理の多く蔵せられている所の意。窟は、岩屋・ほらあな・むろ。②道理をよくわきまえている人。道理に明るい人。③国㋐物事のすじ道。道理。㋑こじつけの道理・理由。

【理財】(リザイ) 財をおさめる。財貨をうまく処置して運用すること。経済。

【理事】(リジ) ①事をおさめる。物事を処理・処置する。事務をとる。②国法人などを代表してその事務を執行する人。

【理性】(リセイ) ①真偽・善悪を識別し、正しく判断する能力。②他の動物と区別する人間特有の(本能や欲望に左右されないで行動する)能力。また、人間最高の思考能力。↔本能。

【理想】(リソウ) 努力して到達しようとする、心にえがく最高の目標。

【理想郷(鄕)】(リソウキョウ) 理想的な世界。ユートピア。

【理知・理△智】(リチ) ①物事の道理をよく分別判断する能力。②理性と知恵。

【理念】(リネン) 哲学で、経験では得られず、理性によって理解されうる最高の考え。絶対的に実在するもの。イデー。

【理非】(リヒ) 道理にかなっていることと道理にかなっていないこと。正しいことと正しくないこと。

【理不尽(盡)】(リフジン) 国条理を尽くさない。無理を通す。

【理法】(リホウ) 物事の道理。すじみち。法則。

【理乱(亂)】(リラン) ①治まることと乱れること。治乱。②乱をおさめる。乱れたのをおさめる。乱を平定する。

【理路】(リロ) 物事のすじみち。「理路整然」

【理論】(リロン) 個々の事実や認識を、ある原理・原則によって統一的に、だれにでも納得できるように説明し、しかも実践の指針となり得るもの。

(11)7
【琉】4687　囚 漢リュウ(リウ) 呉ル 尤 liú
筆順 丁 王 玗 珫 琉
4616
4E30
字義 琉璃(ルリ)は、玉の名。瑠(4728)と同字。→七二七ページ。
解字 形声。王(玉)＋流省音。
【琉球】(リュウキュウ) ①地名。沖縄の別称。古くは、流求とも書いた。②王国の名。十五世紀から明治政府による日本併合まで

沖縄にあった。

【琉璃】ルリ　瑠璃ルリ。①玉の名。梵語ボン vaidūrya の音訳、吠琉璃バイルリの略。青玉。紺青コンジョウ色の美しい宝石で七宝の一つ。②ガラスの古称。

(11)7 **【琅】4688**　△ ロウ（ラウ）陽 láng　6470 *6066*

【瑯】俗字 6471 *6067*

字義 ❶琅玕ロウカンは、㋐真珠のような色つやをした玉。一説に、玉に似た美しい石。㋑青色の珊瑚サンゴ。❷玉石・金属のふれ合う音の形容。❸清らかなたとえ。❹道教に関する物の名の上にしばしば冠する。

解字 文 篆　形声。王（玉）＋良㊐。

【琅玕】ロウカン ①→字義の❶。②仙界にあるという木の名。琅玕樹。③美しい竹の別名。④美しい文章をいう。

【琅然】ロウゼン 玉のころがる音や水声の形容に用いる。

【琅当（當）・琅璫】ロウトウ ①罪人をしばる鎖。また、それでしばること。②すず（鈴）。鈴鐸レイタク。③つりさげた玉がふれあって鳴る音の形容。

【琅邪・琅琊】ロウヤ ①山名。山東省膠南コウナン市の南境にある。②郡名。秦代シンダイに琅邪郡を置く。今の山東省諸城県の東南部の地。諸葛亮ショカツリョウの出身地。

【琅邪台（臺）】ロウヤダイ ①秦シンの始皇帝が琅邪山の上に築いた土の台。三方に海を見おろしている。その上に秦の徳をたたえた文を刻んだ碑を建てた。清シンの咸豊カンポウ・同治（一八五一—一八七四）ころまで存在していたという。②春秋時代の越王句践コウセンが琅邪山上に建てた高殿たかどのの跡という。

【琅琅】ロウロウ ①玉・石・金属がふれ合って鳴る音の形容。②鳥の鳴き声の形容。

(12)8 **【瑛】4689**　囚　1745 *314D*

(13)9 **【瑛】4690**　漢エイ　呉ヨウ（ヤウ）庚 yīng

筆順

字義 ❶透明な玉。水晶の類。❷玉の光。

解字 文 篆　形声。王（玉）＋英㊐。音符の英は、景に通じ、ひかりの意味。玉のひかりの意味を表す。

【瑛琚】エイキョ 水晶で作った佩玉おびだま（身に帯びる玉）。

(12)8 **【琬】4691**　△ 漢エン（エン）呉オン（ヲン）阮 wǎn

字義 上部がとがっていない圭ケイ。天子から諸侯に賞を賜うとき、王の使者がその証として持って行くもの。琬圭。

解字 文 篆　形声。王（玉）＋宛㊐。音符の宛エンは、しなやかに曲がるの意味。上部がしなやかな曲線になっている圭という玉の意味を表す。

(12)8 **【琰】4692**　△ エン 琰 yǎn

字義 ❶玉をみがいて光をだす。❷玉をけずって上端をとがらす。また、その玉。琰圭エンケイ。❸美玉の名。❹琰琰は、光沢のあるさま。

解字 文 篆　形声。王（玉）＋炎㊐。

(12)8 **【琯】4693**　△ カン（クヮン）旱 guǎn

字義 ❶六個の律管のある玉の笛。❷節気の移りかわりを観測する管。

解字 文 篆　形声。王（玉）＋官㊐。音符の官は、管に通じ、まるいくだの意味。玉製の笛の意味を表す。

(12)8 **【琦】4694**　△ 漢キ　呉ギ　支 qí

字義 ❶玉の名。❷＝奇。㋐すぐれている。大きい。美しい。㋑めずらしい。ふしぎな。奇異な。

解字 文 篆　形声。王（玉）＋奇㊐。

【琦行】キコウ 普通でない行為。変わった行い。また、りっぱな行い。

(12)8 **【琪】4695**　△ 漢キ　呉ギ　支 qí

字義 美玉の名。

解字 形声。王（玉）＋其㊐。

【琪樹】キジュ ①玉樹。玉のように清らかな美しい木。②雪をかぶった木の形容。③木の名。なんてん。

(12)8 **【琴】4696**　常 キン こと　漢キン　呉ゴン　侵 qín　2255 *3657*

筆順

字義 こと。弦楽器の一種。胴を桐きりで作り、その上に弦を張ったもの。上古は五弦。周代に七弦とした。長さは周尺で三尺六寸（約八一センチ）、幅は六寸（約一三・五センチ）。

国 こと。㋐箏ソウ・琴・和琴ワゴン・百済琴クダラごとなど、同種の相似た弦楽器の総称。㋑普通には筑紫箏ツクシごと（十三弦ある）をさす。

難読 琴南ことなみ

解字 文 篆　象形。篆文は、ことじの立つ、「こと」の断面図にかたどり、ことの意味を表す。のち吟に通じる音符の今を付し、玨＋今㊐の形声文字となった。

▼月琴・提琴・風琴・鳴琴・木琴

【琴韻】キンイン 琴の音。琴音。琴声。

【琴鶴】キンカク 琴とつる。世俗を捨てた高尚の士が楽しむもの。

【琴棋】キンキ 琴と碁。風雅な人や世捨て人などが友として楽しむものの一つ。「琴棋書画」

【琴瑟相和】キンシツあい（ひ）ワす 琴と瑟の音がよく調和する。夫婦・兄弟・友だちなどの仲のよいこと。『詩経』小雅・常棣に「妻子好合サイシコウゴウし、如レ鼓二瑟琴一シッキンをコするがごとし」とあるのに基づく。

【琴書】キンショ 琴と書物。琴を弾奏することと読書すること。

【琴心】キンシン 琴の音に託した弾奏者の心持ち。琴意。

【琴線】キンセン ①琴の弦。②心。感じて動く心を琴の弦にたとえていう。

【琴樽・琴尊】キンソン ①琴と酒だる。②文士が宴会して詩文を作ること。

【琴柱】キンチュウ・ことじ（ぢ）琴の胴の上に立てて弦をささえる具。これを移動させて音の高低を調節する。

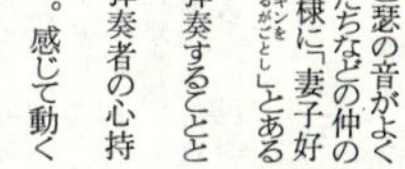
〔琴〕

(12)8 **【琥】4697**　△ コ　麌 hǔ　6472 *6068*

字義 ❶虎とらの形をした玉の器。❷虎の皮の模様を刻んだ玉製のわりふ。兵を徴発するときに用いる。❸琥珀コハクは、宝石の名。太古の樹脂などが地中に埋没して化石になったもの。多くは黄色を帯びる。

解字 文 篆　形声。王（玉）＋虎㊐。音符の虎コは、とらの意味。とらの形をした玉器の意味を表す。

【琥珀光】コハクコウ・コハクのひかり 琥珀のように黄色に澄んだ美しい色。美しい酒の色をたとえていう。〔唐、李白、客中行〕玉椀盛来琥珀光ギョクワンもりきたるコハクのひかり

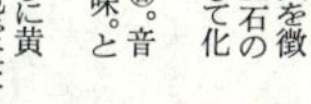
〔琥②（春秋時代）〕

(12)8 **【琨】4698**　△ コン　元 kūn

字義 ❶玉に次ぐ美しい石の名。また、美玉の名ともいう。❷おび玉の名。

解字 文 篆　形声。王（玉）＋昆㊐。

【琨玉秋霜】コンギョクシュウソウ 美しい玉と秋のしも。人格が高尚で、威勢や節操のきびしいたとえ。〔後漢書、孔融伝論〕其与二琨

玉秋霜一比レ質可也（それコンギョクシュウソウと。シツをヒしてカなり）

【琨△珸】（コンゴ） 山名。また、その山に産する美しい石の名。

(12) 8 **【琤】** 4699 △ 漢ソウ(サウ) 呉ショウ(シャウ) 庚 chēng

字義 ❶玉の鳴る音。玉のふれあう音の形容。「琤瑽（ソウショウ）」❷物の打ち合う音。❸琤琤（ソウソウ）は、琴の音の形容。また、谷川の流れの音の形容。

解字 篆文 形声。王(玉)＋爭(音)。音符の爭（ソウ）は、玉の触れあう音を表す擬声語。

(12) 8 **【琮】** 4700 △ 漢ソウ 呉ゾウ 冬 cóng

字義 ❶しるし玉の名。外周が八角で、中央に円い穴のあるもの。㋐天地四方を祭る六器の一つで地を祭るに用いる。㋑諸侯が天子または皇后を接待するとき用いる。㋒兵を徴発するとき割り符として用いる。❷半分の璧（ヘキ）。

〔琮〕

解字 篆文 形声。王(玉)＋宗(音)。

【琮△琤】（ソウソウ） ①玉石のふれあう音の形容。②泉流の音の形容。

(12) 8 **【琢】** (4685) タク 琢(4684)の旧字体。→七二三ページ。

(12) 8 **【琱】** 4701 △ チョウ(テウ) 蕭 diāo

字義 ❶玉をみがく。❷ほる。きざむ。＝彫。❸えがく(画)。

解字 金文 篆文 形声。王(玉)＋周(音)。音符の周は、彫に通じ、ほるの意味。玉にほり刻むの意味を表す。

(12) 8 **【琛】** 4702 △ チン 侵 chēn

字義 ❶たからもの。❷たま(玉)。

解字 篆文 形声。王(玉)＋罙(音)。

(12) 8 **【琶】** 4703 標 漢ハ 呉バ 麻 pá — 3942 474A

字義 ❶琵琶（ビワ）は、弦楽器の名。→琵(4705)。❷弦楽器の弦を上から下にかき鳴らすこと。

解字 篆文 形声。珏(珡)＋巴(音)。珡は琴(4696)の本字。

(12) 8 **【琲】** 4704 △ 漢ハイ 呉バイ 隊賄 fèi — 6474 606A

字義 ❶玉をつないで作ったかざり。❷つらぬく。国珈琲は、コーヒー。→珈(4660)。

解字 篆文 形声。王(玉)＋非(音)。音符の非（ヒ・ハイ）は、排・配に通じ、ならべるの意味。玉をならべたかざりの意味を表す。日本で珈琲は、coffee の音訳。

(12) 8 **【琵】** 4705 標 漢ヒ 呉ビ 支 pí — 4092 487C

字義 琵琶（ビワ）は、弦楽器の名。木製の茄子形（なすがた）の胴に長い柄のようなものがあり、胴の表は平らで背は丸く、胴の表の下方から柄の上方に四弦を張り、ばちで鳴らす。全長は周尺で三尺五寸（約七九センチ）。西域より伝わる。

〔琵琶〕

解字 篆文 形声。珏(珡)＋比(音)。珡は、琴の本字。

【琵△琶行】（ビワコウ） 唐の白居易の作った詩の名。作者が左遷されて、今の江西省九江に役人になっていたとき、かつては都ではなやかな歌い女（め）で、今は零落して舟を住居としてさびしくくらす女の弾奏する琵琶に心をうたれ、更にその身の上話を聞いてあわれに思い、また、自分の今の境遇を悲しんで作った長編の七言古詩。「長恨歌」とともに白居易の代表作。

(12) 8 **【琺】** 4706 △ ホウ(ハフ) fà — 6475 606B

字義 エナメル。不透明ガラス質の物質。→琺瑯（ホウロウ）。

解字 形声。王(玉)＋法(音)。

【琺△瑯】（ホウロウ） 不透明ガラス質のうわ薬を金属器物の表面に塗って焼き、装飾としたり、腐食を防いだりするもの。瀬戸引き・エナメル引きなどがあり、装飾品では七宝焼（シッポウやき）がある。

(12) 8 **【琳】** 4707 人 リン 侵 lín — 4654 4E56

筆順 丅 王 … 琳

字義 ❶美玉の名。❷青色の宝玉。❸玉がふれあって鳴る音の形容。

解字 篆文 形声。王(玉)＋林(音)。音符の林は、玉が触れて鳴る音を表す擬声語的音符。

【琳宇】（リンウ） ①美しい玉でかざった家。②道教の寺。道観。琳宮。

【琳△琅・琳△瑯】（リンロウ） ①美玉の名。②玉がふれあって鳴る音の形容。玲瓏（レイロウ）。③美しい詩文などのたとえ。

【斑】→文部 四八二ページ。

(13) 9 **【瑛】** (4690) エイ 瑛(4689)の旧字体。→七二四ページ。

(13) 9 **【瑗】** 4708 △ エン(ヱン) 霰 yuàn

字義 ❶璧（ヘキ）の一種。穴の直径が、周辺の幅より大きいものをいう。昔、人を召すのに用いた。❷玉の名。

〔瑗①〕

解字 篆文 形声。王(玉)＋爰(音)。音符の爰（エン）は、ひくの意味。むかし、人君が人を召すのに用いた玉の意味を表す。

(13) 9 **【瑕】** 4709 標 漢カ 呉ゲ 麻 xiá — 6476 606C

字義 ❶きず。玉のきず。かけめ。ひび。割れめ。❷あやまち。過失。欠点。❸つみ(罪)。とが。❹あやまつ(過)。あやまる(誤)。❺遠い。はるか。❻すきま。❼赤味を帯びた玉。❽するどい。

解字 篆文 形声。王(玉)＋叚(音)。音符の叚（カ）は、未加工できずのある玉の意味。瑕の原字。のちに、玉を加え、きずの意味を表す。

【瑕△瑾】（カキン） 国きず。欠点。短所。瑾は美玉の名。これをきずの意に用いるのは誤用。

【瑕△釁】（カキン） 釁も、きず・すき間。①きず。あやまち。過失。欠点。②すき間。㋐物事のすきま。㋑仲たがい。うらみ。

【瑕△疵】（カシ） ①玉のきず。②欠点。短所。過失。

【瑕△瑜】（カユ） 欠点と美点。瑜は、美玉の名。

(13) 9 **【琿】** 4710 △ 漢コン・呉ゴン 慣グン 元 hún, ②huī — 6477 606D

字義 ❶玉の名。また、美しい玉。❷瑷琿（アイグン）は、旧県名。黒竜江省北部にあったが、愛輝県と改名し、今、黒河市となる。

解字 形声。王(玉)＋軍(音)。

(13) 9 **【瑚】** 4711 人 漢コ 呉ゴ 虞 hú — 2474 386A

筆順 丅 王 … 瑚

字義 ❶祭器の名。→瑚璉（コレン）。❷珊瑚（サンゴ）は、珊瑚虫が作る石灰質の骨ぐみ。→珊瑚(七二〇ページ)。

解字 篆文 形声。王(玉)＋胡(音)。

【瑚△璉】（コレン） ①祭器の名。黍稷（ショショク）（きびなどの穀物）を盛って祖先の廟（ビョウ）（みたまや）に供える器。夏（カ）の時代には瑚といい、殷（イン）の時代には璉と呼んだ。②孔子が子貢を評して瑚璉と言ったことから、すぐれた人物をいう。〔論語、公冶長〕

(13)9 【瑟】4712 △ 漢シツ 呉シチ 置 sè　6478 606E

字義 ❶おおごと。琴に似た楽器の名。長さは周尺で八尺一寸（約一八二センチ）。幅は一尺八寸（約四五センチ）。弦は二十五本。また、長さの短いものもあり、弦の数も十五・十九・二十三・二十七などある。太古は五十弦あったという。琴柱を移動させて音を調節する。❷おごそかなさま。きびしいさま。❸多いさま。しげっているさま。❹寒いさま。また、さびしいさま。❺風の音の形容。❻あざやかなさま。

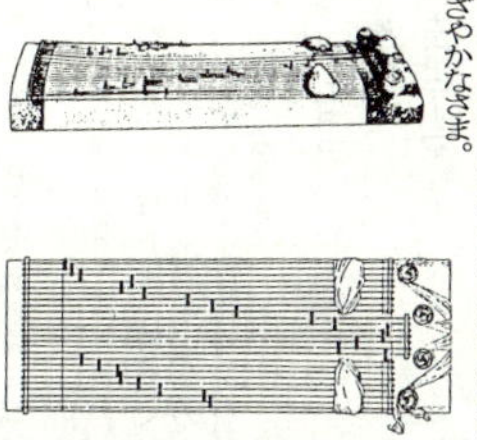
〔瑟①(馬王堆漢墓)〕

解字 篆文　会意。珡（玨）＋必。玨は琴の本字。必は、すきまがなくつく意味。弦の多くついている「こと」の意味を表す。

【瑟琴】シッキン ①瑟と琴。②「瑟琴相和す」は、夫婦・親子などが相和すること。
【瑟瑟】シツシツ ①さびしげに冷たく吹く風の音の形容。②さびしい様子や色の形容。
【瑟縮】シッシュク ①ちぢまっているさま。すくむ。②寒いさま。つめたいさま。

(13)9 【瑞】4713 人 漢スイ 呉ズイ 寘 ruì　3180 3F70

筆順 瑞

字義 ❶しるしの玉。天子が諸侯を封ずる時に授ける圭。また、祭りのときに持つ玉。❷めでたいしるし。瑞兆。天や神仏が示すと考えられている。また、めでたい。よろこばしい。国❶みずみ。㋐みずみずしい。㋑善美な。❷国名。瑞西の略。

名乗 たま・みず　難読 瑞香・瑞穂・瑞浪

解字 篆文　形声。王（玉）＋耑音。音符の耑は、ものの生まれはじめの意味。事物の発生に先だって神意を見るための玉器の意味から、めでたいしるしの意味を表す。

【瑞異】ズイイ めでたく不思議なこと（もの）。
【瑞雲】ズイウン めでたいときにそのしるしとして現れるという雲。慶雲。景雲。
【瑞応（應）】ズイオウ 人間の善美な行為に応じて天や神仏の降すめでたいしるし。
【瑞気（氣）】ズイキ めでたい雲気。　〔めでたいしるし。
【瑞禽】ズイキン ＝瑞鳥。
【瑞獣（獸）】ズイジュウ 麒麟・白虎など、めでたいしるしとして現れるけもの。
【瑞祥】ズイショウ めでたいしるし。
【瑞穂（穗）国（國）】みず（づ）ほのくに 国日本の別称。稲の穂がみずみずしく実る国の意。
【瑞西】スイス 仏語 Suisse の音訳。ヨーロッパにある連邦共和国の名。中国語訳は、瑞士。
【瑞相】ズイソウ ①めでたい人相。福々しい人相。福相。②めでたいしるし。吉兆。瑞兆。
【瑞兆】ズイチョウ めでたいきざし。めでたい前兆。
【瑞鳥】ズイチョウ 鳳凰など、めでたいしるしとして現れる鳥。
【瑞徴】ズイチョウ ＝瑞兆。
【瑞典】ズイテン ①めでたいしるし。②めでたい儀式。③スウェーデン 国名。英語 Sweden の音訳。スカンジナビア半島にある王国。
【瑞命】ズイメイ 天から与えられためでたい命令。
【瑞籬】みず（づ）がき 国神社の周囲のかきね。玉垣。

(13)9 【瑇】4714 △ タイ 玳（4662）と同字。→七二〇ページ。

(13)9 【瑑】4715 △ 漢テン 呉デン 霰 銑 zhuàn

字義 玉に彫刻して模様をほどこすこと。玉の面に浮彫をほどこすこと。「瑑刻」

解字 篆文　形声。王（玉）＋彖音。

【瑑刻】テンコク 玉に彫刻する。

(13)9 【瑙】4716 △ 漢ドウ（ダウ） 呉ノウ（ナウ） 晧 nǎo　6479 606F

字義 瑪瑙は、宝石の名。→瑪（4727）。

【碯】同字 6685 6275

解字 形声。王（玉）＋𡿺音。

(13)9 【瑁】4717 △ 一 漢ボウ・呉モウ 号 mào　二 漢バイ・呉マイ 隊 mèi　6480 6070

字義 一 天子の持つ、しるしの玉。二 瑇瑁は、亀の一種。→瑇（4714）。

解字 金文　篆文　形声。王（玉）＋冒音。音符の冒は、覆うの意味。天子が諸侯を封じる時に、諸侯に授けた圭という玉にぴったり符合するように造られ、天子の手元に残しておく玉の意味。圭にかぶせる帽子のような玉の意味を表す。

(13)9 【瑜】4718 △ ユ 虞 yú　6481 6071

字義 ❶美玉の名。❷玉の輝き。❸美しいさま。

解字 篆文　形声。王（玉）＋俞音。

【瑜伽】ユガ・ヨーガ 仏梵語 yoga の音訳。心の統一をはかって解脱に至る修行法。

(13)9 【瑶】4719 人　6486 6076
(14)10 〔瑤〕4720 ヨウ（エウ） 蕭 yáo　8404 7424

筆順 瑶

字義 ❶たま。美しい玉。❷玉で作った、玉をちりばめた、玉のように美しい、などの意。❸草の名。❹中国の少数民族の一つ。主として広西チワン族自治区に居住。

名乗 たま

解字 篆文　形声。王（玉）＋䍃（䍃）音。音符の䍃は、ゆらめくの意味。ゆらめく玉の意味を表す。

【瑶堦・瑶階】ヨウカイ ①玉をちりばめたきざはし。美しい階段。②雪の積もっているきざはし。
【瑶函】ヨウカン ①めずらしい手紙。また、美しい手紙。②他人の手紙の美称。瑶簡。瑶札。
【瑶瓊】ヨウケイ 美しい宝玉。瓊は、赤色の美玉。
【瑶觴】ヨウショウ 玉のさかずき。玉杯。杯の美称。
【瑶台（臺）】ヨウダイ ①たまのうてな。りっぱな高殿・宮殿。②仙人の住んでいる高殿。
【瑶池】ヨウチ ①崑崙山（伝説上の西方にある山で、今の崑崙山とは限らない）の上にある池の名で、そのほとりに西王母（仙人の名）が住んでいるという。②宮中の池。また、美しい池。
【瑶圃】ヨウホ ①玉の園。仙人の住んでいる所。玄圃。②美しい園。美しい畑。花畑。
【瑶林瓊樹】ヨウリンケイジュ 玉のように美しい林や木。人品のけだかくてすぐれている形容。〔晋書、王戎伝〕

【聖】→耳部 八九四ページ。
【頊】→頁部 一二九五ページ。

(15)10【瑩】4721　△　㊥エイ（エイ）　㊐ヨウ（ヤウ）　庚・徑　yíng　6482 6072

字義 ❶玉に似た美しい石。❷あきらか。あざやか。❸みがく（磨）。

解字 篆文　形声。王（玉）＋熒省㊨。音符の熒ケイ=エイは、かがやくの意味。かがやく宝石の意味を表す。

【瑩潤】エイジュン ①つやつやしていること。光沢のあること。②物の表面のにぶく光っていること。

【瑩徹】エイテツ 明るくすきとおっていること。

(14)10【瑰】4722　△　㊥カイ（クワイ）　㊐ガイ（グワイ）　灰　guī　6483 6073

【瓌】同字

字義 ❶玉の名。一説に、丸くて形のよい玉。❷すぐれている。大きい。❸美しい。❹めずらしい。不思議。

解字 篆文　形声。王（玉）＋鬼㊨。音符の鬼は、なみはずれているの意味。めずらしくすぐれた玉の意味を表す。

【瑰意】カイイ 普通と異なった、めずらしくすぐれた心。「瑰意琦行」（考えや行いがすぐれている）」

【瑰偉・瑰瑋】カイイ ①すぐれて大きいこと。また、すぐれてりっぱなこと。②心が広く大きく、物事にこだわったり、屈したりしないこと。

【瑰岸】カイガン 人相・容姿のすぐれてたくましいこと。

【瑰奇・瑰琦】カイキ ①めずらしく、すぐれていること（物）。また、すぐれてりっぱなこと。②山などのけわしくそびえているさま。

(14)10【瑳】4723　囚　サ　歌・哿　cuō　2628 3A3C

筆順 丅 王 玤 玤 瑳 瑳

字義 ❶あざやか。色のあざやかなさま。❷愛らしく笑うさま。また、笑って歯の白くあらわれるさま。❸みがく。骨や角をやすりでみがく。=磋。「切瑳」　名乗 みがく

解字 篆文　形声。王（玉）＋差㊨。音符の差は、ふぞろいの意味。ざらざらした磨き砂などで、玉をみがくの意味を表す。

(14)10【瑣】4724　△　サ　哿　suǒ　6484 6074

【瑣】俗字

字義 ❶玉のふれ合う音。❷玉のくず（屑）。玉の粉。❸小さい。細かい。また、かよわい。❹身分が低い。いやしい（卑）。❺くだくだしい。わずらわしい。「煩瑣」❻書きとどめる。記録する。❼くさり形の模様。また、その模様のある、りっぱな門。

解字 篆文　形声。王（玉）＋貨㊨。音符の貨サは、ちいさいの意味。玉のくずの意味を表す。

【瑣闈】サイ 宮殿の門をいう。昔、宮殿の門にくさりをつらねた模様をきざんだのでいう。

【瑣瑣】ササ ①小さく細かなさま。こせこせしたさま。また、いやしい（低劣な）さま。②くだくだしくわずらわしいさま。③疲れたさま。④玉のかすかな音のさま。静かで澄んだ音のさま。

【瑣砕（碎）】ササイ 砕は、くだく・くず・こな。①小さい。細かい。②くだくだしい。わずらわしい。

【瑣細】ササイ 小さい。細かい。わずかな。また、その物。瑣小。

【瑣事】サジ 細かい、また、つまらないことがら。些事。

【瑣末】サマツ 小さい。細かい。わずかな。瑣細。

(14)10【瑲】4725　△　㊥ショウ（シャウ）　㊐ソウ（サウ）　陽　qiāng

字義 ❶佩玉おびだまや鈴などの鳴る音の形容。=鏘ソウ。「瑲瑲」❷音楽の音。また、鈴の音。

解字 篆文　形声。王（玉）＋倉㊨。音符の倉は、玉の触れあう音を表す擬声語的音符。

(14)10【瑱】4726　△　テン　霰　tiàn

字義 ❶みみだま。耳をふさぐ玉。一説に、耳にさげる玉。イヤリング。❷玉の名。❸王の持つ、しるしの玉。❹美しい形容。❺いしずえ。土台の石。

解字 篆文　形声。王（玉）＋眞㊨。音符の眞シンは、つめこむの意味。耳につめこむ耳だまの意味を表す。

(14)10【瑪】4727　△　㊥バ　㊐メ　馬　mǎ　6485 6075

字義 瑪瑙メノウは、宝石の名。石英・玉髄・蛋白石タンパクセキが岩石のすき間に沈殿混合してできたもの。樹脂状の光沢を有し、しばしば他の鉱物質がしみ込んで、赤・白・灰色などの雲状あるいは縞しまの模様を表す。

解字 形声。王（玉）＋馬㊨。

(14)10【瑤】(4720)　ヨウ　瑶（4719）の旧字体。→七二六ページ。　8404 7424

(14)10【瑠】4728　囚　㊥リュウ（リウ）　㊐ル　尤　liú　4660 4E5C

【瑠】本字 6469 6065　【琉】同字 4616 4E30

筆順 丅 王 玐 玐 瑠 瑠

字義 瑠璃ルリは、玉の名。

解字 形声。王（玉）＋留㊨。

【瑠璃】ルリ ①玉の名。梵語ボン vaiḍūrya の音訳、吠瑠璃ベイルリの略。青玉。紺青コンジョウ色の美しい宝石で七宝の一つ。②ガラスの古称。

(14)10【瑯】4729　△　ロウ　琅（4688）の俗字。→七二四ページ。　6471 6067

(15)11【璆】4730　△　㊥キュウ（キウ）　㊐グ　尤　qiú

字義 ❶美しい玉。=球。❷璆で作った磬ケイ（楽器の一種）。❸玉のふれあう音の形容。「璆然」

解字 形声。王（玉）＋翏㊨。

【璆鏘】キュウソウ 玉や金石がふれあって鳴る美しい音。

【璆琳】キュウリン 美しい玉。璆林。

(15)11【瑾】4731　△　㊥キン　㊐ギン　震　jìn　6487 6077

字義 美しい玉の名。一説に、赤い玉。

参考 瑕瑾カキンと連ねて瑾を「きず」の意味に用いるのは誤用。

解字 金文　篆文　形声。王（玉）＋堇㊨。

(15)11【璀】4732　△　㊥サイ　㊐スイ　賄　cuǐ

字義 ❶玉の名。❷玉の光。玉のつや。璀璨サイサンは、玉などの清く明らかなさま。光り輝くさま。

解字 篆文　形声。王（玉）＋崔㊨。

(15)11【璋】4733　△　ショウ（シャウ）　陽　zhāng　6488 6078

字義 ❶たま。しるしとして持っている玉。しるしの玉。圭ケイを縦に二分したもの。半圭。❷一般に、たま（玉）の意。❸ひしゃく。❹明らか。明らかにする。

〔璋①〕

解字 金文　篆文　形声。王（玉）＋章㊨。音符の章は、あやの意味。あやのある玉の意味を表す。

(15)11【璇】4734　△　㊥セン　㊐ゼン　先　xuán

【琁】同字　【璿】同字

字義 ❶美しい玉の名。❷星の名。北斗七星の第二星。

解字 形声。王（玉）＋旋㊨。

【璇璣】センキ ①北斗七星の第二星と第三星。また、第一星から第四星をいう。②=次項の①。

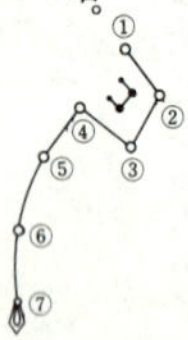

【璇△璣玉衡】センキギョッコウ ①天体を観測する機械の名。渾天儀（コンテンギ）。②北斗七星。第一星から第四星までを璇璣（ひしゃくの首にあたる部分）、第五星から第七星（柄にあたる部分）を玉衡という。

【璃】(15)11 4735 △ リ 支 lí　4594 4D7E

筆順

名乗 あき

字義 ❶→琉璃（七四四ページ）。❷玻璃は、玉の名。七宝の一つ。また、ガラス。頗璃。

解字 形声。王（玉）＋离㊗。

【璉】(15)11 4736 △ ㊀レン 銑 liǎn ㊁レン 先 lián

字義 ㊀❶祭器の名。穀物を盛って祖先のみたまやに供えるもの。「瑚璉」❷美しい。㊁つらなる。＝連。

解字 形声。王（玉）＋連㊗。

【璣】(16)12 4737 △ 漢キ 呉ケ 微 jī

字義 ❶たま。かどのある玉。❷星の名。北斗七星の第三星。❸天体を観測する機械の名。「璇璣玉衡」❹鏡の名。

解字 篆文 形声。王（玉）＋幾㊗。

【璜】(16)12 4738 △ 漢コウ（クヮウ） 呉オウ（ワウ） 陽 huáng

字義 ❶しるしとする玉の名。璧を半分にした形のもの。㋐天地四方を祭る六器の一つ。北方を祭るに用いる。㋑人民を徴発するのに用いる。❷おび玉の一種。璧を半分にした形のもの。珩の両端からたれた組紐の最下部にあり、衝牙がふれて音をたてる。❸美玉の名。また、玉に似た石。❹光り輝くさま。「璜璜」

〔璜②〕

解字 金文 篆文 形声。王（玉）＋黄㊗。音符の黄は、きいろい帯び玉の象形。玉を付し、おびだまの意味を表す。

【璜渓（溪）】コウケイ 川の名。磻渓の別名。渭水の上流で、陝西省宝鶏市の東南にあり、周の太公望が釣りをして璜玉を得たという。

【璞】(16)12 4739 △ ハク 覚 pú　6489 6079

字義 ❶あらたま。掘り出したままで、まだみがかない玉。「璞玉」❷生地（じ）。自然（生来）のままで人工を加えないもの。かざりけのないさま。❸ねずみのほしたもの。

解字 形声。王（玉）＋菐㊗。音符の菐は、ボクッと割っただけで手を加えていないの意味。

【璞玉】ハクギョク あらたま。まだみがかない玉。「璞玉渾金（璞玉と金のまだ煉らないもの。質朴で、かざらぬもののたとえ）」

【瑠】(16)12 4740 △ ル 瑠（4728）の本字。→七三七ページ。　6469 6065

【璘】(16)12 4741 △ リン 真 軫 lín

字義 ❶玉の光。玉の光るさま。きらきらするさま。❷玉の模様。

解字 形声。王（玉）＋粦㊗。

【環】(17)13 4742 常 カン　**【環】**(17)13 4743 漢カン（クヮン） 呉ゲン 刪 huán　2036 3444

筆順

字義 ❶たまき。璧の一種。穴の直径が、周辺の幅と等しいものをいう。❷わ。かん。輪状のもの。❸めぐる。㋐とりまく。かこむ。㋑まわる（まはる）。巡回（旋回）する。❹めぐらす。とりかこむ。

難読 環餅（まがりもち）

解字 金文 篆文 形声。王（玉）＋睘㊗。音符の睘は、めぐるの意味。輪の形をした玉の意味を表す。

〔環①〕

▼一環・玉環・金環・循環・連環

【環海】カンカイ ①国の四方をとりかこんでいる海。②国内。海内（カイダイ）。

【環境】カンキョウ ①めぐりかこむ区域。②あるものの周囲にあるもの。また、その行動する場所・状況。あるものと関係・影響をもつと考えられるもの。

【環視】カンシ ①四方からとりまいて見ること。「衆人環視」②周囲をあまねく見まわすこと。

【環△繞】カンジョウ めぐる。とりまく。また、めぐらす。

【環△翠】カンスイ ①周囲をとりまいている竹や木のみどり。また、その竹や木。②周囲にみどり（緑の竹や木）をめぐらす。

【環△堵】カント ①家の周囲の塀・垣。②四方がかきに囲まれている屋敷や家。小さくせまい屋敷や家。貧しい住居。方一丈（周代、二・二五メートル）の垣を板（版）、五板を堵という。

【環△堵△蕭然】カントショウゼン 家が非常に狭小で、貧しくみすぼらしいさま。〔晋、陶潜、五柳先生伝〕

【環△佩・環△珮】カンパイ 腰さげの玉。

【環列】カンレツ 輪のように、まるく並ぶ。

【璨】(17)13 4744 △ サン 翰 càn

字義 ❶美しい玉。❷玉の光。❸たれた玉などの清く明らかなさま。

解字 篆文 形声。王（玉）＋粲㊗。

【璫】(17)13 4745 △ トウ（タウ） 陽 dāng

字義 ❶みみだま。耳かざりの玉。㋐耳をふさぐ玉。㋑耳にさげる玉。イヤリング。❷冠のかざり。金玉で作り、冠の前につける。❸たるきの端の玉のかざり。❹たま。

解字 篆文 形声。王（玉）＋當㊗。

【璧】(18)13 4746 標 漢ヘキ 呉ヒャク 陌 bì　6490 607A

字義 ❶たま。㋐円形で平たく、中央に円い穴のあいた玉器。穴の直径が、周辺の幅より小さいものをいう。㋑天子が所持して長さの尺度とする玉。㋒たまの通称。❷玉のように美しいもの、りっぱなもののたとえ。「双璧」

解字 金文 篆文 形声。王（玉）＋辟㊗。音符の辟は、きみの意。きみの持つ玉の意味を表す。

〔璧①㋐〕

【瓊】(18)14 4747 △ 漢ケイ 呉ギョウ（ギャウ） 庚 qióng　6491 607B

字義 ❶たま。に（玉、特に赤い玉の意の古語）。㋐赤色のたま。㋑美しい色の玉。また、その色。❷「玉で作った」「玉をちりばめた」「玉のように美しい」などの意。❸さいころ。

難読 瓊音（ぬなと）・瓊脂（ところてん）・瓊瓊杵尊（ににぎのみこと）・瓊矛（ぬぼこ）

解字 篆文 形声。王（玉）＋夐㊗。

【瓊△筵】ケイエン ①玉のように美しいむしろ（敷き物）。②転じて、㋐美しい宴席。さかんな宴会。〔唐、李白、春夜宴二桃李園一序〕開二瓊筵一以坐レ華、飛二羽觴一而酔レ月（瓊筵を開いて以て華に坐し、羽觴を飛ばして月に酔ふ）〈美しい宴席を開いて花を眺めて座り、鳥の翼のような形の杯を取り交わして酔いながら月をめでる〉㋑天

子の宴席。

【瓊音】ケイオン ①澄んで調子の高い音響。玉の音。②手紙の美称。

【瓊枝玉葉】ケイシギョクヨウ 皇室の子孫・一族のたとえ。金枝玉葉。

【瓊樹】ケイジュ ①玉の生じる木。その花を食べると長生きするという。②玉のように美しい木。③人格の高潔なたとえ。

(19)14【璽】4748 常 ジ ― シ 紙 xǐ 慣ジ 2805 3C25

筆順

【壐】同字 【玺】俗字

字義 しるし。おしで。印。印形ギョウ。秦代シン以前は天子をはじめ諸侯コウ・卿ケイ・大夫タイフ・士などの印をいい、秦・漢代以後は特に天子の印の専称となる。国たま。八坂瓊曲玉やさかにのまがたまをいう。「剣璽（草薙剣くさなぎのつるぎと八坂瓊曲玉）」

解字 文 篆 形声。王（玉）＋爾音。音符の爾ジは、美しくさかんの意味。王士を支配する者のかがやかしい印の意味を表す。

▼印璽・玉璽・剣璽・国璽

【璽綬】ジジュ 印とその紐ひも。印の紐。転じて、天子の印や役人の官印をいう。

【璽書】ジショ ①諸侯・大夫タイフの印を押した書類。②秦漢シンカン以後は、天子の印を押した文書・詔書をいう。

【璽符】ジフ ①印と割符わりふ。②天子の印。

(18)14【璿】4749 △ セン 璇（4734）と同字。→七二七ジ。

(20)16【瓏】4750 △ ロウ 東 lóng 6492 607C

字義 ❶玉や金属や風などの音の形容。❷明らかなさま。あざやかなさま。

解字 文 篆 形声。王（玉）＋龍音。音符の龍は、りゅうの意味。りゅうの模様のある玉の意味を表す。

【瓏玲】ロウレイ ①明らかなさま。あざやかなさま。玉などの光り輝くさま。②玉や金属のさわやかに鳴る音の形容。

【瓏瓏】ロウロウ ①＝瓏玲ロウレイ。②雷や車輪などの遠くから聞こえてくるひびきの形容。

(21)17【瓔】4751 △ 漢エイ 呉ヨウ（ヤウ） 庚 yīng 6493 607D

【珱】俗字 6494 607E

字義 玉に似た石（一種の玉）の名。

解字 形声。王（玉）＋嬰音。音符の嬰エイは、女の首かざりの意味。

【瓔△珞】ヨウラク インドの貴族の男女が珠玉や貴金属を編んで頭・頸くび・胸にかけた装身具。また、仏像の装飾ともした。瑶珞ヨウラク。纓絡ヨウラク。

(23)19【瓚】4752 △ 漢サン 呉ザン 翰旱 zàn

【瓉】俗字

字義 祭器の名。玉と石とで作った、しゃもじ形の器で、柄に溝をつけ、神おろしの祼カンの祭りに鬱鬯ウッチョウの酒を地に注ぐのに用いる。

解字 文 篆 形声。王（玉）＋贊音。

5 瓜部

部首解説 うり。瓜を意符として、いろいろな種類のうりを表す文字ができている。なお、瓜の画数は、現行の字体では6画に数えるのが普通であるが、『康熙コウキ字典』では厶の部分をムのように連続して数えるので5画になる。本書では孤・弧などすべて5画とした。

(5)0【瓜】4753 標 漢カ（クワ） 呉ケ 麻 guā 1727 313B

字義 うり。野菜の名。

難読 瓜哇ジャワ・瓜生うりゅう・瓜破うりわり・瓜連うりづら

解字 文 金 篆 象形。つるに生なった、うりの象形で、うりの意味を表す。

【瓜期】カキ ＝瓜時。→次項。

【瓜時】カジ ①瓜の熟する時。陰暦七月。②任期が満ちて役人の交代する時期。春秋時代の斉の襄公ジョウコウが、ある家来を瓜の熟する時節に任地にやり、来年の瓜の熟するころに交代させようと言った故事。〔左伝、荘公八〕

【瓜代】カタイ 任期が満了すること。瓜時。→前項。

【瓜田不レ納レ履】カデンにくつをいれず うり畑を通っているときにくつが脱げても、瓜を盗んだと疑われるから、うつむいてくつをはくことをしない。人から疑いを受けるような行為をするなとのたとえ。「不納履」は、足を履に納れないの意。「履に」と読むべきであるが、昔から「履を」と読んでいる。〔文選、古楽府、君子行〕〈――、李下不レ正レ冠りかにかんむりをただす、すももの木の下では冠をかぶり直さない〉

【瓜△李】カリ 瓜田と李下。うり畑とすももの木の下。ともに疑いをかけられやすいところ。→李下不レ正レ冠（五四六ジ）。

(11)6【瓠】4754 △ 一漢コ・呉ゴ 虞遇 hù 二漢カク（クワク）・呉ワク 薬 huò 6501 6121

字義 一ひさご。㋐ひょうたん・ゆうがお・とうがんなどの総称。㋑ひょうたん。ふくべ。ひょうたんの果実の内部を取り去って乾燥させたもの。酒などの容器として用いる。二→瓠落。

解字 文 篆 形声。瓜＋夸音。音符の夸コは、弓なりに曲がるの意味。弓なりの曲線をもつ、ひさごの意味を表す。

【瓠△犀】コサイ ひさごの中のさね。美しくならんでいる白い歯の形容。美人の歯の形容。

【瓠尊】コソン ひさご型の酒つぼ。

【瓠落】カクラク ぼろぼろと欠け落ちること。一説に、平たく浅くて物を入れることのできないさま。また、一説に、廓落カクラクに通じ、中が広大でがらんどうなさま。〔荘子、逍遥遊〕

(16)11【瓢】4755 標 漢ヒョウ（ヘウ） 呉ビョウ（ベウ） 蕭 piáo 4127 493B

字義 ❶ひさご。ふくべ。ひょうたん。また、その果実で作った容器。瓠コ（4754）の字義の一に同じ。→前項。❷ひしゃく。

難読 瓢虫てんとう

解字 文 篆 形声。瓜＋票（㶾）音。音符の㶾ヒョウは、火の粉が舞いあがるの意味。うりの中でも軽い、ひょうたんの意味を表す。

【瓢飲】ヒョウイン ①ひさごに入れた飲みもの。②簡易生活をいう。顔回が一瓢の飲、一箪タンの食シ（わりごに入れた食べ物）の生活をして学問した故事に基づく。箪食瓢飲。〔論語、雍也〕

【瓢軽（輕）】ヒョウキン 国気軽でこっけいなこと。

【瓢△箪】ヒョウタン ①ひさごとかご。瓢は、飲み物を入れる器。箪は、竹製のかごで飯を入れる器。②国＝字義の❶。

(19)14【瓣】(2047) ベン 弁（2045）の旧字体。→三六七ジ。 6502 6122

5 瓦部

部首解説 かわら。瓦を意符として、土器・陶器類に関する文字ができている。また、国字ではグラムを表し、グラムの単位に関する文字ができている。

(5)0【瓦】4756 標 漢ガ（グヮ）呉ゲ 鳳 wǎ　2004 3424

字義 ❶かわら（かは ら）。土を焼いて造った板。屋根や土間に敷いたりする。❷かわらけ。素焼（すやき）の土器の総称。❸いとまき。弄瓦（ろうが）。国グラム。重さの単位。仏語 gramme の音訳、瓦蘭姆の略。難読 瓦斯（ガス）・瓦落（がら）

解字 文 篆 象形。粘土をこねて焼いた土器の象形で、土器の意味を表す。

【瓦△甕】（ガオウ） 素焼きのかめ。瓦盎（ガオウ）。瓦甌（ガオウ）。

【瓦解】（ガカイ） ①つぎ目の不完全な屋根がわらが次々とすべり落ちるようにくずれ落ちること。②かわらが砕け散るようにばらばらに分散すること。③めちゃめちゃになる。④つぶれる。

【瓦解土崩】（ガカイドホウ） かわらがなだれ落ち土がくずれ落ちるように、くずれつぶれること。土崩瓦解。〔淮南子、泰族訓〕

【瓦解氷△銷】（ガカイヒョウショウ） かわらが砕け散り氷がとけて消えるように、すみやかに四散して（消えて）なくなること。〔旧唐書、李密伝〕

【瓦合】（ガゴウ） 自己の正しさを曲げて、かわらけのような凡俗の人人と調子を合わせる。また、その人々。烏合（ウゴウ）の衆。「瓦合烏集（ガゴウウシュウ）」

【瓦石】（ガセキ） かわらと石。転じて、価値のないものをいう。

【瓦全】（ガゼン） かわらとなって安全に残ること。何もなすことなく、いたずらに生き長らえていること。↔玉砕。

【瓦当（當）】（ガトウ（タウ）） 軒丸瓦（のきまるがわら）の先端の円形の部分。古くは半円形で、半瓦当という。装飾として文字や文様が施される。

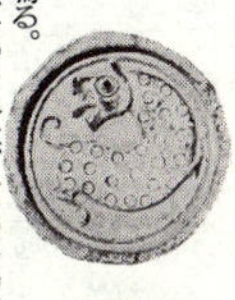
〔瓦当〕

【瓦△釜雷鳴】（ガフライメイ） 素焼きのかまがかみなりのような音を出して鳴る。（賢者がいなくなり忠言が鳴りをひそめると）悪人の讒言（ザンゲン）がさかんにはばをきかすこと。〔楚辞、卜居〕

【瓦△甓】（ガヘキ） かわら。甓は、敷きがわら。

【瓦縫】（ガホウ） かわらの継ぎ目。並んだかわらの列で屋根にできる線をいう。

【瓦△礫】（ガレキ） かわらと小石。転じて、価値のない物。瓦石。

(7)2【瓩】4757 国字 △　6503 6123

字義 デカグラム。重さの単位。グラムの十倍。

解字 会意。瓦＋十。瓦は、グラムの音訳。十は、グラムの十倍、デカグラムの意味を表す。

(8)3【瓧】4758 国字 △　6504 6124

字義 キログラム。重さの単位。グラムの千倍。

参考 中国では「キロワット（電流の効率の単位）」の意味に用いる。

解字 会意。瓦＋千。瓦は、グラムの音訳。千は、グラムの千倍、キログラムの意味を表す。

(9)4【瓮】4759 △ オウ　甕（4779）と同字。→七三ニ㌻。　6505 6125

(9)4【瓰】4760 国字 △　6507 6127

字義 デシグラム。重さの単位。グラムの十分の一。

解字 会意、瓦＋分。瓦は、グラムの音訳。分（ブ）は、十進法で、一の十分の一。グラムの十分の一、デシグラムの意味を表す。

(9)4【瓲】4761 国字 △　6506 6126

字義 トン。重さの単位。キログラムの千倍。＝噸（トン）。

解字 形声。瓦＋屯音。音符の屯（トン）は、ton の音訳。瓦を付し、トンの意味を表す国字。

(9)4【瓱】4762 国字 △　6508 6128

字義 ミリグラム。重さの単位。グラムの千分の一。

解字 会意。瓦＋毛。毛は、小さいの意味。瓦は、仏語 gramme の音訳。ミリグラムの意味を表す国字。

(10)5【瓴】4763 △ 漢レイ 呉リョウ（リャウ） 韻 líng

字義 ❶かめ。取手のついているかめ。❷かわら（かは ら）。

解字 文 篆 形声。瓦＋令音。

【瓴△甋】（レイテキ） 敷きがわら。甋は、敷きがわら。

【瓴△甓】（レイヘキ） 敷きがわら。甓は、敷きがわら。

【建二瓴水一】（レイスイをくつがえ（へ）す） 高い屋上から、かめの水をこぼす。勢いが強く防ぎきれないことのたとえ。建は、覆の意。〔史記、高祖本紀〕

(11)6【瓷】4764 △ 漢シ 呉ジ 因 cí　6510 612A

字義 ❶いしやき。質の細かく堅い焼き物。磁器。＝磁。❷かめ（瓶（へい））。また、徳利。

解字 文 篆 形声。瓦＋次音。

(11)6【瓶】4765 常 ビン　4151 4953

(13)8［甁］4766 漢ヘイ 呉ビョウ（ビャウ） 唐ビン 韻 píng

筆順 丷 并 瓶 瓶 瓶 瓶

［缾］同字

字義 ❶かめ。酒などを入れる。口が小さく腹の大きい容器。日本の徳利にあたるもの。❷つるべ。水をくむ器。❸こしき。米などを炊（かし）ぐ器。国❶徳利。酒を入れる器。「瓶子（へいし）」❷ビン。墁（ビン）。㋐ガラス製の、徳利形の容器。㋑陶製または金属製の、湯や水を入れ、または煮沸する器。「鉄瓶（テツビン）」

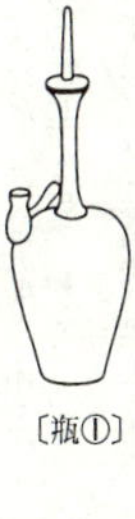
〔瓶①〕

難読 瓶原（みかのはら）

解字 文 金 篆 別 体 形声。瓦＋并（幷）音。缾（5963）の別体。形声。缶＋井音。音符の幷（へイ）は、合わせるの意味。同じ鋳型で作った半分を合わせて作る、かめの意味を表す。

▼花瓶・銀瓶・茶瓶

【瓶子】（ヘイシ） ①かめ。子は接尾語。②国（ヘイジ・ヘイシ） 徳利の古語。酒を入れる器。

【瓶△之△罄△罍△之恥】（へイのつくるはライのはじ（ぢ）） 小出しの酒を入れる瓶の酒のなくなるのは、大がめの罍からの補給がなくなるからで、罍のはじである。酒宴で準備した酒がすっかりなくなること。また、転じて、富者が貧者を、あるいは数の多い者が少数の者をあわれまないことのたとえ。罍恥（ライチ）。〔詩経、小雅、蓼莪〕

【見二瓶水△之凍一知二天下△之寒一】（ヘイスイのこお（ほ）るをみてテンカのさむきをしる） つるべの水が凍るのを見て、冬が到来したことを知る。微細なことから全般的な大きなことの理を察知するたとえ。〔呂氏春秋、察今〕

(11)6【瓸】4767 国字 △　6509 6129

字義 ヘクトグラム。重さの単位。グラムの百倍。
解字 会意。瓦＋百。瓦は、グラムの音訳。百と合わせてグラムの百倍、ヘクトグラムの意味を表す。

(12)7【瓸】4768 国字 △
字義 さらけ。底の浅いかめ。
解字 会意。瓦＋里。

(13)8【瓶】(4766) ビン 瓶（4765）の旧字体。→七三〇ページ。

(13)8【瓿】4769 △ 漢ホウ 呉ブ 有 pǒu
字義 かめ。もたい。小さなかめ。
解字 篆文 形声。瓦＋音㊥。音符の音は、ふっくらとしているの意味。ふっくらとしたかめの意味を表す。

〔瓿〕

(14)9【甄】4770 △ 一ケン 先 二シン 真 zhēn ［甄］6511 612B
字義 一二❶すえ（陶）。すえもの。陶器。❷陶器を作る。また、その道具。ろくろ・やきがまの類。❸つくる（造）。つくり変える。教化する。❹みわける。はっきり区別する。❺あらわす（表）。明らかにする。

解字 篆文 形声。瓦＋垔㊥。音符の垔は、えんとつの意味。えんとつを用いて高温で焼く、すえ器のやきものの意味を表す。

【甄陶】土をこねて陶器を作る。転じて、天地が万物を生成すること。また、王者が人民を教化すること。

【甄抜】人材の優劣を見分けて登用すること。甄擢。「采」

【甄別】明らかに見分けること。はっきりと優劣を区別すること。

(14)9【甃】4771 △ シュウ（シウ）有 zhòu 6512 612C
字義 ❶かわら。㋐井戸瓦。井戸の内壁に積む瓦。㋑敷き瓦。また、その敷いてある所。❷かわらを積み重ねたり、敷き詰めたりすること。
解字 篆文 形声。瓦＋秋㊥。音符の秋は、修に通じ、けがれを去り飾るの意味。井戸水の清潔を保つために内壁や周囲に敷くかわらの意味を表す。
【甃△砌】煉瓦や敷き瓦や敷き石を敷き詰めた所。石だたみ。砌は、石だたみ。
【甃△甎】敷き瓦。甎も、敷き瓦。

(14)9【甂】4772 △ ヘン 先 piān
字義 かめ。口が大きく丈の低い、小形の器。食物を盛るもの。
解字 篆文 形声。瓦＋扁㊥。

(14)9【甅】4773 国字 △ 6513 612D
字義 センチグラム。重さの単位。グラムの百分の一。
解字 会意。瓦＋厘。瓦はグラムの音訳。厘は、一の百分の一の意味。グラムの百分の一、センチグラムの意味を表す。

(14)9【𤭯】4774 国字 △
字義 はんぞう（半挿）。はそう。湯・水を注ぐ道具。胴部に管状の柄を挿しこんで注ぎ口にしたもの。匜。
解字 会意。瓦＋泉。注ぎ口から、泉のように注ぐ道具、はんぞうの意味を表す。

(16)11【甌】4775 △ 漢オウ 呉ウ 尤 ōu 6514 612E
字義 わん。はち。小さい鉢。また、口が大きく平べったい鉢。
解字 篆文 形声。瓦＋區㊥。
【甌脱】北方の異民族が敵情をさぐるために国境付近に作った土のあなぐら。〔史記、匈奴伝〕
【甌△窶満（滿）△篝】せまい畑に産する穀物が、竹かごに満ちあふれること。甌窶は、せまい高地をいう。〔史記、滑稽伝〕

〔甌〕

(16)11【甎】4776 △ セン 先 zhuān 6515 612F
［磚］同字 6702 6322
字義 かわら。敷き瓦。煉瓦。＝塼。
解字 形声。瓦＋専㊥。音符の専は、ころがすの意味。手でころがし固めた、かわらの意味を表す。
【甎全】かわらのようにつまらないものとなって身を全うすること。何もなさず、いたずらに生き長らえること。瓦全。

(16)11【甍】4777 △ 一漢モウ（マウ）呉ミョウ（ミャウ）庚 méng 二漢ボウ・呉モウ 径 ［甍］6516 6130
字義 一二いらか。かわらぶきの棟。また、棟瓦。
解字 篆文 形声。瓦＋夢省㊥。音符の夢は、暗いの意味。それでふいた屋根の下が暗くなる、かわらの意味を表す。
【甍宇】かわらぶきの家。
【甍棟】①かわらとむね。屋根とむね。②重要な器量・人材のたとえ。

(17)12【甑】4778 標 漢ショウ 呉ソウ 径 zèng ［甑］2589 3979
字義 こしき。せいろう。土焼きの槽で、底に穴があり、中に簀などを敷いて上に米を入れ、釜に載せて蒸す器。蒸し器。→甗（4782）。
難読 甑島
解字 篆文 形声。瓦＋曽㊥。瓦は、土器の意味。音符の曽は、こしきの意味。もともと、曽が、こしきの意味を表したが、「かつて」の意味に用いられるようになり、区別して瓦が付された。
【甑中生△塵△釜中生レ魚】貧しくて長いこと炊事をしないので、蒸し器にはちりが積もり、かまは魚のすみかとなる。一説に、魚はぼうふら。ぼうふらがわく。きわめて貧しいことをいう。〔後漢書、独行、范冉伝〕
【△坐レ甑】蒸し器の中にすわる。むし暑いこと。夏のきびしい暑さの形容。

(18)13【甕】4779 標 オウ（ヲウ）送 wèng 6517 6131
［瓮］同字 6505 6125 ［罋］同字
字義 ❶かめ。もたい。液体を入れる容器。❷つるべ。水をくむ器。国みか。酒をかもすに用いる大きなかめ。

解字 形声。瓦＋雍㊥。音符の雍は、胸もとにかかえるの意味。かかえるほどの大きさのかめの意味を表す。

【甕城】城門の外に突出した、円形または方形の小城。防御に用いる。

【甕天】かめの中の天地（世界）。世間と隔絶したせまい世界。見聞がせまく、我見・我執にたてこもっていることにいう。

【甕頭】その年にはじめてかもした酒。

【甕△牖】かめの口のような円形の窓。一説に、割れたかめの口を壁にはめこんで作った窓。貧しい家のたとえ。

【甕裏△醯鶏（鷄）】かめの中の醯鶏（酒や酢にわく、虫の名、かつおむし）。見聞や知識のせまい人のたとえ。孔子が老子に会った後に、老子にくらべれば自分は醯鶏のようなものだと言ったという故事。〔荘子、田子方〕

(18)13【甓】4780　△　漢ヘキ　呉ビャク　錫 pì

字義 かわら。敷き瓦。

解字 篆文　形声。瓦＋辟音。

6518 *6132*

(19)14【甖】4781　△　オウ　罌(5968)と同字。→八七五六ページ。

(21)16【甗】4782　△　一漢ゲン・呉ゴン 阮　二ゲン 銑 yǎn

字義 一二 ❶こしき。㋐底の無いこしき。㋑上部は大きく、甑に似て底がなく、簀を敷いて用い、下部は上部より小さく、鬲に似て三足、あるいは四足があり、物を煮ることができる器。鬲の上に甑を置いた器。❷甗の形をした山。また、でこぼこがあり、曲がりくねっているさま。

〔甗〕

解字 甲骨文　金文　篆文　形声。瓦＋鬳音。音符の鬳は、虎の形をした、こしきの意味。それにさらに、瓦を付した。

5　甘部

〔部首解説〕あまい。甘を意符として、あまい・うまいの意味を含む文字ができている。

甘 七三二　4 甚 七三二　6 甜 七三三　8 甞 七三三

(5)0【甘】4783　常　カン　あまい・あまえる・あまやかす　カン 覃 gān

筆順 一 十 廿 甘

2037 *3445*

字義 ❶あまい。㋐五味（辛い・苦い・酸っぱい・鹹い・甘）の一つ。㋑ゆるい（緩）。にぶい。てぬるい。❷うまい。㋐おいしい。また、おいしい物。㋑好ましい。快い。㋒たくみである。「甘言」❸あましとする。うましとする。㋐あまい（おいしい）と思う。㋑好む。㋒楽しむ。喜ぶ。㋓むさぼる（貪）。❹あまんずる。㋐満足する。㋑仕方がないとあきらめ心静かに耐えしのぶ。❺十分に。よく。心から。国❶あまい。㋐食物の塩気が少ないこと。㋑愛情におぼれやすい。だらしがない。㋒おろかである。間が抜けている。❷あまえる。❸あまやかす。

名乗 かい　難読 甘葛・甘藷・甘蕉・甘樫丘・甘棠・甘南備・甘楽

解字 甲骨文　篆文　指事。口中に一線を引いて、食物を口にはさむさまを示し、舌にのせて、うまさ・あまさを味わうの意味を表す。甘を音符に含む形声文字に、拑・勘・戡・柑・泔・箝・酣・鉗などがあり、これらの漢字は、多く「口にふくんでみてうまい」の意味を共有している。

▼旨甘・肥甘

【甘雨】カンウ　ほどよい時に降る雨。農作物などに都合のよい雨。時雨。滋雨。

【甘橘】カンキツ　みかん類の総称。柑橘。

【甘言】カンゲン　他人の気にいるようなことば。こびへつらいのことば。人をうまく迷わせ誤らせるようなたくみなことば。甘辞。

【甘酸】カンサン　①あまい味とすっぱい味。あまさとすっぱさ。②楽しみと苦しみ。苦楽。甘苦。

【甘若レ醴】あまきことレイのごとし　甘酒のようにあまい。甘い利益で結びつくくだらない人の交際をたとえていう。〔荘子、山木〕小人之交甘若レ醴（ショウジンのまじわり(は)あまきことレイのごとし）。

【甘蔗】カンシャ・カンショ　さとうきび。茎から砂糖を作る。

【甘酒】カンシュ　①おいしい酒。②あまざけ。もち米の粥に麴をまぜて作った飲み物。醴。③酒を好む（酒を甘しとす）。④国あまざけ＝②。

【甘受】カンジュ　①こころよく（満足して）受ける。②あまんじて受ける。苦難などを心静かに受けること。

【甘粛（肅）省】カンシュクショウ　省の名。中国の西北部、陝西省と青海省との間に位置する。省都は蘭州市。隴山山脈の西にあるので隴西・隴右なども呼ぶ。その北部は、古来、西域に通ずる交通の要路に当たっていたので、敦煌の千仏洞など古の西域の文化の遺跡が多い。

【甘薯・甘藷】カンショ　さつまいも。

【甘食】カンショク　①うまい食物。②おいしく食べる。

【甘心】カンシン　①口が甘味を好み続けるように、心に思い続けること。②思いの晴れるまで、思う存分に行うこと。③あまんずること。苦難などに会って静かにいること。

【甘井先竭】カンセイまず(つ)つく　良い水の出る井戸は先に枯れる。才能のある人物は早く退けられるたとえ。〔荘子、山木〕

【甘脆】カンゼイ　甘くて柔かい。うまくて歯ざわりがよい。また、その食物。脆は、柔かい・もろい。甘毳。

【甘棠之愛】カントウのアイ　周の召公の善政に感激して、人民が召公がその下で休んだ甘棠（やまなし・からなし。野生で梨に似た実をつける）の木を大切にした故事。善政を行う人に対する敬愛の情の深いことのたとえ。甘棠之恵ともいう。〔詩経、召南、甘棠〕

【甘美】カンビ　①あまくうまい。おいしい。また、その食物。②転じて、音楽などが、人をうっとりとさせて気持ちよいこと。

【甘眠】カンミン　①ここちよくねむる。心安らかにねむる。よく（ぐっすり）ねむる。熟睡。安眠。②むさぼりねむる。ねむりをむさぼる。

【甘藍】カンラン　野菜の名。たまな。キャベツ。

【甘醴】カンレイ　あまざけ。＝甘酒の②。

【甘露】カンロ　①あまい（おいしい）つゆ。天子が善政を行い天下が太平になると天が降らせるという。②仏梵語 amṛta の訳語。不死・天酒とも訳す。忉利天の甘い霊液。よく苦悩をいやし、長寿を保たせ、死者を復活させるという。仏の教法のたとえ。③国おいしいこと。美味。

(9)4【甚】4784　常　ジン　はなはだ・はなはだしい　漢シン・呉ジン 沁寝 shèn、③shén

3151 *3F53*

筆順 卄 甘 其 甚

字義 ❶はなはだしい。度を越えている。非常である。ひどい。❷はなはだ。非常に。ひどく。まことに。❸「何」の意味を表す疑問詞。なに。なんの。いかなる。なんぞ。「甚麽」❹非常に楽しい。

名乗 しげ・たね・とう・やす　難読 甚目寺

参考 現代表記では［尽］(1742)に書きかえることがある。「蝕甚→食尽」

解字 金文　篆文　象形。金文でよくわかるように、かまどの上に水をたたえた器などを載せ、下で火をたくさまにかたどり、おきかまどの意味を表す。煁の原字。転じて、耽などに通じ、度を越す・はなはだの意味を表す。『説文』では、甘＋匹の会意とし、甘は、食物のうまい意味、匹は、男女の楽しみの意味で、食と性とがはなはだ楽しいの意味を表すとする。

▼劇甚・激甚・幸甚・深甚

【甚雨】ジンウ　ひどく降る雨。大雨。

【甚解】ジンカイ　しいてその意義を理解しようとする。

【不レ求二甚解一】ジンカイをもとめず・はなはだしくはカイするをもとめず　読書に際して、大体わかる程度に主眼をおいて、しいてすみずみまでその意味を理

解しようとはしない。〔晋、陶潜、五柳先生伝〕
【甚大】非常に大きい。「被害甚大」
【甚適】非常にひまなこと。

(11)6
【甜】4785　△ 漢テン 呉デン 国 tián　3728 453C
字義 ❶あまい。❷うまい。おいしい。❸黒甜は、うたたね・ひるね（午睡）。
【甛】同字
難読 甜瓜
解字 文 篆 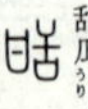 会意。舌＋甘。舌は、したの象形。甘は、あまいの意味。舌にあまいの意味を表す。
【甜△瓜】まくわうり。
【甜言△蜜語】人の気に入るようなうまいことば。
【甜菜】①枸杞の新芽。②野菜の名。とうちさ。③砂糖大根。

(13)8
【甞】4786　△ ショウ 嘗（1070）の俗字。→二四ページ。　6519 6133

5 生 部

〔部首解説〕いきる。生を意符として、出産・生命などに関する文字ができている。
生 七三三　6 産 七三四　7 甥 七三四　甦 七三五
眚→目部 七六六ページ。

(5)0
【生】4787　教 1　セイ・ショウ　いきる・いかす・いける・うまれる・うむ・おう・はえる・はやす・き・なま　芝生　3224 4038
漢セイ 呉ショウ（シャウ） 庚 敬 梗 shēng
筆順 ノ 𠂉 牛 生
字義 ❶いきる。いかす。命がある。命を保つ。↕死・殺。「長生」「生殺」❷いきながら。いきたままで。「生擒」❸いのち。生命。「余生」❹いきもの。あらゆる生物。また、人民。「衆生」❺くらし。生活。「生計」❻なま。き。未熟。↕熟。㋐熟していない。㋑熟れていない。㋒慣れていない。習熟していない。見知らない。「生硬」❼うまれる。うむ。㋐子ができる。㋑物を作りだす。うみだす。㋒起こる。発生する。「生起」❽うまれながら。うまれつき。「生得」❾はえる。おう。むす。芽が出る。生長する。また、はやす。❿学者・学生などの称。㋐学者・教師にいう。「先生」㋑弟子・生徒にいう。「門下生」㋒転じて、自己の謙称。「小生」⓫旧劇の男役の一つ。立役。
国き。まじりけがない。純粋。「生一本」
名乗 あり・い・うぶ・お・すすむ・たか・なり・ふ・ぶ・み・よ
難読 生活・生月・生姜・生業・生駒・生見・生絹・生原・生簀・生子・生贄・生粋・生石・生憎・生地・生天目・生田・生田目・生飯・生保内・生瀬
参考 現代表記では〔栖〕(3441)・〔棲〕(3518)の書きかえに用いることがある。「栖息→生息」「棲息→生息」
使いわけ うむ〔産・生〕⇩産(4788)。
解字 金文 篆文   象形。草木が地上に生じてきたさまにかたどり、はえる・いきるの意味を表す。生を音符に含む形声文字のうち、「生まれる」の意味の系列のものに姓・性・牲・甥・笙などがある。また生は青（青）という二次的な形声符を造り、「青く澄みきる」の意味を共有し、倩・清・圊・晴・清・瀞・睛・精・蜻・請・錆・靜（静）などの要素となった。また、同じく、「澄みきる」の意味を共有する惺・腥・醒などの形声符、星ともなった。
▼一生・衛生・往生・回生・学生・化生・寄生・畜生・愚生・群生・厚生・後生・更生・互生・今生・殺生・死生・写生・終生・衆生・儒生・出生・小生・書生・諸生・新生・人生・摂生・前生・先生・双生・相生・胎生・他生・多生・誕生・派生・発生・半生・浮生・平生・放生・民生・野生・養生・余生・羅生・卵生・老生
【生意】①いきいきとしたおもむき。生気。②万物生々の意義。③私意・私情を起こす。④なりわい。商売。

【生育】①生まれそだつ。そだつ。生（成）長する。②生みそだてる。生んで養育する。◇「生育」「成育」ともに育つ意味。一般に、熟成してゆく、諸機能が整備されてゆくということに力点を置く場合には「成育」、植物については「生育」、動物については「成育」を用いる。

【生員】科挙（官吏登用試験）を受験する資格のできた、府・州・県の学校の学生。

【生△孩】生まれて間もない子供。あかんぼ。みどりご。孩は、あかんぼ。〔晋、李密、陳情表〕

【生涯】生きている間。終生。

【生獲】いけどる。生擒。

【生活】①生きてゆく。生きながらえる。〔孟子、尽心上〕②生かす。③くらし。生計。

【生還】生きてかえる。死ぬかもしれぬ危険なところから生きて帰る。

【生気（氣）】①万物を発生成長させる自然の気。②いきいきとした勢い・趣。生動の気。③気を生ずる。敵愾の気を生ずる。怒りを発する。

【生業】生活を維持するための仕事。なりわい。家業。職業。

【生△擒・生△禽】いけどる。また、いけどり。

【生計】生活を維持するための仕事。転じて、くらし。生活。

【生口】①とりこ。捕虜。②家畜。

【生△梗・生硬】ねれていないこと。ごつごつしてぎこちないこと。やぼくさいこと。

【生国（國）】（自分が）生まれた国。

【生彩】みずみずしく、つややかなさま。生き生きとしている。

【生殺】①生かすことと殺すこと。「生殺与奪」②国 生殺し。㋐半殺し。㋑物事を中途半端にしておくこと。

【生殺与（與）奪】生かしたり殺したり、与えたりうばったりすること。「生殺与奪の権」

【生産】①生活のための仕事。②自然物に人力を加えて、生活に必要なものを作りだすこと。

【生死】①生きていることと死ぬこと。また、生の世界と死の世界。②生まれることと死ぬこと。③仏 ＝①。

【生死流転（轉）】仏 人間が各自の業力によって、生まれては死に、また、生まれ変わって、六道（地獄・餓鬼・畜生・修羅・人間・天上の六界）を、次々とめぐり行くこと。流転は、水が流れ車輪が転ずるようにめぐり行くこと。〔順正理論、九〕

【生△祠】生きている人を神として祭った社。

【生師】学生と教師。生徒と先生。

【生者必滅】仏 生きているものは必ず死ぬ。

【生者日親】生きて身近にいる人は日ごとに親しくなってゆく。〔文選、古詩十九首〕⇩去者日疎（一七五ページ）。

【生△聚】人民をふやし物資を豊かにすること。国力を充実させること。〔十八史略、春秋戦国〕越十年生聚、十年教訓。

【生色】①生き生きとした色・つや・ようす。②色に出る。顔色にあらわれる。

【生殖】うまれふえる。また、生みふやす。

【生心】①生まれたままの心。②心を生ずる。異心をいだく。反意をもつ。

【生辰】セイシン　生まれた日。誕生日。生日。

【生身】セイシン　①からだ。肉体。②仏ショウジン　衆生を救うために、この世に生まれて来た肉体。③国ショウジン　生きているからだ。なま身。

【生人】セイジン　①生きている人。②人民。生民。③初めて会う人。新しい人。見知らぬ人。生客。

【生生】セイセイ　①次々と物が生ずるさま。②生き生きとしているさま。生長し育つさま。活動しつつ向上するさま。「生生発展」③生をいかす。自分の生に執着し、これを生かそうとすること。

【生生世世】セイセイセゼ　ショウジョウセゼ　仏現世も来世も。いつの世にも。未来永劫ミライエイゴウ。

【生成】セイセイ　①生ずる。できる。②そだつ。成育。

【生鮮】セイセン　肉や野菜などの新しいこと。新鮮。

【生羶】セイセン　なまぐさい。羶は、なま肉のにおい。

【生息】セイソク　①生きること。生きていること。②生活。また、生活する。棲息セイソク。③繁殖。また、繁殖する。④住む。

【生態】セイタイ　①生じた態。態を生ずる。態は、すぐれた容姿。なまめかしい姿、あでやかなおもむき、美しいさまなどの意。②生き生きした姿・おもむき。③国㋐生きているありさま。生活の状態。㋑転じて、ありさま・実際の状態。

【生誕】セイタン　うまれること。誕生。

【生地】セイチ　①生まれた土地。②生き得る土地。戦場で、生還できる土地。↔死地。③初めて来た（よく知らない）土地。未知の土地。④国ジ　㋐人工を加えないもとのままの質。㋑もって生まれた性質。地がね（地金）。㋒ある段階までの加工を施したままの物。素焼きのままの陶器や染色しないままの織物など。陶器の地質・織物の地質の意。

【生知】セイチ　生まれながらに知っていること。転じて、非常にすぐれた資質の人をいう。

【生知安行】セイチアンコウ　生まれながらに道を知っており、何の迷いもなく心安らかに実行する。聖人の境地をいう。〔中庸〕

【生致】セイチ　いけどりにして連れて来る。また、行く。

【生長】セイチョウ　①生まれそだつ。発生し成長する。→成長（四三七ジ）。②のびる。そだつ。

【生動】セイドウ　絵などが生き生きとして、真にせまっていること。

【生得】セイトク　①いけどる。生獲。②生まれながらにして得ている。また、そのもの。③国トク　生まれつき。天性。

【生年】セイネン・ネンショウ　①生まれた年。②生きている間。生涯。寿命。〔文選、古詩十九首〕生年不レ満レ百セイネンヒャクにみたず、常懐二千歳憂一つねにセンザイのうれえ（へ）をいだく〈人は百歳までは生きられないのに、いつも千年も先のことまで考えて心配している〉③国生まれてからたった年月。年齢。

【生蕃】セイバン　政府の教化に従わないで従来どおりの生活を続ける原住民。↔熟蕃。

【生平】セイヘイ　①常ひごろ。ふだん。平常。平素。平生。②国とことわ（は）　永久に変わることがない。

【生兵】セイヘイ　①まだ十分に訓練されていない兵士。新兵。②新手あらての兵士。

【生別】セイベツ　生きていながら別れている。生別離。↔死別。

【生民】セイミン　①人民。人類。②人民を教え養うこと。

【生命】セイメイ　①いのち。②物事が、それなしでは存在・成立しない、大切なもの。

【生滅】セイメツ　①生まれることと死ぬこと。また、存在していることと滅びてなくなること。②仏ショウメツ　＝①。

【生滅滅已】ショウメツメツイ　仏生滅してやまない現象界（この世）を超越すること。滅已は、ほろぼしおわる、ほろぼしつくす。『涅槃経ネハンギョウ』十四に、「諸行無常ショギョウムジョウ、是生滅法ゼショウメッポウ（これ生滅の法）、寂滅為楽ジャクメツイラク（寂滅を楽しみとなす）」とある。

【生面】セイメン　①生き生きとした顔・趣・様子。②新しい方面。他と異なった面。新機軸。③初めて会うこと。初対面。また、その人。

【生来（來）】セイライ　①生まれてからこのかた。②生まれつき。天性。

【生理】セイリ　①生物が生長生存する原理。②生命を保ってゆく道。健康保持の道。③生活の道。生業。生計。④生物個体の諸器官の機能や生活現象。生理学（physiology の訳語）が輸入されてからの用語。⑤国月経。「生理休暇」

【生類】セイルイ・ショウルイ　いきもの。生物。

【生黎】セイレイ　人民。生民。黎民。あおひとぐさ。

【生霊（靈）】セイレイ　①たみ。人民。生民。②いのち。生命。③たましい。魂。④国いきリョウ　生きている人の怨霊オンリョウ（祟たたりをするたましい）。いきすだま。↔死霊シリョウ。

【生老病死】ショウロウビョウシ　仏人間の免れ得ない四つの苦しみ。四苦。

【生路】セイロ　①命の助かり得る道。にげ道。②生存・生活の道。③はじめて通るよく知らない道。

【偸レ生】セイをぬすむ　「媮レ生」も同じ。①恥辱や不幸にあっても、がまんして生きていること。②恥を恥とも思わず、命を惜しみ、おめおめと生きていること。〔文選、李陵、答二蘇武一書〕偸レ生之士セイをぬすむのシ。③なす事もなく、ただいたずらに生きていること。

【不レ聊レ生】セイにやすんぜず　安心してくらせない。

【問レ生】セイをとう（ふ）　生きている人を慰問する（世話をする、恩徳を施す）。↔弔レ死シをとむらう（ふ）。

【養レ生喪レ死】セイをやしない（ひ）シをもうす　生きている者を十分に養い、死んだ者を手厚くとむらう。〔孟子、梁恵王上〕

［眚］→目部　七六六ページ。

(11)6【産】4788　教 4　サン　うむ・うまれる・うぶ　2726 3B3A　土産みやげ

(11)6［產］4789　漢サン　呉セン　清 chǎn

筆順　亠　产　产　产　産

字義　❶うむ。うまれる。うまる。むす。㋐子を生む。子が生まれる。「出産」㋑造り出す。できる。できあがる。生ずる。「生産」「量産」❷うまれ。出身地や出産地。〔孟子、滕文公上〕陳良楚産也チンリョウはソのサンなり。❸産物。❹生活の資。財産。❺なりわい。仕事。生業。「恒産」国うぶ。「うむ」と同系の語で、出産・出生の意。他語の上に冠して用いる。「産声うぶごえ」「産着うぶぎ」「産土うぶすな」

名乗　ただ・むすび　難読　産衣うぶぎ・産声うぶごえ・産着うぶぎ・産田さいた・産土うぶすな・産湯うぶゆ・産婦木うぶめぎ・産霊むすび

使いわけ　うむ・うまれる〔産・生〕　出産ということに力点を置く場合には「子どもを産む・産みの苦しみ」のように〔産〕を用いるが、その他は〔生〕を用いる。「生まれ月・生みの親」

解字　文　篆 　会意。生＋彦省。彦は、顔料の意味。生まれたばかりの子に顔料でも塗る習慣があったのか、うむの意味を表す。

▼遺産・共産・恒産・国産・財産・資産・授産・殖産・生産・畜産・治産・倒産・動産・破産・無産

【産業】サンギョウ　①なりわい。生業。生活維持のための一定の仕事。〔史記、平準書〕②物を生産する仕事。生産事業。

【産育・産毓】サンイク　生み育てる。

【産褥・産蓐】サンジョク　出産の時の産婦の寝床。

(12)7【甥】4790　標　漢セイ　呉ショウ（シャウ）　奥 shēng　1789 3179

字義　❶おい。をひ。姉妹の生んだ男の子。❷そとまご。外孫。むすめの生んだ子。❸父の姉妹の子、母の兄弟の子、妻の兄弟、姉妹の夫の総称。❹むこ（婿）。むすめの夫。国おい。兄弟姉妹の生んだ男の子。

解字　文　篆 　形声。男＋生音。音符の生は、うまれるの意味。姉妹の生んだ男の子、おいの意味を表す。

【甥舅】セイキュウ　①姉妹の子と母の兄弟（姉妹ではない）。②むすめの夫と妻の父。むこ（婿）としゅうと。

【甥△姪】セイテツ ①姉妹の生んだ子と兄弟の生んだ子。②国セイテツ・おい(をひ)めい(ひ) 兄弟姉妹の生んだ男の子と兄弟姉妹の生んだ女の子。その子の性別によって甥と姪とを区別する。

(12)7
【甦】4791 標 ソ 慶 sū 6520 6134
【甦】本字
字義 よみがえる(よみがへる)。生きかえる。＝蘇ソ。
参考 現代表記では〔更〕(2981)に書きかえることがある。「甦生→更生」
解字 会意。生＋更。更は、かえる・あらたまるの意味。生きかえるの意味を表す。
【甦生】ソセイ よみがえる。生きかえる。「コウセイ」は誤読による慣用読み。

5 用部

〔部首解説〕 もちいる。おもに字形分類上、部首に立てられる。

用 七三五 1角 七三五 2甫 七三五 甬 七三五 7甯 七三五

(5)0
【用】4792 教 2 ヨウ もちいる 4549 4D51
漢ヨウ・呉ユウ 宋 yòng

筆順 丿 冂 月 月 用

字義 ❶もちいる(もちゐる・もちふ)。㋐使う。働かせる。役立たせる。「悪用」「適用」 ㋑行う。治める。 ㋒あげ用いる。登用する。「重用」「起用」 ㋓とり入れる。聞き入れる。❷働き。能力。作用。「有用」 ❸宝。財貨。もとで。資力。「費用」 ❹うつわに盛った供え物。❺もって（以）。〔孟子、滕文公上〕用レ夏変レ夷カをもってイをヘンず。
国ヨウ。㋐仕事。すべき事がら。㋑必要。
名乗 ちか・もち 難読 用宗もちむね・用瀬もちがせ
参考 現代表記では〔傭〕(370)の書きかえに用いることがある。「雇傭→雇用」
解字 金文 篆文 象形。金文でよくわかるように、甬鐘ヨウショウという鐘の象形。鏞ヨウの原字。この柄を持ってもちあげるの意味から、転じて、とりあげる・もちいるの意味を表す。甬鐘の意味を表す字には、甬があるが、用・甬は、本来、同一字であった可能性がある。用・甬を音符に含む形声文字のうち、「もちあげる」の意味を共有するものに、俑ヨウ・傭ヨウ・墉ヨウ・庸・慂ヨウ・涌ヨウ・蛹ヨウ・誦ショウ・踊・鏞ヨウなどがある。
▼悪用・引用・運用・援用・応用・活用・慣用・逆用・器用・起用・兼用・公用・効用・雇用・雑用・算用・実用・借用・収用・準用・私用・信用・節用・善用・俗用・徴用・重用・通用・適用・転用・当用・登用・土用・費用・服用・併用・並用・無用・有用・濫用・流用

【用舎・用捨】ヨウシャ ①用いることと捨てること。用いられることと用いられないこと。取舎。②国㋐ひかえめにすること。手加減すること。㋑ゆるす。容赦。
【用舎行蔵(藏)】ヨウシャコウゾウ 出処進退の時宜にかなうこと。出処進退がりっぱなこと。『論語』述而編に「用レ之則行これをもちい(ゐ)ればすなわ(は)ちおこな(ひ)い、舎レ之則蔵これをすつればすなわ(は)ちかくる」とあるのに基づく。
【用心】ヨウジン ①心を用いる。注意する。心を労する。②心づかい。注意。③国㋐警戒すること。気をつけること。㋑あらかじめ備えておく(用意しておく)こと。
【用途】ヨウト・ヨウド ①かかり。入費。②銭の別名。③使いみち。
【用度】ヨウド ①かかり。いりまえ。要する費用。入費。②国㋐銭の別名。㋑物品。役所などで事務・室内の設備などに必要とする物品。「用度係」
【用兵】ヨウヘイ 兵を用いる。戦争をする。用武。

(6)1
【角】4793 △ ロク 屋 lù
字義 角里先生は、漢代の隠者の名。＝角(7075)。→九九五ページ。

(7)2
【甫】4794 人 フ 慶 fǔ 4267 4A63
慣ホ

筆順 冂 冃 甫 甫

字義 ❶元服した時につける字あざなにそえる語。孔子(字は仲尼チュウジ)を尼甫という類。父とも書く。＝父ホ。❷はじめ。はじめて。また、はじまる。はじめる。㋐物事のはじまり。㋑やっと…になったばかり。…なりはじめる。❸おおきい(大)。ひろい(広)。おおい(多)。
名乗 かみ・すけ・とし・のり・まさ・み・もと・よし
解字 甲骨文 金文 篆文 会意。甲骨文は、屮＋田。屮は草の芽の意味。田は、耕地の意味。田に苗を一面に植えるの意味から、大きい・おおい・うつくしいの意味を表す。金文から、用＋父音の形声文字に変化し、今日の甫の字形となった。音符の父は、手にむちを持つ人、ちちの意味。用は、もちあげるの意味。男子が社会の一員として用いられ、父の資格を得るの意味から、男子の美称に用いられる。甫を音符に含む形声文字に、傅フ・匍ホ・哺ホ・鋪ホ・圃ホ・捕・敷・脯ホ・浦・溥フ・簿・蒲ホ・餺フ・補・輔ホなどがある。

(7)2
【甬】4795 △ 漢ヨウ 呉ユウ 腫 yǒng 6521 6135
字義 ❶花の開きかけたさま。❷酒・穀物などをはかるますの一種。❸甬道は、道の一種。❹鐘の柄。
解字 金文 篆文 象形。甬鐘ヨウショウという筒形の柄のついた鐘の形にかたどり、その筒形の柄の意味を表す。甬を音符に含む形声文字は、つつのように中が空洞であるの意味を共有し、痛・桶トウ・樋トウ・筩トウ・通などがある。
【甬道】ヨウドウ ①塀や土塀などで両側に防壁を築いて、外から見えないようにした道路。軍事物資などの輸送路として用いる。②高殿たかどのの間をつなぐ高架式の渡り道。

(12)7
【甯】4796 △ 漢ネイ 呉ニョウ（ニャウ） 青・径 níng
【寗】俗字
字義 ❶ねがい（願）。❷＝寧。㋐やすい（やすし）。やすらか。㋑むしろ。
解字 篆文 形声。用＋寧省音。

5 田部

〔部首解説〕 た。田を意符として、田畑・耕作に関する文字ができている。

甸→勹部 一五六ページ。胃→月部 五三三ページ。冑→冂部 一三三ページ。
冑→月部 五三四ページ。畋→攴部 四七四ページ。累→糸部 八五〇ページ。
异→土部 二三九ページ。暢→日・曰部 五一四ページ。

(5)0
【田】4797
教 1
デン
た
漢テン・呉デン 囲 tián
田舎（いなか）
3736
4544

筆順 丨 冂 冃 田

字義 ❶た。たはた。耕作地の総称。また、土地。❷たがやす（耕）。❸かり。また、狩りをする。「田猟」＝畋。国❶た。たんぼ。水田。❷特定の産物を出す土地。「油田」「炭田」

名乗 ただ・みち　難読 田原坂・田作・田舎館・田道間守・田布施・田部井・田平・田圃・田万川・田又利・田螺・田立・田令・田老

解字 甲骨文 篆文 象形。区画された狩猟地・耕地の象形で、かり・田畑の意味を表す。田の意味と音符とを含む形声文字に、佃・甸・畋などがある。

▼園田・塩田・火田・帰田・公田・耕田・私田・井田・桑田・丹田・炭田・屯田・白田・美田・良田

【田園】①田畑。耕作地。〔文選、陶潜、帰去来辞〕田園将レ蕪。②農村。③郊外。④領地。

【田翁】いなかの老人。田舎翁。

【田横】秦末・漢初の人。秦末の乱に自立して斉王となる。漢の高祖に従わず、そのなかま五百人と海中の島に逃れ、高祖の招きに応ぜず、ついに自殺し、なかまもまた、田横に殉じて自殺した。（？—前二〇二）

【田家】①いなかの家。農家。②いなか。

【田漁】狩と、すなどり（魚や貝をとること）。

【田業】①農作業。農業。②田地。田畑。

【田舎】①耕作地と家。②耕作地の中にある家。③いなか。農村。④いなかや。いなかにある家。農家。⑤ ア 国 ふるさと。故郷。イ ＝③。

【田主】①田地の所有者。②田の神。田神。

【田塍】田のあぜ。田畑のうね。

【田単（單）】戦国時代の斉の武将。斉が燕に破られて七十余城を失い、莒と即墨とだけになったとき、推されて将となり、火牛の計を用いて燕の名将楽毅を破り、七十余城を奪還し、後に安平君に封じられた。

【田地】田畑。耕作地。転じて、立脚地。立場。

【田疇】①たはた。耕作地。疇も、耕作地。②田のあぜ。畑のうね。疇は、あぜ・うね。

【田田】①蓮などの、水草の広い葉が水にうかんでいるさま。②太鼓などの鳴りひびく音の形容。③物の連なるさま。④倒れかかっているさま。

【田夫】①農夫。②いなかもの。粗野ないなか者。

【田父野老】いなかおやじ。いなかもの。野老は、いなかの老人。

【田婦】農業に従事している女。農婦。

【田駢】戦国時代、斉の学者。稷下の学士の一人。著に『田子』二十五編がある。（前三五〇？—前二七五？）

【田圃】①たはた。田畑。耕作地。②郊外。

【田畝】①＝田圃。②田のあぜ。畑のうね。

【田野】①耕作地と野原。②耕作地。③いなか。

【田里】①耕作地と屋敷。②村里。いなか。転じて、故郷。

【田猟（獵）】かり。狩猟。田も、かり。

【田廬】いなか家。耕作地の中にある家。

(5)0
【甲】4798
常
コウ・カン
漢コウ（カフ）・呉キョウ（ケフ）陌 jiǎ
慣カッ・カン
2535
3943

筆順 冂 日 日 甲

字義 ❶きのえ。「木の兄」の意。ア十干の第一位。イ方位では東。ウ五行では木。エ時刻では午後八時、およびその前後の二時間。❷よろい（鎧）。また、よろいを着た兵士。❸こうら。亀のこうら。また、から（殻）。「亀甲」❹物事の第一番目。「甲乙丙丁」❺つめ（爪）。ア手足の爪。イ琴などの爪。❻種子の外皮。また、種子の皮のついている芽ばえ。かいわれ。❼すぐれる。第一となる。また、最もすぐれたもの。かしら。❽なにがし。それがし。名を知らぬ人・不定の人をよぶ語。また、他人の名の代わりにいう語。
国❶コウ。ア物の背面。「手の甲」イ甲斐（山梨県）の略。甲州。❷カン。声の調子の高いこと。「甲高い」❸かぶと。もと冑が「かぶと」、甲が「よろい」であるのを誤って逆に用いる。

〔甲②〕

名乗 か・かつ・き・きのえ・まさる　難読 甲山・甲子・甲矢・甲奴・甲藤・甲斐・甲必丹・甲武信岳・甲浦・甲楽城・甲良

解字 甲骨文 金文 篆文 象形。尾をひいたかめのこうらの象形で、こうら・からの意味を表す。借りて、十干の第一位に用いる。甲を音符に含む形声文字に、匣・呷・岬・押・胛・柙・狎・鴨などがあり、これらの漢字は、多く「（亀の甲羅のようなもので）覆う」の意味を共有している。

▼花甲・華甲・精甲・装甲・鉄甲・兵甲・保甲

【甲乙】①順序。②優劣。③名の知れぬ（仮定の）人や物事を挙げて言う語。たれかれ。あれこれ。

【甲科】①科挙の試験の最もむずかしい部門。②科挙の試験の及第者の第一位。甲第。③進士。

【甲騎】よろいを着、馬に乗った兵士。武装した騎馬武者。

【甲骨文字】殷代に、占い用に使用された亀の甲や獣の骨に刻まれた文字。紀元前千三百年前後のものと考えられ、今日の漢字のもととなったもの。

〔甲骨文字〕

【甲士】よろいを着た兵士。武装した兵士。

【甲子】①干支の初めで、甲と子で干支を代表する。両者を組み合わせて、日や年にあてる。②甲子の年や日。③とし。年齢。④時候。季節。⑤干支の第一番目。

【甲族】すぐれた一族。すぐれた家がら。貴族。

【甲第】①第一の邸宅。上屋敷。②りっぱな邸宅。③科挙の試験に第一等で及第すること。甲科。

【甲虫（蟲）】①身体の外部が堅いものにおおわれている動物。亀など。②鞘翅目に属する昆虫の総称。かみきり・かぶとむしの類。③国かぶとむし。

【甲冑】よろい（鎧）とかぶと（兜）。武具。

【甲板】船のデッキ。

【甲兵】①よろい（鎧）と武器。武具と武器。②武装した兵士。よろい武者。③軍事。戦争。

【甲夜】五更の第一番目の時刻。初更。今の午後八時およびその前後の各一時間。一説に、午後八時から後の二時間。

【甲論乙駁】たがいに是非を議論すること。

(5)0
【申】4799
教 3
シン
もうす
シン 真 shēn
3129
3F3D

筆順 丨 冂 日 申

字義 ❶さる。十二支の第九位。㋐方位では西南西。㋑月では陰暦の七月。㋒時刻では午後四時、およびその前後の各一時間。一説に、その後の二時間。申の刻。くれ六つ。㊁動物では猿。❷のびる（伸）。のばす。❸かさねる（重）。繰り返す。❹もうす。のべる（陳・述）。㋐言う。㋑告げる。㋒言上する。申し上げる。「上申」❺いたす（致）。文書を送る・提出する。

名乗 しげる・のぶ・み　難読 申楽

解字 甲骨文　金文　篆文　象形。甲骨文でよくわかるように、いなびかりの走るさまにかたどり、のびる・天の神の意味を表す。申の意味と音符とを含む形声文字に、伸・呻・神・紳などがある。

▼具申・屈申・上申・追申・答申

【申韓】シンカン 法家の申不害と韓非子。

【申申】シンシン ①のびのびとして和らいでいるさま。②幾度も繰り返すさま。③きちんと整っているさま。

【申請】シンセイ 願い出る。人民が役所に対し、願い出ること。

【申奏】シンソウ 申し上げる。

【申達】シンタツ 通知する。通達する。また、その通達。

【申徒狄】シントテキ 殷の賢人。湯王が天下を譲ろうとした時、これをけがらわしいと恥じ、石を抱いて投身自殺をしたという。

【申不害】シンフガイ 戦国時代、韓の思想家。法家の祖。また、政治家。昭侯の大臣として十五年間政治をつかさどり、富国強兵に努め、外敵を防いだ。（前三八五?—前三三七）

【申理】シンリ 無実の罪を申し開きする。理は、治める意。申冤。

(5)0
【由】4800　教3　ユ・ユウ・ユイ　よし

漢ユウ（イウ）・呉ユ　尤 yóu　慣ユイ

4519　4D33

筆順 丨 冂 巾 由

字義 ❶よる。㋐もとづく。㋑へる（経）。「経由」㋒たよる。従う。たより従う。㊁のっとる。手本とする。まねる。❷より。助字。⇩助字解説 ❸よし。よる所。㋐わけ。理由。原因。「事由」㋑てだて。方法。❹なお……ごとし。⇩助字解説 ❺ひこばえ。木の切り株からはえた芽。❻子路の名。

国よし。伝え聞いたという意を示す語。多く手紙に用いる。…であるということ。様子。趣。「御病気の由」

助字解説

①なお……ごとし。再読文字。比況。ちょうど……のようである。類猶。〔孟子、梁恵王上〕由₌水之就₋下沛然₋（なお（ほ）みず（づ）のひくきにつきて、ハイゼンたるがごとし）〈ちょうど水が低い方へどんどん流れてゆくようなものである〉

②より。起点。……から。類自・従。〔孟子、尽心下〕由₌文王₋至₌於孔子₋（ブンノウよりコウシにいたるまで）、五百有余歳（ゴヒャクユウヨサイなり）。〈文王から孔子までは五百余年である〉

名乗 ただ・ゆき　難読 由宇・由縁・由仁・由比・由布院

解字 甲骨文　象形。甲骨文でもわかるように、底の深い酒つぼの象形。『説文』には䌛の別体として𠙵を載せる。酉・卣と同じ語で、字体だけが異なっていた由の字を借りて、よるの意味に用いる。由を音符に含む形声文字に、冑・宙・抽・油・紬・袖・釉・鼬などがある。

▼因由・縁由・遠由・解由・経由・事由・自由・来由

【由縁】ユウエン・ユエン ①由来。いわれ。おこり。②ゆかり。手がかり。方法。

【由旬】ユウジュン・ユジュン 仏梵語 yojana の略音訳。由旬那。踰繕那。帝王の一日の行軍の里程。中国里で、八十里・六十里・十六里などの諸説がある。中国の一里は時代によって異なるが、約四〇〇〜六〇〇メートル。

【由緒】ユイショ いわれ。すじみち。由来。来歴。

【由由】ユウユウ ①自得のさま。満足しているさま。②喜ぶさま。③ゆったりしているさま。④ためらうさま。

【由来（來）】ユライ ①よって来る、また、よって来たところ。来歴。いわれ。原因。②もとから。もともと。元来。③…からこのかた。それからこのかた。以来。

(7)2
【男】4801　教1　ダン・ナン　おとこ

漢ダン・呉ナン　覃 nán

3543　434B

筆順 田 男

字義 ❶おとこ。おのこ。↕女。㋐男子。㋑むすこ。おとこの子。㋒血気さかんな若者。壮丁。「丁男」❷子が父母に対する自称。❸五等爵（公・侯・伯・子・男）の第五位。男爵。

名乗 お・おと　難読 男垂・男達・男郎花・男鹿

解字 甲骨文　金文　篆文　会意。田＋力。田は、耕作地の象形。力は、ちからのあるうでの象形。耕地で生産する働き手、おとこの意味。

▼嫡男・丁男

【男女不₋同₋席】ダンジョセキをおなじくせず　男と女とは、同一の席（敷物）に座らない。男女の別を正しくする意。〔礼記、内則〕

【男女有₋別】ダンジョベツあり　男と女とはたがいに礼儀を守って交わるべきこと。また、男と女とでは、守り従うべき礼儀に区別のあること。〔礼記、喪服小記〕男女有₋別者（ダンジョベツあるものは）、人道之大者也（ジンドウのダイなるものなり）。

(7)2
【町】4802　教1　チョウ　まち

漢テイ・呉チョウ（チャウ）　迥 青 tǐng, tīng

3614　442E

筆順 田 町

字義 ❶畑のうね。また、田のあぜ。❷さかい（境）。㋐耕作地の境界。㋑一般に、境界。

【甼】同字　6522　6136

国❶まち。市街。❷チョウ。㋐地方自治体の一つ。㋑距離の単位。六十間。約一〇九メートル。㋒面積の単位。十反。三千坪。約九九三〇平方メートル。

使いわけ まち〔町・街〕

〔まち〕には、㋐住宅の密集地・㋑地方公共団体の一つとしてのまち・㋒商店などの並んでいるにぎやかな区域、の三つの意味があるが、㋒の場合に限って〔街〕を用いることが多い。「街の明かり」

解字 文　篆　形声。田＋丁音。音符の丁は、釘を打ちこむの意味。耕作地の境界に釘のように打ちこまれたあぜ道、さかいの意味を表す。

【町畦】テイケイ ①畑のうね。田のあぜ。②さかい。境界。③区別。けじめ。

(7)2
【甼】4803　△　チョウ　町（4802）と同字。→前項。

6522　6136

【甸】→勹部 一五六ページ。

(8)3
【畀】4804　△　ヒ　寘 bì

字義 あたえる（与）。たまう（賜）。

解字 文　篆　会意。もと、由＋丌。由は、こしきの中じきの象形。丌は、台の象形。箅の原字で、こしきの底にしく「すのこ」の意味を表したが、借りて、あたえるの意味を表す。

(8)3
【甿】4805　△　㊀漢モウ（マウ）　呉ミョウ（ミャウ）　庚 méng　㊁漢ボウ・呉モウ　蒸・径

字義 ㊀㊁たみ（民）。人民。とくに、農夫。無知の民。＝氓。

解字 篆文 形声。田＋亡㊥。音符の亡は、盲に通じ、目が見えない人の意味。耕作に従う無知の民の意味を表す。

(8)3
【甾】4806 △ リュウ 留（4824）の俗字。→七三九ページ。 6523 6137

(9)4
【畏】4807 標 イ（ヰ） 未 wèi 1658 305A

字義 ❶おそれる。㋐おそれおののく。こわく思う。㋑おそれはばかる。「憂畏」㋒いむ（忌）。きらう。㋓おそれ従う。㋔うやまう。うやまい従う。❷つつしむ。自分をいましめる。用心する。❸恐ろしいめにあう。危難にあって警戒する。〔論語、子罕〕子畏二於匡一（シ キョウに畏す）。国❶かしこし。㋐おそれ多い。もったいない。㋑かたじけない。ありがたい。❷かしこまる。㋐うやまう。畏敬する。㋑おそれつつしむ。おそれ入る。㋒正しくすわる。威儀を正してすわる。㋓つつしんで承る。❸かしこ。婦人が手紙の末尾に書く語。「つつしんで申し上げました」の意。かしく。

解字 甲骨文 金文 篆文 会意。甲骨文・金文は、鬼＋卜。鬼は、普通とちがった形のものの象形。卜は、むちの象形。怪しい物がむちを持つさまから、おそれるの意味を表す。『説文』では、甶＋虎省の会意文字とし、甶は、おにの頭、虎は、とらの象形で、おそろしいの意味を表すとする。畏を音符に含む形声文字に、猥・煨・隈などがある。

【畏愛】イアイ 畏敬と親愛。畏敬し親愛する。
【畏忌】イキ おそれ、忌みはばかる。
【畏懼】イク おそれる。おそれはばかる。懼も、恐。
【畏敬】イケイ おそれうやまう。心からうやまう。
【畏日】イジツ 夏の太陽。恐ろしいほど光が強く、暑いからいう。『左伝』文公七、杜預注に「冬日可レ愛、夏日可レ畏」とあるのに基づく。→夏日（三五〇ページ）。
【畏縮】イシュク おそれちぢまる。
【畏憚】イタン おそれはばかる。
【畏怖】イフ おそれる。怖も、おそれる。
【畏服】イフク おそれて服従する。
【畏友】イユウ 自分の畏敬している友。敬服すべき友。

(9)4
【界】4808 教 3 カイ カイ 卦 jiè 1906 3326

筆順 界

【畍】同字 6524 6138　【堺】標準 2670 3A66

字義 ❶さかい（境）。㋐しきり。くぎり。「境界線」㋑かぎり。はて。「限界」㋒ほとり。あたり。「辺界」❷さかいする。㋐さかいを作る。区切る。㋑さかいを接する。隣りあう。❸へだてる（隔）。仲たがいする。❹さかいめの中。区域。範囲。場所。

解字 篆文 形声。田＋介㊥。音符の介は、体と体をはっきり区切るようなよろいの意味。田と田とをはっきり区切る、さかいの意味を表す。

▼外界・各界・眼界・境界・苦界・下界・限界・視界・色界・人界・世界・仙界・租界・魔界・幽界

【界域】カイイキ ①さかい。境界。②あたり。近所。
【界限】カイゲン 限界。①さかい。区切り。②限り。果て。
【界隈】カイワイ 国あたり。近所。隈は、くま・すみ。

(9)4
【畍】4809 △ カイ 界（4808）と同字。→前項。 6524 6138

(9)4
【甽】4810 △ ケン 銑 quǎn

【圳】同字

字義 ❶みぞ（溝）。耕作地の間を流れる用水のみぞ。❷谷。谷川。

解字 篆文 形声。田＋犬㊥。音符の犬は、涓に通じ、水がちょろちょろ流れるの意味。耕地の中の用水路の意味を表す。

【甽畝】ケンポ ①耕作地の境界。また、うねと用水のみぞ。②転じて、㋐はたけ。たんぼ。田園。㋑いなか。農村。㋒民間。「甽畝之中（ケンポのうち）」

(9)4
【畊】4811 △ コウ 耕（6090）の古字。→八九二ページ。 6525 6139

(9)4
【畓】4812 △ ㊀サイ 灰 zāi ㊁シ 支 zī

字義 ㊀わざわい。＝災。㊁荒れ田。耕さないで雑草の生えている土地。

参考 〔畓〕は、もと「ほとぎ」の意味で別字であるが、畓と混用する。

解字 形声。田＋巛㊥。音符の巛は、川のはんらんによるわざわいの意味。荒れた田の意味を表す。

(9)4
【毘】4813 標 漢ヒ 呉ビ 支 pí 4091 487B

【毗】同字

字義 ❶あつい（厚）。あつくする。また、ます（増）。❷たすける。❸へそ。ほぞ。

解字 篆文 形声。田（囟）＋比㊥。囟は、通気口の象形。しわのある通気口の形をした人体の「へそ」の意味を表す。また、音符の比は頻に通じ、しわをよせるの意味。比に通じ、たすけるの意味を表す。

【毘沙門天】ビシャモンテン 四天王の一つ。北方を守り、財宝をつかさどる。多聞天と訳す。仏梵語 Vaiśravaṇa の音訳。日本では七福神の一つ。
【毘補】ヒホ 助け補う。
【毘盧遮那】ビルシャナ 仏梵語 Vairocana の音訳。光明遍照と訳す。仏身の尊称。各宗派で解釈がちがうが、天台宗では法身仏、華厳宗では報身仏、密教では大日如来。

(9)4
【毗】4814 △ ヒ 毘（4813）と同字。→前項。

(9)4
【畉】4815 △ 漢フ 呉ブ 虞 fū 6526 613A

字義 たがやす（耕）。

解字 形声。田＋夫㊥。

(9)4
【畒】4816 △ ホ 畝（4822）の俗字。→七三九ページ。 6528 613C

(9)4
【畑】4817 国字 教 3 はた・はたけ 4010 482A

筆順 火 灯 畑 畑

【畠】同字 国字 4011 482B

字義 はた。はたけ。陸田。↕水田。 難読 畑田（かまだ）

解字 会意。火＋田。森林を焼いて開いたはたけの意味を表す火田の二字を一字に合わせた国字。

【胃】→月部 五三二ページ。　【畋】→攴部 四七四ページ。

(10)5
【畛】4818 △ シン 軫 眞 zhěn 6527 613B

字義 ❶耕作地の間の道。❷さかい（境）。㋐耕作地の境。㋑一般に、さかい。境界。❸つげる。いたす。祭って神に告げる。

解字 篆文 形声。田＋㐱㊥。音符の㐱は、密度が高いの意味。田の境界ごとに多くつけられた道の意味を表す。

【畛域】シンイキ ①さかい。境界。②境界に囲まれた中。境域。場所。

(10)5
【畜】4819 常 チク 3560 435C

㊀チク 屋 chù
㊁キク 屋 xù
㊂漢キュウ（キウ）・呉ク 宥
㊃チュウ（チウ） 宥 chù

筆順 亠 玄 斉 斋 畜

字義 一 ❶たくわえる。つむ。集める。集め積む。＝蓄。❷たくわえ。たくわえられたもの。❸とどめる（止）。引きとめる。
二 ❶やしなう（養）。養い育てる。かう（飼）。❷いれる（容）。ゆるす。❸したがう（従）。❹このむ（好）。愛する。
三四 家に飼われている鳥獣。家畜。特に犠牲として供えるために飼っている鳥獣。

解字 文 金 篆 文 象形。獣の頭にひもをつけた形にかたどり、やしない育てるの意味を表す。

▼鬼畜・獣畜・人畜・牧畜

【畜産】（チクサン・キクサン）①家に飼う牛・馬・鶏・犬など。家畜。②家畜を飼って利益をあげる産業。

【畜積】（チクシ）①たくわえ。②（チクセキ）積みたくわえる。

【畜生】（チクショウ・キュウセイ）①鳥けもの。鳥獣。②人をののしって言う語。③仏（チクショウ）六道の一つ。畜生道の略。→次項。

【畜生道】（チクショウドウ）仏生前の悪業により、死後に畜生に生まれ変わって苦しみ受けること。

【畜養】（チクヨウ・キクヨウ）やしなう。飼い養う。

【畜牧】（チクボク・キクボク）家畜を野原で飼う。

(10)5
【畔】4820 常 ハン
(10)5
〔畔〕4821
漢ハン 呉バン 拼pàn
4042 484A

筆順 冂 冊 田 田丷 畔

字義 ❶さかい（境）。㋐耕作地のさかい。あぜ。くろ。㋑一般に、さかい。境界。❷きし（岸）。水ぎわ。❸ほとり。かたわら。「湖畔」❹そむく。離れる。離反する。＝叛。

難読 畔蒜（あびる）・畔柳（あぜやなぎ・くろやぎ・やなぎ）

解字 文 篆 形声。田＋半（半）音。音符の半は、わけるの意味。耕地を区分するあぜの意味を表す。

▼江畔・湖畔・沢畔・池畔・背畔

【畔逆】（ハンギャク）むほんする。そむきさからう。叛逆。

【畔路】（ハンロ）田の間のあぜ道。田の中の小道。

【譲(讓)レ畔】（ハンをゆずる・あぜをゆずる）耕地のあぜを譲りあう（相手の面積を広げてやる）。民情の厚いこと。

(10)5
【畝】4822 常 せ・うね
漢ボウ・呉モ 慣ホ 拼mǔ（mǒu）
3206 4026

筆順 亠 亩 亩 畝

〔畆〕俗字 6528 613C 〔畒〕同字

字義 ❶耕地の面積の単位。周代では、六尺平方（周代の一尺は約二二・五センチメートル）を歩とし、百歩を畝とした。約一・八二アール。約一アール。❷うね。畑のうね。国せ。面積の単位。三十歩。約一アール。

難読 畝傍（うねび）

解字 文 金 篆 文 別 体 形声。金文・篆文は、田＋毎音。音符の毎は、乳房のある女性の象形。田畑の乳房のようなもりあがり、うねの意味を表す。

▼田畝・農畝

(10)5
【畚】4823 △ ホン 拼běn
6529 613D

字義 ふご。もっこ。あじか。藁や縄などで作った、土を運ぶ道具。

解字 篆 文 形声。田（甶）＋弁音。由は、ほとぎ・かごの象形。音符の弁（ヘン＝ホン）は、かんむりの意味。かんむりのような形をした、ふご・もっこの意味を表す。

(10)5
【留】4824 教5 リュウ・ル とめる・とまる
一漢リュウ（リウ）・呉ル 拼liú
二漢リュウ（リウ）・呉ル 拼liù
4617 4E31

筆順 ㄙ ㄙフ 𠂎刀 留

〔畱〕本字 〔畄〕俗字 6523 6137

字義 一 ❶とまる。とどまる。㋐その所にとどまる。動かない。「逗留」「寄留」㋑とどこおる。㋒おくれる。長びく。㋓後に残る。「遺留」㋔中止する。❷とめる。とどめる。㋐とどまらせる。動かないようにする。おさえる。㋑やめさせる。㋒引きとめる。㋓とどこおらせる。長びかせる。後に残す。㋔ぐずぐずしていて決定しない。決行しない。❸久しい。長い。❹うかがう。すきをねらう。❺ルーブル。旧ソビエト連邦の貨幣単位 rubl の略音訳。
二 すばる。星座の名。牡牛座のプレアデス星群。六星から成る。＝昴。

参考 現代表記では［溜］（4215）の書きかえに用いることがある。「乾溜→乾留」「蒸溜→蒸留」

名乗 たね・と・とめ・ひさ 難読 留辺蘂（るべしべ）・留萌（るもい）

使いわけ とまる〔止・留・泊〕⇩止（3791）。

解字 文 金 篆 文 形声。田＋丣音。音符の丣（リュウ）は、流に通じ、ながれるの意味。田の間を流れる水がとまるの意味を表す。留を音符に含む形声文字には、「ながれがとまる」の意味と「ながれる」の意味との二つの系列があり、溜・瘤・遛・霤・餾などがある。

▼慰留・去留・居留・寄留・拘留・在留・残留・滞留・駐留・保留・抑留

【留△寓】（リュウグウ）他郷にとどまっていること。

【留侯】（リュウコウ）漢の張良をいう。→張良（三七三ページ）。

【留守】（リュウシュ）①とどまり守る。②天子の巡行中、重臣が国都にとどまっていて、これを統べ守ること。唐以後、しばしば官名とされた。③国スル ㋐天子・大名の不在中、宮城・城を統べ守る主役。㋑主人の不在中、家を統べ守る人。㋒出かけて不在のこと。

【留取】（リュウシュ）とどめておく。後に残しておく。取は助字。

【留滞(滯)】（リュウタイ）とどまり、とどこおる。停滞。

【留別】（リュウベツ）旅立つ人が別れを告げること。別れの心を後にとどめる。離別を惜しむ。

【留保】（リュウホ）①決定しないで一時そのままにとどめておくこと。→保留（八八ページ）。②（国際法）で自分の国については適用しないという意志を示すこと。

【留連】（リュウレン）①去るに忍びず、ぐずぐずしているさま。②さまよい歩くさま。流浪するさま。

(10)5
【畠】4825 国字 標
4011 482B

字義 はた。はたけ。畑（4817）と同字。→七三八ページ。

解字 会意。白＋田。中国で水田に対するはたけを、白田の二字で表したものを、日本で一字に合わせた国字。

(11)6
【異】4826 教6 イ こと
(12)7
〔異〕4827
イ 拼yì
1659 305B

筆順 冂 田 甼 異

字義 ❶ことなる。ことなり。㋐同じでない。変わっている。㋑よその。ほかの。別の。❷普通でない。なみでない。㋐めずらしい。「奇異」㋑すぐれている。非凡である。㋒ふしぎである。ふしぎな。❸変わった事、また、物。ふしぎ。「怪異」❹わざわい（災）。「天変地異」❺むほん。反逆。「異心」❻ことにする。ことにす。違う。また、別にする。特別にする。区別する。❼イとする。イとす。めずらしがる。すぐれていると考える。ふしぎに思う。あやしむ。

解字 甲骨文

金文

篆文

象形。人が鬼やらいにかぶる面をつけ、両手をあげているさまにかたどる。それをかぶると恐ろしい別人になるところから、ことなるの意味を表す。甲骨文・金文の象形が、『説文(セツモン)』では廾＋畀の会意として説かれる。常用漢字の異は、『説文(セツモン)』の異の省略形。

▼怪異・奇異・驚異・考異・差異・災異・地異・同異・特異・変異

【異意】イイ ①むほんの心。②別の意味。③意を異にする。意見・意味・心・考えを異にする。

【異域】イイキ 外国をいう。異郷。域は、区域。

【異客】イカク・イキャク ①別の客。②普通と異なった、不思議な客。③他郷にある人。旅にいる身。④他郷から来た人。

【異学(學)】イガク ①異端の学問。正統でない学問。②国家で認めている学問に反する学問。③国江戸時代、朱子学以外の学問をいう。「寛政異学の禁」

【異義】イギ ①異なった意味。②＝異議。

【異議】イギ 異見。異論。①他と異なる意見・議論。②反対または不服の意見・議論。

【異郷(鄕)】イキョウ よその土地。他郷。外国。

【異教】イキョウ ①異なった教え。②自分の信仰している以外の宗教。

【異曲同工】イキョクドウコウ ＝同工異曲。①音楽・詩文・芸術品などで調子やおもむきは異なっているが、その手法・手ぎわが相似ていること。②転じて、一見異なっているように見えるが、結局、同じようなやり方によっていることにいう。

【異形】イケイ ①異なる形。違う形。②イギョウ 異様な形。普通と異なる不思議な形・姿。

【異口同音】イコウドウオン・イクドウオン 多数の人が口をそろえて同じことを言うこと。

【異才】イサイ すぐれた才能。また、その才のある人。異材。

【異彩・異△采・異△綵】イサイ ①すぐれた色彩。目をうばうばかりの光彩。②人や物の、目を見張らせるほどりっぱですぐれていること。

【異材】イザイ ＝異才。

【異志】イシ ①ふたごころ。謀反の心。二心。異心。②すぐれた志。非凡な志。

【異時】イジ 別の時。①ある時。②かつて。前に。前日。むかし。③後日。

【異日】イジツ 別の日。他日。①前日。むかし。②後日。

【異状(狀)】イジョウ 異状な状態。ふだんと違う状態。

【異常】イジョウ 正常でない。普通でない。アブノーマル。◇「異常」と「異状」は厳密には常と状の違い程度の意味の違いはあるが、意味に大差はない。現代では「異常」の使用例の方がふえており、また「異常」は「異常な」「異常に」というように形容動詞化したり、「精神異常」のように複合語を構成したりすることができる点でも「異状」より使用範囲が広い。

【異色】イショク ①異なる色。②すぐれて美しい色。③他と異なってすぐれていること。

【異心】イシン ①ふたごころ。謀反の心。二心。異志。②他と異なる考え。別な考え。

【異人】イジン ①別の人。他の人。②普通と異なった人。㋐すぐれた人。㋑風変わりな人。変人。㋒仙人・魔女など。③国外国人。人種の違う人。特に、西洋人をいう。

【異数(數)】イスウ ①異なる等級。②普通と異なること。異例。

【異性】イセイ ①性質が異なること。②性（男女・雌雄）が異なること。③男から女を、女から男を指していう語。

【異蛇】イダ 普通と変わっているへび。めずらしいへび。また、不思議なへび。〔唐、柳宗元、捕蛇者説〕

【異端】イタン ①聖人の道でなく、別に一端をなすもの。正統でない道。正しくない道。儒家が自家の道・思想以外のもの、たとえば道家・墨家などの道・思想を指して言った語。〔論語、為政〕攻二乎異端一、斯害也已（イタンをおさむるは、これガイなるのみ）〈正統でない道を学ぶのは、ただ害があるだけである〉②国㋐正しくない道。よこしまな道。㋑宗教で、正統以外の説、また、正統中にあって異議を唱える説。㋒時流に受け入れられぬ思想や学説。㋓異端者の略。

【異端者】イタンシャ 国①異端を信奉し、主張する者。②伝統や権威に反抗する者。

【異朝】イチョウ 国外国の朝廷。また、外国。

【異図(圖)】イト 謀反の心。背く心。異心。

【異同】イドウ 異なる点。違い。同は、そえ字。「緩急」の緩などと同じ。

【異△稟】イヒン 普通の人と異なった、すぐれた生まれつき。

【異腹】イフク 父が同じで、母の違う兄弟姉妹。

【異物】イブツ ①異なる物。②普通と異なった見なれない物。㋐めずらしい物。㋑すぐれた物。㋒怪しい物。③幽鬼。あの世の者。死者。④人間以外の動物。⑤肉体。

【異聞】イブン ①めずらしい話。珍聞。②ある事に関して普通に言われている話と異なる点のある話。③（他人の知らない事について）特別に聞いた話。④ブンをことにす 聞いている事、また、内容の伝わり方に差異があること。

【異邦】イホウ 異方。外国。異国。邦は、くに。

【異味】イミ めずらしい、また、おいしい食物。ごちそう。珍味。

【異様(樣)】イヨウ・ことヨウ 国普通と変わったありさま。

【異類】イルイ ①異民族。②鬼神・鳥獣などをいう。③ルイをことにす たがいに種類が異なっている。

【異例】イレイ ①前例、また、普通と異なること。前例のないこと。②国身体の調子が常と異なること。病気。

【異路同帰(歸)】イロドウキ 路(みち)を異にして帰を同じくする。通って行く道はたがいに異なっているが、行きつく所は同じである。〔淮南子、本経訓〕

【異論】イロン ＝異議。

(11)6 【畦】4828 標 漢ケイ 呉エ（ヱ） 斉 qí (xí) —2345 374D

字義 ❶耕地の面積の単位の一つ。五十（一説に、二十五）畝(ボ)。周代の一畝は約一・八二アール。❷あぜ。さかい（境）。境界。❸うね。畑のうね。また、畑。

解字 篆文

形声。田＋圭㊜。音符の圭(ケイ)は、幾何学模様のある玉の象形。圭の模様のような、田のさかいのあぜの意味を表す。

【畦丁】ケイテイ 畑作り。作男。農夫。園丁。

(11)6 【畤】4829 △ シ 慣ジ 紙 zhì —6531 613F

字義 祭りの庭。天地の神あるいは五帝（東・西・南・北・中央の神）を祭る場所。祭場。

解字 篆文

形声。田＋寺㊜。音符の寺は、たちどまるの意味。田は区画された地の意味。天地の神々が、そこを根拠地として、よりとどまるところ、聖地の意味を表す。

(11)6 【畢】4830 標 漢ヒツ 呉ヒチ 質 bì —4113 492D

字義 ❶おわる（終）。また、おえる。❷ことごとく（尽・悉）。みな。残らず。❸ついに（終・竟）。❹あみ。柄のついた網。また、網で捕らえる。❺星座の名。二十八宿の一つ。畢宿。あめふり。牡牛座(おうしざ)のアルデバランを含む中央部。

解字 甲骨文

金文

篆文

形声。田＋𠦒㊜。音符の𠦒(ヒツ)は、畢の原字で、かも猟に用いられる柄のついたあみの象形で、あみの意味を表す。のち、かりの意味の田を付した。閉に通じ、おわるの意味をも表す。

【畢△竟】ヒッキョウ つまり。要するに。結局。

【畢業】ヒツギョウ 業を終える。卒業。

【畢生】ヒッセイ 一生を終わるまで。また、一生の。畢世。一生涯。終生。

(11)6 【略】4831 教5 リャク　リャク 簡 lüè　4612 4E2C

筆順

【畧】同字 6532 6140

字義 ❶おさめる(治)。いとなむ(営)。境界を定めてその内を治める。❷ゆく(行)。めぐる。見まわる。❸おかす。「侵略」❹うばい取る。かすめ取る。攻めて取る。「略奪」❺うつ(討)。征伐する。❻はぶく(省)。「省略」❼はかりごと。「計略」「謀略」❽ちえ(知恵)。「知略」❾みち。㋐すじみち。㋑道徳。❿のり(法)。法則。規則。⓫さかい。㋐土地の境界。㋑境界内の土地。地内。⓬かなめ。要点。「要略」⓭ほぼ。およそ。あらまし。「大略」⓮あらい(粗)。くわしくない。精密でない。「粗略」

参考 現代表記では［掠］(2733)の書きかえに用いる。「掠奪→略奪」「侵掠→侵略」

解字 文 篆　形声。田＋各㊥。田は、農業などの生産地の意味。音符の各は、いたるの意味。自分の生産地内に行きおさめるの意味や、他人の生産地にのりこんでおかすの意味などを表す。また、転じて、はぶくの意味をも表す。

▼簡略・奇略・機略・軍略・計略・攻略・作略・策略・算略・侵略・政略・省略・戦略・前略・大略・脱略・中略・知略・謀略・雄略

【略解】リャッカイ・リャクカイ ①大体の意味を解きあかす。また、あらましを理解する。②国リャクゲ・リャクカイ・リャッカイ あらましの解釈。

【略言】リャクゲン あらましを言う。また、省かれたことば。

【略取】リャクシュ ①かすめ取る。奪い取る。掠取リャクシュ。②攻め取る。攻撃して取る。

【略述】リャクジュツ あらまし(およそのこと)を述べる。

【略奪】リャクダツ うばい取る。かすめとる。掠奪リャクダツ。

【略地】リャクチ ①土地を攻め取る。敵地を占拠する。②境界の地を巡行し視察すること。略は、巡行の意。

【略定】リャクテイ 攻略し平定する。

(11)6 【畧】4832 △ リャク　略(4831)と同字。→前項。　6532 6140

(11)6 【畩】4833 国字 △　6530 613E

字義 けさ。畩ケ山(けさがやま)は姓氏。また、鹿児島県曾於(そお)郡の地名。

解字 会意。田＋衣。田は、まんじ(卍)の図案化したものが一見、田の字に似ているところから、卍を紋にしている、けさの意味を表す。

【累】→糸部 八五〇ページ。

(12)7 【異】(4827) イ　異(4826)の旧字体。→七五九ページ。

(12)7 【畫】(547) ガ　画(546)の旧字体。→一三一ページ。　6533 6141

(12)7 【畯】4834 △ シュン 震 jùn

字義 ❶田地を取り締まり農事を奨励する役人。田大夫。❷農夫。田夫。

解字 甲骨文 篆文　形声。田＋夋㊥。音符の夋シュンは、すぐれるの意味。農業の知識にすぐれた人・農政の役人の意味を表す。

(12)7 【畳】4835 常 ジョウ たたむ・たたみ　3086 3E76

(22)17 【疊】4836 人 許 漢チョウ(テフ) 呉ジョウ(デフ) 葉 dié　6540 6148

筆順

【疉】同字 6541 6149　【曡】俗字 6542 614A

字義 ❶たたむ。かさねる。折りたたむ。積み重ねる。また、たたまる。かさなる。❷かさなり。たたみ。たたむこと。重なること。❸繰り返す。また、繰り返し。歌の同一文句を繰り返して歌うこと。国❶たたみ。たたみ重ねて作った物。㋐座敷の敷き物。㋑石や瓦などを敷き並べた所。石だたみ。㋒草履や下駄の表につける物。❷たたむ。㋐すぼめる。「傘をたたむ」㋑しまう。片づける。閉じる。「店をたたむ」㋒責める。いじめる。いじめつけて弱らせる。㋓表に出さずにかくす。「胸にたたんでおく」

解字 文 篆　会意。もと、畾＋宜。畾は、また、もと、晶で、同じ形のものを重ねるの意味。宜は、まないたの上に重なる美食の意味。かさなる・たたむの意味を表す。

▼重畳・半畳

【畳韻】ジョウイン ①前の詩と同じ韻で詩を作ること。②同じ韻の二字が連なって、韻のひびきからある状態などの意味を成すもの。逍遥ショウヨウ・優游ユウユウ・嬋妍センケンなど。

【畳語】ジョウゴ 同一の単語を重ねて一語としたことば。「時時・山山・かえすがえす」など。

【畳△濤】ジョウトウ 重なって寄せる波。

【畳峰】ジョウホウ 重なり連なる山々。

(12)7 【疇】4837 △ チュウ　疇(4850)の俗字。→七四二ページ。　6539 6147

(12)7 【番】4838 教2 バン　漢ハン・呉ホン 元 fān　慣バン　4054 4856

筆順

字義 ❶かわるがわる。代わりあうこと。交代。❷かず(数)。㋐順序の数。㋑たび。回数。㋒個数。枚数。❸未開の民族。異民族。外国人。転じて、外国のもの、外国から来たものに冠する語。国❶バン。㋐見張り。当直。宿直。「番人」㋑組合わせ・取組などを数える語。「十番勝負」㋒ある語に冠して「常用の・粗末な」の意を表す語。「番茶」「番傘」❷つがい。㋐つがったもの。組。㋑二つで一組になったもの。㋒つがいめ。関節。「蝶番(ちょうつがい)」㋓動物の雌雄シユウ一対。㋔夫婦。❸つがう。㋐二つ以上が組みあう。㋑対ツイになる。㋒交尾する。❹つがえる。㋐二つ以上を組み合わせる。㋑弓の弦に矢をあてる。㋒ちぎる(契)。堅く約束する。

難読 番長(おさ)・番南瓜(とうなす)

解字 金文 篆文　形声。田＋釆㊥。音符の釆ハンは、獣のつめの象形で、放射状に広がるの意味。田畑に種をまくの意味を表し、播ハの原字。借りて、かわるがわる事にあたるの意味に用いる。

▼下番・交番・週番・上番・茶番

【番△禺】バングウ 県名。広東カントン省広州市内。もと、秦シンの県名。

【番語】バンゴ 未開の異民族のことば。また、外国語。蕃語バンゴ。

【番匠】バンショウ・バンジョウ 国①昔、飛驒ひだ(岐阜県)や大和(奈良県)から、交替で京都に上って木工寮で働いた大工。②転じて、大工。

【番舶】バンパク 外国船。

(12)7 【畬】4839 △ 一ヨ 魚 yú　二シャ 麻 shē

【畭】同字 6534 6142

字義 一❶あらた(新田)。開墾したばかりの田。また、田をひらく。開墾する。❷やきた。雑草を焼きはらって作った耕地。二❶広東カントン省などに住む種族の名。

解字 文 篆　形声。田＋余㊥。音符の余は、除草具の象形。除草したばかりの、あらたの意味を表す。

(12)7 【畭】4840 △ ヨ　畬(4839)と同字。→前項。　6534 6142

(12)7【畱】4841　△　リュウ　留（4824）の本字。→七三元ページ。

(12)7【町】4842　国字　△
字義　の。布の幅を数える語。約三〇〜三六センチメートル。

【畕】→土部　三元ページ。

(13)8【畹】4843　△　漢エン（ヱン）　呉オン（ヲン）　阮 wǎn (yuǎn)
字義　耕作地の面積の単位。三十畝。一説に、十二畝。
解字　篆文　形声。田＋宛音。

(13)8【畸】4844　△　キ　支 jī　6535 6143
字義　❶井田法によって区切った耕地の残りの地。❷はした。余り。端数。＝奇。❸めずらしい。変わっている。＝奇。❹身体に障害のあること。
参考　現代表記では［奇］（1410）に書きかえる。「畸人→奇人」「畸形→奇形」熟語は［奇］をも見よ。→二六九ページ。
解字　篆文　形声。田＋奇音。音符の奇は、変わっているの意味。井田法で区画した耕地の残りで、変わった形の耕地の意味を表す。
【畸形】キケイ　身体が通常と異なる形態を呈していること。奇形。
【畸人】キジン　①性質や挙動などの普通と変わっている人。変人。奇人。②身体に障害のある人。

(13)8【畺】4845　△　キョウ　疆（4849）と同字。→中段。

(13)8【畷】4846　△　□一漢テツ・呉テチ　屑 zhuó　□二テイ　霽　3877 466D
字義　□二なわて。耕作地の間の道。日本では、主として田のあぜ道をいう。
解字　篆文　形声。田＋叕音。音符の叕は、つづるの意味。糸をつなげたような田間の道、あぜみちの意味を表す。

(13)8【當】4847（1718）　トウ　当（1717）の旧字体。→三九ページ。　6536 6144

【暘】→日・曰部　五一四ページ。

(15)10【畿】4847　標　漢キ　呉ゲ　微 jī　2106 3526
字義　❶みやこ。帝都。❷王城（帝都）から五百里以内の地。天子の直轄に属する。（周代の一里は約四〇五メートル）❸地域の称。周代、王城から五百里以外の地を、外に向かって五百里ごとに区分し、これを九畿・九服（侯・甸・男・采・衛・要・夷・鎮・蕃）と呼んだ。❹国。地方。また、さかい。境界。❺はたけ。田野。
解字　篆文　形声。田＋幾音。音符の幾は、近に通じ、ちかいの意味。天子に近い所、みやこの意味を表す。
【畿内】キナイ　①＝字義の❷。②国京都の周囲の地方の称。山城（京都府）・大和（奈良県）・河内・和泉（共に大阪府）・摂津（大阪府・兵庫県）の五か国の総称。

(16)11【疊】4848　△　ジョウ　畳（4835）（疊）の俗字。→七四一ページ。　6542 614A

(19)14【疆】4849　標　漢キョウ（キャウ）　呉コウ（カウ）　陽 jiāng　6537 6145
【畺】同字
字義　❶さかい。境界。土地（領地）の境。❷㋐かぎり。きわまり。果て。㋑地方。辺境。また、領土。❸さかいする。かぎる。㋐境をつくる。㋑境を正す。㋒境を守る。
参考　①［彊］（つよい）（2097）は別字。②現代表記では［境］（1313）に書きかえることがある。「辺疆→辺境」
解字　金文　篆文　別体　形声。土＋彊音。畺は、別体。畺は、指示。田と田の間にしきりを示す三を書き、さかいの意味を表す。
【疆域】キョウイキ　①国のさかい。国境。②国境の内の土地。領土。
【疆宇】キョウウ　国土。領土。
【疆場】キョウエキ　①耕作地のさかい。場も、境。②耕作地。田畑。③国のさかい。国境。国境地帯。
【疆土】キョウド　①国境を示すために、堤防のように積みあげた土。封土。国境。②領地。国。

(19)14【疇】4850　標　漢チュウ（チウ）　呉ジュウ（ヂウ）　尤 chóu　6538 6146
【畤】俗字　6539 6147
字義　❶たぐい。㋐部類。「範疇」㋑ともがら。仲間。㋒つれあい。配偶。❷耕作地。田畑。❸うね（畝）。畑のうね。「田疇」❹さかい（境）。❺ひとしくする。❻だれ（誰）。❼さき。昨日。むかし。以前。また、さきの。さきに。
解字　甲骨文　篆文　形声。田＋壽音。音符の壽は、つらなるの意味。つらなる田、つらなる田のうねの意味を表し、儔に通じて、たぐい・なかまの意味をも表す。甲骨文は象形で、耕地の中を走る水路、または、うねの連なる形にかたどり、うねの意味を表す。
【疇日】チュウジツ　①きのう。昨日。②過去の、ある日。過日。
【疇人】チュウジン　①家業を代々伝承する人。②同じ仲間の人。同類の人。③算数に熟達している人。④天文暦算の学者。
【疇夕】チュウセキ　ゆうべ。昨夜。
【疇昔】チュウセキ　①＝疇日。②＝疇夕。③むかし。往昔。
【疇隴】チュウロウ　田のうね。転じて、田畑。

(22)17【疉】4851　△　ジョウ　畳（4835）（疊）と同字。→七四一ページ。　6541 6149

(22)17【疊】（4836）　ジョウ　畳（4835）の旧字体。→七四一ページ。　6540 6148

5

疋（⻊）部

〔部首解説〕　ひき。〔⻊〕ひきへん。字形分類上、部首にたてられる。これを「ヒキ」と呼ぶのは、中国で匹の俗字として疋が用いられていたからである。

疋 七四三　7 疏 七四三　疎 七四三　9 疑 七四三　疐 七四三
胥→月部 五三四ページ。蛋→虫部 九六三ページ。楚→木部 五七一ページ。

(5)0【疋】4852　標　□一漢ソ・呉ショ　魚 shū　□二漢ガ・呉ゲ　馬 yǎ　□三漢ヒツ・呉ヒチ　質 pǐ　慣ヒキ　4105 4925
字義　□一あし（足）。□二ただしい。＝雅。□三＝匹（719）。国ヒキ。＝匹。❶古くは銭十文を一疋とし、後には二十五文を一疋とした。❷一疋は、布二反をいう。
解字　篆文　象形。もと足と同形で、あしの形にかたどり、あしの意味。雅の省略体の牙を疋に誤り、雅の意味にも用いる。疋を音符に含む形声文字に、胥・楚・疎・疏・礎・糈・蔬・醑などがある。

【胥】→月部　五三四ページ。　【蛋】→虫部　九六三ページ。

(12)7【疏】4853　標　漢ソ　呉ショ　御 shū　3333 4141
【疎】俗字　3334 4142
【踈】俗字　7683 6C73
字義　❶しるす。㋐書きしるす。㋑箇条書きにする。❷手

紙。また、その文体。書疏。❸文体の名。上奏文の一種。「奏疏」❹ときあかし。解釈。書籍の注釈。「注疏」❺あおもの。野菜。＝蔬。❻くしけずる。＝梳。

参考 ①疏と疎は元来同義であるが、ここに示した字義の場合には、習慣上、俗字の疎の字は用いない。字義と熟語は疎(4854)をも見よ。→次項。
②現代表記では〔疎〕(4854)に書きかえることがある。「疏水→疎水」「疏通→疎通」「疏明→疎明」

解字 篆文 形声。㐬＋疋㊥。㐬は、ながれるの意味。音符の疋は、あしの意味。足のように二すじにわかれて流れが通じるの意味から、とおるの意味を表す。転じて、空間ができて距離が遠くなるの意味を表す。

【疏記】箇条書きにする。また、その文書。

【疏奏】箇条書きにして申し上げる。

【疏陳】①まばらに並べ連ねる。②筋道をたてて申し上げる。箇条を追って陳述する。

(12)7
【疎】4854
常 ソ
うとい・うとむ
漢ソ・呉ショ 魚 shū
3334
4142

筆順 疎

字義 疏(4853)の俗字。❶うとい。㋐親しくない。関係が深くない。㋑よく知らない。❷うとんずる。うとむ。㋐遠ざける。また、すてる。㋑忌み嫌う。❸うといこと。また、うとい人。遠い親戚。❹おろそか。注意が行き届かない。また、おろそかにする。粗末に扱う。❺あらい。㋐細かでない。おおまか。〔老子、七十三〕天網恢恢疎而不レ失。㋑粗末である。丁重でない。㋒まばら。少ない。❻とおる。通ずる。また、通す。開き通す。❼分ける。また、分かれる。❽のぞく。取り去る。また、洗う。❾おさめる。❿ほる。彫刻する。また、描く。⓫しく。しきつらねる。

参考 ①ここにあげた意味の場合には、疎・疏のいずれにも書く。字義と熟語は疏(4853)をも見よ。→前項。
②現代表記では〔疏〕(4853)の書きかえに用いることがある。「疏水→疎水」「疏通→疎通」「疏明→疎明」

解字 形声。束＋疋㊥。疏(4853)の俗字。

▼空疎・親疎

【疎遠】①うとんじ遠ざける。②たがいの交わりがうといこと。平素、親しみ、近づきのないこと。③久しく会わないこと。

【疎懈】①おこたる。また、おこたり。②事のしかたが粗略なこと。

【疎外】うとんじしりぞける。のけものにする。疎斥。

【疎隔】①うとんじへだてる。うとんじしりぞける。②うとくなりへだたる。交わりがうとくなること。

【疎闊】①久しく会わないこと。②おおまか。㋐粗雑。粗略。㋑簡単。簡略。

【疎狂】そそっかしく、常軌を逸していること。

【疎忽】①そそっかしい。軽卒。②手ぬかり。

【疎索】①おこたる。②まばら。③粗略。

【疎鑿】土地を切り開いて水や川を通すこと。

【疎食】粗末なめし。疎飯。〔論語、述而〕

【疎水】土地を切り開いて水を通す。また、その流れ。疏水。

【疎疎】①衣服のりっぱなさま。②まばらなさま。

【疎族】血筋の遠い身内。遠い親類。疎属。

【疎属(屬)】＝疎族。→前項。

【疎通】①とどこおりなく通ずる、また、通じさせる。疏通。②物事を解き分けて明らかにすること。

【疎蕩】①粗略でおおまか。②おおらか。気が大きく、小事にこだわらないこと。

【疎放】気ままで締まりがない。

【疎密】疎と密。あらいこととこまかいこと。疎緻。

【疎明】①開けて明るくなる。②まばらになって明るくなる。③申し開きをする。疏明。

【疎野】下品で礼儀作法を知らないさま。粗野。

【疎略】おろそか。粗末。粗略。→粗略(八三六ページ)。

【疎糲】①粗末なめし。疎食。②おろそかであらい。

【疎漏】おろそかで手落ちがあること。手ぬかり。

【楚】→木部 五七一ページ。

(14)9
【疑】4855
教 6
ギ
うたがう
㊀ギ 支 yí
㊁漢ギツ・呉ゴチ 物
㊂ギョウ 蒸 níng
2131
353F

筆順 ヒ 𠤎 𠤎 疑

字義 ㊀❶うたがう。㋐あやしむ。「猜疑」㋑まよう。ためらう。㋒悪く推量して恐れる。㋓しりごみする。❷うたがわしい。㋐あやしい。うたがうべき点がある。㋑似ていて区別しにくい。疑似。❸うたがい。㋐疑惑。嫌疑。「懐疑」㋑おそれ。心配。❹うたがうらくは。推量する語。たぶん…であろう。…ではなかろうかと思われる。〔唐、李白、静夜思詩〕疑是地上霜。㊁とどまる。じっと立つ。㊂❶さだまる。❷こる。＝凝。

解字 甲骨文 金文 篆文 象形。もと甲骨文は、人が頭をあげ、思いをこらしてじっと立つ形にかたどる。金文になると、この𠤕に彳＋止＋牛㊥が加わり、人がわかれ道にたちどまって、のろまな牛のようになるの意味を表す。のち、『説文』では、子＋止＋匕＋矢㊥の疑の字とした。𠤕を誤って二字の結合とし、牛を誤って子とした。

▼懐疑・嫌疑・質疑・遅疑・容疑

【疑義】①疑わしい意味。意味のはっきりしないところ。②疑わしい事がら。③国疑念。疑問。

【疑議】①ああでもないこうでもないという論議。なかなか決定しない評議。②あれかこれかとはかり考えること。③ためらうこと。

【疑懼・疑惧】うたがいおそれる。また、うたがい。恐れ。

【疑狐】疑い深いきつね。転じて、疑い深いこと。

【疑獄】①罪の有無がはっきりせず、判決のしにくい事件。犯罪の疑いがあって調べている裁判事件。②国大規模の贈賄・収賄事件。

【疑二・疑弐(貳)】①うたがう。また、うたがい。②うたがって背き離れること。そむく。

【疑似】よく似ていて見分けのつかぬこと。

【疑心生二暗鬼一】疑いの心をもっていると、ありもしない(起こることのない)恐ろしいことが心に浮かんで来る。「疑心暗鬼」〔列子、説符、口義〕

【疑兵】敵をだますためのいつわりの兵。幕を張り旗を立てたりなどして、多数いるように見せかける兵。

【疑惑】うたがいまどう。また、うたがい。まどい。

(14)9
【疐】4856
△ チ 寘 zhì
〔疐〕正字

字義 ❶つまずく。たおれる。❷ひきとめる。また、さえぎる。

解字 甲骨文 金文 篆文 会意。金文は、辛＋止＋苗の変形。辛は、はりの象形。苗の変形は、苗の上部が生育をはばまれた形にかたどる。苗にその生長がはばまれる針が加えられるさまから、さまたげる・つまずくの意味を表す。

5 疒部

〔部首解説〕やまいだれ。疒（ダク）を意符として、病気や傷害、それに伴う感覚などに関する文字ができている。

疒 七四四　2 疔 七四四　3 疚 七四四　疝 七四四　4 疫 七四四
疥 七四四　疢 七四四　疣 七四四　5 痂 七四四　疳 七四四
痀 七四四　痃 七四四　疾 七四四　症 七四五　疹 七四五
疽 七四五　疸 七四五　疼 七四五　疲 七四五　病 七四五
疱 七四六　6 痍 七四六　痕 七四六　疵 七四六　痔 七四六
痊 七四六　痒 七四六　7 痙 七四六　痤 七四六　痣 七四六
痩 七四六　痛 七四六　痘 七四六　痗 七四七　痞 七四七
痡 七四七　痢 七四七　8 痾 七四七　痿 七四七　瘀 七四七
痵 七四七　痼 七四七　瘁 七四七　痰 七四七　痴 七四七
痹 七四七　痺 七四七　痲 七四七　痳 七四七　9 瘖 七四七
瘧 七四七　瘈 七四八　瘏 七四八　瘋 七四八　瘉 七四八
瘍 七四八　10 瘞 七四八　瘟 七四八　瘠 七四八　瘡 七四八
瘦 七四八　瘢 七四八　瘤 七四八　11 瘴 七四八　瘳 七四八
瘭 七四八　瘰 七四八　瘻 七四八　12 癇 七四八　癌 七四九
癉 七四九　癈 七四九　癃 七四九　療 七四九　癆 七四九
13 [illegible] 七四九　癜 七四九　癖 七四九　癒 七四九　癘 七四九
14 癡 七四九　15 癢 七四九　16 癨 七四九　癩 七四九　癧 七四九
癪 七四九　17 癮 七四九　癭 七四九　癬 七五〇　18 癯 七五〇
癰 七五〇　19 癲 七五〇

(5)0【疒】4857　△ (漢)ダク (呉)ニャク [陌] nè

字義 ❶よる。病んで寝台にもたれる。❷やむ（病）。病気。

解字 篆文　会意。人＋爿。爿は、寝台の象形。人が病気で寝台にもたれるさまから、よりかかる・病気の意味を表す。

(7)2【疔】4858　△ (漢)テイ (呉)チョウ（チャウ）[青] dīng　6543 614B

字義 できもの。かさ。小さくて根の深い悪性のできもの。顔面などにできる。「面疔」

解字 形声。疒＋丁(音)。音符の丁は、くぎの象形。顔にくぎをうちこんだようにできる、できものの意味を表す。

(8)3【疚】4859　△ (漢)キュウ（キウ）(呉)ク [宥] jiù　6544 614C

字義 ❶やむ（病）。なやむ。❷やましい（疚）。気がとがめる。良心にはじる。

解字 形声。疒＋久(音)。音符の久は、ひさしいの意味。長いやまいの意味を表す。

(8)3【疝】4860　△ (漢)サン (呉)セン [諫] shàn　6545 614D

字義 疝気（センキ）は、腹や腰部の痛む病気。

解字 篆文　形声。疒＋山(音)。

(9)4【疫】4861　常 エキ・ヤク　(漢)エキ・(呉)ヤク [陌] yì　1754 3156

筆順 广 疒 疒 疫

字義 えやみ。疫病。悪性の流行病。「悪疫」

難読 疫病（えやみ）

解字 篆文　形声。疒＋殳（役）(音)。音符の役は、人を苦しめる、きびしいつとめの意味。人を苦しめる流行病の意味を表す。

▼悪疫・検疫・防疫・免疫

【疫鬼】（エッキ）流行病を起こす悪魔。疫病神（ヤクビョウがみ）。
【疫死】（エキシ）疫病で死ぬこと。
【疫病】（エキビョウ・ヤクビョウ）悪性の流行病。

(9)4【疥】4862　△ カイ [卦] jiè　6546 614E

字義 ❶疥癬（カイセン）は、非常にかゆい皮膚病の一種。皮癬（ヒゼン）。❷おこり。ぎゃく（瘧）。マラリヤ。

解字 篆文　形声。疒＋介(音)。

【疥癬】（カイセン）①ひぜん。皮膚のかゆくなる病気。②とるに足りないわざわい・外患のたとえ。

(9)4【疢】4863　△ チン [震] chèn

字義 ❶やまい（疢）。また、熱病。❷うまい食物。人の欲望をそそって病を生じさせるからいう。

解字 篆文　会意。疒＋火。火のように熱の出る病気の意味を表す。

【疢疾】（チンシツ）病気。熱病。転じて、わざわい。

(9)4【疣】4864　△ (漢)ユウ（イウ）(呉)ウ [尤] yóu　6547 614F

【肬】同字 7079 666F

字義 ❶いぼ。皮膚に生ずる小さい突起物。❷はれもの（腫れ）。

解字 形声。疒＋尤(音)。

【疣贅】（ユウゼイ）いぼとこぶ。転じて、無駄・不要なもの。

(10)5【痂】4865　△ (漢)カ (呉)ケ [麻] jiā　6548 6150

字義 かさぶた。できものがなおるにつれて生ずる皮。

解字 篆文　形声。疒＋加(音)。音符の加は、くわわるの意味。傷がなおるにつれて皮膚に加わるかさぶたの意味を表す。

(10)5【疳】4866　△ カン [覃] gān　6549 6151

字義 ❶小児に起こる慢性消化器障害。脾疳（ヒカン）。❷下疳（ゲカン）は、性病の一種。国カン。❶小児の神経症の一種。夜泣きなどを伴う。「疳の虫」❷癇（カン）と混用する。㋐ひきつけ。小児の発作性の痙攣（ケイレン）。㋑激しやすく怒りっぽい性質。

解字 形声。疒＋甘(音)。

【疳積】（カンセキ・カンシャク）①栄養不良・寄生虫などによって起こる、小児の貧血症。②国（カンシャク）＝癇癪（カンシャク）。

(10)5【痀】4867　△ ク [虞] jū

字義 せむし。くぐせ。背骨が弓なりに曲がる病気。

解字 篆文　形声。疒＋句(音)。音符の句は、クルッと曲がるの意味。背骨が曲がる病気の意味を表す。

【痀僂・痀瘻】（クル）せむし。くぐせ。背骨が曲がる病気。

(10)5【痃】4868　△ (漢)ケン (呉)ゲン [先] xuán, xián　6550 6152

字義 ❶痃癖（ケンペキ）は、頸（くび）から肩にかけて筋のひきつる病気。けんびき。❷横痃（オウゲン）は、よこね。鼠蹊（ソケイ）部の淋巴腺（リンパセン）の炎症で起こるはれもの。

解字 形声。疒＋玄(音)。

(10)5【疾】4869　常 シツ　(漢)シツ (呉)ジチ [質] jí　2832 3C40

筆順 广 疒 疒 疾

字義 ❶やまい（疾）。㋐病気。また、急性や流行・悪性の病気。「痼疾（コシツ）」㋑傷。また欠点。㋒くせ。悪癖。❷やむ。㋐病気になる。㋑なやむ。㋒苦しむ。❸やます。やましめる。㋐

なやます。心を痛める。④しいたげる。そこなう。❹**にくむ**。また、ねたむ。❺**はやい**(はやし)。**とし**。⑦すばやい。すみやか。④はげしい。❻**はやく**。**とく**。すみやかに。❼苦しみ。なやみ。

難読 疾風(はやて)

解字 甲骨文 金文 篆文 形声。甲骨文は、大＋矢音。大は人の象形。音符の矢は、「や」の象形。人が矢にあたって傷つくの意味から、やまいの意味を表す。篆文は、疒＋矢音。

▼固疾・廃疾・風疾

【疾疫】(シツエキ) ①流行病。悪性の流行病。②病気。

【疾悪(惡)】(シツオ) ①にくむ。悪は、憎む意の時の音はオ。②(シツアク) 悪を憎む。悪人(悪事)を憎む。

【疾患】(シッカン) やまい。病気。

【疾苦】(シック) ①なやみ苦しむ。また、なやみ。苦しみ。②なやまし「苦しめる。

【疾駆(驅)】(シック) ①(車や馬を)早く走らせる。②早く駆ける。

【疾言】(シツゲン) ①早口に言う。また、そのことば。②はげしい口調で言う。また、そのことば。

【疾言遽色】(シツゲンキョショク) 早口のことばとあわてた顔つき。落ち着かないさま。

【疾呼】(シッコ) ①はげしく叫ぶ。しきりに叫ぶ。②歌の激しい調子。

【疾視】(シッシ) ①にらむ。②憎しみを表して見る。

【疾首】(シッシュ) 頭をいためる。心配する。また、頭痛。

【疾状(狀)】(シツジョウ) 病気の様子。病状。

【疾趨】(シッスウ) 走り進む。走りおもむく。

【疾痛】(シッツウ) ①いたむ。⑦患部が痛む。④心が痛む。なやみいたむ。②苦しみ。なやみ。苦痛。

【疾妬・疾妒】(シット) ねたみ憎む。また、そねみ。ねたみ。嫉妬(シット)。

【疾風】(シップウ) 速い風。はやて。あらし。暴風。「疾風怒濤(ドトウ)」

【疾風迅雷】(シップウジンライ) はげしい風と雷。転じて、事態の急変や行動の敏速なさまなどの形容。

【疾病】(シッペイ) ①病気。②やまい(ひ)へいなり 病気が重態である。

【疾恙】(シツヨウ) 病気。恙も、病(やまい)。

【疾雷】(シツライ) はげしい雷。

(10)5

【症】4870

常 ショウ　ショウ 㰤 zhèng　3041 3E49

筆順 广 疒 疔 症

字義 ❶やまい。病気。❷しるし。病気の徴候・状態。

解字 形声。疒＋正音。もと、證(証)の俗字。意符の言を疒にかえて病気のしるしの意味を表す。

▼炎症・重症・病症

【症候群】(ショウコウグン) ある疾患や病的変化が基になって現れる、いくつかの身体的・精神的症状。

【症状(狀)】(ショウジョウ) 病気の状態。

(10)5

【疹】4871

標 ㊀シン 軫 zhěn ㊁チン 震 chèn　3130 3F3E

字義 ㊀皮膚にたくさん出る小さなはれ物。発疹。また、その病気。「麻疹(はしか)」 ㊁やまい。熱病。

解字 形声。疒＋㐱音。音符の㐱(シ)は、㐱の原字。人のわきの下にできる、じんましん(蕁麻疹)などの皮膚病の意味を表す。

(10)5

【疽】4872

標 ショ 魚 jū 慣ソ　6552 6154

字義 ソ。悪性のできもの。癰(ヨウ)の一種。根が深くて非常になおりにくい。

解字 篆文 形声。疒＋且音。音符の且(ソ)は、つみ重なるの意味。かさ・はれものの意味を表す。

(10)5

【疸】4873

標 タン 旱 㫲 dǎn　6553 6155

字義 黄疸(オウダン)は、肝臓及び胆嚢(タンノウ)の疾患のために、身体の黄色になる病気。

解字 篆文 形声。疒＋旦音。音符の旦(タン)は膽(胆)に通じ、胆汁の意味。胆汁の移行によっておこる病気、おうだん(黄疸)の意味を表す。

(10)5

【疼】4874

標 漢トウ 呉ドウ 冬 téng　[疼] 6554 6156

字義 **いたむ**(痛)。**うずく**(うづく)。また、痛み。

解字 形声。疒＋冬音。音符の冬は鼕(トウ)に通じ、つづみをトントンとうつの意味。間をおいて痛む・うずくの意味を表す。

【疼腫】(トウショウ) 痛んではれる。

【疼痛】(トウツウ) いたむ。うずく。また、いたみ。うずき。

(10)5

【疲】4875

常 ヒ　つかれる・つからす　漢ヒ・呉ビ 支 pí　4072 4868

筆順 广 疒 疒 疲 疲

字義 ❶**つかれる**(つかる)。⑦くたびれる。だるい。④体力・気力が弱くなる。老いおとろえる。⑦財物・金銭がつきて苦しむ。❷**つかれ**。疲労。❸やせる(瘠(セキ)・痩(ソウ))。❹うむ(倦(ケン))。あきる。

解字 篆文 形声。疒＋皮音。音符の皮は、跛(ハ)に通じ、片足を引いて歩く意味。つかれて片足を引いて歩くの意味から、つかれるの意味を表す。

【疲倦】(ヒケン) つかれうむ。つかれていやになる。

【疲瘠】(ヒセキ) ①やせる。②土地がやせていること。③人民の生活が困窮していること。

【疲怠・疲殆】(ヒタイ) ①つかれおこたる。②あきてなまける。

【疲憊】(ヒハイ) つかれおとろえる。つかれ弱る。つかれ果てる。

【疲敝・疲弊】(ヒヘイ) つかれ弱る。つかれおとろえる。

【疲乏】(ヒボウ) つかれる。弱る。

【疲羸】(ヒルイ) つかれ弱る。羸も、つかれる・弱る。

【疲労(勞)】(ヒロウ) つかれる。くたびれる。

(10)5

【病】4876

教3 ビョウ・ヘイ　やむ・やまい　漢ヘイ・呉ビョウ(ビヤウ) 敬 bìng　4134 4942

筆順 广 疒 疔 病 病

字義 ❶**やまい**(やまひ)。⑦病気。「疾病」④欠点。短所。⑦くせ。性癖。❷**やむ**。⑦病気にかかる。④つかれる(疲)。⑦なやむ。心配する。また、かたしとする。むつかしいと考える。④うらむ。遺憾とする。⑦はばかる。❸**やましめる**(やましむ)。⑦苦しめる。④はずかしめる。⑦とがめる。❹**うれえる**(うれふ)。また、うれい。苦しみ。なやみ。心配。

解字 篆文 形声。疒＋丙音。音符の丙は、ひろがるの意味。病気が重くなるの意味を表す。

▼疫病・仮病・業病・疾病・傷病・多病・余病・老病

【病痾】(ビョウア) 長わずらい。また、持病。宿痾。

【病臥】(ビョウガ) 病気で寝る。病気で床につく。

【病客】(ビョウカク) ①つかれた客。②つかれた旅人。

【病間】(ビョウカン) ①病気中。②病気が少しよい時。③(やまい(ひ)カンなり) 病勢が少しおとろえる。病気が少し楽になる。

【病苦】(ビョウク) ①病気の苦しみ。②仏四苦(生・老・病・死)の一つ。

【病軀】(ビョウク) 病気にかかっているからだ。

【病原・病源】(ビョウゲン) 病気の原因。病気のもと。

【病根】(ビョウコン) ①病気のもと。②悪習・悪弊の根源。

【病牀・病床】(ビョウショウ) 病人の寝ている床(とこ)。

【病症・病証(證)】(ビョウショウ) 病気の徴候。病気のしるし。

【病従(從)レ口入、禍従(從)レ口出】(やまい(ひ)はくちよりいり、わざわ(は)い(ひ)はくちよりいず(づ)) 病気は口から食べる食物によって入ってくるものであり、災難は口から発する言葉から起こるものである。口は禍いの門(かど)の意。発言を慎むべきことの戒め。〔晋、傅玄、口銘〕

【病蓐・病褥】(ビョウジョク) 病気で寝ている床。

【病心】(ビョウシン) ①病中の心。病中の気持ち。②うれえを持つ心。③(シンをやむ) 胸の病をわずらう。

【病夫】(ビョウフ) ①病気の夫。②病気の男。病人。

【病癖】(ビョウヘキ) 悪いくせ。片寄った不健全なくせ。

【病没・病△歿】(ビョウボツ) 病気で死ぬこと。病死。

【病魔】(ビョウマ) ①人体にとりついて病気を起こさせる魔物。②病気。

【病葉】(ビョウヨウ・わくらば) ①病気や虫におかされた葉。②落葉の時期でないのに色づき、あるいは枯れた葉。③常緑樹の枯れ葉。

【病入二膏△肓一】(やまい(ひ)コウコウにいる) ①病気が進んで治療のできないほど重くなっていること。春秋時代の晋の景公が、病魔が名医も治療のできない膏（心臓の下）の上、肓（横隔膜(オウカクマク)の上）の下に隠れた夢を見たという故事。〔左伝、成公十〕（膏肓を「コウモウ」と読むのは、肓を盲と誤っての誤読）②転じて、習慣・好みなどの、直しにくいほどに深くなっていること。

【謝レ病】(やまい(ひ)をシャす) 病気であるとの理由で、君命や人のたのみなどを断ること。

(10)5 【疱】4877 標 ホウ（ハウ） 効 pào 6555 6157

字義 ❶もがさ。疱瘡(ホウソウ)。痘瘡(トウソウ)。天然痘。❷とびひ。液汁を含んだ水泡のようなできもの。水疱。 難読 疱瘡(もがさ・いもがさ)

解字 形声。疒＋包(音)。音符の包は、つつむの意味。水を包んだような形になる皮膚病の一種、とびひの意味を表す。

(11)6 【痍】4878 △ イ 支 yí 6556 6158

字義 ❶きず（傷）。切り傷。「傷痍」❷きずつく。負傷する。また、きずつける。そこなう。害する。

解字 篆文 形声。疒＋夷(音)。音符の夷は、きずつくの意味。のち、疒を付した。

(11)6 【痕】4879 標 漢コン 呉ゴン 元 hén 2615 3A2F

字義 あと。㋐傷あと。㋑広く、物のあと。痕跡。痕蹟(コンセキ)。「涙痕」「墨痕」

解字 篆文 形声。疒＋艮（皀）(音)。音符の皀(コン)は、ふみとどまるの意味。傷がなおり、そのしるしをとどめた部分、あとの意味を表す。

(11)6 【疵】4880 標 一 漢シ・呉ジ 支 cī 二 シ 紙 6551 6153

字義 一❶きず。㋐身体のきず。㋑物のきず。㋒欠点。㋓あやまち。㋔罪。❷傷つける。そこなう。二そしる。悪口を言う。

解字 篆文 形声。疒＋此(音)。音符の此は、わずかにひらくの意味。わずかにひらいたきず口の意味を表す。

【疵△瑕】(シカ) ①きず。瑕も、きず。②欠点。過失。③きずつける。そこなう。

【疵病】(シヘイ) ①きず。②欠点。

(11)6 【痔】4881 標 漢チ 呉ジ（ヂ） 紙 zhì 2806 3C26

字義 ジ。肛門(コウモン)にできるはれもの。しもがさ。「痔瘻(ジロウ)」

解字 篆文 形声。疒＋寺(音)。

(11)6 【痊】4882 △ セン 先 quán 6557 6159

字義 いえる。病気がなおる。また、いやす。「痊癒(センユ)」

解字 形声。疒＋全(音)。音符の全は、まったいの意味。病気がなおって、まったい身体となるの意味を表す。

(11)6 【痒】4883 標 一ヨウ（ヤウ） 陽 yáng 二ヨウ（ヤウ） 養 yǎng 6558 615A

字義 一❶やむ（病）。❷つかれる（疲）。❸できもの。おでき。❹きず（傷）。二かゆい（かゆ）。＝癢(ヨウ)。

解字 篆文 形声。疒＋羊(音)。音符の羊(ヨウ)は瘍(ヨウ)に通じ、はれものの意味。はれもの・やむの意味を表す。

(12)7 【痙】4884 標 漢ケイ 呉ギョウ（ギャウ） 梗 jìng 6559 615B

字義 ひきつる。筋肉がひきつる。また、ひきつり。筋肉のひきつり。痙攣(ケイレン)。

解字 篆文 形声。疒＋巠(音)。音符の巠(ケイ)は、力が加わってまっすぐの意味。急に筋肉がこわばる、ひきつりの意味を表す。

(12)7 【痤】4885 △ 漢サ 呉ザ 歌 cuó

字義 ❶はれもの。小さなできもの。❷ひぜん。一種の皮膚病。

解字 篆文 形声。疒＋坐(音)。

(12)7 【痣】4886 △ シ 寘 zhì 6560 615C

字義 ❶あざ。皮膚にできる変色。❷ほくろ（黒子）。

解字 形声。疒＋志(音)。

(12)7 【痩】4887 標 ソウ 3373 4169

瘦（4918）の簡易慣用字体。→七四八ページ。

(12)7 【痛】4888 教6 ツウ いたい・いたむ・いためる トウ 送 tòng 慣ツウ 3643 444B

筆順 广 疒 疗 痛

字義 ❶いたむ。㋐肉体が病みいたむ。傷つきいたむ。「激痛」「疼痛(トウツウ)」㋑心がいたむ。「心痛」㋒なやむ。苦しむ。㋓なげく。悲しむ。❷いたみ。㋐病気や傷などで肉体がいたむこと。㋑心のいたみ。なやみ。苦しみ。悲しみ。㋒にくみ。うらみ。❸いたましい。「沈痛」❹いたい。きびしい。はげしい。❺いたく。きびしく。はげしく。国いたむ。㋐破損する。㋑くさる。㋒損をする。

使いわけ いたむ・いためる〔痛・傷・悼〕
〔痛〕心や体の苦しみ。「歯が痛む・痛み入る」
〔傷〕傷や破損。「体を傷める・道路が傷む」
〔悼〕人の死についての悲しみ。「母を悼む」

解字 篆文 形声。疒＋甬(音)。音符の甬(トウ)は、つきぬけるの意味。からだをつきぬけるようないたみの意味を表す。

▼哀痛・劇痛・疾痛・心痛・陣痛・沈痛

【痛飲】(ツウイン) 大いに酒を飲むこと。

【痛快】(ツウカイ) はなはだ愉快なこと。

【痛感】(ツウカン) 身にしみて感ずる。

【痛撃（擊）】(ツウゲキ) ①はげしく攻撃する。②ひどい打撃。

【痛△哭】(ツウコク) ①はげしく泣く。哭は、声をあげて泣くこと。②転じて、ひどく悲しむ。

【痛恨】(ツウコン) 非常にうらむ。残念に思う。ひどく悲しむ。

【痛心】(ツウシン) 心をいためる。

【痛責】(ツウセキ) きびしく責める。

【痛惜】(ツウセキ) 非常に惜しむ。ひどく惜しがる。

【痛切】(ツウセキ) ①ひしひしと身にしみること。②心情のこもっていること。③身を切られるほどの苦痛。④はげしいこと。

【痛△楚】(ツウソ) いたみ苦しむ。また、ひどい苦しみ。楚は、いたむ。

【痛嘆・痛△歎】(ツウタン) ひどくなげき悲しむ。

【痛△罵】(ツウバ) ①ひどくののしる。②てきびしく非難する。

【痛憤】(ツウフン) ①はげしくいきどおる。②ひどく憤慨する。

【痛棒】(ツウボウ) ①仏座禅のとき、気が散って落ち着かない者を打ちこらす棒。②国㋐きびしい叱責(シッセキ)。㋑てひどい攻撃。

【痛△痒・痛△癢】(ツウヨウ) ①いたみとかゆみ。②影響。

【痛烈】(ツウレツ) 国非常にはげしいこと。

(12)7 【痘】4889 常 トウ 漢トウ 呉ズ（ヅ） 宥 dòu 3787 4577

筆順 广 疒 疔 痘

字義 もがさ。疱瘡(ホウソウ)。天然痘。熱性の伝染病。

難読 痘痕(あばた・いも)・痘瘡(もがさ・いもがさ)

解字 形声。疒＋豆(音)。

【痘△痕】(トウコン) 天然痘のあと。あばた。

【痘△瘡】(トウソウ) ほうそう（疱瘡）。天然痘。

(12)7【痗】4890 △ 漢バイ 呉マイ 䀀 méi 6561 615D

字義 やむ(病)。なやむ。

解字 形声。疒＋每音。

(12)7【痞】4891 △ ヒ 紙 pǐ 6561 615D

字義 ❶はらいたみ。腹がしくしくいたむ。❷つかえ。胸もとに物がつかえふさがるようで苦しいこと。

解字 篆文 形声。疒＋否音。

(12)7【痡】4892 △ 漢ホ 呉フ 虞 pū

字義 やむ(病)。つかれ病む。

解字 篆文 形声。疒＋甫音。音符の甫は、薄に通じ、うすいの意味。体力が衰えてやむの意味を表す。

(12)7【痢】4893 常 リ —— リ 寘 lì 4601 4E21

筆順 广 疒 疔 痢 痢

字義 げり(下痢)。はらくだり。はらくだし。

解字 形声。疒＋利音。

(13)8【痾】4894 △ ア 歌 ē 6562 615E

字義 やまい。長い病気。重い病気。「宿痾」

解字 形声。疒＋阿音。

［疴］同字

(13)8【痿】4895 △ イ(ヰ) 支 6563 615F

字義 ❶しびれる。また、しびれ。❷なえる。力がなくなる。❸いざる。足の立たない病気。

解字 篆文 形声。疒＋委音。音符の委は、萎に通じ、なえるの意味。なえる・しびれるの意味を表す。

(13)8【瘀】4896 △ 漢ヨ 呉オ 御魚 yū

字義 鬱血。局部に静脈血がたまる症状。

解字 篆文 形声。疒＋於音。音符の於は、歍に通じ、はき気をもよおすの意味。血液がにごりつかえておこる病気の意味を表す。

【瘀血】ケツ ①ふるち。悪い血。②血のたまりから起こる病気。

(13)8【瘁】4897 △ 漢キ 呉ギ 寘 jì

(13)8【痵】4898 △ 漢キ 呉ギ 寘 jì

字義 ときめく。胸がどきどきする。恐れたり、驚いたりして、心臓の鼓動が速くはげしくなること。また、その病気。＝悸。

解字 篆文 形声。疒＋季音。音符の季は悸に通じ、むなさわぎがするの意味。むなさわぎがして胸がどきどきするの意味を表す。

(13)8【痼】4898 △ 漢コ 呉ク 遇 gù 6564 6160

字義 長い間なおらない病気。持病。

解字 篆文 形声。疒＋固音。音符の固は、かたまるの意味。たちの悪い、なかなか直らない病気の意味を表す。

【痼疾】シツ ①長い間なおらない病気。持病。②痼癖。こびりついてなおりにくいくせ。

(13)8【瘁】4899 △ 漢スイ 呉ズイ 寘 cuì 6565 6161

字義 ❶やむ(病)。❷つかれる(疲)。やつれる。❸うれえる。

解字 形声。疒＋卒音。音符の卒は、つきるの意味。体力がつきて、やむ・つかれるの意味を表す。

(13)8【痰】4900 標 漢タン 呉ダン 覃 tán 6566 6162

字義 タン。咳につれて気管から出る粘液。

解字 形声。疒＋炎音。

(13)8【痴】4901 常 チ 3552 4354

(19)14［癡］4902 チ 支 chī 6587 6177

筆順 广 疒 疾 痴

字義 ❶おろか(愚)。❷くるう。気がふれたように物事に夢中になること。「書痴」❸仏三毒(さとりをさまたげる三種の煩悩)の一つ。三毒は、貪(むさぼり)・瞋(いかり)・痴(まよい)。

解字 篆文 形声。疒＋疑音。音符の疑は、じっと立ちどまってためらうの意味。物事にうまく対応できない病気、おろかの意味を表す。常用漢字の痴は、疒＋知音の形声で、もと癡の俗字。

▼愚痴・書痴・白痴

【痴漢】カン 漢は、男。①おろかな男。②国婦人にいたずらをする男。

【痴愚】グ ①おろか。②心理学で精神薄弱の程度を示す語。

【痴情】ジョウ 国色欲の情。色情のまどい。

【痴人】ジン おろかな人。愚人。愚者。

【痴人説レ夢】ゆめをとく 言っている内容がさっぱりわからないことのたとえ。

【痴態】タイ ばかな様子。おろかなありさま。

【痴鈍】ドン おろかでにぶい。

【痴呆】ホウ おろか。また、おろか者。呆も、おろか。

【痴話】ワ 国①情人たちが戯れ合ってする話。②情事。

(13)8【痹】4903 △ ヒ 寘 bì

字義 ❶しびれる。また、しびれ。＝痺。❷リュウマチス。

解字 篆文 形声。疒＋畀音。

(13)8【痺】4904 標 漢ヒ 呉ビ 支 6567 6163

字義 ❶鳥の名。うずらの雌。❷しびれる。＝痹。(本来は、痹の誤用。今は一般に用いる)

解字 形声。疒＋卑音。

(13)8【痲】4905 △ 漢バ 呉メ・マ 麻 má 6568 6164

字義 ❶しびれる。また、しびれ。からだの器官が、感覚作用を失うこと。＝麻。❷痲疹は、はしか。発疹をともなう伝染性の病気。

解字 形声。疒＋林音。 難読 痲疹(はしか)

【痲痺・痲痹】マヒ しびれること。しびれ。痺・痹も、しびれる。「麻痺」

(13)8【痳】4906 △ リン 侵 lín 6569 6165

字義 痳病は、性病の一種。淋病。

解字 篆文 形声。疒＋林音。音符の林は、立に通じ、ひところにたちどまるの意味。治りにくい病気の意味を表す。

(14)9【瘖】4907 △ 漢イン 呉オン 侵 yīn

字義 発声器官の障害によって声の出ないこと。また、その病気。おし(啞)。

解字 篆文 形声。疒＋音音。音符の音は、言葉にならないこえの意味。言葉が言えない病気、口がきけないの意味を表す。

【瘖啞】イン ア 口のきけない人。啞も、同じ。啞者。

【瘖黙(默)】イン モク ものを言わないで黙っていること。沈黙。

【瘖聾】イン ロウ 口のきけないことと、耳のきこえないこと。聾啞。

(14)9【瘧】4908 △ 漢ギャク 呉ガク 薬 nüè, yào 6574 616A

字義 おこり。わらわやみ。熱病の一種。マラリヤ。

解字 篆文 形声。疒+虐(音)。音符の虐は、むごいの意味。むごい病の意味から、おこり・マラリアの意味を表す。

(14)9 【瘈】4909 △ ケイ 霽 jì

字義 ❶くるう(くるふ)。精神に異常を生ずること。❷瘈瘲(ケイショウ)は、小児のひきつけ。

解字 形声。疒+契(音)。

(14)9 【瘏】4910 △ 漢ト 呉ズ(ヅ) 虞 tú

字義 ❶やむ(病)。❷病みつかれる。

解字 篆文 形声。疒+者(音)。

【瘏悴】トスイ 病んでやつれる。つかれてやつれる。

(14)9 【瘋】4911 △ フウ 東 fēng 6570 6166

字義 精神病の一種。「瘋癲(フウテン)」

解字 形声。疒+風(音)。

(14)9 【瘉】4912 △ ユ 癒(4936)の正字。→七四九ページ。 6572 6168

(14)9 【瘍】4913 標 ヨウ(ヤウ) 陽 yáng 6571 6167

字義 できもの。悪性のはれもの。

解字 篆文 形声。疒+昜(音)。音符の昜(ヨウ)は、あがるの意味。皮膚がはれあがる病気、できものの意味を表す。

(15)10 【瘞】4914 △ エイ 霽 yì

字義 ❶うずめる(うづむ)(埋)。㋐地中にかくしうめる。㋑地中に犠牲や玉などをうめて地を祭ること。また、その祭り。瘞薶(エイマイ)。❷はか(墓)。

解字 篆文 形声。土+㾜(音)。

(15)10 【瘟】4915 △ オン(ヲン) 元 wēn 6573 6169

字義 えやみ。熱病。急性伝染病の総称。

解字 形声。疒+昷(音)。

(15)10 【瘠】4916 △ 漢セキ 呉ジャク 陌 jí 6575 616B

字義 ❶やせる(やす)。↔肥。㋐体が細くなる。㋑地味がとぼしい。❷へる。へらす。また、省く。❸うすい(薄)。人情が薄い。

解字 形声。疒+脊(音)。音符の脊(セキ)は、背ぼねの意味。病気で背ぼねだけになる、やせるの意味を表す。

【瘠軀】セキク やせているからだ。やせた身体。

【瘠土】セキド 地味の悪い土地。やせ地。

(15)10 【瘡】4917 標 漢ショウ(シャウ) 呉ソウ(サウ) 陽 chuāng 6576 616C

字義 ❶かさ。くさ。できもの。はれもの。皮膚にできるできものの総称。❷きず(傷)。傷あと。「刀瘡」

解字 形声。疒+倉(音)。音符の倉は創に通じ、きずの意味。疒を付し、きずあとの意味を表す。

【瘡痍】ソウイ ①きず。②転じて、苦難や損害など。

【瘡瘢】ソウハン ①きず(傷)。②きずあと。

(15)10 【瘦】4918 標 慣ソウ シュウ(シウ) 宥 shòu [痩] 3373 4169

【痩】簡易

字義 やせる(やす)。↔肥。㋐体が細くなる。㋑ほっそりしている。

解字 篆文 形声。疒+叟(叜)(音)。音符の叜は縮に通じ、ちぢむの意味。病気でやせるの意味を表す。

【瘦軀】ソウク やせたからだ。

【瘦古】ソウコ やせて古色を帯びていること。

【瘦硬】ソウコウ 文字が細くてかたい。例えば、褚遂良(チョスイリョウ)の書など。

【瘦骨】ソウコツ ①余分の肉がとれて、たくましく見える骨。名馬の姿などにいう。②老いてやせたからだ。老人。おいぼれ。

(15)10 【瘢】4919 △ 漢ハン 呉バン 寒 bān 6577 616D

字義 ❶きずあと。傷のあと。❷転じて、一般に、あと・あとかた。❸そばかす。顔などにできる斑点(ハンテン)。

解字 篆文 形声。疒+般(音)。音符の般は、大きなふねの意味。ふねのようにくぼんだ、大きな傷あとの意味を表す。

【瘢痕】ハンコン きずあと。傷跡。一般に、あと。あとかた。

(15)10 【瘤】4920 標 漢リュウ(リウ) 呉ル 尤 liú 6578 616E

【癅】本字

字義 こぶ。㋐からだにできる塊状の突起。㋑すべて物の表面の塊状の突起。邪魔もの。厄介もの。また、子供。国こぶ。

解字 篆文 形声。疒+留(音)。音符の留は、流れがとどこおるの意味。血液の流れがとどこおって、はれあがったこぶの意味を表す。

(16)11 【瘴】4921 △ ショウ(シャウ) 漾 zhàng 6579 616F

字義 ❶山川に生ずる毒気。瘴気。特に中国南方地方の川や湖沼の辺に多いという。❷山川の毒気にあたって起こるという熱病。

解字 形声。疒+章(音)。

【瘴雨】ショウウ 瘴気を含んでいる雨。

【瘴疫】ショウエキ =瘴癘(ショウレイ)。

【瘴煙・瘴烟】ショウエン 瘴気を含んでいるもや。

【瘴気】ショウキ 熱帯の山川に生ずる毒気。

【瘴江】ショウコウ 瘴気のただよう川。〔唐、韓愈、左遷至藍関示姪孫湘詩〕好収吾骨瘴江辺(よしわがほねををさめよ、しょうこうのほとりに)

【瘴癘・瘴厲】ショウレイ 瘴気のために起こる病気。今のマラリアなどの熱病。

(16)11 【瘳】4922 △ 漢チュウ(チウ) 呉チュ 尤 chōu

字義 ❶いえる(いゆ)。㋐病気がなおる。㋑おとろえていた勢いが回復する。❷へる。損ずる。❸たがう。差違がある。

解字 篆文 形声。疒+翏(音)。

(16)11 【瘭】4923 △ ヒョウ(ヘウ) 蕭 biāo 6580 6170

字義 ひょうそ(へうそ)(瘭疽)。指先が化膿(カノウ)するはれもの。

解字 形声。疒+票(音)。

(16)11 【瘰】4924 △ ラ 慣ルイ 哿 luǒ

字義 瘰癧(ルイレキ)は、頸(くび)の淋巴腺(リンパセン)のはれもの。

解字 形声。疒+累(音)。

(16)11 【瘻】4925 標 ㊀漢ロウ・呉ル 宥 lòu ㊁ル 虞 lǘ 6581 6171

字義 ㊀瘰癧(ルイレキ)。→瘰(4924)。㊁瘻痀(ルク)・痀瘻は、背の曲がる病気。また、その病気にかかっている人。

解字 篆文 形声。疒+婁(音)。音符の婁(ロウ)は、かさなるの意味。病気のかさの意味を表す。

【瘻癘】ロウライ・ロウレイ 瘰癧(ルイレキ)とハンセン病。首に腫物(はれもの)のできる病気。

(17)12 【癇】4926 △ 漢カン 呉ゲン 刪 xián 6582 6172

【癎】俗字

字義 ❶カン。ひきつけ。小児の病気。発作的に痙攣(ケイレン)を起こすもの。驚風。❷てんかん(癲癇)。発作的に痙攣を起こして意識不明となる。国カン。㋐激しやすく怒りっぽい性質。㋑神経質の俗称。

解字 篆文 形声。疒+閒(音)。音符の閒は、あいだの意味。間をおいて起こる発作、ひきつけの意味を表す。

【癇△癪】カンシャク 国①激怒しやすい性癖。②怒り。
【癇癖】カンペキ 国激怒しやすい性癖。

(17)12 【癌】4927 標 ガン 咸 ái (yán) 2066 3462
字義 ガン。悪性でなおすことの困難なできもの。国ガン。のぞきにくいじゃまもの。
解字 形声。疒＋嵒音。音符の嵒は巖に通じ、きびしいの意味。きびしい悪性の病気、がんの意味を表す。

(17)12 【癉】4928 △ 一タン 翰 dàn 二タ 箇 三タン 寒 dān
字義 一二 ❶やむ（病）。病みつかれる。苦しむ。❷黄疸オウダン。＝疸タン。❸悪性のできもの。三熱。熱の高い症状。
解字 文 篆 形声。疒＋單音。音符の單は、つきるの意味。力がつき、つかれるの意味を表す。

(17)12 【癈】4929 △ ハイ 隊 fèi 6583 6173
字義 ❶なおらない病気。不治の病。痼疾コシツ。❷病気やけがで身体に重い障害を生じること。
解字 文 篆 形声。疒＋發音。音符の發ハツは廢ハイに通じ、こわれるの意味。不治の病気の意味を表す。
【癈疾】ハイシツ ①不治の病。②病気で身体に障害を生じること。また、その病気。
【癈人】ハイジン 身体の障害や不治の病にかかって仕事などのできなくなった人。廃人。

(17)12 【癃】4930 △ リュウ（リウ） 東 lóng
字義 ❶やむ（病）。つかれ病む。❷背骨の曲がる病気。
解字 篆 形声。疒＋隆音。

(17)12 【療】4931 常 リョウ ― リョウ（レウ） 嘯 liáo 4637 4E45
筆順 广 疒 疒 瘠 療
字義 いやす。㋐なおす。病気をなおす。「治療」㋑救う。苦痛などを救う。
解字 形声。疒＋尞音。音符の尞は、了・料に通じ、おわる・おさめるの意味。病気をおわらせる、なおすの意味を表す。
▼診療・施療・治療
【療養】リョウヨウ 病気の治療と養生。病気の保養。

(17)12 【癆】4932 △ ロウ（ラウ） 豪 láo 6584 6174
字義 やつれる。おとろえやせる。また、その病気。
解字 文 篆 形声。疒＋勞音。
【癆△痎・癆△咳】ロウガイ 国身体が次第にやせ細り、体力のおとろえる病気。今の肺結核。癆症。

(18)13 【癙】4933 △ ショ 語 御 shǔ 慣ソ
字義 きやみ。憂鬱ユウウツ症。また、その症状になる。うれえふさぐ。国ペスト。急性伝染病の一種。黒死病。
解字 形声。疒＋鼠音。

(18)13 【癜】4934 △ テン 霰 diàn 慣デン 6585 6175
字義 なまず（なまづ）。肌に白色あるいは褐色の斑紋ハンモンができる皮膚病。
解字 形声。疒＋殿音。

(18)13 【癖】4935 常 ヘキ くせ 漢ヘキ・呉ヒャク 陌 錫 pǐ 4242 4A4A
筆順 广 疒 疒 㾷 癖 癖
字義 ❶腹の病気。消化不良。また、病気。❷くせ。その人の習慣的動作。個人的傾向の強い動作。「性癖」「癇癖カンペキ」国直そうとしてもなかなか直らない状態。「くせ毛」
解字 形声。疒＋辟音。音符の辟ヘキは、わきに寄るの意味。体調がくずれてなる病気の意味を表す。また、転じて、くせの意味を表す。
▼奇癖・潔癖・酒癖・性癖

(18)13 【癒】4936 常 ユ 4494 4C7E
［(18)13 【癒】4937］ ユ 麌 遇 yù
筆順 广 疒 疥 瘉 癒
字義 ❶いえる。病気がなおる。また、いやす。なおす。「治癒」❷やむ（病）。病気にかかる。悩む。
【瘉】正字 6572 6168
解字 文 篆 形声。篆文は、疒＋兪音。音符の兪ユは、いえるの意味。病気がいえるの意味を表す。
▼快癒・治癒・平癒
【癒着】ユチャク ①皮膚・膜などが（炎症などのために）くっついてしまうこと。②国権力・組織に必要以上に依存すること。

(18)13 【癘】4938 △ 一レイ 霽 lì 二ライ 泰 lài 6586 6176
字義 一 ❶えやみ。流行病。❷熱病を起こさせる悪気。二 ハンセン病。＝癩ライ。
解字 文 篆 形声。疒＋萬音。音符の萬は、さそりの象形。
【癘疫】レイエキ 流行病。疫癘。
【癘疾】レイシツ ①流行病。②ライシツ ハンセン病。

(19)14 【癡】(4902) チ 痴（4901）の旧字体。→七四六ページ。 6587 6177

(20)15 【癢】4939 △ ヨウ（ヤウ） 養 yǎng 6588 6178
字義 ❶かゆい。＝痒ヨウ。❷はがゆい。心がむずむずする。もだえる。「伎癢ギヨウ」
解字 形声。疒＋養音。音符の養は、痒ヨウに通じ、かゆいの意味を表す。

(21)16 【癨】4940 △ カク（クヮク） 薬 huò 6589 6179
字義 癨乱カクランは、暑気にあたって、吐き下しする病気。
解字 形声。疒＋霍音。

(21)16 【癩】4941 △ ライ 泰 lài 6590 617A
字義 癩病ライビョウ。伝染病の一種。ハンセン病。＝癘ライ。
解字 形声。疒＋賴音。

(21)16 【癧】4942 △ 漢レキ 呉リャク 錫 lì 6592 617C
字義 瘰癧ルイレキは、ぐりぐり。→瘰（4924）。
解字 形声。疒＋歷音。

(21)16 【癪】4943 国字 △ シャク 6591 617B
字義 シャク。㋐さしこみ。胸や腹の激しく痛む病気。胃痙攣イケイレンなど。㋑激怒しやすい感情。怒り。腹だち。「癇癪カンシャク」
解字 形声。疒＋積音。

(22)17 【癮】4944 △ 漢イン 呉オン 吻 yǐn
字義 ❶癮疹インシンは、風邪かぜの熱で皮膚に生ずる発疹ハッシン。かさ。ほろし。❷酒・阿片アヘン・たばこなどの中毒。
解字 形声。疒＋隱音。

(22)17 【癭】4945 △ 漢エイ 呉ヨウ（ヤウ） 梗 yǐng
字義 こぶ（瘤リュウ）。㋐人体にできるこぶ。㋑樹木のこぶ。

(22)17【癬】4946 標 セン 銑 xuǎn　6593 617D

字義 たむし・ひぜん(皮癬)の類。皮膚に生ずるかゆいできもの。疥癬(カイセン)。

解字 篆文 形声。疒＋鮮㊟。音符の鮮は遷に通じて、うつるの意味。疒を付し皮膚にうつって広がるたむしの類の意味を表す。

(23)18【癰】4947 △ ク 臞(3284)と同字。→五三六ページ。

(23)18【癰】4948［臃］同字 △ 漢ヨウ 呉オウ 冬 yōng　6594 617E

字義 ヨウ。悪性のできもの。首すじや背中、顔などにできる。

解字 篆文 形声。疒＋雝㊟。音符の雝(ヨウ)は、かかえこむの意味。細菌をかかえこんで炎症をおこした、はれものの意味を表す。

【癰腫】(ヨウショウ) ①はれもの。できもの。腫物(シュモツ)。②転じて、樹木のふしこぶ。また、大きいばかりで役にたたないもの。

【癰疽】(ヨウソ) ①悪性で危険なできもの。②できものを治療する医者。外科医。

(24)19【癲】4949 △ テン 先 diān　6601 6221

字義 ❶くるう(狂)。精神に異常を生ずること。❷癲癇(テンカン)は、発作的に痙攣(ケイレン)を起こし、口からあわを吹く病気。

解字 形声。疒＋顛㊟。

【癲狂】(テンキョウ) 精神に異常を生ずること。

5 癶部［癶］6602 6222

〔部首解説〕 はつがしら。文字としては、癶は、音漢ハツ・呉ハチ。象形。篆文 癶。両足のかかとをつけ、足先を開いた形にかたどり、そむくの意味を表す。癶を意符として、足の動作に関する文字ができているが、例は少ない。主に字形上の分類のために部首に立てられる。

4 癸 七五〇　発 七五〇　7 登 七五一　發 七五一

(9)4【癸】4950 △ キ 紙 guǐ　6603 6223

字義 ❶みずのと(みづのと)。「水の弟」の意。十干の第十位。五行では水。方位では北。四季では冬。❷はかる(測)。＝揆(キ)。

解字 甲骨文 金文 篆文 象形。甲骨文・金文でもわかるように、二本の木を十字に組み合わせ、日の出・日の入りをはかり、東西南北の方位を知る器具の象形で、はかるの意味を表す。借りて、十干の第十位に用いるのは、この日に向こう一旬の吉凶をうらなった中国古代の習慣からであろう。癸を音符に含む形声文字に、揆(キ)・葵(キ)などがある。

(9)4【発】4951 教3 ハツ・ホツ　4015 482F

(12)7［發］4952 漢ハツ・呉ホチ 慣ホツ 月 fā　6604 6224

筆順 フ ヌ ヌ' ヌ゙ 癶 癶 癸 発

字義 ❶はなつ(放)。いる。弓を射る。鉄砲を撃つ。❷ひらく(開)。㋐あける。㋑花が咲く。〔唐、于武陵、勧酒詩〕花発多風雨(はなひらいてフウウおおし)。㋒明らかにする。「啓発」❸あばく。㋐かくれているものを出す。「摘発」㋑掘り出す。❹つかわす(遣)。さしむける。❺おくる。やる。致す。「発送」❻ゆく。進む。去る。出発する。❼でる。出す。「発芽」❽おこる。おこす。始まる。始める。「開発」❾あらわす。現れる。また、もらす(漏)。もれる。❿うごく。動かす。⓫のびる。「発育」「発達」 名乗 あきら・おき・しげ・ちか・とき・なり 難読 発寒(はっさむ)・発条(ぜんまい・ばね)

参考 現代表記では〔潑〕(4279)・〔撥〕(2821)・〔醱〕(8046)の書きかえに用いることがある。「活潑→活発」「反撥→反発」「醱酵→発酵」

解字 文 篆 形声。篆文は、弓＋癹㊟。音符の癹(ハツ)は、左右の足と手で草をふみわけるさまにかたどる。弓をひきはなつの意味を表す。常用漢字の発は、省略体による。發(発)を音符とする形声文字に、廃・撥(ハツ)・潑(ハツ)・廢(ハイ)・醱(ハツ)・鏺(ハツ)などがある。

▼映発・開発・活発・揮発・偶発・啓発・告発・自発・蒸発・触発・続発・徴発・挑発・摘発・突発・爆発・反発・不発・奮発・併発・暴発・誘発・利発・連発

【発哀】(ハツアイ) 死亡を発表すること。発喪。

【発案】(ハツアン・ホツアン) ①考えを出すこと。②議案を提出すること。

【発意】(ハツイ・ホツイ) ①仏菩提心(ボダイシン)を起こすこと。発心。→発菩提心。②国(ハツイ・ホッチ) 考え出す。思いつく。またその考え。

【発育】(ハツイク) 育つ。また、育ち。成長。

【発引】(ハツイン) 葬式の時、棺が墓地に向かって出発すること。引は、霊柩車(レイキュウシャ)の前方に取りつけた引き綱。

【発解】(ハツカイ) 解(公文書)を中央政府に送って、地方の試験の優等者に、都で試験を受けさせること。転じて、郷試に合格すること。また、物を送り出すこと。

【発覚(覺)】(ハッカク) かくしていたことがばれること。

【発願】(ホツガン) ①仏誓願を立てること。②国願いをたてる。

【発起】(ハッキ・ホッキ) ①開き起こす。始め起こす。企てる。②起こる。始まる。③仏仏を信じ道を求める心を起こすこと。発心。

【発揮】(ハッキ) ①現し出す。現し示す。②奮い起こす。

【発議】(ハツギ・ホツギ) ①意見を言い出す。また、その意見。発義。②議案を提出する。また、その議案。

【発禁】(ハッキン) 国発売禁止の略。出版物の発売の禁止。

【発句】(ハック) ①律詩の第一・二句。②国(ホック・ホク) ㋐連歌・連句の第一句。五・七・五の十七字から成る。㋑連句の第一句の独立したもの。俳句。㋒和歌や漢詩の第一句。㋓漢文で、発語の語。「夫(そ)れ」「惟(おもん)みるに」の類。

【発掘】(ハックツ) ①土中からほり出すこと。②世に知られていない物事や人材を世に出すこと。

【発見】(ハッケン) ①知られていないものを、はじめて見つけだすこと。②(ハツゲン) あらわれでる。

【発現】(ハツゲン) あらわれ出る。また、あらわし出す。

【発語】(ハツゴ) ①いい出す。いい始める。②文章や、いい出すときのはじめに用いる語。「さて」「それ」など。

【発酵】(ハッコウ) 酵母・細菌などの微生物の働きで、有機化合物が分解や酸化・還元の変化を起こし、アルコール・酸・気体などを生成する現象。醱酵(ハッコウ)。

【発作】(ハッサク・ホッサ) ①発し起こる。発動する。起こる。②勢いのよい(乱暴な)言動をすること。③国(ホッサ) 急激に発し、比較的短い時間に去る症状。

【発散】(ハッサン) 光・におい・声などを、外へあらわしちらす。↔集束・収束。

【発售】(ハッシュウ) ＝発兌(ハッダ)。售は、売る。

【発祥】(ハッショウ) ①天子となるめでたいしるしが現れること。②帝王の祖先の出生をいう。「発祥地」③転じて、物事の起こり出ること。

【発心】(ハッシン) ①心に発する。心の中から出る。②(ハッシン・ホッシン) 心を発する。思い立つ。③仏(ホッシン) 菩提心(ボダイシン)を起こすこと。→発菩提心。

【発疹】(ハッシン・ホッシン) 皮膚にできる小さいふきでもの。

【発生】(ハッセイ) ①物事が起こり始まること。②はえ出る。また、生まれ出る。

【発跡・発△迹】(ハッセキ) ①おこる。出発する。②転じて、出世すること。功名をたてること。

【発倉】(ハッソウ) ①倉を開く。②倉の中の米穀や金品を出して貧困者や災害にかかった者に施し与えること。

【発想】(ハッソウ) 国①楽曲の感じを演奏に表現すること。②思想・感情などを、文章・詩歌などに表現すること。「発想法」

【発足】(ハッソク・ホッソク) ①出発。旅立ち。②活動を開始する。

【発△兌】(ハッダ) 書籍などを印刷して売り出すこと。発行。発売。兌は、交換する意から売る意となる。

【発達】(ハッタツ) ①発育成長して、完全な段階に達する。②学問や社会状態などが、進歩すること。

【発端】(ハッタン・ホッタン) ①物事をはじめること。端は、はし・初め。②物事のはじめ・いとぐち。発も、はじめ。

【発展】(ハッテン) ①のび広がること。はびこること。また、さかえること。②低い段階から高い段階にだんだんと進むこと。

【発伝(傳)】(ハッデン) 伝車（宿つぎの車）を出すこと。一説に、伝は、旅行券。発は、関所の門を開いて車を出すこと。〔史記、孟嘗君伝〕雞尽鳴(にわ(は)とりことごとくなき)、遂発レ伝出(ついに(ひ)にデンをハッしていず(づ))。

【発動】(ハツドウ) ①動き出すこと。動作を起こすこと。②動力を起こすこと。③国法律による権利の条項を適用する。「強権発動」

【発発】(ハツハツ) ①風が速く吹くさま。②魚が勢いよくはねるさま。

【発布】(ハップ) 法律や命令などを広く世の中に知らせること。

【発憤】(ハップン) ①いきどおりを発すること。怒ること。②発奮。心を奮い立たせること。

【発奮】(ハップン) ＝発憤の②。

【発△菩提心】(ホツボダイシン) 仏①菩提（さとり）を開こうとする心、仏道修行の心を起こすこと。②大慈悲心を起こすこと。仏道を修めて一切の衆生(シュジョウ)を済度しようとの心を起こすこと。

【発凡】(ハツボン・ハッパン) ①書物の大意や要領。②凡例。

【発明】(ハツメイ) ①開き明らかにすること。②国今までなかった新しい物事を考え出すこと。

【発△蒙】(ハツモウ) ①物のおおいを取り去ること。はなはだ容易なことのたとえ。②事理に暗いのを明らかにすること。蒙をひらく。啓蒙。

【発揚】(ハツヨウ) ①かがやき現れること。②かがやかせる。③ふるい起こる。ふるい起こす。

【発令】(ハツレイ) 法令・命令・辞令などを出すこと。

【発△輦】(ハツレン) 天子の御出発。輦は、天子の車。

【発露】(ハツロ) 現れる。また、現す。

(12)7
【登】
4953
教3 トウ・ト
のぼる

3748
4550

筆順
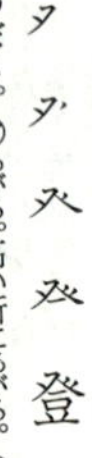

トウ 漢 慣ト dēng

字義 ❶のぼる。㋐あがる。高い所にあがる。㋑舟や車に乗る。㋒参上する。朝廷・官庁などに出る。㋓合格する。資格試験に合格する。「登科」㋔出発する。〔唐、杜甫、石壕吏詩〕天明登二前途一(テンメイゼントにのぼる)。㋕位につく。❷のぼす。㋐あげる。高い所にあがらせる。引き上げる。㋑すすめる。奉る。㋒しるす。記録する。記載する。登記。❸みのる。成熟する。〔孟子、滕文公上〕五穀不レ登(ゴコクみのらず)。❹なる（成）。できあがる。また、なす（成）。作る。❺いま（今）。「登時」

名乗 たか・ちか・とみ・とも・なり・なる・のり　難読 登米(とよま・とめ)

使いわけ のぼる〔昇・登・上〕⇩昇（2993）。

解字 甲骨文 金文 篆文
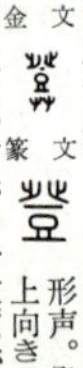
形声。癶＋豆㊥。癶は、上向きの両足の象形で、のぼるの意味。豆の部分は、甲骨文では、さらに、上にあげる両手の象形、廾が付加していて、祭器をあげるの意味。のぼる・あげるの意味を表す。登を音符に含む形声文字に、墱(トウ)・嶝(トウ)・燈(灯)・磴(トウ)・證(証)・簦(トウ)・鐙(トウ)などがある。

【登仮(假)・登△遐】(トウカ) ①登り至る。②死。特に天子の死。

【登科】(トウカ) 科挙（官吏登用試験）に合格する。

【登記】(トウキ) しるす。帳簿に記載すること。

【登極】(トウキョク) 天子の位につくこと。極は、北極星で、天子の位置にたとえられる。

【登高】(トウコウ) ①高所に登ること。②陰暦九月九日に、赤い袋に茱萸(シュユ)（ぐみに似た木の実）を入れて臂(ひじ)にかけ、丘や山に登って菊酒を飲み、災厄をはらう行事。③陰暦正月七日または十五日（上元の日）に丘や山に登る行事。

【登載】(トウサイ) 新聞や雑誌などにのせること。

【登時】(トウジ) 今。現在。また、今すぐに。即座に。

【登城】(トウジョウ) ①城壁の上に登ること。②国(トジョウ) 昔、日本で、主君の城に参上すること。

【登場】(トウジョウ) ①試験場に臨むこと。②舞台などに現れること。③新しく現れること。「新製品登場」④穀物がみのること。場は畑。

【登仙・登△僊】(トウセン) 仙人の世界に登って行くこと。また、仙人になって天に登って行くこと。また、その人。

【登第】(トウダイ) 試験に合格すること。

【登壇】(トウダン) ①祭壇に登ること。②大将などを任命する式場の壇に登ること。転じて、大将などに任命されること。③天子の位につくこと。④国演壇に登ること。

【登朝】(トウチョウ) 朝廷に参上する。転じて、役人になること。

【登途】(トウト) かどで（門出）。旅行のかどで。

【登登】(トウトウ) ①労働するときのかけ声の形容。②物を打つ音の形容。③多いさま。④登るさま。

【登△攀】(トウハン・トハン) 高い所によじ登ること。

【登封】(トウホウ) 天子が泰山（今の山東省内）に登り、壇を作って天を祭ること。封は、土を積み重ねて作った一種の壇。

【登用】(トウヨウ) 人を引きあげて用いること。

【登庸】(トウヨウ) ＝登用。→前項。

【登竜(龍)門】(トウリュウモン・トウリョウモン) 竜門を登る意。竜門は黄河の上流、山西省河津(カシン)県と陝西(センセイ)省韓城(カンジョウ)県との間にある急流の名。鯉(こい)がここを登れば竜になれるという。転じて、立身出世を得る関門。栄達の門。また、立身出世。〔後漢書、李膺伝〕

【登臨】(トウリン) 高い所に登って下方をながめること。転じて、帝位について人民を治めること。

【登楼(樓)】(トウロウ) ①高殿(たかどの)に登ること。②妓楼(ギロウ)（遊女屋）に行って遊ぶこと。

【登録】(トウロク) 書きしるす。帳簿に記載すること。

(12)7
【發】

(4952)

ハツ　発（4951）の旧字体。→七五〇ページ。

6604
6224

5 白部

〔部首解説〕しろ。白を意符として、白い・明らかなどの意味を表す文字ができている。

白 七五一　1 百 七五三　2 皀 七五四　皁 七五四　皂 七五四
皃 七五四　3 的 七五四　4 皆 七五五　皈 七五五　皇 七五五
5 皋 七五五　6 皎 七五五　皐 七五六　7 皖 七五六　皓 七五六
8 皙 七五六　10 皚 七五六　皛 七五六　皞 七五六　皜 七五六
12 皤 七五六　13 皦 七五六　18 皭 七五六

帛→巾部 三四四ページ。泉→水部 六一三ページ。畠→田部 七三九ページ。
習→羽部 八六三ページ。魄→鬼部 一三三七ページ。晳→日部 五一五ページ。

(5)0
【白】
4954
教1 ハク・ビャク
しろ・しら・しろい
漢ハク
呉ビャク　陌 bái(bó)

白髪(しらが)

3982
4772

筆順
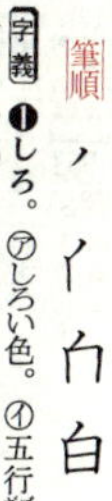

字義 ❶しろ。㋐しろい色。㋑五行では、金・西・秋などに当てる。❷しろい。↕黒。㋐色がしろい。㋑清い。いさぎよい。けがれがない。「清廉潔白」㋒正しい。㋓かしこい。すぐれている。㋔かざらない。かざり気がない。❸しらむ。㋐白くなる。㋑明るくなる。夜が明ける。〔宋、蘇軾、前赤壁賦〕不ㇾ知二東方之既白一。❹しらげる。白くする。「精白」❺あきらか。明るい。明らかにする。「明白」❻むなしい。何もない。「空白」❼もうす。㋐申し上げる。「敬白」「建白」㋑語る。告げる。「告白」❽せりふ。芝居などのせりふ。「科白」「独白」❾さかずき。もと、罰杯をいう。❿官位のないこと。また、身分の低い者。「白丁」　国国名。白耳義の略。

名乗　あき・あきら・きよ・きよし・し・しら・つぐも

難読　白及・白膠木・白酒・白水・白水郎・白癬・白太・白帯下・白湯・白檮・白馬・白粉・白面・白楊・どろ・ポプ・ラ・白老・白鑞

解字　甲骨文　金文　篆文

象形。頭のしろい骨の象形とも、日光の象形とも、どんぐりの実の象形ともいい、しろいの意味を表す。白を音符に含む形声文字のうち、何もないの意味の系列のものに、怕・粕・魄などがあり、ひゃく（百）の意味の系列のものに、百・佰・陌などがあり、薄に通じて、うすくぴったりつくの意味の系列のものに、泊・箔・舶・迫などがある。

▼科白・関白・空白・啓白・敬白・潔白・建白・告白・黒白・自白・純白・精白・淡白・独白・班白・頒白・漂白・表白・明白・面白・腕白

【白堊】（ハクア）①しろつち。また、白色の土で塗った壁。②国㋐白色粉状の物質。石灰岩の一種。成分は炭酸カルシウム。㋑白墨。チョーク。

【白衣】（ハクイ・ビャクエ）①白い着物。②無位無官の人。白衣（庶民の着物）を着ているからいう。③役所の使用人。④仏白衣。仏徒の黒衣に対して、俗人をいう。

【白雨】（ハクウ）白色に見える雨。はげしいにわか雨。急雨。

【白雲郷（郷）】（ハクウンキョウ）天帝または仙人のいる所。

【白屋】（ハクオク）①白い茅で屋根をふいた家。粗末な貧しい家。②転じて、庶民。貧乏人。

【白皚皚】（ハクガイガイ）雪が降りつもって一面にまっ白なさま。

【白間】（ハッカン・ハクカン）窓をいう。

【白簡】（ハッカン・ハクカン）官吏を弾劾する上奏書。

【白眼】（ハクガン）①しろめ。目の白い部分。②冷淡な、また、軽蔑する目つき。晋の阮籍がやたらに礼儀などにこだわっている俗人に会うと白眼で見たとの故事。↕青眼。〔晋書、阮籍伝〕

【白旗】（ハッキ・ハクキ）①しらはた。②国㋐源氏の用いた旗。㋑降参のしるしにたてる旗。

【白居易】（ハクキョイ）中唐の詩人。字は楽天。号は香山居士。山西省太原の人。その詩は諷諭をもって生命とし、平易流暢な表現を尊んだ。「長恨歌」「琵琶行」「新楽府」などが特に有名で、日本の平安時代以降の文学に多大の影響を及ぼした。著に友人元稹の手によって編集された『白氏長慶集（白氏文集）』がある。（七七二—八四六）

〔白居易〕

【白玉楼（樓）】（ハクギョクロウ）詩人・文人が死後に行くという天上の楼閣。中唐の詩人李賀が死ぬ時、天使が来て「上帝の白玉楼ができたから、君を招いてそれについての文を作らせることになった」と言ったという故事。〔唐詩紀事、李賀〕

【白金】（ハッキン）①しろがね。銀。②銀・錫の合金。③国㋐金属元素の一つ。プラチナ。㋑金・銀・ニッケルの合金。

【白銀】（ハクギン）しろがね。銀。

【白駒】（ハック）①白い毛の馬。②日光。また、歳月。

【白駒過ㇾ隙】（ハック ゲキをすぐ）白い馬が壁などのすき間を走り過ぎるのがちらりと見えること。月日のたつのが非常に速いことのたとえ。また、人生のはかないことのたとえ。一説に、白駒は日光。〔史記、留侯世家〕

【白圭】（ハッケイ・ハクケイ）①白く清らかな玉。②『詩経』大雅にある白圭の詩。ことばをつつしむべきことを教えた詩。③人名。戦国時代、孟子と同じころの人。

【白虎】（ビャッコ）①白いとら。②四神獣（蒼竜・白虎・朱雀・玄武）の一つ。西方を守る神獣。白いとらの形をしているという。③白虎を描いた旗。④星の名。西方の七宿の総名。

【白虎通義】（ビャッコツウギ）書名。四巻。後漢の班固の著。正しい名は『白虎通徳論』。『白虎通』ともいう。白虎観（宮殿の名）での学者たちの五経の異同に関する議論を、章帝が班固に命じて整理記録させたもの。

【白虹貫ㇾ日】（ハッコウ ひをつらぬく）白色の虹が太陽をつらぬく。精誠が天に感応して現れる象。また、君主（日）が兵乱を受ける象ともいう。白虹は、兵の象。〔戦国策、魏〕

〔白虎②（漢代画像石）〕

【白香山】（ハクコウザン）→白居易。

【白毫】（ハクゴウ）①白い毛。②仏（ビャクゴウ）仏の額にあって光を発し、果てしない国土を照らすという毛。

【白衫】（ハクサン）白い上着。衫は、短い上着。

【白氏文集】（ハクシモンジュウ）書名。七十一巻。中唐の白居易の詩文集。一名、『白氏長慶集』。日本にも古く伝来し、平安時代以降の文学に大きな影響を与えた。

【白耳義】（ベルギー）België の音訳。ヨーロッパの国名。中国の音訳「名は、比利時。

【白日】（ハクジツ）①かがやく太陽。〔唐、王之渙、登二鸛鵲楼一詩〕白日依ㇾ山尽、黄河入ㇾ海流〈明るく輝く太陽は西の山によりかかるように沈んで行き、黄河は東の海に向かって流れて行く〉②ひるま。日中。真昼。③国罪の疑いが晴れて、潔白を証明されることをたとえていう。「青天白日の身となる」

【白首】（ハクシュ）しらが頭。また、老年・老人をいう。

【白首窮経（經）】（ハクシュキュウケイ）老人になってもなお経書の研究（学問）をやめないこと。

【白酒】（ハクシュ）①にごりざけの類。また、焼酎などをもいう。②白くて特有の香気がある甘い酒。

【白寿（壽）】（ハクジュ）国九十九歳をいう。百の字から一を除いた形が白になるところから。

【白書】（ハクショ）①木をけずって白くした所に書いた文字。②国実情報告書。イギリス政府の報告書に白紙を用いたことに基づく。

【白章】（ハクショウ）白い斑紋。白い模様。

【白状（狀）】（ハクジョウ）①自ら罪状を述べること。②国罪人の申し立てた箇条を書いた書類。口書。

【白刃】（ハクジン・しらは）刀剣の光るやいば。ぬきみ。

【白水】（ハクスイ）①清く澄んだ水・川。②白く輝く川。〔唐、李白、送二友人一詩〕白水遶二東城一。訳文⇩青山の①（二八三ペー）。③心の潔白なさま。④崑崙山から流れ出るという伝説の川。⑤後漢の関所の名。陝西省寧強県。⑥米のとぎ汁。

【白晳】（ハクセキ）皮膚の色の白いこと。晳も、白。

【白奏】（ハクソウ）申し上げる。上奏。

【白檀】（ビャクダン）熱帯産の香木の一種。

【白痴（癡）】（ハクチ）知能がひどく遅れている。

【白丁】（ハクテイ）①庶民。無位無官の民。庶民の日常の衣服が白色であったからという。②丁壮（一人前の男子）になっても兵籍に属さない者。③国（ハクチョウ）㋐衣服の名。狩衣の一種。

最下級の役人の着る白い着物。白張。㋑白い狩衣を着て神事などに物をかつぐ人夫。

【白帝】(ハクテイ) 五天帝の一つ。西方、また、秋をつかさどる神。五行説で、西・秋・白を金に配当することに基づく名。

【白帝城】(ハクテイジョウ) 城郭の名。四川省奉節県の東の白帝山上にあった。三国時代、蜀は、ここで呉の軍を防いだ。また、蜀の昭烈皇帝が崩じた所。〔唐、李白、早発二白帝城一詩〕

【白田】(ハクデン) はたけ。（国字の畠は、白田の合字）

【白△兎・白△兎】(ハクト) ①白いうさぎ。②月。月中にうさぎがいるという伝説に基づく。

【白徒】(ハクト) 訓練しない兵卒。

【白頭】(ハクトウ) しらが頭。白首。↔黒頭。

【白熱】(ハクネツ) 国①白色の光を出すほどの高温（摂氏千度以上）になること。②最高潮に達すること。

【白馬寺】(ハクバジ) 寺の名。今の河南省洛陽市の東にある。竺法蘭らが西域から初めて仏典を白馬に載せて持って来たとき、後漢の明帝がこの寺を建て、竺法蘭らに訳経に従事させたという。中国最初の仏寺。

【白馬非馬論】(ハクバヒバロン) 戦国時代の末、公孫竜の唱えた認識論の一つ。「白い馬」という概念と「馬」という概念とは、その包含する範囲の広狭が異なることを説き、概念の区別を明確にすべきを主張した論。

【白白】(ハクハク) ①白い。まっ白。②明らか。「明明白白」③むなしい。何もない。「空空白白」④むなしく。いたずらに。むだに。

【白髪三千丈】(ハクハツサンゼンジョウ) しらが三千丈も長く伸びている。三千丈は、非常に長いことを誇張した表現。〔唐、李白、秋浦歌〕――、縁レ愁似レ箇長〈――、憂えによってこんなにも長くなってしまった〉

【白△眉】(ハクビ) ①白いまゆ。②最も傑出しているもの。蜀の馬良の五人の兄弟は皆すぐれていたが、中でも白いまゆ毛があり、人々から白眉と呼ばれた良が最もすぐれていたことに基づく。〔蜀志、馬良伝〕

【白△蘋】(ハクヒン) 葉が十字形で白い花をつける浮草。

【白文】(ハクブン) 国漢文で、句読点や返り点・送りがなをつけない原文をいう。

【白兵】(ハクヘイ) 光る武器。するどい刀剣。抜き身。しらは。

【白兵戦(戰)】(ハクヘイセン) 敵・味方が入り乱れて、刀剣などを持って戦うこと。

【白△旄】(ハクボウ) 白い旄牛の尾を竿の頭につけた旗、また、采配。大将が指揮するに用いる。

【白民】(ハクミン) ＝白丁の①。

【白面】(ハクメン) ①白い顔。色が白くて美しい顔。②年少で経験がとぼしい。また、年少の者をいう。

【白面郎】(ハクメンロウ) ①色の白い（美しい）青年。②年少で経験をつんでいない青年。③唐代、貴人の子弟をいう。

【白夜】(ハクヤ・ビャクヤ) 国北極や南極で、夏、日没後も、反映する太陽の光のために薄明るい状態が続くこと。また、その夜。

【白△楊】(ハクヨウ) 木の名。はこやなぎ。ヤナギ科の落葉高木。葉は広楕円形で、下面は灰白色。四月ころ、褐色の穂状〔花を開く。

【白楽(樂)天】(ハクラクテン) →白居易。

【白△蓮教】(ビャクレンキョウ) 宗教的秘密結社の名。仏教から発して、元代に始まり、祈禱・治病などで信仰を得、清の乾隆・嘉慶（一七三六―一八二〇）のころ、しばしば乱を起こして清朝をなやまし、結社が禁止された後にも、名を変えて色々な形で活動した。義和団もこの分派。

【白露】(ハクロ) ①白いつゆ。しらつゆ。②白いもや。③二十四気の一つ。秋の気配が強くなる九月八日・九日ころ。

【白△鷺△洲】(ハクロシュウ) 中洲の名。今の江蘇省南京市の西南の長江の中にあった。

【白△狼河】(ハクロウガ) 大淩河の古名。遼寧省の淩源県に発し、遼東湾に注ぐ。

【白△鹿洞】(ハクロクドウ) 洞の名。江西省の廬山の五老峰のふもとにある。唐の李渤兄弟が隠棲した所。五代の南唐の時、学校が建てられた。後、おとろえたが南宋の朱熹が修復し、多くの書籍を蔵し、講堂も備わり、多くの学者が集まって中国第一の学校となった。明・清両時代にもその存続に力がつくされた。

【白話】(ハクワ) 口語。日常語。↔文言（古典語）。

(6)1
【百】
4955　教1　ヒャク　—4120　*4934*

㊅ハク・㊄ヒャク　陌　bǎi (bó)　八百屋・八百長

筆順
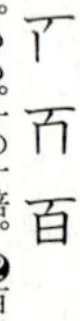

字義　❶ヒャク。もも。十の十倍。❷百たび。また、百たびする。❸もろもろ。あらゆる。多い。さまざま。

名乗　お・と・はげむ・も　難読　百槻・百磯城・百女木・百石・百千万億・百草・百足・百道・百百・百敷・百目鬼・百目木

参考　金銭の記載などには改変を防ぐため、「陌」の字を用いることがある。

解字　甲骨文

金文

篆文

形声。一＋白㊥。音符の白は博に通じ、ひろいの意味。ひろいの意味から、大きい数としての「ひゃく」の意味を表したものであろう。

▼凡百
【百越・百△粤】(ヒャクエツ) 中国南部からインドシナにかけて住んだ民族の名。於越（浙江）・閩越（福建）・揚越（江西）・南越（広東）・駱越（安南）の類。中国人からは、夷狄と見なされた。

【百花斉(齊)放】(ヒャッカセイホウ) いろいろな花が一斉に開くこと。多くの人々が議論を自由に展開することのたとえ。

【百花△繚乱(亂)】(ヒャッカリョウラン) いろいろの花がさき乱れる。

【百家】(ヒャッカ) ①百軒の家。多くの家庭。②多くの学者。また、儒家以外の学派の学者たちの総称。「諸子百家」

【百家争(爭)鳴】(ヒャッカソウメイ) 多くの人々が何の遠慮もなく自由に議論を展開すること。

【百鬼夜行】(ヒャッキヤコウ・ヒャッキヤギョウ) 国①いろいろな妖怪（もののけ）が、暗夜に列をなして歩くこと。②転じて、多くの人が怪しくみにくい行為をすること。③悪人どもが時を得て勝手なふるまいをすること。

【百△揆】(ヒャッキ) ①多くのはかりごと。また、いろいろな政務。②多くの役人。百官。③役人を統率する官。百官の長。今の総理大臣にあたる。

【百口】(ヒャッコウ) ①百人。②一家中の者。③さまざまに（弁解・説論などを）言うこと。

【百工】(ヒャッコウ) もろもろの役人・工人・職人。

【百合】(ゆり) 草花の名。ユリ科の植物の総称。

【百谷】(ヒャッコク) 多くの谷川。〔老子、六十六〕

【百済(濟)】(クダラ) 古代、朝鮮半島の西南部にあった国の名。前漢末、高句麗の王族が建てたと伝えられる。晋の初め、馬韓の地を領有したが、後、唐と新羅との連合軍にほろぼされた。（？―六六〇）

【百歳△之後】(ヒャクサイののち) 百年の後。転じて、人の死後。〔詩経、唐風、葛生〕

【百氏】(ヒャクシ) 多くの学者。諸子百家。また、その著書。

【百死】(ヒャクシ) ほとんど命を失うような危険の場合。

【出二百死一得二一生一】(ヒャクシをいでてイッセイをう) 死ぬような危険な場面を抜け出し、やっと生き抜くことができた。

【百△爾】(ヒャクジ) もろもろの。あらゆる。爾は、強意の助字。

【百日紅】(ヒャクジツコウ・さるすべり) ミソハギ科の落葉高木。

【百舎】(ヒャクシャ) 長途の旅。また、遠路。旅に出て百度やどる意。舎は、宿る。

【百舎重△繭】(ヒャクシャチョウケン) 長途の旅をして足の裏にまめが重なりで

きること。また、そのことから、苦痛をものともせず遠路を大急ぎで行くこと。繭は、趼とも書く。〔荘子、天道〕

【百尺竿頭】ヒャクシャクカントウ　百尺の竿の先端。転じて、非常に高いことのたとえ。「百尺竿頭進二一歩一（百尺竿頭一歩を進む）」（工夫をこらした上に更に工夫すること）〔無門関、四十六〕

【百出】ヒャクシュツ　①いろいろさまざまに現れ出ること。②次から次と現れ出ること。

【百乗（乘）之家】ヒャクジョウのいえ（へ）　周代、領内から戦車百乗（百台）を徴発し得る家（家老）。卿大夫をいう。

【百数（數）】ヒャクスウ　①百いくつ。百あまり。百以上。②百を単位として数える。非常に多いこと。

【百世】ヒャクセイ　百代。万世。非常に長い年月。永久。

【百世之師】ヒャクセイのシ　百代の後までも師と仰がれる人。

【百姓】ヒャクセイ　①多くの役人。②多くの人民。③国ヒャクショウ　農民。人民。

【百折】ヒャクセツ　①幾度も折れ曲がること。②幾度も困難に会ってくじかれそうになること。「百折不撓」（幾度困難に会ってもくじけないこと）

【百舌】ヒャクゼツ・もず　鳥の名。「百舌鳥」も同じ。

【百千】ヒャクセン・もも・ち　①あるいは百、あるいは千。②非常に多数。

【百戦（戰）】ヒャクセン　百度戦う。数多く戦う。〔孫子、謀攻〕

【百足】ヒャクソク・むかで　多足類の毒虫の名。蜈蚣。

【百態】ヒャクタイ　種々さまざまな様子。

【百代】ヒャクダイ・ハクタイ　後々の世。多くの年月。永遠。

【百代之過客】ヒャクダイのカカク・ハクタイのカカク　永久に絶えることなく次々と過ぎ去って行く旅人。時間・月日のたとえ。〔唐、李白、春夜宴二桃李園一序〕⇩光陰者百代之過客（光陰は百代の過客なり）（一〇六ページ）。

【百端】ヒャクタン　いろいろさまざま。種々雑多。

【百中】ヒャクチュウ　①百のうち。多くある物事の中。②百度当たる。必ず当たる。「百発百中」

【百二】ヒャクニ　きわめて要害堅固なこと。天下の兵百万人に対して二万人をもって当たり得る意とも、百万人なら、その倍の二百万人に相当する意ともいう。もと秦の地の要害堅固なことを言った語。「百二山河・百二都城」〔史記、高祖本紀〕

【百年俟二河清一】ヒャクネンカセイをまつ　百年間も黄河の澄むのを待つ。黄河の水は澄むことがないから、あてにならないことをいつまでも待つことのたとえ。〔左伝、襄公八〕

【百発（發）百中】ヒャッパツヒャクチュウ　矢を百度発射して百度とも的に命中すること。転じて、計画・考案などのすべてが、適当で時宜に当たること。〔戦国策、西周〕

【百般】ヒャッパン　いろいろ。さまざま。すべて。あらゆる。般は、種類。

【百媚】ヒャクビ　もろもろのなまめかしさ。〔唐、白居易、長恨歌〕回レ頭一笑百媚生（こうべをめぐらして一笑すれば百媚生じ）、六宮粉黛無二顔色一（六宮の粉黛顔色無し）〈ふりかえってちょっとほほえむだけでさまざまななまめかしさがあふれ、天子の後宮として造られた六つの宮殿に仕える、化粧をこらした美女たちも見劣りがしてしまった〉

【百聞不レ如二一見一】ヒャクブンはイッケンにしかず　百度聞くより、一度見る方がまさっている。人から話を聞くより自分で見る方が確実に知ることができる。〔漢書、趙充国伝〕

【百辟】ヒャクヘキ　多くの君主。諸侯。辟は、君。

【百畝之田】ヒャッポのデン　井田の法で、一組の夫婦が朝廷から与えられる耕作地。一畝は、約一・八二アール。↓井田（四九ページ）。〔孟子、梁恵王上〕

【百方】ヒャッポウ　①いろいろな方法・手段。②いろいろな方角・方面。諸方面。③諸方の国々。諸国。

【百憂】ヒャクユウ　さまざまな心配。「百憂千慮」

【百里奚】ヒャクリケイ　春秋時代の人。秦の穆公の大臣。五羖大夫と称された。

【百里之命】ヒャクリのメイ　百里四方の国（諸侯の国）の政令（政治）。〔論語、泰伯〕可三以託二六尺之孤一（もってリクセキのこをタクすべく）、可三以寄二百里之命一（もってヒャクリのメイをよすべし）。訳文⇩六尺之孤（一二五ページ）。

【行二百里一者半二九十一】ヒャクリをゆくものはキュウジュウをなかばとす　百里の道を行く者は、九十里に達したとき、やっと半分来たと考えるべきである。事をなすには、終わりの方をゆるめてはならないとの戒め。〔戦国策、秦〕

【百霊（靈）】ヒャクレイ　①多くの神。②多くの人民。

【百錬鉄（鐵）】ヒャクレンのテツ　①幾度もきたえた鉄。よくきたえた強い鉄。②国すぐれた日本刀。

(7)2
【皀】4956　△　一 漢キュウ（キフ）　緝 jí, xiāng　二 呉コウ（カフ）　二 漢ヒョク・呉ヒキ　職 bì　6605 6225

字義 一 二 ❶かんばしい（香）。穀物のよい香り。❷つぶ（粒）。穀物の一粒。

参考　皀（4958）は別字であるが、誤って混同する。　難読　皀角・皀莢

解字　文　篆 　象形。食器に盛られた食物の象形で、穀物のよい香りの意味を表す。『説文』では、会意で、白＋匕。白はもみ殻の中の米の象形、匕は、それをすくうさじの象形とする。

(7)2
【皁】4957　△　漢ソウ（サウ）　呉ゾウ（ザウ）　晧 zào

［梍］俗字 5984 5B74　［皂］俗字

字義 ❶どんぐり。櫟・橡などの実。❷しいな。穀物の実の十分に実らないもの。❸しもべ。家来。こもの。❹うまや（廏）。また、馬屋のねだ。❺くろい。黒色。「皁帽」

解字　形声。丿＋早音。丿は、どんぐりの象形。音符の早は、その音を示す。どんぐりの意味を表すが、どんぐりは黒色の染料ともなったところから、くろいの意味をも表す。また、とち・栗などの木材は腐りにくく、うまやなどの建材に用いられたため、うまやの意味をも表す。

【皁衣】ソウイ　黒い衣服。漢代には下級官吏の服。

【皁莢】ソウキョウ・さいかち　木の名。マメ科の落葉高木。さや状の実を結び、昔、これを洗濯に用いた。一名、皁角。

【皁桟（棧）】ソウサン　廏舎をいう。皁は馬小屋のねだ、桟は、ふみ板。また、囲い。

【皁隷（隸）】ソウレイ　しもべ。召使い。奴隷。また、下級の役人。

【皁櫪】ソウレキ　うまや（廏）。櫪は、うまやの敷き板。一説に、ません棒。

(7)2
【皂】4958　△　ソウ　皁（4957）の俗字。↓前項。

(7)2
【皃】4959　△　ボウ　貌（7375）と同字。↓一〇三五ページ。　6606 6226

参考　皀（4956）は別字であるが、誤って混同する。

(8)3
【的】4960　教4　テキ　まと　漢テキ　呉チャク　錫 dì, ④dí, ⑤de　3710 452A

(8)3
［的］4961

筆順　亻 白 的 的

字義 ❶まと。㋐弓のまと。「標的」㋑めあて。標準。「目的」❷かなめ。要点。要所。❸あきらか。あざやか。はっきりしている。❹明らかに。はっきりと。まことに。確かに。「端的」❺助字。口語で、名詞・動詞・形容詞・副詞などの下にそえる。底・地と書くこともある。㋐所属・修飾の関係を表す。「我的書（私の本）」「買的書（買った本）」㋑…のもの、…する人、などの意を表す。「我的（私のもの）」「開門的（門番）」㋒動詞・形容詞を名詞化する。＝得。「走的快（歩くのが速い）」㋓副詞的修飾関係を表す。＝地。「一直的（まっすぐに）」国テキ。英語の…ticの訳語。「…上の、…性の、…むきの、…風の、…のような、…に関する」などの意。「哲学的思考」「美的情操」

名乗　あきら・いくは・まさ

解字 文篆  形声。篆文は、日+勺㊥。音符の勺シャク=テキは、多くの物の中から一つをすくいあげ、きわだたせるの意味。日は、太陽の象形。明らかの意味を表す。常用漢字の的は旳の俗字。

▼金的・射的・端的・標的・表的・目的

【的確】たしか。まちがいないこと。確実。◇「適確」は、古くは誤りとされたが、「適正確実」の略として最近行われている。一般には、「的確」。

【的然】①明らかなさま。②確かなさま。

【的中】①矢が的にあたること。②うまくあたる。ぴったりとあたること。

【的的】明らかなさま。

【的歴（歷）・的△皪・的△礫】明らかなさま。鮮明なさま。

【帛】→巾部 三四〇ページ。

(9)4 【皆】4962 常 カイ みな ― カイ 囲 jiē 1907 3327

筆順 ト 比 皆 皆

字義 ❶みな。すべて。ことごとく。残らず。「悉皆」 ❷ともに。同じく。＝偕。❸あまねし。また、あまねく。広く。

名乗 み・みち 難読 皆実・皆生・皆瀬

解字 文金  文篆  会意。比+白。比は、人がならぶの意味。白は、ものを言うの意味。人が声をそろえて言うの意味から、みな・ならぶ・ともにの意味を表す。皆を音符に含む形声文字に、偕・喈・楷・諧・階などがある。

【皆川△淇園】国江戸中・後期の漢学者。京都の人。名は愿。字は伯恭。淇園は号。著に『論語繹解』『淇園詩集』などがある。（一七三四―一八〇七）

【皆無】国少しもない。全くない。

【皆目】国まるきり。全く。全然。

(9)4 【皈】4963 △ キ 帰(1931)の俗字。→三四四ページ。 6607 6227

(9)4 【皇】4964 教6 コウ・オウ 漢コウ(クヮウ)・呉オウ(ワウ) 陽 huáng 2536 3944

筆順 白 白 皁 皇

字義 ❶きみ。君主。天子。❷かみ。天帝。万物の主宰者。❸天子または天帝に関係する事物に冠する語。❹死んだ父母・祖先・夫などに冠する敬称。「皇祖考」「皇考」 ❺おおきい。広い。❻うつくしい。美しいさま。また、おごそか。重々しい。❼ただす。＝匡。❽ひま。いとま。＝遑。国❶すめらぎ。すべらぎ。天皇を称する古語。❷すめら。すべら。国民が天皇に関する事物に冠して尊敬を表す語。「皇国」

名乗 すべ 難読 皇子・皇女・皇孫・皇尊

参考 現代表記では［惶］(2407)の書きかえに用いることがある。「蒼惶→倉皇」

解字 文金  文篆  形声。白+王㊥。白は、金文では、光を放つ日の象形。音符の王は、まさかりの象形。日に輝くまさかりの形から、かがやくの意味を表し、王に通じ、きみの意味も表す。

▼上皇・人皇・聖皇・倉皇・天皇・法皇

【皇△胤】天子の子孫。

【皇運】①天子となるべき運命。また、天子の運命。②国天皇の運命。また、日本の運命。

【皇化】天子の感化。天子の徳治による感化。

【皇家】①皇室。②天子。

【皇学（學）】国日本固有の制度文物などを研究する学問。

【皇紀】国日本の紀元。『日本書紀』の記事に基づいて、神武天皇の即位の年を元年とした。西暦元年は皇紀六六一年にあたる。

【皇基】天子が天下を治める事業。また、その基礎。

【皇△穹】おおぞら(大空)。天空。穹は、空。

【皇△舅】死んだ舅(夫の亡父)の敬称。

【皇恐△灘】惶恐灘。江西省を西南から東北に流れる贛江の上流、贛県・万安県の間にある十八灘の一つ。最も水流のはげしい所。

【皇極】①広大で片寄らず正しい道。大中至正の道。皇は大、極は中。②帝王の位。また、帝王の定めた道。

【皇継（繼）】天子のよつぎ。皇太子。

【皇△姑】死んだ姑(夫の亡母)の敬称。

【皇考】①死んだ父。また、その敬称。②曽祖父。③国天皇の亡父。

【皇皇】①明らかなさま。きらびやかなさま。花やかなさま。美しく盛んなさま。煌煌。②大きなさま。広々としているさま。③さまようさま。安定しないさま。あわただしいさま。

【皇后】①天子の称。后は、君の意。②秦・漢以後、天子の正妻をいう。きさき。

【皇国（國）】①天子が徳をもって治めている理想的な国。②国もと、日本国をいう。すめらみくに。

【皇子】コウシ・オウジ 天子の男の子。みこ。

【皇嗣】＝皇継。

【皇緒】①天子の血統。②天子が国家を治める大業。③天子の位。

【皇女】天子のむすめ。ひめみや。

【皇上】天子。皇帝。今の天子。今上。

【皇城】皇居。宮城。

【皇祖】①天子の祖先。天子の始祖。②死んだ祖父。また、その敬称。③国天照大神をいう。

【皇祖考】＝皇祖の②。

【皇祖△妣】死んだ祖母。また、その敬称。

【皇宗】①天子の一族。皇族。②国歴代の天皇。

【皇太后】天子の母。

【皇太子】天子の位をつぐ皇子。

【皇△儲】＝皇継。儲は、よつぎ・嗣子。

【皇朝】①現在の朝廷。②国日本の朝廷。

【皇朝史略】国書名。十二巻。青山延于著。神武天皇から後小松天皇までの事跡を漢文で書いた歴史書。

【皇帝】帝王。天子。〔史記、秦始皇本紀〕

【皇天】①天。天帝。②国㋐天皇。㋑皇室。

【皇天后土】天の神と地の神。天神地祇。

【皇典】国皇国の典籍。日本の古典。

【皇図（圖）】①天子の版図。天子の領有する地域。②天子のはかりごと。

【皇統】天子の血統。

【皇道】①古代の帝王の道。三皇五帝の道。②大道。③国国体を基礎として立てられた日本固有の道。

【皇△辟】①天子。辟も君。②死んだ夫。また、その敬称。

【皇△謨】＝皇図の②。

【泉】→水部 六二三ページ。

(10)5 【皋】4965 △ ゴウ 皐(4967)と同字。→七五六ページ。 6608 6228

【畠】→田部 七〇九ページ。

(11)6 【皎】4966 △ 一キョウ(ケウ) 篠 jiǎo 二漢コウ(カウ) 呉キョウ(ケウ) 巧 6609 6229

字義 一二 ❶しろい。白く輝くこと。❷きよい(清)。潔白。❸あきらか。あかるい。曇りがない。

【晈】同字

【解字】篆文 形声。白＋交㊥。音符の交は姣に通じ、うつくしいの意味。白く美しいの意味を表す。

【皎皎】①潔白なさま。白く清らかなさま。〔詩経、小雅、白駒〕②明るいさま。明るく光るさま。〔文選、古詩十九首〕皎皎河漢女。訳文 迢迢（一〇八三ページ）。

【皎潔】①白く清らか。白くてけがれのないこと。②星などの清らかに輝くさま。

【皎月】明らかに輝く月。

(11)6 【皐】4967 囚 コウ（カウ）豪 gāo 2709 3B29

筆順 白 皐

【皋】同字 6608 6228 【臯】俗字

【字義】❶さわ（沢）。沼地。湿地。❷きし（岸）。水ぎわ。❸さかい（界）。かぎり。❹くま（曲）。水辺の曲がっている所。❺たかい（高）。❻ゆるい（緩）。ゆるやか。❼よぶ（呼）。つげる（告）。また、命ずる。❽さつき。五月。皐月。

【名乗】さ・すすむ・たか・たかし

【解字】篆文 象形。白い頭骨と四足の獣の、死体の象形から、しろくかがやくの意味を表す。転じて、水面のしろくかがやく、さわ・ぬまの意味を表す。皐（皋）を音符に含む形声文字に皞・皥・翺などがある。

【皐月】陰暦五月をいう。

【皐比】①虎の皮。②将軍や儒者の席。虎の皮を敷き物としたのでいう。

【皐陶・皐繇】中国古代の伝説上の帝舜の名臣。法律・刑罰を定めたという。

【習】→羽部 八八三ページ。

(12)7 【皖】4968 △ 漢カン（クヮン）呉ゲン 潸 wǎn 6610 622A

【字義】❶県名。漢、置く。今の安徽省潜山県の北。❷安徽省の別名。

【解字】形声。白＋完㊥。

(12)7 【皓】4969 囚 (12)7 【晧】4970 漢コウ（カウ）呉ゴウ（ガウ）皓 hào 6611 622B

筆順 白 皓

【字義】❶しろい（白）。❷ひかる。白く光る。❸あきらか。❹きよい。潔白。❺水のひろいさま。＝浩。

【名乗】あき・あきら・てる・ひかる・ひろ・ひろし

【解字】形声。白＋告㊥。音符の告は好に通じ、このましいの意味。このましくひかる「しろ」の意味を表す。

【皓月千里】明るく輝く月の光が遠くまで照り渡っていること。〔宋、范仲淹、岳陽楼記〕長煙一空、——。訳文 長煙一空（一四五ページ）。

【皓皓】①明らかなさま。②白く輝くさま。白いさま。③清らかなさま。潔白なさま。④広大なさま。

【皓歯】白く美しい歯。転じて、美人。〔唐、杜甫、哀江頭詩〕明眸皓歯今何在 訳文 明眸皓歯（五〇〇ページ）。

【皓首】①白髪の頭。白首。②老年。

(13)8 【晳】4971 △ 漢セキ 呉シャク 錫 xī 6612 622C

【字義】しろい（白）。人の皮膚の色の白いこと。「白晳」

【解字】篆文 形声。白＋析㊥。音符の析は、くっきりと分けるの意味。すっきりときわだって白いの意を表す。

(15)10 【皚】4972 △ ガイ 灰 ái 6613 622D

【字義】しろい（白）。雪や霜などの白いさま。

【解字】篆文 形声。白＋豈㊥。

【皚皚】①雪や霜の白いさま。「白雪皚皚」②花が一面に白く咲いているさま。

(15)10 【皛】4973 △ 一 漢キョウ（ケウ）呉ギョウ（ゲウ）篠 xiǎo, jiǎo 二 漢ケイ 呉ギョウ（ギャウ）迥

【字義】一 ❶あきらか。明らかにする。❷しろい。一面に白いさま。「皛皛」

【解字】篆文 会意。白を三つ合わせて、一面に白い、あきらかの意味を表す。

(15)10 【皞】4974 △ 漢コウ（カウ）呉ゴウ（ガウ）皓 hào

【皡】同字 【暤】同字 【皥】俗字

【字義】❶しろい（白）。❷あきらか。❸皞皞は、心が広くゆったりしているさま。❹皞天は、天。＝昊。

【解字】篆文 形声。白＋皋㊥。篆文は、日＋皋㊥。音符の皋は、白くかがやくの意味。白くかがやく日、あきらか・しろいの意味を表す。

(15)10 【皜】4975 △ 漢コウ（カウ）呉ゴウ（ガウ）皓 hào

【字義】❶しろい。白いさま。❷かたく正しいさま。清らかなさま。

【解字】形声。白＋高㊥。音符の高は、確などに通じ、たしかなの意味。たしかで白いの意味を表す。

【皜皜】潔白なさま。

【魄】→鬼部 一二三七ページ。

【暨】→日・曰部 五一五ページ。

(17)12 【皤】4976 △ 漢ハ 呉バ 歌 pó

【字義】❶しろい（白）。老人の髪の白いさま。❷腹の太く肥えているさま。

【解字】篆文 形声。白＋番㊥。音符の番は、広がるの意味。広がりおおう老人の白い髪の意味を表す。

【皤皤】①髪などの白いさま。②豊かで多いさま。

(18)13 【皦】4977 △ キョウ（ケウ）篠 jiǎo

【字義】❶しろい。玉の白い色。❷あきらか。はっきりしている。❸かがやく。

【解字】篆文 形声。白＋敫㊥。音符の敫は、日の光が流れるの意味。白くてつやのある宝石の意味を表す。

【皦皦】①白く明らかなさま。②光り輝くさま。

【皦日】照り輝く太陽。白日。

【皦如】（楽曲の音色の）明らかなさま。

(23)18 【皭】4978 △ 漢シャク 呉ザク 薬 jiào

【字義】❶しろい（白）。❷きよらか。潔白。

【解字】形声。白＋爵㊥。

5 皮部

【部首解説】けがわ。ひのかわ。革（かわへん）・韋（なめしがわ）に対して、けがわと呼んで区別する。皮を意符として、皮膚に関する文字ができている。

(5)0 **【皮】** 4979 教3 ヒ かわ 4073 *4869*

筆順 ノ 厂 广 皮 皮

漢ヒ 呉ビ 因 pí

字義 ❶かわ。㋐はいだまま毛のついている獣の毛がわ。㋑物の表面をおおっているもの。「樹皮」㋒なめしがわ（革）。❷物事の外部・表面。うわべ。❸かわごろも（裘キュウ）。❹まと（的）。皮を張った弓のまと。❺皮のように薄いもの。国かわ。鼓の別名。

使いわけ かわ［革・皮］

［革］なめしたかわ。「革のかばん」

［皮］なめしていないかわ。また、広く動植物のかわ。「とらの皮・みかんの皮」

難読 皮蛋ピータン

解字 文 金 篆 象形。金文でもわかるように、獣の皮を手ではぎとるさまにかたどり、かわの意味を表す。

▼脱皮・陳皮・面皮

【皮革】ヒカク ①毛皮となめしがわ。②かわ。皮類の総称。

【皮褐（褐）】ヒカツ 身分の低い者の着る粗末な皮ごろも。

【皮裘】ヒキュウ 皮ごろも。皮で作った着物。

【皮相】ヒソウ ①うわべのすがた。表面の様子。②浅薄なこと。

【皮肉】ヒニク ①皮と肉。②うわべ。浅薄。③国㋐あてこすり。いやみ。㋑意地が悪いこと。ぐあいが悪いこと。

【皮膚】ヒフ 動物のからだの表面をおおい包むもの。はだ。

【皮幣】ヒヘイ ①皮と帛きぬ。昔、贈答用の品。〔孟子、梁恵王下〕②白いしかの皮で作った貨幣。〔史記、平準書〕

【皮弁】ヒベン 白いしかの皮で作った冠。弁は、かんむり。

(10)5 **【皰】** 4980 △ 漢ホウ（ハウ） 呉ボウ（バウ） 効 pào 6614 *622E*

【皰】同字 8050 *7052*

字義 ❶にきび。主として青年のころに顔に出るふきでもの。面皰。❷とびひ。皮膚病の一種。＝疱ホウ。

解字 文 篆 形声。皮＋包音。音符の包は、泡に通じ、皮膚にあわのように生じたにきびの意味を表す。

【皰瘡】ホウソウ 国天然痘の俗称。もがさ。疱瘡ホウソウ。

(12)7 **【皴】** 4981 △ シュン 真 cūn 6615 *622F*

字義 ❶しわ（皺シュウ）。❷ひび。あかぎれ。❸東洋画で、山や石のひだを描き表す技法。皴法。

解字 文 篆 形声。皮＋夋音。

(14)9 **【皸】** 4982 △ クン 文 問 jūn 6616 *6230*

【皹】同字 6617 *6231*

字義 ひび。あかぎれ。

解字 文 篆 形声。皮＋軍音。音符の軍は、とりかこむの意味。寒さで手足などの上皮が小さなさけ目でかこまれる、ひびの意味を表す。

(14)9 **【皹】** 4983 △ クン 皸（4982）と同字。→前項。 6617 *6231*

(14)9 **【皷】** 4984 △ コ 鼓（9342）の俗字。→一三七三ページ。 8373 *7369*

(15)10 **【皺】** 4985 標 漢シュウ（シウ）・呉シュ 慣スウ 宥 zhòu 6618 *6232*

字義 ❶しわ。皮膚にできるしわ。また、一般に、物の表面のひだ。❷しわむ。しわがよる。

解字 形声。皮＋芻音。音符の芻スウは、草を手にまとめにぎって刈るの意味。にぎった草のようにできる、しわの意味を表す。

【皺月】シュウゲツ しわのよった月。水にうつった月をいう。

5 皿部

〔部首解説〕 さら。皿を意符として、いろいろな種類の皿や、皿に盛ることなどに関する文字ができている。

蓋→艸部 九三八ページ。蠱→虫部 九七三ページ。鹽→鹵部 一三六〇ページ。

(5)0 **【皿】** 4986 教3 さら 漢メイ・呉ミョウ（ミャウ） 慣ベイ 梗 mǐn 2714 *3B2E*

筆順 丨 冂 冂 皿 皿

字義 さら。食物を盛る平たい鉢。

難読 皿鉢さはち・さわち

解字 甲骨文 金文 篆文 象形。食物を盛る「さら」の象形。さらの意を表す。

(8)3 **【盂】** 4987 標 ウ 虞 yú 6619 *6233*

【盂】本字

字義 はち。わん。飲食物を盛る器。

解字 甲骨文 篆文 形声。皿＋于（亏）音。音符の于ゥは、弓なりに曲がるの意味。弓なりの曲線をもつ食器の意味を表す。

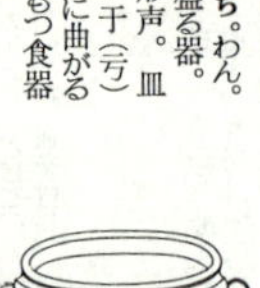

〔盂〕

【盂蘭盆】ウラボン 仏①梵語ボン ullambana の音訳。倒懸（さかさまにつるされる）と訳し、はなはだしい苦しみの意。②盂蘭盆会ウラボンエの略。

【盂蘭盆会（會）】ウラボンエ 仏陰暦七月十五日（中元）に行われる仏事。種々の食物を死者の霊に供えて餓鬼への施しとし、死者の苦しみを救い、その冥福メイフクを祈る。

(9)4 **【盈】** 4988 △ 漢エイ 呉ヨウ（ヤウ） 庚 yíng 1746 *314E*

字義 ❶みちる（満）。㋐いっぱいになる。㋑いっぱいある。㋒満ち足りる。満足する。㋓あふれる。❷みたす。❸あまる。また、あまり。

解字 文 篆 会意。皿＋乃＋又。乃は、のびた弓の象形。又は手の象形。のびゆるんだ弓を手でいっぱいに引きしぼるように、皿に物を盛りあげるの意味を表す。

【盈盈】エイエイ ①水の満ちているさま。〔文選、古詩十九首、其十〕盈盈一水間エイエイたるイッスイのカン、脈脈不レ得レ語ミャクミャクとして、かたるをえず〈水の満ちあふれた川を隔てて、言葉ひとつかわせずに、じっと目と目と見合わすばかりである〉②女の容姿のしなやかなさま。

【盈科】エイカ・あなにみつ 水の流れは低いくぼ地を満たしてから先へ進む。学問も順序段階を追って進むべきことのたとえ。〔孟子、離婁下〕盈レ科而後進あなにみちて。のちにすすむ 訳文 原泉混混不レ舎ニ昼夜一ゲンセンコンコンとしてチュウヤをおかず（一七三ページ）。

【盈虧】エイキ 満ちることと欠けること。

【盈虚（虛）】エイキョ ①満ちることと空しくなること。満ちることと欠けること。〔宋、蘇軾、前赤壁賦〕盈虚者如レ彼而卒莫ニ消長一也エイキョするものは かのごとくなれども。ついに(ひ)にショウチョウすることなきなり ②さかんになることとおとろえること。

【盈満(滿)】エイマン ①いっぱいになる。充満する。②富貴・権勢などの非常に強大なこと。

(9)4【盅】4989　△ チュウ(チウ) 東 chōng

字義 むなしい(虚)。容器の中になにもない。

解字 文 篆　形声。皿＋中音。音符の中は、なかの意味。さらの中は、物を入れるためにからであるところから、むなしいの意味を表す。

(9)4【盃】4990　△ ハイ　杯(3348)の俗字。→五五〇ページ。　3954 4756

(9)4【盆】4991　常 ボン　漢ホン 呉ボン 元 pén　4363 4B5F

筆順 分 分 分 盆 盆

字義 はち。ほとぎ。浅くて比較的大きな円形の物を入れる瓦器(ガキ・かわらけ)。国ボン。㋐盂蘭盆会(ウラボンエ)の略称。㋑盂蘭盆会(陰暦七月十五日)の前後数日の称。㋒茶器・食器などを載せる、縁が低く比較的大きな円形の器。

解字 文 金 篆　形声。皿＋分音。音符の分は墳に通じ、土がふき出た形の墓の意味。ふせた形が墳墓のようになるさら、ぼんの意味を表す。

〔盆〕

▼鼓盆・覆盆

【盆地】ボンチ 山岳や台地に四方を囲まれた平地。

【盆池】ボンチ はちのように小さな池。庭などに作った小さな池。

【盆缶・盆甌】ボンプ 飲み物を入れる土器。これをたたいて歌の拍子をとることがある。

(10)5【益】4992　教 5 エキ・ヤク　1755 3157

(10)5［益］4993　漢エキ 呉ヤク 陌 yì

筆順 丷 䒑 兴 益 益

字義 ❶ます(増)。㋐ふやす。加える。「増益」㋑加わる。㋒富む。多くなる。❷ためになること。役に立つこと。「有益」❸もうけ。利益。また、もうける。⇔損。❹多い。また、多く。❺ますます。いよいよ。❻易(エキ)の六十四卦(カ)の一つ。☳☴ 震下巽上(シンカソンショウ)。上を損じて下を益する象(かたち)。

名乗 あり・すすむ・のり・よし

難読 益荒男(ますらお)・益子(ましこ)・益城(ましき)

解字 甲骨文 金文 篆文　象形。皿に物を大きく盛りあげた形にかたどり、ますあふれるの意味を表す。常用漢字は略体による。益を音符に含む形声文字に、嗌(エキ)・縊(イ)などがある。

▼権益・公益・広益・収益・潤益・損益・便益・無益・利益

【益州】エキシュウ 州の名。漢代に置かれた。隋(ズイ)代には蜀(ショク)郡といった。今の四川省を中心とする地。

【益友】エキユウ 交わってためになる友。→三益友(一三ページ)。

(10)5【盎】4994　△ オウ(アウ) 漾 àng

字義 ❶ほとぎ。口が小さく腹の大きい、酒などを入れる瓦器(ガキ・かわらけ)。❷あふれる。満ちあふれる。❸さかんなさま。

解字 文 篆　形声。皿＋央音。音符の央は、首かせをはめられた人の象形。平面図的に見ると、ちょうど人が首かせをかけられたように、中央に口があり、それより大きめの腹の、酒などを入れる瓦器(かわらけ)、ほとぎの意味を表す。

(10)5【𥁕】4995　［昷］同字　△ 漢オン 呉オン(ヲン) 元 wēn

字義 ❶あたたかい(あたた)。＝温。❷思いやりがある。

解字 文 篆　会意。囚＋皿。囚は、あたたかな煮物の象形。皿に盛られた、あたたかな煮物のさまから、あたたかいの意味を表す。𥁕(昷)を音符に含む形声文字に、慍(オン)・温・縕(オン)・榲(オン)・轀(オン)・醞(オン)などがある。

(10)5【盉】4996　△ 一漢カ(クワ)・呉ワ 歌 hé　二漢カ(クワ)・呉ワ 箇 hè

字義 一五味を調えるのに用いる器。二味を調える。調味する。

解字 文 金 篆　形声。皿＋禾音。皿は、さらの象形。音符の禾(カ)は、和に通じ、つりあいととのうの意味。味をととのえるのに用いる器の意味を表す。

〔盉一〕

(10)5【盍】4997　△ 漢コウ(カフ) 呉ゴウ(ガフ) 合 hé　6620 6234

［盇］同字

字義 ❶おおう(覆・蔽(ヘイ))。❷助字。㋐なんぞ……ざる。㋑なんぞ。⇩助字解説

助字解説

①なんぞ……ざる。再読文字。「何不」の合字。どうして……しないのか。……すればよいのに。類盍。〔論語、公冶長〕盍各言爾志(なんぞおのおのなんじのこころざしをいわざる)〈どうしてそれぞれ自分の考えを述べないのか〉

②なんぞ。疑問・反語。どうして……か。〔管子、小称〕盍不起為寡人寿(なんぞたちてカジンのためにジュをなさざる)〈どうして立ってわたしのために寿をなさないのか〉

解字 金文 篆文　象形。物をのせた皿にふたをした形にかたどり、おおうの意味を表す。

【盍簪】コウシン 友だちが速く集まって来ること。転じて、友人の会合。盍は合う。簪は速。

(10)5【盌】4998　△ ワン 旱 wǎn

［椀］標準 4748 4F50　［碗］標準 4750 4F52

字義 ワン。小鉢。

解字 金文 篆文　形声。皿＋夗音。音符の夗(エン)は、しなやかに曲がるの意味。しなやかな曲線をもつ皿、わんの意味を表す。

〔盌〕

(11)6【盔】4999　△ カイ(クヮイ) 灰 kuī

字義 ❶はち。わん。❷かぶと。戦争の時などにかぶる防具。

解字 形声。皿＋灰音。

(11)6【盖】5000　△ ガイ　蓋(6486)の俗字。→九三八ページ。　6621 6235

(11)6【盒】5001　△ 漢コウ(カフ) 呉ゴウ(ガフ) 合 hé　6622 6236

字義 ❶さら。はち。❷ふたもの。ふたのある小さい容器。「飯盒」

解字 形声。皿＋合音。音符の合は、こばこの意味。合が、あうの意味に用いられ、皿を付して区別した。

〔盒〕

(11)6【盛】5002　教 6 セイ・ジョウ　もる・さかる・さかん　3225 4039

(12)7［盛］5003　一漢セイ・呉ジョウ(ジャウ) 庚 chéng　二漢セイ・呉ジョウ(ジャウ) 敬 shèng　慣ショウ(シャウ)

筆順 丿 厂 成 成 盛

字義 一❶もる。物を容器にいっぱいにする。❷もりもの。器にもって神に供えたもの。❸物をもる容器。さら。はち。二❶さかん。さかり。㋐勢いが強くさかんである。「全盛」㋑富み栄えている。「隆盛」㋒しげる。「茂盛」㋓年が若い。㋔多

い。㋕満ちあふれる。㋖広く大きい。㋗厚い。手厚い。㋘はなはだしい。㋙きびしい。いかめしい。㋚りっぱ。すぐれた。❷さかる。さかんになる。❸さかんにする。もりたてる。
国❶もる。㋐うず高く積みあげる。㋑薬を調合して人に服用させる。㋒はかりに目もりを刻みつける。❷さかり。㋐若いさかり。㋑人が多く集まること。「盛り場」㋒交尾期。

名乗 しげ・しげる・たけ・もり

解字 金文 篆文 形声。皿＋成㊥。音符の成は、盈（イエ）に通じ、みたすの意味。さらに農作物をみたして神への供え物とするの意味から、もるの意味を表す。転じて、さかんの意味をも表す。

▼全盛・繁盛・隆盛

【盛意】セイイ 親切な心。深い好意。厚情。
【盛運】セイウン ①栄えてゆく気運。②よいめぐり合わせ。好運。
【盛栄（榮）】セイエイ 相手の商売繁盛を祝う言葉。
【盛▵筵】セイエン さかんな宴会。盛宴。
【盛観（觀）】セイカン りっぱな見もの。また、そのながめ。
【盛儀】セイギ さかんな儀式。盛大な儀式。盛典。
【盛挙（擧）】セイキョ さかんな、また、りっぱな事業・行事・企画。
【盛京】セイキョウ 遼寧（リョウネイ）省瀋陽（シンヨウ）市（もとの奉天）の旧名。清（シン）の初期の首都。
【盛況】セイキョウ 人が多く集まったりしてさかんなありさま。
【盛業】セイギョウ ①盛大な事業。②国商売がさかんなこと。
【盛時】セイジ ①栄えて勢いのさかんな時。②年若くて元気のよい時。
【盛者必衰】ショウジャヒッスイ・ジョウシャヒッスイ 仏さかんなものは必ずおとろえる。生きているものは必ず死ぬ。〔仁王経、下〕
【盛色】セイショク 美しい容色。美人。
【盛衰】セイスイ さかんなこととおとろえること。「栄枯盛衰」「盛衰【興亡】」
【盛▵餞】セイセン 盛大な送別の宴。
【盛▵饌】セイセン たくさんの（りっぱな）ごちそう。〔論語、郷党〕
【盛壮（壯）】セイソウ 年が若くて元気なこと。若ざかり。
【盛装（裝）】セイソウ ①りっぱな服装。②おごそかな服装。③正式の服装。正装。
【盛典】セイテン さかんでりっぱな儀式。盛大な儀式。
【盛唐】セイトウ ①唐代。盛は、ほめていう語。②唐代を、文学史上、初・盛・中・晩に分ける。盛唐はその極盛の時代で、玄宗の開元元年から代宗の永泰元年まで（七一三—七六五）。李白（リハク）・杜甫（トホ）・王維などの活躍した時代。
【盛徳】セイトク ①さかんな徳。高くすぐれた徳。②天地のさかんな元気。天地が万物をそだてる力。
【盛年】セイネン 血気のさかんな年ごろ。若い時。青年。
【盛年不二重来（來）一】セイネンはかさねてきたらず 若い時は二度とはこない。人生の最もよい時期を失うことなく、充実した時を過ごすべきであることをいう。〔文選、陶潜、雑詩〕——、一日難二再晨一（イチニチふたたびあしたなりがたし）。〈——、一日に朝は二度はやって来ない〉
【盛名】セイメイ さかんな名声。世にもてはやされている評判。
【盛烈】セイレツ さかんな功績。りっぱなてがら。

(11)6
【盗】5004 常 トウ ぬすむ
(12)7
〖盜〗5005 人 許 漢トウ（タウ） 呉ドウ（ダウ） 号 dào
3780 4570
6125 5D39

筆順 冫 次 盗

字義 ❶ぬすむ。㋐人の物を取る。うばう（奪）。「窃盗」㋑ひそかに自分の利益をはかる。私する。㋒自己の実力以上のものを得る。「位を盗む」㋓不義をする。❷ぬすみ。❸ぬすびと。❹小人。また、身分のいやしい人。国ぬすむ。㋐かくして物事をする。ごまかす。「人目を盗む」㋑繰り合わせて利用する。さしくる。「暇を盗む」

難読 盗汗（ねあせ）

解字 篆文 会意。次（㳄）＋皿。次は、うらやましげによだれを流すの意味。皿は、さらの意味。皿の中の食物を見て、欲しく思うの意味から、ぬすむの意味を表す。

▼群盗・強盗・窃盗

【盗汗】トウカン 寝あせ。
【盗▵跖・盗▵蹠】トウセキ 中国古代の伝説的な大盗賊の名。孔子
【盗泉】トウセン ①山東省泗水（シスイ）県の東北にあった泉の名。孔子は盗という名を憎んで、その地に宿らず、その水を飲まなかったという。〔水経注、洙水〕②転じて、不正の手段によって得られる利益にたとえる。〔晋、陸機、猛虎行〕渇不レ飲二盗泉水一（カッすれどもトウセンのみずをのまず）。
【盗賊】トウゾク ぬすびと。盗は、財貨を盗むもの・窃盗。賊は、国法を破るもの・反逆人・人命犯。
【▵齎二盗糧一】トウにリョウをもたらす ぬすびとに食糧をもって来てやる。敵に便利を与えて自分の害を招くことのたとえ。〔史記、范雎伝〕借二賊兵一（ゾクにヘイをかし）、——。

(12)7
【盛】(5003) セイ 盛（5002）の旧字体。→七五八ページ。

(12)7
【盜】(5005) トウ 盗（5004）の旧字体。→中段。
6125 5D39

(13)8
【盞】5006 △ 漢サン 呉セン 潸 zhǎn
6623 6237

(13)8
【盟】5007 教 6 メイ 一 漢メイ 呉ミョウ（ミャウ） 庚 méng, míng 二 漢モウ（マウ） 呉ミョウ（ミャウ） 敬 mèng
4433 4C41

筆順 日 明 明 盟

字義 一❶ちかう（ちかふ）。神に告げていけにえを殺し、その血をすすって約束をかためること。❷ちかい（ちかひ）。「同盟」❸約束。❹蒙古（モウコ）で、数集落を合わせた区域をいう。
二盟津（モウシン）は、地名。古代の黄河の渡し場。今の河南省孟津県の東北。＝孟（モウ）。

難読 盟神探湯（くがたち）

解字 甲骨文 金文 篆文 形声。甲骨文は、囧＋皿。金文は、盟。篆文は、血＋朙㊥。諸侯の間でたがいに疑問とするところをあきらかにさせ、いけにえの血をすすりあって、ちかうの意味を表す。

▼加盟・血盟・締盟・同盟・約盟・連盟

【盟兄】メイケイ 親しい友を呼ぶ敬称。
【盟契】メイケイ かたいちぎり。かたい約束。
【盟主】メイシュ 盟首。同盟者の長。また、その主宰者。
【盟津】モウシン →字義の二。
【盟誓】メイセイ ちかう。また、ちかい。
【盟▵詛】メイソ ちかう。また、ちかい。「詛」という。
【盟府】メイフ 天子・諸侯の盟約の書類を入れておく倉。大事には盟といい、小事には「詛ッ」という。
【盟邦】メイホウ ①同盟国。②親しい国。友邦。
【盟約】メイヤク 堅い約束をする。また、ちかい。約束。
【盟友】メイユウ 親しい交わりを結んでいる友。

(14)9
【盡】(1743) ジン 尽（1742）の旧字体。→三三ページ。
6624 6238

【蓋】→艸部 九三八ページ。

(15)10
【監】5008 常 カン 一 漢カン・呉ケン 鑑 jiān 二 漢カン・呉ケン 陷 jiàn
2038 3446

筆順 丨 臣 臥 監 監

【监】俗字 字義 一 ❶みる。㋐上から見おろしてみさだめる。㋑見張る。また、取りしまる。「監察」「監督」❷かんがみる(鑑)。鏡や手本・先例に照らしてみきわめる。二 ❶みる。＝一の①。❷かがみ。また、手本。いましめ。＝鑑。❸めつけ役。見張りの役人。❹宦官(カン ガン)。後宮に仕える去勢された役人。国 ゲン。❶太政(ダイジョウ)官の直轄領。❷大宰府(ダザイフ)の三等官。大少の別がある。

名乗 あき・あきら・かね・てる・み

解字 金文 篆文 会意。金文は、臣＋人＋皿。臣は、目の象形。人が水の入ったたらいをのぞきこむさまから、鏡に写して見るの意味を表す。監を音符に含む形声文字に、塩・攬(ラン)・檻(カン)・濫・藍(ラン)・纜(ラン)・艦・襤(ラン)・覧・轞(カン)・鑑などがある。

▼軍監・収監・総監・統監

【監禁】カンキン 身体の自由を束縛し、一定の場所におしこめておくこと。
【監軍】カングン 官名。軍隊を監督する役。いくさめつけ。
【監護】カンゴ 監督し保護する。
【監国(國)】カンコク ①国の政治を監督すること。昔、君主の不在の時に太子が代行したので、太子をもいう。②諸侯の国を監督すること。
【監獄】カンゴク 犯罪容疑者・犯罪人を入れておく所。
【監査】カンサ 監督し検査する。
【監察】カンサツ 監督し視察する。見張る。また、その役・人。
【監察御史】カンサツギョシ 隋(ズイ)の代から置かれた官。役人の行為・農事・賦役(フエキ)などを監察し、地方の政治を巡察する。
【監視】カンシ 気をつけて見張る。監督し取りしまる。
【監守】カンシュ ①物事を取りしまること。また、その役職・人。②牢獄(ロウゴク)の番人。
【監修】カンシュウ 書籍の著述・編集を監督すること。
【監房】カンボウ 罪人をとらえておくへや。
【監本】カンポン 国子監(貴族の子弟や全国から選抜された秀才を教育する所)で校定出版した本。
【監門】カンモン 門を見張る人。門番。
【監臨】カンリン その場に行って監督する。

(15)10 【盤】5009 常 バン ― 漢ハン 呉バン 寒 pán ― 4055 4857

筆順 舟 舡 般 般 盤 盤

字義 ❶さら(皿)。はち(鉢)。食物を盛る器。❷たらい(盥)。手や顔を洗う平たいはち。❸物を載せたりする台。「碁盤」❹大きな岩。＝磐(バン)。❺わだかまる。とぐろをまく。複雑に入り組んでいる。❻まがる。まがりくねる。ぐるぐるめぐる。❼たのしむ(楽)。❽しらべる。検査する。

難読 盤田(いわた)

参考 現代表記では[磐](5199)の書きかえに用いることがある。「落磐→落盤」

解字 形声。皿＋般㊥。音符の般は、大きい舟の意味。大きな舟の形をした、たらいの意味を表す。

〔盤①〕

▼基盤・玉盤・銀盤・碁盤・算盤・地盤・終盤・旋盤・胎盤・落盤

【盤盂】バンウ 食物を盛る皿や鉢。食器。
【盤紆】バンウ めぐる。曲がる。まがりくねる。屈曲が多いこと。
【盤渦】バンカ めぐる。うずまく。また、うずまき。
【盤回・盤廻】バンカイ まわる。めぐる。ぐるぐるまわる。
【盤桓】バンカン ①さまようさま。ぐずぐずしていて進まないさま。②ぐずぐずして志を決しないさま。ためらうさま。③楽しむさま。④広大なさま。
【盤詰】バンキツ 詰問する。問いただす。
【盤拠(據)】バンキョ わだかまりよる。より所にしっかりとよっていること。しっかりとして広い根拠地によっていること。
【盤踞】バンキョ ①わだかまる。踞は、うずくまる。②しっかりと根をはること。
【盤屈】バンクツ ①わだかまる。②うねり曲がる。
【盤古】バンコ 天地の開けはじめにこの世を治めていたという伝説上の天子の名。
【盤谷】バンコク 地名。①河北省済源県の北。②バンコック Bangkok の旧音訳。今は曼谷。タイの首都。
【盤根】バンコン わだかまっている根。転じて、困難な事柄。「盤根錯節(バンコンサクセツ)(盤根と、木の入りくんだふし。困難な事柄のたとえ)」
【盤坐】バンザ あぐらをかいてすわる。
【盤錯】バンサク ①入りくんで交わっていること。②盤根錯節の略。
【盤散・盤跚・盤跚・盤珊】バンサン ①よろめき歩くさま。②おどるさま。
【盤峙】バンジ わだかまりそばだつ。山などがおわんをふせたような形でそびえていること。
【盤石】バンジャク・バンセキ 大きな石。どっしりと地についている大石。転じて、事の安泰なたとえ。「盤石の固(かた)め」
【盤旋】バンセン ぐるぐるまわる。めぐり歩く。さまよう。
【盤飡・盤飧】バンソン ①食器に盛った食物。②夕食。
【盤陀】バンダ ①石のわだかまっているさま。蛇のとぐろのような形の石のさま。②馬のくら。③国(ハンダ)錫(すず)・鉛の合金。金属を接合するのに用いる。
【盤盤】バンバン まがりくねっているさま。どこまでもまがりくねっているさま。
【盤舞】バンブ ぐるぐるまわりながら舞う。また、その舞い。

(16)11 【盦】5010 △ アン 覃 ān

字義 ❶ふた(蓋ガイ)。器物のふた。❷食物を盛るふたつきの器物。❸＝庵(アン)(多く、人名に用いる)。

解字 甲骨文 篆文 形声。皿＋酉＋今㊥。音符の今は、函(カン)に通じ、ふくむの意味。飲食物を入れて保つ、ふたつきの容器の意味を表す。

〔盦〕

(16)11 【盥】5011 △ カン(クヮン) 翰 旱 guàn ― 6625 6239

字義 ❶たらい(盥)。手を洗う器。❷あらう。すすぐ。手を洗う。

国 たらい。洗濯などをする器。

解字 甲骨文 金文 篆文 会意。臼＋水＋皿。臼は、両手の象形。皿は、さらの象形。両手に水をくんであらう、たらいの意味を表す。

【盥櫛】カンシツ 手や顔を洗い髪を櫛(くしけず)ること。身づくろいする。化粧する。
【盥洗】カンセン あらう。手足や器物などを洗う。
【盥漱】カンソウ 手や顔を洗い口をすすぐこと。〔礼記、内則〕
【盥濯】カンタク 洗いすすぐ。洗う。すすぐ。
【盥沐】カンモク 顔や髪を洗う。また、沐浴する。
【盥浴】カンヨク ゆあみをする。行水をする。

(16)11 【盧】5012 △ 漢ロ 呉ル 虞 lú ― 6626 623A

字義 ❶めしびつ。飯を入れる器。❷すびつ(炉)。火いれ。火を入れる器。❸酒屋で酒がめを置く場所。土を盛って作る。転じて、酒を売る店。酒盧。❹くろい(黒)。黒い色。また、黒い物。

解字 甲骨文 金文 篆文 形声。皿＋虘(虍)㊥。音符の虘は、口の小さなかめの意味。クルッとろくろ(轆轤)を回して作った、めし入れの意味を表す。

【盧橘】ロキツ 果樹の名。①びわ。②金柑(キンカン)。
【盧遮那仏(佛)】ルシャナブツ 梵語(ボンゴ) Vairocana の音訳。宇宙

の根本的な存在を人格化した仏。華厳宗・真言宗の本尊。大日如来。
【盧照△鄰】（ロショウリン）初唐の詩人。字は昇之。号は幽憂子。王勃・楊炯・駱賓王と共に初唐の四傑と称せられた。（六四〇？—六八〇？）
【盧生△之夢】（ロセイのゆめ）人生の栄華のはかないことのたとえ。盧生が邯鄲（今の河北省内）の旅宿で仙人に会い、粟のめしが煮える短い時間のうたた寝に、一生の栄枯盛衰の夢を見たという故事。一炊之夢。邯鄲之夢。〔枕中記〕
【盧△仝】（ロドウ）中唐の詩人。号は玉川子。（？—八三五）
【盧△綸】（ロリン）中唐の詩人。字は允言。著に『盧戸部詩集』がある。

(17)12
【盩】5013　△　チュウ（チウ）　尤　zhōu
字義　❶うつ（撃）。❷くま。山や川の曲がった所。❸盩厔は、県名。今の陝西省周至県。
解字　金文　篆文　会意。幸（㚔）＋攵（攴）＋皿（血）。

(17)12
【盪】5014　△　㊀㊦トウ（タウ）　㊁㊦トウ（タウ）㊥ドウ（ダウ）　㊂トウ（タウ）　dàng　dàng　dàng
6627
623B
字義　㊀あらう。洗いすすぐ。㊁＝蕩。❶あらう。❷うごく。また、動かす。❸ゆれる（揺）。ゆらぐ。❹きままにする。ほしいままにする。❺広く大きい。㊂つく（突）。つきあたる。
解字　篆文　形声。皿＋湯㊥。音符の湯は、ゆらゆら動くの意味。器物に水や瓦石を入れ、ゆり動かして洗い清めるの意味、うごかすの意味を表す。
【盪撃（擊）】（トウゲキ）動いて突きあたる。はげしくぶつかる。
【盪尽（盡）】（トウジン）全部なくなる。蕩尽。
【盪△滌】（トウデキ）あらいすすぐ。
【盪盪】（トウトウ）①広く大きいさま。また、広々として何もないさま。②やぶれくずれるさま。

(19)14
【盬】5015　△　コ　麌　gǔ
字義　❶しお（塩）。あらしお。精製しない塩。❷塩湖。塩のとれる湖。❸もろい。堅固でない。❹あらい。粗悪。❺すする。すう。また、かむ。
解字　篆文　形声。監（鹽）＋古㊥。鹽は、しおの意味。音符の古は、苦に通じ、にがいの意味。にがりのあるしおの意味を表す。

【蠱】→虫部　九七三ページ。
【鹽】塩（1292）の旧字体。→土部　二四〇ページ。

5

目部

〔部首解説〕め。めへん。目を意符として、目の動きや状態、見ることなどに関する文字ができている。

画	字	頁
0	目	七六一
3	盱	七六二
	直	七六二
	盲	七六三
4	看	七六三
	盻	七六三
	県	七六三
	盾	七六四
	省	七六四
	相	七六四
	眨	七六五
	眈	七六五
	盼	七六五
	眉	七六五
	眇	七六五
	眄	七六五
	眊	七六五
5	眤	七六五
	眩	七六六
	真	七六六
	眚	七六六
	眙	七六七
	眛	七六七
	眠	七六七
6	眼	七六七
	眶	七六七
	眷	七六七
	眴	七六七
	眥	七六七
	眦	七六七
	着	七六七
	眺	七六七
	眯	七六七
	眸	七六八
	眽	七六八
7	睆	七六八
	睅	七六八
	睎	七六八
	眳	七六八
	睍	七六八
	眏	七六八
	着	七六八
	睇	七六八
8	睚	七六八
	睢	七六八
	睨	七六九
	睫	七六九
	睡	七六九
	睟	七六九
	睜	七六九
	睛	七六九
	睒	七六九
	督	七六九
	睥	七六九
	睦	七六九
9	睿	七六九
	睽	七六九
	睹	七六九
	瞀	七六九
10	瞎	七七〇
	瞋	七七〇
	瞍	七七〇
	瞑	七七〇
11	瞋	七七〇
	瞠	七七〇
	瞟	七七〇
	瞢	七七〇
	瞞	七七〇
12	瞰	七七〇
	瞯	七七〇
	瞶	七七〇
	瞬	七七〇
	瞪	七七〇
	瞳	七七〇
	瞥	七七〇
	瞭	七七一
	瞵	七七一
13	瞹	七七一
	瞿	七七一
	瞼	七七一
	瞽	七七一
	瞬	七七一
	瞻	七七一
14	矉	七七一
	矇	七七一
15	矍	七七二
16	矐	七七二
	矈	七七二
	矑	七七二
19	矗	七七三
	矕	七七三
20	矙	七七三
21	矚	七七三

具→八部　一一七ページ。冒→日部　五〇三ページ。

(5)0
【目】5016　教 1　モク・ボク　め・ま　㊥ボク・㊦モク　屋　mù
4460
4C5C
筆順　丨 冂 月 目

字義　❶め。㋐まなこ。眼球。㋑あな。すきま。❷モクする。㋐見る。㋑目をつけて見る。注意して見る。「注目」㋒目くばせする。目で合図する。〔史記、項羽本紀〕范増数目二項王一。❸かなめ。要点。「眼目」❹箇条。「条目」また、分類する。細別。「科目」「細目」❺名。名まえ。名前をつけたもの。「題目」❻品さだめ。品評。㋓名づける。㋔分類する。❼かしら。人の上に立つ者。「頭目」
国❶め。㋐目玉の形をしているもの。「魚の目」㋑はかりの目もり。きざみ。㋒重さの単位。匁の別称。㋓重さ。目方。㋔めきき。物を見分ける力。眼力。㋕歯の形に並んでいるもの。「鋸の目」㋖縁と縁、または端と端との相合う所。「合わせ目」「折り目」㋗場合。境遇。めぐりあわせ。「憂き目」㋘はかり・寒暖計などに度を計るためにつけたしるし。目盛り。㋙横に並んだ線。「木目」「畳の目」㋚物事の順序を表す。「三番目」㋛物事の程度を表す。「細目」❷ま。「め」の古形。「目蓋」「目差し」❸モク。㋐昔の官制で、国司の第四等官。㋑生物分類学上の一単位。綱と科との間。㋒囲碁で、碁盤のめ、または石を数える語。
名乗　み　難読　目眩・目くる・目脂・目出・目処・目比

解字　甲骨文　金文　篆文　象形。金文でよくわかるように、人の目の象形で、めの意味を表す。

▼一目・皆目・科目・眼目・極目・項目・細目・式目・耳目・衆目・条目・嘱目・属目・色目・触目・書目・除目・総目・側目・題目・地目・着目・注目・鳥目・頭目・徳目・反目・品目・満目・名目・面目・盲目・要目

【目下】（モッカ）①ただいま。現在。②目の前。からだのすぐそば。③目の下。④国（めした）自分より地位や年齢の低い者。

【目逆】（モクゲキ）目でむかえる。来る人を自分の前に来るまで目を放さないでむかえること。目迎。

【目撃（擊）】（モクゲキ）目で見る。その場で直接見る。また、ひとめ見る。ちょっと見る。

【目耕】（モッコウ）書を読み学問にはげむこと。目で紙をたがやす意で、読書を田をたがやすことにたとえた語。

【目今】（モッコン）ただいま。現在。目下。

【目算】（モクサン）国①目分量。見つもり。②見こみ。計画。

【目使・目指】（モクシ）目くばせして（人を）使う。目でさしずする。

【目△眥】（モクシ）まなじり。めじり。〔史記、項羽本紀〕頭髪上指、目眥尽裂（モクシことごとくさく）。

【目△眥尽（盡）裂】（モクシことごとくさく）まなじりがひどく裂ける。大いに怒ったようす。

【目笑】モクショウ 目と目を見合わせて笑う。また、目にあざけりの意をこめて笑う。〔史記、平原君伝〕
【目睫】モクショウ 目とまつ毛。転じて、きわめて接近していることをいう。
【目睛】モクセイ めだま。また、ひとみ。目精。
【目前】モクゼン 目のまえ。まぢか。時間にも場所にもいう。
【目送】モクソウ 目を放さずに人を見送ること。行く人のあとを目で追うこと。
【目代】モクダイ 国①平安末以後、国守の代理として在国して事務を扱う者。②鎌倉時代以後、代理として現地で執務する者。③江戸時代、代官。
【目的】モクテキ 国めあて。到達または実現をめざすところ。心のめざす所を、弓矢の的にたとえていう。
【目途】モクト 国めあて。みこみ。
【目睹】モクト みる。目で直接見る。睹も、見る。
【目礼(禮)】モクレイ 目つきで礼意を通ずること。目で会釈エシャクすること。〔漢書、叙伝〕
【目連】モクレン 仏摩訶目犍連マカモクケンレンの略。釈迦シャカの高弟。地獄に落ちていた母を救うため、今の盂蘭盆会ウラボンエの始まりである施餓鬼会セガキエを行った。
【目録】モクロク ①書の題目を集めて書いたもの。目次。②国㋐贈り物の（実物の代わりに）品名を記した文書。㋑師から弟子に与える免許の趣意を書いた文書。㋒所蔵品・陳列品などの品名を書いたもの。
【目論】モクロン ①他人のことはわかっても自分のことのわからないこと。目は小さな物まで見えても自分のまつげを見られないからいう。〔史記、越世家〕②国モクロみ くわだて。計画。目論見もくろみは、あて字。
【目見二毫末一不レ見二其睫一】めはゴウマツをみるもそのショウをみず 目は細い毛の端まで見ることができるが、自分のまつ毛を見ることができない。他人のことはよく目につくが、自分のことには気がつかないというたとえ。〔史記、越世家〕
【属(屬)レ目】めをショクす 注目する。目をつけて見る。
【側レ目】めをそばむ 目をそらす。まともに見ず横目で見る。〔戦国策、秦〕

(8)3
【盱】5017 △ ク 虞 xū

字義 ❶みはる。目を見はる。❷見上げる。❸大きい。❹うれえる（憂）。なやむ。

参考 〔盱カ〕（しろめがち・目をみはる）は別字。

解字 金文  篆文  形声。目＋于（亐）音。音符の亐ウは、華に通じ、はなやかの意味。はなやかで目をみはるの意味を表す。

【盱盱】クク ①目をみはるさま。②ほこってはびこるさま。③目を見はるさま。
【盱衡】クコウ 目を張る。にらむさま。

(8)3
【直】5018

教2 チョク・ジキ　ただちに・なおす・なおる
一漢チョク・呉ジキ（チキ）職 zhí
二漢チ・呉ジ（チ）寘
3630
443E

筆順 十　冇　直　直

字義 一❶なおし なほし。㋐曲がっていない。まっすぐである。↔曲。「一直線」㋑正しい。よろしい。↔曲。㋒すなおである。「実直」❷なおくする なほくす。なおす なほす。㋐ただす（正）。㋑のばす。曲がっているものをのばす。❸あたる（当・値）。㋐向かう。対する。向かい進む。㋑相当する。㋒事にあたる。㋓その場に臨む。❹とのい とのゐ。また、とのいする。「宿直」❺助字。㋐ただ。⇩助字解説 ㋑ただちに。二❶あたい あたひ（値）。㋐ねだん。価格。〔宋、蘇軾、春夜詩〕春宵一刻直千金シュンショウイッコクあたい（ひ）センキン ㋑賃金。俸給。❷あたいする。値うちがある。❸あたる。あう。＝値。国❶なおす なほす。㋐病気をなおす。㋑修理する。㋒訂正する。❷なおる なほる。㋐もとのようになる。㋑変わる。改まる。❸ジキ ㋐間に物や人を入れないですること。じか。直接。㋑時を移さずにすること。すぐ。即時。㋒すぐに。ただちに。❹ひた。㋐ひたむき。ひたすら。㋑純粋。㋒一面。㋓むやみ。

助字解説 ただ。ただに。限定・強意。ただ……だけ。類惟・唯。〔孟子、梁恵王上〕直不二百歩一耳ただヒャッポならざるのみ。〈ただ百歩でないだけである〉

名乗 すぐ・すなお・ただし・ちか・なお・なおき・なおし・なが・ね・のぶる・まさ　難読 直衣のうし・直垂ひたたれ・直違すじかい・直向ひたむき・直根ひたね・直垂ひたたれ・直入そそり・直方のおがた・直面ひためん

使いわけ なおす〔直・治〕 病気・けがについては〔治〕、それ以外には〔直〕を用いる。「風邪を治す・書き直す」

解字 篆文  象形。上にまじないの印の十をつけた目の象形で、まっすぐ見つめるの意味を表し、一般に、まっすぐであるの意味を表す。直を音符に含む形声文字に、値・埴ショク・植・殖・置などがある。

▼曲直・謹直・愚直・硬直・剛直・司直・実直・宿直・正直・率直・当直

【直衛(衞)】チョクエイ ①宿直して守る。また、その任に当たる人。②国そばに居て直接に守ること。
【直下】チョッカ ①まっすぐに落下する。〔唐、李白、望二廬山瀑布一詩〕飛流直下三千尺ヒリュウチョッカサンゼンジャク。②すぐ下。ました。
【直覚(覺)】チョッカク 対象を、他の認識方法の媒介（推理や経験など）なしに、直接とらえること。
【直轄】チョッカツ 直接に支配すること。直接の管轄。
【直感】チョッカン 推理や説明なしに、直接感ずること。
【直諫】チョッカン 思うことをはばからずに言っていさめること。
【直観(觀)】チョッカン ＝直覚。
【直躬】チョッキュウ 自身の行いを正しくする人。一説に、躬という名の正直者。春秋時代の楚ソの人。あだなが呼び名になっていた。〔論語、子路〕
【直系】チョッケイ 祖先から子孫まで直接に続いた血統。↔傍系・旁系ボウケイ。
【直結】チョッケツ 媒介なしに、直接つながっていること。
【直言】チョクゲン 正しいと信ずることをはばからずに言うこと。また、そのことば。
【直行】チョッコウ ①正しい行い。また、正しく行う。②まっすぐに行く（歩く）。③国寄り道しないで直ちに目的地に行くこと。
【直講】チョッコウ ①官名。唐代、博士・助教を補佐し、経術を講義する者。②白話（口語）で講義すること。
【直裁】チョクサイ 国①すぐに決める。②最高の責任者が自身で決めること。
【直士】チョクシ 行いの正しい人。
【直指】チョクシ まっすぐにゆびさす。①遠慮なく指摘する。②まっすぐにめざす。
【直視】チョクシ まともに（まっすぐに）見つめる。
【直詞】チョクシ 思うことをはばからずに言って人をいさめることば。直諫カンの語。
【直日】チョクジツ 宿直の日。当直の日。
【直射】チョクシャ ①まっすぐに射る。②（光が）まともに照らす。「直射日光」
【直書】チョクショ ①正しく書く。また、ありのままに書く。②国ジキショ じきひつ。自筆。自分自身で書くこと。
【直省】チョクショウ 天子直轄の省（行政区画の名）。
【直上】チョクジョウ ①まっすぐにのぼる。②まうえ。
【直情】チョクジョウ ①まっすぐな心。②心を曲げないこと。また、心をそのまま表すこと。
【直情径(徑)行】チョクジョウケイコウ 他人のおもわくや周囲の事情などを考えないで、思うことや感情をそのまま行動に表すこと。〔礼記、檀弓下〕
【直臣】チョクシン ①心の正しい家来。②主君にへつらわず、直言

する家来。

【直接】(チョクセツ) 媒介なしに、じかに接すること。↔間接。

【直截】(チョクセツ) 国(チョクサイと読むのは誤り)截は、切る。①すぐ決める。②てっとりばやいこと。まわりくどくなく、きっぱりしていること。「直截簡明」

【直前】(チョクゼン) ①ただちに、また、まっすぐに進む。②国すぐまえ。

【直伝(傳)】(ジキデン) 国秘伝や奥義などを、師から弟子に直接伝えさずけること。

【直答】(チョクトウ・ジキトウ) ①その場ですぐ返答すること。また、その答え。②本人が直接に答えること。また、その答え。

【直道】(チョクドウ) ①まっすぐな道路。②人としてふむべき正しいみち。〔論語、衛霊公〕

【直入】(チョクニュウ) すぐに(まっしぐらに)はいる。ずばりと入る。「単刀直入」

【直披】(チョクヒ・ジキヒ) 国封筒の表面のあて名の脇わきに書く語。あて名の本人自身で開封してほしいとの意。親展。披は、開く。

【直筆】(チョクヒツ) ①事実を、ありのままに書くこと。↔曲筆。②筆を垂直に立てて持つこと。③国(ジキヒツ) その人自身で書くこと。また、その文字・文書。自筆。

【直方】(チョクホウ) 正しい。正直チョクセイ。方正。

【直訳(譯)】(チョクヤク) 外国語を、その文字・句法に従って忠実に訳すこと。↔意訳。

【直喩】(チョクユ) 直接に、二つの事物を比較する修辞法。明喩。〔↔隠喩。〕

【直立】(チョクリツ) まっすぐに立つ。「直立不動」

【直諒】(チョクリョウ) ただしくて、まことのあること。

【直隷(隸)】(チョクレイ) ①政府などに、直接に隷属すること。②直隷省は、今の北京・天津市と河北省の旧名。

【以レ直報レ怨】(チョクをもってうらみにむくゆ) 直道(正しい道)をもって自分が恨んでいる者に返報する。恨みのある者に対しても公平無私な道をもって接すること。〔論語、憲問〕――、以レ徳報レ徳(トクをもってトクにむくゆ)〈――、恩徳には恩徳で返報する〉

【挙(擧)レ直錯二諸枉一】(なおき(ほ)きをあげてこれをまがれるにおく) 正しくまっすぐな人を挙用して、正しくない人の上に置く。〔論語、為政〕――、則民服(すなわち(ち)たみフクせん)〈――、そうすれば人民はいうことをきくであろう〉

(8)3【盲】5019 常 モウ 4453 4C55
(8)3〔盲〕5020 漢モウ(マウ) 呉ミョウ(ミャウ) 庚 máng
筆順 亠 亡 肓 盲

字義 ❶めくら。めしい。㋐目が見えないこと。また、その人。㋑物事や道理の分からぬこと。また、その人。❷くらい(暗)。❸はやい。また、はげしい。
参考 ①〔盲〕は別字。②現代表記では〔妄〕(1445)の書きかえに用いることがある。「妄動→盲動」
解字 文 篆 形声。目＋亡㊀。音符の亡は、なくなるの意味。ひとみがなくなる、目が見えないの意味を表す。
▼文盲
【盲啞】(モウア) 目のみえないことと、口のきけないこと。盲瘖モウイン。

【盲愛】(モウアイ) 国むやみにかわいがること。妄愛。

【盲雨】(モウウ) はげしい雨。大雨。にわか雨。

【盲亀(龜)値二浮木一】(モウキフボクにあう(ふ)) 仏盲目のかめが百年に一度海面に顔を出し、たまたま浮木を得てその穴に入る。人と会うことが非常にむずかしいたとえ。〔雑阿含経、十六〕

【盲従(從)】(モウジュウ) 国善悪にかかわらず、むやみに人に従うこと。人の言いなりになること。

【盲進】(モウシン) むやみやたらに進むこと。

【盲信】(モウシン) 国自分で判断せずに、わけもなく信ずること。

【盲人摸象】(モウジンゾウをモす) 目の見えない者が象をなでる。手の触れた一部分しか分からず、全体を把握できないことから、衆生シュジョウが仏の教えを十分に理解しないたとえ。〔涅槃経、三十二〕

【盲動】(モウドウ) 考えなしに行動すること。妄動モウドウの書きかえ。

【盲昧】(モウマイ) 国物事や道理に暗いこと。おろか。

【盲滅法】(めくらメッポウ) 国少しも見当をつけないこと。むちゃくちゃ。

【盲目】(モウモク) ①目が見えないこと。②国理非の区別がつかないこと。理性を失って是非の判断のできないこと。

【盲聾】(モウロウ) 目が見えないことと、耳が聞こえないこと。また、その人。

【具】→八部 一二七ページ。

(9)4【看】5021 教6 カン 一カン 翰 kàn 二カン 寒 kān 2039 3447
筆順 三 手 看 看
字義 一❶みる。㋐手をかざして見る。ながめる。㋑よく見る。熟視する。㋒訪問する。見舞う。❷もてなし。待遇。❸みすみす。みるみるうちに。〔唐、杜甫、絶句詩〕今春看又過(コンシュンみすみすまたすぐ)。訳文今春(充ジ)。二❶見守る。見張る。❷世話をする。介抱する。
解字 文 篆 会意。手＋目。手をかざし、太陽をさえぎって見るの意味を表す。 難読 看督長(かどのおさ)
▼回看・参看
【看過】(カンカ) ①みのがす。見のがしてとがめない。②眺めながら立ち寄る。

【看看】(カンカン) ①みる。よく見る。②みるみる。見る間に。

【看経(經)】(カンキン)(キンは唐音) 仏①禅宗で経文キョウモンを黙読すること。②静かに堂内で経文を読むこと。

【看守】(カンシュ) ①みまもる。番をする。②国刑務所などで、囚人の番をする人。

【看取】(カンシュ) ①みる。取は、強意の助字。②見抜く。

【看破】(カンパ) みやぶる。かくれた真相をみぬくこと。

(9)4【盻】5022 △ 漢ケイ 呉ゲイ 霽 xì 6629 623D
字義 ❶にらむ。うらみ・怒りをふくんで見る。❷かえりみる(顧)。❸盻盻ケイケイは、努め苦しむさま。一説に、うらみ見るさま。
解字 文 篆 形声。目＋兮㊀。音符の兮ケイは、鬩ゲイに通じ、うらみあらそうの意味。うらみ見るの意味を表す。

(9)4【県】5023 教3 ケン 2409 3829
(16)糸10〔縣〕5024 人 許 一漢ケン 先 xuán 二漢ケン・呉ゲン 霰 xiàn 6949 6551
筆順 冂 目 且 県
字義 一❶かける(か)。㋐つり下げる。㋑かかげる。㋒つなぐ(繫ケイ)。また、連ねる。㋓しめす。かかげ示す。掲示して広く知らせる。❷かかる。㋐つり下がる。つながる。㋑首くくる。㋒へだたる。かけ離れる。❸つり下げて鳴らす楽器。鐘・磬ケイの類。二地方行政区画の一つ。秦シンの始皇帝が郡県制をしき、郡の下に県を置いた。これは後にも継承されたが、清シンは府の下に、中華民国以後は省の下に置く。
国❶あがた。㋐大化改新(六四五)以前に、諸地方にあった大和朝廷の直轄地。後には県主あがたぬしがこれを支配した。㋑平安時代には国守の任国をいう。㋒転じて、いなか。地方。❷ケン。明治以後の地方行政区画の一つ。
名乗 さと・むら 難読 県犬養(あがたいぬかい)・県主(あがたぬし)・県造(あがたのみやつこ)
解字 金文 篆文 会意。金文では、木＋系＋目で、木から髪またはひもで首をさかさまにかけたさまから、かけるの意味を表す。畎ケンに通じ、耕作地の意味から、さらに地方行政区画の一つを表す。郡県の県の意味を

表すようになった。篆文は、系＋𥄉。𥄉は、首の字の倒形。常用漢字の県は、篆文の縣の省略体。

▼知県

【県△衙】県の役所。県庁。

【県隔】かけはなれている。遠くかけ離れる。懸隔。

【県官】①天子。②県の長官。③県の役人。〔唐、杜甫、兵車行〕県官急索レ租
【県象】空に高く現れているもの。月・日・星などをいう。象は、すがた・現象。

【県水】たき（滝）。瀑布。懸水。

【県△旌】①旗を高く掲げる。旌は、旗。②高く掲げた旗。③県旌万里・県二旌万里一は、遠い地方へ軍隊を出動させること。万里も離れた地へ遠征すること。風にゆれるので、心の安らかでないさまにたとえる。

【県治】①県の行政。②県の役所の所在地。県の首都。日本の県庁の所在地に当たる。

【県廷・県庭】県の行政をつかさどる役所。県庁。

【県△圃】崑崙山（伝説上の山）のいただきで、神仙が住むという所。玄圃。懸圃。

【県令】①中国の県の長官。②国㋐明治十九年以前の県知事の称。㋑県知事の出す行政命令。

(9)4【盾】5025　常　ジュン　たて
㊀漢シュン・呉ジュン　彰 dùn (shǔn)
㊁漢トン・呉ドン　阮 dùn
2966
3D62

筆順　厂　戶　盾　盾

〔盾㊀〕

字義　㊀たて。矢・やりなどを防ぐ武具。「矛盾」
㊁趙盾は、人名。春秋時代の晋の家老。

解字　篆文　盾　象形。それで身を守り、目をおおうたての象形で、たての意味を表す。盾を音符に含む形声文字に、循・楯・遁などがある。

▼矛盾

(9)4【省】5026　教 4　セイ・ショウ　かえりみる・はぶく
漢セイ　呉ショウ（シャウ）　梗 xǐng, ③〜⑦shěng
3042
3E4A

筆順　丨　小　少　省

字義　❶かえりみる。㋐注意して見る。よく調べる。㋑自分の心をふりかえる。反省する。「内省」〔論語、学而〕吾日三省二吾身一　㋒たずねる。安否を問う。見舞う。「帰省」㋓訪問する。❷みる。視察する。❸はぶく。㋐取り去る。㋑減らす。短くする。❹あやまち。過失。❺天子の宮殿。宮中。禁中。❻役所。官庁。「中書省」❼行政区画の名。「山東省」

名乗　あきら・かみ・み・よし

参考　わが国では一般に、かえりみるの意の場合はセイ、それ以外の意の場合はショウとよむことが多い。

使いわけ　かえりみる〔顧・省〕⇩顧（8683）。

解字　甲骨文　金文　篆文　古文　形声。篆文は、目＋生㊥。音符の生は、清に通じ、すみきっているの意味。よくみる・視察する役所の意味を表す。はぶくの意味は、目＋少というような文字が別にあったにもかかわらず、本来、眚と書くべき字形を、古文のように省と書き誤って生じた混乱から出てきた。

▼冠省・帰省・三省・自省・反省・猛省

【省会（會）】省の主都。省の中心官庁の所在地。省治。省城。

【省画（畫）】字の画を省く。また、その文字。

【省禁】宮中。禁中。

【省悟】反省して自分の不十分な点や悪い点をよくさとり知ること。

【省察】①注意してよく観察する。②反省してよく考える。

【省視】①よく調べみる。②人を見舞う。

【省試】唐・宋の時、地方の試験に合格した者を尚書省に集めて行った官吏登用試験。明・清では、会試という。

【省審】くわしく調べる。十分に調べる。

【省親】故郷をはなれている者が、帰郷して父母を見舞う。

【省筆】①語句を省略すること。②＝省画。

【省風】風俗をかえりみる。風俗について考える。

【省文】①＝省画。②字句を省いた文章。

【省墓】墓まいり。墓参。

【省約】はぶきちぢめる。簡略にする。

【省略】（簡単にするために一部を）はぶく。

(9)4【相】5027　教 3　ソウ・ショウ　あい　相撲
㊀漢ショウ（シャウ）　呉ソウ（サウ）　漾 xiàng
㊁漢ショウ（シャウ）　呉ソウ（サウ）　陽 xiāng
3374
416A

筆順　十　木　相　相

字義　㊀❶みる。㋐くわしく見る。㋑うらなう。人相などをみてうらなう。「観相」❷かたち。ありさま。様子。「人相」「骨相」❸たすける。補佐する。❹補佐役。かいぞえ役。また、接待役。❺治める。❻大臣。君主を補佐して政治を行う執政官。「宰相」❼係り。主任者。❽主人を補佐して家務を行う人。家宰。
㊁❶みる。＝㊀の①。❷助字。あい。⇩助字解説
国あい。㋐なかま。ぐる。「相棒」㋑動詞に冠して語調を強める接頭語。「相変わらず」

助字解説
あい。㋐たがいに。〔老子、八十〕隣国相望、雞犬之声相聞〈隣国とたがいに望めるほど近く、おたがいの国の鶏や犬の鳴き声が聞こえあう〉㋑動作・行為が相手に及ぶことを示す。〔唐、王維、竹里館詩〕深林人不レ知、明月来相照〈この深林のおもむきを世間の人はわからないが、明月だけはわかっていると見え、やって来てここを照らしている〉

名乗　さ・すけ・たすく・とも・まさ・み

難読　相可・相生・相知・相模・相良・相楽・相老

参考　わが国では一般に、たすける、大臣の意の場合にはショウとよんでいる。「首相」

解字　甲骨文　篆文　会意。木＋目。木のすがたを見るの意味から、一般に、事物のすがたを見るの意味を表す。相を音符に含む形声文字に、孀・想・霜などがある。

▼悪相・亜相・吉相・形相・賢相・宰相・死相・実相・首相・将相・真相・世相・皮相・貧相・変相・名相・滅相・面相・良相

【相違】たがいに異なっていること。ちがい。

【相印】宰相（大臣）の印（はんこ）。

【相応（應）】①たがいに答える。②反応する。③国つりあう。ふさわしい。

【相器】宰相となるべき器量・才能。また、その人。

【相君】宰相。大臣。

【相公】①宰相。大臣。②貴公子・紳士の敬称。

【相好】①あい好む。たがいに愛しあうこと。今、俗に友だちをいう。②国かおかたち。姿態。様子。

【相国（國）】①宰相。もと丞相の上に位したが、後、丞相をも称し、ついに宰相の通称となる。②国太政大

臣の中国風の呼び名。

【相克・相剋】五行の運行の一つ。相勝。→五行相勝（四六ページ）。

【相殺】①たがいに殺しあう。②国 差し引き。たがいに差し引きして損得なしにすること。

【相思】①思う。思慕する。相は、それを対象としての意。②たがいに思い合う。愛し合う。「相思相愛」

【相似】①たがいににる。〔唐、劉廷芝、代悲白頭翁詩〕年年歳歳花相似。②二つの多角形の対応する角が等しく、辺が比例するものをいう。

【相事】宰相の事務。大臣のやるべき事がら。

【相識】しりあい。知人。〔唐、劉廷芝、代悲白頭翁詩〕一朝臥病無相識、三春行楽在誰辺。〈いったん病気になると知り合う人もなく、春三か月の行楽は今はだれのもとに行ってしまったのか〉

【相室】宰相。大臣。また、諸侯の家老。

【相者】①会合などの礼式で主人を助ける人。かいぞえ役。②人相・家相などを見て吉凶をうらなう人。

【相人】①人相をみる人。人相見。②土や木で作った人形。偶人。

【相生】①五行の運行の一つ。→五行相生（四六ページ）。②国 ㋐一緒に生まれでること。双生。㋑一本の根もとから二つの幹となって分かれでた木。

【相続（續）】財産や家名などを受けつぐ。

【相対（對）】①むかいあう。②国 二つのものが、相互に関係すること。または、その他に対立するもののあること。↕絶対。

【相知】知り合い。友人。

【相伝（傳）】何代も受け継いでくること。

【相当（當）】①あいあたる。両者が向かいあい、相対している。②つりあう。ひとしい。力などがたがいにつりあって優劣がない。③国 ㋐あてはまる。㋑すぐれている。㋒かなり。

【相伴】国 ①客の相手をすること。また、その人。②正客の相手となって共にもてなしを受けとること。また、その人。

【相府】宰相の役所。また、その官舎。

【相△貌】顔かたち。姿。様子。

【相門】宰相の家。宰相となる家がら。

【相輪】仏 寺塔の上の九輪をいう。→九輪（三八ページ）。

(9)4 【眨】5028 △ 漢ソウ（サフ） 呉ショウ（セフ） 陷 zhǎ

字義 またたく。まばたく。

解字 篆文 会意。目＋乏。

(9)4 【眈】5029 △ タン 覃 dān ― 6630 623E

字義 ❶にらむ。見つめる。❷眈眈は、にらんでねらっているさま。「虎視眈眈」

解字 篆文 形声。目＋冘㊥。音符の冘は、しずむ・熱中するの意味。熱中して見る、見つめるの意味を表す。

(9)4 【盼】5030 △ 漢ハン 呉ヘン 諫 pàn

字義 ❶目の黒白がはっきりしていて美しいこと。❷流し目に見る。美しい目を動かす。❸見る。かえりみる（顧）。

解字 篆文 形声。目＋分㊥。音符の分は、わかれるの意味。目の白黒がはっきり分かれていて美しいの意味を表す。

(9)4 【眉】5031 囚 漢ビ 呉ミ 支 méi ― 4093 487D

筆順 ⺈ 尸 𡰯 眉

字義 ❶まゆ。まゆ毛（白眉）。❷ふち。へり。❸老人。長生きしてまゆ毛の長い老人。

難読 眉目

解字 甲骨文 金文 篆文 象形。甲骨文でわかるように、目の上の毛の象形で、まゆの意味を表す。篆文は、のちに省略して眉となる。眉を音符に含む形声文字に、媚・楣・湄などがある。

【眉宇】①まゆと額のあたり。まゆの顔における位置が家の宇に当たる場所にあるからいう。②顔かたち。みめ。

【眉間】両まゆの間。まゆのあたり。また、額。

【眉月】三日月。初月。新月。

【眉寿（壽）】長生き。長寿。長寿の人は、まゆに長い毛があることからいう。

【眉雪】まゆ毛が雪のように白いこと。転じて、老人。〔藤井竹外、芳野詩〕眉雪老僧時輟帚、落花深処説南朝。〈まゆの白い老僧が掃く手をやめて、落花の深く積もった所で南朝の昔を語ってくれた〉

【眉△黛】まゆずみ。また、まゆずみでかいたまゆ。

【眉目】①まゆと目。②転じて、顔かたち。顔つき。みめ。「眉目秀麗」③国 ほまれ。面目。

【伸眉・△舒眉・信眉】しかめたまゆを伸ばすこと。転じて、心配の去ること。

【揚眉】まゆをつりあげる。意気のさかんな顔つき。〔唐、李白、与韓荊州書〕

【△斂眉】まゆをひそめる。まゆをしかめる。①悲しそうな顔つき。〔宋、曾鞏、虞美人草詩〕旧曲聞来似斂眉。訳文 芳心寂寞寄寒枝（九一七ページ）。②不快そうな顔つき。

(9)4 【眇】5032 △ 一 漢ビョウ（ベウ） 呉ミョウ（メウ） 篠 miǎo 二 漢ビョウ（ベウ） 呉ミョウ（メウ） 嘯 miào ― 6631 623F

字義 一 ❶すがめ。㋐細く小さい目。㋑片方の目が見えないこと。㋒片方の目の小さいこと。❷すがめる。目を細くして見る。❸小さい。細かい。❹遠い。はるか。❺いやしい（卑）。二 美しい。かわいい。＝妙。

解字 篆文 会意。目＋少。少は、小さいの意味。細くて小さい目、すがめ・目に小さく映るの意味を表す。眇を音符に含む形声文字に、妙・秒・渺などがある。

【眇△軀】小さいからだ。たけの低い身体。

【眇小】小さい。たけが低い。短小。

【眇然】①遠くはるかなさま。②小さいさま。

【眇眇】①小さいさま。②遠いさま。③風の音の形容。④目の美しいさま。

【眇目】＝字義一の①。

(9)4 【眄】5033 △ 一 漢ベン・呉メン 霰 miàn 二 漢ベン・呉メン 銑 miǎn ― 6632 6240

字義 一二 ❶かえりみる。あわれむ。❷流し目で見る。横目で見る。

解字 篆文 形声。目＋丏㊥。音符の丏は、おおうの意味。目がおおわれて見えない・仮面をあてたまま見るようにして、横目で見るの意味を表す。

(9)4 【眊】5034 △ 漢ボウ 呉モウ 号 mào

字義 ❶くらい（暗）。目がぼうっとしてはっきりしない。〔孟子、離婁上〕胸中不正、則眸子眊焉。❷くらむ。目がくらむ。また、暗くなる。❸おろか（愚）。❹年老いて心身が衰える。また、その人。

解字 篆文 形声。目＋毛㊥。音符の毛は、かすかの意味。目がかすみ暗いの意味を表す。

【眊△眩】目がくらむ。

(10)5 【眤】5035 △ ジツ 昵（3007）の俗字。→五〇一ページ。 ― 6634 6242

(10)5 **【眩】** 5036 標 漢ケン 呉ゲン 慣[先] xuàn　6633 6241

字義 ❶**くらむ**。くるめく。㋐目がくらむ。目まいがする。㋑まどう。心がまどう。❷**くらます**。㋐目をくらませる。㋑まよわせる。❸暗い。はっきりしない。❹**めまい**。❺まぶしい。まばゆい。

難読 眩暈(めまい)

解字 篆文 形声。目＋玄(音)。音符の玄は、おくふかい・かすかの意味。視力がかすか、くらむの意味を表す。

【眩人】ゲンジン 人の目をくらまして奇術を行う人。手品師(てじなし)。魔法使い。幻人。

【眩△暈】ゲンウン ①目がくらむ。②めまい。

【眩△瞑】ゲンメイ ＝眩暈(ゲンウン)。

【眩曜・眩△燿・眩△耀】ゲンヨウ ①まばゆいほどに光り輝く。②心がまよい乱れる。

【眩惑】ゲンワク ①目がくらんでまどう。②人の目をくらましてまどわせる。ごまかす。③何かに気を取られ大切なことを見失う。

【冐】→日・日部 五〇三ページ。

(10)5 **【真】** 5037 教 3 シン ま　3131 3F3F

真っ赤(まっか)・真っ青(まっさお)

(10)5 **【眞】** 5038 人 許 シン 眞 zhēn　6635 6243

筆順 十　直　直　真

字義 ❶**まこと**。㋐いつわりでないこと。㋑かりものでないもの。ほんもの。㋒正しい。正しいもの。❷**まことに**。本当に。❸自然のまま。「天真爛漫(ランマン)」❹生まれつき。天性。❺もと。本質。❻みち。自然の道。自然の妙理。❼道家で、奥義をきわめた人。また、その著書などに冠して用いる語。❽書法の一体。楷書(カイショ)。❾すがた。物の姿。「写真」 国**ま**。❶まこと。本当。真実。「真に受ける」❷接頭語。㋐正しい。まじめ。「真人間」「真顔」㋑まことの。うそいつわりのない。「真心」㋒完全な。まじりもののない。「真白(まっしろ)」「真直(まっすぐ)」「真水」㋓正確・中央などの意。「真正面(ましょうめん)(まっしょうめん)」「真夜中(まよなか)」㋔美しい、立派など、ほめたたえる意を表す。「真鉄(まがね)」「真清水(ましみず)」「真弓」㋕ある種の生物などの標準的なものの意を表す。「真鯉(まごい)」

名乗 さだ・さな・さね・ただ・ただし・ちか・まさ・ます・まな・み

難読 真鶴(まなづる)・真葛(さねかずら)・真魚(まな)・真魚鰹(まながつお)・真幸(まさき)・真岡(もおか)・真砂(まさご)・真山(まやま)・真似(まね)・真室川(まむろがわ)・真秀(まほ)・真申(まさる)・真倉(まぐら)・真田(さなだ)・真備(まきび)・真布(まっぷ)・真風(まじ)・真木柱(まきばしら)・真面(まとも)

解字 金文 篆文 会意。金文は、匕＋鼎。匕は、さじの象形。鼎は、かなえの象形。かなえにさじで物をつめるさまから、つめるの意味を表す。篆文で眞に変形し、常用漢字はその略体の真による。眞(真)を音符に含む形声文字に、嗔(シン)・填(テン)・巓(テン)・慎(シン)・槙(テン)・瑱(テン)・瞋(シン)・稹(シン)・縝(シン)・蹎(テン)・鎮(チン)・闐(テン)・顚(テン)・鬒(シン)などがある。

▼写真・純真・天真

【真意】シンイ ①まことの心。本当の心。②自然と一体となった時に得られる真精神。〔晋、陶潜、飲酒詩〕此中有₂真意₁、欲₂弁已忘₁₂言(このうちにシンイあり、ベンぜんとほっしてすでにゲンをわする)〈此の境涯の中に自然と人事との一体になった真実の心が感じられる。その境地を語ろうと思ってももはや人間の言葉を忘れてしまったほどだ〉

【真影】シンエイ ①まことの姿。②国写真。

【真価(價)】シンカ 国ほんとうのねうち。

【真△贋】シンガン ほん物とにせ物。

【真偽(僞)】シンギ ほんとうとうそ。真仮。真贋(ガン)。

【真空】シンクウ ①仏相(現象)をはなれた真如から見れば、一切の現象は空であること。②空気もない(物質の全くない)空間。

【真君】シンクン ①(にせものでない)ほんとうの君主。君主としての価値・資格のある君主。②道教で、仙人の尊称。③天。宇宙の主宰者。造物者。

【真剣(劍)】シンケン ①本当のかたな。②国まじめで熱心なこと。本気。

【真箇・真個】シンコ まことの。まことに。箇(個)は、強意の助字。

【真紅】シンク・シンコウ 濃いくれない。まっか。

【真言】シンゴン ①仏梵語(ボンゴ) mantra (音訳は曼怛羅(マンダラ))の訳語。仏・菩薩(ボサツ)の本願を示した秘密語。②呪文(ジュモン)。③真言宗の略。中国の密教を空海が日本に伝え、独立した一宗派としたもの。加持の力によって即身成仏(ソクシンジョウブツ)させることを宗旨とする。

【真宰】シンサイ 老荘学派で天地の主宰者・造物者をいう。〔荘子、斉物論〕

【真△摯】シンシ 心がまっすぐでまじめなこと。摯は、至る・きわまる。

【真字】シンジ ①楷書(カイショ)。真書。②国(まな) かなに対して、漢字をいう。真名(まな)。

【真珠】シンジュ ①あこや貝などの中から出る美しい玉。②ほんとうの玉。③牡丹(ボタン)の一種。

【真書】シンショ 楷書(カイショ)をいう。

【真情】シンジョウ ①まことの心。まごころ。②実際のありさま。実情。

【真人】シンジン ①老荘学派で、道の奥義をさとり得た人をいう。至人。②男の仙人。↔元君(女の仙人)。③仏(ニン) 真理をさとった人。仏・羅漢などをいう。④国(まひと・まっと・もうと) 奈良時代に、皇族に賜った姓(かばね)の一つ。

【真髄(髓)】シンズイ 国物事の中心となる大事な所。その物事の奥義。(神髄の俗用)

【真性】シンセイ ①自然に有する性質。天性。本性。②国㋐純真の性質。㋑(シンセイ・シンショウ) にせでないこと。ほんものであること。「真性コレラ」

【真跡・真△蹟・真△迹】シンセキ その人の書いた文字または絵画。にせものでない筆跡。真筆。

【真△詮・真△筌】シンセン ①まことのさとり。ほんとうの理解。②真理を書き表した文句。

【真相】シンソウ 物事の本当のすがた。

【真宗】シンソウ ①本当の教え。②宋(ソウ)の第三代の天子、趙恒(チョウコウ)の諡(おくりな)。③仏(シュウ) 仏教宗派の一つ。正しくは、浄土真宗という。親鸞(シンラン)を開祖とし、阿弥陀仏(アミダブツ)の他力本願信仰によって成仏することを宗旨とする。

【真率】シンソツ ①率直でかざりけのないこと。正直でさっぱりしていること。②ひたむきなこと。

【真△諦】シンタイ 仏まことの道。真実でいつわりのない道。↔俗諦。

【真読(讀)】シンドク 仏経典の文句を略さないで読むこと。↔転読。

【真如】シンニョ 仏真実如常(本当に実在して常に変わらない)の略語。宇宙万有の本体で、永久不変の真理。変化してやまない現象の仮相に対していう。如実(ジョジツ)。

【真帆】まほ 国追風を受けて帆走する船の十分に張り広げられた帆。↔片帆(かたほ)。

【真筆】シンピツ ＝真迹(シンセキ)。↔偽筆。

【真名】まな 国仮名(かな)に対して、漢字をいう。真字。

【真面目】シンメンモク ①ありのままの姿。本然(ホンネン)のままでかざりのないさま。真相。実相。②国(まじめ) ㋐実直なこと。㋑うそいつわりのないこと。

【真理】シンリ ①本当の道理。②哲学用語。㋐認識・判断の内容や命題が、あるがままの事物と一致すること。存在と思考の一致。㋑ある命題が、論理の形式・法則に矛盾しないこと。

【真竜(龍)】シンリュウ・シンリョウ ①本当の竜。すぐれた竜。②すぐれた馬。駿馬(シュンメ)。③英雄。英傑。

(10)5 **【眚】** 5039 △ 漢セイ 呉ショウ(シャウ) 慣[梗] shěng

字義 ❶**わざわい**(災)。災難。❷**あやまち**。過失。❸

かすむ。目がかすむ。また、その病気。❹やむ。病気になる。また、病気。あやしい病気。❺はぶく（省）。そぐ。減らす。

解字 文 篆 形声。目＋生㊥。音符の生は、星に通じ、ほしの意味。眼球にほしが生じる病気の意味を表す。

(10) 5
【眙】5040 △ チ 寘 chì 6638 6246

字義 みつめる。また、驚き見るさま。

解字 篆 形声。目＋台㊥。音符の台ィは、止に通じ、とどめるの意味。視線をじっと一点にとどめて見る、直視するの意味を表す。

(10) 5
【眛】5041 △ 漢バイ 呉マイ 隊 mèi 4418 4C32

字義 くらい（暗）。目がはっきり見えない。

解字 文 篆 形声。目＋未㊥。音符の未は、味ィに通じ、くらいの意味。目がくらいの意味を表す。

(10) 5
【眠】5042 常 ミン ねむる・ねむい メン 先 mián 慣ミン 2067 3463

筆順 目 盯 眂 眂 眠

字義 ねむる。ねる。また、ねむり。「睡眠」❷ねむい。国❶ねむる。死ぬ。「永眠」

解字 形声。目＋民㊥。瞑ィの俗字。瞑の音が変化するにつれ、民の音符にかわった。

▼永眠・高眠・催眠・愁眠・春眠・惰眠

(11) 6
【眼】5043 教5 ガン・ゲン まなこ 漢ガン・呉ゲン 潸 yǎn 眼鏡

筆順 目 目 目ヲ 眼 眼

【䀹】本字 字義 ❶め。まなこ。㋐めだま。眼球。㋑めつき。❷あな（穴）。「銃眼」❸かなめ。要点。要所。「主眼」❹みる。また、見ること。「眼力」

難読 眼下・眼間・眼差

参考 現代表記では［嵌］（1847）の書きかえに用いることがある。「象嵌→象眼」

解字 文 篆 形声。目＋艮（㫐）㊥。音符の㫐コン＝ガは、人の目を強調した形にかたどり、めの意味。のち、めの意味を明らかにするため、さらに目を付した。

▼開眼・活眼・具眼・字眼・銃眼・主眼・心眼・酔眼・正眼・青眼・象眼・着眼・肉眼・白眼・半眼

【眼花】ガンカ 目がかすむこと。目がちらちらすること。〔唐、杜甫、飲中八仙歌〕眼花落レ井水底眠ガンカ（み）にいおちて スイテイにねむる。

【眼窩】ガンカ 眼球のはいっているあな。

【眼界】ガンカイ ①目に見える範囲。②考えのおよぶ限り。

【眼瞼】ガンケン まぶた。

【眼孔】ガンコウ ①目のあな。また、目。②物事を見分ける力。見識。

【眼光】ガンコウ ①目の光。②物事の真相を見分ける力。

【眼光徹二紙背一】ガンコウ シハイにテッす 読書してその意味を奥底まで理解すること。〔塩谷世弘、送三安井仲平東遊一序〕眼透二紙背一ガン シハイにとお（ほ）る。〈目の光が紙の裏にまで通る〉

【眼識】ガンシキ 物事の真偽正否などを見分ける力。

【眼睛】ガンセイ めだま。ひとみ。眸子ボウシ。〔伝灯録〕

【眼中人】ガンチュウの ひと 常に目の中にちらついていて、心にかかっている人。親愛する人。なつかしい人。

【眼中無レ人】ガンチュウ ひとなし 人を人とも思わないこと。人を全く問題にしないこと。人に対しておごりたかぶること。

【眼透二紙背一】ガン シハイにとお（ほ）る ＝眼光徹二紙背一ガンコウ シハイにテッす。

【眼目】ガンモク ①め。目つき。②物事のたいせつな所。要点。

【眼力】ガンリキ・ガンリョク ①見る力。視力。②物事を見ぬく力。主眼。観察力。洞察力。

(11) 6
【眶】5044 △ 漢キョウ（キャウ） 呉コウ（クヮウ） 陽 kuàng

字義 ❶まぶち。目のふち。❷高眶は、落ちくぼんだ目。

解字 形声。目＋匡㊥。音符の匡キョウは、筐キョウに通じ、はこの意味。目のふち、まぶちの意味を表す。

(11) 6
【眷】5045 △ ケン 霰 juàn 6639 6247

【睠】同字 字義 ❶かえりみる。㋐ふりかえって見る。㋑目をかける。いつくしむ。❷おもう（思）。心が引かれる。こいしたう。❸めぐみ。なさけ。❹身うち。親族。

解字 文 篆 形声。目＋𢍏（劵）㊥。音符の𢍏ケンは、まくの意味。視線をまきかえす、かえりみるの意味を表す。

【眷遇】ケングウ ①特別に目をかける。②手厚くもてなす。

【眷眷】ケンケン 心にとめて回顧する様子。心にとめて思い慕う様子。

【眷顧】ケンコ ①ふりかえって見る。②目をかける。ひいきにする。また、なさけ。ひいき。

【眷属（屬）】ケンゾク ①うから。やから。一族。親族。②国恩顧を受けている者。配下の者。手下。

【眷眄】ケンベン 目をかける。

【眷恋（戀）】ケンレン 思いしたう。恋いこがれる。

(11) 6
【眴】5046 △ 一ケン 霰 xuàn 二シュン 震 shùn

字義 一❶またたく。まばたく。❷めくばせする。❸おどろく（驚）。二❶＝一の①。❷目がくらむ。＝眩ゲン。

解字 形声。目＋旬㊥。

(11) 6
【眥】5047 △ 一漢セイ・呉ザイ 霽 zì 二漢シ・呉ジ 寘 zì 三漢サイ・呉ジャ 卦 6636 6244

【眦】同字 6637 6245

字義 一まなじり。目じり。二みる。＝視。三にらむ。目をいからす。「睚眥ガイサイ」

解字 文 篆 形声。目＋此㊥。音符の此シは、わずかにひらくの意味。目のわずかにひらきはじめた部分、まなじりの意味を表す。

(11)6
【眦】5048 △ シ 眥（5047）と同字。→前項。 6637 6245

(11) 6
【着】(5060) チャク 着（5059）の旧字体。→七六八ページ。

(11) 6
【眺】5049 常 チョウ ながめる チョウ（テウ） 嘯 tiào 3615 442F

筆順 目 盯 盯 眺 眺

字義 ❶ながめる。遠くを望み見る。❷ながめ。見晴らし。

解字 文 篆 形声。目＋兆㊥。音符の兆は、左右に分けるの意味。左右に障害となる物を分けて、視線を遠くに向けるの意味を表す。

【眺矚】チョウショク 遠くながめる。また、ながめ。

【眺望】チョウボウ ①ながめる。見渡す。②ながめ。見晴らし。見渡し。

【眺臨】チョウリン 見おろす。高い所からながめること。〔した景色。

(11) 6
【眯】5050 △ 一漢ベイ・呉マイ 薺 mǐ 二漢ビ・呉ミ 寘 mì 三漢ビ・呉ミ 支 mí

字義 一くらむ。目にごみなどが入って見えない。また、くらます。二うなされる。夢におそわれてうなされる。三すがめ。斜視。

解字 文 篆 形声。目＋米㊥。音符の米は、迷に通じ、まようの意味。目にごみが入って視力が乱されるの意味を表す。

(11) 6 【眸】5051　囚 漢ボウ 呉ム　因 móu　6640 *6248*

筆順 目 目ム 目ㄙ 眸

字義 ❶ひとみ。眼球の黒い部分。❷転じて、目。「明眸」

解字 文 篆 形声。目＋牟音。音符の牟ボウは、目に通じ、めの意味。目を付し、めの意味を表す。

【眸子】ボウシ ひとみ。〔孟子、離婁上〕存二乎人一者、莫レ良二於眸子一（ひとにソンするものは、ボウシよりよきはなし）

(11) 6 【脈】5052　△ 漢バク 呉ミャク　陌 mò

［脉］同字

字義 ❶横目で見る。ながし目に見る。＝覛 ❷見る。見合う。また、見るさま。→脈脈。

解字 文 篆 形声。目＋𠂢音。音符の𠂢ハ＝バクは、わかれて流れるの意味。ながし目に見るの意味を表す。

【脈脈】バクバク・ミャクミャク 見合うさま。たがいに見つめあうさま。〔文選、古詩十九首〕脈脈不レ得レ語（ミャクミャクとしてかたるをえず） 訳文 盈盈の①（七五七ペ-）。

(12) 7 【睆】5053　△ 漢カン 呉ゲン　潸 huǎn

字義 ❶大きな目。❷目の出ているさま。❸明らかなさま。❹美しいさま。

解字 形声。目＋完音。

(12) 7 【睅】5054　△ 漢カン 呉ゲン　潸 hàn

字義 大きな目。まるまるとした目。また、目の飛びでている様子。

解字 文 篆 形声。目＋旱音。

(12) 7 【睎】5055　△ 漢キ 呉ケ　微 xī

字義 のぞむ。望み見る。

解字 形声。目＋希音。

(12) 7 【睊】5056　△ ケン 霰 先 juàn

字義 見るさま。睊睊は、目をそばめて見るさま。

解字 文 篆 形声。目＋肙音。

(12) 7 【睍】5057　△ 漢ケン 呉ゲン　銑 xiàn

字義 ❶目の出ているさま。❷小さい目のさま。また、ちょっと見るさま。❸睍睆ケンカンは、声のうつくしいさま。うるわしいさま。〔詩経、邶風、凱風〕睍睆黄鳥（ケンカンたるコウチョウ）。

解字 文 篆 形声。目＋見音。

(12) 7 【睞】5058　△ 一 漢ショウ（セフ） 葉 jié　二 漢コウ（カフ） 呉キョウ（ケフ） 洽 jiá

字義 一まつげ。＝睫。二❶斜視（眇ビョウ）。また、片方の目がつぶれて見えないこと。❷目をつぶる。

解字 文 篆 形声。目＋夾音。音符の夾キョウは、はさむの意味。目を上下からはさむようなさまになっている、まつげの意味を表す。

(12) 7 【着】5059　教 3　チャク・ジャク　きる・きせる・つく・つける　一 漢チャク 呉ジャク（ヂャク） 薬 zhuó, ③④zháo, ⑤zhāo　二 チョ 御 zhù　3569 *4365*

(11) 6 ［着］5060

筆順 丷 䒑 羊 着

字義 一❶つく。つける。㋐くっつく。「付着」「密着」㋑住みつく。「土着」㋒はく。はき物をはく。㋓かぶる。冠をかぶる。㋔ほどこす。そえる。㋕仕事にかかる。❷きる。衣服などを身につける。また、きせる。❸接触する。❹火がつく。❺㋐おる。いる。また、置く。㋑策略。手段。国❶つく。とどく。「到着」❷チャク。㋐着物を数える語。㋑到着の順序を数える語。

二→著の字義一（6419）。

参考 もと、〔著〕の俗字。二音チョの場合に、今、著の字を用いる。字義と熟語は著（6419）をも見よ。→九三ペ-。

使いわけ つく〔付・着・就〕⇩付（141）。

解字 著の草書体から生まれた文字。→著（6419）。

▼愛着・横着・帰着・執着・祝着・沈着・土着・粘着・漂着・癒着

【着意】チャクイ ①考えつく。おもいつく。着想。②心をとめる。気をつける。注意する。

【着眼】チャクガン めをつける。注意する。着目。

【着御】チャクギョ 国陛下または殿下の到着に用いる敬語。おつき。御到着。

【着実（實）】チャクジツ ①おちついてまじめなこと。②実に。はなはだ。たしかに。③仕事ぶりが確実であること。

【着手】チャクシュ 手をつける。仕事にとりかかる。

【着想】チャクソウ おもいつく。おもいつき。くふう。着意。

【着到】チャクトウ ①到着。②国㋐昔、官庁に備えておいて、出勤する役人の姓名を記入した帳簿。出勤簿。㋑昔、出陣のとき、諸方から集まった軍勢の名を書きとどめたもの。

【着服】チャクフク ①着物をきる。また、着物。②国他人の金品や公金をごまかして、ひそかに自分のものとすること。

【着△鞭】チャクベン ①むちをあてる。②人に先だって事をする。先鞭をつける。

【着目】チャクモク ①気をつけて見る。着眼。②将来性や物事の重大性に目をつけること。

【着落】チャクラク ①おちつき。おさまり。落着。②命令。申しつけ。落は、助字。

【着力】チャクリョク 力をだす。力を用いる。

(12) 7 【睇】5061　△ 漢テイ 呉ダイ　霽 dì　6641 *6249*

字義 ❶ながし目で見る。横目で見る。ぬすみ見する。また、ながし目。横目。「睇視」❷見る。❸ひとみ。

解字 文 篆 形声。目＋弟音。

【睇△眄】テイベン ①流し目（横目）で見る。②ながめる。

(13) 8 【睚】5062　△ 漢ガイ 呉ゲ　佳 yá　6642 *624A*

字義 ❶まなじり。また、まぶち。目のふち。❷にらむ。怒った目つきで見る。また、にくみ見る。

解字 文 篆 形声。目＋厓音。音符の厓ガイは、涯に通じ、水ぎわの意味。目のきわ、まなじりの意味を表し、転じて、にらむの意味をも表す。

【睚△眥・睚△眦】ガイサイ・ガイシ ①目を怒らして見る。にらむ。②転じて、わずかの意。③睚眥之怨（ガイサイのうらみ）は、ちょっとにらまれたほどのうらみ。〔史記、范雎伝〕

(13) 8 【睢】5063　△ 一キ 支 huī　二スイ 支 suī

字義 一❶みあげる。あおぎ見る。❷にらむ。目を見はって見る。❸そしる。けなす。❹ほしいまま。気ままにふるまうさま。

二川の名。睢水。汴水ベンスイの分流。河南省に発し泗水シスイに注いだ。今はほとんどうずまってしまった。

参考 〔雎ショ〕は別字。

解字 文 篆 形声。目＋隹音。

【睢陽】スイヨウ ①地名。河南省商丘県の南。②唐の張巡をいう。安禄山アンロクザンの乱に、睢陽城に拠って賊軍と勇敢に戦ったことからいう。

(13) 8 【睨】5064 標 ゲイ 霽 nì 6643 624B

字義 ❶みる。㋐にらむ。「睥睨（ヘイゲイ）」㋑流し目で見る。横目で見る。㋒ふりかえり見る。㋓うかがい見る。のぞき見る。❷かたむく。日が斜めになる。

解字 篆文 形声。目＋兒音。音符の兒（ジ・ゲイ）は、こどもの意味。こどもの見るようにして下から見るの意味を表す。

(13) 8 【睫】5065 標 ショウ（セフ） 葉 jié 6644 624C

字義 ❶まつげ。まぶたの毛。❷まばたく。

解字 形声。目＋疌音。

(13) 8 【睡】5066 常 スイ 漢 スイ 呉 ズイ 寘 shuì 3171 3F67

筆順 目 𥄉 睡 睡 睡

字義 ❶ねむる。㋐いねむりする。すわったままねむる。「仮睡」㋑床につく。ねる。いぬ。❷ねむり。眠ること。

解字 篆文 形声。目＋垂（𠂹）音。音符の垂は、たれるの意味。まぶたがさがってきて眠るの意味を表す。

▼仮睡・午睡・熟睡

【睡鴨】（スイオウ） 銅製の、ねむった鴨型の香炉。くちばしから香が出るようにしたもの。

【睡臥】（スイガ） ねむる。

【睡郷（鄕）】（スイキョウ） 夢の国。ねむっている間に魂の行く所。

【睡語】（スイゴ） ねごと。

【睡魔】（スイマ） ねむけ。ねむけを催させる魔物という意。

【睡味】（スイミ） ねむるここち。ねごこち。

【睡余（餘）】（スイヨ） ねむりからさめたあと。寝ざめ。

【睡蓮】（スイレン） スイレン科の水草。ひつじぐさ。葉は円形で水面にうかび、夏から秋にかけて長い柄を持った花が咲く。

(13) 8 【睟】5067 △ スイ 寘 suì

字義 ❶正視するさま。❷あきらか。目がはっきりしているさま。❸つやのあるさま。つややか。睟然。❹まじりけがないこと。純粋。

解字 形声。目＋卒音。

(13) 8 【睜】5068 △ 漢 セイ 呉 ジョウ（ジャウ） 庚 zhēng

字義 みはる。目を見開く。

解字 形声。目＋爭音。音符の爭（ソウ・セイ）は、上下から引き合う意味。目を大きくみはる意味を表す。

(13) 8 【睛】5069 △ 漢 セイ 呉 ショウ（シャウ） 庚 jīng 6645 624D

字義 ひとみ。眼球。黒目。「画竜点睛（ガリョウテンセイ）」

解字 形声。目＋青音。音符の青は、あおく澄むの意味。よく澄んだひとみの意味を表す。

(13) 8 【睒】5070 △ セン 琰 shǎn

字義 うかがう。ぬすみ見る。

解字 篆文 形声。目＋炎音。音符の炎（エン・セン）は、古くは淡に通じ、あわいの意味。ちょっと見る・うかがうの意味を表す。

(13) 8 【督】5071 常 トク 漢 トク 沃 dū 3836 4644

筆順 丶 卡 叔 督 督

字義 ❶みる。よく見る。調べる。❷ただす。㋐取りしまる。「監督」㋑いましめる。㋒責める。とがめる。❸うながす。すすめる。「督促」❹かしら。おさ。多くの人を統率する人。長官。大将。「総督」「提督」❺ひきいる。統率する。❻長子。家をつぐ者。「家督」

名乗 おさむ・かみ・こう・すけ・すすむ・ただ・まさ・よし

解字 篆文 形声。目＋叔音。音符の叔は、いたむの意味。目がいたむの意味を表す。また、叔は中に通じ、中正な目でとりしまるの意味をも表す。また、とりしまるべき位置にあるかしら、長子の意味をも表す。

▼緑督・家督・基督・総督・提督

【督過】（トッカ） あやまちを責める。過失をとがめる。

【督学（學）】（トクガク） 学事を監督する。また、その人。

【督軍】（トクグン） ①軍隊の統率や監督をする官。②民国の初めに、一省の軍政をつかさどった官。

【督亢】（トッコウ） 地名。戦国時代、燕（エン）の、地味の肥えていた地方。今の河北省涿（タク）県・固安県・新城県のあたり。

【督責】（トクセキ） 忠実に職務を果たすように監督する。

【督戦（戰）】（トクセン） 戦いを監督する。転じて、現場に行って、味方の軍隊が奮戦するようにはげますこと。

【督促】（トクソク） 物事の実行や約束の履行をうながすこと。

【督郵】（トクユウ） 郡の長官の補佐役で、所属の県を巡察して、官吏の成績を調査した官。

【督励（勵）】（トクレイ） とりしまり、はげます。監督激励。

(13) 8 【睥】5072 △ 漢 ヘイ 呉 ハイ 霽 bì 6646 624E

【睤】同字

字義 みる。横目でにらみ見る。うかがい見る。

解字 形声。目＋卑音。

【睥睨】（ヘイゲイ） ①流し目で見る。横目で見る。②にらむ。③城壁の上のひめがき（たけの低い垣）。埤堄（ヘイゲイ）。

(13) 8 【睦】5073 人 漢 ボク 呉 モク 屋 mù 4351 4B53

筆順 目 𥃲 睐 睦

字義 ❶むつぶ。むつむ。親しくする。仲よくする。「親睦」❷むつまじい。親しい。仲がよい。❸うやうやしい。つつしむ。❹あつい。手厚い。

名乗 あつし・ちか・ちかし・とき・とも・のぶ・まこと・むつ・むつみ・よし

解字 篆文 形声。目＋坴音。音符の坴（ボク）は、穆（ボク）に通じ、やわらぐの意味。目がおだやかの意味から転じて、むつまじいの意味を表す。

【睦月】（むつき） 国 陰暦正月の別名。

【睦親】（ボクシン） ①むつみ親しむ。親睦。②親しい身うち。仲のいい親族。

(14) 9 【睿】5074 △ エイ 叡（819）の古字。↓一八〇ページ。 6647 624F

(14) 9 【睽】5075 △ ケイ 斉 kuí

字義 ❶そむく。たがう。㋐相反する。反対になる。㋑はなれる。❷目を見張るさま。❸易（エキ）の六十四卦（カ）の一つ。䷥ 兌下離上（ダカリジョウ）。物事がうまく行かない象（かたち）。

解字 金文 篆文 形声。目＋癸音。音符の癸（キ）は、そむくの意味。左右の目がそむきあって同じ物を見ないの意味を表す。金文は、左右の目＋癸音。

【睽乖】（ケイカイ） にらみあう。そむく。睽違。

【睽離】（ケイリ） たがいにそむきはなれる。睽別。

(14) 9 【睹】5076 △ 漢 ト 呉 ツ 麌 dǔ 6649 6251

【覩】古字 7515 6B2F

字義 みる。㋐見わける。㋑よく見る。

解字 篆文 古文 形声。目＋者音。音符の者は、あつめるの意味。視線をある一点に集めて見るの意味を表す。

(14) 9 【瞀】5077 △ 漢 ボウ 呉 モ 宥 mào

字義 ❶くらい（暗）。㋐目がはっきりしない。㋑心が暗い。㋒まどう。心がくらむ。❷みだれる（乱）。心が乱れる。❸つ

つしみ深く、ふし目で見るさま。まともに見ぬさま。
解字 篆文 形声。目＋敄㊥。音符の敄ボウは、冐ボウに通じ、おおうの意味。目がおおわれていて、まともに見ないの意味から、くらいの意味を表す。

(15)10 【瞎】5078 △ 漢カツ 呉ケチ 黠 xiā　6650 6252
字義 ❶目がみえないこと。❷片方の目がみえないこと。独眼。
解字 形声。目＋害㊥。音符の害は、わざわいの意味。目のわざわい、盲目の意味を表す。

(15)10 【瞋】5079 △ シン 眞 chēn　6651 6253
字義 ❶いかる（怒）。❷いからす。怒って目をむく。目を見張る。
解字 篆文 形声。目＋眞㊥。音符の眞シンは、つめこむの意味。怒りがいっぱいになったときの目、いかって目をむくの意味を表す。
【瞋恚】シンイ いかる。はげしく怒る。また、怒り。瞋怒。
【瞋目】シンモク 目を見張る。目をいからす。

(15)10 【瞍】5080 △ ソウ 有 sǒu
字義 目が見えない。盲目。ひとみがない。
解字 篆文 形声。目＋叟（叜）㊥。音符の叜ソウは、手さぐりするの意味。手さぐりしなければならない、盲目の意味を表す。

(15)10 【瞑】5081 標 ㊀漢メイ 呉ミョウ（ミャウ） 青 míng ㊁漢ベン・呉メン 先 mián ㊂漢ベン・呉メン 霰 miàn　6652 6254
字義 ㊀❶目をつぶる。❷くらい（暗）。目がはっきり見えない。❸盲目。㊁❶ねむる。ねる（寝）。＝眠。❷＝㊀の❷。㊂瞑眩ゲンは、めまい。目がくらむ症状。
解字 篆文 形声。目＋冥㊥。音符の冥メイは、おおいをするの意味。目をとじるの意味を表す。
【瞑眩】メンゲン 目がくらむ。目まいがする。また、目まい。〔孟子、滕文公上〕若薬不二瞑眩一、厥疾不レ瘳（もしくすりメンゲンせずんば、そのやまい（ひ）いえず）〈もしも薬が目もくらむような強い作用を起こすものでなければ、その病気はなおらない。〔非常の手段を用いないと成功しないたとえ〕〉
【瞑想】メイソウ 目をつぶって静かに考えること。
【瞑瞑】メイメイ はっきりと見えないさま。
【瞑目】メイモク ①目をつぶる。②死ぬ。安らかに死ぬ。〔後漢書、馬援伝〕

(16)11 【瞚】5082 △ シュン 震 shùn
字義 ❶まばたく。まばたきする。＝瞬。❷ちらっと見合わす。
解字 篆文 形声。目＋寅（寅）㊥。

(16)11 【瞠】5083 △ 漢トウ（タウ） 呉チョウ（チャウ） 慣ドウ（ダウ） 庚 chēng　6653 6255
【瞪】同字
字義 みはる。目を見張る。見つめる。
解字 形声。目＋堂㊥。音符の堂は、広くいかめしいの意味。目をいっぱいにひろげてみるの意味を表す。
【瞠若】ドウジャク 目を見張って驚きあきれるさま。若は、助字。瞠乎ドウコ。瞠然。
【瞠目】ドウモク ①驚いて目を見張る。②あきれて見つめる。

(16)11 【瞟】5084 △ ヒョウ（ヘウ） 篠 piǎo
字義 みる。㋐うかがう。㋑横目で見る。流し目で見る。
解字 篆文 形声。目＋票（䙳）㊥。

(16)11 【瞢】5085 △ ㊀漢ボウ・呉ム 東 méng ㊁漢ボウ（バウ） 呉ミョウ（ミャウ） 庚 máng
【矒】同字
字義 ㊀❶くらい（暗）。明らかでない。はっきりしない。❷もだえる（悶）。気がはれない。❸はじる（恥）。㊁目が見えない。＝盲。
解字 篆文 会意。苜＋旬。苜は、目が正しくないの意味。旬は、まばたきの意味。目がかすんで明らかでないの意味を表す。転じて、心がすっきりしない状態、はじる・もだえるの意味をも表す。瞢を音符に含む形声文字に、儚ボウ・夢・懵ボウ・甍ボウ・薨コウなどがある。

(16)11 【瞞】5086 標 マン 寒 mán　6654 6256
字義 ❶くらい。目がよく見えない。❷だます。あざむく。くらます。「欺瞞」
解字 篆文 形声。目＋𡨄㊥。音符の𡨄マンは、丏メンに通じ、おおうの意味。まぶたでおおわれた目の意味を表す。
【瞞著・瞞着】マンチャク だます。著・着は、助字。

(17)12 【瞰】5087 標 カン 勘 kàn　6655 6257
字義 ❶みおろす。上から見る。「俯瞰フカン」❷ながめる。遠くを見る。
解字 形声。目＋敢㊥。音符の敢は、監に通じ、上からのぞきみるの意味。目を付し、見おろすの意味を表す。
【瞰臨】カンリン 高い所から見おろすこと。瞰下。

(17)12 【瞯】5088 △ ㊀漢カン・呉ケン 諫 jiàn ㊁漢カン・呉ゲン 刪 xián
字義 ㊀うかがう。うかがい見る。のぞき見る。㊁❶うわ目づかい。❷驚風。小児のひきつけ。
解字 篆文 形声。目＋閒㊥。音符の閒は、すきまの意味。すきまからのぞき見るの意味を表す。

(17)12 【瞶】5089 △ ㊀漢キ 未 guì ㊁漢イ（ヰ）・呉ユイ 寘 wèi　6656 6258
字義 ㊀目をこらして見る。㊁めやみ。眼病。
解字 形声。目＋貴㊥。

(17)12 【瞬】(5100) シュン　瞬（5099）の旧字体。→七二ページ。

(17)12 【瞪】5090 △ トウ　瞠（5083）と同字。→中段。

(17)12 【瞳】5091 人 漢トウ 呉ドウ 東 tóng　3823 4637
筆順 目 目立 暗 暗 瞳
字義 ❶ひとみ。瞳孔。❷何もわからず無心にみつめる様子。
名乗 あきら
参考 〔瞳トウ〕は別字。
解字 形声。目＋童㊥。音符の童は、わらべの意味。目の中のわらべ、ひとみの意味を表す。
【瞳子】ドウシ ひとみ。瞳孔。〔史記、項羽本紀論賛〕
【瞳人】ドウジン ひとみ。他人から見ると、そのひとみの中に自分の姿が見えるからいう。
【瞳睛】ドウセイ ひとみ。睛も、ひとみ。
【瞳曚】ドウモウ 道理にくらい。また、その人。

(17)12 【瞥】5092 標 漢ヘツ・呉ヘチ 慣ベツ 屑 piē　［瞥］4245 4A4D
字義 ❶みる。ちらりと見る。「一瞥」❷ちらつく。❸かすむ。目がかすむ。ぼんやりとしてよく見えない。
解字 篆文 形声。目＋敝㊥。音符の敝ヘイは、やぶれるの意味。左右の目の視線が集中しないで、均衡がやぶれたままで見る、ちらっと見るの意味を表す。
【瞥見】ベッケン ①ちらりと見る。②ちらりと見える。

【瞥然】ちらりとひらめくさま。ちらりと心にうかぶさま。

(17)12【瞭】5093　囚 リョウ（レウ）　篠 liǎo, ②liào　4638 4E46

筆順 目 盽 瞭 瞭

字義 ❶あきらか。㋐ひとみの明らかなこと。〔孟子、離婁上〕胸中正、則眸子瞭焉。㋑物事の明らかなこと。「明瞭」❷はるか（遥）。＝杳。名乗 あき・あきら

解字 形声。目＋尞㊀。音符の尞は、かがり火があかるいの意味。目があかるい、あきらかの意味を表す。

【瞭然】明らかなさま。はっきりしているさま。「一目瞭然」

(17)12【瞵】5094　△ リン　真 lín

字義 ❶ひとみ。❷にらむ。目を怒らす。❸瞵盼は、空の明るくなるさま。❹瞵瑞は、色彩の美しいさま。

解字 篆文　形声。目＋粦㊀。音符の粦は、おに火の意味。ひとみの光の意味を表す。

(18)13【瞹】5095　△ アイ　曖（3099）の俗字。→五一六ページ。　6657 6259

(18)13【瞿】5096　△ ク　遇 jù　6658 625A

字義 ❶みる。㋐にらみ見る。㋑驚き見る。㋒疑い見る。見まわす。❷おどろく（驚）。また、驚くさま。また、恐れるさま。

解字 篆文　会意。䀠＋隹。䀠は、両眼の象形。隹は、はやぶさの意味。はやぶさがにらむの意味から、おどろきおそれた目つきで見るの意味を表す。

【瞿瞿】①驚きあわてるさま。物事をよく見ないさま。②目を見張るさま。③守る所のないさま。心が常に動揺して変わるさま。④身をつつましくして道を守るさま。

【瞿然】①驚くさま。②恐れるさま。③うれえ悲しむさま。④喜ぶさま。⑤せわしいさま。

【瞿唐峡（峡）】峡谷の名。長江中流にある三峡の一つ。四川省奉節県の東。両岸がそびえ、水流が激しく、舟行の難所とせられる。

【瞿曇】仏梵語 Gotama（釈迦の姓）の音訳。釈迦をいう。転じて、仏教をいう。

【瞿麦（麥）】㋐せきちく（石竹）。からなでしこ。㋑秋の七草の一つ。撫子。ナデシコ科の草本の総称。

(18)13【瞼】5097　標 ケン　琰 jiǎn　6659 625B

字義 まぶた。目を上下からおおう皮。眼瞼。

解字 篆文　形声。目＋僉㊀。音符の僉は、多くの人が口をそろえてつじつまを合わすの意味。上下のまぶたがぴったりあうところから、まぶたの意味を表す。

(18)13【瞽】5098　△ 漢コ　呉ク　麌 gǔ　6660 625C

字義 ❶めしい。盲目。㋐目が見えない。盲人。㋑心が暗く分別がない。❷古代、音楽を奏する役人。楽官。楽工。多く盲人が任ぜられたことによる。

解字 篆文　形声。目＋鼓㊀。音符の鼓は、つづみの意味。古代の音楽を演奏する役人は多く盲人があたったところから、転じて、盲目の意味を表す。

【瞽言】でたらめな、また、つまらぬことば。瞽説。

【瞽師】盲目の音楽師。

【瞽女】①目の見えない女。②国 三味線などをひき、歌を歌い、銭をもらって歩いた、目の見えない女。

【瞽△瞍・瞽△叟】舜帝の父の名。物の道理の分からない人であったからとも、実際に目が見えなかったからともいう。瞍も、目が見えないこと。

(18)13【瞬】5099　常 シュン　またたく　2954 3D56

(17)12〘瞬〙5100　シュン　震 shùn

筆順 目 盺 瞬 瞬

字義 ❶またたく。まばたく。しばたく。まばたきをする。❷またたき。まばたき。まじろぎ。❸きわめて短い時間。瞬間。「一瞬」

解字 形声。目＋舜（舜）㊀。音符の舜は、すばやい足ぶみの意味。

▼一瞬

【瞬間】一度まばたきをする間。きわめて短い時間。しばし。しばらく。瞬刻。瞬時。

【瞬息】一度まばたきや呼吸をするほどのわずかな時間。瞬間。

(18)13【瞻】5101　△ セン　塩 zhān　6661 625D

字義 みる。㋐見あげる。あおぎ見る。㋑見おろす。上から見る。㋒ながめる。望み見る。遠くを見やる。

解字 篆文　形声。目＋詹㊀。音符の詹は、ひさしの意味。ひさしのように目の上に手をかざして見るの意味を表す。

【瞻仰・瞻△卬】①あおぎ見る。②あおぎしたう。

【瞻視】見る。また、その目つき。

【瞻慕】あおぎしたう。たっとびしたう。

【瞻望】①望み見る。はるかに遠くをながめる。〔詩経、魏風、陟岵〕陟二彼岵一兮、瞻二望父一兮。②あおぎしたう。

(19)14【矉】5102　△ 漢ヒン　呉ビン　真 pín

字義 ❶しかめる。＝顰。顔をしかめる。❷にらむ。うらんで見る。

解字 篆文　形声。目＋賓㊀。音符の賓は、頻に通じ、顔をしかめるの意味。顔をしかめてうらみ見るの意味を表す。

(19)14【矇】5103　△ 漢ボウ　呉モウ　東 méng　6662 625E

字義 ❶目がみえない。❷くらい（暗）。㋐目が明らかでない。㋑道理を分別する能力がない。

解字 篆文　形声。目＋蒙㊀。音符の蒙は、おおうの意味。目がおおわれている、盲目の意味を表す。

【矇△瞽】①盲目。瞽も、盲目。②音楽師の古称。

【矇△瞍】①盲目。②古代、楽官・楽師をいう。

【矇△昧】①暗い。はっきり見えない。②盲目。③道理に暗い。「無知矇昧」

【矇矇】暗いさま。明らかでないさま。

【矇△朧】①目がぼんやりする。意識がかすむ。②暗いさま。

(20)15【矍】5104　△ 漢キャク　呉カク（クワク）　薬 jué　6663 625F

字義 ❶驚き見るさま。きょろきょろ落ちつかないさま。また、おどろく。❷はやるさま。元気のよいさま。

解字 篆文　形声。又＋瞿㊀。音符の瞿は、おどろきおそれて見るの意味。手に持った鳥が驚き恐れて見まわすさまを表す。

【矍△鑠】①壮健なさま。勇ましいさま。主に、老人についていう語。〔後漢書、馬援伝〕②ふるえるさま。

(21)16【矐】5105　△ カク　薬 huò

字義 目をつぶす。目がつぶれる。

解字 形声。目＋霍㊀。

(21)16【矒】5106　△ ボウ　瞢（5085）と同字。→七〇ページ。

(21)16【矑】5107　△ ロ　虞 lú

字義 ❶みる。❷ひとみ。「清矑」
解字 形声。目＋盧音。

(24)19【矗】5108 △ チク 屋 chù 6664 *6260*
字義 ❶さかん。草木がさかんにしげるさま。❷深く長いさま。長くてまっすぐなさま。❸そびえ立つさま。「矗出」
解字 形声。直＋直＋直音。直は、まっすぐの意味。

(24)19【矕】5109 △ 漢バン 呉マン 潸 mǎn
字義 ❶みる。また、みとれるさま。うっとり見入るさま。矕矕。❷こうむる(被)。身につける。❸国みそなわす。見るの敬語。欄レンをみそなわすと読むのはこの字と見誤ったからという。
解字 篆文 形声。目＋䜌音。

(25)20【矙】5110 △ カン 勘 kàn
字義 みる(視)。うかがい見る。
解字 形声。目＋闞音。音符の闞カンは、門の間からのぞき見るの意味。

(26)21【矚】5111 △ 漢ショク 呉ソク 因 zhǔ 6665 *6261*
【瞩】俗字
字義 みる。注意して見る。目をつけて見る。見続ける。
解字 形声。目＋屬音。音符の屬ショクは、つづく・つらなるの意味。見る物に視線をつづけていく、目を離さずに見続けるの意味を表す。
【矚望】ショクボウ ＝矚目の②。
【矚目】ショクモク ①じっと目をつけて見ること。注目。②ある人の将来に期待をかけて見ていること。

5
矛部

〔部首解説〕ほこへん。むのほこ。矛を意符として、ほこに関する文字ができている。なお、戈カもほこであるが、ほこづくり、あるいは、かのほこと呼んで、矛と区別する。

(5)0【矛】5112 常 ム ほこ 漢ボウ 呉ム 尤 máo 4423 *4C37*
筆順 マ ヌ 予 矛
字義 ほこ。長い柄の先に両刃もろはの剣をつけた兵器。敵を刺すに用いる。名乗 たけ

〔銅矛〕

解字 篆文 象形。長い柄の頭に、鋭い刃を付けた武器、ほこの象形。矛を音符に含む形声文字のうち、ほこ・ほこでたち向かうの意味の系列のものに、務・楙ボウ・茅ボウ・蝥ボウ・鶩ムなどがあり、冃ボウに通じて、おおいかぶさるの意味の系列のものに、楙ボウ・瞀ボウ・袤ボウ・鍪ボウ・霧・髳ボウなどがある。
【矛戈】ボウカ ほこ。戈は、一つの枝のあるほこ。
【矛戟】ボウゲキ ほこ。戟は、二つの枝のあるほこ。
【矛叉】ボウサ さすまた。先がふたまたに分かれたほこ。
【矛槊】ボウサク ほこ。柄の長いほこ。
【矛盾・矛楯】ムジュン ①ほこ(矛)とたて(盾)。②前後のつじつまが合わぬこと。また、整合・両立しないこと。自家撞着ジカドウチャク。昔、楚ソに、この矛はどんな盾でも突き通す、この盾はどんな武器でも突き通せないといって、矛と盾を売る者があったが、では、その矛でその盾を突いたらどうなると人にいわれて、答えにつまった故事。〔韓非子、難、一〕

(9)4【矜】5113 △ 一キョウ 蒸 jīn 二漢カン(クヮン) 呉ケン 刪 guān 6666 *6262*
字義 一❶あわれむ あはれむ。いたむ。❷ほこる。おごりたかぶる。「矜誇」❸つつしむ。うやまう。貴ぶ。❹おしむ(惜)。❺あやぶむ。また、あぶない。二❶やもお。年とって妻のない男。「矜寡」❷やむ(病)。
解字 篆文 形声。矛＋今音。矛は、ほこの意味。音符の今は、覆うの意味。ほこの、手で覆い握る部分、柄の意味を表す。一説に、今音を令音とし、憐に通じて、あわれみ惜しむの意味をも表すという。
【矜育】キョウイク あわれみ、そだてる。
【矜寡】カンカ 老いて妻のない者と、老いて夫のない者。やもおと、やもめ。鰥寡カンカ。
【矜貴】キョウキ ほこり高ぶる。
【矜矜】キョウキョウ 身をつつしむさま。
【矜競】キョウキョウ 才能をほこって、人と優劣を競う。
【矜驕】キョウキョウ ＝矜貴。驕も、おごる。
【矜厳(嚴)】キョウゲン つつしみ深く、おごそか。
【矜誇・矜夸】キョウコ ほこる。いばる。おごりたかぶる。
【矜肆】キョウシ おごりたかぶって、ほしいままなこと。尊大でかってきまま。
【矜恃】キョウジ 自分の才能をほこり尊大にかまえること。自負。自尊心。(キンジは慣用読み)
【矜持】キョウジ ①自分をおさえつつしむ。②みずから自分をかざる。③(矜恃キョウジと混同して用いる)→矜恃。
【矜恤・矜卹】キョウジュツ あわれみめぐむ。憐恤レンジュツ。
【矜式】キョウショク うやまい、のっとる。尊敬して手本とする。〔孟子、公孫丑〕
【矜人】キョウジン あわれむべき人。あわれな人。
【矜荘(莊)】キョウソウ つつしみ深く、おごそか。
【矜大】ダイキョウ ほこりたかぶる。
【矜伐】キョウバツ ほこる。おごりたかぶる。伐も、ほこる。
【矜愍・矜憫】キョウビン あわれむ。また、あわれみ。
【矜負】キョウフ 才能をほこり、それをたのむ。
【矜憐】キョウレン ＝矜愍キョウビン。

【務】→力部 一五三ページ。

(12)7【矞】5114 △ 一漢イツ(ヰツ)・呉イチ(ヰチ) 質 yù 二漢キツ・呉キチ 質 xù 三漢ケツ・呉ケチ 屑 jué
字義 一うがつ。きりで穴をあける。つきさす。二❶おどろき恐れるさま。驚きあわてるさま。❷矞矞イツイツは、春風に物が成長するさま。三いつわる。＝譎ケツ。
解字 篆文 象形。台座にたてたほこの象形で、つきさすの意味を表す。

(12)7【矟】5115 △ サク 覚 shuò
字義 ほこ。馬上で持つほこ。長さ、周尺で一丈八尺(約三・二五メートル)。
解字 形声。矛＋肖音。

5
矢部

〔部首解説〕や。やへん。矢を意符として、矢に関する文字ができている。

14 矱 七五

雉→隹部 一二七三ページ。

(5)0 【矢】 5116 教2 シ や

シ 紙 shǐ 4480 4C70

筆順 ノ ㇐ 𠂉 矢 矢

字義 ❶や（箭）。㋐弓の弦にかけて射るもの。㋑投壺（トウコ）に使う矢。かずとり。籌（チュウ）。❷つらねる（陳）。並べる。❸ただしい。なおし。また、正しくする。❹ちかう（誓）。❺ほどこす（施）。❻くそ。ふん。＝屎。

【笶】同字 6793 637D

名乗 ちこう・やはぎ 難読 矢掛（やかげ）・矢幹（やがら）・矢橋（やばせ）・矢作（やはぎ）・矢集（やずめ）・矢矧（やはぎ）・矢頭（やとう）・矢方（やのう）

解字 甲骨文 金文 篆文 象形。やの象形で、やの意味を表す。矢を音符に含む形声文字に、嫉（シツ）・彘（テイ）・疾・薙（チ）・雉（チ）などがある。

▼雨矢・馬矢・流矢

【矢丸】（シガン）弓の矢と鉄砲のたま。

【矢言】（シゲン）誓いのことば。誓言。〔書経、盤庚〕

【矢人】（シジン）矢を作る職人。やはぎ。矢師。〔孟子、公孫丑上〕矢人豈不＿仁於函人＿哉（シジンはあにカンジンよりフジンならんや）。

【矢石】（シセキ）弓の矢と弩（いしゆみ）の石。転じて、戦争。「矢石の間」〔戦場〕」

【矢△鏃】（シゾク）やじり。矢の根。やさき。

【矢△礮】（シホウ）弓矢と鉄砲。飛び道具。兵器。武器。

(7)2 【矣】 5117 △イ 紙 yǐ 6667 6263

字義 ❶助字。訓読では読まないが、種々の語気を表す。❷かな。感嘆の意を表す。⇩助字解説

助字解説

①訓読では読まないが、次のような語気を表す。㋐断定。……のである。〔論語、学而〕可レ謂レ孝矣（コウという（ふ）べし）。〈親孝行と言ってよいのである〉 ㋑命令・決断。〔荘子、秋水〕往矣（ゆけ）。〈行きなさい。私はこれから尾を泥の中に引きずっていこうとするのです〉吾将レ曳＿尾於塗中＿（われまさにおをトチュウにひかんとす）。㋒推量。……だろう。仮定の意に用いることが多い。〔唐、柳宗元、捕レ蛇者説〕嚮吾不レ為＿斯役＿（さきにわれこのエキをなさずんば）、則久已病矣（すなわ（は）ちひさしくすでにやめるならん）。〈以前から私がこの任についていなかったならば、とうの昔に生活に困りはてていただろう〉

②かな。詠嘆。……であることよ。〔論語、述而〕甚矣（はなはだしいかな）、吾衰也（わがおとろえ（へ）たるや）。〈なんとひどいことよ、私の衰えは〉

(8)3 【知】 5118 教2 チ しる

㊀チ 寘 zhī ㊁チ 寘 zhì 3546 434E

解字 篆文 象形。人が口をあけている形にかたどり、文末の語気を表す擬声語。

筆順 ノ 𠂉 矢 知 知

字義 ㊀❶しる。㋐心に感じ知る。㋑みとめる。「認知」㋒さとる。理解する。「覚知」㋓見分ける。識別する。㋔おぼえる。記憶する。〔論語、里仁〕父母之年（フボのとしは）、不レ可レ不レ知也（しらざるべからざるなり）。㋕交わる。顔見知りになる。親しむ。「知人」㋖つかさどる。治める。取りしまる。「知事」❷しらせる。しらす。また、知らせ。「通知」「報知」❸知っている事がら。知識。また、知識の多いこと。「知者」❹ちえ（知恵）。知る働き。❺しりあい。知人。知友。また、交わり。交遊。❻もてなし。待遇。❼耳目の欲望。❽たぐい（類）。また、たぐう。（同類が並ぶ）❾州・県などの長官。知事。「県知」 ㊁ちえ（知恵）。＝㊀の❹。

名乗 あき・あきら・おき・さと・さとし・さとる・ちか・つぐ・とし・とも・のり 難読 知床（しれとこ）・知波田（ちばた）・知立（ちりゅう）

参考 現代表記では〔智〕（3060）の書きかえに用いる。「智能→知能」「機智→機知」

解字 篆文 会意。口＋矢。口は、いのる言葉の意味。矢は、やの意味。矢をそえていのり、神意を知ることから、「しる」の意味を表す。

▼与知・英知・感知・関知・機知・旧知・下知・巧知・後知・告知・故知・才知・察知・至知・周知・熟知・承知・上知・辱知・神知・生知・聖知・世知・相知・探知・通知・認知・未知・明知・予知・理知・良知

【知音】（チイン）①楽の音を聞いて、演奏者の心を知ること。春秋時代、鍾子期（ショウシキ）は伯牙（ハクガ）のひく琴の音色で伯牙の心境を理解したが、鍾子期が死ぬや、伯牙はもはやわが琴の音を知る者はないと、弦を切り去った故事。〔列子、湯問〕②転じて、心の底まで知り合った友。知己。

【知恵（惠）・知△慧】（チエ）物事を考え、分別する心の働き。物事の理をさとり、善悪を弁別し、また、物事を考え、計画し、処理して行く心の作用。智慧（チエ）。〔荘子、列禦寇〕知慧外通（チエはそとにツウず）。

【知覚（覺）】（チカク）①知りさとる。②心が外界の事物を認識するはたらき。③感覚器官（視・聴・嗅（キュウ）・味・触の五感）によって外界から刺激を得、過去の経験によって、それらの事物・運動などを具体的に認識する働き。

【知己】（チキ）①自分の心や真価をよく知ってくれる人。〔史記、刺客、予譲伝〕士為＿知レ己者＿死（シはおのれをしるもののためにシす）。②知り合い。知人。友。

【知旧（舊）】（チキュウ）昔なじみ。古くからの知り合い。旧知。

【知遇】（チグウ）人格・学問・才能などを認められて、てあつく待遇されること。知待。

【知見】（チケン）①知ること。②見分けること。③知識と見識。

【知県（縣）】（チケン）県知事。

【知行】（チコウ）①知識と行為。②国（チギョウ）㋐武士の領地。封土。㋑扶持（フチ）。俸禄（ホウロク）。㋒支配すること。治めること。

【知行合一】（チコウゴウイツ）明（ミン）の王陽明が唱えた学説。宋（ソウ）の朱子の先知後行説に対し、知識と行為とは同一体のもので、真の知は必ず行をともない、知って行わないのは真の知ではないと説いた。〔伝習録、上〕

【知事】（チジ）①州・県の長官。②仏禅寺で、役僧（庶務係）をいう。③国都・道・府・県の長官。

【知識】（チシキ）①考える働き。知恵。②知っている事がら。③知人。朋友（ホウユウ）。④仏仏道のさとりを開いた、りっぱな僧。名僧。「善知識」

【知△悉】（チシツ）知りつくす。また、くわしく知る。

【知者不レ言】（しるものはいわ（は）ず）真に物事を知っている者は、ことば少なで、やたらにしゃべらない。〔老子、五十六〕——、言者不レ知（いう（ふ）ものはしらず）。〈——、やたらにしゃべる者は、実はなにも知らない〉

【知者不レ惑】（チシャはまどわ（は）ず）知者は物事の道理によく通じているから、思いまどうことがない。〔論語、子罕〕

【知者楽（樂）レ水】（チシャはみず（づ）をたのしむ）知者は、物事をよく知っていて、滞らないこと水の流れるごとくである。だから、水を楽しむ。〔論語、雍也〕——、仁者楽山（ジンシャはやまをたのしむ）。〈——、仁徳のある人は、どっしりした山を楽しむ〉

【知人】（チジン）①知恵のある人。②知り合い。友人。

【知性】（チセイ）①さとい性質。②心理学で、知的作用に関する性能。認識と理解の性能。

【知制△誥】（チセイコウ）官名。唐代、翰林（カンリン）学士が学士院に入って一年後にこの官に移り、詔勅の作成をつかさどる。

【知足】（チソク）足ることを知る。自分の身のほどをわきまえ、むさぼらないこと。〔老子、四十四〕知レ足不レ辱（たるをしればはず（づ）かしめられず）。

【知能】（チノウ）知恵と才能。頭のはたらき。智能（チノウ）。

【知△嚢】（チノウ）知恵ぶくろ。知恵にとんだ人。智嚢（チノウ）。

【知謀】（チボウ）知恵のあるはかりごと。たくみな計略。知略。智謀（チボウ）。

【知名】メイ 名高いこと。有名。

【知命】メイ ①天命を知る。天のわれに与えた使命を自覚する。②五十歳。孔子が一生をふりかえって「五十にして天命を知る」と述べたことに基づく。〔論語、為政〕⇩五十而知天命（四七ページ）。

【知友】ユウ 友人。知人。また、特に深く知りあっている友。

【知勇】ユウ 知識と勇気。

【知略】リャク ＝知謀。智略。

【知慮】リョ かしこい考え。賢い分別。思慮。智慮。

【不知為(爲)不知】しらざるをしらずとなす 知らないことは知らないと、はっきりとさせる。〔論語、為政〕知之為知之、不知為不知、是知也。〈知っていることは、知っているとはっきりさせ、知らないことは知らないとはっきりさせる、これが本当に知るということなのだ〉

【処(處)知】チにショす 知を用いる。知識を活用する。

【矦】(9)4 5119 △ コウ 侯(251)の本字。→八四ページ。

【矧】(9)4 5120 △ シン 軫 shěn 3974 476A

字義 ❶いわんや（いはんや）。まして。❷はぐき。国はぐ。㋐竹に羽をつけて矢を作る。㋑ひっかける。つける。

［矤］本字

解字 篆文 形声。矢＋引音。篆文は、弓＋引省音。

【矩】(10)5 5121 囚 ［矩］(10)5 5122 ク 麌 jǔ 2275 366B

筆順 矢 知 矩 矩

字義 ❶さしがね。かねざし。まがりがね。方形を書くかぎ型の定規。定木。「規矩」❷四角形。矩形。❸のり。おきて。きまり。法則。法度ハット。

［榘］同字

名乗 かど・かね・ただし・つね

解字 形声。矢＋巨音。音符の巨は、定規の意味。矢はまっすぐで正しいの意味。正確な定規の意味を表す。

【矩度】ド きまり。法則。規律。

【矩墨】ボク さしがねと墨なわ。転じて、物事の基準となるもの。法則。基準。矩縄ジョウ。

【不踰矩】のりをこえず 道（法則・規則）からはずれない。言動が常に道にかなっていることをいう。〔論語、為政〕⇩七十而従心所欲不踰矩（九ページ）。

【短】(12)7 5123 教3 タン みじかい　タン 旱 duǎn 3527 433B

筆順 矢 矢 知 短

字義 ❶みじかい。↔長。㋐長くない。「短距離」㋑たけが低い。せが低い。「短軀」㋒経過する時間が少ない。「短期」㋓おとる。つたない。また、あさはか。「短才」「短見」❷みじかくする。❸あやまち。欠点。❹そしる。欠点を挙げて悪くいう。❺わかじに。年若くて死ぬ。夭折ヨウセツ。「短折」

難読 短尺たんざく

解字 篆文 会意。矢＋豆。矢は、大工がしらの象形の変形したもの。豆は、頭部の大きいたけの低い、たかつきの意味。大工がしらのもとで働く、たけのみじかい年少者のさまから、みじかいの意味を表す。

▼修短・長短

【短歌】カ ①短い歌。②国和歌で、五句、五七五七七の三十一字で構成されたもの。

【短歌行】コウ 楽府題ガフダイの一つ。主として人生のはかなさを詠ずる。

【短褐(褐)】カツ たけが短いそまつな着物。褐は、荒い毛織物。また、そまつな麻布。〔晋、陶潜、五柳先生伝〕短褐穿結センケツす。

【短気(氣)】キ ①気おちする。落胆。②息がつまる。③国気みじか。せっかち。

【短計】ケイ 思慮のたりないはかりごと。あさはかな計略。

【短檠】ケイ たけの低い燭台ショクダイ（ろうそくたて）。

【短日】ジツ ①短い日。主として冬の日をいう。↔長日（夏の日）。②国わずかな日数。短時日。短日月。

【短所】ショ おとっているところ。欠点。↔長所。

【短小】ショウ からだなどが短く小さいこと。こがら。

【短長】チョウ ①短いことと長いこと。②短所と長所。③損と益。④長所。短は、無意味の語。

【短亭】テイ 五里ごとに置かれた宿場。↔長亭（十里ごとの宿場）。

【短兵】ペイ 短い武器。刀剣をいう。↔長兵（弓矢などの飛び道具）。〔史記、項羽本紀〕持短兵接戦タンペイをジしてセッセンす。

【短兵急】キュウ 国だしぬけ。にわか。やにわ。

【短編・短篇】ペン 短い文章・小説。

【短命】メイ 短い寿命。わかじに。↔長命。〔論語、雍也〕不幸短命死矣フコウ、タンメイにしてシせり。

【短慮】リョ ①あさはかな考え。浅慮。浅見。②国気みじか。短気。

【矮】(13)8 5124 △ 漢アイ・呉エ 慣ワイ 蟹 ǎi 6668 6264

字義 ❶みじかい。また、ひくい。せたけが低い。❷せたけが低い人。

難読 矮鶏ちゃぼ・矮柏ひば・はいびゃくしん

解字 篆文 形声。矢＋委音。矢は、もと、人の象形。音符の委は、萎イに通じ、なえるの意味。なえ衰えた人の意味から、せがひくいの意味を表す。

【矮屋】ワイオク 低い家。また、小さな家。

【矮軀】ワイク せたけの低いからだ。短軀。

【矮小】ワイショウ たけが低くて、小さい。短小。

【矮人】ワイジン せたけの低い人。矮子。

【矮人観(觀)場】ワイジンカンジョウ 身長の低い人が高い人の後にいて観劇すること。前人の批評をきいて、考えもなくそれに従うこと。識見がないたとえ。矮子看戯・矮人看場とも。〔朱子語類〕

【矮陋】ワイロウ ①せたけが低くてみにくい。②家などの小さくて、むさくるしいさま。

［雉］→隹部 一一七三ページ。

【矯】(17)12 5125 常 キョウ ためる　キョウ（ケウ）篠 jiǎo 2226 363A

筆順 矢 矫 矯 矯 矯

字義 ❶ためる。ただす。㋐曲がったものをまっすぐにする。ためなおす。㋑悪いことを正し改める。「矯風」㋒いつわる。事実を曲げいつわる。かこつける。「矯命」❷つよい。勇ましい。「矯矯」❸あげる（挙）。また、あがる。高くあがる。「矯首」❹とぶ（飛）。

名乗 いさみ・たけし・ただ

解字 篆文 形声。矢＋喬音。音符の喬キョウは、たかいの意味。矢の曲がったのをまっすぐに伸ばして、そのたけを高くする、ためるの意味を表す。

▼奇矯

【矯枉】キョウオウ 曲がったものを正してまっすぐにする。

【矯革】キョウカク 欠点などをなおして改める。

【矯矯】キョウキョウ ①強く勇ましいさま。勇猛なさま。②高くあがるさま。志を高く持って、ぬけでるさま。超然としているさま。

【矯激】キョウゲキ ①言動が普通と違ってはげしいこと。②正し、はげます。

【矯亢・矯抗】キョウコウ ことさらにおごりたかぶること。

【矯詐】キョウサ いつわる。事実を曲げいつわる。
【矯殺】キョウサツ 君の命令だといつわって殺すこと。
【矯首】キョウシュ 頭をあげる。
【矯△揉・矯△輮】キョウジュウ 悪いことをためあらためる。
【矯飾】キョウショク ①いつわりかざる。②矯正し、修飾する。〔荀子、性悪〕
【矯正】キョウセイ ためなおす。曲がったものを正しなおすこと。
【矯制】キョウセイ 天子の詔だといつわる。矯詔。
【矯俗】キョウゾク ①悪い風俗をためなおす。矯風。②世間の風俗と違ったことをする。
【矯託】キョウタク いつわり、かこつける。また、いつわって託すること。
【矯風】キョウフウ ＝矯俗の①。
【矯命】キョウメイ 君の命令だと、いつわる。
【矯励(勵)】キョウレイ 欠点を改めなおして、つとめはげむこと。

(17)12
【矰】5126 △ ソウ 䋲 zēng
字義 いぐるみの矢。また、いぐるみ。矢に糸をつけて、飛ぶ鳥を射落とす猟具。難読 矰繳いぐるみ
解字 篆文  形声。矢＋曾音。
【矰△繳】ソウシャク ①いぐるみ。矰弋ソウヨク。②「矰繳の説」は、いぐるみで鳥を捕らえるように、自分の利益を目的として人に説くこと。
【矰△弋】ソウヨク ＝矰繳ソウシャク。

(19)14
【矱】5127 △ ワク 䋲 yuē
字義 ❶ものさし。「準矱」❷のり。標準。
解字 形声。矢＋蒦音。

5

石部

〔部首解説〕 いし。いしへん。石を意符として、いろいろな種類の石や鉱物、石でできたもの、石の状態などに関する文字ができている。

石 七七五
2 矴 七七六
3 矼 七七六
矻 七七六
4 研 七七六
砉 七七六
研 七七六
砂 七七七
砕 七七七
砌 七七七
砒 七七七
砭 七七七
5 砿 七七七
砥 七七七
砠 七七七
砧 七七七
砮 七七七
破 七七八
砲 七七八
砰 七七八
砺 七七八
6 硅 七七九
硎 七七九
研 七七九
砦 七七九
硃 七七九
7 硇 七七九
硯 七七九
硬 七七九
硜 七七九
硨 七七九
硝 七七九
硫 七七九
硠 七七九
硲 七八〇
8 碍 七八〇
碕 七八〇
碁 七八〇
碎 七八〇
碓 七八〇
碇 七八〇
碆 七八〇
碚 七八〇
碑 七八〇
碔 七八〇
硼 七八〇
碌 七八〇
碗 七八〇
碭 七八〇
9 碣 七八〇
磁 七八〇
碩 七八〇
碪 七八一
碵 七八一
磓 七八一
碑 七八一
碧 七八一
碨 七八一
確 七八二
10 磤 七八二
磈 七八二
磕 七八二
磑 七八二
碾 七八二
磆 七八二
磋 七八二
磁 七八二
磔 七八二
11 磬 七八三
磐 七八二
磅 七八三
碼 七八二
磊 七八三
磽 七八三
磧 七八三
磚 七八三
磨 七八三
12 磯 七八三
磷 七八四
磺 七八三
礁 七八三
磴 七八三
磻 七八三
礑 七八四
磿 七八四
13 礇 七八四
礒 七八四
礎 七八四
礬 七八四
礧 七八四
14 礚 七八四
礙 七八四
15 礦 七八四
礌 七八四
17 礱 七八四
礪 七八四
礫 七八四
16 礮 七八四
礴 七八四

岩→山部 三二一ページ。斫→斤部 四八四ページ。

(5)0
【石】5128 教1 セキ・シャク・コク いし
漢セキ・呉ジャク 陌 shí
慣シャク・コク
3248
4050

筆順 一 ア 石 石

字義 ❶いし。いわ。❷いしで作った楽器。八音の一つ。磬ケイ。❸いしぶみ。石碑。「金石」❹つぶて。昔、戦いに用いた投げ石。また、石弓で飛ばした石。「矢石」❺いしばり。治療に用いる石の鍼はり。また、石鍼を打つ。❻鉱物質のくすり。「薬石」❼かたいものの形容。「鉄石心」❽役に立たない意味を表す語。❾容量の単位。十斗。❿重さの単位。百二十斤。国❶いし。㋐じゃんけんで、にぎりこぶし。ぐう。㋑堅いもの、融通のきかないことなどのたとえ。❷コク。㋐容積の単位。十斗。現代の一石は約一八〇リットル。→斛コク(2924)の 参考。㋑和船の積載量の単位。十立方尺。㋒材木の容積の単位。十立方尺。㋓大名・武士の知行高チギョウだかの単位。

名乗 あつ・いそ・いわ・かず・し 難読 石下いしげ・石花せ・石花海せのうみ・石蟹いしがに・石決明あわび・石見いわみ・石原いさ・石室崎いろうざき・石首魚いしもち・石女うまずめ・石上いそのかみ・石城いわき・石神井しゃくじい・石生いそう・石尊さあお・石竹なでしこ・石竜子とかげ・石鳥谷いしどりや・石動いするぎ・ゆするぎ・石南しゃくなげ・石斑魚うぐい・あいなめ・いしぶし・石榴ざくろ・石蕗つわぶき・つわ・石廊崎いろうざき・石和いさわ

解字 甲骨文 金文 篆文 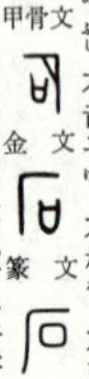 象形。がけをかたどる厂の下に落ちている石をかたどり、いしの意味を表す。石を音符に含む形声文字に、妬ト・碩セキ・祏セキ・跖セキなどがある。

▼懐石・危石・金石・刻石・砂石・磁石・矢石・泉石・礎石・胆石・柱石・定石・鉄石・盤石・木石・薬石・流石・水石

【石印】セキイン ①石に彫った印。②石版で印刷すること。石版印刷。また、その印刷した本。石印本。

【石火】セッカ ①火打ち石を打つときに出る火。②非常にはやく短い時間のたとえ。また、動作の非常にすばやいことのたとえ。「電光石火」

【石火光中寄二此身一】セッカコウチュウにこのみをよす 石を打ち合わせて出る火のようなあっという間の人生にこの身を置いている。〔唐、白居易、対レ酒詩〕⇩蝸牛角上争二何事一(九六七ページ)。

【石花・石華】セッカ ①珊瑚サンゴの一種。②海草の一。ところてん。③鍾乳石ショウニュウセキの一。④貝の一種。かき。⑤石上に咲いた花。

【石△罅】セッカ・セキカ 石の割れめ。石のすきま。

【石介】セッカイ・セキカイ 北宋ホクソウの学者。字あざなは守道。徂徠山ソライザンのふもとにいたので、徂徠先生と称された。(一〇〇五—一〇四五)

【石階】セッカイ・セキカイ 石の階段。石段。石級。石磴セキトウ。

【石△塊】セッカイ・セキカイ 石のかたまり。いしころ。

【石△槨・石△椁】セッカク・セキカク 石で造った槨。槨・椁は、棺の外をおおうもの。外棺。

【石△澗】セッカン・セキカン 石の多い谷川。

【石級】セッキュウ・セキキュウ ＝石階。

【石△渠】セッキョ・セキキョ 石の多いみぞ。

【石△窟】セックツ・セキクツ 石のほらあな。いわあな。

【石径(逕)・石△逕】セッケイ・セキケイ 石の多い小道。〔唐、杜牧、山行詩〕遠上二寒山一石径斜とおく(ほ)くカンザンにのぼればセッケイななめなり。

【石経(經)】セッケイ・セキケイ 石に彫った経書。標準テキストとして世人に示した経書の石碑で、漢代から行われた。

【石鯨】セキゲイ 漢の武帝が、昆明の池に造った石製のくじら。雷雨があると鳴動したという。

【石△碣】セッケツ・セキケツ 石のたてぶみ。石碑。

【石鼓】セッコ・セキコ 中国古代の刻文のある鼓形石の。十個一組として作られた現存最古の刻石で、唐代に天興(陝西センセイ省鳳翔ホウショウ県)で発見され、宋代ソウダイ、汴京ベンケイ(河南省開封市)

に移され、金代以後、北京に置かれた。→石鼓文。

【石鼓文】セッコブン　石鼓に刻まれた文字。もとは七百字以上を存したが、今日では二百七十二字を存するだけで、大体、狩猟をうたった韻文であると見られる。古くは西周の宣王の時代、太史史籀シュウの作といわれたが、今日では東周の敬王の時代、秦シの国で作られたとするのが通説である。→石鼓。

石鼓

石鼓文

石鼓文(部分)

【石塙】セキゴウ　地名。今の河南省陝セン県にあった村。

【石刻】セキコク・セッコク　石に文字や絵を彫刻すること。また、その彫刻したもの。

【石桟(棧)】セキサン　石のかけはし。

【石室】セキシツ　①石で造ったむろ。いしむろ。いわや。②図書を大切にしまっておく部屋。厳重に封蔵する意。③御史(図書・記録の官)の別名。

【石甃】セキシュウ　石だたみ。㋐板状の石を重ねてたたみあげたもの。井戸の内壁などに用いる。㋑板状の石を敷きつめた所。

【石皴】セキシュン　石のひだ・しわ。また、それを描く筆法。

【石筍・石笋】セキジュン　鍾乳洞ショウニュウドウの中にできる筍形たけのこがたの石。

【石女】セキジョ・うまずめ　子供のできない女。

【石牀】セキショウ　①石の寝台。②鍾乳石ショウニュウセキ。

【石上題レ詩払ニ緑苔一】セキジョウにシをダイして、リョクタイをはらう(ふ)　石上に緑のこけを払い清めて詩を書きつける。→林間煖レ酒焼ニ紅葉一(五四一ページ)。

【石心】セキシン　①石の中心。②堅固な心。鉄心。「石心鉄腸」

【石晋(晉)】セキシン　五代の後晋コウシン(九三六―九四六)の別称。石敬瑭セキケイトウの建てた国であるからいう。

【石人】セキジン　①墓道などに立てた石の人間像。②無知な者。

【石崇】セキスウ　晋シンの詩人。字あざなは季倫。荆州ケイシュウの刺史となり、商人に貿易をさせて巨利を得た。今の河南省洛陽市に金谷園(別荘の名)を作り、金谷の酒数(罰杯)の故事がある。(二四九―三〇〇)

【石川丈山】いしかわ(は)ジョウザン　国江戸初期の漢詩人。三河(今の愛知県)の人。名は凹ウオ・重之。丈山は字あざな。号は六六山人・詩仙堂など。徳川家康に仕えたが、のち藤原惺窩ふじわらセイカに詩を学ぶ。晩年は京都に詩仙堂を構えて、詩・書を楽しんだ。著に『詩仙詩』『丈山夜譚ヤダン』『覆醤フクショウ集』などがある。(一五八三―一六七二)

【石竹】セキチク　ナデシコ科の多年草。からなでしこ。

【石腸】セキチョウ　＝石心の②。

【石田】セキデン　石の多い耕作地。転じて、ものの用をなさないことのたとえ。〔左伝、哀公十一〕

【石塔】セキトウ　①石造りの塔。②墓石。

【石榻】セキトウ　石のこしかけ。

【石頭】セキトウ　①石の上。②石のほとり。③石。頭は、助字。

【石磴】セキトウ　①石の多い坂道。②いしだん。石階。

【石楠花・石南花】シャクナゲ　高山に自生する常緑低木。初夏に淡紅色などの花を開く。

【石馬】セキバ　墓の前などに並べる石の馬。

【石版】セキハン　平版印刷の一種。石灰石の面に石鹸セッケンと脂肪とを含む材料で文字や絵などを書き、それを原版として印刷するもの。

【石盤】セキバン　粘板岩を薄くはいで平面をなめらかにし、石筆で文字や絵を書く用具。

【石碑】セキヒ　①いしぶみ。記念として文字を石に彫って建てたもの。②墓石。石塔。

【石婦】セキフ　①＝石女。②妻が旅立つ夫との別れを悲しんで夫の後ろ姿を望んだまま化したという石。望夫石。

【石仏(佛)】セキブツ　①石で造った仏像。また、岩石に彫りつけた仏像。②国いしぼとけ　㋐＝①。㋑感情を動かさない人。

【石墨】セキボク　①鉱物の一種。炭素を成分とし、黒または鉛色を呈する。鉛筆のしんや電気工業などに用いる。②石炭。

【石瀬】セキライ　石の上を川が流れている所。浅瀬。

【石榴】セキリュウ・ザクロ　果樹の名。ザクロ科の落葉低木。柘榴ザクロ。

【石梁】セキリョウ　①石の橋。いしばし。②飛び石。

【石稜】セキリョウ　いわかど。岩石のかど。

【石林】セキリン　①石の林。石が林のように立っている所。②岩石がけわしく林の深い所。③浙江セッコウ省呉興県の北にある園の名。石林精舎ショウジャ。

【石礫】セキレキ　こいし。いしころ。転じて、価値のないもの。

【石勒】セキロク　五胡ゴ十六国の後趙チョウの建国者。河北を領有し、前趙を滅ぼして皇帝となった。僧の仏図澄ブットチョウを尊崇し、文化擁護につとめた。(二七三―三三三)

【漱レ石枕レ流】いしにくちすすぎ、ながれにまくらす　→漱石枕流ソウセキチンリュウ(六六七ページ)。

【勒レ石】いしにロクす　文章を石に彫りつける。

(7)2
【矴】5129　△　テイ　碇(5170)と同字。→七〇六ページ。

(8)3
【矼】5130　△　㊀コウ(カウ) 江 kāng　㊁漢コウ・呉ク 送 kòng　6669 6265

字義　㊀いしばし。また、水中に置いた飛び石。㊁かたい。すなおで誠実なさま。

解字　形声。石＋工㊥。

(8)3
【矻】5131　△　漢コツ　呉コチ　月 kū

字義　矻矻コツコツは、ほねおって働くさま。また、疲れるさま。

解字　形声。石＋乞㊥。

【岩】→山部　三二一ページ。

(9)4
【砑】5132　△　漢ガ　呉ゲ　禡 yà

字義　する。みがく。すって光らせる。

解字　形声。石＋牙㊥。

(9)4
【砉】5133　△　㊀漢ケキ・呉キャク 錫 xū　㊁カク(クワク) 陌 huā

字義　㊀㊁骨と皮とがはなれる音。また、物のはなれる音の形容。「砉然」

解字　形声。石＋丰㊥。音符の丰カイは、刻みを入れる意味を表す。

(9)4
【研】5134　教3　ケン　とぐ　2406 3826

(11)6
【硏】5135　㊀ゲン 先 yán　㊁ゲン 霰 yàn　慣ケン

筆順　ア 石 石一 研

字義　㊀❶みがく。とぐ。すりみがく。研磨。❷きわめる。物事の道理をきわめる。研究。㊁すずり。＝硯ケン。

名乗　あき・きし・きよ・とぎ

解字　篆文　𥐚　形声。石＋幵㊥。音符の幵ケンは、けずりみがくの意味。石を付し、石などですりみがくの意味を表す。

▼摩研・薬研

【研覈】ケンカク　調べ考えて明らかにする。

【研学(學)】ケンガク　学問を修めみがく。

【研詰】ケンキツ　根ほり葉ほり問いつめること。

【研究】ケンキュウ　調べきわめる。よく調べる。研窮。

【研校】ケンコウ　しらべくらべる。校は、比較すること。

【研鑽】ケンサン　物事の道理をきわめ調べること。

【研精】ケンセイ　くわしく調べる。また、深く研究する。

【研席】ケンセキ　学問をする場所。筆研几席ヒッケンキセキの略。硯席。

【研北】ケンボク　手紙の宛名の左下に書きそえる語。硯北ケンボク。机を南向きに置くとき、人は研すずりの北側にすわるからいう。

【研摩・研磨】ケンマ　①する。こする。②とぎみがく。転じて、深く研究する。

(9)4【砂】5136　教6　サ・シャ　すな　砂利じゃり　2629 3A3D

漢サ・呉シャ　麻 shā

筆順　厂 石 砂 砂

字義　すな。いさご。まさご。きわめて細かく砕けた岩石の粒。＝沙サ。

名乗　いさご　難読　砂金いさご・砂子いさご・砂石さざれいし・砂沢いさござわ・すなざわ・砂さざらし

解字　会意。石＋少。小さく砕けた石粒の意味。

▼黄砂・丹砂・風砂

【砂金】サキン・シャキン　川底や海底のすなや小石にまじって出る小粒の金。沙金サキン。

【砂子】サシ　①すな。②国すなご　金・銀の箔の粉末で、蒔絵まきエ・色紙などにふきつけてかざりとするもの。

【砂州・砂洲】サシュウ・サス　潮流や風や川の流れによって、海や川の、岸べや水中にできた砂地。沙州サス。

【砂塵】サジン　すなぼこり。砂煙。

【砂石】サセキ・シャセキ　砂や小石。また、すな。沙石サセキ。

【砂鉄(鐵)】サテツ・シャテツ　川底や海底のすなや小石にまじって出る鉄の細かな粒。磁鉄鉱の砕けたもの。

【砂嚢】サノウ　①鳥類の胃の一部。腸の直前にあり、すながつまっていて、食物を細かく砕く働きをする。②砂をつめた、ズック製のふくろ。弾丸などを防ぐのに用いる。

【砂漠】サバク　乾燥気候のために植物がほとんど生育しない、すなや小石の広い土地。沙漠サバク。

【砂利】ジャリ・ザリ　国①小さな石。また、小石に砂のまじったもの。②劇場などで、子どもの見物人をいう。

【砂礫】サレキ・シャレキ　すなと小石。沙礫サレキ。

(9)4【砕】5137　常　サイ　くだく・くだける　2653 3A55

(13)8〔碎〕5138　人許　サイ　隊 suì　6676 626C

筆順　石 石 砕 砕

字義　❶くだく。細かにわる。「粉砕」❷くだける。くだく。細かにわれる。「玉砕」❸くず。くだけ。細片。❹くだくだしい。くどい。細かい。国くだける。くだく。うちとける。

参考　現代表記では〔摧〕(2795)の書きかえに用いることがある。「破摧→破砕」

解字　篆文　形声。石＋卆(卒)音。音符の卒は、完全に終わってしまうの意味。石が形を失ってくだけるの意味を表す。常用漢字は省略体による。

▼玉砕・撃砕・破砕・粉砕

【砕金】サイキン　こまかくくだけた金。美しい詩文の字句のたとえ。〔晋書、謝安伝〕

【砕身】サイシン　身をくだいて粉にする意で、一心にはたらくこと。「粉骨砕身」

【砕屑】サイセツ　くだけたくず。破片。砕片。

【砕破】サイハ　くだきやぶる。こわす。また、こわれる。

【砕務】サイム　こまごましたつとめ。

(9)4【砌】5139　△　漢セイ　呉サイ　霽 qì　6670 6266

字義　❶みぎり。階段の下の石だたみ。階段下のしきがわらを敷いたところ。また、石の階段。❷石を積み重ねる。また、重なりこみ入っているさま。国みぎり。㋐軒下の石だたみ。㋑庭。㋒所。場所。㋓おり。ころ。時節。

解字　篆文　形声。石＋切音。音符の切は、きるの意味。石を切りそろえて重ねた階段の意味を表す。

(9)4【砒】5140　標　㊀漢ヘイ・呉ハイ　斉 pī　㊁漢ヒ・呉ビ　支　6671 6267

字義　㊀㊁❶化学元素の一種。砒素ソヒ。❷砒素ソヒを含む、有毒の鉱物。砒石。

解字　形声。石＋比音。

(9)4【砭】5141　△　ヘン　塩・艶 biān

字義　❶石ばりをうつ。石針をさして病気を治療する。また、石ばり。❷転じて、いましめる。また、いましめ。

解字　篆文　形声。石＋乏音。

【砭灸】ヘンキュウ　石針とお灸。ともに治療法。

(10)5【砿】5142　△　コウ　礦(5223)の俗字。→七六四ページ。　2560 395C

〔斫〕→斤部　四八四ページ。

(10)5【砥】5143　標　シ　紙・支 dǐ, zhǐ　3754 4556

字義　❶と。といし。刃物をとぐ、きめの細かなといし。↔礪レイ(きめの粗いといし)。❷たいらか。ひとしい。また、たいらにする。平均にする。「砥平」❸とぐ。みがく。とぎみがく。転じて、はげむ。つとめる。「砥礪シレイ」

解字　形声。石＋氏音。音符の氏テイは、といしの意味。のち、石を付した。

難読　砥堀とほり・砥部とべ・砥用ともち

【砥石】シセキ・といし　刃物をとぐきめの細かいといし。

【砥平】シヘイ　といしのように平らなこと。また、平らにすること。

【砥磨】シマ　といしでみがく。みがく。

【砥礪・砥厲】シレイ　①とぎみがく。②学問・修養につとめはげむ。③といし。礪は、きめのあらいといし。

(10)5【砠】5144　△　ショ　慣ソ　魚 jū　6673 6269

字義　いしやま。石をいただいた山。また、つちやま。土をいただいた石山。

解字　形声。石＋且音。音符の且ヨシは、積み重なるの意味。石が積み重なっている山の意味を表す。

(10)5【砧】5145　△　チン　侵 zhēn　2146 354E

字義　❶きぬた。きねで打って、布をやわらげ、つやを出すに用いる石の台。＝碪チン。❷人をのせて切る台。また、木を切る台。＝椹チン。

解字　篆文　形声。石＋占音。音符の占は、一定の場所に固定するの意味。布のつやを出すために一定の場所にすえておく石の台の意味を表す。

〔砧①〕

【砧響(響)】チンキョウ　きぬたのひびき。

【砧杵】チンショ　きぬた(砧)ときね(杵)。また、きぬたのきね。

【砧声(聲)】チンセイ　きぬたを打つ音。砧響。

【砧斧】チンプ　人切り台と、人切りのおの。

(10)5【砮】5146　△　漢ド　呉ヌ　麌・虞 nǔ

字義　やじりにする石。また、石のやじり。

解字 篆文 

形声。石＋奴音。音符の奴は、弩に通じ、ばねじかけの石弓の意味。石弓に用いる矢の、やじりにする石の意味を表す。

(10)5 【破】5147 教5 ハ やぶる・やぶれる

ハ 箇 pò　3943 474B

筆順 石 石 矿 矿 破

字義 ❶やぶる。やぶれる。㋐こわす。こわれる。わる（割）。われる。「破壊」㋑さく。さける。やぶく。「破棄」㋒負かす。負ける。「撃破」❷やぶれ。やぶれた所。❸楽曲の名。次第に調子が細かく変化が多くなってゆく曲。「序破急」❹強意の助字。上の動詞の程度を強める。「読破」〔唐、白居易、長恨歌〕驚破霓裳羽衣曲（ゲイショウウイのキョクをキョウハす）。

難読 破子（わりご）・破天連（バテレン）・破不山（はっぷさん）・破落戸（ならずもの）・破籠（わりご）

使いわけ やぶれる・やぶる〔破・敗〕

〔破〕物がこわれる。また、だめになる。「障子の破れ・縁談が破れる」

〔敗〕失敗する。また、負ける。「人生に敗れる・決勝で敗れた」

解字 篆文 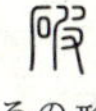

形声。石＋皮音。音符の皮は、波に通じ、なみの意味。くだける波のように石がくだける、やぶれるの意味を表す。

▼喝破・看破・驚破・撃破・残破・説破・走破・踏破・道破・読破・爆破・論破

【破屋】（ハオク）やぶれや。あばらや。陋屋（ロウオク）。

【破△瓜】（ハカ）①女子の十六歳。瓜（か）の字を二分すると二個の八の字となるからいう。②男子の六十四歳。八八、六十四の意。

【破戒】（ハカイ）仏仏道に帰依（キエ）して戒を受けた者が、そのいましめをやぶること。↕持戒。

【破壊（壞）】（ハカイ）こわす。また、こわれる。

【破格】（ハカク）①きまりや先例を破ること。②普通でないこと。なみはずれ。特別。

【破顔】（ハガン）よろこびやおかしさのために、相好（顔つき）をくずすこと。うれしそうな（また、おかしそうな）顔つきをすること。転じて、にこにこすること。ほほえむこと。笑うこと。「破顔一笑」

【破棄】（ハキ）国①破りすてる。②＝破毀（ハキ）の②。

【破△毀】（ハキ）①破りこわす。②国上級の裁判所でもとの裁判所の判決を取り消すこと。破棄。

【破却】（ハキャク）①破る。こわす。却は、強意の助字。②破り捨てる。

【破鏡】（ハキョウ）①こわれたかがみ。②夫婦仲が破れて離縁すること。昔、夫婦が別れるとき、鏡を割ってその半分ずつを持ち合った故事による。③かけて円くない月。かたわれ月。

【破局】（ハキョク）国①破壊的な局面。平和的な交渉が破れて起こる戦争などの状態にいう。②事がついに破れること。悲劇的な終末。③悲劇の終末。カタストロフィ。

【破獄】（ハゴク）囚人が牢獄（ロウゴク）を破ってにげること。ろうやぶり。脱獄。破牢（ハロウ）。

【破砕（碎）】（ハサイ）破りくだく。こなごなにくだく。破摧（ハサイ）。

【破産】（ハサン）財産をつぶすこと。身代かぎり。〔史記、孔子世家〕

【破算】（ハサン）国算盤（そろばん）で、次の計算に移るとき、前に置いた珠を払い消すこと。「御破算」

【破邪顕（顯）正】（ハジャケンショウ・ハジャケンセイ）仏邪説・邪道を打ち破って、正道をあらわし明らかにすること。〔三輪玄義〕

【破船】（ハセン）船が難破すること。また、難破船。

【破損】（ハソン）破りそこなう。こわす。また、破れこわれる。

【破題】（ハダイ）詩文の初めの一句あるいは二句で、題意を言い表すこと。また、その句をいう。

【破△綻】（ハタン）①破れほころびる。②事業などがうまくゆかなくなること。

【破談】（ハダン）国①相談がおりあわないこと。話し合いがまとまらないこと。②縁談がこわれること。

【破竹△之勢】（ハチクのいきおい（ほひ））刃物で竹を割るときのように、止めようのないはげしい勢い。〔北史、周高祖紀〕

【破天荒】（ハテンコウ）今まで人がなし得なかったことを初めて行うこと。前人未踏の境地を開くこと。天荒は、凶作。また、凶作などで雑草の生いしげること。荊州（ケイシュウ）の地方で、毎年、官吏登用試験の合格者がなかったので、世人はこれを天荒と言っていたが、やがて劉蛻（リュウゼイ）が合格した時に、人々が破二天荒一（テンコウをやぶる）と言った故事。旧説に、天地未開の混沌（コントン）とした状態（天荒）を破り開くという。〔北夢瑣言、四〕

【破風】（ハフ）国屋根の山形のところにつける合掌形のかざり板。また、家の両側面の屋根の切り棟が下がって山形になっている所。「破風作り」

【破墨】（ハボク）水墨画の技法の一つ。淡墨（うすずみ）で描いた上に次第に濃い墨を加えて、墨の濃淡やにじみで趣を出すもの。「破墨山水」

【破滅】（ハメツ）破れほろびる。破りほろぼす。〔墨子、所染〕

【破門】（ハモン）①破れた門。②国㋐師弟の関係を絶ち切って師が弟子を棄てること。㋑信徒としての資格を取り上げて宗門から除名すること。

【破約】（ハヤク）約束を破る。違約。背約。

【破落戸】（ハラッコ・ハラクコ・ごろつき）ならずもの。一定の住所も職業もなくて良民を害する悪者。無頼漢（ブライカン）。〔水滸伝〕

【破裂】（ハレツ）①破れさける。勢い強くはじける。②談判がまとまらずに破れる。

【破廉恥】（ハレンチ）恥を恥とも思わぬこと。恥しらず。

(10)5 【砲】5148 常 ホウ

(10)5 〖砲〗5149

ホウ（ハウ）効 pào　4304 4B24

筆順 石 石 矽 砲 砲

字義 ❶いしゆみ。いしはじき。昔、石をはじき飛ばして敵にあてた武器。❷つつ。鉄砲・大砲の類。特に、おおづつ。大砲。

〔礮〕同字

解字 形声。石＋包（包）音。

▼号砲

【砲煙弾（彈）雨】（ホウエンダンウ）大砲や鉄砲の煙が一面にたちこめ、弾丸が雨のようにふりそそぐ。激戦のさまの形容。

【砲火】（ホウカ）①大砲や鉄砲を発射したときに出る火。また、うち出す弾丸。②戦い。

【砲艦】（ホウカン）海岸や川岸の警備を主務とする小型の軍艦。

【砲△熕】（ホウコウ）おおづつ。大砲。

【砲台（臺）】（ホウダイ）敵を防ぐため、海岸や山上などの要所に大砲を設備した構築物。

【砲塔】（ホウトウ）軍艦などで大砲や砲手などを守るため、そのまわりを厚い鋼鉄で囲んだもの。

【砲門】（ホウモン）①大砲の弾丸が発射される口。砲口。②軍艦の側面や城壁などに、射撃のためにあけた穴。砲眼。

(10)5 【砰】5150 △ 漢ホウ（ハウ）　呉ヒョウ（ヒャウ）　庚 pēng

字義 ❶音の形容。ひびき渡る音。雷のような、とどろき渡る音。❷さかんなさま。

解字 形声。石＋平音。

【砰然】（ホウゼン）音声のとどろきひびくさま。〔列子、湯問〕

【砰△湃】（ホウハイ）①波が音をたててはげしく打ち合うさま。転じて、水がさかまくさま。②音がはげしく鳴り響くさま。

【砰砰】（ホウホウ）鼓の音の形容。

(10)5 【砺】5151 △ レイ　礪（5226）の俗字。→七八四ページ。　3755 4557

(11)6 【硅】 5152 △ カク(クヮク) 陌 guī 6675 626B
字義 ❶やぶる。❷化学元素の一つ。硅素(ケイソ)。 慣ケイ
解字 形声。石＋圭音。

(11)6 【硎】 5153 △ 一 漢ケイ 呉ギョウ(ギャウ) 青 xíng 二 漢コウ(カウ) 呉キョウ(キャウ) 庚 kēng
字義 一といし。砥石(シセキ)。二❶いし(石)。❷あな。＝阬(コウ)。
解字 形声。石＋刑音。
【若レ発(發)二於硎一】(ケイよりハッするがごとし) といしにかけてといだばかりのように刀の刃が、光り輝くこと。〔荘子、養生主〕

(11)6 【研】 (5135) ケン 研(5134)の旧字体。→七六ページ。

(11)6 【砦】 5154 標 サイ 寨(3615)の印刷標準字体。→五七五ページ。 2654 3A56

(11)6 【硃】 5155 △ シュ 虞 zhū
字義 ❶しゅ。赤い砂。朱色の顔料や朱墨を作る鉱石。辰砂(シンシャ)・丹砂・銀砂の類。❷あかい。あかい色。＝朱。
解字 形声。石＋朱音。音符の朱は、あかいの意味。赤い石、しゅの意味を表す。
【硃批】(シュヒ) ①上奏文に、天子みずから、さしずのため、朱筆をもって必要事項を記入すること。②朱筆で批評を書くこと。

(12)7 【确】 5156 △ 漢カク 呉ガク 覚 què, ⑤jué
字義 ❶そね。石の多いやせ地。＝埆(カク)。「磽确(コウカク)」❷うすい。少ない。❸たしか。正しい。＝確。❹まこと。❺きそう。また、くらべる。
解字 文 篆 形声。石＋角音。音符の角は、かたいつのの意味。かたい石の意味から、転じて、たしかの意味を表す。

(12)7 【硯】 5157 標 慣ゲン 霰 yàn 2407 3827
字義 ❶なめらかな石。❷すずり。墨をする道具。＝研。

解字 文 篆 形声。石＋見音。音符の見は、研に通じ、みがくの意味。墨をする道具、すずりの意味を表す。

【硯海】(ケンカイ) ＝硯池。

【硯席】(ケンセキ) 学問をする座席。「同二硯席一(ケンセキをおなじくす)」(同じ師について学問をする)

【硯池】(ケンチ) すずりの水を入れる部分。硯海。

【硯滴】(ケンテキ) すずりの水さし。水注。

【硯屛】(ケンペイ) すずりの前にたてる衝立(ついたて)。

【硯北】(ケンポク) 手紙のあてなの脇付(わきづけ)に用いる語。机を南向きにおくとき、人はすずりの北がわにすわるからいう。おそばの意。研北。

(12)7 【硬】 5158 常 コウ かたい 漢ゴウ(ガウ) 呉ギョウ(ギャウ) 慣コウ(カウ) 敬 yìng 2537 3945
筆順 石 硒 硬 硬
字義 かたい。また、つよい。強硬。↔軟。
参考 現代表記では〔鯁〕(9028)の書きかえに用いることがある。「鯁骨→硬骨」
難読 硬山
使いわけ かたい〔硬・堅・固・難〕
〔硬〕力を加えても形が変わらない。軟らかの対。「硬い石・硬い表現・表情が硬い」
〔堅〕中がつまっていて砕けにくい。もろいの対。「堅い炭・義理堅い・堅い守り」
〔固〕全体が強く形が変わらない。ゆるいの対。「固く結ぶ・固い約束」
〔難〕むずかしい。やさしいの対。「想像に難くない」
実際には、「頭がかたい」のように紛らわしい例もあるが、各々その反対語を考えて判断するのがよい。
解字 形声。石＋更音。音符の更は、かたくてつよいの意味。更が、あらためるの意味などに用いられるようになったため、区別して石を付した。
▼強硬
【硬化】(コウカ) ①かたくなる。②こわくなる。強い意見や態度に変わること。↔軟化。

【硬貨】(コウカ) 金貨・銀貨・銅貨など、金属製の貨幣。

【硬骨】(コウコツ) ①かたいほね。②転じて、意志が強くて、たやすく人に屈しないこと。鯁骨。「硬骨漢(漢は男の意)」

【硬渋(澁)】(コウジュウ) 文章などがかたくるしくて、もたつくこと。

【硬水】(コウスイ) カルシウム塩・マグネシウム塩などの鉱物質を含む水。石けんが溶けにくい。↔軟水。

【硬直】(コウチョク) 国①こわばって曲がらなくなること。②態度や方針を絶対に変えない状態をいう。

【硬派】(コウハ) 国↔軟派。①強い意見・主張を持つ一派。強硬論の人々。②好んで正義を主張し、時に暴力をふるう一派。

(12)7 【硜】 5159 △ 漢コウ(カウ) 呉キョウ(キャウ) 庚 kēng
字義 硜硜は、石をたたく音のかたい感じ。また、小人物のかた苦しいさま。融通のきかないさま。いやしいさま。
解字 形声。石＋巠音。

(12)7 【硨】 5160 △ シャ 麻 chē
字義 硨磲(シャコ)は、珊瑚礁(サンゴショウ)に住む二枚貝の名。おおきがい。大きさ七十センチメートルから一メートルに及び、昔から七宝の一つに数えられ、みがいて装飾に用いる。車渠(シャキョ)。
解字 形声。石＋車音。

(12)7 【硝】 5161 常 ショウ 〔硝〕(12)7 5162 ショウ(セウ) 蕭 xiāo 3043 3E4B
筆順 石 矿 硝 硝
字義 鉱物の名。無色のガラス状の結晶体で、火をつければ紫の炎をだして燃える。ガラス(硝子)・火薬などの原料。硝石。
難読 硝子(ガラス)
解字 形声。石＋肖音。
【硝煙】(ショウエン) 火薬の爆発によって起こるけむり。
【硝薬(藥)】(ショウヤク) 火薬。

(12)7 【硫】 5163 常 リュウ 漢リュウ(リウ)・呉ル 尤 liú 4618 4E32
筆順 石 矿 硫 硫
字義 硫黄は、いおう。ゆおう。火山地に産する黄色の鉱物。化学元素の一。火をつければ青い炎をだして燃え、はげしい悪臭を放つ。火薬・マッチなどの原料。
難読 硫黄(いおう・ゆおう)
解字 形声。石＋㐬音。音符の㐬(リュウ)は、ながれるの意味。石の間から流れ出る、いおうの意味を表す。

(12)7 【硠】 5164 △ ロウ(ラウ) 陽 láng
字義 音の形容。㋐石の打ちあう音の形容。㋑大きい音の形容。㋒くずれる音の形容。
解字 文 篆 形声。石＋良音。
【硠硠】(ロウロウ) ①＝字義の㋐。②堅い形容。

(12)7 【硲】5165 国字 △ 4003 4823
字義 はざま。たにあい。峡。さこ。
解字 会意。石＋谷。岩石の多い、たにあいの意味を表す。

(13)8 【碍】5166 △ ガイ 礙(5222)の俗字。→七一四ページ。 1923 3337
参考 現代表記では[害](1647)に書きかえることがある。「障碍→障害」「妨碍→妨害」
【碍子】ガイシ 国電線と支柱とを絶縁する器具。

(13)8 【碕】5167 △ 漢キ 呉ギ 図 qí ②qì 2676 3A6C
字義 ❶きし。くま。まがっている岸。曲岸。＝崎キ・埼キ。❷いしばし。石橋。
解字 形声。石＋奇音。音符の奇は、曲がるの意味。曲がった切り岸の意味を表す。
【碕岸】キガン きし。川岸。

(13)8 【碁】5168 常 ゴ 漢キ 呉ゴ・ギ 図 qí 2475 386B
筆順 艹 甘 其 其 碁
字義 ゴ。囲碁。棋(3500)と同字。 難読 碁笥ごけ
参考 国語の習慣では、碁は「ゴ」と読み、もっぱら囲碁のことを指すが、漢語としては元来、棋との区別はない。熟語は、棋(3500)を併せ見よ。→五六五ページ。
解字 形声。石＋其音。棊・棋の別体。→棋(五六五ページ)。
▼囲碁
【碁盤】ゴバン 碁をうつに用いる、四角な木の盤。縦・横それぞれ十九本の線を引き、三百六十一の目をもったもの。

(13)8 【碎】(5138) サイ 砕(5137)の旧字体。→七七七ページ。 6676 626C

(13)8 【碓】5169 標 漢タイ 呉ツイ 隊 duì 1716 3130
字義 うす。からうす。ふみうす。足でふみ、または水力で杵きねを上下して穀類をつく農具。
難読 碓氷うすい
解字 文 篆 形声。石＋隹音。音符の隹スイ・タイは、敦タイに通じ、厚みがあるの意味。厚みのある石、石うすの意味を表す。

〔碓〕

【碓擣】タイトウ からうすでつく。

(13)8 【碇】5170 標 漢テイ 呉チョウ(チャウ) 径 dìng 3686 4476
【矴】同字
字義 ❶いかり。舟をとめるとき、水中に投げおろすおもり。もと石で造り、後に鉄で造る。❷いかりをおろす。舟をとめる。
参考 現代表記では[停](334)に書きかえることがある。「碇泊→停泊」
解字 形声。石＋定音。舟を定位置にとめておく石、いかりの意味を表す。
【碇泊】テイハク 船がいかりをおろしてとまる。停泊。碇宿。

(13)8 【碆】5171 △ 一 漢ハ 呉バ 歌 bō 二 ハ 歌箇 6678 626E
字義 一いぐるみに石をつける。また、その石。二やじりの石。やじりにする石。＝磻ハ。国はえ。岩礁の意。地名に用いる。
解字 形声。石＋波音。

(13)8 【碚】5172 △ ハイ bèi 6680 6270
字義 ❶碚礧ハイライは、つぼみ。蓓蕾ハイライ。❷北碚は、四川省重慶市にある地名。
解字 形声。石＋咅音。

(13)8 【碑】(5186) ヒ 碑(5185)の旧字体。→七八一ページ。

(13)8 【碔】5173 △ 漢ブ 呉ム 麌 wǔ
字義 軽い石の名。
解字 形声。石＋武音。

(13)8 【硼】5174 △ 漢ホウ(ハウ) 呉ヒョウ(ヒャウ) 庚 pēng [硼] 6679 626F
字義 ❶さかんな音声の形容。「硼隠」「硼磕ホウカイ」「硼砰ホウヘイ」❷化学元素の名。硼素。❸硼砂ホウシャは、鉱物の一種。多く火山付近の地中から産する、無色透明なガラス状の結晶体。金属の接合や防腐剤などに用いる。❹硼酸ホウサンは、薬品の一種。うがい薬・化粧水・防腐剤などに用いる。
解字 形声。石＋朋音。

(13)8 【碌】5175 △ ロク 屋 lù 6681 6271
字義 碌碌ロクロクは、㋐平凡なさま。役に立たぬさま。また、人の後につき従うさま。㋑車輪の音の形容。轆轆ロクロク。
解字 文 篆 形声。石＋彔音。
【碌青】ロクショウ 銅に生ずる緑色のさび。緑青。

(13)8 【碗】5176 標 ワン 盌(4998)の印刷標準字体。→七五八ページ。 4750 4F52

(13)8 【硴】5177 国字 △ 6677 626D
字義 かき(牡蠣)。 難読 硴久かきひさ
解字 会意。石＋花。石花セッカは、かきの別名。

(14)9 【碣】5178 △ 漢ケツ 呉ゲチ 屑 jié 6682 6272
字義 ❶立っているいし。きわだってそびえ立っている石。❷山のそびえ立っているさま。❸いしぶみ。文章を彫りこんだ石。特に円形または楕円形ダエンの石碑。→碑(5185)の字義の②。
解字 文 篆 形声。石＋曷音。音符の曷カツは、高くかかげるの意味。きわだって高い石の意味を表す。
【碣石館】ケッセキカン 今の北京市豊台区の西、碣石山上にあった建物。戦国時代の燕エンの昭王が騶衍スウエンを住まわせた。

(14)9 【磁】5179 教6 ジ 2807 3C27
(15)10 【磁】5180 漢シ 呉ジ 支 cí
筆順 石 砬 磁 磁
字義 ❶鉱物の一種。鉄を吸いつける性質がある。磁鉄鉱。磁石。❷やきもの。いしやき。堅く焼きあげた陶器。＝瓷シ。「陶磁器」→磁器。
解字 形声。石＋茲音。音符の茲シは、ものがつながるの意味。金属を引きつけるような鉱物の意味を表す。
▼青磁
【磁気(氣)】ジキ 磁石などの物体が鉄を引き、また、南北をさす性質。
【磁器】ジキ かたく焼けしまってガラス質化し、吸水性のない白色の焼き物。石焼き。多く磁州(今の河北省磁県)の窯かまに産したからいう。
【磁極】ジキョク 磁石の陰と陽との両はし。
【磁石】ジシャク・ジセキ ①鉄を吸いつける性質のある鉱物。天然のものを磁鉄鉱といい、人工的な磁石には永久磁石・電磁石などがある。〔呂覧、精通〕②国磁石盤(磁石を応用して方位を測る器械)の略称。
【磁針】ジシン・磁△鍼ジシン 磁石のはり。磁石盤・羅針盤の指針。

(14)9 【碩】5181 囚 漢セキ 呉ジャク 陌 shuò (shí) 3257 4059

筆順　石 砳 碩 碩

字義　おおきい。すぐれている。りっぱである。えらい。

名乗　おお・みち・みつる・ひろ・ゆたか

解字　金文　篆文　形声。頁＋石㊐。頁は、あたまの意味。音符の石は、いしの意味。石のように大きく充実している頭の意味を表す。

【碩学(學)】セキガク　大学者。偉い学者。碩師。碩儒。
【碩言】セキゲン　すぐれたことば。
【碩士】セキシ　すぐれた人。りっぱな人。偉い人。
【碩師】セキシ　大学者。偉い学者。
【碩儒】セキジュ　＝碩学。
【碩人】セキジン　①りっぱな人格の人。〔詩経、邶風、簡兮〕②美人。〔詩経、衛風、碩人〕
【碩△鼠】セキソ　大きなねずみ。君主が重税をとりたてて人民を苦しめるのを大きなねずみにたとえて歌った、『詩経』の魏風・碩鼠の詩に基づく。
【碩大】セキダイ　①顔だちがりっぱで、徳の備わっていること。②大きい。
【碩徳】セキトク　大きい徳。また、大徳のある人。
【碩謀】セキボウ　大きなはかりごと。すぐれたはかりごと。
【碩茂】セキモ　①大きくなりしげること。転じて、子孫が繁栄する。②学問・徳行のすぐれた大人物。
【碩老】セキロウ　徳の高い老人。

(14)9 【碪】5182　△　一チン　侵 zhēn　二㊐ガン・㊐ゴン　感 ǎn　6684 6274

字義　一きぬた。＝砧チン。二碪碍ガンガイは、山のそびえ立つさま。

解字　形声。石＋甚㊐。

(14)9 【碭】5183　△　㊐トウ（タウ）㊐ドウ（ダウ）　漾陽 dàng

字義　❶あやのある石。❷大きい。❸あふれる。❹はねあがる。

解字　文　篆　形声。石＋昜㊐。

(14)9 【碯】5184　△　ノウ　瑙（4716）と同字。→七二六ページ。　6685 6275

(14)9 【碑】5185　常　ヒ

(13)8 【碑】5186　人 許　ヒ　支 bēi　4074 486A

筆順　石 矿 砷 砷 碑

字義　❶たていし。㋐昔、庭に立てて日かげによって時間をはかった石の柱。㋑宗廟ソウビョウ（おたまや）に立てていけにえをつなぐ石の柱。㋒貴人の棺を墓穴におろすとき、棺をつり下げる綱をかけるために穴の四方に立てた石または木。たてぎ。❷いしぶみ。事跡を後世に伝えるために文字を彫って建てておく石。特に形の四角なものをいう。石碑。（円いものを碣ケツという）

解字　文　篆　形声。石＋卑㊐。音符の卑は、ひくいの意味。ひくいたていしの意味を表す。もと、日時計や、いけにえをつなぐのに用いたが、のち、文をほりつける、いしぶみの意味に用いる。

▼口碑・石碑・墓碑

【碑陰】ヒイン　石碑のうら。碑の裏面。また、そこに書いてある文。
【碑△碣】ヒケツ　いしぶみ。碑は四角、碣は円形のもの。
【碑誌】ヒシ　石碑に刻む文章。碑文。
【碑△帖】ヒジョウ　いしぶみなどをすって本にしたもの。石ずりを集めた本。
【碑版】ヒハン　①いしぶみ。石碑。②＝碑誌。
【碑文】ヒブン　＝碑誌。
【碑銘】ヒメイ　姓名・本籍・性質・経歴などをしるした文章で、墓所・石碑に刻むもの。石碑の銘文。

(14)9 【碧】5187　人　㊐ヘキ　㊐ヒャク　陌 bì　4243 4A4B

筆順　丁 王 玓 珀 珀 碧

字義　❶みどり。あお。あおみどり。濃い青色。〔唐、杜甫、絶句詩〕江碧鳥逾白（コウみどりにしてとりいよいよしろし）。❷あおいし。青い色の美しい石。碧玉。

名乗　きよし・たま　難読　碧海あおみ

解字　文　篆　形声。王（玉）＋石＋白㊐。音符の白は、かがやくの意味。光沢のある玉のような石、あおいしの意味を表す。

【碧雲】ヘキウン　みどり色の雲。
【碧海】ヘキカイ　あおうなばら。青い海。〔唐、李白、哭二晁卿衡一詩〕明月不レ帰沈二碧海一（メイゲツかえ（へ）らず、ヘキカイにしず（づ）み）、白雲愁色満二蒼梧一（ハクウンシュウショクソウゴにみつ）。〈明月のような君は帰ることなく青い海の底に沈んでしまい、白い雲がうれえの色をたたえて蒼梧の空に満ちわたっている〉
【碧漢】ヘキカン　①青空と天あまの川。②天空。あおぞら。
【碧△澗】ヘキカン　みどり色の水の流れる谷川。碧渓ヘキケイ。
【碧眼】ヘキガン　青い目。転じて、西洋人。
【碧虚(虛)】ヘキキョ　＝碧空。
【碧玉】ヘキギョク　①青色の美しい玉。サファイアの類。②空や水の青くすんで美しいさまのたとえ。
【碧空】ヘキクウ　あおぞら。碧虚。碧天。碧落。〔唐、李白、黄鶴楼送三孟浩然之二広陵一詩〕⇩孤帆（三九三ページ）。
【碧渓(溪)】ヘキケイ　みどり色の水の流れる谷。
【碧△梧】ヘキゴ　あおぎり。梧桐ゴドウ。
【碧△紗】ヘキサ　みどり色のうすぎぬ。
【碧山】ヘキザン　樹木の青々としげった山。〔唐、李白、山中問答詩〕問レ余何意棲二碧山一（ヨにとう（ふ）なんのイありてか、ヘキザンにすむと）、笑而不レ答心自閑（わらい（ひ）てこたえ（へ）ずこころおのず（づ）からカンなり）。〈わたしにたずねる人がいる。どんな気持ちからみどりのこの山奥にとじこもっているのかと。わたしは笑って答えない。わが心はひとりゆったりとしてのどかである〉
【碧樹】ヘキジュ　①みどり色の木。②青い玉でできているという伝説上の木。宝樹。
【碧△霄】ヘキショウ　＝碧空。
【碧水】ヘキスイ　緑色の水。深く水をたたえた川など。〔唐、李白、望二天門山一詩〕碧水東流至レ此廻（ヘキスイひがしにながれ、ここにいたりてめぐる）。訳文⇩天門の⑥（三六七ページ）。
【碧青】ヘキセイ　銅からできる青色の絵の具。ぐんじょう。
【碧△鮮】ヘキセン　あおごけ。
【碧草】ヘキソウ　みどり色の草。青々としげった草。〔唐、杜甫、蜀相詩〕映レ堦碧草自春色（カイにエイずるヘキソウはおのず（づ）からシュンショク）。
【碧窓・碧△窗】ヘキソウ　みどりのまど。緑色のうすぎぬをかけたまど。
【碧△苔】ヘキタイ　みどり色のこけ。あおごけ。
【碧△潭】ヘキタン　青々としたふち。
【碧羅】ヘキラ　みどり色のうすぎぬ。
【碧△蘿】ヘキラ　青々としたつたかずら。
【碧落】ヘキラク　＝碧空。落は、広大の意。〔唐、白居易、長恨歌〕上窮二碧落一下黄泉（かみはヘキラクをきわ（は）めしもはコウセン）。
【碧流】ヘキリュウ　青く澄んだ川の流れ。〔唐、李白、経二下邳圯橋一懐二張子房一詩〕唯見碧流水（ただみるヘキリュウのみず（づ））。
【碧緑】ヘキリョク　ふかみどり。深緑色。
【碧△瑠△璃】ヘキルリ　①みどり色の瑠璃ルリ。→瑠璃（七二七ページ）。②空や水の青々と澄んでいることにいう。

(14)9 【碨】5188　△　㊐ワイ　㊐エ（ヱ）　賄 wěi　6683 6273

字義　❶碨硊ワイアは、石の平らでないさま。❷碨柍ワイオウは、声がこもった後、あふれ出るさま。

解字　形声。石＋畏㊐。

(14)9 【碩】5189　音義未詳。

(15)10 **【磤】** 5190 △ 漢イン 呉オン 吻 yǐn

字義 雷などの音の形容。＝殷(イン)。国磤馭盧島(おのころじま)は、伊奘諾(いざなぎ)・伊奘冉(いざなみ)の二神が天降ったという島。

解字 形声。石＋殷㊥。

(15)10 **【磈】** 5191 △ 一イ（ヰ）尾 wěi 二カイ（クヮイ）賄 kuǐ

字義 一高くけわしいさま。二磈礧(カイライ)・磈磊(カイライ)は、㋐平らでないさま。㋑石のごろごろしているさま。

解字 形声。石＋鬼㊥。音符の鬼は、異常であるの意味。石があぶなげでけわしいの意味を表す。

(15)10 **【磕】** 5192 △ 一カイ 泰 kē 二コウ（カフ）合 kē

字義 一二❶磕磕は、石のぶつかりあう音の形容。＝礚(カイ)。❷太鼓の音の形容。❸ぶちあたる。ぶつかる。

解字 文 篆 形声。石＋盍㊥。

(15)10 **【磑】** 5193 △ 一ガイ（グヮイ）隊 wèi 二ガイ（グヮイ）灰 ái　6686 6276

字義 一石うす。ひきうす。二磑磑(ガイガイ)は、㋐石のかたいさま。㋑霜や雪などの白いさま。＝皚(ガイ)。㋒高いさま。

解字 文 篆 形声。石＋豈㊥。

(15)10 **【確】** 5194 教5 カク たしか・たしかめる　カク 覚 què　1946 334E

筆順 石 矿 矿 碎 確

字義 ❶たしか。真実で間違いのないこと。あぶなげのないこと。はっきりしていること。「確実」「明確」❷たしかに。また、**たしかめる**。「確認」❸**かたい**(堅)。しっかりして動かない。「確信」「確立」❹つよい(剛)。

名乗 あきら・かた・かたし・たい

解字 形声。石＋隺㊥。音符の隺(コウ・カク)は、硬に通じ、かたいの意味。かたい石の意味から、かたい・たしかの意味を表す。

▼正確・精確・的確

【確言】(カクゲン) しかといい切る。はっきり言い切る。また、そのことば。

【確固】(カッコ) たしか。かたい。しっかりして動かないこと。

【確乎】△(カッコ) しっかりして動かないさま。たしかなさま。

【確志】(カクシ) しっかりしてものに動じない志。

【確執】(カクシツ) ①たがいに自説を主張して譲らないこと。強情(ゴウジョウ)をはりあうこと。②不和。争い。仲たがい。

【確実(實)】(カクジツ) たしか。まちがいのないこと。

【確証(證)】(カクショウ) たしかな証拠。

【確信】(カクシン) かたく信じる。また、かたく信じて動かない心。しっかりした信念。

【確然】(カクゼン) ①＝確乎(カッコ)。②強いさま。

【確定】(カクテイ) しっかりときまる。しっかりときめる。

【確答】(カクトウ) たしかな返事。はっきりした答え。

【確認】(カクニン) たしかにそうだとみとめる。

【確聞】(カクブン) たしかに聞く。また、信用できる聞きこみ。

【確保】(カクホ) 自分のものとしてしっかりと保有すること。

【確報】(カクホウ) たしかな知らせ。

【確立】(カクリツ) しっかり立てる。また、しっかり立つ。

(15)10 **【磆】** 5195 △ 漢カツ（クヮツ）呉ゲチ 黠 huá　6687 6277

字義 磆石は、薬物の名。滑石。＝滑。　難読 磆(なめら)

解字 形声。石＋骨㊥。

(15)10 **【磋】** 5196 標 サ 歌 箇 cuō　6688 6278

字義 **みがく**。すりみがく。象牙(ゾウゲ)や骨・角などをみがく。転じて、努力して学問・道徳などをみがく。「切磋」

解字 形声。石＋差㊥。音符の差は、ふぞろいの意味。ざらざらにした石の歯の間で、とぎみがくの意味を表す。

(15)10 **【磁】** (5180) ジ　磁(5179)の旧字体。→七〇六ページ。

(15)10 **【磔】** 5197 △ 漢タク 呉チャク 陌 zhé　6689 6279

字義 ❶さく(裂)。解きひらく。㋐昔、罪人のからだを引き裂いて殺した刑罰。車裂き。牛裂き。㋑いけにえを裂き、神に供えて祭る。❷死体を物にはりつけ市中にさらす刑罰。棄市。❸物音の形容。また、鳥の鳴き声や、羽ばたきの音の形容。磔磔。国**はりつけ**。十の字形の木の柱に罪人をしばりつけ、槍(やり)で左右から突き殺す刑罰。

解字 文 篆 形声。桀＋石㊥。桀は、はりつけの刑の象形。音符の石は、拓などに通じ、さき開くの意味。死体をはりつけてさらす刑の意味を表す。

【磔刑】(タクケイ・タッケイ) ①からだを引き裂く刑罰。②国はりつけの刑罰。

【磔殺】(タクサツ) ①からだを引き裂いて殺すこと。②国はりつけにして殺すこと。

(15)10 **【碾】** 5198 △ 漢デン・呉ネン 慣テン 銑 霰 niǎn　6690 627A

字義 ❶**うす**。いしうす。ひきうす。❷**ひく**。うすでひいて粉にする。

解字 形声。石＋展㊥。音符の展は、のばすの意味。穀物などをひきのばし、すりつぶす、石うすの意味を表す。

(15)10 **【磐】** 5199 標 漢ハン 呉バン 寒 pán　4056 4858

字義 ❶**いわ**(岩)。いわお。大きく厚い石。巨石。盤石。❷わだかまる。とぐろをまく。❸ぐるぐるめぐる。行きつもどりつする。❹つらなる。結びつく。

難読 磐城(いわき)・磐田(いわた)・磐余(いわれ)

参考 現代表記では[盤](5009)に書きかえることがある。「落磐→落盤」

解字 形声。石＋般㊥。音符の般は、大きいの意味。大きいいわの意味を表す。

【磐牙】△(バンガ) たがいにつらなり結びつくこと。盤牙。
【磐桓】△(バンカン) 行きつもどりつする。たちもとおる。徘徊(ハイカイ)する。盤桓。〔易経、屯〕
【磐峙】△(バンジ) そばだつ。盤峙。
【磐石】(バンセキ・バンジャク) 盤石。①大きな石。いわお。②転じて、どっしりかまえて動かないことのたとえ。また、堅固なことのたとえ。〔韓非子、顕学〕

(15)10 **【磅】** 5200 △ 一ホウ（ハウ）陽 pāng 二漢ホウ（ハウ）呉ヒョウ（ヒャウ）庚 ②pāng, ③bàng　6692 627C

字義 一二❶石の落ちる音の形容。❷磅礴(ホウハク)は、まぜ合わせて一つにする。また、広がっていっぱいになるさま。❸**ポンド**。英語 pound の音訳。㋐イギリスの重さの単位。普通には四五三・六グラム。また、金銀・薬剤の重さの単位。三七三・二グラム。㋑イギリスの貨幣の単位。

解字 形声。石＋旁㊥。

(15)10 **【碼】** 5201 △ 漢バ 呉マ・メ 馬 mǎ　6691 627B

字義 ❶碼瑙(メノウ)は、宝石の名。＝瑪(メ)。❷**ヤード**。英語 yard のあて字。イギリスの長さの単位。九一・四四センチメートル。ヤール。❸号碼は、番号。

解字 形声。石＋馬㊥。

(15)10 **【磊】** 5202 △ ライ 賄 lěi　6693 627D

字義 ❶石の重なりあっているさま。石がごろごろしているさま。

❷大きな石のさま。❸心が大きく、小さな事にこだわらないさま。＝礌（ライ）。→磊落。

解字 文 篆　会意。石を三つ合わせて、多くの石が重なりあうの意味を表す。

【磊塊】（ライカイ）①石のかたまり。②心中おだやかでないさま。

【磊△磈・磊△嵬】（ライカイ）高大なさま。

【磊△砢】（ライラ）①物の積み重なったさま。②壮大なさま。一説に、ふぞろいなさま。③才能のすぐれているさま。〔世説新語、言語〕

【磊磊】（ライライ）①多くの石が積み重なっているさま。②＝磊落の①。

【磊落】（ライラク）①心が大きく、小事にこだわらないさま。磊磊落落。②高く大きなさま。大きくてすぐれているさま。③数の多いさま。うずたかく積み重なっているさま。

(16)11 【磬】 5203 △ 漢ケイ 呉キョウ（キャウ） 径 qìng　6694 627E

字義 ❶楽器の名。玉または石で「へ」の字形に作り、つるして打ち鳴らすもの。「編磬」 ❷馬を走らせる。❸くびる。首をくくる。❹むなしい。また、むなしくなる。つきる。＝罄（ケイ）。

磬①

解字 甲骨文 文 篆　形声。石＋殸音。音符の殸（ケイ）は、磬の原字、声＋殳。声は、「けい」の象形。殳は、うつの意味。打ち鳴らす石製の楽器の意味を表す。

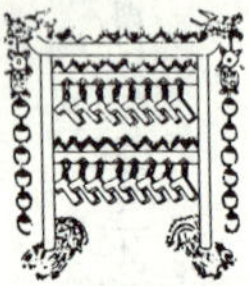
〔編磬〕

【磬鐘】（ケイショウ）磬と、つり鐘。また、その音。奏楽の基本となるもの。

【磬折】（ケイセツ）磬の形のように折れ曲がること。また、磬の形のように身を折り曲げて礼をすること。

(16)11 【磧】 5204 △ 漢セキ 呉シャク 陌 qì　6701 6321

字義 ❶かわら（川原）。石の多い川原。❷砂原。砂漠。

解字 文 篆　形声。石＋責音。音符の責は、積に通じ、つむの意味。石のつみ重なる所、かわらの意味を表す。

【磧△沙】（セキサ）川原のすな。

【磧中】（セキチュウ）砂漠のなか。〔唐、岑参、磧中作詩〕

【磧△礫】（セキレキ）かわらの小石。また、砂と小石。

(16)11 【磚】 5205 △ 漢セン 慣タン 先 zhuān　6702 6322

字義 かわら（瓦）。しきがわら。煉瓦（レンガ）。＝塼（セン）。甎（セン）(4776)と同字。

解字 形声。石＋專音。音符の專は、ころがすの意味。手でころがし固めた、かわらの意味を表す。

【磚茶】（センチャ・タンチャ）紅茶、または緑茶の粉末を蒸し固めて煉瓦（レンガ）状にした茶。団茶（ダンチャ）。

(16)11 【磨】 5206 常 マ みがく　4365 4B61
(16)11 〖磨〗 5207
一 漢バ・呉マ 歌 mó　二 漢バ・呉マ 箇 mò

筆順 广 床 麻 靡 磨

字義 一 ❶みがく。とぐ。石をすりみがく。転じて、物事に励む。「錬磨」 ❷する。こする。摩擦（マサツ）する。❸すりへる。すれて消える。「磨滅」 二 ❶ひきうす。ひきうすですりつぶす。❷ひく。ひきうすですり

〔磨二①〕

解字 文 篆　難読 磨井（うすい）　形声。石＋靡音。音符の靡（マ）は、すりつぶす・すりつぶすための石うすの意味。すりつぶすの意味を表す。

▼研磨・消磨・練磨・錬磨

【磨△淬】（マサイ）刀剣などをみがく。転じて、人格や学識をきたえみがく。

【磨滅】（マメツ）すりへる。すれ、消える。また、すりへらす。

【磨励（勵）自△彊】（マレイジキョウ）大いに修養して、みずからつとめはげむこと。磨励は、みがきはげむ。

【磨△礪・磨△厲】（マレイ）みがく。とぐ。転じて、つとめはげんで修養すること。

(17)12 【磯】 5208 人 漢キ 呉ケ 微 jī　1675 306B

筆順 石 矿 矿 磯 磯

字義 ❶いそ。海や湖の波うちぎわで、石の多い所。❷激する。荒くなる。水が岩にあたって激する。

名乗 し　難読 磯回（いそわ）・磯鶏（いそみ）・磯歯津（しはつ）・磯城（しき）・磯馴松（そなれまつ）

解字 文 篆　形声。石＋幾音。音符の幾は、機に通じ、布を織るはたの意味。はたを織るときのような音のする、いその意味を表す。

(17)12 【磽】 5209 △ 漢コウ（カウ） 呉キョウ（ケウ） 肴 qiāo　6703 6323
【墝】同字

字義 そね。やせ地。石が多く、地味のやせている土地。「肥磽」

解字 文 篆　形声。石＋堯音。音符の堯（ギョウ）は、高に通じ、たかいの意味。たかい石、転じて、石の多いやせ地の意味を表す。

【磽△确】（コウカク）石の多いやせ地。そね。磽瘠（コウセキ）。

【磽△陿】（コウキョウ）土地がやせていてせまい。また、その土地。

【磽△瘠】（コウセキ）＝磽确（コウカク）。

【磽肥】（コウヒ）やせた土地と肥えた土地。地味のよしあし。肥磽。

(17)12 【磺】 5210 △ 一 漢コウ（クワウ） 梗 kuàng (gǒng)　二 漢コウ（クワウ） 呉オウ（ワウ） 陽 huáng

字義 一 あらがね。掘り出したままでまだ金属をふきわけない鉱石。＝礦（コウ）・鉱（鑛）。二 硫磺は、ゆおう。いおう。硫黄。

解字 文 篆　形声。石＋黄音。音符の黄は、きいろの意味。黄色の石、銅・鉄などの原石の意味を表す。

(17)12 【礁】 5211 常 ショウ　ショウ（セウ） 蕭 jiāo　3044 3E4C

筆順 石 矿 矿 碓 礁

字義 かくれ岩。水面下にかくれて見えない岩。「暗礁」

解字 形声。石＋焦音。

▼暗礁・岩礁・座礁

(17)12 【磴】 5212 △ トウ 径 dèng　6704 6324

字義 ❶いしさか（石坂）。石の坂道。また、石段。❷いしばし（石橋）。

解字 形声。石＋登音。音符の登は、のぼるの意味。石の登り坂の意味を表す。

【磴桟（棧）】（トウサン）石のかけはし。

【磴道】（トウドウ）石をたたみあげて作った道。また、石段の道。

(17)12 【磻】 5213 △ 漢ハン 呉バン 寒 pān

字義 川の名。磻渓（ハンケイ）。陝西（センセイ）省宝鶏市の東南を流れ、渭水（イスイ）に注ぐ。昔、周の文王を助けた太公望呂尚（リョショウ）が釣をした川という。一名、璜河（コウガ）。

解字 文 篆　形声。石＋番音。

(17)12【磷】5214 △ 一リン 真 lín 二リン 震 lìn
字義 一❶磷磷リンは、水が石の間を流れるさま。❷化学元素の名。＝燐リン。二❶うすらぐ。石がすりへらされて薄くなる。❷磷磷は、玉石がつやつやと輝くさま。
解字 形声。石＋粦音。

(17)12【磿】5215 △ 漢レキ 呉リャク 錫 lì
字義 ❶石の小さい音の形容。❷葬式で、棺の綱を引く人の名を記す帳簿。
解字 篆文 形声。石＋厤音。

(18)13【碝】5216 △ イク 屋 yù 6705 6325
字義 玉ギョクに似た石。
解字 形声。石＋奥音。

(18)13【礒】5217 △ ギ 紙 yǐ 6706 6326
字義 岩石のさま。国いそ。海や湖の波うちぎわで、石の多い所。
解字 形声。石＋義音。

(18)13【礎】5218 常 ソ いしずえ 漢ソ・呉ショ 語 chǔ 3335 4143
筆順 石 矿 砞 碰 礎
字義 いしずえ。どだいいし。家屋の柱の下におく石。礎石。転じて、物事のもとい。「基礎」
解字 篆文 形声。石＋楚音。音符の楚ソは、木の下の足の形。柱の下の足となる石、どだい石の意味を表す。
▼基礎
【礎業】ソギョウ 基礎(根本)となる事業。
【礎材】ソザイ 土台に使う石や木材。
【礎石】ソセキ ①土台石。②物事の基礎。また、それを築く人。

(18)13【礑】5219 △ トウ(タウ) 漾 dàng 6707 6327
字義 そこ(底)。国はたと。はったと。㋐平手で打つ音の形容。㋑思いあたるさま。㋒行きづまるさま。当惑するさま。㋓にらみつけるさま。㋔物の落ちる音の形容。物にぶつかる音の形容。
解字 形声。石＋當音。

(18)13【礧】5220 △ 一ライ 賄 lěi 二ライ 隊 lèi
字義 一＝磊ライ。❶石の重なりあっているさま。❷大きい石のさま。❸心の広いさま。→礧礧落落。二石をころがし落とす。[＝礌ライ]
解字 形声。石＋雷音。
【礧礧落落】ライライラクラク 心が広く、公明正大なさま。磊磊落落ライライラクラク。

(19)14【礚】5221 △ カイ 泰 kē
字義 礚礚は、㋐石がぶつかりあう音の形容。＝磕カイ。㋑水が石にぶつかり流れる音の形容。
解字 形声。石＋蓋音。

(19)14【礙】5222 △ ガイ 隊 ài 6708 6328
[碍]俗字 1923 3337
字義 さまたげる。さえぎる。じゃまをする。また、さまたげ。じゃま。「障礙」
解字 篆文 形声。石＋疑音。音符の疑は、人が思いまようさまにかたどる。石を前にして人がたちつくすさまから、さまたげる・さえぎるの意味を表す。

(20)15【礦】5223 △ コウ(クワウ) 梗 kuàng (gǒng) 6672 6268
[砿]俗字 2560 395C
字義 あらがね。掘り出したままで、まだ精錬しない金・銀・銅・鉄などの鉱石。＝鉱(鑛)。
解字 形声。石＋廣音。
参考 現代表記では[鉱](8111)に書きかえる。「炭礦→炭鉱」「礦石→鉱石」熟語は[鉱]をも見よ。→一二元ページ。

(20)15【礬】5224 △ 漢ハン・呉ボン 元 fán 6709 6329
字義 ❶硫酸を含んだ一種の鉱物。特に明礬ミョウバンをいう。❷山礬サンバンは、花の名。じんちょうげ(沈丁花)。
難読 礬水どうさ
解字 形声。石＋樊音。

(20)15【礨】5225 △ 一ライ 賄 lěi 二ライ 灰 léi 三ライ 隊 lèi
字義 一大きい石のさま。＝礧ライ。二うつ(撃)。石がぶつかりあう。三石をころがし落とす。＝礧ライ。
解字 形声。石＋畾音。音符の畾ライは、かさなるの意味。ごろごろと大きい石の重なるさまを表す。

(20)15【礪】5226 △ レイ 霽 lì 6674 626A
[砺]俗字 3755 4557
字義 ❶といし(砥石)。あらと。きめのあらいといし。↔砥シ(きめの細かなといし)。❷とぐ。みがく。転じて、はげむ。つとめる。「砥礪シレイ」「勉礪」
解字 篆文 形声。石＋厲音。音符の厲レイは、といしの意味。石を付し、意味を明らかにした。
【礪行】レイコウ おこないをみがく。「砥節礪行」
【礪砥】レイシ ①といし。②ときみがく。身をおさめみがくこと。

(20)15【礫】5227 標 漢レキ 呉リャク 錫 lì 6710 632A
字義 こいし(小石)。いしころ。「砂礫」「礫石」
解字 篆文 形声。石＋樂音。音符の樂は、どんぐりの象形。石のつぶつぶ、こいしの意味を表す。

(21)16【礮】5228 △ ホウ 砲(5148)と同字。→七八ページ。

(21)16【礱】5229 △ ロウ 東 送 lóng
字義 ❶する。また、とぐ。みがく。❷すりうす。穀物のもみがらをすりとるうす。
解字 篆文 形声。石＋龍音。音符の龍りゅうは、たつまきのように、もみがすりうすに入ってすられるさまから、すりうす・するの意味を表す。
【礱斲】ロウタク みがくことと切ること。切磋琢磨セッサタクマ。
【礱磨】ロウマ みがく。すりみがく。
【礱厲・礱礪】ロウレイ ①といし(砥石)。②みがく。

〔礱②〕

(22)17【礴】5230 △ 漢ハク 呉バク 薬 bó
字義 広くおおう。いっぱいになる。旁礴ボウハク。
解字 形声。石＋薄音。

5 示(ネ)部

ネは四画。

〔部首解説〕 しめす。しめすへん。新字体のネは、古くからの筆写体に基づく。また、「表外漢字字体表」では、現に用いられているネは、一括許容されている。示を意符として、神、祭事、神がくだす禍福などに関する文字ができている。

奈→大部 二七〇ページ。視→見部 九九二ページ。

(5)0
【示】 5231
教 5 ジ・シ しめす
㊀漢シ・呉ジ 寘 shì
㊁漢キ・呉ギ 支 qí
2808 3C28

筆順 二 亍 亍 示

字義 ㊀❶しめす。㋐人にあらわして見せる。「示威」㋑教える。人につけ知らせる。指図する。「指示」❷しめし。教え。指図。「教示」 ㊁くにつかみ。地の神。↕天神。＝祇。

名乗 とき・み

解字 甲骨文 篆文 象形。神にいけにえをささげる台の象形で、祖先神の意味を表し、また、指に通じて、しめすの意味をも表す。示の意味と音符とを含む形声文字に、視がある。

▼暗示・訓示・啓示・掲示・顕示・公示・誇示・指示・呈示・展示・表示・黙示・諭示・例示

【示威】気勢・威力・勢力を示す。「示威運動」

【示教】しめし教える。教示。

【示訓】教えしめす。また、おしえ。

【示現】①仏仏・菩薩が衆生を救うために、種々に身を変じてこの世に現れること。②国神や仏が不思議なしるしを現し示すこと。

【示唆】①そそのかす。②それとなくしめし知らせる。暗示を与える。

【示寂】仏僧が死ぬこと。入寂。

【示談】国おたがいが話し合って争いをやめること。

【示範】国模範・手本を示す。

(5)ネ1
【礼】 5232
(18)13
〔禮〕 5233
教 3 レイ・ライ
漢レイ 呉ライ 薺 lǐ
4673 4E69
6725 6339

筆順 ゝ ネ ネ 礼

【礼】古字

字義 ❶いや。うや。人のふみ行うべきのり。心に敬意を抱き、それを行動として外に表すみち。❷作法。礼儀作法。❸儀式。「立太子礼」❹国家・社会の秩序を維持する組織やおきて。❺贈り物。敬意を表すための贈り物。❻うやまう。敬意を表す。「敬礼」❼礼について書いた経書。『礼記』『周礼』『儀礼』の三書。国レイ。㋐おじぎ。㋑謝礼。

名乗 あき・あきら・あや・かた・なり・のり・ひろ・ひろし・まさ・まさし・みち・ゆき

難読 礼受・礼文

解字 甲骨文 篆文 古文 形声。ネ(示)＋乚(豊)音。音符の豊は、あまざけの意味。甘酒を神にささげて幸福の到来を祈る儀式の意味を表す。常用漢字は、古文による。

▼吉礼・享礼・凶礼・虚礼・敬礼・婚礼・祭礼・失礼・謝礼・巡礼・順礼・喪礼・大礼・典礼・答礼・拝礼・非礼・無礼・返礼・黙礼・目礼

【礼意】①敬いの気持ち。②礼の精神。〔荘子、大宗師〕

【礼楽(樂)】礼節と音楽。中国では昔から、礼は社会の秩序を定め、楽は人の心をやわらげるものとして重視され、主なる教科とされた。

【礼記】書名。四十九編。五経の一つ。周の末から秦・漢代の儒者の、礼に関する理論と実際との記録を集めた書。漢の戴聖が世に伝えたもので、戴徳の『大戴礼』に対して、『小戴礼』ともいう。

【礼器】祭りやお客などのとき用いる器物。

【礼義】①礼と義。②人のふみ行うべき礼の道。〔孟子、梁恵王上〕奚暇レ治二礼義一哉(なんぞレイギをおさむるにいとまあらんや)

【礼儀】敬いつつしむ気持ちを形の上に正しく表す動作のしかた。礼の作法。

【礼教】礼儀に関する教え。

【礼遇】礼を厚くして人をもてなすこと。礼待。

【礼賛(贊)・礼讃】①仏三宝(仏・法・僧)をおがんで、その功徳をたたえること。②国ほめたたえること。礼拝賛美。

【礼紙】国①書状の上に巻いた白紙。②書き物の端。

【礼式】国礼儀の法式。礼儀作法。また服装。礼法。

【礼譲(讓)】礼義を厚くして人にへりくだること。〔論語、里仁〕以二礼譲一為レ国乎(レイジョウをもってくにをおさめんか)。

【礼節(節)】礼儀のきまり。礼儀の節度。

【礼装(裝)】国儀式のときに着る衣服。礼服。また服装。

【礼典】①礼儀のさだめ。国の礼法を定めた制度。②礼法について書いた書物。

【礼拝(拜)】神仏をおがむこと。◇仏教では「ライハイ」、キリスト教では「レイハイ」と読むのが一般的。

【礼部】役所の名。唐代尚書省六部の一つ。礼楽・祭祀・学校・貢挙などのことをつかさどる。後代は大体この制によった。

【礼物】①敬意や感謝の意を表すために贈る品物。②礼式を行うために用いる品物。③礼儀と文物。

【礼聘】①礼を厚くして人を招くこと。②礼を備えて妻をめとること。

【礼法】礼儀作法。

【礼貌】①礼儀正しい態度。②礼儀正しく人をもてなすこと。〔孟子、離婁下〕

【礼容】うやうやしいさま。礼儀正しい態度。〔史記、孔子世家〕

【礼与(與)二其奢一也寧倹(儉)】(レイはそのおごらんよりはむしろケンなれ)→喪 与(與)二其易一也寧戚(三二ページ)。

(8)3
【祁】 5234
標 漢キ 呉ギ 支 qí
〔祁〕 2323 3737

【祁】同字

字義 ❶さかんに。大いに。はなはだ。❷漢代の県名(山西省内)。

解字 篆文 形声。阝(邑)＋示音。

【祁祁】多いさま。また、静かなさま。

【祁山】山名。今の甘粛省礼県の東にある。三国時代、蜀の諸葛亮が六度ここに出て魏と戦った。

(7)ネ3
【祁】 5235
△キ 祁(5234)と同字。→前項。
2323 3737

(8)3
【祀】 5236
標 漢シ 呉ジ 紙 sì
6711 632B

字義 ❶まつる。神として祭る。また、祭り。「祭祀」❷とし(年)。殷代は祀、夏代は歳、周代は年といった。

解字 甲骨文 篆文 形声。示＋巳音。音符の巳は、神としてのへびの象形。神を祭るの意味を表す。

【祀典】シテン　祭りの儀式。また、そのことを記した書物。

【絶ﾚ祀】シをたつ　先祖の祭りをたやす。国や家をほろぼすこと。

【奉ﾚ祀】シをホウず　①先祖を祭る。②先祖の祭りに奉仕する。

(7)ネ3【社】5237　教2　シャ　やしろ
(8)3［社］5238　人許　漢シャ　呉ジャ　馬 shè　2850 *3C52*

筆順　ラ ネ ネ 社 社

字義　❶くにつかみ。土地の神。土地の守護神。また、それを祭るほこら。やしろ。「神社」❷祭りの名。土地の神を祭って豊作を祈る祭り。❸立春・立秋後の第五の戊（つちのえ）の日。社日。❹昔の社会制度の一つ。民家二十五家の組合。❺ある目的・事業のために同志の者が作った集まり。団体。組合。「結社」

国❶やしろ。ほこら。お宮。神社。❷シャ。会社の略。

名乗　あり・こそ・たか　難読　社下（こそげ）・社家（しゃけ）・社戸（こそべ）

解字　篆文　形声。ネ(示)＋土音。音符の土ドシャは、農民が共同で祭る農耕地の神の意味。土が、つちの意味に用いられるようになり、示を付して、区別した。転じて、集合団体の意味を表す。

▼吟社・結社・寺社・書社・神社・宗社・大社・里社

【社会(會)】シャカイ　①昔、社日に催した同じ集落の住民の会合。〔東京夢華録〕②同じ集落の住民が生活の向上のために作った組合。昔は二十五家で一つの社を作った。〔近思録、治法〕③共同生活をする組織・団体。④交友の範囲。なかま。⑤人の世の中。世間。

【社交】シャコウ　社会での交際。世間のつきあい。「社交界」

【社日】シャジツ　立春または立秋後の第五の戊（つちのえ）の日。この日、土地の神を祭り豊作を祈る。春を春社、秋を秋社という。

【社△稷】シャショク　①土地の神と、五穀の神。昔、天子・諸侯は、宮殿の右にこの二神を、左に宗廟（ソウビョウ）（先祖のみたまや）を祭った。〔書経、太甲上〕②転じて、国家。〔礼記、檀弓下〕

【社△稷之臣】シャショクのシン　国家の安危・存亡をになっている（になうことのできる）りっぱな臣。国家の重臣。

【社△稷壇】シャショクダン　皇帝が社稷を祭った祭壇。清代（シンダイ）には、北京皇城の中、午門の右（現在の中山公園）にあり、壇上の中央に黄、東に青、南に赤、西に白、北に黒色の土が敷かれた。

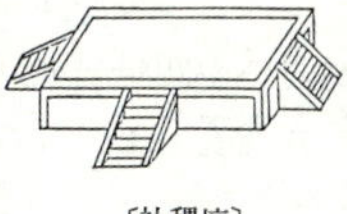
〔社稷壇〕

【社説】シャセツ　国新聞や雑誌などで、その社の主張としてのせる論説。

【社△鼠】シャソ　神殿に巣くうねずみ。人がやたらに手を出せないことから、転じて、主君の側につかえる悪臣をたとえていう。城狐（ジョウコ）。〔韓非子、外儲説右上〕

【社倉】シャソウ　飢饉（キキン）の時などに貧民を救うために設けた米倉。隋（ズイ）に始まる。

【社中】シャチュウ　①組合の仲間。②国詩歌・邦楽などで、同門の仲間の称。

【社長】シャチョウ　①組合のかしら。村長の類。②国会社を代表する人。

【社頭】シャトウ　国神社のほとり。神社の前。

(8)3【礿】5239　△ヤク　薬 yuè

字義　まつり。宗廟（ソウビョウ）の祭り。時代によって、春の祭りとも夏の祭りともいう。

【禴】同字

解字　金文　篆文　形声。示＋勺音。

【奈】→大部 二七〇ページ。

(8)ネ4【祈】5240　常　キ　いのる
(9)4［祈］5241　人許　漢キ　呉ゲ　微 qí　2107 *3527*

筆順　ラ ネ ネ 祈

字義　❶いのる。神仏に福を願い求める。また、いのり。❷もとめる。願う。❸つげる。神や人に告げる。

難読　祈答院（けとういん）

解字　甲骨文　金文　篆文　形声。甲骨文・金文は、㫃＋單＋斤音。㫃は、ふき流しの旗の象形。單は、鈴の象形。音符の斤は、近に通じ、ちかづくの意味。鈴の飾りをつけた旗を持ちながら、幸福に近づくことを願うさまから、いのるの意味を表す。篆文は、示＋斤音。

【祈雨】キウ　雨ごい。雨ごいをする。〔詩経、小雅、甫田〕

【祈願】キガン　神仏にいのり、ねがう。願がけをする。祈請。

【祈求】キキュウ　いのりもとめる。ひたすら願い求める。

【祈誓】キセイ　神仏にちかいを立てていのること。

【祈請】キセイ・キショウ　神仏にいのり、請うこと。祈願。

【祈△禱】キトウ　神仏にいのること。また、その儀式。

【祈年祭】キネンサイ　国昔、毎年陰暦二月四日に、神祇官（ジンギカン）や国司の庁で、その年の豊作を天地の神々に祈った祭り。としごいまつり。年は、みのり（豊作）の意。

【祈年殿】キネンデン　皇帝が豊作を祈る所。北京の天壇圜丘（エンキュウ）の北にある。祈穀殿ともいう。

【祈念】キネン　心をこめていのる。一心に祈ること。

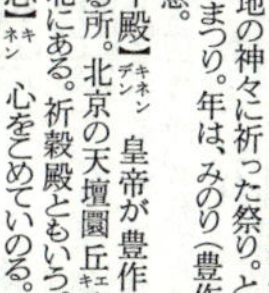
〔祈年殿〕

(9)4【祇】5242　標　⊟漢キ・呉ギ　支 qí　⊟シ　支 zhǐ　［祇］2132 *3540*

【祇】同字

字義　⊟❶くにつかみ。地の神。また広く、神をいう。「天神地祇」❷おおきい。❸やすらか。安んずる。⊟❶ただ。…だけ。＝只シ。❷まさに。ちょうど。

参考　〔祇シ〕(5251)は別字。

解字　篆文　形声。示＋氏音。音符の氏は、うじの意味。氏の神の意味を表す。

【祇園精舎】ギオンショウジャ　仏昔、インドのマカダ国の須達長者（スダツチョウジャ）が祇陀太子（ギダタイシ）の所有する園林を買って、釈迦（シャカ）のために建てた説法道場。精舎は、僧が仏道を修行する所、寺の意。

【祇樹】ギジュ　仏祇園精舎の樹林。

(8)ネ4【祇】5243　△ギ　祇(5242)と同字。→前項。　2132 *3540*

(9)4【祆】5244　△ケン　先 xiān

字義　火祆（カケン）は、拝火教（ゾロアスター教）の神の名。祆教・祆道は、その教え。祆廟（ケンビョウ）は、その寺院。

参考　〔祅ヨウ〕(5247)は別字。

解字　篆文　形声。示＋天音。

(8)ネ4【祉】5245　常　シ
(9)4［祉］5246　人許　シ　紙 zhǐ　2767 *3B63*

筆順　ラ ネ ネ 祉 祉

字義　さいわい。しあわせ。神からさずかる幸福。「福祉」

解字　篆文　形声。ネ(示)＋止音。音符の止は、とどまるの意味。神のとどまるところ、さいわいの意味を表す。

▼福祉

(9) 4 【祅】5247 △ ヨウ（エウ）㊥ yāo

字義 わざわい。まがごと。地のあらわし示す凶変。＝妖。

参考 〔祆〕(5244) は別字。

解字 篆文 形声。篆文は、示＋芺㊥。音符の芺は、髪をふり乱した巫女の象形。示は、神事に関することを示す。巫女をとおして示される神の意志のさまから、特に、神のくだすわざわいの意味を表す。のち、芺の部分が夭となった。

【祅怪】ヨウカイ ①天変地異などの怪しい出来事。〔荀子、天論〕祅怪不レ能レ使二之凶一（祅怪も之をして凶ならしむること能はず）。②ばけもの。もののけ。

【祅孽】ヨウゲツ わざわい。妖孽。

【祅変（變）】ヨウヘン わざわい。妖変。

(10) 5 【祛】5248 △ ㊇キョ ㊐コ ㊥ qū

字義 ❶はらう。わざわいを払いのぞく。また、追い散らす。❷ひらく。❸祛祛は、強くすこやかなさま。強健。

解字 形声。示＋去㊥。音符の去は、とり除くの意味。神に祈って、わざわいをとり除く、はらうの意味を表す。

(10) 5 【祜】5249 △ ㊇コ ㊐ゴ ㊥ hù

字義 さいわい。しあわせ。神から授かる幸福。

解字 金文 篆文 形声。示＋古㊥。音符の古は、固に通じ、かたいの意味。神から下された、確固たる幸いの意味を表す。

(10) 5 【祠】5250 標 ㊇シ ㊐ジ ㊥ cí 6712 632C

字義 ❶ほこら。やしろ。神を祭ってある所。「祠堂」❷まつり。春の祭り。❸まつる。㋐神を祭る。㋑願いのかなった礼として祭る。❹おたまや。先祖の霊を祭ってある所。❺ことば。誓いのことば。また、祭りのことば。＝辞。

解字 甲骨文 金文 篆文 形声。示＋司㊥。示は、神事に関することを示す。音符の司は、神意をことばによって察知するの意味。春のまつりの意味を表す。春には牧畜に支障をきたさないように、いけにえを用いず、のりとを主としたからという。

【祠宇】シウ ほこら。やしろ。おみや。神社。祠屋。

【祠官】シカン かんぬし。神官。神職。〔史記、高祖本紀〕

【祠賽】シサイ 神から受けた恩に報いる祭り。

【祠祀】シシ 祭る。また、祭りをつかさどる役人。

【祠堂】シドウ ①ほこら。やしろ。②おたまや。先祖の霊を祭った所。〔唐、杜甫、蜀相詩〕③仏殿。寺院。

(10) 5 【祇】5251 △ シ ㊥ zhī 6713 632D

字義 ❶つつしむ。うやまう。❷大きい。❸ただ。まさに。

参考 〔祇〕(5242) は別字。字義の❸は、誤って祇に通じて用いたもの。

解字 金文 篆文 形声。示＋氏㊥。音符の氏は、慎に通じ、つつしむの意味。示を付し、つつしむの意味を表す。

【祇畏】シイ つつしみおそれる。

【祇役】シエキ つつしんで君主の命を奉じて任務におもむくこと。

【祇敬】シケイ つつしみうやまう。

【祇候】シコウ ①つつしんで貴人のおそばに仕えること。また、つつしんで参上すること。②国もと、華族や功労のある官吏を待遇するために与えた、宮中での資格。

【祇服】シフク つつしみ従う。つつしんで服従する。

(9) ネ5 【祝】5252 教 4 シュク・シュウ いわう 祝詞 2943 3D4B

(10) 5 〖祝〗5253 人 許 ㊀シュク ㊥ zhù ㊁㊇シュウ（シウ）・㊐シュ ㊥ zhòu

筆順 ラ ネ ネ口 祝

字義 ㊀❶はふり。神に仕える人。かんぬし。神官。「巫祝」❷いわう。㋐めでたいことを喜ぶ。ことほぐ。「祝賀」㋑さいわいをいのる。❸いわい。ことほぎ。よろこび。❹断つ。断ち切る。「祝髪」❺織る。㊁❶のる。神に告げる。❷のりと。神に告げることば。「祝詞」❸のろう。＝呪。

名乗 い・とき・のり・はじめ・よし

難読 祝園・祝山・祝女・祝部

解字 甲骨文 篆文 会意。ネ（示）＋儿＋口。儿は、人のひざまずく形にかたどる。口は、いのりの言葉の意味。幸福を求めていのる・いわうの意味を表す。

【祝意】シュクイ いわいの気持ち。

【祝允明】シュクインメイ 明の学者・書家。蘇州（江蘇省）の人。字は希哲。枝指（六本指）で、枝山・枝指生と号した。文徴明と並ぶ能書家。（一四六〇—一五二六）

【祝儀】シュウギ 国①祝いの儀式。祝典。②祝賀の意を表すための贈り物。③芸人などに贈る心づけ。はな。チップ。

【祝言】シュウゲン 国①祝いのことば。②婚礼。

【祝史】シュクシ ①かんなぎ。みこ。巫覡。②神官。神主。

【祝詞】シュクシ・シュウシ ①祝いの気持ちを述べることば。また、その文章。祝辞。②国のりと 神を祭り、神に祈るとき用いる詞で、古体の独特の文章。

【祝佗・祝鮀】シュクダ 春秋時代、衛の人。字は子魚。官は大祝（神官）。口さきがうまく、たくみに人の心をとらえた。〔論語、雍也〕祝佗之佞。

【祝着・祝著】シュウチャク 国いわいよろこぶこと。慶賀。

【祝禱】シュクトウ・シュウトウ 神につげていのる。おいのり。

【祝髪】シュクハツ ①かみをたちきる。断髪。②かみの毛をそり落として僧となること。剃髪。

【祝福】シュクフク ①幸福を祈る。②キリスト教で、神からさずかるしあわせ。神のめぐみ。

【祝融】シュクユウ ①上古の人。顓頊の孫、または子といわれる。名は重黎。後世、火の神・夏の神・南海の神・南方神の名などとしてまつられる。②転じて、火事。火災。

(9) ネ5 【神】5254 教 3 シン・ジン かみ・かん・こう お神酒・神楽 3132 3F40

(10) 5 〖神〗5255 人 許 ㊇シン ㊐ジン ㊥ shén

筆順 ラ ネ ネ口 ネ日 神

字義 ❶かみ。㋐天の神。宇宙万物の主宰者。↕祇。「天神地祇」㋑かみの総称。❷たましい。霊魂。❸こころ。精神。❹霊妙ではかり知れない働き。理性でははかれない不思議な働き。❺きわめて尊くて、侵すことのできないこと。「神聖」

名乗 あお・か・かむ・きよ・しの・たる・みわ

難読 神威・神海・神崎・神吉・神居古潭・神戸・神西・神山・神子・神子元島・神子上・神志山・神酒・神嘗・神津島・神石・神前・神足・神代・神通川・神田・神馬藻・神辺・神母木・神無月・神目・神楽・神立・神流・神領・神俣

解字 金文 篆文 形声。ネ（示）＋申㊥。音符の申は、いなびかりの象形で、天の神の意味。示を付し、一般に、かみの意味を表す。

▼鬼神・軍神・失神・心神・水神・精神・聖神・喪神・存神・天神・入神・明神・雷神・乱神・竜神

【神意】シンイ ①神のこころ。神の考え。神の意志。②こころ。精神。

【神異】シンイ 不思議。人間わざでないこと。

【神域】シンイキ ①神のいるところ。②国神社の境内。

【神韻】シンイン きわめてすぐれたおもむき。人格にも、詩文・書画に

もいう。
【神化】シンカ ①神のような、不思議な変化。②国㋐神の化育。神が万物を生じ育てること。㋑神になること。
【神火】シンカ ①不思議な火。②神宮などでたく神聖な火。③国カジン・カジ 火山の火煙。
【神怪】シンカイ 不思議な、また、あやしいこと。また、そのもの。
【神楽(樂)】シンガク ①霊妙な音楽。②神を祭る音楽。③国かぐら 神を祭るために奏する舞楽。
【神気(氣)】シンキ ①不思議な雲気。②万物を形成する元素。③精神。気力。④すぐれたおもむき。
【神奇】シンキ すぐれて不可思議なもの。〔荘子、知北遊〕
【神亀(龜)】シンキ ①神通力を持った亀かめ。②国家の大事を占うのに用いる亀の甲。
【神器】シンキ ①神がさずけた神聖なもの。②神を祭る器物。③帝位継承のしるしとする宝物。転じて、帝位。④精妙な器械。⑤国ジンギ 三種の神器(八咫鏡やたのかがみ・天叢雲剣あめのむらくものつるぎ・八坂瓊曲玉やさかにのまがたま)の略。皇位継承のしるし。
【神祇】シンギ 天の神と地の神。天神地祇。〔論語、述而〕
【神君】シンクン ①神を尊んで言う言葉。②神のように功徳の高い人の意で、賢明な地方長官をほめていう語。③国江戸時代、徳川家康の尊称。
【神経(經)】シンケイ ①不思議な書物。②動物の体内にあって、知覚・運動などをつかさどる糸状の器官。③物事を感じ、また、考える力。④神経質の略。神経の働きが病的に過敏または繊弱で、物事に感じやすく、心配しすぎる性質。
【神験(驗)】シンケン 神のあらわす不思議なはたらき。神のみしるし。【霊験。
【神譴】シンケン 神のとがめ。神罰。
【神工・神功】シンコウ かみわざ。人知・人力ではなし得ないほどの巧みな製作。また、その品。天工。
【神国(國)】シンコク 国神が基を開き、神が守る国の意で、もと、日本の称。神州。
【神彩・神采】シンサイ ①精神と風采。こころと、すがた。②神のようにけだかいすがた。
【神算】シンサン 人知では及ばぬほどのたくみなはかりごと。神謀。神略。「神算鬼謀」
【神事】シンジ ①神を祭る儀式。②神秘的な事がら。神や神仙に関する事。
【神社】シンジャ 神のやしろ。おみや。ほこら。〔墨子、明鬼〕
【神主】シンシュ ①天の神に代わって人民を治める者。②人民。③儒家で、死者の官位・姓名を書いて、おたまやに安置するもの。位牌イハイ。木主。④国かんぬし ㋐祭主。㋑神に仕える人。神官。神職。
【神授】シンジュ 神からさずかること。また、神からのさずかりもの。天の与え。
【神州】シンシュウ ①昔、中国の自称。②神仙の住む所。③都。④国＝神国。
【神出鬼没】シンシュツキボツ 神わざのように自由自在に現れたり消えたりすること。きわめて巧妙に出没すること。〔唐戯場語〕
【神駿】シンシュン 馬の姿態の非常にすぐれていることをいう。
【神女】シンジョ・シンニョ ①めがみ。女神。天女。②仙女。
【神助】シンジョ 神のたすけ。天助。神祐シンユウ。
【神将(將)】シンショウ ①神のような将軍。②天・地・兵・陰・陽・月・日・四時の主である八神をいう。
【神情】シンジョウ ①こころもち。心情。②顔色。顔つき。
【神色】シンショク 精神と顔色。また、顔色。態度。ようす。
【神色自若】シンショクジジャク 顔色が落ち着いて、物事に動揺しないさま。
【神人】シンジン ①神と人。②神のようにけだかい人。③神通力を得た人。〔荘子、逍遥遊〕④神に奉仕する人。かんぬし。⑤国キリスト教で、キリストの称。
【神髄(髓)】シンズイ 精神と骨髄の意。その道の奥義。蘊奥ウンオウ。精髄。
【神聖】シンセイ ①清らかで、少しのけがれもないこと。②きわめてけだかく、侵しがたい徳のあること。③きわめて尊く、侵しがたい権威のあること。
【神仙・神僊】シンセン 人間の世界から抜け出て、不老長生の世界に住む人。仙人。
【神速】シンソク 人間わざでない、非常なはやさ。
【神体(體)】シンタイ ①精神と肉体。心とからだ。②国礼拝の対象に、神の霊として祭る物体。神の本体。
【神代】ジンダイ・かみよ 国神が世を統べ治めたという時代。神武天皇以前の時代。太古。
【神託】シンタク 神のおつげ。神宣。神勅。
【神知・神智】シンチ 霊妙な知恵。
【神通力】ジンツウリキ・ジンズウリキ どんな事でも思いのままになし得る、不思議な力。
【神灯(燈)】シントウ ①神が照らすともしび。不思議なあかり。②神に供えるあかり。みあかし。
【神童】シンドウ 才知がきわめてすぐれた子供。〔南史、劉孝綽伝〕
【神道】シンドウ ①墓場に行く道。また、墓穴にはいる道。「神道碑」〔後漢書、光武十王、中山簡王焉伝〕②人知ではかり知ることのできない、不思議な道。霊妙な道。〔易経、観〕③国シントウ ㋐かんながらのみち。神の意志のままで人為を加えない、神代以来伝わった、日本固有の道。㋑日本固有の宗教。民族の祖先である神々を敬い祭ることを中心とし、政治はその祭りと一体であるとした。
【神農】シンノウ 中国古代伝説上の帝王の名。初めて人民に農作を教え薬を作ったという。炎帝ともいう。〔補史記、三皇本紀〕
【神罰】シンバツ 神のくだすばつ。天罰。
【神秘(祕)】シンピ ①人知ではかり知れない、不思議なこと。②秘密にして人に示さないこと。
【神品】シンピン ①人間わざではできないような、非常にすぐれた品。絶品。②国きわめてけだかい品位。
【神父】シンプ ①すぐれた地方長官を尊び親しんで、神や父にたとえていう。②カトリック教の司教者。
【神符】シンプ ①神の守り札。おまもり。②神の予言。
【神仏(佛)混淆】シンブツコンコウ 国神は仏が衆生シュジョウを救うためにかりに姿を現したものという思想(本地垂迹説ホンジスイジャクセツ)から、神道シントウと仏教とを同じものとし、神と仏をいっしょに祭ること。
【神兵】シンペイ ①神の配下の兵。②行動が迅速で非常な威力をもっている兵をいう語。
【神変(變)】シンペン 人知ではかり知ることのできない、不思議な変化。
【神宝(寶)】シンポウ ①神聖な宝物。②君主の位。
【神木】シンボク ①めずらしい木。霊妙な樹木。〔文選、班固、西都賦〕②国神社の境内ケイダイにあって、その神社にゆかりの深い木。
【神妙】シンミョウ ①人知ではかり知れない、不思議なはたらき。②国シンミョウ・シンビョウ ㋐けなげ。殊勝。奇特。㋑すなお。おとなしいこと。
【神明】シンメイ ①神。②人のこころ。精神。③国祭神としての天照大神あまてらすおおみかみの特別の称。
【神佑・神祐・神祜】シンユウ 神のたすけ。天助。天佑神助。
【神游・神遊】シンユウ 体はそのままで、心だけが飛んでいって楽しみ遊ぶこと。〔列子、黄帝〕
【神輿】シンヨ・みこし ①神霊を安置した輿こし。②天子の乗るこし。〔西王母伝〕
【神籟】シンライ 神の声。転じて、すぐれた音楽や詩歌などをいう。
【神慮】シンリョ ①＝神意。②天子のこころ。
【神力】シンリョク ①不思議なちから。②神の威力。
【神霊(靈)】シンレイ ①霊妙な造化の神。〔列子、湯問〕②神のみたま。③人のたましい。霊魂。④霊妙な知恵。
【神話】シンワ 自然界・人間界の事象を、その氏族や部族または

民族にとっての神のしわざと考えたことから生じて、伝承された古代の説話。

(10)5 【祟】5256 標 スイ 漢 suì 6714 632E

字義 たたる。また、たたり。神仏などが人をいましめるために下すわざわい。

解字 篆文 形声。示＋出音。音符の出は、追い出すの意味。神に追い出される、たたりの意味を表す。

(10)5 【祏】5257 △ 漢セキ 呉ジャク 陌 shí

字義 ❶いはい（位牌）。❷宗廟の木主を安置する石室。

解字 甲骨文 篆文 形声。示＋石音。音符の石は、いしの意味。石で造られた位牌の意味を示す。

(9)ネ5 【祖】5258 教5 ソ 3336 4144

(10)5 〔祖〕5259 人許 ソ 麌 zǔ

筆順 ラ ネ 礻 祖

字義 ❶じじ。父の父。祖父。❷先祖。㋐その家系を開いた、初代の人。おや。とおつおや。「始祖」㋑その家系の初代から先代に至る代々の総称。❸先祖のおたまや。❹はじめ。もと。物事の初めを開き、もといとなったもの。「元祖」❺はじめて。はじめの。❻もととする。もととしてならう。のっとる。「祖述」❼道祖神。道路の安全を守る神。また、旅立つとき、道祖神を祭ること。また、その際に、送別の宴を開くこと。

名乗 おや・さき・のり・はじめ・もと 難読 祖谷（いや）・祖父（いじ・じじ）・祖父江（そぶえ・そふえ）・祖母（ばば・あば）・祖母傾（そばかたむき）・祖母井（うばがい）・祖母島（うばしま）

解字 甲骨文 金文 篆文 形声。ネ（示）＋且音。音符の且は、祭器で、肉をのせる台の象形。そなえ物をして祭る先祖の意味を表す。

▼開祖・教祖・元祖・高祖・始祖・聖祖・宗祖・鼻祖・父祖

【祖宴・祖筵】ソエン 旅立つ人を送る宴会。送別の宴。

【祖業】ソギョウ 祖先が開き、残し伝えた事業。

【祖訓】ソクン 先祖がのこした教え。

【祖考】ソコウ ①死んだ祖父。②死んだ祖父と亡父。③はるか遠い先祖。

【祖国（國）】ソコク 祖先以来住んで来た国。自分の生まれた国。母国。父祖の国。

【祖師】ソシ ①一派の学問を開いた先生。②仏一派の宗門を開いた僧。日蓮宗で日蓮、浄土真宗で親鸞、禅宗で達磨大師の類。「祖師堂」

【祖述】ソジュツ 先人の道を本とし、それを受け継いでのべること。〔中庸、三十章〕

【祖神】ソシン 道路の神。道祖神。

【祖生之鞭】ソセイのむち 先鞭をつける。人に先立って着手する。晋の祖逖が官に任用されたのを聞き、その友人が、祖生に先鞭をつけられたと言った故事。〔晋書、劉琨伝〕

【祖席】ソセキ 送別の宴席。

【祖先】ソセン ①その家系を開いた初代の人。先祖。〔魏志、毛玠伝〕②その家系の初代から先代までの人々。

【祖餞】ソセン 旅立つ人にはなむけすること。餞別。

【祖宗】ソソウ ①君主の始祖と、中興の祖。②初代から先代までの君主。

【祖帳】ソチョウ 人の旅立ちに道中の安全を祈るため道祖神を祭り、送別の宴を開くこと。また、路傍で催す送別の宴。帳は、供帳。休息や宴会の場所を作るために、路傍に幕を張りめぐらすこと。

【祖道】ソドウ ①旅立つとき、道祖神を祭って道中の安全を祈ること。②宴を設けて旅立つ人を送ること。また、その宴。送別会。

【祖廟】ソビョウ 祖先の霊をまつるおたまや。

【祖父】ソフ ①父母の父。②祖父と父。

【祖母】ソボ 父母の母。

【祖法】ソホウ 先祖が定めたおきて。

(10)5 【祚】5260 △ 漢ソ 呉ゾ 遇 zuò 6715 632F

字義 ❶さいわい。しあわせ。神から授かる幸福。「天祚」❷さいわいする。神が幸いを授ける。❸くらい（位）。天子の位。「践祚」❹むくいる。

解字 篆文 形声。示＋乍音。音符の乍は、胙に通じ、さいわいの意味。示を付し、さいわいの意味を表す。

【祚胤】ソイン よい子孫。幸福な世継ぎの意。

(9)ネ5 【祢】5261 △ ネ 禰（5300）の俗字。→九三ページ。 3910 472A

(10)5 【祕】（5333） ヒ 秘（5332）の旧字体。→九九ページ。 6716 6330

(10)5 【祔】5262 △ 漢フ 呉ブ 遇 fù

字義 ❶あわせまつる。先祖のおたまやに、死者の霊を合わせ祭る。❷あわせほうむる。先祖の墓に、なきがらを合わせ葬る。合葬。

解字 篆文 形声。示＋付音。音符の付は、よせ合わせるの意味。子孫の霊を先祖の墓に合わせ祭るの意味を表す。

(10)5 【祓】5263 標 漢フツ 呉フチ 物 fú 6717 6331

【祓】俗字 6733 6341

字義 ❶はらう。㋐神に祈ってわざわいをのぞく。㋑神に祈って身のけがれを払い清める。❷はらい。はらえ。おはらいの行事。❸のぞく（除）。弊害をのぞき去る。

解字 篆文 形声。示＋犮音。音符の犮は、不吉なものをはらい除くために、犬をいけにえとして殺す形にかたどる。示を付し、はらう・のぞくの意味を表す。

【祓禊】フッケイ 身のけがれを清めて災いを払うこと。陰暦三月上巳（はじめの巳の日）の節に水辺で行った祭り。みそぎ。〔広雅、釈天〕

【祓除】フツジョ けがれを払い除く。

【祓飾】フッショク 古くなったものを除き、新しくかざること。

【祓濯】フッタク はらい清める。

(9)ネ5 【祐】5264 人 4520 4D34

(10)5 〔祐〕5265 人許 漢ユウ（イウ） 呉ウ 宥 yòu

筆順 ラ ネ 礻 祐

字義 たすける。神が助ける。また、たすけ。神の助け。天の助け。＝佑・右。「祐助」「天祐神助」

名乗 さち・すけ・たすく・ち・よし

解字 篆文 形声。ネ（示）＋右音。音符の右は、たすけるの意味。示を付し、神の助けの意味を表す。

【祐助】ユウジョ 天の助け。神助。天祐。

【祐筆】ユウヒツ 国①貴人に侍し書記の役をする者。秘書。右筆。②武家の職名。文書をつかさどる。③文筆に長じた者。文学に従事する人。④文字を書くこと。筆記。

(11)6 【祫】5266 △ 漢コウ（カフ） 呉ギョウ（ゲフ） 洽 xiá

字義 代々の先祖を始祖のおたまやに合わせて祭る。また、その祭り。祫祭。

解字 篆文 形声。示＋合音。音符の合は、あわせるの意味。先祖のすべての霊をあわせまつるの意味を表す。

(11)6 【祭】5267 教3 サイ まつる・まつり 漢セイ・呉サイ 霽 jì 2655 3A57

筆順　ク　夕　夕　夕又　祭

字義　**まつる**。神や先祖を、物を供えてまつる。また、**まつり**。祭祀(サイシ)。国記念・祝賀などのために行う行事。「港祭」

解字　甲骨文　金文　篆文　会意。示＋又＋夕(肉)。いけにえの肉を手で神にささげる、まつるの意味を表す。甲骨文は、血のしたたるいけにえを手でささげる形にかたどる。

▼享祭・血祭・合祭・主祭・喪祭・葬祭・例祭・霊祭

【祭器】サイキ　まつりに用いる道具。祭具。

【祭祀】サイシ　まつり。神や祖先のまつり。祭典。

【祭粢】サイシ　まつりの時に神に供える穀物。

【祭主】サイシュ　①まつりを主宰する人。②国伊勢神宮の神官の長。

【祭酒】サイシュ　①昔、会合や宴会の席で、尊長者が最初に酒をそそいで地を祭ったこと。②転じて、同僚の中で、年長で徳の高い者の称。尊長者。③官名。学政をつかさどった長官。④国江戸時代、大学頭(ダイガクのかみ)の中国風の呼び名。

【祭政一致】サイセイイッチ　国神をまつることと、国家の政治を行うこととは一体のものであるという考え方、また、その政治形態。

【祭壇】サイダン　まつりを行う壇。祭場。

【祭典】サイテン　まつりの儀式。まつり。祭礼。

【祭奠】サイテン　まつりの供え物。また、まつり。

【祭文】サイブン　①まつりのとき、神前で読みあげる文。②死者を弔い祭る文。③国サイモン　江戸時代に行われた俗曲の一種。歌祭文(うたザイモン)。

【祭礼(禮)】サイレイ　＝祭典。

(11)6 【祡】5268　△　漢サイ　呉ジャ　佳 chái

字義　柴(しば)をたいて天を祭る。＝柴。

解字　篆文　形声。示＋此音。音符の此シは、柴に通じ、しばの意味。しばをたいて天をまつる祭の意味を表す。

(10)ネ6 【祥】5269　常　ショウ　3045 3E4D

(11)6 【祥】5270　人　許　漢ショウ(シャウ)　呉ゾウ(ザウ)　陽 xiáng

筆順　ラ　ネ　ネ'　祥

字義　❶**さいわい**。めでたいこと。喜ばしいこと。「吉祥」❷**きざし**。**しるし**。吉事・凶事のある前兆。また特に、吉事の前兆。❸忌みあけの祭り。喪の一定の期間の終わりにする祭り。「小祥」「大祥」

名乗　あきら・さか・さき・さち・さむ・ただ・なが・やす・よし

難読　祥雲(くも)

解字　篆文　形声。ネ(示)＋羊音。音符の羊は、ひつじの意味。神に羊(ひつじ)を供えて、よき神意を受ける、さいわいの意味を表す。

▼気祥・吉祥・慶祥・災祥・発祥・不祥・符祥

【祥雲】ショウウン　めでたい雲。瑞雲ズイウン。

【祥応(應)】ショウオウ　めでたいしるし。

【祥気(氣)】ショウキ　めでたいしるしの気。めでたいけはい。祥氛ショウフン。

【祥月】ショウつき　仏一周忌以後、死者が死んだ月にあたる月。祥月命日は、死んだ月日と同じ月日。

【祥瑞】ショウズイ　①めでたいしるし。〔漢書、元后伝〕②国ションズイ　白い釉(うわぐすり)で光沢のある染め付け陶器。

【祥氛】ショウフン　＝祥気。

(11)6 【祧】5271　△　チョウ(テウ)　蕭 tiāo

字義　おたまや。自分から五代前より昔の先祖は、特別の功労者を除いて、遷主といって、みな一つのおたまやに遷(うつ)して合わせ祭った。その遷主を合わせ祭るおたまや。祧廟チョウビョウ。遷廟。

解字　篆文　形声。示＋兆音。音符の兆は、割れるの意味。今までおさまっていた廟ビョウ(おたまや)から離れた先祖の廟の意味を表す。

(11)6 【票】5272　教4　ヒョウ　4128 493C

一　漢ヒョウ(ヘウ)　蕭 piāo

二　漢ヒョウ(ヘウ)　呉ビョウ(ベウ)　嘯 piào

筆順　冖　襾　覀　票　票

【㶾】本字　字義　一❶火が飛ぶ。火の粉が飛び散る。また、とびひ。火の粉。❷ゆれる。また、ゆれ動くさま。二❶かるい。また、ひるがえるさま。票然。❷はやい。また、強くはやいさま。❸**ふだ**。てがた。転じて、切符。切手。質札。紙片。「投票」国札の数を数える語。

解字　篆文　会意。篆文は、火＋䙴。䙴は、人の死体の頭を両手でかかげる形で、高くあげるの意味。䙴の下の一は廾の省略形で両手の意味。火が高く飛ぶの意味を表す。熛ヒョウの原字。転じて、まいあがる紙片、ふだの意味をも表す。常用漢字の票は㶾の変形。票の意味と音符とを含む形声文字に、僄ヒョウ・剽ヒョウ・彯ヒョウ・摽ヒョウ・標・漂・熛ヒョウ・瓢ヒョウ・飄ヒョウ・驃ヒョウなどがある。

▼軍票・証票・伝票

【票軽(輕)】ヒョウケイ　すばしこい。剽軽。

【票決】ヒョウケツ　国投票によって決定すること。

【票然】ヒョウゼン　＝飄然ヒョウゼン(一二〇五ページ)。

(12)7 【祲】5273　△　シン　沁 jìn

字義　❶わざわいを起こす気。妖気ヨウキ。❷太陽の周囲に現れるかさ。❸さかんにする。

解字　篆文　形声。示＋侵省音。音符の侵は、おかすの意味。人の生活をおかす邪気の意味を表す。

(11)ネ7 【祷】5274　標　トウ　↓七九三ページ。禱(5302)の簡易慣用字体。　3788 4578

【視】→見部　九九二ページ。

(13)8 【祼】5275　△　カン(クワン)　翰 guàn

字義　祭りの名。黒黍(くろきび)から作った鬱鬯ウッチョウという酒を尸(かたしろ)に献じ、尸がその酒をうけて地に注ぎ、神の降臨を願う祭り。

解字　篆文　形声。示＋果音。音符の果は、涫カンに通じ、水を流し洗うの意味。地に酒をそそぎ、神を求める祭りの意味を表す。

(13)8 【祺】5276　△　漢キ　呉ギ　支 qí　6718 6332

字義　❶**さいわい**。しあわせ。❷めでたいしるし。吉兆。❸安らかなさま。

解字　篆文　形声。示＋其音。

(13)8 【禁】5277　教5　キン　2256 3658

一　漢キン・呉コン　沁 jìn

二　漢キン・呉コン　侵 jīn

筆順　木　林　埜　禁

字義　一❶いみ(忌)。吉を求め凶をさけるために守るべきこと。また、いみさける。「禁忌」❷**とどめる**。さしとめる。「禁止」❸おきて。規則。いましめ。「国禁」❹御所。天子の居所。宮城。門ごとに番所を設けて人の通行をとどめるからいう。「禁裏」❺鳥獣を飼うおり。❻ろうや。監獄。「禁卒」❼杯を置く台。

禁と名づけていましめとする。❽ひそか。秘密。「禁方」❾のろい。まじない。「禁呪(キンジュ)」㊁とどめる(とどむ)。また、たえる。おさえる。

難読 禁忌(ブク)・禁野(しめの)

解字 篆文 会意。示＋林。示は神の意味。林におおわれた聖域の意味を表す。おおいとじこめるの意味から、いみさけるの意味をも表す。

▼解禁・厳禁・拘禁・国禁・紫禁・軟禁・発禁

【禁△遏】(キンアツ) おさえつけてとどめる。

【禁△闈】(キンイ) 御所。宮中。闈は、宮門の小門。

【禁域】(キンイキ) 御所。宮中。

【禁衛(衞)】(キンエイ) 御所のまもり。また、その兵士。近衛(コノエ)の軍。

【禁△掖】(キンエキ) 御所。掖は、宮門の左右にある小門。

【禁垣】(キンエン) 御所のかきね。

【禁園・禁△苑】(キンエン) 宮中の庭園。

【禁煙】(キンエン) ①火の使用を禁ずること。寒食の節（冬至から百五日め）に、煮たきをしないで冷たい物を食べること。②御所のあたりに立ちこめるもや。③国煙草(たばこ)を吸うことを禁ずること。また、煙草をやめること。

【禁戒】(キンカイ) ①禁じいましめる。②仏(ゴンカイ) 仏の定めたいましめ。

【禁忌】(キンキ) ①いみさける。②いみきらうべきこととして禁止する事がら。日月・方位・医薬・食物などについていう。

【禁御・禁△禦】(キンギョ) とどめふせぐ。

【禁句】(キンク) 国①和歌・俳句などで使用を避けるべきことば。止め句。②他人の感情を害さぬために使用を避けるべきことば。

【禁軍】(キングン) 宮中守護の軍隊。近衛(コノエ)の軍。

【禁△闕】(キンケツ) 御所の門。転じて、御所。宮中。

【禁固・禁△錮】(キンコ) ①仕官の道をふさいで仕えさせぬこと。②一室内に閉じこめて外出させないこと。おしこめ。③国刑務所に監禁するが、労役には服させない刑罰。

【禁溝】(キンコウ) 御所のほり。

【禁札】(キンサツ) 国禁止の箇条を公衆にふれ知らせる立てふだ。制札。

【禁△呪・禁祝】(キンジュ・キンシュウ) まじない。

【禁書】(キンショ) ①法律で刊行・所蔵・閲覧を禁止した本。禁止本。②国江戸時代、幕府がキリスト教禁止のために書籍の輸入を禁じたこと。また、その書籍。

【禁城】(キンジョウ) 御所。宮中。宮城。

【禁制】(キンセイ) ①さしとめる。〔荘子、説剣〕②さしとめ。禁令。

【禁絶】(キンゼツ) とどめたつ。厳重に禁止する。

【禁足】(キンソク) ①家の中や一定の地域から外に出ぬこと。②国外出をさしとめること。足止め。

【禁卒】(キンソツ) ろうやの番人。獄卒。

【禁△闥】(キンタツ) 宮中の小門。転じて、宮中。奥御殿。

【禁断(斷)】(キンダン) さしとめる。禁止。

【禁中】(キンチュウ) 天子の御所の中。御所。宮中。〔唐、白居易、八月十五日夜禁中独直対レ月憶二元九一詩〕

【禁庭】(キンテイ) 御所。宮中。禁中。禁廷。

【禁物】(キンブツ) ①禁制の品。さしとめた品物。②国(キンモツ) ㋐所持を禁じた品物。㋑きらいな物。㋒してはならないこと。

【禁兵】(キンペイ) 宮中守護の兵士。近衛(コノエ)の兵士。

【禁方】(キンポウ) 秘伝の調薬方法。方は、処方。

【禁門】(キンモン) ①御所の門。②厳重に出入を禁じた門。

【禁欲】(キンヨク) 欲望をおさえとどめること。

【禁裏・禁△裡】(キンリ) 御所。禁中。裏・裡は、中。

【禁林】(キンリン) ①宮中の庭園の林。②翰林院(カンリン)イン（天子の詔勅をつかさどる役所）の別称。

【禁令】(キンレイ) 禁止の法令。禁制。

(13)8【稟】5278　△ ヒン　稟（5354）の俗字。→八〇一ページ。　6741 6349

(12)礻8【禄】5279 囚　4729 4F3D

(13)8〖祿〗5280 囚許 ロク 屋 lù　6719 6333

筆順 ラ ネ 祀 禄

字義 ❶さいわい(さいはひ)。また、喜び。「福禄」「天禄」❷ふち（扶持）。役人の給与。俸給。また、ふちを与える。「俸禄」 国ロク。㋐報酬。謝礼。祝儀。㋑利益。㋒富。財産。㋓生活の資。

名乗 さち・とし・とみ・よし

解字 甲骨文 金文 篆文 形声。ネ（示）＋彔(音)。音符の彔(ロク)は、甲骨文でわかるように、つるべ井戸の滑車のあたりに水があふれる形にかたどる。くみあげられる水のさまから、さいわいの意味を表す。

【禄位】(ロクイ) 俸給と官位。禄次。

【禄仕】(ロクシ) 俸給を受けて官に仕えること。

【禄爵】(ロクシャク) ふちと、くらい。俸給と爵位。〔礼記、王制〕

【禄食】(ロクショク) 役人となり、俸給を受けて生活すること。俸給生活。

【禄秩】(ロクチツ) ふち。俸給。身分によって差があるから秩という。

【禄米】(ロクベイ・ロクマイ) 秩禄。扶持米(フチマイ)。昔、役人が俸給として与えられた米。

【禄命】(ロクメイ) 人の運命。貧富・貴賤(キセン)などの運命。

【禄利】(ロクリ) 俸禄と利益。

【干レ禄】(ロクをもとむ) 俸禄（また、天の福禄）を求める。仕官する。〔論語、為政〕子張学レ干レ禄(シチョウロクをもとむるをまなぶ)。

(14)9【禋】5281 △ ㊀イン 眞 yīn ㊁エン 先

字義 ㊀天帝を祭る。㊁まつる。身を清めて祭る。誠意をこめて祭る。

解字 甲骨文 金文 篆文 形声。示＋垔(音)。音符の垔(イン)は、けむりの意味。火をたき煙をあげてまつる祭りの意味を表す。

(13)礻9【禍】5282 常 カ　1850 3252

(14)9〖禍〗5283 囚許 漢カ（クワ） 呉ワ 箇 huò

筆順 ラ ネ 祀 禍 禍

字義 ❶わざわい(わざはひ)。神のとがめ。思いがけず受ける不幸。災難。↔福。❷わざわいする。わざわいを与える。国まがまがしい(まがまがし)。いまわしい。不吉だ。

〔旤〕古字

難読 禍禍(まがまが)しい

解字 篆文 形声。ネ（示）＋咼(音)。音符の咼(カ)は、けずられ、ゆがむの意味。神のくだすわざわいの意味を表す。

▼患禍・奇禍・黄禍・災禍・惨禍・舌禍・戦禍・大禍・筆禍・輪禍

【禍△殃】(カオウ) わざわい。禍害。

【禍階】(カカイ) わざわいの糸口。わざわいを導くもの。禍梯(カテイ)。

【禍害】(カガイ) わざわい。災難。

【禍機】(カキ) わざわいの起きるきざし。また、わざわいを引き起こすはずみ。

【禍根】(カコン) わざわいのもと。禍源。

【禍災】(カサイ) わざわい。災禍。

【禍心】(カシン) 悪い計画をたくらむ心。謀反の心。

【禍難】(カナン) わざわい。災難。

【禍敗】(カハイ) わざわいと失敗。また、わざわい。

【禍福如二糾△纆一】(カフクはキュウボクのごとし) 不幸は転じて幸福となり、幸福はまた不幸となって、めぐりめぐることが、より合わせた縄のようである。糾纆は、あざなった縄。〔鶡冠子、世兵〕禍乎福之所レ倚(カやフクの、よるところ)、福乎禍之所レ伏(フクやカの、ふすところ)、禍与レ福如二糾纆一(カとフクとはキュウボクのごとし)。〈不幸は幸福の宿るところにあり、幸福は不幸のかくれしのぶところにある、——〉〔十二〕

【禍乱(亂)】(カラン) 世のわざわいや乱れ。兵禍戦乱。〔左伝、襄公

【禍従(従)レ口生】（わざわ(は)い(ひ)はくちよりショウず） わざわいは、言葉をつつしまないことから起こる。禍従レ口出（わざわ(は)い(ひ)はくちよりいず(づ)）。〔釈氏要覧、下〕→病従レ口入、禍従レ口出（やまい(ひ)はくちよりいり、わざわ(は)い(ひ)はくちよりいず(づ)）(七五五ページ)。

【転(轉)レ禍為(爲)レ福】（わざわ(は)い(ひ)をテンじてフクとなす） わざわいをうまく処理して、かえって幸福な結果が得られるようにする。〔戦国策、燕〕

(14)9【禊】5284 標 漢ケイ 呉ゲイ 霽 xì　6720 6334

字義 ❶みそぎ。はらい（祓）。水辺で身を洗い清めて悪を払い除く祭り。年中行事の一つ。陰暦三月上巳（ジョウシ）（月の初めの巳の日。後には三日）に行うのを春禊、七月十四日に行うのを秋禊という。❷はらう。みそぎをする。

解字 形声。示＋契音。音符の契（ケイ）は、罪・けがれを清めるために人のはだにしるしを刻む意味。示を付し、けがれを払うみそぎの意味を表す。

【禊宴】（ケイエン） みそぎの祭りのあとで開くさかもり。

(14)9【禔】5285 △ 一シ 支 zhī、②zhǐ 二漢テイ・呉ダイ 斉 tí

字義 一❶さいわい。喜び。❷ただ。まさに。＝祇（シ）。

解字 篆文 形声。示＋是音。

(13)ネ9【禅】5286 常 ゼン
(17)12〔禪〕5287 人 許 一漢セン・呉ゼン 霰 shàn 二漢セン・呉ゼン 先 chán　3321 4135　6724 6338

筆順 ラ ネ ネ゛ 禅 禅

字義 一❶ゆずる。㋐天子が位をゆずり与えること。「禅譲」㋑伝える。授ける。❷祭りの名。昔、天子が地を払い清めて天の神や山川の神をまつった祭り。「封禅」

二仏㋐梵語（ボンゴ）dhyāna の音訳。禅那（ゼンナ）の略。静座して精神を統一し、無我・静寂の境に至り、真理をさとること。㋑座禅の略。㋒禅宗の略。仏教の一宗派。

解字 篆文 形声。ネ(示)＋単(單)音。音符の單は、壇に通じ、平坦な台地の意味。壇を設けて天を祭るの意味を表す。

▼安禅・座禅・参禅・受禅・封禅

【禅院】（ゼンイン） 禅宗のてら。禅寺。禅刹（ゼンサツ）。

【禅機】（ゼンキ） 禅の修業によって得た無我の境から生ずる心の働き。

【禅閤】（ゼンコウ） 国太閤（タイコウ）（摂政、または太政大臣（ダイジョウダイジン）の尊称）が、出家して仏門に入ってからの称。

【禅刹】（ゼンサツ） 禅宗のてら。禅寺。禅院。

【禅師】（ゼンジ） ①徳の高い禅僧の称。②国知徳の高い禅僧に朝廷から賜る称号。

【禅宗】（ゼンシュウ） 仏仏教の一宗派。インドの達磨（ダルマ）が中国に伝えたもので、座禅によるさとりを説く。臨済・曹洞（ソウトウ）・黄檗（オウバク）などの諸派があり、日本には栄西（ヨウサイ・エイサイ）や道元・隠元らがこれを伝えた。

【禅杖】（ゼンジョウ） 仏①座禅のとき、眠る者をいましめて打つつえ。警策。②禅僧のつくつえ。

【禅定】（ゼンジョウ） 仏①座禅で精神を統一し、静かに真理を考えること。②国高山（富士山・白山・立山など）に登って信徒が修行すること。

【禅譲(讓)】（ゼンジョウ） 易姓（エキセイ）の革命の思想で、天子が位を世襲せずに、有徳者にゆずること。↕放伐。〔書経、尭典〕

【禅榻】（ゼントウ） 座禅を組む腰かけ。禅牀（ゼンショウ）。

【禅堂】（ゼンドウ） ①禅宗のてら。禅寺。②座禅する堂。

【禅那】（ゼンナ） →字義二の㋐。

【禅尼】（ゼンニ） 国禅定尼の略。仏門にはいった女子。↕禅門。

【禅房】（ゼンボウ） ＝禅堂。

【禅味】（ゼンミ） 禅のおもむき。俗気のないおもむき。

【禅門】（ゼンモン） ①禅宗。②国仏門にはいった男子。↕禅尼。

【禅林】（ゼンリン） ①禅宗のてら。禅寺。②禅僧の仲間。

(13)ネ9【禎】5288 人
(14)9〔禎〕5289 人 許 漢テイ 呉チョウ(チャウ) 庚 zhēn　3687 4477

筆順 ラ ネ ネ' 禎 禎

字義 ❶めでたいしるし。「禎祥」「禎瑞（テイズイ）」❷さいわい。❸ただしい。

名乗 さだ・さだむ・さち・ただ・ただし・つぐ・とも・よし

解字 篆文 形声。ネ(示)＋貞音。音符の貞は、うらなって神意を問うの意味。めでたいしるしの意を表す。

(14)9【禘】5290 △ 漢テイ 呉ダイ 霽 dì

字義 ❶大祭の名。天子が正月に南の郊外で天をまつる祭り。始祖が出たとされる天帝を主とし、これに始祖を配して祭る。❷おたまや（宗廟（ソウビョウ））の祭りの名。㋐夏（カ）・殷（イン）の時代、天子・諸侯が夏（なつ）に祖先の霊廟をまつった祭り。㋑天子・諸侯が五年ごとに祖先の霊廟をまつった祭り。

解字 甲骨文 金文 篆文 形声。示＋帝音。音符の帝は、神をまつる台の象形。示を付し、天や祖先をまつるまつりの意味を表す。

【禘郊】（テイコウ） ＝字義の①。

【禘祫】（テイコウ） ＝字義の②㋑。

【禘嘗】（テイショウ） ①天子が祖先の霊廟（レイビョウ）に新穀を供える祭り。②天子・諸侯が祖先の霊廟をまつる、夏と秋の祭り。嘗は、秋祭り。

(14)9【禖】5291 △ 漢バイ 呉マイ 灰 méi

字義 天子が子を授かるように祈る祭り。また、子授けの神。

解字 篆文 形声。示＋某音。音符の某は、神に子を求めようと祈るの意味。天子が子を求めるために祭る神の意味や、そのまつりの意味を表す。

(13)ネ9【福】5292 教3 フク
(14)9〔福〕5293 人 許 フク 屋 fú　4201 4A21

筆順 ラ ネ ネ口 福

字義 ❶さいわい。しあわせ。↕禍。「幸福」❷しあわせを与える。❸天のたすけ。神からさずかる助け。❹ひもろぎ。祭りのとき神に供える酒肉。祭りが終われば関係者に分け与える。

名乗 さき・さち・たる・とし・とみ・むら・もと・よ・よし　難読 福朱（さふく）・福生（ふっさ）・福当（とんだ）

解字 甲骨文 金文 篆文 形声。ネ(示)＋畐音。音符の畐（ヒョク）は、神にささげる酒のたるの象形。神に酒をささげ、酒だるのように豊かに満ち足りてしあわせになることを祈るさまから、さいわいの意味を表す。

▼景福・幸福・祝福・寿福・裕福

【福音】（フクイン） ①よろこびのおとずれ。②キリスト教で、キリストが復活し、人間を救い、神の国を実現するというしらせ。

【福運】（フクウン） よい運命。しあわせ。幸運。

【福建】（フッケン・フクケン） 省の名。中国東南部に位置し、東は海を隔てて台湾と相対する。省都は福州市。昔の閩（ビン）の地で、閩省ともいう。

【福祉】（フクシ） ①さいわい。しあわせ。幸福。祉も、しあわせ。〔韓詩外伝、三〕②国恵まれない人々に生活を保障すること。

【福寿(壽)】（フクジュ） ①幸福と長生き。②幸福で長生きすること。

【福相】（フクソウ） 国福々しい（福が多いようすの）人相。↕貧相。

【福沢(澤)】しあわせと、めぐみ。福利恩沢。また、めぐみ。

【福地】①安楽の土地。②道家で、仙人の住む所。

【福田】①仏福徳の報いをもたらす基となる善行を、田が物を生ずるのにたとえていう。㋐僧に供養すること。㋑三宝（仏・法・僧）を敬い、父母の恩に報い、貧者をあわれむこと。②国幸福をもたらす基となるもの。

【福徳】①幸福と利益。徳は、得で、利得。②仏善行。また、善行の報いとして受けた幸福と利益。

【福利】幸福と利益。さいわい。しあわせ。

【福禄】①幸福と俸禄。②さいわい。しあわせ。

【福禄寿(壽)】①幸福と俸禄と寿命。②七福神の一つ。その像は、せたけが低く、頭が長くて、ひげが多く、杖に経巻を結び、多く鶴を従えている。

(15)10 【禜】5294 △ 漢エイ 呉ヨウ（ヤウ） 敬庚 yǒng (yíng)
字義 なわばりして祭場を設け、山川の神々に祈ってわざわいをはらう祭り。
解字 篆文 形声。示＋熒省音。音符の熒は、夜営のかがり火の意味。かがり火をたき自然神をまつるまつりの意味を表す。

(15)10 【禝】5295 △ 漢ショク 呉シキ 職 jì 6721 6335
字義 人名。古代の尭帝の臣下で、よく五穀を播き育てた。＝稷。
解字 金文 形声。示＋畟音。音符の畟は、耕作するの意味。五穀の神の意味を表す。

(15)10 【禡】5296 △ 漢バ 呉マ・メ 禡 mà
字義 いくさの祭り。軍を止めた所で、いくさの神を祭る。
解字 篆文 形声。示＋馬音。音符の馬は、うまの意味。軍馬を用いる戦争の勝利を祈って馬の先祖を祭る軍隊の祭りの意味を表す。

(17)12 【禧】5297 △ キ 支 xǐ, xī 6722 6336
字義 さいわい（福）。めでたいこと。喜び。「新禧（新年の幸福）」
解字 篆文 形声。示＋喜音。音符の喜は、よろこびの意味。神に祈って得られたよろこび、さいわいの意味を表す。

(17)12 【禨】5298 △ 一漢キ・呉ケ 微 jī 二漢キ・呉ケ 未 jì
字義 一❶きざし。吉事・凶事の起こるしるし。❷たたり。二❶めでたいきざし。❷ゆあみした後で酒を飲むこと。
解字 形声。示＋幾音。音符の幾は、かすかの意味。吉凶のおこるかすかなしるし、きざしの意味を表す。
【禨祥】①鬼神のくだすたたりとさいわい。②吉凶のきざし。

(17)12 【禦】5299 △ 漢ギョ 呉ゴ 語御 yù 2190 357A
字義 ❶まつる。わざわいのないように祈る。❷ふせぐ。㋐こばみ守る。ささえ守る。「防禦」㋑あたる。抵抗する。㋒とどめる。さえぎる。❸ふせぎ。防ぐこと。また、防ぐもの。まもり。そなえ。❹強い。
参考 現代表記では〔御〕(2163)に書きかえることがある。「制禦→制御」「防禦→防御」
解字 金文 篆文 形声。示＋御音。音符の御は、神を迎えるの意味。たたりを防ぐために神を迎えるの意味から、ふせぐの意味を表す。
【禦侮】①あなどりをふせぐ。②外敵の来襲を防ぐこと。③転じて、武臣をいう。

(17)12 【禪】(5287) ゼン 禅(5286)の旧字体。→七九二ﾍﾟｰ。 6724 6338

(18)13 【禮】(5233) レイ 礼(5232)の旧字体。→七八五ﾍﾟｰ。 6725 6339

(19)14 【禰】5300 標 漢デイ 呉ナイ 慣ネ 薺 nǐ ［禰］ 3909 4729
［禰］同字 ［祢］俗字 3910 472A
字義 ❶父のおたまや。親の霊廟。禰廟。❷霊廟にまつった父の称。❸戦争に奉じて行く位牌。
解字 篆文 形声。示＋爾音。音符の爾は、邇に通じ、ちかいの意味。自分に最も近い先祖、父のおたまやの意味を表す。
【禰宜】国宮司または神主に次ぐ神官。
【禰祖】①父のおたまやと祖父のおたまや。②死んだ父と祖父。

(18)ネ14 【禰】5301 △ ネ 禰(5300)と同字。→前項。 3909 4729

(19)14 【禱】5302 標 トウ（タウ） 晧 dǎo ［祷］ 3788 4578
［祷］簡易
字義 ❶いのる。神に事を告げてさいわいを願い求める。また、いのり。「祈禱」❷まつる。
解字 篆文 形声。示＋壽音。音符の壽は、いのちながからんことを祈るの意味。示を付し、いのるの意味を表す。
【禱祠・禱祀】いのり、まつる。また、まつる。

(22)17 【禳】5303 △ 漢ジョウ（ジャウ） 呉ニョウ（ニャウ） 陽 ráng 6726 633A
字義 はらう。神を祭って災いをはらう。また、はらい。
解字 篆文 形声。示＋襄音。音符の襄は、邪気を払うの意味。示を付し、神を祭って邪気を払うの意味を表す。
【禳禱】神を祭ってわざわいをはらい、福をいのる。

5 禸（禸）部

〔部首解説〕ぐうのあし。この部首に属する文字の多くは動物に関する象形文字で、禸はその後足と尾とを表している。

禸 七九三　4 禹 七九三　禺 七九四　6 离 七九四　8 禽 七九四

(5)0 【禸】5304 △ 漢ジュウ（ジウ） 呉ニュウ（ニウ） 有 róu
字義 けもののあしあと。
解字 古文 篆文 象形。獣の後足が地を踏みつけている形にかたどり、足あとの意味を表す。古文は、ム＋九音の形声。篆文の蹂は、足＋柔音。ふむの意味を表す。

(9)4 【禹】5305 △ ウ 麌 yǔ 6727 633B
字義 ❶夏の国を建てたといわれる王の名。初め尭・舜の二帝に仕え、洪水を治めて大功があり、舜から位を譲られて天子となったという。❷むし（虫）。

解字 金文 篆文 象形。爬虫類の一種の形にかたどり、音形上は、雨に通じて、雨水の神の意味を表す。

【禹域】中国の別称。禹が洪水を治めて中国全土の九つの州の境界を正したといわれることに基づく。

【禹穴】浙江省紹興市の宛委山にある洞穴。禹が書物を蔵したという。禹井ともいう。

【禹行舜趨】夏の禹王の歩き方や、舜帝の走り

方のような聖人の外面的な動作だけを見習って、その内容を備えていないたとえ。〔荀子、非十二子〕

【禹貢】(ウコウ)『書経』の編名。禹が九州の境界を定め、その地理・物産を調査して租税を定めたものに基づく記録書。中国最古の地理書。

【禹△迹・禹跡】(ウセキ)①中国全土。夏(カ)の禹王の足跡が中国全土に及んだということからいう。②禹の功績。禹績。

【禹△廟】(ウビョウ)禹をまつった廟。今の四川省忠県にある。

(9)4 【禺】5306 △ 一グ 遇 yù 二グ 虞 yú 慣グウ　6728 633C

字義 一おながざる。尾の長い猿。二❶わかち。区別。❷あらわれる。❸昔、太陽が入ると想像した所。虞淵(グエン)。

解字 金文 篆文 象形。大きな頭と尾を持った「さる」の一種、おながざる、または、なまけもの類の形にかたどり、おながざるの意味を表す。禺を音符に含む形声文字に、偶・寓(グウ)・嵎(グ)・愚・耦(グウ)・遇・隅・顒(グ)などがある。

(11)6 【离】5307 △ 一チ 支 chī 二リ 支 lí

字義 一獣の形をした山神。＝螭(チ)。二はなれる。ちる。＝離。

解字 篆文 会意。もと、山＋凶＋内(ジュウ)。凶は、あたまの象形。禸は、足を開き尾を垂れている形にかたどる。山の神の意味を表す。一説に、象形で、頭に飾りをつけた獣の形にかたどるという。

(13)8 【禽】5308 標 漢キン 呉ゴン 侵 qín　2257 3659

字義 ❶とり。鳥類。❷鳥獣の総称。❸とりこにする(とりこにす)。とらえる。いけどりにする。また、とりこ。いけどり。＝擒(キン)。

解字 金文 篆文 形声。金文は、畢＋今音。畢は、取手のついた網の象形。音符の今は、含に通じ、のみこむの意味。鳥を網で取りおさえるの意味に引かれて、畢の部分が獣尾のように変形し、禽の字体となった。『説文(セツモン)』では、禸＋凶＋今音の形声文字で、禸は足の象形。凶は頭の象形。走りまわる獣の意味を表すという。

【禽獲】(キンカク)とらえる。また、とりこにする。擒獲(キンカク)。

【禽語】(キンゴ)鳥の鳴き声。鳥語。

【禽困覆レ車】(キンもくるしめばくるまをくつがえ(へ)す)いけどりにした鳥も苦しめば車をくつがえす。弱者も死に物狂いになれば、大きな力を出すことができるというたとえ。〔戦国策、韓〕

【禽獣(獸)】(キンジュウ)鳥やけもの。鳥獣。

【禽鳥】(キンチョウ)とり。鳥類。

5

禾部

〔部首解説〕のぎ。のぎへん。禾(カ)をノ木と書くことから、のぎと呼ぶ。禾を意符として、稲・穀物、その収穫や、租税などに関する文字ができている。

禾 七九四	秉 七九六	秋 七九六	秬 七九七	租 七九八	6 移 七九九	程 八〇〇	稛 八〇一	稗 八〇一	稱 八〇二	稾 八〇三	稡 八〇三	穅 八〇三	穉 八〇四	穠 八〇四	穫 八〇五
2 私 七九四	4 科 七九六	秌 七九七	秫 七九七	秩 七九九	7 稈 八〇〇	稊 八〇〇	稚 八〇一	稟 八〇一	稲 八〇二	穀 八〇三	稻 八〇三	穐 八〇三	穜 八〇四	穡 八〇四	穧 八〇五
秀 七九五	秔 七九六	秕 七九七	称 七九七	秘 七九九	稀 八〇〇	稌 八〇〇	稠 八〇一	稜 八〇一	10 稼 八〇二	稷 八〇三	穃 八〇三	積 八〇三	穝 八〇四	穟 八〇四	16 龝 八〇五
3 秈 七九五	秏 七九六	秒 七九七	秤 七九八	秡 七九九	稍 八〇〇	稂 八〇一	稙 八〇一	9 穀 八〇二	稽 八〇二	稹 八〇三	11 穎 八〇三	穆 八〇四	13 穫 八〇四	穢 八〇四	17 穰 八〇五
秊 七九六	秖 七九六	5 秧 七九七	秦 七九八	秣 七九九	税 八〇〇	8 稘 八〇一	稔 八〇一	種 八〇二	稿 八〇二	穂 八〇三	穏 八〇三	12 穗 八〇四	穖 八〇四	14 穩 八〇五	

禿→儿部 一〇九ﾍﾟｰ。利→刂部 一三八ﾍﾟｰ。委→女部 二七八ﾍﾟｰ。季→子部 二九二ﾍﾟｰ。和→口部 一九九ﾍﾟｰ。香→香部 一二一五ﾍﾟｰ。

(5)0 【禾】5309 △ 漢カ(クヮ) 呉ワ 歌 hé　1851 3253

字義 ❶いね(稲)。❷穀物。穀類の総称。❸なえ(苗)。穀物の苗。❹わら。穀類の茎。❺穀物の穂が出たもの。

難読 禾(のぎ)・禾本(のぎもと)・禾森(のぎのもり)

解字 甲骨文 篆文 象形。穂先が茎の先端にたれかかる形にかたどり、いねの意味を表す。禾を音符に含む形声文字に、和・盉(ワ)・科・龢(ワ)などがある。

【禾△穎】(カエイ)いねの穂。いなほ。禾穂。

【禾稼】(カカ)穀物。穀類。稼は、実った稲の穂。

【禾△黍】(カショ)いねときび。〔史記、宋微子世家〕禾黍油油兮(カショユウユウたり)。

【禾穂(穗)】(カスイ)いねのほ。いなほ。

【禾苗】(カビョウ)いねのなえ。また、穀物のなえ。

(7)2 【私】5310 教6 シ わたくし　一シ 支 sī　2768 3B64

筆順 千 禾 私 私

字義 ❶わたくし。㋐自分。自己。㋑個人。↔公。「公私」㋒かたておち。不公平。㋓よこしま。邪悪。㋔利己的な欲望。㋕ひとりでいること。秘密。プライバシー。㋖人に知られたくない行い。また、かくしごと。❷わたくしする(わたくしす)。㋐自分のものにする。自分の利益をはかる。㋑不公平にする。かたよる。㋒姦通(カンツウ)する。❸ひそかに。こっそりと。正式ではなく。❹愛する。あわれむ。めぐむ。❺気にいり。愛する者。❻ふだんいる所。自分の家。また、ふだん着。❼またげらい。家来の家来。陪臣(バイシン)。❽みうち。家族。❾ゆばり。ゆばりする。小便する。❿あいむこ。姉妹の夫同士。⓫かくしどころ。男女の陰部。⓬いね。小作人の所有となる稲。国わたくし。わたし。一人称の代名詞。

難読 私語(ささめき・ささめごと)・私市(きさいち・きさい・きさき)・私都(きさいち)・私部(きさべ・きさいちべ)

解字 篆文 形声。禾＋厶音。音符の厶は、わたくしするの意味。禾(カ)は、いねの意味。私有の稲の意味から、わたくしするの意味を表す。

▼去私・公私・偏私・無私

【私△阿】(シア)えこひいき。

【私愛】(シアイ)①えこひいき。②こっそりと愛する女。

【私意】(シイ)自分だけの意志。また、わがままかってな心。私心。

【私謁(謁)】(シエツ)個人的なたのみごとのために、ひそかに身分の高い人に面会すること。

【私△怨】(シエン)個人的なうらみ。わたくしごとのうらみ。

【私恩】(シオン)個人的なおなさけ。個人的なめぐみ。

【私家】(シカ)①個人の家。また、役所に対して、自宅。②自分の家の利益をはかること。③大夫(タイフ)以下の家。臣下の家。④民間の人。⑤妻の実家。

【私回】(シカイ)＝私曲。

【私学(學)】(シガク)①自分かってに学ぶこと。②私立の学校。一個人のたてた学校。③国学校法人が設置・経営する学校。↔官学。

【私議】(シギ)①内密に、また、陰であれこれいう。②自分だけの考えで批評すること。自分勝手の意見。私見。

【私曲】シキョク　よこしま。公平でないこと。
【私刑】シケイ　国法律によらずに裏ぎり者や犯人に加える制裁。リンチ。
【私見】シケン　①こっそり面会する。②国自分の見る所。自分の考え。また、それを謙遜ケンソンしていう語。
【私言】シゲン　一個人のことば。
【私語】シゴ　①こっそり話す。ささやく。〔唐、白居易、長恨歌〕夜半無レ人私語時ヤハンひとなくシゴのとき。②ひそひそばなし。③個人的なことで願い出ること。
【私交】シコウ　個人的な交際。
【私行】シコウ　①自分かってに行う。また、その行い。②私用で出かける。③個人としての行い。④ぬけみち。
【私財】シザイ　自分の持っている財産。個人の財産。
【私史】シシ　個人の書いた歴史の書。野史。私乗。野乗。↕正史（王朝の命を受けて編したもの）。
【私事】シジ　①一身一家に関係した事柄。個人的な事柄。②秘密のこと。わたくしごと。
【私△昵・私△暱】シジツ　個人が特に目をかけて愛する者。昵・暱は、近づき親しむ意。
【私△讎・私△讐】シシュウ　個人的なうらみ。
【私淑】シシュク　ひそかにわが身をよくすること。直接に教えを受けなくても、内々その人をしたい、その人の著書などによって自分を修養すること。古人を理想として、その言行を学ぶこと。〔孟子、離婁下〕予私□淑諸人□也われはこれをひとにシシュクするなり。
【私塾】シジュク　国個人が開いている学舎。個人が設立した学校。
【私書】シショ　①個人的な用事を書いた手紙・書類。②内密な手紙。
【私乗（乘）】シジョウ　＝私史。
【私情】シジョウ　①個人的な情愛。②個人的な考え。③自分だけの利益をはかる考え。
【私心】シシン　①自分だけの考え。②自分だけの利益をはかる心。利己心。
【私信】シシン　個人の用事を書いた手紙。
【私人】シジン　①召使い。また、家臣。③国家社会に対して、一個人をいう。「一私人」③親類。
【私△撰】シセン　一個人の著した書物。官命を受けないで個人が選び集めて著した書。↕勅撰。
【私蔵（藏）】シゾウ　個人が所有すること。
【私属（屬）】シゾク　①召使い。従者。家の子。②新の王莽オウモウのとき、奴婢ヌヒ（召使い）をいう。

【私宅】シタク　個人の家。私邸。↕官邸・公舎・社宅。
【私知・私△智】シチ　自分ひとりの、せまい（不公正な）知識。
【私通】シツウ　ひそかに他と通ずる。また、男女がこっそりと情を通ずること。密通。
【私△覿】シテキ　①役人が個人の資格で上役に面会すること。覿は、面会。②同僚が個人の用事で面会すること。
【私田】シデン　①個人の所有する田地。②昔、井田の法で、九等分した真中の一区を公田とし、それ以外の八区を私田といった。一区画は百畝ヒャッポで、今の一八二アール。
【私党（黨）】シトウ　個人的な利害のために集まっているなかま・集団。
【私闘（鬪）】シトウ　個人同士の争い。個人的な利害やうらみのための争い。
【私販】シハン　①政府の専売品をこっそり売ること。密売。②一個人の営業で売ること。
【私費】シヒ　①役所の金品をかってに使うこと。また、公人が私的に使う費用。②国一個人の負担すべき費用。自費。↕官費・公費。
【私服】シフク　国①個人の常用する服装。↕官服。②私服を着て勤務している警官。
【私腹】シフク　国自分の財布サイフ。自分の利益。「私腹を肥こやす」
【私△忿】シフン　＝私憤。忿は、いかり。
【私憤】シフン　個人としてのいきどおり。個人の立場としていきどおること。↕公憤。
【私兵】シヘイ　国自分の勢力をはるために自分の財力や権力によって設置養成している軍隊。手兵。手勢。↕官兵。
【私弁（辨）】シベン　自分で費用を出すこと。自腹を切ること。
【私法】シホウ　国①個人で定めた法律。②個人相互間の権利や義務の関係を規定した法律。民法・商法など。
【私門】シモン　①朝廷に対して人臣の家。臣下の家。特に、権力家。権門。②家門。
【私用】シヨウ　①役所または公共の物品をひそかに使用すること。②国私的な用件。自分の用事。↕公用。
【私欲】シヨク　個人の欲望。「私利私欲」
【私利】シリ　自分または自分の家だけの利益。
【私論】シロン　↕公論。①公然とではなく、こっそりと論ずること。また、その議論。②私的な意見。かってな論議。

(7)2
【秀】5311　常　シュウ　ひいでる
シュウ（シウ）　宥 xiù
2908
3D28
筆順　二　禾　禾丿　秀

字義　❶ひいでる。ひいづ。㋐すぐれる。他と異なって目立つ。「優秀」㋑ぬきんでる。高く出る。「秀峰」㋒のび出る。成長する。❷花が咲く。また、花。❸すぐれた人・もの。「俊秀」
名乗　さかえ・しげる・ひで・ほ・ほず・ほら・みつ・みのる・よし
難読　秀積ほづみ
解字　篆文 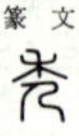　会意。禾＋乃。禾は、つき出た稲穂の象形。乃は、のびた弓の象形。長く伸びる、ひいでるの意味を表す。
▼俊秀・清秀・麦秀・茂秀・優秀
【秀異】シュウイ　すぐれて他とことなる。人より特にすぐれている。
【秀偉】シュウイ　すぐれて偉大なこと。
【秀逸】シュウイツ　すぐれていること。また、そのもの。
【秀英】シュウエイ　ひいですぐれていること。また、その人。
【秀△穎】シュウエイ　①ひいでている（りっぱな）穀物の穂。②才能の衆人にぬきんでてすぐれていること。また、その人。
【秀気（氣）】シュウキ　①すぐれた気。純粋な気。②すぐれた趣。
【秀吟】シュウギン　すぐれた詩歌。秀作。名吟。
【秀句】シュウク　①すぐれた句。すぐれた詩歌。②国シュウク・スク　㋐言いかけのたくみなしゃれ。㋑すぐれた俳句。
【秀才】シュウサイ　①学問才能のすぐれた人。②科挙（官吏登用試験）の科目の名。また、その合格者。漢に始まり、後漢では光武帝の名を避けて茂才と称した。唐代、明経・進士などとともに科目として設けられ、宋代ソウダイは科挙の応募者を称し、明ミン・清シン代、府州県学の学生を称した。③国シュウサイ・スサイ　昔、大学寮の文章生モンジョウショウの試験に及第した者。
【秀作】シュウサク　（詩文・書画などの）すぐれた作品。
【秀士】シュウシ　徳行学芸のすぐれた人。すぐれた人物。秀才。
【秀出】シュウシュツ　一般の人よりすぐれぬきんでている。
【秀絶】シュウゼツ　この上なくすぐれている。
【秀発（發）】シュウハツ　①花や実が美しくさかんなこと。②風采フウサイなどがすぐれていること。③美しくさかんな光彩。
【秀抜】シュウバツ　一般の人よりすぐれぬきんでている。
【秀敏】シュウビン　一般の人よりすぐれてかしこい。
【秀峰】シュウホウ　高くそびえ立つみね。
【秀茂】シュウモ　①草木などの高くしげること。②（詩文の才・人格などが）大いにすぐれる。
【秀麗】シュウレイ　すぐれて美しい。「眉目ビモク秀麗」

[禿]→儿部　一〇九ページ。　[利]→刂部　一三八ページ。

(8)3
【秈】5312　△　セン　先 xiān

字義 うるちの一種。ねばらない米で、秔(コウ)(＝粳)よりも収穫が早い品種。早稲(わせ)。
解字 形声。禾+山音。

(8)3 【秊】5313 △ ネン 年(1970)の本字。→三五三ページ。

(8)3 【秉】5314 △ ㊀ 漢ヘイ 呉ヒョウ(ヒャウ) 梗 bǐng ㊁ 漢ヘイ 呉ヒョウ(ヒャウ) 敬 慣ヒン 6729 633D

字義 ㊀❶とる。㋐もつ。手ににぎる。㋑心にしっかりと守る。❷いねたば。ひとにぎりの稲たば。❸穀物の容積の単位。十六斛(石)。㊁❶え(柄)。❷権勢。権柄(ケンペイ)。

解字 甲骨文  金文  篆文  会意。又+禾。いねを手でつかむさまから、とるの意味を表す。

【秉彝・秉夷】(ヘイイ) 常道を取り守る。天から与えられた正しい道を守る。

【秉公】(ヘイコウ) 公正をとり守る。「秉公持平」

【秉燭】(ヘイショク) ①灯火を手に持つ。「秉燭夜遊」 ②晩学のたとえ。→炳燭(ヘイショク)(六八二ページ)。

【秉心】(ヘイシン) 正しい心を保ち続けること。

【委】→女部 二七八ページ。 【季】→子部 二九二ページ。
【和】→口部 一九九ページ。

(9)4 【科】5315 教2 カ　カ(クワ) 歌 kē 1842 324A

筆順 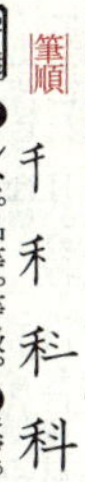

字義 ❶しな。品等。等級。❷ほど。程度。きりめ。区分。❸すじ。箇条。条目。❹のり。おきて。法律の条文。「金科玉条」❺わりあて。わりあてる。税などを割りあてる。❻あてはめる。法律によって罪をあてはめる。「罪科」❼類別。区分。「文科・理科」❽官吏登用試験の科目。また、その試験。「科挙」❾あな。くぼみ。❿うつろ。むなしい。⓫しぐさ。芝居の役者のしぐさ。
国❶カ。生物を分類する単位。目と属との間。❷とが。あやまち。つみ。罪科。
難読 科木(しなのき)・科良(あきら)
使いわけ カする〔科・課〕
〔科〕刑罰として金を払わせたり労働させたりする。「五万円を科する」
〔課〕義務として割り当てる。「租税を課する」

解字 篆文  形声。斗+禾音。音符の禾(カ)は、穀物の意味。斗は、ますの象形。穀物をはかるさまから、区分する・しなの意味を表す。

▼考科・高科・罪科・重科・選科・前科・登科

【科役】(カエキ) 租税と夫役(ブヤク)。夫役は、義務で国の工事に使われること。

【科学(學)】(カガク) ①組織・系統のある学問。②自然科学。

【科挙(舉)】(カキョ) 官吏登用試験をいう。科目によって人材をあげ用いる意。時代によって科目が異なり、唐代では秀才・明経・進士・俊士・明法・明算の六科目に分かれ、宋代(ソウダイ)に至って進士・明経・明法の三科目となった。また、試験の段階も解試(郷試)・省試(会試)・殿試の三種に分かれた。解試は地方の試験官が行い、省試は尚書礼部で行い、殿試は天子みずから行った。

【科禁】(カキン) おきて。法度(ハット)。

【科甲】(カコウ) ①科挙(官吏登用試験)の別名。甲乙等の科があるのでいう。②科挙に優秀な成績で及第した者。

【科条(條)】(カジョウ) ①法律・法令・規則などの条文。②分類して整理する。

【科場】(カジョウ) 科挙の試験場。場屋。

【科第】(カダイ) ①試験で優劣をきめること。②科挙(官吏登用試験)。③等級。

【科斗】(カト) ①おたまじゃくし。②科斗文字の略。

【科斗文字】(カトモンジ) 中国の古代文字の一つ。昔、筆墨がなかったころ、木や竹の先に漆をつけて書いたので点画の頭が太く、尻が細くなって、科斗(おたまじゃくし)に似ていたのでいう。〔古文。

【科頭】(カトウ) 冠や頭巾(ズキン)をかぶらない頭。

【科白】(カハク) ①役者のしぐさとせりふ。②国(せりふ)㋐劇中の人物が話すことば。台詞。㋑文句。言い分。

【科名】(カメイ) 科挙に及第した者に与えられる呼称。進士・明経の類。

【科目】(カモク) ①科挙の試験の種目。また、その試験をいう。②国㋐個条。条目。㋑学問の領域の区分。㋒課目。㋓課せられた項目。㋔品分け。「勘定科目」

【科料】(カリョウ) 国刑罰の一つ。軽い罰金刑。

【盈科而後進】(あなにみちてしかるのちにすすむ) 水の流れは、くぼみがあればそれを一杯にみたしてから先に進む。学問は速成を求めないで、順序次第を追って進めるべきだというたとえ。〔孟子、離婁下〕

(9)4 【秔】5316 △ コウ 粳(5663)の正字。→八三四ページ。

(9)4 【秏】5317 △ コウ 耗(6093)の本字。→八九二ページ。

(9)4 【秖】5318 △ シ 支 zhī
字義 ❶穀物が実りはじめる。❷ただ。まさに。＝祇(シ)。
解字 形声。禾+氏音。音符の氏は、つぶれた目の象形。つぶれた目のように中にまだ実の入っていない、穀物のみのり始めの意味を表す。

(9)4 【秋】5319 教2 シュウ あき　シュウ(シウ) 尤 qiū 2909 3D29

筆順 

【秌】本字 【[illegible]】古字 6752 6354 【龝】古字 【穐】俗字 1612 302C

字義 ❶あき。四季の一つ。九月から十一月まで。旧暦では七月から九月まで。五行説(ゴギョウセツ)では金に配し、それに基づいて、色は白、方位で西に配する。❷とき。だいじな時。危急存亡のとき。❸みのり。穀物が実ること。また、その時。❹としつき。歳月。「千秋」❺ものの形容。→秋秋。
名乗 あきら・おさむ・とし・みのる
難読 秋桜(コスモス)・秋保(あきう)・秋勇留(あきゆり)・秋鹿(あいか)

解字 篆文  籀文  形声。籀文に見られるように、もとは、禾+火+龜音。音符の龜(キ＝シュウ)は、かめの意味。古代の占いは亀の甲に火を近づけて行われた。その亀は秋季に捕獲され、また秋季には穀物の収穫もあるため、禾を付し、あきの意味を表す。

▼季秋・高秋・春秋・新秋・清秋・千秋・仲秋・麦秋・晩秋・悲秋・立秋・涼秋

【秋意】(シュウイ) 秋のおもむき。秋のけはい。

【秋陰】(シュウイン) ①秋の日のくもり。また、秋のひややかさ。②秋のこかげ。「足二秋陰一(シュウインたる)」は秋の曇りの日の多いこと。

【秋韻】(シュウイン) 秋の声。秋のひびき。また、秋のおもむき。

【秋影】(シュウエイ) ①秋の日光。②秋の姿。秋らしいおもむきのある姿。

【秋怨】(シュウエン) ①秋の悲しみ。②人に捨てられた悲しみ。

【秋稼】(シュウカ) ①秋の田畑。②秋の作物。

【秋河】(シュウガ) 秋の夜のあまのがわ。銀河。

【秋懐(懷)】(シュウカイ) 秋のものさびしい思い。秋思。

【秋官】(シュウカン) 周代の六官の一つ。刑罰をつかさどる。

【秋気(氣)】(シュウキ) ①秋の気候。②秋のすがすがしい気。〔唐、

杜甫、夜詩」露下天高秋気清（つゆくだりテンたかく。してシュウキきよし） ③きびしい気質。

【秋▵曄】シュウ 秋の日の光。

【秋▵蛩】シュウキョウ 秋の夜に鳴くこおろぎ。

【秋興】シュウキョウ ①秋の感興。秋の風物に接しておこる感慨。②秋のおもむき。

【秋月】シュウゲツ ①秋の夜の月。②秋の季節。「秋月春風」

【秋憲】シュウケン ①刑法。②御史（検察官）。

【秋光】シュウコウ ①秋のけしき。秋色。②秋の日光。

【秋高】シュウコウ 秋の空がすんで高く見えること。「秋高馬肥（あきたかくしてうまこゆ）（気候のよい秋の季節の形容）」

【秋▵毫】シュウゴウ 秋になって先が細くなった獣の毛。一説に、夏に抜け秋になって新しく生えた細い毛という。転じて、ごく細いもの。また、ごくわずか。〔史記、項羽本紀〕秋毫不敢有所近（シュウゴウもあえ（へ）てちかづくるところあらず）。

【秋▵毫▵之末】シュウゴウのすえ（ゑ） 秋になって先の細くなった獣の毛の先端。極めて微少なもののたとえ。〔孟子、梁恵王上〕明足以察秋毫之末（メイはもってシュウゴウのすえ（ゑ）をサッするにたる）。

【秋思】シュウシ 秋のものさびしいおもい。

【秋収（收）】シュウシュウ 秋のとりいれ。秋の収穫。

【秋秋】シュウシュウ ①舞うさま。②おどりあがるさま。

【秋▵杪】シュウショウ・シュウビョウ 秋の末。杪は、こずえ・終わり。

【秋娘】シュウジョウ ①唐代の謝秋娘・杜秋娘（トシュウジョウ）という二人の美人の名から転じて、世の美人をいう。②容色がおとろえた女。としま女。

【秋色】シュウショク 秋のけしき。また、秋のけはい。

【秋水】シュウスイ ①秋にあふれ流れる水。②澄みきった秋の水。③清くすきとおったさまの形容。㋐清らかな心。㋑くもりなく光る刀。「三尺の秋水」㋒明鏡。㋓清らかな目。特に美人の目をいう。

【秋成】シュウセイ 農作物などが、秋に成熟すること。秋のみのり。

【秋声（聲）】シュウセイ 秋の声。秋風の音や木の葉の落ちる音。

【秋▵霽】シュウセイ 秋の雨がやんでさわやかに晴れること。

【秋千】シュウセン ぶらんこ。鞦韆（シュウセン）。

【秋扇】シュウセン ①秋になって不用となった扇。②愛されなくなった女のたとえ。③価値がなくなったもののたとえ。

【秋▵蟬】シュウゼン 秋に鳴くせみ。ひぐらし。秋蜩（シュウチョウ）。

【秋霜】シュウソウ ①秋のしも。②威勢・節操・刑罰などのきびしいことのたとえ。③白髪のたとえ。〔唐、李白、秋浦歌〕何処得秋霜（いずれのところにかシュウソウをえたる）。④曇りなく光る刀。「秋霜三尺」

【秋霜烈日】シュウソウレツジツ 秋の冷たい霜と夏のはげしい日光。刑罰・威勢・節操などのきびしいたとえ。

【秋刀魚】（さんま） 国魚の名。サンマ科の海魚。

【秋波】シュウハ ①秋の澄みわたった水波。②転じて、美人のすみきった目もと。③こびる女の目つき。いろめ。よこめ。

【秋▵旻】シュウビン 秋のそら。秋天。

【秋分】シュウブン 二十四気の一つ。九月二十三日ごろ、昼夜の長さが同じな日。彼岸の中日。

【秋浦】シュウホ ①秋の水辺。秋の海辺。②地名。今の安徽（アンキ）省貴池県の西南を流れる秋浦河下流の地。〔唐、李白、秋浦歌十七首〕

【秋芳】シュウホウ 秋に咲く花。特に菊をいう。

【秋望】シュウボウ 秋のながめ。

【秋陽】シュウヨウ 秋の太陽。また、その強い光。〔孟子、滕文公上〕秋陽以暴之（シュウヨウもってこれをさらす）。

【秋涼】シュウリョウ ①秋の涼しさ。②陰暦八月の別名。

【秋▵霖】シュウリン 秋の長雨。

【秋冷】シュウレイ 秋のひややかさ。ひえびえした秋の気候。

【秋▵斂】シュウレン ①秋のとりいれ。②秋に税として課した穀物をとりたてること。

【秋▵潦】シュウロウ 秋の大雨。

(9)4 【秌】5320 △ シュウ 秋（5319）の本字。→前項。

(9)4 【秕】5321 △ ヒ 紙 bǐ 6730 633E

［粃］同字 6867 6463

字義 ❶しいな（しひな）。米の殻ばかりで実のないもの。❷転じて、正しくないもの。役に立たないもの。

解字 篆文 形声。禾＋比音。音符の比は、ならぶの意味。皮と皮とが並びひっついた、しいなの意味を表す。

【秕▵糠】ヒコウ 糠粃。①しいな（秕）とぬか（糠）。②転じて、役に立たない残りもの。かす。つまらないもの。

【秕政】ヒセイ わるい政治。悪政。

(9)4 【秒】5322 教3 ビョウ 漢ビョウ（ベウ） 呉ミョウ（メウ） 篠 miǎo 4135 4943

筆順 禾 利 利 秒

字義 ❶のぎ。稲や麦の穂の先のかたい毛。❷かすか。わずか。きわめて微細なもの。❸時間の単位。一分の六十分の一。❹角度の単位。三百六十分の一。

解字 篆文 形声。禾＋少（眇）音。音符の眇（ビョウ）は、目に小さく映るの意味。いねの小さい部分、のぎの意味を表し、転じて、かすかの意味を表す。

▼分秒

［香］→香部 一三五ページ。

(10)5 【秧】5323 △ 漢ヨウ（ヤウ） 呉オウ（アウ） 陽 yāng 6731 633F

字義 ❶なえ（なへ）（苗）。稲や草木の苗。❷うえる。栽培する。❸魚の子。 難読 秧鶏（くいな）

解字 篆文 形声。禾＋央音。音符の央は、首かせをした人の象形。首かせのように、わらでたばねた稲の苗の意味を表す。

【秧歌】オウカ 田植歌。また、それに踊りのついたもの。民間舞踊。

【秧鶏（鷄）】オウケイ 鳥の名。くいな。

【秧田】オウデン 稲の苗を育てる田。苗代（なわしろ）。

【秧稲（稻）】オウトウ 稲の苗。

(10)5 【秬】5324 △ 漢キョ 呉ゴ 語 jù 6732 6340

字義 くろきび。実の黒いきび。

解字 形声。禾＋巨音。

【秬▵鬯】キョチョウ 祭りに用いる酒。鬱金（ウッコン）という香草と黒きびとをまぜて作る。

(10)5 【秫】5325 △ 漢シュツ・呉ジュチ 質 shú 慣ジュツ

字義 ❶もちきび。また、もちあわ。❷もちごめ。

解字 篆文 形声。禾＋朮音。音符の朮（シュツ）は、もちきびの穂の象形で、もちきびの意味を表す。のちに、禾を付した。

(10)5 【称】5326 常 ショウ 3046 3E4E

(14)9 〔稱〕5327 一ショウ 蒸 chēng 二ショウ 径 chèng 三ショウ 径 chèn ［稱］6742 634A

筆順 禾 称 称 称

字義 一❶たたえる（たたふ）。ほめる（ほむ）。「称揚」❷はかる。目方をはかる。❸となえる（となふ）。また、となえ。呼び名。「称号」❹ほまれ。名声。❺あげる（あぐ）。㋐もちあげる。ささげる。㋑上をむける。㋒おこす。はじめる。㋓人をあげ用いる。登用する。㋔行う。二はかり。天秤（テンビン）。目方をはかる器具。三❶かなう（かなふ）。㋐適合する。ほどよい。㋑つりあう。ひとしい。❷そろい。衣服のひとそろい。

名乗 あぐ・な・みつ

解字 篆文 形声。禾＋尓(爯)音。音符の爯ショウは、てんびんで物をもちあげるの意味。穀物をてんびんであげることから、はかる・はかり・あげるの意味を表す。

▼愛称・改称・仮称・偽称・敬称・謙称・呼称・誇称・詐称・俗称・対称・通称・美称・名称

【称△謂】ショウイ ①となえ。よびかた。名称。②意見をのべる。
【称引】ショウイン ひきあいに出す。引証。
【称挙(擧)】ショウキョ あげ用いる。採用する。
【称計】ショウケイ 数えあげる。
【称呼】ショウコ となえる。呼ぶ。また、となえ。なまえ。よびな。
【称号(號)】ショウゴウ ①となえ。よびな。名称。②名号をとなえること。
【称賛(贊)・称△讃】ショウサン ①ほめたたえる。ほめはやす。②ほまれ。声誉。賞讃。
【称旨】ショウシ ①御意にかなう。相手の心にかなう。②おきにいり。
【称△誦・称△頌】ショウショウ ほめたたえる。
【称貸】ショウタイ ①金を貸して利息をとること。②借りる。
【称嘆・称△歎】ショウタン ほめて感心する。ほめたたえる。
【称道】ショウドウ ほめていう。ほめたたえる。道は、いう。
【称美】ショウビ ほめたたえる。賞美。
【称慕】ショウボ ほめしたう。あおぎしたう。
【称名】ショウメイ ①なまえ。②名をとなえる。名を呼ぶ。③仏ショウミョウ 仏の名をとなえること。唱名。
【称誉(譽)】ショウヨ ①ほめたたえる。②ほまれ。名誉。
【称揚】ショウヨウ ほめあげる。賞揚。

(10)5 **【秤】** 5328　標 ショウ　径 chèng　慣 ビン　[秤]　3973　*4769*

字義 ❶はかり。てんびん。物の重さをはかる器具。❷はかる。

解字 会意。禾＋平。平は、てんびんが平ら、公平の意味。称(5326)の俗字。

【秤量】ショウリョウ はかりにかけてはかる。(ヒョウリョウは誤読)

(10)5 **【秦】** 5329　人　漢シン　呉ジン　真 qín　3133　*3F41*

筆順 三 夫 奉 秦

字義 ❶国名。㋐周代に建てられた。今の陝西省の地を領有し、戦国時代には戦国七雄の一つとなり、始皇帝のとき天下を統一した。→❷。㋑五胡十六国の一つ。㊀晋のとき苻健が建てた国。大秦と号す。都は長安。前秦。(三五一—三九四) ㊁姚萇が前秦を滅ぼして建てた国。大秦と号す。都は長安。後秦。(三八四—四一七) ㊂乞伏国仁が後秦から独立して建てた国。都は苑川(今の甘粛省靖遠県の西南)。西秦。(三八五—四三一) ❷王朝の名。始皇帝が天下を統一して建てた王朝。咸陽に都した。三代十五年で漢の高祖に滅ぼされた。(前二二一—前二〇六) ❸シナの原称。中国を称するChina(英語)などはシンの転音という。❹甘粛省の古名。❺陝西省の別称。国 **はた**。応神天皇のとき帰化した漢民族の子孫に賜った姓。

難読 秦荘はたしょう・秦皮とねりこ・秦野はたの

解字 甲骨文 金文 篆文 会意。禾＋舂省。舂は、うす(臼)の上に両手で持ちあげるきねの象形で、あがるの意味。稲が上へ上へとのびしげるの意味を表し、蓁シン・榛シンの原字。のち、国名に用いる。甲骨文・金文は、秝＋舂省で、きねを両手で持ちあげているさまがわかる。秦を音符に含む形声文字に、榛シン・溱シン・臻シン・蓁シンなどがあり、これらの漢字は、「伸び茂る」の意味を共有している。

【秦火】シンカ 秦の始皇帝が儒家や諸子百家の書を焼いたこと。
【秦灰】シンカイ ①秦の宮殿の焼けた灰。②秦の始皇帝が書籍を焼いた灰。焚書の灰。
【秦△檜】シンカイ 南宋の政治家。高宗のとき宰相となり、金国との和議を主張し、岳飛などの主戦論者を殺した。死後、売国奴として非難された。(一〇九〇—一一五五)
【秦関(關)】シンカン ①秦の地方の関所。また、秦代に設けられた関所。②関中の地をいう。
【秦皇】シンコウ 秦の始皇帝をいう。
【秦桟(棧)】シンサン 秦地(今の陝西省)にある桟道(山のかけ橋)。一説に、秦の時代に作った桟道。
【秦山】シンザン ①秦地(今の陝西省)の山。②秦嶺をいう。
【秦始皇】シンシコウ 秦の第一代の皇帝。在位三十七年。名は政。即位後二十六年で天下を統一し、皇帝と称し、咸陽に都した。法家の李斯を重用して儒家を弾圧し(焚書坑儒)、従来の封建制度を廃して天下を三十六郡に分け、度量衡を定めるなど、中央集権を強化した。万里の長城を築き、匈奴を討ち、南方を征した。(前二五九—前二一〇)
【秦声(聲)】シンセイ ①秦(今の陝西省)の地方で歌われる俗謡。②秦代の音楽。
【秦政】シンセイ ①秦の政治。②秦の始皇帝をいう。政は、始皇の名。
【秦川】シンセン 今の陝西省、また、陝西・甘粛の二省の秦嶺山脈以北の平原地帯をいう。
【秦△楚】シンソ ①戦国時代の秦・楚二大強国。②遠く隔たることのたとえ。秦は西辺、楚は南の長江流域にあって、ともに北東の斉や魯から遠く離れていたのでいう。〔孟子、告子上〕不ㇾ遠二秦楚之路一(シンソのみちをとおしとせず)
【秦中】シンチュウ 今の陝西省中部の平原地区。関中。
【秦△篆】シンテン 漢字の書体の一つ。秦代に籀文(大篆)を簡略化して作ったもの。小篆ともいう。李斯の作といわれる。⇩コラム・文字・書体の変遷(四八一ページ)。
【秦兵】シンペイ 秦(今の陝西省)出身の兵士。
【秦陵】シンリョウ 秦の始皇帝の墓。今の陝西省咸陽県にある。〔唐、荊叔、題二慈恩塔一詩〕秦陵草樹深(シンリョウソウジュふかし)。
【秦隷(隸)】シンレイ 秦の始皇帝のとき、程邈が小篆を簡略にして、作ったという書体の名。
【秦△嶺】シンレイ 陝西省南部を東西に走る山脈。西は甘粛省東部から東は河南省北部の山地に至る。また、陝西省西安市の南にあるこの山脈の主峰、終南山を中心とした山地。秦山。〔唐、韓愈、左遷至二藍関一示二姪孫湘一詩〕雲横二秦嶺一家何在(くもはシンレイによこたわりていえいずくにかある) 雪擁二藍関一馬不ㇾ前(ゆきはランカンをようしてうますすまず) 〈雲は秦嶺山脈にたなびき、わたしの家はどこにあるのかわからない、雪は藍関あたりをおおい尽くして、馬も進もうとしない〉
【秦△淮】シンワイ 川の名。今の江蘇省西南部に発し、南京市内を通り長江に注ぐ運河の名。その両岸は歓楽街として栄えた。〔唐、杜牧、泊二秦淮一詩〕夜泊二秦淮一近二酒家一(よるシンワイにハクしてシュカにちかし)。

(10)5 **【租】** 5330　常 ソ　ソ　虞 zū　3337　*4145*

筆順 千 禾 和 和 租

字義 ❶**みつぎ**。㋐ねんぐ。田地に割りあてて、その収穫の一部を納めさせるもの。田租。「貢租」㋑税金。人民に割りあてて、その収入の一部を納めさせるもの。❷たくわえる。つむ(積)。❸ちんがり(賃借)。また、かりちん(借賃)。土地・家などを借りる代金。

解字 篆文 形声。禾＋且音。音符の且ソは、そなえ物の象形。稲のそなえ物、みつぎものの意味を表す。

▼地租・負租・賦租

【租課】ソカ 割りあてた租税。また、租税の割りあて。
【租界】ソカイ もと中国にあった外国人の居留地。治安・裁判等は中国政府の権限外とし居留地管理国が行った。
【租借】ソシャク ①借りる。②ある国が条約によって他国の領土の一部を一定の期間借りて、みずから統治すること。
【租税】ソゼイ ①みつぎ。ねんぐ。田畑の税で、穀物で納めた。②

国や自治体が必要な経費にあてるために、国民から取り立てる税金。
【租入】ソニュウ ①租税の収入。②租税の納入。また、納入すべき租税。
【租賦】ソフ ねんぐ。みつぎ。田畑の租税で、米で納めた。
【租庸調】ソヨウチョウ 唐代の税法で、地租として穀物を取りたてるのを租、人夫を徴発して労役させるのを庸、家業に課して布などを取り立てるのを調という。日本でも、大化の改新の時、唐制にならって、この制度を採用した。
【租△徭】ソヨウ 年貢ネングと、えだち(力役)。租税と徭役。徭は、人夫を徴発して労役させること。

(10)5 【秩】 5331 常 チツ　漢チツ 呉ジチ(ヂチ) 質 zhì　3565 4361

筆順 千 禾 秩

字義 ❶ついで。順序。次第。また、秩序。❷ついでる。ついず。順序だてる。整える。❸つむ(積)。順につみあげたさま。❹ふち(扶持)。俸給。役人の俸給。❺くらい(位)。つかさ。官職。❻つね(常)。❼十年のこと。

名乗 さとし・ちち・つね　難読 秩父ちちぶ・秩父別ちっぷべつ

解字 文 篆 形声。禾＋失音。音符の失は、塡テンに通じ、つめるの意味。穀物を倉庫に順序よくつめる意味や、職務に相当する穀物をその人の倉庫につめこむの意味から、つむ・ついず・ふち米の意味などを表す。

▼爵秩・増秩・品秩
【秩次】チツジ ①＝秩序。②俸禄の高下。
【秩序】チツジョ ①物ごとの正しい順序。きまり。②特に、社会の整然とした状態。
【秩然】チツゼン きちんと順序立つさま。
【秩秩】チツチツ ①川の水の流れるさま。②秩序が整っているさま。③うやうやしくつつしむさま。④知のあるさま。⑤清らかなさま。⑥美しいさま。
【秩米】チツマイ 俸給としてもらう米。扶持米フチマイ。
【秩△禄】チツロク 上から与えられる俸給。扶持フチ。

(10)5 【秘】 5332 教6 ヒ ひめる　4075 486B
(10)示5 【祕】 5333 人許 ヒ 寘 mì　6716 6330

筆順 千 禾 秒 秘 秘 秘

字義 ❶ひめる。かくす。「秘密」❷奥深くて知ることができない。人知では知ることができない。「神秘」❸めずらしい。❹ひそかに。

難読 秘露ペルー

解字 文 篆 形声。禾(示)＋必音。音符の必は、閉に通じ、とじるの意味。とじられた神の世界の意味から、奥深くて知ることができない、ひめかくすの意味を表す。

▼奥秘・深秘・神秘
【秘△蘊】ヒウン 学問・芸術などの奥義。秘訣ヒケツ。
【秘奥】ヒオウ ①おく深い所。②秘密。
【秘閣】ヒカク ①天子の書物を蔵する文庫。宮中の書庫。秘府。②尚書省。③字を書くときにひじを置く台。
【秘境】ヒキョウ 国人がまったく(あるいは、ほとんど)行ったことがない、奥深い地域。
【秘曲】ヒキョク ひめかくして容易に人に伝えない音楽。特定の人にだけ伝える楽曲。
【秘計】ヒケイ ①秘密のはかりごと。②ふしぎなはかりごと。
【秘経(經)】ヒケイ ①緯書(経書に対する一種の解釈書であるが、予言や怪異な説が多い)をいう。②秘密の書物。
【秘△訣】ヒケツ 容易に人に知らせない奥義。秘密の法。奥の手。
【秘校】ヒコウ 新たに試験に合格した人。科挙(官吏登用試験)に合格した人を、初めに秘書省の校書郎に採用したのでいう。
【秘策】ヒサク 秘密のはかりごと。
【秘事】ヒジ ①秘密な事がら。ないしょ事。②国奥義。秘伝。
【秘術】ヒジュツ 秘法。①すぐれた術。②人に知らせない秘密のわざ。③奥の手。
【秘書】ヒショ ①他人に容易に見せないめずらしい書物。②天子の秘蔵する書物。宮中の蔵書。③秘密で重要な文書。機密文書。④国大臣・社長などに直属して機密の文書や用務を取り扱う職。
【秘書監】ヒショカン ①官名。宮中の図書や秘密の記録をつかさどる。②国図書頭ズショのかみの中国風の呼び名。
【秘書省】ヒショショウ ①官庁の名。宮中の図書や秘密の記録をつかさどる。②国図書寮ズショリョウの中国風の呼び名。
【秘籍】ヒセキ ①宮中の書物。②めずらしい書物。秘本。
【秘蔵(藏)】ヒゾウ ①大切にしまっておく。また、その物。②国大切にして愛すること。また、そのもの。子供や弟子など。
【秘伝(傳)】ヒデン 秘密にして容易に人に伝授しない術。奥義。
【秘匿】ヒトク 秘密にしてかくす。こっそりとかくす。
【秘府】ヒフ ①大切な品を入れておく倉庫。②宮中の書庫。秘閣。③秘書省の別称。
【秘方】ヒホウ 国人に知らせない、薬や香料の調合方法。
【秘宝(寶)】ヒホウ 大切にしてたやすく人に見せない宝。
【秘法】ヒホウ ①秘密の方法。秘術。②国真言宗などで行う秘密のいのり。
【秘本】ヒホン 国秘密の本。また、大切に所蔵している本。秘蔵本。
【秘密】ヒミツ ①人にかくして知らせないこと。②仏人に容易にわからない奥深い法。秘法。
【秘△鑰】ヒヤク ①秘密のくらをあけるかぎ。②秘密を明らかにする手引き。

(10)5 【秡】 5334 △ フツ 祓(5263)の俗字。→七九六ページ。　6733 6341

(10)5 【秣】 5335 △ 漢バツ・呉マチ 慣マツ 曷 mò　6734 6342

字義 ❶まぐさ。かいば。牛馬の飼料。❷まぐさかう(まぐさ。かふ)。牛馬にかいばを与えて養う。

解字 形声。禾＋末音。音符の末は、先端の意味。馬の飼料になるよう草の先端の柔らかな部分を干したもの、まぐさの意味を表す。

【秣穀】マツコク 馬の飼料。また、牛馬に穀類を食べさせること。
【秣粟】マツゾク 穀物をかいばに用いる。また、その穀物。

(11)6 【移】 5336 教5 イ うつる・うつす　イ 支 yí　1660 305C

筆順 千 禾 秒 移 移

字義 ❶いねがなびく。❷うつる。㋐他へ行く。動く。「移動」㋑かわる(変)。変化を生ずる。「変移」❸うつす。㋐動かす。「移植」㋑変える。❹知らせる。❺文書の一体。まわしぶみ。回覧文。国うつる。㋐色がかわる。㋑花が散る。㋒時間がたつ。㋓伝染する。㋔転任する。㋕移転する。

名乗 より・わたる

使いわけ うつす[写・映・移]⇩写(489)。

解字 文 篆 形声。禾＋多音。音符の多タイは、蛇ダに通じ、なよなよするの意味。いねが成長して、風にゆれ動くさまから、うつるの意味を表す。

▼推移・遷移・転移
【移易】イエキ うつしかえる。また、うつりかわる。
【移管】イカン 国管理を他に移すこと。
【移△檄】イゲキ ふれをまわす。飛檄。
【移行】イコウ 別な場所・状態に移ってゆくこと。

【移△徙】イシ　①うつる。うつり動く。移転。②移植する。③国わたまし。転居の敬語。とのうつり。やうつり。渡座。

【移譲（讓）】イジョウ　他にゆずる。

【移籍】イセキ　①戸籍を他へうつすこと。②国所属を変える。

【移奪】イダツ　うばう。奪い取る。

【移△牒】イチョウ　他の役所に文書をまわすこと。また、その文書。ふれぶみ。移文。

【移転（轉）】イテン　①うつる。ひっこす。②権利が他にうつる。

【移入】イニュウ　国①うつしいれる。②国内で、ある地域から他の地域に物資をうつしいれること。↕移出。

【移風易俗】イフウエキゾク　風俗をうつしかえて世の中をよくすること。易は、かえること。〔孝経、広要道章〕移レ風易レ俗（フウをうつしゾクをかう（ふ））。

【移文】イブン　まわしぶみ。回覧文。回状。

【移封】イホウ　諸侯の領地をうつしかえること。国がえ。

【移民】イミン　①凶年のとき、困った人を救済する方法で、凶作の地の住民を他の地方に移し、その地の穀物を凶作の地に送って老人や子どもを救うこと。②人口の多い土地の人民を人口の少ない土地に移すこと。③国労働に従事し生活するために外国に移住する人々。

(12) 7

【稈】5337　△　カン　㋢ gǎn　6735 *6343*

〔秆〕同字

字義　わら。稲や麦などの茎。「麦稈（むぎわら）」　難読　稈心（みごみ）

解字　篆文　形声。禾＋旱㊐。音符の旱カンは、ほすの意味。ほした「わら」の意味を表す。

(12) 7

【稀】5338　囚　㋕キ　㋭ケ　㋢微 xī　2109 *3529*

筆順　禾 秂 秂 稀 稀

字義　まれ。㋐まばら（疎）。もと、稲がまばらなこと。㋑すくない。稀少。また、めったにない。「稀有ケ」　㋒うすい。↕濃。「稀薄」

難読　稀府（まれっぷ）

参考　現代表記では〔希〕（1918）に書きかえる。「稀少→希少」「稀代→希代」　熟語は〔希〕をも見よ。→三四三ページ。

解字　篆文　形声。禾＋希㊐。音符の希は、まれの意味。まばらに植えられた稲の苗のさまから、まれの意味を表す。

【稀有】ケウ　めったにない。めずらしい。ふしぎな。希有。

【稀△覯】キコウ　まれに見ること。めったにないこと。めずらしいこと。覯は、見る意。希覯。「稀覯本」

【稀少】キショウ　まれ。すくない。めったにない。希少。

【稀世】キセイ　＝稀代。

【稀△疏】キソ　まばらなこと。また、まれなこと。

【稀代】キダイ・キタイ　世にもまれな。めずらしい。希代。

(12) 7

【稍】5339　△　㋕ソウ（サウ）　㋭ショウ（セウ）　㋢効 shāo, shào　6736 *6344*

字義　❶すえ。稲の茎の末。うら。❷ようやく（やうやく）。しだいに。だんだん。❸やや。すこし。❹すくない。ちいさい。❺ふち（扶持）。俸給。❻周代、王城から三百里（約一二〇キロメートル）から四百里の地域。

解字　篆文　形声。禾＋肖㊐。音符の肖は、小さいの意味。稲の茎の先端の意味を表す。また、転じて、ようやくの意味にも用いる。

【稍稍】ショウショウ　①ようやく。しだいに。だんだん。②やや。すこし。わずか。

【稍食】ショウショク　官吏の俸給。扶持米フチマイ。

(12) 7

【税】5340　教 5　ゼイ　3239 *4047*

(12) 7

〔稅〕5341　セイ　㋢霽 shuì　慣ゼイ

筆順　禾 秂 秄 税

〔稅〕俗字

字義　❶みつぎ。ねんぐ。税金。「租税」❷とりたてる。税金を割りあてて徴収する。❸とく（釈・解）。解き放つ。❹おくる（贈）。

名乗　おさむ・ちから

難読　税所（さいしょ）・税部（ちからべ）

解字　篆文　形声。禾＋兌（兊）㊐。音符の兑タイは、ぬけおちるの意味。自分の年間の収穫の中からぬけおちる穀物の意味から、租税の意味を表す。

▼課税・租税・納税・免税

【税△駕】ゼイガ　①馬を車から解き放って休息させること。②転じて、人のおちつく所。また、旅行者が休息すること。

【税△権】ゼイカク　税を取り立て、利益を独占すること。

【税関（關）】ゼイカン　国境や、外国と往来する船・車・飛行機などの発着地に設け、出入国者の持ち物・輸出入品などの検査・とりしまり・関税の徴収などの事務を行う役所。

【税△斂】ゼイレン　税金を受け入れること。また、税金を取りたてること。〔孟子、梁恵王上〕省二刑罰一（ケイバツをはぶき）、薄二税斂一（ゼイレンをうすくす）。

(12) 7

【程】5342　教 5　テイ　ほど　3688 *4478*

(12) 7

〔程〕5343　㋕テイ　㋭ジョウ（ヂャウ）　㋢庚 chéng

筆順　禾 和 秤 程

字義　❶のり。てほん。きまり。さだめ。「教程」「規程」❷ほど。ほどあい。程度。❸長さの単位。一分ブイチ。また、一厘リイチ。❹みち。㋐みちすじ。㋑みちのり。「行程」❺標準。一定の分量。「日程」❻はかる（量）。❼わりあてる。仕事をわりあてる。国ほど。㋐ころ（頃）。おり。時間。㋑身分。「身の程」㋒ぐあい。

名乗　たけ

解字　篆文　形声。禾＋呈（呈）㊐。音符の呈は、突き出るの意味。稲の伸び突き出るぐあいの意味から、ほどあいの意味、長さの単位などを表す。

▼駅程・音程・課程・過程・規程・工程・航程・行程・道程・里程・旅程・路程

【程△頤】テイイ　北宋ホクソウの儒学者。洛陽（今の河南省内）の人。字あざなは正叔。伊川イセン先生と称された。兄の顥コウ（明道）とともに周惇頤シュウトンイに学び、二程子と称された。宋の理学の大家。（一〇三三—一一〇七）

【程限】テイゲン　①きまり。②日程。

【程△顥】テイコウ　北宋ホクソウの儒学者。洛陽（今の河南省内）の人。字あざなは伯淳ハクジュン、明道先生と称された。弟の頤イ（伊川イセン）とともに周惇頤シュウトンイに学び、二程子と称された。宋の理学の大家。（一〇三二—一〇八五）

【程子】テイシ　北宋ホクソウの程顥テイコウ・程頤テイイ兄弟をいう。二程子。

【程式】テイシキ　かた。のり。方式。規程。

【程朱】テイシュ　北宋ホクソウの儒学者程顥テイコウ（明道）・程頤テイイ（伊川イセン）兄弟と南宋の儒学者朱熹シュキをいう。また、その学派。

【程度】テイド　ほどあい。ほどあい。ころあい。段階。

【程△邈】テイバク　秦の獄吏。罪によって捕らえられ、獄中で隷書レイショを作って始皇帝に献じ、許されて御史に任じられたという。

(12) 7

【稊】5344　△　㋕テイ　㋭ダイ　㋢斉 tí

字義　❶雑草の名。いぬびえ。のびえ。❷かわやなぎの芽。

解字　形声。禾＋弟㊐。

【稊△秕】テイヒ　いぬびえ（稊）としいな（秕）。つまらないもののたとえ。稊稗テイハイ。

【稊米】テイマイ　いぬびえ。

(12) 7

【稌】5345　△　㋕ト　㋭ツ　㋢虞・麌 tú

字義　いね（稲）。一説に、糯稲もちいね。

解字　篆文　形声。禾＋余㊐。音符の余は、のびるの意味。ねばりけがあってよくのびる、もちいねの意味を表す。

(12)7 【稂】5346 △ロウ(ラウ) 陽 láng

字義 いぬあわ。雑草の名。稲を害する雑草。

解字 形声。禾＋良㊟。

(13)8 【稘】5347 △キ 支 jī 6737 6345

字義 ❶ひとまわり。年・月の一まわり。一周年。一か月。＝期・朞キ。❷わら。稲のくき。❸まめがら。豆のくき。＝萁キ。

解字 文 篆 形声。禾＋其㊟。

(13)8 【稇】5348 △ 一コン 阮 kǔn 二キン 軫

字義 一 ❶くくる。たばねる。つかねる。❷うれる。成熟する。二 ❶みちる。みたす。いっぱいにする。❷たばねる。

解字 文 篆 形声。禾＋囷㊟。音符の囷キン・コンは、禾いねを束ねる意味。

(13)8 【稚】5349 常 チ 漢チ・呉ジ(チ) 寘 zhì 稚児ちご 3553 4355

筆順 禾 禾 秆 稚

[稺]本字 [穉]同字 6748 6350

字義 ❶おさない。わかい。いとけない。「幼稚」❷おさない者。❸おくて。おそく実る稲。晩稲。↔稙チョク(早稲・わせ)。

名乗 わか・かく 難読 稚鰤わらさ・稚咲内わかさかない・稚内わっかない

解字 文 篆 会意。禾＋隹。隹は、小鳥の意味。小さな稲の意味から、おさないの意味を表す。篆文は、形声。禾＋遲省㊟。音符の遲チは、おそいの意味。おくての稲の意味から、おくて・おさないの意味を表す。

▼丁稚・童稚・幼稚

【稚気(氣)】チキ こどもっぽい気持ち。こどもっぽいようす。

【稚魚】チギョ 生まれたばかりのさかな。幼魚。

【稚子】チシ ①おさないこども。幼児。②天子以下、卿大夫ケイタイフまでの嫡子チャク。③竹の子の別名。

【稚児(兒)】チジ ①あかご。また、こども。②国ちご ㋐武家や寺などで給仕に使った少年。㋑祭礼や法会ホウエなどの行列に美しく着かざって出るこども。

【稚拙】チセツ こどもらしく、へたなこと。なれないで、へたなこと。

(13)8 【稠】5350 △ 漢チュウ(チウ) 呉ジュウ(ヂウ) 尤 chóu 6739 6347

字義 ❶おおい。稲が多い。❷こみあっている。こい(濃)。こまやか。稲の密生すること。「稠密」

解字 文 篆 形声。禾＋周㊟。音符の周は、あまねくゆきわたるの意味。いねがしげるの意味を表す。

【稠人】チュウジン 多くの人。

【稠密】チュウミツ 多く集まっている。こみあっている。

(13)8 【稙】5351 △ チョク 職 zhī 6738 6346

字義 ❶わせ。はやく実る稲。早稲。↔稚(おくて・晩稲)。❷はやい。

解字 文 篆 形声。禾＋直㊟。

(13)8 【稔】5352 人 漢ジン・呉ニン 寝 rěn 慣ネン 4413 4C2D

筆順 禾 秂 稔 稔

字義 ❶みのる。稲が成熟する。穀物がみのる。❷つもる。かさなる。❸とし(年)。稲が一回みのる期間。

名乗 とし・なり・なる・ゆたか

解字 文 篆 会意。禾＋念。念は、時間をかけてある重さのものをたもつの意味。穀物が成熟するの意味を表す。

【稔歳】ジンサイ 穀物のよく実る年。豊年。

【稔熟】ジンジュク ①穀物が十分に実ること。②充実する。また、盛んになる。

【稔聞】ジンブン 十分に聞きなれていること。

(13)8 【稗】5353 標 漢ハイ 呉バ 卦 bài 4103 4923

字義 ❶ひえ。穀物の名。❷ちいさい(小)。こまかい。いやしい。

解字 文 篆 形声。禾＋卑㊟。音符の卑は、いやしいの意味。稲よりも一段と小さく、価値の低い、ひえの意味を表す。小さいの意味にも用いる。

【稗官】ハイカン ①昔、政治の参考にするために民間の説話・物語などを集めることを任務とした役人。稗は細で、民間のこまました話を集めたのでいう。②小説。また、小説家。

【稗官小説】ハイカンショウセツ ①稗官の集めた話の記録。→稗官の①。②小説。作者の想像によって世事・人情などを実話のように書いたもの。つくりものがたり。フィクション。

【稗史】ハイシ ①民間の細かい物語などを書いた書。↔正史。②小説ふうの歴史。伝記小説。

(13)8 【稟】5354 △ 一漢ヒン・呉ホン 寝 bǐng 二リン 寝 lǐn 6740 6348

[禀]俗字 6741 6349

字義 一 ❶うける。命令を受ける。天命を受けて生まれる。❷生まれつき。生まれながらの性質。「天稟」❸ふち(扶持)。ふちまい。役人の俸給。❹与える。さずける。❺申し上げる。奏上する。二 こめぐら。

解字 金 文 篆 会意。㐭＋禾。㐭は、こめぐらの象形。禾は、いねの意味。米倉の中の穀物の意味から、役人が受け取るふち米の意味を表す。また、品に通じ、天から受けとった人それぞれの、うまれつきの意味をも表す。

【稟議】ヒンギ ①上からの命令を受けて討議する。②国ヒンギ・リンギ 上奏して審議してもらうこと。

【稟給】ヒンキュウ 扶持米フチマイ。俸給。給料。

【稟質】ヒンシツ ＝稟性。

【稟受】ヒンジュ ①うける。②生まれつき。天性。

【稟申】ヒンシン 上役に申しあげること。上申。

【稟性】ヒンセイ 生まれつき。天性。稟質。稟賦。

【稟奏】ヒンソウ 天子の命令を受けて、意見を申しあげること。

【稟賦】ヒンプ ＝稟性。

【稟命】ヒンメイ ①命令を受ける。②生まれつき。天賦の性質。③天命。運命。

(13)8 【稜】5355 人 ロウ 蒸 lēng 慣リョウ 4639 4E47

筆順 禾 秓 秼 稜

字義 ❶かど。すみ。多面体の面と面の交わる所。＝棱リョウ「稜角」❷威光。権勢。御稜威みいつ。

名乗 いず・いつ・かど・たか・たる 難読 稜威いつ・いず

解字 形声。禾＋夌㊟。音符の夌リョウは、おかの意味。禾は、もと木と書いた。おかのように二つの面が交わってできる線、かどの意味を表す。

【稜威】リョウイ ①みいつ。威光。②国天皇の威光。

【稜角】リョウカク かど。とがったかど。

【稜線】リョウセン 国峰から峰へと続く山の背。尾根。

【稜稜】リョウリョウ ①寒さのきびしいさま。②かどばっていかめしいさま。

(14)9 【穀】5356 教6 コク 2582 3972

(15)10 [穀]5357 人許 コク 屋 gǔ

筆順 士 声 壳 穀

【穀】同字　字義 ❶穀物。「五穀」 ❷食物。 ❸よい（善）。また、よくする。 ❹やしなう（養）。 ❺いきる（生）。 ❻さいわい。 ❼扶持米フチマイ。 役人に与える俸禄ホウロク。 また、それを受ける。 ❽年少の召使い。 国もみ。 外皮をとらない米。籾もみ。

参考 〔穀〕は別字。 名乗 よし

解字 文 篆 形声。禾＋殻音。音符の殻コク（殼）は、中味のない外皮、からの意味。からをかぶったもみ、穀物の意味を表す。

▼旧穀・脱穀・年穀・不穀

【穀雨】コクウ 二十四気の一つ。陽暦四月二十日ごろ。穀物を育てる雨の意。

【穀穀】コクコク 鳥のなく声の形容。

【穀日】コクジツ よい日。めでたい日。吉日。

【穀△旦】コクタン ①よい朝。天気のよい朝。②＝穀日。

【穀物】コクモツ 米・麦・粟あわ・黍きび・豆など、主食とする作物。五穀の類。穀類。

【穀△梁伝（傳）】コクリョウデン 書名。魯ロの穀梁赤の著とされる。『春秋』を解釈し、問答体で述べたもの。春秋三伝の一つ。

(14)9 【種】 5358 教 4 シュ たね　2879 3C6F

㊀ 漢ショウ 呉シュ・シュウ 韻腫 zhǒng
㊁ 漢ショウ 呉シュ・シュウ 韻宋 zhòng

筆順 禾 秆 稍 稱 種

字義 ㊀❶たね。㋐穀物や草木のたね。種子。㋑もと。原因。㋒血すじ。血統。〔史記、陳渉世家〕王侯将相オウコウショウショウ、寧有ㇾ種乎いずくんぞしゅあらんや。❷しな。種類。❸たぐい。なかま。部族。種族。❹とも。ともがら。
㊁❶うえる（植）。また、まく。たねをまく。❷しく（布）。

名乗 かず・くさ・ぐさ・しげ・ふさ　難読 種子たね・種子島たねがしま・種石しうえ

解字 文 篆 形声。禾＋重音。禾は、いねの意味。音符の重は、おもいの意味。いねの穂の重い部分、たねの意味を表す。

▼貴種・耕種・人種・品種・薬種・竜種

【種芸（藝）】シュゲイ 草木や作物を植えること。また、耕作する。

【種作】シュサク 種々のものを植えつけて耕作すること。

【種子】シュシ ①草木のたね。②もと。原因。

【種△蒔】シュジ ①植える。種も蒔も、植える。②まく。たねをまく。種も蒔も、まく。③国たねまき たねをまくこと。たねおろし。

【種種】シュシュ ①いろいろ。さまざま。②いろいろなもの。③髪がおとろえて短くなっているさま。④つつしむさま。

【種樹】シュジュ ①草木を植えること。②農業や園芸。③植木職。

【種族】シュゾク ①同種のもの。同じ部類に属するものの集団。たぐい。②一族もろともに殺されること。族は、族殺（皆ごろし）の意。③共同の祖先をもつ家族や氏族などで構成される社会集団で、まだ国家としての組織をもたないもの。

【種落】シュラク 同じ種族の人が集まっている所。

(14)9 【稱】 (5327) ショウ 称（5326）の旧字体。→宍七ページ。　6742 634A

(14)9 【稲】 5359 常 トウ いね・いな　1680 3070

(15)10 〖稻〗 5360 人 許 漢トウ（タウ） 呉ドウ（ダウ） 韻晧 dào　6743 634B

筆順 禾 秆 稻 稲

字義 いね。五穀の一つ。秔コウ。

名乗 いな・しね・ね　難読 稲架さはぜ・はざ・稲城いなぎ・稲置いなぎ・稲熱病いもちびょう

解字 文 金 篆 形声。禾＋舀（舀）音。音符の舀トウは、うすから取り出すの意味。うすから取り出す穀物、いねの意味を表す。

【稲荷】いなり 国五穀をつかさどる倉稲魂神うかのみたまのかみを祭ったもの。稲荷神社の略。また、狐きつねの別名。

【稲△畦】トウケイ ＝稲田。

【稲田】トウデン・いなだ 稲を植えつけた田。

【稲△粱】トウリョウ いねと、おおあわ。穀物をいう。

(15)10 【稼】 5361 常 カ かせぐ　1852 3254

漢カ 呉ケ 韻禡 jià

筆順 禾 秆 稼 稼 稼

字義 ❶うえる（植）。穀物をうえる。また、うえつけ。耕作。農事。❷みのり。実った稲の穂。国❶かせぐ。㋐精出して働く。㋑お金を得る。❷かせぎ。㋐かせぐこと。はたらき。㋑世渡りの業。㋒かせぎ高の略。

解字 文 篆 形声。禾＋家音。音符の家は、嫁に通じ、うつし植えるの意味。稲をうつし植える農事の意味を表す。また、農作業の結果、みのった稲の意味をも表す。

▼耕稼・秋稼・農稼

【稼業】カギョウ ①農業。②家業。生活をささえる仕事。

【稼△穡】カショク 作物をうえつけ、また、刈り取ること。農業。

【稼働】カドウ 国①はたらき、かせぐこと。②機械などを動かすこと。稼動。

(15)10 【稽】 5362 標　2346 374E

㊀ケイ 韻齊 jī
㊁ケイ 韻薺 qǐ

【稽】俗字

字義 ㊀❶とどまる（留）。❷とどめる。ひきとめる。さえぎる。❸かんがえる（考）かんがふ。❹はかる（計）。かぞえる。くらべる。❺いたる（至）。❻たくわえる。
㊁頭を地につけて敬礼する。また、その敬礼。

解字 文 篆 形声。禾＋尤＋旨音。音符の旨シ→ケは、いきつくの意味。尤は、手の一端をおさえとどめた形にかたどり、とがめるの意味。穀物の成長がいきつくところまでいって止まるさまから、とどまるの意味を表す。また、考えをいきつくところまでめぐらせる、かんがえるの意味をも表す。

【稽古】ケイコ ①いにしえの道を考える。『書経』尭典編に「曰若稽二古帝尭一ここにいにしえのていぎょうをかんがうるに」とあるのに基づく。②国学習する。練習する。復習する。

【稽式】ケイシキ ①法則。法式。②考え求める。考えあわせて手本とする。

【稽首】ケイシュ ①頭を地につけて敬礼する。また、その敬礼。②頭を腰から下まで下げること。

【稽△顙】ケイソウ ひたいを地につけて敬礼する。ぬかずく。稽首。

【稽留】ケイリュウ とどめる。また、とどまる。とどこおる。稽遅。

(15)10 【稿】 5363 常 コウ　2538 3946

コウ（カウ） 韻晧 gǎo

筆順 禾 秆 稍 稿 稿

【稾】正字 6744 634C　【藁】同字

字義 ❶わら。稲の茎。❷したがき。詩文のしたがき。「草稿」

解字 文 篆 形声。禾＋高音。音符の高は、槁コウに通じ、かれて固いの意味。かれて固い稲、わらの意味を表す。また、わらの未整理なさまから、転じて、詩文のしたがきの意味をも表す。

▼遺稿・寄稿・起稿・草稿

【稿人】コウジン わら人形。

【稿△砧】コウチン わらを打つ台石。妻が夫をいう隠語。昔、木などを断ち切る台（椹チン＝砧）の上に重罪人を寝かせ、鈇フ（まさかり）で胴を切った。「鈇」と「夫」と同音なのでいう。〔玉台新

詠、古楽府〕稿砧今何在コウチンいまいずくにかある。

【稿本】コウホン したがき。草稿。原稿。

【稾】 5364 (15)10

△ コウ 稿(5363)の正字。→前項。 6744 634C

【穀】 (5357) (15)10

コク 穀(5356)の旧字体。→八〇一ページ。

【稷】 5365 (15)10

△ 漢ショク 呉ソク 職 jì 6745 634D

字義 ❶きび。たかきび。高粱コウリャウ。中国では最も早く栽培された穀物の長として重んじられた。❷五穀の神。また、そのほこら。「社稷」❸たおさ。農事をつかさどる役人。

解字 文 篆 形声。禾＋畟音。音符の畟ショクは、耕作するの意味。禾を付し、五穀・きびの意味を表す。

【稷下】ショクカ 地名。戦国時代、斉の都臨淄リン(今の山東省淄博市)の稷門(城門の名)付近にあった学者街。紀元前四世紀中頃、斉の威王・宣王が天下の学者を優遇し、ここに学者街を造り、俸給を払って研究させた。孟子・荀子ジュン・騶衍スウなどが有名。

【稷狐】ショクコ ①五穀の神を祭った社に住むきつね。②君のそばにいる悪臣のたとえ。

【稷正】ショクセイ 穀物の神。

【稷契】ショクセツ 中国古代の伝説で、尭ギョウ・舜シュン時代の名臣の名。稷は農業をつかさどり、周の祖先となり、契は教育をつかさどり、殷インの祖先となったという。〔書経、舜典〕

【稹】 5366 (15)10

△ シン 軫 zhěn

字義 ❶しげる。むらがる。❷こまかい。緻密チ。

解字 文 篆 形声。禾＋眞音。音符の眞シンは、いっぱいにつめこむの意味。いねがこみいっているの意味から、しげるの意味を表す。

【穂】 5367 (15)10

常 スイ ほ 4270 4A66

【穗】 5368 (17)12

許 人 漢スイ 呉ズイ 寘 suì 6747 634F

筆順 穂 穂

字義 ほ。㋐穀物の茎の実のつく部分。穂先。㋑ほのような形をしたもの。ともしびなどをいう。「一穂スイの寒灯」

名乗 お・みのる

解字 文 篆 俗 体 もと采に作る。爫(手)でつみとる禾ねいのほの意味。穂はその俗字。形声。禾＋恵(惠)音。音符の惠は、めぐみの意味。穀物のめぐみ、ほの意味を表す。

▼滞穂・灯穂

【稺】 5369 (15)10

△ チ 稚(5349)の本字。→八〇一ページ。

【稻】 (5360) (15)10

トウ 稲(5359)の旧字体。→八〇二ページ。 6743 634B

【稔】 5370 (15)10

音義未詳。 6746 634E

【穎】 5371 (16)11

標 漢エイ 呉ヨウ(ヤウ) 梗 yǐng 1747 314F

【頴】 簡易 1748 3150

字義 ❶ほさき。ほ(穂)。穀物の穂。❷穂先のようにとがった物の先。筆のさき・錐りのさきなど。❸すぐれる。抜きんでる。才能が人にすぐれる。また、その人。❹つか(柄)。刀のにぎり。❺め(芽)。

参考 現代表記では〔英〕(6268)に書きかえることがある。「穎才→英才」

難読 穎娃えい・穎割われ

解字 文 篆 形声。禾＋頃音。音符の頃ケイは、かたむくの意味。稲のかたむいた穂先の意味を表す。

【穎異】エイイ 才知が非常にすぐれていること。

【穎悟】エイゴ 才知がすぐれてかしこいこと。

【穎才】エイサイ すぐれた才能。また、その人。英才。

【穎脱】エイダツ 袋の中にある錐りの先が全部抜け出ること。才気が外にあらわれることのたとえ。〔史記、平原君伝〕

【穎哲】エイテツ すぐれてかしこい。また、その人。

【穎敏】エイビン すぐれてかしこい。

【穏】 5372 (16)11

常 オン おだやか 1826 323A

【穩】 5373 (19)14

オン(ヲン) 阮 wěn 6751 6353

筆順 稳 穏

字義 ❶おだやか。やすらか。「安穏ノン」「穏和」❷穀物を足で集める。

名乗 しず・とし・やす

難読 穏地おんち・穏野おんの

解字 文 篆 形声。禾＋㥯(㥯)音。音符の㥯インは、まつわらせるの意味。穀物を手足にまつわらせて、もみながら集めるの意味を表す。また、温に通じ、おだやかの意味を表す。

▼安穏・静穏・不穏・平穏

【穏穏】オンオン やすらかなさま。おだやかなさま。

【穏健】オンケン ①おだやかでしっかりしていること。②国思想がおだやかであること。

【穏当(當)】オントウ ①道理にかなっていて無理のないこと。おだやかで妥当なこと。②国おだやか。おとなしい。

【穏便】オンビン ①無理がなく、おだやかにはこぶこと。②国おだやか。かどをたてないこと。荒だてないこと。

【穏和】オンワ 国性質がおだやかで、おとなしい。また、気候がおだやかなこと。→温和(六五一ページ)。

【穅】 5374 (16)11

△ コウ 糠(5685)と同字。→八三七ページ。

【穐】 5375 (16)11

△ シュウ 秋(5319)の俗字。→七九六ページ。 1612 302C

難読 穐原あきはら・あしはら

【積】 5376 (16)11

教4 セキ つむ・つもる 3249 4051

一 漢セキ 呉シャク 陌 jī

二 シ 寘 jì

筆順 積 積

字義 一❶つむ。㋐つみかさねる。あつめかさねる。㋑あつめたくわえる。❷つもる。つみ重なる。たび重なる。「堆積タイ」❸おおい(多)。❹ひさしい(久)。❺とどこおる(滞)。❻数学用語。二つ以上の数を掛け合わせた数値。↔商。二たくわえ(貯)。

国❶つもる。㋐あらかじめ見計らって計算する。㋑他人の心をおしはかる。㋒もくろむ。たくらむ。❷つもり。㋐みつもり。予算。㋑心ぐみ。心算。

名乗 あつ・かず・かつ・さ・さね・つね・もち・もり

難読 積丹しゃこたん

解字 文 篆 形声。禾＋責音。音符の責は、金品を求めるの意味。農作物を求め集める、たくわえる・つむの意味を表す。

▼委積・山積・滞積・畜積・蓄積・沖積・累積

【積痾】セキア ながい間なおらない病気。持病。宿痾。

【積悪(惡)】セキアク ①数々のわるい行い。②悪事を重ねる。

【積悪(惡)之余(餘)殃】セキアクのヨオウ ＝積不善之家セキフゼンのいえ(ニ)必有二余殃一かならずヨオウあり。

【積陰】セキイン ①つもりつもった陰気。②転じて、寒気。また、冬の季節。③久しく続いたくもり日。

【積羽沈レ舟】セキウふねをしずむ 軽い羽でも、たくさんつもれば、その重さで舟までも沈めることができる。ちりもつもれば山となるのたとえ。〔史記、張儀伝〕

【積雨】セキウ ながあめ。長雨。霖雨リン。

【積▵鬱】セキウツ 国①長くうっとうしいこと。連日天気が晴れやかでないこと。②つもる心配・うれい・不平。
【積▵怨】セキエン つもり重なったうらみ・かなしみ。積恨。
【積気(氣)】セキキ つもり重なった気。天をいう。
【積▵毀▵銷レ骨】セキキほねをとかす 悪口も積み重なると、堅い骨さえもとかしてしまう。世間の人々のうわさの恐るべきたとえ。〔漢書、鄒陽伝〕
【積極】セッキョク 自分から進んで事を行うこと。進取的なこと。肯定的・能動的なこと。↔消極。
【積慶】セキケイ ①よろこびを重ねる。②つもったよろこび。
【積載】セキサイ つみのせる。船や車などに荷物をのせること。
【積財】セキザイ ①財産をたくわえる。②多くの財産。
【積日】セキジツ 日数を経る。また、多くの日数。「積日累久」
【積習】セキシュウ ①久しく行われ習慣となったもの。また、久しい間の弊害。②練習をつむ。
【積水】セキスイ ①集まりつもった水。たまり水。また、水を集める。②海。〔唐、王維、送ヨ秘書晁監還二日本一詩〕積水不レ可レ極セキスイきわ(は)むべからず。③星の名。
【積▵翠】セキスイ つみかさなったみどり。青山の形容。
【積善】セキゼン ①善いことをつみ重ねる。↔積悪。②数々のよい行い。
【積善▵之家必有二余(餘)慶一】セキゼンのいえ(へ)にかならずヨケイあり 善事を多く行った家では、必ず子孫までがさいわいを受ける。積善之余慶セキゼンのヨケイ。〔易経、坤〕——、積不善之家必有二余殃一セキフゼンのいえ(へ)にかならずヨオウあり〈悪事を重ねる家では、必ず子孫までが災いを受ける〉
【積漸】セキゼン 順序を追って次第に進むこと。だんだんにつみ重ねること。
【積素】セキソ ①つもり重なった白いもの。雪をいう。②古くから。もとから。積故。
【積蓄】セキチク つみたくわえる。また、そのもの。蓄積。
【積徳】セキトク ①仁徳をつみ重ねる。また、その仁徳。②山をいう。
【積年】セキネン 多くの年月。多年。累年。
【積不善▵之家、必有二余(餘)▵殃一】セキフゼンのいえ(へ)にかならずヨオウあり 悪事を重ねた家では、子孫にまでわざわいがおよぶ。積悪之余殃セキアクのヨオウ。〔易経、坤〕
【積弊】セキヘイ 長い間の悪い習慣。多年の弊害。
【積憂】セキユウ つもる心配ごと。積愁。
【積累】セキルイ つみ重ねる。つみ重なる。累積。

(16)11【穆】5377 △ 漢ボク 呉モク 屋 mù　4352 4B54

字義 ❶つつしむ(敬)。また、うやうやしいさま。❷まこと(信)。❸てあつい。ていねい。❹もっぱら。❺やわらぐ(和)。なごやか。むつまじい。❻よろこぶ。❼うつくしい(美)。❽宗廟ソウビョウの序列で子の位。父の位を昭という。「昭穆」

解字 文 金 文 篆 象形。金文は、穀物の実が豊かに美しく熟して、いまにも散り落ちようとする形にかたどり、美しくやわらぐの意味を表す。のち、禾+㣎(音)の形声文字。

【穆清】ボクセイ ①清和の徳。一説に、美徳があり清らかなこと。②清らかでおだやかなこと。
【穆然】ボクゼン ①沈黙して深く思うさま。②音のかすかなさま。③やわらぎつつしむさま。
【穆穆】ボクボク ①うるわしくりっぱなさま。②やわらぎ美しいさま。③つつしむさま。④静かなさま。
【穆如二清風一】ボクとしてセイフウのごとし やわらいで、さわやかな風のようである。人物などのおだやかなさま。〔詩経、大雅、烝民〕

(17)12【穂】(5368) スイ 穂(5367)の旧字体。→八〇三ページ。　6747 634F

(17)12【穉】5378 △ チ 稚(5349)と同字。→八〇一ページ。　6748 6350

(17)12【穜】5379 △ 漢トウ 呉ドウ 東 tóng

字義 おくて。早く植えておそく成熟する稲。

解字 文 篆 形声。禾+童(音)。

(17)12【穝】5380 国字 △

字義 サイ。穝東(さいひがし)町は、岡山市の地名。

解字 形声。禾+最(音)。

(18)13【穫】5381 常 カク　1947 334F

(19)14【穫】5382 漢カク(クヮク) 呉ワク 薬 huò

筆順

字義 ❶かる(刈)。稲や麦をかりとる。❷とりいれる。おさめる。「収穫」❸える(得)。❹＝獲(4635)。

名乗 え・みのる

解字 文 篆 形声。禾+蒦(音)。音符の蒦カクは、鳥を手でつかまえるの意味。稲を取り入れるの意味を表す。

▼収穫

(18)13【穢】5383 人　3087 3E77

(22)17【穰】5384 人 許 一 漢ジョウ(ジャウ) 呉ニョウ(ニャウ) 陽 ráng 二 漢ジョウ(ジャウ) 呉ニョウ(ニャウ) 養　6753 6355

筆順

字義 一❶ゆたか。みのる。豊かにみのる。「豊穰」❷充満している。多いさま。❸いのる。豊年をいのる。❹きびがら。きびの茎。❺くさ(草)。よもぎ。二❶繁栄する。多い。❷極めて大きい数の名。

名乗 おさむ・しげ・みのる・ゆたか

解字 文 篆 形声。禾+襄(音)。音符の襄ジョウは、中にたくさんつめこむの意味。稲のもみがふくらんで、たくさんつく、ゆたかの意味を表す。

【穰歳】ジョウサイ みのりのよい年。豊年。
【穰穰】ジョウジョウ ①穀物がゆたかにみのっているさま。②多いさま。しあわせの多いさま。

(18)13【穠】5385 △ 漢ジョウ(チョウ) 呉ニュウ 冬 nóng

字義 ❶しげる。草木がさかんにしげるさま。❷花がさかんに咲くさま。

解字 形声。禾+農(音)。音符の農は、こい(濃)の意味。花木がしげるの意味を表す。

【穠華】ジョウカ ①さかんに咲いた花。満開の花。②咲き乱れた花のように美しい女性のたとえ。
【穠▵李】ジョウリ 花がたくさん咲いているすもも。
【穠緑】ジョウリョク しげって緑がこいこと。こい緑色。

(18)13【穡】5386 △ 漢ショク 呉シキ 職 sè　6749 6351

字義 ❶とりいれ。穀物を収穫する。❷農事。農業。「穡事」❸おしむ。ものおしみする。ものおしみ。けち。❹つづまやか。ものおしみする。倹約。

解字 文 金 文 篆 形声。禾+嗇(音)。音符の嗇ショクは、収穫の意味で、穡の原字。のち、禾を付した。

(18)13【穟】5387 △ 漢スイ 呉ズイ 寘 suì

字義 ❶ほ。穀物の穂。＝穂。❷穟穟スイスイは、苗の美しいさま。

解字 文 篆 形声。禾+遂(音)。

(18)13【穢】5388 標 一 漢ワイ・呉エ(ヱ) 隊 huì 二 漢ワイ・呉エ(ヱ) 泰 慣アイ　6750 6352

字義 □一❶けがれる。よごれる。けがす。よごす。❷あれる（荒）。雑草が生いしげる。❸けがれ。よごれ。けがらわしい所・もの。「汚穢」❹けがらわしい。きたない。❺雑草。❻東方に住んでいた未開の異民族。□二わるいもの。悪者。

解字 形声。禾＋歳音。音符の歳は、越に通じ、度をこすの意味。雑草が度を越して多い、あれるの意味を表す。

【穢悪（惡）】ワイオ けがす。また、けがれ。けがらわしいこと。
【穢行】ワイコウ けがれた行い。
【穢草】アイソウ・ワイソウ わるい雑草。悪草。
【穢濁】アイダク・ワイダク けがれにごる。
【穢土】エド 仏けがれた世界。この世。↔浄土。
【穢△慝】ワイトク けがれ。よごれ。

(19)14 **【穩】**(5373) オン　穏（5372）の旧字体。→八〇三ページ。　6751 *6353*

(19)14 **【穫】**(5382) カク　穫（5381）の旧字体。→八〇四ページ。

(19)14 **【穧】** 5389 △ 漢セイ 呉ザイ 霽 jì
字義 かりいね。刈りたおしたままの稲。
解字 篆文 形声。禾＋齊音。音符の齊セイは、そろえるの意味。刈りたおしてそろえた稲の意味を表す。

(21)16 **【穐】** 5390 △ シュウ　秋（5319）の古字。→七九六ページ。　6752 *6354*

(22)17 **【穰】**(5384) ジョウ　穣（5383）の旧字体。→八〇四ページ。　6753 *6355*

5

穴部

〔部首解説〕あな。あなかんむり。穴を意符として、穴や穴状の器物、穴の状態、また、穴をあけることなどに関する文字ができている。

(5)0 **【穴】** 5391 教6 ケツ あな　漢ケツ 呉ゲチ 屑 xué, xuè　2374 *376A*

筆順 丶 宀 穴

字義 ❶あな。㋐むろ。つちむろ。土室。㋑つかあな。墓穴。㋒ほらあな。いわや。「洞穴」㋓つきぬけているあな。㋔くぼみ。へこみ。㋕人体の急所。灸キュウをすえる所。❷うがつ。あなをほる。
国あな。㋐きず。欠点。㋑損失。㋒かくれが。秘密。㋓思いがけぬもうけ。競馬などの番くるわせ。「大穴」

名乗 これ・な　難読 穴太あのう・あのお

解字 篆文 象形。穴居生活の住居の象形で、あなの意味を表す。

▼管穴・同穴・洞穴・風穴・墓穴

【穴居】ケッキョ 穴に住むこと。あなずまい。先史時代の人類の住居で、竪穴たてあな・横穴の二形式がある。〔易経、繫辞下〕上世穴居而野処ジョウセイはケッキョしてヤショせり。
【穴△隙】ケツゲキ あな。また、すきま。
【穴見】ケッケン あなからのぞいて見る。見識のせまいたとえ。
【穴蔵（藏）】ケツゾウ ①穴の中にかくれる・住む。②国あなぐら 地中に穴を掘って物をしまっておくところ。穴倉。

(7)2 **【究】** 5392 教3 キュウ きわめる　漢キュウ（キウ）・呉ク 宥 jiū　2170 *3566*

筆順 宀 穴 究 究

字義 ❶きわめる。おしきわめる。最後までさぐる。❷きわまる（窮）。つきる。極限に達する。❸きわまり。はて。終わり。「究極」❹はかる（謀）。考える。「考究」

名乗 きわむ・さた・すみ

使いわけ きわめる・きわまる〔究・窮・極〕
〔究〕深くたずねてきわめ尽くす。「真相を究める」
〔窮〕可能な限度まで進む。「口を窮めてののしる」
〔極〕つきる。つくす。「山頂を極める」
ただ、実際には〔窮〕と〔極〕については特に分けず、両方を用いている。

解字 篆文 形声。穴＋九音。音符の九は、屈曲して尽きる形にかたどり、つきる・きわまるの意味。穴をきわめるの意味を表す。

▼学究・研究・攻究・考究・探究・追究・論究

【究△覈】キュウカク じゅうぶんに調べること。覈も、調べる。
【究詰】キュウキツ 問いつめる。どこまでも問い正す、また、責めなじること。
【究究】キュウキュウ ①にくんで親しまないさま。②止まらないさま。
【究△竟】キュウキョウ ①つまる所。最後。究極。②きわめつくす。③仏クキョウ 無上。最上。事理の至極をいう。④国クッキョウ ㋐非常に力の強いこと。屈強。㋑つごうがよいこと。
【究極】キュウキョク ①きわめつくす。②つまる所。きわまり。終局。最後。終わり。窮極。
【究△悉】キュウシツ 調べつくす。きわめつくす。
【究明】キュウメイ 真理・道理などをくわしく、つきつめて明らかにすること。
【究問】キュウモン 問いつめる。じゅうぶんに問いただす。
【究理】キュウリ ①事物の道理や法則を調べきわめること。窮理。②国究理学は、物理学の古い訳語。

(8)3 **【穹】** 5393 △ 漢キュウ（キウ）呉クウ 東 qióng　6754 *6356*

字義 ❶そら。大空。「蒼穹ソウキュウ」❷ゆみ形にもり上がっている形。アーチがた。❸たかい（高）。❹ふかい（深）。❺きわまる。きわめる。

解字 篆文 形声。穴＋弓音。音符の弓は、ゆみの意味。弓状（アーチ型）をしたあなの意味を表す。

【穹△蓋】キュウガイ おおぞら。天空。
【穹△昊】キュウコウ おおぞら。天空。昊も、そら。
【穹谷】キュウコク ①深い谷。②大きな谷。
【穹△蒼】キュウソウ おおぞら。弓なりで青く見えるのでいう。蒼弓。
【穹天】キュウテン おおぞら。
【穹隆・穹△窿】キュウリュウ ①中央が高くて周辺が垂れさがっている形。アーチがた。天の形をいう。②高く弓なりにもりあがっているさま。③さかんなさま。
【穹△廬】キュウロ ①テント。匈奴キョウド（中国北方の遊牧民族）の住む天幕。〔古詩、勅勒歌〕天似穹廬テンはキュウロににて籠蓋四野シヤをロウガイす。訳文⇩勅勒（一五一ページ）。②転じて、匈奴をいう。

(8)3 **【空】** 5394 教1 クウ そら・あく・あける・から　漢コウ・呉クウ 東 kōng　2285 *3675*

筆順 宀 穴 空 空

字義 ❶そら。おおぞら。「天空」❷むなしい。㋐ない。何もない。㋑つきる(尽)。とぼしい。㋒うそ。実がない。「架空」㋓さびしい。ひっそりする。〔唐、韋応物、秋夜寄丘二十二員外詩〕山空松子落。㋔かいがない。無駄である。❸むなしく。むだに。いたずらに。❹むなしくする。㋐からにする。㋑うつろにする。❺から。うろ。からっぽなこと。❻大きい。❼広い。❽道家思想でいう虚無。❾虚心のさま。❿仏世の中のすべての物事は因縁によって生じる仮のすがたで、実体がないということ。↔有。「色即是空」 国❶あく。すく。また、あける。からになる(する)。❷そら。いつわり。「空涙」

難読 空閑(くが)・空穂(うつぼ)・空蟬(うつせみ)・空洞(うつろ)・空木(うつぎ)

使いわけ あく・あける〔空・開・明〕

〔空〕ふさがるの対で、からになる、すきまができる。「空き家」

〔開〕しまるの対で、しまっていたものが開く。「幕が開く」

〔明〕あいて明るくなる。「目が明く」

なお、〔明〕は〔空〕や〔開〕と同じように用いられることも多い。

解字 金文  篆文  形声。穴＋工(音)。音符の工は、のみなどの工具でつらぬくの意味。つらぬいた穴の意味から、むなしいの意味を表し、転じて、そらの意味を表す。また、工は、広いの意味。広い穴、そらの意味とも考えられる。

▼架空・寒空・虚空・真空

【空位】(クウイ) ①死者の名号。②名ばかりで実権のない位。③用いないであけてある場所。④あいている帝位。また、一時的に君主のいないこと。

【空院】(クウイン) ①人のけはいのない寺。②人の住んでいないやしき。がらんとした部屋。空室。

【空宇】(クウウ) 仏仏の尊称。仏が世界をすべて空であると説いたのでいう。

【空王】(クウオウ)

【空海】(クウカイ) 国平安初期の僧。真言宗の開祖。俗姓は佐伯(さえき)氏、幼名は真魚(まお)。讃岐(さぬき)(今の香川県)の人。延暦(エンリャク)二十三年(八〇四)、唐の長安に学び、大同元年(八〇六)帰国。高野山に金剛峰寺(コンゴウブジ)を創建し、真言宗をひろめた。博学多能で、書は三筆の一人。『三教指帰(サンゴウシイキ)』『文鏡秘府論』『十住心論』『性霊集』などの著書がある。諡(おくりな)は、弘法大師(コウボウダイシ)。(七七四―八三五)

【空懐(懷)】(クウカイ) むなしい思い。

【空外】(クウガイ) はるかな天空。天外。

【空闊】(クウカツ) ひろびろとしていること。空豁(クウカツ)。

【空居】(クウキョ) ①むなしくくらす。なすこともなくくらすこと。②あきや。③仏(クウゴ) 寺をいう。

【空虚(虛)】(クウキョ) ①むなしい。から。②からになる。③そら。虚空(コクウ)。④国見せかけだけで内容のないこと。

【空竅】(クウキョウ) ①すきま。また、あな。竅は、あな。②耳・目・鼻・口をいう。

【空曲】(クウキョク) ひとけのない山あい。空山曲阿(キョクア)。

【空吟】(クウギン) とりとめもなく詩歌を口ずさむこと。

【空空】(クウクウ) ①誠実なさま。②おろかなさま。③むなしいさま。④仏宇宙の事物はみな因縁(インネン)によってできているもので実体がないということ。

【空群】(クウグン) 人材を選び取ること。伯楽(よく馬の良否を見分けたという人)が良馬を選び抜いたので、伯楽の通る所はすぐれた馬がいなくなったという故事による。

【空華】(クウゲ) 仏かすんだ目で天空を見るときに、ちらちら見える花のようなもの。煩悩(ボンノウ)からおこる種々の迷いをいう。

【空閨】(クウケイ) さびしいねや。(夫または妻のいない)ひとりねの寝室。空房。

【空隙】(クウゲキ) すきま。あな。

【空拳】(クウケン) ①こぶしだけで、一物も持たないこと。すで。からて。〔塩鉄論、険固〕奮空拳、而破百万之師。②他人の援助・助力などを借りないこと。③矢が尽きはてた弩弓(ドキュウ)(いしゆみ)。拳は、弮(ケン)(弩弓)の意。

【空言】(クウゲン) ①うそ。そらごと。根も葉もないことば。②実行をともなわないことば。空論。

【空語】(クウゴ) うそ。そらごと。空言。

【空江】(クウコウ) 人けのないさびしい川。

【空耗・空秏】(クウコウ) むなしくとぼしい。何もないこと。

【空谷】(クウコク) ①人けのないさびしい谷。②大きい谷。

【空谷跫音】(クウコクのキョウオン) 人けのない谷にひびく足音。転じて、非常に珍しいこと。予期しない喜びなどのたとえ。『荘子』徐無鬼編に「夫逃空谷者、……聞人之足音跫然而喜矣」とあるのに基づく。

【空谷足音】(クウコクのソクオン) ＝空谷跫音。→前項。

【空際】(クウサイ) 空が地と接して見えるような、はるかな空。天際。

【空山】(クウザン) 人けのないさびしい山。また、木の葉の落ちつくした山。〔唐、王維、鹿柴詩〕空山不見人、但聞人語響。〈静まりかえった山に、人の姿はない、ただ聞こえてくるのは、人の話し声がひびきとして伝わってくるだけ〉

【空寂】(クウジャク) さびしい。ひっそりとしてさびしいこと。

【空手】(クウシュ) ①すで。からて。徒手。②国(からて) 沖縄から伝わった武術。素手で敵をたおす術。唐手(からて)。

【空翠】(クウスイ) ①したたるような緑色。②空にそびえる木立ちの緑色。

【空青】(クウセイ) ①おおぞら。青空。②鉱石の一種。銅鉱から採り、薬用・顔料の原料とした。

【空前絶後】(クウゼンゼツゴ) 以前にもあったことがなく、今後もないと想像されること。非常にめずらしいこと。

【空疎・空疏】(クウソ) 形だけで内容のないこと。〔宣和画譜、道釈〕

【空桑】(クウソウ) 僧徒。仏徒。仏門。

【空想】(クウソウ) ①わだかまりのない考え。②現実からかけはなれた考え。現実にあり得ないことを想像すること。

【空即(卽)是色】(クウソクゼシキ) 仏この世の物に実体がないということ、それがそのまま一切のものであり、その本然のすがたであるということ。→色即是空(九二一ページ)。〔般若心経〕

【空潭】(クウタン) ものさびしい(静かな)淵(ふち)。

【空談】(クウダン) ①むだばなし。無用の談話。②＝空論。

【空中楼(樓)閣】(クウチュウのロウカク) ①空中に築いたたかどののように見えるもの。蜃気楼(シンキロウ)。〔夢渓筆談〕②根拠のない物事。空想的な文章や議論など。〔通俗編〕

【空洞】(クウドウ) ①ほらあな。うつろ。②度量の広いことの形容。

【空白】(クウハク) ①紙面の何も書いていない所。余白。②むなしいこと。何もないこと。

【空漠】(クウバク) ①広い砂はら。②広いさま。また、とりとめもないさま。

【空文】(クウブン) ①役に立たない文章。実用に適しない文章。②効力のない法律。有名無実の規則。

【空乏】(クウボウ) とぼしいこと。貧乏。

【空房】(クウボウ) ①さびしいねや。(夫または妻のいない)ひとりねの寝室。空閨(クウケイ)。②人のいない部屋。③あき家。

【空無】(クウム) 仏一切の事物には実体がないという考え。

【空名】(クウメイ) 実際にそわない名声。虚名。

【空明】(クウメイ) ①清らかな水中にうつる月影。〔宋、蘇軾、前赤壁賦〕撃空明兮泝流光。訳文⇩桂櫂蘭槳(五五八ページ)。②空中。

【空冥】(クウメイ) おおぞら。天空。

【空濛】(クウモウ) 小雨が降ったり、もやがこめたりして、うすぐらいさま。〔宋、蘇軾、飲湖上初晴後雨詩〕山色空濛雨亦奇。

【空門】(クウモン) 仏仏教の総称。万物みな空という理を説くのでいう。

【空理】(クウリ) 実際とかけはなれた、よりどころのない理論。「空理空論」

【空林】(クウリン) ①木の葉の落ちつくした林。②人里離れた林。③人けのない林。

【空論】(クウロン) 実際とかけはなれた、実行できない議論。

(8)3
【穸】 5395 △ 漢セキ 呉ジャク 陌 xī

字義 ❶よる(夜)。長い夜。❷つかあな。墓穴。❸＝夕。

解字 篆文 形声。穴＋夕㊟。音符の夕は、日ぐれの意味。暗い墓穴・夜の意味を表す。

(8)3
【突】 5396 常 トツ つく
(9)4
〔突〕 5397 人許 漢トツ 呉ドチ 月 tū

3845 464D

筆順 宀 穴 空 突

字義 ❶つく。㋐つきあたる。ぶつかる。「衝突」㋑つきでる。㋒しのぐ。冒す。❷にわか。だしぬけ。突然。「唐突」❸うがつ(穿)。ほる。❹けむだし。煙突。国つき。㋐剣術で、のどをつくわざ。㋑相撲の手の名。

難読 突慳貪（つっけんどん）

解字 甲骨文 篆文 会意。穴＋犬。あなから犬が出しぬけに飛び出すさまから、つきでるの意味を表す。

▼温突・衝突・唐突

【突貫】トッカン 国①つきつらぬく。②一気につっこみ進むこと。つき破って進む。③一気に実行すること。「突貫工事」

【突起】トッキ 上につきでる。また、そのもの。

【突騎】トッキ 敵陣に突進する騎兵。

【突撃(擊)】トツゲキ 敵陣に突き進んで攻撃すること。

【突厥】トッケツ・トックツ Türküt の音訳。南北朝時代から唐初にかけて中国の北方や中央アジアで強大であったトルコ民族。

【突兀】トッコツ 高く突き出るさま。山などが高くそびえ立つさま。兀は、高い意。

【突出】トッシュツ ①つきでる。高くつきでる。②突然に飛び出る。③勢いするどく飛びでる。

【突如】トツジョ ＝突然。

【突然】トツゼン だしぬけに。にわかに。不意に。突如。突忽トッコツ。

【突梯滑稽】トッテイコッケイ 世俗に従ってさからわず、それとともに推し移ること。〔楚辞、卜居〕

【突堤・突隄】トッテイ 海中などにつき出して築いた堤防。

【突怒偃蹇】トッドエンケン 岩石などが突き出して怒っているようなようすの形容。人の怒ったさま、高慢なさまのたとえ。〔唐、柳宗元、鈷鉧潭西小邱記〕

【突発(發)】トッパツ 国だしぬけにおこる。突然発生する。

【突飛】トッピ 国①だしぬけ。意外。②非常に変わっていること。人の意表外に出ること。

【突鼻】トッピ 国①主君の前でとがめを受けること。②さわぎ。騒動。

(9)4
【穽】 5398 △ 漢セイ 呉ジョウ（ジャウ） 梗 敬 jǐng

6755 6357

〔阱〕同字

字義 おとしあな。けものをおとし入れて生けどるために設けたあな。陥穽。

解字 甲骨文 篆文 別体 形声。穴＋井㊟。阱の別体。音符の井は、いどの象形。井戸のような、おとしあなの意味を表す。

(9)4
【窃】 5399 常 セツ
(22)17
〔竊〕 5400 漢セツ 呉セチ 屑 qiè

3264 4060
6770 6366

筆順 宀 穴 空 窃 窃

字義 ❶ぬすむ。㋐こっそりぬすみ取る。㋑おかす(犯)。㋒むなしく禄位をうける。❷ぬすびと。❸ひそかに。㋐そっと。人知れず。心の中で。㋑失礼ながら。謙遜の辞。

解字 篆文 会意。篆文は、穴＋米＋廿＋禼。この字形の意味は、はっきりしないが、一説に、禼象虫のたぐいで、人の知らない間に穀類を食い荒らす虫の意味から、ひそかにぬすむの意味を表すという。常用漢字は、穴＋切㊟の形声文字で俗字による。

▼草窃

【窃位】セツイ くらいをぬすむ。その徳・能力がなくて位についていること。また、官職についていて、その職責をつくさないこと。

【窃視】セッシ ひそかにぬすみ見る。

【窃取】セッシュ ひそかにぬすみ取る。

【窃窃】セツセツ ①声のかすかなさま。②明らかなさま。③知ったかぶりをするさま。④こそこそと話すさま。私語するさま。

【窃盗】セットウ ぬすびと。また、ぬすむ。ぬすみ。

【窃鈇】セップ 天下の大権をぬすみ取ること。鈇は、刑罰の道具で、王者の大権を象徴するもの。

【窃鈇疑】セップのうたがい(ひ) 疑いの心で見ると、その人の動作のすべてが疑わしく見えること。鈇を失った者がその隣人を疑って見ると、その言語・動作のすべてが、盗んだ者らしく見えたという故事に基づく。〔列子、説符〕

(9)4
【穿】 5401 標 一セン 先 chuān 二セン 霰 chuàn

〔穿〕 3292 407C

字義 一❶うがつ。㋐ほる。ほりひらく。㋑穴をあける。穴があく。破れる。㋒きわめる。じゅうぶん調べる。㋓つらぬく。「貫穿」❷あな(孔)。❸つかあな。墓穴。❹はく。「靴下を穿く」二つらぬく。

解字 篆文 会意。穴＋牙。穴は、あな、牙は、きばの意味。きばであなをほる、うがつの意味を表す。

【穿結】センケツ 破れた所を結び合わせること。ぼろぼろの服をつづり合わせること。〔晋、陶潜、五柳先生伝〕短褐穿結タンカツセンケツす。

【穿孔】センコウ ①穴をあける。②うがったあな。③銭の穴。

【穿鑿】センサク ①穴をあけること。②転じて、穴のない所に穴をあけるように、根ほり葉ほり調べること。③こじつけて解釈すること。④国㋐並べたてること。㋑事がら。様子。

【穿鼻】センビ ①鼻に穴をあけること。南方の異民族の風俗。その穴に玉などをさげる。②未開の異民族の一種。③人に引きずられるばかりで自主性のないことのたとえ。④語尾が鼻に抜ける音をいう。

【穿敝】センペイ 穴があいて破れる。

【穿窬・穿踰】センユ 壁に穴をあけたり、かきねを越えたりして忍びこんで盗みを働くこと。こそどろ。また、小人ショウジンのたとえ。こそこそ悪い事をする者のたとえ。穿窬之盜。〔孟子、尽心下〕

【穿窬之盗】センユのトウ ＝穿窬・穿踰。〔論語、陽貨〕

(9)4
【窀】 5402 △ チュン 真 zhūn

字義 ❶あつい(厚)。また、ながい(長)。❷あつく葬る。また、埋葬する。

解字 篆文 形声。穴＋屯㊟。音符の屯トンは、集めるの意味。土を厚く盛り集めて墓穴に手厚く葬るの意味を表す。

【窀穸】チュンセキ ①埋葬する。②つかあな。墓穴。

(9)4
【突】 (5397) トツ 突(5396)の旧字体。→八〇七ページ。

(9)4
【窆】 5403 △ ヘン 琰 艶 biǎn

字義 ❶ほうむる。ひつぎを墓穴におろして埋める。❷つかあな。墓穴。

解字 篆文 形声。穴＋乏㊟。

(9)4
【窈】 5404 △ ヨウ（エウ） 嘯 yào

字義 ❶ふかい(深)。❷くらいところ。❸室の東南の隅。

解字 形声。穴＋夭㊟。音符の夭ヨウは、不可思議なみこ(巫女)の象形。穴は、あなの意味。知り尽くせない深い穴の意味

を表す。

(10)5 **【窄】** 5405 標 漢**サク** 呉シャク 陌 zhǎi　2685 3A75

字義 ❶**せまい**(狭)。❷せまる(迫)。せばまる。すぼまる。

解字 形声。穴＋乍音。音符の乍サクは、つくるの意味。穴を作る、せまいの意味を表す。

【窄狭(狹)】サクキョウ・サッキョウ せまい。すぼまってせまい。

【窄窄】サクサク せまいさま。

【窄衫】サクサン つつ袖そで。また、その衣服。

(10)5 **【窋】** 5406 △ 一漢**チュツ**・呉チュチ 質 zhú 二漢**タツ**・呉タチ 黠

字義 一❶物が穴の中にあるさま。❷穴から出かかるさま。❸むなしい。うつろ。二❶＝一の①。❷いわや。あな。❸周の先祖、后稷コウショクの子の名。

解字 篆文 形声。穴＋出音。物が穴から出かかるの意味を表す。

(10)5 **【窈】** 5407 △ **ヨウ**(エウ) 篠 yǎo　6756 6358

字義 ❶ふかい(深)。おくぶかい。また、とおい。深遠。❷かすか。また、くらい。❸よい。また、うつくしい。❹しとやか。また、おくゆかしい。❺あでやか。❻のびやか。

解字 篆文 形声。穴＋幼音。音符の幼は、幽に通じ、光がかすかの意味。穴が暗く、ふかいの意味を表す。

【窈糾】ヨウキュウ 女の姿ののびのびとしてしなやかなさま。また、うれいの深く結ぼれているさま。

【窈然】ヨウゼン 奥深くかすかなさま。

【窈窕】ヨウチョウ ①おくゆかしい。上品。②しとやか。女のしとやかなさま。〔詩経、周南、関雎〕窈窕淑女ヨウチョウたるシュクジョは、君子好逑クンシのコウキュウ。③なまめかしい。④男子のしとやかな姿をいう。⑤奥深いさま。また、奥深い所。〔文選、陶潜、帰去来辞〕既窈窕以尋レ壑すでにヨウチョウとしてもってたにをたずぬ(ね)

【窈窕之章】ヨウチョウのショウ『詩経』周南・関雎カンショの詩をいう。〔宋、蘇軾、前赤壁賦〕歌二窈窕之章一ヨウチョウのショウをうたう(ふ)。

【窈渺】ヨウビョウ ひろびろとしているさま。

【窈冥】ヨウメイ ①奥深く暗いさま。②うす暗い。③奥深くてはかり知ることのできないさま。

【窈窈】ヨウヨウ ①奥深く遠いさま。②暗いさま。

(10)5 **【窅】** 5408 △ 一**ヨウ**(エウ) 篠 yǎo 二漢ベン・呉メン 先

字義 一❶くぼんだ目のさま。❷深く遠いさま。❸のぞむ(望)。遠くみやる。二なげきうらむさま。

解字 篆文 会意。穴＋目。穴は、あなの意味。深くくぼんでいる目の意味を表す。

【窅然】ヨウゼン ①奥深く遠いさま。〔唐、李白、山中問答詩〕桃花流水窅然去トウカリュウスイヨウゼンとしてさる、別有二天地非一人間べつにテンチのジンカンにあらざるあり〈桃の花びらを浮かべた水がはるか遠くに流れて行く、ここに俗界を超越した別天地があるのだ〉②ベンゼン なげいてぼんやりするさま。

【窅窕】ヨウチョウ 奥深いさま。

【窅眇】ヨウビョウ 深くはるかなさま。

【窅冥】ヨウメイ 奥深く暗いさま。

【窅窅】ヨウヨウ ①奥深く遠いさま。②暗いさま。

(10)5 **【窊】** 5409 △ 一漢**ワ**・呉エ(ヱ) 麻 wā 二漢**ワ**・呉エ(ヱ) 禡 wà

字義 一❶**くぼむ**。❷ひくい(低)。二くぼみ。くぼ地。

解字 篆文 形声。穴＋瓜音。音符の瓜カは、うりのような曲線の意味。くぼむの意味を表す。

(11)6 **【窓】** 5410 教6 ソウ まど　3375 416B

一**ソウ**(サウ) 江 chuāng 二**ソウ** 東 cōng

筆順 

【囪】本字 【窗】本字 6757 6359 【窻】正字 【窓】俗字 【牕】同字

字義 一**まど**。あかりとり。二❶**まど**。❷けむだし。煙突。

解字 篆文 篆文(囪) 別体(窗) 形声。穴＋忩(悤)音。もと、穴＋囪音。音符の囪ソウは、屋根にあけた、まどの象形で、窓の原字。常用漢字の窓は、窻の省略体。

▼学窓・寒窓・蛍窓・獄窓・書窓・深窓・鉄窓・同窓

【窓紗】ソウサ まどかけに用いる薄絹。薄絹のまどかけ。

【窓前草不レ除】ソウゼンのくさのぞかず 自然のままの状態を、そのままにして楽しむこと。宋ソウの周敦頤シュウトンイが、窓さきに生じた草を伸びるにまかせた故事。〔程氏遺書〕

【窓牖】ソウユウ まど。牖は、壁にうがった窓。

【窓櫺】ソウレイ 窓の格子コウシ。窓のれんじ。

(11)6 **【窒】** 5411 常 チツ　3566 4362

一漢**チツ**・呉チチ 質 zhì 二漢**テツ**・呉テチ 屑 zhì

筆順 

字義 一二❶**ふさぐ**。とじる。また、**ふさがる**。つまる。「窒息」❷とまる(止)。とどまる。❸元素の名。窒素。

難読 窒扶斯チフス

解字 篆文 形声。穴＋至音。音符の至は、塡テンに通じ、いっぱいつめこむの意味。穴の中に物がいっぱいにつまるの意味を表す。

【窒礙】チツガイ ふさぎさまたげる。また、そのもの。

【窒皇】テッコウ 宗廟ソウビョウ(祖先のみたまや)の前の門。墓前の門。

【窒息】チッソク 呼吸がふさがりとまる。いきがつまる。

【窒塞】チッソク ①陰暦の七月と八月とをいう。②ふさがる。

(11)6 **【窕】** 5412 △ 一漢**チョウ**(テウ)・呉ジョウ(デウ) 篠 tiǎo 二チョウ(テウ) 蕭 tiāo　6758 635A

字義 一❶ふかい(深)。おくぶかい。❷しとやか。また、おくゆかしい。「窈窕ヨウチョウ」❸みめよい。容貌が美しい。二❶かるい。かるがるしい。軽率。❷いどむ(挑)。❸ぬすむ(盗)。

解字 篆文 形声。穴＋兆音。音符の兆は、割れるの意味。割れ目の深い穴の意味を表す。

(11)6 **【窑】** 5413 △ ヨウ　窯(5425)の俗字。→八一〇ページ。

(12)7 **【窘】** 5414 △ 漢**キン** 呉ギン 軫 jiǒng　6759 635B

字義 ❶せまる(迫)。❷**くるしむ**。「困窘」❸きわまる。つまる。❹あわただしい。国**たしなめる**。穏やかに注意する。

解字 篆文 形声。穴＋君音。音符の君は、困に通じ、くるしむの意味。穴に追いつめられ苦しむの意味を表す。

【窘急】キンキュウ さしせまる。また、ゆきづまる。

【窘窮】キンキュウ 苦しみ行きづまる。

【窘困】キンコン ①苦しみこまる。②貧しくてこまる。

【窘蹙】キンシュク 苦しみちぢまる。すくむ。

【窘辱】キンジョク 苦しめはずかしめる。

【窘束】キンソク ちぢまって伸びない。ちぢまって自由にならない。

【窘迫】キンパク さしせまる。困窮する。

【窘歩】キンポ ①いそがしく歩む。②歩行になやみ苦しむ。

【窘厄】キンヤク 苦しみ。災難。

(12)7 **【窖】** 5415 △ 漢**コウ**(カウ) 呉キョウ(ケウ) 效 jiào　6760 635C

字義 ❶**あなぐら**。地中の穴。❷ふかい(深)。❸蔵する。

解字 篆文 形声。穴＋告音。音符の告は、牿コク＝コウに通じ、牛馬をとどめる「おり」の意味。穀類を密閉して貯える地下倉の意味を表す。

【窗】 (12)7 5416　△ソウ　窓（5410）の本字。→八〇八ジ。　6757 *6359*

【窠】 (13)8 5417　△カ（クワ）　歌 kē

字義 ❶す。穴の中の巣。鳥や獣の巣。❷へや。家。❸くぼみ。あな。うつろ。

解字 篆文　形声。穴＋果㊥。音符の果は、盌に通じ、わんのようにくぼんでいるの意味。くぼんでいるあな、鳥獣の「す」の意味を表す。

【窟】 (13)8 5418　標　漢コツ・呉コチ　慣クツ　円 kū　2302 *3722*

字義 ❶いわや。あなぐら。「洞窟」❷あな。ほらあな。❸すみか。人や動物の集まるところ。「巣窟」❹動物のすむあな。

参考 現代表記では［屈］（1751）に書きかえることがある。「理窟→理屈」

解字 形声。穴＋屈㊥。音符の屈は、身をかがめるの意味。身をかがめて入る穴、いわやの意味を表す。

【窟居】（クッキョ）ほらあなずまい。いわやずまい。

【窟穴】（クッケツ）①あな。ほら穴。②ねじろ。巣窟。根拠地。③物がその中から出てくる所。

【窟室】（クッシツ）むろ。地下室。

【窣】 (13)8 5419　△　漢ソツ・呉ソチ　円 sū

字義 ❶穴の中からにわかに出る。にわか。突然。❷窣窣（ソツソツ）は、風音のものさびしい形容。

解字 篆文　形声。穴＋卒㊥。音符の卒は、にわかの意味。穴からにわかに出るの意味を表す。

【窩】 (14)9 5420　標　ワ　歌 wō　慣カ（クワ）　6761 *635D*

字義 ❶むろ。あなぐら。いわや。❷くぼみ。❸すみか。別荘。❹かくす。また、物をかくしておく所。

難読 窩主買（けいずかい）

解字 形声。穴＋咼㊥。音符の咼は、渦に通じ、うずのようなくぼみの意味。穴を付し、くぼみの意味を表す。

【窩蔵（藏）】（カゾウ）盗賊をかくまったり、その盗品を隠してやったりすること。かくまう。また、その者。その宿。窩主。

【窬】 (14)9 5421　△ユ　虞 yú

字義 ❶壁をくりぬき木で作った戸。門のかたわらのくぐり戸。❷こえる（越）。＝踰。「穿窬（センユ）」

解字 篆文　形声。穴＋兪㊥。音符の兪は、ぬけでるの意味。門のかたわらに壁をうがって作ったくぐり戸の意味を表す。

【窪】 (14)9 5422　標　漢ワ・呉エ（ヱ）　麻 wā　2306 *3726*

［漥］同字

字義 ❶くぼむ。へこむ。ひくい（低）。❷くぼ。くぼみ。❸しみず。清い水。また、たまり水。

解字 篆文　形声。氵（水）＋窐㊥。音符の窐は、あなの意味。水のたまるようなくぼみの意味を表す。

【窪下】（ワカ）くぼんで低い。また、くぼんだ場所。くぼ地。

【窪樽】（ワソン）石がくぼんで酒樽のような形をしたもの。

【窪隆】（ワリュウ）①くぼむことと、もりあがること。高低。②すたれることと、おこること。盛衰。

【窮】 (15)10 5423　常　キュウ　きわめる・きわまる　漢キュウ（キウ）・呉グウ　東 qióng　2171 *3567*

［竆］本字

筆順 宀 宂 穴 穿 窮 窮

字義 ❶きわまる。㋐おわる。終わりになる。㋑とまる（止）。㋒つまる。ふさがる。㋓苦しむ。尽きる。困る。「困窮」㋔貧しくなる。「貧窮」❷きわめる。㋐つきつめてたずねる。㋑苦しめる。困らせる。㋒しらべる。❸きわまり。きわみ。はて。「無窮」❹困り苦しむ人。たよる所のない人。❺ふしあわせ。不遇。逆境。貧乏。

使いわけ きわめる〔究・窮・極〕⇩究（5392）。

解字 篆文　形声。篆文は、穴＋躳㊥。音符の躳は、また、身＋呂。身は、はらんだ腹の象形。呂は、せぼねの象形。合わせてからだの意味。人の体が穴に押しつめられる、きわまるの意味を表す。窮は、弓の音が変化し、躳と同音となってから書かれるようになった。

▼困窮・振窮・貧窮・不窮・無窮・厄窮

【窮案】（キュウアン）きわめしらべる。罪状を徹底的に調べる。

【窮陰】（キュウイン）冬の末。季冬。陰気のきわまる時の意。

【窮裔】（キュウエイ）非常に遠い土地。裔は、衣服のすそで、辺地の意。

【窮海】（キュウカイ）①遠い海。また、海のはて。②遠いはての地。海は晦で、文化の及ばないへんぴな所。③海のはてまで行く。「窮海極天」④海辺（遠いはての地）で困窮する。

【窮期】（キュウキ）きわまる時期。終わり。際限。

【窮匱】（キュウキ）貧乏になる。また、貧乏人。

【窮究】（キュウキュウ）きわめつくす。根源をたずねきわめること。

【窮居】（キュウキョ）①貧乏ぐらしをする。②いなかずまいをする。仕えないで野（民間）にいること。

【窮竟】（キュウキョウ）①きわめつくす。②つまり。結局。究竟。

【窮境】（キュウキョウ）苦しい境遇。ひどく苦しい立場。

【窮極】（キュウキョク）①きわまり。おわり。はて。②きわまる。おわる。また、きわめつくす。③貧窮の極。貧乏のどん底。

【窮屈】（キュウクツ）①きわまりつきる。②国自由がきかない。気楽でない。

【窮蹇】（キュウケン）貧乏して苦しみなやむこと。

【窮孤】（キュウコ）みよりのないもの。困窮してたよる所のないもの。

【窮巷】（キュウコウ）①むさくるしいちまた。②行きづまった小道。

【窮荒】（キュウコウ）①凶作で苦しむ。②荒れはてた遠方の地。

【窮寇】（キュウコウ）追いつめられた敵兵。〔孫子、軍争〕窮寇勿ㇾ追（キュウコウは おう（ふ）なかれ）。

【窮困】（キュウコン）苦しみこまる。なんぎする。

【窮愁】（キュウシュウ）困窮の悲しみ。また、はなはだしいうれえ。

【窮状（狀）】（キュウジョウ）こまっているようす。

【窮人】（キュウジン）生活に困っている貧しい人。また、身分の低い人。

【窮泉】（キュウセン）①地下のはての泉。泉下。墓の中をいう。②地を深く掘ること。

【窮措大】（キュウソダイ）貧乏書生。窮書生。

【窮鼠嚙ㇾ猫】（キュウソねこをかむ）追いつめられたねずみがねこにかみつく。弱い者もいざというときは、強い者に勝つことがあるというたとえ。〔塩鉄論、刑法〕

【窮達】（キュウタツ）困窮と栄達。こまり苦しむことと立身出世すること。窮通。〔文選、班彪、王命論〕窮達有ㇾ命（キュウタツ、メイあり）、吉凶由ㇾ人（キッキョウ。ひとによる）。

【窮地】（キュウチ）①遠いはての地。②遠いはてまでも行くこと。③国苦しい立場。なんぎな場合。

【窮鳥入ㇾ懐（懷）】（キュウチョウふところにいる）追いつめられたとりが、人のふところに入る。困窮してたよってくる者があれば、あわれみ助けるべきことのたとえ。〔顔氏家訓、省事〕

【窮通】（キュウツウ）①困窮と栄達。貧困と立身出世。窮達。②奥底まで通ずること。

【窮途】（キュウト）行きづまりの道。転じて、困窮の境遇。特に仕官の道を得ないこと。

【窮冬】（キュウトウ）冬の末。陰暦の十二月。

【窮年】（キュウネン）年をきわめる。①一生涯。②天寿を全うすること。

【窮迫】（キュウハク）ひどくこまる。こまりきる。

【窮髪】（キュウハツ）草木のはえない極北の地方。不毛の地。

【窮乏】（キュウボウ）貧しくなる。貧しい。また、貧しさ。貧乏人。

【窮北】（キュウホク）北のはて。極北の地。

【窮民】（キュウミン）①たよる所のない民。苦しみなやむ民。②貧乏な民。

【窮厄・窮阨】キュウヤク　苦しみこまる。①不遇でいること。②貧乏していること。
【窮約】キュウヤク　貧しいこと。不如意なこと。
【窮余(餘)】キュウヨ　国苦しんだあげく。苦しまぎれ。「窮余の一策」
【窮理】キュウリ　①物事の道理を推しきわめること。②万物に宿る理(性)をきわめ明らかにすることによって人間の本性をさとること。宋代ソウダイの朱子は、居敬(心を専一にすること)とともに、学問修養の眼目とした。
【窮閭】キュウリョ　へんぴな村里。閭は、村里の門。
【窮廬】キュウロ　①天幕で作ったすみか。穹廬キュウロ。②貧乏ずまい。貧しい家。
【窮老】キュウロウ　①貧しいことと、年をとっていること。困窮と老年。②非常に年老いること。また、その人。③老いをきわめる。天寿を全うする。
【窮臘】キュウロウ　おしせまった年のくれ。臘は、陰暦十二月に行う祭り。

(15)10 **【窳】5424**　△　ユ　麌　yǔ
字義　❶くぼむ。また、くぼんでいる。❷ゆがむ。いびつになる。器物の形がゆがむ。「苦窳」❸よわる(弱)。❹おこたる。
解字　篆文　形声。穴＋胍音。音符の胍は、弓なりの曲線の意味。くぼんだ穴、くぼむ・ゆがむの意味を表す。
【窳楛】ユコ　器物がいびつでもろいこと。苦窳。
【窳惰・窳墮(墮)】ユダ　なまけおこたる。

(15)10 **【窯】5425**　常　ヨウ　かま
ヨウ(エウ)　蕭　yáo　4550　4D52
筆順
【窯】同字　6763　635F　【窑】俗字
字義　❶かま。かわらや陶器を焼くかまど。❷すえもの。陶器。
解字　篆文　形声。穴＋羔音。音符の羔ヨウは、羊をやくの意味。土器をやく穴、かまどの意味を表す。
▼陶窯

(15)10 **【窰】5426**　△　ヨウ　窯(5425)と同字。→前項。　6763　635F

(16)11 **【窺】5427**　標　一キ　支　kuī　二キ　紙　kuǐ　1714　312E
字義　一❶うかがう。のぞく。そっと見る。❷みる(視)。二片足をふみだす。また、片足の歩幅。
解字　篆文　形声。穴＋規音。音符の規は、はかるの意味。穴の中をはかる、のぞき見るの意味を表す。
【窺管】キカン　くだをのぞく。くだの中から天上をのぞく。見識のせまいことのたとえ。〔晋、陸雲、与陸典書〕窺管而瞻天（くだをうかがい(ひ)てテンをみる）。
【窺覘】キキ　うかがいねらう。覘も、うかがう。
【窺釁】キキン　すきをうかがう。釁は、すき。
【窺伺】キシ　うかがう。のぞいて見る。また、人の様子をうかがって、機会があったら事をしようとすること。「窺伺傚慕コウボ」
【窺窬・窺覦】キユ　すきをうかがう。ひそかに身分不相応のことを願い望むこと。〔文選、王倹、褚淵碑文〕窺窬神器（シンキをキユす）

(16)11 **【窶】5428**　△　一漢ク・呉グ　麌　jù　二漢ロウ・呉ル　尤　lóu　6764　6360
字義　一❶まずしい(貧)。みすぼらしい。「貧窶」❷ちいさい(小)。せまい。二甌窶オウロウは、せまい高地。
国❶やつれる。㋐やせおとろえる。㋑様子が悪くなる。みすぼらしくなる。❷やつす。㋐目立たないように姿をかえる。㋑文字の画をくずす。㋒やせるほどに心をつかう。「憂き身をやつす」
解字　形声。穴＋婁音。音符の婁ルは、佝僂クルなどに通じ、不自由の意味を表す擬態語。穴に入ったようで窮屈、まずしい、の意味を表す。

(16)11 **【窻】5429**　△　ソウ　窓(5410)の正字。→八〇八ページ。

(17)12 **【窾】5430**　△　カン(クワン)　旱　kuǎn
字義　❶むなしい(空)。うつろ。❷あな(穴)。❸かれる(枯)。
解字　形声。穴＋款音。

(17)12 **【竃】5431**　△　ソウ　竈(5436)の俗字。→下段。　1986　3376

(17)12 **【窿】5432**　△　リュウ(リウ)　東　lóng　6767　6363
字義　天空のまるく弓なりになっているさま。
解字　形声。穴＋隆音。音符の隆は、高くもりあがる意味を表す。

(18)13 **【竅】5433**　△　キョウ(ケウ)　嘯　qiào　6765　6361
字義　❶あな(穴)。❷あなをあける。❸とおす(通)。
解字　篆文　形声。穴＋敫音。音符の敫キョウは、うつの意味。うって穴をあけるの意味を表す。

(18)13 **【竄】5434**　△　サン　慣ザン　翰　cuàn　6766　6362
字義　❶かくれる。かくす。❷のがれる。❸いれる(容)。❹かすか。また、ひそか。❺すてる。また、はなつ。追放する。遠地においやる。「流竄ルザン」❻しみいる。香などがしみこむ。❼あらためる。文字をかえる。「改竄カイザン」
解字　篆文　会意。穴＋鼠。ねずみが穴にかくれるさまから、一般に、かくれるの意味を表す。
【竄改】ザンカイ　文字を書きかえる。改竄。
【竄斥】ザンセキ　追いはらい、しりぞける。
【竄竊(竊)】ザンセツ　他人の詩文やその一部を盗み取って自分の作とすること。
【竄謫】ザンタク　罪によって遠方の地に流すこと。竄流。
【竄黜】ザンチュツ　官位をおとして遠地に追放する。黜は、しりぞける。竄貶ザンペン。
【竄定】ザンテイ　けずり改める。詩文などの悪い所をなおして正しく改めること。改定。
【竄逃】ザントウ　にげのがれる。逃竄。
【竄匿】ザントク　にげかくれる。竄伏。
【竄入】ザンニュウ　①にげこむ。かくれ入る。②まぎれこむ。原文の中に原文以外の文句がまぎれこむこと。

(20)15 **【竇】5435**　△　一漢トウ・呉ズ(ツ)　宥　dòu　二漢トク・呉ドク　屋　dú　6769　6365
字義　一❶あな。まるい穴。❷穴を通す。❸水ぐち。水道。❹くぐり門。二みぞ。水道。＝瀆トク。
解字　篆文　形声。穴＋賣音。音符の賣トク＝ウは、出し入れするの意味。出し入れする穴の意味を表す。

(21)16 **【竈】5436**　標　ソウ(サウ)　号　zào　6762　635E
【竃】俗字　1986　3376　【灶】俗字
字義　❶かまど。へっつい。❷かまどの神。また、かまどの祭り。❸塩を売る家。
難読　竈突くど
解字　金文　篆文　会意。金文は、穴＋黽。黽ボウは、かえるの象形。四つ足に力を入れてふんばるかえるの形をした、かまどの意味を表す。のち、さらに、土を付した。
【竈君】ソウクン　かまどを守る神。竈神。
【竈戸】ソウコ　塩を売る家。また、塩を焼く家。
【竈神】ソウシン　かまどを守る神。旧暦十二月二十三日に天に上り、上帝にその家の事を告げ除夜に降くだるといわれ、家ごとに送迎の祭りを行う。竈君。

【竈突未黔】かまどの煙突がまだ黒くならない。新居に移って間もないこと。転々と家をかえることにいう。〔塩谷宕陰、送安井仲平東遊序〕
【媚於竈】かまどの神にこびへつらう。主権者よりも、実力のある者にこびへつらうたとえ。〔論語、八佾〕

(22)17 【竊】 (5400) 6770 6366
セツ 窃(5399)の旧字体。→八〇三ページ。

5 立部

【部首解説】たつ。たつへん。立を意符として、立つ動作に関する文字ができている。なお、竟・章は、本来は、音の部首に属する文字であるが、検索の便宜上、立部に含まれている。また、リットルを立と意訳したところから、メートル法の体積の単位を表す文字ができている。

辛→辛部 一〇七七ページ。妾→女部 二七九ページ。咅→口部 一九八ページ。
竒→亠部 五三ページ。音→音部 一一九二ページ。彦→彡部 三七六ページ。
竜→龍部 一二七八ページ。翌→羽部 八四四ページ。翊→羽部 八四四ページ。
颯→風部 一二〇四ページ。贑→貝部 一〇五〇ページ。

(5)0 【立】 5437 4609 4E29
教 1 リツ・リュウ たつ・たてる 立ち退く
リュウ(リフ) 圏 lì
慣リツ

筆順

字義 ❶たつ。㋐たちどまる。とどまり立つ。㋑まっすぐに立つ。「直立」㋒立ちあがる。おきあがる。㋓しっかりたつ。固く守って動かない。〔論語、為政〕三十而立さんじゅうにしてたつ。㋔さだまる。「確立」㋕なる(成)。「成立」㋖存在する。行われる。「両立」㋗位につく。㋘のぞむ(臨)。❷たてる。たつ。㋐たてにする。おこす。㋑樹立する。㋒もうける。また、建てる。つくる。「公立」「建立こんりゅう」㋓位につける。「擁立」❸たちどころに。ただちに。
国リットル。容積の単位。一リットルは約五合五勺。

名乗 たか・たかし・たち・たて・たる

使いわけ たてる〔建・立〕⇩建(2042)。

解字 甲骨文 金文 篆文
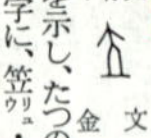
指事。甲骨文でよくわかるように、一線の上に立つさまを示し、たつの意味を表す。立の意味と音符とを含む形声文字に、笠リュウ・粒などがある。

▼確立・却立・建立・骨立・孤立・樹立・侍立・自立・成立・存立・対立・卓立・中立・直立・佇立・独立・擁立・林立

【立案】リツアン ①計画のしくみをたてる。趣向を考える。②国文章の下書きを作る。草案を作る。
【立夏】リッカ 二十四気の一つ。暦の上で、夏の季節にはいる日。陽暦の五月六、七日ごろ。
【立脚】リッキャク ①立場を定めること。②よりどころ・根拠とすること。「立脚地」
【立極】リッキョク 極をたてる。①中正の道を定めること。②国皇位を定める。
【立憲】リッケン 国憲法を定め設けること。
【立言】リツゲン ①後世のいましめとなるりっぱなことばを残すこと。また、そのことば。②国意見を述べる。また、述べた意見・論説。
【立后】リッコウ 皇后を定めたてること。
【立号(號)】リツゴウ ①「天子・皇帝」などと称すること。帝位につくこと。②号令すること。③立って、声をあげて泣くこと。
【立志】リッシ ①こころざしを立てる。②心をふるいおこす。奮発する。〔孟子、万章下〕懦夫有立志だふもこころざしをたつるあり。
【立秋】リッシュウ 二十四気の一つ。暦の上で、秋にはいる日。陽暦の八月八日ごろ。
【立春】リッシュン 二十四気の一つ。暦の上で、春にはいる日。陽暦の二月四日ごろ。八十八夜・二百十日は、この日から起算する。
【立証(證)】リッショウ 国証拠をあげること。証拠だてる。
【立身】リッシン ①りっぱな人になること。②国出世する。
【立身出世】リッシンシュッセ 国身を立て世間に名をあらわすこと。りっぱな人になり、栄達すること。
【立錐之地】リッスイのチ きりのさきを立てるほどのせまい土地。また、わずかな空所。立錐の余地。〔史記、留侯世家〕
【立体(體)】リッタイ 位置・形・大きさを持つ物体。
【立談】リツダン ①立ちながら話をする。たちばなし。②説をたてる。論ずる。
【立地】リッチ ①国土を平定すること。②たちまち。すぐに。③地の上に立つ。
【立儲】リッチョ 皇太子を定める。儲は、皇太子。
【立冬】リットウ 二十四気の一つ。暦の上で、冬にはいる日。陽暦の十一月七、八日ごろ。
【立法】リッポウ 法律を定める。
【立命】リツメイ ①天から与えられた本性を全うして、そこなわないこと。天命を全うすること。②仏リュウメイ 身を天命にまかせて生死利害に処して泰然としていること。「安心立命アンジンリュウメイ」
【立論】リツロン 議論のすじみちをたてる。議論を構成する。また、その議論。
【可立而待也】たちてまつべきなり 立って待っていればよい。たちまちのうちにそうなってしまう意。
【不立】たたず 世に処してゆくことができない。

(7)2 【竍】 5438 国字 △ 6771 6367
字義 デカリットル。容積の単位。リットルの十倍。
解字 形声。十+立㊥。litre の音訳を音符の立が表し、十は、その十倍の意味を表す一種の新形声文字。

[辛]→辛部 一〇七七ページ。

(8)3 【竏】 5439 国字 △ 6772 6368
字義 キロリットル。容積の単位。リットルの千倍。
解字 形声。千+立㊥。litre の音訳を音符の立が表し、千は、その千倍の意味を表す一種の新形声文字。

[妾]→女部 二七九ページ。
[咅]→口部 一九八ページ。

(9)4 【竑】 5440 △
字義 ❶ひろい(広)。❷はかる。ものさしではかる。❸つよい。
漢コウ(クヮウ) 呉オウ(ワウ) 圏 hóng
解字 形声。立+厷㊥。

(9)4 【竕】 5441 国字 △ 6773 6369
字義 デシリットル。容積の単位。リットルの十分の一。
解字 形声。分+立㊥。litre の音訳を音符の立が表し、分は、その十分の一の意味を表す一種の新形声文字。

(9)4 【竓】 5442 国字 △ 6774 636A
字義 ミリリットル。容積の単位。リットルの千分の一。
解字 形声。立+毛㊥。litre の音訳を音符の立が表し、毛

は、一の千分の一の意味を表す一種の新形声文字。

［音］→音部　一一九二ページ。　［彦］→彡部　三七六ページ。

［竒］→亠部　五三ページ。

(10)5 【站】5443 △ 漢タン 呉テン 陥感 zhàn　6775 636B

字義 ❶たつ。ひとりで立つ。❷たたずむ。久しく立ち止まる。❸うまつぎ。宿駅。宿場。❹さかずきをのせる台。❺停車場。駅。「車站」

解字 形声。立＋占音。音符の占は、特定の点をしめるの意味。たつの意味を表す。

〔站④〕

(10)5 【竚】5444 △ 漢チョ 呉ジョ（ヂョ）語 zhù　6776 636C

字義 たたずむ。＝佇。

解字 形声。立＋宁音。

(10)5 【竝】(28) ヘイ　並(27)の旧字体。→二八ページ。　6777 636D

［竜］→龍部　一三七八ページ。

(11)6 【竟】5445 標 一漢ケイ・呉キョウ（キャウ）敬 jìng 二漢ケイ・呉キョウ（キャウ）梗　8079 706F

字義 一❶おわる。おえる（終）。また、おわり。❷つきる（尽）。音楽が終わる。❸きわまる。また、きわめる。❹わたる。つらなる。❺ついに。とうとう。「畢竟」❻かえって。しかるに。二さかい。＝境。

解字 篆文 会意。音＋儿。儿は、人の象形。人が音楽をし終わるの意味を表す。竟を音符に含む形声文字に、境・鏡などがある。

【竟場】キョウエキ　さかい。境界。また、国境。

【竟宴】キョウエン　国宮中で、祭事・書物の講義や編修などが終わった後で開く宴会。

【竟日】キョウジツ　一日中。終日。

【竟夕】キョウセキ　夜どおし。夜もすがら。終夜。

【竟内】キョウナイ・ケイダイ　境のうち。区域のうち。竟は、境。

(11)6 【章】5446 教3 ショウ　ショウ（シャウ）陽 zhāng　3047 3E4F

筆順 章

字義 ❶あや。美しい模様。かざり。色どり。❷しるし。「記章」❸はん。はんこ。「印章」❹あきらか。明らかにする。＝彰。「表章」❺あらわれる。また、あらわす。❻楽曲の一節。首尾の完結した一段落。「楽章」❼詩文の一節。首尾がそろい意義のまとまっている文章のひとくぎり。❽ふみ。文書。文章。❾くぎり。ほど。きりめ。わかち。区別。❿のり。てほん。法律。法式。⓫はた（旗）。⓬かたち（形）。⓭殷代の冠の名。⓮文体の名。上奏文の一つ。⓯古代の暦法で、十九年をいう。

名乗 あき・あきら・たか・とし・のり・ふさ・ふみ・ゆき

難読 章魚

解字 金文 篆文 象形。金文は、墨だまりのついた大きな入れ墨用の針の象形で、あや・しるしの意味を表す。『説文』では、音＋十の会意とし、音楽のまとまりの意味と説く。章を音符に含む形声文字に、嶂・彰・璋などがある。

▼印章・回章・楽章・玉章・勲章・憲章・肩章・顕章・詞章・辞章・周章・首章・日章・表章・文章・平章・褒章・紋章

【章魚】ショウギョ　海産動物の名。たこ。蛸。

【章句】ショウク　①文章の章と句。句は、短いくぎりで、章は句が集まって一段をなすもの。②文章を章・句に分け、句読点をつけること。に、文章の意味を明らかにするため

【章句学（學）】ショウクのガク　文章の一句一章の読みや解釈のみにこだわって、全体の内容に通じない学問。漢代の訓詁学は、この弊害があるといわれる。〔後漢書、韓融伝〕

【章識】ショウシ　旗じるし。紋どころ。

【章草】ショウソウ　草書の一体。前漢の元帝のとき、史游の作った『急就章』の書体からできたものとも、後漢の章帝の作ったものともいう。

【章奏】ショウソウ　天子にたてまつる文書。上奏文。

【章程】ショウテイ　①暦や度量衡などの標準を定める法式。②規則。おきて。法律。

【章牘】ショウトク　文書。書きもの。

【章表】ショウヒョウ　①しるし。②あらわす。表章。

【章甫】ショウホ　殷代の冠の名。緇布の冠。孔子がこれを用いてから、儒者の冠となったという。

【尋レ章摘レ句】ショウをたずね（つ）ねクをつむ　細かい一章一句の読みや解釈を穿鑿する。全体の内容に通じない読み方の意。

【断（斷）レ章取レ義】ショウをダンじギをとる　→断章取義（四八五ページ）。

(11)6 【竡】5447 国字 △　6778 636E

字義 ヘクトリットル。容積の単位。リットルの百倍。

解字 形声。百＋立音。litre の音訳を音符の立が表し、百は、その百倍の意味を表す一種の新形声文字。

［翌］→羽部　八四〇ページ。　［翊］→羽部　八四〇ページ。

(12)7 【竢】5448 △ シ　俟(252)の古字。→八四ページ。　6779 636F

(12)7 【竣】5449 人 シュン 震 jùn　2955 3D57

筆順 竣

字義 ❶おわる。おえる。仕事をなしおえる。「竣工」「竣功」❷しりぞく。さがる。❸うずくまる。ふす（伏）。❹とどまる。とどめる。やむ（止）。また、あらためる。

名乗 たかし

解字 篆文 形声。立＋夋音。音符の夋は、蹲に通じ、うずくまるの意味。立は、たつの意味。うずくまる・とどまる・やむの意味を表す。

【竣工・竣功】シュンコウ　工事ができあがること。竣成。

(12)7 【竦】5450 標 漢ショウ 呉シュウ 腫 sǒng　6780 6370

字義 ❶おそれる。すくむ。❷おどろく。❸つつしむ。かしこまる。❹つまだつ。のびあがる。❺そばだつ。そびえたつ。❻あげる（上）。あがる。❼うごく（動）。うごかす。❽すすめる（勧）。

解字 篆文 形声。立＋束音。音符の束は、ひきしめるの意味。心をひきしめて立つ、つつしむの意味を表す。

【竦企】ショウキ　足をつまだてること。また、そうして待ち望む。

【竦懼】ショウク　おそれおののく。

【竦峙】ショウジ　高くそびえる。そびえたつ。

【竦竦】ショウショウ　高くそびえるさま。

(12)7 【童】5451 教3 ドウ わらべ　漢トウ・呉ドウ 東 tóng　3824 4638

筆順 童

字義 ❶わらべ。わらわ。未成年者。「児童」❷おろか。❸角のまだ生えない牛や羊。❹はげる。㋐頭髪がなくなる。㋑山に草木がなくなる。❺しもべ。めしつかい。罪によってしもべとなった者。男を童、女を妾という。❻ひとみ。＝瞳。

解字 金文 篆文 形声。金文は、辛＋目＋重音。辛は、いれずみのはりの象形。音符の重

は、おもいふくろの象形。目の上にいれずみをされ、重いふくろを背負わされた、どれいの意味を表し、転じて、わらべの意味をも表す。

▼怪童・河童・山童・児童・神童・牧童・幼童

【童牙】ドウガ　幼いこども。幼少。

【童孩】ドウガイ　小さいこども。孩は、あやすと笑う意。

【童丱】ドウカン　こども。丱は、こどもの髪型、あげまき。

【童顔】ドウガン　①こどもの顔。②こどもっぽい顔。

【童形】ドウギョウ　①おさな子の姿。稚児姿。②貴人の元服以前の称。

【童子】ドウシ　①こども。未成年者。②こどもの召使い。③ひとみ。瞳子。

【童竪】ドウジュ　こども。竪も、こども。また、こどもの召使い。

【童女】ドウジョ　未婚の女子。処女。また、十歳前後の女子。

【童心】ドウシン　こども心。無邪気な心。

【童男】ドウダン・ドウナン　未婚の男子。また、十歳前後の男子。

【童稚】ドウチ　こども。童幼。

【童貞】ドウテイ　まだ異性と関係したことのないこと。また、その人。主として、男子についていう。

【童童】ドウドウ　①さかんなさま。②木に枝のないさま。③きよくかがやくさま。

【童僕】ドウボク　こどもの召使い。

【童蒙】ドウモウ　①こども。蒙は、物ごとにくらい意。②無知なもの。無知な初学者。

【童幼】ドウヨウ　おさないもの。こども。童稚。

【童謡(謠)】ドウヨウ　①子どもの間に自然に発生して流行する歌。②こどもが歌うために作られた歌。

(13)8【靖】5452 囚　(13)8〔靖〕5453　漢セイ　呉ジョウ（ジャウ）　梗敬　jìng　4487 4C77

筆順　立 竏 靖 靖

字義　❶やすい。やすらか。しずか。❷やすんずる。やすらかになる。やわらぐ。また、やすらかにする。静める。おさめる。❸おもう（思）。はかる（謀）。❹やめる（息）。❺よい（善）。きよい。

名乗　おさむ・きよし・しず・のぶ・やす・やすし

解字　篆文 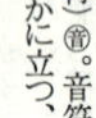　形声。立＋青（靑）音。音符の青は、靜に通じ、しずかの意味。静かに立つ、やすんじるの意味を表す。

【靖共・靖恭】セイキョウ　自分の職務をつつしみ勤めること。

【靖匡】セイキョウ　安んじただす。安らかに治めること。

【靖献(獻)】セイケン　臣下が正義に安んじていて、先王の霊に誠意を尽くすこと。

【靖献(獻)遺言】セイケンイゲン　国書名。二巻。江戸中期の学者浅見絅斎の著。楚ッの屈原以下八人の忠臣の事跡を述べて、尊王倒幕の思想を鼓吹した。

【靖国(國)】セイコク　国を安らかに治めしずめる。国家を安泰にする。〔左伝、僖公二十三〕吾以靖レ国也。

【靖綏】セイスイ　やすらか。また、安んじる。綏靖。

【靖節(節)先生】セイセツセンセイ　晋シの陶潜の謚おくりな。→陶潜（二一六三ページ）。

【靖難】セイナン　国難を救い、平和にすること。

【靖兵】セイヘイ　戦争をやめる。息兵。

(13)8【竫】5454　△　漢セイ　呉ジョウ（ジャウ）　梗　jìng　6781 6371

字義　❶しずか。＝静。❷やすらか。おちつき安んずる。＝靖セイ。❸えらぶ（撰）。また、述べる。

解字　篆文 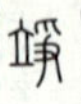　形声。立＋争音。

(14)9【竭】5455　△　漢ケツ　呉ゲチ　屑・月　jié　6781 6371

字義　❶つきる。なくなる。❷つくす（尽）。あるかぎりを出す。❸かれる（渇）。水がなくなる。❹やぶれる（敗）。ほろびる（滅）。❺ことごとく。❻せおいあげる。もちあげる。

解字　篆文 　形声。立＋曷音。音符の曷カツは、高くあげるの意味。立を付し、背負ってあげるの意味を表す。また、渇に通じ、つきるの意味を表す。

【竭蹶・竭蹷】ケッケツ　①つまずき倒れる。ころげるようにして急いで行くこと。②力が足りないのに努力してゆくこと。

【竭尽(盡)】ケツジン　つくす。ありったけをつくす。また、つきる。

【竭誠】ケッセイ　まごころをつくす。

(14)9【竪】5456　標　漢シュ　呉ジュ　麌　shù　3508 4328

字義　たて（縦）。また、立つ。豎ジュ（7350）の俗字。→一〇三二ページ。

難読　竪堀たてぼり

解字　会意。臤＋立。本字は豎であるが、たつの意味に引かれ、また、豆と立との字形の似ているところから、竪が竪となった。

(14)9【端】5457　常　タン　はし・は・はた　タン　寒　duān　3528 433C

筆順　立 竌 竌 端 端

字義　❶はし。つま。㋐すえ。「末端」㋑はた。へり。ふち。きわ。㋒はて。かぎり。「端涯」❷ただしい。まっすぐ。かたよらない。「端正」❸ただす。正しくする。❹はじめ。いとぐち。おこり。きざし。「端緒」❺もと（本）。本源。「大端」❻つまびらか。❼織物の長さの単位。周代の一端は二丈。または一丈六尺。一丈は約一・八メートル。❽周代の朝廷の礼服。黒色の麻製で、袖の下がほぼ方形のもの。玄端。

国❶タン。織物の長さの単位。鯨尺で長さ二丈六尺または二丈八尺、幅九寸の布。一丈（十尺）は約三・八メートル。❷はた。㋐器物のへり。外縁。㋑ほとり。また、かたわら。❸は。㋐はし。「山の端」㋑はした。はんぱ。「端役」「端数」

名乗　ただ・ただし・ただす・なお・はじめ・まさ・もと　難読　端岡はしおか

解字　篆文 　形声。立＋耑音。立は、まっすぐたつの意味。音符の耑タンは、何物にも汚されていない物事のはじめの意味。まっすぐ・はじめの意味を表す。

▼異端・極端・戦端・多端・途端・発端・万端・筆端・両端

【端衣】タンイ　正式の礼服。

【端一】タンイツ　①まっすぐでひとすじなこと。②陰暦の五月一日の別名。

【端崖・端涯】タンガイ　果て。かぎり。

【端愨】タンカク　心が正しくて誠意がある。愨は、誠意。

【端揆】タンキ　宰相をいう。もろもろの政治を正しくはかる意。

【端居】タンキョ　①ふだん。つねづね。②正しくきちんとすわっていること。③国いはし（る）　座や家のはしにすわる。

【端拱】タンキョウ　正しく手をこまぬく。拱は、手をこまぬくこと。①人君が無為にして天下を治めること。②じっとして何もしないこと。③臣下が顔色を正して朝廷に立つこと。

【端渓(溪)】タンケイ　①地名。広東カントン省高要県の東南にある、硯すずりの名産地。②端渓産のすずり石。

【端倪】タンゲイ　①事の本末終始。端は、いとぐち。倪は、田の境界の意で、田の終わる所。〔荘子、大宗師〕不レ知二端倪一タンゲイをしらず。②きわ。はし。③物事の初めから終わりまでを測り知る。〔唐、韓愈、送二高閑上人一序〕旭之書キョクのショは、変動猶二鬼神一キシンのごとく、不レ可二端倪一タンゲイすべからず。

【端月】タンゲツ　正月の別称。端は、はじめ。

【端言】タンゲン　正しくいう。また、そのことば。

【端厳(嚴)】タンゲン　正しくおごそか。正しくきびしい。端正厳格。

【端午】タンゴ　陰暦五月五日の節句。端は始め、午は五の意。古来、この日を男子の節句とし、邪気を払うため菖蒲ショウブや蓬よもぎを軒にさしたりなどする行事が行われる。端五。

【端行】タンコウ　①正しくあゆむ。まっすぐ歩く。②正しいおこない。

【端座・端△坐】タンザ 正しくすわる。きちんとすわる。
【端緒】タンショ・タンチョ はじめ。いとぐち。手がかり。「タンチョ」は誤読による慣用読み。
【端章△甫】タンショウホ 端は、玄端の服で、周代に諸侯が用いた黒色の正式の礼服。章甫は殷代ダインの儀式用の冠。
【端人】タンジン 心の正しい人。端士。
【端正】タンセイ 正しく、きちんとしていること。
【端誠】タンセイ 心が正しく誠があること。
【端整】タンセイ 正しく、きちんとととのっている。
【端然】タンゼン 行儀正しく、きちんとしているさま。
【端荘(莊)】タンソウ 正しくおごそか。きちんとして重々しい。
【端直】タンチョク 正しくまっすぐなこと。
【端艇】タンテイ 国ボート。はしけ。短艇。
【端的】タンテキ ①はたして。てっきり。案の定。②まさしく。㋐明白に。はっきり。㋑確実に。③事情。
【端門】タンモン ①宮殿の(南にある)正門。②魯ロの城門の名。
【端陽】タンヨウ ＝端午。
【端麗】タンレイ 行儀正しく姿が美しい。
【無レ端】タンなし ①いとぐちがない。②はてしない。無限。③やるせない。また、たいくつ。④はしなく 思いがけなく。ゆくりなく。〔唐、賈島、度ニ桑乾一詩〕無レ端更渡桑乾水(はしなくもさらにわたる、ソウカンのみず(づ))、却望ニ井州一是故郷(かえ(へ)ってヘイシュウをのぞめばこれコキョウ)〈思いがけなくも桑乾河を渡ってさらに北へ行くことになったが、今まで過ごした井州の方をふりかえって眺めると、仮の宿と思っていたその町が自分の故郷のように思われる〉

(14)9 【竰】5458 国字 △ 6782 6372
字義 センチリットル。容積の単位。リットルの百分の一。
解字 形声。厘＋立音。litre の音訳を音符の立が表し、厘リンは、寸の百分の一の意味を表すところから、合わせてセンチリットルの意味を表す一種の新形声文字。

【颯】→風部 一三〇四ページ。

(20)15 【競】5459 教4 キョウ・ケイ きそう・せる 漢ケイ・呉ギョウ(ギャウ) 敬 jìng 慣キョウ(キャウ) 2205 3625
筆順 立 音 竞 竸 競
【競】俗字 4931 513F
字義 ❶きそう(きそ-ふ)。争う。くらべる。「競争」❷おう(逐)。❸すすむ(進)。おもむく。❹つよい。国❶せる。㋐せく。あせる。㋑せりあげる。❷せり。㋐せること。きそうこと。㋑せりうり。「競売」
解字 甲骨文 金文 篆文

会意。もと、両言＋両人。二人が向きあってことばを出しあう、きそうの意味を表す。
【競争(爭)】キョウソウ きそいあらそう。勝負・優劣を争う。
【競走】キョウソウ きそい走る。はやさを争って走る。
【競逐】キョウチク さきを争って追いかける。
【競渡】キョウト 小舟で競走する、ボートレースの類。
【競売(賣)】キョウバイ・ケイバイ せり売り。
【競奔】キョウホン さきを争って走る。

(22)17 【竸】5460 △ キョウ 競(5459)の俗字。→前項。 4931 513F
【贛】→貝部 一〇五〇ページ。

6 竹部

〔部首解説〕 たけ。たけかんむり。竹を意符として、いろいろな種類の竹や竹製の用具に関する文字ができている。符・箋セン・簿・籍・簡など、文書に関係ある文字に竹冠がつくのは、むかし、文字を書くのに竹の札(竹簡)を用いたことによる。

纂→糸部 八七三ページ。

(6)0 【竹】5461 教1 チク たけ 漢チク 呉チク 唐シツ 屋 zhú 竹刀(しない) 3561 435D
筆順 ノ 𠂉 ⺮ 竹
字義 ❶たけ。植物の名。❷ふえ(笛)。竹で作り、吹き鳴らす楽器。笙ショウ・簫ショウなどの類。「糸竹」❸たけのふだ。昔、紙のなかった時代に文字を書いたもの。転じて、かきもの。書籍。「竹帛チクハク」
難読 竹城(たかぎ)・竹仁(たかに)・竹生島(ちくぶじま)・竹杷(さらい)・竹柏(なぎ)・竹麦魚(ほうぼう)・(あまなす)
解字 篆文

象形。たけの象形で、たけの意味を表す。竹を音符に含む形声文字のうち、「厚い」の意味を表すものに、竺トク・篤・築などがある。

▼寒竹・苦竹・孤竹・糸竹・修竹・成竹・石竹・爆竹・墨竹・緑竹

【竹院】(チクイン) 庭に竹の植えてある書院。また、竹林の中の書院。竹斎。

【竹園】(チクエン) ①竹やぶ。②天子の子孫をいう。前漢の文帝の子の孝王が梁に封ぜられて庭園に竹を植えた故事に基づく語。竹の園生。

【竹管】(チクカン) ①竹のくだ。②竹のくだで作った容器。③筆の軸。④笛。⑤竹をいう。

【竹簡】(チクカン) 竹の札。竹を細長く削って作った札で、昔、これを韋(なめし皮)で編んで巻物とし、漆で文字を書きしるした。転じて、書物。

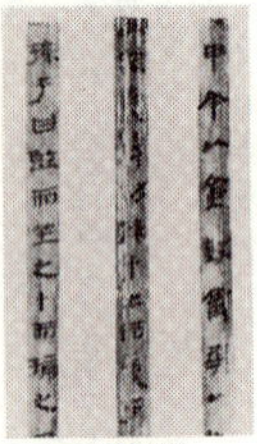
〔竹簡〕

【竹几】(チクキ) 竹のひじかけ。竹製の脇息。

【竹紙】(チクシ) ①竹を原料として作った紙。②国㋐薄い鳥の子紙。㋑雁皮紙、または唐紙の別名。

【竹書】(チクショ) 竹のふだに漆で書きしるした文字や文章をいう。

【竹添光鴻】(たけぞえこうこう) 国明治・大正の漢学者。熊本の人。通称は進一郎、号は井井。光鴻は字。天津領事・朝鮮弁理公使・東京帝国大学教授を歴任した。程朱の学を主としたが、一派に偏せず、博学で考証に長じた。『左氏会箋』『毛詩会箋』『論語会箋』『桟雲峡雨日記』などの著がある。(一八四二―一九一七)

【竹筒】(チクトウ・たけづつ) ①竹のつつ。②昔、酒を入れて持ち歩いた竹づつ。

【竹馬之友】(チクバのとも) たけうまに乗って遊んだ友。幼いときの友だち。また、幼時からの友だち。『晋書』殷浩伝に「少時吾与浩共騎竹馬」とあるのに基づく。

【竹牌】(チクハイ) ①敵の矢を防ぐために竹をたばねて作った楯。②マージャン(麻雀)。

【竹帛】(チクハク) ①書物。昔、紙がなかった時代に、竹の札や帛に文字を書いたことによる。②歴史をいう。

【垂竹帛】(竹帛に垂る) 史上に名を残すこと。→垂名竹帛(一九一ページ)。〔後漢書、鄧禹伝〕垂功名于竹帛耳

【竹柏】(チクハク) ①竹と、このてがしわ(ひのきの一種)。②竹と柏は、霜雪に屈しないところから、志操の堅固なことにたとえる。③木の名。なぎ。

【竹篦】(チクヘイ・シッペイ) ①竹のむち。宮中で用いる刑罰の道具。②仏仏家で用いる罰具。座禅のとき、人を戒めるために用いる、割った竹を合わせたもの。シッペイは唐音。③国シッペイ 片手の食指と中指をそろえて相手の手首を打つこと。

【竹夫人】(チクフジン) 夏すずしく寝るため、ふとんの間に入れて空気の通りをよくする竹製で円筒形のかご。だきかご。

【竹葉】(チクヨウ) ①竹の葉。②酒の名。紹興酒の一つ。竹葉青。竹葉清ともいう。

【竹里館】(チクリカン) 唐の王維が別荘を営んで自適した輞川二十景の一つ。今の陝西省藍田県の南、竹林の中に館があったので竹里館という。

【竹林寺】(チクリンジ) 寺の名。今の河南省輝県の西南にあり、竹林の七賢の遊んだ所で、七賢祠がある。旧名、七賢観・尚賢寺。

【竹林七賢】(チクリンのシチケン) 魏・晋の阮籍・嵆康・山濤・向秀・劉伶・王戎・阮咸の七人をいう。たがいに親しく交わり、老荘思想にふけり、礼法を軽んじ、俗世間を避けて竹林に遊び、自然と詩酒とを友にした隠者たち。

〔竹林七賢〕

(8)2 【竺】 5462 　2819 3C33

標 一チク 屋 zhú 二トク 沃屋 dǔ 慣ジク(チク)

字義 一❶たけ(竹)。❷国の名。天竺の略。インドの古称。❸杭州(浙江省)西湖の南の地方をいい、三竺(上天竺・中天竺・下天竺)に分ける。二あつい。=篤。

解字 篆文 形声。二+竹音。二は、かさなって厚みがあるの意味。音符の竹も、厚いの意味を表す。篤の原字。借りて、天竺の意味に用いる。

【竺学(學)】(ジクガク) 仏教の学問。仏学。

【竺経(經)】(ジクキョウ) 仏書。仏教の経典。

(9)3 【竽】 5463 △ ウ 虞 yú

字義 ❶ふえの一種。笙の類で、昔は三十六管あり、後世は十九管となった。竹の管の短いものと長いものをならべ、鳥の翼の形にかたどったもの。❷かしら。盗賊のかしら。「盗竽」

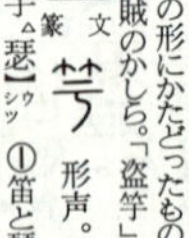
〔竽①〕

解字 篆文 形声。竹+于音。

【竽瑟】(ウシツ) ①笛と琴。②笛と琴とを合奏すること。

【竽笙】(ウショウ) ふえ。笙は、竽の小さなもの。

(9)3 【竿】 5464 　2040 3448

標 一カン 寒 gān 二カン 旱 gǎn 三カン 翰 gàn

字義 一❶さお。たけざお。❷おかす。=干。❸竹のふだ。=簡。二やがら。三きものかけ。かけざお。

解字 篆文 形声。竹+干音。音符の干は、軋に通じ、旗ざおの意味。たけざおの意味を表す。

【竿頭】(カントウ) さおのさき。

【竿牘】(カントク) 書簡。手紙。また、書物。簡牘。

(9)3 【笂】 5465 国字 △ 　6783 6373

字義 うつぼ。笂井は、群馬県前橋市の地名。

解字 会意。竹+丸。

(10)4 【笈】 5466 　2172 3568 〔笈〕

標 ❶キュウ(キフ) 呉ゴウ(ゴフ) 緝 jí

字義 ❶おい。おいばこ。本箱。書物などを入れて背に負う、竹を編んで作った箱。❷にぐら。荷物を背負わせるために馬の背に置く器具。

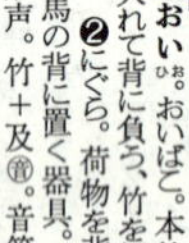
〔笈①〕

解字 形声。竹+及音。音符の及は、人を追いかけるの意味。人の背にその人を追いかけるように負われた、おいの意味を表す。

【負笈】(キュウをおう) 本箱を背負って遠方の地に遊学すること。故郷を離れた土地に遊学する意。〔晋書、王裒伝〕

(10)4 【笄】 5467 　6802 6422

△ ケイ 笄(5498)の俗字。→八一八ページ。

(10)4 【笏】 5468 　6784 6374

△ 漢コツ・呉コチ 月 hù 慣シャク

字義 シャク。官位ある者が礼装したとき、帯の間にさしはさむ板。手板。大事なことを忘れないように書きつけたもの。

難読 笏賀

参考 日本では、骨と同音なことを避け、笏の長さが一尺あることから、尺の音を借用して、シャクと読んだ。

【解字】篆文 形声。竹＋勿㊐。音符の勿ブツ＝コツは、忽コツに通じ、うっかり忘れるの意味。君主の命令を忘れないように書きつけた竹の札の意味を表す。

【投レ笏】コツをトウず しゃくを投げ捨てる。官職をやめること。

(10)4【笇】5469 △サン 翰 suàn

【字義】かぞえる。かぞえはかる。＝算。

【解字】会意。竹＋卞。

(10)4【第】5470 △シ 紙 zǐ

【字義】❶ゆか（床）。ゆかいた。❷すのこ。「牀第ショウシ」

【解字】篆文 形声。竹＋𠂔㊐。

(10)4【笋】5471 △ジュン 筍（5500）と同字。→八一九ページ。 6804 6424

(10)4【笑】5472 教4 ショウ わらう・えむ ショウ（セウ）嘯 xiào 笑顔えがお 3048 3E50

筆順 ⺈ ⺮ 笁 笑 笑

【咲】古字 2673 3A69 【笑】本字

【字義】❶わらう。㋐よろこびわらう。うれしがる。「談笑」㋑あざわらう。あざける。あなどる。「嘲笑チョウショウ」㋒えむ。ほほえむ。「微笑」㋓花が咲く。❷わらい。えみ。ほほえみ。

【難読】笑内おかしない

【解字】篆文 象形。髪を長くした若いみこの象形で、わらうの意味を表す。竹の部分は長い髪の象形が、しだいに変形したものである。

▼歓笑・苦笑・失笑・談笑・冷笑

【笑△謔】ショウギャク 笑いたわむれる。

【笑△瞼】ショウケン 笑い顔。えがお。転じて、美人の形容。

【笑言】ショウゲン 笑いながら話す。また、笑いばなし。

【笑△傲・笑△敖】ショウゴウ ①大いに笑う。人をあなどり笑う。

【笑殺】ショウサツ ①大いに笑う。殺は助字。②笑って相手にしない。笑って否定する。

【笑△粲】ショウサン 大いに笑う。粲は、歯を出して笑う。

【笑止】ショウシ 国①ばかばかしい。おかしい。「笑止千万」②気のどくに思うこと。こまったこと。③笑いごとでない。迷惑。大変だ。「勝事」の転。

【笑中刀】ショウチュウのトウ 表面に温和をよそおい、内心に悪意を秘めていること。〔唐書、姦臣上、李義府伝〕

【笑納】ショウノウ 国自分の贈り物を相手が受け入れてくれることを望む、という謙譲語。笑留。笑領。

【笑破】ショウハ ①大いに笑う。破は助字。②相手を笑ってその意気をくじきやぶる。③一笑に付すること。

【笑△罵】ショウバ 笑いののしる。あざけり笑う。

【笑府】ショウフ 書名。十三巻。明ミンの墨憨斎ボクカンサイ主人（本名は馮夢竜フウボウリュウ）の著。中国の笑話を集大成したもの。原本は中国では散逸したが、日本に伝存し、七〇八話を収めている。

【笑柄】ショウヘイ 笑いのたね。

【笑△貌】ショウボウ 笑い顔。

【笑△靨】ショウヨウ えくぼ。靨は、えくぼ。

【笑覧（覽）】ショウラン 国自分のものを他人に見せるときの謙譲のことば。

【笑林】ショウリン 書名。後漢の邯鄲淳カンタンジュンの著。中国最古の笑話集。もと三巻あったが、現存するのは二十九編だけ。

(10)4【笊】5473 △ 漢ソウ（サウ） 呉ショウ（セウ） 効巧 zhào 6785 6375

【字義】❶ざる。割り竹で編んだ竹かご。❷す。鳥の住む穴。

【難読】笊籬いかき

【解字】形声。竹＋爪㊐。音符の爪ソウは、下向きにした手の象形。手を伏せるようにして置く、ざるの意味を表す。

(10)4【笆】5474 △ 一漢ハ・呉バ 馬 bǎ 二ハ 麻 bā 6786 6376

【字義】一いばらだけ。とげのある竹。二竹の生垣いけがき。いばら竹の垣。

【解字】形声。竹＋巴㊐。

【笆△籬】ハリ 竹のいけがき。

(11)5【笳】5475 △ 漢カ 呉ケ 麻 jiā 6787 6377

【字義】あしぶえ。あしの葉を巻いて作った笛。胡人コジン（西北方の異民族）の吹いたもの。「胡笳」

【解字】形声。竹＋加㊐。

(11)5【笱】5476 △ 漢コウ 呉ク 有 gǒu

【字義】やな。うえ。うけ。もじり。細い割り竹を編んで筒状に作り、水中にしかけて魚を捕らえるもの。

【解字】篆文 形声。竹＋句㊐。音符の句は、曲げるの意味。竹を曲げて作った漁具、やなの意味を表す。

(11)5【笮】5477 △ 一漢サク・呉シャク 陌 zé 二漢サク・呉ザク 薬 zuó 三漢サ・呉シャ 禡 zhà

【字義】一❶やねじた。屋根瓦の下に敷く竹製のすのこ。❷おさえる（圧）。圧迫する。❸えびら（箙フク）。矢を入れる道具。竹で編んだもの。二❶なわ。竹で編んだ縄。＝筰サク。❷ほる。＝鑿サク。㋐いれずみすること。刑罰の一種。㋑うがつ。三しぼる。したむ。水分をしたたらせる。

【解字】形声。竹＋乍㊐。

(11)5【笥】5478 標 シ 寘紙 sì 唐ス 3158 3F5A

【字義】はこ。け。飯、または衣服などを入れる四角なはこ。葦あし、または竹を編んで作る。「箪笥タンス」

【解字】篆文 形声。竹＋司㊐。音符の司は、治める・秩序づけるの意味。衣類を整理しておくための竹製の器の意味を表す。

(11)5【笶】5479 △シ 矢（5116）と同字。→七三ページ。 6793 637D

(11)5【笙】5480 人 漢セイ 呉ショウ（シャウ） 慣ソウ（サウ） 庚 shēng 6789 6379

筆順 ⺈ ⺮ 笁 笙 笙

【字義】❶ショウ。しょうのふえ。形は竽ウに似て十九管、または十三管ある。❷ちいさい。細い。

【解字】篆文 形声。竹＋生㊐。音符の生は、はえるの意味。竹管が生えそろった形で十三管あるふえの意味を表す。

〔笙①〕

【笙歌】ショウカ しょうのふえと歌。また、しょうに合わせて歌う。

【笙鼓】ショウコ しょうのふえと、つづみ。

【笙△簧】ショウコウ しょうの笛の舌。

【笙詩】ショウシ 『詩経』小雅の中の南陔ナンガイ・白華などの六編で、笙に合わせて歌った詩。今日の『詩経』には、その題と序だけあって詩はない。

(11)5【笘】5481 △ 一セン 塩 shān 二チョウ（テフ） 葉 shān 6788 6378

【字義】一二❶むち。竹のむち。❷ふだ。児童が文字を習う竹のふだ。竹簡。国とま。苫セの誤用。

【解字】篆文 形声。竹＋占㊐。

(11)5【第】5482 教3 ダイ 漢テイ 呉ダイ 霽 dì 3472 4268

筆順 ⺈ ⺮ 笃 第 第

字義 ❶しだい。順序。また、順序をつける。「次第」 ❷物事の順を数えるのにそえて用いる語。「第一」 ❸順序を定める。しな定めをする。 ❹しな。階級。 ❺やしき。いえ(いへ)。邸宅。「第宅」「別第」 ❻官吏登用試験。科挙。また、その試験に合格すること。「登第」「及第」 ❼ただ（但）。しばらく（且）。かりに。

名乗 くに・つき

解字 文 篆 形声。竹＋弟省㊄。音符の弟は、順序の意味。順序よく連ねた竹簡の意味から、一般に、順序の意味を表す。

▼下第・科第・及第・高第・次第・譜第・落第

【第一】(ダイイチ) ①一番目。最初。②最もすぐれたもの。③最も重要なもの。

【第一義】(ダイイチギ) ①本来の意義。根本の意義。②最も重要な事がら。③第一に行うべき道。④最上の方法。⑤仏究極の真理。

【第下】(ダイカ) ①身分の高い人への尊称。貴下。貴台。②唐代、太守の別称。

【第館】(テイカン) やしき。やかた。邸宅。

【第観(觀)】(テイカン) やしきと、物見やぐら。

【第宅】(テイタク) やしき。やかた。邸宅。

【第六感】(ダイロッカン) 五感以外の特殊な心のはたらき。勘。直感。

【就レ第】(テイにつく) ①やしきに帰る。②官職を辞すること。

(11)5
【笪】5483
△ 一㊊タツ・㊐タチ 曷 dá 二タン 翰 dàn

字義 一❶むち。❷たかむしろ。竹であんだむしろ。❸船のひきづな。二うつ。むちうつ。

解字 文 篆 形声。竹＋旦㊄。音符の旦(タン)は、撻(タツ)に通じ、むちうつの意味。竹のむちの意味を表す。

(11)5
【笞】5484
△ チ 支 chī　6790 637A

字義 ❶むち。しもと。罰するときに使う竹のむち。❷むちうつ。むちでたたく。❸たたき。五刑の一つ。むちうちの刑。笞刑。罪の軽重により打つ数に多少がある。前漢の文帝に始まる。

解字 文 篆 形声。竹＋台㊄。

【笞刑】(チケイ) むちでうちたたく刑罰。五刑の一つ。

【笞撃(擊)】(チゲキ) むちでうちたたく。むちうつ。

【笞△杖】(チジョウ) むちで打つ刑と、杖(つえ)で打つ刑。

【笞辱】(チジョク) むちでうってはずかしめる。

【笞△撻】(チタツ) むちうつ。撻も、むちうつ。

【笞△掠】(チリャク) むちうって、きびしく取り調べる。

(11)5
【笛】5485
教 3　テキ　ふえ
㊊テキ・㊐ジャク（チャク）錫 dí　3711 452B

筆順 笛

字義 ふえ。㋐竹のくだに七つの穴をあけて吹き鳴らしたもの。五つの穴、三つの穴のものもある。㋑竽(ウ)・笙(ショウ)・尺八など、吹き鳴らす楽器の総称。

難読 笛吹(いすい・うすい・うずしき・うとう)

解字 文 篆 形声。竹＋由㊄。音符の由は、底の深い穴の意味。深い穴からできている竹製のふえの意味を表す。

〔笛〕

▼横笛・玉笛・警笛・鼓笛・牧笛

【笛△伶】(テキレイ) 笛を吹く楽人。笛ふき。伶は楽人。

(11)5
【笯】5486
△ ㊊ド ㊐ヌ 虞・遇 nú

字義 とりかご。国ど。どう。うえ。ふせご。水中に沈めて、うなぎやどじょうなどを捕らえる道具。

解字 文 篆 形声。竹＋奴㊄。音符の奴は、どれいの意味。奴隷のように鳥をとらえておく竹かごの意味を表す。

(11)5
【笵】5487
△ ㊊ハン ㊐ボン 豏 fàn　6791 637B

字義 ＝範。❶のり。法律。手本。❷かた。いがた。土製のものを型、金属製のものを鎔(ヨウ)、竹製のものを笵・範という。

解字 文 篆 形声。竹＋氾㊄。音符の氾(ハン)は、法に通じ、おきて・てほんの意味。竹製のいがた（鋳型）の意味や、てほんの意味を表す。

(11)5
【符】5488
常 フ
㊊フ ㊐ブ 虞 fú　4168 4964

筆順 符

字義 ❶わりふ。しるし。竹ぎれ、または木ぎれの上に、しるしとなる文字を書き、それを二分して、互いにその一方を持っていて、他日の証拠としたもの。「符節」 ❷おしで。印章。「符璽」 ❸きざし。めでたいしるし。「符瑞(フズイ)」 ❹未来記。未来のことを予言して書いたもの。「符讖(フシン)」 ❺おふだ。神仏の守り札。「護符」 ❻あかし。証拠。「符験」 ❼あう。わりふを合わせたように、ぴったり合う。「符合」 ❽文体の名。上級の官庁から下級の官庁に下す文書。

〔符①〕

解字 文 篆 形声。竹＋付㊄。音符の付は、よせあわすの意味。両片を合わせて証拠とする竹製の、わりふの意味を表す。

▼官符・魚符・契符・護符・神符・兵符・霊符

【符運】(フウン) 天運。運命。

【符応(應)】(フオウ) しるし。感応。天がくだす符瑞(フズイ)。また、それが人事と応ずること。

【符契】(フケイ) わりふ。転じて、よく的中するたとえ。

【符券】(フケン) わりふ。通行証などをいう。

【符験(驗)】(フケン) しるし。証拠。

【符合】(フゴウ) わりふが合う。ぴったりと合う。

【符号(號)】(フゴウ) しるし。記号。

【符璽】(フジ) 天子の御印。また、広く印（はんこ）をいう。

【符△呪】(フシュウ・フジュ) まじない。また、まじなう。

【符祥】(フショウ) めでたいしるし。めでたいきざし。符瑞(フズイ)。

【符信】(フシン) しるし。証拠。また、わりふの類をいう。

【符△讖】(フシン) 未来のことを予言した書きもの。未来記。讖も、［未来記。

【符△瑞】(フズイ) めでたいしるし。吉兆。

【符節(節)】(フセツ) わりふ。てがた。→字義の①

【若レ合二符節(節)一】(フセツをガッするがごとし) わりふを合わせるようにぴったり合う。両者が全く同じだというたとえ。〔孟子、離婁下〕

【符△牒】(フチョウ) ①しるしの書き付け。②国符帳・符丁(フチョウ)。㋐記号などで、特別の意味を持たせたもの。㋑仲間の者にだけ分かるように、あらかじめ定めてあるしるしやことば。

【符伝(傳)】(フデン) 道中手形。旅行証明書。

【符命】(フメイ) ①天子となる人に天が与えるめでたいしるし。天子となるべき天の命令。②文体の名。天子の瑞祥(ズイショウ)などを述べて天子の徳をたたえるもの。

【符△籙】(フロク) ＝符讖(フシン)。籙は、記録・未来記。

(11)5
【笨】5489
△ ㊊ホン ㊐ボン 阮 bèn　6792 637C

字義 ❶竹の筒の中にある白い薄皮。❷あらい(あらし)。粗末。貧しい。粗雑。「粗笨」

解字 文 篆 形声。竹＋本㊄。音符の本は、菲(ヒ)に通じ、うすいの意味。竹の幹の内側の白くて薄い皮の意味。転じて、貧に通じ、まずしい・粗末の意味をも表す。

【笨車】(ホンシャ) ①粗末な車。②重いものをのせる車。

【笨拙】(ホンセツ) 粗末でつたない。粗末。

(11)5
【笠】5490
標 リュウ（リフ）緝 lì　1962 335E

字義 かさ。頭にかぶり、雨や日光をさけるかさ。かぶりがさ。す

げがさ。柄のないかさ。↔簦トウ。　難読 笠沙かさ・笠田かせだ

解字 文 篆 形声。竹＋立㊐。音符の立は、たつの意味。柄がなくて安定していて、置けばそのまま立つかさの意味を表す。

【笠檐・笠簷】リュウエン かさのひさし。

【笭】(11)5 5491 △ 漢レイ 呉リョウ（リャウ） 青 迥 líng

字義 ❶かご。竹かご。❷ゆか。舟の底に敷くすのこ。

解字 金文 篆文 形声。竹＋令㊐。

【笹】(11)5 5492 国字 囚 2691 3A7B

筆順

字義 ささ。❶小さい竹の総称。❷酒の別称。

解字 会意。竹＋世。世は、葉の省略体ともいわれ、小さな竹・ささの意味を表す。

【笽】(11)5 5493 国字 △

字義 そうけ（笊笥）。❶ざる。竹で編んだ器。❷笽島そうけじまは、姓氏。笽山そうけやまは、富山県婦負ねい郡の地名。

解字 会意。竹＋皿。そうけ（笊笥）は、ざるの意味の笊ソウ、食物を盛る器の意味の「け」で、北陸地方では今も竹で編んだ半円形のざるを、「そうけ」と言う。皿は、半円形のざるの意味。

【筈】(12)6 5494 標 漢カツ（クヮツ） 呉カチ（クヮチ） 曷 guā kuò 4006 4826

字義 やはず。はず。矢の、つるを受けるところ。国はず。㋐ゆはず。弓の両端のつるをかける所。㋑当然そうなる意を表す。

解字 形声。竹＋舌㊐。音符の舌カツは、會カイに通じ、あうの意味。弓のつると矢とが会う部分、やはずの意味を表す。

【筐】(12)6 5495 △ 漢キョウ（キャウ） 呉コウ（クヮウ） 陽 kuāng 6794 637E

【筺】俗字 6801 6421

字義 ❶かご。かたみ。食料・書物・衣服などを入れる竹製のかご。四角なのを筐、まるいのを筥キョという。❷ねだい。寝台。四角なねだい。筐牀キョウショウ。❸小さいかんざし。

解字 形声。竹＋匡㊐。音符の匡キョウは、まげるの意味。竹などを曲げて造った、はこの意味を表す。

〔筐①〕

【筐筥】キョウキョ 四角なかごと、まるいかご。

【筐篋】キョウキョウ 竹製の箱。本箱。

【筐笥】キョウシ 竹製のかご。手もとにおく箱。

【笻】(12)6 5496 △ 漢キョウ 呉グ 冬 qióng

字義 ❶竹の一種。四川省に産し、杖つえに適する。笻竹。❷つえ。竹のつえ。

解字 形声。竹＋邛㊐。

【筋】(12)6 5497 教6 キン すじ 漢キン 呉コン 文 jīn 2258 365A

筆順

字義 ❶すじ。筋肉。❷ちから。体力。国すじ。㋐細長く一続きになっているもの。「毛のすじ」㋑血管。「青すじをたてる」㋒しま。「赤いすじのはいった着物」㋓血すじ。血統。家がら。㋔素質。「芸のすじ」㋕道理。理由。条理。「筋道」㋖しくみ。趣向。「筋書」㋗細長いものを数える単位。「帯一すじ」㋘大略。あらすじ。　難読 筋違すじかい

解字 会意。月（肉）＋力＋竹。肉の中に通る力あるすじ、特に竹などに見られるすじの意味から、一般に、すじの意味を表す。

【筋骨】キンコツ ①すじと骨。筋肉と骨格。転じて、体力。②文字を書く筆法。

【筋書】キンショ ①文字の一体。枯れて骨ばった書をいう。②国すじがき ㋐事がらのすじ道を書いたもの。㋑演劇・映画などのすじを書いたもの。㋒しくみ。計略。

【筋斗】キント もんどりうつこと。とんぼがえり。觔斗キント。

【筋脈】キンミャク ①すじと血脈。血液の運行連絡する経路。②文字を書く筆法。

【筋力】キンリョク ①筋肉の力。②体力。

【笄】(12)6 5498 △ ケイ 斉 jī 〔笄〕6802 6422

【筓】俗字

字義 ❶こうがいかうがい。たばねた髪をとめるもの。また、冠をとめるためにさすもの。かんざし。「玉笄」「金笄」❷こうがいを髪にさす。こうがいする。❸女子の成人式。昔、女子は十五歳になって婚約すれば笄こうがいをつけて成人式をあげ、婚約しない者は二十歳でこれを行った。〔礼記、内則〕十有五年而笄ジュウユウゴネンにしてケイす。国こうがいかうがい。㋐婦人の頭髪にさしてかざりとするもの。㋑刀のさやにさしておき、平時は髪を巻きあげ、戦いには敵の首にさして討ち手を明らかにするもの。

〔笄①〕

解字 文 篆 形声。竹＋幵㊐。音符の幵ケイは、髪にさすこうがいの象形。竹製のこうがいの意味を表す。

【笄冠】ケイカン かんざしと、かんむり。男女ともに成人の礼をあげることをいう。

【笄字】ケイジ 昔、女子が十五歳になって婚約がととのい、かんざしをさし、字あざなをつけること。女子が一人前になった礼。転じて、婚約すること。〔礼記、曲礼上〕

【笄年】ケイネン 女子がはじめてかんざしをつける年。女子の十五歳をいう。

【策】(12)6 5499 教6 サク 漢サク 呉シャク 陌 cè 2686 3A76

筆順

字義 ❶むち。馬をうつむち。❷むちうつ。馬にむちうつ。❸つえ。「散策」❹つえつく。❺ふだ。昔、紙がなかった時代に文字を書きしるした竹の札。「簡策」❻ふみ。かきつけ。文書。冊。❼命令書。王命を伝えるもの。冊。❽しるす。書きつける。「策勲」❾たてる。❿うらないに用いるめどぎ。筮竹ゼイチク。「亀策キサク」⓫はかりごと。「策略」⓬はかりごとを立てる。⓭かず。かずとり。「籌策チュウサク」⓮文体の名。策に書いて問い、また答えるもの。天子が政治上の問題を策に書いて意見を問うものを策問といい、これに答えるものを対策という。⓯ものの形容。↓策策。

名乗 かず・つか

解字 篆 文 形声。竹＋朿㊐。音符の朿シは、とげの象形で、責に通じ、せめるの意味。馬を責める竹、むちの意味を表す。また、冊に通じて、文書の意味をも表す。

▼画策・奇策・金策・警策・献策・国策・散策・施策・失策・術策・上策・政策・拙策・対策・得策・秘策・墳策・方策・無策・論策

【策応(應)】サクオウ たがいにはかりごとを通じて助けること。しめし合わせること。

【策画(畫)】サクカク・サッカク 計画すること。はかりごとをめぐらすこと。画策。

【策勲(勳)】サックン 軍功を竹のふだに書きつける。論功行賞を行うこと。

【策策】サクサク ①木の葉が落ちる音の形容。②竹のきしる音の形容。③秋風の音の形容。

【策士】サクシ 策略の多い人。いろいろとはかりごとをめぐらす人。好んで事をたくらむ人。

【策試】サクシ ＝策問の①。

【策書】サクショ 官吏を任免する辞令書。冊書。

【策△杖】国つえをつく。転じて、出歩く。

【策動】人に知られぬように、ひそかに策略をめぐらして髪にさし行動すること。「策動家」

【策勉】むちうってつとめる。大いに勉励すること。

【策謀】はかりごと。策略。

【策命】天子から臣下に与えた命令書。冊命。

【策免】君の辞令によって官職をやめさせること。

【策問】①官吏登用試験に、天子が題を出して試問すること。また、その文体。②筮竹を使って占う。

【策略】はかりごと。計略。

【策励（勵）】むちうちはげます。大いにはげます。

【△伏レ策】つえ（え）をつく・よる 馬のむちをつえにつく。出陣の姿。

(12)6 【筍】5500 △ 一シュン 軫 sǔn 二イン（キン）眞 yún 慣ジュン ― 6803 6423

【笋】同字 6804 6424

字義 一❶たけのこ。「竹筍」❷楽器のかけざお。鐘や磬をかける横木。＝簨。二❶わか竹。❷竹の皮。

解字 文 金 篆 文 形声。竹＋旬音。音符の旬は、均に通じ、ひとしいの意味。幾何学的な美しい形をもつ、たけのこの意味を表す。

【筍席】たけのこの皮で編んだむしろ。一説に、竹の幹の青い皮を編んだものという。アンペラの類。

【筍△輿】竹製のこし。

(12)6 【筅】5501 △ セン 銑 xiǎn ― 6806 6426

字義 ❶ささら。小さい竹製のほうき。鍋・釜をこすり洗うときに使う。＝箲。❷茶筅は、抹茶をたてるとき、茶をかきまわす竹製の道具。

解字 形声。竹＋先音。音符の先は洗に通じ、あらうの意味。なべ・かまなどを洗うときに用いた竹製のささらの意味を表す。

(12)6 【筌】5502 △ セン 先 quán ― 6805 6425

字義 ❶うえ。うけ。ふせご。ど。どう。魚を捕らえる道具で、細い竹を筒状に編んで、水中にしずめるもの。❷ふしづけ。しばなどを水中にしずめ、魚を集めて取るもの。

解字 形声。竹＋全音。

【筌△蹄】①魚を捕らえるうえと、うさぎを捕えるわな。ともに目的が達成されると忘れられる。〔荘子、外物〕②目的を達するまでの方便。③手引き。案内。④士大夫が講話のときに用いた払子。

(12)6 【箏】5503 △ ソウ 箏（5539）の俗字。→八三四ジ。 ― 6824 6438

(12)6 【筑】5504 △ チク 屋 zhú ［筑］ ― 3562 435E

【筑】標準

字義 楽器の一種。琴に似て、竹でうち鳴らす。五弦・十三弦・二十一弦の三種がある。

難読 筑紫

参考 〔筑〕は同字で、印刷標準字体。

解字 文 篆 形声。巩＋竹音。音符の竹は、たけの意味。巩は工具・楽器などを手にするの意味。竹製の楽器の意味を表す。

(12)6 【答】5505 教 2 トウ こたえる・こたえ トウ（タフ）合 dá, dā ― 3790 457A

筆順 答

字義 ❶こたえる。㋐返事をする。㋑質問に対し説明する。「答弁」㋒応ずる。したがう。㋓むくいる。答礼。㋔しかえしする。❷こたえ。いらえ。返事。また、解答。「答案」❸ふせぐ。さまたげる。

名乗 さと・とし

解字 会意。竹＋合。合は、あうの意味。竹ふだが合うさまから、こたえるの意味を表す。

【答応（應）】①こたえる。また、こたえ。②承知する。引き受ける。③神仏のご利益。応報。

▼応答・確答・酬答・贈答・直答・筆答・奉答

【答△賽】神仏にお礼参りすること。

【答辞（辭）】①こたえることば。②式辞などに対してこたえることば。

【答申】国上役の問いに対して返答すること。

【答拝（拜）】先方の敬礼に対して敬礼をすること。

【答弁（辯）】質問にこたえて言い開きをすること。

【答問】①他人の問いにこたえること。②問答体で書いた「文章。

【答礼（禮）】他人の敬礼に対して礼をすること。また、人から受けた礼にこたえる。返礼。

(12)6 【等】5506 教 3 トウ ひとしい トウ 迥 děng ― 3789 4579

筆順 等

字義 ❶ひとしい。等級が同じ。「同等」❷ひとしく。平均に。「等分」❸ととのえる（斉）。ひとしくする。❹ともがら。なかま。たぐい。「儕等」❺など。ら。㋐多数のものを表すことば。㋑省略するときにつけることば。❻しな。階級。わかち。区分。「等級」「差等」❼だん（段）。階段。「土階三等」❽数詞につけて、順位を表すことば。「一等」❾はかる。はかりくらべる。比較する。❿まつ（待）。⓫なに（何）。

名乗 しな・たか・とし・とも

難読 等閑・等々力

解字 文 篆 形声。竹＋寺音。竹は、竹簡の意味。音符の寺は、役所の意味。役人が書籍を整理するの意味から、ひとしい・階段の意味を表し、待に通じて、まつの意味を表す。

▼均等・勲等・差等・親等・対等・平等・劣等・郎等

【等△夷】ともがら。同輩。仲間。夷も、ともがら。

【等外】国①等級の外。等級にはいらないこと。②等外官（無位の官）の略。

【等閑・等間】①いいかげんにする。なおざり。②離れてすきまができる。うとくなること。③同じ。同様。一般。④のどか。

【等級】しな。たぐい。品別。階級。くらい。上下・優劣を示す区分。

【等差】①ちがい。区別。等級の区別。差等。②国（数学で）等しい差。

【等身】人のからだと同じ高さ。「等身大」

【等身書】自分のからだと同じほどの高さの書。読んだ書物や著書の多いことにいう。

【等輩】なかま。同輩。

【等比】①ひとしい。②ひとしいもの。ならぶもの。たぐい。③数学用語。二つの比の等しいこと。

【等類】同じ種類。また、同じなかま。

【等列】①同じ位にいること。また、同じ位。②くらい。順位。

【不△躐レ等】次第に順序をふんで進むこと。〔礼記、学記〕学不レ躐レ等也

(12)6 【筒】5507 常 トウ つつ 漢トウ 呉ドウ 東 tǒng (tóng) ― 3791 457B

筆順 筒

字義 つつ。㋐竹のくだ。竹づつ。㋑中がうつろの円柱。国つつ。㋐銃身。㋑鉄砲。㋒井戸側。「筒井筒」

名乗 まる

難読 筒城

解字 文 篆 形声。竹＋同音。音符の同は、つつの象形。中空の竹のつつの意味を表す。

▼竹筒

(12)6 【筏】5508 標 漢ハツ・呉バチ 月 fá 慣バツ ― 4021 4835

【栰】同字

字義 ❶海中の大船。❷いかだ。竹や木を編んで水上に浮かべて渡るもの。大きいものを筏、小さいものを桴という。「舟筏」

解字 形声。竹＋伐㊥。

(12)6 【筆】5509 教 3 ヒツ ふで ｜ 漢ヒツ 呉ヒチ 質 bǐ ｜ 4114 492E

筆順

字義 ❶ふで。文字や絵を書く道具。秦の蒙恬が発明したという。「毛筆」❷かきしるす。のべしるす。「筆記」❸かきたす。かき加える。❹散文。無韻の文。↔詩。❺筆で書いた詩文書画など。「妙筆」❻詩文書画などを書く手腕。

【笔】同字

解字 文 篆 会意。竹＋聿。聿は、手にしたふでの象形。竹を付し、竹の軸のふでの意味を表す。 難読 筆頭菜（つくし）

▼悪筆・運筆・下筆・加筆・起筆・才筆・執筆・紙筆・自筆・主筆・真筆・拙筆・絶筆・達筆・直筆・特筆・肉筆・能筆・文筆・末筆・漫筆・妙筆・名筆・右筆・乱筆・良筆

【筆意】ヒツイ ①筆づかい。②詩文の趣旨。

【筆架】ヒッカ ふでかけ。筆をかけておく台。

【筆禍】ヒッカ 書いた文章のために受ける災難。

【筆管】ヒッカン 筆のじく。また、筆。

【筆翰】ヒッカン ①ふで。②文字を書くこと。〔晋書、陶侃伝〕

【筆簡】ヒッカン 筆と竹簡（竹の札）。昔、文字を竹簡に書いた。転じて、筆と紙。筆紙。

【筆記】ヒッキ ①書きしるす。筆写。②随筆記録をいう。③かきやく。書記。

【筆硯】ヒッケン ①筆とすずり。筆研。②詩文を作ること。文筆にたずさわること。

【筆耕】ヒッコウ 文字を書写して、その料金で生活すること。料金を取って文字を書くこと。

【筆削】ヒッサク ①書くべきところは書き、削りとるべきところは削る。削は、竹簡の文字をけずりとること。『史記』孔子世家に「筆則筆、削則削」（筆すべきは則ち筆し、削るべきは則ち削る）とあるのに基づく。②孔子の筆削した『春秋』（書名）をいう。

【筆札】ヒッサツ ①筆と木牘（木の札）。昔、紙のない時代、文字を木牘に書いた。転じて、筆と紙。②てがみ。③筆跡。

【筆趣】ヒッシュ 筆づかい。書きぶり。筆勢。

【筆順】ヒツジュン 文字を書くときの字画の順序。

【筆触(觸)】ヒッショク 筆づかい。絵画の筆あたり。タッチ。

【筆陣】ヒツジン ①詩文が勢いのあること。詩文の雄健なこと。軍隊にたとえていった語。②国文章をもって論戦すること。「筆陣を張る」

【筆生】ヒッセイ 書写を職業とする人。

【筆跡・筆迹・筆蹟】ヒッセキ ①筆のあと。②書きぶり。③書きしるした文字や画。

【筆舌】ヒツゼツ 筆で書き、口でいうこと。文書と言語。

【筆洗】ヒッセン 筆のほさきをあらう道具。筆あらい。

【筆戦(戰)】ヒッセン 文章によって議論をたたかわす。

【筆端】ヒッタン ①筆先。②筆のはこび。行文。

【筆談】ヒツダン ①随筆や記録をいう。②口頭ではなく、用件を文字に書いて話し合う。

【筆致】ヒッチ ①筆つき。かきぶり。②文章のおもむき。

【筆誅】ヒッチュウ 人の罪悪を文章によって責める。

【筆答】ヒットウ 書いて答える。文書で答える。↔口答。

【筆頭】ヒットウ ①筆のほ。②連名の中の最初の者。

【筆法】ヒッポウ ①筆の製法。②運筆の法則。文字の書きぶり。③文章の作りかた。④物事のやりかた。流儀。方法。

【筆鋒】ヒッポウ ①筆のさき。②書画や文章の筆の勢い。③論争の勢い。

【筆墨】ヒツボク ①筆とすみ。②文章。③手跡。筆跡。

【筆名】ヒツメイ 国詩文を発表するときの別名。ペンネーム。

【筆力】ヒツリョク ①筆づかいの勢い。筆勢。②文章の勢い。

【筆録】ヒツロク 筆記する。また、筆記したもの。

【下レ筆】ふでをくだす 書画を書く。また、詩文を作る。

【呵レ筆】ふでをかす こおった筆に息をふきかけて暖める。転じて、寒い時に書くこと。

【擱レ筆・閣レ筆】ふでをおく 手にしていた筆を置く。書くことをやめること。

【曲レ筆】ふでをまぐ 事実をまげて書くこと。〔後漢書、臧洪伝〕

【投レ筆】ふでをとうず 筆を投げすてる。文筆に従事していたのをやめること。擱筆ヒッカク。〔唐、魏徴、述懐詩〕

(13)7 【筠】5510 △ イン（キン） 真 yún ｜ 6807 6427

字義 ❶たけ（竹）。❷竹の青い皮。竹のみきのかたい所。❸うるおい。つやのあるさま。❹たけのこ。

解字 文 篆 形声。竹＋均㊥。音符の均は、ひとしいの意味。ふしの間がひとしい竹の意味を表す。

【筠篁】インコウ たけ。篁も、竹の意。

【筠心】インシン 竹のようにまっすぐな心。正直な心。

【筠籠】インロウ たけかご。筠籃インラン。

(13)7 【筵】5511 標 エン 先 yán

字義 ❶むしろ。㋐竹を編んでつくったむしろ。たかむしろ。㋑しきものの総称。❷座席。ところ。場所。「講筵」

解字 文 篆 形声。竹＋延㊥。音符の延は、のばすの意味。竹製で、のべてひきしく、むしろの意味を表す。

【筵席】エンセキ ①むしろ。筵は、下に敷くもの。席は、その上に敷くもの。②宴会の席。

(13)7 【筦】5512 △ カン（クヮン） 旱 guǎn

字義 ❶機の横いとを巻くくだ。❷笛などの管楽器。＝管。❸つかさどる。

解字 文 篆 形声。竹＋完㊥。

【筦榷】カンカク 利益をひとりじめすること。

【筦籥】カンヤク 管籥。①ふえ。②かぎ。

(13)7 【筥】5513 △ 漢キョ 呉コ 語 jǔ ｜ 6808 6428

字義 ❶はこ。米などを入れる、まるいかご。❷いなたば。ひとにぎりの稲たばを秉といい、四秉を筥という。

解字 金文 篆文 形声。竹＋呂㊥。音符の呂リョは、つらねるの意味。積み重ねた米などを入れる竹かごの意味を表す。

【筥迫】はこせこ 国婦人がふところに入れて持ち運ぶ箱形の装具。紙入れとした。筥狭子はこせこ。

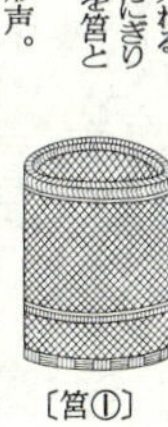
〔筥①〕

(13)7 【筐】5514 △ キョウ ｜ 6801 6421
筐（5495）の俗字。→八八ページ。

(13)7 【筧】5515 △ ケン 銑 jiǎn ｜ 6810 642A

字義 かけい（かけひ）。かけどい。竹をかけ渡して水を通すもの。

解字 形声。竹＋見㊥。

(13)7 【筴】5516 △ 一漢サク・呉シャク 陌 cè 二キョウ（ケフ） 葉 jiā ｜ 6809 6429

字義 一＝策。❶めどぎ。うらないに用いる筮竹。❷はかりごと。二❶はさむ。❷はし（箸）。

解字 形声。竹＋夾㊥。

(13)7 【筰】5517 △ 漢サク 呉ザク 薬 zuó ｜ 6811 642B

字義 ❶たけなわ。割り竹を編んで作ったなわ。舟を引くのに用いた。＝笮。❷せまる（迫）。❸国名。漢代、西南の異民族が興した。

解字 篆文 形声。竹＋作㊥。

【筭】5518 (13)7 △サン 算(5536)と同字。→八三六ﾍﾟ。

解字 篆文 会意。竹＋弄。弄は、もてあそぶの意味。あれこれといじって数をかぞえる竹の棒の意味を表す。

【筱】5519 (13)7 △ショウ 篠(5580)の本字。→八三七ﾍﾟ。 6812 *642C*

【筬】5520 (13)7 △ 漢セイ 呉ジョウ(ジャウ) 𠔉 chéng ［筬］ 6813 *642D*

字義 ❶おさ。はたおりの道具の一つ。竹の薄い板をくしの歯のように並べて作る。織物の縦糸をそろえ、横糸を押しつけて織り目を整えるのに用いる。❷竹の名。 難読 筬島(おさじま)

解字 形声。竹＋成㊥。

【筮】5521 (13)7 △ 漢セイ 呉ゼイ 𠔉 shì 6814 *642E*

字義 ❶めどぎ。めどはぎの茎で作った、うらないの具。後世は竹で作り、筮竹という。「筮占」「卜筮(ボクゼイ)」❷うらなう。めどぎを用いてうらなう。また、うらない。

解字 篆文 会意。もと、竹＋巫。巫は、巫の古字で、みこの意味。みこがうらないに用いた竹のめどぎの意味を表す。

【筮仕】ゼイシ 吉凶をうらなって仕官する。転じて、初めて仕官する。

【筮竹】ゼイチク うらないに用いるめどぎ。五十本で、長さ九寸。上をまるくして天にかたどり、下を四角にして地にかたどる。

【筮△卜】ゼイボク めどぎでうらなうことと、亀(かめ)の甲を焼いてうらなうこと。転じて、うらない。卜筮。

【節】5522 (13)7 教 4 セツ・セチ ふし 3265 *4061*

〘節〙5523 (15)9 漢セツ 呉セチ 𠔉 jié

筆順 ⺮ ⺮⺮ 箟 節

【節】俗 字許 ㊅ 字義 ❶ふし。㋐竹のふし。「竹節」㋑草木のふし。「節目」㋒骨と骨とが接続する部分。「関節」㋓音楽の調子。メロディー。「曲節」❷みさお。自分の心志・行動・主義を固く守って変えないこと。「節操」「貞節」❸きまり。おりめ。「礼節」❹くぎり。きりめ。詩歌・文章のひとくぎり。段落。「章節」❺わりふ。てがた。「符節」❻はたじるし。旄牛(ボウギュウ)・(からうし)の尾でかざった、大将・使臣などに賜るしるしの旗。「使節」❼とき。おり。時期。「時節」❽時候の区分の名。気候の変わりめ。一年を二十四節に分ける。「季節」❾いわいの日。祝日。「節日」「佳節」❿ほどあい。ころあい。適度。⓫ほどよい。ほどよくする。適度を保つ。「節制」⓬かぎる。はぶく。ひかえ目にする。また、つつましくする。倹約する。「節約」「節食」⓭ますがた。とがた。柱などの上に設けた正方体、または長方体の木。⓮楽器の名。打って他の楽器のふしを調えるもの。⓯易(エキ)の六十四卦(カ)の名。☵☱ 兌下坎上(ダカカンジョウ)。節度があるさま。国ノット。英語 knot の訳。船が一時間に一海里（一八五二メートル）走る速さ。

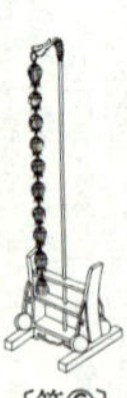
〔節⑥〕

名乗 お・さだ・たか・たかし・たけ・とき・のり・ふ・ほど・みさ・みさお・みね・もと・よ・よし

解字 金文 篆文 形声。竹＋即(卽)㊥。音符の即は、食物の前にひざ関節をつける形にかたどる。竹は、ふしのあるたけの象形。合わせて、ふしの意味を表す。

▼音節・佳節・漢節・気節・苦節・慶節・高節・細節・使節・時節・小節・臣節・聖節・大節・忠節・調節・貞節・晩節・変節・末節・名節・令節・礼節

【節△鉞】セツエツ 節と鉞(エツ)。節は旄牛(ボウギュウ)・(からうし)の尾でかざったしるしの旗。鉞は大きなおの。昔、征討のとき、威信を示すため天子から将軍にたまわった。

【節下】セッカ ①天子から節（字義⑥）をたまわった将軍のもと。転じて、将軍をいう。②使者の尊称。③唐代、太守の別称。

【節介】セッカイ ①節操をかたく守って世俗に合わないこと。②国よけいな世話（をやくこと）。おせっかい。

【節会(會)】セッカイ ①朝廷の儀式に開く宴会。②国セチエ 昔、朝廷で節句の日などに行われた宴会。

【節解】セッカイ ①霜のために草木の葉が落ちること。②音節が分解すること。③刑罰の名。骨の関節をときはなす。

【節概(槪)】セツガイ みさお。気概のあるみさお。節操気概。

【節気(氣)】セッキ 五日を一候とし、三候を一気として、一年を二十四気に分け、月の初めにあるものを節気といい、月の中にあるものを中気という。また、節気と中気とを合わせて節気ともいう。⇩コラム・気候（二十四気）（六〇九ﾍﾟ）。

【節季】セッキ ①時節の終わり。また、時節。②年の末。歳暮。③盆(ボン)・くれの勘定期。

【節義】セツギ 節操があって行いが道義にかなっていること。また、道義をかたくとり守るみさお。

【節△俠】セッキョウ 気節があって弱い者を助け強い者をくじくこと。おとこだて。義俠。

【節句】セック 陰暦の五節句。人日（正月七日）・上巳(ジョウシ)（三月三日）・端午（五月五日）・七夕(たなばた)（七月七日）・重陽(チョウヨウ)（九月九日）。節供(セック)。◇大正・昭和時代は、多く「節供」と表記したが、現代では「節句」が一般的。

【節供】セック ＝節句。

【節倹(儉)】セッケン むだな費用をへらしてつづまやかにすること。倹約。節約。

【節減】セツゲン ひかえめにしてへらす。むだをはぶいてへらす。

【節孝】セッコウ ①節操があり孝心のあついこと。②年若くて夫を失った婦人が再婚しないで、よく嫁ぎ先の父母につかえること。

【節候】セッコウ 季節時候をいう。

【節士】セッシ 節操のある人。節夫。

【節日】セツジツ・セチニチ ①君主の誕生日。②季節の変わりめに行う祝日。③祝祭日。

【節序】セツジョ ①時節の移り変わる順序。転じて、季節。②順序。次第。

【節食】セッショク 食物の量をひかえめにする。

【節制】セッセイ ①ほどよくして度をすごさないこと。ひかえめにすること。②節度のあること。規律が厳正なこと。③取りしまる。

【節省】セッセイ ほどよくはぶく。また、はぶく。

【節奏】セッソウ 音楽のリズム・拍子。

【節操】セッソウ ①みさお。節義をかたく守って変えないこと。②音律。

【節鎮(鎭)】セッチン ①節度使のいる役所。②節度使。

【節度】セツド ①きまり。のり。規則。また、抑制のきいた態度。②ほど。ころあい。③さしず。指令。

【節度使】セツドシ ①官名。唐・宋代(ソウダイ)、軍政と行政とをつかさどった地方長官。節鎮。②国奈良時代の官名。地方の行政・軍事をつかさどった。後世は、地方に派遣された武将をもいう。

【節刀】セットウ 国昔、将軍や遣唐使などに天子が与えた刀。

【節婦】セップ みさおの正しい婦人。

【節符】セップ わりふ。

【節物】セツブツ 四季おりおりの花鳥・景色(ケシキ)・品物などをいう。

【節分】セツブン・セチブン ①気候の移り変わる時をいう。立春・立夏・立秋・立冬などの前日をいう。②国立春、また、俗に立春の前夜をいう。豆まきをする。

【節文】セツブン ほどよくしてかざる。文は、かざること。

【節△旄】セツボウ 天子から使者に賜る任命のしるしの品。からうし

の尾の毛を、旗ざおの先につけたもの。〔漢書、蘇武伝〕

【節目】①木のふしと、もくめ。②細目。こわけ。箇条。③国めふし　材木のふしのある所。

【節約】①倹約をする。節倹。②しばること。束縛。

【節用】費用を節約すること。むだづかいをしない。

【節理】①すじめ。②すじみち。節義道理。③岩石にできるやや規則的なわれめ。

【節略】①あらまし。概要。摘要。②ほどよくへらす。節減。省略。

【節録】国事がらを適当に取捨選択して記録すること。また、その記録。

【持ㇾ節】①天子から賜った節旄（から牛の尾の飾りのついた旗）を持って使いすること。また、それを身からはなさないこと。②みさおをかたく守る。

【折ㇾ節】節操をまげる。主義主張をまげる。

【全ㇾ節】節操・節義を守りとおす。守ㇾ節。

(13)7
【筲】5524

△ 漢ソウ（サウ）　呉ショウ（セウ）　肴 shāo

字義 ❶ふご。かご。❷めしびつ。一斗二升（周代の一斗は、約一・九四リットル）の飯米を入れる竹の器。❸わずかの分量。また、つまらぬ人をいう。「斗筲」❹はしばこ。はしたて。

解字 形声。竹＋肖音。

〔筲②〕

(13)7
【筯】5525

△ 漢チョ　呉ジョ（ヂョ）　御 zhù

字義 はし。＝箸。

解字 形声。竹＋助音。

(13)7
【筳】5526

△ 漢テイ　呉ジョウ（ヂャウ）　青 tíng

字義 ❶いとくだ。機糸を巻くくだ。ひくだ。❷細い竹。折れ竹。❸こえだ。竹・木の小枝。

解字 篆文　形声。竹＋廷音。

(13)7
【筩】5527

△ 一漢トウ・呉ドウ　東 tǒng　二漢ヨウ・呉ユウ　腫 yǒng

字義 一 ❶つつ。㋐竹のつつ。竹筒。㋑小さい口のあるつつ。一度入れたら取り出せないように作ったもの。❷かぎ。魚を捕らえるかぎ。二 やづつ。矢を入れるつつ。

解字 篆文　形声。竹＋甬音。音符の甬は、筒に通じ、中空の意味。円柱形をした、化粧品を入れる小箱・竹のつつの意味を表す。

(14)8
【箇】5528

常 カ　筆順　カ　唐コ　箇 gè　1853　*3255*

字義 ❶物を数えるときにそえることば。古くは竹を数えることばとして用いた。＝個・个。「矢五十箇」❷物や所などをさすことば。この。これ。あの。あれ。「箇所」❸意味を強める助字。「真箇」

使いわけ　コ〔箇・個〕
箇と個は通じて用いるが、現代表記では、箇はカ（箇所・箇条）、個はコ（個人・個個）と区別して用いることとしている。

解字 篆文　形声。竹＋固音。音符の固は、かたいの意味。一つの独立性の固い竹ふだの意味から、物を数える時にそえる助字として用いる。

▼各箇・好箇

【箇箇】ひとつひとつ。おのおの。個個。

【箇所】その場所。

【箇条（條）】すじ。くだり。一つ一つの条項。

【箇中人】ある物事について、よくその道理を知っている人。また、ある風景などについて、実際によく知っている人。この中にある人という意。

【箇裏】この中。

【似ㇾ箇】このように。如ㇾ此。〔唐、李白、秋浦歌〕白髪三千丈、縁ㇾ愁似ㇾ箇長〈白髪が非常に長く伸びた、憂えのためにこんなにも長くなってしまったのだ〉

(14)8
【管】5529

教 4　カン　くだ　カン（クヮン）　旱 guǎn　2041　*3449*

筆順

字義 ❶ふえ。楽器の一種。❷吹き鳴らす竹製の楽器の総称。「管弦」❸くだ。竹のくだ。また、細長いつつ。「鉄管」❹筆のじく。「筆管」「彤管」❺かぎ（鍵）。「管鍵」❻つかさどる。支配する。管理する。「管掌」❼とりしまる。拘束する。❽かなめ（要）。

名乗 うち・すげ

解字 篆文　形声。竹＋官音。音符の官は貫に通じ、つらぬくの意味。竹のくだ・ふえの意味を表す。

▼移管・歌管・彩管・細管・主管・所管・吹管・竹管・保管

【管晏】管仲と晏嬰。ともに春秋時代、斉の名宰相。

【管夷吾】→管仲。

【管下】①下を支配する。②国受け持ちの範囲。担当区域。管内。

【管楽（樂）】①管仲と楽毅。管仲は、春秋時代、斉の名臣、楽毅は、戦国時代、燕の名将。②笛・笙などの吹奏楽器。管楽器。

【管葛】春秋時代、斉の管仲と、三国時代、蜀の諸葛孔明。ともに名宰相。

【管轄】①重要な地位をいう。管は、門戸の開閉をつかさどるかぎ、轄は、車軸のくさび。②取りしまる。支配する。

【管翰】ふで。

【管窺】せまい見識。せまい見聞から立てた意見。→以ㇾ管窺ㇾ天（八三三ページ）。

【管区（區）】管理する区域。取り締まる範囲。

【管穴】くだの穴から見る。せまい見識のたとえ。

【管見】①せまい見識。くだの中から見る意。②自己の見識を謙遜していうことば。

【管鍵】かぎ。

【管弦・管絃】①管楽器と弦楽器。また、楽器。②音楽。

【管財】財産を管理すること。

【管子】①管仲をいう。子は美称。→管仲。②書名。二十四巻。春秋時代の斉の管仲の著と伝えられるが、後人の筆に成る部分が多いといわれる。主として法家思想に基づいた政治論集。

【管商】管仲と商鞅。管仲は春秋時代、斉の桓公に仕え、商鞅は戦国時代、秦の孝公に仕え、ともに法家。

【管掌】つかさどる。取りしまる。

【管制】管理制限する。

【管中窺ㇾ天】くだの穴から天をうかがい見る。見聞のせまいたとえ。〔王学提綱〕

【管仲】春秋時代、斉の政治家。名は夷吾。字は仲。諡は敬。管敬仲・管子ともいう。初め斉の公子の糾に仕え、桓公と戦ったが、のち若いときの親友鮑叔牙の推挙によって桓公に仕え、富国強兵の策を立て、桓公を天下の覇者とした。その著といわれる『管子』は、後人の手に成るものが多いといわれる。（？—前六四五）

【管長】①取りしまりの長。②仏一宗一派を管理する長。

【管鮑】春秋時代、斉の桓公に仕えた管仲と鮑叔牙とをいう。→管鮑交（次項）。

【管鮑交】管仲と鮑叔牙との親しい交際。

両人は貧しかったときから富貴になるまで、その友情が変わらなかった。転じて、親密な交際のたとえ。〔唐、杜甫、貧交行〕君不ㇾ見管鮑貧時交（きみみずやカンポウヒンジのまじわり(は)りを）。

【管ᐞ籥】（カンヤク）①ふえ。籥は、三孔または六孔ある笛。②かぎ。

【管理】（カンリ）取りしまる。つかさどりおさめる。

【管領】（カンリョウ・カンレイ）①すべ取りしまる。すべ治める。②受領する。③国室町時代、将軍を補佐した官職。

【以ㇾ管ᐞ窺ㇾ天】（カンをもってテンをうかがう(ふ)）くだの穴から天をうかがい見る。見聞のせまいたとえ。〔荘子、秋水〕

(14)8
【箝】5530
△　漢ケン・呉ゲン　慣カン　塩 qián　6815 642F

字義 ❶はさむ。＝鉗（ケン・カン）。＝拑（カン）。❷くびかせ。また、くびかせをはめる。❸つぐむ。口をとじる。

参考 熟語は鉗（8107）をも見よ。→一二元ページ。

解字 文 篆 形声。竹＋拑㊥。音符の拑（カン）は、はさむの意味。口に竹片をはさませて声を出させないの意味を表す。

【箝口】（カンコウ）口をつぐんでいわない。また、口をふさぎとどめる。言論を束縛する。鉗口（カンコウ）。箝語。「箝口令」

(14)8
【箕】5531
標 キ　支 jī　4407 4C27

〔箕①〕

字義 ❶み。穀物にまじっているちりやからなどをあおり出す道具。❷星の名。みぼし。二十八宿の一つ。射手座（いて ざ）の東部。「箕宿」❸ちりとり。「箕帚（キソウ）」❹両足を投げだしてすわる。箕の形のように、あぐらをかく。「箕踞（キキョ）」❺国名。殷（イン）の箕子の封ぜられた国。今の山西省大谷県の東。

難読 箕郷（みさと）・箕面（みのお）・箕輪（みのわ）・箕匂（みのわ）

解字 文 篆 形声。竹＋其㊥。

【箕ᐞ裘】（キキュウ）祖先伝来の業。また、その業を受けつぐこと。弓作りの子は、父が堅い木を曲げて弓を作るのを見て、やわらかい柳の枝を曲げて箕を作ることを学び、かじ屋の子は、父が堅い鉄を溶かしてなべ・かまを作るのを見て、やわらかい獣皮をつぎ合わせて裘（皮衣）を作ることを学ぶ意。〔礼記、学記〕

【箕ᐞ倨・箕ᐞ踞】（キキョ）両足をのべ、あぐらをかいてすわること。礼儀にはずれたすわりかた。

【箕ᐞ坐】（キザ）＝箕踞（キキョ）。

【箕山】（キザン）山名。尭（ギョウ）のとき、隠者の許由と巣父が隠れ住んだ所という。今の河南省登封県の東南。許由が隠れ住んだといわれる箕山は、ほかにも数か所ある。

【箕山ᐞ之志】（キザンのこころざし）退隠して節操を守ろうとする心。尭（ギョウ）のとき、許由と巣父が箕山に退隠した故事に基づく。箕山之節。〔文選、文帝、又与ニ呉質一書〕

【箕子】（キシ）殷（イン）末の王族。紂王（チュウオウ）の叔父。箕に封ぜられたので箕子という。紂の暴虐をいさめたが聞きいれられず、狂人のまねをして逃げ、後に朝鮮古代王朝の始祖となったと伝えられる。紂の没後、周に朝する途中、殷の旧都のあとを過ぎて麦秀之歌（バクシュウのうた）を作ったといわれる。平壌（ヘイジョウ）にその陵がある。〔史記、殷本紀〕

【箕ᐞ帚・箕ᐞ箒】（キソウ）①ちりとりとほうき。②「執ニ箕帚（箒）一（キソウをとる）・奉ニ箕帚（箒）一（キソウをホウず）」は、㋐臣下として人に仕えること。㋑人の妻となること。

【箕ᐞ帚ᐞ妾】（キソウのショウ）ちりとりとほうきを持つ女。掃除をする女。転じて、人の妻となることの謙称。〔史記、高祖本紀〕

【箕伯】（キハク）風の神。風伯。

【箕ᐞ斂】（キレン）箕（み）ですくいとるように民の財をきつくとりたてる。「箕賦」

(14)8
【箘】5532
△　漢キン　呉ギン　軫 jùn　6816 6430

字義 ❶箘簬（キンロ）は、しのだけ。やがらに用いた。❷や（矢）。❸たけのこ。

【箟】古字　6817 6431

解字 文 篆 形声。竹＋囷㊥。

(14)8
【箟】5533
△　キン　箘（5532）の古字。→前項。　6817 6431

(14)8
【箍】5534
△　漢コ　呉ク　虞 gū　6818 6432

字義 ❶たが。桶（おけ）などにはめる竹の輪。❷たがをはめる。

解字 会意。竹＋扌（手）＋匝（帀）。帀は、めぐらすの意味。桶（おけ）にめぐらす竹製の「たが」の意味を表す。

(14)8
【箜】5535
△　漢コウ　呉ク　東 kōng　6819 6433

字義 くご。くだらごと。→箜篌（ゴク）。

解字 形声。竹＋空㊥。

【箜ᐞ篌】（ゴク）楽器の名。くだらごと。二十三弦あり、両手でかきならす。竪箜篌（たてくご）・臥箜篌（ふせくご）などの別があり、竪箜篌は西欧のハープに似、臥箜篌は瑟（シツ）に似る。日本へは、百済（クダラ）から、竪箜篌が伝わった。

〔箜篌演奏（五代石刻）〕

(14)8
【算】5536
教2　サン　㊀サン　旱 suàn　㊁サン　翰　2727 3B3B

筆順 竹 笪 算

【筭】同字

字義 ㊀❶かぞえる（かぞふ）。「計算」❷かず。❸かご。竹製の器具。㊁❶さんぎ。かずとり。そろばん。❷暦・数をかぞえる方法。「算術」❸はかる。はかりごと。「成算」❹ちえ。❺命数。年齢。「宝算」

名乗 とも

解字 文 篆 会意。竹＋具。具は、そなえるの意味。数をかぞえる竹の棒をそろえる、かぞえるの意味を表す。

▼暗算・違算・合算・換算・起算・決算・公算・誤算・採算・勝算・心算・成算・聖算・打算・通算・破算・宝算・目算・予算

【算画（畫）】（サンカク）くふうする。計画。

【算術】（サンジュツ）計算のしかた。昔は広く数学と同義に用いられたが、今は初等の数学をいう。

【算数（數）】（サンスウ）①かぞえる。計算する。また、その方法。②国小学校の教科の一つ。数学。

【算段】（サンダン）国くふう。手段方法。また、くめんする。

【算入】（サンニュウ）数え入れる。費用や予算を他のものに加えて一緒に計算する。「損得。

【算盤】（サンバン・そろばん）①計算用具の一つ。②国（そろばん）㋐計算。㋑

【算木】（サンぎ）国①計算用具の一つ。和算で、そろばん算出できない場合、すなわち開平以上の計算に用いるもの。②占いに用いる長さ一〇センチメートルぐらいの六個の正方柱体の木。

【算命】（サンメイ）①計画して命ずること。②運命を占うこと。また、うらない。生年月日の干支によって行う。

【算用】（サンヨウ）国①計算。かんじょう。「算用数字」②みつもり。目算。「胸算用」

【算略】（サンリャク）はかりごと。計略。

【算暦（曆）】（サンレキ）算法と暦象（天文）。

【無ㇾ算】（サンなし）①数えることができないほど多い。②少なくて数えるまでもない。③定数がない。数がいくつと定められていないこと。「になる。

【乱（亂）ㇾ算】（サンをみだす）国算木をみだしたように、ちりぢりばらばら

(14)8
【箠】5537
△　スイ　紙 chuí

字義 ❶むち。馬をうつむち。❷むちうつ。❸たたき。刑罰の

一つ。笞刑ケイ。

解字 篆文 形声。竹+垂（埀）音。音符の埀は、捶スイに通じ、むちうつの意味。竹のむち、また、それでむちうつの意味を表す。

【箠策】スイサク　むち。

【箠△楚】スイソ　①むち。楚は、にんじんぼく。罪人を打つのに用いた。②むちうつ。

(14)8 【箋】5538 標 セン 先 jiān —6821 *6435*

字義 ＝牋セン。❶はりふだ。ふだ。書物にはりつけて、注解などをしるしておくもの。「付箋」❷ときあかし。注釈。「箋釈」❸ふみ。かきもの。❹てがみ。❺ふだ。詩文や手紙を書くのに用いる小幅の美しい紙。「詩箋」「便箋」❻なふだ。名刺。❼文体の名。上奏文の類。

解字 篆文 形声。竹+戔音。音符の戔センは、うすく平たいの意味。うすくひらたい竹、ふだの意味を表す。

【箋紙】センシ　詩文や手紙を書く用紙。書簡用紙。牋紙センシ。

【箋釈（釋）】センシャク　本文の解釈。注釈。箋注。

【箋注・箋△註】センチュウ　＝箋釈。

(14)8 【箏】5539 標 漢ソウ（サウ） 呉ショウ（シャウ） 庚 zhēng —6823 *6437*

【筝】俗字 6824 *6438*

字義 ❶こと。箏ソウの琴。昔は五弦で、竹で作り、筑チクに似る。秦シンの蒙恬モウテンが改めて十二弦とし、木で作り、形を変えて瑟シツのようにした。唐以後、十三弦を用いる。❷風箏は、軒先にかける風鈴。

解字 篆文 形声。竹+争音。音符の争ソウは、両方から引きあうの意味。竹製の本体に、五弦を両端に張りつめた楽器の意味を表す。

【箏曲】ソウキョク　箏で奏する音楽。

〔箏〕

(14)8 【箒】5540 標 漢シュウ（シウ）・呉シュ 有 zhǒu 慣ソウ（サウ） —6822 *6436*

【帚】標準 5468 *5664*　【菷】同字 7240 *6848*

字義 ほうき。ははき。

参考 〔帚〕は本字で、〔箒〕と共に印刷標準字体。

解字 甲骨文 篆文 形声。竹+帚音。甲骨文は、象形。たてかけた「ほうき」の形にかたどり、「ほうき」の意味を表す。篆文は、又+冂+巾の会意と解し、ある境界内を布ではらうの意味から、「ほうき」の意味を表すという。のち、竹を付し、竹製の道具の意味を加えた。

(14)8 【箑】5541 △ 漢ソウ（サフ） 呉ショウ（セフ） 洽 shà

字義 おうぎ。うちわ。

解字 篆文 形声。竹+疌音。音符の疌ショウは接に通じ、つなぐの意味。竹をつぎあわせて作った、おうぎの意味を表す。

(14)8 【箚】5542 △ トウ 劄（637）と同字。→一四五ページ。 —6820 *6434*

(14)8 【箔】5543 標 漢ハク 呉バク 薬 bó —3983 *4773*

字義 ❶すだれ。❷まぶし。蚕にまゆをかけさせるためのすのこ。❸ハク。金属を薄くたたき延ばしたもの。「金箔」

解字 形声。竹+泊音。音符の泊は薄に通じ、うすいの意味。薄く平たい竹製のすだれ・薄い金銀の「はく」の意味を表す。

(14)8 【箙】5544 △ 漢フク 呉ブク 屋 fú —6825 *6439*

字義 えびら。やなぐい。矢を入れて背に負う道具。

解字 甲骨文 篆文 形声。竹+服音。音符の服は、身につけるの意味。竹は、竹製であることを表す。矢を入れて背負う道具、えびらの意味を表す。甲骨文は、象形で、矢を入れたえびらにかたどる。本来は、備と同一の象形字であったが、備の字には他の意味が加わったので、別に箙の字が作られた。

〔箙〕

(14)8 【箆】5545 △ ヘイ 篦（5571）の俗字。→八二六ページ。 —4247 *4A4F*

難読 箆竹やのたけ・箆代のしろ・箆岳ののだけ・箆津のず・箆野島ぬのしま

(15)9 【箝】5546 △ カン qián —6829 *643D*

字義 はめこむ。象嵌ゾウガン（象眼）する。＝嵌カン。

(15)9 【篋】5547 △ キョウ（ケフ） 葉 qiè —6826 *643A*

字義 はこ。かご。竹製の長方形のはこ。

解字 篆文 形声。竹+匧音。音符の匧キョウは、また、匚+夾で、匚は、はこの意味。夾は、はさむの意味。書類などをはさんでしまう、はこの意味。竹を付し、竹製のはこの意味を表す。

【篋△笥】キョウシ　書物や衣類などを入れる箱。

【篋扇】キョウセン　箱の中に収められて使われなくなったおうぎ。転じて、男に捨てられた女性。

(15)9 【篌】5548 △ 漢コウ・呉グ 尤 hóu 慣ゴ —6828 *643C*

字義 箜篌ゴクは、楽器の名。→箜篌ゴク（八三三ページ）。

解字 形声。竹+侯音。

(15)9 【篁】5549 △ 漢コウ（クヮウ） 呉オウ（ワウ） 陽 huáng —6827 *643B*

字義 ❶たかむら（竹叢）。たけやぶ。「幽篁」❷たけ。㋐竹の一種。質がかたく、笛や舟などを作る。㋑たけの通称。

解字 篆文 形声。竹+皇音。音符の皇は、広く大きいの意味。広いたかむらの意味を表す。

(15)9 【箬】5550 △ 漢ジャク 呉ニャク 薬 ruò

字義 ❶竹のかわ。竹皮。❷くまざさ。「箬竹」

解字 篆文 形声。竹+若音。

(15)9 【箱】5551 教3 はこ 漢ショウ（シャウ） 呉ソウ（サウ） 陽 xiāng —4002 *4822*

筆順 ⺮ 笧 箱 箱

字義 ❶はこ。かたみ。物を入れる竹製のはこ。転じて、広く物を入れるはこ。❷車の荷受け。車内の、荷物を入れる所。❸わきべや（廂ショウ）。ひさし。正寝（おもてざしき）の東西にある室をいう。「東箱」「西箱」

解字 篆文 形声。竹+相音。音符の相は、倉に通じ、しまうの意味。竹製の車に載せる、はこの意味を表す。

【箱△筥】ショウキョ　はこ。筥は、円形の箱。

【箱篋】ショウキョウ　はこ。篋は、長方形の箱。

【箱匣】ショウコウ　はこ。匣は、小さな箱。

(15)9 【箾】5552 △ 一ショウ（セウ） 蕭 xiāo 二サク 覚 shuò

字義 一❶韶箾ショウショウは、舜シュンの音楽の名。❷象箾は、舞う者が手に持つもの。二うつ。さおでたたく。

解字 篆文 形声。竹+削音。

(15)9 【箴】5553 △ シン 侵 zhēn —6830 *643E*

字義 ❶はり。＝鍼シン・針。㋐裁縫に用いるはり。ぬいばり。㋑病気をなおすに用いる石ばり。「箴石」❷いましめ。また、いましめる。❸文体の名。いましめの意味を含むもの。

解字 篆文 形声。竹+咸音。音符の咸カンは、針に通じ、はりの意味。竹のはりの意味を表す。

【箴△誡】(シンカイ) いましめる。また、いましめ。

【箴△諫】(シンカン) いましめいさめる。また、いましめ。いさめ。

【箴規】(シンキ) いましめただす。また、いましめ。

【箴言】(シンゲン) いましめのことば。教訓となることば。

【箴石】(シンセキ) 病気をなおすのに用いるいしばり。

【箴△砭】(シンペン) ①＝箴石。②転じて、人をいましめて過失をただすこと。いましめ。針砭。

(15)9 【節】(5523) セツ 節（5522）の旧字体。→八三ページ。

(15)9 【箭】5554 標 セン 霰 jiàn ［箭］3293 407D

字義 ❶や（矢）。「弓箭」❷やだけ。しのだけ。幹は細く強く、節の間が長くて矢を作るに適する。❸やがら。矢の、竹の部分。❹すごろくのさい。❺水時計の目もりを刻んだ矢。「漏箭」

解字 篆文 形声。竹＋前㊕。音符の前は、すすむの意味。飛ぶ竹、「や」の意味を表す。

【箭幹・箭△簳】(センカン) やがら。矢の幹。

【箭眼】(センガン) 矢を射るために城や櫓などに設けた小窓。

【箭書】(センショ) 矢に結びつけて送る文書。やぶみ。矢文。

【箭△鏃】(センゾク) やじり。矢の先端。

(15)9 【篁】5555 △ タン 篁（5597）の俗字。→八二九ページ。 3529 433D

(15)9 【箸】5556 標 ㊀漢チョ・呉ジョ（ヂョ）御 zhù ㊁チャク 薬 zhuó ［箸］4004 4824

字義 ㊀❶はし。食物をはさむはし。＝筯。❷たる（樽）。❸いちじるしい（著）。あきらか。
㊁＝著。❶きる（着）。❷つく（付・附）。ねばりつく。

解字 篆文 形声。竹＋者㊕。音符の者は、集めるの意味。食物を集めとる竹製の「はし」の意味を表す。また、署に通じ、書きつけるの意味を表すが、今日では、この意味の時には著に作って区別している。

(15)9 【篆】5557 標 漢テン 呉デン 銑 zhuàn 6831 643F

字義 ❶書体の名。周の宣王の太史籀の作ったといわれる大篆（籀文ともいう）と、秦の李斯の作ったといわれる小篆とある。今多く印章に使われる書体。「篆文」⇩コラム・文字・書体の変遷（四八一ページ）。❷鐘の周囲にめぐらした帯。❸印章。多く篆書を用いるのでいう。❹人の名前。名を印に刻むには篆体を用いるのでいう。

解字 篆文 形声。竹＋彖㊕。音符の彖は、轉に通じ、めぐらすの意味。筆を回転させるようにして書く書体の意味を表す。

【篆額】(テンガク) 石碑の上部に篆書で書いた題字。

【篆刻】(テンコク) ①篆字を印にきざみつける。印をほること。②一字一句を練ってかざりが多く、実用に適しない文章。また、文章を作ることにいう謙辞。

【篆字】(テンジ) 篆体の文字。篆文。篆書。→字義の①。

【篆書】(テンショ) 漢代の書体六種の一。大篆と小篆とがある。また、特に小篆をいう。大篆は、西周の宣王の時代（前八二七—前七八二）に太史の籀が作ったと伝え、籀文ともいわれるが、大体、東周末期、紀元前四、三世紀ころ秦の地方で用いられていたもの。小篆は、秦の始皇帝が李斯に命じて大篆を基礎として省改を加え、天下に通行させたもの。一名、秦篆ともいう。後漢の許慎の『説文解字』は、この小篆に基づくものである。均整のとれた荘重美麗な字形で、今日でも印章や石碑の題額の文字などに用いられる。篆字。篆文。〔漢書、芸文志〕

【篆体(體)】(テンタイ) 篆文の書体。〔北史、江式伝〕

【篆△籀】(テンチュウ) 周の太史籀の作ったといわれる大篆をいう。籀文ともいう。

【篆文】(テンブン) 篆体の文字。＝篆字。

【篆隷(隸)】(テンレイ) 篆書と隷書。隷書は、篆書の後に出来た書体。

(15)9 【範】5558 常 ハン 漢ハン 呉ボン 豏 fàn 4047 484F

筆順

字義 ❶のり。てほん。＝笵。「模範」「軌範」❷かどのまつり。旅に出るとき、道祖神に告げて祭ること。❸かた。鋳型。金属を鋳造する型。→笵（5487）の字義の②。❹つね（常）。❺くぎり。さかい。しきり。「範囲」❻あう（遇）。

名乗 すすむ

参考 現代表記では［汎］（3909）の書きかえに用いることがある。「広汎→広範」

解字 篆文 形声。車＋笵省㊕。音符の笵は、てほんの意味。車をつくるための模型の意味から、てほんの意味を表す。また、笵は、犯に通じ、おかすの意味。旅立ちにあたって、犬を車でひき殺し血をぬるおはらいの意味をも表す。

▼規範・広範・師範・模範

【範囲(圍)】(ハンイ) ①鋳型に入れて周囲を正すこと。②転じて、一定の限られた場所。さかい。くぎり。

【範式】(ハンシキ) のり。てほん。

【範△疇】(ハンチュウ) ①しなわけ。分類。部門。『書経』の「洪範九疇」から出たことば。②哲学上、外物を認識して概念化するとき、必ずよるべき思惟の形式。ドイツ語 Kategorie の訳語。

【範例】(ハンレイ) 手本になる例。

【垂レ範】(ハンをたる) 手本を示す。〔宋書、謝霊運伝〕垂二範後昆一。（ハンをコウコンにたる）

(15)9 【篇】5559 標 ヘン 先 piān ［篇］4251 4A53

字義 ❶ふみ。ひとつづりとなった書物。❷一つにまとまった詩歌・文章。❸詩文を数える語。❹まき。書物の部わけ。「前篇」「後篇」❺はりふだ。

参考 現代表記では［編］（5863）に書きかえる。「長篇→長編」「前篇→前編」。熟語は［編］をも見よ。→八六四ページ。

解字 篆文 形声。竹＋扁㊕。音符の扁は、ふだの意味。文字を書きつけるための竹製のふだの意味から、書物の意味を表す。

【篇△翰】(ヘンカン) 文章。詩文。

【篇次】(ヘンジ) 書物の部わけの順序。

【篇首】(ヘンシュ) 詩や文章の初め。

【篇△什】(ヘンジュウ) 詩歌を集めたもの。また、詩歌。『詩経』の雅頌で十編を一什としたのでいう。

【篇章】(ヘンショウ) ①詩文の編と章。②転じて、文章、または書物。

【篇籍】(ヘンセキ) 書物。

【篇△帙】(ヘンチツ) ①ふみづつみ。書物の外部をおおい包むもの。書衣。②書物。

【篇△牘】(ヘントク) 書物。牘は、木簡（木の札）、また、それに書いたもの。

(16)10 【篔】5560 △ ウン 文 yún

字義 篔簹は、大竹の名。水辺に生じ、肉うすく、節と節との間が長い。竹の中、最も大きい。

解字 形声。竹＋員㊕。

(16)10 【篙】5561 △ コウ（カウ）豪 gāo

字義 さお。ふなざお。船を進める棹。

解字 篆文 形声。竹＋高㊕。

【篙工】(コウコウ) 舟をたくみにあやつるもの。船頭。舟子。＝篙師・篙手・篙人。

(16)10 【篝】5562 標 漢コウ 呉ク 尤 gōu ［篝］6832 6440

字義 ❶ふせご。火の上におおいかけ、物をその上に載せて、かわかすのに用いる道具。また、かごを伏せて上に衣服をかけ、中で香をたいて、香をたきしめるもの。❷かご。物を負うかご。❸かが

り。かがり火をもやす鉄製のかご。

解字 篆文 形声。竹＋冓(音)。音符の冓(コウ)は、かがり火をたくためのかごの象形。竹のかごの意味を表す。

【篝火】(コウカ・かがり)夜の警護や魚取りなどで、周囲を照らすためにたく火。篝(かがり)でたく火。

(16)10【簑】5563 △サ 蓑(6490)と同字。→九三六ジ。 6834 6442

(16)10【簒】5564 △ 漢サン 呉セン 諫 cuàn

【簒】俗字 5053 5255

字義 うばう(うばう)。とる。㋐うばい取る。よこどりする。「簒奪」㋑いぐるみにかけてとる。

解字 篆文 形声。ム＋算(音)。音符の算は、計算するの意味。ムは、農具のすきの意味。計画的にすきとるの意味から転じて、うばうの意味を表す。

【簒位】(サンイ)臣下が君主の位をうばいとること。
【簒逆】(サンギャク)君主を廃して、その位をうばうこと。
【簒△弑】(サンシ)君主を殺して、その位をうばい取ること。簒殺。
【簒奪】(サンダツ)①君主の位をうばい取ること。②うばい取ること。
【簒立】(サンリツ)臣下が君主の位をうばい取って、これにかわること。

(16)10【篩】5565 △ 一シ 支 shī 二サイ 佳 shāi 6833 6441

字義 一二 ❶ふるい(ふるい)。ふるって物をえりわける、底に目のある器具。❷ふるう(ふるう)。ふるいにかける。

解字 形声。竹＋師(音)。

〔篩〕

(16)10【篪】5566 △ 漢チ 呉ジ(ヂ) 支 chí

【䶵】同字

字義 横笛の一種。ちの笛。八孔、または七孔で、上部の一孔を吹いて音を出す。

解字 形声。竹＋虒(音)。

【篪△塤】(チケン)ちの笛と、土ぶえ。

(16)10【築】5567 教5 チク きずく 築山(つきやま) 3559 435B

(16)10［築］5568 チク 屋 zhù

筆順 ⺮ 竺 筑 筑 築

字義 ❶きずく(きずく)。城や庭園・建物などを作る。「建築」「構築」❷つく。つきかためる。❸きね。土をつきかためる道具。

難読 築館(つきだて)・築地(ついじ・つきじ)・築城(ついき)

解字 金文 篆文 古文 形声。木＋筑(音)。音符の筑(チク)は、また、工＋丮＋竹(音)。工は、工具の象形。丮は、手に取るの意味。音符の竹は篤に通じ、厚いの意味。きねなどの工具を用いて盛土を厚くつき固める、きずくの意味を表す。古文は、土＋管(音)。音符の管(ハン)は、厚いの意味。土を厚くつき固めるの意味を表す。

▼構築・修築・板築・版築

【築山】(チクザン)①土を積んで山を造る。②国(つきやま) 庭などに人工によって造った小山。
【築城】(チクジョウ)城壁をきずく。城を築く。
【築塁(壘)】(チクルイ)とりでを築く。

(16)10【篤】5569 常 トク

筆順 ⺮ 竹 竺 筥 篤 篤

トク 沃 dǔ 3838 4646

字義 ❶馬がゆっくり歩く。また、行きづまる。❷あつい(あつい)。㋐てあつい。人情があつい。また、まごころがある。誠実である。「懇篤」㋑かたい(固)。㋒もっぱらである。熱心である。「篤学」「篤農」㋓病気がおもい。「危篤」❸あつくする。手厚くする。

国 トクと。念を入れて。

名乗 あつ・あつし・しげ・すみ

解字 篆文 形声。馬＋竹(音)。音符の竹は、毒に通じ、そこなうの意味。馬が行き悩むの意味から、一般に、ゆきづまるの意味を表す。また、竺(ジク)に通じて、あついの意味を表す。

▼危篤

【篤△痾】(トクア)重い病気。大病。重患。
【篤学(學)】(トクガク)熱心に学問にはげむ。学問研究に熱心なこと。
【篤義】(トクギ)義にあつい。義理にあつい。
【篤恭】(トッキョウ・トクキョウ)誠実で、つつしみ深い。
【篤敬】(トッケイ・トクケイ)誠実で、つつしみ深い。
【篤行】(トッコウ・トクコウ)①人情深い行い。②誠実な行い。③誠実に実行する。てあつく実行する。
【篤孝】(トッコウ・トクコウ)てあつい孝行。まごころをこめてつくす孝行。
【篤厚】(トッコウ・トクコウ)親切で手あつい。誠実で人情深い。
【篤志】(トクシ)①熱心にこころざすこと。②手あつい心。親切なこころざし。③国 社会事業などに熱心なこと。
【篤実(實)】(トクジツ)人情に厚くて実直なこと。誠実で親切。
【篤農】(トクノウ)農業に熱心なこと。また、その人。
【篤論】(トクロン)行きとどいた議論。着実な議論。

(16)10【篚】5570 △ヒ 尾 fěi

字義 ❶車のちりよけ。❷はこ。かご。かたみ。方形の竹かご。一説に円形の竹かご。

解字 篆文 形声。竹＋匪(音)。

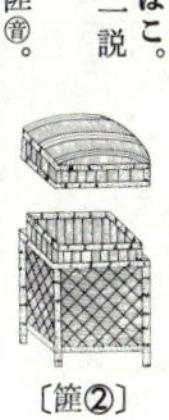
〔篚②〕

(16)10【篦】5571 △ 一 漢ヘイ・呉ハイ 斉 pí 二 漢ヒ・呉ビ 寘 bì 6836 6444

【箆】俗字 4247 4A4F

字義 一❶けすじたて。髪の毛のすじを正し、わけるのに用いるもの。❷かんざし。❸うえ。竹製の漁具。たが。二くし。すきぐし。

国 ❶へら。竹きれを細長く平たく削ったもの。❷の。㋐矢だけ。矢に用いる竹。㋑矢がら。矢の竹の部分。

解字 篆文 形声。竹＋毘(音)。

【篦△撓】(のため)矢柄(やがら)(矢の幹)のそりをため直すこと。また、その道具。「篦撓形(のためがた)」は矢を曲げたような曲線。

〔篦二(漢代)〕

(16)10【篥】5572 △ 漢リツ・呉リチ 質 lì 慣リキ 6837 6445

字義 ❶竹の一種。❷篳篥(ヒチリキ)は、楽器の名。胡笳(コカ)(あしぶえ)に似て九孔ある笛。

解字 形声。竹＋栗(音)。

(16)10【篭】5573 △ロウ 籠(5625)の俗字。→八三一ジ。 4722 4F36

(17)11【篶】5574 △エン 先 yān 6846 644E

字義 黒い竹。国 すず。❶小さく細い竹。ささ。しの。❷小竹のたけのこ。

解字 形声。竹＋焉(音)。

(17)11【簋】5575 △キ 紙 guǐ

字義 祖先神に供える穀物を盛る祭器。外側がまるく、内側が四角なもので、一斗二升(周代の一斗は、約一・九四リットル)をいれるという。「簠簋(ホキ)」

解字 金文 篆文 金文 会意。

〔簋(周代)〕

は、皀＋殳。皀は、食器に盛った食物の象形。殳は、食物を盛る器具を手にした形にかたどる。食物を盛るまるい祭器の意味を表す。のち、竹＋皀＋皿の会意文字に変形した。

【簠△簋】(ホキ) ①簠と簋。ともに祖先神に供える穀物を盛る祭器。②細かい礼儀作法。

(17)11 【簑】5576 △ サ 蓑(6490)の俗字。→九三元ﾍﾟｰ。 6835 6443

(17)11 【簀】5577 標 漢サク 呉シャク 陌 zé 6839 6447

字義 ❶す。すのこ。ねだいの上に敷くたかむしろ。❷ねだいの敷き板。❸まくら木。❹つむ(積)。難読 簀子(すのこ)

解字 篆文 形声。竹＋責音。音符の責は冊に通じ、ひもで編むの意味。竹を編んで作った、すのこの意味を表す。

【易レ簀】(サクをかう(ふ)) りっぱな人の死をいう。孔子の門人の曾参(ソウシン)が、臨終のとき、大夫から賜った簀を身分にふさわしくないといって、他の物と取りかえさせた故事。〔礼記、檀弓上〕

(17)11 【篹】5578 △ 一サン 旱 suǎn, zuǎn 二漢サン・呉ゼン 潸 zhuàn

字義 一かたみ。かご。竹で編んだ器。二❶のべる(述)。書物をつくる。＝撰(セン)。❷そなえもの。ごちそう。＝饌(セン)。

解字 形声。巳(㔾)＋算音。㔾は、ひざまずく人の象形。音符の算は、そろえかぞえるの意味。きちんとのべる・そなえるの意味を表す。

(17)11 【篹】5579 △ サン 簒(5564)の俗字。→八二六ﾍﾟｰ。 5053 5255

(17)11 【篠】5580 標 ショウ(セウ) 篠 xiǎo 2836 3C44

【篠】同字 【筱】本字 6812 642C

字義 ❶しの。しのだけ。ささ。すず。細くて矢を作るのに用いる。❷あじか。土を運ぶに用いる竹製の器具。

難読 篠山(ささやま)・篠栗(ささぐり)・篠路(しのろ)

解字 篆文 形声。竹＋條音。篆文は、竹＋攸音。

【篠懸】(すずかけ) 国①修験者(シュゲンジャ)が衣服の上にきる麻の衣。山道の篠(しの)の露を防ぐためという。鈴掛け。②すずかけの木。

(17)11 【篸】5581 △ 一シン 侵 cēn 二サン 覃 zān

字義 一❶長短そろわないさま。❷竹の長いさま。二かんざし。

解字 篆文 形声。竹＋參音。音符の參(シ)は、長短いりまじるの意味。竹やぶの不ぞろいのさまから、そろわないの意味を表す。

(17)11 【篲】5582 △ 一漢セイ・呉ゼイ 霽 huì 二漢スイ・呉ズイ 寘

字義 一二❶ほうき(ははき)。ははき。竹ぼうき。❷竹の名。しのだけの一種。❸ほうきぼし。「篲星(スイセイ)」

解字 形声。竹＋彗音。音符の彗(スイ)は、ほうきの意味。竹製のほうきの意味を表す。

(17)11 【簇】5583 △ 一ソク 屋 cù 二漢ソウ・呉ス 宥 còu 慣ゾク 6840 6448

字義 一❶ささだけ。小さい竹。❷＝二。二むらがる。あつまる。「簇生」 国しんし。洗い張りをするとき、布の両縁にさしわたす竹のくし。

参考 現代表記では〔族〕(2954)に書きかえることがある。「簇生→族生」

解字 形声。竹＋族音。

【簇生】(ソウセイ・ゾクセイ) むらがり生ずる。族生。

【簇簇】(ソウソウ) むらがり集まるさま。

【簇擁】(ソウヨウ) ①むらがりおし寄せる。②むらがり守る。寄り集まって取りまく。

(17)11 【篳】5584 △ 漢ヒツ 呉ヒチ 質 bì 6842 644A

字義 ❶まがき。しばや竹を編んで造ったかき。❷いばら。しば。❸篳篥(ヒツリツ・ヒチリキ)は楽器の名。胡笳(カコ)(あしぶえ)に似て九孔ある〔笛。

解字 篆文 形声。竹＋畢音。

【篳門】(ヒツモン) しばや竹を編んで作った粗末な門。

【篳路】(ヒツロ) しばを編んで作った粗末な車。

【篳路△藍△縷】(ヒツロランル) しばで作った粗末な車と、ぼろの着物。大いに苦労して働くこと。また、貧賤(ヒンセン)から身を起こし、困難にたえしのんで事業をはじめること。〔左伝、宣公十二〕

(17)11 【篾】5585 △ 漢ベツ 呉メチ 屑 miè

字義 ❶竹の皮。竹の青い皮をとり去った次の皮。❷竹の一種。とう。

(17)11 【篷】5586 △ 漢ホウ 呉ボウ 東 péng 6843 644B

解字 形声。竹＋蓬省音。

字義 ❶とま。竹やかやなどを編んで、船や車のおおいをするもの。❷ふね。小舟。「一篷」

解字 形声。竹＋逢音。音符の逢(ホウ)は、あうの意味。竹を編み、寄せ合わせた、とまの意味を表す。

【篷窓・篷△窗】(ホウソウ) ①とまをかけた舟のまど。②舟のまど。

【篷底】(ホウテイ) 船の中。また、船底。

(17)11 【簍】5587 △ 漢ロウ 呉ル 有 lǒu 6845 644D

字義 たけかご。目のあらいかご。

解字 篆文 形声。竹＋婁音。音符の婁(ロウ)は、つながり重なるの意味。竹を編みつなげた、かごの意味を表す。

(17)11 【簏】5588 △ ロク 屋 lù

字義 はこ。竹を編んだ背の高めの箱。＝簶(ロク)。

解字 篆文 形声。竹＋鹿音。

(17)11 【篴】5589 国字 △ 6841 6449

字義 ささら。竹を細かく割って束ねたもの。

解字 会意。竹＋彫。

(17)11 【簗】5590 国字 △ 6844 644C

字義 やな(梁)。川の瀬などで魚をとるしかけ。流水をせきとめ一か所に流し、そこに竹簀(たけす)などを立て魚を導いて捕らえるもの。

難読 簗場(やなば)

解字 会意。竹＋梁。梁(リョウ)は、やなの意味。日本でこれに更に竹を付した。

(18)12 【簡】5591 教6 カン 2042 344A

(18)12 〖簡〗5592 漢カン 呉ケン 潸 jiǎn

筆順 ⺮ 簡 簡 簡

字義 ❶ふだ。文字を書く竹のふだ。「竹簡」❷ふみ。㋐てがみ。「書簡」㋑命令などの書きつけ。❸はぶく。てがるにする。また、てがる。おおまか。「簡略」❹つつましい。つづまやか。❺すくない(少)。すくなくする。❻おろそか。おおまか。❼おごる。みくだす。また、あなどる。❽おこたる。なまける。❾くらべる。くらべ数える。調べる。❿えらぶ。「簡抜」⓫おおきい。志が大きい。「狂簡」

名乗 あきら・ひろ・ふみ・やすし

参考 現代表記では〔翰〕(6060)の書きかえに用いることがあ

る。「書翰→書簡」

解字 篆文 形声。竹＋間（閒）音。音符の閒は、すきまの意味。竹をけずり編んで文字を書くふだの意味を表す。ふだとふだとの間にすきまがあるので閒を用いた。また、揀（カン）に通じ、えらぶの意味にも用いる。

▼易簡・汗簡・狂簡・錯簡・残簡・手簡・書簡・断簡・竹簡・繁簡・料簡・了簡

【簡易】カンイ ①てがる。たやすい。やさしい。また、礼儀作法などにうるさくないこと。②性格がおだやかで、あっさりしていること。

【簡閲】カンエツ しらべる。かぞえしらべる。また、えらぶ。

【簡化字】カンカジ 現在、中国で使われている、字画を簡略化した文字。簡体字。

【簡簡】カンカン ①やわらいでさかんなさま。②福の大きいさま。③のんびりしているさま。

【簡潔】カンケツ ①つつましやかで清潔なこと。②潔白でやましくないこと。③簡単で要領を得ていること。

【簡古】カンコ 余分なものがなく、すっきりとして、古色を帯びていること。

【簡冊・簡策】カンサク 昔、文字を書いた竹ふだ。転じて、手紙・書物をいう。

〔簡冊〕

【簡書】カンショ ①命令などの書きつけ。②てがみ。手紙の紙片を二枚の板ではさみ封じた密書。

【簡捷】カンショウ てがるではかどる。てがるですばやい。

【簡省】カンセイ はぶく。むだを除く。

【簡素】カンソ ①てがるでかざらない。②竹簡（竹ふだ）と白ぎぬ。紙のなかったとき、文字を書いたもの。竹帛（チクハク）。

【簡率】カンソツ 物事にこだわらず無造作なこと。おおまか。

【簡惰】カンダ おろそかにしておこたること。

【簡択（擇）】カンタク えらぶ。えらび抜きとる。

【簡擢】カンタク・カンテキ えらんで抜き出すこと。抜擢（バッテキ）。

【簡牒】カンチョウ 文字を書いた札。簡札。

【簡牘】カントク ①昔、紙のなかった時代に文字を書いた竹のふだと木のふだ。牘は、木のふだ。②書物・手紙。

【簡任】カンニン えらび任ずる。

【簡馬】カンバ 馬をえらび調べる。軍馬を検閲する。馬ぞろえ。

【簡抜】カンバツ えらびぬく。多人数の中から選んで登用すること。

【簡兵】カンペイ 軍隊を検閲して訓練すること。閲兵。

【簡編】カンペン 書物。典籍。

【簡便】カンベン てがるで便利なこと。軽便。

■簡化字

中国は自国の近代化・人間解放にとっての識字教育の重要性を認め、漢字の学習・書写・記憶上、より簡便な方向に向かうことのできる文字改革を模索してきた。そして漢字の表音化を目指す一九五七年一二月公布の「漢語拼音方案」（ローマ字つづりの方式を定めたもの）、および一九六四年三月公布の「簡化字総表」にその文字改革の成果を見ることができる。この二つは現在、中国で正式に用いられている。

異体字の整理　一九五五年一二月の「第一次異体字整理表」では、字体を異にするが発音・意味の共通する文字のグループ八一〇組一八六五字の中から一〇五五字を排除整理した。また一九六四年の「簡化字総表」では地名にのみ用いられる使用度の低い文字を、同音の他の文字に書き換えることが行われた。

異体字整理の原則は三つあり、

① よく通用しているものを採る。初めに掲げるのが採用字。（　）内は使用をやめた異体字。（以下、同じ）

抵（牴・觝）　盞（琖・醆）

村（邨）　乃（廼・廼）

② 筆画の少ないものを採る。

炮（礮）　枈（寀・採）

熏（薰・燻）

③ 書きやすいものを採る。

叙（敘・敍）　鵝（鵞・䳘）

群（羣）　峰（峯）

漢字の簡略化　筆画の多い繁体字は書写の困難を引きおこすので簡略化した文字の方を規範文字として採用した。その方式には、

① もとの字形の一部だけを採り改造する。

務→务、號→号、處→处、麗→丽、開→开、

② 偏旁を変える

劉→刘、難→难、臘→腊、適→适、筆→笔

③ 同音字で代替する。仮借文字の原理の利用。

門→斗、穀→谷、麵→面、醜→丑、後→后

④ 会意文字の原理を利用する。

塵→尘、竈→灶、淚→泪、衆→众、體→体

⑤ 形声文字の原理を利用する

護→护、驚→惊、響→响、膚→肤、叢→丛、

⑥ 草書体を楷書化する。

長→长、書→书、爲→为、樂→乐、專→专、

⑦ 筆画の少ない古字等を採る。

爾→尔、雲→云、電→电、鍼→针、屍→尸

【簡朴・簡樸】カンボク 簡単で素朴（樸）。てがるでかざりけがないこと。

【簡慢】カンマン おろそかにしてあなどる。転じて、接待のゆきとどかないことにいう。

【簡明】カンメイ 簡潔でわかりやすい。簡単明瞭。

【簡默（默）】カンモク ことば数の少ないこと。寡默（カモク）。

【簡要】カンヨウ あっさりとして要領を得ていること。

【簡略】カンリャク てがるなこと。くだくだしくないこと。

(18)12【簣】5593 △ 漢キ 呉ギ 寘 kuì　6847 644F

字義 もっこ。あじか。土を運ぶのに用いる竹かご。〔書経、旅獒〕功虧二一簣一（コウイッキにかく）。

解字 形声。竹＋貴音。音符の貴は、両手で物を送る形を表す。竹で編んだ、もっこの意味を表す。

(18)12【簧】5594 △ 漢コウ（クヮウ） 呉オウ（ワウ） 陽 huáng　6848 6450

字義 ❶笛のした。吹いて振動させ音を出すもの。❷ふえ。笙（ショウ）・竽（ウ）の類。

解字 篆文 形声。竹＋黃音。

(18)12【簨】5595 △ シュン 軫 sǔn

字義 かねかけ。鐘や磬（ケイ）などをかける横木。

解字 形声。竹＋巽音。

(18)12【簪】5596 △ 一シン 侵 zān 二サン 覃 zān ［簪］6849 *6451*

字義 一 ❶かんざし。こうがい。冠をとめるために髪にさすもの。「玉簪」 ❷かざす。かんざしをさす。 二 かんざし。＝一の①。

解字 篆文 俗体 象形。もと、人が後方を向いて口を開いた形にかたどり、かくれて言うの意味を表したが、借りて、髪に深くさして、先端がかくれてしまうかんざしの意味に用いる。簪は、竹＋朁音の形声文字。

【簪纓】(シンエイ) 冠をとめるこうがいと、冠のひも。転じて、高位高官の人。

【簪裾】(シンキョ) ①冠をとめるこうがいと、衣服のすそ。②身分の高い人の服装。また、礼装した官吏。

【簪笏】(シンコツ) 冠をとめるこうがいと、手に持つしゃく。転じて、㋐官吏の礼服。また、礼服をつけた官吏。㋑任官すること。官吏となること。

【簪筆】(シンピツ) ①毛でかざったかんざし。冠の前方にさすもの。②下級官吏になること。官吏が筆を頭髪にさしはさむことからいう。

【不レ勝レ簪】(シンにたえ(へ)ず) 冠を留めるピンがさせなくなる。〔唐、杜甫、春望詩〕⇩渾欲レ不レ勝レ簪(六五三ﾍﾟｰ)。

(18)12【箪】5597 標 タン 寒 dān ［箪］3529 *433D*

［簞］俗字

字義 ❶かたみ。はこ。竹で編んだ小さいはこ。 ❷わりご。竹で編んだ丸い飯びつ。「箪食(タンシ)」 ❸ひさご。「瓢箪(ヒョウタン)」 ❹竹の一種。

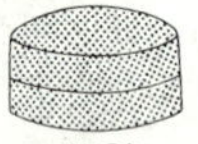

〔箪②〕

解字 篆文 形声。竹＋單音。音符の單(タン)は、坦(タン)に通じ、ひらたいの意味。ひらたい竹製のこばこの意味を表す。

【箪食】(タンシ) ①わりごに飯を入れること。②竹の器に盛った飯。

【箪食壺漿】(タンシコショウ) 飯を竹の器に盛り、飲み物をつぼに入れること。転じて、飲食物を備えて、自分たちを救う軍隊を歓迎することをいう。〔孟子、梁恵王下〕

【箪食瓢飲】(タンシヒョウイン) 竹の器に盛った飯と、ひさごに入れた飲み物。顔回が一箪の食、一瓢の飲に安んじて学問した故事。転じて、貧しく質素な生活に安んじること。〔論語、雍也〕

【箪笥】(タンシ) ①飯を入れる器。箪は丸い形、笥は四角な形の器。②国(タンス) 衣服を入れる家具。

【箪瓢】(タンピョウ) 飯を盛る器と、飲み物を入れるひさご。

(18)12【簟】5598 △ 漢テン 呉デン 琰 豔 diàn ［簟］6850 *6452*

字義 ❶たかむしろ。竹で編んだむしろ。すのこ。❷ござ。❸竹の一種。

解字 金文 篆文 形声。竹＋覃音。音符の覃(タン=テン)は、厚いの意味。竹であんだ厚味のあるむしろの意味を表す。

(18)12【簦】5599 △ トウ 蒸 dēng

字義 かさ。さしがさ。大きくて柄のあるかさ。↔笠(リュウ)。「担レ簦(トウをになう(ふ))」は、遊学して仕官を求めること。〔史記、虞卿伝〕

解字 篆文 形声。竹＋登音。音符の登は、あげるの意味。上に持ちあげる柄のついた竹のかさの意味を表す。

(18)12【簠】5600 △ フ 慣ホ 麌 虞 遇 fǔ

字義 祖先神に供える穀物を盛る祭器。外側が四角で内側がまるく、一斗二升(周代の一斗は、一・九四リットル)を入れるという。一説に、簋(キ)の発達したものという。「簠簋(ホキ)」

〔簠(春秋時代)〕

解字 甲骨文 金文 篆文 形声。竹＋皿＋甫音。

【簠簋不レ飾】(ホキととのわ(は)ず) 祭りに用いる器物がそろっていない意。大臣が収賄罪に問われることを遠回しにいうことば。簠は、外がまるく内側が四角な祭器。〔前漢、賈誼、治安策〕

(18)12【簱】5601 国字 △ はた 籏(5615)と同字。→八三〇ﾍﾟｰ。

(19)13【簷】5602 △ エン 塩 yán 6851 *6453*

字義 ＝檐(エン)。❶のき。ひさし。❷たれ。ひさしのように物をおおって四方にたれさがるもの。

解字 形声。竹＋詹音。音符の詹(タン=エン)は、のきの意味の广を含み、竹製ののきの意味を表す。

【簷陰】(エンイン) のきかげ。ひさしのかげ。檐陰。

【簷宇】(エンウ) のき。ひさし。檐宇。

【簷雨】(エンウ) のきに降る雨。檐雨。

【簷牙】(エンガ) のきばにきばのように突きでたたるき。

【簷間】(エンカン) のきのあたり。のきば。

【簷際】(エンサイ) のきば。のきぎわ。のきした。

【簷端】(エンタン) のきば。のきばた。

【簷溜】(エンリュウ) のきから落ちる雨だれ。簷滴(エンテキ)。

【簷鈴】(エンレイ) のきばに下げた風鈴。簷鐸(エンタク)。

(19)13【簳】5603 △ カン 旱 gǎn

字義 ❶やがら。矢の竹の部分。❷しのだけ。矢だけ。

解字 形声。竹＋幹音。

(19)13【簫】5604 △ ショウ(セウ) 蕭 xiāo 6852 *6454*

字義 ❶ふえ。㋐しょうのふえ。小さい竹管を長短不揃いにならべて造った楽器。管数は、十三管から二十四管まである。㋑単管で縦にして吹くもの。後世は専らこれをいう。❷舜(シュン)の音楽の名。❸ゆはず。弓の両端の弦をかける部分。

解字 篆文 形声。竹＋肅音。音符の肅は、口をすぼめるの意味。口をすぼめて吹く管楽器の意味を表す。

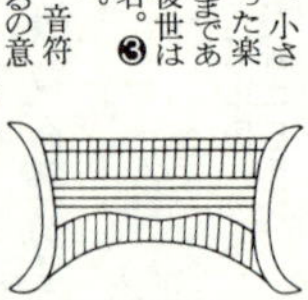

〔簫①〕

【簫管】(ショウカン) ①ふえ。簫と管。昔の管楽器の総称。②一本の管からなる笛で縦にして吹く。

【簫鼓】(ショウコ) 簫の笛と太鼓。笛と太鼓。

【簫史】(ショウシ) 春秋時代、秦(シン)の穆公(ボッコウ)のころの人。簫の名手で、穆公の娘の弄玉(ロウギョク)を妻とし、鳳台(ホウダイ)に住んでいたが、のち鳳凰(ホウオウ)に従って去ったという。〔列仙伝、上〕

【簫韶】(ショウショウ) 舜(シュン)が作ったという音楽の名。

【簫郎】(ショウロウ) 簫史をいう。転じて、夫の通称。

(19)13【簽】5605 △ セン 塩 qiān 6853 *6455*

字義 ❶かご。竹のかご。❷ふだ。つけふだ。はりふだ。標題・見出しなどを書くもの。「題簽」❸名をしるす。署名する。

解字 形声。竹＋僉音。音符の僉(セン)は、つじつまを合わせるの意味。物とその所有者とのつじつまを合わせるため、竹ふだに名をしるすの意味を表す。

【簽押】(センオウ) 署名して印をおす。

【簽書】(センショ) ①署名する。②官名。宋代(ソウダイ)、枢密院の属官。

(19)13【籀】5606 △ 漢チュウ(チウ) 呉ジュウ(ヂウ) 宥 zhòu 6858 *645A*

［籒］本字

字義 ❶書体の一種。籀文。周の太史籀の作ったといわれるもので、李斯(リシ)の作った小篆(ショウテン)に対して大篆(ダイテン)ともいう。⇩コラム・文字・書体の変遷(四八二ﾍﾟｰ)。❷よむ。ふみを読む。

解字 篆文 形声。竹+擂(擂)音。音符の擂チュウは、ひきぬくの意味。竹に書かれたふみを、ひきぬいてきて読むの意味を表す。

(19)13 【簸】5607 △ ハ 習 箇 bǒ 4086 4876

字義 ❶ひる。箕みであおって、穀物のぬかやちりを除く。❷あおる。あおりあげる。おだてる。そそのかす。

解字 篆文 形声。箕+皮音。音符の皮は、波に通じ、なみの意味。箕は、「み」の意味。「み」を波うたせ、米のぬかなどを除去する、ひるの意味を表す。

【簸△蕩】ハトウ 箕みであおったように、ゆれ動くこと。ゆらゆらする。簸揺。

【簸揚】ハヨウ あおりあげる。箕みで米をあおって、ぬかを去る。

【簸△弄】ハロウ ①もてあそぶ。おもちゃにする。②そそのかして問題を起こさせる。

(19)13 【簿】5608 常 ボ 4277 4A6D

(19)13 〔簿〕5609 ㊀漢ホ・呉ボ 麌 bù ㊁漢ハク・呉バク 薬 bó

筆順

字義 ㊀❶ちょうめん。会計簿。「帳簿」❷しらべる。❸行列。天子の行列。「鹵簿ロボ」 ㊁❶せまる。❷まぶし。えびら。蚕かいこのまゆを掛けさせるもの。

解字 形声。竹+溥音。音符の溥ホは、一面にひろがるの意味。竹を薄く広くけずった、ちょうめんの意味を表す。

▼主簿・名簿

【簿記】ボキ ①帳面に書きつけること。②会計帳簿の記入整理のしかた。

【簿書】ボショ ①役所の金銭や穀物の出納をしるす帳簿。②報告書。公文書。

【簿正】ボセイ 帳簿によって数をただしくそろえる。〔孟子、万章下〕

【簿責】ボセキ 文書を証拠として問い責める。

【簿籍】ボセキ ①戸籍簿。②帳簿。

【簿領】ボリョウ 帳簿に記録すること。また、文書。

(19)13 【簾】5610 標 レン 塩 lián 〔簾〕 4692 4E7C

字義 すだれ。御簾みす。竹などを編んで作ったとばり。「珠簾」

解字 篆文 形声。竹+廉音。音符の廉は、へやのすみの意味。へやのすみにたらす、すだれの意味を表す。

【簾△帷】レンイ ①すだれととばり。②すだれのとばり。

【簾外】レンガイ ①すだれのそと。②試験官で考査に関係しない者をいう。

【簾官】レンカン 官名。科挙の試験で、試験場の監督官などを外簾官といい、答案を審査する者を内簾官という。

【簾△鉤】レンコウ すだれを巻いてかけておくかぎ。すだれかけの金具。

【簾政】レンセイ 皇太后・皇后などがみすの内側で政治をとること。垂簾の政。

【簾中】レンチュウ ①すだれのなか。転じて、后妃の居室をいう。②国公卿クゲの大名の正妻の敬称。

【△撥レ簾】すだれをかかぐ すだれをはね上げる。

(19)13 【簶】5611 △ ロク 屋 lù

字義 胡簶コロクは、やなぐい。矢を入れる道具。箙えびらの類。

解字 形声。竹+祿音。

(20)14 【籍】5612 常 セキ 3250 4052

(20)14 〔籍〕5613 ㊀漢セキ・呉ジャク 陌 jí ㊁シャ 禡 jiè

筆順

字義 ㊀❶ふみ。書物。「書籍」❷かきつけ。また、帳面。❸人別・戸別・地所などを記した帳簿。「戸籍」❹しるす。書きこむ。❺戸籍に登録する。❻かりる(借)。また、かす。❼しく(布)。❽とりたて。税のとりたて。❾ふむ。足でふむ。❿たがやす。すく。「籍田」⓫ものの形容。→籍籍。㊁ゆるす。=藉シャ。

名乗 もり・より

解字 篆文 形声。竹+耤音。音符の耤セキは藉セキに通じ、草を編んだしきものの意味。竹をしきもののように編んだ、ふだ・ふみの意味を表す。

▼移籍・漢籍・鬼籍・軍籍・経籍・原籍・国籍・戸籍・在籍・史籍・除籍・聖籍・典籍・入籍・兵籍・本籍・名籍・門籍・落籍

【籍貫】セキカン 戸籍。出生地の本籍。

【籍甚】セキジン 名誉・評判が高いこと。

【籍籍】セキセキ ①やかましく言いはやすさま。②乱雑なさま。みだれるさま。

【籍田】セキデン 天子が祖先に供える米を、みずから耕作する田地。また、それを耕す儀式。

【籍没】セキボツ 重大犯人の財産を没収する。帳簿に記して取りあげること。

【籍△斂】セキレン ①年貢ネングの取り立て。②籍田にみのった穀物を取り入れること。

(20)14 【籌】5614 △ 漢チュウ(チウ) 呉ジュウ(ヂウ) 尤 chóu 6854 6456

字義 ❶かずとり。㋐投壺トウコの矢。㋑数をかぞえる棒。❷はかる。㋐相談する。㋑計画・策略をめぐらす。❸はかりごと。「籌略」❹くじ(籤)。

解字 篆文 形声。竹+壽(𠷎)音。音符の𠷎ジュは、つらなるの意味。つらなった竹、数をかぞえる一組の竹棒、かずとりの意味を表す。また、転じて、はかりごとの意味をも表す。

【籌画(畫)】チュウカク ①計画する。くふうする。②はかりごと。

【籌議】チュウギ 相談する。はかる。

【籌策・籌△筴】チュウサク ①かずとり。計算用の棒。②はかりごと。計画。〔史記、高祖本紀〕運二籌策帷帳之中一、決二勝於千里之外一〈はかりごとを陣営のとばりの中でめぐらし、勝利を遠方の地で決める〉③はかる。

【籌算】チュウサン ①数字をきざんだ竹のかずとり。計算の道具。また、そろばん。また、それで計算すること。②はかりごと。計略。③見積もる。

【籌度】チュウタク ①はかる。②はかりごと。計略。

【籌馬】チュウバ 勝負の数を計る器具。ばくちの数とり。馬は、勝負の数を示す器具。

【籌略】チュウリャク はかりごと。策略。

(20)14 【簱】5615 国字 △ 6857 6459

字義 はた。簱はた・簱野はたの・隆簱ふりはた・ふるはたなど、姓氏に用いる。

〔旗〕同字

解字 会意。竹+旗。

〔纂〕→糸部 八七三ページ。

(21)15 【籑】5616 △ ㊀漢セン・呉ゼン 霰 zhuàn ㊁漢サン・呉ゼン 潸 zhuàn 慣セン

字義 ㊀そなえる。食物をそなえる。=饌セン。㊁あらわす。著述する。また、編集する。=撰セン。

解字 篆文 形声。食+算音。

(21)15 【籖】5617 △ セン 籤(5629)の俗字。→八三一ページ。 6863 645F

(21)15 【籔】5618 △ ㊀漢スウ・呉シュ 麌 shǔ ㊁ソウ 有 sǒu 6856 6458

字義 一容積の単位。十六斗（周代の一斗は一・九四リットル）。二ざる。米あげざる。国やぶ。竹やぶ。藪ソウと同義に用いる。

解字 篆文 形声。竹＋數音。

(21)15【籐】5619 △ 漢トウ 呉ドウ 蒸 téng ［籐］ 6859 645B
【籘】同字 6860 645C

字義 ❶トウ。とうづる。ヤシ科の蔓る性の木。竹に似て、自由に曲げて細工ができる熱帯産の植物。❷竹製の器具。

解字 形声。竹＋滕音。

(21)15【籃】5620 △ ラン 覃 lán 6855 6457

字義 ❶かご。かたみ。目のこまかいかご。❷大きいふせご。伏せかご。❸大きいかご。あじろかご。「揺籃」「籃輿ヨ」

解字 篆文 形声。竹＋監音。音符の監は檻カンに通じ、おりの意味。おりのように竹で編み囲んだ、ふせかごの意味を表す。

【籃輿】ランヨ あじろかご。竹を編んでつくった乗り物。

〔籃輿〕

(21)15【𥶡】5621 国字 △

字義 たが。割り竹で作った輪。桶おけ・樽たるなどを締めるのに用いる。＝箍コ。

解字 会意。竹＋輪。

(22)16【籜】5622 △ タク 薬 tuò

字義 ❶たけのかわ。たけのこの皮。❷草の名。

解字 形声。竹＋擇音。

(22)16【籘】5623 △ トウ 籐(5619)と同字。→上段。 6860 645C

(22)16【籟】5624 △ ライ 泰 lài 6861 645D

字義 ❶ふえ。㋐三つの穴のある笛。㋑簫ショウの笛。❷ひびき。こえ。「万籟」「天籟」

解字 篆文 形声。竹＋賴音。音符の賴は、剌に通じ、切れ目を入れるの意味。竹に三つの切れ目、あなをあけて作った、ふえの意味を表す。

(22)16【籠】5625 標 一ロウ 東 lóng 二ロウ 董 lǒng 6838 6446
【篭】俗字 4722 4F36

字義 一❶かご。こ。㋐もっこ。土を盛って運ぶ竹製の器具。㋑とりかご。「籠鳥」㋒物を入れるかご。「茶籠」❷えびら。矢を入れて背に負う器具。二こめる。こむ。かごに入れる。つつむ。「籠蓋」
国❶こもる。㋐しのぶ。かくれる。㋑家の中にいて、外へ出ない。「籠居」㋒城にたてこもる。「籠城」㋓祈願のために神社仏閣に泊まりこむ。「参籠」❷こもり。神社仏閣に宿泊して祈願すること。
難読 籠手こて

解字 篆文 形声。竹＋龍音。音符の龍は、つめこむの意味。土をつめこむ竹かご、もっこの意味や、つめこむの意味を表す。

【籠鶯】ロウオウ かごに入れられたうぐいす。転じて、束縛されて自由にならない身のたとえ。
【籠蓋】ロウガイ 閉じこめおおう。かぶさるようにおおう。〔古詩、勅勒歌〕天似二穹廬一籠二蓋四野一（テンはキュウロににて、シヤをロウガイす）。訳文⇩勅勒（一五二六ページ）。
【籠居】ロウキョ 国家の中に閉じこもる。
【籠禽】ロウキン かごの鳥。転じて、自由を束縛されている身のたとえ。
【籠城】ロウジョウ 国城中にたてこもる。また、家の中にひきこもる。
【籠鳥】チョウ ＝籠禽ロウキン。
【籠絆】ロウハン しばって自由にさせない。閉じこめる。
【籠樊】ロウハン ①かご。樊籠。②人の自由を奪うこと。拘束。
【籠養】ロウヨウ 小鳥などをかごに入れて飼うこと。
【籠絡】ロウラク ①からみまつわる。②転じて、まるめこむ。他人をうまく言いくるめて、自分の思うままにする。
【籠籠】ロウロウ かくれこもったさま。明らかでないさま。

(22)16【籙】5626 △ 漢リョク 呉ロク 沃 lù

字義 ❶ふみかご。本箱。❷ふみ。書物。❸未来記。予言書。「図籙」❹道家の秘文。

解字 形声。竹＋錄音。

(22)16【籡】5627 国字 △

字義 しんし（伸子）。洗い張りするとき、布の両端にさし渡し、布が縮まないようにする細い竹棒。＝籭しん。

解字 会意。竹＋撿。撿ケンは、引きしめるの意味。布幅を張り伸ばして引きしめる竹製の、しんしの意味を表す。

(23)17【籧】5628 △ 一漢キョ・呉ゴ 魚 qú 二呉キョ・呉コ 語 jǔ

字義 一籧篨キョジョは、めのあらい竹のむしろ。竹筵たかむしろ。二籧筐キョキョウは、蚕をかう器具。

解字 篆文 形声。竹＋遽音。

(23)17【籤】5629 △ セン 塩 qiān 6862 645E
【籖】俗字 6863 645F

字義 ❶くじ。㋐おみくじ。㋑くじびき。「抽籤」❷かずとり。ものを数えるときの竹の札。❸ためす（験）。❹未来記。予言の記録。＝讖シン。

解字 篆文 形声。竹＋韱音。音符の韱センは、かぼそいの意味。細い竹で神意を問う、くじの意味を表す。

(23)17【籥】5630 △ ヤク 薬 yuè 6864 6460

字義 ❶てならいふだ。習字用の竹札。❷ふえ。笛に似て、三孔、または六孔ある。❸かぎ。じょう。＝鑰ヤク。「管籥」❹かぎをかける。とじる。❺ふいごの風を送るくだ。

解字 篆文 形声。竹＋龠音。音符の龠ヤクは、ふえの意味。竹製のふえの意味を表す。

【籥舞】ヤクブ 籥を吹いて舞う、文の舞（文徳を象徴する舞）。↔羽舞（武の舞）。

(23)17【籢】5631 △ レン 塩 lián
【匳】同字 5029 523D
【奩】同字 5294 547E

字義 はこ。鏡を入れる箱。化粧箱。＝匲レン・奩レン。

解字 篆文 形声。竹＋斂音。音符の斂レンは、おさめるの意味。鏡や化粧品を入れる竹製のこばこの意味を表す。

(25)19【籩】5632 △ ヘン 先 biān

字義 たかつき。竹を編んでつくり、口に縢トのふちがあり、祭りに果実やほし肉を盛るもの。「籩豆」

解字 篆文 形声。竹＋邊（邉）音。音符の邊ヘンは、へりの意味。そのへりに工夫をこらしてある竹製の祭器、たかつきの意味を表す。

【籩豆】ヘントウ 祭器の名。籩は竹製、豆は木製。

〔籩〕

(25)19【籮】5633 △ ラ 歌 luó

字義 み（箕）。米をますに移すときに用いる器具。

解字 形声。竹＋羅音。

(25)19
【籬】 5634　標 リ 因 lí
字義 **まがき**。かき（垣）。ませがき。竹やしばをあらく編んだかき。「竹籬」

解字 形声。竹＋離㊐。

【籬垣(リエン)】まがき。かきね。

【籬間(リカン)】まがきのあたり。

【籬菊(リキク)】まがきのきく。

【籬牆(リショウ)】＝籬垣。

【籬辺(邊)(リヘン)】まがきのほとり。籬畔(リハン)。

【籬落(リラク)】まがき。かきね。落は、かこい。

6865 *6461*

(32)26
【籲】 5635　△ 一ユ 遇 yù　二ヤク 薬 yuè
［籲］同字
字義 一二 ❶**よぶ**。㋐さけぶ。呼びさけぶ。祈り訴える。㋑まねく。❷やわらぐ（和）。やわらげる。
解字 篆文 形声。頁＋籥㊐。

6 米部

〔部首解説〕 **こめ。こめへん。**よねへん。米を意符として、いろいろな種類の米・穀物、その性質、それを加工した食品などに関する文字ができている。また、メートルを米・米突と音訳したところから、メートル法の長さの単位を表す文字ができている。

米 八三二　2籵 八三二　3粁 八三二　粂 八三二　籾 八三二
4粋 八三二　粃 八三二　粉 八三二　粏 八三二　粍 八三二
粐 八三三　5粔 八三三　粗 八三三　粘 八三三　粕 八三三
粒 八三三　6粤 八三四　粢 八三四　粥 八三四　粧 八三四
粟 八三四　粡 八三四　粦 八三四　粭 八三四　粨 八三四
粫 八三四　7粳 八三四　粲 八三四　粱 八三五　粮 八三五
8粹 八三五　精 八三五　粽 八三六　糀 八三六　9糊 八三六
粿 八三六　糅 八三六　糈 八三六　糂 八三六　糉 八三六
糎 八三六　10糗 八三六　糕 八三六　糓 八三六　糖 八三六
糒 八三六　糘 八三七　11糠 八三七　糝 八三七　糟 八三七
糙 八三七　糜 八三七　糞 八三七　糢 八三七　12糧 八三七
14糯 八三七　15糲 八三七　16糵 八三七　糶 八三七　17糵 八三八
19糴 八三八
敉→支部 四七四ページ。料→斗部 四八三ページ。

(6)0
【米】 5636　教2　**ベイ・マイ**　**こめ**　漢ベイ・呉マイ 薺 mǐ
筆順 丶 丷 半 米
字義 ❶**こめ。よね**。稲の実。❷穀類（麦・きびなど）の実。また、その脱穀したもの。さらに竹・まこも・はすなどの実をもいう。「米穀」❸**メートル**。フランスの長さの単位 mètre の音訳、米突の略。中国では今、公尺という。
国 亜米利加(アメリカ)または米利堅(メリケン)の略。㋐アメリカ合衆国。米国。中国では美国という。㋑アメリカ大陸。「南米」
名乗 みつ　難読 米原(まいばら)・米子(よなご)・米内(よない)・米利堅(メリケン)
解字 甲骨文 篆文 象形。甲骨文は、横線と六点とからなり、横線が穀物の穂の枝の部分、六点がその実の部分を示す象形文字で、こめの意味を表す。米を音符に含む形声文字に眯(ベ)・迷・謎(メイ)などがあり、これらの漢字は、「とまどうほどの多くの粒」の意味を共有している。
▼欧米・供米
【米塩(鹽)(ベイエン)】①米と塩。②転じて、食糧。生活の必需品。③細かくわずらわしいことのたとえ。
【米塩(鹽)博弁(辯)(ベイエンハクベン)】こまかいことまで詳しく話す。くだくだと話す。〔韓非子、説難〕
【米寿(壽)(ベイジュ)】国 八十八歳をいう。八十八を一字にすると米の字に似ているからいう。
【米粟(ベイゾク)】①米ともみ。粟は、もみのついたままの穀物。②穀物。
【米突(メートル)】フランスの長さの単位 mètre の音訳。略して米とも書く。
【米芾(ベイフツ)】北宋(ホクソウ)の書家・画家・文人。字(あざな)は元章。号は南宮・海岳外史。湖北省襄陽(ジョウヨウ)の人なので米襄陽ともいう。著に『画史』『書史』などがある。（一〇五一―一一〇七）
4238 *4A46*

(8)2
【籵】 5637　国字　△
字義 **デカメートル**。長さの単位。一メートルの十倍。
解字 形声。十＋米㊐。mètre の音訳を音符の米が表し、その十倍の意味を十が表す一種の新形声文字。
6866 *6462*

(9)3
【粁】 5638　国字　△
字義 **キロメートル**。長さの単位。一メートルの千倍。
解字 形声。千＋米㊐。mètre の音訳を音符の米が表し、その千倍の意味を千が表す一種の新形声文字。
2246 *364E*

(9)3
【粂】 5639　国字　標
字義 **くめ**。久(ク)と米(メ)の音を合わせた字。姓名や地名などに用いる。
解字 久＋米の合字で、「くめ」と読む国字。
2309 *3729*

(9)3
【籾】 5640　国字　標
字義 **もみ**。㋐穀物の実の皮。もみがら。㋑からをかぶっている穀物。主として稲の実をいう。
解字 会意。米＋刃（刃）。刃は、刀の「は」の意味。刀のように鋭いからをつけたままの、もみの意味を表す国字。
［籾］ 4466 *4C62*

(10)4
【粋】 5641　常　**スイ**
(14)8
〖粹〗 5642　人 許　一スイ 寘 cuì　二 漢サイ・呉スイ 隊 suì
筆順 丷 米 粋 粋
字義 一 ❶**まじりけがない**。「純粋」❷もっぱら。専一。❸完全。かけるところがない。質がよい。また、その部分。最も良質で純粋な部分。「精粋」 二 くだける。くだく。＝砕。 国 **スイ**。**いき**。⇔野暮(ヤボ)。㋐世態人情に通じていて、ものわかりのよいこと。㋑遊里や芸人の社会などの事情に通じ、動作が自然とその道にかなっていること。
名乗 きよ・ただ
参考 現代表記では［萃］（6411）の書きかえに用いることがある。「抜萃→抜粋」
解字 篆文 形声。米＋卆（卒）㊐。音符の卒は、まったい（完全）の意味。完全に精米した米の意味から、まじりけがないの意味を表す。
▼国粋・純粋・精粋・抜粋・不粋・無粋
【粋人(スイジン)】粋士。国 ①芸ごとや遊里の事情に通じている人。②世態人情に通じている人。

【粋然(スイゼン)】まじりけのないさま。

【粋白(スイハク)】①まじりけのないこと。純粋。②まっしろ。純白。

【粋美(スイビ)】まじりけがなく美しい。清く美しい。

3172 *3F68*　6879 *646F*

(10)4
【粃】 5643　△ ヒ
秕（5321）と同字。→七九七ページ。
6867 *6463*

(10)4 【粉】5644 教 4　フン　こ・こな
筆順　米 米 粉 粉 粉
フン　吻 fěn　4220　4A34

字義 ❶こな。こ。㋐米のこな。穀物のこな。㋑くだいて細かにしたもの。「粉末」 ❷粉にする。細かくくだく。「粉骨」 ❸おしろい。「粉白」。また、おしろいをつける。化粧する。 ❹いしばい（石灰）。 ❺しろい（白）。 ❻かざる（飾）。色どる。 国デシメートル。長さの単位。一メートルの十分の一。十センチメートル。

難読　粉河(こかわ)

解字　篆文　粉　形声。米＋分㊐。音符の分は、わけるの意味。米をくだきわけたもの、こなの意味を表す。

▼鉛粉・紅粉・脂粉

【粉絵（繪）・粉△繢】(フンカイ) ①えがきいろどる。 ②彩色画。

【粉△毫】(フンゴウ) 絵筆。毫は、ふで。

【粉骨砕（碎）身】(フンコツサイシン) 骨を粉にし身をくだく。はなはだしく骨折ること。力の限り努力すること。

【粉砕（碎）】(フンサイ) こなごなにくだく。転じて、相手を完全に打ち負かすこと。

【粉飾】(フンショク) ①おしろいをぬって化粧する。 ②かざる。つくろいかざる。 ③かざり。 ④人をりっぱなものとしてほめること。地位や名誉などを与えること。

【粉△黛】(フンタイ) ①おしろいとまゆずみ。 ②化粧。 ③美人をいう。〔唐、白居易、長恨歌〕⇩百媚(ヒャクビ)（七五四ページ）。

【粉△蝶】(フンチョウ) ①白い羽の蝶。 ②美しい蝶。

【粉白】(フンパク・おしろい) ①おしろい。転じて、美人。 ②「粉白黛黒(フンパクタイコク)」は、おしろいを白くぬり、まゆずみを黒くつける。化粧をする。「粉白黛緑(フンパクタイリョク)」も同意。

【粉墨】(フンボク) ①おしろいとすみ。転じて、たがいに全く異なること（もの）。 ②おしろいとまゆずみ。粉黛(フンタイ)。 ③胡粉(ゴフン)と墨。えのぐ。また、美しい色彩。 ④修飾。かざり。

【粉本】(フンポン) ①絵の下書き。下絵。昔、胡粉(ゴフン)を用いて大体の下書きをしたからいう。 ②国㋐後日の再考に供するために模写した絵。㋑手本。

(10)4 【粆】5645 国字 △

字義 ダ。糂粆(ジンダ)は、㋐ぬかみそ。糠(ぬか)に塩をまぜたもの。野菜などを漬けるに用いる。㋑糠に麴(こうじ)と塩を加えて醸造した食品。糂粆味噌(ミソ)。㋒ゆでた枝豆をすりつぶして調味した食品。

解字 形声。米＋太㊐。中国で糂糟(サンタン)とよぶ「ぬかみそ」の意味を表す言葉の糟を「ダ」となまり、それに合わせて作られた国字。

(10)4 【粍】5646 国字 △　4416　4C30

字義 ミリメートル。長さの単位。一メートルの千分の一。

解字 形声。毛＋米㊐。mètre の音訳を音符の米が表す。毛は千分の一の意味。一メートルの千分の一で一ミリメートルの意味を表す一種の新形声文字。

(10)4 【粐】5647　［粐］6868　6464

音義未詳。

【敉】→攴部　四七四ページ。

【料】→斗部　四八三ページ。

(11)5 【粔】5648 △ 漢キョ 呉ゴ 語 jù

字義 粔籹(キョジョ)は、菓子の名。おこしの類。

難読　粔籹(おこし)

解字 篆文　粔　形声。米＋巨㊐。

(11)5 【粗】5649 常 ソ　あらい
筆順　米 米 粗 粗
ソ　虞 cū　3338　4146

字義 ❶あらい(あら)。㋐細かくない。↔密。㋑おおまか。おおざっぱ。詳しくない。念入りでない。雑である。↔精。「粗雑」 ㋒あらあらしい。「粗暴」 ❷よくない。粗末。「粗衣」 ❸ほぼ。あらまし。大体。国人に贈るものに冠する謙称。「粗品」「粗茶」

難読　粗目(ざらめ)

使いわけ　あらい〔粗・荒〕
〔粗〕精の反対語。大まか。大ざっぱ。「粗い網の目」
〔荒〕穏やかの反対語。勢いが激しい。「金遣いが荒い」
ただ、実際には紛らわしい例が多い。

解字 篆文　粗　形声。米＋且㊐。音符の且(ソ)は疏(ソ)に通じ、はなれるの意味。ねばりけのない米、あらいの意味を表す。

▼精粗

【粗悪（惡）】(ソアク) そまつで品質が劣っていること。

【粗△肴】(ソコウ) 粗末なさかな。料理を他人にすすめるときの謙称。

【粗△忽】(ソコツ) 国①物事を行うのに念入りでないこと。かるはずみでそそっかしいこと。 ②そそう。過失。

【粗雑（雜）】(ソザツ) 物事の仕方・考え方が、あらっぽくいいかげんなこと。

【粗△餐】(ソサン) 国粗末な食事。他人に出す食事の謙称。粗飯。

【粗製】(ソセイ) ①品物をそまつにつくる。また、粗末なつくり方。 ②「粗製濫造(ソセイランゾウ)」は、粗製品をむやみに多く作ること。

【粗△朶】(ソダ) 国切り捨てられた枝。たきものにする枝。

【粗△鄙】(ソヒ) あらあらしく下品。粗野。

【粗放】(ソホウ) 国①綿密でない。 ②おおまかでしまりがない。やりっぱなし。 ③わがままでだらしがない。

【粗暴】(ソボウ) 動作や態度があらあらしいこと。

【粗△樸】(ソボク) 粗末でかざりけがない。

【粗△笨】(ソホン) あらくてつたない。ざつ。笨も、粗。

【粗末】(ソマツ) 国①品質の劣っていること。できの悪いこと。「遠慮で下品。 ②ぞんざい。念入りでないこと。

【粗野】(ソヤ) ①いなかびているさま。 ②無作法であらあらしい。無

【粗略】(ソリャク) ①かりそめ。いささか。 ②ていねいでないこと。おろそか。ぞんざい。なげやり。◇「疎略」も同意だが、新聞用語などでは「粗略」に統一している。

【粗△糲】(ソレイ) あらい玄米。転じて、粗末な食物。

【粗漏】(ソロウ) 国手おち。手ぬかり。

(11)5 【粘】5650 常 ネン　ねばる
筆順　米 米 粘 粘 粘
漢デン 呉ネン 塩 nián　3920　4734

［黏］正字　8354　7356

字義 ❶ねばる。また、ねばり。「粘着」 ❷ねばい。ねばっこい。

解字 篆文　黏　形声。米＋占㊐。篆文は、黍＋占㊐。音符の占は、拈(ネン)に通じ、つまむの意味。粉をねってつまんで感じる、ねばりの意味を表す。

【粘液】(ネンエキ) ねばりけのある液体。

【粘着】(ネンチャク) ねばりつく。

【粘葉】(デッチョウ) 国書物の装丁(ソウテイ)の一種。紙を一枚ずつ、中央で縦に二つ折りにして重ね合わせ、その背に糊(のり)つけて表紙で包む。胡蝶装(コチョウソウ)。デッチョウ（テフ）はデンヨウ（エフ）の音転。

(11)5 【粕】5651 標 ハク 薬 pò　3984　4774

字義 かす。酒などのしぼりかす。また、よいものをしぼり取ったあとの残りかす。「糟粕(ソウハク)」

解字 篆文　粕　形声。米＋白㊐。音符の白は、空白で何もないの意味。酒のエキスをしぼりとったあとの白いかすの意味を表す。

(11)5 【粒】5652 常 リュウ　つぶ
筆順　米 米 粒 粒
リュウ（リフ） 緝 lì　4619　4E33

字義 ❶つぶ。㋐米つぶ。「米粒」㋑つぶの形をしているもの。「顆粒」 ❷穀物。 ❸穀物（米）をたべる。

解字 篆文 粒 形声。米＋立㊥。音符の立は、たつの意味。粉とはちがって、一つ一つが独立した形を持つ、つぶの意味を表す。

【粒食】穀物をたべる。米をたべる。
【粒米】穀類のつぶ。また、米。米つぶ。穀物。
【粒粒辛苦】物事を成就するのに、こつこつと苦心努力すること。唐の李紳の「憫レ農詩」に「粒粒皆辛苦」とあるのに基づく。

(12)6【粤】5653 △ ㊞エツ（エツ） ㊞オチ（ヲチ） 月 yuè 6869 6465

字義 ❶ここに。発語のことば。❷ああ。嘆息のことば。❸種族、また、国の名。＝越。❹今の広東・広西両省の地。昔、これを百粤といい、後世、両省を両粤という。また、広東省を粤と簡称する。

解字 甲骨文 金文 篆文 会意。金文では、雨＋于。意味と字形との関係は不明。ただし、音形が于に近く、早く金文時代から、「ここに」などの助字として用いられる。音形が、越・遠に通じ、遠方の地、広東・広西省の意味に用いられる。『説文』では、宷＋亐の会意。宷は、つまびらかの意味で、つまびらかにしようとして発する言葉の意味とする。

【粤犬△吠レ雪】粤の地方は雪が少なく、雪が降ると犬が怪しんでほえること。転じて、見識のせまい者が賢人のすぐれた言行を理解できず非難攻撃するたとえ。蜀犬吠レ日。
【粤江】珠江の別名。→珠江（七三ぺー）。
【粤西】広西チワン族自治区の別名。

(12)6【粢】5654 △ シ 支 zī 6871 6467

字義 ❶穀物の総称、特にきびをいう。❷神に供える穀物。また、神に供える餅。しとぎ。「粢盛」❸餅。米のもち。＝餈。

解字 形声。米＋次㊥。

【粢盛】神に供える、器に盛った穀物。盛は、盛り物の意。
【粢△糲】玄米食。きわめて粗末な食物。

(12)6【粥】5655 標 ㊀シュク 屋 zhōu ㊁イク 屋 yù 2001 3421

【鬻】本字 6888 6478

字義 ㊀❶かゆ。水を多くして米をやわらかに煮たもの。特に、薄いかゆをいう。また、かゆを煮る。↕饘（濃いかゆ）。❷ものの形容。→粥粥。㊁❶ひさぐ。売る。❷薫粥は、匈奴の古名。❸＝㊀の②。

解字 会意。弜＋米。弜は、ゆげの象形。水を多くしてかまのふたをあけたまま煮る「かゆ」の意味を表す。鬻の省略形。また、賣に通じて、ひさぐの意味をも表す。

【粥魚】木魚。仏具の一つ。
【粥粥】①へりくだるさま。また、ぐにゃぐにゃしているさま。②つつしみおそれるさま。③鶏が呼びあう声。また、鶏を呼ぶ声の形容。

(12)6【粧】5656 常 ショウ ㊞ショウ（シャウ） ㊞ソウ（サウ） 陽 zhuāng 3049 3E51

筆順 丬 米 粃 粧

字義 よそおう。化粧する。かざる。かたちづくる。また、よそおい。化粧。妝（1450）の俗字。

難読 粧坂

解字 形声。米＋庄㊥。米は、おしろいの粉の意味。音符の庄は、もと荘で、装に通じ、よそおうの意味。おしろいの粉でかざるの意味を表す。

▼化粧・仮粧・紅粧・淡粧・濃粧

【粧鏡】化粧用のかがみ。
【粧飾】よそおいかざる。美しく化粧してかざる。
【粧△梳】顔を化粧し髪をくしけずる。
【粧点（點）】①よそおいかざる。②そこここを色どりかざる。
【粧涙】化粧した顔に流れる涙。
【粧楼（樓）】化粧をするたかどの。婦人の居室をいう。

(12)6【粟】5657 標 ㊞ショク・㊞ソク 沃 sù 慣ゾク 1632 3040

字義 ❶穀類の総称。❷もみ。稲・麦・きびなどの実の、外皮のついたままのもの。❸あわ。イネ科の一年草。穀物の一種。実は小粒で黄色。❹つぶ（粒）。穀物の粒に似たもの「粟粒」❺扶持米。俸禄。

難読 粟生・粟生津・粟飯原

解字 甲骨文 篆文 会意。篆文は、米＋卥。卥は、草木の実の垂れさがる形にかたどる。実の垂れさがる穀物の意味を表す。甲骨文は、実の垂れさがった穀物の象形。

【粟散】仏粟粒のように小さくて散らばっていること。また、小さくて多いことのたとえ。「粟散国（幾つかの小島から成り立っている国）」
【粟△帛】穀物と絹織物。
【粟膚】寒さやおそろしさなどのために皮膚に粟粒のようなものを生ずること。鳥はだ。
【粟米】①穀物。米も、穀物。②もみのままの穀物と、もみを取り去った穀物。③あわとこめ。

(12)6【粡】5658 △ ㊞トウ ㊞ドウ 東 tóng 6873 6469

字義 ❶ちまき。❷あらごめ（粗米）。精白してない米。

難読 粡町

解字 形声。米＋同㊥。

(12)6【粦】5659 △ リン 震 lìn

【粼】本字

字義 おにび（鬼火）。ひだま。人や動物の死体から発する燐火。＝燐。

解字 金文 篆文 会意。炎＋舛。舛は、左右のステップの象形。炎は、ほのおの意味。左右にゆれるおに火の意味を表す。

(12)6【粭】5660 国字 △ 6870 6466

字義 すくも。粭島は、山口県徳山市の地名。

解字 会意。米＋合。合は、こばこの意味。米粒の入っていた小さな箱、すくも（もみがら）の意味を表す。

(12)6【粨】5661 国字 △ 6874 646A

字義 ヘクトメートル。長さの単位。一メートルの百倍。

解字 形声。百＋米㊥。mètre の音訳を音符の米が表し、百は、その百倍の意味を表す新形声文字。

(12)6【粫】5662 6872 6468

音義未詳。

(13)7【粳】5663 △ ㊞コウ（カウ） ㊞キョウ（キャウ） 庚 jīng 6875 646B

【秔】正字 【稉】俗字

字義 うるち。うるしね。うるごめ。ねばらない普通の米。↕糯（もちごめ）。国ぬか。あらぬか。

難読 粳間

解字 形声。米＋更㊥。音符の更は、かたいの意味。かたいねばりけのない米、うるちの意味を表す。

【粳稲（稻）】うるち米のいね。

(13)7【粲】5664 △ サン 翰 càn 6876 646C

字義 ❶しらげよね。特によくついて白くした米。白米。❷いい（飯）。めし。＝餐（サン）。❸あきらか（燦）。あざやか（鮮）。❹きよい。きよらか。いさぎよい（潔）。❺みめよい。美しい。❻白い歯を出して笑うさま。転じて、わらい。

解字 文 篆 形声。米＋奴㊥。音符の奴（サン）は、骨をとるさまにかたどる。雑物を除去した米、白米の意味を表す。

【粲花】（サンカ） 言論の美しくりっぱなことのたとえ。唐の李白（リハク）の談論を時の人が春の花にたとえた故事。〔開元天宝遺事、天宝下〕

【粲粲】（サンサン） ①あざやかで美しいさま。②かしこいさま。

【粲然】（サンゼン） ①輝くさま。あざやかなさま。②清らかなさま。③白い歯を出してにこやかに笑うさま。

【粲△爛】（サンラン） 美しく輝くさま。美しくあざやかなさま。爛は、かがやく。

(13)7 【粱】5665 △ リョウ（リャウ）陽 liáng ——6877 646D

字義 ❶あわ。おおあわ（おおあわ）。穀物の一種。粟（あわ）の大粒なもの。❷おおあわのめし。昔、上等の食物とされた。

解字 金 文 篆 文 形声。米＋梁省㊥。音符の梁（リョウ）は、「はし」の意味。そり橋のような穂をつける、「あわ」の意味を表す。

【粱肉】（リョウニク） 上等の米と肉。ぜいたくな食事。

【粱飯】（リョウハン） ①おおあわの飯。②うまい飯。

(13)7 【粮】5666 △ リョウ 糧（5692）と同字。→八三七ページ。 ——6878 646E

(14)8 【粹】(5642) スイ 粋（5641）の旧字体。→八三三ページ。 ——6879 646F

(14)8 【精】5667 教5 セイ・ショウ ——3226 403A

(14)8 〖精〗5668 漢セイ 呉ショウ（シャウ）庚 jīng

筆順 米 米十 米圭 精 精

字義 ❶くわしい（くはし）。こまかい。つまびらか。「精細」「精巧」↔粗。❷こころ。たましい。「精魂」「精神」❸まこと（誠）。まごころ。❹神。また、もののけ。あやしく不思議なもの。「精霊」❺しらげよね。ついて白くした米。白米。また、しらげる。米をついて白くする。「精白」❻まじりけがない。純粋。また、まじりけのないもの。最もすぐれたもの。「精粋」「精髄」❼もっぱら。また、もっぱらにする。専一。「精一」❽すぐれている。えりすぐった。「精鋭」「精兵」❾きよい。清らか。いさぎよい。「精純」❿奥深い。かすか。⓫ひかり。日月の光。また、日・月・星。⓬もと（本）。㋐生命の根源。生殖のもととなるもの。「精液」㋑万物を生成する陰陽の気。⓭ひとみ。＝睛（セイ）。

名乗 あき・あきら・きよ・きよし・くわし・しげ・すぐる・すみ・ただ・ただし・つとむ・ひとし・まこと・まさし・もと・よし 難読 精進湖（しょうじこ）

解字 文 篆 形声。米＋青（靑）㊥。音符の青は、すみきっているの意味。きれいについた米の意味や、すんだ心の意味を表す。

▼月精・山精・水精・丹精・無精・不精・励精

【精一】（セイイツ） もっぱら。ひとすじ。心をこまかくひとすじにすること。また、その状態。〔書経、大禹謨〕

【精鋭】（セイエイ） ①すぐれてするどい。②よく訓練された兵士。すぐれて強い軍隊。

【精華】（セイカ） ①すぐれてりっぱなこと。また、そのもの。②まじりけがなく美しいこと（もの）。③純粋なこと（もの）。

【精解】（セイカイ） ①くわしく理解する。②くわしく解釈する。くわしい解釈。

【精核・精△覈】（セイカク） ①精密でたしかなこと。②くわしく調べて明らかにする。

【精確】（セイカク） ①くわしくたしか。たしか。正確。②非常に強い。

【精△悍】（セイカン） 気性がするどく強い。また、その人。

【精鑑】（セイカン） くわしく観察・目ききする。また、すぐれた観察・目きき。

【精気（氣）】（セイキ） ①天地万物の根元となると考えられる気。元気。②生命の根元と考えられる気。体気。③すぐれた気。純粋の気。エキス。④まごころ。まこと。誠心。

【精騎】（セイキ） すぐれて強い騎兵。精鋭の騎兵。

【精義】（セイギ） ①すぐれた道理。②くわしい道理や意味。道理や意味を十分にきわめる。

【精究】（セイキュウ） くわしく調べて明らかにする。

【精強・精△彊】（セイキョウ） 非常にすぐれていて強い。

【精勤】（セイキン） つとめはげむ。ひとすじにはげむ。

【精△勁】（セイケイ） ①すぐれて強い。勁は強。②筆づかいの強くすること。〔どいこと。〕

【精△妍】（セイケン） すぐれていて美しい。

【精甲】（セイコウ） すぐれて強いよろい・兵士・軍隊。

【精巧】（セイコウ） すぐれてたくみ。細工などの精密でたくみなこと。正確で狂いがなくたくみなこと。

【精光】（セイコウ） ①明らかにさえた光。②すばらしい評判。③よく整ってりっぱな容姿態度。

【精根】（セイコン） 国根気。精力。体と心の真底の力。

【精魂】（セイコン） たましい。精神。

【精査】（セイサ） くわしく調べる。くわしく調査する。

【精彩】（セイサイ） ①あざやかな色どり。②生き生きとしたつや。③輝き・光。

【精細】（セイサイ） 細工などの、細かい所までゆきとどいてりっぱなこと。

【精察】（セイサツ） くわしく観察する。

【精算】（セイサン） 最終的にくわしく計算する。「運賃の精算」◇財産関係の整理の意や、比喩的用法には「清算」を用いる。「二人の関係を清算する」

【精思】（セイシ） 細かに考える。思いをこらすこと。

【精舎】（セイシャ） ①門人を教える建物。学校。塾。②書斎。③精神のやどる所。心。④道士の住む建物。⑤仏（ショウジャ）寺。寺院。

【精熟】（セイジュク） 十分になれる。十分に熟達する。

【精純】（セイジュン） 清らかでまじりけのないこと。精醇（セイジュン）。

【精神】（セイシン） ①こころ。たましい。↔肉体。②気力。元気。③生気のあふれていること。生気・光彩があって美しいこと。④意義。理念。

【精神一到何事不ㇾ成】（セイシンイットウなにごとかならざらん） 精神を集中して事に当たれば、どんな難事でも成しとげられないことがあろうか。〔朱子語類、学二〕⇩陽気発処金石亦透（ヨウキのハッするところキンセキもまたとお（ほ）る）（二六六ページ）。

【精進】（セイシン・ショウジン） ①心をひとすじにして進む。懸命に努力すること。②仏（ショウジン）㋐一心に仏道を修めつとめること。㋑仏に仕えるために心身を清めること。㋒肉食をさけて菜食をすること。

【精進潔斎（齋）】（ショウジンケッサイ） 肉食をたち身を清めること。転じて、ものいみすること。

【精粋（粹）】（セイスイ） ①まじりけのないこと。②最もすぐれているもの。えりぬきのもの。③清潔な空気。

【精髄（髓）】（セイズイ） 最もすぐれた部分。また、中心をなして最も大切な所。真髄。

【精誠】（セイセイ） まごころ。精心誠意。

【精整】（セイセイ） きちんと整う。

【精選】（セイセン） 厳密に（念入りに）えらぶ。精簡。

【精粗】（セイソ） 精疎。①細かいことと、あらいこと。②くわしいことと、おおまかなこと。③ていねいなこととぞんざいなこと。

【精△爽】（セイソウ） ①清らかでさわやか。明るくてさわやか。②たましい。精神。心。

【精致】（セイチ） すぐれたおもむき。

【精△緻】（セイチ） くわしくこまやか。詳密。精細緻密（セイサイチミツ）。

【精忠】（セイチュウ） ひとすじのまごころ。少しも私心のない純粋な忠

義。
【精通】セイツウ ①精神が他のものに通ずること。②くわしく知っている。
【精到】セイトウ 細かくゆきとどく。
【精討】セイトウ くわしくたずね求める。精密に検討する。
【精読(讀)】セイドク くわしく念入りに読む。熟読。↔通読。
【精白】セイハク ①いさぎよい。清らか。潔白。②まっしろ。③穀物をついて白くすること。
【精△魄】セイハク ＝精魂。
【精美】セイビ すぐれて美しい。精巧で美しい。
【精微】セイビ くわしく細かなこと。
【精兵】セイヘイ 鋭くすぐれた武器・兵士・軍隊。
【精米】セイマイ 玄米をついて白くすること。また、その米。
【精密】セイミツ くわしく綿密なこと。くわしい。こまか。精細緻密。
【精妙】セイミョウ 非常にすぐれていること。すぐれてたくみなこと。
【精明】セイメイ 物事の道理にくわしく明らかなこと。聡明(ソウメイ)なこと。
【精力】セイリョク ①物事をやりとげる力。心身の活動力。元気。②つとめはげむ。
【精励(勵)】セイレイ 力をつくしてつとめはげむ。
【精霊(靈)】セイレイ ①かみ(神)。また、もののけ。②すぐれていること。不思議な能力をもっていること。③仏ショウリョウ 死者の魂。
【精霊(靈)会(會)】ショウリョウエ 仏盂蘭盆(ウラボン)に死者の魂を祭る行事。
【精練】セイレン ①十分にねりきたえる。②糸などを精製すること。③＝精錬。
【精錬・精△煉】セイレン ①十分にきたえる。②鉱石から金属を取り出して精製すること。
【精△廬】セイロ ①書斎。②てら。寺院。

(14)8 **【粽】** 5669 △ 漢ソウ 呉ス 送 zòng　6880 *6470*
【糉】正字
字義 **ちまき**。笹(ささ)の葉などにもち米を包んで蒸した食品。古来、五月五日の端午の節句に作る。粽茭(ソウコウ)。粽子。＝糉(ソウ)。
解字 篆文 形声。米＋宗音。糉(5676)の俗字。糉は、米＋嵏音。

(14)8 **【糀】** 5670 国字 △　6881 *6471*
字義 **こうじ**。米・麦などを蒸して麹黴(こうじかび)を繁殖させたもの。＝麹(こうじ)。
解字 会意。米＋花。米に花が咲いたように生えるかび、「こうじ」の意を表す。

(15)9 **【糊】** 5671 標 漢コ 呉ゴ 虞 hú　2450 *3852*
字義 ❶**のり**。米や麦の粉を煮て作ったのり。❷のりをつける。のりではりつける。❸ねばる(粘)。また、ねばらせる。❹かゆ(餬(こ))。また、かゆをすする。転じて、口すぎする。やっとくらしをたてる。❺模糊は、ぼんやりしてよく見えぬさま。はっきりしないさま。
解字 形声。米＋胡音。音符の胡(コ)は、ぼんやりしているさまを表す擬態語。米粒がぼんやりしていて見えない、のり・かゆの意味を表す。
【糊口】ココウ・くちにのりす かゆをすする。転じて、なんとか貧しい生活を立てること。また、口すぎ。くらし。生活。「困二糊口一(ココウにくるしむ)」「糊口をしのぐ」
【糊塗】コト ①はっきりしない。おろか。②ごまかす。あいまいにする。また、つくろう。

(15)9 **【糇】** 5672 △ 漢コウ 呉グ 尤 hóu
字義 ❶**ほしいい**(糒(いい))。かれい。干した飯。行軍の時などの食料とした。＝餱(コウ)。❷かて(糧)。食料。
【糇糧】コウリョウ 食料。食物。
解字 形声。米＋侯音。

(15)9 **【糅】** 5673 △ 漢ジュウ(ジウ) 呉ニュウ(ニウ) 尤 有 róu　6882 *6472*
字義 ❶**まじる**。また、**まぜる**。まじえる。❷まぜめし。かてめし。かて。主食に他のものをまぜて炊いた飯。
国「糅(か)てて加えて」は、その上さらに。
解字 形声。米＋柔音。音符の柔は揉(ジュ)に通じ、もむの意味。いろんな穀物の粒をもんでまぜるの意味を表す。

(15)9 **【糈】** 5674 △ ショ 語 xǔ
字義 ❶**かて**(糧)。食料。❷神に供える精米。饌米(センマイ)。また、神に供える餅(もち)。しとぎ。
解字 篆文 形声。米＋胥音。音符の胥(ショ)は疏(ソ)に通じ、わけるの意味。良いものだけをえりわけた米、精米の意味を表す。

(15)9 **【糂】** 5675 △ サン 慣ジン 感 sǎn　6883 *6473*
字義 羹(あつもの)の中に米を加える。また、そのもの。雑炊・こなかきの類。＝糝(サン)。国糂粏(ジンダ)は、㋐麹(こうじ)と糠(ぬか)に塩を加えてならした食品。じんだみそ。㋑ぬかみそ。
解字 篆文 古文 形声。米＋甚音。

(15)9 **【糉】** 5676 △ ソウ 粽(5669)の正字。→上段。

(15)9 **【糎】** 5677 国字 △　3324 *4138*
字義 **センチメートル**。長さの単位。一メートルの百分の一。
解字 形声。厘＋米音。mètre の音訳を音符の米が表す。厘は、百分の一の意味。一メートルの百分の一、一センチメートルの意味を表す一種の新形声文字。

(16)10 **【糗】** 5678 △ 漢キュウ(キウ) 呉ク 有 qiǔ
字義 ❶**いりごめ**(煎米)。また、いって粉にした食品。❷ほしいい。かれい。→糇(コウ)(5672)。
解字 篆文 形声。米＋臭音。音符の臭(シュウ＝キュウ)は、においの意味。香ばしい「いり米」の意味を表す。

(16)10 **【糕】** 5679 △ コウ(カウ) 豪 gāo
【餻】同字
字義 **こなもち**。米の粉などを蒸して作った菓子。
解字 篆文 形声。米＋羔音。篆文は、食＋羔音。

(16)10 **【糓】** 5680 △ コク 穀(5356)と同字。→八〇一ページ。

(16)10 **【糖】** 5681 教6 トウ　3792 *457C*
(16)10 **【糖】** 5682 漢トウ(タウ) 呉ドウ(ダウ) 陽 táng
筆順 米 粁 粧 糖　名乗 あら
字義 ❶**あめ**(飴(イ))。＝餹(トウ)。❷砂糖。
解字 篆文 形声。米＋唐(唐)音。
【糖精】トウセイ ①氷砂糖。②サッカリン。
【糖霜】トウソウ 糖分が霜のようになったもの。白砂糖。

(16)10 **【糒】** 5683 △ 漢ヒ 呉ビ 寘 bèi　6885 *6475*
字義 **ほしいい**(糒(いい))。かれい。干した飯。行軍の時などの食料。
解字 篆文 形声。米＋𤰇音。

(16)10【稼】5684 国字 △ 6884 6474

字義 すくも。稼地は、広島県高田郡の地名。

解字 会意。米＋家。米つぶの家であった、すくも（もみがら）の意味を表す。

(17)11【糠】5685 標 コウ（カウ） [陽] kāng 2539 3947

［穅］同字

字義 ❶ぬか。あらぬか。穀物の中実を取り去った外皮などのくず。❷転じて、ごく小さなもの、つまらないもの、粗末な食物などのたとえ。「糟糠」❸やぼ。洗練されていない。

難読 糠南・糠平

解字 篆文 形声。米＋康音。篆文は、禾＋康音。音符の康は、もみすりの形にかたどる。もみすりでできる、あらぬかの意味を表す。

【糠粃】粃糠。①ぬか（糠）としいな（粃）。②転じて、つまらない物事のたとえ。

(17)11【糝】5686 △ サン [感] sǎn

字義 羹の中に米を加える。また、その食品。雑炊・こなかきの類。＝糂。

解字 形声。米＋參音。

(17)11【糟】5687 △ ソウ（サウ） [豪] zāo 3376 416C

字義 ❶かす。㋐酒かす。酒のしぼりかす。㋑よい部分を取り去った残りかす。❷もろみ。にごり酒。まだこさない酒。

解字 篆文 形声。米＋曹（曹）音。音符の曹は、二つが相対するの意味。醸造してエキスとかすが混在しているもろみの意味を表す。また、エキスに対する「かす」の意味をも表す。

【糟丘】酒のかすで作った丘。夏の桀王が飲酒にふけり、その酒かすは丘のようになったと伝えられる。転じて、飲酒にふけることのたとえ。糟隄。

【糟糠】①酒のかすと米のぬか。②粗末な食物。

【糟糠之妻不レ下レ堂】貧しいときに、糟糠をたべながら苦労を共にしてきた妻は、立身出世してからも、堂（表座敷）に置いて大切にする。〔後漢書、宋弘伝〕

【糟隄】酒のかすでできたつつみ。→糟丘。

【糟粕】かす。また、つまらないもののたとえ。

(17)11【糙】5688 △ ソウ（サウ） [号] cāo 6886 6476

字義 ❶くろごめ。あらごめ。❷あらい（粗）。きめがあらい。

解字 形声。米＋造音。

(17)11【糜】5689 △ 漢ビ 呉ミ [支] mí

字義 ❶かゆ。濃いおかゆ。「糜粥」❷ただれる。ただらす。「糜爛」

解字 篆文 形声。米＋麻音。音符の麻は、つぶれるの意味。つぶれた米つぶ、かゆの意味や、ただれるの意味を表す。

【糜粥】かゆ。粥は、うすいかゆ。

【糜沸】かゆが煮え、湯がわくように世の乱れること。

【糜爛】ただれる。また、ただれさせる。転じて、疲弊・荒廃の程度のひどいことのたとえ。

(17)11【糞】5690 標 フン [問] fèn 4221 4A35

字義 ❶くそ。大便。「糞尿」↕尿。❷こえ。こやし。肥料。❸つちかう（培）。作物に肥料を与える。❹はらう。けがれを払い除く。掃除する。「糞除」

解字 甲骨文 篆文 会意。もと釆＋華＋廾。釆は、ちりの象形。華はちりとりの象形。廾は、両手の象形。両手でちりとりを持ち、ちりを取るさまから、掃除する・くその意味を表す。

【糞除】けがれたものをはらいのぞく。掃除する。

【糞土】けがれた土。くさった土。転じて、きたないもの、価値のないもののたとえ。

【糞土之牆不レ可レ杇】ぼろぼろにくさった土塀は、うわぬりをしようとしてもできない。転じて、怠惰で修養する意志がない人間は教え導きようがない、というたとえ。〔論語、公冶長〕

(17)11【糢】5691 △ 漢ボ 呉モ [虞] mó 6887 6477

字義 糢糊は、はっきりしないさま。ぼんやりとしたさま。＝模。「曖昧糢糊」

(18)12【糧】5692 常 リョウ・ロウ かて 4640 4E48

リョウ（リャウ） [陽] liáng
慣ロウ（ラウ）

解字 形声。米＋莫音。

筆順 米 米日 粐 糧 糧

［粮］同字 6878 646E

字義 ❶かて。㋐穀類の食糧。㋑旅行や行軍に携帯する食糧。昔は多く乾飯を用いた。「兵糧」㋒学問・修養などの資となるもの。❷ねんぐ（年貢）。租税。

解字 篆文 形声。米＋量音。音符の量は、はかるの意味。はかって収納しておく米、かての意味を表す。

▼衣糧・食糧・兵糧

【糧運】食料を運送すること。食糧の輸送。

【糧餉】食料。特に、軍隊の食糧。

【糧仗】兵糧（軍隊の食料）と兵器。

【糧道】食糧を運ぶ道。また、食糧の供給。

【糧秣】兵糧（軍隊の食料）と軍馬の食料。秣は、まぐさ。

【裹レ糧坐レ甲】食糧を用意し、鎧を着てすわる。戦闘の用意をして待つこと。〔左伝、文公十二〕

(20)14【糯】5693 △ 漢ダ 呉ナ [箇] nuò 6889 6479

［稬］同字

字義 ❶もちごめ。ねばりけの多い米。↕粳（うるち）。❷もち。「ねばりけの多い」の意。「糯米」「糯粟」

解字 会意。米＋需。需はやわらかいの意味。ねばってやわらかい、もちごめの意味を表す。

【糯餈】もち（餅）。

(21)15【糲】5694 △ 一レイ [霽] lì 二漢ラツ・呉ラチ [曷] lì 6890 647A

字義 一❶くろごめ。皮をとっただけでよくつかない米。玄米。❷あらい。粗末。また、粗末なもの。

解字 形声。米＋厲音。

【糲粢】玄米ときび。転じて、粗末な食物。粗飯。

(22)16【糵】5695 △ 漢ゲツ 呉ゲチ [屑] niè

［蘖］同字

字義 ❶もやし。麦・豆などを水に浸して発芽させたもの。❷こうじ。米などを蒸して、これに麹菌を繁殖させたもの。酒などを作るに用いる。

解字 篆文 形声。米＋辥音。

(22)16【糴】5696 △ 漢テキ 呉ジャク（ヂャク） [錫] dí 6891 647B

［糶］同字

字義 ❶かう。穀物を買い入れる。よね。買い入れた穀物。↕糶。❷かい

解字 篆文 形声。入＋糴音。

【糴糶】①穀物を買うことと売ること。②買い入れる

穀物と売り出す穀物。

(23)17 【糵】5697 △ゲツ　糵（5695）と同字。→八三七ページ。

(25)19 【糶】5698 △チョウ（テウ）㊥ tiào　6892 647C

字義 ❶うる。穀物を売り出す。❷うりよね。売る穀物。また、穀物を売り出す。↔糴キテ。国せる。せり。糶売せりうりの略。競売。また、行商。

【粜】字 同

解字 篆文  形声。出＋糴㊥。

6 糸部

〔部首解説〕いと。いとへん。糸を意符として、いろいろな種類の糸や紐ひもの類、その性質・状態、それを用いる動作、また、糸を織ること、織物、その紋様などに関する文字ができている。

糸 八三八	紈 八三九	紇 八四一	4 紜 八四二	紙 八四三	紞 八四四	紛 八四五	経 八四六	細 八四七	紳 八四八	紬 八四九	紱 八四九	絓 八五〇	絝 八五二	紫 八五二	絶 八五三	7 継 八五五	綉 八五五	絺 八五六
1 糺 八三九	紀 八三九	紃 八四一	級 八四二	純 八四三	紐 八四四	紡 八四五	絅 八四六	紮 八四八	紾 八四九	絀 八四九	紼 八四九	給 八五〇	絞 八五二	絲 八五三	綎 八五四	經 八五五	綃 八五五	綈 八五六
系 八三九	級 八三九	紉 八四一	紘 八四二	紓 八四三	納 八四四	紋 八四五	絃 八四七	絁 八四八	紲 八四九	紵 八四九	累 八五〇	絜 八五一	絎 八五二	絨 八五三	統 八五四	綌 八五五	絛 八五五	絻 八五六
2 糾 八三九	糾 八四〇	紂 八四一	紗 八四二	紝 八四三	紕 八四四	⿰糸戸 八四五	絋 八四七	終 八四八	組 八四九	絈 八四九	6 絪 八五〇	結 八五一	絖 八五二	絮 八五三	絣 八五五	絹 八五五	綏 八五五	絽 八五六
3 紆 八三九	紅 八四〇	約 八四一	索 八四二	素 八四三	紊 八四五	5 絇 八四五	紺 八四七	紹 八四八	紿 八四九	絆 八四九	絵 八五〇	絢 八五二	絳 八五二	絏 八五三	絡 八五五	綆 八五五	続 八五六	綛 八五六

8 維 八五六	綱 八五七	綽 八五七	綪 八五八	綻 八五九	絣 八五九	綝 八六一	緕 八六二	緊 八六三	緗 八六三	緻 八六四	緡 八六四	練 八六五	縕 八六五	縗 八六六	縉 八六七	縢 八六七	11 繄 八六八	縱 八六八	總 八六九	縹 八六九	縷 八七〇	繭 八七〇	繕 八七一	13 繹 八七一	繡 八七二	繾 八七二	繽 八七三	續 八七三	纐 八七三	纖 八七四
綺 八五六	緄 八五七	綬 八五八	綫 八五八	綢 八五九	綿 八五九	綸 八六二	9 緯 八六二	緬 八六三	縄 八六三	締 八六四	編 八六四	緘 八六五	縑 八六六	縡 八六六	縝 八六七	縛 八六七	徽 八六八	縮 八六八	縶 八六九	縫 八七〇	縲 八七〇	繝 八七〇	繒 八七一	繪 八七一	繩 八七二	纂 八七二	15 纈 八七三	纏 八七三	16 纒 八七三	18 纛 八七四
綦 八五七	綵 八五七	緅 八五八	総 八五八	綴 八五九	網 八六一	綟 八六二	縁 八六二	緦 八六三	緤 八六四	緹 八六四	緶 八六五	10 緯 八六五	縣 八六六	縒 八六六	繆 八六七	繁 八六七	縰 八六八	績 八六九	繁 八六九	繃 八七〇	縺 八七〇	繖 八七〇	繙 八七一	繫 八七一	繰 八七二	繻 八七三	纊 八七三	纆 八七三	纑 八七三	19 纘 八七四
綮 八五七	綷 八五七	緒 八五八	綜 八五九	綯 八五九	綾 八六一	練 八六二	緩 八六二	緝 八六三	線 八六四	緞 八六四	緬 八六五	縊 八六五	縞 八六六	縦 八六六	緻 八六七	縫 八六八	繫 八六八	繊 八六九	縻 八六九	縵 八七〇	12 繢 八七〇	繞 八七〇	繚 八七一	繭 八七二	14 繐 八七三	繽 八七三	纉 八七三	繿 八七三	17 纓 八七三	纕 八七四
綣 八五七	緇 八五七	綏 八五八	緂 八五九	緋 八五九	緑 八六一	緝 八六二	緘 八六三	緒 八六三	緫 八六四	緲 八六四	緜 八六五	縈 八六五	縠 八六六	縟 八六七	縋 八六七	縨 八六八	繍 八六八	繅 八六九	繆 八六九	繇 八七〇	繦 八七〇	織 八七二	繧 八七二	繳 八七三	繼 八七三	辮 八七三	纖 八七三	纍 八七三	纔 八七四	22 纜 八七四

(6)0 【糸】5699 教1 シ いと

㊀ (12)6 【絲】5700

シ 㽞 sī

6915 652F　2769 3B65

㊁ (6)0 【糸】 △ 漢ベキ 呉ミャク 錫 mì

筆順 

字義 ㊀❶いと。㋐よりいと。綿・麻・繭まゆなどから取った糸筋いとすじをより合わせたもの。糸の総称。㋑糸のように細くて長いもの。「柳糸」㋒糸を張った楽器。弦楽器。「糸竹」❷きいと。絹糸。また、絹糸で織った織物。❸つむぐ（紡）。糸をつむぐ。❹小数の名。一の一万分の一。昔、蚕のはく一すじを忽コツ、五忽を糸、十忽を絲キベといった。

㊁❶いと。いとすじ。細い糸。❷かすか（微）。すくない。こまかい。❸蚕のはく糸の五すじ。→㊀の❸。

難読 糸魚川いといがわ・糸魚沢いといざわ

解字 ㊀［絲］甲骨文 金文 篆文 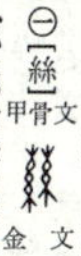 会意。糸＋糸。蚕がつぎつぎにはき出す、いとの意味を表す。常用漢字は省略体の糸を用いる。

㊁［糸］金文 篆文 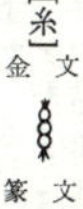 象形。よりいとの象形で、いとの意味を表す。常用漢字では絲の意味に用いる。

▼垂糸・練糸

【糸雨】ウシ 糸のように細かい雨。こさめ。

【糸瓜】カシ・へちま ウリ科の植物の一種。

【糸管・糸筦】カンシ 琴と笛。弦楽器と管楽器。

【糸毫】ゴウシ きわめて少ないこと。わずか。毫は、細い毛。また、糸も毫も小数の名。毫は糸の十倍。

【糸事】ジシ 紡績や裁縫の仕事。

【糸条（條）】ジョウシ 糸のように細い枝。

【糸竹】チクシ・いとたけ ①弦楽器と管楽器。琴の類と笛の類。管弦。「凝ニ糸竹一シチクをこらす」は管弦の音をみごとに響かせること。②音楽。

【糸桐】トウシ 琴の別名。琴の胴体は桐きりの木で作るからいう。

【糸帛】ハクシ 絹糸と絹織物。

【糸髪】ハツシ いとと、かみの毛。転じて、きわめて少ないことやもののたとえ。

【糸遊】ユウいと 国かげろう（陽炎）。游糸ユウシ。春のうららかな日に野原などに立ちのぼる水蒸気。

【糸蘿】ラシ ①兎糸トシ（ねなしかずら）と松蘿ショウラ（さがりごけ）。②物にまつわりつくことから転じて、結婚のたとえ。

【糸履】リシ 絹糸で編んだくつ。

【糸綸】リンシ 天子のことば。天子のみことのり。糸言。『礼記』緇衣シイ編に「王言如レ糸オウゲンいとのごとくなれば、其出如レ綸そのいずるやリンのごとし」

とあるのに基づく。

【糸路】シ 墨子が白いねり糸を見て泣き、楊朱ヨウシュが分かれ道を見て泣いた故事。本は同じでも末は異なることを嘆く意。→墨子泣レ糸ボクシいとになく(三四三ページ)・楊朱泣レ岐ヨウシュキになく(五七三ページ)。〔淮南子、説林訓〕

(7)1 【糺】5701 △ キュウ 糾(5708)と同字。→八四〇ページ。 6893 647D

参考 現代表記では[糾](5708)に書きかえる。「糺弾→糾弾」「糺明→糾明」 熟語は[糾]を見よ。→八四〇ページ。

(7)1 【系】5702 教6 ケイ 漢ケイ 呉ゲイ 霽 xì 2347 374F

筆順 ㇀ 幺 乑 系

字義 ❶つなぐ。つながる。つらなる。❷つぐ(継)。つづく(続)。❸かける(か)。かかる。❹つながり。つづき。つらなり。「山系」❺ちすじ。血統。「直系」「家系」❻いとすじ。

名乗 いと・つぎ・つら・とし

解字 甲骨文 金文 篆文 象形。甲骨文は、つながる糸を手でかける形にかたどり、かける・つなぐの意味を表す。系の意味と音符とを含む形声文字に奚ケイ・係・傒ケイ・蹊ケイ・鶏・渓などがある。

▼水系・世系・正系・体系・傍系

【系図(圖)】ケイズ 国①祖先から代々の血統を書き記したもの。②由来。来歴。

【系族】ケイゾク 血すじをひいた親族。

【系孫】ケイソン 血すじを引いた遠い子孫。

【系統】ケイトウ ①順序を追って、続き、つながり、統一のあること(もの)。②つながり。すじ。③血すじ。家すじ。

【系譜】ケイフ ①＝系図の①。②学問・芸術・宗教などの師弟関係を書き記したもの。

【系列】ケイレツ 国系統的に並べられた一連のもの。物事の統一的なつながり。順序。

(8)2 【糾】(5709) キュウ 糾(5708)の旧字体。→八四〇ページ。

(9)3 【紆】5703 △ ウ 虞 yū 6894 647E

字義 ❶まがる(曲)。まげる。かがまる(屈)。❷めぐる。「縈紆エイウ」❸まつわる(まつ)。からみつく。❹心がむすぼれる。気がふさぐ。

解字 篆文 形声。糸＋于音。音符の于ウは、弓なりに曲がるの意味。糸を付し、まがるの意味を表す。

【紆鬱】ウウツ ①心がむすぼれる。気がふさぐ。また、そのさま。②怒るさま。③まがりくねって奥深いさま。

【紆縈】ウエイ まといめぐる。めぐりまとう。

【紆回】ウカイ まわり道をする。遠まわりする。迂回ウカイ。

【紆曲】ウキョク うねりまがる。

【紆徐】ウジョ ①ゆっくり歩くさま。②たれさがるさま。

【紆遶】ウジョウ ＝紆縈ウエイ。

【紆軫】ウシン ①心がむすぼれ痛む。軫は、いたむ。②地形のまがりくねっているさま。

【紆折】ウセツ ＝紆曲。

【紆盤】ウバン めぐりわだかまる。山道などの、まがりめぐるさま。

【紆余(餘)】ウヨ ①まがりくねる。「曲行紆余」②うねうねと続いているさま。③才気や文章の、のびのびとして余裕のあるさま。ゆったりとしたさま。

【紆余(餘)曲折】ウヨキョクセツ ①まがりくねる。②こみいったいきさつ。複雑な経過。

(9)3 【紈】5704 △ 漢カン(クワン) 呉ガン(グワン) 寒 wán

字義 しろぎぬ。白い練り絹。織り目が細密で光沢のある白絹。

解字 篆文 形声。糸＋丸音。音符の丸は、まるいの意味。まるくなめらかな、しろぎぬの意味を表す。

【紈綺】ガンキ ①白い練り絹と綾絹あや。②転じて、㋐ぜいたくな服装。㋑貴族の子女。

【紈袴】ガンコ ①白い練り絹のはかま。貴族の子弟が用いた。②転じて、貴族の子弟。紈袴子ガンコシ。紈袴子弟シテイ。

【紈扇】ガンセン 白い練り絹で作ったうちわ。

【紈素】ガンソ 白い練り絹。素は、白・白絹。

(9)3 【紀】5705 教4 キ キ 紙 jì 2110 352A

筆順 幺 糸 紀 紀

字義 ❶おさめる(をさ)(理)。ただす。㋐糸を分けて整理する。㋑秩序を正す。❷いとぐち(緒)。はじめ。また、もとい(基)。❸かなめ。要点。要所。❹つな。細い綱。「紀綱」❺みち。人のふみ行うべき道。「人紀」❻のり(法)。おきて。❼十二年間。十二支の一めぐり。❽よ(世・代)。一紀は一世。今は百年をいう。「世紀」❾とし(年)。歳月。「年紀」❿しるす。かく(書)。＝記。⓫歴史書の帝王に関する記述。「本紀」

国キ。『日本書紀』の略称。「記紀」

名乗 あき・おさ・おさむ・かず・かなめ・きい・きの・ただ・ただし・つぐ・つな・とし・のり・はじめ・もと・よし

解字 篆文 形声。糸＋己音。音符の己は、糸巻の象形。糸すじを分けるの意味を表す。転じて、おさめる・きまりの意味を表す。

▼記紀・軍紀・綱紀・世紀・帝紀・風紀・芳紀

【紀極】キキョク おわり。終極。

【紀元】キゲン ①元年をしるし定める。建元。②国家を建てた最初の年。③一国の経過した年を数えるもとになる年。日本では神武天皇の即位の年を紀元元年と定め、皇紀と呼んだ。(西暦紀元元年より六六〇年前)④以後の年数を数えるもととした、しかるべき年。たとえばキリスト紀元(西暦紀元)。

【紀行】キコウ 旅行の日程・見聞などを記すこと。また、それを書いた文章・日記など。

【紀綱】キコウ ①つな。小づなと大づな。②おきて。きまり。特に国家のおきてをいう。③おさめる。取り締まる。

【紀識】キシ 書きしるす。記録。

【紀事】キジ 記事。事実の経過を書くこと。また、その文章。

【紀事本末体(體)】キジホンマツタイ 歴史記述の形式の一つ。一事件ごとに、その起こり(本)・経過・結末(末)を書いたもの。↔編年体。

【紀淑望】キのよしもち 国平安前期の漢学者・歌人。長谷雄はせおの子。古今集真名序(漢文序)の作者。(?—九一九)

【紀長谷雄】キのはせお(を) 国平安前期の漢学者。菅原道真すがわらのみちざねの弟子。文章博士モンジョウハカセ。醍醐ダイゴ天皇時代の詔勅はみなその作という。(八四五—九一二)

【紀伝(傳)体(體)】キデンタイ 歴史記述の形式の一つ。天子のこと及び大事件を年代順に書いた本紀と、重要人物の伝記をしるした列伝とを中心としてできている歴史書の体裁をいう。『史記』『漢書』などの正史はこの類。↔編年体。

【紀年】キネン ①ある一つの紀元から起算した年数。②年齢をいう。③年をしるす意。干支えとを配当して年をしるすこと。

【紀念】キネン 後日の思い出に残しておくこと。また、その品。念ここに紀しるす意。記念。◇わが国では記念を用い、現代中国では紀念を用いる。

【紀要】キヨウ ①事がらの要点をしるした文章・書籍。②国大学・研究所などで、学術論文などを集めて逐次に刊行する出版物。

【紀律】キリツ ①のり。おきて。規律。②国秩序。順序。

(9)3 【級】5706 教3 キュウ 2173 3569

(10)4 【級】5707 漢キュウ(キフ) 呉コウ(コフ) 簡 jí

筆順 幺 糸 紛 級

字義 ❶しな。くらい。順序。次第。「階級」「等級」 ❷きざはし。階段。 ❸くび(首)。しるし。斬り取った敵の首。秦(シン)の時、敵の首一つ斬った者は位一級を進められたことからいう。「首級」

解字 文 篆 形声。糸＋及(音)。音符の及は、追いつくの意味。前の糸に続いて次の糸が追いつくというように、順序があるの意味を表す。

▼階級・首級・等級

2174 356A

(9)3 【糾】5708 常 キュウ

(8)2 〔糺〕5709 キュウ(キウ) 簡 jiū

筆順 幺 糸 糸 糾 糾

〔糺〕同字 6893 647D

字義 ❶あざなう(あざ。なう)。なう(な)。縄などをなう。よる。より合わせる。 ❷あわせる(合)。あつめる(あつむ)。「糾合」 ❸まつわる。からみつく。「糾糾」 ❹みだれる。もどる(戻)。「紛糾」 ❺ただす。㋐正しくさせる。「糾正」 ㋑取り調べる。問いただす。「糾問」 ❻あばく。摘発する。「糾弾」

名乗 ただ・ただし・ただす

参考 現代表記では〔糺〕(5701)の書きかえに用いる。「糺弾→糾弾」「糺明→糾明」

解字 文 篆 形声。糸＋丩(音)。音符の丩(キュウ)は、まつわるの意味。糸をより合わせるの意味を表す。また、事態のもつれを正すの意味をも表す。

▼紛糾

【糾案・糾按】(キュウアン) 問いただして調べる。取り調べる。

【糾葛】(キュウカツ) からみ合ったつたのように、事がらがこみいりもつれて処理しがたいさま。

【糾糾】(キュウキュウ) もつれあうさま。一説に、まばらなさま。

【糾結】(キュウケツ) ①からみむすばれる。②集まり結ぶ。団結する。

【糾合】(キュウゴウ) 散らばっているものを集めること。寄せ集める。鳩合(キュウゴウ)

【糾察】(キュウサツ) 罪などを取り調べる。

【糾正】(キュウセイ) 正しなおす。是正。

【糾奏】(キュウソウ) 官吏などの罪を調べて天子に申し上げること。

【糾弾(彈)】(キュウダン) 罪をあばくこと。また、罪状を調べて天子や上官に報告すること。糺弾(キュウダン)。

【糾黜】(キュウチュツ) 罪をただして退ける。

【糾纏】(キュウテン) ①よりあわせた縄。②縄のようにからみあう。あざなう。

【糾紛】(キュウフン) ①入り乱れる。もつれ乱れる。②山などの重なり合っているさま。

【糾縵縵兮】(キュウマンマンたり) 雲が入り乱れて長くたなびいているさま。教化の広くゆきわたっている形容。縵縵は、長くうねるさま。兮(ケイ)は、助字、訓読する際には通常読まない。

【糾明】(キュウメイ) 取り調べて明らかにする。罪状をただし明らかにする。糺明(キュウメイ)。

【糾問】(キュウモン) 問いただし調べる。罪を問いただす。

(9)3 【紅】5710 教6 コウ・ク べに・くれない 漢コウ・呉グ 唐 hóng 慣ク 紅葉(もみじ)

2540 3948

筆順 幺 糸 糸 紅 紅

字義 ❶くれない(くれ。なゐ)。べに。 ❷あか。あざやかな赤色。また、あかい(あか。し)。 ❸紅色の花(花びら)。 ❹べに。㋐べに色の顔料。「口紅」 ㋑べに色。 ❺工作。しごと。「女紅(女の仕事)」

国 もみ。赤色の薄い絹布。

名乗 くれ 難読 紅殻(ベンガラ)・紅玉(ルビー)・紅型(びんがた)・紅絹(もみ)・紅草(いぬたで)・紅白(いりまざり)

解字 形声。糸＋工(音)。音符の工は、烘(コウ)に通じ、赤いかがり火の意味。赤い糸の意味から、あかいの意味を表す。

▼残紅・真紅・鮮紅・退紅

【紅衣】(コウイ) ①赤い衣服。女のはでな衣服。②蓮(はす)の花びら。③＝紅夷(コウイ)。

【紅夷】(コウイ) 和蘭(オランダ)。また、和蘭人。夷は、異民族の意。

【紅一点(點)】(コウイッテン) ①一面の緑の草むらの中に一輪の赤い花の咲いていること。〔宋、王安石、詠二柘榴一詩〕万緑叢中紅一点(バンリョクソウチュウコウイッテン)。②転じて、㋐男ばかりの中にただひとり女のいること。㋑つまらない物の中にただ一つすぐれた物のあること。

【紅雨】(コウウ) ①赤い色の雨。②くれないの花に降りそそぐ雨。③くれないの花びらの多く散って行くさまを雨にたとえていう語。

【紅雲】(コウウン) ①くれないの雲。②紅の花の一面に咲き乱れているさまを雲にたとえていう語。

【紅衛兵】(コウエイヘイ) 一九六六年後半から中国に起こった文化大革命にともない、階級闘争を推進した運動の大衆的行動隊員。

【紅纓】(コウエイ) ①べに色のむながい。纓は、馬の胸部から鞍(くら)にかけわたす組みひも。②清代(シンダイ)、官吏の帽子の赤い房。

【紅焰】(コウエン) 真っ赤なほのお。紅蓮(グレン)のほのお。

【紅鉛】(コウエン) べにとおしろい。紅粉。

【紅艶(艷)】(コウエン) くれないのつややかな色。また、赤く美しい花。

【紅於】(コウオ) 楓(かえで)の別名。「二月の花よりも紅なり」と歌った杜牧の詩に基づく。〔唐、杜牧、山行詩〕霜葉紅二於二月花一(ソウヨウはニガツのはなよりもくれないなり)。訳文↓坐愛の②(三三ページ)。

【紅霞】(コウカ) ①くれないの夕焼け。紅色のかすみ。②くれないの花が一面に咲いているのを霞(かすみ)にたとえていう語。

【紅萼】(コウガク) 赤い花びら。赤い花。

【紅顔】(コウガン) ①少年のつやつやしている顔。若々しく美しい顔。転じて、少年。紅顔子。〔唐、劉廷芝、代下悲二白頭一翁上詩〕寄レ言全盛紅顔子(ゲンをよすゼンセイのコウガンシ)、……伊昔紅顔美少年(これむかしコウガンのビショウネン)。②美人。「紅顔薄命」

【紅顔美少年】(コウガンのビショウネン) 若々しく美しい顔の少年。〔唐、劉廷芝、代下悲二白頭一翁上詩〕此翁白頭真可レ憐(このオウハクトウシンにあわれむべし)、伊昔紅顔美少年(これむかしコウガンのビショウネン)。〈この老人のしらが頭は、まことにあわれむべきであるが、これでも、昔は紅顔の美少年であった〉

【紅教】(コウキョウ) ラマ教の旧称。

【紅玉】(コウギョク) ①美人の顔色や膚の色の、あかみを帯びて美しい形容。②宝石の名。紅玉石。ルビー。

【紅巾賊】(コウキンのゾク) 元末に今の河南・安徽(アンキ)両省あたりに起こった宗教結社による農民反乱。紅色の巾(きれ)を目じるしとしてつけていた。

【紅裙】(コウクン) ①くれないの裳(もすそ)。緋(ヒ)の袴(はかま)。②妓女(ギジョ)(芸妓)または美人をいう。

【紅閨】(コウケイ) 赤くぬりかざった部屋。女(美人)の室。また、寝室。

【紅軍】(コウグン) 中国共産党の軍隊。赤軍。

【紅瞼】(コウケン) ①血色のよい美しい顔。瞼は目の下、頰(ほお)の上。②美人をいう。

【紅彩】(コウサイ) くれないの色どり。花をいう。

【紅脂】(コウシ) ①べに。赤いべに。②女の化粧。③美人。④妓女(ギジョ)(芸妓)。

【紅紫】(コウシ) ①くれないと、むらさき。ともに中間色。②色とりどりの花の色。

【紅日】(コウジツ) あかく輝く太陽。朝日。紅旭(コウキョク)。

【紅樹】(コウジュ) ①秋のもみじした木。②くれないの花の咲いている木。③赤い夕日に照らされている木。④高木の名。おひるぎ。マングローブ。

【紅ᐞ袖】コウシュウ　あかいそで。美人の着物のそで。転じて、女子。美人。
【紅十字会(會)】コウジュウジカイ　中国の赤十字社。
【紅粧・紅ᐞ妝】コウショウ　①くれないの化粧。婦人の化粧。②化粧をした美人。〔宋、曾鞏、虞美人草詩〕何用屑屑悲ニ紅粧一。なんぞもちい(ゐ)んセツセツとしてコウショウをかなしむを 訳文⇩万人敵の②(三六ページ)。
【紅ᐞ綃】コウショウ　①くれないのうすぎぬ。赤い上等の絹。②唐代の妓女ギジョ(芸妓)の名。
【紅唇・紅ᐞ脣】コウシン　①赤いくちびる。②美人のくちびる。
【紅ᐞ塵】コウジン　①日に映じて赤く見える、空中にただよう砂ぼこり。人通りの多い道路などに起こる砂ぼこり。②転じて、㋐にぎやかで人の雑踏する所。㋑俗世間のわずらわしい事がら。また、俗世間。うき世。
【紅雪】コウセツ　①くれないの雪。㋐桃の花の形容。㋑戦争などで多量の血の流れている川水の砕け散るさまをいう。②桃の別名。
【紅泉】コウセン　花で赤く色どられたいずみ。
【紅ᐞ箋】コウセン　詩などを書く紅色の色紙。名刺・招待状などにも用いる。
【紅潮】コウチョウ　①朝日や夕日に映じて紅色に見える海水。②興奮・恥じらい・酒の酔いなどのために、ほおに赤みのさすこと。③月経。
【紅ᐞ杜ᐞ鵑】コウトケン　紅躑躅コウテキチョク。赤いつつじ。杜鵑は、杜鵑花の略。また、ほととぎす。つつじは、ほととぎすの鳴くころに咲き、ほととぎすの吐く血によって赤くそめられるという伝説がある。
【紅灯(燈)】コウトウ　①赤いともしび。②国小料理屋などの店先にかけてある赤いちょうちん。「紅灯の巷ちまた」
【紅ᐞ暾】コウトン　くれないの朝日。紅旭コウキョク。
【紅ᐞ葩】コウハ　くれないの花。赤い花。葩は、花びら。
【紅粉】コウフン　べにおしろい。転じて、美人。
【紅毛】コウモウ　①紅色の毛。赤毛。②オランダ国を紅毛国、オランダ人を紅毛蛮・紅毛人という。③西洋人。欧米人。
【紅友】コウユウ　酒の別名。
【紅葉】コウヨウ　①秋になって木の葉が赤く色づくこと。また、赤く色づいた葉。もみじ。②なこうど。媒酌人バイシャクニン。唐代、詩を書きつけた紅葉が仲介となって男女の結ばれた故事。「紅葉良媒」③国もみじ(ぢ)。楓かえで。
【紅ᐞ梨】コウリ　りんご。
【紅涙】コウルイ　くれないの涙。①女子の涙。美人の涙。化粧のべにが涙にとけて涙が赤くなるからいう。②血の涙。悲しみや憤りの涙。

【紅ᐞ蓮】コウレン　①紅色のはす。赤いはす。②グレン㋐仏八寒地獄の一つ。寒さのために皮肉が裂けて赤いはすの花のようになるという。㋑猛火の赤いほのおのたとえ。

【紅炉(爐)】コウロ　火の赤く燃えているいろり。

【紅楼(樓)】コウロウ　①朱塗りの高殿たかどの。②金持ちの家の女子の住んでいる所。転じて、女子の住むところ。③遊女屋。妓楼ギロウ。青楼。

【紅楼(樓)夢】コウロウム　清代シンダイの長編小説の名。曹雪芹ソウセッキンの作。一名、石頭記。貴公子と美女たちの生活を中心に貴族の没落を描いたもので、中国小説の代表作の一つ。

(9)3【紇】5711　△　漢コツ　呉ゴチ　月 hé
字義　❶質のよくない生糸。❷人名。叔梁紇シュクリョウコツは孔子の父。❸回紇カイコツ(ウイグル)は、中国西北方にいた民族の名。今のウイグル族。
解字　篆文　形声。糸＋乞音。音符の乞キツは乙に通じ、なめらかでないの意味。なめらかでない下等の糸の意味を表す。

(9)3【紃】5712　△　漢シュン　呉ジュン　真 xún
字義　❶ひも。まるうちのひも。二本以上の糸で組み合わせたひも。❷のり(法)。きまり(訓)。
解字　篆文　形声。糸＋川音。

(9)3【紉】5713　△　漢ジン(ヂン)　呉ニン　真 rèn
字義　❶なわ(縄)。細いなわ。❷むすぶ。たばねる。❸針に糸を通す。❹する。こする。
解字　篆文　形声。糸＋刃音。音符の刃(刃)は、弾力があってしかも強いの意味。しなやかで強いの意味を表す。

(9)3【紂】5714　△　漢チュウ(チウ)　呉ジュウ(ヂウ)　有 zhòu　6901 6521
字義　❶馬のしりがい。馬の尻しりにかけて、くらをひきしめるひも。❷人名。殷イの最後の天子の名。紂王。夏カの桀王ケツオウと共に、暴虐な天子の代表とされている。周の武王にほろぼされた。「夏桀殷紂」「桀紂」
解字　篆文　形声。糸＋寸(肘)音。

(9)3【約】5715　教4　ヤク　4483 4C73

(9)3【約】5716　漢ヤク　呉アク　薬 yuē, ⑪yāo
筆順　幺 糸 約 約
字義　❶むすぶ。たばねる。合わせる。結合する。❷しめくくる。また、しめくくり。しめくくりがあること。要領を得ていること。❸つづまやかにする。つめる。㋐省略する。簡単にする。「要約」㋑ひかえめにする。㋒倹約する。節約する。❹つづまやか。㋐おごらぬこと。「倹約」㋑ひかえめなこと。㋒手軽・簡単なこと。❺つづまる。ちぢめる。❻けち。もの惜しみ。❼ちかう(盟)。約束する。また、ちかい。約束。「誓約」❽苦しむ。なやむ。また、苦しみ。なやみ。「困約」❾かがむ。かがまる。❿おおむね。ほぼ。大略。「大約」⓫はかりで量る。
解字　甲骨文　篆文　形声。糸＋勺音。音符の勺シャクは、要に通じ、ひきしめるの意味。糸でひきしめまとめるの意味を表す。転じて、費用をきりつめるの意味をも表す。
▼違約・括約・旧約・契約・公約・婚約・集約・従約・条約・制約・誓約・節約・大約・特約・破約・密約・盟約・要約

【約音】ヤクオン　連続する二音節の一方の母音または音節が脱落して生ずる音韻変化。
【約款】ヤッカン・ヤクカン　国①約束の個条。約定書の条目。②とりきめ。
【約契】ヤクケイ　①約束する。契約する。②契約書。
【約倹(儉)】ヤクケン　つづまやかにする。物事をひかえめにすること。倹約。
【約言】ヤクゲン　①できるだけことばを省いて要点だけを述べること。かいつまんで言う。また、そのことば。②約束のことば。
【約定】ヤクジョウ　国①約束してきめること。②約束。
【約信】ヤクシン・シンをヤクす　ことばでかたく約束する。
【約省】ヤクセイ　はぶく。節約して省略する。
【約誓】ヤクセイ　ちかう。ちかい。誓約。
【約束】ヤクソク　①つかねる。たばねる。しばる。②ちぎる。言いかわす。ちかう。また、ちぎり。ちかい。③押さえる。取りしまる。検束する。
【約盟】ヤクメイ　ちかい。また、ちかいを結ぶ。盟約。
【約礼(禮)】ヤクレイ　礼をもって身(行動)をしめくくる。『論語』雍也ヨウヤ編に「君子博学ニ於文一、約レ之以レ礼」とあるのに基づく。
【以レ約失レ之者鮮ᐞ矣】ヤクをもってこれをうしなう(ふ)ものはすくなし　なにごとにもつつしみ深く、ひかえめにして行えば失敗することは少ない。〔論

語、里仁」

【処(處)レ約・居レ約】ヤクにおる(をり) 苦しい境遇にいる。貧しいくらしをしている。［論語、里仁］

(10)4【紜】5717 △ウン 文 yún　6902 6522

字義 みだれる(乱)。多くのものが乱れもつれる。

解字 形声。糸＋云音。音符の云ウンは、雲の象形。雲のようにいりみだれるの意味を表す。

(10)4【級】(5707) キュウ

級(5706)の旧字体。→八二九ページ。

(10)4【紘】5718 人 漢コウ(クヮウ) 呉オウ(ワウ) 庚 hóng　2541 3949

筆順 幺 糸 紘

字義 ❶ひも。冠のひも。❷つな。大綱。また、綱でたばねる。❸なわばり。境界。果て。「八紘」❹ひろい(広)。おおきい(大)。

名乗 ひろ・ひろし

解字 形声。糸＋厷音。音符の厷コウは、ひじの意味。冠を着けるとき、あごの下を曲げて、ひじのようにめぐらすひもの意味を表す。

(10)4【紗】5719 人 漢サ 呉シャ 麻 shā　2851 3C53

解字 篆文 

筆順 幺 糸 紗

字義 うすぎぬ。薄くて目の粗い絹織物。国㋐羅紗ラシャは、毛織物の一種。㋑更紗サラサは、金巾カナキンに型模様をつけた織物。㋒袱紗フクサは、ふろしきの上等なもの。また、茶の湯のふきん。

名乗 すず・たえ

解字 会意。糸＋少。

【紗巾】サキン 薄絹で作った頭巾ズキン。

【紗障】サショウ 薄絹を張ったふすま・障子。

【紗窓・紗△窗・紗△牕】サソウ 薄絹を張った窓。

【紗灯(燈)】サトウ 薄絹を張った灯籠トウロウ。紗籠サロウ。

【紗帽】サボウ 薄絹で作った帽子。

【紗羅】サラ うすぎぬ。羅も薄絹。

(10)4【索】5720 常 サク　サク 陌 suǒ　2687 3A77

筆順 十 索

字義 ❶なわ。つな(綱)。太いなわ。また、なわをなう。❷もとめる。㋐さがす。もとめる。「捜索」㋑請求する。❸つきる(尽)。なくなる。ほろびる。❹ちる(散)。離れる。ひとりになる。

難読 索麵そうめん

解字 金文  篆文  会意。金文は、宀＋糸＋廾。宀は、家屋の意味。糸は、いとの意味。廾は、両手の象形。屋内でなわをなう、なわの意味を表す。また、なわをたぐり寄せるようにして、なにかを求めるの意味を表す。『説文セツモン』では、𣎵で宋＋糸の会意。常用漢字の索は、その変形。

▼朽索・思索・捜索・探索・鉄索・模索

【索引】サクイン ①さがし出す。②書籍の中の語句や項目などをさがし出すために、それらを一定の順序で並べた目録。引得。インデックス。「音訓索引」

【索隠(隱)】サクイン かくれた事実や深い道理をさがし求めること。

【索居】サクキョ ひとりでいる。友人と交際しないで離れている。ひとりさびしくいる。

【索索】サクサク ①心の安らかでないさま。②恐れるさま。③音声の形容。さらさら。かさかさ。④つきてなくなるさま。⑤風の寂しいさま。

【索取】サクシュ ①もとめとる。②要求する。請求する。

【索然】サクゼン ①涙の流れるさま。②つきてなくなるさま。③興味のないさま。「興味索然」④散らばるさま。

【索△莫・索△寞・索漠】サクバク ①ものさびしいさま。②がっかりするさま。しょんぼりするさま。③うらぶれたさま。

(10)4【紙】5721 教2 シ かみ　シ 紙 zhǐ　2770 3B66

【帋】同字 5467 5663

筆順 幺 糸 紙

字義 かみ。主として植物性繊維を材料として作る。後漢の蔡倫サイリンが初めて作ったという。

難読 紙衣かみこ・紙鳶いかのぼり・いか・たこ・紙撚(捻・撚)こより・紙凧たこ

解字 篆文 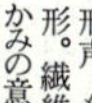 形声。糸＋氏音。音符の氏は、つぶれた目の象形。繊維の目をつぶして、平たくなめらかにした、かみの意味を表す。

▼懐紙・抄紙・双紙・草紙・唐紙・料紙

【紙格】シカク あかりしょうじ。障子。格は、格子。

【紙魚】シギョ・しみ 本や衣類などを食う、銀白色の小虫。

【紙△衾】シキン 紙のふすま。紙の夜着。紙被。

【紙燭】シショク・シソク 国①こよりを油にひたしてともし、あかりとするもの。②松の枝の先を焦がし、油を塗ってかわかしたたいまつ。

【紙銭(錢)】シセン 国死者を葬る時、棺の中に入れる、銭形に切った紙。六道銭。

【紙帳】シチョウ ①紙で作ったとばり(カーテン)。②紙で作ったかや。防寒にも用いる。

【紙背】シハイ ①紙の裏。②文書の背面。③転じて、文章のなかに含まれている言外の意味。「徹二紙背一シハイにテッす」は、書いてない裏のことまでわかるの意。

【紙筆】シヒツ ①紙と筆。筆紙。②学問。

【紙幣】シヘイ ①神に奉るぬさ。②＝紙銭。③貨幣の代わりとして用いられる紙製の通貨。さつ。

【紙墨】シボク ①紙とすみ。②詩文などの書き物。

【紙本】シホン 紙に書いた書画。↔絹本。

【紙面】シメン ①紙の上。紙の表面。②てがみ。書面。文書。③新聞・雑誌などの記事をのせてある所。紙上。

(10)4【純】5722 教6 ジュン　一 漢シュン・呉ジュン 真 chún　二 シュン 軫 zhǔn　三 漢トン・呉ドン 元 tún　2967 3D63

筆順 幺 糸 純

字義 一❶いと。まじりけのない糸。生糸きいと。❷まじりけがないこと。↔雑。「純粋」❸もっぱら。専一。❹かざらない。自然のままであること。いつわりのないこと。「純樸ジュンボク」❺よい(善)。美しい。❻やわらぐ(和)。おだやか。「純如」❼大きい。「純嘏ジュンカ」 二へり(縁)。ふち。 三つつむ。たばねる。

名乗 あつし・あや・いたる・きよし・すなお・すみ・つな・とう・まこと・よし

解字 金文  篆文 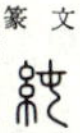 形声。糸＋屯音。音符の屯は、たばねた髪飾りをつけた幼児の象形で、まじりけのない美しさの意味を表す。まじりけのない糸の意味から、一般に、まじりけがないの意味に用いる。

▼至純・清純・精純・単純・忠純・貞純・不純

【純愛】ジュンアイ まじりけのない愛。純粋な愛情。ひたむきな愛。

【純衣】ジュンイ 昔、士の身分の者が着る祭礼服。無地の絹織物で作る。

【純一】ジュンイツ ①まじりけがないこと。「純一無雑」②ありのままでかざりやいつわりのないこと。③心がもっぱらなこと。まことひとすじなこと。

【純化】ジュンカ ①りっぱな徳による感化。②国㋐まじりものを除いて純粋なものにすること。㋑にごったものを清めること。

㋒複雑なものを単純化すること。

【純嘏】ジュンカ　大きな幸福。

【純潔】ジュンケツ　①けがれがなく清らかなこと。⇔不潔。②国男女が童貞・処女のままでいること。

【純乎】ジュンコ　全くまじりけのないさま。純然。

【純厚】ジュンコウ　非常に手厚い。

【純儒】ジュンジュ　純粋の儒者。真の学者。学徳ともにすぐれた学者。

【純如】ジュンジョ　やわらぐさま。調和するさま。〔論語、八佾〕

【純情】ジュンジョウ　①すなおでけがれのない性質。②いつわりのない愛情。真心からの愛情。

【純臣】ジュンシン　ひとすじに忠義な家来。

【純真（眞）】ジュンシン　①まじりけのないこと。②けがれのないこと。③自然のままでかざりけのないこと。

【純粋（粹）】ジュンスイ　①少しもまじりけのないこと。②ひとすじで、邪念がない。

【純然】ジュンゼン　まじりけのないさま。また、ひたむきなさま。

【純忠】ジュンチュウ　まじりけのない忠義。一点の私心もない忠義。

【純直】ジュンチョク　一点の私心もなく正直なこと。

【純篤】ジュントク　まごころがあって親切なこと。

【純白】ジュンパク　①まじりけのない白色。まっしろ。②転じて、まじりけがなく清らかなこと。

【純朴・純樸】ジュンボク　ありのままで飾りけがない。

【純明】ジュンメイ　まじめで賢明なこと。

【純吏】ジュンリ　まじめな官吏。仕事に忠実な役人。

【純理】ジュンリ　純粋の理論（学理）。感情などの混入の全くないもの。

【純良】ジュンリョウ　まじりけがなく善良なこと。うそ・いつわりがなくて性質のよいこと。

(10) 4
【紓】5723　△　㊀ショ 魚 shū　㊁漢ショ・呉ジョ 語 shū

字義　㊀㊁❶ゆるやか。ゆるい。また、ゆるめる。❷やわらげる（和）。とける（解）。和解する。

解字　文 篆　形声。糸＋予音。音符の予は、伸びやかの意味。糸を伸びやかにする、ゆるめるの意味を表す。

(10) 4
【紝】5724　△　漢ジン 呉ニン 沁 rèn

字義　❶はたいと。機の糸。❷きぬ（絹）。絹布。

解字　文 篆　形声。糸＋壬音。音符の壬は、はた糸の象形。糸を付し、はた糸の意味を表す。

(10) 4
【素】5725　教5　ソ・ス　素人しろうと　3339 4147

筆順　一 主 妻 素

ソ 漢 遇 sù 慣ス

字義　❶もと。㋐はじめ。本始。根本。㋑しろ（料）。原料。「素材」㋒きじ（生地）。かざりのない、もとのままのもの。㋓たち。性質。㋔昔。以前。❷もとより。前から。元来。また、前もってする。❸しろぎぬ（白絹）。生地のままの白い絹。また、白糸。❹しろ。白い。「表衣」❺つね（常）。つねづね。「平素」❻まこと。真情。❼ひくい。いやしい（卑）。そまつな。「素官」「素族」❽むなしい。実質のともなわない。「素王」「素餐ソサン」❾もとづく。分にしたがう。「素位」　国ス。㋐ただの。何も加わっていないことを表す。「素肌」㋑程度のはなはだしいことを表す。「素早い」

名乗　しろし・すなお・はじめ　難読　素魚しろうお・素戔嗚尊すさのおのみこと・素地きじ・素直すなお・素面しらふ・素麺そうめん

解字　文 篆　形声。糸＋昔（𠂹）省音。音符の𠂹は初に通じ、はじめの意味。まゆからつむぎだしたばかりの、もとの白い糸の意味から、もと・しろいの意味を表す。𠂹の字形の上部が𠂹に変形し、さらに主に簡略化されて、素となった。

▼絵素・簡素・倹素・後素・色素・質素・平素

【素衣】ソイ　白い着物。白衣。また、白絹の着物。

【素位】ソイ　その地位に応じて職分をりっぱに果たす。〔中庸〕

【素意】ソイ　かねてからの意志。平素の意志。

【素因】ソイン　もと。おこり。原因。また、要素。

【素影】ソエイ　白い光。月の光。雪の白さなどをいう。

【素謁（謁）】ソエツ　清貧な人々の会合をいう。

【素王】ソオウ　王者の位をもたないで、王者の徳を備えている人。儒家では孔子、道家では老子をいう。

【素娥】ソガ　①月にあるという宮殿にすむという仙女。姮娥コウガ。色が白いので素という。②転じて、㋐月。㋑白衣の美女。

【素雅】ソガ　ふだんからの正しい行い。

【素懐（懷）】ソカイ　前々からの思い。日ごろの望み。

【素官・素宦】ソカン　低い官職。

【素冠】ソカン　白絹の冠。凶事に用いる。

【素顔】ソガン　①白い顔。また、化粧しない顔。ひげのない顔。②すがお（ほ）㋐化粧しない顔。㋑ふだんの顔。

【素願】ソガン　もとからの願い。平素の願い。宿願。

【素肌】ソキ　①白いはだ。②衣服をつけないで、皮膚がむき出しなこと。③国すはだ　㋐化粧をしない生地きじのはだ。㋑衣服をつけない、むき出しのはだ。

【素気（氣）】ソキ　①秋の気。→素秋。②国「素気げ無い」は、そっけない。

【素業】ソギョウ　①前から従事している仕事。平素の業。②じみな仕事。

【素旧（舊）】ソキュウ　古い知り合い。昔なじみ。

【素琴】ソキン　装飾のない琴。

【素襟】ソキン　①白いえり。②ふだんのありのままの心。本心。

【素景】ソケイ　①白いかげ。白い光。②月の光。③金の光。④転じて、晋朝シンチョウの別称。金徳の王とされたからいう。

【素月】ソゲツ　①白い月。光の明らかな月。②陰暦八月の別名。→素秋。

【素絢】ソケン　白絹の地の上に彩色をほどこす。転じて、まごころが根本にあってこそ礼儀作法が美しくかがやくたとえ。『論語』八佾ハチイツ編に「素以為レ絢兮ソもってあやをなす」とあるのに基づく。

【素絹】ソケン　①白いきぬ。白絹。②国素絹衣ソケンころもの略。白絹で作った質素な僧衣。

【素縑】ソケン　白い絹織物。縑は、かとりぎぬ（こまかく堅く織った絹）。

【素交】ソコウ　①平素の交わり。また、昔からの交わり。②正しい交際。また、高尚な交わり。

【素行】ソコウ　①平素の行い。日ごろの品行。②ソしておこなう（ふ）→素位。

【素材】ソザイ　国①もとになる材料。原料。②素質。もちまえ。③芸術作品の基礎となった材料。自然物や人間の行動など。題材。

【素餐】ソサン　職務をおこたってただ俸禄ホウロクをもらっていること。また、功労や才能がないのに高位高官にいること。

【素士】ソシ　官職についていない人。また、下級の人物。

【素糸（絲）】ソシ　①白い糸。②転じて、どんな色にも変化し得る下地。善悪いずれにもなり得る素地。

【素志】ソシ　日ごろの志。年来の希望。

【素質】ソシツ　①白色の地質。②もとから持っている性質。本質。③国ある界に適した性質。

【素車】ソシャ　白木の車。装飾をほどこさない車。凶事（葬式、降伏、死を決してする謝罪など）に用いる。

【素車白馬】ソシャハクバ　白木の車と白い馬。かざりのない車を白馬にひかせたもの。凶事（葬式、降伏、決死の謝罪など）に用いる。〔十八史略、殷、成湯〕

【素手】ソシュ　①白く美しい手。女の手の形容。②国すで　何も物を持っていない手。空手からて。徒手。

【素秋】ソシュウ　秋の別称。五行説ゴギョウセツで秋を白に配するからい

う。素月。
【素書】ソショ　手紙。昔、白絹に書いたことからいう。
【素尚】ソショウ　①清くさっぱりとしていて上品なこと。②前々からの願い。素願。
【素生・素姓】スジョウ　国①血統。家がら。②由来。由緒(ユイショ)。③生いたち。生まれ。育ち。④本来の性質。◇本来の用字は「素姓」であるが、「素生・素性」も行われていた。常用漢字表で「素性」の形を採用して以来、一般に「素性」が多く用いられている。
【素情】ソジョウ　①平素の心。素意。②常日ごろのなさけ。
【素食】ソショク　①何もしないで食う。徒食。＝素餐(ソサン)。②肉を食わないで野菜を常食とすること。菜食。精進料理(ショウジンリョウリ)。③(ソシ)平素の食物。
【素心】ソシン　①かざりけのない心。潔白な心。②平素の心。常日ごろの考え。③本心。
【素人】しろうと　国↔玄人(くろうと)。①その物事に経験の浅い人。その物事の専門家でない人。②芸妓(ゲイギ)・娼妓(ショウギ)などに対して、普通の女性をいう。
【素△稔】ソジン　平素からよく知っていること。稔は、みのる意から転じて、物事によく習熟していること。
【素性】ソセイ　①生まれつき。性質。②国(スジョウ)＝素生・素姓(スジョウ)。
【素節(節)】ソセツ　①秋。→素秋。②清らかなみさお。
【素族】ソゾク　身分の低い一族・家がら。平民。
【素△飡・素△飧】ソソン　＝素餐(ソサン)。
【素地】ソチ・ソジ　①細工や装飾を加えないもとのままのもの。生地(きじ)。②したじ。基礎。また、本質。
【素読(讀)】ソドク　国文章の意味や内容を考えずに文字だけを声を出して読むこと。特に漢文についていう。
【素波】ソハ　白い波。しらなみ。
【素髪】ソハツ　白いかみの毛。白髪。
【素描】ソビョウ　ある一色、特に黒の線で物の形を描くこと。また、その絵。デッサン。
【素風】ソフウ　①まじりけのない純粋な風習。②秋風。商風。↓【素秋】。
【素服】ソフク　白絹の衣服。凶事に用いる。
【素封】ソホウ　爵位(シャク イ)や領地がなくて、しかもその富が封侯(ホウコウ)に等しいこと。また、その家。大金持。封は、封土・領地。
【素△袍】ソホウ　①白いうわぎ。②国(スオウ)　昔の平民の服。後、侍の礼服となる。素襖(スオウ)。
【素望】ソボウ　＝素心・素志。
【素朴・素△樸】ソボク　①原始のままで人為のかざりのないこと。②かざりがなくありのままなこと。洗練されていないがきまじめなこと。朴は、樸(ボク)に通じ、加工しない材木。
【素本】ソホン・スホン　国①返り点・送りがなのついていない漢文の本。無点本。②訓点や注釈のついてない本。
【素△沫】ソマツ　白いあわ。
【素面】ソメン　①白い顔。②化粧をほどこさない顔。すがお。③国(スメン)㋐剣道や能などで面をつけないこと。㋑酒を飲まないときの顔。しらふ。
【素門】ソモン　身分の低い家がら。また、その家がらの人。素流。
【素問】ソモン　書名。作者不明。秦(シン)・漢代の作といわれ、黄帝とその臣の名医、岐伯との生理、病理、衛生に関する問答を記したもの。中国最古の医書として貴ばれる。正しくは『黄帝素問』という。
【素養】ソヨウ　①平素から学徳技芸などを修養すること。②かねてから学びおぼえた事がら。かねて養った力。
【素粒子】ソリュウシ　物理学用語。電子などのように極めて微小な粒子と考えられているもの。物質・電磁場を構成する基礎となる粒子。
【素練】ソレン　白いねり絹。

(10) 4
【紞】5726
△　タン　感 dǎn

字義　❶ひも。冠の両側に垂れていて、耳飾りの玉をつるす紐(ひも)。❷衾(ふすま)（夜着）のふちかざり。

解字　篆文　形声。糸＋冘音。音符の冘(イン)は、しずむの意味。かんむりから耳のあたりにまでたれたひもの意味を表す。

(10) 4
【紐】5727
標　漢ジュウ（ヂウ）　呉ニュウ（ニウ）　慣チュウ（チウ）　有 niǔ　—4119 4933

字義　❶ひも。❷むすぶ（結）。また、結びめ。❸もとづく。かかる（係）。

解字　篆文　形声。糸＋丑音。音符の丑(チュウ)は、ひねるの意味。ひねって堅く結ぶひもの意味を表す。

【紐育】ニューヨーク　New York の音訳。アメリカ合衆国の都市の名。また、州の名。紐約。

(10) 4
【納】5728
(10) 4
〖納〗5729
教 6　ノウ・ナッ・ナ・ナン・トウ　おさめる・おさまる
漢ドウ（ダフ）・呉ノウ（ナフ）　合 nà　—3928 473C
慣トウ（タフ）・ナッ・ナ・ナン

筆順　幺　糸　紅　納

字義　❶おさめる(をさむ)。㋐しまう。しまっておく。「収納」㋑とる。㋥収穫する。取り入れる。㋦徴収する。㋧受けとる。㋨たてまつる。献上する。「奉納」「上納」❷いれる(い)る。㋐うける。受け入れる。「受納」㋑引き入れる。みちびく。㋒送る。また、贈る。国❶おさめ(をさめ)。おしまい。最終。「見納め」❸おさまる(をさまる)。終える。❷おさめるの自動詞。

名乗　いり・とも・のり　難読　納戸(なんど)・納沙布(のさっぷ)

使いわけ　おさめる・おさまる〔納・収・修・治〕
〔納〕入れるべき所に入れる。また、おしまいにする。「税を納める・飲み納め」
〔収〕とりまとめる。静める。また、とり入れる。「紛争を収める・成功を収める・カメラに収める」
〔修〕学ぶ。身につける。「身を修める」
〔治〕正しくする。なおす。「国を治める」

解字　金文　篆文　形声。糸＋内（內）音。音符の内は、入れるの意味。水中に入れひたした糸のさまの意味を表す。また、入れるの意を表す。

▼格納・帰納・結納・献納・察納・収納・受納・笑納・上納・出納・奉納

【納衣】ノウイ　①木綿のちぢみで作った、質素な着物。②仏(ノウエ)ぼろを拾い集めて作った僧衣。また、それを着た禅僧。
【納棺】ノウカン　死体をひつぎにおさめること。
【納款】ノウカン　誓詞をいれる。よしみを通ずる。主として、敵に内通することにいう。
【納吉】ノウキツ　周代、結婚の六礼の一つ。嫁に迎えようとする女子の可否をうらない、吉のうらないを得て女子の家に申し込むこと。→納采(ノウサイ)。
【納言】ノウゲン　①堯(ギョウ)・舜(シュン)時代に、天子の言を下に伝え、下の言を天子に奏上する官。②国(ナゴン)太政官(ダジョウカン)の官職名。大臣の次官。大納言・中納言・少納言の総称。
【納貢】ノウコウ　みつぎ物をたてまつる。
【納骨】ノウコツ　遺骨を墓などに入れおさめること。
【納△采】ノウサイ　周代、結婚の六礼の一つ。男子の家から結婚の申し込みをした後、女子の家の承諾の返事を待って婚約成立の証として礼物を贈ること。結納(ゆいノウ)。〔儀礼、士昏礼〕
【納受】ノウジュ　①うけ、おさめる。受けいれる。②国ききいれる。神仏が祈願者の心をききいれること。
【納税】ノウゼイ　税金をおさめる。
【納徴】ノウチョウ　周代、結婚の六礼の一つ。女の家が男の家からの申し込みを承知した後、婚約成立の証として男家から女家に礼物を贈ること。結納(ゆいノウ)。→納采。
【納得】ナットク　国①十分に理解する。②よく理解して承知する。

【納入】ノウニュウ 金銭や品物などを納めること。納付。
【納納】ノウノウ ①物を大きく包み入れるさま。②うるおい湿るさま。
【納幣】ノウヘイ ＝納徴。
【納履】ノウリ ①はきものをはく。②足をある場所に踏み入れる。はいる。
【納涼】ノウリョウ 涼気を入れる。夏の暑さをさけてすずむこと。すずみ。夕すずみ。

(10) 4
【紕】5730　△　漢ヒ　呉ビ　因 pí, ②pī　6903 *6523*

字義 ❶ふちかざり。へりのかざり。❷あやまる（誤）。まちがう。また、あやまり。まちがい。「紕繆（ヒビュウ）」

解字 文 篆 形声。糸＋比音。音符の比は、ならべるの意味。糸を並べてひもを組むの意味を表す。

(10) 4
【紊】5731　△　漢ブン・呉モン　慣ビン　問 wěn (wèn)　6904 *6524*

字義 みだれる（みだる）。また、みだす。もと、糸がもつれ乱れる意。

解字 文 篆 形声。糸＋文音。音符の文は、模様の意味。模様や糸のように、もつれ乱れるの意味を表す。

【紊乱（亂）】ブンラン・ビンラン ①みだれる。②みだす。「風紀紊乱」

(10) 4
【紛】5732　常 フン　まぎれる・まぎらす・まぎらわす・まぎらわしい　フン 図 fēn　4222 *4A36*

筆順 幺 糸 紒 紛 紛

字義 ❶みだれる（みだる）。入り乱れる。もつれる。散乱する。❷まぎれる（まぎる）。まぎれこむ。まじろ。入り交って区別がつかなくなる。また、まがい。まぎれ。「紛失」❸多いさま。また、乱れるさま。❹旗のふき流し。国❶まぎらす。まぎらわす（まぎらはす）。❷まぎらわしい（まぎらはし）。間違えやすい。

解字 文 篆 形声。糸＋分音。音符の分は、わかれるの意味。糸がわかれてしまってまとまらない、みだれるの意味を表す。

▼世紛・俗紛・内紛

【紛郁】フンイク ①美しくさかんなさま。②香気のさかんなさま。
【紛紜】フンウン ①乱れるさま。②さかんなさま。③多いさま。
【紛衍】フンエン みだれしげる。さかんにしげる。衍は、はびこる。
【紛華】フンカ 美しくはなやかなさま。美しい。
【紛起】フンキ ①さかんに起こる。乱れ起こる。②あちこちに起こる。
【紛議】フンギ もつれてまとまらない議論。
【紛糾】フンキュウ みだれもつれる。ごたごたする。

【紛劇】フンゲキ ごたごたとして忙しい。また、その仕事。
【紛喧】フンケン やかましい。かまびすしい。
【紛更】フンコウ かき乱して改め変える。
【紛訌】フンコウ うちわもめ。内訌。
【紛錯】フンサク 入り乱れる。ごちゃごちゃになる。
【紛雑（雜）】フンザツ もつれ乱れる。ごたごたと込み入っている。
【紛失】フンシツ 物がまぎれてなくなる。また、なくす。
【紛奢】フンシャ はなやかなおごり。はでで、ぜいたくなこと。華奢（カシャ）。
【紛揉・紛糅】フンジュウ ①乱れる。ごたつく。②みだれ。ごたごた。
【紛擾】フンジョウ 入り交じってわずらわしい。
【紛縟】フンジョク 乱れもつれる。
【紛塵】フンジン わずらわしい俗事。
【紛然】フンゼン ①いりまじって乱れるさま。②多くごたついているさま。③まぎらわしいさま。区別しにくいさま。
【紛争（爭）・紛諍】フンソウ みだれてあらそう。もつれあって争う。また、その争い。ごたごた。もめごと。
【紛騒（騷）】フンソウ ＝紛擾（フンジョウ）。
【紛拏】フンダ 入り乱れて相撃つ。乱れ争う。
【紛沓】フントウ ごたごたと混雑する。こみあう。雑沓。
【紛呶】フンドウ・フンド ＝紛喧（フンケン）。
【紛鬧】フンドウ ごたごたといそがしい。
【紛葩】フンパ ①咲き乱れた花。また、乱れ散る花びら。葩は、花びら。②転じて、入り乱れて多いさま。入り乱れてさかんなさま。
【紛披】フンピ ①花が乱れ咲くさま。②乱れ散るさま。また、乱れ飛ぶさま。③落ちついてゆったりしているさま。④多いさま。
【紛紛】フンプン ①乱れるさま。まじり乱れるさま。ごたつくさま。②乱れ起こるさま。乱れ飛び散るさま。③わずらわしいさま。④多いさま。〔唐、杜甫、貧交行〕紛紛軽薄何須レ数（フンプンたるケイハクなんぞかぞうる（ふ）るをもちい（ゐ）ん）。訳文⇩翻レ手作レ雲（てをひるがえ（へ）せばくもとなる）（四三六ページ）。⑤さかんなさま。
【紛乱（亂）】フンラン みだれる。みだす。また、みだれ。ごたごた。
【紛綸】フンリン ①乱れるさま。②多いさま。③広大なさま。
【紛如レ雪】フンとしてゆきのごとし 雪のように入り乱れて飛び散る様子の形容。〔宋、曾鞏、虞美人草詩〕鴻門玉斗紛如レ雪（コウモンのギョクトフンとしてゆきのごとし）、十万降兵夜流レ血（ジュウマンのコウヘイよるちをながす）。〈鴻門の会で沛公（ハイコウ）から贈られた玉のひしゃくは、范増（ハンゾウ）によって雪のようにこなごなにくだかれてしまい、十万の降伏兵は項羽によって一夜にして皆殺しにされてしまった〉

(10) 4
【紡】5733　常 ボウ　つむぐ　ホウ（ハウ）慣ボウ（バウ）養 fǎng　4334 *4B42*

筆順 幺 糸 紅 紡

字義 ❶つむぐ。よる。麻や綿などの繊維をより合わせて糸を作る。❷つむいだ糸。よった糸。「混紡」

解字 文 篆 形声。糸＋方音。音符の方は、並べるの意味。糸を並べていく、つむぐの意味を表す。

▼織紡・績紡

【紡花】ボウカ 綿花をつむぐ。また、そのつむいだ糸。
【紡車】ボウシャ・つむぎぐるま 手で車輪をまわして糸をつむぐ機械。
【紡織】ボウショク ①糸をつむぐことと織物を織ること。②転じて、婦人の手仕事。
【紡錘】ボウスイ 糸をつむぐ機械の付属品で、つむいだ糸を巻き取る器具。つむ。
【紡績】ボウセキ 糸をつむぐこと。また、その仕事。〔史記、平準書〕
【紡甎】ボウセン 糸巻き。甎（かわら）で作った糸巻き。

〔紡車〕

(10) 4
【紋】5734　常 モン　漢ブン　呉モン　図 wén　4470 *4C66*

筆順 幺 糸 紅 紋 紋

字義 ❶あや（文）。織物の織り目の模様。❷しわ。すじ。「波紋」国モン。家々によって定まっている、家を表すしるし。紋所。紋章。

解字 形声。糸＋文音。音符の文は、あやの意味。文に多くの意味が派生したため、区別して糸を付し、あやの意味を表す。

▼衣紋・水紋・波紋・羅紋

【紋章】モンショウ 国家々や団体で定めてある、その家・その団体のしるしの紋。
【紋付】モンつき 国家の定紋（ジョウモン）のついた衣服。儀式などのときに着る礼服。
【紋服】モンプク 国＝紋付。
【紋理】モンリ 手や足のすじ。

(10)4
【紑】5735　△　ロ　纑（5951）の俗字。→八七三ページ。

参考 纑は、国訓で「かせ」の意味に用いる。紑は、紑井（かせい）・紑田（かせだ）・紑沢（かせざわ）など、いまもっぱら姓氏に用いる。

(11) 5
【絇】5736　△　漢ク　呉グ　虞 qú

字義 ❶合わせてよった糸。❷くつかざり。くつの先のかざり。

解字 篆文  形声。糸＋句㊥。音符の句は、かぎ型に曲がるの意味。かぎ型に曲がった、くつの先のかざりひもの意味を表す。

(11)5 【経】5737 教5 ケイ・キョウ へる 読経 —2348 3750

(13)7 【經】5738 漢ケイ 呉キョウ(キャウ) 慣キン 青 径 jīng —6920 6534

筆順 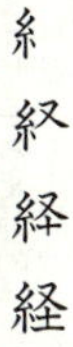

字義 ❶たていと。織物の縦糸。↕緯。❷たて(縦)。㋐東西に対して、南北の方向。㋑平面に対して、上下の方向。❸みち。㋐すじ。すじみち。道理。㋑道路。❹のり(法)。法則。❺つね(常)。一定不変の理。「経常」❻さかい(境)。また、境を定める。「経界」❼おさめる(治)。統治する。「経国」❽いとなむ(営)。❾はかる。測量する。❿へる。経過する。通る。また、めぐる。「経由」⓫くびれる。首をくくる。「経死」⓬かかる。ぶらさがる。かける。⓭めぐり。月経。⓮かつて。今まで。「曾経」⓯ふみ。文書。㋐儒教で、聖人の言行や教えを書いた書物。経書。㋑仏教で、仏の言行や教えを書いた書物。経文。㋒学問や宗教上のよりどころとなる基本的な書物。

名乗 おさむ・のぶ・のり・ふ・ふる　難読 経緯

解字 金文  篆文  形声。糸＋巠㊥。音符の巠は、はたおりのたていとの象形。糸を付し、たていとの意味を明らかにした。

▼緯経・看経・群経・講経・自経・写経・神経・政経・聖経・読経・秘経・不経・仏経・明経

【経緯】①縦糸と横糸。②たてとよこ。縦横。③東西と南北。④いきさつ。細かい事情。⑤物事の骨子となるもの。道の常法。⑥おさめととのえる。

【経営(營)】①なわばりをして規模を定め家屋などを作ること。②一般に、計画を立てて物事をすること。治め営む。また、事業。

【経△筵】天子が経書の講義を聞く席。筵は、むしろ・座席。

【経過】①通り過ぎる。通過。②国㋐通って来た途中の状態。㋑事件などのなりゆき。

【経界】土地の境。さかい。境界。

【経学(學)】経書を研究する学問。

【経巻】①＝経書。②仏教の経文を書きしるした巻き物。経文。

【経紀】①すじみち。紀律。綱紀。②通り過ぎる。通過。③治める。生活上の世話をする。④仲買人。⑤番頭。

【経義】経書の意味。経書に述べてある道理。

【経業】①一定の仕事。常にきまっている仕事。②経学の修業。

【経訓】経書の字句の解釈。

【経験(驗)】①何かを実際にやってみること。また、それによって得た知識・技能。②外界認識の源泉としての感覚や知覚の作用によって与えられた内容。

【経国(國)】国家を経営する。国を治める。

【経国(國)△之大業】国家を治めるのに大切な大事業。文章をいう。〔文選、魏文帝、典論論文〕文章経国之大業、不朽之盛事。

【経国(國)集】国書名。もと二十巻。現存するものは六巻。良岑安世・滋野貞主らが淳和天皇の勅命により、天長四年(八二七)に編集した、平安時代を主とする漢詩・漢文集。勅撰三集(他に『凌雲集』『文華秀麗集』)の一つ。

【経済(濟)】①国を治め民を救う。経世済民。済は、救う。②財貨を取得したり使用したりする各種の行為や状態。③国㋐つつましくすること。費用を節約すること。倹約。㋑費用がかからないこと。消費が少なくてすむこと。

【経史子集】経書・歴史書・諸子類・詩文集。昔の中国の書籍分類法の目。

【経旨】①経書の主旨。②仏仏教の経典の主旨。

【経死】首をくくって死ぬ。また、首くくり。縊死。

【経始】①家を建てはじめる。また、土木工事を始める。経は、土地を測量して規模を定めること。②はじめる。開始する。

【経師】①経書を教える教師。②徳行がなく、ただ経書の読みや字義だけを教えて、その内容である道や精神を教えない教師。↔人師。③国㋐昔、経巻を書写した人。㋑後に、経巻の表装を職業とする人。㋒転じて、書画・ふすまなどを表装する職人。表具師。

【経術】①＝経学。②経学に基づく政治上の方法。

【経書】聖賢の言行や教えを記した書籍。四書・五経の類。↔緯書。

【経商】各所をめぐって商業を営む人。㋐旅商人。㋑貿易商。

【経常】①一定して変わらないこと。決まっていること。②ふだん。常時。

【経世】世を治める。経世家は、政治家。

【経世済(濟)民】→経済の①。

【経籍】①＝経書。②書籍。本。

【経説】①経書の中に述べられている説。②経書の意味を解説した書。

【経蔵(藏)】仏①三蔵(経・律・論)の一つ。仏の説いた経典を総括していう。経の中にいっさいの真理を含んでいることから蔵という。②一切経を納めておくくら。経堂。

【経典】①＝経書。②国㋐宗教・学問などの基本となる書籍。㋑依拠すべき一定不変の常道。③仏仏の教えを書いた書籍。経文。お経。

【経伝(傳)】①経と伝。㋐経は経書。伝は経書を説明・解釈した書。㋑経は聖人の著書。伝は賢人の著書。②儒教の教えを記した書。

【経度】基準とする経線から東西への隔たりを示す座標。↕緯度。

【経費】①平素必要なきまった費用。②国必要な費用。

【経文】①経書の文章。②仏お経の文章。また、お経。

【経文緯武】文武両道を兼ね備えること。文を縦糸とし武を横糸とする意。緯武経文。

【経由】通過する。通って行く。また、来る。

【経絡】動脈(経)と静脈(絡)。十二経脈と十五絡脈。経落。

【経理】①治める。②一定不変のすじみち。常理。③＝経義。④取り扱う。処理する。⑤会計事務を処理すること。

【経略】①国家などを治めること。②天下を経営し、四方を攻め取ること。

【経△綸】制度、または計画を立てて天下国家を治めること。また、その制度・計画。経は、糸を治め分ける。綸は、類をもって合わせる。〔易経、屯〕君子以経綸(君子もって経綸す)。

【経歴(歷)】歴も、経る・過ぎる。①通り過ぎる。②過ぎ去る。年月を経る。③経めぐる。あちこちを巡り歩く。④経て来た事柄。過去の事。⑤これまでに経てきた仕事や地位。

【経路】①通過して来た道。また、通る道。②国物事の経て来た(行く)すじ道。

(11)5 【絅】5739 △ 漢ケイ 呉キョウ(キャウ) 絅 jiōng —6905 6525

字義 ひとえもの。うすぎぬ。着物の上にかける布。ベールの類。

解字 金文 篆文 形声。糸＋同音。

【絅裳】(ケイショウ) うすぎぬのもすそ。

【尚ㇾ絅】(ケイをくわ(は)う(ふ)) 錦(にしき)の着物を着た上に、うすぎぬをかける。はなやかさが表面に現れないようにすること。〔中庸〕

(11)5
【絃】5740
囚 漢ケン 呉ゲン 兜 xián　2430 383E

筆順 絃

字義 ❶いと。つる。弦楽器に張った糸。＝弦。❷糸を張った楽器の総称。琴などの類。弦楽器。「管絃」❸ひく。弾ずる。弦楽器をひくこと。「絃歌」 名乗 お・つる

参考 現代表記では〔弦〕(2075)に書きかえる。「管絃楽→管弦楽」「絃歌→弦歌」 熟語は〔弦〕を見よ。→三七一ジ。

解字 形声。糸＋玄音。音符の玄は、弦(ゲン)に通じ、つるの意味。いとの意味を表す。

(11)5
【紘】5741
△ コウ 纊(5942)の俗字。→八七三ジ。　6906 6526

(11)5
【紺】5742
常 コン 漢カン 呉コン 勘 gàn　2616 3A30

筆順 紺

字義 コン。こん色。赤みを少しふくんだ濃い青色。青と紫との合色。

解字 篆文 形声。糸＋甘音。音符の甘は拑(カン)に通じ、はさむの意味。青地に赤色をはさみこんだ色、「こん」の意味を表す。

【紺宇】(コンウ) ①紺色の軒・屋根。貴人の邸宅。②仏仏寺をいう。紺園。

【紺珠】(カンジュ・コンジュ) 手でなでると忘れていた記憶を呼び起こすという紺色のたま。転じて、広く物事を知っているたとえ。唐の張説(チョウエツ)の故事による。〔開元天宝遺事、天宝〕

【紺緅】(カンシュウ・コンシュ) 紺色と淡紅色。孔子はこの二色は喪服のえりかざりの色であるとして、平素の着物のかざりには用いなかった。〔論語、郷党〕

【紺青】(コンジョウ) あざやかな濃い藍色(あいいろ)。

【紺殿】(コンデン) 紺宇の②。

【紺碧】(コンペキ) 黒みを帯びた濃い藍色(あいいろ)。

(11)5
【細】5743
教2 サイ ほそい・ほそる・こまか・こまかい 漢セイ・呉サイ 霽 xì　2657 3A59

筆順 細

字義 ❶ほそい。ほそ。「細腰」 ❷こまかい。こま。こまかし。㋐小さい。↕大。「細大」 ㋑くわしい。「詳細」 ㋒くだくだしい。わずらわしい。㋓つまらない。また、わずか。少し。「些細(サイ)」 ❸こまかに。くわしく。❹身分がいやしい。また、その人。「細民」 国ほそる。細くなる。
難読 細戈千足国(くわしほこちたるのくに)・細魚(さより)・細枝(しもと)・細石(さざれいし)・細雪(ささめゆき)・細波(さざなみ)・細螺(きさご)・細(さざえ)

解字 篆文 形声。糸＋田(囟)音。音符の囟(シ)は、乳児のひよめきの象形。ひよめきのように、かすか、糸のように、ほそいの意味を表す。

▼委細・巨細・子細・精細・繊細・微細・零細

【細雨】(サイウ) 細かな雨。きり雨。こぬか雨。

【細瑕】(サイカ) ①小さいきず。②小さい欠点。細瑾(サイキン)。

【細看】(サイカン) 細かく、また、くわしく見る。よくよく見る。

【細管】(サイカン) ①細いくだ。②細い笛。③笛の細い音。

【細綺】(サイキ) 目のこまやかなあやぎぬ。

【細謹】(サイキン) 小さなつつしみ。こまかな礼儀作法。つまらない礼式。また、それにこだわること。〔史記、項羽本紀〕大行不ㇾ顧二細謹一(タイコウはサイキンをかえ(へ)りみず)。

【細工】(サイク) 国①細かな道具を作ること。②くふう。③くわだて。また、策略。④細かに思案する人。

【細君】(サイクン) ①自分の妻の謙称。②(同輩以下の)他人の妻をいう。(日本では、妻君とも)

【細故】(サイコ) ①小さい事がら。つまらない事がら。小事。故は、事。②度量のせまい。小人。

【細行】(サイコウ) ①小さい行い。些細(サイ)な行為。②こまかな礼儀作法。③卑俗な行為。

【細査】(サイサ) くわしく調べる。

【細細】(サイサイ) ①こまやかなさま。ささやかなさま。かすかなさま。②ほそぼそとしたさま。③軽やかなさま。

【細砕(碎)】(サイサイ) ①細かくくだく。②細かくわずらわしい。③つまらない。また、つまらない事。

【細作】(サイサク) まわしもの。間者。スパイ。

【細酌】(サイシャク) 少し酒を飲む。しめやかに酒をくむ。また、少量の酒。浅酒。

【細弱】(サイジャク) ①ほそくて弱い。また、そのもの。②妻子。

【細書】(サイショ) ①こまかい文字。細字。②こまかく書く。

【細心】(サイシン) ①細かい心づかい。②気が小さいこと。小心。

【細斟】(サイシン) ①＝細酌。斟は酒をくむ。②雨の静かに降るさま。

【細人】(サイジン) ①つまらぬ人。性質のいやしい人。小人。②身分の低い人。官位の低い人。③よい女。美しい女。④歌い女め。芸妓(ゲイギ)。

【細井広(廣)沢(澤)】(ほそいコウタク) 国江戸中期の儒学者・書家。遠江(とおとうみ)(今の静岡県)の人。朱子学・陽明学を修め、文徴明の書法を学び、幕府・水戸家などに仕えた。(一六五八—一七三五)

【細井平△洲】(ほそいヘイシュウ) 国江戸後期の儒学者。尾張(おわり)(今の愛知県)の人。江戸で塾を開き、後、米沢(よねざわ)の上杉侯や、また尾張侯に仕えた。(一七二八—一八〇一)

【細雪】(サイセツ) こまかな雪。粉雪。ささめゆき。

【細節(節)】(サイセツ) ①わずかなみさお。小さな節操。②ほそいふし。

【細説】(サイセツ) ①くわしく説く。②細かい説明。③つまらぬ説。つまらない人のことば。〔史記、項羽本紀〕

【細草】(サイソウ) こまかな草。また、かぼそい草。〔唐、杜甫、旅夜書ㇾ懐詩〕細草微風岸(サイソウビフウのきし)、危檣独夜舟(キショウドクヤのふね)。〈こまかい草の葉がかすかな風にそよぐ(長江の)岸辺に、高く帆柱を立てた舟の中でひとりさびしく夜を過ごしている〉

【細則】(サイソク) 個々の事項・具体的運用などについての規則。↕総則。

【細大】(サイダイ) ①小さいことと大きいこと。②小さいことも大きいことも。いちぶしじゅう。

【細△緻】(サイチ) ①目のこまかい絹。②こまかくすきまのないこと。緻密。

【細滴】(サイテキ) しずく。細雨のようにしたたる意。

【細読(讀)】(サイドク) くわしく読む。精読。

【細馬】(サイバ) よい馬。骨格がひきしまった良馬。

【細微】(サイビ) ①こまかい。かすか。また、その物。②身分の低いこと。また、低い身分。

【細風】(サイフウ) かすかな風。そよ風。微風。

【細胞】(サイホウ・サイボウ) ①生物のからだを作っている最小の単位。②もと、共産主義運動などで、種々の団体の内部に設けて、宣伝その他の活動を行う小さな組織。

【細密】(サイミツ) ①こまかくすきまのないこと。②こまかくて入りくんでいること。

【細民】(サイミン) ①身分の低い民。②まずしい人。

【細目】(サイモク) ①小分け。②細かい箇条。

【細腰】(サイヨウ) ほっそりした腰。柳腰。美人の腰。また、美人。

【細柳】(サイリュウ) 柳の細い枝。生えたばかりの柳の枝。また、細い枝の柳。しだれ柳。〔唐、杜甫、哀江頭詩〕江頭宮殿鎖二千門一(コウトウのキュウデン、センモンをとざす)、細柳新蒲為ㇾ誰緑(サイリュウシンポたがためにかみどりなる)。〈江のほとりの宮殿は、門という門はみなとざしたままであるというのに、

柳やがまの細い新芽はいったいだれのために美しい緑色にもえているのか〉

【細△鱗】サイリン ①小さいうろこ。②転じて、小さい魚。

【細論】サイロン こまかに議論する。詳論。

【紮】(11)5 5744
標 漢サツ 呉セチ 黠 zā ②zhā　6907 6527

［紥］俗字

字義 ❶まとう。まきつける。❷しばる。とどまる。駐屯する。

解字 形声。糸＋札音。

【絁】(11)5 5745
△シ 支 shī

字義 つむぎ。紬糸（くずまゆ・真綿をつむいで、よりをかけた、太い絹糸）で織った絹布。

解字 形声。糸＋㐌音。

【終】(11)5 5746
教3 シュウ おわる・おえる　2910 3D2A

(11)5 ［終］5747

シュウ（シウ） 東 zhōng 慣ジュウ（ジウ）

筆順 糸 紁 終 終

字義 ❶おわる。↕始。㋐おしまいになる。しまう。完了する。㋑つきる。なくなる。㋒死ぬ。特に、老人の死をいう。↕死（幼少の者の死）。「臨終」❷おえる。㋐すませる。「終業」㋑しとげる。完成させる。❸おわり。ついに。おしまい。果て。❹ついに。㋐しまいに。とうとう。㋑どうしても。❺十二年。歳星（木星）が太陽の周囲を一周する期間。❻百里四方の地。

難読 終日ひねもす・終夜よもすがら

解字 甲骨文 篆文 形声。糸＋冬音。甲骨文は象形で、糸の両端を結んだ形にかたどり、糸の結びめ、おわりの意味を表す。篆文は季節の終わりの冬に糸を付した。

▼一終・始終・慎終・臨終

【終△焉】シュウエン ①その場所で、身が落ち着くこと。隠居して晩年を送ること。②終わり。果て。③命の終わり。死。

【終△竟】シュウキョウ 終わる。また、終わり。竟も、おわる。

【終局】シュウキョク ①碁・将棋の勝負の終わり。②事件の終わり。

◇「終局」と「終極」は同意ではないが、実際には区別がつかないものが多い。現代では、「終局」に統一されつつある。

【終極】シュウキョク 終わる。また、終わり。果て。

【終結】シュウケツ 終わる。また、終わり。しまい。

【終古】シュウコ ①いつまでも。永久に。②むかし。古昔。③常に。平素。

【終歳】シュウサイ ①一年中。年中。②一生涯。③歳を終わる。一年を終わる。一年をすごす。

【終始】シュウシ ①終わりと始め。②始めから終わりまで。③たえず。いつまでも。④終始する。始めから終わりまで続く（続ける）。⑤終わって、また始まる。循環する。

【終始一貫】シュウシイッカン 始めから終わりまで一つの主義・主張でつらぬき通すこと。〔漢書、王莽伝上〕

【終日】シュウジツ ①一日中。朝から晩まで。ひねもす。②日を終わる。一日を終わる。一日をすごす。

【終宵】シュウショウ ＝終夜。通宵。

【終食△之間】シュウショクのカン 食事を終わるほどの間。しばらくの間。わずかな時間。食頃ショクケイ。〔論語、里仁〕君子無三終食之間違二仁一（クンシはシュウショクのカンも、ジンにたがう(ふ)なし）。訳文↓造次顚沛（一〇八六ページ）。

【終身】シュウシン ①身を終わるまで。一生涯。②身を終わる。一生を過ごす。③一年中。終歳。

【終身△之計】シュウシンのケイ 一生の計画。生涯の計画。

【終身△之憂】シュウシンのうれい(ひ) 一生を通じての心配事。

【終世】シュウセイ ＝終身の①②。

【終生】シュウセイ ＝終身の①②。

【終制】シュウセイ ①三年間の服喪を終わること。②葬式の制度。また、制度通りの葬具。

【終然】シュウゼン ついに。とうとう。結局。

【終△熄・終息】シュウソク やむ。終わる。終止。

【終朝】シュウチョウ ①夜明けから朝食のころまでの間。朝の間。②転じて、わずかの間。

【終天】シュウテン この世の終わりまで。永久に。永久の。

【終南山】シュウナンザン 山名。陝西セン省西安市の南を東西に走る山脈の一峰。二六〇四メートル。別名、南山・秦山シン・秦嶺シンレイ・太一。

【終年】シュウネン ＝終歳。

【終盤】シュウバン 国①碁や将棋で、終わりに近づいたこと。また、その盤面。②事件の終わり。

【終風】シュウフウ 一日中吹く風。一説に、西風。

【終幕】シュウマク 国①芝居の最後の一幕。②芝居の全部が終わること。はねる。③事件の最後・落着。

【終夜】シュウヤ 夜どおし。よもすがら。終夕。〔論語、衛霊公〕終夜不レ寝（よもすがらいねず）

【終養】シュウヨウ 父母への孝養を最後までやりとげること。特に、親の最後を見とること。〔晋、李密、陳情表〕

【慎（愼）レ終】おわ(を)りをつつしむ ①物事の終わりを慎重にして、りっぱにやりとげようと努力すること。〔老子、六十四〕②父母の葬式を丁寧にとり行うこと。〔論語、学而〕

【紹】(11)5 5748
常 ショウ　漢ショウ（セウ） 呉ジョウ（ゼウ） 篠 shào　3050 3E52

筆順 糸 紹 紹 紹

字義 ❶つぐ（継）。うけつぐ。継承する。「継紹」❷ひきあわせる。とりもつ。会見の時、主客の間にあってせわをする。「紹介」

名乗 あき・つぎ

解字 金文 篆文 形声。糸＋召音。音符の召は、まねくの意味。祖霊を招き、その意志をうけつぐの意味を表す。

▼介紹

【紹介】ショウカイ 引き合わせる。両者の間をとりもつ。また、引き合わせ。はしわたし。なかだち。

【紹△恢】ショウカイ 前の事業を受けついで、更にそれを大きくすること。恢は、大。

【紹継（繼）】ショウケイ うけつぐ。継承。

【紹興】ショウコウ ①引き続いておこる。②地名。浙江セッコウ省杭コウ県の東南。酒の名産地。③南宋ソウ、高宗のときの年号。

【紹述】ショウジュツ 前の人の事業・制度などを受けついでさらに発展させること。

【紹復】ショウフク つぎおこす。前の人の事業のあとをついで、再びさかんにすること。再興する。

【紳】(11)5 5749
常 シン　シン 眞 shēn　3134 3F42

筆順 糸 紀 紳 紳

字義 ❶大帯。昔、高位高官者の礼装に用いた装飾用の帯。絹を合わせてつくり、朱と緑のかざりをつけ、革帯の上に結んで前に垂れる。❷紳を用いる資格のある人。高位高官の人。また、役人。「紳士」

解字 篆文 形声。糸＋申音。音符の申は、のびるの意味。結んだ上、その先端を長く前に垂らした、大きな帯の意味を表す。

▼貴紳・郷紳・薦紳

【紳△衿】シンキン 地方の有力者・上流階級。紳士。郷紳。衿は青衿の略で、士大夫の子をいう。

【紳△笏】シンコツ ①紳（大帯）と笏（官位の高い人が礼装した時

に持つ細長い板。しゃく)。転じて、官吏の礼装。

【紳士】①地方にいる官吏。②退官して郷里にいる人。③地方の有力者・上流階級。④国英語 gentleman の訳語。㋐教養があり人格の高い男子。㋑身分の高い男子。㋒富裕階級の男子。㋓男子の美称。

【紳商】①官吏と商人。②国㋐徳義を守るりっぱな商人。㋑豪商。

【書レ紳】（忘れないように）大帯の垂れさがっている部分に書きつけること。〔論語、衛霊公〕

(11)5
【紾】5750
△ 一シン 紾 zhěn　二テン 銑 tiǎn

字義 一❶ねじる。ねじまげる。また、ねじれる。❷めぐる。めぐらす。また、まつわる。❸ひとえ。ひとえの着物。二＝一の①②。

解字 篆文 形声。糸＋㐱音。

(11)5
【絏】5751　6908 6528
△ 漢セツ 呉セチ 屑 xiè

［絏］同字 6918 6532

字義 ❶きずな。ほだし。かけなわ。㋐牛馬などをつなぐなわ。㋑物をつなぎしばるなわ。㋒罪人を獄につなぐなわ。「縲絏」❷つなぐ。㋐なわでつなぐ。㋑しばる。束縛する。❸はだぎ。下着。＝褻。

解字 篆文 形声。糸＋世音。音符の世は、つながり続くの意味。物をつなげるなわ、きずなの意味を表す。

【絏袢】あせとり用のはだぎ。

(11)5
【組】5752　3340 4148
教 2 ソ　くむ・くみ
ソ 麌 zǔ

筆順 糸 糹 紅 組

字義 ❶ひも。くみひも。冠や印などにつける綬・ひもの類。❷くむ。㋐ひもをくむ。ひもを編む。㋑くみ合わせる。くみたてる。構成する。織る。❸ぬう。ぬいつける。また、刺繡する。
国❶くむ。㋐組織する。編成する。㋑くみになる。仲間になる。㋒相手の身体に取りつく。❷くみ。㋐仲間。㋑団体。㋒対。そろい。

解字 篆文 形声。糸＋且音。音符の且は、積み重ねるの意味。糸を積み重ねていく、ひもを編むの意味を表す。

▼解組・改組

【組纓】冠のくみひも。

【組閣】国内閣を組織構成すること。

【組甲】①組紐でつづって作ったよろい。②転じて、武装した兵。

【組織】①糸を組み、機を織ること。②順を追って次第にりっぱに作りあげること。学徳などを次第に身につけること。③㋐組みたてる。組み立て。㋑大きさ・形・働きの似通った細胞の集団。㋒人や物が集まって形成した秩序のある団体。

【組綬】佩玉や官印をつけるための組みひも。

【組成】国①組み立て。構成。②集まって成り立つ。③組み立てる。

【組帳】ひもで掛けつるした幕。

【組練】①組甲（よろい）と被練（陣羽織の類）。②転じて、㋐武人・兵士の武装具。よろい・かぶとの類。㋑兵士。③組紐と練絹。

【解レ組】退官すること。在官中、所持している官印を退官の時に朝廷に返上する。組は、官印のひも。

(11)5
【紿】5753　6909 6529
△ 漢タイ 呉ダイ 賄 dài

字義 ❶あざむく（欺）。いつわる。あざむき。いつわり。＝詒。❷いたる（至）。❸糸がふるくなって弱る。

解字 篆文 形声。糸＋台音。音符の台は、怠に通じて、機能が弱くなるの意味。古くて弱くなった糸の意味を表す。

(11)5
【紬】5754　3661 445D
人 漢チュウ（チウ） 呉ジュウ（ヂウ） 尤 chóu. ②③④chōu

筆順 糸 糹 紅 紬

字義 ❶つむぎ。くずまゆや真綿をつむいだ太糸で織った絹織物。❷つむぐ（紡）。繭や綿から糸を引き出す。＝抽。「紬績」❸ひく。引き出す。抜き出す。「紬繹」❹つづる。集めつづる。あつめる。

解字 篆文 形声。糸＋由音。音符の由は、抽に通じ、ひきぬくの意味。まゆや綿から糸を引きだす、つむぐ・つむぎの意味を表す。

【紬繹】糸口をみつけて引き出すこと。繹も、引き出す・たずねる。

【紬績】糸をつぐむ。紡績。

【紬段】つむぎと、どんす。

(11)5
【絀】5755
△ 漢チュツ 呉チュチ 質 chù

字義 ❶ぬう。また、ぬいめ。❷しりぞける。しりぞく。＝黜。❸かがむ。

解字 篆文 形声。糸＋出音。音符の出は、でるの意味。糸を出し入れして縫うの意味を表す。黜に通じて、しりぞけるの意味を表す。

【絀陟】臣下の官位などを、下げることと、上げること。黜陟。官位の下がることと上がること。

(11)5
【紵】5756　6910 652A
△ 漢チョ 呉ジョ（ヂョ） 語 zhù

字義 ❶いちび。麻の一種。❷あさぬの（麻布）。いちびの皮をつむいで織った粗い布。

解字 篆文 形声。糸＋宁音。

【紵衣】あさのころも。麻で作った衣服。

(11)5
【絈】5757
△ ハク　国かせ

帕（1925）と同字。→三四八ページ。

国かせ。かせ糸。＝綛。

参考 絈は、絈井・絈沢・絈谷など、いまもっぱら姓氏に用いる。

(11)5
【絆】5758　6911 652B
標 ハン 慣バン 翰 bàn

字義 ❶きずな。ほだし。㋐牛馬などの足をつなぐなわ。㋑物をつなぎとめるもの。自由を束縛するもの。「羈絆」❷つなぐ。ほだす。つなぎとめる。

解字 篆文 形声。糸＋半音。音符の半は、攀に通じ、ひきつなぐの意味。きずなの意味を表す。

【絆縶】つなぐ。つなぎとめる。

【絆創膏】傷口の保護やガーゼなどの固定のために用いる、粘着剤を塗った布・紙。

(11)5
【紱】5759
△ 漢フツ 呉フチ 物 fú

字義 ❶ひも。印につける綬。印綬。❷まとう（纏）。身につける。からむ。

解字 形声。糸＋犮音。

【紱冕】①天子からたまわった、官印のひもと冠。共に高位高官に賜るもの。②転じて、㋐礼服。㋑高位高官の地位。

(11)5
【紼】5760
△ 漢フツ 呉フチ 物 fú

字義 ❶つな（綱）。なわ。㋐大づな。大なわ。㋑引き綱。車の引き綱。特に、霊柩車の引き綱。❷ひも。印のひも。印綬。＝紱。

解字 篆文 形声。糸＋弗音。

(11) 5
【累】5761
常 ルイ

㊀ルイ 支 léi
㊁ルイ 紙 lěi
㊂ルイ 寘 lèi

4663
4E5F

筆順 冂 田 罒 畧 累

【絫】本字

字義 ㊀つなぐ。しばる。＝纍（ルイ）。
㊁❶かさなる。かさねる（かさぬ）。つみかさなる。つみかさねる。「累積」 ❷しきりに。つづいて。次々に。「累戦」
㊂❶わずらわす（わづらはす）。㋐関係を及ぼす。手数をかける。㋑たのむ。ゆだねる。まかせる。❷わずらう（わづらふ）。また、わずらい（わづらひ）。㋐うれえ（憂）。心配。また、めいわく。㋑かかりあい。まきぞえ。「累坐（ルイザ）」 ㋒足手まとい。やから。みうち。「係累」

名乗 たか　難読 累標（るべしべ）

解字 篆文 形声。糸＋田（厽）音。音符の厽（ルイ）（田は変形）は、かさねるの意味を表す。糸を順序よくかさねるの意味。

▼係累・世累・煩累

【累△茵】ルイイン しとね（敷物）を何枚も重ねる。ぜいたくな生活にいう。
【累加】ルイカ かさなり加わる。また、重ね加える。順々に加える。
【累害】ルイガイ わずらい。うれい。累礙（ルイガイ）。
【累官】ルイカン 官位が次第に上がること。官を重ねる意。
【累計】ルイケイ すべての合計。総計。累算。
【累月】ルイゲツ 多くの月を重ねる。幾月にもわたる。連月。
【累減】ルイゲン 国次第にへる。また、次第にへらす。↕累増。
【累呼】ルイコ しきりに呼ぶ。続けざまに呼ぶ。
【累△坐】ルイザ 他人の罪に関連して、自分も罰せられること。まきぞえ。連座。
【累歳】ルイサイ 来る年も来る年も。幾年にもわたって。としを重ねる意。毎年。連年。累年。
【累次】ルイジ 国次々と重なり続く意。①次々と。②たびたび。何度も。
【累時】ルイジ しばしば。たびたび。時を重ねる意。
【累日】ルイジツ 幾日も。毎日。連日。日を重ねる意。
【累宵】ルイショウ 毎夜。連夜。夜な夜な。
【累△觴】ルイショウ 杯を重ねる。何杯も酒を飲む。觴は、さかずき。
【累進】ルイシン しきりに進む。①官位などが次第に上がり進むこと。②国価格や数量が増加するにつれて、比率が上がること。
【累世】ルイセイ ①代々。歴代。累代。②世をかさねる。代を重ねる。天子などの代を重ねること。
【累積】ルイセキ ①重なりつもる。②重ね積む。
【累△紲】ルイセツ 纍紲（ルイセツ）・縲紲（ルイセツ）。①罪人をしばるなわ。②転じて、罪人として捕らわれること。また、牢獄（ロウゴク）。
【累戦（戰）】ルイセン しきりに戦う。次々と戦い続ける。連戦。
【累遷】ルイセン 次第に高い官位にうつり進むこと。
【累祖】ルイソ ①代々の先祖。また、先祖代々。②道祖神の名。旅人の安全を守る神。
【累増】ルイゾウ 次第にふえる。また、次第にふやす。↕累減。
【累息】ルイソク ①息をころす。息をひそめる。②ため息をつく。③あえぐ。はあはあと息をする。
【累代】ルイダイ ＝累世。
【累重】ルイチョウ 身のわずらいとなるもの。足手まとい。妻子眷属（ケンゾク）［など］。
【累朝】ルイチョウ 歴代の朝廷。代々の天子。
【累土】ルイド ①積み重ねた土。わずかな土。②土を積み重ねる。
【累徳】ルイトク ①徳のわざわいとなるもの。悪い行い。②徳を重ね積む。
【累犯】ルイハン 犯罪を重ねる。何度も罪を犯すこと。
【累夜】ルイヤ 夜を重ねる。毎夜。夜な夜な。累宵。
【累卵】ルイラン 積み重ねた卵。非常に危うい物事のたとえ。
【危△於累卵二】ルイランよりあやう（ふ）し 積み重ねた卵のくずれやすいのより、なおあやうい。非常に危険なたとえ。〔戦国策、秦〕
【累累】ルイルイ 纍纍（ルイルイ）。①重なりあっているさま。②物の連続して多くあるさま。続き連なって並んでいるさま。
【及レ累】ルイをおよぼす 他に迷惑をかけること。
【△挈レ累】ルイをたずさう（ふ） 足手まといになる子供などを連れていること。

(12) 6
【絪】5762
△ イン 眞 yīn

1908
3328

字義 ❶しとね。❷絪縕（インウン）は、天地の気がさかんなさま。また、天地の気が密に交わり合うこと。〔易経、繫辞下〕天地絪縕（テンチインウン）。

(12) 6
【絵】5763
教2 カイ・エ

解字 形声。糸＋因音。

(19) 13
【繪】5764
㊀漢カイ（クワイ） 呉ガイ（グワイ） 隊 huì
㊁漢カイ（クワイ） 呉エ（ヱ） 泰 huì

6973
6569

筆順 糸 糹 絵 絵 絵

字義 ㊀㊁❶エ（ヱ）。絵画。❷えがく（ゑがく）。いろどる。色彩をつける。また、刺繡（シシュウ）をする。❸もよう。色彩をつけた模様。また、色彩をつけた絹。

難読 絵鞆（えとも）

解字 篆文 形声。糸＋会（會）音。音符の會は、うまくあつまるの意味。五彩の糸をあつめて、ししゅうするの意味から、「え」の意味を表す。

▼図絵・粉絵

【絵事後レ素】カイジはソよりのちにす 絵を描くには、先ずその下地である絵絹（素）の準備が十分にできていることが大切である。一説に「絵事（カイジ）は素（ソ）を後（のち）にす」と読んで、その後で胡粉（ゴフン）（素）をぬって彩色を一層鮮明にする意に解する。根本にりっぱなまごころがあってこそ礼儀作法が本当に生きてくるというたとえ。〔論語、八佾〕
【絵素】カイソ え（絵）。図画。
【絵塑】カイソ 色彩を施した土人形。
【絵像】カイゾウ 人物を描いた絵。肖像画。画像。

(12) 6
【絓】5765
△ ㊀漢カイ（クワイ）・呉ケ 佳 kuā
㊁漢カイ（クワイ）・呉ゲ 卦 guà

字義 ㊀しけ糸。ふし糸。繭（まゆ）からひきだしたままの練らないあら糸。
㊁❶かかる。かける。❷つむぎ。

解字 篆文 形声。糸＋圭音。

(12) 6
【給】5766
教4 キュウ
漢キュウ（キフ）・呉コウ（コフ） 緝 jǐ, gěi
慣キュウ（キフ）

2175
356B

筆順 糸 糸 紒 給 給

字義 ❶たまう（たまふ）。たまわる（たまはる）。目上の者から目下の者に物品を与える。また、たまもの（賜物）。「賑給（シンキュウ）」 ❷あたえる。あてがう。たす（足）。また、飲食をまかなう。「供給」 ❸たる（足）。たりる。十分にある。備わる。「給足」 ❹てあて。給与。給料。❺すみやか。はやい。国たまう（たまふ）。動詞にそえて尊敬・謙譲の意を表す補助動詞。

名乗 たり・はる

解字 篆文 形声。糸＋合音。糸をつむぐとき、切れればすぐにつづけてつなぎ合わせて足すさまから、足すの意味を表す。

▼供給・口給・支給・自給・需給・薄給・補給・有給

【給仮（假）・給暇】キュウカ 官吏に対して一定の休日を与えること。賜暇。
【給△犒】キュウコウ 物を与えてねぎらう。

【給仕】キュウジ 国①飲食の席に侍して世話をすること（人）。②役所・会社などで雑用に使われる少年・少女。
【給事】キュウジ 貴人のそばに仕えること。給は、そなわる、事は、つかえる。給侍。
【給事中】キュウジチュウ 官名。秦・漢には、天子の諮問に答える加官（他の官の者が兼任する官）をいい、晋以後、正式の官名となる。時代によってその属する官署は異なるが、その職務は大体、侍従・奏上・規諌（天子をいさめること）などをつかさどり、清代に及んだ。
【給助】キュウジョ 金品を与えて助ける。ほどこし。給扶。
【給足】キュウソク ①十分に足りる。②足す。（十分に）与える。
【給費】キュウヒ ①費用を支給する。②費用にあてる。
【給付】キュウフ 供給交付する。渡し与える。与える。
【給与（與）】キュウヨ 金銭や品物などを与えること。また、その金銭・品物など。

(12) 6
【絜】 5767
△ 漢ケツ 呉ケチ 㕜 jié, xié

字義 ❶きよい。いさぎよい。また、きよめる。＝潔。❷くくる（束）。たばねる。❸はかる（度）。長短・大小などを計る。「絜矩」

解字 篆文 形声。糸＋㓞㊱。音符の㓞は、罪・けがれをとり除くためにきざむの意味。麻糸で結んできよめるの意味を表す。糸は、麻いとの意味。

【絜△矩△之道】ケックのみち 自分の心を基として人の心を推量し、相手のいやがることはせず、相手の好むことをしてやるやり方。恕（思いやり）の道。絜矩は、さしがねで計ること。〔大学〕
【絜斎（齋）】ケッサイ ものいみ。神仏に祈願する前に、飲食・行為などをつつしみ、不浄をさけて心身を清らかにすること。潔斎。
【絜白】ケッパク 心がきよくけがれのないこと。潔白。

(12) 6
【結】 5768
教 4 ケツ むすぶ・ゆう・ゆわえる
[一]漢ケツ・呉ケチ 㕜 jié, ①㋙jiē
[二]漢ケイ・呉ゲイ 㕜

2375
*376*B

筆順 糸 糸 糸+ 結 結

字義 [一]❶むすぶ。ゆう。㋐糸やなわをつなぐ。また、むすびめをつくる。㋑つなぐ。物をつなぎ合わせる。「連結」㋒たばねる。「結束」㋓しめくくる。まとめる。「収結」㋔集める。集まる。組みをつくる。同盟する。「結集」「団結」㋕かまえる（構）。組みたてる。㋖約束する。ちぎる（契）。「締結」㋗とり固まる。「凝結」㋘気がふさぐ。「鬱結」㋙草木の実がなる。「結レ実」㋚終わる。完了する。「終結」❷むすび。㋐むすびめ。㋑終わり。「結末」 [二]❶つなぐ。❷もとどり。髪の毛を頭の上で束ねたところ。

名乗 かた・ひとし 国ゆい。ゆう。労力をたがいに貸し合うこと。また、その人。 難読 結城

解字 篆文 形声。糸＋吉㊱。音符の吉は緊に通じ、しっかりしめるの意味。糸をしっかりむすびあわせるの意味を表す。

▼完結・帰結・起結・凝結・終結・集結・妥結・団結・直結・締結・凍結

【結宇】ケツウ 家を作る。結屋。
【結△怨・結△寃】ケツエン ①うらみを結ぶ。うらみを生ずる。うらむ。また、うらまれる。②深いうらみ。いつまでも消えないうらみ。
【結縁】ケツエン ①縁を結ぶ。関係をつける。近づきになる。②仏ケチエン 衆生が得道・成仏のために、縁を仏に結ぶこと。また、仏が世を救うために、衆生に縁を結ぶこと。
【結△跏△趺△坐】ケッカフザ 仏座禅する時の正しい座り方。左右の足をたがいに反対の股の上に置いて脚を組み合わせること。

〔結跏趺坐〕

【結果】ケッカ ①原因によってできあがった事物。↔原因。②転じて、できあがり。できばえ。③とどのつまり。果て。④植物が実を結ぶこと。また、その果実。結実。
【結客】ケッカク 客（外来者）とよしみを結ぶ。客と近づきになる。
【結括】ケッカツ くくる。むすびつける。
【結歓（歡）・結△驩】ケッカン たがいによろこびあう。仲よくする。
【結願】ケチガン 仏願がけの日数が終わること。満願。
【結局】ケッキョク 碁の勝負（局）を終わる意。転じて、とどのつまり。ついに。
【結句】ケック ①詩歌の終わりの句。結びの句。②国㋐つまり。とうとう。ついに。㋑いっそ。むしろ。
【結夏】ケツゲ 仏陰暦四月十五日、禅宗の僧や尼が寺で安居（室内にこもって行う修行）を始めること。
【結語】ケツゴ むすびのことば。結言。
【結構】ケッコウ ①組み立て。作り方。しくみ。②国㋐もくろみ。計画。㋑すぐれてりっぱなこと。よいこと。㋒十分なこと。
【結合】ケツゴウ 結び合って一つになる。結び合わせて一つにする。
【結婚】ケッコン 夫婦になること。
【結△綵】ケッサイ 祝祭日に門や家の上などに赤い絹を張り、その両端を柱などにたれ、所々に造花を結んだかざり。
【結実（實）】ケツジツ ①植物が実を結ぶこと。実がなる。②しかと。確実な。③国具体的に成果が現れること。
【結社】ケッシャ 同志が共同の目的を達するために、合意によって組合を作ること。また、その団体。
【結△綬】ケツジュ 綬（官印のひも）を結ぶ。綬を結んで官印をおびることから転じて、官吏になること。
【結集】ケッシュウ ①集めて一つにすること。②仏ケチジュウ 釈迦の死後、門人たちが教義の統一をはかって、釈迦の遺訓・遺説を編集したこと。「み。
【結愁】ケッシュウ 悲しみに心のむすぼれること。心をしめつける悲し
【結晶】ケッショウ ①一定の法則に従い、規則正しい数個の平面で囲まれた形と内部の原子の配列とを有する固体。②つもりかたまる。こりかたまる。「努力の結晶」
【結縄（繩）】ケツジョウ なわを結ぶこと。上古、文字のなかった時代に、なわをいろいろに結んで約束のしるしとしたこと。転じて、上古の政治をいう。結縄之政。
【結審】ケッシン 国①裁判の、最後のとり調べ。②とり調べを終わること。
【結成】ケッセイ ①同盟する。また、会や組織を作る。②でき上がる。成就する。
【結△帨】ケツゼイ 昔、娘の嫁入りに母親が帨（佩巾・手拭いの類）を結びつけてやったこと。転じて、結婚。〔儀礼、士昏礼〕
【結舌】ケツゼツ だまる。沈黙する。緘口。
【結草】ケッソウ ①草を結ぶ。②草庵を作る。③恩返しをする。昔、晋の大夫、魏武子は死に臨んで子の顆に死後、愛妾を殉死させよと遺言したが、顆は他に嫁入らせた。後、秦との戦いで杜回のため顆が危うかったとき、愛妾の父が草を結んで杜回をつまずかせ、顆は危険を逃れ杜回を捕らえることができた故事。〔左伝、宣公十五〕
【結束】ケッソク ①しばる。たばねる。②旅行または出陣の身じたく。③国一致団結する。
【結滞（滯）】ケッタイ とどこおる。とまる。滞も、とどこおる。
【結託】ケッタク ①たがいに心を合わせて助けあうこと。②悪事を行うために仲間を作ること。ぐるになること。
【結党（黨）】ケットウ ①仲間としてたがいに結びつくこと。党派を作ること。また、仲間に引き入れること。②国政党を結成する。
【結納】ケツノウ ①たがいに心を通じて助けあうこと。②ケツノウ・ゆいのう（ゆいのう）結婚の約束の証拠として男女両家でとりかわす贈り物。
【結髪】ケッパツ ①髪を結うこと。②元服する。一人前の成人になること。男子は二十歳、女子は十五歳で、成人の髪をゆうからいう。③転じて、その年ごろをいう。年少。少年。少女。④夫婦になること。結婚の夜、夫婦が互いの髪を結び合わせ

ることからいう。⑤正妻。本妻。⑥国（むすびがみ）ただぐるぐると巻きつけた女の髪。

【結尾】（ケツビ）おわり。むすび。結末。

【結盟】（ケツメイ）ちかいを結ぶ。ちかう。

【結△縭】（ケツリ）昔、娘の嫁入りに母親が縭（花嫁衣裳のたれひも）を結びつけてやったこと。転じて、結婚の意。→結帨（ケツゼイ）。〔詩経、豳風、東山〕親結二其縭一（したしくそのりをむすぶ）。

【結了】（ケツリョウ）おわる。おわり。

【結△廬】（ケツロ）いおりを構える。小屋を作る。廬は、いおり・そまつな家。

【結論】（ケツロン）①論じつめた最後の、まとめの意見。②論理学で、前提から推論して得た断定。

(12) 6 【絢】 5769 囚 ケン 霰 xuàn　1628 303C

筆順 糸 約 絢 絢

字義 ❶あや。織物の美しい模様。また、あやがあって美しいさま。❷はやい（疾）。 名乗 じゅん

解字 篆文 形声。糸＋旬音。音符の旬は均に通じ、ひとしいの意味。均質な織り目、幾何学的な美しいもようの意味を表す。

【絢飾】（ケンショク）美しくかざる。

【絢△爛】（ケンラン）①きらびやかで、きわめて美しいこと。②転じて、詩文の字句が豊富で美しいこと。

(12) 6 【綔】 5770 △ コ　袴（6965）と同字。→九六三ぺ。

解字 篆文 形声。糸＋夸音。音符の夸コは、またぐの意味。ズボン・ももひきの意味を表す。

(12) 6 【絞】 5771 常 コウ しぼる・しめる・しまる　2542 ·394A

㊀漢コウ（カウ）呉キョウ（ケウ）巧 jiǎo
㊁漢コウ（カウ）呉ギョウ（ゲウ）肴 xiáo

筆順 糸 紅 絞 絞

字義 ㊀❶しめる。くくりしめる。❷くびる。くくる。縄などで首をしめる。「絞殺」❸きびしい。ゆとりがない。㊁❶死者に飾りとして用いる布の帯。❷もえぎ色。国❶しぼる。㋐しぼって水分を取る。㋑責め苦しめる。❷しぼり。しぼり染め。❸しまる。

使いわけ ①しめる〔締・絞〕⇩締（5858）。
②しぼる〔絞・搾〕
〔絞〕ねじってしぼる。広がっているものを小さくする。「絞り染め・音量を絞る」
〔搾〕強く押してしぼる。無理にとりあげる。「乳を搾る・税金を搾り取る」

解字 篆文 形声。糸＋交音。音符の交は、交差させるの意味。糸を交差させる、しめるの意味を表す。

【絞△縊】（コウイ）首をくくる。首をしめる。縊もくびる意。

【絞罪】（コウザイ）しばり首の刑にあたる罪。

【絞殺】（コウサツ）首をしめてころす。

【絞死】（コウシ）①首をくくって死ぬこと。②首をしめて殺すこと。絞殺。

【絞首】（コウシュ）首をしめて殺す。また、その刑。絞首刑。

(12) 6 【絎】 5772 △ 漢コウ（カウ）呉ギョウ（ギャウ）敬 háng　6914 652E

字義 ぬう（縫）。国くける。糸目を表に出さぬようにぬう。

解字 形声。糸＋行音。

(12) 6 【絖】 5773 △ コウ（クヮウ）漾 kuàng　6913 652D

字義 わた。きぬわた。＝纊コウ。国ぬめ。絹布の一種。地が薄くつやがあり。書画を書くに用いる。

解字 形声。糸＋光音。

(12) 6 【絳】 5774 △ コウ（カウ）絳 jiàng　6912 652C

字義 ❶あか。濃い赤色。深紅色。❷地名。春秋時代の晋シンの都。今の山西省翼城県の東南。

解字 篆文 形声。糸＋夅音。音符の夅コウは紅に通じ、あかの意味。濃い赤の意味を表す。

【絳衣大冠】（コウイタイカン）真紅の衣服と大きなかんむり。将軍の服装。〔後漢書、光武帝紀上〕

【絳英】（コウエイ）真紅の花。あかい花房。絳房。英は、はな。

【絳河】（コウガ）①天の別称。②天あまの川。銀河。

【絳△裙】（コウクン）①あかいもすそ。②転じて、芸妓ゲイギをいう。

【絳△闕】（コウケツ）あかくぬった王宮の門。転じて、宮城。皇居。

【絳樹】（コウジュ）①昔の美女の名。②珊瑚サンゴの別称。

【絳△裳】（コウショウ）＝絳裙コウクン。

【絳唇・絳△脣】（コウシン）あかいくちびる。美人の形容。紅唇。朱唇。

【絳△綃】（コウソウ）あかいかとりぎぬ。綃は、目を細かくかたく織った絹。

【絳帳】（コウチョウ）①あかいとばり。②先生の座る所。また、学者の書斎。後漢の馬融バユウが、赤い垂れ幕を張って教えた故事による。〔後漢書、馬融伝〕

(12) 6 【紫】 5775 常 シ むらさき　シ 紙 zǐ　2771 3B67

筆順 丨 ト 止 止ヒ 紫

字義 ❶むらさき。色の名。青と赤のまじった色。❷帝王・神仙・道教などに関する事物に冠する語。むらさきは、もと帝王・神仙の色とされていたことに基づく。「紫禁」 国むらさき。㋐むらさき草。根からむらさき色の染料をとる。㋑醤油ショウユの別名。

名乗 むら 難読 紫雲英げんげ・れんげ・れんげそう・紫香楽しがらき・紫合ゆうだ・紫菜あまのり・のり・紫波しわ

解字 篆文 形声。糸＋此音。音符の此シは觜シに通じ、くちばしの意味。くちばしのような色、むらさきの意味を表す。

▼金紫・紅紫・青紫

【紫衣】（シイ）①紫色の衣服。もと、君主の服。②苔こけの一種。③仏エシ 紫色の袈裟ケサ。

【紫雲】（シウン）①天子・聖人・神仙などの居る所にたなびくという紫色の雲。瑞雲ズイウン。②仏念仏修業する者の臨終に、弥陀三尊ミダサンゾンが極楽から乗って迎えに来るという雲。

【紫雲英】（シウンエイ）れんげそう。マメ科の越年草で、春、紫紅色の花を開く。

【紫△苑】（シエン）①むらさきの花園。②シオン 菊科の多年草。秋に淡紫色の花を開く。

【紫煙】（シエン）①紫色のけむり。②紫色のもや。③紫色のもやのたちこめている所。帝王・神仙などの居所。④国たばこのけむり。

【紫△燕・紫△鷰】（シエン）昔の良馬の名。

【紫△霞】（シカ）①紫色のかすみ。②神仙の宮殿にたなびくかすみ。転じて、神仙の住む宮殿。仙宮。仙界。

【紫△蓋】（シガイ）①紫色の車のおおい。②嵐気ランキ（山中に立ちこめるもや）をいう。

【紫閣】（シカク）①紫色の宮殿。②神仙や、隠者のすまい。③中書省をいう。

【紫気（氣）】（シキ）①紫色の雲気。紫色のもや。めでたいこと。楽しいことの前兆とされる。②剣の光の形容。

【紫宮】（シキュウ）①星座の名。紫微宮。天帝の居所という。②天子の居所。皇居。③神仙の居所。④道教の寺院。道観。

【紫虚（虛）】（シキョ）天をいう。大空。虚は、そら。

【紫極】（シキョク）①天子の居所。皇居。②天子の位。

【紫金山】シキンザン 江蘇コウソ省南京市の東にある山。別名、鍾ショウ山。明の孝陵や、孫文の中山陵などがある。
【紫禁】シキン 皇居をいう。
【紫禁城】シキンジョウ 北京にある明ミン・清シン代の宮城の名。紫金城とも書く。
【紫誥】シコウ 天子のみことのり。詔書。紫色の印泥を用いて封をしたからいう。
【紫芝】シシ 薬草の名。紫色の霊芝(ひじりだけ・さいわいだけ)。
【紫△霄】シショウ ①天空。そら。霄は、空・おおぞら。②転じて、王宮。
【紫△宸】シシン 天子の御殿。宸は、天子の居所。
【紫△宸殿】シシンデン ①唐・宋ソウ代の宮殿の名。諸侯が朝する所。路寝。②国シシンデン・シシイデン 皇居の正殿。朝賀・即位などの諸公事を行う御殿。南殿ナデン・ナン。
【紫△翠】シスイ ①むらさきとみどり。山の色の美しい形容。②宝石の名。紫翠玉。濃緑色で、明かりに照らすと紫赤色を呈する。アレクサンドライト。
【紫清】シセイ 天空。①そら。②神仙の居所。
【紫石】シセキ ①紫水晶むらさきズイショウ。紫石英。②転じて、鋭いひとみの形容。③紫色のすずり。
【紫△髯緑眼】シゼンリョクガン 赤茶色のほおひげと、青い目。西方の異民族の顔の形容。〔唐、岑参、胡笳歌送ヲ顔真卿使赴ニ河隴一詩〕
【紫△蘇】シソ シソ科の一年草。葉と実に香気があり、食用香味料として用いる。
【紫台(臺)】シダイ 神仙、また、天子の居所。紫宮。
【紫△闥】シタツ 宮中の門。転じて、皇居。
【紫△檀】シタン マメ科の常緑高木。熱帯地方に産し、材質が堅く、暗赤色。上等の器物を作るのに用いる。
【紫竹】シチク 幹に紫黒色のまだらのある竹。かんちく。苦竹。
【紫庭】シテイ 宮城の庭。転じて、皇居。
【紫泥】シデイ ①紫色の印泥。昔、書を封ずるに印泥を用い、天子の書には紫泥を用いた。②紫泥書(天子の詔勅書)の略。
【紫電】シデン ①紫色の電光いなずま。②紫色の光。めでたい光。瑞光ズイコウ。③するどい眼光の形容。④きらりとひらめく刀剣の光の形容。⑤速いさまの形容。⑥呉(国名)の宝剣の名。
【紫洞】シドウ ①仙人の居所。②奥深く静かな場所・宮殿。
【紫△陌】シハク 帝都の道路。転じて、帝都の市街。都。
【紫微】シビ ①北斗星の北にある星の名。天帝の居所という。紫微宮。②王宮。皇居。宮城。また、都。③唐代、中書省の別名。紫微省。
【紫△薇】シビ さるすべり。ミソハギ科の落葉高木。
【紫服】シフク 紫色の衣服。高位高官の者が着る。
【紫陽花】シヨウカ・あじさい(あぢさゐ) ユキノシタ科の落葉低木。
【紫△嵐】シラン 山の紫色のもや。嵐は、紫または青色に見える山気。
【紫△蘭】シラン 花の名。ラン科の多年草。
【紫△騮】シリュウ 暗褐色の馬。黒栗毛くりげの馬。
【紫奪レ朱】むらさきシュをうばう(ふ) 間色の紫が正色の朱よりも人に喜ばれ用いられること。邪佞ジャネイ(よこしまで口さきのたくみ)の者が用いられて正しい者が遠ざけられることのたとえ。〔論語、陽貨〕

(12) 6 【絲】(5700) シ 糸(5699)の旧字体。→八三八ジー。 6915 652F

(12) 6 【絨】5776 標 漢ジュウ(ジウ) 呉ニュウ(ニウ) 中 róng 6916 6530
字義 ❶地の厚い毛織物。❷刺繡シシュウ用の糸。
解字 形声。糸+戎音。
【絨△毯】ジュウタン 毛で織った厚地の敷物。絨緞ジュウタン。絨氈ジュウセン。

(12) 6 【絮】5777 △ ㊀ショ 中 xù ㊁チョ 中 chù 慣ジョ 6917 6531
字義 ㊀❶わた。㋐繭まゆを水にひたして伸ばして作ったわた。真綿。㋑古綿。古い真綿。新しいものを綿という。❷柳のわた毛や雪片をたとえていう。「柳絮」❸わたいれ。❹くどい。くだくだしい。「絮説」㊁ととのえる。味を調える。「絮レ羹あつものをととのう(ふ)」
解字 篆文  形声。糸+如音。音符の如は、しなやかの意味。しなやかな繊維のわたの意味を表す。
【絮△纊】ジョコウ わた。絮は古綿、纊は新しい綿。
【絮絮】ジョジョ ①物事にとらわれて決定しない。ためらうさま。②綿や羽毛などがはいっていて暖かいさま。③くどくどと話すさま。
【絮説】ジョセツ くどくどと述べる。
【絮煩】ジョハン くだくだしい。くどい。わずらわしい。

(12) 6 【絏】5778 △ セツ 紲(5751)と同字。→八四九ジー。 6918 6532

(12) 6 【絶】5779 教5 ゼツ たえる・たやす・たつ 3268 4064

(12) 6 〖絕〗5780 漢セツ・呉ゼチ 中 jué 慣ゼツ

筆順 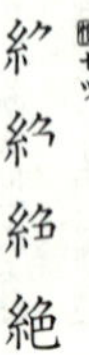

字義 ❶たつ。㋐断ち切る。中断する。「中絶」㋑さえぎる。とめる。とどめる。「絶食」㋒こばむ。ことわる。「謝絶」「拒絶」㋓たやす。なくす。滅ぼす。「根絶」㋔殺す。❷たえる(ゆ)。㋐切れる。たち切れる。㋑とぎれる。「断絶」㋒ほろびる。㋓死ぬ。❸かけはなれる。㋐へだたる。はなれている。「隔絶」㋑遠い。中央から遠い。「絶海」㋒すぐれている。まさる。「卓絶」㋓きわまる。「絶頂」❹わたる。㋐横ぎる。まっすぐに渡る。㋑よぎる。通過する。❺けわしい(険)。きり立っている。「絶壁」❻たえて。㋐全く。決して。「絶無」㋑はなはだ。きわめて。「絶好」❼絶句の略。「五絶」
使いわけ たつ〔断・絶・裁〕⇩断(2934)。
解字 甲骨文 篆文 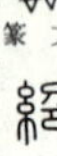 会意。糸+刀+卩。卩は、人がひざを折る形にかたどる。刃物で糸を切り、人がひざを折るさまから、中断する・たつの意味を表す。常用漢字は、刀+卩の部分を色に変形させた。甲骨文は、糸に横の三線を入れて、糸を切る形にかたどる。
▼介絶・隔絶・奇絶・気絶・義絶・凝絶・拒絶・根絶・謝絶・秀絶・殊絶・勝絶・壮絶・断絶・超絶・途絶・廃絶・妙絶
【絶異】ゼツイ ①他とはなはだしく異なる。②非常にすぐれている。
【絶域】ゼツイキ ①中央から遠くはなれた土地。辺境。②外国。③世間からかけはなれた土地。絶境。
【絶遠】ゼツエン ①関係を絶ち切って遠ざける。しりぞける。捨てる。②非常に遠い。また、その土地。
【絶縁】ゼツエン ①縁を切る。関係を断つ。②電気や熱が通じないようにすること。
【絶△艶・絶△豔】ゼツエン 非常にあでやかで美しいこと。
【絶佳】ゼッカ 非常によい。すばらしい。はなはだすぐれている。
【絶海】ゼッカイ ①陸から非常に遠くはなれた海。②海を渡る。海を横ぎる。また、海の上を飛ぶ。海を通る。
【絶学(學)】ゼツガク ①中絶して伝わっていない学問。すたれている学問。②学を絶つ。学問をやめる。
【絶△壑】ゼツガク 深くけわしい谷。絶谷。絶澗ゼッカン。
【絶奇】ゼッキ 非常に珍しい。すぐれている。また、そのもの。
【絶棄】ゼッキ たちすてる。きりすてる。
【絶△伎・絶技】ゼツギ 非常にすぐれた技術。また、技術がこの上なくすぐれている。
【絶叫】ゼッキョウ 大声でさけぶ。声を限りに叫ぶ。
【絶境】ゼッキョウ 世間から遠くはなれた(隔絶した)土地。
【絶響(響)】ゼッキョウ 名曲などの絶えほろびること。また、その曲を

いう。晋(シン)の嵇康(ケイコウ)が死刑に処せられるとき、琴の名曲、広陵散もこれで絶えるであろうと言った故事。〔晋書、嵇康伝〕

【絶業】ゼツギョウ　たえてしまった事業。

【絶句】ゼック　①近体の漢詩の一種。四句から成り、初句から順に起句・承句・転句・結句と呼ぶ。五字句四句の五言絶句(ゴゴンゼック)（押韻は、二・四句の末尾）、七字句四句の七言絶句（押韻は、一・二・四句の末尾）とがある。⇩コラム・漢詩（六六〇ページ）。②国話の途中でことばにつまって続かなくなること。

【絶景】ゼッケイ　非常にすぐれた景色。すばらしい景色。

【絶弦・絶△絃】ゼツゲン　昔、伯牙(ハクガ)は琴の名手で、親友の鍾子期(ショウシキ)はよくそれを理解したが、鍾子期の死を聞くや、伯牙は琴糸をたち切って二度と琴をひかなかった故事。転じて、親友の死をいう。〔呂覧、本味〕

【絶後】ゼツゴ　①後に同様のことが決してないこと。今後にないこと。「空前絶後」②あとつぎのないこと。③死んだ後。死後。

【絶交】ゼッコウ　まじわりをたつ。交際をやめる。

【絶好】ゼッコウ　①きわめてよい。この上なくよい。②よしみを絶つ。絶交する。

【絶国(國)】ゼッコク　遠くはなれた国。また、絶縁の国。

【絶△塞】ゼッサイ　①遠い国境のとりで。②転じて、遠い国境。遠く離れた外地。絶域。③国境のとりでを越える。

【絶賛(贊)・絶△讃】ゼッサン　非常にほめたたえること。

【絶△祀】ゼッシ　①先祖の祭りをたつこと。②転じて、国がほろびること。

【絶唱】ゼッショウ　すぐれた詩歌・文章をいう。

【絶勝】ゼッショウ　①非常にすぐれている。きわめてまさっている。②非常にすぐれた景色。③地勢のすぐれた土地。

【絶色】ゼッショク　①すぐれて美しい容色。また、すばらしい美人。②非常に美しい色。

【絶△塵】ゼツジン　①俗世間と関係を絶つこと。世間をのがれる。世俗を超越している。②塵(ちり)ひとつたてないこと。馬などが非常に軽やかに、かつ速く走るさまの形容。

【絶世】ゼッセイ　①世に並びなくすぐれていること。「絶世独立」②子孫が絶えてあとつぎのない家。③世をたつ。㋐世を捨てる。㋑死ぬ。

【絶跡・絶△迹】ゼッセキ　①あとをたってゆくえをかくす。世人と遠くへだたること。②非常に特殊な事がら。またとない事。③人里遠く離れた所。人の来たことのない所。

【絶息】ゼッソク　①絶える。やむ。なくなる。息も、やむ意。②息がたえる。死ぬ。

【絶俗】ゼツゾク　①世俗とかけはなれること。世事を捨てること。俗事に関係しないこと。②世俗一般よりはるかにすぐれていること。

【絶体(體)絶命】ゼッタイゼツメイ　国からだも命もつききわまる意。どうにものがれようのない、さしせまった状態をいう。（体を対と書くのは誤り）

【絶対(對)】ゼッタイ　↕相対。①対立するもの・対立すべきもののないこと。②少しも他から制約を受けないこと。③何らの前提や約束によることなく、それ自体として存すること。④哲学用語。宇宙の根底として無条件・純粋・完全で、自ら独立に存在する唯一の者（最高者）。

【絶大】ゼツダイ　非常に大きい。この上なく大きい。

【絶代】ゼツダイ　①＝絶世の①。②世にまれなこと。③遠くかけ離れた時代。

【絶地】ゼッチ　①ぬけ出しにくい難所。のがれる方法のない場所。②非常に遠くへだたった土地。

【絶頂】ゼッチョウ　①一番高いいただき。山などの最も高い場所。てっぺん。絶巓(ゼッテン)。②転じて、物事の極点。最高の状態。

【絶倒】ゼットウ　①気絶して倒れる。また、急に倒れる。卒倒。②曲がり倒れる。極度の感情のたかまりのため自分で自分がわからなくなるさまの形容。㋐腹をかかえて笑うさま。ころげまわって笑うさま。「捧腹(ホウフク)絶倒」㋑非常な悲しみやうれえのためにくず折れるさま。身もだえして悲しむさま。㋒非常に感服・敬服して上体を倒し頭をさげるさま。傾倒。

【絶島】ゼットウ　陸地から遠くはなれている島。絶海の孤島。

【絶幕・絶漠】ゼツバク　砂漠を横断すること。また、遠くはなれている砂漠。幕は、漠に通じ、砂漠をいう。

【絶筆】ゼッピツ　①絶命の時に書いた筆跡。一生の最後に書いたもの。②比類なくすぐれた筆跡。③筆をたつ。書くことをやめる。筆をおく。擱筆(カクヒツ)。絶麟(ゼツリン)。

【絶品】ゼッピン　非常にすぐれた品。

【絶壁】ゼッペキ　きり立って、非常にけわしいがけ。きりぎし。

【絶望】ゼツボウ　のぞみをたつ。希望が全くなくなること。

【絶妙】ゼツミョウ　非常にすぐれていること。きわめてたくみなこと。

【絶無】ゼツム　①全くない。少しもない。②絶えていて存在しない。③「絶無而僅有(ゼツムにしてわずかにあり)」は、きわめてまれなこと。非常に少ないこと。

【絶命】ゼツメイ　命が絶える。死ぬ。また、命を絶つ。

【絶命詞】ゼツメイのシ　死ぬ時に言いのこすことば。また、死ぬ時に作る詩歌文章。辞世の詞。絶命辞。

【絶滅】ゼツメツ　①絶えほろぶ。全くなくなる。②絶やしほろぼす。ほろぼしつくす。

【絶粒】ゼツリュウ　①穀類がなくなる。②穀類をたべない。絶食。

【絶力】ゼツリョク　すぐれた力。大力。

【絶倫】ゼツリン　同類からかけはなれている意。人なみはずれてすぐれていること。倫は、類・同類。

【絶△麟】ゼツリン　＝絶筆の③。孔子が『春秋』（経書の名）を編修し、魯(ロ)の哀公十四年の獲麟（麒麟(キリン)をつかまえた）の記事で筆をおいた故事。

(12) 6
【経】5781
△ 漢テツ 呉デチ 㞕 dié

字義 おび。喪服を着た時に首と腰に巻く麻の帯。首に巻くものを首経・環経、腰に巻くものを要経・経帯という。「衰経(サイテツ)」

解字 文 篆 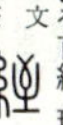 形声。糸＋至音。

(12) 6
【統】5782
教 5 トウ すべる　トウ 宋董 tǒng　3793 457D

筆順 

字義 ❶すべる(す)。㋐一つにまとめる。「統一」㋑すべ治める。「統治」❷おおすじ。全体につながる、本となるすじ。「正統」❸血すじ。続きあい。「血統」❹いとぐち（緒）。はじめ。❺のり（法）。きまり。❻すべて。全体で。とりまとめて。

名乗 おさ・おさむ・かね・すみ・すめる・つづき・つな・つね・のり・むね・もと

解字 文 篆  形声。糸＋充音。音符の充は、みたすの意味。多くの糸を集めて一本の糸とする、すべるの意味を表す。

▼一統・王統・学統・系統・血統・正統・聖統・総統・大統・伝統・道統

【統一・統壱(壹)】トウイツ　一つにまとめる。また、一つにまとまる。

【統括】トウカツ　すべくくる。一つにまとめる。◇「統括」と「統轄」は、もと法令では意味を異にしていたが、昭五六、法令用語改正で「統括」に統一されて以来、一般でも「統括」が多く用いられる。

【統轄】トウカツ　すべ治める。すべつかさどる。

【統管】トウカン　全体をすべつかさどる。

【統監】トウカン　全体を合わせて監督すること。また、その人。政治・軍事についていう。

【統御・統△馭】トウギョ　一つにまとめて治める。全部を治める。

【統計】トウケイ　同種類に属する個々の現象を、数量的に整理統合することによって、その一般的な法則・状態などを表すこと。

【統合】トウゴウ　すべ合わせる。一つにまとめる。

【統帥】トウスイ すべひきいる。統率する。また、その人。
【統制】トウセイ ①すべ治める。まとめて取り締まる。②官名。出征軍の司令官。③国 一定の計画のもとに規制によって制限すること。
【統率】トウソツ 全体をまとめてひきいる。かしらとなってひきいる。
【統治】トウチ ①すべ治める。②主権者が、国・人民をおさめること。
【統領】トウリョウ すべ治める。また、その人。かしら。
【垂レ統】トウをたる 子孫の受けつぐべきいとぐちを後にのこす。事業の基礎を作って子孫にのこすこと。〔孟子、梁恵王下〕君子創レ業垂レ統（ギョウをはじめトウをたる）

(12) 6
【絣】5783
標 ホウ　6919 6533

絣（5828）の印刷標準字体。→八兲ペー。

(12) 6
【絡】5784
常 ラク からむ・からまる　4577 4D6D

ラク 粵 luò

筆順 幺 糸 糸 紗 絡 絡

字義 ❶まとう。からむ。からげる。からまる。まきつく。まとわる。❷めぐる。めぐらす。❸つなぐ。つながる。続く。「連絡」❹きずな。馬などをつなぐ綱。たづな。❺すじ。㋐血管や神経などの細いすじ。㋑すじみち。「脈絡」

解字 篆文　形声。糸＋各㊥。音符の各カ＝クラは、虚ロに通じ、めぐらすの意味。糸をめぐらす、まとうの意味を表す。

▼経絡・脈絡・連絡
【絡緯】ラクイ 虫の名。こおろぎ。きりぎりす。一説に、くつわむし。
【絡繹・絡駅（驛）】ラクエキ 連なり続くさま。人馬の往来などの絶えず続くさま。繹も、連なる・続く。
【絡頭】ラクトウ ①おもがい。馬のたてがみの上からくつわにかけるかざり。②頭にまきつける布。
【絡脈】ラクミャク すじみち。また、人体の神経・血管など。脈絡。

(13) 7
【継】5785
常 ケイ つぐ　2349 3751

〔繼〕5786
(2014)　ケイ 粵 jì　6975 656B

筆順 糸 糸 紗 絆 継 継

【𢇍】同字

字義 ❶つぐ。㋐つなぐ。「中継」㋑続ける。「継続」㋒受けつぐ。受けつたえる。「継承」❷つぎ。あとをひきうける者。あとつぎ。「後継者」❸ついで。㋐続いて。㋑やがて。間もなく。国❶つぎ。着物や布の破れに他のきれを当てて補修すること。また、そのきれ。❷まま。血のつながりのないことを表す。「継母まま」

名乗 つね

使いわけ つぐ〔次・継・接〕⇨次（3760）。

解字 金文　篆文　象形。金文は、糸に糸をつなぐ形にかたどり、つぐの意味を表す。のち、さらに糸を付し、糸＋𢇍㊥の形声文字となる。

▼後継・承継・紹継
【継起】ケイキ ①あとに続いておこる。②あとをついで起こす（さかんにする）。
【継妻】ケイサイ 後ぞいのつま。後妻。
【継子】ケイシ ①義理の子。配偶者の子で自分と血のつながりのない子。ままこ。②国ままこ ㋐＝①。㋑仲間からのけものにされる者。
【継嗣】ケイシ 嗣継。①つぐ。あとをつぐ。②あとつぎ。あととり。相続人。継弐ケイジ。
【継室】ケイシツ ①後ぞいの妻。後妻。継妻。②室をつぐ。妻のあとをつぐ。正妻のあとをついで妻となる。
【継述】ケイジュツ 前人のあとをついでその事を明らかに述べ行うこと。継承祖述。
【継承】ケイショウ あとを受けつぐ。承は、うける。
【継踵】ケイショウ あとをつぐ。ひきつぐ。踵は、かかと。
【継続（續）】ケイゾク あとを受けつぐ。また、続ける。
【継体（體）】ケイタイ 先祖のあと、天子の位をつぐ。また、その人。皇太子。
【継父】ケイフ ①父をつぐ。父の後をつぐ。②ままちち 母の夫であって、自分の実父でない人。
【継母】ケイボ・まはは 父の妻であって、自分の生母でない人。

(13) 7
【經】(5738)
ケイ 経（5737）の旧字体。→八四六ペー。　6920 6534

(13) 7
【綌】5787
△ 漢ケキ・呉キャク 慣ゲキ 粵 xì

字義 葛くずの粗あらい糸で織った布。また、その布で作った衣服。かたびらの類。「絺綌」

解字 篆文　形声。糸＋谷㊥。音符の谷は、隙ゲキに通じ、すきまの意味。すきまのあるあらいおりめの布の意味を表す。

(13) 7
【絹】5788
教6 ケン きぬ　2408 3828

㊀ケン 粵 juàn
㊁ケン 鉄

筆順 糸 糸 紀 絹 絹 絹

【絹】俗字

字義 ㊀きぬ。蚕の繭まゆからとった糸。また、それで織った織物。㊁からめとる。＝羂ケン。

解字 篆文　形声。糸＋肙㊥。音符の肙エン＝ケンは、細く小さいの意味。細い糸、きぬいとの意味を表す。

▼素絹・練絹
【絹素】ケンソ 書画を書くに用いる白い絹。素は、白絹。
【絹紬】ケンチュウ 絹織物の一つ。やままゆに似た蚕の糸で織ったもの。きぬつむぎ。
【絹帛】ケンパク きぬ。絹織物。
【絹布】ケンプ ①絹織物ともめん織物。②絹織物。
【絹本】ケンポン 書画を書くに用いる絹地。また、絹地に書画を書いたもの。↕紙本。

(13) 7
【綆】5789
△ 漢コウ（カウ）呉キョウ（キャウ）粵 gěng

字義 つるべなわ。井戸なわ。つるべにつけて井戸の水をくみ上げるなわ。

解字 篆文　形声。糸＋更（㪅）㊥。音符の㪅コウは、かたいの意味。つよくかたいなわ、つるべなわの意味を表す。

(13) 7
【綉】5790
△ シュウ 繡（5932）の俗字。→八七三ペー。　6921 6535

(13) 7
【綃】5791
△ ショウ（セウ）粵 xiāo

字義 ❶きいと（生糸）。また、きぎぬ（生絹）。❷あやぎぬ。また、うすぎぬ。

解字 篆文　形声。糸＋肖㊥。音符の肖ショウは、小さく細い意味を表す。きいと、また、きぎぬの意味を表す。

【綃紈】ショウガン 薄い白絹。
【綃縠】ショウコク うすぎぬ。縠も、うすぎぬ。
【綃素】ショウソ しろぎぬ。

(13) 7
【絛】5792
△ トウ（タウ）慣ジョウ（デウ）粵 tāo　6922 6536

字義 ❶さなだ。さなだ紐ひも。ひらひも。うちひも。糸を組んで作った平たい紐。❷馬絛バトウは、馬の腹帯。❸絛虫ジョウチュウ（条虫）は、人体の寄生虫の名。さなだむし。

解字 篆文　形声。糸＋攸㊥。音符の攸ユウ＝トウは、長いすじの意味。長く編んだひもの意味を表す。

(13) 7
【綏】5793
△ ㊀スイ 粵 suí (suī)
㊁タ 粵 tuǒ　6923 6537

字義 ㊀❶やすい。やすし。やすらか。また、やすんじる。やすんず。❷

車のとり手。車に乗るとき、また、車中に立っているときにつかまるひも。❸とめる。とどめる。

【解字】甲骨文 篆文 形声。糸＋妥㊟。音符の妥は、やすらかの意味。車に乗るときの安定を保つためのひも、車のとっ手の意味を表し、やすらかの意味をも表す。

□二 たれる（垂）。さげる。

【綏安】スイアン 安んじる。安らかにすること。

【綏遠】スイエン ①遠い地方をしずめ安んじる。②旧省名。山西・陝西（センセイ）両省の北に接していたが、今は内蒙古（ナイモウコ）自治区に編入された。

【綏懐（懷）】スイカイ 手なずける。手なずけ従わせる。

【綏綏】スイスイ ①つれだって行くさま。②つれあい（配偶者）をさがし求めるさま。③雨・雪などの降りそそぐさま。④水のそそぎ落ちるさま。さらさら。たらたら。「綏綏灑灑（サイサイ）」⑤安らかなさま。

【綏△靖・綏静（靜）】スイセイ 安んじる。しずめ安んじる。

【綏定】スイテイ 国家をよく治めて安定させる。

【綏寧】スイネイ ＝綏靖・綏静。

【綏△撫】スイブ 安んじいたわる。撫は、なでる。

(13)7【続】5794 (21)15〔續〕5795　教4 ゾク　つづく・つづける　㊥ショク ㊤ゾク 因 xù　— 3419 4233　— 6984 6574

【筆順】糸 糹 紀 紌 続 続

【字義】❶つづく。つらなる。つながる。「継続」❷つづける。㋐つらねる。㋑つけ足す。㋒つなぐ。❸つぐ（継）。絶えた所をつぎ続ける。❹つづき。㋐つづくこと。㋑後につづくもの。

【名乗】つぎ・つぐ・ひで　【難読】続飯（そくい）

【解字】甲骨文 篆文 形声。糸＋売（𧶠）㊟。音符の𧶠（ショク）は、属に通じ、つづくの意味。糸がつづくさまから、つぐ・つづくの意味を表す。

▼継続・持続・接続・相続・断続・陸続

【続弦・続△絃】ゾクゲン 二度めの妻を迎えること。琴瑟（キンシツ）の糸の切れたのをつなぐ意。夫婦を琴瑟にたとえることからいう。瑟は、琴に似てそれより大きな楽器。

【続行】ゾッコウ ひきつづいて行う。

【続成】ゾクセイ あとをついで仕上げる。

【続続】ゾクゾク あとからあとからひき続くさま。〔唐、白居易、琵琶行〕低レ眉信レ手続続弾（まゆをたれてにまかせてゾクゾクとしてダンず）。

【続△貂】ゾクチョウ ①りっぱなもののあとに粗悪なものが続くこと。貂は、貂蟬（チョウゼン）の略。高官の冠の貂（てん）（獣の名）の尾で作った飾り。②転じて、高官の人。晋（シン）の趙王倫（チョウオウリン）の一党が下僕に至るまで高官になったので、世人が、高官になる資格のある人だけでは足りないとみえて、犬のしっぽのようなつまらない人までも高官に任じた（貂不レ足狗尾続（チョウたらずしてクビつぐ））とそしった故事に基づく。〔晋書、趙王倫伝〕③他人の残した事業をつぐことを謙遜（ケンソン）していう。

【続発（發）】ゾクハツ つぎつぎとおこる。続生。

【続文章軌範】ゾクブンショウキハン 書名。七巻。『文章軌範』にならって周末から明代（ミンダイ）までの文章を集めたもの。明（ミン）の鄒守益（スウシュエキ）の編と称するが、実は書籍商の手に成ったもの。

【続編・続△篇】ゾクヘン 正編につづく編。続きとして出る本。

(13)7【絺】5796　△ チ 因 chī

【字義】葛（くず）の細い糸で織った布。また、その布で作った衣服。かたびらの類。

【解字】篆文 形声。糸＋希㊟。音符の希（キ＝チ）は、織り目が少ない、まれの意味。葛（くず）の繊維で織った、比較的目のあらい布の意味を表す。

【絺衣】チイ かたびら。葛衣（くずぎぬ）。

【絺△綌・絺△絡】チゲキ かたびら。綌・絡は、葛（くず）の繊維で織ったあらい布で作った衣服。

(13)7【綈】5797　△ ㊥テイ ㊤ダイ 斉 tí

【字義】あつぎぬ（厚絹）。つむぎ。太糸で厚く織った絹。

【解字】篆文 形声。糸＋弟㊟。

【綈△袍】テイホウ 厚い絹の綿入れ。どてらの類。

【綈△袍恋（戀）恋（戀）】テイホウレンレン 旧恩を思うことのたとえ。また、友情の厚いたとえ。戦国時代、秦（シン）の宰相范雎（ハンショ）が、魏（ギ）の須賈（シュカ）から、寒苦をあわれんで綈袍を与えられたのに対して言った語。恋恋は、情の厚いこと。〔史記、范雎伝〕

(13)7【絻】5798　△ 一㊥ブン・㊤モン 問 wèn　二㊥ベン・㊤メン 銑 miǎn

【字義】□一 ❶喪の時に用いる一種の冠。頂上の部分がなく、はちまきのように頭につける。❷ひつぎづな。棺（ひつぎ）を引く綱。

□二 かんむり（冠）。＝冕（ベン）。

【解字】形声。糸＋免㊟。

(13)7【絽】5799　△ ㊥リョ ㊤ロ 語 lǚ　— 6924 6538

【字義】❶縞織（しまおり）の布。❷ぬう（縫）。国ロ。織り目の透いた薄い絹織物。夏の衣服に用いる。

【解字】形声。糸＋呂㊟。音符の呂（リョ）は、つらなるの意味。

(13)7【綛】5800　国字　△　［綛］— 6925 6539

【字義】❶かすり。かすったように所々に小さな模様のある織物。＝絣（かすり）・絣（ホウ）。❷かせ。㋐「かせいと」の略。枠（かせ）からはずした糸。＝桛。㋑一定の長さの糸を巻きとのえて束ねたもの。

【解字】会意。糸＋忍。

(14)8【維】5801　常 イ　㊥イ（ヰ） ㊤ユイ 因 wéi　— 1661 305D

【筆順】糸 糸 紒 絣 維 維

【字義】❶つな。㋐張りづな。㋑おおづな（大綱）。おおもと。❷道徳の基礎となるもの。四維（礼・義・廉・恥）。❸つなぐ。㋐綱をはってささえる。ささえる。㋑しばる。また、結ぶ。❹すみ（隅）。天地のはて。天地は四本の大綱でつながれささえられているという考えに基づく。「地維」❺発語の助字。㋐ただ（唯（イ））。㋑これ（惟（イ））。

【名乗】しげ・すけ・すみ・たもつ・ふさ　【難読】維納（ウィーン）

【解字】金文 篆文 形声。糸＋隹㊟。音符の隹（スイ）は、一定の道すじに従うの意味。一定の道すじにつなぎとめるの意味を表す。

▼綱維・国維・繊維・地維

【維綱】イコウ ①おおづな。②大綱でつなぐ。つなぐ。しばる。③のり。法度。

【維持】イジ たもち続ける。ささえる。

【維時】これときこれ 年月をいう時の発語の語。

【維新】イシン ①これ新たの意。改まる。新しくなる。㋐万事が改まって新しくなること。革新する。〔詩経、大雅、文王〕周雖二旧邦一、其命維新（シュウはキュウホウといえどもそのメイこれあらたなり）。㋑政治の体制が一新すること。②国明治初年の政治体制の改革をいう。御一新。

【維摩】ユイマ 仏釈迦（シャカ）の弟子の一人。「維摩経」は、その所説を述べたお経。

(14)8【綺】5802　囚 キ 紙 qǐ　— 6926 653A

【筆順】糸 紗 絝 綺 綺

【字義】❶あやぎぬ。あや織りの絹。綸子（リンズ）。❷あや。ひかり。いろ。つや。❸うつくしい。「綺麗」　国いらう（いらふ）。いじる。もてあそぶ。

【名乗】かむはた　【難読】綺田（かばた）

【参考】現代表記では［奇］（1410）に書きかえることがある。「綺

談→奇談」

解字 篆文 形声。糸＋奇㊥。音符の奇は、平凡でないの意味。目をうばうような美しいあやぎぬの意味を表す。

【綺雲】キウン　あや絹のように美しい雲。
【綺筵】キエン　美しいむしろ。美しい敷き物。
【綺紈】キガン　①あや絹と練り絹。②美しい織物・衣服。
【綺語】キギョ・キゴ　①あやのあることば。美しいことば。②仏十悪の一つ。たくみにいつわりかざったことば。
【綺窓・綺△窗】キソウ　美しい彫刻やカーテンのある窓。
【綺△譚】キタン　＝綺談。
【綺談】キダン　おもしろくあやのある話。珍しい話。奇談。
【綺帳】キチョウ　あやぎぬの美しいとばり。
【綺△靡】キビ　はなやかで美しい。はでやか。
【綺羅】キラ　①あや絹と薄絹。②美しい衣服。美服。また、それを着た人。③国㋐美しいこと。はでやかなこと。㋑よそおい飾ること。㋒栄華をきわめるさま。威光の盛んなさま。
【綺羅星】キラぼし　国美しい星。きらめき輝く星。
【綺麗】キレイ　①あやがあって美しい。うるわしい。②国㋐いさぎよい。見苦しくない。㋑残りのないこと。きれいさっぱり。

(14)8 **【綦】** 5803　△　漢キ　呉ギ　因 qí

字義 ❶もえぎ。もえぎ色。青と黄との中間色。きみどり。また、もえぎ色の絹。昔、未婚の女の衣服とした。「綦巾キキン」❷青黒色。また、赤黒色。❸くつのひも。また、くつの飾り。

解字 形声。糸＋其㊥。

【綦△巾】キキン　もえぎ色の絹の衣服。昔、未婚の女子が着た。「縞衣綦巾コウイキキン」

(14)8 **【綮】** 5804　△　㊀ケイ 薺 qǐ　㊁漢ケイ　呉キョウ（キャウ）径 qìng　[綮]　6927　653B

字義 ㊀きめの細かい絹。㊁筋肉のつけね。肉と骨とのつながりめ。肯綮コウケイ。転じて、物事の急所。かなめ。

解字 篆文 形声。糸＋𢼄㊥。

(14)8 **【綣】** 5805　△　漢ケン　呉カン（クヮン）阮願 quǎn　6928　653C

字義 ❶まつわる。つきまとって離れない。❷ねんごろ。情が厚い。また、ねんごろにする。

解字 篆文 形声。糸＋卷㊥。音符の卷は、まくの意味。ひもがまといつくの意味を表す。

【綣△繾】ケンケン　ねんごろ。ねんごろにする。情が深くつきまとって離れない。繾綣。

(14)8 **【綱】** 5806　常　コウ　つな　コウ（カウ）陽 gāng　2543　394B

筆順 糸 紀 網 網 綱 綱

字義 ❶つな。おおづな。網をしめくくるもとづな。❷物事をささえ保つ根本のもの。おおもと。かなめ。㋐物事をとりしまるもの。法則。規則。「綱紀」㋑人の守るべき道。道徳。「三綱五常」❸同類中での分類上の大きな区分。生物分類では門の下、目モクの上。❹すべる（統）。すべ治める。しめくくる。❺つなぐ（繋ケイ）。

解字 篆文 形声。糸＋岡㊥。音符の岡コウは、強に通じ、つよいの意味。つよいなわ、つなの意味を表す。

▼紀綱・大綱

【綱維】コウイ　①おおづな。もとづな。維も、おおづな。②のり（法）。おきて。国家の法度。③道徳。君臣・父子・夫婦の三綱と礼・義・廉・恥の四維。④つなぐ。すべくくる。
【綱紀】コウキ　①大づなと小づな。つな。転じて、物事のしめくくり。規則。規律。〔荀子、勧学〕礼者法之大分レイはホウのタイブン、類之綱紀也ルイのコウキなり。②国家を治める大法と細則。③すべ治める。
【綱紀粛（△肅）正】コウキシュクセイ　国役人の不正をいましめ規律を正すこと。
【綱常】コウジョウ　人の守るべき大道。道徳。三綱五常。
【綱目】コウモク　①物事の大分類と小分類。大綱と細目。②編年史の一種。「資治通鑑綱目シジツガンコウモク」③要点。全体の中の重要な所。
【綱要】コウヨウ　最も重要な点。主要な眼目。要点。大本。
【綱理】コウリ　すべおさめる。統治する。
【綱領】コウリョウ　①大づなと、えりくび。転じて、綱要。②国団体の立場・方針・守るべきことなどを、要約したもの。テーゼ。

(14)8 **【緄】** 5807　△　㊀コン 阮 gǔn　㊁漢コン・呉ゴン 阮 hùn

字義 ㊀❶織った帯。❷なわ。❸たば（束）。㊁緄夷コンイ・緄戎コンジュウは、中国西方の異民族。

解字 篆文 形声。糸＋昆㊥。

(14)8 **【綵】** 5808　△　サイ 賄 cǎi　6929　653D

字義 ❶あやぎぬ。模様のある絹。五色の色どりのある織物。また、その衣服。❷あや。色どり。模様。＝彩。

解字 形声。糸＋采㊥。音符の采サイは、彩に通じ、いろどりの意味。色どりのよい糸、あやぎぬの意味を表す。

【綵衣】サイイ　五色のあや模様のある美しい衣服。綵服。
【綵雲】サイウン　美しい色どりの雲。五色の雲。
【綵花・綵華】サイカ　つくりばな。造花。
【綵△虹】サイコウ　美しい色どりのにじ。
【綵糸（絲）】サイシ　美しい色の糸。色糸。彩糸。
【綵△繡】サイシュウ　美しいあや模様のある絹。
【綵組】サイソ　美しい色の組みひも。組は、くみひも。
【綵線】サイセン　＝綵糸。
【綵帳】サイチョウ　美しい色絹のとばり（カーテン）。
【綵房】サイボウ　美しく色どった部屋。

(14)8 **【綷】** 5809　△　サイ 隊 cuì

字義 ❶えぎぬ（絵絹）。五色の絹。❷あわせる。まじえる。

解字 形声。糸＋卒㊥。

【綷雲】サイウン　美しい色の雲。五色の雲。

(14)8 **【緇】** 5810　△　シ 支 zī　6930　653E

【緇】本字　字義 ❶くろ。黒色。❷黒色の絹。また、黒色の衣服。❸僧の着る黒色の衣服。墨染めのころも。僧衣。転じて、僧。❹くろむ。黒くなる。黒くそまる。

解字 篆文 形声。糸＋甾㊥。音符の甾シは、川のはんらん、わざわいの意味。にごりのある糸、くろの意味を表す。

【緇衣】シイ　①黒色の衣服。〔論語、郷党〕緇衣羔裘シイにはコウキュウ。②仏エシ㋐墨染めのころも。僧衣。㋑僧。
【緇黄】シコウ　①黒と黄。②僧侶ソウリョと道士。道教の僧（道士）は黄色の冠をかぶる。
【緇素】シソ　①黒と白。また、黒衣と白衣。②僧侶ソウリョと俗人。
【緇徒】シト　＝緇流の㋐。
【緇布】シフ　①黒色のぬの。②緇布冠（元服のときかぶる冠）の略。
【緇流】シリュウ　墨染めのころもを着ている人々。㋐僧。㋑僧の社会。
【緇林】シリン　①緇帷シイ（黒いとばり）を張ったように樹木のおい茂った林。→次項。②仏寺院。
【緇林△杏壇】シリンキョウダン　孔子が緇帷シイの林に遊び、杏（あんず）の花咲く土壇キョウダンに休息した故事から、学問所・講堂をいう。〔荘子、漁夫〕

(14)8 **【綽】** 5811　標　シャク　薬 chuò　6931　653F

字義 ❶ゆるやか。ゆったりとしたさま。「余裕綽綽」❷しと

やか。たおやか。しなやか。「綽約」❸おおい（多）。

解字 金文 篆文 形声。もと、素（𥿻）＋卓音。𥿻は、白い糸の意味。音符の卓は、きわだってすぐれるの意味。しなやかなすぐれた糸の意味から、転じて、ゆったりとしてしなやかの意味を表す。

【綽寛】シャッカン・シャクカン　心がゆったりしてひろい。寛大。

【綽号（號）】シャクゴウ　あだ名。綽名。

【綽綽】シャクシャク　ゆったりしたさま。余裕のあるさま。〔詩経、小雅、角弓〕綽綽有レ裕（シャクシャクとしてユウあり）。

【綽然】シャクゼン　ゆったりとしたさま。

【綽名】シャクメイ　あだな　その人の顔・くせなどによって本名のほかに、他人が付けた呼び名。綽号。渾名（コンメイ）。

【綽約】シャクヤク　①柔弱なさま。なよやかなさま。②しとやかなさま。やさしく美しいさま。〔荘子、逍遥遊〕綽約若二処子一（シャクヤクとしてショシのごとし）。

(14) 8
【綬】5812　標　漢シュウ（シウ）　呉ジュ　有 宥 shòu　2890 3C7A

字義 ひも。㋐組み紐。打ち紐。ひら紐。㋑膝掛（ひざかけ）の紐。㋒官職のしるしとして佩（お）びる官印。また、佩玉（ハイギョク・おびだま）の紐。　国ジュ。勲章・褒章などの佩（お）び紐。

〔綬〕

解字 篆文 形声。糸＋受音。音符の受は、うけわたすの意味。官職を表す印と革帯との間をうけわたす（つなぐ）ひもの意味を表す。

【綬帯（帶）】ジュタイ　官印をおびるための組みひものおび。

【解レ綬】ジュをとく　官職をやめる。辞職する。官印の綬を解き去る意。

【結レ綬】ジュをむすぶ　官職につくこと。官印の綬を身につける意。

(14) 8
【緅】5813　△　一漢シュウ（シウ）・呉シュ　尤 zōu　二漢ソウ・呉ス　尤 zōu

字義 一二 青と赤との中間色。一説に、黒みがかった赤色。また、その絹。

解字 篆文 形声。糸＋取音。

(14) 8
【緒】5814　常　ショ・チョ　お　2979 3D6F

(15) 9
〔緖〕5815　人 許　漢ショ・呉ジョ　慣チョ　語 xù

筆順 糸 紩 緒 緒

字義 ❶いとぐち。糸の先端。また、糸。❷はじめ。おこり。発端。「端緒」❸のこり。あまり。「緒余」❹すじ。つづき。系統。❺順序。次第「緒次」❻こと。仕事。事業。「遺緒」❼こころ（心）。「情緒」❽たずねる（尋）。「緒正」

国お。❶糸。❷紐（ひも）。❸履物のはなお。❹長く続くもの。「玉の緒（いのち）」

名乗 つぐ　難読 緒形（おがた）・緒県（もろかた）・緒方（おがた）

参考 チョと読むのは誤読による慣用読み。

解字 篆文 形声。糸＋者（者）音。音符の者は、にるの意味。まゆ（繭）を煮て糸を引きだすの意味から、いとぐちの意味を表す。

▼一緒・情緒・心緒・聖緒・端緒・頭緒・由緒

【緒業】ショギョウ　①はじめた仕事・事業。②後に残した事業。遺業。

【緒言】ショゲン　①論説の発端のことば。②国書籍のはしがき。序。

【緒正】ショセイ　たずねただす。検討して補正する。

【緒戦（戰）】ショセン・チョセン　国初めの戦い。戦争の初め。一つの戦いの第一段階。

【緒余（餘）】ショヨ　①あまり。のこり。②本業以外の余技。余力。③本論にはいる前の論説。序論。

【纘レ緒】ショをつぐ　前の人の事業をうけつぐ。〔中庸〕武王纘二大王・王季・文王之緒一（ブオウ ダイオウ・オウキ・ブンノウのショをつぐ）。

【就レ緒】ショにつく　事業の端緒につく。事業が開始される。成功の糸口が開ける。〔詩経、大雅、常武〕三事就レ緒（サンジショにつく）。

(14) 8
【緌】5816　△　漢ズイ　呉ヌイ　支 ruí

字義 ❶冠のたれひも。❷旄牛（ボウギュウ・からうし）の尾をはたざおの先につけた旄（はた）。❸せみの長い管状の口。

国おいかけ（おひかけ）。ほおすけ。昔、武官の冠の両耳の上につけた、菊花を半分に切ったような形のかざり毛。

解字 篆文 会意。糸＋委。委は、なよやかに垂れるの意味。冠のたれひもの意味を表す。

(14) 8
【綪】5817　△　一セン　霰 qiàn　二漢ソウ（サウ）　呉ショウ（シャウ）　庚 zhēng

字義 一❶あかね。あかね色。暗赤色。茜草（センソウ・あかねぐさ）で染めた色。❷あかね色の絹。　二❶まげる。かがめる。❷まとう。めぐらす。

解字 篆文 形声。糸＋青音。

(14) 8
【綫】5818　△　セン　線（5855）と同字。→八六四ページ。　6932 6540

(14) 8
【総】5819　教5　ソウ　3377 416D

(17) 11
〔總〕5820　ソウ　董 zǒng　3358 415A　6933 6541

〔緫〕同字　〔揔〕同字　〔摠〕俗字　〔惣〕俗字

筆順 糸 糸八 糹公 総 総

字義 ❶すべる（すぶ）。㋐多くのものを集め合わせる。まとめる。「総合」「総括」㋑すべ治める。支配する。監督する。「総管」㋒率いる。❷あつまる。一つになる。また、集まり。❸すべて。みな。全部。❹多くの。もろもろの。❺むすぶ。つなぐ。❻ふさ。多くの糸を集めくくって作ったかざり。

名乗 さ・すぶる・のぶ・ふさ・みち

難読 総元（ふさもと）・総社（そうじゃ）

参考 現代表記では、①〔惣〕(2235) の書きかえに用いる。「惣領→総領」「惣菜→総菜」②〔綜〕(5821) の書きかえに用いることがある。「綜合→総合」

解字 篆文 形声。もと、糸＋悤音。音符の悤（ソウ）は、束に通じ、たばねるの意味。多くの糸などをたばねるの意味から、すべる・ふさの意味を表す。常用漢字は俗字による。

【総意】ソウイ　国すべての人の意見・意志。

【総角】ソウカク・あげまき　①髪を集めて頭の両側に角のような形に束ねたらした髪形。小児の髪形。→丱（32）。②転じて、小児をいう。

【総画（畫）】ソウカク　①一つの漢字の全画。一つの漢字の構成単位になっているすべての点や線。②総画数（総画の合計数）の略。

【総括】ソウカツ　すべくくる。まとめる。全体を一つに綜括（ソウカツ）。

【総轄】ソウカツ　すべつかさどる。全体をまとめてつかさどる。

【総丱】ソウカン　＝総角。

【総管】ソウカン　すべ取りしまる。また、その官職。綜管（ソウカン）。

【総監】ソウカン　事務・人員の全体を監督すること。また、その官職。

【総御・総馭】ソウギョ　すべおさめる。まとめ治める。

【総見】ソウケン　国一つの団体の人たちが全員で芝居などを見に行くこと。

【総合】ソウゴウ　個々別々のものを一つによせ集めること。綜合（ソウゴウ）。

【総裁】ソウサイ　全体をまとめてつかさどる。また、その官職。

【総菜】ソウザイ　おかず。副食物。惣菜（ソウザイ）。

【総持】ソウジ　仏すべての善徳を保持して失わず、悪を押さえて起こさせない意。梵語（ボンゴ）の陀羅尼（ダラニ）の訳語。

【総集】（ソウシュウ） ①すべて集める。また、集まる。②多くの人の詩文を一つに集めた書籍。↕選集・別集。

【総帥】（ソウスイ） ①とりまとめてひきいる。②総大将。

【総摂(攝)】（ソウセツ） 全体をまとめて治める。

【総説】（ソウセツ） 全体をまとめて説明する。また、その文。

【総則】（ソウソク） 全体に共通する法則・規則。↕細則。

【総率】（ソウソツ） 全体をまとめひきいる。

【総統】（ソウトウ） ①全体をまとめて治める。また、その官職。②中華民国の最高の官職。大統領に当たるもの。

【総督】（ソウトク） ①全体をまとめてひきいる。全体をまとめて監督する。また、その職。②明代、軍務を統括した官。③清代、一省または数省の民政・軍務を統括した官。④国もと、植民地などで、民政・軍務などを統括した官。

【総髪】（ソウハツ） ①髪をたばねる。②たばねた髪。＝総角。③国昔、男子がさかやきを剃らず、全体の髪を伸ばして後頭部でたばねた髪形。

【総△辨】（ソウベン） ①事務をまとめてつかさどること。また、その官職。②支配人。マネージャー。

【総務】（ソウム） ①全体の事務。②全般の事務をつかさどる。また、その職。綜務。

【総目】（ソウモク） ①全体の目録。総目録。②全体の箇条。

【総門】（ソウモン） 国外構えの正門。外構えの大門。

【総要】（ソウヨウ） ①すべくくる。全体を一つにまとめる。総括。②綱紀。大本。

【総△攬】（ソウラン） まとめて持つ。すべてを手におさめること。攬は、取る・持つ。①政治などを一手に握り治める。②人心をすべて自分に服せしめること。

【総理】（ソウリ） ①全体をすべ治めること。また、その官職。理は、おさめる。綜理。②国総理大臣の略。

【総領】（ソウリョウ） 領も、すべる・おさめる。①全体をまとめて治める。取りしまること。また、その官職。②国惣領。㋐昔、大国の国司。また、数国を兼ね治めた国司。㋑家名をつぐべき子。嫡子。㋒長男。長女。

【総録】（ソウロク） ①すべおさめる。②国昔、検校・勾当の上に立って盲人の取りしまりをした盲人の官職。

【総論】（ソウロン） 全体をまとめて、そのあらましについて論じる。↕各論。

(14)8
【綜】5821
囚 ソウ 漢 zōng, ②zèng, zòng 3378 416E

筆順 綜

字義 ❶すべる。＝総。㋐糸を集めて織る。㋑すべ集める。すべくくる。「綜合」「綜括」㋒すべ治める。「綜管」❷へ。おさ。機を織る時、縦糸を通して整える器具。

名乗 おさ

参考 現代表記では〔総〕(5819)に書きかえることがある。「綜合→総合」。熟語は総(5819)をも見よ。→前項。

解字 篆文 形声。糸＋宗㊥。音符の宗は、おさ・族長の意味。一族の長が一族を治めるように、糸を整え織るためのおさ(筬)の意味や、すべくるの意味を表す。

【綜核・綜△覈】（ソウカク） すべくくって明らかにする。物事の本末を明らかにする。事情を総合してくわしく考察する。

【綜合】（ソウゴウ） 個々のものを一つにまとめること。総合。

【綜覧(覽)】（ソウラン） 総覧。①総合して通覧する。全体をまとめて見る。②国ある事がらに関するものをまとめて記した書籍。

(14)8
【緂】5822
△ 一タン 漢 tiān 二セン 塩

字義 一二 ❶あざやか。衣服の色があざやかなこと。❷けずる。するどくする。一説に、つなげる。

国 ダン。種々の色糸で組んだ平組みのひも。

解字 篆文 形声。糸＋炎㊥。

(14)8
【綻】5823
標 漢タン 呉デン 諫 zhàn 3530 433E

字義 ❶ほころびる。ほころぶ。㋐ぬい目がとける。㋑花のつぼみが開きかかる。㋒事が破れる。❷ほころび。

解字 形声。糸＋定㊥。音符の定は、且に通じ、隠れていたものが顔を出すの意味。ほころびて下着が見えるの意味を表す。

(14)8
【綢】5824
△ 漢チュウ(チウ) 呉ジュウ(ヂウ) 尤 chóu 6934 6542

字義 ❶まとう。まつわる。「綢繆」❷くくる。たばねる。❸こまかい。また、こみあっている。多くある。＝稠。「綢密」❹どんす。地質の厚い精巧な絹織物。＝紬。❺絹織物の通称。

解字 篆文 形声。糸＋周㊥。音符の周は、こみあうの意味。糸がこみあっている、こまかい・まとうの意味を表す。

【綢直】（チュウチョク） 心がこまやかで行いの正しいこと。

【綢△繆】（チュウビュウ） ①まつわりつく。すきまなく糸などをからめてふさぐ。②苦心して経営すること。③びっしりこんでいるさま。綢密。

【綢密】（チュウミツ） びっしりこんでいる。たてこむ。密なさま。

(14)8
【綴】5825
標 一テイ 霽 zhuì 二漢テツ・呉テチ 屑 chuò 3654 4456

字義 一 ❶つづる。㋐つぎ合わせる。つなぐ。結ぶ。「連綴」㋑つくろう。修繕する。「補綴」㋒作る。文章を作る。❷とじる。重ねてぬう。❸つらねる。つづける。あつめる。❹ふち(縁)。また、ふちかざり。❺しるし。標織。また、しるしの旗。

二 とめる(止)。とどめる。やめる。＝輟。

解字 篆文 形声。糸＋叕㊥。音符の叕は、糸をつなぎ合わせた形にかたどり、つづるの意味。糸を付し、意味を明らかにした。

【綴集・綴△輯・綴△緝】（テイシュウ） つづり集める。

(14)8
【綯】5826
△ 漢トウ(タウ) 呉ドウ(ダウ) 豪 táo 6935 6543

字義 ❶なう。あざなう。縄をなう。❷なわ。

解字 形声。糸＋匋㊥。

(14)8
【緋】5827
囚 ヒ 微 fēi 4076 486C

筆順 緋

字義 ❶あか。あかい。あけ。赤色。濃い紅色。❷赤色の絹。

名乗 あけ

解字 篆文 形声。糸＋非㊥。音符の非は、左右に開くの意味。目がひらかれるような、あざやかな赤い布・あかの意味を表す。

【緋△縅】（ヒおどし） 国①緋色にそめた、鎧の縅毛(よろいのさねをつづる糸や皮)。②緋色の縅毛でおどした鎧。

(14)8
【絣】5828
△ 漢ホウ(ハウ) 呉ヒョウ(ヒャウ) 庚 bēng [絣] 6919 6533

〔絣〕標準

字義 ❶きぬ。無地の絹。❷わた(綿)。❸つぐ(継)。また、続く。続ける。

国 かすり。所々かすったような模様のある織物。また、その模様。飛白。

参考 〔絣〕は俗字であるが、印刷標準字体。

解字 篆文 形声。糸＋幷㊥。

(14)8
【綿】5829
教5 メン わた 漢 メン 先 mián 4442 4C4A

木綿(もめん)

筆順 綿

〔緜〕正字 6936 6544

字義 ❶わた。㋐繭から製したわた。真綿。㋑木綿・草棉(共に植物)の実から製したわた。木綿綿。❷つらなる。長く続く。絶えない。「連綿」「綿綿」❸わたる。一面に行き渡っている。はびこる。❹とおい(遠)。はるか。「綿邈」❺まとう。まつわる。

■シルクロード（糸綢之路）

中国から中央アジアを経由してローマに至る、古代の東西交通路は、その交易品の主たるものとして中国の絹が西に運ばれたところから、〈絹の道〉と名づけられた。東西地域の交易は極めて古い時代までさかのぼると考えられるが、国家的・民族的規模でそれが行われ、いわゆる〈西域〉、つまり玉門関・陽関（ともに今の甘粛省の西端）以西の地との交易路が確立されるのは前漢になってからである。

漢代中期、第五代皇帝（劉徹、前一四〇—前八七在位）は、大草原や砂漠地帯の遊牧騎馬民族である匈奴を牽制するために西方にある月氏国と同盟を結ぼうとし、張騫を派遣した。彼は十三年の歳月ののち帰国したが、その張騫がもたらした西域の情報は武帝の強い関心をひき、武帝は西域に大軍を派遣して本格的な経略に乗り出した。西域各国・各民族も長安に使者を派遣して朝貢するようになり、こうして西域への道は経済・文化交流の陸上ルートとしても確立されるのである。

長安を発して武威・張掖・酒泉のいわゆる河西回廊を経由して玉門関・陽関に至ると、幹線は南北に分かれる。タリム盆地の南縁、崑崙山脈の北辺を于闐（ホータン）・莎車（ヤルカンド）を経由して葱嶺（パミール高原）を越える〈西域南道〉と、タリム盆地の北縁、天山山脈の南辺を車師（のちの高昌、今のトルファン）・疏勒（カシュガル）を経由して葱嶺を越える〈西域北道〉である。ともにオアシス都市をたどるところから、オアシスルートと呼ばれる。

後世、砂漠の乾燥化とともに西域南道の利用は減少し、西域北道は、トルファンからカシュガルへ向かう〈天山南路〉と、トルファンからウルムチを経て天山山脈の北麓をたどる〈天山北路〉とに分かれて利用された。

シルクロードを通って、中国からは特産の絹や陶器が、西方からは宝石・ガラス製品、葡萄・石榴・胡桃・胡麻などの植物類、琵琶・箜篌（ハープの類）などの楽器類などの物産のみならず、音楽・舞踊・曲芸などの芸術文化、さらに後漢以降、仏教・祆教（ゾロアスター教）・マニ教・景教（ネストリウス派のキリスト教）・回教（イスラム教）などの宗教も伝えられ、中国の思想・文化の発展に大きく貢献した。

東西交通路としてのシルクロードは、近年、このオアシス・ルートのみならず、ステップ（大草原）を経由する草原の道、海運を利用した海の道なども注目されている。

〔主な遺跡〕

莫高窟　甘粛省敦煌県の東南二五キロ、鳴沙山の東麓の断崖に南北一・六キロにわたって穿たれた石窟寺院。千仏洞ともいわれる。四世紀半ばから開鑿され始めたといわれ、現在では北魏・西魏・北周・隋・唐・五代・宋・西夏・元の各時代の石窟四百九十二洞、彩色の塑像二千四百十五体、四万五千平方メートルに及ぶ壁画が残されている。一九〇〇年、第十六窟の脇室たる第十七窟（蔵経洞）の中から、経巻・文書・錦繍・画像などの歴史文物五万余件が発見されたが、スタイン、ペリオらの外国探険隊によって大量に国外に持ち出された。

高昌故城　新疆ウイグル自治区トルファン（吐魯番）市の東約四〇キロにある。ほぼ正方形の城壁に囲まれ、周囲約五キロ、面積は約二百万平方メートル、宮城・内城・外城に分かれ、唐の長安城とよく似た構造であるが、建築物は荒廃が激しい。六世紀初め、麴嘉を王とする高昌国が誕生し、その麴氏王朝は百四十余年続いた。唐代初期、仏教経典を求めてインドへの旅に出た玄奘がこの国に立ち寄り、王の麴文泰のもてなしを受けたことはよく知られている。

交河故城　新疆ウイグル自治区トルファン市の西約十キロにある。二本の川に挟まれたほぼ長方形の台地上に建造された城で、南北約千メートル、東西約三百メートル、台地の高さは約三〇メートルである。中央を南北に大道が貫き、西北部に寺院の遺跡があり、東北部は居民区、東南区は交河城の行政の中心であったとされる。ここに都を置いた車師前国が五世紀中ごろに高昌国に滅ぼされ、高昌国はここに交河郡を置いたが、高昌国は六四〇年に唐に滅ぼされる。唐は交河県を置いた。現存する遺跡は主に唐代以後の建築である。

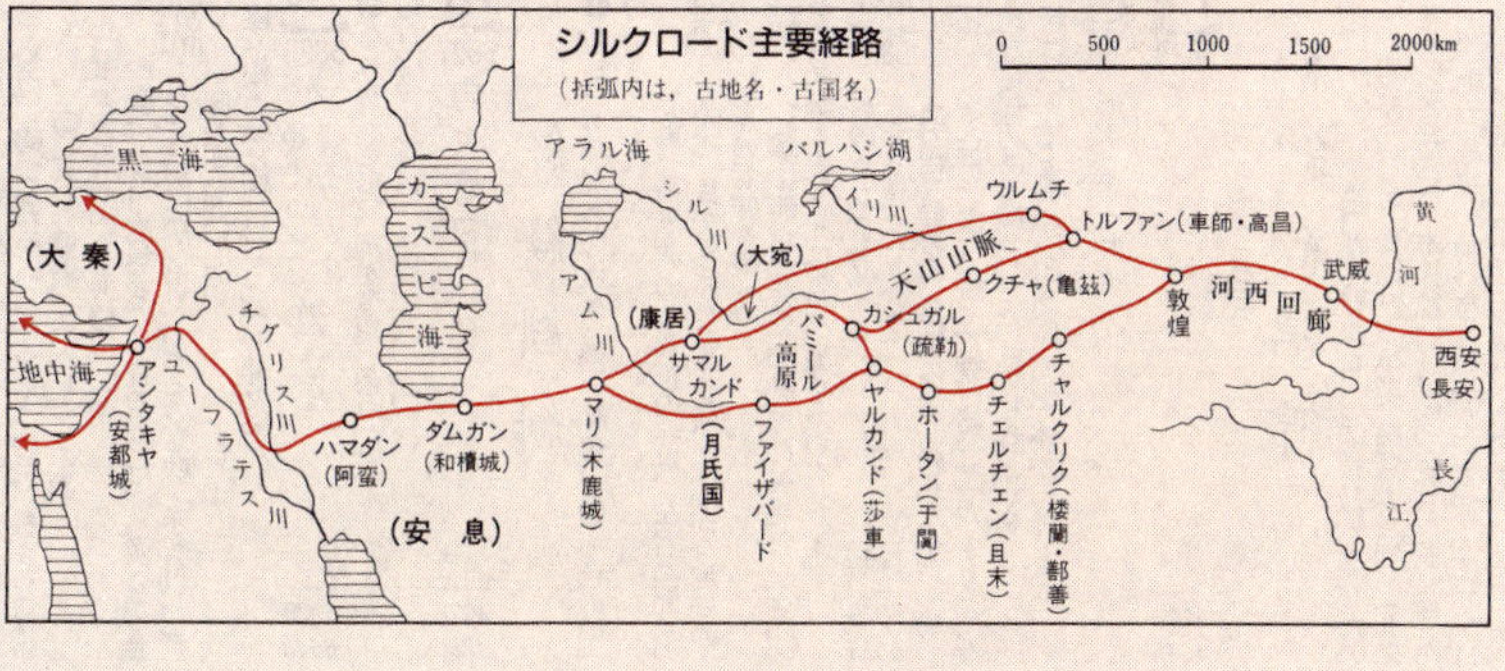

シルクロード主要経路
（括弧内は，古地名・古国名）

「纏綿（テンメン）」 ❻こまかい。小さい。ほそい。弱い。「綿密」「綿弱」
参考 現代表記では［棉］(3536)の書きかえに用いることがある。「棉花→綿花」
解字 篆文 会意。糸(糸)＋帛。系は、つなぐの意味。帛は、白ぎぬの意味。白ぎぬを作るときにつながってできる、まわたの意味を表す。転じて、つらなるの意味をも表す。

▼連綿

【綿延】(メンエン) つらなりのびる。

【綿亘】(メンコウ) つらなりわたる。一面に続いている。

【綿弱】(メンジャク) かよわい。きゃしゃ。しなやか。

【綿惙】(メンテツ) ①病気が重く、息が絶え絶えなこと。②心配で心のおちつかぬこと。

【綿邈】(メンバク) はるかに遠い。緬邈(メンバク)。

【綿蛮(蠻)】(メンバン) ①小鳥の鳴く声の形容。〔詩経、小雅、綿蛮〕綿蛮黄鳥(メンバンたるコウチョウ)。②美しい模様のあるさま。

【綿密】(メンミツ) 細かく行き届くこと。

【綿綿】(メンメン) ①長く続いて絶えないさま。〔唐、白居易、長恨歌〕此恨綿綿無二絶期一(このうらみはメンメンとしてたゆるときなからん)。訳文⇩天長地久(二六六ページ)。②事こまかにするさま。③安らかで静かなさま。④かすかなさま。落ちのないように、ていねいにするさま。

【綿力】(メンリョク) 力が弱い。よわい。

【綿麗】(メンレイ) 弱々しく美しい。

【綿歴(歷)】(メンレキ) ながく経過する。

【綿連】(メンレン) 続いて絶えないこと。連綿。

(14)8
【網】5830
常 モウ あみ　投網(とあみ)
(14)8〖網〗5831　漢 ボウ(バウ)　呉 モウ(マウ)　養 wǎng
4454
4C56

筆順 網

字義 ❶あみ。㋐魚鳥などを捕らえる道具。「魚網」㋑あみのように縦横に交錯したもの。㋒おきて。法律。「法網」❷あみする(あみす)。㋐あみで捕らえる。㋑残らず取る。「網羅」㋒法網にかける。法のあみにかける。
難読 網引(あびき)・網干(あぼし)・網走(あばしり)・網繰(あぐり)・網代(あじろ)・網部(よさみべ)
解字 形声。糸＋罔音。

▼魚網・法網・羅網

【網△罟】(モウコ) あみ。罟も、あみ。

【網糸(絲)】(モウシ) 蜘蛛(くも)の巣。

【網虫(蟲)】(モウチュウ) あみのように巣を張った蜘蛛(くも)。また、くも。

【網密】(モウミツ) あみの目がこまかい。転じて、法令などが細かくすきまのないこと。

【網目】(モウモク) ①あみめ。網の目。②法令をいう。

【網羅】(モウラ) ①あみ。魚を捕るあみと鳥を捕らえるあみ。②(あみで取るように)残らずおさめ入れる。全部集める。③刑罰の法令をいう。

(14)8
【綾】5832
人 リョウ　唐 リン　蒸 líng
1629
303D

筆順 綾

字義 あや。あやぎぬ。織り出しの模様のある絹。
解字 篆文 形声。糸＋夌(夌)音。音符の夌(リョウ)は、淩(リョウ)に通じ、盛りあがった氷の意味。織物に盛りあがった氷のような模様が織りこまれたもの、りんずの意味を表す。

【綾△紈】(リョウガン) あやぎぬと、白いねりぎぬ。また、その衣服。

【綾△綺】(リョウキ) あやぎぬ。また、その衣服。

【綾羅】(リョウラ) あや絹と薄絹。上等の絹。美しい絹。

(14)8
【緑】5833
教 3 リョク・ロク みどり
(14)8〖綠〗5834　人 許　漢 リョク　呉 ロク　沃 lǜ, lù
4648
4E50

筆順 緑

字義 ❶みどり。㋐みどり色。黄と青との間色。㋑みどり色の絹。㋒つやのある黒色。「緑髪」❷草の名。かりやす。もえぎ色を染める染料とする。＝菉(リョク)。
解字 篆文 形声。糸＋录(彔)音。音符の彔(リョク＝ロク)は、つるべでくみあげた水の象形。みどり色の糸の意味を表す。

▼常緑

【緑衣】(リョクイ) ①緑色の衣服。身分の低い者の服。②鸚鵡(オウム)の別名。緑衣使者ともいう。

【緑陰】(リョクイン) 青葉のかげ。樹木の下。樹陰。こかげ。

【緑△筠】(リョクイン) みどりの竹。また、新しい竹。

【緑雨】(リョクウ) 青葉の季節に降る雨。

【緑雲】(リョクウン) ①みどりの雲。②女の、黒くて多い髪の形容。③一面にしげっている青葉の形容。

【緑営(營)】(リョクエイ) 清代(シンダイ)、各省で募った漢人(満人に対していう)をもって組織した軍隊。緑色の旗をその標識としたからいう。

【緑煙・緑△烟】(リョクエン) ①みどり色のけむり。②みどり色のもや。㋐青葉の樹間にただようもや。㋑夕方のもや。〔唐、李白、把レ酒問レ月詩〕緑煙滅尽清輝発(リョクエンきえつきてセイキハッす)。訳文⇩飛鏡(一二〇六ページ)。

【緑△鬢】(リョクカン) 黒髪のまげ。緑髪。

【緑△眼】(リョクガン) みどり色の目。碧眼(ヘキガン)。胡人(コジン)(西北方の異民族)の目。〔唐、岑参、胡笳歌送三顔真卿使赴二河隴一詩〕紫髯緑眼胡人吹(シゼンリョクガンのコジンふく)。

【緑玉】(リョクギョク) ①みどり色の玉。②宝石の名。エメラルド。緑柱石。③竹をいう。④天帝の宮庭に生ずるという木の名。

【緑△紗】(リョクサ・リョクシャ) みどり色の紗(目のあらい薄絹)。また、それで作った窓かけ。

【緑字】(リョクジ) ①黒色の文字。②転じて、㋐石碑に刻した文字。㋑符瑞(フズイ)(神のお告げの文字)をいう。

【緑酒】(リョクシュ) みどり色の酒。上質の酒。

【緑青】(ロクショウ) 銅に生ずるみどり色のさび。炭酸ガスと銅と化合して生ずるもので、有毒。

【緑条(條)】(リョクジョウ) ①みどり色の枝。葉のしげっている枝。②柳の枝。③竹。

【緑△縟】(リョクジョク) 草のしげっているさまの形容。縟は、多い。

【緑水】(リョクスイ) みどりの水。深い淵(ふち)や、樹影の映った水にいう。

【緑△翠】(リョクスイ) みどり。樹木や山の色などにいう。

【緑窓・緑△窗】(リョクソウ) ①貧しい女の住家。↕紅桜(富貴の女の住家)。②婦女の部屋の窓。

【緑△苔】(リョクタイ) みどり色のこけ。青苔。

【緑△黛】(リョクタイ) ①青色のまゆずみ。②青々とした夏山の形容。

【緑△潭】(リョクタン) みどりの水をたたえたふち。青々した淵(ふち)。碧潭(ヘキタン)。

【緑竹】(リョクチク) ①みどりのたけ。青い竹。②かりやす(草の名)と、かわやなぎ(低木の名)。

【緑髪】(リョクハツ) つやのある黒く美しい髪。みどりの黒髪(くろかみ)。

【緑△蘋】(リョクヒン) みどり色の浮き草。緑萍(リョクヒョウ)。

【緑△蕪】(リョクブ) ①みどり色の雑草。青々としげっている雑草。②転じて、雑草のしげっている荒れ地。また、亡国の跡。

【緑風】(リョクフウ) 青葉を吹き渡るさわやかな初夏の風をいう。

【緑△蒲】(リョクホ) みどり色のがま。がまのもえ出た葉をいう。

【緑△茗】(リョクメイ) ①みどりの茶の木。②美しいみどり色の煎茶(センチャ)。

【緑△蘿】(リョクラ) みどり色のつた。青々としたかずら。

【緑林】(リョクリン) ①みどり色の林。②盗賊をいう。前漢の末、無頼(ブライ)(ならずもの)の徒が緑林山(山の名)にかくれて盗賊になった故事。〔後漢書、劉玄伝〕

(14)8
【綝】5835
△ 一チン　二リン　侵 chēn　侵 lín

字義 ㊀とめる。禁止する。㊁綝纚（リンリ）は、さかんなさま。さかんにかざるさま。

解字 篆文　形声。糸＋林㊥。

(14) 8
【綸】5836　㊇　㊀リン 真 lún　㊁㊊カン（クヮン）㊉ケン 刪 guān　6937 6545

筆順 糸 糹 給 綸 綸 綸

字義 ㊀❶いと。㋐太い糸。㋑釣り糸。㋒弦楽器の糸。❷つかさどる。おさめる（治）。「経綸」❸つつむ。おおう。まとう。からめる。❹天子の意。「綸言」「綸旨」㊁青色のおびひも。

名乗 お・くみ

解字 篆文　形声。糸＋侖㊥。音符の侖（リン）は、すじみちをたてるの意味。糸すじの整った糸の意味を表す。

【綸閣】（リンカク） 天子のことばを起案するところ。中書省。

【綸巾】（カンキン・リンキン） 頭巾（ズキン）の一種。隠者や風流の人が用いた。諸葛孔明（ショカツコウメイ）が用い、一名、諸葛巾。

【綸言】（リンゲン） 天子のことば。みことのり。

【綸言如汗】（リンゲンあせのごとし） 汗は出たらもとに返らぬことから、天子の言は一度口から出たら取り消せないという意。〔漢書、劉向伝〕

【綸旨】（リンシ） ＝綸言。

【綸子】（リンズ） 国紗（シャ）に似て光沢のある絹織物。

【綸命】（リンメイ） 天子の命令。みことのり。

(14) 8
【綟】5837　△　㊊レイ ㊉ライ 霽 lì　［綟］　6938 6546

字義 もえぎ。もえぎ色。莨草（かりやす）でそめた色。また、もえぎ色の絹。国もじ。もじり。麻の目のあらい布。夏衣などを作る。

解字 篆文　形声。糸＋戾㊥。

(14) 8
【練】5838　教 3　レン　ねる　4693 4E7D
(15) 9
〔練〕5839　㊇許　レン 霰 liàn

筆順 糸 紅 絅 純 練

字義 ❶ねる。㋐生糸や絹布を灰汁（あく）などで煮て、白く柔らかくする。㋑きたえる。みがく。「訓練」「練磨」㋒しらべる。また、工夫する。❷ねりぎぬ。生絹をねって、しなやかにさせたもの。❸ぬれる。なれる（慣）。習熟する。「熟練」❹えらぶ。❺白い。❻喪服の名。一周忌のときに着る、白いねりぎぬで作った喪服。また、一周忌の祭り。

参考 現代表記では〔煉〕（4412）の書きかえに用いることがある。「試煉→試練」「煉炭→練炭」「煉乳→練乳」

解字 篆文　形声。糸＋柬（柬）㊥。音符の柬（カン・レン）は、えらぶの意味。生糸などから雑物をとり除いて、よい質のものをえらびとる、ねるの意味を表す。

▼教練・訓練・修練・習練・熟練・手練・試練・洗練・操練・鍛練・調練・未練・老練

【練冠】（レンカン） ねりぎぬで作ったかんむり。

【練絹】（レンケン・ねりぎぬ） 灰汁（あく）などでねって白く柔らかくした絹布。↔生絹（きぎぬ）。

【練祭】（レンサイ） 人の死後十三か月目のまつり。一周忌の祭り。

【練材】（レンザイ） ①十分に心身の修練を積んだ人。②精練された材料。すぐれた材料。

【練士】（レンシ） 兵士を訓練する。また、よく訓練された兵士。

【練糸（絲）】（レンシ） 練って白く柔らかくした絹糸。白い絹糸。

【悲二練糸（絲）一】（レンシをかなしむ） 墨翟（ボクテキ）（戦国時代の学者）が、白い絹糸を見、それが種々の色に染まるように、善人になり得る人間も環境などによって悪人になることを考え、悲しんだ故事。〔淮南子、説林訓〕

【練実（實）】（レンジツ） 竹の実。竹はまれにしか実を結ばない。

【練習】（レンシュウ） 学問・技芸などをくりかえしてならうこと。稽古（ケイコ）。

【練熟】（レンジュク） 物事によく慣れてよくできること。熟練。

【練達】（レンタツ） 物事に慣れてよく知っており、よくできること。熟達。

【練囊】（レンノウ） ねりぎぬで作った袋。

【練兵】（レンペイ） ①軍隊を訓練すること。戦闘の練習をすること。「練兵場」②よくきたえられた武器。

【練磨】（レンマ） ねりみがく。練習研磨。

(14) 8
【綰】5840　△　㊊ワン ㊉エン（ヱン） 潸 wǎn　6939 6547

字義 ❶すべる（統）。全体をまとめる。一まとめにして治める。たがねる。❷つなぐ（繫）。むすぶ（結）。国❶たく。たくる。たぐる。❷わがねる。ため曲げて輪にする。

解字 金文　篆文　形声。糸＋官㊥。音符の官は、括に通じ、くくるの意味。糸をつなぐ・むすぶの意味を表す。

(14) 8
【綪】5841　国字　△　かすり。絣（5940）の俗字。→八七三ページ。　6978 656E

(15) 9
【緯】(5870)　イ　緯（5869）の旧字体。→八六五ページ。

(15) 9
【縁】5842　常　エン　ふち　1779 316F
(15) 9
〔緣〕5843　㊇許　㊀エン（ヱン）㊁エン（ヱン） 先 yuán 霰 yuàn

筆順 糸 糸 紵 緑 縁

字義 ㊀ふち。へり。㋐衣服のふちかざり。㋑物のへり。まわり。㊁❶よる。㋐ちなむ（因）。もとづく。㋑したがう。㋒たよる。たどる。❷えにし。ゆかり。つながり。かかりあい。よすが。関係。「縁故」「由縁」❸まつわる。からむ。まとう。めぐらす。❹仏因によって果を生ずる作用。めぐりあわせ。「因縁」国エン。えんがわ（縁側）。

名乗 むね・やす・より

解字 篆文　形声。糸＋彖（彖）㊥。音符の彖（タン・エン）は、転に通じ、めぐらすの意味。衣服のふちにめぐらせた装飾、ふちかざりの意味から、ふち・まつわるの意味を表す。

▼悪縁・因縁・外縁・奇縁・機縁・逆縁・結縁・血縁・周縁・宿縁・仏縁・無縁・由縁・離縁・良縁・類縁

【縁家】（エンカ） ゆかりのある家。親類。

【縁起】（エンギ） ①仏因縁生起の意。㋐因（物事を生ずる種子）と縁（因を発動させる働き）と相応じて万物を生ずること。㋑物事の起源・由来。㋒神社・寺院などの由来または霊験の言い伝え。また、その文章。②国㋐きざし。吉凶の前兆。㋑めでたいこと。よろこび。

【縁故】（エンコ） ①わけ。理由。②国㋐ゆかり。関係。㋑つづきあい。えんつづき。

【縁語】（エンゴ） 国一つの歌や文の中において、音韻・意味の上から、ある語に関係のある語。「うらやましくも返る波かな」でうら（浦）と返るは波の縁語。

【縁坐】（エンザ） 罪のない者が他人の罪で罰せられること。まきぞえ。連座。

【縁者】（エンジャ） ゆかりのある者。身内の者。親類の人。

【縁飾】（エンショク） ①外面をかざる。つくろいかざる。②てらう。誇示す。自己宣伝する。③ふちかざり。また、かざり。

【縁督】（エントク） 中道にしたがって行う。督は、着物の背の中央の縫い目、転じて、中道の意。〔荘子、養生主〕

【縁日】（エンニチ） ①仏因縁を結んだ日。結縁（ケチエン）の日。②国神仏にゆかりのある日。有縁（ウエン）の日。祭りや供養などが行われる日。

【縁辺（邊）】（エンペン） ①まわり。ふち。周囲。②国㋐縁故のある人。㋑婚姻の続きあいのある家。また、その家の人。親類。

【縁由】（エンユウ） ①ゆかり。関係。縁故。②ちなむ。

(15) 9
【緩】5844　常　カン　ゆるい・ゆるやか・ゆるむ・ゆるめる　2043 344B

(15) 9 【緩】5845 漢カン（クワン） 呉ガン（グワン） 国 huǎn

筆順

字義 ❶**ゆるい**。**ゆるやか**。↕急。㋐ゆったりしている。㋑しまりがない。㋒いそがしくない。㋓のろい。おそい。❷**ゆるむ**。**ゆるめる**。ゆるやかになる。ゆるくする。

名乗 ひろ・やす

解字 篆文 別体 形声。篆文は、纟(素)＋爰音。音符の爰は、寛に通じ、ゆるやかの意味。糸をゆるめるの意味を表す。常用漢字は、別体の緩による。

▼遅緩

【緩歌】カンカ ゆるやかにうたう。また、その歌。〔唐、白居易、長恨歌〕緩歌縵舞凝二糸竹一シチクをこらす。

【緩緩】カンカン ゆるやかなさま。ゆったりしたさま。

【緩急】カンキュウ ①ゆるやかであることと、きびしいこと。②さしせまっている状態。また、その事がら。危急。（緩は付帯字で意味がない）

【緩△頰】カンキョウ 顔色を和らげること。顔色を和らげて物を言うこと。頰は、顔のほお。

【緩行】カンコウ ①ゆっくり行進する。②ゆっくりあるく。

【緩衝】カンショウ 対立するものの間の不和・衝突を和らげること。「緩衝地帯」

【緩怠】カンタイ ゆるみおこたる。おこたる。なまける。

【緩帯（帶）】カンタイ 帯をゆるめること。転じて、くつろぐこと。休息する。安心する。

【緩舞】カンブ ゆるやかにまう。

【緩歩】カンポ ゆっくりあるく。

【緩慢】カンマン ゆるやか。のろい。手ぬるい。また、怠る。

【緩和】カンワ ゆるむ。やわらぐ。ゆるめる。和らげる。

(15) 9 【緘】5846 △ 漢カン 呉ケン 国 jiān 6940 *6548*

字義 ❶**とじる**。㋐封をする。「封緘」㋑口をふさぐ。黙る。「緘口」❷とじなわ。箱などをしばるひも。また、しばる。❸手紙などの封じめ。❹封筒。また、文箱。❺手紙。書信。

解字 金文 篆文 形声。糸＋咸音。音符の咸は、尽きるの意味。箱に物を入れ終わってかける、とじなわの意味を表す。

【緘口】カンコウ 口をとじる。つぐむ。だまる。箝口。「緘口結舌」

【緘札】カンサツ 封をした手紙。封書。緘書。

【緘愁】カンシュウ 心にひめているうれいや悲しみ。

【緘書】カンショ ＝緘札。

【緘秘（祕）】カンピ ひめかくす。

【緘封】カンプウ 封じ閉じる。封をする。

【緘黙（默）】カンモク 口を閉じて物を言わない。

(15) 9 【緊】5847 常 キン キン 国 jǐn 2259 *365B*

筆順 丨 … 臣 臤 緊

字義 ❶**きびしい**（急）。ゆるみがない。❷**しめる**。引きしめる。「緊張」❸しまる。引きしまる。❹ちぢむ（縮）。ちぢめる。「緊縮」❺せまる（迫）。さしせまる。いそぐ。「緊急」❻かたい（堅）。つよい（強）。❼まとう。まつわる。

解字 篆文 形声。糸＋臤音。音符の臤は、しっかり固めるの意味。糸でしっかりしめるの意味を表す。

▼喫緊・至緊

【緊急】キンキュウ ①ゆるみがなくきびしい。琴の糸などのぴんと張っていること。②さし迫っていること。

【緊△褌】キンコン 国ふんどしをしめなおす意で、心を引きしめて奮い立つこと。「緊褌一番」も同じ意。一番は、一回。

【緊縮】キンシュク ①引きしめる。②節約する。「緊縮財政」

【緊切】キンセツ ①非常にたいせつなこと。②国㋐きびしくさし迫っていること。㋑きわめてきびしいこと。㋒きわめてよく当てはまること。ぴったり。

【緊張】キンチョウ ①糸などをぴんと張ること。強く張る。②ひきしまる。心が張りつめること。

【緊迫】キンパク 非常にさし迫っていること。せっぱつまっていて少しの油断もできない。

【緊密】キンミツ かたくぴったりとついてすきまのないこと。

【緊要】キンヨウ 最もたいせつなこと。

(15) 9 【緪】5848 △ コウ 蒸 径 gēng

字義 ❶なわ。おおなわ。太いなわ。❷**はる**。つよく張る。❸おわる。おえる。

解字 篆文 形声。糸＋恆音。音符の恆は、月が正しく規則的に運行するの意味。月が東から西へと渡るように弦を強く張り渡すの意味を表す。

(15) 9 【緦】5849 △ シ 支 sī

字義 目のあらい麻布。軽い喪の喪服に用いる。

解字 篆文 形声。糸＋思音。

【緦衰・緦△縗】シサイ 目のあらい麻布で作った喪服の名。王が諸侯の喪のために着る。

【緦麻】シマ 三か月の喪に服する者の着る喪服の名。

(15) 9 【緝】5850 △ シュウ（シフ） 緝 jí (qì) 6941 *6549*

字義 ❶**つむぐ**（紡・績）。糸をつむぐ。❷つぐ。続ける。❸**あつめる**。あつまる。「編緝」❹あう（合）。かなう。ととのう。ととのえる。❺おさめる（治・理）。❻やわらぐ（和）。やわらげる。仲好くする。仲好くさせる。❼ひかる。かがやく。あきらか。「緝熙」

解字 篆文 形声。糸＋咠音。音符の咠は、口と耳とを寄せて話すの意味。糸と糸とを寄せあつめて、つむぐの意味を表す。

【緝△熙】シュウキ 光りかがやく。また、光。輝き。光明。

【緝△綏】シュウスイ 集めて安らかにする。また、仲好く安らかにしている。

【緝績】シュウセキ つむぐ。糸をつむぐ。

【緝△綴】シュウテイ ①集めつづる。集める。②文章を作ること。

【緝捕】シュウホ とらえる。罪人を取り押さえること。また、その役人。

【緝△穆】シュウボク 集めて仲好くさせる。また、集まって仲好くする。「むつまじくする。

(15) 9 【緒】(5815) ショ 緒（5814）の旧字体。→八五八ページ。

(15) 9 【緗】5851 △ 漢ショウ（シャウ） 呉ソウ（サウ） 陽 xiāng

字義 **あさぎ**。浅黄色。また、その織物。

解字 篆文 形声。糸＋相音。

【緗素】ショウソ ①浅黄色のきぬ。縑素（白いかとり絹）をそめたもので、書籍のおおいにした。②転じて、書籍。

【緗△帙】ショウチツ 浅黄色の絹で作った書物のおおい。

【緗△縹】ショウヒョウ ①浅黄色。また、その衣服。②＝緗帙。

(15) 9 【縄】5852 常 ジョウ なわ 3876 *466C*

(19) 13 【繩】5853 漢ショウ 呉ジョウ 蒸 shéng 6974 *656A*

筆順

字義 ❶**なわ**。わら・糸などをより合わせたもの。❷すみなわ（墨縄）。すみいと。大工が材木などに直線を引くのに用いる。「縄尺」❸のり（法）。法則。規則。標準。「準縄」❹**ただ**

〔墨縄〕

す(正)。また、いましめる。❺ほめる。❻つぐ。受けつぐ。また、続く。続ける。

解字 篆文 形声。糸＋蝿省㊥。音符の蝿ヨウは、腹のふくらんだ、はえの意味。なわのよりをかけた部分が、ふくらんだ腹のようなところから、なわの意味を表す。常用漢字は、縄の省略体による俗字。

▼火縄・結縄・準縄・赤縄

【縄△矩】ジョウク ①墨縄すみなわと曲尺まがりかね(指矩さしがね)。②転じて、のり。法度。規則。標準。

【縄検(撿)】ジョウケン しめくくる。ひきしめる。

【縄索】ジョウサク なわ。つな。索も、なわ・つな。

【縄△牀】ジョウショウ なわを張って作った腰かけ。

【縄縄】ジョウジョウ ①絶えることなく続くさま。きわまりなく続くさま。②多いさま。③いましめつつしむさま。

【縄枢(樞)】ジョウスウ なわのとぼそ。なわで縛ってある戸。貧しい家のさま。「縄枢之子ジョウスウのこ」

【縄正】ジョウセイ ①すみなわによってまっすぐにする。②転じて、法によってただす。

【縄尺】ジョウセキ・ジョウシャク 墨縄すみなわと物指ものさし。転じて、のり。法度。規則。標準。

【縄直】ジョウチョク すみなわがまっすぐなこと。また、すみなわのようにまっすぐなこと。

【縄文】ジョウブン ①昔、文字のない時代になわを結んで約束のしるしとしたこと。〔晋書、王羲之伝〕縄文鳥跡ジョウブンチョウセキ。②国ジョウモン 古代の土器につけられた、なわやむしろの編み目のような模様。「縄文式土器」

【縄墨】ジョウボク ①すみなわ(墨縄)。大工が直線を印するのに用いる器具。〔荘子、逍遥遊〕其大本擁腫而不レ中二縄墨一(そのタイホンはヨウシュウして、ジョウボクにあたらず)。②転じて、のり。法度。規則。標準。

(15)9【緤】5854 △ 漢セツ 呉セチ 屑 xiè　6942 654A

字義 ❶きずな。犬・馬をつなぐ綱。＝紲セツ。❷つなぐ。

解字 形声。糸＋枼㊥。

(15)9【線】5855 教2 セン　3294 407E

セン 霰 xiàn

筆順 糸 約 絈 綿 線

【綫】同字 6932 6540

字義 いと。糸すじ。また、糸のように細く長いもの。

解字 篆文 古文 形声。糸＋泉㊥。綫センの古字。音符の泉は、いずみの意味。岩穴から一すじわきだすいずみのような、いとすじの意味を表す。

▼幹線・琴線・視線・雪線・戦線・前線・伏線

【線香】センコウ 香料を粉にし、松やになどで線状にかためたもの。火をつけて仏前に供える。〔本草、線香〕

【線△縷】センル 糸。糸すじ。縷は、糸・細い糸。

(15)9【總】5856 △ ソウ 総(5819)と同字。→八五八ページ。

(15)9【緻】5857 △ チ 緻(5886)の正字。→八六七ページ。

(15)9【締】5858 常 テイ しまる・しめる　3689 4479

漢テイ・呉ダイ 霽斉 dì

筆順 糸 紋 紵 綷 締

字義 ❶むすぶ。㋐かたく結ぶ。しめる。㋑とりきめる。とりかわす。「締盟」❷むすばれる。心がはればれしない。国❶しまる。㋐ゆるみがなくなる。緊張する。㋑しっかりする。堅実になる。また、品行がよくなる。㋒倹約するようになる。㋓整う。よく治まる。㋔閉じる。㋕監督する。警戒する。❷しめる。しむ。㋐ゆるまぬように堅く結ぶ。㋑しばる。くくる。たばねる。㋒ゆるんでいるのをひきしめる。㋓しぼる。圧搾する。㋔閉じる。とざす。㋕合計する。㋖監督をきびしくする。㋗とっちめる。こらしめる。❸しまり。❹しめ。㋐合計。㋑和紙百帖ヒャクジョウ(二千枚)。

使いわけ しめる〔締・絞〕
緩みやすきまをなくす意の「しめる」は、〔締〕か〔絞〕を用いるが、しめることによってそのものの生命を損う場合に限り〔絞〕を用い、他はすべて〔締〕を用いる。「首を絞める・ネクタイを締める」なお、派生的用法にも「締」を用いる。「心を引き締める・締め切り」

解字 篆文 形声。糸＋帝㊥。音符の帝は、しめくくるの意味。ひもで解けないように結ぶの意味を表す。

【締姻・締△媾】テイイン 夫婦の縁を結ぶ。

【締結】テイケツ ①むすぶ。しめくくる。②約束・条約などを結ぶ。

【締交】テイコウ 交わりを結ぶ。

【締盟】テイメイ ちかいを結ぶ。条約をとりかわす。

(15)9【緹】5859 △ 漢テイ 呉ダイ 斉 tí

字義 ❶赤黄色の絹。❷あか。赤色。

解字 篆文 形声。糸＋是㊥。

【緹騎】テイキ 漢代、執金吾の支配下の騎兵。宮外の非常の警戒、高官の護衛などにあたった。後に罪人を捕らえる役となる。赤い官服を着た。赤衣。

(15)9【緞】5860 △ 漢タン・呉ダン 唐ドン 翰旱 duàn　6943 654B

字義 ドンス(緞子)。練った絹糸で織った、厚くてつやのある上等の絹織物。

解字 形声。糸＋段㊥。

【緞帳】ドンチョウ 国①厚地の織物で作った幕。②刺繡シシュウや宝石類ではなやかな図案を施した布。③上に竿さおがあって巻いて上げおろしする幕。

(15)9【緲】5861 △ 漢ビョウ(ベウ) 呉ミョウ(メウ) 篠 miǎo　6945 654D

字義 かすか。ぼんやり見えるさま。

解字 形声。糸＋眇㊥。音符の眇ビョウは、目を小さく細める意味。糸と合わせてさらに、かすかな意味を表す。

(15)9【緡】5862 △ 漢ビン 呉ミン 真 mín　6946 654E

【緍】同字

字義 ❶いと。釣り糸。❷なわ(縄)。❸さし。穴のある銭を集めつらぬくひも。ぜにさし。また、ぜにさしでつらぬいた銭。「緡銭」❹こうむらせる。着せる。つける。ほどこす。

解字 篆文 形声。篆文は、糸＋昏㊥。

【緡銭(錢)】ビンセン ①銭さしでつらぬいた銭。②漢代の税法の名。

【緡緡】ビンビン 無知なさま。

【緡△綸】ビンリン 釣り糸。綸も、つりいと。

(15)9【編】5863 教5 ヘン あむ　4252 4A54

(15)9〖編〗5864 ヘン 先 biān

筆順 糸 紀 紀 絹 編

字義 ❶あむ。㋐組む。組み合わせる。おる(織)。㋑とじる。糸などでとじる。㋒まとめる。文書などを集めまとめる。書籍を作る。「編集」㋓順序をつける。順序をつけてならべる。「編次」㋔つらねる。組み入れる。「編入」❷書籍のとじ糸。「韋編イヘン」転じて、書籍。国ヘン。㋐書籍の中の部分け。「前編」「後編」㋑詩文などを数える語。「三編」

参考 現代表記では〔篇〕(5559)の書きかえに用いる。「長篇→長編」「前篇→前編」 難読 編木びんざさら

解字 篆文 形声。糸＋扁㊥。音符の扁ヘンは、ふだの意味。糸で竹のふだをあむの意味を表す。

▼佳編・残編・続編・短編・類編

【編簡】(ヘンカン) ほん。書籍。簡は、昔、文字を書いた竹の札。

【編磬】(ヘンケイ) →磬(5203)の字義の①(七六三ページ)。

【編戸】(ヘンコ) ①戸籍に編入すること。戸籍に名をしるすこと。②戸籍に編入させられた人。平民・庶民をいい、税を徴収する対象とされた。

【編纂】(ヘンサン) ＝編修の②。纂は、集める。

【編次】(ヘンジ) 順序をつけてならべること。

【編修】(ヘンシュウ) ①順序だって整っていること。②色々の材料を集め、取捨整理して書籍を作ること。③官名。昔、中国で国史を編修する官。

【編集・編輯】(ヘンシュウ) ＝編修の②。◇「編集」も「編修」も、ともに書籍を作る意。現代では「編修」は史書や教科書についていう場合に多い。書籍以外の番組・映画・テープを取捨整理してまとめ上げる場合には「編集」を用いる。

【編述】(ヘンジュツ) ＝編修の②。

【編鐘】(ヘンショウ) 楽器の名。大きさの異なる十六個の鐘を一つの鐘かけに二段にかけたもの。

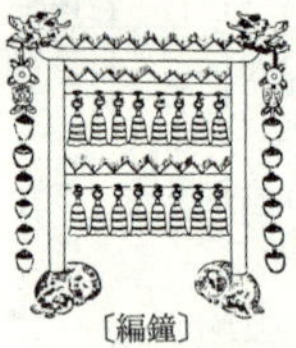
〔編鐘〕

【編成】(ヘンセイ) 国①組み立てること。組織して組み立てること。②組み立て。組織。◇「編成」「編制」ともほぼ同意。「編制」は実際には軍隊の組織についていう場合がほとんどである。「戦時編制」

【編制】(ヘンセイ) 国①個々のものを組み立てて団体とすること。②軍隊の組織内容。

【編著】(ヘンチョ) 文書や書籍を作りあらわすこと。

【編入】(ヘンニュウ) 組み入れる。組み込む。

【編年史】(ヘンネンシ) 編年体の歴史。↓次項。

【編年体(體)】(ヘンネンタイ) 歴史記述の一体。年月の順を追って史実を記述する体裁。宋(ソウ)の司馬光の『資治通鑑(シジツガン)』の類。↕紀伝体。

【編列】(ヘンレツ) ①順序だてて並べる。②戸籍に組み入れる。編戸。

(15)9 【緥】5865 △ ホウ 褓(7000)の正字。↓九八五ページ。

(15)9 【緬】5866 △ メン 鋭 miǎn ―4443 4C4B

字義 ❶ほそいと(細糸)。❷はるか(遥(ヨウ))。遠い。はるかに遠いさま。❸もの思うさま。国国名。緬甸(ビルマ)・緬甸(メンデン)の略。もと、ビルマ。今、ミャンマー。

難読 緬甸(ビルマ)

解字 篆文 形声。糸＋面㊥。音符の面は、顔を向けるの意味。目的に心を向け糸をたぐるように思うの意味や、遠くのものを糸をたぐるように引き寄せるような思い、はるかの意味を表す。

【緬思】(メンシ) はるかに思いやる。また、はるかな思い。緬想。

【緬然】(メンゼン) ①はるかに遠いさま。②はるかに思うさま。心を遠くにはせるさま。③思いにふけるさま。

【緬想】(メンソウ) はるかに思いやる。

【緬邈】(メンバク) ①はるかに遠いさま。②ぼんやりと見えるさま。かすかなさま。

【緬羊】(メンヨウ) ひつじ。綿羊。

(15)9 【緜】5867 △ メン 綿(5829)の正字。↓八五九ページ。―6936 6544

(15)9 【練】(5839) レン 練(5838)の旧字体。↓八六二ページ。

(15)9 【縅】5868 国字 △ ―6947 654F

字義 ❶おどす。よろいの札(さね)を紐(ひも)または革でつづり合わせる。❷おどし。おどした紐や革。また、その色あい。

解字 会意。糸＋威。威は、おどし(緒通し)の意味。

(16)10 【緯】5869 常 イ ―1662 305E

(15)9 〖緯〗5870 イ(ヰ) 末 wěi

筆順 糸 紆 紵 絳 緯

字義 ❶よこいと。織物の横糸。ぬきいと。↕経。❷よこ(横)。㋐左右または東西の方向。㋑左右または東西に通ずる道。❸すじ(筋)。道。❹未来記。予言書。↕経。「緯書」

名乗 つかね

解字 篆文 形声。糸＋韋㊥。音符の韋(イ)は、囲に通じ、めぐらすの意味。機織りで、たて糸の周囲をめぐらしていく糸、よこ糸の意味を表す。

▼経緯・図緯

【緯経(經)】(イケイ) ①横糸と縦糸。横すじと縦すじ。②縦横に交わること。

【緯車】(イシャ) いとぐるま。いとをつむぐ車。

〔緯車〕

【緯書】(イショ) 漢代に、経書にかこつけて未来の事や吉凶禍福を予言した書籍。↕経書。

【緯度】(イド) ①横にわたる。度は、渡。②赤道から南北へのへだたりを示す座標。赤道を零度とし、南北それぞれ九十度まである。↕経度。

【緯武経(經)文】(イブケイブン) 武を緯(横糸)とし文を経(縦糸)とする意。文武両道を兼ね備えること。経文緯武。〔晋書、斉王攸伝賛〕

【不レ恤レ緯】(イをうれえ(へ)ず) →不恤緯(フジュツイ)(二四ページ)。

(16)10 【縊】5871 △ 一エイ 霽 yì 二イ 寘 yì ―6948 6550

字義 一❶くびれる。人の首をしめて殺すこと。しめ殺す。「縊殺」「縊死」❷くびる。自分で自分の首をくくって死ぬ。

解字 篆文 形声。糸＋益㊥。音符の益は、戹(ヤク)に通じ、せまくるしいの意味。ひもで首をしめるの意味を表す。

(16)10 【縈】5872 △ 漢エイ 呉ヨウ(ヤウ) 庚 yíng

字義 ❶めぐる。㋐まつわる。とりまく。からみつく。㋑うねうねと曲がる。まがりくねる。「縈回」❷めぐらす。

解字 金文 篆文 形声。糸＋熒省㊥。音符の熒(ケイ)は、めぐらす夜営のかがり火の意味。ひもがからみつく、めぐるの意味を表す。

【縈紆】(エイウ) 紆も、めぐる。①うねり曲がる。まがりくねる。〔唐、白居易、長恨歌〕雲桟縈紆登二剣閣一(ウンサンエイウしてケンカクにのぼる)。訳文 ②まつわる。からみつく。

黄埃(コウアイ)(二三六五ページ)。

【縈回・縈廻】(エイカイ) ①めぐる。ぐるぐるめぐる。②とりまく。③うねりめぐる。うねうねと曲がる。

【縈結】(エイケツ) まつわりむすぶ。からみつく。

【縈青繚白】(エイセイリョウハク) まわりをとりまいている青い山とうねうねと巡り流れている白く光る川。

【縈帯(帶)】(エイタイ) ①ぐるりととりまく。②うねり曲がる。③身にまといめぐらした帯。しめている帯。

【縈纏】(エイテン) ①まといめぐる。とりかこむ。②まつわりつく。

【縈絆】(エイハン) まといつなぐ。まつわりつく。また、きずな。

(16)10 【縕】5873 △ 一漢オン・呉オン(ヲン) 吻 wěn 二ウン 文 yūn 三ウン 問 yùn

【緼】同字

字義 一赤と黄の中間色。二❶ふるわた。古い綿。また、もつれた麻のくず。❷ゆたか。さかんなさま。「絪縕(インウン)」三奥深い。また、その所。「縕奥(ウンオウ)」

難読 縕袍(どてら)

解字 篆文 形声。糸＋𥁕㊥。音符の𥁕(ウン＝オン)は、熱気がこもるの意味。むれてもつれた古綿の意味を表す。

【縕奥】学問・技芸などの奥深いところ。奥義。蘊奥。

【縕袍】古綿を入れたどてら。ぬのこの綿入れ。身分の低い者の着る粗悪な衣服。「敝縕袍」

(16)10
【縑】5874
△ケン　㊥ jiān
字義 かとり。かとりぎぬ。より合わせた糸で堅く織った絹。

解字 篆文 形声。糸＋兼㊜。音符の兼は、かねるの意味。糸をよりあわせたきぬの意味を表す。

【縑紈】＝縑素。紈は、白いねりぎぬ。

【縑綵】あやぎぬ。あや模様のある絹。

【縑緗】あさぎ色のうすぎぬ。書物の表装に用いる。転じて、書物をいう。

【縑素】白いかとりぎぬ。書画を書くのに用いる。

【縑帛】かとりぎぬ。また、一般に、絹織物。

(16)10
【縣】(5024)
ケン　県（5023）の旧字体。→七三六ページ。
6949 6551

(16)10
【縞】5875
標 コウ（カウ）　皓 号 gǎo
字義 ❶きぬ。㋐しろぎぬ（白絹）。㋑きぎぬ（生絹）。㋒ねりぎぬ（練絹）。㋓ちぢみ。ちりめん。❷しろ（白）。白色。白い。
国 しま。模様の一種。また、しま模様の織物。
解字 篆文 形声。糸＋高㊜。音符の高は、皦に通じ、つやのある白の意味。しろぎぬの意味を表す。
【縞衣綦巾】白い衣服（色や模様のない粗末な衣服）と、もえぎ色の巾（腰に帯びる布）。周代の身分の低い女の服装。転じて、自分の妻の謙称。〔詩経、鄭風、出其東門〕
【縞裙】白絹のもすそ。
【縞素】①白い絹。②白色の喪服。③書画を書く白い絹。絵絹。
【縞紵】①縞帯（白絹のおび）と紵衣（麻布の衣服）。②友人間の贈り物、また友情をいう。春秋時代、呉の季札が鄭の子産に縞帯を贈り、子産が紵衣をお返しした故事。〔左伝、襄公二十九〕③白絹と麻布。
2842 3C4A

(16)10
【縠】5876
△ ㊅コク　㊇ゴク　屋 hú
字義 うすでの、ちりめん（縮緬）。しわ模様のある、やや目が粗い薄い絹織物。
解字 篆文 形声。糸＋殻㊜。
【縠衫】ちぢみのひとえ。

(16)10
【縗】5877
△ ㊅サイ　㊇スイ　灰 cuī
字義 ❶喪服を着た時に胸部にかける長方形の麻布。三年の喪に服する者が用いる。略して、衰とも書く。❷転じて、喪服。
解字 篆文 形声。糸＋衰㊜。音符の衰は、おとろえるの意味。喪に服し、心の衰えた悲しみの近親者がつける布の意味を表す。一説に、衰は縗の原字であるという。
【縗絰】喪服。絰は喪服を着たとき首と腰とに巻く麻の帯。

(16)10
【縡】5878
△サイ　賄 隊 zài
字義 こと（事）。ことがら。＝載。国 こと。息。生命。「縡切れる」は、息が絶える。死ぬ。
解字 篆文 形声。糸＋宰㊜。
6950 6552

(16)10
【縒】5879
△シ　支 cī
字義 ふぞろいのさま。乱れるさま。国 ❶よる。糸をより合わせて一筋にする。❷より。よった状態。また、よった物。
解字 篆文 形声。糸＋差㊜。音符の差は、ふぞろいの意味。糸がふぞろいの意味を表す。
6951 6553

(16)10
【縦】5880
教 6　ジュウ　たて
2936 3D44

(17)11
〔縱〕5881
人 許
一 ㊅ショウ・㊇シュウ　宋 zòng
二 ㊅ショウ・㊇シュウ　冬 zōng
慣 ジュウ
6952 6554

筆順 糸 糸 縦 縦 縦

字義 一 ❶ゆるい。ゆるむ。ゆるくなる。ゆるめる。「弛縦」❷ゆるす。解きはなつ。見のがす。❸はなつ（放）。㋐自由にさせる。許してにがす。㋑つかわす。おいやる。㋒矢を射る。㋓火をつける。❹ほしいまま。㋐心のまま。思うまま。「縦観」㋑勝手気まま。わがまま。限度がない。「放縦」❺ほしいままにする。〔宋、蘇軾、前赤壁賦〕縦二一葦之所一レ如（一葦の如く所を縦にす）❻たとい。たとえ。⇩助字解説
二 ❶たて。↕横・衡。❷合縦の略。「合縦連衡」

助字解説
たとい　仮定。かりに……であっても。〔史記、項羽本紀〕縦江東父兄憐而王レ我、我何面目見レ之（たとい江東の父兄憐れみて我を王とすとも、我何の面目ありてこれに見えん）〈たとえ江東の父兄たちが自分をふびんに思って王としてくれても、自分は何のかんばせあってこれに顔むけができよう〉

参考 一般に、ジュウと読むのは「たて」の意味の場合。ただし、「縦観・縦覧」の「縦」はジュウとも読む。

解字 篆文 形声。糸＋従（從）㊜。音符の従は、たてに人がつきしたがうの意味。たて糸の意味から、たての意味を表す。また、心にしたがうままにする・ほしいままにするの意味を表す。

▼合縦・操縦・放縦

【縦佚・縦逸】ほしいまま。気まま。また、気ままにする。

【縦飲】ほしいままに飲む。暴飲する。

【縦横】①たてとよこ。たてよこ。十文字。②南北と東西。東西南北。③自由自在。思いのまま。また、思いのままにふるまう。④合縦連衡の略。「縦横の計」

【縦横家】①戦国時代に、合従または連衡（衡は横）の策を諸侯に説いてまわった蘇秦・張儀などの一派をいう。家は、学派。→合従（一八九ページ）・連衡（一〇九一ページ）。②転じて、策士。縦横家は諸侯のためにするように見せかけて結局は自分の立身出世を目的としていたことに基づく。

【縦横無尽（盡）】国 自由自在。思いのまま。無尽は、限りないこと。「縦横無礙」も同意。

【縦歌】ほしいままに歌う。

【縦貫】①たてにつらぬく。②南北につらぬく。

【縦観（觀）】自由に見る。

【縦撃（擊）】①自由自在に攻撃する。また、かってに攻撃する。②自由自在に（太鼓などを）たたく。

【縦言】かってきままに言う。また、そのことば。

【縦使】＝縦令。

【縦恣・縦肆】わがままかって。かってきまま。

【縦囚】牢屋にはいっている罪人を釈放すること。囚人を釈放する。また、釈放された囚人。

【縦迹・縦跡】①足あと。②転じて、行くえ。

【縦断（斷）】↕横断。①たてに断ち切る。②南北に断ち切る。③国 たてに横ぎる。

【縦適】気のむくままにする。

【縦囀】思うままにさえずる。ぞんぶんにさえずる。

【縦放】①ほしいまま。わがまま。勝手。②自由自在。③ほしいままにさせておく。放任する。

【縦目】①たてについている目。②目をほしいままにする。気のむくままにながめる。

【縦容】①おちついてゆったりとしたさま。②ゆるす。黙認する。③やりっぱなしにする。

【縦欲】欲望をほしいままにする。欲望のおもむくままに行動する。

【縦覧(覽)】ショウ・ジュウラン ＝縦観。

【縦令】たとい(ひ) もし。かりに(そうしたところで)。縦使。縦然。〔唐、張謂、題₌長安主人壁₋詩〕縦令然諾暫相許たとい(ひ)ゼンダクしてしばらくあい(ひ)ゆるすも、終是悠悠行路心ついにこれユウユウコウロのこころ〈たとえ頼みを引き受けたりして、しばらくは心を許してつき合っていても、金がなくなれば結局は縁のない通りすがりの人となってしまうのだ〉

(16)10 【縟】5882 △ 漢ジョク 呉ニク 沃 rù 6953 6555

字義 ❶かざり。多くの色どりのあるかざり。「繁縟」 ❷しげし(繁)。㋐多い。㋑わずらわしい。こみいっている。

解字 篆文 形声。糸＋辱㊥。音符の辱は、草を刈り重ねるの意味。いろいろな色の糸の重なりの意味から、かざり・模様の意味を表す。

【縟礼(禮)】ジョクレイ こまごまとした礼儀作法。わずらわしい礼法。「繁文縟礼」

【縟麗】ジョクレイ はなやか。色どりがさまざまで美しい。

(16)10 【縉】5883 △ シン 震 jìn 6954 6556

字義 ❶薄赤い色の絹。 ❷うすあか色。 ❸さしはさむ。礼装した時、笏(しゃく)を大帯にさしはさむこと。＝搢(シ)。

解字 篆文 形声。糸＋晋㊥。音符の晋(シ)は、搢(シ)に通じ、さしはさむの意味。

【縉紳】シンシン ①紳に縉(さしはさ)む。礼装した時、笏(しゃく)を紳(大帯)にさしはさむこと。②転じて、そういう服装のできる身分の人。すなわち、高位高官の人。③かつて高位高官の人で、退官して家にいる人。④儒者。

(16)10 【縝】5884 △ ㊀シン 真 chēn ㊁シン 軫 zhěn

字義 ㊀あさいと(麻糸)。㊁❶こまかい(細)。❷くろい(黒)。❸くろかみ(黒髪)。

解字 形声。糸＋眞㊥。音符の眞(シ)は、つめこむの意味。糸の目がつんでこまかいの意味を表す。

(16)10 【縐】5885 △ シュウ(シウ) 宥 zhòu 慣スウ

字義 ❶ちぢみ(縮)。㋐麻や葛(くず)で織った、細かなしわのある織物。㋑細かなしわの模様。❷ちぢむ(縮)。しわがよる。

解字 篆文 形声。糸＋芻㊥。音符の芻(スウ)は、草をつかんで刈るさまから、ちぢむ・しわの意味。ちぢみの意味を表す。

【縐絺】シュウ・スウチ 織り目のこまかいちぢみ。

(16)10 【緻】5886 標 漢チ 呉ジ(ヂ) 寘 zhì 6944 654C

【緻】正字

字義 ❶こまかい(細・密)。㋐きめがつんでいる。㋑念入りで手落ちがない。「精緻」 ❷くわしい(詳)。

参考 正字は、夂(4画)を夊(3画)に書く。

解字 篆文 形声。糸＋致㊥。音符の致は、きわめつくすの意味。糸の目がきわめてこまかいの意味を表す。

【緻密】チミツ ①きめが細かいこと。②細工などが細かいこと。③ぎっしりとこみあっていること。④くわしくつまびらかなこと。⑤手落ちのないこと。

(16)10 【縋】5887 △ 漢ツイ 呉ズイ(ヅイ) 寘 zhuì 6955 6557

字義 ❶かける。さげる。縄を上に掛けてたらし下げる。また、その縄。❷すがる。人が縄にすがって下りる。
国すがる。取りつく。よりかかる。たよる。

解字 篆文 形声。糸＋追㊥。

(16)10 【縢】5888 △ 漢トウ 呉ドウ 蒸 téng 6956 6558

字義 ❶しばる。からげる。くくる。とじる。かがる。❷なわ。ひも。❸ふくろ(袋)。❹むかばき。はばき。きゃはん。「行縢」
国かな。四本をあわせて一本とした織物の縦糸。

解字 金文 篆文 形声。糸＋朕㊥。音符の朕(チ)は、上に向かっていくの意味。ふじのつるが巻きつきながらあがっていくように、しばる・からげるの意味を表す。また、からげるきゃはんの意味をも表す。

(16)10 【縛】5889 常 バク しばる
(16)10 〔縛〕5890 漢ハク 呉バク 薬 fù 3991 477B

筆順 糸 … 縛

字義 ❶しばる。㋐くくる。ゆわえる。たばねる(束)。つかねる。㋑つなぐ(繋)。しばって動けないようにする。捕らえつなぐ。「捕縛」 ❷いましめ。なわめ。縄でしばること。

解字 篆文 形声。糸＋尃㊥。音符の尃(フ)は、稲の苗を手にする形にかたどる。稲の苗をにぎりたばねるさまから、しばるの意味を表す。

▼自縛・囚縛・収縛・束縛・捕縛

【縛擒】バクキン しばり捕らえる。縛執(バクシュウ)。

【縛紲】バクセツ しばったなわ。

【縛束】バクソク しばりくくる。

(16)10 【繁】5891 常 ハン
(17)11 〔繁〕5892 人 許 ㊀漢ハン・呉ボン 元 fán ㊁漢ハン・呉バン 寒 pán 4043 484B

筆順 … 毎 … 繁

字義 ㊀❶しげる。㋐多くなる。ふえる。㋑さかんになる。「繁栄」 ㋒草木がしげる。「繁茂」 ❷しげし。㋐多い。「繁多」 ㋑さかんである。「繁盛」 ㋒いそがしい。「繁忙」 ㋓わずらわしい。「繁細」 ㋔いりまじっている。「繁雑」 ㋕しばしば。しきりに。「頻繁(ヒンパン)」
㊁❶馬のはらおび。＝鞶(ハ)。❷馬のたてがみのかざり。おもがい。

名乗 しげ・とし 難読 繁縷(はこべ・はこべら)

参考 現代表記では[蕃](6580)の書きかえに用いることがある。「蕃殖→繁殖」

解字 形声。攵(攴)＋緐㊥。

▼頻繁

【繁委】ハンイ 多くてくわしい。くだくだしい。

【繁蔚】ハンイ・ハンウツ ①しげる。②多い。③文章のことばのあやが多くあるさま。

【繁育】ハンイク しげりそだつ。栄え長ずる。よく成長する。

【繁陰・繁蔭】ハンイン しげった木かげ。

【繁栄(榮)】ハンエイ さかえる。また、さかえ。

【繁纓】ハンエイ 諸侯の馬のかざり。繁は、馬のはらおび。纓は、馬のむながい。

【繁衍】ハンエン しげり伸びる。はびこる。

【繁苛】ハンカ 法律・規則などの、わずらわしくきびしいこと。

【繁華】ハンカ ①草木が茂って花の咲くこと。②にぎわい栄える。また、にぎやか。はなやか。③富貴。④若くて美しいこと。あでやか。⑤咲き乱れている花。繁花。

【繁華子】ハンカシ・ハンカのこ ①咲きほこる花のように若く美しい人。美女。美青年。②富貴な家の青年。

【繁夥】ハンカ しげくおびただしい。非常に多い。

【繁簡】ハンカン 繁雑なことと簡単なこと。繁約。

【繁劇】ハンゲキ 非常にいそがしいこと。また、いそがしく責任が重い。劇は、はげしい。

【繁弦・繁絃】ハンゲン 琴などの音が多くさわがしいこと。「繁弦急管」

【繁砕(碎)】ハンサイ ＝繁細。→次項。

【繁細】ハンサイ わずらわしく細か。くだくだしい。煩細。

【繁雑(雜)】ハンザツ 事が多くていりまじっていること。転じて、わず

らわしいこと。→煩雑（六八五六ページ）。

【繁辞（辭）】ハンジ あれこれと言いたてることば。くだくだしいことば。

【繁手】ハンシュ 楽器をたくみにかなでること。手または指をしきりに動かす意。

【繁昌】ハンジョウ ①草木がしげり栄えること。②国や家が栄えること。③国ハンジョウ 町や店などがにぎわい栄えること。繁盛。

【繁殖】ハンショク しげりふえる。動植物が生まれふえる。蕃殖ハンショク。〔孟子、滕文公上〕禽獣繁殖キンジュウハンショクす。

【繁縟】ハンジョク 複雑でかざりが多いこと。縟は、文彩。転じて、くだくだしくわずらわしいこと。

【繁盛】ハンセイ ①しげり栄える。②富み栄える。③勢いがさかん。④国ハンジョウ ＝繁昌ハンジョウの③。

【繁説】ハンセツ くだくだしく述べる。

【繁霜】ハンソウ たくさん降りたしも。

【繁霜鬢】ハンソウのビン 霜が厚くおりたように真っ白になった鬢。鬢は、耳ぎわの髪。〔唐、杜甫、登高詩〕艱難苦恨繁霜鬢カンナン

【繁多】ハンタ ①しげく多い。②国仕事が多くていそがしいこと。

【繁蕪】ハンブ ①わずらわしい。わずらわしさ。②草木がさかんにしげる。

【繁文】ハンブン ①うるさいほど多いかざり。文は、あや・かざり。②こまごまとした、わずらわしい規則など。

【繁文縟礼（禮）】ハンブンジョクレイ ①わずらわしいかざりやこまごまとした礼式。無用の虚礼。②手続きなどで、無用で形式的なことの多いこと。

【繁忙】ハンボウ 非常にいそがしい。

【繁茂】ハンモ 草木がおいしげる。

【繁用】ハンヨウ ①しきりに用いる。さかんに使う。②国㋐いそがしい用事。㋑用事の多いこと。

【繁乱（亂）】ハンラン いりまじる。まぎれこむ。

【繁慮】ハンリョ わずらわしい心配。めんどうな心配事。

【繁礼（禮）】ハンレイ わずらわしい礼式。縟礼ジョクレイ。

【繁露】ハンロ ①たくさん置いたつゆ。②冠の前後に垂れさげる、玉をつないだかざり。③草の名。つるむらさき。

(16)10 【縫】5893 常 ホウ ぬう 4305 4B25

(17)11 ［縫］5894 一漢ホウ・呉ブ 图 féng 二漢ホウ・呉ブ 困 fèng

筆順 糸 糸 絳 縫 縫

字義 一❶ぬう。㋐針でぬう。㋑ぬい合わせる。❷とりつくろう。「弥縫ビホウ」 二ぬいめ。合わせめ。

解字 文 篆 形声。糸＋逢㊫。音符の逢ホウは、あうの意味。糸でぬい合わせるの意味を表す。

▼織縫

【縫掖・縫腋】ホウエキ ①袖そでの下から両腋リョウわきをぬい合わせた衣服。②国昔、天皇・文官、及び四位以上の武官の着用した袍ホウ（宮中で着る正式の上衣）。腋の下をぬいつけ、下に襴ランをつけたもの。

【縫罅】ホウカ ①ぬいめ。合わせめ。罅は、すきま。②すきま。裂けめ。割れめ。

【縫合】ホウゴウ ぬい合わせる。

(16)10 【縨】5895 国字 △

字義 ほろ。＝幌ほろ。㋐戦陣で、矢を防ぐために背にかける大形の布。㋑風雨を防ぐための、車のおおい。

解字 会意。糸＋晃。晃は、幌ほろの意味。

(17)11 【繄】5896 △ エイ 斉 yī

字義 ❶ほこぶくろ。ほこを入れる袋。❷赤黒色の絹。❸発語の助字。㋐ああ。嘆息の声。㋑これ（伊ィ）。㋒ただ（唯ィ）。

解字 文 篆 形声。糸＋殹㊫。

(17)11 【徽】5897 標 キ 微 huī ［徽］ 2111 352B

字義 ❶よい（善）。美しい。❷よくする。善美にする。❸はたじるし。しるし。❹三本よりのなわ。大綱おおづな（束）。❺たばねる。❻むかばき。きゃはん。

参考 現代表記では［記］（7099）に書きかえることがある。「徽章→記章」

解字 文 篆 形声。糸＋微省㊫。音符の微は、小さいの意味。小さいが、しるしとなる組ひも、しるしの意味を表す。

【徽音】キイン ①よい評判。令聞。②美しい音楽。③よいたより。④よいことば。善言。

【徽徽】キキ ①美しいさま。②さかんなさま。

【徽言】キゲン よいことば。りっぱなことば。

【徽号（號）】キゴウ ①旗じるし。旗章。②ほめたたえる称号。天子・皇后などの功徳をほめたたえるための称号。

【徽章】キショウ ①旗じるし。旗章。②しるし。目じるし。記章。メダル。バッジ。

(17)11 【繈】5898 △ 漢キョウ（キャウ） 呉コウ（カウ） 養 qiǎng ［繦］ 6958 655A

［繦］同字

字義 ❶ふしいと。ふしのあるあらい糸。❷なわ。❸さし（緡ビン）。銭さし。❹せおいおび。小児を背負う帯。＝襁キョウ。

解字 文 篆 形声。糸＋強㊫。

【繈褓・繈保】キョウホウ 繈褓キョウホウ。①小児を背負う帯と小児の産衣うぶぎ。繈・保は、子どものうぶぎ・むつきの類。②転じて、子供。小児。

(17)11 【繫】5899 △ ケイ 繫（5930）の俗字。→八七〇ページ。 2350 3752

(17)11 【繍】5900 簡 シュウ 繡（5932）の簡易慣用字体。→八七二ページ。 2911 3D2B

(17)11 【縱】(5881) ジュウ 縦（5880）の旧字体。→八六六ページ。 6952 6554

(17)11 【縮】5901 教6 シュク ちぢむ・ちぢまる・ちぢめる・ちぢれる・ちぢらす 漢シュク・呉スク 屋 suō 2944 3D4C

筆順 糸 紵 紵 縮 縮

字義 ❶ちぢむ。ちぢまる。↔伸。㋐短くなる。小さくなる。「縮小」㋑しわがよる。ちぢれる。㋒すくむ。くじける。「恐縮」「畏縮」❷ちぢめる。ちぢらす。㋐短くする。小さくする。㋑しかめる。しわをよせる。㋒くじけさせる。❸おさめる（理）。❹なおし（直）。正しい。〔孟子、公孫丑上〕自反而縮、雖千万人吾往矣。❺したむ。こす。酒をこす。❻かく（欠）。足りない。とぼしい。

国ちぢみ。ちぢみ織りの略。

難読 縮屯倉しじみのみやけ

解字 文 篆 形声。糸＋宿㊫。音符の宿は、粛に通じ、おそれちぢむの意味。糸がちぢむの意味を表す。

▼圧縮・恐縮・凝縮・緊縮・軍縮・収縮・伸縮

【縮頞】シュクアツ 鼻すじをしかめる。不愉快さを現す表情。

【縮減】シュクゲン ちぢめへらす。また、へる。

【縮刷】シュクサツ 国原本の形を縮めて印刷すること。また、その印刷物。

【縮尺】シュクシャク 国製図で、原形より縮小して書く場合、その縮小すべき一定の比例の寸法。

【縮縮】シュクシュク おそれてちぢこまるさま。すくむさま。

【縮地補天】シュクチホテン 天子が政治上の大改革をするたとえ。地をちぢめて天をおぎなう意。〔旧唐書、音楽志一〕

【縮△緬】ちりめん 国縮織ちぢみおりの一種。→字義の国。
【縮△栗】シュクリツ ①ちぢみおそれる。すくむ。縮慄シュクリツ。②草木の葉などが、枯れてちぢまること。

(17)11 【績】 5902 教5 セキ 漢セキ 呉シャク 錫 jì 3251 4053

筆順 糸 絆 綪 績 績

字義 ❶つむぐ。うむ。繭まゆや綿から繊維をひき出して、よりをかけて糸にする。「紡績」❷こと(事)。わざ(業)。仕事。また、その結果。「事績」「成績」❸いさお。てがら。仕事のすぐれた結果。「功績」 名乗 いさ・いさお

解字 文 金 篆 形声。糸＋責音。音符の責は、積に通じ、つむの意味。糸をつみ重ねる、つむぐの意味を表す。

▼業績・功績・事績・成績・戦績・治績・紡績

【績功】セキコウ いさお。てがら。功績。績用。績効。
【績女】セキジョ 糸をつむぐ女。
【績文】セキブン 文章を作る。
【績紡】セキボウ 糸をつむぐ。紡績。

(17)11 【繊】 5903 常 セン 3301 4121

(23)17 【纖】 5904 セン 塩 xiān 6989 6579

筆順 糸 紆 紆 繊 繊

【纎】俗字 許 人 6990 657A

字義 ❶糸すじ。また、細いすじ。「繊維」❷ほそい(細)。また、ちいさい(小)。❸うすぎぬ。薄い絹。❹しなやか。たおやか。かよわい。かぼそい。❺しわい。けち。倹約。❻わずか。少し。「繊介」

解字 文 篆 形声。糸＋韱音。音符の韱センは、かぼそい山にらの意味。かぼそい糸の意味を表す。常用漢字は纖の省略形。

【繊△埃】センアイ 細かいほこり。繊塵センジン。転じて、わずかなこと。
【繊維】センイ 生物体を組織する細い糸状のもの。また、それに類似した、織物・紙の原料となるもの。
【繊△翳】センエイ わずかなくもり。わずかなかげり。
【繊△婉・繊△艶(豔)】センエン ほっそりとしていてあでやかなこと。
【繊介】センカイ こまかい。小さい。少し。わずか。
【繊△芥】センカイ 細かいちり。転じて、細かい。小さい。少し。わずか。「繊芥の悪」
【繊月】センゲツ 細い月。三日月みかづき。
【繊△妍】センケン ほっそりとしていて美しい。
【繊巧】センコウ 細かくてたくみなこと。繊細で巧緻コウチなこと。
【繊△毫】センゴウ ＝繊介。毫は、毛すじの意。
【繊細】センサイ ①物の形が細かくかぼそい。②国感情が、細かく鋭いこと。微妙なこと。デリケート。
【繊指】センシ ほそくしなやかな指。主として美人の指をいう。
【繊児(兒)】センジ こども。小児。人を軽んじていう語。
【繊△悉】センシツ ①細かいところ。②微細なところまでゆきとどくこと。
【繊弱】センジャク ほっそりしてよわい。かよわい。きゃしゃ。
【繊手】センシュ 女性の細く美しい手。かぼそくしなやかな手。繊指。
【繊条(條)】センジョウ ほそい枝。
【繊△嗇】センショク けちけちする。しわい。けち。吝嗇リンショク。
【繊人】センジン ①性質の弱い人。②つまらない人間。小人。
【繊△塵】センジン ①細かいちり。②わずかのちり。
【繊繊】センセン ①細かいさま。②かぼそいさま。かよわいさま。〔文選、古詩十九首〕繊繊擢二素手一センセンとしてソシュをあぐ。③こまごましていてわずらわしいさま。
【繊△眉】センビ 細いまゆ。主として美人のまゆをいう。
【繊微】センビ ①細かい。また、そのもの。②少し。わずか。また、そのもの。
【繊羅】センラ うすい着物。うすぎぬ。
【繊腰】センヨウ ほっそりとした腰。美人の腰。
【繊麗】センレイ しなやかでうるわしい。(女性の体などが)ほっそりとしてうるわしい。

(17)11 【繅】 5905 △ 一ソウ(サウ) 豪 sāo 二ソウ(サウ) 晧 zǎo

字義 一くる(繅)。糸を繅る。繭まゆから糸を引き出す。＝繰ソウ。二❶冠の垂れ紐ひも。❷玉に敷く敷き皮。

解字 文 篆 形声。糸＋巣音。音符の巣ソウは、「す」の意味。鳥が「す」を作るようにたくみに糸を引き出すの意味を表す。

(17)11 【總】 (5820) ソウ 総(5819)の旧字体。→八五八ジ。

(17)11 【縶】 5906 △ チュウ(チフ) 緝 zhí 6933 6541

字義 ❶つなぐ(繫ケイ)。しばる(縛)。また、とらえる(捕)。❷ほだし。きずな。つなぎとめるもの。自由を束縛するもの。

解字 形声。糸＋執音。音符の執シュウは、とらえるの意味。糸を付し、つなぐの意味を表す。

(17)11 【繁】 (5892) ハン 繁(5891)の旧字体。→八六七ジ。

(17)11 【縻】 5907 △ 漢ビ 呉ミ 支 mí 6959 655B

字義 ❶きずな。牛のはなづな。❷つなぐ(繫ケイ)。しばる(縛)。❸くだく(砕)。

解字 文 篆 形声。糸＋麻音。

(17)11 【繆】 5908 △ 6957 6559
一 漢ボウ・呉ム 尤 móu
二 漢ビュウ(ビウ) 呉ミョウ(メウ) 尤 móu
三 漢ビュウ(ビウ) 呉ミョウ(メウ) 宥 miù
四 キュウ(キウ) 尤 jiū
五 リョウ(レウ) 蕭 liáo
六 漢ボク・呉モク 屋 mù

字義 一二❶たばねる。まつわる。❷麻十たばの称。三❶あやまる(誤)。あやまり。＝謬ビュウ。❷もとる。たがう(違)。❸いつわる(詐)。いつわり。四❶くびる。首をくくる。❷まとう。まつわる。からみつく。五まとう。まつわる。＝繚リョウ。六沈黙して深く思うさま。＝穆ボク。「繆然」

解字 文 篆 形声。糸＋翏音。音符の翏リョウは、ㄐキュウに通じ、まつわるの意味。糸がまつわるの意味を表す。

【繆巧】ビュウコウ ①たくらみ。相手をだます巧妙なはかりごと。②転じて、すぐれた方法。
【繆△繞】ビュウジョウ まといめぐる。まつわる。
【繆説】ビュウセツ あやまって説く。また、あやまった説や意見。謬説ビュウセツ。
【繆繆】ボクボク ①やわらいで美しいさま。穆穆ボクボク。②リョウリョウ 糸など細長いもののもつれるさま。
【繆戾】ビュウレイ たがいもとる。道理に反する。

(17)11 【縹】 5909 △ ヒョウ(ヘウ) 篠 piǎo, ③piāo 6961 655D

字義 ❶はなだ。はなだいろ。薄い藍色あいいろ。そら色。❷はなだ色の絹。❸ひるがえる。＝飄ヒョウ。

解字 文 篆 形声。糸＋票(㶾)音。

【縹色】ヒョウショク・はなだいろ 薄い藍色あいいろ。そら色。
【縹△帙】ヒョウチツ ①はなだ色の本包み。帙は、本のおおい。②転じて、書物。本。
【縹縹・縹△飄】ヒョウヒョウ ひるがえるさま。軽くあがるさま。
【縹△渺・縹△眇・縹△緲】ヒョウビョウ ①遠くかすかなさま。②はるかに広いさま。〔唐、白居易、長恨歌〕山在二虚無縹緲間一

やまはキョム ヒョウビョウのカンにあり。

(17)11【縫】(5894) ホウ　縫(5893)の旧字体。→八六八ジ。

(17)11【繃】5910 △ 漢ホウ(ハウ) 呉ヒョウ(ヒャウ) 庚 bēng ［繃］ 6962 655E
［綳］同字
字義 ❶つかねる(束)。たばねる。くくる(括)。❷せおいおび。幼児を背中に負う帯。
参考 現代表記では［包］(702)に書きかえることがある。「繃帯→包帯」
解字 篆文 形声。糸＋崩音。音符の崩は、凡に通じ、ひろがり散らばるの意味。弾力性があり、やわらかなはだざわりの繊維を素材とする、幼児の背負い帯の意味を表す。
【繃帯(帶)】ホウタイ 傷口などに巻きつけてこれを保護する細い帯状の木綿メンの布。包帯。

(17)11【縵】5911 △ マン 翰諫 màn 6960 655C
字義 ❶無地の絹。転じて、模様やかざりのないもの。❷つれびき。他人のひく楽器に交えて奏すること。❸ゆるい。ゆるやか。＝慢。
解字 篆文 形声。糸＋曼音。音符の曼マンは、のびやかの意味。模様もなくのびやかな感じのきぬの意味を表す。
【縵舞】ブマン 静かでゆったりした舞。慢舞。
【縵縵】マンマン ①広がりのびているさま。②ゆったりとしているさま。㋐雲などのたなびくさま。㋑教化の行きとどいているさま。

(17)11【繇】5912 △ 一ヨウ(エウ) 蕭 yáo 二漢ユウ(イウ)・呉ユ 尤 yóu 三漢チュウ(チウ) 呉ジュ(ヂュ) 宥 zhòu
字義 一❶えだち。夫役ブヤク。税の一種として政府が人民に課する公共の労役や兵役。また、それに従事すること、人。❷うた(歌)。＝謡。❸しげる(茂)。伸びる。❹うごく。ゆれ動く。❺→繇繇。二❶＝由。㋐よる。㋑より。から。㋒よって。よりて。❷みち(道)。三うらかた(占形)。易エキに表れたうらないのことば。
解字 形声。系＋䍃(䍃)音。
【繇役】ヨウエキ 昔、人民が公共の土木工事などに使われること。徭役ヨウエキ。夫役ブヤク。
【繇戍】ヨウジュ 召集されて国境を守ること。また、その兵。
【繇俗】ヨウゾク その土地の歌謡。また、歌謡と風俗。
【繇賦】ヨウフ 繇役と租税。
【繇繇】ヨウヨウ ①はるかに遠いさま。②ゆったりとしたさま。③遠く行くさま。

(17)11【縷】5913 △ 一ル 麌 lǚ 二漢ロウ・呉ル 尤 6963 655F
字義 一❶いと(糸)。いとすじ。「布縷」❷糸のように細く長いもの。〔宋、蘇軾、前赤壁賦〕不レ絶如レ縷(たえざることいとのごとし) 訳文 余音嫋嫋ジョウジョウ(七七六ジ)。❸くわしい(詳)。こまかい。「縷述」二やぶれごろも。つづれ。ぼろ。＝褸ロ。「藍縷ランル」
解字 篆文 形声。糸＋婁音。音符の婁ルは、とぎれずに続くの意味。とぎれずに続く糸すじの意味を表す。
【縷言】ルゲン くわしくこまごまと述べる。また、そのことば。
【縷述】ルジュツ くわしく述べる。こまやかに述べる。縷陳。
【縷切】ルセツ こまかにきる。きざむ。
【縷説】ルセツ ＝縷言。
【縷縷】ルル ①糸のように細く長く続くさま。②こまごまと述べるさま。③細かいさま。

(17)11【縲】5914 △ ルイ 支 léi 6964 6560
字義 とりなわ。罪人をしばる黒色のなわ。＝纍ルイ。
解字 形声。糸＋累音。音符の累は、つなぐの意味。罪人をしばるなわの意味を表す。
【縲紲・縲絏】ルイセツ 罪人をしばる黒いなわ。また、牢獄ロウゴクにつながれること。また、牢獄。累紲ルイセツ。纍紲ルイセツ。〔論語、公冶長〕雖レ在二縲紲之中一(ルイセツのうちにありといえ(へ)ども)、非二其罪一也(そのつみにあらざるなり)。

(17)11【縺】5915 △ レン 先 6965 6561
字義 もつれる。糸がからまって解けない。国❶もつれる。事件などがごたごたする。❷もつれ。もめごと。
解字 形声。糸＋連音。音符の連は、つらなるの意味。糸がもつれつらなるの意味を表す。

(18)12【繢】5916 △ 漢カイ(クヮイ) 呉ガイ(グヮイ) 隊 huì
字義 ❶え。絵画。＝絵。❷えぎぬ(絵絹)。あやぎぬ。彩色や刺繡シシュウをした絹。
解字 篆文 形声。糸＋貴音。

(18)12【繈】5917 △ キョウ　繦(5898)と同字。→八六八ジ。 6958 655A

(18)12【繭】5918 常 ケン まゆ 4390 4B7A

(19)13【繭】5919 ケン 銑 jiǎn
筆順 艹 芇 芇 蔄 繭
字義 ❶まゆ。蚕が糸を吐き出して作った巣。❷いと。繭から取った糸。絹糸。また、絹織物。❸わたいれ。真綿を入れた着物。＝襺ケン。
解字 篆文 会意。糸＋虫＋芇。芇は、僅に通じ、わずかにその身をおおうの意味とする説、桑の象形とする説などがある。糸を吐いて蚕が身をおおう、まゆの意味を表す。
【繭糸(絲)】ケンシ ①きぬいと。蚕糸。②まゆの糸をひきだすように、人民から次々に税金をとりたてること。〔国語、晋語九〕
【繭紬・繭綢】ケンチュウ やままゆの糸で織った絹織物。絹紬。
【繭栗】ケンリツ ①小さい角の形容。初めて生える小牛の角が、まゆやくりのような形で、小さいからいう。②転じて、子牛。③徳や節操のかたいこと。④花のつぼみ。

(18)12【繝】5920 △ 漢カン 呉ケン 諫 jiàn 6967 6563
字義 にしきのあや。国繧繝ウンゲン・暈繝ウンゲンは、濃い色から少しずつうすくなるように、ぼかしながら染める染色法。また、その織物。
解字 形声。糸＋間音。

(18)12【繖】5921 △ サン 旱 sǎn 6968 6564
字義 かさ(蓋ガイ)。㋐きぬがさ。上方に絹を張り、また、四周に絹布をたらしめぐらしたかさ。「繖蓋サンガイ」㋑からかさ。雨傘。
解字 篆文 形声。糸＋散音。音符の散は、四方に分かれちるの意味。
【繖蓋】サンガイ きぬがさ。衣笠。
【繖形花】サンケイカ 国多数の花が密集して傘を開いたような形に咲くもの。にんじん・うど・さくらそうなどの花がその例。

〔繖㋐〕

(18)12【繞】5922 △ 漢ジョウ(ゼウ) 呉ニョウ(ネウ) 篠 rǎo 6969 6565
字義 ❶まとう(纏テン)。まつわる。まきつく。❷めぐる。かこむ(囲)。また、めぐらす。＝遶ジョウ。「囲繞」国ニョウ(ネウ)。漢字の構成上、左側から下部へめぐる字形部分。
解字 篆文 形声。糸＋堯音。音符の堯ギョウは、弱に通じ、しなやかに曲がるの意味。糸をしなやかにして、まとうの意味を表す。
【繞繞】ジョウジョウ まつわりめぐるさま。

【繞帯(帶)】ジョウタイ ①まつわりめぐる。②めぐる。とりまく。③めぐらす。まとう。

【繞△梁】ジョウリョウ 歌声がすぐれて美しく余韻の長く続くこと。昔、韓娥(カンガ)という歌手の歌の余韻が、梁(うつばり)のあたりに三日間もまつわりめぐっていたという故事による。〔列子、湯問〕

【繞△繚】ジョウリョウ まつわりめぐる。ぐるりとめぐる。うねうね曲がっているさま。繚繞。

(18)12 【織】5923 教5 ショク・シキ おる

㊀漢ショク・呉シキ 職 zhī
㊁シ 寘 zhì

筆順 糸 紣 綪 織 織

字義 ㊀❶おる。機(はた)をおる。❷くみたてる。「組織」❸はたおり。機を織る技術。また、織った物。㊁❶あやぎぬ。色糸で織った絹。❷しるし。㋐記章。㋑はた(旗)。はたじるし。＝幟(シ)。

名乗 おり・はとり・り 難読 織女(たなばたつめ)・織田(おだ)・織部(おりべ)・はとりべ

解字 金文 篆文 形声。金文は、音＋弋(音)。音は、何器具の象形かも知れない。音符の弋(ヨク)は、たがいちがいに組むを意味するかわからないが、はた織りの意味。篆文は糸を付し、糸をたがいちがいに組む、おるの意味を表す。

▼耕織・染織・組織・紡織

【織△烏】ショクウ 太陽の別名。

【織機】ショクキ 織物を織る機械。はた。

【織室】ショクシツ 漢代、宮中ではたを織った部屋。過失を犯した婦女に織らせた。

【織女】ショクジョ ①はたを織る女。②星の名。織女星。琴座の首星ヴェガの漢名。天(あま)の川の東にあり、七月七日の夜、対岸にある牽牛星(ケンギュウセイ)と会うという伝説がある。たなばたつめ。〔荊楚歳時記〕

【織△紝】ショクジン 織る。はたを織る。また、その人。

【織成】ショクセイ ①おりなす。織って作り出す。②転じて、物事を作り出す。③色糸や金糸・銀糸を使った織物。

【織婦】ショクフ ＝織女。

【織文】ショクブン ①模様のある織物。錦(にしき)などの類。②織物の模様。③旗(シ)の模様。旗じるし。

【織縫】ショクホウ はた織りと、裁縫。

【織紡】ショクボウ はたを織ることと糸をつむぐこと。また、その人。

【織絡】ショクラク ①織る。②(機織りの糸のように)しきりに道を往来すること。③貴人のそばに仕えて立ち働く者。

(18)12 【繕】5924 常 ゼン つくろう

漢セン・呉ゼン 霰 shàn

筆順 糸 紣 繕 繕 繕

字義 ❶つくろう(つくろふ)。なおす。修理する。「修繕」❷おさめる(治・修)。❸そなえる(備)。❹つよい。強くする。

解字 篆文 形声。糸＋善(音)。音符の善は、よいの意味。糸で補い、よくする・つくろうの意味を表す。

▼営繕・修繕・補繕

【繕写(寫)】ゼンシャ ①乱れや誤りなどを正して清書しなおすこと。②集めて書く。文書を編録する。

【繕修】ゼンシュウ つくろいなおす。修繕。

【繕飾】ゼンショク つくろいかざる。

【繕治】ゼンチ つくろいなおす。修繕する。

(18)12 【繒】5925 △ ㊀漢ショウ・呉ゾウ 蒸 zēng ㊁ソウ 蒸 径 zèng

字義 ㊀㊁❶きぬ。絹織物の総称。❷いぐるみ。矢に糸をつけて鳥を射る猟具。＝矰(ソウ)。

解字 篆文 形声。糸＋曾(音)。

【繒△纊】ソウコウ きぬとわた。また、絹の衣服や綿入れの着物。

【繒△綵】ソウサイ いろどったきぬ。

【繒△繳】ソウシャク いぐるみの糸。矰繳(ソウシャク)。→字義の②。

【繒△帛】ソウハク きぬ。絹織物。

(18)12 【繙】5926 △ 漢ハン 呉ホン 元 fān

字義 ❶ひもとく。㋐結んである紐(ひも)を解く。㋑書籍を開く。昔の書籍は巻いて紐で結んであったからいう。❷ひるがえる(翻)。ひるがえす。❸くりかえす。❹翻訳する。「繙訳」

解字 篆文 形声。糸＋番(音)。音符の番は、放射状にひろがるの意味。むすぼれていたひもをときひろげるの意味を表す。

【繙閲】ハンエツ・ホンエツ 書籍を開いて読み調べる。

【繙訳(譯)】ハンヤク・ホンヤク 一つの国の言語・文章を他の国語に書き直すこと。翻訳。

(18)12 【繚】5927 △ リョウ(レウ) 蕭 liáo

字義 ❶まとう(まとふ)。まつわる。❷めぐる。めぐらす。糸などでしばる。❸もとる(戾)。道理などに反する。❹おさめる(理)。＝撩。

解字 篆文 形声。糸＋尞(音)。音符の尞(リョウ)は、かがり火の意味。火の粉が、もつれみだれるようにまつわりつくの意味を表す。

【繚垣】リョウエン 周囲にめぐらしたかき。そとがき。

【繚糾】リョウキュウ まつわりつく。もつれる。

【繚△繞】リョウジョウ ①まつわりめぐる。ぐるぐるめぐる。くねくね曲がっているさま。繞繚。②そでが長く、まつわるさま。また、ひるがえるさま。

【繚乱(亂)】リョウラン ①まつわり乱れる。もつれ乱れる。②花の咲き乱れているさま。また、散り乱れるさま。「百花繚乱」

【繚繚】リョウリョウ まつわりつくさま。

(18)12 【繧】5928 △ 国字 ウン

字義 繧繝(ウンゲン)は、濃い色から少しずつうすくなるように、ぼかしながら染める染色法。また、その織物。

解字 形声。糸＋雲(音)。音符の雲は、うすくぼける意味。

(19)13 【繹】5929 △ 漢エキ 呉ヤク 陌 yì

字義 ❶ひく。ぬく。糸を引き出す。「演繹」❷いとぐち(緒)。糸の端。❸たずねる(たづぬ)(尋)。きわめる(究)。「尋繹」❹つらなる。つらねる。また、つらなりつづくさま。「絡繹(ラクエキ)」❺祭りの名。「繹祭」

解字 篆文 形声。糸＋睪(睪)(音)。音符の睪(エキ)は、つぎつぎにたぐり寄せるの意味。糸をたぐり寄せるの意味を表す。

【繹繹】エキエキ ①連なり続くさま。②さかんなさま。③よく走るさま。

【繹祭】エキサイ 祭りの名。祖先の廟(ビョウ)(みたまや)の正祭の翌日に行う祭り。あとまつり。

【繹如】エキジョ 続いて絶えないさま。連なり続くさま。〔論語、八佾〕

【繹騒(騷)】エキソウ さわぎが続くこと。ひっきりなしにさわぐ。

(19)13 【繪】(5764) カイ 絵(5763)の旧字体。→八五〇ページ。

(19)13 【繫】5930 標 ㊀ケイ 霽 jì ㊁漢ケイ・呉ゲイ 霽 xì

【繋】俗字

字義 ㊀㊁❶つなぐ。㋐結びつける。「繫束」㋑しばりつける。しばりつけておく。「繫留」㋒続ける。連ねる。❷つながる。連なる。「連繫」❸かける。㋐つり下げる。㋑関係づける。❹かかる。㋐ぶらさがる。㋑関係する。❺とらえる。また、捕らえられた人。「囚繫」❻つな。ひも。また、きずな。ほだし。つなぎとめる綱。

参考 現代表記では［係］(249)に書きかえることがある。「繋船→係船」「繋争→係争」「繋属→係属」「繋留→係留」「連繋→連係」

解字 文 篆  形声。糸＋毄㊖。音符の毄ケイは、車と車とが接し、ぶつかりあうの意味。糸を付し、つなぐ・つながるの意味を表す。

【繋△羈】ケイキ つなぎしばる。しばりつける。自由を拘束する。

【繋獄】ケイゴク 牢獄ロウゴクにつなぐ。繋囚。

【繋辞(辭)】ケイジ ①易エキの十翼の一つ。彖辞タンジと爻辞コウジとを説明したもの。孔子の作という。②論理学で、命題の主辞と賓辞をむすび、肯定または否定を表す語。

【繋囚】ケイシュウ ①しばって獄に入れる。捕らえて獄に入れる。②しばられた罪人。捕らえられた罪人。

【繋船】ケイセン 船をつなぐ。また、つないだ船。係船。

【繋争(爭)】ケイソウ 訴訟で当事者同士が争うこと。係争。

【繋属(屬)】ケイゾク つながりつく。つづく。つづける。係属。

【繋泊】ケイハク 舟をつないで停泊する。

【繋縛】ケイバク しばりつなぐ。自由を束縛すること。

【繋△匏】ケイホウ ぶらさがっているひょうたん。転じて、何もしないで、ぶらぶらとして日を過ごすたとえ。匏は、ふくべ・ひょうたん。匏繋。『論語』陽貨編に「吾豈匏瓜也哉われあにホウカならんや、焉能繋而不レ食いずくんぞよくかかりてくらわれざらんや」とあるのに基づく。

【繋△纜】ケイラン 船のともづなをつなぐ。舟を止めること。↕解纜。

【繋留】ケイリュウ ①つなぎとめる。つなぎとめておく。係留。②牢屋ロウやに入れておく。

【繋累・繋△纍】ケイルイ ①つなぐ。しばる。また、つながれる。しばられる。累も、つなぐ。②心や身をつなぎ縛っているもの。心や身にかかるわずらい。足手まとい。特に、肉親・家族など。累は、わずらい。

(19)13【繭】(5919) ケン 繭(5918)の旧字体。→八七〇ページ。

(19)13【繳】5931 △ 一シャク 漢 zhuó 二キョウ(ケウ) 漢 jiǎo

字義 一❶いと。練らない糸。生糸。また、いとすじ(縷ル)。❷いぐるみの糸。転じて、いぐるみ。矢に糸をつけて鳥を射るしかけ。「矰繳ソウシャク」 二❶かえす。物を持ち主に返す。❷おさめる。役所などに納付する。「繳納」❸まとう。まつわる。からまる。「繳繞キョウジョウ」

解字 文 篆  形声。糸＋敫㊖。

【繳△繞】キョウジョウ からまりまつわる。転じて、こだわる。拘泥する。

【繳進】キョウシン 文書などを役所などにさし出すこと。転じて、他を非難した文を上奏する。悪しざまに申しあげる。

【繳△矰】シャクソウ いぐるみの糸と、その矢。

(19)13【繡】5932 標 漢シュウ(シウ) 呉シュ 宥 xiù ［綉］ 2911 3D2B

［繍］簡易 ［綉］俗字 6921 6535

字義 ❶ぬいとり。ぬいとり。えぎぬ。刺繡シシュウ。諸種の色糸でかがり縫って、布の表に模様を作り出すこと。また、その模様。また、その模様を一面につけた布。にしき。❷ぬいとりする。転じて、「美しく飾った」「美しい」の意。「繡戸」

難読 繡眼児めじろ・繡線花しもつけ(菊)

解字 文 篆  形声。糸＋肅㊖。

【繡衣】シュウイ 美しいぬいとりのある着物。美しい着物。

【繡閣】シュウカク ①美しく飾ったたかどの。②婦人の部屋。繡房。

【繡△衾】シュウキン ぬいとりした美しい夜具。にしきの夜着。

【繡戸】シュウコ 美しくかざった室。女性の部屋。繡房。

【繡△梓】シュウシ ①文字・文章を梓あずさの板に美しく彫刻する。また、その版木。②転じて、書物を出版すること。

【繡△襦】シュウジュ ぬいとりしたはだ着。

【繡△裳】シュウショウ 五色のぬいとりをしたもすそ(スカート)。中国古代の礼服。

【繡像】シュウゾウ 刺繡でえがき出した肖像。後世、画像もいう。

【繡段】シュウダン ぬいとりした美しい織物。転じて、美しい詩文のたとえ。

【繡仏(佛)】シュウブツ 刺繡でえがき出した仏像。

【繡房】シュウボウ ＝繡戸。

【繡面】シュウメン ①入れ墨をほどこした顔。②唐代、召使いの女性の化粧すること。

【繡羅】シュウラ ぬいとりした薄絹。いろどり美しいあやぎぬ。

【衣レ繡夜行】シュウをきてよるゆく 美しい着物を着て夜道を行く。美しさをわかってもらえなくてつまらないこと。出世しても故郷に帰らないたとえ。〔史記、項羽本紀〕

(19)13【繩】(5853) ジョウ 縄(5852)の旧字体。→八六三ページ。 6974 656A

(19)13【繰】5933 常 くる 一ソウ(サウ) 皓 zǎo 二ソウ(サウ) 豪 sāo 2311 372B

筆順 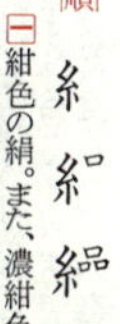

字義 一紺色の絹。また、濃紺色。二くる。糸をくる。糸をとる。繭まゆや綿から糸を引き出して巻き取る。＝繅ソウ。

国くる。順に送りやる意。㋐細長い物を物に巻きつける。㋑たぐる。㋒綿繰車わたくりぐるまにかけて綿花の種子を除き去る。㋓つまぐる。㋔順にめくる。㋕順に数える。「日を繰る」㋖都合する。「繰り合わせる」「さし繰る」

解字 文 篆  形声。糸＋喿㊖。音符の喿ソウは繅ソウに通じ、糸をくるの意味を表す。

【繰言】くりごと 国同じことをくりかえしてくどくどということば。また、そのことば。ぐち。

(20)14【纁】5934 △ クン 文 問 xūn 6975 656B

字義 黒みがかった薄赤い色。また、その絹。

解字 文 金  文 篆  形声。糸＋熏㊖。音符の熏クンは、ふすべるの意味。うす赤い・うす暗いの意味を表す。

【纁黄】クンコウ たそがれの色。転じて、たそがれ。日ぐれ。

(20)14【繼】(5786) ケイ 継(5785)の旧字体。→八五五ページ。

(20)14【繾】5935 △ ケン 銑 霰 qiǎn

字義 ❶まといつく。つきまとう。❷情があつい。ねんごろ。

解字 文 篆  形声。糸＋遣㊖。

【繾△綣】ケンケン ①まといつく。からみつく。②情の厚いさま。心に忘れず思い続けるさま。③何回も繰り返すさま。物事を丁寧にするさま。

(20)14【纂】5936 標 サン 旱 zuǎn 2728 3B3C

字義 ❶あつめる。あつまる。「編纂」❷つぐ(継)。受けつぐ。続ける。❸赤い組み紐ひも。❹あや。模様。色どり。

解字 文 篆  形声。糸＋算㊖。音符の算は、ととのえるの意味。あつめととのえて書物を編むの意味を表す。

【纂次】サンジ 集めて順序をつける。編集する。

【纂修】サンシュウ ①文書を集めて整理すること。また、書籍を編修すること。②受けついで修める。③整え修める。

【纂集・纂△輯】サンシュウ 文書を集める。編集する。

【纂述】サンジュツ ①集めて述べる。②前人のものを受けついでさらにくわしく述べる。祖述。

【纂承】サンショウ 受けつぐ。

【纂録】サンロク 集めしるす。集録。

(20)14 【繻】 5937 △ 一 漢シュウ(シウ) 慣シュ 二 漢ジュ・呉ニュ 虞 xū 虞 rú 6976 656C

字義 一 二 ❶目の細かい薄絹。❷絹織物の色どり。

解字 文 篆 形声。糸＋需音。音符の需は、しなやかの意味。しなやかな糸の意味を表す。

【繻子】シュス 国織物の名。経糸たて・緯糸よこの浮いた組織の絹織物で、表面がなめらかで光沢がある。

【繻珍】シュチン・シチン・シッチン 国織物の名。繻子地ジュスに種々の模様を浮き織りに織り出したもの。オランダ語 satijn などの音訳とも、漢語「七糸緞シチシ」の略音あて字ともいい、朱珍とも書く。

(20)14 【繽】 5938 △ ヒン 眞 bīn 6979 656F

字義 ❶多いさま。盛んなさま。❷みだれるさま。

解字 形声。糸＋賓音。

【繽翻・繽△繙】ヒンパン ①旗などの風にひるがえるさま。②鳥・花〔びらなどのひるがえり飛ぶさま。

【繽繽】ヒンピン ＝繽紛。

【繽紛】ヒンプン ①もつれ乱れるさま。②花などの乱れ散るさま。「落英繽紛」③旗などの風にひるがえるさま。④なよなよした姿でたくみに舞うさま。⑤さかんで美しいさま。

(20)14 【辮】 5939 △ 漢ヘン 呉ベン 銑 biàn 6980 6570

字義 あむ(編)。くむ。組み合わせる。

解字 文 篆 形声。糸＋辡音。音符の辡ヘンは、並べるの意味。糸をあむの意味を表す。

【辮髪】ベンパツ ①髪を辮あむ。髪の毛を組み合わせて編む。②中国周辺民族の間に行われた男子の髪形。頭髪の周囲をそって中央の髪をのばしあんで長くうしろにたらしたもの。古くから行われ、清代シンダイには漢民族に強制した。

(20)14 【纃】 5940 国字 △ 【縡】俗字 6978 656E

字義 かすり。所々にかすった模様をつけた織物。また、その模様。飛白かすり。＝絣かすり。

解字 会意。糸＋齊。齊は、そろうの意味。かすった模様がそろっている、かすりの意味を表す。

(21)15 【纈】 5941 △ 漢ケツ・呉ゲチ 慣ケチ 屑 xié 6982 6572

字義 ❶しぼり。しぼりぞめ。「纐纈コウケツ・コウケチ」❷しぼる。しぼりぞめにする。❸むすぶ(結)。❹かすむ。目がかすむ。また、目のかすみ。

難読 纈帯おいわた

解字 形声。糸＋頡音。音符の頡ケツは、しっかりしめるの意味。布のあちこちをつまんで糸でくくって染めるの意味を表す。

(21)15 【纊】 5942 △ コウ(クワウ) 漾 kuàng 【絋】俗字 [絋] 6906 6526

字義 ❶わた。新しい綿。❷わたいれ。綿を入れた着物。

解字 文 篆 形声。糸＋廣音。

(21)15 【纘】 5943 △ サン 纘(5955)の俗字。→八七四ページ。 6983 6573

(21)15 【纖】 5944 △ セン 纖(5903)(繊)の俗字。→八六六ページ。 6990 657A

(21)15 【續】 5945 (5795) ゾク 続(5794)の旧字体。→八五六ページ。 6984 6574

(21)15 【纏】 5945 標 漢テン 呉デン 先 霰 chán 【纒】俗字 6985 6575 3727 453B

字義 ❶まとう。まつわる。からまる。めぐる。❷くくる(括)。たばねる(束)。しばる(縛)。国❶まとい。竿さおの先に種々の形の物をつけ、その下に馬簾バレンなどを下げたもの。昔は陣所の目印に、江戸時代以後には消防組の印として用いる。❷まとめる。

難読 纏向山まきむくやま・纏頭はな

解字 文 篆 形声。糸＋廛音。音符の廛テンは、帯に通じ、おびるの意味。ひもをおびる、まといめぐらすの意味を表す。

【纏△繞】テンジョウ ①まつわりつく。からみつく。②転じて、足手まとい。

【纏足】テンソク 昔の中国で、女子の四、五歳のときから足に布を堅くまいて縛り、足の成長を妨げて、小さくした風習。唐末から五代にかけて起こったという。

【纏頭】テントウ かずけもの。はな。祝儀。芸人などに与える祝儀。また、祝儀を与えること。

【纏綿】テンメン ①まつわりつく。②心にまつわりついて離れないさま。情愛の深いこと。「情緒纏綿」

【纏絡】テンラク まつわりからむ。

(21)15 【纆】 5946 △ 漢ボク 呉モク 職 mò

字義 なわ(縄)。三つより(一説に二つより)のなわ。

解字 文 篆 形声。糸＋墨音。

(21)15 【繿】 5947 △ ラン 襤(7028)と同字。→九八七ページ。 6981 6571

(21)15 【纍】 5948 △ ルイ 支 léi

字義 ❶つなぐ。しばる。捕らえる。❷つづる(綴)。からめる。❸まとう。まつわる。〔詩経、周南、樛木〕葛藟纍レ之これにまつわる。❹きずな。つなぎとめるもの。束縛するもの。また、なわ。つな。❺かさなる(重)。連なる。＝累。

参考 〔累〕に通ずる。熟語は累(5761)をも見よ。→八五〇ページ。

解字 文 篆 形声。糸＋畾音。音符の畾ルイは、重ねるの意味。糸を重ねていく、つづる・からめるの意味を表す。

【纍紲】ルイセツ 累紲。縲紲ルイセツ。罪人をしばるなわ。転じて、牢屋ろうや。また、とらわれる。

【纍纍】ルイルイ 累累。①連なり続くさま。②積み重なるさま。③つかれはてたさま。④がっかりしたさま。意気消沈したさま。

(21)15 【纐】 5949 国字 △ コウ(カウ) 6986 6576

字義 纐纈コウケツ・コウケチは、染色法の一種。しぼりぞめ。くくりぞめ。板締めしぼり。

難読 纐纈きくとじ・くくり・こうげつ・はなぶさ

解字 形声。頁＋絞音。音符の絞コウは、しぼるの意味。頁は、あたまの意味。布を小さな頭のようにくくって染める、しぼりぞめの意味を表す。

(22)16 【纒】 5950 △ テン 纏(5945)の俗字。→中段。 6985 6575

(22)16 【纑】 5951 △ 漢ロ 呉ル 虞 lú 【[糸戸]】俗字

字義 ❶ぬのいと。あさいと。❷ねる(練)。麻などを灰汁はいじるなどで煮て白く柔らかくする。国かせ。かせ糸。つむいだ糸をかけて巻く器具。＝綛かせ。

解字 文 篆 形声。糸＋盧音。

(23)17 【纓】 5952 △ 漢エイ 呉ヨウ(ヤウ) 庚 yīng 6987 6577

字義 ❶ひも。㋐冠の紐ひも。冠をかぶって顎あごの下で結ぶ紐。㋑かざりのさげ紐。❷むながい(鞅オウ)。馬の胸から鞍くらにかけ渡す組みひも。❸まとう。まつわる。国エイ。冠の付属品。冠の後方に垂れている、薄絹張りの細長いもの。もと、巾子コジの根を締めた

紐の余りを背後に垂れたものの遺風。

解字 篆文 形声。糸＋嬰㊉。音符の嬰ｴｲは、首かざりをまとうの意味。あごにまといつかせる、かんむりのひもの意味を表す。

【纓冠】エイカン 冠の紐ひもを結ぶ。髪をたばねずに冠の紐を結ぶこと。転じて、急いで人を救うさま。〔孟子、離婁下〕被髪纓冠。

【纓紳】エイシン ①冠のひもと、大帯。②転じて、貴族や高官の人。

【纓絡】ヨウラク 珠玉を編んで作った装身具。頭・頸くび・胸などにかける。もとインドの風俗で、梵語ボン keyura を音訳して瓔珞・瑶珞・瓔絡などと書く。

(23)17 【纔】5953 △ ㊀漢サン・呉セン 咸 shān ㊁漢サイ・呉ザイ 灰 cái　6988 6578

字義 ㊀①赤黒い色の絹。一説に、青みがかった薄黒い色の絹。②赤黒色。すずめ色。一説に、青みがかった薄い黒色。
㊁わずか。少し。また、わずかに。やっと。かろうじて。

解字 篆文 形声。糸＋毚㊉。音符の毚ｻﾝは、まじるの意味。赤みと黒みのまじった絹の意味を表す。借りて、わずかに・かろうじての意味にも用いる。

(23)17 【纖】(5904) セン 纖（5903）の旧字体。→八六六ﾍﾟ。　6989 6579

(24)18 【纛】5954 △ ㊀漢トウ（タウ）・呉ドウ（ダウ） 号 dào ㊁漢トク・呉ドク 沃 dú　6991 657B

字義 ㊀㊁はたぼこ。旄牛ボウギュウ（からうし）の尾または雉きじの羽や尾でかざった大旗。㋐舞をまう者が用いる。㋑軍中の指揮に用いる。㋒天子の車に立てる。天皇旗。転じて、天子の親政軍。㋓軍陣の本営に立てる。㋔葬式に柩車ひつぎぐるまを引く人の指揮に用いる。

解字 形声。縣＋毒㊉。

〔纛〕

(25)19 【纘】5955 △ サン 旱 zuǎn
【缵】俗字　6983 6573

字義 ❶つぐ（継）。受けつぐ。つづける（続）。❷あつめる。＝纂ｻﾝ。

解字 篆文 形声。糸＋贊㊉。音符の贊は、そろえるの意味。先人の事業にあわせそろえる、うけつぐの意味を表す。

【纘継（繼）】サンケイ つぐ。つづける。継続。
【纘述】サンジュツ 集めのべる。纂述サンジュツ。編纂撰述センジュツ。
【纘緒】サンショ 前人の事業を受けつぐこと。
【纘承】サンショウ 受けつぐ。承も、受けつぐ。継承。

(25)19 【纚】5956 △ ㊀シ 紙 xǐ, shǐ ㊁リ 支 lí

字義 ㊀❶髪づつみ。髪を包む黒い絹。❷つづく。つらなる。また、そのさま。❸ゆく。連れだって行く。
㊁❶冠のたれひも。❷つなぐ（繫ｹｲ）。

解字 篆文 形声。糸＋麗㊉。音符の麗ﾚｲは、きれいにならぶの意味。

(28)22 【纜】5957 △ ラン 勘 lǎn　6992 657C
【纜】俗字

字義 ともづな。舟を岸などにつなぐために、船尾につけてある綱。

解字 形声。糸＋覽㊉。音符の覽は、攬ﾗﾝに通じ、とりおさめるの意味。舟をおさめるためのつなの意味を表す。

【解レ纜】ともづなをとく カイラン ともづなをといて船出する。出帆する。解纜 収レ纜ともづなをおさむ ともいう。↔繫レ纜ともづなをつなぐ。

6 缶部

部首解説 ほとぎ。ほとぎへん。缶ﾌを意符として、つぼに関する文字ができている。常用漢字では缶をカン（ブリキ製容器）と読むが、この文字の本来の音や意味ではない。また、つぼは、素材から見れば、かわらけ（土器）であるから、缾ﾍｲ＝瓶、罋ｵｳ＝甕、罎ﾀﾝ＝壜のように、この部首の文字の多くは瓦かわらや土偏でも書かれ、罇ｿﾝは木偏（樽）にも書かれる。

(6)0 【缶】5958 常 カン　2044 344C
㊀(24)18 【罐】5959 カン（クヮン） 翰 guàn　［罐］ 7005 6625
㊁(6)0 【缶】 △ フ 有 fǒu

筆順 ノ 𠂉 午 缶 缶

㊀【鑵】同字
㊁【缻】同字

字義 ㊀〔罐〕❶つるべ。水を汲み上げるおけ。❷かめ。水を入れる素焼きのかめ。「缶子カンシ」 国❶カン。金属、特にブリキ製の入れ物。「缶詰」「薬缶ヤカン」❷かま。ボイラー。
㊁〔缶〕❶ほとぎ。もたい。腹が大きくふくらみ、口のつぼんだ素焼きの器で、酒などを入れるのに用いる。また、昔は、この器をたたいて歌の拍子をとった。〔詩経、陳風、宛丘〕坎其撃レ缶カンとしてそれほとぎをうつ。❷昔の容積の単位。四斛ｺｸ（一斛は一九・四リットル）。また、十六斗。

〔缶㊁①〕

解字 ㊀〔罐〕篆文 形声。缶＋雚㊉。音符の雚ｶﾝは、こうのとりの象形。こうのとりのように腹部のふくらんだ円筒形のほとぎの意味を表す。
㊁〔缶〕金文 篆文 象形。酒などの飲み物を入れる腹部のふくらんだ、ふたつきの土器の形にかたどり、器の意味を表す。常用漢字は、罐ｶﾝの音と意味に用いる。

▼汽缶

(9)3 【缸】5960 △ 漢コウ（カウ） 呉ゴウ（ガウ） 江 gāng　6993 657D

字義 かめ。もたい。大きな素焼きのかめ。

解字 篆文 形声。缶＋工㊉。缶ﾌは、ほとぎの意味。音符の工は、大きいの意味。大きいかめの意味を表す。

(10)4 【缺】(3759) ケツ 欠（3758）の旧字体。→五八七ﾍﾟ。　6994 657E

(10)4 【缼】5961 △ ケツ 欠（3758）の俗字。→五八七ﾍﾟ。

(11)5 【缻】5962 △ フ 缶（5958）と同字。→中段。

(14)8 【缾】5963 △ ヘイ 瓶（4765）と同字。→七三〇ﾍﾟ。

(17)11 【罅】5964 △ 漢カ 呉ケ 禡 xià　7001 6621

字義 ❶さける（裂）。陶器にひびがはいる。かける。われる。❷ひび。われめ。また、すき。すきま。あな。「石罅」

解字 篆文 形声。缶＋虖㊉。

【罅隙】カゲキ 欠けたすきま。すきま。

(17)11 【罄】5965 △ 漢ケイ 呉キョウ（キャウ） 径 迥 qìng

字義 ❶むなしい。うつろ。器の中に何もないこと。❷つきる(尽)。また、つくす。「罄尽」 ❸ことごとく。すべて。みな。

解字 文 篆 形声。缶＋殸㊥。音符の殸は、高い音の出る中国の古代楽器、けいの意味。高く軽快な音のする中空の土器の意味から、つきる・からの意味を表す。

【罄竭】①つきる。なくなる。竭も尽きる意。②つくす。ありったけをつくす。

【罄尽(盡)】なくなる。つきる。すっかりなくなる。

(18)12 【罇】5966 △ ソン 樽(3690)と同字。→五八二ジー。

(19)13 【罋】5967 △ オウ 甕(4779)と同字。→七三一ジー。

(20)14 【罌】5968 △ ㊥オウ(アウ) ㊐ヨウ(ヤウ) 庚 yīng 7002 6622

【甖】同字

字義 かめ。もたい。腹が大きく口のつぼんだかめ。

解字 文 篆 形声。缶＋賏㊥。

【罌粟】草花の名。ケシ科の二年草の一つ。五月ごろ四弁の花を開き、実の乳液から阿片をとる。芥子。罌子粟。

(21)15 【罍】5969 △ ライ 灰 léi 7003 6623

字義 たる。酒だる。雷雲の文様のある酒だるで、大きなものは一斛を入れる。＝櫑。「金罍」

解字 文 金 文 篆 体 別 形声。缶＋畾㊥。音符の畾は、雷、かみなりの意味。雷雲の文様のある酒だるの意味を表す。櫑の別体。

〔罍(周代)〕

【罍罌】さかだる。

【罍尊・罍樽】さかだる。尊も、酒だる。

【罍恥】さかだるのはじ。準備した酒がすっかりなくなること。→瓶之罄矣、維罍之恥(七三〇ジー)。

(22)16 【罎】5970 △ タン 壜(1359)と同字。→二四六ジー。 7004 6624

(24)18 【罐】(5959) カン 缶(5958)の旧字体。→八七四ジー。 7005 6625

6 网(罒・罓)部　罒は四画。罓は五画。

〔部首解説〕あみがしら。あみ。罒・罓は、网の変形。また、罒の形にもなり、网・罒は元来同一の部首であったが、字形が異なるので、便宜上分離して、网部のあとに罒(よこめ)部を設けた。网を意符として、いろいろな種類の網や、網にかける・捕らえるなどの意味を含む文字ができている。

网 八七五　3 罕 八七五　罔 八七五

(6)0 【网】5971 △ ㊥ボウ(バウ) ㊐モウ(マウ) 養 wǎng 7006 6626

字義 あみ。罔・網。

解字 甲骨文 金文 篆文 象形。あみの象形で、あみの意味を表す。罔(網)の原字。

(7)3 【罕】5972 △ カン 旱 hǎn 7007 6627

【罓】本字

字義 ❶とりあみ。鳥をとる、柄の長い小網。❷はた(旗)。❸まれ。まれに。たまに。また、まれである。めったにない。〔論語、子罕〕子罕言ㇾ利。

解字 文 篆 形声。网＋干㊥。音符の干は、さお(竿)の意味。篆文は、長い柄のついた網。

(8)3 【罔】5973 △ ㊥ボウ(バウ) ㊐モウ(マウ) 養 wǎng 慣ム 7008 6628

字義 ❶あみ。＝網。㋐鳥獣や魚を捕らえる網。㋑罪人を捕らえる網。おきて・法律のたとえ。㋒人を束縛するもの。世のきずな。❷あみする。㋐網で捕らえる。また、網で捕らえるように根こそぎ取る。㋑法網にかける。❸おおう。また、くらます。見えなくする。❹むすぶ(結)。❺ない。また、なかれ。〔詩経、小雅、蓼莪〕昊天罔ㇾ極。❻なみする。ないがしろにする。あなどる。❼くらい。おろか。〔論語、為政〕学而不ㇾ思則罔。❽しいる(誣)。道理に合わないことを無理にこじつける。事実を曲げる。〔論語、雍也〕罔ㇾ之生也幸而免。❾うれえる。心配する。

解字 形声。门(网)＋亡㊥。网は、あみの象形。音符の亡は、おおいかくすの意味。獲物をおおって捕らえる、あみの意味を表す。網の原字。借りて、亡に通じて、ないの意味をも表す。罔を音符とする形声文字に、惘・網などがあり、これらの漢字は、「網で捕らえる」の意味を共有している。

【罔極】①きわまりがない。限りがない。「罔極の恩」②中正の道がないこと。無道。③極悪人。

【罔罟】あみ。獣を捕らえる網と、魚を取る網。

【罔象】①ただよう。②なにもないこと。虚無。象罔。③水中の妖怪。一説に、水神の名。

【罔然】ぼんやりしているさま。つかれたり、がっかりしたりしている様子。惘然。茫然。

【罔羅】網羅。①あみ。大きい網と小さい網。②残らず収め入れる。全部ひっくるめること。

【罔両(兩)】魍魎。①影のそばに生ずる薄いかげ。②より所のないさま。たよりないさま。③すだま。山や川の妖怪。山や川の精。「螭魅罔両」

5 罒部

〔部首解説〕よこめ。よんかしら。あみがしら。この部首に属する文字のほとんどは、もと网(あみがしら)部の文字で、罒の形も従来、あみがしらと呼ばれた。ほかに、もと目部の文字で罒の形をもつ文字がある。その両者を合わせて、罒部を設けた。親文字の上に記した网・目の区別は、本来の部首を示す。→〔网〕の部首解説。

4 罘 八七五　5 罟 八七六　罝 八七六　罜 八七六　罠 八七六
6 罣 八七六　罛 八七六　7 罦 八七六　8 罨 八七六　罫 八七六
罥 八七六　罪 八七六　署 八七六　罧 八七七　置 八七七
罩 八七七　罭 八七七　9 睪 八七七　署 八七七　罰 八七七
10 罵 八七七　罸 八七七　罷 八七七　11 罻 八七七　罹 八七八
12 罽 八七八　罿 八七八　罾 八七八　13 羂 八七八　14 羆 八七八
羃 八七八　羅 八七八　17 羇 八七八　19 羈 八七九

買→貝部一〇四三ジー。詈→言部一〇〇六ジー。蜀→虫部九六四ジー。

(9)网4 【罘】5974 △ ㊥フ・㊐ブ 尤 fú 7009 6629

字義 一あみ（網）。㋐うさぎあみ。兎(うさぎ)を捕る網。兎罝(シャ)。「罘罝(フシャ)」 ㋑広く、鳥獣を捕る網をいう。「罘網」 二❶鳥獣をからめとる仕掛けのついた網。＝罦(フ)。❷罘罳(フシ)は、宮門の内（一説に、外）にある屏(へい)。
解字 形声。罒（网）＋不㊥。

(10)网5【罟】5975 △コ 麌 gǔ　7010 662A
字義 ❶あみ（網）。㋐網の総称。㋑うおあみ。魚を取る網。目の細かい網。〔孟子、梁恵王上〕数罟不レ入ニ洿池一(ソッコオチニいらず)。㋒罪人を捕らえる網。法律・おきてのたとえ。❷あみする。網にかけて取る。
解字 篆文 形声。罒（网）＋古㊥。音符の古は、固に通じ、かたくとざすの意味。あみの意味を表す。
【罟△擭陥（陷）△阱】(コカクカンセイ) 網と、わなと、落とし穴。ともに鳥獣を捕らえるしかけ。擭は、わな。〔中庸〕
【罟師】(コシ) 漁夫。

(10)网5【罝】5976 △ 一シャ 麻 jiē 二ショ 魚 jū
字義 一二あみ（網）。獣、特にうさぎを取る網。「兎罝(シャ)」
解字 篆文 形声。罒（网）＋且㊥。网は、あみの象形。音符の且(ショ)は、積み重ねるの意味。糸を組み重ねた、あみの意味を表す。
【罝△罘・罝△罦】(シャフ) 鳥獣を捕らえる網。

(10)网5【罜】5977 △シュ 遇麌 zhǔ
字義 こあみ。魚をとる小さい網。
解字 篆文 形声。罒（网）＋主㊥。

(10)网5【罠】5978 標 漢ビン 呉ミン 眞 mín　7011 662B
字義 ❶つりいと。❷あみ（網）。㋐うさぎあみ。兎(うさぎ)を捕らえる網。㋑しかあみ。鹿(しか)を捕らえる網。国わな。㋐獣をおびき寄せて捕らえるしかけ。㋑人をあざむく計略。
解字 篆文 形声。罒（网）＋民㊥。音符の民は、敃(ビン・ミン)に通じ、強引にするの意味。強引にあみで獣をとらえる、あみの意味を表す。

(11)网6【罣】5979 △ 一漢カイ（クヮイ）・呉ケ 卦 guà 二漢ケイ・呉ケ 霽 guà
字義 一二❶さまたげる。はばむ。ささえる。❷かかる。ひっかかる。また、かける。
解字 形声。罒（网）＋圭㊥。

(11)目6【罛】5980 △シュウ　衆（6897）の本字。→九七三ページ。

(12)网7【罦】5981 △フ 虞 fú
字義 あみ（網）。鳥獣をからめとる仕掛けのついた網。＝罘(フ)。
解字 形声。罒（网）＋孚㊥。音符の孚(フ)は、つつむ・おおうの意味。

【買】→貝部 一〇四三ページ。　【詈】→言部 一〇〇六ページ。

(13)网8【罨】5982 △エン 慣アン 琰 yǎn　7012 662C
字義 ❶あみ（網）。上からおおいかぶせて魚や鳥を捕らえる網。❷おおう。おおいかぶせる。「罨法」
解字 篆文 形声。罒（网）＋奄㊥。音符の奄(エン)は、おおうの意味。あみでおおうの意味を表す。
【罨法】(アンポウ) 冷水または温湯にひたした布で患部をおおい、炎症または充血を消し去る治療法。「冷罨法」「温罨法」

(13)网8【罫】5983 △ 一漢カイ（クヮイ）・呉ゲ 卦 huà 二漢カイ（クヮイ）・呉ケ 蟹 guǎi 慣ケイ　2351 3753
字義 一さまたげる。二❶め。すじ。すじめ。碁盤の、縦横にまじわった線。❷ケイ。文字をまっすぐに書くための線。文字の列をまっすぐにするために引いた線。界線。「罫紙」
解字 形声。罒（网）＋卦㊥。
【罫紙】(ケイシ) けいの引いてある紙。

(13)目8【瞏】5984 △ 漢ケイ 呉ギョウ（ギャウ） 庚 qióng
【睘】正字
字義 ❶おどろきみる。❷瞏瞏は、よるべのないさま。ひとりぼっち。＝煢煢(ケイケイ)。
解字 篆文 形声。篆文は、目＋袁㊥。瞏は省略形。

(13)网8【罪】5985 教5 ザイ つみ 漢サイ 呉ザイ 賄 zuì　2665 3A61
筆順 罒 罒 罪 罪 罪
【辠】同字
字義 ❶つみ。とが。㋐道理に反する行為。㋑法律を犯す行為。「犯罪」 ㋒わざわい。災禍。❷つみする(つみす)。㋐刑罰を加える。「断罪」 ㋑責める。とがめる。国つみ。㋐人からうらまれるようなしうち。㋑無慈悲なしわざ。「謝罪」
解字 金文 篆文 会意。罒（网）＋非。网は、あみの象形。非は、あやまちの意味。あやまちある人を法の網にかける、つみするの意味を表す。
▼原罪・功罪・死罪・謝罪・断罪・犯罪・服罪・余罪・流罪
【罪悪（惡）】(ザイアク) つみ。とが。悪事。非難すべき悪い行い。

【罪科】(ザイカ) ①つみ。とが。②しおき。刑罰。

【罪過】(ザイカ) ①つみ。②あやまち。

【罪疑△惟軽（輕）】(つみのうたがわ(は)しきはこれかるくす) 罪の軽重いずれにすべきか疑わしい場合は、軽い方をとる。〔書経、大禹謨〕

【罪業】(ザイゴウ) 仏罪となるべき業(ゴウ)。業は、身・口(ク)・意によってなされる善悪の所行で、未来に善悪の果を招く因となる。

【罪根】(ザイコン) 仏罪悪の根源。つみのもと。罪業(ザイゴウ)をいう。

【罪死】(ザイシ) 死刑。死罪。

【罪障】(ザイショウ) 仏極楽往生(ゴクラクオウジョウ)のさまたげとなる悪い行い。

【罪状（狀）】(ザイジョウ) 犯した罪のありさま。犯罪の行われた時の様子。

【罪戻】(ザイレイ) つみ。つみとが。戻も、罪の意。

【罪隷（隸）】(ザイレイ) ①罪によって役所の下働きとなった者。②周時代の官名。下級役人をつかさどる。

【罪不レ容△誅】(つみチュウをいれず) 非常な重罪で殺してもなお足りないこと。〔漢書、王莽伝上〕

【獲二罪△於天一】(つみをテンにう) 天の神から罰を受ける。〔論語、八佾〕

【△坐レ罪】(つみにザす) 罪にかかる。罰せられる。また、罪のかかりあいになる。罪に連座する。

(13)网8【署】5986 教6 ショ　2980 3D70
(14)网9【署】5987 人許 漢ショ 呉ジョ 御 shǔ
筆順 罒 罒 罟 署
字義 ❶わりあてる。てわけする。また、役のわりふり。わりあて。❷役所。「官署」 ❸しるす。㋐物の表面に書きしるす。また、表書き。㋑名前を書く。「連署」 ❹職務を代行する。
解字 篆文 形声。罒（网）＋者（者）㊥。网は、あみの象形。音符の者は、あつめるの意味。集めてあみの目のように区分けされた各やくわりの意味を表す。また、その各やくわりにしるしをつけることから、しるすの意味をも表す。
▼自署・親署・代署・副署・部署・連署・郎署
【署置】(ショチ) 役割をきめること。また、任免すること。

【署名】(ショメイ) 自分の姓名を書き記すこと。

【罧】5988 (13)罒8 △ シン 沁寝 shēn, xìn 7014 662E

字義 ふしづけ。柴を水中に積んで魚を集め捕らえる仕掛け。また、その漁法。＝槮。

解字 篆文 形声。罒（网）＋林音。音符の林は、柴などの束を表す。 難読 罧原

【置】5989 (13)罒8 教4 チ おく ― チ 寘 zhì 3554 4356

筆順 罒 罝 置 置

字義 ❶おく。㋐すえつける。設ける。「設置」 ㋑おいておく。とどめておく。㋒すておく。さしおく。「放置」 ㋓立てる。㋔ゆるす。釈放する。❷うまつぎ。旅の途中で馬を乗りつぐ所。宿駅。宿場。

名乗 おき・やす 難読 置戸・置賜

解字 篆文 形声。罒（网）＋直音。音符の直は、まっすぐであるの意味。あみをまっすぐ張ってたてておく、おくの意味を表す。

▼拘置・処置・装置・措置・倒置・配置・布置・並置・放置

【置字】国漢文を訓読するとき読まない字。焉・矣・兮・於・于などの助字。

【置酒】酒盛りをする。また、酒盛り。酒宴。

【置錐之地】きりの先端を立てるほどの少しの地。〔荘子、盗跖〕

【置対（對）】向かい合って議論する。

【置亭】宿場。宿駅。

【置郵】①宿場。宿駅。また、その馬車。②宿駅の馬車を次々に乗りつぐこと。置伝。

【罩】5990 (13)罒8 △ 漢トウ（タウ） 呉チョウ（テウ） 効 zhào 7013 662D

字義 ❶かご。魚とりかご。水につけて魚を取る、竹を編んで作ったかご。❷こめる。入れ包む。

解字 篆文 形声。罒（网）＋卓音。音符の卓は、高くおどりあがるの意味。水中におさえこんで魚をすくいあげる、魚とりかごの意味を表す。

【罭】5991 (13)罒8 △ 漢ヨク 呉イキ（ヰキ） 職 yù

字義 うおあみ。小魚を捕らえる小さな網。

解字 篆文 形声。罒（网）＋或音。音符の或は、区切るの意味。水中のある場所に区切って張る、うおあみの意味を表す。

【蜀】→虫部 九六四ページ。

【睪】5992 (14)目9 標 コウ（カウ） 豪 gāo 6648 6250

字義 ❶さわ（沢）。❷高いさま。広大なさま。❸きんたま。睪丸。

難読 睪丸

解字 皐の異体字。高に通じ、高いさまを表す。睪にノを加え、男の身体の、さわの部分にある突起したもの、ふぐりの意味をも表す。

【署】(5987) (14)罒9 ショ 署（5986）の旧字体。→八七六ページ。

【罰】5993 (14)罒9 常 バツ・バチ 漢ハツ・呉バチ 慣バツ 月 fá 4019 4833

筆順 冂 罒 罰 罰

【罸】同字 7015 662F

字義 ❶つみ。軽い罪。❷しおき。また、とがめ。罪またはあやまちを犯した者に対するこらしめ。「刑罰」❸しおきする。刑罰に処する。「処罰」

国バチ。罪の報い。神仏のとがめ。「天罰」

解字 金文 篆文 会意。もと、詈＋刂（刀）。詈は、ののしるの意味。刃物を突きつけ、ののしる、とがめるの意味を表す。

▼刑罰・賞罰・神罰・懲罰・天罰・必罰・仏罰

【罰爵】①昔、酒宴の席で失礼をおかした者に罰として酒を飲ませたこと。爵は、さかずき。②＝罰杯。

【罰杯】勝負に負けた者などに、罰として飲ませる酒。晋の石崇が洛陽の金谷園に客を招いて詩を作らせ、できない人に罰杯を飲ませた故事は有名。罰爵。罰酒。

【罰俸】罰として俸給の全部または一部分の支給を一定期間やめること。

【罵】5994 (15)罒10 標 漢バ 呉マ 禡馬 mà 3945 474D

字義 ののしる。どなる。悪口をいう。口ぎたなくけなす。また、ののしり。悪口。「罵言」

解字 篆文 形声。罒（网）＋馬音。网は、あみの象形。馬は幕に通じ、おおいかぶせるの意味。網や幕をかぶせるように悪口をあびせかける、ののしるの意味を表す。

【罵言】ののしること。また、そのことば。

【罵辱】ののしりはずかしめる。

【罵声（聲）】ののしる声。ののしりさわぐ声。

【罵倒】はげしくののしる。ひどい悪口をいう。

【罵詈】ののしる。口ぎたなく悪口をいう。また、ののしり。詈も、ののしる意。「罵詈雑言」

【罸】5995 (15)罒10 △ バツ 罰（5993）と同字。→中段。 7015 662F

【罷】5996 (15)罒10 常 ヒ ㈠漢ハイ・呉バ 蟹 bà ㈡漢ヒ・呉ビ 紙 ㈢漢ヒ・呉ビ 支 pí 4077 486D

筆順 罒 罒 罷 罷 罷

字義 ㈠㈡❶やめる。㋐中止する。また、廃止する。「罷買同盟」 ㋑しりぞける。免ずる。「罷免」❷ゆるす。釈放する。❸かえる（帰）。㈢❶つかれる。くたびれる。＝疲。「罷弊」❷病む。わずらう。❸にぶい。おろか。また、弱い。❹きわまる。

国まかる。㋐退出する。去り帰る。㋑来る。㋒行く。㋓死ぬ。みまかる。㋔他の動詞の上にそえて、謙譲の意を表す。「まかり在り」 ㋕意味や語調を強めるのに用いる。「まかりならぬ」

解字 篆文 会意。罒（网）＋能。网は、あみの象形。能は、けだものの象形。おそいかかるけだものを網でとらえるさまから、しりぞける・除く・やめさせるの意味を表す。また、疲に通じ、つかれるの意味にも用いる。

【罷休】仕事を途中でやめてやすむ。

【罷業】国①仕事をわざと休むこと。②同盟罷業の略。ストライキ。

【罷極】つかれきる。疲極。罷尽。

【罷倦・罷勌】つかれあきる。疲倦。

【罷散】つかれて役に立たない。〔史記、秦始皇本紀〕

【罷士】①つかれた兵士。②才能のおとった人。

【罷市】①市場を開くことをやめる。商店が一斉に休業する。②商人のストライキ。

【罷黜】やめしりぞける。

【罷駑】①つかれはてたのろ馬。②転じて、役に立たないおろか者。

【罷病】つかれなやむ。つかれ弱る。疲病。

【罷弊・罷敝】つかれ弱る。疲弊。

【罷免】職務をやめさせる。免職する。

【罷労（勞）】つかれる。疲労。

【罻】5997 (16)罒11 △ イ（ヰ） 未 wèi

字義 あみ（網）。鳥を捕らえる小さな網。

解字 篆文 形声。罒（网）＋尉（叞）音。

(16)网11 【罹】5998 標 リ 支 lí 5677 586D

字義 ❶うれえ(うれ)。なやみ。なんぎ。❷かかる。こうむる(被)。あう(遭)。＝離。「罹災」

解字 篆文 会意。罒(网)＋隹＋忄(心)。网は、あみの象形。隹は、とりの象形。網にかかった鳥のさまから、心にかかる、うれえの意味を表す。

【罹禍】(カリ) わざわいにかかる。災禍にあう。

【罹災】(リサイ) わざわいにかかる。災難に遭う。罹厄。

【罹疾】(リシツ) ＝罹病。

【罹病】(リビョウ) 病気にかかる。罹疾。

(17)网12 【罽】5999 △ ケイ 霽 jì

字義 ❶毛織物。もうせん。❷うおあみ。魚を取る網。

解字 篆文 形声。罒(网)＋㓹音。

(17)网12 【罿】6000 △ 漢ショウ 呉シュウ 冬 chōng

字義 ❶とりあみ。鳥を捕らえる網。特に、車の上に張って鳥を捕らえる網。❷網の総称。

解字 篆文 形声。罒(网)＋童音。

(17)网12 【罾】6001 △ ソウ 蒸 zēng

字義 よつであみ(四手網)。正方形の網の四隅を竹ざおで張った抄網(すくいあみ)。水底に沈め、ときどき引き上げて魚をとる。また、その網で魚を取ること。

解字 篆文 形声。罒(网)＋曾音。

(18)网13 【羂】6002 △ ケン 銑 juàn 7016 6630

字義 ❶わな。あみ(網)。❷からめとる。わなにかけてとる。❸くくる。つなぐ。

解字 形声。罒(网)＋絹音。音符の絹は、繯(ケン)に通じ、からむの意味。からめとるわなの意味を表す。

(19)网14 【羆】6003 △ ヒ 支 pí 7017 6631

字義 ひぐま。しぐま。熊(くま)の一種。毛は赤茶色で、力の強い、大きな熊。

解字 篆文 会意。罒(网)＋熊。网は、あみ。網で囲んでとる熊(くま)。「しぐま」と、よむのは字形による。

(19)网14 【羃】6004 △ ベキ 冪(499)と同字。→一三六ページ。 7018 6632

(19)网14 【羅】6005 常 ラ ラ 歌 luó 4569 4D65

筆順 罒 罖 罗 羅 羅

字義 ❶あみ。鳥を捕らえる網。鳥あみ。❷あみする(あみす)。㋐網にかけて捕らえる。㋑網にかけて取るように残らずつかまえる。「網羅」❸つらねる(つらぬ)。並べる。また、連なる。「羅列」❹うすい絹。あやぎぬ。「綺羅」❺かかる。こうむる。出会う。＝罹。

難読 羅府(ロスアンゼルス)・羅馬尼亜(ルーマニア)

国 国名。羅馬尼亜(ルーマニア)の略。

解字 篆文 会意。罒(网)＋維。网は、あみの象形。維は、鳥をつなぐの意味。あみ・つらなるの意味を表す。

▼軽羅・修羅・網羅

【羅衣】(ライ) うすぎぬの着物。

【羅帷・羅幃】(ライ) うすぎぬのとばり。うすぎぬのカーテン。

【羅宇】(ラウ) 国きせるの雁首(がんくび)と吸い口との間をつなぐ竹の管。ラオ。初め安南の西北の老撾(ラオス)[Laos]国から来た黒い斑竹(ハンチク)を用いたからという。喇竽(ラウ)。

【羅貫中】(ラカンチュウ) 元末・明(ミン)初の小説家。名は本、貫中は字(あざな)。『三国志通俗演義』の著者。(一三三〇?―一四〇〇?)

【羅漢】(ラカン) 仏阿羅漢(アラカン)の略。小乗仏教の修行者の最高の位で、功徳(クドク)の備わった学者の称号。悟りを開いた修行者。小乗仏教の聖者。梵語(ボン) arhat の音訳。

【羅綺】(ラキ) ①うすぎぬと、あやぎぬ。美しい着物。②着かざった美女。

【羅裙】(ラクン) うすぎぬのもすそ(スカート)。

【羅縠】(ラコク) うすぎぬと、ちりめん(縮緬)。絽(ロ)・紗(シャ)の類の、薄く美しい着物。

【羅衫】(ラサン) うすぎぬのひとえ。薄物のひとえ。

【羅紗】(ラシャ) ポルトガル語 raxa の音訳語。厚くて織り目の細かい毛織物。

【羅襦】(ラジュ) うすぎぬのはだぎ。

【羅城】(ラジョウ) 大きい城のそとぐるわ。

【羅針盤】(ラシンバン) 国盤の中央に磁石を設けて方位をはかる器械。羅針儀。

【羅生】(ラセイ) つらなり生ずる。

【羅刹】(ラセツ) 仏梵語(ボン) rākṣasa の音訳。足が速く力が強く、人をだまし、また、人を食うという悪鬼。夜叉(ヤシャ)とともに毘沙門天(ビシャモンテン)の眷属(ケンゾク)(血筋のつながった一族)とされる。

【羅致】(ラチ) (網で鳥を取るように、人を)招き寄せる。人物を引き抜いて仕えさせること。

【羅帳】(ラチョウ) ＝羅帷(ライ)。

【羅甸語】(ラテンゴ) ローマ帝国時代に、ローマを中心として行われたラテン民族の言語。今はローマ・カトリック教の公用語や学術語に用いられている。拉丁語(ラテンゴ)。羅甸は Latin の音訳。

【羅拝(拜)】(ラハイ) つらなり並んでおがむ。

【羅布】(ラフ) つらねしく。並べる。羅敷。

【羅浮】(ラフ) 山名。広東(カントン)省増城県の東にある。東晋(トウシン)の葛洪(カッコウ)が仙術を修得した所と伝え、また、山の麓(ふもと)は梅の名所として古来名高い。

【羅敷】(ラフ) ①＝羅布。②戦国時代、趙(チョウ)の邯鄲(カンタン)の美女。姓は秦(シン)。趙王の家老、王仁の妻。→陌上桑(ハクジョウソウ)(一二五九ページ)。

【羅文】(ラブン・ラモン) ①うすぎぬのあやもよう。あみのめの模様。羅紋。②硯(すずり)の別名。③国(ランモン) 戸・立て蔀(じとみ)の上につけるかざり。

【羅袂】(ラベイ) うすぎぬのたもと。

【羅韈・羅襪】(ラベツ) うすぎぬのくつした。薄絹のたび。

【羅馬】(ローマ) Roma の音訳。①昔、イタリアのローマを中心に起こった国の名。②イタリアの首都。

【羅幔】(ラマン) うすぎぬの幕。羅幕。

【羅網・羅罔】(ラモウ) ①とりあみ。鳥を捕らえる網。②転じて、法律。法網。③網をかけて捕らえる。また、網をかけて鳥を捕らえるように、人を捕らえること。

【羅弋】(ラヨク) とりあみと、いぐるみ。

【羅絡】(ララク) からめまとう。ぐるぐるからめる。

【羅紋】(ラモン) ＝羅文の①。

【羅列】(ラレツ) つらなりならぶ。

(22)网17 【羇】6006 △ キ 支 jī 7020 6634

【覊】俗字

字義 ❶たび(旅)。旅ずまい。旅ぐらし。❷旅人。❸おもがい。馬具の一種。馬の頭部にかける組紐(くみひも)。＝羈(キ)。

解字 形声。罒(网)＋革＋奇音。网は、あみの意味。革は、かわの意味。音符の奇は、綺(キ)に通じ、美しいの意味。革製であみのように作られた、馬の頭をおおうかざり、おもがいの意味を表し、転じて、たびの意味をも表す。

【羇客】(キカク) 旅人。旅客。

【羇禽】(キキン) 連れを失った鳥。また、旅先の鳥。

【羇寓】(キグウ) 旅の宿。旅先のすまい。

【羇孤】(キコ) ①ひとり旅。②よるべのない旅人。③孤立すること。

【羈思】シキ　旅人の物思い。旅路のわびしい思い。
【羈愁】シキュウ　旅のうれい。旅路のわびしさ。旅愁。客愁。
【羈心】シキン　旅中の心。旅情。
【羈鳥恋(戀)二旧(舊)林一】キチョウキュウリンをこう(ふ)　旅にある鳥(一説に、かごの中の鳥)はかつて自由に飛びまわった林を恋いしがる。転じて、旅人が故郷を思い、あるいは捕らわれ人がもとの世界を恋いしがるたとえ。〔晋、陶潜、帰二田園居一詩〕⇩池魚思二故淵一(六八ﾍﾟｰ)。
【羈離】リキ　故郷をはなれて他国に旅すること。
【羈留】リキュウ　旅に出て宿ること。故郷をはなれて他国に身を寄せること。
【羈旅】リキョ　羇旅。①旅行。②旅人。③故郷を離れて、よその土地に身を寄せていること。
【羈旅△之臣】キリョのシン　他国から来て客扱いを受けながら家来となっている人。羇旅之臣。〔左伝、荘公二十二〕

(24)网19
【羈】6007　△　キ　㊇　jī　7019　6633
【覊】俗字　7511　6B2B

字義　❶**おもがい**。馬具の一種。くつわをかざるため馬の頭からほおにかけてからんである組み紐または皮の装具。❷たづな。馬を御するため馬のくつわに付けた綱。❸女のまげ。❹**つなぐ**。つなぎとめる。束縛する。拘束する。❺ひきしめる。しめくくる。とりしまる。❻たび（旅）。＝羇。

解字　会意。罒（网）＋革＋馬。网は、あみの意味。馬の頭にかぶせる革製のあみ、おもがいの意味を表す。

【羈△靮】キオウ　①馬のおもがいと、むながい。②転じて、ほだし。きずな。束縛。わずらい。
【羈△紲・羈△絏】キセツ　①馬のおもがいと、たづな。また、単に、たづな。②転じて、つなぎとめる。
【負二羈△紲一】キセツをおう(ふ)　主君のためにたづなを執って従うこと。随行者の謙称。
【羈束】キソク　つなぎとめる。また、束縛する。拘束する。
【羈△畢・羈△縶】キチュウ　おもがいと、ほだし（馬の足をつなぎとめる綱）。
【羈鳥恋(戀)二旧(舊)林一】キチョウキュウリンをこう(ふ)　＝羇鳥恋二旧林一キチョウキュウリンを。
【羈△絆】キハン　つなぎとめる。また、きづな。束縛。
【羈△縻】キビ　①馬のおもがいと、牛の鼻づな。②転じて、㋐つなぎとめる。㋑自由に使役する。
【羈留】キリュウ　つなぎとめる。
【羈旅】キリョ　＝羇旅。

6　羊(⺷・⺶・𦍌)部

芊は七画。

〔部首解説〕　ひつじ。ひつじへん。羊を意符として、いろいろな種類の羊や、その状態に関する文字ができている。

羊 八七九　2 羌 八七九　3 美 八七九　羑 八八〇　羔 八八〇
4 羖 八八〇　羒 八八〇　5 羞 八八〇　羜 八八〇　羝 八八〇
羚 八八〇　7 義 八八〇　群 八八一　羣 八八二　羨 八八二
9 羯 八八二　羹 八八二　羭 八八二　10 羲 八八二　13 羹 八八二
羶 八八二　羸 八八二　15 羼 八八二

姜→女部 二六一ﾍﾟｰ。翔→羽部 八四四ﾍﾟｰ。善→口部 二二〇ﾍﾟｰ。
養→食部 一二二〇ﾍﾟｰ。

(6)0
【羊】6008　教3　ヨウ　ひつじ　ヨウ（ヤウ）㊇陽　yáng　4551　4D53

筆順　丷　兰　羊

字義　❶**ひつじ**。家畜の一種。緬羊メンヨウ。❷よい。＝祥。❸さまよう。＝徉ヨウ。

難読　羊栖菜ひじき・羊蹄ぎしぎし・しりぶし

解字　甲骨文　金文　篆文 
象形。ひつじの首の形にかたどり、ひつじの意味を表す。羊は画数の少ない基本字であるため、さまざまな意味を表す音符として利用されるが、羊の意味をも含む形声文字は、養だけである。

▼牛羊・犬羊・亡羊・牧羊

【羊角】ヨウカク　①羊のつの。②つむじかぜ。旋風。③棗なつめの別名。
【羊△裘】ヨウキュウ　羊の皮で作った衣服。羊の皮衣。
【羊△羹】ヨウコウ　①羊の肉のあつもの。羊肉のスープ。②国ヨウカン　和菓子の名。「カン」は唐音。
【羊歯(齒)】ヨウシ・しだ　①隠花植物の一種。②うらじろの別名。
【羊質△虎皮】ヨウシツコヒ　中身は羊で、外皮は虎とら。外見はりっぱで、実質がそれに一致しないことのたとえ。見かけだおし。〔後漢書、劉焉伝論〕
【羊城】ヨウジョウ　広東カントン省広州市の別名。五羊城。
【羊△棗】ヨウソウ　なつめ。
【羊腸】ヨウチョウ　羊のはらわた。転じて山道などが曲がりくねっていること。九十九折つづらおり。
【羊頭△狗肉】ヨウトウクニク　羊の頭を表の看板に出しながら、実は犬の肉を売る。見せかけだけりっぱで、実際がそれに一致しないことのたとえ。『無門関』に「懸二羊頭一売二狗肉一ヨウトウをかけてクニクをうる」とあるのに基づく。「水をとおさない。
【羊皮紙】ヨウヒシ　羊の皮など、獣皮で製した紙。柔軟で強く、
【以レ羊易レ牛】ひつじをもってうしにかう(ふ)　鐘に血をぬる儀式のとき、殺される牛のあわれなようすを見て羊をかわりに用いた、斉の宣王の故事。小さい物を大きい物の代用にするたとえ。転じて本質的には変わりがないこと。〔孟子、梁恵王上〕

(8)2
【羌】6009　△　㊇キョウ（キャウ）㊇陽　qiāng　7021　6635
【羗】同字

字義　❶**えびす**。中国の西部に住んだ異民族の名。❷**ああ**。発語の助字。また、嘆息の声。

解字　甲骨文　金文　篆文 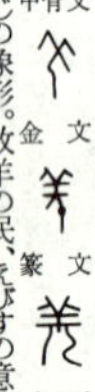
形声。儿＋羊㊔。儿は、人の象形。音符の羊は、ひつじの象形。牧羊の民、えびすの意味を表す。

【羌△夷】キョウイ　えびす。中国西方の異民族。
【羌笛】キョウテキ　異民族の吹く笛。羌族の吹く笛。〔唐、王之渙、涼州詞〕羌笛何須怨二楊柳一キョウテキなんぞもちい(ゐ)んヨウリュウをうらむを　訳文⇩春光(五〇一ﾍﾟｰ)。

(9)3
【美】6010　教3　ビ　うつくしい　㊇ビ・㊇ミ　㊇紙　měi　4094　487E

筆順　丷　䒑　⺷　美

字義　❶**うまい**。うまし。おいしい。❷**うつくしい**。うつくし。うるわしい。きれいである。器量がよい。❸**よい**。よし（善）。りっぱ。すぐれている。「美挙」❹よみする。**ほめる**。ほむ。「褒美」❺よくする。うつくしくする。りっぱにする。❻よいとする。うつくしいとする。うつくしいと認める。❼国名。阿美利加アメリカまたは美利堅メリケンの略。「美国（アメリカ合衆国）」

名乗　うま・うまし・きよし・とみ・はし・はる・ふみ・よ・よし・よしみ

難読　美瑛びえい・美江寺みえじ・美幌びほろ・美作みまさか・美深びふか・美人局つつもたせ・美袋みなぎ・美祢みね・美土里みどり・美東みとう・美濃みの・美馬みま・美馬牛びばうし・美唄びばい・美々びび・美並みなみ・美苅安かりやす・美保関みほのせき・美方みかた・美味うまい・美野里みのり

解字　甲骨文　篆文 
会意。羊＋大。大きくてりっぱな羊の意味から、うまい・うつくしいの意味を

表す。
▼欧美・華美・甘美・賛美・賞美・審美・済美・鮮美・優美

【美悪(惡)】ビアク ①よいことと、わるいこと。善悪。②美しいことと、みにくいこと。美醜。③オビ 喜びと、怒り。喜怒。また、愛とにくしみ。愛憎。
【美化】ビカ ①うるわしい感化。②国美しくさせる。また、実物以上に美しく表現すること。
【美観(觀)】ビカン 美しいながめ。うるわしい外観。
【美顔】ビガン ①美しい顔。美貌ビボウ。②顔を美しくする。
【美姫(姬)】ビキ 美しい女性。美女。〔史記、項羽本紀〕
【美挙(擧)】ビキョ りっぱな行い。感心な行為。ほめるに足りる、よいくわだて。
【美形】ビケイ ①美しいすがた。美しい顔かたち。美貌ビボウ。②国美女。
【美景】ビケイ 美しい(よい)景色。
【美言】ビゲン ①ためになるよいことば。②美しくかざったことば。うまいことば。
【美辞(辭)】ビジ 美しくかざったことば。「美辞麗句」
【美質】ビシツ よい性質。また、りっぱな生まれつき。
【美酒】ビシュ うまい酒。よい酒。〔唐、王翰、涼州詞〕葡萄美酒夜光杯ブドウのビシュヤコウのハイ
【美珠】ビシュ 美しいたま。美玉。珠は、真珠の類。
【美醜】ビシュウ 美しいことと、みにくいこと。
【美術】ビジュツ 色や形によって美を表現することを目的とする芸術。絵画・工芸・彫刻・建築など。
【美称(稱)】ビショウ ①美しい呼び方。また、ほめていういい方。②よい評判。
【美丈夫】ビジョウフ 顔だちのりっぱな男子。美男子。
【美色】ビショク ①美しいいろ。②美しい顔だち。また、美しい容姿。③美人。
【美食】ビショク うまいたべもの。また、ぜいたくな食物。
【美人】ビジン ①顔かたちの美しい女。美女。②美男子。美丈夫。好男子。③君主。④才徳のすぐれた人。賢人。⑤女官の階級名。⑥米国人。米人。→字義の⑦。⑦月。美しい月。
【美声(聲)】ビセイ ①美しい声。きれいな声。②よい評判。美名。
【美髯】ビゼン りっぱな(みごとな)ほおひげ。
【美俗】ビゾク うるわしい風俗。よいならわし。美風。「良風美俗」
【美談】ビダン りっぱな行いの話。感心な話。ほめるに足りる、うるわしい話。美譚ビダン。
【美田】ビデン 地味の肥えた、よい田地。↔薄田。
【美徳】ビトク うるわしい徳。りっぱな行い。
【美風】ビフウ ＝美俗。
【美服】ビフク ①美しい着物。りっぱな衣服。②衣服を美しくかざる。
【美貌】ビボウ 美しい顔だち。
【美妙】ビミョウ たとえようなく美しいこと。すぐれてうるわしいこと。
【美名】ビメイ ①よい名。美しい名号。②よい評判。
【美目】ビモク 美しい目。〔詩経、衛風、碩人〕美目盼兮ビモクヘンたり（目がぱっちりとつぶらで美しいこと）。
【美容】ビヨウ ①美しいすがた。②姿を美しくする。「美容師」
【美麗】ビレイ 美しい。うるわしい。きれい。
【美禄】ビロク ①すばらしい賜物たまもの。酒の別名。〔漢書、食貨志〕酒者天之美禄さけはテンのビロクなり。②てあつい俸給。
【美話】ビワ うるわしいはなし。感心な話。よい話。美談。

(10)3 【羑】6011 △ 漢ユウ(イウ) 呉ユ 有 yǒu
【羑】俗字
字義 ❶みちびく。いざなう。善に進める。❷道。天の道。❸羑里ユウリは、殷インの紂王チュウオウが周の文王を幽閉した土地で、今の河南省湯陰県の北。また、殷代の獄舎の名。
解字 文 篆 形声。羊(羊)＋久音。誘の古字で、羊を久しい時間をかけて誘導していくの意味を表す。

(9)3 【羑】6012 △ ユウ 羑(6011)の俗字。→前項。

[姜]→女部 二六一ページ。

(10)4 【羖】6013 △ コ 麌 gǔ
字義 ❶黒いおひつじ。また、黒ひつじ。❷五羖大夫ゴコタイフは、春秋時代の秦シンの穆公ボッコウの宰相百里奚ヒャクリケイをいう。
解字 文 篆 形声。羊＋殳音。

(10)4 【羔】6014 △ コウ(カウ) 豪 gāo　7022 6636
字義 ❶こひつじ(小羊)。❷黒ひつじ。
解字 甲骨文 金文 篆文 会意。羊＋灬(火)。ひつじを火の上に置いたさまで、あぶり肉にはこひつじが適しているところから、こひつじの意味を表す。
【羔裘】コウキュウ 小羊の皮で作った衣服。大夫タイフの礼服。

(11)5 【羞】6015 標 漢シュウ(シウ) 呉シュ 尤 xiū　7023 6637
字義 ❶すすめる。㋐食事をさし上げる。㋑さし上げる。たてまつる。㋒推薦する。❷おいしい食物。ごちそう。また、煮物。❸はじる。はずかしめる。恥をかかせる。また、恥辱。はじ。
解字 甲骨文 篆文 形声。羊＋丑音。音符の丑チュウ＝シュウは、手の象形。いけにえの羊をすすめそなえるの意味を表す。借りて、はじるの意味を表す。
【羞悪(惡)】シュウオ 自分の不善をはじ、人の不善を憎む。〔孟子、公孫丑上〕羞悪之心シュウオのこころは、義之端也ギのタンなり。
【羞花】シュウカ 花をもはずかしめる。転じて、美人のたとえ。「羞花閉月（月をもかくれさせる）」
【羞慙】シュウザン はじる。また、はじ。慙も、恥の意。
【羞渋(澁)】シュウジュウ ①はじ、しぶる。はずかしがって、ぐずぐずする。「羞渋疑阻」②窮乏。欠乏。
【羞饌】シュウセン ＝羞膳シュウゼン。
【羞膳】シュウゼン すすめ供えるごちそう。また、ごちそう。
【羞赧】シュウタン はじて顔をあからめる。赤面する。羞紅。
【羞恥】シュウチ はじ。はじらい。また、はじる。はじらう。羞愧シュウキ。
【羞面】シュウメン はじらいを帯びた顔。
【包レ羞忍レ恥】はじ(ぢ)をつつみはじ(ぢ)をしのぶ はずかしさをじっとしのびこらえる。恥辱にたえる。〔唐、杜牧、題二烏江亭一詩〕包レ羞忍レ恥是男児はじ(ぢ)をつつみはじ(ぢ)をしのぶはこれダンジ

(11)5 【羜】6016 △ 漢チョ 呉ジョ(ヂョ) 語 zhù
字義 こひつじ。生後五か月の羊の子。
解字 文 篆 形声。羊＋宁音。

(11)5 【羝】6017 △ 漢テイ 呉タイ 斉 dī　7024 6638
字義 おひつじ。雄の羊。牡羊ボヨウ。また、三歳の羊。
解字 文 篆 形声。羊＋氐音。音符の氐テイは、つのつきあうの意味。角つきあう羊、雄羊の意味を表す。

(11)5 【羚】6018 △ 漢レイ 呉リョウ(リャウ) 青 líng　7025 6639
字義 かもしか。かもしし。羊の一種。高山にすみ、やぎに似て大きく、大きな角がある。「羚羊」 難読 羚羊かもしか
解字 形声。羊＋令音。音符の令は、ひざまずくの意味。ひざまずくようにして休む、かもしかの意味を表す。

[翔]→羽部 八四〇ページ。

(13)7 【義】6019 教5 ギ　ギ 寘 yì　2133 3541

[善]→口部 二一〇ページ。

筆順 丷 䒑 羊 義 義

字義 ❶よい。よろしい。正しい。道にかなっている。❷のり。みち。人のふみ行うべき正しい道。道理。五常（仁・義・礼・智チ・信）の一つ。❸人道のために尽くすこと。名利をはなれて、正しい道に従う。「義侠ギキョウ」「義士」❹わけ。意味。「意義」❺かり（仮）。実物の代わり。また、本物でないのに、同じように見なすもの。「義父」「義足」❻文体の一種。道理に基づいて説明するもの。

名乗 あき・しげ・たけ・ただし・ちか・つとむ・のり・みち・よし・より

難読 義太夫ぎだゆう

参考 現代表記では［誼］（7205）の書きかえに用いることがある。「恩誼→恩義」「情誼→情義」

解字 甲骨文 金文 篆文 形声。羊＋我㊜。音符の我は、ぎざぎざの刃のあるのこぎりの象形。羊をいけにえとして刃物で殺すさまから、厳粛な作法にかなったふるまいの意味を表す。

▼意義・異義・演義・奥義・恩義・音義・疑義・教義・狭義・原義・公義・広義・講義・古義・語義・質義・主義・情義・信義・仁義・正義・精義・節義・大義・多義・談義・忠義・定義・転義・同義・道義・徳義・不義・本義・名義・要義・理義・律義・礼義

【義△捐】ギエン 国慈善または公益のために金品を寄付すること。捐は、すてる意。「義捐金」

【義気（氣）】ギキ 義理を重んじる心。おとこぎに富んだ意気。

【義旗】ギキ 正義のためにあげる旗。また、正義の軍隊。義兵。

【義挙（擧）】ギキョ 正義のために事を起こすこと。また、その行動。

【義△侠】ギキョウ 正義のために強い者を押さえ、弱い者を助けること。おとこぎ。おとこだて。

【義訓】ギクン ①人の守るべき教え。②文章や文字の意味を説きあかすこと。

【義軍】ギグン 正義のために起こす軍隊。義師。

【義兄】ギケイ ①約束によって兄ときめた人。②義理の兄。妻（また夫）の兄。姉の夫。

【義兄弟】ギケイテイ・ギキョウダイ ①約束して兄弟となったもの。②義理の兄弟。妻の兄弟。姉妹の夫。

【義故】ギコ 恩義を施したゆかりの者。

【義士】ギシ ①正義をかたく守る人。②忠義の心の厚い人。

【義師】ギシ ＝義軍。

【義塾】ギジュク 公衆のために作った学校。義学。［名物六帖］

【義心】ギシン ①義に勇む心。正義の心。②忠義の心。

【義人】ギジン ①正義をかたく守る人。②忠義の心の厚い人。③自分の利害を考えず、公共のためにつくす人。

【義絶】ギゼツ ①義理のために縁故関係を絶ち切ること。義断。②国君臣・親子・兄弟などの縁を絶ち切ること。

【義戦（戰）】ギセン 正義のために起こすたたかい。［孟子、尽心下］春秋無二義戦一シュンジュウにギセンなし

【義△疏】ギソ 文章または文字の意味を説きあかしたもの。注釈。

【義倉】ギソウ 凶作のときの救済用に穀物を貯蔵しておく、地方公共の倉庫。［隋書、長孫平伝］

【義賊】ギゾク 国金持ちから金品を盗んで貧民に分け与える賊。貧民を救うために盗みをする賊。

【義台（臺）】ギダイ 儀式を行う台。［荘子、馬蹄］

【義胆（膽）】ギタン 正義に強い心。義心。

【義帝】ギテイ ①人々が尊びいただく天子。②仮の天子。

【義田】ギデン 貧乏な人を救うための田地。義荘。

【義夫】ギフ ①＝義士。②妻の死後、再婚しない男の人。

【義風】ギフウ 正義をたっとぶ気風。

【義憤】ギフン 正義の心から発するいきどおり。

【義兵】ギヘイ 正義のために起こす軍隊。また、正義のために立ちあがる兵士。義師。また、義勇兵。

【義方】ギホウ 正しい方向に向かう道の意で、道徳に関する、家庭での教訓をいう。

【義僕】ギボク 国忠義なしもべ。主人思いの下男。忠僕。

【義民】ギミン ①正義の心に厚い民。また、賢者。②国一身を投げ出して多くの人のためにつくす（庶民階級に属する）人。

【義務】ギム ①人としてしなければならない務め。②法律上、なさなければならない務め。↔権利。

【義勇】ギユウ ①正義の心から発する勇気。②正義のために勇むこと。③忠義と勇気。

【義勇兵】ギユウヘイ 軍籍がなくて志願してなった兵士。

【義理】ギリ ①正しいすじみち。②人としてふみ行うべき正しい道。③わけ。意味。意義。④国㋐他人に対する自分の面目。交際上、しなければならない道。㋑血のつながりのない親子や兄弟姉妹の間柄。

【義理△之学（學）】ギリのガク 経書の字句の解釈の末に走らず、聖人の真精神を探求する学問。宋学ソウガクの別名。

【義烈】ギレツ 忠義・正義の心が強くはげしいこと。

【義和団（團）】ギワダン 清代シンダイ、郜生文コウセイブンを中心とした宗教的秘密結社。光緒二十六年（一九〇〇）に、排外を唱えて天津テンシンに兵を挙げ、各国公使館を囲み、北清ホクシン事変の因をなした。拳匪ケンピ。団匪。

【見レ義不レ為（爲）無レ勇△也】ギをみてなさざるはユウなきなり 人としてなすべき正義を見知りながら、なそうとしないのは真の勇気がない意気地イクジなしである。［論語、為政］

【後レ義△而先レ利】ギをのちにしてリをさきにす 人としてなすべき道を二の次にして自分の利益を第一に考える。［孟子、梁恵王上］苟為ニ後レ義而先レ利いやしくもギをのちにして、リをさきにするをなさば、不レ奪不レ饜うばわ（は）ずんばあかず。

(13)7

【群】6020 教5 グン むれる・むれ・むら 漢クン・呉グン 図 qún 2318 3732

筆順 コ 尹 君 君' 群 群

【羣】正字 7026 663A

字義 ❶むらがる。むれる。むれ。同じようなものがたくさん一か所に集まる。「群居」❷むれ。集まり。また、なかま。組。「抜群」「魚群」❸たくさん。もろもろ。数が多い。「群雄」❹合わせる。集める。❺やわらぐ。ととのう。

名乗 とも・むら・もと 難読 群岡むらおか

解字 金文 篆文 形声。羊＋君㊜。音符の君は、昆に通じ、むらがるの意味。むらがるひつじの意味から、むれの意味を表す。

▼抜群・離群

【群△鴉】グンア 多くのからす。群烏グンウ。

【群飲】グンイン むらがり飲む。大勢集まって酒を飲むこと。

【群英】グンエイ 多くのすぐれた人々。群雄。

【群下】グンカ 多くのしもじもの者。多くの臣下や召使い。

【群季】グンキ 多くの弟たち。諸弟。季は、すえの意。［唐、李白、春夜宴ニ桃李園一序］群季俊秀グンキのシュンシュウは、皆為ニ恵連一みなケイレンたり。

【群起】グンキ むらがりおこる。蜂起ホウキ。

【群議】グンギ 多くの人々の議論。

【群居】グンキョ むらがっている。集まり住む。

【群凶・群△兇】グンキョウ 多くの悪人。悪者ども。

【群経（經）】グンケイ 多くの儒教の経典。多くの聖人の書。

【群△而不レ党（黨）】グンしてトウせず 多くの人と仲よくするが、党派を組むことがない。孔子が君子の態度を述べた語。［論語、衛霊公］君子矜而不レ争クンシはおごそかにして、あらそわ（は）ず、――。

【群集】グンシュウ ①むらがり集まる。②むらがり。集団。③むらがり集まった、多くの人々。群衆。

【群集心理】グンシュウシンリ 国群集することによって人としての理性を失い、付和雷同する、特殊な心理状態。

【群衆】グンシュウ むらがり集まった、多くの人々。

【群△聚】グンシュウ ＝群集。

【群書】(グンショ) たくさんの書物。群籍。

【群小】(グンショウ) ①たくさんいる妻妾(サイショウ)。②多くの小人。多くのつまらぬ人たち。③多くの小さいもの。

【群△翔】(グンショウ) むらがり飛ぶ。翔は、かける。飛ぶ。群飛。

【群青】(グンジョウ・グンセイ) ①青色の絵の具。天然に産する。②群青色の略。あざやかな藍色(あいいろ)。

【群情】(グンジョウ) ＝群心。

【群心】(グンシン) 多くの人々の心。群情。

【群臣】(グンシン) 多くの臣下。多くの家来。

【群生】(グンセイ) ①むらがりはえる。②あらゆる生物。③多くの人民。民衆。④仏(グンジョウ) ＝②。

【群籍】(グンセキ) 多くの書物。群書。群典。

【群盗】(グントウ) ①多くのぬすびと。②集団をなしている盗賊。

【群舞】(グンブ) むらがってまいおどる。また、その踊り。

【群芳】(グンポウ) ①多くの花。②転じて、多くの美人・賢人。

【群牧】(グンボク) ①多くの諸侯。②多くの地方長官。

【群盲△撫レ象】(グンモウゾウをブす) 多くの目の見えない者が象のからだをなで、自分のさわった部分を全体と思い、それについて意見をいうこと。凡人には大人物や大事業の全容は理解しがたいたとえ。〔涅槃経、三十二〕

【群雄】(グンユウ) 多くの英雄。群英。群豪。「群雄虎争(コソウ)」

【群雄割拠(據)】(グンユウカッキョ) 多くの英雄がめいめい一地方にたてこもって勢いをふるうこと。

【群落】(グンラク) ①多くの村落。②同じ植物が一か所に群がって生えること。また、その場所。

【群僚・群寮】(グンリョウ) 多くの役人。百官。百僚。群吏。

【群類】(グンルイ) 多くのいきもの。あらゆる生物。万物。

【群△黎】(グンレイ) 多くの人民。万民。百姓。

(13)7 【羣】6021 △ グン　群(6020)の正字。→前項。　7026 *663A*

(13)7 【羨】6022 標 一㊉セン・㊐ゼン 霰 xiàn　二エン 先 霰 yán　3302 *4122*

字義 一❶うらやむ。うらやましい(うらやまし)。㋐ほしがる。手に入れたがる。㋑したう(慕)。あこがれる。❷あまり。残り。余る。残る。❸伸びる。また、長い。❹召し寄せる。❺よこしま。曲がった行い。二❶伸びる。進む。＝延。❷はかみち。墓の入口から地下の棺を安置した所へ通ずる道。

参考 羡(イ)(沙羡(サイ)は、漢時代の県名、今の湖北省武漢市の西南)は別字。

解字 篆文 形声。羊＋次音。音符の次(セン)は、口をあけた人の水、よだれの意味。羊は、ひつじのごちそうの意味。ごちそうを見て、よだれを流す、うらやむの意味を表す。

【羨△溢】(センイツ) あまりあふれる。

【羨慕】(センボ) うらやみしたう。また、したう。

【羨望】(センボウ) うらやみのぞむ。うらやむ。

【羨門】(センモン・エンモン) ①墓道にたてた門。②(センモン) 昔の仙人。名は子高。秦(シン)の始皇帝が東海に遊んで探し求めた。

【羨余(餘)】(センヨ) あまり。残り。剰余。

(15)9 【羯】6023 △ ㊉ケツ・㊐ケチ 月 jié 慣カツ　7027 *663B*

字義 ❶去勢したひつじ。羯羊。❷異民族の名。五胡(ゴコ)の一つで、匈奴(キョウド)の別種。山西省内に居住した。

解字 篆文 形声。羊＋曷音。音符の曷(カツ)は、割に通じ、たちきるの意味。去勢したひつじの意味を表す。

【羯鼓】(カッコ) 異民族のつづみ。台の上に置き、ばちで両面を打ち鳴らす。両杖鼓(リョウジョウコ)。

〔羯鼓演奏〕

(15)9 【羮】6024 △ コウ　羹(6027)の俗字。→中段。　7030 *663E*

(15)9 【羭】6025 △ ユ 虞 遇 yú

字義 ❶黒いめすのひつじ。❷美しい。

解字 篆文 形声。羊＋兪音。

【養】→食部 一三二〇ページ。

(16)10 【羲】6026 △ キ 支 xī 慣ギ　7028 *663C*

字義 ❶いき。吐き出す息。❷人の姓名。「羲和」❸特に、伏羲(フッキ)(七三ページ)の略称。また、王羲之(オウギシ)(七二九ページ)の略称。

【羲】俗字

解字 篆文 形声。丂＋義音。

【羲和】(ギカ・ギワ) ①羲氏と和氏。ともに中国の古代伝説中の人で、尭舜(ギョウシュン)時代に暦法をつかさどった。②太陽の御者の名。転じて、太陽。

【羲皇】(ギコウ) 中国の古代伝説中の皇帝、伏羲(フッキ)の尊称。

(19)13 【羹】6027 △ ㊉コウ(カウ) ㊐キョウ(キャウ) 庚 gēng 慣カン　7029 *663D*

【羮】俗字　7030 *663E*

字義 あつもの。肉に野菜をまぜて作った吸い物。スープ。

解字 篆文 古文 会意。羔＋美。もと、羔＋鬻。羔は、こひつじの意味。鬻は、蒸気のたつかなえの象形。小羊などをスープにしたものの意味を表す。

【羹△鱠】(コウカイ) あつものと、なます(あえもの)。

【羹△臛】(コウカク) あつもの。吸い物。肉に野菜をまぜた吸い物。

【懲レ羹吹△膾】(あつものにこりてなますをふく) 熱いあつもの(スープ)を吸って口を焼いたのに懲りて、冷たいあえものも息を吹きかけてからたべる。失敗に懲りて用心しすぎることのたとえ。吹レ膾は、また、吹レ韲(あえ(へ)をふく)ともいう。〔楚辞、九章、惜誦〕

(19)13 【羶】6028 △ セン 先 shān　7031 *663F*

字義 ❶羊のにおい。❷なまぐさい(なまぐさし)。

解字 形声。羊＋亶音。音符の亶(セン)は、羴(セン)に通じ、ひつじのにおいの意味。羊を付し、ひつじのにおいの意味を表す。

【羶血】(センケツ) ①なまぐさい血。②転じて、(肉食する)欧米人の血をいう。

【羶行】(センコウ) 人にしたわれる善行。蟻(あり)がなまぐさい肉をしたうのにたとえたことば。

(19)13 【羸】6029 △ ルイ 支 léi　7032 *6640*

字義 ❶やせる(やす)。❷つかれる(つかる)。やみつかれる。弱る。また、弱める。❸悪い。粗末。おとる。❹やぶる。やぶれる。❺からむ。からまる。まとう。＝纍(ルイ)。

解字 篆文 形声。羊＋羸音。音符の羸(ラ＝ルイ)は、のびちぢみするかたつむりの象形。ちぢみやせるの意味を表す。

【羸師】(ルイシ) つかれ弱った軍隊。

【羸弱】(ルイジャク) ①つかれ弱る。②弱い。

【羸△脊・羸△瘠】(ルイセキ) つかれやせる。

【羸然】(ルイゼン) つかれきったさま。

【羸△痩】(ルイソウ) つかれやせる。やせおとろえる。

【羸馬】(ルイバ) やせおとろえた馬。疲れきった馬。羸駘(ルイタイ)。羸駑(ルイド)。

【羸兵】(ルイヘイ) つかれ弱った兵士。羸卒。

(21)15 【羼】6030 △ ㊉サン ㊐セン 諫 霰 chàn

字義 ❶まじる。もと、羊がまじりあう意。❷まぜる。

解字 篆文 会意。尸＋羴。尸は、からだ。多くの羊がからだをよせてまじりあう意味を表す。

6

羽(羽・⺛)部

〔部首解説〕 **はね。** 羽を意符として、鳥の羽、羽に特徴のある鳥の名、また、飛ぶの意味を表す文字ができている。

羽 八八三　3 羿 八八三　4 翁 八八三　翅 八八三　翆 八八三
5 習 八八三　翌 八八四　翊 八八四　翏 八八四　翎 八八四
6 翕 八八四　翔 八八四　7 翛 八八五　8 翠 八八五　翣 八八五
翟 八八五　翡 八八五　9 翫 八八五　翬 八八六　翥 八八六
翦 八八六　翩 八八六　10 翮 八八六　翰 八八六　11 翳 八八六
翼 八八六　12 翹 八八七　翺 八八七　翻 八八七　翼 八八七
13 翽 八八七　翾 八八七　14 翿 八八七　耀 八八七

扇→戸部 四三二ページ。

(6)0
【羽】 6031
(6)0 〔羽〕 6032

教 2 ウ　は・はね　ウ 慶・遇 yǔ

1709 / 3129

筆順 丁 ㇆ 习 羽

字義 ❶**はね。は。** 鳥や虫のはね。つばさ。❷鳥。鳥類。❸はねのかざし。竿の先端に雉の羽をつけたもので、舞うときに持って舞う。❹はねで作った、釣りの浮き。❺五音（宮・商・角・徴・羽）の一つ。最も澄んだ音。❻助け。たすけとなるもの。「羽翼」

名乗 はもと・わね　難読 羽曳野・羽合・羽咋・羽茂・羽場・羽生・羽生田・羽立

解字 文 篆 象形。鳥の両翼の象形で、はねの意味を表す。

▼迅羽・毛羽

【羽衣】(ウイ) ①はごろも。鳥のはねを編んで作った着物で、天人や仙人が空を飛行するとき着るという。②道士。

【羽化】(ウカ) ①昆虫のさなぎが変態し、羽を生じて成虫となること。②鳥のように飛ぶことのできるものになる意。空中を飛行する仙人になること。③道士の死をいう。天に登ると考えていた。

【羽化登仙】(ウカトウセン) 羽がはえて仙人になり天にのぼること。〔宋、蘇軾、前赤壁賦〕飄飄乎如ニ遺レ世独立一、羽化而登仙一〈ひらひらと風に乗っているようで、世間の一切を忘れて、ひとり万物の外に立ち、身に羽が生えて仙人となり空中を飛び天にも登るような感じがしてくる〉

【羽客】(ウカク) 仙人をいう。→羽化の②。

【羽騎】(ウキ) 近衛の騎兵。羽箭（羽をはいだ矢）を帯びるのでいう。羽林騎。

【羽儀】(ウギ) ①鴻という鳥は動きが優美なので、その羽ぶりを儀表（てほん）とすること。〔易経、漸〕③威儀を正し堂々と朝廷に出ること。②転じて、人の模範・師表などの意。④（天子の行列の）羽でかざった旗さしもの。⑤儀式。

【羽△檄】(ウゲキ) 危急を知らせて兵を集めたりするときに用いるつげぶみ。木の札に書き記し、これに鳥の羽をはさむからいう。羽書。〔史記、陳豨伝〕以ニ羽檄一徴ニ天下之兵一。

【羽書】(ウショ) ＝羽檄。

【羽△觴】(ウショウ) さかずきの一種。すずめが羽を広げた形にかたどったもの。觴は、杯。羽杯。羽爵。〔唐、李白、春夜宴ニ桃李園一序〕飛ニ羽觴一而酔レ月

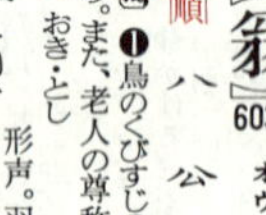
〔羽觴〕

【羽節(節)】(ウセツ) 羽でかざった使者や将軍などのしるし。節は、天子からたまわる使者・将軍などのしるし。訳文⇩瓊筵の②㋐（七三八ページ）。

【羽扇】(ウセン) 鳥の羽で作ったうちわ。

【羽族】(ウゾク) 鳥類をいう。羽属。羽類。

【羽舞】(ウブ) 舞楽の名。析羽（白羽に他の羽をまぜて作ったかざり）を持って舞うもの。武の舞。↔籥舞（文の舞）。

【羽△葆】(ウホウ) 鳥の羽で作り儀式などに用いる、旗や車のおおいにたらしさげるもの。また、それをつけた旗、また、車のおおい。

【羽△旄】(ウボウ) ①雉の羽と、旄牛（からうし）の尾。②はたの一種。雉の羽と旄牛の尾を旗竿の先につけた旗で、王者の車にたてる。

【羽△籥】(ウヤク) ①雉の羽と、笛。②舞いの名。右手に雉の羽、左手に笛を持って舞う。

【羽翼】(ウヨク) ①鳥のはね。つばさ。②鳥の羽のように左右から助けること。また、その人。たすけ。補佐。

【羽猟(獵)】(ウリョウ) かり。狩猟。特に、君主のかり。君主の狩猟には羽をはいだ矢を背負った家臣が随行するからいう。

【羽林】(ウリン) ①星の名。天の軍隊をつかさどる星。羽林天軍。②天子の守護にあたる兵。近衛兵。前漢の武帝のときから置かれた。

【羽△鱗】(ウリン) 鳥と魚。鳥魚。鱗は、うろこ。

(9)3
【羿】 6033
△ ゲイ 霽 yì

字義 ❶羽を広げ、風に乗って舞い上がる。❷人の名。㋐中国古代伝説上の弓術の名人。尭の時代、十個の太陽が並び出て人民が苦しんだとき、その九個を射おとし、また害をなす多くの獣を除いた。㋑夏の時代の有窮国の君主。弓術にすぐれ、夏王の太康を追放してその位をうばったが、横暴のため、臣下の寒浞に殺された。〔論語、憲問〕

解字 文 篆 会意。羽＋廾（幵）。幵は、平らにそろうの意味。左右に羽を張って舞い上がる意味を表す。

(10)4
【翁】 6034
(10)4 〔翁〕 6035

常 オウ　オウ（ヲウ） 東 wēng

1807 / 3227

筆順 八 公 斧 翁

字義 ❶鳥のくびすじの羽。❷ちち（父）。❸**おきな。** 男のとしより。また、老人の尊称。「老翁」「村翁」

名乗 おき・とし

解字 文 篆 形声。羽（羽）＋公㊊。音符の公は、項に通じ、くびの意味。鳥の首の羽の意味を表し、転じて、老人を尊んで言う、おきなの意味を表す。

▼漁翁・玄翁・酔翁・村翁・田翁・老翁

【翁△媼】(オウオウ) おきなと、おうな。じいさんと、ばあさん。翁媼。

【翁主】(オウシュ) 諸王、または諸侯のむすめで、平民と結婚したもの。翁は父、父がみずから婚礼の主催者となることからいう。降嫁した皇女を公主という類。

(10)4
【翅】 6036
〔翄〕同字

標 シ 寘 chì

7034 / 6642

字義 ❶**つばさ。はね。** 鳥や昆虫の羽。「翅翼」「翅翮」❷翅翅は、とぶさま。❸**ただ。ただに。** ＝啻。〔孟子、告子下〕奚翅食重。

解字 文 篆 形声。羽＋支㊊。音符の支は、枝分かれするの意味。枝分かれしているはね、つばさの意味を表す。

(10)4
【翆】 6037
△ スイ 翠（6049）の俗字。→八八五ページ。

7035 / 6643

〔扇〕→戸部 四三二ページ。

(11)5
【習】 6038
教 3 シュウ　ならう

2912 / 3D2C

(11)5
〔習〕6039　漢シュウ（シフ）　呉ジュウ（ジフ）　緝 xí

筆順　㇆ 习 羽 習

字義 ❶ならう。㋐雛鳥が翼を動かして飛び方をならう。㋑くりかえし練習する。〔論語、学而〕学而時習レ之。㋒学ぶ。まねる。「学習」㋓なれる。てなれる。熟練する。また、なれ親しむ。「習熟」❷ならい。ならわし。「慣習」「風習」❸かさなる。重ねる。積もる。積む。　難読　習志野

使いわけ　ならう〔習・倣〕
〔習〕くりかえし練習する。教わる。「見習う」
〔倣〕まねする。そのとおりにする。「前例に倣う」

解字　篆文　会意。羽（羽）＋白。羽は、かさなりあうはねの象形。白は日の変形で、言うの意味。くりかえし口にして、まなぶ・なれるの意味を表す。習を音符に含む形声文字に、熠・褶などがあり、「かさなる」の意味を共有する。

▼悪習・因習・演習・温習・慣習・旧習・講習・時習・伝習・風習・予習・練習

【習慣・習貫】ならわし。しきたり。くせ。慣習。

【習合】相異なる教理や主義主張を合わせて、よいものを新しく作り出すこと。

【習作】国練習のために作った、絵画・彫刻などの作品。

【習示】くり返し示す。

【習習】①風のそよそよと吹くさま。②飛び動くさま。③さかんなさま。④行くさま。

【習熟】物事になれて、じゅうぶんその物事ができるようになること。熟達。

【習△誦】ならい読む。くり返しとなえる。

【習性】①習慣と性質。②習慣が身について性質のようになったもの。ならい。

【習静（靜）】心をおちつけ澄まそうと努力すること。座禅の類。

【習染】身にしみつく。くせになる。また、くせ。ならい。

【習相遠】習慣のいかんによって善ともなり悪ともなって、大きなへだたりを生ずる。〔論語、陽貨〕性相近也、習相遠也。〈人の生まれつきは似たりよったりである。ただ、——〉

【習俗】世間のならわし。風俗習慣。

【習得】ならって、よく覚えこむ。習い覚える。◇「修得」もほぼ同意。現代では、「修得」は学校での単位や履修に関する場合にのみ用いている。

【習風】ならわし。世間のしきたり。習慣と風俗。風習。

【習癖】くせ。ならい。

【習練】①ならい、ねる。練習。②物事によくなれる。

【習与（與）レ性成】習慣が身について、最後には生まれながらの性質同様になる。習慣は第二の天性。〔書経、太甲上〕

(11)5
【翌】6040　教 6　ヨク
(11)5
〔翌〕6041　漢ヨク　呉イキ　職 yì　4566　*4D62*

筆順　㇆ 习 羽 翌

字義　あけ（明）。あくるひ。明日。翌日。国ヨク。年・月など、時に関する語の上に付けて、「あくる・次の」の意味を表す。「翌年」「翌月」「翌朝」　難読　翌檜

解字　会意。羽（羽）＋立。羽ばたきたつの意味から、あけて次の日・年の意味を表す。翌・翊・翼は、もともと同一語である。

(11)5
【翊】6042　△　漢ヨク　呉イキ　職 yì　7036　*6644*

字義 ❶とぶさま。❷たすける。＝翼。「翊賛」❸あけ（明）。あくる日。＝翌。「翊日」❹翊翊は、つつしむさま。

解字　甲骨文　篆文　会意。立＋羽。羽を立てて飛びたつの意味を表す。また、転じて、あくる日の意味をも表し、翌とも書く。甲骨文は、すでに、あくる日の意味を表している。また、翼に通じて、たすけるの意味をも表す。

【翊賛（贊）】たすける。君主の政治をたすける。翼賛。

【翊△戴】（君主を）たすけ、（君主として）いただく。翼戴。

(11)5
【翏】6043　△　㊀漢リュウ（リウ）・呉ル　宥 liù　㊁リョウ（レウ）　蕭

字義　㊀とぶ。高く飛ぶ。高く飛ぶさま。㊁❶＝㊀。❷遠くから吹いて来る風の音の形容。

解字　金文　篆文　象形。両翼と尾羽とがはばたいて鳥が高く飛ぶ形にかたどり、高く飛ぶの意味を表す。翏を音符に含む形声文字に、勠・醪・膠・摎・樛・謬・繆などがあり、これらの漢字のうち摎・樛・膠・繆・謬などは、「まといつく」の意味を共有している。

(11)5
【翎】6044　△　漢レイ　呉リョウ（リャウ）　青 líng

字義 ❶はね。鳥の羽。❷清代、功績のある文武官に与えた冠のかざりの羽。

解字　篆文　形声。羽＋令音。

(12)6
【翕】6045　△　漢キュウ（キフ）　呉コウ（コフ）　緝 xì　7037　*6645*

字義 ❶起こる。㋐鳥が飛び立つ。㋑多くのものが一斉に起こる。❷さかん。勢いがよい。❸あう。合わせる。また、従う。❹おさまる。おさめる。❺ひく（引）。❻いる。入れる。

解字　篆文　形声。羽＋合音。音符の合は、あうの意味。鳥が羽を合わせて飛びたつの意味を表す。

【翕△赫】①盛大なさま。②開いたり閉じたりするさま。

【翕合】集め合わせる。集める。また、集まる。

【翕習】①威勢や名声などのさかんに起こるさま。②風のさかんに吹き来るさま。③勢いよく飛び立つさま。④音楽のゆるやかなさま。⑤なれ親しむ。ぐるになる。

【翕如】多くの楽器の音がいっせいに起こるさま。いっせいに起こってさかんなさま。〔論語、八佾〕

【翕然】①集まり合うさま。一致するさま。②鳥の飛び立つさま。

(12)6
【翔】6046　人
(12)6
〔翔〕6047　漢ショウ（シャウ）　呉ゾウ（ザウ）　陽 xiáng　7038　*6646*

筆順　⺷ 羊 翔 翔 翔

字義 ❶かける。とぶ。㋐鳥が空高く飛ぶ。翼を張って飛びめぐる。「飛翔」「回翔」㋑両手を翼のように張って行く。臂を張って足早に行く。「翔趨」❷めぐる（旋）。また、ふりかえる。❸さまよう。❹つまびらか。＝詳。

解字　篆文　形声。羽（羽）＋羊音。音符の羊は、揚に通じ、あがるの意味。羽であがる、かけるの意味を表す。

【翔貴】物価が上がる。

【翔△禽】空を飛ぶ鳥。飛鳥。

【翔△翱】飛びめぐる。飛びまわる。翱翔。

【翔集】①飛び集まる。また、群をなして飛ぶ。②かけまわって集める。転じて、広く集める。

【翔翔】①うやうやしくつつしみ深いさま。②ゆったりとしたさま。③うれいのないさま。

【翔△趨】手をこまぬき、両臂を鳥の翼のように張って、前かがみに足早に歩く。貴人の前などを通るときの作法。

【翔羊・翔△佯・翔△徉】さまよう。徘徊する。逍遥。

(13)7 【翛】6048 △ 一ショウ（セウ）蕭 xiāo 二㊥ユウ（イウ）・㊞ユ 有 三シュク 屋

字義 一→翛翛。二三→翛然の①。

解字 形声。羽＋攸㊥。音符の攸ユウ＝ショは、のびやかの意味。

【翛翛】ショウショウ ①鳥の羽が破れるさま。②草木が青々としげってかげをなしているさま。③雨の音の形容。翛颯ショウサツ。

【翛然】ユウゼン・シュクゼン ①鳥のはやく飛ぶさま。②転じて、物事にとらわれず、自由自在なさま。③ショウネン 人名。唐の僧。俗姓は裴ハイ。詩・酒を楽しみ、音楽に通じ、山水画にたくみであった。

(14)8 【翠】6049 人 (14)8 [翠]6050 スイ 寘 cuì 3173 3F69

筆順

【翆】俗字 7035 6643

字義 ❶かわせみ。水辺に住む鳥の名。雄を翡ヒ、雌を翠という。❷みどり。もえぎ。はなだ色。青黄色。「翠草」❸ひたれ。鳥の尾の脂肉あぶら。

名乗 あきら・みどり

解字 文 篆 形声。羽（羽）＋卒㊥。音符の卒は、粋に通じ、まじりけがないの意味。色にまじりけのない羽の鳥、かわせみの意味を表す。

【翠靄】スイアイ みどりのもや。青々としたもや。

【翠幄】スイアク かわせみの羽でかざったとばり。みどり色のとばり。

【翠帷・翠幃】スイイ ＝翠幄スイアク。→前項。

【翠陰】スイイン みどりの葉かげ。青葉のかげ。緑陰。

【翠筠】スイイン みどりの竹。青々とした竹。緑竹。

【翠羽】スイウ かわせみの羽。

【翠雨】スイウ ①青葉に降りかかる雨。②みどりの黒髪にかかる水滴。

【翠雲】スイウン みどりの雲。青い雲。碧雲ヘキウン。

【翠煙】スイエン ①みどりのけむり。②遠くの緑の樹木などにかかっているもや。

【翠花】スイカ ①翡翠ヒスイの玉でかざったかんざし。翠釵スイサイ。翠鈿スイデン。②松の葉。③＝翠華。

【翠華】スイカ かわせみの羽でかざった、天子の旗。翠花。〔唐、白居易、長恨歌〕翠華揺揺行復止スイカヨウヨウとしてゆきてまたとどまり、西出二都門一百余里にしのかたトモンをいずることヒャクヨリ〈かわせみの羽で飾った天子の旗は進むけれどもとどまりがちで、都の門から西の方へ百余里の所へ着いた〉

【翠蛾】スイガ みどり色のまゆ。美人のまゆをいう。

【翠鬟】スイカン ①みどりのまげ。美人の髪をいう。②転じて、青々とした山の形容。

【翠翹】スイギョウ かわせみの尾の長い羽。また、それにかたどって作った、婦人の髪かざり。〔唐、白居易、長恨歌〕翠翹金雀玉搔頭スイギョウキンジャクギョクソウトウ。訳文→花鈿カデン（九二四ページ）。

【翠玉】スイギョク 宝玉の名。翡翠ヒスイ。緑柱玉。

【翠禽】スイキン みどり色の羽の鳥。かわせみ。翠鳥。

【翠髻】スイケイ ①みどりのもとどり。美人の髪をいう。②転じて、青々とした山の頂上の形容。

【翠幰】スイケン みどり色の車のほろ。幰は、蔽おおい。

【翠巘】スイケン みどりの峰。木々の青々としげった峰。翠峰。

【翠幌】スイコウ ①みどり色のとばり。緑色のカーテン。②翡翠ヒスイの玉でかざった車のほろ。

【翠篁】スイコウ 青々としげった竹やぶ。

【翠嶂】スイショウ みどりの山の峰。

【翠色】スイショク 澄みきったみどり色。緑色。蒼色ソウショク。碧色ヘキショク。

【翠然】スイゼン みどりの色をたたえたさま。青々としている形容。

【翠苔】スイタイ みどり色のこけ。緑苔。翠蘚スイセン。

【翠黛】スイタイ ①みどり色のまゆずみ。②転じて、美人の眉まゆ。また、美人をいう。③みどり色のまゆずみを引いたように見える、遠山のさまをいう。

【翠帳】スイチョウ かわせみの羽でかざったとばり。婦人の寝室をいう。

【翠鳥】スイチョウ 鳥の名。かわせみ。緑色の美しい羽がある。

【翠濤】スイトウ ①青々とした波。翠波。②酒の名。③硯すずりの名。

【翠髪】スイハツ みどりの髪。くろかみ。黒くつやつやした髪。

【翠微】スイビ ①うすみどりのもや。②山の八合目あたり。③もえぎ色。

【翠屛】スイヘイ ①みどりの屛風ビョウブ。②転じて、草木がしげったり、苔こけむしたりしているがけの形容。また、連なり立つ緑の山々の形容。

【翠嵐】スイラン ①薄青色の山の気。山にかかる薄青の水蒸気。②樹木の青々としたさま。

【翠巒】スイラン みどりの山のみね。

【翠柳】スイリュウ みどり色のやなぎ。青々としげったやなぎ。〔唐、杜甫、絶句詩〕両箇黄鸝鳴二翠柳一リョウコのコウリ、スイリュウになく、一行白鷺上二青天一イッコウのハクロ、セイテンにのぼる〈二羽のうぐいすがみどり色の柳の枝で鳴いており、一列に並んだ白さぎが澄みわたる青空に舞い上がってゆく〉

【翠簾】スイレン みどり色のすだれ。青いすだれ。翠箔スイハク。

【翠露】スイロ みどり色のつゆ。また、草木の葉の緑が濃くて、したたらんばかりのさま。

【翠楼（樓）】スイロウ 青楼。①青くぬった高殿。②遊女屋。料亭。

(14)8 【翣】6051 △ ㊥ソウ（サフ）・㊞ショウ（セフ） 洽 shà

字義 ❶ひつぎかざり。棺にたてる扇形の羽かざり。❷扇形の羽のおおいがさ。❸うちわ。大形のうちわ。また、うちわであおぐ。

解字 篆 形声。羽＋妾㊥。音符の妾ショウは、つなぐの意味。羽をつなぎ合わせて作った、ひつぎかざりの意味を表す。

(14)8 【翟】6052 △ ㊥テキ ㊞ジャク（ヂャク） 錫 dí

字義 ❶きじ。尾の長いきじ。❷きじの羽。舞楽に用いるもの。❸きじの羽でかざった車・衣服。❹異民族。＝狄テキ。

解字 金文 篆文 会意。羽＋隹。隹スイは、とりの意味。羽毛のとさかを持った鳥、きじの意味を表す。翟を音符に含む形声文字は、「おどりあがる」の意味を共有し、濯・曜・躍・擢などがある。

【翟車】テキシャ きじの羽でかざった、皇后の乗る車。翟輅テキロ。

(14)8 【翡】6053 △ ㊥ヒ ㊞ビ 未 fěi 7039 6647

字義 かわせみ。鳥の名。雄を翡、雌を翠スイという。

難読 翡翠かわせみ

解字 文 篆 形声。羽＋非㊥。

【翡翠】ヒスイ ①水辺に住む鳥の名。かわせみ。羽の色が美しい。〔唐、白居易、長恨歌〕翡翠衾寒誰与共ヒスイのふすまさむくしてたれとともにせん ②宝石の名。美しい緑色で、中国の雲南省やミャンマーなどに産する。

(15)9 【翫】6054 標 ガン（グワン） 翰 wán [翫] 2069 3465

字義 ❶もてあそぶ。＝玩ガン。㋐手にとってあそびたのしむ。おもちゃにする。なぐさみ興ずる。「翫弄ガンロウ」㋑なれ、あなどる。なぶる。「翫習」㋒めでる。㋓なれしたしむ。❷むさぼる。❸味わう。「翫味」

参考 熟語は、玩ガン（4656）をも見よ。→七三〇ページ。

解字 文 篆 形声。習＋元㊥。音符の元は、圓ゲンに通じ、めぐるの意味。習は、なれ親しむの意味。一つのものをめぐって、なれ親しむ、もてあそぶの意味を表す。

【翫閲】ガンエツ よく見る。十分に味わって見る。何度も読む。

【翫習】ガンシュウ ①なれる。なれあなどる。②楽しみ習う。心ゆくまで習う。

【翫味】ガンミ　よくあじわう。玩味ガンミ。「熟読翫味」
【翫弄】ガンロウ　もてあそぶ。おもちゃにする。玩弄ガンロウ。

(15)9 【翬】6055　△キ 微 huī

字義 ❶はやくとぶ。大いに飛ぶ。また、その羽音。❷きじ（雉）。五色の羽の美しい雉。

解字 文 篆　形声。羽＋軍音。

【翬翬】キキ　鳥のはやく飛ぶ羽音。
【翬飛】キヒ　五色の羽のきじが飛ぶこと。転じて、宮殿の美しい形容。

(15)9 【翥】6056　△ショ 御 zhù

字義 とぶ。飛び上がる。飛び立つ。

解字 文 篆　形声。羽＋者音。

(15)9 【翦】6057　△セン　剪（566）の正字。→一三五ページ。　7040 6648

(15)9 【翩】6058　△ヘン 先 piān　［翩］ 7041 6649

字義 ❶はやくとぶ。かけり飛ぶ。❷ひるがえるさま。ひらひらするさま。〔詩経、小雅、角弓〕翩其反矣ヘンとしてそれかえ(へ)る。

解字 文 篆　形声。羽＋扁音。音符の扁ヘンは、ひらたいの意味。羽をひらたくして、鳥が身軽に飛ぶの意味を表す。

【翩翾】ヘンケン　わずかに飛ぶさま。
【翩然】ヘンゼン　ひるがえるさま。
【翩翻】ヘンパン　①ひるがえり飛ぶさま。②ヘンポン　旗などの、ひるがえるさま。
【翩翩】ヘンペン　①鳥が身軽に飛ぶさま。〔唐、白居易、燕詩〕翩翩雄与レ雌ヘンペンたりユウとシと。②行き来するさま。③落ちつかないさま。④風流なさま。⑤宮殿のすばらしいさま。⑥得意なさま。⑦筆の勢いの軽妙なさま。⑧衣服が軽やかにひるがえるさま。

(16)10 【翮】6059　△ 一 漢カク・呉ギャク 陌 hé　二 漢レキ・呉リャク 錫 lì

字義 一 ❶はねのもと。羽のくき。❷羽。つばさ。 二 かなえ。＝鬲レキ。

解字 文 篆　形声。羽＋鬲音。

(16)10 【翰】6060　標　漢カン　呉ガン　翰寒 hàn　［翰］ 2045 344D

字義 ❶やまどり。❷はね。鳥の羽。❸飛ぶ。高く飛ぶ。速く飛ぶ。「翰飛」❹ふで。ふで毛。昔は鳥の羽毛で筆を作った。「筆翰」❺ふみ。てがみ。「書翰」❻しろい。また、白い馬。❼みき。はしら。＝幹。❽はたらき。才能。❾長い。また、長くて強い羽毛。❿ひつぎの飾り。

参考 現代表記では〔簡〕（5591）に書きかえることがある。「書翰→書簡」

解字 文 篆　形声。羽＋倝音。音符の倝カンは、旗ざおの意味。旗ざおのように長い羽のやまどりの意味を表し、羽で作ったふで、転じて、ふみ（文）の意味をも表す。

【翰苑】カンエン　＝翰林の②。
【翰音】カンオン　①鳥が高く飛ぶ羽音。転じて、声が大きいだけで内容にとぼしいたとえ。②鶏の別名。
【翰札】カンサツ　てがみ。書信。書札。翰牘カントク。
【翰如】カンジョ　はやく走るさま。〔易経、賁〕白馬翰如ハクバカンジョたり。
【翰藻】カンソウ　詩歌文章。詩文。
【翰長】カンチョウ　①翰林院の長官・先輩をいう。②国内閣書記官長をいう。
【翰飛】カンピ　高くとぶ。〔詩経、小雅、小宛〕翰飛戻レ天カンピテンにいたる。
【翰墨】カンボク　①筆と、すみ。②文学。③書かれたもの。筆跡。
【翰林】カンリン　①文人・学者の社会。文人の仲間。学者の仲間。詞壇シダン。文苑ブンエン。②翰林院の略。文人学者を集め、天子の詔勅をつかさどった役所。唐の玄宗のときから置かれ、明代ミンダイには秘書の著作もつかさどり、清代シンダイには、侍講・侍読、書物の編纂ヘンサンなども行った。翰苑カンエン。

(17)11 【翳】6061　標　エイ 霽 yì　7042 664A

字義 ❶きぬがさ。君主の車の、鳥の羽でかざった日よけ。❷おおう。かざす。おおいさえぎる。上にさしかける。また、おおい。かざし。❸かげる。かげになる。薄暗くなる。くもる。かすむ。また、かげり。曇り。❹かすみ目。眼球に白い膜がかかって、はっきり見えない病気。❺しりぞける。❻たおれる。❼鳥の名。鳳凰ホウオウの類。

参考 現代表記では〔影〕（2124）に書きかえることがある。「暗翳→暗影」「陰翳→陰影」

解字 文 篆　形声。羽＋殹音。

【翳翳】エイエイ　①日がかげって薄暗いさま。〔文選、陶潜、帰去来辞〕景翳翳以将レ入かげはエイエイとしてもってまさにいらんとす。②かくれて知りがたいさま。③おおわれて出られないさま。
【翳然】エイゼン　草木がおおい茂っているさま。
【翳昧】エイマイ　かげって暗いこと。
【翳薈】エイワイ　草木がおいしげっているさま。

(17)11 【翼】6062　常　ヨク　つばさ
(18)12 〔翼〕6063　漢ヨク　呉イキ　職 yì　4567 4D63

筆順 ヨ 羽 翌 翼 翼

字義 ❶つばさ。鳥の左右の羽。また、虫の羽。❷たすける。たすく。かばう。守る。❸すすめる。❹つつしむ。うやうやしい。❺いただく。受ける。❻均斉がとれて美しい。❼左右に張り出したもの。左右の部隊・鼎かなえの耳・家ののき（軒）・魚のひれなど。❽舟。❾星の名。たすき星。二十八宿の一つ。コップ座。❿あくる日。＝翌。⓫ほしいままのさま。きままなさま。⓬速いさま。また、身軽なさま。⓭かる（駆）。かり出す。

名乗 すけ・たすく

解字 金文 篆文　形声。羽（羽）＋異（異）音。音符の異は、鬼の頭の面をかぶり両手をあげている人の象形。羽を付し、両翼・つばさの意味を表す。また、わきから両手でたすけるの意味をも表す。また、両翼のように均斉がとれて美しいの意味をも表す。

▼羽翼・比翼・扶翼

【翼衛（衞）】ヨクエイ　助け守る。
【翼佐】ヨクサ　助けること。佐も助ける意。
【翼賛（贊）・翼讃】ヨクサン　力をそえて助ける。特に、天子を助けること。
【翼爾】ヨクジ　①鳥の飛ぶように速いさま。②身軽なさま。
【翼室】ヨクシツ　正室の左右にある室。左右のわきべや。
【翼如】ヨクジョ　鳥がつばさを張るように、組んだ腕の両臂ひじを張るさま。態度のうやうやしいさま。〔論語、郷党〕
【翼成】ヨクセイ　助けてなしとげさせる。助けて成功させる。
【翼然】ヨクゼン　鳥がつばさを張ったように、左右に広がるさま。
【翼戴】ヨクタイ　助けいただく。君主を助けて上にいただくこと。
【翼蔽】ヨクヘイ　おおいかばう。かばい助ける。
【翼輔】ヨクホ　たすける。また、たすけ。補佐。
【翼翼】ヨクヨク　①敬いつつしむさま。「小心翼翼」②ととのったさま。③おごそかなさま。④やわらぐさま。⑤さかんなさま。⑥飛ぶさま。⑦壮健なさま。
【翼卵】ヨクラン　①鳥がつばさで卵をおおい暖めてひなをかえす。②転じて、おおい育てる・大切にいたわり育てること。
【翼亮】ヨクリョウ　たすける。特に、天子を助けて天下を治めるこ

と。亮も、助ける意。

(18)12 【翹】6064 △ 漢キョウ（ケウ） 呉ギョウ（ゲウ） 蕭 qiáo 7043 664B

字義 ❶鳥の尾の長い羽。❷あげる(挙)。あがる。「翹首」❸さかんなさま。しげるさま。❹つまだてる。「翹足」❺ぬきんでる。才能が衆人にすぐれる。「翹材」❻かける(懸)。心にかける。「翹思」❼婦人の頭の羽かざり。

解字 篆文 形声。羽＋堯音。音符の堯は、高いの意味。鳥が長い尾羽をあげるの意味から、一般に、あげるの意味を表す。

【翹企】(ギョウキ) 足をつまだてる。足をつまだてて待つ。熱望する。翹足。

【翹翹】(ギョウギョウ) ①群にぬきんでるさま。高くぬきでるさま。②危ないさま。③遠いさま。④多いさま。

【翹材】(ギョウザイ) すぐれた才能・人材。

【翹思】(ギョウシ) 心にかけて思う。

【翹首】(ギョウシュ) 頭をあげる。頸をのばして待ち望む。切に待望すること。鶴首。翹望。

【翹然】(ギョウゼン) 立ち上がるさま。のびあがるさま。

【翹楚】(ギョウソ) 衆にすぐれた者。楚は、雑木の中で特に高く伸びたもの。

【翹足】(ギョウソク) ＝翹企。

【翹望】(ギョウボウ) 頸をのばして待ち望む。翹首。

(18)12 【翺】6065 △ 慣コウ ゴウ（ガウ） 豪 áo

【翱】正字

字義 かける。鳥がはばたきして飛ぶ。飛びまわる。

解字 篆文 形声。羽＋皐（皋）音。音符の皋は、敖に通じ、大きいの意味。鳥が羽を大きくのびのびと広げて空を飛びまわるの意味を表す。

【翺翺】(コウコウ) 鳥が空高く飛ぶさま。

【翺翔】(コウショウ) ①（鳥が）飛びまわる。空高く飛ぶ。翺は、翼を上下に動かして飛ぶ、翔は、羽を張ったまま動かさずに飛ぶ意。②さまよう。

(18)12 【翻】6066 常 ホン ひるがえる・ひるがえす 4361 4B5D

(18)12 〖飜〗6067 漢ハン 呉ホン 元 fān

筆順 釆 番 翻 翻 翻

【飜】同字 7044 664C

字義 ❶ひるがえる。ひるがえす。㋐鳥が飛ぶ。からだをおどらせて飛ぶ。㋑高くあがって、ひらひらする。「翩翻」㋒ひっくりかえる。裏がえしになる。反対になる。向きを変える。「翻覆」❷ひるがえす。ひらひらさせる。ひっくりかえす。向きを変えさせる。❸詩に作りかえる。また、ある国のことばを他の国のことばになおす。「翻訳」

難読 翻筋斗(もんどり)・翻車魚(まんぼう)

解字 篆文 形声。羽（羽）＋番音。音符の番は、たねをばらまくの意味。鳥が羽をのびやかにひろげて、ひるがえるの意味を表す。また、反に通じて、くつがえるの意味をも表す。

▼踏翻・騰翻

【翻案】(ホンアン) ①案（裁判の判定書）をくつがえす。異説をたてて案に反対すること。②国㋐前人の作った仕組みを変えること。㋑詩文の古い作意を変えて作ること。㋒小説や脚本などの、原作の大体のすじを用い、地名・人名などを変えて作り変えること。

【翻意】(ホンイ) 国意志をひるがえす。考えを改める。

【翻刻】(ホンコク) 刊本・写本を底本として、原本どおりに再び出版すること。

【翻然】(ホンゼン) ①ひるがえるさま。②心ががらりと変わるさま。「翻然大悟(ホンゼンとしてタイゴす)」

【翻倒】(ホントウ) さかさまになる。ひっくりかえる。

【翻波】(ホンパ) ひるがえる波。さかまく波。翻濤(ホントウ)。翻浪。

【翻覆】(ハンプク・ホンプク) ひっくりかえる。裏がえしになる。転じて、変わりやすいことや変化のはげしいことをいう。〔唐、王維、酌レ酒与二裴迪一詩〕⇩人情翻覆似二波瀾一(ニンジョウのホンプク ハランににたり)（五七六ページ）。

【翻訳(譯)】(ホンヤク) ある国のことばを他の国のことばになおすこと。

【翻流】(ホンリュウ) しぶきをあげて、勢い激しく流れる。また、その流れ。奔流。

【翻弄】(ホンロウ) 思うままにもてあそぶ。てだまにとる。

(18)12 【翼】(6063) ヨク 翼（6062）の旧字体。→八六六ページ。

(19)13 【翽】6068 △ 漢カイ（クワイ） 呉ケ 泰・卦 huì

字義 羽ばたきの音。羽ばたきの音のさかんな形容。

解字 篆文 形声。羽＋歳音。

(19)13 【翾】6069 △ ケン 先 xuān

字義 ❶とぶ。少し飛ぶ。❷こせこせする。こざかしい。

解字 篆文 形声。羽＋睘音。

(20)14 【翿】6070 △ 漢トウ（タウ） 呉ドウ（ダウ） 号・豪 dào

字義 かざし。はたぼこ。舞い手が持っておどるもの。

解字 篆文 形声。羽＋壽音。

(20)14 【耀】6071 人 4552 4D54

(20)14 〖燿〗6072 ヨウ（エウ） 嘯 yào

筆順 丨 光 光 耀 耀

字義 燿（4449）と同字。❶かがやく。また、かがやかす。＝曜。❷かがやき。ひかり。「栄耀」❸あきらか（明）。

名乗 あき・あきら・てる

解字 形声。光＋翟音。燿（4449）の別体。

【耀映】(ヨウエイ) かがやきはえる。光りかがやく。

【耀耀】(ヨウヨウ) 光りかがやくさま。曜曜。

【耀霊(靈)】(ヨウレイ) 日。太陽。曜霊。

6

老（耂）部

耂は四画。

〔部首解説〕 おいかんむり。おい。耂は、老の省略体。老を意符として、老人に関する文字ができている。

老 八八七　2 考 八八九　3 孝 八九〇　4 耆 八九〇　者 八九〇
耄 八九〇　5 耇 八九〇　者 八九〇　6 耋 八九一

(6)0 【老】6073 教4 ロウ おいる・ふける 4723 4F37

ロウ（ラウ） 晧 lǎo

筆順 土 耂 耂 老

字義 ❶としより。老人。七十歳の老人。また、六十歳以上、あるいは五十歳以上をいう。❷おいる。ふける。㋐としよる。おいぼれる。ふける。㋑古くなる。古くからある。年月がたつ。❸年老いて官をやめる。また、やめた人。❹ものなれる。経験を積む。また、その人。「老練」❺老人として扱う。老人としていたわる。〔孟子、梁恵王上〕老二吾老一以及二人之老一(わがロウをロウとしてもってひとのロウ

ぼす。❻臣下の長。大臣・家老など。❼老人の自称。「拙老」❽老人の尊称。「長老」❾老子の略称。「老荘」

名乗 おみ・とし　難読 老海鼠(ほや)・老成(ませる)・老酒(ラオチュウ)・老頭児(ロートル)・老馬(おんば)・老舗(しにせ)・老麺(ラーメン)・老耄(おいぼれ)

解字 甲骨文　金文　篆文

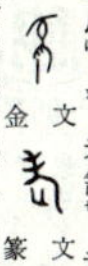

象形。甲骨文は、腰を曲げてつえをつく老人の形にかたどっているのがよくわかるが、篆文は、その変形したもの。年寄の意味を表す。

▼遺老・家老・敬老・元老・古老・故老・宿老・衰老・大老・長老・仏老・扶老・父老・野老・養老

【老陰】(ロウイン) 陰数の極。六をいう。↕老陽(九)。

【老翁】(ロウオウ) 年老いた男。おきな。老父。

【老嫗】(ロウオウ・ロウウ) 年老いた女。おうな。老女。老婆(ロウバ)。老媼(ロウオウ)。

【老鶯】(ロウオウ) ①春が過ぎてからも鳴いているうぐいす。晩鶯。②老練のうぐいす。

【老獪】(ロウカイ) 世事に長じて、わるがしこいこと(人)。老狡(ロウコウ)。

【老学(學)】(ロウガク) ①年老いてから学問すること。また、老年の学問。②年老いた学者。

【老学(學)究】(ロウガッキュウ) ①年老いた学者。②長年勉強しながら世の役に立たない俗学者。また、頑固な学者をあざけっていう語。

【老猾】(ロウカツ) ＝老獪(ロウカイ)。

【老漢】(ロウカン) ①年とった男。老人をいやしんでいう。漢は、男子。②男子の自称。

【老驥伏櫪志在千里】(ロウキレキにふするもこころざしセンリにあり) 年老いた駿馬(シュンメ)は使われないでうまやのねだの上にねていても、なお千里をかける志をすてない。転じて、英傑が年老いても大志を持ち続けるたとえ。〔魏、武帝、歩出夏門行〕

【老朽】(ロウキュウ) 年老いて役にたたないこと。また、その人。

【老牛舐犢】(ロウギュウトクをねぶる) 年老いた牛が子牛をなめる。転じて、親が子を愛することをむやみにかわいがることのたとえ。子どもの謙辞。〔後漢書、楊彪伝〕

【老去】(ロウキョ) 年をとる。年よりになる。去は、助字。

【老境】(ロウキョウ) 年とった境涯。老人の境遇。

【老狗】(ロウク) ①年老いた犬。老犬。②人をののしっていう語。

【老軀】(ロウク) 年老いたからだ。老体。老身。

【老君】(ロウクン) ①老子の尊称。②老人に対する尊称。③国家来が隠居した大名を呼ぶ称。

【老兄】(ロウケイ) ①年とった兄。②年長の友に対する敬称。③兄の自称。④同輩に対する敬称。貴兄。

【老健】(ロウケン) ①年とって身体が健康なこと。②文章などが老練で勢いの強いこと。

【老厳(嚴)】(ロウゲン) 老子と荘子。老荘。荘が、漢の明帝の諱(いみな)にあたるので、厳に変えていったもの。

【老公】(ロウコウ) ①老人。また、年老いた貴人。②宦官(カンガン)。去勢した男子。老公ともいう。

【老巧】(ロウコウ) 経験を積んでものなれていること。老練。

【老骨】(ロウコツ) 年おいた身。老軀(ロウク)。

【老残(殘)】(ロウザン) 年より。生きのこり。

【老子】(ロウシ) ①人名。㋐老耼(ロウタン)をいう。→老耼(ロウタン)。㋑老萊子(ロウライシ)をいう。→老萊子(ロウライシ)。㋒周の太史儋(タイシタン)をいう。孔子の死後百二十九年にして秦(シン)の献公にまみえた周の太史で、これが老耼であるともいわれる。②書名。二巻。老耼の著と伝えられるが、後人の手に成る部分も少なくないといわれる。上編を「道経」、下編を「徳経」というので、「道徳経」ともいう。道家の経典として尊ばれる。③老人の自称。④父をいう。⑤星の名。

【老師】(ロウシ) ①年とった先生。老先生。また、単に先生を呼ぶ称。②明代(ミンダイ)、科挙の試験(官吏登用試験)合格者がその試験官を呼んだ語。③僧に対する尊称。④(シをロウせしむ) 長く戦争をして軍隊をつかれさせる。

【老識】(ロウシキ) 経験を積んだすぐれた見識。円熟した見識。

【老実(實)】(ロウジツ) ①実直なこと。まじめ。りちぎ。②物事になれて、しかも忠実なこと。

【老若】(ロウジャク・ロウニャク) 年よりと若者。老弱。

【老弱】(ロウジャク・ロウニャク) 老人と、子供(若者)。老若。

【老弱男女】(ロウジャクダンジョ・ロウニャクナンニョ) 老いも若きも、男も女も。老弱は、老若とも書く。

【老手】(ロウシュ) 老練な手なみ。物なれた腕まえ。

【老寿(壽)】(ロウジュ) 年老いて命の長いこと。ながいき。長寿。

【老儒】(ロウジュ) 年老いた(学徳の高い)学者。

【老従(從)子】(おいてはこにしたがう(ふ)) ①三従の一つ。女性は老後は自分の子供につき従ってゆくべきものである。→三従(一五ページ)。〔大智度論〕②転じて、広く人は老後、子に従うべきであるの意に用いる。

【老宿】(ロウシュク) ①修業を積んだ僧。高僧。②年老いて経験に富んだ者。

【老熟】(ロウジュク) 長年経験を積んで、その事に熟練すること。物事になれて熟練していること。老巧。

【老女】(ロウジョ) 年とった婦人。老婆(ロウバ)。老婦。

【老小】(ロウショウ) ①老人と子供。年よりと若者。②晋(シン)の制度で、老は六十六歳以上、小は十二歳以下。

【老少】(ロウショウ) ＝老小の①。

【老少不定】(ロウショウフジョウ) 仏老人も子供も、どちらがいつ死ぬかわからないこと。〔観心略要集〕

【老相】(ロウショウ) ①年老いた大臣。②呉の地方で、父をいう。③妓女(ギジョ)(芸者)のなじみの客をいう。

【老将(將)】(ロウショウ) ①老練な(軍事になれた)大将。②年老いた大将。

【老娘】(ロウジョウ) ①産婆(サンバ)。②婦人の自称。③俗に妻をいう。

【老臣】(ロウシン) ①年老いた家来。②経験を積んで物事に練達している家来。③身分の重い臣。家老。

【老身】(ロウシン) ①年とったからだ。老体。②老人の自称。③星の名。南極星。

【老人】(ロウジン) ①としより。②他人に対して自分の父母をいう。

【老衰】(ロウスイ) 年老いておとろえる(元気がなくなる)。

【老生】(ロウセイ) ①としより。老人。②老人の自称。③演劇で宰相・忠臣・学者などになる役者。

【老成】(ロウセイ) ①経験を積んで、物事になれていること。また、その人。②おとなびる。また、若くてませていること。

【老先生】(ロウセンセイ) ①年老いた儒学者。②宋代(ソウダイ)、師に対する尊称。③元以後、朝廷の役人の尊称。

【老措大】(ロウソダイ) としよりの書生。老書生。

【老鼠】(ロウソ) ①ねずみ。家ねずみ。②こうもりの別名。かわほり。③世なれてずるがしこいことのたとえ。

【老蘇】(ロウソ) 北宋(ホクソウ)の蘇洵(ソジュン)をいう。これに対して、子の軾(ショク)を大蘇、轍(テツ)を小蘇という。

【老壮(壯)】(ロウソウ) 老人と若者。老者と壮者。

【老荘(莊)】(ロウソウ) 老子と荘子。また、その学説。

【老叟】(ロウソウ) としより。おきな。老翁(ロウオウ)。

【老僧(僧)】(ロウソウ) 年老いた僧。また、その自称。

【老体(體)】(ロウタイ) ①年とったからだ。②老人に対する敬称。

【老大】(ロウダイ) 年をとる。老人になる。↕少小。〔古詩、長歌行〕少壮不二努力一(ショウソウにしてドリョクせずんば)、老大徒傷悲(ロウダイにしていたずらにショウヒせん)。

【老大家】(ロウタイカ) 国年齢を重ね経験を積んだ、その道ですぐれた人。

【老台(臺)】(ロウダイ) 年長者に対する敬称。尊台。貴台。手紙での用語。

【老耼・老聃】(ロウタン) 周代(春秋あるいは戦国時代)の思想家。姓は李(リ)、名は耳、耼は字(あざな)。一説に、字は伯陽、諡(おくりな)は耼。孔子が礼を学んだといわれるが確かでない。道家の祖で、その著書といわれるものに『老子』二巻がある。後に荘子がその学をついだ。

〔老耼(老子)〕

【老稚・老△穉・老△穉】老人と子供。

【老△耋】年老いること。また、その人。

【老△杜】盛唐の詩人、杜甫をいう。↕小杜（杜牧をいう）。

【老奴】①年とった召使い。②人をあなどり軽んずる語。③自分の謙称。

【老△衲】①年とった僧。老僧。衲は、僧衣。②老僧の自称。

【老農】経験を積んだ年よりの農夫。

【老馬】年老いた馬。転じて、年とって役にたたない者をいう。

【老馬△之△智】経験を積んで物事によく通じた者の知恵。春秋時代、斉の管仲が山中で道に迷った時、老馬を放ちその後に従って道を得た故事。老馬識レ途。〔韓非子、説林上〕

【老婆】①年老いた女。おうな。老女。②夫が妻をいう語。老妻。

【老婆心】①年老いた女が世話をやくような、度を越した親切心。老婆心切。〔景徳伝灯録、臨済義玄禅師〕②意見や忠告などをするとき、自分の心を謙遜していう語。

【老△悖・老△誖】年とってぼける。

【老廃(廢)】①年とって役にたたないこと。②物がふるびて用をなさないこと。

【老輩】年よりども。輩は、複数を表す語。

【老病】①年老いて病気にかかる。老いて病気がちになる。〔唐、杜甫、旅夜書レ懐詩〕⇩名豈文章著（一九一㌻）。②老衰から起こる病気。老衰病。③持病。

【老病有二孤舟一】老いて病気がちの身にあるものは一そうの小舟だけである。〔唐、杜甫、登二岳陽楼一詩〕⇩親朋無二一字一（九九四㌻）。

【老夫】①年とった男。②老人の自称。③七十歳で官をやめた大夫の自称。

【老父】年とった父。また、としより。老翁。

【老婦】①年とった女。老女。②年とった婦人の自称。③かまどの神。人に初めて炊事を教えた神。

【老仏(佛)】①老子と釈迦。また、老子の学と仏教の教え。「老仏之徒（老子の教えを信奉する者と、仏教を信奉する者）」②仏老僧に対する尊称。

【老物】①天の歳事（一年の仕事）を助けて老いつかれた万物の神。また、その神を求めてねぎらう祭り。②人をののしることば。③年老いた者をいう。


【老兵】①年とった兵士。②老練な兵士。

【老△圃】畑作りによくなれた農夫。老農。

【老舗】幾代も続いた商店。しにせ。

【老△姥】年とった女。老婆。

【老△彭】中国古代の伝説で、堯の臣、彭祖。七百歳の長寿を保ったといわれる。一説に、老子といい、また、老子と彭祖のこともいう。〔論語、述而〕

【老△耄】①老人。②年老いてぼける。

【老△爺】①年とった男。おやじ。老翁。②身分の高い人に対する敬称。だんな。

【老陽】陽数の極。九をいう。↕老陰（六）。

【老来(來)】年をとる。老人になる。来は、助字。

【老△萊子】①周代の隠者。楚の人。親孝行で、年七十になっても親を喜ばせるために、赤ん坊のなきまねなどをしたという。〔史記、老子伝〕②一説に、老子ともいわれる。

【老△懶】年老いてものうい。懶は、ものうい。

【老吏】①年とった役人。②経験を積んで事務になれている役人。

【老△羸】年とって、体が弱る。また、その人。羸は、つかれ弱ること。

【老練】＝老熟。

【告レ老】年とって辞職する。謝レ老。

(6)2
【考】6074

教 2　コウ　かんがえる

コウ（カウ）　皓　kǎo

2545
394D

筆順　土 耂 耂 考

字義 ❶かんがえる。かんがふ。㋐思いはかる。思案する。「長考」「思考」㋑観察して明らかにする。㋒比較検討する。㋓きわめる。調べる。吟味する。また、その結果を示す論文。「考究」「論考」❷うつ。たたく。＝攷。❸なる。成す。❹おわる。終える。❺老いる。長生きする。❻父。亡父。↕妣（亡母）。「先考」❼こころみる。試験をする。また、試験。評定。

名乗 たか・とし・なる・やす

参考 現代表記では「衡」(2183)の書きかえに用いることがある。「銓衡→選考」

解字 甲骨文  篆文  形声。耂（老）＋丂音。老は、背の曲がった老人の意味。丂も曲がるの意味。長寿の老人の意味を表す。借りて、かんがえるの意味に用いる。

▼勘考・皇考・参考・思考・寿考・熟考・先考・備考

【考案】①考え調べる。考査。②工夫をこらす。また、工夫。考え。

【考異】文字の異同を調べること。

【考引】証拠をあげる。証拠として示す。

【考閲】調べる。検閲。

【考科】試験。考試。

【考課】役人や学生などの成績を調べて、その優劣を定めること。考績。

【考官】試験官。試験委員。

【考究】考えきわめる。深く研究する。研究。

【考拠(據)・考据】古い文書などを調べて証拠をあげること。考証。

【考検(檢)・考験(驗)】考え調べる。調べためす。

【考古】①古い昔のことを考える。②古代を研究する。

【考古学(學)】遺跡や遺物によって古代人類の生活・文化を研究する学問。

【考功】①なき父親の功業。②役人の功罪を考え調べる。また、その役人。

【考校】①考え調べる。取り調べる。②試験。考試。

【考降】①のぼりくだり。登降。②父の死をいう。

【考査】①考え調べる。②国試験。

【考察】考え調べる。

【考死】拷問（苦痛を与えて罪状を自白させること）によって殺されること。

【考試】①調べためす。調べる。②学業を試験する。また、その試験。③官吏を登用するための試験。

【考証(證)】＝考拠。

【考証(證)学(學)】正確な証拠によって古典を研究する学問。清代、宋・明の性理学に対して起こった学問。

【考△訊】調べただす。調べ問う。尋問。

【考正】誤りを考えただすこと。

【考績幽明】朝廷で役人の成績を調べ、功績の明らかなものを進め、功績のあがらないものを退けること。考績は、考課。〔書経、舜典〕

【考定】考えさだめる。よく考えてきめる。

【考訂】書物の誤りを調べただすこと。校訂。

【考△槃】隠居の室を作って、思うままに楽しむこと。考は、成す。槃は、楽しみ。一説に、槃は楽器で、楽器をうって楽しむこと。『詩経』衛風・考槃に基づく。

【考△妣】死んだ父母をいう。一説に、父母の別称。

【考問】罪を取り調べる。また、むちうって罪状を問いただ

す。拷問。

【考掠】むちうって罪状を問いただすこと。

【考慮】考えおもんばかる。思案する。

(7)3
【孝】 6075　教6　コウ
漢コウ(カウ)　呉キョウ(ケウ)　効 xiào
2507
3927

筆順　土 耂 孝 孝

字義 ❶よく父母に仕える。孝行。また、その人。〔論語、学而〕弟子入則孝。❷よく祖先を祭り、その志を継ぐ。また、その人。❸父母の喪に服する。また、喪服。

名乗 あつ・たか・のり・みち・ゆき・よし　難読 孝子越

参考 もと、子部に所属した。

解字 金文　篆文　会意。子＋老省。老は、としよりの意味。年寄りをささえる子・親につくすの意味を表す。

▼至孝・慈孝・順孝・節孝・忠孝・篤孝・不孝

【孝経(經)】書名。一巻。儒教の経典の一つ。天子から庶人に至る孝道を説いている。孔子の門人の曾子、またはその門流の著といわれるが成立年代とともに不詳。

【孝敬】父母や祖先に孝を尽くし、うやまうこと。

【孝行】子が親を敬い、よく仕えること。

【孝子】①孝行な子。よく父母や祖先に仕える人。②父母の祭りに子が自ら称する語。③父母の喪中にある人。

【孝慈】①よく親に仕え、子孫をいつくしむ。〔老子、十八〕⇩六親不レ和有二孝慈一（一一五ぺ一）。②親や祖先によく仕える子や孫。孝子慈孫。

【孝孫】①よく祖父母や祖先に仕える孫。②祖先を祭る時に自ら称する語。

【孝鳥】からすの別名。鳥は孝行（反哺の孝）の鳥といわれる。→反哺（一七八ぺ一）。

【孝弟・孝悌】親に孝行を尽くし、兄長に仕えて従順なこと。〔論語、学而〕孝弟也者其為レ仁之本与。訳文⇩本立而道生（五三九ぺ一）。

【孝貞】よく父母に仕え、夫に誠をつくすこと。

【孝友】よく父母に仕えることと、兄弟仲良くすること。

【孝養】①孝行をつくして、よく父母を養うこと。②国死んだ親などの、後生をとむらうこと。転じて、供養の意にも用いる。

【孝廉】①孝行で心の潔白な人。②官吏の特別任用の一つ。漢代、州から秀才、郡から孝廉の人を挙げて官吏とした。後、宋・明・清に行われた。

(10)4
【耆】 6076　標
㊀漢キ・呉ギ　因 qí
㊁シ　紙 zhǐ
㊂漢シ・呉ジ　寘 shì
7045
664D

字義 ㊀❶としより。六十歳の称。また、七十歳以上の称。❷おさ。かしら。❸さす。指図する。❹つよい。❺いたる。致す。❻魚のひれ。＝鰭。㊁いたる。致す。㊂たしなむ。好む。＝嗜。

解字 金文　篆文　形声。耂(老)＋旨㊟。音符の旨は、詣に通じ、いたるの意味。いたって年老いた人の意味を表す。

【耆艾】としより。老人。艾は、五十歳、一説に、七十歳。

【耆旧(舊)】①としよりと昔なじみ。②先輩。

【耆寿(壽)】年老いて徳望の高い人。

【耆儒】年とった儒者。徳望の高い学者。

【耆宿】学徳のすぐれた（徳望の高い）老人。

【耆碩】＝耆宿。碩は、大。

【耆耋】としより。老人。耆は、六十歳。耋は、七十歳、または八十歳。

【耆徳】＝耆寿。

【耆年】としより。老人。

【耆婆】仏梵語 Jīvaka の音訳。古代インド頻婆娑羅王の子。深く釈迦に帰依し、腹違いの兄、阿闍世王に勧めて信者とした。また、名医として聞こえた。

【耆欲】①たしなむ。このむ。欲する。②このみ。また、欲望。③好きな物。

(8)4
【者】 6077　教3　シャ　もの
(9)5
〔者〕 6078　人許
シャ　馬 zhě
2852
3C54

猛者

筆順　土 耂 者 者

字義 助字。❶もの。❷こと。ところ。❸は。ものは。とは。⇩助字解説 ❹この。這と同義。「者箇」❺時を示す語にそえる。訓読しない。「昔者」「今者」

助字解説

①もの。……するもの。……であるもの。〔孫子、謀攻〕百戦百勝、非二善之善者一也。〈戦えば必ず勝つということは最善なことではない〉

②は。とは。……は。〔唐、李白、春夜宴二桃李園一序〕夫天地者万物之逆旅、光陰者百代之過客。〈いったい、天地というものは万物の宿屋のようなものであり、月日というものは永遠の旅人のようなものである〉

③こと。……すること。〔史記、項羽本紀〕挙二所レ佩玉玦一、以示レ之者三。〈腰におびている玉玦を挙げてこれに示すことが三回であった〉

使いわけ　もの〔物・者〕⇩物（4526）。

解字 金文　篆文　象形。金文は、台上にしばを集め積んで火をたく形にかたどり、にるの意味を表す。煮の原字。借りて、ものの意味に用いる。者（者）を音符に含む形声文字に、堵・奢・屠・暑・曙・渚・煮・緒・署・赭・覩・諸・賭・赭・都・闍などがあり、これらの漢字は、多く「集める・あかい・にる」などの意味を共有する。

▼隠者・謁者・縁者・往者・王者・学者・間者・冠者・御者・験者・後者・行者・作者・識者・使者・侍者・信者・仁者・聖者・拙者・前者・壮者・尊者・達者・長者・覇者・亡者・勇者・来者

【者流】そのなかま。そのたぐい。「儒家者流」

(10)4
【耄】 6079　△
漢ボウ　呉モウ　号 mào
7046
664E

字義 ❶としより。九十歳の称。また、八十歳、または七十歳ともいう。❷老いる。年老いて心身が衰える。ぼける。❸みだれる。心や目がくらむ。

解字 篆文　形声。篆文は、老＋蒿省㊟。音符の蒿は、眊に通じ、目がくらいの意味。もうろくするの意味を表す。

【耄期】老人。期は、百歳。

【耄耋】年老いてぼける。耋は、八十歳。

【耄老】年老いてぼける。老人。

【耄碌】国年老いて心身が衰える。また、その人。

(9)5
【耇】 6080　△
漢コウ　呉ク　有 gǒu

字義 ❶老人のくろずんだ顔。年老いてしみのできた顔。❷老いる。また、長生きする。

解字 金文　篆文　形声。老省＋句㊟。老は、としよりの意味。音符の句は、クルッと曲がるの意味。腰の曲がった老人の意味を表す。

【耇長】年老いて徳の高い人。老成者。

【耇老】としより。また、年老いて徳の高い人。老成者。

(9)5
【者】 (6078)
シャ　者（6077）の旧字体。↓中段。

(12)6
【耋】6081　△　漢テツ　呉デチ　屑 dié　7047 664F

字義　❶としより。老人。八十歳の称。また、七十歳、または六十歳という。❷老いる。としをとる。

解字　甲骨文  篆文 　形声。老＋至音。音符の至は、いたるの意味。老いのきわまり、八十歳の老人の意味を表す。

【耋艾】テツガイ　老人と若者。一説に、艾も老人という。
【耋老】テツロウ　としより。老人。

6 而部

〔部首解説〕しかして。而ジは、ひげを表し、これをもとにして耏ジや髵ジ（髟部）など、ひげを意味する文字ができている。また、それ以外でも而の形をもつ文字を含めて、字形分類上、部首に立てられる。

(6)0
【而】6082　標　漢ジ　呉ニ　支 ér　2809 3C29

字義　❶助字。㋐順接。㋑逆接。㋒すなわち。⇩助字解説　❷なんじ。お前。❸ひげ。口ひげ。あごひげ。❹よく（能）。❺かれ。かの。一般の。〔荘子、列禦寇〕如三而夫一者（かのフのごときもの）。

助字解説

①しかして。しこうして。順接。そうして。それで。ただし、訓読では上の語に……テなどの送りがなを添えて直接には読まない場合が多い。〔宋、蘇軾、前赤壁賦〕是造物者之無尽蔵也、而吾与レ子之所二共適一（これゾウブツシャのムジンゾウなり、しかしてわれとシとのともにテキするところなり）。〈これこそ造物者の造った尽きることのないものだ。そしてわたしとあなたとが共に心のままに楽しんでいるものである〉〔論語、学而〕本立而道生（もとたちてみちショウず）。〈根本がしっかりとできあがると、自然に仁道は生じてくる〉

②しかるに。しかも。逆接。そうではあるが。けれども。ただし、訓読では、上の語に……ドモなどの送りがなを添えて直接には読まないことが多く、また、①と同様に訓読しても逆接の意を表す場合もある。〔晋、陶潜、飲酒詩〕結レ廬在二人境一、而無二車馬喧一（ロをむすびてジンキョウにあり、しかもシャバのかしましきなし）。〈いおりを人里に構えているが、それにもかかわらず車馬の騒がしさがない〉〔大学〕心不レ在レ焉（こころここにあらざれば）、視而不レ見（みれどもみえず）、聴而不レ聞（きけどもきこえず）。〈心がうわのそらであれば、物を見たってよく見わけることができないし、物を聞いたってよく耳にははいらない〉〔孟子、尽心上〕君子有二三楽一（クンシにサンラクあり）、而王二天下一（しかしてテンカにオウたるは）、不二与存一焉（あずかりソンせず）。〈君子には三つの楽しみがあるが、しかし天下の王者になることは、その中に含まれていない〉〔論語、学而〕人不レ知而不レ慍（ひとしらずしていきどおらず）、不二亦君子一乎（またクンシならずや）。〈世間の人が自分を認めてくれなくても、腹をたてない人は、なんとりっぱな君子ではないか〉

③すなわち。接続。……すると。〔礼記、檀弓下〕「子之哭也（シのコクするや）、壱似二重有一レ憂者一（イツにかさねてうれい（ひ）あるものににたりと）」而曰（すなわちいわく）、「然（しかり）」〈「あなたの哭している様子は、ほんとうに重ね重ねつらい目に会った人のようですね」すると「そうです」といった〉

〈而已〉のみ。限定・強意。……だけである。……にすぎない。〔孟子、梁恵王上〕王、何必曰レ利（なんぞかならずしもリといわ（は）ん）。亦有二仁義一而已矣（またジンギあるのみ）。〈王よ、どうして利益とばかり言う必要がありましょうか。王にもまた仁義が必要なだけなのです〉

解字　金文 　篆文 　象形。ひげの象形で、ひげの意味を表す。借りて、接続詞や、なんじの意味にも用いる。而を音符に含む形声文字は、「しなやか・やわらか」の意味を共有し、恧ジク・耐・胹ジ・髵ジなどがある。

【而已】のみ　助字。⇩助字解説
【而已矣】のみ　助字。①ただそれだけ。「而已」よりも強い限定の意を表す。②断定の意を表す。③語勢を強めるに用いる。
【而下】カジ　以下。それから（これから）下。
【而後】ゴジ　これからのち。以後。今後。
【而今而後】ジコンジゴ　今より以後。これから。今後。
【而来（來）】ジライ・このかた　それから。以来。
【而立】ジリツ　三十歳をいう。『論語』為政編に「三十而立（サンジュウにしてたつ）」とあるのに基づく。→三十而立（一五ページ）。

(9)3
【耍】6083　△　漢サ　呉シャ　馬 shuǎ

字義　❶すぐれてすばやい。❷たわむれる。からかう。

解字　不明。もと、こざかしいの意味の傻サと同一の言葉であったものが、方言によって意味が変化するにつれて、字体の方も耎の変形である耍となった可能性がある。

(9)3
【耏】6084　△　㊀漢ジ・呉ニ　支 ér　㊁漢ダイ・呉ナイ　隊 nài

字義　㊀❶ほおひげ。❷ひげや髪が多い。㊁ひげそる。刑罰の一つ。ほおひげをそりおとすもの。

解字　篆文 　形声。彡＋而音。彡は、長い毛の象形。音符の而ジも、ひげの意味。ほおひげ・獣の毛が多いの意味を表す。

(9)3
【耎】6085　△　漢ゼン　呉ネン　銑 ruǎn

字義　❶ねもとより末の方が大きい。❷よわい。弱る。❸やわらかい。❹しりぞく。❺うごめく。

解字　篆文 　会意。而＋大。而ジは、ひげの象形で、やわらかいの意味。大は、ひとの象形。よわよわしい人の意味を表す。耎の意味と音符とを含む形声文字に、蝡ゼン・輭ナンなどがある。

【耎脆】ゼンゼイ　弱い。また、柔弱。脆も、弱い。

(9)3
【耑】6086　△　㊀タン　寒 duān　㊁セン　先 zhuān

字義　㊀❶初めて生じた物のいただき。❷はし。こぐち。＝端。㊁❶あな。❷もっぱら。＝専。

解字　甲骨文 　金文 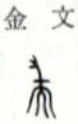　篆文 　象形。金文でもわかるように、水分を得て植物が根をはり発芽したさまにかたどる。もののはじめの意味を表す。端の原字。耑を音符に含む形声文字に、喘ゼン・惴イ・揣イ・湍タン・瑞イ・端などがある。

【耐】→寸部 三四〇ページ。

6 耒（耒）部

〔部首解説〕すきへん。らいすき。耒ライを意符として、農具のすきや、耕作に関する文字ができている。

(6)0
【耒】6087　△　㊀ライ　隊賄 lěi　㊁ルイ　紙寘支 lěi　7048 6650

字義　㊀㊁❶すき。手に持って田畑をたがやすもので木をまげ

て造った農具。❷すきの柄。刃の部分を耜シという。

解字 文 篆 会意。丰＋木。丰は、左右に多くの歯を持つ刃物の意味。木の柄の先に除草具をとりつけた、すきの意味を表す。

〔耒耜〕

【耒耜】シ すき。耒は、すきの柄。耜は、すきの刃。

【耒耨】ドウ すきとくわ。また、すきでくさぎる。耨は、くわ。また、くさぎる意。

(9)3【耔】6088 △シ 紙 zǐ

字義 つちかう（培）。もとをおおう。根に土をかけて育てる。

解字 形声。耒＋子㊀。音符の子は、そだてるの意味。すきで耕して作物を育てるの意味を表す。

(10)4【耘】6089 △ウン 文 問 yún　7049 6651

字義 ❶くさぎる。田畑の雑草を除きさる。❷つちかう。根もとに土をかける。❸のぞく。とりさる。

解字 形声。耒＋云㊀。音符の云ウンは、めぐり動かすの意味。すきで土を動かし草を除くの意味を表す。

【耘耕】コウ たがやしくさぎる。

【耘耔】シ 田畑の雑草を取ることと、苗の根もとに土をかけること。〔文選、陶潜、帰去来辞〕

【耘鋤】ジョ 雑草を取り、田畑を耕すこと。転じて、国土を平定すること。

(10)4【耕】6090 教5 コウ たがやす　2544 394C

(10)4【耕】6091 漢コウ（カウ） 呉キョウ（キャウ） 庚 gēng

筆順 三 耒 耒 耕

【畊】古字 6525 6139

字義 ❶たがやす。田畑の土をすきかえす。「耕作」❷ならす。たいらにする。❸農事につとめる。つとめはげむ。❹農夫がたがやすように、働いて食を求める。「筆耕」「舌耕」❺すき。手に持ってたがやすすき。また、その柄。

名乗 おさむ・つとむ・やす

解字 文 篆 形声。耒＋井（丼）㊀。音符の井セイは、幵の変形。幵は、かた・わくの意味。耒は、すきの意味。すきで形を整えて農地をたがやすの意味を表す。

▼帰耕・親耕・舌耕・農耕・筆耕

【耕耘】ウン たがやし、くさぎる。耕作する。耘は、草をかること。

【耕稼】カ 耕して穀物を植えつけること。耕種。

【耕牛】ギュウ 耕作に用いる牛。

【耕作】サク 耕して作物を植えつけること。

【耕鑿】サク 田畑を耕して食べ、井戸を掘って水を飲むこと。

【耕種】シュ 田畑を耕して作物を植えつけること。

【耕織】ショク 田畑を耕すことと、機はたを織ること。

【耕穡】ショク 作物の植えつけと取り入れ。

【耕地】チ ①土地を耕す。②耕された田畑。また、耕作すべき土地。

【耕田】デン 田畑を耕す。また、耕した田畑。

【耕耨】ドウ ＝耕耘コウウン。

【耕農】ノウ 田畑を作る仕事。また、農夫。

【耕牧】ボク 田畑を耕し、家畜を飼う。また、農業と牧畜。耕畜。

【耕耒】ライ ①田畑を耕すすき。②たがやす。耕作する。

(10)4【耙】6092 △ハ 禡 bà pá　7050 6652

字義 まぐわの一種。田畑をからすきで耕したのち、さらに土のかたまりをくだきならすすき。

解字 形声。耒＋巴㊀。

(10)4【耗】6093 常 モウ・コウ　4455 4C57

(10)4【耗】6094 一コウ（カウ） 号 hào 二漢ボウ・呉モウ 号 mào 慣モウ

筆順 三 丰 耒 耒 耗

【秏】本字

字義 一❶へる（減）。へらす。「消耗」❷つきる。けす。なくなる。ついやす。❸むなしい（虚）。❹土地がやせている。地味が悪い。❺悪い。悪くする。❻しらせ。たより。二くらい（暗）。＝眊ボウ。

参考 消耗ショウ・損耗ソンをショウモウ・ソンモウと読むのは、誤読による慣用読み。

解字 文 篆 形声。耒＋毛㊀。もと、禾＋毛㊀。禾は、いねの意味。音符の毛は、けのように細かいの意味。細かな実の稲の意味を表し、転じて、小さくなる・へるの意味を表す。秏の誤字が俗字として用いられたもの。

▼消耗・衰耗・損耗

【耗竭】ケツ へってつきる。なくなる。

【耗減】ゲン へる。損減。

【耗損】ソン 使いへらす。また、へる。損耗。

【耗斁】ト へらしやぶる。悪くする。また、衰え弱る。

【耗費】ヒ ①ついやす。消費する。②なくなる。使いはたされる。

【耗問】モン たより。音信。

【耗乱（亂）】ラン そこない乱す。また、やぶれ乱れる。

(11)5【耜】6095 △漢シ 呉ジ 紙 sì　7051 6653

字義 ❶すき。また、すきの刃。先端の土をおこす部分。❷すく。すきを入れる。

解字 形声。耒＋㠯（㠯）㊀。音符の㠯イ＝シは「すき」の原字。㠯が、もちいるの意味に転じたため、耒を付した。

(13)7【耡】6096 △漢ソ 呉ジョ 魚 chú　7052 6654

字義 ❶古代の税法の名。殷イの税法。六百三十畝ボを九分し、中央を公田とし、八家がそれぞれ一区画を受け、共同で公田を耕して、公田の収穫を税として納める法。周代の井田法セイデンホウもこれに基づく。❷周代の村里の役所。❸周代の人民がたがいに助け合うしくみ。❹たすける。❺すく。たがやす。

解字 文 篆 形声。耒＋助㊀。音符の助は、たすけるの意味。助けあって公共の田を耕作し、その収穫を税とする中国古代の税制の名を表す。

(14)8【耤】6097 △ 一漢セキ・呉ジャク 陌 jí 二漢シャ・呉ジャ 禡 jiè

字義 一❶天子が民の力を借りて田畑をみずからたがやす。また、その耕作地。耤田。❷かりる（借）。❸とりたて。税。二しきもの。＝藉シャ。

解字 甲骨文 文 篆 形声。耒＋昔㊀。

(15)9【耦】6098 △ 漢ゴウ・呉グ 有 ǒu 慣グウ

字義 ❶二人並んでたがやすこと。また、その広さ。古代では幅五寸のすきを用いて五寸幅にたがやすのを伐といい、二人並んで一尺幅にたがやすのを耦といった。❷二つ。二人一組の仲間。また、つれあい。❸同類。仲間。また、相手。❹あう。あふ。㋐一つになる。合致する。㋑向き合う。㋒並ぶ。㋓つれあう。夫婦になる。❺偶数。

解字 文 篆 形声。耒＋禺㊀。耒は、すきの意味。音符の禺グウは、偶に通じ、つれあいの意味。ふたりならんで耕すの意味を表す。

【耦語】ゴ 向かい合ってひそひそ話すこと。

【耦耕】コウ ふたりならんで耕すこと。ふたりがすきをならべて一緒に耕すこと。

【耦数（數）】スウ 偶数。丁チョウのかず。

(16)10 【耨】6099 △ 漢ドウ 呉ヌ 宥 nòu　7053 *6655*

字義 ❶くさぎる。すきで雑草を刈りとる。❷のぞく。わるいことを除き去る。❸草を削り取る農具。一種の鍬。

解字 形声。耒＋辱音。音符の辱は、大はまぐりのからを刃物とした草刈り具で、草を刈りしくの意味。辱が、はずかしめるの意味に転じたため、耒を付した。

【耨耕】くさぎりたがやす。田畑の雑草を除き、たがやす。

(21)15 【耰】6100 △ 漢ユウ（イウ） 呉ウ 尤 yōu

字義 ❶種をまいて土をかぶせる。〔論語、微子〕耰而不レ輟 ❷土ならし。田畑の土のかたまりを砕いてならす農具。

解字 形声。耒＋憂音。

6 耳部

〔部首解説〕みみ。みみへん。耳を意符として、耳の働きや状態に関する文字ができている。

(6)0 【耳】6101 教1 ジ みみ　一漢ジ・呉ニ 紙 ěr　二漢ジョウ・呉ニョウ 蒸 réng　2810 *3C2A*

筆順 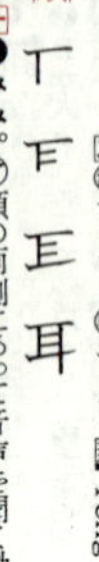

字義 一 ❶みみ。㋐顔の両側にあって音声を聞く働きをするもの。五官の一つ。「耳目」㋑つまみ。物の両側についていて耳のような形をしているもの。❷みみにする。聞く。❸のみ。国みみ。紙・布などのふち・へり。二かさなる意。＝仍。→耳孫。

⇩助字解説

助字解説 のみ。限定・強意。……だけ。……にすぎない。……なのだ。類爾・而已。〔史記、項羽本紀〕此亡秦続耳。〈これは亡んだ秦の二の舞にすぎない〉

難読 耳成山・耳朶

解字 金文  篆文 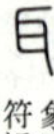 象形。金文は、みみの象形。耳を音符に含む形声文字に、咡・衈・餌などがあり、これらの漢字は、「みみ」の意味を共有している。

▼牛耳・属耳・洗耳・俗耳・里耳

【耳学(學)】耳学問。聞き覚えの学問。聞きかじりの学問。

【耳語】耳に口をよせてささやくこと。みみうち。ひそひそばなし。

【耳耳】①さかんなさま。②なよなよとしているさま。③明らかなさま。

【耳順】①みみしたがう。何事を聞いても、すなおに理解できること。『論語』為政編に「六十而耳順」とあるのに基づく。→六十而耳順（一一四ページ）。②転じて、六十歳をいう。

【耳食】①聞いただけで物の味を考えること。②転じて、他人の説を聞いて、そのまま信用すること。

【耳孫】末の子孫。耳は、かさなる意。また、先祖のことを耳で聞くだけの意ともいう。何代目の子孫かについては三説ある。㋐曾孫の別名。（自分から四代目）㋑来孫の別名。玄孫の子。（自分から六代目）㋒玄孫の曾孫。（自分から八代目）

【耳△朶】みみたぶ。みみ。

【耳△璫】婦人の耳かざり。みみだま。

【耳聞不レ如二目見一】耳で聞くのは目で見るのに及ばない。百聞は一見にしかず。〔説苑、政理〕

【耳目】①耳と目。②聞くことと見ること。③耳や目となって働くもの。人の手先。④指導者。

【耳目△之官】①天子の耳や目となって国家の治安を保護する官。御史大夫をいう。②耳や目の働き・役目。官職・役目の意。

【耳△聾】みみがきこえないこと。

【△掩レ耳盗レ鐘】音がして人に知られることを恐れ、耳をふさいで鐘を盗むこと。小策を用いて自分をあざむくことのたとえ。「掩レ耳盗レ鈴」ともいう。〔呂氏春秋、自知〕

【逆レ耳】善言などの心に入りがたいこと。気にさわること。「忠言逆レ耳」

【傾レ耳】注意して聞く。側レ耳。

【洗レ耳】自分ひとり行いを清くするたとえ。許由が、尭から天下を譲られると聞いて、耳がけがれたといって、潁川の水で耳を洗った故事。〔史記、伯夷伝、注〕

【側レ耳】耳をかたむけて聞く。気をつけて聞く。

(7)1 【耴】6102 △ チョウ（テフ） 葉 zhé

字義 耳が垂れさがる。

解字 篆文  指事。耳＋乚。乚は、耳たぶのたれさがる形。両わきにたれさがる耳の意味を表す。耴を音符に含む形声文字に、輒・鮿などがある。

(8)2 【耵】6103 △ 漢テイ 呉チョウ（チャウ） 迥 dǐng

字義 耵聹は、耳あか。耳くそ。

解字 形声。耳＋丁音。

［取］→又部 一七八ページ。

(9)3 【耶】6104 人　一ヤ 麻 yé　二漢シャ・呉ジャ 麻 xié　4477 *4C6D*

筆順 

字義 一❶助字。や。か。＝邪（7925）。⇩助字解説 ❷父を呼ぶことば。＝爺。二よこしま。＝邪。

助字解説 や・か。疑問・反語。……であるか。どうして……だろうか。〔史記、伯夷伝〕天道是耶非耶。〈天の道は正しいのか、それともそうではないのか〉

解字 会意。耳＋阝（邑）。邪（7925）の俗字。

【耶嬢(孃)】父と母。耶は爺で、父。嬢は母。〔唐、杜甫、兵車行〕耶嬢妻子走相送。

【耶△蘇教】キリスト教。耶蘇は、イエス。ポルトガル語 Jesus の音訳。

【耶馬台(臺)】昔、中国人が日本を呼んだ語。女王の卑弥呼が支配していた地で、三国時代、魏と交通した。その地は、九州地方とも、大和地方ともいわれる。

【耶律△楚材】元の政治家。契丹の人。字は晋卿、号は湛然居士・玉泉老人。諡は文正。天文・地理・律暦・医卜に精通し、金に仕え、のち元の太祖に仕えた。太宗のとき中書令となり、蒙古の弊風を改め、元王朝

の制度文物を定めた。著に『湛然居士集』がある。（一一九〇―一二四四）

(10)4
【耿】6105 △ 漢コウ（カウ） 呉キョウ（キャウ） 梗 gěng　7054 6656

字義 ❶耳が大きく、垂れて頰ほおにつく。❷あきらか。❸てる。光る。❹きよい。❺うれえる。❻志操が堅固なさま。

解字 金文　篆文　会意。金文は、巨＋火。巨は、大きいの意味。のち、耳に書き誤られた。大きな火の意味から、あきらかの意味を表す。

【耿介】コウカイ ①節操を固く守ること。②徳が光り輝いて偉大なさま。

【耿光】コウコウ ①明らかな光。②徳の盛んな形容。

【耿耿】コウコウ・ケイケイ ①心が安らかでないさま。②気にかかることがあって眠れないさま。③光るさま。輝くさま。④小さいさま。また、おとっているさま。⑤光のかすかなさま。〔唐、白居易、長恨歌〕耿耿星河欲レ曙天コウコウたるセイガ あけんとほっするテン。

(10)4
【耾】6106 △ 漢コウ（クヮウ） 呉オウ（ワウ） 庚 hóng

字義 ❶ささやく。❷みみなり。❸耳が不自由なこと。❹耾耾コウコウは、大きい声の形容。また、風の音の形容。

解字 形声。耳＋厷音。

(10)4
【耽】6107 標 タン 覃 dān　3531 433F

【躭】俗字

字義 ❶耳が大きく垂れさがっていること。❷このむ。❸たのしむ。❹ふける。度を越して心をそそぐ。没頭する。また、度を越して楽しむ。おぼれる。「耽溺タンデキ」

解字 篆文　形声。耳＋冘音。音符の冘イは、しずむの意味。耳が垂れさがるの意味を表す。また、転じて、対象に心が向かい沈む、ふけるの意味をも表す。

【耽愛】タンアイ 度を越して愛する。溺愛デキアイ。

【耽悦】タンエツ 物事にふけって喜び楽しむこと。

【耽玩】タンガン ふけりもてあそぶ。大いに好むこと。

【耽好】タンコウ ふけりこのむ。大いに好むこと。

【耽思】タンシ 思いにふける。深く思う。

【耽嗜】タンシ ふけり楽しむ。深くたしなむ。

【耽耽】タンタン ①奥深いさま。②樹木が茂るさま。

【耽溺】タンデキ ふけりおぼれる。よくないことに夢中になって、他のことをかえりみなくなること。

【耽読（讀）】タンドク 書物に読みふける。

【耽美】タンビ 美を求め、美に熱中すること。

【耽味】タンミ 深くあじわう。

【耽湎】タンメン・タンベン 酒色にふけりおぼれる。

【耽楽（樂）】タンラク ふけり楽しむ。

【耽惑】タンワク ふけりまどう。熱中したあまり心がまどう。

(10)4
【聃】6108 △ タン 覃 dān

【聸】俗字

字義 ❶耳たぶが大きく垂れさがっていること。❷周代の国の名。今の湖北省荊門ケイモン県。❸老子の字あざな。また、その諡おくりなともいう。

解字 篆文　形声。耳＋冄音。音符の冄ゼン・タンは、垂れひげの象形。両耳の耳たぶが大きく垂れさがるの意味を表す。また、耳たぶの大きかった老子の字あざなを表す。

(10)4
【耻】6109 チ 恥（2222）の俗字。→三九九ペ。　7055 6657

【恥】→心部 三九九ページ。

(11)5
【聊】6110 標 リョウ（レウ） 蕭 liáo　7056 6658

字義 ❶耳がなる。❷たよる。たのむ。❸楽しむ。❹おそれる。❺願う。❻いささか。すこし。わずか。また、かり。かりそめ。しばらく。❼語調をととのえる助字。

解字 篆文　形声。耳＋卯（丣）音。音符の丣リュウは、とどまるの意味。耳につくの意味から、みみなり・耳にとめてたのしむ・おそれるの意味などを表す。また、転じて、いささかの意味をも表す。

【聊斎（齋）志異】リョウサイシイ 書名。十六巻。清シンの蒲松齢ホショウレイの著。文語体で書かれた神仙・鬼・狐きつねなどの怪異談四百五編を収めた怪異小説集。

【聊爾】リョウジ ①かりそめ。②ちょっと。すこし。③しばらく。④国不注意。そこつ。失礼。

【聊頼】リョウライ 安んじたよること。安心してたよりにする。

【聊浪】リョウロウ 気ままにぶらつくこと。

(11)5
【聆】6111 △ 漢レイ 呉リョウ（リャウ） 青 líng　7057 6659

字義 ❶きく（聴）。❷さとる。❸よわい。年齢。

解字 篆文　形声。耳＋令音。音符の令は、神意を聴くの意味。耳を付し、きくの意味を表す。

(12)6
【聒】6112 △ 漢カツ（クヮツ） 呉カチ（クヮチ） 曷 guō　7058 665A

字義 ❶かまびすしい。かしましい。やかましい。また、やかましい声が耳を乱す。❷おろかなさま。

解字 篆文　形声。耳＋舌（𠯑）音。音符の𠯑カツは、ほしいままにするの意味。ほしいままに話して、耳にやかましいの意味を表す。

【聒聒】カツカツ ①無知なさま。②多言で人の意を乱すこと。③馬がやかましく鳴く声の形容。④虫の名。くつわむし。「聒聒児」

(13)7
【聖】6113 教6 セイ　3227 403B

(13)7
【聖】6114 漢セイ 呉ショウ（シャウ） 敬 shèng

筆順 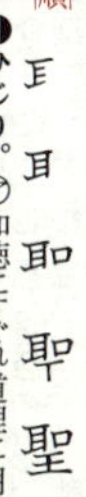

字義 ❶ひじり。㋐知徳にすぐれ道理に明るい人。聖人。㋑一芸一道の奥義をきわめた人。「詩聖」❷さとい。かしこい。知徳にすぐれている。❸天子の尊称。また、天子に関する事物の上にそえる語。「聖恩」❹清酒の別名。↔賢（濁酒）。

国 ひじり。㋐美しい。けがれがない。清らか。尊い。「聖書」「聖火」㋑高徳の僧。大徳。「聖人ショウニン」

名乗 あき・あきら・きよ・さと・さとし・さとる・たから・とし・まさ

解字 金文　篆文　形声。耳＋口＋王（壬）音。口は、いのりのことばの意味。音符の壬テイは、せのびした人の象形。耳をそばだてて神意に耳を傾け、よくきくことのできる人の意味を表す。

▼賢聖・至聖・詩聖・酒聖・書聖・神聖・斉聖・大聖・列聖

【聖渥】セイアク 天子のめぐみ。渥は、うるおすこと。

【聖意】セイイ 聖人の心。また、天子の心。

【聖域】セイイキ ①聖人の地位。また、聖人の境地。②神聖な地域。

【聖運】セイウン 天子の運。また、天子となる運命。

【聖王】セイオウ すぐれた天子。また、天子の尊称。

【聖恩】セイオン 天子のめぐみ。皇恩。

【聖化】セイカ 天子の教化。天子の徳化。

【聖駕】セイガ 天子の乗り物。車駕。

【聖誨】セイカイ ①聖人の教え。聖教。②天子の教え。

【聖誡】セイカイ 聖人のいましめ。また、天子のさとし。

【聖学（學）】セイガク ①聖人の説いた学問。②聖人の道を修める学問。儒教をいう。

【聖鑑】セイカン 天子のおめがね。天子のものを見抜く力。

【聖顔】セイガン 天子のかお。天顔。

【聖教】セイキョウ ①聖人の教え。聖訓。②仏ショウギョウ 仏教。また、その教えを記した書物。経・律・論の三種がある。

【聖業】天子の事業。

【聖君】①すぐれた天子。徳の高い天子。聖王。②徳の高い人。

【聖訓】①聖人の教え。聖教。②天子の教え。聖勅。

【聖経（經）】聖人の著した書。儒教の経典。

【聖賢】①聖人と賢人。②清酒と濁酒。

【聖言】①聖人のことば。②天子のことば。

【聖功】①聖人の仕事。②天子の功績。

【聖皇】天子の尊称。聖帝。

【聖作】天子の作った詩文をいう。聖製。御製。

【聖算】①天子の年齢。②天子のはかりごと。

【聖▵餐】キリストが最後の晩の食事に、パンとぶどう酒をとり、「これわが身体なり、わが血なり」と言ったことに基づき、キリストの象徴として、パンとぶどう酒を人々にわけ与えるキリスト教の儀式。

【聖旨】天子の考え。天子の命令。

【聖姿】りっぱな姿。また、天子の姿。

【聖思】天子の考え。聖慮。

【聖嗣】天子のよつぎ。皇嗣。

【聖日】①神聖な太陽。転じて、天子。②キリスト教で、日曜日をいう。安息日。

【聖者】①聖人。ひじり。②その宗教で、特にすぐれた信仰者。キリスト教では、偉大な信徒・殉教者をいう。③仏さとりを開いた人。↕凡夫。

【聖主】りっぱな天子。また、天子の尊称。〔唐、白居易、長恨歌〕聖主朝朝暮暮情。訳文⇩蜀江〔九六四ページ〕。

【聖酒】清酒。↕賢酒（にごり酒）。

【聖寿（壽）】天子の年齢。

【聖獣（獸）】麒麟をいう。

【聖緒】天子の事業。聖業。

【聖上】天子の尊称。主上。

【聖心】①聖人の心。②天子の心。

【聖臣】才知の最も優れた臣下。賢臣。

【聖神】①知徳のすぐれて霊妙な働きをすること。②天子をいう。③聖人をいう。

【聖人】①知徳がすぐれて、事理に通達した人。ひじり。〔論語、季氏〕畏二聖人之言一。②尭・舜・禹・湯・文王・武王・周公・孔子などをいう。③道家で、無為自然の道を体得した人をいう。④唐以後、天子の尊称に用いる。⑤清酒をいう。↕賢人（濁酒をいう）。⑥仏知徳がすぐれて慈悲深い人。また、高徳の僧。


【聖▵瑞】①聖天子となる、めでたいきざし。また、聖人となる吉兆。②聖天子の代に現れるめでたいしるし。

【聖世】聖天子の代をいう。また、現在の天子の代の尊称。昭代。聖代。

【聖制】①聖人や天子が定めたおきて。②天子が作った詩文。聖製。御製。

【聖政】天子のまつりごと。

【聖製】天子が作った詩文。聖作。聖制。御製。

【聖跡】①聖人の功績。②聖人の遺跡。また、神聖な遺跡。③天子の功績。

【聖籍】聖人が作った書物。聖経。

【聖節（節）】天子の誕生日。聖誕。

【聖善】①すぐれてよいこと。至善。〔詩経、邶風、凱風〕母氏聖善。②母の徳をいい、転じて、母をいう。

【聖祖】①天子のすぐれた祖先。②清の第四代の天子。康熙帝。→三六一ページ。

【聖▵祚】天子の位。天位。宝祚。祚は、位。

【聖像】①天子・孔子・道教の神などの像をいう。②仏仏像。

【聖体（體）】天子のからだ。玉体。

【聖代】＝聖世。

【聖沢（澤）】天子のめぐみ。聖恩。

【聖▵旦】①天子の誕生日。②聖世の元旦をいう。

【聖断（斷）】天子のおさばき。天子の判断。聖裁。勅裁。

【聖知・聖▵智】すぐれた知恵。

【聖衷】天子のこころ。衷は、心・まごころ。

【聖朝】当代の朝廷の尊称。今の代。

【聖聴（聽）】天子が聞くこと。また、天子の耳。

【聖勅（敕）】天子のみことのり。聖詔。

【聖帝】すぐれた天子。また、天子の尊称。

【聖哲】知徳がすぐれて事理に通達している人。また、聖人と哲人。

【聖典】①聖人が作った法式。②聖人の書いた書物。③神聖な経典。

【聖図（圖）】天子のはかりごと。

【聖統】①天子の事業。②天子の血すじ。

【聖堂】①孔子を祭った堂。文廟。聖廟。②国キリスト教の教会堂。

【聖徳】①りっぱな徳。高徳。②天子の徳。

【聖徳太子】国用明天皇の第一皇子。厩戸皇子・豊聡耳命という。推古天皇の皇太子。冠位十二階・憲法十七条を制定した。仏教を信仰し、『三経義疏』を著した。（五七四―六二二）

【聖武】①事理に明らかで武勇があること。また、すぐれた武威。②前漢の武帝をいう。

【聖文】①聖人が定めたおきて。②りっぱな文徳。天子の文徳。③前漢の文帝をいう。

【聖母】①聖人の母。②皇帝の生母。③隋の洗夫人。④唐の則天武后。⑤神仙の道を体得した女の巫。⑥国キリストの母マリア。

【聖▵謨】天子のはかりごと。謨は、はかりごと。

【聖法】①聖人が定めたおきて。②時の天子が定めた法令。

【聖明】①知徳の非常にすぐれていること。聖人や天子にいう。②天子をいう。聖明なる天子の略語。〔唐、韓愈、左遷至二藍関一示二姪孫湘一詩〕欲下為二聖明一除中弊事上、肯将二衰朽一惜二残年一。〈聖明な天子のために悪弊を除こうと思ってしたことだから、どうして、この年老いた身で、余生を惜しむ心などがあろうか〉③りっぱに治まっているみ代。

【聖門】①聖人の道の入り口。②孔子の門人。孔門。

【聖論】天子の教え。勅諭。聖訓。

【聖▵猷】天子のはかりごと。猷は、はかりごと。

【聖覧（覽）】天子が見ること。天覧。

【聖慮】天子の考え。

【聖林】①山東省曲阜市にある孔子の墓所の周囲の林。孔林。②国ハリウッドの訳語。アメリカ合衆国のカリフォルニア州にある映画都市。

【聖霊（靈）】①先聖の神霊。②天子の威光。みいつ。③キリスト教の語。神の一分体。信仰経験に顕示される神。④仏死者の魂。精霊。

【聖暦（曆）】①聖天子が治める太平な世。聖天子の代。②天子。③天子の年齢。

(13)7
【聘】 6115
標 漢ヘイ 呉ヒョウ（ヒャウ） 教 pìn (pìng) 7059 665B

字義 ❶とう（訪）。たずねる。おとずれる。訪問する。❷昔、諸侯が大夫を使者として他の諸侯を訪問させたこと。❸まねく。めす。賢者を招いて用いる。「招聘」❹もとめる（求）。❺めとる。なこうどを立て、贈り物を届けて正式に妻をめとること。

解字 篆文  形声。耳＋甹㊕。音符の甹は、併に通じ、あわせるの意味。礼物をあわせて送り、相手の意向を聞くために、とう・まねく・もとめるの意味を表す。

【聘金】ヘイキン 婚約の結納金ゆいノウキン。

【聘君】ヘイクン ①かくれた賢者で、召されて官吏となったもの。②君に召されても仕えない人物。

【聘賢】ヘイケン 礼を厚くして賢人を招き用いる。

【聘后】ヘイコウ ①礼をもって迎えた皇后。②きさきを迎える。

【聘使】ヘイシ 他国を訪問する使者。

【聘召】ヘイショウ 礼物を供えて召すこと。聘徴。

【聘請（請）】ヘイセイ 召し迎えること。招聘ショウヘイすること。

【聘納】ヘイノウ 妻を迎えること。

【聘幣】ヘイヘイ ①敬意を表すために贈る品物。②ひろく、礼物をいう。

【聘問】ヘイモン ①贈り物を持参して訪問すること。②諸侯が大夫タイフに他の諸侯を訪問させること。

【聘用】ヘイヨウ 礼を尽くして人を召し用いること。

【聘礼（禮）】ヘイレイ ①諸侯が大夫タイフに他国を訪問させる礼。②婚約のしるしに贈る礼物。結納ゆいノウの礼物。

(14)8 **【聚】** 6116 標 漢シュウ（シウ） 呉ジュ 慶 遇 jù 7060 665C

字義 ❶**あつまる。** ㋐寄り合う。集合する。むらがる。「雲聚」 ㋑一つになる。整いそなわる。 ㋒重なる。積もる。 ❷**あつめる。** ㋐合わせる。 ㋑そろえる。整える。 ㋒貯える。積む。 ❸**あつまり。** ㋐積み重なり。 ㋑仲間。寄り合い。 ㋒貯え。 ❹人家の集まっている所。村。さと。村落。「聚落」 ❺ともに。一緒に。

参考 現代表記では［集］(8457)に書きかえることがある。「聚落→集落」

解字 篆文 形声。乑＋取㊥。乑は、多くの人の意味。音符の取は、耳を集めるの意味。あつめるの意味を表す。

【聚会（會）】シュウカイ ①寄り集まる。また、集まり。②集める。

【聚議】シュウギ 多人数集まって評議すること。

【聚散】シュウサン 集まることと散ること。集まったり、散らばったりすること。「離合聚散」

【聚集】シュウシュウ 集める。また、集まる。

【聚訟】シュウショウ たがいに是非を争ってやかましいこと。

【聚珍版】シュウチンバン 清代シン、活字版の別称。乾隆帝ケンリュウテイが四庫全書中の善本の活字版にこの名を与えたのに始まる。活字本。

【聚落】シュウラク・ジュラク むらざと。落は、集落。聚邑シュウユウ。

【聚礼（禮）】シュウレイ 回教徒が集会のとき行う礼拝。金曜日に行う。

【聚△斂】シュウレン ①集め収める。②重税を課して、きびしく取りたてること。［論語、先進］聚斂而附ニ益之一（シュウレンしてこれにフエキす）。

(14)8 **【智】** 6117 △ セイ 婿セイ(1533)の俗字。→二六五ジ。 7061 665D

(14)8 **【聡】** 6118 人 3379 416F

(17)11 **［聰］** 6119 ソウ 東 cōng 7066 6662

筆順 耳 耳 聡 聡

字義 ❶**さとい。** さとし。 ㋐耳がよくきこえる。 ㋑かしこい。理解力・判断力のすぐれていること。 ❷きく（聞）。 ❸耳の病気。

［聡］俗字

名乗 あき・あきら・さ・さと・さとし・さとる・と・とき・とし・とみ

解字 篆文 形声。耳＋怱（悤）㊥。音符の悤ソウは、總ソウに通じ、あつめるの意味。耳の神経を集中する、耳さといの意味を表す。

【聡△睿・聡△叡】ソウエイ さとくかしこい。理解力・工夫クフウ・判断力にすぐれていること。

【聡△穎】ソウエイ 若くてさとい。年若くてさとい。

【聡△慧】ソウケイ さとくかしこい。才知のすぐれていること。

【聡警】ソウケイ さとくてすばやい。はしこい。

【聡察】ソウサツ さとくて物事をよく見抜く。

【聡知・聡△智】ソウチ かしこい。さとい。

【聡哲】ソウテツ さとくかしこい。非常にかしこい。

【聡敏】ソウビン さとくかしこい。聡悟。

【聡明】ソウメイ 耳がよくきこえることと、目がよく見えること。転じて、道理に通じていること。さとい。かしこい。

(14)8 **【聞】** 6120 教2 ブン・モン きく・きこえる 一漢ブン・呉モン 文 wén 二漢ブン・呉モン 問 wèn 4225 4A39

筆順 丨 門 門 聞 聞

字義 一❶**きく。** ㋐ききとる。耳に入れる。音声を耳に感ずる。 ㋑きいて理解する。きき知る。 ㋒うけたまわる。教えを受ける。 ㋓あずかりきく。参与する。［論語、学而］夫子至ニ於是邦一也、必聞ニ其政一（フウシのこのくににいたるや、かならずそのセイをきく）。 ㋔鼻でかぐ。 ❷申し上げる。告げ知らせる。 ❸訪れる。たずねる。 二❶**きこえる。** ㋐音声が耳に入る。 ㋑知れわたる。評判になる。 ❷**きこえ。** ㋐うわさ。評判。「外聞」 ㋑ほまれ。名誉。名声。

名乗 ひろ

使いわけ **きく［聞・聴］**

［聞］自然に耳に入る。また、尋ねる。「聞き流す・道を聞く」

［聴］耳を傾けてきく。注意してきく。また、認める。「音楽を聴く・要求を聴き入れる」

ただ、「きき耳・盗みぎき」は［聞］を用いる。

解字 金文 篆文 形声。耳＋門㊥。音符の門は、問うの意味。たずねきくの意味を表す。

▼逸聞・以聞・異聞・外聞・寡聞・奇聞・旧聞・誤聞・醜聞・上聞・声聞・奏聞・側聞・他聞・多聞・聴聞・著聞・伝聞・風聞・名聞・余聞・流聞・令聞

【聞見】ブンケン きくことと、みること。また、そのことによって得た知識。みきき。見聞。

【聞香】ブンコウ ①においをかぐ。②においをかぎわける遊び。

【聞識】ブンシキ 聞き知ること。また、見聞と知識。

【聞人】ブンジン 名声が世間に聞こえた人。有名な人。

【聞説】ブンセツ・きくならく 聞くところによれば。聞けば。聞道。

【聞達】ブンタツ 名声が世に聞こえ、高官に登ること。名誉と出世。［文選、諸葛亮、出師表］不レ求ニ聞達於諸侯一（ブンタツをショコウにもとめず）。

【聞知】ブンチ 聞き知る。また、耳に聞いて心に知ること。

【聞道】ブンドウ・きくならく ①聞くところによれば。聞けば。聞説。［唐、白居易、長恨歌］聞道漢家天子使（きくならくカンカテンシのつかい（ひ）なりと）。②みちをきく 道理を聞き知ること。［論語、里仁］

【聞望】ブンボウ ほまれと人望。名誉と声望。

【聞問】ブンモン ①おとずれる。訪問する。②たより。消息。

(14)8 **【聢】** 6121 国字 △ 7062 665E

字義 しかと。たしかに。まちがいなく。

解字 会意。耳＋定。耳に定着するように、「しかと」の意味を表す。

(15)9 **【聯】** 6122 △ レン 聯(6127)の俗字。→八九七ジ。 7063 665F

(17)11 **【聱】** 6123 △ ゴウ（ガウ） 豪 áo

字義 ❶他人の話を聞き入れない。がんこ。❷聱牙ゴウガは、㋐ことばがごつごつしていて、むずかしいこと。㋑＝①。「詰屈キックツ聱牙」

解字 篆文 形声。耳＋敖㊥。音符の敖ゴウは、気ままにするの意味。気ままで人の言葉に耳を傾けないの意味を表す。

(17)11 **【聳】** 6124 標 漢ショウ 呉シュウ 腫 sǒng 7064 6660

字義 ❶そびえる。そばだつ。また、高い。❷おそれる。おそれて身をちぢめる。❸つつしむ。❹すすめる(勧)。❺ねがう。望む。

解字 文 篆 形声。耳＋從音。音符の從は、束に通じ、ひきしめるの意味。聴覚神経をひきしめるの意味から、転じて、おそれつつしむの意味を表す。また、ひきしまった耳のような高い山のさま、そびえるの意味を表す。

【聳勧(勸)】ショウカン すすめはげます。
【聳懼】ショウク おそれる。身をちぢめておそれる。
【聳峙】ショウジ そびえたつ。峙も、そびえたつ意。聳立。
【聳秀】ショウシュウ そびえひいでる。高くそびえる。
【聳然】ショウゼン ①おそれつつしむさま。②高くそびえるさま。
【聳動】ショウドウ おそれ動く。驚く。また、驚かす。

(17)11 **【聲】** (1371) セイ 声(1370)の旧字体。→二四七ページ。 7065 6661

(17)11 **【聰】** (6119) ソウ 聡(6118)の旧字体。→八九六ページ。 7066 6662

(17)11 **【聴】** 6125 常 チョウ きく 3616 4430

(22)16 **〔聽〕** 6126 人 許 一 漢テイ 呉チョウ(チャウ) 青 tīng 二 漢テイ 呉チョウ(チャウ) 径 (tìng) 7069 6665

筆順 聴

字義 一❶よく聞く。くわしく聞き取る。「静聴」「盗聴」❷耳目。また、人の耳目となって事を探る者。しのび。まわしもの。❸役所。政庁。
二❶きく。聞いて受け入れる。聞きいれる。ゆるす。「聴許」❷おさめる(治)。❸待つ。

名乗 あき・あきら・とし・より

使いわけ きく［聞・聴］⇩聞(6120)。

解字 金 文 篆 形声。耳＋悳＋壬音。悳は、まっすぐな心。音符の壬(テイ)は、つきだすの意味。耳をつきだし、まっ直ぐな心で、よくきくの意味を表す。

▼謹聴・傾聴・公聴・視聴・清聴・聖聴・天聴・拝聴・傍聴・来聴

【聴△瑩・聴△熒】チョウエイ 疑いまどう。瑩は、熒に通じ、まよう意。
【聴覚(覺)】チョウカク 五官の一つ。音を聞きわける働き。
【聴許】チョウキョ 聞きとどける。ゆるす。
【聴決】チョウケツ うったえを聞いてさばく。
【聴言】チョウゲン 世間の評判。うわさ。
【聴獄】チョウゴク うったえを取りさばく。聴訟。
【聴治】チョウチ ①まつりごとを聞く。②聞きおさめる。ききさばく。③政治。④裁判。
【聴事】チョウジ ①事を聞いて是非曲直をさばくこと。②郡の役所で、政事を聞くところ。
【聴取】チョウシュ ①聞きとる。②耳を傾けて聞く。
【聴受】チョウジュ 聞き入れる。聴納。
【聴衆】チョウシュウ 演説などを聞く人々。きき手。
【聴従(從)】チョウジュウ 聞きしたがう。命令にしたがう。聴順。
【聴訟】チョウショウ うったえを聞いてさばく。裁判する。聴訴。〔論語、顔淵〕聴レ訟吾猶レ人也(うったえをきくは、われなお(ほ)ひとのごとし)
【聴断(斷)】チョウダン ＝聴訟。
【聴聞】チョウブン ①聞く。②仏チョウモン 説教を聞く。
【聴命】チョウメイ 命令をきく。おおせをうけたまわる。
【聴用】チョウヨウ 人の言うことを聞きいれて用いること。

(17)11 **【聯】** 6127 △ レン 先 lián 4694 4E7E

〔聠〕俗字 7063 665F

字義 ❶つらなる。つらねる。続く。続ける。合わせて一つにする。❷律詩における一対の句。❸レン。対句を分かち書いて、左右の柱に相対してかけるもの。対の柱かけ。対聯。❹役所の事務を連合して助けあうこと。転じて、役所。❺周代の戸口制度の名。㋐十家の称。㋑十人の称。

参考 現代表記では［連］(7813)に書きかえる。「聯合→連合」「聯想→連想」 熟語は［連］をも見よ。→一〇九一ページ。

解字 文 篆 会意。もと、耳＋絲。耳は、古代の戦争で、戦勝者が敵の左耳を首のかわりとして切りとりつらねたことから、つらねるの意味を表すに用いる。絲は、つらなる糸の意味。合わせて、つらなるの意味を表す。

【聯句】レンク ①数人が一句ずつ作ってまとめた一編の詩。②律詩の対になる二句。
【聯合】レンゴウ 二つ以上のものが組みあう。連合。
【聯事】レンジ 役所で事務を助け合うこと。
【聯珠】レンジュ 連珠。①たまを連ねる。②連なったたま。転じて、美しい詩文の形容。③国五目ならべ。
【聯想】レンソウ 一つの考えに伴って、それと関連ある他のことを思い浮かべること。連想。
【聯△翩】レンペン ①続いて絶えないさま。②鳥の飛ぶさま。
【聯歩】レンポ 連れだって歩く。並び歩く。
【聯立】レンリツ 連立。①連なりたつ。また、連ねたてる。②連合してたつ。

〔鵈〕→鳥部 一三五三ページ。

(18)12 **【聵】** 6128 △ 漢ガイ(グヮイ)・呉ゲ 卦 kuì 慣カイ(クヮイ)

字義 ❶耳のきこえない人。❷聵聵は、無知のさま。

解字 文 篆 形声。耳＋貴音。音符の貴は、潰(カイ)に通じ、つぶれるの意味。つぶれた耳、耳がきこえないの意味を表す。

【聵△眊】カイボウ 耳が不自由で目がくらむ。自分の老衰の謙称。

(18)12 **【聶】** 6129 △ 一 漢ジョウ(デフ) 呉ニョウ(ネフ) 葉 niè 二 漢チョウ(テフ) 呉ジョウ(デフ) 葉 zhé 慣ショウ(セフ) 7067 6663

字義 一❶ささやく(囁)。二うすく切った肉ぎれ。❷とる。持つ。❸ととのえる。❹ちぢむ。しわがよる。

解字 文 篆 会意。耳を三つ寄せあって、ささやくの意味を表す。

(18)12 **【職】** 6130 教5 ショク 一 漢ショク・呉シキ 職 zhí 二 漢トク・呉ドク 職 tè 3106 3F26

筆順 職

〔軄〕俗字

字義 一❶つかさどる。つとめとする。❷つかさ。役目。「官職」❸つとめ。任務。❹くらい。官位。❺働き。わざ。いとなみ。仕事。「職人」❻みつぎ物。また、とりたて。税。❼もっぱら。主として。❽しるす(識)。
二くい(杙)。地中に打ちこむ木の支柱。＝樴。

国シキ。大宝令で定められた役所の一つ。「中宮職」

名乗 つね・もと・よし・より

解字 文 篆 形声。耳＋戠音。音符の戠(ショク)は、識に通じ、他と区別して知るの意味。耳は、さとく聞きわきまえるの意味。微細な所まで、よくわきまえるの意味から転じて、細部にまでゆきわたりわきまえ努める仕事の意味を表す。

▼汚職・官職・閑職・劇職・顕職・辞職・失職・住職・述職・殉職・停職・天職・復職・奉職・有職

【職域】ショクイキ 職業の区域。また、各職業の範囲。
【職階】ショクカイ 国職務上の階級。

【職官】ショッカン ①役目。官職。②一定の役職を持つ官吏。現任の役人。
【職管】ショッカン ①つかさどる。②やくめ。
【職業】ショクギョウ ①官職上の仕事。②生活のためにする仕事。生業。
【職権(權)】ショッケン 官吏が職務上持っている権限。
【職貢】ショッコウ みつぎもの。
【職司】ショクシ ①やくめ。②役所。
【職事】ショクジ ①官職上の仕事。②仕える。③職業。④国シキジ ㋐蔵人頭(くろうどのかみ)・五位の蔵人・六位の蔵人の総称。㋑摂関・大臣・大将などの家や女御(ニョウゴ)の三位(サンミ)以上に叙せられた家の執事。
【職守】ショクシュ やくめ。つとめ。職分。
【職掌】ショクショウ ①つかさどる。②やくめ。つとめ。
【職人】ショクジン ①牛飼いを業とする者。牧人。職は、杙(ヨク)で、牛を囲うくい。②国ショクニン 大工や左官など、手わざを業とする者。
【職制】ショクセイ 官職上のさだめ。職務分担の制度。
【職責】ショクセキ 職務上の責任。
【職田】ショクデン 職分に応じて支給された田地。職分田。
【職能】ショクノウ ①仕事を果たす能力。②職業によってそれぞれ異なる固有の機能。③分業によって成り立つ社会を構成する単位機能。「職能代表」
【職分】ショクブン 職務としてなすべき本分。職責。
【職分田】ショクブンデン ＝職田。
【職方】ショクホウ ①周代の官名。天下の地図をつかさどり、四方からの貢ぎ物を取り扱った。②それぞれ分担の地方をつかさどること。
【職務】ショクム 官職上のつとめ。担当する事務。
【職命】ショクメイ 職務上の命令。
【職僚】ショクリョウ 役人。官人。

(20)14【聹】6131 △ [一]漢ネイ・呉ニョウ(ニャウ) [青] níng [二]漢ネイ・呉ニョウ(ニャウ) [迥] nǐng　7068 6664

字義 [一][二] ❶みみあか。耳くそ。耵聹(テイネイ)。❷かまびすしい。やかましい。騒がしい。

解字 形声。耳＋寧(音)。

(22)16【聽】(6126) チョウ 聴(6125)の旧字体。→八九七ページ。　7069 6665

(22)16【聾】6132 標 ロウ [東] lóng　4724 4F38

字義 ❶耳が聞こえないこと。❷くらい。心が暗い。

解字 金文  篆文  形声。耳＋龍(音)。音符の龍は、つめこむの意味。耳がつまってはっきり聞こえないの意味を表す。

【聾△啞】ロウア 耳がきこえないことと、口のきけないこと。
【聾△暗】ロウイン ①耳がきこえないことと、口のきけないこと。②上の者と下の者との気持ちが互いに通じないたとえ。
【聾△聵】ロウカイ 耳のきこえないこと。聵は、生まれながら耳がきこえないこと。
【聾俗】ロウゾク 物事を聞きわけることのできないような俗人。無知の者。
【聾△昧】ロウマイ 暗い。明らかでない。無知または無道なこと。
【聾盲】ロウモウ 耳がきこえないことと、目のみえないこと。

6 聿部

〔部首解説〕ふでづくり。聿(イツ)をもとにして、筆で書くことに関する文字ができている。聿に竹冠を付した筆(竹部)や、書(日(ひらび)部)、畫(画の旧字体。もと田部)などもその例であるが、聿以外の部首に分類されている。ここでは、そのほかで聿の形をもつ文字を集め、主として字形上の分類のために部首に立てられている。

聿 八九八　5粛 八九八　7肄 八九九　肆 八九九　肅 八九九
8肇 八九九　8肈 八九九
書→日・曰部 五〇五ページ。晝→日・曰部 五〇三ページ。
畫→田部 七四一ページ。

(6)0【聿】6133 △ 漢イツ(ヰツ) 呉イチ(ヰチ) [質] yù　7070 6666

字義 ❶ふで(筆)。❷ついに。とうとう。❸自ら。❹述べる。❺ともに。したがう。❻これ。ここに。発語の語。❼はやい。❽おさめる(修)。

解字 甲骨文 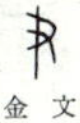 金文  篆文  象形。甲骨文でわかるように、手で筆記用具を持つさまにかたどり、ふでの意味を表す。

【聿懐(懷)】イッカイ ①述べて思う。②先王の美徳を修め、人民を安んずること。
【聿修】イッシュウ (祖先の徳などを)述べて明らかにし、これにならって徳をおさめる。一説に、聿は発語の辞で、意味がなく、単に、おさめる意。

【書】→日・曰部 五〇五ページ。

(11)5【粛】6134 常 シュク　2945 3D4D
(13)7〔肅〕6135 漢シュク 呉ソク [屋] sù　7073 6669

筆順 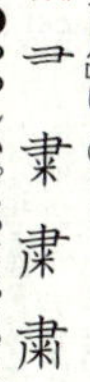

字義 ❶つつしむ。うやまう。うやうやしい。「自粛」❷おごそか。威厳がある。「厳粛」❸いましめる。正す。「粛正」❹きびしい。きびしくする。❺しずか(静)。清らか。❻さむい。寒さのために縮む。❼ころす。そこなう。❽すみやか。速い。❾すすむ。また、進める。導く。❿拝礼の一種。立ったまま少しからだを曲げ頭を下げ、手をおろす礼。軍中でよろいを着た者のする礼。

名乗 きよし・すすむ・すみ・ただ・たり・とし・まさ　難読 粛慎(みしはせ)

解字 金文  篆文  会意。聿＋𣶒。聿は、さおを手に持つ形にかたどる。𣶒は、ふちの意味。ふちでさおさすさまから、おそれつつしむの意味を表す。

▼厳粛・自粛・整粛・静粛・斉粛

【粛恭】シュクキョウ ①つつしみ深くうやうやしい。②つつしみうやまう。
【粛軍】シュクグン 国軍の規律や不正を正しくする。
【粛啓】シュクケイ うやうやしく申し上げる。手紙の初めに書く語。〔粛呈。〕
【粛敬】シュクケイ つつしみうやまう。
【粛殺】シュクサツ 秋のきびしい気候が草木を枯らすこと。
【粛粛】シュクシュク ①つつしむさま。②厳正なさま。③すみやかなさま。④羽ばたきの音の形容。⑤松風の音の形容。⑥静かなさま。⑦深いさま。⑧清いさま。
【粛慎(愼)】シュクシン ①うやうやしくつつしむ。②国名。古代に、今の松花江・ウスリー江・黒竜江のあたりに住んでいたツングース族の国。また、その民族。日本では「みしはせ」と呼んだ。
【粛正】シュクセイ ①つつしみ深く正しい。②きびしく正す。また、いましめ正す。「綱紀粛正」
【粛清】シュクセイ ①取りしまって不正を除く。②不正がなく清らかなこと。③冷たく清らかなさま。④静寂なさま。⑤国組織内の反対派を抹殺すること。
【粛静(靜)】シュクセイ ひきしまって静かなこと。静粛。
【粛整】シュクセイ きちんとして行儀がよいこと。
【粛然】シュクゼン ①つつしむさま。②おそれるさま。また、おそれつつしむさま。③静かなさま。④ぞっとして身の引きしまるような感じを与えるさま。
【粛荘(莊)】シュクソウ おごそかで重々しい。

【粛拝(拜)】シュクハイ　立ったまま頭を垂れ、手をおろしてする拝礼。→字義の⑩。
【粛白】シュクハク　つつしんで申し上げる。手紙の初めや終わりにつける語。
【粛△雍・粛△雝】シュクヨウ　つつしみやわらぐ。音楽の温雅な声の形容。

【晝】　昼（3012）の旧字体。→日・曰部 五〇三ページ。

【畫】　画（546）の旧字体。→凵部 一三一ページ。

(13)7
【肄】6136　△　㊀イ 寘 yì　㊁シ 寘 sì　7071 *6667*

字義 ㊀❶ならう（習）。❷あらためる。調べる。検閲する。❺あまり。残り。❸つかれ。苦労。骨折り。❹ひこばえ。切り株から出た芽。
㊁❶さらす。罪人を殺し、その死体をさらす。❷ついに。

解字 文 篆 形声。もと、矣＋隶㊥。矣は、疑の左偏と同形で、行きなやむの意味。音符の隶ィは、及ぶの意味。一つの目標に及ぼうとして、行きなやみつつ努める、ならうの意味を表す。

【肄業】イギョウ　わざを習う。学習する。
【肄習】イシュウ　習う。練習する。実習する。

(13)7
【肆】6137　△　シ 寘 sì　7072 *6668*

字義 ❶ほしいまま。きまま。わがまま。遠慮がない。❷きわめる。極まる。❸のびる。伸ばす。広める。❹ころす。殺してさらす。罪人を殺してさらしものにする。❺つらねる。つらなる。陳列。列。❻ついに。とうとう。❼ゆえに。だから。また、ここに。今。詩の句調を整えることば。❽まことに。❾ただしい。まっすぐ。❿大きい。長い。⓫はやい。⓬ゆるめる。ゆるむ。また、ゆるやか。⓭すてる。⓮あやつる。扱う。動かす。⓯つく（突）。また、犯す。⓰つとめる。努力する。⓱故事。前例。⓲みせ（店）。市場。また、工作場。⓳宿。宿舎。⓴楽器の一組。㉑四の字の代用。→四（1149）の 参考。

解字 金文 篆文 形声。金文は、又＋希㊥。音符の希ィは、毛の長い獣の象形。毛の長い獣を殺して、毛皮をひらきさらすの意味を表す。転じて、つらねる・みせの意味を表す。また、恣シに通じて、ほしいままの意味をも表す。のち、変形して、肆となった。

【肆意】イシ　意をほしいままにする。思うままにすること。わがまま勝手にふるまうこと。肆志。
【肆虐】シギャク　ほしいままにしいたげる。暴虐。
【肆勤】シキン　力を入れる。大いにつとめる。
【肆赦】シシャ　（罪人を）ゆるす。
【肆△奢】シシャ　ほしいままにおごる。また、おごりをほしいままにする。
【肆縦(縱)】シショウ　ほしいまま。わがまま。
【肆然】シゼン　①ほしいままなさま。心のままにふるまうさま。②のんびりしたさま。くつろいださま。
【肆陳】シチン　ならべる。つらねる。
【肆店・肆△廛】シテン　みせ。店舗。
【肆暴】シボウ　ほしいままにあばれる。
【肆△詈】シリ　ほしいままにののしる。大いにののしる。
【肆力】シリョク　努力する。力をつくす。尽力。

(13)7
【肅】(6135)　シュク　粛（6134）の旧字体。→八九八ページ。　7073 *6669*

(14)8
【肇】6138　人　㊉チョウ（テウ）　㊇ジョウ（デウ）　篠 zhào　4005 *4825*

(14)8
〔肈〕6139

筆順 戸 戸攵 戸攵聿 肇 肇

字義 ❶うつ（撃）。❷はじめる。はじむ。はじめ。「肇国」❸はかる（謀）。❹正す。正しい。❺はやい（敏）。❻長い。長くなる。

【肈】本字

名乗 こと・ただ・ただし・とし・はつ

解字 金文 篆文 会意。金文は、戸＋攴。攴は、うつの意味。戸をうつ、ひらくの意味を表す。のち、ふでの意味の聿を付し、筆で書きはじめるの意味を表す。

【肇基】チョウキ　基礎を作る。土台をすえる。
【肇国(國)】チョウコク　初めて国を建てる。建国。
【肇歳(歲)】チョウサイ　年のはじめ。年始。
【肇秋】チョウシュウ　秋のはじめ。陰暦七月。初秋。孟秋モウシュウ。
【肇造】チョウゾウ　はじめて造る。創造。

(14)8
【肈】6140　△　チョウ　肇（6138）の本字。→前項。

6
肉部

〔部首解説〕 にく。肉が偏になるときは、月の形になり、肉月にくづきと呼ばれる。もともと肉月の文字は肉部に所属していたが、日月の月と同形なので、検索の便宜上、肉部から分けて月部に合わせ収めた。肉・月（肉月）を意符として、身体各部の名称、その状態などに関する文字ができている。

肉 八九九　6 胔 九〇〇　胾 九〇〇　8 腐 九〇〇　19 臠 九〇〇

(6)0
【肉】6141　教 2　ニク　㊀㊉ジク・㊇ニク 屋 ròu (rù)　㊁㊉ジュウ（ジウ）・㊇ニュウ（ニウ）宥　3889 *4679*

筆順 丨 冂 内 肉

【宍】俗字　2821 *3C35*

字義 ㊀❶にく。み（身）。しし。㋐きりみ。鳥・獣などの切り肉。「酒池肉林」㋑動物のからだの皮下にあって、骨を包む柔らかな部分。「筋肉」㋒果実や野菜などの、皮に包まれた柔らかな部分。み。「果肉」❷にくづく。肉がつく。肉をつける。❸生身のからだ。身体。「肉体」❹じか。器具などを使わないこと。「肉眼」「肉筆」❺こえ。歌の声。
㊁❶穴のあいている貨幣や璧玉ヘキギョクなどの、穴の周囲の部分。❷こえる（肥）。どっしりとする。重厚。
国 ニク。㋐食用のにく。㋑物の厚みや太さ。㋒血縁の近い関係。「肉親」㋓印肉の略称。

難読 肉刺（まめ）・肉置（いれずみ）・肉叢（ししむら）・肉豆蔲（にくずく）・肉入籠（ししりこ）

解字 文 篆 象形。切ったにくの象形で、にくの意味を表す。

▼魚肉・苦肉・血肉・骨肉・食肉・皮肉・肥肉

【肉塊】ニクカイ　①肉のかたまり。②からだ。身体。
【肉眼】ニクガン　①人の眼。②めがねなどの力を借りない、生来の視力。③物事の表面だけを見る眼識。凡人の眼。↔心眼。
【肉刑】ニッケイ　体を傷つける刑罰。いれずみ・鼻切り・足切り・去勢など。
【肉△桂】ニッケイ　クスノキ科の常緑高木。薬用・香料用となる。
【肉山△脯林】ニクザンホリン　肉の山と脯ほじし（ほし肉）の林。肉を山のように積み、脯を林のように並べて、ぜいたくな宴会をすること。夏カの桀王ケツオウの故事。〔十八史略、夏后氏〕
【肉食】ニクショク・ニクジキ　①動物、特に鳥・獣の肉を食物とすること。↔菜食。②美食すること。③動物が肉食性であること。↔草食。「肉食動物」
【肉食者】ニクショクシャ・ニクジキシャ　肉のようなおいしい物を食べる者。役人をいう。↔藿食者カクショクシャ（人民）。

【肉身】ニクシン ①からだ。身体。肉体。②＝肉親。
【肉親】ニクシン 親子・兄弟姉妹など、血すじの続いている間がら。血族。肉縁。
【肉声(聲)】ニクセイ 人の口から直接出る声。糸竹（楽器）の声、または、電話・ラジオなどの声に対していう。
【肉体(體)】ニクタイ 人間のからだ。なまみのからだ。肉身。↕精神・霊魂。
【肉△袒】ニクタン はだぬいで、上体を現すこと。降服・謝罪などのとき、思うままに罰せよとの意を表す。
【肉△袒負△荊】ニクタンしてケイをおう(ふ) はだぬぎして、いばらのむちを背負う。これで罰するようにとの謝罪の意を表す。〔史記、廉頗・藺相如伝〕
【肉弾(彈)】ニクダン 国肉体を弾丸の代わりとして敵陣に突入すること。からだごと敵陣へつっこむこと。また、その肉体。
【肉池】ニクチ 国印肉を入れる器。印肉入れ。
【肉薄】ニクハク ①敵陣などに身をもって迫ること。薄は、迫る意。②核心に迫ること。もう少しで勝てそうなところまで追いつめること。肉迫。
【肉筆】ニクヒツ 国①本人が直接、筆をとって書いた書画。自筆。②印刷したものに対し、筆で書かれた書画。
【肉欲】ニクヨク 肉体上の欲望。食欲・色欲など。

(12)6 【胔】6142 △ 漢シ 呉ジ 〔拼〕zì
字義 ❶肉のついた鳥獣の残骨。❷くさった肉。
解字 形声。肉＋此音。

(12)6 【胾】6143 △ シ 〔拼〕zì
字義 きりみ。ししむら。大きく切った肉片。
解字 文 金 文 篆 形声。肉＋𢦏音。音符の𢦏サイは、たち切るの意味。大きく切った肉片の意味を表す。

(14)8 【腐】6144 常 フ くさる・くされる・くさらす 漢フ・呉ブ 〔拼〕fǔ ― 4169 4965
筆順 广 庐 府 腐 腐
字義 ❶くさる。くされる。㋐肉などがくずれただれる。いたんでくさくなる。「腐敗」㋑やぶれただれる。朽ちやぶれる。「腐朽」㋒古い。古くなって役に立たない。「腐儒」「陳腐」❷くさらす。ただらせる。くちやぶれさす。悩ませる。「腐心」❸男子を去勢する刑罰。宮刑。「腐刑」
解字 文 篆 形声。肉＋府音。音符の府は、くらの意味。倉にしまいこまれた肉、くさるの意味を表す。
▼陳腐・豆腐
【腐朽】フキュウ くさる。くちる。くさって役に立たなくなる。
【腐刑】フケイ 男子を去勢する刑罰。宮刑。
【腐△渣】フサ ①くさったかす。②国豆腐のから。きらず。うのはな。
【腐儒】フジュ 古くさくて役に立たない学者。くだらぬ学者。
【腐臭】フシュウ くさったにおい。
【腐食】フショク ＝腐蝕フショク。→次項。
【腐△蝕】フショク ①くさって形がくずれる。②金属・ガラスなどに薬品を作用させて、必要な部分をおかしいためること。
【腐心】フシン 心を痛め悩ます。苦心。
【腐△鼠】フソ ①くさったねずみ。②転じて、とるにたりないもののたとえ。
【腐敗】フハイ ①くされやぶれる。くされいたむ。②精神が堕落すること。
【腐△爛】フラン くさってただれる。腐乱。

(25)19 【臠】6145 △ レン 〔拼〕luán ― 7140 6748
字義 ❶きりみ。きり肉。こまぎれの肉。また、肉をこまぎれにする。臠肉。❷臠臠は、やせるさま。国みそなわす。ご覧になる。見るの敬語。臠バン（みる意）の字を誤ったものという。
解字 文 篆 形声。肉＋䜌音。音符の䜌ランは、亂に通じ、みだすの意味。肉を切るの意味を表す。

6 自部

〔部首解説〕みずから。自は、はな（鼻）を表し、これを意符として、鼻の字や、においを表す臭の字ができている。

自 九〇〇　3 臭 九〇三　4 臬 九〇三　臭 九〇三　10 臲 九〇三

(6)0 【自】6146 教 2 ジ・シ みずから 漢シ・呉ジ 〔拼〕zì ― 2811 3C2B
筆順 ′ 亻 白 自
字義 ❶みずから。自分。自分で。❷おのずから。ひとりでに。❸より。⇩助字解説 ❹よる。もとづく。また、もとづく所。出所。❺用いる。また、もって。❻率いる。❼始まり。初め。

†助字解説
より。……から。類由・従。〔論語、学而〕有レ朋自ニ遠方一来ともありエンポウよりきたる。〈友達がいて遠くからやって来る〉
〈自レ非ニ……一。〉あらざるよりは。仮定。……でないかぎりは。〔左伝、成公十六〕自レ非ニ聖人一セイジンにあらざるよりは、外寧必有ニ内憂一そとやすらかなればかならずナイユウあり。〈聖人でない限りは、外が安らかな場合は必ず内に憂いをもっているものだ〉

名乗 おの・これ　難読 自棄やけ・自惚うぬぼれ
解字 甲骨文 金文 篆文 象形。はなの象形。転じて、自己・おのれの意味を表し、借りて、助字の、より・からの意味をも表す。自の意味と音符とを含む形声文字に、臭ソウ・劓ギ・闑ゲツなどがある。
▼出自・刀自・独自
【自愛】ジアイ ①自分で自分の身を大切にする。②自分の利益ばかりを計る。自利。利己。
【自慰】ジイ ①自分で自分をなぐさめる。②手淫シュイン。オナニー。
【自営(營)】ジエイ ①自分の利益をはかる。②自分で事業をいとなむ。自力でくらしを立てる。
【自衛(衞)】ジエイ 自分自身を自分の力で防ぎ守る。
【自家】ジカ ①自分の家。②自分。おのれ。自分自身。
【自家△撞着】ジカドウチャク 自分の言動が前と後とくい違ってつじつまの合わぬこと。着は助字、著とも書く。〔禅林類聚、看経門〕
【自我】ジガ ①われ。わたくし。自己。②哲学上、意識者が他の意識者（他人）と対象（外界）とから自己を区別する場合の自称のことば。↕非我。
【自画(畫)自賛(贊)】ジガジサン 国①自分の絵に自分で賛をする。②自分の言動を自分でほめる。てまえ味噌。
【自戒】ジカイ 自分で自分をいましめる。
【自解】ジカイ ①自分の作品を自分で解説する。また、自分でいいわけする。②自分で束縛からのがれる。みずから解脱ゲダツする。
【自害】ジガイ われとわが身を殺して死ぬ。自殺。
【自覚(覺)】ジカク ①自分で自分の実力や価値をさとる。②仏自分の迷いをたち切って、さとりをひらく。③哲学で、外界や他人と区別された自我として自己を意識すること。自己意識。
【自活】ジカツ 自分の力で生活する。
【自棄】ジキ ①自分で自分の身を捨ててかえりみない。やけになる。「自暴自棄」②そのままにしておく。
【自欺】みずからあざむく 自分をあざむく。自分で自分の良心に恥じ

るような言動をする。
【自虐】ジギャク　自分で自分をいじめつける。
【自給】ジキュウ　①自分の力で生活する。②自分で供給する。
【自給自足】ジキュウジソク　自分の必要品を自分で生産して、まにあわせる。
【自供】ジキョウ　自分から申し述べる。また、その事がら。
【自強・自彊】ジキョウ　自分からつとめはげむ。
【自彊不息】ジキョウやまず　自分からつとめはげんで、一刻も休まないこと。
【自剄】ジケイ　自分で自分の首をきって死ぬ。自刎ジフン。
【自経（經）】ジケイ　自分で首をくくって死ぬ。自縊ジイ。
【自警】ジケイ　①みずからいましめ防ぐ。②自分たちで身を守る。
【自決】ジケツ　①（ある問題に責任を感じ、その処置として）自殺する。②他人のさしずを受けず、自分で自分のことをきめる。自分で自分の進退をきめる。「民族自決」
【自慊】ジケン　自分で心に満足する。自分の良心に恥じるところのないこと。
【自遣】ジケン・みずから（つ）やる　自分で自分の心をなぐさめる。自分でうさをはらす。
【自歉】ジケン　自分にひけめを感じて、心に満足しない。歉は、あきたりない。
【自後】ジゴ　その後。それから後。
【自業自得】ジゴウジトク　仏自分のなした悪事によって自分の身にその報いを受けること。
【自惚】うぬぼれ　国自分で自分をすぐれていると思う。
【自今】ジコン　いまからのち。以後。今後。
【自裁】ジサイ　自分で自分の命を断つ。自殺。
【自在】ジザイ　①心のままなこと。思いのまま。「自由自在」②仏心が煩悩ボンノウの束縛からはなれること。
【自賛（贊）・自讃】ジサン　①自分で自分をほめる。②自分で自分を推薦する。自薦。
【自恣】ジシ　わがまま。きまま。自肆ジシ。
【自失】ジシツ　われを忘れる。ぼんやりする。気ぬけする。「呆然ボウゼン自失」
【自若】ジジャク　どっしり落ち着いて動かないさま。「泰然自若」
【自主】ジシュ　独立して他の保護や干渉を受けぬこと。「自主独立」
【自首】ジシュ　自分から進んで訴え出て自分の罪を申し立てる。
【自修】ジシュウ　自分から学問や徳行をはげみおさめる。
【自售】ジシュウ・みずから（つ）うる　自分で自分を売りこむ。採用されるように自分で運動すること。

【自粛（肅）】ジシュク　自分で自分の言行をつつしむこと。
【自署】ジショ　自分の姓名を自分で書き記す。
【自如】ジジョ　①ふだんと少しも変わらず落ちついているさま。②もとのまま。
【自助】ジジョ　他人をたのまず、自分の力で自分を向上・発展させようと努力すること。
【自序】ジジョ　自分の著書に自分ではしがきを書く。また、その文章。
【自叙（敍）伝（傳）】ジジョデン　自分で書いた自分の伝記。自伝。
【自照】ジショウ　自分自身を観察し反省する。
【自縄（繩）自縛】ジジョウジバク　自分のなわで自分をしばる意。自分の心がまえや言行のために、自分の身の動きがとれなくなること。
【自信】ジシン　自分で自分の価値や能力を信じる。自分で自分の正しさを信じて疑わない。
【自刃】ジジン　自分から刃物で命を断つ。自害。自尽。
【自尽（盡）】ジジン　自分から命を断つ。自刃。自害。自殺。
【自炊】ジスイ　自分で煮たきをして食事を作る。
【自制】ジセイ　自分で自分の感情や欲望をおさえる。
【自省】ジセイ　自分で反省する。自分で自分の行為の善悪を考えてみる。
【自責】ジセキ　自分で自分をせめとがめる。
【自撰】ジセン　自分で自分の詩文を選び集めること。
【自薦】ジセン　自分で自分を推薦する。↔他薦。
【自然】シゼン　①本来のままで人工の加わらない状態。②ものの本性・本質。③天地間の万物。宇宙。④物質界とその諸現象。⑤ひとりでに。おのずから。⑥国㋐偶然。万一。㋑ジネン＝①⑤。
【自然主義】シゼンシュギ　①自然を絶対と考え、すべての現象を自然の所産とみる立場。②自然に即した生活を理想とする主義。③人間生活をありのままに描写しようとする文芸上の主義。
【自然淘汰】シゼントウタ　外界の状況に適応する生物は生存し、適応しない生物は死滅する現象。
【自訴】ジソ　自分で自分の罪をうったえ出る。
【自足】ジソク　①自分で自分の必要なものを満たす。「自給自足」②自分で満足する。
【自尊】ジソン　①自分自身をえらいものとして、自分でたっとびあがめる。みずから高ぶる。②自重して、自分自身の品位を落とさないようにする。
【自他】ジタ　①自分と他人。われと人。②仏自力と他力。
【自堕（墮）落】ジダラク　仏身を持ちくずして、しまりのないこと。だらしのないこと。ふしだら。

【自体（體）】ジタイ　①自分のからだ。②それ自身。そのもの。③もともと。元来。
【自大】ジダイ　自分から誇りたかぶる。尊大にかまえる。「夜郎自大」
【自治】ジチ　①自分で自分をおさめる。自分で自分のことを処理する。②自然におさまる。③団体が自分たちの力で利害関係のある公共の事務を処理する。
【自重】ジチョウ　①自分の体を大切にする。自愛。②自分の行いを慎んで軽はずみなことをしない。自分の人格を大切にして、みだりに卑下しない。
【自嘲】ジチョウ　自分で自分をあざける。
【自珍】ジチン　自分の体を大切にする。自愛。
【自適】ジテキ　自分の心のままに楽しむ。「悠悠自適」
【自伝（傳）】ジデン　自分が書いた自分の伝記。自叙伝。
【自得】ジトク　①自分で心にさとる。②自分で満足して得意になる。うぬぼれる。〔史記、管晏伝〕意気揚揚イキヨウヨウとして、甚自得也はなはだジトクせり。③みずから楽しむ。④自分から報いを招く。「自業自得」
【自任】ジニン　①自分の任務として引き受ける。②自分自身をりっぱなものと思いこむ。
【自認】ジニン　自分でみとめる。
【自白】ジハク　白状する。自分で自分の罪悪を申し述べる。
【自縛】ジバク　自分で自分をしばる。自分の言行にしばられて自由がきかないこと。「自縄自縛」
【自発（發）】ジハツ　①他の力によらず自分で進んでするこ と。②文法用語。自然にそうなることを表わす。
【自反】みず（づ）からかえ（へ）りみる　みずから反省する。
【自反而縮雖千万（萬）人吾往矣】みず（づ）からかえ（へ）りみてなお（ほ）くんば、センマンニンといえ（へ）どもわれゆかん　自分自身、反省してやましいところがなければ、たとえ千万人の相手でも、恐れずに立ち向かってゆく。〔孟子、公孫丑上〕→次項。
【自反而不縮雖褐寛博吾不惴焉】みず（づ）からかえ（へ）りみてなお（ほ）からずんば、カッカンパクといえ（へ）どもわれおそれざらんや　自分自身、反省して正しくないところがあれば、たとえ相手が身分のいやしい者でも、ひけめを感じずにはおられない。褐寛博は、ひろそでの綿入れの意で、身分の低い者の服。〔孟子、公孫丑上〕→前項。
【自筆】ジヒツ　自分で書く。また、その書いたもの。自書。
【自負】ジフ　みずからたのむ。自分の才能をたのみほこる。
【自刎】ジフン　自分で自分の首をきって死ぬ。自剄ジケイ。
【自弁（辨）】ジベン　自分で費用を負担すること。

【自奉】(ジホウ) みずから自分の身を養う。

【自暴自棄】(ジボウジキ) 自分で自分の身をそこないすてる。やけになる。すてばちになる。『孟子』離婁上に「言非二礼義一(ゲンレイギをそしる)、謂二之自暴一也(これをジボウというなり)、吾身不レ能三居レ仁由二レ義(わがみジンにおりギによるあたわざる)、謂二之自棄一也(これをジキというなり)」とあるのに基づく。

【自明】(ジメイ) ①証明をまたず、それ自身で明らかなこと。「自明の理」 ②自分の直観によって明らかにすること。

【自滅】(ジメツ) ①自然にほろびる。②自分で自分の身をほろぼす。自分のしわざで身をほろぼす。

【自問自答】(ジモンジトウ) 自分に問い、自分で答える。

【自由】(ジユウ) ①心のまま。思うまま。〔後漢書、閻皇后紀〕②他からの束縛・強制・支配を受けないで、自分の意志によって行動できること。③法律の範囲内での思うままの行動。

【自由自在】(ジユウジザイ) 思いのまま。心のまま。〔景徳伝灯録〕

【自由主義】(ジユウシュギ) すべて他の干渉や束縛を受けないで自由であることを主張する考え方。リベラリズム。

【自由放任】(ジユウホウニン) めいめいの考えのままにまかせて干渉しないこと。

【自余(餘)】(ジヨ) そのほか。このほか。爾余(ジヨ)。

【自来(來)】(ジライ) ①物事のよってきたるところ。由来。②それ以来。それから後。爾来(ジライ)。③かってにやってくる。

【自利】(ジリ) みずから利する。また、自分の利益。

【自力】(ジリキ) ①自分の力。独力。②仏自分自身の修行によって、さとりを開こうとすること。↔他力。③(ジリョク)㋐自分の力。独力。㋑自分で努力する。

【自力更生】(ジリキコウセイ) 自分自身の力で困難な現状をうち破って、より明るい生活をうち立てること。

【自立】(ジリツ) 他の力を借りず、自分の力で身を立てる。自分の力で独立する。ひとりだち。

【自律】(ジリツ) ①自分で自分のわがままや不正をおさえる。②哲学で、理性以外の外的な権威や自然の欲望にしばられないで、自由なこと。

【不二自容一】(みずから いれず) いたたまれなくなる。

(9)3 【臭】6147 常 シュウ くさい　2913 3D2D

(10)4 〔臭〕6148 人 許　一 漢シュウ(シウ)・呉シュ 宥 chòu　二 漢キュウ(キウ)・呉ク 宥 xiù

筆順 ノ 白 自 臭 臭

字義 一 ❶におう。におい。においがする。❷くさい。鼻の嗅覚(キュウカク)神経に感ずる刺激。主として悪いにおいについていう。↔香。「防臭」❷くさる。また、くさったにおい。くさい。❸悪いうわさ。悪評。悪名。❹おもむき。雰囲気。「俗臭」 二 かぐ。においをかぐ。＝嗅(キュウ)。

解字 甲骨文 篆文

会意。自＋大(犬)。自は、はなの象形。犬は、鼻のはたらきのよい犬の意味。におい・においをかぐの意味を表す。臭の意味と音符とを含む形声文字に、嗅(キュウ)・殠(キュウ)・糗(キュウ)・齅(キュウ)などがある。

▼遺臭・俗臭・銅臭・乳臭・腐臭・和臭

【臭△穢】(シュウアイ・シュウワイ) くさくてきたない。

【臭気(氣)】(シュウキ) くさいにおい。くさみ。

【臭敗】(シュウハイ) くさる。くさりくずれる。腐敗する。

【臭腐】(シュウフ) くさる。腐敗する。

【臭聞】(シュウブン) 悪いうわさ。よくない評判。醜聞。

【臭味】(シュウミ) ①くさみ。悪いにおい。②身にしみついたよくない気風。③同じくさみの者。悪の仲間。同類。

【臭名】(シュウメイ) ＝臭聞。

(10)4 【臬】6149 △ 漢ゲツ 呉ゲチ 屑 niè

字義 ❶まと。弓のまと。射的。❷めあて。標準。❸のり。法律。法則。❹門内のくい。門内にあって、開いたとびらを固定するくい。＝闑(ゲツ)。❺かぎり。限度。

解字 甲骨文 篆文

形声。木＋自(音)。音符の自(ジ＝ゲツ)は、顔の中心にある、はなの象形。ねらいの中心をもつ、まとの意味を表す。

(10)4 【臭】(6148) シュウ 臭(6147)の旧字体。↓上段。

【皋】↓辛部 一〇七ページ。

(16)10 【鼿】6150 △ 漢ゲツ 呉ゲチ 屑 niè

字義 鼿鼿・鼿卼(ゲツゴツ)は、動揺して不安定なさま。あやういさま。

解字 形声。危＋臬(音)。

6

至部

〔部首解説〕 いたる。至を意符として、いたるの意味を表す文字ができている。

至 九〇二　3 致 九〇三　4 致 九〇三　6 臸 九〇三　8 臺 九〇三　10 臻 九〇三

到 ↓刂部 一四〇ページ。

(6)0 【至】6151 教 6 シ いたる　シ 寘 zhì　2774 3B6A

筆順 一 ㄊ 至 至

字義 ❶いたる。㋐来る。やって来る。到着する。およぶ。ゆきわたる。「必至」㋑きわまる。最高に達する。❷いたって。この上なく。非常に。はなはだ。「至急」❸いたり。きわみ。きわまり。最高。「至誠」❹いたす。きわめる。つくす。❺一年中で日の最も短い日と長い日。「冬至」「夏至(ゲシ)」

名乗 ちか・のり・みち・むね・ゆき・よし

解字 甲骨文 篆文

指事。矢が地面につきささったさまから、いたるの意味を示す。

▼夏至・冬至・必至

【至△矣尽(盡)△矣】(いたれりつくせり) 至極に達して、すべてをつくしている。完全である。完備している。〔荘子、斉物論〕至矣尽矣、不レ可二以加一(もってくわうべからず)。

【至意】(シイ) ①この上なくすぐれた考え。②まごころ。至情。③深い意味。

【至恩】(シオン) この上なくありがたいめぐみ。この上ない恩恵。

【至楽(樂)】(シガク) ①最高の音楽。善美を尽くした音楽。②(シラク)この上なく楽しい。また、その事。

【至歓(歡)・至△驩】(シカン) この上ない喜び。驩は、喜び。

【至願】(シガン) この上ないねがい。切なる願い。

【至急】(シキュウ) ①非常にいそぐ。大急ぎ。火急。②非常にさし迫っていること。また、最も切実なこと。

【至△竟】(シキョウ) つまり。結局。畢竟(ヒッキョウ)。

【至極】(シキョク・シゴク) ①いたりきわまる。きわまる。また、きわまり。この上ないこと。最上。②国(シゴク)㋐きわめて。最も。非常に。㋑同意する。㋒もっともである。

【至緊】(シキン) この上なく大切である。「至緊至要」

【至愚】(シグ) 非常におろか。また、その者。おおばか者。

【至賢】(シケン) この上なくかしこい。また、その人。大賢。

【至言】(シゲン) しごくもっともな(最も道理にかなった)ことば。

【至公】(シコウ) きわめて公平なこと。「至公至平」

【至行】(シコウ) この上なくりっぱな行い。

【至孝】(シコウ) この上なく親孝行なこと。大孝。

【至幸】(シコウ) この上ないしあわせ。最上の幸福。

【至高】(シコウ) この上なく高い。最高。

【至剛】(シゴウ) この上なく強い。非常に強く正しい。「↓至大至剛。」

【至日】シジツ　冬至と夏至の日。
【至純】シジュン　この上なく純粋である。少しもまじりけがない。
【至上】シジョウ　この上ない。最上。この上なくすぐれてりっぱなこと〔もの〕。
【至情】シジョウ　まごころ。
【至親】シシン　この上なく親しい間がら。親子・兄弟などの関係。近親。肉親。
【至人】シジン　最高の境地に達した人。道をきわめつくした人。〔荀子、天論〕明ニ於天人之分一、則可レ謂ニ至人一矣。
【至仁】シジン　この上なくめぐみ深いこと。非常に情け深いこと。
【至性】シセイ　この上なく善良な性質。
【至誠】シセイ　この上もないまごころ。「至誠奉公」〔孟子、離婁上〕至誠而不レ動者、未ニ之有一也。〈この上もないまごころをもってして、人を感動させないということはない〉
【至聖】シセイ　この上なく知徳の優れていること。また、その人。
【至聖先師】シセイセンシ　明代に贈られた孔子の尊号。
【至聖文宣王】シセイブンセンオウ・シセイブンセンノウ　宋代に贈られた孔子の尊号。
【至善】シゼン　最高の善。善の極致。
【止ニ於至善一】シゼンにとどまる　最高最上の善の境地に止まって、そこから動かない。人間は最高の善に到達し、その状態を維持することを理想とすべきことを教えた語。『大学』の三綱領の一つ。止至善。→三綱領八条目（一四ページ）。
【至尊】シソン　①この上なく尊い。至貴。②天子。また、その位。
【至大至剛】シダイシゴウ　この上なく大きく、この上なく強い。限りなく大きく、どんな力にも屈しないほど強い。〔孟子、公孫丑上〕
【至知・至△智】シチ　この上もない知恵。また、それを有する人。
【至当（當）】シトウ　ごくあたりまえなこと。極めて適当なこと。
【至道】シドウ　この上ない道。最高最上の善の道。
【至徳】シトク　この上ない徳。最上の徳。
【至難】シナン　きわめて困難なこと。非常にむずかしい。
【至宝（寶）】シホウ　この上なくとうといたから。
【至妙】シミョウ　この上なくすぐれてたくみなこと。
【至要】シヨウ　この上なく大切なこと。きわめて重要なこと。「至緊〔至要〕」
【至理】シリ　この上なく正しい道理。最上の道理。
【至論】シロン　この上なくすぐれた議論。至極もっともな論。

(9)3【致】(6153)　チ　致（6152）の旧字体。→次項。

【到】→刂部　一四〇ページ。

(10)4【致】6152　常　チ　いたす
(9)3〔致〕6153　チ　漢 zhì　3555 *4357*

筆順　ゑ　𦤳　致

字義　❶いたす。㋐送り届ける。つかわす。やる。「送致」㋑伝える。言いやる。㋒さし出す。納める。返す。㋓与える。授ける。「致命」㋔ゆだねる。まかせる。〔論語、学而〕事レ君能致ニ其身一。㋕きわめる。つくす。「致知」㋖招く。引き寄せる。召し寄せる。「誘致」㋗誘い出す。おびき出す。㋘集める。合わせる。「一致」❷おもむき。㋐ありさま。様子。「風致」㋑意味。味わい。❸かさねる。重なる。
国 いたす。「する」の謙譲語。つかまつる。
名乗　おき・とも・のり・むね・ゆき・よし
解字　篆文　形声。もと、夂＋至音。夂は、下向きの足の象形で、ひきかえすの意味。おくりとどけるの意味を表す。常用漢字の致は、夂を攵に書き誤った俗字による。
▼一致・合致・極致・招致・筆致・風致・誘致

【致詰】チキツ　きわめ問う。また、つきとめる。
【致斉（齊）・致斎（齋）】チサイ　祭りの前に行う、三日間のものいみ。
【致仕】チシ　官職を辞する。辞職する。致事。（七十歳で辞職する習慣があった）
【致死】チシ　死にいたらせる。
【致知格物】チチカクブツ　『大学』の「致レ知在レ格レ物」の語から出たことば。その解釈には諸説があるが、代表的なものは次の二説である。①南宋の朱熹の説。すべて事物にはそれぞれに理があるから、一つ一つの事物についてその理をきわめて行くことによって（格レ物）、やがては自分の天賦の英知をさとりきわめることができる（致レ知）と解した。〔大学章句〕②明の王守仁の説。物とは自分の意志の発動する事物をさし、自分の意志の発動する事物を正しくすることによって（格レ物）、自分の生まれながらに有する良知をきわめ明らかにすることができる（致レ知）と解した。〔伝習録、中〕
【致命】チメイ　①いのちを投げだす。命の限り全力をつくす。②命にかかわる。「致命傷」
【致命傷】チメイショウ　①命にかかわる重いきず。②二度と立ちあがれないような、大きな失敗。

(12)6【𦤶】6154　△　漢セン　呉ゼン　霰 jiàn

字義　❶かさねて来る。❷かさねて。再び。また、しきりに。しばしば。
解字　形声。至＋存音。

(14)8【臺】(835)　ダイ　台（834）の旧字体。→一八六ページ。　7142 *674A*

(16)10【臻】6155　△　シン　真 zhēn　7143 *674B*

字義　❶いたる。㋐来る。やって来る。㋑とどく。およぶ。ゆきわたる。㋒集まって来る。よりあつまる。❷おおい（衆）。
解字　篆文　形声。至＋秦音。音符の秦は、のびしげるの意味。のびてある地点にまで至るの意味を表す。

6
臼（𦥑）部
臼は七画。

〔部首解説〕うす。臼をもとにして、うす・うすでつくの意味を含む文字ができている。この部首にはまた、臼の字も含まれる。臼をもとにして、両手で持ちあげるの意味を含む文字ができている。

臼 九〇三　𦥑 九〇四　2 臽 九〇四　臾 九〇四　3 臿 九〇四
舁 九〇四　4 舀 九〇四　5 舂 九〇四　6 舃 九〇四　與 九〇四
7 舅 九〇四　9 舉 九〇四　興 九〇四　12 舊 九〇五
兒→儿部 一〇八ページ。輿→車部 一〇七五ページ。釁→酉部 一一九ページ。

(6)0【臼】6156　標　漢キュウ（キウ）　呉グ　有 jiù　1717 *3131*

字義　❶うす。つきうす。米などをつく道具。「石臼」❷うすづく。うすでつく。
参考　〔臼〕は別字。
難読　臼杵（うすき）
解字　篆文　象形。古くは地面を、後には木・石をうがって造る、うすの象形で、うすの意味を表す。

〔臼①〕

【臼歯（齒）】キュウシ　おくば。口の奥にあって、物をかみ砕く用をなす歯。生え代わらず、上下三対ずつある。
【臼△杵】キュウショ　うすと、きね。杵臼。
【臼砲】キュウホウ　砲身の短い大砲。射角が大きく、弾道が弓なり

に曲がる。
【臼磨】（キュウマ）うす。磨は、ひきうす。

(7)0 【臼】6157 △ 漢キョク 呉コク 因 jú

字義 ❶左右の手を垂れて指と指とを組み合わせる。❷両手で物をささげ持つ。

参考 〔臼〕は別字で、六画。〔臼〕は七画に数える。

解字 篆文 象形。両手を上から伸ばして物を持ちあげる形にかたどり、物を持ちあげるの意味を表す。

(8)2 【臽】6158 △ 漢カン 呉ゲン 陷 xiàn

字義 ❶小さな落とし穴。❷おちいる。落とし穴に落ちこむ。また、落とす。おとしいれる。

解字 金文 篆文 象形。人が落としあなに落ちた形にかたどり、おとしあな・おちいるの意味を表す。臽(臽)を音符に含む形声文字に、欿・輡・閻・陷・餡などがある。

(9)2 【臾】6159 △ ユ 虞 yú　7144 674C

【臾】俗字

字義 ❶ひき止める。❷須臾は、しばらく。わずかの間。たちまち。

解字 篆文 会意。申(申)＋乙。申は両手で上にひくの意味。乙は草木の曲がった形。物を両手でひきあげる・ひきとめるの意味を表す。

【兒】 児(433)の旧字体。→儿部 一〇八ページ。

(9)3 【臿】6160 △ 漢ソウ（サフ） 呉ショウ（セフ） 洽 chā

字義 ❶うすづく。うすでついて麦などの皮を取り去る。❷すき。土を掘り起こす農具。＝鍤。❸さす。さしはさむ。

解字 篆文 会意。干＋臼。干は、きねの象形。臼は、うすの象形。うすの中に、きねをさしこむさまから、うすづく・さすの意味を表す。臿(臿)の意味と音符とを含む形声文字に、挿・鍤などがある。

(9)3 【舁】6161 △ ヨ 魚 yú　7145 674D

【舁】本字

字義 かく。かつぐ。二人が一緒に両手をかけて持ちあげる。

解字 篆文 会意。臼＋廾。臼は上からさしのべた両手、廾は、下からさしあげた両手の象形。ふたりが一緒に両手をかけてもちあげるの意味を表す。舁の意味と音符と

を含む形声文字に、輿・譽(誉)・鷽などがある。

(10)4 【舀】6162 △ ヨウ（エウ） 篠 yǎo

字義 ❶くむ(汲)。くみとる。もと、臼から物をくみ出す意。❷つぐ。水などをつぐ。注ぐ。

解字 篆文 会意。爪＋臼。爪は物をつかむ手の象形。臼は、うすの象形。うすの中から物をつかみ出すの意味を表す。舀を音符に含む形声文字に、慆・搯・滔・稻(稲)・蹈・韜などがあり、これらの漢字は、「ぬきとる」の意味を共有している。

(11)5 【舂】6163 △ 漢ショウ 呉シュウ 冬 chōng　7146 674E

字義 ❶うすづく。臼で穀物をつく。❷太陽が没する。日が入る。❸つく。うつ。＝衝。

解字 金文 篆文 会意。廾＋杵省＋臼。廾は、両手の象形。杵は、きねの意味。臼は、うすの象形。うすづくの意味を表す。

【舂炊】（ショウスイ）うすでつくことと、炊事すること。
【舂容】（ショウヨウ）落ち着いて、こせこせしないこと。

(12)6 【舃】6164 △ 漢セキ 呉シャク 陌 xì

【舄】俗字

字義 ❶くつ。底を二重に作ったくつ。＝鞨。❷ひがた。＝潟。❸柱の土台の石。

解字 金文 古文 篆文 象形。かささぎの象形。かささぎの意味を表す。また、藉に通じ、底を二重にしきかさねたくつの意味をも表す。

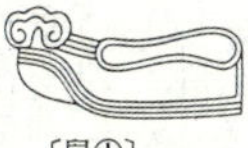
〔舃①〕

(13)6 【與】(12) ヨ 与(11)の旧字体。→三ページ。　7148 6750

(13)7 【舅】6165 標 漢キュウ（キウ） 呉グ 宥 jiù　7147 674F

字義 ❶おじ。母の兄弟。「舅父」❷しゅうと。配偶者の父を呼ぶ称。「舅姑」❸妻の兄弟。❹諸侯が姓の違う大夫を呼ぶ称。❺天子が姓の違う諸侯を呼ぶ称。「伯舅」❻姓の違う年長の友人を呼ぶ称。❼古い。

解字 篆文 形声。男＋臼音。音符の臼は、久に通じ、久しい交際のある男性、おじ・しゅうと等の意味を表す。

【舅姑】（キュウコ）しゅうとと、しゅうとめ。夫から妻の父母、妻から夫の父母をよぶ称。
【舅子】（キュウシ）①母の兄弟の子。母方のいとこ。②妻の兄弟。
【舅氏】（キュウシ）①母の兄弟。母方のおじ。舅父。②妻の父。外舅。
【舅弟】（キュウテイ）母の兄弟の子。母方のいとこ。
【舅父】（キュウフ）母の兄弟。母方のおじ。舅氏。
【舅母】（キュウボ）母の兄弟の妻。母方のおば。

(16)9 【舉】6166 △ キョ 挙(2537)(擧)と同字。→四三四ページ。　5810 5A2A

(16)9 【興】6167 教5 コウ・キョウ おこる・おこす　2229 363D
一 漢キョウ・呉コウ 蒸 xīng
二 漢キョウ・呉コウ 径 xìng

筆順 （同 𦥑 𦥑 興）

字義 一 ❶おこる。たつ。㋐はじまる。新たに生ずる。「勃興」㋑さかんになる。栄える。奮い立つ。立ち上がる。〔論語、泰伯〕民興於仁（たみジンにおこる）。「興隆」「再興」❷おこす。㋐始める。発生させる。㋑さかんにする。奮い立たせる。㋒ひきたてる。挙用する。❸おきる。おき上がる。立ち上がる。
二 ❶よろこぶ。楽しむ。また、喜び。楽しみ。「余興」「即興」❷『詩経』の六義の一つ。まず自然界のある物事などをたとえにして歌い、その後で、歌おうとする自分の心持ちを歌うもの。

名乗 おき・き・さかん・とも・ふさ　難読 興統（おきむね）・興部（おこっぺ）

参考 現代表記では〔昂〕(2987)・〔亢〕(91)の書きかえに用いることがある。「昂奮→興奮」「亢奮→興奮」

使いわけ おこす・おこる〔興・起〕
〔興〕はじまる。新たに生ずる。また、盛んになる。「家を興す・国が興る」
〔起〕立ち上がる。物事をはじめおこす。「寝た子を起こす・事件を起こす」

解字 甲骨文 篆文 会意。舁＋同。舁は、四つの手で物をあげるの意味。同は、あわせるの意味。力を合わせて物を挙げるの意味を表す。甲骨文は、輿(こし)を二人が両手で持ちあげている形にかたどる。転じて、心が高なる、よろこぶの意味をも表す。

▼逸興・感興・再興・作興・詩興・秋興・酒興・春興・振興・酔興・即興・比興・不興・復興・遊興・余興・隆興

【興安嶺】（コウアンレイ）内蒙古自治区東北部及び黒竜江省北部にある山脈の総称。

【興会(會)】興味の集まる所。おもしろみ。おもむき。興味。興趣。

【興壊(壞)】おこることと、破れること。さかんになることと、おとろえること。盛衰。

【興感】①物事に感じてふるいたつ。②おもしろく感ずる。感興。

【興起】①ふるいおこる。ふるいたつ。②さかんにおこる。③たちあがる。

【興業】学業・事業をおこす。

【興行】①おこしおこなう。さかんに行う。さかんに行われる。②よい行いをはげみ修める。③国芝居・映画などを催し、入場料を取って見物人に見せること。

【興国(國)】国の勢いをおこしさかんにする。また、勢いのさかんな国。

【興作】おこる。また、おこす。

【興趣】おもしろみ。おもむき。興味。

【興替】おこりすたり。盛んになったり衰えたりすること。盛衰。興廃。〔十八史略、唐、太宗〕以レ古為レ鏡、可レ見ニ興替一〈過去の事跡を鏡として参考にすれば、国家の興隆したり衰退したりする原因を知ることができる〉

【興敗】おこることと、やぶれること。興亡。

【興廃(廢)】おこることと、すたれること。さかんになることと、おとろえること。盛衰。興壊。興替。

【興発(發)】倉を開く。米倉を開いて民にほどこす。

【興復】もとどおりさかんにする。再びさかんにする。復興。

【興奮】①物事に感じて心気がふるいおこる。元気づく。②感情がふるいたかぶる。刺激によって神経がたかぶる。

【興亡】おこることと、ほろびること。おこったり、ほろびたりする。「治乱興亡」

【興味】①おもしろみ。おもむき。興趣。②ある対象の内容に対して特に注意を払う感情。

【興隆】おこりさかんになる。さかんにおこる。〔文選、諸葛亮、出師表〕此先漢所ニ以興隆一也

(18)12
【舊】(2970)　キュウ　旧（2969）の旧字体。→四九二ページ。　7149 *6751*

6　舌部

〔部首解説〕した。したへん。舌を意符として、なめるなどの舌の動きに関する文字ができている。甘部の甜（あまいの意味）もこれをもとにした文字。舎の形を持つ文字が便宜上、この部首に分類される。

舌 九〇五　2舎 九〇五　4舐 九〇五　6舒 九〇五　9舗 九〇五　10舘 九〇五
乱→乙部 三九ページ。甜→甘部 七三三ページ。辞→辛部 一〇七七ページ。

(6)0
【舌】6168　教5　ゼツ　した　漢セツ・呉ゼチ　慣ゼツ　拼 shé　3269 *4065*

筆順　二　千　舌　舌

字義　した。❶㋐口の内部に突出した器官で、味覚や発音などの作用を営む。㋑まと（射的）の左右に出た所。㋒楽器などの内部にあって、音を出す具。㋓したの形をしたもの。❷ことば。ことばづかい。「弁舌」「巧舌」

参考　新字体では、もと舌部の舎・舗を、吉の形（舎・舗）に書く。ともに、口部に編入した。

解字　甲骨文 　篆文 　象形。口から出した「した」の形にかたどり、したの意味を表す。

▼巻舌・口舌・巧舌・冗舌・長舌・毒舌・筆舌・弁舌
【舌禍】①自分の言ったことがもとで受けるわざわい。②他人にそしられて受けるわざわい。

【舌剣(劍)】①人を傷つけるようなことば。②するどい弁説。

【舌耕】講義・演説・講談など、弁舌によって生活の道を立てること。

【舌根】①したのね。したのねもと。舌ののどに近いところ。②仏六根の一つ。した。味官。

【舌根未レ乾】舌のねのかわかぬうち。いま言ったばかりで、まだ時間がたたないこと。

【舌人】通訳をする人。通訳。

【舌尖】①したのさき。②口さき。弁舌。

【舌戦(戰)】議論をたたかわす。言い合い。口論。

【舌頭】＝舌尖。

【舌鋒】ことばのほこさき。するどい弁舌。

【巻レ舌】驚いて口がきけないこと。

【掉レ舌】雄弁をふるう。揺レ舌。

【乱】→乙部 三九ページ。

(8)2
【舎】(224)　シャ　舎（223）の旧字体。→八一ページ。　7150 *6752*

(10)4
【舐】6169　標　漢シ　呉ジ　拼 shì　7151 *6753*

字義　なめる。ねぶる。舌のさきでなめる。

【䑛】同字

解字　形声。舌＋氏音。音符の氏は、壬に通じ、つきだすの意味。物に舌をつきだす、なめるの意味を表す。

【舐犢之愛】親牛が子牛をなめ愛すること。転じて、親が子を深く愛することのたとえ。また、溺愛のあまり、子どもをスポイルするたとえ。犢は、子牛。〔後漢書、楊彪伝〕

【甜】→甘部 七三三ページ。

(12)6
【舒】6170　△　ショ　拼 shū　慣ジョ　4816 *5030*

字義　❶のびる。広がる。また、のばす。❷のべる。㋐広げる。㋑思いを述べる。＝叙。❸ゆるやか。㋐遅い。ゆるい。㋑静か。おだやか。❹おこたる。あなどる。❺順序をつける。

解字　篆文 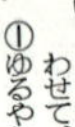　形声。舎＋予音。舎は、身心を伸びやかにする場所の意味。音符の予は、伸びやかの意味。合わせて、のびる・のべるの意味を表す。

【舒緩】①ゆるやか。ゆったりしていること。②ゆるむ。だれる。おこたる。

【舒巻】①ひろげることと、巻くこと。②時に応じて進退する。③書物を開く。

【舒舒】ゆるやかなさま。ゆっくりと静かなさま。徐徐。

【舒嘯】①ゆるやかにうそぶく。静かに口ずさむ。②口笛をふく。

【舒情】思いをのべる。抒情。叙情。

【舒遅(遲)】ゆったりと落ちついているさま。

【舒暢】心がのびのびすること。

(15)9
【舗】(1103)　ホ　舗（1102）の旧字体。→一二六ページ。鋪（8160）の俗字。→一一二四ページ。　7152 *6754*

(16)10
【舘】6171　△　カン　館（8755）の俗字。→一二二一ページ。　2060 *345C*

6　舛(舛)部

舛は七画。

〔部首解説〕ます。舛は、両足を表し、これを意符として舞などの字ができている。これを「ます」と読むのは日本独自の習慣

で、本来の意味ではない。もとの字形は六画。新字体では、舛を構成部分とするとき、舛（七画）の形に書く。

舛 九〇六　6 舜 九〇六　7 舝 九〇六　8 舞 九〇六

【舛】 (6)0 **6172** △ セン 銑 chuǎn　3304 *4124*

字義 ❶背をそむけあってねる。❷**そむく**。たがう。ちがう。もとる。「舛誤」❸いりまじる。まじり乱れる。国**ます**。升（2044）の俗字。

解字 篆文　象形。両足が反対方向を向く形にかたどり、そむくの意味を表す。

【舛△訛】センカ　あやまり。まちがい。誤謬ゴビュウ。訛舛。

【舛午・舛△忤】センゴ　そむきたがう。違背する。

【舛互】センゴ　①そむきたがう。舛午ゴ。②たがいにいりまじる。

【舛誤】センゴ　間違える。また、誤り。

【舛錯】センサク　①そむきたがう。そむき乱れる。②いりまじる。

【舛△馳】センチ　そむきはせる。思い思いの方向に進む。

【舜】 (13)6 **6173** 囚 シュン 震 shùn　2956 *3D58*

【舜】 (12)6 **6174**

筆順

字義 ❶ひるがお。つる草の名。木の名。❷むくげ。もくげ。アオイ科の落葉低木。夏から秋にかけて一重ひとえまたは八重やえの淡紫色・淡紅色・白色などの花を開く。＝蕣シュン。❸中国古代伝説上の帝王の名。有虞グウ氏。尭ギョウとともに理想的な聖天子とされる。

名乗 きよ・とし・ひとし・みつ・よし

解字 篆文　形声。篆文は、匧＋舛㊥。匧はまた、匚＋炎。匚は、こばこの象形。炎は淡に通じ、あわいの意味。音符の舛セは、そむくの意味。小箱ほどの大きさで、淡紅色の花がたがいに別の方を向いてさく、ひるがおの意味を表す。ただし、異説が多い。

【舜△禹】シュンウ　中国古代伝説上の聖天子、舜帝と禹王。

【舜華】シュンカ　むくげの花。美人の顔にたとえる。舜英。

【舜典】シュンテン　『書経』の編の名。舜が尭帝ギョウテイを助けて善政を行い、その譲りを受けて天子となる事情を述べている。

【舝】 (13)7 **6175** △ 漢カツ 呉ゲチ 黠 xiá

字義 ❶**くさび**。車の心棒のさきにさして、車輪のぬけるのを防ぐ具。＝轄カツ。❷くさびする。くさびをさして車輪がぬけないようにする。

解字 篆文　形声。舛＋禼省㊥。音符の禼セツは、契に通じ、きざむの意味。舛は、左右の足の象形。車軸の両端にきざみこんだくさびの意味を表す。

4181 *4971*

【舞】 (15)8 **6176** 常 ブ まう・まい

【舞】 (14)8 **6177** 漢ブ 呉ム 麌 wǔ

筆順

字義 ❶**まう**。まふ。㋐音楽や歌に合わせて踊る。「剣舞」㋑こおどりする。喜んでおどり上がる。「乱舞」㋒飛びまわる。かけまわる。めぐる。❷**まわす**。まはす。まわせる。㋐舞いをさせる。踊りをさせる。㋑はげます。奮い立たせる。「鼓舞」❸もてあそぶ。思いのままに扱う。❹**まい**。まひ。おどり。舞踊。

難読 舞妓まいこ・舞木もうぎ

解字 甲骨文 金文 篆文　形声。舛＋𣞤㊥。音符の𣞤ブは、まいの象形。甲骨文は、人が装飾のあるそでをつけて舞うさまにかたどっているのがよくわかる。のち、さらに左右の足の象形の舛を付し、まいの意味を明らかにした。

▼歌舞・緩舞・群舞・鼓舞・跳舞・慢舞・妙舞・乱舞

【舞△雩】ブウ　天をまつって雨ごいをする祭り。また、その祭壇。〔論語、先進〕浴二乎沂一、風二乎舞雩一

【舞△筵】ブエン　まいの席に敷く敷き物。転じて、舞の席。

【舞楽（樂）】ブガク　まいを伴う雅楽。

【舞姫（姬）】ブキ・まいひめ　まいを舞う女。おどりこ。舞妓ブギ。

【舞曲】ブキョク　①舞楽に用いる楽曲。舞のための曲。②音楽を伴う舞。

【舞△衫】ブサン　まいを舞うとき着る衣装。衫は、ひとえの短い着物。舞衣。

【舞台（臺）】ブタイ　①舞や芝居などを演ずる台。演技の場所。②舞台での演技。③うでまえをためす場所。

【舞態】ブタイ　まいを舞うすがた。舞の姿。舞容。

【舞踏・舞△蹈】ブトウ　①まいおどる。②足ぶみして喜びおどる。舞躍。③朝廷での拝礼の一種。手をまわし足をふみならしてする礼。④国西洋風のおどり。ダンス。

【舞筆】ブヒツ　事実をまげて書く。曲筆。

【舞文】ブブン　①法律や文章を勝手に解釈または改作すること。②＝舞筆。③興味にかられ、好んで文章を作ること。

【舞文△弄法】ブブンロウホウ　文を舞わしめ、法をもてあそぶ。法律や文書を勝手に解釈または改作し、法律を悪用・乱用すること。舞文巧法とも。

【舞△抃】ブベン　喜んで、舞いながら手をたたくこと。抃舞。

【舞容】ブヨウ　＝舞態。

【舞踊】ブヨウ　まい。おどり。ダンス。

【舞△弄】ブロウ　①文筆・法律などをもてあそぶ。↓舞文・舞文弄法。②人をあなどりもてあそぶ。

6

舟部

〔部首解説〕 ふね。ふねへん。舟を意符として、いろいろな種類の舟や、舟の部品・用具、舟で行くことなどに関する文字ができている。なお、舟が省略されて月（ふなづき）の形になる文字がある。それらは月部に分類される。

舟 九〇六　2 舠 九〇七　3 舡 九〇七　舢 九〇七　4 航 九〇七　舩 九〇七　般 九〇七　舫 九〇七　舮 九〇七　5 舸 九〇七　舷 九〇七　舴 九〇七　舳 九〇七　船 九〇八　舵 九〇八　舶 九〇八　舲 九〇八　7 艇 九〇八　艀 九〇八　9 艑 九〇八　10 艋 九〇八　艙 九〇八　艘 九〇八　11 艚 九〇八　艝 九〇八　12 艟 九〇八　艠 九〇八　13 艤 九〇八　艢 九〇九　14 艨 九〇九　15 艦 九〇九　艪 九〇九　16 艫 九〇九

【舟】 (6)0 **6178** 常 シュウ ふね・ふな　漢シュウ（シウ）・呉シュ 尤 zhōu　2914 *3D2E*

筆順

字義 ❶**ふね**。乗って水を渡る具。「舟車」❷うけざら。昔、祭りの尊（樽ソン・さかだる）の下においた盤。❸おびる。身につける。❹あたえる。さずける。
国**ふね**。水・湯・酒などを入れる桶おけ。「湯舟」

名乗 のり　難読 舟子かこ・舟入ふないり・舟夫かこ

参考 舟も船も同じで、ふねのこと。ただ昔、中国の関東（函谷関カンコクカンから東）では舟といい、関西（函谷関から西）では船と

いった。

使いわけ　ふね〔舟・船〕

〔舟〕小型のふね。「丸木舟」

〔船〕大型のふね。「船旅」

なお、大小に関係ない場合は〔船〕を用いる。「船酔い」

解字　甲骨文　金文　篆文　象形。わたしぶねの象形で、ふねの意味を表す。

▼虚舟・軽舟・刻舟・孤舟・同舟・方舟

【舟艦】シュウカン　戦争用の舟。いくさぶね。

【舟行】シュウコウ　舟に乗って行く。舟で旅行する。

【舟航】シュウコウ　舟で水を渡って行くこと。

【舟子】シュウシ・ふなこ　舟をこぐ人。船頭。舟人。

【舟師】シュウシ　①舟に乗って戦う軍隊。海軍。水軍。②船頭。ふなこ。舟人。

【舟車】シュウシャ　ふねと、くるま。転じて、水陸の交通機関。

【舟楫・舟檝】シュウシュウ　①ふねと、かじ。また、ふね。②天子を助ける家来のたとえ。「かうこと」。

【舟戦（戰）】シュウセン　ふないくさ。敵・味方が互いに舟に乗ってたたかうこと。

【舟中敵国（國）】シュウチュウテキコク　魏の武侯が舟に乗り、魏国が自然の要害の地だといったのに対して、呉起が、君が徳を修めなければ、舟に乗っている左右の者も敵にまわるだろうといった故事。〔史記、呉起伝〕

【舟泊】シュウハク　ふなどまり。舟が停泊すること。舟次。

【舟筏】シュウバツ　ふねと、いかだ。また、ふね。

【舟輿】シュウヨ　船と車。舟車。

【舟梁】シュウリョウ　①舟をならべて作った橋。②舟と橋。

【刻レ舟求レ剣（劍）】ふねにコクしケンをもとむ　舟から流れの中に剣を落とした者が、ここが剣の落ちた場所だと、ふなべりを刻んでしるしをつけ、あとで落とした剣を探した故事。転じて、時勢の移り変わりを知らない、頑固で融通のきかない者のたとえ。〔呂氏春秋、察今〕

(8) 2
【舠】6179　△　トウ（タウ）　豪　dāo

字義　こぶね。

解字　形声。舟＋刀㊐。

(9) 3
【舡】6180　△　㊀コウ（カウ）　江　xiāng　㊁漢セン・呉ゼン　先　chuán

字義　㊀ふね（船）。㊁ふね。船（6191）の俗字。

解字　形声。舟＋工㊐。

(9) 3
【舢】6181　△　サン　刪　shān

字義　舢板サンパンは、港湾や河川で用いる小舟。三板サンパン。

解字　形声。舟＋山㊐。

(10) 4
【航】6182　教 4　コウ　漢コウ（カウ）　呉ゴウ（ガウ）　陽　háng　2550　3952

筆順　航

字義　❶ふね。❷ふなばし。舟を並べて作った橋。❸わたる。舟で水を渡る。「航海」今、空中を飛び渡ることにもいう。「航空」

名乗　わたる

解字　形声。舟＋亢㊐。音符の亢コウは、行に通じ、行くの意味。舟で行くの意味を表す。

▼寄航・欠航・舟航・渡航・難航

【航空】コウクウ　飛行機で空中を飛行すること。

【航行】コウコウ　舟で水の上を渡って行く。舟や航空機で行くみちのり。

【航程】コウテイ　舟や航空機で行くみちのり。

【航路】コウロ　舟の通るみち。ふなじ。水路。

(10) 4
【舩】6183　△　セン　船（6191）の俗字。→九〇八ページ。　7153　6755

(10) 4
【般】6184　常　ハン　㊀ハン　寒　bān　㊁ハン　刪　㊂ハツ　曷　bō　4044　484C

筆順　般

字義　㊀❶めぐる。まわる。また、めぐらす。まわす。「般旋」❷はこぶ。移す。また、返す。❸ひさしい。❹ぐずぐずして進まない。❺たのしむ。❻大きい。❼たぐい。種類。「百般」㊁❶しく（布）。分布する。❷わける。分け与える。❸まだら。ぶち。❹いりみだれる。㊂→般若。

名乗　かず・つら

解字　甲骨文　金文　篆文　会意。舟＋殳。舟は、ふねの意味。殳シュは、ある動作が加わるの意味。大きな舟を動かすの意味から、はこぶの意味を表す。般を音符に含む形声文字に、搬・瘢ハン・盤・磐バン・鞶ハンなどがあり、これらの漢字は、「おおきい」の意味を共有している。

▼一般・各般・過般・諸般・万般・百般

【般逸】ハンイツ　楽しみあそぶ。盤逸。般遊。

【般桓】ハンカン　進まないさま。盤桓。

【般旋】ハンセン　うねりめぐる。めぐる。盤旋。般還。

【般若】ハンニャ　①仏梵語ボン prajñā の音訳語。迷いを去って、さとりを開く知恵。②国㋐恐ろしい鬼女の面相に作った能面。般若面。㋑恐ろしい顔の女。

【般若心経（經）】ハンニャシンギョウ　ハンニャハラミッタシンギョウの略。仏仏教の経典の名。般若波羅蜜多心経の略。一巻。唐の玄奘ゲンジョウの訳で、一切皆空の理、色即是空シキソクゼクウを説いている。

【般若湯】ハンニャトウ　僧家で、酒をいう隠語。

【般楽（樂）】ハンラク　大いに遊びたのしむ。

(10) 4
【舫】6185　△　ホウ（ハウ）　漾　fǎng　7154　6756

字義　❶ふね。また、いかだ。❷もやい。もやいぶね。二つ並べてたがいにつなぎ合わせた舟。「舫舟」「舫船」

解字　篆文　形声。舟＋方㊐。音符の方は、並ぶの意味。並べてつないだ舟の意味を表す。

(10) 4
【舮】6186　△　ロ　艫（6210）の俗字。→九〇九ページ。　〔舮〕　7168　6764

(11) 5
【舸】6187　△　カ　哿歌　gě　7155　6757

字義　ふね。大きな船。大きく速い船。「走舸」

解字　篆文　形声。舟＋可㊐。

【舸艦】カカン　大きな軍艦。巨艦。

(11) 5
【舷】6188　標　漢ケン　呉ゲン　先　xián　2431　383F

字義　ふなばた。ふなべり。船の側面。舷側。

解字　形声。舟＋玄㊐。音符の玄は、弦に通じ、つるの意味。張られた弦のような反りのある舟の側面の意味を表す。

【舷舷相摩】ゲンゲンあい（ひ）ます　ふなばたと、ふなばたとがたがいにすれ合う。敵・味方の船が接近してはげしく戦うさま。

(11) 5
【舴】6189　△　漢サク　呉シャク　陌　zé

字義　舴艋サクモウは、小舟。

解字　形声。舟＋乍㊐。

(11) 5
【舳】6190　△　㊀漢チク・呉ジク（チク）　屋　zhú　㊁漢チュウ（チウ）　呉ジュ（ヂュ）　宥　zhòu　7156　6758

字義　㊀❶とも。舟の後部。船尾。❷かじ。㊁へさき。みよし。舟の前部。船首。

難読　舳先へさき・舳倉へぐら

解字　篆文　形声。舟＋由㊐。

【舳△艫千里】(ジクロセンリ) へさきと、ともとがふれ合って、多くの船が千里も長く連なり続くこと。〔宋、蘇軾、前赤壁賦〕
【舳△艫相△銜】(ジクロあい(ひ)ふくむ) へさきと、ともとがたがいにふれ合う意で、多くの船が連なり続くさま。

(11)5
【船】6191 教2 セン ふね・ふな 漢セン・呉ゼン 先 chuán
3305 *4125*

筆順 舟 舟八 船

【舩】俗字 7153 *6755*

字義 ふね。昔、中国の関東(函谷関(カンコクカン)から東)では舟、関西(函谷関から西)では船といった。

難読 船渠(ドック)・船首(みよし)

使いわけ ふね〔舟・船〕⇩舟(6178)。

解字 金文 篆文 形声。舟＋㕣音。音符の㕣(エン)は、穿(セン)に通じ、うがつの意味。木をうがってつくった舟の意味を表す。また、㕣は沿に通じ、川の流れにそって上下する舟の意味を表すともいう。

▼艦船・客船・難船・泊船・帆船・便船・輪船・楼船
【船艦】(センカン) ①いくさぶね。軍艦。②商船と軍艦。
【船脚】(センキャク) ①船底が水中に入る部分。また、その程度。喫水。②国(ふなあし) 船の速力。
【船△渠】(センキョ) 国船をつくったり、修理したりする所。ドック。
【船橋】(センキョウ) ①船を並べてつなぎ、その上に板を渡して橋としたもの。うきはし。ふなばし。②船の上甲板の中央部前方にあって、船長が指揮をとる所。ブリッジ。
【船△舷】(センゲン) ふなばた。ふなべり。船の側面。舷側。
【船△檣】(センショウ) 船のほばしら。
【船倉・船△艙】(センソウ・ふなぐら) 船の上甲板の下にあって、貨物を積みこむ所。
【船頭】(セントウ) ①船の前部。へさき。船首。②国(センドウ) ㋐船のかしら。ふなおさ。㋑船をこぐ人。ふなこ。ふなのり。水夫。
【船舶】(センパク) ふね。舶は、大船。
【船夫】(センプ) せんどう。ふなこ。水夫。
【船腹】(センプク) ①船のはら。②船の内部。船で貨物を積む所。
【船△篷】(センボウ) ①船のとま。篷は、船の上部をおおうのに用いる、菅(すげ)や茅(かや)で編んだもの。②とまでおおってある船。
【△檥レ船・△艤レ船】(ふねをギす) ふなでの用意をする。

(11)5
【舵】6192 標 漢タ 呉ダ 哿 duò
3441 *4249*

【柁】同字 3440 *4248*　【䑨】同字

字義 かじ(だ)。船尾につけて船首の方向を定める具。

解字 形声。舟＋它音。音符の它(タ)は、へびの象形。へびの尾のように自由に動いて方向を定める、舟のかじの意味を表す。

【舵手】(ダシュ・かこ) 船のかじとり。かんどり。操舵手。舵子。

(11)5
【舶】6193 常 ハク 漢ハク・呉ビャク 陌 bó
3985 *4775*

筆順 舟 舟白 舶

字義 おおぶね。海を渡る船。「船舶」

解字 形声。舟＋白音。音符の白は、泊に通じ、宿るの意味。寝泊まりして長期にわたって海を行く、大船の意味を表す。

▼船舶・蛮舶
【舶△賈】(ハクコ・ハッコ) 外国からやってきた商人。
【舶載】(ハクサイ) ①船にのせて運ぶ。②＝舶来。
【舶来(來)】(ハクライ) 国①船に積んで外国から運んで来る。②舶来品の略。外国からの輸入品。舶貨。

(11)5
【舲】6194 △ 漢レイ 呉リョウ(リャウ) 青 líng

字義 ❶やかた船。まどのある小舟。❷こぶね。

解字 形声。舟＋令音。音符の令は、櫺(レイ)に通じ、れんじの意味。れんじ窓のある、やかた舟の意味を表す。

(13)7
【艇】6195 常 テイ 漢テイ・呉ジョウ(ヂャウ) 迥 tǐng
3690 *447A*

筆順 舟 舟壬 艇

字義 こぶね。細長い小舟。ボート。短艇。

解字 篆文 形声。舟＋廷音。音符の廷は、まっすぐ突き出るの意味。先端が突き出て風の抵抗を小さくした軽快な、こぶねの意味を表す。

▼艦艇・端艇
【艇子】(テイシ) せんどう。ふなこ。水夫。船夫。

(13)7
【艀】6196 △ 漢フ 呉ブ 尤 fú
7157 *6759*

字義 こぶね。国はしけ。本船と波止場(はとば)との間を往来して、人や貨物を運ぶ小舟。

解字 形声。舟＋孚音。音符の孚(フ)は、浮に通じ、うきあがるの意味。軽く浮きやすい、小さな舟の意味を表す。

(15)9
【艑】6197 △ 漢ヘン 呉ベン 銑先 biàn

(16)10
字義 ❶おおぶね。大船。❷平たい舟。

解字 形声。舟＋扁音。

(16)10
【艗】6198 △ 漢ゲキ 呉ギャク 錫 yì

字義 へさき。水難よけのかざりに鷁(ゲキ)(水鳥の一種)を彫りつけた船首。また、その船。

解字 形声。舟＋益音。

(16)10
【艙】6199 △ ソウ(サウ) 陽 cāng
7158 *675A*

字義 ❶ふなぐら。胴の間(ま)。船の中央部の、貨物を積む所。船艙。❷船などの中央部のしきったへや。船室。

参考 現代表記では〔倉〕(297)に書きかえることがある。「船艙→船倉」

解字 形声。舟＋倉音。音符の倉は、くらの意味を表す。

【艙間】(ソウカン) 船の中央部にあるへや。船室。

(16)10
【艘】6200 標 ソウ(サウ) 豪 sāo
7159 *675B*

字義 ❶ふね。また、船の総称。❷船の数を数える語。

解字 形声。舟＋叟音。

(17)11
【艚】6201 漢ソウ(サウ) 呉ゾウ(ザウ) 豪 cáo
7161 *675D*

字義 ふね。また、小舟。

解字 形声。舟＋曹音。音符の曹は、二人が向きあうの意味。二人が向きあって乗るボートの意味を表す。

(17)11
【艝】6202 国字 △
7160 *675C*

字義 そり。雪や氷などの上をすべらせて行くのに用いる具。＝橇(そり)。

解字 会意。舟＋雪。雪の上を行く舟、そりの意味を表す。

(18)12
【艟】6203 △ 漢ショウ・呉シュウ 慣ドウ 冬 chōng
7162 *675E*

字義 艨艟(モウドウ)・艟艫(ドウロ)は、いくさぶね。→艨(6207)。

解字 形声。舟＋童音。音符の童は、衝に通じ、つきあたるの意味。敵につきあたっていくふねの意味を表す。

(18)12
【艠】6204 国字 △

字義 いかだ(筏(バツ))。材木を何本も並べて結び合わせ、水に浮かせるようにしたもの。

解字 会意。舟＋登。物をのせる舟のようなものという意味を表す。

(19)13
【艤】6205 △ ギ 紙 yǐ
7163 *675F*

をすること。＝檥(ぎ)。

字義 **ふなよそおい**(ふなよそほひ)。ふなもよい。ふなじたく。出船の用意

解字 形声。舟＋義(音)。音符の義は、規則にかなっていてよいの意味。舟が航海してもよいように、したくをするの意味を表す。

【艤^楫】(ギシュウ) 出船の用意を整える。艤舟。艤船。

【艤装(裝)】(ギソウ) 船が設備を整えて、出発の用意をすること。ふなよそおい。

(19)13 【艢】 6206 △ ショウ 檣(3717)と同字。→五六四ページ。 7164 6760

(20)14 【艨】 6207 △ 漢ボウ 呉モウ 東・送 méng 7165 6761

字義 艨艟(モウドウ)は、いくさぶね。軍艦。細長くて、牛の皮でおおい、敵の船を突き破るもの。

解字 形声。舟＋蒙(音)。

(21)15 【艦】 6208 常 カン ― 漢カン 呉ゲン 豏 jiàn 2047 344F

筆順 舟 舟 舟 舟 艦 艦

字義 **いくさぶね**。兵船。軍艦。昔は船の周囲に板を張り、矢や石を防ぐように造った。

解字 形声。舟＋監(音)。音符の監は、檻(カン)に通じ、おりの意味。敵の攻撃を防ぐため、おりのように四面を板で囲んだ、いくさぶねの意味を表す。

▼旗艦・舟艦・船艦・闘艦・砲艦

【艦橋】(カンキョウ) 軍艦の甲板で、将校が指揮するために一段高く作った所。ブリッジ。

【艦船】(カンセン) ①軍艦と商船。②大小の艦艇と、艦艇の活動を助ける種々の船舶との総称。

【艦隊】(カンタイ) 二隻以上の軍艦で編成した海軍の部隊。

【艦艇】(カンテイ) 軍艦・水雷艇などの総称。大小の軍艦。

(21)15 【艪】 6209 △ 漢ロ 呉ル 虞 lǔ 7166 6762

[艣]同字

字義 **ロ**。かい。舟をこぐさお。＝櫓。

解字 形声。舟＋魯(音)。

(22)16 【艫】 6210 △ 漢ロ 呉ル 虞 lú 7167 6763

[舮]俗字 7168 6764

字義 ❶**へさき**。みよし。舟の前部。船首。❷**とも**。舟の後部。船尾。❸舟。

難読 艫作(へなし)

解字 篆文 形声。舟＋盧(音)。

6 艮部

〔部首解説〕 **うしとら**。こん。艮(コン)が意符になる文字の例はない。字形分類上、部首に立てられる。

艮 九〇九 1 良 九〇九 11 艱 九一〇

(6)0 【艮】 6211 △ コン 慣ゴン 願 gèn, gěn 2617 3A31

[㫃]本字

字義 ❶もとる。さからう。❷止まる。❸なやむ。かたい(難)。むずかしい。❹かたい(堅)。❺易の卦(カ)の名。㋐八卦(カ)の一。☶。山にかたどり、止まって進まないかたち。家族では若い男、方位では東北にあてる。㋑六十四卦(カ)の一つ。䷳ 艮下艮上(ゴンカゴンショウ)。止まって進まないかたち。❻**うしとら**。丑寅(チュウイン)。㋐東北の方角。㋑午前二時から同四時までの間。

解字 篆文 象形。人の目を強調した形にかたどり、もと、目の字が用いられるようになり、艮は、もとる・とどまるの意味に用いられるようになった。また、借りて、方角・時間の「うしとら」の意味にも用いる。艮を音符に含む形声文字には、很(コン)・墾・懇・恨・根・狠(コン)・痕(コン)・眼・銀・限・齦(コン)・跟(コン)などがあり、これらの漢字は、多く「ふみとどまる」の意味を共有している。

(7)1 【良】 6212 教4 リョウ よい 野良(の ら) リョウ(リャウ) 陽 liáng 4641 4E49

筆順 ゥ ョ 自 良

字義 ❶**よい**(よし)。いい。↕悪。㋐富んでいる。豊か。㋑すぐれている。まさっている。長じている。㋒めでたい。運がよい。㋓安らか。おだやか。㋔すなお。おとなしい。❷**よく**。できる。〔左伝、昭公十八〕弗₌良及₋也(よくおよばざるなり)。❸**まことに**。実に。〔唐、李白、春夜宴₌桃李園₋序〕良有ₗ以也(まことにゆえ(あ)あるなり)。❹**やや**。少し。しばらくして。❺てがら。いさお。❻おっと。むこ。「良人」❼すぐれた人・馬など。

名乗 あきら・お・かず・かた・すけ・たか・つかさ・なおし・なが・ながし・はる・ひこ・ひさ・ふみ・まこと・み・よし・ら・ろ・ろう

難読 良人(おっと)・良瑠石(いしるら)

使いわけ **よい**〔良・善〕

〔良〕他よりすぐれている。「頭が良い」

〔善〕道徳的に正しい。「善い行い」

解字 甲骨文 金文 篆文 象形。穀類の中から特に良いものだけを選びだすための器具の象形。よいものを選ぶさまから、よいの意味を表す。良を音符に含む形声文字に、廊・朗・浪・狼(ロウ)・郎などがあり、これらの漢字には、「よい」の意味を含む朗のほか、「なみ」の意味を共有する浪・廊・狼などがある。

▼賢良・純良・順良・選良・忠良・不良

【良医(醫)】(リョウイ) よい医者。名医。〔左伝、定公十三〕

【良^醞】(リョウウン) ①よい酒。美酒。②役所の名。酒造の政令をつかさどる。

【良縁】(リョウエン) ①よい因縁(インネン)。よいゆかり。②よいたより。③国ふさわしい縁組。よい縁組。

【良家】(リョウカ) ①よい家がら。②財産のある家。

【良貨】(リョウカ) ①よい宝。②質のよい貨幣。↕悪貨。

【良会(會)】(リョウカイ) よいめぐりあい。また、夫婦のちぎり。

【良貴】(リョウキ) 自然に貴いもの。天賦の徳性をいう。

【良器】(リョウキ) ①よいうつわ。②よい(すぐれた)才能。

【良^裘】(リョウキュウ) ①よい皮ごろも。②先祖のりっぱな事業。

【良金美玉】(リョウキンビギョク) よい金と美しい玉。㋐りっぱな徳や才能のたとえ。㋑すぐれた文章のたとえ。

【良^禽択(擇)ₗ木】(リョウキンはきをえらぶ) よい鳥は、とまるのによい木をえらぶ。よい臣は君に仕える場合に、よい主君を選ぶことのたとえ。〔左伝、哀公十一〕

【良^狗】(リョウク) よい犬。転じて、謀臣のたとえ。

【良計】(リョウケイ) よいはかりごと。良策。善計。良図。

【良月】(リョウゲツ) ①よい月。みごとな月。②陰暦十月の別称。満ち足りて(数は十で満ちる)よい月の義からいう。

【良^賈深蔵(藏)若ₗ虚(虛)】(リョウコはふかくゾウしてむなしきがごとし) 大商人は商品を人目につかない奥にしまっておき、一見何もないように見せかける。転じて、賢者はその能力をかくして、表に表さないことのたとえ。〔史記、老子伝〕

【良工】(リョウコウ) よい職人。腕のすぐれた職人。

【良佐】(リョウサ) 君主を補佐するりっぱな臣下。

【良才】(リョウサイ) ＝良材の②。

【良妻】(リョウサイ) よい妻。賢妻。「良妻賢母」

【良材】(リョウザイ) ①よい材木。②すぐれた才能。また、すぐれた才能ある人。

【良算】(リョウサン) よいはかりごと。上策。良計。

【良士】(リョウシ) ①善良な男。②すぐれた人。賢士。

【良子】(リョウシ) よい子。すぐれた子。

【良史】(リョウシ) ①よい歴史家。②よい歴史書。

【良史之材】(リョウシのザイ) すぐれた歴史家としての才能。

【良死】(リョウシ) 天寿をまっとうして死ぬこと。よい死にょう。

【良識】(リョウシキ) 国よい見識。すぐれた判断力。

【良日】(リョウジツ) ①よい日がら。吉日。良辰(リョウシン)。②おだやかな気持ちのよい日。③陰暦七月七日の別称。

【良実(實)】(リョウジツ) ①よい穀物。②まじめ。律義(リチギ)。善良忠実。

【良守】(リョウシュ) よい太守。また、よい役人。良牧。

【良習】(リョウシュウ) よいならわし。よい習慣。

【良俊】(リョウシュン) 才知のすぐれた者。

【良書】(リョウショ) よい書物。有益な書物。好書。

【良相】(リョウショウ) よい宰相。賢相。良宰。

【良将(將)】(リョウショウ) よい将軍。りっぱな大将。

【良宵】(リョウショウ) よい夜。おだやかに晴れた夜。良夜。

【良心】(リョウシン) ①人の本心。その人の固有の善心。〔孟子、告子上〕②自分の行いについてその善悪の判断を下す心。

【良辰】(リョウシン) ①めでたい日。吉日。佳辰。②おだやかで気持ちのよい日。

【良鍼・良箴】(リョウシン) よい（医療用の）針。転じて、よいいましめ。

【良人】(リョウジン) ①おっと。夫。亭主。妻が夫を呼ぶ言葉。〔唐、李白、子夜呉歌〕何日平二胡虜一、良人罷二遠征一〈いつになったら、北方の蛮族を平定して、わが夫は遠征から帰ってくるだろうか〉②美しくよい妻。③よい人。善良な人。④良民。⑤漢代の女官の名。

【良知】(リョウチ) ①人が生まれながらに持っている知恵。→良知良能。②よい友。良友。③陽明学で、心の本体。霊妙で明確な心のはたらき。「良知良能」

【良知良能】(リョウチリョウノウ) 生まれつきの知力と才能。〔孟子、尽心上〕人之所二不レ学而能一者、其良能也。所二不レ慮而知一者、其良知也。

【致二良知一】(リョウチをいたす) 明(ミン)の王陽明の学説で、孟子の良知説に基づく。人が生まれながらに持っている心の本体をじゅうぶんに働かせること。〔伝習録、中〕

【良儔】(リョウチュウ) よいなかま。良朋(リョウホウ)。

【良田】(リョウデン) 地味の肥えた田畑。美田。

【良二千石】(リョウニセンセキ) 善良な地方官。漢代、郡の太守の俸給が年に二千石であったのでいう。一石は、十斗。

【良能】(リョウノウ) ①生まれつき持っている能力。→良知良能。②すぐれた能力を持った人。

【良媒】(リョウバイ) よいなこうど。

【良否】(リョウヒ) よしあし。善悪。可否。

【良匹】(リョウヒツ) よいつれあい。佳耦(カグウ)。好匹。

【良筆】(リョウヒツ) ①よい筆。②名文家。③名筆。りっぱな筆跡。

【良弼】(リョウヒツ) たすけとなるりっぱな人。りっぱな補佐の臣。良輔(リョウホ)。

【良風】(リョウフウ) よいならわし。よい風俗。美風。良俗。

【良平】(リョウヘイ) ①漢の高祖の謀臣、張良と陳平のこと。②転じて、知略にすぐれている人。

【良兵】(リョウヘイ) ①よい兵器。②よい兵士。精兵。

【良輔】(リョウホ) よいたすけ。また、その人。良佐。良弼(リョウヒツ)。

【良方】(リョウホウ) ①よい方法。良法。②よい薬の処方。

【良庖】(リョウホウ) よい料理人。上手な料理人。

【良朋】(リョウホウ) よい友。良友。

【良民】(リョウミン) ①よい人民。順良な民。②一般の人民。↕賤民(センミン)。

【良夜】(リョウヤ) ①夜ふけ。深夜。良は深。②月のよい夜。ながめのよい夜。佳宵。日本では、特に中秋の名月の夜をいう。

【良薬(藥)苦二於口一】(リョウヤクはくちににがし) よく効く薬は苦くて飲みにくい。身のためになる忠言は、聞きにくいものであることのたとえ。〔孔子家語、六本〕良薬苦二於口一而利二於病一、忠言逆二於耳一而利二於行一〈よく効く薬は苦くて飲みにくいが病気を直すのにはよい。忠告の言葉は聞きにくいが自分の行いのためにはなる〉

【良有レ以也】(まことにゆえあるなり) まことにもっともなことである。以は、故(ゆえ)（理由）。〔唐、李白、春夜宴二桃李園一序〕⇩秉レ燭夜遊(ショクをとりてよるあそぶ)（六八八ページ）。

(17)11
【艱】6213　△　漢カン　呉ケン　刪 jiān　7169　*6765*

字義 ❶かたい。むずかしい。たやすくない。❷かたんずる。かたしとする意で、むずかしくおもう。❸くるしむ。なやむ。❹くるしみ。なやみ。難儀。❺けわしい。❻も。親の喪。

解字 甲骨文　文　篆

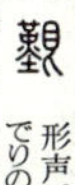

形声。茣(堇)＋艮(旵)音。堇は、日でりの意味。音符の旵(コン)は、とどまって進まないの意味。日でりや、行きなやみで事がうまく進まないの意味を表す。

【艱易】(カンイ) むずかしいことと、たやすいこと。難易。

【艱禍】(カンカ) 難儀とわざわい。困難と災害。

【艱急】(カンキュウ) 苦しく行きづまること。難儀。

【艱苦】(カンク) なやみくるしむ。艱難辛苦。艱劬(カンク)。

【艱険(險)】(カンケン) ①けわしい所。険阻。難所。②なやみと苦しみ。

【艱困】(カンコン) なやみくるしむ。苦しみ。難儀。

【艱渋(澁)】(カンジュウ) ①詩や文章が理解しにくいこと。②苦しく困難なこと。難渋。③にがいこと。

【艱辛】(カンシン) なやみ。苦しみ。艱苦。艱難辛苦。

【艱阻】(カンソ)・(カンショ) 困難。また、なやみ。

【艱難】(カンナン) 苦しみ。なやみ。また、なやむ。難儀。〔書経、無逸〕

【艱難辛苦】(カンナンシンク) なやむことと、苦しむこと。苦労すること。

6 色部

〔部首解説〕 いろ。色を意符として、色彩・容色に関する文字ができている。

色 九一〇　5 艴 九一一　13 艶 九一一　18 艷 九一一

(6)0
【色】6214　教 2　ショク・シキ　いろ　景色(けしき)　漢ショク・呉シキ　職 sè, shǎi　3107　*3F27*

筆順

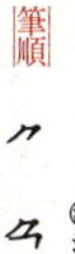

字義 ❶いろ。㋐顔色。表情。「巧言令色」㋑いろどり。色彩。「保護色」㋒おもむき。様子。状勢。「秋色」「郷土色」㋓男女間の情欲。「好色」㋔たぐい。種類。㋕仏形に表れたすべてのもの。形相。「色即是空」❷いろどる。かざる。「潤色」❸顔色が変わる。㋐けしきばむ。怒りの表情を見せる。むっとする。㋑勢いづく。生気づく。㋒驚く。驚きのあまり顔色を変える。❹おだやか。おだやかな顔色になる。国いろ。㋐恋人。情人。愛人。㋑なさけ。愛情。㋒調子。ひびき。「音色」㋓遊女。

名乗 しこ　難読 色丹(しこたん)・色麻(しかま)

解字 篆文

会意。ク（人）＋巴(卪)。卪は、ひざまずく人の象形。ひざまずく人の上に人があるさまから、男女の情愛の意味を表す。転じて、顔いろ・いろどりの意味を表す。

▼異色・温色・間色・顔色・喜色・気色・飢色・脚色・漁色・景色・血色・原色・好色・古色・彩色・山色・姿色・失色・愁色・秋色・酒色・出色・春色・潤色・女色・神色・声色・正色・生色・染色・特色・難色・配色・服色・物色・変色・暮色・憂色・愉色・容色・令色・麗色

【色界】(シキカイ) 仏三界（欲界・色界・無色界）の一つ。欲界の上にあって、物質・肉体にとらわれる境界。

【色荒】(ショッコウ) 女色にすさむ。女色にふける。女色に迷う。

【色彩】(シキサイ) ①色どり。色つや。②ようす。

【色情】シキジョウ 男女間の欲情。性欲。色欲。
【色心】シキシン・ショクシン ①仏物質と精神。②国いろごころ 男女間の情欲。色情。いろけ。
【色身】シキシン 仏有色有形の身。肉体。
【色衰愛△弛】いろおとろえ(へ)アイゆるむ 容色がおとろえみにくくなって、君の寵愛チョウアイがうすれる。〔韓非子、説難〕
【色然】ショクゼン 驚いて顔色を変える形容。
【色素】シキソ 物質に特有の色を与える成分。
【色相】シキソウ ①仏外に現れて見ることのできる物のすがた。②国色あい。色調。
【色荘(莊)】シキソウ 顔色がおごそかでまじめなこと。〔論語、先進〕
【色即(卽)是空】シキソクゼクウ 仏すべて有形の事物は、本来空無である。〔般若心経〕
【色代】シキタイ・シキダイ 国①あいさつすること。②おせじをいうこと。③他の品物で、そのかわりとすること。④色代納シキダイノウの略。鎌倉時代、田租としての米納のかわりに、土地の特産物たる大豆・小豆・油などを納めたこと。
【色沢(澤)】ショクタク・シキタク ①いろつや。光沢。②徳をたとえていう。
【色調】シキチョウ ①色の調子 ②。おもむき。
【色聴(聽)】ショクチョウ・ショクテイ 裁判官が、被告人の顔色によってそのことばの真偽を判断すること。
【色読(讀)】シキドク 文章の意味を文字通り表面的に解釈して、その真意を理解しないこと。文章の文字にこだわってその本当の意味をくみ取らないこと。
【色難】いろかたし 子が常に顔色をやわらげて親に孝行するのはむずかしい。〔論語、為政〕
【色目】ショクモク ①種類と名目。種目。②唐代、家がら・身分をいう。③シキモク 元代、西域諸国人の総称。④国いろめ ㋐衣服などの色合いの名目。㋑流し目に見る。色っぽい目つき。秋波。㋒そぶり。ようす。
【色養】ショクヨウ 親の顔色を見、その心を察して孝養をつくすこと。一説に、常に顔色をやわらげて親に孝行すること。↓色難。
【色欲・色△慾】シキヨク ＝色情。
【色△厲】ショクレイ・いろはげし 顔色がきびしく威厳がある。〔論語、陽貨〕
【徴△於色】いろにあらわ(は)る 喜怒哀楽の情が顔色に現れること。〔孟子、告子下〕

(11)5【艴】6215 △ 一漢ホツ・呉ボチ 月 bó 二漢フツ・呉フチ 物 fú 慣ボツ

字義 一二 ❶けしきばむ。怒る。むっとする。怒った顔色。❷色をぬること。

解字 篆文  形声。色＋弗音。音符の弗フツは、沸フツに通じ、わきたつの意味。怒りがわきたって顔色に出るの意味を表す。

【艴然】フツゼン むっとして怒ったようす。

(19)13【艶】6216 人 エン 豔 yàn 1780 3170
(24)18〔艷〕6217 7170 6766

筆順 冂 曲 豊 豊ク 艶

【豔】正字

字義 ❶なまめかしい なまめかし。あでやか。つやっぽくうつくしい。ふっくらとして美しい。「妖艶ヨウエン」❷つや。いろ。光彩。❸したう(慕)。うらやむ。ほしがる。
国つや。エン。㋐男女間の情事に関すること。なまめかしい。「艶聞」「艶書」㋑思わせぶり。㋒内にこもった美しさ。（歌の批評用語）

名乗 おお・もろ・よし　難読 艶姿あですがた

解字 篆文  形声。もと、豊＋盇音。音符の盇コウ＝エンは、おおうの意味。かおかたちがゆたかで、みちたりているの意味から、みめよい・いろつやの意味を表す。のち、豊＋色の会意文字となり、省略して常用漢字の形となる。

【艶歌】エンカ あだめいた歌。艶詩。
【艶言】エンゲン つやっぽいことば。艶語。
【艶妻】エンサイ 美しい妻。美妻。
【艶姿】エンシ なまめかしいすがた。艶容。
【艶質】エンシツ あでやかで美しい生まれつき。なまめかしい生まれつき。
【艶書】エンショ 国恋文。いろぶみ。ラブレター。
【艶笑】エンショウ あでやかに笑う。
【艶唱】エンショウ うるわしい声で歌をうたう。また、その声。
【艶色】エンショク なまめかしい顔色。つややかで美しい顔色。
【艶態】エンタイ なまめかしい姿。
【艶△葩】エンパ あでやかな花。葩は、花びら。
【艶美】エンビ あでやかで美しい。
【艶福】エンプク 国異性に愛される幸福。
【艶聞】エンブン 国男女間の情事に関するうわさ。
【艶△冶】エンヤ なまめかしく美しい。妖冶ヨウヤ。
【艶容】エンヨウ なまめかしい容色。あでやかな姿。
【艶陽】エンヨウ ①はなやかな晩春の季節。②若々しく美しいこと。
【艶△耀】エンヨウ 色美しくかがやく。
【艶麗】エンレイ はなやかで美しい。

(24)18【艷】(6217) エン 艶(6216)の旧字体。↓前項。 7170 6766

6

艸（⺿・⺿・艹）部

⺿・⺿は四画。艹は三画。

〔部首解説〕くさ。くさかんむり。艸ソウが冠になるときには⺿と書いて四画、常用・人名用漢字では艹と書いて三画。類似の形に卝があり、便宜上この部に含めた蔑ベツなどがあるが、艸とは関係がない。艸を意符として、草についてのいろいろな名称、草の状態、草で作るものなどに関する文字ができている。なお、「表外漢字字体表」に含まれる漢字については、表では⺿の形であるが、ここでは艹の形を用いた。

羑→羊部　八八〇ﾍﾟ。募→力部　一五四ﾍﾟ。孳→子部　二九五ﾍﾟ。
墓→土部　二四一ﾍﾟ。幕→巾部　三四八ﾍﾟ。夢→夕部　二五四ﾍﾟ。
慈→心部　四〇六ﾍﾟ。暮→日・日部　五一四ﾍﾟ。
慕→心部　四〇六ﾍﾟ。舊→臼部　九〇五ﾍﾟ。蟇→虫部　九七一ﾍﾟ。
繭→糸部　八七〇ﾍﾟ。糵→米部　八三八ﾍﾟ。

(6)0 **【艸】** 6218　△ **ソウ**（サウ）[皓] cǎo　7171 *6767*

字義 くさ。草の総称。

参考 熟語は草(6338)を見よ。→九二五ページ。

解字 篆文　象形。並び生えた草の象形で、くさの意味を表す。

(4)0 **【卄】** 6219　△ カン　丱(32)の本字。→三二ﾍﾟ。

(6)2 **【艾】** 6220　△ 一**ガイ** [泰] ài　二漢**ガイ**・呉ゲ [隊] yì　7172 *6768*

字義 一 ❶**よもぎ**。もちぐさ。❷よもぎ色。❸**もぐさ**。よもぎの葉を乾燥して製し、灸に用いるもの。❹としより。五十歳。一説に七十歳という。❺ひさしい（久）。❻へる。過ぎる。年数を経過する。❼年の数。よわい。年齢。❽うつくしい。みめよい。❾やしなう（養）。❿むくいる（報）。⓫つきる。やむ（止）。たえる（絶）。
二 ❶**かる**（刈）。刈りいれる。また、草を刈る。❷かま。草をかる道具。❸**おさめる**（治）。また、おさまる。❹やすらか（安）。

解字 篆文　形声。艹（艸）＋乂音。

【艾安】ガイアン　おさまって安らかなこと。世の中が平和に治まっていること。

【艾康】ガイコウ　治めて世を安んずる。また、世の中が治まって安らかなこと。

【艾蒿】ガイコウ　よもぎ。蒿も、よもぎ。

【艾耆】ガイシ　五、六十歳の老人をいう。艾は、頭髪がよもぎ色にごま塩になること。耆は、至（詣ケイ）で、老境に達する意。

【艾人】ガイジン　よもぎで作った人形で、端午の節句に、門戸の上にかけて毒気をはらうのに用いる。

【艾節（節）】ガイセツ　陰暦の五月五日。よもぎを飾るからいう。端午節。

(6)2 **【艽】** 6221　△ 漢**キュウ**（キウ）呉グ [尤] qiú

字義 ❶国の果て。遠くはなれた辺地。❷しとね。ねどこ。草をしき散らした獣のねどこ。

解字 篆文　形声。艹（艸）＋九音。音符の九は、究に通じ、きわまるの意味。地の果ての荒野の意味を表す。

(6)3 **【芋】** 6222　常 いも　(7)3 〖芋〗6223　一ウ [遇] yù　二ウ [虞] yú　1682 *3072*

筆順 艹 艹 艹 芋

字義 一 **いも**。特にさといもをいう。二 草がさかんにしげるさま。

難読 芋幹（いもがら）・芋茎（ずいき）・芋苗・芋毛（いくも）

解字 篆文　形声。艹（艸）＋于（亐）音。音符の亐ウは、誇に通じ、ほこらしげに言うの意味。掘るとその根がほこらしげに言いふらしたくなるほど大きくなっている、いもの意味を表す。

【芋魁】ウカイ　いものおや。おやいも。いもがしら。芋頭。

【芋▵菽】シュク いもと、まめ。

【芋▵粥】ウシュク いもがゆ。

(7)3 【芄】6224 △ 漢カン（クワン） 呉ガン（グワン） 寒 wán

字義 ❶芄蘭ガンランは、ががいも。山野に自生するつる草で、果実には綿毛があり、綿の代用とする。❷しきぐさ。草のしとね。

解字 篆 文 形声。艹(艸)＋丸音。音符の丸は、まるいの意味。果実がまるい草の意味を表す。

(9)3 【芔】6225 △ キ 卉(748)の本字。→一六五ぺ一。

(7)3 【芑】6226 △ キ 紙 qǐ

字義 ❶もちあわ。穀物の一種。❷ちさ。野菜の名。❸じおう。地黄。草の名。❹くこ(杞キ)に似た木の名。

解字 篆 文 形声。艹(艸)＋己音。

(7)3 【芎】6227 △ 漢キュウ（キウ） 呉クウ 東 xiōng

字義 芎藭キュウキュウは、おんなかずら。セリ科の多年草で、香気が高く、強壮剤などに用いる。

解字 形声。艹(艸)＋弓音。

(6)3 【芝】6228 常 しば 芝生しばふ 2839 3C47

(7)3 【芝】6229 シ 因 zhī

筆順 艹 艹 芝 芝

字義 ❶れいし(霊芝)。ひじりだけ。さいわいだけ。昔からめでたいしるしの神草とされる。❷きぬがさ。ひがさ。

国 しば。しばくさ。㋐道ばたなどに自生する小さな雑草の総称。㋑庭園に植え付ける、イネ科の多年草。葉は細長く、先がとがり、根茎がはいひろがる。

名乗 しげ 難読 芝田こげた

解字 篆 文 形声。艹(艸)＋之音。音符の之シは、あしの象形。地面などから足を突き出したようにはえる、ひじりだけの意味を表す。日本では、しばの意味に用いる。

▼紫芝・霊芝

【芝宇】シウ ＝芝眉シビ。宇は、眉宇ビウで、まゆ。唐の房琯ボウカンが元徳秀（字あざなは芝宇）の眉をほめた故事に基づく。

【芝▵艾】シガイ ひじりだけと、よもぎ。貴いものと、いやしいもののたとえ。貴賤キセン。

【芝草】シソウ ①ひじりだけ。さいわいだけ。めでたいしるしの神草。②国しばくさ。庭園などに植えるしば。また、道ばたなどにはえている小さな雑草。

【芝▵眉】シビ 他人の顔色の敬称。おかお。尊顔。眉は、まゆ。芝宇。「把芝眉シビをとる」（面会する）」

【芝▵罘】シフ・チーフー 山名。山東省煙台市の北の半島部にあり、今は芝罘島という。また、渤海ボッカイに臨む港の名。之罘とも書く。

【芝▵蘭】シラン ①霊芝レイシと、ふじばかま。ともにかおりの高い草。②善人・君子のたとえ。「芝蘭玉樹」

【芝▵蘭之化】シランのカ 美しい徳の感化。友人から受けるよい感化をいう。

【芝▵蘭之室】シランのシツ ①香草を入れてあるへや。②良友の居る室。〔孔子家語、六本〕与善人居、如入芝蘭之室シランのシツに。〈立派な人と一緒にいるのは、香草のある室に入るようなもので、自然に感化されてしまう〉

【芝▵蘭生於深林】シランシンリンにショウず 君子が逆境にあっても節操を高く持するたとえ。〔孔子家語、在厄〕

(7)3 【芍】6230 △ 一漢シャク 呉ジャク 薬 sháo 二漢キョウ（ケウ） 呉ギョウ（ゲウ） 篠 xiào 三漢テキ・呉チャク 錫 dì [芍] 7173 6769

字義 一芍薬は、草花の名。初夏のころ、牡丹ボタンに似た花を開く。二黒くわい。野菜の名。三蓮はすの実。

解字 篆 文 形声。艹(艸)＋勺音。音符の勺シャクは、灼シャクなどに通じ、あきらかの意味。かがやくような花をつける草、しゃくやくの意味を表す。

(7)3 【芊】6231 △ セン 先 qiān

字義 ❶草がさかんにしげるさま。❷山や谷の青々としたさま。

解字 篆 文 形声。艹(艸)＋千音。

【芊▵蔚】センイ 草木がしげるさま。

【芊芊】センセン ①草木がさかんにしげるさま。②青いさま。

【芊眠】センメン ①光彩のさかんなさま。②草が深くしげっているさま。

【芊▵緜】センメン 草木や山谷の青々として連なっているさま。

(7)3 【芃】6232 △ 漢ホウ 呉ブ 東 péng

字義 ❶草がさかんにしげるさま。稲や麦などの生長するさま。❷小さな獣のさま。また、尾の長いさま。❸草の名。

解字 篆 文 形声。艹(艸)＋凡音。音符の凡ボン＝ホウは、風のように自由で、ゆきわたるの意味。草木のはびこるさまを表す。

(7)3 【芒】6233 標 漢ボウ（バウ） 呉モウ（マウ） 陽 máng, wáng 7174 676A

【芒】本字

字義 ❶のぎ。穀物の先端の細毛。❷毛。毛さき。❸はり。針さき。❹ほこ。ほこさき。❺ひかり。光の先端。「光芒」❻大きい。広い。はるか。❼くらい(暗)。おろか。❽ほろびる。＝亡。❾わすれる。ぼんやりする。❿あわただしい。いそがしい。⓫すすき。草の名。

解字 篆 文 形声。艹(艸)＋亡音。音符の亡は、萌ボウに通じ、きざしの意味。稲・麦などの先端の細毛、のぎの意味を表す。

【芒▵鞋】ボウアイ・ボウカイ わらじ。わらぐつ。

【芒刺在背】ボウシハイにあり とげを背負っている。おそれることがあって、心が安らかでないたとえ。〔後漢書、霍光伝〕

【芒種】ボウシュ ①のぎのある穀物。稲や麦の類。②二十四気の一つ。陽暦六月五日ごろ。

【芒刃】ボウジン 刀剣のきっさき。

【芒然】ボウゼン ①無心のさま。とらわれるところがないさま。②ぼんやりするさま。「芒然自失」③つかれてぼんやりするさま。

【芒芒】ボウボウ ①つかれてぼんやりするさま。②大きいさま。③多いさま。④遠いさま。広遠なさま。⑤広く大きいさま。⑥ぼんやりするさま。⑦目がくらんで（かすんで）はっきり見えないさま。⑧草木がしげっているさま。

【芒▵昧】ボウマイ ぼんやりとして明らかでないさま。ほのぐらく明らかでないさま。昧は、くらい意。

【芒洋】ボウヨウ ひろびろとしたさま。

【芒履】ボウリ わらぐつ。わらじ。

(8)4 【芸】6234 △ 一ウン 文 yún 二ウン 問 yùn

字義 一❶香草の名。芸香。くさのこう。ヘンルーダ。書物の虫食いを防ぐのに用いる。❷野菜の名。❸さかんなさま。また、多いさま。❹くさぎる。草を刈る。＝耘ウン。二黄ばむ。木の葉が枯れかけて黄色になること。

参考 〔芸〕（藝の新字体）とは別字。 難読 芸香ヘンルーダ

解字 篆 文 形声。艹(艸)＋云音。音符の云ウンは、気のめぐりのぼる意味を表す。香気の強い草の意味。

【芸芸】ウンウン ①さかんなさま。②物の多いさま。

【芸閣】ウンカク 書庫。蔵書のくら。転じて、書斎。→字義の一❶。

【芸黄】コウウン　黄ばむ。葉が枯れかけて黄ばむこと。
【芸省】ウンショウ　秘書省をいう。芸局ともいう。
【芸台(臺)】ウンダイ　＝芸閣。
【芸▵帙】ウンチツ　①虫食いを防ぐために香草を入れた書帙（帙は、書物のおおい）。②転じて、書物。
【芸亭】ウンテイ　国奈良時代末期の宝亀年間（七七〇―七八〇）に、石上宅嗣が平城京の付近の旧宅に設けた公開図書館。日本最初の図書館。

(7)4【花】6235　教1　カ　はな　1854　3256
(8)4【花】6236　漢カ（クヮ）　呉ケ　㊥huā

筆順　艹 芢 芲 花

【苍】俗字

字義　❶はな。㋐草木のはなの総称。「百花」「造花」㋑特に、牡丹のはなの称。また、海棠のはなの称。㋒すべて、はなの形をしたもの。「火花」㋓はなやかなもの・美しいもののたとえ。「花燭」❷はなさく。はなが開く。❸あばた。天然痘。「天花」❹ついやす。金銭を費す。また、費用。❺目がかすむ。くらむ。「眼花」国はな。㋐桜の花。また、梅の花。㋑仏に供えるしきみ。㋒栄えること。時めくこと。㋓みえ。外観。㋔ほまれ。名誉。㋕芸人などに与える祝儀。㋖はなあわせ。

参考　熟語は華（6356）をも見よ。→九二七ページ。

名乗　はる　難読　花鶏・花原市・花車・花井・花堂・花梨

使いわけ　はな［花・華］
［花］植物のはな。また、美しいもののたとえ。「生け花・花の都・両手に花」
［華］そのグループで最もすぐれているもの。グループの代表。「武士道の華・火事とけんかは江戸の華」
なお「はなやか・はなばなしい」は華を用いる。

解字　文　篆　形声。篆文は、𠂹＋亏㊟。𠂹は、花ぶさの象形。亏は、姱などに通じ、うつくしいの意味。うつくしい、はなの意味を表す。六朝時代に俗字として作られた。花の字は、艹（艸）＋化㊟の形声。

▼煙花・桜花・眼花・香花・国花・雪花・挿花・探花・名花

【花衣】カイ　①美しい衣。はでな模様の着物。②宦者の着用する、はでな衣服。③国はなごろも　㋐桜襲の衣。㋑花見に着る着物。
【花陰】カイン・はなかげ　花の咲いている木かげ。
【花英】カエイ　はなぶさ。はな。
【花宴】カエン　①はなやかな酒宴。②国はなのえん　花見の酒もり。
【花王】カオウ　牡丹の別名。
【花押】カオウ　自分の名の下に、認め印の代わりに書くしるし。名の字形をくずして、模様化したもの。書判。花字。
【花火】カビ・はなび　火薬を調合し、玉にして空中に打ち上げ、（または、手に持って）その美しさを楽しむもの。煙火。花炮。
【花界】カカイ　①仏寺。寺。②国花柳界。
【花▵魁】カカイ　①梅の別名。百花のさきがけの意。②蘭の別名。③遊女。特に、美しい遊女。おいらん。④国おいらん　㋐妹分の遊女が先輩の遊女を呼ぶ称。転じて、遊女の称。㋑地位の高い遊女。太夫。
【花街】カガイ・はなまち　いろまち。いろざと。くるわ。遊里。花柳。
【花客】カカク　①花見の客。花を見物する人。②おとくい。顧客。花主。
【花冠】カカン　①美しいかんむり。［唐、白居易、長恨歌］花冠不レ整下レ堂来　②花弁の集まり。花びらの一枚ずつを花弁というのに対して、その全体をいう。
【花顔】カガン・はなのかんばせ　花のように美しい顔。［唐、白居易、長恨歌］雲鬢花顔金歩揺
【花▵卉】カキ　花の咲く草。くさばな。
【花期】カキ　花の咲く時期。花の咲いている時期。
【花▵筐】カキョウ・はながたみ　花や若菜などをつみ入れるかご。
【花月】カゲツ　①花と月。②花を照らす月。
【花▵瞼】カケン　花のように美しい顔。美人の顔。瞼は、目の下、ほおの上の部分。花面。
【花言】カゲン　実のないことば。うわべばかりのことば。
【花甲】カコウ　かぞえで六十一歳の称。→華甲（九二八ページ）。
【花紅柳緑】カコウリュウリョク　花はくれない、やなぎはみどり。自然のままで少しも人工を加えないたとえで、禅宗の語。柳緑花紅。［禅林類聚経教章］
【花▵崗岩】カコウガン　火成岩の一種。質が堅く美しくて、建築・土木の用材となる。御影石。
【花▵釵】カサイ　①はなかんざし。花の形に作ったかんざし。②花樹を接ぎ木するときに用いる、やわらかな枝。
【花際】カサイ　花の咲いているそば。花のほとり。
【花子】カシ　①婦人の顔のかざり。②花の種子。③乞食。
【花事】カジ　春の日に花を見歩くこと。
【花時】カジ　①春の、さまざまな花の咲く時期。花期。花候。②国はなどき　桜の花の咲く時期。
【花娘】カジョウ　芸者。娼妓。
【花▵燭】カショク　華燭。①美しいろうそく。②婚礼の儀式などの席上の、はなやかなともしび。③結婚の儀式。婚礼。花燭の典。
【花心】カシン　①花のしべ。②美人の心。③国はなごころ　移りやすい、うわきな心。
【花信】カシン　花が咲いたという知らせ。花のたより。花音。
【花信風】カシンフウ　花のたよりをもたらす風。花をさそって咲かせる春の風。→二十四番花信風（四四ページ）。
【花唇・花▵脣】カシン　①花びら。②美人のくちびる。
【花▵晨】カシン　花の咲いた朝。花のあした。花朝。
【花▵箋・花▵牋】カセン　花もようのある美しい紙（色紙）。
【花▵磚・花▵甎】カセン　花もようのある美しい敷きがわら。花甃。
【花▵氈】カセン　花もようのある美しい毛布。花毛氈。
【花台(臺)】カダイ　①はなやかに美しいうてな（見晴らし台）。②㋐花のうてな。花のがく。㋑花びんをのせる台。
【花中君子】カチュウのクンシ　蓮の別名。泥にもそまらずに清らかな花を開くのを、徳の高い君子にたとえていう。［宋、周敦頤、愛蓮説］
【花鳥使】カチョウシ　男女の間のなかだちをする者。恋の使者。
【花鳥風月】カチョウフウゲツ　①花と鳥と、風と月。天地自然の美しいけしき。②自然の風物を楽しむこと。風流。
【花朝】カチョウ　①花の咲く朝。花晨。②陰暦二月十五日をいう。一説に、二月十二日。
【花朝月夕】カチョウゲッセキ　①花のあしたと、月のゆうべ。春の朝と秋の夜の、楽しいひと時。②陰暦二月十五日を花朝、八月十五日を月夕という。
【花底】カテイ　花の咲いている下。花のもと。花下。
【花天月地】カテンゲッチ　空には花が咲き、地には月の光がおぼろにさしている。花咲くころの、春の月夜のけしきをいう。
【花▵鈿】カデン　唐代、婦人の前額につけたかざり。一説に、婦人の頭髪のかざり。はなかんざし。花釵。［唐、白居易、長恨歌］花鈿委レ地無二人収一翠翹金雀玉搔頭　〈花かんざしは地に捨てられたままでとり上げる者もない。かわせみの羽の髪飾りも、黄金の雀の形をしたかんざしも、玉のかんざしも、皆そのようであった〉
【花乳】カニュウ　①開いたばかりの花。まだつぼみをつけているもの。②茶の別名。
【花馬】カバ　ぶちうま。さまざまな毛色のまじっている馬。
【花発(發)多二風雨一】はなひらいてフウウおおし　花の咲くころは、とかく風雨が多くて花のさまたげになる。人の世は思うようにならないた

とえ。〔唐、于武陵、勧ㇾ酒詩〕——、人生足ニ別離一。〈——、人の一生には別ればかりが多い〉

【花譜】四季の花を、その咲く時期の順序に描いたり、説明したりした書。

【花瓶（甁）】①はないけ。花をさすびん。花器。②仏仏具の一種。密教で、仏前に供える花をさすびん。

【花片】はなびら。花弁。

【花△貌】花のように美しい顔。花顔。〔唐、白居易、長恨歌〕雪膚花貌参差是。

【花△幔】①花もようのあるとばり。美しいカーテン。②花が咲きそろって、幕をひいたように見えるさまの形容。

【花△鬘】①仏仏像の頂や前面にかける装飾品。多く金銅、まれに皮革で作り、花鳥・天女などを透かし彫りしたもの。②国花を糸に貫いて髪にさすかざりにしたもの。

【花容】花のように美しいすがた。美人の姿。花態。

【花△洛】①花の都。美しい都のこと。中国で洛陽がたびたび都になったことからいう。②国京都をいう。

【花柳】①紅い花と、緑のやなぎ。紅花緑柳。転じて、はなやかで美しいたとえ。②いろざと。くるわ。遊里。花街。花柳界。〔唐、李白、流ニ流郎一贈ニ辛判官一詩〕昔在ニ長安一酔ニ花柳一。

【踏ㇾ花】散った花をふむ。〔唐、白居易、春中与ニ盧四周諒一華陽観同居詩〕踏ㇾ花同惜少年春。

(8)4【芽】(6276)　ガ　芽（6275）の旧字体。→九一九ジ。

訳文⇨背ㇾ燭（六八八ジ）。

(8)4【芥】6237　標　漢カイ　呉ケ　jiè　1909 3329

字義 ❶からしな。野菜の名。❷からし。からしなの実を粉末にした香味料。❸小さい草。転じて、あくた。ごみ。ちり。❹小さい。こまかい。微細。

難読 芥屋・芥原・芥子・芥附

解字 篆文 形声。艹（艸）＋介音。

【芥子】①からしな。また、からしなの実。粉末にして香味料とする。②ごくこまかいもの。③国草花の名。未熟の実の乳液から阿片をとる。罌粟。

【芥視】ちりやあくたのように見なす。人をさげすむこと。

【芥舟】水上に浮かぶ小さなごみ。舟にたとえていう。小舟。

【芥△屑】①からし粉。②ごみ。あくた。屑も、ごみ。

【芥△蔕】①ごくささいなもの。芥は、からし粒。蔕は、小さいとげ。②胸につかえるもの。心のささいなさわり。

(8)4【苅】6238　△　ガイ　刈（571）の俗字。→一三六ジ。　2003 3423

難読 苅田

(8)4【芰】6239　△　漢キ　呉ギ　ji

字義 ひし。水草の名。菱の一種で、その実の外皮が四角、または三角のものをいう。

解字 篆文 形声。艹（艸）＋支音。

【芰製】ひしの葉で作った着物。隠者の服をいう。

(8)4【芨】6240　△　漢キュウ（キフ）　呉コウ（コフ）　jí

字義 草の名。㋐そくず。スイカズラ科の多年草。㋑とりかぶと。㋒白芨は、しらん（紫蘭）。

解字 篆文 形声。艹（艸）＋及音。

(7)4【芹】6241　人　(8)4〔芹〕6242　漢キン　呉ゴン　qín　2260 365C

筆順 艹 芦 芹 芹

字義 ❶せり。みずせり。水草の名。❷物を人に贈るときの謙辞。「献ㇾ芹（粗品を呈上します）」

名乗 き・せり

解字 篆文 形声。艹（艸）＋斤音。音符の斤は、こまかく刻むの意味。小刻みな葉をもつ、せりの意味を表す。

【芹献（獻）】物を人に贈るときの謙辞。献芹。

【芹藻】①せりと、藻（水中に生ずる草）。神を祭るに用いる。②徳が薄くて取るに足りないこと。③進士の志願者をいう。

(8)4【芩】6243　△　漢キン　呉ゴン　qín

字義 ❶じしばり。キク科の多年草。茎は地上をはう。いわにがな。❷黄芩は、こがねやなぎ。根は薬用となる。

解字 篆文 形声。艹（艸）＋今音。

(7)4【芸】6244　教4　ゲイ　2361 375D

(19)15〔藝〕6245　人許　ゲイ　yì　7326 693A

筆順 艹 芸 芸 芸

〔埶〕同字

字義 ❶わざ。働き。才能。また、芸術。遊芸。「武芸」❷うえる（植）。種をまく。「園芸」「農芸」❸きわまり。果て。限度。❹のり。さだめ。法則。❺まと。弓のまと。

名乗 き・ぎ・すけ・のり

参考 〔芸〕は別字。

解字 形声。もと藝と書き、芸＋埶音。音符の埶は、藝の原字。くさぎるの意味の芸を付した。園芸技術の意味から、一般に、わざの意味を表すようになった。常用漢字は芸を用いる。

▼演芸・学芸・技芸・曲芸・工芸・雑芸・手芸・種芸・術芸・多芸・農芸・文芸・民芸・無芸・遊芸

【芸△苑】＝芸林。苑は、園。芸園。

【芸△妓】うたいめ。芸者。妓女。

【芸術】①学問と技芸。〔後漢書、安帝紀〕②卜筮の技術。③独特の表現様式によって美を創造し、表現すること。

【芸植】うえつける。

【芸祖】①文徳のある祖先。祖先を尊んでいう。文祖。②太祖（天子または諸侯の初代）の通称。

【芸人】①道徳・学芸にすぐれた人。一説に、占いのわざにすぐれた人。②国㋐芸のたくみな人。芸の多い人。㋑遊芸を職業とする人。俳優・落語家など。

【芸道】技芸のうち。演芸の道。

【芸能】①学術と技能。②国映画・演劇・舞踊・音楽・歌謡などの総称。

【芸文】学術。学芸・技芸。学芸・文章。

【芸文志】その時代に存在した、古今の書物の目録。漢書をはじめ中国の正史には多くこれを載せる。『経籍志』と呼ばれたこともある。

【芸文類△聚】書名。百巻。唐の欧陽詢らが勅命によって編集した類書（百科全書）。天・歳時・地など。四十六の部門に分け、事実を前に述べ、それに関する古今の詩文をあとに記す。

【芸林】①書物の多く集まっている所。②学者・芸術家の仲間。学芸の社会。芸苑。

【遊ニ△於芸一】学問・技芸を学んで心情を豊かにする。〔論語、述而〕

(8)4【芡】6246　△　漢ケン　呉ゲン　qiàn

字義 草の名。おにばす。みずぶき。スイレン科の一年生水草。

(8)4 【芫】6247 △ 漢ゲン 呉ガン（グヮン） 元 yuán 7175 676B

字義 ふじもどき。さつまふじ。低木の一種。葉は、ぼけに似て、これを煮て水に入れると魚が死ぬという。

解字 篆文 形声。艹（艸）＋元音。

(8)4 【芴】6248 △ 一漢ブツ・呉モチ 物 wù 二漢コツ・呉コチ 月 hū

字義 一野菜の名。かぶらの類。二ほのか。かすか。明らかでない。＝忽・惚。

解字 篆文 形声。艹（艸）＋勿音。

(8)4 【芟】6249 △ 漢サン 呉セン 咸 shān 7176 676C

字義 ❶かる。㋐雑草を刈りとる。㋑除く。取り除く。（敵・賊・悪者などを）除きたいらげる。❷草刈りがま。

解字 篆文 会意。艹（艸）＋殳。殳は、つえでうつ形にかたどる。草をかるの意味を表す。

【芟穢】サンアイ・サンワイ 雑草（また、世の中の害悪）をかり除く。

【芟夷】サンイ ①雑草をかりとる。②乱賊を除きたいらげること。夷は、たいらげる意。③けずりとる。

【芟刈】サンガイ かりとる。

【芟除】サンジョ・サンセン ①草をかり除く。②敵をうちたいらげる。

【芟鋤】サンジョ・サンショ 雑草をかりとり、根をすき去る。転じて、賊をうちたいらげる。

【芟正】サンセイ 悪い所をけずって正しくする。

【芟討】サントウ 草をかりとるように、敵をうちたいらげる。

(8)4 【芷】6250 △ シ 紙 zhǐ

字義 ❶よろいぐさ。水中に生ずる香草の名。❷香草の根。❸＝茝。芷・蘭（ともに香草の名）は、芝蘭とも書く。

解字 形声。艹（艸）＋止音。

【芷陽】シヨウ 陝西省長安県の東の県名。漢代、覇陵と改名した。

(8)4 【芧】6251 △ 一漢ショ・呉ジョ 語 xù 二漢チョ・呉ジョ（チョ） 語 zhù

字義 一とち（橡）。とちのき。また、その実。どんぐり。芧栗。二みくり（三稜草）。うきやがら。かわすげ。＝苧。

解字 篆文 形声。艹（艸）＋予音。

(8)4 【芯】6252 標 シン 侵 xīn ②xìn 3136 3F44

字義 ❶草の名。ほそい。藺の一種。とうしんぐさ。❷シン。物の中央。＝心。

解字 形声。艹（艸）＋心音。音符の心は、身体の中心にあるこころの意味。物の中心、しんの意味を表す。

(10)4 【芻】6253 標 漢スウ 呉シュ 虞 chú 7177 676D ［蒭］同字 7258 685A

字義 ❶まぐさ。ほし草。❷まぐさかう。まぐさを与えて飼う。❸かりくさ。刈り取ってたばねた草。❹草刈り。また、その人。❺草を食べる動物。牛・羊・馬の類。❻くさ。わら。まぐさ。

解字 甲骨文 篆文 象形。手で草を集め、つかんで取る形にかたどり、草をかる・まぐさの意味を表す。芻の意味と音符とを含む形声文字に、犓・皺・縐・趨・鶵などがある。

【芻豢】スウカン ①草を食べる牛・羊の類と、穀物を食べる犬・豚の類。②宗廟を祭るときのいけにえ。③ごちそう。↔犠牲（山川を祭るときのいけにえ）。

【芻議】スウギ 自分の意見を謙遜していう語。いやしい者の意見の意。

【芻狗】スウク・スウコウ わらでつくった犬。昔、祭りに用い、祭りがすむと捨てたことから、用があれば用いられ、用がなければ捨てられるものにたとえる。〔老子、五〕

【芻蕘】スウジョウ ①草刈りと木こり。転じて、身分の低い者をいう。芻樵。②自作の詩文を謙遜していう語。

【芻米】スウベイ まぐさと米。牛馬を飼うまぐさと、人の食べる米。

【芻秣】スウマツ まぐさ。牛馬の飼料。

【芻霊(靈)】スウレイ 草をたばねてつくった人形。殉死者のかわりにしたもの。

(8)4 【芮】6254 △ 漢ゼイ 呉ネイ 霽 ruì

字義 ❶草の芽ばえの小さくてやわらかいさま。❷小さいさま。❸綿。また、綿入れ。❹たてひも。楯をつなぐひも。❺みぎわ。川が入りこんだ所。＝汭。❻国名。周と同姓の国で、今の陝西省朝邑県の南。秦に滅ぼされた。（前六四〇）

解字 金文 篆文 形声。艹（艸）＋内音。

(8)4 【芚】6255 △ 一漢トン・呉ドン 元 tún 二チュン 真 chūn

字義 一❶野菜の名。❷草木がはじめて生ずるさま。二❶おろかなさま。無知なさま。❷厚いさま。

解字 形声。艹（艸）＋屯音。

(8)4 【芭】6256 標 ハ 麻 bā 慣バ 3946 474E

字義 ❶芭蕉。バショウ科の大形の多年草。中国原産。❷香草の名。❸はな（葩・花）。

解字 形声。艹（艸）＋巴音。

(8)4 【芾】6257 △ 一ヒ 未 fèi 二ハイ 泰 三漢フツ・呉フチ 物 fú

字義 一二小さいさま。三❶草木がおいしげるさま。❷ひざかけ。

解字 形声。艹（艸）＋市音。

(7)4 【芙】6258 人 漢フ 呉ブ 虞 fú 4171 4967

(8)4 ［芙］6259

筆順 艹 芏 芙 芙

字義 草花の名。はす（蓮）。はちす。

名乗 はす

解字 篆文 形声。艹（艸）＋夫音。

【芙渠・芙蕖】フキョ はすの別名。また特に、はすの花。

【芙蓉】フヨウ ①はすの花。〔唐、白居易、長恨歌〕太液芙蓉未央柳 ②美人の形容。「芙蓉の姿」③もくふよう（木芙蓉）。アオイ科の落葉低木。④こぶし。モクレン科の落葉高木。

【芙蓉園】フヨウエン ①漢代、洛陽の名園。②隋・唐代、長安の名園。

【芙蓉剣(劍)】フヨウケン すぐれた剣をいう。

【芙蓉帳】フヨウチョウ ①はすの花模様のあるとばり。寝床をいう。〔唐、白居易、長恨歌〕芙蓉帳暖度春宵 ②はすの花で染めたとばり。

【芙蓉峰】フヨウホウ はすの花に似た峰。①浙江省楽清県の雁蕩山。②湖南省衡山県の西北にある衡山の峰。③江西省婺源県の東にある芙蓉嶺。④国富士山の別名。

(8)4 【芣】6260 △ 一漢フ・呉ブ 尤 fú 二漢フ・呉フ 有 fǒu

字義 一❶花のさかん（みごと）なさま。❷芣苢は、おおばこ。二比芣は、ぜにあおい。

解字 篆文 形声。艹(艸)+不㊥。

【芬】(8)4 6261 △フン 図 fēn 7178 676E

字義 ❶かおる。かんばしい。草がもえ出て、かんばしい香気がただよう。❷かおり。㋐よい香気。におい。香か。「芳芬」㋑ほまれ。名声。❸おこる(起)。もりあがる。❹おおい(多)。さかん(盛)。国国名。芬蘭フィンランドの略。 難読 芬蘭フィンランド

解字 体 別(券) 形声。艹(艸)+分㊥。音符の分は、分散するの意味。草が生えはじめ、その香気を分散させる、かおりの意味を表す。芬は異体字。

【芬郁】フンイク かおりの高いさま。においのさかんなさま。
【芬華】フンカ ①はなやかさ。美しさ。②はなやかにする。美しくする。
【芬馨】フンケイ ①よいかおり。②りっぱな名声。
【芬香】フンコウ よいにおい。かんばしくよいかおり。
【芬菲】フンピ かんばしいかおり。菲も、かんばしい意。
【芬馥】フンプク (花の)かんばしいかおりのさかんなさま。
【芬芬】フンプン ①におうさま。かおりの高いさま。②乱れるさま。③さかんで美しいさま。
【芬芳】フンボウ ①よいにおい。かんばしいかおり。②りっぱな功績。また、名誉。
【芬烈】フンレツ ①強い香気。また、香気が強い。「芳香芬烈」②りっぱな功績。

【芳】(7)4 6262 常 ホウ かんばしい 4307 4B27
【芳】(8)4 6263 ホウ(ハウ) 陽 fāng

筆順 艹 芳 芳

字義 ❶かんばしい。かぐわしい。かおる。㋐においがよい。㋑評判がよい。名声が高い。「遺芳」❷かおり。㋐よいにおい。㋑よい評判。ほまれ。名声。❸他人の物事につけて、相手に敬意を表すのに用いる。「芳名」「芳志」❹はな。かおりのよい花。❺すぐれた人物。賢者。

名乗 か・かおる・ふさ・みち・よし 難読 芳賀はが・芳養はや

解字 篆文 形声。艹(艸)+方㊥。音符の方は、左右にひろがるの意味。草花の香がひろがるの意味を表す。

▼遺芳・遠芳・群芳・残芳・衆芳・流芳

【芳意】ホウイ ①春のおもむき。②他人の意志の敬称。おぼしめし。
【芳園】ホウエン 花の咲きかおっている庭園。芳苑ホウエン。〔唐、李白、春夜宴㆓桃李園㆒序〕会㆓桃李之芳園㆒トウリのホウエンにカイす。訳文⇩天倫の①(三六七ページ)。
【芳艶・芳豔】ホウエン かんばしく美しい。かおりが高く、あでやか。
【芳恩】ホウオン ご恩。おかげ。めぐみ。他人の恩情の敬称。
【芳簡・芳翰】ホウカン 他人のてがみの敬称。おてがみ。
【芳卉】ホウキ かんばしい草。かおりのよい草。芳草。
【芳紀】ホウキ 国若い(年ごろの)女子の年齢。紀は、とし。妙齢。芳年。芳齢。
【芳景】ホウケイ 花の咲きにおう春のけしき。
【芳馨】ホウケイ ＝芳香の①。
【芳香】ホウコウ ①よいかおり。かぐわしいにおい。②よろいぐさの別名。白芷ハクシ。
【芳魂】ホウコン ①花の精。②美人のたましい。
【芳歳】ホウサイ ①正月をいう。②わかい年。妙齢。③春の時節。
【芳札】ホウサツ ＝芳簡。
【芳山】ホウザン 国奈良県にある吉野山よしのやま(芳野山とも書いた)の略称。
【芳志】ホウシ 他人の親切なこころざしの敬称。おこころざし。おぼしめし。芳情。
【芳樹】ホウジュ 花の咲く木。花の咲きにおっている樹木。〔唐、劉廷芝、代㆘悲㆓白頭㆒翁㆖詩〕公子王孫芳樹下コウシオウソン、ホウジュのもと
【芳春】ホウシュン 花の咲きにおう春。
【芳潤】ホウジュン かぐわしく、うるおいのあること。
【芳醇】ホウジュン かおりのよい酒。うまい酒。
【芳書】ホウショ ＝芳簡。
【芳情】ホウジョウ ＝芳志。
【芳醸(醲)】ホウジョウ ＝芳醇ホウジュン。
【芳心】ホウシン ①美しい心。美人のたましい。〔宋、曾鞏、虞美人草詩〕⇩次項。②＝芳志。
【芳心寂寞寄㆓寒枝㆒】ホウシンセキバク カンシによる 虞ぐ美人の美しい心は花となってひっそりとさびしげな枝に咲いている。〔宋、曾鞏、虞美人草詩〕——、旧曲聞来似ㇾ斂ㇾ眉キュウキョクきききたりて まゆをおさむるににたり。〈——、それは愛する項羽の垓下ガイの歌を聞いて眉をひそめて悲しんだ姿そっくりである〉
【芳辰】ホウシン かぐわしい春の時節。芳時。
【芳信】ホウシン ①花の咲いた知らせ。花のおとずれ。花信。②＝芳簡。
【芳鮮】ホウセン 魚や鳥獣などの新しい肉。
【芳草】ホウソウ かおりのよい草花。〔唐、崔顥、黄鶴楼詩〕芳草萋萋鸚鵡洲ホウソウセイセイたり、オウムシュウ。訳文⇩晴川の②(五一〇ページ)。
【芳叢】ホウソウ 花の咲きにおっているくさむら。
【芳樽】ホウソン よい酒を入れた酒だる。転じて、よい酒。
【芳躅】ホウチョク 前人のりっぱな行跡。
【芳甸】ホウデン 春の野原。
【芳年】ホウネン ＝芳紀。
【芳葩】ホウハ かんばしい花。かおりの高い花。
【芳菲】ホウヒ 花がかぐわしく咲きにおっていること。また、咲きにおう花。
【芳馥】ホウフク かんばしくにおう。よいにおいのすること。馥郁フクイク。
【芳芬】ホウフン ①かんばしいかおり。②ほまれ。名声。名誉。
【芳墨】ホウボク 国①かおりのよいすみ。②他人の手紙。または筆跡の敬称。
【芳名】ホウメイ ①かんばしい名。ほまれ。名誉。名声。②他人の名の敬称。おなまえ。尊名。
【芳命】ホウメイ 他人の命令の敬称。お申しつけ。尊命。
【芳茗】ホウメイ かおりのよい茶。
【芳醴】ホウレイ かおりのよい、あまざけ。
【芳烈】ホウレツ ①かんばしいいさお。りっぱなてがら。②はげしいかおり。
【芳醪】ホウロウ かおりのよいどぶろく。
【流㆓芳後世㆒】ほうをコウセイにながす 美名を後世にのこす。〔晋書、桓温伝〕

【芼】(8)4 6264 △ 一 漢ボウ・呉モウ 号 mào 二 漢ボウ・呉モウ 豪 máo

字義 一❶草がはびこる。❷ぬく(抜)。とる。選び取る。❸あつもの(羹コウ)にまぜる野菜。❹混ぜ合わせる。二❶野菜。❷くさ(草)。

解字 篆文 形声。艹(艸)+毛㊥。

【芦】(8)4 6265 簡 ロ 蘆(6662)の簡易慣用字体。→九五四ページ。 [芦] 1618 3032

難読 芦原あわら・芦峅いわくら

【苆】(8)4 6266 国字 △

字義 すさ。つた。亀裂キレツを防ぐため壁土にまぜて塗りこめる、刻んだ藁わら。麻や紙なども用いる。

解字 会意。艹(艸)+切。切は、きるの意味。こまかくきり刻んだわら、壁土にまぜる、すさの意味を表す。

【苡】(9)5 6267 △ イ 紙 yǐ 7179 676F

字義 草の名。㋐芣苡フイは、おおばこ。㋑薏苡ヨクイは、はとむぎ。

解字 篆文 形声。艹（艸）＋以㊅。

(8)5【英】6268 教 4 エイ
(9)5〔英〕6269 ㊅エイ ㊇ヨウ（ヤウ）　庚 yīng
1749
3151

筆順 艹 艹 芇 苂 英

字義 ❶はな。特に、咲いても実のならない花をいう。むだばな。❷はなぶさ。また、はなしべ。❸うつくしい。すぐれている。秀でる。また、すぐれた人物。〔淮南子、泰族訓〕智過二万人一者謂二之英一（チ バンニンにすぐるもの これをエイという）。「育英」「英断」❹ほまれ。名誉。❺め（芽）。芽ばえ。❻国名。英吉利（イギリス）の略。

名乗 あきら・あや・すぐる・たけし・つね・てる・とし・ひでる・ふさ・ふさ・よし　難読 英吉利（イギリス）・英賀保（あがほ）・英虞（あご）・英彦山（ひこさん）・英蘭（イングランド）

参考 現代表記では〔叡〕（819）・〔穎〕（5371）の書きかえに用いることがある。「叡智→英知」「穎才→英才」

解字 篆文 形声。艹（艸）＋央㊅。音符の央は、景に通じ、高まる光の意味。光りかがやくばかりの花の意味を表す。

▼育英・花英・華英・含英・群英・秀英・俊英・落英

【英偉】エイイ　すぐれてえらい。また、その人物。
【英英】エイエイ　①雲などの美しく明らかなさま。②すぐれたさま。
【英果】エイカ　＝英断。
【英華】エイカ　①花。②はなやかな光。美しい光。③詩文などのすぐれていること。④ほまれ。名誉。
【英乂】エイガイ　すぐれた人物。英士。
【英気（氣）】エイキ　すぐれた気性。すぐれた才気。
【英毅】エイキ　才能がすぐれて、意志がつよい。
【英傑】エイケツ　すぐれた人物。英雄。豪傑。
【英彦】エイゲン　すぐれた男子。ぬきんでた人。
【英悟】エイゴ　すぐれてさとい。すぐれてかしこく、さとりの速いこと。
【英豪】エイゴウ　すぐれてえらい人。すぐれた人物。
【英魂】エイコン　すぐれた人のたましい。死者の霊の敬称。英霊。
【英才】エイサイ　すぐれた才能。また、その人物。秀才。穎才（エイサイ）。〔孟子、尽心上〕得二天下英才一而教二育之一（テンカのエイサイをえて これをキョウイクす）。
【英材】エイザイ　＝英才。
【英算】エイサン　すぐれたはかりごと。英図。
【英士】エイシ　すぐれた人物。英乂（エイガイ）。
【英姿】エイシ　すぐれたすがた。雄々しい姿。「英姿颯爽（サッソウ）」
【英資】エイシ　すぐれた生まれつき。英稟（エイヒン）。
【英主】エイシュ　すぐれた君主。
【英俊・英儁】エイシュン　人なみすぐれる。また、その人物。
【英声（聲）】エイセイ　すぐれた評判。すぐれたほまれ。英名。
【英聖】エイセイ　生まれつきすぐれて物事の理に明るいこと。また、その人物。明聖。叡聖（エイセイ）。
【英達】エイタツ　すぐれて物事の理に通ずること。英明。
【英断（斷）】エイダン　思いきりよく決める。また、すぐれた決断。英果。
【英知・英智】エイチ　すぐれた知恵。叡知（エイチ）。
【英哲】エイテツ　＝英俊。
【英発（發）】エイハツ　すぐれてかしこい。才気が湧（わ）き出るように外に現れること。
【英抜】エイバツ　人なみすぐれる。また、その人物。
【英稟】エイヒン　＝英資。
【英武】エイブ　すぐれて勇武なこと。武勇にすぐれていること。
【英風】エイフウ　①すぐれた姿。また、英雄の姿。②すぐれた徳風。すぐれた教化。
【英謨】エイボ　すぐれたはかりごと。英図。英略。英謀。
【英邁】エイマイ　才知が非常に人にすぐれていること。
【英名】エイメイ　＝英声。
【英明】エイメイ　すぐれて物事の理に明らかなこと。すぐれて賢い。英達。
【英雄】エイユウ　才能・武勇の非常にすぐれた人。〔唐、杜甫、蜀相詩〕長使二英雄涙満一レ襟（ながくエイユウをして えりになみだ みたしむ）。
【英雄閑日月】エイユウのカンジツゲツ　英雄の心の中には、どんな場合にも常にゆとりのあること。
【英誉（譽）】エイヨ　すぐれたほまれ。ほまれ。栄誉。
【英略】エイリャク　すぐれたはかりごと。英図。英謨（エイボ）。
【英霊（靈）】エイレイ　①すぐれた霊気。霊妙な気。②すぐれた人のたましい。③死んだ人（特に戦死者）の霊の敬称。

(8)5【苑】6270 入
(9)5〔苑〕6271
㊀㊅エン（エン）・㊇オン（ヲン）　阮 yuǎn
㊁㊅エン（ヱン）・㊇オン（ヲン）　願 yuàn
㊂㊅ウツ・㊇ウチ　物 yù
1781
3171

筆順 艹 艹 芍 芍 苑 苑

字義 ㊀㊁❶まきば。かこいを設けて鳥獣を飼う所。❷その。㋐草木を植えた庭園。㋑宮中の庭園。❸草木がしげるさま。❹物事のあつまる所。特に文筆家・芸術家の世界。「芸苑」❺＝㊂の②。❻やむ（病）。かれる（枯）。
㊂❶まがる。かがまる。❷つもる。また、こもる。むすぼれる。とどこおる。

参考 現代表記では〔園〕（1180）に書きかえることがある。「苑地→園地」

解字 篆文 形声。艹（艸）＋夗㊅。音符の夗（エン）は、園に通じ、その意味。草原の広がる「その」の意味を表す。

【苑結】ウッケツ　気がふさぐ。心がむすぼれる。
【苑地】エンチ　その。庭園。園地。
【苑池】エンチ　①庭と池。②庭園の中の池。③庭園。
【苑囿】エンユウ　①鳥獣を飼っているその。大を苑、小を囿という。②草木を植えた庭園と動物を飼う所。

(8)5【茄】6272 入
(9)5〔茄〕6273
㊀㊅カ・㊇ケ　麻 jiā
㊁㊅キャ・㊇ギャ　歌 qié
慣カ
1856
3258

筆順 艹 艹 芀 茄 茄

字義 ㊀❶はすのくき。❷はす。はちす。＝荷。
㊁❶なす。なすび。野菜の名。茄子（なす）。❷＝㊀の①。

解字 篆文 形声。艹（艸）＋加㊅。

【茄子】カシ　なす。なすび。
【茄房】カボウ　はすの実。一説に、なすをいう。

(9)5【苛】6274 標 ㊅カ ㊇ガ　歌 kē
1855
3257

字義 ❶からい。からし。きびしい。きびし。きつい。むごい。「苛酷」❷こまかい。細かくてわずらわしい。❸みだす。❹せめる（責）。しかる。とがめる。しいたげる。さいなむ。いじめる。❺かゆい。また、皮膚がひりひりする。「苛性」❻やむ（病）。病気。
国 いらだつ。いらいらする。　難読 苛苛（いらいら）

解字 金文 篆文 形声。艹（艸）＋可㊅。音符の可は、呵（カ）に通じ、大声でせめる、きびしくするの意味を表したが、もと、小さな草の意味に用いる。

【苛役】カエキ　きびしい労役。はげしい労役。苦役。
【苛虐】カギャク　苦しめ、しいたげる。重税を取りたてて人民を苦しめること。
【苛求】カキュウ　きびしく取り立てる。苛斂誅求（カレンチュウキュウ）。
【苛急】カキュウ　きびしい。ひどい。
【苛禁】カキン　きびしい禁止令。
【苛刻】カコク　きびしくむごい。無慈悲なこと。苛酷。

【苛酷】きびしくむごい。

【苛細】くだくだしく、こまかなこと。煩雑。苛砕。

【苛察】きびしく吟味する。こまかく取り調べる。

【苛政猛於虎】むごい（無慈悲な）政治が人民を苦しめ害することは、虎の害よりもはなはだしい。〔礼記、檀弓下〕

【苛責】きびしく責める。呵責。

【苛切】むごたらしい。はなはだきびしい。

【苛評】むごい批評。酷評。

【苛法】きびしい、また、煩雑な法律。

【苛問】きびしく吟味する。

【苛礼(禮)】煩雑な礼式。

【苛厲】むごく、はげしい。

【苛烈】（戦闘や競走などが）きびしく激しいこと。

【苛斂】きびしく租税などを取りたてること。「苛求」

【苛斂誅求】きびしく租税などを取りたてること。

(8)5【芽】6275　教4　ガ　め　1874 *326A*

(8)4〖芽〗6276　漢ガ　呉ゲ　　yá

筆順　艹 艹 芒 芽

字義　❶め。草木のめ。❷めぐむ。めばえる。めざす。めが出はじめる。❸はじめ。もと。おこり。「萌芽」❹きざす。

解字　篆文　形声。艹（艸）＋牙音。音符の牙は、きばの意味。きばのように突き出た草木の新しいめの意味を表す。

▼麦芽・露芽

【芽甲】草木のはじめて出した子葉。草木のふたば。

(9)5【苣】6277　△　漢キョ　呉ゴ　　jù　〔苣〕7180 *6770*

字義　❶たいまつ。＝炬。❷野菜の一種。ちさ。ちしゃ。レタス。❸苣藤は、ごま（胡麻）。

解字　甲骨文　篆文　形声。艹（艸）＋巨音。音符の巨は、おおきいの意味。あしをたばねて、大きな火として用いるたいまつの意味を表す。

(8)5【苦】6278　教3　ク　くるしい・くるしむ・くるしめる・にがい・にがる　2276 *366C*

(9)5〖苦〗6279　漢コ　呉ク　　kǔ

筆順　艹 廾 𦫳 苦

字義　❶にがな（苦菜）。キク科の多年草。山野などに自生し、夏、黄色五弁の花を開き、茎・葉ともに白い汁を出す。食べられるが、にがみがある。苦荼。❷にがい。にがし。にがみ。五味の一つ。❸にがにがしい。にがにがしく思う。「苦笑」。❹くるしい。くるし。くるしむ。つらい。なやむ。また、くるしめる。「苦悩」「苦楽」❺はなはだ。ひどい。「苦寒」〔唐、杜甫、登高詩〕艱難苦恨繁霜鬢。❻あらい。丁寧でない。また、悪い。❼さえる。月の光がさえわたる。❽仏ク。四諦の一つ。貪欲や前世の悪業のために受ける苦しみ。国にがる。にがにがしく思う。

難読　苦参・苦汁・苦竹・苦竹

解字　篆文　形声。艹（艸）＋古音。音符の古は、固に通じ、かたいの意味。かたい草の意味から、にがい菜の意味を表し、さらに転じて、くるしい・はなはだの意味を表す。

▼寒苦・業苦・刻苦・困苦・死苦・愁苦・辛苦・忍苦・病苦・貧苦・労苦

【苦雨】ながあめ。人を苦しめるからいう。

【苦役】①骨折り難儀する。②つらい労働。③国刑罰として服させる労働。懲役。徒刑。

【苦界】①仏苦しみの多い世の中。人の世。娑婆。②国苦海。遊女の境遇。

【苦海】仏苦しみの多い世の中。人の世。娑婆。苦しみの限りないのを海にたとえていう。苦界。

【苦懐(懷)】苦しい思い。苦思。

【苦学(學)】①苦労努力して学ぶ。②国働いて学資を得ながら勉強すること。

【苦渇(渴)】ひどくのどがかわいて苦しむ。

【苦寒】①きびしいさむさ。②寒さに苦しむ。

【苦諫】苦言をもっていさめること。相手の気にさわるのをかまわずいさめること。一説に、ねんごろにいさめる。

【苦艱】苦しみなやむ。また、苦しみ。難儀。

【苦境】苦しい境遇。苦しい立場。

【苦行】①仏仏法を修行するため、断食などの苦しい修行を積むこと。②つらい修行。

【苦吟】苦心して詩歌を考え作ること。また、その詩歌。

【苦言】いさめのことば。聞きづらいが、身のためになることば。苦語。

【苦患】仏苦しみなやむ。また、苦しみ。なやみ。

【苦汁】①にがいしる。②転じて、苦しみ。また、苦しい経験。③にがり。④国にがり。食塩が、空気中の湿気を吸い、とけて分解するにがい液。豆腐の製造に用いる。苦塩。

【苦渋(澁)】①にがくしぶい。②苦しみなやむ。③文章などのわかりにくいこと。

【苦笑】①根拠のない訴え。国いやいや笑うこと。にがにがしく思いながら、しいて笑うこと。

【苦情】①根拠のない訴え。②国不平。不満。

【苦心】こころを苦しめる。心をくだいて考える。苦慮。

【苦心惨(慘)憺】さまざまに心をくだきいためること。

【苦辛】苦しむ。また、苦しみ。辛苦。

【苦節(節)】苦しみの中でも変えない、堅いみさお。

【苦戦(戰)】苦しみ戦う。苦しい戦い。難戦。苦闘。

【苦楚】苦しくつらいこと。苦しみ。楚も、苦しい意。

【苦竹】竹の一種。まだけ。くれたけ。

【苦衷】苦しい心の中。せつなさ。つらさ。

【苦闘(鬭)】苦しみたたかう。また、苦しい戦い。

【苦難】苦しみ。難儀。困難。

【苦肉】自分のからだを苦しめて敵をはかりあざむくこと。「苦肉の計」「苦肉の策」

【苦熱】①きびしいあつさ。②暑さに苦しむ。

【苦悩(惱)】苦しみなやむ。また、苦しみ。なやみ。

【苦悶】苦しみもだえる。苦しみもがく。

【苦窳】粗悪で、ゆがんでいること。

【苦慮】心をくだいて、さまざまに考えること。苦心。

【苦力】①力をふりしぼる。②苦心する。ほねおる。ほねおり。また、心配。心労。③英語 coolie の音訳語。植民地に出稼ぎしている労働者。また、下級の肉体労働者。

【苦労(勞)】心や身を苦しめ、つかうこと。ほねおること。

(8)5【茎】6280　常　ケイ　くき　2352 *3754*

(11)7〖莖〗6281　漢コウ（カウ）　呉ギョウ（ギャウ）　慣ケイ　　jīng　7219 *6833*

筆順　艹 艾 苳 茎

字義　❶くき。草本植物の主要部分で、根・葉・花を連絡するもの。地上茎と地下茎の別がある。❷はしら。また、もと。みき。❸さお（竿）。❹細いものを数えるに用いることば。❺つか。刀の柄。また、くきの形をした、器物の柄などをいう。

解字　篆文　形声。艹（艸）＋圣（巠）音。音符の巠は、はたおりのたていとの象形で、まっすぐで強いの意味。草のまっすぐで強い部分、くきの意味を表す。

▼金茎

(9)5【苽】6282　△　コ　菰（6403）の本字。→九三一ページ。

(9)5【苟】6283　△　㊥コウ　㊦ク　㊐有　gǒu　7181　6771

字義 ❶かりそめ。㋐かり。一時。しばし。当座。その場限り。㋑いささか。やや。㋒なおざり。おろそか。いいかげん。❷かりそめにする（かりそめにす）。㋐一時の間に合わせにする。㋑いいかげんにする。なおざりにする。❸いやしくも。いやしくもする（いやしくもす）。❹まことに。〔大学〕苟日新（まことにひに、あらたにして）、日日新（ひびにあらたなり）。↓訳文⇩日新（四九二ぺ一）。❺どうぞ。なにとぞ。❻草の名。⇩助字解説

助字解説
いやしくも。仮定。もしも。仮にも。〔孟子、告子上〕苟得₂其養₁、無₂物不₁レ長（いやしくもそのヨウをえば、ものとしてチョウぜざるはなし）。〈もしも正しく育ててゆけば、どんなものでも生長しないものはない〉

難読 苟且（かりそめ）

解字 篆文 形声。艹（艸）＋句㊥。もと草の名を表したが、借りて、いやしくもの意味や、まことにの意味などを表す。

【苟安】（コウアン）一時の安楽をむさぼる。一時のがれ。

【苟簡】（コウカン）①かりそめ。②物事を簡略にする。また、いいかげんにする。

【苟言】（コウゲン）いいかげんなことば。一時のがれのことをいう。

【苟合】（コウゴウ）①みだりに他人の気に合うようにへつらう。②私通する。男女が不義の関係を結ぶ。

【苟△且】（コウショ）かりそめ。→字義の①。

【苟生】（コウセイ）かりそめに生きる。いたずらに生き長らえる。苟活。

【苟△偸・苟△媮】（コウトウ）一時の安楽をむさぼる。おざなりにする。

【苟免】（コウメン）一時のがれをする。ただのがれさえすればよいとする。

【苟容】（コウヨウ）やたらに人の気に入るようにする。苟合。

(9)5【茁】6284　△　㊥サツ　㊦セチ　㊐黠　zhuó

字義 ❶芽ばえるさま。草が芽を出すさま。❷動物が成長するさま。

(8)5【若】6285　教6　ジャク・ニャク　わかい・もしくは　2867　3C63
(9)5〔若〕6286　一㊥ジャク・㊦ニャク　㊐藥　ruò　二㊥ジャ・㊦ニャ　㊐馬　rě

解字 篆文 形声。艹（艸）＋出㊥。音符の出は、でるの意味。草が芽を出すさまを表す。

若人（わこうど）

筆順 艹 ヰ 芐 若

字義 一❶なんじ（なんぢ）。おまえ。同輩、または目下の者に用いる。＝汝（ジョ）。❷ごとし。⇩助字解説 ❸かくのごとき。このような。〔論語、憲問〕君子哉若人（クンシなるかな、かくのごときひと）。❹もし。⇩助字解説 ❺もしくは。あるいは。または。❻しく。匹敵する。❼えらぶ。❽したがう（したがふ）（順）。❾草の名。やぶみょうが。「杜若（トジャク）」 ❿若干は、いくらか・いくばく。⓫若何（いかん）は、疑問の意を表す。どうか。どのようか。また、どうして。
二❶ほしくさ。❷わかい（わかし）。弱年。＝弱。❸般若（ハンニャ）は、梵語（ボンゴ）の音訳で、知恵の意。

助字解説
①もし。仮定。もし……ならば。類如・儻。〔唐、白居易、王昭君詩〕君王若問₂妾顔色₁（クンノウもしわらわ（は）が、ガンショクをとわ（は）ば）、莫₂道不₁レ如₂宮裏時₁（いう（ふ）なかれキュウリのときにしかずと）。〈君王がもし私の容貌をおたずねになったら、宮廷にいた時ほどではないと言ってくださるな〉
②ごとし。比況。……のようである。類如。〔唐、柳宗元、捕レ蛇者説〕貌若₂甚慼者₁（かたちはなはだうれう（ふ）るもののごとし）。〈その顔つきはひどく悲しんでいるもののようである〉
〈不レ若₂……₁〉……にしかず。類〈莫レ如₂……₁〉……にしくはなし。……には及ばない。〔孟子、告子上〕為₂指之不₁レ若レ人也（ゆびのひとにしかざるがためなり）。〈指が人なみでないためである〉

名乗 より・わく　難読 若干（そくばく・そこばく）・若狭（わかさ）・若布（わかめ）

使いわけ もしくは・または〔若・又〕⇩又（802）。

解字 甲骨文 金文 篆文 象形。甲骨文は、髪をふりみだし我を忘れて神意をききとる巫女（みこ）の形にかたどり、神意にしたがうの意味を表す。借りて、なんじ・ごとし・もしの意味に用いる。また、弱に通じて、弱年、わかいの意味にも用いる。若の意味と音符とを含む形声文字に、惹（ジャク）・諾などがある。

▼自若・超若・般若・老若

【若為（爲）】（ジャクイ・いかん）＝若何。〔唐、王維、送₂秘書晁監還₁日本₁詩〕音信若為通（オンシンいかんぞツウぜん）。

【若何】（いかん）①どうだ。また、どうであったか。＝何若。②いかに。どのように。③どうして。＝如何（いかん）・奈何（いかん）。

【若干】（ジャッカン）いくらか。いくばく。「③だれ。どれ。

【若箇】（ジャッコ）①いくらか。いくばく。若干。②いずれ。いずこ。

【若曹】（ジャクソウ）なんじ（ぢ）ら・なんじ（ぢ）がともがら。なんじら。おまえたち。若輩。

【若年】（ジャクネン）国としわか。年齢の若いこと。また、その人。十五、六歳から二十歳ぐらいまでの人。弱年。

【若輩】（ジャクハイ・なんじ（ぢ）がハイ）①なんじら。おまえたち。②国（ジャクハイ）㋐年若い者。わかもの。㋑経験の浅い者。未熟もの。

【若木】（ジャクボク）①伝説上の木の名。太陽の入る所にはえているという。②国（わかぎ）はえてからまだ年月のたたない木。

【不レ若】（しかず）及ばない。⇩助字解説

(9)5【苴】6287　△　一㊥ソ　㊐麌　zū　二ソ・㊦ショ　㊐魚　jū　7183　6773

字義 一❶くつの中のしき草。❷くさむら。❸あさ（麻）。実のある麻。❹うきくさ。❺かれくさ。❻つつむ。❼つと（苞（ホウ））。あしなどを編んで物を包んだもの。❽あらい（粗）。❾わるい。みにくい。❿黒い。⓫菜のつけもの。
二あらごも。祭りに用いるあらむしろ。

解字 甲骨文 篆文 形声。艹（艸）＋且㊥。

【苴△杖】（ショジョウ）喪中に用いた、黒色の竹のつえ。

【苴△絰】（ショテツ）昔、喪中に首と腰とにつけた実のある麻で作った帯。

(9)5【苫】6288　標　一㊥セン　㊐鹽　shān　二セン　㊐豔　shàn　3849　4651

字義 一❶とま。かや・すげなどで編んで、家や舟の屋根をおおうに用いるもの。❷こも。むしろ。喪中に敷いて寝るもの。❸おおう。また、かさ（傘）。二とまや。とまでおおった小屋。

難読 苫小牧（とまこまい）・苫米地（とまべじ・とまべち）

解字 篆文 形声。艹（艸）＋占㊥。音符の占は、枼（ヨウ）に通じ、うすく平たいの意味。かやなどを編んで作ったとまの意味を表す。

【苫△廬】（センロ）そまつな家。とまや。

【寝（寢）レ苫△枕レ塊】（とまにいねカイをまくらとす）こもの上に寝、土くれを枕にする。喪中の礼。

(9)5【苒】6289　△　㊥ゼン　㊦ネン　㊐琰　rǎn　［苒］　7182　6772

字義 ❶草がさかんにしげるさま。❷やわらかくよわいさま。❸めぐりすすむ。また、次第にのびるさま。のびのびになるさま。「荏苒（ジンゼン）」

解字 形声。艹（艸）＋冉㊥。音符の冉（ゼン）は、ひげの象形。ひげのように伸びた草のさまを表す。

(9)5【苔】6290　標　㊥タイ　㊦ダイ　㊐灰　tái　3461　425D

字義 こけ。隠花植物の一種。「蘚苔（センタイ）」

解字 形声。艹（艸）＋台㊥。

【苔衣】（タイイ）①こけ。②国（こけごろも）僧や世捨て人の衣をいう。

【苔△茵】（タイイン）こけのしとね。こけのむしろ。

【苔階】（タイカイ）こけむしたきざはし。こけの石段。

【苔径（逕）】（タイケイ）こけのむしたこみち。

【苔△碣】（タイケツ）こけむした石碑。苔碑。

【苔△砌】（タイセイ）こけむした石だたみ。

【苔蘚】タイセン こけ。蘚苔。
【苔点(點)】タイテン ①点々と生えているこけ。②明代ミンダイの磁器の名。
【苔碑】タイヒ こけむした石碑。苔碣タイケツ。

(9)5 【苧】6291 △ 漢チョ 呉ジョ(ヂョ) 語 zhù 3587 *4377*
字義 ❶からむし。麻の一種。その皮の繊維で、布を織り、なわをなう。❷みくりぐさ。うきやがら。かわすげ。
国 お。麻あさ・苧麻チョマの繊維をつむいで糸としたもの。
難読 苧績おうみ・苧麻からむし・おま

(9)5 【苕】6292 △ 漢チョウ(テウ) 呉ジョウ(デウ) 蕭 tiáo
字義 ❶野菜の名。えんどう。のえんどう。❷のうぜんかずら。❸葦あしの穂。❹高く遠いさま。
解字 篆文 形声。艹(艸)+召音。音符の召は、まねくの意味。人をまねくようなつるののびる草、えんどう・のうぜんかずらの意味を表す。

(9)5 【苶】6293 △ 漢デツ 呉ネチ 屑 niè
字義 ❶つかれるさま。❷わすれるさま。
解字 形声。艹(艸)+尒(爾)音。艸は、しおれやすい草の意味か。爾ジは泥デイに通じ、どろの意味。どろのようにつかれるの意味を表す。

(9)5 【苳】6294 △ トウ 冬 dōng 7184 *6774*
字義 草の名。苣苳キョトウは、冬に生える草。
国 ふき。キク科の多年草。食用・薬用となる。蕗ふき。
解字 篆文 形声。艹(艸)+冬音。音符の冬は、ふゆの意味。冬に生える草の意味を表す。

(9)5 【苺】6295 △ 一漢ボウ・呉モ 有 二漢バイ・呉マイ 賄隊 méi 7185 *6775*
字義 一二 いちご。くさいちご。莓バイは俗字。
解字 篆文 形声。艹(艸)+母音。音符の母は、乳ぶさのあるはの意味。ちくびのような形の実のなる、いちごの意味を表す。

(9)5 【茇】6296 △ 漢ハツ・呉バチ 曷 bá 慣バツ
字義 ❶草の根。❷白い花が咲くのうぜんかずら。❸やどる(宿)。野宿する。
解字 篆文 形声。艹(艸)+犮音。音符の犮ハツは、ぬきとるの意味。草を抜きとり野に宿るの意味や、春に抜きとる草木の根の意味を表す。
【茇舎】バッシャ 野宿すること。
【茇渉】バッショウ 山野をふみわたる。跋渉バッショウ。

(9)5 【范】6297 △ 漢ハン 呉ボン 陥 fàn 7187 *6777*
字義 ❶草の名。❷はち。=蜂ホウ。❸いがた(鋳型)。鋳造のかた。=範。❹のり(則)。かた(型)。規範。=範。
解字 篆文 形声。艹(艸)+氾音。
【范雎】ハンショ 戦国時代、魏ギの遊説家・政治家。字あざなは叔。秦シンの昭王に仕え、遠交近攻の策を用いて諸侯を侵略した。雎を睢スイと書くのは誤り。
【范成大】ハンセイダイ 南宋ナンソウの政治家・詩人。字あざなは致能、号は石湖。著に『石湖詩集』『呉船録』などがある。(一一二六—一一九三)
【范祖禹】ハンソウ 北宋ホクソウの歴史家。字あざなは夢得ボウトク。諡おくりなは正献。司馬光の『資治通鑑シジツガン』の編修を助けた。『唐鑑』の著者。(一〇四一—一〇九八)
【范増(增)】ハンゾウ 楚ソの軍略家。項羽に信任されて亜父と称されたが、のちに項羽に疑われて去り、彭城ホウジョウで病死した。(前二七七—前二〇四)
【范仲淹】ハンチュウエン 北宋ホクソウの詩人。字あざなは希文、諡おくりなは文正。著に『范文正公集』があり、また、「岳陽楼記」の名文がある。(九八九—一〇五二)
【范甯】ハンネイ 晋シンの学者。字あざなは武子。孝武帝に仕えて、治績をあげた。『春秋穀梁伝コクリョウデン集解』の著がある。(三三九—四〇一)
【范陽】ハンヨウ 地名。唐代の郡名。治所は薊ケイ(今の北京市の西南)。玄宗の時、安禄山アンロクザンがここの節度使となり、ついに反乱を起こした。
【范曄】ハンヨウ 南朝宋ソウの歴史家。字あざなは蔚宗ウツソウ。『後漢書』の著者。(三九八—四四五)
【范蠡】ハンレイ 春秋時代、越の功臣。楚ソの人。字あざなは少伯。句践コウセンを助け、呉王夫差を討って会稽カイケイの恥をすすぎ、上将軍となったが、のち去って斉(今の山東省)に行き、姓名をかえて鴟夷子皮シイシヒといい、さらに陶(今の山東省定陶県の西北)に行って、陶朱公と自称し、巨万の財をたくわえたという。

(9)5 【苾】6298 △ 漢ヒツ 呉ビチ 質 bì
字義 ❶かんばしい。かおる(香)。また、かおり。❷苾芻ビッシュは、草の名。また、僧侶ソウリョ。
解字 篆文 形声。艹(艸)+必音。音符の必は、密に通じ、ひっそりしているの意味。ひっそりとほのかなかおりの意味を表す。
【苾苾】ヒツヒツ かんばしいさま。
【苾芬】ヒップン =苾苾。

(8)5 【苗】6299 常 ビョウ なえ・なわ 4136 *4944*
(9)5 [苗] 6300 漢ビョウ(ベウ) 呉ミョウ(メウ) 蕭 miáo 早苗さなえ
筆順 艹 苎 苗 苗
字義 ❶なえ。㋐稲のなえ。「苗代なわしろ」㋑植物の生えたばかりのもの。❷穀物。主食となる穀物。❸かり(狩)。夏のかり。❹すえの血筋。遠い子孫。→苗胤ビョウイン。❺人民。もろもろの民。❻中国の異民族の名。→苗族の❷。
名乗 え・たね・なり・みつ 難読 苗穂なえぼ・苗村なむら・苗代なわしろ・苗田のうだ
解字 篆文 会意。艹(艸)+田。田畑にはえた細い草、なえの意味を表す。苗を音符に含む形声文字に、描・猫などがある。
【苗胤】ビョウイン 末の血すじ。遠い子孫。後胤。胤は、たね。
【苗裔】ビョウエイ =苗胤ビョウイン。裔は、きもののすそ。
【苗字】ミョウジ その家の名。氏うじ。姓かばね。名字。
【苗而不秀】なえ(へ)にしてひいでず なえが伸びても花が咲かない。年が若くて死ぬことのたとえ。また、学問に志して成就しないことのたとえ。〔論語、子罕〕
【苗族】ビョウゾク ①=苗胤ビョウイン。②中国の雲南・貴州などの地方に居住する種族の名。苗氏。

(9)5 【苻】6301 △ 漢フ 呉ブ 虞 fú 7188 *6778*
字義 ❶草の名。葛くずに似て、葉はまるく毛がある。❷さや。草の実のさや。
解字 形声。艹(艸)+付音。
【苻健】フケン 五胡ゴ十六国、前秦ゼンシンの初代の帝(高祖)。明帝。在位四年(三五一—三五四)。苻洪の子。長安に都し、租税を軽くし、善政を施した。廟号ビョウゴウは世宗、のちに高祖と改めた。(三一七—三五五)
【苻秦】フシン 五胡ゴ十六国の一つ。三五〇年に苻健が建てた国。前秦ともいう。(三五一—三九四)

(9)5 【茀】6302 △ 漢フツ 呉フチ 物 fú
字義 ❶草が道をふさいで歩けないこと。❷草がしげる。❸おおう。また、おおい。車のおおい。❹髪かざり。かんざしの類。❺ま

えだれ。ひざかけ。❻はらう(払)。❼ひつぎなわ。ひつぎをひくなわ。❽小さい。

解字 篆文　形声。艹(艸)＋弗㊥。

(9)5
【苹】6303　△　㊥ヘイ　㊣ビョウ(ビャウ)　慣ヒョウ(ヒャウ)　庚 píng　7189 6779

字義 ❶うきくさ。水草の一種。＝萍。❷よもぎ。❸あし。また、がま。❹苹苹は、草がしげるさま。❺苹果は、りんご(林檎)。

解字 篆文　形声。艹(艸)＋平㊥。音符の平は、たいらの意味。水面に平たく浮く草の意味を表す。

(9)5
【苞】6304　標　ホウ(ハウ)　肴 bāo　7190 677A

字義 ❶草の名。あぶらがや。むしろぐさ。❷もと。ねもと。草木の根。❸つつむ。❹つぼみ。❺つと。つつみ。魚肉などをあぶらがやに包んだもの。包んだ品物。また、みやげもの。「家苞(いえづと)」❻むらがる。❼しげる。

難読 苞苴(つと)

解字 篆文　形声。艹(艸)＋包㊥。音符の包は、つつむの意味。物をつつむ草、あぶらがやの意味や、つぼみ・つつみの意味を表す。

【苞裹】(ホウカ) つつむ。裹も、つつむ意。

【苞苴】(ホウショ) ①つつみと、しきもの。贈答品。物を贈るとき、わらに包むのを苞といい、わらを下にしくのを苴という。②賄賂(ワイロ)。まいない。

【苞桑】(ホウソウ) ①桑の木の根。②転じて、根本のかたいこと。

【苞羅】(ホウラ) 多くのものを包みくるむこと。羅は、あみ。

(8)5
【茅】6305　人
(9)5
〔茅〕6306　㊥ボウ(バウ)　㊣モウ(マウ)　肴 máo　1993 337D

筆順 艹 芧 茅 茅

字義 ❶かや。ち。ちがや。❷かやを刈る。❸かやぶき。かやでふいた屋根。また、その家。くさや。❹うすぐらい。❺つとめる(務)。❻とちの実。どんぐり。

難読 茅花(つばな・ちばな)・茅ケ崎(ちがさき)・茅淳鯛(ちぬだい)・茅台酒(マオタイしゅ)・茅蜩(ひぐらし)・茅(かや)・茅野(ちの)

解字 篆文　形声。艹(艸)＋矛㊥。音符の矛は、ほこの意味。ほこのように突き出た草、かやの意味を表す。

【茅庵】(ボウアン) かやぶきのいおり。そまつな家。

【茅宇】(ボウウ) かやぶきの家。あばらや。

【茅簷】(ボウエン) ①かやぶきの軒。また、その家。②自分の家の謙称。

【茅屋】(ボウオク) ①かやぶきの家。そまつな家。②自分の家の謙称。

【茅軒】(ボウケン) ＝茅簷(ボウエン)。

【茅柴】(ボウサイ) ①ちがやとしば。②にごり酒。薄い酒。ちがややしばの火は、一時に燃えあがって消えやすいことから、薄い酒のさめやすいことにいう。

【茅茨】(ボウシ) ①かや。茨も、かや。②かやで屋根をふくこと。また、かやぶきの家。また、その屋根。

【茅茨不翦】(ボウシきらず) 屋根をかやでふいたままにして、端を切りそろえないこと。質素な生活をいう。〔韓非子、五蠹〕

【茅舎】(ボウシャ) ①かやぶきの家。あばらや。②自宅の謙称。

【茅茹】(ボウジョ) 多くのかやの根がからみ合い引っぱり合っていること。転じて、多くの賢人が朝廷に並び立っていることなどをたとえていう。また、同類の結合の堅いさまをいう。

【茅塞】(ボウソク) かやが生えて道をふさぐこと。転じて、修養を怠ると欲のために心がおおわれること。〔孟子、尽心下〕

【茅店】(ボウテン) かやぶきの店。いなかの茶店。

【茅土】(ボウド) 諸侯を封ずること。昔、天子が諸侯を封ずるとき、その方角の色(東は青、西は白、南は赤、北は黒、中央は黄)の土を、白いかやに包んで与えたことからいう。

【茅門】(ボウモン) かやぶきの門。また、その門のある家。そまつな家。

【茅牖】(ボウユウ) ①かやのまど。粗末な窓のたとえ。②転じて、貧しい家。

【茅廬】(ボウロ) ＝茅屋。

(9)5
【茆】6307　△　㊥ボウ(バウ)　㊣モウ(マウ)　巧 mǎo、③máo　7191 677B

字義 ❶じゅんさい。ぬなわ。水草の一種。❷しげるさま。❸かや。＝茅(ボウ)。

解字 篆文　形声。艹(艸)＋卯㊥。

【茆檐・茆簷】(ボウエン) かやぶきの軒。また、その家。

【茆屋】(ボウオク) ①かやぶきの家。そまつな家。②自分の家の謙称。

【茆茨不翦】(ボウシきらず) ＝茅茨不翦。〔十八史略、五帝、帝堯〕

【如二茆斯抜一】(ボウのここにぬかるるがごとし) 一本のかやを抜くと、何本も一緒に抜けてくるように、多くの賢者が相次いで用いられること。〔宋、欧陽脩、慶暦聖徳詩〕

(8)5
【茉】6308　人
(9)5
〔茉〕6309　㊥バツ・㊣マチ　慣マツ・マ　曷 mò　7193 677D

筆順 艹 芏 芊 茉

字義 茉莉(マツリ)は、モクセイ科の常緑小低木。ペルシャからインドを経て中国に移入。夏の夕、枝端に香気高い白色五弁の花を開き、中国では茶にいれる。毛輪花(モウリンカ)。まりか。茉莉花。ジャスミン。

解字 形声。艹(艸)＋末㊥。

(8)5
【茂】6310　常　モ　しげる
(9)5
〔茂〕6311　㊥ボウ　㊣モ　宥 mào　4448 4C50

筆順 艹 艹 芅 茂

字義 ❶しげる。草木の枝葉がさかんに生長する。「繁茂」❷さかん。また、豊か。多い。❸すぐれる。才徳がすぐれる。「茂才」❹よい。りっぱな。美しい。❺つとめる(勉)。はげむ。

名乗 いかし・しげ・しげみ・たか・とお・とよ・もち・もと・ゆた

難読 茂原(もばら)・茂尻(もしり)・茂住(もずみ)・茂木(もぎ・もてぎ)

解字 篆文　形声。艹(艸)＋戊㊥。音符の戊(ボウ)は、冃(ボウ)に通じ、おおうの意味。草が覆いしげるの意味を表す。

▼俊茂・繁茂

【茂異】(モイ) 才能がすぐれ、他と異なること。また、その人。

【茂勲(勳)】(モクン) りっぱなてがら。すぐれた功績。偉勲。

【茂行】(モコウ) すぐれたおこない。りっぱな行い。

【茂才】(モサイ) 茂材。①才能のすぐれた人。秀才。②官吏登用試験(科挙)の科目の名。もと、秀才といったが、後漢の光武帝の名を避けて改めた。

【茂材】(モザイ) ＝茂才。

【茂実(實)】(モジツ) ①しげりみのる。②すぐれた実質・内容。すぐれひいでる。また、その人。

【茂秀】(モシュウ) すぐれひいでる。また、その人。

【茂盛】(モセイ) さかんなこと。盛茂。

【茂績】(モセキ) りっぱな功績。

【茂暢】(モチョウ) しげりのびる。発育する。

【茂陵】(モリョウ) 前漢の武帝の陵の名。陝西(センセイ)省興平県の北東にある。

(9)5
【苜】6312　△　㊥ボク　㊣モク　屋 mù　7192 677C

字義 ❶苜蓿(モクシュク)は、牧草の名。うまごやし。❷水苜は、水草の名。

解字 形声。艹(艸)＋目㊥。

(9)5
【苙】6313　△　リュウ(リフ)　緝 lì　7194 677E

柴蘭。

〔字義〕❶おり（檻）。豚などを飼育するかこい。❷よろいぐさ。

(9)5【苓】6314 △ 漢レイ 呉リョウ（リャウ） 青 líng — 4674 4E6A

〔字義〕❶草の名。みみなぐさ。おなもみ。巻耳。苓耳。❷香草の名。❸薬草の名。かんぞう。❹茯苓は、松の根に寄生するきのこの一種で利尿剤に用いる。まつほど。❺おちる（落）。おちぶれる。＝零。❻車の横木。

〔解字〕篆文 形声。艹（艸）＋令音。

【苓落】①草木がしぼみ、おちる。零落。②昔の楽曲の名。

(10)6【茵】6315 △ イン 真 yīn — 7201 6821

〔字義〕❶しとね。しきもの。車中にしくもの。また、棺にしくしとね。❷茵芋は、薬草の名。みやましきみ。

〔解字〕篆文 形声。艹（艸）＋因音。音符の因は、しとねの原字。因が、よるの意味に用いられるようになり、区別の必要から、艸を付した。

【茵△蓐・茵△褥】しきもの。しとね。【茵席・茵△薦】しきもの。しとね。

(10)6【荄】6316 △ カイ 灰佳 gāi

〔字義〕❶ね。草の根。❷にらの根。また、宿根草の根。

〔解字〕篆文 形声。艹（艸）＋亥音。

(10)6【茴】6317 △ 漢カイ（クワイ） 呉ガイ（グワイ） 慣ウイ 灰 huí — 7202 6822

〔字義〕茴香は、セリ科の多年草。香気があり、薬用となる。

〔解字〕形声。艹（艸）＋回音。

(10)6【茖】6318 △ 漢カク 呉キャク 薬 gé — 7203 6823

〔字義〕茖葱は、ぎょうじゃにんにく（行者忍辱）。ユリ科の多年草。深山の樹下に生え、強臭がある。

〔難読〕茖ノ木

〔解字〕篆文 形声。艹（艸）＋各音。

(10)6【菽】6319 △ 漢キョウ（ケウ） 呉ギョウ（ゲウ） 蕭 qiáo

〔字義〕❶草の名。ぜにあおい。こあおい。❷菽麦は、そば（蕎麦）。

〔解字〕篆文 形声。艹（艸）＋收音。

(10)6【荆】6320 △ 漢ケイ 呉キョウ（キャウ） 庚 jīng

【荊】標準 2353 3755

〔字義〕❶にんじんぼく。昔、刑罰の策に用いた低木の一種。❷むち（鞭）。しもと。❸いばら。うばら。「荊棘」❹自分の妻に冠する謙称。「荊妻」❺国の名。楚の別名。❻昔の九州の一つ。↓荊州。

〔難読〕荊沢

〔参考〕〔荊〕は同字で、印刷標準字体。

〔解字〕金文 篆文 形声。艹（艸）＋刑音。金文は象形で、人を手かせにかけているさまにかたどり、むちうつためのいばらの意味を表す。のち、篆文は、これに艸を冠した。

【荊△軻】戦国時代、燕の刺客。斉の人。慶卿または、荊卿と称せられた。燕の太子の丹の命令で秦の始皇帝を暗殺しようとしたが失敗して殺された。丹との易水での別離の際に作った「風蕭蕭兮易水寒、壮士一去兮不二復還一」の詩がある。（?—前二二七）

【荊△杞】①にんじんぼくと枸杞。ともに荒れ地にはえる雑木。荊は、いばらともいう。②悪臣のたとえ。

【荊△棘】①いばら。うばら。②障害になるもの。③紛糾した事態のたとえ。④人を傷つけようとするとげとげしい心。⑤未開の異民族や未開の地のたとえ。

【荊呉】呉楚の地。江南の地方。荊は、楚。

【荊妻】自分の妻の謙称。いばらのかんざしをさした妻、粗衣の妻の意。後漢の梁鴻の妻の故事。↓荊釵布裙。

【荊△柴】①いばらと、しば。②いばらやしばで作った門。転じて、あばらや。柴門。茅屋。

【荊△釵布△裙】粗末な服装。いばらのかんざしと木綿のスカート。後漢の梁鴻の妻の孟光が粗末な服装で家計を助けた故事。↓荊妻。〔晋、皇甫謐、列女伝〕

【荊室】①あばらや。②自分の妻の謙称。荊妻。

【荊州】『書経』の禹貢編に記される中国古代九州の一つ。今の湖南・湖北両省と四川・貴州・広西・広東各省の一部を含む。荊州は、漢以後も各時代に置かれたが、その範囲や治所には変遷がある。〔書経、禹貢〕

【荊△楚歳時記】書名。一巻。南朝の梁の宗懍の著。元日から除夜にいたるまでの楚の地方の年中行事・風俗を述べている。中国の最初の歳時記。

【荊蛮（蠻）】南方の異民族。

【荊扉】いばらのとびら。柴の戸。貧しい住居。荊柴。

【荊布】＝荊釵布裙。

【負レ荊】謝罪すること。いばらのむちを背に負って、相手にむち打たれることを望む意。〔史記、廉頗・藺相如伝〕肉祖負レ荊。

(10)6【荊】6321 標 ケイ 荆（6320）の印刷標準字体。↓前項。 — 2353 3755

(9)6【荒】6322 常 コウ あらい・あれる・あらす — 2551 3953

(10)6〖荒〗6323 コウ（クヮウ） 陽 huāng

〔筆順〕

〔字義〕❶あれる。㋐雑草が地をおおう。雑草が生いしげる。㋑あれはてる。すたれる。❷あれた土地。❸不作。飢饉。作物の実らないこと。「荒歳」❹おおう。おおいかぶさる。また、おおい。❺忘れる。無視する。捨ててかえりみない。❻すさむ。すさぶ。㋐生活があれる。㋑度を越す。つのる。おぼれる。❼ほろびる。敗れる。また、ほろぼす。❽遠い。遠い果ての地。❾大きい。大いに。大きくする。❿むなしい。うそ。国❶あらい。㋐てあらい。乱暴。㋑たけだけしい。勇猛。㋒風雨などがはげしい。㋓おおざっぱ。❷あれ。㋐暴風雨。㋑皮膚のあれ。㋒形勢のひどい変化。❸あらす。害を与える。

〔名乗〕あら・あらう・ら

〔難読〕荒屋・荒海・荒磯・荒布

〔使いわけ〕あらい〔粗・荒〕⇩粗（5649）。

〔解字〕篆文 形声。艹（艸）＋巟（巟）音。音符の巟は、大きな川が水のほか何もないの意味。あれはてた草のほかなにもないの意味を表す。

▼救荒・窮荒・凶荒・酒荒・大荒・天荒・備荒

【荒△淫】酒色にすさみおぼれること。

【荒△裔】遠い果ての土地。裔は、着物のすその意。遐裔「カエイ」。辺裔。

【荒煙・荒△烟】炊事などの煙のさびしいこと。人気のないこと。「荒煙寒草」

【荒△遐】はてしなく遠い。また、遠い果ての土地。遐は、遠い意。荒遠。

【荒外】国境外の未開の地。遠い果ての未開の地。

【荒△饉】ききん。不作。凶作。

【荒径（徑）・荒△蹊】あれはてたこみち。

【荒倹（儉）】凶年で収穫が少ない。凶作。荒歉。

【荒△忽】①うっとりとして、ぼんやりするさま。また、気のぬけ

るさま。②はっきりしないさま。かすかで遠いさま。
【荒歳】コウサイ　ききんの年。凶作の年。凶年。荒年。
【荒肆】コウシ　すさんで行動がきままなこと。身をもちくずすこと。
【荒陬】コウスウ　遠い果ての、へんぴな土地。荒辺。陬は、すみ。
【荒政】コウセイ　①ききんのとき、人民を救う政治。②君主が政治をおこたること。
【荒瘠】コウセキ　土地があれやせること。
【荒怠】コウタイ　仕事をほうりだして、なまけおこたること。
【荒台（臺）】コウダイ　あれはてたうてな。台は、見晴らし台。
【荒耽】コウタン　酒色などにすさみふけること。荒沈。
【荒誕】コウタン　おおげさで、よりどころのないこと。おおぼら。でたらめ。荒唐。
【荒塚】コウチョウ　あれはてた墓。荒冢コウチョウ。荒墳。
【荒土】コウド　あれはてた土地。雑草のおいしげった土地。あれち。荒地。
【荒唐】コウトウ　話にとりとめのないこと。でたらめ。
【荒唐無稽】コウトウムケイ　話がとりとめなく、より所のないこと。でたらめ。荒唐不稽ともいう。
【荒敗】コウハイ　①土地があれはてて穀物が育たない。②（生活が）すさみくずれる。
【荒廃（廢）】コウハイ　①あれはてる。あれすたれる。②自分のなすべきことを捨ててかえりみないこと。
【荒蕪】コウブ　あれはてて雑草のおいしげっていること。また、その土地。荒穢コウワイ。
【荒服】コウフク　昔、中国で都を中心として天下を五つの地域（五服）に分けたときの、都から最も遠くへだたった地域。
【荒亡】コウボウ　狩猟や酒色などの楽しみにふけって、すさんだ生活をすること。その結果、身や国をほろぼすから、亡という。
【荒民】コウミン　ききんで苦しんでいる民。
【荒湎】コウメン　＝荒亡。
【荒涼】コウリョウ　①あれはててものさびしい。②すさまじい。
【荒寥】コウリョウ　あれはててものさびしい。荒涼。
【荒穢】コウワイ　＝荒蕪コウブ。
【荒惑】コウワク　心が狂いまどう。

(10) 6 **【茭】** 6324　△　漢コウ（カウ）　呉キョウ（ケウ）　肴 jiāo

字義 ❶まぐさ。干し草。枯れ草。❷草の名。㋐うまぜり。㋑まこも。❸竹やあしで作ったなわ。❹さお（竿カン）。❺まじわる（交）。また、つぎめ。

解字 篆文　形声。艹（艸）＋交音。

【茭薧】コウコウ　ほし草と、わら。まぐさ。
【茭粽】コウソウ　ちまき。端午の節句に祝って食べる。

(10) 6 **【荇】** 6325　△　漢コウ（カウ）　呉ギョウ（ギャウ）　梗 xìng

字義 あさざ。はなじゅんさい。水草の一種。

解字 篆文　形声。艹（艸）＋行音。

【荇菜】コウサイ　水草の名。あさざ。

(10) 6 **【茈】** 6326　△　シ　紙 zǐ

字義 ❶むらさき。山野に自生する多年草で、根は染料として用いる。むらさきそう。❷茈葳シイは、なでしこ。一説に、のうぜんかずら。❸草の名。ぜんまい。❹茈菀シオンは、キク科の多年草。❺そろわないさま。ふぞろいのさま。

解字 篆文　形声。艹（艸）＋此音。

(10) 6 **【茨】** 6327　標　漢シ　呉ジ　支 cí　[茨] 1681 3071

字義 ❶いばら。うばら。とげのある低木類の総称。❷草の名。はまびし。つる草の一種。❸ふく（葺シュウ）。かやの類で屋根をふく。また、かやぶきの屋根。❹つむ（積）。また、きずく（築）。堤防・とりでなどを作るため、土などを積み重ねる。❺もち（餅ヘイ）。

解字 篆文　形声。艹（艸）＋次音。音符の次は、斉に通じ、ととのえるの意味。かやなどの草をそろえ整えて屋根をふくの意味を表す。

【茨簷】シエン　かやぶきの軒。また、あばらや。
【茨棘】シキョク　①いばら。②草深いいなかのたとえ。
【茨菰】ジコ　くわい。オモダカ科の多年草。慈姑ジコ。

(10) 6 **【茲】** 6328　△　シ　慣ジ　支 zī　7204 6824

字義 ❶しげる。はびこる。❷ます。ふえる。❸ますます。❹むしろ。わらのしとね。❺ここ（斯シ）。ここに。これ。この。＝此シ。❻とし（年）。「今茲こんとし」❼つとめる。＝孜シ。

参考 [玆シ・ゲン]は別字であるが古くから混同して用いる。

解字 甲骨文　篆文　形声。艹（艸）＋玆音。音符の玆シは、ふたつの糸の意味。草木がふえる、しげるの意味を表す。借りて、ここ・この意味をも表す。茲の意味と音符とを含む形声文字に、孳シ・慈・磁・滋などがある。

(10) 6 **【茱】** 6329　△　漢シュ　呉ジュ　虞 zhū　7205 6825

字義 茱萸シュユは、かわはじかみ。また、ぐみ。陰暦の九月九日（重陽の節句）に高い丘に登って、この実のついている枝を頭にさしはさみ菊花酒を飲み邪気を払うという風習があった。

難読 茱萸ぐみ・かわはじかみ

解字 篆文　形声。艹（艸）＋朱音。音符の朱は、あかいの意味。赤い果実のなる、かわはじかみの意味を表す。

(10) 6 **【荀】** 6330　△　シュン　慣ジュン　真 xún　7206 6826

字義 ❶草の名。不詳。❷周代の国名。今の山西省の新絳シンコウ県の西。

解字 篆文　形声。艹（艸）＋旬音。

【荀況】ジュンキョウ　＝荀子の①。
【荀子】ジュンシ　①戦国時代末期の儒学者。名は況。斉に仕え、のち楚ソの春申君に仕えて蘭陵ランリョウ（今の山東省内）の令となった。孔子の学を伝え、礼を重んじたが、孟子の性善説に対し性悪説を主張した。韓非子カンピシや李斯リシの師。荀卿ジュンケイと尊称され、また、前漢の宣帝の諱いみなを避けて孫卿とも称した。（前三三三？—前二三八？）②書名。二十巻。荀卿の著。

〔荀子〕

(10) 6 **【茹】** 6331　△　漢ジョ　呉ニョ　魚 御 語 rú　7207 6827

字義 ❶くらう。くらう。主に野菜を食うのにいう。❷かう（飼）。❸な（菜）。野菜。❹いれる（納）。うけいれる。❺やわらかい。❻はかる（慮・度）。❼ひく（引）。ひっぱる。つらなる。❽くさい（臭）。くさる（腐）。国ゆでる。ゆだる。

解字 篆文　形声。艹（艸）＋如音。音符の如は、しなやかの意味。しなやかな菜の意味を表す。

【茹葷】ジョクン　にら・にんにくなどの臭い野菜を食べる。
【茹菽】ジョシュク　①野菜と豆。②豆を食う。貧しい生活。
【茹淡】ジョタン　あっさりしたものを食べる。粗食する。

(10) 6 **【茸】** 6332　標　一 漢ジョウ・呉ニュウ　冬 róng　二 漢ジョウ・呉ニュウ　腫 rǒng　3491 427B

字義 一❶しげる。草がしげりみだれるさま。❷みだれる。❸蒲がまの穂。❹刺繍シシュウの糸。❺模様のある竹。まだらだけ。❻ふくろづの。鹿しかの新しく生えたつの。にこげ。細くやわらかな毛。❸つぐ（次）。また、おす（推）。二❶おろか。いやしい。❷❻❸

国 たけ。きのこ。

解字 篆文　形声。艹（艸）＋耳音。

【茸茸】①草がさかんにしげっているさま。②小人がむらがっているさま。

(10) 6 【荏】6333 △ 漢ジン 呉ニン 䡄 rěn ―1733 *3141*

字義 ❶え。えごま。シソ科の一年草。実から油をとる。❷荏菽は、大豆。❸やわらか。❹次第に。次第にのびる。

難読 荏原・荏田

解字 篆文 形声。艹（艸）＋任㊥。

【荏弱】やわらかで弱い。柔軟。怯弱。

【荏苒】歳月がながびくさま。のびのびになること。荏染。

(10) 6 【荃】6334 △ 一センニ 漢セツ・呉セチ 囷 quán 屑

字義 一❶からしのあえもの。❷香草の一種。かおりぐさ。❸うえ。川などで魚を捕らえるために竹で編んだ道具。＝筌。二ほそぬの。葛などで織った織物。

解字 篆文 形声。艹（艸）＋全㊥。

【荃蹄】魚を捕らえるやなと、兎を捕らえるわな。ともに物を得れば不用となるもの。また、手段・方便の意。〔荘子、外物〕

(9) 6 【茜】6335 人 (10) 6 〔茜〕6336 セン 霰 qiàn ―1611 *302B*

筆順 艹 芇 茜 茜

字義 ❶あかね。あかねぐさ。根から赤色の染料をとる。❷あか。あかねいろ。また、あかねぞめ。

解字 篆文 形声。艹（艸）＋西㊥。

(10) 6 【荐】6337 △ 漢セン 呉ゼン 霰 jiàn ―7208 *6828*

字義 ❶こも。しきむしろ。＝薦。❷くさ。雑草。❸ふたたび。かさねて（重）。❹しきりに。しばしば。❺あつまる。つもる。会集する。

解字 篆文 形声。艹（艸）＋存㊥。

【荐居】あつまりすむ。一説に、水草を追って移り住むこと。

【荐仍】しきり。しきりに。また、しきりに重なる。仍も、しきり・重なる。

【荐食】（蚕が桑を食うように）次第に土地を侵略すること。蚕食。薦食。

(9) 6 【草】6338 (10) 6 〔草〕6339 教 1 ソウ くさ ソウ（サウ） 晧 cǎo ―3380 *4170*

草履

筆順 艹 芇 苩 草

字義 ❶くさ。また、くさはら。❷そまつ。いなかじみている。いやしい。上等でない。「草屋」「草庵」❸はじめ。始める。「草創」❹下書きをする。原稿を作る。「起草」❺書体の一種。行書をさらにくずしたもの。草書。

難読 草鞋・草加・草臥れる・草石蚕　名乗 かや・くさか・しげ

解字 篆文 形声。艹（艸）＋早㊥。艸と同一語であるが、その音を示すため、早が付された。艸は、くさの象形で、くさの意味を表す。

▼起草・結草・細草・詩草・創草・闘草・芳草・本草・幽草

【草鞋】わらじ。わらぐつ。

【草案】詩文の下書き。草稿。

【草庵・草菴】草ぶきのいおり。わら・かやなどで屋根をふいた、小さくそまつな家。

【草衣】①草をつづった、そまつな着物。②隠者の衣服。転じて、隠者をいう。

【草芥】①くさと、あくた。草や、ごみ。②転じて、つまらぬもののたとえ。また、自己の謙称。「草芥凡庸」

【草間】①くさむらの中。②草深い土地。いなか。③民間。

【草棘】①くさと、いばら。やぶ。②草深い土地。未開の地。

【草行】①草原を分けて行く。山野を渡り歩く。「草行露宿」②書体の名。草書と行書。

【草稿・草藁】詩文の下書き。原稿。

【草根木皮】草のねと、木のかわ。転じて、漢方医薬をいう。

【草子・草紙】国①何枚かの紙をとじ合わせて本にしたもの。②書いたままで、まだ整理しない下書き。③かな書きの書物。随筆・日記・歌書など。④江戸時代、かな書きの絵入り小説。草双紙。

【草市】①いなかのいちば。城外の市場。②国 ㋐草深い町。いなかの町。㋑陰暦七月十二日の夜から翌日の朝にかけてたつ、お盆の供え物を売る市。

【草次】①あわただしい。いそがしい。造次。②野宿する。次は、宿る意。草宿。

【草舎】①野宿する。②草ぶきの家。草屋。

【草書】書体の一種。篆・隷をさらに簡略にした書体。一般には、楷書をくずした行書をさらにくずして書いたものといわれる。草体。⇩コラム・文字・書体の変遷（四八一ページ）。

【草聖】草書の名人。後漢の張芝・唐の張旭をいう。草賢。

【草窃（竊）】わずかのものをかすめとる盗賊。こそどろ。草賊。

【草草】①あわてるさま。②てみじかなさま。てがるで、ていねいでないさま。③心配するさま。苦労するさま。④国とり急いで書きしるしたことを謝して、手紙の末尾に書きそえることば。

【草創】①事を起こし、はじめる。はじめてつくる。②事のはじめ。③詩文の下書きを作ること。起草。

【草賊】①おいはぎ。②こぬすびと。草窃。③反乱する民。

【草卒】あわただしい。倉卒。

【草体（體）】草書の書体。草書。

【草虫（蟲）】①はたおり。きりぎりす。一説に、いなご。②草むらに住む虫。

【草薙】①草をなぎはらう。草を刈り平らげる。②世の乱れを治めること。③国 ㋐＝①。㋑盆の墓掃除。

【草頭】草の葉ずえ。草葉のさき。「草頭の露」

【草堂】①草ぶきの家。わらや。草屋。②自分の家を謙遜していう。③小さな寺。庵。

【草服】草でつづった、そまつな着物。草衣。

【草茅】①くさと、ちがや。くさむら。②民間。在野。

【草本】①下書き。草稿。②地上にある部分の質がやわらかで水分の多い植物の総称。草。↔木本。

【草昧】①世の開けはじめ。天地が創造されたばかりで、世の中の未開のときをいう。草は、初め。昧は、くらい意。②世の秩序が乱れたままで、天下のまだ定まらないときをいう。〔十八史略、唐、太宗〕草昧之初、群雄並起。

【草莽】①くさむら。②民間。在野。

【草莽之臣】官に仕えないで民間に在る人。臣下の謙称。在野の臣。

【草野】①くさはら。野原。②いなか。③民間。在野。④ひなびていること。いやしいさま。

【草莱】①あれはてたくさむら。おい茂った雑草。また、あれはてた土地。②いなか。田野。

【草隷(隸)】①草書と隷書。②草書。

【草履】①わらなどを編んで作ったはきもの。②国ぞうり。

【草△廬】①草ぶきのいおり。②自分の家を謙遜していう。

【草△廬三顧】三国時代、蜀の劉備が自分で三度も諸葛孔明の宅を訪れて、その出馬を請うた故事。〔文選、諸葛亮、出師表〕

【草露】①草葉の上におくつゆ。②はかない物事のたとえ。

(9)6
【荘】6340　常 ソウ　3381 4171

(11)7
〖莊〗6341　人 許　漢ショウ(シャウ)　呉ソウ(サウ)　陽 zhuāng　7223 6837

筆順　艹 艹 荘 荘

〔庄〕俗字 3017 3E31

字義 ❶おごそか。重々しい。うやうやしい。「荘重」❷さかん。＝壮。❸六方に通ずる道。❹いなか。村里。また、いなかの家。❺別宅。しもやしき。「山荘」❻みせ。大きな店。❼荘子の略。「老荘」

名乗 さこう・たか・たかし・ただし・まさ

解字 金文  篆文  形声。艹(艸)＋壮(壯)音。音符の壮は、さかんの意味。草の成長がさかんの意味を表す。

▼漁荘・山荘・色荘・粛荘・斉荘・端荘・別荘

【荘園】①しもやしき。本宅のほかに、郊外などに設けた別宅。別荘。②大土地の所有・経営方式。例えば宋では、地主である荘主が隷属する佃戸(農奴)に耕作させ収穫の五、六割を租として納めさせ、また、労役にも使役し管理した。荘田。③国昔、貴族・寺社などに与えられた私有地。庄園。荘。

【荘敬】おごそかでつつしみぶかい。

【荘語】①大きなことをいう。大言。大言壮語。②まともなことば。まともな議論。正論。

【荘厳(嚴)】①おごそか。たっとく重々しい。②国りっぱなこと。㋐かざりなどが美しいこと。㋑高徳をそなえていること。

【荘士】行儀作法の正しい人。

【荘子】①荘周の尊称。②書名。戦国時代、宋の荘周の著。三十三編。そのうち内編の七編だけが荘周の自著、他の外編(十五編)・雑編(十一編)は後人の作といわれる。『老子』とならんで道家思想の代表的著作。別名、南華真経。

【荘周】戦国時代の思想家。周は名。字は子休。孟子と同時代で、楚の蒙(今の河南省内)の人。老子の思想を受けつぎ、孔子学派の主張に反対した。著書に『荘子』がある。唐代、南華真人の尊号を贈られた。荘子。(前三六九—?)

【荘周△之夢】荘周は蝴蝶になった夢を見たが、夢が覚めてから、自分が夢で蝴蝶となったのか、もともと蝴蝶である自分が夢で荘周になったのかわからなくなったという故事。物も我も元来は一つで、現実はその分化したものであるということのたとえ。蝴蝶之夢。〔荘子、斉物論〕

【荘重】おごそかで重々しい。

【荘列】荘周と列禦寇。ともに道家の学者。また、その著書の『荘子』と『列子』。

(9)6
【茶】6342　教 2 チャ・サ　3567 4363

(10)6
〖茶〗6343　漢タ・呉ダ　麻 chá　唐サ　慣チャ

筆順　艹 艾 苶 茶

字義 ❶チャ。㋐ちゃの木。ツバキ科の常緑低木。東南アジアの原産。高さ一メートルぐらい。葉は長めの楕円形で厚く、光沢がある。十月ごろ白い花を開く。㋑ちゃの木の若葉をつんで製した飲料品。また、それに湯を注いで出した汁。茶以外についてもいうことがある。「菖蒲茶」㋒特に、新茶(新芽をつんで製したもの)をいう。↔茗(おそ葉を取った茶)。❷少女。唐代の俗語。国チャ。㋐茶の湯。茶道。㋑茶色の略。㋒ひやかすこと。

難読 茶梅

解字 形声。艹(艸)＋余省音。音符の余は、のびるの意味。のびた新芽を摘んで飲料とするもの、ちゃの意味を表す。

▼喫茶・団茶・点茶・普茶・抹茶・無茶

【茶煙・茶△烟】茶をわかすけむり。

【茶園】茶の木を植えてあるはたけ。茶畑。茶圃。

【茶△甌】茶をわかす小さなかま。

【茶菓】①茶果。㋐茶と、くだもの。㋑茶うけ。茶を飲むときに、そえて食べるもの。②国茶と菓子。

【茶会(會)】茶をたてて客をもてなす会。茶宴。

【茶気(氣)】国①茶道の心得。②転じて、風流を解するさっぱりした気性。③いたずら気分。茶目気。

【茶器】お茶の道具。茶道具。茶具。

【茶△臼】茶の葉をひいて抹茶にするうす。

【茶△巾】茶わんをぬぐうのに用いるきれ。

【茶経(經)】書名。二巻。唐の陸羽の著。茶の起源・製法・道具・たてかたなどについて記したもの。

【茶△滓】ちゃがら。茶の煎じかす。

【茶△肆】ちゃみせ。茶店。茶屋。茶坊。

【茶室】茶会に用いるへや。

【茶人】①茶の葉をつむ人。②国㋐茶の湯のすきな人。茶道に通じた人。㋑変わった事のすきな人。ものずき。好事家。

【茶△筅】抹茶をたてるとき、かきまわしてあわを立てるのに用いる竹製の道具。

【茶△托】客に茶をすすめるとき、茶わんをのせるのに用いる、小形の器具。托子。

【茶亭】①茶室。②ちゃみせ。

【茶湯】①茶を煎じた湯。お茶。②国客を招き、抹茶をたててもてなすこと。

【茶道】国茶の湯によって精神を修養し、また、人に対する礼法を学ぶ道。

【茶飯】①ひろく飲食することをいう。②国㋐茶とめし。㋑茶めし。㋐茶の葉の汁でたいた飯。㋑ありふれたことのたとえ。

【茶飯】醤油と酒をまぜてたいた飯。

【茶飯事】国①ありふれたこと。日常茶飯事。②転じて、たやすいこと。普通のこと。↓茶飯の②㋐。

【茶番】国①茶の用意や給仕をする役。②茶番狂言の略。ありふれた物を材料として身ぶり手ぶりでおもしろおかしく演じる劇。茶番にわか。にわか狂言。③見えすいた出来事。

【茶瓶(甁)】①茶を入れるかめ。②国茶を煎じ出すどびん。

【茶坊】＝茶肆。

【茶房】①茶をたてるへや。②国喫茶店。

【茶△茗】ちゃ。新茶(新芽をつんだもの)を茶、番茶(つみ残りのかたい葉で製したもの)を茗という。

【茶寮】①茶の湯を行う小座敷。数寄屋。②国喫茶店。

【茶話】①茶を飲みながらする話。茶飲みばなし。②国軽いこっけいみのある話。

【茶△椀・茶△盌・茶△碗】①茶を飲むわん。②飯などを盛るわん。

(10)6
【荑】6344　△　㊀漢テイ・呉ダイ　斉 tí　㊁イ　支 yí

字義 ㊀❶つばな。茅の生えはじめのもの。❷めばえる。めぐむ。草木に初めて葉が生じるさま。❸め。若芽。❹いぬびえ。稗の一種。❺やなぎの穂。　㊁❶かる(刈)。草を刈る。❷苤荑

イは、白びゆ。草の名。

解字 篆文 形声。艹(艸)＋夷音。音符の夷イは、矢の一種、いぐるみの象形。矢のように伸びる草、つばなの意味や、草が矢のように伸びる、めばえるの意味を表す。

【荑指】テイシ ①やさしい指。なよやかな指。②転じて、女子・婦人。

(10)6 【荅】6345 △ トウ(タフ) 合 dá 7209 6829

字義 ❶あずき。小豆。❷こたえる。＝答。❸あう。合わせる。❹厚い。❺ますの名。一斗六升はいる。❻荅焉トウエンは、うっとりとしてわれを忘れるさま。

解字 金文 篆文 会意。艹(艸)＋合。

(10)6 【茷】6346 △ 一漢ハイ・呉バイ 隊 fèi 二漢ハツ・呉ボチ 月 fá 三ハイ 泰 pèi

字義 一草の葉がしげる。二しげるさま。また、しげみ。三❶しげる。❷はたあし(旆)。旗の末端。❸茷茷ハイハイは、ととのっているさま。

解字 篆文 形声。艹(艸)＋伐音。

(10)6 【茯】6347 △ 漢フク 呉ブク 屋 fú 7210 682A

字義 茯苓ブクリョウは、薬草の名。まつほど。松の根に寄生するきのこの類。

解字 形声。艹(艸)＋伏音。

(10)6 【茫】6348 標 漢ボウ(バウ) 呉モウ(マウ) 陽 máng 7211 682B

字義 ❶どこまでも遠く続いているさま。広々としたさま。❷ぼんやりしたさま。つかみどころのないさま。(心についても景色についてもいう。)❸にわか。あわただしい。

解字 形声。艹(艸)＋汒音。音符の汒ボウは、ぼんやりするの意味。艸を付し、草原などがひろくはてしなくぼんやりしているさまを表す。

【茫惚】ボウコツ ぼんやりする。うっとりする。

【茫然】ボウゼン ①ぼんやりしたさま。はっきりしないさま。②とりとめのないさま。③遠くはてしないさま。④あきれるさま。呆然ボウゼン。「茫然自失」

【茫漠】ボウバク ①広大でとりとめがないさま。②ぼうっとしてはっきりしないさま。

【茫茫】ボウボウ ①広大なさま。ひろびろとしたさま。〔古詩、勅勒歌〕天蒼蒼野茫茫テンはソウソウ、のはボウボウ。訳文⇒蒼蒼(九四〇ページ)。②遠いさま。はてしないさま。③あてもなく、つかみどころのないさま。明らかでないさま。〔唐、杜甫、贈衛八処士詩〕世事両茫茫セイジともにボウボウたらん。④さかんなさま。⑤目がはっきりしないさま。⑥つかれるさま。つかれていやになるさま。

【茫昧】ボウマイ はっきりしない。ぼんやりしている。

【茫洋】ボウヨウ ①ひろくてはてしないさま。芒洋ボウヨウ。②ぼんやりしたさま。

(10)6 【茗】6349 △ 漢メイ 呉ミョウ(ミャウ) 迥 míng 7212 682C

字義 ❶茶の芽。❷茶。特におそく取った茶をいう。番茶。↔茶(新芽から製した茶)。❸高いさま。

解字 篆文 形声。艹(艸)＋名音。

【茗飲】メイイン ①茶を飲む。②茶。

【茗宴・茗䜩】メイエン 茶の湯の会。

【茗園】メイエン 茶ばたけ。茶園。

【茗荷】ミョウガ 国みょうが。香気のある、ショウガ科の多年草。

【茗器】メイキ 茶道具。茶器。

【茗香】メイコウ 茶のかおり。

【茗肆】メイシ ①茶を売る店。②国かけ茶屋。茶みせ。

【茗圃】メイホ ＝茗園。

(10)6 【茘】6350 △ 漢レイ 呉ライ 霽 lì 7213 682D

【荔】正字

字義 ❶茘挺レイテイは、草の名。ねじあやめ。アヤメ科の多年草。馬藺バリン。❷茘枝は、果樹の名。実は竜眼に似る。❸薜茘ヘイレイは、香草の名。まさきのかずら。❹大茘は、昔の西方異民族の国名。

解字 篆文 会意。艹(艸)＋劦(劦)。

(10)6 【荔】6351 △ レイ 茘(6350)の正字。→前項。

(10)6 【茢】6352 △ 漢レツ 呉レチ 屑 liè

字義 ❶あしの穂。❷あしの穂で作ったほうき。邪気をはらうのに用いる。

解字 篆文 形声。艹(艸)＋列(刿)音。

【茇】→羊部 八八〇ページ。

(11)7 【莚】6353 △ エン 霰・銑 yàn 7215 682F

字義 ❶草の名。不詳。❷のびる。つづく。はびこる。蔓延マンエンする。国むしろ。ござ。また、座席。＝筵エン。

解字 形声。艹(艸)＋延音。音符の延は、のびるの意味。草がのび、はびこるの意味を表す。

(10)7 【荷】6354 教3 カ に 1857 3259

(11)7 【荷】6355 一漢カ・呉ガ 歌 hé 二漢カ・呉ガ 哿 hè

筆順 

字義 一❶はす。はちす。多年草で沼地に産する。葉は大きくまるく、柄が長い。六、七月ごろ美しい大形の十六弁花を開く。その実と根茎は食用となる。❷わずらわしい。二❶になう。㋐物を肩の上にのせて持つ。かつぐ。㋑ひきうける。「負荷」㋒身に受ける。いただく。「荷眷カケン」。❷に。になう物。持ち運ぶ物。荷物。「出荷」国❶カ。荷物の数をかぞえることば。❷に。じゃまもの。やっかいもの。

難読 荷見はすみ・荷前のさき・荷田かだ・荷稲かいな・荷路夫にじふ

解字 篆文 形声。艹(艸)＋何音。音符の何の甲骨文は、人が物を肩にかつぐ形にかたどり、になうの意味を表す。それで、荷もになうの意味を表す。艸を付し、はすの意味も表す。

▼集荷・薄荷・負荷

【荷衣】カイ ①はすの葉で編んだ衣服。隠者の着物。②はすの葉。

【荷気(氣)】カキ はすの花のかおり。荷香。

【荷蕖】カキョ はす。はちす。芙蕖フキョ。芙蓉フヨウ。

【荷眷】カケン めぐみを受ける。

【荷珠】カシュ はすの葉の上におくつゆ。荷露。

【荷戴】カタイ ①にない、いただく。おしいただく。②君主の恩恵・威厳におそれかしこむこと。荷懼カク。

【荷担(擔)】カタン ①になう。かつぐ。荷は肩にかつぐ、担は背におう意。②国力をそえる。味方する。加担とも書く。◇②の意味として「加担」と表記するのは本来は誤りであるが、現代では一般化している。

【荷負】カフ 負荷。①になう。かつぐ。②国ひきうける。

【荷葉】カヨウ ①はすの葉。②南画で、石のしわを描く筆法。はすの葉の裏面の葉脈の形状に似るからいう。

(10)7 【華】6356 常 カ・ケ はな 1858 325A

(12)8 【華】6357 一漢カ(クヮ)・呉ケ・ゲ 麻 huā ①huá 二漢カ(クヮ)・呉ケ・ゲ 禡 huà

筆順

【蕐】同字　字義　㊀❶はな（花）。草木のはなの総称。❷はなさく。はなが咲く。❸はなやか。美しい。みごと。あでやか。外面だけの美しさをいうこともある。「華言」「豪華」❹いろどり。つや。飾り。模様。輝き。「光華」❺さかえる。名声が上がる。「栄華」❻白い。また、白い粉。おしろい「亜鉛華」❼さく。破る。❽中国の自称、中華の略。中国の意。「華人」㊁❶木の名。かば（樺）。❷山名。華山。五岳の一つ。陝西（センセイ）省華陰市の南。

名乗　は・はる　難読　華魁（おいらん）・華客（とくい・おとくい）・華車（きゃしゃ）・華盛頓（ワシントン）・華表（とりい）

参考　熟語は花（6235）をも見よ。→九一四ページ。

使いわけ　はな［花・華］⇩花（6235）。

解字　金文　篆文　形声。篆文は、𠂹＋𠌶㊥。音符の𠌶（カ）は、草木のはなの意味。艸を付し、はなの意味を表す。

▼栄華・英華・京華・光華・豪華・香華・国華・才華・散華・詞華・昇華・精華・雪華・中華・繁華・浮華・文華・法華

【華夷】カイ　中華と、異民族。中国と外国。

【華英】カエイ　①ひかり。かがやき。②花。美しい花。英華。

【華艶】カエン　はなやかで美しい。

【華屋】カオク　①りっぱな宮殿。②楚（ソ）の国の宮殿の名。

【華夏】カカ　中国人が自国をほこっていうことば。文化の開けた大きい国の意。夏は、大。

【華客】カカク　おとくい。ひいきにして買ってくれる客。

【華翰】カカン　人の手紙や筆跡の敬称。

【華僑】カキョウ　外国に居住している中国人で中国国籍を失っていない者。華南出身で東南アジア居住者が最も多い。

【華京】カケイ　花の都。美しい都。華洛（カラク）。

【華軒】カケン　美しくかざった、貴人の車。

【華言】カゲン　①うわべばかり美しくて、実のないことば。②中国語。華語。

【華甲】カコウ　かぞえで、六十一歳をいう。華の字は、六つの十の字と一の字とからなり、甲は、甲子の甲で、歳の意。還暦。

【華厳（嚴）】ケゴン　仏①あらゆる修業を積んで、りっぱな功徳を得ること。②華厳経の略。釈迦（シャカ）が悟りを開いて最初に説いた経文。③華厳宗の略。仏教の一派。華厳経を基礎とした宗旨。

【華彩・華采】カサイ　はなやかな色どり。

【華山】カザン　山名。五岳の中の西岳。陝西（センセイ）省華陰県の南にあり、秦嶺（シンレイ）山脈中の高峰。崋山（カザン）。標高一九九七メートル。

【華侈】カシ　はでやかにおごること。限度を超えたぜいたく。華奢（カシャ・キャシャ）。

【華辞（辭）】カジ　はなやかなことば。うわべばかりで実のないことば。「美辞」

【華実（實）】カジツ　はなと、み。転じて、外観と内容。言と行。

【華奢】カシャ　①はなやかにおごること。ぜいたく。②国キャシャ　㋐人の姿のほっそりして上品なこと。美しく弱々しいこと。㋑物の作りの弱々しいこと。

【華胥之国（國）】カショのくに　理想的な太平の国。→次項。

【華胥之夢】カショのゆめ　昔、黄帝が昼寝の夢に、華胥の国に遊んで、太平のさまを見たという故事。転じて、ひるね。また、よい夢。夢。［列子、黄帝］

【華飾】カショク　美しいかざり。

【華燭】カショク　①はなやかなともしび。②結婚。婚礼。「華燭の典」

【華簪】カシン　①りっぱな冠どめ。簪は、冠を頭髪にとめるもので、役人が用いる。②転じて、高貴な身分・地位のたとえ。

【華人】カジン　中国人。中華の人。

【華清宮】カセイキュウ　唐の玄宗が建てた温泉宮の名。今の陝西（センセイ）省臨潼（リンドウ）県の南の驪山（リザン）のふもとにある。

【華清池】カセイチ・カセイのいけ　華清宮にあった温泉。楊貴妃が玄宗に浴をたまわった所。［唐、白居易、長恨歌］春寒賜レ浴華清池（はるさむくしてヨクをカセイのいけにたまう（ふ））、温泉水滑洗二凝脂一（オンセンみず（づ）なめらかにしてギョウシをあらう（ふ））。〈春まだ寒いころ華清宮の温泉に入ることを許された。温泉の湯は固まった脂（あぶら）のような白い肌にするすると注いだ〉

【華箋】カセン　①美しい用紙。②人の手紙の敬称。

【華贍】カセン　文章がはなやかで、意味のゆたかなこと。

【華饌】カセン　りっぱなごちそう。珍饌。

【華族】カゾク　①尊い家がら。貴族。②国もと、公・侯・伯・子・男の爵位（シャクイ）を持っていた者とその家族。

【華佗】カダ　後漢末期の名医。魏（ギ）の曹操の侍医となったが、後に殺された。

【華大】カダイ　美しく大きい。

【華誕】カタン　はなやかで、大げさ。うわべばかりで、実のないこと。

【華冑】カチュウ　貴族の子孫。冑は、血すじ。

【華道】カドウ　①美しいすばらしい道。②生け花によって、人間形成をはかる道。

【華髪】カハツ　しらが。白髪の頭。華首。

【華美】カビ　①はなやかで美しい。はでやかなこと。②転じて、はでうわべばかりかざること。

【華靡】カビ　美しく、はでなこと。

【華表】カヒョウ　①墓の入り口の門。②城郭や役所などの入り口に建てた門。③国神社のとりい。

【華府】カフ　国アメリカ合衆国の首都ワシントン。Washingtonの音訳、華盛頓（ワシントン）から出た語。

【華鬘】ケマン　仏仏像の頂や前面にかける装飾品。多く金銅、まれに皮で作り、花鳥・天女などを透かし彫りしたもの。

〔華鬘〕

【華誉（譽）】カヨ　はなやかな名声。実際よりもよい評判。

【華容】カヨウ　花のように美しい顔かたち。美しい姿。美容。

【華葉】カヨウ　①美しい葉。②表面は美しいが内容がないこと。「華葉の言」

【華洛】カラク　花の都。はなやかに美しい都。洛陽がたびたび都であったからいう。花洛。華京。

【華麗】カレイ　はなやかでうるわしい。華美。

(11) 7
【莪】6358　△　ガ　歌　é　7216 *6830*

字義　❶きつねあざみ。つのよもぎ。湿地に自生し、若葉を食用とする。❷莪蒁（ガジュツ）は、薬草の名。根茎は健胃剤となる。

解字　篆文　形声。艹（艸）＋我㊥。

(10) 7
【莞】6359　人　㊀㊥カン（クワン）寒 guān　㊁㊥カン（クワン）・㊧ゲン　潸 wǎn　2048 *3450*

(11) 7
〖莞〗6360

筆順

字義　㊀❶草の名。いぐさ。まるがま。ふとい。蒲（がま）の一種。むしろを織るのに用いる。❷いぐさで織ったむしろ。㊁にっこり笑うさま。

解字　篆文　形声。艹（艸）＋完㊥。音符の完は、管に通じ、くだの意味。茎が中空になって、くだになっている草、い草の意味を表す。

【莞爾】カンジ　にっこり笑うさま。微笑するさま。莞然。［論語、陽貨］夫子莞爾而笑（フウシカンジとしてわらう（ふ））。

(11) 7
【莧】6361　△　㊀㊥カン・㊧ゲン　諫 xiàn　㊁㊥ケン・㊧ゲン　銑　㊂㊥カン（クワン）・㊧ゲン　潸 wǎn

字義 [一]草の名。ひゆ。若葉を食用とする。[二]やまごぼう。[三]❶にっこり笑うさま。「莧爾カンジ」❷喜ぶ。

解字 甲骨文 文 篆 形声。艹(艸)＋見音。

(11)7 【菡】6362 △ 漢カン 呉ガン 㽞hàn 7217 6831

字義 ❶つぼみ(蕾ライ)。❷はなしべ(花蘂)。

解字 形声。艹(艸)＋含音。音符の含は、ふくむの意味。花びらをまだ含みこんでいる、つぼみの意味を表す。

(11)7 【莒】6363 △ 漢キョ 呉コ 語jǔ

字義 ❶いも(芋)。❷周代の国名。今の山東省莒県の地。

解字 金文 篆文 形声。艹(艸)＋呂音。

(11)7 【莢】6364 標 キョウ(ケフ) 葉jiá 7218 6832

字義 ❶草の実。❷さや。豆類の実を包む外皮。❸めどぎ(蓍シ)。昔、占いに用いたキク科の草。❹銭ぜにの名。漢の高祖の時、鋳る。その形が楡にれの実のさやに似ているからいう。「楡莢銭ユキョウセン」「莢銭」❺蓂莢メイキョウは、伝説上の草の名。こよみぐさ。また、楡にれの実のさや。

解字 篆文 形声。艹(艸)＋夾音。音符の夾キョウは、はさむの意味。マメ科植物の、たねをはさんでいる、さやの意味を表す。

(11)7 【莖】(6281) ケイ 茎(6280)の旧字体。→九一九ページ。 7219 6833

(11)7 【茣】6365 △ ゴ 虞wú 7220 6834

字義 草の名。よもぎに似る。国茣蓙ゴザは、藺草いぐさで編んだ敷物。もと、御座ゴザ(貴人の使った敷物)の意で、茣は当て字、蓙は国字。

解字 形声。艹(艸)＋呉音。

(11)7 【莎】6366 △ [一]サ 歌suō [二]漢サ・呉シャ 麻shā 7221 6835

字義 [一]❶はますげ。海辺に自生し、赤茶色の花が咲く。地下茎を薬用にする。❷くろつげ(桄榔コウロウ)に似た木。[二]莎鶏サケイは、はたおりむし。 難読 莎草はますげ・かやつりぐさ

解字 篆文 形声。艹(艸)＋沙音。音符の沙は、すなの意味。砂地に生える、はますげの意味を表す。

(11)7 【莝】6367 △ サ 箇cuò 慣ザ

字義 きりわら。細かく切ったわら。馬の飼料にする。

解字 篆文 形声。艹(艸)＋坐音。音符の坐ザは、ひざをおるの意味。わらをきざむの意味を表す。

【莝豆ザトウ】きざみわらと豆をまぜたもの。馬の飼料。

(11)7 【茝】6368 △ シ 紙zhǐ

字義 香草の名。よろいぐさ。＝芷シ。

解字 篆文 形声。艹(艸)＋𦣞音。

(11)7 【莇】6369 △ [一]漢チョ・呉ジョ(ヂョ) 御zhù [二]漢ショ・呉ジョ 御zhù 7222 6836

字義 [一]くこ。草の名。→枸杞クコ(五三三ページ)。[二]殷イン・周代の租税法。八家が共同で公田を耕し、その収穫を租税とした。助法。井田の法。国あざみ(薊ケイ)。姓氏・地名に用いる。

解字 形声。艹(艸)＋助音。

(11)7 【莘】6370 △ シン 眞shēn ③xīn

字義 ❶長いさま。❷多い。❸細莘は、薬草の一種。みらのねぐさ。ウマノスズクサ科の多年草。三弁の花が咲く。❹中国古代の国名。有莘。㋐夏カの禹王ウオウの後。今の陝西センセイ省郃陽コウヨウ県の東南。㋑夏カの禹王の母の生国。今の山東省曹県の北。㋒上海市にある地名。莘荘。

解字 形声。艹(艸)＋辛音。

(11)7 【莊】(6341) ソウ 荘(6340)の旧字体。→九三六ページ。 7223 6837

(11)7 【莛】6371 △ 漢テイ 呉ジョウ(ヂャウ) 青tíng

字義 ❶くき。草の茎。❷はり(梁リョウ)。うつばり。

解字 篆文 形声。艹(艸)＋廷音。音符の廷は、突き出るの意味。地上に突き出てくるくきの意味を表す。

(11)7 【荻】6372 標 漢テキ 呉ジャク(ヂャク) 錫dí 1814 322E

字義 ❶おぎを。イネ科の多年草。葦あしの類。水辺に自生し、葦より節が短く、花と葉は茅かやに似ていて長い。❷よもぎ。くさよもぎ。❸あし笛。

解字 形声。艹(艸)＋狄音。

【荻花テキカ】おぎの花。

【荻生徂徠おぎゅうそらい】国江戸中期の儒学者・古文辞学者。名は双松なべまつ、字あざなは茂卿モケイ、号は徂徠・蘐園ケンエン。本姓が物部もののべ氏なので、中国風に物ブツ徂徠とも称した。初め朱子学を学び、後、明ミンの李攀竜リハンリュウにならって古文辞学を唱えた。門下に太宰春台・服部南郭などを輩出した。『蘐園随筆』『孫子国字解』『弁道』『論語徴』など多数の著書がある。(一六六六―一七二八)

(11)7 【荼】6373 標 [一]漢ト・呉ズ(ヅ) 虞tú [二]漢タ・呉ダ 麻 7224 6838

字義 [一]❶にがな。のげし。けしあざみ。山野・路傍に自生するキク科の多年草。花は春・夏ごろに咲き、黄色で菊に似ている。❷おぎ(荻)の穂。❸つばな。ちがやの穂。❹あれくさ。雑草。❺くるしみ。また、害悪。❻しきもの。＝藉シャ。❼ゆるやか。❽茶。特に新茶をいう。[二]＝[一]の❽。

解字 篆文 形声。艹(艸)＋余音。

【荼薺トセイ】①にがなと、なずな。②転じて、悪人と善人。

【荼毒トドク】にがなの毒。苦痛・害悪のたとえ。

【荼毗ダビ・荼毘ビ】仏梵語ボン jhāpeti の音訳。焚焼フンショウの意。火葬のこと。

【荼蓼トリョウ】①にがなと、たで。ともに、苦味にが・辛味からのある水辺の草。②転じて、害悪をなすもの。③父母の死をいう。

(11)7 【莵】6374 △ ト 菟(6422)と同字。→九三〇ページ。 7225 6839

難読 莵原うばら・莵田うだ・莵道とどう

(11)7 【荳】6375 △ トウ 宥dòu 7226 683A

字義 ❶まめ。＝豆。❷荳蔻トウコウは、びゃくずく(白豆蔻)。草の名。南方に産し、種子は薬用。豆蔻トウコウ。

(11)7 【荵】6376 △ 漢ジン 呉ニン 軫rěn [荵] 7227 683B

字義 ❶荵冬ニンドウは、すいかずら。薬草の一種。❷隠荵インニンは、草の名。そぼな。国しのぶ。忍草しのぶぐさ。

解字 篆文 形声。艹(艸)＋忍音。

(11)7 【莫】6377 標 [一]漢ボ・呉モ 遇mù [二]漢バク・呉マク 薬mò 3992 477C

字義 [一]❶日ぐれ。＝暮。また、夜。❷おそい。おそい時分。❸野菜の名。すいものぐさ。[二]❶助字。㋐ない。なし。㋑なかれ。⇩助字解説 ❷むなしい。❸しずか。さびしい。ひっそりしている。「寂莫セキバク」❹ひろい。大きい。＝漠。❺削る。除く。❻したう(慕)。❼よくない。また、逆らう。受けつけない。❽つとめる(勉)。❾さだまる。❿はかる。計画する。＝謨ボ。⓫ひきまく。＝幕。

助字解説

[三]①なし。否定。……ない。類無。〔孟子、離婁下〕君仁莫

不レ仁（きみジンなればジンならざるなし）。〈君が仁であれば、仁でない者はなくなる〉 ②なかれ。禁止。……するな。類勿・毋。〔唐、王翰、涼州詞〕酔臥二沙場一君莫レ笑（よい(ひ)てサジョウにふす。きみわらう(ふ)ことなかれ）〈戦場である沙漠に酔いつぶれてしまっても、君よ笑ってくれるな〉

難読 莫迦（ばか）・莫臥児（モール）・莫斯科（モスクワ）

解字 甲骨文 金文 篆文 会意。茻＋日。茻は、草むらの意味。太陽が草原に没したさまから、ひぐれの意味を表したが、借りて、ないの意味に用いる。莫の意味と音符とを含む形声文字に、墓・暮・幕・膜・驀などがある。

【莫哀】（バクアイ） 中国古代の歌曲名。三国時代、魏の曹植の賦に基づき別離の悲哀をいうのに用いる。

【莫逆友】（バクギャクのとも・バクゲキのとも） たがいにさからうことのない親友。たがいに意気投合した友。〔荘子、大宗師〕

【莫春】（ボシュン） 春の終わり。晩春。暮春。〔論語、先進〕

【莫然】（バクゼン） ①ひっそりとしたさま。②だまっているさま。③ぼんやりしたさま。

【莫大】（バクダイ） 非常に大きい。この上なく大きい。

【莫大小】（メリヤス） スペイン語のあて字。綿糸などを機械編みした、（大小莫なしの意で）伸縮性のある編み物。

【莫莫】（バクバク） ①草木の茂ったさま。②多いさま。③清らかで静かなさま。④ちりほこりの盛んに起こるさま。

【莫府】（バクフ） 将軍の陣営。幕府。

【莫邪】（バクヤ） 中国古代の名剣の名。→干将莫邪（三五〇ページ）。

【莫夜】（ボヤ） よる。暮夜。

(11) 7 【莩】6378 △ 一 フ 虞 fú 二 漢ヒョウ（ヘウ） 呉ビョウ（ベウ） 篠 piǎo　7186 6776

字義 一 ❶草の名。鬼目草。❷あまかわ。葦の茎の中にある非常に薄い皮。転じて、きわめて薄いもののたとえ。❸めあさ。麻の一種。

二 うえじに。＝殍。餓死。「餓莩」

解字 篆文 形声。艹（艸）＋孚音。音符の孚は、浮に通じ、うくの意味。あしの茎の中の、浮きあがってくるあわのように薄い皮の意味を表す。

(11) 7 【苺】6379 △ 漢バイ 呉マイ 灰 méi

字義 ❶いちご。＝莓。❷こけ（苔）。❸苺苺（バイバイ・マイマイ）は、草や田畑が青々として美しいさま。

解字 形声。艹（艸）＋毎音。音符の毎は、母親の意味。母親の乳くびのような形をした、いちごの意味を表す。

(11) 7 【莽】6380 △ モウ　莽（6432）の俗字。→九三四ページ。　[莽] 7247 684F

(11) 7 【莠】6381 △ 漢ユウ（イウ） 呉ユ 有 yǒu　7228 683C

字義 ❶はぐさ。稲に似た雑草。❷転じて、善に似て、実は悪いもののたとえ。みにくい・有害。

解字 篆文 形声。艹（艸）＋秀音。

(11) 7 【莱】6382 △ ライ　萊（6434）の俗字。→九三四ページ。　4573 4D69

(11) 7 【莅】6383 [涖]俗字 △ リ 寘 lì　7214 682E

字義 ❶のぞむ。㋐その場に行く。㋑君臨する。㋒監視する。❷つかさどる。行う。❸くらい（位）。❹ろく（禄）。俸給。

解字 会意。艹（艸）＋位。草であんだ敷物の席、位置にのぞむの意味を表す。

【莅決】（リケツ） その場に行って判決する。

【莅臨】（リリン） その場に出る。また、つかさどる。行う。

(10) 7 【莉】6384 (11) 7 [莉] 6385 人 リ 寘 支 lì　7229 683D

筆順 艹 … 莉

字義 茉莉（マツリ）は、香草の名。

解字 形声。艹（艸）＋利音。

(11) 7 【莨】6386 △ 一 ロウ（ラウ） 陽 láng 二 ロウ（ラウ） làng　7230 683E

字義 一 ❶ちからぐさ。イネ科の一年草。牛馬の飼料とする一種の草。❷おおあわ（粱）。二 莨菪（ロウトウ）は、はしりどころ。おめきぐさ。ナス科の多年草。根茎は鎮痛剤になる。国 たばこ（煙草）。

解字 篆文 形声。艹（艸）＋良音。

(12) 8 【菴】6387 △ 一 アン 覃 ān 二 エン 塩 琰 yǎn　7231 683F

[葊]古字

字義 一 ❶いおり。＝庵。❷菴閭（アンリョ）は、よもぎ。いぬよもぎ。二 菴藹（エンアイ）は、木がしげるさま。

解字 形声。艹（艸）＋奄音。音符の奄は、おおうの意味。草でおおった質素な小屋の意味を表す。

(12) 8 【萎】6388 標 イ（ヰ） 支 wěi　1664 3060

字義 ❶なえる。しぼむ。しおれる。❷かれる。❸やむ（病）。なやむ。

解字 篆文 形声。艹（艸）＋委音。音符の委は、なよやかな女性の意味。なよやかな草の意味から、なえるの意味を表す。

【萎縮】（イシュク） なえちぢむ。

【萎靡】（イビ） なえしぼむ。活気がない。

(12) 8 【菀】6389 △ 一 漢エン（エン）・呉オン（ヲン） 阮 wǎn 二 漢ウツ・呉ウチ 物 yù

字義 一 ＝苑。❶紫菀（シオン）は、キク科の多年草。淡紫色の小花を多数つける。紫苑。❷その。庭園。二 ❶しげる。さかんにしげるさま。＝鬱・蔚。❷むすぼれる。積む。積もる。

解字 篆文 形声。艹（艸）＋宛音。

(12) 8 【華】(6357) カ　華（6356）の旧字体。→九二七ページ。

(11) 8 【菓】6390 (12) 8 [菓] 6391 常 カ　カ（クワ） 哿 guǒ　1859 325B

筆順 艹 … 菓

字義 くだもの。このみ。果実。＝果。国 かし（菓子）。

解字 形声。艹（艸）＋果音。音符の果は、くだものの意味。果に多くの意味が生じたため、区別して艸を付し、くだものの意味を表す。

▼茶菓

【菓子】（カシ） ①くだもの。水菓子。②国 おかし。

(12) 8 【葛】6392 △ カツ　葛（6446）の俗字。→九三五ページ。　1975 336B

(12) 8 【菅】6393 標 漢カン 呉ケン 刪 jiān　3191 3F7B

字義 ❶すげ。すが。茅（ちがや）の一種。笠（かさ）・簑（みの）などを作る。❷ふじばかま。あららぎ。キク科の多年草。＝蕑。❸水につけたかや（茅）。❹よこしま（姦）。

難読 菅野（すがの・かんの）

解字 篆文 形声。艹（艸）＋官音。音符の官は、管に通じて、くだの意味。茎がくだ状になっている、すげの意味を表す。

【菅家後草】（カンケコウソウ） 国 書名。一巻。菅原道真の漢詩集。太宰府に左遷されて以後の作三十八首を収める。九〇三

年に成る。

【菅家文草(カンケブンソウ)】国書名。十二巻。菅原道真の漢詩文集。前六巻は詩、後六巻は文を収め、九〇〇年に成る。

【菅原道真(眞)(すがわ(は)らのみちざね)】国平安前期の学者。宇多(ウダ)天皇の時、右大臣になって、藤原氏の権勢を抑制したが、延喜元年(九〇一)、藤原時平の讒言(ザンゲン)により太宰府(ダザイフ)に左遷され、三年後に没した。『菅家文草』『菅家後草』などの著がある。(八四五—九〇三)

【菅茶山(カンサザン)】国江戸時代の儒学者・漢詩人。名は晋帥(ときのり)、字(あざな)は礼卿(レイケイ)、茶山は号。備後(ビンゴ)(今の広島県)の人。朱子学者。『黄葉夕陽村舎詩』『菅茶山詩』などの著書がある。(一七四八—一八二七)

【菅得△菴(カントクアン)】国江戸時代の儒者。菅原得菴ともいう。名は玄同。播磨(はりま)の人。(一五八一—一六二八)

(12) 8
【菡】6394　△ 漢カン 呉ガン 感 hàn

字義 菡萏(カンタン)は、蓮(はす)のつぼみ。転じて、美人のたとえ。〔詩経、陳風、沢陂〕

解字 篆文　形声。艹(艸)＋函音。音符の函(カン)は、ふくむの意味。ふっくらと物をふくみこんださまの、はすのつぼみの意味を表す。

(12) 8
【萁】6395　△ 漢キ 呉ギ 支 qí. ②③ jī

字義 ❶まめがら。豆の実を取り去った茎や枝。「豆萁(トウキ)」❷野菜の名。蕨(わらび)に似ている。❸草の名。荻(おぎ)の一種。昔、箙(えびら)を編む材料とした。

解字 篆文　形声。艹(艸)＋其音。音符の其(キ)は、旗に通じ、はたの意味。実を取り去ったさまが、柄のある小旗に似ている、まめがらの意味を表す。

(12) 8
【萓】6396　△ ギ 支 yí　7232 *6840*

字義 萓勇(ギダン)は、わすれぐさ。萓草(ケンソウ)。宜男花(ギダンカ)。＝宜。

難読 萓谷(かやたに)

解字 形声。艹(艸)＋宜音。

(11) 8
【菊】6397　常 キク　2138 *3546*

⑿ 8
〔菊〕6398　キク 屋 jú

筆順 艹 芍 芶 菊 菊

字義 キク。キク科の多年草。普通には秋、美しい花を開く。

解字 篆文　形声。艹(艸)＋匊音。音符の匊(キク)は、両手ですくいとるの意味。両手ですくいとるとき、そろった指のように花びらが一点に集まって咲く、きくの意味を表す。

▼残菊

【菊花酒(キッカシュ)】菊の花と葉とを黍(きび)にまぜてかもし、翌年の陰暦九月九日の菊花の節に、不祥を払うために飲む酒。菊酒。

【菊花節(節)(キッカのせつ)】陰暦九月九日の節句。重陽(チョウヨウ)の節。〔菊節。

【菊月(キクゲツ・キクづき)】陰暦九月の別名。菊秋。

【菊判(キクバン)】国①もと洋紙の大きさの名。縦九十三センチメートル、横六十三センチメートルのもの。②書籍の大きさの名。①の全紙を十六折りにした大きさのもの。縦二十二センチメートル、横十五センチメートル。

【△采レ菊東△籬下(キクをとるトウリのもと)】菊の花を家の東のまがきのあたりで手折る。俗世間をはなれた生活の境地を詠じたもの。〔晋、陶潜、飲酒詩〕——、悠然見ニ南山一(ユウゼンとしてナンザンをみる)。〈——、ゆったりとして南山(廬山)を望みみる〉

(11) 8
【菌】6399　常 キン　2261 *365D*

⑿ 8
〔菌〕6400　漢キン 呉ギン 軫 jùn. jūn

筆順 艹 芇 芇 菌 菌

字義 ❶きのこ。たけ。山野の木陰・朽ち木などに生じ、花葉なく、多くは茎とかさだけである。食用になるものと、有毒のものとがある。❷かび。さいきん(細菌)。ばいきん(黴菌)。バクテリア。極めて微細な植物で、他の物に寄生して、発酵・腐敗の作用をなし、あるものは病気の原因となる。❸たけのこ。＝箘(キン)。❹朝菌は、むくげ。＝蕣(シュン)。また、かげろう。朝生じて暮れには死ぬ虫。

解字 篆文　形声。艹(艸)＋囷音。音符の囷(キン)は、穀物ぐらの意味。穀物ぐらのような傘のある、きのこの意味を表す。

▼朝菌・輪菌

【菌△蕈(キンシン)】きのこ。たけ。蕈も、きのこ。

(11) 8
【菫】6401　囚　7233 *6841*

⑿ 8
〔菫〕6402　㊀漢キン・呉コン 吻 jǐn　㊁漢キン・呉ギン 震 jìn

筆順 艹 艹 苦 苷 菫

字義 ㊀❶すみれ。山野に群生し、春、紫紅色の花をつける。❷むくげ。＝槿(キン)。❸菫菜(キンサイ)は、野ぜりの別名。㊁とりかぶと。烏頭(ウズ・トウウ)。毒草の一種。

参考 〔堇(キン)〕(土部八画)は別字。

解字 篆文　形声。艹(艸)＋堇音。

(12) 8
【菰】6403　標 コ 虞 gū　2454 *3856*

〔苽〕本字

字義 まこも。かつみぐさ。沼沢に自生し、高さは一、二メートルに達する水草の一種。実は菰米(コベイ)・胡菰(かっこみ)といって食用にする。

国 こも。むしろ。＝薦(こも)。

難読 菰野(こもの)

解字 篆文　形声。艹(艸)＋孤音。篆文は、艹(艸)＋瓜音。

【菰米(コベイ)】まこもの実。古人は餅(もち)を作るのに用いた。

(12) 8
【菎】6404　△ コン 元 kūn　7234 *6842*

字義 香草の一種。かおりぐさ。国菎蒻(コンニャク)は、植物の名。また、その根で製した食品の名。蒟蒻(コンニャク)。菎は、蒟(コン)の誤用。

解字 形声。艹(艸)＋昆音。

(11) 8
【菜】6405　教 4　サイ　な　2658 *3A5A*

⑿ 8
〔菜〕6406　サイ 隊 cài

筆順 艹 苎 苹 菜

字義 ❶な。あおもの。やさい(野菜)。葉・茎または根を食用にする草の総称。「蔬菜(ソサイ)」❷おかず。副食物。「一汁一菜」❸車輪の矢の、轂(こしき)に入る部分。

難読 菜生(なせ)

解字 篆文　形声。艹(艸)＋采音。音符の采(サイ)は、とるの意味。採取して食べる草、「な」の意味を表す。

▼解菜・釈菜

【菜園(サイエン)】野菜ばたけ。菜圃(サイホ)。菜畝(サイホ)。菜畦(サイケイ)。

【菜△羹(サイコウ)】野菜の汁。蔬羹(ソコウ)。

【菜根(サイコン)】野菜の根。転じて、そまつな食物。

【菜根△譚(サイコンタン)】書名。二巻。明(ミン)末の儒家、洪応明(字(あざな)は自誠)の著。儒教に老荘・仏教の思想をまじえ、処世上の心得などについて説いたもの。

【菜△茹(サイジョ)】①野菜。あおもの。茹も野菜。②野菜を食べる。茹は、食べる。菜食。

【菜色(サイショク)】青菜の色。栄養が不足して顔色の青く悪いこと。血色の悪いこと。

【菜食】①野菜類を主に食べること。↔肉食。②転じて、粗食の意。
【菜料】おかず。副食物。

(12)8 【菆】6407 △ シュウ（シウ） 因 zōu

字義 ❶あさがら。おがら。麻の皮をはいだ茎。❷しとね。しきもの。❸むらがる。草が集まりはえる。❹よい矢。❺茎。

解字 篆文 形声。艹（艸）＋取㊥。音符の取は、聚に通じ、あつまるの意味。草がむらがり生えるの意味を表す。また、むらがり生える草、麻の茎の意味をも表す。

(12)8 【菽】6408 △ シュク 屋 shū　7235 6843

字義 ❶まめ。豆類の総称。❷大豆。❸豆の葉。また、豆の苗。

解字 形声。艹（艸）＋叔㊥。音符の叔は、尗の部分がもともと、えだまめの象形。のち、艸などを付し、えだまめの意味を表す。

【菽水歓（歡）】豆や水を飲食するような貧乏をしながらも、親に孝養をつくして、親を喜ばせること。〔礼記、檀弓下〕
【菽粟】豆類と穀類。人の常食。
【不レ弁（辨）二菽麦（麥）一】一目でわかる、豆と麦との区別がつけられないこと。きわめておろかな者のたとえ。〔左伝、成公十八〕

(11)8 【菖】6409 囚
⑫8 〔菖〕6410 ショウ（シャウ） 陽 chāng　3052 3E54

筆順 艹 芇 苜 菖

字義 しょうぶ（菖蒲）。水辺に生ずる香草。
国 染め色の一つ。紫のやや青みがかったもの。そうぶ。

名乗 あやめ　難読 菖蒲

解字 形声。艹（艸）＋昌㊥。

(12)8 【萃】6411 △ ㊦スイ ㊤ズイ 寘 cuì　7236 6844

字義 ❶あつまる（聚）。あつめる。寄りつどう。また、あつまり。「抜萃」。❷草の集まっているさま。❸至る。❹とどまる。❺ふき（款冬）。❻易の六十四卦の一つ。☱☷ 坤下兌上。万物の集まるさま。❼やつれる。＝悴。

参考 現代表記では［粋］(5641)に書きかえることがある。「抜萃→抜粋」

解字 金文 篆文 形声。艹（艸）＋卒㊥。音符の卒は、ぎりぎりの所までいくの意味。草が草らしさの極限にまで達する、くさむら・あつまりの意味を表す。

【萃然】集まるさま。＝萃如。
【抜レ萃】①群衆の中から抜けでる。②えらび取る。③書中の要所を抜き取る。要所の抜き書き。抜粋。

(12)8 【萑】6412 △ 一スイ 支 zhuī　二 ㊦カン（クワン） ㊤ガン（グワン） 寒 huán

字義 一 ❶草の多いさま。❷薬草の名。めはじき。やくも。
二 ❶おぎを。荻のじゅうぶんに成長したもの。若いものを菼という。❷萑蘭は、涙の流れるさま。

解字 篆文 形声。艹（艸）＋隹㊥。

(12)8 【菘】6413 △ シュウ（シウ） 慣スウ 東 sōng　7237 6845

字義 野菜の名。とうな。葉を食用にし、主としてつけ物にする。〔また、白菜・すずな。〕

解字 形声。艹（艸）＋松㊥。

(12)8 【菁】6414 △ ㊦セイ ㊤ショウ（シャウ） 庚 jīng　7239 6847

字義 ❶にら（韮）の花。❷はな。また、はなやか。❸かぶら。かぶ。❹水草。❺菁菁は、草木の茂るさま。また、少ないさま。

解字 篆文 形声。艹（艸）＋青㊥。音符の青は、あおいの意味。青々とした草の意味を表す。

【菁華】物の美しい部分。純粋なところ。精華。
【菁莪】人材を教育すること。『詩経』小雅・菁菁者莪の序に基づく語。

(12)8 【萋】6415 △ ㊦セイ ㊤サイ 斉 qī　7238 6846

字義 ❶草がさかんにしげるさま。❷つつしみ深いさま。敬い従うさま。

解字 篆文 形声。艹（艸）＋妻㊥。音符の妻は、斉に通じ、出そろうの意味。草が出そろいしげるの意味を表す。

【萋萋】①草木のさかんにしげるさま。〔唐、崔顥、黄鶴楼詩〕芳草萋萋鸚鵡洲 訳文 ⇩晴川の②（五二〇ページ）。②雲行きのさかんなさま。③力をつくすさま。

(12)8 【菹】6416 △ ㊦ソ ㊤ショ 魚 zū
［葅］同字

字義 ❶つけもの。酢などに生でつけた菜。「菜菹」❷しおから。ししびしお。❸枯れ草。❹芭蕉。

解字 篆文 形声。艹（艸）＋沮㊥。音符の沮は、酢に通じ、す（酢）づけの菜の意味を表す。

【菹醢】①塩づけの野菜と肉。②昔の残酷な刑。人を殺して死体を塩づけにする刑。
【菹戮】殺して、ししびしお（塩辛の類）にする刑。

(12)8 【菷】6417 △ ソウ　箒(5540)と同字。→八二四ページ。　7240 6848

(12)8 【萏】6418 △ ㊦タン ㊤ドン 感 dàn
［菡］同字

字義 ❶菡萏は、蓮のつぼみ。❷はなやか。❸ゆたかでさかんなさま。

解字 篆文 形声。もと、艹（艸）＋臽（閻）㊥。音符の閻は、落ちくぼんだ穴の意味。花べんがくぼみをつくる開花寸前のはすの花の意味を表す。萏は省略形。

(11)8 【著】6419 教 6 チョ　あらわす・いちじるしい　3588 4378
⒀9 〔著〕6420 囚 許 一チョ 御 zhù　二 ㊦チャク・㊤ジャク（チャク） 薬 zhuó

筆順 艹 芏 芛 著

字義 一 ❶あらわす。㋐あきらかにする。表に出し示す。めだたせる。世の人に知らせる。㋑書きあらわす。述べ作る。また、その著述。「名著」「共著」❷あらわれる。あきらかになる。めだつ。名高くなる。❸いちじるしい。あきらかである。はっきりしている。めだっている。「顕著」
二 ＝着(5059)の一。

名乗 あき・あきら・つぎ・つぐ

参考 ⇩着(5059)の参考。字義と熟語は着をも見よ。→七六八ページ。

使いわけ あらわす〔現・表・著〕⇩現(4680)。

解字 形声。艹（艸）＋者（者）㊥。音符の者は、多くのものを集めるの意味。草の繊維でつくられた衣服をあれこれと集めて身につける、きるの意味を表す。また、多くのものを集めてはっきりした形にあらわすの意味をも表し、竹簡に記すの意味から、艸を竹に変えて、箸とも書く。

▼衣著・遺著・横著・顕著・高著・執著・祝著・拙著・沈著・土著・漂著・編著・落著・論著

【著作郎】朝廷の著作をつかさどる官。三国時代、魏の明帝のときはじめて置かれた。
【著述】＝著作。
【著績】①いさおをあらわす。てがらをあらわす。②いちじる

しいてがら。顕著な功績。
【著聞】チョブン・チョモン　あらわれきこえる。世間に知れわたる。
【著名】チョメイ　世間に名があらわれ知られる。名高い。有名。
【著録】チョロク　あらわし記す。記録する。また、その記録。

(12) 8 【萇】6421　△　漢チョウ（チャウ）　呉ジョウ（ヂャウ）　陽 cháng　7241 6849
字義 ❶萇楚チョウソは、いらくさ（羊桃）。花・実とも桃に似ている。❷鳥萇ウチョウは、インド西北部にあった国の名。ウディヤーナ。❸萇弘チョウコウは、周の敬王の太史。孔子に音楽を教えたという。
解字 篆文　形声。艹（艸）＋長音。

(12) 8 【菟】6422　△　一 漢ト・呉ツ 遇 tù　二 漢ト・呉ズ（ヅ）虞 tú　3749 4551
【莵】同字　7225 6839
字義 一❶菟糸トシは、ねなしかずら。つる草の一種。❷うさぎ。＝兎ト。二 於菟オトは、虎とら。（楚ソの地方の方言）
難読 菟原処女うないおとめ・菟田野うたの・菟道稚郎子うじのわきいらつこ
解字 形声。艹（艸）＋兔音。
【菟裘】トキュウ　春秋時代の魯ロの地名。今の山東省泗水シスイ県の北にあり、魯の隠公が隠居しようとした所。転じて、隠居の地。〔左伝、隠公十一〕

(12) 8 【萄】6423　標　漢トウ（タウ）　呉ドウ（ダウ）　豪 táo　3826 463A
字義 蒲萄ブドウ・葡萄ブドウは、果実の一種。
解字 篆文　形声。艹（艸）＋匋音。

(12) 8 【菠】6424　△　ハ　歌 bō　7242 684A
字義 菠薐ハロウは、ほうれんそう。野菜の一種。
難読 菠薐草ほうれんそう
解字 形声。艹（艸）＋波音。

(12) 8 【菲】6425　△　一 ヒ 尾 fěi　二 漢ヒ・呉ビ 未 fèi　三 ヒ 微 fēi　7243 684B
字義 一❶野菜の名。かぶらの類。湿地に生じ、根・葉が食用となる。❷うすい（薄）。また、粗末。二❶ぞうり。また、服喪のぞうり。❷草で作った衣服。蓑みのの類。❸草の戸。草を編んで作った戸。❹いたむ（悵チョウ）。悲しむ。三❶草が茂る。❷かんばしい（芳）。
解字 篆文　形声。艹（艸）＋非音。音符の非は、貧に通じ、まずしいの意味。うすいの意味を表す。また、野菜の名を表す。
【菲儀】ヒギ　つまらない贈り物。自分の贈り物の謙称。
【菲才】ヒサイ　①うすい（劣っている）才能。②自分の才能の謙称。
【菲食】ヒショク　粗末な食物。粗食。
【菲奠】ヒテン　粗末な供え物。また、粗末な祭り。
【菲徳】ヒトク　うすい（低い）徳。薄徳。
【菲薄】ヒハク　①うすい。すくない。おとっている。また、そのこと。㋐物の少ないこと。㋑貧しい。貧乏。㋒（才徳が）おとっている。②質素にする。③へりくだる。
【菲菲】ヒヒ　①花の咲きほこるさま。②草木のしげるさま。③さかんで美しいさま。④かんばしいさま。かおりのただようさま。⑤ゆらいで定まらないさま。⑥乱雑なさま。

(12) 8 【菔】6426　△　一 漢ホク・呉ボク 職 fú　二 漢フク・呉ブク 屋 fú
字義 一 蘆菔ロフク・萊菔ライフクは、だいこん（大根）。＝葍フク。二❶＝一。❷剣のさや。
解字 篆文　形声。艹（艸）＋服音。

(12) 8 【萍】6427　△　漢ヘイ・呉ビョウ（ビャウ）　慣ヒョウ（ヒャウ）　青 píng　7244 684C
字義 ❶うきくさ。水草の一種。また、ウキクサ科の多年草の総称。水萍。❷よもぎ。＝苹ヘイ。
解字 篆文　形声。氵（水）＋苹音。音符の苹ヘイは、うき草の意味。水草の一種を表す。
【萍梗】ヘイコウ　浮き草。また、そのようにあちこちさすらうたとえ。
【萍寓】ヘイグウ　うき草のように、さすらい宿ること。
【萍蹤】ヘイショウ　うき草のあと。あちこちさまよって一定の所に住まないたとえ。萍跡。萍迹ヘイセキ。
【萍水相逢】ヘイスイあいあう　うき草と水が出会う。旅行中などに偶然に出会うことのたとえ。〔唐、王勃、滕王閣詩序〕
【萍泊】ヘイハク　うき草のように、さまようこと。飄泊ヒョウハク。
【萍蘋】ヘイヒン　うき草。

(12) 8 【菩】6428　標　一 漢ハイ・呉バイ 賄 bèi　二 漢ホク・呉ボク 職 bèi　三 漢ホ・呉ブ 虞 pú　慣ボ　4278 4A6E
字義 一二❶ほとけぐさ。香草の一種。❷むしろ。しきもの。＝蔀ブ。三 梵語ボンゴなどの音訳字として用いる。「菩薩ボサツ」
解字 篆文　形声。艹（艸）＋音音。
【菩薩】ボサツ　①仏梵語ボンゴ bodhisattva の略音訳。さとりを開いて衆生シュジョウを救おうとする修業者。仏に近い学徳を身につけている人。②国㋐朝廷から高徳の僧に賜る称号。㋑神道の神をいう。「八幡ハチマン大菩薩」
【菩提】ボダイ　仏梵語ボンゴ bodhi の音訳。道・覚・知と訳し、煩悩ボンノウを断ち切って、正しい知恵を得、さとりをひらく意。また、極楽往生をとげること。
【菩提寺】ボダイジ　国自分の帰依キエしている寺。一家の墓地がある寺。
【菩提樹】ボダイジュ　①仏道樹・覚樹の意。釈迦シャカがその下で大悟したといわれる樹。②国シナノキ科の落葉高木。
【菩提心】ボダイシン　仏仏道を求める心。ほとけ心。

(11) 8 【萌】6429　人　4308 4B28
(12) 8 〔萌〕6430　漢モウ（マウ）　呉ミョウ（ミャウ）　慣ホウ（ハウ）・ボウ（バウ）　庚 méng
筆順 艹 芇 苗 萌 萌
【萠】俗字　7246 684E
字義 ❶め。めばえ。❷たけのこ。❸きざす。㋐草が芽ぐむ。もえかかる。㋑転じて、事が起ころうとしている。始まろうとしている。先だって現れる。❹もえる。芽が出る。生ずる。❺きざし。おこり。はじめ。❻くさぎる。たがやす。❼たみ（民・氓ボウ）。人民。また、農民。無知の民。
名乗 きざし・め・めぐみ・もえ・もゆ
難読 萌黄もえぎ・萌葱もえぎ
解字 甲骨文　篆文　形声。艹（艸）＋明（朙）音。音符の朙は、夜があけそめるの意味。草の芽がもえるの意味を表す。
【萌芽】ホウガ　①草木の芽が出ること。芽ぐむ。また、出たばかりの芽。②きざす。起こる。また、きざし。物事の初め。
【萌蘖】ホウゲツ・ボウゲツ　芽ばえと、ひこばえ。また、微小な物のたとえ。〔孟子、告子上〕
【萌生】ホウセイ　①草木の芽がもえ出る。②きそい出る。群がり出る。
【萌兆】ホウチョウ　きざし。
【萌動】ホウドウ　①草木が芽をふき始めること。②きざし動く。
【萌隷（隸）】ホウレイ　人民や奴隷ドレイ。氓隷ボウレイ。

(12) 8 【萠】6431　△　ホウ　萌（6429）の俗字。→九三六ペ。　7246 684E

(12)8 **【莽】** 6432 △ ㊥ボウ（バウ） ㊥モウ（マウ） 養 mǎng ［莽］ 7247 *684F*

［莾］俗字

字義 ❶犬が兎(うさぎ)を追い出す。❷くさ。雑草。❸草の深いさま。❹くさむら。やぶ。❺大きい。❻おおう（覆）。雲がおおうさま。❼鹵莽(ロモウ)は、あらい。粗略。❽竹の一種。

解字 篆文 形声。犬＋茻㊥。音符の茻(ボウ)は、草深いの意味。犬の身がかくれる草やぶの意味を表す。

【莽蒼(モウソウ)】①青々としたさま。②さびしいさま。空や草原などの青々と見えるさま。また、その場所。

【莽蕩(モウトウ)】草原の広大なさま。莽莽。

【莽莽(モウモウ・ボウボウ)】①草深いさま。②野原の広々と続くさま。莽蕩(モウトウ)。③奥深いさま。

(12)8 **【菸】** 6433 △ 一エン 先 yān 二㊥ヨ・㊥オ（ヲ） 魚 yū 三㊥ヨ・㊥オ（ヲ） 御 yù

字義 一❶香草の名。かおりぐさ。❷たばこ。二しおれる。三悪臭のある草。

解字 篆文 形声。艹（艸）＋於㊥。

(12)8 **【萊】** 6434 標 ライ 灰 隊 lái ［莱］ 4573 *4D69*

［莱］俗字

字義 ❶あかざ（藜(レイ)）。❷草がはえて荒れる。また、荒れ地。❸除草する。❹郊外。

解字 篆文 形声。艹（艸）＋來㊥。

【萊朱(ライシュ)】殷(イン)の湯王の賢臣。一説に、湯王の左相の仲虺(チュウキ)。

【萊蕪(ライブ)】雑草のしげった荒れ地。

【萊菔(ライフク・ライホク)】だいこんの別名。

(12)8 **【菱】** 6435 標 リョウ 蒸 líng 4109 *4929*

［蔆］同字 7249 *6851*

字義 ひし。水草の名。池沼に自生し、葉はひし形で水面にういている。夏、四弁の白い花をつけ、秋に角状突起のあるひし形の実を結び、実は食用にする。その角の二つあるものを菱、三つまたは四つあるものを芰(キ)という。

難読 菱垣廻船(ひがきかいせん)

解字 篆文 形声。艹（艸）＋夌㊥。篆文は、艹（艸）＋淩㊥。音符の淩(リョウ)は、かどだつおかの意味。その実がかどだっている水草、ひしの意味を表す。

【菱荷(リョウカ)】ひしと、はす。

【菱花・菱華(リョウカ)】①ひしの花。②のうぜんかずら。草花の名。③鏡の別名。蔆花(リョウカ)。

【菱歌(リョウカ)】ひしを取る者が歌う歌。菱唱。

【菱荇(リョウコウ)】ひしと、あさざ。

【菱塘(リョウトウ)】ひしの生えている池のつつみ。

(12)8 **【菉】** 6436 △ ㊥リョク ㊥ロク 沃 lǜ, lù

字義 ❶草の名。こぶなぐさ。かりやす。イネ科の一年草。茎・葉を黄色の染料とする。「菉竹」❷しるす。＝録。

解字 篆文 形声。艹（艸）＋彔㊥。

(12)8 **【菻】** 6437 △ リン 寝 lǐn 7250 *6852*

字義 ❶草の名。きつねあざみ。蒿(よもぎ)の一種。蘿蒿(ラコウ)。❷払菻は、国名。東ローマ帝国をいう。

解字 篆文 形声。艹（艸）＋林㊥。

(12)8 **【莍】** 6438 国字 △

字義 くたびれ。くたびれる。働いたり歩いたりして疲労する。

解字 会意。艹（艸）＋枕。草に枕(まくら)するさまから、くたびれるの意味を表す。

(12)8 **【萢】** 6439 国字 △ ［萢］ 7245 *684D*

字義 やち。❶湿地。谷地(やち)。青森県の地名に用いられる。❷萢中(やじなか・やちなか)は、姓氏。

解字 会意。艹（艸）＋泡。湿原で水の泡が浮き、水草がある場所、やち（谷地）の意味を表す。

(13)9 **【葦】** 6440 △ 一イ（ヰ） 尾 wěi 二イ（ヰ） 未 ［葦］ 1617 *3031*

［葦］標準

字義 一❶あし。よし。水辺に生ずる多年草。秋の末に穂状の花を開く。あしの穂が出たものを葦、穂の出ないものを蘆(ロ)という。❷小さい船のたとえ。「一葦」二おる（織）。

難読 葦牙(あしかび)・葦簀(よしず)・葦雀（切）(よしきり)

参考 〔葦〕は俗字であるが、印刷標準字体。

解字 篆文 形声。艹（艸）＋韋㊥。音符の韋(イ)は、他とちがっているの意味。穂が出て他の草とはちがって飛び抜けて高い、あしの意味を表す。

【葦笥(イシ)】あしを編んで作ったはこ。衣類、食物などを入れる。

【葦車(イシャ)】周囲をあしで編んだ車。飾りのないそまつな車。

【葦席(イセキ)】あしで編んだむしろ。

【葦巣（巢）(イソウ)】あしにかけた巣。たよるところが確かでないと、自分の身も安全でないたとえ。〔荀子、勧学〕

【葦苕(イチョウ)】あしの穂。一説に、あしのくき。

【葦汀(イテイ)】あしのはえている水ぎわ。

【葦毛(あしげ)】国馬の毛色の名。白い毛に黒色・濃褐色などのさし毛のあるもの。

【葦籥(イヤク)】あしで作った笛。昔の楽器の一。

(13)9 **【葳】** 6441 △ イ（ヰ） 微 wēi

字義 ❶草木のさかんに茂るさま。❷葳蕤(ズイ)は、あまどころ。えみぐさ（笑草）。根や茎から澱粉(デンプン)をとる。❸茈葳(シイ)は、のうぜんかずら。一説に、なでしこ。

解字 形声。艹（艸）＋威㊥。

【葳蕤(イズイ)】①草木の花の美しいさま。②草木の芽のさま。③乱れるさま。④旗のなびくさま。⑤草の名。えみぐさ。あまどころ。→字義の②。

(13)9 **【葭】** 6442 △ ㊥カ ㊥ケ 麻 jiā 7251 *6853*

字義 ❶あし（蘆(ロ)）。よし。葦(イ)のまだ穂の出ていないもの。❷あしぶえ。あしで作った笛。＝笳(カ)。❸とおい（遠）。はるか。＝遐(カ)。

難読 葭簀(よしず)

解字 篆文 形声。艹（艸）＋叚㊥。音符の叚(カ)は、かりの意味。まだ成長したあし（葦）になっていない、かりのあしの意味を表す。

【葭莩(カフ)】①あしの茎の内側にある薄い膜。②転じて、軽く薄いもののたとえ。

(13)9 **【菏】** 6443 △ カ（クヮ） 歌 kē 7252 *6854*

字義 菏藤(カトウ)は、ふじの一種。

難読 菏内(しだない)

解字 形声。艹（艸）＋科㊥。

(13)9 **【葢】** 6444 △ ガイ　蓋（6486）と同字。→九三八ページ。 7268 *6864*

(13)9 **【萼】** 6445 標 ガク 薬 è 7253 *6855*

［蕚］俗字 7254 *6856*

字義 ガク。うてな。はなのうてな。花びらの外側の緑色の部分で、花がつぼみのときに包んで守るもの。

解字 形声。艹（艸）＋咢㊥。音符の咢(ガク)は、意外な出来事に驚くの意味。そこから思いもかけない色の花弁で出てくる、うてなの意味を表す。

(13)9 【葛】6446 [葛]俗字 標 漢カツ 呉カチ 曷 gé, ④ gě [葛] 1975 336B

字義 ❶くず。まくず。くずら。くずかずら。山野に自生するつる草の一種。茎の繊維をとって布を織るのに用い、根からはくず粉をつくる。❷くずぬの。あらぬの。葛布。葛の繊維で織った布。＝褐。❸草木のつる。❹古代の国名。今の河南省にあった。また、姓。

国つづら。葛のつるで作ったかご。また、広く、衣服などを入れるかごや箱の類。

難読 葛巻(くずまき)・葛西(かさい)・葛城(かつらぎ)・葛飾(かつしか)・葛生(くずう)

解字 篆文  形声。艹(艸)＋曷(音)。音符の曷は、高くあげるの意味。木などにからみついて高く伸びていく草、くず・つるの意味を表す。

【葛衣】(カツイ) 葛布で作った着物。

【葛裘】(カッキュウ) ①夏に着る葛衣と冬に着る皮衣。②転じて、夏冬。また、一年間。

【葛巾】(カッキン) 葛布で作った(田舎に住む人・隠者の)ずきん。

【葛洪】(カッコウ) 晋の学者。字は稚川。号は抱朴子。神仙の術に通じ、著書に『抱朴子』『神仙伝』などがある。(三八一?—三四一?)

【葛天氏】(カッテンシ) 中国の古代伝説中の帝王の名。無為にして世の中がよく治まったという。〔晋、陶潜、五柳先生伝〕

【葛藤】(カットウ) ①くずとふじ。②仏㋐煩悩のたとえ。㋑法門のわずらわしいもつれ。㋒禅の問答。③国もめごと。ごたごた。

【葛藟】(カツルイ) ①かずら。②一身のわずらいとなる困難のたとえ。

【葛嶺】(カツレイ) 山名。浙江省杭州市の西湖北岸にあり、葛山ともいう。晋の葛洪(号は、抱朴子)が仙丹をねったところと伝えられる。

【葛籠】(カツロウ・つづら) くずのつるなどで編んだ衣服を入れるかご。今は竹・ひのきなどで作り、紙をはる。

(13)9 【蒄】6447 △ カン(クワン) 寒 guān 7255 6857

字義 草の名。

(12)9 【葵】6448 [葵]6449 (13)9 囚 漢キ 呉ギ 支 kuí 1610 302A

解字 形声。艹(艸)＋癸(音)。

筆順 艹 艹 艹 艹 葵 葵

字義 ❶あおい。観賞用の草花で、種類が多い。❷はかる(度)。＝揆。国あおい。㋐襲の色の名。表は薄青で、裏は薄紫のもの。㋑紋どころの名。あおいの葉をとりあわせたもの。

名乗 まもる

解字 篆文  形声。艹(艸)＋癸(音)。音符の癸は、太陽で方位をはかる器具の象形。太陽の方向に向かって花がまわる植物、あおいの意味を表す。

【葵藿】(キカク) ①じゅんさいと、まめの葉。貧弱な植物。また、貧しい食物。②あおいの花が日光の方に傾き向かう。君主・長上を尊敬し、忠誠を尽くすたとえ。

【葵丘】(キキュウ) 春秋時代の地名。①宋の地。今の河南省蘭考県の東。斉の桓公が諸侯と会盟した所。②斉の地。今の山東省淄博市臨淄の西。

【葵傾】(キケイ) ①あおいの花が日光にむかって傾くこと。②君主・長上の徳を仰ぎしたうこと。

【葵心】(キシン) 人を尊敬思慕する心。＝葵傾の②。→前項。

(13)9 【韮】6450 標 キュウ 韭(8613)の印刷標準字体。→一二九二ページ。 3903 4723

(13)9 【葷】6451 △ クン 文 hūn 7256 6858

字義 ❶からい菜。また、くさい菜。にんにく・にら・ねぎなどの類。❷なまぐさ。なまぐさいもの。肉食。

解字 篆文  形声。艹(艸)＋軍(音)。音符の軍は、薫に通じ、においがたちこめるの意味。くさい菜の意味を表す。

【葷粥・葷鬻】(クンイク) 葷允。昔、中国北方に住んだ種族の名。匈奴の別名。

【葷菜】(クンサイ) くさい野菜。ねぎ・にんにくの類。

【葷酒】(クンシュ) なまぐさい野菜(また、肉)と酒。

【不レ許二葷酒入一山門】(クンシュサンモンにいるをゆるさず) なまぐさいものと酒は、仏道修行のさまたげとなるので、寺院の中に持ちこむことを許さない。禅寺などで、寺門のそばの戒壇石に刻んである標語。

【葷辛】(クンシン) 野菜のくさいものと、からいもの。仏家では食べることを避けた。

【葷羶】(クンセン) くさい野菜となまぐさい肉。葷腥。

(13)9 【萱】6452 [蘐]同字 標 漢ケン 呉カン(クワン) 元 xuān 1994 337E

字義 わすれぐさ。かんぞう。山野に自生するユリ科の多年草。これを食えば、うれいを忘れ、あるいは酔ったようになるという。忘憂草。国かや。すすき・ちがや・すげなど、屋根をふくのに用いる草の総称。

難読 萱草(わすれぐさ)

解字 篆文  形声。艹(艸)＋宣(音)。

【萱草】(ケンソウ) わすれぐさ。→字義。

【萱堂】(ケンドウ) ①母親のへや。②転じて、母親。昔、中国では、母は北堂におり、その庭に(憂いを忘れるようにと)萱草を植えたのでいう。→椿萱(五七二ページ)。

(13)9 【葫】6453 △ 一コ 虞 hú 二漢コ・呉ゴ 虞 hú 7257 6859

字義 一にんにく。食用・薬用にする多年草。においが強い。二❶ふくべ。ひょうたん。「葫蘆」❷ゆうがお。「葫瓜」

難読 葫蘆(ひょうたん)

解字 形声。艹(艸)＋胡(音)。

【葫瓜】(コカ) ゆうがお。つる草の一種。

【葫蘆】(ココ) ふくべ。ひょうたん。

(13)9 【菑】6454 [葘]俗字 △ 一シ 支 zī 二サイ 灰 zāi

字義 一❶あれた(荒田)。荒地。❷開拓して一年目の田。また、開拓してまだ種まきしない田。❸くさぎる(耘)。たがやす(耕)。ひらく(拓)。荒地を開く。❹雑草を焼く。❺たちがれ。たちぐされ。立ったまま枯れた草木。二❶わざわい。❷車輪の輻(や)の端が轂に入るところ。❸かき(垣)。また、垣をめぐらす。❹たてる(立)。樹立する。

解字 篆文  形声。艹(艸)＋甾(音)。音符の甾は、荒れた田地の意味。艸を付し、荒れ田の意味を表す。

【菑害】(サイガイ) わざわい。災難。災害。

【菑畬】(シヨ) あれ地を開く。開拓する。

(13)9 【葸】6455 △ シ 紙 xǐ

字義 ❶おそれる(恐)。❷つつしむ(慎)。❸すなおなさま。❹喜ばないさま。

解字 形声。艹(艸)＋思(音)。

(13)9 【葹】6456 △ シ 支 shī 7265 6861

字義 ❶おなもみ。キク科の一年草。枲耳。葈耳。❷巻葹は、草の名。心を抜いても枯れないという。

難読 葹田(なもみだ)

解字 形声。艹(艸)＋施(音)。

(12)9 【萩】6457 囚 3975 476B

(13)9 【萩】6458 漢シュウ（シウ） 尤 qiū 呉シュ

筆順 艹 萩 萩

字義 ❶よもぎ。くさよもぎ。かわらよもぎ。❷ひさぎ（楸(シュウ)）。
国はぎ。山野に自生し、初秋に紫紅色・白色の花がむらがって咲く落葉低木。 難読 萩生(はぎゅう)

解字 篆文 形声。艹（艸）＋秋音。

(13)9 【葺】6459 標 シュウ（シフ） 緝 qì　4188 4978

字義 ❶ふく。茅(かや)などで屋根をおおう。❷おおう（覆）。❸つくろう。修理する。❹かさねる。また、かさなる。＝緝(シュウ)。

解字 篆文 形声。艹（艸）＋咠音。音符の咠(シュウ)は、寄せ集めるの意味。かやを寄せ集めて屋根をふくの意味を表す。

【葺屋】(シュウオク) かやぶきの屋根。くさぶきの家。
【葺繕】(シュウゼン) つくろう。修繕。

(13)9 【葚】6460 △ 漢シン 呉ジン 沁 shèn, rèn

字義 桑(くわ)の実。＝椹(ジン)。

解字 篆文 形声。艹（艸）＋甚音。

(13)9 【葄】6461 △ 漢ソ 呉ゾ 遇・虞 zuò

字義 ❶くわい（水芋）。くろくわい。水田に栽培され、食用にする。❷しく（藉(シャ)）。

解字 形声。艹（艸）＋胙音。

(12)9 【葬】6462 常 ソウ ほうむる　3382 4172

(13)9 【葬】6463 ソウ（サウ） 漾 zàng

筆順 艹 芦 葬

字義 ❶ほうむる。死体を土中にうずめる。「埋葬」❷ほうむり。死体をほうむること。葬式。「冠婚葬祭」国人の目につかないように物事をかくす。

【塟】俗字

解字 篆文 会意。死＋茻＋一。死は、しかばねの意味。茻は草むらの意味。一は、しかばねを置くむしろの意味。草むらの中に死体を置くさまから、ほうむるの意味を表す。

▼改葬・仮葬・火葬・合葬・帰葬・殉葬・水葬・喪葬・送葬・大葬・鳥葬・土葬・密葬

【葬祭】(ソウサイ) 死者のなきがらを葬ることと、死者の霊を祭ること。
【葬送】(ソウソウ) 死体をほうむるのを見送ること。のべのおくり。

(13)9 【葱】6464 標 ソウ 東 cōng　3912 472C

【蔥】正字

字義 ❶ねぎ。野菜の一種。❷がま（蒲(ホ)）。❸あおい(あを)（蒼(ソウ)）。青色。

解字 篆文（蔥） 形声。艹（艸）＋怱（悤）音。音符の悤(ソウ)は、總に通じ、たばの意味。長い葉をたばねたような、ねぎの意味を表す。

【葱花△輦】(ソウカレン) 屋根の上にねぎの花の形をかざりつけた、天子の乗物。
【葱△珩】(ソウコウ) 腰につける青色のたま。
【葱△翠】(ソウスイ) 青々としたさま。また、みどりいろ。
【葱青】(ソウセイ) ①草木の青々としたさま。②ねぎの葉。
【葱葱】(ソウソウ) ①草木の青々としげるさま。②すぐれてよい気配のさま。
【葱△碧】(ソウヘキ) 青々としていること。また、あおい。
【葱△嶺】(ソウレイ) 中央アジアのパミール高原一帯の中国名。
【葱△嶺教】(ソウレイキョウ) 仏教。昔、ヒマラヤ山を葱嶺の一部と考え、その南のふもとに起こった仏教をこう呼んだ。

(13)9 【葮】6465 △ 漢タン 呉ダン 翰 duàn　7259 685B

字義 むくげ（槿）。アオイ科の落葉低木。＝椴(ダン)。

解字 形声。艹（艸）＋段音。

(13)9 【蒂】6466 △ テイ 蔕(6543)と同字。→九四三ページ。　7260 685C

(13)9 【董】6467 △ トウ 董 dǒng　3801 4621

字義 ❶ただす（正）。監督する。見張る。「董正」「董理」❷おさめる。深くかくす。❸かたい（固）。堅固。❹れんこん。はすのね。❺古道具。「骨董」

解字 形声。艹（艸）＋重音。

【董△狐】(トウコ) 春秋時代、晋(シン)の史官。身の後難をも恐れず、真実を歴史に記録したことで有名。→次項。
【董△狐之筆】(トウコのヒツ) 権勢を恐れず、真実を歴史に記録すること。晋(シン)の趙穿(チョウセン)がその君霊公を殺したとき、正卿(セイケイ)の位にあった趙盾(チョウトン)が趙穿を討たなかったので、史官の董狐が「趙盾その君を弑(シイ)す」と書いた故事。〔左伝、宣公二〕
【董正】(トウセイ) ただす。とりしまる。
【董卓】(トウタク) 後漢末期の政治家。字(あざな)は仲穎(チュウエイ)。霊帝の死後、献帝を立てて権力をにぎったが、呂布(リョフ)に殺された。（？—一九二）
【董仲△舒】(トウチュウジョ) 前漢の儒学者。漢の武帝に儒教を国教とすることを進言し、親任されたが、公孫弘(コウソンコウ)にねたまれて退けられ、官をやめて著述に専念した。著に『春秋繁露』八十二編がある。（前一七六？—前一〇四）
【董督】(トウトク) とりしまる。
【董理】(トウリ) ただしおさめる。監督し取りしまる。

(13)9 【葩】6468 △ ハ 麻 pā　7261 685D

字義 ❶はな（華）。花。はなびら。「紅葩」❷はなの形の金具。❸はなやか。華麗。さかんなさま。❹ちる。分散する。

解字 篆文 形声。艹（艸）＋皅音。音符の皅(ハ)は、平たい白い花びらの意味。艸を付し、はなびらの意味を表す。

【葩△卉】(ハキ) 草花。
【葩経】(ハケイ) 『詩経』の別名。韓愈(カンユ)の『進学解』に「詩正而葩(ただしくしてはなやかなり)」とあるのに基づく。
【葩△爪・葩△瑵】(ハソウ) 花形の飾り。車のおおいなどにつける花飾り。

(13)9 【葡】6469 標 漢ホ 呉ブ 虞 pú　4182 4972

字義 葡萄(ブドウ)は、果樹の名。また、その果実。 難読 葡萄葛(えびかずら)・葡萄茶(えびちゃ)
国国名。葡萄牙(ポルトガル)の略。

解字 形声。艹（艸）＋匍音。

(13)9 【葍】6470 △ フク 屋 fú

字義 ❶ひるがお。多年生つる草。根は食用にする。❷蘿葍(ラフク)・萊葍(ライフク)は、だいこん（大根）。＝菔(フク)。

解字 篆文 形声。艹（艸）＋畐音。

(13)9 【葆】6471 △ 漢ホウ 呉ホ・ホウ 晧 bǎo　7262 685E

字義 ❶草木の群がりしげるさま。❷もと。根もと。群がりしげる草木の根もと。❸野菜。❹ひこばえ。切った木の根株から生え出た芽。❺羽かざり。車のおおいや旗ざおの先または、鼓の上につける。❻もり役。うば。また、天子の補佐役。＝保。❼まもる。たもつ（保）。❽かくす。つつむ。❾むつき。おむつ。うぶぎ。❿たから。また、宝とする。⓫とりで。＝堡(ホ)。

解字 篆文 形声。艹（艸）＋保㊀。

【葆光】(ホウコウ) ①光をかくす。知徳をつつんで現さないたとえ。②かすかな光。

【葆祠】(ホウシ) 宝として祭る。

【葆守】(ホウシュ・ホシュ) たもち守る。今までの通りで押し通す。保守。

【葆真(眞)】(ホウシン・ホシン) その生まれつきの性を保つこと。〔荘子、田子方〕

(13)9【葑】6472 △ 🈩㊍ホウ・㊎フウ 図 fēng 🈔㊍ホウ・㊎フウ 🈩 fèng
字義 🈩かぶら（蕪菁）。かぶ。🈔菰(まこも)の根・株。
解字 篆文 形声。艹（艸）＋封㊀。

(13)9【葐】6473 △ 🈩㊍フン・㊎ブン 図 fén 🈔㊍ホン・㊎ボン 図 pěn
字義 🈩❶葐蒀(フンウン)は、さかんなさま。❷かおる。におう。🈔なついちご。とっくりいちご。覆葐子(フクボンシ)。
解字 形声。艹（艸）＋盆㊀。

(13)9【葯】6474 △ 🈩㊍ヤク・㊎アク 閲 yào 🈔アク 覚 yào ［葯］ 7264 6860
字義 🈩🈔❶よろいぐさの葉。また、よろいぐさ（白芷(ハクシ)）。❷蒲(がま)の芽。❸おしべの先にある花粉を包むふくろ。❹まとう。つつむ。
解字 形声。艹（艸）＋約㊀。

(13)9【萸】6475 △ ユ 虞 yú 7248 6850
字義 茱萸(シュユ)は、木の名。→茱（6329）。
解字 篆文 形声。艹（艸）＋臾㊀。

(12)9【葉】6476 (13)9〖葉〗6477 教3 ヨウ は 4553 4D55
🈩ヨウ（エフ）葉 yè 🈔ショウ（セフ）葉 shè
紅葉(もみじ)
筆順 艹 苹 苹 笹 葉
字義 🈩❶は。草木のは。「紅葉」❷はのように薄く平たいもの。「鉄葉」❸かみ（紙）。また、紙の枚数をかぞえることば。まい（枚）。ひら。❹すえ（末）。はし。また、わかれ。❺世。時代。「中葉」🈔❶人の姓。❷春秋時代、楚ッの国の地名。今の河南省葉県の地。
解字 金文 篆文 形声。艹（艸）＋枼㊀。音符の枼ョは、金文でわかるように、木の葉の象形。のち、艸を付した。
▼荷葉・宮葉・紅葉・黄葉・枝葉・双葉・霜葉・竹葉・中葉・鉄葉・病葉・複葉・末葉・万葉
【葉月】(はづき) 国陰暦八月の別名。
【葉公】(ショウコウ) 春秋時代、楚ッの国の政治家。沈諸梁(シンショリョウ)。字(あざな)は子高。楚の葉の地を領して、かってに公の称号を称した。〔論語、述而〕
【葉子戯(戲)】(ヨウシギ) 遊戯の道具の一つ。カルタの類。葉子格。
【歩ㇾ葉】(はにほす) 落葉の上を踏み歩く。〔唐、王勃、懐ㇾ仙詩〕歩ㇾ葉下二清渓一(はにほしてセイケイをくだる)。

(13)9【葽】6478 △ ヨウ（エウ）蕭 嘯 yāo
字義 ❶ひめはぎ。山野に自生する多年草。根を薬用にする。遠志(オンジ)。❷草のさかんなさま。
解字 篆文 形声。艹（艸）＋要㊀。

(13)9【萬】(10) マン 万(9)の旧字体。→三〇ページ。 7263 685F

(12)9【落】6479 (13)9〖落〗6480 教3 ラク おちる・おとす 4578 4D6E
ラク 薬 luò, lào, là
筆順 艹 艹 茫 茨 落
字義 ❶おちる。おつ。㋐木の葉や花が枯れおちる。「凋落(チョウラク)」㋑上から下へ急におちる。落下する。「墜落」㋒おちいる。おちこむ。「陥落」㋓抜けおちる。「脱落」㋔おちぶれる。衰える。さびしくなる。「零落」㋕へる。少なくなる。また、なくなる。㋖静まる。おさまる。きまりがつく。「落着」㋗手に入る。ころげこむ。「落手」❷おとす。下へおとす。攻略する。抜かす。悪くする。減らす。なくす。決着をつける。❸死ぬ。命をおとす。❹始まり。❺建造物が完成したとき、これを祭ること。また、その祭り。「落成」❻まがき。竹などを編んで作ったかきね。❼村里。さと。❽まつわる。まとう。❾できあがった鐘に、いけにえの血を塗ること。❿宮室などの建築物が完工した時に、これを祭ること。
難読 落居(おちい)・落籍(ひかす)・落霜紅(うめもどき)・落部(おとしべ)・落葉松(からまつ)
解字 篆文 形声。艹（艸）＋洛㊀。音符の洛(ラク)は、格(カク)に通じ、いたるの意味。草木の葉が地上にいたる、おちるの意味を表す。
▼院落・下落・陥落・及落・群落・黄落・集落・星落・村落・脱落・堕落・段落・墜落・転落・万落・踏落・部落・暴落・没落・揺落・零落

【落胤】(ラクイン・おとしだね) 国貴人が正妻以外の女性に産ませた子。おとしご。

【落英】(ラクエイ) 散りおちた花。また、散りおちる花。落花。

【落英繽紛】(ラクエイヒンプン) 落花が乱れ散るさま。繽紛は、さかんに散り乱れるさま。〔晋、陶潜、桃花源記〕

【落景・落影】(ラクエイ) 夕日の光。夕日のかげ。落暉(ラッキ)。落照。

【落宴】(ラクエン) 座敷びらき。新築落成の祝宴。

【落花流水】(ラッカリュウスイ) ①散りゆく花と、流れゆく水。行く春のけしき。転じて、人の身のおちぶれることにいう。②国思い思われる男女の関係をいう。

【落花狼藉】(ラッカロウゼキ) 落花が散り乱れているさま。転じて、物のいりみだれてちらばっているさま。

【落霞】(ラッカ) ①ゆうやけ。低い所に見えるゆうやけ。②飛んでいる蛾(ガ)。

【落款】(ラッカン) 書画が完成したとき、筆者が自分で書き入れる姓名や押した印。落成款識。

【落句】(ラック) 律詩の第七・八句をいう。結句。

【落慶】(ラッケイ) 神社・仏閣の新築または修理の落成祝い。らくきょう。

【落月】(ラクゲツ) 入りかかった月。西にかたむいた月。

【落伍】(ラクゴ) ①隊列からぬけおちて、おくれる。仲間からはずれる。②仲間の進歩からおくれる。競争に負ける。

【落差】(ラクサ) 国①水の流れくだる上下の高さの差。②高低の差。③(おとしざし) 刀のこじりを下にさげてさすさし方。

【落索】(ラクサク) ①ものさびしいさま。落莫(ラクバク)。②おちぶれるさま。

【落札】(ラクサツ・おちふだ) 国競争入札で、値札を入れた物件の権利が自分の手にはいること。

【落日】(ラクジツ) 夕日。入り日。西に傾き沈む日。落陽。〔唐、李白、送二友人一詩〕落日故人情(ラクジツコジンのジョウ)。訳文⇩遊子（一〇九九ページ）。

【落手】(ラクシュ) ①うけとる。手にいれる。②国碁や将棋などで、しくじった手。

【落首】(ラクシュ) 国①皮肉やあざけりの意を含めた、無記名のざれ歌。②(おちくび) ㋐切りおとした首。㋑首を下にかたむけること。

【落書】(ラクショ) 国①＝落文。②(ラクショ・ラクがき) いたずらがき。

【落照】(ラクショウ) ＝落影。

【落城】(ラクジョウ) 国①城が敵の手におちること。②もちこたえられなくなって物を人手にわたすこと。③くどかれて承知すること。くどきおとされること。

【落飾】(ラクショク) 髪をそりおとして仏門に入ること。落髪。↔復飾。

【落成】(ラクセイ) 工事ができあがること。落は、その祭り。

【落籍】(ラクセキ) ①名簿から名まえをけずり除く。②金をだして芸妓(ゲイギ)などの商売をやめさせ身をひかせること。身うけ。

【落然】(ラクゼン) 落ちぶれたさま。

【落想】(ラクソウ) おもいつき。着想。

【落第】(ラクダイ) 試験に合格しないこと。下第。また、学校での留年。

【落△托・落拓】(ラクタク) ①気が大きいさま。気ままなさま。②ものさびしいさま。③おちぶれるさま。

【落胆(膽)】(ラクタン) ①きもをつぶす。おどろく。びっくりする。②国気をおとす。力をおとす。がっかりする。

【落着・落著】(ラクチャク) ①物事のきまりがつく。また、きまり。②国(おちつき) ㋐あわてず、ゆっくりした態度。㋑物のゆったりとした、すわりぐあい。㋒人気の静まること。

【落丁】(ラクチョウ) 国書物のページのぬけおちていること。また、その抜けたページ。

【落△魄】(ラクハク・ラクタク) おちぶれる。

【落△莫・落△寞】(ラクバク) ものさびしいさま。

【落髪】(ラクハツ) ＝落飾。

【落盤・落△磐】(ラクバン) 国鉱山の坑内やトンネルの中などで、天井や壁などの岩石・土砂がくずれおちること。

【落文】(おとしぶみ) 国あらわに言いにくいことをしたためて、だれのしわざかわからないように、屋内や路上などに落としておく文書。落書(ラクショ)。

【落木】(ラクボク) 葉が散り落ちた木。冬枯れの木。また、落葉。〔唐、杜甫、登高詩〕無辺落木蕭蕭下(ムヘンのラクボクはショウショウとしてくだる)。訳文⇩

蕭蕭の②（九四八ページ）。

【落命】(ラクメイ) いのちをおとす。死ぬ。なくなる。

【落陽】(ラクヨウ) ＝落日。

【落落】(ラクラク) ①まばらなさま。②ものさびしいさま。③志を得ないさま。④融通がきかず、他と相いれないさま。⑤度量が広くて、物事にこだわらないさま。⑥高く抜きでるさま。⑦国(おちおち) おちついて。安心して。

【落涙】(ラクルイ) なみだをおとす。涙を流す。また、おちる涙。

(13)9
【葎】6481
△ 漢リツ 呉リチ 質 lǜ
4610 4E2A

字義 むぐら。かなむぐら。葛(くず)に似て、茎に細いとげがあり、節の周囲に葉が輪生して、小さい白、または、淡緑の花を開くつるくさ。
難読 葎草(かなむぐら)

(13)9
【萵】6482
△ 漢カ(クワ) 呉ワ 歌 wō
7266 6862

解字 篆文 形声。艹(艸)＋咼音。
字義 萵苣(ワキョ)は、ちしゃ。ちさ。キク科の一年草、また二年草。葉は食用となる。レタス。

(13)9
【蒅】6483
国字 △
解字 形声。艹(艸)＋咼音。
字義 すくも。藍(あい)の葉を発酵(ハッコウ)させて製した染料。
解字 会意。艹(艸)＋染。染料用の草、すくもの意味を表す。

[募]→力部 一五四ページ。　[孳]→子部 二九五ページ。

(14)10
【蓊】6484
△ オウ(ヲウ) 董東 wěng
7267 6863

字義 ❶しげる。また、草木がさかんにしげるさま。❷黄色を染めるのに用いる草の名。❸とう。薹(タイ)。草花の茎が伸び出て花をつけるもの。

解字 形声。艹(艸)＋翁音。

【蓊△藹】(オウアイ) 草木のこんもりしげるさま。

【蓊△蔚】(オウウツ・オウイ) 草木のさかんにしげるさま。蓊蓊。

【蓊△鬱】(オウウツ) ①草木のさかんにしげるさま。②雲や霧などの一面に立ちこめるさま。

【蓊然】(オウゼン) ①さかんなさま。②集まるさま。

【蓊△勃】(オウボツ) ＝蓊然の①。

【蓊△薈】(オウワイ) 草木の茂っているさま。

(14)10
【蒯】6485
△ 漢カイ(クワイ) 呉ケ 卦 kuǎi

字義 ❶あぶらがや。菅(すげ)の一種。茎は、むしろを織ったり、なわを作るのに用いる。❷なわを巻きつける。

解字 会意。刂(刀)＋萠。

【蒯△聵】(カイガイ) 春秋時代、衛の荘公。霊公の子。父の夫人南子を殺そうとして追われたが、後、衛に帰り君(荘公)となった。(?～前四七七)

【蒯△緱】(カイコウ) あぶらがやのなわで巻いた剣。そまつな剣。緱は、剣の柄。

【蒯通】(カイトウ) 漢楚(カンソ)の興亡のころの遊説者。名は徹。前漢の武帝の名を避けて通という。

(14)10
【蓋】6486
標 一カイ 泰 gài　二 漢コウ(カフ) 呉ゴウ(ガフ) 合 hé　慣ガイ
1924 3338

[葢]同字 7268 6864　[盖]俗字 6621 6235

字義 一❶おおう(おほふ)。かぶせる。おおいかくす。❷ふた。おおい。❸かさ。きぬがさ。㋐雨や日を防ぐかさ。㋑車の上に立てるかさ。㋒行列に立てて威儀を整えるかさ。❹たっとぶ。❺あう。合わせる。❻のぞむ。欲する。❼そら(空)。天。❽けだし。⇩助字解説 ❾みな(皆)。
二❶とま。茅(かや)などを編んで作ったおおい。❷とびら。❸助字。㋐なんぞ。㋑なんぞ……ざる。⇩助字解説

助字解説
①けだし。㋐推量。思うに。たぶん。〔史記、平原君伝〕賓客蓋至者数千人(ヒンキャクけだしいたるもの、スウセンニンならん)〈集まって来た賓客はたぶん数千人あったろう〉㋑発語。そもそも。いったい。〔史記、孝文本紀〕蓋天下万物之萌生(けだしテンカのバンブツのホウセイ)、靡レ不レ有レ死(シあらざることなし)。〈そもそも天下の万物で生じるものは、死滅しないことはない〉
②なんぞ……ざる。再読文字。反語。どうして……しないのか。類盍。〔礼記、檀弓上〕子蓋レ言二子之志於公一乎(シなんぞシのこころざしをコウにいわ(は)ざる)〈あなたはどうしてあなたの思うことを殿様に申し上げないのか〉

難読 蓋山(みかさやま)・蓋縫(かさぬい)

解字 金文 篆文 形声。艹(艸)＋盍(盇)音。音符の盇(コウ)は、おおうの意味。草を編んで作った、おおいの意味を表す。

【蓋将(將)】(けだし・けだしはた) よくよく考えてみるに、の意。将は、発語の助字。〔宋、蘇軾、前赤壁賦〕

【蓋壌(壤)】(ガイジョウ) あめつち。天地。霄壌(ショウジョウ)。

【蓋世】(ガイセイ) 世の中をおおう気性や才能。気性がすぐれて大きく、元気盛んで天下をひとのみにするような勢い。「抜山蓋世」〔史記、項羽本紀〕力抜レ山兮気蓋レ世(ちからやまをぬきキはよをおお(ほ)う(ふ))。

【蓋世△之才】(ガイセイのサイ) 一世をおおい圧するほどにすぐれた才気。

【蓋然性】(ガイゼンセイ) たぶんそうなるだろうと推定される可能性。プロバビリティ。蓋然率。

【傾レ蓋如レ故】(ガイをかたむくることコのごとし) 途中で出会った人がたがいに車のかさを寄せて、友人のように話し合うこと。一見して、旧知のように親しくなること。傾蓋之友(ケイガイのとも)。〔史記、鄒陽伝〕

(14)10
【蒹】6487
△ ケン 塩 jiān
7269 6865

字義 おぎ(をぎ)(荻)。「蒹葭(ケンカ)」
解字 篆文 形声。艹(艸)＋兼音。
【蒹△葭】(ケンカ) 水草の名。おぎと、あし。また、ひめよし。

(14)10
【蒿】6488
△ コウ(カウ) 豪 hāo
7270 6866

字義 ❶よもぎ。くさよもぎ。「蓬蒿」 ❷むす（蒸）。気が蒸して高く上がるさま。 ❸つかれる（疲）。また、きえる（消）。＝耗。 ❹みだれる（乱）。 ❺墓地。また、辺地。

解字 甲骨文 金文 篆文　形声。艹（艸）＋高㊟。音符の高は、たかいの意味。たけの高い、よもぎの意味を表す。

【蒿艾】草の名。よもぎぐさ。蓬艾。
【蒿矢】よもぎの茎で作った矢。邪気をはらうといわれる。
【蒿里】①泰山の南にある山の名。人が死ぬと、魂がここに来るという。②転じて、墓地。③葬式のときにうたう歌。挽歌。貴人は薤露、下級官吏・庶民は蒿里を歌った。
【蒿廬】草深いいおり。自分の家の謙称。

(14)10【蒟】6489　△　㊥ク・㊦グ 慣コン 麌 遇 jǔ　7271 6867

字義 ❶ふうとうかずら。きんま。また、その実。＝枸。 ❷こんにゃく（蒟蒻）。㋐多年草の一種。球状の地下茎を蒟蒻玉という。こんにゃくの原料とする。㋑蒟蒻玉から加工した食品。（菎蒻と書くのは誤り）

解字 篆文　形声。艹（艸）＋竘㊟。

(14)10【蓑】6490　標　㊀サ 歌 suō　㊁サイ 佳 sāi　㊂㊥サイ・㊦スイ 灰 suì　4412 4C2C

【簑】同字 6834 6442　【簔】俗字 6835 6443

字義 ㊀❶みの。かや・すげ・わらなどで編んだ雨をふせぐ外衣。❷おおう（覆）。㊁蓑蓑は、草木の葉がしげるさま。㊂❶草木の葉が枯れしおれるさま。❷花が垂れさがるさま。

解字 形声。艹（艸）＋衰㊟。音符の衰は、「みの」の原字。衰に、おとろえるの意味などができて、区別のため艸を付した。

【蓑衣】みの。昔の雨具の一種。
【蓑笠】みのと、かさ。「蓑笠翁」〔唐、柳宗元、江雪詩〕孤舟蓑笠翁 訳文⇩孤舟（二九三ページ）。

(14)10【蒜】6491　△　サン 翰 suàn　4139 4947

字義 ❶のびる。ひる。小蒜。また、にんにく。大蒜。多年草の一種。❷のびるの形をした、すだれの止め金。

解字 篆文　形声。艹（艸）＋祘㊟。音符の祘は雋に通じ、うまいの意味。うまい草、のびるの意味を表す。

(14)10【蓍】6492　△　シ 支 shī　7273 6869

字義 ❶めどはぎ。めどぎぐさ。山野に自生するマメ科の多年草で、その茎を占いに用いた。❷めどぎ。筮竹。占いに用いる具。めどはぎの茎五十本を用いた。後世は、竹製の細い棒を用いる。

解字 篆文　難読 蓍草　形声。艹（艸）＋耆㊟。音符の耆＝シは、としよりの意味。千年も長く生きると伝えられる、めどはぎの意味を表す。

【蓍亀（龜）】①占いに用いるめどぎと、かめの甲。②転じて、うらない。
【蓍草】占いに用いるめどぎ。筮竹。

(13)10【蒔】6493　(14)10〔蒔〕6494　人　㊀㊥シ・㊦ジ 寘 shì　㊁㊥シ・㊦ジ 支 shí　2812 3C2C

筆順 艹 艹 芇 蒔 蒔

字義 ㊀❶うえる。移し植える。植えかえる。❷たてる（立）。㊁蒔蘿は、いのんど。ひめういきょう。国まく。㋐種をまく。㋑粉末を散らして落とす。「蒔絵」

名乗 まき

解字 篆文　形声。艹（艸）＋時㊟。音符の時は是に通じ、まっすぐ立つの意味。田に苗をまっすぐにさし植えるの意味を表す。

【蒔絵（繪）】国器物に漆で模様をかき、その上に金銀の粉を散らしてみがいたもの。日本独特の工芸美術。

(14)10【蒺】6495　△　㊥シツ・㊦ジチ 質 jí

字義 蒺藜は、はまびし。茎は地上をはい、夏、五弁の黄花をつけ、刺のある三角または四角の実を結ぶ。強壮剤になる。

難読 蒺藜

解字 形声。艹（艸）＋疾㊟。

(14)10【蒐】6496　標　シュウ（シウ）尤 sōu　2915 3D2F

字義 ❶茅蒐は、あかね（茜）。赤色にそめるのに用い、食べれば人の血をふやすという草。❷かり。狩猟。春（一説には秋）のかり。❸あつめる。「蒐集」 ❹かくす（隠）。❺かぞえる（数）。しらべる。❻さがす。もとめる。＝捜。

参考 現代表記では〔集〕（8457）・〔収〕（804）に書きかえることがある。「蒐荷→集荷」「蒐集→収集」

解字 篆文　会意。艹（艸）＋鬼。

【蒐荷】市場などに、各地から生産物が集まって来ること。また、その荷。集荷。
【蒐索】あつめ求める。さがし求める。捜索。
【蒐集・蒐輯】あつめる。収集。
【蒐田・蒐畋】狩、また狩をする。田も、かり。
【蒐獮（獮）】①狩。春（一説には秋）の狩。また、狩によって行う兵馬の訓練。②集め取る。

(14)10【蓚】6497　△　㊀チョウ（テウ）蕭 tiāo　㊁㊥シュウ（シウ）・㊦シュ 尤 xiū　7275 686B

【蓨】正字

字義 ㊀草の名。ぎしぎし。根は薬用。羊蹄。一説に、すいば。すかんぽ。㊁蓚酸は、有機酸の一種。

解字 篆文　形声。艹（艸）＋修（脩）㊟。

(14)10【蒋】6498　簡　ショウ　3053 3E55

蔣（6535）の簡易慣用字体。→九四三ページ。

(13)10【蒸】6499　(14)10〔蒸〕6500　教 6　ジョウ　むす・むれる・むらす　ショウ 蒸 zhēng　慣ジョウ　3088 3E78

筆順 艹 艹 芓 菉 蒸

字義 ❶むす。ふかす。また、むれる。㋐水蒸気がたち上る。水が気体になって上る。㋑湿気があって熱い。㋒湯気をあてて物を煮る。ふかす。❷冬の祭り。❸多い。もろもろ。「蒸民」 ❹麻がら。おがら。皮をはいだ麻の茎。ともしびに用いた。❺祭りの時に用いる細いたきぎ。❻たいまつ。❼火で乾かした竹。

名乗 つぐ・つまき　難読 蒸湯・蒸籠

解字 篆文　形声。艹（艸）＋烝㊟。音符の烝は、熱気があがってむすの意味。艸は、むすための燃料となる草の意味。おがら・細かなたきぎの意味を表す。借りて烝の意味に通じて用いる。

【蒸鬱】むしむしして気分の晴れ晴れしないこと。
【蒸慍】むれて、ぶつぶつとあわだつ。〔宋、文天祥、正気歌序〕
【蒸気（氣）】①ゆげ。水蒸気。液体が蒸発して気体に変じたもの。②小型の蒸気船。
【蒸湿（濕）】むしあつくて、じめじめすること。
【蒸庶】＝蒸民。庶も、多い意。
【蒸暑】むしあつい。また、むしむしする暑さ。蒸熱。

【蒸蒸】(ジョウジョウ) ①まじりけのないさま。②進歩向上するさま。③物の盛んにおこるさま。

【蒸騰】(ジョウトウ) むされて蒸気がたちのぼること。蒸発。

【蒸発(發)】(ジョウハツ) 液体、または固体がその表面でだんだん気体に変わってゆく現象。

【蒸民】(ジョウミン) もろもろの人民。たみくさ。庶民。烝民(ジョウミン)。

【蒸△溜】(ジョウリュウ) 液体を蒸発させ、その蒸気を冷やして、また液体にして、まじりのものを取り去ること。（蒸留は、蒸溜の書きかえ）

(14)10 【蓐】6501 △ 漢ジョク 呉ニク 因 rù　7276 686C

字義 ❶しとね(褥(ジョク))。しきもの。「茵褥(インジョク)」❷こも。むしろ。しきぐさ。しきわら。❸めばえ。新しい芽が出る。❹草の名。こぶなぐさ。かりやす(菉(リョク))。❺まぶし(蔟(ゾク))。蚕に繭をかけさせる具。

解字 文 篆 形声。艹(艸)+辱音。音符の辱は、草をかるの意味。刈った草をしいた、しきぐさの意味を表す。

【蓐月】(ジョクゲツ) うみづき。臨月。

【蓐食】(ジョクショク) ①朝早く、寝床の中で食事をすること。②豊富な食事。

【蓐母】(ジョクボ) 産婆。助産婦。

(14)10 【蓁】6502 △ シン 眞 zhēn　7277 686D

字義 ❶草や葉がさかんにしげっているさま。「蓁蓁」❷木が群がり生ずるさま。また、くさむら。しげみ。

解字 文 篆 形声。艹(艸)+秦音。音符の秦(シ)は、のびしげるの意味。草木がさかんにのびしげるの意味を表す。

【蓁蓁】(シンシン) ①草木のさかんにしげるさま。②多く集まるさま。

【蓁△莽】(シンモウ・シンボウ) 草木のさかんにしげるさま。

(14)10 【蒭】6503 △ スウ　芻(6253)と同字。→九一六ページ。　7258 685A

(14)10 【蓆】6504 △ 漢セキ 呉ジャク 陌 xí　7278 686E

字義 ❶大きい。広く大きい。広大。❷たくわえる(儲(チョ))。❸むしろ。敷物。＝席。

解字 文 篆 形声。艹(艸)+席音。音符の席は、しきものの意味。草で作ったむしろの意味を表す。

(14)10 【蒨】6505 △ セン 霰 qiàn

字義 ❶あかね(茜(セン))。あかねぐさ。赤色染料を取る。❷草のさかんに茂るさま。❸あざやかなさま。

解字 形声。艹(艸)+倩音。

(13)10 【蒼】6506 人　(14)10 〔蒼〕6507 ソウ(サウ) 陽 cāng　3383 4173

筆順 艹 芍 芩 蒼 蒼

字義 ❶あおい(青(あを))。草のような青い色。こい青色。深青色。❷青くしげるさま。❸年老いたさま。白髪のまじっているさま。❹あわただしいさま。また、あわてるさま。「蒼卒」

名乗 しげる　難読 蒼朮(おけら・これ)

参考 現代表記では［倉］(297)に書きかえることがある。「蒼惶→倉皇」

解字 文 篆 形声。艹(艸)+倉音。

【蒼△鬱】(ソウウツ) 青々とこんもりしげっているさま。

【蒼海】(ソウカイ) あおうなばら。蒼冥(ソウメイ)。

【蒼顔】(ソウガン) 年老いて、おとろえた青黒い顔。

【蒼△穹】(ソウキュウ) 青空。穹は、弓なりに見える空。

【蒼△頡】(ソウケツ・ソウキツ) 黄帝の臣で、鳥の足跡から思いついて文字を初めて作ったとされる人。倉頡。〔呂覧、君守〕

【蒼古・蒼枯】(ソウコ) 古びて、さびたおもむきのあること。

【蒼△梧】(ソウゴ) ①地名。舜帝(シュンテイ)が崩じたとされる所。今の湖南省寧遠県の東南。一名、九疑。②旧郡名、また、県名。治所は今の広西壮族(チワンゾク)自治区梧州市。

【蒼△庚】(ソウコウ) うぐいす。倉庚。黄鳥。

【蒼黄】(ソウコウ) ①青と黄。②青くなったり黄色になったりして、定まらないさま。③あわてるさま。また、あわただしいさま。蒼卒。蒼惶(ソウコウ)。

【蒼△惶】(ソウコウ) あわてるさま。蒼卒。倉皇。

【蒼潤】(ソウジュン) 青味を帯びてうるおいがあること。

【蒼生】(ソウセイ) 人民。あおひとぐさ。蒼民。

【蒼△蘚】(ソウセン) 青々としたこけ。緑蘚。蒼苔(ソウタイ)。

【蒼然】(ソウゼン) ①青いさま。②日ぐれのうす暗いさま。③古びた色の形容。「古色蒼然」④毛の白いさま。また、つやのなくなった毛。

【蒼△鼠】(ソウソ) ふるねずみ。年老いたねずみ。

【蒼蒼】(ソウソウ) ①さかんなさま。②草木などが青くしげるさま。③春の空の色。また、夜明けの空の形容。④天の青々としたさま。また、その天。〔古詩、勅勒歌〕天蒼蒼野茫茫(テンはソウソウ、のはボウボウ)風吹草低見二牛羊一(かぜふきくさたれギュウヨウあらわ(は)る)。〈空は青々と澄み野は広々と果てがない、風が吹いて草原の草がふすと牛や羊が姿を現した〉⑤月の青白い色の形容。⑥白髪になりかかっている髪の形容。〔唐、白居易、売炭翁詩〕満面塵灰煙火色(マンメンのジンカイ、エンカのいろ)、両鬢蒼蒼十指黒(リョウビンソウソウとして、ジッシくろし)。〈顔中ほこりや灰にまみれすすけた色をして、左右のびんの毛はごましおで、指は十本とも真っ黒だ〉

【蒼卒】(ソウソツ) あわただしい。また、そのさま。倉卒。蒼黄。

【蒼天】(ソウテン) ①青空。大空。蒼空。〔詩経、王風、黍離〕悠悠蒼天(ユウユウたるソウテン)。②春の空。一説に、その逆という。↔旻天(コウテン)(夏の空)。③天帝。造物主。

【蒼頭】(ソウトウ) ①青い頭巾(ズキン)で頭を包んだ兵卒。②しもべ。召使い。

【蒼白】(ソウハク) 青じろい。青みをおびた白さ。「顔面蒼白」

【蒼△旻】(ソウビン) ①青空。②秋の空。旻天(ビンテン)。

【蒼△蕪】(ソウブ) 青々としげった草。また、その原野。

【蒼△氓】(ソウボウ) 人民。万民。蒼生。

【蒼△茫】(ソウボウ) ①空・海・野原などの青々として広く、果てしのないさま。②薄暗いさま。夕暮れの色のさま。

【蒼民】(ソウミン) ＝蒼生。

【蒼△莽】(ソウモウ・ソウボウ) ①青々として遠いさま。青空の形容。②草木の青々と茂っているさま。

【蒼△蠅】(ソウヨウ) ①あおばえ。②転じて、小人のたとえ。

【蒼△蠅附二驥尾一而致二千里一】(ソウヨウはキビにフしてセンリをいたす) あおばえが駿馬(シュンメ)の尾にとまって、遠くまで行く。凡人が賢人のうしろについて、功名をなすたとえ。〔史記、伯夷伝、注〕

【蒼△鷹】(ソウヨウ) ①鳥の名。白たか。②なさけ知らずの役人のたとえ。鷹があらあらしい鳥なのでいう。

【蒼竜(龍)】(ソウリョウ・ソウリュウ) ①星座を五つに分けたその一つ。二十八宿中の東の七宿。角・亢(コウ)・氐(テイ)・房・心・尾・箕(キ)をいう。②方位の四神(蒼竜・白虎(ビャッコ)・朱雀(ジャク)・玄武)の一つ。③松の老木などの形容。

〔蒼竜②(漢代画像石)〕

【蒼老】(ソウロウ) ①年を経て古びたさま。②年老いたさま。また、白髪まじりの老人。

【蒼浪】(ソウロウ) 白髪のまじっているさま。→字義の③。

(14)10 【蓀】6508 △ ソン 元 sūn

字義 香草の名。渓蓀は、あやめの一種。はなあやめ。はなしょうぶ。
解字 篆文 形声。艹（艸）＋孫㊥。

(13)10 【蓄】6509 常 チク たくわえる 3563 435F
(14)10 【蓄】6510 チク 屋 xù
筆順
字義 ❶たくわえる。あつめ積む。ためる。また、たくわえ。「蓄積」「貯蓄」❷やしなう。かう（飼）。
解字 篆文 形声。艹（艸）＋畜㊥。音符の畜は、やしないたくわえるの意味。艸を付し、たくわえた野菜の意味から、たくわえるの意味を表す。
▼積蓄・貯蓄
【蓄怨】チクエン 積もるうらみ。
【蓄財】チクザイ 財産をたくわえる。金銭をためる。また、その財産・金銭。
【蓄縮】チクシュク ①ちぢまる。ひっこむこと。②なまける。
【蓄積】チクセキ・チクシャク つみたくわえる。ためる。また、たくわえ。
【蓄蔵(藏)】チクゾウ たくわえおさめる。たくわえる。
【蓄髪】チクハツ 〔一度その落とした頭髪を〕再びのばすこと。

(14)10 【蒻】6511 △ 漢ジャク 呉ニャク 薬 ruò 7274 686A
字義 ❶蒲のめ。また、若いがま。❷蒲の根。＝弱。❸蒟蒻コンニャクは、根を食用とする草。また、その地下茎を加工して作った食品。❹若がまで織ったむしろ。❺こまかい。
解字 篆文 形声。艹（艸）＋弱㊥。

(14)10 【蓖】6512 △ 漢ヒ 呉ビ 斉 bì 7279 686F
字義 蓖麻ヒマは、薬草の名。とうごま（唐胡麻）。種子から蓖麻子油ヒマシユを作り、下剤に用いる。
解字 形声。艹（艸）＋毘㊥。

(14)10 【蒲】6513 標 漢ホ・呉ブ 虞 pú 慣フ 1987 3377
字義 ❶がま。ひらがま。かば。かま。沼地にはえる多年草。夏、ろうそく形の穂をつける。葉は細長くて、むしろを織るのに用いる。❷菖蒲ショウブ。❸かわやなぎ。柳の一種。❹がまむしろ。がまで織ったむしろ。❺草ぶきのまるい屋根。また、いおり。❻はらばう。＝匍ホ。「蒲伏」
難読 蒲郡がまごおり・蒲原かんばら・蒲江かまえ・蒲須坂かますさか・蒲生がもう・蒲鉾かまぼこ
解字 篆文 形声。艹（艸）＋浦㊥。音符の浦は、水辺の意味。水辺に生えるがまの意味を表す。
【蒲葦】ホイ がまと、あし。むしろを織るのに用いる。
【蒲葵】ホキ 木の名。檳榔ビンロウの別名。葉でうちわを作る。
【蒲月】ホゲツ 陰暦五月の別称。
【蒲剣(劍)】ホケン がまで作った剣。陰暦五月五日に門上にかけて邪気をはらう。
【蒲公英】ホコウエイ・たんぽぽ キク科の多年草。
【蒲車】ホシャ ＝蒲輪。
【蒲松齢(齡)】ホショウレイ 清シ初の作家。字あざなは留仙、号は柳泉。聊斎リョウサイは筆名。その著に怪奇小説の『聊斎志異リョウサイシイ』がある。（一六四〇—一七一五）
【蒲席】ホセキ がまで作ったむしろ。
【蒲節(節)】ホセツ 陰暦五月五日の菖蒲ショウブの節句。
【蒲団(團)】ホトン フトンは唐音。①がまの葉で作ったしきもの。僧などが使う。②国しとね。布団。
【蒲萄】ホドウ ぶどう。葡萄ブドウ。
【蒲博】ホハク ばくち。樗蒲チョボと博奕バクエキ。
【蒲伏・蒲服】ホフク はらばう。はう。
【蒲鞭】ホベン がまのむち。打っても痛くないところから軽い刑罰をいう。
【蒲柳】ホリュウ ①かわやなぎ。蒲楊。②からだの弱いことのたとえ。蒲柳の葉は、早く枯れ落ちるのでいう。「蒲柳の質」
【蒲輪】ホリン 動揺を防ぐため、がまでつつんだ車輪。また、その車。蒲車。「安車蒲輪」
【蒲盧】ホロ ①はちの一種。じがばち。土蜂つちばち。②がまとあし。共に成長が早いところから、政治の行われやすいたとえ。〔中庸〕③腰の細いひさご。

(14)10 【蒱】6514 △ 漢ホ・呉ブ 虞 pú 慣ボ
字義 樗蒱チョボは、ばくち。釆サイを投げて勝負をするもの。＝蒲。
解字 形声。艹（艸）＋捕㊥。

(14)10 【蒡】6515 △ ホウ(ハウ) 慣ボウ(バウ) 漾 bàng 7280 6870
字義 牛蒡ゴボウは、野菜の一種。
解字 形声。艹（艸）＋旁㊥。

(14)10 【蓂】6516 △ 漢メイ 呉ミョウ(ミャウ) 青 míng
字義 蓂莢メイキョウは、堯帝ギョウテイのとき、生えたというめでたい草。月の一日から十五日までは、毎日一葉を生じ、十六日から晦日みそかまでは、毎日一葉ずつ落とし、これによって暦が作られたとされる。こよみぐさ。〔十八史略、五帝、帝堯〕
解字 篆文 形声。艹（艸）＋冥㊥。

(14)10 【蒙】6517 標 漢ボウ 呉モウ 東 méng, ⑨měng 4456 4C58
字義 ❶こうむる。受ける。かぶる。❷おおう。おおいかくす。かぶる。着る。❸くらい。おろか（愚）。㋐道理に暗い。幼くて、まだ道理をわきまえない。また、おろか者。「啓蒙」㋑自己の謙称。❹おかす（冒）。乱す。また、乱れる。❺まじる。いりまじる。❻あざむく。だます。❼めを出す。めばえる。❽易エキの六十四卦カの一つ。䷃坎下艮上ゴンショウ。物のかすかであきらかでない象かたち。❾蒙古（モンゴル）の略称。「外蒙」
難読 蒙古モンゴル
解字 篆文 形声。艹（艸）＋冡㊥。音符の冡モウは、頭巾のように頭部が多毛によっておおわれたぶたの意味。艸を付し、おおうの意味を表す。
【蒙闇】モウアン 道理がわからず愚か。
【蒙翳】モウエイ 樹木などがおおいかぶさる。
【蒙倛】モウキ おにやらいをする時に、かぶる面。
【蒙鳩】モウキュウ 鳥の名。みそさざい。
【蒙求】モウギュウ 書名。三巻。唐の李瀚リカンの著。古書の中から古人の逸話を類集し、四字句の韻語を標題として配列して、記憶しやすいようにした初学者向けの教科書。
【蒙古】モウコ ①中国の北、シベリヤの南の地方の名。モンゴル。内・外・西蒙古の三つに分かれ、外蒙古はモンゴル人民共和国、内蒙古は中国の自治区、西蒙古は新疆シンキョウ・甘粛両省の一部をなす。②国名。元朝の旧号。
【蒙士】モウシ 無知の人。愚人。
【蒙死】モウシ 死をおかす。死をかえりみないこと。
【蒙師】モウシ 子供の先生。
【蒙戎】モウジュウ 乱れるさま。蒙茸モウジョウ。
【蒙衝】モウショウ いくさ舟。昔の戦艦。艨艟モウドウ。
【蒙茸】モウジョウ ①草の乱れ生ずるさま。②物の乱れるさま。③乱れにげるさま。
【蒙塵】モウジン ①頭にちりをかぶること。②天子が変事のために都の外に身をのがれること。〔左伝、僖公二十四〕
【蒙叟】モウソウ 荘子の別称。蒙は荘子の生地、叟は老先生の意。

【蒙稚】(モウチ)　おさなご。知恵のまだ発達しない子ども。

【蒙△恬】(モウテン)　秦(シ)の武将。始皇帝に仕えて、匈奴(キョウド)を征し、万里の長城を築いた。二世皇帝のとき、趙高(チョウコウ)らにはかられて自殺した。毛筆を発明したといわれる。（?—前二一〇）

【蒙鈍】(モウドン)　おろかでにぶい。

【蒙△昧】(モウマイ)　おろかで道理にくらいこと。愚昧。「無知蒙昧」

【蒙蒙】(モウモウ)　①さかんなさま。②くらいさま。

【蒙養】(モウヨウ)　①才知をかくしおろかなふりをして、正しい道を修行すること。②子供を教育すること。

【発(發)レ蒙振レ落】(モウをひらきラクをふるう(ふ))　物の上のおおいをとり除き木の葉をふるい落とす。（敵を攻め討つことなどの）非常にたやすいことのたとえ。〔史記、汲黯伝〕

(13)10【蓉】6518　囚　(14)10［蓉］6519　漢ヨウ　呉ユウ　图 róng　4554 4D56

筆順　艹 芢 苂 荧 蓉

字義　❶芙蓉(フヨウ)は、蓮(はす)の別名。はちす。はすの花。❷木芙蓉(モクフヨウ)は、木の名。ふよう。

名乗　はす

解字　篆文　形声。艹（艸）＋容音。

(14)10【蓏】6520　△ラ　图 luǒ

字義　うりの類。また、草の実。↔果（木の実）。

解字　篆文　会意。艹（艸）＋胍。

(14)10【蒞】6521　△リ　莅（6383）の俗字。→九三〇ページ。

(13)10【蓮】6522　囚　(15)11［蓮］6523　レン　图 lián　4701 4F21

筆順　艹 苩 荁 莗 蓮

字義　❶はす。はちす。＝荷。❷はすの実。

解字　篆文　形声。艹（艸）＋連（連）音。音符の連は、つらなるの意味。並んで実のつく、はすの意味を表す。

【蓮花・蓮華】(レンゲ・レンガ)　①はすの花。連花。仏教で、仏の国・極楽浄土にたとえる。「蓮華世界」②国れんげ草。

【蓮△瞼】(レンケン)　美しい顔。花顔。

【蓮座】(レンザ)　仏蓮華の形に作った台。仏像の座。

【蓮子】(レンシ)　はすの実。蓮実。

【蓮台(臺)】(レンダイ)　仏はすのうてな。蓮華の台座。仏像をのせるもの。蓮華座。

【蓮府】(レンプ)　大臣の屋敷。転じて、大臣のこと。南斉の王倹がはすを家に植えたことからいう。「蓮府槐門(カイモン)」

【蓮歩】(レンポ)　美人がしなやかに歩くさまの形容。→金蓮歩（一二三六ページ）。〔南史、斉東昏侯紀〕

【蓮峰】(レンポウ)　国富士山の別名。蓮岳。

(14)10【蓙】6524　国字　△ザ　7272 6868

字義　ござ（茣蓙）。藺草(いぐさ)で編んだ敷き物。

解字　形声。艹（艸）＋座音。音符の座は、御座(ゴザ)（貴人の座席の意味）の座の音と意味を表す。

(14)10【蓜】6525　国字　△

字義　ハイ。蓜島(ハイじま)・南蓜(なんばい)は、姓氏。

解字　形声。艹（艸）＋配音。

［墓］→土部　二四一ページ。　［幕］→巾部　三四八ページ。
［夢］→夕部　二五四ページ。　［慈］→心部　四〇六ページ。

(15)11【蔚】6526　△　一イ（ヰ）困 wèi　二漢ウツ・呉ウチ　物 yù　1722 3136

字義　一❶おとこよもぎ。牡蒿(ボコウ)。❷草木がさかんにしげるさま。❸あやのあるさま。模様やいろどりのあるさま。
二❶草の名。❷＝一の②。＝鬱(ウツ)。

解字　篆文　形声。艹（艸）＋尉音。音符の尉は、熱気がこもるの意味。草木のこんもりしげるさまを表す。

【蔚蔚】(ウツウツ)　心が晴れないさま。

【蔚起】(ウッキ)　盛んにおこる。

【蔚然】(ウツゼン)　①しげっているさま。こんもりとしたさま。②さかんなさま。③星が並んでいるさま。

【蔚△藍天】(ウツランのテン)　青空。碧空(ヘキクウ)。碧落。一説に、天の名。

(15)11【蔭】6527　標　一漢イン・呉オン　沁 yìn　二漢イン・呉オン　侵 yīn　1694 307E
［蔭］俗字

字義　一❶かげ。㋐草木がおおって日の当たらない所。こかげ。「緑蔭」㋑ひかげ。日光。ひざし。❷おかげ。㋐たすけ。庇護(ヒゴ)。㋑父祖の遺勲・門閥によって官を得ること。❸おおう(おほふ)。かくす。かばう。たすける。❹しげる（茂）。さかんにしげる。
二＝一の④。

解字　篆文　形声。艹（艸）＋陰音。音符の陰は、かげの意味。艸を付し、草木のかげの意味を表す。

【蔭△藹】(インアイ)　樹木がさかんにしげるさま。

【蔭位】(インイ)　父祖の功績によって得る位。

【蔭△鬱】(インウツ)　草木がしげりおおうさま。また、その所。

【蔭映】(インエイ)　①おおいてらす。②人や物が密集しているとき、互いのかげや色が他にうつりあうこと。

【蔭官】(インカン)　父祖のおかげで得た官。

【蔭子】(インシ)　父祖のおかげで官を得た人。蔭生。

【蔭△庇】(インピ)　かばい助ける。

【蔭補】(インホ・インポ)　父祖のおかげで官位を受ける。

(15)11【蓺】6528　△ゲイ　芸（6244）（藝）と同字。→九一五ページ。

(15)11【蔡】6529　△サイ　图 cài　7281 6871

字義　❶草が乱れ散るさま。また、草むら。❷あくた。ごみ。❸のり（法）。法則。❹おとろえる（衰）。❺へらす（減）。へる。❻かめ（亀(キ)）。うらないに用いる大きなかめ。❼周代の国名。今の河南省上蔡県の西南。楚(ソ)に滅ぼされた。

解字　金文　篆文　形声。艹（艸）＋祭音。

【蔡△琰】(サイエン)　後漢末期の女流詩人。蔡邕(サイヨウ)のむすめ。字(あざな)は文姫(ブンキ)。「悲憤詩」「胡笳(コカ)十八拍」などの作品がある。
【蔡元定】(サイゲンテイ)　南宋(ナンソウ)の学者。字(あざな)は季通。諡(おくりな)は文節。西山先生と号した。朱熹(シュキ)を師と仰いだが、朱熹は老友として敬った。『律呂(リツリョ)新書』『大衍(ダイエン)詳説』などの著がある。（一一三五—一一九八）
【蔡元培】(サイゲンバイ)　中華民国の教育者・学者。字(あざな)は鶴卿(カクケイ)。胡適(コテキ)らの文学革命に参加、民国初代の教育総長・北京大学学長・中央研究院院長を歴任した。『哲学綱要』『中国倫理学史』などの著がある。（一八六八—一九四〇）
【蔡侯紙】(サイコウシ)　紙の別名。後漢の蔡倫(サイリン)が紙を発明したのでいう。
【蔡州】(サイシュウ)　州の名。隋代(ズイダイ)に置かれた。今の河南省汝南(ジョナン)県。昔の蔡国の地。
【蔡△邕】(サイヨウ)　後漢の学者。字(あざな)は伯喈(ハクカイ)。文学・天文・音律に通じ、書にもすぐれていた。『独断』『蔡中郎集』などの著がある。（一三三—一九二）
【蔡倫】(サイリン)　後漢中期の宦官(カンガン)。字(あざな)は敬仲。和帝のとき、

中常侍となった。世界で初めて紙を発明したといわれている。(?―一二一)

(15)11 【蔪】6530 △ 一㊥サン・㊟セン 國 shān 二セン 國 jiǎn

字義 一❶かる(刈)。かり取る。❷麦の穂がのびそろっているさま。「蔪蔪」 二麦の穂がのびそろっているさま。

解字 篆文 形声。艹(艸)+斬㊥。

(15)11 【蓰】6531 △ シ 紙 xǐ

字義 ❶五倍。「倍蓰」。❷離蓰は、鳥の羽ばたけないさま。

解字 形声。艹(艸)+徙㊥。

(15)11 【蓿】6532 △ ㊥シュク ㊟スク 屋 xù(sù) 7282 6872

字義 苜蓿は、うまごやし。

解字 形声。艹(艸)+宿㊥。

(15)11 【蓴】6533 △ ㊥シュン ㊟ジュン 眞 chún 7283 6873

字義 ❶じゅんさい(蓴菜)。ぬなわ。池や沼に自生し、食用になる。❷蒲の穂。 難読 蓴菜(ぬなわ)

解字 篆文 形声。艹(艸)+專㊥。

【蓴羹鱸膾】じゅんさいの吸い物と、鱸のなます。晋の張翰がこの二つの故郷の名産を味わおうとして、官をやめて帰郷した故事に基づき、「蓴羹鱸膾を思う」は、故郷に帰りたいと思うこと。〔晋書、張翰伝〕

(15)11 【蔗】6534 △ シャ 禡 zhè 慣ショ 7284 6874

字義 ❶さとうきび。イネ科の多年草。インド原産。茎はとうもろこしに似て節があり、茎のしぼり汁から砂糖を製する。甘蔗。❷うまい。よい。また、おもしろい。

解字 篆文 形声。艹(艸)+庶㊥。

【蔗境】談話・文章、または事件などの面白いところ。佳境。

(15)11 【蔣】6535 標 一㊥ショウ(シャウ) ㊟ソウ(サウ) 陽 jiāng 二㊥ショウ(シャウ) ㊟ソウ(サウ) 養 jiǎng [蒋] 3053 3E55

[蒋] 簡易

字義 一草の名。まこも(菰)。 二❶=一。❷はげます。=奨。❸しきもの。しとね。❹周代の国名。春秋時代、楚に滅ぼされた。今の河南省固始県の西北。

解字 篆文 形声。艹(艸)+將㊥。

【蔣介石】中華民国の政治家。浙江省奉化県の人。字は中正。日本の陸軍士官学校卒。孫文の死後、国民党の実権をにぎり、南京国民政府の主席となった。太平洋戦争後、中華民国総統となったが、共産党との内戦に敗れて台湾に退いた。(一八八七―一九七五)

(15)11 【蓧】6536 △ ㊥チョウ(テウ) ㊟ジョウ(デウ) 嘯 diào

字義 あじか。ざるの類。竹または草木の枝などで作り、穀物を入れる。

解字 形声。艹(艸)+條㊥。

(15)11 【蔘】6537 △ シン 侵 shēn 7285 6875

[蓡] 本字

字義 人蔘は、薬草の名。ちょうせんにんじん。人参。=参。

解字 篆文 形声。艹(艸)+參㊥。篆文は、艹(艸)+濅㊥。

(15)11 【蔎】6538 △ ㊥セツ ㊟セチ 屑 shè

字義 ❶香草。かおりぐさ。❷かんばしい。❸茶の別名。

解字 篆文 形声。艹(艸)+設㊥。

(15)11 【蔟】6539 △ 一ソウ 宥 còu 二ソク 屋 cù 慣ゾク 7287 6877

字義 一❶大蔟は音楽の十二律の名。日本の平調に相当する。❷むらがる。あつまる。❸すすむ(進)。 二❶まぶし。蚕蓐。かいこをとまらせて繭をかけさせるもので、わらで製する。❷=一の②。❸す(巣)。

解字 篆文 形声。艹(艸)+族㊥。音符の族は、あつまるの意味。草のあつまり生えているの意味を表す。

(15)11 【蔥】6540 △ ソウ 葱(6464)の正字。→九三六ページ。

(15)11 【蔌】6541 △ ソク 屋 sù

字義 ❶な(菜)。あおもの。野菜類の総称。また、料理した野菜。❷ちがやの一種。

解字 形声。艹(艸)+敕㊥。

【蔌蔌】①風がはげしく吹くさま。②物ががさがさとひびく音の形容。③やつれたさま。また、貧しいさま。④水が流れるさま。⑤花が落ちるさま。

(15)11 【蓷】6542 △ ㊥タイ ㊟ツイ 灰 tuī

字義 めはじき。やくも草。薬草の一種。シソ科の二年草。

解字 篆文 形声。艹(艸)+推㊥。

(15)11 【蔕】6543 △ 一㊥テイ・㊟タイ 霽 dì 二タイ 卦 chài 7288 6878

[蒂] 同字 7260 685C

字義 一❶へた。果実の蔕。ほぞ。また、花の蔕。❷つく(付)。へたで付着する。❸根。根もと。=柢。「根蔕」 二とげ。小さなとげ。転じて、わずかなさしさわり。小さな故障。

解字 篆文 形声。艹(艸)+帶㊥。音符の帶は、おびの意味。果実の茎につくところに帯状につく「へた」の意味を表す。

(14)11 【蔦】6544 囚 (15)11 [蔦] 6545 チョウ(テウ) 篠 niǎo 3653 4455

筆順 艹 芇 芇 蔦 蔦

字義 つた。ブドウ科の多年生植物。寄生性のつる草で、山野に自生する。秋、美しく紅葉し、鑑賞用として塀や壁などにはわせる。 名乗 つた

解字 篆文 形声。艹(艸)+鳥㊥。

【蔦蘿】①つた。つたかずら。②蔦と女蘿(さるおがせの類)。「蔦蘿施于喬松」(蔦蘿喬松にほどこす)は、兄弟や親戚が親しみあうたとえ。

(15)11 【蓽】6546 △ ㊥ヒツ ㊟ヒチ 質 bì

字義 ❶まめ(豆)。❷いばら(荊)。❸まがき。=篳。

解字 形声。艹(艸)+畢㊥。

【蓽門】いばらで作った門。転じて、貧しい者の家。荊門。柴門。

(15)11 【蔔】6547 △ ㊥ホク・㊟ボク 職 bó 慣フク 7289 6879

字義 蘿蔔は、だいこん(大根)。=菔。

解字 形声。艹(艸)+匐㊥。

(15)11【蓱】6548 △ 漢ヘイ 呉ビョウ(ビャウ) 青 píng

字義 ❶うきくさ。水草の一種。＝萍(ヘイ・ヒョウ)。❷雨をつかさどる神。雨師。蓱翳(ヘイエイ)。

解字 文 篆 形声。艹(艸)＋氵(水)＋并(音)。音符の并(ヘイ)は、ならぶの意味。沼などに並んで生える水草の意味を表す。

(15)11【蔑】6549 標 漢ベツ 呉メチ 屑 miè ［蔑］4246 4A4E

字義 ❶さげすむ。あなどる。ないがしろにする。ばかにする。「軽蔑」❷ない(な)(弗(フツ))。❸あざむく。❹くらい(暗)。目に光がない。視力がとぼしい。❺小さい。くわしい。精微。❻けずる(削)。❼ほろぼす(滅)。

解字 甲骨文 篆文 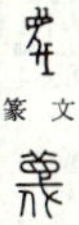 形声。伐＋苜(音)。伐は、とり除くの意味。音符の苜(ベツ)は、かすかで目に見えない精霊(草木に宿っているとされる魂)の象形。精霊の力でしりぞけて存在を認めない、あなどるの意味を表す。

【蔑視】ベッシ 見下げる。ないがしろにする。

【蔑如】ベツジョ ①他人をばかにするさま。②ほろびるさま。なくなるさま。

【蔑然】ベツゼン くらいさま。また、区別のはっきりしないさま。

【蔑蒙】ベツモウ ①はやいさま。②飛び上がるさま。

(15)11【蔀】6550 △ 漢ホウ 呉ブ 有 bù, pǒu 2835 3C43

字義 ❶しとみ。日光・風雨をさえぎる戸。「半蔀(はじとみ)」❷おおい(覆)。また、おおう。❸小さい。❹くらい(暗)。❺昔の暦法の名。一年を三六五日四分の一、十九年を章として七閏月(うるうづき)をおき、四章を蔀、二十蔀を紀、三紀を元と言った。〔後漢書、律暦志下〕❻星の名。

解字 形声。艹(艸)＋部(音)。

(15)11【蓬】6551 標 漢ホウ 呉ボウ 東 péng ［蓬］4309 4B29

字義 ❶よもぎ。㋐キク科の多年草。山野に群生し白い花をつける。やなぎよもぎ。㋑アカザ科の二年草。枯れた後、強風で原野を転がるという。「転蓬」❷みだれるさま。ゆれ動くさま。また、生い茂るさま。群がるさま。❸助ける。

難読 蓬生(よもぎう)

解字 文 篆 形声。艹(艸)＋逢(音)。蓬の原字は、丰で、葉のよく茂った、よもぎの象形であったが、丰で書かれる語が多様に意味を派生するにつれて、蓬という字になった。

【蓬瀛】ホウエイ 蓬莱(ホウライ)と瀛州の二つの仙山。方丈と合わせて海中の三神山という。ともに東海にあり、神仙が住むといわれた所。→蓬莱(ホウライ)の①。

【蓬艾】ホウガイ よもぎ。

【蓬戸】ホウコ よもぎで編んだ戸。貧者の家。〔礼記、儒行〕「蓬戸甕牖(ホウコオウユウ)」は、貧者の住居の形容。甕牖は、破れたかめを窓とした家。

【蓬壺】ホウコ 仙人が住むという海中の山。形が壺(つぼ)に似ているのでいう。

【蓬蒿】ホウコウ ①よもぎ。また、その草むら。②草深いいなか。③野菜の名。しゅんぎく。

【蓬矢】ホウシ よもぎで作った矢。邪気を払うという。

【蓬室】ホウシツ よもぎで屋根をふいた家。貧者や隠者の家をいう。蓬舎。蓬屋。蓬庵(ホウアン)。蓬廬(ホウロ)。

【蓬首】ホウシュ よもぎのように髪の乱れた頭。蓬頭。

【蓬生】ホウセイ・よもぎう よもぎのしげった地。草深い土地。

【蓬島】ホウトウ 仙人が住むという海島。蓬莱山(ホウライザン)。蓬丘。

【蓬髪】ホウハツ よもぎのように乱れた髪。

【蓬飄】ホウヒョウ よもぎが風にひるがえるように所を定めず放浪すること。蓬転。

【蓬蓬】ホウホウ ①さかんなさま。②風が吹き起こるさま。

【蓬勃】ホウボツ ①雲が起こるさま。②風が吹き起こるさま。③光の輝くさま。④香気がにおうさま。

【蓬門】ホウモン よもぎを編んで作った門。転じて、貧家、また、隠者の家。蓬戸。

【蓬莱】ホウライ ①想像上の仙山の名。東海の東にあり、仙人が住んでいたという。蓬丘。蓬壺(ホウコ)。〔史記、封禅書〕②くさむら。草やぶ。③香の名。④国松竹梅・鶴亀(かめ)などを表した新年のかざり。

【蓬莱宮】ホウライキュウ ①蓬莱山にある宮殿。②唐の高宗が建てた宮殿の名。本名は大明宮。〔唐、白居易、長恨歌〕蓬莱宮中日月長(ホウライキュウチュウジツゲツながし) 訳文 昭陽殿(五〇三ページ)。

【蓬累】ホウルイ よもぎが風に吹かれて飛ぶように、さまよい歩くこと。一説に、頭に物をのせ、両手でささえて行くこと。

【蓬廬】ホウロ よもぎでふいた、いおり。そまつな家。

【蓬生二麻中一不レ扶而直】よもぎマチュウにショウずればたすけずしてなお(ほ)し まがったよもぎも、麻のようなまっすぐにのびる草の中にはえると、手を加えなくとも、まっすぐになる。悪人でも善人と交わっているうちに、良くなってくることのたとえ。〔荀子、勧学〕

(15)11【蔓】6552 標 一 漢バン・呉マン 願 wàn 二 漢バン・呉マン 寒 mán 4402 4C22

字義 一 ❶つる。また、つる草。❷つるが出る。また、つるを出す。❸のびる(延)。はびこる。広がる。❹乱れる。❺まとう。からむ。二 →蔓菁(マンセイ)。

国 つる。㋐鉱脈。㋑すじ。系統。㋒つて。たより。てづる。

解字 文 篆 形声。艹(艸)＋曼(音)。音符の曼(マン)は、長くのびるの意味。つるが伸びる・つるくさの意味を表す。

【蔓引】マンイン たがいに引き連なる。つるのように続き連なること。

【蔓延・蔓衍】マンエン のび広がる。のびはびこる。

【蔓生】マンセイ つるになって成長する。また、つる草。

【蔓菁】マンセイ・かぶら 野菜の名。かぶ。蕪菁(ブセイ)。

【蔓草】マンソウ つるくさ。はびこっているつるくさ。

【蔓草寒煙】マンソウカンエン はびこっているつる草と、ものさびしいもや。古跡などの荒れはてたさま。

【蔓草猶不レ可レ除】マンソウすらなお(ほ)のぞくべからず つる草でさえ、はびこってしまえば除くことはできない。めんどうな物事は初期のうちに処理しなければ、後になってはどうすることもできなくなることのたとえ。〔左伝、隠公元〕

【蔓纏】マンテン からみまとう。また、そのもの。つる草など。転じて、束縛するもの。わずらい。

【蔓蔓】マンマン ①長く久しいさま。②長い間続いて、日々に茂ってゆくさま。③はびこり広がるさま。④とりとめがなく、はっきりと知り難いさま。

【不レ蔓不レ枝】マンせずシせず つるも出さず、枝も分けない。君子が、純一孤高の風格を守って雑念なく、みだりに人の仲間に入らないたとえ。また、文章の簡潔なことにもいう。〔宋、周敦頤、愛蓮説〕

(15)11【蔆】6553 △ リョウ 菱(6435)と同字。→九三四ページ。 7249 6851

(15)11【蓼】6554 標 一 漢リョウ(レウ) 篠 liǎo 二 漢リク・呉ロク 屋 lù 7290 687A

字義 一 ❶たで。水辺に生じ、非常に辛味のある草。❷困難のたとえ。❸春秋時代の国名。今の河南省固始県の地。二 草が長く大きいさま。

難読 蓼科(たてしな)

解字 文 篆 形声。艹(艸)＋翏(音)。

【蓼莪之詩】リクガのシ 『詩経』の小雅にある詩の名。孝子が労役に従事して家を留守にしていたため、親の生前に孝養を尽くし得なかった悲しみを歌った詩。

【蓼虫不レ知レ苦】リョウチュウにがきをしらず たでの味は苦いが、それを食べている虫は苦いとは思わない。人も好きになると何でも苦にならないということのたとえ。たで食う虫もすきずき。〔鶴林玉露、四虫〕

【蓼蓼】リクリク 長く大きいさま。

(15)11【蔞】6555 △ 漢ロウ 呉ル 尤 lóu

字義 ❶よもぎ。白よもぎ。食用にする。「蔞蒿ロウコウ」 ❷草の長く大きなもの。

解字 篆文 形声。艹(艸)＋婁音。

(15)11 【蔶】6556 国字 △

字義 す。すのこ。＝簀サク。

解字 簀サクの竹冠が草冠に変化した形。簀は、すのこの意味。

【暮】→日・曰部 五四ページ。

【慕】→心部 四〇六ページ。

(16)12 【蕓】6557 △ ウン 文 yún

字義 あぶらな。なたね。蕓薹ウンダイ。実から、油を製する。

解字 形声。艹(艸)＋雲音。

(16)12 【蕚】6558 △ ガク 7254 6856

萼(6445)の俗字。→九三四ページ。

(16)12 【蕑】6559 △ 漢カン 呉ケン 刪 jiān

字義 ❶ふじばかま。キク科の多年草。花は薄紫色で香りが高い。秋の七草の一つ。❷はす(蓮レン)。はちす。

解字 形声。艹(艸)＋閒音。

(16)12 【蕢】6560 △ 一 漢キ・呉ギ 寘 kuì 二 漢カイ(クワイ)・呉ケ 卦 kuài

字義 一 あじか。もっこ。土を運ぶもの。竹やわらで作る。二 ❶あれる。また、荒れ地。❷つちくれ。土塊。＝塊。

解字 篆文 形声。艹(艸)＋貴音。音符の貴は、両手で物をおくる形を表す。草で編んだ、もっこの意味を表す。塊に通じ、かたまりの意味をも表す。

【蕢桴カイフ】 鼓を打つ土製のばち。

(16)12 【蕖】6561 △ 漢キョ 呉ゴ 魚 qú

字義 ❶芙蕖フキョは、はす(蓮レン)。はちす。❷いも。おやいも。

解字 形声。艹(艸)＋渠音。音符の渠キョは、ほりわりの意味。ほりわりの草、はすの意味を表す。

(16)12 【蕎】6562 標 一 漢キョウ(ケウ) 呉ギョウ(ゲウ) 蕭 qiáo 二 漢キョウ 蕭 jiāo 2230 363E

字義 一 そば。穀物の一種。二 たかとうだい。薬草の一種。

解字 形声。艹(艸)＋喬音。

【蕎麦(麥)キョウバク・そば】 タデ科の一年草。その実からそば粉を製する。木麦。花麦。

(16)12 【蕀】6563 △ 漢キョク 呉コク 職 jí 7291 687B

字義 ❶顛蕀テンキョクは、くさすぎかずら。ユリ科の多年生つる草。根は強壮・利尿などの薬になる。天門冬。❷蕀蒬キョクエン・蕀苑は、いとひめはぎ。遠志オンジ。

解字 形声。艹(艸)＋棘音。

(16)12 【蕙】6564 △ 漢ケイ 呉エ(ヱ) 霽 huì

字義 ❶かおりぐさ。㋐多年草で中国南部に産する。湖南省零陵県から出るものが最も有名であるので零陵香の名がある。㋑香草の名。蘭ランの類で、香りは蘭よりおとる。蕙蘭。❷美しい。かぐわしい。

解字 形声。艹(艸)＋惠音。

【蕙芷・蕙茝ケイシ】 かおり草と、よろい草。ともに、香草の名。

【蕙質ケイシツ】 美人の体質をいう。美質。

【蕙若ケイジャク】 かおり草と、杜若やぶみょうが。ともに、香草の名。

【蕙心ケイシン】 美人のうるわしい心。「蕙心紈質ガンシツ」

【蕙蘭ケイラン】 香草。蘭ランの一種。単に蕙ともいう。

(16)12 【蕨】6565 標 漢ケツ 呉カチ(クワチ) 月 jué 4747 4F4F

字義 ❶わらび。山野に自生するしだ類の植物で、若芽は巻いて拳こぶしのような形をしていて、食用となる。❷迷蕨は、ぜんまい。

解字 篆文 形声。艹(艸)＋厥音。音符の厥ケツは、掘るの意味。土を掘り割って芽を出す、わらびの意味を表す。

【蕨拳ケッケン・ケツケン】 わらびの若芽。拳こぶしの形をしているのでいう。蕨手。

【蕨薇ケツビ】 わらびと、のえんどう。

(16)12 【蕞】6566 △ 漢サイ 呉ザイ 泰 zuì

字義 ❶小さいさま。❷あつまるさま。

解字 形声。艹(艸)＋最音。

【蕞爾サイジ】 小さいさま。

【蕞芮サイゼイ】 あつまるさま。また、いやしくみにくいさま。

(16)12 【蕣】6567 △ シュン 震 shùn 7292 687C

字義 むくげ。きはちす。木槿モクキン。国あさがお。朝顔。

解字 篆文 形声。艹(艸)＋舜音。

【蕣英シュンエイ】 むくげの花。蕣華。蕣栄。

(15)12 【蕉】6568 人 (16)12 [蕉]6569 ショウ(セウ) 蕭 jiāo 3054 3E56

筆順 艹 芹 芹 萑 蕉

字義 ❶きあさ。麻のまださらさないもの。❷芭蕉バショウは、暖地に生ずる多年生植物。❸こげる。黒い。＝焦。❹かる(刈)。❺あくた。雑草。❻たきぎ(薪シン)。❼おとろえる。やつれる。＝顦ショウ。

解字 篆文 形声。艹(艸)＋焦音。

【蕉衣ショウイ】 ばしょうの葉。また、蕉布(ばしょうの繊維で織った布)で作った衣服。

【蕉萃ショウスイ】 やつれる。みすぼらしい。また、その人。憔悴。顦顇。

【蕉風ショウフウ】 ①ばしょうに吹く風。②国松尾芭蕉まつおばしょうの俳風、またはその門流の称。正風。

【蕉鹿夢ショウロクのゆめ】 人生の成功・不成功が、夢のようにはかないたとえ。また、あきらめのよいたとえ。昔、鄭テイの人がしかを殺し、ばしょうの葉でかくしておいたが、その場所を忘れてしまい、夢であったかとあきらめた故事による。〔列子、周穆王〕

(16)12 【蕘】6570 △ 漢ジョウ(ゼウ) 呉ニョウ(ネウ) 蕭 ráo 7293 687D

字義 ❶たきぎ。しば。細いたきぎ。❷燃料用のかり草。❸くさかり。きこり。❹かぶら。野菜の名。

解字 篆文 形声。艹(艸)＋堯音。音符の堯ギョウは、撓ドに通じ、たわめるの意味。たわめた草、しば・たきぎの意味を表す。

(16)12 【蕈】6571 △ 漢シン 呉ジン 寝 xùn [蕈] 7294 687E

字義 きのこ。くわたけ。木に生ずるきのこの一種。

解字 篆文 形声。艹(艸)＋覃音。

(16)12 【蕁】6572 △ 一 漢タン・呉ドン 覃 tán 二 漢シン・呉ジン 侵 qián(xún) 7301 6921

字義 一 ❶草の名。はなすげ。❷ふくろうのり。フノリ科の海草。海羅カイラ。海中に生じ、薬用となる。❸むす(蒸)。 二 蕁麻ジンマは、いらくさ。いたいたぐさ。

難読 蕁麻いらくさ

解字 篆文 形声。艹(艸)＋尋音。

【蕁麻疹ジンマシン】 急性皮膚病の一種。

(16)12
【蕊】6573 △ 漢ズイ 呉ヌイ 紙 ruǐ　2841 3C49

[蘂] 俗字 7302 6922　**[蕋]** 俗字 7303 6923

字義 ❶**しべ**。花の実を作る器官。花の中心にあるひげ状のもの。おしべと、めしべ。❷草木が群がり生えるさま。❸み。草木の実。❹はな（花）。

解字 形声。艹（艸）＋惢音。音符の惢（ズイ）は、甤（ズイ）に通じ、花・実がたくさんたれるの意味。

(16)12
【蕋】6574 △ ズイ　蕊（6573）の俗字。→前項。　7303 6923

(16)12
【蕤】6575 △ 漢ズイ 呉スイ 支 ruí

字義 ❶草木の花が垂れさがるさま。❷草木の花。❸**さがる**（下）。垂れる。❹つぐ（継）。❺やすらか。❻やわらぐ（柔）。やわらかいさま。❼ひもかざり。冠・旗などの垂れかざり。

解字 篆文 形声。艹（艸）＋甤音。音符の甤（ズイ）は、ぶたの子がたくさん乳首に垂れさがるように、草木の実のたれさがるさま。さらに、艸を付し、垂れさがる花・実の意味を表す。

【蕤賓】（ズイヒン） 音楽の十二律の一つ。陰暦五月に配当するので、五月の別名となる。〔礼記、月令〕

(16)12
【蔬】6576 △ 一 漢ソ・呉ショ 魚 shū　二 漢ソ・呉ショ 語 shǔ　7286 6876

字義 一❶**な**。あおもの。野菜。食用となる草や野菜の総称。❷草の実。❸嘉蔬（カソ）は、稲。❹あらい（粗）。よくつかない。米などをよく精白しない。二こめつぶ（米粒）。

解字 篆文 形声。艹（艸）＋疏音。音符の疏（ソ）は、すじが通るの意味。幾筋かの畝に整然と植えた草、食用の野菜の意味を表す。

【蔬果】（ソカ） 野菜と果物。

【蔬菜】（ソサイ） あおもの。野菜。

【蔬食】（ソシ・ソショク） ①野菜の食物。②転じて、そまつな食物。疏食（ソシ）。粗食。③草や木の実。

【蔬奠】（ソテン） 祭りに供えるそまつな物。薄奠。

【蔬飯】（ソハン） ①そまつな飯。蔬食（ソシ）。②野菜料理と飯。粗末な食事。

【蔬圃】（ソホ） 野菜ばたけ。蔬畦（ソケイ）。

【蔬糲】（ソレイ） ①野菜と玄米。また、そまつな玄米の飯。②粗（ソラツ）荒い。また、荒く下品な。

(15)12
【蔵】6577 教 6 ゾウ くら　3402 4222

(19)15
【藏】6578 人 許 一 漢ソウ（サウ） 呉ゾウ（ザウ） 漾 zàng　二 漢ソウ（サウ） 呉ゾウ（ザウ） 陽 cáng　7322 6936

筆順 艹 芦 芹 蔵 蔵 蔵

字義 一❶**くら**。物品をおさめておく所。「土蔵」❷内臓。❸仏仏教の経典。法義をおさめる所の意からいう。「大蔵経」❹チベット。西蔵。二❶**おさめる**（をさむ）。しまう。しまっておく。たくわえる。「貯蔵」❷たくわえ。たくわえしまっておく物品。❸**かくす**。また、**かくれる**（かくる）。ひそむ。「埋蔵」❹深い。❺草の名。おぎに似た草。❻そこなう。

名乗 おさむ・ただ・とし・まさ・よし　難読 蔵王（ざおう）

使いわけ くら〔倉・蔵〕⇩倉（297）。

解字 篆文 形声。艹（艸）＋臧（臧）音。音符の臧（ゾウ）は倉に通じ、かくしてしまうの意味。のち、艸を付し、かくす・かくしてしまう場所、くらの意味を表す。

▼家蔵・旧蔵・行蔵・死蔵・私蔵・収蔵・退蔵・地蔵・貯蔵・珍蔵・内蔵・秘蔵・腹蔵

【蔵王】（ザオウ） 仏金剛蔵王の略。怒って悪魔をくだす相をなし、右足をあげ、右手に三鈷（サンコ）を持つ。

【蔵経（經）】（ゾウキョウ） 仏仏教の経典の総称。大蔵経。一切経（イッサイキョウ）。

【蔵室】（ゾウシツ） くら。倉庫。また、書籍をしまっておく所。書庫。

【蔵人】（くろ（ら）うど・くらんど） 国昔の宮中の官名。はじめは秘密の文書をつかさどったが、後には天子のそば近く仕えて、その衣食の世話から、臣下の奏上の取り次ぎなどの雑事をつかさどった。

【蔵匿】（ゾウトク） かくす。また、かくれる。

【蔵版】（ゾウハン） 国書物の版木・紙型などを持っていること。また、その版木。蔵板。

【蔵府】（ゾウフ） ①くら。倉庫。②はらわた。臓腑（ゾウフ）。

(16)12
【蕩】6579 標 漢トウ（タウ） 呉ドウ（ダウ） 養 dàng　3802 4622

[盪] 同字 6628 623C

字義 ❶はらいのぞく。あらいのぞく。すっかりなくす。「掃蕩」❷ながす。注ぐ。❸**うごく**。動かす。ゆれる。ゆらす。「振蕩」❹きざす。物が現れ動き始める。❺ほしいまま。みだら。しまりがない。とろける。「放蕩」❻破れる。こわれる。❼広い。大きい。また、豊か。さかん。「駘蕩（タイトウ）」❽平ら。でこぼこしてない。

解字 篆文 形声。艹（艸）＋湯音。音符の湯は、自由にゆれ動く水、「ゆ」の意味。艸を付し、草が自由にゆれ動くの意味から、うごく・ほしいままの意味を表す。

【蕩佚・蕩逸】（トウイツ） ①寛大で、ゆるやかなこと。のんびりと自由なこと。②しまりなくほしいまま。放佚。

【蕩産】（トウサン） 財産を使い果たす。破産。倒産。

【蕩子】（トウシ） ①遠くに出かけて帰らない者。②転じて、酒色にふける怠け者。道楽者。放蕩者。

【蕩心】（トウシン） ①心をとろかし迷わす。また、迷わされた心。しまりのない心。②放蕩（ホウトウ）をしたい心。酒色にふけりたい心。

【蕩尽（盡）】（トウジン） すっかり使い果たしてなくなる。また、使い果たす。

【蕩析】（トウセキ） 分散する。離散する。また、裂けて散る。

【蕩然】（トウゼン） ①あとかたも無くなったさま。②ほしいままなさま。

【蕩駘】（トウタイ） ①ほしいままにする。ふける。②美しい。とろかすように美しい。

【蕩定】（トウテイ） 乱を平定する。蕩平。

【蕩滌】（トウデキ） 洗い清める。

【蕩蕩】（トウトウ） ①非常に大きいさま。②広く遠いさま。また、広大なさま。③平らでやすらかなさま。④心がゆったりとしているさま。⑤私心がないさま。⑥寛大なさま。⑦法律・制度が乱れたさま。⑧水勢がはげしいさま。

【蕩婦】（トウフ） ①あそびめ。遊女。娼婦（ショウフ）。②品行の悪い女。

【蕩覆】（トウフク） やぶれ、くつがえる。くつがえす。盪覆（トウフク）。

【蕩揺（搖）】（トウヨウ） ゆるぎ動く。また、うごかす。動揺。

【蕩漾】（トウヨウ） ただようさま。ゆらぐさま。浩漾（コウヨウ）。

(16)12
【蕃】6580 標 漢ハン・呉ホン 元 fán、⑥⑦fān　4057 4859　慣バン

字義 ❶**しげる**。草が茂る。草がはびこる。❷ふえる。ふやす。繁殖。❸多い。さかん。＝繁。❹赤い。❺変わる。❻まがき。かきね。また、おおい。おおう。まもる。＝藩。❼**えびす**。教化が行きとどいていない異民族。蛮族。＝蛮。転じて、一般に外国人。

難読 蕃椒（とうがらし）

参考 現代表記では〔繁〕（5891）・〔蛮〕（6755）に書きかえることがある。「蕃殖→繁殖」「蕃族→蛮族」

解字 金文 篆文 形声。艹（艸）＋番音。音符の番は、ひろがるの意味。草木がはびこるの意味を表す。

【蕃夷】（バンイ） 教化の行き届かない未開の異民族。蛮夷。番夷。

【蕃衛（衞）】（ハンエイ） まもる。また、まもり。天子をまもることから、諸侯をいう。

【蕃衍】（ハンエン） ①しげり広がる。しげりふえる。②子孫が多くさかんなこと。

【蕃語】（バンゴ） 未開の異民族のことば。また、外国語。蛮語。

【蕃国(國)】バンコク ①未開の異民族の国。外国。②国(コク)ハン 皇室の守護となる国。藩国。
【蕃孳・蕃滋】ハンジ ふえる。しげりふえる。繁殖。
【蕃社】バンシャ 未開の異民族の組織する団体・集落。
【蕃戎】バンジュウ 未開の異民族。未開の外国人。外夷(ガイイ)。
【蕃藷】バンショ さつまいも。甘藷。
【蕃昌】ハンショウ しげり栄える。繁昌(ハンジョウ)。
【蕃殖】ハンショク しげりふえる。繁殖。
【蕃神】バンシン 外国人の信ずる神や仏。
【蕃人】バンジン ①未開の異民族。②外国人。
【蕃息】ハンソク しげりふえる。繁殖。
【蕃俗】バンゾク 異民族の風俗。
【蕃族】バンゾク 未開の民族。蛮族。
【蕃阜】ハンプ しげり栄える。多くてさかんなこと。殷阜(インプ)。繁阜。
【蕃屏】ハンペイ かきと、へい。おおい防ぐためのかきね。また、かきとなり、へいとなっておおい防ぐ。
【蕃茂】ハンモ 草木がさかんにしげりふえる。繁茂。
【蕃籬】ハンリ まがき。かきね。藩籬。

(16)12【蕪】6581 標 ㊀漢ブ・呉ム 虞 wú ㊁漢ブ・呉ム 麌 wǔ 4183 4973
字義 ㊀❶あれる。雑草がおいしげって荒れる。「荒蕪」❷雑草。❸くさはら。荒れ地。❹のがれる。＝逋(ホ)。㊁❶しげる。豊か。❷みだれる(乱)。みだれ。乱雑。国 かぶら。かぶ。
難読 蕪菁(かぶら・かぶ)
解字 篆文 形声。艹(艸)＋無音。音符の無は、おおいかくすの意味。草がおおうほどにあれるの意味を表す。
【蕪径(徑)】ブケイ あれたこみち。
【蕪荒】ブコウ 草が乱れしげる。荒蕪。
【蕪雑(雜)】ブザツ 雑草がごたごたしげる。転じて、物事が乱れて順序がないこと。
【蕪辞(辭)】ブジ そまつなことば。また、自分のことばについての謙遜(ケンソン)したことば。蕪言。
【蕪菁】ブセイ かぶら。かぶ。蔓菁(マンセイ)。
【蕪浅(淺)】ブセン 学問や見識が乱雑であさはかなこと。
【蕪然】ブゼン 草が荒れしげるさま。
【蕪没】ブボツ 雑草がしげっておおいかくす。また、しげった雑草の中におおいかくされる。
【蕪昧】ブマイ 荒れて分からなくなる。
【蕪蔓】ブマン ①荒れはてて、つる草がしげっているさま。②転じて、学問・教養の低いさま。
【蕪穢・蕪濊・蕪薉】ブワイ ①土地が荒れて雑草がしげる。②転じて、いやしいこと。

(16)12【蔽】6582 標 ㊀ヘイ 霽 bì ㊁漢ヘツ・呉ヘチ 屑 ㊂漢フツ・呉フチ 物 fú ［蔽］ 4235 4A43
字義 ㊀❶おおう(おほふ)。㋐かぶせる。つつむ。㋑かくす。おおいかくす。㋒しめくくる。一つにする。〔論語、為政〕一言以蔽レ之(イチゴンもってこれをおおう)㋓暗くする。❷おおい(おほひ)。おおうもの。また、へだて。かきね。❸定める。きめる。❹暗い。物事の道理に通じない。❺たおれる。たおす。❻小さなさま。草の小さなさま。❼草木のしげるさま。❽ばくちのさいころ。すごろくのさいころ。㊁❶わける(別)。❷しぼむ。しおれる。㊂❶車のかざり。❷車のおおい。車のカバー。❸はらう。払い除く。
解字 篆文 形声。艹(艸)＋敝音。音符の敝(ヘイ)は、やぶるの意味。ある物の姿形をやぶってしまうほど草がおおうの意味を表す。
【蔽掩】ヘイエン おおいかくす。おおいかくされる。
【蔽晦】ヘイカイ ①おおいくらます。②おおわれて物の道理に暗いこと。
【蔽扞】ヘイカン おおい防ぐ。おおい守る。
【蔽護】ヘイゴ おおいまもる。おおいかばう。庇護(ヒゴ)。擁護。
【蔽遮】ヘイシャ おおいさえぎる。さえぎる。
【蔽塞】ヘイソク おおいふさぐ。人目をさえぎる。蔽壅(ヘイヨウ)。食い止める。
【蔽芾】ヘイヒ ①小さいさま。②(ハイ)さかんなさま。③(ヘイフツ)草木が茂り栄えるさま。
【蔽蒙】ヘイモウ おおわれて暗い。おろかで道理に暗いこと。

(16)12【蕕】6583 △ 漢ユウ(イウ) 呉ユ 尤 yóu 7304 6924
字義 かりがねそう。秋、青紫色の花をつけるが悪臭がある。転じて、悪人などの意に用いる。
解字 篆文 形声。艹(艸)＋猶音。
【蕕薫】ユウクン 香りのよい草と、悪い草。悪いにおいと、良いかおり。転じて、善と悪。また、好悪。

(17)13【薆】6584 △ アイ 隊 ài
字義 ❶かくれる。かくす。❷おおう(蔽(ヘイ))。❸草木のさかんにしげるさま。❹晻薆(アンアイ)は、香気のさかんなさま。
解字 形声。艹(艸)＋愛音。音符の愛は、まつわるの意味。草にまつわられ、おおわれるの意味を表す。

(17)13【薁】6585 △ イク 屋 yù
字義 ❶えびづる。野ぶどう。❷にわうめ。こうめ。郁李(イクリ)。
解字 篆文 形声。艹(艸)＋奥音。

(17)13【薀】6586 △ ㊀漢オン・呉オン(ヲン) 元 wēn ㊁ウン 吻 yùn 7305 6925
【蕰】同字 字義 ㊀水草の一種。きんぎょも。まつも。㊁❶つむ(積)。積みかさなる。＝蘊(ウン)。「薀蓄」❷集める。❸さかん。❹たくわえる。❺ゆたか。
解字 篆文 形声。艹(艸)＋溫音。音符の溫(オ)は、あたたかいの意味。積んだ草がむれてあたたかくなるさまから、つむの意味を表す。
【薀蓄】ウンチク 積みたくわえる。蘊蓄(ウンチク)。

(17)13【薗】6587 △ エン 園(1180)と同字。→三六ページ。 1782 3172

(17)13【薤】6588 △ 漢カイ 呉ガイ 卦 xiè 7306 6926
字義 おおにら。らっきょう。ねぎに似た草の名。
解字 形声。艹(艸)＋韰省音。
【薤露歌】カイロのうた 漢代の送葬の歌。人命のはかないことは、おおにらの上の露のようだと歌う。蒿里曲(コウリのキョク)が、多く庶民の送葬の歌であったのに対し、貴人の送葬に用いられた。

(17)13【薑】6589 △ 漢キョウ(キャウ) 呉コウ(カウ) 陽 jiāng 7308 6928
【薑】本字 字義 しょうが(しゃうが)。はじかみ。生姜(セイキョウ)。食用・薬用植物の名。
解字 篆文 形声。艹(艸)＋畺音。篆文は、艹(艸)＋彊音。音符の畺(キョウ)は、つよいの意味。から味の強い、しょうがの意味を表す。
【薑桂之性】キョウケイのセイ 年老いてますます剛直な人のたとえ。しょうがと肉桂(ニッケイ)とは古くなるほどからくなるのでいう。〔宋史、晏敦復伝〕

(17)13【薌】6590 △ ㊀漢キョウ(キャウ) 呉コウ(カウ) 陽 xiāng ㊁漢キョウ(キャウ) 呉コウ(カウ) 養 xiǎng
字義 ㊀❶穀物のにおい。❷穀物。❸こうばしい。においがよい。❹牛の腸の間にある脂肪。㊁ひびき。風が木を動かす音。＝響。
解字 篆文 形声。艹(艸)＋鄉音。

(16)13【薫】6591 常 クン かおる 2316 3730

(18)14【薫】6592 ㊇許 クン [文][問] xūn

筆順 艹 艹 菅 董 薫

字義 ❶かおりぐさ。香草の名。蘭《ラン》の類。昔、根をやいて香をたて、葉を身に帯びて、悪気をはらった。❷かおる《かをる》。におう。よいにおいがする。また、かおり《かをり》。よいにおい。「余薫」❸くすべる。やく。たく。いぶす。＝熏《クン》。❹香をたきこめる。転じて徳の力で善に導く。感化する。「薫化」❺いさお。てがら。＝勲。❻おだやかなさま。

参考 現代表記では〔燻〕(4446)の書きかえに用いることがある。「燻製→薫製」

使いわけ かおる〔香・薫〕⇩香(8796)。

名乗 かお・しげ・ただ・つとむ・にお・ひで・ふさ・ほう・ゆき

解字 篆文 形声。艹(艸)＋熏(熏)音。音符の熏《クン》は、くすぶるの意味。香気がたちこめる草、香草の意味を表す。

▼余薫

【薫育】《クンイク》 ①人をよい方へ導きそだてること。②匈奴《キョウド》の古名。獯鬻《クンイク》。

【薫化】《クンカ》 徳の力で人を感化すること。

【薫△灼】《クンシャク》 ①いぶして焼く。いぶしたり焼いたりする。転じて、苦しめる。②しみこむ。③勢力の盛んなことのたとえ。

【薫染】《クンセン》 ①香気が移りしみる。②よい感化を与える。③善に移りそまる。

【薫陶】《クントウ》 火で物をくゆらし、土をこねて陶器を作るように、徳の力で人を感化教育すること。人材を教育する。

【薫風】《クンプウ》 おだやかな初夏の風。青葉の香りを吹き送る風。南風。和風。

【薫芳】《クンボウ》 かんばしい。

【薫△沐】《クンモク》 香を着物にたきこめ、髪を洗って身を清めること。

【薫△蕕】《クンユウ》 ①かおりのよい草と、悪いにおいの草。②転じて、善と悪。善人と悪人のたとえ。「薫蕕不レ同レ器《クンユウキをおなじうせず》」

(17)13【薊】6593 △ ケイ [霽] jì 7309 6929

字義 あざみ。野草の一種。キク科の多年草。大小の二種があり、葉・茎にとげがある。紅紫色の花をつける。

解字 篆文 形声。艹(艸)＋魝音。

【薊丘】《ケイキュウ》 地名。北京の徳勝門の西北にあり、昔、尭《ギョウ》の子孫が封ぜられた所という。薊門。

(17)13【薅】6594 △ コウ(カウ) [豪] hāo

字義 くさぎる。田の草を抜き去る。

解字 篆文 形声。蓐＋好省音。蓐は、草を刈ってしくの意味。音符の好は、このましいの意味。草を刈って好ましい状態となるの意味を表す。

(17)13【薨】6595 △ ㊀コウ [蒸] hōng ㊁コウ(クワウ) [庚] ［薨］7310 692A

［薨］標準

字義 ㊀❶しぬ。みまかる。諸侯が死ぬ。日本では皇族、または三位以上の人の死に用いた。❷こわれる音の形容。㊁❶多い。❷速い。

解字 篆文 形声。死＋瞢省音。音符の瞢《ボウ=コウ》は、目がかすんで暗くなるの意味。人の意識がかすんで、やがてなくなるの意味を表す。

【薨去】《コウキョ》 貴人の死のこと。→字義の㊀①。

【薨薨】《コウコウ》 ①多いさま。②早いさま。③とどろきひびく音の形容。

(17)13【蕺】6596 △ シュウ(シフ) [緝] jí

字義 どくだみ。湿地に生ずる薬草。葉は、そばに似ている。

難読 蕺草《どくだみ》

解字 形声。艹(艸)＋戢音。

【蕺山】《シュウザン》 ①山名。浙江《セッコウ》省紹興《ショウコウ》市の臥竜山の東北。②明《ミン》代の陽明学者の劉宗周《リュウソウシュウ》(一五七八—一六四五)の号。

(17)13【薔】6597 標 ㊀(漢)ショク・(呉)シキ [職] sè ㊁(漢)ショウ(シャウ) (呉)ゾウ(ザウ) [陽] qiáng 7312 692C

字義 ㊀みずたで。水べに生ずる草。水蓼《スイリョウ》。㊁薔薇《ショウビ》は、ばら。〔唐、高駢、山亭夏日詩〕満架薔薇一院香《マンカのショウビイチインかんばし》。

難読 薔薇《ばら》

解字 篆文 形声。艹(艸)＋嗇音。

(17)13【蕭】6598 標 ショウ(セウ) [蕭] xiāo 7311 692B

［蕭］俗字

字義 ❶草の名。よもぎ。かわらよもぎ。キク科の多年草。❷よこしま。ななめ。❸つつしむ(粛)。❹さびしい。ひっそりしたさま。「蕭寂《ショウセキ》」

解字 篆文 形声。艹(艸)＋肅音。

【蕭何】《ショウカ》 前漢初期の功臣・宰相。沛《ハイ》(今の江蘇《コウソ》省内)の人。謚《おくりな》は文終。漢の高祖を助け天下を統一し、張良・韓信《カンシン》と共に漢の三傑の一人。(?—前一九三)

【蕭△艾】《ショウガイ》 ①よもぎ。雑草。②転じて、いやしい者・小人のたとえ。

【蕭関(關)】《ショウカン》 古関の名。寧夏回族自治区固原県の東南。関中の四関(函谷関《カンコクカン》・武関・散関・蕭関)の一つで、関中より塞北へ向かう交通の要衝であった。〔唐、岑参、胡笳歌送三顔真卿使赴二河隴一詩〕涼秋八月蕭関道《リョウシュウハチガツショウカンのみち》、北風吹断天山草《ホクフウふきたつテンザンのくさ》。〈これから向かう蕭関の道は八月(今の九月ごろ)ともなればはや寒い秋であり、北風は天山山脈の草を吹きちぎるばかりに吹いているであろう〉

【蕭△灑】《ショウサイ・ショウシャ》 さっぱりして清らかなさま。

【蕭索】《ショウサク》 ①めぐりまとうさま。②ものさびしいさま。〔唐、白居易、長恨歌〕黄埃散漫風蕭索《コウアイサンマンかぜショウサク》。訳文⇩黄埃(一三六五㌻)。

【蕭殺】《ショウサツ》 ものさびしいこと。殺は、強意の助字。

【蕭△颯】《ショウサツ》 風の音のものさびしいさま。

【蕭△瑟】《ショウシツ》 ①秋風がものさびしく吹くさま。②ものさびしいさま。

【蕭蕭】《ショウショウ》 ①ひまなさま。②ものさびしいさま・音声の形容。主として風雨や馬・落葉など。〔唐、杜甫、登高詩〕無辺落木蕭蕭下《ムヘンのラクボクはショウショウとしてくだり》、不尽長江滾滾来《フジンのチョウコウはコンコンとしてきたる》。〈果てしなく続く落葉の林からは、散り落ちる葉のものさびしい音が聞こえ、尽きることのない長江の流れは、わき立つように盛んに流れてくる〉③木が揺れ動くさま。④物がたくさんあるさま。

【蕭△牆之憂】《ショウショウのうれい(ひ)》 身近に起こる心配ごと。家族のうちわもめや内乱などをいう。蕭牆は、君臣の会見所に設けた屏風《ビョウブ》。転じて、うちわ・内部の意。〔論語、季氏〕

【蕭条(條)】《ショウジョウ》 ①ものしずかなさま。②ものさびしいさま。③草木が枯れしおれるさま。

【蕭娘】《ショウジョウ》 唐代、女子をいう。

【蕭森】《ショウシン》 ①樹木が多いさま。また、枝の長いさま。②ものさびしいさま。③静寂厳粛で身のひきしまるようなさま。

【蕭△晨】《ショウシン》 ものさびしい秋の朝。

【蕭斉(齊)】《ショウセイ》 蕭道成の建国した南朝の斉をいう。南斉。↕高斉(北斉)。

【蕭寂】《ショウセキ》 さびしくひっそりしているさま。閑寂。

【蕭然】《ショウゼン》 ①ものさびしいさま。がらんとしたさま。②さわがしくいそがしいさま。

【蕭疎】《ショウソ》 草木の葉がまばらでさびしいさま。

【蕭統】《ショウトウ》 南朝梁《リョウ》の昭明太子。武帝の長子。字《あざな》は徳

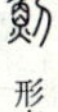

施。昭明は諡おくりな。『文選ゼン』三十巻の編者。（五〇一—五三一）

(16)13【薪】6599 常 シン たきぎ　3137 3F45
(17)13［薪］6600 シン 眞 xīn

筆順 艹 芏 莘 薪

字義 ❶たきぎ。しば。まき。燃料にする木。❷木をきる。たきぎを取る。しばをかる。❸雑草。

解字 篆文　形声。艹（艸）＋新音。音符の新は、たきぎの原字。新が、あたらしいの意味に用いられるようになり、艸を付して区別した。

▼伝薪・負薪

【薪採】シンサイ ①たきぎと、しば。大きいものを薪、小さいものを採という。薪柴シンサイ。②たきぎを採る人。

【薪爨】シンサン 炊事をする。爨は、かしぐ・飯をたく意。

【薪水】シンスイ ①たきぎと水。②薪をとり、水を汲くむこと。炊事をいう。③転じて、俸給。

【薪水之労(勞)】シンスイのロウ ①たきぎをとり、水を汲くむほねおり。炊事の苦労。②転じて、いやしい労働。

【抱レ薪救レ火】たきぎをいだきてひをすくう(ふ) たきぎをかかえて火事を消しに行く。災害を除こうとして、かえって身をほろぼし、害を大きくする、おろかな行動のたとえ。〔戦国策、魏〕

(17)13【蓡】6601 △ シン 蔘(6537)の本字。→九四三ページ。

(17)13【薛】6602 △ 漢セツ 呉セチ 屑 xuē　7313 692D
［薛］本字

字義 ❶草の名。よもぎ（蓬ホウ）。❷はますげ。海辺に生ずる草の一種。❸周代の国名。今の山東省内。

解字 金文 篆文　形声。艹（艸）＋辥（辥）音。

【薛存義】セツソンギ 唐の政治家。零陵（今の湖南省零陵県）の長官となり、治績をあげた。生没不明。

【薛濤】セットウ 中唐の女流詩人。字あざなは洪度（弘度）。良家の出であったが、父と共に蜀ショクに流浪して妓女ギジョとなった。白居易・元稹ゲンシンらと唱和した。（七六八—八三一）

【薛卞】セツベン 昔、よく刀剣を鑑定した薛燭セツショクと、宝玉を発見した卞和カの二人。鑑識の才に秀でているたとえ。

(16)13【薦】6603 常 セン すすめる　3306 4126
(17)13［薦］6604 セン 霰 jiàn

筆順 艹 芦 蒪 薦 薦

字義 ❶すすめる。㋐さしあげる。たてまつる。そなえる。物品を進呈する。㋑ある地位におしあげる。えらびあげる。人物を推挙する。「推薦」❷すすめもの。供え物。「嘉薦カセン」❸こも。むしろ。しとね。しきもの。「薦席」❹しく。敷き物にする。❺くさ。細かい草。茂った草。また、獣畜の食う草。まぐさ。❻しきりに。かさねて。たびたび。しばしば。＝荐セン。

難読 薦河すすが・薦集こもずめ

使いわけ すすめる［勧・薦・進］⇨勧(684)

解字 甲骨文 金文 篆文　会意。艹（艸）＋廌。廌は牛に似て一本角の獣の意味。廌が食う草の意味を表す。また、饌センに通じて、そなえる・すすめるの意味をも表す。

▼自薦・推薦

【薦引】センイン すすめ引きたてる。

【薦挙(擧)】センキョ 人材をすすめあげること。推挙する。

【薦羞】センシュウ ごちそうをすすめる。また、ごちそう。

【薦紳】センシン 官位のある人。身分のある人。高貴な人。搢紳シンシン。

【薦席】センセキ こも。むしろ。敷き物。薦藉センセキ。薦蓐センジョク。

【薦達】センタツ 人材を推挙して君主の耳に入れること。

【薦抜】センバツ すすめ引きぬく。官に推挙してとりたてる。

【薦聞】センブン 人材を推挙して君主に申しあげること。

【薦誉(譽)】センヨ ほめすすめる。人材を推挙してほめること。

(17)13【薝】6605 △ 一セン 塩 zhān 二タン 感

字義 一二 薝蔔センプク・タンブクは、香りの高い花の名。一説に、くちなし（梔子シシ）の花。

解字 形声。艹（艸）＋詹音。

(17)13【薮】6606 △ ソウ 藪(6635)の俗字。→九五二ページ。　4489 4C79

(17)13【薙】6607 標 一漢テイ 呉タイ 霽 tì 二漢チ 呉ジ（チ） 紙 zhì　3869 4665

字義 一❶なぐ。刈る。草を横にはらって切る。❷そる。髪の毛をそる。❸のぞく。きり除く。伐除。

難読 薙刀なぎなた

解字 篆文　形声。艹（艸）＋雉音。音符の雉チは、きずつけころすの意味。草を除去するの意味を表す。

【薙刀】テイトウ なぎなた。長刀。

【薙髪】テイハツ・チハツ 髪をそる。剃髪テイハツ。

(16)13【薄】6608 常 ハク うすい・うすめる・うすまる・うすらぐ・うすれる　3986 4776
(17)13［薄］6609 漢ハク 呉バク 薬 báo, bó

筆順 艹 汁 洁 蒲 蒲 薄

字義 ❶うすい。㋐厚みが少ない。↔厚。「薄氷」㋑少ない。乏しい。軽い。粗末。やすっぽい。心がこもらない。「浅薄」「薄情」「浮薄」㋒あわい。あっさりしている。㋓やせている。地味がやせている。㋔恵まれない。「薄命」❷うすくする。うすめる。㋐軽んずる。いやしむ。㋑うすめる。減らす。❸うすまる。うすれる。うすらぐ。うすくなる。少なくなる。❹せまる（迫）。近づく。接近する。「薄暮」「肉薄」❺とどまる。また、至る。❻よる（依）。つく。集まる。❼くさむら。草木の群がり生えている所。❽まぶし。蚕に繭を作らせるための、すだれ状の物。蚕の巣。竹製の道具。かご・すだれ・やなど。❾いささか。しばらく。❿国すすき（芒ボウ）。おばな。

参考 現代表記では、厚の対も濃の対も［薄］を用いる。「薄い本・味が薄い」

解字 篆文　形声。艹（艸）＋溥（溥）音。音符の溥は、あまねく広がるの意味。草が広がる草原のさまから、うすいの意味を表す。

▼希薄・軽薄・刻薄・酷薄・浅薄・肉薄・卑薄・浮薄

【薄荷】ハッカ シソ科の多年草。茎・葉に独特の香気があり、薄荷精・薄荷油の原料となる。めぐさ。

【薄学(學)】ハクガク 浅い学問。学問の未熟なこと。浅学。

【薄官・薄宦】ハッカン ①官吏の栄達のできないこと。②身分の低い官吏。

【薄寒】ハッカン 身にせまるさむさ。身にしみる寒さ。

【薄技】ハクギ つまらないわざ。つたないわざ。小技。

【薄給】ハッキュウ わずかの給料。薄俸。薄禄。

【薄遽】ハクキョ さし迫って急なこと。迫急。

【薄遇】ハクグウ そまつなもてなし。冷淡な待遇。薄待。↔厚遇。

【薄行】ハッコウ ①軽薄な行い。②冷淡な行為。人情味のないしうち。

【薄幸・薄倖】ハッコウ ふしあわせ。不幸。不遇。薄祜ハッコ。

【薄志】ハクシ 国①弱い意志。いくじのないこと。②わずかな謝礼。心ばかりのお礼。寸志。薄謝。

【薄志弱行】ハクシジャッコウ 国意志が弱く実行力にとぼしいこと。

【薄弱】ハクジャク ①よわい。かよわい。②国たしかでない。

【薄暑】ハクショ すこしのあつさ。初夏のころの暑さ。

【薄情】(ハクジョウ) 人情味のうすいこと。情愛のとぼしいこと。

【薄俗】(ハクゾク) 軽薄な風俗。

【薄田】(ハクデン) 地味のやせた田地。やせた田畑。↔美田。

【薄徳】(ハクトク) 人徳のすくないこと。寡徳。

【薄氷】(ハクヒョウ) うすくはった氷。転じて、危険なことのたとえ。

【如レ履二薄氷一】(ハクヒョウをふむがごとし) 非常に危険なことのたとえ。〔詩経、小雅、小旻〕おそれつつしむことのたとえ。また、

【薄夫】(ハクフ) ①軽薄な人。②人情のうすい人。薄情者。

【薄物細故】(ハクブツサイコ) 細かな事がら。

【薄暮・薄△莫】(ハクボ) 夕ぐれ、日ぐれ。薄は、迫る意。

【薄命】(ハクメイ) ふしあわせ。運命にめぐまれぬこと。薄幸。

【薄夜】(ハクヤ) ①夜明けがた。②夕ぐれ。たそがれ。

【薄利】(ハクリ) 利益の少ないこと。わずかな利益。「薄利多売」

【薄△禄】(ハクロク) ①少ない俸給。薄俸。②ふしあわせ。禄は、さいわい。薄幸。薄福。

(17)13
【薇】6610 標 漢ビ 呉ミ 微 wēi 7315 692F
字義 ❶のえんどう（野豌豆）。からすのえんどう。大巣菜。マメ科の二年草。野草の一種。食用になる。❷ふなばらそう。白薇。❸薔薇(ショウビ)は、ばら。❹紫薇は、さるすべり。国ぜんまい。わらびに似た山菜。 難読 薇蕨(わらび)・薇田(よもぎだ)
解字 篆文 形声。艹（艸）＋微㊀。

(17)13
【蕡】6611 △ 漢フン 呉ブン 文 fén 7316 6930
字義 ❶あさ（麻）の実。また、麻。❷実るさま。❸草木に実が多いさま。❹ゆみづる（弦）。
解字 篆文 形声。艹（艸）＋賁㊀。

(17)13
【薜】6612 △ 一 漢ハク・呉ヒャク 陌 bò 二 漢ヘキ・呉ヒャク 陌 三 漢ヘイ・呉バイ 霽 bì 7316 6930
字義 一二 ❶とうき。薬草の名。やまぜり。セリ科の多年草。❷やまあさ。山中に生える麻。❸かたよる。＝僻(ヘキ)。三 まさきのかずら。かおりかずら。つる草の一種。薜茘(ヘイレイ)。
解字 篆文 形声。艹（艸）＋辟㊀。
【薜△蘿】(ヘイラ) ①かずら。つる草の一種。②転じて、隠者の衣服。また、住居。

(16)13
【薬】6613 教 3 ヤク くすり 4484 4C74

(19)15
【〔藥〕】6614 人 許 ヤク 藥 yào 7327 693B
筆順
字義 ❶くすり。㋐病気や傷をなおすききめのあるものの総称。「医薬」㋑化学的効果を生じさせるために作った物。「火薬」「農薬」㋒身体を害するもの。どく。「毒薬」❷いやす。くすりを用いて病気や傷をなおす。❸かこい（囲）。囲いをめぐらし出入を禁じた所。❹芍薬(シャクヤク)の略称。
名乗 くすし 難読 薬袋(いみな・みない・みなえ)
解字 金文 篆文 形声。艹（艸）＋楽（樂）㊀。音符の樂は、了・料・療などに通じ、おさめるの意味。病気をおわらせる草、くすりの意味を表す。
▼火薬・丸薬・持薬・硝薬・仙薬・毒薬・服薬・麻薬・妙薬
【薬言】(ヤクゲン) いましめになることば。薬石之言(ヤクセキのゲン)。

【薬研】(ヤゲン) 国漢方の薬種を粉にする金属製の器具。舟形の中のくぼみに薬種を入れ、軸のある車状のものですり砕くしくみのもの。

【薬剤（劑）】(ヤクザイ) くすり。調合した薬。「薬剤師」

【薬殺】(ヤクサツ) 毒薬でころす。毒殺。

【薬師】(ヤクシ) ①仏如来(ニョライ)の名。薬師瑠璃光(ヤクシルリコウ)如来の略。衆生(シュジョウ)の病気をなおし、災害を防いでくれるという仏。②国(くすし) 医者。

【薬△餌】(ヤクジ) ①くすりになる食物。②薬と滋養物。

【薬酒】(ヤクシュ) ①くすりを入れた酒。②毒を入れた酒。

【薬種】(ヤクシュ) くすりの材料。薬材。

【薬石】(ヤクセキ) ①くすりと、石針(いしばり)。②転じて、各種の薬と治療法。③身のためになることば。いましめのことば。

【薬石無レ功】(ヤクセキコウなし) あらゆる薬や治療法を用いてもききめがない。人の病死にいう。〔唐、宣宗、命二皇太子即一位冊文〕

【薬湯】(ヤクトウ) ①煎(セン)じぐすり。②国(くすりゆ) 薬を入れたふろ。

【薬△嚢】(ヤクノウ) くすりぶくろ。薬袋。

【薬味】(ヤクミ) ①くすりのあじ。②くすり類。③山椒(サンショウ)・胡椒(コショウ)など、すべて食物に添えて用いる香辛料。

【薬△籠】(ヤクロウ) ①くすりばこ。薬入れ。②国(ヤロウ) 三、四重のまるい重ね箱で、薬を入れて持ち歩くもの。

【薬△籠中物】(ヤクロウチュウのもの) 薬箱の中のくすりのように、必要なとき、いつでも自分の役にたつ物・人。また、必要で欠くことのできない物・人。〔唐書、貞元澹伝〕

(17)13
【蕷】6615 △ ヨ 御 yù 7317 6931
字義 薯蕷(ショヨ)は、やまいも。じねんじょう。
解字 形声。艹（艸）＋預㊀。

(17)13
【薏】6616 △ 一 漢ヨク・呉オク（ヲク） 職 yì 二 イ 寘 yì
字義 一二 ❶蓮(はす)の胚芽(ハイガ)。蓮の実の中味。❷薏苡(ヨクイ)は、はとむぎ。イネ科の一年草。
解字 篆文 形声。艹（艸）＋意（啻）㊀。

(17)13
【蕾】6617 標 ライ 賄 lěi 7318 6932
字義 つぼみ。花のもう少しで開こうとしているもの。蓓蕾(ハイライ)。珠蕾。
解字 形声。艹（艸）＋雷㊀。

(16)13
【蕗】6618 人 4189 4979

(17)13
【〔蕗〕】6619 漢ロ 呉ル 遇 lù
筆順
字義 ❶ふき。食用植物。苳(ふき)。❷かんぞう（甘草）。
解字 形声。艹（艸）＋路㊀。

(17)13
【蕿】6620 △ ロウ 唐レン 蒸 léng 7319 6933
字義 菠蕿(ハロウ)は、ほうれんそう。
解字 形声。艹（艸）＋稜㊀。

(17)13
【䕡】6621 標 ロウ 臘(3279)と同字。→五三六ページ。
参考 国語では「䕡(ロウ)たける」「上䕡(ジョウロウ)」などの語に、䕡の字を用いる。

(17)13
【薉】6622 △ 漢ワイ 呉エ（ヱ） 隊 huì, wèi
字義 ❶あれる（荒）。雑草がおいしげる。また、雑草。❷けがれ。きたないこと。＝穢(ワイ)。
解字 篆文 形声。艹（艸）＋歳㊀。音符の歳は、越に通じ、度を越すの意味。度を越して草が茂る、あれるの意味を表す。

(17)13
【薈】6623 △ 漢ワイ 呉エ（ヱ） 泰 huì 7307 6927
字義 ❶しげる（茂）。草木がさかんにしげるさま。「薈鬱(ワイウツ)」❷おおう。❸さえぎる（障）。❹深く暗い。❺雲や霧が起こるさま。

解字 篆文 形声。艹(艸)+會㊀。音符の會カイは、あつまるの意味。草があつまる、草の多くさかんなさまを表す。
【薈蔚】ワイウツ ①草木のさかんにしげるさま。②雲の起こるさま。③うるおう。うるおった空気。
【薈蕞】ワイサイ 乱雑で、とるに足らぬこと。自分の著書などの謙称。

(17)13 【薭】6624 国字 △
字義 ひえ。ひ。=稗ハイ。
難読 薭田ひえだ・ひだ・薭生ひう・ひよ
解字 形声。艹(艸)+稗㊀。音符の稗は、ひえの意味。

(18)14 【薫】(6592) クン 薫(6591)の旧字体。→九四七ページ。

(18)14 【藁】6625 標 コウ(カウ) 皓 gǎo 4746 4F4E
字義 ❶=稿。㋐わら。㋑したがき。❷かれる(枯)。=槁コウ。
解字 形声。艹(艸)+稾㊀。音符の稾コウは、かれるの意味。枯れた草、わらの意味を表す。

(18)14 【薩】6626 標 漢サツ 呉サチ 曷 sà [薩] 2707 3B27
字義 すくう(済)。梵語ボン sat の音訳字。菩提薩埵ボダイサッタの略。菩薩ボサツ。あまねく衆生シュジョウをすくおうとする仏道修行者。↓薩埵。
解字 形声。もと、土+薛㊀。薛と書かなければならないものが、のち、薩と書くようになった。
【薩埵】サッタ 仏仏のつぎの階級の人。大勇猛心を起こし仏道を求め、慈悲の心で衆生シュジョウをすくう人。菩薩ボサツ。

(18)14 【藉】6627 △ 一 漢シャ・呉ジャ 禡 jiè 二 漢セキ・呉ジャク 陌 jí 7320 6934
字義 一❶しく。敷物にする。また、敷物。❷かりるか。また、貸す。❸かこつける。口実にする。「藉口」❹よる(因)。たよる。❺ゆるす(寛)。いたわる。「慰藉」❻かりに。もし。❼=二の②。
二❶=一の①。❷みだれる。散らばる。ふむ。ふみにじる。「狼藉ロウゼキ」❸なわ。ひも。また、つなぐ。❹とりたてる。徴集する。
参考 現代表記では[謝](7276)に書きかえることがある。「慰藉料→慰謝料」
解字 篆文 形声。艹(艸)+耤㊀。音符の耤セキは、席に通じ、しきものの意味。艸を付し、祭り用の草で作ったしきものの意味を表す。
【藉口】シャコウ かこつける。口実をもうけて言いわけをする。
【藉藉】セキセキ ①乱れちらばっているさま。多いさま。②口々に言いはやすさま。③心のうつろなさま。
【藉田】セキデン 天子が祖先の祭りに用いる米を作るために、みずから耕す田。

(18)14 【薯】6628 標 漢ショ 呉ジョ 御 shǔ [薯] 2982 3D72
字義 いも。=藷ショ。㋐やまのいも。じねんじょう。薯蕷ショヨ。㋑いも類の総称。㋒馬鈴薯。じゃがいも。
難読 薯蕷やまいも・とろろ
解字 形声。艹(艸)+署㊀。

(18)14 【藎】6629 △ 漢シン 呉ジン 震 jìn
字義 ❶草の名。かりやす。こぶなぐさ。イネ科の一年草。黄色の染料を採る。❷すすむ。忠愛の心で進む。❸あまり。もえのこり。=燼ジン。
解字 篆文 形声。艹(艸)+盡㊀。
【藎臣】ジンシン 忠愛の心のあつい家来。忠臣。

(18)14 【薺】6630 △ 漢セイ 呉ザイ 薺 jì 7321 6935
字義 ❶草の名。はまびし。蒺藜シツレイ。❷なずななずな。ぺんぺん草。春の七草の一つ。アブラナ科の越年草。
解字 篆文 形声。艹(艸)+齊㊀。

(18)14 【薹】6631 △ 漢タイ 呉ダイ 灰 tái 7323 6937
字義 ❶野菜の名。なたね。あぶらな。蕓薹ウンダイ。❷草の名。かさすげ。❸とうとう。草花の茎の伸び出たもの。
解字 形声。艹(艸)+臺㊀。

(18)14 【藐】6632 △ 一 漢バク・呉マク 覺 mò 二 漢ビョウ(ベウ) 呉ミョウ(メウ) 篠 miǎo 7324 6938
字義 一❶はるか。遠い。❷進む。次第に進む。❸むらさき草。紫の染料を採る草。❸美しい。みめよい。❹=二の①。
二❶小さい。小さいさま。❷軽んずる。
解字 篆文 形声。艹(艸)+貌(皃)㊀。
【藐姑射之山】バクコヤのやま ①山名。不老不死の仙人の住んでいるといわれる山。〔荘子、逍遥遊〕②国ハコヤのやま 上皇・法皇の御所。仙洞セントウ。
【藐視】ビョウシ 軽視する。みさげる。
【藐然】バクゼン ①はるかなさま。遠くて及ばぬさま。②孤独なさま。
【藐藐】バクバク ①美しいさま。②人の教えが心にはいらないさま。③はるかで遠いさま。④さかんなさま。大きいさま。

(18)14 【薶】6633 △ マイ 埋(1244)の古字。→三五六ページ。

【舊】→臼部 九〇五ページ。 【藿】→隹部 一一七三ページ。

(19)15 【藕】6634 △ 漢ゴウ・呉グ 慣グウ 有 ǒu 7325 6939
字義 ❶はすのね。蓮根レンコン。❷はす。はちす。
解字 形声。艹(艸)+耦㊀。
【藕糸(絲)】グウシ ①はすから採る糸。②色の名。

(19)15 【藝】(6245) ゲイ 芸(6244)の旧字体。→九一五ページ。 7326 693A

(19)15 【藪】6635 標 ソウ 有 sǒu. ⑦còu 7314 692E
[薮]俗字 4489 4C79
字義 ❶さわ。㋐ぬま。みずうみ。㋑草木がしげり鳥獣などの多く集まる所。❷やぶ。草木のしげる所。❸物事の集まるところ。淵藪エンソウ。❹くま。すみ。曲がって入りこんだ所。隈ワイ。❺求める。=捜。❻草の名。酒をこすに用いる。❼こしき(轂コク)の、や(輻)をはめこむ穴。
解字 篆文 形声。艹(艸)+數㊀。音符の數スウは、かず多いの意味。鳥獣の多く集まる場所、さわ・やぶの意味を表す。
【藪沢(澤)】ソウタク ①草木が群がり茂っているさわ。②物の多く集まっている所。

(19)15 【藏】(6578) ゾウ 蔵(6577)の旧字体。→九四六ページ。 7322 6936

(18)15 【藤】6636 人 漢トウ 呉ドウ 蒸 téng 3803 4623
(19)15 〖藤〗6637
筆順 艹 芦 蔣 藤 藤 藤
[藤]同字
字義 ❶ふじぢ。マメ科の落葉つる草。五、六月ごろ薄紫または白色の花穂をたれる。茎の質が強く、椅子イスなどを作るに用いる。❷かずら。つる状をなす植物の総称。❸木の名。とう。つる性で茎には節がある。
名乗 かつら・つ・ひさ 難読 藤生ふじゅう
解字 形声。艹(艸)+滕(滕)㊀。音符の滕トウは、上にのぼる意味を表す。つるが上によじのぼる草の意味。

【藤架】トウカ　藤棚ふじだな。ふじをはわせるようにした棚。

【藤原公任】ふじ(ぢ)わ(は)らのきんとう　国平安中期の歌人・書家。関白頼忠よりただの子で、詩歌管弦・有職故実に通じていた。『新撰髄脳シンセンズイノウ』『和漢朗詠集』などの編著がある。（九六六―一〇四一）

【藤原惺窩】ふじ(ぢ)わ(は)らセイカ　国江戸初期の儒者。名は粛すす、字あざなは斂夫レンプ。藤原定家十二世の子孫。はじめ相国寺の僧。後、程朱の学を修め、徳川家康に重んじられ、林羅山はやしラザンら、多くの門人を出して江戸時代儒学の始祖といわれた。（一五六一―一六一九）

【藤原明衡】ふじ(ぢ)わ(は)らのあきひら　国平安中期の儒者・漢詩人。大学頭ダイガクのかみ・文章博士モンジョウハカセとなった。『本朝文粋ホンチョウモンズイ』の編者。（九八九―一〇六六）

【藤牀】トウショウ　藤ふじのつるで作ったこしかけ・寝台。

【藤井竹外】ふじ(ぢ)い(ゐ)チクガイ　国江戸末期の漢詩人。名は啓、字あざなは士開。竹外は号。頼山陽に学び、特に七言絶句にすぐれていた。（一八〇七―一八六六）

【藤田東湖】ふじ(ぢ)たトウコ　国江戸末期の儒者・勤王家。名は彪ひょう、水戸の藩儒・彰考館総裁代役となった。「正気歌」の作がある。（一八〇六―一八五五）

【藤蘿】トウラ　ふじかずら。つる草の総称。

(18)15【藩】6638　常　ハン

(19)15〖藩〗6639　漢ハン　呉ホン　元 fān

4045
484D

筆順　艹 莎 菠 藩

字義　❶まがき。かきね。かき。❷おおう。まもる。守護する。❸おおい。車のおおい。❹さかい。区域。❺地方をしずめて王室の守りとなる諸侯。また、諸侯の国。→藩屛ハンペイ。国江戸時代、大名の領有する土地・組織・構成員などの総称。

解字　文　篆　形声。艹（艸）＋潘音。音符の潘ハンは、白い濁りがおおう米のとぎじるの意味。おおって守る、まがきの意味から、君主を守る諸侯の国の意味を表す。

▼外藩・親藩

【藩垣】ハンエン　①かきね。かき。まがき。かこい。②転じて、国家・朝廷などの守り。また、その守護に任ずる者。

【藩学(學)】ハンガク　国江戸時代、各藩がその藩の子弟を教育するために設けた学校。藩校。

【藩翰】ハンカン　かきねと、はしら。転じて、一地方をしずめて王室の守りとなるもの。

【藩侯】ハンコウ　①藩鎮の節度使。王室の守りとなる諸侯。②国藩主。大名。とのさま。

【藩国(國)】ハンコク　王室の守りとなる諸侯の国。

【藩臣】ハンシン　①王室を守護するけらい。諸侯をいう。②国諸侯のけらい。大名の家臣。藩士。

【藩鎮(鎭)】ハンチン　①地方を守りしずめるためにとどまる軍隊。②王室の守りとなる諸侯。③唐代、節度使の別名。

【藩邸】ハンテイ　①諸侯の居城。②国江戸時代、大名が江戸においたやしき。大名やしき。

【藩閥】ハンバツ　国明治維新後、勢力のある藩の出身者が団結して政府の重要な地位を占め、他藩の出身者をしめだしたこと。

【藩屛】ハンペイ　①かきね。かこい。②まもる。おおい守る。守護する。③王室の守りとなる諸侯。

【藩落】ハンラク　＝藩垣の②。落も、かきね。

【藩籬】ハンリ　①＝藩垣の①②。②学問などの入り口。

(19)15【藥】(6614)　ヤク　薬（6613）の旧字体。→九五〇ページ。

7327
693B

(18)15【藍】6640　人

(19)15〖藍〗6641　ラン　覃 lán

4585
4D75

筆順　艹 苎 苷 藍 藍

字義　❶あい。あゐ。草の名。タデ科の一年草。青色の染料を作るのに用いる。❷あい色。❸ぼろ。＝襤ラン。❹みだす。＝濫ラン。❺むさぼる。＝婪ラン。

解字　文　篆　形声。艹（艸）＋監音。

【藍関(關)】ランカン　古関の名。陝西省商県の西北にあり、関中平原より南陽盆地への交通の要路。古くは嶢関ギョウカンといった。藍田関。〔唐、韓愈、左遷至藍関示姪孫湘詩〕雪擁藍関馬不前ゆきはランカンをようしてうますすまず。訳文→秦嶺シンレイ（九八六ページ）。

【藍玉】ランギョク　①藍田から出る美玉の名。②あい(ゐ)だま　あいの葉を発酵させて固めた染料。藍靛ランテン。藍澱ランデン。

【藍靛】ランテン　藍澱ランデン。→藍玉の②。

【藍田】ランデン　①県名。陝西省渭河平原の南端にあたり、渭河の支流の灞河の上流の地。②山名。陝西省藍田県の東南。美玉の産地で有名。

【藍田生玉】ランデンたまをショウず　藍田から美玉を出す。名門に賢い子が生まれたことをほめることば。父子をともにほめるときに言う。〔呉志、諸葛恪伝〕

【藍尾酒】ランビシュ　最後に飲む酒。藍は、むさぼる意。残り物に福があるからいう。

【藍碧】ランペキ　あおあおとしたみどり色。

【藍本】ランポン　①絵の下書き。②転じて、もとになる本。原典。

【藍縷】ランル　ぼろ。やぶれごろも。襤褸ランル。

(19)15【藟】6642　△　ルイ　紙 lěi

7328
693C

字義　❶草の名。かずら。❷まとう。まつわる。❸酒の名。くろきびに香草を合わせてかもし、祖先の霊にそなえる酒。❹つぼみ。

解字　文　篆　形声。艹（艸）＋畾音。音符の畾ルイは、重なるの意味。つるが上に重なっていく、かずらの意味を表す。

(19)15【藜】6643　△　漢レイ　呉ライ　斉 lí

字義　❶あかざ。草の名。❷くろい。＝黎レイ。

解字　文　篆　形声。艹（艸）＋黎音。音符の黎レイは、きびの意味。きびの穂のような、つぶ状の花をつける、あかざの意味を表す。

【藜藿】レイカク　①あかざの葉と、豆の葉。②転じて、粗食。

【藜棘】レイキョク　①あかざと、いばら。②転じて、価値のないもの、乱臣賊子（主君を殺す臣と、父を殺す子）のたとえ。

【藜羹】レイコウ　①あかざの葉のあつもの。②転じて、粗食のこと。

【藜杖】レイジョウ　あかざの茎で造ったつえ。軽いので老人用とされている。日本では中気よけという迷信がある。

〖蠆〗→虫部　九七一ページ。

〖繭〗→糸部　八七〇ページ。

(20)16【藹】6644　△　㊀アイ　泰 ǎi　㊁アイ　賄

7329
693D

字義　㊀❶多い。さかんである。❷まめまめしい。忠実である。❸うるおうさま。❹おだやかなさま。❺もや。もやのたなびくさま。㊁草木のしげるさま。

解字　形声。艹（艸）＋謁音。音符の謁ツェ＝イァは、さかんにこい求めるの意味。艸を付し、草のさかんにのびるように、さかんの意味を表す。

【藹藹】アイアイ　①さかんなさま。②草木のしげるさま。③香気の起こるさま。④力をつくすさま。⑤ほんのりとした月光の形容。⑥賢士の形容。⑦雲のさま。⑧うすぐらいさま。⑨おだやかなさま。「和気藹藹」

【藹蔚】アイウツ　草木のしげるさま。

【藹然】アイゼン ①さかんなさま。②おだやかなさま。③雲の集まるさま。

(20)16 【蘊】6645 △ ㊀ウン 問 yùn ㊁ウン 吻 7330 693E

字義 ㊀❶つむ(積)。㋐積みたくわえる。蓄積。㋑おさめる(蔵)。しまう。「蘊蔵」❷つつむ。=薀ウン。❸ふさぐ。気がふさぐ。❹おくそこ。奥深い。❺あつい。あたたかい。❻草木がさかんに茂る。❼たきぎ。❽水草の一種。きんぎょも。まつも。㊁つむ(積)。

解字 形声。艹(艸)+縕(音)。音符の縕ウンは、むれるの意味。草のむされるような熱気の意味から、つむ・たくわえるの意味を表す。

【蘊奥】ウンオウ・ウンノウ おくそこ。学問などの奥義オウギ。深い造詣ゾウケイ。

【蘊結】ウンケツ 気がふさぐこと。

【蘊△藉】ウンシャ 心が広くて、おだやかなこと。

【蘊藻】ウンソウ みずくさ。水草。

【蘊蓄】ウンチク ①物を積みたくわえる。②国学問などの積みたくわえた深い素養。「蘊蓄を傾ける」

(20)16 【藿】6646 △ ㊀カク(クヮク) 薬 huò ㊁スイ 紙

字義 ㊀❶豆の若い葉。❷香草の名。㊁花の散りしくさま。

解字 文 篆 形声。艹(艸)+霍(音)。

【藿△羹】カクコウ 豆の葉のあつもの。粗末な食物。

【藿食者】カクショクシャ 豆の葉を食う者。粗食する者。人民のこと。↔肉食者(役人)。

(20)16 【蘄】6647 △ ㊀(漢)キ・(呉)ギ 支 qí ㊁(漢)キン・(呉)ゴン 文 qín

字義 ㊀❶せりの一種。とうき(当帰)。やまぜり。山蘄。花に香気があり、根は薬用となる。❷くつわ。馬のくつばみ。❸もとめる。祈り求める。=祈。㊁=㊀の❶。

解字 文 形声。艹(艸)+單+斤(音)。草の名を表すが、祈に通じ、祈り求めるの意味をも表す。

(20)16 【蘐】6648 △ ケン 萱(6452)と同字。→九三六ページ。

【蘐園学(學)派】ケンエンガクハ 国江戸時代、荻生徂徠おぎゅう(をぎふ)ソライの学派。蘐園は徂徠の号。蘐園の名は、徂徠の住所である日本橋茅場町の「茅」と同じ意味の「蘐」を用いたもの。

(20)16 【蘅】6649 △ (漢)コウ(カウ) (呉)ギョウ(ギャウ) 庚 héng

字義 香草の名。かんあおい。杜衡トコウ。

解字 形声。艹(艸)+衡(音)。

(20)16 【藷】6650 標 ㊀ショ 魚 zhū ㊁(漢)ショ・(呉)ジョ 御 shǔ [諸] 2983 3D73

字義 ㊀さとうきび。諸蔗ショシャ。㊁❶いも。いも類の総称。特に、さつまいもをいう。=薯ショ。「甘藷(さつまいも)」❷藷蕷ショヨは、やまのいも。じねんじょう。

解字 篆 形声。艹(艸)+諸(音)。

(20)16 【蘂】6651 △ ズイ 蕊(6573)の俗字。→九四六ページ。 7302 6922

(20)16 【蘇】6652 標 ㊀ソ 虞 sū ㊁ソ 遇 慣ス 3341 4149

【穌】俗字 7331 693F

字義 ㊀❶草の名。紫蘇シソ。また木の名。蘇枋スオウ。❷よみがえる(よみがへる)。生きかえる。「蘇生」❸さめる。目ざめる。❹たきぎ。❺草を刈る。❻手に取る。持つ。❼もとめる。ひっぱる。❽鳥の尾。❾昔の国名。有蘇氏と称し、夏カ・殷インの時代に今の河南省済原市の西北にあった。春秋時代前六五〇年、狄テキに滅ぼされた。❿国名。蘇維埃ソビエトの略。「蘇聯(ソ連)」㊁むかう。また、さからう。

難読 蘇格蘭スコットランド・蘇連(聯)レン

解字 金 文 篆 形声。艹(艸)+穌(音)。音符の穌ソは、木や魚をとるの意味。艸を付し、草を刈りとるの意味や、しその意味を表す。また、遡ソに通じて、逆もどりする、死から生へと、よみがえるの意味をも表す。

【蘇因高】ソインコウ 小野妹子おの(を)のいもこのこと。遣隋使ケンズイシのとき小妹子ショウマイシといったのを、隋の人が「いもこ」に「因高」の字をあてたという。

【蘇活】ソカツ =蘇生。

【蘇州】ソシュウ 江蘇省東南部、太湖の東にある都市。春秋時代の呉の都で、秦代シンダイに会稽カイケイ郡、漢代に蘇州となる。現在は蘇州市。名所・旧跡が多い。

【蘇△洵】ソジュン 北宋ホクソウの文豪。字あざなは明允メイイン、号は老泉。唐宋八大家の一人。軾ショク・轍テツの父。子を大蘇・小蘇というのに対し老蘇と称された。著に『蘇老泉全集』がある。(一〇〇九—一〇六六)

【蘇△軾】ソショク 北宋ホクソウの文豪。字は子瞻シセン、号は東坡居士トウバコジ、謚おくりなは文忠。唐宋八大家の一人。弟の轍テツを小蘇というのに対し大蘇と称された。著に『東坡全集』『易書伝』などがある。(一〇三六—一一〇一)

〔蘇軾〕

【蘇△秦】ソシン 戦国時代の遊説家ユウゼイカ。洛陽ラクヨウ(今の河南省洛陽市)の人。鬼谷キコク先生に縦横の術を学び、諸国をめぐり合従ガッショウ策を唱え、秦シンを除く六国を同盟させ、六国の宰相を兼ねたが、後、張儀の連衡策に破られた。(?—前三一七)

【蘇生】ソセイ よみがえる。生きかえる。更生。回生。蘇活。

【蘇仙】ソセン 蘇軾ソショクのこと。

【蘇蘇】ソソ ①おそれてびくびくしているさま。②騒ぎ動いているさま。③気のつくさま。

【蘇息】ソソク いこう。休む。生きかえる。

【蘇台(臺)】ソダイ 春秋時代、呉王闔廬コウリョが築いた台(見晴らし台)の名。姑蘇台コソダイの略。〔唐、李白、蘇台覧古詩〕

【蘇張】ソチョウ ①蘇秦ソシンと張儀。ともに戦国時代の遊説家ユウゼイカ。→合従ガッショウ(一八九ページ)・連衡レンコウ(一〇九一ページ)。②初唐の文人の蘇頲ソテイと張説チョウエツ。

【蘇△轍】ソテツ 北宋ホクソウの文豪。洵ジュンの子、軾ショクの弟。字あざなは子由、号は潁浜エイヒン・欒城ランジョウ、謚おくりなは文定。唐宋八大家の一人。兄を大蘇というのに対し小蘇と称された。著に『欒城集』『詩伝』『春秋伝』などがある。(一〇三九—一一一二)

【蘇東△坡】ソトウバ →蘇軾ソショク。

【蘇武】ソブ 前漢の忠臣。字あざなは子卿シケイ。武帝の時、匈奴キョウドに使いして捕らえられたが、十九年間節を守って屈せず、昭帝が和親してから帰国した。(?—前六〇)

【蘇芳・蘇方・蘇△枋】スオウ ①印度に産する、マメ科の常緑樹。その皮を赤紫色の染料に用いる。②国㋐蘇芳色の略。黒みを帯びた赤色。㋑襲かさねの色合い。表は薄赤、裏は濃い赤。

(20)16 【穌】6653 △ ソ 蘇(6652)の俗字。→中段。 7331 693F

(19)16 【藻】6654 常 ソウ も (20)16 【藻】6655 (漢)ソウ(サウ) 皓 zǎo 3384 4174

筆順 藻

字義 ❶も。水草の総称。また、美しい水草。❷あや。模様。㋐色どり。美しい模様。かざり。㋑詩歌・文章などの修辞的なことば。❸えがく。水草の模様を描く。❹五色に染めた糸。天子の冠のかざり玉を下げるのに用いる。❺玉を載せるための敷物。❻品定めする。

解字 文 篆 体 別 形声。艹(艸)+澡(音)。音符の澡ソウは、あらうの意味。水中に洗われている

「も」の意味を表す。
▼才藻・詞藻・辞藻・文藻

【藻雅】ソウガ　文章にたくみで風流なこと。
【藻絵(繪)・藻△繢】ソウカイ　彩色。絵もよう。あや模様。
【藻△翰】ソウカン　①美しい模様のある羽。②転じて、美しい文章。
【藻鑑】ソウカン　人物や物品の鑑定。すぐれた鑑識。
【藻△荇】ソウコウ　藻と、うき草。
【藻思】ソウシ　詩文を作る才能。文才。
【藻飾】ソウショク　①からだをかざる。姿・形を整える。②文章の辞句をかざる。美辞麗句を並べる。
【藻△蘋】ソウヒン　①藻と浮き草。水草。②粗末なおかず。

(20)16【蘀】6656　△　タク　薬 tuò
字義　❶おちば。枯葉。❷おちる。葉が落ちる。❸あしの葉。
解字　文　篆　形声。艹(艸)＋擇音。

(20)16【蘋】6657　△　漢ヒン　呉ビン　眞 pín　7332 6940
字義　水草の名。でんじそう(田字草)。かたばみも。
解字　文　篆　形声。もと、艹(艸)＋賓音。音符の賓は、濱(浜)に通じ、水ぎわの意味。水ぎわの草の意味を表す。のち、賓は頻となる。
【蘋果】ヒンカ　りんご。苹果ヘイカ。
【蘋菜】ヒンサイ　食用となる浮き草。
【蘋藻】ヒンソウ　①かたばみもと、も。ともに水草。②婚礼に用いる贈り物。
【蘋△蘩】ヒンパン　①浮き草と、しろよもぎ。②神仏に捧げる粗末な供え物。
【蘋風】ヒンプウ　浮き草の上を吹く風。

(20)16【藾】6658　△　ライ　泰 lài　7333 6941
字義　❶草の名。よもぎの一種。❷よる。たよりにする。＝頼。
解字　形声。艹(艸)＋頼音。

(19)16【蘭】6659　人　ラン　寒 lán　4586 4D76
(21)17【蘭】6660
筆順　艹　芦　門　蔺　蘭
字義　❶ラン。㋐キク科の香草の名。ふじばかま。秋、薄紫の花を開く。秋の七草の一つ。㋑ラン科植物の総称。観賞用・香料として栽培される。㋒りっぱなもののたとえ。「蘭艾ランガイ」❷刀掛け。兵器を掛けるもの。❸さすらう。❹さえぎる。また、檻おり。
国国名。和蘭(または和蘭陀オランダ)の略。「蘭学」
名乗　か　難読　蘭越らんこし・蘭貢ラングーン・蘭留らんる
解字　文　篆　形声。艹(艸)＋闌音。
【蘭英】ランエイ　①らんの花。②美酒の名。
【蘭△艾】ランガイ　らんと、よもぎ。芳草と雑草。りっぱな人物と、つまらぬ人物のたとえ。
【蘭薫】ランクン　らんのよいかおり。また、らんのようにかおる。すぐれた人格や美人のたとえ。
【蘭△桂】ランケイ　らんと、かつらの木。桂は、香木。りっぱな人物のたとえ。
【蘭契】ランケイ　＝蘭交。
【蘭△蕙】ランケイ　蘭も蕙もよいかおりの草。りっぱな人物のたとえ。
【蘭△閨】ランケイ　①皇后の寝室。蘭省。②婦人の美しい寝室。
【蘭言】ランゲン　たがいに意気の合ったことば。心の通じ合ったことば。親友のことば。
【蘭交】ランコウ　心を許しあった友人のまじわり。その美しさを蘭のかおりにたとえていう。蘭契。〔易経、繫辞上〕同心之言其臭如レ蘭ドウシンのゲンはそのシュウランのごとし
【蘭△摧玉折】ランサイギョクセツ　蘭がくだけ、玉が折れる。りっぱな人物や美人の死にいう。〔世説新語、言語中〕
【蘭芝・蘭△芷】ランシ　①蘭も芷・芝もともによいかおりの草。②りっぱな人物や美人のたとえ。
【蘭室】ランシツ　らんのかおる部屋。善人や美人のいる室。
【蘭△奢待】ランジャタイ　国聖武天皇のとき、中国から渡った名香。奈良の正倉院に伝えられる。天皇によって名づけられ、中に「東大寺」の三字が含まれる。
【蘭△麝】ランジャ　らんの香と、麝香鹿じゃこうじかの香。名香をいう。
【蘭若】ランジャク　①蘭と、杜若とじゃく。ともに香草。②仏ランニャ　寺院。阿蘭若アランニャの略。
【蘭舟】ランシュウ　木蘭モクラン(あららぎ)で作った、美しい舟。
【蘭省】ランショウ　①秘書省の別名。「ランセイ」ともよむ。〔唐、白居易、廬山草堂夜雨独宿寄二牛二・李七・庾三十二員外一詩〕蘭省花時錦帳下ランショウのカジキンチョウのもと　②皇后の寝室。蘭閨ランケイ。
【蘭△槳】ランショウ・ランのかじ(ち)　木蘭モクラン(あららぎ)で作った、舟のかい。また、かいの美称。蘭枻ランエイ。蘭櫂ラントウ。〔宋、蘇軾、前赤壁賦〕⇩桂櫂蘭槳かつらのさお(を)ランのかじ(ち)(五五八ページ)。
【蘭△燭】ランショク　香気のある、美しいろうそくの火。
【蘭台(臺)】ランダイ　①戦国時代の楚ソの宮殿の名。②漢代の宮中の蔵書の所。③官署の名。㋐唐代、秘書省をいう。㋑漢代以後、御史台をいう。
【蘭亭記】ランテイのキ　晋シンの王羲之オウギシが永和九年(三五三)三月三日の節句に名士四十一人を蘭亭(今の浙江セッコウ省紹興市の西南にある)に集めて、曲水の宴を催したときの詩文の序。これを行書で書いた法帖ホウジョウは書の絶品といわれる。蘭亭序。
【蘭殿】ランデン　らんの香る宮殿。皇后の宮殿をいう。
【蘭灯(燈)】ラントウ　美しい灯籠トウロウ。
【蘭芳】ランポウ　らんのかぐわしい香り。美徳のたとえ。
【蘭房】ランボウ　①＝蘭室。②婦人の美しい寝室。
【蘭陵】ランリョウ　戦国時代の楚ソの地。今の山東省蒼山県の西南の蘭陵鎮。
【蘭陵王】ランリョウオウ・ラリョウオウ　舞楽の名。北斉の蘭陵王長恭が面をかぶってやさしい顔を険しく見せかけ、部下をひきいて北周の軍を撃破したさまを写す。羅陵王。陵王。

(20)16【藺】6661　△　リン　震 lìn　7334 6942
字義　❶い(ゐ)。草の名。いぐさ。灯心草。イグサ科の多年草。❷なげいし。城の上から敵に投げ落とす石。「藺石」　難読　藺牟田いむた
解字　文　篆　形声。艹(艸)＋閵音。
【藺相如】リンショウジョ　戦国時代、趙チョウの政治家。恵文王に仕え、和氏カシの璧ヘキを秦シンに持参して使命を全うして帰り、また、澠池メンチの会には自国の名誉を保つなど功績が大きい。初め将軍の廉頗レンパにねたまれたが、のちに刎頸フンケイの交わりを結んだ。

(20)16【蘆】6662　標　ロ　虞 lú　7335 6943
【芦】簡易　1618 3032
字義　❶あし。よし。草の名。葦あしのまだ穂を出さないもの。穂の出たものを葦イという。❷蘆菔ロフクは、だいこん(大根)。❸なずなの根。
解字　文　篆　形声。艹(艸)＋盧音。音符の盧ロは、旅に通じ、つらなる意味。つらなり生える草、あしの意味を表す。
【蘆笳】ロカ　＝蘆笛。
【蘆管】ロカン　＝蘆笛。
【蘆洲】ロシュウ　あしの生えている洲す。
【蘆絮】ロジョ　あしの花。綿のようであるからいう。
【蘆錐】ロスイ　あしの芽。その先が錐きりのようにとがっているのでいう。
【蘆雪】ロセツ　雪のように白いあしの穂。
【蘆汀】ロテイ　あしのはえているみぎわ。蘆渚ロショ。
【蘆笛】ロテキ　あしの葉で作った笛。胡笳コカ。蘆管。蘆笳。

【蘆荻】あしと、おぎ。

(20)16【蘢】6663　△ ロウ 東 lóng
字義 ❶草の名。おおけたで。いぬたで。❷草木が深く茂るさま。「蘢蓯」
解字 篆文 形声。艹（艸）＋龍㊥。
【蘢茸】草木がしげりあつまっているさま。蘢蓯。
7336 6944

(21)17【虉】6664　△ エイ 霽 yì
字義 ❶草の名。❷草木の茂るさま。「虉薈」
解字 形声。艹（艸）＋鷊㊥。

(21)17【蘧】6665　△ 漢キョ 呉ゴ 魚 qú
字義 ❶草の名。なでしこ。かわらなでしこ。蘧麦。❷はす（蓮）。❸蘧蔬は、まこもだけ。まこも（真菰）に生ずる菌。❹蘧廬は、はたごや。旅館。❺ものの形容。「蘧蘧」

解字 篆文 形声。艹（艸）＋遽㊥。

【蘧蘧】①みずからさとるさま。自得。②高いさま。③驚くさま。また、形あるさま。

【蘧蘧然】驚くさま。一説に、形あるさま。〔荘子、斉物論〕俄然覚、則蘧蘧然周也。

【蘧伯玉】春秋時代、衛の賢大夫。名は瑗。

【蘧廬】はたごや。旅館。

(21)17【蘖】6666　△ 漢ゲツ 呉ゲチ 屑 niè
［櫱］正字
字義 ❶ひこばえ。木の切り株から新たに出た芽。❷農業用語で、分蘖は、稲・麦などの茎が根元から枝分かれして増えること。
解字 篆文 形声。篆文は、木＋辥㊥。音符の辥は、刃物でたちきるの意味。切り株から生えるひこばえの意味を表す。蘗は別体。
6117 5D31

(21)17【蘘】6667　△ 漢ジョウ（ジャウ）呉ニョウ（ニャウ）陽 ráng
字義 草の名。みょうが（茗荷）。
難読 蘘荷
解字 篆文 形声。艹（艸）＋襄㊥。

(21)17【蘚】6668　△ セン 銑 xiǎn
字義 こけ。陰地や岩に生える隠花植物。蘚苔。
7337 6945
解字 形声。艹（艸）＋鮮㊥。
【蘚書】岩の上に生えているこけが字のような模様をしていること。
【蘚苔】こけ。
【蘚磴】こけの生えている石段。

(21)17【蘯】6669　△ トウ　蕩(6579)と同字。→九四六ページ。
6628 623C

(21)17【蘗】6670　△ バク　檗(3721)の俗字。→五八四ページ。
6102 5D22

(21)17【蘩】6671　△ 漢ハン 呉ボン 元 fán
字義 ❶草の名。しろよもぎ。❷草の名。ふき。❸浮き草の一種。
難読 蘩蔞
解字 篆文 形声。艹（艸）＋繁㊥。
【蘩蔞】草の名。はこべ。蘩縷。

(21)17【蘭】(6660)　△ ラン　蘭(6659)の旧字体。→九五四ページ。

(21)17【蘞】6672　△ レン 塩豔 liàn
字義 ❶草の名。やぶからし。びんぼうかずら。❷つる（蔓）。植物のつる。国えごい。えぐい。㋐味がいがらっぽい。㋑［気が強い。冷酷。
解字 形声。艹（艸）＋斂㊥。

(21)17【蘰】6673　国字　△
字義 かずら（葛）。つる性の植物の総称。
7338 6946

(23)19【蘸】6674　△ サン 陥 zhàn
字義 ひたす。物を水につける。
解字 篆文 会意。艹（艸）＋酉＋焦。酉は、酒器の象形。焦は、こがすの意味。熱した物を、水を入れたつぼに浸すの意味を表す。艸の意味は不明だが、あるいは蒸気の象形かも知れない。

(23)19【虀】6675　△ セイ　齏(9370)と同字。→一三七六ページ。

(23)19【蘼】6676　△ 漢ビ 呉ミ 支紙 mí
字義 ❶蘼蕪は、香草の名。せんきゅう。おんなかずら。芎藭。江蘺。❷薔蘼は、ばら（薔薇）。
解字 形声。艹（艸）＋靡㊥。
7339 6947

(23)19【蘿】6677　△ ラ 歌 luó
字義 ❶草の名。ひめあざみ。❷蘿蔔・蘿葍は、だいこん。❸女蘿は、さるおがせ。ひかげのかずら。❹まがき。かきね。

難読 蘿蔔
解字 篆文 形声。艹（艸）＋羅㊥。音符の羅は、つらなるの意味。つらなって生える草の意味を表す。

【蘿衣】こけの一種。さるおがせ。さがりごけ、女蘿。

【蘿径（逕）・蘿逕】つたかずらのしげっているこみち。

【蘿蔔・蘿菔】だいこん。大根。

【蘿薜】＝蘿蔓。

【蘿蔓】つたかずら。蘿蔦。

(23)19【蘺】6678　△ リ 支 lí
字義 ❶香草の名。せんきゅう。❷くさびえ。稗の一種。❸まがき。かきね。
解字 篆文 形声。艹（艸）＋離㊥。

［蘗］→米部 八三八ページ。

(25)21【虆】6679　△ 一ルイ 支紙 léi 二ラ 歌
字義 一❶かずら。つた。❷＝二。二もっこ。土を運ぶかご。「虆梩」
解字 形声。艹（艸）＋纍㊥。音符の纍は、重なりつながる意味を表す。

(25)21【蘒】6680　国字　△
［穐］俗字
字義 はぎ。姓氏に多く用いる。＝萩。
解字 会意。艹（艸）＋穐。穐は秋の古字。秋に花を開く草の意味。

6
虍部
［虍］
7340 6948

〔部首解説〕**とらかんむり。とらがしら。**文字としては、虍は、音漢コ・呉ク。象形。篆文 虍。虎の頭の形にかたどる。虎は、その全身の形。虍・虎を意符として、虎に関する文字ができている。

2 虎 九五六　3 虐 九五六　4 虔 九五七　虓 九五七　虒 九五七
5 虚 九五七　虖 九五八　處 九五八　虙 九五八　6 虛 九五八

(8)2
【虎】6681 囚 コ 奧 hǔ
筆順 ⺊ 𠂆 广 虍 虎
2455 3857

字義 ❶とら。ネコ科に属する猛獣。アジアに産する。❷たけだけしい。勇猛・猛悪なことのたとえ。国とら。よっぱらい。

［𧆛］俗字 7341 6949

名乗 たけ　難読 虎魚（おこぜ）・虎杖（いたどり）・虎杖浜（こじょうはま）・虎列刺（コレラ）・虎落（もがり）

解字 甲骨文　金文　篆文

象形。甲骨文でよくわかるように、とらの象形で、とらの意味を表す。

【虎威】（コイ）とらの威勢。強い勢いにいう。↓仮ニ虎威一。
【仮(假)ニ虎威一】（とらのイをかる）きつねがとらの威勢を借りて他をおどかした故事。弱い者が権力ある者の威勢をかさにきていばることのたとえ。仮は、借りる。〔戦国策、楚〕
【虎牙】（コガ）①とらのきば。②山がそびえ立つさま。③漢代、将軍の称号の一つ。
【虎△踞】（コキョ）①とらのようにうずくまる。②地勢が雄大なことの形容。③怪石の形容。
【虎渓(谿)三笑】（コケイサンショウ）晋シンの慧遠エオン法師は廬山ロザンの東林寺にいてまだ虎渓（東林寺の前にある谷川）を渡ったことがなかったが、ある日、陶淵明トウエンメイ・陸修静のふたりを見送りに出て、思わず虎渓を渡り、とらがほえるのを聞いて安居ゴアン禁足の誓いを破ったことに気がつき、三人は顔を見合わせて大笑いしたという故事。〔廬山記、二〕
【虎穴】（コケツ）①とらの住む穴。転じて、危険な地の意。②落とし穴。
【不レ入ニ虎穴一不レ得ニ虎子一】（コケツにいらずんばコジをえず）とらの住む穴に入らなければとらの子が得られない。何事でも危険を冒さなければ大きな利は得られないというたとえ。虎子はコシとも読む。〔後漢書、班超伝〕
【虎口】（ココウ）とらの口。転じて、非常に危険な場所や事がらのたとえ。「脱ニ虎口一（ココウをダッす）」
【虎子】（コシ）①便器。おまる。しびん。②とらの子。③強健な男子をいう。④国（とらのこ）俗に、たいせつなもののたとえ。
【虎死留レ皮】（とらはシしてかわ(は)をとどむ）国とらが死後に美しい皮を残す。人も死んでから名声を残すように心がけねばならぬといういましめ。「豹死留レ皮（ヒョウはシしてかわ(は)をとどむ）」に同じ。〔十訓抄〕
【虎視】（コシ）とらが鋭い目であたりを見渡すこと。転じて、雄大な志を抱いて静かに情勢をうかがうこと。
【虎視△眈△眈】（コシタンタン）とらが獲物をねらってするどい目で見張っていること。転じて、機会をねらっている意。眈眈は、恐ろしい目をしたとらが下を見おろしているさま。〔易経、頤〕
【虎△而冠】（とらにしてカンす）人の衣冠をつけていても心はとらのように暴悪なものをいう。〔史記、斉悼恵王世家〕
【虎△兕】（コジ）とらと野牛。人を害する狂暴なものの意。
【虎△須・虎△鬚】（コシュ）①とらのひげ。虎髯コゼン。転じて、固く張ったひげ。とらひげ。②草の名。さじん。つりがねにんじん。
【虎将(將)】（コショウ）とらのように勇猛な将軍。
【虎△嘯】（コショウ）とらがうそぶく。転じて、英雄が志を得て活躍することのたとえ。「虎嘯竜吟」〔唐、李白、経ニ下邳圯橋一懐ニ張子房一詩〕子房未ニ虎嘯一（シボウいまだコショウせざるに）、破レ産不レ為レ家（サンをやぶりいえ(へ)をお(を)さめず）。
【虎臣】（コシン）①武勇のすぐれた家来。②主君のおそばにいて、護衛の役に当たる臣。
【虎△髯】（コゼン）とらのひげ。転じて、固くてぴんと張ったひげ。とらひげ。
【虎△擲竜(龍)△拏】（コテキリョウダ）とらと竜とがつかみ合い争う意。転じて、両雄がはげしく戦うさま。竜虎相搏（あいうつ）。
【虎頭】（コトウ）①とらの頭。②とらの頭の形をした屋根飾り。③頭の形がとらの頭に似たもの。尊貴の位に上る人相。
【虎拝(拜)】（コハイ）臣下が主君に拝謁ハイエツする礼。
【虎△斑】（コハン・とらふ）とらの皮のまだら模様。転じて、駿馬シュンメ。また、俊才をいう。
【履ニ虎尾一】（コビをふむ）とらの尾を踏む。非常な危険を冒すことのたとえ。〔易経、履〕
【虎△豹】（コヒョウ）①とらと、ひょう。転じて、強暴なもののたとえ。②とらや、ひょうのような形をした岩などの形容。
【虎符】（コフ）銅虎符の略。銅で作ったとらの形をした符節（わりふ）。
【虎△吻】（コフン）とらの口。転じて、人をそこない傷つける人相。また、非常に危険な場所のたとえ。
【虎変(變)】（コヘン）①とらの皮の模様が変化に富んでいること。②あざやかに目に見えて変化すること。豹変ヒョウヘン。③文章が非常に美しいこと。④学徳が日々に新たになること。〔易経、革〕
【虎△榜】（コボウ）竜虎榜の略。官吏登用試験に及第した者の姓名を記す札。俊英の士が及第するのをとらにたとえていう。転じて、その試験に及第した者をいう。
【虎△賁】（コホン）官名。周代の近衛コノエ兵で、勇力の士が選ばれた。転じて、勇士、勇猛な軍隊。賁は、奔で、とらのように走る意。
【虎落】（コラク）割り竹を連ねて作った敵の侵入を防ぐもの。もがり。竹矢来。一説に、敵の来たことを知るために設けるもので、砂を表に敷きその足跡を見るもの。
【虎△狼】（コロウ）とらと、おおかみ。転じて、貪欲ドンヨク・残忍で、恐るべきもののたとえ。「虎狼之秦（コロウのシン）」〔史記、項羽本紀〕秦王有ニ虎狼之心一（シンオウコロウのこころあり）。
【虎渡レ河】（とらカをわたる）後漢の劉昆リュウコンが江陵の太守となったとき、その仁政に感じてとらが河を渡って逃げ去り害を加えなかった故事。行政の成功にいう。〔後漢書、儒林伝〕
【虎負レ△嵎】（とらグウをおう(ふ)）とらが山の小高い丘を背にしてかまえること。転じて、英雄が一方に割拠すること。〔孟子、尽心下〕
【虎変(變)レ△鼠】（とらねずみにヘンず）強大な勢力を誇っていたものが急に小さいみすぼらしいものになるとの意。君主もその権力を失うと、臣下から軽んじられることのたとえ。〔唐、李白、遠別離詩〕
【画(畫)レ虎類レ△狗】（とらをえ(ゑ)がきていぬにルイす）素質のない人がすぐれた人のまねをして、かえって軽薄な性質を暴露することのたとえ。〔後漢書、馬援伝〕
【放ニ虎△於野一】（とらをヤにはなつ）とらをおりから出して野に放つ。異才ある者に自由を与えて、その才を思うままに発揮できる状態におくたとえ。また、猛威ある者に自由を与えて、後日に災いをのこすたとえ。〔日本外史、源氏正記〕
【養レ虎遺レ患】（とらをやしないうれい(ひ)をのこす）取り除くべきものをそのままにしておいて、後日そのために災いをうけること。〔史記、項羽本紀〕

(9)3
【虐】6682 常 ギャク しいたげる
(9)3
［虐］6683 漢ギャク 呉ガク 奧 nüè
筆順 ⺊ ⺊ 𠂆 虍 虐 虐
2152 3554

字義 ❶しいたげる（しひたぐ）。㋐そこなう。いためる。㋑むごくあつかう。つらくあたる。いじめる。「残虐」❷むごい。きびしい。苛酷カコク。「暴虐」❸わざわい（災）。

解字 篆文

会意。篆文は、虍＋⺕（爪）＋人。虍は、とらの意味。爪は、手の象形。とらが人をつかむさまか

ら、むごいの意味を表す。虐の意味と音符とを含む形声文字に、瘧・謔などがある。

▼残虐・自虐・大虐・暴虐

【虐刑】むごたらしい刑罰。

【虐殺】むごたらしい方法で殺すこと。

【虐使】むごく人を使う。虐待。虐遇。

【虐政】むごい政治。人民を苦しめる政治。悪政。苛政。

【虐待】むごく取り扱う。虐遇。

【彪】→彡部 三七〇ページ。

(10)4
【虔】6684 標 漢ケン 呉ゲン 先 qián — 7342 694A

字義 ❶つつしむ（謹）。おごそかにつつしむ。「恭虔」❷ただしいさま。❸かたい（固）。❹ころす（殺）。そこなう。

解字 金文 篆文 会意。虎省＋文。

【虔恪】つつしむ。恪も、つつしむ。

【虔恭】つつしみ深くうやうやしい。恭虔。

【虔虔】つつしむさま。

【虔粛（肅）】つつしむ。虔謹。

【虔誠】つつしみぶかくまことのあること。

【虔劉】ころす。殺害する。劉も、殺す意。

(10)4
【虓】6685 △ 漢コウ（カウ） 呉キョウ（ケウ） 肴 xiāo，④ qiāo

字義 ❶うそぶく。ほえる。虎がほえる。❷いかる。虎が怒る。❸しし（獅子）。❹たたく。＝敲。

解字 篆文 形声。虎＋九音。音符の九は、とらの声の擬声語。とらがほえる意味を表す。

【虓闞】①怒りさけぶさま。②はげしく怒るさま。

【虓将（將）】勇猛な大将。虎将。

【虓怒】とらが怒りほえること。虓吼。転じて、勇猛な勢いのたとえ。

(10)4
【虒】6686 △ 一シ 支 sī 二漢チ・呉ジ（ヂ） 紙

字義 一❶委虒は、獣の名。虎に似て角がある。❷虒祁は、春秋時代、晋の平公が築いた宮殿の名。二虒虒は、ととのわないさま。ふぞろいなさま。

(11)5
【虛】6687 常 キョ・コ — 2185 3575

解字 篆文 形声。虎＋厂音。

(12)6
【虛】6688 人 許 漢キョ 呉コ 魚 xū

筆順 ⺊ 𠂉 广 虍 虍 虚

【虗】同字

字義 ❶むなしい（空）。㋐ない。存在しない。㋑中にものがない。からである。から。「空虚」㋒内容がない。才能・欲望などがない。㋓実がともなわない。㋔少ない。まれである。❷むなしくする。からにする。❸弱い。「虚弱」❹うつろ。穴。うろ。❺おか。大きい丘。＝墟。❻あと。昔の建物などのあと。❼空。天空。❽星座の名。二十八宿の一つ。「虚宿」国❶むなしい。はかない。❷むなしくなる。死ぬ。

難読 虚仮・虚蟬・虚栗

解字 金文 篆文 形声。篆文は、北＋虍音。北は、丘で、おかの意味。音符の虍は、巨に通じ、大きいの意味。大きなおかの意味を表し、転じて、むなしいの意味をも表す。

▼空虚・謙虚・静虚・太虚・沖虚

【虚位】①あいている地位。おるべき人がいない地位。②名前だけあって実権がともなわない地位。

【虚威】からいばり。虚勢。

【虚引】①心をむなしくして公平に人を受け入れる。②から弓をひく。矢をつがえないで弓をひく。③本題にはいる前にあらかじめそれとなく、後文に合うような語を述べておくこと。伏線。

【虚栄（榮）】①実質のともなわない栄誉。②国うわべだけの美をてらうこと。見栄を張ること。

【虚懐（懷）】＝虚心の②。

【虚喝（喝）・虚猲】からおどし。こけおどし。

【虚器】①無益・無用の器物。②身分につり合わない道具。③からの器物。④実がなくて名ばかりの事実のたとえ。

【虚偽（僞）】いつわり。うそ。虚妄。

【虚虚実（實）実（實）】国戦いなどの時、相手に対して、計略や手段をつくすこと。秘術をつくすこと。

【虚空】①空。天空。②人のいないさびしい土地。③むなしいこと。

【虚空蔵（藏）】仏菩薩の名。その知恵・慈悲の広大なことが、虚空（天）のようなのでいう。

【虚言】そらごと。虚語。虚説。

【虚幌】人のいないへやのカーテン。人けのない寝室のとばり。一説に、月光を透かす薄いカーテン。幌は、とばり。たれぬの。〔唐、杜甫、月夜詩〕

【虚構・虚構】事実でないことを事実らしく組み立てること。つくりごと。うそ。フィクション。〔後漢書、范滂伝〕

【虚字】①むだな字。その中にない方がよい字。②実字（名詞・代名詞・形容詞・動詞・副詞）に対して、前置詞・接続詞・終尾詞・感動詞などをいう。

【虚辞（辭）】①うそ。そらごと。虚言。②＝虚字の②。

【虚室】①人の居ない室。②かざりのない室。③何もないがらんとした室。④わだかまりのない心（虚心）のたとえ。→虚室生レ白。

【虚室生レ白】人の心が何物にもとらわれず無念無想であれば、真理に達することができる意。白は、光。〔荘子、人間世〕

【虚実（實）】①うそと、まこと。真偽。②あることとないこと。むなしいことと、満ちること。③国虚虚実実の略。

【虚弱】①体が弱い。②勢力・権力などが弱い。

【虚受】①自己の才能では耐えられない、重い官職を受ける。②自分をむなしくして、人の言をきく。

【虚舟】①からの舟。②虚心のたとえ。

【虚徐】①姿や態度がゆったりとして上品なこと。②疑い迷う。

【虚飾】うわべのかざり。みえ。

【虚心】①心をむなしくする。②わだかまりのない心。また、公平無私な心。虚懐。無心。

【虚心坦懐（懷）】わだかまりがなくさっぱりした心。また、公平無私な心。虚心平意。

【虚声（聲）】①こけおどしの声。②実質のともなわない名声。虚名。③こだま。やまびこ。

【虚勢】国からいばり。虚威。

【虚静（靜）】何も考えないで心を落ち着けていること。「虚静恬淡」

【虚説】うそ。つくりごと。虚言。虚談。

【虚脱】①心臓が急に弱って脈が細くなり、身体が冷たくなる症状。②国気力がぬけて元気がなくなること。

【虚誕】いつわり。でたらめ。虚言。

【虚中】①他事を思わないこと。専心。②精気がつきること。③すき腹。空腹。④石の名。鍾乳石の別名。つららいし。

【虚沖】心がむなしく、おだやかなこと。わだかまりのないこと。

【虚白】①むなしい。②純白な心。きれいな心。

【虚発（發）】①むだに発する。矢などの当たらないこと。②ただ弦を鳴らすだけで矢を発しないこと。

【虚文】キョブン ①実用を離れた無用の文。空文。②うわべのかざり。
【虚無】キョム ①むなしく何物もないこと。また、俗界を離れていること。空虚。〔唐、白居易、長恨歌〕山在二虚無縹緲間一。②有無相対を超越した境地。万物の根元・始元としての無。道家思想の根本をなすものの一つ。③虚空。大空。
【虚無僧】コムソウ 仏普化宗の僧で、深編笠をかぶり、帯刀して髪をそらず、尺八を吹き、諸国を行脚する者。
【虚名】キョメイ 事実より過ぎた名誉。事実のともなわないほまれ。虚誉。虚声。
【虚妄】キョモウ うそ。でたらめ。いつわり。虚偽。
【虚礼(禮)】キョレイ 形式だけで、真心のこもらない礼儀。
【虚霊(靈)不△昧】キョレイフマイ 心の本体と作用とを説明した語。虚霊は、わだかまりがなく霊妙なこと。不昧は、明らかな鏡のように、時に応じて、すべての事物の真の姿を写し出すこと。〔大学、朱熹、章句〕
【虚労(勞)】キョロウ 衰弱疲労すること。虚耗。
【△擣レ虚】キョをつく 敵のゆだんしているところを襲う。敵の不意をつく。
【△馮レ虚】キョによる 空中に浮かぶ。〔宋、蘇軾、前赤壁賦〕浩浩乎如三馮レ虚御レ風、而不レ知二其所一レ止。〈広々としたところで、空中に浮かび風に乗って、どこでとどまるのか見当もつかないような感じがする〉

(11)5【虖】6689 △ 一 漢コ 虞 hū 二 漢コ・呉ゴ 虞 hū
字義 一 ❶ほえる。虎がほえる。❷ああ。なげく声。嗚虖。
二 や。か。疑問または反語の助字。＝乎。
解字 金文 篆文 形声。虍＋乎㊥。音符の乎は、よぶの意味。とらがほえるの意味を表す。また、早く金文の時代から烏虖と熟して、「ああ」の意味の感動を表す。

(11)5【處】(531) ショ 処(530)の旧字体。→一二〇ジ。 4961 515D

(11)5【虙】6690 △ 漢フク 呉ブク 屋 fú
字義 ❶虎のさま。❷＝伏。❸＝宓。
解字 篆文 会意。虎省＋必。
【虙犧(犧)】フッキ 中国の伝説上の帝王の名。伏犧。
【虙妃】フクヒ・フッピ 伏犧氏のむすめ。洛水に落ちて死に、水神になったという。宓妃。

(12)6【虗】(6688) キョ 虚(6687)の旧字体。→九五七ジ。
(12)6【虜】(6694) リョ 虜(6693)の旧字体。→下段。
(13)7【虞】6691 常 おそれ 2283 3673
(13)7【虞】6692 グ 虞 yú
筆順 虍 虞
字義 ❶おそれ。うれい。心配。❷おそれる。うれえる。❸おもんぱかる。前もって考えておく。また、おもんぱかり。「危虞」❹いましめ。また、備え。❺やすらか。安んずる。❻たのしむ。＝娯。❼あやまる。誤まり。＝誤。❽喪祭の名。埋葬を終わって家に帰り、霊を安んずるために行う祭り。❾昔の官名。山林・沼沢のことをつかさどる官。❿古代の王朝。舜が堯から天下をゆずり受けて帝位にあった間の名。有虞氏。⓫人名。㋐帝舜。㋑項羽の愛人。
難読 虞美人草
使いわけ おそれ〔恐・虞〕⇩恐(2213)。
解字 金文 篆文 形声。虍＋呉㊥。もと、虎に似た仁獣の意味を表したが、音符の呉が懼に通じ、おそれるの意味を表す。
【虞△淵】グエン ①太陽が没すると想像された、伝説上の場所。②たそがれ。夕方。黄昏。
【虞夏】グカ 伝説上の聖天子舜(有虞氏)と、夏の禹王。また、その時代。神農・虞夏。〔史記、伯夷伝〕
【虞姫(姬)】グキ ＝虞美人。
【虞集】グシュウ 元の学者。字は伯生。号は道園。諡は文靖。元代四傑の一人。編著に『経世大典』『道園学古録』『道園類稿』などがある。(一二七二―一三四八)
【虞初】グショ 前漢の武帝のときの方士。その著の『周説』は、周代の伝説を集めたもので、小説の祖とされている。転じて、小説の意に用いる。
【虞世南】グセイナン 唐代初期の政治家・書家。字は伯施。諡は文懿。太宗に仕え、弘文館学士・秘書監などを歴任した。王羲之の書法を伝え、唐初の三大家の一人。著に『北堂書鈔』がある。(五五八―六三八)
【虞美人】グビジン 楚の項羽の愛人。項羽が垓下で漢軍に取りかこまれ、天運が尽きたとさとって辞世の詩を歌い慨嘆したとき、その詩に和して舞い、自殺したという。(？―前二〇二？)〔史記、項羽本紀〕
【虞美人草】グビジンソウ ①草の名。ひなげしの別名。虞美人の墓の上に生えた草に名づけたという伝説がある。②宋の曾鞏の詩の題。

〔虞美人〕

(13)7【號】(828) ゴウ 号(827)の旧字体。→一八四ジ。 7343 694B
(13)7【虜】6693 常 リョ 4626 4E3A
(12)6【虜】6694 人 許 漢ロ・呉ル 慶 lǔ
筆順 虍 虜
字義 ❶とりこ。いけどり。いけどりにした敵。「捕虜」❷とりこにする。❸しもべ。めしつかい。❹未開の異民族。「胡虜」❺敵をののしっていうことば。❻うばう。かすめとる。
解字 篆文 形声。力＋虘㊥。音符の虘は、グルッと回すの意味を表す擬態語。力づくでグルッととり囲むの意味を表す。
▼醜虜・敵虜・蛮虜・捕虜
【虜囚】リョシュウ とりこ。いけどった敵。捕虜。俘囚。
【虜醜】リョシュウ 敵をののしることばで、醜は、多人数を表す。①敵のやつばら。②蛮族のやつばら。③とりことも。
【虜将(將)】リョショウ ①敵の大将。②未開の異民族の大将。
【虜△掠】リョリャク 人をとりこにし、財物をうばい取ること。

(14)8【虡】6695 △ 漢キョ 呉ゴ 語 jù
字義 ❶鐘や磬をかける台の柱。❷つくえ(机)。❸鹿の頭、竜のからだをした神獣の名。
参考 虚(虛)は別字。
解字 金文 篆文 形声。もと、𦥑＋丌＋虍㊥。

(15)9【虢】6696 △ カク(クヮク) 陌 guó
字義 ❶周代の国名。㋐西虢は今の陝西省宝鶏市のあたり。後に今の河南省陝県のあたりに移り、南虢と称せられる。㋑東虢は今の河南省滎陽県のあたり。㋒北虢は今の山西省平陸県のあたり。❷虎のつめあと。

解字 金文 篆文 会意。虎＋寽。とらが爪をたてて物をつかみとる意味を表す。

【虢国(國)夫人】カクコクフジン 唐の楊貴妃の三番目の姉の封号。

【膚】→月部 五三四ページ。　【慮】→心部 四〇七ページ。

(16)10 **【虣】** 6697 △ 漢ホウ 呉ボウ 号 bào

字義 ❶しいたげる。❷きびしい。あらい（暴）。

解字 篆文 会意。虎＋武。とらのようにたけだけしい意味を表す。

(17)11 **【虧】** 6698 △ キ 因 kuī　7344 694C

［虧］俗字

字義 ❶**かける**（欠）。㋐少なくなる。減る。㋑欠け落ちる。こわれる。❷**かく**。減らす。そこなう。❸かけ。減り。

解字 篆文 形声。亏＋䖒㊟。亏は、けずるための刃物の象形。音符の䖒は、欠に通じ、かけるの意味。刃物でかく・そこなうの意味を表す。

【虧盈】キエイ ①欠けることと、満ちること。②三日目と満月。

【虧月】キゲツ 欠けて、まるくない月。↔満月。

【虧食・虧蝕】キショク 日月が欠ける。日食。また、月食。

【虧損】キソン ①欠けそんじる。②欠いていためる。害する。

(18)12 **【虩】** 6699 △ ㊀漢ケキ・呉キャク 陌 xì ㊁漢サク・呉シャク 陌 慣ゲキ

字義 ㊀❶おそれる。また、恐れるさま。❷虫の名。はえとりぐも。㊁❶虎が驚くさま。❷おどろきおそれる。＝愬。

解字 金文 篆文 形声。虎＋𡭴㊟。音符の𡭴は、すきまの意味を表す。虎がすきまをうかがうことから、ねらわれて恐れるの意味。

6 虫部

〔部首解説〕 むし。むしへん。虫を意符として、昆虫などの小動物のほか、蚌（貝の一種）・蛙・蛇・蛟（竜の一種）など、各種の動物の名称や状態を表す文字ができている。

融→鬲部 一三五六ペー。

(6)0 **【虫】** 6700 教1 チュウ むし　3578 436E

㊀(18)12 〖蟲〗 6701 漢チュウ（チウ） 呉ジュウ（ヂウ） 東 chóng　7421 6A35

㊁(6)0 〖虫〗 △ キ 尾 huǐ

筆順 ロ 中 虫 虫

字義 ㊀〔蟲〕❶**むし**。昆虫類の総称。❷動物の総称。羽虫は、鳥。毛虫は、獣。甲虫は、亀の類。鱗虫は、魚類、また、うろこのある動物。裸虫は、人類。❸虫虫は、むしあついさま。

㊁〔虫〕まむし（蝮）。毒蛇の名。

難読 虫唾（むしず）

解字 ㊀〔蟲〕篆文 会意。虫＋虫＋虫。虫は、まむしの象形。小さな虫が多く集まるさまから、うじ虫・むしの意味を表す。虫と蟲とは、もとは別字であるが、蟲の省略体として虫を用いる。

㊁〔虫〕甲骨文 金文 篆文 象形。頭が大きくてグロテスクなまむしの形にかたどり、まむしの意味を表す。さらに、一般に、爬虫類の意味も表す。

▼介虫・夏虫・甲虫・昆虫・毛虫・裸虫

【虫魚】チュウギョ ①虫と魚。②つまらないこと。考証家のつまらない考証をそしる語。

【虫書】チュウショ ①秦の八体書の一つ。虫の形に似た字体。虫篆。②虫の食ったあとが、篆書のように見えるもの。

【虫蛆】チュウソ うじむし。

【虫豸】チュウチ ①足のある虫と足のない虫。むしけら。②人をいやしめていう語。

【虫篆】チュウテン 篆書の一体。＝虫書。

【虫臂鼠肝】チュウヒソカン 虫のひじと、ねずみのきも。つまらぬもの、無用のもののたとえ。〔荘子、大宗師〕

(7)1 **【虬】** 6702 △ キュウ 虯（6703）の俗字。→次項。

(8)2 **【虯】** 6703 △ 漢キュウ（キウ） 呉グ 尤 qiú

［虬］俗字

字義 ❶**みずち**。竜の子で、二つの角があるという想像上の動物。❷角のない竜。また、

竜。虬竜。

解字 篆文 形声。虫＋丩音。音符の丩キュウは、まつわるの意味。虫は、へびの意味。まつわるへび、みずちの意味を表す。

【虬髯】キュウゼン みずちのように曲がっているひげ。

【虬蟠】キュウバン みずちのように相まつわり、わだかまること。

(8)2 **【虱】6704** △ シツ 蝨(6809)の俗字。→九六七ジ。 7345 694D

(9)3 **【虷】6705** △ 一漢カン・呉ガン 寒 hán 二カン 寒 gān

字義 一ぼうふら（孑孑ゲッキョウ）。ぼうふり。 二❶むしばむ。❷おかす（犯）。

解字 形声。虫＋干音。

(9)3 **【虺】6706** △ 一キ 尾 huǐ 二漢カイ（クヮイ）・呉ケ 灰 huī

字義 一❶まむし（蝮フク）。毒蛇の名。❷とかげ（蜥蜴セキエキ）。❸ひばかり。へびの一種。❹小さいへび。 二虺隤カイタイは、病みつかれるさま。

解字 篆文 形声。兀＋虫音。音符の虫キは、頭の大きなまむしの象形。兀ゴツは、頭をもたげるの意味。頭をもたげて向かってくるまむしの意味を表す。

【虺蛇入レ夢】キダゆめにいる まむしやへびを夢に見る。ともに陰性の虫であるところから、女子を生むきざし。

【虺隤】カイタイ →字義の二。

【虺蜮】キヨク まむし。転じて、人に害を与える邪悪な者のたとえ。

(9)3 **【虹】6707** 人 一漢コウ・呉グ 東 hóng 二コウ（カウ） 絳 jiàng 三漢コウ（カウ）・呉ゴウ（ガウ） 江 3890 467A

筆順 口 虫 虫 虹

字義 一二❶にじ。日光が空中の水蒸気にあたって、光の分散現象を起こし、太陽の反対方向の空に現れる七色のアーチ形のもの。昔は、竜の一種と考え、雄を虹、雌を蜺ゲイといった。❷はし（橋）。 三❶みだす。乱れる。❷つぶれる。

解字 篆文 形声。虫＋工音。虫は、へびの意味。工は、つらぬくの意味。天空をつらぬくへび、にじの意味を表す。

【虹旗】コウキ にじを描いた天子の旗。

【虹橋】コウキョウ ①にじ。②にじの形をした橋。

【虹蜺・虹霓】コウゲイ にじ。昔、にじを竜の一種と考え、雄を虹、雌を蜺・霓とした。

【虹桟（棧）】コウサン にじのように高い、弓状のかけ橋。

【虹泉】コウセン たき。瀑布バクフ。

(9)3 **【虻】6708** 標 ボウ 蝱(6820)の印刷標準字体。→九六八ジ。 1626 303A

(10)4 **【蚓】6709** △ イン 軫 yǐn 7346 694E

字義 みみず（蚯蚓キュウイン）。＝螾イン。

解字 篆文 形声。虫＋引音。音符の引は、ひくの意味。身を引いては動く虫、みみずの意味を表す。

(10)4 **【蚜】6710** △ 漢カ 呉ケ 麻 yá

字義 あぶらむし。草木の若芽の養液を吸う小虫。ありまき。

解字 形声。虫＋牙音。

(10)4 **【蚑】6711** △ 漢キ 呉ギ 支 qí

字義 ❶はう。虫がはう。❷長蚑キチョウは、虫の名。あしたかぐも。

解字 篆文 形声。虫＋支音。

【蚑行】キコウ ①虫のようにはって行く。②はって行くもの。虫類。また、獣類。

(10)4 **【蚖】6712** △ 一漢ゲン 呉ガン（グヮン） 元 yuán 二ガン（グヮン） 寒 wán

字義 一とかげ。また、いもり。 二まむし（蝮フク）。

解字 形声。虫＋元音。

(10)4 **【蚣】6713** △ 一漢コウ・呉ク 東 gōng 二漢ショウ・呉シュウ 冬 zhōng 7347 694F

字義 一蜈蚣ゴコウは、むかで。 二蚣蝑ショウショは、きりぎりす。

解字 形声。虫＋公音。

(10)4 **【蚕】6714** 教 6 サン かいこ 2729 3B3D

(24)18 **【蠶】6715** 漢サン 呉ザン 覃 cán ［蠶］ 7436 6A44

【蝅】俗字

筆順 二 天 吞 蚕

字義 ❶かいこ（蚕）。蚕蛾サンガの幼虫。桑くわの葉を食い、糸をはき出して、まゆを作る。❷かいこを飼う。

難読 蚕桑こぐわ・蚕豆そらまめ・蚕簿えびら・まぶし

解字 甲骨文 篆文 形声。篆文は、蚰＋朁音。音符の朁サンは、かくれるの意味。糸を吐いて自身をかくし、まゆを作るかいこの意味を表す。

▼農蚕

【蚕衣】サンイ ①繭まゆ。②蚕を飼うときに着る着物。③絹の衣服。また、絹の衣服を着る。

【蚕家】サンカ 蚕を飼う家。

【蚕月】サンゲツ 養蚕をする月。陰暦の四月（一説に三月）をいう。

【蚕史】サンシ 『史記』の別称。『史記』の作者司馬遷が宮刑に処せられ、蚕室に閉じこめられたことからいう。→蚕室の②。

【蚕児（兒）】サンジ ①かいこ。児は、助字。②蚕の孵化フカしたばかりの幼虫。

【蚕室】サンシツ ①蚕を飼うへや。②宮刑に処せられた者が入る牢獄ロウゴク。無風の密室であるところからいう。③繭まゆ。

【蚕食】サンショク ①蚕が桑の葉を食うこと。②蚕が桑の葉を食うように、しだいに他国を侵略すること。③自分は働かずに他人のものを食うこと。

【蚕織】サンショク 蚕を飼い、絹を織ること。婦人の仕事。

【蚕績】サンセキ 蚕を飼い糸をつむぐこと。

【蚕桑】サンソウ 桑を植え、蚕を飼うこと。

【蚕繅】サンソウ ＝蚕績。

【蚕叢】サンソウ 蜀王ショクオウの伝説的な先祖。転じて、蜀（今の四川省地方）の別名。

【蚕蔟】サンゾク 蚕に繭まゆを作らせるための器具。まぶし。

【蚕豆】サントウ そらまめの別名。五月豆。

(10)4 **【蚩】6716** △ シ 支 chī 7348 6950

字義 ❶虫の名。❷おろか。❸もとる。❹みだす。また、みだれる。❺あなどる。軽視する。❻わらう（笑）。あざけり笑う。❼みにくい（醜）。

解字 金文 篆文 形声。虫＋㞢音。

【蚩蚩】シシ ①手厚いさま。②おろかなさま。無知なさま。③乱れるさま。

【蚩笑】シショウ あざけり笑う。嗤笑シショウ。

【蚩尤】シユウ 伝説上の人物の名。黄帝時代の豪族といわれ、黄帝と戦い敗死したという。

(10)4 **【蚋】6717** △ 漢ゼイ 呉ネイ 霽 ruì 7350 6952

【蜹】正字

字義 ❶ぶよ。ぶゆ。ぶと。また、ぶよの幼虫。❷毒蛇。

解字 篆文 形声。篆文は、虫＋芮音。蚋は、省略体。

(10)4 **【蚺】6718** △ 漢ゼン 呉ネン 塩 rán

字義 にしきへび。大蛇。
解字 篆文 形声。虫＋冄㊥。音符の冄(ゼン)は、垂れひげの象形。木の枝などから垂れさがっている蛇の意味を表す。

(10)4
【蚤】6719 標 ㊀ソウ（サウ）皓 zǎo ㊁㊇ソウ（サウ）㊄ショウ（セウ）巧 — 3934 *4742*

字義 ㊀❶のみ。虫の名。❷はやい(はやし)。＝早。❸つとに。早く。㊁つめ。＝爪(ソウ)。

解字 篆文 形声。虫＋叉㊥。音符の叉(ソウ)は、爪の古字で、上からおおう手、または、つめの象形。人にかみつく虫で飛びはねるのを上からおさえてつめでつぶす、のみの意味を表す。

【蚤起】(ソウキ) 朝早く起きる。早起。夙興(シュクコウ)。

【蚤甲】(ソウコウ) つめのこう。

【蚤歳】(ソウサイ) ①若い時。弱年。②年の初め。

【蚤知△之士】(ソウチのシ) 早く予知できる人。先見の明のある人。

【蚤△莫】(ソウボ) ①朝と日ぐれ。莫は、暮。②明けくれ。

【蚤夜】(ソウヤ) 夙夜(シュクヤ)。①早朝と深夜。②朝は早く起き、夜はおそく寝ること。朝早くから夜おそくまで。

【蚤△夭】(ソウヨウ) 若死に。早世。夭折。蚤世。

(10)4
【蚪】6720 △ ㊇トウ・㊄ツ 慣ト 有 dǒu — 7349 *6951*

字義 蝌蚪(カト)は、おたまじゃくし。
解字 形声。虫＋斗㊥。音符の斗は、ひしゃくの形をした物の意味を表す。

(10)4
【蚍】6721 △ ㊇ヒ ㊄ビ 支 pí

字義 蚍蜉(ヒフ)は、大蟻(おおあり)。
解字 篆文 形声。虫＋比㊥。
【蚍△蜉△撼二大樹一】(ヒフ タイジュを うごかす) 才知・見識のおとっている者が、すぐれている人を、みだりに批評することのたとえ。〔唐、韓愈、調二張籍一詩〕
【蚍△蜉△蟻子△之援】(ヒフギシのエン) 大・小の蟻(あり)の助力。転じて、わずかな援兵のたとえ。〔唐、韓愈、張中丞伝後序〕

(10)4
【蚨】6722 △ ㊇フ ㊄ブ 虞 fú

字義 ❶青蚨は、中国の南海に生ずる、想像上の虫の名。蟬(せみ)に似ている。その母の血と子の血とを、別々に銭に塗り、一方を手もとに置きながら、一方を消費すれば、すぐまた手もとにもどってくるという。❷銭の別名。
解字 篆文 形声。虫＋夫㊥。

(10)4
【蚡】6723 △ ㊇フン ㊄ブン 文 吻 fén

字義 ❶もぐら。もぐらもち。獣の名。ねずみに似た形で、野原や田畑に坑道を掘って進み、土中の虫や植物の根を食う。田鼠(デンソ)。❷声の乱れるさま。❸田蚡(デンブン)は、前漢、武帝の時の宰相。
解字 形声。虫＋分㊥。

(10)4
【蚊】6724 常 か 蚊帳(かや) ㊇ブン・㊄モン 文 wén — 1867 *3263*

筆順 口 虫 虻 蚊 蚊

【䖟】正字

字義 か。小さい飛虫で、ぼうふらの成虫。夏、人や動物をさして血を吸う。＝蟁。

難読 蚊母樹(いすのき)

解字 篆文 俗体 形声。篆文は、蚰＋民㊥。音符の民は、「か」の羽音の擬声語。かの意味を表す。常用漢字の蚊は俗字。虫＋文㊥。

【蚊脚】(ブンキャク) 蚊の足。転じて、細字の形容。

【蚊吟】(ブンギン) 蚊の鳴き声。蚊の羽音のこと。蚊声。

【蚊△睫】(ブンショウ) 蚊のまつげ。微細なもののたとえ。

【蚊帳】(ブンチョウ) かや。蚊幮(ブンチュウ)。蚊幬(ブンチュウ)。蚊幌(ブンコウ)。

【蚊△虻・蚊△蝱】(ブンボウ) 蚊とあぶ。小さいもの・つまらないこと・わずかなもののたとえ。「蚊虻牛羊を走らす」

【蚊雷】(ブンライ) 集まり鳴く蚊の大きな声をいう。

(10)4
【蚌】6725 △ ㊇ホウ（ハウ）㊄ボウ（バウ）講 bàng — 7351 *6953*

【蜯】同字

字義 貝の名。㋐どぶがい。からすがいの一種。㋑はまぐり（蛤）。
解字 篆文 形声。虫＋丰㊥。音符の丰(ホウ)は、逢(ホウ)に通じ、あうの意味。貝がらが合わさる二枚貝の意味を表す。
【蚌珠】(ボウシュ) どぶがい（または、からすがい）から出る真珠。

(11)5
【蚶】6726 △ カン 覃 hān — 7352 *6954*

字義 あかがい。貝の一種。
解字 形声。虫＋甘㊥。

(11)5
【蚯】6727 △ ㊇キュウ（キウ）㊄ク 尤 qiū — 7353 *6955*

字義 蚯蚓(キュウイン)は、みみず。
難読 蚯蚓(みみず)
解字 形声。虫＋丘㊥。

(11)5
【蚷】6728 △ ㊇キョ ㊄ゴ 語 jù — 2354 *3756*

字義 商蚷(ショウキョ)は、やすで。おさむし。むかでに似た小さい虫。
解字 形声。虫＋巨㊥。

(11)5
【蛍】6729 常 ケイ ほたる ㊇ケイ ㊄ギョウ（ギャウ）青 yíng — 7405 *6A25*

(16)10
〖螢〗6730

筆順 ⺍ 𭕄 労 蛍 蛍

字義 ほたる。虫の名。夏、水辺に生まれ、腹に発光器があって、夜間は光を放つ。

解字 形声。虫＋熒省㊥。音符の熒(ケイ)は、めぐらすかがり火の意味。かがり火のような光を発する虫、ほたるの意味を表す。常用漢字の蛍は、螢の省略体による。

【蛍案】(ケイアン) 晋(シン)の車胤(シャイン)が蛍の光で読書し苦学した故事。転じて、苦学すること。案は、つくえ。→蛍雪之功。「蛍窓雪案」

【蛍影】(ケイエイ) ほたるの光。蛍燭(ケイショク)。

【蛍火】(ケイカ) ①ほたるの光。②国(ほたるび) ㋐＝①。㋑消え残りの埋火(うずみ)。

【蛍雪△之功】(ケイセツのコウ) 晋(シン)の車胤(シャイン)と孫康とが、貧乏で灯油が買えないので、ほたるや雪の光で読書したという故事。転じて、苦学すること。功は、成果。〔晋書、車胤伝・孫康伝〕

【蛍窓・蛍△窗】(ケイソウ) 書斎。晋(シン)の車胤(シャイン)が、ほたるの光によって読書した故事による。

(11)5
【蚿】6731 △ ㊇ケン ㊄ゲン 先 xián

字義 馬蚿は、やすで（蚷(キョ)）。おさむし。
解字 形声。虫＋玄㊥。

(11)5
【蛄】6732 △ コ 虞 gū — 7354 *6956*

字義 ❶螻蛄(ロウコ)は、おけら。虫の名。❷蟪蛄(ケイコ)は、にいにいぜみ。むぎわらぜみ。なつぜみ。
解字 篆文 形声。虫＋古㊥。音符の古は、固いの意味。体の固い虫、けら・にいにいぜみの意味を表す。

(11)5
【蚱】6733 △ ㊇サク ㊄シャク 陌 zhà

字義 ❶蚱蟬(サクセン)は、くまぜみ。やまぜみ。❷蚱蜢(サクモウ)は、ばった。
解字 形声。虫＋乍㊥。

(11)5 【蛇】6734 常 ジャ・ダ へび
㊀漢タ・呉ダ 歌 tuó
㊁漢シャ・呉ジャ 麻 shé
㊂イ 支 yí
2856 3C58

筆順 口 虫 虫 虫 虫 蛇

【虵】俗字

字義 ㊀㊁ ❶へび。くちなわ。❷委蛇（イダイ）は、どじょう。一説に、大鳥。❸星の名。
㊂委蛇（イイ）は、㋐のびのびして安らかなさま。㋑うねり行くさま。㋒行跡の明らかなさま。

解字 体 別（它） 形声。虫＋它㊥。音符の它（タ）は、へびの象形。虫を加え、その意味を明らかにした。

▼委蛇・異蛇・長蛇・竜蛇

【蛇蛇】（イイ） 浅薄なさま。一説に、のびのびとやすらかなさま。

【蛇蝎】（ダカツ） へびとさそり。転じて、非常に恐ろしいもの・いみきらうもののたとえ。

【蛇虺】（ダキ） へびとまむし。また、大へびと小へび。転じて、人を害する者のたとえ。

【蛇行】（ダコウ） ①へびが進むときのように、曲がりくねって進むこと。②両手を地につき、はらばって進むこと。

【蛇蛻】（ダゼイ） へびの抜けがら。

【蛇足】（ダソク） へびの足。無用なもののたとえ。→次項。

【画(畫)レ蛇添レ足】（へびをえ（ゑ）がいてあしをそう（ふ）） へびを描いて、足を書きたす。へびには足がないので、それを書くことは不要であることから、無用なことをするこのたとえ。〔戦国策、斉〕

(11)5 【蛆】6735 △ ショ 魚 qū. ② jū 慣ソ
7355 6957

字義 ❶うじ。❷蝍蛆（ショクショ）は、㋐むかで。㋑こおろぎ。
解字 形声。虫＋且㊥。

(11)5 【蜑】6736 標 漢タン 呉ダン 翰 dàn
3533 4341

字義 ❶鳥の卵。❷中国南方の水上に住む異民族。＝蜒（タン）。
解字 形声。虫＋疋（延）㊥。音符の延は、誕に通じ、うまれるの意味。虫やへびのうまれてくる、たまごの意味を表す。
【蛋白】（タンパク） ①卵の白み。卵白。②国蛋白質から成っているもの。

(11)5 【蚳】6737 △ 漢チ 呉ジ（ヂ） 支 chí
字義 ❶あり（蟻）の卵。❷さそり（蠍（カツ））。
解字 篆文 形声。虫＋氐㊥。音符の氐（テイ）は、そこ・ひくいの意味。地面よりも低い所にいる虫、あり・さそりの意味を表す。

(11)5 【蛁】6738 △ チョウ（テウ） 蕭 diāo
字義 蛁蟟（チョウリョウ）・蛁蟧（チョウロウ）は、みんみんぜみ。
解字 篆文 形声。虫＋召㊥。

(11)5 【蚰】6739 △ 漢ユウ（イウ） 呉ユ 尤 yóu
7356 6958
字義 蚰蜒（ユウエン）・蚰衍（ユウエン）は、げじげじ。節足動物の一種。
難読 蚰蜒（げじげじ・なめくじ）
解字 形声。虫＋由㊥。

(11)5 【蚴】6740 △ 漢ユウ（イウ） 呉ヨウ（エウ） 有 yǒu
字義 ❶蚴蟉（ユウリュウ）は、うねりくねるさま。竜の行くさま。❷蚴蜕（ユウエツ）は、じがばち。蜂（はち）の一種。
解字 形声。虫＋幼㊥。

(11)5 【蛉】6741 標 漢レイ 呉リョウ（リャウ） 青 líng
7357 6959
字義 ❶蜻蛉（セイレイ）は、とんぼ。❷螟蛉（メイレイ）は、あおむし。
解字 篆文 形声。虫＋令㊥。音符の令は、冷に通じ、つめたいの意味。透き通って涼しげな羽の、とんぼの意味を表す。

(11)5 【蛎】6742 △ レイ 蠣（6883）の俗字。→九七三ページ。
1934 3342

(11)5 【蚫】6743 △ 国字 ホウ（ハウ）
7359 695B
字義 あわび（鮑（ホウ））。
解字 形声。虫＋包㊥。

(12)6 【蛙】6744 標 漢ワ・呉エ（ヱ） 麻 wā 慣ア
1931 333F
【䵷】同字
字義 ❶かえる（かへる）。かわず。❷みだら（淫（イン））。下品。→蛙声の②。

解字 篆文 形声。虫＋圭㊥。篆文は、黽＋圭㊥。黽は、かえるの象形。音符の圭（ケイ）は、かえるの鳴き声の擬声語。

【蛙市】（アシ） かえるが群がり鳴くこと。

【蛙声(聲)】（アセイ） ①かえるの鳴く声。蛙吹。蛙鳴。②みだらな音楽。淫声（インセイ）。

【蛙黽】（アボウ） あまがえる。

【蛙鳴蟬噪】（アメイセンソウ） ①かえるの鳴き声とせみの騒がしい声。②やかましく言い騒ぐこと。③つまらぬことをくだくだ述べている文章。また、つまらぬ議論。

【蛙為(爲)レ鶉】（かえ（へ）るうず（づ）らとなる） かえるが化して、うずらとなる。万物が転々として変化することのたとえ。〔列子、天瑞〕

(12)6 【蛔】6745 △ 漢カイ（クワイ） 呉ガイ（グワイ） 灰 huí
7360 695C
字義 回虫。腹の虫。寄生虫の一種。
参考 現代表記では〔回〕（1152）に書きかえることがある。「蛔虫→回虫」
解字 形声。虫＋回㊥。音符の回は、めぐるの意味。腹の中をめぐりまわる回虫の意味を表す。

(12)6 【蛞】6746 △ 漢カツ（クワツ） 呉カチ（クワチ） 曷 kuò
7361 695D
字義 ❶おたまじゃくし。❷蛞蝓（カツユ）は、なめくじ。なめくじら。❸蛞螻（カツロウ）は、けら。おけら。
難読 蛞蝓（なめくじ）
解字 形声。虫＋舌㊥。

(12)6 【蛣】6747 △ 漢キツ 呉キチ 質 jié
字義 ❶せみ（蟬（ゼン））。❷蛣蝕（キックツ）は、きくい虫。❸蛣蟩（キッケツ）は、ぼうふら。子孑（ゲッキョウ）。❹蛣蜣（キッキョウ）は、くそむし。
解字 篆文 形声。虫＋吉㊥。

(12)6 【蛩】6748 △ ㊀漢キョウ・呉グ 冬 qióng ㊁漢キョウ・呉ク 腫 gǒng ［蛩］
7362 695E
字義 ㊀❶こおろぎ（こほろぎ）（蟋蟀（シッシュツ））。＝蛬（キョウ）。❷せみのぬけがら。❸いなご（蝗（コウ））。㊁げじげじ（蚰蜒（ユウエン））。
解字 篆文 形声。虫＋巩㊥。音符の巩（キョウ）は、包みかかえるの意味を表す。せみのぬけがらのこと。
【蛩蛩】（キョウキョウ） ①伝説上の獣の名。北海にすみ、馬に似た獣。②うれえ思うさま。
【蛩声(聲)】（キョウセイ） こおろぎの鳴く声。蛩鳴。

(12)6 【蛬】6749 △ 漢キョウ 呉グ 冬 qióng
7363 695F
字義 こおろぎ（こほろぎ）（蟋蟀（シッシュツ））。＝蛩（キョウ）。
解字 形声。虫＋共㊥。

(12)6 【蚈】6750 △ ケン 先 qiān
字義 ❶ほたる（蛍）。❷やすで。虫の名。
解字 形声。虫＋幵㊥。

(12)6 【蛟】6751 △ 漢コウ（カウ） 呉キョウ（ケウ） 肴 jiāo
7364 6960

字義 みずち（みづち）。水中に住む想像上の動物。竜の一種。へびに似て、四足があり、大きいものは人をのむという。

解字 篆文  形声。虫＋交㊥。音符の交は、いりまじる・よじれるの意味。からだのよじれている、みずち、または、わにの類の意味を表す。

【蛟△螭】コウチ　みずち。一説に、水神。

【蛟竜(龍)】コウリュウ・コウリョウ　①みずちと竜。②竜の一種。うろこのある竜をいう。

【蛟竜(龍)得ニ雲雨一】コウリョウウンウをう　みずちや竜が雲雨を得て天に登ること。英雄が機会をとらえて大業を成しとげることをいう。〔呉志、周瑜伝〕

(12)6
【蛤】6752　標　コウ（カフ）〔合〕gé, ②há　4026 483A

字義 ❶**はまぐり**。遠浅の海岸の砂中にすむ貝。❷かじか。また、かえる。

難読 蛤良(あいら)

解字 篆文  形声。虫＋合㊥。音符の合は、あうの意味。二枚の貝があわさる、はまぐりの意味を表す。

【蛤柱】コウチュウ　はまぐりの貝ばしら。蛤丁(コウテイ)。

【蛤△蜊】コウリ　はまぐりとあさり。また、しおふき貝。

(12)6
【蛭】6753　標　漢**シツ**　呉シチ　〔質〕zhì　4140 4948

字義 ❶**ひる**。池・沼や田にすみ、人畜の血を吸う虫。❷ありづか。

難読 蛭子(ひる・えびす)

解字 篆文  形声。虫＋至㊥。

(12)6
【蛛】6754　標　漢チュウ（チウ）・呉**チュ**　〔虞〕zhū　慣**シュ**　7365 6961

字義 蜘蛛(チチュ・チシュ)は、くも。節足動物の一種。

解字 形声。虫＋朱㊥。

(12)6
【蛮】6755　常　バン　4058 485A

(25)19
〔蠻〕6756　漢バン　呉マン　〔刪〕mán　7439 6A47

筆順 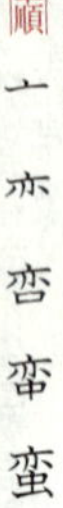

字義 ❶南方に住む未開の種族。四夷(イシ)（東夷・西戎(セイジュウ)・南蛮・北狄(ホクテキ)）の一つ。❷文化の開けない民。❸あなどる。かろんずる。❹昔、外国人をいやしんで言った語。

参考 現代表記では〔蕃〕(6580)の書きかえに用いることがある。「蕃族→蛮族」

解字 金文  篆文  形声。虫＋變省㊥。音符の變(ヘン)は、かわっているの意味。漢民族とは変わった習俗をもつ種族、異民族の意味を表す。常用漢字は、省略体による。

▼南蛮・野蛮

【蛮△夷△戎△狄】バンイジュウテキ　四方の未開の国。古来中国人は自国を中央に位置する文化の開けた大国として中華と称し、四方の未開な諸国を南蛮・東夷・西戎・北狄といった。→字義の①。

【蛮△荊】バンケイ　南方の異民族。楚(ソ)の地をさしていう。荊は、楚。

【蛮語】バンゴ　①異民族のことば。②外国語をいやしめていう。③国スペイン・ポルトガル語の旧称。南蛮語。

【蛮行】バンコウ　野蛮な行為。

【蛮荒】バンコウ　遠い南方の未開の地。荒は、荒服で、都から遠く二千里、ないし二千五百里の地。

【蛮骨】バンコツ　国①蛮勇の性質。②バンカラなかっこう。

【蛮触(觸)△之争(爭)】バンショクのあらそい(ひ)　かたつむりの角の右にいる蛮氏と、左にいる触氏との争い。とるに足らないことで争うたとえ。→蝸角之争(九六七ページ)。〔荘子、則陽〕

【蛮声(聲)】バンセイ　国野蛮な声。どら声。

【蛮族】バンゾク　未開の民族。蕃族(バンゾク)。

【蛮奴】バンド　①召使いの蛮人。②未開の異民族をいやしめていう語。

【蛮舶】バンパク　外国の舟。

【蛮△貊】バンパク　未開の異民族。蛮は南方の、貊は北方の異民族。

【蛮風】バンプウ　①南方の未開の地に吹く風。②未開の地の風俗。転じて、いやしい風俗。粗野な風俗。蛮俗。

【蛮方】バンポウ　未開の国。

【蛮勇】バンユウ　国野蛮な勇気。向こう見ずの元気。

【蛮虜】バンリョ　未開の異民族。

(12)6
【蛯】6757　国字　△　7366 6962

字義 **えび**。蝦(えび)。海老。

解字 会意。虫＋老。老は、老人の腰のように曲がる、えびの意味を表す。

(13)7
【蜒】6758　△　**エン**　〔先〕yán　7367 6963

字義 ❶うねうねと長いさま。❷祝蜒(シュクエン)は、やもり。❸蝘蜒(マンエン)は、獣の名。❹蚰蜒(ユウエン)は、げじげじ。

解字 形声。虫＋延㊥。虫は、うねり行くへびの象形。音符の延は、のびるの意味。うねうねとのびるの意味を表す。

(13)7
【蜎】6759　△　〔一〕エン（ヱン）〔先〕yuān　〔二〕ケン〔先〕

字義 〔一〕〔二〕❶ぼうふら。蚊の幼虫。❷たわむ（撓(ドウ)）。屈曲する。

解字 篆文  形声。虫＋肙㊥。音符の肙(エン)は、ぼうふらの意味を表す。のち、虫を付し、意味を明らかにした。

(13)7
【蛾】6760　標　〔一〕**ガ**〔歌〕é　〔二〕ギ〔紙〕yǐ　1875 326B

字義 〔一〕❶**ガ**。蚕の成虫。また、毛虫類の成虫。蝶(チョウ)に似た昆虫で、夜間に灯火を求めて活動する。❷眉毛(まゆげ)。蛾の触手に似た美しいまゆ毛。❸三日月。❹にわか。だしぬけ。＝俄(ガ)。〔二〕あり（蟻(ギ)）。

解字 篆文  形声。虫＋我㊥。音符の我は、ぎざぎざの刃のある「おの」の象形。ぎざぎざの触角のある「が」の意味を表す。

【蛾術】ギジュツ　小さい蟻(あり)が大きい蟻に見習って、たえず土を運んで大きな蟻塚(ありづか)を完成すること。聖賢の教えを習い大成することのたとえ。〔礼記、学記〕

【蛾△翠】ガスイ　①女のまゆのみどり色。また、そのような緑色。山水のみどりをいう。②美人のまゆ。

【蛾△眉】ガビ　①細長く曲がって美しいまゆ。→字義の〔一〕の②。②美人をいう。〔唐、白居易、長恨歌〕六軍不レ発無ニ奈何一、宛転蛾眉馬前死(リクグンハッせず いかんともするなく、エンテンたるガビ バゼンにシす)。〈近衛の軍隊は出発しようとせず、どうにもならなくなった。かくて、しなやかで美しいまゆをした人（楊貴妃(ヨウキヒ)）は、天子の馬前で死んだのである〉③三日月をいう。

【蛾△眉山】ガビサン　四川省成都市の西南方にある山の名。→峨眉山(三三六ページ)。

【如ニ蛾赴一レ火】ガのひにおもむくがごとし　蛾が身を火に投じて死ぬようなものである。自身の滅ぶことも考えずに利欲をむさぼることのたとえ。〔古今事文類聚〕

(13)7
【蛺】6761　△　**キョウ**（ケフ）〔葉〕jiá

字義 蛺蝶(キョウチョウ)は、ひおどしちょう。また、蝶類の総称。

解字 篆文  形声。虫＋夾㊥。音符の夾(キョウ)は、はさむの意味。ものをはさむように羽をとじる、ちょうの意味を表す。

(13)7
【蜆】6762　△　〔一〕漢**ケン**・呉ゲン〔銑〕xiàn　〔二〕**ケン**〔銑〕xiǎn　7368 6964

字義 〔一〕みの虫。〔二〕**しじみ**。貝の一種。

解字 篆文  形声。虫＋見㊥。

(13)7
【蜈】6763　△　**ゴ**〔虞〕wú　7369 6965

字義 蜈蚣は、むかで（百足）。節足動物の一種。
難読 蜈蚣
解字 形声。虫＋呉㊥。音符の呉は、舞いくるうさまにかたどる。たくさんの足を舞いくるわせるさまの、むかでの意味を表す。

(13)7
【蛼】6764　△　シャ　麻　chē　7375 696B
字義 蛼螯は、貝の名。おおはまぐり。＝車螯。国❶こおろぎ。❷あしまつい。かまきりなどに寄生する線虫。はりがね［むし。］
解字 形声。虫＋車㊥。

(13)7
【蜍】6765　△　漢ショ　呉ジョ　魚　chú
字義 蟾蜍は、ひきがえる。
解字 形声。虫＋余㊥。

(13)7
【蜀】6766　標　漢ショク　呉ゾク　沃　shǔ　7370 6966
字義 ❶あお虫。毛虫。蝶や蛾の幼虫。❷とどまる。鶏の一種。形が大きい。蜀鶏。❸ひとつ。ひとり。❹国名。㋐古代、蜀の地にあった侯国。秦により滅ぼされ蜀郡が置かれた。㋑三国時代の蜀。→蜀漢。㋒五胡十六国の一つで、後蜀。→成漢（四三七ジ一）。㋓五代十国の二国で、前蜀と後蜀。→前蜀（一四一ジ一）・後蜀（三八三ジ一）。❺四川省の別称。
難読 蜀葵・蜀魂・蜀黍
解字 甲骨文　篆文　象形。大きな目を持ち、桑についてむらがり動く不快な虫、あおむしにかたどり、あおむしの意味を表す。蜀（虫）を音符に含む形声文字に、属・燭・独・蠋・触などがあり、これらの漢字は、「つづく」の意味を共有している。
【蜀漢】①三国の一つ。劉備が魏・呉に対抗して蜀の成都（今の四川省成都市）に都して建てた国。劉備は漢の王室の血統きだったので、漢と称した。前・後漢と区別して、蜀漢と呼ぶ。二代四十三年で魏に滅ぼされた。（三三一—二六三）②秦・漢代の蜀郡（今の四川省の中部地方）と漢中（今の陝西省の南部と湖北省の北西部地方）。
【蜀犬吠日】蜀の地は四面が高い山で、雲霧が多く、太陽を見ることが少ないので、たまたま日が出ると犬が怪しんでほえる。転じて、見識のせまい者が、賢人の言行に対して疑い怪しんで、非難攻撃することのたとえ。〔唐、柳宗元、与韋中立論師道書〕
【蜀江】蜀の成都の内外を流れている川。水が清らかで、錦をさらすに適しているという。錦江。〔唐、白居易、長恨歌〕蜀江水碧蜀山青、聖主朝朝暮暮情。〈蜀の川はみどり色で、蜀の山々も青々と美しいが、天子は毎朝毎晩悲しい思いをつのらせている〉
【蜀江錦】蜀に産する錦。非常に美しいので珍重される。→蜀江。
【蜀魂】ほととぎすの別名。蜀の望帝の魂が化して、この鳥となったという伝説に基づく。
【蜀山】①蜀の地方の山。②江蘇省宜興市の東南にある山の名。独山。
【蜀志】『三国志』の一つ。蜀漢の歴史を述べる。列伝十五巻。晋の陳寿の著。→三国志（一四ジ一）。
【蜀相】三国時代、蜀の宰相。諸葛孔明をいう。〔唐、杜甫、蜀相詩〕
【蜀鳥】ほととぎす。蜀魂。
【蜀都】三国時代、蜀の都。今の四川省成都市。
【蜀道】蜀（今の四川省）に通じる危険な道。転じて、多難な人生行路のたとえ。〔唐、李白、蜀道難詩〕
【蜀魄】＝蜀魂。

(13)7
【蜃】6767　標　漢シン　呉ジン　震・軫　shèn　7371 6967
字義 ❶おおはまぐり（大蛤）。気を吐いて、楼台（蜃気楼）を現すという。❷みずち（蛟）の一種。赤いたてがみがあり腰部から下部の鱗は逆立っていて、海市（蜃気楼）を現すという。❸たる。祭りに用いる、蜃の絵を描いた漆塗りの樽。

〔蜃②〕

解字 篆文　形声。虫＋辰㊥。音符の辰は、二枚貝の象形。辰が十二支のたつの意味に用いられるようになったので、のち、虫を付した。
【蜃気（氣）楼（樓）】海上や砂漠で、光線の異常屈折のため、遠方の物体が空中に見える現象。古人は、大きな蛤が口から吐き出す気によって現れると想像した。海市。蜃市。蜃楼。
【蜃蛤】はまぐり。大きいのを蜃、小さいのを蛤という。
【蜃市】＝蜃気楼。

(13)7
【蛻】6768　一　セイ　霽　shuì　二　タイ　泰　tuì　慣ゼイ　△　7372 6968
字義 一❶ぬけがら。もぬけ。❷ぬぐ（脱）。外皮をぬぐ。
解字 篆文　形声。虫＋兌㊥。音符の兌は、ぬけるの意味。虫のぬけがらの意味を表す。

(13)7
【蛸】6769　標　一　漢ソウ（サウ）　呉ショウ（セウ）　肴　shāo　二　ショウ（セウ）　蕭　xiāo　［蛸］　3493 427D
字義 一❶蠨蛸は、あしたかぐも。蜘蛛の一種。❷たこ。日本では、俗に鮹の字を通用している。
二螵蛸は、❶かまきりの卵。❷いか。軟体動物の一種。
解字 篆文　形声。虫＋肖㊥。

(13)7
【蜑】6770　△　漢タン　呉ダン　旱　dàn　7373 6969
字義 中国南方の異民族。広東・福建地方に住み、舟を家とし、漁業を営む。蜑人。蜑民。＝蛋。
国あま（海人）。漁夫。
解字 篆文　形声。虫＋延㊥。虫は、異民族の意味。音符の延は、地の果ての意味。地の果ての異民族の意味を表し、日本では、漁夫の意味に用いる。
【蜑戸】①中国南方の異民族。また、その家。②国あまの家。
【蜑丁】①蜑人（→字義）の若者。②国あま。海人。漁夫。

(13)7
【蜓】6771　△　一　漢テン・呉デン　銑　diàn　二　漢テイ・呉ジョウ（ヂャウ）　青　tíng
字義 一蝘蜓は、やもり。二蜻蜓は、とんぼ。蜻蛉。
解字 篆文　形声。虫＋廷㊥。

(13)7
【蜉】6772　△　漢フ　呉ブ　尤　fú　7374 696A
字義 ❶蚍蜉は、おおあり（大蟻）。❷蜉蝣は、かげろう。虫の名。朝、生まれて、晩に死ぬという。転じて、はかない人生にたとえる。〔宋、蘇軾、前赤壁賦〕寄蜉蝣於天地。
解字 篆文　別体　形声。虫＋孚㊥。音符の孚は、浮に通じ、浮くの意味。浮かびただよう虫、かげろうの意味を表す。

(13)7
【蜂】6773　標　ホウ　冬　fēng　4310 4B2A
【蠭】本字
字義 ❶はち。昆虫の一種。尾部に針を持ち敵を刺す。❷ほこさき。＝鋒。❸むらがる。❹ひく。ひきいる。
解字 篆文（蠭）　形声。虫＋夆㊥。音符の夆は、鋒などに通じ、ほこさきの意味。尾に、ほこさきのような針のある虫、はちの意味を表す。篆文は、蚰

十逢㊔。蜂は、その省略体。

【蜂△窩・蜂△窠】①はちの巣。蜂房。②小屋をいう。

【蜂△衙】蜜蜂が朝夕、時を定めて巣を出入すること。衙は役所で、役人の出勤退庁にたとえていう。

【蜂起】はちのように賊徒などが群がり起こること。蠭起。蜂駭。

【蜂出】はちのように一斉に起こる。群がり出る。

【蜂準長目】はちのように高い鼻すじと細長い目。英敏で思慮に富む人相をいう。〔史記、秦始皇本紀〕

【蜂屯】はちのように群がり集まること。蜂聚。

【蜂房】はちの巣。蜂窠。蜂巣。

【蜂腰】①はちの腰。転じて、細い腰。細腰。柳腰。②はちの腰は真中が細いから、三人兄弟の真中が劣るのにたとえていう。③梁の沈約のいう詩の欠点の一つ。詩の一句中の第二字と第四字と同じ平仄になるもの。

(13)7
【蛹】6774　△ ㊥ヨウ ㊐ユウ 腫 yǒng　7376 696C

字義 さなぎ。幼虫から成虫になる過程で、食物をとらず、脱皮して静止状態にある段階。

解字 篆文　形声。虫＋甬㊔。音符の甬は、踊に通じ、おどるの意味。尾をくるくるとあげておどるむし、さなぎの意味を表す。

(13)7
【蜊】6775　△ リ 支 lí　7377 696D

字義 蛤蜊は、しおふき貝。はまぐりの一種。国あさり。

解字 形声。虫＋利㊔。

(14)8
【蜲】6776　△ 一イ(ヰ) 紙 wěi 二イ(ヰ) 支 wēi

字義 一蜲蜲は、わらじむし。二蜲蜲は、うねり行くさま。

解字 形声。虫＋委㊔。音符の委は、なよなよとくねる意味を表す。

(14)8
【蜼】6777　△ ㊥イ(ヰ) ㊐ユイ 寘・紙 wèi

字義 おなが猿。くも猿。

解字 篆文　形声。虫＋隹㊔。

(14)8
【蜴】6778　△ ㊥エキ ㊐ヤク 陌 yì　7378 696E

字義 蜥蜴は、とかげ。また、いもり。爬虫類の一種。

解字 形声。虫＋易㊔。音符の易は、とかげの象形で、蜴の原字。のちに虫を付した。

(14)8
【蜿】6779　△ 一㊥エン(ヱン) ㊐オン(ヲン) 阮 wǎn 二ワン 寒 wān　7379 696F

字義 一❶竜や蛇がうねり動くさま。❷虎のゆくさま。二竜や蛇の動くさま。

解字 形声。虫＋宛㊔。音符の宛は、しなやかに曲がるの意味。虫は、へびの象形。蛇や竜などがうねり曲がるさまを表す。

【蜿△蜒・蜿蜿】①竜やへびのうねり行くさま。また、そのうねり曲がるさま。②うねり曲がって長く続いているさま。

【蜿△蟬】めぐり舞うさま。

【蜿△蟺】①虫の名。みみず。蚯蚓。②まがりくねるさま。③わだかまるさま。とぐろを巻くさま。

(14)8
【蜾】6780　△ カ(クワ) 哿 guǒ

字義 蜾蠃は、じがばち(似我蜂)。すがる。蜂の一種。腰部が細長くて、全身は黒色をしている。土蜂。

難読 蜾蠃

解字 篆文　形声。虫＋果㊔。

(14)8
【蜣】6781　△ ㊥キョウ(キャウ) ㊐コウ(カウ) 陽 qiāng

字義 蜣蜋は、くそ虫。せっちんこがね。

解字 形声。虫＋羌㊔。

(14)8
【蜺】6782　△ ゲイ 斉 ní

字義 ❶つくつくぼうし。せみの一種。寒蜩。❷にじ(虹)。雌の虹。虹が二つ出るとき、色の鮮かなものを雄とし、これを虹といい、暗いものを雌とし、蜺といった。「虹蜺」

解字 篆文　形声。虫＋兒㊔。音符の兒は、こどもの意味。頭が相対的に見て大きく、こどものような形に見える、せみの意味を表す。また、虫は、へびの意味で、にじを天空にかかる、へびと見たて、めすのにじの意味を表す。

(14)8
【蜷】6783　△ ㊥ケン ㊐ゲン 先 quán　7380 6970

字義 ❶虫がかがまり動くさま。❷連蜷は、長くうねりかがまるさま。❸きくい虫。国にな。田螺に似て、細長く黒い貝。川・みぞなどの淡水にすむ。河貝子。

難読 蜷局

解字 形声。虫＋卷㊔。音符の卷は、まくの意味。虫が身をまく、かがまるの意味を表す。

(14)8
【蜡】6784　△ 一ショ 御 qù 二㊥サ・㊐ジャ 禡 zhà, chà

字義 一うじむし。蠅のうじ。二祭りの名。十二月に多くの神を祭る祭り。殷では嘉平、周では蜡、秦では臘という。

解字 篆文　形声。虫＋昔㊔。音符の昔は、つみかさなるの意味。うようよと積み重なるようにわく、うじ虫の意味を表す。

【蜡月】陰暦十二月の別名。臘月。

【蜡祭】十二月に神々を合わせまつる祭り。

(14)8
【蜻】6785　標 一㊥セイ ㊐ショウ(シャウ) 庚 jīng 二㊥セイ ㊐ジョウ(ジャウ) 敬 三㊥セイ ㊐ショウ(シャウ) 青 qīng　7381 6971

字義 一蜻蛚は、こおろぎ。二むぎわらぜみ。三蜻蛉は、とんぼ。

難読 蜻蛉・蜻蛉・蜻蛉野

解字 篆文　形声。虫＋青㊔。音符の青は、きよらか・すずしいの意味。すずしい声で鳴く虫、こおろぎの意味を表す。

【蜻△蜓】昆虫の名。蜻蛉。

【蜻△蜓△洲】国大和の国の別称。また広く、日本をいう。神武天皇が大和で国見して「蜻蛉のとなめ(雌雄が尾をくわえ合い、輪になって飛ぶこと)のごとし」と言った故事に基づく。蜻洲。秋津島。〔日本書紀、神武紀〕

【蜻△蛉】昆虫の名。蜻蜓。

(14)8
【蜹】6786　△ ゼイ 蚋(6717)の正字。→九六〇ページ。

(14)8
【蜥】6787　△ ㊥セキ ㊐シャク 錫 xī　7382 6972

字義 蜥蜴は、とかげ。爬虫類の一種。

解字 篆文　形声。虫＋析㊔。音符の析は、易に通じ、とかげの意味。意味を明らかにするため虫を付した。また、析は、さくの意味。尾をさいて逃げる、とかげの意味とも考えられる。

(14)8
【蜘】6788　標 チ 支 zhī　3556 4358

字義 蜘蛛は、くも。節足動物の一種。

解字 形声。虫＋知㊔。

(14)8
【蜩】6789　△ ㊥チョウ(テウ) ㊐ジョウ(デウ) 蕭 tiáo　7383 6973

字義 せみ(蟬)。せみの総称。

解字 篆文　形声。虫＋周㊔。

【蜩甲】チョウコウ　蟬のぬけがら。蟬脱センダツ。蟬蛻センゼイ。蜩蛻チョウゼイ。
【蜩蟬】チョウゼン　せみ。
【蜩螗沸羹】チョウトウフッコウ　せみが鳴き、湯が沸き、あつものが煮えたつ。叫ぶ声が非常にさわがしいことの形容。蜩螗は、せみ。蜩沸チョウフツ。〔詩経、大雅、蕩〕

(14)8【蝃】6790　△　テイ　螮(6846)と同字。→九六九ページ。

(14)8【蝀】6791　△　トウ　東　董　dōng
字義　螮蝀テイトウ・蝃蝀テイトウは、にじ(虹)。
解字　篆文　形声。虫＋東(音)。

(14)8【蜚】6792　△　〔一〕(漢)ヒ・(呉)ビ　尾　fěi　〔二〕ヒ　微　fēi　7384 6974
字義　〔一〕❶あぶらむし。❷くびきりばった。〔二〕とぶ（飛）。
難読　蜚蠊ごきぶり
参考　現代表記では［飛］(8709)に書きかえることがある。「蜚語→飛語」
解字　篆文　形声。虫＋非(音)。音符の非は、羽をひらくの意味。羽を開いて飛ぶ虫の意味を表す。
【蜚禽】ヒキン　飛ぶ鳥。飛禽。飛鳥。蜚鳥。
【蜚語】ヒゴ　だれ言うとなく伝わった根拠のないうわさ。流言。飛語。
【蜚鴻】ヒコウ　①虫の名。かつおむしの別名。ぬかが。②良馬の名。
【蜚騰】ヒトウ　飛びあがる。飛揚。
【蜚廉】ヒレン　①風の神。風伯。②よく風を起こす神鳥。③殷の紂王チュウオウの悪臣。

(14)8【蜱】6793　〔一〕(漢)ヒ・(呉)ビ　支　pí　〔二〕ビョウ（ベウ）ミョウ（メウ）　蕭　miáo
字義　〔一〕〔二〕❶蜱蛸ヒショウは、かまきりの卵。おおじがふぐり。❷はまぐり。国だに。
解字　篆文　形声。虫（䖵）＋卑(音)。

(14)8【閩】6794　△　(漢)ビン　(呉)ミン　真　mǐn
字義　❶古代、今の福建省の地方に住んでいた未開民族。また、閩族の居住した今の福建省の地。❷国名。五代十国の一つで、王審知が今の福建省に建国し、六代三十七年（九〇九—九四五）で南唐に滅ぼされた。
解字　篆文　形声。蟲省＋門(音)。
【閩粤】ビンエツ　閩越。今の福建省。周代の七閩の地で、後に越人がここにいるようになったのでいう。
【閩中】ビンチュウ　閩の地方。今の福建省地方をいう。

(14)8【蜜】6795　標　(漢)ビツ・(呉)ミチ　質　mì　慣ミツ　4410 4C2A
字義　❶ミツ。蜂のみつ。❷ずい虫の卵。
解字　篆文　形声。虫＋宓(音)。音符の宓ヒツは、封じこめるの意味。蜂が巣に封じこめた、みつの意味を表す。
【蜜月】ミツゲツ　honey-moon の訳語。西洋の風俗で、新婚後一か月間をいう。
【蜜酒】ミッシュ　はちみつで造った酒。
【蜜甜】ミッテン　あまい。非常に甘い。
【蜜蜂】ミツボウ・みつばち　群がり住んで巣を営み、はちみつをたくわえるはち。
【蜜蠟】ミツロウ　みつばちの巣から取った蠟。蠟燭ロウソクなどを作るのに用いる。

(14)8【蝄】6796　△　(漢)ボウ（バウ）(呉)モウ（マウ）　養　wǎng
【蛧】本字
字義　蝄蜽モウリョウは、すだま。山や川、木や石などの精。魍魎モウリョウ。＝魍。
解字　篆文（蛧）　形声。虫＋罔（网）(音)。魍(8985)の別体。→一三三八ページ。

(14)8【蜮】6797　△　〔一〕(漢)ヨク・(呉)イキ（ヰキ）　職　yù　〔二〕カク（クワク）　陌　guō
字義　〔一〕〔二〕❶いさご虫。想像上の動物。形は亀に似て三足、水中に住み、砂を含んで人にふきかけ、傷つけるという。射工。短狐タンコ。❷まどわす。❸かえる。蝦蟇ガマ。
解字　篆文　形声。虫＋或(音)。

(14)8【蜽】6798　△　リョウ（リャウ）　養　liǎng
字義　蝄蜽モウリョウは、すだま。魍魎モウリョウ。＝魎リョウ。
解字　篆文　形声。虫＋兩(音)。魎(8986)の別体。→一三三八ページ。

(14)8【蝋】6799　簡　ロウ　蠟(6885)の簡易慣用字体。→九七三ページ。　4725 4F39

(15)9【蝟】6800　△　イ（ヰ）　未　wèi　7386 6976
【猬】同字
字義　＝彙イ。❶はりねずみ。❷むらがり集まる。
解字　篆文　形声。虫＋胃(音)。音符の胃は、彙イに通じ、はりねずみの意味。彙が書くのにむずかしいので、別体字の蝟ができた。
【蝟起】イキ　はりねずみの毛が立つ。転じて、さまざまの事がらが乱れ起こることのたとえ。
【蝟集】イシュウ　はりねずみの毛のように、事物が多く集まるのをいう。
【蝟縮】イシュク　はりねずみが敵に会って身をちぢめるように、恐れちぢむこと。
【蝟毛】イモウ　はりねずみの毛。転じて、数の多いたとえ。

(15)9【蝝】6801　△　エン（エン）　先　yuān
字義　蝗いなごの子。まだ羽のはえないもの。また、ありの子。
解字　篆文　形声。虫＋彖(音)。

(15)9【蝘】6802　△　エン　銑　yǎn
字義　❶蝘蜓エンテイは、やもり。爬虫類ハチュウルイの一種。❷せみの一種。
難読　蝘蜓とかげ・やもり
解字　篆文　形声。虫＋匽(音)。音符の匽エンは、やすむの意味。壁の間などに身をかくしとまる、やもりの意味を表す。

(15)9【蝦】6803　標　(漢)カ・(呉)ゲ　麻　há, ②xiā　慣ガ・シャ　1860 325C
字義　❶がま。ひきがえる。蛙かえるの大きなもの。❷えび。節足動物の一種。＝鰕カ。
解字　篆文　形声。虫＋叚(音)。
【蝦夷】えぞ・えみし　国①昔、北関東・奥羽・北海道にかけて住み言語や風俗を異にして、朝廷の支配に服従しなかった人々。②えぞ　北海道の旧称。
【蝦蛄】シャコ　えび類の一種。
【蝦蟆・蝦蟇】ガマ　蛙かえるの一種。がまがえる。ひきがえる。
【蝦蟆仙人】ガマセンニン　①三国時代、呉の葛玄カツゲンをいう。たくみにがまを使った。②がまを使うのが上手な人。
【蝦蟆陵】ガマリョウ　地名。長安（今の陝西セン省西安市）の内城の東南にあった。妓女ギジョが多く、また名酒を産する。下馬陵のなまり。〔唐、白居易、琵琶行〕
【将(將)レ蝦釣レ鼈】えびをもってべつをつる　えびでかめをつる。わずかなもとでで大きな利益を得ること。えびで鯛たいをつる。

(15)9【蝌】6804　△　カ（クワ）　歌　kē　7388 6978
字義　蝌蚪カトは、おたまじゃくし。蛙かえるの幼生。
解字　形声。虫＋科(音)。
【蝌蚪文字】カトモジ・カトモンジ　中国の古代文字の一つ。筆・墨がなかったので、漆で竹の札に書いたが、その書体がおたまじゃくし

に似ているところからいう。

(15)9 【蝸】6805 標 一(漢)カ(クワ) 麻 wō 一(呉)ケ 二ラ 歌 luó 7387 6977

字義 一かたつむり。ででむし。蝸牛。二にし。にな。貝の名。

難読 蝸牛・蝸蠃

解字 篆文 形声。虫+咼音。音符の咼は、渦に通じ、うずの意味。うずまき状のからのある、かたつむりの意味を表す。

【蝸角之争(爭)】つまらない争い。かたつむりの角の上で、触氏・蛮氏がそれぞれ国を持っていたが、十五日間も戦い争って死者数万を出したという話。→蛮触之争(九六三ページ)。〔荘子、則陽〕→次項。

【蝸牛角上争(爭)何事】かたつむりの角のような小さい世の中で何を争っているのか。〔唐、白居易、対酒詩〕——、石火光中寄此身〈——、石を打ち合わせて出る火のようなあっという間の人生にこの身を置いているというのに〉

【蝸牛角上之争(爭)】＝蝸角之争。蝸牛は、かたつむり。

【蝸牛盧】かたつむりのからのように小さい家。自分の家の謙称。蝸舎。

【蝸舎】＝蝸牛盧。

(15)9 【蝎】6806 △ (漢)カツ (呉)ガチ 曷 hé, ②xiē 7389 6979

字義 ❶きくい虫。かみきり虫の幼虫。❷さそり。毒虫の名。＝蠍。

解字 篆文 形声。虫+曷音。

(15)9 【蝴】6807 △ (漢)コ (呉)ゴ 虞 hú 7390 697A

字義 蝴蝶は、ちょう。こん虫の一種。胡蝶。

解字 形声。虫+胡音。

【蝴蝶装(裝)】書物の装丁の一つ。紙の一枚一枚を表面を内にして縦に二つ折りにし、重ね合わせて、折り目の背に糊をつけ、表紙で外を包むもの。

【蝴蝶夢】→胡蝶之夢(五三三ページ)。

(15)9 【蝗】6808 △ (漢)コウ(クワウ) (呉)オウ(ワウ) 陽 庚 敬 huáng 7391 697B

字義 いなご。いな虫。一説に、ばった。とのさまばった。その大群が飛び行くときは、太陽も見えず、地に下れば、たちまちに青草が食いつくされてしまうという。

解字 篆文 形声。虫+皇音。音符の皇は、遑に通じ、せわしいの意味。せわしく飛びまわる虫、いなごの意味を表す。

【蝗旱】いなごと日照りの災害。

(15)9 【蝨】6809 △ (漢)シツ (呉)シチ 質 shī 7392 697C

[虱]俗字 7345 694D

字義 ❶しらみ。❷狗蝨は、ごま(胡麻)の別名。

解字 篆文 形声。䖵+卂音。音符の卂は、す早く切りつけるの意味。人などの皮膚にくいつき血を吸うしらみの意味を表す。

【蝨処(處)褌中】しらみがふんどしの中にいる。転じて、見識がせまくて一時的な安逸をむさぼっていることのたとえ。〔晋書、阮籍伝〕

【貫蝨之技】小さなしらみさえ射ぬく技術。弓術にすぐれたのをいう。〔列子、湯問〕

【捫蝨談当(當)世務】人の前で、しらみをつぶしながら時事を論ずる。人前をわきまえない様子。傍若無人の態度をいう。〔晋書、苻堅載記下〕

(15)9 【蝤】6810 △ 一(漢)シュウ(シウ)・(呉)シュ 尤 qiú 二(漢)ユウ(イウ)・(呉)ユ 尤 yóu

字義 一蝤蠐は、きくい虫。かみきり虫の幼虫。二蜉蝤は、かげろう。＝蝣。

解字 篆文 形声。虫+酋音。

(15)9 【蝕】6811 標 (漢)ショク (呉)ジキ 職 shí [蝕] 3110 3F2A

字義 ❶むしばむ。おかす(侵)。❷太陽や月が欠けること。日蝕。月蝕。❸破れくさったきず。

参考 現代表記では[食](8711)に書きかえることがある。「皆既蝕→皆既食」「月蝕→月食」「蝕甚→食尽」「侵蝕→侵食」「日蝕→日食」「腐蝕→腐食」

解字 篆文 形声。篆文は、虫+人+食音。音符の食は、くうの意味。虫が食うの意味を表す。

【蝕既(旣)】太陽や月がすっかり欠け尽くすのをいう。皆既食(蝕)。

【蝕甚】日食や月食で、太陽や月が最も多く欠けた瞬間。食甚。

(15)9 【蝍】6812 △ (漢)ショク (呉)ソク 職 jí

字義 ❶蝍蛆は、むかで。節足動物の一種。❷蝍蛉は、とんぼ。❸蝍蝍は、しゃくとり虫。

解字 形声。虫+即音。

(15)9 【蝉】6813 △ セン 蟬(6859)俗字。→九七〇ページ。 3270 4066

(15)9 【蝡】6814 △ (漢)ゼン (呉)ネン 銑 rú(ruǎn)

字義 うごめく。虫が動くさま。＝蠕。

解字 篆文 形声。虫+耎音。音符の耎は、弾力性があり、やわらかいの意味。虫がうごめくの意味を表す。

【蝡動】蠕動。①虫のはい動くさま。②うごめく。蠢動。

(15)9 【蝶】6815 人 (漢)チョウ(テフ) (呉)ジョウ(デフ) 葉 dié 3619 4433

筆順 虫 虫廿 虫世 蝶

字義 チョウ。ちょうちょう。虫の名。

解字 形声。虫+枼音。音符の枼は、うすくてひらたいの意味。薄くて平たい羽の虫、ちょうの意味を表す。

【蝶夢】①自分と他との区別を忘れた境地。昔、荘周が夢の中で蝶になって楽しみ、自分と蝶との区別を忘れたという故事。→胡蝶之夢(五三三ページ)。②転じて、夢をいう。

(15)9 【蝪】6816 △ (漢)トウ(タウ) 陽 tāng 7403 6A23

字義 蛈蝪は、じぐも(地蜘蛛)。つちぐも。ふくろぐも。

解字 形声。虫+昜音。

(15)9 【蝮】6817 △ フク 屋 fù 7393 697D

字義 まむし。毒蛇の一種。背に円形のまだらがある。

難読 蝮壬

解字 篆文 形声。虫+复(夏)音。音符の夏は、腹に通じ、ふくれた腹の意味。腹のふくれたへび、まむしの意味を表す。

【蝮蛸】せみの抜けがら。

【蝮蠍・蝮蝎】①まむしとさそり。②凶悪な人のたとえ。

(15)9 【蝠】6818 △ フク 屋 fú 7385 6975

字義 ❶蝙蝠は、こうもり。かわほり。動物の名。❷まむし。毒蛇の名。＝蝮。

解字 篆文 形声。虫+畐音。

(15)9 【蝙】6819 △ ヘン 先 biān　[蝙] 7394 697E
字義 蝙蝠(ヘンプク)は、こうもり。かわほり。動物の名。
難読 蝙蝠(こうもり・かわほり)
解字 篆文 形声。虫＋扁㊍。音符の扁(ヘン)は、うすくてひらたいの意味。翼をひらひらさせて飛ぶ、こうもりの意味を表す。

(15)9 【蝱】6820 △ ㊙モウ（マウ）㊉ミョウ（ミャウ）慣ボウ（バウ）庚 méng
[虻]標準 1626 303A
字義 ❶あぶ。はえより大きく、人畜の血を吸う。❷草の名。ばいも(貝母)。❸伝説上の鳥の名。一足一翼一目で、二匹が助け合って飛ぶという。ははくり。あみがさゆり。
参考 [虻]は同字で、印刷標準字体。
解字 篆文 形声。䖵＋亡㊍。音符の亡は、あぶの羽音の擬声語。

(15)9 【蝥】6821 △ ㊀㊙ボウ・㊉ム 尤 móu ㊁㊙ボウ（バウ）・㊉ミョウ（メウ）肴 máo
字義 ㊀❶ねきりむし。稲などの根を食い切る虫。❷蝥弧(ボウコ)は、矛(ほこ)と楯(たて)と星とを描いた旗。㊁盤蝥(ハンミョウ)は、毒虫の名。
解字 篆文 形声。虫＋敄㊍。音符の敄(ボ)は、ほこでうちかかるの意味。ほこのような歯を持つ、ねきり虫・はさみ虫の意味を表す。

(15)9 【蝓】6822 △ ユ 虞 yú　7401 6A21
字義 ❶蛞蝓(カツユ)は、なめくじ。❷蜲蝓(イユ)は、かたつむりの一種。❸蠋蝓(ショクユ)は、くも。おおけまいまい。また、かたつむりの総称。
解字 篆文 形声。虫＋兪㊍。

(15)9 【蝣】6823 △ ㊙ユウ（イウ）㊉ユ 尤 yóu　7402 6A22
字義 蜉蝣(フユウ)は、かげろう。虫の名。
解字 形声。虫＋斿㊍。音符の斿(ユウ)は、ひるがえる旗の意味。空中をただよう虫、かげろうの意味を表す。

(15)9 【蝿】6824 △ ヨウ　蠅(6875)の俗字。→九七二ページ。　3972 4768

(16)10 【螠】6825 △ イ 寘 yì
字義 螠女(イジョ)は、みの虫。国ゆむし。いむし。海辺の砂中にすむ虫。鯛(たい)などをつる餌(えさ)にする。
解字 形声。虫＋益㊍。音符の益は、縊(イ)に通じ、ひもで首をしめるの意味。一見、首をつったように木からぶらさがる、みのむしの意味を表す。

(16)10 【螘】6826 △ ギ　蟻(6866)と同字。→九七二ページ。

(16)10 【螇】6827 △ ㊀㊙ケイ・㊉ゲイ 斉 xī ㊁ケイ 斉 qì
字義 ㊀❶螇鹿(ケイロク)は、にいにいぜみ。蟬(せみ)の一種。❷螇蛆(ケイソ)は、猿類の猛獣。❸螇蚸(ケイセキ)は、しょうりょうばった。㊁じがばち。蜂(はち)の一種。
難読 螇蚸(はたはた・ばった・しょうりょうばった)
解字 篆文 形声。虫＋奚㊍。

(16)10 【螢】(6730) ケイ　蛍(6729)の旧字体。→九六一ページ。　7405 6A25

(16)10 【螈】6828 △ ㊙ゲン ㊉ガン（グヮン）元 yuán
字義 ❶蠑螈(エイゲン)は、いもり。両棲類(リョウセイルイ)の一種。❷螈蚕(ゲンサン)は、なつご。夏に育てる蚕。
解字 形声。虫＋原㊍。

(16)10 【螓】6829 △ ㊙シン ㊉ジン 真 qín
字義 なつぜみ。むぎわらぜみ。蟬(せみ)の一種。ひたいが広く四角で、美人のひたいの形容に用いる。「螓首蛾眉(シンシュガビ)」
解字 形声。虫＋秦㊍。

(16)10 【螗】6830 △ ㊙トウ（タウ）㊉ドウ（ダウ）陽 táng
字義 なつぜみ。蟬(せみ)の一種。背は青緑色で、頭にまだらがある。螗蜩(トウチョウ)。
解字 形声。虫＋唐㊍。

(16)10 【螣】6831 △ ㊀㊙トウ・㊉ドウ 蒸 téng ㊁㊙トク・㊉ドク 職 tè
字義 ㊀❶神蛇の名。雲や霧をおこして身をかくすといわれる。螣蛇(トウダ)。❷葉食い虫。いなごの一種。
解字 篆文 形声。虫＋朕㊍。音符の朕(トウ)は、上に向かっていくの意味。雲や霧をわきあがらせて遊ぶ、神蛇の意味を表す。

(16)10 【螌】6832 △ ㊀ハン 删 bān ㊁㊙ハン・㊉バン 寒 pān
字義 ㊀螌蝥(ハンミョウ)は、毒虫の名。㊁負螌(フハン)は、あぶら虫。
解字 篆文 形声。虫＋般㊍。

(16)10 【螟】6833 △ ㊙メイ ㊉ミョウ（ミャウ）青 míng　7406 6A26
字義 ❶ずいむし。くき虫。稲の茎を食う害虫。❷螟蛉(メイレイ)は、あお虫。くわ虫。蝶(チョウ)などの幼虫。❸か(蚊(ブン))。虫の名。

難読 螟虫(ずいむし・あおむし)

解字 篆文 形声。虫＋冥㊍。音符の冥(メイ)は、奥深い所の意味。茎の奥深くにかくれている虫、ずい虫の意味を表す。

【螟蝗(メイコウ)】ずい虫といなご。ともに害虫。

【螟虫(蟲)(メイチュウ)】ずい虫。苗の芯(シン)を食う虫。

【螟螣(メイトウ・メイトク)】ずい虫と葉食い虫。ともに農作物の害虫。転じて、世に害を及ぼす悪者のたとえ。

【螟蜮(メイヨク)】いなむし。稲虫。稲を害する虫。

【螟蛉(メイレイ)】①青虫(あおむし)。②養子。蜾蠃(カラ)(じがばち)が、青虫の子を負って自分の子とすると思われたことからいう。

(16)10 【螂】6834 △ ロウ（ラウ）陽 láng　7407 6A27
[蜋]同字 (九六九ページ)。
字義 螳螂(トウロウ)・蟷螂(トウロウ)は、かまきり。→螳
解字 形声。虫＋郎㊍。

(16)10 【𧍯】6835 △ 国字
字義 ❶えび。𧍯原(えびはら)は、姓氏。＝蛯(えび)。❷ひれ。𧍯沢(ひれさわ)は、姓氏。＝鰭(ひれ)。
解字 会意。虫＋耆。耆(キ)は、としよりの意味。腰の曲がった年寄りのような虫、えびの意味を表す。また、鰭(キ)の別体として、ひれの意味をも表す。

(17)11 【螾】6836 △ ㊀イン 真 yín ㊁イン 軫 yǐn
[融]→鬲部 一三五ページ。
字義 ㊀❶みみず(蚯蚓(キュウイン))。＝蚓(イン)。❷螾衍(インエン)は、げじげじ。㊁つくつくぼうし。蟬(せみ)の一種。寒蟬(カンゼン)。
解字 篆文 形声。虫＋寅㊍。

(17)11 【蟈】6837 △ カク（クヮク）陌 guō
字義 ❶螻蟈(ロウカク)は、かえる。青がえる。❷蟈蟈は、きりぎりす。また、くつわ虫。❸いさごむし。
解字 形声。虫＋國㊍。

(17)11 【螯】6838 △ ゴウ（ガウ）豪 áo　7408 6A28

字義 ❶蟹のはさみ。また、蟹の一種。蟹螯。❷車螯は、はまぐりの一種。貝の名。

解字 形声。虫＋敖音。

(17)11【蟋】6839　△ 漢シツ 呉シチ 質 xī　7409 6A29

字義 蟋蟀は、こおろぎ。古名、きりぎりす。促織。

難読 蟋蟀

参考 わが国で古くは、こおろぎをきりぎりすとも呼び、古辞書には「蟋蟀、キリギリス」の訓が見られる。

解字 篆文 形声。虫＋悉音。音符の悉は、羽をきしらせる音の擬声語。

(17)11【螽】6840　△ シュウ（シウ） 東 zhōng　7410 6A2A

字義 ❶いなご（蝗）。❷きりぎりす。はたおり虫。

難読 螽斯

解字 篆文 形声。䖵＋冬音。

【螽斯詵詵】はたおり虫が一度に多くの子を生み、それらが和らぎ集まっていること。転じて、夫婦和合して子孫の多いことのたとえ。〔詩経、周南、螽斯〕

(17)11【蟀】6841　△ 漢シュツ 呉シュチ 質 shuài　7411 6A2B

字義 蟋蟀は、こおろぎ。

難読 蟀谷

解字 篆文 形声。虫＋率音。音符の率は、羽をきしらせる音の擬声語。

(17)11【螫】6842　△ 漢セキ 呉シャク 陌 shì　7414 6A2E

字義 さす。毒虫がさす。

解字 篆文 形声。虫＋赦音。

(17)11【螬】6843　△ 漢ソウ（サウ） 呉ゾウ（ザウ） 豪 cáo

字義 蠐螬は、こがね虫の幼虫。また、てっぽう虫。かみきりの〔幼虫。

解字 篆文 形声。虫（䖵）＋曹（𣍘）音。

(17)11【螭】6844　△ チ 支 chī

字義 ❶みずち。あまりょう。黄色い竜。また、角のない竜。＝彲。❷竜の子。また、竜の雌。❸伝説上の猛獣の一種。虎に似て、鱗がある。❹螭魅は、獣の形の山神名。＝魑。

〔螭①〕

解字 篆文 形声。虫＋离音。音符の离は、獣の形をした山神の意味を表す。

【螭頭】宮殿の石柱・階段・印章・容器などに彫刻したみずちの頭の形をしたかざり。螭首ともいう。

【螭魅罔両（魍魎）】螭魅は、山中の怪物。罔両は、水中の怪物。山川の精。悪人どものたとえ。魑魅魍魎。

(17)11【蟄】6845　△ 漢チュウ（チフ） 呉ジュウ（ヂフ） 慣チツ 緝 zhé　7415 6A2F

字義 ❶かくれる（隠）。とじこもる。虫類が土中にかくれる。❷冬ごもりをしている虫。❸啓蟄は、二十四気の一つ。春分から十五日前の日。土中にかくれた虫が動きだす季節。

解字 篆文 形声。虫＋執音。音符の執は、とらえるの意味。虫が土中にとらえられる、とじこもるの意味を表す。

【蟄居】①虫などが地中にこもっていること。また、その所。②交際をさけて、家にこもっていること。③国江戸時代に武士に科した刑で、一室にとじこめて謹慎させるもの。閉門より重い。

【蟄蔵（藏）】穴ごもり。地中にこもること。

【蟄蟄】①多いさま。また、和らぎ集まるさま。②静かなさま。

【蟄虫】地中に冬ごもりする虫。

【蟄伏】①虫が土中に冬ごもりすること。②とじこもる。ひそみかくれる。

【蟄雷】初雷。春雷が初めてとどろき、冬眠の虫の目をさまさせるところからいう。

【蟄竜（龍）】①かくれている竜。②転じて、活躍の機会を得ず、かくれて世に出ないでいる英雄。伏竜。

(17)11【螮】6846　△ 漢テイ 呉タイ 霽 dì

〔蝃〕同字

字義 螮蝀は、にじ（虹）。

解字 篆文 形声。虫＋帶音。音符の帶は、おびの意味。おび状のへび、にじの意味を表す。

(17)11【螳】6847　△ 漢トウ（タウ） 呉ドウ（ダウ） 陽 táng　7416 6A30

字義 螳螂は、かまきり。蟷螂。＝蟷。

難読 螳螂

解字 篆文 形声。虫＋堂音。

【螳螂之衛（衞）】微弱な兵備のたとえ。〔文選、左思、魏都賦〕

【螳螂之斧】力の弱い者が身のほどもわきまえずに強敵に向かうたとえ。かまきりが斉の荘公の車に前脚を振り立てて向かった故事による。〔韓詩外伝、八〕

【螳螂窺蟬】せみは、かまきりに気づかずに鳴き、かまきりは、すずめにねらわれていることに気づかずにせみをねらっている。ただ目前の利益だけをむさぼって後の災害を考えないことのたとえ。〔説苑、正諫〕

(17)11【蟇】6848　△ 漢バ 呉マ 麻 má　7417 6A31

〔蟇〕標準　〔蟆〕同字 7418 6F32

字義 がま。ひきがえる。蝦蟆。

難読 蟇蛙・蟇目

解字 篆文 形声。虫＋莫音。

(17)11【蟆】6849　△ マ　蟇（6848）と同字。→前項。　7418 6A32

(17)11【螺】6850　標 ラ 歌 luó　4570 4D66

字義 ❶にな。にし。螺旋状をした貝。＝蠃。❷ほら貝。❸かたつむり。❹もとどり。❺ほら貝で作ったさかずき。

難読 螺子・螺旋・螺沢・螺良

解字 形声。虫＋累音。音符の累は、かさなるの意味。そのから が、らせん状に積み重なった形の、になの意味を表す。

【螺髻】①結髪法の一つ。ほらがいのようにたばねたもとどり。②青々とした遠山をいう。青螺。

【螺旋】①螺の殻の線のようにぐるぐるねじれている筋。②「ねじ」。

【螺鈿・螺甸】おうむ貝・あこや貝などの殻の内側を、花・蝶・人物などの形に切って、いろいろな器物、特に漆器の表面にはめこみかざりとしたもの。真珠色の光沢があって美しい。インドから中国を経てわが国に伝わった。

【螺杯】おうむ貝で作ったさかずき。

【螺貝】ほらがい。

【螺髪】仏仏像の頭髪がちぢれて、螺の殻のようなのをいう。

〔螺髪〕

(17)11【蟉】6851　△ 一 漢リュウ（リウ）・呉ル 尤 liú　二 リョウ（レウ） 嘯 liào

字義 一 蟉蟉は、竜や蛇などが曲がりうねるさま。二 蜩蟉は、竜の首が動くさま。

解字 篆文 形声。虫＋翏音。音符の翏は、曲がりつらなる意味を表す。

(17)11 【螻】6852 △ 漢ロウ 呉ル 尤 lóu 7419 6A33

字義 ❶けら。おけら。螻蛄。虫の名。❷天螻は、こがね虫の幼虫。すくも虫。❸地螻は、みずち（螭）。竜の一種。❹螻蟈は、かえる（蛙）。❺くさい。また、悪臭。

難読 螻蛄（けら・おけら）

解字 篆文 形声。虫＋婁音。音符の婁は、とぎれずに続くの意味。田のあぜなどに糸すじのように続く通りあとをつける、おけらの意味を表す。

【螻蟻】①けらとあり。〔韓非子、喩老〕千丈之堤以二螻蟻之穴一潰（千丈の堤も螻蟻の穴を以て潰ゆ）。②転じて、つまらないもののたとえ。また、自分に関することを言うときの謙称。「螻蟻の誠」

(17)11 【蟐】6853 国字 △ 7412 6A2C

字義 もみ。もむ。あかがえるの別名。

(17)11 【蟎】6854 国字 △

字義 だに。くも類に属する一種の小虫。人や家畜の血を吸う。

(18)12 【蟣】6855 △ 漢キ 呉ケ 尾 jǐ

字義 ❶しらみ。また、しらみの卵。❷ひる。池・田などにすみ、人畜の血を吸う虫。

解字 篆文 形声。虫＋幾音。音符の幾は、こまかいの意味。こまかな虫、しらみの意味を表す。

(18)12 【蟜】6856 △ キョウ（ケウ） 篠 jiǎo

字義 ❶毒虫の名。❷天蟜は、㋐竜のわだかまるさま。㋑しきりに伸びるさま。

解字 篆文 形声。虫＋喬音。

(18)12 【蟪】6857 △ 漢ケイ 呉エ（ヱ） 霽 huì

字義 蟪蛄は、夏ぜみ。にいにいぜみ。夏の終わりに鳴く小さい蟬。

難読 蟪蛄（つくつくぼうし・なつぜみ）

解字 篆文 形声。虫＋恵音。

【蟪蛄不レ知二春秋一】夏ぜみは、夏の間だけ生存して、春や秋を知らない。転じて、生命のきわめて短いたとえ。また、短命のものは長い年月のあることを知らないという意から、経験の少ない者は知見がせまいことのたとえ。〔荘子、逍遥遊〕

(18)12 【蟯】6858 △ 一 漢ジョウ（ゼウ） 呉ニョウ（ネウ） 蕭 náo 二 ギョウ（ゲウ） 蕭 7420 6A34

字義 一二 ぎょう虫。人の腸に寄生する虫。

解字 篆文 形声。虫＋堯音。音符の堯は、弱に通じ、しなやかの意味。人の腹に寄生する、しなやかな虫の意味を表す。

(18)12 【蟬】6859 標 漢セン 呉ゼン 先 chán ［蝉］3270 4066

［蝉］俗字

字義 ❶せみ。❷のびる（伸）。❸つづく。つらねる。❹美しい（嬋）。

解字 篆文 形声。虫＋單音。音符の單は、はじき弓の象形。羽をふるわせて鳴く虫、せみの意味を表す。

【蟬羽】①せみの羽。蟬翅。蟬翼。②国はせみの襲（かさね）の色目の一つ。表は濃い紫。裏は青。

【蟬嫣】連なって絶えないさま。蟬連。

【蟬冠】せみの羽でかざった冠。蟬冕。

【蟬吟】せみが鳴くこと。また、その声。蟬語。蟬声。

【蟬蜎】①美しくて、みやびやかなさま。②煙などの立ちのぼる様子。また、遠く眺めやる様子。

【蟬紗】せみの羽のように薄い布。

【蟬蛻】①せみが殻をぬぐ。また、せみのぬけがら。蟬衣。蟬殻。②さっぱりと抜け出ること。世俗を超脱すること。解脱。

【蟬噪】せみがやかましく鳴くこと。転じて、がやがやとやかましいこと。「蛙鳴蟬噪」

【蟬脱】＝蟬蛻。

【蟬鬢】せみの羽のように、すけて見えるようにくしけずって、整えた髪。美人の髪。

【蟬腹】せみの腹。転じて、空腹のたとえ。また、けがれなく清らかなさまのたとえ。

【蟬聯】①せみの声が絶えず続くように、つらなり（絶えないで）続くこと。②漢詩で、前句の終わりの語を受けて、下句を続けていくもの。

(18)12 【蟫】6860 △ 一 漢タン・呉ドン 覃 tán 二 漢シン・呉ジン 侵 xún

字義 一 しみ。衣類や書物の中に生ずる虫。衣魚。二 蟫蟫は、動くさま。また、つき従うさま。

解字 篆文 形声。虫＋覃音。音符の覃は、深に通じ、ふかいの意味。書籍の中に深くもぐりこむ虫、衣魚の意味を表す。

(18)12 【蟲】(6701) チュウ 虫（6700）の旧字体。→九五九ページ。 7421 6A35

(18)12 【蟠】6861 △ 漢ハン 呉バン 寒 pán 7422 6A36

字義 ❶わだかまる。まがる。とぐろをまく。❷つむ。つもる。❸集まる。❹めぐる。まわる。

解字 篆文 形声。虫＋番音。音符の番は、一点を中心にひろがるの意味。へびが渦状になる。わだかまるの意味を表す。

【蟠蜿】①わだかまるさま。輪のような形に巻いている様子。②竜や蛇の動くさま。

【蟠拠（據）】わだかまりよる。場所を占めて勢力をもつ。

【蟠踞】とぐろをまいてうずくまる。転じて、広大な土地を領有して、そこに根城を置くこと。盤拠。

【蟠屈】盤屈。①わだかまりかがむ。②心がむすぼれて、晴れ晴れしないこと。

【蟠結】わだかまりむすぼれる。

【蟠桃】三千年に一度開花し、結実するという桃。伝説上の仙人西王母の所にあるという。長寿を祝うのに用いる語。

(18)12 【蟒】6862 △ 漢ボウ（バウ） 呉モウ（マウ） 養 mǎng ［蠎］7429 6A3D

［蠎］同字 7428 6A3C

字義 うわばみ。おろち。大蛇。

難読 蟒蛇（うわばみ・やまかがち）

解字 形声。虫＋莽音。

(19)13 【蟹】6863 標 漢カイ 呉ゲ 蟹 xiè 1910 332A

［蠏］同字 7423 6A37

字義 かに。水陸ともに住む節足動物の一種。

解字 篆文 形声。虫＋解音。音符の解は、ばらばらになるの意味。一対のはさみ、八本の足がすぐばらばらになる虫、かにの意味を表す。

【蟹火】かにを取るためにたく、かがり火。転じて、一般に、いさり火。漁火。

【蟹眼】①かにの目。②湯がわきたつときの小さなあわ。かにの眼に似ているところからいう。↔魚眼（大きなあわ）。

【蟹戸】かにを捕らえる漁夫。また、その家。

【蟹甲】かにのこうら。蟹殻。

【蟹行】かにが歩く。また、かにのように横に歩くこと。「蟹行文字（西洋の文字）」

【蟹螯】かにのはさみ。

【蟹舍】漁夫の家。蜑戸。蟹戸。

(19)13 【蠏】6864 △ カイ　蟹（6863）と同字。→九七〇ページ。 7423 6A37

(19)13 【蠍】6865 △ 漢ケツ・呉ケチ 月 xiē 慣カツ 7424 6A38

字義 ❶さそり。毒虫で、八足のうち前二足にはさみがあり、尾に毒針があって、刺されると人が死ぬこともある。＝蝎。→蠆の字義の①（中段）。❷転じて、忌みきらわれるもののたとえ。「蛇蠍」

解字 形声。虫＋歇音。音符の歇は、高くかかげるの意味。尾の先をかかげて襲う、さそりの意味を表す。

(19)13 【蟻】6866 標 ギ 紙 yǐ 2134 3542

【螘】同字

字義 ❶あり。昆虫の一種。❷くろいろ。黒。玄色。❸浮蟻は、酒に浮いている小さいあわやかす。

解字 形声。虫＋義音。音符の義は、ぎざぎざのある刃物の意味。ぎざぎざのある触角をもつ、ありの意味を表す。

【蟻潰】ありの群れが散るように、散り散りに逃げること。また、ありにくずしこわされること。

【蟻観(觀)】蟻と見なすこと。他をひどく軽視することのたとえ。蟻視。軽視。

【蟻穴】ありの穴。小さいが慎むべきもののたとえ。蟻孔。

【蟻視】＝蟻観。

【蟻集】ありのように多く集まること。蟻屯。蟻合。蟻聚。

【蟻垤】ありづか。ありが作った柱状の巣。蟻冢。蟻塔。蟻封。

【蟻動】国が乱れて、蟻がさわぐように、人民がさわぎたてること。

【蟻附】ありのように群がりつくこと。

【蟻螻】ありとおけら。転じて、つまらないもののたとえ。→螻蟻（九七〇ページ）。

【蟻潰堤】ありが、堤防をくずす。転じて、小事をゆるがせにすれば、大きな不幸をまねくことのたとえ。

(19)13 【蠁】6867 △ 漢キョウ（キャウ） 呉コウ（カウ） 養 xiǎng

字義 ❶にしどち。にしゃどっち。捕らえて、西はどちらかと問うと、腰から下を動かして答えるかっこうをするという虫。❷さし。酒や酢などにたかる小虫。

難読 蠁子

解字 篆文  形声。虫＋郷音。音符の郷は、むくの意味。人が西はどちらときくと、体を動かして西を向く虫、にしどちの意味を表す。

(19)13 【蠋】6868 △ 漢ショク 呉ソク 沃 zhú

字義 けむし。また、あおむし。蝶類の幼虫。

解字 形声。虫＋蜀音。音符の蜀は、いもむしの意味。虫を付し、けむし・あおむしの意味を表す。

(19)13 【蟾】6869 △ セン 塩 chán 7425 6A39

字義 ❶ひきがえる。蟾蜍。❷月の別名。姮娥が西王母の仙薬を盗み月に逃げ、化してひきがえるになったという伝説による。❸文房具の一種。水さし。水入れ。

難読 蟾蜍

解字 形声。虫＋詹音。音符の詹は、「のき」の意味の广を含む。あごが「のき」のように張っている、ひきがえるの意味を表す。

【蟾宮】①月の別名。月宮。②俗に、科挙の試験に合格した境地をいう。あこがれの世界。「歩二蟾宮一」

【蟾桂】ひきがえると、かつら。ともに、月の中にあるとの伝説から、転じて、月をいう。→字義の②。

【蟾光】月の光。月光。

【蟾蜍】①ひきがえる。②月の別名。③すずりの水さし。

【蟾兎】月の別名。ひきがえると、うさぎ。ともに月中に住んでいるとの伝説に基づく。

(19)13 【蟺】6870 △ 漢セン 呉ゼン 銑 shàn

字義 ❶みみず。蜿蟺。❷うねりくねる。❸じがばち。蜂の一種。

解字 篆文 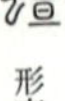 形声。虫＋亶音。

(19)13 【蠆】6871 △ タイ 卦 chài

字義 ❶さそり。毒虫で、長い尾のものを蠆といい、短い尾のものを蠍という。❷水蠆は、とんぼの幼虫。水中にいて、形がさそりに似ている。

解字 金文  篆文  形声。虫＋萬音。音符の萬は、さそりの象形。萬が数の単位を表すようになり、虫を付し区別した。

(19)13 【蟶】6872 △ 漢テイ 呉チョウ（チャウ） 庚 chēng 7426 6A3A

字義 まて。まてがい。二枚貝の一種。殻は筒状で、長さは一〇センチメートルぐらい。

解字 形声。虫＋聖音。

(19)13 【蟷】6873 △ トウ（タウ） 陽 dāng 7427 6A3B

字義 蟷蠰・蟷螂は、かまきり。蟷螂。＝螳。

難読 蟷螂

参考 熟語は螳（6847）を見よ。→九六六ページ。

解字 篆文  形声。虫＋當音。

(19)13 【蟒】6874 △ ボウ　蟒（6862）と同字。→九七〇ページ。 [蟒] 7428 6A3C

(19)13 【蠅】6875 標 ヨウ 蒸 yíng 7404 6A24

【蝿】俗字 3972 4768

字義 はえ。うじ虫の成虫。

解字 篆文  会意。黽＋虫。黽は、腹の大きいかえるの意味。腹の大きいこん虫の意味を表す。

【蠅営(營)】はえが飛び回るように、あくせくと小さな利益のために動きまわること。

【蠅集】①はえが集まる。②はえのように群がり集まる。

【蠅蚋】はえと、ぬかが。はえと、ぶよ。腐った肉などにとまったり、たべたりする。

【蠅頭】①はえの頭。②微小なもののたとえ。小さな利益・文字などにいう。「蠅頭微利」「蠅頭細書」

【蠅払(拂)】はえをはらう具。はえたたき。

【蠅蠅】虫が飛び回るさま。また、遊び歩くさま。

(19)13 【蠃】6876 △ 一 漢ラ 歌 luó 二 ラ 哿 luǒ

字義 一 にな。にし。螺旋状のからを持つ貝。＝螺。二 ❶蜾蠃は、じがばち。蜂の一種。❷なめくじ。かたつむり。

解字 篆文  形声。虫＋𣎆音。音符の𣎆は、なめくじの象形。それに、虫を付した。

(20)14 【蠑】6877 △ 漢エイ 呉ヨウ（ヤウ） 庚 róng 7430 6A3E

字義 蠑螈は、いもり。また、とかげ。

難読 蠑螈

解字 形声。虫＋榮音。

(20)14 【蠖】6878 △ ワク 慣カク（クワク） 薬 huò [蠖] 7431 6A3F

字義 尺蠖は、しゃくとり虫。

解字 篆文  形声。虫＋蒦音。音符の蒦は、つかみとるの意味。つかむように身を曲げる虫、しゃくとり虫の意味を表す。

【蠖屈】しゃくとり虫が、かがむこと。転じて、人が他日を

期して、しばらく身を屈していること。

(20)14 **【蠐】** 6879 △ 漢セイ 呉ザイ 齊 qí

字義 ❶蠐螬セイソウは、すくも虫。こがね虫の幼虫。❷蝤蠐シュウセイは、きくい虫。かみきり虫の幼虫。

解字 篆文 形声。虫＋齊音。

(20)14 **【蠕】** 6880 △ 一漢ゼン・呉ネン 銑 (ruǎn) 二漢ジュ・呉ニュ 虞 rú　7432 6A40

字義 一二うごく。うごめく。虫が動くさま。＝蝡ゼン。

解字 形声。虫＋需音。音符の需は、ひげがゆれるの意味。虫がうごめくの意味を表す。

【蠕蠕】ゼンゼン ①北方異民族の名。今の外蒙古モウコ地方に居住した。柔然。②虫のうごめくさま。

【蠕動】ゼンドウ 蠢動シュンドウ。①うごめく。虫のはい動くさま。蠢動シュンドウ。②かすかに動くさま。③腸が食物を下へ送る運動。

(20)14 **【蠓】** 6881 △ 漢ボウ 呉モウ 董 měng

字義 ぬかが。かつお虫。雨後などに乱れ飛ぶ小虫。

解字 篆文 形声。虫＋蒙音。音符の蒙ボウは、おおうの意味。あたり一面をおおって乱れ飛ぶ虫、ぬかがの意味を表す。

(21)15 **【蠢】** 6882 △ シュン 軫 chǔn　7433 6A41

字義 ❶うごめく。虫の動くさま。❷おろか（愚）。無知で道理をわきまえない。❸少ないさま。

解字 篆文 形声。䖵＋春（萅）音。音符の萅シュンは、はるの意味。春になって多くの虫がうごめく意味を表す。

【蠢爾】シュンジ ①小虫のうごめくさま。②無知で道理をわきまえないさま。

【蠢蠢】シュンシュン ①虫がうごめくさま。②動き乱れるさま。③礼儀のないさま。無作法なさま。

【蠢動】シュンドウ ①うごめく。②さわぎ動いて乱をなすこと。③非力な者が陰で策動する。

(21)15 **【蠣】** 6883 △ レイ 霽 lì　7358 695A

【蠣】標準　【蛎】俗字 1934 3342

字義 かき。貝の一種。食用となる。牡蠣ボレイ・かき。

解字 篆文 形声。虫＋厲音。音符の厲レイは、といしの意味。その殻が、といしのようになる、かきの意味を表す。

【蠣黄】レイコウ かきの肉を塩漬にした食品。

(21)15 **【蠡】** 6884 △ 一漢レイ・呉ライ 齊 lí 二リ 支 lǐ 三ラ 歌　7434 6A42

字義 一❶むしばむ。虫が木のしんを食う。❷むしばまれて、絶えかかるさま。❸木くい虫。
二❶ひさご（瓢ヒョウ）を半分に割ったもの。❷むしばむ。
三❶＝二の❶。❷かたつむり。❸にな。ほらがい（螺ラ）。

解字 篆文 会意。䖵＋彖。

【蠡測】レイソク ひさご（一説に、ほら貝）で海水をくんで測ること。転じて、小知で大事を測ることのたとえ。前漢の東方朔トウボウサクの「答ニ客難一」に「以レ管闚レ天カンをもってテンをうかがい、以レ蠡測レ海レイをもってうみをはかる」とあるのに基づく。

(21)15 **【蠟】** 6885 標 ロウ（ラフ）合 là

【蝋】簡易 4725 4F39　【⿰虫葛】俗字

字義 ❶ロウ。㋐みつろう。蜜蜂の巣から取った堅いろう。㋑ろうのような性質のあるもの。❷ろうそく。❸ろうをぬる。❹石の名。蠟石。

解字 形声。虫＋巤音。音符の巤ロウは、狩りの意味。蜜蜂ミツバチが狩りをして集めた、みつろうの意味を表す。

【蠟花】ロウカ ろうそくの火を、花にたとえていう。

【蠟丸】ロウガン 秘密を守り、湿気を防ぐために、丸めた蠟の中に書状を封じこんだもの。

【蠟炬】ロウキョ ろうそくの火。また、ろうそく。

【蠟石】ロウセキ 火成岩の一種。半透明で、印材とし、石筆などを作る。

【蠟燭】ロウソク ろうそく。芯シンを中にし、その周囲にろうを塗り固めて灯火とするもの。

【蠟梅】ロウバイ から梅。なんきん梅。

【蠟涙】ロウルイ 溶けて流れ落ちる蠟燭ロウソクのろう。蠟珠。

【如レ嚼レ蠟】ロウをかむがごとし 蠟をかんだ時の味や感じから、おもしろみのないこと、かすかな苦痛をともなうこと、はかない感じをともなうことなどをたとえていう。

(22)16 **【蠧】** 6886 △ ト 蠹（6889）と同字。→下段。　7438 6A46

(23)17 **【蠲】** 6887 △ ケン 先 juān

字義 ❶やすで。げじげじ。節足動物の一種。❷清い。いさぎよい。清潔。❸あきらか。明らかにする。❹はらう。払い除く。

解字 篆文 会意。蜀＋益。蜀は、あお虫の意味。益は、あふれるの意味。腐った木などにあふれるほどにわく虫、げじげじの意味を表す。

【蠲救】ケンキュウ 租税を免除して、救い助けること。

【蠲除】ケンジョ はぶく。のぞく。除去する。また、免除する。

【蠲税】ケンゼイ 租税を免除する。蠲租。

【蠲滌】ケンデキ・ケンジョウ よごれを洗い去ること。

【蠲免】ケンメン 租税などを免除すること。蠲除。

(23)17 **【蠱】** 6888 △ コ 麌 gǔ　7435 6A43

字義 ❶むし。穀物や食器類につく虫。❷まじない。また、それに用いる虫。❸人に害を与えるもの。❹悪い気。❺まどわす。まどう。❻易の六十四卦カの一つ。☶☴巽下艮上ソンカゴンショウ。乱が極限まで達して、新しいものがおこるかたち。

解字 甲骨文 篆文 会意。蟲＋皿。皿に盛った食物につく虫の意味を表す。

【蠱疾】コシツ 心が迷い乱れる病気。精神錯乱の病気。

【蠱女】コジョ 人を惑わす婦人。

【蠱毒】コドク まじないの虫や毒薬などで人を害すること。

【蠱媚】コビ なまめかしく美しい様子。

【蠱惑】コワク まどわす。たぶらかす。

(24)18 **【蠶】** (6715) サン 蚕（6714）の旧字体。→九六〇ページ。　7436 6A44

(24)18 **【蠹】** 6889 △ 漢ト 呉ツ 遇 dù　7437 6A45

【蠧】同字 7438 6A46　【⿱木䖵】古字

字義 ❶きくいむし。木などのしんを食う虫。❷衣服や書物を食いあらす虫。しみ（衣魚）の類。❸物事をそこない破るもの。❹そこなう。むしばむ。むしくい。❺むしぼし。

難読 蠹魚しみ

解字 篆文 形声。䖵＋橐音。音符の橐タクトは、ふくろの意味。袋の中に入るように木の中に巣くう虫の意味を表す。

【蠹害】トガイ しみ（虫の名）が物を食いあらすこと。転じて、物事をそこない破ること。蠹毒。

【蠹簡】トカン ①虫が食った書物。②ふるい書物。

【蠹魚】トギョ ①しみ。衣服・書物を食う虫。紙魚。銀魚。②いつも本を読んでいる人。また、本を読んでも活用する才能のない者をあざけっていう語。

【蠹書】①虫が食った書物。蠹簡。「蠹書虫（＝蠹魚の②）」②書物の虫干しをする。曝書。

【蠹△蝕】むしばむ。虫が食うこと。

【蠹賊】物事をそこない害する。また、その者。

(25)19
【蠻】(6756)　バン　蛮(6755)の旧字体。→九六三ページ。　7439 6A47

6　血部

〔部首解説〕ち。血を意符として、血液に関する文字ができている。

血 九七三　3 衄 九七三　4 衃 九七三　衃 九七三　5 衅 九七三
6 衉 九七三　衈 九七三　衆 九七三　衇 九七四　15 衊 九七四
衈→卩部 一七一ページ。

(6)0
【血】6890　教 3　ケツ　ち　漢ケツ・呉ケチ　屑 xuè, xiě　2376 376C

筆順　丿 𠂉 𠂉 血

字義　❶ち。ちしお。血液。❷ちぬる。ちを塗る。❸なみだ。非常な悲しみのときに、にじみ出る涙。❹ちすじ。ちを分けた間柄。「血族」❺強くていきいきしていることにいう。「血気」

解字　甲骨文　篆文　象形。祭りのとき神にすすめる、いけにえの血を皿に盛ったさまにかたどり、「ち」の意味を表す。

▼泣血・心血・青血・赤血・鮮血・鉄血・吐血・熱血・流血

【血△胤】＝血統。胤は、血つづき。

【血縁】血のつづく間柄。親子・兄弟などの関係。血統。

【血汚】血にけがれる。流した血でよごれること。

【血気(氣)】①血液と気息。転じて、生きている動物。②ちのけ。はやりごころ。元気。

【血気(氣)△之勇】はやり気の勇気。元気にまかせて分別なしに出す勇気。

【血祭】①いけにえの血を供えて神を祭ること。②国まつり ⑦昔、出陣の時、いけにえを殺して軍神を祭ったこと。①敵方の者を殺して気勢をあげること。


【血書】血で書くこと。また、血で書いた文書。多くは決意や憤激の情などを示すためにする。

【血色】①血の色。②血のような赤色。真っ赤な色。③国顔色。血相。

【血食】いけにえの血を供えて祖先の霊を祭ること。「不血食」は祖先の祭りがたえる、国がほろび、子孫が絶えること。

【血戦(戰)】血まみれになって戦うこと。死にものぐるいの戦い。死戦。

【血族】同じ先祖から出た親類。血つづき。血属。

【血統】血つづきの間がら。血筋。血縁。血脈。

【血肉】①血と肉。②国ニク 血統。

【血脈】①血液のかよう管。血管。②血筋。血統。③仏師から弟子に伝える仏法の伝統。法脈。

【血脈貫通】①血管が身体中に通じていること。②文章などが全体として、連関がよくまとまっていること。

【血盟】固くちかう。→歃レ血。

【血流漂△杵】戦死者が多く、流血が多量で、きねのような重いものを流すほどであることをいう。一説に、杵は楯という。〔書経、武成〕

【血涙】血のなみだ。非常に悲しいときや苦しいときに出るなみだ。

【血路】①敵の囲みを切り抜けて、やっと逃げ出るみち。②国難関を切り抜ける方法・手段。

【以レ血濯レ血】①残虐なしうちに対して残虐なやり方で報復すること。たがいに残酷な手段を用いて争うこと。〔唐書、回鶻伝上〕②国身内同士で争うこと。血で血を洗う。

【△歃レ血】誓いのとき、いけにえを殺してその血を口辺に塗り、たがいに違約しない証拠とする。血盟。

【衈】→卩部 一七一ページ。

(9)3
【衄】6891　△　ジク　衄(6892)の俗字。→次項。　7441 6A49

(10)4
【衄】6892　△　一 漢ジク・呉ニク　屋 nǜ　二 漢ジク（チク）・呉ニク　屋　7440 6A48

［衂］俗字　7441 6A49

字義　一 はなぢ。二 ❶＝一。❷くじける。くじく。やぶれる。敗北する。挫折する。❸ちぢむ。

解字　篆文　形声。血＋丑音。音符の丑は、手の指にかたく力を入れてひねる形にかたどる。鼻をひねって出る、はなぢの意味を表す。また、ねじれくじけるの意味をも表す。

(10)4
【衃】6893　△　ハイ　灰 pēi

字義　こり血。くされ血。くさってかたまっている血。

解字　篆文　形声。血＋不音。音符の不は、子房の象形で、ふくれるの意味。血のかたまりふくらんだものの意味を表す。

(11)5
【衅】6894　△　キン　震 xìn

字義　ちぬる。いけにえの血を祭器にぬる。＝釁。

解字　会意。血＋半。

(12)6
【衉】6895　△　漢カク　呉キャク　陌 kā

［峈］俗字

字義　はく。血を吐く。＝喀。

解字　形声。血＋各音。

(12)6
【衈】6896　△　漢ジ　呉ニ　寘 èr

字義　ちぬる。血をぬる。血を祭器にぬる。

解字　形声。血＋耳音。音符の耳は、みみの意味。耳の血をささげる祭りの意味を表す。

(12)6
【衆】6897　教 6　シュウ・シュ　シュウ（シウ）　送東 zhòng　慣シュ　2916 3D30

筆順　𠂉 血 衆 衆 衆

［眾］本字

字義　❶おおい。おおし。↔寡。❷多くの人。もろもろ。「聴衆」❸民。庶民。❹けらい。群臣。国❶殿上の雑用に従事する下級武士。❷雑用に従事する下級僧。❸複数の人に対する敬称。「皆の衆」

名乗　ひろ・もり・もろ　難読　衆樹

解字　甲骨文　金文　篆文　会意。甲骨文では、日＋乑。日は、村落の意味。乑は多くの人の意味。村落に集まる多くの人の意味を表す。日は金文から目となり、のちにまた、血に変形した。

▼群衆・下衆・公衆・大衆・聴衆・民衆

【衆寡】多いことと、少ないこと。多人数と小人数。多寡。
【衆寡不レ敵】少数の者は、多数の者にかなわない。〔魏志、張範伝〕
【衆議】多人数の議論。衆論。

【衆口鑠金】シュウコウキンをとかす 多くの人のことばは、かねをもとろかす。多くの人のかげ口やそしりの恐るべきことのたとえ。「鑠金」は人の心を動かしてしまうことのたとえ。〔国語、周語下〕
【衆庶】シュウショ 多くの人。庶民。万民。億兆。
【衆辱】シュウジョク 多くの人の前ではずかしめられること。
【衆心成レ城】シュウシンしろをなす 多くの者が心を一つにすれば、城郭のように強固なものになる。〔国語、周語下〕
【衆人】シュウジン ①多くの人。大勢の人。②凡人。あたりまえの人。
【衆生】シュウセイ ①すべての生命あるもの。②人以外の動物をさしていう。③仏シュジョウ すべての生物。また、人類。
【衆生済(濟)度】シュジョウサイド 仏多くの人の迷いをすくい、さとりを得させる。
【衆芳】シュウホウ ①多くのかんばしい花。多くの花。②多くの賢臣・美女などのたとえ。
【衆望】シュウボウ 多くの人から受ける人気・信用。
【衆妙】シュウミョウ 多くのすぐれたもの。宇宙における万物。〔老子、一〕玄之又玄、衆妙之門ゲンのまたゲン、シュウミョウのモンなり
【衆民】シュウミン 多くの民。庶民。万民。
【衆目】シュウモク 多人数の目。転じて、多人数の観察。
【衆慮】シュウリョ いろいろの考え。多くの考え。

(12)6【衈】6898 △ ミャク 脈(3184)の古字。→五三七ページ。

(21)15【衊】6899 △ 漢ベツ 呉メチ 門miè

字義 ❶けがす（汚）。はずかしめる。恥をかかせる。❷きたない血。汚血。

解字 篆文  形声。血＋蔑音。音符の蔑ベツは、しりぞけるの意味。しりぞけるべき、きたない血の意味を表す。

6 行部

［行］ 2552 3954

〔部首解説〕ぎょうがまえ（行構え）。ゆきがまえ。行を意符として、道路や街に関する文字ができている。本書では、検索の便宜上から一括して彳（ぎょうにんべん）の部にまとめた。彳部の部首解説を見よ。

【行】→彳部 三七八ページ。
【衍】→彳部 三八二ページ。
【術】→彳部 三八二ページ。
【衒】→彳部 三八六ページ。
【術】→彳部 三八六ページ。
【街】→彳部 三八七ページ。
【衙】→彳部 三八八ページ。
【銜】→金部 一一三一ページ。
【衚】→彳部 三九〇ページ。
【衝】→彳部 三九〇ページ。
【衛】→彳部 三九一ページ。
【衡】→彳部 三九一ページ。
【鴴】→鳥部 一二五二ページ。
【鵆】→鳥部 一二五三ページ。
【衢】→彳部 三九二ページ。

6 衣部

〔部首解説〕ころも。衣が偏になるときは衤の形をとり、衣偏ころもへんと呼ぶ。もと、衣と衤とは同じ部首に含まれたが、形・画数とも異なるので、分離して衣部のあとに衤部を設けた。衣・衤を意符として、衣類やその状態、それに関する動作などを表す文字ができている。

(6)0【衣】6900 教4 イ ころも 1665 3061

一 漢イ・呉エ 微 yī　二 漢イ・呉エ 未 yì

浴衣ゆかた

筆順 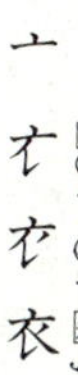

字義 一❶ころも。きぬ。㋐上着。腰から上の着物。↔裳ショウ。㋑きもの。衣服。「着衣」㋒式服。晴れ着。㋓けさ。ころも。僧の着る法服。「僧衣」「法衣」❷つつみ（包）。また、おおい（蔽ヘイ）。㋐器具をおおいつつむもの。㋑体の一部をおおうもの。「面衣」「足衣」㋒羽・皮・苔などの外部をおおうもの。
二❶きる（着）。着せる。❷おおう（蔽）。❸おこなう（行）。身につけ行う。服行。

名乗 そ・みそ　難読 衣更着きさらぎ・衣繖きぬかさ・衣通姫そとおりひめ・衣斐いび・衣笠きぬがさ

解字 甲骨文 篆文 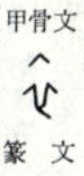 象形。身体にまつわる衣服のえりもとの象形で、ころもの意味を表す。衣を音符に含む形声文字に依・哀・扆などがあり、これらの漢字は、「まとう」の意味を共有している。

▼悪衣・羽衣・更衣・征衣・青衣・単衣・典衣・天衣・白衣・布衣・弊衣・便衣・法衣・毛衣

【衣纓】イエイ ①衣服と冠のひも。②転じて、朝廷の役人。公卿コウケイ。
【衣架】イカ 着物を掛けておく家具。衣桁イコウ。
【衣冠】イカン ①着物とかんむり。朝廷に出るとき着用する礼服。装束。「衣冠束帯」②衣冠をつけた人。官吏。③衣冠を着ける資格のある尊い家がら。また、その人。貴人。④国昔、朝廷に参内するときの略服。
【衣冠之会(會)】イカンのカイ 諸侯の平和的な会合。衣裳之会イショウのカイ。↔兵車之会。
【衣魚】イギョ・しみ ①衣服や書物などにつく虫。紙魚しみ。白魚。銀魚。蠹魚トギョ。②国書物ばかり読んで、その知識を活用できない人をあざけっていう語。
【衣衾】イキン 衣服と夜着。
【衣錦之栄(榮)】イキンのエイ 錦にしきを着て、故郷に帰る名誉。立身出世して故郷に帰ること。〔宋、欧陽脩、昼錦堂記〕
【衣工】イコウ 着物を作る者。仕立屋。
【衣桁】イコウ 衣かけ。衣架。
【衣篝】イコウ 衣服に香をたきこめるとき使うかご。薫籠クンロウ。
【衣綵】イサイ 色どりや模様の美しい着物を着ること。
【衣笥】イシ 衣服を入れておく箱。たんす。
【衣繡夜行】イシュウヤコウ・シュウをきてよるゆく りっぱな錦にしきの着物を着て夜歩く。せっかく立身出世しても人に知ってもらえないたとえ。〔史記、項羽本紀〕富貴不レ帰ニ故郷一、如ニ衣レ繡夜行一フウキにしてコキョウにかえ(へ)らざるは、シュウをきてよるゆくがごとし
【衣裳】イショウ ①上着と下着。裳は、腰から下につける衣服。②衣服。着物。衣装。
【衣裳之会(會)】イショウのカイ ＝衣冠之会。

【衣▵裳▵之治】イショウのチ しいて法を定めず、徳によって自然に人民を教化すること。

【▵顚ニ倒衣▵裳一】イショウをテントウす ①上着と下着をとりちがえて着る。②転じて、朝廷の命を受けてうろたえあわてること。〔詩経、斉風、東方未明〕

【衣食】イショク ①衣服と食物。②着ることと食うこと。くらし。生活。

【衣食足則知ニ栄(榮)辱一】イショクたればすなわ(は)ちエイジョクをしる 衣食の心配のない生活になって、はじめて、人は自然に身を修め、名誉と不名誉とをわきまえるようになる。衣食足りて礼節を知る。〔管子、牧民〕⇩倉廩実則知ニ礼節一(ソウリンみつればすなわ(は)ちレイセツをしる)(九一ページ)。

【奔ニ走於衣食一】イショクにホンソウす 生活のために走りまわること。

【衣▵簪】イシン ①朝廷に出る礼服と簪。官吏の服装。簪は、冠を髪にとめるピン。②転じて、役人。

【衣装(裝)】イソウ ①衣服と荷物。②イショウ 衣服。着物。衣裳。

【衣帯(帶)】イタイ ①衣服と帯。束帯。装束。②しめている帯。

【衣帯(帶)緩】イタイゆるし 着物の帯がゆるむ。心配のあまり身がやせ細る意。〔文選、古詩十九首〕衣帯日已緩(イタイひにすでにゆるし)。

【衣着・衣著】イチャク ①着物を着る。②着物。被服。

【衣▵嚢】イノウ 衣服につけた袋。かくし。

【衣鉢】エハツ・エハチ・イハツ ①仏師から伝えられた仏教の奥儀。衣は袈裟(ケサ)、鉢は托鉢(タクハツ)の道具。②師の道を伝えること。また、その道。

【伝(傳)ニ衣鉢一】イハツをつたう(ふ) ①仏仏教の奥儀を伝える。②学問技芸などを弟子に伝えること。

【衣鉢閣】イホカク・イフカク ①禅寺で、開山または名僧の遺品・衣鉢を蔵する倉。②「衣鉢閣下(イホカッカ)」は、僧にあてた手紙の脇付に用いる語。

【衣被】イヒ ①衣服。②おおい助ける。恩恵を加える。

【衣▵袂】イベイ ①着物のたもと。そで。②転じて、衣服。

【衣紋】イモン ①＝衣服。②着物の模様。③国エモン ㋐着物のえりの胸のところで合わさる部分。㋑衣服・装束の制度や着方。

【衣領】イリョウ ①着物のえり。②衣服。

【衣糧】イリョウ 衣服と食物。衣食。

【衣至ㇾ骭】ころもはカンにいたる 衣服が短くて、やっとすねにとどく。質実剛健なさま。骭は、脛骨(ケイコツ)。〔頼山陽、前兵児謡〕

【衣▵莫ㇾ若ㇾ新、人▵莫ㇾ若ㇾ故】ころもはあたらしきにしくはなく、ひとはふるきにしくはなし 衣服は新しいにこしたことはなく、人は古いにこしたことはない。衣不ㇾ如ㇾ新(ころもはあたらしきにしかず)、人不ㇾ如ㇾ故(ひとはふるきにしかず)。〔晏子、雑、上〕

【衣不ㇾ▵曳ㇾ地】イ チにひかず 衣服が短いこと。質素なこと。

【衣不ㇾ重ㇾ▵帛】イ ハクをかさねず 絹の着物を重ねて着ない。質素なこと。また、倹約のさま。〔尹文子、大道上〕

【解ㇾ衣推ㇾ食】イをときショクをおす 自分の衣服をぬいで人に着せ、自分の食を譲って人に勧める。人に恩を施すさま。〔史記、淮陰侯伝〕

【若ㇾ不ㇾ勝ㇾ衣】イにたえ(へ)ざるがごとし ①体がやせて弱々しく、衣服の重さにもたえられないようなさま。②おそれつつしむさま。また、謙譲のさま。〔礼記、檀弓下〕

【振ニ衣千▵仞▵岡一】イをセンジンのおか(を)かにふるう(ふ) 俗界から脱して、高遠な境地に立つことの形容。〔文選、左思、詠史詩〕

【典ㇾ衣】イをテンす 衣服を質に入れる。

【払(拂)ㇾ衣】イをはらう(ふ) 着物のたもとをはらう。奮然と立ちあがるさま。投袂(トウベイ)。〔国語、晋語八〕

(8)2
【表】6901
教3 ヒョウ おもて・あらわす・あらわれる
ヒョウ(ヘウ) 篠 biǎo
4129
493D

筆順 十 主 表 表

字義 ❶おもて。㋐うわべ。表面。㋑そと(外)。㋒うえ(上)。❷あらわす。㋐明らかにする。明白にする。㋑明らかにして、人に知らせる。「発表」 ❸あらわれる。❹きわだつ。特にすぐれてみえる。また、特異な部分。❺かしら。首長。❻たていし。人徳などをほめたたえて、村里・墓前・社寺などに建てた石柱の類。また、領土などのしるしの石柱。❼しるし。㋐めじるし。㋑旗じるし。❽ひかげばしら。日影を見て時を計る柱。また、懐中時計。❾のり。てほん。「儀表」 ❿かたち。ようす。また、たちいふるまい。「姿表」 ⓫うわぎ。上衣。また、上着を着る。⓬文書の名。君主、または役所に、差し出す文書。「出師表(スイシのヒョウ)」 ⓭複雑な事がらを分類整理して、一目でわかるようにしたもの。「図表」 ⓮こずえ(梢)。＝標。
国おもて。㋐おおやけ。公式。正式。「表沙汰(ザタ)」 ㋑表座敷。㋒畳の表。㋓ところ。もと。「江戸表」「国表」 ㋔屋外。

名乗 あき・あきら・うわ・お・きぬ・と・よし　難読 表衣(着)(うわぎ)・表木山(ひょうきやま)

使いわけ あらわれる〔現・表・著〕⇩現(4680)。

解字 篆文  会意。衣＋毛。むかしは毛皮でうわぎを作ったので、おもて着の意味から、おもての意味を表す。

▼意表・雲表・師表・年表・墓表

【表意文字】ヒョウイモジ 国一字ごとに意味を表す文字。漢字の類。意字。↕表音文字。
【表音文字】ヒョウオンモジ 国意味に関係なく、音声だけを表す文字。かなやローマ字の類。音字。↕表意文字。
【表外漢字】ヒョウガイカンジ 国常用漢字以外の漢字をいう。
【表記】ヒョウキ ①文字に書き表す。②表面に書きしるす。表書き。
【表具】ヒョウグ 国紙・布などを使って、軸物・ふすま・びょうぶなどを作ること。表装。装潢(ソウコウ)。
【表慶】ヒョウケイ 慶祝の意を表すこと。
【表決】ヒョウケツ 議案に対して、可否の意見を明らかにする。
【表現】ヒョウゲン ①あらわす。また。あらわれる。②芸術作家が自分の感動や思想を芸術作品として表すこと。
【表示】ヒョウジ ①表し示す。②国表に作って示す。
【表次】ヒョウジ 表を作って順序を立てる。
【表式】ヒョウシキ ①手本。規範。儀表。②国表示する一定の方式。
【表叔】ヒョウシュク 母方の叔父(おじ)。母の弟。
【表章】ヒョウショウ ①表し明らかにする。②あらわれ。③＝表彰。④上奏文。
【表象】ヒョウショウ ①外に表れた形。また、しるし。②国㋐哲学で、ある対象を意味する直観的な心の働き。㋑哲学または心理学で、意識中の過去の印象が再生されたもの。
【表彰】ヒョウショウ 善行などをほめて、広く世間に知らせること。表顕。表章。
【表情】ヒョウジョウ 感情が顔つきや動作に表れたもの。
【表装(裝)】ヒョウソウ ＝表具。
【表率】ヒョウソツ 手本。模範。
【表題】ヒョウダイ 国書物や講演などの題目。見出し。
【表徴】ヒョウチョウ ①外に明らかに表し示す。②表面に表れているしるし。表象。
【表的】ヒョウテキ まと。目あて。標的。
【表▵姪】ヒョウテツ 母方のいとこの子。
【表白】ヒョウハク ①申しあげる。言上。上申。②発表して明白にする。③国ヒョウビャク 神仏へささげる文。
【表表】ヒョウヒョウ 非常にすぐれていて目につくさま。
【表文】ヒョウブン 君主、または役所に差し出す文。
【表明】ヒョウメイ 発表して明らかにする。
【表▵裡・表裏】ヒョウリ ①おもてとうら。うらおもて。「表裏一体」②外と内。内外。③前と後。

【哀】→口部 二〇〇ページ。

(10)4
【袁】6902
標 漢エン(ヱン) 呉オン(ヲン) 元 yuán
7447
6A4F

字義 ❶着物の長いさま。❷地名。隋(ズイ)・唐・宋(ソウ)の州の名。

治所は今の江西省宜春市。

解字 篆文 会意。土(止)＋口＋衣省。止は、足あとの象形であるくの意味。今、土に変形した。口は、ある玉の象形。衣服の中に玉を入れ、旅だちの安全をいのるさまから、とおざかるの意味を表す。袁の意味と音符とを含む形声文字に轅・遠などがある。

【袁凱】(エンガイ) 明初の詩人。松江（今の上海市松江県）の人。字は景文。海叟と号したが、白燕の詩で有名になったので袁白燕とも呼ばれた。『海叟集』の著がある。

【袁宏道】(エンコウドウ) 明代の詩人。公安（今の湖北省公安県）の人。字は中郎。兄の宗道、弟の中道と共に、三袁と呼ばれた。古文辞派に反対し、自由平明な文体を主張した。『袁中郎全集』の著がある。（一五六八—一六一〇）

【袁紹】(エンショウ) 後漢末期の武将。字は本初。霊帝の死後、何進と共に宦官をみな殺しにし、献帝を立てたが、魏の曹操と戦って敗れた。（?—二〇二）

【袁世凱】(エンセイガイ) 清末の軍人・政治家。清王朝を倒して中華民国初代の大総統となった。後に帝位につこうとして失敗し、失意のうちに死んだ。（一八五九—一九一六）

【袁枚】(エンバイ) 清の詩人。銭塘（今の浙江省杭州市）の人。字は子才。号は簡斎。後、随園先生と称せられた。宋詩を重んじ性霊説を唱えた。『随園詩話』『随園随筆』の著がある。（一七一六—一七九七）

(10)4
【衾】6903 △ 漢キン 呉コン 侵 qīn　7448 6A50

【衾】本字

字義 ❶ふすま。寝るときからだをおおうもの。夜着。ねまき。また、掛けぶとん。❷きょうかたびら。死体の上にかける衣服。黄色い表、白い裏のものが用いられた。

解字 篆文 形声。衣＋今(音)。音符の今は、おおうの意味。人の体をすっぽり覆う、ふすまの意味を表す。

【衾褥】(キンジョク) ふすまと、しとね。かけぶとんとしきぶとん。夜具。

【衾裯】(キンチュウ) ①ふすま。よぎ。夜具。裯は、ひとえのふすま。②ふすまと寝台の帳（カーテン）。

(10)4
【衮】6904 △ コン 阮 gǔn　7449 6A51

【袞】俗字

字義 ❶竜の模様のぬいとりをした天子の礼服。袞衣。❷上公（文官の最高位）の礼服。転じて三公。

解字 金文 篆文 会意。衣＋公。公は、おおやけの意味。公式に用いる衣服の意味を表す。

【衮衣】(コンイ) 竜の模様をぬいとりした天子の礼服。衮竜衣。衮服。

【衮衮】(コンコン) ①続いて絶えまないさま。②ねんごろに説くさま。

【衮竜(龍)】(コンリョウ) ①天子の礼服。衮竜衣の略。②転じて天子。

〔衮衣〕

【衮竜(龍)衣】(コンリョウイ) 竜の模様をぬいとりした天子の礼服。衮竜の御衣。衮衣。

【隠(隱)₂衮竜(龍)之袖₁】(コンリョウのそでにかくる) 天子の御衣のそでのかげにかくれる。転じて、臣下が天子の権威のかげにかくれて自分かってなふるまいをすること。

(10)4
【衰】6905 常 スイ おとろえる　3174 3F6A

㊀スイ 支 shuāi
㊁シ 支 cuī
㊂漢サイ・呉スイ 灰 cuī
㊃サ 歌 suō

筆順 衰

字義 ㊀❶おとろえる。㋐よわる（弱）。勢いがなくなる。かすかになる。「盛衰」㋑としよる。老人になる。❷おとろえ。おとろえること。また、おとろえたもの。㊁❶ちがい。＝差。❷そぐ。へらす。❸くだる（降）。また、くだす。❹へる（減）。また、へらす。㊂喪服の名。＝縗。㊃みの。＝蓑。

解字 篆文 象形。草で作った雨具の象形で、「みの」の意味を表す。また、音形上、卒に通じ、字形上も卒と共通する部分があって、おとろえるの意味をも表す。

▼盛衰・必衰・老衰

【衰萎】(スイイ) おとろえしぼむこと。

【衰運】(スイウン) おとろえる運命。衰勢。

【衰朽】(スイキュウ) おとろえくちる。衰弱すること。老衰。〔唐、韓愈、左遷至₂藍関₁示₂姪孫湘₁詩〕肯将₃衰朽₁惜₂残年₁（あえて衰朽をもって残年を惜しまんや）。訳文⇒聖明（八九五ページ）。

【衰軀】(スイク) やせおとろえたからだ。衰体。

【衰耗】(スイコウ・スイモウ) おとろえ弱る。

【衰困】(スイコン) おとろえ苦しむ。また、おとろえ疲れる。

【衰残(殘)】(スイザン) おとろえて弱りはてる。

【衰弱】(スイジャク) おとろえ弱る。

【衰世】(スイセイ) ↔盛世。①おとろえた世。②道徳がすたれた世。

【衰息】(スイソク) ①おとろえてやむ。②減ってなくなる。

【衰退】(スイタイ) ①おとろえ退歩する。②弱って元気がなくなる。

【衰頽】(スイタイ) おとろえくずれる。おとろえ弱る。

【衰態】(スイタイ) おとろえたありさま。おとろえた状態。

【衰絰】(サイテツ) 衰は胸部につけ、絰は首と腰につける麻の布で、喪服に着用する。喪服。

【衰日】(スイニチ) 国陰陽家の語。生まれた年の干支によって忌みきらう日。子年生まれの人は丑の日を忌むの類。

【衰年】(スイネン) おとろえた年齢。老年。衰齢。

【衰廃(廢)】(スイハイ) おとろえすたれる。

【衰敗】(スイハイ) おとろえやぶれる。

【衰憊】(スイハイ) おとろえつかれる。衰疲。

【衰微】(スイビ) （国の勢いなどが）おとろえて弱くなる。衰弱。

【衰鬢】(スイビン) 苦労や老年のために、つやを失った、あるいは、少なくなった鬢の毛。

【衰弊】(スイヘイ) おとろえやぶれる。衰敗。衰敝。

【衰暮】(スイボ) 年よること。また、老年。年とってからの時期。

【衰亡】(スイボウ) おとろえほろびる。衰滅。

【衰滅】(スイメツ) ＝衰亡。

【衰門】(スイモン) おとろえた家。寒門。

【衰乱(亂)】(スイラン) おとろえみだれる。

【衰老】(スイロウ) 年とって体力のおとろえること。また、その人。

(10)4
【衷】6906 常 チュウ　3579 436F

㊀チュウ（チウ）東 zhōng
㊁チュウ（チウ）送 zhòng

筆順 衷

字義 ㊀❶まこと（誠）。まごころ（忠）。「衷心」「微衷」❷なか。中央。❸あたる。かなう。適当。＝中。❹正しい。善い。❺はだぎ。下着。また、したに着こむ。㊁ほどよい。かたよらない。＝中。

名乗 あつ・ただし・よし

参考 この字の上部を、「一口一」のように書くのは俗形で、画数も一画少なくなる。

解字 篆文 形声。衣＋中(音)。音符の中は、なかの意味。中の方に着るはだぎの意味を表す。転じて、まごころの意味をも表す。

▼苦衷・聖衷・折衷・微衷・不衷

【衷懐(懷)】(チュウカイ) ＝衷心。

【衷甲】(チュウコウ) ①衣の下によろいを着こむこと。②国くさりかたびら。鎖をつづって、じゅばんのように作った物。

【衷情】チュウジョウ ＝衷心。

【衷心】チュウシン まごころ。心の底。真情。衷情。

【誘レ衷】チュウをいざなう(ふ) まごころをみちびき出して、善に向かわせること。

(11)5 【袈】6907 人 漢カ 呉ケ 麻 jiā　2322 3736

筆順 フ カロ 架 袈

字義 ⇨袈裟ケサ。 名乗 けさ

解字 形声。衣＋加㊥。

【袈△裟】ケサ ①仏僧衣。貪ドン(むさぼる)・瞋シン(いかる)・痴(おろか)の三毒を捨てたしるしとして肩からかけるもの。梵語ゴボン kaṣāya の音訳。三衣。法衣。忍辱衣ニンニクエ。②けごろも。毛で作った衣服。毛衣。

(11)5 【袞】6908 △ コン 衮(6904)の俗字。→九七六ジ。　7449 6A51

(11)5 【袋】6909 常 タイ ふくろ 漢タイ・呉ダイ 隊 dài 足袋たび　3462 425E

筆順 イ 代 代 袋 袋

字義 ふくろ。布・皮・紙などで作り、物を入れるのに使う。国ふくろ。㋐行きづまること。行きづまり。㋑水にかこまれた土地。川の水の落ち合う所。

【帒】同字

解字 形声。衣＋代㊥。

▼魚袋・風袋・布袋

【袋△鼠】タイソ・ふくろねずみ ①子守鼠こもりねずみの別名。②カンガルーの別名。

【袋△綴】ふくろとじ(ぢ)・ふくろつづり 国和漢書のとじ方の一種。紙を一枚ごとに二つに折って重ね、折り目でない方をとじる。

(11)5 【袠】6910 △ チツ 帙(1921)と同字。→三四三ジ。

(11)5 【袤】6911 △ 一漢ボウ・呉モ 宥 mào 二漢ボウ・呉ム 尤　7461 6A5D

字義 一❶衣の帯から上の名称。❷ながさ(長)。南北の長さ。東西を広という。二長い衣服。

解字 篆文 籀文 形声。衣＋矛㊥。音符の矛ボウは、籀文チュウブンの袤では、楙であり、おおうの意味。南北にわたって地をおおう意味から、南北のながさ、ひろがりの意味を表す。

(11)5 【袰】6912 国字 △　7462 6A5E

字義 ほろ。昔、よろいの上からかぶり矢を防いだ、布製の袋のようなもの。＝幌ほろ。

難読 袰川いやかわ・いさかわ・袰内ほろない・袰懸ほろかけ

解字 会意。母＋衣。母衣は、「ほろ」の意味。

(12)6 【裁】6913 教6 サイ たつ・さばく 漢サイ・呉ザイ 灰 cái　2659 3A5B

筆順 土 表 裁 裁

字義 ❶たつ。㋐たち切る。「断裁」㋑たち割る。❷したてる。布をたちきって衣服を仕立てる。❸したて(仕立)。衣服を裁って縫うこと。❹ほどよくする。きりもりする。❺さばく。是非善悪を判断してきめる。適当に処置する。適当に判断する。❻おさえる(抑)。❼へらす(減)。❽また、さばき。決裁。裁判。❾わずかに。わづかに。かた(型)。ようす。「体裁テイサイ」

使いわけ たつ〔断・絶・裁〕⇨断(2934)。

解字 篆文 形声。衣＋𢦏(𢦏)㊥。音符の𢦏サイは、また、戈＋才㊥。戈も才も、災害をたち切る器具の象形。衣類をたち切るの意味を表す。

▼決裁・自裁・制裁・総裁・体裁・仲裁・勅裁・独裁

【裁可】サイカ 君主が臣下の申し出をよいとして許可すること。裁許。勅裁。

【裁決】サイケツ とりさばいて、よしあしを決める。裁定。

【裁減】サイゲン きりへらす。けずりへらす。

【裁成】サイセイ ほどよくとりはからって、しとげること。

【裁制】サイセイ ①衣服などを仕立てる。②おさえつける。おしとどめる。裁抑。

【裁断(斷)】サイダン ①是非善悪を取り調べて決める。また、さばき。裁決。②たちきる。③国洋裁で、型にあわせて布を裁つこと。

【裁定】サイテイ ①＝裁決。②文章に手を入れて、誤りや不備を正し、整正なものにすること。

【裁判】サイバン ①裁判所が法律に基づいて判定をくだすこと。②国理非・曲直を判定すること。

【裁量】サイリョウ とりはからう。きりもりする。

(12)6 【装】6914 教6 ソウ・ショウ よそおう　3385 4175

(13)7 〔裝〕6915 人許 漢ショウ(シャウ) 呉ソウ(サウ) 陽 zhuāng　7470 6A66

筆順 丬 壮 装 装

字義 ❶よそおう。よそう。㋐身じたくする。㋑旅じたくする。「行装」㋒しくむ。整える。㋓かざる。さいくする。また、うわべをかざる。似る。❷よそおい。よそい。㋐身じたく。身なり。「服装」㋑旅じたく。「旅装」㋒衣服。調度。㋓つつみ。荷物。㋔かざり。細工。❸つつむ。たばねる。また、入れる。つめる。❹つける。取りつける。また、しかける。「装置」

参考 現代表記では〔裳〕(6925)の書きかえに用いることがある。「衣裳→衣装」

解字 篆文 形声。衣＋壮(壯)㊥。音符の壯は、倉に通じ、しまう・かくすの意味。衣服で身をつつむ・よそおうの意味を表す。

▼衣装・改装・偽装・儀装・擬装・女装・盛装・倒装・表装・変装・舗装・礼装

【装甲】ソウコウ ①よろいをつける。戦いの用意をする。②敵弾を防ぐため船・車などの外がわに鉄板を張ること。「装甲車」

【装△潢匠】ソウコウショウ 表具師。経師屋キョウジや。潢は、紙を染めること。

【装送】ソウソウ 嫁入りの時に持って行く品物。

【装束】ソウゾク・ショウゾク ①身じたくする。また、身じたく。②着物。衣服。③礼服を着る。盛装する。また、礼服。礼装。④旅じたくする。また、旅じたく。⑤国室内・庭園などをかざること。かざりつけ。

【装置】ソウチ しかけ。しくみ。設備。

【装丁・装△釘】ソウテイ 書物をとじて表装すること。また、その表装。書物の意匠。装幀ソウテイ。

【装△塡】ソウテン ①中につめこむこと。②国銃砲に弾丸をこめること。

【装備】ソウビ 国①備品・付属品などをとりつけること。また、そのとりつけられた物品。②身じたくを整えること。また、身じたく。

(12)6 【裂】6916 常 レツ さく・さける 漢レツ・呉レチ 屑 liè　4686 4E76

筆順 ア 歹 列 裂 裂

字義 ❶きれ。着物の裁ち余り。布のきれはし。❷さく。ひきさく。さきやぶる。❸さける。さく。ばらばらになる。また、破れる。くずれる。「分裂」❹刑罰の一種。体を車でひきさく刑。「車裂」

使いわけ さく〔裂・割〕

〔裂〕無理に二つに離す。「紙を裂く・仲を裂く」

〔割〕刃物などで切り開く。また、とり分けて他の用に当てる。

「魚を割く・紙面を割く」

解字 篆文 形声。衣+列(㓝)音。音符の㓝は、首を切るの意味。衣服を切りさくの意味を表す。

▼決裂・車裂・爆裂・破裂・滅裂

【裂果】カ 成熟すると皮がさけて種をまき散らす果実。あぶらな・えんどうの類。

【裂罅】レッカ さけめ。われめ。

【裂眥】レッシ まなじりをさく。怒ってまなじりが裂けるほどに大きく目を開いてにらむこと。眥は、まなじり。「怒髪裂眥」

【裂帛】レッパク ①きぬをさく。また、その音。澄んではげしい楽音の形容。②ほととぎすの鳴き声の形容。③女の悲鳴の形容。

【裂膚】レップ 皮膚を破る。転じて、寒さのはげしいことの形容。

(13)7 【裔】6917 標 エイ 霽 yì 7467 6A63

字義 ❶すそ(裾)。もすそ。衣のすそ。❷すえ(末)。㋐果て。遠い所。辺境。㋑血つづき。遠い血すじ。子孫。「後裔」「末裔」

解字 金文 篆文 会意。衣+冏。冏は、台座の前で祈るの意味。台座に衣服を置いて祖先をまつるさまから、遠い子孫の意味や遠いの意味を表す。

【裔裔】エイエイ ①行くさま。②飛び流れるさま。③舞うさま。

【裔孫】エイソン 遠い子孫。後裔。

【裔冑】エイチュウ =裔孫。冑は、血すじ。

(13)7 【裘】6918 △ 漢キュウ(キウ) 呉グ 尤 qiú 7468 6A64

字義 かわごろも。けごろも。獣類の毛皮で作った衣服。また、かわごろもを着る。

解字 篆文 形声。衣+求音。音符の求は、かわごろもの象形。求が、もとめるの意味に用いられるようになったため、衣を付して区別した。

【裘葛】キュウカツ 皮ごろも(冬服)と、かたびら(夏服)。転じて、冬と夏。一年の意。

【裘褐】(褐)キュウカツ 皮ごろもと、あらい毛織物で作った着物。転じて、質素な衣服。

(13)7 【裟】6919 人 漢サ 呉シャ 麻 shā 2632 3A40

筆順 氵 沙 裟 裟

字義 袈裟は、僧侶の法衣。僧衣。

解字 形声。衣+沙音。音符の沙は、梵語 kaṣāya の śā の音訳を示す。袈裟で僧尼の服の意味を表す。

(13)7 【裊】6920 △ 漢ジョウ(デウ) 呉ニョウ(ネウ) 篠 niǎo

【褭】同字

字義 ❶くみひもを馬の腹に結びつける。❷しなやか。たわむ。=嫋。

解字 形声。衣+鳥省音。音符の鳥は、柔に通じ、やわらかの意味。衣を付し、しなやかの意味を表す。

【裊裊】ジョウジョウ ①ゆらゆら揺れるさま。②しなやかにまといつくさま。③声が続いて絶えないさま。

【裊娜】ジョウダ しなやかなさま。なよなよとしたさま。

(13)7 【裝】(6915) ソウ 装(6914)の旧字体。→九七七ページ。 7470 6A66

(13)7 【裒】6921 △ 漢ホウ 呉ブ 尤 póu

字義 ❶あつめる。集まる。❷おおい(多)。❸とる。減らす。

解字 会意。衣+臼。臼は、両手で物を持ちあげる形にかたどる。両手で集めて着物の中に入れるの意味を表す。一説に、褎の別体字という。

【裒会】(會)ホウカイ ①寄せ集める。②租税を多く取りたてること。裒斂ホウレン。

【裒次】ホウジ 集めて順序だてる。編集する。裒輯ホウシュウ。

(13)7 【裛】6922 △ 一 漢ユウ(イフ) 呉オウ(オフ) 緝 yì 二 ヨウ(エフ) 葉

字義 一二❶ふみぶくろ。ふみづつみ。書物を入れるふくろ。書帙ショチツ。また、物を包む布。ふろしき。❷まとう(纏)。❸うるおう。うるおす。=浥ユウ。

解字 篆文 形声。衣+邑音。音符の邑ユウは、あつめるの意味。書籍をまとめ入れるふくろの意味を表す。

(13)7 【裏】6923 教6 リ うら リ 紙 lǐ 4602 4E22

筆順 亠 亩 重 重 裏 裏

【裡】標準 4603 4E23

字義 ❶うら。㋐衣服のうら。㋑すべて物のうらがわ。内側。背面。↔表。「裏面」❷うち。㋐なか。内部。㋑心の中。㋒はら。むね。❸おさまる。=理。❹ところ(処)。「那裏ナリ」

使いわけ リ[裏・裡] もと、「うち側・内部」の意の場合は[裡]を用いることが多かったが、現代では[裏]を用いる傾向。「成功裏・脳裏・胸裏」

解字 金文 篆文 形声。衣+里音。音符の里は、すじの意味。縫い目のすじが見える衣服のうち側、うらの意味を表す。

▼宮裏・胸裏・鏡裏・禁裏・内裏・脳裏・表裏

【裏言】リゲン 内々のことば。交渉などがうまくいくように、内々にする口添えのことば。内密の交渉。

(14)8 【裹】6924 △ カ(クヮ) 箇 guǒ 7471 6A67

字義 ❶つつむ(包)。たばねる。また、まとう(纏)。❷つつみ。袋。❸ふさ。花房ふさ。❹草の実。❺宝。財宝。

解字 篆文 形声。衣+果音。音符の果は、くだものの意味。果皮が種子を包むように、つつむの意味を表す。

【裹革】カカク 戦死者の死体を馬の革につつむ。→裹屍。

【裹屍】カシ 死体をつつむ。戦死者の遺体を持ち帰ること。

【裹足】カソク ①足をつつむ。②わらじなどをはいて、足ごしらえをすること。③足をとどめる。立ち止まって前へ進まないこと。

【裹頭】カトウ ①頭を布でつつむこと。②元服をいう。昔、男子が二十歳で頭に冠を加えたこと。③仏僧が俗人にもどること。還俗ゲンゾク。

(14)8 【裳】6925 標 漢ショウ(シャウ) 呉ジョウ(ジャウ) 陽 cháng 3056 3E58

字義 ❶も。腰から下をおおう衣服。したばかま。スカート。↔衣。❷昼の衣服。

難読 裳階(層)もこし

参考 現代表記では[装](6914)に書きかえることがある。「衣裳→衣装」

解字 形声。衣+尚音。音符の尚は、長に通じ、ながいの意味。長いすそのスカートの意味を表す。

【裳衣】ショウイ ①腰から下をおおう裳と上半身につける衣。②衣服。着物。衣裳。

【裳裳】ショウショウ 美しくさかんなさま。

(14)8 【製】6926 教5 セイ セイ 霽 zhì 3229 403D

筆順 𠂉 朱 制 製 製

字義 ❶たつ(裁)。㋐衣服を仕立てるために布をたつ。仕立てる。㋑たちきる。❷つくる。こしらえる。㋐物をこしらえる。㋑詩文を作る。また、作られた詩文。❸着物。また、雨着。❹つくり。㋐かた。作り方。形式。体裁。㋑なり。姿。ようす。❺衣料を数える語。

名乗 のり

解字 篆文 形声。衣+制音。音符の制は、木をそぎ整えるの意味。衣服を裁ちつくるの意味を表す。

▼作製・聖製・粗製・複製

【製裁】セイサイ ①つくる。②つくりかた。③つくられたもの。作品。
【製作】セイサク つくる。物をつくる。→制作（一四〇ページ）。
【製産】セイサン 物をつくり、産出する。
【製版】セイハン 印刷をするための版を作ること。また、その版面。
【製錬】セイレン 鉱物から金属を取り出す。

(14)8【裴】6927 △ 漢ハイ 呉バイ 灰 péi　7474 6A6A
［裵］本字
字義 ❶衣服の長いさま。また、ひらひらするさま。「裴裴」❷たちもとおる。ぶらぶら歩く。＝徘ハイ。
解字 篆文 形声。衣＋非㊥。音符の非は、左右にひらくの意味。左右にすそが長くひらかれた衣服の意味を表す。
【裴松之】ハイショウシ 南朝宋ソウの学者。聞喜（今の山西省聞喜県）の人。字あざなは世期。陳寿の『三国志』の注を書いた。『史記』の注釈『集解シッカイ』の著者裴駰ハイインは、その子。（三七二―四五一）
【裴迪】ハイテキ 盛唐の詩人。王維と親交があり、共に唱和した「輞川集モウセンシュウ」がある。
【裴度】ハイド 中唐の政治家。字あざなは中立。諡おくりなは文忠。晋国公シンコクコウに封ぜられた。晩年、白居易と交わる。（七六五―八三九）

(15)9【褒】6928 常 ホウ ほめる　4311 4B2B
(17)11〔襃〕6929 ホウ 豪 bāo　7481 6A71
筆順
字義 ❶ほめる。ほめたたえる。❷おおきい（大）。また、ひろい（広）。❸すその広い衣。ふところの大きい衣。❹国名。夏カの禹王ウオウが封じた国。姓は姒ジ。有褒ともいう。今の陝西セン省褒城の東南。
参考 〔褎ユウ〕は別字。
解字 篆文 形声。衣＋保㊥。音符の保は、抱くの意味。物を抱きこめるような大きな着物の意味を表す。また、報に通じて、ほめるの意味をも表す。
【褒衣】ホウイ ①ほうびとして与えられた衣服。②すその広い衣服。→褒衣博帯。
【褒衣博帯（帶）】ホウイハクタイ 儒者の衣服。すその広い衣服と、巾の広い帯の意。大衣広帯。
【褒慰】ホウイ 功績をほめ、苦労をなぐさめること。
【褒顕（顯）】ホウケン ほめて、世の中にあきらかに示す。賞揚。
【褒賛（贊）・褒△讃】ホウサン ほめたたえる。
【褒賜】ホウシ ほめて物を与えること。褒賚ホウライ。
【褒△姒】ホウジ 周の幽王の愛妃。褒の国人が献じた女。平素笑わなかったが、王が何事もないのに烽火のろしをあげて諸侯を集めて見せると、初めて笑った。後、犬戎ケンジュウに攻められたとき烽火をあげたが、諸侯はしばしばだまされているので、集まらず、幽王は殺され、褒姒はとりことなったと伝えられる。〔史記、周本紀〕
【褒称（稱）】ホウショウ ほめたたえる。称揚。
【褒章】ホウショウ 特に功労のあったものに与える記章。日本には、紅綬コウジュ・緑綬・藍綬ランジュ・紺綬・黄綬・紫綬の六種がある。
【褒奨（獎）】ホウショウ ほめはげます。
【褒賞】ホウショウ ほめ賞する。ほめる。また、それで与える金品。
【褒成】ホウセイ 孔子の尊称。孔子の教化の成就をほめたたえる意。
【褒△妲】ホウダツ 褒姒ホウジと妲己ダッキ。妲己は、殷の紂王チュウオウが愛して国をほろぼした女性。
【褒懲】ホウチョウ よい者をほめ、悪い者をこらしめること。
【褒△寵】ホウチョウ ほめいつくしむ。
【褒△貶】ホウヘン ほめることと、けなすこと。「毀誉キヨ褒貶」〔文選、杜預、春秋左氏伝序〕以二一字一為二褒貶一（イチジをもってホウヘンをなす）。
【褒揚】ホウヨウ ほめあげる。褒称。称揚。

(15)9【褎】6930 △ 一 漢シュウ（シウ）・呉ジュ 宥 xiù 二 漢ユウ（イウ）・呉ユ 宥 yòu
［褏］同字
字義 一 ❶そで（袖）。たもと。❷きかざったさま。❸のびる。また、ぬきんでる。枝葉が成長する。❹すすむ（進）。また、進むさま。＝迪ユウ。❺笑うさま。
解字 篆文 会意。衣＋采。

(15)9【褜】6931 国字 △
字義 えな（胞衣）。褜え・なは、姓氏。
解字 会意。衣＋胞。胞衣イホウは、えなの意味。この二字を合わせて一字とした。

(16)10【褧】6932 △ 漢ケイ 呉キョウ（キャウ） 迥 jiǒng
字義 ひとえひとえ。単衣。麻、または、ちりめんのひとえ。＝絅ケイ。
解字 篆文 形声。衣＋耿㊥。

(16)10【褰】6933 △ ケン 先 qiān
字義 ❶はかま。また、ももひき。❷かかげるかかぐ。あげる。裾すそを持ちあげる。❸ひらく（開）。❹たたむ。ちぢめる。ひだをつける。
解字 篆文 形声。衣＋寒省㊥。音符の寒は、さむいの意味。衣服のすそをもちあげて寒々しいさまから、かかげるの意味を表す。

(16)10【褱】6934 △ ジョウ 㐮（6920）と同字。→九七八ページ。

(17)11【襄】6935 △ 漢ショウ（シャウ） 呉ソウ（サウ） 慣ジョウ（ジャウ） 陽 xiāng　7487 6A77
字義 ❶のぼる（升）。❷あげる。㋐首をあげる。あおぐ。＝仰。㋑声をはりあげる。❸たかい（高）。❹はらう（払）。のぞく（除）。掃除する。❺なす（成）。❻かえる。また、かわる。めぐる。うつる。
解字 金文 篆文 形声。衣＋㐮㊥。音符の㐮ジョウは、襄の原字。㐮の金文は会意文字で、衣＋土＋攴。衣服に土などのまじない物を入れて邪気を払うの意味を表す。㐮は、金文の変形で、爻＋工＋吅＋己の会意文字。襄は、㐮にさらに衣を付したもの。また、上に通じて、のぼるの意味をも表す。
【襄陵】ジョウリョウ 大水が出て丘の上まで水が上がる。

(17)11【褻】6936 △ 漢セツ 呉セチ 屑 xiè　7488 6A78
字義 ❶ふだんぎ。平服。私服。❷はだぎ。したぎ（下着）。❸なれるなる。なれなれしくする。＝媟セツ。❹あなどる。❺けがれるけがる。よごれる。また、よごす。けがす。❻けがらわしい。きたない。
解字 金文 篆文 形声。衣＋埶㊥。音符の埶は、若木を手にとる形にかたどる。ずっと手にし、着なれた衣服の意味を表す。
【褻衣】セツイ ①ふだんぎ。平常服。②はだぎ。したぎ。
【褻△翫】セツガン なれもてあそぶ。また、その品。
【褻器】セッキ おまる。便器。虎子コシ。
【褻△裘】セッキュウ ふだん着る皮ごろも。
【褻言】セツゲン なれなれしく下品な（みだらな）ことば。
【褻△狎】セッコウ なれ近づくこと。なれて心やすいこと。
【褻臣】セツシン 君主になれなれしくなり過ぎている家来。狎臣コウシン。
【褻△瀆】セットク ①なれけがす。けがれる。②あなどり軽んずる。
【褻△陋】セツロウ けがらわしい。また、下品な。陋は、いやしい。

(17)11【襃】(6929) ホウ 褒（6928）の旧字体。→上段。　7481 6A71

(18)12【嚢】6937 △ ノウ 囊（1144）の俗字。→二八〇ページ。　3925 4739

(19)13【襞】6938 標 漢ヘキ 呉ヒャク 陌 bì　7494 6A7E
字義 ❶ひだ。着物の折り目。❷たたむ。衣服をたたむ。

解字 篆文 形声。衣＋辟㊔。音符の辟へは、劈キに通じ、さくの意味。一見さけたように見える衣服のひだの意味を表す。
【襞△積】ヘキセキ 衣服のひだ。積も、ひだ。

(22)16
【襲】6939 常 シュウ おそう
㊅シュウ（シフ）㊁ジュウ（ジフ）緝 xí
2917 3D31
筆順 龍 龍 龍 襲
字義 ❶おそう。㋐つぐ。うけつぐ。「世襲」㋑うける。㋒およぶ。㋓よる（因）。よりしたがう。㋔不意に攻める。「夜襲」㋕はいる。いる。㋖取る。不意に攻めて奪い取る。❷かさねる（重）。かさなる。積みかさねる。積みかさなる。❸かさね。上下そろっている着物。ひとそろいの着物。❹着る。まとう。❺おおう。閉ざす。閉じる。❻あう。かなう。やわらぐ。和合する。
名乗 そ・つぎ
解字 篆文 形声。衣＋龍（龖）㊔。音符の龖トウは、かさねあわさるの意味。衣服のかさね着の意味を表す。
▼因襲・奇襲・逆襲・強襲・世襲・踏襲・夜襲・来襲
【襲衣】シュウイ 衣服を重ねて着ること。重ね着。
【襲因】シュウイン うけつぐ。これまでの例に従うこと。襲沿。
【襲継（繼）】シュウケイ あとを受けつぐこと。継襲。
【襲撃（擊）】シュウゲキ おそい撃つ。敵を不意に攻撃すること。
【襲爵】シュウシャク 先代の爵位をつぐこと。
【襲取】シュウシュ 不意に攻めて奪いとること。
【襲封】シュウホウ 諸侯が先代の領地を受けつぐこと。
【襲名】シュウメイ 国親や師匠の名をつぐこと。
【襲明】シュウメイ 大道を明らかにすること。〔老子、二十七〕
【襲用】シュウヨウ そのまま受けついで用いること。踏襲。
【襲来（來）】シュウライ 急に攻めて（おそいかかって）来ること。

【嚢】→口部　二八ページ。

5
衤部

〔部首解説〕ころもへん。衣が偏になるときの形。⇩〔衣〕の部首解説。

【初】→刀部　一三四ページ。

(8)3
【衩】6940 △
㊀㊅サイ・㊁シャ 卦 ㊁㊅サ・㊁シャ 禡 chà
字義 ㊀㊁❶衣服のわきわり。衣服の両わきの縫いあわせてないところ。❷ひとえ。ひとえの着物。❸ふだん着。❹もすそ。
解字 形声。衤（衣）＋叉㊔。

(8)3
【衫】6941 △
㊅サン ㊁セン 咸 shān
7446 6A4E
字義 ❶ころも。衣服。❷ひとえ。うすもの。ひとえの短いころも。❸はだぎ。そでなしの下着。
解字 篆文 形声。衤（衣）＋彡㊔。
【衫子】サンシ 婦人の服の一種。すその短い服。半衣。

〔衫②〕

(9)4
【衱】6942 △
㊀㊅キョウ（ケフ）㊁ギョウ（ゲフ）葉 ㊁㊅キョウ（ケフ）㊁コウ（コフ）葉 jié
字義 ㊀すそ（裾キョ）。着物のすそ。㊁えり。着物のえり。
国 しごき。女性の腰帯の一種。衱帯しごきおび。
解字 形声。衤（衣）＋及㊔。

(9)4
【袀】6943 △
キン 真 jūn
字義 ❶いくさごろも。軍服。戎衣ジュウイ。❷くろぎぬ。黒い衣服。❸おなじ（同）。❹まじりけがない。純一。
解字 篆文 形声。衤（衣）＋匀㊔。音符の匀キンは、ひとしいの意味。形や色がひとしく同じ衣服、軍服の意味を表す。

(9)4
【衿】6944 人
㊀㊅キン・㊁コン 侵 jīn ㊁㊅キン・㊁ゴン 沁 jìn
2262 365E
筆順 衤 衤 衤 衿
字義 ㊀❶えり。着物の前えり。＝襟キン。❷こおび（小帯）。また、ひも。つけひも。㊁❶むすぶ（結）。❷おびる（帯）。❸したおび。
解字 形声。衤（衣）＋今㊔。音符の今は、おおうの意味。胸元を覆う、えりの意味を表す。
【衿契】キンケイ 心を許しあった交わり。また、心友。親友。衿は、えり、転じて、心・胸。
【衿△喉】キンコウ えりと、のどもと。要害の地のたとえ。
【△沾レ衿】キンをうるお（ほ）す えりをぬらす。ひどく泣くこと。

(9)4
【衵】6945 △
㊀㊅ジツ・㊁ニチ 質 nì ㊁㊅ジツ（チツ）・㊁ニチ 質
7450 6A52
字義 ㊀ふだんぎ。㋐女性の下着。㋑男性の装束をつけるときの下着。㊁じゅばん。女性のじゅばん。衵服。
国 あこめ。
解字 篆文 形声。衤（衣）＋日㊔。音符の日は、日々の意味。常に着る衣服、ふだん着の意味を表す。

(9)4
【衽】6946 △
㊅ジン ㊁ニン 沁・寝 rèn
7451 6A53
【袵】同字 7452 6A54
字義 ❶えり（襟）。衣服の襟。「左衽」❷おくみ。着物の前えりからすそまでにつける半幅の布。❸たもと。そで。❹ちきり。くさび。釘くぎの代わりに板と板とをつぎ合わせるのに使うもの。中央がせまく、両端が広く、つづみ形をしている。❺しとね。寝床。「衽席」

解字 篆文 形声。衤(衣)＋壬㊥。音符の壬ジンは、持続的に抱くの意味。人体を包んで保温する、えり・しとねの意味を表す。

【衽席】ジンセキ ①しきもの。②ねどこ。転じて、寝室。

【△斂レ衽】ジンを お(を)さむ えりをただす。身なりを整えて、つつしみ、まちはうやまいの意を表す。

(9)4 【袡】6947 △ ㊥ゼン ㊒ネン 㗊 rán 7453 6A55

字義 ❶衣服のへり。ふち。❷ふちどる。❸うわ着。嫁入りのときの上着。

解字 形声。衤(衣)＋冄㊥。

(9)4 【衲】6948 △ ㊥ドウ(ダフ) ㊒ノウ(ナフ) 合 nà

字義 ❶つくろう(繕)。ぬう(縫)。衣服の破れを縫う。❷僧の衣服。つぎはぎして作った衣の意。衲衣。❸仏僧侶ソウリョの自称。

解字 形声。衤(衣)＋内㊥。

【衲衣】ノウエ 僧衣。けさ。転じて、僧。また、禅僧。

【衲子】ノウス・ノッス ①僧。また、禅僧。②僧が自分を謙遜ケンソンしていう語。〔「老衲」〕

【衲被】ノウヒ・ドウヒ ①つぎはぎをしたかけぶとん。②古人の文章の語句を集めてつぎはぎして作った文のたとえ。

(9)4 【袂】6949 標 ㊥ベイ ㊒メイ 霽 mèi 7454 6A56

字義 たもと。また、そで(袖シュウ)。国たもと。㋐ふもと。「山の袂」㋑きわ。みぎり。そば。「橋の袂」

解字 篆文 形声。衤(衣)＋夬㊥。音符の夬カイ=ケイは、わかつの意味。衣服から手をくり出すために、わかれるように縫いつけられている「たもと」の意味を表す。

【△攘レ袂】たもとを はらう(ふ) たもとを振りはらって勢いよく立ち上がること。また、勢いよく立ち上がることの形容。

【投レ袂△而起】たもとを トウじてたつ たもとを振りはらって奮い起つ。〔左伝、宣公十四〕

【分レ袂】たもとを わかつ 人と別れること。訣別ケツベツ。

(10)5 【袘】6950 △ 一イ 支 yí 二イ 寘 yì 三㊥タ・㊒ダ 歌

字義 一❶みごろ。衣服の中ほどの部分。❷衣服の長いさま。❸そで(袖シュウ)。着物のそで。二ふち。着物のすそのへり。三すそ(裾キョ)。着物のすそ。ふき。

解字 形声。衤(衣)＋㐌㊥。音符の㐌イは、施などに通じ、なびくの意味。なびく着物のすその意味を表す。

(10)5 【袪】6951 △ ㊥キョ ㊒コ 魚 御 qū

字義 ❶そで(袖シュウ)。また、たもと。❷そでぐち。❸ふところ。❹あげる(挙)。かかげる。着物のそでをかかげる。❺ちらす(散)。開く。❻さる(去)。

解字 篆文 形声。衤(衣)＋去㊥。音符の去は、離れるの意味。衣服の中で自由にひらき、上げ下げできる部分、そでの意味を表す。

(10)5 【袨】6952 △ ㊥ケン ㊒ゲン 霰 xuàn

字義 ❶はれ着。きれいな着物。❷黒い衣服。

解字 篆文 形声。衤(衣)＋玄㊥。

(10)5 【袖】6953 標 ㊥シュウ(シウ) ㊒ジュ 宥 xiù 3421 4235

字義 ❶そで。着物のそで。❷そでにする。そでにす。物などをそでの中に入れる。

解字 篆文 形声。衤(衣)＋由㊥。音符の由ユウ=シュは、あなが深く通じるの意味。人が腕を通す衣服の部分、その意味を表す。篆文は、衣＋采の会意。采スイは、いなほの意味。衣服の中で穂のようにぶらさがる部分、たもとの意味を表す。

【袖手】シュウシュ ①ふところでをする。手をそでの中に入れる。②何もしないでいること。

【袖手傍観(觀)】シュウシュボウカン 何もしないで、なりゆきにまかせたまま見物していること。拱手傍観キョウシュボウカン。

【袖珍】シュウチン 袖珍本の略。そでの中に入れて持ち歩くことができる小形本。珍は、宝の意。

【袖幕】シュウバク 大通りのにぎやかなさま。通行人のそでが幕のように連なる意。

(10)5 【袗】6954 △ 一シン 軫 震 zhěn 二シン 真 zhēn 7455 6A57

字義 一❶黒い衣服。黒衣。❷はれ着。正式の衣服。❸ひとえ(単衣ひとへ)。❹ぬいとりする。二おなじ(同)。ひとしい。同色の衣服。

解字 篆文 形声。衤(衣)＋㐱㊥。

【袗衣】シンイ ぬいとりした模様のある着物。一説に、礼服。

【袗△絺△綌】シンチゲキ あらい葛糸くずいとで織ったひとえの着物。絺は織り目の細かいもの。綌は、あらいもの。〔論語、郷党〕

(10)5 【袒】6955 △ 一㊥タン・㊒ダン 旱 tǎn 二㊥タン・㊒デン 諫 zhàn 7456 6A58

字義 一❶はだぬぐ。かたぬぐ。着物を脱いで肩を出す。❷昔の礼法の一つ。左肩を脱いで下着を見せることで、吉凶ともに行う。刑を受ける者は右肩を脱ぐ。❸ひとはだぬぐ。人をかばい、援護すること。❹ひらく(開)。二ほころびる。とける(解)。＝綻タン。

解字 篆文 形声。衤(衣)＋旦㊥。音符の旦タンは、地平線上に朝日があらわれるさまを示す。衣服の縫い目がほころびて肌があらわれる・着物を脱いで肌があらわれるの意味を表す。

【袒肩】タンケン 片はだを脱ぐ。一方の肩をあらわす。

【袒△裼】タンセキ はだぬぐ。裼も、はだぬぐの意。

【袒△裼裸△裎】タンセキラテイ はだぬぎになることと、はだかになること。無礼なふるまい。〔孟子、公孫丑上〕祖コ裼ー裸ー裎於我側一

【袒△跣】タンセン はだをぬぎ、はだしになる。①謝罪するときの作法の一つ。②身なりに無関心な隠者の服装。

【袒△膊】タンパク はだをぬぐ。袒肩。

【袒免】タンブン・タンメン 喪中の服装。袒は、左の肩を脱ぐこと。免は、冠を脱いで髪をくくること。

(10)5 【袮】6956 △ チ 禰の俗字。 7457 6A59

禰は、禰(9328)の俗字。

(10)5 【袜】6957 △ 一㊥バツ・㊒マチ 曷 mò 二㊥バツ・㊒マチ 月 wà

字義 一❶はらまき。はらおび。❷おび(帯)。二たび。くつした。＝韈バツ。

解字 形声。衤(衣)＋末㊥。

(10)5 【袙】6958 △ 一ハ 禡 pà 二㊥バツ・㊒メチ 黠 7458 6A5A

字義 一とばり(張)。まく。カーテン。二はちまき。昔、軍人が頭にまいて身分の上下を表したかざり。国あこめ。㋐中古の女性の肌着。㋑男性の装束の下着。

解字 形声。衤(衣)＋白㊥。

参考 国のあこめは〔衵ジツ〕の誤用。

(10)5 【袢】6959 標 一㊥ハン・㊒ボン 元 fán 二ハン 翰 pàn 7459 6A5B

字義 一二はだぎ。はだにじかに着る下着。あせとり。

解字 篆文 形声。衤(衣)＋半㊥。音符の半は、はんぶんの意味。汗に染まらないよう、染色の施してない上下半分ずつに分かれる、はだぎの意味を表す。

(10)5 【被】6960 常 ヒ こうむる 一㊥ヒ・㊒ビ 紙 bèi 二㊥ヒ・㊒ビ 寘 bèi, ④bì 4079 486F

筆順 衤 衤 衤 衤 被

字義 一 ❶おおう。かぶる。かぶせる。❷おおい。おおい かぶせるもの。㋐夜着。ねまき。㋑かけぶとん。ふすま。㋒ほろ。とばり。二❶こうむる。㋐着る。㋑帯びる。身につける。㋒背おう。㋓受ける。㋔およぶ。㋕合う。㋖加える。㋗かぶる。❷おおう。かぶせる。❸おおい。おおうもの。㋐夜着。ねまき。㋑かぶりもの。着物。❹かつら。かもじ。❺助字。る。らる。⇩

助字解説
る。らる。受身。……される。類見。〔唐、杜甫、兵車行〕被レ駆不レ異ニ犬与レ鶏。〈追いたてられることは、犬やにわとりとかわらない〉

難読 被衣（かずき・かつぎ）

解字 篆文 形声。衤(衣)＋皮㊥。音符の皮は、獣のかわの意味。毛皮のようにおおう夜着の意味を表し、着るの意味も表す。

▼衣被・光被

【被衣】①きもの(着物)。②国かずき・かつぎ。昔、婦人が顔をかくすために頭からかぶった衣服。
【被害】害を受けること。また、その危害・損害。↕加害。
【被堅執鋭】かたいよろいかぶとを身につけ、鋭利な武器を手に持つ。完全に武装すること。〔戦国策、楚〕
【被告】裁判所に訴えられた人。↕原告。
【被酒】酒気を帯びる。酒に酔う。〔史記、高祖本紀〕
【被治者】治められる者。人民。↕治者。
【被髪】①髪をふり乱すこと。また。その髪。②髪を結ばず、冠もつけないこと。未開地の風俗。
【被髪纓冠】髪を結わないまま冠をかぶること。非常に急ぐさま。〔孟子、離婁下〕
【被髪左衽】髪を結わず、着物を左前に着ること。未開地の風俗。〔論語、憲問〕微ニ管仲一吾其被髪左衽矣。
【被髪文身】髪を結わず、からだに入れ墨をする。未開地の風俗。〔礼記、王制〕
【被服】①きもの(着物)。衣服。②身に受ける。③身につける。④身をもって行う。実行する。
【被覆】おおいかぶせる。
【被蒙】こうむる。身に受ける。

(10) 5
【袍】6961 △ 漢ホウ 呉ボウ 豪 páo　7460 6A5C

字義 ❶わたいれ。ぬのこ。❷ふだん着。❸うわ着。「竜袍」国ホウ。うえのきぬ。束帯用の上着。位階によって色が異なり、文官の着用するものを縫腋袍、武官の着用するものを闕腋袍という。

〔竜袍〕

解字 篆文 形声。衤(衣)＋包㊥。音符の包は、つつむの意味。からだを包むころも、わたいれの意味を表す。

【袍笏】上着としゃく。朝廷に出仕する服装をいう。

(11) 6
【裀】6962 △ イン 真 yīn

字義 みごろ(裑)。着物の胴体の部分。

解字 形声。衤(衣)＋因㊥。

(11) 6
【袿】6963 △ ケイ 斉 guī　7463 6A5F

字義 ❶うちかけ。女性の礼服の上につける服。褊襠。❷すそ。もすそ。着物のうしろのすそ。❸そで(袖)。国うちぎ。㋐中古の貴婦人の礼服。襲の上衣で、唐衣の下に着るもの。㋑男性が直衣・狩衣などの下に着た平常服。

解字 形声。衤(衣)＋圭㊥。音符の圭は掛に通じ、ひっかけるの意味。女性の礼服の上にひっかける服、うちかけの意味を表す。

【袿裳】①女性の着る上着。うちかけ。②もすそ。

(11) 6
【袺】6964 △ 一漢ケツ・呉ケチ 屑 jié 二漢カツ・呉ケチ 黠

字義 一二 つまどる。着物の褄や衽をつまんで持つ。

解字 篆文 形声。衤(衣)＋吉㊥。

(11) 6
【袴】6965 標 コ 遇 kù　2451 3853

【絝】同字　【褲】俗字

字義 ももひき。ズボン。＝絝。国はかま。和服の上につけ、腰から下をおおうゆるやかな衣服。

解字 篆文 形声。衤(衣)＋夸㊥。音符の夸は、またぐの意味。篆文は、糸＋夸㊥。音味を表す。ズボン・ももひきの意味を表す。

【袴下】①ももひきの下。②またの下。袴は、胯・股に通ずる。③国ももひき。旧軍隊用語。ズボン下。

【袴褶】馬乗りばかま。騎服。

(11) 6
【袷】6966 △ 一漢コウ(カフ) 呉キョウ(ケフ) 洽 jiá 二漢キョウ(ケフ) 呉コウ(コフ) 葉 jié　1633 3041

【裌】同字

字義 一 あわせ。裏地のついた着物。↕単・襌(ひとえ)。二❶えり。着物のえり。❷かさねる(重)。❷つぎ(次)。ひかえ。

解字 篆文 形声。衤(衣)＋合㊥。音符の合は、あわせるの意味。裏地があわせついている着物、あわせの意味を表す。

(11) 6
【袾】6967 △ 一漢チュ(チウ) 呉チュ 虞 二シュ 虞 zhū

字義 一二 ❶みごろ。着物の胴体の部分。❷あかい。赤い着物。＝朱。❸美しい。みめよい。＝姝。

解字 篆文 形声。衤(衣)＋朱㊥。音符の朱は、あかいの意味。赤い着物の意味を表す。

(11) 6
【袵】6968 △ ジン 衽(6946)と同字。→九八〇ページ。　7452 6A54

(11) 6
【袱】6969 △ 漢フク・呉ブク 屋 fú 唐ホク　7464 6A60

字義 ふくさ。ふろしき。物を包む布。

解字 形声。衤(衣)＋伏㊥。音符の伏は、腹ばうの意味。広げると平面にぴったりつく、ふろしきの意味を表す。

【袱紗】国①絹の小さいふろしき。②茶の湯に用いる絹のきれ。

(11) 6
【裃】6970 国字 △　7465 6A61

字義 かみしも。昔の礼服。肩衣と袴と同じ色に染めた式服。

解字 会意。衤(衣)＋上＋下。かみ・しもにわかれた昔の礼服「の意味を表す。

(11) 6
【裄】6971 国字 △　7466 6A62

字義 ゆき。衣服の背縫から袖口までの長さ。

解字 会意。衤(衣)＋行。行は、ゆきの意味。

(12) 7
【裙】6972 △ 漢クン 呉グン 文 qún　7469 6A65

【帬】同字

字義 ❶も。スカート。→裙子。❷へり。ふち。❸はだぎ。下着。

解字 形声。衤(衣)＋君音。音符の君は群に通じ、むらがるの意味。ひだ(襞)がむらがり集まってきて腰の周囲を囲むように縫い合わせた、もすその意味を表す。

【裙釵(クンサイ)】①女性のもすそとかんざし。②女性のこと。

【裙子(クンシ)】腰から下をおおう袴のようなもので、ひだをつけて作る。女子また僧が用いる。現在のスカート。

【裙襦(クンジュ)】はだぎ。じゅばん。

【裙帯(帶)(クンタイ)】女性のもすそを結ぶひも。また、もすそとおび。

(12)7 【裌】6973 △ コウ 袷(6966)と同字。→九八二ページ。

(12)7 【裋】6974 △ 漢シュ 呉ジュ 慶遇 shù
字義 ❶長いしたぎ。㋐めしつかいの着る長い下着。㋑あわせの下着。❷破れごろも。破れた短い衣服。
解字 篆文 形声。衤(衣)＋豆音。音符の豆は、たかつきの象形。たかつきは頭の部分が大きく、それが幼児と似ているところから、こどもの意味に用いる。こどものめしつかいの衣服の意味を表す。
【裋褐(褐)(ジュカツ)】①粗末な衣服。破れた短い衣服。やぶれごろも。②転じて、貧しい庶民。

(12)7 【裑】6975 △ シン 真 shēn
字義 みごろ。衣服の胴体の部分。袖・襟・衽などを除いた部分。
解字 形声。衤(衣)＋身音。

(12)7 【裞】6976 △ セイ 霽 shuì 慣ゼイ
字義 死者に贈る衣服。
解字 篆文 形声。衤(衣)＋兌音。音符の兌は、ぬがせるの意味。今まで着ていた衣類をぬがせて死者に着せる衣服の意味を表す。

(12)7 【裎】6977 △ 漢テイ 呉チョウ(チャウ) 梗 chěng
字義 ❶はだか(裸)。また、はだかになる。❷ひとえ(単衣)。えりづまのないひとえの着物。
解字 篆文 形声。衤(衣)＋呈音。音符の呈は、突き出るの意味。衣服から体が突き出る、はだぬぎになるの意味を表す。

(12)7 【補】6978 教6 ホ おぎなう 漢ホ 呉フ 麌 bǔ 4268 4A64
筆順 衤 補 補 補

字義 ❶おぎなう(おぎなふ)。㋐つくろう。衣服のほころびを縫う。㋑破損したところを修理する。㋒ます(増)。たす(足)。うめあわせる。「補充」「補欠」㋓助ける。「補助」❷おぎない(おぎなひ)。不足をみたすこと。❸ぬいとり。明・清代に、官服の胸と背とにつけたしるし。また、そのしるしのついた官服。❹官職を授ける。「補任」
参考 現代表記では[輔](7658)の書きかえに用いる。「輔佐→補佐」「輔導→補導」
名乗 さだ・すけ・たすく
解字 篆文 形声。衤(衣)＋甫音。音符の甫は扶に通じ、手をかしたすけるの意味。衣類のほころびに他の布のたすけをかりて、つくろうの意味から、おぎなうの意味を表す。
▼候補・修補・増補・転補
【補遺(ホイ)】書物などのもれたところをおぎない足すこと。また、おぎなったもの。

【補益(ホエキ)】たすけおぎなう。裨益。

【補給(ホキュウ)】不足や損失などをおぎない与えること。

【補強(ホキョウ)】欠けたところをおぎなって強くする。

【補欠(缺)・補闕(ホケツ)】①欠けたところをおぎなう。補闕。②欠員を補充する。また、その人。

【補語(ホゴ)】述語を補足する語。

【補佐(ホサ)】おぎないたすける。また、その人。輔佐。

【補修(ホシュウ)】欠けたところをおぎないつくろう。

【補輯(ホシュウ)】書物などの足りないところをおぎない集めること。

【補葺(ホシュウ)】①家屋・城壁などの破れをつくろうこと。完葺。修葺。②おぎない足す。補輯。

【補充(ホジュウ)】おぎないみたす。

【補苴(ホショ)】おぎないつくろう。

【補助(ホジョ)】おぎないたすける。また、その人。

【補償(ホショウ)】おぎない、つぐなう。また、つぐない。

【補繕(ホゼン)】おぎない、つくろう。修理。修繕。

【補足(ホソク)】おぎない足す。不足をうめあわせること。

【補則(ホソク)】国本則をおぎなうために特に作った規則。

【補陀落(フダラク)】仏インドの南端にある観世音菩薩の住む霊山で、八角形をしているといわれる。梵語 potalaka の音訳。普陀落。

【補注・補註(ホチュウ)】注釈の不足をおぎない加えること。また、その注釈。

【補綴(ホテイ・ホテツ)】①おぎないつづりあわせる。②古人が使った句をつづりあわせて詩文を作ること。(「ホテツ」は慣用読み)

【補塡(ホテン)】おぎない、うめる。

【補導(ホドウ)】たすけみちびく。輔導。

【補任(ホニン・フニン・ブニン)】官職を授けること。

【補筆(ホヒツ)】書き足すこと。また、書き足した部分。加筆。

(12)7 【裕】6979 常 ユウ 慣ユウ ユ 遇 yù 4521 4D35
筆順 衤 衤 衤 裕
字義 ❶ゆたか。㋐満ち足りている。不足のないさま。「富裕」㋑ゆるやか。のびやか。寛大。広い。㋒やすらか。㋓ゆとり。「余裕」❷ゆたかにする。
名乗 すけ・ひろ・ひろし・まさ・みち・やす
解字 金文 篆文 形声。衤(衣)＋谷音。音符の谷は、容に通じ、多くの物をとり入れるの意味。衣服が多い、ゆたかの意味を表す。
▼寛裕・富裕・余裕
【裕寛(寬)(ユウカン)】ゆるやかでこせこせしないこと。〔管子、内業〕
【裕福(ユウフク)】国生活が豊かなこと。金持ち。富裕。
【裕裕(ユウユウ)】心が広くゆったりとしたさま。

(12)7 【裡】6980 標 リ 裏(6923)と同字。→九七八ページ。 4603 4E23
使いわけ リ〔裏・裡〕⇩裏(6923)。

(13)8 【裷】6981 △ 一 漢エン(エン) 呉オン(ヲン) 元 yuān 二 コン 阮 gǔn
字義 一 ずきん。はちまき。頭にまきつける布。二 天子の服。＝袞。
解字 形声。衤(衣)＋卷音。音符の卷は、まくの意味。頭にまく布、ずきんの意味を表す。

(13)8 【褂】6982 △ 漢カイ(クヮイ) 呉ケ 卦 guà 7472 6A68
字義 ❶うちかけ。うわぎ。清代の礼服の一種。❷ひとえのはだぎ。❸いくさごろもの一種。
解字 形声。衤(衣)＋卦音。

(13)8 【褐】6983 常 カツ 1976 336C
(14)9 〖褐〗6984 人 許 漢カツ 呉ガチ 曷 hé
筆順 衤 衵 褐 褐
字義 ❶ぬのこ。そまつな着物。あらぬのの衣服。身分の低い人が着る衣服。❷転じて、身分が低く貧しい人。❸麻ごろも。

また、毛ごろも。❹色の名。褐色。黄黒色。こげ茶色。
国カチ。かち色。濃い紺色。

解字　篆文　形声。衤(衣)＋曷(曷)音。音符の曷は葛カッに通じ、くず（マメ科の植物）の意味。くずの繊維で織ったそまつな布の意味を表す。

▼釈褐・皮褐

【褐衣】カツイ　身分の低い者が着る、毛織りの粗末な衣服。

【褐寛(寛)博】カツカンパク　①いやしい者の着る粗末な衣服。寛博は、寛・博ともに、ひろい意。仕立てあがった形が、だぶだぶでしまりがないこと。②転じて、それを着る身分の低い男。〔孟子、公孫丑上〕自反而不ㇾ縮、雖ニ褐寛博一、吾不ㇾ惴焉。

【褐夫】カップ　あらい毛織の衣服を着ている身分の低い者。〔孟子、公孫丑上〕

【釈(釋)ㇾ褐】カツをとく　身分の低い者の着る衣服を脱ぎすてる。官職につくこと。解ㇾ褐。

(13)8
【裾】6985
標　㊀漢キョ・呉コ　魚 jū　㊁漢キョ・呉コ　御 jù　3194 3F7E

字義　㊀❶すそ。着物のすそ。もすそ。❷ふところ。❸えり（襟）。前えり。国すそ。㊁❶おごる。たかぶる。＝倨。❷正しい。❸よる。＝拠。　㋐もののはし。末端。㋑山のふもと。

解字　篆文　形声。衤(衣)＋居音。音符の居は、すわるの意味。すわるときに地面につく、すその意味を表す。

【裾裾】キョキョ　衣服のりっぱなさま。〔荀子、子道〕

【裾濃】すそご　国着物の裾の方に下るにつれて濃くなるように染めた色。

(13)8
【裼】6986
△　㊀漢セキ・呉シャク　錫 xī　㊁漢テイ・呉タイ　霽 tì　7473 6A69

字義　㊀❶はだぬぐ。かたぬぐ。上着をぬぎ肩を出す。❷うでをあらわす。袖をまくる。❸ひとえのかわごろも。礼服の一種。㊁むつき。生まれたばかりの子供に着せる産衣。襁褓。

解字　篆文　形声。衤(衣)＋易音。

(13)8
【裯】6987
△　㊀トウ（タウ）豪 dāo　㊁漢チュウ（チウ）・呉ジュウ（ヂウ）尤 chóu

字義　㊀はだ着。あせとりの短いじゅばん。㊁❶ひとえ。夜着。ひとえの夜着。❷とばり。寝床にめぐらすたれぎぬ。

解字　篆文　形声。衤(衣)＋周音。

(13)8
【裨】6988
△　㊀ヒ　支 bì　㊁漢ヒ・呉ビ　支 pí　7475 6A6B

字義　㊀おぎなう。㊁❶たすけ。また、そえ。副将。❷ちいさい（小）。また、いやしい（卑）。　㋐布をつぎたす。㋑益す。㋒助ける。補佐する。

解字　篆文　形声。衤(衣)＋卑音。音符の卑は、俾に通じ、ます・たすけるの意味。衣服につけ加える、おぎなうの意味を表す。

【裨益】ヒエキ　①おぎない増すこと。助け。②ためになる。有益であること。

【裨海】ヒカイ　小さい海。

【裨助】ヒジョ　たすける。また、たすけ。

【裨将(將)】ヒショウ　副将。副将軍。〔史記、淮陰侯伝〕

【裨販】ヒハン　小あきんど。小売商。小商人。

【裨補】ヒホ　おぎないたすける。

(13)8
【裱】6989
△　㊀ヒョウ（ヘウ）嘯　㊁ヒョウ（ヘウ）篠 biǎo

字義　㊀ひれ（領巾）。女性の肩かけ。㊁＝褾。❶そでぐち（袖口）。❷表具する。書・画などを表装すること。

解字　形声。衤(衣)＋表音。

【裱背】ヒョウハイ　表具する。表装する。褾背。

(13)8
【裸】6990
常　ラ　はだか　ラ　哿 luǒ　4571 4D67

筆順　衤 衵 裡 裸

【躶】同字

字義　❶はだか。あかはだか。❷はだかにする。はだかになる。国はだか。持ち物・財産などのないこと。「裸一貫」　難読　裸足

解字　篆文　体　別　形声。篆文は、衣＋臝音。音符の臝は、なめくじ・かたつむりの象形。なめくじのようなはだかの意味を表す。常用漢字の裸は、衤(衣)＋果音の形声文字。

▼赤裸

【裸跣】ラセン　①はだかと、はだし。②きわめて貧しいことをいう。

【裸袒】ラタン　はだか。袒は、かたぬぐこと。

【裸虫(蟲)】ラチュウ　①はだかむし。羽・毛・うろこなどのない虫。蝶や蛾の幼虫。②人類。③貧乏人。

【裸裎】ラテイ　はだか。また、はだかになる。転じて、ひどく無礼なさま。〔孟子、公孫丑上〕

【裸馬】ラバ・はだかうま　鞍や手綱をつけてない馬。↔鞍馬。

(13)8
【裲】6991
△　リョウ（リャウ）養 liǎng　7476 6A6C

字義　裲襠は、そでなし。ちゃんちゃんこの類。国うちかけ。㋐朝廷の儀式に武官が装束の上に着た衣服。㋑上流婦人の礼服の一つ。袿。

解字　形声。衤(衣)＋兩音。　難読　裲襠　音符の兩の字形のようなそでなしのうちかけ（裲襠）の意味を表す。

(13)8
【褄】6992
国字　△　7477 6A6D

字義　つま。おくみ（衽）の腰から下のへり。

解字　形声。衤(衣)＋妻音。音符の妻は、へりの意味の日本語の音を示す。

(14)9
【褘】6993
△　㊀キ　微 huī　㊁イ（ヰ）微

字義　㊀❶ひざかけ。❷きじの模様をえがいた王后の祭服。㊁❶においぶくろ。女性が香料を入れて身につけるもの。＝幃。❷てぬぐい。

解字　篆文　形声。衤(衣)＋韋音。音符の韋は、なみはずれるの意味。なみはずれてよい衣服の意味を表す。

〔褘㊀②〕

(14)9
【褐】(6984)
カツ　褐（6983）の旧字体。→九八三ページ。

(14)9
【褌】6994
標　コン　元 kūn　7478 6A6E

字義　したばかま。したももひき。さるまた。国ふんどし。下帯。まわし。みつ。

解字　形声。衤(衣)＋軍音。音符の軍は、めぐらすの意味。下の方に巻きつける衣服、さるまたの意味を表す。

(14)9
【褝】6995
△　タン　襌（7014）の俗字。→九八六ページ。　7492 6A7C

(14)9
【褖】6996
△　タン　翰 tuàn

字義　褖衣は、㋐赤い縁どりをした黒い着物。昔、喪服の上に着た。㋑王后の服の名。表が黒で、裏が白い紗で作る。

〔褖衣〕

(14)9
【褚】6997
△　㊀チョ　語 zhǔ　㊁シャ　馬 zhě

解字　形声。衤(衣)＋象音。音符の象は、ふちをめぐるの意味。赤くふちどった黒衣の意味を表す。

【字義】一❶わたいれ。❷おおい。たれぎぬ。ひつぎをおおう布。❸ふくろ(囊ノウ)。❹たくわえる(蓄)。=貯。
二あかい。衣服が赤い。また、赤い服を着る兵卒。

【解字】篆文 形声。衤(衣)+者音。音符の者は、赭シャに通じ、あかいの意味。赤い衣服を着る兵卒の意味を表す。また、絮に通じ、わたいれの意味をも表す。

【褚遂良】チョスイリョウ 唐の政治家・書家。銭塘セントウ(今の浙江セッコウ省杭州コウシュウ市)の人。字あざなは登善。太宗・高宗に仕え諫議カンギ大夫・吏部尚書となった。書は王羲之オウギシの流れをくみ、楷書カイショに巧みで太宗に書の指導をした(五九六—六五八)。

(14)9 【複】6998 教5 フク — フク 屋 fù 4203 4A23

筆順 衤 衤 衤 複

【字義】❶かさなる。かさねる。㋐あるものの上に加える。「重複」㋑入りくむ。「複雑」❷ふたたび。また。二つ以上の。「複数」❸あわせ。裏のついた着物。また、綿入れ。

【解字】篆文 形声。衤(衣)+复(复)音。音符の复フクは、もとの道をくり返し戻る、重ねるの意味。かさね着・あわせの意味から、一般に、かさねるの意味を表す。

▼重複

【複衣】フクイ ①あわせ。また、綿入れ。②重ね着。
【複閣】フッカク 二階、三階だての高どの。重閣。
【複合】フクゴウ 二つ以上のものが合わさって一つになること。
【複刻】フッコク 国原本のとおりに版をつくり出版する。また、そうして作られた本。複製。覆刻。→復刻(三八六ページ)。
【複雑(雜)】フクザツ いりくんでいること。こみいっていること。↔単純・簡単。
【複式】フクシキ 国①二つ以上から成る方式。②貸借の両方を記入する簿記の方式。↔単式。
【複写(寫)】フクシャ ①一度写したものを、さらに写すこと。②一度に同じものを何枚も写しとること。
【複△襦】フクジュ 綿を入れた短い衣。
【複成】フクセイ かさねて作る。重複してできる。
【複姓】フクセイ 中国で二字の姓をいう。諸葛ショカツ・欧陽・司馬などの類。
【複製】フクセイ 国著作物・書画などを、その作者以外のものが、似せて作ること。また、そのもの。
【複道】フクドウ ①二階だての廊下。天子は上道、臣下は下道を歩いた。②上下二重につくった道。
【複壁】フクヘキ 二重のかべ。二重にかこんだかべ。
【複本】フクホン 国原本の写し。
【複葉】フクヨウ ①一つの葉の柄に小さい葉が多くある葉。②飛行機の翼が二重になっているもの。↔単葉。
【複△嶺】フクレイ 重なりあった山のいただき。

(14)9 【褊】6999 △ 一ヘン 二漢ヘン・呉ベン 銑 biǎn 先 piān [褊] 7479 6A6F

【字義】一せまい(狭)。㋐衣服が小さい。㋑土地がせまい。㋒物の考え方や見方がせまい。また、気みじか。性急。
二褊襳センは、衣のひるがえるさま。

【解字】篆文 形声。衤(衣)+扁音。音符の扁ヘンは、ひらたくてうすいの意味。薄い衣服の意味から、一般に、せまくてゆとりがないの意味に用いる。

【褊△隘】ヘンアイ =褊狭。隘も狭いこと。
【褊忌】ヘンキ 心がせまく、ねたみ深い。
【褊急】ヘンキュウ 心がせまく気みじか。せっかち。性急。褊促。
【褊狭(狹)】ヘンキョウ せまい。褊隘ヘンアイ。
【褊小】ヘンショウ せまくて小さいこと。狭小。
【褊心】ヘンシン ①せまい心。また、知識や思慮の浅い心。②気短な気性。
【褊促】ヘンソク 心がせまく気が短いこと。褊急。
【褊△裨】ヘンピ 国副将。補佐。偏裨の誤用。
【褊△陋】ヘンロウ 学問・見識などのせまいこと。

(14)9 【褓】7000 △ 漢ホウ 呉ホ・ホウ 晧 bǎo 7480 6A70

【緥】正字

【字義】むつき。小児に着せるかいまき。うぶぎ。「襁褓キョウホウ」

【解字】篆文 形声。衤(衣)+保音。篆文は、糸+保音。音符の保は、乳児を抱くの意味。乳児に用いるむつきの意味を表す。

【褓△襁】ホウキョウ 幼児の着物と背負いひも。転じて、幼少の意。「襁褓。
【褓乳】ホウニュウ 非常に幼いこと。幼少。

(14)9 【褕】7001 △ 一ユ 虞 yú 二ヨウ(エウ) 蕭 yú

【字義】一❶うつくしい。着物が美しい。❷襜褕センユ・褕袘(袘)エイは、すその短いひとえもの。❸褕狄(翟)ユテキ・ヨウテキは、きじの羽でかざった皇后の衣服。二=一の③。

【解字】篆文 形声。衤(衣)+俞音。

(15)10 【褞】7002 △ 一ウン 吻 yǔn 二オン(ヲン) 元 wēn 7482 6A72

【褞衣甘食】ウンイカンショク 美衣美食すること。〔史記、淮陰侯伝〕

【字義】一❶ころも。衣服。❷うちかけ(袿ケイ)。上着。
二→褞褐オンカツ。 難読 褞袍どてら

【解字】形声。衤(衣)+昷音。音符の昷オンは、あたたかいの意味。あたたかいころもの意味を表す。

【褞褐(褐)】オンカツ どてら。綿入れ。転じて、粗末な綿入れを着た人。身分の低い人。
【△褞袍】オンボウ どてら。ぬのこ。粗末な衣服。

(15)10 【褳】7003 △ コ 袴(6965)の俗字。→九八二ページ。

(15)10 【褥】7004 標 漢ジョク 呉ニク 沃 rù 7483 6A73

【字義】しとね。敷物。すわるときや、寝るとき下に敷く物。蓐ジョク

【解字】形声。衤(衣)+辱音。音符の辱は、草を刈り敷くの意味。布のしきもの、しとねの意味を表す。

(15)10 【褪】7005 △ トン 慣タイ 願 tùn ③④tuì 7484 6A74

【字義】❶ぬぐ(脱)。衣服をぬぐ。❷おちる。散り落ちる。花がしぼむ。❸あせる。さめる。色がさめる。❹しりぞく(退)。さがる。ひっこむ。

【参考】現代表記では[退](7773)に書きかえることがある。「褪色→退色」

【解字】形声。衤(衣)+退音。音符の退は、しりぞくの意味。衣服の色がしりぞく、あせるの意味を表す。

【褪紅色】タイコウショク 国桃色。淡紅色。退紅色。ときいろ。
【褪色】タイショク 色さめること。また、さめた色。退色。

(15)10 【褦】7006 △ 漢ダイ 呉ナイ 隊 nài

【字義】褦襶ダイタイは、㋐日笠ひがさ。日よけ笠。竹で作り、青絹を張ったもの。㋑暑い日に盛装して人を訪問するものをいう。おろかもの。うかつで事情に通じない人をあざけっていう語。「褦襶子ダイタイシ」

【解字】形声。衤(衣)+能音。

(15)10 【褫】7007 △ 一漢チ・呉ジ(ヂ) 紙 chǐ 二漢チ・呉ジ(ヂ) 支 7485 6A75

【字義】一❶はぐ。また、解く。ぬぐ。着物をぬぐ。❷うばう。うばい取る。二しきもの(敷物)。もうせん。

【解字】篆文 形声。衤(衣)+虒音。

【褫奪】チダツ ①官職などを取りあげること。②衣服などをはぎとること。

(16)11【襁】7008 △ 漢キョウ（キャウ）呉コウ（カウ） 養 qiǎng 7486 6A76

字義 ❶せおいおび。小児を背負う帯。＝繦。「襁褓（キョウホウ）」❷おう（負）。おんぶする。❸竹かご。子守りかご。

難読 襁褓（むつき・おしめ）

解字 篆文 形声。衤（衣）＋強音。

【襁負】（キョウフ） 背負い帯で幼児を背負うこと。繦負（キョウフ）。

【襁抱】（キョウホウ） ①幼児を背負うことと抱くこと。②転じて、小児の時の意。

【襁△褓・襁△緥】（キョウホウ・キョウホ） 繈緥（キョウホウ）。①背負い帯と、うぶ着。②転じて、小児の時の意。③国むつき。おむつ。おしめ。

(16)11【褶】7009 △ 7489 6A79

一 漢チョウ（テフ）呉ジョウ（デフ） 葉 dié

二 漢シュウ（シフ）呉ジュウ（ジフ） 緝 xí, ②zhě

慣シュウ（シフ）

字義 一❶あわせ（あはせ）。裏のついた着物。❷うわぎ（上着）。❸ひだ（襞（ヘキ））。また、しわ（皺（シュウ））。

二❶馬のりばかま。乗馬用のはかま。

解字 形声。衤（衣）＋習音。音符の習は、重ねるの意味。布をかさねあわせて作った着物、あわせの意味を表す。

【褶曲】（シュウキョク） 地層が地殻の収縮や火山の噴出などによって波状になること。

(16)11【褾】7010 △ ヒョウ（ヘウ） 篠 biǎo

字義 ❶そでぐち。袖（そで）のはし。❷書・画などを表装すること。［表具。

解字 形声。衤（衣）＋票音。

【褾紙】（ヒョウシ） 書物などの表・裏にあてる紙。また、布や皮なども用いる。表紙。

【褾背】（ヒョウハイ） 表具する。表装する。裱背（ヒョウハイ）。

(16)11【褸】7011 △ 7490 6A7A

一 漢ロウ・呉ル 尤 lǚ

二 ル 麌

字義 一二❶つづれ。ぼろ。破れてみにくい着物。「襤褸（ランル）」❷衣服が破れる。❸ぬう（縫）。破れをつづる。❹えり（襟）。着物のえり。

解字 篆文 形声。衤（衣）＋婁音。音符の婁（ロウ）は、つながるの意味。衣服が破れてつながっている、ぼろの意味を表す。

(16)11【襅】7012 国字 △

字義 ちはや。㋐神に仕える女性がかける、たすきの類。㋑巫女（みこ）の着る衣服。㋒芝居で用いる衣服で殿中羽織に似たもの。

解字 会意。衤（衣）＋畢。畢（ヒツ）は、篳（ヒツ）に通じ、雅楽の篳篥（ヒチリキ）を吹く時などに用いる衣服、ちはやの意味を表す。

(17)12【襍】7013 △ ザツ 8023 7037

雑（8466）（雑）と同字。→一二七〇ページ。

(17)12【襌】7014 △ タン 寒 dān 7491 6A7B

［禅］俗字 7492 6A7C

字義 ❶ひとえ（ひとへ）。裏のない着物。かたびら。禪衣。＝単。↔袷（コウ）（あわせ）。❷はだ着。下着。

解字 篆文 形声。衤（衣）＋單音。音符の單（タン）は、ひとつの意味。ひとえの衣服の意味を表す。

(17)12【襏】7015 △ 漢ハツ 呉ハチ 曷 bó

字義 未開の異民族の衣服。また、ひざかけ。

解字 形声。衤（衣）＋發音。

(17)12【襒】7016 △ 漢ヘツ 呉ベチ 屑 biē

字義 はらう（払）。衣服でほこりなどを払う。

解字 形声。衤（衣）＋敝音。

(18)13【襖】7017 標 オウ（アウ） 晧 ǎo ［襖］ 1808 3228

字義 ❶かわごろも（裘（キュウ））。❷うわぎ（上着）。❸「大襖子（ダイオウシ）」は、金代の女性の衣服。

国❶ふすま。からかみ。表裏から紙・布を張った建具。❷あお（あを）。㋐両わきの開いたうわぎ。㋑裏のある狩衣（かりぎぬ）。㋒あわせ。また、綿入れの衣。

解字 篆文 形声。衤（衣）＋奥音。

〔襖③〕

(18)13【襟】7018 常 キン えり 漢キン 呉コン 侵 jīn 2263 365F

筆順 衤 衤 衤林 襟 襟

字義 ❶えり。着物の前えり。＝衿（キン）。❷むね（胸）。胸。心。また、思い。「胸襟」❸建物の南。北を背という。

難読 襟裳（えりも）

解字 形声。衤（衣）＋禁音。

▼開襟・胸襟

【襟韻】（キンイン） 胸中の風雅な思い。

【襟懐（懷）】（キンカイ） 心中の考え。胸のうち。襟抱。

【襟△裾】（キンキョ） えりとすそ。転じて、衣服を着ること。

【襟△喉】（キンコウ） えりとのど。転じて、要害の地のたとえ。

【襟情】（キンジョウ） おもい。また、感情。こころ。

【襟帯（帶）】（キンタイ） ①えりとおび。衣服をいう。②えりと帯のように山や川が取り巻いていること。また、その要害の地。

【襟度】（キンド） 心のうち。度量。気まえ。

【襟抱】（キンポウ） ＝襟懐。

【襟要】（キンヨウ） えりとこし。要は腰。転じて、要害の地のたとえ。

【正レ襟危△坐】（えりをただしてキザす） 衣服のえりをきちんとし、正しくすわる。姿勢・態度を改め正すこと。〔史記、日者伝〕

【披レ襟】（キンをひらく） ①えりを開く。②心を打明ける。

(18)13【襛】7019 △ 漢ジョウ（ヂョウ）呉ニュウ 冬 nóng

字義 ❶あつい（厚）。衣服の厚いさま。❷さかん。花の美しくみごとなさま。＝穠（ジョウ）。

解字 篆文 形声。衤（衣）＋農音。音符の農は、濃いの意。衣服がいくえにも重なる、厚いの意味を表す。

(18)13【襚】7020 △ 漢スイ 呉ズイ 寘 suì

字義 ❶死者に衣服を贈る。また、その衣服。きょうかたびら。❷人に衣服を贈る。また、はなむけの衣服。

解字 篆文 形声。衤（衣）＋遂音。音符の遂は、隧（スイ）に通じ、墓に通じる通路の意味。墓に入る死者に贈る衣服の意味を表す。

(18)13【襜】7021 △ セン 塩 chān

字義 ❶まえかけ。まえだれ。ひざかけ。❷車のとばり。❸整ったさま。衣服の整ったさま。「襜如」❹ゆらぐさま。ゆれ動くさま。

解字 篆文 形声。衤（衣）＋詹音。音符の詹（セン）は、ひさしの意味。ひさしのように覆う、前だれの意味を表す。

【襜△幌】（センコウ） たれ幕。

【襜△襦】（センジュン） はだぎ。あせとり。下着。

【襜如】（センジョ） 衣服の整ったさま。一説に、衣服がゆれ動くさま。〔論語、郷党〕

【襜襜】（センセン） ①衣服の整ったさま。②ゆれ動くさま。

【襜△褕】（センユ） ①ひとえ（単衣）。すその短い単衣。②ひざかけ。

(18)13【襢】7022　△　㊀㋺タン・㋴ダン　㊤ tǎn　㊁テン　㋮ zhàn　7493 6A7D

字義 ㊀❶はだぬぐ（袒）。はだ脱いで肩を出す。❷あらわす。露出する。㊁しろむく。まっしろで模様のない衣服。

解字 形声。衤（衣）＋亶㊥。音符の亶は、且に通じ、あらわれるの意味。衣服を脱ぎ肌をあらわす、はだぬぐの意味を表す。

【襢△裼】タンセキ はだ脱いで肩を出すこと。

(18)13【襠】7023　△　トウ（タウ）　㊐ dāng　7493 6A7D

字義 ❶したばかま。したばかまの両またに当たる部分。褌襠。❷裲襠は、うちかけ。そでなし。㊂まち。㋐衣服の布の不足の部分に補う別の布。㋑袴の内またの部分。

解字 形声。衤（衣）＋當㊥。

(19)14【襦】7024　㊞標　㋺ジュ　㋴ニュ　㊤ rú　7501 6B21

字義 ❶はだぎ。あせとり。❷どうぎ。綿を入れた暖かい短い着物。❸目のこまかいあやぎぬ。目のつんだうすぎぬ。

解字 篆文  形声。衤（衣）＋需㊥。音符の需は、しなやか・やわらかの意味。しなやかな感触のはだぎの意味を表す。

【襦△袢】ジュバン・ジバン　㊂和服の下に着る肌着。ポルトガル語gibãoの当て字。

(20)15【襭】7025　△　㋺ケツ　㋴ゲチ　㊐ xié　7503 6B23

字義 つまばさむ。着物の褄を帯にはさんで、そこに物を包みこむ。＝擷。

解字 篆文 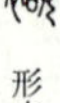 形声。衤（衣）＋頡㊥。

(20)15【襮】7026　△　㊀ハク　㊁ホク　㊤ bó　7503 6B23

字義 ㊀㊁❶ぬいとりしたえり。❷あらわす。また、さらす。＝暴。❸おもて（表）。

解字 篆文  形声。衤（衣）＋暴㊥。

(20)15【襪】7027　△　ベツ　襪（8612）と同字。→一二九三ページ。　［襪］ 7504 6B24

(20)15【襤】7028　△　ラン　㊤ lán　7502 6B22

［繿］同字 6981 6571

字義 ❶ぼろ。つづれ。破れた着物。❷へりをとってない着物。「襤褸」

難読 襤褸

解字 篆文 形声。衤（衣）＋監㊥。音符の監は、濫に通じ、みだれるの意味。ぼろの意味を表す。

(21)16【襯】7029　△　シン　㊤ chèn　7505 6B25

字義 ❶はだぎ。下着。襯衫。❷つく。近づく。

難読 襯衣

解字 篆文  形声。衤（衣）＋親㊥。音符の親は、したしむの意味。はだに最もしたしい、はだぎの意味を表す。

【襯衣】シンイ　下着。はだ着。襯衫。

(22)17【襴】7030　△　ラン　㊤ lán　7506 6B26

字義 上衣と裳とがつながっているひとえもの。

解字 形声。衤（衣）＋闌㊥。

(22)17【襷】7031　国字　㊞標　7507 6B27

字義 たすき。仕事をするとき、着物のたもとやそでをからげるひも。

解字 会意。衤（衣）＋擧。擧は、からげるの意味。

6　襾（西）部　［襾］ 7508 6B28

〔部首解説〕 かなめのかしら。にし。文字としては、襾は、音㋺カ・㋴ケ。象形。篆文 襾。うつわのふたの形にかたどり、おおうの意味を表す。襾を意符として、おおうの意味を含む文字ができているが、例は少ない。新字体では、覀の形になる。

西 九八七　3要 九八八　4覂 九八九　6覃 九八九　12覆 九八九
13覈 九九〇　覇 九九〇　17覊 九九〇　19覉 九九〇

票→示部 七九〇ページ。賈→貝部 一〇四三ページ。

(6)0【西】7032　㊞教 2　セイ・サイ　にし　㋺セイ・㋴サイ　㊦ xī　3230 403E

筆順 一 𠀃 襾 西

字義 ❶にし。にしの方角。↕東。四季では秋、五行では金、十二支では酉、八卦では兌にあたる。❷にしする。西のほうに向かって行く。❸にしのかた。西の方で。また、西に向かって。❹すむ。鳥が巣に宿る。＝棲・栖。❺うつる（遷）。❻西洋の略。「西暦」 ㊂国名。西班牙の略。

名乗 あき・し

難読 西海枝・西貢・西淡・西都・西伯利亜・西班牙・西比利亜・西表・西牟田

解字 甲骨文 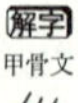 金文  篆文  象形。甲骨文・金文は、酒などをこすための竹かごの形にかたどる。借りて、方位の西の意味に用いる。西を音符に含む形声文字に、栖・晒・洒などがある。

▼泰西・鎮西・東西

【西安】セイアン　陝西省の省都。旧名は前漢・隋・唐の都であった長安。

【西△夷】セイイ　①中国西方の未開の国。西戎。②西洋人をののしっていう語。

【西域】セイイキ・サイイキ　漢代以後、玉門関（今の甘粛省敦煌市の西北）以西の地の総称。広くは、中央アジア・インドなどの西方諸外国の総称。中国の西方地域の意。狭くは、新疆ウイグル自治区地方。

【西域都護府】セイイキトゴフ　漢代に西域諸国を統治するために、烏塁城（今の新疆ウイグル自治区輪台のあたり）に置かれた役所。

【西王母】セイオウボ　崑崙山に住み、不死の薬を持っているといわれた、中国伝説上の美しい仙女。漢の武帝に蟠桃（三千年に一度なるという桃の実）を与えたといわれ、また、娘娘信仰（子授けの女神を信仰する）にも関係がある。

【西△瓜】セイカ・スイカ　ウリ科の一年生つる草。また、その果実。水瓜。

【西夏】セイカ　国名。北宋時代、党項族が建てた国。首都は興慶（今の寧夏回族自治区銀川市の東南）。漢字を模した複雑な字画の西夏文字を用いた。十代、百九十六年（一〇三二—一二二七）で蒙古に滅ぼされた。

【西海】セイカイ・サイカイ　①西方の海。②湖の名。青海。ココノール。③㋐＝①。㋑㊂九州地方。

【西岳（嶽）】セイガク　五岳の一つ。陝西省にある華山の別称。

【西学（學）】セイガク　①周代の小学校。②西洋の学問。

【西漢】セイカン　前漢。長安に都した高祖から平帝までをいう。↕東漢（洛陽に都した後漢）。

【西△魏】セイギ　後魏の末期、宇文泰が北魏の孝武帝を擁立して長安に都した国。（五三五—五五六）

【西向・西郷（鄉）・西△嚮】セイキョウ　西に向かう。西を向く。

【西京】セイケイ　①西周時代の都。鎬京。②漢・唐代の都、長安。③唐の至徳二年（七五七）以後は、鳳翔府。④五

代と唐の荘宗以後は、太原。⑤五代の晋・北宋の洛陽。⑥国京都をいう。

【西京雑(雜)記】書名。六巻。東晋の葛洪の編とされる。西京（前漢の都長安）の人々の逸話や制度・風俗などに関する話を集録したもの。原本は漢の劉歆の著ともいうが不詳。

【西湖】浙江省杭州市の西にある湖で、古来、江南の名勝地とされる。湖中には唐の白楽天が築いたという白堤や宋の蘇軾の築いたという蘇堤、湖畔には林和靖の隠居した孤山などがある。

【西国(國)】①西方の国。②㋐国西方の国。㊥九州地方。㋑仏㊥極楽浄土。㋒近畿以西。㋓西国三十三か所を巡礼すること。

【西崑】①西方の崑崙山。古伝説に、玉を産し、帝王が書物を蔵したところという。②日の没する所。転じて、老年・老衰のたとえ。③西崑体の略。↓次項。

【西崑体(體)】詩体の一つ。晩唐の李商隠の詩にならって、故事を用い、修辞を工夫した宋代初期の詩風。李商隠の作品集を『西崑唱酬集』というのに基づく。

【西山】①伯夷・叔斉がかくれた首陽山の別名。その所在は数説あるが、一般に今の山西省永済県の南の雷首山という。②福建省内にある西巌山の略称。宋の真徳秀が学を講じた所。③北京西郊一帯の景勝地。④江西省の南昌山。

【西子】＝西施。↓次項。

【西施】春秋時代、越の美女。西子ともいう。越王句践は、会稽敗戦の時、西施を呉王夫差に献じ、その心を惑わし、その隙に復讐したという。

【西施捧心】西施が、病気で胸に手をあててなやむこと。これを見て、当時の女たちが、みな胸に手をあてて顔をしかめれば美人に見えると考え、争ってまねをしたという。↓効顰

【西狩】①西方の地に行って狩りをする。〔春秋、哀公十四〕十有四年春、西狩獲レ麟。（一五〇ページ）〔荘子、天運〕②天子が都落ちして西方に行くこと。

【西周】周の武王から幽王までの間（前一〇二〇?—前七七一）で、西の鎬京（今の陝西省西安市）に都があったのでいう。平王の時、都を東の洛邑（今の河南省洛陽市）に移して、東周といったのに対する。

【西戎】昔、中国西方の異民族。西夷。

【西序】①夏の時代の小学校。西の郊外にあったのでいう。一説に、大学ともいう。②西側のひさしにあるへや。序は、家のひさし。

【西廂】西側のひさしにあるへや。

【西廂記】元の王実甫の著。関漢卿が補作した部分もあるといわれる。中唐の元稹の伝奇小説「会真記」（鶯鶯伝）にもとづいた恋物語。元曲の名作。

【西廠】明の憲宗・武宗時代、宮廷内に設けられた裁判所。

【西晋(晉)】王朝の名。司馬炎（武帝）が建てた国。洛陽に都した。前晋。四代、五十二年。（二六五—三一六）↔東晋。

【西秦】国名。五胡十六国の一つ。鮮卑族の乞伏国仁の建てた国。（三八五—四三一）

【西人】①春秋時代、周の都、洛邑の人。宋代には、西夏の人をいった。②西洋人。

【西垂】①西の果て。西陲。②堂上の西のすみ。

【西陲】①西の国境。西の果て。②国九州地方。

【西陬】西の果て。西方のいなか。陬は、隅。

【西席】西に面する座席。師の座席をいう。転じて、師。太公望が、東面する周の武王に対し、西に面して座して、黄帝の書を教えたという故事による。

【西漸】しだいに西の方に進む（伝わる）こと。

【西蔵(藏)】インドの北、パミール高原の東に位置する高原地帯。唐代は吐蕃といった。住民はほとんどチベット族でラマ教を信仰する。現在は中国の自治区。省都は拉薩市。

【西内】唐代の宮城をいう。↔東内（大明宮）・南内（興慶宮）。

【西疇】①西方の畑。〔文選、陶潜、帰去来辞〕②秋の畑。

【西天】①西方の空。②中国からインドをさしていう。

【西都】＝西京。

【西土】①西方の国。インド。②国㋐西洋。㋑中国。

【西伯】西方諸侯の長。伯は覇で、はたがしら。周の文王をいう。

【西班牙】Spain の音訳。南ヨーロッパ、イベリヤ半島にある国の名。

【西蕃】①西方の異民族。また、その住地。西域。②チベット族。③西洋人。また、西洋。

【西府】国九州の大宰府の別名。

【西風】①にしかぜ。②秋風。五行説で、秋は西にあたるのでいう。

【西方浄(淨)土】仏西方十万億土のかなたにあるという極楽世界。阿弥陀仏の極楽浄土。

【西銘】宋の張載が、仁義の根本を説いた文章。書斎の西の窓に掲げておいたのでいう。

【西遊】①西の地方を旅行する。②国西洋に遊学する。

【西遊記】明代の長編小説。呉承恩の作。全百回。唐の三蔵法師玄奘が、インドに旅をして中国に経典をもたらした史実に基づき、これを小説化したもの。中国四大奇書の一つ。

【西洋】①欧米諸国。↔東洋。②西方の大海。

【西来(來)】西に進む。来は助字。〔唐、岑参、磧中作詩〕走レ馬西来欲レ到レ天、辞レ家見二月両回円一。〈馬を走らせて西へ西へと進むと、果ては天にまでとどくかと思われる。家を出てから月が二回もまるくなるのを見た〉

【西涼】国名。五胡十六国の一つ。漢人李暠の建てた国。初め敦煌、後に酒泉（ともに今の甘粛省内）に都した。（四〇〇—四二一）

【西陵】西陵峡。長江上流の峡谷で、三峡の一つ。湖北省巴東県から宜昌市に到る、全長一二〇キロメートル。三峡のうちで最も下流にあるもの。

【西遼】国名。遼が金にほろぼされた後、同族の耶律大石が中央アジアに建てた国。（一一二四—一二一一）

【西暦(曆)】キリストの誕生の年を紀元元年とする西洋の暦。西紀。

(9)3【要】7033　教 4　ヨウ　いる

(9)3〘要〙7034　㊀ヨウ（エウ）　yāo　㊁ヨウ（エウ）　yào

4555
4D57

筆順　覀 覀 要 要

字義　㊀❶もとめる。ねがう。「要求」❷あつめる。合わせる。❸すべる。しめくくる。❹引きとめる。さえぎる。❺待ち伏せする。むかえる。「要撃」❻おびやかす。❼正す。また、調べる。明らかにする。❽取る。得る。❾結ぶ。約束する。ちかう（誓）。＝約。❿なす。成就する。＝就。⓫かがむ。＝夭。⓬こし。＝腰。⓭腰にまとう。また、腰帯。㊁❶かなめ。しめくくり。大切なところ。要点。「枢要」❷要約する。要約し簡略にする。また、簡略。要約。❸会計。会計簿。また、証券。❹かならず。きっと。…することを必要とする。❺す。せんとす。…しようとす

る。…になろうとする。

名乗 とし・め・もとむ・やす

解字 篆文 古文 象形。篆文は、人体の中央部に両手をあてた形にかたどり、こしの意味を表す。古文は、囟＋臼＋女。この古文の変形が要で、常用漢字の要は、それをまた変形させた。古文から、女が付されるのは腰の発達した女性という意味からである。腰は人体のかなめであるところから、転じて、かなめの意味をも表す。

▼概要・簡要・肝要・久要・紀要・強要・緊要・綱要・重要・需要・枢要・切要・大要・提要・摘要・法要

【要害】（ヨウガイ）①地勢がけわしく、敵を防ぐのによい所。（味方に要、敵に害の意）②重要な所。急所。

【要義】（ヨウギ）①たいせつな意味。②要約した内容。

【要△徼】（ヨウキョウ）国境の重要なとりで。

【要緊】（ヨウキン）重要なこと。肝要。緊要。

【要具】（ヨウグ）国必要な道具。

【要撃（邀撃）】（ヨウゲキ）待ちぶせしてうつ。

【要劇】（ヨウゲキ）重要でいそがしいこと。また、その地位。

【要△訣】（ヨウケツ）重要な奥義。おくのて。また、それを述べた書物。

【要結】（ヨウケツ）約束をする。契約。

【要件】（ヨウケン）①重要な事物。②国㋐大事な用事。㋑必要な条件。

【要言】（ヨウゲン）①要点をとらえたことば。うまくいいあてたことば。②約束のことば。誓言。

【要△塞・要△砦】（ヨウサイ）要害の地に築いた敵を防ぐとりで。

【要△斬】（ヨウザン）腰のところを切ること。また、その刑。腰斬（ヨウザン）。

【要旨・要指】（ヨウシ）①重要な趣意。②国だいたいの内容。要約した内容。

【要△須】（ヨウシュ）①必要。必須（ヒッス）。②（かならず）きっと。

【要囚】（ヨウシュウ）囚人をくわしく取り調べて罪をきめること。

【要衝】（ヨウショウ）①重要な地点。要所。②防ぎ守るのによい要害の場所。

【要津】（ヨウシン）①重要な船着場。②権力のある地位。また、その地位にある人。

【要人】（ヨウジン）重要な地位にある人。

【要枢（樞）】（ヨウスウ）重要な場所・地位。枢要。

【要誓】（ヨウセイ）ちかい。約束。誓約。

【要請】（ヨウセイ）こいもとめる。せがむ。要求。

【要△諦】（ヨウタイ）①仏大切なさとり。②（ヨウテイ・ヨウタイ）重要な事柄。

【要地】（ヨウチ）①重要な土地。②重要な地位。

【要鎮（鎭）】（ヨウチン）重要な守備地点。要害の地にある兵営。

【要途】（ヨウト）＝要路。

【要道】（ヨウドウ）①重要な道。②重要な事柄や教え。

【要△眇】（ヨウビョウ）美しいさま。眇は、妙。要妙。

【要務】（ヨウム）重要な務め。

【要盟】（ヨウメイ）力で強制的に結んだちかい。

【要目】（ヨウモク）重要な事柄。かなめ。

【要△扼】（ヨウヤク）敵をまちぶせしてくい止めること。

【要約】（ヨウヤク）①簡潔にまとめる。また、まとめたもの。要旨。②約束を結ぶ。

【要覧（覽）】（ヨウラン）資料などをまとめて、事柄の大要を知らせる文書。

【要略】（ヨウリャク）①必要な部分だけをとって、その他を省く。②書物・文章などの大筋をまとめる。また、そのもの。あらまし。

【要領】（ヨウリョウ）①腰とえり。「要領の罪」は腰と首とを切る刑罰。②転じて、物事の重要な所。こつ。「不得要領」

【要路】（ヨウロ）①重要な道筋。②重要な地位。

【要録】（ヨウロク）重要な記録。

(10)4
【覂】7035

△ 漢ホウ 呉フウ 𓁹 fěng

字義 ❶くつがえる（覆）。また、くつがえす。❷とぼしい（乏）。少ない。

解字 篆文 形声。襾＋乏音。音符の乏は、犯に通じ、みだりがわしいの意味。襾は覆の省略体で、くつがえるの意味。秩序が乱れ、くつがえるの意味を表す。

［覂］→示部 七九〇ページ。

(12)6
【覃】7036

△ 一漢タン・呉ドン 𓁹 tán　二エン 𓁹 yǎn

7509　6B29

字義 一❶うまい。味がよい。美味。❷のびる。ゆきわたる。＝延。❸長い。また、大きい。❹深い。❺しずか（静）。❻すわる。おちつく。二するどい。鋭利。＝剡（エン）。

解字 金文 篆文 会意。もと、鹵＋旱。鹵は、しおの意味。旱は、厚の下部と同形で、あついの意味。塩気があり味が深いの意味を表す。覃は䆠の省略体。音符の覃を含む形声文字に潭（タン）・蟫（タン）・譚（タン）・鐔（タン）などがある。

【覃及】（タンキュウ）のびゆく。のび広がってゆきわたる。

【覃思】（タンシ）深く思う。静かに思う。深思。

［覀］→貝部 一〇四三ページ。

(18)12
【覆】7037

常 フク　おおう・くつがえす・くつがえる

4204　4A24

(18)12
〖覆〗7038

一フク 𓁹 fù　二フ 𓁹 fù　慣フク

筆順

字義 一❶くつがえす（くつがへす）。㋐うらがえす。㋑たおす。ひっくりかえす。㋒やぶる（敗）。ほろぼす。㋓こわす。こぼつ。❷くつがえる（くつがへる）。㋐うらがえる。反転する。「転覆」㋑たおれる。ひっくりかえる。㋒やぶれる。ほろびる。❸かえって。反対に。❹くりかえす。反復する。かさねる。❺しらべる。明らかにする。二❶おおう（おほふ）。㋐かぶせる。つつむ。㋑かばう。また、かくす。㋒待ち伏せる。伏兵をおく。❷おおい（おほひ）。おおいかぶせるもの。❸伏兵。

難読 覆盆子（いちご）

解字 篆文 形声。襾（襾）＋復（復）音。襾は、ふたの象形。音符の復は、ひっくりかえすの意味。ふたをひっくりかえす。おおうの意味を表す。

▼傾覆・転覆・反覆・翻覆・被覆

【覆圧（壓）】（フクアツ・フウアツ）上からかぶさっておさえつける。

【覆△按・覆案】（フクアン・フウアン）くり返してよく調べること。

【覆育】（フクイク・フウイク）①天地が万物をおおい育てること。②父兄の子弟に対する恩恵をいう。

【覆啓】（フッケイ・フクケイ）御返事を申し上げる。手紙の返事の最初に書くことば。復啓。

【覆考】（フッコウ）繰り返して調べる。覆校。

【覆刻】（フッコク）国出版物をもとの体裁でもう一度出版する。「覆刻版」→復刻（三八八ページ）。

【覆載】（フクサイ・フウサイ）①天が万物をおおうことと、地が万物を載せること。②転じて、天地。

【覆車△之戒】（フクシャのいましめ）前人の失敗を見て、自分のいましめとすること。「前車覆後車戒（ゼンシャのくつがえ（へ）るはコウシャのいましめ）」から出た語。〔晋書、庾純伝〕

【覆手】（フクシュ）手をおおう。手をくつがえす。①手のひらを下に向ける。②転じて、事の簡単なことのたとえ。また、変わりやすいことのたとえ。〔唐、杜甫、貧交行〕翻レ手作レ雲覆レ手雨（てをひるがえ（へ）せばくもとなり、てをくつがえ（へ）せばあめとなる）

【覆書】（フクショ）国手紙の返事。返信。返書。

【覆掌】（フクショウ）①手のひらを下に向ける。②転じて、たやすいことのたとえ。また、変わりやすいことのたとえ。覆手。

【覆審】（フクシン）①繰り返しくわしく調べる。②上訴した事件を上級裁判所で調べなおすこと。

【覆水】（フクスイ）①水をくつがえす。また、こぼれた水。②（フウスイ）水面

をおおう。

【覆水不レ返レ盆】①一度こぼれた水は、二度と盆にはかえらない。『後漢書』何進伝に「覆水不レ可レ収」とあるのに基づく。②転じて、㋐一度別れた夫婦の仲はもとどおりに直らないことのたとえ。㋑一度終わってしまったことは絶対にもとにはもどらない。時機の二度とえがたいことのたとえ。

【覆奏】繰り返し調べて申し上げる。

【覆巣(巣)無二完卵一】ひっくり返った巣の下には完全な卵はない。転じて、根幹が滅びれば、枝葉もそれに従って滅びるたとえ。覆巣破卵。〔世説新語、言語〕

【覆△餗】餗(かなえの中のもりもの)をくつがえす。転じて、宰相・大臣が、その任にたえないこと。大臣の任を鼎餗といったことからいわれる。

【覆墜】①くつがえり落ちること。②家が滅びること。

【覆△轍】車のひっくり返ったあと。轍は、車のわだち。転じて、前人の失敗のあと。

【覆没】①船がくつがえり沈むこと。②戦いに大敗すること。③家運がかたむきほろびること。

【覆盆】①盆を伏せる。また、伏せた盆。②無実の罪を受けることのたとえ。伏せた盆の中は暗いことからいう。③㋐盆の中の水をくつがえす。㋑転じて、大雨の形容。

【覆滅】ひっくり返ってほろびる。ほろびる。

【覆面】①顔をおおいかくす。②神仏に物を供えるとき、息がかからぬように口や鼻をおおうもの。

【覆輪】国①馬の鞍や刀のつばなどの縁を金銀などでおいかざったもの。「金覆輪」②茶碗など陶器の縁を包んだ金属製のおおい。

(19)13【覈】7039　△　㊀㊥カク・㊡ギャク 陌 hé　㊁㊥ケツ・㊡ゲチ 屑　7510 6B2A

字義 ㊀❶しらべる。調べたしかめる。おおわれた事実を調べて、明らかにする。❷きびしい(厳)。はげしい。深刻。❸さね(実)。たね(種)。核実。＝核。㊁むかえる(邀)。

解字 篆文　形声。襾＋敫㊥。音符の敫は、あきらかの意味。おおわれているものをあきらかにする、しらべるの意味を表す。

【覈論】調べて批評する。また、きびしく議論する。

(19)13【覇】7040　常　ハ　㊀㊥ハク・㊡ヒャク 陌 pò　㊁ハ 禡 bà　3938 4746

(19)13【霸】7041

筆順 覀 覀 覀 覀 覇

【霸】正字 5917 5B31

字義 ㊀月が初めて光を発する。㊁❶はたがしら。諸侯の長。特に武力によって天下を治める者。覇者。↔王。❷かしら。一方の長。❸川の名。覇水。渭水の支流。灞水。

難読 覇王樹

解字 金文　篆文　形声。月＋䨣㊥。音符の䨣は、白に通じ、しろいの意味。三日月の白い光の意味を表す。また、伯に通じ、諸侯の長の意味に用いる。

▼王覇・制覇・争覇

【覇王】①覇者と王者。また、覇道と王道。〔孟子、公孫丑上〕②覇者の敬称。大王。

【覇王△之△輔】覇者・王者の助けとなる人。

【覇気(氣)】①覇者の意気。②他に打ち勝とうとする強い気持ち。かちき。ファイト。③国野心。やま気。

【覇業】諸侯のはたがしらになる事業。武力によって天下を統一する仕事。

【覇権(權)】国覇者としての権力。勝者の権力。転じて、競技などで優勝することにより得る立場・栄誉。

【覇功】覇者としてたてた功績。

【覇者】①諸侯のはたがしら。↔王者。→字義の㊁の①。②国最も力の強い者。制覇した者。

【覇上】覇水(灞水)のほとり。陝西省内。

【覇図(圖)】＝覇略。

【覇道】覇者のみち。仁義を軽んじ、武力を重視するやり方。↔王道。

【覇有】覇者となって領有すること。

【覇略】覇者のはかりごと。また、覇者になろうとするはかりごと。

(23)17【羇】7042　△　キ　羈(6006)の俗字。↓八七八ページ。

(25)19【羈】7043　△　キ　羈(6007)の俗字。↓八九九ページ。　7511 6B2B

7

臣部

〔部首解説〕しん。臣はもともと見ひらいた目の象形で、これを部首に立て、見る・目などの意味を含む文字ができている。なお、臣は、もと六画に数えたが、いまは七画に数える。

臣 九九〇　2 臥 九九一　8 臧 九九一　11 臨 九九一

(7)0【臣】7044　教 4　シン・ジン　㊥シン　㊡ジン　真 chén　3135 3F43

筆順 一 厂 𠂆 臣

字義 ❶けらい。㋐君主に仕える人。「臣下」㋑しもべ。めしつかい。「臣妾」❷家来となる。家来として仕える。また、家来とする。❸家来としての本分を尽くす。〔論語、顔淵〕君君、臣臣。❹たみ。一般の人民。❺家来が君主に対する謙遜の自称。❻昔、自分を謙遜していうことば。国おみ。姓の一つ。昔、大臣の職に選び出された貴族階級。大化の改新以後、第六位の姓。

名乗 お・おん・きむ・しげ・たか・とみ・み・みつ

解字 甲骨文　金文　篆文　象形。甲骨文・金文でよくわかるように、しっかり見ひらいた目の象形で、賢いけらいの意味を表す。臣を音符に含む形声文字に堅・慳・腎・賢などがあり、これらの漢字は、「しっかりしている」の意味を共有している。

▼遺臣・家臣・逆臣・旧臣・近臣・具臣・君臣・群臣・賢臣・功臣・士臣・侍臣・弐臣・邪臣・人臣・聖臣・争臣・大臣・朝臣・陪臣・幕臣・微臣・文臣・謀臣・乱臣・老臣

【臣子】①人の家来であり、人の子である者。②家来。臣。子は助字。

【臣事】家来として仕える。臣服。

【臣庶】すべての家来。もろもろの臣下。また、臣下と人民。しもじもの者。

【臣△妾】家来と、そばめ。人に仕える者で、身分の低い男女をいう。僕婢。臣御。

【臣籍】①臣民としての身分。②国旧憲法で、皇族以下の臣民としての身分。「臣籍降下」

【臣節(節)】臣下として守るべきみさお。

【臣道】臣下として守るべき道。臣下の本分。

【臣付・臣附】臣下となって、つき従う。臣従。臣属。

【臣服】＝臣事。

【臣僕】家来。召使い。

【臣民】①君主に臣として仕える民。臣である人民。②君主国の国民。③君主に臣として仕える者と、一般の民衆。

【臣虜】いけどられて家来となる。また、その者。

【臣僚】多くの役人。多くの官吏。

(9)2
【臥】7045

標 ガ（グヮ） 箇 wò

1873 3269

［臣卜］俗字

字義 ❶ふす。㋐ねる。うつむいてねる。また、横になってねる。㋑病床につく。病気になってねる。「病臥」㋒たおれる。横たわる。㋓休む。休息する。㋔かくれ住む。隠遁(トン)する。❷ふせる。㋐横にねかす。㋑やめる。すてる。❸ねむり。いこい。❹ふしど。ねま。寝所。「臥内」

解字 会意。人＋臣。臣は、下の方を向く目の象形。人が目を下の方に向けて、ふしてやすむの意味を表す。

【臥雲】(ガウン) 仕官しないで、隠者の生活をする。

【臥起】(ガキ) ねおき。おきふし。起臥。寝ても起きてもいつも。

【臥△蓐・臥△褥】(ガジョク) 病気で床について寝る。

【臥薪△嘗胆(膽)】(ガシンショウタン) まきの上に寝、苦いきもをなめる。かたきを討つため、自分の身を苦しめて志を励ますこと。『十八史略』春秋戦国、呉王夫差と越王句践(コウセン)との故事。「夫差志レ復レ讎(フサあだをフクせんと、こころざし)、朝夕臥二薪中一(チョウセキシンチュウにふす)…懸二胆於坐臥一(きもをザガにかく)」とあるのに基づく。

【臥△榻】(ガトウ) ねだい。寝床。「臥榻之側(ガトウのかたわ(は)ら)」は、寝床のそばの意から、転じて、自分の領土内をいう。

【臥内】(ガナイ) ねやのうち。ふしど。ねま。寝室。

【臥遊】(ガユウ) いながらに旅行記や地図などを見て、旅行気分を楽しむこと。

【臥竜(龍)】(ガリョウ) ①ねている竜。②まだ雲雨を得ないため天に上れず、地にひそみかくれている竜。③転じて、まだ志をのばす機会を得ないで、民間にひそみかくれている英雄のたとえ。鳳雛(ホウスウ)。三国時代、蜀(ショク)の諸葛孔明(ショカツコウメイ)をたとえた故事。〔蜀志、諸葛亮伝〕

(15)8
【臧】7046

△ ソウ（サウ） 慣ゾウ（ザウ） 陽 zāng

7141 6749

字義 ❶よい(善)。「臧否」❷おさめる。かくす。また、かくれる。＝蔵(藏)。❸まいない。賄賂(ワイロ)。また、まいないを受ける。＝贓(ゾウ)。❹しもべ。めしつかい。奴僕(ヌボク)。

解字 金文 甲 篆文 臧 形声。臣＋戕㊥。音符の戕(ソウ)は、長いほこの意味。臣は、けらいの意味。すらりと背の高い家来の意味から、転じて、よいの意味を表す。

【臧獲】(ゾウカク) 下男と下女。しもべ。召使い。奴婢(ヌヒ)。

【臧匿】(ゾウトク) かくす。また、かくれる。

【臧否】(ゾウヒ) ①よしあし。善悪。また、善人と悪人。②善悪を「判定する。

(18)11
【臨】7047

教 6 リン のぞむ

4655 4E57

筆順 丨 臣 臥 臨 臨

㈠リン 侵 lín ㈡リン 沁 lìn

［𨹃］俗字

字義 ㈠❶のぞむ。㋐みおろす。上から下を見る。高い所から低い所に対する。㋑身分の高い者が低い者の所へ行く。高貴の人がみずからその場へ出向く。「親臨」㋒人が自分の所へ来ることの敬語。「来臨」㋓直接その場へ出向く。「臨検」㋔むかう。あたる。当面する。㋕目の前にする。㋖およぶ。その時になる。㋗治める。「君臨」㋘出向いて征伐する。❷うつす。見てそのとおりに写す。「臨写」❸やぐらぐるま。物見やぐらのついた兵車。❹易(エキ)の六十四卦(カ)の一つ。☷☱兌下坤上(ダカコンジョウ)。進み迫るさま。㈡葬式のとき、棺にとりついて声を挙げて泣く礼。

難読 臨終(いまわ)

使いわけ のぞむ〔望・臨〕⇩望(3202)。

解字 金文 篆文 会意。臥＋品。臥は、監の上部と同形で、上からのぞきこむ形にかたどる。品は、多くの物の意味。とりどりの物をのぞきこむ、のぞむの意味を表す。

▼君臨・光臨・降臨・登臨・来臨

【臨安】(リンアン) 南宋(ナンソウ)の都。今の浙江(セッコウ)省杭州(コウシュウ)市。金の侵略をうけた宋(北宋)は、高宗の建炎元年(一一二七)に汴京(ベンケイ)(今の開封市)からここに遷都し、以後百五十年間南宋の都となった。

【臨△瞰】(リンカン) 高い所から見おろす。瞰は、見おろす。

【臨機応(應)変(變)】(リンキオウヘン) 機に臨み変に応ずる。その場に臨み、情勢の変化に応じて適切な処置をとる。時と場合によって適当に処理する。

【臨御】(リンギョ) ①＝臨幸。②天子の位について天下を治める。登御。

【臨△邛】(リンキョウ) 秦代(シンダイ)に置かれた県の名。今の四川省邛崍(キョウライ)県。前漢の司馬相如が妻の卓文君を知った所。

【臨月】(リンゲツ) 生み月。出産する予定になっている月。

【臨検(檢)】(リンケン) その場に行って調べる。

【臨幸】(リンコウ) 天子がその場に来ること。臨御。

【臨△皐】(リンコウ) 地名。湖北省黄州市の南、長江の北岸にある。北宋(ホクソウ)の蘇軾(ソショク)がここに住んだ。臨皐館・臨皐亭ともいう。

【臨済(濟)宗】(リンザイシュウ) 仏禅宗の一派。唐の臨済義玄を宗祖とする。日本へは、建久二年(一一九一)に僧栄西(エイサイ)(ヨウサイともいう)が伝えた。

【臨△淄】(リンシ) 戦国時代、斉の都。今の山東省淄博(シハク)市の東北。

【臨終】(リンジュウ) 死にぎわ。いまわのきわ。

【臨書】(リンショ) 手本を見て書く。また、手本を見て書いたもの。臨帖(リンジョウ)。

【臨床】(リンショウ) ①病人の寝ている所に出向く。②医者が直接病床に行って患者をとりあつかうこと。

【臨照】(リンショウ) 上から下を照らす。また、上から照らして見る。

【臨席】(リンセキ) その席にのぞむ。人の出席に対する敬語。

【臨池】(リンチ) 習字。手習い。後漢の張芝(チョウシ)が池のそばで一心に習字のけいこをし、いつのまにか池の水がまっ黒になったという故事に基づく。〔晋、王羲之、与レ人書〕

【臨眺】(リンチョウ) 高い所からのぞみながめる。

【臨△洮】(リントウ) 秦代(シンダイ)に置かれた県の名。今の甘粛省岷(ミン)県。万里の長城の起点。

【臨△摸・臨△摹】(リンボ・リンモ) 手本を見てそのとおりに写す。手本をすき写しにする。

【臨本】(リンポン) 習字や図画などの手本。臨帖(リンジョウ)。

7
見部

〔部首解説〕みる。見を意符として、見る行為に関する意味を表す文字ができている。

見 九九一　4規 九九二　視 九九二　覓 九九三　覔 九九三
5覚 九九三　視 九九三　覗 九九三　覘 九九三　6覜 九九三
覛 九九三　7覡 九九三　8靚 九九三　9親 九九三　覩 九九四
覦 九九四　10覬 九九四　覯 九九四　覧 九九四　11観 九九四
覲 九九五　覰 九九五　12覶 九九五　13覺 九九五　15覿 九九五
覽 九九五　18觀 九九五

現→玉部 七三三ページ。靦→面部 一一八七ページ。

(7)0
【見】7048

教 1 ケン みる・みえる・みせる

2411 382B

筆順 冂 月 目 見

㈠ケン 霰 jiàn ㈡㊥ケン・㊦ゲン 霰 xiàn

【字義】□一 ❶みる。㋐目でみる。みとめる。「再見」「見学」㋑見分ける。弁別する。㋒考える。思う。❷みえる(みゆ)。㋐目にみえる。思い。「外見」「隠見」㋑さとる。わかる。❸みかた。みるところ。考え。思い。「偏見」「意見」
□二 ❶みる。まみえる(まみゆ)。おめにかかる。会う。また、会わせる。「謁見」「引見」❷あらわれる(あらはる)。㋐外に見えてくる。「露見」㋑世に出て仕える。❸あらわす(あらはす)。しめす。みせる(みす)。㋐姿を見せる。㋑明らかにする。はっきりさせる。❹今。まのあたり。→見在。❺助字。る。らる。⇩助字解説

✝助字解説
る。らる。受身。……される。類被。〔史記、管仲伝〕吾嘗三仕三見レ逐ニ於君一(われかつてみたびつかへてみたびきみにおはる)〈わたしは以前三たび仕官して、そのつど主君から追い出された〉

名乗 あき・あきら・ちか　難読 見惚(みと)れる・見窄(みすぼ)らしい・見田(はん)・見能林(みのばやし)・見老津(みろづ)

使いわけ みる〔診・見〕
〔診〕診察する。「脈を診る」
〔見〕右以外のすべて。「顕微鏡で見る・芝居を見る」

解字 甲骨文　金文　篆文　会意。目＋儿。儿は、人の象形。大きな目の人の意味から、ものを明らかにみるの意味を表す。見を音符に含む形声文字に、現・硯(ケン)・蜆(ケン)などがある。

▼意見・引見・謁見・外見・概見・管見・愚見・後見・高見・再見・識見・私見・所見・接見・先見・創見・総見・卓見・達見・定見・拝見・発見・卑見・披見・聞見・偏見・予見・露見

【見解】(ケンカイ) 意見のたて方。みかた。考え方。

【見行可△之仕】(ケンコウカのつかへ) わが道の行われることを知ってから仕えること。〔孟子、万章下〕

【見今】(ゲンコン) いま。現在。

【見在】(ゲンザイ) ①目の前にある。現存する。②いま。現在。

【見識】(ケンシキ) ①見て知っていること。また、知り合い。知人。②経験と知識。③知恵。判断力。また、意見。考え。④国きぐらい。自尊心。

【見性】(ケンショウ) 仏さとりを開くこと。

【見証(證)】(ケンショウ・ゲンショウ) ①明らかなしるし。証拠。②証人。③国(ケン・ケンゾ) 囲碁・蹴鞠(けまり)・双六(スゴロク)などを、そばで見ていて勝負を見とどけ、それを証すること。

【見説】(みるならく) 見る。見るところによれば。聞説を「きくならく」と読むのと同例。

【見地】(ケンチ) ①見解の及ぶところ。②国観察や論断の立脚地。観点。③(ゲンチ) 現在所有している土地。

【見知△之法】(ケンチのホウ) 官吏が犯罪を見て知りながらこれを検挙しないときは、その官吏をも同罪にする法。〔史記、平準書〕

【見兵】(ゲンペイ) 現在いる兵士。見卒(ゲンソツ)。

【見糧】(ゲンリョウ) 現在そこにある兵糧(ヒョウロウ)。手持ちの兵糧。

(11)4 【規】 7049 教5 キ　— キ 図 guī　2112 352C

筆順 ニ 夫 夫冂 夫目 規

【字義】❶ぶんまわし。コンパス。円形を描く用具。❷まる・円形。また、まるを描く。❸のり。きまり。おきて。手本。標準。「法規」「定規(ジョウギ)」❹のっとる。手本とする。拠りどころとする。❺ただす(正)。いましめる。いさめる。「規正」❻はかる(謀)。はかりごと。❼かぎる。くぎる。❽文体の一つ。過失をいましめる文。

名乗 ただ・ただし・ちか・なり・もと

解字 篆文　会意。夫＋見。夫は成人の象形。成人が見て、のっとるものの意味を表す。一説に、夫は矢の変形で、矢をまわして見える円形の意味を表すという。

▼士規・常規・新規・正規・党規・内規

【規戒・規△誡】(キカイ) ①正し教える。②教え。

【規△誨】(キカイ) ＝規戒。

【規画(畫)】(キカク) はかる。また、はかりごと。規図。規略。

【規格】(キカク) きまったかた。

【規△諫】(キカン) ①正し、いさめる。②いさめ。いましめ。

【規△矩】(キク) ①コンパスとさしがね。(L字形の物差し) ②転じて、きまり。また、てほん。

【規△矩準縄(繩)】(キクジュンジョウ) ①コンパスと、さしがね(L字形の物差し)と、みずもり(水準器)と、すみなわ(直線を引く道具)。〔孟子、離婁上〕②転じて、標準、法則。

【規△矩方員△之至△也】(キクはホウエンのいたりなり) コンパスとさしがね(L字形の物差し)は、方(四角)と員(円)を描くのに最も完全なものであるということ。〔孟子、離婁上〕

【規訓】(キクン) 正しいおしえ。儀訓。

【規行△矩歩】(キコウクホ) ①歩き方がきまりどおりであること。転じて、品行方正なこと。②古いしきたりを守り続けること。

【規準】(キジュン) コンパスとみずもり(水準器)。転じて、法則。規範。また、てほん。→基準(三五六ページ)。

【規正】(キセイ) 正し直す。匡正(キョウセイ)。

【規制】(キセイ) ①定め正す。規則・標準などを定め、それによって正すこと。また、おきて。きまり。②規模。体制。

【規度】(キタク) ①はかる。②(キド) のり。てほん。

【規△飭】(キチョク) 正しいましめる。規切。

【規定】(キテイ) ＝規程。

【規程】(キテイ) 規則。さだめ。◇現代では、「規定」が一つの条項を指すのに対し、「規程」はその「規定」の集まりを指す。「前条の規定により……」「服務に関する規程」なお、同音の紛らわしさを避け、「規程」を「規則」に改めることがある。

【規範】(キハン) 方式。判断や行為を評価する基準。

【規避】(キヒ) 違法のことをしながらたくみにその罪をのがれること。

【規模】(キボ) ①コンパスと物の型。転じて、かまえ。しくみ。②てほん。③大きさ。

【規律】(キリツ) ①のり。おきて。②一定の秩序。

【規略】(キリャク) はかりごと。計略。

(11)4 【視】 7050 教6 シ　(12)5 〔視〕 7051 人許 漢シ 呉ジ 寘 紙 shì　2775 3B6B

筆順 ネ ネ 礻目 視

【字義】❶みる。㋐目でみる。特に、気をつけて見る。注意して見る。「監視」「環視」㋑いたわる。世話する。やしなう。㋒つかさどる。職務に従事する。㋓…とみる。…と考える。「重大視」「敵視」❷のっとる。模範とする。❸なぞらえる(なぞらふ)。みくらべる。❹しめす。教える。さす。指さす。

〔眎〕古字

名乗 のり・み

解字 甲骨文　篆文　形声。見＋示(ネ)音。音符の示は、ゆびさすの意味。一点に視線を集中させて見るの意味を表す。

▼環視・監視・凝視・軽視・検視・疾視・斜視・熟視・正視・注視・直視・透視・無視・黙視

【視界】(シカイ) ＝視野。

【視覚(覺)】(シカク) 物を見る目の感覚。五感の一つ。

【視学(學)】(シガク) ①学事を視察すること。天子は仲春などに国学に行幸し学事を視察した後、釈奠(セキテン)・養老の礼を行った。②地方の学務を監督し、秀才等の試験をつかさどったこと。③国もと、道・府・県に属し、学事の視察指導に当たった役人。今の指導主事。

【視事】(シジ) 事を始める。実際に政務をとり行う。

【視察】(シサツ) 実情を見とどけること。実地について調べること。

【視△而不レ見】(みれどもみえず) 視線はその方に向いていても、心が他にとらわれておれば、その物がよく目にはいらない。〔大学〕心不レ在レ焉(こころここにあらざれば)、──、聴而不レ聞(きけどもきこえず)。

【視線】シセン 物を見るときの目の方向。目の向き。

【視息】シソク 見ることと、息をすること。転じて、この世に生き永らえること。

【視聴(聽)】シチョウ ①見ることと聞くこと。②目と耳。③経験。

【視点(點)】シテン 物事の判断の規準となる作者の立場。→観点(九五三ページ)。

【視野】シヤ ①視力のとどく範囲。②国その人の考えや知識の及ぶ広さ。

【視養】シヨウ いたわりやしなう。

(11)4 **【覓】** 7052 △ 漢ベキ 呉ミャク 錫 mì — 7512 6B2C

[覔]俗字

字義 ❶もとめる(求)。さがす。❷横目で見る。ながしめ。＝覛。

解字 形声。見＋𠂢(𠂢)音。音符の𠂢ミャクは、水が分かれながれるの意味。ながしめで見るの意味を表し、転じて、もとめるの意味を表す。

【覓句】ベキク 詩人がよい詩を作ろうと苦心して句をさがし求めること。

【覓挙(擧)】ベッキョ 採用されるために運動する。つてをたよって採用してもらおうとすること。

【覓索】ベキサク たずねもとめる。

(11)4 **【覔】** 7053 △ ベキ 覓(7052)の俗字。→前項。

[現] →玉部 七三ページ。

(12)5 **【覚】** 7054 教4 カク おぼえる・さます・さめる — 1948 3350

(20)13 **〖覺〗** 7055 [一]カク 覚 jué [二]漢コウ(カウ) 呉キョウ(ケウ) 効 jiào 慣カク — 7520 6B34

筆順 ⺍ 𰮝 覚

字義 [一]❶おぼえる ㋐知る。「味覚」㋑気づく。感づく。「発覚」「自覚」❷さとる。道理を知る。迷いがとける。また、その道理。さとり。また、そのさとりを開いた人。「正覚ショウガク」「先覚」❸さとす。さとらせる。教え導く。❹あらわす。明らかにする。また、あらわれる。[二]❶さめる。さます。目がさめる。目をさます。❷うつつ。現実。国❶おぼえる。記憶する。❷おぼえ。㋐記憶。㋑信任。

名乗 あきら・ただし・よし

解字 篆文 形声。見＋學省音。音符の學ガクは、まなぶの意味。学んではっきり見えるの意味から、さとる・目ざめる・はっきりあらわれるの意味を表す。常用漢字は、省略体による。

▼円覚・感覚・幻覚・後覚・才覚・錯覚・視覚・自覚・先覚・知覚・聴覚・発覚・不覚・味覚

【覚王】カクオウ ほとけ。仏陀ブッダ。覚皇。

【覚海】カッカイ 仏教の別称。海は、その教えの深く広いことのたとえ。

【覚剣(劍)】カッケン さとりの力。さとりの力は、剣のように邪執(不正への執着)を破ることができるのでいう。

【覚悟】カクゴ ①さとる。あやまちや迷いからさめる。②国㋐あきらめる。観念する。㋑決心して用意する。㋒記憶する。知っている。

【覚寤】カクゴ ①眠りからさめる。②さとる。覚悟。

【覚者】カクシャ ①さとりを開いた人。ひじり。②ほとけ。仏陀ブッダ。

【覚醒】カクセイ ①目がさめる。また、目をさます。②今までの非をさとる。迷いがさめる。③国中枢神経を興奮させる。「覚醒剤」

(12)5 **【視】** (7051) シ 視(7050)の旧字体。→九九二ページ。

(12)5 **【覗】** 7056 標 シ 支 寘 sì — 3933 4741

字義 ❶みる(視)。❷のぞく。うかがう。ぬすみみる。

解字 形声。見＋司音。音符の司は、神意をうかがうの意味。見を付し、うかがう・みる・のぞくの意味を表す。

(12)5 **【覘】** 7057 △ テン 塩 艶 豏 chān — 7513 6B2D

字義 ❶うかがう。のぞく。ぬすみみる。❷みる(視)。

解字 篆文 形声。見＋占音。音符の占は点に通じ、小さな場所の意味。わずかなすき間から相手に気づかれないように見るの意味を表す。

【覘詗】テンケイ 様子をさぐる。詗は、うかがう意。

【覘候】テンコウ ①さぐり見る。②敵の様子を探る。

【覘望】テンボウ うかがいのぞむ。伺望。

(13)6 **【覜】** 7058 △ [一]チョウ(テウ) 嘯 tiào [二]チョウ(テウ) 篠

字義 [一]❶みる(見)。❷まみえる。周代、三年に一度諸侯が集まって天子におめにかかった儀式。[二]ながめる(眺)。遠くを見る。

解字 篆文 形声。見＋兆音。音符の兆は、左右に割れるの意味。諸侯の多くが集まり、左右に分かれて天子にお目にかかるの意味を表す。

(13)6 **【覛】** 7059 △ [一]漢ベキ・呉ミャク 錫 mì [二]漢バク・呉ミャク 陌 mò

字義 [一][二]❶ながしめに見る。＝眽ミャク。❷よく見る。注意して見る。

解字 篆文 形声。見＋𠂢音。音符の𠂢ミャクは、水がながれるの意味。ながし目に見るの意味を表す。

(14)7 **【覡】** 7060 △ 漢ケキ・呉ギャク 錫 xí 慣ゲキ — 7514 6B2E

字義 みこ。かんなぎ。神に仕えて吉凶を占う男子。女子のときは巫フという。

解字 篆文 会意。巫＋見。巫は、みこの意味。見は、神意をうかがい見るの意味。男みこの意味を表す。

(15)8 **【靚】** 7061 △ 漢セイ 呉ジョウ(ジャウ) 敬 jìng

字義 ❶めす(召)。❷よそおう。化粧する。❸しとやか。静か。❹うるわしい。なまめかしい。

解字 篆文 形声。見＋青音。音符の青は、請に通じ、まねくの意味。招いてあう、召すの意味を表す。

【靚粧・靚妝】セイショウ・セイソウ 化粧して美しくかざる。靚装。靚飾。

(16)9 **【親】** 7062 教2 シン おや・したしい・したしむ シン 真 qīn — 3138 3F46

筆順 立 亲 親 親

字義 ❶したしい。ちかい。仲が好い。むつまじい。「親友」❷したしむ。ちかづく。仲好くする。なじむ。かわいがる。「懇親」❸したしく。みずから。自分で。特に天子の場合に用いる。「親書」「親政」❹したしみ。よしみ。親近感。思いやり。❺おや。両親。❻みうち。みより。「親類」「近親」国おや。㋐もと。「親芋」㋑大きいもの。「親指」㋒ゲームの中心となる人。

名乗 いたる・ちか・ちかし・なる・み・もと・よし

難読 親王みこ・親不知おやしらず・親爺おやじ

解字 金文 篆文 形声。見＋亲(亲)音。音符の亲シンは進に通じ、すすみいたるの意味。すすんで目をかける、したしむの意味を表す。

▼近親・懇親・従親・内親・肉親・六親・和親

【親衛(衞)】シンエイ 天子の身辺をまもること。また、その者。

【親閲】シンエツ 天子がしたしく検閲すること。

【親王】シンノウ・シンオウ ①領土をもらって、王に封ぜられた皇子をいう。②国皇族の男子の称号。女子のときは内親王という。

【親貴】(シンキ) ①天子に親近せられて高貴の地位にいること。②天子の一門。皇族。

【親旧(舊)】(シンキュウ) ①親類と昔なじみ。親故。②むかしなじみ。古くからの知人。③昔なじみの人と親しむこと。

【親近】(シンキン) ①したしみ近づく。したしみ近づける。②したしく用いている部下。③みより。親類。④したしい。親密。

【親迎】(シンゲイ) ①みずから出迎える。②親迎礼の略。↓次項。

【親迎礼(禮)】(シンゲイレイ) 結婚の六礼の一つ。むこが自分で嫁の家に行き嫁を迎えて来る儀式。

【親見】(シンケン) 自分で実際に見る。

【親^眷】(シンケン) ①みうち。親類。②親しんで目をかけること。

【親権(權)】(シンケン) 国父母が未成年の自分の子を保護監督し、また、その財産を管理する権利・義務の総称。

【親故】(シンコ) 親戚と知人。親戚と故旧（ふるなじみ）。

【親好】(シンコウ) 親しい交情。仲がよい間がら。

【親耕】(シンコウ) ①古代、春のはじめに、天子がみずから田を耕した儀式。②自分で耕すこと。

【親^炙】(シンシャ・シンセキ) その人に近づき親しく感化を受けること。炙は、火であぶること。

【親書】(シンショ) ①自分で書いた手紙や文章。②天子や宰相がみずから書くこと。また、その手紙。

【親署】(シンショ) 天子みずからが署名すること。

【親信】(シンシン) したしみ近づけて信任する。また、その人。

【親親】(シンシン) ①肉親を親しみ愛する。また、その父母をしたしむ。②親戚をいう。

【親仁】(シンジン) ①仁者に親しみ近づく。②国(おやじ(ぢ)) 自分の父の謙称。また、老人のこと。親父(おやじ)。

【親征】(シンセイ) 天子みずから軍をひきいて敵を討ちにでかけること。

【親政】(シンセイ) 天子みずからが政治をとること。

【親^戚】(シンセキ) ①親類。②父母。③妻とあによめ。

【親善】(シンゼン) 親しみ仲よくする。

【親疎・親^疏】(シンソ) 親しいものと、うといもの。また、親しいことと、うといこと。

【親族・親属】(シンゾク) 血縁や結婚で関係のある人。親類。

【親展】(シンテン) ①親しく話をする。②手紙などを自分で開封すること。③国手紙などで名あて人自身の開封を求めるときに、封筒に書き記す語。親披。

【親等】(シントウ) 国親族間の親疎を区別する等級。親子の間を一親等として数え、以下六親等までの血族を親族とする。

【親藩】(シンパン) ①天子と親族関係にある諸侯。②国江戸時代。将軍家と親類であった諸藩の総称。

【親^廟】(シンビョウ) ①天子のおたまや。②高祖・曾祖父(ソウソフ)・祖父・父の四廟をいう。

【親父】(シンプ) ①父。実父。↔継父。②国(おやじ(ぢ)) ＝親仁(おやじ(ぢ))。

【親兵】(シンペイ) 天子の身辺を守る兵。天子みずからひきいる兵。親軍。親衛。

【親^朋無二一字一】(シンポウイチジなし) 親類や友人からは少しのたよりもないこと。〔唐、杜甫、登二岳陽楼一詩〕——、老病有二孤舟一(ロウビョウコシュウあり)。〈——、老いて病気がちの身に、あるものは一そうの小舟だけである〉

【親^睦】(シンボク) したしくむつまじい。また、したしみむつまじくする。

【親臨】(シンリン) 天子などが自分みずからその場にのぞむ。

【親和】(シンワ・シンカ) ①親しみやわらぐ。仲よくする。②国化学用語。異質の物質が結合すること。

［靦］→面部　一二八七ページ。

(16)9【覩】7063　△ト　睹(5076)の古字。→七六九ページ。　7515 6B2F

(16)9【覦】7064　△ユ 廣 遇 yú　7516 6B30
字義 のぞむ。ねがう。ひそかに願い望む。
解字 篆文 形声。見＋俞音。音符の俞(ユ)は、ぬけでるの意味。身分の範囲をぬけでて不相応にのぞみ見るの意味を表す。
【覦心】(ユシン) 身分不相応のことを願う心。

(17)10【覬】7065　△キ 寘 jì　7517 6B31
字義 ❶のぞむ。下の者が上のことを望む。❷たれる(垂)。
解字 篆文 形声。見＋豈音。音符の豈(キ)は祈に通じ、幸福を求めるの意味。幸福を求めて見る。ねがう・のぞむの意味を表す。
【覬幸】(キコウ) こいねがう。
【覬^覦】(キユ) 下の者が上のことを望み願う。望んではならぬことを望む。非望をいだくこと。

(17)10【覯】7066　△漢コウ 呉ク 宥 gòu　［覯］　7518 6B32
字義 ❶あう。であう。思いがけなく出会い見る。❷みる（見）。「希覯本」❸なる（成）。できる。❹あわせる（合）。また、結婚する。❺る。らる。…される。受身を表す。
解字 篆文 形声。見＋冓音。音符の冓(コウ)は、組み合わせるの意味。二人の会見が組み合わさる、であうの意味を表す。

(17)10【覧】7067　教6　ラン　4587 4D77

(22)15〔覽〕7068　人許　ラン 感 lǎn　7521 6B35
筆順　覽
字義 ❶みる。㋐よく見る。「照覧」㋑ながめる。みわたす。❷ながめ。
名乗 かた・み
解字 篆文 形声。見＋監音。音符の監は、鏡に映して見るの意味。見を付し、みるの意味を表す。
▼一覧・閲覧・観覧・供覧・高覧・照覧・笑覧・縦覧・上覧・聖覧・天覧・展覧・博覧・便覧・要覧
【覧^揆^之^辰】(ランキのシン) 誕生日。覧(み)て揆(はか)るの意で、屈原が生まれたとき、父がその時節をよく見て、考えて名をつけたことからいう。〔楚辞、離騒〕
【覧古】(ランコ) 昔を思う。古跡をたずねて、当時のおもかげをしのぶこと。
【覧勝】(ランショウ) すぐれたけしきをながめる。

(18)11【観】7069　教4　カン　2049 3451

(25)18〔觀〕7070　一カン（クヮン）翰 guàn　二カン（クヮン）寒 guān　［觀］　7523 6B37
筆順　観
字義 一❶みる。㋐よく見る。こまかに見る。注意して見る。〔論語、為政〕観二其所一由(そのよるところをみる)。㋑広く見る。見わたす。はるかに見る。㋒ながめる。見物する。「観梅」❷しめす。みせる(すみ)。あらわす。「観艦式」❸ありさま。様子。㋐外見。ながめ。「壮観」「奇観」㋑かたち。態度。姿。❹見方。考え。意識。「人生観」「主観」❺宮門の左右にある高いものみ台。❻見はらし台。高い建物。たかどの。❼寺。特に、道教の寺。道観。❽易(エキ)の六十四卦(カ)の一つ。☷☴坤下巽上(コンカソンショウ)。心がすなおで、態度がへり下るかたち。
二❶みる。㋐＝一の①。㋑うらなう。㋒かんがみる。また、考える。❷目。視線。❸あそぶ。遊び。❹かんがえる。思う。研究する。また、思考力。「止観」
名乗 あき・まろ・み
使いわけ カン〔感・観〕⇩感(2244)。
解字 甲骨文 篆文 形声。見＋雚(雚)音。音符の雚は、目の周囲の赤い、こうのとりの象形。こうのとりのように目を大きくひらいてよく見るの意味を表す。
▼偉観・外観・概観・奇観・客観・宮観・旧観・景観・参観・止観・主観・盛観・静観・壮観・大観・達観・直観・美観・傍観・楽観

【観音寺】カンオンジ・カンノンジ　観世音寺カンゼオンジ。天智テンジ天皇の勅願寺で、大宰府ダザイフ政庁の東方約二百メートルの所にあった。

【観感興起】カンカンコウキ　目に見、心に感じ、感動して奮起すること。

【観△釁】カンキン　①敵のすきをうかがうこと。②罪を観察すること。

【観△闕△之△誅】カンケツのチュウ　不正の臣を殺すこと。孔子が少正卯ショウセイボウを城門の見晴らし台の下で殺害した故事による。〔漢書、王尊伝〕

【観光】カンコウ　他国の文化を観察すること。転じて、ふだん接することの少ない名所などを見物すること。

【観察】カンサツ　よく注意して見る。こまかく見る。

【観察使】カンサツシ　唐代の官名。全国を巡回して政治の状態を観察するもの。

【観自在】カンジザイ　仏①迷いがなくて、観ずるところが自由自在なこと。②観世音菩薩カンゼオンボサツのこと。

【観者如△堵】みるものトのごとし　見物人が多く垣のように並んで立っている。〔晋書、衛玠伝〕

【観取】カンシュ　見てとる。見て真相を察知する。

【観象】カンショウ　①天文・気象その他の自然現象を観測すること。②易の占いの結果を見ること。

【観照】カンショウ　①よく見（考え）きわめて事理・真相を明らかにする。②国㋐主観をまじえず平静な心で深く見ること。㋑美を直接的に知覚認識すること。

【観賞】カンショウ　国見て楽しむこと。見て賞翫ショウガンすること。「賞（二四三ページ）。↓鑑

【観心】カンシン　仏自己の心の本性を明らかに見きわめること。

【観世音】カンゼオン　仏菩薩ボサツの一種。慈悲の化身ケシンで、世の人の救いの求めに応じて、千手センジュ・如意輪ニョイリン・十一面・馬頭などの姿で現れるといわれる。変化しない本来の形を普通、聖ショウ観音という。阿弥陀アミダの左に立つ（右は勢至セイシ）。観音カンノン。観自在。

【観相】カンソウ　国①人相を見ること。人の顔を見て性質・運命などを判断すること。②世相についてよんだ連歌レンガ、または俳句。

【観測】カンソク　国①自然現象の変化やうつり変わりを注意して見、測定すること。②おしはかること。推量。また、見かた。考えかた。「希望的観測」

【観点（點）】カンテン　物事を考えたり観察したりする立場。見る立場。◇考察や判断の基準になる立場のことを「観点」または「視点」というが、一般に、思想や世界観に力点を置く場合は、「観点」、芸術などの創作活動に力点を置く場合は、「視点」を用いる。なお「視点」と同じ意味で「視座」を用いることもある。

【観念】カンネン　①仏真理。または仏体を観察思念すること。②国㋐あきらめ。また、覚悟。決心。㋑心をこめて祈ること。㋒哲学用語。対象を表示する心的形象。

【観風】カンプウ　①人情・風俗を観察する。②様子を見る。

【観兵】カンペイ　①兵威を示す。②国天皇が軍隊を整列させて検閲すること。

【観望】カンボウ　①ながめる。ながめ。②様子をうかがう。

【観△游・観遊】カンユウ　景色などをながめて楽しむこと。また、その場所。

【観覧（覽）】カンラン　見る。ながめる。見物する。

(18)11
【覲】7071　△　漢キン　呉ギン　震 jìn、③jǐn　7519 6B33

字義　❶まみえる。昔、秋に諸侯が天子にお目にかかること。❷みる（見）。あう（会）。引見する。天子が家来に会うこと。❸わずか（僅キン）。❹たま。宝石。＝瑾キン。

解字　篆文　形声。見＋堇音。音符の堇キンは、勤に通じ、つとめるの意味。秋に諸侯が王にまみえ、王事につとめはげむの意味を表す。

(18)11
【覷】7072　△　ショ　御 qù

字義　❶うかがう。こっそり見る。また、ねらう。❷みる（視）。❸あらい（粗）。

解字　篆文　形声。見＋虘音。音符の虘シは、狙ソに通じ、ろかがうの意味。見を付し、うかがうの意味を表す。

【覷歩】ショホ　①見ながら行く。②探偵タンテイのこと。

(19)12
【覰】7073　△　ラ　歌 luó

字義　❶うれしげに見る。❷くわしい。❸順序。

解字　金文　篆文　形声。見＋𤔔音。

【覰△縷】ラル　くわしく細かい。

(20)13
【覺】(7055)　カク　覚(7054)の旧字体。→九九三ページ。　7520 6B34

(22)15
【覿】7074　△　漢テキ　呉ジャク（チャク）　錫 dí　7522 6B36

字義　❶あう。まみえる。会見する。❷しめす。見せる。また、あらわす。

解字　篆文　形声。見＋賣音。

【覿面】テキメン　まのあたり。また、まのあたりに見る。「天罰覿面」

(22)15
【覽】(7068)　ラン　覧(7067)の旧字体。→九九四ページ。　7521 6B35

(25)18
【觀】(7070)　カン　観(7069)の旧字体。→九九四ページ。　7523 6B37

7　角部

〔部首解説〕つの。つのへん。角を意符として、角製の物（主に、さかずき）や角の状態・動作などを表す文字ができている。

角 九九五	2 觔 九九六	4 觖 九九六	5 觚 九九六	觝 九九六	
6 解 九九六	觧 九九七	觥 九九七	觜 九九七	触 九九七	
7 觫 九九七	8 觭 九九七	9 觱 九九七	10 觳 九九七	11 觴 九九七	
12 觶 九九八	13 觸 九九八	18 觿 九九八			

斛→斗部 四八三ページ。觕→牛部 七〇四ページ。觷→鳥部 一三五四ページ。

(7)0
【角】7075　教2　カク　かど・つの　㊀カク　覚 jiǎo、jué　㊁ロク　屋 lù　1949 3351

筆順　⺈ ⺈ 角 角

字義　㊀❶つの。牛や羊の頭に堅く突き出たもの。❷かど。さき。とがった部分。「三角形」❸すみ。すみっこ。❹つの笛。つの細工。❺人相の一種。額の中央部がつののように高く出ている人相。❻あげまき。つのがみ。子供の髪の結い方の一つ。髪を左右に分け、つのに似た形に結ぶ。総角あげまき。❼さかずき。つの製やつの形の物が多い。また、ますの一種。四升（約〇・七六リットル）入る。❽くらべる。きそう。争う。「角力すもう」「角逐」❾五音（宮・商・角・徴チ・羽）の一つ。❿星の名。すぼし。乙女おとめ座のアルファ・ベーターの二星。⓫役者。俳優。⓬中国の貨幣の単位。一元の十分の一。⓭公文書を数えるときのことば。㊁＝甪ロク。→角里先生（九九六ページ）。

名乗　つぬ・み　難読　角筈つのはず・角館かくのだて・角子みずら・角髪みずら・角髪びんずら

解字　甲骨文　金文　篆文　象形。中がからになっている固い、つのの形にかたどり、つの・かどの意味を表す。角を音符に含む形声文字に斛コク・桷カク・确カクなどがあり、これらの漢字は、「かどばるつの」の意

味を共有している。
▼牛角・暁角・口角・鼓角・互角・死角・折角・総角・頭角

【角△掎】カクキ　しかなどの角を取り、足を引いて倒すこと。掎は片方の足を引くこと。転じて、前後から敵を制すること。
【角牛】カクギュウ　牛の角を突き合わせて、争わせること。闘牛。
【角△巾】カクキン　かどのある頭巾ズキン。昔、隠者のかぶったもの。
【角材】カクザイ　①才能をきそう。②国切り口の四角な材木。↔丸太。
【角逐】カクチク　①たがいに争い追いかけること。②競争(走)すること。
【角声(聲)】カクセイ　軍中で用いるつの笛の音。
【角△觝・角抵】カクテイ　たがいに争って、力や技芸をくらべること。後世、すもうをいう。
【角髪】カクハツ　昔、小児の髪の結い方。あげまき。→字義の㊀⑥。
【角里先生】ロクリセンセイ　前漢初期の隠者の名。四皓の一人。角里は、角里ロク・禄里ロクとも書く。
【角力】カクリョク　①力をくらべて勝敗を争うこと。②国すもう(ふ)。すもう(相撲)。
【矯レ角殺レ牛】つのをためてうしをころす　わずかなきず・欠点を直そうとして、かえって行き過ぎて、その物自体を滅ぼしてしまうこと。〔玄中記〕

(9)2【觔】7076　△　キン　図 jīn
字義　①すじ。＝筋。②重量の単位。＝斤。③觔斗キントは、もんどりうつ。とんぼがえる。筋斗。＝筋。
解字　会意。角＋力。

(11)4【觖】7077　△　㊀漢ケツ・呉ケチ　屑 jué　㊁キ　寘 kuì
字義　㊀㊁①かけている(欠)。たりない。↔満。②うらむ。③あばく(抉ケツ)。④のぞむ(望)。こいねがう。
解字　形声。角＋夬音。音符の夬カイ=ケツは、欠けるの意味。つのが欠けるの意味を表す。また、転じて、欠けた部分が満たされるように望むの意味も表す。
【觖如】ケツジョ　心に満たないさま。不満足なようす。
【觖望】ケツボウ　①不満に思ってうらむこと。怨望エンボウ。②キボウ　こいねがい望む。希望。

【斛】→斗部　四六三ページ。　【觕】→牛部　七〇四ページ。

(12)5【觚】7078　△　コ　虞 gū　7524 6B38
字義　①さかずき。儀式に用いるさかずき。中国の二升(約〇・三八リットル)を入れる。②かど。とがったところ。③しかく(四角)。方形。④ふだ(札)。昔、文字をしるすのに用いた木のふだ。⑤のり(法)。きまり。⑥ひとり。＝孤。

〔觚①〕

解字　文 篆　形声。角＋瓜音。音符の瓜カは、ひさごの意味。ひさご形の角製のさかずきの意味を表す。
【觚△牘】コトク　昔、文字をしるすのに用いた木の札。転じて、書物。簡策。翰札カンサツ。
【觚△稜】コリョウ　建物の屋根の高くとがり出たかど。
【觚不レ觚】こならず　孔子が、当時の觚器が正式の形を失ってかどのないのを嘆いた語。転じて、名ばかりあって実質が伴わないことのたとえ。〔論語、雍也〕
【操レ觚】こをとる　木札を手にとる。觚は文字を記すための木の札。転じて、文を作ること。また、文筆を業とすること。

(12)5【觝】7079　△　㊀漢テイ・呉タイ　薺 dǐ　㊁シ　紙　7526 6B3A
字義　㊀①ふれる。さわる。＝牴テイ。②いたる(至)。㊁うつ。＝抵。はむかう。
参考　現代表記では〔抵〕(2625)に書きかえることがある。「觝触→抵触」
解字　形声。角＋氐音。音符の氐テイは、いたるの意味。つのをいたらせる・ふれるの意味を表す。
【觝触(觸)】テイショク　抵触。牴触テイショク。①ふれる。さわる。突く。②矛盾する。
【觝排】テイハイ　おしのける。拒絶。排斥。

(13)6【解】7080　教5　カイ・ゲ　とく・とかす・とける　㊀漢カイ・呉ゲ　蟹 jiě　㊁漢カイ・呉ゲ　卦 xiè　1882 3272
筆順　角　角　觧　解
【觧】俗字　7527 6B3B
字義　㊀①とく。㋐動物などの体を切りさく。解剖。㋑ばらばらにする。放す。「分解」㋒ほどく。束縛やしこりを取り除く。「解禁」「解任」「解熱ゲネツ」「和解」㋓説いて明らかにする。不明の点を分かるようにする。「詳解」「弁解」「曲解」②とける。とく。わかる。さとる。放れる。ほぐれる。ゆるむ。「理解」③とおす。通る。④易エキの六十四卦カの一つ。䷧坎下震上カンカシンジョウ。困難が解消するかたち。⑤楽曲または古体詩の一段落。「一解」⑥文体の一種。疑いを解消する内容のもの。漢の揚雄の「解嘲カイチョウ」を祖とする。㊁①あう。出会う。＝邂カイ。②おこたる。なまける。＝懈カイ。→解怠。③あやまる(謝)。④やめる(止)。除く。国①とかす。水にとかす。②ゲ。下位者から上位者へ渡す公文書。
名乗　さとる・ひろ
使いわけ　とける・とかす・とく〔解・溶〕
〔解〕ばらばらになる。懸案や疑問を解決する。束縛を除く。「結び目が解ける・なぞを解く・鎖国が解ける」
〔溶〕固体が液体になる。液体と同化する。また、一般に同化する意。「鉄さえ溶ける・砂糖が水に溶ける・新しい職場に溶けこむ」
解字　甲骨文　篆文　会意。刀＋牛＋角。刀で牛を裂くさまから、とくの意味を表す。解を音符に含む形声文字に、懈カイ・蟹カイなどがある。
▼曲解・見解・誤解・支解・枝解・肢解・自解・集解・詳解・精解・俗解・体解・注解・通解・難解・半解・氷解・弁解・崩解・理解・略解・了解・和解
【解△頤】カイイ　おとがいを解く。口を大きく開いて笑う。
【解顔】カイガン　顔色をやわらげる。にっこりする。
【解暁(曉)】カイギョウ　さとる。会得する。解悟。
【解禁】カイキン　禁止していたことをといて扱いを自由にすること。「あゆの解禁」
【解元】カイゲン　郷試(三年に一度、各省で行う官吏登用の予備試験)に首席で及第した者。
【解雇】カイコ　やといを解く。やめさせる。
【解故・解△詁】カイコ　古い書物のことばを当代のことばで解釈すること。訓詁。
【解語花】カイゴのはな　ことばのわかる花。美人をいう。唐の玄宗皇帝が楊貴妃ヨウキヒを指して言ったことば。〔開元天宝遺事〕
【解菜】カイサイ　精進ショウジンおとしの料理。野菜だけ食べていたものが、肉食など普通の食物を食べること。
【解散】カイサン　①ばらばらになる。分離すること。②集会・結社・法人・議会などが、その組織や資格を失うこと。
【解△弛】カイシ　とけてゆるむ。しまりがなくなる。
【解字】カイジ　字の意味を解釈すること。字形を分析して明らかにすること。
【解釈(釋)】カイシャク　①ときあかす。説明。解説。解義。②とく。消す。また、捨てる。③なだめる。
【解析】カイセキ　①とき分けて明らかにする。分析。②国数学用語。「解析学」の略。
【解組】カイソ　①官を退く。官職をやめる。組は、官吏が朝廷から

受ける印綬（印のひも）。②組織を解く。

【解惰・解堕（墮）】おこたる。解怠。

【解体（體）】①一つにまとまっていたものが、ばらばらにはなれること。また、そうさせること。②国身体をとき分けること。［解剖。

【解怠】おこたる。解惰。

【解題】国①書物の著者・内容・巻数・出版年月などについて説明すること。②文章の表題を解説して、その内容の大綱を示すこと。開題。

【解脱】①首かせなどの刑具を解いて釈放すること。また、獄を破って脱走すること。②仏 迷いからさめてさとりを開くこと。

【解紐】①しばったひもがとけてゆるむ。転じて、権威が衰えて政治が乱れること。②印のひもをとく。官を退く意。

【解嘲】①人のあざけりに対して弁解すること。②前漢の揚雄の作った文章の名。→字義の㊀⑥。

【解毒】毒を消す。また、その薬。毒消し。

【解任】職務をやめさせること。

【解剖】①動物の体を切り開いて組織を調べる。ふわけ。解体。②物事の筋道を各部分に分けて調べる。

【解免】①まぬかれる。のがれる。②職をやめさせる。免職。

【解悶】心配をはらす。心のもだえを取りさる。また、うさはらし。散悶。消悶。

【解由】①宋代、官吏が赴任するときの証明となる公文書。②国 昔、官吏が任期を終了して事務を引きつぐ時、前任者が後任者から受け取る公文書。

【解纜】船のともづなをとく。転じて、出帆すること。「纜」↔繋纜。

(13)6【鮮】7081 △ カイ 解（7080）の俗字。→前項。 7527 6B3B

(13)6【觥】7082 △ コウ（クヮウ）庚 gōng 【觵】同字

字義 ❶さかずき。兕牛の角で作った七升入りの大きな杯。罰杯に用いるという。また、兕牛の形にかたどった酒器。❷おおきい。

〔觥①〕

解字 形声。角＋光音。音符の光は、大きいの意味。つので作った大きいさかずきの意味を表す。

【觥觥】剛直なさま。

【觥籌】觥と籌（数をかぞえる棒）。また、勝負を競う時の罰杯の数。

(13)6【觜】7083 △ 一シ 支 zī 二シ 紙 zuǐ 7525 6B39

字義 一❶けづの（毛角）。みみずくの頭上にあるけづの。❷かいめん。海綿。❸二十八宿の一つ。とろき。觜宿。

二くちばし。はし。＝嘴。

解字 篆文 形声。角＋此音。音符の此は、わずかにひらくの意味。角のように固くて、わずかにひらく、くちばしの意味を表す。 難読 觜崎
【觜距】くちばしとけづめ。転じて、武器をいう。

【觜瞼】とがった顔。みにくい顔。また、人をののしる語。觜鼻。

(13)6【触】7084 常 ショク ふれる・さわる 3108 3F28
(2013)【觸】7085 漢ショク 呉ソク 沃 chù 7529 6B3D

筆順 ⺈ 角 角 触

字義 ❶ふれる。さわる。㋐あたる。「接触」「一触即発」㋑おかす（犯）。けがす（汚）。❷仏 外物に触れて生ずる心の作用。国❶ふれる。通達する。布告する。❷ふれ。役所などからの通告。達し状。

使いわけ さわる〔障・触〕⇩障（8435）。

解字 金文 篆文 形声。角＋虫（蜀）音。音符の蜀は、つづくの意味。つのがつく・ふれるの意味を表す。
▼感触・接触・抵触
【触官】動物の体で、触覚をつかさどる器官。人の皮膚また、かたつむりの触角の類。

【触忌】相手の気にさわる。きげんをそこねる。

【触迕】直言して相手の気持ちにさからう。

【触罪】つみにふれる。罪を犯す。

【触媒】自身は化学反応を受けずに、化学反応の媒体となる物質。

【触発（發）】①物にふれて発する（動く・爆発する）こと。②何かの刺激を与え、気持ちを変えたり、行動を起こさせたりする。

【触犯】ふれおかす。

【触冒】おかす。罪などを犯すこと。

【触目】目につく。目にふれる。また、そのもの。

【触穢】①けがれにふれる。②国けがれ。また、けがれている。喪中・出産・月経などの期間にあること。これらの期間は、神事に関係するのを忌んだ。

(14)7【觩】7086 △ 漢キュウ（キウ）呉グ 尤 qiú

字義 ❶つののまがったさま。❷ゆるむさま。❸弓をひきしぼるさま。❹つらねるさま。
解字 形声。角＋求音。

(15)8【觭】7087 △ 一キ 支 jī 二漢キ・呉ギ 支 qí

字義 一かたむく。かたよる。二❶片方の足がない人。❷めずらしい。ふしぎ。＝奇。❸とる（取）。自分のものにする。
解字 篆文 形声。角＋奇音。音符の奇は、傾いて立つ人、きちんと整っていないの意味。左右整っていないつのの意味を表す。

(16)9【觱】7088 △ 漢ヒツ 呉ヒチ 質 bì

字義 ❶ひちりき。→觱篥。❷→觱発・觱沸。

解字 篆文 形声。角＋咸（䂓）音。

【觱発（發）】風が寒いこと。觱栗。

【觱沸】泉のわき出るさま。

【觱篥】楽器の名。もと西域から伝わった、笛に似た楽器。表に七孔、裏に一孔あり、悲しげなするどい音を出す。

(17)10【觳】7089 △ 一漢コク・呉ゴク 屋 hú 二カク 覚 què，⑥jué

字義 一❶さかずき。角で作った大きな杯。❷ますの名。中国の三斗、あるいは一斗二升を入れるます。＝斛。❸やづつ。矢を入れる袋。また、やじり。

二❶あぶらいれ、油を入れておくもの。❷うすい（薄）。地味がやせていること。❸うるおいがない。かわいている。❹つきる（尽）。なくなる。❹つましい。倹約。❺あとあし（後足）。うしろあし。❻くらべる。きそう。＝角。

解字 篆文 形声。角＋㱿音。音符の㱿（殼）は、中空の「から」の意味。角製のさかずきの意味を表す。

【觳觫】死を恐れるさま。びくびく。〔孟子、梁恵王上〕

【觳抵】力をくらべること。すもう。角抵。

(18)11【觴】7090 △ ショウ（シャウ）陽 shāng 7528 6B3C

字義 ❶さかずき。酒杯。さかずきの総称。❷さかずきをさす。人に酒をすすめて飲ませる。
解字 金文 篆文 形声。角＋𥏻省音。音符の𥏻は、きずつけるの意味。角に傷をつけ彫刻を施した、さかずきの意味を表す。
【觴詠】酒を飲み詩歌をうたうこと。
【觴酌・觴勺】杯と、ちょうし。転じて、酒をくみかわすこと。

【鵤】→鳥部 一三五四ページ。

(19)12 【觶】 7091 △ シ 寘 zhì

字義 さかずき。㋐儀式に用いるさかずき。中国の三升または四升を入れるもの。㋑からのさかずき。酒を入れないさかずき。㋒罰として酒を飲ませるためのさかずき。

〔觶〕

解字 篆文 形声。角＋單音。

(20)13 【觸】 (7085) ショク 触（7084）の旧字体。→九九七ページ。 7529 6B3D

(25)18 【觿】 7092 △ 漢ケイ 呉エ（ヱ） 斉 xī

字義 くじり。つのぎり。象牙で作り、先をとがらせて角の形にしたもの。成人が常に腰におびていて、ひもの結び目などを解くのに用いた。転じて、字の意味を解く解釈の意に用いる。

〔觿（漢代）〕

解字 篆文 形声。角＋巂音。

7 言部

〔部首解説〕 ごんべん。ことば。言を意符として、言葉や、言葉を伴う種々の行為に関する文字ができている。

變→支部 四七九ページ。

(7)0 【言】 7093 教2 ゲン・ゴン いう・こと

㊀漢ゲン・呉ゴン 元 yán
㊁ギン 真 yín

2432 3840

筆順 亠 亖 言 言

字義 ㊀❶いう。ものをいう。かたる（語）。はなす（話）。のべる（述）。「進言」「断言」 ❷こと。ことば。㋐人の音声の意味のあるもの。「遺言」「言語」 ㋑いいつけ。命令。おしえ。→参考 ❸いう こころ。その意味。→参考 ❹はかりごと。謀議。❺もうしぶみ（申文）。上表文。❻句。語句のひとくぎり。また、字。文字。❼われ（我）。主として詩に用いる。❽ここに。語調をととのえる助字。㊁やわらぎつつしむさま。＝誾。

名乗 あき・あや・とき・とも・のぶ・のり・ゆき　難読 言語道断・言伝

参考 ①漢文訓読において「言フ…ト」の形の、…の部分が非常に長い時、下から返って読むかわりに、「言」の字を先に「いうこころは」と読む習慣がある。②現代表記では、言葉でいうという場合以外は、仮名書き。「一斉に言う・日本という国」

解字 甲骨文 金文 篆文 会意。辛＋口。辛は、取手のある刃物の象形。口は、ちかいの文書の意味。もし不信があるときには罪に服することを前提とした、ちかい・つつしんでいうの意味を表す。

▼遺言・格言・確言・佳言・寡言・過言・雅言・換言・甘言・狂言・極言・謹言・金言・空言・苦言・建言・公言・後言・抗言・高言・語言・私言・至言・失言・祝言・証言・食言・緒言・助言・進言・真言・正言・聖言・隻言・宣言・前言・贈言・俗言・体言・大言・代言・題言・託言・他言・多言・忠言・直言・陳言・微言・美言・不言・文言・片言・放言・方言・暴言・名言・揚言・予言・預言・立言・略言・流言・例言

【言下】ゲンカ・ゴンカ 一言のもと。いうや否や。ことばが終わるか終わらぬうち。即時。

【言外】ゲンガイ ことばや文章で直接表現した以外のこと。「言外之意（ゲンガイのイ）」

【言言】ゲンゲン ①ひとことひとこと。②高大なさま。③くずれよう

としているさま。④ギン やわらぎつつしむさま。
【言△唔】ゲンゴ 面会して話をする。
【言語】ゲンゴ・ゴン・ギョ・ゲン・ギン ①ことば。口でいうことば。②孔門四科(孔子の門人が修得すべき四つの科目。徳行・言語・政事・文学)の一つ。言語応対にすぐれ、外交的辞令にたくみなこと。〔論語、先進〕
【言語道断(斷)】ゴンゴドウダン ①仏ことばで説明できない奥深い道理。②国ことばでのべられないほどひどいこと。もってのほか。
【言行】ゲンコウ ことばとおこない。言うことと行うこと。「言行一致」「言行相悖もとる」
【言行君子△之枢(樞)機】ゲンコウはクンシのスウキなり 言語と行動とは、学問・修養に志す君子にとって最も重要なものである。枢は戸の開閉に使うくるる(回転軸)、機はいしゆみの引金で、ともに重要なもの。〔易経、繋辞上〕
【言行録】ゲンコウロク 人のことばやおこないを記録したもの。
【言志】ゲンシ 心に思うことを述べること。転じて、詩をいう。
【言志四録】ゲンシシロク 国書名。江戸後期の儒学者佐藤一斎が、学問・修養などについて述べた語録四種の総称。『言志録』『言志後録』『言志晩録』『言志耋録ゲンシテツロク』をいう。
【言次】ゲンジ ①ことばのついで。話のついで。②国いい(ひ)つぎ。言いつぎ。言い伝え。また、伝言。
【言者不レ知】いう(ふ)ものはしらず やたらにしゃべる者は実はなにも知らない。→知者不レ言(七七三ページ)。
【言責】ゲンセキ ①言論をなすべき責任。諫官カン(天子の過失をいさめる役)などの任務。②国自分が言ったことばに対する責任。
【言説】ゲンセツ ことばでいう。また、そのことば。
【言泉】ゲンセン ことばの泉。ことばがつぎつぎと出てくることを泉にたとえていう。
【言△詮】ゲンセン ことばで述べる事がら。また、ことば。詮は、物事の道理などを詳しくときあかすこと。
【言質】ゲンチ 国後日の証拠となることば。ことばのしち。口約束。
【言文一致】ゲンブンイッチ 書きことばを話しことばに一致させ、文章語を平易にすること。日本では、従来、文章には文語を用いるのが一般の習慣であったのを、明治初期に、二葉亭四迷などが、文章に口語を用いた。
【言△貌】ゲンボウ ことばと顔つき。言面。
【言容】ゲンヨウ ①ことばと姿かたち。言語と容貌ヨウボウ。②ことばつき。
【言霊(靈)】ことだま 国ことばの持つ不思議な力。上代、ことばに霊妙な力があり、その力によってことば通りの事象がもたらされると信ぜられた。「言霊の幸さきおう国」
【言路】ゲンロ 君主や政府などに意見を述べるみち。
【言論】ゲンロン ①ことば。議論。②国言語・文章によって、思想を発表し、論ずること。「言論の自由」
【言足二以飾一レ非】ゲンはもってヒをかざるにたる ことばのたくみさは、自分の悪い点をうまく言いくるめることができる。〔史記、殷本紀〕
【寄レ言】ゲンをよす いいやる。ことばを贈る。一言いいたい。
【食レ言】ゲンをはむ・ショクす 言ったことを実行しないこと。約束をたがえること。
【△訥二於言一△敏二於行一】ゲンにトツにしておこない(ひ)にビン 口はおもくてなるべくひかえめにして、実行は敏速にする。実行がたいせつで、ことばはすえである。〔論語、里仁〕

(9)2
【計】7094 教2 ケイ はかる・はからう
ケイ 齊 jì
時計とけい
2355
3757

筆順 言 言 計

字義 ❶かぞえる。かぞふ。数をかぞえる。また、その数え方。算法。❷かず(数)。❸総数。しめ。合計。❹会計などの帳簿。❺かんがえる。調べる。❻はかる。㋐見つもる。くわだてる。㋑相談する。❼はかりごと。計画。〔月令広義、春令〕一年之計在レ春イチネンのケイははるにあり ❽計量のための機械。「寒暖計」国❶はからう。はからふ。処置する。❷ばかり。㋐ほど。くらい。だいたいの程度。㋑だけ。そればかり。限定していう。㋒ころ(頃)。㋓事が終わって間がない意。「話したばかり」

名乗 かず・かずえ 難読 計石はかりいし・計束とつか

使いわけ はかる〔計・測・量・図・謀・諮〕

〔計〕数や時間を数える。まとめて考える。「時間を計る・国の将来を計る」

〔測〕一定の尺度ではかる。「速度を測る」

〔量〕重さや体積をはかる。「体重を量る」

〔図〕物事を行おうとしていろいろ考える。「便宜を図る・合理化を図る」

〔謀〕何かを行おうと計画を立てる。「逃亡を謀る」

〔諮〕相談する。「会議に諮る」

なお、「おしはかる」は〔量〕を用いる。また、〔謀〕はよくない場合について用いることが多い。

解字 篆文 会意。言＋十。十は、数の意味。数を口にする、かぞえるの意味を表す。

▼会計・下計・活計・奇計・合計・国計・主計・術計・上計・生計・早計・大計・統計・秘計・謀計・妙計・余計・良計・累計

【計会(會)】ケイカイ ①数えはかる。計算。会計。②思いはかる。思慮。③相談する。
【計議】ケイギ ①相談する。また、相談。②はかりごと。
【計校】ケイコウ 計較ケイコウ。①はかりくらべる。②論争する。③相談する。
【計策】ケイサク はかりごと。計略。
【計上】ケイジョウ かぞえあげる。
【計籍】ケイセキ 会計簿。計簿。
【計吏】ケイリ 会計を扱う役人。会計吏。
【計略】ケイリャク はかりごと。もくろみ。
【計料・計量】ケイリョウ はかりかぞえる。

(9)2
【訇】7095 △ 一コウ(クヮウ) 庚 hōng 二キン 震 jùn

字義 一大きな音声の形容。二あざむく(欺)。

解字 金文 篆文 形声。言＋勹(勻)音。

【訇隠(隱)】コウイン 波の音の大きなさま。
【訇△哮】コウコウ 風の音の大きなさま。

(9)2
【訂】7096 常 テイ
一漢テイ・呉ジョウ(ヂャウ) 迥 dìng
二漢テイ・呉チョウ(チャウ) 徑 dìng
3691
447B

筆順 言 言 訂

字義 一❶はかる。公平に評議する。❷おしならす。たいらにする。くらべてひとしくする。二❶ただす。文字・文章などをあらためただす。「修訂」「校訂」❷さだめる(定)。とりきめる。「訂盟」

名乗 ただ

解字 篆文 形声。言＋丁音。音符の丁は、釘くぎを打ち固定させるの意味。意見の違いや誤りを正して、おちつかせるの意味を表す。

▼改訂・校訂・考訂・修訂・増訂

【訂△訛・訂△譌】テイカ 誤りを正す。
【訂正】テイセイ ただしくなおす。誤りを正すこと。
【訂盟】テイメイ 約束や、同盟・条約などを結ぶこと。

(9)2
【訃】7097 標 フ 遇 fù
7530
6B3E

字義 ❶つげる(告)。つぐ。人の死んだことを知らせる。また、そのしらせ。「訃告」 ❷いたる(至)。

解字 形声。言＋卜音。音符の卜ボクは、赴フに通じ、急いで行

くの意味。人の急に死んだことの知らせの意味を表す。
【訃音】フイン・フオン　死んだ知らせ。死亡通知。訃報。
【訃報】フホウ　＝訃音。

(10)3【訑】7098 △ ㊀イ 支 yí ㊁タ 歌 tuó ㊂漢タン・呉ダン 旱 dàn
字義 ㊀訑訑は、みずから満足して得意なさま。また、満足し誇って他人のことばを聞き入れないさま。㊁いつわる(欺)。あざむく。＝詑タ。㊂ほしいまま。＝誕。
解字 形声。言＋也㊥。

(10)3【記】7099 教2 キ しるす　キ 寘 jì　2113 352D
筆順 訁 言 訂 記
字義 ❶しるす。㋐書く。書きとめる。「筆記」「転記」㋑おぼえる。心にきざみこむ。「暗記」「銘記」❷書きつけ。文書。記録。「日記」「戦記」❸経書の注解。❹しるし。記号。❺文体の一つ。事実をありのままに書きしるした文。❻文書をつかさどる役。「書記」「内記」 国『古事記』の略。→記紀。
名乗 とし・なり・のり・ふさ・ふみ・よし
参考 現代表記では[徽](5897)の書きかえに用いることがある。「徽章→記章」
解字 篆文 形声。言＋己㊥。音符の己は、糸すじを整える糸巻の象形。言葉を整えて書く、心に整えて覚えるの意味を表す。
▼旧記・強記・軍記・外記・誤記・札記・雑記・手記・書記・正記・戦記・単記・追記・転記・伝記・登記・日記・筆記・表記・付記・簿記・銘記・連記
【記憶】キオク　①心に覚えて忘れない。ものおぼえ。②心理学で、過去に知覚・経験した事物を以前に経験したものとして忘れない、また、それを思い出す作用。
【記紀】キキ　国『古事記』と『日本書紀』とをあわせてよぶときの略称。
【記載】キサイ　①書きのせる。②書きのせた文。
【記識】キシキ　①おぼえる。記憶する。②しるす。書きつける。
【記事】キジ　事実をありのままに書きしるすこと。また、その文。
【記事本末】キジホンマツ　歴史書の一体。年月の順によらず、一事件ごとにその始末を記述したもの。記(紀)事本末体。↔紀伝体・編年体。
【記室】キシツ　昔、記録をつかさどった属官。書記・秘書官の類。
【記述】キジュツ　書きしるす。しるし述べる。
【記誦】キショウ　そらでおぼえる。暗唱する。
【記帳】キチョウ　帳簿に記入する。また、その帳簿。
【記伝(傳)】キデン　①伝記を書きしるした書籍。②国本居宣長(もとおりのりなが)の著書『古事記伝』の略。
【記念】キネン　①心にとどめて忘れないこと。②のちの思い出に残しておくこと。また、そのもの。かたみ。◇②の意味では、古くは「記念」「紀念」ともに用いられたが、現代では「記念」が一般的。
【記問之学(學)】キモンのガク　書や人の説などをただ暗記しているだけで、その真義を心に会得(エトク)しておらず、人に質問されると、相手の学力なども考えず、記憶していることを機械的に述べ教えるという学問のやり方。〔礼記、学記〕
【記覧(覽)】キラン　多くの物事を見聞して記憶すること。転じて、実際を遠ざかった学問の意。
【記録】キロク　①書きしるす。書きつける。また、その文書。②運動競技などの成績。レコード。

(10)3【訖】7100 △ 漢キツ 呉コチ 物 qì　7531 6B3F
字義 ❶おわる(をはる)。終了する。すむ(済)。また、おえる(をふ)。すます。❷とめる(止)。また、とまる。❸すでに(既)。また、❹ついに(つひに)(竟(キョウ))。とうとう。❺ことごとく。残らず。❻いたる(至)。およぶ。また、まで。＝迄(キツ)。
解字 篆文 形声。言＋乞(气)㊥。音符の乞(キツ)は、滑らかに進まないの意味。発言が進まない、とまるの意味を表す。

(10)3【訏】7101 △ ㊀ク 虞 xū ㊁漢コ・呉ク 虞
字義 ㊀❶いつわる(いつはる)。❷おおきい(大)。「訏訏」❸おおげさにいう。❹ああ。なげく声の形容。❺まこと。㊁さけぶ(吁)。わめく。大声をあげる。
解字 篆文 形声。言＋于(亐)㊥。音符の亐(ウ)は、華に通じ、はなやかの意味。はなやかなことば、いつわりの意味を表す。

(10)3【訓】7102 教4 クン　クン 問 xùn 慣キン　2317 3731
筆順 訁 言 訓 訓
字義 ❶おしえる(をしふ)。㋐説き聞かせる。㋑教え導く。❷おしえ(をしへ)。いましめ。「教訓」❸したがう。＝順。❹とく(解)。よむ。意味がわかるようにする。解釈する。また、その解釈。国クン。よみ。漢字にあてた日本語。国訓。↔音。「和訓」「訓読」
名乗 くに・しる・とき・のり・みち　難読 訓子府(くんねっぷ)
解字 篆文 形声。言＋川㊥。音符の川(セン)は、かわの意味。川が一定の道すじを流れるように、人が道理に従うように言葉でおしえるの意味を表す。
▼遺訓・音訓・家訓・義訓・教訓・厳訓・古訓・国訓・師訓・字訓・聖訓・請訓・庭訓・難訓・反訓・傍訓
【訓育】クンイク　①教え育てる。②国児童・生徒の道徳的品位を養う。特に知識を教授する教育に対していう。
【訓化】クンカ　教え導いて善に向かわせること。教化。
【訓戒・訓誡】クンカイ　教えいましめる。また、教え。いましめ。
【訓誨】クンカイ　教える。また、教え。
【訓義】クンギ　①字義を解釈する。②国文字のよみ方と意味。
【訓詁】クンコ　古文の字句の意味を解釈すること。訓は、熟語または句の意味。詁は、字解。また、訓は順で、その語気に順(したが)って解釈すること。詁は古言で、古語を現代語に訳すこと。
【訓詁学(學)】クンコガク　古典の字句の解釈を主とする学問。特に漢・唐・清代(シンダイ)にさかんに行われた。
【訓告】クンコク　①いましめ教える。いましめる。おしえる。②国官吏の落度をいましめる。
【訓示】クンジ　①教え示す。②上役が部下に対してする、仕事上の注意。
【訓辞(辭)】クンジ　教え導くことば。
【訓釈(釋)】クンシャク　文字や語句の意味を解きあかすこと。
【訓点(點)】クンテン　国漢文を国語に訳読するためにつける句読(クトウ)点や返り点・送りがな。⇩コラム・訓点(1001ページ)。
【訓典】クンテン　上古のすぐれた帝王や聖賢の書物。
【訓導】クンドウ　①教え導く。②国旧制小学校の教諭。
【訓読(讀)】クンドク　国漢字・漢文を日本語にあてて読むこと。↔音読。
【訓蒙】クンモウ　子供や初学者を教えさとすこと。また、その書。蒙は、童蒙(無知な初学者)。
【訓喩・訓諭】クンユ　教えさとす。また、その教え。
【訓令】クンレイ　国上級官庁が下級官庁に対して出す、事務の方針や法令の解釈などを示す命令。
【訓練】クンレン　①教えならす。②指導をくり返して、ある目標に至らせようとする教育の一方法。
【訓話】クンワ　国教えさとす話。教訓になる講話。

(10)3【訐】7103 △ ㊀漢ケツ・呉ケチ 月 jié ㊁漢カイ・呉ケ 卦 jì　7532 6B40
字義 ㊀❶あばく。人の秘密などをあばきたてる。❷そしる。非難する。㊁はばかることなく言う。直言する。

訓点

『日本書紀』や『古事記』の記事によれば、応神天皇の十五年、百済（くだら）の国から王仁（わに）が来朝して論語十巻・千字文一巻をもたらし、また太子菟道稚郎子（うじのわきいらつこ）にもろもろの典籍を教授したといわれる。

漢籍がわが国に伝来した当初、どのような方法で学ばれたものであるかは明らかでないが、渡来人の発音にならって漢文の語順どおりに直読し、これを翻訳して意味を理解していたことであろう。その後、漢字一字ごとにその意味に相当する日本語の読み、すなわち〈訓（和訓）〉が定まり、さらには漢文そのものを日本語の語順に当てはめ、日本語の文として読む〈訓読〉の方法が発明された。

その漢文訓読のためにつける符号や仮名、すなわちヲコト点（乎古止点）・句読点・返り点・送り仮名などを総称して〈訓点〉という。

ヲコト点　訓読の方法はすでに奈良時代に成立し、平安時代にかけて整備されたものであるが、当時、漢学を専門として大学で教授した博士家（はかせけ）の清原（きよはら）家・菅原（すがわら）家・中原家・大江（おおえ）家などは、それぞれ独自の読み方を秘法として伝授するために、漢字の四隅や上下、その他の適当な位置に点や線をつけ、助詞・助動詞など、今日の送りがなに当たるものを示した。その形式は種々あるが、博士家点の右肩が「ヲ」、その下が「コト」であったことから、これをヲコト点と称している。

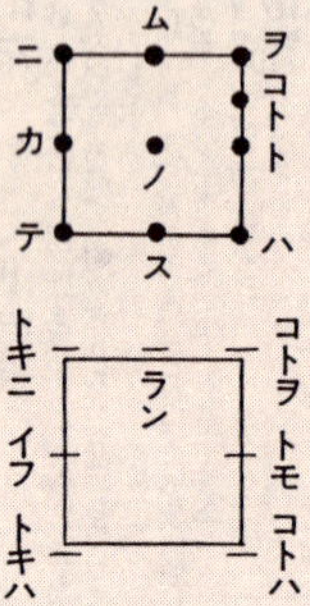

ヲコト点は、その後、返り点や送り仮名を添えて読むように改められ、それが時代を追うにつれて簡潔に整備され、今日行われているような形式になった。

返り点　下の字から上の字に返って読む場合に用いる符号で、次のようなものがある。

①レ点（かりがね点）　一字から一字に返る場合に用いる。

読ㇾ書。（書ヲ読ム。）

登ㇾ山。（山ニ登ル。）

②一・二点　下の字から二字以上を隔てて上の字に返って読む場合に用いる。一・二で足りない場合は、三・四を用いる。

水清無㆓大魚㆒。（水清ケレバ大魚無シ。）

欲㆔東渡㆓烏江㆒。（東ノカタ烏江ヲ渡ラント欲ス。）

③上・下点　一・二点をつけた句を中間にはさんで、下から上に返る場合に用いる。上・下で足りない場合は、中を用いる。

不㆘以㆓千里㆒称㆖也。（千里ヲ以テ称セラレザルナリ。）

不㆘為㆓児孫㆒買㆗美田㆖。（児孫ノ為ニ美田ヲ買ハズ。）

④甲・乙点　上・下点をはさんで下から上に返る場合には、甲・乙・丙・丁を用いる。さらに甲・乙点をはさんで天・地・人を用いることがある。

君子不㆚以㆘其所㆔以養㆓人㆒者㆖害㆙人。（君子ハ其ノ人ヲ養フ所以ノ者ヲ以テ人ヲ害セズ。）

甲・乙点は、一・二点をはさんで四度以上返って読む場合にも用いられる。

必知㆘陛下不㆛惑㆓於仏㆒作㆚此崇奉㆙以祈㆗福祥㆖也。（必ズ陛下ノ仏ニ惑ヒテ此ノ崇奉ヲ作シ、以テ福祥ヲ祈ラザルヲ知ルナリ。）

⑤一レ点・上レ点　レ点と一・二点または上・下点の併合される場合に用いる。先ずレ点で下の一字から上の一字に返り、次に一・二点または上・下点で返って読む。甲レ点もある。

他山之石、可㆓以攻㆒ㇾ玉。（他山ノ石、以テ玉ヲ攻ク可シ。）

勿㆘以㆓悪小㆒為㆖ㇾ之。（悪小ナルヲ以テ之ヲ為スコト勿カレ。）

送り仮名　右の例文で示したように、送り仮名は漢字の右側に片仮名で添える。元来、片仮名は、漢文の訓点を記す文字として工夫されたものである。

解字 篆文 形声。言＋干㊥。音符の干は、けずりとるの意味。人の罪を面とむかってあばくの意味を表す。

(10) 3 **【訌】** 7104 △ 漢**コウ** 呉グ 送東 hòng 7533 6B41

字義 ❶ついえる（潰）。内部からくずれる。❷うちわもめ。内部の者がたがいに争うこと。❸**みだれる**（乱）。もめる。また、みだす。

解字 篆文 形声。言＋工㊥。音符の工は、攻に通じ、せめるの意味。言葉で争うの意味を表す。

(10) 3 **【訊】** 7105 標 シン 慣**ジン** 震 xùn 3154 3F56

字義 ❶**とう**（問）。㋐**たずねる**。上の者が下の者に問いただす。㋑おとずれる。訪問する。㋒取り調べる。罪を調べる。㋓せめる（責）。とがめる。❷つげる（告）。知らせる。❸いう。述べる。また、そのことば。❹たより。音信。❺うごく。ふるう。

参考 現代表記では［尋］(1707)に書きかえることがある。「訊問→尋問」

解字 金文 篆文 形声。言＋卂㊥。音符の卂シは、素早く刃物で切りつけるの意味。矢継ぎ早に問いただすの意味を表す。

【訊鞫】ジンキク ①きびしく問いただす。②罪人を取り調べる。
【訊問】ジンモン ①問いただす。たずねる。また、罪人を取り調べる。尋問。②おとずれる。また、手紙をやる。

(10) 3 **【訕】** 7106 △ 漢サン 呉**セン** 諫刪 shàn

字義 **そしる**（謗ボウ）。非難する。悪口をいう。

解字 篆文 形声。言＋山㊥。

【訕謗】センボウ そしる。非難する。誹謗ヒボウ。

(10) 3 **【訒】** 7107 △ 漢**ジン** 呉ニン 震 rèn

字義 ❶**なやむ**（難）。言いなやむ。❷**しのぶ**（忍）。ひかえる。がまんする。［論語、顔淵］仁者其言也訒ジンシャはそのゲンやしのぶ。❸いつくしむ（仁）。

解字 篆文 形声。言＋刃㊥。音符の刃は、忍に通じ、こらえるの意味。ことばをひかえる、言いなやむの意味を表す。

(10) 3 **【託】** 7108 常 タク　タク 薬 tuō 3487 4277

筆順 言 言 訁 訁 託

字義 ❶**よる**（依）。**たのむ**。たよる。ことづける。また、たのみ。「請託」❷よせる（寄）。身を寄せる。寄寓する。❸ゆだねる（委）。まかせる。「付託」❹かこつける。ことよせる。「仮託」「神託」
国**かこつ**。なげいて言う。うらんで言う。

解字 篆文 形声。言＋乇㊥。音符の乇タクは、屋内などに身を寄せる人の象形。他の事実に寄せつけて言う、かこつの意味や、ゆだねるの意味を表す。

▼依託・委託・寄託・供託・屈託・結託・受託・嘱託・信託・神託・請託・付託

【託意】タクイ 心を寄せる。
【託寄】タクキ・タッキ 寄託。①ゆだねまかせる。また、たのむ。②託孤寄命の略。託付。
【託言】タクゲン ①他のことにかこつけていうこと。口実。②ことづて。伝言。
【託孤寄命】タッコキメイ 先君の頼みを受けて、幼君をもりたて、国政をとり治めること。［論語、泰伯］
【託食】タクショク 人に頼って生活する。いそうろう。寄食。
【託宣】タクセン 国神仏のおつげ。神託。
【託付】タクフ ①たのむ。人にたのむ。また、たのみ。②ゆだねまかせる。

(10) 3 **【討】** 7109 教6 トウ うつ　トウ（タウ） 晧 tǎo 3804 4624

筆順 言 言 討 討

字義 ❶**うつ**。罪を言いたててうつ。攻める。征伐。「追討」❷のぞく（除）。取り去る。❸罪のある者を問いただしこらしめる。❹もとめる（求）。❺**たずねる**（尋）。調べる。「検討」

使いわけ **うつ**［打・討・撃］⇨打(2562)。

解字 篆文 形声。言＋肘省㊥。音符の肘チュウ→トウは、ひじの意味。口と手で罪人を問いただす、うつの意味を表す。

▼検討・征討・追討

【討議】トウギ 意見を出しあって相談すること。
【討究】トウキュウ 物事の道理や真理をたずね窮めること。討窮。
【討幕】トウバク 国徳川幕府をうち倒すこと。↔佐幕。
【討伐】トウバツ 兵力で、反抗する者を攻め討つ。征討。
【討論】トウロン 意見を言いあって正しい道理をたずね窮めること。

(11) 4 **【訛】** 7110 標 ガ（グワ） 慣**カ**（クワ） 歌 é 7534 6B42
【譌】正字 7587 6B77

字義 ❶いつわる。うそをつく。また、そのいつわり。うそ。❷**あやまる**。まちがえる。あやまり。❸**なまる**。**なまり**。ことばの標準的でない発音。❹あやしげなうわさ。流言。

解字 形声。言＋化㊥。音符の化は、変わるの意味。言葉の本来の用法から変化して、それる・いつわる・なまるの意味を表す。

【訛音】カイン・カオン なまったことば。なまり。
【訛言】カゲン ①誤った風評。流言。②なまったことば。
【訛誤】カゴ あやまり。まちがい。誤謬ゴビュウ。
【訛舛】カセン 誤る。間違える。また、まちがい。
【訛伝（傳）】カデン 誤って伝える。また、誤った言い（書き）伝え。

(11) 4 **【訝】** 7111 標 漢**ガ**・呉ゲ 慣ゲン 禡 yà ［訝］ 7535 6B43

字義 ❶むかえる（迎）。出迎える。❷**いぶかる**。うたがいあやしむ。❸おどろく。

解字 篆文 形声。言＋牙㊥。音符の牙は、迎ゴに通じ、むかえるの意味。迎えて言葉でねぎらうの意味を表す。また、牙は、つきだすきばの意味。疑いの気持ちをつきだし言葉で確かめる、いぶかるの意味も表す。

【訝賓】ガヒン 君命によって客を迎えねぎらうこと。

(11) 4 **【許】** 7112 教5 キョ ゆるす　一漢**キョ**・呉コ 語 xǔ　二漢**コ**・呉ク 麌 hǔ 2186 3576

筆順 言 言 許 許

字義 一❶**ゆるす**。㋐他人の願いなどを聞き入れる。認める。「特許」「免許」㋑まかせる。❷進む。❸おこす（興）。さかんにする。❹**もと**。ところ（処）。「親許おやもと」❺**ばかり**。ほど。「幾許いくばく」❻これ。この。❼周代の国名。今の河南省許昌キョショウ市の東。
二許許ココは、多くの人が、働くときに出すかけ声の形容。

名乗 ゆく　難読 許嫁（婚）いいなずけ・許西部こせべ・許勢こせ・許多あまた・許斐このみ

解字 金文 篆文 形声。言＋午㊥。音符の午は、きねの形をした神体の象形。神に祈ってゆるされるの意味を表す。

▼何許・勅許・黙許

【許嫁】キョカ・いいなずけ 両親どうしが取り決めた結婚の約束。夫婦約束。また、その婚約の相手。
【許許】ココ かけごえ。一説に、木のけずりくずのさま。
【許衡】キョコウ 元の儒学者。河内ガダイ（今の河南省沁陽シンヨウ県）の

人。字は仲平。号は魯斎。諡は文正。朱子学者として、劉因とともに元の二大家と称された。『魯斎遺書』七巻がある。(一二〇九―一二八一)

【許慎(愼)】後漢の文字学者。召陵（今の河南省郾城県）の人。字は叔重。その著『説文解字』三十巻は、文字学の基本資料の一つ。(五八?―一四七?)

【許多】あまた。多くあること。巨多。饒多。

【許諾】＝許容。

【許由】中国古代伝説上の隠者。尭帝が位を譲ろうとしたのをことわり、箕山にかくれ住んだという人。↓洗ㇾ耳（八九三ページ）。

【許容】うけあう。許す。聞きいれる。承知。

(11)4 【詾】 7113 △ 漢キョウ 呉クウ 冬 xiōng

字義 ❶いいあらそう。がやがやと多くの人が言いたてる。また、あらそい。❷みだれ。わざわい。禍乱

解字 形声。言＋凶音。

【詾詾】やかましくさわぎたてるさま。訩訩。洶洶。

(11)4 【訢】 7114 △ ㊀漢キン・呉コン 文 xīn ㊁漢ギン・呉ゴン 真 yín ㊂キ 支 xī

字義 ㊀よろこぶ（喜）。たのしむ。＝忻・欣。㊁訢訢は、やわらぎつつしむさま。誾誾。㊂むす（蒸）。＝熹。

解字 文 篆 形声。言＋斤音。音符の斤は、欣・忻に通じ、よろこぶの意味。言も、はずむ会話の意味。なごやかにたのしむの意味を表す。

【訢合】①天地の気がやわらぎ、むして一つになること。②喜び集まること。

【訢然】喜ぶさま。欣然。

(11)4 【訣】 7115 標 漢ケツ 呉ケチ 屑 jué 2377 376D

字義 ❶わかれる。㋐別れのことばを述べる。いとまごいする。㋑死別する。「永訣」 ❷秘伝。奥義。「秘訣」 ❸たつ（絶）。たちきる。

参考 現代表記では[決](3919)に書きかえることがある。「訣別→決別」

解字 文 篆 形声。言＋夬音。音符の夬は、決に通じ、堤防などがきれるの意味。今まで共に生きていた者が離れ離れに別れるときにかわす言葉の意味から、わかれの意味を表す。

【訣飲】別れの酒を飲む。別れの杯をくむ。

【訣別】①別れる。別離。決別。②いとまごいする。また、いとまごい。

【訣要】おくぎ。おくのて。秘術。秘法。要訣。

(11)4 【訟】 7116 常 ショウ 3057 3E59

漢ショウ・呉ジュウ 宋・冬 sòng

筆順 言 訁 訟 訟

字義 ❶うったえる。また、うったえ。言い争う。法廷などで曲直を争う。「訴訟」 ❷せめる（責）。とがめる。❸易の六十四卦の一つ。☰☵ 坎下乾上。争い、うったえるかたち。❹うたう（頌）。

解字 金文 篆文 形声。言＋公音。音符の公は、おおやけの広場の意味。公開の法廷で発言する、うったえるの意味を表す。

▼獄訟・争訟・訴訟

【訟言】はっきりいう。明言する。公言する。また、そのことば。

【訟獄】うったえる。また、うったえ。

【訟訴】うったえる。うったえ。訴訟。

【訟庭】うったえごとをきく役所。しらす。裁判所。法廷。

(11)4 【設】 7117 教5 セツ もうける 3263 405F

漢セツ・呉セチ 屑 shè

筆順 言 訁 訁几 設

字義 ❶もうける。㋐並べる。連ねる。㋑そなえつける。置く。こしらえる。ほどこす。「私設」「施設」 ❷うたげ。宴会。ごちそう。❸大きい。また、大きくする。❹もし。たとい。かりに。仮定のことば。「仮設・設若・設使・設令・設為」などもみな、「もし・たとい」と読む。

難読 設楽

解字 甲骨文 文 篆 会意。言＋殳。言は、ことばの意味。殳は棒を手にしてなぐるの意味。腕力や言葉をならべる、もうけるの意味を表す。

▼仮設・架設・創設

【設険(險)】堅固な防備を設ける。

【設使・設若・設令・設為(爲)】もし。たとい(ひ)。もし仮に。仮設。

【設色】いろどる。また、いろどり。

【設題】国問題または題目を設けること。また、その問題・題目。

【設備】設ける。備える。用意する。また、備えつけたもの。

(11)4 【訥】 7118 △ 漢ドツ・呉ノチ 月 nè (nà) 慣トツ 7536 6B44

字義 ❶どもる。言いなやむ。＝吶。❷口が重い。ことばが、たっしゃでない。↓訥言敏行。

解字 文 篆 形声。言＋内音。音符の内は、入るの意味。ことばが口中に入っていて出てこない、口べたの意味を表す。

【訥言】ことばのたくみでないこと。口が重いこと。

【訥言敏行】ことばをつつしみ、実行につとめること。『論語』里仁編に「君子欲下訥二於言一而敏中於行上」とあるのに基づく。↓君子欲下訥二於言一而敏中於行上（九三ページ）。

【訥口】どもる。また、弁舌のにぶいこと。

【訥訥】口の重いさま。口べたなさま。吶吶。

【訥弁(辯)】国にぶくてまずい弁舌。口べた。

(11)4 【訪】 7119 教6 ホウ おとずれる・たずねる 4312 4B2C

ホウ(ハウ) 漾 fǎng

筆順 言 訁 訪 訪

字義 とう。たずねる。㋐おとずれる。おとなう。人をたずねる。訪問する。「歴訪」 ㋑たずねとう。相談する。㋒さがす（探）。さがしもとめる。「探訪」

使いわけ たずねる[尋・訪]⇩尋(1707)。

解字 文 篆 形声。言＋方音。音符の方は、左右に張り出すの意味。言葉を左右前後に張り出して行く、広くたずねるの意味を表す。

▼探訪・歴訪

【訪議】問いはかる。相談する。

【訪古】古い歴史のあとや名所などを探りたずねる。

【訪問】①たずねる。問う。②人をおとずれること。

(11)4 【訳】 7120 教6 ヤク わけ 4485 4C75

(20)13 〖譯〗 7121 7603 6C23

漢エキ 呉ヤク 陌 yì

筆順 言 訁 訳 訳

字義 ❶わけをとく。解釈する。文の意義を説き明かす。また、その解釈。❷ヤクす。外国の文や古文などを普通のことばに直す。また、その文。「英訳」「直訳」 国わけ。㋐意味。意義。㋑ゆえ。いわれ。理由。

解字 篆文 形声。言＋尺（睪）音。音符の睪は、つぎつぎにたぐりよせるの意味。一つの国語を他の外国語へとつぎつぎにたぐりよせる、やくすの意味を表す。
▼意訳・抄訳・直訳・通訳・翻訳
【訳官】通訳する役人。通訳官。

【訳語】①翻訳したことば。②国 他国の語を自国語に通訳すること。また、その人。通訳。通辞。

【訳使】通訳担当の使者。

【訳読（讀）】国①書物を読むことと、意味を解くこと。②外国語で書かれた文を自国語に直して読むこと。

【訳文】①文を翻訳する。②翻訳した文章。

(11) 4
【訞】7122
△ ヨウ（エウ）蕭 yāo
字義 ❶わざわい（災）。❷神秘怪奇なことをのべる、あやしげなことば。
解字 形声。言＋夭音。音符の夭は、不思議なみこ（巫女）の象形。不可思議な言葉の意味を表す。
【訞怪】怪しいもの。妖怪。

(12) 5
【詒】7123
△ 一イ 支 yí 二漢タイ・呉ダイ 灰
7540 6B48
字義 一❶おくる。人にことば・物を贈る。＝遺・貽。❷のこす（遺）。つたえる（伝）。後世にのこす。子孫などに伝える。❸よせる（寄）。託する。二❶あざむく（欺）。だます。❷おこたるさま。
解字 篆文 形声。言＋台音。音符の台は、よろこぶの意味。人の喜ぶようなことを言って、あざむくの意味を表す。また、台は、おくるの意味。言葉をおくるの意味も表す。

(12) 5
【詠】7124
常 エイ よむ
漢エイ・呉ヨウ（ヤウ）敬 yǒng
1751 3153
筆順 言 言 訂 訶 詠
【咏】同字 5073 5269
字義 ❶うたう（歌）。声を長く引いて詩や歌をうたう。「朗詠」「吟詠」❷うた。詩歌。❸詩歌を作ること。「即詠」「近詠」
国❶よむ。和歌を作る。❷ながめる。うたう。
使いわけ よむ〔読・詠〕⇩読（7193）。
解字 金文 篆文 形声。言＋永音。音符の永は、いつまでもながく続くの意味。口から声を長く引いて、うたうの意味を表す。
▼遺詠・歌詠・近詠・吟詠・雑詠・即詠・題詠・朗詠

【詠歌】①詩歌を作ること。また、その詩や歌。②国巡礼などがうたう仏教和賛（たたえる）の歌。御詠歌。

【詠懐（懷）】思いをうたう。また、その詩歌。詠懐詩。〔文選、阮籍、詠懐詩〕

【詠帰（歸）】詩をうたって帰ること。風流を楽しむ意。『論語』先進編に、「風乎舞雩、詠而帰」とあるのに基づく。

【詠吟】詩歌などを声高くうたうこと。吟詠。

【詠史】歴史上の事実を主題にして詩を作ること。また、その詩歌。詠史詩。

【詠進】国詩歌を作って、朝廷・貴人・神仏などに奉ること。

【詠嘆・詠歎】①声を長く引いてうたうこと。②歌いほめる。③感動してほめる。感嘆する。

【詠物】鳥・獣・虫・魚・花・月・草・木などを題として詩歌を作る。また、その詩歌。詠物詩。

(12) 5
【詍】7125
△ エイ 霽 yì
字義 多言する。口かずが多い。おしゃべり。「詍詍」
解字 篆文 形声。言＋世音。

(12) 5
【訶】7126
標 カ 歌 hē
7537 6B45
字義 ❶しかる。大声でどなりつける。＝呵。❷いかる（怒）。おこる。❸せめる（責）。とがめる。
解字 金文 篆文 形声。言＋可音。音符の可は、大きな声を出すの意味を表す。言を付し、大きな声でしかるの意味を表す。
【訶詰】しかり、なじる。
【訶止】しかっておしとめる。呵止。
【訶叱】しかる。しかりつける。
【訶辱】しかり、はずかしめる。しかって恥をかかせる。

(12) 5
【詎】7127
△ 漢キョ 呉ゴ 語 jù
字義 ❶なんぞ（何）。なんすれぞ（何為）。いずくんぞ。あに（豈）。どうして。反語を表す副詞。「庸詎」とも連用する。＝巨・遽。❷いやしくも（苟）。かりそめにも。❸より（自）。よりは。
解字 篆文 形声。言＋巨音。

(12) 5
【詘】7128
△ 一漢クツ・呉クチ 物 qū 二漢チュツ・呉チュチ 質 chù
字義 一❶かがむ。かがめる。曲がる。曲げる。❷どもる。ことばがつまる。❸なじる。問いつめる。❹したがう。屈服する。また、従える。❺たたむ。巻く。❻おそれる。❼つきる（尽）。❽充詘は、喜びを表しすぎて、態度の節制を失うさま。二しりぞける。官位を下げる。＝黜。
解字 篆文 形声。言＋出（屈）音。音符の屈は、かがむの意味。ことばがつまるの意味を表す。
【詘伸】のびちぢみ。かがむことと伸びること。屈伸。

(12) 5
【詗】7129
△ 漢ケイ 呉キョウ（キャウ）敬・迥 xiòng
字義 ❶うかがう。さぐる。偵察する。❷もとめる（求）。❸さとる。はっきりとさとり知る。
解字 篆文 形声。言＋向音。

(12) 5
【詁】7130
△ コ 麌・遇 gǔ
7538 6B46
字義 ❶古い時代のことば。❷とく（解・説）。よむ。古語を現代語で解釈する。「訓詁」
解字 篆文 形声。言＋古音。音符の古は、ふるいの意味。古い言葉の意味を表し、転じて、古語を読み解くの意味も表す。
【詁訓】古い時代のことばを今のことばで解釈する。

(12) 5
【詐】7131
常 サ
漢サ 呉シャ 禡 zhà
2630 3A3E
筆順 言 言 許 詐
字義 ❶いつわる。あざむく。おとしいれる。ことばたくみにだます。❷いつわり。うそ。虚言。
解字 金文 篆文 形声。言＋乍音。音符の乍は、作為、つくりごとの意味。作為のある言葉の意味を表す。
▼巧詐
【詐偽（僞）】いつわり。うそ。

【詐欺】①いつわる。あざむく。だます。②国事実をいつわって、他人に損害をかけ、不法の利益を得る行為。◇うそをつくのを「詐偽」、人をだますのを「詐欺」というように使い分ける。なお、同音による間違いをさけるため、現代では、「詐偽」を「偽り」と言いかえるようになってきている。

【詐取】人の物をだましとること。

【詐術】人をだますはかりごと。詐謀。

【詐称（稱）】官位・住所・氏名・職業・年齢などをいつわっていうこと。

【詐誕】サタン うそ。いつわり。でたらめ。虚誕。
【詐騙】サヘン たくらんでいつわりあざむくこと。かたる。
【詐妄】サボウ いつわり。でたらめ。うそ。詐佯サヨウ。
【詐謀】サボウ いつわりのはかりごと。詐計。
【詐力】サリョク いつわりと暴力。詐欺と暴力。

（12）5 【詞】7132

教 6　シ　祝詞のりと

漢シ 呉ジ 因 cí　2776 3B6C

筆順 言 訂 訂 詞

字義 ❶ことば。㋐単語。「品詞」㋑文章。言語。❷いう。告げる。説く。❸中国の韻文の一体。中唐のころ起こり、宋代に盛んに行われた。塡詞テンシ・詩余・倚声イセイ・長短句などともいう。詩とちがって一句の字数が一定しない。

名乗 こと・なり・のり・ふみ

解字 金文 篆文 形声。言＋司㊥。音符の司は、神意を言葉によってうかがい知る祭事をつかさどるの意味。言は、言葉の意味。神意をうかがい知るための言葉の意味を表す。

▼祝詞・寿詞・賞詞・誓詞・台詞・弔詞

【詞韻】シイン ことばのひびき。ことばや文章の趣。
【詞華】シカ ことばのあや。表現の美しいことば。また、すぐれた詩文。
【詞客】シカク 詩文を作る人。詩人。詩客。
【詞翰】シカン ①詩や文章。②手紙。書翰。
【詞業】シギョウ 詩文を作るわざ。
【詞曲】シキョク 韻文の名。詞と曲（戯曲）。
【詞芸（藝）】シゲイ ①詩文などを作るわざ。②文芸。
【詞彩】シサイ ①ことばのあや。詩文の美。②詩文。
【詞章】シショウ 詩歌や文章。
【詞場】シジョウ 詩文などを作るところ。また、詩文の作者の集まり。文壇。詩壇。
【詞人】シジン ①詞（韻文の一体）を作るのにすぐれた人。②詩歌や文章を作る人。詞客。
【詞綜】シソウ 書名。三十四巻。清シンの朱彝尊シュイソンの編著。宋・金・元の五百余人の詞を集めたもの。
【詞藻】シソウ ①ことばのあや。②美しいことば。また、すぐれた詩文。詞華。③詩文を作る才能。
【詞伯】シハク 詩文の大家。詩文にすぐれた人。詞宗。
【詞表】シヒョウ ①ことばのおもて。ことばの上。②ことばに表れるほか。言外。
【詞律】シリツ ①ことばや文の調子。格調。②書名。二十巻。清シンの万樹の著。詞を作る規則を述べたもの。
【詞林】シリン ①詩文を集めたもの。②詩人や文人の仲間。文壇。③翰林院カンリンインの別称。

（12）5 【証】7133

教 5　ショウ　3058 3E5A

㊀（19）12 〔證〕7134　ショウ 径 zhèng　7590 6B7A

㊁（12）5 〔証〕　△ ㊀漢セイ 呉ショウ（シャウ） 敬 zhèng　㊁ショウ 径

筆順 言 訂 訂 証 証

字義 ㊀〔證〕❶つげる（告）。知らせる。❷あかす。あかしをたてる。ありのままをいう。いつわりのないことを表明する。また、そのための書類・物件・行為など。あかし。また、しるし。「立証」「確証」❸容態。また、徴候。❹㊃さとる。さとり。
㊁〔証〕㊀いさめる（諫カン）。㊁あかし。＝證。

名乗 あきら・つぐ・み

解字 ㊀〔證〕篆文 形声。言＋登㊥。音符の登は、のぼるの意味。言葉を下から上の者にもうしつげるの意味を表す。
㊁〔証〕篆文 形声。言＋正㊥。音符の正は、ただすの意味。言葉で正す、いさめるの意味を表す。俗に借りて、證の意味に用いる。

▼確証・偽証・検証・考証・査証・実証・心証・内証・認証・反証・弁証・傍証・保証・立証・例証・論証

【証引】ショウイン 証拠として引用する。また、そのもの。
【証券】ショウケン ①株券や手形などをいう。②債権を証明する証書。
【証験（驗）】ショウケン ①しるし。証拠。また、徴候。②あかし。また、あかしをたてる。
【証言】ショウゲン ①ことばによってある事実を証明する。②証人ののべたことば。
【証拠（據）】ショウコ 証明のよりどころ（根拠）。
【証左】ショウサ ①事件の当時その近く（左右）にいて、それを見た者の意で、証人をいう。②自分の手もとに置き他日の証拠とする（割り符の）左片の意で、証拠をいう。
【証書】ショウショ 証拠となる書きつけ。証文。
【証跡】ショウセキ 証拠となるあとかた。
【証票】ショウヒョウ 証明のために渡す札。
【証憑】ショウヒョウ よりどころ。証拠。
【証明】ショウメイ あかしを立てて明らかにする。また、あかし。
【証文】ショウモン ＝証書。

（12）5 【詔】7135

常　ショウ　みことのり

ショウ（セウ） 嘯 zhào　3059 3E5B

筆順 言 訂 訂 詔 詔

字義 ❶みことのり。天子の命令。中国古代では、広く上から下に告げる意で、天子の命令の意には命・誥誓コウセイと言った。秦シンの始皇帝の時、命を制、令を詔と改め、以後は天子の命令に限って詔というようになった。❷つげる（告ぐ）。言う。❸みちびく。案内する。❹文体の名。詔勅の文体。❺南詔は、唐代、今の雲南省にあった異民族の国。

解字 篆文 形声。言＋召㊥。音符の召は、まねくの意味。まねきよせて言う、つげる、みことのりの意味を表す。

▼哀詔・遺詔・応詔・制詔・待詔

【詔獄】ショウゴク 天子の詔によって罪人を取り調べること。また、その獄舎。
【詔冊】ショウサク ＝詔書。
【詔旨】ショウシ みことのりの趣旨。勅旨。
【詔書】ショウショ みことのりを書いた文書。詔板。
【詔諭】ショウユ ①みことのりを下してさとすこと。②みことのり。詔勅。
【詔令】ショウレイ ①天子の命令。みことのり。詔命。②詔と令。詔は天子が、令は皇后・太子が下に告げる文。

（12）5 【診】7136

常　シン　みる

シン 軫 zhěn　3139 3F47

筆順 言 訁 訃 診

〔訡〕同字

字義 ❶みる。㋐よくみる。㋑病状を調べる。診察。「検診」❷つげる（告）。＝昣シン。❸うらなう（占）。夢をうらなう。

使いわけ みる〔見・診〕⇨見（7048）。

解字 篆文 形声。言＋㐱㊥。音符の㐱シンは、密度が高いの意味。病人の症状をねんごろにたずねみるの意味を表す。

▼往診・休診・誤診・打診

【診察】シンサツ 病気の原因や病状を見わける。
【診断（斷）】シンダン 医者が患者をしらべて病気の原因や病状などを判断する。
【診夢】シンム 夢判断をする。占夢。
【診療】シンリョウ 病気を見わけてなおす。診察と治療。

(12)5 【詛】7137 △ 漢ソ 呉ショ 御 zǔ　7539 6B47

字義 ❶のろう(のろふ)。神に祈って、うらみのある人にわざわいをくださせる。呪詛ジュソ。❷のろい(のろひ)。また、のろいのことば。❸ちかう（誓）。また、ちかい。大事には盟といい、小事には詛という。❹そしる。悪口をいう。

解字 篆文 形声。言＋且㊜。音符の且ソは、そなえ物を載せる台の象形。そなえ物をして禍いを下すよう神に祈る、のろう・ちかうの意味を表す。

【詛盟】ソメイ ちかう。誓約する。

(12)5 【訴】7138 常 ソ うったえる　ソ 遇 sù　3342 414A

筆順

字義 ❶うったえる(うったふ)（愬ソ）。下の者が上の者にうったえる。㋐つげる（告）。㋑そしる。告げ口をする。㋒さばきをねがう。裁判所・官庁・上の者などに申し立ててさばきを求める。「告訴」㋓不平などをもらして、同情を求める。「哀訴」❷うったえ(うったへ)。

解字 篆文 形声。言＋斥（㡿）㊜。音符の㡿ソは、しりぞけるの意味。不当なことをしりぞけるためのことば、うったえの意味を表す。

▼哀訴・越訴・起訴・控訴・強訴・告訴・愁訴・訟訴・上訴・提訴・敗訴

【訴願】ソガン ①うったえ願う。②国行政官庁の処分が不当であると考える者が、上級官庁に訴えること。

【訴権（權）】ソケン 国民事訴訟法に基づいて裁判所にうったえ出る権利。

【訴訟】ソショウ ①うったえ出る。また、うったえ。②裁判を請求する。民事・刑事・行政などの別がある。

【訴状（狀）】ソジョウ 訴え出る文書。訴訟状。

【訴人】ソニン うったえ出る人。訴えを起こした人。

(12)5 【詑】7139 △ 一漢タ・呉ダ 歌 tuó 二イ 支 yí　3434 4242

字義 一あざむく（欺）。＝訑タ。二詑詑は、うぬぼれるさま。得意になるさま。＝訑イ。国わびる。詫(7170)の誤用。

難読 詑間たくま

(12)5 【註】7140 標 漢チュウ（チウ）呉チュ 遇 zhù　3580 4370

解字 篆文 形声。言＋主㊜。

字義 ❶とく。ときあかす。字句の意味を明らかにする。❷ときあかし。解釈。本文の傍・下・欄外に書いた解釈。＝注。「頭註」「脚註」❸くどいことば。くだくだしいことば。❹しるす（記）。書きしるす。

参考 現代表記では［注］(3968)に書きかえる。「註釈→注釈」「註文→注文」熟語は［注］をも見よ。→六二七ページ。

解字 形声。言＋主㊜。音符の主は、注に通じ、そそぐの意味。難解な言葉に、易しい言葉を注いで解くの意味を表す。

【註解】チュウカイ ＝註釈。→次項。

【註釈（釋）】チュウシャク 本文の意味をときあかすこと。また、その文。注釈。

【註文】チュウモン 国①あつらえる。②条件をつける。注文。

(12)5 【詆】7141 △ 漢テイ 呉タイ 薺 dǐ　7541 6B49

字義 ❶そしる。悪口を言う。❷しかる。とがめる。なじる。❸あざむく。❹はずかしめる。恥をかかせる。

解字 篆文 形声。言＋氐㊜。音符の氐テイは、ひくいの意味。人を低めていう、そしるの意味を表す。

【詆△呵・詆△訶】テイカ そしりとがめる。

【詆△毀】テイキ そしる。くさす。悪くいう。詆訾テイシ。

【詆欺】テイギ 事実をいつわりまげていうこと。

【詆△訐】テイケツ そしりあばく。人の悪口を言い、隠しごとをあばく。

【詆辱】テイジョク そしり、はずかしめる。悪口を言って恥をかかせる。

【詆△讕】テイラン でたらめをいって自分の欠点をごまかす。

(12)5 【詁】7142 △ 一漢タン・呉テン 塩 diān 二テン 咸 zhān

字義 一❶多言する。❷たわむれる（戯）。二たくみにいう。

解字 形声。言＋占㊜。

(12)5 【詖】7143 △ ヒ 寘支 bì

字義 ❶かたよる（偏）。かたむく（傾）。＝頗ハ。❷ねじける（佞ネイ）。正しくない。また、ねじけごと。不正。❸さかしい。わるがしこい。❹へつらう。おもねる。❺みだりに罰する。❻事を分けて説明する。

解字 篆文 形声。言＋皮㊜。音符の皮は、獣のかわをはぎとるさまにかたどり、わけるの意味。事の正否を論理的に分けて説くの意味を表す。また、皮は波に通じ、なみの意味。表現が波のように揺れ傾く、公正でないの意味を表す。

【詖行】ヒコウ ねじけたおこない。不正行為。

【詖辞（辭）】ヒジ かたよって正しくないことば。

(12)5 【評】7144 教5 ヒョウ　4130 493E

(12)5 〔評〕7145 漢ヘイ・呉ビョウ（ビャウ）慣ヒョウ（ヒャウ）庚 píng

筆順

字義 ❶はかる。また、あげつらう。是非・善悪を考えて論ずる。品定めする。批評する。価値判断する。❷ただす（正）。ただしさだめる。❸文体の名。歴史家などが批評して書いた文章。

解字 形声。言＋平（平）㊜。音符の平は、たいらの意味。公平に物事をはかって言うの意味を表す。

▼合評・好評・講評・高評・酷評・世評・定評・批評・品評・風評・論評

【評価（價）】ヒョウカ ①品物のねだんをきめる。また、評定した価格。②国㋐善悪・美醜などを評論して、ねうちをきめること。また、評定した価値。㋑児童・生徒の学習成績について判定する。

【評議】ヒョウギ 集まって相談する。また、その相談。

【評決】ヒョウケツ はかりさだめる。話し合って決める。評定。

【評定】ヒョウテイ・ヒョウジョウ ①＝評決。②ヒョウテイ 評価し、段階・評語などで示す。「勤務評定」

【評定所】ヒョウジョウショ 国①鎌倉幕府で、評定衆（政務の評定をつかさどった者）が事務をとった役所。②江戸幕府の最高の裁判所。老中ロウジュウ・奉行ブギョウなどが重大事件を合議した所。

【評点（點）】ヒョウテン 国①批評の言葉。また、批評と点数。②教師が生徒の成績などにつける点数。

【評伝（傳）】ヒョウデン 批評を加えてある伝記。

【評判】ヒョウバン ①批評して判断する。また、批評。判定。②国㋐世間のうわさ。とりざた。㋑名高いこと。名声。

【評林】ヒョウリン 批評を集めたもの。また、その書。

【評論】ヒョウロン 是非・善悪などについて批評し論ずる。また、その論文。

(12)5 【詈】7146 △ リ 寘 lì　7542 6B4A

字義 ❶ののしる（罵バ）。悪口をいう。はげしく非難する。「罵詈雑言バリゾウゴン」❷あてこすりをいう。

解字 篆文 会意。言＋罒（网）。网は、あみの象形。悪口を網のように人におしかぶせるの意味を表す。

(12)5 【詅】7147 △ 漢レイ 呉リョウ（リャウ）青敬 líng

字義 ❶うる（売）。❷てらう（衒ゲン）。実際の価値以上に人に見せかけること。

解字 形声。言＋令㊥。

(13) 6 【詼】 7148 △ カイ（クヮイ） 灰 huī　7543 6B4B

字義 たわむれる。おどける。たわむれ。おどけ。「詼諧カイカイ」

解字 形声。言＋灰㊥。音符の灰は、はいの意味。なか身のない灰のようなことば、たわむれるの意味を表す。

【詼諧】カイカイ おどけ。どうけ。たわむれ。諧謔カイギャク。
【詼謔】カイギャク おどけ。どうけ。冗談。諧謔ギャク。
【詼嘲・詼啁】カイチョウ たわむれる。おどける。「詼嘲譏刺カイチョウキシ」

(13) 6 【詿】 7149 △ 漢カイ（クヮイ） 呉ケ 卦 guà

字義 ❶あやまる（誤）。❷あざむく。

解字 篆文 形声。言＋圭㊥。

【詿誤】カイゴ ①人をあざむきまどわすこと。②官吏が処分されること。

(13) 6 【該】 7150 常 ガイ　カイ 灰 gāi 慣ガイ　1926 333A

筆順 言 言 訁亠 訪 該

字義 ❶かねる（兼）。そなえる（備）。かねそなえる。また、そなわる。❷あたる。あてはまる。「当該」❸その。この。問題になっている事物をさす。「該地」❹ちかい（誓）。軍中の約束。❺ことごとく。みな。広く。

解字 篆文 形声。言＋亥㊥。音符の亥ガイは、改などに通じ、あらたまるの意味。言葉があらたまって行き届く、かねそなわるの意味を表す。

▼当該

【該覈】ガイカク 広く調べる。
【該究】ガイキュウ 広く研究する。広くきわめる。
【該洽】ガイコウ 広く行き渡る。
【該悉】ガイシツ あまねくつくす。「あまねく知りつくす・挙げつくす」などの意。
【該贍】ガイセン かねそなわって、じゅうぶんに足りている。
【該通】ガイツウ 広く行き渡る。また、広く通ずる。
【該当（當）】ガイトウ ぴったりとあてはまる。
【該博】ガイハク 学問や知識などが広くそなわっていること。

(13) 6 【詻】 7151 △ 一漢ガク・呉ギャク 陌 è 二ラク 薬

字義 一❶いいあらそう。❷ことばづかいがはげしい。「詻詻」❸さからう。＝捔カク。二うったえる。

解字 篆文 形声。言＋各㊥。音符の各は、つきだすの意味。ことばをつきだしあう、言いあらそうの意味を表す。

【詻詻】ガクガク ①命令のきびしいさま。②言い争うさま。直言するさま。

(13) 6 【詭】 7152 △ キ 紙 guǐ　7544 6B4C

字義 ❶せめる（責）。❷そむく（反）。たがう（違）。もとる。＝乖カイ。❸いつわる。あざむく。たぶらかす。「詭詐」❹あやしむ。また、あやしい。＝恑キ。❺ことなる（異）。ひとしくない。

解字 篆文 形声。言＋危㊥。音符の危は、不安定であるの意味。不安定なことば、いつわりの意味を表す。

【詭異】キイ あやしくふしぎ。
【詭怪】キカイ 不思議な。あやしい。また、そのこと。奇怪。詭異。
【詭遇】キグウ ①正しい方法によらずに鳥獣を射とめる。②他人の気にいるようにして、世にうけいれられ、富貴になったりすること。
【詭計】キケイ いつわりのはかりごと。人をだます計略。詭策。詭謀。
【詭激】キゲキ 言行が過激で、適切でないこと。
【詭詐】キサ いつわる。あざむく。また、いつわり。
【詭策】キサク ＝詭計。
【詭辞（辭）】キジ ①うそいつわりのことば。詭言。②奇怪な言論。
【詭説】キセツ いつわりの言説。うそ。
【詭誕】キタン そらごと。うそ。でたらめ。
【詭道】キドウ ①人をだます手だて。②近道。捷径ショウケイ。
【詭弁（辯）】キベン ①たくみに人を惑わすことば。②こじつけの弁論。道理に合わない弁論。
【詭妄】キモウ いつわり。でたらめ。

(13) 6 【詰】 7153 常 キツ　つめる・つまる・つむ　漢キツ・呉キチ 質 jié　2145 354D

筆順 言 訁 訁士 詰 詰

字義 ❶なじる。責め問う。問いつめる。問いただす。「難詰」「面詰」❷調べる。取り調べる。❸まがる。また、まげる。❹つめる。みたす。入れる。また、つまる。❺夜明け。朝。
国❶つまる。㋐ふさがる。㋑こまる（困）。苦しくなる。㋒ちぢまる。短くなる。㋓終わりになる。❷つめる。㋐ちぢめる。㋑せばめる。㋒ふさぐ。㋓出勤する。当直する。㋔ひきしめる。倹約する。㋕逃げられないようにする。❸つまり。終局。結局。❹つめ。㋐つめること。また、そのもの。栓の類。㋑きわ（際）。はて。㋒出勤。当直。

解字 篆文 形声。言＋吉㊥。音符の吉は、緊に通じ、ひきしめるの意味。ことばでしめつける、問いつめるの意味を表す。

▼究詰・難詰・盤詰・面詰

【詰窮】キッキュウ 問いつめる。責めつける。
【詰屈】キックツ まがって伸びないこと。
【詰屈聱牙】キックツゴウガ むずかしくて読みにくい文章の形容。佶屈聱牙とも書く。
【詰責】キッセキ せめなじる。罪人などを問いつめる。失敗などを責める。
【詰旦】キッタン ①朝早く。早朝。②あくる朝。詰朝。
【詰朝】キッチョウ あくるあさ。翌朝。詰旦キッタン。
【詰問】キツモン なじり問う。責め問う。また、問いつめる。

(13) 6 【誆】 7154 △ 一漢キョウ（キャウ） 呉ゴウ（グヮウ） 養 kuāng 二漢キョウ（キャウ） 呉ゴウ（グヮウ） 漾

字義 一あざむく。いつわる。だます。二❶いつわりのことば。❷狂ったことば。

解字 形声。言＋匡㊥。

(13) 6 【詡】 7155 △ ク 麌 xǔ

字義 ❶ほこる。大言をはく。ほらをふく。❷おおきい（大）。❸あまねくゆきわたる。❹やわらぐ（和）。❺敏捷ビンショウで勇ましい。❻はっきりとして、気のきいた言いかた。

解字 篆文 形声。言＋羽㊥。音符の羽は、誇に通じ、ほこるの意味を表す。

【詡詡】クク ①大きいさま。大言するさま。一説に、嫵ブに通じ、こびへつらうさま。②やわらぎ集まるさま。③羽の音の形容。

(13) 6 【詣】 7156 標 ゲイ 霽 yì 慣ケイ　2356 3758

字義 いたる。㋐行く。進む。到着する。㋑学問などが深い境地に進む。「造詣」国もうでる。参る。神仏におまいりする。また、もうで。「参詣」

解字 篆文 形声。言＋旨㊥。音符の旨シは、指に通じ、うまいものに食指をつけるの意味。いたるの意味を表す。

(13) 6 【誇】 7157 常 コ　ほこる　漢カ（クヮ）・呉ケ 麻 kuā 慣コ　2456 3858

筆順 言 訁 訡 訡 誇 誇

字義 ❶ほこる。いばる。大言をはいていばる。❷ほこり。名誉。また、じまん。❸ふとい。大きい。

解字 篆 文 形声。言＋夸㊥。音符の夸ｺは、華に通じ、はなやかの意味。はなやかに言う、ほこるの意味を表す。

▼浮誇

【誇△詡】ｺｸ ほこってみせびらかす。誇衒ｺｹﾞﾝ。
【誇△衒】ｺｹﾞﾝ ほこりてらう。見せびらかす。
【誇示】ｺｼ・ｺｼﾞ ほこり示す。見せびらかす。
【誇称（稱）】ｺｼｮｳ おおげさにいう。
【誇大】ｺﾀﾞｲ ①おおげさにいう。②ほこる。いばる。
【誇大妄想狂】ｺﾀﾞｲﾓｳｿｳｷｮｳ 国自分の現在の状況を、非常におおげさに考える一種の精神病。
【誇張】ｺﾁｮｳ 実際よりもおおげさに言うこと。
【誇△耀】ｺﾖｳ ほこり輝かす。見せびらかす。

(13)6
【詬】7158
△ 漢コウ 呉ク 宥 有 gòu　7545 6B4D

字義 ❶はずかしめる（はづかしむ）。恥をかかせる。また、恥。❷ののしる。＝訽ｺｳ。❸いかる（怒）。

解字 篆 文 形声。言＋后㊥。音符の后は、垢に通じ、あつくたまったあかの意味。ことばでけがす、はずかしめるの意味を表す。

【詬言】ｺｳｹﾞﾝ ののしり言う。また、ののしりのことば。ののしり。
【詬辱】ｺｳｼﾞｮｸ そしりはずかしめる。
【詬恥】ｺｳﾁ はじ。また、そしりはずかしめる。恥辱。
【詬△罵】ｺｳﾊﾞ ののしる。また、ののしり。
【詬病】ｺｳﾍｲ そしりはずかしめる。悪口を言う。また、悪口。

(13)6
【訾】7159
△ シ 支 zǐ

【訿】同字

字義 ❶なまけて職務を果たさない。❷そしる。人の欠点を非難する。❸おもう（思）。❹はかる。はかり考える。＝咨ｼ。❺もとで。宝。財産。＝貲ｼ。❻きず。病気。欠点。＝疵ｼ。❼なげく。うらむ。また、そのことば。ああ。❽なんぞ（何）。なんすれぞ。疑問・反語の意。❾わるい。❿なやむ。病む。⓫ほしいまま。

解字 篆 文 形声。言＋此㊥。音符の此ｼは、疵ｼに通じ、きずの意味。ことばで人をきずつける、そしるの意味を表す。

【訾△毀】ｼｷ そしる。非難する。悪口をいう。
【訾訾】ｼｼ ①職務をおこたるさま。②他人の欠点を悪くいうさま。

(13)6
【詩】7160
教3 シ　シ 支 shī　2777 3B6D

筆順 言 言 詩 詩 詩

字義 ❶からうた。中国の韻文の一体。四言・五言・七言などの句を連ね、歌うのに適するようにしたもの。漢詩。❷経書の名。五経ｺﾞｷｮｳの一つ。→詩経。

国シ。各句が一定の音律に基づいて作られた韻文。字句の数などにきまりのあるものと散文的なものとがある。

解字 篆 文 形声。言＋寺㊥。音符の寺は、之ｼに通じ、ゆくの意味。内面的なものが、言語表現に向かっていったもの、うたの意味を表す。

▼逸詩・漢詩・狂詩・古詩・史詩・唐詩・律詩

【詩韻】ｼｲﾝ ①詩のおもむき。②詩の韻字。③詩のリズム。
【詩歌】ｼｲｶ・ｼｶ ①詩と歌。②国㋐詩。韻文。㋑漢詩と和歌。
【詩客】ｼｶｸ 詩を作る人。詩人。詩家。
【詩格】ｼｶｸ ①詩を作る法則。②詩の風格。詩品。
【詩眼】ｼｶﾞﾝ ①詩情をつかむ眼力。詩を理解する力。②詩の巧拙を左右する一字。五言詩句では第三字を、七言詩句では第七字をいう。
【詩経（經）】ｼｷｮｳ 書名。五経の一つ。中国最古の詩集で、儀式用（小雅・大雅）・祭典用（頌ｼｮｳ）の歌もあるが、その半分以上は民謡（国風）である。もと、王者が各地の歌謡三千余編を集めさせたが、その中から孔子が三百十一編（うち六編は題名のみ現存）を選んで儒教の経典としたものという。毛詩。
【詩境】ｼｷｮｳ ①詩のおもむきに富んだ場所。②国詩にえがき出した境地。
【詩興】ｼｷｮｳ ①詩のおもしろみ。②詩を作りたい気持ち。
【詩吟】ｼｷﾞﾝ 国漢詩に節をつけてうたうこと。
【詩債】ｼｻｲ 他人と約束などして、詩を作らなければならないのに、まだ作らないこと。詩の負債。
【詩材】ｼｻﾞｲ 詩の題材。詩を作る材料。詩料。
【詩史】ｼｼ ①史実を詩の形でうたったもの。②詩の変遷を述べた歴史。
【詩趣】ｼｼｭ ①詩に表したいほどのおもむき。②詩にうたわれたおもむき。詩のおもしろみ。
【詩書】ｼｼｮ 『詩経』と『書経（尚書）』
【詩情】ｼｼﾞｮｳ うたごころ。心に触れた思いを表したいと思う心持ち。
【詩聖】ｼｾｲ ①古今第一の詩人。②盛唐の詩人、杜甫ﾄﾎの別称。→杜甫（五四四ﾍﾟｰ）。
【詩仙】ｼｾﾝ ①天才詩人。詩聖。②詩歌にふけって世事を顧みない人。③盛唐の詩人、李白ﾘﾊｸの別称。→李白（五四六ﾍﾟｰ）。
【詩△箋】ｼｾﾝ 詩を書くための紙。
【詩草】ｼｿｳ ①詩の下書き。詩稿。②詩集。
【詩想】ｼｿｳ ①詩を生み出す考え。②詩に表された思想や感情。
【詩体（體）】ｼﾀｲ 詩の形式や体裁。
【詩壇】ｼﾀﾞﾝ 詩人の仲間。詩人の社会。転じて、作詩の優劣を争う場所。
【詩中有画（畫）】ｼﾁｭｳｶﾞあり 詩句の中にまるで絵があるように実景がまざまざと描かれていること。盛唐の王維の詩をほめた言葉。〔東坡志林〕
【詩腸】ｼﾁｮｳ 詩を作る心。詩情。詩思。
【詩△嚢】ｼﾉｳ ①詩を書いた原稿をいれるふくろ。②詩情。詩想。「詩嚢を肥やす」
【詩伯】ｼﾊｸ すぐれた詩人。詩の大家。詩宗。
【詩品】ｼﾋﾝ ①詩の品格。詩格。②書名。三巻。南朝梁ﾘｮｳの鍾嶸ｼｮｳｺｳの著。漢から梁までの詩人百二十二人の五言詩を、上・中・下の三段階に分けて批評したもの。
【詩賦】ｼﾌ 詩と賦。ともに韻文。
【詩仏（佛）】ｼﾌﾞﾂ 盛唐の王維をさしていう。仏教を信じ、その造詣ｿﾞｳｹｲが深かったのでいう。→王維（七一九ﾍﾟｰ）。
【詩△篇】ｼﾍﾝ ①詩。詩の一編。②詩集。③旧約聖書の中にある神をたたえた詩を集めた一編。
【詩余（餘）】ｼﾖ 詩体の一つ。詞の別名。塡詞ﾃﾝｼ。詞曲。
【詩話】ｼﾜ 詩の批評や詩人の逸話などを述べた書物。

(13)6
【試】7161
教4 シ こころみる・ためす　シ 寘 shì　2778 3B6E

筆順 言 言 訁 試

字義 ❶こころみる。ためす。❷しらべる。また、探る。❸もちいる。あてる。任命する。❹試験。「入試」「殿試」❺こころみに。

名乗 もち

解字 篆 文 形声。言＋式㊥。音符の式は、きまりの意味。きまりに従って言葉でためす、きまりに従って用いるの意味を表す。

▼会試・郷試・考試・策試・面試

【試金石】ｼｷﾝｾｷ ①金・銀の品位を判定するのに使う石。②

転じて、ものの価値を判定する材料となる物事。

【試毫】シゴウ 国書きぞめ。試筆。毫は筆のほ。

【試探】シタン 試みさぐる。ためしに探してみる。

【試筆】シヒツ 国書きぞめ。年の初めに書く習字。

【試補】シホ 国見習中の役人。事務見習。

【試問】シモン ためしに問う。また、ためすために問う。「口頭試問」

【試練・試錬・試煉】シレン ①試みきたえる。②国㋐信仰や決心の程度を（きびしく）試みためすこと。㋑自分の力をためされているかと思われるような苦難。

(13) 6 【詶】7162 △ 漢シュウ（シウ） 呉ジュ 因 chóu

字義 ❶のろう（のろふ）。❷むくいる（むくゆ）（報）。＝酬。❸こたえる。返答する。

解字 篆文 形声。言＋州音。音符の州は、酬に通じ、むくいるの意味。言葉でこたえる、むくいるの意味を表す。

—7546 6B4E

(13) 6 【詢】7163 囚 シュン 慣ジュン 真 xún

筆順

字義 ❶はかる。とう（とふ）（問）。相談する。「諮詢」 ❷ひとしい（均）。❸まこと。まことに。

解字 篆文 形声。言＋旬音。音符の旬は、尋に通じ、たずねるの意味。とう・はかるの意味を表す。また、旬に通じ、ひとしいの意味も表す。

【詢按】ジュンアン たずね調べる。

【詢訪】ジュンボウ たずね問う。問いはかる。

【詢謀】ジュンボウ ①問いはかる。②はかりごとを問う。

—3060 3E5C

(13) 6 【詳】7164 常 ショウ くわしい

㊀ 漢ショウ（シャウ） 呉ゾウ（ザウ） 陽 xiáng
㊁ ヨウ（ヤウ） 陽 yáng

筆順

字義 ㊀❶くわしい（くはし）。つまびらか（審）。❷つまびらかにする（つまびらかにす）。明らかにする。❸ことごとく。すべて。❹たいらか。公平。❺よい。めでたい。＝祥。㊁いつわる。＝佯ヨウ。

名乗 つま・みつ

解字 篆文 形声。言＋羊音。音符の羊ヨウ＝ゾウは、相に通じ、すがたの意味。物のすがた・さまを言葉にする、つまびらかにするの意味を表す。

▼不詳・未詳

【詳解】ショウカイ くわしく解釈・解説する。また、その解釈。

【詳覈】ショウカク くわしく調べる。

【詳察】ショウサツ くわしく見る。よく考える。

【詳悉】ショウシツ くわしく見きわめる。知りつくす。

【詳述】ショウジュツ くわしくのべる。

【詳審】ショウシン つまびらかなこと。ゆきとどいていること。

【詳説】ショウセツ くわしく説く。また、くわしい説明。

【詳報】ショウホウ くわしい知らせ。

【詳密】ショウミツ ①くわしく、こと細かなこと。②思慮がこまやかに行きとどくこと。

【詳覧（覽）】ショウラン くわしく見る。

【詳略】ショウリャク くわしいこととあらいこと。詳密と粗略。精粗。

【詳録】ショウロク くわしく書きしるす。また、その記録。

【詳論】ショウロン くわしく論ずる。また、その論説。

(13) 6 【詵】7165 △ ㊀シン 真 shēn ㊁セン 銑

字義 ㊀❶とう（問）。❷おおい（多）。❸詵詵は仲よく集まるさま。

解字 篆文 形声。言＋先音。音符の先は、さきをあらそうの意味。多くの人が先をあらそって発声・発言するの意味を表す。

—3231 403F

(13) 6 【誠】7166 教 6 セイ まこと
(14) 7 【誠】7167 漢セイ 呉ジョウ（ジャウ） 庚 chéng

筆順

字義 ❶まこと。㋐いつわりでないこと。ほんとう。真実。信実。㋑まごころ。誠意。❷まことに。実に。ほんとうに。❸まことにする（まことにす）。まことなものにする。

名乗 あき・あきら・かね・さね・しげ・すみ・たか・たかし・たね・とも・なが・なり・なる・のぶ・のり・まさ・み・もと・よし

解字 篆文 形声。言＋成（成）音。音符の成は、完成して安定しているの意味。安心できることば、まことの意味を表す。

▼至誠・赤誠・拙誠・丹誠・忠誠・熱誠

【誠意】セイイ ①まごころ。まことの心。②心をまことにする。心の中にいつわりをもたないようにする。

【誠壹（壹）】セイイツ 純一な真心。真心一筋であること。

【誠愨】セイカク 誠実。誠直。愨も、まこと。

【誠歓（歡）誠喜】セイカンセイキ・まことによろこびまことによろこぶ まことに喜ばしい。臣下が天子に奉る書に用いることば。

【誠恐】セイキョウ まことにおそれる。おそれかしこまる。

【誠敬】セイケイ ①真心からつつしみうやまう。②程朱学の眼目である存誠（まごころをたもつ）と居敬（常につつしむ）。

【誠惶誠恐】セイコウセイキョウ・まことにおそれまことにおそる この上なくおそれかしこまる。臣下が天子に奉る文に用いることば。

【誠懇】セイコン 真心があってねんごろなこと。誠悃セイコン。

【誠実（實）】セイジツ ①真心があっていつわりがなくまじめなこと。②ほんとうに。まことに。

【誠者天之道也】まことはテンのみちなり 誠は天地自然の道理であり、天が人に賦与した本性である。〔中庸〕

【誠切】セイセツ 真心があって親切なこと。忠切。

【誠節（節）】セイセツ まことのみさお。いつわりのない節操。

【誠忠】セイチュウ 国①こころからつくす忠義。②こころこめた親切。

【誠服】セイフク こころからしたがう。心服。

【誠烈】セイレツ 真心があって操がかたいこと。また、その人。

(13) 6 【詮】7168 標 セン 先 quán

字義 ❶そなわる（そなはる）。そなえる。❷ものの道理などを詳しく説きあかす。「詮釈」❸つく（就）。❹のり（法）。みち（道）。❺えらぶ（選）。はかる。＝銓セン。国セン。㋐しるし。かい。効果。「詮無い」㋑つまり。つまるところ。「詮ずる所」㋒手段。方法。㋓審議。㋔場合。

解字 篆文 形声。言＋全音。音符の全は、そなわるの意味。そなわっている説明の意味を表す。

【詮義】センギ わけをくわしく説きあかす。

【詮議】センギ 国①相談して事をきめる。評定。②罪人などをくわしく取り調べること。

【詮衡】センコウ 国人物をくわしく調べて選び出すこと。選考。銓衡センコウの誤用。

【詮索】センサク 国たずねさがす。調べ求める。

【詮釈（釋）】センシャク 説きあかす。また、そのことば。

—3307 4127

(13) 6 【詹】7169 △ ㊀セン 塩 zhān ㊁漢セン・呉ゼン 艶 shàn

字義 ㊀❶くどくどという。ことばが多い。「詹詹」❷いたる（至）。❸みる。＝瞻セン。㊁たす（足）。また、たりる。＝贍セン。

解字 篆文 会意。⺈＋八＋言。⺈は、屋根のむねから、ひさしに流れる線の象形。ひさしの下、音の反響する

場所で言うさまから、くどくど言うの意味を表す。八は音響の分散するさまを表す。詹を音符に含む形声文字に、儋・憺・擔（担）・檐・澹・瞻・蟾・襜・譫・譫・瞻・などがある。

【詹諸】月の中にすむひきがえる。転じて、月をいう。蟾諸。

(13) 6
【詫】7170 標 タ 禡 chà ―4745 4F4D

字義 ❶ほこる（誇）。❷あざむく。❸おどろきあやしむ。国❶かこつ。託に通じて用いる。㋐かこつける。㋑なげいて言う。うらんで言う。❷わびる。㋐あやまる。謝罪する。「詫びる」は誤り。㋑侘・侘（さびしく暮らすなどの意）に通じて用いる。

解字 形声。言＋宅音。

(13) 6
【誅】7171 標 漢チュウ（チウ）呉チュ 虞 zhū ―7547 6B4F

字義 ❶うつ（討）。ほろぼす。ころす（殺）。罪のある者を殺す。一家皆殺しにする。「天誅」❷せめる（責）。とがめる。罰する。「筆誅」❸草木などを切り払う。

解字 篆文 形声。言＋朱音。音符の朱は、殳に通じ、うつの意味。ことばで、せめたてるの意味を表す。

【誅夷】討ちたいらげる。

【誅求】租税や貨財などをきびしくとりたてること。「苛斂誅求」

【誅殛】罪をせめて殺す。

【誅殺】罪をせめて殺す。罪に処して殺す。

【誅鋤】①草をすきとり、根だやしにすること。②罪人を殺しつくすこと。

【誅伐】罪を責めて征伐する・殺す。

【誅罰】罪を責めて罰する。

【誅戮】罪に処して殺す。

(13) 6
【誂】7172 △ 一漢チョウ（テウ）呉ジョウ（デウ）篠 diào 二チョウ（テウ）蕭 tiāo ―7548 6B50

字義 一❶いどむ。さそいかける。＝挑。❷たわむれる。❸からかう。もてあそぶ。二❶にわかに。たちまち。❷すばやい。かるくてはやい。＝佻。国あつらえる。注文して作らせる。また、その品。あつらえ。

解字 篆文 形声。言＋兆音。音符の兆は、挑に通じ、かきたてるの意味。言葉で相手の心をかきたて、さそう・いどむの意味を表す。

(13) 6
【誉】7173 常 ヨ ほまれ ―4532 4D40

(20) 13
【譽】7174 ヨ 御 yù ―7605 6C25

筆順 ⺍ ⺍ 兴 举 誉

字義 ❶ほまれ。よい評判。名誉。↕毀。「栄誉」❷ほめる。たたえる。善を言い表してほめる。❸ただす。❹たのしむ。＝予（豫）。

名乗 しげ・たか・たかし・のり・ほん・よし　難読 誉田

解字 篆文 形声。もと、言＋與音。音符の與は、手を寄せあって物をあげるの意味。言葉で人をもちあげる、ほめるの意味を表す。

▼栄誉・華誉・賞誉・声誉・名誉

【誉聞】名誉。よい評判。令聞。

【誉望】①名誉と人望。②ほまれ。よい評判。望も、ほまれ。

(13) 6
【誄】7175 △ ルイ 紙 lěi ―7549 6B51

字義 ❶文体の一種。しのびごと。しぬびごと。死者の徳行功績をたたえて、その死をいたむことば・文章。誄辞。誄文。また、それを読むこと。❷いのる。神に祈って幸福を求めること。また、そのことば。のりと。

解字 篆文 形声。言＋耒音。音符の耒は、累に通じ、かさねるの意味。死者の生前に残した事績をかさねて列挙してたたえ、とむらうの意味を表す。

(13) 6
【話】7176 教2 ワ はなす・はなし 漢カイ（クヮイ）・呉エ（ヱ）卦 huà 慣ワ ―4735 4F43

筆順 言 訁 話 話

字義 ❶ことば。よいことば。「話言」❷はなし。㋐会話。談話。㋑ものがたり（物語）。「神話」「実話」❸はなす。かたる（語）。つげる（告）。「電話」「対話」国はなし。㋐うわさ。評判。㋑わけ。事情。㋒おとしばなし。落語。

解字 篆文 形声。言＋舌音。音符の舌は、もと𠯑と書き、活に通じて、ほしいままに水が流れ出るの意味。言葉がほしいままに流れ出る、はなすの意味を表す。

▼逸話・佳話・閑話・訓話・講話・高話・懇話・茶話・情話・詩話・神話・説話・挿話・談話・道話・白話・法話・夜話

【話言】よいことば。善言。

【話材】はなしのたね。話の材料。

【話次】はなしの順序。言次。

【話題】話の題目。談話の主題。話のたね。

【話頭】はなしの糸口。話のむき。

【話柄】はなしのたね。談柄。話欛。

【話本】宋代、講談師が話を語る底本として用いた、口語文で書かれた書物。平話ともいう。

(14) 7
【誡】7177 △ カイ 卦 jiè ―7551 6B53

字義 ❶いましめる。㋐人の悪い点をことばで注意する。「訓誡」㋑自分の悪いところを反省する。❷いましめ。教え。「女誡」

参考 現代表記では［戒］(2497)に書きかえる。「誡告→戒告」「訓誡→訓戒」熟語は［戒］をも見よ。→四二七ページ。

解字 篆文 形声。言＋戒音。音符の戒は、いましめるの意味。言葉でいましめるの意味を表す。

【誡誨】いましめ教える。

【誡告】過失や非行をいましめさとす。戒告。

【誡勅（敕）】①いましめつつしませる。注意する。②自分自身をいましめつつしむ。③漢代、天子が刺史・太守をいましめた書。

【誡飭】＝誡勅。

【誡勉】いましめはげます。

(14) 7
【誨】7178 △ カイ（クヮイ）隊 huì ―7550 6B52

字義 おしえる。おしえ。さとし教える。「教誨」

参考 現代表記では［戒］(2497)に書きかえることがある。「教誨→教戒」

解字 金文 篆文 形声。言＋每音。音符の毎は、くらいの意味。ものごとの道理に暗い人に言葉でおしえるの意味を表す。

【誨育】教えそだてる。

【誨示】教えしめす。教示。

【誨諭】教えさとす。教誨。

【誨誘】教え導く。

(14) 7
【誒】7179 △ 一キ 支 xī 二アイ 隊 ê, ēi

字義 一ああ。嘆息のことば。二❶はい。同意のことば。❷しいて（強）。無理に。❸笑いたのしむ。

解字 篆文 形声。言＋矣音。

【誒詒】①物事にあきてなまけているさま。②なやみもだえるさま。③気ぬけしているさま。

【誒笑】①しいて笑う。②笑いたのしむ。

(14)7 【誋】 7180 △ 漢キ 呉ギ 寘 jì

字義 ❶いましめる。❷つげる(告)。❸とどめる。禁ずる。❹まこと(信)。

解字 金文 篆文 形声。言＋忌㊀。音符の忌は、かしこまるの意味。人にかしこまるようにつげる、いましめるの意味を表す。

(14)7 【誼】 7181 △ ギ 誼(7205)の本字。→一〇一四ページ。

(14)7 【誑】 7182 △ 漢キョウ(キャウ) 呉コウ(カウ) 漾 kuáng 7552 6B54

字義 たぶらかす。人をあざむく。まどわす。いつわる。あざむく。たばかる。いつわりのことばで真実をまげて、人をあざむく。まどわす。いつわる。

解字 篆文 形声。言＋狂(狌)㊀。音符の狌は、くるうの意味。くるった言葉、あざむくの意味を表す。

【誑事】相手をたぶらかすための工作。

【誑誕】ほら。大言。でたらめ。虚誕。荒誕。

【誑惑】あざむき(うそを言って)まどわす。

(14)7 【語】 7183 教2 ゴ かたる・かたらう 2476 386C
㊀漢ギョ・呉ゴ 語 yǔ
㊁漢ギョ・呉ゴ 御 yù

筆順 言 訂 語 語

字義 ㊀❶かたる。かたらう。㋐はなす。のべる。いう。つげる。とく(説)。「独語」「大言壮言」㋑議論する。❷ことば。㋐文句。成句。また、ことばづかい。「外来語」「反語」㋑ことわざ。たとえ。㋒はなし。物語。㋓単語。「語幹」❸『論語』の略。㊁つげる。おしえる。とく。
国❶かたらう。㋐話し合う。㋑親しく交わる。㋒さそう。仲間に引きいれる。㋓男女が約束する。❷かたる。ふしをつけて読む。「義太夫語り」

名乗 こと・つぐ

解字 金文 篆文 形声。言＋吾㊀。音符の吾は、互に通じ、交互にするの意味。交互に発言する、かたるの意味を表す。

▼隠語・縁語・雅語・漢語・季語・客語・空語・偶語・敬語・結語・言語・口語・豪語・国語・私語・熟語・主語・術語・述語・畳語・人語・成語・壮語・造語・俗語・伝語・土語・発語・反語・卑語・飛語・標語・仏語・文語・法語・補語・漫語・訳語・類語・和語

【語彙】①ある部門で用いることば全体(単語の意味に用いるのは誤り)。②一定の順序で並べたことばの集まり。③字引。辞書。

【語感】そのことばの与える感じ。

【語気(氣)】語調。①ものの言いよう。話しぶり。②ことばのいきおい(調子)。語勢。

【語義】ことばの意味。

【語言】①ことば。言語。②はなし。相談。

【語原・語源】国単語の成立した起源。その形や意味。

【語次】①話の順序。②一つの文の中での単語の順序。

【語釈(釋)】ことばの解釈。

【語助】語助詞。語助字。語勢や意味を助けるために用いられる語(文字)。「愁殺」の「殺」・「行矣」の「矣」などの類。

【語勢】＝語気の②。

【語族】言語学用語。同じ系統の言語のグループ。「ウラル・アルタイ語族」

【語調】＝語気。

【語弊】ことばの上の欠点。誤解されやすい言い方。語病。

【語孟】『論語』と『孟子』の略称。

【語呂・語路】国ことばの調子・続きぐあい。

【語録】儒者や僧の説き示した教えのことばなどを、集め記した書物。

【寄語】ことづてをする。伝言する。寄言。

(14)7 【誤】 7184 教6 ゴ あやまる 2477 386D
(14)7 〖悞〗 7185 ゴ 遇 wù

筆順 言 訂 誤 誤 誤

字義 ❶あやまる。㋐気づかずにしそこなう。まちがう。やりそこなう。「誤認」㋑人をあやまらす。まどわす。❷あやまり。まちがい。過失。「過誤」「正誤」

解字 篆文 形声。言＋呉(吳)㊀。音符の呉は、舞いくるうさまにかたどる。言葉を言いくるわす、あやまるの意味を表す。

▼過誤・錯誤・脱誤

【誤解】意味をとりちがえる。あやまった理解。また、感ちがい。

【誤記】誤りしるす。まちがって書く。また、書きちがい。

【誤差】①ちがい。差。②数学用語。真の数値と、観測した数値の差。

【誤算】計算をまちがえる。また、計算ちがい。みこみはずれ。

【誤写(寫)】まちがって書きうつすこと。また、写し誤ったもの。

【誤植】国活字をあやまって組むこと。また、植字のあやまり。

【誤診】病気にあやまった診断をくだすこと。

【誤審】まちがった審判。

【誤脱】誤字と脱字。書きあやまりと書きおとし。

【誤伝(傳)】あやまり伝える。また、まちがった言い伝え。

【誤読(讀)】まちがえて読む。

【誤認】見あやまる。また、見あやまり。感ちがい。

【誤判】まちがった判断・判決。

【誤謬】まちがい。あやまり。

【誤聞】ききちがえる。また、ききちがい。

【誤報】内容をまちがって知らせる。また、内容のまちがっている知らせ(報道)。

【誤惑】まどわす。また、まどう。

(14)7 【誥】 7186 △ コウ(カウ) 号 gào 7553 6B55

字義 ❶つげる。㋐上位の者が下位の者へ告げる。㋑人を集めて申し渡す。❷おしえる。さとす。いましめる。また、そのことば。❸宋代以降、一品から五品までの官吏を任命する辞令書。❹文体の名。天子が布告する文。

解字 篆文 形声。言＋告㊀。音符の告は、つげるの意味。言を付し、特に、上から下へつげるの意味を表す。

【誥命】①誥と命。誥は、天子が下に告げることば・文。命は、天子が命令することば・文。②明清のころ、朝廷が爵位を与えるときの辞令書。

(14)7 【誌】 7187 教6 シ 寘 zhì 2779 3B6F

筆順 言 計 誌 誌

字義 ❶しるす(記)。㋐書きとめる。記録する。また、その記録。メモ。「日誌」「地誌」㋑おぼえる。記憶する。❷しるし。めじるし。また、めじるしをつける。❸文体の一種。史的な記事文。❹ほくろ。あざ。国「雑誌」の略。「誌上」

解字 篆文 形声。言＋志㊀。音符の志は、心がはたらくの意味。心が動いて言葉に定着しておく、しるすの

意味を表す。
▼地誌・碑誌・墓誌

(14)7【誦】7188 標 漢ショウ 呉ジュ・ジュウ 困 sòng　7554 6B56

字義 ❶となえる。ずんず。㋐声を出して読む。「読誦」㋑ふしをつけて読む。「吟誦」㋒そらんずる。よむ。そらよみする。書物を見ないで読む。「暗誦」㋓いう。はなす。とく（説）。❷ふしをつけて読むことば。また、うた。❸そしる。また、うらむ。❹うったえる（訟）。

参考 現代表記では［唱］（989）に書きかえることがある。「暗誦→暗唱」「吟誦→吟唱」

解字 篆文　形声。言＋甬㊥。音符の甬ヨウは、踊に通じ、おどりあがるの意味。ことばがおどりあがる、となえるの意味を表す。

【誦詠】ショウエイ 詩歌をそらんじ歌う。誦詩。
【誦諫】ショウカン いましめとなる詩歌をうたって人をいさめる。
【誦経（經）】ショウケイ ①儒教の経典を読む。②仏ジュキョウ・ズキョウ 仏教の経文キョウモンをとなえる。読経ドキョウ。
【誦言】ショウゲン ①口に出して言う。また、公言する。おおやけにいう。②先王のことばなどをとなえる。
【誦詩】ショウシ ①詩を歌う。②詩を（節をつけて）読む。
【誦習】ショウシュウ ①書物をそらよみして習う。②歌いながら習う。
【誦説】ショウセツ ①読むことと、説きあかすこと。②読んで説きあかす。
【誦読（讀）】ショウドク ①そらんじ読む。そら読みをする。暗唱。②声を出して読む。音読。また、節をつけて読む。
【誦味】ショウミ 読み味わう。熟読玩味ジュクドクガンミ。

(14)7【誚】7189 △ 漢ショウ（セウ） 呉ジョウ（ゼウ） 嘯 qiào　7555 6B57

字義 せめる（責）。しかる。＝譙ショウ。

解字 形声。言＋肖㊥。音符の肖ショウは、けずるの意味。身をけずるような言葉、そしりの意味を表す。

【誚譲（讓）】ショウジョウ せめとがめる。譲も責める意。

(14)7【誠】(7167) セイ 誠（7166）の旧字体。→一〇〇五ページ。

(14)7【誓】7190 常 セイ ちかう 漢セイ・呉ゼイ 霽 shì　3232 4040

筆順 才 扌 扩 折 誓

字義 ❶ちかう。ちかふ。背かないと約束する。ちぎる。また、そのちかい。「宣誓」❷ちかって。必ず。確実に。❸いましめる（戒）。❹つげる（告）。また、命ずる。❺文体の名。王が軍隊や群臣をいましめることば・文。『書経』の甘誓・湯誓（軍隊をいましめる）や秦誓シンセイ（群臣をいましめる）などの類。

解字 金文 篆文　形声。言＋折㊥。音符の折は、あきらかにするの意味。神や人の前で明らかにしたことば。約束の意味を表す。

難読 誓約うけい

▼祈誓・盟誓・約誓

【誓願】セイガン ①ちかいをたてて願う。②仏仏が衆生シュジョウを救うという自分の願いが達成されるようにちかう。
【誓言】セイゲン・セイゴン ①ちかいのことば。誓詞。②命令。③ちかいのことばを述べる。ちかう。
【誓誥】セイコウ 誓と誥。誓は、天子が臣下をいましめることば・文。誥は、天子が臣下に告げることば・文。
【誓詞】セイシ ＝誓言の①。
【誓文】セイブン・セイモン ちかいの文。約束のことばを書いたもの。誓紙。誓書。
【誓命】セイメイ ①誓と命。誓は、→誓誥セイコウ。命は、天子が臣下に命令することば・文。②君主が臣下をいましめ命ずることば・文。
【誓盟】セイメイ ＝誓約。
【誓約】セイヤク ちかう。約束する。また、ちかい。約束。

(14)7【説】7191 教4 セツ・ゼイ とく　3266 4062
一 漢セツ・呉セチ 屑 shuō
二 漢エツ（エツ）・呉エチ（エチ） 屑 yuè
三 セイ 霽 shuì
慣 ゼイ

(14)7〔說〕7192

筆順 言 訁 訁 説

【説】俗字

字義 一❶とく。㋐説きあかす。解釈する。論ずる。「解説」㋑いう（言）。はなす（話）。つげる（告）。「力説」「道聴塗説」㋒さとす。教える。❷意見。主張。見解。また、解釈。「新説」「論説」❸誓いのことば。❹文体の一種。物事について意見を述べるもの。二❶よろこぶ。よろこばしい。心の中で楽しむこと。＝悦。〔論語、学而〕学而時習レ之、不二亦説一乎 ❷したがう。服する。三とく（説）。ときすすめる。勧誘する。「遊説」

名乗 あき・かぬ・かね・こと・つぐ・とき・のぶ・ひさ

解字 篆文　形声。言＋兌（兊）㊥。音符の兌タイ＝セツは、むすばれていたものが分解するの意味。ことばで分解する、とくの意味を表す。

▼演説・憶説・概説・仮説・逆説・旧説・言説・口説・講説・高説・細説・雑説・持説・社説・邪説・小説・諸説・図説・世説・総説・俗説・卓説・珍説・通説・定説・伝説・塗説・風説・弁説・遊説・論説・和説

【説懌】エツエキ よろこぶ。懌もよろこぶ意。
【説苑】ゼイエン 書名。二十巻。漢の劉向リュウキョウの編。春秋時代から漢初までの伝記・逸話を集めたもの。
【説卦】セッカ 『周易』の編名。十翼の一つ。孔子の作といわれる。八卦ハッカについて説明してある。
【説客】ゼイカク 諸侯のあいだをめぐり歩き自分の意見を述べ、それを採用するよう説きすすめる者。遊説ユウゼイする人。
【説教】セッキョウ ①説き教える。教えさとす。②宗教の教えを説く。法話。③国（堅苦しい）忠告。
【説経（經）】セッケイ・セッキョウ ①経書を講義すること。②セッキョウ 仏教の経典を講義する。また、その人。説経師。
【説書】セッショ ①『書経』を講義する。②官名。宋代ソウダイ、天子に経書を進講する役。③はなし家。講談師。
【説道】セツドウ ①道を説く。正道を説く。②エツドウ 道を行うことをよろこぶ。③いうならく 説くところによると。いうところによれば。〔道は、助字。〕
【説得】セットク よく説明して納得させる。
【説難】ゼイナン ①人に意見をのべることのむずかしいこと。遊説ユウゼイの困難なこと。②『韓非子カンピシ』の編名。
【説破】セッパ ①ときつくす。また、うちあけて言う。②弁舌で相手の意見・主張をくつがえすこと。
【説郛】セップ 叢書ソウショの名。百巻。明ミンの陶宗儀の編。明代ミンダイ以前の経書・諸史・随筆・伝記など数百種を抄録して編集したもの。
【説伏】セップク ときふせる。
【説法】セッポウ ①道家がその道の話をする。②仏仏法を説く。
【説文解字】セツモンカイジ 書名。十五巻または三十巻。後漢の許慎の著。九千三百五十三字を、五百四十部の部首に分け、各文字の字義・字形の構造などを説明した字書。文字を部首別に分類した最初のもので、この分類法は後世に大きな影響を与えた。中国文字学の基本書の一つ。略して『説文』ともいう。その注釈書としては、清シンの段玉裁の『説文解字注』がある。
【説諭】セツユ ①ときさとす。②エツユ よろこびさとる。
【説楽（樂）】エツラク ①よろこびたのしむ。悦楽。②エツガク 音楽を奏するのをよろこぶ。
【説話】セツワ ①はなし。ものがたり。②たのむ。口をきく。

(14)7【誕】(7224) タン 誕（7223）の旧字体。→一〇一七ページ。

(14)7【読】7193 教 2 ドク・トク・トウ よむ 読経（どきょう）
(22)15〔讀〕7194 ㊀漢トク・呉ドク 屋 dú ㊁漢トウ・呉ズ（ヅ）宥 dòu　3841 4649　7606 6C26

筆順 言 訁 詰 読

字義 ㊀❶よむ。書をよむ。文字をよむ。㋐声を出して文章などをよむ。「誦読（ショウドク）」「朗読」 ㋑文章・詩句の意味をよみとる。「黙読」「解読」 ❷とく（説）。❸かたる（語）。❹文体の名。読後の感想文の類。㊁文中につける区切りのしるし。読みやすくするもの。「句読点」 国❶よむ。㋐かぞえる。数をかぞえる。㋑みぬく。推理する。㋒歌などを作る。㋓（講釈師などが講談などを）口演する。❷よみ。㋐漢字の訓。㋑推理。また、見ぬくこと。

名乗 よし　難読 読谷（よみたん）

使いわけ よむ〔読・詠〕
〔読〕書かれていることを理解する。声を出してよむ。数をかぞえる。また、察知する。「手紙を読む・経を読む・秒読み・顔色を読む」
〔詠〕詩歌を作る。「一首詠む」

解字 篆文 形声。言＋売（賣）音。音符の賣（イク）は、属に通じ、つづくの意味。ことばをつづける、よむの意味を表す。

▼閲読・音読・句読・訓読・講読・購読・誤読・精読・素読・通読・判読・味読・訳読・乱読・濫読・朗読

【読過】（ドッカ）①読みとおす。読みおわる。読了。②読みすごす。

【読会（會）】（ドッカイ）国旧憲法で、法案を読みあわせて審議すること。一般に、規約の審議にもいう。

【読経（經）】（ドッケイ）①経書を読む。②仏（ドッキョウ・ドキョウ）経文（キョウモン）を読む。

【読師】（トクシ・ドクシ・トクジ）①仏経論講説の法会などに、経題・経文（キョウモン）を読みあげる役僧。②国（ドクジ）昔、和歌または、作詩の会の席上、懐紙・短冊などを整理して講師に渡す役。

【読書三到】（ドクショサントウ）読書に際して心・目・口の三つをそれに集中すべきこと。到は、致す、能力を極力用いる意。心を集中し、よく見つめ、一所懸命に音読すれば内容がよくわかる。宋代、朱熹（シュキ）の『訓学斎規』に「読書有三到（ドクショにサントウあり）、心到・眼到・口到（シントウガントウコウトウ）」とあるのに基づく。

【読書尚友】（ドクショショウユウ）書物をよんで昔の賢人を友とすること。〔孟子、万章下〕

【読書百遍義自見】（ドクショヒャッペンギおのずつからあらわる）意味の通じない所も、百回もくり返して読めば、自然にわかってくる。〔魏志、董遇伝、注〕

【読書不ㇾ求二甚解一】（ドクショジンカイをもとめず）書物を読んで難解な所は、しばらくそのままにして、無理にわかろうとはしない。〔晋、陶潜、五柳先生伝〕好読ㇾ書（ショをよむをこのみて）、不ㇾ求二甚解一（ジンカイをもとめず）。

【読△誦】（ドクショウ）①書物をよむ。声を出して読書をする。②暗唱する。③仏（ドクジュ）声を出して経文（キョウモン）をよむ。

【読点（點）】（トウテン）文章を読むとき、意味は切れないが、一息いれてよむ場合に、その場所につける符号。「、」↔句点。

【読破】（ドクハ）全部読みつくす。読み通す。

【読了】（ドクリョウ）よみおわる。

(14)7【認】7195 教 6 ニン みとめる
(14)7〔認〕7196 ㊀漢ジン・呉ニン 震 rèn ㊁漢ジョウ・呉ニョウ 径　3907 4727

筆順 言 訁 訒 認 認

字義 ㊀❶みとめる。㋐しる。見つける。㋑見きわめる。見定める。「否認」 ㋒ゆるす。承知する。「承認」「認可」 ❷行う。㊁しるす。したためる。書く。国❶したためる。㋐手紙を書く。㋑食事をする。㋒整える。処理する。❷みとめ。みとめ印の略。日常使う略式の印。↔実印。

名乗 もろ

解字 形声。言＋忍音。音符の忍は、こらえるの意味。自分の感情などを表面に出さず、相手の発言にこらえる、みとめるの意味を表す。

▼確認・誤認・自認・承認・是認・追認・否認・黙認・容認

【認可】（ニンカ）みとめて許可する。ききとどける。認容。

【認識】（ニンシキ）①知る。見つけてしる。また、見知っている。②事物をはっきり知り、意味を正しく理解する心理作用。また、その成果。③（ニンシ）しるし。めじるし。

【認証（證）】（ニンショウ）国①文書の原本などが正しいという公の証明。②憲法に定められた天皇の国事行為の一つで、内閣または内閣総理大臣の権能に属する行為を天皇がおおやけに証明すること。

【認真（眞）】（ニンシン）いいかげんにしない。まじめに取り扱う。まじめに行う。

【認知】（ニンチ）①みとめる。また、知る。②国嫡出でない子をその父か母が届け出をして法律上の親子関係を作ること。

【認定】（ニンテイ）国みとめてきめる。また、正当であるとみとめること。

【認得】（ニントク）①知る。また、みとめる。②見知っている。

(14)7【誖】7197 △ 漢ハイ 呉バイ 隊 bèi

字義 ＝悖（ハイ）。❶みだす。みだれる（乱）。❷もとる。そむく。さからう。❸まどう（惑）。また、おろか。

解字 篆文 形声。言＋孛音。音符の孛（ボツ）は、非に通じ、そむくの意味。道理に背を向け乱れるの意味を表す。

(14)7【誣】7198 △ 漢ブ・呉ム 虞 wū 慣フ　7556 6B58

字義 ❶しいる。㋐あざむく（欺）。いつわる（偽）。ごまかす。㋑無いことを有るように言う。㋒罪のない人を罪にあてる。㋓なみする。ないがしろにする。❷おもねる。へつらう。❸そしる。❹みだりにする（妄）。やたらに…する。また、いいかげんに…する。

解字 篆文 形声。言＋巫音。音符の巫（フ）は、莫（バク）に通じ、おおいかくすの意味。ことばで真実をおおいかくす、しいるの意味を表す。

【誣引】（フイン）罪のない人を無理に罪にひきこむ。

【誣陥（陷）】（フカン）罪のない人を無理に罪におとしいれる。

【誣欺】（フギ・ブキ）いつわる。あざむく。

【誣構】（フコウ・ブコウ）無罪の者を無理に有罪のようにつくりあげること。

【誣告】（ブコク・フコク・フコウ）①無実のことをいつわってつげること。②しいて人を罪におとしいれようとして告訴すること。

【誣説】（フセツ・ブセツ）①無いことをあるように言う。②いつわりのうわさ。根無しごと。

【誣奏】（フソウ・ブソウ）無いことを有るようにいつわって奏上する。

【誣服】（フフク・ブフク）無罪であるのに、しかたなく刑に服する。

【誣妄・誣△罔・誣△謾】（フモウ）いつわる。また、いつわり。無いことをあるように言う。

(14)7【誘】7199 常 ユウ さそう 漢ユウ（イウ）・呉ユ 宥 yòu　4522 4D36

筆順 言 訁 訁 訡 誘

字義 ❶いざなう。さそう。㋐呼び出す。引き出す。連れ出す。おびき出す。「誘拐（ユウカイ）」 ㋑そそのかす。まどわす。また、勧める。うながす。㋒みちびく。教えみちびく。案内する。❷いざない。さそい。

解字 篆文 別体 形声。もと、羑と書き、羊＋ム＋久音。羊は、ひつじの意味。ムは、小さくとり囲むの意味。音符の久は、長い時間が過ぎるの意味。羊を長い時間かけてとり囲むの意味から、人や動物を時間をかけてある場所・状態にさそい導くの意味を表す。誘は別体で

あったが、常用漢字は誘による。

▼勧誘

【誘引】ユウイン　さそう。いざなう。
【誘掖】ユウエキ　導きたすける。誘益。
【誘拐】ユウカイ　かどわかす。だまして連れ出すこと。
【誘勧(勸)】ユウカン　導きすすめる。導きはげます。導き教える。
【誘脅】ユウキョウ　まどわしおどす。誘惑して脅迫する。
【誘教】ユウキョウ　導き教える。誘誨ユウカイ。
【誘進】ユウシン　さそい進める。
【誘致】ユウチ　さそい出す。おびき寄せる。
【誘導】ユウドウ　さそい導く。案内する。
【誘発(發)】ユウハツ　国さそって起こすこと。また、さそわれて起こること。ある事が原因となり、それにさそわれて他の事が起こること。
【誘兵】ユウヘイ　わざと負けたふりをして、敵をおびき出す(寄せる)兵士。
【誘慕】ユウボ　心をひかれる。
【誘惑】ユウワク　さそいまどわす。悪い方へさそいこむ。相手の本来の意図に反する方向へさそいこむ。

(15)8【諉】7200　△イ(ヰ)　寘　wěi

字義　❶わずらわす。❷ことよせる。かこつける。❸ゆだねる(委ゆだぬ)。まかせる。

解字　篆文　形声。言＋委音。音符の委は、ゆだねるの意味。他の事に言いのがれの材料をゆだねる、かこつけるの意味を表す。

(15)8【謁】7201　常　エツ　1758　315A

⑯9［謁］7202　㊇許　㊇エツ　㊥オチ　月　yè

筆順　謁

字義　❶なふだ。名刺。❷申す。申し上げる。❸つげる(告)。❹まみえる(まみゆ)。身分の高い人に面会する。「拝謁」❺こう(請)。もとめる。❻とりつぎ。「謁者」

解字　篆文　形声。言＋曷(曷)音。音符の曷カツ＝ツは、こい求めるの意味。曷が疑問詞に用いられるようになったため言を付した。

▼刺謁・請謁・朝謁・内謁・拝謁・伏謁・面謁

【謁見】エッケン　貴人に面会すること。まみえる。
【謁告】エッコク　休暇を願い出る。請暇。
【謁刺】エッシ　面会を求めるときに差し出す名札。名刺。
【謁者】エッシャ　①宮中で、賓客の取り次ぎのことをつかさどる役。②四方に使いする官。③謁見を求める人。

(15)8【課】7203　教4　カ　1861　325D

筆順　課

カ(クヮ)　箇　kè

字義　❶こころみる(試)。ためす。❷はかる(計)。❸官吏の任用試験。また、官吏の勤務評定。「考課」❹わりあてる。わりあてて義務を負わせる。また、わりあて。㋐仕事を割り当てる。また、その仕事。つとめ。「日課」㋑税をわりあてる。また、租税。「賦課」「課税」

国役所・会社などの内部組織の区分けの一つ。「総務課」

使いわけ　カする〔科・課〕⇩科(5315)。

解字　篆文　形声。言＋果音。音符の果は、科に通じ、区分するの意味。計画的に仕事を区分し、わりあて、その結果をはかるの意味を表す。

▼考課・租課・賦課

【課役】カエキ　①租税と夫役ヤク。②仕事をわりあてる。また、その仕事。
【課業】カギョウ　仕事をわりあてる。また、その仕事。
【課口】カコウ　公用に使役される者。課丁。
【課試】カシ　仕事をわりあててためす。また、試験。
【課税】カゼイ　税金をわりあてる。また、わりあてた税金。
【課題】カダイ　①わりあてられた問題。②後日の研究・解答を要求して出された問題。③義務。
【課程】カテイ　①わりあてた仕事の程度。②物品に課する税の程度。③学科のわりふりや授業時間数など。

(15)8【諌】7204　△カン　諫(7240)の俗字。→一〇二〇ページ。　2050　3452

(15)8【誼】7205　㊇ギ　寘　yì　2135　3543

筆順　誼

【竩】本字　字義　❶よしみ。したしみ。「厚誼」❷よい。よろしい。正しい。＝義。「仁誼」❸すじみち。道理。❹はかる(議)。　名乗　こと・よし

参考　現代表記では［義］(6019)に書きかえることがある。「恩誼→恩義」「情誼→情義」

解字　篆文　形声。言＋宜音。音符の宜は、よろしいの意味。人によってよろしいとされる正しい道の意味を表す。

(15)8【誾】7206　△ギン　真　yín

字義　❶おだやかに議論する。❷やわらぐさま。うちとけるさま。❸香気の強いさま。

解字　篆文　形声。門＋言音。

【誾誾】ギンギン　①おだやかに論議する。②香気のさかんなさま。

(15)8【誳】7207　△　㊇クツ　㊥クチ　物　qū

字義　❶つまる。言葉がつまる。＝詘クツ。❷まがる。まげる。❸かがむ。＝詘クツ・屈。「誳伸」

解字　形声。言＋屈音。音符の屈は、かがむの意味。

(15)8【諏】7208　標　㊇シュウ(シウ)　㊥ス・シュ　虞　zōu　3159　3F5B

字義　はかる(謀)。とう(問)。相談する。たずねる。政事を問う。　難読　諏訪すわ

解字　篆文　形声。言＋取音。音符の取は、聚シュに通じ、あつまるの意味。人が集まって相談するの意味を表す。

【諏訪】シュホウ　問いはかる。
【諏謀】シュボウ　①問いはかる。②はかりごと。

(15)8【諔】7209　△シュク　屋　chù

字義　いつわる。だます。

解字　形声。言＋叔音。

【諔詭】シュクキ　いつわって正しくないこと。また、こっけいなこと。

(15)8【諄】7210　㊇　一シュン　真　zhūn　二シュン　震　慣ジュン　7557　6B59

筆順　諄

字義　一❶ねんごろに、教えさとす。また、ねんごろ。てあつい。丁寧。❷たすける。二❶くどい。にぶい。❷つつしむ。

名乗　あつ・さね・しげ・とも・のぶ・まこと　難読　諄諄くどくど

解字　篆文　形声。言＋享(𦎧)音。音符の𦎧ジュンは、厚いの意味。厚い心で教えさとすの意味を表す。

【諄諄】ジュンジュン　①ねんごろに教えるさま。②まごころがあってつつしむさま。③くどくどしたさま。にぶいさま。

(15)8【諸】7211　教6　ショ　2984　3D74

⑯9［諸］7212　㊇許　ショ　魚　zhū

筆順 言 言 諸 諸

字義 ❶もろもろ。多くの。さまざまの。いろいろの。「諸君」「諸事万端」 ❷は。ものは。一つのものを特に取り出して述べる。〔礼記、郊特牲〕或諸遠レ人乎。 ❸㋐助字。これ。⇩助字解説 ㋑語勢を強める発語の助字。㋒形容を示す助字。焉・然と同じ。 ❹訓読では読まないが、上下の語句の関係を示す。＝於・乎・于。〔礼記、射義〕射求ニ正諸己一。 ❺や。か。詠嘆の助字。 ❻疑問・反語の助字。

⇩助字解説

名乗 つら・もり・もろ　難読 諸葛（もろくず）・諸富（もろとみ）

助字解説

①これ。語勢を強める発語の助字。〔論語、学而〕其諸異ニ乎人之求ㇾ之与。〈それはそう、世間一般の人の求め方とは違っているだろう〉

②これ……や。疑問・反語。「之乎」の合字。〔論語、顔淵〕雖レ有レ粟、吾豈得而食レ諸。〈たとえ穀物があったとしても、わたしはどうしてそれを食べることができようか〉

解字 金文　篆文　形声。言＋者（者）㊤。音符の者は、集まって多いの意味を表す。借りて、「これ」の意味を表し、言を付した。

▼居諸

【諸縁】（ショエン）仏もろもろの因縁のあるもの。いっさいの現象の世界をいう。

【諸夏】（ショカ）中国の諸侯の国。中国本土。夏は大の意で、四方の未開国に対していう。封建時代、中国は一国だけでなかったのでいう。

【諸△葛△亮】（ショカツリョウ）三国時代、蜀の政治家。瑯琊（今の山東省内）の人。字は孔明。諡は忠武。劉備に招かれて仕え、曹操を赤壁で破り、成都を平定して蜀の建国に尽くした。劉備の死後、子の禅に仕え、魏を攻めて五丈原で病死した。出征のときに書いた「出師表」が有名である。（一八一—二三四）

〔諸葛亮〕

【諸行無常】（ショギョウムジョウ）仏万物は常に変転して、しばらくもそのままにとどまっていない。現世のはかないことをいう。諸行は、もろもろの変化するものの意で、万物（万有）をいう。行は、流動・変遷の意。〔伝灯録、一〕

【諸△卿】（ショケイ）①多くの卿（大臣・家老）。②諸君。③国多くの公卿・朝臣。

【諸賢】（ショケン）①多くの賢人。群賢。衆賢。②多くの人に対する敬称。諸彦。諸君。

【諸△彦】（ショゲン）①多くのすぐれた人。彦は、男子の美称。②多くの人に対する敬称。みなさん。

【諸公】（ショコウ）①多くの公。公は諸侯の最上位。②国諸君。君たち。

【諸侯】（ショコウ）多くの大名。封建時代の国君をいう。

【諸子】（ショシ）①多くの子。②目下の者たちに向かって呼びかける人称代名詞。きみたち。③諸子百家の略。

【諸子百家】（ショシヒャッカ）先秦時代の、多くの学者や学派。また、その著書。儒家を除いていうときもある。「老子」「荘子」「墨子」など。〔史記、賈誼伝〕⇩コラム・諸子百家系統図（101六ページ）。

【諸司】（ショシ）多くの役所。また、多くの役人。百官。

【諸生】（ショセイ）①多くの生物。②多くの学生。学生たち。

【諸説】（ショセツ）①いろいろの意見。いろいろの学説。②いろいろなうわさ。

【諸天】（ショテン）仏①もろもろの天上界。仏教では、二十八天があるという。②天上界の神仏たち。

【諸般】（ショハン）いろいろ。さまざま。万般。

【諸父】（ショフ）①父方の多くのおじ。父の兄弟。↕諸母の②。②天子は同姓の諸侯を諸父といい、諸侯は同姓の大夫を諸父という。

【諸母】（ショボ）①父のそばめで、子供のある者。庶母。②多くのおば。父の姉妹。↕諸父の①。③雑役の女たち。〔史記、淮陰侯伝〕

【諸法】（ショホウ）仏宇宙間に存在する有形・無形のいっさいの事物。諸行。万有。

【諸法実（實）相】（ショホウジッソウ）仏宇宙間のいっさいの事物がそのまま真実の姿であること。〔法華経、方便品〕

【求ニ諸己一】（これをおのれにもとむ）すべての不幸・過失などの原因を自己の身に反省し求めること。常に反省して自己を責めること。〔論語、衛霊公〕君子求ニ諸己一、小人求ニ諸人一。

【求ニ諸人一】（これをひとにもとむ）すべての不幸・過失などの原因を人のせいにすること。自分を反省しないで、常に人を責めること。↓求ニ諸己一（前項）。

【告ニ諸往一而知レ来（來）】（これにオウをつげてライをしる）過去のことを話して聞かせると、それをもとして未来のことを察知する。一を聞いて十を知る意。往は過去のこと、来は未来のこと。打てばすぐ響くような反応をして、与えられたものに満足せず、更に高次なものを積極的に求めてゆくさまをいう。孔子が弟子の子貢をほめた言葉。〔論語、学而〕

(15)8
【諗】7213　△ シン　㊥ shěn

字義 ❶いさめる（諫）。忠告する。❷つげる（告）。❸おもう（思）。＝念。❹しる（知）。知りつくす。＝審。

解字 篆文　形声。言＋心＋今㊤。音符の今は、ふくむの意味。深く心に含んでいて言う、いさめるの意味を表す。

(15)8
【誶】7214　△ ㊀スイ ㊥ suì　㊁㊇サイ・㊈スイ ㊥ suì

字義 ㊀❶せめる（責）。❷ののしる。「誶罵」 ❸いう（言）。❹とう（問）。❺いさめる。㊁❶＝㊀の①②③。❷どもるさま。

解字 篆文　形声。言＋卒㊤。音符の卒は、つきるの意味。ことばがつきるまで、せめたてるの意味を表す。

【誶△罵】（スイバ）ののしる。口ぎたなくけなす。

(15)8
【誰】7215　標　㊇スイ ㊈ズイ　㊥ shuí, shéi　3515 432F

字義 ❶たれ。たが。だれ。⇩助字解説 ❷これ。発語の助字。〔詩経、陳風、墓門〕誰昔然矣。❸とう（問）。たずねる。

難読 誰方（どなた）

助字解説

たれ。たれか。たれぞ。疑問・反語。だれが……か。類孰。〔唐、劉廷芝、代下悲ニ白頭一翁上詩〕明年花開復誰在〈明年花が開くとき誰が健在であろうか〉

解字 篆文　形声。言＋隹㊤。

【誰何】（スイカ）①たれ。だれ。何もの。姓名の明らかでないものをいう。〔荘子、応帝王〕不レ知ニ其誰何一。②だれかと、その姓名を問いただすこと。

【誰昔】（スイセキ）むかし。誰は、発語の助字。

【誰知ニ△烏之△雌雄一】（たれかからすのシユウをしらん）だれがからすの雌雄を見わけることができようか、できない。似ていて区別しにくいことのたとえ。〔詩経、小雅、正月〕

(15)8
【請】7216　常　セイ・シン　こう・うける　3233 4041

(15)8
【請】7217　㊀㊇セイ・㊈ショウ（シャウ）㊥ qǐng　㊁㊇セイ・㊈ジョウ（ジャウ）㊥ qíng　慣シン

諸子百家系統図

前770　春秋時代　前403　戦国時代　前221　秦　前206　漢

（年代目盛：前500・前400・前300・前200）

学派	主張	人物・書名
儒家	孔子を始祖とし、身を修め人を治めて仁(人間愛)の実現をめざし、平和な秩序ある社会を築くことを主張した。	孔子479『論語』―曾子(ソウシ)436?―子思402?―孟子(モウシ)289(性善説)『孟子』／子夏420?／子遊(シユウ)／『中庸』／荀子(ジュンシ)238?(性悪説)『荀子』―韓非子・李斯
道家	老子を始祖とし、天性に従う無為自然の道を尊び、人為を否定し、外的な強制を拒んで、原始自然の社会を理想とした。	老子『老子』……列子『列子』／荘子『荘子』／楊朱(ヨウシュ)335?(為我説)
陰陽家	陰陽五行説にもとづき、天文・暦数・方位等で吉凶禍福を占った。	騶衍(スウエン)(陰陽五行説)
法家	帝王の絶対的権力を確立して人情や道徳を排し、厳格な法治による国家統制を主張した。	管仲645『管子』……慎到／申不害337／商鞅(ショウオウ)338『商子』……韓非子(カンピシ)233『韓非子』／李斯(リシ)208
名家	名(言葉)と実(実体)との一致を求めた一種の論理学を唱えた。	鄧析(トウセキ)……恵施／公孫竜250?
墨家	兼愛説(博愛主義)を唱え、非戦(平和)や節倹を主張した。	墨子376(兼愛説)『墨子』
縦横家	弁説と策謀とによる外交策をもって戦国の諸侯の間に遊説した。	(鬼谷先生)―蘇秦(ソシン)317(合従説)／張儀309(連衡説)
雑家	一定の主義・主張に偏らず、各派の学説を取捨して総合を図った。	呂不韋(リョフイ)235『呂氏春秋』……劉安(リュウアン)122『淮南子(エナンジ)』
農家	君主も人民も平等に農事に従うべしとする農本主義を主張した。	許行(重農説)
小説家	民間の珍しい話や説話などを語り伝え記録した。	
兵家	兵法・戦略、さらには国家経営の方策などを説いた。	孫子『孫子』―呉起381?『呉子』／孫臏(ソンピン)

注　〈諸子百家〉とは、春秋・戦国時代に現れた学者・学派の総称であるが、上表の儒家から農家までを＜九流＞、小説家を含めて＜十家＞という。

人名の下の数字は没年(紀元前の表示省略)、『』内はその人物に関係する書名。系統を示す実線は直接的な影響関係、破線は間接的な影響関係を表す。

筆順 言 訁 計 詰 請 請

字義 一 ❶こう。㋐ねがう。たのむ。求める。「要請」「普請」㋑どうか…してほしい。どうか…させてほしい。〔史記、廉頗・藺相如伝〕臣請完レ璧帰レ趙。❷こい。ねがい。要望。❸つげる(告)。申し上げる。「申請」❹とう(問)。たずねる。「請問」❺めす(召)。招く。❻めどおりする。お目にかかる。❷まこと。＝情。二 ❶うける(受)。㋐人のことばを受ける。㋑罪を受ける。国 うける。㋐代金を出して引きとる。「身請」㋑引き受ける。「請負」

難読 請負

使いわけ うける〔受・請〕⇨受(811)。

解字 篆文 形声。言＋青(靑)音。音符の青は、すみきっているの意味。すみきった心で言う、こいねがうの意味を表す。

▼祈請・起請・強請・懇請・招請・申請・普請・要請

【請謁(謁)】(セイエツ) ①貴人に面会をこうこと。②権力のある人に頼みこむこと。請託。

【請暇・請仮(假)】(セイカ) ①(官吏などが)休暇を願い出ること。②禅僧がしばらく休暇を願い出てよそへ行くこと。

【請願】(セイガン) こいねがう。たのむ。特に、人民が官にこい願うこと。

【請期】(セイキ) ①婚約成立後に、男の家から女の家に結婚の日取りの相談にゆくこと。婚姻の六礼の一つ。②ある期間をこうこと。

【請訓】(セイクン) ①清代、公使や三品以上の地方官が任地にでかけるとき、天子に拝謁して命令を受けること。②外国駐在の大使や公使などが本国政府に訓令を求めること。

【請罪】(セイザイ・つみをこう) ①刑罰を加えるようにこう。②減刑や赦免をこう。

【請室】(セイシツ) 罪人を入れておく部屋。牢獄。請は、清の意で、天子が出御の際、清室令という官が通路の整理をしたことから、この官に属する牢獄の名を清室といったことに基づく。

【請託・請托】(セイタク) 権力のある人に(特別に計らってもらえるように)頼みこむこと。

【請禱】(セイトウ) こいいのる。神にいのる。

【請命】(セイメイ) ①官吏に任ぜられることを願う。②辞職を願う。③いのちごいをする。④他人の命が危いとき、それに代わろうと願う。⑤命令をこう。指令を願う。

【請問】(セイモン) たずねる。質問する。

【請来(來)】(ショウライ) ①たのんで来てもらうこと。②仏 仏像やお経を請い受けて持ってくること。

【請老】(セイロウ) 老いて退職を願うこと。告老。

(15)8 【諓】 7218 △ 漢セン 呉ゼン 銑 jiǎn

字義 ❶じょうずにしゃべる。また、そのことば。❷よい(善)。❸たわむれしゃべる。❹あさはか。ことばがあさはか。❺へつらう。

解字 篆文 形声。言＋戔音。音符の戔は、こまかいの意味。こまごまとたくみにものを言うの意味を表す。

(15)8 【諍】 7219 △ 一 漢ソウ(サウ) 呉ショウ(シャウ) 敬 zhèng 二 漢ソウ(サウ) 呉ショウ(シャウ) 庚 zhēng

7558 6B5A

字義 一 ❶いさめる。いさめ正す。❷とめる。過失を救いとめる。二 ❶うったえる。❷あらそう(争)。また、あらそい。

解字 篆文 形声。言＋争音。音符の争は、あらそうの意味。言いあらそうの意味を表す。

【諍気(氣)】(ソウキ) 人と争って勝とうとする気。

【諍訟】(ソウショウ) うったえ争う。また、うったえ。争訟。

【諍臣】(ソウシン) 君の不善をいさめ争う臣。争臣。

(15)8 【諑】 7220 △ タク 覚 zhuó

字義 ❶うったえる。❷悪口を言う。そしる。

解字 形声。言＋豖音。音符の豖は、たたく時の音を表す擬声語。ことばでたたく、うったえる・そしるの意味を表す。

(15)8 【諾】 7221 常 ダク
(16)9 〔諾〕 7222 漢ダク 呉ナク 薬 nuò

3490 427A

筆順 言 訁 訁 訁 詳 諾

字義 ❶こたえる。㋐はい。うん。応答のことば。あまり丁重でなくゆるやかにいうもの。↕唯(早い返事)。〔礼記、玉藻〕父命呼、唯而不レ諾。㋑よし。よろしい。承知するの意を表す語。❷うべなう。聞き入れる。承知する。また、承知した事柄。〔論語、顔淵〕子路無レ宿レ諾。国 国名。諾威の略。

解字 金文 篆文 形声。言＋若(若)音。音符の若は、うべなうの意味。ことばでこたえるの意味を表す。

▼応諾・快諾・許諾・謹諾・受諾・承諾・然諾

【諾唯】(ダクイ) こたえる。うけがう。承知する。諾はゆっくり答え、唯はすぐさま答える声。

【諾諾】(ダクダク) はいはいと言ってひたすら人の言に従うさま。「唯唯諾諾」

【諾否】(ダクヒ) 承知することと、しないこと。

(15)8 【誕】 7223 教 6 タン
(14)7 〔誕〕 7224 漢タン 呉ダン 旱 dàn

3534 4342

筆順 丿 亻 千 征 言 言 誕 誕

字義 ❶いつわる。だます。むやみに大言をはいてだます。❷いつわり。うそ。でたらめ。「荒誕」❸大きい。大いに。広い。❹正しくない。❺ほしいまま。きまま。「誕放」❻さて。ここに。発語の助字。❼うまれる(生)。「生誕」❽そだてる(育)。

名乗 のぶ

解字 金文 篆文 形声。言＋延音。音符の延は、のばす意味。言葉を事実よりも越えてのばす、いつわるの意味を表す。また、のびるの意味から、うまれそだつの意味をも表す。

▼虚誕・荒誕・降誕・生誕・放誕

【誕育】(タンイク) 養い育てる。

【誕欺】(タンギ) あざむく。いつわる。

【誕譎】(タンケツ) ＝誕妄。

【誕幻】(タンゲン) いつわりでとりとめのないこと。

【誕言】(タンゲン) おおげさなことば。誕語。誕辞。

【誕辞(辭)】(タンジ) ＝誕言。

【誕日】(タンジツ) 生まれた日。誕生日。誕辰。

【誕章】(タンショウ) 国を治めるための大きな法典。憲法。

【誕縦(縱)】(タンショウ) ＝誕放。

【誕生】(タンジョウ) 生まれる。生む。転じて、物事がはじめてできあがること。

【誕辰】(タンシン) ＝誕日。

【誕敷】(タンプ) 大いに敷き施す。広める。

【誕放】(タンポウ) きまま。かって。誕縦。

【誕妄】(タンボウ・タンモウ) いつわり。でたらめ。うそ。誕譎。

【誕謾】(タンマン) ①むやみに大げさなことを言って誠実味がない。②おごり高ぶる。

(15)8 【談】 7225 教 3 ダン 漢タン 呉ダン 覃 tán

3544 434C

筆順 言 訁 訁 訟 談

字義 ❶かたる(譚)。話す。「会談」「雑談」❷はなし。物語。「美談」「冗談」

解字　篆文  形声。言＋炎㊒。音符の炎は、さかんにもえあがるほのおの意味。さかんにかわされることば、かたりの意味を表す。

▼歓談・奇談・講談・高談・懇談・座談・示談・冗談・政談・清談・破談・美談・筆談・放談・面談・立談

【談△讌】ダンエン　会合して語り合う。くつろいで話し合う。讌は、集まって語りあうこと。

【談客】ダンカク　①諸国を遊説ユウゼイする人。②話のうまい人。③話し相手。

【談義】ダンギ　①すじみちを話す。②仏仏の教えを話すこと。説教。③国意見すること。こごと。訓戒。

【談議】ダンギ　話し合う。相談する。

【談語】ダンゴ　ものがたる。また、ものがたり。

【談合】ダンゴウ　国①相談する。話し合う。②入札の価格を事前に話し合って決めること。古くは、ダンコウ。

【談次】ダンジ　話のついで。談余。

【談笑・談咲】ダンショウ　話したり笑ったりする。（うちとけて）笑いながら話す。

【談△叢・談△藪】ダンソウ　話の内容が広くて尽きないこと。

【談判】ダンパン　①事件について相談、または交渉して解決すること。②国かけあう。かけあい。交渉。

【談柄】ダンペイ　話をするとき手に持つ払子ホッス。転じて、話のたね。

【談弁（辯）】ダンベン　ものがたる。また、ものがたり。

【談△鋒】ダンボウ　言論の勢いのするどいこと。

【談余（餘）】ダンヨ　①話のあと。②話のついで。談次。

【談林】ダンリン　①僧徒の学校。また、寺。檀林ダンリンのあて字。②国談林派の略。江戸時代、西山宗因を祖とする俳諧ハイカイの一派。

【談論】ダンロン　語り論ずる。談話・議論する。「談論風発」〔韓非子、説難〕諫説談論之士カンセツダンロンのシ。

【談話】ダンワ　はなす。語る。また、はなし。ものがたり。

(15)8【調】7226　教3　チョウ　しらべる・ととのう・ととのえる　3620 4434

(15)8〔調〕7227

一㊥チョウ（テウ）㊤ジョウ（デウ）　蕭 tiáo
二㊥チョウ（テウ）㊤ジョウ（デウ）　嘯 diào
三㊥チュウ（チウ）㊤チュ　尤 zhōu

筆順　言 訂 訶 調 調

字義　一❶ととのう。㋐ほどよくなる。㋑そなわる。準備ができる。㋒仲好くなる。やわらぐ。㋓調子が合う。音律にかなう。㋔つりあう。平均する。❷ととのえる。㋐ほどよくする。㋑準備をする。㋒仲好くする。㋓調子を合わせる。音調をとる。㋔ならす（均）。平均をとる。バランスをとる。❸なつく。なつかせる。ならす（馴ジュン）。❹めぐる。とりまく。❺あざける。からかう。ふざける。＝啁チョウ。❻おしえる。訓練する。→調教。❼ものの形容。→調調。

二❶えらぶ（選）。❷うつる。官職のうつること。また、うつす。❸とる。とりたてる。徴発。❹はかる（計・量）。❺しらべる。㋐音楽を奏する。音律を整える。㋑調査する。研究する。とりしらべる。❻しらべ。音楽の調子。音色。ふし。❼おもむき。様子。「格調」❽みつぎ。布帛フハクなどを納める税。「租・庸・調」

三❶あさ（朝）。❷重い（輖チュウ）。

国❶ととのう。㋐きまる。決定する。㋑成立する。また、成功する。❷ととのえる。買いそろえる。こしらえる。❸しらべる。㋐ただす。吟味する。㋑さがす。

名乗　しげ・つき・つぎ・つぐ・みつぎ　難読　調川つきのかわ

使いわけ　ととのえる〔整・調〕⇩整（2911）。

解字　篆文  形声。言＋周（周）㊒。音符の周は、ゆきとどくの意味。言葉に神経がゆきとどく、ととのう・やわらぐの意味を表す。

▼哀調・音調・快調・格調・基調・協調・強調・好調・高調・古調・語調・色調・順調・新調・声調・単調・低調・同調・風調・不調・歩調・乱調・論調

【調印】チョウイン　国確認のために印を押すこと。条約・協定の文書に印を押すこと。

【調役】チョウエキ　布帛フハク（綿織物と絹織物）のみつぎものと、夫役ブヤク（公共事業のための強制的な労働力の徴発）。

【調飢】チョウキ・チュウキ　朝の空腹。一説に、非常な空腹。

【調戯（戲）】チョウギ　あざけりたわむれる。からかう。

【調教】チョウキョウ　①教える。教育する。②国馬・犬、また、猛獣などを訓練すること。

【調遣】チョウケン　つかわす。派遣する。移動させバランスをとる。

【調護】チョウゴ　①めぐり守る。取りまいて守る。②ととのえ治める。

【調貢】チョウコウ　みつぎもの。また、みつぎものを奉ること。

【調合】チョウゴウ　①調和する。②国薬などを適当な分量ずつもり合わせること。調剤。

【調唆】チョウサ　そそのかす。

【調剤（劑）】チョウザイ　①ととのえる。ほどよくする。剤も、ととのえる。②味をととのえる。③＝調合の②。

【調△馴】チョウジュン　鳥獣をならす。

【調笑】チョウショウ　からかい笑う。また、たわむれ笑う。嘲笑チョウショウ。

【調整】チョウセイ　ととのえる。ほどよくする。

【調摂（攝）】チョウセツ　からだをととのえ養う。摂生。

【調節（節）】チョウセツ　ほどよくととのえる。

【調達】チョウタツ　①ととのいのびる。音曲・詩文などがのびのびとして、むりのないこと。②ほどよくととのって十分にその作用を発揮すること。③国チョウタツ・チョウダツ　必要な品物をとりそろえること。調進。

【調調】チョウチョウ　木の葉が風にゆれるさまの形容。

【調停】チョウテイ　間に立ってなかなおりさせること。仲裁。

【調△鼎】チョウテイ　かなえの飲食物を料理する。転じて、宰相が国家を治めることをいう。

【調度】チョウド　①ととのえ定める。②処置する。租税をとりたてる。③指揮してつかわす。④国㋐日常使う手まわりの道具・家具など。㋑武家では、特に弓矢をいう。

【調馬】チョウバ　①馬を乗りならす。②馬を徴発する。また、徴発された馬。

【調布】チョウフ　昔、みつぎものとして朝廷へ納めた布。

【調伏】チョウフク・チョウブク　①身・口・意の三業を調和して悪魔を従わせる。②（天台宗・真言宗で）祈禱キトウによって悪魔を従わせる。③人をのろい殺す。

【調味】チョウミ　食物の味をほどよくととのえる。

【調理】チョウリ　①ととのえおさめる。②治療する。養生する。③訓練する。④国料理すること。

【調練】チョウレン　国兵士を訓練すること。調錬。

【調△弄】チョウロウ　①からかう。なぶる。嘲弄チョウロウ。②楽器をかきならす。

【調和】チョウワ　①ととのいおさまる。②（音楽の）調子がよくととのう。③（味・政治などが）ほどよくととのう。④争いをやめること。⑤国うつりがよい。

(15)8【諂】7228　△テン　琰 chǎn　7559 6B5B

字義　へつらう。他人の気に入るように心にもないことをいう。おもねる。こびる。

解字　篆文  形声。言＋臽（閻）㊒。音符の閻エンは、おちいるの意味。自分を必要以上に落として、他人にこびへつらうの意味を表す。

【諂△阿】テンア　へつらいおもねる。阿も、おもねる。

【諂巧】テンコウ　へつらって、じょうずに人にとりいること。佞巧ネイコウ。

【諂笑】テンショウ　へつらい笑う。おせじ笑いをする。

【諂佞】テンネイ　こびへつらう。阿諛ア。諂諛。
【諂諛】テンユ　こびへつらう。諂佞テンネイ。

(15)8
【誻】7229　△　漢トウ（タフ）　呉ドウ（ダフ）　合 tà

字義 ❶そしる。ののしる。❷誻誻は多言のさま。おしゃべりのさま。

解字 篆文　形声。言＋沓音。音符の沓トウは、水の流れるようによくしゃべるの意味。言を付し、たたみかけて言う・ののしるの意味を表す。

(15)8
【誹】7230　標　ヒ　慣ハイ　微・未 fěi　4080 4870

字義 そしる（非）。非難する。また、そしり。

解字 篆文　形声。言＋非音。音符の非は、背をむけるの意味。人がそむきあって、そしるの意味を表す。

【誹諧】ヒカイ　①おどけて悪口をいう。②国ハイカイ ＝俳諧。
【誹毀】ヒキ　そしる。悪口をいって他人の名誉をきずつける。誹謗ヒボウ。
【誹譏】ヒキ　＝誹毀ヒキ。→前項。
【誹議】ヒギ　そしる。そしって、かれこれ言うこと。議も、そしる。また、とやかく言う。
【誹謗】ヒボウ　そしる。悪口をいいたてる。また、そしり。
【誹謗之木】ヒボウのキ　昔、帝舜シュンが橋の上に木を立てて政治の過失を書かせ、みずから反省したという故事。〔呂氏春秋、自知〕
【誹誉（譽）】ヒヨ　そしりとほまれ。そしることと、ほめること。毀誉キヨ。

(15)8
【諚】7231　△　ヘン　7560 6B5C

字義 意味不明。国ジョウヂャウ。おおせ。上のいいつけ。命令。

解字 中国での字義は不明。これをジョウと読むのは、日本独自の使用で、形声。言＋定音。音符の定は、動かすことのできない意味を表す。

(15)8
【誷】7232　△　漢ボウ（バウ）　呉モウ（マウ）　養 wǎng

字義 しいるしふ。事実を曲げていう。＝罔ボウ。「誣誷フモウ」

解字 形声。言＋罔音。音符の罔モウは、とらえるの意味。事実を曲げて言葉で人をとらえる、しいるの意味を表す。

(15)8
【諒】7233　人　一リョウ（リャウ）漾 liàng　二リョウ（リャウ）陽 liáng　4642 4E4A

筆順　言　訁　訁亠　諒

字義 一❶まこと。㋐真実。いつわりがないこと。また、そういう人。〔論語、季氏〕友ㇾ諒リョウをともとし、友二多聞一益矣タブンをともとするはエキなり。㋑小さい義理。小さい徳義。〔論語、憲問〕匹夫匹婦之為ㇾ諒也ヒップヒップのまことをなすや。❷まこととするまことと す。信ずる。❸まことに。たしかに。本当に。❹しる（知）。明らかにする。「諒解」❺思いやる。「諒察」 二❶よい。＝良。❷わるい。不吉。❸＝一。

名乗 あき・あさ・まさ

参考 現代表記では［了］（68）に書きかえる。「諒解→了解」「諒承→了承」 熟語は［了］をも見よ。→四一ページ。

解字 篆文　形声。言＋京音。音符の京は、量に通じ、はかるの意味。相手の心を思いはかる・まことの意味を表す。

【諒陰・諒闇】リョウアン　天子が喪に服するへや。また、その期間。亮闇リョウアン。
【諒解】リョウカイ　物の道理を納得する。また、理解する。了解。
【諒察】リョウサツ　了察。亮察リョウサツ。①思いやる。同情する。②推察する。
【諒恕】リョウジョ　思いやって（同情して）ゆるす。
【諒承】リョウショウ　物の道理をのみこむ。また、事情を承知する。了承。

(15)8
【論】7234　教6　ロン　一ロン 元・願 lùn, ⑤ lún　二リン 真　4732 4F40

筆順　言　訁　訁入　訡　論　論

字義 一❶ロンずるロンず。とく（説）。かたる（語）。あげつらう。㋐言い合う。議論する。「討論」㋑是非善悪を説く。評論する。道理を述べる。㋒意見を集めて定める。議定する。㋓罪をさばく。判決を下す。❷見解。主張。所説。「正論」「世論」❸はかる。㋐考える。思いめぐらす。㋑おしはかる。推量する。㋒たずねる。調べる。❹文体の名。自分の意見を主張し述べる文。❺『論語』の略。→論孟。❻仏論蔵の略。三蔵（経・論・疏ツ）の一つ。仏の教えについて弟子たちが述べた語。 二すじみち。＝倫。

解字 篆文　形声。言＋侖音。音符の侖リンは、すじみちをたてるの意味。すじみちをたてて述べるの意味を表す。

▼異論・概論・各論・極論・空論・愚論・劇論・激論・結論・言論・公論・高論・国論・詳論・緒論・叙論・序論・史論・私論・持論・時論・推論・世論・争論・総論・俗論・卓論・談論・討論・俳論・評論・弁論・本論・無論・名論・余論・立論・理論

【論外】ロンガイ　国①論ずるほどのねうちのないこと。②議論の範囲外。③もってのほか。
【論客】ロンカク・ロンキャク　議論の好きな人。よく議論する人。
【論議】ロンギ　①議論する。また、議論。②仏法について問答すること。
【論詰】ロンキツ　論じなじる。言いこめる。
【論及】ロンキュウ　国論じおよぶ。議論を関連する他の事にまでおよぼす。
【論究】ロンキュウ　深く論じきわめる。また、十分に論じつくす。
【論拠（據）】ロンキョ　議論の根拠。議論の成り立つよりどころ。
【論決】ロンケツ　＝論判の①。
【論語】ロンゴ　書名。二十編。四書の一つで、儒家の聖典とされる。孔子が門人や当時の人と応答した語や孔子の行い、また、門人の応答などを記したもの。孔子の死後、門人あるいは門人の弟子たちによって編修されたといわれる。注釈書では、三国時代、魏ギの何晏カアンの『論語集解』（古注という）、南宋ナンソウの朱熹シュキの『論語集注』（新注という）などがある。
【論功】ロンコウ　てがらの大小を調べること。また、順序づけること。
【論功行賞】ロンコウコウショウ　てがらを調べ、それによって順序づけて賞を与えること。〔魏志、明帝紀〕論ㇾ功行ㇾ賞コウをロンじショウをおこなう（ふ）に各有ㇾ差おのおのサあり。
【論衡】ロンコウ　書名。三十巻。後漢の王充の著。論理的合理的な立場から当時の考え方などを評論した思想書。
【論告】ロンコク　①自分の信ずることを述べること。②国法律用語。被告の犯罪の事実、およびそれに対する法の適用について、検事が法廷においてする意見の陳述。
【論策】ロンサク　時事問題について対処の方法を論じた文。議論文。
【論賛（贊）】ロンサン　①功を論じほめること。②歴史書で、ある事がらの記述の後に作者が書く評論。
【論纂】ロンサン　種々議論して編集すること。また、その書物。
【論旨】ロンシ　議論の主旨。議論の要点。
【論述】ロンジュツ　論じのべる。理論や道理を順序を立てて論じのべること。
【論証（證）】ロンショウ　①議論の根拠。②議論して証明する。
【論陣】ロンジン　議論したり意見を述べたりするときの論の立て方・構成。
【論説】ロンセツ　①論じ説く。事理を論じたり説明したりする。②文体の一種。論説の文。
【論戦（戰）】ロンセン　＝論争。
【論争（爭）】ロンソウ　議論して争うこと。是非を言い争うこと。論戦。

【論壇】①意見を陳述する場所。②論議を戦わせる人々の社会。評論家・批評家などの社会。言論界。

【論著】①意見を述べ、書をあらわすこと。②学問上の意見を書物にしたもの。

【論調】議論の調子。議論・評論のしかたや傾向。

【論敵】国論争・議論の相手。

【論点(點)】議論の中心点。議論の要点。

【論難】議論して攻撃する。論駁。

【論破】議論して相手の説を破ること。言い破ること。

【論△駁・論△駮】①論じ正す。②相手の話に反対して言い争う。論難。駁は、反駁。③言うことが粗雑である。駁は、雑駁。

【論判】①是非を論じて決めること。論決。論定。②国言いあい。口論。

【論評】論じて批評すること。

【論弁(辨)】①論じて区別やすじみちなどを明らかにすること。弁(辨)は、わける、区別をはっきりさせる意。②文体の名。論説文。

【論弁(辯)】論じ説く。意見を述べ説くこと。また、その談論。弁(辯)は、述べる・説く。

【論△鋒】議論のほこさき。また、議論の勢い。

【論△孟】『論語』と『孟子』。語孟。

【論理】議論のすじみち。また、論証のすじみち。

【無レ論】言うまでもない。もちろんである。

(15)8【誮】7235 国字 △

字義 やさしい。

解字 会意。言＋花。言葉に花がある、やさしいの意味を表す。

(16)9【諳】7236 △ アン 覃 ān ―7562 6B5E

字義 ❶そらんじる。そらで覚える。暗記する。❷なれる。経験する。❸さとる。心によく知りわける。

解字 文 篆 形声。言＋音㊥。音符の音は、暗に通じ、くらいの意味。目をおおって暗くして言う、そらんじるの意味を表す。

【諳記】そらで覚える。暗記。

【諳識】＝諳知。

【諳△悉】そらで覚えつくす。全部そらでおぼえる。

【諳△誦】そらで読む。何も見ないで読む。そら読み。暗唱。

【諳知】そらで覚える。そらんじ知る。

【諳練】①よく覚えている。また、ことごとく知っている。②よく慣れている。また、熟達している。諳錬。

(16)9【謂】7237 標 イ(ヰ) 未 wèi ―1666 3062

字義 ❶いう(言)。㋐のべる(述)。かたる(語)。つげる(告)。㋑批評する。〔論語、八佾〕孔子謂二季氏一。㋒となえる。名づける。〔孟子、梁恵王上〕謂二其台一曰二霊台一。❷いい。㋐名称。呼び名。㋑いわれ。理由。わけ。㋒趣旨。❸おもう(思)。〔論語、八佾〕嗚呼曾謂二泰山不一レ如二林放一乎。❹つとめる(勤)。❺所謂は、世間で言うところの。一般に言っている。❻謂何は、いかが。いかに。

解字 文 金 篆 形声。言＋胃(冐)㊥。音符の胃は、囲に通じ、かこむの意味。ある概念をはっきりかこみ区別して言うの意味を表す。

【△勿レ謂今日不レ学(學)有二来(來)日一】今日勉強しなくとも明日があるなどと言ってはならない。〔宋、朱熹、勧学文〕

(16)9【謁】(7202) エッ 謁(7201)の旧字体。→一〇一四ジ。

(16)9【諧】7238 標 漢カイ 呉ガイ 佳 xié ―7563 6B5F

字義 ❶かなう。ととのう。合う。調子がよく合う。調和する。また、ととのえる。調子を合わせる。❷やわらぐ。うちとける。やわらげる。「和諧」❸たいらにする。物価を安定させる。❹わきまえる(弁)。❺たわむれ。おどけ。冗談。「俳諧」

解字 文 篆 形声。言＋皆㊥。音符の皆は、人々が声をそろえて言うの意味。のち、言を付し、調和するの意味を表す。

【諧△謔】冗談。おどけ。ユーモア。

【諧協】ととのい和する。調和する。

【諧語】①韻をふんだ一連のことば。しゃれの一種。②うちとけて語る。

【諧声(聲)】①漢字の六書の一つ。意味を表す部分(意符)と、音を表す部分(音符)とを組み合わせて作った文字。江・河の偏は意味を、つくりは発音を示す類。形声。②調和する声。調和した声。

【諧△暢】のびのびとしてやわらぐ。

【諧調】①やわらぎととのう。②調和のとれた音。ころよい調べ。

【諧比】やわらぎしたしむ。親しみなれる。比は、親しむ。

【諧和】①ととのえやわらげる。②ととのいやわらぐ。楽音がととのって美しいこと。③やわらぐ。おだやかになる。また、その状態にあること。④和合する。

(16)9【諤】7239 標 ガク 薬 è ―7564 6B60

【譆】同字

字義 正しいことを遠慮なく言う。直言する。「侃諤」

解字 形声。言＋咢㊥。音符の咢は、人を驚かすようにやかましく言うの意味。言を付し、直言するの意味を表す。

【諤諤】是非善悪を遠慮なく直言するさま。咢咢。〔史記、商君伝〕千人之諾諾、不レ如二一士之諤諤一。

(16)9【諫】7240 標 漢カン 呉ケン 諫 jiàn ―7561 6B5D

【諌】俗字 2050 3452

字義 いさめる。忠告する。人の過ちを正す。意見する。「直諫」

難読 諫早

解字 文 金 篆 形声。言＋柬㊥。音符の柬は、えらぶの意味。目上の人の言動の善悪をえらび、批評する、いさめるの意味を表す。

【諫院】諫官の役所。→次項。

【諫官】天子の過失をいさめる役。諫職。

【諫議大夫】①官名。天子の過失をいさめる役。②国参議の中国風の呼び名。

【諫言】いさめることば。いさめ。

【諫鼓】昔、人民の中で、天子をいさめたいと思う者のために、朝廷の門外に置き、その意を通じさせるために打たせた太鼓。朝鼓。登聞鼓。敢諫の鼓。〔管子、桓公問〕

【諫止】悪い事をいさめて、思いとどまらせること。

【諫死】君をいさめるために自殺すること。死をもっていさめる。

【諫書】君をいさめる書状。諫疏。

【諫職】君主をいさめる職務。諫官。

【諫正】いさめ正す。

【諫説】他人をいさめたり、自分の見解を説いたりする。

【諫△疏】諫言を書きしるした上奏文。諫書。

【諫争(爭)・諫△諍】いさめ争う。

(16)9【諱】7241 △ キ 慣イ(ヰ) 未 huì ［諱］―7565 6B61

【諱】標準

字義 ❶いむ(忌)。はばかる。㋐いみきらう。きらってさける。㋑おそれつつしんでさける。㋒いみかくす。はばかってかくす。㋓死者の名をはばかって呼ばない。❷いみな。死者の生前の名。実名。生前には名といい、死後に

は諱という。人が死ぬと諡（おくりな）を呼んで、生前の名を呼ぶのをいむことからいう。

解字 金文 篆文 形声。言＋韋㊞。音符の韋ィは、はなれるの意味。口にするのをきらって離れるの意味を表す。

【諱忌】キキ ①おそれはばかる。きらってさける。②国キイ・キキ 陰陽道（オンミョウドウ）などで、いみはばかる事がら。

【諱言】キゲン ①いみはばかって遠慮すべきことば。②他人のいさめのことばを拒む。

【諱避】キヒ はばかりさける。

【不レ可レ諱】いむべからず 死ぬこと。死は人のいみさけることができないものであるからいう。〔戦国策、魏〕

(16)9 【謔】7242 標 漢キャク・呉カク 慣ギャク 薬 xuè 7566 6B62

字義 たわむれる（たはむる）。冗談をいう。おどける。また、その冗談。たわむれ。おどけ。「諧謔カイギャク」

解字 篆文 形声。言＋虐㊞。音符の虐ギャクは、とらが人をなぶり殺すの意味。ことばであれこれともてあそぶ・たわむれるの意味を表す。

【謔謔】ギャクギャク ①さかんではげしいさま。②喜び楽しむさま。

【謔劇】ギャクゲキ たわむれる。謔浪。

【謔笑】ギャクショウ おどけて（ふざけて）笑う。

【謔浪】ギャクロウ たわむれふざける。

(16)9 【諠】7243 △ 漢ケン 呉カン（クヮン） 元 xuān 7567 6B63

字義 ❶わすれる（わする）。＝諼ケン。「諠草」❷かまびすしい（かまびすし）。やかましい。＝喧ケン。「諠譁カ」❸あきらか。

解字 形声。言＋宣㊞。音符の宣は、めぐりわたるの意味。言葉をめぐらせる、かまびすしいの意味を表す。

【諠譁】ケンカ 喧嘩ケンカ。①やかましい。また、やかましく騒ぐ。②国争い。いさかい。

【諠言】ケンゲン やかましく言う。多言する。

【諠囂】ケンゴウ やかましい。

【諠擾】ケンジョウ さわぎ乱れる。さわぎたてる。喧擾ケンジョウ。

【諠草】ケンソウ 草の名。わすれぐさ。人の心配事を忘れさせるという。諼草ケンソウ。萱草ケンソウ。蘐草ケンソウ。

【諠伝（傳）】ケンデン かしましく伝わる。人々がさかんに言って伝わること。評判が広まる。また、さかんに言って伝え広めること。喧伝。〔伝デン〕

【諠呶】ケンドウ・ケンド やかましくさけぶ。喧呶ケンド。

(16)9 【諼】7244 △ 漢ケン 呉カン（クヮン） 元阮 xuān

字義 ❶いつわる（詐）（いつはる）。あざむく。ごまかす。❷わすれる（諠ケン）（わする）。

解字 篆文 形声。言＋爰㊞。音符の爰エン→ケンは、ひくの意味。事実・真実から故意に別の方向にひく言葉、いつわりの意味を表す。

【諼草】ケンソウ 草の名。わすれぐさ。諠草ケンソウ。

(16)9 【諺】7245 標 ゲン 霰 yàn ［諺］ 2433 3841

字義 ❶ことわざ。昔から言い伝えられていて、簡単にうまくまとまっている文句。教訓や風刺の意を含んだものが多い。❷とむらう（弔）。

解字 篆文 形声。言＋彥㊞。音符の彥ゲンは、化粧するの意味。人生を美しく飾る教訓を含んだことわざの意味を表す。

【諺解】ゲンカイ 国漢文を口語で解釈したもの。俗語での解釈。

【諺言】ゲンゲン ことわざ。諺語。

【諺文】オンモン・ムン 朝鮮の音標文字。二十八字あり、日本のかなのようなもの。ハングル。

(16)9 【諢】7246 △ ゴン 慣コン 願 hùn 7568 6B64

字義 じょうだん（冗談）。たわむれ。また、じょうだんをいう。また、その人。

解字 形声。言＋軍㊞。音符の軍は、混に通じ、かきまぜるの意味。言葉をかきまぜて、じょうだんを言うの意味を表す。

【諢詞小説】コンシショウセツ 俗話体で書いた小説。日本の講談・落語の類。宋代ソウダイの仁宗のころから起こる。一説に、五代に始まるという。

【諢名】コンメイ・あだな 異名。あだな。渾名あだな。

(16)9 【諮】7247 常 シ はかる　(16)9 ［諮］7248　シ 支 zī 2780 3B70

筆順 言 訁 訁 䜋 諮

字義 はかる。とう（問）（とふ）。といはかる。上の者が下の者に相談をする。「諮問」

使いわけ はかる［計・測・量・図・謀・諮］⇩計(7094)。

解字 形声。言＋咨㊞。音符の咨シは、はかるの意味。言を付し、はかるの意味を表す。

【諮議】シギ ①下の者に相談すること。②上からの諮問に応じて、その事がらを評議すること。

【諮諏】シシュ たずねる。はかる。諮問。

【諮詢】シジュン ＝諮問。

【諮稟】シヒン ①たずねる。相談する。稟は、申す。②ある人に相談して、その人に命令を受ける。稟は、命をうける。

【諮謀】シボウ 問う。はかる。相談する。諮諏シ。

【諮問】シモン 問う。たずねる。上の者が下の者に相談をする。

(16)9 【諡】7249 △ 漢シ 呉ジ 寘 shì 7575 6B6B　［謚］正字 7574 6B6A

字義 ❶おくりな。死者に対して、その生前の行跡によってつける名。人の死後は、呼ぶに諡を用い、実名は諱キ・いみなと称して忌み、呼ばない。「諡号」❷おくりなする（おくりなす）。おくりなをつける。❸名づける。また、名。よび名。❹しずか（静）。

解字 篆文 形声。篆文は、言＋益㊞。音符の益は、ますの意味。死後に、その人の行跡によっておくる名の意味を表す。諡は、謚の誤字といわれる。

【諡号（號）】シゴウ おくり名。死者におくる名。

【諡法】シホウ おくり名をつける法。

(16)9 【諟】7250 △ 漢シ 呉ジ 紙 shì

字義 ❶おさめる（理）。❷ただす（正）。是正する。❸あきらかにする（諦イテ）。つまびらかにする（審）。❹この（是シ）。これ。

解字 篆文 形声。言＋是㊞。音符の是は、ただすの意味。言葉でただす、つまびらかにするの意味を表す。

(16)9 【諰】7251 △ シ 紙 xǐ

字義 ❶おそれる。びくびくする。❷おもう。話しながら思う。❸直言する。

解字 篆文 形声。言＋思㊞。音符の思は、おもうの意味。語りつつ思うの意味を表す。

(16)9 【諸】(7212) ショ 諸(7211)の旧字体。→一〇一四ページ。

(16)9 【諶】7252 △ 漢シン 呉ジン 侵 chén

字義 ❶まこと。真実。まごころ。❷まことに。たしかに。実に。

解字 金文 篆文 形声。言＋甚㊞。音符の甚ジンは、沈に通じ、沈潜するの意味。約束の言葉一つに沈潜して、他に心を移さないの意味から、まことの意味を表す。

(16)9 【諾】(7222) ダク 諾(7221)の旧字体。→一〇一七ページ。

(16)9 【諜】7253 標 漢チョウ(テフ) 呉ジョウ(デフ) 関 dié　3621 4435

字義 ❶まわしもの。しのび。敵状をさぐるもの。間者。スパイ。「間諜」❷うかがう。さぐる。ひそかに敵地に行ってようすをさぐる。❸やすんずる(安)。❹たちいふるまいがあかぬけしているさま。❺ふだ(札)。また、ふだに書く。記録。＝牒。❻ことばかずの多いさま。＝喋。「諜諜」

解字 篆文 形声。言＋枼(音)。音符の枼は、木の葉の意味。言葉を書き記す、木の葉のようにうすい札の意味を表す。また、覘(うかがう)に通じ、スパイの意味にも用いる。

【諜候】チョウコウ まわし者。諜者。
【諜者】チョウシャ まわし者。忍びの者。探偵。間者。スパイ。
【諜知】チョウチ 敵の様子をひそかに探って知る。
【諜諜】チョウチョウ ことばの多いさま。べちゃくちゃしゃべるさま。喋喋。
【諜報】チョウホウ 敵状を探って知らせる。また、その知らせ。

(16)9 【諦】7254 標 ［一］漢テイ・呉タイ 霽 dì ［二］漢テイ・呉ダイ 斉 tí　3692 447C

字義 ［一］❶つまびらか。明らか。また、つまびらかにする。明らかにする。❷仏まこと。真理。また、それをさとること。［二］なく。さけぶ。＝啼。
国 あきらめる。おもいきる。

解字 篆文 形声。言＋帝(音)。音符の帝は、しめくくるの意味。言葉でしめくくり、つまびらかにするの意味を表す。

【諦観(觀)】テイカン ①つまびらかにみる。よく見る。じっと見守る。諦視。②国あきらめる。思いきる。
【諦号(號)】テイゴウ 泣きさけぶ。諦は、啼。
【諦思】テイシ つまびらかに考える。よく考える。
【諦視】テイシ つまびらかにみる。よく見る。見守る。
【諦聴(聽)】テイチョウ つまびらかに聞く。心を傾けて聞く。

(16)9 【諵】7255 △ 漢ダン 呉ナン 覃 nán

字義 かまびすしい。やかましい。べちゃくちゃしゃべるさま。＝喃。「喋喋諵諵」

解字 形声。言＋南(音)。

(16)9 【諷】7256 標 フウ 送 fěng　7569 6B65

字義 ❶そらんじる。そらよみする。また、歌う。「諷詠」❷ほのめかす。遠まわしにいう。はっきり言わず、それとなく他の事によそえていう。あてこする。「諷刺」

参考 現代表記では［風］(8693)に書きかえることがある。「諷刺→風刺」

解字 篆文 形声。言＋風(音)。音符の風は、かぜの意味。風に乗せて言うの意味から、そらんじる・ほのめかすの意味を表す。

【諷意】フウイ ①意志・考えをほのめかす。②それとなくあてこすって言った意味。
【諷詠】フウエイ 詩歌をそらで歌う。
【諷諫】フウカン ほのめかし、いさめる。それとなく遠まわしにいさめる。
【諷刺】フウシ 遠まわしに非難する。あてこする。風刺。
【諷誦】フウショウ ①詩文などを暗誦する。②よみかた。素読。③仏ジュ 経文などを声をあげて読むこと。諷経。諷読。
【諷説】フウセツ 暗記していることをそのまま説くこと。覚えていることを墨守して、それをしたり顔で言うこと。「ばかの一つ覚え」に近い意。
【諷諭】フウユ 遠まわしにさとす。風諭。

(16)9 【諞】7257 △ 漢ヘン 呉ベン 銑 先 piǎn　［諞］ 7570 6B66

字義 ことばたくみにいいまわす。口先でたくみにいう。巧言。＝便。

解字 篆文 形声。言＋扁(音)。音符の扁は、ひらたいの意味。真実味のない、うすっぺらな言葉の意味を表す。

(16)9 【謀】7258 常 ボウ・ム はかる 漢ボウ 呉ム 尤 móu　4337 4B45

筆順 言 計 計 訲 謀 謀

字義 ❶はかる。㋐問いはかる。相談する。㋑思いはかる。考えをめぐらす。㋒計略をめぐらす。くわだてる。「参謀」「共謀」㋓計略であざむく。だます。おとしいれる。❷はかりごと。くわだて。たくらみ。計略。「謀略」

使いわけ はかる［計・測・量・図・謀・諮］⇒計(7094)。

解字 篆文 形声。言＋某(音)。音符の某は、神木に祈るの意味。むずかしい問題について考える、はかるの意味を表す。

▼陰謀・隠謀・遠謀・策謀・参謀・主謀・首謀・大謀・知謀・非謀・無謀

【謀画(畫)】ボウカク はかりごと。計略。計画。
【謀議】ボウギ ①相談してはかる。また、相談。②国法律用語。数人が共同で犯罪の計画・実行を相談すること。
【謀計】ボウケイ はかりごと。計略。謀略。
【謀策】ボウサク はかりごと。計略。
【謀殺】ボウサツ 計画的に人を殺す。あらかじめ相談しておいて人を殺す。
【謀主】ボウシュ 主となってそのはかりごとを計画した人。首謀者。
【謀将(將)】ボウショウ はかりごとにすぐれた武将。
【謀臣】ボウシン はかりごとのたくみな家来。また、君主の顧問となって策略をめぐらす臣。
【謀図(圖)】ボウト はかりごと。謀計。
【謀反・謀叛】ムホン・ボウハン ①君主にそむいて兵を起こすこと。②自国にそむいて他国に従うこと。㋑約束にそむくこと。③国㋐ひそかに計って事を挙げること。
【謀略】ボウリャク はかりごと。特に、相手をおとし入れるはかりごと。計略。謀計。
【謀慮】ボウリョ はかり考える。また、はかりごと。

(16)9 【諭】7259 常 ユ さとす　(16)9 ［諭］7260 ユ 遇 yù　4501 4D21

筆順 言 訟 諭 諭

字義 ❶さとす。言い聞かせる。教え導く。はっきりわかるように教える。また、さとし。教え導く事がら・文書。「説諭」「告諭」❷さとる(悟)。よくのみこむ。❸たとえる。また、たとえ。＝喩。❹広く行きわたる。世に行われる。

名乗 さと・さとし　難読 諭鶴羽(ゆづるは)

解字 篆文 形声。言＋俞(兪)(音)。音符の兪は、ぬきとるの意味。不明な点をぬきとることばの意味から、さとすの意味を表す。

▼教諭・暁諭・訓諭・告諭・聖諭・説諭・勅諭・風諭

【諭暁(曉)】ユギョウ 教えさとす。
【諭告】ユコク ①さとしつげる。②文体の名。上から下につげさとす文。
【諭示】ユシ ①さとししめす。目下のものにさとししめす。②官庁から人民に告げ示す文書。
【諭旨】ユシ ①趣旨をいい聞かせる。②天子のみことのり。
【諭達】ユタツ 官から発する諭示。おふれ。

(16)9 【諛】7261 △ ユ 虞 遇 yú　［諛］俗字　7571 6B67

字義 ❶へつらう。おもねる。人の気に入るようにこびる。「阿諛」❷へつらい。おもねり

こびることば。❸よろこびしたがうさま。

解字 篆文 形声。言＋臾㊀。音符の臾ユは、盛りあげるの意味。言葉たくみに人の気を引き、有頂天にさせる、へつらうの意味を表す。

【諛悦】ユエツ こびへつらって喜ばせる。
【諛言】ユゲン こびへつらうことば。おせじ。諛辞。
【諛臣】ユシン へつらいこびるけらい。
【諛△諂】ユテン こびへつらう。
【諛△媚】ユビ へつらいこびる。阿媚アビ。

(16)9【謡】7262 常 ヨウ うたい・うたう 4556 4D58
(17)10〖謠〗7263 人許 ヨウ(エウ) 蕭 yáo 7579 6B6F

筆順 言 言 評 謡

字義 ❶うたう。楽器に合わせないで、単に節をつけて歌う。❷うた。また、はやりうた。ひなうた。「民謡」「俗謡」❸うわさ。流言。風説。デマ。「謡言」❹そしる。悪口をいう。国うたい。謡曲。 難読 謡歌わざうた・謡口うたぐち・謡坂うとうざか

使いわけ うたう〔歌・謡〕⇩歌(3780)。

解字 形声。言＋䍃(䍃)㊀。音符の䍃ヨウは、本来は舎ヨウで、「うたう」の意味。

▼歌謡・俗謡・童謡

【謡詠】ヨウエイ うたう。うたをうたう。また、うた。
【謡吟】ヨウギン うたう。吟じる。
【謡言】ヨウゲン ①世間のうわさ。評判。②はやり歌。風謡。
【謡俗】ヨウゾク ①世間の風俗。②風俗を歌った歌謡。

(17)10【謌】7264 △ カ 歌(3780)と同字。→五〇ジ 7572 6B68

(17)10【謋】7265 △ ㊀カク(クヮク) 陌 huò ㊁漢ケキ・呉キャク 陌

字義 ㊀㊁❶骨と肉とがさけはなれる音の形容。謋然。❷一説に、すみやかなさま。

解字 会意。言＋舛＋木。舛は、両足が反対方向を向く形にかたどり、そむく・はぐの意味。木がはがれる時の音の形容を表す。

(17)10【謹】7266 常 キン つつしむ 2264 3660
(18)11〖謹〗7267 人許 漢キン 呉コン 吻 jǐn

筆順 言 訁 詳 謹 謹

字義 ❶つつしむ。㋐物事をゆるがせにしない。念を入れる。よく注意する。気をひきしめる。㋑うやうやしくかしこまる。おそれうやまう。ひかえめにする。「謹賀」㋒禁止する。❷つつしみ。ひかえめ。❸つつしんで。うやうやしく。

名乗 ちか・もり・すすむ

使いわけ つつしむ〔謹・慎〕
〔謹〕相手に対しうやうやしい態度をとる。「謹んでお祝い申し上げます」
〔慎〕ひかえ目にする。「酒を慎む」

解字 篆文 形声。言＋堇(堇)㊀。音符の堇キンは、ねん土をぬりこめるの意味。言葉をぬりこめてひかえめにする、つつしむの意味を表す。

▼細謹

【謹賀】キンガ つつしんでお祝いする。恭賀。「謹賀新年」
【謹△恪】キンカク つつしみ敬う。恪謹。
【謹△愨】キンカク つつしみ深く誠実なこと。謹愿キンゲン。
【謹啓】キンケイ つつしんで申し上げる。日本では手紙の書き始めにこの語を用いる。拝啓。
【謹言】キンゲン ①ことばをつつしむ。②つつしんで申し上げる。日本では手紙文の末尾にこの語をつける。謹白。
【謹厳(嚴)】キンゲン つつしみ深くおごそかなこと。
【謹厚】キンコウ つつしみ深くて人情にあついこと。謹慎重厚。
【謹上】キンジョウ つつしんでたてまつる。日本では手紙のあて名にこの語をそえる。
【謹身】キンシン 身をつつしむ。
【謹慎(愼)】キンシン ①つつしむ。②まじめで用心深いこと。〔文選、諸葛亮、出師表〕先帝知臣謹慎センテイシンのキンシンなるをしる。③国㋐江戸時代、武士に与えた刑罰。戸を閉じて出入させない刑。㋑罪をあやまる意味で、ひきこもっていること。
【謹諾】キンダク つつしんで承知する。
【謹聴(聽)】キンチョウ つつしんで人の話を聞く。敬聴。
【謹直】キンチョク つつしみ深く正直なこと。
【謹勅(敕)・謹△勑・謹△飭】キンチョク つつしみ深い。また、つつしみいましめる。勅・勑・飭は、つつしむ、また、いましめる。
【謹呈】キンテイ ①(詩文などを)つつしんで示す(お目にかける)。②物をつつしんでさし上げる。
【謹白】キンパク ＝謹言。白は、申す。
【謹敏】キンビン 性質はつつしみ深く、動作はすばやい。
【謹密】キンミツ ①つつしみ深く手ぬかりがない。②大切。重要。

(17)10【謑】7268 △ ㊀漢ケイ・呉ゲイ 薺 xǐ ㊁漢ケイ・呉ゲイ 斉 xī

字義 ㊀❶はずかしめる。「謑詬ケイコウ」❷はじ(恥)。㊁正しくないさま。

解字 篆文 形声。言＋奚㊀。

【謑△髁】ケイカ 正しくないさま。また、不安なさま。一説に、恥を忍ぶさま。
【謑△詬】ケイコウ ののしりはずかしめる。一説に、怒る。

(17)10【謙】7269 常 ケン 2412 382C
(17)10〖謙〗7270 ㊀ケン 塩 qiān ㊁ケン 琰 qiàn

筆順 言 訁 謙 謙 謙

字義 ㊀❶へりくだる。ゆずる。自分をおさえて、人にゆずる(人の下につく)。「謙譲」❷うやまう(敬)。❸へらす。かるくする(軽)。❹易エキの六十四卦カの一つ。☶☷艮下坤上ゴンカコンショウ。尊い位にあっても位の低いものにゆずるさま。㊁みちたりる。こころよい。満足のさま。＝慊ケン。〔大学〕此之謂自謙これをこれみずからケンすという(みずから(こ)ころよくす)。

名乗 あき・かた・かね・しず・のり・ゆずる・よし

解字 篆文 形声。言＋兼(兼)㊀。音符の兼は、廉に通じ、正しく整うの意味。正しく整った言葉づかいをする、つつしむ・へりくだるの意味を表す。

▼恭謙・謙謙

【謙虚(虛)】ケンキョ へりくだる。心をむなしくして、高ぶらないこと。
【謙恭】ケンキョウ へりくだってつつしむ。謙遜ケンソン。丁寧。
【謙謙】ケンケン へりくだり敬うさま。
【謙倹(儉)】ケンケン へりくだって、つつましやかなこと。
【謙辞(辭)】ケンジ へりくだったことば。ひかえ目なことば。
【謙柔】ケンジュウ へりくだってやさしい。
【謙△恕】ケンジョ へりくだって、他人への思いやりがある。
【謙称(稱)】ケンショウ へりくだっていう呼び名。自分を小生などという類。
【謙譲(讓)】ケンジョウ へりくだりゆずる。
【謙損】ケンソン へりくだって高ぶらない。退損。
【謙△遜】ケンソン へりくだりゆずる。謙譲。謙退。
【謙退】ケンタイ へりくだってでしゃばらない。謙遜ソン。
【謙黙(默)】ケンモク へりくだってひかえ目で、あまりしゃべらないこと。

(17)10【謇】7271 △ ケン 銑 jiǎn 7573 6B69

【字義】❶どもる。❷むずかしい（難）。❸ああ。発語の語。❹直言するさま。正しく言うさま。「謇謇」

【解字】形声。言＋寒省㊥。

【謇△愕・謇△諤】直言する。直言してへつらわないこと。

【謇謇】①直言するさま。正言するさま。②ひどく難儀なさま。

(17)10【講】7272 教5 コウ
(17)10［講］7273 ⊟コウ（カウ）講 jiǎng ⊟㊥コウ・㊉ク 宥 2554 3956

筆順 言 訁 詳 講 講 講

【字義】⊟❶仲直りする。和解する。❷とく（説）。㋐話す。語る。㋑ときあかす。意味を明らかにする。また、その説明。「講義」❸論議する。❹よむ（読）。意味を明らかにしながら読む。「講読」❺はかる。もくろむ。❻しらべる。きわめる。研究する。❼ならう（習）。けいこする。「講習」⊟仲直りする。和解する。＝⊟の①。＝媾。国コウ。㋐神仏の信仰者が集まって結ぶ団体。㋑金銭を融通する目的で作る団体。「頼母子講」

参考 現代表記では［媾］(1548)の書きかえに用いることがある。「媾和→講和」

解字 文 篆 形声。言＋冓（冓）㊥。音符の冓は、組み合わせるの意味。発言して心を通じ合わせる、なかなおりをするの意味を表す。

▼侍講・進講・代講・輪講

【講演】ある題目について大ぜいの前で講義ふうに話をすること。また、その話。

【講△筵】講義をする席。講席。

【講解】①仲なおりする。和解する。②書物を解き明かす。解釈。講義。

【講学（學）】学問を研究し学ぶこと。

【講起】講義を始める。

【講義】文章や学説の意味をとき明かす。また、その書。

【講求】しらべもとめる。研究する。

【講究】しらべきわめる。研究する。

【講経（經）】①経書の意義をとき明かす。聖人の書を講義する。②仏 僧などが経文を講義する。

【講座】①講師のすわる席。②国㋐大学などで講義する担当区分や内容。㋑やや長期にわたって程度の高い学術を講義する講習会の名。㋒講師が講義したものをまとめて、定期的に刊行する出版物の名。

【講師】①学問・技芸の講義をする人。②国㋐たのまれて講演などをする人。㋑大学その他の学校で、専任教官以外にたのまれて専門の学科を教授する人。㋒宮中の御歌会の披講式で、詠歌を読みあげる役。③仏㋐昔、諸国の国分寺にいて僧尼の事をつかさどり、経典の講義をした僧官。㋑法会のとき高座にのぼって経文の講釈をする僧。

【講釈（釋）】①とき明かす。説明する。②国㋐昔、民衆に対して『太平記』などの軍記物を読み聞かせたこと。後に寄席演芸の一つとなった。㋑得意になってべらべらしゃべり聞かせること。

【講習】①学ぶ。習う。講も、習。②国ある一定期間、学問・技芸などを指導すること。

【講△誦】①書物を読むこと。②相手に教えるために、音読すること。

【講席】①講義の場所。書物を講釈する席。②国詩歌を発表する集まりの席。

【講説】とき明かす。また、説き明かし。講義。

【講談】①物事の道理を説き明かして話す。②国武勇伝などをたくみに話して聞かせる演芸。講釈。

【講壇】国講演・説教などをするときに登る壇。

【講堂】①学問を講義するへや。②学校や公会堂などで講演を聞いたりする広い建物。③仏寺院で講義または説教する場所。

【講道】①道を説き明かす。②道についてきわめつくす。道を研究する。

【講読（讀）】①書物を読む（また、研究し読む）こと。②書物を読み、さらに講義すること。

【講評】説明して批評すること。

【講法】仏仏法を説きあかす。

【講明】意義をときあかす。物事の道理をきわめ明らかにする。

【講論】説き明かし、また、研究し、論ずる。

【講和】交戦国が仲直りすること。和睦。媾和。

【講話】①話す。語る。②国講義して説き明かすこと。また、その話。

(17)10【謊】7274 △ コウ（クワウ）陽 huǎng
［謊］本字
【字義】❶ねごと。うわごと。❷うそ。でたらめ。いいかげんなことば。
【解字】形声。言＋荒㊥。音符の荒は、むなしい意味を表す。謊の俗字。

(17)10【謚】7275 △シ 諡（7249）の正字。→一〇二二ページ。 7574 6B6A

(17)10【謝】7276 教5 シャ あやまる ㊥シャ・㊉ジャ 禡 xiè 2853 3C55

筆順 言 訁 訂 訥 謝 謝

【字義】❶さる（去）。㋐立ちのく。しりぞく。やめる。㋑おとろえる。しぼむ。死ぬ。「新陳代謝」❷すてる（捨）。退ける。ことわる。「謝絶」❸聞き入れる。ゆるす。❹礼を述べる。また、その礼金。「感謝」「月謝」❺あやまる。わびる。「陳謝」❻つげる（告）。話す。❼はじる（恥）。難読 謝敷

参考 現代表記では［藉］(6627)の書きかえに用いることがある。「慰藉料→慰謝料」

解字 文 篆 形声。もと、言＋䠶㊥。音符の䠶は、放つの意味。ことばを放つ、あいさつをするの意味を表す。謝はもと俗字。また、捨に通じ、すて去るの意味をも表す。

▼慰謝・辞謝・深謝・寸謝・代謝・多謝・陳謝・拝謝・報謝・鳴謝

【謝意】①お礼の心。礼意。②おわびする心。謝罪の意志。

【謝恩】受けた恩に対して感謝する。「謝恩会」

【謝儀】＝謝礼。

【謝恵（惠）連】南朝宋の詩人。陽夏（今の河南省内）の人。詩は族兄の謝霊運と並び称せられ、書画にもすぐれていた。（三九七—四三三）

【謝遣】①礼を言って帰す。②ことわり去らせる。

【謝罪】罪をわびる。あやまる。

【謝辞（辭）】①感謝のことば。②おわびのことば。

【謝小△娥伝（傳）】唐代の伝奇小説。李公佐の作。父と夫を殺された謝小娥が夢に出た父と夫の言葉から敵の名を知り、仇討ちをするという物語。

【謝絶】ことわる。

【謝△朓】南朝斉の詩人。陽夏（今の安徽省合肥市）の人。字は玄暉。宣城の太守となった。五言詩にすぐれ、南北朝期の詩人の第一人者といわれる。著に『謝宣城集』がある。（四六四—四九九）

【謝表】君恩に対して感謝の意を表す上奏文。

【謝△枋得】南宋の忠臣。字は君直。号は畳山。弋陽（今の江西省内）の人。元兵と戦い、敗れて捕らえられ、絶食して死んだ。『文章軌範』の編者。（一二二六—一二八九）

【謝礼（禮）】①お礼。②感謝の意を表す贈り物。

【謝霊(靈)運】（シャレイウン）南朝宋の詩人。陽夏（今の安徽省合肥市）の人。康楽侯に封ぜられたので謝康楽ともいう。詩文書画にすぐれ、特に詩は陶淵明と並び称せられた。著に『謝康楽集』がある。（三八五—四三三）

(17)10【謏】7277　△　ショウ（セウ）　篠　xiǎo　7576 6B6C

字義 ❶ちいさい（小）。すくない。❷さそう（誘）。いざなう。また、その声。さあ。いざ。❸善に導く。

解字 形声。言＋叟㊫。

(17)10【謖】7278　△　㊀シュク・㊁スク　㊂ショク　屋　sù

字義 たつ（起）。起きあがる。

解字 形声。言＋畟㊫。

【謖謖】（ショクショク）①高くぬきんでたさま。②風の起こるさま。③松風の音の形容。

【謖然】（ショクゼン）衣服をかき合わせ整えるさま。

(17)10【謄】7279　常　トウ　3805 4625

(17)10〔謄〕7280　㊀トウ　㊁ドウ　蒸　téng

筆順

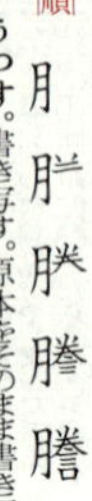

字義 うつす。書き写す。原本をそのまま書き写す。

解字 篆文　形声。言＋朕㊫。音符の朕は、上にあげるの意味。原本を下におき、その下の文字がすけて、薄い紙の上に浮きあがるようにして書く、うつすの意味を表す。

【謄写(寫)】（トウシャ）書き写す。写し取る。

【謄本】（トウホン）①原本から写すこと。また、その写し。写本。②公文書の写し。また、正本などの写し。副本。

【謄録】（トウロク）①写しるす。②書き写すことをつかさどる書記。

(17)10【謟】7281　△　トウ（タウ）　豪　tāo

字義 ❶うたがう（疑）。信じない。❷たがう。

解字 形声。言＋舀㊫。

(17)10【謐】7282　△　㊀ビツ・㊁ミチ　㊂ヒツ　質　mì　7577 6B6D

字義 ❶しずか。ことばが静か。声がしない。「静謐」❷やすらか。❸つまびらか。くわしい。

解字 篆文　形声。言＋盗㊫。音符の盗は、密に通じ、ひっそりの意味。声もなく静かの意味を表す。

【謐然】（ヒツゼン）安らかで静かなさま。謐静。

【謐謐】（ヒツヒツ・ヒッピツ）ひっそりして静かなさま。

(17)10【謗】7283　標　ホウ（ハウ）　㊂ボウ（バウ）　漾陽　bàng　7578 6B6E

字義 ❶そしる。悪口を言う。非難する。❷そしり。

解字 篆文　形声。言＋旁㊫。音符の旁は、妨に通じ、さまたげるの意味。悪意に満ちたことばで他人の言動をさまたげる、そしるの意味を表す。

【謗毀】（ボウキ）そしる。また、そしり。毀も、そしる。

【謗議】（ボウギ）そしる。悪口をいう。また、そしり。

【謗言】（ボウゲン）そしることば。悪口。謗語。

【謗讒】（ボウザン）そしる。また、そしり。讒も、そしる。

【謗嗤】（ボウシ）そしりあざわらう。

【謗訾】（ボウシ）そしる。また、そしり。訾も、そしる。

【謗書】（ボウショ）①人をそしり責めた手紙。②司馬遷の作った『史記』をいう。漢の政策をそしった書の意。

【謗声(聲)】（ボウセイ）そしりの声。非難の声。

【謗嘲】（ボウチョウ）そしりあざける。また、そしり。あざけり。

(17)10【謎】7284　標　㊀ベイ・㊁マイ　㊂メイ　霽　mí　[謎] 3870 4666

字義 なぞ。容易に意味がわからず、人を迷わせることば。なぞ。隠語。「謎語」　国 なぞ。正体の不明なこと。

解字 篆文　形声。言＋迷㊫。音符の迷は、まよわすの意味。人をまよわすようなことば、なぞの意味を表す。

【謎語】（メイゴ）人を迷わすようなことば。また、なぞ。隠語。

(17)10【謠】(7263)　ヨウ　謡（7262）の旧字体。→一〇三三ページ。　7579 6B6F

(18)11【謳】7285　標　㊀オウ　㊁ウ　尤　ōu　7580 6B70

〔讴〕俗字

字義 ❶うたう。㋐節をつけて歌う。㋑楽器を用いないで歌う。㋒大勢が声をそろえて歌う。㋓くちずさむ。❷うた。「歌謳」

解字 篆文　形声。言＋區㊫。音符の區は、区切るの意味。言葉に区切りをつける、うたうの意味を表す。

【謳詠】（オウエイ）歌をうたう。

【謳歌】（オウカ）①大勢が声をそろえて歌う。②仁徳などをほめたたえて歌う。③平和・繁栄などを喜び歌う。

【謳吟】（オウギン）①＝謳歌。②歌をうたう。

【謳唱】（オウショウ）歌をうたう。また、うた。

【謳頌】（オウショウ）徳をたたえる歌。

(18)11【謹】(7267)　キン　謹（7266）の旧字体。→一〇三三ページ。

(18)11【謦】7286　△　㊀ケイ　㊁キョウ（キャウ）　迥　qìng　7582 6B72

字義 せきばらい。しわぶき。

解字 篆文　形声。言＋殸㊫。音符の殸は、高い音のする楽器、けいの意味。高い声のするせきばらいの意味を表す。

【謦欬・謦咳】（ケイガイ）①せきばらい。軽いのを謦といい、重いのを欬・咳という。②笑いさざめくことのたとえ。

【接二謦欬一】（ケイガイにセッす）その人のせきばらいの声をきく。転じて、その人にお目にかかる。人に面会をするのを敬っていう。聞二謦欬一（ケイガイをきく）。

(18)11【謼】7287　△　㊀コ　㊁ク　虞　hū

字義 さけぶ（叫）。よぶ。＝嘑・呼。

解字 篆文　形声。言＋虖㊫。音符の虖は、呼ぶの意味。大声をあげてさけぶの意味を表す。

(18)11【謷】7288　△　㊀ゴウ（ガウ）　豪　áo　㊁ゴウ（ガウ）　号　ào

〔謸〕同字

字義 ㊀❶そしる。やかましく悪口をいう。❷やかましく言いたてて人の言をきかない。❸悲しみなげく声の形容。❹大きいさま。高大なさま。ほしいまま。「謷乎」　㊁❶おごる。＝傲。「謷然」❷志の高いさま。❸たわむれる。

解字 篆文　形声。言＋敖㊫。音符の敖は、気ままにするの意味。人のことばに耳もかさず、かってにしゃべりちらすの意味を表す。また、転じて、おろかな人の意味をも表す。

【謷乎】（ゴウコ）高大なさま。

【謷謷】（ゴウゴウ）①人のことばを聞かずに大きなことをいうさま。②悲しい泣き声の止まないさま。③大勢が口をそろえてそしるさま。④大勢が口をそろえてうれえるさま。

【謷醜】（ゴウシュウ）そしる。非難する。

【謷然】（ゴウゼン）おごるさま。いばって人を見くだすさま。

(18)11【謫】7289　△　㊀タク　㊁チャク　陌　zhé　7583 6B73

〔讁〕同字

字義 ❶つみする。罪を責めて罰する。❷せめる。とがめる。❸ながす（流）。官職をさげおとして、遠方へ流しやる。流刑に処する。「流謫」❹つみ（罪）。とが、とがめ。

解字 篆文　形声。言＋啇（啻）㊫。音符の啇は、摘に通じ、つまみだす・あばくの意味。言葉で罪をあばく、つみするの意味を表す。

【謫居】(タクキョ・タッキョ) 罪せられて遠方に流されていること。また、その住まい。

【謫戍】(タクジュ) 罪を受けて遠い地方の守りにやられること。また、その兵士。

【謫所】(タクショ) 罪によって流されている場所。配所。

【謫仙】(タクセン) 謫仙人。①天上からこの世に流された仙人。俗世間を離れている人や俗気のない人をほめていうことば。②盛唐の李白(リハク)や北宋(ホクソウ)の蘇軾(ソショク)などをいう。

【謫落】(タクラク) 官位をおとして流される。〔菅原道真、不レ出レ門詩〕一従三謫落在二柴荊一(ひとたびタクラクせられて、サイケイにありしより)、万死兢兢跼蹐情(バンシキョウキョウキョクセキのジョウ)。

(18)11
【謬】7290
標 漢ビュウ(ビウ) 呉ミョウ(メウ) 宥 miù　4121 *4935*

字義 ❶あやまる。まちがう。また、あやまり。まちがい。「誤謬」❷たがう。「差謬」❸あざむく。だます。ごまかす。

解字 篆文 形声。言＋翏(音)。音符の翏(リュウ)は、ㄐ(キュウ)に通じ、まつわるの意味。ことばがもつれる、まちがうの意味を表す。

【謬計】(ビュウケイ) まちがったはかりごと。誤算。謬算。

【謬見】(ビュウケン) まちがった意見。あやまった考え。

【謬言】(ビュウゲン) ①隠語。②でたらめなことば。

【謬誤】(ビュウゴ) まちがい。あやまり。錯誤。

【謬錯】(ビュウサク) 誤る。まちがう。また、誤り。まちがい。

【謬算】(ビュウサン) いつわりのはかりごと。また、まちがったはかりごと。〔謬計。

【謬説】(ビュウセツ) まちがった説。

【謬伝(傳)】(ビュウデン) ①誤り伝える。まちがって伝える。②まちがったうわさ。誤聞。

【謬聞】(ビュウブン) まちがったうわさ。謬伝。

【謬論】(ビュウロン) まちがった議論。

(18)11
【謨】7291
△ 漢ボ 呉モ 虞 mó　7585 *6B75*

字義 ❶はかる。計画する。❷はかりごと。くわだて。大きなはかりごと。「宏謨(コウボ)」❸いつわる(偽)。❹ない(無)。

解字 篆文 形声。言＋莫(音)。音符の莫(ボ)は、さぐり求めるの意味。物事の結論をさぐり求める、はかるの意味を表す。

(18)11
【謾】7292
△ 一マン 寒 mán 二マン 諫 màn　7584 *6B74*

字義 一❶あざむく(欺)。だます。いつわる。たぶらかす。「欺謾」❷そしる。悪口を言う。二❶あなどる(侮)。かろんずる。＝慢。❷なれる。なれなれしくする。なれけがす。❸おごりたかぶる。❹おこたる(怠)。

解字 篆文 形声。言＋曼(音)。音符の曼(マン)は、のばすの意味。ことの核心にふれずにことばをひきのばすの意味から、あざむく、あなどるの意味を表す。

【謾易】(マンイ) あなどる。慢易。

【謾欺】(マンギ) あざむく。だます。

【謾語】(マンゴ) うその話。でたらめ。漫言。妄言。謾誕。

【謾誕】(マンタン) でたらめ。うそ。

(19)12
【譁】7293
△ 漢カ(クワ) 呉ケ 麻 huā　[譁] 7586 *6B76*

【嘩】標準 1862 *325E*

字義 かまびすしい。かまびすし。やかましい。さわがしい。

解字 篆文 形声。言＋華(音)。音符の華は、はなやかの意味。はなやかなことば、かまびすしいの意味を表す。

【譁笑】(カショウ) やかましくさわぎ笑う。

【譁然】(カゼン) かまびすしいさま。がやがやとさわがしいさま。

(19)12
【譌】7294
△ カ　訛(7110)の正字。→一〇〇三ページ。　7587 *6B77*

(19)12
【譆】7295
△ キ 支 xī

字義 ❶ああ。あ。感動のことば。❷あつい(熱)。

解字 篆文 形声。言＋喜(音)。音符の喜は、感嘆したときの声や熱気を表す擬声語。言を付し、ああの意味や、あついの意味を表す。

(19)12
【譏】7296
△ 漢キ 呉ケ 微 jī　7588 *6B78*

字義 ❶そしる。人の欠点をみつけて悪口をいう。また、そしり。非難。「非議」❷せめる(責)。とがめる。❸いさめる(諫(カン))。❹しらべる(調)。吟味する。調べてはっきりさせる。〔孟子、梁恵王下〕関市譏而不レ征(カンシキしてセイせず)。

解字 篆文 形声。言＋幾(音)。音符の幾は、こまかいの意味。人の欠点をこまかく調べて言う、そしるの意味を表す。

【譏訶】(キカ) そしり責める。

【譏議】(キギ) そしる。非難する。また、そしり。

【譏嫌】(キゲン) ①そしりきらう。また、そしられきらわれる。②国ア時機。チャンス。イ様子。ウ感情。気分。また、気分がよいこと。

【譏刺】(キシ) そしる。また、そしり。

【譏誚】(キショウ) そしり責める。あてこすりをいう。

【譏弾(彈)】(キダン) そしる。弾は、射る・はじく。

【譏摘】(キテキ) 欠点をそしり悪い点をあばく。

【譏評】(キヒョウ) 欠点をそしり批評する。

【譏諷】(キフウ) 遠まわしにそしる。また、そしる。

【譏謗】(キボウ) そしる。非難する。また、そしり。非難。

(19)12
【警】7297
(20)13
【警】7298
教 6 ケイ　漢ケイ 呉キョウ(キャウ) 梗 jǐng　2357 *3759*

筆順 艹 苟 敬 警

字義 ❶いましめる(いましむ)。アさとす。注意を与える。とがめる。イ取りしまる。用心する。ウそなえる。守りを固める。「夜警」❷いましめ。アさとし。教訓。イそなえ。防備。ウ合図。のろし。❸おどろく。おどろかす。❹おこす(起)。目ざめさせる。❺すばやい。また、かしこい。「警句」

解字 篆文 形声。言＋敬(敬)(音)。音符の敬は、いましめるの意味。いましめて言うの意味を表す。

▼奇警・機警・自警・巡警・夜警

【警衛(衞)】(ケイエイ) (急変事が起こらないように)警戒し守る。また、その人。

【警戒・警誡】(ケイカイ) いましめる。用心する。

【警急】(ケイキュウ) ①急変に備えて用心する。②警戒を要する急な事件。急変。

【警句】(ケイク) 短い中に真理や奇抜でするどい意味を含んだことば。

【警鼓】(ケイコ) ①急変を知らせるつづみ。②天子の外出のときの警衛の楽曲の名。

【警固】(ケイゴ) 非常にそなえて防備をかためる。また、その防備。

【警悟】(ケイゴ) ①さとりが早い。②いましめさとらせる。

【警護】(ケイゴ) ＝警衛。

【警告】(ケイコク) いましめつげる。前もってつげて注意させる。

【警策】(ケイサク) ①馬を走らせるために打つむち。転じて、文章の中にあって全体を引き立たせるような役目をする重要な句。また、人を感動させるようなすぐれた詩文をいう。②仏(キョウサク) 座禅の時、ねむけなどをさまさせるためむちうつのに用いる細長い板。

【警察】(ケイサツ) ①いましめ調べる。②社会公共の秩序の維持や、安全・幸福を妨害するものを除くため、権力をもって命令し制限を加えるはたらき。また、その組織。

【警捷】(ケイショウ) すばしこい。(心にも肉体にもいう)

【警鐘】(ケイショウ) 非常を知らせるための鐘。はやがね。

【警世】(ケイセイ) 世をいましめる。世人に注意を与える。

【警世通言】(ケイセイツウゲン) 書名。明(ミン)の馮夢竜(フウムリョウ・フウボウリョウ)の著。

宋ソウ・元以来の四十編の作品を収めた通俗短編小説集。

【警△醒】ケイセイ いましめて目をさまさせる。転じて、迷いを解かせてさとらせること。

【警△柝】ケイタク いましめのためにたたく拍子木。

【警△飭】ケイチョク いましめる。

【警笛】ケイテキ 非常を知らせたり、注意したりするために鳴らす笛。

【警発（發）】ケイハツ ①いましめさとらせる。②ずばぬけて賢い。

【警抜】ケイバツ ①とびぬけてすぐれていること。②奇抜ですぐれていること。詩文の才などにいう。「造語警抜」

【警備】ケイビ 万一の場合に備えて用心する。警戒守備する。また、その人。

【警△蹕・警△趩】ケイヒツ ①天子が出入するとき、先払いが声をかけて、道筋の人々を静める。出るときには警（気をつけ）、入るときには蹕・趩（止まれ）という。転じて、さきばらい。②国神官が神殿の戸をあけるときに出す「おお」という声。

【警敏】ケイビン すばやい。敏警。（心にも身体にもいう）

【警△邏】ケイラ 非常事が起こらないように見回る。パトロール。また、その人。

【警吏】ケイリ 警察の役人。警察官。

(19)12【譎】7299 △ 漢ケツ 呉ケチ 屑 jué 7589 6B79

字義 ❶いつわる。うそをいう。あざむく。だます。❷かわる（変）。変化する。❸普通と異なる。めずらしい。また、怪しい。「怪譎」❹遠まわしに言う。「譎諫ケッカン」

解字 篆文 形声。言＋矞音。音符の矞イツは、ほこらしげに示すの意味。実質以上にほこらしげに言う、いつわるの意味を表す。

【譎怪】ケッカイ ①怪しいまでに美しい。めずらしく怪しい。また、そのもの。②怪しい。また、その行為。

【譎△諫】ケッカン 遠まわしにいさめる。

【譎△詭】ケッキ ①あざむきいつわる。②普通と変わっている。珍しい。

【譎欺】ケッギ いつわりあざむく。また、いつわり。あざむき。

【譎計】ケッケイ いつわりのはかりごと。人をあざむいてだます。

【譎謀】ケツボウ ①あざむきはかる。②人をあざむくたくらみ。

(19)12【識】7300 教5 シキ 2817 3C31

一漢ショク・呉シキ 職 shí　二シ 寘 zhì　慣シキ

筆順 言 詁 諳 識 識

字義 一❶しる。㋐見分ける。さとる。気がつく。「認識」「面識」㋑知り合う。交わる。「相識」❷知ること。知っていること。「知識」❸考え。考える力。知恵。「見識」❹知覚。感覚。
二❶しるす。㋐書きつける。㋑おぼえる。❷しるし。めじるし。記号。標識。＝幟シ。❸鐘や鼎かななどに刻んだ文字。「款識」

名乗 さと・つね・のり

解字 金文 篆文 形声。言＋戠音。音符の戠ショクは、織の原字で、おるの意味。ことばを縦横に整え織り出して、物事を区別する、知るの意味を表す。

▼意識・字識・鑑識・眼識・旧識・見識・常識・深識・相識・卓識・多識・知識・認識・博識・標識・面識・黙識・有識・良識

【識見】シキケン ①物事を識別し観察する能力。②経験と知識。

【識者】シキシャ 物事をよくわきまえている人。識見のある人。

【識達】シキタツ 見識があってよく物事を見通すこと。

【識度】シキド 識見と度量。

【識別】シキベツ 見分ける。鑑別。

【識慮】シキリョ ①考えおもんぱかる。②識見と思慮。

【不レ識不レ知順ニ帝△之則一】しらずしらずテイのノリにしたがう（ふ） 知らず知らずのうちに、尭帝様の法則に従ってしまう。〔十八史略、五帝、帝尭〕

(19)12【證】(7134) ショウ 証(7133)の旧字体。→一〇〇五ページ。 7590 6B7A

(19)12【譙】7301 △ 一漢ショウ（セウ） 呉ジョウ（ゼウ） 嘯 qiào　二漢ショウ（セウ） 呉ジョウ（ゼウ） 蕭 qiáo

字義 一しかる。せめる。＝誚ショウ。㋐がみがみことをいう。㋑とがめる。「譙呵ショウカ」 二❶ものみやぐら。たかどの。「譙門」❷いたむ。やぶれる。＝燋ショウ。

解字 篆文 形声。言＋焦音。

【譙△呵】ショウカ ①せめしかる。②だれかとがめ問う。誰何スイカする。

【譙△叱】ショウシツ せめしかる。せめる。しかる。

【譙譙】ショウショウ 鳥の羽が疲労のため破れたさま。

【譙譲（讓）】ショウジョウ ＝譙叱ショウシツ。譲も、せめる。

【譙門】ショウモン 城門の上に建てた敵状を見るためのたかどの（物見やぐら）。

【譙楼（樓）】ショウロウ ＝譙門。

(19)12【譖】7302 △ 一シン 沁 zèn　二セン 艶 jiàn 7591 6B7B

【譛】俗字 7592 6B7C

字義 一❶うったえる。うそを言ってうったえる。❷そしる。事実をまげて悪口をいう。あることないことを言って讒言ザンゲンする。また、そしり。〔論語、顔淵〕浸潤之譖シンジュンのそしり 二いつわる。たがう。僭セン。

解字 篆文 形声。言＋朁音。音符の朁サンは、あとから言うの意味。人の背後からかくれて言う、かげ口を言うの意味を表す。

【譖△毀】シンキ そしる。また、そしり。

【譖言】シンゲン そしりのことば。

【譖潤】シンジュン ①水がしみこむように次第にしみこむ。知らず知らずのうちにしみこむこと。浸潤。②日がたつに従って次第にしみこむ（信じさせる）ようなそしり。

【譖訴・譖△愬】シンソ そしりうったえる。事実をまげてうったえる。愬も、訴える意。

【譖短】シンタン あしざまにいう。そしる。短も、そしるの意。

(19)12【譛】7303 △ シン 譖(7302)の俗字。→前項。 7592 6B7C

(19)12【譔】7304 △ 一漢セン・呉ゼン 銑　二漢セン・呉ゼン 霰 zhuàn

字義 一❶えらぶ。のべる（述）。本などを書く。＝撰セン。「譔述」❷教える。二❶ほめる。よくいう。「譔言」❷そなわる。具足する。❸つつしむ。❹教える。

解字 篆文 形声。言＋巽（巺）音。音符の巽ソンは、そろえ整えるの意味。ことばを整えるの意味を表す。

(19)12【譈】7305 △ 漢タイ 呉ズイ（ヅイ） 隊 duì

字義 ❶うらむ。にくむ。また、にくむべきもの。❷ころす（殺）。

解字 形声。言＋敦音。

(19)12【譚】7306 △ 漢タン 呉ダン 覃 tán 【譚】 7593 6B7D

字義 ❶はなし。また、はなす。＝談。❷ゆるやか。ゆったりする。❸のびる。およぶ。

【譚】標準

解字 形声。言＋覃音。音符の覃タンは、深く厚いの意味。深みのあるはなしの意味を表す。

【譚海】タンカイ はなしのうみ。種々の物語を集めたもの。

(19)12【譊】7307 △ 漢ドウ（ダウ） 呉ニョウ（ネウ） 肴 náo

字義 ❶どなる。ののしる。❷言い争う声。❸さわがしい。やかましい。

解字 篆文 形声。言＋堯音。

(19)12
【譜】7308 常 フ
漢ホ 呉フ 虞 pǔ　4172 4968

筆順

字義 ❶物事の系統・順序などをたどって書き記した表。系図。「系譜」「棋譜」❷系統を追って記すこと。表をつくること。❸楽譜。音楽の曲節を記したもの。「暗譜」

解字 文 篆 形声。言＋普音。音符の普は、しきひろげるの意味。事物の系統などをことばでしきひろげるの意味を表す。

▼花譜・画譜・棋譜・系譜・世譜・年譜

【譜紀】フキ 系図の記録。
【譜系】フケイ 血縁・学派などのつながりを示したもの。系図。系譜。氏譜。譜第。
【譜図(圖)】フズ ＝譜系。
【譜代】フダイ 国譜第。①代々ついできた家の系統。また、それを記したもの。系譜。②代々同じ主家に仕えること。③江戸時代、関が原の戦以前から徳川氏に仕えてきた家柄。「譜代大名」↕外様とざま
【譜第】フダイ ①系図。譜系。②親類。血族。③国譜代。
【譜△諜・譜△牒】フチョウ ①事実を順序をたどって書いた記録。②系図。

(20)13
【議】7309 教4 ギ
ギ 寘 yì　2136 3544

筆順

字義 ❶はかる。㋐相談する。「閣議」「合議」㋑思いめぐらす。考える。「不思議」❷いう。あげつらう。とやかく言う。説く。話す。❸いさめる。❹そしる。非難する。「誹議ひぎ」❺意見。提案。論説。❻文体の一つ。物事の可否を論定する文。奏議・私議の二つがある。

名乗 かた・のり

解字 文 篆 形声。言＋義音。音符の義は、あるべき正しい道の意味。正しい道を求めて発言するの意味を表す。

▼異議・横議・疑議・協議・群議・軍議・決議・建議・公議・抗議・高議・合議・参議・思議・私議・時議・衆議・審議・談議・朝議・党議・討議・発議・評議・物議・謀議・論議

【議案】ギアン 会議に提出すべき原案。
【議会(會)】ギカイ ①公選された議員によって組織され、選挙民の意志を代表し、問題を議決する合議制の機関。②国国会の俗称。
【議決】ギケツ 会議をして事を決定する。相談してきめる。また、その決定。
【議事】ギジ ①会議で事を議論すること。また、その事がら。②議会が議案を論議すること。提案から議決に至るまでの称。
【議奏】ギソウ ①ある事件をその事件に関係ある中央官庁に命じて審議させ、その長官が裁決した結果を天子に奏上させること。②国㋐公卿クゲに疑問を討議させ、その結果を奏上させたこと。㋑武家時代の公卿の職名。(甲)鎌倉時代、朝政の良否を論議して奏上することをつかさどる。(乙)江戸時代、天皇のおことばを公卿以下に伝え、それによる審議の結果を奏上することをつかさどる。
【議題】ギダイ ①詩文などの題を論議してきめること。②審議すべき問題。議案の題目。
【議定】ギテイ・ギジョウ 相談してきめる。討議してきめる。
【議論風生】ギロンフウセイ・ギロンかぜのごとくにショウず 議論が次々と出ることの形容。談論風発。

(20)13
【謦】(7298) ケイ 謦(7297)の旧字体。→一〇二六㌻。

(20)13
【護】7310 教5 ゴ
(21)14
【護】7311 漢コ 呉ゴ 遇 hù　2478 386E

筆順

字義 ❶まもる。㋐助ける。かばう。防ぐ。㋑統率する。㋒大切にする。❷まもり。㋐防ぎ守ること。守備。㋑助け守ること。守護。国おまもり。護符の略。神仏のお守り札。

名乗 さね・もり　難読 護田鳥うすめどり・護麗都留ごまどる

解字 文 篆 形声。言＋蒦(蒦)音。音符の蒦カクは、つかむの意味。やさしいことばをかけ、自分の手もとにつかんでおいて、まもるの意味を表す。

▼愛護・援護・加護・監護・救護・警護・守護・鎮護・都護・弁護・保護・擁護・養護

【護衛(衞)】ゴエイ 付きそい守る。また、その人。
【護憲】ゴケン 国①憲法を擁護する。②立憲政治を擁護する。
【護持】ゴジ ①まもり保つ。保護する。②神仏の加護。③神仏にいのること。
【護照】ゴショウ 旅行や貨物輸送に関する政府の許可証明書。
【護身】ゴシン 身を守る。身を安全にする。
【護送】ゴソウ ①守って送り届ける。②罪人などに付きそって守り送り届けること。
【護短】ゴタン ①人の短所にふれないこと。②自分の過失をかばうこと。
【護符】ゴフ・ゴフウ 仏神仏の加護の力がこもっているという、病気災難よけのお守り札。護身符。
【護法】ゴホウ ①仏仏の正法を守る。②国法律を擁護する。
【護摩】ゴマ 仏梵語ボン homa の音訳。仏前に炉を構え、ぬるでの木などで火をたいて、その火で悪業を焼きつくして願いごとを成就させるという、真言秘法の一つ。
【護△謨】ゴム 国オランダ語 gom の音訳。ゴムの木の分泌物から製造した弾力性に富む物質。

(20)13
【譲】7312 常 ジョウ ゆずる　3089 3E79
(24)17
【讓】7313 人 許 漢ジョウ(ジャウ) 呉ニョウ(ニャウ) 漾 ràng　7610 6C2A

筆順

字義 ❶ゆずる。㋐自分のものを人に与える。「分譲」「禅譲」㋑へりくだる。「謙譲」「互譲」㋒ことわる。辞退する。❷せめる(責)。なじる。ののしる。❸拝礼の形式。手を平らに挙げて人をおしすすめる意を表す礼。

名乗 うや・まさ・よし

解字 文 篆 形声。言＋襄(襄)音。音符の襄ジョウは、衣服にまじないの品をたくさんつめこんで、邪気を払うの意味。ことばで悪い点をせめるの意味を表す。また、たくさんの品をつめこむことを許すことから、ゆずるの意味をも表す。

▼委譲・移譲・割譲・敬譲・謙譲・互譲・辞譲・小譲・禅譲・礼譲

【譲位】ジョウイ 位をゆずる。譲禅。
【譲禅(禪)】ジョウゼン 天子がその位を人にゆずる。譲位。禅譲。
【譲渡】ジョウト 他人にゆずり渡す。◇法令では無償でゆずり渡す場合に限り「譲与」を用いる。「譲渡」は有償・無償を問わない。
【譲歩】ジョウホ ①道をゆずって人を先に行かせる。②自分の主張をまげて相手の意見に従う。

(20)13
【譫】7314 △ セン 塩 zhān　7594 6B7E

字義 ❶たわごと。うわごと。病気などで意識がはっきりしないときなどにいうとりとめもないことば。「譫語」「譫言」❷多言。おしゃべり。

解字 形声。言＋詹音。音符の詹センは、くどくど言うの意味。 難読 譫語うわごと

言を付し、ことばが多いの意味を表す。

【譱】(20)13 7315 △ゼン 善(1027)の古字。→二三〇ページ。 7033 6641

【譟】(20)13 7316 △ソウ(サウ) 号 zào 7601 6C21

字義 ❶さわぐ。がやがやさわぐ。また、さわがしい。かまびすしい。＝噪ソウ。❷よろこぶ(喜)。❸なく(鳴)。さけぶ(叫)。❹つづみうつ。鼓を打つ。

解字 篆文 形声。言＋喿㊥。音符の喿ソウは、さわがしいの意味。言を付し、さわがしくするの意味を表す。

【譬】(20)13 7317 △ヒ 寘 pì 7602 6C22

字義 ❶たとえる(たとふ)。他人の似かよった物事を借りて説明する。❷たとえ(たとへ)。❸さとす(諭)。❹さとる。理解する。

解字 篆文 形声。言＋辟㊥。音符の辟ヒは、わきへ寄るの意味。直接のべずに、わきへそらせて言う、たとえるの意味を表す。

【譬説】ヒセツ 説きさとす。説諭。
【譬喩】ヒユ 比喩ヒユ。たとえ。寓言グウゲン。また、たとえる。
【譬諭】ヒユ ①たとえさとす。②たとえ。また、たとえ話。

【譯】(20)13 (7121) ヤク 訳(7120)の旧字体。→一〇〇三ページ。 7603 6C23

【譽】(20)13 (7174) ヨ 誉(7173)の旧字体。→一〇一〇ページ。 7605 6C25

【譴】(21)14 7318 △ケン 霰 qiǎn 7604 6C24

字義 ❶せめる(せむ)。とがめる(とがむ)。また、しかる。怒る。❷せめ。とがめ。つみ(罪)。わざわい(災)。

解字 金文 篆文 形声。言＋遣㊥。音符の遣は、遠くへやるの意味。ことばでせめたて追いやる、とがめるの意味を表す。

【譴呵・譴訶】ケンカ とがめしかる。
【譴毀】ケンキ とがめそしる。
【譴告】ケンコク 罪をとがめいましめること。
【譴譲(讓)】ケンジョウ せめる。責めしかる。譲も、責める。
【譴辱】ケンジョク せめはずかしめる。
【譴責】ケンセキ ①過失をとがめしかること。②国公務員の職務上の失策に対して与える懲戒処分の一つ。譴謫ケンタク。
【譴黜】ケンチュツ 罪をせめて官位をさげること。
【譴怒】ケンド とがめいかる。責めいかる。
【譴問】ケンモン とがめ問う。責めたずねる。

【護】(21)14 (7311) ゴ 護(7310)の旧字体。→一〇二八ページ。

【譸】(21)14 7319 △チュウ(チウ) 尤 zhōu

字義 ❶のろう。❷譸張は、あざむく。たぶらかす。また、ほらをふく。

解字 篆文 形声。言＋壽㊥。音符の壽ジュは、つらなるの意味。言葉をつぎつぎにつらねて、人をあざむくの意味を表す。

【辯】(21)14 (2048) ベン 弁(2045)の旧字体。→三六七ページ。 7771 6D67

【讃】(22)15 7320 標 サン 翰 zàn 2730 3B3E
【讚】正字 7613 6C2D

字義 ❶たたえる(たたふ)。ほめる(ほむ)。ほめたたえる。❷明らかにする。❸たすける(佐)。❹文体の名。ほめたたえる内容の文。「画讃」❺仏仏をほめたたえる歌のことば。

難読 讃岐さぬき・讃良ささら

参考 現代表記では[賛](7431)に書きかえる。「讃辞→賛辞」「絶讃→絶賛」熟語は[賛]をも見よ。→一〇四四ページ。

解字 形声。言＋贊(賛)㊥。音符の贊サンは、たたえるの意味。

【讃歌】サンカ ほめたたえるうた。賛歌。
【讃辞(辭)】サンジ ほめことば。賛辞。
【讃述】サンジュツ ほめあらわす。ほめてのべる。賛述。
【讃嘆・讃歎】サンタン ①感心してほめる。賛嘆。②仏サンタン・サンダン 節づけした句をとなえ、仏をたたえること。③国サンタン・サンダン 評判。うわさ。
【讃美】サンビ ほめたたえる。美もほめる意。賛美。

【譾】(22)15 7321 △セン 銑 jiǎn
【謭】同字

字義 あさい(浅)。また、あさはか。

解字 形声。言＋翦㊥。

【譾劣】センレツ あさはかでおとっている。

【讁】(22)15 7322 △タク 謫(7289)と同字。→一〇二五ページ。 7606 6C26

【讀】(22)15 (7194) ドク 読(7193)の旧字体。→一〇一三ページ。

【讌】(23)16 7323 △エン 霰 yàn 7607 6C27
【醼】同字

字義 ＝宴。❶さかもり。うたげ。酒宴。また、さかもりをする。❷くつろぐ。

解字 形声。言＋燕㊥。音符の燕エンは、宴に通じ、くつろぐの意味。くつろいで語りあうの意味を表す。

【讌飲】エンイン 酒盛りをする。宴飲。
【讌会(會)】エンカイ 人が集まって酒盛りをすること。宴会。
【讌楽(樂)】エンラク 酒を飲んで楽しむ。宴楽。

【讍】(23)16 7324 △ガク 諤(7239)と同字。→一〇二〇ページ。

【讎】(23)16 7325 △ 漢シュウ(シウ) 呉ジュ 尤 chóu 7608 6C28
【讐】同字 2918 3D32

字義 ❶あだ。かたき。＝仇キュウ。❷あだとする(あだとす)。かたきとする。かたきと思う。❸むくいる(むくゆ)。㋐しかえしをする。㋑答える。応答する。㋒つぐなう。代価を支払う。❹ともがら。仲間。＝儔チュウ。❺ひとしい(等)。❻うる。売れる。＝售シュウ。❼多い。＝稠チュウ。

参考 (讐)は、同字で、印刷標準字体。

解字 篆文 形声。言＋雔㊥。音符の雔シュウは、二羽の鳥が向きあう形にかたどる。ことばでつらなる、こたえるの意味を表し、転じて、つらなりあうもの、あだの意味をも表す。

【讎怨】シュウエン うらみ。怨恨エンコン。
【讎家】シュウカ 仲の悪い相手。かたき。
【讎仇】シュウキュウ かたき。あだ。
【讎校・讎挍】シュウコウ 校正すること。二人が向きあい、その一人が原本を読み他の一人が誤りを正すさまが、かたき同士が向きあっているようであるからいう。
【讎敵】シュウテキ かたき。あだ。仇敵キュウテキ。

【讐】(23)16 7326 標 シュウ 讎(7325)の印刷標準字体。→前項。 2918 3D32

【讋】(23)16 7327 △ショウ(セフ) 葉 zhé

字義 ❶おそれる(おそる)。❷ふるえおそれ。❸いむ(忌)。❹しゃべりたてる。

解字 篆文 形声。言＋龖省㊥。音符の龖トウは、かさねるの意味。鳥が羽を重ねてすくむの意味から、おそれすくみながら言うの意味を表す。

【讋伏・讋服】ショウフク おそれひれふす。

【變】→変(1381)の旧字体。夂部 二四九ページ。

【讒】(24)17 7328 △ 漢サン 呉ザン 咸 陷 chán 7609 6C29
【讒】俗字

字義 ❶そしる。悪口をいう。つげぐち。かげぐち。中傷。❷そこなう。きずつける。❸いつわ

る。でたらめをいう。❹よこしま(邪)。心がねじける。

解字 文 篆 形声。言＋毚音。音符の毚ザンは、人の目をくらますうさぎの意味。ある人物の正しい評価を混乱させるためのことば、そしりの意味を表す。

【讒奸】ザンカン 人を悪く言っておとし入れる悪者。
【讒陥(陷)】ザンカン 人を中傷して罪におとし入れる。
【讒間】ザンカン 悪口を言って人と人の仲をさく。
【讒毀】ザンキ 人を悪く言って傷つける。
【讒譏】ザンキ あしざまに言ってそしる。
【讒言】ザンゲン 他人をおとしいれようとして、事実を曲げ、また、いつわって、あしざまに言うこと。また、そのことば。
【讒口】ザンコウ ＝讒言。↓前項。
【讒巧】ザンコウ 悪口を言って人をおとしいれようとたくらむ。また、そのたくらみ。巧は、たくらむ。
【讒構】ザンコウ ＝讒巧。構は、かまえる・組み立てる・つくる。
【讒嫉】ザンシツ そしりねたむ。
【讒臣】ザンシン 人の悪口を言い、罪におとしいれようとする臣。
【讒訴】ザンソ 悪く言ってうったえる。また、その訴え。
【讒奏】ザンソウ 人の悪口を天子に申し上げる。
【讒賊】ザンゾク 人をおとしいれそこなう。よこしま。また、わるもの。よこしまな人。
【讒諂】ザンテン 人の悪口を言ってへつらう。また、その人。
【讒慝】ザントク よこしま。また、よこしまな人。悪者。
【讒佞】ザンネイ 心が邪悪で口先がうまいこと。また、その人。
【讒夫】ザンプ ことばたくみに告げ口して人をおとしいれる人。
【讒誣】ザンプ 無実の事を言い立ててそしる。
【讒謗】ザンボウ そしる。また、そしり。謗讒。誹謗ヒボウ。
【讒諛】ザンユ 心がねじけていてへつらう。また、その人。

(24)17【讓】(7313) ジョウ 譲(7312)の旧字体。→一〇二八ジ。 7610 6C2A

(24)17【讖】7329 △シン 沁 chèn 7611 6C2B

【讖】俗字

字義 ❶しるし。未来の吉凶・禍福の前兆。❷未来記。予言書。

解字 文 篆 形声。言＋韱音。音符の韱センは、ほそい・わずかの意味。わずかなことがらで未来の予言をする、未来記の意味を表す。

【讖緯】シンイ 未来を予言してそれを書きしるしたもの。未来記。漢代に流行した。讖記。讖書。讖文。
【讖言】シンゲン 予言。

(24)17【讕】7330 △ラン 寒·旱·翰 lán

字義 ❶しいる(誣)。事実を曲げていう。でたらめを言う。❷こばみかくす。❸言いそこなう。❹あざむく(欺)。いつわる。

解字 金 文 篆 文 形声。言＋闌音。音符の闌ランは、さえぎるの意味。事実をさえぎって曲げて言うの意味を表す。

(25)18【讙】7331 △カン(クワン) 寒 huān [讙] 7612 6C2C

字義 ❶かまびすしい。やかましい。＝喧。❷やかましく言い争う。❸よろこぶ(喜)。＝歓。「讙然」

解字 篆 文 形声。言＋雚音。音符の雚カンは、喚に通じ、呼ぶの意味。ことばをかけあって、やかましいの意味を表す。

【讙譁】カンカ かまびすしい。がやがやさわぐ。がやがや言い争う。
【讙呼】カンコ ①さわがしく呼びたてる。さわぎわめく。②よろこびさけぶ。歓呼。

(26)19【讚】7332 △サン 讃(7320)の正字。→一〇二九ジ。 7613 6C2D

(27)20【讞】7333 △ゲン 銑·霰 yàn

字義 ❶さばく。ただす。罪を論議する。❷もうす。申しあげる。❸讞讞は、正しいさま。

解字 形声。言＋獻音。

(27)20【讜】7334 △トウ(タウ) 養 dǎng

字義 正しいことば。よいことば。直言。

解字 文 篆 形声。言＋黨音。音符の黨トウは、當トウに通じ、あたるの意味。理にあたることばの意味を表す。

【讜議】トウギ 正しい議論。正論。讜論。
【讜言】トウゲン 正しくよいことば。正言。
【讜獄】トウゴク 正義の士が捕らわれて獄に入れられること。
【讜直】トウチョク 正しいこと。正直セイチョク。
【讜論】トウロン ＝讜議。

7 谷部

〔部首解説〕 たに。たにへん。谷を意符として、谷やその状態を表す文字ができている。

(7)0【谷】7335 教2 コク たに ㊀コク 屋 gǔ ㊁ヨク 沃 yù ㊂ロク 屋 lù 3511 432B

筆順 八 𠆢 谷 谷

字義 ㊀❶たに。や。㋐山と山の間の細い流れ。谷川。「渓谷」㋑山と山の間のくぼみ。㋒くぼち。みぞ。❷みち。径路。通路。❸きわまる。ゆきづまる。〔詩経、大雅、桑柔〕進退維谷シンタイこれきわ(は)まる。❹やしなう。育てる。㊁吐谷渾トヨクコンは、西晋末に、鮮卑族のたてた国名。→吐谷渾(一九〇ジ)。㊂谷蠡ロクリは、匈奴キョウドの藩王の封号。

難読 谷峨がや・谷地やち・谷田たにだ・たんだ・やだ・やつだ

解字 甲骨 文 金 文 篆 文 形声。仌＋口音。音符の口コウは、たにの口の意味。仌は、左右にせまるたにの象形。たにの意味を表す。

▼峡谷・空谷・渓谷・幽谷

【谷飲】コクイン 谷の水をすくって飲む。隠者の生活にいう。
【谷王】コクオウ 海の別名。百谷の王の意。〔老子、六十六〕
【谷響(響)】コクキョウ 谷間にひびくこだま。
【谷神】コクシン 谷間の奥深く空虚な所にひそむ霊妙な力。老子が、万物を生成する宇宙の本体としての道をたとえたことば。〔老子、六〕
【谷風】コクフウ ①万物を成長させる風。東風。こち。穀風。②谷から山の頂きにふきあげる風。③『詩経』邶風ハイフウの詩編の名。また、小雅の詩編の名。
【谷量】コクリョウ 谷で物をはかる。量の多いことの形容。

(11)4【谺】7336 △漢カ 呉ケ 麻 xiā 7614 6C2E

字義 谽谺カンカは、谷間の大きくうつろなさま。国こだま。やまびこ。

解字 形声。谷＋牙音。

(11)4【谹】7337 △漢コウ(クワウ) 呉オウ(ワウ) 庚 hóng

字義 ❶ふかい。「谹議」❷大声の形容。「谹谹」

解字 形声。谷＋厷音。

【徭議】コウギ 深く論議する。奥深く広い論議。

【欲】→欠部 五六八ページ。

(14)7
【谽】7338 △ カン 覃 hān
字義 谷の深く空虚なさま。「谽谺カンカ」
解字 形声。谷＋含㊅。

(15)8
【谾】7339 △ 一㊥コウ・㊦クウ 東 二ロウ 東
字義 一谷のうつろなさま。二深い谷。長大な谷。
解字 形声。谷＋空㊅。音符の空は、むなしいの意味。谷の空虚なさまを表す。

(17)10
【豁】7340 △ ㊥カツ（クヮツ）㊦カチ（クヮチ） 曷 huò, ⑥huō　7615 6C2F
字義 ❶ひらけ通じた谷。❷ひらける。とおる。土地・景色などがひらける。また、気持ちがひらける。気持ちがはればれする。❸ひろい。からっとして広い。また、気持ち・度量が広大である。❹むなしい。うつろ。中空。「空豁」❺深い。❻さける（裂）。
解字 篆文 形声。谷＋害㊅。音符の害は、さくの意味。広く割かれた谷・ひらけるの意味を表す。
【豁△爾】カツジ ＝豁然。
【豁如】カツジョ 心のひろいさま。度量の大きいさま。〔史記、高祖本紀〕意豁如也イカツジョたり。
【豁然】カツゼン ①広々と開けているさま。〔晋、陶潜、桃花源記〕豁然開朗カツゼンとしてカイロウなり。②疑いや迷いなどがからっととけひらくさま。「豁然貫通」
【豁達】カッタツ ①四方がひらけている。②度量が大きい。「大度」「豁達」

(17)10
【谿】7341 △ ケイ →六四三ページ。 7616 6C30
渓（4083）（溪）と同字。

7
豆部

〔部首解説〕まめ。まめへん。豆を意符として、豆の字の元来の意味、たかつき（脚のある食器）を表す文字と、豆（まめ）やその加工品に関する文字ができている。

(7)0
【豆】7342 教 3 トウ・ズ まめ ㊥トウ・㊦ズ（ヅ） 宥 dòu 小豆あずき　3806 4626
筆順 一 𠮚 豆 豆

〔豆①（春秋時代）〕

字義 ❶たかつき。食物を盛る木器。また、土器・青銅器。後世、儀式に用いた。❷そなえもの。たかつきに盛った食物。❸春秋時代、量をはかる単位。約〇・七七六リットル。❹まめ。穀物の一つ。国まめ。㋐とくに、大豆をいう。㋑まめの形をしたもの。㋒皮膚にできる粒状の水ぶくれ。㋓小さいものの形容。「豆本」
難読 豆酸つ
解字 甲骨文 金文 篆文 象形。頭がふくらみ、脚が長い食器、たかつきの形にかたどり、たかつきの意味を表す。豆を音符に含む形声文字に、逗ウト・頭・樹・澍ジュ・廚チュウ・裋ジュ・豎ジュなどがある。
▼蚕豆
【豆芽】トウガ 大豆を水につけて発芽させたもの。もやし。
【豆△萁】トウキ ①まめとまめがら。②兄弟仲の悪いたとえ。→七歩才（九ページ）。
【豆△羹】トウコウ ①豆（たかつき）に盛ったあつもの。②豆まめで作ったあつもの。わずかな量のたとえ。また、そのように
【豆△豉】トウシ 豆を原料とした食品。みそ・納豆など。
【豆△滓】トウシ まめかす。大豆から油をしぼったあとのかす。肥料や飼料にする。
【豆△粥】トウシュク・まめがゆ まめのかゆ。豆糜トウビ。
【豆人】トウジン 豆つぶほどに小さい人。遠方から見た人物の形容。
【豆腐】トウフ 水にひたした大豆をひき、その液を煮て、にがりを加えて固めた食品。漢の劉安リュウアンが始めたものという。
【豆△籩】トウヘン たかつき。豆は木製、籩は竹製のたかつき。ともに食物を盛って神前に供える。籩豆。
【豆剖△瓜分】トウホウカブン 豆やうりを割るように国土を分割すること。豆分。〔晋書、地理志上〕

(10)3
【豈】7343 △ 一㊥キ・㊦ケ 尾 qǐ 二カイ 賄 kǎi 慣ガイ　7617 6C31
字義 一❶助字。あに。⇩助字解説 ❷かちどき。凱旋ガイセンの時に奏する音楽。❸やわらぐ（和）。愷イガ。二❶かちどき。＝一の②。❷たのしむ。＝愷ガイ。
助字解説 あに……（や）。反語。どうして……か。〔唐、杜甫、旅夜書懐詩〕名豈文章著なはあにブンショウもて。あらわ（は）れんや〈自分の名は、どうして詩文などによってあらわされようか〉
解字 篆文 象形。上の方に飾りのついた太鼓の象形で、戦いに勝ったよろこびの音楽の意味から、転じて、たのしむの意味を表す。借りて、あにの意味にも用いる。
【豈唯形△骸有△聾盲△哉】あにただにケイガイにのみロウモウあらんや なんでただ身体的なことだけに見聞する力があるだろうか。（見聞する力は、身体的なことに限らない）心にも見聞する力はあるという意。〔荘子、逍遥遊〕
【豈楽（樂）】ガイガク ①かちいくさに奏する音楽。凱楽ガイガク。②ガイラク やわらぎたのしむ。愷楽ガイラク。
【豈弟】ガイテイ やわらぎ楽しむ。愷悌ガイテイ。

(10)3
【豇】7344 △ コウ（カウ） 江 jiāng
字義 ささげ。豆の名。豇豆コウトウ。
難読 豇豆ささげ
解字 形声。豆＋工㊅。

(11)4
【豉】7345 △ ㊥シ ㊦ジ 寘 chǐ(shì)
字義 ❶味噌ソミ・納豆などをいう。❷豉虫は、みずすまし。水上に浮遊する虫の名。
解字 形声。豆＋支㊅。音符の支は、枝分かれするの意味。発酵して豆と豆とが結びついて枝分かれしたようになった、みそ・納豆の類の意味を表す。

【壹】→士部 二四七ページ。

(13)6
【登】7346 △ トウ 蒸 dēng
字義 すやきのたかつき。儀式に用いる。
解字 甲骨文 篆文 会意。⺿＋豆＋夕（肉）。⺿は、ささげる両手の象形。豆は、たかつきの象形。肉を盛ったたかつきをささげるさまから、礼器としてのたかつきの意味を表す。

(13)6
【豊】7347 教 5 ホウ ゆたか　4313 4B2D

一 (18)11
【豐】7348 ㊥ホウ ㊦フウ 慣ブ 東 fēng　7620 6C34

壹→士部 二四八ページ。頭→頁部 一一九八ページ。

㊁ (136)

【豊】　△ ㊀㊇レイ・㊐ライ　㊁ホウ　lǐ

筆順　冂 曲 曲 豊 豊

〔豊㊀④〕

字義　㊀〔豊〕❶ゆたか。とよ。㋐穀物がよくみのる。「豊年」㋑多い。富んでいる。たっぷりしている。「豊満」❷ゆたかにする。富ませる。❸大きなたかつき。❹さかずきの台。❺易の六十四卦の一つ。☲☳離下震上。盛大の象。❻周の文王の旧都。陝西省西安市の西北。豊京。国とよ。他の語の上につけて、ほめたたえる意を表す。「豊葦原」

㊁〔豊〕㊀❶たかつき。❷礼（禮）の古字。㊁豐の俗字。

名乗　あつ・て・と・のぼる・ひろ・ひろし・ぶん・みのる・もり・よし

難読　豊栄・豊科・豊見城・豊後・豊前・豊島

解字　㊀〔豐〕甲骨文　金文　篆文　形声。装飾のあるたかつきの意味。音符の丰は、丰に通じ、ゆたかにしげるの意味。ゆたかに盛られたたかつきの意味から、ゆたかの意味を表す。常用漢字の豊は、俗字による。

㊁〔豊〕甲骨文　金文　篆文　象形。あまざけを盛るためのたかつきの象形で、礼をとり行うときのたかつきの意味を表す。

【豊偉】からだがふとっていて大きいこと。

【豊頤】肉づきのよいふっくらとしたあご。しもぶくれ。富貴の相。豊下。

【豊盈】①ゆたかでみちる。②肉づきのよいこと。豊満。

【豊衍】ゆたかでありあまる。豊溢。豊足。豊融。

【豊艶・豊豔】ふっくらとしてあでやか。美人の形容。

【豊下之姿】あごが肥えふとっているすがた。しもぶくれの容姿。富貴の相。→豊頤。

【豊干】唐の禅僧。浙江の天台山の国清寺にいて、寒山・拾得と交わった。

【豊凶】豊作と凶作。豊年と凶年。豊荒。〔唐、白居易、黒潭竜詩〕豊凶水旱与₂疾疫₁。

【豊頰】ふっくらとしたほお。しもぶくれ。

【豊功】大きなてがら。偉勲。「豊功厚利」

【豊荒】豊作と凶作。豊凶。

【豊鎬】周の文王（豊に）・武王（鎬に）が都した所。今の陝西省西安市の西。鄷鄗。

【豊殺】①ゆたかなこととつづまやかなこと。②ゆたかにしたり削ったりすること。

【豊歳】＝豊年。

【豊熟・豊孰】穀物がゆたかにみのる。豊作。豊登。

【豊潤】①ゆたかにじゅうぶんうるおう。ゆたかでうるおいがある。②水分が多く含まれていること。

【豊壌（壤）】こえている土地。

【豊饒】ゆたかに多い。また、ゆたかに実る。

【豊穣（穰）】穀物がゆたかに実る。豊熟。

【豊殖】ゆたかにふえる。また、ゆたかに育つ。

【豊草】さかんにおいしげっている草。

【豊登】ゆたかに実る。豊作。登は、みのる。

【豊年】農作物がゆたかにみのった年。豊歳。↕凶年。

【豊碑】①功徳をたたえ記した大きな石碑。②墓穴に棺をおろすとき綱をかける木の柱。

【豊富】①財物がゆたかでたくさんある。②すべて、物がたくさんあること。

【豊満（滿）】①物がゆたかでじゅうぶんである。②からだの肉づきが、ふっくらとしていること。

【豊約】①ゆたかなこととつづまやかなこと。豊殺。②貧富、また盛衰の意。

【豊腴】土地のよく肥えていること。

【豊楽（樂）】物がゆたかで、人々がたのしむ。

【豊麗】ゆたかでうるわしい。

(15)8

【豌】7349　△ ワン　㊉エン（エン）　㊊ wān　7618 6C32

字義　豌豆は、豆の一種。食用にする。

解字　形声。豆＋宛㊂。

【登】同字

(16)9

【豎】7350　△ ㊇シュ　㊐ジュ　㊊ shù　7619 6C33

【竪】俗字 3508 4328

字義　❶たつ（立）。立てる。しっかりと立てる。❷たて（縦）。❸こども。わらわ。㋐元服前のこども。㋑こどもの召使い。小姓。㋒人をいやしめていうことば。→豎子。❹いやしい（卑）。下品。❺したやく。こもの。小役人。❻みじかい。小さい。

解字　篆文　形声。豉＋豆㊂。豉は、しっかりするの意味。音符の豆は、たかつきの象形で、立てるの意味。しっかり立てるの意味を表す。また、たかつきは頭の部分が大きく、それが幼児と似ているところから、こどもの意味に用いる。

【豎宦】宮中に仕える小役人。宦官など。

【豎子】①こども。童子。②人をいやしめていうことば。こぞう。青二才。〔史記、項羽本紀〕

【使₂豎子成₁レ名】ふだん軽蔑していた者に功名を立てられて残念がることば。青二才に名声をあげさせてしまった。〔晋書、阮籍伝〕

【豎儒】①くだらぬ学者。②おろか者。人をののしって言うことば。

【豎臣】身分の低い役人。小役人。豎吏。

【豎立】まっすぐに立つ。

【頭】→頁部　一二九八ページ。

(18)11

【豐】(7348)　ホウ　豊（7347）の旧字体。→一〇三二ページ。　7620 6C34

(28)21

【豔】7351　△ エン　艶（6216）の正字。→九一一ページ。

7　豕部

〔部首解説〕いのこ。いのこへん。豕を意符として、いのし・ぶた、それに似た動物などに関する文字ができている。

豕 一〇三二	3 豗 一〇三三	4 豚 一〇三三	豝 一〇三三	5 象 一〇三三
6 豢 一〇三三	豣 一〇三三	7 豨 一〇三三	豪 一〇三三	9 豭 一〇三四
豬 一〇三四	豫 一〇三四	10 豳 一〇三四	11 豵 一〇三四	

象→彑部　三七四ページ。

(7)0

【豕】7352　△ シ　㊊紙 shǐ　7621 6C35

字義　いい。いのこ。いのしし。また、ぶた類の総称。

解字　甲骨文　金文　篆文　象形。甲骨文でもわかるように、口のつき出ている、いのししの象形。

【豕喙】いのこのように長くするどいくちばし。人の貪欲な相をいう。

【豕交獣（獸）畜】いのこのように交わり獣のように養う。人をけだもの扱いにすること。礼遇しないこと。〔孟子、尽心上〕

【豕視】ぶたのような目つきをして見ること。不仁の相。

【家心】シシン　ぶたのように貪欲(ドンヨク)な心。
【家突】シトツ　いのししのように突きかかる。むこう見ずにまっしぐらに突きこむ。猪突(チョトツ)。豨突(キトツ)。
【家牢】シロウ　①ぶた小屋。②便所。厠(かわや)。

【象】→互部　三七四ページ。

(10)3【豗】7353　△　カイ(クヮイ)　灰 huī
字義　❶うつ。うちあう。❷かまびすしい。さわがしい。

(11)4【豚】7354　常　トン　ぶた　漢トン　呉ドン　元 tún　3858 465A
筆順　豚
字義　❶ぶた。こぶた。いのこ。❷袋入りの土を積んだもの。土俵。❸河豚は、ふぐ。
解字　甲骨文　金文　篆文　会意。月(肉)＋豕。豕は、ぶたの象形。肉を付し、肉付きのよいぶたの意味を表す。
▼鶏豚
【豚犬】トンケン　①ぶたといぬ。②おろか者のたとえ。③自分の子をへりくだっていう。豚児。
【豚肩不揜豆】トンケンとうをおお(ほ)わ(は)ず　非常に倹約なたとえ。春秋時代、斉の国の晏嬰(アンエイ)が祖先を祭ったとき、そなえ物の豚の肩肉が小さくて、豆(たかつき)にみたなかった故事。〔礼記、礼器〕
【豚児(兒)】トンジ　＝豚犬の③。

(11)4【豝】7355　△　ハ　麻 bā
字義　❶めすのいのこ。一説に、二歳のいのこ。❷大きいいのこ。❸ほじし。ほし肉。
解字　篆文　形声。豕＋巴音。

(12)5【象】7356　教 4　ショウ・ゾウ　漢ショウ(シャウ)　呉ゾウ(ザウ)　養 xiàng　3061 3E5D
筆順　象
【象】俗字
字義　❶ゾウ(ザウ)。長鼻目ゾウ科の動物。きさ。❷象のきば。象牙(ゾウゲ)。❸かたち。㋐ありさま。ようす。㋑絵すがた。似すがた。㋒しるし。あらわれ。㋓うらかた(占形)。❹かたどる。にせる。なぞらえる。のっとる。たぐえる。「象形」「象徴」❺のり。道理。おきて。法度。❻通訳する。また、通訳する人。❼酒だるの名。「象尊」❽周の武王の作った音楽の名。❾『易経(エキキョウ)』の爻(コウ)、または卦(カ)の解釈。それぞれ、小象・大象という。
名乗　かた・きさ・たか　難読　象山(きさやま)・象潟(きさかた)
解字　甲骨文　金文　篆文　象形。甲骨文でわかるように、長い鼻のぞうの象形で、ぞうの意味を表す。また、相に通じ、すがたの意味も表す。
▼印象・易象・気象・犠象・具象・形象・現象・事象・心象・想象・対象・抽象・万象・物象・無象・暦象
【象眼】ゾウガン　①金属に模様をきざみ、中に金銀などをはめこんだもの。②印刷で、鉛版の中の修正部分を切り抜いて、別の字をはめこむこと。
【象嵌】ゾウガン・ショウカン　＝象眼。
【象棋】ショウギ　中国式の将棋。北周の武帝が初めて作ったという。象戯。
【象魏】ショウギ　宮城の門。象は法、魏は高。昔、法律を高い城門に掲示したことからいう。
【象牙】ゾウゲ　ぞうのきば。美術工芸品の材料。
【象形】ショウケイ　①ものの形をかたどる。②六書(リクショ)の一つ。象形文字。ものの形にかたどって作った文字。日・月など。⇩コラム・六書（一一五八ページ）。

■ 象形文字の例

人	又	女	尸	弓	日	木	牛
水	刀	大	子	山	心	月	手
犬	目	矢	立	糸	耳	行	門
雨	首	馬	魚	鹿	羊	臣	衣
隹	貝	車	鳥	鼎			

【象山】ショウザン　①山名。浙江(セッコウ)省貴渓県の西南。南宋(ナンソウ)の陸九淵(リクキュウエン)がここで学を講じた。②南宋(ナンソウ)の陸九淵の号。③国ゾウザン・ショウザン　江戸末期の洋学者、佐久間啓の号。
【象山学(學)派】ショウザンガクハ　南宋(ナンソウ)の陸九淵(リクキュウエン)の開いた学派。朱子学に対抗し、陽明学の先駆となった。
【象辞(辭)】ショウジ　易(エキ)の各卦(カ)のそれぞれの爻(コウ)について説明したことば。爻辞。
【象車】ゾウシャ　①象にひかせる車。②ショウシャ　王者の徳に感じてあらわれるという、山の精の車。山車。
【象胥】ショウショ　周代の官名。通訳官。
【象牀】ゾウショウ　象牙(ゾウゲ)でかざった寝台。
【象人】ショウジン　①ひとにかたどる。人の形に似せる。〔孟子、梁恵王上〕②人にかたどって作った人形。
【象箸】ゾウチョ　象牙(ゾウゲ)で作ったはし。〔韓非子、喩老〕
【象徴】ショウチョウ　抽象的な精神内容を、具体的な事物によって連想させること。また、そのもの。シンボル。表象。
【象輿】ゾウヨ・ショウヨ　①＝象車の①。②ショウヨ　＝象車の②。

(13)6【豢】7357　△　漢カン(クヮン)　呉ゲン　諫 huàn　7622 6C36
字義　❶やしなう(やしなふ)。穀物で家畜をやしなう。❷穀物でやしなわれた家畜。犬・豚など。「芻豢(スウカン)」❸さそう。利益で人をおびきよせる。
解字　甲骨文　篆文　形声。もと、豕＋弄音。音符の弄(ケン)は、圏に通じ、家畜を飼うためのかこいの意味。かこいの中で家畜を養うの意味を表す。
【豢圉】カンギョ　牛や馬を飼う所。
【豢擾】カンジョウ　やしない、ならす。飼いならす。
【豢養】カンヨウ　やしなう。

(13)6【豣】7358　△　一ケン　先 jiān　二ゲン　霰 yàn
字義　一いのこ。㋐三歳のいのこ。㋑大きないのこ。二のろ。すぐれて力のあるのろ。
解字　篆文　形声。豕＋幵音。

(14)7【豨】7359　△　漢キ　呉ケ　尾微 xī
字義　ぶた。いのこ。また、いのしし。
解字　篆文　形声。豕＋希音。
【豨突】キトツ　いのししのように向こうみずに突き進む。猪突(チョトツ)。「家突(シトツ)」。

(14)7【豪】7360　常　ゴウ　漢コウ(カウ)　呉ゴウ(ガウ)　豪 háo　2575 396B
筆順　亠 亠 亨 豪 豪

【字義】❶やまあらし。豚に似て、背に荒い毛がある。「豪豬(ゴウチョ)」❷すぐれる。ひいでる。知識・勢力などが傑出する。また、その人。「豪傑」「文豪」❸つよい。たけだけしい。えらい。また、その人。「豪勇」❹ひきいる。また、その人。おさ。長。❺おとこだて。おとこぎがある人。「豪俠(ゴウキョウ)」❻かねもち。「富豪」❼おごる。ぜいたく。「豪奢(ゴウシャ)」❽さかん。非常に。大いに。「豪飲」❾ほそげ。＝毫(ゴウ)。❿すこし。わずか。「豪末」⓫しいて。むりやりに。「豪奪」 国豪太剌利(オーストラリア)の略。（もと濠(ゴウ)の字を用いた）

【名乗】かた・かつ・たけ・たけし・つよ・つよし・とし・ひで

【難読】豪太剌利(オーストラリア)・豪猪(やまあらし)

【解字】篆文　形声。篆文は、豕＋高省㊝。音符の高は、槀(コウ)に通じ、かたいわらの意味。わらのように固い毛がある、やまあらしの意味を表す。

▼剣豪・酒豪・大豪・土豪・文豪

【豪飲】(ゴウイン) さかんに酒をのむ。痛飲。

【豪雨】(ゴウウ) はげしいどしゃぶりの雨。「雄風豪雨」

【豪家】(ゴウカ) 富んで勢力のある、さかんな家がら。また、その人。

【豪華】(ゴウカ) 非常にぜいたくではなやかなこと。

【豪△芥】(ゴウカイ) すこし。わずか。細微。

【豪快】(ゴウカイ) 元気さかんで小事にこだわらない。堂々として気持ちがよい。

【豪客】(ゴウカク) ①ぬすびと。②豪遊する人。大尽(ダイジン)。

【豪気(氣)】(ゴウキ) 気性がすぐれて大きく強い。また、さかんな意気。

【豪△毅】(ゴウキ) すぐれて強い。気性がすぐれて物事に屈しない。

【豪儀】(ゴウギ) 国①強情。がんこ。②勢いのはげしいさま。③すばらしいさま。非常によいさま。

【豪挙(擧)】(ゴウキョ) おとこぎのある(さかんな)ふるまい。

【豪△俠】(ゴウキョウ) すぐれて強く、おとこ気のあること。また、その人。

【豪強・豪△彊】(ゴウキョウ) 勢力がすぐれて強い。また、その人。

【豪△桀・豪傑】(ゴウケツ) 才知・武勇の特にすぐれている人。

【豪健】(ゴウケン) たけくつよい。すぐれてつよい。

【豪語】(ゴウゴ) 大きなことをいうこと。えらそうにいう。また、その語。大言壮語。

【豪士】(ゴウシ) 武勇のすぐれた人。強い武士。

【豪△奢】(ゴウシャ) 非常なぜいたく。豪汰(ゴウタイ)。豪侈(ゴウシ)。

【豪商】(ゴウショウ) 財力に富み、広く商売している商人。大商人。豪賈(ゴウコ)。

【豪盛】(ゴウセイ) すぐれて(非常に)さかんなこと。

【豪勢】(ゴウセイ) ①強いいきおい。また、その勢いのある者。②国ぜいたく。

【豪壮(壯)】(ゴウソウ) ①勢いが非常にさかんなこと。②大きくてりっぱなこと。

【豪爽】(ゴウソウ) 気性がつよくさっぱりしていること。

【豪族】(ゴウゾク) ①その地方で、すぐれて勢力のある一族。②本家を中心として、その家族・親族と共に奴隷(ドレイ)・農奴・小作人をもち、地方での政治的・経済的実力をもつ一族。貴族に対しても用いる。

【豪奪】(ゴウダツ) むりやりに奪いとる。

【豪胆(膽)】(ゴウタン) きもが大きい。胆力がすわっていて、驚いたり動じたりせず、思いきった行動をとること。

【豪△猪・豪△豬】(ゴウチョ) ①やまあらし。②大きないのしし。

【豪△宕】(ゴウトウ) 気性が大きく小さな事にこだわらないこと。豪放。

【豪農】(ゴウノウ) 土地を多く持ち、その地方に勢力ある農家。金持ちの農家。

【豪放】(ゴウホウ) 気性がおおまかで、こまかいことにかかわらないこと。「豪放磊落(ゴウホウライラク)(磊落も同意)」

【豪△芒】(ゴウボウ) 細い毛の先。ごくわずか。豪末。毫芒(ゴウボウ)。

【豪△邁】(ゴウマイ) すぐれてえらい。英邁。

【豪末】(ゴウマツ) 細い毛のさき。細小のたとえ。ほんのわずか。毫末(ゴウマツ)。

【豪毛】(ゴウモウ) 細い毛。転じて、きわめて微細なもののたとえ。ほんのわずか。毫毛(ゴウモウ)。

【豪勇】(ゴウユウ) すぐれていさましい。また、その人。

【豪遊】(ゴウユウ) ぜいたくにおごりあそぶ。また、その遊び。

【豪雄】(ゴウユウ) すぐれてえらい人。英雄。豪傑。

【豪吏】(ゴウリ) 勢力のある役人。

【豪△釐】(ゴウリ) ごくすこし。ほんのわずか。毫釐(ゴウリ)。

【豪△釐千里】(ゴウリセンリ) ほんのわずかの誤りが、ついには大きな誤りとなること。〔史記、太史公自序〕失ニ之豪釐一、差以ニ千里一(これをゴウリにうしなえ(へ)ば、たがう(ふ)にセンリをもってす)。

(16)9【貑】7361　△　㊢カ　㊣ケ　麻 jiā

【字義】おすのいのこ。貑豚。

【解字】篆文　形声。豕＋叚㊝。

(16)9【豬】7362　△　チョ　猪(4604)の正字。→七二三ページ。　7623 6C37

(16)9【豫】(70)　ヨ　予(69)の旧字体。→四二ページ。　4814 502E

(17)10【豳】7363　△　㊀ヒン　真 bīn　㊁㊢ハン・㊣ヘン　刪 bān

【字義】㊀昔の国名。周の祖先の公劉(コウリュウ)がいた地。今の陝西省彬(ヒン)県(邠(ヒン)州)。㊁まだら。＝斒(ハン)。

【解字】篆文　形声。山＋豩㊝。

【豳詩】(ヒンシ)『詩経』豳風「七月」詩編。豳は周の旧国。この詩は周公の作で、農業に勤労することを述べたもの。豳歌。豳雅。

(18)11【豵】7364　△　㊢ソウ　㊣ス　東 zōng

【字義】ぶた。㋐生まれて六か月のぶた。㋑一度に三匹生まれたぶた。

【解字】篆文　形声。豕＋從㊝。

7　豸部

〔部首解説〕むじな。むじなへん。豸(チ)を意符として、いろいろな種類の獣の名を表す文字ができている。

豸 一〇三四	5 貂 一〇三五	7 貌 一〇三五	11 貙 一〇三五
3 豻 一〇三四	6 貉 一〇三五	貍 一〇三五	貘 一〇三五
豺 一〇三五	貆 一〇三五	8 貎 一〇三五	18 貛 一〇三六
豹 一〇三五	貅 一〇三五	9 貓 一〇三五	20 貜 一〇三六
4 豼 一〇三五	貊 一〇三五	10 貔 一〇三五	

(7)0【豸】7365　△　㊀㊢チ・㊣ジ(ヂ)　紙 zhì　㊁㊢タイ・㊣ダイ　蟹　7624 6C38

【字義】㊀❶ながむし。はいむし。足のない虫類の総称。❷とく(解)。とける。ゆるめる。㊁解豸・獬豸(カイタイ)は、神獣の名。

【解字】篆文　象形。獣が背を丸くして獲物に襲いかかろうとするさまを表す。また、解豸(カイタイ)という神獣の象形。

【豸冠】(タイカン) 司法官のかんむり。獬豸(カイタイ)という神獣がよく曲直を判断したということに基づく。

(10)3【豻】7366　△　㊢カン　㊣ガン　翰　[犴]同字

【字義】❶いぬ。昔、北方の地にいた野犬の一種。❷ひとや。地方にある牢獄(ロウゴク)。

【解字】篆文　別体　形声。豸＋干㊝。

(10)3 【豺】7367 △ 漢サイ 呉ザイ 佳 chái 7625 6C39

【犲】同字 6428 603C

字義 やまいぬ。狼の類。性質は獰猛。

解字 文 篆 形声。豸＋才音。音符の才は、たち切るの意味。肉を食いちぎるやまいぬの意味を表す。

【豺狼】サイロウ やまいぬとおおかみ。残酷・猛悪・貪欲な者のたとえ。

【豺目】サイモク やまいぬの目。恐ろしく鋭い人の目のたとえ。

【豺狼当(當)レ路、安問二狐狸一】サイロウみちにあたる、いずくんぞコリをとわ(は)ん 悪い大臣が権力をふるっているので、地方の小役人の罪などは問題ではない。〔後漢書、張綱伝〕

(10)3 【豹】7368 標 漢ホウ(ハウ) 呉ヒョウ(ヘウ) 効 bào [豹] 4131 493F

字義 ヒョウ。猛獣の名。虎に似てやや小さく、背に黒く美しい斑点がある。

解字 甲骨文 文 篆 会意。豸＋勺。豸は、けものの意味。勺は、あきらかの意味。黒くて丸い、はっきりした模様が飛び散っているひょうの意味を表す。

【豹隠(隱)】ヒョウイン 世をのがれてかくれ住むたとえ。豹は毛を大切にし、雨や霧の時は山中にかくれることに基づくという。〔資暇録〕

【豹騎】ヒョウキ 強く勇ましい騎兵。

【豹変(變)】ヒョウヘン 豹のもようのようにはっきりと、あやまちを改め善に移ること。改善。転じて、態度などが急に変わること。善にも、悪にもいう。〔易経、革〕君子豹変。

【豹死留レ皮】ヒョウはしして かわ(は)をとどむ 豹でさえ死んで美しい毛皮をのこす。人も死後に名(ほまれ)をのこさねばならぬというたとえ。「虎死留レ皮」に同じ。〔五代史、王彦章伝〕――、人死留レ名 ひとはしして なをとどむ〈――、人は死んで名をとどめるべきである〉

(11)4 【貀】7369 △ ヒ 貔(7379)と同字。→下段。 7633 6C41

(12)5 【貂】7370 △ チョウ(テウ) 蕭 diāo 7626 6C3A

【鼦】同字

字義 てん。イタチ科の獣の名。昔、その尾を冠のかざりに用いた。毛皮は淡黄色で珍重される。

解字 文 篆 形声。豸＋召音。

【貂裘】チョウキュウ 貂のかわごろも。身分の高い人の衣服。

【貂寺】チョウジ 宮刑(去勢の刑)を受けて、後宮に仕える者。貂は、冠のかざり。寺は、侍(はべる)。宦官。

【貂蟬】チョウセン・チョウゼン 貂の尾と蟬の羽。高位の人の冠のかざり。転じて、高位高官の人。

(13)6 【貉】7371 △ 一漢カク・呉ガク 薬 hé (háo) 二漢バク・呉ミャク 陌 mò 7627 6C3B

【狢】同字 6434 6042

字義 一むじな。たぬき。二中国北方の異民族の名。＝貊バク。

解字 金文 篆 形声。豸＋各音。

(13)6 【貆】7372 △ 漢カン(クワン) 呉ガン(グワン) 寒 huán

字義 ❶むじなの類。また、むじなの子。❷まみ。まみだぬき。❸貆豬カンチョは、やまあらし。

解字 篆 形声。豸＋亘音。

(13)6 【貅】7373 △ 漢キュウ(キウ) 呉ク 尤 xiū 7628 6C3C

字義 猛獣の名。昔、ならして戦争に用いたという。転じて、勇猛な兵士にたとえる。「貔貅ヒキュウ」

解字 篆 形声。豸＋休音。

(13)6 【貊】7374 △ 漢バク 呉ミャク 陌 mò 7629 6C3D

【貃】同字

字義 ❶えびす。中国北方の異民族の名。＝貉バク。「蛮貊之邦バンバクのくに」(南方・北方の異民族の国)❷猛獣の名。熊に似る。❸しずか(静)。

解字 形声。豸＋百音。

(14)7 【貌】7375 標 一漢ボウ(バウ) 呉モウ(マウ) 効 mào 二漢バク・呉マク 覚 4338 4B46

【皃】同字 6606 6226 【皃】俗字

字義 一❶かたち。㋐かお(顔)。かんばせ。「容貌」「美貌」㋑姿。かたち。姿体。ありさま。形態。㋒外観。うわべ。㋓ふるまい。動作。㋔かざり。つくり。❷つつしみの態度。❸みたまや。廟ビョウ。二❶かたどる。形を写す。また、姿にあらわす。❷はるか。遠い。＝邈バク。

解字 文 籀文 篆 象形。もと皃で、頭が空白の人の象形で、外から見た、かたちの意味を表す。貌は、豸＋皃音。豸は、模様のはっきりした豹ヒョウの意味。かたちの意味を明らかにした。

【貌閲】ボウエツ 年齢と容貌とを調べる。

【貌形】ボウケイ すがた。かたち。ありさま。貌状。形貌。

【貌言】ボウゲン うわべをかざった実のないことば。

【貌状(狀)】ボウジョウ ＝貌形。

【以レ貌取レ人】ボウをもって ひとをとる うわべのかおかたちだけで、(学問や徳行を考えずに)人を採用する。〔史記、仲尼弟子伝〕

(14)7 【貍】7376 △ 一リ 支 lí 二漢バイ・呉マイ 佳 卦 mái 7630 6C3E

字義 一たぬき。たぬき類の総称。野猫。狸リ(4594)の正字。二うずめる。埋めて祭る。

解字 文 篆 形声。豸＋里音。

(15)8 【貎】7377 △ ゲイ 猊(4598)と同字。→七二三ページ。 7631 6C3F

(16)9 【貓】7378 △ ビョウ 猫(4606)の正字。→七二三ページ。

(17)10 【貔】7379 △ 漢ヒ 呉ビ 支 pí 7632 6C40

【貀】同字 7633 6C41

字義 ❶猛獣の名。豹ヒョウに似る。昔、ならして戦争に用いたという。❷転じて、勇猛な軍隊・兵士にたとえる。

解字 文 篆 形声。豸＋毘音。

【貔貅】ヒキュウ ①猛獣の名。昔、ならして戦争に用いた。虎や熊に似る。②転じて、勇猛な軍隊・将卒のたとえ。③兵車にたてる、貔貅を描いた旗。

【貔虎】ヒコ ①貔と虎と。ともに猛獣の名。②転じて、勇猛な軍隊・将卒のたとえ。

(18)11 【貙】7380 △ 漢チュウ(チウ) 呉チュ 虞 chū

字義 獣の名。→貙虎。

解字 金文 篆 会意。豸＋區。

【貙虎】チュウコ ①虎に似た猛獣の名。昔、ならして戦争に用いた。②転じて、勇猛な軍隊・将卒のたとえ。

(18)11 【貘】7381 △ 漢バク 呉ミャク 陌 mò 7634 6C42

【獏】同字 6451 6053

字義 ❶バク。想像上の動物。歯が強くて、鉄や銅を食い、また、人の夢を食って邪気をはらうという。❷バク科の獣。鼻がやや長く、犀サイに似る。

解字 金文 篆 文 形声。豸＋莫音。音符の莫バは、ない、実在しないの意味。想像上の動

物の意味を表す。

(25)18 【貛】7382　△カン（クワン）寒 huān

字義 ❶まみ。まみだぬき。貒（タン）。❷おおかみのおす。

解字 篆文 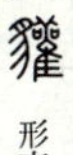 形声。豸＋雚㊥。

(27)20 【貜】7383　△漢キャク 呉カク（クワク）薬 jué

字義 おおざる。よく人をさらい、また、よくふりかえって見るという。＝玃（カク）。

解字 形声。豸＋矍㊥。

7　貝部

〔部首解説〕 かい。かいへん。こがい。貝を意符として、金銭・財貨や、それらにかかわる行為・状態などに関する文字ができている。

貝 一〇三六	貢 一〇三七	責 一〇三八	貧 一〇四〇	貺 一〇四一	貳 一〇四二	賈 一〇四三	賊 一〇四三	7 賕 一〇四四	8 賡 一〇四四	賞 一〇四五	賠 一〇四六	賫 一〇四八	賽 一〇四八	贄 一〇四八	贊 一〇四九	贔 一〇四九
2 貟 一〇三六	財 一〇三七	貦 一〇四〇	貶 一〇四〇	貰 一〇四一	買 一〇四二	資 一〇四三	賃 一〇四三	賒 一〇四四	賛 一〇四四	賎 一〇四六	賓 一〇四六	賭 一〇四八	賸 一〇四八	贅 一〇四八	贈 一〇四九	15 贗 一〇四九
貞 一〇三六	4 貨 一〇三八	貪 一〇四〇	5 貽 一〇四〇	貸 一〇四一	費 一〇四二	貲 一〇四三	賁 一〇四四	賑 一〇四四	賜 一〇四五	賓 一〇四六	賦 一〇四七	賵 一〇四八	賺 一〇四八	贈 一〇四九	13 贏 一〇四九	贖 一〇四九
負 一〇三七	貫 一〇三八	貮 一〇四〇	賀 一〇四一	貯 一〇四二	貿 一〇四二	賊 一〇四三	賂 一〇四四	賔 一〇四四	質 一〇四五	賬 一〇四六	賚 一〇四七	賴 一〇四八	賻 一〇四八	12 贇 一〇四九	贍 一〇四九	贓 一〇五〇
3 貤 一〇三七	貭 一〇三八	販 一〇四〇	貴 一〇四一	貼 一〇四二	6 賅 一〇四二	賍 一〇四三	賄 一〇四四	賔 一〇四四	賙 一〇四五	賣 一〇四六	9 賢 一〇四七	10 購 一〇四八	11 賾 一〇四八	贋 一〇四九	14 贐 一〇四九	17 贛 一〇五〇

員→口部 二〇三ページ。敗→攴部 四七五ページ。

(7)0 【貝】7384　教 1　かい　ハイ　慣バイ 泰 bèi　1913 332D

筆順 丨 冂 目 貝

字義 ❶かい。ひか。㋐水中に住む、殻を有する軟体動物の総称。㋑ほらがい。㋒かいがら。❷たから。かね。貨幣。昔、きれいな貝がらを貨幣としたのでいう。❸あや（文）。貝のあやに似た模様。❹木の名。貝多羅（バイタラ）の略。インドに産し、その葉に経文を写すので、仏書を貝葉という。梖（バイ）。

難読 貝独楽（べいごま）

解字 甲骨文 金文 篆文  象形。甲骨文でもわかるように子安貝の象形で、かいの意味を表す。

【貝貨】（バイカ）貝殻で作った貨幣。〔漢書、食貨志〕

【貝器】（バイキ）貝細工。

【貝△錦】（バイキン）①かいがらの模様のように美しいにしき。②転じて、人を譏言（ザンゲン）する者が、たくみにかざって人の罪過を作りあげるたとえ。

【貝△闕】（バイケツ）紫色の貝殻でかざった宮殿。河伯（黄河の神様）のいる所という。俗にいう竜宮の類。

【貝原益軒】（かい(ひ)ばらエキケン）国江戸前期の儒学者。筑前（福岡県）の人。名は篤信（あつのぶ）、号は益軒、また損軒。陸象山・王陽明の学を学び、のち朱子学に移った。『慎志録』『養生訓』などの著がある。（一六三〇—一七一四）

【貝子】（バイシ）①元代、雲南で銭の代用とした貝。②清代（シンダイ）の爵位の名。皇室の一族や満州・蒙古（モウコ）の貴族に与えた。貝勒（バイロク）の下、鎮国公の上。③貝の名。こやすがい。

【貝多羅】（バイタラ）梵語 pattra（葉の意）の音訳。インドに産する樹木の名。多羅樹。貝多樹。昔、その葉に経文を書き写した。

【貝編】（バイヘン）仏経、または仏書をいう。「文をいう。」

【貝文】（バイモン）仏貝多羅葉（バイタラヨウ）に書いた経文。引いて広く、経

【貝葉】（バイヨウ）①貝多羅樹（バイタラジュ）の葉。インドで経文を写すに用いた。②転じて、仏書。経典。貝葉経。

【貝△勒】（バイロク）①貝がらでかざった馬のくつわ。②多羅貝勒（タラバイロク）の略。旧満州語で、部長の意。清代（シンダイ）、満州・蒙古（モウコ）出身者の爵位の名。郡王の下、貝子の上。

(9)2 【貟】7385　△イン　貟（951）の俗字。→二〇三ページ。

(9)2 【貞】7386　常 テイ　漢テイ・呉チョウ（チャウ）慣ジョウ（ヂャウ）庚 zhēn　3671 4467

筆順 丶 ⺊ 卢 貞 貞

字義 ❶うらなう（トボク）。❷易（エキ）の卦（カ）の内卦。↕悔（外卦）。❸ただしい。ただし。心が正しい。また、まこと。❹みさお正しい。㋐固く心を守り節を曲げない。「貞節」㋑女性が夫に対し操を守って変えない。「貞操」

名乗 さだ・ただ・ただし・つら・みさお　難読 貞光（さだみつ）

解字 甲骨文 金文 篆文 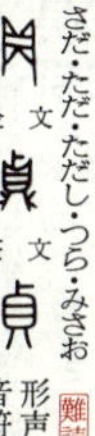 形声。金文は、卜＋鼎㊥。音符の鼎（テイ）は、聴（テイ）に通じ、よくきくの意味。卜は、うらなうの意味。うらなって問うの意味を表す。また、正に通じ、ただしいの意味をも表す。篆文の貞は、金文の省略体。貞を音符に含む形声文字に、偵・楨（テイ）・禎（テイ）・遉（テイ）などがある。

▼堅貞・孝貞・清貞・忠貞・童貞・不貞

【貞一】（テイイツ）心が正しくてふたごころのないこと。

【貞幹】（テイカン）心が正しくして才能のあること。

【貞観（觀）△之治】（ジョウガンのチ）①唐の太宗（李世民（リセイミン））（在位六二七—六四九）は、房玄齢・杜如晦（トジョカイ）・魏徴（ギチョウ）・李靖（リセイ）等の賢相や名将を用い、天下を太平に治めたので、その年号をとっていう。②国清和天皇（在位八五九—八七七）の時の治世をいう。

【貞観（觀）政要】（ジョウガンセイヨウ）書名。十巻。唐の呉兢（ゴキョウ）の著。唐の太宗と群臣との政治に関する議論を、君道・政体などの四十門に分けて集めた帝王経世の書。

【貞潔】（テイケツ）みさおが正しく行いがきよい。

【貞固】（テイコ）正しく誠がある。かたく正道を守る。

【貞士】（テイシ）みさおの正しい（正義を守る）人。

【貞淑】（テイシュク）女子がみさおを正しく守りしとやかなこと。

【貞純】（テイジュン）心が正しくまごころがある。

【貞女】（テイジョ）①みさおの正しい女性。貞節を守る女性。②一人の夫を守り通す女性。＝貞婦。

【貞女不ㇾ更二二夫一】（テイジョはニフをかえ(へ)ず）みさおの正しい女性は夫の死後も他の男を再び夫とすることをしない。〔史記、田単伝〕忠臣不ㇾ事二二君一（チュウシンはニクンにつかえ(へ)ず）、――。

【貞松】（テイショウ）秋冬になっても紅葉したり落葉したりせず、常に緑の色を変えずに保っている松をいう。〔唐、劉廷芝、公子行〕願作二貞松一千歳古（ねがわ(は)くはテイショウとなりてセンザイにふりなん）。

【貞臣】（テイシン）みさおの正しいけらい。忠義な家臣。

【貞正】（テイセイ）志が堅固で正しい。「清白貞正」

【貞誠】（テイセイ）正しくてまごころのあること。

【貞静（靜）】（テイセイ）みさおが正しくしとやかなこと。心が正しくおだ

やかなこと。

【貞石】(テイセキ) かたい石。転じて、永遠に変わらぬ石の意から、石碑の美称。

【貞節（節）】(テイセツ) みさおが正しいこと。貞操。

【貞壮（壯）】(テイソウ) 心が正しくて元気さかんなこと。

【貞操】(テイソウ) ①女子が性的純潔を保つこと。②広く、節義の正しいこと。

【貞敏】(テイビン) 心が正しく知恵がさとい。

【貞婦】(テイフ) ＝貞女。

【貞明】(テイメイ) 正しく明らかなこと。みさお正しくかしこい。

【貞亮・貞諒】(テイリョウ) 心が正しく、誠実であること。みさおを守り、真心がある。

【貞烈】(テイレツ) みさおが正しく、おおしいこと。

【貞廉】(テイレン) 正しくいさぎよい。「公正貞廉」

(9)2
【負】7387
教3 フ
まける・まかす・おう
漢フ・呉ブ 宥 fù
4173
4969

筆順 ⺈ 㐱 𠃌 負

字義 ❶おう。㋐背おう。担う。㋑背後に置く。背にする。「負ㇾ山（やまをおう）」㋒引き受ける。「負債」㋓受ける。こうむる。「負傷」㋔たのむ。よる。たよりにする。「自負」❷おわせる。おはす。背おわせる。引き受けさせる。こうむらせる。❸そむく。うらぎる。さからう。はなれる。❹まける。まく。戦いに負ける。また、劣る。ひけをとる。↔勝。「勝負」❺老婦人。老婦人を「刀自（とじ）」というのは、この負を分解して誤用したものといわれる。❻数字でマイナスの数。負数。↔正。

国 ❶まける。まく。値を引く。安くする。❷まかす。

名乗 え・ひ

解字 篆文 会意。⺈（人）＋貝。貝は、かいの意味で、財宝を示す。人が財貨を背後の力とすることから、たよるの意味を表す。また、背にする・せおう・背を向ける・そむく・まけるの意味を表す。

▼孤負・自負・勝負・抱負

【負荷】(フカ) ①背におい、肩になう。②先祖の業を受けつぐ。③自分が引き受けてなすべきつとめ。

【負海】(フカイ) 四方の未開の地に接する遠国。辺境の国。

【負郭・負廓】(フカク) 城郭を背にした土地。城下（町）に近い土地。「負郭田（フカクのデン）（都市近郊の、よく肥えた耕作地）」〔史記、蘇秦伝〕

【負気（氣）】(フキ) ①自分の勢いをたのむ。②気色ばむ。気位が高い。③重荷。身にすぎた仕事。

【負笈】(フキュウ)・【負笈（キュウをおう（ふ））】 笈（おい）（本箱）を背におう。遊学する意。

【負棘】(フキョク) 物を背負って歩行に悩む。

【負荊】(フケイ)・（ケイをおう（ふ）） 荊は、罪人を打ついばらの杖（つえ）。それを背に負うて、罰してくれるように願うこと。深く罪を謝する意。〔史記、廉頗・藺相如伝〕⇩肉袒負ㇾ荊（ニクタンしてケイをおう（ふ））（九〇〇ページ）。

【負剣（劍）】(フケン) ①小児を背おったり、抱きかかえたりする。負は、背おう。剣は、わきの下に剣を抱きかかえるさま。②（ケンをおう（ふ））抜き打ちに便利なように、剣を背におうこと。

【負債】(フサイ) 他人から借りている金銭・物品。借金。借財。

【負恃】(フジ) たのみにする。たよる。また、ほこる。

【負傷】(フショウ) きずをおうこと。けが。

【負薪】(フシン) ①たきぎを背負う。力役に従うこと。②いやしい身分の人。賤者（センジャ）。

【負薪之憂】(フシンのうれい（ひ）) 自分の病気を謙遜（ケンソン）していう語。薪（たきぎ）を負ったつかれが出て病む。また、病気して薪を負えなくなる意。〔礼記、曲礼下〕

【負租】(フソ) まだ納めないみつぎもの。未納の租税。

【負俗之累】(フゾクのルイ) 志が高く世俗にそむくため、世人から悪くいわれるわずらい。〔漢書、武帝紀〕

【負戴】(フタイ) 荷物を背おったり、頭にのせたりして運ぶ。労働・苦役することをいう。〔孟子、梁恵王上〕頒白者不ㇾ負ㇾ戴於道路ㇾ矣（ハンパクのものドウロにフタイせず）。

【負担（擔）・負檐】(フタン) 背におい、肩にかつぐ。転じて、身に引き受ける。

【負版者】(フハンシャ) 版（人民の戸籍や国の地図・器物などを記した板）を背おう人。国家を象徴する品物を持つ人。〔論語、郷党〕式ㇾ負版者ㇾ（フハンのものにショクす）

【負販】(フハン) 品物を背おって売りあるく。行商する。「負販者（行商人）」

【負養】(フヨウ) 重い荷物を背おうような労働をして主家に仕える者。身分の低い召使い。

(10)3
【貤】7388
△ 一イ 寘 yì 二漢シ・呉ジ 寘 三イ 支 yí

字義 一二 ❶かさねる（重）。順序だててかさねる。❷ます（益）。❸ひく。のばす（延）。三うつる（移）。うつす。

解字 篆文 形声。貝＋也音。

(10)3
【貢】7389
常 コウ・ク
みつぐ
漢コウ・呉ク 送 gòng
2555
3957

筆順 エ 㐀 𧴪 貢

字義 ❶みつぐ。ささげる。たてまつる。朝廷に地方の産物を献上する。❷みつぎ。みつぎもの。❸夏代の税法の一つ。一人の男が五十畝（ボ）の田地からあがる収穫の十分の一を納める。❹すすめる。人材を推薦する。❺ついえる。やぶれる。

名乗 すすむ・つぐ

解字 篆文 形声。貝＋工音。音符の工は、共に通じ、ささげるの意味。貝は、財貨の意味。財貨をささげる、みつぐの意味を表す。

▼郷貢・進貢・朝貢・調貢・来貢

【貢院】(コウイン) 地方から推薦された貢士を、中央でさらに選抜するための科挙（官吏登用試験）試験場。

【貢挙（擧）】(コウキョ) 地方で選抜したすぐれた人物（貢士）を中央政府に推薦すること。

【貢献（獻）】(コウケン) ①みつぎものをたてまつる。②人のため、世（社会）のためにつくすこと。

【貢士】(コウシ) 才能・学問のあるすぐれた人物を地方から中央政府に推挙すること。また、その推挙された人。また、科挙で、会試に合格した人。

【貢職】(コウショク) みつぎもの。

【貢税】(コウゼイ) みつぎもの。年貢（ネング）。税。

【貢賦】(コウフ) みつぎものと租税。貢は下からの献上品、賦は上から割り当てた税。

(10)3
【財】7390
教5 ザイ・サイ
漢サイ・呉ザイ 灰 cái
2666
3Λ62

筆順 目 貝 財 財

字義 ❶たから。金銭や穀物などの価値あるものの総称。❷ふち（扶持）。ふち米。❸たつ。はかる。きりもりする。＝裁。❹はたらき。才能。＝才。❺資材。材料。＝材。❻わずかに。わずか。＝纔（サイ）。〔漢書、李広利伝〕士財有ㇾ数千ㇾ（シわずか（つ）かにスウセンあり）

難読 財田（たからだ）・財部（たからべ）

解字 篆文 形声。貝＋才音。音符の才は、材に通じ、良質の木材の意味。人にとって価値のある物の意味を表す。

▼貨財・管財・散財・私財・資財・借財・浄財・殖財・蓄財・余財・理財

【財貨】(ザイカ) ①たから。かね。値うちのある財産としての金品。〔史記、項羽本紀〕貪ㇾ於財貨ㇾ好ㇾ美姫ㇾ（ザイカをむさぼり、ビキをこのめり）。②人間の欲望を満足させるもの。

【財源】ザイゲン ①財産のできるもと。②金の出どころ。

【財産】ザイサン 個人や団体の持っている土地・建物・金品など、経済的価値があるものの総称。資産。身代（シンダイ）。

【財施】ザイセ 仏僧尼や貧困者などに金銭や品物をめぐむこと。三施（財施・法施〈法を説き悟らせる〉・無畏施（ムイセ）〈衆生（シュジョウ）を恐れさせない〉）の一つ。

【財政】ザイセイ ①国家や公共団体が、それを運営するために行う、収入・支出等の経済行為。②個人の経済状態。かねまわり。やりくり。

【財△帑】ザイド かねぐら。金蔵。金庫。帑は、くら。

【財△帛】ザイハク 貨財と布帛（フハク）。金銭・物品と織物の類。

【財閥】ザイバツ 経済界で支配的・独占的な大きな勢力を持つ、同族の一団。

【財物】ザイブツ・ザイモツ 金銭と品物。たからもの。

【財宝(寶)】ザイホウ たからもの。金銀珠玉の類。

【財用】ザイヨウ ①もとで。資財。②資材の用途。

【財欲】ザイヨク 財物を手に入れようとする欲望。

【財利】ザイリ 金もうけ。また、もうけ。

【財力】ザイリョク ①財産のあることによって生ずる勢力。金力。②費用・資金を負担しうる力。

【財賄】ザイワイ 金銭やたからもの。財貨。

【員】↓口部 二〇三ページ。

(11)4
【貨】7391
教4 カ

(11)4 〖貨〗7392

カ(クヮ) 簡 huò

筆順 亻 亻 化 化 貨 貨

1863
325F

字義 ❶たから（財）。金銭・品物など、すべて価値あるものの総称。❷しな。商品。❸まいなう。たからを贈る。賄賂（ワイロ）をつかう。

解字 篆文 形声。貝＋化㊍。音符の化は、かわるの意味。他の物品と相互にかえ合うことのできる財貨、たからの意味を表す。

▼奇貨・硬貨・行貨・財貨・殖貨・食貨・正貨・銭貨・滞貨・洋貨・良貨

【貨器】カキ 貨財や道具類。金銭や品物。かねめの品物。

【貨財】カザイ 金銭とたから。貨幣と財物。かねめの物。

【貨殖】カショク ①貨財をふやす。かねもうけ。②商品。物品。

【貨泉】カセン ぜに。新の王莽（オウモウ）が用いた硬貨。

【貨銭(錢)】カセン ＝貨泉。

【貨幣】カヘイ 古くは、社会に流通して、売買のなかだち、価格の標準、支払いの道具となる物を総称していい、後世は、法律によって強制通用力を与えられた物をいう。硬貨と紙幣の二種がある。ぜに。かね。〔後漢書、光武紀下〕初王莽乱後（はじめオウモウのランののち）、貨幣雑用布帛金粟（カヘイはフハクキンゾクをザツヨウす）。⇩コラム

・貨幣（一〇三九ページ）。

【貨宝(寶)】カホウ たから。

【貨物】カモツ・カブツ ①品物。②運送する荷物。

【貨△賂】カロ まいない。たからの贈り物。賄賂（ワイロ）。

【貨賄】カワイ たから。貨財。貨は、金玉。賄は、布帛（フハク）。

(11)4
【貫】7393
常 カン つらぬく

㊀カン(クヮン) 翰 guàn
㊁カン(クヮン) 諫
㊂ワン 刪 wān

筆順 ㇄ ロ 毌 毌 貫

2051
3453

字義 ㊀❶さし。ぜにさし。穴あき銭をつらぬきつなぐひも。❷貨幣一千銭をいう。❸つらぬく。㋐うがつ。つき通す。「貫通」㋑やりとおす。しとげる。㋒意志や趣旨が初めから終わりまで変わらない。〔論語、里仁〕吾道一以貫レ之（わがみちイツもってこれをつらぬく）。㋓続く。連ねる。重ねる。❹すじ。すじみち。条理。❺こと（事）。〔論語、先進〕仍二旧貫一（キュウカンによる）。㊁ならう（習）。なれる（慣）。㊂ひく。弓をひきしぼる。国❶カン（クヮン）。㋐銭一千文（モン）。江戸時代は九百六十文。㋑重量の単位。一千匁（もんめ）。三・七五キログラム。㋒武士の知行高の単位。十石。約一・八キロリットル。❷ぬき。柱と柱を横に貫く用材。難読 貫井（ぬくい）

解字 篆文 形声。貝＋毌㊍。音符の毌（カン）は、物を貫き通した形にかたどる。貝は、財貨・ぜにの意味。貫き通したぜにの意味を表す。

▼一貫・習貫・縦貫・条貫・突貫・本貫・満貫

【貫△盈】カンエイ （罪が）満ちわたる。いたらぬ所がない。

【貫魚】カンギョ ①魚を貫き通して並べる。また、その魚。②女官の秩序を正すこと。また、正しい秩序の女官。魚は、陰で、婦人になぞらえる。

【貫行】カンコウ 続けて行う。やり続ける。やりとげる。

【貫日】カンジツ ①ひをつらぬく。太陽をつらぬく。〔史記、鄒陽伝〕白虹貫レ日（ハッコウひをつらぬく）。②ひをかさぬ。日数を積み重ねる。

【貫主】カンシュ ＝貫首。↓次項。

【貫首】カンシュ ①かしらだった人。②カンジュ・カンス ㋐仏一宗・一派の頭領。もと、天台宗の座主（ザス）（最高の僧職。比叡山（ヒエイザン）延暦寺（エンリャクジ）の長）をいう。㋑国昔、蔵人頭（くろうどのトウ）の別称。

【貫珠】カンシュ ①たまを連ねる。次第に美正なものに感化してゆくたとえ。②珠数（ジュズ）。念珠。

【貫籍】カンセキ 本籍地。生まれ故郷。

【貫△穿】カンセン つらぬき通す。広く学問に通じる意。

【貫通】カンツウ ①つきとおる。つきとおす。②物事のすじみちが通っていること。③よく通ずる（わかる）。物事のすじみちがよくわかる。〔宋、朱熹、大学章句〕一旦豁然貫通焉（イッタンカツゼンとしてカンツウす）。

【貫徹】カンテツ つらぬきとおす（とおる）。「初志貫徹」

【貫△瀆】カントク なれあなどって、けがす。

【貫流】カンリュウ つらぬいて（通り抜けて）流れる。

【貫△禄】カンロク 国身にそなわる威厳。おもみ。

(11)4
【質】7394
△ シツ 質（7434）の俗字。↓一〇四五ページ。

7636
6C44

(11)4
【責】7395
教5 セキ せめる

㊀漢サク・呉シャク 陌 zé
㊁漢サイ・呉シャ 卦 zhài
慣セキ

筆順 十 丰 青 責

3253
4055

字義 ㊀❶せめる。㋐もとめる。義務の履行を求める。㋑そしる。とがめる。しかる。「叱責（シッセキ）」㋒罪を正す。㋓すすめる。望む。「責善」❷せめ。㋐とがめ。㋑つとめ。義務。「引責」「職責」㊁おいめ。負債。

使いわけ せめる〔攻・責〕⇩攻（2879）。

解字 甲骨文 金文 篆文 形声。甲骨文から、貝＋朿㊍。音符の朿（シ）は、とげの象形で、せめるの意味。金品をせめ求めるの意味を表す。

▼引責・言責・自責・重責・職責・問責

【責課】セキカ・セッカ 貢物（みつぎもの）をきびしく催促する。

【責言】セキゲン せめとがめる。また、そのことば。難詰。

【責主】サイシュ 貸し手。債権者。債主。

【責譲(讓)】セキジョウ せめとがめる。しかる。責誚（セキショウ）。

【責善】セキゼン・ゼンをせむ よい行いをするようにすすめる。〔孟子、離婁下〕責レ善（ゼンをせむるは）、朋友之道也（ホウユウのみちなり）。

【責任】セキニン ①当然ひきうけてやらねばならぬつとめ。②国行為の（悪い）結果に対するせめ。

【責△罵】セキバ せめののしる。罵倒。叱責（シッセキ）。責詬（セッコウ）。

【責望】セキボウ もとめ望む。要求する。また、もとめうらむ。要求して

■貨幣

中国最初の貨幣は貝貨(カイ)で、殷(イン)代に行われた。その後、銅貨が出現し、戦国時代には布銭・刀銭、また貝貨の形態を受けつぐ蟻鼻(ギビ)銭などが諸国で用いられた。秦の始皇帝は天下統一(前二二一)の後、半両銭を鋳て刀・布などの使用を禁止した。

以下に、歴代の通貨の主なるものを掲げる。宋代には、紙幣(交子)も発行されている。

① 貝貨
(前16～11世紀)

② 布銭
(戦国、魏)

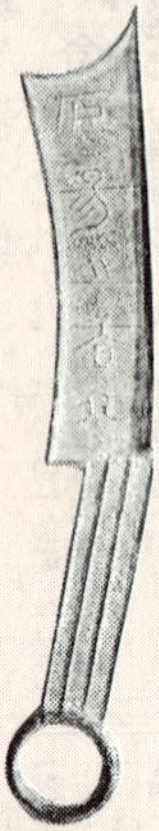

③ 刀銭
(戦国、斉)

④ 蟻鼻銭
(戦国、楚)

⑤ 半両銭
(秦、始皇帝)

⑥ 五銖銭
(前漢、武帝)

⑦ 貨泉
(新、王莽)

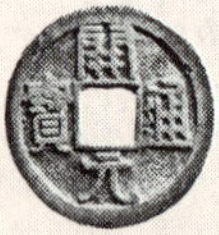

⑧ 開元通宝
(唐、高祖)

⑨ 交子(北宋)

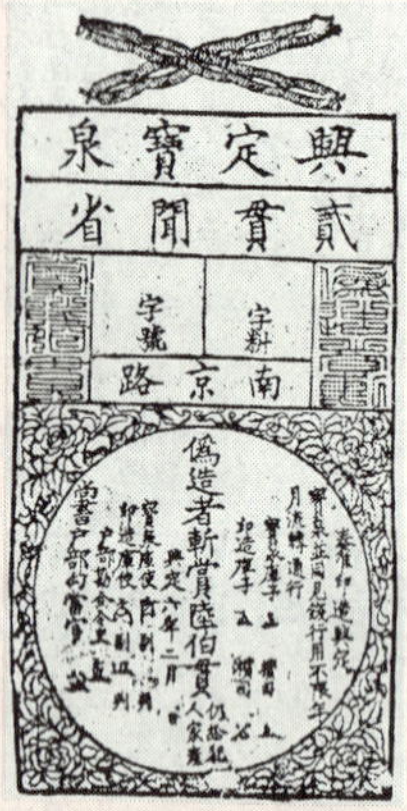

⑩ 交鈔(金、興定宝泉)

⑪ 永楽通宝
(明、成祖)

⑫ 康熙通宝
(清、聖祖)

⑬ 乾隆通宝
(清、高宗)

⑭ 光緒元宝
(清、四川銀幣)

思うように報いられないのをうらむこと。

【責務】(セキム) 国当然はたさなければならぬつとめ。責任と義務。任務。

【責問】(セキモン) せめとう。とがめる。問責。

【塞レ責】(せめをふさぐ) 自分の責任をはたす。

(11)4 【賊】 7396 △ ゾク　賊(7420)の俗字。→一〇四三ページ。一説に、財(7390)の俗字。　7635 6C43

(11)4 【貪】 7397 漢タン 呉トン 慣ドン 画 tān　7637 6C45

字義 ❶むさぼる。あくことを知らずに物をほしがる。よくばる。❷また、よくばり。❸さぐる。＝探。

解字 篆文 会意。貝＋今。今は、含の一部で、ふくむの意味。金品を含みこむ、むさぼるの意味を表す。また、探に通じ、さぐり求めるの意味を表す。

【貪愛】(タンアイ) むさぼりこのむ。

【貪汚】(タンオ) 欲が深くて心がきたない。

【貪虐】(タンギャク) 欲が深くてむごい。むさぼって残酷。

【貪見】(ドンケン) 仏自分の心情にかなう物事に執着することによって起こる種々の間違った考え。

【貪残(殘)】(タンザン) 欲張りでむごい。貪欲(ドンヨク)で残酷。

【貪恣】(タンシ) 欲が深くてわがまま。

【貪着・貪著】(トンジャク) 仏物事に執着し、むさぼり求めてやまないこと。頓着(トンジャク)。

【貪惜】(タンセキ) むさぼりおしむ。欲が深くてものおしみする。

【貪溺】(タンデキ) むさぼりおぼれる。

【貪叨】(タントウ) ①むさぼる。欲が深い。叨も、むさぼる意。②欲が深く残忍なこと。叨は、そこなう意。

【貪夫】(タンプ) 欲の深い男。欲ばり。〔史記、伯夷伝〕貪夫徇レ財(タンプザイにしたがい(ひ))、烈士徇レ名(レッシなにしたがう(ふ))。

【貪冒】(タンボウ) 欲が深く、むさぼる。

【貪欲・貪慾】(ドンヨク・タンヨク) いつまでも満足することがなく欲の深いこと。仏教で、十悪の一つに数える。〔史記、李斯伝〕貪欲無レ厭(ドンヨクにしてあくことなし)。

【貪婪・貪惏】(タンラン・ドンラン) 非常に欲が深い。

【貪吏】(タンリ) 欲の深い(賄賂(ワイロ)などをとる)役人。

【貪利】(タンリ) 利をむさぼる。あくことなく利益をほしがる。

【貪吝・貪悋・貪遴】(タンリン・ドンリン) 欲が深くてけちなこと。

【貪戻】(タンレイ) 欲が深く、人としての道にもとること。

【貪狼】(タンロウ) ①欲深いおおかみ。②欲が深くて心がよこしまなこと。また、その人。狼は、道にもとる意。

(11)4 【貮】 7398 △ ニ　弐(2063)(貳)の俗字。→三六九ページ。　7641 6C49

(11)4 【販】 7399 常 ハン　漢ハン 呉ホン 画 fàn　4046 484E

筆順 目 貝 貯 販

字義 ❶ひさぐ。あきなう。売る。また、行商。「販売」❷あきない。商売。

解字 篆文 形声。貝＋反音。音符の反は、かえすの意味。受けとる財貨に相当する財貨を返す、あきなうの意味を表す。

▼市販・私販・負販

【販売(賣)】(ハンバイ) うる。物を安く買って高く売る。

【販夫】(ハンプ) 商人。また、行商人。

【販路】(ハンロ) 国品物を売りさばく方面。売物のはけぐち。

(11)4 【貧】 7400 教5 ヒン・ビン まずしい　漢ヒン 呉ビン 画 pín　4147 494F

筆順 八 分 分 貧 貧

字義 ❶まずしい(まづし)。↔富。㋐財貨がとぼしい。財産が少ない。「清貧」㋑学問・才徳が乏しい。❷まずしいこと。また、まずしい人。❸すくない。たりない。「貧弱」「貧血」

解字 篆文 形声。貝＋分音。音符の分は、わけるの意味。財貨が分散して少なくなる、まずしいの意味を表す。

▼清貧・赤貧

【貧窮】(ヒンキュウ・ビングウ) まずしくて、生活に苦しむ。貧困。

【貧居】(ヒンキョ) まずしいすまい。また、まずしいくらし。

【貧苦】(ヒンク) まずしく、生活に苦しむ。

【貧窶】(ヒンク) まずしくみすぼらしい。

【貧交行】(ヒンコウコウ) 杜甫(トホ)の作った七言古詩の題。当時の人の友情が、昔の管鮑交(カンポウのまじわ(は)り)にくらべて、軽薄なことをなげいたもの。「貧交」は、貧しい時の交際。

【貧巷】(ヒンコウ) まずしい人々の住むちまた。貧民窟(ヒンミンクツ)。スラム街。

【貧困】(ヒンコン) ①まずしくて生活が苦しい。貧窮。②国非常に少ないこと。

【貧者之一灯(燈)】(ヒンジャのイットウ) まずしい人が、苦しい生活の中から真心をこめて神仏にそなえる一灯。金持ちのささげる万灯(長者の万灯)よりまさるとされる。↔長者万灯。〔賢愚経、貧女難陀品〕

【貧弱】(ヒンジャク) ①まずしくてよわい。また、その人。②国やつれてみすぼらしい。見劣りがする。

【貧賤】(ヒンセン) ①まずしくていやしい。貧乏で身分が低い。②自分を卑下していうことば。

【貧賤之交不レ可レ忘】(ヒンセンのまじわ(は)りはわするべからず) まずしく身分が低いときに交際してくれた友人は、いつまでも忘れてはならない。〔後漢書、宋弘伝〕

【貧賤不レ能レ移】(ヒンセンもうつすあたわ(は)ず) 貧賤の苦しい境遇も、道を守る大丈夫の節操を変えることはできない。〔孟子、滕文公下〕

【貧素】(ヒンソ) まずしくて何もないこと。貧乏。また、貧乏人。

【貧相】(ヒンソウ) 貧乏人らしい顔かたち。みすぼらしいようす。↔福相。

【貧餒】(ヒンタイ) まずしくて、うえていること。貧乏で食べ物がないこと。

【貧到レ骨】(ヒンほねにいたる) 貧乏が骨にしみる。極貧のたとえ。貧徹レ骨(ヒンほねにテッす)。〔唐、杜甫、又呈二呉郎一詩〕

【貧道】(ヒンドウ) 僧が自分をいう謙称。後、道士も用いた。

【貧富】(ヒンプ) まずしいことと富むこと。貧乏人と金持ち。

【貧乏】(ビンボウ) 財産などが少なく、生活が苦しいこと。

【貧羸】(ヒンルイ) まずしくて弱っていること。また、その人。

【貧陋】(ヒンロウ) まずしくてむさくるしい。

(11)4 【貶】 7401 △ ヘン 画 biǎn　7642 6C4A

字義 ❶おとす。㋐へらす。欠く。㋑しりぞける。しりぞく。下げる。官位を下げる。㋒けなす。そしる。さげすむ。「褒貶」❷おちる。くだる。

解字 篆文 形声。貝＋乏音。音符の乏は、とぼしい・しりぞけるの意味。財貨が足りない、へるの意味や、しりぞけるの意味を表す。

【貶降】(ヘンコウ) 官位をおとししりぞける。貶退。

【貶殺】(ヘンサイ) へらす。そぐ。省減。

【貶竄】(ヘンザン) 官位をさげて遠方へ流すこと。貶謫(ヘンタク)。貶逐。貶流。

【貶斥】(ヘンセキ) ＝貶黜(ヘンチュツ)。

【貶謫】(ヘンタク) ＝貶竄(ヘンザン)。

【貶黜】(ヘンチュツ) 官位を下げて退ける。貶退。貶斥(ヘンセキ)。

【貶流】(ヘンリュウ) ＝貶竄(ヘンザン)。配流。

【敗】→支部 四七五ページ。

(12)5 【貽】 7402 △ イ 画 yí　7638 6C46

字義 ❶おくる（贈）。❷のこす（遺）。のこし伝える。

解字 篆文 形声。貝＋台㊤。

【貽訓】①子孫にのこすはかりごと。

【貽△厥】父祖が子孫のために残した教訓。遺訓。制度や法則などについていう。貽謀。『詩経』大雅・文王有声に「貽二厥孫謀一、以燕二翼子一」とあるのに基づく。②孫。

【貽謀】子孫のためにのこすはかりごと。↓前項。

(12)5
【賀】7403
教 5 ガ
漢カ 呉ガ 箇 hè
1876 326C

筆順 フ カ カロ 智 賀

字義 ❶いわう。よろこぶ。物やことばを贈り祝福する。「祝賀」「年賀」❷祝意を表する品物やことば。いわい。よろこび。❸ねぎらう。また、ほめる。❹になう（荷）。かつぐ。＝荷。

名乗 のり・ます・よし　難読 賀永・賀田・賀名生・賀陽・賀来

解字 篆文 形声。貝＋加㊤。音符の加は、くわえるの意味。財貨を人に贈り祝うの意味を表す。

▼恭賀・謹賀・慶賀・参賀・朝賀・年賀・拝賀・来賀

【賀宴】祝いのさかもり。祝賀の酒宴。

【賀△筵】祝いのさかもりの席。祝賀の酒宴の席。

【賀客】お祝いをのべに来る客。

【賀辞（辭）】祝いのことば。祝辞。賀詞。

【賀寿（壽）】長寿を祝う。

【賀△頌】祝いたたえる。また、そのことば。

【賀正】正月（新年）を祝う。正は、正月。

【賀知章】盛唐の詩人。永興（今の浙江省内）の人。字は季真。晩年は四明狂客と号した。飲中八仙の一人。（六五九—七四四）

【賀表】朝廷や国家に祝い事のあるとき、臣下から奉る祝いの文。

(12)5
【貴】7404
教 6 キ たっとい・たっとぶ・とうとい・とうとぶ
キ 宋 guì
2114 352E

【賮】本字

筆順 口 中 虫 貴

字義 ❶とうとい。たっとい。↔賤。㋐値段が高い。㋑身分や位が高い。「高貴」㋒大切である。重要である。また、すぐれている。「貴重品」❷とうとくなる。栄える。高くなる。「騰貴」❸とうとぶ。たっとぶ。重んずる。大切にする。尊敬する。❹尊敬の意を表す接頭語。「貴国」「貴社」

名乗 あつ・あて・たか・たかし・たけ・むち・よし　難読 貴下・貴女・貴生川・貴男・貴方

使いわけ たっとぶ〔尊・貴〕⇩尊（1709）。

解字 篆文 会意。篆文は、臾＋貝。臾は、両手で人に物をおくっているさまを表す。貝は、金品の意味。おくり物の意味から、とうといの意味を表す。常用漢字は、賮の省略体。貴を音符に含む形声文字に、櫃・簣・饋などがある。

▼高貴・親貴・騰貴・富貴・踊貴・隆貴

【貴意】国他人の気持ちの敬称。御意。おぼしめし。

【貴下】国同輩（以下）の男子に対する敬称。あなた。

【貴家】①他人の家の敬称。②＝貴兄。

【貴介】①高い地位・身分。「貴介公子（貴公子）」②他人の弟の敬称。「貴介弟」

【貴官】①身分の高い人の敬称。②国㋐他人の官職に対する敬称。㋑役人に対する敬称。

【貴△翰】国＝貴信。

【貴脚踏二△賤地一】貴い脚でいやしい地をふむ。よくいらっしゃいましたの意。

【貴近】高位にあって天子に身近に仕える者。

【貴君】国第二人称の代名詞。あなた。きみ。

【貴兄】相手の男子に対する敬称。貴家。貴君。

【貴顕（顯）】身分が高く、世に知られている人。

【貴公】①身分の高い人。②第二人称の代名詞。あなた。日本では、古くは、尊長者に対して、後、同年、またはそれ以下のものに対していう。

【貴公子】身分の高い家がらの若者。きんだち。貴介公子。

【貴幸・貴△倖】君主からかわいがられる。寵愛されること。また、その人。

【貴国（國）】相手の国の敬称。おくに。

【貴種】①高貴な家がらの生まれ。②身分の高い氏族。

【貴酬】国返事の手紙に書きそえることば。お返事。

【貴信】国人からの手紙の敬称。お手紙。尊書。貴翰。貴書。

【貴紳】身分の高い人。貴顕紳士の略。

【貴人】①高貴な人。②漢代、皇后につぐ女官の名。

【貴△戚】①高貴の人の親類。貴族の親族。②身分の高い、皇后の親類。③王と同姓の貴族。

【貴△賤】①とうといこととといやしいこと。身分の高い人と低い人。〔唐、韋応物、幽居詩〕貴賤雖レ異レ等、出レ門皆有レ営。②価の高いことと低いこと。

【貴族】①とうとい身分や家がらの人々。②社会の上流にあり、家がらによって、特権を持つ支配階級。↔平民。

【貴体（體）違和】おからだがお悪いそうでの意。違和は、身体の陰陽が調和を失うこと。

【貴地】①たっとい地位。高い身分。②国相手のいる土地の敬称。御地。

【貴重】①とうとび重んずること。「非常に大切なこと。②身分の高いこと。③

【貴殿】国①他人の家の敬称。②あなた。同輩、または、それ以上の人に用いる対称代名詞。

【貴妃】南朝の宋に始まり、唐代、恵妃・華妃と共に三夫人と呼ばれた高位の女官。

【貴賓】身分の高い客。

【貴△嬪】皇后に次ぐ、高位の女官。三国時代、魏の文帝が置いた。

【貴門】①たっとい家がら。権門。②相手の家に対する敬称。あなたのおうち。お宅。

【貴遊・貴△游】上流社会。「貴遊子弟」

【貴要】身分が高く重要な地位にいること。また、その人。

【貴覧（覽）】国人の見ることの敬称。御覧。高覧。

【挾（挾）レ貴】身分の高いことを鼻にかける。〔孟子、万章下〕不レ挾レ長、不レ挾レ貴。

【無レ貴無レ△賤】貴賤の区別なくだれでも。

(12)5
【貺】7405
△ 漢キョウ（キャウ） 呉コウ（クヮウ） 漾 kuàng

字義 ❶たまう。くださる。❷たまもの。くだされもの。

解字 篆文 形声。貝＋兄㊤。

(12)5
【貰】7406
標 セイ 霽 shì
4467 4C63

字義 ❶かりる。現金をはらわずに借りて物を買い求める。かけ買いをする。❷ゆるす（赦）。❸ゆるめる。国もらう。㋐物を贈られる。㋑助力を受ける。㋒つりこまれる。「貰い泣き」

解字 篆文 形声。貝＋世㊤。音符の世は、曳に通じ、ひきのばすの意味。金銭の支払いをひきのばすの意味を表す。

【貰赦】罪をゆるす。寛赦。

【貰貸】かりとかし。借貸。

(12)5
【貸】7407
教 5 タイ かす
一タイ 隊 dài
二トク 職 tè
3463 425F

筆順 イ 仁 代 代 貸

字義 一 ❶かす。返してもらう約束で金品を一時用立てる。❷ゆるい。ゆるやかにする。
二 ❶かりる。❷こう（乞）。❸たがう。国かし。かすこと（物）。

解字 篆文 形声。貝＋代㊉。音符の代は、とってかわるの意味。財貨の持ち主がかわるの意味から、ほどこす・かすの意味を表す。

▼賃貸・転貸

【貸施】ほどこす。

【貸借】かすことかりること。かしかり。

【貸△瞻】ほどこす。めぐむ。金品を恵み与えて生活の苦を救うこと。

【貸△宥】刑罰などをゆるくする。

【貸与（與）】かしあたえる。かす。貸仮。

(12)5
【貯】7408
教4 チョ

チョ 語 zhù

3589
4379

筆順 貝 貝 貝 貯

字義 ❶たくわえる。また、たくわえ。ためる。また、そのためておいたもの。❷たたずむ（佇）。

名乗 おさむ・もる

解字 甲骨文 金文 篆文 形声。貝＋宁㊉。音符の宁は、物をたくわえるための器具の象形。貯の原字。貝を付して、貨幣をたくわえるの意味を表す。

【貯積】たくわえつむ。蓄積。

【貯蔵（藏）】国たくわえ、しまっておく。儲蔵。

【貯蓄】金銭などをたくわえておくこと。また、たくわえ。

(12)5
【貼】7409
標 慣テン

チョウ（テフ）葉 tiē

3729
453D

❶借金のかたに置く。抵当にする。❷おぎなう。不足を補う。❸はる。はりつける。「貼付」❹つく。㋐はりつく。ねばりつく。㋑近づく。よりつく。接近する。

国チョウ。薬の包みを数える単位。

解字 篆文 形声。貝＋占㊉。

【貼黄】①唐代、詔勅を改めることをいう。詔勅は黄色の紙に書かれ、それを改めるとき、その上にさらに黄紙をはりつけたのでいう。②政府、または君主に奉る文書の末尾に、大要を記してはりつけた黄色の紙。

【貼付・貼附】はりつけること。

(12)5
【貳】(2064)

ニ 弐（2063）の旧字体。→三六九ぺ。

7640
6C48

(12)5
【買】7410
教2 バイ かう

漢バイ 呉マイ 蟹 mǎi

3967
4763

筆順 罒 罒 罒 買 買

字義 かう。あがなう。㋐金銭を出して物を求める。↔売。「不買」「購買」㋑求める。あさる。招く。〔戦国策、韓〕所謂市レ怨而買レ禍者也。

国かう。価値・才能を認める。高く評価する。

解字 金文 篆文 会意。罒（网）＋貝。网は、あみの意味。貝は、財貨の意味。あみをかぶせて財貨をとりいれる、かうの意味を表す。

▼購買

【買官】官を買う。金品を贈って官位を求める。

【買収（收）】①かいとる。②国金品を与えて、味方にひきこむこと。

【買春】酒をかう。春は、酒の名。

【買笑】①遊女を買いたわむれる。②人にわらわれる。

【買△辦】①清代の中期以後、中国在住の外人商社と中国人との間に立って、前者に従属しながら後者から中間搾取した特殊な商人。②自国の利益を忘れて、外国資本の手先となること。また、その人。買弁。

【買名】自分の名声が世にひろまるようにつとめること。

(12)5
【費】7411
教4 ヒ ついやす・ついえる

ヒ 未 fèi

4081
4871

筆順 一 弓 弗 費

字義 ❶ついやす。金銭・品物や時間・労力などを使ってなくす。「浪費」❷ついえる。減る。なくなる。❸ついえ。かかり。ものいり。「費用」また、むだづかい。「冗費」❹用途が広い。→費而隠。❺春秋時代、魯の国の地名。今の山東省魚台県の西南。

解字 篆文 形声。貝＋弗㊉。音符の弗は、ふりはらうの意味。財貨を散じ、ふりはらうの意味を表す。

▼給費・経費・歳費・私費・冗費・乱費・濫費・浪費

【費耗】使いへらす。また、費用。

【費△而隠（隱）】君子（聖人）の道のはたらきは、広大であるが、その本体そのものはかすかで人の目につかない。〔中庸〕君子之道、費而隠。

【費心】心をつかう。心配する。また、思いわずらう心。

【費途】国金品のつかいみち。

【費目】国費用（入用金）を支出する細かい項目。

【費用】①物を買ったり、事を行うときに必要な金。いりめ。ついえ。②つかう。ついやす。

【費力】精力をついやす。また、人力をすりへらす。

(12)5
【貿】7412
教5 ボウ

漢ボウ 呉モ 宥 mào

4339
4B47

筆順 ㄈ 卯 留 貿

字義 ❶かえる。かわる。たがいに物品をとりかえる。「貿易」❷かう（買）。❸あきなう。売り買いする。❹かわる。いれかわる。❺みだれる。乱雑になる。

解字 金文 篆文 形声。貝＋卯㊉。音符の卯は、貿の原字で、同形のものを左右相称に置いて、同じ価値の物とかえるの意味を表す。卯が、十二支の「う」の意味に用いられるようになり、区別して貝を付した。

【貿易】①各地の産物を取りかえること。今、外国との物資の取り引きをいう。〔史記、貨殖伝〕以レ物相貿易。②いれかわり変化する。

【貿首△之△讐】うらみが深く、相手のくびを得ようとするほどのかたき。〔戦国策、楚〕

【貿貿】貿貿焉。貿貿然。①目の明らかでないさま。目がかすむさま。②道理に明らかでないさま。

(13)6
【賅】7413
△ カイ 灰 gāi

字義 ❶そなわる。完備している。❷たりる。たす。

解字 形声。貝＋亥㊉。

(13)6
【賈】7414
△ 一漢コ・呉ク 麌 gǔ 二漢カ・呉ケ 禡 jià

7643
6C4B

字義 一 ❶あきなう。品物を売り買いする。商売する。❷あきない。店をかまえてする商売。→参考「商賈」❹しなもの。売る品物。❸あきんど。店をかまえた商人。❺売る。❻買う。また、買ってくれる人。二 あたい（価）。値段。

参考 行商人を「商」といい、店を持つ商人を「賈」といった。

解字 篆文 形声。貝＋襾（襾）㊉。音符の襾は、おおうの意味。財貨をしまっておき、あきなうの意味を表す。

【賈△儈】口銭（売買のなかだちをした手数料）を取る商人。

【賈客】商人。異民族の商人。【さいとり。】

【賈逵】①後漢の儒学者。特に『春秋左氏伝』に通じ『左氏伝解詁』の著を残した。（三〇—一〇一）②三国時代、魏の政治家。曹操・曹丕に仕えて軍功をたて、予州刺史、関内侯となった。（一七四—二二八）

【賈誼】前漢、洛陽（今の河南省内）の文人。詩文がたくみで辞賦にすぐれていた。著書に『新書』などがある。（前二〇一—前一六九）

【賈衒】賈は、店で売る、衒は、出かけて売る。商人が物を売ること。

【賈胡】西域の商人。

【賈市】①いちば。市場。②あきない。商売。

【賈豎】いやしい商人。商人をののしることば。

【賈人】商人。〔唐、白居易、琵琶行序〕委ㇾ身為二賈人婦一。

【賈船】商船。

【賈島】中唐の詩人。范陽（今の河北省内）の人。字は浪仙。一時僧となったが、韓愈に認められて還俗し、進士に合格した。推敲の故事で知られる。著に『長江集』がある。（七七九—八四三）

【賈貿】あきないをする。

【飾ㇾ賈】かけ値をする。

【待ㇾ賈】よい価格で買ってくれる者を待つ。転じて、時機の到来をうかがい待つ。〔論語、子罕〕我待ㇾ賈者也。

(13)6 **【資】** 7415　教 5　シ　2781 *3B71*

(13)6 〔資〕 7416　シ 因 zī

筆順　資

字義 ❶たから。財貨。❷もと。㋐もとで。「資金」「資本」㋑よりどころとなるもの。「学資」「資格」「物資」❸たすける。金品を与えて助ける。❹与える。支給する。❺とる（取）。❻よる（依）。たよる。たのむ。❼たち。もちまえ。生まれつき。「資質」「天資」

名乗 すけ・たすく・とし・やす・よし・より

解字 篆文　形声。貝＋次㊔。音符の次は、とりつくろわない、リラックスした人の象形。特に無理に他から調達することなく、手持ちのもとからある財貨、もとでの意味や、もちまえの意味を表す。

▼英資・軍資・師資・融資

【資蔭・資蔭】父祖のてがらのおかげで、子孫が官位を授けられること。

【資益】たすけふやす。助けて利益を得させる。

【資援】たすける。また、たすけ。

【資格】①身分、または地位。②その物事に必要な条件。③天性の通質。

【資給】たすけあたえる。供給する。

【資源】①財貨のもと。財源。②埋蔵されている鉱物・水産物等の総称。

【資材】①たから。財産。②うまれつき。③物を造るもとになる材料。

【資財】①たから。資産。②うまれつき。資材。

【資産】財産。しんだい（身代）。

【資治通鑑】歴史書。二百九十四巻。北宋の司馬光の著。元豊七年（一〇八四）に成立。周末の威烈王から五代後周の世宗までの千三百六十二年間を編年体に編述したもの。略して『通鑑』ともいう。

【資治通鑑綱目】五十九巻。南宋の朱熹の著。司馬光の『資治通鑑』の要目を摘録したもの。

【資質】うまれつき。資性。性質。

【資性】うまれつき。もちまえ。天性。天資。

【資儲】たくわえ。蓄積。

【資稟】うまれつき。天性。資性。資質。

【資弁（辨）捷疾】弁舌が人にすぐれて達者で、行動が機敏であること。

【資望】資格と名望。身分・家がらと世間の評判。

【資本】事業のもとになる金銭や品物。

【資用】①もとでとして用いる。②必要な金銭・物品。

【資料】①もと。原料。②研究・調査のもとになるもの。「とで。

【資糧】物資や食糧をいう。資財糧食の略。

【資力】①資産の力。財力。②資本。もとでとなる力。

(13)6 **【貲】** 7417　△ シ 因 zī　7639 *6C47*

字義 ❶あがなう。財貨をだして罪をゆるしてもらう。❷たから。もとで。身代。＝資。「貲産」「貲財」❸あたい（価）。❹はかる。＝訾。

解字 篆文　形声。貝＋此㊔。

【貲財】貲産。たからやかね。財産。

【貲産】資産。財産。

(13)6 **【賎】** 7418　△ セン　賤（7437）の俗字。→一〇四六ページ。　3308 *4128*

(13)6 **【賍】** 7419　△ ゾウ　贓（7468）の俗字。→一〇五〇ページ。　7660 *6C5C*

(13)6 **【賊】** 7420　常 ゾク　3417 *4231*

(13)6 〔賊〕 7421　漢ゾク　呉ゾク　職 zéi

筆順　賊

〔戝〕俗字 7635 *6C43*

字義 ❶そこなう。害する。やぶる（虐）。❷ころす（殺）。❸しいたげる。「残賊」❹ぬすむ。また、ぬすびと。「義賊」❺わるもの。悪人。国家・社会の秩序を乱す者。「山賊」「国賊」❻わるい。また、あやしい。❼あだ。外国から攻め寄せる敵。

解字 金文　篆文　形声。戈＋則㊔。戈は、まさかりの象形。音符の則は、かなえに刻されたちかいの意味。ちかいを破りそこなうの意味を表す。

▼義賊・逆賊・国賊・残賊・盗賊・馬賊・流賊

【賊魁】賊のかしら。賊首。

【賊害】人をいためそこなう。傷つける。損害を与える。

【賊虐】そこない、しいたげる。

【賊軍】賊の軍隊。朝廷にそむく軍。

【賊塞・賊砦】賊のとりで。賊堡。賊塁。

【賊殺】そこない殺す。

【賊子】①親を害するような不孝の子。〔孟子、滕文公下〕孔子成二春秋一、而乱臣賊子懼矣。②反逆の徒。謀反人。

【賊情】賊の様子。賊の形勢。

【賊心】人をそこなおうとする心。謀反を起こそうとする心。

【賊臣】不忠の臣。逆臣。

【賊星】あやしい星。妖星。また、彗星。

【賊徒】賊のなかま。反逆者ども。賊衆。賊党。

【賊盗】ぬすびと。盗賊。

【賊党（黨）】賊のなかま。賊徒。賊匪。

【賊匪】ぬすびと。どろぼう。盗賊。

【賊兵】賊軍の兵。天子にそむく兵士。賊軍。

【賊民】人に危害を与える民。不仁の民。

【賊塁（壘）】賊のとりで。賊塞。

(13)6 **【賃】** 7422　教 6　チン　3634 *4442*

漢ジン（チン）・呉ニン　沁 lìn

慣チン

筆順 亻 仁 任 賃

字義 ❶やとう(やとふ)。金銭を払って人を使用する。また、やとわれる。❷かりる。使用料を払って借用する。❸給金。やとい人に与える報酬の金銭。賃金。また、代価。損料。

解字 金文 篆文 形声。貝＋任㊥。音符の任は、になうの意味。金品を与えて仕事をになわせる、やとうの意味を表す。

▼駄賃

【賃金】チンギン ①＝賃銀。→次項。②チンキン 借り賃。賃銭。◇①の意味では、古くは「賃銀」と表記したが、現代では「賃金」が一般的。

【賃銀】チンギン 労働者が、その労働の報酬として受け取る金銭。また、やとった人に使用者が支払う金銭。賃金。

【賃作】チンサク 賃銀を受けて働く。賃傭チンヨウ。

【賃借】チンシャク・チンがり 使用料を払って、他人のものを借用すること。↔賃貸。

【賃書】チンショ 賃銀をとって人のために文字を写すこと。筆耕。

【賃舂】チンショウ やとわれて米をつくこと。

【賃貸】チンタイ・チンがし 損料をとって、他人に物品を貸すこと。↔賃借。

(13)6 【賁】7423 △ 一ヒ 寘 bì　二㊥フン・㊥ブン 文 fén　三㊥フン・㊥ブン 吻 fèn　四ホン 元 bēn　［賁］7644 6C4C

［賁］俗字

字義 一❶かざる。かざり。あや。❷まじる。色がまじる。＝斑ハン。❸易エキの六十四卦カの一つ。☲☶離下艮上リカゴンショウ。剛と柔とがまじり合っているかたち。二❶大きい。❷かざる。三❶いかる。いきどおる。＝憤。❷わく。わきたつ。四❶はしる。＝奔。❷いさむ。また、勇士。

解字 文 篆 形声。貝＋卉㊥。音符の卉ホンは、人の足あとの三つ並んだ形にかたどり、さかんに走るの意味。貝がらに模様がさかんに走っているの意味から、かざるの意味を表す。

【賁育】ホンイク 中国古代伝説上の勇士、孟賁モウホン・夏育の二人。ともに秦シンの武王に仕えた大力の士。「賁育之勇」

【賁来(來)】ヒライ ＝賁臨。賁は、かざり・あやの意で、光り輝くさま、光彩のあるさま。他人が訪ねてくれることの敬称。〔詩経、小雅、白駒〕賁然来思ヒゼンとしてきたる。

【賁臨】ヒリン 他人が訪ねて来ることの敬称。おいで。御光来。賁来。俗にフンリンと読む。

(13)6 【賂】7424 標 ロ 遇 lù　4708 4F28

字義 ❶まいなう(まひなふ)。㋐金品を贈与する。㋑こっそり金品を贈ってたのみこむ。❷まいない(まひなひ)。㋐贈り物。㋑たのむための不正な進物。袖その下。「賄賂」❸たから。財貨。

解字 文 篆 形声。貝＋各㊥。音符の各は、いたるの意味。財宝をもたらす・おくるの意味を表す。

【賂遺】ロイ わいろを贈ること。賄賂ワイロ。

【賂謝】ロシャ まいないの金品。賄賂ワイロ。賄謝。

(13)6 【賄】7425 常 ワイ まかなう　カイ(クワイ) 賄 隊 huì　慣ワイ　4737 4F45

筆順 貝 貝 賄 賄

字義 ❶たから。貨財。金玉を貨、布類を賄という。❷まいなう(まひなふ)。㋐金品を贈与する。㋑こっそり金品を贈ってたのみこむ。❸まいない(まひなひ)。㋐贈り物。㋑たのむための不正な進物。「賄賂ワイロ」

国 まかなう(まかなふ)。また、まかない(まかなひ)。㋐金銭を調達すること。㋑経費を間にあわせること。㋒食事の世話をすること。

解字 文 篆 形声。貝＋有㊥。音符の有は、食事を手にして人にすすめるの意味。財貨を人に贈るの意味を表す。

▼貨賄・財賄・収賄・贈賄

【賄賂】ワイロ 私利をはかって、こっそり提供する不正な金品。また、その金品を提供すること。袖その下。〔左伝、昭公六〕乱獄滋豊ランゴクますますおおく、賄賂並行ワイロならびおこなわる。

(14)7 【賕】7426 △ ㊥グ ㊥キュウ(キウ) 尤 qiú

字義 ❶まいなう(まひなふ)。不正な依頼をするために金品を贈る。特に、法を枉まげたり、罪をのがれようとして金品を贈ることにいう。❷まいない(まひなひ)。賄賂ワイロ。袖その下。〔史記、滑稽伝〕受賕枉法キュウをうけてホウをまぐ。❸(かたを置いて)もとめる。

解字 文 篆 形声。貝＋求㊥。音符の求は、もとめるの意味。金品などを贈って不正なことを求める、賄賂ワイロの意味を表す。また、抵当を置いて求めるの意味をも表す。

【賕賂】キュウロ 不正な依頼をするため、こっそり贈る金品。賄賂。袖その下。

(14)7 【賒】7427 △ シャ 麻 shē

［賖］俗字

字義 ❶おぎのる。かけで買う。現金を払わないで代価を借りて物を買う。❷とおい。はるか。❸ゆるやか(緩)。おそい。❹おごる。おごり。＝奢シャ。

解字 文 篆 形声。貝＋余㊥。音符の余は、のびるの意味。現金の支払いがのびる、かけで買うの意味を表す。

(14)7 【賑】7428 標 一シン 軫　二シン 震 zhèn　3888 4678

字義 一❶にぎわう(にぎはふ)。にぎやか。とむ(富)。栄える。活気がある。「殷賑インシン」❷にぎわい(にぎはひ)。にぎわうこと。二にぎわす(にぎはす)。㋐とます(富)。豊かにする。㋑ほどこす。めぐむ。

国 にぎやか。さわがしい様子。さかんな様子。陽気な様子。

解字 文 篆 形声。貝＋辰㊥。音符の辰シンは、ふるわすの意味。勇気をふるわせ、人を救うための豊かな金品の意味から、にぎわすの意味を表す。

【賑救】シンキュウ にぎわし救う。貧しい者に金品を与えて救う。賑済。賑給。

【賑給】シンキュウ ほどこし与える。にぎわす。恵む。

【賑済(濟)】シンサイ ほどこし救う。金品をほどこして、被災者や困窮者を救う。

【賑恤・賑䘏】シンジュツ ほどこしめぐむ。あわれんで救う。

【賑贍】シンセン ほどこし足す。金品を与えて不足を補ってやる。

(14)7 【賓】(7442) ヒン 賓(7441)の旧字体。→一〇四六ページ。

(14)7 【賔】7429 △ ヒン 賓(7441)の俗字。→一〇四六ページ。

(15)8 【賡】7430 △ ㊥コウ(カウ) ㊥キョウ(キャウ) 庚 gēng

字義 ❶つぐ(續)。つづける。引きつぐ。❷つぐなう(つぐなふ)(償)。

解字 形声。貝＋庚㊥。貝は、金品の意味。音符の庚コウは、もちあげるの意味。金品をとりあげて人に贈る、つぐなうの意味を表す。

【賡歌】コウカ 他人に続いて詩歌を和しうたう。賡唱。

【賡酬】コウシュウ 他人と詩歌を贈答する。酬賡。

(15)8 【賛】7431 教5 サン　2731 3B3F

(19)12 【贊】7432 サン 翰 zàn　7653 6C55

筆順 夫 夫夫 替 賛

字義 ❶まみえる。お目にかかる。❷たすける(たすく)。助力する。

「協賛」「翼賛」❸みちびく。引く。❹すすめる。出す。❺つげる（告）。とく（説）。❻たたえる。ほめる。「賞賛」「自賛」❼文体の一種。人徳をほめたたえる文。雑賛・哀賛・史賛の三体に分類される。❽絵画などのかたわらに書く文。「画賛」

名乗 あきら・じ・すけ・たすく・よし

参考 現代表記では〔讃〕(7320)の書きかえに用いる。「讃辞→賛辞」「絶讃→絶賛」熟語は讃をも見よ。→一〇二九ページ。

解字 文 篆 形声。貝＋兟（兟）音。音符の兟は、すすめるの意味。神に供え物をすすめて、まみえる・つげる・たたえる・たすけるの意味を表す。

▼画賛・共賛・協賛・自賛・称賛・賞賛・図賛・絶賛・奉賛・翼賛・礼賛・論賛

【賛意】サンイ 賛成する気持ち。賛成の意志。

【賛画（畫）】サンカク 計画を助けること。

【賛仰】サンギョウ・サンゴウ 徳をあおぎたっとぶ。ほめたたえてあおぐ。鑽仰サンギョウの誤用。

【賛辞（辭）】サンジ ほめことば。賛語。讃辞サンジ。

【賛助】サンジョ たすける。わきから力をそえて助ける。賛翼。

【賛称（稱）】サンショウ ほめたたえる。称賛。讃称サンショウ。

【賛唱】サンショウ ほめたたえてうたう。また、ほめたたえたうた。

【賛成】サンセイ ①同意して成立させる。助けて成しとげる。②国人の意見などをよいと認める。同意する。

【賛嘆・賛△歎】サンタン 感心してほめる。讃嘆サンタン。

【賛同】サンドウ ＝賛成。

【賛否】サンピ 賛成と不賛成。

【賛美】サンビ ほめたたえる。称賛。讃美サンビ。

【賛揚】サンヨウ ほめあげる。讃揚サンヨウ。

(15)8 【賜】7433 常 シ たまわる

筆順 賜

シ 寘 cì

2782 3B72

字義 ❶たまう。㋐あたえる。目上の人から下の者に与える。くださる。「恩賜」「下賜」㋑ほどこす（施）。めぐむ（恵）。㋒いいつける。命令する。❷たまわる。いただく。ちょうだいする。❸たまもの。いただきもの。めぐみ。「厚賜」❹つきる（尽）。

名乗 たま

解字 金文 篆文 形声。貝＋易音。音符の易は、提に通じ、腕をつきだすの意味。目上が目下に金品をおしやって与える、たまうの意味を表す。

▼恩賜・下賜・賞賜・褒賜

【賜宴】シエン 天子が臣下のために宴会をもよおすこと。また、その宴会。

【賜暇・賜仮（假）】シカ 休暇をたまわる。また、官から許された休み。

【賜金】シキン お金をたまわる。また、下賜されたお金。

【賜見】シケン お目どおりを許される。

【賜告】シコウ 官吏に休暇をたまわること。

【賜△諡】シシ 諡おくりなを天子からたまわる。また、そのおくり名。

【賜杯】シハイ ①臣下にさかずきをたまわる。②国天皇・皇后や皇族から競技の優勝者にたまわる優勝カップ。

【賜物】シブツ 物をたまわる。また、たまわった物。たまもの。

【賜△予・賜与（與）】シヨ たまわる。また、下され物。

【賜△賚】シライ たまもの。また、それをたまわること。

(15)8 【質】7434 教5 シツ・シチ・チ

一 漢シツ・呉シチ 質 zhì
二 チ 寘
三 シ 寘

【质】俗字 7636 6C44

筆順 質

2833 3C41

字義 一❶もの。形のあるもの。形体。からだ。「物質」❷なかみ。内容。もと。根本。↔形・量。「本質」「実質」「原形質」❸たち。もちまえ。生まれつき。物のしつ。「性質」「神経質」「硬質」❹まこと。真心。事実。❺きじ。本来の姿。かざりけのないこと。↔文。「質素」〔論語、雍也〕文質彬彬ブンシツヒンピンとして、然後君子しかるのちにクンシなり。訳文⇩文質彬彬（四八〇ページ）。❻ただす。㋐是非を明らかにする。㋑疑問を問いただす。❼シチ。抵当。また、しちにおく。抵当に入れて借金する。「人質ひとジチ」 二＝一の❼。 三にえ。にへ。君主や先生にさしだす礼物。＝摯シ。

名乗 かた・すなお・ただ・ただし・み・もと

解字 文 篆 会意。所＋貝。所は、割り符の意味か。金銭に相当する財貨、しちの意味を表す。また、信に通じ、まこと・生地の意味をも表す。

▼委質・気質・言質・才質・材質・資質・実質・性質・素質・体質・特質・美質・文質・変質・本質・麗質

【質義】シツギ 意義を質問する。

【質疑】シツギ 疑いを問い正す。問疑。「質疑応答」

【質言】シツゲン かざりけのないことば。誠実なことば。

【質子】シチシ ひとじち。子をひとじちとする。また、その子。

【質実（實）】シツジツ かざりけがなく誠実。「質実剛健」

【質正】シッセイ 是非を正す。正しいか、正しくないかを明らかにする。

【質性】シッセイ 生まれつき。かざりのない心。性質。資性。

【質責】シッセキ せめただす。

【質素】シッソ かざりけがないこと。じみ。

【質的】シッテキ ①弓のまと。射的。②質に関係する。内容的。↔量的。

【質直】シッチョク・シッチョク かざりけがなくじみで、正直なこと。

【質△訥】シットツ かざりけがなくて口が重い。まじめで訥弁。

【質文】シツブン 生地のままの質朴さと外形上の文飾。実質内容に重きをおくことを質といい、形式文飾に重きをおくのを文という。『論語』雍也ヨウヤ編に「質勝レ文則野シツブンにかてば、すなわ(は)ちヤなり、文勝レ質則史ブンシツにかてば、すなわ(は)ちシなり」とあるのに基づく。

【質木・質朴・質△樸】シツボク 誠実でかざりけがない。

【質明】シツメイ 夜明けごろ。黎明レイメイ。正旦セイタン。

【質料】シツリョウ 形相・形式に対して、それを構成する素材・内容。

【質量】シツリョウ ①物理学で、物体中に含まれる実質の量。②質と量。性質と分量。

(15)8 【賙】7435 △ 漢シュウ（シウ） 呉シュ 尤 zhōu

字義 ❶あたえる（給）。ほどこす。❷たす（足）。金品を与えて不足したのを満たしてやる。「賙贍シュウセン」❸すくう（救）。

解字 形声。貝＋周音。音符の周は、あまねくゆきわたるの意味。金品をゆきわたらせる、ほどこすの意味を表す。

【賙△卹・賙△恤】シュウジュツ ほどこしめぐむ。

【賙△贍】シュウセン ほどこし足す。金品など不足しているものを補い足してやる。

(15)8 【賞】7436 教4 ショウ

筆順 賞

ショウ（シャウ） 養 shǎng

3062 3E5E

字義 ❶たまわる。功労のあった者に、ほうびとして財貨を賜る。❷ほめる。㋐功績・善行をほめたたえる。「激賞」「恩賞」㋑美点をほめ、愛してたのしむ。「鑑賞」「賞味」❸たまもの。ほめて与えるもの。ほうび。「授賞」❹たっとぶ。＝尚ショウ。

名乗 たか・たかし・よし

解字 金文 篆文 形声。貝＋尚音。音符の尚は、当（當）に通じ、あたるの意味。功績に相当する財貨、ほうびの意味やほめるの意味を表す。

▼恩賞・観賞・鑑賞・刑賞・慶賞・激賞・懸賞・行賞・受賞・嘆賞・褒賞・幽賞

【賞鑑・賞△鑒】ショウカン 人物・書画・骨董コットウなどを目ききしてめ

でる。鑑定して賞美する。

【賞^玩・賞^翫】ショウガン ①ほめもてあそぶ。めでたのしむ。②国㋐賞味する。㋑尊重する。

【賞刑】ショウケイ ほめることと罰すること。善人をほめ悪人を刑罰に処すること。

【賞勲(勳)】ショウクン てがら(勲功)のあった人をほめる。賞功。

【賞賛(贊)・賞^讃】ショウサン ほめそやす。ほめたたえる。

【賞詞】ショウシ (善行などを)ほめることば。賞辞。賛辞。

【賞賜】ショウシ 功労・善行をほめて、金品・官位などを賜う。賞錫ショウシャク。

【賞首】ショウシュ 第一等のほうびを受ける者。最高殊勲者。

【賞状(狀)】ショウジョウ すぐれた善行・功績などのあった者に与える書状。

【賞心】ショウシン けしきをめでる風流な心。また、広く心のよろこび楽しむこと。

【賞嘆・賞^歎】ショウタン 感心してほめはやす。

【賞典】ショウテン ①ほめてたまわる金品。賞品。賞金。②賞与についての規定。

【賞杯・賞^盃】ショウハイ ①善行・功労などの賞として与える(金・銀・木などの)杯。②競技などで、入賞者・入賞団体に賞として与える杯・カップ。

【賞^牌】ショウハイ 入賞者・入賞団体に賞として与える記章・メダル。

【賞罰】ショウバツ 賞と罰。ほめることと罰すること。

【賞罰^之柄】ショウバツのヘイ 賞罰を行使する権力。

【賞美】ショウビ ほめたたえる。称美。賛美。

【賞味】ショウミ ほめ味わう。おいしくいただく。

【賞与(與)】ショウヨ ①ほうびに物を与える。また、そのもの。②国ボーナス。

【賞誉(譽)】ショウヨ ほめる。

【賞揚】ショウヨウ ほめそやす。ほめあげる。称揚。

(15)8【賤】7437 標 漢セン 呉ゼン 㽞 jiàn　7645 6C4D

[戝]俗字 3308 4128

字義 ❶いやしい いや。↔貴。㋐値段が安い。安価。㋑身分が低い。等級が低い。「下賤」㋒下品でけがらわしい。㋓自分に関する物事につけて謙譲の意を表す。「賤妾センショウ」❷いやしいこと。いやしい人。〔論語、里仁〕貧与レ賤、是人之所レ悪也(これひとのにくむところなり)。❸いやしむ。さげすむ。みさげる。また、見捨てる。国しず。㋐いやしいこと。いやしい者。㋑自分の謙称。

難読 賤ケ岳しずがたけ・賤機山しずはたやま

解字 篆文 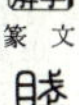 形声。貝+戔㊀。音符の戔センは、小さい・すくないの意味。金品が少ないの意味から、身分が低いの意味を表す。

【賤易】センイ さげすみあなどる。軽蔑ケイベツする。賤侮。

【賤役】センエキ いやしいつとめ。また、つまらないしもべ。

【賤悪(惡)】センオ いやしみにくむ。

【賤価(價)】センカ ①安い値段。安価。廉価。②値段を安くする。

【賤棄】センキ いやしみ捨てる。

【賤技・賤^伎】センギ ①いやしいわざ。②自分の技芸を謙遜ケンソンしていう。

【賤業】センギョウ いやしい仕事。いやしい職業。

【賤^軀】センク いやしいからだ。自分の謙称。

【賤工】センコウ ①身分のいやしい職人。②へたな細工師サイクシ。

【賤子】センシ 自分の謙称。わたくし。

【賤事】センジ ①いやしい仕事。つまらぬ俗事。②自分のしごとの謙称。

【賤質】センシツ いやしい生まれつき。

【賤儒】センジュ いやしい儒者。つまらぬ学者。

【賤^妾】センショウ ①いやしい召使いの女。また、そばめ。②妻が夫に対する自分の謙称。

【賤丈夫】センジョウフ 心のいやしい男。卑劣な男。〔孟子、公孫丑下〕

【賤^場師】センジョウシ いやしい植木屋。つまらぬ植木職人。〔孟子、告子上〕

【賤臣】センシン ①身分の低い家来。②君主に対し、家来が自分をへりくだっていうことば。

【賤人】センジン 身分・地位の低い者。賤者。

【賤息】センソク 自分の子の謙称。愚息。賤児。豚児。「老臣賤息」

【賤族】センゾク 身分の低い家がら。

【賤内】センダイ 自分の妻の謙称。愚妻。

【賤買】センバイ 安く買う。「賤買貴売」

【賤侮】センブ =賤易。

【賤民】センミン ①身分の低い民。②昔、最下層の階級に属した、一種の奴隷ドレイ。↔良民。

【賤吏】センリ 身分の低い役人。

【賤劣】センレツ いやしくて、人がらや才能がおとること。

【賤^陋】センロウ ①いやしい。下賤ゲセン。卑賤。②才能・人格がおとる。

(15)8【賨】7438 △ 漢ソウ 呉ゾウ 㽞 cóng

字義 ❶みつぎ。南方の異民族からのみつぎもの。布を主とした。❷巴州ハシュウ(今の四川省の東部)の原住民族。

解字 篆文  形声。貝+宗㊀。

(15)8【賬】7439 △ チョウ(チャウ) 漢 zhàng

字義 ❶ちょうめん(帳面)。帳簿。帳の俗字。❷㋐貸借勘定。また、それを記入した帳簿。㋑債務。

解字 形声。貝+長㊀。

(15)8【賣】(1373) バイ 売(1372)の旧字体。→二四八ページ。　7646 6C4E

(15)8【賠】7440 常 バイ 漢ハイ 呉バイ 㽞 péi　3969 4765

筆順 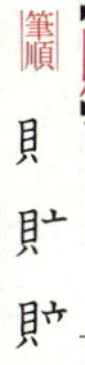

字義 つぐなう つぐのう。補償する。弁償する。

解字 形声。貝+音㊀。

【賠償】バイショウ 他人・他国に与えた損害をつぐなう。

(15)8【賓】7441 常 ヒン　4148 4950

(14)7【賔】7442 人許 一ヒン 二ヒン 真 bīn 御 bìn

筆順 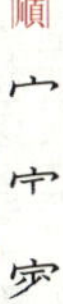

[賔]俗字

字義 一❶まろうど。客。来客。敬いもてなす客。「来賓」「主賓」❷客として泊まる。また、客としてもてなす。❸つらねる。連なる。並ぶ。❹したがう。つき従う。また、従える。二しりぞける(退)。捨てる。=擯。

解字 甲骨文  金文  篆文  会意。甲骨文は、宀+人。外部から屋内に足をふみ入れた人、まろうどの意味を表す。また、のちに貝を付し、金品をかけて客としてもてなす意味を表す。賓を音符に含む形声文字に、儐ヒン・嬪ヒン・擯ヒン・殯ヒン・浜(濱)ヒン・臏ヒン・鬢ビンなどがある。

▼貴賓・迎賓・国賓・主賓・来賓

【賓位】ヒンイ 客の座席。客のつくべき位置。

【賓延】ヒンエン 客分として引き入れて優遇する。賓待。

【賓^筵】ヒンエン 客をもてなす席。

【賓客】ヒンカク・ヒンキャク ①来客。大切な客。②門下の食客。いそうろう(居候)。③官名。太子の侍従をつとめて補導にあたる者。「太子賓客」

【賓館】ヒンカン 客人の宿泊所。

【賓^雁】ヒンガン 雁かりのこと。雁は毎年秋に来て春去るところから賓という。

【賓貢】ヒンコウ 外国人が来朝してみつぎものを奉る。
【賓師】ヒンシ 諸侯から客分として待遇される人。
【賓辞(辭)】ヒンジ ①哲学で、命題の主辞に結びついてそれを叙述することば。「我思う」の「思う」の類。②言語学で、他動詞の目的となる語。客語。
【賓実(實)】ヒンジツ 名と実。名称と実質。名が客で、実が主人の意。〔荘子、逍遥遊〕名者実之賓也なはジツのヒンなり。
【賓主】ヒンシュ 客と主人。主客。
【賓頭盧】ビンズル 仏梵語ボンで、不動の意。白頭・長眉ビチョウの相をそなえた仏。十六羅漢の一つ。日本では、その像をなでて祈ると、病気が治るという。
【賓待】ヒンタイ お客としてもてなす。賓接。
【賓服】ヒンプク 来て従う。来朝して服従する。
【賓旅】ヒンリョ 訪問者や旅人。〔孟子、告子下〕敬レ老慈レ幼ロウをケイしようをジし、無レ忘二賓旅一ヒンリョをわするるなかれ。
【賓寮】ヒンリョウ ＝賓館。
【賓礼(禮)】ヒンレイ ①中国古代、五礼の一つ。客をもてなす儀式。②賓客としてもてなす。

(15)8 【賦】 7443 常 フ ｜ フ 遇 fù ｜ 4174 496A

筆順 貝 貯 貯 賦 賦

字義 ❶とりたてる。また、とりたて。とりたてたもの。公の事業のために、役所が人民に割り当てて財物を徴収すること。また、その財物。租税。みつぎもの。「田賦」❷ぶやく。公の仕事のために、役所が人民・兵士を集めて使役すること。また、その人民・兵士。❸しく。のべ広げる。ゆきわたらせる。❹わける。配る。割り当てる。また、授ける。与える。「天賦」❺韻文の一体。㋐中国古代、詩の六義リクの一つ。心に感じたことをそのまま歌うもの。㋑漢代にさかんに行われたもの。対句を多用する。「辞賦」㋒単に詩歌の意。❻詩歌を作る。また、詩歌をとなえる。〔宋、蘇軾、前赤壁賦〕横レ槊賦レ詩ほこをよこたえ（へ）てシをフす。

解字 金文  篆文  形声。貝＋武音。音符の武は、募ボに通じ、さぐりもとめるの意味。財貨を求めてとりたてるの意味を表す。

▼貢賦・詩賦・辞賦・重賦・征賦・租賦・天賦
【賦詠】フエイ 詩歌を作ること。また、その詩歌。
【賦役】フエキ 国税の総称。租税と夫役ブヤク。賦徭フヨウ。
【賦課】フカ 租税を割り当てて取ること。
【賦質】フシツ 生まれつき。天性。
【賦性】フセイ 生まれつき。天性。賦命。賦稟フヒン。賦質。
【賦税】フゼイ ①人民に割り当てて納めさせる税。②税を割り当てる。賦租。
【賦租】フソ みつぎもの。ねんぐ。賦税。賦用。
【賦粟】フゾク 租税として取りたてる穀物。
【賦入】フニュウ ねんぐの収入。
【賦稟】フヒン 生まれつき。賦性。素質。
【賦命】フメイ うまれつき。天からさずかった性質、また、運命。賦分。
【賦与(與)・賦予】フヨ 割り当てて与える。分け与える。
【賦斂】フレン 租税を割りつけて取りたてる。

(15)8 【賚】 7444 △ ライ 隊 lài ｜ 7647 6C4F

【睞】同字

字義 ❶たまう。たまう。たまわる。あたえる。くださる。❷たまもの。くだされたもの。❸ねぎらう。

解字 篆文  形声。貝＋來音。音符の來は、くるの意味。天子から来たもの、たまものの意味を表す。
【賚賜】ライシ たまう。たまもの。賚錫ライセキ。
【賚予・賚与(與)】ライヨ 物をたまう。与える。賚与。

(16)9 【賢】 7445 常 ケン かしこい ｜ 漢ケン・呉ゲン 先 xián ｜ 2413 382D

筆順 丨 臣 臤 賢

【贤】俗字 【賢】古字

字義 ❶かしこい。さかしい。㋐才知・徳行にすぐれている。また、その人。聖人に次ぐもの。↔愚。「聖賢」㋑利口である。頭がよい。❷まさる。すぐれている。❸多い。豊か。富む。❹たっとぶ。賢人として尊敬する。〔論語、学而〕賢レ賢易レ色ケンをケンとしていろにかう（ふ）。❺他人に関する物事につけ敬意を示す。「賢察」❻濁酒どぶろくの別名。↔聖（清酒）。

名乗 かた・さか・さかし・さと・さとし・さとる・すぐる・たか・ただ・ただし・とし・のり・まさ・ます・やす・よし 難読 賢所かしこどころ・賢木さかき

解字 金文  篆文  形声。貝＋臤音。音符の臤ケンは、かたいの意味。しっかりした財貨の意味から、まさる・かしこいの意味を表す。

▼遺賢・至賢・上賢・諸賢・聖賢・先賢・普賢
【賢英】ケンエイ かしこくすぐれた者。すぐれた人物。
【賢媛】ケンエン かしこい女性。
【賢愚】ケング かしこいこと（人）と、おろかなこと（人）。
【賢兄】ケンケイ ①かしこい兄。②友人などに対していう敬称。大兄。貴兄。
【賢契】ケンケイ 自分より年下の友人に対する敬称。
【賢豪】ケンゴウ かしこくすぐれた人物。
【賢佐】ケンサ かしこい補佐の臣。
【賢才】ケンサイ かしこい才知。また、才知のある人。賢材。
【賢察】ケンサツ 他人の推察に対する敬称。御推察。
【賢士】ケンシ かしこい人物。賢人。
【賢主】ケンシュ 賢明な君主。明主。明君。賢君。
【賢酒】ケンシュ にごり酒の別名。↔聖酒（清酒）。
【賢俊・賢儁】ケンシュン 人よりまさりすぐれる。また、その人。俊賢。
【賢相】ケンショウ かしこい宰相。すぐれた大臣。賢輔ケンポ。
【賢勝】ケンショウ かしこくてすぐれている。また、その人。
【賢臣】ケンシン すぐれた家来。
【賢人】ケンジン ①かしこい人。聖人に次ぐすぐれた人。賢者。②にごり酒の別名。↔聖人（清酒）。
【賢聖】ケンセイ ①才能・人格のすぐれた人。②賢人と聖人。
【賢達】ケンタツ かしこくて物事に通じている。
【賢知・賢智】ケンチ かしこくて知恵がある。また、その人。
【賢弟】ケンテイ ①かしこいおとうと。②自分より年下の友人に対する敬称。
【賢哲】ケンテツ ①才知のすぐれた人。かしこくて、物事に明らかな人。②賢人と哲人。
【賢能】ケンノウ ①かしこくて才能がある。また、その人。②人格の高い者と、才能のすぐれている者。
【賢否】ケンピ かしこいこと（人）とかしこくないこと（人）。
【賢不肖】ケンフショウ かしこいこと（人）と愚かなこと（人）。賢愚。賢否。
【賢婦】ケンプ かしこい妻。また、女性としての人格才能がすぐれている人。賢夫人。
【賢輔】ケンポ かしこい大臣。賢相。
【賢母】ケンボ かしこい母。「良妻賢母」
【賢明】ケンメイ かしこくて道理に明らかなこと。また、その人。
【賢慮】ケンリョ ①かしこい考え。②他人の思慮の敬称。お考え。
【賢良】ケンリョウ ①かしこくて善良（な人）。②「賢良方正」は漢代以後、官吏登用試験の科目の一つ。
【賢路】ケンロ すぐれた人物が立身出世してゆくみち。出世コース。
【賢労(勞)】ケンロウ すぐれた人物と認められたために、かえって公的な仕事に使われ苦労すること。一説に、人一倍多く苦労する。〔孟子、万章上〕我独賢労也われひとりケンロウするなり。

【見レ賢思レ斉(齊)】ケンをみてはひとしからんことをおもう(ふ)　賢人を見ては自分もその人と同じようになりたいと思う。〔論語、里仁〕
【賢レ賢易レ色】ケンをケンとしていろにかう(ふ)　賢人を尊敬すること、あたかも女色を好むようにする。一説に、自分の平素の顔色を改めつつしんで、賢人を敬う。〔論語、学而〕

(16)9【賫】7446　△ ジン　賮(7464)と同字。→一〇四九ページ。

(16)9【賭】7447　標　漢ト　呉ツ　麌 dǔ　［賭］　3750　4552
字義 ❶かける。かけをする。勝負事に金品を出しあって勝った方が取る。❷かけ。かけごと。ばくち。
解字 篆文　形声。貝＋者㊉。音符の者は、集めるの意味。金品をつぎこんで、かけをするの意味を表す。
難読 賭弓のりゆみ
【賭弓】トキュウ　①物をかけて弓を射る。かけものの弓。②国のりゆみ　平安時代、正月十八日に天皇臨席のもとに左右の近衛府コノエフの人々が射術を試みる儀式。
【賭書】トショ　文字のじょうずへたを争うこと。
【賭射】トシャ・セキ　物をかけて弓を射、勝敗を争うこと。かけ弓。
【賭博】トバク　金品をかけて、勝負を争うこと。ばくち。一六。樗蒲チョボ。博弈バクエキ。賭賽トサイ。

(16)9【賵】7448　△　漢ホウ・呉フウ　送 fèng　慣ボウ
字義 おくる。贈り物。死者をとむらうために車馬・衣服などを贈る。また、その贈り物。
解字 篆文　会意。貝＋冒。貝は、財物の意味。冒は、覆うの意味。死者を覆うために贈られる衣服の意味を表す。

(16)9【頼】(8658)　ライ　頼(8657)の旧字体。→一二九八ページ。

(17)10【購】7449　常　コウ　2556　3958
(17)10〔購〕7450　漢コウ　呉ク　宥 gòu
筆順
字義 ❶あがなう。㋐賞をかけて求める。㋑買う。買い求める。代価を払って手に入れる。「購買」❷やわらぐ。和睦ワボクする。＝講。
解字 篆文　形声。貝＋冓(冓)㊉。音符の冓コウは、組み合わせるの意味。その金銭とちょうど組み合わせとなる物を買い取る、あがなうの意味を表す。
【購獲】コウカク　買い入れる。買って手に入れる。購得。
【購求】コウキュウ　①買い求める。②賞金をかけて捜し求める。
【購読(讀)】コウドク　書籍・新聞などを定期的に買って読む。
【購入】コウニュウ　買い入れる。購買。
【購買】コウバイ　買い入れる。購入。
【購問】コウモン　賞金をかけて捜し求める。

(17)10【賽】7451　標　サイ　隊 sài　7648　6C50
字義 ❶お礼まつり。むくいまつる。神から福を受けたのに感謝して祭る。「賽銭」❷優劣をくらべる。勝負をきそう。
国 サイ。さいころ。すごろくなどに用いる小さな立方体の具。采サイ。骰子トウシ。
解字 篆文　形声。貝＋塞省㊉。
難読 賽子さいころ
【賽河原】サイのかわら　仏 死んだ小児が行くと信ぜられる、冥土メイドの三途サンズの川の河原。小児が石を積んで塔を作ると、大鬼が出てきてはくずすという所。〔法華経、方便品〕
【賽客】サイカク　お礼まいりする人。参詣者サンケイシャ。賽者。
【賽祠】サイシ　お礼の祭り。
【賽社】サイシャ　農事が終わってのち、酒食をそなえて田の神に感謝する祭り。秋祭り。鎮守の祭り。
【賽神】サイシン　神にささげるお礼祭り。報祭。
【賽銭(錢)】サイセン　参詣者サンケイシャが神仏に奉る銭。
【賽日】サイニチ　国やぶいり。奉公人が休暇をもらって家に帰る一月と七月の十六日。仏教では、地獄の釜かまのふたがあく日という、亡者モウジャへの苛責カシャクをやめるという。

(17)10【賸】7452　△　一ヨウ　径　二漢ショウ・呉ジョウ　径 shèng
字義 一二❶ます。ふえる。❷あまる。また、あまり。余分。＝剰。❸おくる(贈)。❹まま(儘ジン)。また、どうにでもなれ。ままよ。
解字 金文　篆文　形声。貝＋朕㊉。音符の朕は、上に向かっておしあげるの意味。金品をさしあげる、おくるの意味。また、ふえる・あまるの意味をも表す。
【賸語】ショウゴ　余分なことば。むだごと。無用の言。贅言ゼイゲン。剰語。
【賸財】ショウザイ　余分の財産。
【賸馥】ヨウフク・ショウフク　あとにただようかおり。余香。残香。

(17)10【賺】7453　△　漢タン　呉デン　陥 zuàn, zhuàn　7649　6C51
字義 すかす。㋐代金を二重どりする。あざむいて高く売りつける。㋑あざむきたぶらかす。＝賺レン。
解字 篆文　形声。貝＋兼㊉。

(17)10【賻】7454　△　漢フ　呉ブ　遇 fù　7650　6C52
字義 おくる。おくりもの。喪主を助けるために、金品を贈る。また、その贈り物。
解字 篆文　形声。貝＋尃㊉。音符の尃フは、扶に通じ、たすけるの意味。喪主を助けるためにおくる金品の意味を表す。
【賻儀】フギ　死者をとむらって、喪主に贈るもの。香典。香奠コウデン。
【賻祭】フサイ　物を贈って死者を祭る。
【賻助】フジョ　死者の家に金品を贈って葬儀を助ける。
【賻贈(贈)】フゾウ　＝賻助。
【賻賵】フボウ　喪主に贈って葬儀を助ける貨財と車馬。

(18)11【賾】7455　△　漢サク　呉ジャク　陌 zé
字義 おくぶかい。奥深くて、わかりにくい。また、その道理。
解字 形声。𦣝＋責㊉

(18)11【贄】7456　標　シ　寘 zhì　7651　6C53
字義 にえ。てみやげ。君主・師などに面会するときに贈る礼物。男は玉・帛ハク・禽鳥キンチョウ、女は棗ソウ(なつめ)・栗リツ・脩シュウ(ほじし)など、小さなものを用いる。＝質シ。
難読 贄川にえかわ
解字 形声。貝＋執㊉。音符の執は、とるの意味。手にとってみやげとする礼物の意味を表す。
【贄敬】シケイ　初めて人を訪問するとき、また入門するときの進物。
【贄見】シケン　贈り物を持って師に面会すること。入門する。
【贄幣】シヘイ　にえ。礼物。つかいもの。
【執レ贄】シをとる　委レ贄シをイす　①初めて会うとき、礼物を持って行き敬意を表すこと。②転じて、初めて入門するときの束脩ソクシュウ(礼物)。また、束脩の礼を修めて、弟子になること。

(18)11【贅】7457　標　セイ　霽 zhuì　慣ゼイ　7652　6C54
字義 ❶しちに入れる。また、そのしち(質)。抵当。❷てなずける。物を与えて従わせる。❸くっつける。つづり合わす。❹いぼ。こぶ。❺いりむこ。❻むだ。また、むだなもの。㋐行いが適切でない。㋑役に立たない。㋒余分なものをつけ加える。費用がかかり過ぎる。「贅言」
解字 篆文　会意。貝＋敖。敖は、気ままに遊びまわるの意味。金品を気ままにあつかうの意味を表す。

【贅言】ゼイゲン よけいなことば。むだ口。徒言。贅語。贅辞。
【贅行】ゼイコウ よけいな行い。むだな行為。〔老子、二十四〕
【贅子】ゼイシ ①昔、借財の保証のために貸し主の所に置いた子供。②いりむこ。養子。
【贅婿（壻）】ゼイセイ ①結婚して妻の家に居候(いそうろう)すること。②転じて、いりむこ。妻の家に迎えられて婿となること。
【贅沢（澤）】ゼイタク ①むだなおごり。身分不相応なおごり。②費用が多くかかること。
【贅肉】ゼイニク むだな肉。よけいな肉づき。
【贅物】ゼイブツ ①無用のもの。むだなもの。②ぜいたくなもの。
【贅文】ゼイブン 無用の文句。よけいな文章。
【贅^疣・贅^肬】ゼイユウ こぶといぼ。無用な物のたとえ。
【贅^瘤】ゼイリュウ こぶ。よけいなもののたとえ。

(18)11【贈】7458 常 ゾウ・ソウ おくる 3403 4223
(19)12【贈】7459 人 許 漢ソウ 呉ゾウ 径 zèng

筆順 貝 貯 贈 贈 贈

字義 ❶おくる。やる。つかわす。㋐金品をおくり与える。「寄贈」㋑詩文・言辞をおくる。㋒死後に官位や称号をおくる。「追贈」❷おくりもの。❸ます（増）。物を与えてふやす。

使いわけ おくる〔送・贈〕⇩送（7771）。

解字 篆文 形声。貝＋曾（曾）音。音符の曾ソウは、かさね加わるの意味。相手に金品を与えてふやす、おくるの意味を表す。

▼遺贈・寄贈・追贈

【贈位】ゾウイ 人の死後に位を贈る。また、その位。
【贈遺】ゾウイ 人に物品を贈る。また、その贈り物。
【贈言】ゾウゲン 正しいことばを贈って励ます。
【贈序】ゾウジョ 文体の一つ。別れに臨んで贈る文。送序。
【贈呈】ゾウテイ さしあげる。進呈。
【贈答】ゾウトウ 贈ることと答えること。金品・詩歌などのやりとりをすること。
【贈^賻】ゾウフ 喪を助けるための贈り物。香奠(コウデン)。
【贈別】ゾウベツ ①人のかどでを見送ること。送別。②(べつにおくる) 人の旅立ちに、詩文・物品をはなむけとして贈る。
【贈与（與）】ゾウヨ 贈り与える。また、その金品。
【贈賄】ゾウワイ ①人に贈り物をする。また、その金品。②賄賂(ワイロ)を贈る。

(19)12【贇】7460 △ イン（キン）真 yūn 7654 6C56

字義 うつくしい。美しいさま。

解字 会意。貝＋斌。斌は、文武のバランスがとれているの意味。文武と金品がそろっていて美しいの意味を表す。

(19)12【贋】7461 標 漢ガン 呉ゲン 諫 yàn 2070 3466
【偐】同字 4884 5074 【贗】正字

字義 にせ。にせもの（偽物）。

解字 形声。貝＋雁音。音符の雁は、かりの意味。小さなかりが、大きな鳥の襲撃から身を守るため、より大きな鳥に似せて整然と隊を作って飛ぶさまから、にせものの意味を表す。

【贋作】ガンサク ＝贋造。
【贋札】ガンサツ・にせサツ にせの札。にせの紙幣。
【贋造】ガンゾウ ほんものに似せて造る。また、そのもの。偽造。
【贋^鼎】ガンテイ ①にせのかなえ。②転じて、広くにせものをいう。
【贋本】ガンポン にせものの書画。にせものの本。また、にせもの。

(19)12【贊】(7432) サン 賛（7431）の旧字体。→一〇四四ページ。 7653 6C55

(19)12【贈】(7459) ゾウ 贈（7458）の旧字体。→上段。

(20)13【贏】7462 △ 漢エイ 呉ヨウ（ヤウ）庚 yíng [贏] 7655 6C57

字義 ❶もうける。もうけ。利得。利益。❷あまる。あまり。のこり。「余贏」❸すぎる。超過する。❹みちる。あふれる（溢）。❺のびる。❻かつ（勝）。まさる。↔輸（まけ）「輸贏」

解字 金文 篆文 会意。貝＋羸。羸は、かたつむりの象形で、のびるの意味。財貨がのびる、もうける・あまる・のびるの意味を表す。

【贏財】エイザイ あまった財産。余材。贏余。余財。
【贏縮】エイシュク ①進むことと退くこと。進退。②伸びることと縮むこと。
【贏^羨】エイセン あふれあまる。羨も、あまる。
【贏^絀】エイチュツ のびることと、ちぢむこと。屈伸。贏縮。
【贏^儲】エイチョ 余りあるたくわえ。余儲。
【贏得】エイトク あまし得る。①利益として得る。利得。もうけ。②最後に残る。詩語として、「結局のところ……だけが得たものとして残る」の意。〔唐、杜牧、遣レ懐詩〕贏得青楼薄倖名(あましえたりセイロウのハッコウのな)
【贏輸】エイシュ かちまけ。輸は、まける意。輸贏。
【贏余（餘）】エイヨ 使い残り。余り。残余。剰余。
【贏利】エイリ もうけ。利益。利得。

(20)13【贍】7463 △ 漢セン 呉ゼン 艶 shàn 7656 6C58

字義 ❶たす。㋐おぎないみたす。不足をおぎなう。「充贍」㋑財物を与えて助ける。めぐむ。にぎわす。「賑贍(シンセン)」❷たりる。たる。十分ある。富む。豊か。「富贍」

解字 篆文 形声。貝＋詹音。音符の詹センは、ひさしの意味。財貨を与えて、他人のひさしのようになる、かばいめぐむの意味を表す。

【贍逸】センイツ 豊かですぐれる。
【贍給】センキュウ 恵み与える。足してやる。
【贍済（濟）】センサイ 恵み救う。助けめぐむ。
【贍^恤・贍^卹】センジュツ 施しめぐむ。あわれみ救う。
【贍振・贍^賑】センシン 助け恵む。
【贍足】センソク たす。充足させる。
【贍富】センプ 物がじゅうぶんで豊かなこと。富んで豊か。

(21)14【贐】7464 △ 漢シン 呉ジン 震 jìn 7657 6C59
【賮】同字

字義 ❶おくりもの。また、おくる。❷はなむけ。旅立つ人に贈る金品。餞別(センベツ)。

解字 形声。貝＋盡音。音符の盡ジンは、進に通じ、すすめるの意味。人に進める財貨、おくりものの意味を表す。

【贐儀】ジンギ 旅立ちの人に贈る金品など。はなむけ。
【贐行】ジンコウ 旅立ちの人にはなむけを贈る。また、そのもの。餞別(センベツ)。贐餞(ジンセン)。
【贐送】ジンソウ はなむけ。餞別(センベツ)。

(21)14【贔】7465 △ 漢ヒ 呉ビ 寘 bì 7661 6C5D

字義 ❶贔屓(ヒキ)は、つとめるさま。力を出すさま。❷いかる。

解字 会意。貝＋貝＋貝。

【贔^屭・贔^屓】ヒキ ①さかんに力を用いる。努める。②大きい亀(かめ)。③国ひいき。特に目をかけてひき立てること。また、その人。
【贔怒】ヒド ①怒る。②水がはげしく流れる。

(22)15【贗】7466 △ ガン 贋（7461）の正字。→中段。

(22)15【贖】7467 △ 漢ショク 呉ゾク 沃 shú 7662 6C5E

字義 ❶あがなう。㋐物と物とを交換する。㋑金品を出して罪をまぬかれる。❷しち（質）。

解字 金文 篆文 形声。貝＋賣音。音符の賣イクは、相手の目をくらませてうまく買いとるの意味。あがなうの意味を表す。

【贖刑】ショクケイ 金品を出して刑罰をまぬがれること。〔書経、舜典〕

【贖罪】ショクザイ 金品を出して、罪をまぬがれること。贖刑。

(22)15 【贓】7468 △ ソウ(サウ) 陽 zāng 慣ゾウ(ザウ) 7659 6C5B

［賍］俗字 7660 6C5C

字義 ❶かくす(蔵)。❷賄賂ワイロを受け取る。❸盗んだ品物。不正手段によって得た物。

解字 形声。貝＋臧音。音符の臧ゾウは、おさめる・かくすの意味。金品を不正にかくすの意味を表す。

【贓汚】ゾウオ わいろを受け取るきたない行為。

【贓罪】ゾウザイ 不正な手段によって財物を取った罪。賄賂ワイロを取った罪。

【贓品】ゾウヒン 賄賂ワイロ・窃盗など、不正手段で得た物品。

【贓物】ゾウブツ ＝贓品。

【贓吏】ゾウリ 不正の財をむさぼる官吏。賄賂ワイロを受け取る役人。贓官。

(24)17 【贛】7469 △ 一漢コウ・呉クウ 送 gòng 二カン 感 gǎn 三トウ(タウ) 絳

字義 一❶たまわる。たまもの。❷古く、貢に通ずる。子贛は、孔子の門人、子貢。二❶江西省の別名。❷川の名。贛水。江西省を流れ、鄱陽湖ハヨウコに注ぐ。三おろか。＝戇トウ。

解字 篆文 形声。貝＋竷(贛)音。

7 赤部

〔部首解説〕あか。赤を意符として、赤い色・物、赤くなることなどの意味を表す文字ができている。

赤 一〇五〇　5赧 一〇五一　6赩 一〇五一　7赫 一〇五一　9赮 一〇五一
赭 一〇五一　赬 一〇五一
赦→攴部 四七五ページ。

(7)0 【赤】7470 教1 セキ・シャク あか・あかい・あからむ・あからめる 3254 4056
真っ赤まっか
漢セキ・呉シャク 陌 chì

筆順 十 土 赤 赤

字義 ❶あか。あかい。あか。❷ありのまま。まるはだかの。むきだし。何も持たない。何一つ余分のものがない。「赤裸」「赤貧」❸まこと。まごころ。❹共産主義・共産主義者の俗称。

国 あからむ。あからめる。赤くなる。

名乗 か・はに・はにゅう・わに　難読 赤魚鯛あこうだい・赤城あかぎ・赤埴あかはに・赤穂あこう・赤生はにゅう・赤豆あずき・赤平あかびら・赤毛布あかゲット・赤目魚めだか

解字 甲骨文 金文 篆文 会意。大＋火。大は、人の象形。火は、ひの象形。火の光を浴びる人のさまで、あかいの意味を表す。

【赤鴉】セキア 太陽の別称。太陽の中に三本足のからす(鴉)がいるという伝説に基づく。

【赤衣】セキイ ①赤い衣服。②罪人の着る赤い衣服。また、その罪人。赭衣シャイ。③国昔、五位以上の者の着用した衣服。緋ヒの袍ホウ。

【赤絵(繪)】あかエ 国①陶磁器で赤を主とした上絵うわえつけ。また、その陶磁器。「万暦赤絵」②江戸末期から明治にかけて盛行した、濃い赤色を主とした色ずりの錦絵。

【赤霞】セッカ 夕やけ。

【赤蓋】セキガイ 落日。夕日。

【赤脚】セッキャク・シャッキャク ①すあし。からすね。裸足。②女の召使い。

【赤金】セッキン・あかがね ①銅をいう。②セッキン ㋐純金。㋑赤色を帯びた黄金。

【赤血】セッケツ あかい血。なまなましい血。鮮血。碧血ヘキケツ。

【赤県(縣)】セキケン 中国の別名。赤県神州ともいう。

【赤子】セキシ ①セキシ・あかご ちのみご。嬰子エイシ。②国民。庶民。帝王に対して、その支配下にある人民。

【赤子之心】セキシのこころ 赤ん坊のような心。世の罪悪にけがれない清い心。純一でいつわりのない心。〔孟子、離婁下〕

【赤幟】セキシ ①赤い色の旗。②漢の旗。漢は火徳で天下を取ったとされたから、赤旗を用いた。

【赤日】セキジツ あかあかと燃える太陽。また単に、太陽をいう。

【赤手】セキシュ から手。すで。何も手にしていない。空手。徒手。「赤手空拳クウケン」

【赤松子】セキショウシ 昔の仙人の名。神農の時の雨をつかさどり、後に崑崙山コンロンザンに入って仙人になったという。

【赤縄(繩)】セキジョウ ①赤いなわ。赤いひも。②唐の韋固イコの出会った異人(不思議な人)がもっていた赤いひも。それで男女の足をしばって夫婦の縁を結ばせるという。転じて、夫婦の縁。〔続幽怪録〕

【赤心】セキシン まごころ。誠意。丹心。赤誠。

【推二赤心一置二人腹中一】セキシンをおしてひとのフクチュウにおく 自分の真心から推量して、人も真心をもっていると考え、少しも人を疑わぬこと。人を深く信用すること。〔後漢書、光武紀上〕

【赤身】セキシン ①まっぱだか。すはだか。からだ一つで、なにもないこと。赤裸。②国あかみ 肉類・木材の赤い部分。

【赤誠】セキセイ まごころ。誠意。丹心。赤心。

【赤舄】セキセキ 赤い靴。舄は、礼服に用いる二枚重ねの履くつ。

【赤舌日】シャクゼツニチ 国陰陽家が、万事が凶であるとしている日。借舌日。赤口日シャックニチ。

【赤泉】セキセン 泉の名。これを飲めば年寄らないという。

【赤跣】セキセン はだし。素足。徒跣。赤足。

【赤憎(憎)】セキゾウ あいにく。生憎。

【赤足】セキソク ①赤い足。②はだし。素足。

【赤族】セキゾク ①一族ことごとく殺される。赤は空。②一族の者全部。

【赤地】セキチ まるはだかの土地。虫害や日照りなどのため、草木が全くはえないこと。赤土。

【赤墀】セキチ 天子の宮殿の表の階段上の石だたみを敷いた所。赤く塗ってあるからいう。墀は、石だたみ。丹墀。

【赤潮】セキチョウ・あかしお(ほ) にがしお(苦潮)。海水中の微生物の増殖によって水が赤茶色に変わる現象。

【赤帝】セキテイ 五天帝の一つ。南方の神。また、夏をつかさどる神。夏・南の象徴は赤なのでいう。

【赤帝子】セキテイシ 前漢の高祖(前二四七—前一九五)をいう。漢は火徳(火を象徴とする)で、色は赤を尊んだからいう。

【赤土】セキド ①草木のはえていない土地。赤地。②赤い土。酸化鉄のような物質を含む赤色の土。

【赤道】セキドウ ①地軸に直交して、南北両極から九十度の距離にある地表の点を連ねた仮定線。②天の赤道。天球の南北極を二等分し、それに直交する仮定線。

【赤銅】シャクドウ ①あかがね。純銅の色が赤いところからいう。②国 銅に、金二—八％、銀一％を加えた合金。紫銅。烏銅ウドウ。

【赤熱】セキネツ・シャクネツ 国まっかに熱する。

【赤飯】セキハン 国あずきめし。こわめし。

【赤熛怒】セキヒョウド 五行ギョウの神の一つ。南方をつかさどる。

【赤貧】セキヒン ひどい貧乏で、なに一つ持っていないこと。「赤貧如レ洗あらうがごとし」は、洗い清めたように何もない貧乏。

【赤芾・赤茀・赤紱】セキフツ 赤色のひざかけ。大夫タイフ以上の者が身に着けるもの。

【赤奮若】セキフンジャク 丑うしの年の別名。
【赤壁】セキヘキ 地名。①湖北省嘉魚カギョ県の東北、長江の南岸。三国時代、呉の周瑜シュウユが魏ギの曹操ソウソウの大軍を撃破した所。②湖北省黄岡コウコウ県城外。北宋ホクソウの蘇軾ソショクの遊んだ地。蘇軾は誤って、曹操の敗れた地と考え「前・後赤壁賦」を作った。一名、赤鼻磯セキビキ。
【赤壁賦】セキヘキのフ 北宋ホクソウの文人蘇軾ソショクが赤壁に舟遊して作った賦で、前後二編ある。『文章軌範』『古文真宝』などに載っている。
【赤△芒】セキボウ 赤くきらきらする光。
【赤本】あかホン・あかボン 国①江戸時代、延宝ごろに始まり享保ごろさかんに行われた草双紙ソウシの一種。半紙を半分にした大きさで、赤い表紙の絵入り物語本。②俗悪低級な本。
【赤面】セキメン 赤い顔。また、恥・酒・緊張などで顔を赤くすること。
【赤裸】セキラ ＝赤裸裸。
【赤裸裸】セキララ ①まるはだか。赤裸。赤身。②あからさま。包みかくしのないこと。いつわりかざりのないこと。

［赦］→支部 四七五ページ。

(12) 5
【赧】7471 △ 漢ダン・呉ネン 慣タン 清 nǎn　7663 6C5F
字義 ❶はじる。はじる。あからめる。あからむ。はじて、顔を赤くする。❷おそれる(懼ク)。
解字 篆文  形声。赤＋㞋音。音符の㞋デン＝ダンは、然に通じ、もえるの意味。顔がはずかしくてほてるの意味を表す。
【赧△愧】タンキ はじて赤い顔をする。愧赧。羞慚シュウザン。
【赧然】タンゼン 赤いさま。また、はじて赤面するさま。
【赧赧然】タンタンゼン はじて赤面するさま。きまり悪く思うさま。忸怩ジクジ。〔孟子、滕文公下〕

(13) 6
【赩】7472 △ 一漢キョク・呉コク 職 xì　二漢カク・呉キャク 陌
字義 一❶あか。濃い赤。❷あかいさま。
解字 篆文 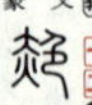 形声。色＋赫省音。音符の赫カクは、あかいの意味。あかい色の意味を表す。

(14) 7
【赫】7473 △ 漢カク 呉キャク 陌 hè　1950 3352
字義 ❶あかい。あかし。まっかなこと。❷あきらか。あらわれる(顕)。❸さかん。勢いがさかんなこと。❹いかる。かっとなる。怒るさま。❺ばらばらに裂ける。
解字 甲骨文  篆文  会意。赤＋赤。赤は、火の光を浴びる人の象形で、あかいの意味。火がまっかに輝くの意味を表す。
【赫△奕】カクエキ 光り輝くさま。
【赫炎】カクエン まばゆいさま。また、さかんなさま。
【赫赫】カクカク 赫赫然。①明らかなさま。さかんなさま。現れてさかんなさま。また、威名の輝くさま。②熱気のさかんなさま。また、日照りのさま。
【赫戯(戲)・赫△羲・赫△曦】カクギ 光り輝くさま。光明の盛大なさま。
【赫△咺・赫△烜・赫△喧】カクケン 光明の盛大なさま。
【赫△灼】カクシャク ①光り輝くさま。②熱いさま。
【赫△胥氏】カクショシ 中国古代伝説上の帝王の名。炎帝。
【赫然】カクゼン ①怒るさま。②輝くさま。③さかんなさま。④死体の手足がばらばらにはなれたさま。
【赫怒】カクド はげしく怒る。かっと怒る。
【赫△曄】カクヨウ 輝いて明らかなこと。

(16) 9
【赮】7474 △ 漢カ 呉ゲ 麻 xiá
字義 ❶あか。赤い色。❷朝やけ。夕やけ。
解字 篆文 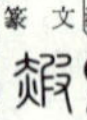 形声。赤＋叚音。音符の叚カは、霞カに通じ、朝やけ・夕やけの意味。赤いの意味を表す。

(16) 9
【赭】7475 △ シャ 馬 zhě　7664 6C60
字義 ❶あかつち。そお。そほ。色の赤い土で、顔料などに用いた。❷あか。赤い色。❸あかつち色。❹はだかにする。草木を切って、はげ山にすること。❺つきる。
解字 篆文  形声。赤＋者音。音符の者は、煮の原字で、火をたくの意味。赤は、あかいの意味。合わせて、あかいの意味を表す。
【赭△堊】シャアク ①赤と白。また、その土。②赤土・白土で、すきまをふさいだり、壁をぬったりすること。
【赭衣】シャイ ①赤色の衣服。②罪人の着物。転じて、罪人。赤衣。
【赭汗】シャカン ①衣服が汗などのために赤黄色くなっていること。②赤い汗。名馬は血のように赤い汗を出すという。
【赭顔】シャガン あからがお。赭面。
【赭山】シャザン はげやま。山の草木を切り尽くして、はだかにする。
【赭石】シャセキ ①赤い色の石。②土状をした赤鉄鉱。色は深紅で絵の具となる。山西省代県に産するものが有名なので、代赭石ともいう。
【赭△鞭】シャベン 赤いむち。昔、神農氏がこのむちで草をむち打ち、毒・味などをしらべたという。〔捜神記、一〕
【赭△鞭家】シャベンカ 本草学者をいう。
【赭面】シャメン ①＝赭顔。②顔を赤くぬる。

(16) 9
【赬】7476 △ 漢テイ 呉チョウ(チャウ) 庚 chēng
［赪］俗字
字義 あか。赤い色。また、あかい。
解字 形声。赤＋貞音。
【赬△霞】テイカ あさやけ。また、夕やけ。
【赬尾】テイビ 魚の赤い尾。魚がつかれるとその白い尾が赤くなるというところから、君子が苦労するのにたとえる。〔詩経、周南、汝墳〕魴魚赬尾ホウギョテイビ。

7

走部

〔部首解説〕そうにょう。走を意符として、歩く・走る・行くなどの動作に関する文字ができている。

走 一〇五一	2 赳 一〇五三	赴 一〇五三	3 起 一〇五三	赸 一〇五三	
5 越 一〇五三	趄 一〇五三	超 一〇五三	趁 一〇五四	6 趑 一〇五四	
7 趙 一〇五四	8 趣 一〇五四	10 趨 一〇五四	12 趫 一〇五五	14 趯 一〇五五	

𧺆→土部 二元六ページ。

(7) 0
【走】7477 教2 ソウ はしる　ソウ 有 zǒu　師走しわす　3386 4176
筆順 土 キ キ 走
［𧺆］俗字 7665 6C61　［赱］本字
字義 ❶はしる。㋐かける。速足で行く。「奔走」「暴走」㋑にげる。「逃走」「敗走」㋒行く。おもむく。去る。❷はしらせる。はしらす。㋐速く動かす。「走筆」㋑にげるようにしむける。〔蜀志、諸葛亮伝、注〕死諸葛走二生仲達一シせるショカツいけるチュウタツをはしらす。❸けもの。❹はしりつかい。こもの。❺自己の謙称。
難読 走古潭しゃこたん・走部はせべ
解字 金文  篆文 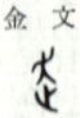 会意。篆文は、夭＋止。夭は、はしる人の姿の象形。止はあしの意味。はしるの意味を表す。

▼却走・競走・飛走・奔走

【走舸・走舸】（ソウカ）軍船の名。こぎ手が多く、速度の速い舟。早舟。

〔走舸〕

【走介・走价】（ソウカイ）走り使いをするしもべ。

【走狗】（ソウク）①よく走る猟犬。〔史記、越世家〕狡兎死走狗烹（コウトシシテソウクにらる）。②転じて、人の手先として使われる者。③犬を競争させること。

【走竄】（ソウザン）にげかくれる。

【走尸行肉】（ソウシコウニク）走る死体と歩く肉。生きながら、なんの役にもたたない者をそしっていう。ごくつぶし。〔安井息軒、三計塾記〕

【走使】（ソウシ）①走り使い。人の使いをして、あちこちへ走り歩くこと。また、その人。②自己の謙称。

【走獣（獸）】（ソウジュウ）走るけもの。また、けもの類。

【走趨】（ソウスウ・ソウシュ）走りおもむく。また、足ばやに歩く。

【走卒】（ソウソツ）走り使いするしもべ。

【走肉】（ソウニク）走る肉。生きながら、なんの役にもたたない者をそしっていう。ごくつぶし。→走尸行肉（ソウシコウニク）。

【走破】（ソウハ）①はしる。破は、助字。②国走りぬく。走りとおす。

【走馬】（ソウバ）①馬を走らせる。②走って行く馬。また、軍馬。③よく走る馬。

【走馬灯（燈）】（ソウマトウ・ソウバトウ）①まわりどうろう。〔荊楚歳時記〕②物事が速く変わるたとえ。

【走筆】（ソウヒツ）ふでを走らせる。すらすらと続けて早く書くこと。

【走路】（ソウロ）①にげ道。血路。②国競走の道。コース。

【辵】↓辵部 三元ページ。

(9)2
【赳】（7482）キュウ　赳（7481）の旧字体。→一〇五三ページ。

(9)2
【赴】7478 常 フ おもむく　フ 遇 fù　4175 496B

筆順 キ キ 走 赴

字義 ❶おもむく。㋐行く。向かって行く。㋑急いで行く。はせつける。❷つげる（つぐ）。行って告げる。❸死亡の知らせ。＝訃（フ）。

解字 篆文 形声。走＋卜（音）。音符の卜（ボク）は、うらないで、ひび割れが瞬時に走るの意味。足ばやに行くの意味を表す。

【赴援】（フエン）おもむき助ける。行って助ける。赴救。

【赴告】（フコク）おもむいて知らせる。特に、死去・災害を知らせること。訃告（フコク）。訃音（フイン）。

【赴愬】（フソ）行ってうったえる。つげうったえる。

【赴難】（フナン）難におもむく。国難などを救うために走りおもむくこと。

【赴任】（フニン）官吏などが任命された土地におもむく。

【赴報】（フホウ）死亡のしらせ。訃報。

【赴問】（フモン）死去の知らせ。訃音。訃問。

(10)3
【起】7479 教 3 キ おきる・おこる・おこす　2115 352F

(10)3
【起】7480　キ 紙 qǐ

筆順 キ 走 起 起

字義 ❶おきる（おく）。おこる。㋐おきあがる。高くもちあがる。立ちのぼる。「突起」「隆起」㋑始まる。「縁起」㋒生ずる。あらわれる。㋓さかんになる。「興起感奮」❷たつ。㋐たちあがる。㋑歩き始まる。出発する。❸おこす。㋐立てる。立たせる。ふるい立たせる。㋑建てる。作る。㋒始める。「起句」㋓挙用する。㋔もち出す。㋕自覚させる。㋖生かす。よみがえらせる。

名乗 おこし・かず・ゆき

使いわけ おこす〔興・起〕⇩興（6167）。

解字 篆文 形声。走＋巳（音）。音符の巳（シ）は、ひざまずくの意味。人が気を入れてひざまずきたちあがるの意味を表す。

▼縁起・喚起・屈起・掘起・決起・興起・再起・振起・提起・突起・平起・奮起・発起・隆起

【起因】（キイン）物事の始まり。おこり。原因。◇「起因」と「基因」はほぼ同意。現代では、「起因」が一般的。法令など、その違いを明確にしなければならない場合には「基因」を「基づく」と言い換えている。

【起臥】（キガ）おきふし。起居。また、安否。日常生活。

【起義】（キギ）①義によって兵をおこす。正義に従って旗あげする。一揆（イッキ）をおこす。「農民起義」②意味づけをする。

【起居】（キキョ）①たちいふるまい。動静。挙動。②おきふし。暮らし。寝食。起臥（キガ）。③きげん。安否。

【起居注】（キキョチュウ）官職の名。天子の左右にいて、その言行を記録する。

【起居無時】（キキョときなし）おきふしするのにきまった時間がない。隠者の自由な生活にいう。〔唐、韓愈、送李愿帰盤谷序〕

【起業】（キギョウ）事業を始める。創業。

【起句】（キク）漢詩の第一句。特に絶句にいう。→起承転結。

【起敬】（キケイ）うやまう心をおこすこと。また、うやまう。

【起結】（キケツ）①初めと終わり。②詩の起句と結句。→起承転結。

【起源・起原】（キゲン）はじまり。もと。おこり。

【起工】（キコウ）土木工事を始める。

【起稿】（キコウ）下書きを作る。起草。

【起座・起坐】（キザ）起きあがってすわる。

【起債】（キサイ）①借金する。②国公債を募集する。

【起算】（キサン）数え始める。

【起死】（キシ）死人を生きかえらせること。

【起死回生】（キシカイセイ）①死にかけた病人の生命をとりもどす。②事業の失敗などで、手のつけようのなかったものをふたたびさかんにする。

【起床・起牀】（キショウ）寝床から起きる。

【起承転（轉）結】（キショウテンケツ）漢詩で、絶句・律詩の構成についていう語。絶句の第一の起句で詩想を起こし、第二の承句でこれを承（う）け、第三の転句で情趣を一転し、第四の結句で全体を結びまとめる。律詩では、二句を一組みとして考える。

⇩コラム・漢詩（六六〇ページ）。

【起請】（キセイ）①立ちあがって請う。②国（キショウ）㋐事を発案して、君主に請い願う。㋑いつわりのないことを神仏にちかうこと。また、それを書いた文書。起請文（キショウモン）。誓文（セイモン）。

【起訴】（キソ）裁判所に訴えること。

【起草】（キソウ）案文を作る。文章の下書きをすること。起案。

【起程】（キテイ）旅行に出かける。発程。発軔（ハツジン）。

【起筆】（キヒツ）書き始める。また、書きはじめ。↕擱筆（カクヒツ）（筆をおく）。

【起伏】（キフク）①起きることとふすこと。②高くなることと低くなること。③盛んになることと衰えること。

【起用】（キヨウ）①とりたてる。人を官職にあげ用いる。②休職・免職になった者をふたたび用いる。

【起聯】（キレン）律詩の第一・第二両句をいう。首聯。

(10)3
【赳】7481 囚　7666 6C62

(9)2
【赳】7482

㊀漢キュウ（キウ）・呉ク 有 jiǔ
㊁漢キュウ（キウ）・呉ク 宥 jiù

筆順 キ 走 赳 赳

字義 ㊀強いさま。たけだけしいさま。勇ましいさま。〔詩経、周南、兎罝〕赳赳武夫、公侯干城。㊁赳蜈は竜が首を伸ばして進むさま。

名乗 たけ・たけし

解字 篆文 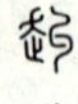 形声。走＋丩㊥。

(12)5
【越】 7483 常 エツ こす・こえる

㊀㊄エツ（ヱツ）㊇オチ（ヲチ） 月 yuè
㊁㊄カツ（クヮツ）㊇ガチ（グヮチ） 曷 huó
慣オツ（ヲツ）

1759
315B

筆順 キ 走 越 越

字義 ㊀❶こえる。こす。㋐わたる。ふみこえる。とびこえる。㋑追いこす。㋒度をこす。限界をこえる。分を過ぎる。「僭越」㋓去る。遠ざかる。はなれる。❷まわりくどい。うとい。❸失う。❹つまずく。❺と。並列の助字。＝与。❻ここに。発語の語。❼国名。㋐春秋時代の十二列国の一つ。春秋時代末期に呉を滅ぼし（前四七三年）、今の江蘇・浙江二省と山東省の一部を領有した。都は会稽（今の浙江省紹興市）。のち句践が琅邪（今の山東省内）に移す。後、楚に滅ぼされた（前三〇六年）。「呉越同舟」㋑五代十国の一つ。銭鏐が建てた国で、今の杭州市に都した。五代七十二年。呉越をいう。（九〇七—九七八）❽浙江省の古名。❾南方の種族の名。「百越」
㊁❶あな。瑟（琴の一種）の下部の穴。❷くくる（括）。
国①こし。こしのくに。（今の福井・石川・富山・新潟県）②国名。越南の略。

名乗 お 難読 越河・越喜来・越谷・越生・越川・越知（智）・越路

使いわけ こえる・こす〔越・超〕
〔越〕ある地点・時をこえて向こう側に行く。「山を越える・年を越す・難局を乗り越える」
〔超〕一定の分量や範囲をこえる。「一万人を超える・一線を超える」

解字 金文  篆文  形声。走＋戉㊥。音符の戉は、遠に通じ、とおいの意味。遠方にこすの意味を表す。

▼隔越・激越・卓越・超越

【越王句践（踐）】エツオウコウセン 春秋時代の越の王。↓句践（一八三ページ）・臥薪嘗胆（九九一ページ）。

【越階】エッカイ・オッカイ 順序によらないで、急に上位に進むこと。超階。超遷。

【越騎】エッキ ①越国の騎兵。一説に、すぐれた騎兵。②唐代の騎兵の名。勇敢ですぐれた者で組織された。

【越境・越竟】エッキョウ さかいをこえる。国境を越える。

【越勁】エッケイ・エッケイ すぐれて強い。

【越月】エツゲツ 月を越す。また、月を重ねること。ふた月にわたること。逾月。

【越権（權）】エッケン・オッケン 自分の権限を越える。僭越。越職。

【越在】エツザイ 流浪して遠くの国にいる。

【越次】エツジ 順序をこえること。

【越日】エツジツ あくる日。明日。翌日。

【越女】エツジョ ①越国の美女。特に西施（呉王夫差の愛妃）をいう。②後世は一般に、美女をいう。

【越人】エツジン ①越の国の人。②平素親しくない人。〔韓非子、説林下〕

【越絶書】エツゼッショ 書名。十五巻。漢の袁康の著。春秋時代の越国の歴史を述べたもの。

【越俎】エッソ 自己の本分を越えて他人の権限を侵す。「越俎之罪」〔荘子、逍遥遊〕

【越訴】エッソ・オッソ・エッソ・オッソ 順序を経ないで、直接上官に訴えること。

【越鳥】エッチョウ ①南方（越の地方）の鳥。②孔雀の別名。

【越鳥巣（巢）二南枝一】エッチョウはナンシにすくう（ふ） 南の越から来た鳥は、南方にある故国を慕って南の方の枝に巣を構える。転じて、故郷を忘れないたとえ。〔文選、古詩十九首〕↓胡馬依二北風一（五三三ページ）。

【越天楽（樂）】エテンラク 国①雅楽の一種。平調の唐楽（唐から渡来した音楽。また、同様式で作った音楽）で、舞がない。平安時代、さかんに行われた。その旋律に歌詞がつけられ、今様としても歌われた。②箏曲の一つ。箏組歌の中の菜蕗組の別名。

【越度】エツド ①度を越える。出すぎる。②正式の関門・渡し場を通らないで、法を犯して旅をすること。③国あやまち。落度。過失。失策。

【越南】エツナン ①南方の越の国。②国名。Vietnam。ベトナム社会主義共和国。インド半島東部を領する。首都はハノイ。

【越年】エツネン・オツネン 年を越す。超歳。

【越畔之思】エッパンのおもい（ひ） 自己の職をつつしみ守り、他人の職権を侵すことのないような心がけ。畔は、あぜ・さかい。

(12)5
【趄】 7484 △ ショ 慣ソ 魚 jū, ②qiè

字義 ❶趑趄は、行きなやむ。たちもとおる。ぐずぐずする。よたよたする。❷斜めになる。傾く。ゆがむ。

解字 篆文  形声。走＋且㊥。

(12)5
【超】 7485 常 チョウ こえる・こす
チョウ（テウ） 蕭 chāo

3622
4436

筆順 キ 走 超 超

字義 ❶おどりあがる。飛びあがる。❷こえる。こす。㋐飛びこえる。ふみこえる。㋑度をこす。分を過ぎる。限界をこえる。「超満員」㋒まさる。すぐれる。ひいでる。「超人」❸遠い。はるか。

名乗 とおる・ゆき

使いわけ こえる〔越・超〕⇩越（7483）。

解字 篆文  形声。走＋召㊥。音符の召は、跳に通じ、とびあがるの意味。走を付し、とびこえるの意味を表す。

▼高超

【超逸・超軼】チョウイツ ①普通の程度をはるかにこえる。すぐれぬきんでる。まさる。卓逸。②まさる。すぐれる。超逸。③世俗のわずらわしさをぬけだしはなれる。④越える。飛び越える。⑤軽快なさま。

【超越】チョウエツ

【超遠】チョウエン かけはなれて遠い。はるかに遠い。

【超過】チョウカ 越え過ぎる。（程度を）越える。

【超回】チョウカイ よこしまな行いを超越すること。

【超階】チョウカイ 順序を飛び越えて官位がのぼること。超升。超遷。

【超悟】チョウゴ すぐれてさとい。また、世俗を超越して悟りの境地に達する。

【超忽】チョウコツ ①はるかに遠いさま。また、とび離れているさま。②気分が高くさわやかなさま。

【超若】チョウジャク にわかなさま。忽然。

【超乗（乘）】チョウジョウ ①車にとび乗る。②追い越す。

【超人】チョウジン ①普通の人よりはるかにすぐれている人。スーパーマン。②哲学で、善悪を超越し自我の個性を徹底的に発展させて、他の強者を征服する理想的な天才・英雄をいう。ニーチェが主張した。

【超世】チョウセイ ①一世にこえすぐれる。世にならぶものがない。②

世俗から遠ざかる。脱俗。超俗。

【超絶】①他をこえている。かけはなれる。②他よりはるかにすぐれていること。③人間の常識で考えうる限界をこえて存在すること（もの）。

【超遷】順序をとび越えて上の官位に進む。超階。越階。

【超然】①世俗などにとらわれぬさま。高く越え出るさま。②失意のさま。

【超俗】世俗から高くぬけでる。脱俗。

【超卓】すぐれて高くぬきんでる。卓越。傑出。

【超擢】他人をとび越えて、高い地位にあげ用いる。

【超脱】世俗・時勢とかけはなれる。高脱。高超。

【超弩級】国①超弩級艦の略。大口径の砲を多く積み、攻撃力・防御力などの設備がきわめて大がかりな戦艦をいう。②大きさや力などがずばぬけてすぐれていること。

【超凡】凡人の域をとびぬけていること。超倫。非凡。

【超緬】はるかなこと。遥遠。

【超揺（搖）】①不安なさま。②おどりゆらぐ。

【超倫】仲間よりとびぬけてすぐれる。超儔。

(12)5 【趁】7486 △チン 震 chèn　7667 6C63

【趂】同字

字義 ❶ゆきなやむ。❷おう。追いかける。したがう（従）。❸おもむく。❹つけこむ。便乗する。

解字 篆文 形声。走＋㐱音。音符の㐱シは、多くのものが集まるの意味。一つの目的に向かって多くのものが集まっていくの意味を表す。

(13)6 【趑】7487 △シ 支 zī

字義 趑趄は、たちもとおる。行きなやむ。

解字 篆文 形声。走＋次音。音符の次は、くつろぎやどるの意味。くつろいでしまって歩もうとしない、たちもとおるの意味を表す。

(14)7 【趙】7488 標 漢チョウ（テウ） 呉ジョウ（デウ） 篠 zhào　7668 6C64

字義 ❶歩くことのおそいさま。❷こえる（越）。❸小さい。少ない。❹国名。㋐戦国時代、晋の国が三国（韓・魏・趙）に分立した一つ。初め晋陽（今の山西省太原市）に都し、後、邯鄲（今の河北省内）に都した。今の山西省中部・河北省西南部・河南省黄河以北の地。後、秦にほろぼされた。戦国の七雄の一つ。（前四〇三—前二二二）㋑晋代の時、劉淵・石勒が前後して建てた国。それぞれ前趙（三〇四—三二九）・後趙（三一九—三五一）といい、五胡十六国の一つ。↓前趙（一四一㌻）・後趙（三八三㌻）。

解字 金文 篆文 形声。走＋肖音。

【趙鞅】春秋時代の晋の政治家。定公の宰相。趙簡子。

【趙匡胤】宋の初代皇帝（在位、九六〇—九七六）。太祖。後周の恭帝の禅譲を受けて即位し、国号を宋と称し、善政を行った。（九二七—九七六）

【趙恵（惠）文王】戦国時代、趙の王（在位、前二九八—前二六六）。名は何。恵文は諡。廉頗・藺相如・趙奢らを任用して、国威を高めた。

【趙高】秦の宦官。始皇帝の死後、その長子の扶蘇を殺し、二世胡亥を立て、李斯を殺して宰相となった。後、二世を殺し、子嬰を立てたが、子嬰のため一族全部殺された。（？—前二〇七）

【趙充国（國）】前漢の武将・政治家。武帝・宣帝に仕え、営平侯に封ぜられた。（前一三七—前五二）

【趙勝】戦国時代の趙の貴族。恵文王の弟。平原に封ぜられて平原君と呼ばれた。食客数千人を養い、戦国四君の一人とされた。（？—前二五一）〔史記、平原君伝〕

【趙宋】宋朝（九六〇—一二七九）をいう。宋は趙氏なので、南北朝の宋（劉宋。四二〇—四七九）と区別していう。

【趙盾】春秋時代、晋の襄公の家老。霊公を殺した趙穿を罰しなかったため、太史の董狐に「趙盾その君を弑す」と記録された。

【趙飛燕】前漢の成帝の皇后。成陽侯趙臨の娘。美人で身が軽く、舞がじょうずで飛ぶ燕に似ていたので名づけられたという。成帝の死後、庶人の身分にひき降ろされて自殺した。

【趙舞】趙の国のまい。〔唐、盧照鄰、長安古意詩〕燕歌趙舞為レ君開。

【趙孟】春秋時代の権力者。晋の卿となり権勢をふるった。〔孟子、告子上〕

【趙孟頫】元の書家・画家・詩人。字は子昂。号は松雪道人。諡は文敏。著書に『尚書注』『松雪斎集』などがある。（一二五四—一三二二）

【趙翼】清代前期の史学者・詩人。字は耘松（雲崧・雲菘）。号は甌北。著書に『二十二史劄記』『陔余叢考』『甌北詩話』などがある。（一七二七—一八一四）

【趙李】漢の成帝の皇后の趙飛燕と、武帝の李夫人。ともに歌舞にすぐれて帝の寵愛を得た。

(15)8 【趣】7489 常 シュ おもむき 一 漢シュウ（シウ）・呉シュ 遇 qù 二 漢ショク・呉ソク 沃 cù　2881 3C71

筆順 土 走 赳 趣

字義 一 ❶おもむく。㋐急いで行く。さっさと行く。㋑向かって行く。向かう。❷はしる。＝趨。❸おもむき。㋐心。心持ち。考え。「意趣」㋑わけ。意味。事情。㋒さま。様子。景色。㋓おもしろみ。あじわい。風情。「野趣」❹仏衆生のおもむく世界。二 ❶うながす。せかす。❷速い。急ぐ。

解字 金文 篆文 形声。走＋取音。音符の取は、速に通じ、はやいの意味。はやく走る・おもむくの意味を表し、転じて、おもむきの意味を表す。

▼意趣・佳趣・雅趣・奇趣・興趣・景趣・高趣・詩趣・情趣・筆趣・風趣・妙趣・野趣・幽趣

【趣意】＝趣旨。

【趣向】①おもむく。目的を定めて、それに向かう。②こころもち。③国くふう。意匠。おもしろいアイデア。「趣向を凝らす」

【趣旨】考え。わけ。おもむき。たいせつなところ。目的やねらい。趣意。旨趣。主意。◇「趣旨」と「主旨」とは同意に使われることが多い。新聞用語などでは「趣旨」に統一されてきている。

【趣舎・趣捨】①取ることと捨てること。取捨。②進むことと止まること。趨舎。〔史記、伯夷伝〕趣舎有レ時。

【趣尚】おもむき。好み。

【趣致】おもむき。風情。あじわい。

【趣味】①おもしろみ。おもむき。②好み。興味をそそられるもの。興趣。

(17)10 【趨】7490 標 一 漢シュウ（シウ）・呉シュ 虞 qū 二 漢ショク・呉ソク 沃 cù 慣スウ　3186 3F76

【趍】俗字

字義 一 ❶はしる。㋐足ばやに行く。さっさと行く。㋑小走りに行く。小股で足ばやに歩く。貴人や目上の人の前を通るときの歩き方。㋒大股に歩く。❷おもむく。＝趣。❸つまる。下が短い。二 ❶はやい（速）。急ぐ。❷うながす。せきたてる。

解字 篆文 形声。走＋芻音。音符の芻スは、草をまとめてにぎるの意味。歩幅をまとめちぢめて走る、小走り

に行くの意味を表す。

【趨炎附熱】スウエンフネツ 権勢のある人に走り従いつくこと。権力者におもねる。炎・熱は、権力者のたとえ。〔宋史、李垂伝〕

【趨下】スウカ ①走り下る。②下半身の短いこと。

【趨賀】スウガ お祝いのために参上する。人の家に行って祝う。

【趨向】スウコウ・スウキョウ 方向。おもむき向かう所。また、おもむき向かう。趨郷。

【趨行】スウコウ 走って行く。走り進む。

【趨参(參)】スウサン 他人のところにおもむく。訪問。参趨。

【趨時】スウジ 時機をとらえて、うまくふるまおうとすること。時流に応ずること。

【趨舎・趨捨】スウシャ ①進むことと止まること。進退。②取ることと捨てること。取捨。

【趨勢】スウセイ ①世の中のなりゆき。物事の移り進みゆく勢い。時勢。②権力者におもねる。権力者におもむくの意。

【趨走】スウソウ ①はやく走る。②使い走りする。

【趨数(數)】ソクソク せわしくわずらわしい。落ちつきのないさま。促速。

【趨趨】ソクソク ①歩き方が速いさま。威厳のないさま。②蟋蟀(こおろぎ)の別名。促織。趨織。

【趨庭】スウテイ 子が父から教育を受けるたとえ。過庭。孔子の子の鯉(り)が、庭先で孔子の前を小走りに通った時、詩や礼を勉強せよと教訓された故事。『論語』季氏編に「嘗独立(かつてひとりたて)り。鯉趨而過レ庭(りはしりてテイをすぐ)。曰、学レ詩乎(いわ(は)くシをまなびたるかと)」とあるのに基づく。

【趨拝(拜)】スウハイ おもむき拝する。小走りに行って拝む。

【趨陪】スウバイ 走ってつきしたがう。

【賜レ不レ趨】はしらざるをたまう(ふ) 朝廷の中を行く時は小足で足ばやに歩くのが礼であるが、それには及ばないという許しを賜ること。功臣に賜る優遇。〔史記、蕭相国世家〕

(19)12
【趫】7491 △ 漢キョウ(ケウ) 呉ギョウ(ゲウ) 蕭 qiáo

字義 ❶すばやい(すばし)。身が軽い。❷たけし(健)。さかん(壮)。つよくいさましい。勇壮である。❸足をあげる。

解字 篆文 形声。走+喬音。音符の喬(キョウ)は、高いの意味。木から木へと高い所を身軽に走るの意味から、すばやいの意味を表す。

【趫悍】キョウカン すばやく、荒々しい。

【趫健】キョウケン (歩行が)すばやい。

【趫才】キョウサイ ①すばやい才能。また、それをもっている者。②軽薄ですばやい少年。小才の利く少年。

【趫捷】キョウショウ 身軽で足が速い。すばやい。

(21)14
【趯】7492 △ 一ヤク 薬 yuè 二漢テキ・呉チャク 錫 tì

字義 一おどる。おどりあがる。=躍。二❶おどりあがるさま。「趯然」「趯趯」❷おどろく(驚)。❸筆法の一つ。筆先が上に向かってはねるもの。

解字 篆文 形声。走+翟音。音符の翟(テキ)は、高くぬきんでるの意味。高くぬきんでるように、おどるの意味を表す。

7 足(⻊)部

〔部首解説〕あし。あしへん。足を意符として、足の各部の名称、足に関する動作・状態などを表す文字ができている。

(7)0
【足】7493 教1 ソク あし・たりる・たる・たす 足袋(たび)

一漢ショク・呉ソク 沃 zú
二漢シュ・呉ス 遇 jù
慣スウ

3413
422D

筆順 口 ㇒ 早 足

字義 一❶あし。㋐人や動物のあし。股(もも)から下の総称。㋑踝(くるぶし)から下の名。㋒器物の下のささえ。「鼎足(テイソク)(かなえのあし)」㋓ふもと。❷たりる(たる)。たる。㋐十分にそなわる。「具足」㋑任にたえる。㋒分に安んずる。㋓十分にたりる。「満足」❸たす。㋐みたす。〔論語、顔淵〕足レ食足レ兵(ショクをたしヘイをたす)。㋑なす(成)。❹たれりとする。よしとして許す。❺とまる。とどまる。❻ふむ(踏)。二❶たす。そえる(添)。ます(増)。❷すぎる。度をこす。❸へつらうさま。国❶あし。㋐ぜに。金銭。おあし。㋑船の水につかる部分。❷ソク。はき物を数えるのに用いる数詞。

名乗 たり・たる・なり・たらし

難読 足羽(あすわ)・足寄(あしょろ)・足摺岬(あしずりみさき)・足助(あすけ)・足代(あじろ)・足達(あだち)・足利(あしかが)・足立(あだち)・足立(あしだち)

使いわけ あし〔足・脚〕
〔足〕人間や動物のあし。また、その動き。「足首・足止め」
〔脚〕物をささえる部分。また、人間・動物以外の動き。「机の脚・雨脚・船脚」

解字 甲骨文 金文 篆文 指事。口+止。口は人の胴体の象形。止は、あしの象形。胴体の下にあしをつけ、あしの意味を表す。本体にそえるの意味から、たす・みたすの意味をも表す。

▼逸足・雨足・給足・禁足・具足・下足・高足・自足・充足・手足・人足・洗足・蛇足・長足・発足・不足・補足

【足下】ソッカ ①あしのした。②あしもと。〔老子、六十四〕千里之行(センリのコウも)、始二於足下一(ソッカよりはじまる)。③同輩に対する敬称。昔は主人に対しても用いた。あなた。きみ。④手紙のあて名のわきに書いて敬意を表す語。

【足▵枷】あしかせ 国①昔の刑具の一つ。罪人の自由を奪うため足にはめる板。②自由な活動をさまたげるもの。

【足恭・足共】スウキョウ・シュキョウ あまりにうやうやし過ぎること。おもねり。

【足心】ソクシン ①足の裏の中心。つちふまず。②みち足りた心。

【足跡・足△迹】ソクセキ ①あしあと。また、通り過ぎたあと。②前人の業績。昔の業績。
【足本】ソクホン 欠けた所のない完全な書物。
【足労(勞)】ソクロウ 国足を運ぶこと。人をたずねるほねおり。
【如レ足如レ手】あしのごとくてのごとし 兄弟の情が厚く、常にはなれられない形容。〔唐、李華、弔二古戦場一文〕
【濯レ足】あしをあらう(ふ) ①世俗・時流に従って行動する。〔楚辞、漁父〕滄浪之水濁兮、可三以濯二我足一（ソウロウのみずにごらば、もってわがあしをあらう(ふ)べし）一説に、乱世を避けて隠遁(トン)する意。②国㋐世俗のけがれを洗い落とす。㋑これまでの悪い境遇・職業からぬけ出す。
【知レ足】たるをしる 満足することを知る。分に安んずることを知る。〔老子、三十三〕知レ足者富（たるをしるものはとむ）
【△頓レ足】あしをトンす 足をばたばたさせる。

跂 (11)4 7494 △ 一漢キ・呉ギ 支 qí 二キ 紙 qǐ 三キ 寘 qì 7669 6C65
字義 一①むつゆび。足の指の数が普通より多いこと。②行く。はう。虫がはい歩く。二①つまだてる。かかとをあげる。②進む。③くいちがう。三つまさきだって遠くをながめる。
解字 篆文 形声。足+支㊥。音符の支は、えだわかれするの意味。普通の指の上にさらに枝分かれしたようについている、むつゆびの意味を表す。
【跂行】キコウ 足をつかって進むもの。虫の類をいう。
【跂△踵】キショウ ①つまだてる。かかとをあげる。踵は、かかと。②つまだって遠くを望み見ることから、転じて、待ち望む。切に望む意。
【跂想】キソウ 待ち望む。期待する。
【跂足】キソク 足をつまだてて、望み見る。「翹首跂足(ギョウシュキソク)」
【跂望】キボウ 足をつまだてて、遠方を見る。遠方を見ようとするさま。また、待ちこがれるさま。

趹 (11)4 7495 △ 一漢ケツ・呉ケチ 屑 jué 二漢ケイ・呉ケ 霽 guì
字義 一①馬が地をけってはやく走るさま。②おもむく。行く。二①ふむ。②馬が走り行くさま。＝一の①。
解字 篆文 形声。足+夬㊥。

跀 (11)4 7496 △ 漢ゲツ 呉ガチ(グヮチ) 月 yuè
字義 ①あしきる。昔の刑罰の一つ。罪人の足を切る。＝刖(ゲツ)。②ゆがむ。いびつ。
解字 篆文 形声。足+月㊥。音符の月は、えぐるの意味。あしをきりとる古代の刑罰の意味を表す。

趾 (11)4 7497 標 シ 紙 zhǐ 7670 6C66
字義 ①あし(足)。また、踝(くるぶし)から下の部分。②あと。あしあと。また、物事のあと。「遺趾」③おわり(終)。④もと。ねもと。土台。
解字 形声。足+止㊥。音符の止は、あしの象形。趾の原字。止がとまるの意味に用いられるようになったため区別して足を付した。

跈 (11)4 7498 △ チン 蹍(7554)と同字。→一〇六六ページ。

趺 (11)4 7499 △ フ 虞 fū 7671 6C67
字義 ①あし。㋐足の甲。㋑かかと。②うてな。㋐物の台。㋑花の萼(ガク)。花のうてな。③あぐら。両足を組んですわる。
解字 形声。足+夫㊥。
【趺△坐】フザ 仏両足の甲を反対側の股(もも)の上に置いて足を組んですわること。円満安座の意。座禅の時のすわり方。また、仏のすわり方。「結跏趺坐(ケッカフザ)」

跏 (12)5 7500 標 漢カ 呉ケ 麻 jiā 7672 6C68
字義 あぐらをかく。足を組んですわる。「結跏」
解字 形声。足+加㊥。
【跏△趺】カフ 仏両足の甲を反対側の股(もも)の上に置いて足を組んですわること。一種のあぐら。「結跏趺坐(ケッカフザ)」

距 (12)5 7501 常 キョ 2187 3577
[距] (12)5 7502 漢キョ 呉ゴ 語 jù
筆順 距 距
字義 ①へだたる。へだてる。間がはなれる。間をはなす。「距離」②こばむ。ふせぐ。＝拒。「距絶」③いたる(至)。④さる(去)。⑤おどりあがる。飛びこえる。＝躍。⑥とまる(止)。とどまる。⑦とじる(閉)。⑧たがう。くいちがう。⑨けづめ。鶏の足の後ろに出ているつめ。
解字 金文 篆文 形声。足+巨㊥。音符の巨は、去・却に通じ、しりぞけるの意味。にわとりのけづめの意味や、へだてるの意味を表す。
▼鶏距
【距絶】キョゼツ ふせぎたつ。こばむ。拒絶。
【距戦(戰)】キョセン ふせぎ戦う。
【距跳】キョチョウ おどりあがる。
【距離】キョリ へだたり。間隔。

跚 (12)5 7503 △ サン 寒 shān 7673 6C69
字義 蹣跚(ハンサン)は、よろめき行くさま。行きなやむさま。
解字 形声。足+冊㊥。

跖 (12)5 7504 △ 漢セキ 呉シャク 陌 zhí 7674 6C6A
字義 ①足のうら。②ふむ。③盗跖は、昔の大盗賊の名。盗蹠(トウセキ)。＝蹠(セキ)。
解字 篆文 形声。足+石㊥。音符の石は、いしの意味。足のうらの石にあたる部分の意味を表す。
【跖△蹻】セキキョウ 魯(ロ)の盗跖と楚(ソ)の荘蹻。ともに有名な大盗賊。蹠蹻(セキキョウ)。
【跖之△狗△吠レ△尭(堯)】セキのいぬギョウにほゆ 大盗賊の跖に養われている犬は、大聖人の尭帝にほえつく。人は、自分の仕える主人には善悪を問わず忠をつくすたとえ。転じて、悪にくみして賢者をねたむたとえ。〔戦国策、斉〕
【跖△之徒】セキのト 昔の大盗の盗跖の仲間。自分の利益ばかり考える人々をいう。蹠之徒(セキのト)。〔孟子、尽心上〕

跎 (12)5 7505 △ 漢タ 呉ダ 歌 tuó
〔足+也〕同字
字義 蹉跎(サタ)は、㋐つまずく。けつまずく。㋑さしさわりが起きて、時機をにがす。㋒生活が思うようにならない。また、失敗する。
解字 篆文 形声。足+它㊥。

跅 (12)5 7506 △ 一タク 薬 tuò 二漢セキ・呉シャク 陌
字義 一ゆるむ。しまりがない。二しりぞける。
解字 形声。足+斥㊥。
【跅△弛】タクシ しまりがなく、ほしいままなこと。だらしがない。
【跅落】タクラク ゆるんでしまりがない。だらしがない。

跕 (12)5 7507 △ チョウ(テフ) 葉 tiē
字義 ①ふむ。軽くふむ。はきものをつっかけて歩く。②ゆっくりと歩く。
解字 形声。足+占㊥。

跌 (12)5 7508 △ 漢テツ 呉デチ 屑 diē 7675 6C6B
字義 ①つまずく。つまづく。㋐つまずきたおれる。「蹉跌(サテツ)」㋑た

がう。あやまつ。❷はしる。疾走する。❸すぎる（過）。度をすごす。また、ほしいまま。❹足のうら。

解字 篆文 形声。足＋失㊊。音符の失は、それるの意味。足をふみはずす、つまずくの意味を表す。

【跌墜】テッツイ つまずきたおれる。また、つまずき落ちる。

【跌宕】テットウ しまりがなく、ほしいまま。宕は、度をこす。

【跌倒】テットウ つまずきたおれる。

【跌蕩】テットウ ①しまりがなく、ほしいまま。「跌蕩放言」 ②うろたえころぶ。

(12) 5

【跛】7509

△ 一ハ ㊇ bǒ 二ヒ ㊈ bì

7676 6C6C

字義 一❶片足の不自由なこと。❷足がなえる。二よりかかる。片足で立つ。

解字 篆文 形声。足＋皮㊊。音符の皮は、波に通じ、なみの意味。足が不自由で歩くとき体が波のように揺れ傾くさまから、足がなえる意味を表す。

【跛倚】ヒイ ①かた足で物によりかかる。②かたよっている。

【跛蹇】ハケン 片足の不自由なこと。

【跛行】ハコウ ①片足を引いて歩く。②つりあいがとれない。

【跛鼈千里】ハベツもセンリ 足の悪いすっぽんも千里の遠い所に行く。たゆまず勉強すれば、どんな者でも成功するたとえ。〔荀子、脩身〕

(12) 5

【跋】7510

［䟦］俗字

標 ㊅ハツ・㊄バチ ㊇ bá 慣バツ・バ

7677 6C6D

字義 ❶つまずく。よろめく。❷ふむ。ふみにじる。❸もとる。反する。❹こえる。わたる。❺もと。ねもと。❻文体の名。おくがき。あとがき。書物の終わりにしるす文。↔序（はしがき）。山野をゆく。「跋渉」

解字 篆文 形声。足＋犮㊊。音符の犮は、とりのけるの意味。足をとられて、つまずくの意味を表し、また、足をぬくの意味から、ふむの意をも表す。また、その著書などの性格の本質をより抜いて末尾に記す文、ばつの意をも表す。

【跋胡】バッコ 進退に窮すること。老いた狼が、進めば胡（あごの下のたれ肉）をふみ、しりぞけば尾につまずく意。『詩経』豳風「狼跋其胡、載疐其尾」（狼（おおかみ）其の胡を跋（ふ）み、載（すなわ）ち其の尾に疐（つまず）く）とあるのに基づく。

【跋扈】バッコ 強くてわがままにふるまうこと。また、臣下が権威をほしいままにして人君をおかすこと。横暴。扈は、魚を取る水中の竹かごで、大魚はそれをおどり越えて脱し去るのでいう。

【跋扈将（將）軍】バッコショウグン ①後漢の梁冀（リョウキ）のあだな。大将軍となって横暴であったからいう。②暴風の別名。

【跋語】バツゴ おくがき。書物の終わりに記す文。跋文。

【跋渉】バッショウ 山を越え川を渡る。山野を歩きまわる。また、諸所を歩きまわる。山野を行くを跋といい、河川をわたるを渉という。〔左伝、襄公二十八〕跋渉山川、蒙犯霜露（山川を跋渉し、霜露を蒙犯す）。

【跋題】バツダイ ＝跋語。

【跋躓】バッチ つまずきころぶ。また、つまずく。躓は、つまずく。また、ころぶ。

【跋尾】バツビ 天子の書の終わりに臣下が署名すること。後世は、跋文の意に用いる。

【跋文】バツブン ＝跋語。

【跋剌】ハツラツ ①魚がぴちぴちとはねあがるさま。潑剌（ハツラツ）。②鳥が飛びたつさま。

【跋履】バツリ ふみ歩く。へめぐる。あちこち歩きまわる。跋渉。

(12) 5

【跗】7511

△ フ ㊇ fū

字義 ❶足の甲。＝趺（フ）。❷うてな。㋐物の台。㋑花の萼（ガク）。花のうてな。国くびす。きびす。かかと。

解字 形声。足＋付㊊。

【跗萼】フガク 花のうてな。転じて、兄弟の親しみをいう。

(12) 5

【跑】7512

△ ㊅ホウ（ハウ） ㊄ボウ（バウ） ㊇ pāo, ③pǎo

字義 ❶あがく。足で地をかく。❷ける。❸はしる。

解字 形声。足＋包㊊。

(13) 6

【跪】7513

△ ㊅キ ㊄ギ ㊈ guì

7678 6C6E

字義 ❶ひざまずく（ひざまづく）。両ひざを地につけ、腰と股（もも）とを伸ばしてすわる。また、ひざまずいてする礼拝。❷あし。蟹（かに）のあし。

解字 篆文 形声。足＋危㊊。音符の危は、ひざまずくの意味。危が、不安定であぶないの意味に用いられるようになったので、足を付して、ひざまずくの意味を表す。

【跪坐】キザ ひざまずいて、すわる。すわる。〔荘子、在宥〕

【跪進】キシン ひざまずいて差しあげる。

【跪拝（拜）】キハイ ひざまずいておがむ。丁寧な礼。〔史記、淮陰侯伝〕

【跪伏】キフク ひざまずきふし拝む。

【跪捧】キホウ ひざまずいてささげる。

(13) 6

【跬】7514

［蹞］同字

△ キ ㊈ kuǐ

字義 ❶かたあし。ひとあし。半歩。ひと足を前に出すのを跬といい、ふた足を歩という。❷ちかい（近）。❸すこし。わずか。

解字 形声。足＋圭㊊。

【跬歩】キホ かたあし。ひとあし。半歩。

【跬誉（譽）】キヨ 一時の名誉。わずかのほまれ。

(13) 6

【跫】7515

△ ㊅キョウ ㊄グウ ㊇ ㊈ qióng

［跫］

7679 6C6F

字義 あしおと。人の歩く音。「跫音」

難読 跫音（あしおと）

解字 形声。足＋巩㊊。

【跫然】キョウゼン 人の足音のひびくさま。

(13) 6

【趼】7516

△ ケン ㊈ jiǎn

字義 ❶たこ。足にできるたこ。そこまめ。❷ひび。あかぎれ。

解字 篆文 形声。足＋幵㊊。

(13) 6

【跨】7517

標 ㊅カ（クヮ）・㊄ケ ㊈ kuà 慣コ

2457 3859

字義 ❶またぐ。またをひらいてこす。❷またがる。両股（もも）の間にはさむようにして乗る。❸また。またぐら。❹よる（拠）。占領する。

解字 篆文 形声。足＋夸㊊。音符の夸（カ）は、弓なりに曲げるの意味。両足を弓なりに曲げる、またぐの意味を表す。

【跨越】コエツ またいでこえる。

【跨下】コカ またの下。

【跨鶴】コカク ①つるに乗る。②仙人はつるに乗って天にのぼると言われたことから、仙人となる意。

【跨拠（據）】コキョ 両方を占有してたてこもる。また、占領する。

【跨制】コセイ 両方にまたがって取りしまる。

【跨年】コネン 年末から年の初めにわたる。

【跨有】コユウ 合わせ領有する。

(13) 6

【跲】7518

△ ㊅コウ（カフ） ㊄キョウ（ケフ） ㊇ jiá

字義 つまずく（つまづく）。㋐つまずきたおれる。㋑失敗する。うまくゆかない。

解字 篆文 形声。足＋合㊊。

(13) 6

【跟】7519

△ コン ㊇ gēn

7680 6C70

字義 ❶くびす。かかと。❷したがう。あとについて行く。随行する。

解字 篆文 形声。足＋艮（𥃩）㊊。音符の𥃩（コン）は根に通じ、ねもとの意味。足のねもと、かかとの意味を表す。

【跟従（從）】コンジュウ つきしたがう。また、供の者。従者。

【跟随（隨）】①つきしたがう。また、従者。②有力者のかげにかくれること。

(13) 6
【跱】7520　△　漢チ　呉ジ（ヂ）　紙 zhì

字義 ❶とどまる（止）。❷そなえ。たくわえ。❸おく（置）。❹うずくまる。

解字 形声。足＋寺音。音符の寺は、とどまるの意味。

(13) 6
【跡】7521　常　セキ　あと　漢セキ・呉シャク　陌 jì　3255 4057

筆順 卩 𧾷 跡 跡

字義 迹（7770）と同字。❶あと。㋐あしあと。「人跡」㋑あとかた。物事のあったあと。「古跡」❷あとづける。あとをたずねる。国あと。㋐跡職の略。家の名跡。あとめ。㋑名跡をつぐ者。あととり。家の後継者。

参考 ①現代表記では〔蹟〕（7577）の書きかえに用いる。「遺蹟→遺跡」「史蹟→史跡」②熟語は迹（7770）をも見よ。→一〇八五ページ。

使いわけ あと〔跡・後〕
〔跡〕㋐かつて何かあったしるし。㋑家元などのあと。「戦いの跡・跡目を継ぐ」
〔後〕㋐うしろの方。↔先。「故郷を後にする・後のことは頼む」㋑ある時から更に時間の経過したのち。↔前。
したがって、「あと片付け」では、あとで片付けることに力点があれば〔後〕、そのあとを片付けることに力点があれば〔跡〕を用いることになる。「火事の跡片付け」

解字 形声。足＋亦音。音符の亦は、積み重ねるの意味。積み重ねられた足あとの意味を表す。

▼遺跡・奇跡・軌跡・旧跡・行跡・形跡・古跡・史跡・事跡・手跡・書跡・人跡・垂跡・聖跡・戦跡・足跡・鳥跡・追跡・筆跡・墨跡・名跡・門跡

【滅レ跡】足跡を消す。世間から遠ざかること。

(13) 6
【践】7522　常　セン　3309 4129

(15) 8
〔踐〕7523　漢セン　呉ゼン　震銑 jiàn　7688 6C78

筆順 卩 𧾷 践 践 践

字義 ❶ふむ。㋐足でふむ。ふみつける。「蹂践」㋑歩く。行く。渡る。「践歴」㋒ふみ行う。「実践」㋓のぼる。位につく。「践祚」㋔従う。先人のとおりに行う。❷並ぶさま。連なる。❸きる。殺す。＝剪。❹はだし。はだしになる。＝跣。❺あさい。＝浅。

解字 篆文　形声。足＋戔音。音符の戔は、ずたずたにするの意味。足でふみつけそこなうの意味を表す。また、単に、ふむの意味を表す。

▼実践

【践位】位につくこと。即位。

【践極】天子の位につく。極は、天子の位。登極。

【践形】人の顔かたちにはじない行動をする。〔鳥獣の形をしているならいざ知らず〕人間の姿形をしている上は人たるの道を実践すること。〔孟子、尽心上〕惟聖人然後可二以践一レ形。

【践言】言ったことを実行すること。〔礼記、曲礼上〕

【践行】ふみ行う。実行すること。履行。

【践修・践脩】おさめ行う。きまったとおりに実行する。

【践蹂】ふみつける。ふみにじる。蹂践。

【践祚・践阼】天子の位につくこと。阼は、東方の階段。新天子がおたまやの東階にのぼって祭りをつかさどることからいう。祚は、天子の位。践極。〔礼記、曲礼下〕

【践履】①ふみ歩く。ふみ行う。転じて、経験の意に用いる。②ふみつける。

【践歴（歷）】経歴。①めぐりゆく。②行ってきたあと。

(13) 6
【跣】7524　△　セン　銑 xiǎn　7681 6C71

字義 はだし。すあし。「跣足」

解字 篆文　形声。足＋先音。音符の先は、㳄（洗）に通じ、はだしを洗うの意味。足を付し、はだしの意味を表す。

【跣行】はだしで行く。はだしで歩く。

【跣足】はだし。素足。徒跣。

(13) 6
【跳】7525　常　チョウ　はねる・とぶ　3623 4437
㊀漢チョウ（テウ）　呉ジョウ（デウ）　嘯 tiào
㊁漢トウ（タウ）　呉ドウ（ダウ）　豪 táo

筆順 卩 𧾷 趴 跳 跳

字義 ㊀❶おどる。とぶ。はねる。とびあがる。はねあがる。「跳躍」❷つまずく。❸おどらす。とばす。「跳身」❹速く走る。終わること。㊁にげる。走り去る。国❶はねる。興行などが終わること。❷はね。衣服などにとびちった泥。

使いわけ とぶ〔飛・跳〕⇩飛（8709）。

解字 篆文　形声。足＋兆音。音符の兆は、うらないのときに現れる亀甲の上のわれめの象形で、はじけわれるの意味。足を付し、はねあがる・つまずくの意味を表す。

▼距跳

【跳駆（驅）】速く馬を走らせる。疾走させる。

【跳身】からだをはねおどらせること。

【跳然】とびあがるさま。

【跳舞】①おどりまう。②ダンス。

【跳奔】にげ走る。逃奔。

【跳沫】しぶき。水煙。

【跳躍】おどりあがる。とびあがる。はねおどる。

【跳梁】①おどりあがって（ほしいままに）はねまわる。②はびこって、気ままにふるまう。跋扈。

【跳踉】①＝跳梁の①。②足が乱れよろめくさま。

(13) 6
【路】7526　教 3　ロ　じ　漢ロ　呉ル　遇 lù　4709 4F29

筆順 卩 𧾷 趵 趵 路

字義 ❶みち。じ。㋐人や車が往来する道。「道路」㋑人がふみ行うべき道。「正路」㋒てづる。たより。方法。㋓くらい。地位。「要路」㋔すじみち。条理。「理路整然」❷旅。旅する。また、みちすがら。途上。❸大きい。また、正しい。❹つかれる。やぶれる。❺あらわす。表れる。＝裸。❻車。天子の車。＝輅。❼行政区画の名。宋代に、唐の「道」を改めて「路」を置いた。ほぼ後世の省にあたる。

名乗 のり　難読 路加・路程

解字 金文　篆文　形声。足＋各音。音符の各は、いたるの意味。人が歩きいたるときの道の意味を表す。

▼一路・駅路・海路・活路・岐路・径路・経路・血路・航路・行路・語路・順路・針路・水路・正路・前路・走路・当路・販路・遍路・末路・迷路・要路・陸路・理路

【路次】①みちすじ。道路。②道中。途中。

【路地】国①門の中、または庫の中の通路。②人家と人家との間にあるせまい道。横町。

【路車】①諸侯の乗る車。②天子の用いる車の総称。路は、大きい。天子を尊ぶ意をもっていう。

【路上】①みちのほとり。道ばた。②みちの上。③途中。

【路寝(寢)】ロシン 天子・諸侯が政事をとる正殿。表御殿。
【路人】ロジン ①道を行く人。行人。②自分と関係のない人。あかの他人。路傍の人。
【路銭(錢)】ロセン 旅にかかる費用。旅費。
【路程】ロテイ みちのり。行程。旅程。
【路頭】ロトウ 道のほとり。道ばた。路傍。また、道路。
【路馬】ロバ 天子・諸侯の馬車をひく馬。
【路費】ロヒ 道中の費用。路銀。旅費。
【路標】ロヒョウ 道しるべ。道の方向・里程などを示すしるべ。道標。
【路傍・路△旁】ロボウ 道ばた。道のほとり。「路傍の人」
【路門】ロモン 天子・諸侯の御殿の一番奥にある門。天子は五門、諸侯は三門あるが、それぞれの最も内部の門。
【路不拾レ遺】みちにおちたるをひろわ(は)ず 道に落ちている物があっても、拾って自分のものとしない。国民がよく為政者に感化されて正直になったことをいう。また、国法がよく行われていることにもいう。〔十八史略、唐、太宗〕――、商旅野宿焉ショウリョヤシュクす。〈行商人も安心してのじゅくするようになった〉

(14)7 【跽】7527 △ 漢キ 呉ギ 紙 jì
字義 ひざまずく。ひざをつく。
解字 甲骨文 篆文 形声。足+忌音。甲骨文は、止+己音。己は、ひざまずく形に似た糸巻の象形。ひざまずくの意味を表す。

(14)7 【跼】7528 △ 漢キョク 呉ゴク 沃 jú 7682 6C72
字義 ❶かがむ。せぐくまる。からだを曲げて背をまるくちぢめる。❷片足を挙げる。
解字 形声。足+局音。音符の局は、背をまげるの意味。足や背をまげる、かがむの意味を表す。
【跼△蹐】キョクセキ 天にせぐくまり、地にぬきあしする。頭が天に触れるのを恐れて、背を曲げて歩き、地がくぼむのを恐れてぬき足で歩くこと。ひどく恐れること。身のおき所のない気持。〔詩経、小雅、正月〕跼レ天蹐レ地テンにせぐくまりチにぬきあしす。
【跼足】キョクソク 足をかがめること。しゃがむこと。
【跼△躅】キョクチョク 行きなやむ(たちもとおる)さま。
【跼天△蹐地】キョクテンセキチ テンにせぐくまり・チにぬきあしす ＝跼蹐キョクセキ。
【跼歩】キョクホ せぐくまって歩く。背中をかがめて歩く。

(14)7 【踆】7529 △ 一シュン 真 qūn 二ソン 元
字義 一❶しりぞく(退)。❷とどまる(止)。❸おわる。＝竣シュン。二うずくまる(うづくまる)。
解字 形声。足+夋音。
【踆△烏】ソンウ 太陽の中にうずくまっているという、三本足のからす。〔淮南子、精神訓〕日中有二踆烏一ニッチュウにソンウあり。

(14)7 【踈】7530 △ ソ 疏(4853)の俗字。→七四三ページ。 7683 6C73

(14)7 【跿】7531 △ 漢ト 呉ド 虞 tú 7685 6C75
字義 跿跔トクは、❶すあし(素足)。はだし。❷一説に、おどりあがる。片足をあげる。
解字 形声。足+徒省音。音符の徒は、はだしの意味。
【跿△跔科頭】トクカトウ すあしで、すあたま。跿跔は、足に何もはかないこと。科頭は、頭に冠やかぶとをつけないこと。また、すあし・すあたまの兵。勇気のある兵士のたとえ。〔史記、張儀伝〕

(14)7 【踊】7532 常 ヨウ おどる・おどり 漢ヨウ 呉ユウ 腫 yǒng 4557 4D59
筆順
【踴】同字 7693 6C7D
字義 ❶おどる(をどる)。㋐とびあがる。はねまわる。㋑足をあげて舞う。㋒葬式のとき悲しんでおどりあがる、喪礼の一種。❷足きりの刑に処せられた者がはく履物。❸あがる。のぼる。㋐台にのる。㋑物価があがる。❹あらかじめ。＝予(豫)。❺はなはだしい。
国 おどり(をどり)。舞踊。ダンス。
使いわけ おどる〔踊・躍〕
【踊】リズムに合わせておどる。「盆踊り」
【躍】勢いよく飛び上がる。「躍りかかる・小躍りして喜ぶ」
なお、あやつられる意の「おどらされる」は「踊」を用いる。
解字 篆文 形声。足+甬音。音符の甬ヨウは、用に通じ、もちあげるの意味。足をもちあげておどるの意味を表す。
▼舞踊
【踊貴】ヨウキ ①物価があがる。②足きりの刑に処せられた者がはく履物の値が高くなる。刑罰の多いのをそしったことば。〔左伝、昭公三〕
【踊躍】ヨウヤク ①おどりあがって喜ぶ。こおどりする。②おどりあがって勢いよく進む。

(14)7 【踉】7533 △ 一リョウ(リャウ) 陽 liáng 二ロウ(ラウ) 陽 láng 三リョウ(リャウ) 漾 liàng 7684 6C74
字義 一❶跳踉は、おどる。とびあがる。❷踉(足+旁)リョウボウは、行こうとする。二踉蹌ロウソウは、行こうとする。また、行くさま。踉蹌ロウソウは、㋐行こうとするさま。あわてて行くさま。また、よろめくさま。三踉蹡リョウショウは、㋐行こうとするさま。㋑静かに行く。ぶらぶら行く。㋒よろめくさま。
解字 形声。足+良音。

(15)8 【踠】7534 △ 漢エン(ヱン) 呉オン(ヲン) 阮 wǎn
字義 かがむ。かがまる。また、かがめる。足をかがめる。
国 もがく。あがく。
解字 形声。足+宛音。

(15)8 【踝】7535 △ 漢カ(クヮ) 呉ゲ 馬 huái (huà) 7686 6C76
字義 ❶くるぶし。❷かかと。くびす。きびす。❸はだし。
難読 踝贏すがる
解字 篆文 形声。足+果音。音符の果は、木の実の意味。足に、くるみの実のようにある、くるぶしの意味を表す。
【踝踝】カカ ①かたいさま。②単独のさま。
【踝△跣】カセン すあし。はだし。裸足。

(15)8 【踦】7536 △ 一キ 支 qī 二イ 紙 yǐ
字義 一❶かたあし。一本足。❷片足の不自由なこと。❸かたかた。かたわれ。❹あし(足)。すね。二よる。もたれかかる。＝倚イ。
解字 篆文 形声。足+奇音。音符の奇は、曲がって立つ人の意味。足を付し、片足の不自由な意味を表す。
【踦△嶇】キク ①行くさま。②かたむいて平らでないさま。けわしいさま。
【踦人】キジン 片足の不自由な人。
【踦△閭】キリョ 村里の入口の門によりかかること。母が子の帰りを待ったとえ。倚閭イリョ。〔公羊、成公二〕

(15)8 【踞】7537 △ 漢キョ 呉コ 御 jù 7687 6C77
字義 ❶うずくまる(うづくまる)。㋐ひざをたててすわる。しゃがむ。㋑足を投げ出してすわる。㋒こしかける。㋓すわりこむ。㋔よりかかってすわる。❷おごる。おごりたかぶる。＝倨キョ。
解字 篆文 形声。足+居音。音符の居は、腰をおろしてすわるの意味。足を付し、すわりこむの意味を表す。
【踞△傲・踞△敖】キョゴウ おごる。おごりたかぶる。倨敖キョゴウ。
【踞侍】キョジ うずくまって、そばにひかえる。
【踞△蹲】キョソン うずくまる。蹲も、うずくまる。蹲踞。

(15)8 【踡】7538 △ 漢ケン 呉ゲン 先 quán

字義 跧跼(ケンキョク)・跧局は、せぐくまる。かがまって伸びない。また、心が委縮するさま。

解字 形声。足+巻音。音符の巻は、まくの意味。足をまくようにする、かがむの意味を表す。

(15)8 **【踧】** 7539 △ 一シュク 屋 cù 二漢テキ・呉ジャク(チャク) 錫 dí

字義 一❶平坦(ヘイタン)で歩きやすい。❷ちぢむ(蹙(シュク))。せばまる。また、ちぢめる。二→踧踧の②。

解字 篆文 形声。足+叔音。

【踧踧】シュクシュク ①せまるさま。②(シュクシュク・テキテキ) 平坦(ヘイタン)で歩きやすいさま。

【踧踖】シュクセキ ①おそれつつしむさま。つつしみうやまうさま。②ゆっくりしてすすまないさま。

(15)8 **【踤】** 7540 △ 漢シュツ 呉ジュチ 質 zú

字義 ❶ふれる(触)。❷ける。また、ふむ。ふみこむ。❸あつまる。

解字 篆文 形声。足+卒音。

(15)8 **【踖】** 7541 △ 一漢セキ・呉シャク 陌 jí 二漢シャク・呉サク 薬 què

字義 一❶ふむ。㋐ふみこえる。㋑ふみつける。❷つつしむさま。二❶しのぐ。❷ける。❸はせる。はしる。

解字 篆文 形声。足+昔音。

(15)8 **【踐】** (7523) セン 践(7522)の旧字体。→一〇五八ジ。 —7688 6C78

(15)8 **【踪】** 7542 標 漢ソウ・呉シュウ 冬 zōng —7709 6D29

【蹤】同字 7707 6D27

字義 ❶あと(跡)。㋐あしあと。「踪跡」㋑あとかた。物事のあったあと。㋒ゆくえ。ありか。「失踪」❷あとをつける。

解字 形声。足+宗音。

【踪跡・踪蹟】ソウセキ・ショウセキ ①あと。㋐あしあと。㋑あとかた。物事のあったあと。㋒ゆくえ。ありか。②あとをつけてゆく。

(15)8 **【踔】** 7543 △ 一漢トウ(タウ) 呉チョウ(テウ) 効 二タク 覚 chuō

字義 一❶ふむ。❷はしる(走)。また、とぶ(跳)。❸こえる(越)。二❶はるか。遠い。❷すぐれる。まさる。ずばぬける。=卓。❸あしなえ。

解字 篆文 形声。足+卓音。音符の卓は、高いの意味。片足で高くとびあがるの意味を表す。

【踔絶】タクゼツ はるかに(大いに)すぐれる。卓絶。

【踔然】タクゼン 高遠のさま。また、すぐれているさま。

【踔厲風発(發)】タクレイフウハツ 言論がすぐれて勢いよく、風のように口をついてでること。大いに雄弁な形容。〔唐、韓愈、柳子厚墓誌銘〕

(15)8 **【踟】** 7544 △ 漢チ 呉ジ(ヂ) 支 chí —7689 6C79

字義 たちもとおる。行きつもどりつする。ためらう。

解字 形声。足+知音。

【踟躕】チチュウ・チチュ ①ためらいしりごみする。あしぶみする。②物のつらなるさま。

【踟躇】チチョ ①たちもとおる。ゆきつもどりつする。あしぶみする。②機織(はたおり)の梭(サ)(ひ)をいう。

(15)8 **【踢】** 7545 △ 一漢テキ・呉チャク 錫 tī 二シャク 薬

字義 一ける。足でける。二躩踢(カクシャク)は、驚き動くさま。あわてるさま。

解字 形声。足+易音。音符の易は提に通じ、腕をつきだすの意味。足をつきだす・けるの意味を表す。

(15)8 **【踏】** 7546 常 トウ ふむ・ふまえる トウ(タフ) 合 tà —3807 4627

筆順

字義 ❶ふむ。=蹋(トウ)。㋐足をあげて地におろす。ふみつける。㋑歩く。ふみすすむ。❷ふみ台。また、はきもの。❸実地にふんでみる。調べる。たしかめる。国❶ふむ。㋐実演する。㋑順次に行う。「手続きをふむ」㋒値段をつける。評価する。㋓韻字を用いる。❷ふまえる。㋐ふみつける。㋑考え合わせる。また、よりどころとする。「経験をふまえて対処する」

難読 踏鞴(たたら)

参考 現代表記では〔蹈〕(7568)の書きかえに用いる。「蹈襲→踏襲」「舞蹈→舞踏」また、〔沓〕(3887)の書きかえに用いることがある。「雑沓→雑踏」

解字 形声。足+沓音。蹋(7569)の別体。

▼高踏・雑踏・舞踏・未踏

【踏歌】トウカ ①足で地を踏んで調子を取って歌う。また、その歌。②国昔、宮中で、陰暦正月十五日には宮中の歌の巧みな男を、十六日には女を集めて、年始の祝詞を歌舞させた行事。踏歌節会(セチエ)。

【踏月】トウゲツ 月かげをふむ。月が照らしている所をふんで歩くこと。

【踏査】トウサ 実際にその土地に行って調べること。

【踏襲】トウシュウ 受けつぐ。前人の説や事業などをそのまま受けつぐこと。蹈襲(トウシュウ)。

【踏牀】トウショウ ふみだい。

【踏青】トウセイ ①陰暦の正月七日に男女が集まって遊ぶ行事。②春の郊外を歩くこと。青草を踏む意。③陰暦二月二日の踏青節をいう。この日、郊外で青草を踏む行事を行う。④陰暦三月三日の曲水の宴をいう。

【踏藉】トウセキ ふむ。ふみにじる。蹈藉(トウセキ)。

【踏破】トウハ ふみ越える。ふみ歩く。歩きとおす。破は、意味を強める助字。蹈破(トウハ)。

【踏翻】トウハン けとばす。けかえす。蹈翻(トウハン)。

【踏落】ふみおとし 国七言絶句、または七言律詩の第一句では韻をふむべきであるが、ふまないこと。

(15)8 **【踣】** 7547 △ 漢ホク 呉ボク 職 bó

字義 ❶たおれる。つまずく。また、たおす。❷ほろびる。❸さらす。罪人の死体をさらす。

解字 篆文 形声。足+咅音。音符の咅(ホウ)は、たおれるときのさまを表す擬声語。ぽっくりたおれるの意味を表す。

【踣頓】ボクトン つまずきたおれる。

(16)9 **【踽】** 7548 △ ク 麌 jǔ

字義 ❶ちりぢりに行くさま。❷ひとりで行くさま。

解字 篆文 形声。足+禹音。

【踽踽】クク ①ひとりで行くさま。「独行踽踽」②親しむもののないさま。「踽踽涼涼」

【踽僂】クル 背骨の曲がる病気にかかった人。また、せぐくまる。「傴僂(クル)」

(16)9 **【蹂】** 7549 △ 一漢ジュウ(ジウ) 呉ニュウ(ニウ) 有 rǒu 二漢ジュウ(ジウ) 呉ニュウ(ニウ) 尤 róu —7690 6C7A

字義 一ふむ。ふみにじる。「蹂躪(ジュウリン)」二いねをふむ。稲のもみを足でふんで、もみがらをとる。

解字 篆文 形声。足+柔音。音符の柔は、やわらかいの意味。足を使ってやわらかくなるように、ふむの意味を表す。

【蹂践(蹂踐)】ジュウセン ふみにじる。

【蹂躪・蹂躙・蹂蹸・蹂轔】ジュウリン ふみにじる。ふみあらす。

(16)9 **【踳】** 7550 △ 一シュン 軫 chǔn 二セン 銑 chuǎn

字義 一二❶そむく。たがう。❷まざる。みだれる。

解字 形声。足＋春㊥。

【踳踳】シュンシュン 失意のさま。

【踳駁】シュンパク 物事がごちゃごちゃになって乱れるさま。

(16)9 **【踵】** 7551 標 漢ショウ 呉シュウ 腫 zhǒng 7691 6C7B

字義 ❶かかと。くびす。きびす。❷つぐ(継)。㋐おう。あとを追う。あとをつける。㋑あとをつぐ。受けつぐ。❸ふむ。❹いたる(至)。❺たずねる(尋)。❻ついで。かさねて。しきりに。

解字 文 篆 形声。足＋重㊥。音符の重は、おもいの意味。おもみのかかる、かかとの意味を表す。

【踵践(踵踐)】ショウセン ふむ。また、ふみにじる。

【踵武】ショウブ あとをつぐ。前人の行った事を継続する。武は、あしあと。

【接レ踵】きびすをセッす・ショウをセッす 前の者のかかとに後の者のかかとをつける意で、人や物事が後から後から続いて来る(行く)こと。

【旋レ踵】きびすをめぐらす・きびすをかえ(へ)す 踵の向きを変えて反対にする。体を今までと反対の方向に向ける。もどる。退却する。

(16)9 **【踹】** 7552 △ 一漢セン・呉ゼン 銑 shuàn 二タン 翰 duàn

字義 一かかと。くびす。きびす。二❶(怒って)ふむ。ふみつける。ふみしめる。❷おどらす。

解字 形声。足＋耑㊥。

(16)9 **【蹀】** 7553 △ 漢チョウ(テフ) 呉ジョウ(デフ) 葉 dié

字義 ❶ふむ。ふみつける。❷小またで歩くさま。

解字 形声。足＋枼㊥。

【蹀躞】チョウショウ ①小またで歩くさま。②往来の人通りが多くせわしいさま。③馬が行くさま。④帯につけるかざり。

(16)9 **【踸】** 7554 △ チン 寝 chěn

【跈】同字

字義 踸踔チンタクは、㋐歩き方のしっかりしないさま。㋑一定しないさま。㋒とどこおるさま。

解字 文 篆 形声。足＋甚㊥。

(16)9 **【踶】** 7555 △ 一漢テイ・呉ダイ 霽 dì 二漢チ・呉ジ(ヂ) 紙 zhì

字義 一ふむ。軽くふむ。二踶跂キチは、心をくだいてつとめるさま。

解字 文 篆 形声。足＋是㊥。

【踶死】テイシ ふみころされる。

(16)9 **【蹄】** 7556 標 漢テイ 呉ダイ 斉 tí 3693 447D

【蹏】同字

字義 ❶ひづめ。馬牛などのつめ。❷うさぎを捕らえるわな。

解字 形声。足＋帝㊥。音符の帝は、一つにまとめるの意味。あしゆびが一つにまとまっている、ひづめの意味を表す。

【蹄嚙・蹄齧】テイケツ ひづめでけることと、歯でかむこと。

【蹄涔】テイシン ①牛や馬の足あとにたまった水。②転じて、わずかなもののたとえ。

【蹄筌】テイセン ①うさぎを捕らえるわなと、魚を取るやな。〔荘子、外物〕②転じて、手引き。案内。さとりを得るための道具の意。

(16)9 **【蹁】** 7557 △ 漢ヘン 呉ベン 先 pián

字義 よろめく。足もとが定まらないさま。千鳥足。

解字 文 篆 形声。足＋扁㊥。

【蹁躚】ヘンセン ①めぐりゆくさま。②ひらひらと舞うさま。「羽衣蹁躚」③よろめくさま。

(16)9 **【踰】** 7558 △ 一ユ 虞 yú 二ヨウ(エウ) 蕭 yáo 7692 6C7C

字義 一❶こえる。㋐通り過ぎる。㋑渡る。㋒まさる(勝)。㋓進む。のりこえ進む。❷おどる。とびこえる。二はるか。遠い。＝遥ヨウ。

解字 文 篆 形声。足＋兪㊥。音符の兪ユは、ぬけでるの意味。ある範囲のところからぬけでる、こえるの意味を表す。

【踰越】ユエツ ①のりこえる。②本分をこえる。分にすぎる。

【踰閑】ユカン のりをこえる。礼法を守らない。閑は、法。〔論語、子張〕

【踰月】ユゲツ 月をこえる。翌月になる。また、翌月にわたる。

【踰侈】ユシ 分(度)をこえたぜいたく。

【踰僭】ユセン 身分不相応のぜいたく。

【踰年】ユネン 年をこえる。翌年になる。また、翌年にわたる。

【踰邁】ユマイ 月日のすぎて行くこと。逾邁ユマイ。

(16)9 **【踴】** 7559 △ ヨウ 踊(7532)と同字。→一〇五六ページ。 7693 6C7D

(17)10 **【蹊】** 7560 標 漢ケイ 呉ゲイ 斉 xī 7694 6C7E

字義 ❶こみち。細道。また、ちかみち。＝徯ケイ。❷わたる。よこぎる。

解字 形声。足＋奚㊥。音符の奚ケイは、つなぐの意味。ひもをつなげたような、こみちの意味を表す。

【蹊径(蹊徑)】ケイケイ ①こみち。②いとぐち。門径。

【蹊路】ケイロ こみち。小径。

(17)10 **【蹇】** 7561 △ 漢ケン 呉コン 阮 jiǎn 7701 6D21

字義 ❶足の不自由なこと。❷なやむ。苦しむ。❸とどまる。❹強い。こわい。かたい。❺おごる。たかぶる。従順でない。❻まがる。いりくむ。❼かたくな。正直なさま。「蹇諤ケンガク」❽にぶい馬。また、おろかな者。❾つまずく。かかげる。着ている着物のつまを持ちあげる。＝褰ケン。❿易の六十四卦カの一つ。☵☶ 艮下坎上ゴンカカンショウ。けわしさに行きなやむかたち。

解字 文 篆 形声。足＋寒省㊥。音符の寒は、さむくて身をまるくするの意味。足がかがんでうまく歩けない、とどこおるの意味を表す。

【蹇諤・蹇愕】ケンガク 正直なさま。直言してはばからないこと。

【蹇吃】ケンキツ ①どもる。ことばが出にくい。②思うようにすすまないこと。また、失望すること。

【蹇蹇】ケンケン ①なやみ苦しむさま。②忠義をつくすさま。忠貞なさま。

【蹇蹇匪躬】ケンケンヒキュウ 臣下が君のために心を苦しめて仕えること。忠義をつくすこと。〔易経、蹇〕

【蹇産】ケンサン ①気がむすぼれること。気分がのびのびしないこと。②山が屈曲したさま。③高大なさま。

【蹇渋(蹇澁)】ケンジュウ ＝蹇滞。

【蹇滞(蹇滯)】ケンタイ なやみとどこおる。また、思うままにならない。

【蹇剝】ケンハク 時運が不利なこと。行きなやむこと。蹇も剝も、易の卦カの名。

【蹇歩】ケンポ 片方の足が悪くて、うまく歩けないこと。また、その人。

【蹇劣】ケンレツ にぶくおとる。才能のとぼしいこと。

【蹇連】ケンレン 行きなやむさま。〔易経、蹇〕

(17)10 **【蹉】** 7562 △ サ 歌 cuō 7702 6D22

字義 ❶つまずく。㋐物に足をとられてたおれる。㋑しくじる。失敗する。❷すぎる。❸たがう。まちがう。

解字 文 篆 形声。足＋差㊥。音符の差は、くいちがうの意味。足の歩みがくいちがう、つまずくの意味を表す。

【蹉跎・蹉跎・蹉跎】(サタ) ①つまずく。②時機を失う。③ふしあわせで志を得ない。生活が思うようにならない。また、失敗する。〔唐、張九齢、照レ鏡見ニ白髪一詩〕蹉跎白髪年(サタたりハクハツのとし)。

訳文⇩宿昔の①(三〇七ページ)。

【蹉跌】(サテツ) つまずく。失敗する。しくじる。

(17)10【蹐】7563 △ 漢セキ 呉シャク 陌 jí 7704 6D24
字義 ぬきあし。さしあし。音を立てないように歩く。「跼蹐(キョクセキ)」
解字 篆文 形声。足＋脊音。音符の脊(セキ)は、椎骨(ツイコツ)が積み重なっている背ぼねの意味。椎骨のように足を一つ一つ積み重ねるの意味から、ぬきあしの意味を表す。

(17)10【蹌】7564 △ 漢ショウ(シャウ) 呉ソウ(サウ) 陽 qiāng 7703 6D23
字義 ❶うごく(動)。よろめく。❷まう。舞いおどるさま。❸歩き方のうやうやしいさま。 難読 蹌踉(よろめく)
解字 篆文 形声。足＋倉音。
【蹌蹌】(ソウソウ) ①歩き方のうやうやしいさま。②身のこなしがのびのびしているさま。③舞いおどるさま。
【蹌踉】(ソウロウ) よろめくさま。踉蹌。

(17)10【蹏】7565 △ テイ 蹄(7556)と同字。→一〇六一ページ。

(17)10【蹍】7566 △ テン 銑 zhǎn
字義 ふむ(踏)。ふみつける。
解字 形声。足＋展音。

(17)10【蹎】7567 △ テン 先 diān
字義 つまずく(つまづく)。
解字 篆文 形声。足＋眞音。音符の眞(シ)は跌(テツ)に通じ、足がつまずくの意味を表す。

(17)10【蹈】7568 △ 漢トウ(タウ) 呉ドウ(ダウ) 号 dǎo 7705 6D25
字義 ❶ふむ。㋐足でふみつける。㋑行く。歩く。渡る。㋒行う。㋓守る。従う。㋔足ぶみする。こおどりする。❷うごく(動)。❸いたむ(悼)。 難読 蹈鞴(たたら)

参考 現代表記では〔踏〕(7546)に書きかえる。「蹈襲→踏襲」「舞蹈→舞踏」熟語は〔踏〕をも見よ。→一〇六〇ページ。

解字 篆文 形声。足＋舀音。音符の舀(トウ)は、ぬきだすの意味。足を上にぬき出すの意味から、足ぶみするの意味を表す。

【蹈海】(トウカイ) ①海に身を投げて死ぬ。高潔な節操をいう。秦(シン)に帝号を奉ろうとした者があるのを聞いて、魯仲連(ロチュウレン)が憤慨して、秦がもしも帝となったら自分は東海に身をなげて死のう、といった故事。〔史記、魯仲連伝〕②海を渡ること。危険を冒すたとえ。

【蹈義】(トウギ) 正しい道をふみ行う。

【蹈襲】(トウシュウ) 受けつぐ。前人の説や事業などをそのまま受けつぐこと。踏襲。

【蹈藉】(トウセキ) ふむ。ふみにじる。踏藉(トウセキ)。

【蹈履】(トウリ) ふみ行う。実行する。

(17)10【蹋】7569 △ 漢トウ(タフ) 呉ドウ(ダフ) 合 tà
〔蹹〕同字
字義 ❶ふむ。ふみつける。＝踏。❷ける。→蹋鞠。

解字 篆文 形声。足＋㬰音。音符の㬰(トウ)は、羽と羽とを重ねておおうの意味。足ぶみをするの意味を表す。

【蹋歌】(トウカ) 足で地をふみならして調子を取って歌うこと。また、その歌。踏歌。

【蹋鞠】(トウキク) けまり。昔、武術をねるために行い、後世は遊戯の一種となる。蹴鞠(シュウキク)。

(18)11【蹞】7570 △ キ 跬(7514)と同字。→一〇五七ページ。

(18)11【蹔】7571 △ 漢サン 呉ザン 勘 zàn (zhàn)
字義 ❶はやくすすむ。はやく走る。❷しばらく。＝暫(ザン)。「蹔時」
解字 形声。足＋斬音。

(18)11【蹝】7572 △ シ 紙 xǐ
字義 ❶ふむ。足でふむ。❷ぞうり。わらぐつ。「敝蹝(ヘイシ)」(やぶれぞうり)
解字 形声。足＋徙音。

(18)11【蹙】7573 △ シュク 屋 cù 7706 6D26
字義 ❶せまる(迫)。㋐さしせまる。緊迫する。㋑近づく。㋒おう。追いかける。㋓ちぢまる。つまる。せばまる。㋔うながす。催促する。㋕きわまる。苦しむ。❷すぼめる。❸しかめる(しかむ)。顔をしかめる。「顰蹙(ヒンシュク)」❹つつしむさま。「蹙然」❺ける(蹴(シュウ))。また、ふむ。❻いたむ。いたみ。うれえ。＝慼(セキ)。

解字 篆文 形声。足＋戚音。音符の戚(セキ)は、いたむの意味。心がいたみ足がちぢんでしまうの意味から、いたむ・さしせまる・すぼめるの意味を表す。

【蹙頞】(シュクアツ) 鼻すじにしわをよせること。うれえるさま。〔孟子、梁恵王下〕疾レ首蹙レ頞(こ(か)うべをやましめ。はなすじ(ぢ)をしかむ)。

【蹙蹙】(シュクシュク) ちぢまるさま。

【蹙竦】(シュクショウ) 恐れすくむ。恐れて安心できないさま。

【蹙踖】(シュクセキ) ぬきあしさしあしで歩くさま。緊張して注意深く歩くさま。

【蹙然】(シュクゼン) ①つつしむさま。②おちつかないさま。

【蹙眉】(シュクビ) ①まゆとまゆとの間がせまいこと。②まゆをよせること。顔をしかめること。

(18)11【蹜】7574 △ 漢シュク 呉スク 屋 sù
字義 ❶小またに歩く。❷ちぢまる。❸→蹜蹜。
解字 形声。足＋宿音。音符の宿は、縮に通じ、ちぢまるの意味。足をちぢめて歩くの意味を表す。
【蹜蹜】(シュクシュク) つまさきをあげて踵(かかと)で歩くさま。すり足で歩くさま。

(18)11【蹡】7575 △ 一 漢ショウ(シャウ) 呉ソウ(サウ) 陽 qiāng 二 漢ショウ(シャウ) 呉ソウ(サウ) 漾 qiàng
字義 一ゆくさま。二❶はしる(走)。❷踉蹡(リョウショウ)は、㋐よろめくさま。㋑行こうとするさま。㋒ぶらぶら行く。
解字 形声。足＋將音。

(18)11【蹤】7576 △ ショウ 踪(7542)と同字。→一〇六〇ページ。 7707 6D27

(18)11【蹟】7577 標 漢セキ 呉シャク 陌 jì 3256 4058
字義 ❶あと。あとかた。物事のあったあと。＝跡・迹(セキ)。「事蹟」❷とどまる。
参考 現代表記では〔跡〕(7521)に書きかえる。「遺蹟→遺跡」「史蹟→史跡」
解字 篆文 形声。足＋責音。

(18)11【蹠】7578 △ 漢セキ 呉シャク 陌 zhí 7708 6D28
字義 ❶おどる。おどりあがる。❷ふむ。ふみつける。❸ゆく(行)。❹いたる(至)。❺あし(足)。❻足のうら。＝跖(セキ)。❼願い。❽盗蹠は、昔の大盗賊の名。盗跖(トウセキ)。＝跖。
参考 ①「対蹠(タイセキ)」をタイショと読むのは、慣用読み。②熟語は、跖(7504)を見よ。→一〇五六ページ。
解字 篆文 形声。足＋庶音。

(18)11【蹛】7579　△　㊀タイ 泰 dài　㊁㊤テイ・㊐デイ 霽 zhì　7711?

字義 ㊀❶ふむ。ふみつける。❷蹛林は、匈奴(キョウド)が八月に多くの木をめぐらして天を祭る所。㊁たくわえ。また、つむ。とどめる。＝滞。

解字 篆文　形声。足＋帶㊥。

(18)11【蹢】7580　△　㊀㊤テキ　㊐ジャク(ヂャク)　陌 zhí　㊁㊤テキ・㊐チャク 錫 dí

字義 ㊀たたずむ。また、たちもとおる。行きつもどりつする。＝躑(テキ)。㊁❶ひづめ。馬や牛のつめ。❷なげる(投)。投げすてる。

解字 篆文　形声。足＋啇(啻)㊥。

【蹢△躅】(テキチョク) 躑躅(テキチョク)。①たちもとおる。ゆきつもどりつする。②つつじ。

(18)11【蹣】7581　△　㊀㊤ハン・㊐バン 寒 pán　㊁㊤バン・㊐マン 寒 mán　7710 6D2A

字義 ㊀蹣跚(ハンサン・バンサン)は、足をひきずって行くさま。よろめくさま。㊁こえる。かきをこえる。 難読 蹣跚(よろめく・よろける)

解字 形声。足＋㒼㊥。

(18)11【蹕】7582　△　㊤ヒツ　㊐ヒチ 質 bì　7711 6D2B

字義 ❶さきばらい。天子が行幸をするとき、行列の先頭に立って通行人を追い払うこと。❷よりかかる。もたれる。

解字 形声。足＋畢㊥。

【蹕御】(ヒツギョ) 行幸のさきばらいをする。

【蹕路】(ヒツロ) ①行幸のさきばらいをする。道すじを清める。②天子の行幸の道すじ。

(19)12【蹺】7583　△　キョウ(ケウ) 蕭 qiāo

字義 ❶あげる(挙)。足を挙げる。また、つまだつ。爪先(つまさき)で立つ。＝蹻(キョウ)。❷蹺欹(キョウキ)・蹊蹺(ケイキョウ)は、あやしい。奇怪。

解字 形声。足＋堯㊥。

(19)12【蹻】7584　△　㊀キョウ(ケウ) 蕭 qiāo　㊁㊤キャク・㊐ガク 藥 jué　㊂㊤キョク・㊐コク 沃 jú

字義 ㊀❶足を高くあげる。また、かかとをあげる。つまだつ。❷おごる。あなどる。❸ものの形容。㊁❶足を高くあげる。❷すこやか(健)。❸わらじ。ぞうり。わらぐつ。❹ものの形容。㊂かんじき。雪などに足が深く埋まらないように、履物の下につけるもの。

解字 篆文　形声。足＋喬㊥。音符の喬(キョウ)は、高いの意味。足を高くあげてあるくの意味を表す。

【蹻蹻】(キョウキョウ・キャクキャク) ①強いさま。また、勇武のさま。②すこやかなさま。また、威勢のよいさま。③おごり高ぶるさま。

【蹻△捷】(キョウショウ) 足がはやい。身がるですばやい。

【蹻足】(キョウソク) 足を高く上げる。背伸びをする。「可二蹻足待一(キョウソクしてまつべし)」は、すみやかなことのたとえ。

【蹻騰】(キョウトウ) 勢いよく走る。走りおどりあがる。

【蹻勇】(キョウユウ) すばやくて勇ましい。

(19)12【蹶】7585　△　㊀㊤ケツ・㊐カチ(クヮチ) 月 jué　㊁㊤ケイ・㊐ケ 霽 guì　7712 6D2C

［蹷］同字

字義 ㊀❶つまずく(つまづく)。つまずきたおれる。❷たおれる(たふる)。ひっくりかえる。❸たおす。殺す。また、くじく。❹おどる。はねる。とびあがる。❺ふむ(踏)。❻すみやか。㊁❶たおれる。❷うごく。また、動かす。感動させる。❸はしる(走)。❹あわてて行くさま。

難読 蹶速(はや)

参考 現代表記では［決］(3919)に書きかえることがある。「蹶起→決起」

解字 篆文　形声。足＋厥㊥。音符の厥(ケツ)は、石を掘るの意味。つまづいて石を掘る、たおれるの意味を表す。

【蹶起】(ケッキ) ①動作がすばやいさま。はねおきる。とびたつ。ふるいたつ。奮起。決起。②おどろくさま。

【蹶蹶】(ケイケイ) ①動作がすばやいさま。②つまずく。

【蹶失】(ケッシツ) つまずく。つまずきたおれる。

【蹶然】(ケツゼン) ①驚くさま。あわてるさま。②すみやかなさま。動作の急激なさま。また、あわただしいさま。

【蹶△躓】(ケッチ) つまずく。つまずきたおれる。

(19)12【蹴】7586　標　シュク 屋 cù　慣シュウ(シウ)　2919 3D33

［蹵］同字

字義 ❶ける。けとばす。❷ふむ。ふみつける。❸つつしむさま。また、顔色をかえる。
国ける。はねつける。拒絶する。

解字 篆文　形声。足＋就㊥。音符の就は、つけるの意味。ある物に足を近づけるの意味から、ける・ふむの意味を表す。

【蹴△鞠】(シュウキク) けまり。まりをけって遊ぶ遊戯。昔は、武術として行い、後世は遊戯の一種となる。

【蹴△爾】(シュクジ) 足でけとばすさま。足げにするさま。［孟子、告子上］

【蹴然】(シュクゼン) おそれつつしむさま。おそれて安んじないさま。

(19)12【蹭】7587　△　ソウ 徑 cèng

字義 ❶つかれくるしむ。❷蹭蹬(ソウトウ)は、よろめく。よろよろする。

解字 篆文　形声。足＋曾㊥。

(19)12【蹲】7588　△　㊀㊤ソン・㊐ゾン 元 dūn　㊁シュン 眞　7713 6D2D

字義 ㊀❶うずくまる(うづくまる)。つくばう。しゃがむ。❷あつめる。あつまる。㊁❶まう(舞)。❷きじ。鳥の名。❸＝㊀の①。❹ものの形容。
国つくばい(つくばひ)。縁側近くの庭に設けてある手水鉢(ちょうずばち)。

難読 蹲踞(つくばい)

解字 篆文　形声。足＋尊㊥。音符の尊は、酒だるの意味。酒だるのように、うずくまるの意味を表す。

【蹲△夷】(ソンイ) うずくまる。しゃがむ。夷は、うずくまる意。

【蹲△踞・蹲△倨】(ソンキョ) ①うずくまる。しゃがむ。ひざを立ててすわる。無作法なすわりかた。②国すもうの仕切りの前の姿勢。ひざを曲げ、上体を起こす。

【蹲蹲】(シュンシュン) ①舞うさま。②行儀正しく歩くさま。

【蹲循】(シュンジュン) しりごみするさま。あとじさりするさま。逡巡(シュンジュン)。

(19)12【蹯】7589　△　㊤ハン　㊐ボン 元 fán

字義 ❶獣の足のうら。また、その肉。「熊蹯(ユウハン)」❷獣のあしあと。

解字 形声。足＋番㊥。音符の番は、爪(つめ)が割れている獣のあしあとの意味。足を付し、意味を明らかにした。

(19)12【蹩】7590　△　㊤ヘツ・㊐ベチ 屑 bié　慣ベツ

字義 ❶ふむ。ふみつける。❷足の不自由なこと。

解字 篆文　形声。足＋敝㊥。音符の敝(ヘイ)は、やぶれるの意味。足のバランスがやぶれる意味を表す。

(19)12【蹼】7591　△　ホク 屋 pǔ　慣ボク　7714 6D2E

字義 みずかき(みづかき)。水鳥などの足指の間にある膜。

解字 形声。足＋菐㊥。

(20)13【躁】7592　標　ソウ(サウ) 号 zào　7715 6D2F

［趮］同字

字義 ❶はやい(疾)。❷うごく。❸あわただしい。落ち着きがない。❹さわぐ。さわがしい。❺わるがしこい。また、手荒い。＝譟(ソウ)。

参考 現代表記では［燥］(4444)に書きかえることがある。「焦躁→焦燥」

をばたばたさせて、おちつかないの意味を表す。
解字 形声。足＋喿㊞。音符の喿(サウ)は、さわがしいの意味。足をばたばたさせて、おちつかないの意味を表す。

【躁急】(ソウキュウ) おちつきがない。また、せっかち。気みじか。
【躁狂】(ソウキョウ) さわぎくるう。
【躁競】(ソウキョウ) 心せわしく、人と争う。人と富や権威を争う。
【躁△擾】(ソウジョウ) 心さわがしく乱れる。いらだちさわぐ。
【躁進】(ソウシン) ①あわてさわいで進む。いらだって進む。②急に高い地位にあがろうとあせること。
【躁然】(ソウゼン) さわがしいさま。おちつきがないさま。
【躁△佻】(ソウチョウ) かるはずみ。軽浮。
【躁暴】(ソウボウ) いらだって、あらあらしいこと。

(20)13【躇】7593 標 ㊀漢チョ・呉ジョ（ヂョ） 魚 chú ㊁チャク 薬 chuò 7716 6D30

字義 ㊀❶ふむ（踏）。❷躊躇(チュウチョ)は、㋐ためらう。㋑たちもとおる。行きつもどりつする。㊁こえる（超）。わたる。

解字 形声。足＋著㊞。

【躇階】(チャクカイ) 階段をとばしておりる。あわてて走りおりるさま。

(20)13【躅】7594 △ ㊀漢チョク 呉ジョク（ヂョク） 沃 zhú ㊁漢タク 呉ダク 覚 zhuó 7717 6D31

字義 ㊀❶蹢躅(テキチョク)は、㋐行きなやむ。たちもとおる。行きつもどりつする。㋑つつじ。❷ふむ（踏）。㊁あと（跡）。

解字 文 篆 形声。足＋蜀㊞。

(20)13【躄】7595 △ 漢ヘキ 呉ヒャク 陌 bì 7718 6D32

字義 いざる。いざり。両足の立たない人。

解字 形声。足＋辟㊞。音符の辟(ヘキ)は、かたよるの意味。足がかたよる、足の不自由な意味を表す。

(21)14【躋】7596 △ 漢セイ 呉サイ 斉 霽 jī 7719 6D33

字義 のぼる（登）。また、のぼらせる。＝隮(セイ)。

解字 金文 篆文 形声。足＋齊㊞。音符の齊(セイ)は、すみわたるの意味。のぼりすすむの意味を表す。

【躋△攀】(セイハン) よじのぼる。

(21)14【躊】7597 標 漢チュウ（チウ） 呉ジュウ（ヂウ） 尤 chóu 7720 6D34

字義 ためらう。たちもとおる。行きつもどりつする。

解字 形声。足＋壽㊞。

【躊△躕】(チュウチュウ) ①ためらう。②心をいためること。
【躊△躇】(チュウチョ) ①ためらう。ぐずぐずする。たちもとおる。②ゆったりしたさま。得意なさま。従容。

(21)14【躍】7598 常 ヤク おどる 4486 4C76
(21)14【躍】7599 ㊀ヤク 薬 yuè ㊁漢テキ・呉チャク 錫 tì

筆順

字義 ㊀❶はやい。速く走る。❷おどる。㋐はねあがる。とびあがる。「跳躍」「欣喜雀躍(キンキジャクヤク)」㋑胸がわくわくする。❸おどらす。㊁躍躍は、速くはねるさま。

使いわけ おどる〔踊・躍〕⇨踊（7532）。

解字 文 篆 形声。足＋翟（翟）㊞。音符の翟(テキ)は、きじの意味。きじのように高く速くおどるの意味を表す。

▼暗躍・一躍・活躍・跳躍・騰躍・飛躍・奮躍・勇躍

【躍起】(ヤッキ) ①おどりたつ。おどりあがる。②国せきこむ。いらだつ。やきもきする。
【躍如】(ヤクジョ) ①おどりたつさま。勢いのよいさま。②生き生きとしているさま。③目の前にありありと現れるさま。
【躍進】(ヤクシン) おどり進む。勢いよく進む。
【躍動】(ヤクドウ) おどり動く。勢いよく活動する。
【躍躍】(ヤクヤク) ①心がおどって、おちつかないさま。②よろこぶさま。③(テキテキ) とびはねるさま。また、犬などの跳ぶようにして速く走るさま。

(22)15【躚】7600 △ セン 先 xiān
【蹮】同字

字義 ❶躚躚は、舞うさま。僊僊(センセン)。❷蹁躚(ヘンセン)・跰躚(ヘンセン)は、よろめく。めぐり行くさま。また、舞うさま。

解字 形声。足＋遷㊞。

(22)15【躓】7601 △ ㊀チ 寘 zhì ㊁チ 質 zhì 7721 6D35

字義 ㊀つまずく(つまづく)。㋐けつまずく。つまずきころぶ。たおれる。「顛躓(テンチ)」㋑しくじる。失敗する。㊁あしだこ。まめ。

解字 文 篆 形声。足＋質㊞。跌(テツ)に通じ、つまずくの意味を表す。

【躓△顛】(チテン) つまずきたおれる。
【躓△踣】(チボク) つまずきたおれる。

(22)15【躕】7602 △ 漢チュウ（チウ） 呉ジュ（ヂュ） 虞 chú 慣チュ
【蹰】俗字

字義 踟躕(チチュウ)は、❶ためらう。ためらって進まない。たちもとおる。❷物の連なるさま。

解字 形声。足＋廚㊞。

【躕△躇】(チュウチョ) ためらう。たちもとおる。躊躇(チュウチョ)。

(22)15【躑】7603 △ 漢テキ 呉ジャク（ヂャク） 陌 zhí 7722 6D36

字義 たちもとおる。行きつもどりつする。立ちどまる。たたずむ。

難読 躑躅(つつじ)

解字 形声。足＋鄭㊞。

【躑△跼】(テキキョク) たちもとおる。また、たたずむ。
【躑△躅】(テキチョク) ①足ぶみする。また、じだんだをふむ。②たちもとおる。ゆきつもどりつする。蹢躅(テキチョク)。③つつじ。

(22)15【躔】7604 △ ㊀漢テン・呉デン 先 chán ㊁漢テン・呉デン 銑 chǎn 7723 6D37

字義 ㊀❶ふむ（践）。❷めぐる。あちこちめぐる。めぐって行く。❸やどる。日・月・星が回転しておのおの位置を占めること。㊁あと（跡）。あしあと。

解字 文 篆 形声。足＋廛㊞。

(22)15【躐】7605 △ リョウ（レフ） 葉 liè

字義 ❶ふむ（践）。前に行く者のあとをふむ。❷こえる（越）。とびこえる。

解字 形声。足＋巤㊞。音符の巤(リョウ)は、猟に通じ、かりをするの意味。狩りをするとき、鳥獣の動きにつれて無秩序にこえていくように、こえいくの意味を表す。

【躐席】(リョウセキ) 順序によらないで席につくこと。
【躐等】(リョウトウ) 順序をふまないで飛びこえて上にゆくこと。〔礼記、学記〕学不レ躐レ等也(ガクはトウをこえず)。

(23)16【躙】7606 △ リン 震 lìn 7724 6D38
【躪】同字 7725 6D39

字義 ❶ふむ。ふみにじる。「蹂躙(ジュウリン)」❷車のあと。

解字 形声。足＋閵㊞。

(25)18【躡】7607 △ 漢ジョウ（デフ） 呉ニョウ（ネフ） 葉 niè 7726 6D3A

字義 ❶ふむ。ふみつける。❷はく。はきものをはく。❸いたる（至）。❹追う。従う。あとをつける。

解字 文 篆 形声。足＋聶㊞。音符の聶(ジョウ)は、耳をそろえるの意味。はきものの上に足をそろえる、ふむ・はくの意味を表す。

【躡^屩】（ジョウキャク）わらぐつをはく。旅に出ること。
【躡^屐】（ジョウゲキ）①はきもので地をふむ。歩く。②国下駄をはく。
【躡躡】（ジョウジョウ）小またで歩くさま。
【躡敵】（ジョウテキ）敵のあとを追う。

(26)19
【躧】7608　△　一シ　紙 xǐ　二リ　支

字義 一二 ❶くつ。㋐舞うときにはくくつ。㋑わらぐつ。ぞうり。❷つっかける。はきものをはく。❸あゆむ（歩）。

解字 篆文　形声。足＋麗㊥。

(27)20
【躩】7609　△　漢キャク　呉カク（クワク）　薬 jué

字義 ❶足の進まぬさま。つつしんでそろそろ歩くさま。「躩如（カクジョ）」❷あしばやに行く。❸おどる。おどりあがる。

解字 篆文　形声。足＋矍㊥。音符の矍（キャク）は、おそれつつしむの意味。つつましいあゆみの意味を表す。

【躩如】（カクジョ）つつしんで足のすすまぬさま。そろそろ歩くさま。
【躩歩】（カクホ）あしばやにあるく。〔荘子、山木〕蹇レ裳躩歩（ショウをかかげてカクホす）。

(27)20
【躪】7610　△　リン　躙（7606）と同字。→一〇六四ページ。　7725 6D39

7　身部

〔部首解説〕み。みへん。身を意符として、身体を意味する文字ができている。

身 一〇六五　3 躬 一〇六五　4 躯 一〇六五　躮 一〇六五　5 躰 一〇六六
6 躱 一〇六六　7 躳 一〇六六　躵 一〇六六　8 躶 一〇六六　䠷 一〇六六
䠶 一〇六六　9 躾 一〇六六　11 軀 一〇六六　12 軃 一〇六六　13 軆 一〇六六
17 軈 一〇六六
射→寸部 三一五ページ。

(7)0
【身】7611　教3　シン　み　一シン　真 shēn　二漢ケン・呉ゲン　先 juān　3140 3F48

筆順　丿 亻 勹 自 身 身

字義 一❶み。㋐からだ。「身体」㋑身体の頭をのぞいた部分。↕頭。「身首」㋒みき。幹茎。「樹身」㋓しん。物の中心部。㋔刀剣のやいば。↕鞘（さや）。「刀身」㋕体積。容積。㋖われ。おのれ。自分。❷みずから（みずから）。自分で。❸みごもる。はらむ（孕（ヨウ））。妊娠する。二→身毒。国み。㋐肉。「魚の白身」㋑心。まごころ。「身を入れる」㋒容器の、物を入れる方。↕蓋（ふた）。

名乗 ちか・のぶ・む・もと・よし

難読 身延（みのぶ）・身形（みなり）・身体（からだ）・身動（みじろぎ）

解字 金文　篆文　象形。人がみごもった形にかたどり、みごもるの意味を表し、転じて、「み」の意味を表す。

▼化身・献身・現身・護身・捨身・修身・終身・出身・前身・単身・投身・等身・独身・分身・文身・変身・保身・満身・立身・老身

【身火】（シンカ）仏身をやく火。人間の欲望をいう。
【身幹】（シンカン）①からだ。身体。②背骨。転じて、行いの根本。礼をいう。③国せたけ。身のたけ。
【身計】（シンケイ）わが身のためのはかりごと。
【身後】（シンゴ）死んだのち。死後。
【身後計】（シンゴのケイ）自分の死後、子孫の困らぬようにする計画。〔南史、建安王休仁伝〕
【身後名】（シンゴのな）死後の名声。〔晋書、張翰伝〕
【身業】（シンゴウ）仏自分の行為。善悪ともにいう。三業の一つ。
【身首異レ処（處）】（シンシュところをことにす）からだとくびとが、別々になる。首をきられること。身首分離。首足異レ処（一三二四ページ）。
【身上】（シンジョウ）①㋐一身上のこと。身のうえ。㋑からだの表面。からだ。②国（シンショウ）㋐資産。財産。㋑（シンショウ・シンジョウ）㊥生命。一命。㋒とりえ。ねうち。㋒（みのうえ）（シンジョウ）その人の身に関する事柄、また、境遇。「身上調書」
【身世】（シンセイ）①自分の身と世の中。②人の一生。③いのち。生命。
【身性】（シンセイ）生まれつき。性得。素質。
【身体（體）】（シンタイ）み。からだ。体軀（タイク）。
【身体（體）髪膚】（シンタイハップ）からだと、かみの毛やはだ。からだ全部。→立レ身。〔孝経、開宗明義章〕——、受二之父母一（これをフボにうく）、不三敢毀傷二孝之始也（あえて（へて）キショウせざるは、コウのはじめなり）〈我々のからだはすべて父母からいただいたものであるから、絶対にそこなわないようにするのが孝行の第一歩である〉
【身代】（シンダイ）国①家の資産。財産。②（みがわ（は）り）他人の代わりになること。また、その人。③（みのしろ）㋐＝①。㋑身の代わりの意。人身売買の代金。身代金（みのしろキン）の略。
【身毒】（シンドク）中国の古典に見えるインドの古名。ケンドクと読む説もある。梵語（ボンゴ）Sindhu の音訳。
【身分】（シンブン・みブン）その人の属する社会上の地位・資格。また、身の上。境遇。〔宋書、王僧達伝〕
【身命】（シンメイ・シンミョウ）いのち。生命。一身。〔漢書、鄭崇伝〕
【殺レ身成レ仁】（みをころしてジンをなす）命を捨てて仁道をなしとげる。一身をすてて正道を行い、世のため人のためにつくす。〔論語、衛霊公〕
【漆レ身^呑レ炭】（みにうるししすみをのむ）からだにうるしをぬってハンセン病を装い、炭をのんで声を変え、口がきけないように装う。戦国時代、趙（チョウ）の予譲が仇（あだ）を報ずるため苦心したこと。〔戦国策、趙〕
【^挺レ身】（みをテイす）挺は、ぬき出す。①戦闘や危難などに、人に先んじて赴き行くこと。②にげる時に、すみやかに（全力をあげて）身を引くこと。
【^贖レ身】（みをあがなう（ふ））金銭を出して刑罰をまぬかれる。
【粉レ身】（みをこにす）はげしく労働する。労苦をいとわず働く。忠勤をはげむ。〔遊仙窟〕粉レ身灰レ骨（みをこにしほねをはい（ひ）にす）。
【立レ身】（みをたつ）わが身をりっぱに完成させる。一人前になる。りっぱな人になる。→身体髪膚（中段）。〔孝経、開宗明義章〕立レ身行レ道（みをたてみちをおこない（ひ））、揚二名於後世一（なをコウセイにあげ）、以顕二父母一孝之終也（もってフボをあらわ（は）すは、コウのおわ（は）りなり）〈わが身を完成させ正しい道をふみ行い、名を後世にまで残し、そして父母の名を世に知らしめることが孝行の終わりである〉

(10)3
【躬】7612　標　漢キュウ（キウ）　呉クウ　東 gōng　7727 6D3B

同字【躳】

字義 ❶み。㋐からだ。身体。㋑われ。おのれ。自分。❷みずから（みずから）。自分。自分で。❸みずからする。自分でする。

解字 篆文　俗体　会意。篆文は、呂＋身。呂は、せぼねの象形。身は、はらんだ腹の象形。からだの意味を表す。

【躬化】（キュウカ）みずから模範を示して人を教化する。
【躬行】（キュウコウ）みずから行う。自分自身で実際に行う。〔論語、述而〕
【躬耕】（キュウコウ）みずから（田を）たがやす。

【射】→寸部 三一五ページ。

(11)4
【躯】7613　△　ク　軀（7623）の俗字。→一〇六六ページ。　2277 366D

(11)4
【躮】7614　国字　△

字義 **せがれ**。自分の子の謙称。自分の分身の意。また、若者を軽蔑(ケイベツ)して言う。
解字 会意。身＋分。

(12)5【躰】7615 △ タイ 体(187)(體)の俗字。↓七五㌻。
7728 *6D3C*

(13)6【躱】7616 △ タ 哿 duǒ
字義 ❶**み**(身)。からだ。また、みずから。❷**かわす**(かはす)。さける(避)。身をかわしてさける。
解字 形声。身＋朶音。
7730 *6D3E*

(14)7【躳】7617 △ キュウ 躬(7612)と同字。↓一〇六五㌻。

(14)7【躵】7618 国字 △
字義 ❶**ねらう**(ねらふ)。❷**こらえる**(こらふ)。❸**しのぶ**。
解字 会意。身＋忍。

(15)8【躶】7619 △ ラ 裸(6990)と同字。↓九八四㌻。

(15)8【躻】7620 国字 △
字義 **うつけ**。**うつろ**。まぬけ。人をののしる語。
解字 会意。身＋空。中身がから、ばかものの意味を表す。

(15)8【⿰身花】7621 国字 △ しつけ 躾(7622)と同字。↓次項。

(16)9【躾】7622 国字 △
字義 **しつけ**。礼儀作法などを身につけさせる。
解字 会意。身＋美。身のこなしを美しくするよう仕込むの意味を表す。
［⿰身花］同字
7731 *6D3F*

(18)11【軀】7623 標 ク 虞 qū
字義 み(身)。**からだ**。身体。
［躯］俗字
［躯］2277 *366D*
解字 文 篆 形声。身＋區音。音符の區クは、区分けするの意味。頭・手・足というように、区分けできる部分から成る身体の意味を表す。
【軀幹】クカン ①からだのほねぐみ。からだ。身体。身幹。②胴体。からだの中から、頭部と手足を除いた部分。
【軀命】クメイ からだといのち。身命。

(19)12【軅】7624 国字 △ やがて 軈(7626)と同字。↓中段。
7732 *6D40*

(20)13【軆】7625 △ タイ 体(187)(體)の俗字。↓七五㌻。
7729 *6D3D*

(24)17【軈】7626 国字 △
字義 **やがて**。㋐ほどなく。まもなく。すぐに。㋑とりもなおさず。そのまま。すなわち。
解字 会意。身＋應。物事に身をすぐに適応させる意を表す。
［軅］同字 7732 *6D40*
7733 *6D41*

7 車部

〔部首解説〕**くるま**。**くるまへん**。車を意符として、いろいろな種類の車、車の各部の名称、車を動かすことなどに関する文字ができている。

車 一〇六六	軒 一〇六八	軛 一〇七〇	軸 一〇七一	輂 一〇七一	輌 一〇七二	輔 一〇七二	輙 一〇七三	輎 一〇七三	9 輷 一〇七四	輭 一〇七四	10 轅 一〇七五	輿 一〇七五	轍 一〇七六	14 轟 一〇七六	16 轣 一〇七七
1 軋 一〇六七	軔 一〇六八	5 軼 一〇七〇	軫 一〇七一	載 一〇七一	輅 一〇七二	8 輡 一〇七二	輟 一〇七三	輛 一〇七三	輯 一〇七四	輻 一〇七四	轀 一〇七五	11 轉 一〇七五	轔 一〇七六	轜 一〇七六	轤 一〇七七
2 軌 一〇六七	4 軎 一〇六八	軻 一〇七〇	軺 一〇七一	軾 一〇七二	7 輕 一〇七二	輝 一〇七二	輩 一〇七三	輘 一〇七三	輮 一〇七四	輹 一〇七四	轄 一〇七五	轆 一〇七六	13 轗 一〇七六	15 轞 一〇七六
軍 一〇六七	転 一〇六八	軽 一〇七〇	軨 一〇七一	輊 一〇七二	輒 一〇七二	輗 一〇七二	輧 一〇七三	輪 一〇七三	輳 一〇七四	輸 一〇七四	轂 一〇七五	轌 一〇七六	轘 一〇七六	轡 一〇七六
3 軏 一〇六八	軟 一〇六九	軹 一〇七一	6 較 一〇七一	輈 一〇七二	輓 一〇七二	輜 一〇七三	輣 一〇七三	輦 一〇七四	輴 一〇七四	輶 一〇七五	輾 一〇七五	12 轎 一〇七六	轒 一〇七六	轢 一〇七六

斬→斤部 四八四㌻。

(7)0【車】7627 教 1 シャ くるま 山車(だし)
日 シャ 麻 chē
日 漢 キョ・呉 コ 魚 (jū)
2854 *3C56*

筆順 一 百 亘 車

字義 一二 ❶**くるま**。㋐軸を中心として回転する輪。くるまの輪。「水車」 ㋑輪の回転で前進させ、人や物を運ぶ道具。㋒車の輿(こし)。また、車の、人が乗る所。❷はぐき(齗(ギン))。歯牙の下骨。下あごの骨。国 **くるま**。㋐車の輪のようにまるい形。「車座(くるまざ)」 ㋑明治から昭和の初めごろまでは、人力車をいい、現代では自動車をいう。

名乗 くら・のり　難読 車前(おおばこ)・車前草(おおばこ)

解字 甲骨文 金文 篆文 象形。くるまの象形で、くるまの意味を表す。

▼安車・客車・火車・軽車・下車・軒車・香車・舟車・単車・炭車・拍車・副車

【車胤】シャイン 晋(シン)の人。若い時、貧乏で油を買うことができず、夏、蛍を集めて袋に入れ、その光で勉強したという。↓蛍雪之功(九六一㌻)。〔晋書、車胤伝〕

【車轅】シャエン くるまのながえ。轅は、牛・馬をつけるため車の前部につけた棒。

【車駕】シャガ ①乗り物。駕も、のりもの。②特に、天子の乗り物。③転じて、出かけている天子。行幸中の天子。

【車蓋】シャガイ ①車の上に立てた大きな傘。②車の上のおおい。

【車轄】シャカツ 車のくさび。車の軸の端にさして車輪のはずれるのを防ぐもの。

【車軌】シャキ ①車の両輪の間。また、距離。②転じて、㋐車輪。車。㋑車輪の跡。㋒車の通る道。

【車騎】シャキ 車と馬。戦車と馬。また、それに乗った人。

【車騎将(將)軍】シャキショウグン 武官の職名。征伐をつかさどった。漢の文帝の時に置き、唐の時廃止した。

【車甲】シャコウ ①戦車と甲冑(カッチュウ)（よろいとかぶと）。②戦車と兵士。転じて、軍隊。

【車轂】シャコク 車のこしき。轂は、輻(フク)（車輪の矢骨）の集まる所。

【車座】くるまざ 国 多くの人が円形に向かい合ってすわること。

【車載斗量】シャサイトリョウ 車にのせ、一斗ますではかる意で、物の多くあるたとえ。〔呉志、孫権伝、注〕

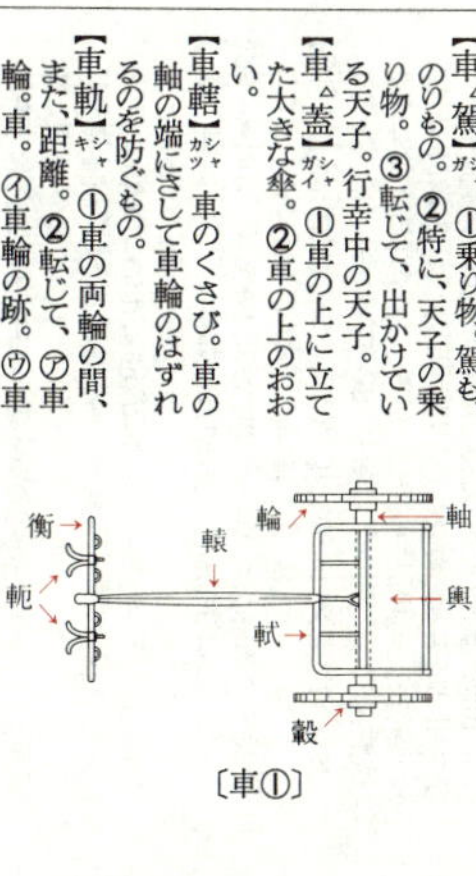

〔車①〕

【車師】シャ 国名。漢代、西域三十六国の一つ。今の新疆ウイグル自治区の吐魯番市・昌吉市・奇台県などの地。古名、姑師。
【車軸】シャジク ①車の心棒。②降り注ぐ大粒の雨のたとえ。
【流三車軸二】シャジクをながす 国車軸のような大粒の雨が降るさま。豪雨の形容。降三車軸一（シャジクをふらす）。
【車乗（乘）】シャジョウ 車をいう。
【車塵】シャジン 車の通った時に立つちり・ほこり。
【車重】シャチョウ 荷車。
【車轍・車軼】シャテツ ①車輪の跡。車の通った跡のくぼんだ所。わだち。②転じて、車輪。また、車。
【車徒】シャト ①戦車と歩卒。②天子・貴人などのお供の車や人。
【車馬】シャバ ①車と馬。②車馬の往来、客の出入りなどの意。〔晋、陶潜、飲酒詩〕而無三車馬喧一（しかもシャバのかしましきなし）訳文↓人境（五六ページ）。③国乗り物。
【車服】シャフク ①車と衣服。特に、昔、天子が功臣に賜った車服。②転じて、官爵。官位。
【車服不レ維】シャフクつながず 官位のために身を束縛されない。高位高官についていないから、それに縛られて自由を失うことがないという意。〔唐、韓愈、送三李愿帰二盤谷一序〕
【車輿】シャヨ くるま。輿は、車の人や物を乗せる所。
【車両（兩）・車輛】シャリョウ くるま。
【車裂】シャレツ・くるまざき 罪人をくるまざきにする。また、その刑。二台の車に罪人の手足を片方ずつしばりつけ、牛馬に左右に引かせて引きさくこと。〔戦国策、秦〕
【車同レ軌書同レ文】くるまはキをおなじくしショはブンをおなじくす （天下中の）車は両輪の間隔が同じく、文書に用いる文字は同一種類のものである。天下がよく統一されている状態をいう。同文同軌。〔中庸〕

(8)1【軋】7628 標 漢アッ 呉エチ 慣 yà zhá ―7734 *6D42*

字義 ❶きしる。きしむ。㋐車輪が摩擦して音をたてる。㋑物が摩擦する。摩擦して音をたてる。㋒勢いを争う。せりあう。❷昔、匈奴（北方の異民族）の刑罰の一つ。車で骨をひき砕くとも、刀で顔面を切るともいう。❸ふみつける。❹ものの形容。

解字 篆文 形声。車＋乙㊥。音符の乙は、ジグザグするの意味。車輪が滑らかに動かないで、きしむの意味を表す。

【軋軋】アツアツ ①物が群がり生ずるさま。②車の音の形容。③機を織る音の形容。④舟の櫓の音の形容。⑤ぎしぎしつかえて進みにくいさま。
【軋轢】アツレキ 国①車がきしること。②すれ合うこと。③仲たがい。不和。反目。また、紛争。争い。

(9)2【軌】7629 常 キ ―キ 紙 guǐ ―2116 *3530*

筆順 亘 車 軋 軌

字義 ❶車の輪と輪との間隔。車の両輪のはば。❷わだち。車の通ったあと。❸車の軸の先端。❹みち。㋐道路。㋑天体が運行する道。「軌道」㋒人のふみ行うべき道。「常軌」㋓のり。手本。規則。法則。❺したがう。より従う。❻内乱。＝宄（キ）。

解字 篆文 形声。車＋九㊥。音符の九は、曲がって尽きるの意味。車のわだちが、どこまでも曲がりながら伸び、やがて地平線上に尽きるさまから、わだちの意味を表す。

▼車軌・常軌・同軌・不軌

【軌跡・軌迹】キセキ ①車の通ったあと。わだち。②転じて、㋐前人の行為。前例。㋑より従うべき法則。手本。③幾何学で、ある一定の条件にかなう点の連続により描かれる線。
【軌轍】キテツ ①＝軌跡の①②。轍は、車の跡。②車。
【軌度】キド のり。規則。手本。〔史記、秦始皇本紀〕
【軌道】キドウ ①道に軌（した）がう。正しい道により従う。②車の通る道。また、車の通った跡の線。わだち。③天体の運行する道。④国レールを敷いた、汽車・電車などの通る道。
【軌範】キハン ①のり。かた（型）。方式。手本。②手本を示す。手本とする。のっとる。③正す。
【異レ軌】キをことにす （国や時代によって）車輪の間隔が異なっていること。法律・制度などのたがいに異なっている意。〔隋書、礼儀志〕
【一レ軌】キをイツにす ①車輪の間隔を同一にすること。法律や制度などが同じであること。転じて、天下がよく治まり統一されていること。〔北史、崔鴻伝〕②考え方・やり方が同じであること。

(9)2【軍】7630 教4 グン ―クン 文 jūn 慣グン ―2319 *3733*

筆順 冖 冃 亘 軍

【𠦄】本字

字義 ❶いくさ。㋐つわもの。兵士。㋑軍隊。㋒たたかい。戦争。❷たむろする。陣どる。❸陣営。❹軍隊の編成上の名。周代では一万二千五百人を一軍とした。❺宋代の行政区画の名。州・府・監と共に路の下に属した。

名乗 いさ・すすむ・むら・むれ

解字 金文 篆文 会意。冖（勹）＋車。勹は包で、かこむの意味。車は、戦車の意味。戦車で包囲する、いくさの意味を表す。

▼義軍・孤軍・粛軍・将軍・水軍・賊軍・殿軍・遊軍

【軍営（營）】グンエイ 軍隊の営所。陣営。陣屋。
【軍役】グンエキ ①軍隊に服役すること。兵役。②いくさ。戦争。
【軍学（學）】グンガク 戦争のしかたに関する学問。兵学。兵法。
【軍監】グンカン ①いくさめつけ。軍事の監察官。監軍。②国㋐上代、鎮守府や征夷使（セイイシ）の判官。㋑中古、出征軍の副将軍の下の役。
【軍紀】グンキ ①軍隊の規律・風紀。②軍隊のおきて。軍律。
【軍記】グンキ ①軍隊の記号。その部隊の目じるしとして用いるしるし。②国戦争の話を書いた書物。戦記。いくさものがたり。
【軍機】グンキ 軍事上の機密。軍事上の重要な事がらで、外部に発表してはならないもの。
【軍麾】グンキ 軍隊の指揮に用いる旗。毛で作った。
【軍議】グンギ 軍事上の評議（相談）。戦評定（いくさヒョウジョウ）。
【軍鶏（鷄）・軍雞】グンケイ・しゃも 鶏の一種。からだが大きく背が高く、闘鶏に使う。
【軍伍】グンゴ 兵士の隊伍・隊列。また、軍隊。
【軍功】グンコウ いくさのてがら。戦功。
【軍行】グンコウ ①軍隊の行進。②軍隊の列。隊伍（タイゴ）。
【軍校】グンコウ 将校。部隊長。
【軍国（國）】グンコク ①軍隊と国家。軍事と国政。②国軍事を主要政策とする国。「軍国主義」
【軍使】グンシ ①朝廷から派遣された、軍隊の監督役。②国戦争中に敵軍に使いする人。軍中の使者。
【軍師】グンシ ①軍隊。②官名。主将の下で、軍機をつかさどり、はかりごとをめぐらす人。参謀。③兵法にくわしく戦略にすぐれている人。④国たくみに計略をめぐらす人。策謀家。策士。
【軍資】グンシ ①軍事用の物質・金銭。②国事業遂行に必要な資金。軍資金。
【軍実（實）】グンジツ ①軍用の機械・器具・被服などをいう。②戦利品。ぶんどり品。
【軍需】グンジュ 軍事上の需要。また、その需要物資。
【軍縮】グンシュク 国軍備縮少の略。軍備をへらすこと。↔軍拡。

【軍書】グンショ ①軍事の記録。また、軍事についての所説などを述べた書籍。兵書。②軍中の文書。軍事上の報告・通信など。③国戦争の話をしるした書籍。軍記。
【軍神】グンシン ①軍をつかさどる神。武運を守る神。武神。②国特にすぐれた武功をたて戦死した人。軍人の手本とするに足る軍人の尊称。
【軍陣】グンジン ①陣営。また、陣形。②戦場。③戦争。
【軍帥】グンスイ 一軍の大将。
【軍声(聲)】グンセイ ①出陣の時、戦運を占うために奏する音楽の音。②軍中に用いる楽器。③軍勢の声。戦闘中に兵士たちのあげる叫び声、ときの声など。
【軍制】グンセイ 軍事に関する制度・規則。
【軍政】グンセイ ①軍事に関する政務。②非常時などに、すべてを軍の力の支配下に置いて行う政治。
【軍勢】グンセイ ①軍隊のいきおい。②国グンゼイ ㋐軍隊の人数。㋑兵士の集団。軍隊。
【軍籍】グンセキ ①軍人の住所氏名などを記載した帳簿。②国㋐軍籍簿の略。＝①。㋑軍人としての地位・身分。
【軍団(團)】グンダン ①兵士の一隊。兵士の集団。軍隊。②国㋐中古、諸国に置かれた常備軍。㋑旧制で、作戦上、一司令官の下に置かれた数箇師団の軍隊の総称。
【軍帖】グンチョウ・グンジョウ 軍隊内の告示文。軍の布告文。また、徴兵の文書。
【軍馬】グンバ ①兵士と馬。兵馬。②軍用の馬。
【軍配】グンバイ 国①軍陣の配置・進退などの指揮。②さしず。かけひき。③軍配団扇グンバイうちわの略。
【軍配団(團)扇】グンバイうちわ(は) 国①昔、一軍の大将が軍隊を指揮するに用いた具。鉄または革で作り、漆をぬり、太陽・月などが描いてある。軍配。軍扇。②相撲すもうの行司ギョウジが使う具。軍配。
【軍閥】グンバツ ①いくさの手がら。戦場における功績。閥は、功。②自己の養成した軍事勢力を背景に政権に関与し、また、特定地域を占拠してその支配権を握った地方勢力。閥は、家がら。転じて、集団・徒党。③国軍部を中心とする政治勢力。
【軍票】グンピョウ 国戦地で、軍隊が物品買い入れのために使う通貨代用の手形。軍用手形。
【軍府】グンプ ①武器を入れておく倉。②一軍の将の居る所。軍中における将軍の執務所。
【軍法】グンポウ ①軍の法律。軍の刑法。軍のおきて。軍律。②国軍隊の配置および操縦の方法。戦争の方法。兵法。
【軍鋒】グンポウ 鋒は、ほこさき。①軍の先鋒(さきがけ)。②国軍の威勢。
【軍門】グンモン 軍営の門。陣屋の門。
【軍容】グンヨウ ①いくさよそおい。武装。②軍隊の様子。軍隊の規律や士気などの外に表れているもの。また、軍陣配置の形など。
【軍吏】グンリ ①軍隊の指揮官。また、士官。②いくさめつけ。軍隊の監察官。軍監。③軍隊の会計官。
【軍律】グンリツ ①＝軍法の①。②軍隊の規律・風紀。
【軍略】グンリャク 軍事上の(戦争の)はかりごと。
【軍旅】グンリョ ①軍隊。旅は、衆多。また、五百人の単位集団をいう。②戦争。
【軍令】グンレイ 軍事上の法令・命令。

(10)3 【軏】7631 △ 一漢ゲツ・呉ガチ(グヮチ) 月 yuè 二漢ゴツ・呉ゴチ 月
字義 一二 小さい車の轅ながえの端に衡よこを付けてとめるくさび。また、轅の端の横木をつりもつところ。＝輗ゲイ(7661)。
解字 篆 文 形声。車＋兀音。

(10)3 【軒】7632 常 ケン のき 漢ケン 呉コン 元 xuān 2414 382E
筆順
字義 ❶のき。ひさし。❷いえ(家)。また、家を数える単位。❸ほそどの。廊下。❹まど。長廊下につけられた窓。❺てすり。おばしま。❻くるま。㋐車を引く轅ながえが曲がって前方が高くあがり、乗る所の両側におおいのある車。昔の中国の大夫タイ以上の貴人の乗る車。㋑広く車をいう。❼便所。かわや。❽あがる(揚・挙)。❾軽くする。❿ものの形容。→軒軒。
解字 篆 文 形声。車＋干音。音符の干は幹に通じ、長く伸びた柱の意味。屋根の端が、建物の外へ長く伸びたのきの意味や、ながえの伸びた車の意味を表す。
▼高軒・飛軒
【軒楹】ケンエイ のきと柱。また、のきの柱。楹は、丸く太い柱。
【軒掖】ケンエキ 宮中。禁裏。宮掖。
【軒轅】ケンエン ①中国古代伝説上の帝王の名。黄帝。②ながえの高い車。③星の名。
【軒駕】ケンガ ①中国古代伝説上の帝王、黄帝をいう。②天子の乗り物。
【軒檻】ケンカン てすり。おばしま。欄干。
【軒岐】ケンキ ①黄帝軒轅氏ケンエンシと岐伯。共に中国古代伝説上の医学の祖。②転じて、医学。医術。
【軒軒】ケンケン ①舞うさま。②高くあがるさま。③自得のさま。満足してゆったりしているさま。
【軒昂】ケンコウ ①高くあがること。②意気のさかんなさま。「意気軒昂」③物事の勢いのさかんなさま。
【軒皇】ケンコウ 中国古代伝説上の帝王、黄帝をいう。
【軒車】ケンシャ ①弓形にそった屋根のある車。身分の高い人の乗り物。②ものみぐるま。物見やぐらのある兵車。
【軒然】ケンゼン 声高らかに笑うさま。軒渠ケンキョ。
【軒輊】ケンチ ①前方の高い車と前方の低い車。②高低・優劣などの意。
【軒帆】ケンパン 車と舟。舟車。
【軒廡】ケンブ のき。ひさし。
【軒冕】ケンベン ①大夫タイ以上の者が使う車と冠。②高位高官。また、その人。貴人。
【泥ニ塗軒冕ニ】ケンベンをデイトにす 高位高官をどろのように考えて棄てさる。塗も、どろの意。〔宋、范仲淹、厳先生祠堂記〕
【軒溜】ケンリュウ 軒のあまだれ。

(10)3 【軔】7633 △ 漢ジン 呉ニン 震 rèn
字義 ❶はどめ。とめぎ。車輪の回転を止めるくさび。❷とどめる。進むのを止める。❸かたい。しっかりする。❹おこたる。なまける。❺ひろ。八尺(約一・七五メートル)。＝仞ジン。
解字 篆 文 形声。車＋刃音。
【発(發)レ軔】ジンをハッす ①車を出発させる。②出発する。

(11)4 【軣】7634 △ ゴウ 轟(7699)の俗字。→一〇七六ページ。 7736 6D44

(11)4 【転】7635 教3 テン ころがる・ころげる・ころがす・ころぶ 3730 453E
(18)11 【轉】7636 人 許 一漢テン 銑 zhuǎn 二漢テン 霰 zhuàn 7759 6D5B
筆順
字義 一❶まわる。まはる。めぐる。㋐ぐるりとひとまわりする。また、ぐるぐるまわる。「回転」㋑まわって方向が変わる。また、次々に他へ移ってゆく。❷ころぶ。ころげる。ころがる。たおれる。まろぶ。❸うつる。㋐動く。他に移転する。行く。「移転」㋑変わる。他のものに変化する。「転化」㋒官職などが他に移る。「転任」❹うたた。いよいよ。ますます。
二❶まわす。まはす。めぐらす。❷ころがす。たおす。❸うつ

す。㋐動かす。㋑運ぶ。㋒伝える。次々に他へ移す。「転送」㋓官職などを移す。「転補」❹さける（避）。かわす。また、棄てる。

難読 転柿（ころがき）・転寝（うたたね・ごろね）・転法輪（てぼり）

参考 現代表記では〔顚〕（8681）の書きかえに用いることがある。「七顚八倒→七転八倒」「顚倒→転倒」「顚覆→転覆」

解字 金文 篆文 形声。車＋專㊥。音符の專は、糸を糸巻にぐるぐるまきつけるの意味。車をまわす、めぐるの意味を表す。

▼暗転・一転・移転・運転・栄転・回転・機転・気転・逆転・好転・退転・展転・動転・反転・変転・輪転・流転

【転移】（テンイ）①場所をうつる。うつす。転徙（テンシ）。②医学用語。一臓器の癌腫（ガンシュ）・肉腫などが、他の臓器に移り、新しい癌腫をつくること。

【転運】（テンウン）①めぐり移る。めぐり行く。②はこぶ。移し運ぶ。③歌や器楽の節まわし。

【転化】（テンカ）移り変わる。移し変える。変化。

【転△訛】（テンカ）ことばがなまって変わること。

【転嫁】（テンカ）①二度の嫁入り。再婚。②自分の過失や責任を他の人になすりつける。「責任転嫁」

【転換】（テンカン）①移しかえる。②入れかえる。

【転記】（テンキ）一つの帳簿などから他の帳簿などに、書きうつす。

【転機】（テンキ）①現在の状態から、他の状態へ変わる機会。かわりめ。②機運が一転すること。

【転義】（テンギ）ことばの本来の意味から転じて、さらに生じた意味。上下の上を主上の上とするような類。↔本義。

【転筋】（テンキン）手足の筋肉がひきつること。こむらがえり。

【転句】（テンク）漢詩の絶句の第三句。詩想を転換させる所。

【転結】（テンケツ）漢詩の転句と結句。絶句の第三句と第四句。「起承転結」

【転向】（テンコウ）①方向や目的などを変える。②今までの主義・主張、あるいは趣味などを捨てて、別のそれらに変わること。

【転△轂】（テンコク）こしきをまわす。車を動かす。荷物を車で運ぶこと。

【転載】（テンサイ）①文章などをうつし取って、他のものに載せる。他の著作物に載っている文や図などを別の印刷物に載せる。②荷物を一つの車などから他の車などに、移し載せる。

【転△徙】（テンシ）＝転移。徙は、移る意。

【転写（寫）】（テンシャ）うつしかえる。写し取る。また、そうして書かれた「もの。

【転借】（テンシャク）①他人の借りた物を、さらに借りること。また借り。②また貸し。

【転手】（テンシュ）①手をうごかす。また、手をひるがえす。②時のたつのが早いたとえ。また、たやすいことのたとえ。③国（テンジュ）琵琶（ビワ）・三味線（シャミセン）などの頭（海老尾（えびお））に貫いて弦をまきつけておく棒。

【転瞬】（テンシュン）まばたきする。転じて、短い時間。またたくうち。

【転△燭】（テンショク）物事の移り変わりのすみやかなことのたとえ。灯火を次々に移し点ずることからいう。

【転身】（テンシン）①からだの向きをかえる。身をかわす。②国㋐今までと異なったものに身を変えること。㋑身分・職業、または主義などを変えること。

【転進】（テンシン）①方向を変えて進む。（軍隊で）退却の婉曲（エンキョク）な表現。②車輪などがころがり進む。

【転籍】（テンセキ）籍を他にうつすこと。

【転旋】（テンセン）①めぐる。まわる。②一まわりするほどの短い間。つかの間。

【転遷】（テンセン）うつりかわる。

【転△漕】（テンソウ）運ぶこと。主として、穀物・兵糧（ヒョウロウ）などを運ぶにいう。転は、車で運ぶこと。漕は舟で運ぶこと。

【転側】（テンソク）からだの向きを変える。

【転対（對）】（テンタイ）多くの官吏が順番に政治上の得失を上申すること。輪対。

【転貸】（テンタイ）人から借りたものを、ほかの人に貸すこと。また貸し。

【転注】（テンチュウ）①（水が）めぐり注ぐ。②漢字の六書（リクショ）の一つ。ある漢字の意味が転じて他の意味に用いられること。例えば、「楽」の字は、「おんがく」の意味から転じて「たのしい」の意味に用いられる類。

【転墜】（テンツイ）ころげ落ちる。顚墜（テンツイ）。

【転転】（テンテン）①だんだん。ますます。②いろいろ。さまざま。③次から次へと移り変わる（変化する）さま。

【転倒】（テントウ）顚倒（テントウ）。①さかさまになる。さかさまにする。②あわてまどう。③たおれる。ひっくりかえる。

【転読（讀）】（テンドク）仏①経典を読むこと。②大部の経文の要所を抜き読みすること。↔真読。

【転任】（テンニン）任務が変わること。他の官職にかわること。また、ほかの土地の勤務にかわること。

【転売（賣）】（テンバイ）買ったものを、さらに他にうる。また売り。

【転覆】（テンプク）顚覆（テンプク）。①ひっくり返る。ひっくり返す。②ほろびる。ほろぼす。

【転変（變）】（テンペン）移り変わる。

【転補】（テンポ）ある官職から他の官職につかされること。

【転法輪】（テンボウリン）仏法輪を転ずる。仏の教えを説いて迷っている衆生（シュジョウ）を救うこと。〔法華文句、五〕

【転△蓬】（テンボウ）①風に吹かれて、ころがり行く蓬。「蓬」は、強風が吹くと根から抜けてころがり飛ぶアカザ科の植物。②おちぶれて、あちこち流浪するたとえ。

【転迷解悟】（テンメイカイゴ）仏迷いを転じて、さとりを開く。

【転用】（テンヨウ）本来の用い方でなく、他の方にふりかえて用いる。流用。

【転落】（テンラク）顚落（テンラク）。①ころがり落ちる。②落ちぶれる。堕落する。

【転輪王】（テンリンオウ）仏インドの神。四種（金・銀・銅・鉄）の輪宝を持ち、これをまわしてすべてのものを屈服させるという。輪王。〔倶舎論、十二〕

【転漏】（テンロウ）①水時計（みずドケイ）。②わずかな間。

(11) 4
【軟】
7637
常 ナン　やわらか・やわらかい
漢ゼン・呉ネン　慣ナン　拼 ruǎn
3880
4670

筆順 亘 車 軟 軟

［輭］正字

字義 ❶やわらかい（やはらかし）（柔）。やわらか（やはらか）。㋐堅くない。強くない。しなやか。「柔軟」㋑やさしい。おだやか。柔順。㋒堅苦しくない。❷よわい。かよわい。柔弱。

使いわけ やわらか〔軟・柔〕

〔軟〕力を加え変形できることに力点を置く場合に多く用いる。「軟らかな御飯・軟らかな土」

〔柔〕力を離すともとに戻ることに力点を置く場合に用いることが多い。「柔らかな身のこなし」

なお、動詞「やわらぐ」は「和らぐ」と書く。

解字 形声。正字は、車＋耎㊥。音符の耎（ゼン）は、やわらかいの意味。やわらかな車の意味から、一般に、やわらかいの意味を表す。常用漢字の軟は俗字による。

【軟化】（ナンカ）①堅い物が柔らかくなること。②強い主張・態度をやわらげること。また、弱気になること。↔硬化。

【軟脚病】（ナンキャクビョウ）かっけ。脚気。

【軟禁】（ナンキン）ゆるやかな監禁。外部との一般的な接触・行動の自由をある程度許している監禁。

【軟語】（ナンゴ）おだやかでやさしいことば。

【軟骨】（ナンコツ）①弾力があってやわらかいほね。②転じて、軟弱な男。やさおとこ。

【軟弱】（ナンジャク）①柔らかくて弱い。②弱い。体や意志などの弱「いこと。

【軟水】カルシウム・マグネシウムを少ししか含まない水。洗濯などに適する。↔硬水。

【軟派】国①穏やかな意見を持ち、強硬な主張をしないグループ。②主として男女関係を題材として扱う文芸上の一派。③もっぱら異性との交際を目的とする不良少年・不良少女。↔硬派。

【軟風】やわらかに吹く風。そよかぜ。微風。

(11)4 **【軛】** 7638 △ 漢アク 呉ヤク 陌 è　7735 6D43
【軶】本字
字義 くびき。車の轅の端にあり、牛馬の頸にかける横木。
解字 篆文 形声。車＋厄(戹)音。

【斬】↓斤部 四八四ページ。

(12)5 **【軼】** 7639 △ 一 漢イツ・呉イチ 質 yì 二 漢テツ・呉デチ 屑 dié　7737 6D45
字義 一❶すぎる。㋐追い越す。㋑つき出る。つく(突)。㋒おかす(侵)。㋓すぐれる。まさる。㋔越える。かけはなれる。㋕人目からそれた。人に知られない。「軼事」❷ちる(散)。なくなる。「亡軼」❸あふれる。＝溢。

二❶わだち。＝轍。❷たがいに。かわるがわる。＝迭。

解字 篆文 形声。車＋失音。音符の失は、それるの意味。車と車とが互いにそれるの意味を表す。

【軼材】すぐれた才能。また、それを有する人。逸材。

【軼詩】選からもれて、『詩経』の中に入れられなかった詩。逸詩。

【軼事】世に知られていない事がら。人目からもれている事実。逸事。主に、人の言行にいう。

【軼蕩】世間の常識をはなれた勝手なふるまいをする。

(12)5 **【軻】** 7640 △ カ 歌 哿 箇 kē　7738 6D46
字義 ❶車軸がいたんでいる車。その車のうまく進まないことから、物事の思う通りにならないことをいう。❷人名。㋐孟子(戦国時代の思想家)の名。孟軻。㋑荊軻は、戦国時代の有名な刺客。
解字 篆文 形声。車＋可音。音符の可は、かぎ型に曲がるの意味。車軸をかぎ型につぎ木した車の意味から、人の不遇なさまの意味を表す。

(12)5 **【軽】** 7641 教3 ケイ かるい・かろやか　2358 375A

(14)7 **【輕】** 7642 一 漢ケイ 呉キョウ（キャウ） 庚 qīng 二 漢ケイ・呉キョウ（キャウ） 敬 唐キン　7743 6D4B
筆順 亘 車 軽 軽 軽
字義 一❶かるい。かるし・かろし。㋐目方が少ない。わずか。少ない。小さい。㋑手がる。簡単。「軽易」㋒かるがるしい。落ち着きがない。「軽薄」㋓身分が低い。「軽輩」㋔値段が安い。㋕能力などがおとる。❷かろやか。身軽である。すばしこい。「軽快」❸かろんずる。あなどる。みくびる。❹かるくする。軽減する。
二❶かるい。かるがるしい。落ち着きがない。❷かるがるしく。むやみに。かるはずみに。
難読 軽羹・軽衫・軽米
解字 篆文 形声。車＋巠(巠)音。音符の巠は、まっすぐで力強いの意味。敵陣に、力強くまっすぐに突進していく車の意味から、かるいの意味を表す。
▼票軽
【軽靄】うっすらとしたもや。

【軽易】①軽んじあなどる。②てがるで、たやすい。容易。

【軽陰】①薄ぐもり。②薄い（また、わずかな）かげ。

【軽鋭】すばしこく強い。また、その兵士。

【軽燕】身軽に飛びまわるつばめ。

【軽鷗】身軽に飛ぶかもめ。

【軽舸】軽くて速い舟。足の速い舟。

【軽霞】①たなびくかすみ。②薄いかすみ。③空に淡く横たわる夕やけ・朝やけ。

【軽快】①軽やかで速い。また、すばしこいこと。②国㋐軽くて気持ちのよいこと。㋑病気が少しよくなること。

【軽黠】軽薄でわるがしこい。軽猾。

【軽悍】すばしこくてたけだけしい。また、気が強い。

【軽紈】軽い白のねりぎぬ。

【軽騎】軽装した（行動のすばやい）騎兵。

【軽裘】軽く暖かな（上等な）皮ごろも。

【軽裘肥馬】上等な皮ごろもと肥えたりっぱな馬。富貴のさまをいう語。〔論語、雍也〕乗二肥馬一、衣二軽裘一。

【軽挙(擧)】①軽やかに（空に・高所に）あがる。②仙人になること。また、この世から隠遁すること。③軽々しく行動すること。また、その行動。

【軽挙(擧)妄動】事の善悪や結果などを考えずに軽々しく行動すること。

【軽減】へらして軽くする。

【軽忽】（日本で軽骨とも）①そそっかしいこと。②ゆるがせにすること。③あなどること。

【軽視】かるくみる。みくびる。あなどる。

【軽車】①軽くて速く走る車。②戦車。人間が乗って戦う車。荷物を積む大きな車に対していう。

【軽車熟路】軽く小さい車で慣れた道を行く。物事によく通じていて、まごつかずにたやすくできることのたとえ。〔唐、韓愈、送二石処士一序〕

【軽舟】①小さい舟。小舟・小舟。②軽快な舟。軽くて速い舟。〔唐、李白、早発二白帝城一詩〕軽舟已過万重山 訳文 万重の②（三三ページ）。

【軽絮】雪や柳の花（柳の実についている白毛）のたとえ。軽やかな綿のようなのでいう。

【軽少】少し。少しばかり。いささか。

【軽妝】うす化粧。淡妝。

【軽捷】すばやい。はしっこい。身軽で敏捷。

【軽迅】身軽ですばやい。軽やかで速い。

【軽塵】軽いちり。細かいちり。〔唐、王維、送三元二使二安西一詩〕渭城朝雨浥二軽塵一。訳文 客舎（三〇三ページ）。

【軽賤】いやしい。身分の低いこと。

【軽躁】落ち着きがなく、そわそわしていること。また、かるはずみなこと。

【軽卒】①軽装した（身軽ですばしこい）兵士。②かるはずみ。そそっかしい。

【軽率】＝軽卒の②。

【軽脱】①すばやく（たやすく）脱する（のがれる）。②かるはずみ。③軽やかで自由自在なこと。

【軽暖・軽煖】①軽くて暖か。また、その着物。②ほのかに暖かいこと。また、わずかばかりの暖かさ。

【軽佻・軽窕】心がうわついていること。また、かるはずみに言動をする性質。「軽佻浮薄」

【軽重】①軽いことと重いこと。②めかた。重さ。③軽んじたり重んじたりする。④軽んずべきことと重んずべきこと。⑤軽車と重車。⑥ぜに。金銭。

【軽輩】国①身分の低い人々。また、人。②足軽。最下級の武士。

【軽薄】①薄く軽い。②落ち着きがないこと。軽々しいこと。うわべだけ調子がよくて真心のないこと。不実なこと。「軽薄

子・軽薄児」③値打ちが低いこと。④軽んずる。粗末にあつかう。

【軽帆】速く走る（軽く浮かぶ）帆掛け舟。

【軽肥】軽裘肥馬から出た語。①（着物）は上等で、（乗っている馬は）肥えている。②ぜいたく。ぜいたくな身なり・生活。

【軽△僄】①すばしこい。②かるがるしい。

【軽△剽】①＝軽僄。②すばしこくて人を掠めおびやかすこと（人）。馬賊などの類。

【軽浮】①軽く浮かぶ。②軽々しくて落ち着かない。うわちょうし。かるはずみ。

【軽侮】軽んじあなどる。ばかにする。見さげる。

【軽△蔑】あなどる。さげすむ。ばかにする。

【軽便】①身軽ですばやい。また、身のこなしの軽やかなこと。便は、敏。②国てがるで便利なこと。また、簡単なこと。「軽便鉄道」

【軽妙】軽快でたくみなこと。あっさりとしていて妙味のあること。

【軽△鯈】小さい魚。

【軽△漾】軽やかな波。さざ波。〔和漢朗詠集、菅原文時、花〕誰謂花不レ語、軽漾激兮影動レ脣（たれかいう(ふ)はなかたらずと、ケイヨウゲキすればかげくちびるをうごかす。）〈だれが花は語らないといったのか、池にさざ波がたつと花の影がゆれて唇を動かすように見えるではないか〉

【軽羅】軽い薄絹。うすぎぬの衣。

【軽慮浅（淺）謀】軽はずみで浅はかな考え。

(12)5 【軹】7643 △ シ 紙 zhǐ

字義 ❶轂の末端の穴。❷じくがしら。車軸の末端。❸句調をととのえる助字。＝只。❹軹道は、地名。陝西省西安市の北東。秦の子嬰（始皇帝の孫）が沛公に降った所。

解字 文 篆 形声。車＋只音。

(12)5 【軸】7644 常 ジク 漢チク・呉ジク（ヂク） 屋 zhóu (zhú) 2820 3C34

筆順 亘 車 軸 軸

字義 ❶しんぼう（心棒）。心木。㋐車の心棒。㋑巻き物などの心棒。㋒回転運動する物の中心をつらぬいているもの。❷物事の中心。かなめ。また、重要な地位。「枢軸」❸まきもの。また、かけじく。軸物。❹巻き物や掛け物を数える語。国ジク。㋐筆の柄・草の茎・マッチの棒などをいう。㋑俳句・川柳などの巻末にしるす評者の句。

解字 文 篆 形声。車＋由音。音符の由は、よるの意味。回転する車のよりどころとなる部分、じくの意味を表す。

▼機軸・車軸・枢軸・地軸・中軸

(12)5 【軫】7645 △ シン 軫 zhěn 7739 6D47

字義 ❶車の箱を載せる長方形に組んだ四本の木。また、その後部の横木。❷転じて、車。❸めぐる。まわる。うごく。❹車が多くさかんなさま。❺もとる（戾）。まがる（曲）。❻いたむ。うれえる。かなしむ。「軫念」❼みち（道）。また、境。区域。❽ことじ。琴の糸をささえるこま。❾星座の名。二十八宿の一つ。みつうち。鳥座。「軫宿」「軫星」

解字 文 金 篆 形声。車＋㐱音。音符の㐱は、密集するの意味。車が多いの意味を表す。また、隠に通じ、いたむの意味も表す。

【軫懐（懷）】＝軫念の①。

【軫△恤】いたみあわれむ。

【軫軫】物事のさかんなさま。

【軫△悼】うれえいたむ。痛み悲しむ。

【軫念】①うれえ思う。悲しむ。心配する。また、その心。②国天子の気持ち。宸念。

【軫憂】いたみうれえる。また、うれえ。悲しみ。

(12)5 【軺】7646 △ 一ヨウ（エウ） 蕭 yáo 二チョウ（テウ） 蕭

字義 一二❶小さい車。一頭または二頭の馬に引かせる車。❷ものみ車。展望車。❸ひつぎ車。

解字 文 篆 形声。車＋召音。

【軺伝（傳）】軽快な宿継ぎの車。伝は、伝車。

〔軺①〕

(12)5 【軨】7647 △ 漢レイ 呉リョウ（リャウ） 青 líng

字義 ❶車の箱の三方にとりつけた格子。❷車のくさびの頭につける革。❸れんじ。てすりの間の小木。

解字 文 篆 形声。車＋令音。音符の令は、櫺に通じ、格子の意味。車の格子の意味を表す。

(13)6 【較】7648 常 カク 一カク 覚 jué 二漢コウ（カウ）・呉キョウ（ケウ） 効 jiào 慣カク 1951 3353

筆順 亘 車 較 較

字義 一❶車の箱の左右の板上に曲がって出ている部分。車耳。❷きそう。あらそう。競争する。＝角。❸あらまし。大略。
二❶くらべる。＝校。「比較」❷あきらか。いちじるしい。「較著」❸ほぼ（略）。おおむね。あらまし。「大較」❹やや。すこし。多少。❺ちがい。差。また、数学で、引き算のあまり。

解字 文 金 篆 形声。篆文は、車＋爻音。音符の爻は、まじわるの意味。車のもたれ木に直角に交わる横木の意味を表す。皎・皦に通じ、あきらかの意味を、挍・校に通じて、くらべるの意味を表す。のち、爻が交に変じ、較が用いられる。

▼比較

【較然】明らかなさま。はっきりしているさま。

【較著】明らかでいちじるしい。著明。明白。

【較△炳】非常にあきらかなこと。いちじるしい。

【較略】あらまし。大略。大概。

【較量】①くらべる。比較する。②争う。競う。③抵抗する。

(13)6 【輂】7649 △ 漢キョク 呉コク 沃 jú

字義 ❶馬に引かせて物を運ぶ大きな車。❷ふご。もっこ。四隅に棒を通し、肩にかついで土などを運ぶ具。

解字 文 篆 形声。車＋共音。音符の共は、大きいの意味。大きい車の意味を表す。

(13)6 【載】7650 常 サイ のせる・のる 一漢サイ・呉ザイ 隊 zài 二サイ 賄 zǎi 2660 3A5C

筆順 土 載 載

字義 一❶のる。㋐車に乗る。㋑のぼる。上になる。❷のせる。㋐舟・車にのせて運ぶ。㋑物を上にのせる。「積載」㋒いただく。受ける。㋓書き記す。「記載」❸荷物。また、他の上にのせてあるもの。❹他の物をのせるもの。棚など。また、乗り物。❺もうける（設）。置く。❻かさねる（重）。また、つぐ（継）。続ける。❼なす。行う。仕あげる。❽つとめ。仕事。事業。❾みち

る（満）。⓾しる。ものを覚える。⓫やすんずる。⓬かざる。⓭誓いのことばを記した文書。また、誓いのことば。⓮はじめ。はじめて。また、はじまる。⓯ここに。すなわち(すな・はち)。発語の助字。

二とし（年・歳）。「千載一遇」

名乗 こと・とし・のり

使いわけ のる〔乗・載〕⇩乗(53)。

解字 甲骨文 金文 篆文 形声。車＋𢦏（𢦏(サイ)）音。音符の𢦏は、たち切るの意味。甲骨文は、食＋𢦏音で、特に食事の材料を切り整えて食卓にのせるの意味を表したが、一般に、のせるの意味を表すために、車を付した。

▼記載・掲載・収載・積載・千載・転載・搭載・登載・船載・満載

【載書(サイショ)】列国が盟約を結んで、そのことばを書き記した文書。盟約書。

【載籍(サイセキ)】書物。書籍。

【載筆(サイヒツ)】①筆をたずさえる。筆をたずさえて行く。②記録をつけること。また、文章を作ること。③記録。

(13)6
【軾】7651 △ 漢ショク 呉シキ 職 shì 7740 6D48

字義 ❶車の前部にある横木。車上から車外の人に敬意を表す時は、立ってこの木に両手をかけ、身を前方にかがめる。❷軾に手をかけて礼をする。

解字 篆文 形声。車＋式音。音符の式は、弋に通じ、二本の木を交差させたくいの意味。車の前部に組みこまれている横木の意味を表す。

【△馮レ軾・△憑レ軾・扨(據)レ軾】(ショクによる) 軾によりかかる。①軾に両手をかけて礼をすること。伏レ軾(ショクにふす)。②軾によりかかって立ちあがること。

(13)6
【輊】7652 △ チ 寘 zhì 7741 6D49

字義 ❶車の前が重くて低くさがっている。❷おもくする。重みをつける。

解字 形声。車＋至音。

(13)6
【輈】7653 △ チュウ（チウ） 尤 zhōu 7750 6D52

字義 ながえ。車の箱の中央の下から出て、先端に横木をとりつけて馬にひかせる棒。転じて、くるま。

解字 篆文 形声。車＋舟音。

(13)6
【輌】7654 △ リョウ 輛(7669)の俗字。→一〇七三ページ。

(13)6
【輅】7655 △ 漢ロ 呉ル 遇 lù 7742 6D4A

字義 くるま。㋐大きな車。㋑天子の乗る車。

解字 篆文 形声。車＋各音。

【輅車(ロシャ)】大きい車。また、天子の乗る車。

【輅馬(ロバ)】大きな車と馬。車馬。また、天子の乗る馬。路馬。

(14)7
【輕】(7642) ケイ 軽(7641)の旧字体。→一〇七〇ページ。 7743 6D4B

(14)7
【輒】7656 △ チョウ（テフ） 葉 zhé 7744 6D4C

【輙】俗字 7745 6D4D

字義 ❶すなわち(すな・はち)。⇩助字解説 ❷もっぱら。もっぱらにする。❸動かないさま。❹車の左右のもたれ木。

助字解説
すなわち(すな・はち)。㋐そのたびごとに。〔晋、陶潜、五柳先生伝〕造飲輒尽(いたりてのめばすなわ(は)ちつくす)。〈行って飲んでは、そのたびごとに飲みつくした〉㋑たやすく。すぐに。〔漢書、吾丘寿王伝〕盗賊不二輒伏一レ辜(トウゾクのすなわ(は)ち、つみにフクせず)、免脱者衆(メンダツするものおお(ほ)し)。〈盗賊ですぐに罪に服さないで脱(のが)れている者が多い〉

解字 篆文 形声。車＋耴(チョウ)音。音符の耴は、両わきにある耳の意味。車の左右にあるもたれ木の意味を表す。いつも対になっているところから、借りて、「そのたびにいつも」の意味をも表す。

【輒然(チョウゼン)】①直立して動かないさま。②にわかに。たちまちに。忽然。

(14)7
【輓】7657 △ 漢バン 呉マン 阮・願 wǎn 7746 6D4E

字義 ❶ひく（引）。ひっぱる。＝挽(バン)。㋐車などを引く。㋑人を高い地位に引きあげる。→輓推。㋒死者をいたむ。→輓歌。❷おそい。また、近い。＝晩。「輓近」

解字 篆文 形声。車＋免音。音符の免は、ぬき出すの意味。車をぬき出す、ひき出すの意味を表す。

【輓歌(バンカ)】挽歌(バンカ)。①葬式の時、柩(ひつぎ)を載せた車を引きながら歌う歌。②転じて、人の死をいたむ詩歌。輓詩(バンシ)。

【輓近(バンキン)】ちかごろ。また、ちかごろの世。

【輓推(バンスイ)・(バンタイ)】挽推(バンスイ)。①前からひき、うしろからおす。②転じて、人を推薦すること。推輓(スイバン)。

【輓輸(バンユ)・(バンシュ)】①車で運ぶ。②運輸。

(14)7
【輔】7658 人 漢フ・呉ブ 麌 fǔ 慣ホ 4269 4A65

筆順 車 軒 輔 輔

字義 ❶たすける(たす・く)。つきそって助ける。また、助けて正しくする。❷たすけ。㋐力ぞえ。助力。「輔佐」㋑かいぞえ。副使。㋒大臣。君主の補佐役。㋓下役人。属官。㋔友人。❸車のそえ木。重い荷を積んだ車の車輪につけて補強する木。一説に、荷物が落ちないように車の両側につける板。❹ほお骨。また、あご。うわあご。

国 すけ。昔、省の第二等の官。卿(かみ)（長官）の次の官。次官。卿を補佐する官の意。

名乗 たすく・たすけ

参考 現代表記では〔補〕(6978)に書きかえる。ただし、人名は別。「輔佐→補佐」「輔導→補導」 熟語は〔補〕をも見よ。→九八三ページ。

解字 金文 篆文 形声。車＋甫音。音符の甫(ホ)は、扶に通じ、力をそえるの意味。車のそえ木の意味から、たすけるの意味を表す。

【輔行(ホコウ)】①たすけて事を行う。②副使。正使を補佐する人。

【輔佐(ホサ)】たすける。助力する。また、その人。補佐。

【輔車(ホシャ)】①車輪を補強するそえ木と車輪。②一説に、頰骨(ほおぼね)と下顎(したあご)の骨。③転じて、たがいに助けあう二つのものの意。「唇歯輔車」

【輔車相依(ホシャあい(ひ)よる)】輔（頰骨(ほおぼね)）と車（下あごの骨）とは相依り助け合っている。両者が助け合って安全を保っていること。また、両者が密接な関係を有していること。〔左伝、僖公五〕

【輔相(ホショウ)】①力ぞえをする。助力する。補佐する。②宰相。大臣。

【輔仁(ホジン)】仁の徳を養うことをたすけること。友達がたがいにはげましあって修養に精進すること。〔論語、顔淵〕君子以レ文会レ友(クンシはブンをもって、ともをカイし)、以レ友輔レ仁(ともをもって、ジンをたすく)。

【輔成(ホセイ)】たすけて完成させる。

【輔道・輔導(ホドウ)】たすけみちびく。また、その人。補導。

【輔△弼(ホヒツ)】①天子の政治を補佐すること。②天子の政治を補佐する人。大臣。輔相。弼も、たすける。

【輔翼・輔△翊(ホヨク)】たすけまもる。たすける。

(15)8
【輡】7659 △ カン 感・勘 kǎn

字義 輡軻(カンカ)は、車の行きなやむさま。転じて、志を得ないさま。轗軻(カンカ)。

(15)8
【輝】7660 常 キ かがやく キ 微 hui 2117 3531

解字 形声。車＋舀音。音符の舀(カン)は、おちこむの意味。車がみぞなどに落ちこんで行きなやむの意味を表す。

筆順 輝

【暉】同字 5886 *5A76*

名乗 あきら・てる・ひかる

字義 ＝煇。❶かがやく。ひかる。てる。❷かがやき。ひかり。「光輝」

解字 形声。光＋軍㊥。煇の異体字。→煇（4403）。

▼映輝・光輝・斜輝・清輝・余輝

【輝映】輝きうつる。また、輝きてらす。

【輝赫】かがやく。赫も、かがやく。

【輝耀】光り輝く。

(15)8 【輗】7661 △ ゲイ 斉 ní

字義 大きな車の轅と軛とをつなぐくさび。＝軏（7631）。

解字 篆文 形声。車＋兒㊥。

【輗軏】事物のかなめとなるものをいう。→輗・軏の字義。〔論語、為政〕大車無レ輗、小車無レ軏、其何以行レ之哉

(15)8 【輜】7662 △ シ 支 zī 7747 *6D4F*

【輺】本字

字義 ❶ほろぐるま。おおいのある車。❷荷車。荷物や兵糧を運ぶほろつきの車。❸車の総称。

解字 篆文 形声。車＋甾（甾）㊥。音符の甾は、たち切るの意味。ほろをかぶせて、載せた荷を外からの視線からさえぎりとめる車、ほろ車の意味を表す。

【輜車】①荷車。特に、軍用品を載せる車のこと。②ほろぐるま。

【輜重】①旅人の荷物。また、荷物を積んだ車。重は、おもい物を載せる車。②軍隊の荷物。武器や食糧。「輜重兵」

【輜輧】四面にとばりのある婦人用の車。

(15)8 【輒】7663 △ チョウ 輙（7656）の俗字。→一〇七二ページ。 7745 *6D4D*

(15)8 【輟】7664 △ 漢テツ 呉テチ 屑 chuò 7748 *6D50*

字義 ❶やめる。中途でやめる。とどめる。〔論語、微子〕耰而不レ輟。❷つづる。なおす。つくろう。

解字 篆文 形声。車＋叕㊥。音符の叕は、つづるの意味。小さな部分部分をつなぎあわせてつくった車輪の意味を表す。多くの場合、絶に通じて、中断する、やめるの意味を表す。

【輟耕】田を耕すのを途中でやめる。

【輟食】食事を途中でやめる。

【輟帚】ほうきで掃除している手を休める。

【輟朝】天子が（大臣の死などをいたんで）廃朝すること。政事を見るのをやめる（休む）こと。

(15)8 【輩】7665 常 ハイ 3958 *475A*

筆順 輩

【軰】俗字

字義 ❶ともがら。やから。仲間。むれ（群）。また、その順序。「同輩」「先輩」❷つらなる。並ぶ。「輩出」❸つらねる。並べる。同じ列に入れる。❹ならび（並）。列。

解字 篆文 形声。車＋非㊥。音符の非は、配に通じ、ならべるの意味。戦争でならんだ車の意味から、転じて、ともがらの意味を表す。

▼軽輩・後輩・若輩・弱輩・俗輩・年輩・傍輩・老輩

【輩行】①先輩・後輩の順序。②同族中の同世代の人。人の年齢の順序。排行。③同じなかま。同輩。

【輩出】続いて多く出ること。続々と出る。

【輩流】なかま。同輩。

(15)8 【輧】7666 △ 漢ヘイ 呉ビョウ（ビャウ） 青 píng

字義 ❶前におおいをかけた車。❷四面におおいのある婦人の「牛車」。

解字 篆文 車＋井㊥。音符の井は、屏に通じ、おおいの意味。前におおいをかけた車の意味を表す。

(15)8 【輣】7667 △ 漢ホウ（ハウ） 呉ビョウ（ビャウ） 庚 péng

字義 いくさぐるま。兵車。戦車。また、上にやぐらを組んだ戦闘用の車。楼車。

解字 篆文 形声。車＋朋㊥。

(15)8 【輞】7668 △ 漢ボウ（バウ） 呉モウ（マウ） 養 wǎng

字義 車の輪の外周をつつむたが。輮。

解字 形声。車＋罔㊥。

【輞川】陝西省藍田県の西南にある谷川の名。唐の王維はここに別荘を設け、二十の勝景を選び、友人の裴迪と唱和して各絶句二十首を詠んだ。

(15)8 【輛】7669 △ リョウ（リャウ） 漾 liàng 7749 *6D51*

【輌】俗字 7750 *6D52*

字義 ❶ならぶ。❷車。車輛。❸車の数をかぞえることば。＝両。

参考 現代表記では〔両〕（24）に書きかえる。「車輛→車両」

解字 形声。車＋兩㊥。音符の兩は、二つの意味。二つの車輪のくるまの意味を表す。

(15)8 【輘】7670 △ 一リョウ 蒸 líng 二ロウ 蒸 léng

字義 一ふむ。ふみにじる。車が物をふみつぶす。二車がとどろきひびく音。

解字 形声。車＋夌㊥。音符の夌は、のりこえるの意味。車が物をのり越えていく、ひきつぶすの意味を表す。

【輘轢】①ふみにじる。また、ふみつけにする。ばかにする。②すれあう。きしる。また、きしる音の形容。

(15)8 【輪】7671 教4 リン わ リン 真 lún 4656 *4E58*

筆順 輪

字義 ❶わ。㋐車のわ。㋑車輪のように丸いもの。また、丸い形。まる。「日輪」❷くるま。また、車を数える語。❸まわる。めぐる。「輪転」❹かわるがわる。「輪番」❺まわり。「輪郭」❻たて（縦）。南北をいう。↔広。❼車のわを作る大工。輪人。❽高大なさま。

国リン。㋐花の大きさ。「大輪」㋑花を数える語。「梅一輪」

解字 篆文 形声。車＋侖㊥。音符の侖は、すじみちがたつの意味。車の矢が放射状に秩序だって並んでいる、わの意味を表す。

▼火輪・金輪・銀輪・月輪・半輪・氷輪・覆輪・法輪

【輪王】転輪王の略。→転輪王（一〇六九ページ）。

【輪鞅】車と馬。車馬。鞅は、馬のむながい。

【輪禍】車のためにけがをしたり死んだりすること。交通事故。

【輪廻】①次から次へとめぐり行くこと。②循環する。③仏 梵語 saṃsāra の訳語。衆生の霊魂が、地獄・餓鬼・畜生・修羅・人間・天上の六道に、転転と生を受け、永遠に迷い・苦しみの世界をめぐること。流転。

【輪郭・輪廓】①まわりの線。外囲い。②物事の外部に表れた、おおよその形。

【輪奐・輪煥】建物が壮大で美しいこと。奐・煥は、かがやく・あざやか。

【輪囷・輪菌・輪箘】①高大なさま。②まがりくねったさま。

【輪講】順番に講義する。

【輪彩】リンサイ 太陽をいう。
【輪作】リンサク 毎年順番に土地をかえて作物を作ること。↕連作。
【輪人】リンジン 車輪を作る人。車輪の製造工。
【輪船】リンセン ①車の輪のようなものを推進機として両側につけた船。②汽船。蒸気船。
【輪対(對)】リンタイ 多くの官吏が順番に政事の得失を奏上すること。輪班奏対。転対。
【輪台(臺)】リンダイ 漢代、西域の地名。今の新疆ウイグル自治区輪台県の東南。漢はここに屯田兵を置いたが、武帝の末年、匈奴に奪われた。その時哀痛して発したみことのりを「輪台の詔」という。
【輪直】リンチョク かわるがわる当直する。
【輪蹄】リンテイ 車の輪と馬のひづめ。車馬をいう。
【輪転(轉)】リンテン ①めぐる。まわる。②仏リンデン 三界六道に生死を重ねること。輪廻リンネ・エリン。
【輪読(讀)】リンドク 順番に本を読むこと。一つの本を数人で順番に読み、問題点などを解説すること。
【輪輿】リンヨ 車の製造工。輪は車輪を、輿は車のこしを作る人。「梓匠輪輿シショウリンヨ」

(15) 8 【輦】 7672 △ レン 銑 niǎn ―7751 6D53

字義 ❶てぐるま。㋐人の引く車。㋑荷車。㋒天子の乗る車。「鳳輦ホウレン」❷ひく。てぐるまを引く。また、てぐるまに乗る。❸はこぶ(運)。❹になう。かつぐ。

解字 金文 篆文 会意。車＋扶。扶は、手足に力をいれた二人の象形。二人ならんで引く車、てぐるまの意味を表す。

〔輦①㋒〕

【輦下】レンカ 天子の車のもと。転じて、天子のおひざもと。皇居のある所。天子のいる都の中。輦轂下レンコクのもと。
【輦轂】レンコク 天子の車。轂は車のこしき。転じて、天子のおひざもと。輦轂のもと。輦下。
【輦轂下】レンコクのもと ＝輦下。〔文選、司馬遷、報任少卿書〕待罪輦轂下(つみをレンコクのもとにまつ)
【輦車】レンシャ ①天子の車。②国てぐるま 屋形に車輪をつけた貴族用の車。
【輦道】レンドウ 輦路。①天子の車の通る道。②宮中の道。
【輦輿】レンヨ 天子の乗り物。天子の車。
【輦輅】レンロ ＝輦輿レンヨ。輅は天子の車。

(16) 9 【輷】 7673 △ コウ(クヮウ) 庚 敬 hōng

字義 車のとどろく音。＝轟ゴウ。「輷輘コウリョウ」「輷輷」

解字 形声。車＋訇音。

(16) 9 【輯】 7674 標 漢シュウ(シフ) 呉ジュウ(ジフ) 緝 jí ―2920 3D34

字義 ❶あつめる。多くのものを一つに集める。＝集。「編輯」❷あつまる。寄り集まる。❸おさめる。とりおさめる。❹なす(成)。こしらえあげる。❺やわらぐ。やわらげる。㋐ことばや顔色がおだやかになる。㋑むつまじくなる。仲よくさせる。

参考 現代表記では[集](8457)に書きかえる。「編輯→編集」「特輯→特集」熟語は[集]をも見よ。→一二七〇ページ。

解字 篆文 形声。車＋咠音。音符の咠シュウは、寄せあつめるの意味。人や物を集めのせる車の意味を表し、おさめる・あつめるの意味を表す。

【輯佚】シュウイツ ちりぢりになったものを集める。「輯佚書」
【輯輯】シュウシュウ 風がおだやかに吹くさま。そよそよ。習習。
【輯柔】シュウジュウ やわらげやすんずる。
【輯成】シュウセイ 材料を集めて一つのものにまとめあげること。集成。
【輯寧】シュウネイ やわらげやすんずる。やわらぎやすらかである。
【輯睦】シュウボク やわらぎむつまじくする。
【輯穆】シュウボク ＝輯睦シュウボク。
【輯録】シュウロク 資料を集めて、しるす。収集し、記録したり録音したりする。

(16) 9 【輮】 7675 △ 漢ジュウ(ジウ) 呉ニュウ(ニウ) 尤 宥 róu (rǒu) ―7752 6D54

字義 ❶車のおお。車の輪の外周をつつむたが。輞モウ。❷たわめる。たわめ曲げる。＝揉ジュウ。❸ふむ。ふみにじる。＝蹂ジュウ。「輮轢ジュウレキ」

解字 篆文 形声。車＋柔音。

(16) 9 【輳】 7676 △ ソウ 宥 còu

字義 あつまる。車のや(輻フク)がこしき(轂コク)に集まる。転じて、物事が一か所に集まる。＝湊ソウ。「輻輳フクソウ」

解字 形声。車＋奏音。

(16) 9 【輴】 7677 △ チュン 真 chūn

字義 ❶柩ひつぎをのせる車。大夫以上の身分の者の霊柩レイキュウ車。❷そり。湿地で用いる乗り物。

解字 形声。車＋盾音。

(16) 9 【輭】 7678 △ ナン 軟(7637)の正字。→一〇六六ページ。

(16) 9 【輻】 7679 △ フク 屋 fú ―7753 6D55

字義 車のや。こしき(轂コク)と輪をつらねささえるため、こしきから輪にむかって放射状に組まれた細い棒。

解字 篆文 形声。車＋畐音。

【輻射】フクシャ 熱や光が物体から四方に放射する現象。その形を車の輻にたとえた。
【輻湊・輻輳】フクソウ 車のや(輻)がこしき(轂コク)に集まるように、物事が一か所に集まること。湊・輳は集まる。

(16) 9 【輹】 7680 △ フク 屋 fù ―7754 6D56

字義 とこしばり。車軸の中央にあって輿こしと車軸とをつなぐもの。

解字 篆文 形声。車＋复(复)音。

(16) 9 【輸】 7681 教5 ユ ―4502 4D22
(16) 9 〔輸〕 7682 一シュ 虞 shū 二シュ 遇 shù 慣ユ

筆順 車 軡 輸 輸

字義 一❶いたす。㋐はこぶ。車・船などで物を運ぶ。送る。「運輸」「輸送」㋑うつす。一方の物を他方に移す。「輸血」㋒さしだす。おさめる。「輸租」㋓ささげる。つくす。㋔つげ知らせる。❷やぶる。こわす。また、やぶれる。こわれる。❸まける(負)。また、まけ。↔贏エイ。「輸贏」❹かえる(変)。改める。＝渝ユ。
二❶おくる(送)。人に物をおくる。また、贈り物。❷灸キュウをすえるつぼ。灸の点。経穴。

解字 篆文 形声。車＋俞(兪)音。音符の兪は、ぬきとるの意味。ある区域からぬきとって他の区域に車で移すの意味を表す。

▼運輸
【輸贏】ユエイ・シュエイ まけとかち。勝負。勝敗。雌雄。輸はまけ、贏

はかち。

【輸写(寫)】ユシャ・シュシャ 心をじゅうぶんにうち明けて示す。

【輸租】ソユ・ソシュ 租税をおさめる。

【輸送】ソウユ・ソウシュ 運び送る。車や船などで運ぶこと。

【輸△籌】ユチュウ・シュチュウ 負ける。籌は、計算用の棒。「輸二一籌一(イッチュウをユす)」の略。

(16)9
【輶】7683 △ 漢ユウ(イウ) 呉ユ 尤有宥 yóu
字義 ❶軽い車。狩りなどに用いる軽い車。❷かるい。〔詩経、大雅、烝民〕徳輶如レ毛(トクのかるきことけのごとし)。
解字 篆文 形声。車＋酋音。

(17)10
【轅】7684 △ 漢エン(ヱン) 呉オン(ヲン) 元 yuán 7755 6D57
字義 ❶ながえ。大車の両側から前方へ突き出している二本の棒。その先に軛(くびき)をつけ牛・馬をつなぐ。❷かえる(易)。あらためる。
解字 篆文 形声。車＋袁音。音符の袁エンは、遠いの意味。車の前方に長くのびた、ながえの意味を表す。
【轅下】エンカ 車のながえの下。転じて、人の部下。門下。
【轅下△駒】エンカのこま 車のながえの下のこま。駒は、力がまだ弱い二歳の馬。人の束縛を受けて自由にならない者のたとえ。〔史記、魏其武安侯伝〕
【轅△駒】エンク 車のながえにつながれた馬。官のつとめに拘束されて、自由にならない者のたとえ。
【轅門】エンモン ①軍門。陣屋。昔、戦陣などで、車を並べて囲いを作り、出入り口はながえを立てて門の形にしたのでいう。②転じて、後世は、役所の外門。
【△攀レ轅伏レ△轍】エンによじ(ぢ)テツにふす （あるいは）車のながえによじ登り、（あるいは）車のわだち(車輪の跡)に身を投げ出す。民衆が地方官の転任を惜しみ、あとを追い、車の周囲を囲んで嘆くさま。〔漢書、侯覇伝〕
【北レ轅適レ△楚】エンをきたにしてソにゆく 車のながえを北に向け、南の楚ソの国に行こうとする。志と行為の矛盾することのたとえ。〔唐、白居易、立部伎詩〕

(17)10
【轀】7685 △ 漢オン 呉オン(ヲン) 元 wēn
字義 ❶四周におおいがあり、寝ながら乗れる車。窓があって温度が調節できる。❷轀輬オンリョウは、ひつぎ車。
解字 篆文 形声。車＋𥁕音。音符の𥁕オンは、あたたかいの意味。おおいをかけてあたたかくした車の意味を表す。

(17)10
【轄】7686 常 カツ
(17)10
〔轄〕7687 漢カツ 呉ゲチ 黠 xiá 1977 336D
筆順 車 … 轄
字義 ❶車の軸と轂(こしき)とがすれあう音。❷車軸の端にさし入れて轂(こしき)が抜け落ちないようにするくさび。❸とりしまる。しめくくる。「管轄」
解字 篆文 形声。車＋害音。音符の害は、さまたげるの意味。車が車軸からずれ抜けるのをさまたげるためのくさびの意味を表す。また、それが車軸の先端に着けられ、車輪の機能をしめくくる部分であるところから、しめくくるの意味も表す。
▼管轄・車轄・所轄・総轄・直轄・投轄・統轄・分轄
【投レ轄】カツをトウず 車のくさびを投げすてる。客にいてもらいたいため、客の帰れないようにすること。〔漢書、陳遵伝〕

(17)10
【轂】7688 △ コク 屋 gǔ 7756 6D58
字義 ❶こしき。車輪の中央にあり、軸を通して、や(輻フク)の集まっている所。❷車。車両。❸あつめる。しめくくる。
解字 篆文 形声。車＋𣪊音。音符の𣪊コク(殻)は、中空の「から」の意味。車軸を囲むように中空になっている部分、こしきの意味を表す。
【轂下】コクカ・コッカ 天子の車のもと。天子のおひざもと。みやこ。輦下レンカ。
【轂撃(擊)肩摩】コクゲキケンマ 車のこしきとこしきがぶつかり合い、人の肩と肩とがすれ合う。市街の繁華なさま。〔史記、蘇秦伝〕車轂撃(くるまはコクゲキし)、人肩摩(ひとはケンマす)。
【轂轂】コクコク ①珠玉が地上に落ちる音の形容。②大波の形容。

(17)10
【輾】7689 △ 一テン 銑 zhǎn 二漢デン・呉ネン 銑 niǎn 三漢デン・呉ネン 霰 niǎn 7757 6D59
字義 一まろぶ。ころがる。めぐる。また、半転する。また、ひく。ころがす。二ひきつぶす。車輪がものをひきつぶす。三すりうす(磨臼)。
解字 形声。車＋展音。

〔輾三〕

【輾転(轉)】テンテン （安らかに眠れないで）ねがえりをうつ。輾は半転。転は一回転。〔詩経、周南、関雎〕輾転反側(テンテンハンソクす)。

(17)10
【輿】7690 標 一ヨ 魚 yú 二ヨ 御 4533 4D41
【轝】同字
字義 一❶こし。車の、人や物を乗せる部分。❷車の総称。「乗輿」❸こしを作る工人。車の製造人。「輪輿」❹乗車をあつかう召使い。また、しもべ。「輿人」❺かく(舁ヨ)。二人が両手で持ちあげて物を運ぶ。❻おう(負)。になう。かつぐ。❼物をのせささえるもの。転じて、基礎。❽大地。地球。万物をのせることからいう。「坤輿コンヨ」❾おおい(衆)。もろもろ。「輿論」二てこし。たごし。両手で持ちあげるこし。

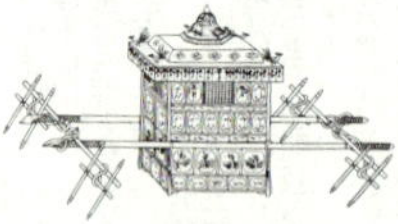
〔輿一①〕

解字 甲骨文 篆文 形声。車＋舁音。音符の舁ヨは、二人が両手で物をもちあげるの意味。二人以上でかつぐ車、こしの意味を表す。
【輿△駕】ヨガ 天子の乗り物。
【輿師】ヨシ 多くの軍隊。
【輿誌・輿志】ヨシ 地理の書。輿地誌。
【輿車】ヨシャ 小さい車。
【輿△誦】ヨショウ 輿人之誦(ヨジンのショウ)の略。車係りのしもべや民衆(庶民)の歌う歌。また、ことば。輿論。
【輿薪】ヨシン 車につみあげたたきぎ。大きな物のたとえ。
【輿人】ヨジン ①こしを造る職人。また、車を造る職人。②車係りの小役人。また、しもべ。③民衆。庶民。
【輿図(圖)】ヨズ ①地図。輿地図。②ヨト 天下。世界。
【輿台(臺)】ヨダイ ①めしつかい。輿隷。②国ダイ(こし) てこしを下に置くとき、それを載せささえる台。
【輿地】ヨチ 大地。地球。→字義の一⑧。
【輿地誌】ヨチシ ＝輿誌。輿地志。
【輿丁】ヨチョウ・ヨテイ ①こしをかつぐ人。かごかき。②車係りのしもべ。
【輿望】ヨボウ 世間の人気。多くの人望。衆望。
【輿△梁】ヨリョウ 車の通行できるような頑丈な橋。
【輿隷(隸)】ヨレイ ＝輿台の①。
【輿△輦】ヨレン 天子の乗る車。輦輿。
【輿論】ヨロン 世間の一般の人の意見。世論。

(18)11
【轉】(7636) テン 7759 6D5B
転(7635)の旧字体。→一〇六八ページ。

(18)11【轆】7691　△　ロク　屋　lù　7760 6D5C

字義 ながえしばり。車の轅（ながえ）にまきつけて轅を堅固にし、かざりとするもの。

解字 形声。車＋鹿音。

【轆△轤】（ロクロ）①車井戸の上につけてつるべをかける滑車。②すべて物をつるしたり引いたりするときに用いる滑車のこと。③国回転して、円形の物を造る器械。

【轆轆】（ロクロク）車の走る音の形容。轣轆（レキロク）。

(18)11【轌】7692　国字　△　7758 6D5A

字義 そり。雪や氷などの上を、すべり走るようにした乗り物。＝橇（そり）。

解字 会意。車＋雪。雪上の乗り物、そりの意味を表す。

(19)12【轎】7693　△　漢キョウ（ケウ）　呉ギョウ（ゲウ）　嘯　jiào　7761 6D5D

字義 ❶小さい車。❷かご。やまかご。たけごし。竹で編んだこし。

解字 形声。車＋喬音。音符の喬（キョウ）は、橋に通じ、はしの意味。前後の人の肩にかつがれて、ちょうど橋のように見える竹かごの意味を表す。

【轎子】（キョウシ）人を乗せるかご。

【轎夫】（キョウフ）かごかき。かごをかつぐ人夫。轎丁。

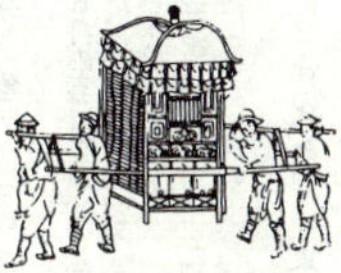
〔轎②〕

(19)12【轍】7694　標　漢テツ　呉デチ　屑　zhé　3718 4532

字義 ❶わだち。車が通過したあとに残る車輪の跡。❷あと。すでに過ぎ去った事がらの跡。

解字 篆文　形声。車＋徹音。音符の徹は、つきぬくの意味。車の通ったあとに残る、わだちの意味を表す。

【轍△迹・轍跡】（テツセキ）①車輪の過ぎたあとのくぼみ。②車のわだちと馬の足跡。③物事のあとかた。

【轍△鮒△之急】（テツプのキュウ）さし迫った難儀のこと。車のわだちの跡にたまった水の中にいるふなが、あえいでいるのにたとえる。〔荘子、外物〕

【轍環二天下一】（テンカをテツめぐる）車で天下をあまねくめぐること。〔唐、韓愈、進学解〕

【踏レ轍】（テツをふむ）前人の過ちと同じ過ちをする。

【不レ結レ轍】（テツをむすばず）行って、帰らないこと。車がもどれば、前についたわだちと後についたわだちが交錯して糸を結んだようになるところからいう。〔管子、小匡〕

(19)12【轔】7695　△　□一リン　真　lín　□二リン　震・軫　lìn

字義 □一❶車のひびき。また、車のきしる音。❷とじきみ。かどぐちのしきり。□二❶殷轔（インリン）は、さかんなさま。❷ふむ。ふみにじる。

解字 篆文　形声。車＋粦音。

【轔轔】（リンリン）車のとどろく音の形容。車の音のようす。

【轔△轢】（リンレキ）①車でひきにじる。②おさえつけ、ふみにじる。

(20)13【轗】7696　△　カン　感・勘　kǎn　7762 6D5E

字義 轗軻（カンカ）は、車の行きなやむさま。転じて、事が思うようにならないさま。人の不運なこと。

解字 形声。車＋感音。

(20)13【轘】7697　△　□一漢カン（クヮン）・呉ゲン　諫　huàn　□二漢カン（クヮン）・呉ゲン　刪　huán

字義 □一□二❶くるまざき（車裂）にする。二つの車で人を引き裂いて殺す刑罰。❷轘轅（カンエン）は、山名。河南省偃師（エンシ）県の南東にあり、けわしい。漢の霊帝の時、関所を設けた。

解字 篆文　形声。車＋睘（瞏）音。音符の睘（カン）は、遠に通じ、とおざかるの意味。人体を二つの車にしばりつけ、たがいに反対方向に遠ざからせて裂き殺す刑の意味を表す。

(20)13【轒】7698　△　漢フン　呉ブン　文　fén

字義 ❶車のおおいを支える柱。❷轒轀（フンウン）は、兵車の一種。牛皮のおおいをつけた四輪車で、城を攻めるとき、城壁に近づいて堀を埋めたりするのに用いる。

解字 篆文　形声。車＋賁音。

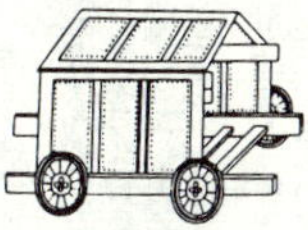
〔轒轀〕

(21)14【轟】7699　標　コウ（クヮウ）　慣ゴウ（ガウ）　庚・敬　hōng　2576 396C

【軣】俗字　7736 6D44

字義 ❶とどろき。車・雷鳴・爆発などの大きな音。❷とどろく。大きな音がなりひびく。ひびきわたる。❸火薬などが爆発する。また、爆発する。❹はなはだしいさま。「轟酔」
国とどろく。㋐名まえが広く知られる。有名になる。㋑胸がどきどきする。鼓動がはげしくなる。

解字 篆文　会意。車＋車＋車。多くの車のひびき、とどろきの意味を表す。

【轟轟】（ゴウゴウ）①車の音のとどろく形容。②水音がはげしく鳴りひびく形容。③やかましい声の形容。

【轟笑】（ゴウショウ）大声で笑う。哄笑（コウショウ）。

【轟酔（醉）】（ゴウスイ）ひどく酔う。

【轟然】（ゴウゼン）①はげしく音の響くさま。②ごろごろとどろくさま。

【轟沈】（ゴウチン）艦船を砲撃・爆撃・雷撃などによって一瞬のうちに沈めること。

【轟雷】（ゴウライ）①とどろきわたるかみなり。②雷をとどろかす。雷のようにとどろきわたる。

(21)14【轜】7700　△　漢ジ　呉ニ　支　ér　7763 6D5F

【輀】同字

字義 ひつぎを載せる車。轜軒（ジケン）。轜車（ジシャ）。

解字 篆文　形声。車＋需（而）音。

(22)15【轞】7701　△　漢カン　呉ゲン　陷　jiàn

字義 ❶車のひびく音。「轞轞」❷車の名。→轞車。

解字 形声。車＋監音。音符の監は、檻（カン）に通じ、おりの意味。猛獣や囚人を送る車の意味を表す。

【轞車】（カンシャ）おりぐるま。周囲に板をはりめぐらした、囚人や猛獣などを載せる車。檻車（カンシャ）。

(22)15【轡】7702　△　ヒ　寘　pèi　2305 3725

字義 ❶たづな。馬のくつわに結びつけ手に持って馬を扱うなわ。❷くつわ。くつばみ。馬の口に含ませる金具。

解字 金文　篆文　会意。絲＋軎。馬に車をひかせる、たづなの意味を表す。

(22)15【轢】7703　標　漢レキ　呉リャク　錫　lì　7764 6D60

字義 ❶ひく。車でひく。❷ふみにじる。ないがしろにする。❸きしる。㋐すれあう。また、すれあって音をたてる。㋑転じて、人と人とが争う。「軋轢（アツレキ）」

解字 篆文　形声。車＋樂音。音符の樂（ラク）は、どんぐりの象形。車でひかれて、つぶつぶになるところから、車でひくの意味を表す。

【轢殺】（レキサツ）車でひきころす。

【轢死】（レキシ）車にひかれて死ぬ。

(23)16 【轣】7704 △ 漢レキ 呉リャク 国 lì　7765 6D61

字義 ❶轣轆（レキロク）は、㋐車輪の跡。㋑車のきしる音。㋒鳥の鳴き声。㋓糸くり車。❷ひく。車輪が物をひきつぶす。＝轢（レキ）・（リャク）。

解字 形声。車＋歴音。

(23)16 【轤】7705 △ 漢ロ 呉ル 国 lú　7766 6D62

字義 轆轤（ロク）は、つるべの縄を上下させる滑車。

解字 形声。車＋盧音。

7 辛部

〔部首解説〕 からい。辛を意符として、罪を表す文字、また、味が辛いことを表す文字ができている。

辛 一〇七七　5 辜 一〇七七　6 辠 一〇七七　辞 一〇七七　辟 一〇七八
7 辡 一〇七八　辢 一〇七八　8 辤 一〇七八　9 辨 一〇七八　12 辭 一〇七八
辦→力部 一五五ページ。瓣→瓜部 七三九ページ。辯→言部 一〇三九ページ。

(7)0 【辛】7706 常 シン からい　シン 国 xīn　3141 3F49

筆順 亠 立 立 辛

字義 ❶からい（から・し）。味がからい。からみ。五味（甘・酸・苦（にが）い・鹹（カン）・辛）の一つ。❷つらい（つら・し）。㋐苦しい。たえがたい。「辛苦」㋑むごい。ひどい。きびしい。㋒いたましい。❸かのと。十干の第八位。五行（ゴギョウ）では金に当てる。❹つみ。大きな罪。
国❶からし。辛味を有する一種の野菜。また、その実から取った辛味香料。❷からくも。かろうじて（からうじて）。やっと。

難読 辛夷（こぶし）・辛皮（からかわ）

解字 甲骨文・篆文　象形。甲骨文でわかるように、入れ墨をするためのはりの象形で、つらい・つみの意味を表す。辛を音符に含む形声文字に、信・新・櫬（シン）・薪（シン）・襯（シン）・親などがあり、これらの漢字のうち、親を音符に含む漢字は、「したしむ」の意味を共有している。

▼苦辛・酸辛

【辛夷】（シンイ） こぶし。モクレン科の落葉高木。山野に自生し、春の初めに白色の花を開く。ただし中国でいう辛夷（唐の王維の「辛夷塢（シンイウ）」の詩の辛夷など）は、モクレンの一種で、初春に桃色を帯びた紫の花を開く。

【辛夷塢】（シンイウ） 辛夷（こぶし）の生えた堤。輞川（モウセン）二十景の一つ。

【辛亥革命】（シンガイカクメイ） 西暦一九一一年（辛亥（かのとい）の年）十月十日に中国で起こった革命。これによって清朝（シンチョウ）が滅び、昔から続いた王朝政治が終止符を打ち、中華民国が生まれた。十二月に首府を南京に定め、翌、民国元年に孫文が臨時大総統に就任した。その記念日を双十節という。

【辛艱】（シンカン） 苦しみなやむ。また、苦しみ。難儀。

【辛勤】（シンキン） つらいつとめ（仕事）。苦労してつとめる。苦しい思いをしながら仕事をすること。

【辛苦】（シンク） ①からさとにがさ。辛味と苦味。②転じて、つらく苦しいこと。つらさ。苦しさ。艱難（カンナン）。難儀。「粒粒辛苦」

【辛酸】（シンサン） ①からさとすっぱさ。辛味と酸味。②転じて、つらく苦しいこと。はなはだしい苦しみ。難儀。

【辛勝】（シンショウ） 国かろうじて勝つこと。↔惜敗。

【辛楚】（シンソ） つらさ。苦しみ。楚は、むち。

【辛辣】（シンラツ） ①味がぴりりとからいこと。②ひじょうに手きびしいこと。批評などが相手に強いショックを与えること。

【辛労（勞）】（シンロウ） なんぎ。苦しみ。苦労。

(12)5 【辜】7707 △ 漢コ 呉ク 国 gū　7767 6D63

字義 ❶つみ。重い罪。「無辜」「不辜」❷はりつけ（磔（タク））。また、はりつけにする。❸そむく（背）。「辜負」❹さまたげる。❺ひとりじめにする。「辜権（コカク）」❻かならず。

解字 篆文　形声。辛＋古音。辛は、入れ墨をするための針の象形。音符の古は固に通じ、固くとざすの意味。罪人に入れ墨をし、固くとじこめるの意味から、つみの意味を表す。

【辜△権・辜△榷】（コカク） 権力などによって財貨・利益を独占すること。権・榷は、独占する。

【辜月】（コゲツ） 陰暦十一月の別名。

【辜負】（コフ） そむく。相手の意にそむくこと。

(13)6 【辠】7708 △ ザイ　罪（5985）と同字。→八七六ページ。　2813 3C2D

(13)6 【辞】7709 教4 ジ やめる

(19)12 〔辭〕7710 漢シ 呉ジ 国 cí　7770 6D66

筆順 千 舌 辞 辞

【辤】字同 字義 ❶ことば。言語。論述。＝詞。「式辞」❷ことわる。㋐拒絶する。「固辞」㋑ゆずる。「辞譲」㋒受けない。「辞退」㋓わびる。あやまる。謝罪する。㋔やめる（や・む）。職を退く。「辞職」❸いとまごいする。別れの挨拶をする。また、去る。立ち去る。「辞去」❹礼をいう。❺とく（説）。説明する。説き聞かせる。❻つげる（告）。また、訴える。❼せめる（責）。❽韻文体の一種。→辞賦。「漁父辞」

参考 ⇩辤（7714）の参考

解字 金文・篆文　会意。舌（𤔔）＋辛。𤔔は、糸に上下から手をかけて、乱れないように整えるさまにかたどる。辛は、はりの象形で、つみの意味。罪人を責める意味を表す。また、詞に通じて、ことばの意味を表す。

▼賀辞・訓辞・謙辞・告辞・固辞・賛辞・謝辞・修辞・助辞・世辞・措辞・題辞・弔辞・通辞・答辞・拝辞・美辞

【辞気（氣）】（ジキ） ことばつき。言い方。口のききよう。

【辞去】（ジキョ） あいさつをして去る。別れを告げて去る。

【辞△訣・辞決】（ジケツ） ①別れのあいさつ。いとまごい。訣は、別れのあいさつ。②別れのあいさつをして去る。辞去。訣・決は、別れるの意。

【辞謝】（ジシャ） 辞退する。ことわる。

【辞書】（ジショ） ＝辞典。

【辞章】（ジショウ） 詩歌や文章。詩文。詞章。

【辞訟】（ジショウ） うったえ。また、うったえのことば。訴訟。

【辞譲（讓）】（ジジョウ） 辞退して他にゆずること。遠慮する。

【辞色】（ジショク） ことばと顔色。

【辞職】（ジショク） つとめをやめる。〔漢書、谷永伝〕

【辞世】（ジセイ） ①この世を去ること。②国死ぬ時に作る詩歌などをいう。

【辞宗】（ジソウ） 詩文の大家。詞宗。詩宗。文宗。

【辞藻】（ジソウ） 修飾豊かな詩文。美しい詩文。

【辞退】（ジタイ） ①謙遜（ケンソン）してひきさがる。②ことわって身を引く。辞職する。

【辞達△而△已△矣】（ジはタッするのみ） ことばは、相手に自分の意志が通ずれば、それで十分である。（余分なかざりは不要である）〔論語、衛霊公〕

【辞典】（ジテン） ことばを一定の順序に配列し、その読み・意味・用法などについて説明した本。

【辞賦】（ジフ） ①文体の名。散文的な韻文。楚辞（ソジ）の流れをくむもの。叙情的なものを辞、叙事的なものを賦という。⇩コラム・漢文（六五九ページ）。②転じて、詩文。

【辟服】ジフク ①わびて降服する。②罪をわびる。恐れ入る。③言いくるめられる。また、言いくるめる。

【辟別】ジベツ ①あいさつして別れる。②いとまごいをする。別れを告げる。別れる。

【辟命】ジメイ ことば。また、ことばづかい。一国の使者としてのことばづかい。

【辟林】ジリン ①詩文の集まる所。また、詩文にすぐれた者の集まる所。文章界。詩壇。文壇。②辞書。辞典。

【辟令】ジレイ ①ことばづかい。応対のことば。②国官職の任免にあたりそのことを書いて本人に渡す正式の文書。

【卑レ辟】ジをひくくす 卑レ辟厚レ幣ジをひくくしてヘイをあつくす 謙遜ケンソンしてことばを丁寧にする。〔史記、魏世家〕

(13) 6
【辟】7711
△ 一漢ヘキ・呉ヒャク 陌 bì　二漢ヘキ・呉ビャク 陌　7768 6D64

字義 一❶きみ。㋐君主。天子。諸侯。㋑卿ケイ。大臣。長官。㋒主人。㋓夫。❷のり。❸めす（召）。呼びだす。❹あきらかにする。❺かべ（壁）。二❶ひらく（開）。=闢ヘキ。❷のぞく（除）。❸まことがない。外面をかざって誠実さがない。「便辟」❹よこしま（邪）。❺おきて。刑罰。❻とおい（遠）。❼たとえ。また、たとえる。=譬ヒ。❽むねうつ。=擗ヘキ。

解字 金文　篆文　会意。辛＋尸＋口。辛は、はりの象形。尸は、うずくまる人の象形。口は、辛で切りつけた傷の象形。人に刑罰をほどこすさまから、つみするの意味を表す。また、刑罰権を持つ、きみの意味をも表す。辟を音符とする形声文字に、僻ヘキ・劈ヘキ・壁・嬖ヘイ・擗ヘキ・臂ヒ・璧・癖・躄ヘキ・譬ヒ・襞ヘキ・避・闢ヘキなどがある。これらは、「物を切りひらいてわきへ寄せるか、かたよる」の意味を共有するものが多い。

【辟易】ヘキエキ （恐れて）さけしりぞく。たじろぐ。しりごみする。易は、かえる、所を変える意。

【辟遠】ヘキエン ①片寄って中央から遠いこと。②ヘキ・ヒ エン・エン 避けて遠ざかる。

【辟公】ヘキコウ 諸侯をいう。〔論語、八佾〕相維辟公たすくるはこれヘキコウ。

【辟邪】ヘキジャ ①よこしま。②ヘキ・ヒ ジャ・ジャ ㋐邪悪（けがれ）をしりぞける。㋑伝説上の獣の名。邪悪やけがれをしりぞける力を有しているという。

【辟書】ヘキショ 召し文ぶみ。官からの呼び出しの文書。

【辟除】ヘキジョ ①召し出して官職につかせること。②払い除く。払い清める。

【辟小】ヘキショウ 片寄って小さい。土地が中央から遠くて小さい。

【辟説】ヘキセツ 片寄った説。

【辟命】ヘキメイ 君主のおめし。徴辟チョウヘキ。

【辟▲雍・辟▲廱】ヘキヨウ 上代、天子が設けていた学校。〔礼記、王制〕

【辟▲陋】ヘキロウ 片寄っていていやしい。①議論などの偏頗ヘンパで低劣なこと。②土地が中央から遠くて文化の低いこと。また、その土地。③かたいなか。

(14) 7
【辡】7712
△ 漢ヘン 呉ベン 銑 biàn

字義 うったえる。言いあらそう。=弁（辯）。

解字 篆文　会意。辛＋辛。辛は、罪人の意味。二人の罪人が互いに言い争うの意味を表す。

(14) 7
【辣】7713
標 漢ラツ 呉ラチ 曷 là　7769 6D65

字義 からい しからし。味がからい。からい味。

【辢】同字

解字 形声。辛＋朿（剌）音。辛は、はりの象形。音符の剌ラツは、束ねたものに刃物を入れるの意味。針や刃物でさすように、からいの意味を表す。

【辣▲韮】ラッキョウ 野菜の一つ。葱ねぎに似て、球状の地下茎がある。

【辣腕】ラツワン 国はげしいやり方で、だれはばかることなく、てきぱきと事を処理すること。また、その能力。

(15) 8
【辤】7714
△ ジ　辞（7709）と同字。→一〇七七ページ。

参考 〔辤〕は、もと「ことわる」の意味で、辞（辭）とは別字。のちに混用する。

(16) 9
【辦】(2046)
ベン　弁（2045）の旧字体。→三六七ページ。　4994 517E

【辧】→力部 一五五ページ。

(19) 12
【辭】(7710)
ジ　辞（7709）の旧字体。→一〇七七ページ。　7770 9D66

【瓣】→弁（2047）の旧字体。→三六七ページ。

【辯】→弁（2048）の旧字体。→三六七ページ。

7
辰部

〔部首解説〕 たつ。しんのたつ。辰シは貝殻を表し、昔、それを農具に用いたところから、辰をもとに農耕に関する文字ができている。

(7) 0
【辰】7715
筆順 厂 戸 戸 辰
囚 漢シン 呉ジン 真 chén　3504 4324

字義 ❶たつ。十二支の第五位。㋐方位では東南東。㋑月では陰暦三月。㋒時刻では午前八時。また、それを中心とした二時間。一説に、それ以後の二時間。㋓動物では竜たつ。❷十二支の総称。❸とき。時刻。❹ひ（日）。「佳辰」❺あさ（朝）。早朝。❻日や月のやどり。日や月がその時にある場所。❼日・月・星。また、その総称。❽星の名。㋐大火。今の蠍さそり座の首星アンタレス。和名、なかごぼし。㋑房星。→辰星の④。㋒北極星。北辰。

名乗 とき・のぶ・のぶる・よし

解字 甲骨文　金文　篆文　象形。甲骨文でわかるように、二枚貝が「から」から足を出している形にかたどる。蜃シンの原字。借りて、十二支の第五番目、たつの意味に用いる。辰を音符に含む形声文字に、唇・娠・宸シン・振・晨シン・脣シン・蜃シン・賑シン・震などがあり、これらの漢字は、「ふるえる」の意味を共有している。

【辰▲駕】シンガ 天子の車。天子を北極星（辰）にたとえていう。

【辰▲韓】シンカン 古代朝鮮東部の国名。三韓（馬韓・弁韓・辰韓）の一つ。今の慶尚道の地。

【辰極】シンキョク 北極星。

【辰刻】シンコク ①とき。時刻。②たつのコク 東南の方角。巽ソン・たつみ。

【辰▲巳】シンシ ・たつみ →字義の①㋒。

【辰砂】シンシャ・シンサ ①水銀と硫黄イオウの化合物。丹砂タンシャ。朱砂。②国銅によって着色し、その上に無色の上釉うわぐすりをかけて焼いた陶磁器。鮮紅色を呈する。中国名、釉裏紅ユウリコウ。

【辰宿】シンシュク ①星の宿る所。星宿。星座。②転じて、星。

【辰星】シンセイ ①天体の総称。②ほし。③今の水星をいう。④房星の別名。蠍座さそりざの西部にある。和名、そいぼし。⑤国時刻測定の基準となる恒星。天狼星テンロウセイの類。

(10) 3
【辱】7716
筆順 厂 戸 辰 辱 辱
常 ジョク はずかしめる
漢ジョク 呉ニク 沃 rǔ　3111 3F2B

字義 ❶はずかしめる(はづかしむ)。はじをかかせる。❷はずかしめ(はづかしめ)。はじ(恥)。「恥辱」❸かたじけない(かたじけなし)。ありがたい。もったいない。❹かたじけなくする。身分不相応の好意に対していう語。「辱知」「辱臨」❺けがす。けがれる。

解字 篆文 会意。寸+辰。寸は、手の意味。辰は、大はまぐりの具で草を刈りしくの意味から、転じて、芽ばえをつみとる、はずかしめるの意味を表す。

▼栄辱・汚辱・屈辱・国辱・雪辱・恥辱・廷辱・忍辱・侮辱・陵辱

【辱交】(ジョクコウ・ジョッコウ) 知り合い。自分が交際をかたじけなくしている(ありがたくも、交際をいただいている)人の意で、その人をいう謙譲辞。

【辱知】(ジョクチ) ＝辱交。

【辱友】(ジョクユウ) 辱知の友人。

【辱臨】(ジョクリン) おいでをかたじけなくする意。貴人などの来場に対する敬語。賁臨(ヒリン)。光来。

(13)6 【農】 7717 教3 ノウ 漢ドウ・呉ノウ 冬 nóng 3932 4740

筆順 冖 曲 曲 𠃊 農 農

字義 ❶たがやす。田・畑を耕作する。❷耕作の仕事。たづくり。はたけしごと。農業。❸耕作する人。農夫。百姓。「豪農」「貧農」❹つとめる。＝努。

名乗 あつ・たか・たみ・とき

解字 甲骨文 金文 篆文 会意。甲骨文は、林＋辰。林は、はやしの意味。辰は、二枚貝の象形。石や貝製の農具で、林野をたがやすの意味を表す。のち、晨＋囟に変形し、さらにのち、曲＋辰に変形した。農を音符に含む形声文字に、膿(ノウ)・濃などがあり、これらの漢字は、「ねばる」の意味を共有している。

▼勧農・帰農・豪農・篤農・老農

【農家】(ノウカ) ①農業で家計を立てている家。②先秦(センシン)の九流(九学派)の一つ。農業中心の政治論を主張した学派。〔漢書、芸文志〕

【農稼】(ノウカ) 田畑を耕して作物を植えること。農業。

【農学(學)】(ノウガク) 農業の生産技術や経済との関係などを研究する学問。

【農芸(藝)】(ノウゲイ) 農業と園芸。また、農業に関する技芸。

【農△隙】(ノウゲキ) 農事のひま。また、その時。隙は、すき。農閑。

【農工】(ノウコウ) ①農業と工業。②農民と工人。

【農功】(ノウコウ) 耕作の仕事。農業。農事。

【農郊】(ノウコウ) ①都市の郊外の田園地帯。町はずれの耕作地域。②たがやした原野。

【農耕】(ノウコウ) 田畑をたがやすこと。

【農蚕(蠶)】(ノウサン) ＝農桑。

【農師】(ノウシ) 中国古代の農政をつかさどる官。

【農事】(ノウジ) 農業。田畑を耕して収穫をあげる仕事。

【農時】(ノウジ) 耕作すべき、また、耕作のいそがしい季節・時期。

【農殖・農植】(ノウショク) ①耕し植える。栽培する。②農耕。農業。

【農△穡】(ノウショク) 田畑を耕すことと作物を取り入れること。農業。穡は、作物の刈り取り。

【農政】(ノウセイ) 農業に関する行政・政策。

【農績】(ノウセキ) ①農業と紡績。②農業上の功績。

【農桑】(ノウソウ) 耕作と養蚕。

【農奴】(ノウド) ①土地の所有者の所有物として農業に従事させられた奴隷(ドレイ)。②中世ヨーロッパで領主から貸与された土地を耕し、領主に地代を納めた階級。

【農兵】(ノウヘイ) ①平時は農業に従事し、事の起きた時に兵士としての仕事をするもの。②農民で組織された軍隊。

【農畝】(ノウホ) ①田畑。また、いなか。②農業。

【農牧】(ノウボク) 農業と牧畜業。

【農務】(ノウム) ①農業上のしごと。農事。②農政。

【農為(爲)二国(國)本一】(ノウはくにのもとたり) 農業は国家の根本である。〔史記、文帝紀〕農天下之大本也(ノウはテンカのタイホンなり)。

7

辵(⻌・⻍)部

⻌は四画。⻍は三画。

〔部首解説〕しんにゅう。しんにょう。之繞(シニョウ)の読みがなまって、しんにゅうとなったもの。文字としては、辵は、音チャク。会意。甲骨文は、行と止の合字。篆文は、彳(テキ)と止の合字。彳は行く、止は足の意味で、二字を合わせて、行くの意味を表す。漢字の繞(ニョウ)になるときは⻌と略し、新字体ではさらに⻍と略す。「表外漢字字体表」では、現に用いられている⻌の字形のものは、一括許容されている。辵を意符として、行くことや遠近などに関する文字ができている。

(5)1 【辷】 7718 国字 △ 7772 6D68

字義 すべる(滑)。㋐なめらかに進む。㋑静かに退出する。㋒位を降りる。㋓失脚する。㋔ふみはずす。

解字 指事。⻌(辵)＋一。辵は、道を歩くの意味。平らな一

線を加えて、すべるの意味を表す。

(5)2 【辺】7719 教 4 ヘン あたり・べ
(19)15 〚邊〛7720 ヘン 先 biān
— 4253 4A55
— 7820 6E34

筆順 フ 刀 刀 辺

[邉]俗字 7821 6E35

字義 ❶ほとり。㋐あたり。そば。かたわら。「近辺」㋑岸。水ぎわ。がけ。「海辺」㋒中心からはずれた所。はし。はずれ。かたいなか。「辺邑(ヘンユウ)」㋓国境。「辺境」㋔限り。果て。「辺際」❷となりあう。近接する。❸漢字のへん。漢字の左の部分をなす字形。偏。❹多角形をとりまく線。「底辺」

国へ。べ。㋐あたり。ほとり。そば。㋑右。↔奥(左)。

難読 辺川(へがわ)・辺分(おいわけ)・辺方(おいわけ)

解字 金文 篆文 形声。辶(辵)＋刀(臱・臱)音。音符の臱は、自＋丙＋方で、自は、はなの象形。丙は、台の象形。方は、はりつけになった人の象形という。合わせて、邪神の侵入を防ぐため境界に置かれた一種のまじないのさまを表しているという。また、一説に、臱は、鼻の両わきの意味という。辵は、あるくの意味。歩いていって中心からはずれた部分、へりの意味を表す。

▼縁辺・近辺・周辺・水辺・池辺・武辺・無辺・炉辺

【辺域】(ヘンイキ) 国ざかいの地。また、未開の地。

【辺営(營)】(ヘンエイ) 辺境にある兵営。

【辺界】(ヘンカイ) 国ざかい。また、辺鄙(ヘンピ)な地方。

【辺海】(ヘンカイ) ①国の果てにある海。国境の海岸。②国近くの海。

【辺境・辺△竟】(ヘンキョウ) ①国ざかい。国境。②かたいなか。奥地。

【辺△疆】(ヘンキョウ) ＝辺境。

【辺警】(ヘンケイ) ①外敵が国境に侵入したしらせ。②国境の警備。

【辺△隙】(ヘンゲキ) ①国境における争いごと。②国境のすき(ゆだん)。

【辺月】(ヘンゲツ) 辺土を照らす月。辺塞(ヘンサイ)の月。

【辺功】(ヘンコウ) 辺地でたてるてがら。外国・異民族を征伐したてがら。

【辺△寇】(ヘンコウ) 外敵・異民族が国境に侵入すること。また、国境を侵略する敵。

【辺△塞】(ヘンサイ) ①国境にあって異民族を防ぐとりで。②国境。③国境地帯に住んでいる異民族。

【辺際】(ヘンサイ) 果て。かぎり。際限。辺涯。

【辺△朔】(ヘンサク) 北方の国境付近の地。

【辺△戍】(ヘンジュン) 辺境のまもり。国境の守り。辺防。

【辺愁】(ヘンシュウ) いなか・国境などに旅宿するうれい。

【辺将(將)】(ヘンショウ) 国境を守る将軍。辺帥(ヘンスイ)。

【辺城】(ヘンジョウ) 国境にある城市。辺土の町。〔唐、岑参、胡笳歌送₌顔真卿使赴₌河隴₋詩〕辺城夜夜多₌愁夢₋(ヘンジョウヤヤシュウムおお(ほ)し。)訳文⇩愁夢(四〇五ぺ-)。

【辺垂・辺△陲】(ヘンスイ) くにざかい。くにの果て。国境。

【辺△陬】(ヘンスウ) 遠い果ての地。かたいなか。

【辺声(聲)】(ヘンセイ) ①辺境の音楽。②辺境からの便り。

【辺地】(ヘンチ) ①かたいなかの土地。国境の地方。辺土。辺境。②郊外の地。

僻地(ヘキチ)。

【辺鎮(鎭)】(ヘンチン) 国境付近の守備隊。

【辺庭】(ヘンテイ) ①辺境異民族の朝廷。②辺地。国境地帯。

【辺土】(ヘンド) ①かたいなか。辺地。②国ざかい。国境。

【辺△鄙】(ヘンピ) ①かたいなか。②国土の果て。また、そこに住む人。

【辺幅】(ヘンプク) ①布地の端やへり。②外見。うわべ。「修₌飾辺幅₋(ヘンプクをシュウショクす)」は、見えをはる。また、容儀をととのえかざる。

【辺防】(ヘンボウ) 国境のまもり。辺守。

【辺民】(ヘンミン) 辺境の住民。

【辺△邑】(ヘンユウ) かたいなかの村。国境のほとりにある村。

【辺要】(ヘンヨウ) 国境の要害の地。

(5)2 【込】7721 国字 常 こむ・こめる
(6)2 〚込〛7722
— 2594 397E

筆順 ノ 入 入 込

字義 ❶こめる(こむ)。㋐つめる。入れる。㋑とじこめる。㋒つつむ。ふくめる。「皮肉を込める」㋓集中する。「怒りを込める」。❷こむ。㋐入りこむ。こもる。㋑あつまる。混雑する。㋒細密・精巧である。

難読 込木(くぐりき)

解字 会意。辶(辵)＋入。辵は、すすむの意味。入は、はいるの意味。はいりこむの意味を表す国字。

(6)2 【辻】7723 国字 標
[辻] 3652 4454

字義 つじ。㋐十字路。交差点。㋑みちばた。路傍。

解字 会意。辶(辵)＋十。辵は、わかれ道の象形。十は十字路の意味。つじの意味を表す国字。

【辻△褄】(つじつま) 国物事の初めと終わり。物事の道理。すじみち。

(7)3 【迆】7724 △イ 迤(7747)と同字。→一〇八三ぺ-。

(7)3 【迂】7725 標 ウ 虞 yū
[迂] 1710 312A

字義 ❶とおい。㋐まわり遠い。まがりめぐって遠い。㋑うとい。にぶい。世間の実情を知らない。〔論語、子路〕有₌是哉₋子之迂也(これあるかなシのウなるや)。❷遠い道。まわり遠い道。❸まげる(曲)。曲がる。㋐ねじけさせる。ねじける。㋑くじく。おさえる。❹うそ。うそをつく。❺あやまり。まちがい。❻ひろい。大きい。❼やや。いくらか。「迂久」

解字 金文 篆文 形声。辶(辵)＋于音。音符の于は、弓なりに曲がるの意味。まわり道をするの意味を表す。

【迂遠】(ウエン) ①実地の役に立たない。世事にうとい。②道路のまがりくねって遠いこと。

【迂回】(ウカイ) まわり道をする。遠回りする。

【迂△闊】(ウカツ) ①まわり遠い。実地の役に立たない。②国うっかり。不注意。

【迂久】(ウキュウ) しばらく時がたつこと。

【迂曲】(ウキョク) まがりくねる。遠回りする。紆曲(ウキョク)。

【迂愚】(ウグ) 世間の事情に暗くて、おろかなこと。

【迂言】(ウゲン) まわりどおく、世情に通じないことば。

【迂儒】(ウジュ) 世事にうといつまらぬ学者。腐儒。

【迂生】(ウセイ) 世事にうとい者。他人に対する自分の謙称。

【迂△叟】(ウソウ) ①世事にうとい老人。②㋐中唐の白楽天の自称。㋑北宋(ホクソウ)の司馬光(温公)の自称。

【迂誕】(ウタン) 言うことがまわり遠くて大きいこと。誕は、大の意。また、言うことがでたらめなこと。

【迂直△之計】(ウチョクのケイ) まわり遠いやり方でかえって直接的な効果をあげるはかりごと。いそがばまわれのやりかた。〔孫子、軍争〕

【迂鈍】(ウドン) 世事にうとくてのろい。

【迂腐】(ウフ) おろかで物の役に立たないこと。

【迂余(餘)曲折】(ウヨキョクセツ) ①紆余曲折(ウヨキョクセツ)。道が曲がりくねっていること。②事情がこみ入っていて、幾度も変化する。

【迂路】(ウロ) まわりみち。迂途。迂道。

(7)3 【过】7726 △カ 過(7834)の俗字。→一〇九四ぺ-。

(7)3 【迄】7727 標 漢キツ 呉コチ 物 qì
[迄] 4388 4B78

字義 ❶いたる(至)。およぶ。❷ついに(つひに)。国まで。

解字 篆文 形声。辶(辵)＋乞(气)音。

(6)3 【巡】7728 常 ジュン めぐる
お巡まわりさん
(7)3 【巡】7729 漢シュン 呉ジュン 真 xún
2968 3D64

筆順 く 巛 巛 巡

【廵】俗字

字義 ❶めぐる。㋐まわり歩く。㋑みまわる。巡察。巡視。❷やすんずる。なでる。❸しりぞく。あとじさる。

解字 篆文 形声。辶(辵)＋巛(川)音。音符の川は、かわの意味。川のように一定の道すじに従って行く、めぐるの意味を表す。

▼歴巡

【巡按】ジュンアン 地方をまわって役人の勤めぶりや民情などを調べる。巡視。巡検。

【巡回・巡廻】ジュンカイ ❶めぐり歩く。❷順々にまわる。

【巡警】ジュンケイ ❶見まわって警戒する。❷巡査。

【巡検(檢)】ジュンケン 回って調べる。見回る。巡按ジュンアン。

【巡功】ジュンコウ ❶土木工事を見てまわる。❷天子が諸侯の国をめぐって、その功績をしらべること。

【巡幸】ジュンコウ 天子が地方をめぐり歩くこと。

【巡査】ジュンサ ❶回って調べる。見回る。❷㋐警察官。㋑警察官の階級の一つ。巡査部長の下。

【巡察】ジュンサツ 方々を見まわって事情を調べること。

【巡錫】ジュンシャク 仏僧が各地をめぐって教えを広めること。錫は、僧の杖つえ。

【巡狩・巡守】ジュンシュ 天子が諸国を視察して歩く。

【巡撫】ジュンブ ❶諸国をめぐって人心を安んずること。❷官名。明代ミンには各省におき、清代シンには総督の下に位して、省の民治・兵制をつかさどった。

【巡遊】ジュンユウ 各地をめぐること。周遊。

【巡邏】ジュンラ ❶見まわる。❷警戒のために歩く人。見回り。

【巡礼(禮)】ジュンレイ ❶あちこちめぐって拝礼する。❷国諸国の神社・仏閣などをめぐって参拝すること。また、その人。順礼。遍礼。

【巡歴(歷)】ジュンレキ 各地を回って歩くこと。

(6)3 【迅】7730 常 ジン
(7)3 【迅】7731 ㊀シン 震 xùn ㊁シュン 震 xùn 慣ジン
3155 3F57

筆順 乁 卂 卂 迅

字義 ㊀㊁❶はやい(速)。すみやか。「獅子奮迅シシフンジン」❷力強い狼おおかみ。

名乗 とき・とし・はや

解字 篆文 形声。辶(辵)＋卂音。音符の卂は、はやいの意味。辵を付し、はやくすすむの意味から、はやいの意味を表す。

▼軽迅・奮迅

【迅羽】ジンウ 鷹たかの別名。

【迅雨】ジンウ はげしく降る雨。

【迅晷】ジンキ 月日の移るのがはやいこと。晷は、ひかげ。

【迅撃(擊)】ジンゲキ すみやかにうつ。急撃。

【迅商】ジンショウ はやく吹く秋風。商は、秋をいう。

【迅速】ジンソク 非常にはやいこと。すみやか。迅急。

【迅電不及瞑目】ジンデンめをメイするにおよばず いなびかりが速くて、目をふさぐひまがない。事が急でふせぐひまがないたとえ。〔六韜、竜韜、軍勢〕

【迅馬】ジンバ 速く走る馬。

【迅雷】ジンライ はげしいかみなり。疾雷。「疾風迅雷」〔漢書、天文志〕

【迅瀬(瀨)】ジンライ はやせ。急湍キュウタン。

(7)3 【迁】7732 △ セン 遷(7893)の俗字。→一一〇四ページ。

(7)3 【达】7733 △ タツ 達(7845)の俗字。→一〇九五ページ。

(7)3 【辿】7734 標 テン 先 chān
［辿］3509 4329

字義 ゆっくりあるく。国たどる。㋐道をたずねたずねして行く。㋑さぐり求める。㋒すじ道を追い求めて考える。㋓迷い思う。

解字 会意。辶(辵)＋山。

(8)4 【迋】7735 △ ㊀オウ(ワウ) 漾 wàng ㊁漢キョウ(キャウ) 呉コウ(クヮウ) 養・漾 guàng

字義 ㊀ゆく(行)。㊁❶あざむく。たぶらかす。❷おそれる(恐)。「迋迋」は、恐れるさま。

解字 篆文 形声。辶(辵)＋王音。

(8)4 【迓】7736 △ 漢ガ 呉ゲ 禡 yà

字義 むかえる(迎)。出迎える。＝訝ガ。

解字 形声。辶(辵)＋牙音。音符の牙ガは、迎ゴに通じ、むかえるの意味。

(7)4 【近】7737 教2 キン ちかい
(8)4 【近】7738 ㊀漢キン・呉ゴン 吻 jìn ㊁漢キン・呉ゴン 問 jìn 慣コン
2265 3661

筆順 ノ 斤 䜣 近

字義 ㊀❶ちかい。両者の間が近い。↔遠。㋐ほど近い。へだたりが少ない。時間的・距離的に近い。㋑わかりやすい。㋒あさい。あさはか。㋓にる(似)。にている。㋔よい。よくあてはまる。㋕親しい。❷ちかい者。㋐身内。㋑親しみなじむ者。㋒自分自身。❸ちかい所。てぢか。かたわら。
㊁ちかづく。ちかづける。㋐近くに寄る。近くに寄せる。㋑せまる。㋒親しむ。可愛がる。

難読 近江おうみ

解字 篆文 形声。辶(辵)＋斤音。音符の斤は、物を小さくするための刃物の意味。距離・時間を小さくする、ちかづくの意味を表す。

▼遠近・親近・側近・卑近・附近

【近因】キンイン 近い原因。直接の原因。↔遠因。

【近詠】キンエイ 近ごろ作った詩歌・俳句。

【近衛(衞)】キンエイ ❶天子のそば近くにいて警衛する。❷国コノエ 近衛府の略。六衛府エフの一つ。昔、皇宮の警衛、行幸の護衛を受け持った役所。

【近悦遠来(來)】キンエツエンライ 近い人々がよろこび、遠い人々もしたい集まる。徳がおおいにおよぶさま。『論語』子路編に「近者悦ちかきものよろこび、遠者来とおきものきたる」とあるのに基づく。

【近懐(懷)】キンカイ 近ごろの感想・心境。

【近刊】キンカン ❶近いうちに刊行されること。❷最近出版されたこと。

【近患】キンカン 目前のわずらい。近憂。

【近畿】キンキ ❶都に近い土地。❷国京都に近い地方。

【近況】キンキョウ ちかごろのようす。

【近業】キンギョウ 作品・事業などの、近ごろできたもの。

【近近】キンキン ちかぢか。近いうちに。ちかく。

【近古】キンコ ❶年代がそれほどたたないむかし。近い昔。❷歴史上の区分。中古と近世の間。

【近古史談】キンコシダン 国書名。四巻。大槻磐渓おおつきバンケイの著。織田・豊臣・徳川時代の名君・武将などの逸話を漢文で書いたもの。

【近攻】キンコウ (遠い国と同盟を結んで)近くの国を攻める。「遠

交近攻」〔史記、范雎伝〕
【近幸】キンコウ　そばにおいてかわいがる。また、その臣。
【近郊】キンコウ　①都から五十里までの地。〔周礼、地官、載師〕②転じて、都会に近い土地。↔遠郊。
【近郷(鄕)】キンゴウ　国都会に近いいなか。「近郷近在」
【近思録】キンシロク　書名。十四巻。南宋の朱熹・呂祖謙の共著。一一七六年刊。北宋の代表的儒学者である周濂渓・程明道・程伊川・張横渠の著書や語録の中から、修身・斉家など日常に関係の深いもの六百二十二条を選んだ、初学者の入門書。
【近似】キンジ　よくにる。まぎらわしいほど似ている。「近似値」
【近侍】キンジ　君主や長上のそば近くに仕える。また、その人。
【近者】キンシャ　①ちかごろ。②近い所にいる人。〔論語、子路〕
【近△什】キンジュウ　近ごろ作った詩。近作。
【近習】キンジュウ・キンジュ　主君のそば近くに仕える人。〔礼記、月令〕
【近状(狀)】キンジョウ　近ごろのようす。近況。
【近情】キンジョウ　①親しさ。情愛。②実情に近い。③国近ごろのようす。近状。
【近臣】キンシン　主君のそば近くにつかえる臣下。
【近信】キンシン　①近ごろのたより。②近づけ信ずる。そばに置き信用する。
【近親】キンシン　みより。みうち。近戚。近姻。
【近世】キンセイ　①近い世。②歴史上では、近古と現代との間。明末から清までをいう。（日本では、江戸時代）
【近切】キンセツ　ぴったりとあてはまる。身近で適切なこと。
【近接】キンセツ　①ちかづく。近づける。②隣りあっている。続いている。
【近属(屬)】キンゾク　近いみうち。近親。近族。
【近体(體)】キンタイ　①現代風。②漢詩で、古詩と区別して、五言・七言の絶句・律詩・排律をいう。句数・押韻・平仄などに細かい規則がある。唐代に完成した。近体詩。今体詩。⇩コラム・漢詩（六六〇ページ）。
【近代】キンダイ　①近い時代。②歴史上では、ほぼ十九世紀以降。
【近迫】キンパク　①ちかよる。せまる。②親しく交わる。
【近辺(邊)】キンペン　ちかい所。近所。
【近密】キンミツ　①親密。②君主のそばの親密な地位。
【近憂】キンユウ　さしせまった心配。目前のうれい。〔論語、衛霊公〕人無二遠慮一、必有二近憂一。⇩訳文【遠慮】（一二〇〇ページ）。
【近来(來)】キンライ　近ごろ。このごろ。近時。
【近隣】キンリン　近いところにいること。となり近所。「近隣諸国」

(7)4
【迎】7739　常　ゲイ　むかえる
2362
375E

(8)4
〘迎〙7740
一漢ゲイ・呉ギョウ（ギャウ）　画 yíng
二漢ゲイ・呉ギョウ（ギャウ）　敵 yìng
慣ゴウ（ガウ）

筆順　𠂎 卬 卬 迎

字義　一❶むかえる。㋐待ちうける。㋑他人の心をおしはかって、それに従う。「迎合」㋒前もってかぞえる。推算する。「迎日」㋓出むかえて会う。「歓迎」㋔もてなす。接待する。❷むかえ。出むかえ。二むかえる。まだ来ないものを、むかえに行って連れて来る。花嫁を迎えに行って連れて来る。また、でむかえ。

難読　迎春・迎達・迎田

解字　篆文　形声。辶（辵）＋卬㊉。音符の卬は、仰の原字で、あおぐの意味。道に出てむかえるの意味を表す。

▼郊迎・親迎・送迎・奉迎・来迎

【迎△阿】ゲイア　人の心を推し量ってへつらう。阿は、おもねる。
【迎意】ゲイイ　人の心をさぐって気に入るようにする。
【迎引】ゲイイン　客をむかえてもてなす。迎接。
【迎謁(謁)】ゲイエツ　おでむかえをしてお目にかかる。
【迎合】ゲイゴウ　①人の気に合うようにつとめる。ごきげんをとる。おもねりへつらう。②前もって期日をきめて会合する。
【迎歳】ゲイサイ　新年を迎える。迎春。迎年。
【迎春】ゲイシュン　①春をむかえる。新年を迎える。〔礼記、月令〕②樹木の名。㋐黄梅。中国の北部で春早く花を開く。㋑こぶしの別名。迎春花。
【迎接】ゲイセツ　客をむかえてもてなす。迎引。
【迎賓】ゲイヒン　客をむかえる。

(8)4
【迕】7741　△ゴ　遇麌 wǔ

字義　❶あう。であう。遭遇。❷さからう。たがう。そむく。「乖迕」❸まじる。入りみだれる。「錯迕」❹ふれる（触）。

解字　形声。辶（辵）＋午㊉。音符の午は、かわるがわるになるの意味。人の行き来が入り乱れる・あうの意味を表す。

(8)4
【这】7742　△シャ　這（7787）の俗字。→一〇八七ページ。

(8)4
【迍】7743　△チュン　真 zhūn

字義　たちもとおる。行きなやむ。＝迍。

解字　形声。辶（辵）＋屯㊉。音符の屯は、頓などに通じ、つまずくの意味。行くに行けず、たちもとおるの意味を表す。

【迍△邅】チュンテン　ゆきなやんで進まぬさま。屯邅。

(7)4
【返】7744　教3　ヘン　かえす・かえる
(8)4
〘返〙7745
漢ハン・呉ホン　阮 fǎn
慣ヘン
4254
4A56

筆順　一 厂 反 返

字義　❶かえる。もと来た道を帰る。㋐ひき帰す。もどる。「往返」㋑帰りつく。❷かえす。㋐もとへもどす。㋑改める。❸たび（度）。ひと渡りすること。度数を表す語。国❶かえす。㋐借りたものをもどす。㋑応答する。返事する。❷かえし。㋐返事。㋑もどす品。㋒返し文。返し歌。❸かえる。反対になる。❹かえり。㋐帰途。㋑漢文の返り点。

難読　返分

使いわけ　かえる〔帰・返〕⇩帰（1931）。

解字　篆文　形声。辶（辵）＋反㊉。音符の反は、かえすの意味。もと来た道をひきかえすの意味を表す。

▼顧返

【返還】ヘンカン　一度手にはいったものをかえす。かえす。返済。
【返簡】ヘンカン　返事の手紙。返書。返信。返章。
【返却】ヘンキャク　国かえす。もどす。借りたものを返す。
【返景】ヘンケイ・ヘンエイ　夕日の光。ゆうひかげ。返照。反景。〔唐、王維、鹿柴詩〕返景入二深林一、復照二青苔上一〈夕日の光が深い林の中にさしこんで、そしてさらに、緑のこけの上を照らしている〉
【返顧】ヘンコ　ふりかえりみる。反顧。
【返魂香】ハンゴンコウ・ヘンゴンコウ　香料の名。これをたけば、死んだ人の霊魂を呼びもどすという。反魂香。
【返章】ヘンショウ　返事の手紙。返簡。返書。
【返照】ヘンショウ　①光が照りかえす。②夕ばえ。返景。
【返点(點)】かえりテン　国漢文を訓読するときに漢字の左下につける記号で、下の字から上の字へかえって読むことをあらわす。⇩コラム・訓点（一〇〇一ページ）。
【返付】ヘンプ　かえしわたす。もどす。還付。
【返報】ヘンポウ　①しかえし。むくい。②国返事。返答。
【返命】ヘンメイ　命令を受けたことの結果を報告すること。復命。
【返礼(禮)】ヘンレイ　国①受けた礼にむくいるお礼。②贈られた品に対し、お礼として贈る品。
【返戻】ヘンレイ　国かえすこと。もどすこと。
【返路】ヘンロ　かえりみち。帰途。帰路。

(8)4
【迚】7746　国字　△
7773
6D69

字義 ❶とても。㋐どうしても。㋑非常に。❷とて。㋐といって。さりながら。㋑と思って。㋒として。

解字 会意。辶（辵）＋中。途中まではともかく、しまいまでは、とても行きつけない意味から、とてもと読ませる国字。

(9)5 【迤】7747 △ イ 紙 yǐ

【迆】同字 字義 ❶ななめに行く。❷ななめにする。❸ななめに連なり続くさま。

解字 篆文 形声。辶（辵）＋㐌（也）音。音符の也ャは、くねるの意味。くねって行く、ななめに行くの意味を表す。

【迤迤】イイ 連なり続くさま。長々と続くさま。

【迤邐】イリ ①連なり続くさま。②あっちに行ったり、こっちに行ったりしながら、ななめに行くさま。

(9)5 【迦】7748 標 漢カ 呉ケ 麻 jiā ［迦］ 1864 3260

字義 梵語ボンのカの音を表す字。「釈迦シャカ」「迦陵頻伽カリョウビンガ」

解字 形声。辶（辵）＋加音。

【迦葉】カショウ 仏釈迦の十人のすぐれた弟子の一人。梵語ボン Mahākāśyapa の音訳である、摩訶迦葉波マカカショウハの略。釈迦の死後、仏教界の長老となった。

【迦比羅・迦毘羅・迦毗羅】カビラ 仏昔、北インドの釈迦一族の国。また、その首都。釈迦の誕生地。今のネパール国の〔タライ地方。

【迦藍】ガラン 仏てら。僧舎。＝伽藍ガラン。

【迦陵頻伽】カリョウビンガ 仏極楽にいるという想像上の鳥の名。女の顔に似ていて、声が最も美しいとされている。好声鳥。美音鳥。〔正法念経〕

(9)5 【迥】7749 △ 漢ケイ 呉ギョウ（ギャウ） 迥 jiǒng 7774 6D6A

【逈】俗字 字義 はるか（遥ヨウ）。遠い。

解字 篆文 形声。辶（辵）＋冋音。音符の冋ケイは、はるか遠い野外の意味。辵を付し、道程のはるか遠いの意味を表す。

【迥遠】ケイエン はるかにとおい。

【迥迥】ケイケイ はるかなさま。遠いさま。

【迥然】ケイゼン ＝迥迥。

【迥抜】ケイバツ 高くぬきんでる。

【迥遼】ケイリョウ はるかに遠い。寥遠リョウエン。迥遠。

(9)5 【迮】7750 △ 一 漢サク・呉シャク 陌 zé 二 サク 薬 zuò

字義 一二 ❶たつ。おこる。＝作。❷せまる。❸たちまち。にわか。＝乍サ。

解字 金文 篆文 形声。辶（辵）＋乍音。

(9)5 【迹】7751 △ ジ 迹（7907）と同字。→二〇五六ᐩ。［迹］ 3886 4676

(8)5 【述】7752 教5 ジュツ のべる 2950 3D52

(9)5 【述】7753 漢シュツ・呉ジュチ 質 shù 慣ジュツ

筆順 十 木 朮 述

字義 ❶したがう。❷のべる。㋐かたる（語）。とく（説）。いう。つげる（告）。「陳述」㋑受けついで明らかにする。「祖述」㋒思うところを文章に表しるす。㋓ときあかす。説明する。❸のべたもの。記録。言説。❹文体の名。人の言行を記した文。

名乗 あきら・とも・のぶ・のぶる

解字 金文 篆文 形声。辶（辵）＋朮（朮）音。音符の朮ジュツは、もちきびの穂の象形。もちきびの穂の実が整然と並び続くさまから、先人の言行を受け継ぐの意味を表す。

▼記述・供述・紹述・詳述・叙述・祖述・著述・陳述・編述・略述・論述

【述懐（懷）】ジュッカイ 自分の思いをのべる。言志。

【述語】ジュツゴ 国文の成分の一つ。主語についてその動作・状態・性質などを説明する語。↔主語。

【述作】ジュッサク ①先人の言説をのべ伝えることと、新しい説をはじめてつくること。〔論語、述而〕述而不作のべてつくらず。②本などを出す。著述。

【述職】ジュッショク 昔、中国で諸侯が天子に拝謁して、自分の職務について報告すること。

【述製】ジュッセイ 詩文をつくる。

【述奏】ジュッソウ 天子に申し上げる。

(9)5 【迠】7754 △ ショウ 葉 chè

字義 ❶ゆく（行）。❷飛ぶさま。国まで。迄（7727）の誤字。

解字 形声。辶（辵）＋占音。

(9)5 【迨】7755 △ 漢タイ 呉ダイ 賄 dài

字義 ❶およぶ。いたる（至）。また、まで。❷ねがう（願）。

解字 形声。辶（辵）＋台音。

(9)5 【迢】7756 △ 漢チョウ（テウ） 呉ジョウ（デウ） 蕭 tiáo 7775 6D6B

字義 はるか。遠い。

解字 篆文 形声。辶（辵）＋召音。音符の召は、超に通じ、こえるの意味。ある線をとびこえて、とおい・たかいの意味を表す。

【迢迢】チョウチョウ ①高いさま。②はるかなさま。遠いさま。〔文選、古詩十九首〕迢迢牽牛星ケンギュウセイ、皎皎河漢女カカンのジョ〈天の川を隔ててはるかかなたの彦星と、明るく輝く織女星〉③うらみなどがながく絶えないさま。④夜のふけてゆくさま。

【迢逓（遞）】チョウテイ ①はるかに遠い。遠くへだたる。②高いさま。

【迢遥・迢遙】チョウヨウ 遠くはるかなこと。

(8)5 【迪】7757 囚

(9)5 【迪】7758 漢テキ 呉ジャク（ヂャク） 錫 dí 7776 6D6C

筆順 口 巾 由 迪

【廸】俗字 5515 572F 字義 ❶みち。㋐道路。㋑道徳。❷みちびく。教え導く。「啓迪」❸すすむ（進）。❹よる（由）。❺いたる（至）。❻ふむ（踏）。

名乗 すすむ・ただ・ただし・ふみ・みち

解字 篆文 形声。辶（辵）＋由音。音符の由ユ＝テキは、経ていくの意味。人が通っていくみちの意味を表す。

(8)5 【迭】7759 常 テツ

(9)5 【迭】7760 漢テツ 呉デチ 屑 dié 3719 4533

筆順 ⺊ 二 失 迭

字義 ❶かわる（かはる）。かえる。「更迭」❷かわるがわる。たがいに。❸通りすぎる（過）。❹犯す。❺にげる。

解字 篆文 形声。辶（辵）＋失音。音符の失は、それるの意味。一定の道からそれていく、かわるの意味を表す。

▼交迭・更迭

【迭起】テッキ かわるがわるおこる。迭興。

【迭次】テツジ しばしば。たびたび。ときどき。

【迭代】テツダイ ①つぎつぎと入れかわる。②かわるがわる世を受けつぐ。

(9)5 【迯】7761 △トウ 逃(7778)の俗字。→一〇八六ページ。 7777 6D6D

(8)5 【迫】7762 常 ハク せまる 3987 4777

筆順 亻 白 白 迫

(9)5 〔迫〕7763 漢ハク 呉ヒャク 陌 pò

字義 せまる。㋐ちかづく。「近迫」㋑せばまる。せまくなる。ちぢまる。㋒さしせまる。せっぱつまる。また、ゆきづまる。「切迫」「緊迫」「窮迫」㋓おしつける。強制する。また、おどしつける。おびやかす。「圧迫」「脅迫」国さこ。谷。山のはざま。

難読 迫間・迫水・迫川・迫田・迫

解字 文 篆 形声。辶(辵)+白音。音符の白は、薄に通じ、うすくぴったりつくの意味。せまるの意味を表す。

▼圧迫・急迫・窮迫・強迫・脅迫・緊迫・切迫・促迫

【迫害】しいたげる。力でおさえいじめる。

【迫急】きびしくせまる。急迫。

【迫遽】あわてる。あわてふためく。

【迫劫】せまりおびやかす。迫恐。

【迫脅】①せまりおどす。②土地がせまい。③押し合う。

【迫撃(擊)】近づいて撃つ。肉迫して攻撃する。

【迫切】さしせまる。切迫。

【迫促】せまる。ちぢまる。促迫。逼迫。

【迫力】国ひしひしとせまってくる力。緊迫感。

(10)6 【迻】7764 △イ 図 yí

字義 うつる。うつす。＝移。

解字 文 篆 形声。辶(辵)+多音。

(10)6 【迴】7765 △カイ 廻(2041)と同字。→三六六ページ。 7779 6D6F

(10)6 【适】7766 △ 漢カツ(クヮツ) 呉カチ(クヮチ) 曷 kuò

字義 ❶はやい。すみやか。❷人名。南宮适は、魯の人。孔子の弟子。括とも書く。

解字 文 篆 形声。辶(辵)+舌(𠯑)音。

(9)6 【逆】7767 教5 ギャク さか・さからう 2153 3555

筆順 丷 䒑 屰 逆

(10)6 〔逆〕7768 漢ゲキ 呉ギャク 陌 nì

字義 ❶さからう。↔順。㋐そむく。もとる。「反逆」㋑たがう。物の道理にそむく。「順逆」㋒乱れる。❷むかえる。㋐出迎える。待ちうける。「逆旅」㋑受ける。いただく。㋒はかる。予想する。❸あらかじめ。まえもって。「逆睹」❹のぼせる。のぼせ。「逆上」❺しりぞける。❻よこしま(邪)。また、つみ(罪)。❼さかさま。順序が反対。国さか。さかさ。さかさま。

難読 逆上・逆茂木・逆木

解字 甲骨文 金文 篆文 形声。辶(辵)+屰音。音符の屰は、人のさかさまの形にかたどる。さからうの意味を表す。また、迎に通じ、むかえるの意味をも表す。

▼悪逆・順逆・大逆・背逆・反逆・目逆

【逆意】①人の心持ちにさからう。反抗する。②謀反の心。反心。逆心。

【逆溢】川などがさかさまに流れあふれる。

【逆縁】仏↔順縁。①親が子より生きながらえ、老人が若者より長生きして、その弔いをするようなめぐり合わせ。②悪事がきっかけとなって仏道に入ること。③縁のない者が何かのついでに死者を弔うこと。④あらかじめ死後のために仏に縁を結んでおくこと。

【逆回】さかさまに回る。

【逆境】思うようにならない境遇。不幸なめぐりあわせ。↔順境。〔宋史、羅点伝〕

【逆計】①そむくはかりごと。謀反の計画。②予測する。

【逆行】①さかさまに行く。反対に行く。〔孟子、滕文公下〕②道理にもとった行い。↔順行。

【逆詐】他人があざむいていないのに、信じないであざむくであろうと疑うこと。〔論語、憲問〕

【逆罪】反逆の罪。

【逆施】さかさまに行う。道理が普通と反対になる。

【逆耳】耳にさからうような、聞きづらいこと。忠言のこと。〔史記、留侯世家〕忠言逆レ耳、利ニ於行一(忠言は耳にさからえども、行ひに利あり)

【逆事】道理にさからった良くないこと。

【逆豎】道にさからう悪人。人をさげすみののしっていう。豎は、小僧。

【逆襲】国攻撃されていたものや負けていたものが、急に攻勢に転じ、相手を攻撃すること。

【逆順】①さからうこととしたがうこと。②逆境と順境。③逆の順序。

【逆上】国のぼせること。のぼせあがること。

【逆心】謀反の心。そむく心。

【逆臣】君にそむくけらい。謀反人。

【逆政】悪い政治。道理にそむいた政治。

【逆接】①むかえうつこと。②上下の文が順当に接続しないで、反対の意味となって接続すること。「視而不レ見(みれども見えず)」の「而」の類。↔順接。

【逆説】①主義や意見の反対の議論。異論。②矛盾しているようで、よく考えると矛盾していない説。「急がば回れ」の類。③出迎えて説き話すこと。

【逆賊】君にそむく悪者。謀反人。

【逆転(轉)】形勢や方向が今までと反対になること。また、上下が逆さまになること。

【逆徒】謀反人。悪者ども。

【逆睹・逆覩】前もって見通しをつける。

【逆徳】道理にそむいた行い。〔史記、越王句践世家〕

【逆風】向かい風。↔順風。

【逆謀】謀反のはかりごと。

【逆名】①反逆者であるという名。②仏 生前につけておく死後の戒名。

【逆命】①命令を受ける。②命令に逆らう。

【逆用】国ある目的で行っていることを、それとは反対の目的に利用すること。

【逆流】①流れをさかのぼる。②水がさかさまに流れる。また、その流れ。③仏 生死の流れにさからい、さとりの道に向かい進むこと。

【逆旅】①やどや。旅館。逆は迎、旅人を迎える意。〔唐、李白、春夜宴ニ桃李園一序〕⇩天地者万物之逆旅(天地は万物の逆旅なり)(三六六ページ)。②国とどまること。滞在。

【逆虜】＝逆豎。虜は、下僕(しもべ)、また、蛮人。

【逆鱗】天子の怒り。鱗は、うろこ。竜のあごの下に、さかさに生えたうろこが一枚あり、それにさわると、竜は怒ってその人を殺すという伝説によって、竜を天子にたとえていう。天子や目上の人の怒りにあうことを、「逆鱗に触れる」などという。〔韓非子、説難〕

【逆浪】さかまく波。

(10)6 【逅】7769 △ 漢コウ 呉グ 宥 hòu 7780 6D70

字義 邂逅は、㋐出会う。ふとめぐり会う。㋑うちとけるさま。

解字 篆 文 形声。辶(辵)＋后㊦。音符の后は、遘コウに通じ、あうの意味。

(10)6 【迹】7770 △ 漢セキ・呉シャク 国 jì 7781 6D71
【跡】同字 3255 4057 慣ジャク

字義 ❶あと。㋐あしあと。「足迹」 ㋑あゆみ。ゆきき。「人迹」 ㋒おこない。行為。「行迹」 ㋓いさお。事業。功績。また、ほまれ。名声。「治迹」「名迹」 ㋔かつて建物・事件などのあった所。「旧迹」「遺迹」 ㋕すべて、行為のあった後に残されたしるし。あとかた。「事迹」「痕迹コンセキ」「筆迹」 ❷あとづける。㋐事実によって考える。㋑追いかけたずねる。㋒継ぎ守る。

解字 金 文 篆 文 形声。辶(辵)＋亦㊦。音符の亦エキは、つみ重ねるの意味。積み重ねられた足あとの意味を表す。

【遠レ迹】あとをとおざく 遠くへ逃げる。
【匿レ迹】あとをかくす 足跡をかくす。かくれて世に出ないこと。滅レ迹あとをメッす。
【不レ践レ迹】あとをふまず 前人のおこないに従わないで、自分の考えのままに行う。〔論語、先進〕
【欲レ滅レ迹△而走二雪中一】あとをメッせんとほっしてセッチュウをはしる 足跡を消そうとして、雪の中を走る。おこないがその目的と反対であることのたとえ。〔淮南子、説山訓〕

(9)6 【送】7771 教3 ソウ おくる 3387 4177
(10)6 〔送〕7772 ソウ 国 送 sòng

筆順 丷 䒑 关 送

字義 ❶おくる。㋐おくりやる。おくり届ける。「送付」 ㋑人の行く後を見送る。↔迎。㋒物を人に与える。やる。❷おくり。㋐おくり物。はなむけ。㋑見おくり。
国おくる。㋐暮らす。㋑送りがなをつける。

使いわけ おくる〔送・贈〕
〔送〕人の出発をおくる。また、おくり届ける。「見送る・送り状」
〔贈〕心をこめて与える。「花束を贈る」

解字 文 篆 会意。辶(辵)＋关(弁)㊦。弁は、両手で物をおしあげる形にかたどる。物をささげるようにしておくるの意味を表す。

▼押送・護送・葬送・逓送・拝送・目送・輸送

【送宴】ソウエン 送別の宴会。
【送仮(假)名】おくりがな 国①漢文を訓読するとき、漢字の右下に、その字の活用語尾、または助詞などを書きそえる片かな。捨てがな。②漢字まじりの国文を書くとき、漢字の読み方を明らかにするために、漢字の下につけるかな。
【送還】ソウカン 送り返す。送却。
【送迎】ソウゲイ 行く人を送り、来る人を迎える。また、送り迎え。
【送終】ソウシュウ 死者を葬送する。
【送葬】ソウソウ のべおくり。死者を墓・火葬場に送って行くこと。
【送達】ソウタツ 物を送りとどける。送致。
【送別】ソウベツ 旅や他所に行く人を見送ること。

(9)6 【退】7773 教5 タイ しりぞく・しりぞける 立ち退のく 3464 4260
(10)6 〔退〕7774 ⊟漢タイ・呉ツイ 国 tuì ⊟トン 国

筆順 フ ヨ 目 艮 退

字義 ⊟❶しりぞく。のく。㋐後へさがる。あとじさる。「後退」 ㋑帰る。もどる。また、さがる。まかりでる。どく。「退出」 ㋒ひく。身を引く。やめる。権利・官職などを辞する。「辞退」「退職」 ㋓へる。「減退」 ㋔おとろえる。「衰退」 ㋕しりごみする。ひっこむ。消極的になる。「退嬰タイエイ」 ❷しりぞける。どける。㋐とおざける。㋑おいはらう。「撃退」 ㋒さげる。おとす。官位などをおとす。 ⊟あせる。色がさめる。＝褪タイ。

参考 現代表記では〔頽〕(8655)・〔褪〕(7005)の書きかえに用いることがある。「衰頽→衰退」「頽勢→退勢」「頽廃→退廃」「褪色→退色」

解字 文 篆 会意。篆文は、彳＋日＋夊。彳は、道の象形。日は、食の省形で、たべもの・食事の意味。夊は、足あとの下向きになった形にかたどり、しりぞくの意味。むかし役人が役所からしりぞいて家に帰り、食事をするさまから、しりぞくの意味を表す。後や復の字形と似た部分があるが、彳は、のちに辶(辵)となった。

▼引退・隠退・撃退・謙退・減退・辞退・進退・脱退・撤退・敗退・勇退

【退院】タイイン ①僧が居住していた寺院をたちのくこと。②国入院患者が病院を引きあげること。
【退隠(隱)】タイイン ①しりぞきかくれる。世間との交際をたつ。②つとめをやめて、自由の身となる。
【退△嬰】タイエイ あとへひく。ひきこみがちなこと。消極的なこと。↔進取。
【退化】タイカ ①進歩していたものが、それ以前の状態にもどること。②生物のある器官または組織が、おとろえたりなくなったりすること。↔進化。
【退間】タイカン 官をやめ世俗をはなれて静かに生活する。退職間居。
【退却】タイキャク 戦争やスポーツで、負けてあとへひきしりぞく。
【退屈】タイクツ ①しりぞくこと。②物事にあきる。③国ひまで困ること。
【退紅】タイコウ 薄いさめた感じの紅色。うす桃色。褪紅タイコウ。
【退散】タイサン たちのき去る。逃げ去る。
【退治】タイジ 敵や害を与えるものをうちほろぼす。
【退出】タイシュツ まかる。ひきさがって帰る。
【退譲(讓)】タイジョウ へり下って他人に譲る。
【退色】タイショク 色がさめる。色あせる。また、その色。褪色タイショク。
【退食】タイショク 朝廷から家に帰って食事をする。官吏が家に帰ること。一説に、膳ゼンを減らすこと。〔詩経、召南、羔羊〕
【退勢】タイセイ おとろえくずれた勢い。衰勢。頽勢タイセイ。
【退蔵(藏)】タイゾウ ①しりぞきかくれる。〔易経、繋辞上〕退二蔵于密一ミツにタイゾウす。②物品をかくして、しまっておく。
【退朝】タイチョウ 朝廷から退出する。
【退廷】タイテイ 朝廷や法廷などから退出する。↔入廷。
【退転(轉)】タイテン ①仏道修行している者が、中途で志がくじけて転落すること。↔不退転。②おちぶれて他に移ること。③移り変わって悪くなること。
【退任】タイニン 役目をやめる。退職。
【退敗】タイハイ 戦いにやぶれてしりぞく。敗退。
【退廃(廢)】タイハイ 勢いがおとろえて物事がすたれること。頽廃タイハイ。
【退避】タイヒ ①しりぞいて危険をさける。②引退する。◇「退避」も「待避」も危険を避けて一時どくこと。ただ、退くか、待つか、使い分けに紛らわしい場合が多く、現代では、鉄道関係に「待避」を用いる以外、ほとんど「退避」を用いる。「待避線」「退避命令」
【退歩】タイホ ①あともどりする。②以前の状態より悪くなる。↔進歩。
【退老】タイロウ 官をやめて隠居する。

(10)6 【迺】7775 △ 漢ダイ 呉ナイ 国 nǎi 7782 6D72
【廼】俗字 3922 4736

字義 ＝乃ダイ。❶すなわち。❷なんじ。おまえ。❸はじめて。国の。＝乃の。「曾我迺屋そがのや(屋号)」

解字 形声。西＋辶(乃)㊦。

(9)6 【追】7776 教3 ツイ おう 3641 4449

(10)6
〔追〕 7777
㊀ツイ 支・寘 zhui
㊁漢タイ・呉ツイ 灰 dui

筆順 亻 戶 阜 追

字義 ㊀❶おう（おふ）。㋐おいかける。おいまわす。「追跡」 ㋑おいはらう。おいのける。㋒あとをしたう。また、過去にさかのぼる。「追随」「追懐」 ㋓おくる。見送る。㋔たずね求める。「追究」 ㋕おいつく。およぶ。㋖救う。おぎなう。〔論語、微子〕来者猶可ㇾ追（きたるものはなお（ほ）おう（ふ）べし）。

㊁❶みがく。玉を磨く。❷つり鐘のかけひも。また、竜頭（リュウズ）。

❷おって（追手）

難読 追而（おって）・追儺（おにやらい）・追波（おっぱ）・追浜（おっぱま）・追風（おいて）・追良瀬（おいらせ）

解字 甲骨文　金文　文　篆　会意。辶（辵）＋𠂤。𠂤は神にそなえる肉の象形。肉をそなえて祭り、祖先をしたうの意味を表す。

▼急追

【追遠】ツイエン ①祖先を思いしのぶ。祖先の祭りを丁寧に行う。〔論語、学而〕慎ㇾ終追ㇾ遠（おわ（は）りをつつしみ、とお（ほ）きをおう（ふ））。②昔のことを思う。

【追王】ツイオウ 死後に王の称号を贈ること。

【追憶】ツイオク 過ぎ去ったことを思いしのぶ。追想。

【追悔】ツイカイ あとで悔いること。

【追懐（懷）】ツイカイ 過去のことを思い出してなつかしむ。

【追感】ツイカン 過去のことを思って、心に感ずる。

【追記】ツイキ あとから書きしるす。また、その文。追録。

【追及】ツイキュウ 追いつく。また、追いつめる。「責任を追及する」

【追求】ツイキュウ ①追いかけてさがす。②どこまでも追いかけて求める。「利潤の追求」◇「追及・追求・追究」はともに、追いかける、追いつめる意であるが、「追及」は逃げるものを追いつめる、「追求・追究」はほしい物を手に入れようと追いかけもとめる意である。一般に、その追いかける物が、利益や快楽である場合は「追求」、真実や本質のように、よく分からない場合は「追究」と使い分ける。

【追究】ツイキュウ 事実の不明なもの、不正なものをどこまでもたずねきわめる。おしきわめる。「真理の追究」

【追撃（擊）】ツイゲキ 逃げていく敵を追いかけてうつ。〔史記、項羽本紀〕

【追孝】ツイコウ 死んだ父母の霊によく仕え、とむらって、死後の孝養をつくすこと。

【追号（號）】ツイゴウ 王者などが、死者に後から称号をつける。また、その称号。

【追△諡】ツイシ 死後に贈る名。おくりな。

【追従（從）】ツイジュウ ①後につきしたがって行く。追随。②国ツイショウ 人にこびへつらうこと。おもねり。

【追叙（敍）】ツイジョ ①昔がたりをする。②国死後、官位を贈る。

【追称（稱）】ツイショウ 死後、その人の善行をたたえる。追美。

【追△頌】ツイショウ 人の死後、その善行をほめたたえる。

【追△蹤】ツイショウ ①あとを追いかける。②旧事をたずねる。③昔のことを思い出す。

【追△躡】ツイジョウ あとをつけて追いかける。追跡。

【追伸・追申】ツイシン 国手紙などで、あとからつけ加える文章の初めに書くことば。◇「追申」が本来の用字であるが、現代ではほとんど「追伸」が用いられている。

【追随（隨）】ツイズイ ①あとについてゆく。追従。②転じて、追慕の意。

【追惜】ツイセキ 死後、その人をおしむ。

【追跡・追△迹】ツイセキ あとをつけて追いかける。

【追善】ツイゼン 仏①死者の冥福を祈って、その善事・善徳を慕い追想すること。②死者の命日などにおこなう供養（クヨウ）のための仏事。

【追訴】ツイソ 最初に訴えたことに追加してうったえること。

【追想】ツイソウ 過ぎ去った事がらを思い出すこと。

【追贈（贈）】ツイゾウ ①死後に官位などを贈る。↕追貶（ツイヘン）。②子孫からその父祖に尊称を贈る。

【追尊】ツイソン 死者の子である人の身分に応じて、その亡父または亡祖に対して尊号を贈ること。

【追△琢】ツイタク 金属や玉石をみがく。

【追逐】ツイチク ①にげるのを追う。②たがいにきそいあう。③連れだって酒などを飲む。

【追弔】ツイチョウ 死後、大分たってからその人をとむらう。

【追徴】ツイチョウ 追加や不足額のとりたて。

【追討】ツイトウ ①おいかけて攻めうつ。おいうち。②国おい（ひ）うち 人をさし向けて討ちとること。

【追悼】ツイトウ 死者のことを思っていたみ悲しむ。

【追△儺】ツイナ 国おにやらい。悪鬼を追い払う儀式。儺は、疫病を追いはらう意。大みそかに行い、節分の豆まきは、そのなごり。

【追認】ツイニン 過去にさかのぼって事実を認めること。

【追△攀】ツイハン 助け合う。攀は、縁故をたどること。

【追美】ツイビ 死者をあとからほめる。追称。

【追福】ツイフク 仏＝追善。

【追△貶】ツイヘン 死後、生前の位階を取り上げる。↕追贈。

【追捕】ツイホ ①追いかけて捕らえる。②国ブツイ ㋐悪人を追いかけて捕らえること。㋑土地や財産などを取り上げる。

【追慕】ツイボ 死者または遠く去った人を恋いしたう。〔後漢書、皇后上、陰皇后紀〕

【追放】ツイホウ ①追いはらう。放逐。②国㋐武家時代の刑罰の一つ。罪人を一定区域外に追い払うこと。㋑ある種の職業や一定の区域などから追い出すこと。㋒公職から、不適当な人物を退かせること。パージ。

【追和】ツイワ 古人の詩に対して、後世の人が和すること。

(9)6
【逃】 7778
常
トウ　にげる・にがす・のがす・のがれる

(10)6
〔逃〕 7779
漢トウ（タウ）　呉ドウ（ダウ）　慣チョウ（テウ）　豪 táo

3808
4628

〔迯〕俗字 7777 6D6D

筆順 丿 扌 兆 兆 逃

字義 ❶のがれる（のがる）。にげる（にぐ）。㋐走り去っていなくなる。「遁逃（トントウ）」 ㋑さける（避）。つかまらないようにさけ去る。㋒去る。身をひいてたち去る。去りかくれる。㋓まぬかれる。危険・責任などをまぬかれる。❷のがす。にがす。❸まじろぐ。睛（ひとみ）が動く。

解字 文　篆　形声。辶（辵）＋兆音。音符の兆は、うらないのときに現れるわれめの象形で、はじきわかれるの意味を表す。すすむの意味の辵を付し、わかれ去る、にげるの意味を表す。

【逃隠（隱）】トウイン にげてかくれる。姿をかくす。

【逃散】トウサン ①一斉ににげ去る。ばらばらににげる。②国チョウサン 百姓一揆（イッキ）で、農民が集団で他領に移転すること。

【逃△竄】トウザン にげかくれる。

【逃世】トウセイ 世をのがれる。隠居して世間と交わらないこと。

【逃禅（禪）】トウゼン 浮世をのがれて禅に入る。僧の生活をする。一説に、禅をのがれること。また、酒を飲んで仏戒にそむくこと。〔唐、杜甫、飲中八仙歌〕

【逃匿】トウトク にげかくれる。〔孟子、滕文公上〕

【逃難】トウナン 難をさける。災害からのがれる。避難。

【逃亡】トウボウ にげうせる。にげて姿をかくすこと。

【逃奔】トウホン のがれ走る。逃走。

【逃名】トウメイ 名誉をさけて求めない。

(10)6
【迸】 7780
△　ホウ　迸（7830）の俗字。→一〇九三ページ。

7794
6D7E

(9)6
【迷】 7781
教5
メイ　まよう

(10)6
〔迷〕 7782
漢ベイ・呉マイ　慣メイ　斉 mí
迷子（まいご）

4434
4C42

筆順 丶 丷 米 迷

字義 ❶まよう。㋐道をまよう。わき道にさまよう。㋑まどう。良い悪いの判断がつかない。決断がつかない。「昏迷（コンメイ）」㋒ぼんやりする。「低迷」❷まよわす。人の心をくるわす。❸まよい。

国メイ。すじが通らない。「名（メイ）」にもじって、「名文」に対して「迷文」のように用いる。

解字 篆文 形声。辶（辵）＋米㊫。音符の米は、多くのものの意味。道が多すぎて、まようの意味を表す。 難読 迷子（まいご・まよいご）

▼頑迷・混迷・低迷

【迷界】（メイカイ） 仏迷いの世界。すなわち、この世。浮世。

【迷宮】（メイキュウ） ①その中にはいると出口がわからなくなるように造った宮殿。②事件が複雑で容易に解決できなくなること。

【迷執】（メイシュウ） 仏迷った執念。迷った心で物事にこだわること。

【迷信】（メイシン） ①科学的根拠のないことを信ずること。②健全でない宗教を信じること。

【迷津】（メイシン） ①わたし場の所在をふみまよう。②転じて、方向に迷う。③仏衆生（シュジョウ）が迷い苦しむ三界六道（サンガイリクドウ）をいう。三界は、欲界・色界・無色界。六道は、地獄・餓鬼・畜生・修羅（シュラ）・人間・天上。

【迷途】（メイト） ①道に迷う。処生の道に迷う。〔文選、陶潜、帰去来辞〕実迷レ途其未レ遠（ジツにみちにまよう（ふ）こと、それいまだとお（ほ）からず）②仏（メイズ）迷いの世界。

【迷夢】（メイム） 心のまよい。夢のようなとりとめもない考え。

【迷妄】（メイモウ） 心のまよい。心がまどいくらむ。

【迷罔】（メイモウ） ①まよわしくらます。②心がみだれてくらむ。

【迷離】（メイリ） ぼんやりすること。模糊（モコ）。

【迷路】（メイロ） 方角や出口がわかりにくく迷いやすい道。

【迷惑】（メイワク） ①道に迷う。②心がまよいまどう。③国やっかいなめにあって困る。

(10)6【迾】7783 △ 漢レツ 呉レチ 屑 liè

字義 ❶さえぎる（さへぎる）。とどめる。❷はらう。道すじを払い清める。「迾卒」は、天子の通る道を清める兵卒。

解字 篆文 形声。辶（辵）＋列（㢡）㊫。音符の㢡（レツ）は、束（レン）に通じ、とじこめるの意味。道をふさぎとじこめるの意味から、さえぎるの意味を表す。

(11)7【逑】7784 △ 漢キュウ（キウ） 呉グ 因 qiú

字義 ❶つれあい（つれあひ）。たぐい。夫、また、妻。配偶者。「好逑」❷あう（あふ）（合）。たぐう。❸あつめる（あつむ）。あつまる。＝鳩（キュウ）。

7783 6D73

解字 篆文 形声。辶（辵）＋求㊫。音符の求は、分散していたものが一点に集まるの意味。辵は、すすむの意味。一つの所にあつまるの意味を表す。また、もとめあう相手、つれあいの意味を表す。

(11)7【逛】7785 △ 一 漢キョウ（キャウ） 呉コウ（クヮウ） 養 guàng 二 漢キョウ（キャウ） 呉コウ（クヮウ） 漾

字義 一❶走る。走るさま。❷遊ぶ。ぶらぶら歩く。二あざむく。

解字 形声。辶（辵）＋狂㊫。

7784 6D74

(11)7【逕】7786 △ ケイ 径（2134）（徑）と同字。→三六一ページ。

(11)7【這】7787 標 一 漢ゲン・呉ゴン 霰 yàn 二シャ 馬 zhè（zhèi） ［這］

【这】俗字

3971 4767

字義 一むかえる（迎）。二これ。この。

国はう（はふ）。㋐はらばう。㋑虫がはって歩く。㋒蔓（つる）などがまつわりつたって行く。

難読 這這（ほうほう）・這田（ほうだ）・這柏槇（はいびゃくしん）

解字 形声。辶（辵）＋言㊫。

【這箇・這個】（シャコ） これ。この。這般。

【這般】（シャハン） ①この。これら。這箇。②このたび。今回。

【這△麼】（シャマ） このように。こんなに。

【這裏】（シャリ） ①このうち。②このあたり。這辺。

(11)7【逎】7788 △ シュウ 遒（7841）と同字。→一〇九五ページ。

7805 6E25

(11)7【逡】7789 △ 一シュン 真 qūn 二シュン 震

字義 一しりごみする。あとじさる。「逡巡」二はやい。＝迅。

7785 6D75

解字 篆文 形声。辶（辵）＋夋㊫。音符の夋（シュン）は、蹲に通じ、うずくまるの意味。進まずにうずくまってしまうの意味から、しりごみするの意味を表す。

【逡巡・逡△遁・逡循】（シュンジュン） しりごみする。ぐずぐずする。ためらって決行しないこと。「遅疑逡巡」

(11)7【逍】7790 標 ショウ（セウ） 蕭 xiāo

7786 6D76

字義 さまよう。ぶらつく。「逍遥（ショウヨウ）」

解字 篆文 形声。辶（辵）＋肖㊫。

【逍△遥（遙）】（ショウヨウ） ①気ままに歩く。さまよう。ぶらつく。②のんびりと気ままに楽しむ。

【逍△遥（遙）遊】（ショウヨウユウ） 『荘子』の編名。気ままにして物にこだわらず、ゆったりとして楽しみ自適する意味。

(10)7【逝】7791 常 セイ ゆく

(11)7〔逝〕7792

漢セイ 呉ゼイ 霽 shì

3234 4042

筆順 扌 扌 扩 折 逝

字義 ❶ゆく。㋐行く。進む。〔史記、項羽本紀〕騅不レ逝（スイゆかず）。㋑去る。過ぎ去る。㋒死ぬ。「長逝」❷およぶ。❸すみやか。速い。

使いわけ ゆく〔行・逝〕⇩行（2127）。

解字 篆文 形声。辶（辵）＋折（㪿）㊫。音符の㪿（セツ）は、ばらばらに離れるの意味。目の前から離れていくの意味を表す。

▼永逝・遠逝・長逝

【逝去】（セイキョ） 死ぬ。なくなる。長逝。

【逝者】（ゆくもの） 過ぎ去ってふたたびもどらないもの。

【逝者如△斯夫】（ゆくものはかくのごときかな） 過ぎゆくものはまさにこのようであるなあ。水流の絶え間なく流れるさまを見て時の過ぎ行くのを嘆じた孔子の語。〔論語、子罕〕——、不レ舎二昼夜一（チュウヤをおかず）〈——、昼も夜も休むことがない〉

【逝水】（セイスイ） ＝逝川。

【逝川】（セイセン） 流れ去る川の水。ふたたび帰らないもののたとえ。

(10)7【造】7793 教5 ゾウ つくる

(11)7〔造〕7794

一 漢ソウ（サウ）・呉ゾウ（ザウ） 號 zào 二 ソウ（サウ） 号 zào（cào）

3404 4224

筆順 ノ 屮 生 告 造

字義 一❶つくる。なす。㋐こしらえる。「製造」㋑建てる。「築造」㋒する。行う。また、営む。❷はじめ（始）。始める。はじめて。❸あう（遭）。❹とき。時代。時世。「末造」

二❶いたる。㋐行く。㋑来る。❷なる。できあがる。成就する。＝就。❸つげる（告）。❹にわか。あわただしい。あわてふためく。

国みやつこ。昔、朝廷に仕えた文武百官の称。また、後世の国守。「国造（くにのみやつこ）」

名乗 なり 難読 造酒（みき）

使いわけ つくる〔作・造〕⇩作（178）。

解字 金文 篆文 会意。金文は、宀＋舟＋告。宀は、家屋の意味。舟は、盤の省略形で、大きな皿のごちそうの意味。告は、つげるの意味。屋内に供物

を持ちこんでいのるの意味から、いたす・いたるの意味を表す。また、物がある目的点にまで形をとるにいたるの意味から、つくるの意味を表す。のち、事態がなるの意味に関するところから、辶(辵)＋告となる。

▼営造・改造・偽造・構造・醸造・創造・鋳造・模造

【造意】(ゾウイ) ①犯罪の首謀者。②新しくくふうをこらす。考案。

【造営(營)】(ゾウエイ) 家屋などを営みつくること。営造。

【造化】(ゾウカ) ①天地間にある万物を造り育てた神。造物者。造物主。〔淮南子、精神訓〕偉哉造化者(ヰなるかなゾウカシャ)。②天地。宇宙。自然。③自然の道理。天地間の万物を支配している法則。

【造形・造型】(ゾウケイ) ある観念から、形あるものを作ること。

【造詣】(ゾウケイ) ①学問や技芸などに深く通ずること。〔孟子、離婁下〕②他人の家にたずねてゆく。造は、いたる意。

【造語】(ゾウゴ) ①ことばを新しくつくる。また、そのことば。②うそを言う。造言。

【造作】(ゾウサク) ①物をつくること。②国㋐建物の内部の装飾・建具など、取り付け物の類。㋑(ゾウサ) てま。てかず。やっかい。

【造士】(ゾウシ) ①学問ができあがった人。②人物を養成する。

【造次顚沛】(ゾウジテンパイ) とっさの場合や今にも危ないという時。造次は、あわただしい、わずかの間。顚沛は、つまずきたおれる時。〔論語、里仁〕君子無終食之間違仁(クンシはシュウショクのあいだもジンにたがうことなし)、造次必於是(ゾウジにもかならずここにおいてし)、顚沛必於是(テンパイにもかならずここにおいてす)。〈君子は、食事をとるわずかな時間も仁にそむくことなく、あわただしいときでも必ず仁に基づき、まさにつまずいて倒れようとするときでも必ず仁に基づく〉

【造修】(ゾウシュウ) きちんとつくってととのえる。

【造請】(ゾウセイ) 行ってお目にかかる。ごきげんうかがいに行く。往候。

【造物者】(ゾウブツシャ) 天地間の万物をつくった神。また、「道」をいう。造物主。〔列子、周穆王〕

【造兵】(ゾウヘイ) ①戦乱を起こす。②兵器をつくる。

【造幣】(ゾウヘイ) 貨幣をつくる。「造幣局」〔史記、平準書〕

【造謗】(ゾウボウ) そしる。悪口をいう。

【造昧】(ゾウマイ) 世のまだ開けない時。世のはじまり。草昧。

(10)7【速】7795　教 3　ソク　はやい・はやめる・すみやか　3414 422E

(11)7〔速〕7796　ソク　屋 sù

筆順　一　𠮛　中　束　速

字義　❶はやい(はやし)。すみやか。↔遅。❷すみやかに。はやく。すみやかにする。はやくする。いそぐ。はやめる(はやむ)。❸まねく(招)。めす(召)。よぶ(呼)。❹つつしむ。

名乗　ちか・とう・はや・はやし・めす　難読　速星(はやぼし)

使いわけ　はやい〔早・速〕⇨早(2977)

解字　金文　篆文　形声。辶(辵)＋束音。音符の束は、たばねるの意味。道を行くのに時間をたばねちぢめるようにする、はやいの意味を表す。

▼急速・早速・神速・迅速・拙速

【速決】(ソッケツ) すみやかにきめる。その場で結論を出す。速断。〔晋書、陸機伝〕

【速射】(ソクシャ) 弾丸などをつづけざまにうつこと。

【速成】(ソクセイ) 急速に事をなしとげる。早く仕上げる。「速成栽培」〔左伝、襄公十七〕

【速断(斷)】(ソクダン) 早く決定する。また、早まった判断。

(10)7【逐】7797　常　チク　3564 4360

(11)7〔逐〕7798　漢チク　呉ジク(ヂク)　屋 zhú

筆順　丆　丂　豕　逐

字義　❶おう(おふ)(追)。㋐追いかける。追いはらう。しりぞける。「駆逐」㋑したがう。後についてゆく。㋒追い求める。追求する。❷きそう。あらそう。「角逐」❸はしる(走)。❹物を一つ一つ順を追ってするのにいう語。一つごとに。「逐一」「逐条」

解字　甲骨文　金文　篆文　会意。甲骨文は、豕＋止。止は、足の象形、のち、辵となる。豕は、いのししの象形。いのししを追う足のさまから、おうの意味を表す。

▼角逐・駆逐・追逐・放逐

【逐一】(チクイチ・イツ) ひとつひとつ。余すところなく順をおって。逐次。

【逐次】(チクジ) 順を追ってつぎつぎに。しだいに。

【逐日】(チクジツ) ①毎日。日ごとに。②太陽を追いかける。〔列子、湯問〕③馬がはやく行くことのたとえ。

【逐条(條)】(チクジョウ) ①一条ごとに。一条ずつ順に。②一枝ごとに。条は、木の枝。

【逐臣】(チクシン) 追放された家来。左遷された役人。

【逐進】(チクシン) きそい進む。競進。争進。

【逐斥】(チクセキ) 追いしりぞける。追いはらう。

【逐逐】(チクチク) ①物を追求してやまないさま。まじめなさま。②わずらわしいさま。③二頭の馬が並び走るさま。④すみやかなさま。

【逐電】(チクデン) ①雷(かみなり)を追う意で、速度の非常にはやいこと。②国(チクテン・チクデン) にげうせる。にげて、行く先をくらます。

【逐北】(チクホク) にげるのを追う。北は、にげる。

【逐涼】(チクリョウ) 涼を追う。すずむこと。納涼。

【逐鹿】(チクロク) ①鹿を追う。②鹿を帝位にたとえて、帝位を争う意。政権を争う。「中原逐鹿(チュウゲンにしかをおう)」〔史記、淮陰侯伝〕

(10)7【通】7799　教 2　ツウ・ツ　とおる・とおす・かよう　3644 444C

(11)7〔通〕7800　漢トウ　呉ツ・ツウ　東 tōng

筆順　マ　丙　甬　甬　通

字義　❶とおる(とほる)。㋐つらぬく。とおす(とほす)。「貫通」㋑先へ進む。とどく。ゆきわたる。達する。「流通」㋒へる(経)。経過する。また、歩く。㋓さとる。理解する。❷かよう(かよふ)。㋐行き来する。㋑物などを皆で用いる。たがいに交換する。㋒男女が不義の交わりをする。㋓行き来して仲よくする。親しむ。❸のべる(述)。陳述する。❹ひらく。設ける。「開通」❺すべて。あまねく。「普通」❻取り次ぎをする。また、取り次ぎ。❼手紙や書類を数える語。「一通」

国❶ツウ。人情や遊芸に明るいこと。また、その人。❷とおり(とほり)。㋐道筋。「上町通り」㋑ごとし。「右の通り」㋒きこえ。㋓信用。❸かよい(かよひ)。㋐通帳。金銭や物品の受け渡しのための帳面。掛売帳。㋑酒席の給仕。❹かよう(かよふ)。似る。❺ツウじ。大小便の排出。

名乗　ひらく・みち・みつ・ゆき　難読　通津(つづ)・通草(あけび)

解字　金文　篆文　形声。辶(辵)＋甬音。音符の甬(ヨウ)は、筒に通じ、つつの意味。つつのように中空で障害物がなく、よくとおるの意味を表す。

▼貫通・交通・私通・精通・疎通・内通・不通・融通

【通韻】(ツウイン) ①音声のように響く。②作詩上、似ている韻の漢字を相互に通用させること。③国五十音中の同列の韻がたがいに通じて変化すること。きさき・きさいの類。

【通謁(謁)】(ツウエツ) 名刺を通じて面会を求める。通刺。

【通家】(ツウカ) ①父祖の代から親しくしている家。②縁組した家。姻戚(インセキ)。

【通過】(ツウカ) ①とおり過ぎる。②許可される。また、会議などで議案が可決される。

【通雅】(ツウガ) ①物事の理に通じて正しい。②書名。五十二

巻。明の方以智の編。名物・訓詁・音韻などについて考証したもの。

【通解】ツウカイ 全般にわたってひととおり説き明かす。また、その書。

【通款】ツウカン (味方をうらぎって)敵に内通する。

【通関(關)】ツウカン ①関をひらいて交通を便利にする。②犯罪人と通じ合い、その事件に関係をもつこと。③犯罪者の逮捕に出向く役人に支給する関門の通行券。④貨物の輸出入に際し、正規の手続きをとって税関を通過することをいう。

【通観(觀)】ツウカン 全部にわたって目を通す。

【通鑑】ツガン 書名。『資治通鑑』の略。→一〇四三ページ。

【通鑑綱目】ツガンコウモク 書名。『資治通鑑綱目』の略。→一〇四三ページ。

【通義】ツウギ ①世間にどこでも通用する道理。また、解釈。②人のふみ行うべき正しい道。通誼。

【通窮】ツウキュウ 順調なことと、ゆきづまること。しあわせとふしあわせ。

【通暁(曉)】ツウギョウ ①物事によく通じ理解している。くわしく知っている。②あけがたまでおきている。夜どおし。

【通△衢】ツウク 四方に通ずる大通り。にぎやかな場所。

【通計】ツウケイ そうかんじょう。全体をまとめた計算。

【通経(經)致用】ツウケイチヨウ 経書に精通して、それを世務に活用すること。

【通好】ツウコウ 仲よくする。

【通行】ツウコウ ①道を通ってゆく。②一般に通じて行われる。「通行本」

【通侯】ツウコウ 秦・漢時代、諸侯をいう。

【通溝】ツウコウ ほりわり。水の流れるみぞ。

【通告】ツウコク ①つげしらせる。通知。通報。②公文書の一つ。布告の類。

【通国(國)】ツウコク 国中の人すべて。挙国。〔孟子、離婁下〕

【通材】ツウザイ 物事の理に通じて、才能のある者。

【通算】ツウサン 全体を通してかぞえる。通計。

【通史】ツウシ 歴史記述法の一つ。全時代・全領域にわたって総合的に書いた歴史。『史記』がその祖。↕時代史。

【通刺】ツウシ ＝通謁。刺は、名刺。

【通事】ツウジ ①両国のつきあいやゆききのこと。②取り次ぐ。また、その役。③通訳官。通弁。

【通辞(辭)】ツウジ 通訳。通詞。

【通儒】ツウジュ 博学で万事に通じた学者。

【通習】ツウシュウ ①全部を一通り習う。②よく会得していること。習は、なれる・習熟する。

【通称(稱)】ツウショウ ①とおり名。世間に普通にとなえる名。俗称。②一般に通用する呼び方。

【通宵】ツウショウ よもすがら。夜どおし。通夕。通昔。

【通商】ツウショウ 外国と交通して貿易を営むこと。

【通情】ツウジョウ ①内々によしみを結ぶ。②内通する。③男女がひそかに情交を結ぶ。

【通人】ツウジン ①物事をよく知っている人。博覧多識の人。学者。②国㋐世間のようすや人情にくわしく、世の中の事になれている人。↕野人。㋑花柳界に出入りして、その事情に明るい人。粋人。

【通性】ツウセイ 一般のものが共通してもっている性質。通有性。共通性。

【通夕】ツウセキ 一晩中。夜どおし。通昔。通宵。

【通籍】ツウセキ ①宮門の出入を許された者の姓名や年齢などを書いたかけ札。②仕官する。

【通説】ツウセツ ①世間一般に認められている考え。②道理に通じ、造詣の深い説。③＝通解。

【通則】ツウソク すべてに通じて用いられる法則。

【通俗】ツウゾク ①だれにでもわかるやさしいこと。②ありふれたこと。世間なみ。一般的なこと。

【通達】ツウタツ ①ゆきわたる。物事を明らかに心得ている。②官庁などの上から下へのしらせ。通知。通告。

【通脱】ツウダツ むとんちゃくで小さな事にかかわらない。

【通△旦】ツウタン 翌朝まで。夜あかし。徹夜。旦は、夜明け。

【通知】ツウチ ①しらせる。知らせ。②じゅうぶんに知る。

【通△牒】ツウチョウ 書面でつげ知らせる。また、その文書。おもに公文書についていう。「最後通牒」

【通徹】ツウテツ 明らかにさとる。洞徹。

【通典】ツウテン ①古今に通ずる法則。②ツテン・ツウテン 書名。二百巻。唐の杜佑の著。上代から唐の天宝年間に至るまでの制度を八部門に分けて記したもの。

【通読(讀)】ツウドク 初めから終わりまでひととおり通して読む。↕精読。

【通念】ツウネン 社会一般で、普通となっている考え。

【通判】ツウハン 官名。州の政治を監督する官。宋の太祖が節度使の勢力をおさえるために設けたもの。

【通敏】ツウビン 物事をよく心得ていること。

【通弊】ツウヘイ 一般にひろく見られる悪い点。

【通弁(辯)】ツウベン 通訳をして会話のなかだちをすること。また、その人。通訳。通事。

【通報】ツウホウ つげ知らせる。知らせ。通知。

【通宝(寶)】ツウホウ 世間に通用する貨幣。通貨。

【通△榜】ツウボウ 唐代の科挙(官吏登用試験)で、試験の成績によらず、履歴によって推薦で及第させる制度。

【通謀】ツウボウ はかりごとをしめしあわせる。ぐるになってたくらむ。

【通問】ツウモン ①おとずれる。②たよりをして安否をきく。

【通夜】ツウヤ ①よどおし。夜もすがら。徹夜。②仏ツヤ ㋐仏堂にこもって夜どおし祈願すること。㋑死者をとむらうためにそのそばにいて夜を明かすこと。

【通訳(譯)】ツウヤク たがいに異なる言語を、相手の言語に直して会話の仲立ちをすること。通弁。

【通有】ツウユウ 全部のものが、ほとんど共通してもっていること。↕特有。

【通用】ツウヨウ ①一般に通じて用いられる。②国㋐常に往来出入する意。「通用門」㋑使用に有効と認められること。「通用期間」

【通覧(覽)】ツウラン ひととおり見る。全体に目を通す。

【通理】ツウリ ①物事の理によく通じていること。②世間一般に通ずる道理。通義。③すべてを統合しておさめる。

【通例】ツウレイ ①世間のしきたり。一般のならわし。②普通に。一般に。③一般の規則。たいていの場合にあてはまる規則。

【通論】ツウロン ①ある事についての一般的な意見。概論の類。②すべてに通ずる正しい議論。

(10)7【逓】7801 常 テイ 3694 447E

(14)10〔遞〕7802 漢テイ 呉ダイ 簡〔递〕 dì 7810 6E2A

筆順

字義 ❶かわるがわる。たがいに。❷かわる。いれかわる。❸つたえる(伝)。つぎつぎと伝え送る。❹しゅくば(宿場)。宿駅。伝駅。❺宿場にいる車馬。❻めぐる。囲む。

解字 篆文

形声。辶(辵)＋虒(虒)㊥。音符の虒は、易に通じ、かわるの意味。かわりながらすすむの意味を表す。

▼駅逓・伝逓・郵逓

【逓減】テイゲン だんだん少なくする。↕逓増。

【逓興】テイコウ かわるがわるおこる。↕逓廃。

【逓次】テイジ 順番に。順次に。

【逓進】テイシン かわるがわる進む。

【逓送】テイソウ ①順々に取り次ぎ送る。伝送。②宿駅から宿駅へと送る。

【逓増】(テイゾウ) だんだん多くする。↕逓減。

【逓伝（傳）】(テイデン) ①順次に伝え送る。②宿つぎで伝え送る。③宿つぎの人馬。

【逓廃（廢）】(テイハイ) かわるがわるすたれる。↕逓興。

(11)7
【逞】7803 △ 漢テイ 呉チョウ（チャウ） 梗 chěng ― 7787 6D77
［逞］標準

字義 ❶たくましい（たくまし）。㋐こころよい。楽しい。㋑強い。勇ましい。さかんである。❷たくましくする。㋐こころよくする。強くする。さかんにする。㋑ほしいままにする。思う存分にする。「不逞」㋒つくす（尽）。きわめる（極）。❸とく（解）。ゆるやかにする。❹速い。すばしこい。

参考 〔逞〕は同字で、印刷標準字体。

解字 金文 篆文 形声。辶（辵）＋呈㊥。音符の呈は、むきだしにするの意味。自分の意志をむきだしに物事をすすめるの意味から、たくましいの意味を表す。

【逞憾】(テイカン) うらみを思う存分はらす。

【逞欲】(テイヨク) 欲望をほしいままにする。

(11)7
【逖】7804 △ 漢テキ 呉チャク 錫 tì ― 7788 6D78
【逷】古字

字義 ❶とおい（遠）。はるか。❷遠ざける。遠ざかる。❸逖逖(テキテキ)は、利益を追い求めるさま。

解字 文 篆文 古文 形声。辶（辵）＋狄㊥。

(10)7
【途】7805 常 ト ― 3751 4553
(11)7
〖途〗7806 漢ト 呉ズ（ヅ） 虞 tú

筆順 入 今 余 途

字義 みち。こみち。みちすじ。「帰途」「前途」

参考 現代表記では〔杜〕(3318)の書きかえに用いることがある。「杜絶→途絶」

解字 甲骨文 形声。辶（辵）＋余㊥。音符の余は、伸びるの意味。どこまでも伸びているみちの意味を表す。

▼一途・官途・使途・首途・征途・前途・壮途・中途・長途・当途・別途・迷途・目途・用途

【途次】(トジ) みちすがら。道のついで。

【途上】(トジョウ) ①道のほとり。路上。②道の途中。「行中。「発展途上」③物事の進行中。

【途絶】(トゼツ) 国ふさがってとだえる。杜絶(トゼツ)。

【途端】(トタン) 国ちょうどそのときすぐ。はずみ。ひょうし。

【途中】(トチュウ) ①道のりの中ほど。目的地までの中間。②物事の目的をやりとげるまでの間。

【途△轍】(トテツ) 国すじみち。道理。途方。「途轍も無い」は、度をはずれていること、とんでもないこと。

【途方】(トホウ) 国①てだて。手段。方法。②すじみち。

(10)7
【透】7807 常 トウ すく・すかす・すける ― 3809 4629
(11)7
〖透〗7808 漢トウ 呉ツ 宥 tòu

筆順 千 禾 秀 透

字義 ❶すく。すきとおる。すける。また、すかす。「透明」❷とおる（とほる）。とおす（とほす）。「浸透」❸もる（漏）。もれる。

名乗 ゆき

難読 透垣(すいがい)・透綾(すきや)

解字 篆文 形声。辶（辵）＋秀㊥。音符の秀は、長く伸びるの意味。長く伸びすすむ、つきぬける・とおるの意味を表す。

▼浸透

【透映】(トウエイ) すきとおってうつる。

【透視】(トウシ) ①物をすかして見る。②かくれて見えないものを、感覚をかりずに感じとり見ぬくこと。

【透写（寫）】(トウシャ) 物をすかしてうつす。すきうつし。

【透徹】(トウテツ) ①すきとおる。②徹底する。③あきらか。明白。

【透明】(トウメイ) すきとおる。くもりなく明らかなこと。

【透漏】(トウロウ) 人目をぬすんでにげる。

(11)7
【逗】7809 標 漢トウ 呉ズ（ヅ） 宥 dòu ［逗］ ― 3164 3F60

字義 ❶とどまる。とどめる。「逗留」❷なげる（投）。

難読 逗子(ずし)

解字 篆文 形声。辶（辵）＋豆㊥。辵(チャク)は、歩行に関する意味を表す。音符の豆は、たかつきの象形で、安定して置かれるの意味。とどまって動かないの意味を表す。

【逗△橈・逗△撓】(トウドウ) 敵を見ておそれとどまって進まない。逗は、とどまる、橈・撓は、かがまる意。

【逗留・逗△遛】(トウリュウ) 一か所に長くとどまる。滞在する。〔後漢書、匈奴伝上〕

(11)7
【逋】7810 △ 漢ホ 呉フ 虞 bū ― 7789 6D79

字義 ❶のがれる（のがる）。にげる。かくれる。「逋客」❷とどこおる。㋐期限が過ぎても納めるべきものを納めない。㋑とどまる。とどまって動かない。❸期限が過ぎても、納入または返済しないもの。滞納の税など。❹捕らえる。つなぐ。＝捕。

解字 篆文 形声。辶（辵）＋甫㊥。音符の甫(ホ)は、匍(ホ)に通じ、はらばうの意味。はらばいになって、こっそり逃げるの意味を表す。

【逋客】(ホカク) 世をさけている人。隠者。

【逋△欠】(ホケン) 納税の義務をのがれること。税を滞納すること。欠は、未納の税。逋租。

【逋△竄】(ホザン) のがれかくれる。逃竄。

【逋遷】(ホセン) 亡命して他国にうつる。

【逋惰】(ホダ) 納税などをのがれおこたる。

【逋徒】(ホト) 国からにげだしたもの。亡命した者。

【逋逃】(ホトウ) 罪をのがれること。また、その人。

【逋△遁】(ホトン) のがれる。にげのがれる。

【逋亡】(ホボウ) ①にげ去る。②税金を納めずににげる。

【逋慢】(ホマン) 命令を受けながらぐずぐずしてなまける。法を守らないこと。

【逋民】(ホミン) 納税をさけて、逃亡する民。

(11)7
【逢】7811 標 漢ホウ 呉ブ 冬 féng ［逢］ ― 1609 3029

字義 ❶あう（あふ）。であう。偶然であう。「遭逢」❷むかえる。㋐出迎える。㋑人の心に合うようにする。おもねる。❸大きい。ゆったりしている。＝豊。

難読 逢曳(あいびき)・逢妻(あいづま)・逢坂(おうさか)・逢隈(おおくま)

解字 甲骨文 篆文 形声。辶（辵）＋夆㊥。音符の夆(ホウ)は、逢の原字で、あうの意味。道を行ってであうの意味を表す。

【逢衣】(ホウイ) 儒者がきる衣服。逢掖之衣(ホウエキのイ)。

【逢△掖之衣】(ホウエキのイ) 儒者のきる衣服。わきした（袖(シュウ)）の大きい衣。掖は、腋(わき)。逢衣。〔礼記、儒行〕

【逢会（會）】(ホウカイ) 出会う。

【逢迎】(ホウゲイ) ①人をでむかえてもてなす。〔史記、項羽本紀〕②人の気に入るようにつとめる。へつらう。迎合。〔孟子、告子下、注〕

【逢原】(ホウゲン) 水源にあう。根本に達する意。原は、源。

【逢着・逢著】(ホウチャク) 出会う。行きつく。着・著は、助字。

【逢逢】(ホウホウ) ①声が和する形容。②鼓をうつ音の形容。③雲や、もやの起こるさま。

【逢△蒙】(ホウモウ) 夏(カ)の時代の人。射術を羿(ゲイ)に学んだが、天下中で自分にまさるのは羿のみと思い、羿を殺したと伝えられる。逢門。〔孟子、離婁下〕

(11)7
【逌】7812 △ 漢ユウ（イウ） 呉ユ 尤 yóu

字義 ❶のびやか。気分のゆったりするさま。くつろぐ。❷笑う

さま。❸ところ。＝攸(ユウ)。

解字 金文  篆文 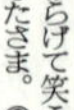 形声。辶(辵)＋卣㊟。辵は、もと安定のよい皿の象形であったものの変形。音符の卣(ユウ)は、酒器としてのひさごの象形。酒気のただようさまから、気分ののびやかなさまを表す。

【逌△爾】(ユウジ) 顔色をやわらげて笑うさま。莞爾(カンジ)。

【逌然】(ユウゼン) ①ゆったりしたさま。②＝逌爾(ユウジ)。

(10)7 **【連】** 7813 教 4 レン つらなる・つらねる・つれる　—— 4702 4F22

(11)7 **〔連〕** 7814 レン 先 lián

筆順 ㇆ 亘 車 連

字義 ❶**つらなる**。㋐つづく。ひき続く。「連続」㋑つながる。結びつながる。「連結」❷**つらねる**(つらぬ)。㋐一列につなげる。つなぎ合わせる。㋑一列につらぬく。❸**つれる**(つる)。ひきつれる。❹かかりあいになる。❺**つれ**。㋐とも。みちづれ。仲間。㋑みうち。縁つづき。❻周代の制で、十国をひとまとめにした一区域の称。❼**しきりに**。ひきつづいて。

国 ❶**むらじ**。昔の八姓の一つ。❷**レン**。洋紙を数える単位。

名乗 つぎ・つら・まさ　難読 連枷(からざお)

参考 現代表記では〔聯〕(6127)の書きかえに用いる。「聯合→連合」「聯想→連想」

解字 篆文 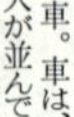 会意。辶(辵)＋車。車は、人が並んで引く車、輦(レン)の省略形。人が並んで車を引いて道を行くさまから、つらなるの意味を表す。連(連)の意味と音符とを含む形声文字に、漣(レン)・縺(レン)・蓮(レン)・鏈(レン)などがある。

▼関連・定連・流連

【連姻】(レンイン) 結婚によって親類になる。連婚。

【連陰】(レンイン) ①毎日くもる。②毎日雨が降る。③木のかげがつらなる。

【連延】(レンエン) つらなりつづく。

【連雲勢】(レンウンのいきお(ほ)い(ひ)) 高大で雲にまでつらなるようなようす。

【連歌】(レンガ) 国二人以上の人が和歌の上の句と下の句を次次に詠み連ねていくもの。

【連関(關)】(レンカン) 聯関(レンカン)。①かかわる。かかわりあう。②ひとつひとつの感覚・知覚・行為などが結び合わされて、新しい性質を持った全体となるもの。

【連環】(レンカン) いくつもの環(わ)がたがいにつらなって解けないもの。くさり。〔荘子、天下〕

【連記】(レンキ) つらねしるす。並べて書く。

【連句】(レンク) ①二人以上で、たがいに一句ずつ作り、それを連ねて一編の詩とするもの。聯句(レンク)。②国発句(ホック)で始まり揚句(あげク)で終わる形式を持つ俳諧(ハイカイ)で、三十六句・五十句・百句などの種類があり、数人でたがいに句をよみつづける。その作り方にはこまかなきまりがある。

【連係・連△繫】(レンケイ) つながり。つらねつなぐ。◇密接な関係を持つことを「連繫・連係」、連絡し協力し合うことを「連携」と区別するが、実際には紛らわしい例も多い。協力するということに重点が置かれている場合には「連携」を用いると考えるのがよい。「部下との連携を密にする」

【連携】(レンケイ) 連絡し協力し合う。連絡し一緒に行う。

【連△娟】(レンケン) ①眉(まゆ)がまがって細いさま。美人の形容。②かよわいさま。

【連△亙】(レンコウ) 長く続く。つらなりわたる。

【連行】(レンコウ) ①連なって行く。②つれてゆく。

【連衡】(レンコウ) 中国の戦国時代、張儀が六国を連合して秦(シン)につかえさせた策。衡は横。六国の形勢が東西(横)に連なっていたのでいう。連横。↔合従(ガッショウ)。〔荀子、賦〕

【連合】(レンゴウ) ①つらなりあう。二つ以上のものが組み合うこと。聯合(レンゴウ)。②国(つれあい(ひ)) 夫婦がたがいに他の一方をいう語。配偶者。

【連鎖】(レンサ) ①両方を結びつらねているくさり。②鎖のようにつながる。

【連座・連△坐】(レンザ) まきぞえ。他人の犯した罪のまきぞえを食って処罰されること。

【連作】(レンサク) 国①一定の場所に毎年同じ作物を作ること。↔輪作。②ひとりの人が、ある題や物事についてよんだ一連の歌や俳句。③数人の作家が各部分を受け持って一編にまとめた作品。

【連山】(レンザン) ①太古の易(エキ)の名。夏(カ)の時代にあったといわれる。三易の一つ。②連なり続いている山。

【連珠】(レンジュ) ＝聯珠(レンジュ)。①文体の名。後漢の章帝のとき、班固らが作った。珠を貫くひものように情理をつくすものをいう。②連ねた玉。③国五目並べ。

【連署】(レンショ) 同じ文書に二人以上の者が姓名を並べ書いて、責任を明らかにすること。

【連城△璧】(レンジョウのヘキ) 名玉の名。中国の戦国時代、趙(チョウ)の恵文王の持っていた宝玉で、秦(シン)の昭王が十五城と交換しようとしたのでこの名がある。〔史記、廉頗・藺相如伝〕

【連△繞】(レンジョウ) つらなりめぐる。

【連帥】(レンスイ) 周代に十国の諸侯の上に立って、一地方を支配した長官。

【連△翠】(レンスイ) 樹木などの連なった緑色。

【連声(聲)】(レンセイ) ①他の声につれて声を出すこと(人)。②国(レンジョウ) 前の音節の最後の子音があとの音節の初めの母音と合して別な音節となること。「あんおん(安穏)」が「あんのん」、「いんえん(因縁)」が「いんねん」となるような類。

【連接】(レンセツ) つながり続く。つらね続ける。

【連銭(錢)】(レンセン) ①馬の毛色。銭を連ねたようなまだら模様がある馬。②馬のかざり。③鳥の名。鶺鴒(セキレイ)の別名。

【連然】(レンゼン) さめざめと涙を流すさま。

【連想】(レンソウ) あることを考え、それによって関連のある他のことを考え起こす。聯想(レンソウ)。

【連帯(帶)】(レンタイ) ①つらなり続く。②国ふたり以上の人が同一内容の事に共同の責任を負うこと。「連帯保証人」

【連△綴】(レンテイ) つらなり続く。つらね続ける。

【連△纏】(レンテン) つきまとう。また、つらなり続く。

【連△弩】(レンド) 一度にたくさんの矢石を射ることのできる石弓。

【連筒】(レントウ) かけい(筧)。水を引くとい。

【連年】(レンネン) 毎年。幾年も続いて。

【連△陌】(レンパク) ①つらなっている道。②つらなり続いている家並み。

【連発(發)】(レンパツ) ①しきりに起こる。②つづけざまに発砲する。また、連続して弓をいる。

【連判】(レンパン・レンバン) ①同じ官にある者が名を連ねて、文書の裁決をする。②数人の者が連名で、約束を固くするために印を押すこと。

【連△袂】(レンベイ) ①たもとをつらねる。二人以上の人がともに行動すること。②姉妹の婿。

【連△璧】(レンペキ) ①一対の玉。〔荘子、列禦寇〕②才のすぐれた二人の友。双璧。〔晋書、夏侯湛伝〕

【連△翩】(レンペン) ①ひるがえって来るさま。②続いて絶えないさま。

【連邦】(レンポウ) 数国が連合してつくった一国。聯邦(レンポウ)。

【連抱】(レンポウ) 両手でかかえる。また、その程度の大きさ。樹木の大きさなどにいう。

【連△甍】(レンボウ) 連なり続いている屋根がわら。家が多く立ち並ぶのをいう。

【連名】(レンメイ) ＝連署。

【連盟】(レンメイ) 共同の目的を達成するために、同じ行動をとることをちかうこと。また、その組織体。聯盟(レンメイ)。

【連綿・連△緜】(レンメン) 長く続くさま。綿・緜も、つづく。

【連夜】(レンヤ) ①毎晩。連宵。②一晩中。

【連絡】レンラク ①つながる。相関係する。聯絡レンラク。②通報する。
【連理】レンリ 連理の枝・連理の契りの略。
【連理枝】レンリのえだ ①根を別にする木の木目モクがつらなって一つとなったもの。②夫婦または男女の愛情深い契ちぎり。連理の契り。「比翼連理」〔唐、白居易、長恨歌〕在レ地願為ニ連理枝一チにありてはねがわ（は）くはレンリのえだとならん 訳文▷比翼鳥（六〇五六一）。
【連累】レンルイ 犯罪のかかりあい。巻きぞえ。また、犯罪者の仲間。
【連類】レンルイ 同じ類のものをつらねる。また、仲間・同類。
【連連】レンレン ①つらなるさま。②おもむろなさま。
【連和】レンワ 二つ以上の独立したものが連合すること。連合して和睦ワボクする。

(11)7 【逧】7815 国字 △ 7790 6D7A
字義 さこ（迫）。小さな谷。逧さこ・せこは、岡山県の地名。
解字 会意。谷＋迫省。迫は、せまるの意味。山と山とがせまる谷のせばまったところの意味を表す。

(12)8 【逶】7816 △ イ（ヰ） 支 wēi 7791 6D7B
字義 ❶曲がる。❷ものの形容。→逶迤イイ。
解字 文 篆 形声。辶（辵）＋委音。音符の委は、なよやかに曲がる意味を表す。ななめに曲がって行く意味。
【逶迤・逶迆・逶移・逶蛇】イイ ①斜めに行くさま。②曲がりくねって連なり続くさま。③公正のさま。
【逶迂】イウ 斜めに曲がる。迂は、曲がる意。
【逶遂】イスイ うねり曲がって奥深いさま。
【逶遅（遲）】イチ ながく遠いさま。
【逶麗】イレイ 歩行のゆるやかなさま。

(11)8 【逸】7817 常 イツ 1679 306F
(12)8 【逸】7818 人 許 漢イツ 呉イチ 質 yì
筆順 ク 㐅 㕣 免 逸
字義 ❶はしる。㋐にげる。にげさる。また、にがす。「奔逸」㋑それる。わき道にはなれて行く。そらす。❷なくなる。見失う。「散逸」❸かくれる。世間からかくれる。また、官につくことを避け世をかくれた高潔な人。隠君子。「逸民」❹はやい。「逸足」❺すぎる。衆にこえる。すぐれる。ぬきんでる。「秀逸」❻たのしむ。よろこぶ。安んずる。＝佚イツ。「安逸」❼あやまる（誤）。あやまち。❽みだら。＝泆イツ。「淫逸インイツ」❾ゆるす。放つ。はなしてやる。❿ほしいまま。気まま。「放逸」⓫ゆるやか。「蕩逸トウイツ」
国はやる。興奮する。
名乗 とし・はつ・はや・まさ・やす 難読 逸勢はやなり
参考 現代表記では［佚］（172）の書きかえに用いることがある。「安佚→安逸」
解字 金文 文 篆 会意。辶（辵）＋免（兔）。兔は、うさぎの象形。うさぎが逃げるの意味から、はしる・それるの意味をも表す。また、転じて、ほしいままにするの意味をも表す。
▼安逸・隠逸・高逸・散逸・秀逸・俊逸・卓逸・超逸・放逸・亡逸・遊逸
【逸異】イツイ すぐれて異なる。
【逸隠（隱）】イツイン 世の中をさけかくれる。また、その人。
【逸韻】イツイン 風雅なこと。みやびやかなこと。
【逸居】イッキョ なまけて気楽にくらす。〔孟子、滕文公上〕
【逸興】イッキョウ・イツキョウ 世俗を離れた風流の趣。
【逸口】イッコウ 失言。逸は、過失。
【逸才】イッサイ・イツサイ ＝逸材。①すぐれた才能。②人よりすぐれた才能のある人。
【逸散】イッサン ①にげちる。のがれ去る。②ちりぢりになる。③国わき見もせずに走るさま。一目散。
【逸史】イッシ 史実で正史に書き漏らされているもの。また、それを記録した歴史書。
【逸詩】イッシ ①もと『詩経』と同時代によまれた古詩で、今の『詩経』にもれているもの。②世に伝わらない詩。
【逸事】イツジ 世の中に知られていない事実。軼事イツジ。
【逸出】イッシュツ ①すぐれてぬきんでる。②にげ去る。
【逸書】イッショ ①漢初、伏生の伝えた二十九編以外の『古文尚書』十六編をいう。また、もとはあったが、今の『書経』に見えないもの。②散逸した書物。
【逸声（聲）】イッセイ みだらな音楽。
【逸迹・逸跡】イッセキ ①すぐれた事跡。②隠遁トンすること。
【逸足】イッソク ①足が速い。②すぐれた才能。また、その人。逸材。③速くかける馬。
【逸脱】イツダツ 一定のきまり・わくからそれはずれる。
【逸徳】イットク ①誤った行い。②すぐれた徳。
【逸品】イッピン すぐれた品格。また、すぐれた品物。
【逸物】イツブツ・イチモツ 国人・馬・犬・鷹などの群を抜いてすぐれているもの。
【逸文】イツブン ①すぐれた文章。名文。②散らばって世に伝わらない文字や文章。③世に知られない文章。
【逸聞】イツブン あまり世に知られていないめずらしい話。逸話。
【逸民】イツミン 世をさけてかくれている人。隠者。〔論語、微子〕
【逸遊・逸游】イツユウ 気ままに遊ぶ。
【逸予（豫）】イツヨ 遊び楽しむ。逸楽。予は楽。
【逸楽（樂）】イツラク 遊びたのしむ。
【逸話】イツワ あまり人に知られていない話。その人の隠れた一面を知らせる話。エピソード。逸聞。
【以レ逸待レ労（勞）】イツをもってロウをまつ 安楽な境地にいて、遠くから来て疲れた敵軍を待ち受ける。〔孫子、軍争〕

(12)8 【逭】7819 △ 漢カン（クヮン） 呉ガン（グヮン） 翰 huàn
字義 のがれる。のがる。にげる。〔書経、太甲中〕自作孼不レ可レ逭みずから（つ）からなせるわざわいはのがるべからず。
解字 文 篆 形声。辶（辵）＋官音。音符の官は、遠に通じ、とおざかるの意味。にげとおざかるの意味を表す。

(12)8 【逵】7820 △ 漢キ 呉ギ 支 kuí 7792 6D7C
字義 おおじ。大通り。㋐九つの方角に通ずる道。九達の道。㋑車九台を並べることのできる道。
解字 会意。辶（辵）＋坴。坴は、つらなり生えるきのこの意味。いくすじにも連なって生えるきのこのように、九つの方角に通ずる道の意味を表す。
【逵路】キロ 四方八方に通ずる道。城内の大通り。

(11)8 【週】7821 教2 シュウ 2921 3D35
(12)8 【週】7822 漢シュウ（シウ） 呉シュ 尤 zhōu
筆順 冂 円 周 週
字義 めぐる。まわる（廻）。国シュウ。七日間をひとめぐりとする日時の単位。
使いわけ シュウ［週・周］
［週］週間の意。「週休・週末」
［周］右以外は［周］を用いる。「十周年・一周・周期」
解字 形声。辶（辵）＋周音。音符の周は、あまねく行きわたる意味。ぐるりとまわる意味を表す。
【週期】シュウキ ひとまわりする時期。周期。
【週番】シュウバン 一週間ごとに交代して勤務する。また、その人。

(11)8 【進】7823 教3 シン すすむ・すすめる 3142 3F4A
(12)8 【進】7824 漢シン 呉ジン 震 jìn

筆順 亻 什 隹 進

字義 ❶すすむ。↕退。㋐前へ出る。「前進」 ㋑のぼる。階級があがる。「昇進」 ㋒出て仕える。役人となる。 ㋓よくなる。「進歩」「進化」 ㋔やる気になる。身を入れる。はげむ。 ㋕まさる。すぐれる。 ❷すすめる(すすむ)。㋐前へだす。おし出す。 ㋑ささげる。たてまつる。 ㋒おしあげる。推挙する。階級をあげる。 ㋓近づける。召し出して近づける。 ❸おくりもの。礼物。「進物」 ❹つくす。＝尽。 国シンぜる(シンず)。…してさしあげる。「教えて進ぜよう」

名乗 す・すす・のぶ・みち・ゆき・すすむ 難読 進来(すずき)

使いわけ すすめる〔勧・薦・進〕⇩勧(684)。

解字 金文 篆文 会意。辶(辵)＋隹。隹は、とりの象形。鳥の飛んでいくさまから、すすむの意味を表す。

▼栄進・詠進・改進・勧進・寄進・急進・後進・仕進・昇進・推進・精進・先進・漸進・増進・促進・注進・逓進・転進・特進・並進・猛進・躍進・累進

【進運】(シンウン) 進歩の機運。向上発展する傾向。

【進化】(シンカ) ①物事が良い方へ変わって行く。進歩変化。②生物が、形態・機能の変化を重ねて、より環境に適した状態になること。↕退化。

【進学(學)】(シンガク) ①学問をしてわが身を益する。〔礼記、学記〕②国上級の学校にすすむ。

【進御】(シンギョ) ①君主のそばにすすみはべる。また、君主の寝所にはべる。②君主にさしあげる。

【進境】(シンキョウ) 進歩上達の状態。進歩して到達した境地。

【進言】(シンゲン) 意見を申し上げる。また、その意見。

【進貢】(シンコウ) みつぎ物を奉る。

【進講】(シンコウ) 君主の前で講義する。

【進士】(シンシ・シンジ) ①周代に、諸侯が推薦した秀才(造士)の中から、特にすぐれた者を天子に告げて司馬の役にのぼらせた者。②科挙(官吏登用試験)の科目の名。③科挙に応ずる者。挙進士。④科挙に合格した者。成進士。⑤すぐれた人物を推挙すること。⑥国大宝令の制で、式部省の一定の試験の合格者。後の文章生(モンジョウショウ)。

【進止】(シンシ) ①すすむことと、とどまること。②たちいふるまい。挙動。挙止。③さしず。命令。④国思うように支配すること。

【取二進止一】(シンシをとる) 朝廷の指揮を仰ぐ。進むも退くも、ただ命令のままにするの意。唐以後の上奏文の結びに用いられたことば。奉二進止一(シンシをたてまつる)。

【進仕】(シンシ) 君主に仕える。役人になる。

【進取】(シンシュ) 自分からすすんで物事をする。↕保守・退嬰(タイエイ)。〔論語、子路〕

【進修】(シンシュウ) 進んで学徳をおさめる。

【進上】(シンジョウ) さしあげる。たてまつる。進呈。

【進趨】(シンスウ) ①こばしりに走りすすむ。②すすみ仕える。

【進寸退尺】(シンスンタイシャク) 一寸進んで一尺しりぞく。得るところが少なく、失うところが多いたとえ。『老子』六十九章に「不三敢進二寸而退一レ尺(あえてスンをすすめずしてシャクをしりぞく)」とあるのに基づく。

【進奏】(シンソウ) 天子に申し上げる。上奏。

【進退】(シンタイ) ①すすむことと、しりぞくこと。「進退両難」②たちいふるまい。起居動作。③人をひきあげて用いることと、おとすこと。④出て仕えることと、退いて民間にいること。「出処進退」⑤かけひき。⑥国動かす。処置する。

【進退谷】(シンタイきわ(は)まる) 進むことも退くこともできず、困りきってしまうこと。谷は、窮まるの意。〔詩経、大雅、桑柔〕

【進達】(シンタツ) ①進めて出世させる。②書類などを上の官庁へとりつぐ。

【進暢】(シンチョウ) すすみのびる。物がしだいに発達する。

【進捗】(シンチョク) 国仕事などが進みはかどる。＝進陟(シンチョク)の②。

【進陟】(シンチョク) ①官位などをすすめのぼらせる。②国仕事がはかどる。進行。進捗(シンチョク)。

【進呈】(シンテイ) ＝進上。

【進展】(シンテン) 物事が進み広がる。進歩発展する。

【進歩】(シンポ) ①足を進める。前に出る。②ひとあしふみだす。③物事がよい方にすすむ。↕退歩。〔朱子全書、学〕

【進奉】(シンポウ) 献上する。また、献上品。

(11)8 【逮】7825 常 タイ 3465 4261

(12)8 〖逮〗7826 ㊀漢タイ・呉ダイ 隊 dài, dǎi ㊁漢テイ・呉ダイ 霽 dì

筆順 ヨ 肀 隶 逮

字義 ㊀❶およぶ(及)。後から追いつく。とどく。❷おう(追)。追いかけて捕らえる。「逮捕」❸とらえる(とらう)。❹おくる。護送する。㊁およぶ。＝㊀の❶。

解字 篆文 形声。辶(辵)＋隶音。音符の隶(タイ)は、およぶの意味。辵を付し、およぶの意味を明らかにした。

▼津逮

【逮鞫】(タイキク) 捕らえて調べる。

【逮繫】(タイケイ) 捕らえて牢獄(ロウゴク)に入れる。一説に、囚人を護送する。

【逮捕】(タイホ) めしとる。罪人などをつかまえる。

【逮夜】(タイヤ) ①夜になる。②仏命日の前夜。

(12)8 【逴】7827 △ ㊀タク 覚 chuō ㊁チャク 薬

字義 ㊀㊁❶とおい(とほし)(遠)。はるか。❷こえる(越)。とび越える。また、すぐれる。

解字 篆文 形声。辶(辵)＋卓音。音符の卓は、高くおどりあがるの意味。とびこえて行くの意味を表す。

【逴行】(タクコウ) 遠い所へ行く。

【逴逴】(タクタク) はるかに遠いさま。

【逴犖・逴躒】(タクラク) ①のりこえる。②すぐれている。

(12)8 【逵】7828 △ タツ 達(7845)の俗字。→一〇九五ページ。 7793 6D7D

参考 傍(つくり)の幸を幸と混同した俗字。唐代の書によくみられ、JIS漢字にも採られているが、本来は、〔達〕が正しい。

(12)8 【逿】7829 △ テキ 逖(7804)の古字。→一〇九〇ページ。

(12)8 【迸】7830 △ 漢ホウ(ハウ) 呉ヒョウ(ヒャウ) 敬 bèng 〔迸〕7794 6D7E

〔迸〕俗字

字義 ❶ほとばしる。勢いよくわき出る。勢いよくとび散る。❷はしる。にげる。のがれる。❸しりぞける。追いはらう。

解字 篆文 形声。辶(辵)＋井音。音符の井(ヘイ)は、ならぶの意味。並んで一斉に走るの意味を表す。

【迸散】(ホウサン) 飛びちる。ほとばしりちる。

【迸竄】(ホウザン) はしりのがれる。

【迸沫】(ホウマツ) ほとばしる水のあわ。

【迸落】(ホウラク) ほとばしり落ちる。飛び散る。

(13)9 【遏】7831 △ 漢アツ 呉アチ 曷 è 7801 6E21

字義 ❶とどめる(とどむ)。とめる。やめる。やむ。停止する。❷さえぎる。❸たつ(絶)。㋐さしとめる。㋑断ち切る。殺しほろぼす。

解字 篆文 形声。辶(辵)＋曷音。音符の曷(カツ)は、割に通じ、切断するの意味。すすむのをとどめるの意味を表す。

【遏雲】(アツウン) 空行く雲もとどめる(ほどのすぐれた音曲)。歌声・楽音のすぐれたのをほめていう。〔列子、湯問〕

【遏絶】(アツゼツ) ①たちきる。種族を残らずほろぼす。②さえぎりとどめる。③たやす。

【遏密】(アツミツ) 鳴り物をやめて静かにする。密は、静。

(12)9 【運】7832 教3 ウン はこぶ 1731 313F

(13)9 〖運〗7833 ウン 問 yùn

筆順　冖　冒　軍　運

字義　❶はこぶ。㋐うつす。物を持ち、または積んで他に移す。「運送」㋑動かす。移し動かす。㋒推し進める。❷めぐる。まわる。まわり動く。❸めぐらす。㋐まわす。まわし動かす。「運動」㋑働かせ用いる。「運用」㋒もてあそぶ。❹めぐり。㋐天体のめぐり。㋑めぐりあわせ。さだめ。「命運」㋒時。おり。機会。

名乗　かず・ゆき　難読　運否天賦

解字　篆文　形声。辶（辵）＋軍㊜。音符の軍は、戦車をめぐらすの意味。めぐりあるくの意味を表す。

▼悪運・海運・機運・気運・幸運・皇運・時運・進運・水運・衰運・盛運・聖運・天運・悲運・武運・文運・命運

【運河】水利・灌漑・舟航などのため、陸地を人工で切り開いて作った水路。

【運会（會）】世のめぐりあわせ。

【運気（氣）】めぐりあわせ。運命。一説に、自然現象で人の運命を判断すること。

【運行】①めぐり行く。②運転して進み行く。③惑星が太陽のまわりを回ること。公転。

【運掌】掌（手のひら）の中で動かす（もてあそぶ）。いたってたやすいことのたとえ。『孟子』公孫丑上編に「可レ運二之掌上一」とあるのに基づく。

【運踵】くびすをめぐらす。物事のたやすいたとえ。

【運上】国①公用物を政府に納めること。②江戸時代、商工業者に課した税金。

【運勢】めぐりあわせ。運命。運。

【運祚】①天子の運。②天からうけたしあわせ。

【運漕】船で物をはこぶ。

【運籌】はかりごとをめぐらす。〔史記、高祖本紀〕

【運転（轉）】①めぐる。〔荘子、天運〕②まわす。機械を動かす。車などを操縦する。③やりくり。運用。

【運動】①めぐりうごく。はたらく。めぐらしうごかす。②国㋐保健の目的で体をうごかす。体操・散歩など。㋑ある目的を達成するために、人々にはたらきかけること。㋒物体がその位置をかえること。

【運搬】物をはこぶ。運送。

【運筆】筆づかい。筆のはこび方。また、筆をうごかして文字をかく。

【運甓】晋の陶侃が体力をつけるため、毎朝、甓を百枚ずつ運んだ故事。〔晋書、陶侃伝〕

【運命】めぐりあわせ。人生において（自分の意志や知力とは無関係に）であう吉凶禍福。運。運勢。

【運命論】人生におけるすべての事は生前からきまっていて、人の力ではどうすることもできないという説。宿命論。〔三国魏、李康、運命論〕

【運輸】おくりはこぶ。車・馬・船などで物をはこぶ。

【運用】働かせ用いる。活用。

(12)9
【過】7834　教5　カ　すぎる・すごす・あやまつ・あやまち
(13)9
〔過〕7835
一カ（クヮ）歌 guō
二カ（クヮ）箇 guò
1865
3261

筆順　冂　冎　冎　冎　咼　過

［过］俗字

字義　一❶すぎる。㋐通る。「通過」㋑渡る。㋒ゆきすぎる。度をこえる。「過度」❷すごす。くらす。❸よぎる。㋐いたる（至）。㋑立ち寄る。おとずれる。㋒まみえる。お目にかかる。二❶すぎる。㋐ゆきすぎる。㋑まさる。すぐれる。㋒余る。また、多い。㋓はなはだしい。また、かけはなれる。❷あやまる。あやまつ。㋐間違える。㋑当たらない。正しくない。〔論語、学而〕過則勿レ憚レ改。❸あやまり。あやまち。間違い。失敗。「過失」〔論語、雍也〕不レ弐レ過。❹せめる（責）。とがめる。

解字　篆文　形声。辶（辵）＋咼㊜。音符の咼は、越に通じ、遠方にすぎゆくの意味。度をこすの意味を表す。道を行くの意味に関する語であるから、辵を付した。

▼一過・看過・経過・口過・罪過・前過・大過・超過・通過・督過・黙過

【過悪（惡）】あやまち。欠点。

【過雨】ひとしきり降る雨。通り雨。むらさめ。

【過客】旅人。〔唐、李白、春夜宴二桃李園一序〕↓光陰者百代之過客（一〇六ペ一）。

【過患】あやまち。わざわい。

【過観（觀）】立ち寄って見る。

【過雁】空をすぎ行くかり。渡って行くかり。

【過咎】あやまち。とがめ。

【過頃】さきごろ。過般。

【過激】あまりにはげしいこと。非常にはげしいこと。

【過言】①言いすぎ。②言いそこない。失言。

【過去】①すぎさった昔。②仏生まれない前の世。前世。現在・未来とともに三世という。〔捜神記〕

【過去帳】仏寺で檀家の死者の俗名・法名や死亡年月日を記した帳簿。鬼籍。鬼簿。

【過午】ひるすぎ。午後。午は、正午。

【過誤】あやまち。まちがい。

【過差】①あやまち。過失。②おごり。ぜいたく。

【過失】あやまち。不注意のため起こるしくじり。

【過日】先日。前日。

【過小】小さすぎる。↔過大。

【過少】少なすぎる。↔過多。

【過称（稱）】ほめすぎる。過分に称賛すること。過誉。

【過剰（剩）】余分のあること。ありあまること。あまり。残り。「過剰人口」

【過信】国信用しすぎること。

【過多】多すぎる。↔過少。

【過怠】国①あやまち。おこたり。てぬかり。②あやまった行為に対してその償いにするもの。

【過大】大きすぎる。↔過小。

【過庭之訓】父の教えをいう。孔子の子の鯉（字は伯魚）が庭を通り過ぎたとき、詩・礼を学ぶべきことを孔子から教えられた故事に基づく。庭訓。〔論語、季氏〕

【過程】物事が移り進んで行く筋道。プロセス。

【過渡】①渡し場。②川を渡る。③国古い状態から新しい状態へと移り変わる途中。「過渡期」

【過度】度（ほどよい状態・程度）を越す。

【過当（當）】①あたりまえではないこと。つりあいがとれないこと。適正な限度を超えること。②戦争で味方よりも敵が多く死傷すること。

【過半】半分以上。なかばを越す。「過半数」

【過般】さきほど。このほど。先般。

【過謬】あやまち。しくじり。

【過敏】神経などが、ひどく鋭いこと。

【過不及】すぎることと及ばないこと。程度を過ぎることと、達しないこと。

【過不足】すぎることと足りないこと。余ることと足りないこと。

【過分】分にすぎる。分に不相応なこと。

【過料】法律を犯した者が罪の償いに出す金。罰金。

【過労（勞）】①心配しすぎる。②働きすぎてつかれる。

【過而不レ改是謂レ過矣】あやまちを犯しても改めない、その（改めない）ことこそ、真のあやまちである。あやまちは、改めれば、あやまちという必要はないとの意。〔論語、衛霊公〕

【過則勿レ憚レ改】過失を犯したとき

は、ためらわずにすぐ改めよ。〔論語、子罕〕主二忠信一、無レ友レ不レ如レ己者一、――。〈忠と信とをむねとし、自分より劣った者を友とするな、――〉

【過猶レ不レ及】物事は中道をこえればかえって及ばないのと同じである。中庸の尊ぶべきことをいう。〔論語、先進〕子曰、師也過、商也不レ及、曰、然則師愈与、子曰、――。〈孔子が言った、「師は過ぎており商は及ばない」と。（子貢が）言った、「それでは師の方がまさっているのか」と。孔子が言った、「――」〉

【不レ弐(貳)レ過】一度犯したあやまちを二度とくり返さない。〔論語、雍也〕好レ学、不レ遷レ怒、――。〈学問好きで、やつあたりせず、――〉

【文レ過】あやまちを改めないで、表面をとりつくろい、たくみに言いわけをする。〔論語、子張〕

(13)9
【遐】7836　△　㊥カ　㊤ゲ　㊇麻 xiá　7802　6E22

字義 ❶とおい。はるか。❷とおざかる。遠ざける。❸なが い。「遐齢」❹なんぞ。いずくんぞ。＝何。

解字 篆文　形声。辶（辵）＋叚㊥。音符の叚カは、現実との間にへだたりがある、かりの意味。辵を付し、道のりにへだたりがある、はるかの意味を表す。

【遐異】（カイ）世俗とはるかに異なっていること。

【遐域】（カイキ）遠くはなれている土地。

【遐観(觀)】（カカン）はるかにながめる。遠く見渡す。

【遐棄】（カキ）①遠ざけて見捨てる。転じて、その人が死んで生者をあとに残すこと。②職務をはなれ捨てる。

【遐睎】（カキ）遠くながめる。

【遐挙(擧)】（カキョ）①遠くあがる。名前などがはるかに知れわたる。②遠く行く。③高遠な行動。

【遐荒】（カコウ）王城からはるか遠くはなれた未開の異民族の地。

【遐爾・遐邇】（カジ）遠い所と近い所。遠近。

【遐寿(壽)】（カジュ）長生き。長命。

【遐陬】（カシュウ・カスウ）遠い田舎。

【遐想】（カソウ）①遠くはなれた人を思う。②世俗をはなれた考えを起こす。③遠大な考え。

【遐登】（カトウ）①はるかに登る。②人が死ぬこと。

【遐年】（カネン）長生き。長命。長寿。

【遐福】（カフク）大きなさいわい。

【遐齢(齡)】（カレイ）ながいき。長寿。遐年。

(13)9
【遌】7837　△　ガク　遻（7887）と同字。→一一〇三ページ。

(12)9
【遇】7838　常　グウ
(13)9
〔遇〕7839　グ　慣グウ　㊇遇 yù　2288　3678

筆順　冂　目　禺　禺　遇

字義 ❶あう。㋐であう。ふと会う。思いがけずであう。「遭遇」㋑気が合う。考えが合致する。㋒挙げ用いられる。時世にあう。㋓当たる。向かう。敵対する。❷もてなす。あつかう。もてなし。「待遇」「厚遇」❸たまたま。おりよく。ふと。思いがけなく。＝偶。❹おり。しお。機会。

解字 金文　篆文　形声。辶（辵）＋禺㊥。音符の禺グは、さるに似たなまけもの類の象形で、意志も目的もなく、なんとなくするの意味。思いがけなくであうの意味を表す。

▼会遇・奇遇・境遇・厚遇・際遇・殊遇・遭遇・待遇・知遇・不遇・優遇・冷遇・礼遇

【遇合】（グウゴウ）出あう。特に、明君やよい運にめぐりあうことをいう。

【遇待】（グウタイ）もてなす。待遇。

【遇知】（グウチ）明君に遭遇して実力を認められる。

【遇否】（グウヒ）時勢にめぐり合うことと、合わないこと。運不運。〔列子、力命〕

(13)9
【遑】7840　△　㊥コウ（クヮウ）　㊤オウ（ワウ）　㊇陽 huáng　7803　6E23

字義 ❶いとま。ひま（暇）。❷いそぐ。あわてる。また、あわただしい。いそがしい。

解字 篆文　形声。辶（辵）＋皇㊥。音符の皇は、大きく盛んの意味。盛んに歩く、あわてるの意味を表す。

【遑急】（コウキュウ）あわて急ぐ。また、あわただしい。

【遑遽】（コウキョ）ひどくあわてる。また、あわただしい。

【遑遑】（コウコウ）心がおち着かず、うろうろするさま。いそがしいさま。〔文選、陶潜、帰去来辞〕胡為乎遑遑欲二何之一（なんすれぞコウコウとしていずくにゆかんとほっする）。

【遑寧】（コウネイ）ひまがあって安らかなこと。遑安。

(13)9
【遒】7841　△　㊥シュウ（シウ）　㊤ジュ　㊇尤 qiú　7804　6E24
〔逎〕同字　7805　6E25

字義 ❶せまる。近づく。❷かたい。堅固である。❸すぐれる。りっぱである。力強い。❹あつまる。あつめる。また、収まる。収める。❺おわる。終える。また、つきる。

解字 篆文　別体　形声。辶（辵）＋酋㊥。逎の別体。

【遒逸】（シュウイツ）文章が力強くすぐれている。

【遒勁】（シュウケイ）書・画・文章などの力強いこと。

【遒麗】（シュウレイ）書・画・文章などの筆づかいが力強くてうるわしいこと。

(12)9
【遂】7842　常　スイ　とげる
(13)9
〔遂〕7843　㊥スイ　㊤ズイ　㊇寘 suì　3175　3F6B

筆順　ㇸ　㇇　豙　豙　遂

字義 ❶とげる。㋐なる。なす。なしとげる。成就する。「完遂」㋑終わる。終える。㋒とどく。行き渡る。満ちる。㋓通る。通す。通達する。㋔育つ。育てる。㋕つきる（尽）。つくす。きわめる。㋖進む。進める。❷ついに。㋐そのまま。すぐに。㋑はては。かくて。その結果。〔史記、伯夷伝〕遂餓死二於首陽山一（ついにシュヨウザンにうえて（ひ）にす）。❸したがう（順）。❹かなう（称）。あてはまる。ふさわしい。❺ひさしい。また、おそい。＝久。❻みぞ。周代、田の間の溝。❼周代の行政区画の名。王城から百里以上、二百里以内の土地。周代の一里は約四五〇メートル。

名乗 かつ・なり・なる

解字 金文　篆文　形声。辶（辵）＋㒸（豙）㊥。音符の㒸スイは、したがうの意味。一定の道すじに従って事が運び、なしとげるの意味を表す。

▼完遂・既遂・未遂

【遂究】（スイキュウ）物事をおしきわめる。
【遂古】（スイコ）過ぎ去った大昔。上古。上代。〔楚辞、天問〕
【遂行】（スイコウ）事をなしとげる。やりとおす。
【遂事】（スイジ）①すんでしまった事。してしまった事。〔論語、八佾〕遂事不レ諫（スイジはいさめず）。②自分の思うようにする。

(13)9
【遄】7844　△　㊥セン　㊤ゼン　㊇先 chuán

字義 ❶しばしば。絶えず行き来する。❷すみやか。はやい。また、すみやかに。

解字 篆文　形声。辶（辵）＋耑㊥。音符の耑センは、端に通じ、まっすぐの意味。寄り道しないでまっすぐに行くの意味から、はやいの意味を表す。

(12)9
【達】7845　教 4　タツ
(13)9
〔達〕7846　㊥タツ　㊤ダチ　㊇曷 dá　3503　4323
友達（ともだち）

筆順　土　幸　幸　達

【達】俗字 7793 6D7D　【达】俗字

字義 ❶とおる。㋐通じる。道が通じる。「四通八達」㋑いたる。とどく。行きつく。「到達」㋒つらぬく。行き渡る。㋓さとる。物事に通じている。「達人」㋔あらわれる。世に知られている。「顕達」㋕栄える。立身出世する。「栄達」❷とおす。㋐通じさせる。㋑届ける。送り届ける。「配達」㋒なしとげる。成就する。㋓すすめる。推挙する。「進達」❸ほしいまま。わがまま。「放達」国❶たち。だち。どち。人の複数を示すのに用いる接尾語。ら。ども。「友達」「学生達」❷たっし。官庁などからの申し渡しの文書。通達。

名乗 いたる・さと・さとし・さとる・しげ・すすむ・ただ・たて・と・とお・のぶ・ひろ・みち・よし

解字 甲骨文　金文　篆文　形声。篆文は、⻌(辵)＋𦍒音。音符の𦍒は、のびやかにはねまわる小羊の意味。のびやかにすすむの意味。

▼栄達・英達・下達・窮達・賢達・顕達・高達・四達・執達・熟達・上達・進達・先達・送達・調達・通達・伝達・発達・敏達・聞達・明達・利達・練達

【達意】自分の考えを人によくわかるように述べつくされていること。「達意の文」

【達観(觀)】①全体を見通す。〔書経、召誥〕②環境にとらわれず、喜怒哀楽を超越すること。

【達見】物事の道理をよく見抜いた考え。

【達士】見識が高く道理に通じた人。〔論語、顔淵〕

【達識】広く物事の道理に通じた見識。達見。

【達者】①広く物事の道理に通じた人。〔後漢、仲長統、楽志論〕②国㋐健康。㋑自由自在。

【達人】①広く道理に通じた人。達士。②国学問・技芸など、その道にすぐれた人。

【達成】なしとげる。

【達尊】だれもが尊敬する事がら。爵位・年齢・学徳の三つ。〔孟子、公孫丑下〕

【達道】天下古今に通じて行われるべき道。五倫(父子の親、君臣の義、夫婦の別、長幼の序、朋友の信)・五典(父の義、母の慈、兄の友、弟の恭、子の孝)の道。

【達徳】天下古今の人が常にふみ行うべき徳。知・仁・勇の三つ。〔中庸〕

【達筆】国①文字や文章をたくみに書くこと。能筆。②勢いよく書くこと。

【達文】①すぐれた文章。筋がよく通っている文章。②国官庁などから出される命令書や通知書。

【達磨・達摩】①中国の南北朝時代の禅僧。刹帝利。インドから渡り、禅宗の始祖となった。少林寺で面壁九年の修行をし、達摩大師と諡された。(?―五三六?) ②達磨が座禅をしている形をしたおもちゃ・置物。③梵語の音訳で、一切万法の意。

【達頼(賴)喇嘛】西蔵の喇嘛教の教主。禅定菩薩の化身として絶対的に信仰され、活仏と称される。達頼は、蒙古語で大海、喇嘛は、チベット語で、勝者の意。

(12)9【遅】7847 常 チ　おくれる・おくらす・おそい　㊀漢チ・呉ジ(ヂ)支 chí　㊁漢チ・呉ジ(ヂ)寘 zhì　3557 4359

(16)12【遲】7848　*7815 6E2F

筆順 尸 尸 屖 屖 遅

【遟】古字

字義 ㊀❶おくれる。おくる。おそくなる。時期を失う。また、おくらす。「遅刻」❷おそい。おそし。㋐ゆっくり行く。㋑ゆるやか(緩)。おもむろ。㋒のろい。仕事などがなかなか進まない。㋓頭脳の働きがにぶい。「遅鈍」↕速。㋔久しい。❸おこたる。なまける。❹やすむ。いこう。休息する。㊁❶まつ(待)。❷おもう(思)。❸ねがう。のぞむ。

使いわけ おくれる〔遅・後〕
〔遅〕定められた日時におくれる。「時代に後れる」「会合に遅れる」
〔後〕他のものよりおくれる。「時代に後れる・手後れ・後れ毛」

解字 金文　篆文　会意。⻌(辵)＋犀。犀は、あるくのがおそい動物の「さい」の意味。おそいの意味を表す。常用漢字は省略体による。

▼依遅・陵遅

【遅延】おくれ長びく。おそくなる。

【遅回・遅廻】ぶらぶらさまよう。徘徊。

【遅緩】①のろい。②ゆったりしてこせこせしない。

【遅疑】ぐずぐずしていてきまらない。疑い迷ってためらうこと。「遅疑逡巡」

【遅参(參)】国きまった時刻におくれて行くこと。

【遅日】春の日。春は日が長く、暮れるのがおそいのでいう。〔唐、杜甫、絶句詩〕遅日江山麗、春風花草香〈のどかな春の日ざしの中で、川も山も美しく、春風に吹かれて花も草もよい香りを放っている〉

【遅速】遅いことと速いこと。〔和漢朗詠集、慶滋保胤、早春〕東岸西岸之柳遅速不同、南枝北枝之梅開落已異。〈東の岸と西の岸では生えている柳の芽ぶきの時期も違っている(東が早い)。一本の梅でも南側の枝と北側の枝とでは咲いたり散ったりする時期が違っている。(南が早い)〉

【遅滞(滯)】ぐずぐずしてひまどる。おそくなる。

【遅遅】①気がすすまないさま。②ゆっくりしてこせつかないさま。〔唐、白居易、長恨歌〕遅遅鐘鼓初長夜。③日が長いさま。のどかなさま。〔詩経、豳風、七月〕春日遅遅。④物事が進まないさま。はかどらないさま。⑤ゆっくり進むさま。徐行のさま。

【遅鈍】のろくてにぶい。のろま。鈍重で愚か。

【遅暮】①だんだん年を取る。暮年。〔顔氏家訓、勉学〕②ゆっくりしていておそいこと。

【遅明】夜明け。夜がまだ全部明けはなれないとき。遅旦。

【遅留】とどまる。

(13)9【逭】7849 △　漢テイ・呉チョウ(チャウ)敬 zhēn　7806 6E26

字義 うかがう。さぐる。＝偵。国さすが。さすがに。㋐そうはいうものの。㋑本分にたがわず。いかにも。

解字 形声。⻌(辵)＋貞音。音符の貞は、うらなって問うの意味。めぐり歩いてさぐりうかがうの意味を表す。

(13)9【逿】7850 △　㊀漢トウ(タウ)・呉ドウ(ダウ)漾 dàng　㊁漢トウ(タウ)・呉ドウ(ダウ)陽 táng

字義 ㊀❶すぎる(過)。❷たおれる。くずれる。❸動かす。ゆり動かす。㊁つく(突)。

解字 形声。⻌(辵)＋昜音。

(12)9【道】7851 教2 ドウ・トウ　みち　㊀漢トウ(タウ)・呉ドウ(ダウ)皓 dào　㊁漢トウ(タウ)・呉ドウ(ダウ)号 dǎo　3827 463B

(13)9【道】7852

筆順 䒑 䒑 首 道

【衜】古字

字義 ㊀❶みち。㋐通りみち。道路。㋑すじ。条理。正しいすじみち。㋒人が守り行うべき正しい道理。人道。儒家の教えとして説く、仁義・徳行。㋓道家で説く、宇宙・万物の根源。㋔働き。㋕方法。手段。㋖主義・主張。㋗教え。教訓。また、説教。㋘政令。制度。㋙学問。技芸。「芸道」「茶道」❷みちする。㋐通る。通ずる。

㋑行く。道に従って行く。❸道の神。道祖神。また、その祭り。❹道教。黄帝・老子の教えに基づいて神仙・養生などを説く教え。また、それを修める道士をいう。❺僧侶。❻唐・明・清などの時代の行政上の区画。唐代は州県を統べ、清では省の下の区分。

㊁❶いう。かたる(語)。とく(説)。「報道」 ❷みちびく。てびきする。＝導。〔論語、為政〕道レ之以レ政 ❸みちびき。案内。❹おさめる(治)。❺よる(由)。より従う。❻より(従)。通って。経由して。

国ドウ。もと、地域区分の名。東海道・山陽道など八道あった。今、北海道の略称。「道庁」

名乗 おさむ・じ・ち・つね・なおし・のり・まさ・ゆき・より・わたる

難読 道成寺・道祖・道祖王・道祖神・道祖木・道程・道木・道理・道理山

解字 金文  篆文  形声。金文は、行＋首音。音符の首は、くびの意味。異民族の首を埋めて清められた、みちの意味を表す。

▼悪道・王道・海道・街道・外道・閣道・家道・華道・間道・軌道・鬼道・求道・芸道・権道・公道・坑道・黄道・古道・故道・茶道・参道・桟道・士道・市道・師道・至道・邪道・柔道・唱道・小道・常道・食道・神道・臣道・人道・水道・赤道・世道・善道・祖道・大道・達道・中道・天道・伝道・同道・入道・覇道・非道・複道・仏道・父道・武道・報道・魔道・無道・明道・有道・糧道

【道院】ドウイン 道士のいる所。道教の寺。

【道化】ドウケ ①道の感化。道によって善に感化すること。②国おかしいことをして人を笑わせる(人)。道化師。

【道家】ドウカ 老子・荘子らの説を奉ずる学派。老荘学派。黄帝・老子を祖とした、列子・荘子・関尹子らの説で、天性に従い、自然を尊び、無為にして外物におかされないことを主旨とする。中国固有の民族思想にもとづくものが多く、これから道教が生じた。〔漢書、芸文志〕

【道学(學)】ドウガク ①道徳を説く学問。儒教の学問をいう。②道家の学問。③宋代の程子・朱子らの唱えた理気の学。性理学。宋学。

【道学(學)先生】ドウガクセンセイ ①道学を主として修めた学者。②道徳にこだわって融通がきかず、世事にうとい学者や人をあざけっていう語。

【道観(觀)】ドウカン 道教の寺。道院。

【道義】ドウギ 人のふみ行うべき道。道理。道誼。

【道義心】ドウギシン 道義を重んじる心。道徳心。

【道教】ドウキョウ 中国で成立した宗教の名。黄帝・老子・荘子らを祖とし、無為自然を主旨とする老荘哲学に、陰陽五行・神仙の説・仏教などをとり入れ、不老長生を求める宗教の一つ。後漢の時代に宗教の体をなし、晋代に天師道といい、後に道教というようになり、中国の民間習俗に大きな影響を与えた。

【道具】ドウグ ①仏僧の用いる器具。②国うつわ。器物。仕事をするためのこまごました器具の類。

【道山】ドウザン 仙人の住む山をいう。転じて、一般に人の死をいう。「帰二道山一」は、道家で、人の死ぬことをいう。〔世説新語補、排調下〕

【道士】ドウシ ①道教によって長生不死の術などを身につけた人。方士。〔唐、白居易、長恨歌〕臨邛道士鴻都客。②道義を身につけた人。道徳のある人。③仏仏道を修行する人。僧。

【道師】ドウシ ①道徳の師。人の行うべき道について指導する人。②国 奈良時代、天武天皇のときに定められた八種の姓の中の第五位で、技芸をつかさどったもの。

【道次】ドウジ ①道筋。途次。②国 みちみち。途中。

【道者】ドウシャ ①道徳にすぐれた人。②道教を修めた者。道士。③仏仏道を修行する者。④国うちつれて神社・仏寺にお参りする人。

【道釈(釋)】ドウシャク 道教と仏教。

【道術】ドウジュツ ①道教の道士や仙人が行う術。仙術。②道徳と学問。

【道場】ドウジョウ ①仏道修行をする所。寺。②国㋐武芸を教えたり練習したりする所。㋑修養や訓練のために団体生活をする所。

【道心】ドウシン ①物事の是非を判断して正義につく心。道徳の観念。②仏仏道を求める心。菩提心。③国㋐十五歳で仏門にはいった者。青道心。㋑あわれみ。慈悲の心。

【道人】ドウジン ①道を身につけた人。有道の人。②神仙の道を得た人。仙人。③道教を修めた人。④俗世間をのがれた人。⑤仏仏門にはいった人。僧。

【道説】ドウセツ ものをいう。話す。道も、言う意。

【道祖神】ドウソジン 国旅の途中の悪魔を防ぎ旅人を守る神。さいの神。

【道俗】ドウゾク 僧侶と俗人。

【道聴(聽)塗説】ドウチョウトセツ 道で聞きかじったことを、すぐ知ったふりをして他人に話すこと。受け売り。〔論語、陽貨〕

【道程】ドウテイ 道のり。道里。

【道途・道塗】ドウト みち。道路。

【道統】ドウトウ 中国の上古から後代へ儒教の道を伝えた聖賢の系統。宋の儒者が初めて称したもの。

【道徳】ドウトク ①人のふみ行うべき正しい道。道理。道義。〔易経、説卦〕②老子の説いた道と徳。

【道徳経(經)】ドウトクキョウ 書名。『老子』の別名。→老子の②(八八八ジ一)。

【道念】ドウネン ①道義心。良心。②仏の道を修める心。

【道破】ドウハ いいつくす。いってのける。破は、強意を示す助字。

【道標】ドウヒョウ 道案内のために方向や里程などを木や石にしるしたもの。道しるべ。

【道服】ドウフク ①道士の着る服。②袈裟の別名。僧衣。③国平安時代の貴族が、外出のとき着た、ちりよけの上衣。

【道辺(邊)】ドウヘン 道ばた。

【道傍・道旁】ドウボウ ＝道辺。

【道楽(樂)】ドウラク 国①ものずき。自分の職業以外のものにふけりたのしむ。②よくない遊び。酒色などにふけること。③趣味。④天子の行幸や大葬のとき、その道すがら音楽を奏すること。また、その音楽。

【道里】ドウリ ①道や村ざと。②みちのり。道程。

【道理】ドウリ ①物事のそうでなければならないわけ。筋道。物の理くつ。②人のふみ行うべき正しい道。道義。〔荀子、脩身〕

【道路以レ目】ドウロめをもってす 人々がみな恐れて公然と非難する者はないが、道路でたがいに目で不満の意を通じ合うのをいう。道路側レ目。〔国語、周語上〕

【道話】ドウワ ①道徳についての話。②国心学者の説く訓話。

【道在レ邇求二諸遠一】 人の道は自分の身辺について反省し考えるべきであるのに、人はかえって遠い所に求めようとしている。だから道は自分から遠く離れて求めがたいものになってくる。〔孟子、離婁上〕

【道雖レ邇不レ行不レ至】 近い道も行かなければ到達しない。実行を重視する教え。〔荀子、修身〕

【道不レ拾レ遺】 道に落ちている物があっても、拾って自分のものとしない。国民が為政者に感化されて正直になったことをいう。また、国法がよく行われていることにもいう。〔韓非子、外儲説〕

【休レ道】 言うな。道は言うの意。＝勿レ道。〔広瀬淡窓、桂林荘雑詠示二諸生一詩〕休レ道他郷多二苦辛一。同袍有レ友自相親。〈言ってはいけない、異郷にあって勉学するのはつらいなどということを、一つのどてらをともに貸し合うような親友がいて志を

同じくして勉学に励んでいるではないか〉

(13)9 【遁】7853 標 [一]漢トン・呉ドン 願 阮 dùn [二]シュン 眞　[遁] 3859 465B

字義 [一]=遯(トン)。❶のがれる。㋐にげる。㋑かくれる(隠)。「隠遁」㋒さける(避)。❷あざむく。そむく。[二]あとじさりする。しりごみする。=逡。

解字 文 篆 形声。辶(辵)＋盾㊟。音符の盾は、他から身をおおいかくすための「たて」の意味。かくれてのがれるの意味を表す。

【遁逸・遁佚】(トンイツ) 世をのがれて安らかにくらす。遯逸(トンイツ)。

【遁隠(隱)】(トンイン) にげかくれる。のがれかくれる。遯隠(トンイン)。

【遁甲】(トンコウ) 人目をくらまし、わが身をかくして、凶事からのがれる術。忍術の類。

【遁竄】(トンザン) のがれる。にげかくれる。遯竄(トンザン)。

【遁辞(辭)】(トンジ) 言いのがれ。にげ口上。〔孟子、公孫丑上〕

【遁巡】(シュンジュン) しりごみする。あとじさる。逡巡(シュンジュン)。

【遁心】(トンシン) 法をのがれようとする。そむく心。遯心(トンシン)。

【遁世】(トンセイ) 遯世(トンセイ)。①世をのがれてかくれ住む。隠居。②出家して仏門にはいる。③国僧が名利を求めず修行すること。

【遁走】(トンソウ) にげ出す。のがれはしる。逃亡。

【遁逃】(トントウ) のがれる。にげる。

【遁北】(トンボク・トンホク) にげ走る。北も、にげる。逃北。遁去。遁亡。

(13)9 【逼】7854 標 漢ヒョク・呉ヒキ 職 bī 慣ヒツ　[逼] 4115 492F

字義 せまる(迫)。㋐近づく。㋑せばまる。せまくなる。ちぢまる。㋒さしせまる。ゆきづまる。㋓しいる。おしつける。強制する。㋔おどしつける。おびやかす。脅迫する。

解字 文 篆 形声。辶(辵)＋畐㊟。音符の畐(ヒョク)は、迫と同義で、せまるの意味を表す。

【逼塞】(ヒッソク) ①せばまりふさがる。おちぶれて世間へ出られないのをいう。②国江戸時代、武士に加えた刑罰の一つ。門を閉じて白昼の出入を禁じた。↓閉門。(一二四八㌻)
【逼奪】(ヒツダツ・ヒョクダツ) ①おどかして取る。②君主に迫ってその位をうばう。
【逼迫】(ヒッパク・ヒョクハク) ①さしせまる。切迫。②国金まわりが行きづまる。

(12)9 【遍】7855 常 ヘン　4255 4A57
(13)9 【遍】7856 ヘン 霰 biàn

筆順 ヨ 戸 扁 扁 遍

字義 ❶あまねし。また、あまねく。始めから終わりまで。広く、すべてにわたって。すみずみまで。=徧(ヘン)。「普遍」❷回数を示す助数詞。「一遍」

解字 形声。辶(辵)＋扁㊟。音符の扁(ヘン)は、ひらたくうすいの意味。ひらたくうすくゆきわたるの意味を表す。

▼普遍

【遍在】(ヘンザイ) 広くすみずみまで行き渡って存在する。

【遍照】(ヘンショウ) ①あまねくてらす。偏照(ヘンショウ)。②仏(ヘンジョウ) 法身仏の光明があまねく世界をてらすこと。「遍照金剛(コウ)(遍照して、そのうえ金剛のように不壊(フエ)であること。弘法大師(コウボウダイシ)を拝するとき、南無大師遍照金剛ととなえる)」

【遍身】(ヘンシン) 全身。からだじゅう。偏身(ヘンシン)。

【遍布】(ヘンプ) あまねくしく。あまねくゆきわたる。偏布(ヘンプ)。

【遍満(滿)】(ヘンマン) すみずみまでいっぱいになる。偏満(ヘンマン)。

【遍歴(歷)】(ヘンレキ) 広く各地をめぐり歩く。遊歴。偏歴(ヘンレキ)。

【遍路】(ヘンロ) 国祈願のため、道中、食をこいながら四国八十八か所の霊場(弘法大師(コウボウダイシ)修行の遺跡)をめぐること。また、その人。巡礼。

(13)9 【逾】7857 △ ユ 虞 yú　7807 6E27

字義 ❶こえる(越)。こす。=踰(ユ)。㋐こえ進む。こえ渡る。㋑すぎる。まさる。❷ます(益)。❸いよいよ。ますます。〔唐、杜甫、絶句詩〕江碧鳥逾白(コウみどりにしてとりいよいよしろし)。❹遠い。はるか。

難読 逾越節(すぎこし)

解字 文 篆 形声。辶(辵)＋兪㊟。音符の兪(ユ)は、ぬけだすの意味。ある範囲からぬけでる、こえるの意味を表す。

【逾月】(ユゲツ) 月をこえる。翌月に入る。

【逾邁】(ユマイ) こえ進む。日月が過ぎ去る。

(12)9 【遊】7858 教 3 ユウ・ユ あそぶ　4523 4D37
(13)9 【遊】7859 漢ユウ(イウ) 呉ユ 尤 yóu

筆順 ュ ｶ 方 斿 遊

字義 ❶あそぶ。㋐たわむれる。あそび楽しむ。「遊戯」㋑気ままに楽しむ。野山などを気ままに歩きまわる。「遊歩」㋒家をはなれて他郷に行く。修学や仕官などのため他国へ行く。「遊子」「遊学」㋓落ち着き所がなくぶらぶらする。官職・職業などにつかず、ひまでいる。「遊魂」「遊民」㋔交わる。つきあう。「交遊」㋕あちこちをめぐって説く。説きまわる。「遊説(ユウゼイ)」❷あそび。❸ともだち。友人。朋友(ホウユウ)。❹おとこだて。「遊侠(キョウ)」❺=游(ユウ)。㋐泳ぐ。「遊泳」㋑浮かぶ。「浮遊」国❶あそばす。おこなう・するなどの敬語。❷あそび。すさび。㋐奏楽の古語。音楽が遊びのおもなものであったのでいう。㋑酒色の楽しみ。

難読 遊佐(ゆさ)

参考 熟語は游(4174)をも見よ。→六三六㌻。

解字 形声。辶(辵)＋斿㊟。

▼逸遊・宴遊・観遊・旧遊・交遊・豪遊・周遊・出遊・巡遊・清遊・浮遊・漫遊・歴遊

【遊逸・遊佚】(ユウイツ) 遊び楽しむ。游逸(ユウイツ)。

【遊泳】(ユウエイ) ①水泳。およぐ。游泳(ユウエイ)。②比喩(ヒユ)的に、その境遇にしたがって世を渡ることをいう。処世。

【遊宴・遊燕・遊讌】(ユウエン) 遊び楽しむ。また、酒盛り。宴会。游宴(ユウエン)。

【遊客】(ユウカク) ①旅行者。旅客。②あそび歩く者。③国遊郭で遊ぶ人。

【遊郭・遊廓】(ユウカク) いろざと。いろまち。くるわ。多数の遊女のいる、一定の区域。遊里。

【遊学(學)】(ユウガク) 他国に行って学問する。游学(ユウガク)。

【遊宦】(ユウカン) 他国に行って役人になる。游宦(ユウカン)。

【遊観(觀)】(ユウカン) 游観(ユウカン)。①歩きまわって見物する。遊覧。②あそぶために建てられた御殿。

【遊侠】(ユウキョウ) おとこだて。侠客。游侠(ユウキョウ)。

【遊興】(ユウキョウ) ①おもしろくあそぶ。②花柳界にあそぶ。

【遊君】(ユウクン) あそびめ。女郎。遊女。

【遊軍】(ユウグン) ①後方にあって必要に応じて味方をたすけ、敵を攻撃する軍隊。遊兵。②一定の部署につかず、控えている者。

【遊芸(藝)】(ユウゲイ) ①六芸を学ぶ。→游芸(ユウゲイ)。②国人を楽しませる芸ごと。舞踊・講談・浪曲・流行歌・琴・三味線(シャミセン)・笛などの芸能。

【遊屐】(ユウゲキ) ①はきもの。遊は、出歩く意。②歩きまわる。人を訪問してまわる。

【遊撃(擊)】(ユウゲキ) ①戦列の外にいて、適宜味方を助けて敵を撃つこと。游撃(ユウゲキ)。②国野球の遊撃手の略。ショート・ストップ。

【遊行】(ユウコウ) 游行(ユウコウ)。①歩きまわる。②仏(ユギョウ) 僧が諸国をめぐり歩く。行脚(アンギャ)。

【遊幸】(ユウコウ) 天子の外出。行幸。游幸(ユウコウ)。

【遊魂】(ユウコン) 肉体から離れて宙にさまよう魂。游魂(ユウコン)。〔唐、杜甫、哀江頭詩〕血汚遊魂帰不レ得(ケツオのユウコンかえりえず)。訓文↓明眸

皓歯（五〇〇ぺー）。

【遊山】①山あそびをする。游山。②国㋐山にあそぶ。㋑気ばらしに外出する。行楽。「物見遊山」

【遊子】家を離れて他郷にある人。たびびと。游子。〔唐、李白、送二友人一詩〕浮雲遊子意、落日故人情〈空に浮かぶ雲は、旅人としての君の心をあらわし、沈みゆく夕日は、昔なじみであるわたしの別れを惜しむ心をあらわしている〉

【遊糸（絲）】春などに野原などに立ち上る気。陽炎。野馬。游糸。

【遊字】国漢文訓読の場合に、読まれないので無用のように思われる字。置き字。助字の焉・兮などの類。

【遊手】手を遊ばせる。なすこともなくあそびくらすこと。また、その人。

【遊女】游女。①出歩いている女。②うかれめ。女郎。遊君。

【遊渉】あちらこちらあそび歩く。

【遊人】游人。①遊び楽しむ人。旅行者。②侠客。③国㋐決まった職がなく、ぶらぶらしている人。㋑酒色・ばくちなどにふける人。道楽者。

【遊星】太陽の周囲を運行する星。惑星。↕恒星。

【遊説】諸侯をめぐり訪ねて、自己の説を主張すること。中国の戦国時代に行われ、蘇秦・張儀などとくに名高い。游説。転じて、自分の意見や政党の主義・主張を説いてまわる。

【遊仙△窟】書名。唐の張鷟（字は文成）の作といわれる伝奇小説。文成が黄河の源に使いに行く途中神仙の住む所に迷いこみ、二人の仙女に会って歓待されたことを述べたもの。四六駢儷文を用い、俗語もまじえている。中国では早く散逸し、日本には奈良時代に伝わって、『万葉集』以後の文学に影響を与えた。

【遊惰】あそびおこたる。游惰。

【遊談】游談。①＝遊説。②口からでまかせを言う。③むだ話。④自由に話す。

【遊△蕩】だらしなくあそぶ。道楽にふける。游蕩。

【遊牧】定住しないで、水や牧草を追って移住し、羊や牛などの牧養をすること。游牧。「遊牧の民」

【遊民】一定の職業をもたずあそんでくらしている者。浮浪人。游民。

【遊目】見まわす。思うままに見まわす。游目。

【遊△冶】遊びにふけり、容姿を飾る。游冶。

【遊△冶郎】酒色にふける男。游冶郎。

【遊予（豫）】游予。①帝王の遊び・楽しみ。②あそび楽しむ。

【遊△弋】游弋。①いぐるみ（矢にひものついたもの）で鳥を捕らえること。②軍艦が海上を往き来して警戒すること。

【遊里】いろざと。くるわ。遊郭。

【遊離】①はなれる。分離する。②単体が化合しないで存在すること。また、化合物から分離すること。

【遊猟（獵）】狩りをする。また、狩猟。游猟。

【遊歴（歷）】広く各地をめぐり歩く。遍歴。游歴。

【遊必有レ方】＝游必有レ方（六五七ぺー）。

(12)9【遥】7860 囚 4558 4D5A

(14)10〖遙〗7861 ヨウ（エウ）㊥ yáo 8403 7423

筆順 … 遥

字義 ❶はるか。遠い。距離的・時間的に隔っている。また、はるかに。❷長い。❸さまよう。そぞろ歩く。「逍遥」

名乗 すみ・のぶ・のり・はる・みち

解字 篆文 形声。辶（辵）＋䍃（䍃）㊥。音符の䍃は、ゆれるの意味。ゆらゆらと歩く、そぞろあるきするの意味を表す。

【遥△曳】①たなびく。②長くたれる。

【遥役】はるかに遠い地方に出て従事する兵役・労役。

【遥△矚】遠くからながめること。

【遥昔】①遠いむかし。②長い夜。

【遥然】はるかなさま。

【遥天】はるかに遠い空。遥空。

【遥湯・遥△蕩】心が定まらないこと。

【遥拝（拜）】はるかに遠くからおがむ。

【遥△碧】はるかな青空。

【遥遥】①はるかに遠く離れるさま。はるばる。②心の不安なさま。

(13)9【適】7862 国字 △ 7808 6E28

字義 あっぱれ。賛美・驚嘆のときに発することば。

解字 会意。辶（辵）＋南。

(13)10【違】7863 常 イ ちがう・ちがえる 1667 3063

(13)9〖違〗7864 イ（ヰ）㊥ wéi

筆順 … 違

字義 ❶ちがう。くいちがう。一致しない。「相違」❷たがう。さからう。そむく。もとる。ちがえる。「違法」❸さる（去）。㋐はなれる。遠ざかる。㋑立ち去る。にげる。さける（避）。❹よこしま（邪）。道理にそむいたこと。「非違」❺あやまち。過失。「違失」❻さまよう。徘徊する。

解字 金文 篆文 形声。辶（辵）＋韋㊥。音符の韋は、そむくの意味。そむき離れるの意味を表す。

▼依違・相違・非違

【違憲】①国家のおきてにそむく。違法。②国（法律・命令・国務に関する行為・手続きなどが）憲法の規定にそむくこと。↕合憲。

【違言】①さからうことば。②道理にそむいたことば。

【違△忤・違△迕・違△啎】さからう。忤も、さからう意。

【違算】国①計算ちがい。勘定ちがい。②計画のたてそこない。見こみちがい。

【違旨】目上の人の意にそむく。

【違失】あやまち。しくじり。過失。

【違心】①よこしまで、道にたがう心。②ふたごころ。

【違背】（約束・命令などに）たがいそむく。違反。違戾。

【違反】・【違犯】法律・規定・約束などにそむく。たがいおかす。法にそむく。

【違法】規則や法律にそむく。

【違約】約束にそむく。〔史記、項羽本紀、索隠述賛〕

【違戻】（法律・約束・命令などに）そむく。たがいもとる。違反。

【違例】①これまでのしきたりにたがう。②国貴人の病気をいう。御不例。

【違和】身体の調和を失って気分がすぐれない。病気になる。また、今までと違いすぎてしっくりしない。「違和感」

(13)10【遠】7865 教 2 エン・オン とおい 1783 3173

(14)10〖遠〗7866 ㊀㊥エン（ヱン）・㊥オン（ヲン）阮 yuǎn ㊁㊥エン（ヱン）・㊥オン（ヲン）願 yuàn

筆順 … 遠

字義 ㊀❶とおい。とおし。↕近。㋐はるか。距離がへだたる。「遠隔」㋑久しい。時間がへだたる。「久遠」㋒うとい。親密でない。「疎遠」㋓まわりどおい。「迂遠」㋔ぼんやりしている。に

ぶい。㋕奥深い。「深遠」㋖きわまりがない。はてがない。また、広い。❷遠い所。また、遠い人。❸先祖。「追遠」

二❶とおざける。㋐はなれさせる。へだてる。おいはらう。〔論語、雍也〕敬二鬼神一遠レ之。㋑うとんずる。親しくしない。「敬遠」❷とおざかる。遠のく。❸たがう（違）。

難読 遠賀川・遠刈田・遠近・遠軽・遠江・遠志・遠浅

解字 金文  篆文  形声。辶（辵）＋袁㊔。音符の袁は、とおざかるの意味。行くの意味の辵を付し、遠く行くの意味を表す。

▼永遠・久遠・敬遠・高遠・深遠・絶遠・疎遠・追遠・幽遠

【遠因】遠い原因。間接の原因。↕近因。

【遠裔】①遠い後世の子孫。遠冑。②遠い果てにある異民族の国。

【遠影】遠くに見えるすがた。影は、形・姿。〔唐、李白、黄鶴楼送三孟浩然之二広陵一詩〕孤帆遠影碧空尽 訳文⇩孤帆（二九三ページ）。

【遠隔】遠くへだたる。懸隔。

【遠観（觀）】①遠く望み見る。②深遠な見解。

【遠忌】㊃三年忌以上、五十年忌・百年忌などの年忌をいう。〔真宗で「エンキ」他宗では「オンキ」という〕

【遠紀】はるかにへだたっている年（世）。

【遠近】遠いと近い。また、遠い所と近い所。あちらこちら。

【遠業】遠大な事業。

【遠計】遠い将来のはかりごと。

【遠見】①遠い将来まで見通す。②国㋐遠方から見る。㋑高い所から敵のようすをさぐり見る。

【遠交近攻】遠国と親しんで、近国を攻め、近国が降服すれば、こんどはだんだん遠国に攻めおよんで行く策。戦国時代、秦の范雎がたてた策略。〔史記、范雎伝〕

【遠行】遠方へ出かける。とおで。

【遠郊】都から遠ざかったいなか。↕近郊。

【遠山眉】遠い山のように青くほっそりしたまゆげ。美人の眉のたとえ。

【遠竄】①遠方の地に流される。島流しになる。また、島流しにする。遠流。②遠方へにげかくれる。

【遠旨】深い意味。

【遠志】①遠大なこころざし。②草の名。ひめはぎ。

【遠識】遠い将来までも見とおす見識。

【遠戍】遠方の国境をまもる。また、その軍隊。

【遠戎】遠くの異民族。


【遠人】①㋐遠国の人。遠い所にいる人。〔文選、曹植、雑詩〕翹思慕二遠人一。㋑人をとおざける。人里からはなれる。〔晋、陶潜、帰二田園居一詩〕曖曖遠人村 訳文⇩曖曖（五一六ページ）。②国古代の人。

【遠水近火】遠方にある水では、すぐそばの火は消せない。遠いものは急場の用にたたないことのたとえ。〔韓非子、説林〕遠水不レ救二近火一也。

【遠陲】遠い国境の地。

【遠征】①遠く行く。征は、行く。遠行。②遠方に征伐に行く。遠く出かけて行って敵を討つ。〔唐、李白、子夜呉歌〕良人罷二遠征一 訳文⇩良人の①（九一〇ページ）。

【遠逝】①遠くへ立ち去る。②死ぬ。長逝。

【遠大】志や計画が大きく遠い将来に及んでいること。

【遠謫】罪を得て遠方に流される。遠流。

【遠冑】遠い子孫。

【遠籌】遠い将来までのはかりごと。

【遠島】①遠く離れた島。②国江戸時代の刑罰の一つ。遠い島に島流しにした刑罰。島流し。

【遠碧】遠い山の緑色。

【遠芳】遠くからただよう芳香。〔唐、白居易、草詩〕遠芳侵二古道一。

【遠謀】遠大なはかりごと。「遠謀深慮」

【遠由】①古いいわれ。②とおい原因。遠因。

【遠略】①奥深いはかりごと。遠謀。②遠方の土地を攻め取る計画。

【遠流】①＝遠竄。②遠方の川。③国昔の刑罰の一つ。流罪の最も重いもの。佐渡・土佐・隠岐など遠隔の地に流した。

【遠慮】①遠い将来まで見通した深い考え。遠謀深慮。〔論語、衛霊公〕人無二遠慮一、必有二近憂一。〈人は、遠い将来を見通さないと、さしせまった心配事が起きるものだ〉②国㋐人に対して控えめにする。㋑江戸時代、武士・僧に行った刑罰。門をとざし、出入りをひかえさせた。

【行レ遠必自レ邇】遠方に行くには必ず近い所から始める。何事も手近な所からやるべきだということ。〔中庸〕

【柔レ遠能レ邇】遠方の者をなつけて近くの者をよく親しませる。〔書経、舜典〕

(13)10
【遣】7867
常 ケン　つかう・つかわす
2415
382F

(14)10
〔遣〕7868　ケン 漢 qiǎn
筆順 中 𠂀 𠳋 𠳋 遣
字義 ❶やる。㋐にがす。はなしてやる。㋑つかわす。行かせる。さしむける。㋒去る。追う。追いはらう。㋓はらす。うさなどを晴らす。「派遣」はらい除く。「消遣」㋔おくる。送り届ける。❷つかい。使者。❸おくりもの。たまわりもの。❹しむ。⇩
国❶つかう。使用する。❷つかわす。与える。してやる。
難読 遣戸
使いわけ つかう〔使・遣〕⇩使（218）。
助字解説
しむ。使役。……させる。類令・教・使・俾。〔晋、陶潜、桃花源記〕太守即遣下人随二其往一尋中向所レ誌上。〈長官はすぐに人をつかわしてあとについて行かせた〉
解字 甲骨文  金文  篆文 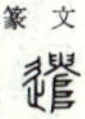 形声。辶（辵）＋胄㊔。音符の胄は、両手でたばねた肉を手にする形にかたどり、肉を保存食として軍隊が遠征につくの意味を表す。辵を付し、つかわすの意味を表す。
▼差遣・派遣・分遣
【遣懐（懷）】心中の思いを述べて晴らす。

【遣帰（歸）】かえしてやる。かえす。

【遣情】気晴らしをする。

【遣隋使】国推古天皇の十五年（六〇七）、日本が隋に派遣した大和朝廷の使者。

【遣唐使】国奈良・平安時代、日本が唐に派遣した使者。

【遣憤】いきどおりの心を晴らす。

【遣悶】うさを晴らす。

(14)10
【遘】7869　△ 漢 コウ 呉 ク 宥 gòu
[遘]
7809
6E29
字義 ❶あう。出会う。＝逅。❷かまえる。＝構。
解字 甲骨文  篆文  形声。辶（辵）＋冓㊔。音符の冓は、組み合わせるの意味。人が道で行き会う、であうの意味を表す。

(14)10
【遡】7870　標 ソ 遇 sù
[遡]
3344
414C
字義 遡（4199）・泝（3966）と同字。❶さかのぼる。㋐水の流れに逆らってのぼる。㋑物事の根本や過去の時代にさかのぼる。❷むかう（向）。❸くだる。水の流れに従ってくだる。

解字 篆文 形声。辶（辵）＋朔㊥。音符の朔（サク）は、さからうの意味。水の流れにさからってのぼるの意味を表す。

【遡洄】（ソカイ）流れに逆らって川をのぼる。↔遡遊。

【遡源】（ソゲン）①水源に逆のぼる。②学問などの源を窮める。

【遡行】（ソコウ）水流に逆らって行く。

【遡航】（ソコウ）水流に逆らって舟を進める。

【遡波】（ソハ）逆流する波。

【遡遊】（ソユウ）水流に従って下る。↔遡洄（ソカイ）。

(14)10【遜】7871 標 ソン 慁 xùn ［遜］ 3429 423D

字義 ❶のがれる（のがる）。にげ去る。❷ゆずる（ゆづる）。自分をあとまわしにして他人をすすめる。❸へりくだる。卑下する。「謙遜」❹したがう（したがふ）（順）。❺おとる。およばない。「遜色」

解字 篆文 形声。辶（辵）＋孫㊥。音符の孫は、遁（トン）に通じ、のがれるの意味。のがれる・ゆずるの意味を表す。

【遜位】（ソンイ）帝位や官位をゆずる。

【遜志】（ソンシ）気持ちをおさえてへりくだる。また、へりくだった気持ち。

【遜辞（辭）】（ソンジ）にげ口上。にげことば。遁辞（トンジ）。

【遜譲（讓）】（ソンジョウ）へりくだる。謙譲。

【遜色】（ソンショク）他におとるようす。見おとり。

【遜弟】（ソンテイ）すなおで目上の人に従うこと。

(14)10【遞】(7802) テイ 逓（7801）の旧字体。↓一〇八九ページ。 7810 6E2A

(14)10【遝】7872 △ 漢トウ（タフ）呉ドウ（ダフ） 合 tà

字義 ❶いりまじる。重なりあう。こみあう。❷およぶ。追いつく。

解字 甲骨文 篆文 形声。辶（辵）＋眔㊥。音符の眔（トウ）は、沓に通じ、かさなるの意味。道を行く人たちが、かさなる・いりまじるの意味を表す。

(14)10【遙】(7861) ヨウ 遥（7860）の旧字体。↓一〇九九ページ。 8403 7423

(14)10【遛】7873 △ 漢リュウ（リウ）呉ル 宥 liú

［遛］本字

字義 とどまる。進まない。＝留。「逗遛（トウリュウ）」

解字 形声。辶（辵）＋留㊥。音符の留は、とどまるの意味。とどまって進まないの意味を表す。

(15)11【遨】7874 △ ゴウ（ガウ） 豪 áo 7811 6E2B

字義 あそぶ（遊）。気ままに遊び楽しむ。

解字 形声。辶（辵）＋敖㊥。音符の敖（ゴウ）は、きままにするの意味。気ままに遊びまわるの意味を表す。

【遨嬉】（ゴウキ）あそび楽しむ。

【遨放】（ゴウホウ）ほしいままに遊ぶ。

【遨遊・遨游】（ゴウユウ）①あそぶ。きままにあそぶ。②往き来する。行き来して間を取りもつ。

(14)11【遮】7875 (15)11［遮］7876 常 シャ さえぎる シャ 麻 zhē 2855 3C57

筆順 广 庐 庶 遮

字義 ❶さえぎる（さへぎる）。㋐とどめる。くいとめる。㋑断ちきる。㋒待ちうける。待ちぶせる。㋓おおってへだてる。「遮蔽（シャヘイ）」「遮断」❷この。これ。＝這（シャ）。

解字 篆文 形声。辶（辵）＋庶㊥。音符の庶は、多くのものが集まるの意味。道を行くとき多くのものがいて、進むのをさえぎるの意味を表す。

【遮翳】（シャエイ）おおいさえぎって暗くする。

【遮渠】（さもあらばあれ）＝遮莫（さもあらばあれ）。

【遮撃（擊）】（シャゲキ）待ち伏せしてうつ。要撃。

【遮絶】（シャゼツ）さえぎる。間を断つ。遮断。

【遮断（斷）】（シャダン）さえぎる。間を断つ。遮絶。「交通遮断」

【遮二無二】（シャニムニ）国あとさきを考えずに、むちゃくちゃに。むやみに。やたらに。

【遮莫】（さもあらばあれ・さばれ）この上はどうであろうとも、ままよ。それならばそうしておこう。唐代以後の俗語。

【遮蔽】（シャヘイ）①おおいかくす。②防ぎ守る。

【遮迾】（シャレツ）天子の行幸などのとき、士卒が天子のまわりを囲み守って、行列をつくるのをいう。

(15)11【遷】(7894) セン 遷（7893）の旧字体。↓一一〇四ページ。

(14)11【遭】7877 (15)11［遭］7878 常 ソウ あう ソウ（サウ） 豪 zāo 3388 4178

筆順 冂 曲 曲 曹 遭

字義 ❶あう（あふ）。であう。めぐりあう。「遭遇」❷めぐる（巡）。まわりをかこむ。また、めぐり行く。❸たび（度）。度数を表す語。回。次。❹らる。せらる。受身を表す助字。

使いわけ あう［会・遭・合］⇩会（146）。

解字 篆文 形声。辶（辵）＋曹（䡴）㊥。音符の䡴（ソウ）は、二つが相対するの意味。路上で二人があうの意味を表す。

【遭会（會）】（ソウカイ）出会う。

【遭遇】（ソウグウ）（思いがけず）めぐり会う。

【遭値】（ソウチ）会う。出会う。値も、あう。

【遭難】（ソウナン）災難にであう。危難にあう。

【遭逢】（ソウホウ）①めぐりあう。でくわす。②賢臣が名君に出あい、意志が通じ合って信任される。

(15)11【遫】7879 △ ソク 屋 sù

字義 ❶すみやか（速）。はやい。❷ちぢむ。❸かわる（変）。変化する。❹こまかい。

解字 形声。辶（辵）＋敕㊥。速の籀文（チュウブン）。

(15)11【遰】7880 △ 一 漢テイ・呉ダイ 霽 dì 二 セイ 霽 shì

字義 一 ❶さる（去）。❷ゆく（往）。❸はるか。二 ❶さや。刀のさや。❷ゆく。＝逝。

解字 篆文 形声。辶（辵）＋帶㊥。

(14)11【適】7881 (15)11［適］7882 教5 テキ 一 漢セキ・呉シャク 陌 shì 二 漢テキ・呉チャク 錫 dí 三 漢タク・呉チャク 陌 zhé 四 シ 寘 chì 慣テキ 3712 452C

筆順 亠 产 商 商 適

字義 一 ❶ゆく（往）。㋐おもむく。思う所に行く。㋑いたる（至）。㋒とつぐ。嫁にゆく。❷かなう（かなふ）。㋐よい。よろしい。㋑うまくあてはまる。㋒つり合う。ほどよい。㋓心のどかに楽しむ。「快適」㋔思いどおりになる。また、心の向くままにする。「自適」㋕道理に合っている。❸あう。出会う。❹まさに。まさしく。ちょうど。❺たまたま。ちょうどそこへ。偶然。二 ❶よつぎ。あとつぎ。正妻の生んだ子。＝嫡（チャク）。❷正妻。本妻。正夫人。❸あるじ。主人。❹あだ。かたき。＝敵。❺上位。正位。❻もっぱら。主として。三 せめる（責）。とがめる。また、責め。とが。＝謫（タク）。

四 **ただ**。ただに。＝啻シ。

名乗 あつ・あり・まさ・ゆき

解字 金文　篆文　形声。辶（辵）＋啇（啻）音。音符の啻シは、中心の一点に寄るの意味。ある事柄が、目的とする一点に寄って行く、かなうの意味を表す。

▼快適・間適・閑適・自適・清適

【適意】テキイ　心にかなう。思うとおりになる。
【適飲】テキイン　ほどよくのむ。
【適応（應）】テキオウ　①ふさわしい。あてはまる。②生物が環境に適合するまでの過程。また、その現象。
【適確】テキカク・テッカク　事実と一致し、間違いがない。正しくたしか。
【適帰（歸）】テキキ・テッキ　従いたよる。身を落ち着ける。〔史記、伯夷伝〕我安適帰矣われいずくにか（う）テキキせん。
【適宜】テキギ　①ほどよいこと。②思いのまま。随意。
【適合】テキゴウ　あてはまる。あたる。適応。
【適妻】テキサイ・チャクサイ　本妻。嫡妻チャクサイ。
【適材適所】テキザイテキショ　ある仕事に適した才能のある者をその者にふさわしい地位に置くこと。
【適子】テキシ・チャクシ　長男。嫡子チャクシ。
【適嗣】テキシ・チャクシ　正しいあととり。正妻の生んだ長子。嫡嗣チャクシ。
【適室】テキシツ・チャクシツ　①本妻。適妻。②表座敷。
【適者生存】テキシャセイゾン　外界の状態に適合する生物は生存繁栄し、そうでないものは自然に絶滅すること。
【適戍】タクジュ　罪があって遠地の守備にやられること。また、その守備兵。
【適従（從）】テキジュウ　従いたよる。適帰。
【適人】テキジン　①かたき。敵人。②セキジン・ひとにゆく　嫁入りする。
【適正】テキセイ　国適当で正しいこと。
【適性】テキセイ　①性質にかなう。②ある物事に適合する性質。
【適切】テキセツ　よくあてはまる。ぴったりする。
【適然】テキゼン　①たまたま。ちょうど。偶然。②つね。あたりまえ。当然。
【適卒】タクソツ　罪があって辺境の守りにあてられた兵卒。
【適孫】テキソン・チャクソン　嫡子チャクシの長子。嫡孫。
【適中】テキチュウ　①正しくあたる。的中。②ほどよい。
【適当】テキトウ　かなう。うまくあてはまる。
【適任】テキニン　その仕事によくあてはまる。また、その才能にふさわしい任務。
【適莫】テキバク　可と不可。また、適は、ある事に心を向け熱中すること、莫は、その反対に嫌って心を向けないこと。また、適は積極、莫は消極。〔論語、里仁〕
【適否】テキヒ　適するか、適しないか。適当と不適当。
【適法】テキホウ　法律や規則にかなう。↔違法。
【適役】テキヤク　その人に適している役目。はまり役。
【適用】テキヨウ　よくあてはめて使う。
【適量】テキリョウ　ほどよい分量。
【適例】テキレイ　よくあてはまる実例。的例。
【適齢（齡）】テキレイ　決められた、また、ほどよい年齢にあたる。また、その年齢。「適齢期」

(15)11
【遯】7883　△　漢トン　呉ドン　顧阮 dùn　7812 6E2C

字義 ＝遁トン。❶**のがれる**のがる。にげる。「隠遯」。❷しりぞく（退）。さける（避）。❸あざむく。❹易エキの六十四卦カの一つ。☰☶艮下乾上ゴンカケンショウ。君子は身を退けて名望を得、小人は正を守って利益を得るかたち。

参考 熟語は遁（7853）を見よ。→一〇九八ページ。

解字 篆文　形声。辶（辵）＋豚音。音符の豚は、盾に通じ、他から身をかくしおおうためのたての意味。たてのかげに身をひく、のがれるの意味を表す。

(15)12
【遺】7884　教6　イ・ユイ　1668 3064
(16)12
〔遺〕7885

一 漢イ（ヰ）・呉ユイ　支 yí
二 漢イ（ヰ）・呉ユイ　寘 wèi

筆順 口 中 冉 貴 遺

字義 一 ❶**わすれる**わする（忘）。「遺忘」❷**すてる**す（つ）。忘れて捨てる。「遺棄」❸**のこす**。**のこる**。とどめる。「遺跡」❹ぬける（脱）。ぬかる。また、ぬかり。手落ち。「遺脱」❺あまる。あます。❻とり残したもの。忘れもの。「拾遺」❼おちる（堕）。おとす。❽もらす。小便をする。また、いばり。小便。

二 ❶**おくる**。物品を贈る。❷くわわる（加）。くわえる。

解字 形声。辶（辵）＋貴（𧶠）音。音符の𧶠キ＝イは、おくり物の意味。辵を付し、贈りとどけるの意味を表す。また、他人に贈ってしまって自分の手元にない、うしなう・すてる・わすれるの意味をも表す。

▼欠遺・拾遺・補遺

【遺愛】イアイ　①古人の仁愛の遺風があること。②先祖が愛した品で子孫に伝わったもの。③金品などを与えるのをおしむ。
【遺愛寺】イアイジ　今の江西省九江県の香炉峰の北にある寺。〔唐、白居易、香炉峰下……偶題二東壁一詩〕遺愛寺鐘欹レ枕聴イアイジのかねはまくらをそばだててきき、香炉峰雪撥レ簾看コウロホウのゆきはすだれをかかげてみる。〈遺愛寺の鐘の音は、寝たまま枕をかたむけて聞き、香炉峰に積もる雪は、すだれをはねあげて眺める〉
【遺佚・遺逸】イイツ　①世間から見捨てられる。②君に見捨てられて用いられない。
【遺音】イイン　①余韻。②悲しい声。③古人が後世に残した音調。④ことづて。伝言。〔文選、曹植、雑詩〕願欲レ託二遺音一ねがわ（は）くはイインをタクせんとほっす。
【遺韻】イイン　古人の遺風。
【遺詠】イエイ　古人がよみ残した詩歌。
【遺影】イエイ　故人の写真や肖像画。
【遺戒・遺誡】イカイ　古人のいましめ。後世の人のために残されたいましめ。
【遺骸】イガイ　なきがら。死骸。
【遺憾】イカン　①心残りがすること。残念。②気の毒。
【遺棄】イキ　わすれ捨てる。置きわすれる。すてる。委棄。
【遺却】イキャク　わすれる。忘却。
【遺教】イキョウ　前人の残したおしえ。遺訓。
【遺響（響）】イキョウ　後に残された、感慨のこもっているひびき。余韻。
【遺業】イギョウ　前人の残した事業や業績。遺緒。
【遺訓】イクン　前人の残した教え。遺戒。
【遺勲（勳）】イクン　死後に残した手がら。
【遺計】イケイ　手落ち。失策。遺算。
【遺孽】イゲツ　①父の死後に残された子。わすれがたみ。②広く、子孫をいう。
【遺賢】イケン　人に知られないすぐれた人。主君に用いられないで民間にいる賢人。〔書経、大禹謨〕野無二遺賢一やにイケンなし。
【遺言】イゲン　①前人の残したことば。聖賢の遺訓。〔荀子、勧学〕不レ聞二先王之遺言一センノウのイゲンをきかざれば、不レ知二学問之大一ガクモンのダイなるをしらず。②ユイゴン・イゴン　人が死ぬときに言い残すことば。（法律用語では、「イゴン」という）
【遺行】イコウ　まちがった行い。失行。多くの人からすてられるの意。
【遺構】イコウ　①先帝の残されたはかりごと。②荒れて残っている建物。
【遺稿・遺藁】イコウ　故人が書き残した詩や文章の下書き。
【遺恨】イコン　①後に残るうらみ。忘れられないくやしさ。残恨。②＝遺憾。
【遺魂】イコン　あとに残された霊魂。
【遺策】イサク　①手落ち。てぬかり。失計。遺計。②前人の残したはかりごと。③散亡した書物。
【遺産】イサン　①死者が残した財産。②転じて、先人が残した業績。「文化遺産」

【遺子】シイ ①父の死後に生まれた子。②父母に死なれた子。忘れ形見。遺児。③捨て子。
【遺士】シイ 世に用いられず民間にかくれうずもれている人。
【遺矢】シイ 大小便をもらす。矢は、屎シ（くそ）。
【遺△址・遺△阯】シイ 昔あった建物などの跡。遺跡。
【遺志】シイ 死んだ人が生前成しとげようとして果たさなかったこころざし。故人の意向。
【遺児（兒）】イジ ①父母に死なれた子供。みなしご。②捨て子。
【遺失】イシツ ①わすれる。遺逸。②あやまち。欠点。③忘れたり落としたりしてなくす。
【遺臭】イシュウ 悪名を世に残す。↕遺芳。
【遺書】イショ ①書き置き。死後へ書き残した手紙。②前人が持っていた書物。③前人の書き残した書物。遺著。④前人の遺著を後人が刊行したもの。⑤ばらばらになりどこかへいってしまった書物。⑥人に手紙を送る。
【遺詔】イショウ 天子がなくなるときに言い残したみことのり。天子の遺言。
【遺嘱（囑）】イショク 死後のことをたのみおくこと。また、そのたのみ。遺属。遺託。
【遺臣】イシン ①先代からの古い家来。旧臣。②ほろんだ国のあとに残された家来。
【遺制】イセイ ①昔から残っている制度。②古人が残した制作。
【遺跡・遺△迹・遺△蹟】イセキ 残っている昔のあと。
【遺贈（贈）】イゾウ 遺言ユイゴンで財産を人におくる。
【遺俗】イゾク ①今日まで残っている風俗。古くからの風俗習慣。②世俗に捨てられる。③世俗を捨てる。世俗と違うやり方をする。
【遺存】イソン 残り永らえる。後に残る。また、その物。遺物。
【遺体（體）】イタイ ①死体。なきがら。②父母が残し置いたからだ。わが身。忘れ形見。〔礼記、祭義〕身也者父母之遺体也（身なる者は父母の遺体なり）。
【遺沢（澤）】イタク めぐみを残す。また、後に残っているめぐみ。余沢。
【遺託】イタク 死後の事をたのむ。また、そのたのみ。
【遺脱】イダツ ①ぬける。もれる。②もれ。おち。遺漏。
【遺著】イチョ 前人の書き残した書物。後世に残された書物。
【遺直】イチョク 昔の心の正しい人のおもかげ。また、そのおもかげのある人。
【遺徳】イトク 前人の残した徳。また、死後に残るめぐみ。〔文選、諸葛亮、出師表〕光二先帝遺徳一（先帝の遺徳を光（おお）いにす）。
【遺髪】イハツ 死んだ人の形見の頭髪。

【遺表】イヒョウ 大臣などが死ぬときに君主に書きつけを奉ること。また、その書きつけ。
【遺風】イフウ ①昔のおもかげ。残された名誉。余風。②昔からある風習。③速い風。疾風。④速く走る馬。名馬。
【遺腹】イフク 生前、胎内にあり、父の死後に生まれた子。
【遺物】イブツ ①物をわすれる。また、忘れ物。おとし物。遺失物。②国㋐死者の残したもの。かたみ。㋑古い時代の物で、今に残っているもの。
【遺弊】イヘイ 古くから残っている弊害。旧弊。
【遺編】イヘン 前人の残しておいた著述。
【遺芳】イホウ ①後世に残る名誉。↕遺臭。②＝遺墨。
【遺法】イホウ ①先人の残したきまり。②昔からのやりかた。
【遺忘】イボウ わすれる。忘却。
【遺墨】イボク 死後に残っている書画。故人の筆跡。遺芳。
【遺民】イミン ①生き残っている人民。②ほろんだ国の人民で、新しい朝廷に仕えない者。亡国の民。
【遺命】イメイ ①死に臨んで遺言を残して言いつける。遺言の命令。②国天皇が皇室に対して残す遺言。
【遺落】イラク ①うち捨てる。なげやりにする。②ぬけ落ちる。脱落。
【遺留】イリュウ 残りとどまる。また、残しとどめる。
【遺類】イルイ 生き残っている仲間。余党。生き残り。
【遺△黎】イレイ 生き残っている人民。亡国の民。遺民。
【遺烈】イレツ 前人の残した功績。烈は、りっぱな事業。
【遺老】イロウ ①生き残りの老人。②先帝に仕えた旧臣。③亡国の旧臣。
【遺漏】イロウ 落としもらす。ぬけ落ちる。遺脱。
【拾レ遺補レ△闕】（おちたるをひろい（ひ）ケツをおぎなう（ふ）） 捨てられているものを拾い集め、欠けているものを補修する。君主を助けてそのあやまりや欠点を正し補う意。〔文選、司馬遷、報二任少卿一書〕
【如レ拾レ遺】（おちたるをひろう（ふ）がごとし） 地に落ちているものを拾うように、物事をするのに非常にたやすいこと。〔漢書、梅福伝〕
【不レ拾レ遺】（おちたるをひろわ（は）ず） 道路に落ちている物さえ拾わない。①道徳が世に行われて、人の心がきれいなこと。〔史記、孔子世家〕②法令がきびしく、民の刑罰を恐れることのはなはだしいこと。〔史記、田敬仲完世家・商君伝〕

(16)12【遹】7886 △ 漢イツ（ヰツ） 呉イチ（ヰチ） 音 yù

字義 ❶かたよる。正しくない。よこしま。❷のべる（述）。❸ここに。発語の助字。

解字 金文  篆文  形声。辶（辵）＋矞音。

(16)12【遻】7887 △ 一ガク 漢 è 二ゴ 遇 wù
【遌】同字

字義 一あう。出会う。また、不意に会って驚く。二＝迕ゴ。❶あう。出会う。❷さからう。たがう。

解字 篆文  形声。辶（辵）＋咢音。音符の咢ガクは、おどろくの意味。不意の出来事にでくわして、おどろくの意味を表す。

(15)12【遵】7888 常 ジュン 2969 3D65
(16)12【遵】7889 シュン 真 zūn 慣ジュン

筆順 丷 䒑 酋 尊 遵

字義 ❶したがう（したがふ）。㋐道理や法則にしたがう。のっとる。「遵守」「遵奉」 ㋑よる。よりそって行く。❷ひきいる（率）。

名乗 ちか・のぶ・より

参考 〔遵〕を〔順〕に書きかえるのは、正式の用字ではないが一般に行われている。「遵守→×順守」「遵法→×順法」

解字 篆文  形声。辶（辵）＋尊（尊）音。音符の尊は、馴に通じ、したがうの意味。したがっていくの意味を表す。

【遵依】ジュンイ そのとおりに従う。遵由。
【遵行】ジュンコウ ①従い行う。その通りに行う。②国武家時代に上意を受けて守護から下した命令。その公文書を遵行状という。
【遵守】ジュンシュ 従い守る。遵奉。
【遵法】ジュンポウ 法律・規則に従う。「遵法精神」
【遵奉】ジュンポウ 従い守る。よく守る。遵守。
【遵由】ジュンユウ より従う。たよりにして従う。
【遵養】ジュンヨウ 道に従って志を養う。〔詩経、周頌、酌〕ジュンカイ

(16)12【遶】7890 △ 漢ジョウ（ゼウ） 呉ニョウ（ネウ） 篠 rǎo 7813 6E2D

字義 めぐる。めぐらす。とりまく。囲む。＝繞ジョウ。

解字 形声。辶（辵）＋堯音。

(15)12【選】7891 教4 セン えらぶ 3310 412A
(16)12【選】7892 一セン 銑 xuǎn 二セン 霰 xuǎn 三サン 早 suǎn

筆順 巳 巳巳 𢁉 巽 選

字義 一❶えらぶ。える。よる。よりわける。よりすぐる。数多

い中からえりぬく。「選出」「選任」❷つかわす。おくる。❸よわい。ぴくぴくする。[二]❶えらぶ（銓セン）。人材をえらんで官職につける。❷選ばれた人。すぐれた人。❸ととのう。そろう。また、ととのえる。[三]かぞえる。＝算。

名乗 かず・のぶ・よし・より

参考 現代表記では［銓］(8137)の書きかえに用いることがある。「銓衡→選考」

解字 文 篆 形声。辶(辵)＋巽(巺)音。音符の巺ソンは、二人が並んでステップする舞の象形。ステップの整った舞のさまから、ととのえる・えらぶの意味を表す。

▼公選・互選・人選・精選・民選・文選

【選科】センカ 国①全体の学習科目の中から特にえらんで学習する科目。選択科目。↔必修科目。②一部の学科だけをえらんで学習する課程。↔本科。

【選挙(擧)】センキョ ①多くの中から適当な人をえらぶ。②官吏を試験してえらび挙げる。科挙。③投票で議員など代表者をえらび出す。

【選考】センコウ 人物・才能などをはかり調べる。銓衡センコウ。

【選差】センサ 朝廷からえらびつかわされる。

【選次】センジ えらび出して順序に並べる。

【選集】センシュウ ①えらびあつめる。②古人の詩文をえらんで編集したもの。撰集センシュウ。↔総集。③国平安時代、『文選モンゼン』と『白氏文集』との併称。

【選△懦】センダ おとなしく意志が弱い。

【選択(擇)】センタク えらび出す。いいものをえらぶ。［孟子、滕文公上］

【選△擢】センタク えらびぬく。

【選任】センニン えらんで官職などの任につける。

【選抜】センバツ えりぬく。「選抜試験」

【選兵】センペイ よりぬいた兵卒。

【選用】センヨウ 選んで任用する。

【選良】センリョウ ①よい人物をえらびぬく。また、その人。②国代議士の美称。

【選練】センレン じゅうぶんにえらびぬく。簡練。

(15)12【遷】7893 常 セン　3311 412B

(15)11［遷］7894 セン 囲 qiān

筆順 覀 覀 要 悪 遷

字義 ❶うつる（移）。㋐のぼる。高い所に上がる。㋑場所をかえて、よそに行く。うごく。移動する。㋒かわる。あらたまる。「変遷」㋓官職・地位などがかわる。㋔しりぞく。にげ去る。はなれる。❷うつす。㋐動かす。場所をかえる。㋑とりかえる。交易する。㋒かえる。あらためる。㋓しりぞける。おとす。官職・地位などをさげる。「左遷」㋔おいやる。遠方に追放する。

【迁】俗字

解字 文 篆 形声。辶(辵)＋䙴音。音符の䙴センは、二人が両手で死体の頭部をかかえうつすの意味。辵を付し、一般に、うつすの意味を表す。

▼左遷・転遷・変遷・累遷

【遷移】センイ うつる。うつす。移転。遷徙センシ。

【遷易】センエキ 移り変わる。

【遷延】センエン ①しりぞく。あとにさがる。②ぐずぐずする。③のびのびになる。長びく。延引。

【遷△鶯】センオウ うぐいすが低い谷間から高木に移ることから、転じて、官位がのぼることのたとえ。栄転。［詩経、小雅、伐木］

【遷化】センカ ①移り変わる。移し変える。②移って善に化する。③人が死ぬこと。④仏センゲ 高僧が死ぬこと。

【遷改】センカイ 移り変わる。

【遷客】センカク・センキャク 罪せられて遠方へ流された人。官位をおとされて遠地にやられた人。

【遷御】センギョ 国①天子が居所を変え移すこと。遷幸。②神体をよそへ移す。

【遷△喬】センキョウ ＝遷鶯センオウ。

【遷幸】センコウ 天子が皇居以外の場所に移る。

【遷座】センザ 国神または天子が居所を他へ移す。遷宮。遷幸。

【遷△徙】センシ ①うつり変わる。②うつす。移転する。

【遷次】センジ ①宿舎を移す。②官職を進める。③居を移す。④季節が変わる。

【遷△逡】センシュン 進まないさま。

【遷善】センゼン 悪を改めて善に移る。［孟子、尽心上］民日遷レ善たみひにぜんにうつる。

【遷△謫・遷△讁】センタク 罪して遠方へ流しやる。おいやる。追放する。

【遷逐】センチク 都を他所へ移しかえる。

【遷都】セント 都を他所へ移しかえる。

【遷怒】センド いかりを他に移す。やつあたり。［論語、雍也］不レ遷レ怒いかりをうつさず。

【遷虜】センリョ 戦勝者に捕らえられて他へ移り住まわせられた者。強制的な移住民。

(16)12【遲】(7848) チ 遅(7847)の旧字体。→一〇九六ページ。　7815 6E2F

(15)12【遼】7895 囚　4643 4E4B

(16)12［遼］7896 リョウ（レウ）蕭 liáo

筆順 大 夰 沯 尞 遼

字義 ❶はるか。遠い。空間的・時間的にへだたっている。「前途遼遠」❷ゆるめる。ゆるくする。❸川の名。遼河。❹王朝の名。契丹キッタンの耶律阿保機ヤリツアボキが建国し、後、金にほろぼされた。（九一六—一一二五）❺国名。西遼（九八六ページ）。

名乗 とお

解字 文 篆 形声。辶(辵)＋尞音。音符の尞リョウは、かがり火の象形。昔、かがり火をたいて、はるか遠い天を祭ったところから、転じて、はるか・とおいの意味を表す。

【遼遠】リョウエン はるかに遠い。悠遠。

【遼隔】リョウカク はるかにへだたる。遼絶。

【遼△廓】リョウカク 遠く広々としている。遼落。遼闊リョウカツ。

【遼史】リョウシ 書名。百十六巻。元の順帝のとき、托克托トクト（脱脱）らが勅命によって編集した遼の正史。二十四史の一つ。

【遼△豕】リョウシ →遼東豕リョウトウのいのこ。

【遼絶】リョウゼツ はるかにへだたる。遼隔。

【遼東】リョウトウ 秦代シンダイに置かれた郡の名。今の遼寧省東南部、遼河以東の地。

【遼東△豕】リョウトウのいのこ 遼東の人が、白頭の豕ぶたを珍しいと思い、これを献じようと河東に行ったところが、河東の豕はことごとく白頭であったので恥じて帰った故事。世間を知らないで自分だけをえらく思うことのたとえ。ひとりよがり。［後漢書、朱浮伝］

【遼陽】リョウヨウ 地名。遼寧省瀋陽シンヨウ市の西南、太子河の南岸にある都市。

【遼落】リョウラク ＝遼廓リョウカク。落は、大。

【遼遼】リョウリョウ ①遠くはなれているさま。はるかに遠いさま。②寂しいさま。

(16)12【遴】7897 △ [一]リン 震 lìn [二]リン lín

字義 [一]❶むさぼる。物惜しみする。＝吝リン。❷なやむ。ゆきなやむ。また、かたんずる。むずかしいとする。[二]えらぶ。よりわける。

解字 文 篆 形声。辶(辵)＋粦音。音符の粦リンは、履に通じ、ふむの意味。一点にふみとどまって、ゆきなやむの意味を表す。

【暹】→日・日部 五五〇ページ。

(17)13【邂】7898 △ 漢カイ 呉ゲ 卦 蟹 佳 xiè　7816 6E30

字義 邂逅（カイコウ）は、㋐会う。めぐり会う。出会う。㋑うちとけるさま。

解字 篆文 形声。辶（辵）＋解㊒。

(16)13 【還】7899 常 カン
(17)13 〖還〗7900
㊀㊥カン（クヮン） 㫋 huán, ④ hāi
㊁㊥セン・㊦ゼン 㐲 xuán
2052 3454

筆順 罒 罒 罠 睘 還

【还】俗字

字義 ㊀❶かえる（帰）。㋐もどる。もとへもどる。復帰する。「往還」「生還」 ㋑帰路につく。ひきかえす。「帰還」 ㋒しりぞく。㋓振りかえる。かえりみる。❷かえす。㋐もとへもどす。㋑もち主へ返す。つぐなう。「償還」 ❸かえって。それに反して。❹また。ふたたび。〔明、高啓、尋₂胡隠君₁詩〕看レ花還看レ花（はなをみまたはなをみる）。
㊁❶めぐる。めぐらす。囲む。＝旋・転。❷すばやい。また、すみやか。

解字 金文 篆文 形声。辶（辵）＋睘㊒。音符の睘（カン）は、めぐるの意味。ひとめぐりして元のところにもどる、かえるの意味を表す。

▼往還・帰還・償還・召還・招還・生還・送還・奪還・返還・奉還

【還帰】（カンキ） 帰る。帰還。

【還御】（カンギョ） 国①天皇や太皇太后・皇太后・皇后が外出先から帰ること。②将軍や公卿（クゲ）が帰ること。

【還啓】（カンケイ） 国皇后・皇太子などが外出先から帰ること。

【還元】（カンゲン） ①もとへ戻す。また、もとに戻る。②酸化物からその成分の酸素をうばうこと。↕酸化。

【還幸】（カンコウ） 天子が外出先から皇居に帰ること。還御。

【還俗】（ゲンゾク） 僧や尼が俗人に戻ること。

【還付・還附】（カンプ） かえす。戻す。

【還暦（曆）】（カンレキ） 数え年六十一歳のこと。生まれた年の干支（えと）にふたたびかえること。ほんけがえり。

(17)13 【遽】7901 標 ㊥キョ ㊦ゴ 㓟 jù 7817 6E31

字義 ❶にわか（には）。にわかに。㋐すみやか。急に。すばやく。㋑あわただしい（あわただし）。あわただしく。❷あわてる（あわつ）。うろたえる。❸はやうち。はや馬。駅伝の馬。伝馬。❹おそれる。おそれおののく。❺きそう（競）。❻「何遽」で、なんぞ。＝詎（キョ）。

解字 金文 篆文 形声。辶（辵）＋豦㊒。音符の豦（キョ）は、獣のはげしいとっくみあいの意味。たけだけしく走る・にわかの意味を表す。

【遽疾】（キョシツ） さし迫る。遽急。

【遽色】（キョショク） あわてた表情。

【遽人】（キョジン） ①宿場の人夫。②命令を伝える使者。

【遽然】（キョゼン） ①恐れおののくさま。②あわてるさま。③にわかなさま。

【遽卒】（キョソツ） にわか。急な。あわただしい。

(17)13 【邅】7902 △ テン 㐲 zhān

字義 ❶ゆきなやむ。たちもとおる。❷めぐる。めぐり行く。めぐらす。

解字 形声。辶（辵）＋亶㊒。

【邅回・邅△迴】（テンカイ） ①めぐり行く。うねり行く。②行きなやむ。

(16)13 【避】7903 常 ヒ さける
(17)13 〖避〗7904
㊥ヒ ㊦ビ 㝩 bì
4082 4872

筆順 尸 启 辟 避

字義 さける（さく）。㋐まわり道してよける。ひきかえしてよける。「回避」 ㋑よける（よく）。よけ遠ざかる。「避暑」「避難」 ㋒退く。たちのく。㋓のがれる。にげかくれる。かくれひそむ。「逃避」 ㋔はばかる。遠慮する。

解字 篆文 形声。辶（辵）＋辟㊒。音符の辟（ヘキ）は、わきへ寄るの意味。わきへ進む、さけるの意味を表す。

▼回避・忌避・退避

【避寒】（ヒカン） 寒さをさけるため暖かい地方に行く。↕避暑。

【避△諱】（ヒキ） ①忌みさける。避忌。②諱（いみな）をさける。主君や父などの生前の名を、言ったり書いたりするのをさけること。その場合は、同義や同音の字を使用したり、（世→代）その文字の筆画を欠いたり（玄→玄）した。〔漢書、劉向伝〕

【避暑】（ヒショ） 暑さをさけるため涼しい山地・海辺などに転地すること。↕避寒。

【避匿】（ヒトク） さけかくれる。

【避難】（ヒナン） 災難をさけて他の場所に移る。

(17)13 【邁】7905 △ ㊥バイ ㊦マイ 㐳 mài 7818 6E32
［迈］標準

字義 ❶ゆく。㋐遠く行く。㋑にげる。立ち去る。㋒どんどん進んで行く。「邁進」 ❷すぎる。㋐分に過ぎる。分を越える。㋑人に過ぎる。人よりすぐれる。まさる。「英邁」「俊邁」 ㋒歳月が経過する。❸つとめる。はげむ。努力する。❹ものの形容。↓邁邁。

参考 〔邁〕は俗字であるが、印刷標準字体。

解字 金文 篆文 形声。辶（辵）＋萬㊒。音符の萬（マン）＝（マイ）は、さそりの象形。さそりの尾のように遠くに伸びてゆくの意味を表す。

【邁往】（マイオウ） 勇みたって行く。勇往。

【邁進】（マイシン） 勇んですすみ行く。勇進。「勇往邁進」

【邁邁】（マイマイ） よろこばないさま。一説に、顧みないさま。

(17)13 【邀】7906 △ ヨウ（エウ） 㸚 yāo 7819 6E33

字義 ❶むかえる（むかふ）。㋐待ちうける。㋑招く。「招邀」 ❷もとめる（もとむ）（求）。❸あう（遇）。であう。

解字 形声。辶（辵）＋敫㊒。音符の敫（キョウ）＝（ヨウ）は、たたくの意味。むかえうつの意味を表す。

【邀撃（擊）】（ヨウゲキ） 迎えうつ。待ち受けてうつ。

【邀要】（ヨウヨウ） 待ちうける。

(18)14 【邇】7907 標 ㊥ジ ㊦ニ 紙 ěr 7778 6D6E
［迩］俗字 3886 4676

字義 ❶ちかい（ちかし）（近）。また、近い所。近いもの。❷ちかづく。近くに寄る。近づける。

解字 篆文 形声。辶（辵）＋爾㊒。音符の爾（ジ）は、尼に通じ、親しみ近づくの意味。辵を付し、ちかいの意味を表す。

【邇言】（ジゲン） 卑近で通俗な、わかりやすいことば。

【邇来（來）】（ジライ） ①近来。近ごろ。②その後。爾来（ジライ）。

【在レ邇求レ遠】（ちかきにありてとお（ほ）きにもとむ） 人の道は自分の身に求めるべきもので、近い所にある。だが、人はかえってこれを外に求める。〔孟子、離婁上〕

(18)14 【邃】7908 △ スイ 㝩 suì ［邃］6768 6364

字義 おくぶかい。㋐深く遠い。「邃遠」 ㋑学問や道理が奥深い。

解字 篆文 形声。穴＋遂㊒。音符の遂は、すすむの意味。穴の奥へすすむの意味から、ふかいの意味を表す。

【邃宇】（スイウ） 大きく奥深い家。

【邃遠】（スイエン） 奥深く遠い。奥深くかすか。

【邃古】（スイコ） おおむかし。太古。遂古。

【邃密】（スイミツ） ①奥深くて静か。②奥深く、しかも詳細である。

(18)14
【邈】7909 △ 漢バク 呉マク 覚 miǎo

字義 ❶はるか。とおい（遠）。遠く離れているさま。❷あなどる。軽んずる。❸もだえる。うれえる。

解字 篆文 形声。もと、辶（辵）＋貌㊥。音符の貌バは、渺ビョウに通じ、はるかの意味。辵を付し、遠く離れているの意味を表す。

【邈遐】バクカ 遠くはるかなこと。
【邈志】バクシ 遠大な志。
【邈邈】バクバク ①遠いさま。②もだえうれえるさま。

(18)14
【邉】7910 △ ヘン 辺（7719）（邊）の俗字。→一〇八〇ページ。 ［邉］ 7821 6E35

(19)15
【邊】(7720) ヘン 辺（7719）の旧字体。→一〇八〇ページ。 7820 6E34

(23)19
【邏】7911 △ ラ 箇 luó（luò） 7822 6E36

字義 ❶めぐる。㋐みまわる。巡視する。「巡邏」㋑とりまく。山に霞かすみなどがめぐる。❷みまわり。みまわる人。「邏卒」❸ふもと。山のすそ。

解字 篆文 形声。辶（辵）＋羅㊥。音符の羅ラは、あみをはりめぐらすの意味。みまわるの意味を表す。

【邏騎】ラキ 見張りをする騎兵。候騎。
【邏卒】ラソツ みまわりの兵卒。
【邏吏】ラリ 巡察の役人。

(23)19
【邐】7912 △ リ 紙 lǐ

字義 つらなる（連）。つづく。連なり行くさま。

解字 金文 篆文 形声。辶（辵）＋麗㊥。音符の麗は、つらなるの意味。辵を付し、つづく・つらなるの意味を表す。

【邐迆・邐迤】イリ ①曲がりくねってつらなるさま。②小さく連なるさま。
【邐倚】イリ・キリ ①道路などが曲がりくねって続くさま。②道が長く遠いさま。

7 邑（⻏）部

⻏は三画。

〔部首解説〕（⻏）**おおざと**。邑ユウが傍つくりになるときの形。邑（⻏）を意符として、人の住む地域・地名を表す文字ができている。

邑 一一〇六　3邛 一一〇六　邙 一一〇六　邕 一一〇六　4邢 一一〇六
邪 一一〇六　邨 一一〇六　那 一一〇七　邠 一一〇七　邦 一一〇七
5邯 一一〇七　邱 一一〇七　邪 一一〇七　邵 一一〇八　邰 一一〇八
邸 一一〇八　邶 一一〇八　邳 一一〇八　邲 一一〇八　邴 一一〇八
6郁 一一〇八　郊 一一〇八　郈 一一〇八　郅 一一〇九　郇 一一〇九
邾 一一〇九　郎 一一〇九　7郢 一一〇九　郝 一一〇九　郡 一一〇九
郤 一一〇九　郜 一一〇九　郟 一一〇九　郕 一一〇九　郗 一一一〇
郛 一一一〇　郞 一一一〇　8郭 一一一〇　郷 一一一〇　郰 一一一一
郯 一一一一　郴 一一一一　都 一一一一　郫 一一一一　部 一一一一
郵 一一一一　9鄆 一一一一　郾 一一一二　鄂 一一一二　都 一一一二
郿 一一一二　10鄖 一一一二　鄔 一一一二　鄉 一一一二　鄗 一一一二
鄒 一一一二　11鄢 一一一二　鄠 一一一二　鄣 一一一二　鄙 一一一二
鄘 一一一二　鄜 一一一二　12鄩 一一一三　鄯 一一一三　鄲 一一一三
鄭 一一一三　鄧 一一一三　鄱 一一一三　鄮 一一一三　鄰 一一一三
13鄶 一一一三　鄴 一一一三　14鄹 一一一三　15鄺 一一一三　17酃 一一一三
18酆 一一一三　19酇 一一一三　酈 一一一三

耶→耳部 八九三ページ。

(7)邑0
【邑】7913 囚 漢ユウ（イフ） 呉オウ（オフ） 緝 yì 4524 4D38

筆順 ロ 口 吊 邑

字義 ❶むら（村）。さと（里）。❷みやこ。❸知行所。㋐諸侯・大夫タイフの領地。㋑皇太后・皇后・公主の領地。❹うれえる。＝悒ユウ。❺ものの形容。→邑邑。

名乗 くに・さと・さとし・すみ　難読 邑久おく・邑智（知）おうち・邑楽おうら・おおら（おおらき）

解字 甲骨文 篆文 会意。口＋卩。卩は、すわりくつろぐ人の象形の変形したもの。口は特定の場所を示す。人がむらがりくつろぎ住む所、むらの意味を表す。邑を音符に含む形声文字に、悒ユウ・挹ユウ・裛ユウなどがある。

【邑居】ユウキョ さとのすまい。むらざと。邑里。
【邑宰】ユウサイ 村長。また、県令。
【邑入】ユウニュウ 領地から入る租税。
【邑邑】ユウユウ ①微弱なさま。②うれえるさま。③多くの村村。村の続くさま。
【邑落】ユウラク むらざと。村落。邑里。
【邑里】ユウリ むらざと。
【邑憐】ユウレン うれえおしむ。

(6)3
【邛】7914 △ 漢キョウ 呉グ 冬 qióng

［邛］俗字

字義 ❶おか。❷つかれる（疲）。やむ（病）。❸川の名。四川省邛崍キョウライ県の南を流れ、青衣江に注ぐ。

解字 金文 篆文 形声。⻏（邑）＋工㊥。

(6)3
【邙】7915 △ 漢ボウ（バウ） 呉モウ（マウ） 陽 máng

字義 河南省洛陽市の北にある山の名。邙山。一名、北邙山。皇帝・貴人の墓が多い。

解字 篆文 形声。⻏（邑）＋亡㊥。

(10)邑3
【邕】7916 △ ㊀漢ヨウ・呉ユウ 冬 yōng ㊁漢ヨウ・呉オウ 腫

字義 ㊀❶四方を水がめぐった土地。❷やわらぐ。㊁ふさぐ。＝壅ヨウ。

解字 金文 篆文 会意。巛＋邑。巛は、みずの意味。邑は、人の居住する所の意味。水にとりかこまれた住居の意味から、やわらぐの意味を表す。邕を音符に含む形声文字に、壅ヨウ・雝ヨウ・擁ヨウ・臃ヨウ・甕オウ・癰ヨウ・雝ヨウ・饔ヨウなどがある。

【邕穆】ヨウボク やわらぐ。
【邕邕】ヨウヨウ ゆったりとしたさま。

(7)4
【邢】7917 △ ㊀漢ケイ 呉ギョウ（ギャウ） 青 xíng ㊁漢コウ（カウ） 呉キョウ（キャウ） 梗 gěng

［邢］本字

字義 ㊀国名。周公の子の封ぜられた国。今の河北省邢台市。㊁地名。殷インの祖乙の都した所。今の河南省温県の東。一説に、山西省河津県。

解字 金文 篆文 形声。⻏（邑）＋开㊥。

(7)4
【邪】(7926) ジャ 邪（7925）の旧字体。→一一〇七ページ。

(7)4
【邨】7918 △ ㊀ソン 元 cūn ㊁漢トン・呉ドン 元 cūn ［邨］ 7823 6E37

字義 ㊀㊁むら。村落。村（3316）の古字。

解字 篆文 形声。⻏（邑）＋屯㊥。音符の屯トンは、集まるの意味。人が多く集まるむらの意味を表す。のち、

音がトンからソンに変わり、木＋寸(ソン)㊥の村の字ができた。

(7)4
【那】7919 囚
(7)4
〖那〗7920
㊀㊚ダ・㊍ナ 歌 nuó
㊁㊚ダ・㊍ナ 哿 nǎ, ②nà
3865
4661

筆順 フ ヨ 刃 刃 那 那

字義 ㊀❶おおい。＝多。❷うつくしい。❸なんぞ。いかん。いかんぞ。疑問・反語の助字。❹おいて（於(オ)）。
㊁❶なに。疑問の助字。❷あれ。あの。

名乗 とも・ふゆ・やす 難読 那珂湊(なかみなと)

解字 文 篆 会意。阝（邑）＋冄（冄）。もと地名を表したが、借りて、なんぞの意味などを表す。

【那何】(いかん) いかに。＝奈何・如何。
【那波活所】(ナワカッショ) 国江戸初期の儒学者。播磨(はりま)（今の兵庫県）の人。名は觚(コ)、字(あざな)は道円、活所は号。藤原惺窩(セイカ)に学び、程朱学を修め、紀州藩儒となった。『活所遺稿』『白氏文集校』などの著がある。（一五九五―一六四八）
【那辺（邊）】(ナヘン) いずこ。どこ。
【那落】(ナラク) ①仏地獄のこと。那落迦(ナラカ)の略。②国㋐どん底。㋑舞台や花道の下の地下室。

(7)4
【郍】7921 △ヒン 真 bīn

字義 ❶国名。周の祖先の公劉(コウリュウ)の建てた国。今の陝西(センセイ)省栒邑(シュンユウ)県の西。＝豳(ヒン)。❷いろどり・あやのはなやかなさま（份(フン)）。

解字 文 篆 形声。阝（邑）＋分㊥。

(7)4
【邦】7922 常 ホウ
ホウ（ハウ）江 bāng
4314
4B2E

筆順 三 手 丰 邦

〖邦〗同字

字義 ❶くに（国）。㋐大国。↕国（小国）。㋑広く、国をいう。㋒諸侯の領地。㋓みやこ。城郭で囲まれた地域。㋔天下。❷くにする。封ずる。＝封。
国他の語の上について「わが国の」という意味を表す。「邦貨」「邦楽」

参考 ⇩〔国〕（1167）の参考

解字 甲骨文 金文 篆文 形声。阝（邑）＋丰㊥。音符の丰(ホウ)は、封に通じ、盛り土して長く築いた境界の意味。境界のきめられた領地、くにの意味を表す。

▼異邦・家邦・危邦・旧邦・万邦・盟邦・友邦・連邦

【邦域】(ホウイキ) ①国ざかい。国境。②国の領地の範囲。

【邦媛】(ホウエン) 国の中ですぐれた美女。『詩経』鄘風(ヨウフウ)・君子偕老(クンシカイロウ)に、「展如之人兮(まことにかくのごときひと)、邦之媛也(くにのエンなり)」とあるのに基づく。

【邦家】(ホウカ) くに。国家。わが国。

【邦畿】(ホウキ) 都に近い土地。畿内(キナイ)。「邦畿千里」

【邦禁】(ホウキン) 国の禁令。国禁。

【邦君】(ホウクン) 国の君。天子。また、諸侯。

【邦彦】(ホウゲン) 国の中ですぐれた人物。邦家の彦。『詩経』鄭風(テイフウ)・羔裘(コウキュウ)に「彼其之子(かのそのこ)、邦之彦兮(くにのゲンたり)」とあるのに基づく。

【邦人】(ホウジン) ①その国の人。②国境を守る人。封人。③国わが国の人。日本人。

【邦土】(ホウド) くに。国土。また、領土。

【邦伯】(ホウハク) ①諸国の長。大名。方伯。②刺史。州の長官。

(8)5
【邯】7923 △
㊀㊚カン・㊍ガン 寒 hán
㊁㊚カン・㊍ガン 感 hàn
7824
6E38

字義 ㊀❶邯鄲(カンタン)は地名。春秋時代、衛の地。戦国時代には趙(チョウ)に属した。今の河北省邯鄲市。❷川の名。青海省化隆県を流れる。㊁邯淡は、豊かでさかん。

解字 文 篆 形声。阝（邑）＋甘㊥。

【邯鄲之歩】(カンタンのあゆみ) ある男が邯鄲に行き、その歩き方をまねたが、まだ十分できないうちに帰ったので、自分のもとの歩き方さえ忘れたという故事。自分の本分を忘れてむやみに他人のまねをすると、両方ともだめになるというたとえ。〔荘子、秋水〕
【邯鄲之夢】(カンタンのゆめ) 盧生(ロセイ)という男が、邯鄲の町で道士の枕(まくら)を借りて寝ているうちに、一生を栄華のうちにくらした夢をみたという故事。人間の盛衰のはかなさにたとえる。邯鄲之枕(まくら)。一炊之夢(イッスイのゆめ)。〔枕中記〕

(8)5
【邱】7924 標 キュウ 丘（16）と同字。→三六〇ページ。
7825
6E39

(8)5
【邪】7925 常 ジャ 風邪(かぜ)
(7)4
〖邪〗7926
㊀㊚シャ・㊍ジャ 麻 xié
㊁ヤ 麻 yé
㊂ヨ 魚 yú
2857
3C59

筆順 ㇗ 牙 牙 牙 邪 邪

字義 ㊀❶よこしま。㋐正しくない。かたよる。↕正。㋑心がねじけている。また、その人。「姦邪(カンジャ)」㋒私心。私欲。悪心。❷いつわる。あざむく。また、いつわり。❸かぜ（風邪）。
㊁❶や。か。疑問・反語の助字。＝耶(ヤ)。⇩助字解説 ❷邪許(ヤコ)は、かけ声。㊂あまり。＝余（餘）。

助字解説
や。か。疑問・反語。……であるか。どうして……だろうか。類也。〔唐、韓愈、雑説〕其真無馬邪(それシンにうまなきか)、其真不知馬也(それシンにうまをしらざるか)。〈いったいほんとうに名馬はいないのか、それともほんとうに名馬を見ぬくことができないのか〉

解字 文 篆 形声。阝（邑）＋牙（牙）㊥。本来は地名の琅邪(ロウヤ)を表す文字。のち、衺(ジャ)の字の代わりに用いて、ななめ・正しくないの意味を表す。また、借りて、疑問の「や・か」の意味を表す。

▼湿邪

【邪穢】(ジャアイ・ジャワイ) よこしまとけがれ。

【邪悪（惡）】(ジャアク) よこしまで悪いこと。

【邪淫】(ジャイン) 仏十戒の一つ。不正な男女関係を結ぶこと。

【邪枉】(ジャオウ) よこしまでまがっている。邪曲。

【邪猾】(ジャカツ) よこしまで悪がしこい。

【邪鬼】(ジャキ) 悪い神。悪魔。

【邪教】(ジャキョウ) よこしまな教え。正しくない宗教。人をまどわす宗教。邪宗。↕正宗。

【邪曲】(ジャキョク) ＝邪枉(ジャオウ)。

【邪径（逕）】(ジャケイ) まがった小道。正しくない心・行いのたとえ。

【邪計】(ジャケイ) よこしまなはかりごと。悪だくみ。

【邪見】(ジャケン) ①仏因果の道理を無視する、まちがった考え。②国無慈悲にあらあらしくとりあつかう。邪険。邪慳(ジャケン)。

【邪険（險）・邪慳】(ジャケン) よこしまで意地がわるい。無慈悲でむごい。

【邪許・邪呼】(ヤコ・ヤコ) 多人数が力を合わせて重い物を動かすときのかけ声。きやり。

【邪侈】(ジャシ) 不正で、ぜいたくする。

【邪宗】(ジャシュウ) よこしまな宗教。邪教。邪法。（日本では、江戸時代、特にキリスト教をいった）

【邪臣】(ジャシン) よこしまな家来。姦臣(カンシン)。

【邪推】(ジャスイ) 見当ちがいの疑い。わざと悪く考える。

【邪説】(ジャセツ) 正しくない説。異端。〔孟子、滕文公下〕

【邪道】(ジャドウ) よこしまな道。正しくない方法。〔荀子、儒効〕

【邪佞】(ジャネイ) 心がねじけていてへつらう。また、その人。

【邪念】(ジャネン) よこしまな考え。不正な心。

【邪薄】ジャハク　よこしまで軽薄。
【邪△媚】ジャビ　心がねじけていて人にへつらう。
【邪△辟・邪△僻】ジャヘキ　よこしま。
【邪法】ジャホウ　①正しくない道。悪法。②＝邪宗。
【邪馬台(臺)国(國)】ヤマタイコク・ヤバタイコク　昔、中国で日本を呼んだ語。「やまと」の音訳といわれる。〔後漢書、東夷、倭国伝〕
【邪魔】ジャマ　①仏邪法を説き仏法を妨げる悪魔。②国転じて、人の妨害になること。
【邪△揄】ヤユ　からかう。ひやかす。なぶる。
【邪欲】ジャヨク　よこしまな欲望。

(8)5
【邵】 7927　△　漢ショウ(セウ)　呉ジョウ(ゼウ)　嘯 shào　7826 6E3A

字義　地名。春秋時代の晋の地。今の河南省済源県の西。

解字　文 篆　形声。阝(邑)＋召音。

【邵長△蘅】ショウチョウコウ　清の詩人。字は子湘。号は青門山人。『青門集』の著がある。(一六三七―一七〇四)

【邵△雍】ショウヨウ　北宋の学者。字は尭夫。諡は康節。易に精通し『先天図』『観物篇』などの著がある。その学派を百源学派という。(一〇一一―一〇七七)

(8)5
【邰】 7928　△　タイ　因 tái

字義　国名。周の先祖の后稷の封ぜられた地。今の陝西省武功県の西南。

解字　文 篆　形声。阝(邑)＋台音。

(8)5
【邸】 7929　常 テイ　漢テイ　呉タイ　薺 dǐ　3701 4521

筆順　⺊ 𠂉 氏 氐 邸

字義　❶やしき。㋐邸宅。大きなやしき。㋑都に上ったときの諸侯の宿舎。❷やどや。旅館。また、やどる。❸いたる(至)。かえる(帰)。❹ふれる。＝抵。

解字　文 篆　形声。阝(邑)＋氐音。音符の氐は、あてるの意味。諸侯が都にのぼったとき宿泊にあてる場所、やしきの意味を表す。

▼外邸・官邸・藩邸

【邸閣】テイカク　①やしき。②倉庫。米ぐら。③商店。
【邸舎】テイシャ　①やしき。②みせ。③やどや。

(8)5
【邶】 7930　△　漢ハイ　呉バイ　隊 bèi

字義　国名。周の武王が殷をほろぼし、その領地を邶・鄘・衛に三分した、その一つ。今の河南省湯陰県の東南。

解字　金 文 篆　形声。阝(邑)＋北音。

【邶風】ハイフウ　『詩経』の国風の編名。十九編を収めている。

(8)5
【邳】 7931　△　漢ヒ　呉ビ　因 pī

字義　❶国名。殷の湯王の家来仲虺の封ぜられた地。今の山東省滕県の南。❷地名。江蘇省邳県。❸大きい。おおいに。＝丕。❹おか(丘)。

解字　文 篆　形声。阝(邑)＋丕音。

(8)5
【邲】 7932　△　一漢ヒツ・呉ビチ　質 bì　二ヒ　寘

字義　一地名。春秋時代の鄭の地。今の河南省鄭県の東。二みめよい。美しいさま。

解字　文 篆　形声。阝(邑)＋必音。

(8)5
【邴】 7933　△　漢ヘイ　呉ヒョウ(ヒャウ)　梗敬 bǐng

字義　❶地名。春秋時代の鄭の地。今の山東省費県の東南。❷邴邴は、喜ぶさま。明らかなさま。

解字　文 篆　形声。阝(邑)＋丙音。

(9)6
【郁】 7934　人 イク　屋 yù　1674 306A

筆順　ノ ナ 有 有 郁

字義　❶かぐわしい。香気のさかんなさま。「馥郁」❷さかん。文化の高いこと。❸あたたかい。❹あや。あや模様の美しいさま。❺地名。

名乗　あや・か・かおる・たかし・ふみ　難読　郁子

解字　文 篆　形声。阝(邑)＋有音。もと地名を表す。借りて、香気のさかんなさまを表す擬態語として用いる。

【郁郁】イクイク　①文物のさかんなさま。文化の高いさま。〔論語、八佾〕郁郁平文哉(郁郁乎として文なるかな)②かんばしいさま。「郁郁青青」③奥深いさま。
【郁△馥】イクフク　かおりの高いさま。馥郁。
【郁△氛】イクフン　かぐわしい気。香気。
【郁文】イクブン　文物のさかんなさま。文化の高いさま。→郁郁の①。
【郁烈】イクレツ　かおりの強いこと。

(9)6
【郊】 7935　常 コウ　漢コウ(カウ)　呉キョウ(ケウ)　肴 jiāo　2557 3959

筆順　亠 六 交 郊

字義　❶みやこはずれ。都の郊外。周代では都城から五十里(日本の約五里―二十キロメートル)以内を近郊、百里以内を遠郊とした。❷国境。また、果ての地。❸のら。田野。❹いなか。❺天地を祭る祭りの名。天子が冬至には南郊で天を、夏至には北郊で地を祭った。→郊社。❻地方官。❼春秋時代の晋の地。今の山西省永済県の境。

名乗　おか・さと

解字　文 篆　形声。阝(邑)＋交音。音符の交は、烄に通じ、組んだ木に火をつけて天を祭る火まつりの意味。郊外の烄のまつりを行う場所、都の周辺地方、郊外の意味を表す。

▼遠郊・近郊

【郊△墟】コウキョ　野や丘。いなかをいう。
【郊迎】コウゲイ　郊外まで出て迎える。他国からの客に対する敬意。↕郊送。
【郊△柴】コウサイ　郊外でしばをたいて天を祭る。字義の⑤の儀式のひとつ。
【郊△祀】コウシ　天子が郊外で天地を祭る祭り。→字義の⑤。
【郊社】コウシャ　天地の祭り。冬至に南郊で天を祭るのを郊、夏至に北郊で地を祭るのを社という。
【郊△墅】コウショ　いなかにある別宅。
【郊送】コウソウ　郊外まで出て送る。↕郊迎。
【郊△禘】コウテイ　天子が南郊の丘で天を祭ること。天帝を主神とし、始祖を配して祭る。
【郊保】コウホ　郊外の小さな城。保は、小城。
【郊里】コウリ　郊外のむらざと。
【郊△燎】コウリョウ　野原でたき火して天を祭る礼。
【郊労(勞)】コウロウ　まちはずれまで出て客を迎えねぎらう。

(9)6
【郈】 7936　△　漢コウ　呉グ　有宥 hòu

字義　地名。春秋時代の魯の叔孫氏の領地。今の山東省東平県の東南。

解字　文 篆　形声。阝(邑)＋后音。

(9)6【郅】7937　△　漢シッ　呉シチ　質 zhì

字義 ❶いたる。＝至。❷おおきい。さかん。

解字 篆文　形声。阝(邑)＋至音。

【郅治】シッチ　よくおさまること。「郅治之世（シッチのよ）」

(9)6【郇】7938　△　シュン　真 xún

字義 国名。周の文王の子の封ぜられた地。春秋時代に晋シンにほろぼされた。今の山西省臨猗リンイ県。

解字 篆文　形声。阝(邑)＋旬音。

【郇△厨】シュンチュウ　唐の郇公（韋陟イチョク）。郇国公に封ぜられたの食事はごちそうが多かったところから、美食をいう。転じて、奇書を多く蔵することにもいう。〔世説新語補、汰侈〕

(9)6【邾】7939　△　漢チュウ（チウ）　呉チュ　虞 zhū

字義 ❶国名。周の武王が顓項センギョクの子孫を封じた所。邾婁チュロウともいう。後に鄒スウと改めた。今の山東省内。❷県名。今の湖北省黄岡県。

解字 金文　篆文　形声。阝(邑)＋朱音。

(9)6【郎】7940　常　ロウ
(10)7【郞】7941　人　許　ロウ（ラウ）　陽 láng　4726　4F3A

筆順　ゥ　ョ　良　郎

字義 ❶おとこをとこ。㋐男子の美称。㋑わかもの。㋒むすこ。他人の子を呼ぶ語。㋓ちち。子が父を呼ぶ語。㋔だんな。主人。召使いが主人を呼ぶ語。㋕おっと。妻が夫を呼ぶ語。❷官名。秦シンの時は宿衛、漢の時は侍従、唐の時は大臣の次官、明ミン・清シン時代には下級官吏をいった。❸春秋時代、魯ロの地名。今の山東省曲阜キョクフ市の近郊と魚台県の東北の二か所ある。❹女子。

名乗　いらつこ・お　難読　郎子いらつこ・郎女（姫）いらつめ

解字 篆文　形声。阝(邑)＋良音。邑は、むらの意味。もと、地名を表したが、借りて、よい男の意味を表す。

▼外郎・女郎・新郎

【郎官】ロウカン　＝郎中。

【郎君】ロウクン　①若だんな。若さま。②貴公子。③妻が夫を呼ぶ称。④一般の人に対する敬称。あなた。

【郎子】ロウシ　①他人の子を呼ぶ敬称。令息。②国いらつこ　若い男子を親しんでいう語。いらつぎみ。↕郎女いらつめ。

【郎署】ロウショ　①官吏の宿衛する役所。②尚書郎。

【郎中】ロウチュウ　官名。唐以後は各部の長官。秦シン・漢では宮中の宿直の役。

【郎中令】ロウチュウレイ　官名。秦代に設ける。九卿キュウケイの一つ。宮殿の門戸をつかさどる長官。

【郎女】ロウジョ　①若い女性をいう。②いらつめ　若い女性を親しんでいう語。↕郎子いらつこ。

【郎当(當)】ロウトウ　①疲れるさま。「潦倒ロウトウ」の転音。②衣服がだぶだぶでからだに合わないさま。③だらしのないこと。④大きい鎖。琅鐺ロウトウ。

【郎等・郎党(黨)】ロウトウ・ロウドウ　国武家のけらい。家臣。「一族郎党」

【耶】→耳部 八九三ページ。

(10)7【郢】7942　△　漢エイ　呉ヨウ（ヤウ）　梗 yǐng　7827　6E3B
【郢】同字

字義 地名。春秋・戦国時代の楚ソの都。今の湖北省江陵県の西北。

解字 金文　篆文　形声。阝(邑)＋呈音。

【郢曲】エイキョク　楚ソ人の歌。転じて、いやしい音楽。俗曲。郢声。

【郢書△燕説】エイショエンセツ　郢の人の書いた言葉を燕の人が誤解して説明し、燕国を治めた故事から、道理に合わないことをこじつけるたとえ。〔韓非子、外儲説左上〕

(10)7【郝】7943　△　㊀カク　薬 hǎo　㊁漢セキ・呉シャク　陌 shì

字義 ㊀村名。今の陝西センセイ省内。㊁郝郝は、たがやす。

解字 篆文　形声。阝(邑)＋赤音。

(10)7【郡】7944　教 4　グン　漢クン　呉グン　問 jùn　2320　3734

筆順　ョ　尹　君　郡

字義 ❶こおりこほり。グン。周代以後の地方行政区画の名。周代は県の下、戦国時代以後は県の上。❷つかさ。郡の役所。国グン。日本の地方行政区画の一つ。府県の下。

名乗　くに・さと・とも　難読　郡家こおげ・郡山こおりやま・郡上ぐじょう・郡領こおりのみやつこ

解字 篆文　形声。阝(邑)＋君音。音符の君は、群に通じ、むれの意味。邑は、むらの意味。村の一群、行政単位の一つを表す。

▼州郡

【郡下】グンカ　①郡の支配に属する土地。②郡の役所のある所。

【郡県(縣)制度】グンケンセイド　諸侯を廃し中央政府から官吏を地方へ派遣して天下を統治する制度。秦代シンダイに始まる。↕封建。

【郡国(國)】グンコク　郡県と封建の両制度の併用。漢代に始まる。天下を郡と国に分け、郡は天子に属し、国は諸侯に与えた。郡を王国、国を侯国という。

【郡斎(齋)】グンサイ　①郡守の居所。②国江戸時代の代官役所。

【郡主】グンシュ　唐代では太子の娘、明ミン・清シン代では親王の娘の称。

【郡守】グンシュ　郡の長官。秦代シンダイに始まる官。郡の行政をつかさどる。後、太守と改める。

(10)7【郤】7945　△　漢ケキ・呉キャク　陌 xì　慣ゲキ　7828　6E3C
【郄】俗字

字義 ❶村名。春秋時代、晋シンの大夫タイフ叔虎シュクコの領地。今の山西省内。❷すきま。すき。㋐なかたがい。＝隙ゲキ。㋑骨と骨のつながるところ。

解字 篆文　形声。阝(邑)＋谷音。

(10)7【郜】7946　△　㊀コウ（カウ）　号 gào　㊁コク　沃 gào

字義 ㊀㊁❶国名。周の文王の子の封ぜられた国。今の山東省成武県の東南。❷春秋時代、宋ソウの地名。今の山東省城武県の東南にあった北郜城とその南の南郜城。

解字 篆文　形声。阝(邑)＋告音。

(10)7【郟】7947　△　漢コウ（カフ）　呉キョウ（ケフ）　洽 jiá

字義 県名。春秋時代の鄭テイの県名。今の河南省郟県。

解字 篆文　形声。阝(邑)＋夾音。

【郟室】コウシツ　門の両わきにある部屋。

【郟△鄏】コウジョク　周の旧都。今の河南省洛陽市の西。

(10)7【郕】7948　△　漢セイ　呉ジョウ（ジャウ）　庚 chéng

字義 ❶地名。㋐春秋時代、魯ロの孟氏の領地。今の山東

省寧陽県の東北。㋑春秋時代、郳の地。今の河南省武陟県の西南。❷国名。周の武王が弟の叔武を封じた地。今の山東省寧陽県の東北。

解字 篆文　形声。阝（邑）＋成㊉。

(10)7
【郗】 7949　△チ 因 xi (chi)　7830 6E3E

字義 周代の地名。今の河南省沁陽県の地。

解字 篆文　形声。阝（邑）＋希㊉。

(10)7
【郛】 7950　△フ 虞 fú

字義 くるわ。城の外囲い。城郭。

解字 篆文　形声。阝（邑）＋孚㊉。音符の孚は、乳児を抱きかかえる意味。城内を抱きかかえるように設けられた外囲い、くるわの意味を表す。

【郛郭】①城外の大きなくるわ。②防ぎ保つことのたとえ。

(10)7
【郎】 (7941)　ロウ　郎（7940）の旧字体。→一一〇九㌻。

(11)8
【郭】 7951　常 カク　カク（クヮク）薬 guō　1952 3354

筆順 亠 亨 享 郭

字義 ❶くるわ。都市のまわりを囲む壁。城郭。外城。❷かこい。一般に、物のそとまわり。❸銭などのふち。

国 くるわ。遊里。花柳界。

名乗 ひろ　難読 郭公

参考 現代表記では［廓］（2017）の書きかえに用いる。「廓大→郭大」「輪廓→輪郭」

解字 甲骨文　金文　篆文　形声。阝（邑）＋享（𩫏）㊉。音符の𩫏は、あずまや（亭）を対置させた、城郭の象形。邑を付し、城郭、都市のそとまわりを囲む塁壁の意味を表す。甲骨文の変形が𩫏で、そのまた変形が、享である。

▼一郭・外郭・胸郭・山郭・城郭・水郭・負郭・遊郭・輪郭

【郭隗】戦国時代、燕の政治家。昭王が賢者を招こうとしたとき、「まず隗より始めよ」と言ってまず自分を推薦し、楽毅・騶衍らを招いた。→従レ隗始（一一六七㌻）。

【郭外】くるわの外。かこいの外。郊外。

【郭巨】後漢の孝子。二十四孝の一人。老母が自分の食を減らし、彼の子に与えるのを見て、親をあわれみ三歳の子を土に埋めようとしたところ土中から黄金が出たという。

【郭公】①ホトトギス科の鳥。ふふどり。「かっこう」と鳴く声によって名づける。②でく。人形。傀儡。③国ほととぎす。杜鵑。不如帰。

【郭子儀】唐の武将。粛宗の時、安史の乱を平定し、汾陽王となった。（六九七—七八一）

【郭象】晋の学者。字は子玄。老荘の学を好み、『荘子』の注を書いた。（？—三一二）

【郭大】大きくする。また大きくなる。廓大。

【郭橐駝】植木職人。郭という植木屋の背中が橐駝（らくだ）に似ていたからいう。〔唐、柳宗元、種樹郭橐駝伝〕

【郭璞】晋の詩人・学者。字は景純。『楚辞注』『山海経注』などの著がある。（二七六—三二四）

【郭沫若】中国の文学者・歴史学者・政治家。四川省楽山県の人。名は開貞。沫若は字。著に『中国古代社会研究』『甲骨文字研究』などがある。（一八九二—一九七八）

【郭門】城郭の門。町はずれの門。町の入り口の門。

(11)8
【郷】 7952　教 6 キョウ・ゴウ　2231 363F

(13)10
〔鄉〕 7953

一 漢 キョウ（キャウ）・呉 コウ（カウ）陽 xiāng
二 漢 キョウ（キャウ）・呉 コウ（カウ）養 xiǎng
三 漢 キョウ（キャウ）・呉 コウ（カウ）漾 xiàng
慣 ゴウ（ガウ）

筆順 乡 纟 組 郷

［郷］俗字

字義 一❶さと。㋐行政区画の名。周代では一万二千五百戸ある地。㋑むらざと（村里）。いなか。邑里。「水郷」㋒くに。国。㋓ところ。「無何有之郷」❷ふるさと。故郷。郷里。二❶うける。＝饗・享。❷ひびく。ひびき。＝響。三❶むかう。まだ、むき・方向。＝向・嚮。❷さき。さきに。さきの。＝嚮。

国 ❶奈良時代から平安初期に行われた行政区画の一つ。❷都市の近郊。

参考 ［卿］は別字。　名乗 あき・あきら・のり

解字 甲骨文　篆文　象形。甲骨文は、卿と同形で、ごちそうをまん中にして二人が向きあうさまにかたどり、むかうの意味を表す。また、畺に通じ、しきられた耕地、さとの意味をも表す。

▼異郷・家郷・旧郷・近郷・故郷・在郷・水郷・酔郷・仙郷・他郷・帝郷・望郷

【郷飲酒】周代、郷学で三年の業を終えた者の中の優等生を君主に推薦したが、そのとき郷の大夫が主人となって開く送別の宴。

【郷園】ふるさと。故郷。

【郷音】ふるさとのことばづかい。国なまり。

【郷学（學）】村の学校。郷黌。郷校。

【郷貫】①生まれ故郷の戸籍。本籍。②故郷。

【郷関（關）】ふるさと。郷里。〔釈月性、将ニ東遊一題レ壁詩〕男児立レ志出ニ郷関一、学若無レ成死不レ還〈男が志を立てて故郷を後にしたからには、学問が成就しないうちは、どんなことがあっても故郷に帰らない〉〔唐、崔顥、黄鶴楼詩〕日暮郷関何処是ニ、煙波江上使ニ人愁一〈夕暮れにわが故郷はどこかと見渡してみたが、ただもやにかすむ長江の水面一帯が、人を憂いにとじこめる〉

【郷関（關）】ふるさと。郷里。

【郷曲】かたいなか。曲は、かたよった所。

【郷原・郷愿】誠がなくて世わたりがうまく、村では有徳者のように思われている偽善者。〔論語、陽貨〕郷原徳之賊也。〈郷原は、徳をそこなうものである〉

【郷校】村の学校。郷学。

【郷貢】唐代の官吏登用試験で、州県の長官の推薦を受け科挙に応じる者。

【郷国（國）】ふるさと。くにもと。

【郷試】科挙（官吏登用試験）の制度で、三年に一度、各省で行う試験。合格者を挙人という。

【郷射】周代の制度。士の能力をためすための射術の儀式。

【郷愁】ふるさとを遠くはなれて、しみじみとふるさとを懐かしむ気持ち。

【郷紳】地方に居住する紳士。主として退官した官吏で郷里に帰って、勢力がある者。宋代以後に現れた。

【郷人】①さとびと。故郷の人。②俗人。いなかもの。

【郷党（黨）】①むらざと。周代に、五百戸を党、一万二千五百戸を郷といった。②『論語』の編名。

【郷導】軍の行軍などの案内をする、また、その人。

【郷背】①向かうことと背を向けること。②転じて、味方することと敵になること。向背。

【郷邑】むらざと。部落。

【郷里】①むらざと。ひとざと。また、その人々。村人。②ふるさと。③昔、夫婦が呼び合う時のことば。

【郷隣】①となりきんじょ。②同じ故郷の人。

(11)8 【郰】7954 △ 漢シュウ(シウ) 呉シュ 因 zōu

字義 春秋時代、魯の地名。孔子の出生地。今の山東省曲阜市の東南。＝鄹・陬。

解字 金文 篆文 形声。阝(邑)＋取㊟。

(11)8 【郯】7955 △ 漢タン 呉ダン 圏 tán

字義 春秋時代の国名。帝少昊の子孫の封ぜられた国。今の山東省郯城県の西南。

解字 金文 篆文 形声。阝(邑)＋炎㊟。

(11)8 【郴】7956 △ チン 圏 chēn

字義 県名。今の湖南省南端にある桂陽県の東。項羽が、みずから擁立した義帝を移住させ、殺した所。

解字 篆文 会意。阝(邑)＋林。

(11)8 【都】7957 教3 ト・ツ みやこ
(12)9 【都】7958 許 漢ト 呉ツ 圏 dū ⑤dōu
3752 4554

筆順 土 耂 者 都

字義 ❶みやこ。㋐天子の宮城のある地。「京都」㋑諸侯の居城のある地。㋒先君の宗廟(みたまや)のある地。㋓周代の行政上の区域の名。❷みやこする。都を定める。❸おる(居)。いる。❹あつまる(聚)。あつめる。❺すべる(統)。また、すべて。みな。❻みやびやか。うつくしい。❼ああ。嘆美の声。

名乗 いち・くに・さと・ひろ 難読 都賀・都介野・都住・都城・都築・都都逸・都農・都木・都野津・都留

解字 金文 篆文 形声。阝(邑)＋者(者)㊟。音符の者は、台上にしばを集め重ねた形にかたどり、集まるの意味。多くの人の集まるみやこの意味を表す。

▼京都・故都・遷都・僧都・大都・天都

【都尉】トイ 漢代の官名。軍事をつかさどる高級将校。後、武官の称号となる。
【都雅】トガ みやびやか。優美。風雅。
【都護】トゴ ①軍隊を用いて辺地を治める官名。漢代に始まる。②国按察使の中国風の呼び名。
【都講】トコウ ①門生のかしら。塾頭。②講師。先生。③軍事の講習。
【都察院】トサツイン 明代の官名。官吏の非行を責め各省を監督する役。
【都人士】トジンシ みやこびと。都会の住人。
【都統】トトウ ①すべおさめる。②官名。軍事をつかさどる地方司令官。
【都督】トトク ①すべひきいること。②官名。一地方の軍事をつかさどる役。唐代は、節度使となり、民政もつかさどった。③国大宰帥の中国風の呼び名。
【都鄙】トヒ ①まちといなか。みやこといなか。②みやびやかなこととひなびていること。
【都府】トフ ①みやこ。②唐代の節度使の居城。
【都府楼(樓)】トフロウ ①節度使の居城。②国大宰府の大門の高楼。都府は、都督府の略。
【都門】トモン みやこの門。転じて、みやこ。
【都兪吁咈】トユクフツ 四字ともに「ああ」とよみ、上二字は賛成、下二字は反対の意。尭が家臣と政治を話しあった時に用いた語。転じて、君臣が討論することをいう。
【都邑】トユウ ①みやこ。また、都会。②みやこといなか。都鄙。
【都良香】みやこのよしか 国平安前期の漢詩人・漢学者。文章博士。『文徳実録』の編修者の一人。『都氏文集』の著がある。(八三四—八七九)

(11)8 【郫】7959 △ 漢ヒ 呉ビ 因 pí

字義 ❶春秋時代、晋の地名。今の河南省済源県の西。❷今の四川省成都市の西北。その地に産する竹で酒を醸し、郫筒という。

解字 篆文 形声。阝(邑)＋卑㊟。

(11)8 【部】7960 教3 ブ 部屋
㊀漢ホ・呉ブ 圏 bù ㊁漢ホウ・呉ブ 有 pǒu
4184 4974

筆順 亠 立 咅 部

字義 ㊀❶すべる。統括する。❷わける。区分する。❸ブ。くみ。㋐組みわけ。軍隊などの組みわけ。㋑同類のものにわけたもの。部類。部門。こわけ。㋒区分された地域。また、箇所。❹地方行政区画の通称。❺つかさ。㋐役所。「文部」㋑取り締まり。総督。❻むれ。集落。村。村里。
㊁❶小さなおか。❷たおれる。＝踣。
国べ。上代、ある職能によって朝廷に仕えた集団。「語部」

名乗 もと 難読 部曲・部将

解字 文 篆文 形声。阝(邑)＋音㊟。もと地名を表す。音符の音は、剖に通じ、わけるの意味を表す。

▼一部・幹部・主部・大部

【部曲】ブキョク ①くみ。②軍隊の部わけ。軍隊の構成。
【部伍】ブゴ 部隊。
【部首】ブシュ 漢字を字形上から分類し、その構成の基本となる字形。「イ・雨・シ」など、約二百余ある。
【部署】ブショ 役割を定める。また、その役目。
【部族】ブゾク ①部落の種族。②一定の地域に住み、共通の言語・宗教・慣習規定をもち、しかもある程度政治的に統一された共同体的意識を持つ人々の集団。(種族と混用されることがある)
【部落】ブラク ①むらざと。人家の集まっている所。②種族の集まり。③国不当に差別された人たちの集落。
【部類】ブルイ 種類別に区分したもの。
【部婁】ホウロウ・ブロウ 小さい丘。
【部勒】ブロク 役割を定めて配置すること。

(11)8 【郵】7961 教6 ユウ 漢ユウ(イウ) 呉ウ 因 yóu
4525 4D39

筆順 三 手 垂 垂 郵

字義 ❶しゅくば。継ぎ場。宿駅。駅。㋐文書・命令などを運ぶ人馬の中継ぎ場。㋑旅人の宿泊場。❷しゅくつぎ。宿次。駅から駅へ人馬で行う伝達。早馬。ひきゃく。❸畑の中の小屋。耕作を監督するための小屋。❹あやまち。罪。とが。❺すぐれる。はなはだしい。＝尤。

解字 篆文 会意。阝(邑)＋垂(埀)。埀は、地の果ての意味。辺境の地に設けられた文書を伝達するための宿場の意味を表す。

▼置郵・亭郵・督郵

【郵館】ユウカン しゅくばにある旅館。郵亭。客舎。
【郵置】ユウチ しゅくば。＝字義の①。
【郵亭】ユウテイ ①しゅくば。②転じて、しゅくばの旅館。郵館。
【郵逓(遞)】ユウテイ ＝字義の①②。
【郵吏】ユウリ しゅくばの下級役人。

(12)9 【鄆】7962 △ ウン 圏 yùn

字義 春秋時代の魯の村名。今の山東省内。

解字 金文 篆文 形声。阝(邑)＋軍㊥。

(12)9 【鄢】7963 △ 漢エン 呉オン 阮 yǎn

字義 漢代の県名。隋代、鄢城県に改めた。今の河南省鄢城県の地。南宋の岳飛が金の軍を破った「鄢城の戦い」で名高い。

解字 金文 篆文 形声。阝(邑)＋匽㊥。

(12)9 【鄂】7964 △ ガク 薬 è　7831 6E3F

字義 ❶殷代の国名。今の河南省沁陽県の西北。❷地名。㋐春秋時代の楚の旧都。今の湖北省鄂城県。㋑春秋時代の晋の地。今の山西省郷寧県の南。❸果て。かぎり。さかい。❹おどろく。＝愕。❺外に表れるさま。❻直言する。

解字 金文 篆文 形声。阝(邑)＋咢㊥。

【鄂鄂】ガクガク ①きびしく弁ずるさま。②＝字義の④⑤。③さわがしいさま。

(12)9 【都】(7958) ト 都(7957)の旧字体。→一二一一ページ。

(12)9 【郿】7965 △ 漢ビ 呉ミ 支・寘 méi

字義 ❶周の地名。今の陝西省郿県の東北。❷春秋時代、魯の地名。今の山東省東平県の境。

解字 篆文 形声。阝(邑)＋眉㊥。

(13)10 【鄖】7966 △ ウン 文 yún

【䢵】同字

字義 ❶国名。春秋時代、楚にほろぼされた。今の湖北省安陸県。❷春秋時代の呉の地名。今の江蘇省如皐県の東。

解字 篆文 形声。阝(邑)＋員㊥。

(13)10 【鄔】7967 △ 漢オ(ヲ) 呉ウ 虞・慶 wū

字義 地名。❶春秋時代の晋の村。今の山西省介休県の東北。❷春秋時代の鄭の地。今の河南省偃師県の西南。

解字 篆文 形声。阝(邑)＋烏㊥。

(13)10 【鄉】(7953) キョウ 郷(7952)の旧字体。→一二一〇ページ。

(13)10 【鄗】7968 △ 一漢コウ(カウ)・呉ゴウ(ガウ) 皓 hào 二漢コウ(カウ)・呉キョウ(ケウ) 肴 qiāo

字義 一❶春秋時代、晋の地名。今の河北省柏郷県の北。❷周の武王の都。今の陝西省西安市の西南。＝鎬。❸春秋時代、斉の地名。今の山東省蒙陰県の西北。二山名。今の河南省滎陽県の西北。

解字 篆文 形声。阝(邑)＋高㊥。

(13)10 【鄒】7969 △ 漢シュウ(シウ)・呉シュ 尤 zōu 慣スウ　7832 6E40

字義 国名。昔の邾の国。戦国時代に鄒と改めた。今の山東省鄒県の東南。

解字 篆文 形声。阝(邑)＋芻㊥。

【鄒馬】スウバ 漢の鄒陽と司馬相如。ともに文人として名高い。

【鄒魯】スウロ 鄒は孟子の、魯は孔子の生国。孔子と孟子をいう。儒教を鄒魯の学と呼ぶ。

(14)11 【鄢】7970 △ エン 先 yān

字義 ❶地名。春秋時代の楚の都。今の湖北省宜城県の西南。❷国名。春秋時代、鄭に滅ぼされた。今の河南省鄢陵県。

解字 篆文 形声。阝(邑)＋焉㊥。

【鄢陵】エンリョウ 晋の厲公が楚を破った所。

(14)11 【鄠】7971 △ 漢コ 呉ゴ 麌 hù

字義 漢代の県名。今の陝西省戸(鄠)県の北。

解字 篆文 形声。阝(邑)＋雩㊥。

(14)11 【鄣】7972 △ 一ショウ(シャウ) 陽 zhāng 二ショウ(シャウ) 漾 zhàng

字義 一国名。春秋時代、斉にほろぼされた。今の山東省東平県。二❶ふさぐ。さえぎりふさぐ。＝障。❷とりで。とりでの上に築いた城。

解字 篆文 形声。阝(邑)＋章㊥。

(14)11 【鄙】7973 標 ヒ 紙 bǐ　7833 6E41

字義 ❶ひな。田舎。郊外。城外の田野の地。「辺鄙」❷いやしい。㋐いなかびている。みやびやかでない。「野鄙」㋑心がせまい。㋒家がらが低い。㋓品性が低い。下品である。㋔かたくな。頑固。㋕とるに足らない。つまらない。㋖おろかである。意識が低い。㋗自分のことについての謙称。「鄙見」「鄙言」❸いやしめる。見さげる。また、いやしとする。はずかしいと思う。❹周代の行政区画の名。五百戸の村。❺周代、王の子弟と公卿大夫の封地。

参考 現代表記では［卑］(754)に書きかえることがある。「野鄙→野卑」

解字 甲骨文 金文 篆文 形声。阝(邑)＋啚㊥。音符の啚は、村のこめぐらの象形。遠隔地にある村、いなかの意味を表す。転じて、いやしいの意味をも表す。

【鄙穢】ヒアイ・ヒワイ 下品なこと。

【鄙近】ヒキン いやしくあさはか。鄙俚浅近。

【鄙見】ヒケン ①つまらない意見。②自分の意見の謙称。

【鄙言】ヒゲン ①いやしいことば。卑語。②自分のことばの謙称。

【鄙諺】ヒゲン 世間で言われていることわざ。

【鄙語】ヒゴ 世俗の言葉。鄙言。

【鄙詐】ヒサ 心がいやしくいつわりが多い。

【鄙事】ヒジ いやしいこと。つまらぬ仕事。とるに足りない事。

【鄙儒】ヒジュ 見識の低い学者。俗儒。

【鄙人】ヒジン ①礼儀を知らない者。洗練されてない者。また、身分のいやしい者。②自己の謙称。

【鄙賤】ヒセン いやしい。また、身分が低い。

【鄙俗】ヒゾク ①いやしく下品なこと。②いやしい習俗。

【鄙倍】ヒバイ 心がいやしく道理にそむくこと。倍は、背。

【鄙薄】ヒハク ①いやしくあさはか。浅薄。②いやしみ、ばかにする。軽視。

【鄙夫】ヒフ ①おろかでいやしい人。〔論語、陽貨〕②自己の謙称。

【鄙野】ヒヤ ①いなか。鄙俚。②いやしい。あかぬけしない。野鄙。

【鄙吝】ヒリン 心がいやしい。また、けち。

【鄙劣】ヒレツ いやしく、劣っている。卑劣。

【鄙老】ヒロウ 老人の謙遜の自称。愚老。老生。

【鄙猥】ヒワイ いやしくみだらなこと。

(14)11 【鄜】7974 △ フ 虞 fū

字義 州名。今の陝西省富(鄜)県。

解字 篆文 形声。阝(邑)＋鹿㊥。

(14)11 【鄘】7975 △ 漢ヨウ 呉ユウ 冬 yōng

字義 ❶国名。㋐南方の未開の民族の国名。楚にほろぼさ

れた。今の湖北省竹山県の西南。④周代の国名。武王が殷から奪った地。今の河南省新郷県の西北。❷かき。城の垣。城壁。＝墉。

解字　金文　篆文　形声。阝(邑)＋庸㊂。音符の庸は、墉に通じ、土べい・かきの意味を表す。

(15)12【鄩】7976　△　㊥シン　㊦ジン　㊄ xún

字義　春秋時代、周の地名。河南省内。

解字　篆文　形声。阝(邑)＋尋㊂。

(15)12【鄯】7977　△　㊥セン　㊦ゼン　㊄㊄ shàn

字義　鄯善は西域地方の国名。楼蘭ともいう。今の新疆ウイグル自治区内。

解字　篆文　形声。阝(邑)＋善㊂。

(15)12【鄲】7978　△　タン　㊄ dān　─7834 6E42

字義　邯鄲は趙の都。今の河北省邯鄲市。→邯(7923)。

解字　金文　篆文　形声。阝(邑)＋單㊂。

(15)12【鄭】7979　標　㊥テイ　㊦ジョウ(ヂャウ)　㊄ zhèng　[鄭]─3702 4522

字義　❶国名。㋐周代の国。宣王の弟が封ぜられて建てた国。みだらな音楽が流行した。今の陝西省華県の西北。④隋末に王世充の建てた国。唐にほろぼされた。今の河南省内。❷かさなる。鄭重。ていねい。

参考　現代表記では［丁］(4)に書きかえることがある。「鄭重→丁重」

解字　甲骨文　金文　篆文　形声。阝(邑)＋奠㊂。

【鄭衛(衞)之音】鄭・衛は春秋の国の名。ともに音楽がみだらであったところから、みだらな音楽のことをいう。鄭声。〔呂覧、本生〕

【鄭玄】後漢の儒学者。字は康成。生涯仕官せず、著述に励み、漢代儒学の集大成を行い、後世の経典解釈の基礎をなした。『周礼』『儀礼』『礼記』『論語』などの注をはじめ、著書が多い。(一二七—二〇〇)

【鄭声(聲)】鄭の国の音楽。みだらな音楽。鄭音。〔論語、衛霊公〕鄭声淫(鄭声は淫なり)。

【鄭成功】明末清初の武将。明の復興をはかって、国姓爺と称された。母は日本人。台湾からオランダの勢力を除き、その開発に努めた。(一六二四—一六六二)

【鄭重】①しばしば。②しんせつ。ていねい。丁重。

(15)12【鄧】7980　標　㊥トウ　㊦ドウ　㊄ dèng

字義　❶国名。春秋時代、楚にほろぼされた。今の河南省鄧県。❷地名。㋐春秋時代の魯の地。今の山東省内。④春秋時代の蔡の地。今の河南省内。㋒戦国時代の魏の地。今の河南省内。❸木の名。だいだい。＝橙。

解字　甲骨文　金文　篆文　形声。阝(邑)＋登㊂。

(15)12【鄱】7981　△　㊥ハ　㊦バ　㊄ pó

字義　鄱陽は、㋐漢代の県名。今の江西省波陽県。鄱陽湖の東岸。④湖の名。江西省の北境にあり、彭湖ともいい、隋以後、鄱陽湖と呼ばれた。中国五大湖の一つ。

解字　篆文　形声。阝(邑)＋番㊂。

(15)12【鄮】7982　△　㊥ボウ　㊦モ　㊄ mào

字義　❶漢代の県名。今の浙江省鄞県の東。故城の南に鄮山がある。❷山名。→①。

解字　篆文　形声。阝(邑)＋貿㊂。

(15)12【鄰】7983　△　リン　隣(8440)の正字。→一一六九ページ。─7835 6E43

(16)13【鄶】7984　△　㊥カイ(クワイ)　㊦ケ　㊄ kuài

字義　国名。周代の初め、祝融の子孫が封ぜられた国。鄭にほろぼされた。今の河南省密県の東南。

解字　金文　篆文　形声。阝(邑)＋會㊂。

(16)13【鄴】7985　△　㊥ギョウ(ゲフ)　㊦ゴウ(ゴフ)　㊄ yè

字義　春秋時代の斉の地名。三国時代、魏の都。曹操・曹丕・曹植を中心として文学がさかえた。今の河北省臨漳県の西南。

解字　篆文　形声。阝(邑)＋業㊂。

【鄴架】書物の多いこと。鄴は唐の李泌(鄴県侯)のこと。架は本棚。李泌の蔵書が多かったことからいう。また、他人の蔵書・本棚にもいう。

(17)14【鄹】7986　△　一㊥シュウ(シウ)・㊦シュ　㊄ zōu　二㊥シュ・㊦ジュ　㊄　慣スウ

字義　一❶国名。＝鄒。❷地名。春秋時代、魯の地。孔子の生地。今の山東省曲阜県の東南。＝郰・陬。二あつまる。また、村。村里。＝聚。

解字　形声。阝(邑)＋聚㊂。

(18)15【鄽】7987　△　㊥テン　㊦デン　㊄ chán

字義　みせ(店)。＝廛。

解字　形声。阝(邑)＋廛㊂。

【鄽肆】みせ。商店。

(20)17【酃】7988　△　㊥レイ　㊦リョウ(リャウ)　㊄ líng

字義　❶県名。漢代の県名。今の湖南省衡陽市の東。❷美酒。酃湖(今の湖南省内)の水で造った美酒。「酃淥」

解字　篆文　形声。阝(邑)＋霝㊂。

(21)18【酆】7989　△　㊥ホウ　㊦フウ　㊄ fēng

字義　❶地名。周の文王が都をおいた所。今の陝西省西安市。❷川の名。陝西省の秦嶺山中に発し、北流し、西安を経て渭水に入る。灃水。

解字　甲骨文　篆文　形声。阝(邑)＋豐㊂。

(22)19【酇】7990　△　サン　㊄㊄ zàn

字義　❶周代の行政区画の一つ。百家の村。❷地名。漢代、蕭何が封ぜられた所。今の河南省永城県の西。

解字　篆文　形声。阝(邑)＋贊㊂。

(22)19【酈】7991　△　一リ　㊄ lí　二㊥レキ・㊦リャク　㊄ lì

字義　一春秋時代、魯の地名。今の山東省内。二漢代の県名。今の河南省南陽市の西北。

解字　篆文　形声。阝(邑)＋麗㊂。

【酈食其】前漢の論客。沛公に仕え斉の七十余城を降伏させたが、後、斉の人に殺された。(?—前二〇三)

7 酉部

〔部首解説〕**ひよみのとり。** さけのとり。ひよみは暦（こよみ）、また、十二支のとりの意味で、鳥と区別していう。酉（ユウ）は元来は酒つぼの象形。酉を意符として、酒類やその他の発酵させて造る食品、酒に関する文字ができている。

酉 一一一四	2 酋 一一一四	酊 一一一四	3 酏 一一一四	酌 一一一四
酒 一一一四	酎 一一一五	配 一一一五	4 酗 一一一五	酔 一一一五
酖 一一一六	酘 一一一六	酛 一一一六	5 酣 一一一六	酤 一一一六
酢 一一一六	酥 一一一六	酡 一一一六	6 酬 一一一六	酧 一一一六
酪 一一一七	酩 一一一七	7 酳 一一一七	酵 一一一七	酷 一一一七
酸 一一一七	酲 一一一七	酴 一一一七	酺 一一一七	酹 一一一七
8 醃 一一一七	醋 一一一七	醆 一一一七	醇 一一一七	醉 一一一八
醅 一一一八	醂 一一一八	醁 一一一八	9 醐 一一一八	醑 一一一八
醒 一一一八	醍 一一一八	醢 一一一八	醗 一一一八	10 醞 一一一八
醘 一一一八	醤 一一一八	11 醫 一一一八	醬 一一一八	醨 一一一八
醪 一一一八	12 醯 一一一九	醮 一一一九	醱 一一一九	13 醳 一一一九
醵 一一一九	醸 一一一九	醲 一一一九	醴 一一一九	14 醺 一一一九
醻 一一一九	16 醼 一一一九	17 釀 一一一九	醹 一一一九	18 釁 一一一九
釂 一一一九	19 釃 一一一九	20 釅 一一二〇		

醜→鬼部 一三七八ページ。

(7)0
【酉】7992
囚 漢ユウ（イウ） 呉ユ 有 yǒu
3851 *4653*

筆順 一 丆 丙 酉

字義 ❶とり。十二支の第十位。方位は西、時刻は午後五時から午後七時までの間、または午後六時、季節は仲秋八月にあてる。❷酒。また、酒つぼ。

名乗 なが・みのる　難読 酉水（すが）い

解字 甲骨文・金文・篆文　象形。酒器の象形で、さけの意味を表す。酒の原字。借りて、十二支の第十位に用いる。酉を音符に含む形声文字に、酒・醜などがある。

(9)2
【酋】7993
標 漢シュウ（シウ） 呉ジュ 尤 qiú ［酋］
2922 *3D36*

字義 ❶ふるい酒。よく熟した酒。❷熟する。うむ。❸おわる。おえる。❹すぐれる。まさる。❺おさ（長）。かしら。＝豪。「酋長」❻酒の醸造をつかさどる官。

解字 甲骨文・篆文　象形。酒器の中の酒が芳香を放って口からあふれる形にかたどり、ふるざけの意味を表す。また、醸造をつかさどる官吏の意味を表し、転じて、かしら・おさの意味をも表す。

【酋豪】（シュウゴウ）未開の部族のかしら。酋長。

【酋長】（シュウチョウ）①未開の部族のかしら。酋豪。酋渠（シュウキョ）。②盗賊などのかしら。どろぼうの親分。

(9)2
【酊】7994
△ 漢テイ 呉チョウ（チャウ） 迥 dǐng
7836 *6E44*

字義 よう（酔）。ひどく酔う。「酩酊（メイテイ）」

解字 篆文　形声。酉＋丁音。

(10)3
【酏】7995
△ ㊀漢イ 支 yí　㊁漢イ 紙 yǐ

字義 ㊀❶さけ。㋐きびざけ。きびで造った酒。㋑米で造った酒。㋒すんだ酒。㋓あま酒。❷うすがゆ。おもゆ。

解字 篆文　形声。酉＋也音。

(10)3
【酌】7996
常 シャク　くむ
2864 *3C60*

(10)3
〔酌〕7997　シャク 薬 zhuó

筆順 丆 酉 酌 酌

字義 ❶くむ。㋐酒をつぐ。杯をさす。㋑くみとる。えりわけてとる。㋒おしはかる。人の心をくみとる。「斟酌（シンシャク）」「参酌」❷さけ。❸さかもり。❹さかずき。
国シャク。酌婦（酒のしゃくをする女）の略。

参考 「くむ」の場合、現代表記では、酒に関する場合は〔酌〕、それ以外は仮名書き。比喩（ヒユ）的用法は〔酌〕を用いる。「井戸水をくむ・気持を酌み取る」

解字 篆文　形声。酉＋勺音。音符の勺（シャク）は、ひしゃくの意味。酉は、さけつぼの象形。酒をくむの意味を表す。

▼参酌・浅酌・対酌・独酌・媒酌・満酌

【酌飲】（シャクイン）ひとすくいの水。わずかな飲み物。

【酌量】（シャクリョウ）酒または米などを計算する。転じて、事情をくみとって手かげんすること。斟酌（シンシャク）。

(10)3
【酒】7998
教3 シュ　さけ・さか
漢シュウ（シウ）・呉シュ 有 jiǔ
2882 *3C72*

筆順 氵 汀 洒 酒

字義 ❶さけ。❷さかもり。

名乗 さか・み　難読 お神酒（みき）・酒匂（さかわ）・酒酒井（しすい）・酒精（アルコール）・酒代（さかて）・酒殿（さかどの）

解字 甲骨文・金文・篆文　形声。氵（水）＋酉音。音符の酉（ユウ＝シュ）は、さかつぼの象形であったが、のち、水を付し、さけの意味を表す。

▼飲酒・甘酒・賢酒・祭酒・醸酒・清酒・濁酒・置酒・斗酒・杯酒・麦酒・美酒・薬酒・緑酒

【酒△暈】（シュウン）酒を飲み顔がほんのり赤くなること。

【酒宴・酒△讌】（シュエン）さかもり。

【酒△甕】（シュオウ）酒を入れるかめ。酒缸（シュコウ）。

【酒家】（シュカ）①さかや。酒屋。酒戸。②酒飲み。

【酒客】（シュカク）①酒の好きな人。②酒造りのたくみな人。

【酒△榷】（シュカク）政府が酒の専売でとる税金。

【酒渇（渴）】（シュカツ）酒をのんでのどがかわく。

【酒気（氣）】（シュキ）①酒のにおい。②酒を飲んで勢いよくなること。酒を飲んだ気分。

【酒旗】（シュキ）酒屋の看板に立てる旗。酒旆（シュハイ）。〔唐、杜牧、江南春詩〕水村山郭酒旗風（スイソンサンカクシュキのかぜ）。訳文⇩水村（六二ページ）。

【酒興】（シュキョウ）①酒を飲んだおもしろみ。②酒の上のなぐさみ。酒宴の座興。

【酒軍】（シュグン）酒のみ仲間。

【酒戸】（シュコ）①酒を飲む分量。多く飲むのを大戸（上戸）、少ないのを小戸（下戸（ゲコ））という。②酒屋。酒肆（シュシ）。

【酒△肴・酒△殽】（シュコウ）酒とさかな。酒と料理。

【酒荒】（シュコウ）酒におぼれて心がすさむ。

【酒豪】（シュゴウ）国おおざけのみ。大酒家。

【酒国（國）】（シュコク）酒を飲んで元気になり、あたかも別天地にいるような気持ちになること。

【酒困】（シュコン）酒によって心が乱れる。酒乱。

【酒債】（シュサイ）酒代のかり。酒逋（シュホ）。

【酒食】（シュシ・シュショク）酒と食物。

【酒卮】シュシ　さかずき。卮は、大杯。酒杯。酒盞シュサン。
【酒肆】シュシ　さかや。酒戸。酒舗シュホ。
【酒所】シュショ　酒に少しようこと。ほろよい。微醺ビクン。
【酒漿】シュショウ　さけと飲み物。
【酒色】シュショク　①酒と女色。「酒色に耽ふける」②酒を飲み顔色に表れること。③酒の色。
【酒人】シュジン　①官名。造酒をつかさどる。②酒のみ。
【酒数(數)】シュスウ　酒杯のかず。酒を飲む量。酒戸。
【酒聖】シュセイ　①澄んだ酒。清酒。〔魏志、徐邈伝〕②酒のみ。上戸。
【酒仙】シュセン　大酒のみで世の中のことを気にしない人。李白リハクは酒仙といわれた。〔唐、杜甫、飲中八仙歌〕
【酒泉】シュセン　①春秋時代、周の領地。今の陝西センセイ省澄城県という。②漢代の郡名。治所は今の甘粛省酒泉市。郡内に泉があり、その水は酒のようであったという。③多量の酒。
【酒饌】シュセン　酒と食物。酒食。
【酒樽・酒尊】シュソン　酒だる。
【酒池肉林】シュチニクリン　酒は池のごとく、肉は林のごとく、たくさんあること。豪遊をきわめるたとえ。〔史記、殷本紀〕
【酒敵】シュテキ　酒飲み友達。酒友。
【酒天之美禄】さけはテンのビロク　酒は天からのすばらしいたまものである。酒をほめていうことば。〔漢書、食貨志〕
【酒徒】シュト　酒のみ仲間。
【酒杯・酒盃】シュハイ　さかずき。
【酒百薬(藥)之長】さけはヒャクヤクのチョウ　酒にまさる薬はない。酒をほめた語。〔漢書、食貨志〕
【酒癖】シュヘキ・さけぐせ　①酒を飲むくせ。②酒を飲むと出るくせ。
【酒保】シュホ　①酒屋のやとい人。②酒を作る、また、売る人。③国もと、兵営内で、飲食物日用品を売る店。
【酒舗】シュホ　酒屋。酒戸。酒肆シュシ。
【酒母】シュボ　①酒屋のばあさん。②酒のもと。こうじ。
【酒乱(亂)】シュラン　国酒に酔ってあばれる癖のあること。
【酒無レ量不レ及レ乱(亂)】さけはリョウなしランにおよばず　酒を飲むには、分量をさだめてはいないが、酔って乱暴するようなことはしない。〔論語、郷党〕
【酒令】シュレイ　酒席で行う遊戯などについての規則。これに背いた者は罰杯を飲む。
【酒醴】シュレイ　普通の酒とあま酒。
【酒楼(樓)】シュロウ　料理屋。お茶屋。
【酒醪】シュロウ　清酒とにごり酒。
【属(屬)レ酒】さけをショクす　人に酒をすすめること。

(10)3
【酎】7999　標　漢チュウ(チウ)　呉ジュウ(ヂウ)　宥 zhòu　3581　4371

字義　❶酒。濃い酒。三度重ねてかもした酒。❷かもす(醸)。国チュウ。焼酎。いもなどから作ったアルコール分の多い蒸留酒。

解字　篆文 　形声。酉＋寸(肘)音。音符の肘チュウは、ひじの意味。三度も重ねて手を加えかもした、よい酒の意味を表す。

(10)3
【配】8000　教3　ハイ　くばる　ハイ　隊 pèi　3959　475B

筆順 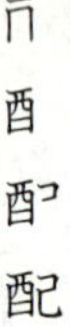

字義　❶くばる。わりあてる。わける。「配布」「配置」❷つれあい。夫婦。「配偶」❸そわせる。夫婦にする。また、つれそう。❹ならぶ。並べる。匹敵する。❺したがえる。とりしまる。「配下」「支配」❻ながす。島流しにする。「配流」

名乗　あつ

解字　金文 　篆文 　会意。酉＋己。金文でわかるように、己は、人の象形の変形。人が酒つぼを並べるさまから、ならべるの意味を表す。

▼軍配・気配・交配・高配・差配・支配・集配・匹配
【配下】ハイカ　国支配下にあること。また、その人。部下。てした。
【配享】ハイキョウ　ほかの神を合わせ祭ること。
【配偶・配耦】ハイグウ　①つれあい。夫婦。②つれそわせる。めあわす。
【配合】ハイゴウ　①つりあい。とりあわせ。②めあわす。夫婦にする。また、つれあい。
【配剤(劑)】ハイザイ　①薬を調合する。②程よく組み合わせる。
【配所】ハイショ　島流しになった地。
【配色】ハイショク　いろのとりあわせ。いろどり。
【配膳】ハイゼン　国料理を盛りつけた膳をならべる。
【配属(屬)】ハイゾク　人をそれぞれの部署に割り当てて所属させること。
【配置】ハイチ　適当な位置にくばり置く。また、その位置。
【配天】ハイテン　①徳が天とならびたつほど大きいこと。②天を祭るとき、祖先を合わせ祭ること。
【配当(當)】ハイトウ　①割りあてる。②出資者に利益をくばり分ける。また、その金額。わけまえ。
【配備】ハイビ　手くばりして用意をする。前もって人・道具を適当な所に置いて備えること。
【配布】ハイフ　くばる。くばってゆきわたらせる。◇もと、配り先が一般の場合は「配布」、特定の場合は「配付」とする違いがあったが、現代では、「配布」に統一されつつある。
【配慮】ハイリョ　国心をくばること。心づかい。心配。
【配流】ハイル・ハイリュウ　島流しにすること。配謫ハイタク。流罪ルザイ。
【配列】ハイレツ　国順序だててならべ連ねること。排列。◇古くは「配列」と「排列」とに意味上の違いによる使い分けがあったが、現在では「配列」に統一されている。

(11)4
【酗】8001　△　ク　遇 xù

字義　酒によって狂う。酒乱。また、飲酒にふける。

解字　形声。酉＋凶音。音符の凶は、わるいの意味。悪い酒、酔いくるうの意味を表す。

(11)4
【酔】8002　常　スイ　よう　3176　3F6C
(15)8
〔醉〕8003　人許　スイ　寘 zuì　7845　6E4D

筆順 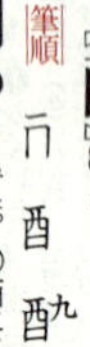

字義　❶よう。よふ。㋐酒によう。「微酔」㋑心をうばわれる。ふける。「心酔」㋒薬物のため感覚を失う。「麻酔」❷よわす。よはす。❸よい。よひ。酒酔い。

解字　篆文 　形声。酉＋卆(卒)音。音符の卒は、まったしの意味。酒の量をまっとうする、ようの意味を表す。

▼心酔・長酔・沈酔・泥酔・陶酔・麻酔・乱酔
【酔暈】スイウン　酒に酔って目がくらむ。
【酔翁】スイオウ　①酒に酔った老人。②欧陽脩オウヨウシュウの号。
【酔客】スイカク・スイキャク　酒に酔った人。
【酔眼】スイガン　酒に酔った時のとろんとした目。「酔眼朦朧モウロウ」
【酔狂】スイキョウ　①酒に酔って心が乱れる。②国ものずき。好事家コウズカ。酔興。
【酔郷(鄕)】スイキョウ　酔った気分を一種の別天地にたとえたことば。酒に酔った時の快感。
【酔興】スイキョウ　①酒に酔った楽しい気分。②国ものずき。酔狂。
【酔吟】スイギン　酒に酔って歌う。酔歌。
【酔吟先生】スイギンセンセイ　中唐の白居易、また、晩唐の詩人、皮日休ヒジツキュウの号。
【酔殺】スイサツ　じゅうぶんに酔わせる。酔いつぶす。殺は強意の助字。
【酔生夢死】スイセイムシ　酒に酔ったような、夢を見ているような気持ちで一生をおわること。何もせず、むなしく一生を送ること。〔二程文集、程顥、明道先生行状〕

【酔態】スイタイ　酒によっているすがた。よっぱらったようす。酔容。
【酔△呶】スイド　酔ってくだをまく。
【酔△罵】スイバ　酒に酔った勢いでののしる。
【酔飽】スイホウ　酒に酔い、たらふく食べる。
【酔竜(龍)】スイリュウ　酔って道にねころぶ人。　「をいう。
【酔如レ泥】よい(ひ)てデイのごとし　大いに酔ったさま。ぐでんぐでん。泥は、特に後漢の蔡邕(サイヨウ)南海に生ずるという骨のない虫の意からとも、泥のようにぐにゃぐにゃになるからともいう。〔唐、李白、襄陽歌〕
【悪(惡)レ酔△而強レ酒】よい(ひ)をにくみてさけをしう(ふ)　酔うことをいやがりながら、無理に酒を飲む。意志と反対の行動をとること。〔孟子、離婁上〕

(11)4【酖】8004　△　㊀タン　㊥ dān　㊁㊦チン・㊨ジン（ヂン）㊥ zhèn　7837 6E45
字義 ㊀ふける。酒にひたる。㊁❶毒鳥の名。＝鴆(チン)。❷鴆毒を盛った酒。
解字 文 篆 形声。酉＋冘㊌。音符の冘(イン)は、しずむの意味。身心ともに酒びたりになる、ふけるの意味を表す。
【酖酖】タンタン　酒を飲んで楽しむさま。
【酖毒】チンドク　①鴆(チン)という毒鳥の羽でかきまわした酒。鴆酒。飲めば死ぬという。②転じて、害毒。

(11)4【酘】8005　△　㊦トウ　㊨ズ（ヅ）㊥ dòu　7838 6E46
字義 酒を二度発酵させること。また、その酒。
解字 形声。酉＋殳㊌。

(11)4【酛】8006　国字　△
字義 もと。さけのもと。酒をかもす原料。酒母。
解字 会意。酉＋元。酉は酒の意。元と合わせて、さけのもとの意味を表す。

(12)5【酣】8007　△　㊦カン　㊨ガン　㊥ hān　7839 6E47
字義 ❶たけなわ(たけなは)。㋐さかもりの最中。㋑物事のまっさかり。さかり。❷たのしむ。酒を飲んで楽しむ。
解字 文 篆 形声。酉＋甘㊌。音符の甘は、味を楽しむの意味。酒を楽しむの意味を表す。
【酣飲】カンイン　さかんに飲む。
【酣宴】カンエン　さかんな酒もり。
【酣歌】カンカ　酒を飲んで楽しみ歌う。
【酣△臥】カンガ　ぐっすりねむる。酣眠。
【酣酣】カンカン　①花のまっさかりのさま。②酒を飲み心がのびのびするさま。

【酣△豢】カンカン　ぜいたくに暮らすこと。酣は、酒を飲んで楽しむこと。豢は養。
【酣△謔】カンギャク　酒に酔ってふざける。
【酣呼】カンコ　酒に酔い、大声で呼ぶ。
【酣紅△爛紫】カンコウランシ　今をさかりと赤や紫にそまっている、秋の木の葉の形容。
【酣賞】カンショウ　景色などを心ゆくまでながめる。
【酣縦(縱)】カンショウ　酒にうかれてだらしのないこと。
【酣△觴】カンショウ　さかんに酒を飲む。觴は、さかずき。
【酣酔(醉)】カンスイ　ひどく酒に酔う。べろべろに酔う。泥酔。
【酣戦(戰)】カンセン　さかんに戦うこと。戦いのまっ最中。
【酣中客】カンチュウのカク　富貴におぼれている者。
【酣△暢】カンチョウ　酒を飲んでのんびりした気分になる。
【酣眠】カンミン　ぐっすりねむる。熟睡。酣臥(カンガ)。

(12)5【酤】8008　△　㊀コ　㊥ gū　㊁コ　㊥ gǔ
字義 ㊀❶ひとよざけ。一夜で熟する酒。❷うる。酒を売る。❷かう(かふ)。酒を買う。㊁❶＝㊀の❶。
解字 文 篆 形声。酉＋古㊌。音符の古は、賈(コ)に通じ、酒を買うの意味を表す。また、古は糊に通じ、のりの意味。のり状になっただけで、発酵がまだ充分でない酒、ひとよ酒の意味を表す。
【酤△榷】コカク　政府が酒を専売して、その利益を独占すること。

(12)5【酢】8009　常　サク　す　㊀ソ　㊥ cù　㊁㊦サク・㊨ザク　㊥ zuò　3161 3F5D
筆順 冂 酉 酢 酢
【醋】同字　7844 6E4C
字義 ㊀❶す。酸味のある調味料。❷すい。すっぱい。㊁むくいる(むくゆ)。❶客が主人に酒をすすめる。返杯する。⇕酬。「酬酢」❷こたえる。応対する。❸むくい祭る。お礼の祭り。難読 酢漿(かたばみ)
参考 現代表記では〔醋〕(8026)の書きかえに用いることがある。「醋酸→酢酸」
解字 金文 篆文 篆文(醋) 形声。酉＋乍㊌。音符の乍(サク)は、組に通じ、積み重ねるの意味。客が主人に返杯するの意味を表す。また、乍はつくるの意味。酒をさらに作って「す」にする、すの意味を表す。
【酢酸】サクサン　木材からとる、無色で刺激臭のある液体。分子式 CH_3COOH。醋酸(サクサン)。
【酢△漿】ソショウ　草の一種。かたばみ。

(12)5【酥】8010　△　ソ　㊥ sū　7840 6E48
字義 ❶牛や羊の乳を精製した飲料。乳酸飲料の類。❷酒の別名。❸清くなめらかなもののたとえ。
解字 形声。酉＋蘇省㊌。音符の蘇(ソ)は、梵語(ボンゴ) sudhā の su の音訳。酒のように発酵させたものであるところから、酉を付した。
【酥灯(燈)】ソトウ　酥油（ちちの油）のあかり。また転じて、仏前の灯火。
【酥酪】ソラク　牛や羊の乳で作った加工品。

(12)5【酡】8011　△　㊀㊦タ・㊨ダ　㊥ tuó　㊁㊦タ・㊨ダ
字義 ㊀あからむ。酔って顔が赤くなる。㊁酔いはじめる。
解字 形声。酉＋它㊌。

(13)6【酬】8012　常　シュウ　㊦シュウ（シウ）・㊨ジュ　㊥ chóu　2923 3D37
筆順 冂 酉 酎 酬 酬
【醻】同字　【酧】俗字
字義 ❶むくいる(むくゆ)。㋐主人が客に酒をすすめ返す。⇕酢。「酬酢」㋑こたえる。返事する。「貴酬」㋒金品などを贈って謝意を表す。謝礼する。「報酬」❷むくい。
解字 文 篆 体 別 形声。篆文は、酉＋壽（𠷎）㊌。音符の𠷎(シュウ)は、つらなるの意味。主客が互いに杯のやりとりをつらねるの意味から、むくいるの意味を表す。常用漢字の酬は、別体による。
▼応酬・貴酬・献酬・報酬
【酬応(應)】シュウオウ　①応答する。②杯を返す。返杯。
【酬酢】シュウサク　①宴席で、主人と客がたがいに酒をすすめ合う。②応対する。
【酬唱】シュウショウ　詩歌を作ってたがいにやりとりすること。
【酬対(對)】シュウタイ　こたえる。応答する。酬答。
【酬答】シュウトウ　こたえる。応酬。
【酬労(勞)】シュウロウ　①ほねおりに報いる。②報酬。
【酬和】シュウワ　詩文などを作って応答すること。

(13)6【酧】8013　△　シュウ　酬(8012)の俗字。↓前項。

(13)6【酩】8014 △ 漢メイ 呉ミョウ（ミャウ） 迥 míng　7841 6E49
字義 よう（酔）。ひどく酔う。
解字 文 篆 形声。酉＋名音。音符の名は、冥メイに通じ、目がくらむの意味。目がくらむほどに酒に酔うの意味を表す。
【酩酊】メイテイ ひどく酒に酔うこと。

(13)6【酪】8015 常 ラク　ラク 薬 lào (luò)　4579 4D6F
筆順 冂 酉 酪
字義 ❶ちちしる。牛・羊・馬などの乳から造った飲料。また、バターの類。❷果汁から造った飲料。
解字 文 篆 形声。酉＋各音。音符の各は、いたるの意味。外来の発酵乳の意味を表す。
▼乾酪・牛酪・乳酪
【酪農】ラクノウ 牛・羊などの乳をとったり、それを原料としてバター・チーズなどの乳製品を製造加工したりする農業。

(14)7【酳】8016 △ イン 震 yìn　7842 6E4A
字義 ❶すすぐ。酒で口をすすぐ。❷尸かたしろに余りの酒を献ずる。❸あまり。のこり。
解字 形声。酉＋胤省音。音符の胤インは、つぐの意味。酒を口の中にそそぎこむ、すすぐの意味を表す。

(14)7【酵】8017 常 コウ 漢コウ（カウ） 呉キョウ（ケウ） 効 jiào　2558 395A
筆順 冂 酉 酵
字義 ❶酒のもと。こうじ。「酵母」❷酒ができるときに、あわだつ。「発酵」❸酒かす。
解字 形声。酉＋孝音。
▼発酵

(14)7【酷】8018 常 コク　コク 沃 kù　2583 3973
(14)7〖酷〗8019
筆順 冂 酉 酷
字義 ❶ひどい。ひどし。きびしい。㋐むごい。むごし。残忍である。無慈悲である。「残酷」㋑はなはだしい。「酷暑」❷うらみ。いたみ。痛恨。❸つよい。㋐酒の度が強い。㋑香りが強い。
解字 文 篆 形声。酉＋告音。音符の告は、祖霊などにささげつげるために、むごくも犠牲になった牛の意味。一般に、酉を付し、酒のアルコール度がひどいの意味を表す。きびしい・むごいの意味を表す。
▼惨酷・残酷・冷酷
【酷虐】コクギャク ひどくいじめる。むごくあつかう。
【酷似】コクジ よく似ている。
【酷暑】コクショ きびしいあつさ。酷熱。
【酷薄】コクハク きわめて不人情なこと。冷血。
【酷評】コクヒョウ きびしい批評。
【酷法】コクホウ きびしい法律。苛法カホウ。
【酷吏】コクリ 無慈悲な役人。法律をきびしく適用する役人。

(14)7【酸】8020 教5 サン すい　サン 寒 suān　2732 3B40
筆順 冂 酉 酸
字義 ❶す。すっぱい味の液体。❷すい。すし。すっぱい。五味の一つ。「酸味」❸つらい。苦しい。「辛酸」❹いたむ。悲しむ。いたましい。「悲酸」❺しぶる。なめらかに進まない。国化学元素の名。酸素。「酸化」
難読 酸漿ほおずき・ぬかずき・かたばみ・酸模すいすかんぽ
解字 文 篆 形声。酉＋夋音。
▼辛酸・悲酸
【酸化】サンカ ある物質が酸素と化合すること。↔還元。
【酸寒】サンカン まずしいこと。貧乏。
【酸漿】サンショウ 植物の名ほおずき。または、かたばみ。鬼灯。
【酸辛】サンシン ①すっぱさとからさ。②つらさ。せつなさ。苦しさ。辛酸。
【酸呻】サンシン 悲しみうめく。
【酸楚】サンソ 悲しみ痛む。苦痛。
【酸愴】サンソウ いたみ悲しむ。
【酸鼻】サンビ 鼻に痛みを感じ涙を催すこと。転じて、悲しみいたむこと。また、むごたらしいさま。「寒心酸鼻」

(14)7【酲】8021 △ 漢テイ 呉ジョウ（ヂャウ） 庚 chéng　7843 6E4B
字義 ❶二日酔（宿酔）。悪酔い。❷あきる（飽）。十分になる。
解字 文 篆 形声。酉＋呈音。音符の呈は、突き出るの意味。酒気がのどを突き出る、二日酔いの意味を表す。

(14)7【酴】8022 △ 漢ト 呉ズ（ヅ） 虞 tú
字義 ❶酒のもと。こうじ。❷にごり酒。どぶろく。
解字 文 篆 形声。酉＋余音。
【酴醾・酴醿】ト ①重ねてかもして造った酒。②植物の名。ときんいばら。バラ科の落葉低木。

(14)7【酺】8023 △ 漢ホ 呉ブ 虞・遇 pú
字義 ❶さかもり。うたげ。国に慶事があるとき、天子から飲食をいただき宴会を開くこと。❷災害をもたらす神。
解字 文 篆 形声。酉＋甫音。音符の甫ホは、一面にしきひろげるの意味。酒を多くの者にふるまう、さかもりの意味を表す。

(14)7【酹】8024 △ ライ 隊・泰 lèi
字義 そそぐ。酒を地にそそいで神を祭る。
解字 文 篆 形声。酉＋寽音。音符の寽ラツ=ライは、手にとるの意味。酒を手にとって、そそぐの意味を表す。

(15)8【醃】8025 △ エン 塩 yān
字義 しおづけ。㋐野菜の塩づけ。つけな。㋑魚の塩づけ。
解字 形声。酉＋奄音。音符の奄エンは、おおうの意味。塩や酒かすでおおって、菜や魚をつけたものの意味を表す。

(15)8【醋】8026 △ サク　酢(8009)と同字。→一一六〇ページ。　7844 6E4C
参考 現代表記では〔酢〕(8009)に書きかえることがある。「醋酸→酢酸」
解字 文 篆 形声。酉＋昔音。音符の昔は、日を重ねるの意味。日を重ねた酒、「す」の意味を表す。

(15)8【醆】8027 △ 漢サン 呉セン 潸 zhǎn
字義 ❶さかずき（杯）。夏カ時代の呼び名。＝盞サン。❷少し澄んだにごり酒。
解字 文 篆 形声。酉＋戔音。

(15)8【醇】8028 人 漢シュン 呉ジュン 真 chún　2970 3D66
〔醕〕同字
筆順 冂 酉 醇
字義 ❶味の濃い酒。こくのある酒。「芳醇」❷もっぱら（専）。❸まじりけがない。❹あつい（厚）。人情味があつい。誠実さがある。

名乗 あつ・あつし

解字 篆文 形声。酉＋享（𦎫）音。音符の𦎫ジュン＝トンは、厚味があるの意味。こくのある酒の意味を表す。

【醇化】ジュンカ ①てあつい教化。また、てあつく教化する。②国雑多な要素を取り去って純粋にすること。純化。
【醇雅】ジュンガ 誠実でみやびやか。
【醇乎】ジュンコ まじりけのないさま。
【醇厚】ジュンコウ 人情に厚く風俗が純朴であること。
【醇酒】ジュンシュ こくてよい酒。まじりけのない酒。
【醇儒】ジュンジュ 純正な学者。儒教に忠実な学者。
【醇醇】ジュンジュン てあついさま。淳淳ジュン。
【醇醲】ジュンジョウ 濃い酒。転じて、人民の風俗が純朴でつつしみ深いこと。
【醇正】ジュンセイ 純粋で正しい。純正。
【醇白】ジュンパク ①まじりけがない。②まっ白。
【醇美】ジュンビ 純粋で美しい。純美。
【醇朴・醇樸】ジュンボク 人情が厚く、外面をかざらない。淳朴ジュンボク。
【醇醨】ジュンリ 濃い酒と薄い酒。転じて、人の天性・人情や風俗などの厚いのと薄いのとにたとえる。
【醇醴】ジュンレイ ①濃い酒と甘酒。②濃い甘酒。
【醇醪】ジュンロウ よい酒。転じて、徳の高い人のたとえ。

(15)8 【醉】(8003) スイ 酔（8002）の旧字体。→一一一五ページ。 7845 6E4D

(15)8 【醅】8029 △ 一ハイ 灰 pēi 二漢フウ・呉フ 尤 pēi 慣バイ

字義 一二 ❶もろみざけ。にごりざけ。どぶろく。❷十分に酔う。

解字 篆文 形声。酉＋咅音。音符の咅ハイは、ふくれるの意味。発酵中の酒、どぶろくの意味を表す。

(15)8 【醂】8030 △ ラン 感 lǎn 慣リン 7846 6E4E

字義 ❶桃の塩づけ。❷さわす。あわす。しぶ柿の渋をぬく。また、その柿。たるがき。国みりん（味醂）。

解字 形声。酉＋林音。音符の林は、立に通じ、長時間立ちつづけるの意味。長時間にわたって柿を酒の中にひたして、さわすの意味を表す。

(15)8 【醁】8031 △ 漢リョク 呉ロク 沃 lù

字義 よい酒。うまざけ。美酒。「美醁」

解字 形声。酉＋彔音。音符の彔ロクは、緑に澄んだ水の意味。酒を付し、うまざけの意味を表す。

(16)9 【醐】8032 標 漢コ 呉ゴ 虞 hú 2479 386F

字義 醍醐ダイゴは、まじりけのないヨーグルトの類。＝醍。

解字 篆文 形声。酉＋胡音。音符の胡コは、糊コに通じ、のりの意味。牛乳などで造ったのり状のヨーグルトの意味を表す。

(16)9 【醑】8033 △ ショ 語 xǔ

字義 うまざけ。美酒。また、したみざけ。こした酒。

解字 形声。酉＋胥音。音符の胥ショは、うまい酢づけの肉の意味。うまい酒の意味を表す。

(16)9 【醒】8034 標 漢セイ 呉ショウ（シャウ） 青 迥 径 xǐng 3235 4043

字義 さめる。さます。㋐酔いがさめる。㋑目がさめる。㋒さとる。迷いがはれる。「覚醒」 難読 醒ケ井さめがい

解字 篆文 形声。酉＋星音。音符の星は、すみきったほしの意味。酒の酔いがさめて気分がすっきりするの意味を表す。

【醒悟】セイゴ さとる。
【醒寤】セイゴ 眠りからさめる。

(16)9 【醍】8035 標 一漢テイ・呉タイ 薺 tǐ 二漢テイ・呉ダイ 斉 tí 3473 4269

字義 一❶すんだ酒。❷酒の赤い色。また、赤い酒。二醍醐ダイゴは、牛などの乳を精製して造った、ヨーグルトの類。

解字 篆文 形声。酉＋是音。

【醍醐】ダイゴ ①→字義の二。②澄んだ酒。清酒。③すぐれた人物のたとえ。〔唐書、穆寧伝〕④仏仏教の最高の教理にたとえる。
【醍醐味】ダイゴミ 醍醐のうまい味。転じて、最高の味わいをいう。「読書の醍醐味」

(16)9 【醓】8036 △ タン 感 tǎn

字義 しおから。ひしお。肉などをきざみ塩につけたもの。

解字 形声。酉＋皿＋冘音。

(16)9 【醗】8037 △ ハツ 醱（8046）の俗字。→一一一九ページ。 4016 4830

(17)10 【醞】8038 △ ウン 問 吻 yùn

字義 ❶かもす。発酵させる。❷あえる。ととのえる。調和する。❸心が広く包容力がある。おだやか。

解字 篆文 形声。酉＋昷音。音符の昷ウンは、あたたかいの意味。温度があがって発酵がすすむ、かもすの意味を表す。

【醞藉】ウンシャ おくゆかしくおだやか。
【醞醸（醸）】ウンジョウ ①酒をかもす。醸造。②いろいろ手をまわして人を罪に落とし入れる。③物事をほどよく調和させる。④人格などを養成すること。

(17)10 【醢】8039 △ カイ 賄 hǎi 7847 6E4F

字義 ❶しおから。ししびしお。肉をきざんで塩や酒などにつけたもの。❷ししびしおにする。人を殺して塩づけにする刑。古代の刑罰の一つ。

解字 篆文 形声。酉＋㿻音。音符の㿻ウユ＝イカは、小さなかめの意味。肉をかめに入れ、酒・塩などでつけこんだ、しおからの意味を表す。

(17)10 【醤】8040 簡 ショウ 醬（8041）の簡易慣用字体。→下段。 3063 3E5F

【醜】→鬼部 一二三七ページ。

(18)11 【醫】(726) イ 医（725）の旧字体。→一六〇ページ。 7848 6E50

(18)11 【醬】8041 標 漢ショウ（シャウ） 呉ソウ（サウ） 漾 jiàng ［醤］ 3063 3E5F

【醤】簡易

字義 ❶しおから。ししびしお。醢カイ。❷ひしお。麦・米・豆などを発酵させ塩をまぜた食品。みその類。国醤油は、大豆と麦で作ったたれ。むらさき。

難読 醤蝦あみ

解字 篆文 形声。篆文は、肉＋酉＋爿音。音符の爿ショウは、調理台の象形。酉は、さけ・こうじの意味。肉を細かく刻み塩・酒・こうじなどにつけた料理、ひしおの意味を表す。一説に、音符の將ショウは、ひきたてるの意味。料理の味をひきたてる、ひしおの意味を表すという。

(18)11 【醨】8042 △ リ 支 lí

字義 うすざけ。味のうすい酒。

解字 篆文 形声。酉＋离音。

(18)11 【醪】8043 △ ロウ（ラウ） 豪 láo 7850 6E52

字義 もろみ。にごりざけ。どぶろく。

解字 篆文 形声。酉＋翏㊥。音符の翏（リュウ・リョウ）は、まつわりねばるの意味。酒のかすが一緒に溶けている、どろっとしたどぶろくの意味を表す。

(19)12【醯】8044　△ ケイ　齊 xī　7849 6E51

字義 す（酢）。また、すざけ。かゆに酒をまぜて発酵させたもの。

解字 篆文 会意。鬻省＋酒省＋皿。鬻は、かゆの意味。かゆに酒をまぜて作ったもの、「す」の意味を表す。

【醯鶏（鷄）】（ケイケイ）酒つぼなどにわく小虫。かつおむし。

【醯醤（醬）】（ケイショウ）①すづけのしおから。②すと、みそ。

(19)12【醮】8045　△ ショウ（セウ）　嘯 jiào

字義 ❶杯を受け酒を飲みほして、返杯しないこと。昔、冠婚の礼に行った。❷とつぐ。嫁入りする。「再醮」❸まつる。㋐酒を供えて神を祭る。㋑道士が祭壇を設けて神を祭る。❹つきる（尽）。また、つくす。酒をのみつくす。

解字 篆文 形声。酉＋焦㊥。

(19)12【醱】8046　標 ㊤ハツ ㊥ハチ　曷 pō　[醗]俗字　［醗］ 4016 4830

字義 酒を重ねてかもす。発酵させる。

解字 形声。酉＋發㊥。音符の發（ハツ）は、ひらくの意味。酵素がひらきひろがりいく、かもすの意味を表す。

参考 現代表記では［発］（4951）に書きかえることがある。「醱酵→発酵」

(20)13【醳】8047　△ 一㊤エキ・㊥ヤク 陌 yì　二㊤セキ・㊥シャク 陌 shì

字義 一❶さけ。㋐濃い酒。㋑にがい酒。㋒古い酒。㋓としこし酒。冬かもして春にできあがる酒。❷ねぎらう。酒食をふるまう。二とく。ゆるす。＝釈。

解字 形声。酉＋睪㊥。音符の睪（エキ）は、つぎつぎにたぐり寄せるの意味。ねばって、こい酒の意味を表す。

(20)13【醵】8048　△ ㊤キョ ㊥ゴ　御魚 jù　7851 6E53

字義 ❶さかもり。宴会。❷金銭を出し合って飲食する。また、その金銭。❸金銭を出し合う。また、金銭をつのる。

解字 篆文 形声。酉＋豦㊥。音符の豦（キョ）は、獣のもつれあいの意味。二人以上で金銭を出しあって酒をのむの意味を表す。

【醵金】（キョキン）金銭を集めて飲食すること。後、単に金銭をつのること。募金。

【醵出】（キョシュツ）金銭を出しあう。

(20)13【醸】8049　常 ジョウ　かもす　3090 3E7A

(24)17〔釀〕8050　人 許 ㊤ジョウ（ヂャウ） ㊥ニョウ（ニャウ）　漾 niàng　7854 6E56

筆順 丆 酉 酢 醗 醸

字義 ❶かもす。酒を造る。醸造。❷酒。❸切ってまぜる。

解字 篆文 形声。酉＋襄（襄）㊥。音符の襄（ジョウ）は、中に物をつめるの意味。酒つぼに原料をつめこんで酒をかもすの意味を表す。

▼芳醸

【醸酒】（ジョウシュ）酒をかもす。また、かもした酒。

【醸成】（ジョウセイ）酒などをかもし造る。転じて、気運や事件などを次第に造り出すこと。

【醸造】（ジョウゾウ）酒・しょうゆなどをかもしつくる。

(20)13【醲】8051　△ ㊤ジョウ（ヂョウ） ㊥ニュウ　冬 nóng

字義 ❶濃い酒。「醇醲（ジュンジョウ）」❷こい（こし）。あつい。＝濃。

解字 篆文 形声。酉＋農㊥。音符の農は、濃に通じ、こいの意味。こい酒の意味を表す。

【醲郁】（ジョウイク）濃厚な味。転じて、文章などの妙味。

【沈浸醲郁】（チンシンジョウイクに）書中の妙所を十分に味わうこと。〔唐、韓愈、進学解〕

(20)13【醴】8052　△ ㊤レイ ㊥ライ　薺 lǐ　7852 6E54

字義 ❶さけ。㋐あまざけ。㋑澄んだ酒。❷あまい。うまい。「醴泉」

解字 甲骨文 金文 篆文 形声。酉＋豊㊥。音符の豊（レイ）は、たかつきにそなえられた甘酒の象形。醴の原字。のち、酉が付せられた。

【醴漿】（レイショウ）醴酒。あま酒。

【醴泉】（レイセン）①甘味のある泉。〔荘子、秋水〕②口中の液。

【醴酪】（レイラク）あまざけと乳製の飲料。

(21)14【醺】8053　△ クン　文 xūn　7853 6E55

字義 ❶よう（ふ・よふ）。ほろよい。すこし酔う。また、酔わす。「微醺」❷におう。酒くさい。❸そまる（染）。次第にそまる。また、そめる。

解字 篆文 形声。酉＋熏㊥。音符の熏（クン）は、蒸すの意味。酒気がたちこめるさまから、よう・酒くさいの意味を表す。

【醺醺】（クンクン）酒に酔ってにこにことしているさま。

(21)14【醻】8054　△ シュウ　酬（8012）と同字。→一一二六ﾍﾟｰ。

(23)16【醼】8055　△ エン　讌（7323）と同字。→一〇三九ﾍﾟｰ。

(24)17【釀】(8050)　ジョウ　醸（8049）の旧字体。→中段。　7854 6E56

(24)17【醽】8056　△ ㊤レイ ㊥リョウ（リャウ）　青 líng

字義 ❶よい酒。美酒。❷酒をこす。

解字 形声。酉＋霝㊥。

【醽醁】（レイリョク）よい酒。美酒。

(25)18【釁】8057　△ キン　震 xìn　7855 6E57

字義 ❶ちぬる。いけにえの血を器にぬって神を祭る。また、その祭り。＝衅（キン）。❷ひま。㋐すき。すき間。㋑争いのいとぐち。また、争い。仲たがい。❸きず。㋐物のこわれたところ。さけめ。ひび。㋑欠点。あら。❹あやまち。過失。❺罪。罪過。とがめ。❻きざし。前ぶれ。❼うごく。ふるい動く。❽㋐香料を体にぬる。㋑すすなどをぬって黒くする。

解字 篆文 会意。爨省＋酉＋分。爨は、かしぐの意味。かまどの祭りに、酒を供え、血をそそいで清める、ちぬるの意味を表す。

【釁隙】（キンゲキ）不和。なかたがい。〔後漢書、袁術伝〕

【釁鼓】（キンコ）昔、戦争のとき、いけにえを殺して神を祭り、その血を鼓に塗ったこと。また、人を殺して、その血を鼓に塗ること。〔左伝、定公四〕

【釁鐘】（キンショウ）かねに血ぬる。新しく鐘を作ったとき、犠牲を殺してその血をぬった。〔孟子、梁恵王上〕

【釁端】（キンタン）争いのはじまり。けんかのいとぐち。「釁端を啓（ひら）く」

(25)18【釂】8058　△ ショウ（セウ）　嘯 jiào

字義 のみほす。飲みつくす。

解字 篆文 形声。酉＋爵㊥。音符の爵は、さかずきの意味。さかずきの酒を飲みほすの意味を表す。

(26)19【釃】8059　△ 一シ 紙 shī, shāi　二シ 支 shī, shāi　三リ 支 lí

字義 一二❶したむ。酒をこす。また、酒を酌む。❷分ける。三うすい酒。かす酒。＝醨。

解字 文 篆 形声。酉＋麗音。音符の麗レイは、きれいに並べるの意味。酒をこすの意味を表す。

【釃酒】シシュ ①酒をこす。②酒をくむ。〔宋、蘇軾、前赤壁賦〕釃レ酒臨レ江（さけをしたみてコウにのぞむ）。

(27)20【釅】8060 △ 漢ゲン 呉ゴン 艶 yàn

字義 ❶す（酢）。❷さけ（酒）。❸こい（濃）。㋐酒・酢や茶などの味が濃い。㋑色が濃い。

解字 形声。酉＋嚴音。

7 釆部

［釆］ 4048 4850

〔部首解説〕のごめ。のごめへん。ノに米と書くのでいう。文字としては、釆は、音漢ハン・呉ベン。象形。金文米。篆文米。獣の指の分かれている形にかたどり、分けるの意味を表す。釆を意符として、分けるの意味を含む文字ができている。

4 釈 一一二〇　5 釉 一一二〇　13 釋 一一二〇

采→木部 五四七ページ。番→田部 七四一ページ。

【采】→木部 五四七ページ。

(11)4【釈】8061 常 シャク 2865 3C61

(20)13〖釋〗8062 一 漢セキ・呉シャク 陌 shì 二 漢エキ・呉ヤク 陌 yì 7857 6E59

筆順 ㇒ 釆 釈

字義 一❶とく（解）。㋐ときほぐす。もつれをほぐす。㋑おさめる。さばく。処理する。㋒ときあかす。「解釈」「注釈」㋓言いわけをする。「釈明」㋔ゆるす。許して自由にする。「釈放」㋕はずす。ぬぐ。㋖のぞく（除）。のぞき去る。❷とける（とく）。㋐もつれなどがとける。明らかになる。㋑消えてなくなる。「氷釈」㋒自由になる。うちとける。❸とかす。うすくする。「希釈」❹すてる（すつ）。手ばなす。捨て去る。＝捨。❺おく。そのままに残して置く。❻はなつ。㋐追いはらう。放逐する。㋑矢をはなつ。射る。❼とぐ。米をとぐ。❽ひたす。うるおす。❾仏㋐釈迦（シャカ）の略称。釈氏。また、その教え。仏教。釈教。㋑仏門に入った者。また、仏の戒を授けられた者。二よろこぶ。＝悦。

難読 釈迦如来（にくるべ）

解字 文 篆 形声。篆文は、釆＋睪音。釆は、ばらばらに分解するの意味。音符の睪エキは、斁エキに通じ、固まりを分解するの意味。あわせて、分解するの意味を表す。常用漢字は、釆＋尺音。

▼会釈・解釈・訓釈・講釈・語釈・注釈・氷釈・保釈

【釈迦】シャカ 仏釈迦牟尼（シャカムニ） Śākyamuni の略。仏教の開祖。世界四聖の一人。仏陀（ブッダ）。古代インド摩伽陀（マカダ）国のストダナ王（浄飯王（ジョウボンオウ））と摩耶夫人（マヤブニン）との間に生まれた皇子。皇太子の時の名は悉達多（シッタルタ）。（前五六五?－前四八六?）

【釈褐（褐）】シャク・セキ・カツを とく 身分の低いものの着る衣服をぬいで役人の服を着る。はじめて役人となること。

【釈義】シャクギ ①意義をときあかす。②仏教の意義。

【釈教】シャクキョウ 釈迦（シャカ）の教え。仏教。

【釈言】シャクゲン いいわけをする。いいわけ。

【釈甲】シャクコウ ①よろいをぬぐ。②戦争をやめる。

【釈采・釈菜】セキサイ 牛・羊などのいけにえを供えないで、野菜類で祭る略式の祭をいう。釈奠（セキテン）の祭りを軽くしたもの。〔礼記、月令〕

【釈子】シャクシ 釈迦（シャカ）の子弟。仏弟子。仏徒。

【釈氏】シャクシ ①仏家。仏門。僧。②釈迦（シャカ）。また、その教え。

【釈氏要覧（覽）】シャクシヨウラン 書名。三巻。北宋（ホクソウ）の道誠の著。初学者のために仏教の名目・故事などを説明したもの。

【釈諡】シャクシ 法号。戒名（カイミョウ）。

【釈然】シャクゼン ①よろこぶさま。②心がうちとけるさま。③物のとけ消えるさま。

【釈尊】シャクソン 仏＝釈迦（シャカ）。

【釈典】シャクテン 仏教の教典。仏典。

【釈奠】セキテン・シャクテン 牛・羊のいけにえやその他の供物を供えて祭る祭。釈も奠も供え物を置く意。〔礼記、文王世子〕

【釈放】シャクホウ とき放す。罪人などを許して自由の身にする。放免。〔呉志、呂蒙伝〕

【釈明】シャクメイ 誤解などを解くために事情をくわしく説明すること。申し開き。

【釈老】シャクロウ 釈迦（シャカ）と老子。また、仏家と道家。

(12)5【釉】8063 標 漢ユウ（イウ） 呉ユ 宥 yòu 7856 6E58

字義 ❶うわぐすり。陶磁器の表面に塗って美しくする薬。釉薬（ユウヤク）。❷つや。ひかり。

難読 釉薬（うわぐすり）

解字 形声。釆＋由音。釆は、采イサの変形で、いろどりの意味。音符の由は、油に通じ、あぶらの意味。素焼（すやき）の陶磁器の上にかけて、油を流したような、つやを出す、うわぐすりの意味を表す。

【番】→田部 七四一ページ。

(20)13【釋】(8062) シャク 釈（8061）の旧字体。→上段。 7857 6E59

7 里部

〔部首解説〕さと。さとへん。里を意符として、郊外の意味を含む文字ができている。重・量など、単に字形上からこの部首に含まれるものもある。

里 一一二〇　2 重 一一二一　4 野 一一二二　5 量 一一二三　11 釐 一一二三

(7)0【里】8064 教2 リ さと リ 紙 lǐ 4604 4E24

筆順 ㇑ 日 甲 里

字義 ❶さと。むらざと（村里）。いなか。❷やしき。すまい。❸周代の行政区画。二十五戸をいう。❹いる。その場にいる。❺道のりの単位。㋐周代は三百歩（四〇五メートル）。㋑現在の中国では五〇〇メートル。❻うれえる。また、うれい。国❶さと。㋐嫁・婿などの実家。㋑子の養育を頼む家。❷り。㋐大宝令で定められた地域区分の一つ。戸数五十の地。㋑面積の単位。一里は約三十五ヘクタール。㋒道の長さ。一里は三十六町（三九二七メートル）。

名乗 さとし

参考 現代表記では［俚］（267）の書きかえに用いることがある。「俚謡→里謡」

解字 金文 文 篆文 会意。田＋土。田は、整理された生産地の象形。土は、土地神をまつるほこらの象形。田地・土地神のほこらのある、さとの意味を表す。里を音符に含む形声文字は、「整ったすじ」の意味を共有し、俚リ・狸リ・理・裏・鯉リなどがある。

▼海里・旧里・郷里・公里・郊里・故里・三里・千里・道里・万里・北里・遊里・隣里

【里尹】(リイン) 古代、地方の下級官吏。尹はつかさ。村長。里正。

【里居】(リキョ) ①役人をやめていなかに住むこと。②隣りあって住む。家を連ねて住む。

【里諺】(リゲン) 民間のことわざ。里語。鄙諺。

【里巷】(リコウ) ①村里。②村里と市街。巷は、ちまた。

【里耳】(リジ) 俗人の耳。俗耳。俚耳。〔荘子、天地〕大声不入於里耳（大声は里耳に入らず）。

【里社】(リシャ) その土地の神を祭るやしろ。鎮守の社。

【里塾】(リジュク) 村の学校。村塾。

【里胥】(リショ) 村役人。胥は、下級の役人。

【里仁】(リジン) ①仁の美風の行われている村里。一説に、仁にいる、仁の立場をとる意。〔論語、里仁〕②『論語』の編名。

【里正】(リセイ) 村長。正は、長。里尹。里長。

【里俗】(リゾク) 村里のならわし。いなかの風俗。

【里程】(リテイ) 道のり。道程。路程。

【里門】(リモン) ①さとの入口の門。②転じて、村の入口。また、郷里。里閭。

【里謡（謠）】(リヨウ) その地方の民衆の間に伝えられて来た歌。民謡。俚謡。

【里落】(リラク) 村里。村落。邑里。

(9)2
【重】8065
教3　ジュウ・チョウ　え・おもい・かさねる・かさなる
十重二十重(とえはたえ)
㊀㊥チョウ　㊐ジュウ（ヂウ）　㊛zhòng
㊁㊥チョウ　㊐ジュウ（ヂウ）　㊛chóng
2937
3D45

筆順　重

字義　㊀❶おもい。㋐目方がおもい。↔軽。㋑深い。また、多い。「重恩」㋒はなはだしい。ひどい。「重病」㋓おもおもしい。落ち着いている。おごそか。「重厚」㋔たやすくない。大切である。㋕たっとい。たかい。❷おもんじる。㋐たっとぶ。大切にする。「尊重」㋑惜しむ。❸おもさ。おもみ。また、おもいもの。「重量」❹にもつ。衣食などの物質。「輜重」❺はばかる。恐れる。❻かさねる。ふたたびする。くり返す。また、かさねて。㊁かさねる。かさなる。物の上にさらに物をのせる。国❶え。かさなったものを数える単位。「八重」❷かさね。㋐かさねたもの。㋑中古、袍の下にかさねた衣服。下襲。㋒上着と下着のそろったもの。

名乗　あつ・あつし・かず・かたし・しげ・しげる　難読　重石(おもし)

解字　金文　篆文　形声。壬（人がつったっている形）が意符。東(トウ)（転音チョウ）が音符で、また、袋に入れた荷物の意を表す。原義は、人が荷物を負うて立っている意。引いて、おもい意に用いる。

▼貴重・九重・軽重・厳重・自重・慎重・荘重・尊重・珍重・丁重・鈍重・偏重

【重圧（壓）】(ジュウアツ) 強くおしつける。また、そのもの。

【重囲（圍）】(ジュウイ) 幾重にも取り囲む。また、その囲み。

【重闈】(チョウイ・ジュウイ) ①幾重にも重なった門。②奥深い御殿。

【重裀・重茵】(チョウイン) 重ねたふとん・しきもの。

【重科】(ジュウカ) 重い罪。科は、つみ・とが。重罪。

【重華】(チョウカ) 文徳を重ねてかがやかす。中国の伝説で、尭帝(ギョウテイ)の徳を舜帝(シュンテイ)がついだことをいう。

【重患】(ジュウカン) 重い病気。重病。また、その人。

【重器】(チョウキ・ジュウキ) ①国のたいせつな宝物。重宝。②重い役目。また、たいせつな人物。

【重刑】(ジュウケイ) ①おもい刑罰。②刑罰をおもくする。

【重慶】(ジュウケイ) 地名。四川省の東南部、長江と嘉陵江(カリョウコウ)の合流点にある都市。唐代は渝(ユ)州といった。政府直轄市。

【重険（險）・重嶮】(ジュウケン) 非常にけわしい。要害の地。「重険之固(ジュウケンのかため)」

【重光】(チョウコウ) ①りっぱな君主が次々と出ること。②十干の辛(かのと)の別名。

【重厚】(ジュウコウ・チョウコウ) 重々しくおちついている。

【重婚】(ジュウコン・チョウコン) ①重ねて結婚する。再婚。②すでに婚姻(コンイン)関係を結んでいる両家の間で、重ねてえんぐみすること。重縁。③配偶者のある者が、さらに他の者と結婚すること。二重結婚。

【重囚】(チョウシュウ・ジュウシュウ) 重い罪の囚人。

【重修】(チョウシュウ・ジュウシュウ) ①重ねて編修する。②重ねて修理する・修繕する。

【重襲】(ジュウシュウ) ①重なる。重ねる。②器具などを幾重にもつつんでたいせつに保存すること。

【重症】(ジュウショウ) 重い病気。重病。重態。

【重傷】(ジュウショウ) ①重い傷。ひどいけが。②(チョウショウ) 負傷者を更に傷つける。重創。

【重畳（疊）】(チョウジョウ) ①幾重にも重なる。②国この上もない満足。

【重心】(ジュウシン) 物の重さの中心となる一点。物体の各部に働く重力の合力が通過する。

【重身】(チョウシン) ①身おも。はらむ。妊娠。②たいせつなからだ。

【重慎（愼）】(チョウシン) 深くつつしむ。軽々しくない。

【重責】(ジュウセキ・チョウセキ) ①重い責任。②強く責める。

【重祚・重阼】(ジュウソ・チョウソ) 退位した天子がふたたび位につく。

【重箱読（讀）】(ジュウばこよみ) 国漢字の熟語の読み方。重箱のように上の字を音で下の字を訓で読む読み方。↔湯桶読(ゆトウよみ)。

【重体（體）】(ジュウタイ) 病気が重い。重症。重態。

【重重】(チョウチョウ・ジュウジュウ) ①かさなるさま。層々。②深く思うさま。③露が落ちる音のさま。はらはら。④国(ジュウジュウ) かさねがさね。いくえにも。くれぐれも。

【重鎮（鎭）】(ジュウチン) ①重いおさえ。②一方のおさえとなる人。一方のかしら。柱石。また、その社会で重きをなしている人。

【重訂】(チョウテイ・ジュウテイ) かさねて文書をなおす。再訂。

【重聴（聽）】(チョウテイ・ジュウテイ) 耳が遠くて何度も聞き返す。

【重点（點）】(ジュウテン) ①たいせつなところ。②てこで物を動かすとき、物体の重さのかかる所。

【重瞳】(チョウドウ) ひとみが二つある。（偉人の相という）

【重任】(ジュウニン) ①大事な役目。重要な任務。②国(チョウニン・ジュウニン) 任期が終わった後、ふたたびその役に任じられる。

【重犯】(ジュウハン) ①重い犯罪。②犯罪を重ねること。

【重賦】(ジュウフ) 重い税金。

【重複】(チョウフク・ジュウフク) 同じ事物が、二つ、または、二度以上かさなる。また、かさねる。

【重聘】(チョウヘイ・ジュウヘイ) てあつい礼をつくして招く。

【重幣】(チョウヘイ) ①てあつい贈り物。②贈り物を多くする。

【重宝（寶）】(ジュウホウ) ①たいせつな宝。②国(チョウホウ) 便利なもの。よく利用できる。珍重する。

【重明】(チョウメイ) ①日や月の光。②君臣ともに正しい位に並び立つこと。③ひとみが二つあること。重瞳(チョウドウ)。

【重用】(チョウヨウ・ジュウヨウ) 重く用いる。たいせつな地位につける。

【重要】(ジュウヨウ) たいせつ。だいじ。

【重陽】(チョウヨウ) ①陰暦九月九日。菊の節句。陽の数である九が重なる日であるからいう。この日には、登高といって、近くの小高い丘や山に登り、茱萸(シュユ)（かわはじかみ）の実を頭にさして邪気をはらう習慣があった。②天。九重の天。

(11)4
【野】8066
教2　ヤ　の
野良(のら)
㊀ヤ　㊛yě
㊁㊥ショ・㊐ジョ　㊛shù
4478
4C6E

筆順　野

【埜】古字 3924 4738　【𡐨】古字　【壄】俗字

字義 一 ❶の。㋐のはら。原野。㋑町はずれ。郊外。「郊野」㋒いなか。さと。㋓民間。↕朝。「在野」㋔はたけ。田野。㋕周代、王城から二百里以上、三百里以内の地域をいう。（一里は四〇五メートル）㋖王城以外の地にある公卿・大夫の領地。❷かざりけがない。ありのまま。むきだし。いなかびた。「野趣」❸あらい。デリケートなところがない。「粗野」「野卑」❹うとい。文化がおくれている。人知の開けないこと。「野蛮」❺従わない。なれ親しまない。❻区分したその一つ。「分野」

二 いなかや。別荘。＝墅。

名乗 とお・ぬ・ひろ　難読 野花南・野寒布・野蚕・野蒜・野市・野洲・野津原・野馳・野点・野付・野辺地・野母崎・野木瓜・野面・野羊・野蘿蔔・野老

解字 甲骨文　金文　篆文　古文

形声。里＋予音。音符の予は、広くてのびやかの意味。広くてのびやかな里、の・郊外の意味を表す。甲骨文・金文は、林＋土の会意。

▼下野・在野・山野・四野・視野・草野・粗野・朝野・田野・分野

【野靄】野原にたちこめるもや。

【野嫗】いなかの老婆。↕野翁。

【野営(營)】①野山に泊まる。露営。③国軍隊が野山に陣を張ること。また、その陣営。

【野翁】＝野老。↕野嫗。

【野火】①野山の草を焼く火。〔唐、白居易、草詩〕野火焼不レ尽。②鬼火。

【野客】①山野の人。官に仕えない人。②ばらの別名。

【野鶴】①野山にすむ鶴。②官に仕えず、世をさけかくれている人のたとえ。「閑雲野鶴」

【野鶴在二鶏(鷄)群一】多くの人の中でひとりだけ特にすぐれていることのたとえ。〔晋書、嵆紹伝〕

【野干】狐の類。また、きつねの別名。

【野鬼】まつられていない死者の霊魂。

【野禽】野山にすむ鳥。野鳥。

【野虞】周代の官名。田と山林を守る役人。

【野径(徑)・野逕】野原のこみち。

【野畦】野のあぜ道。野中の道。野径。

【野鶏(鷄)】雉の別名。

【野諺】いなかのことわざ。里諺。

【野狐禅(禪)】仏禅を修行して、まださとることができないのに、さとっているようによそおう者をあざける語。

【野語】いなかのことば。野言。

【野合】①正式の婚礼によらないで結婚すること。できあい。なれあい。一説に、年齢のひどくちがうものの結婚。〔史記、孔子世家〕野合而生二孔子一。②野戦。③音楽を野外で合奏すること。

【野哭】正式の礼を備えないで哭すること。哭は人の死を悲しんで泣く礼。

【野史】民間の人の書いた歴史。稗史。野乗。↕正史。

【野次】①野宿する。次は、宿る。②国㋐弥次。非難やからかいのことばを出すこと。また、そのことば。㋑野次馬。

【野趣】①自然美のおもしろみ。②いなかびたおもむき。素朴な味わい。

【野宿】屋外にねて夜をすごす。

【野処(處)】家を建てないで野原に住むこと。

【野乗(乘)】＝野史。

【野情】いなかびたおもむき・心情。素朴なおもむき。野趣。

【野心】①なれ親しまない心。豺狼の子のように、人に養われても山野を思ってなれ従わず、かえってその人を害しようとする心。「狼子野心」②田園生活を楽しむ心。③国㋐身分にふさわしくない望み。野望。㋑謀反をたくらむ心。

【野人】①いなかに住んでいる人。②ありのままでうわべをかざらぬ人。〔論語、先進〕③民間の人。官に仕えぬ一般の人。庶人。在野。④未開の人。野蛮人。⑤エチケットを知らぬ人。世間一般の常識のない人。↕通人。

【野人無二暦(曆)日一】いなかに住んで世事に無関係な人は、こよみの必要がない。〔宋、陸游、鳥啼詩〕

【野翠】野べの緑色。野緑。

【野生】①野山に自然のままに生育すること。また、その動植物。②男子が自分を謙遜していう語。小生。

【野性】①自然のままのあらけずりの性質。いなか者のたち。②本能むきだしのいやしい性質。③静かないなかの自然美を愛する心。

【野戦(戰)】①野外で戦う。平地での戦い。②攻城戦・要塞戦以外の、陸地での戦い。

【野叟】いなかおやじ。野老。野翁。

【野僧(僧)】①いなかの僧。②僧侶が自分を謙遜していう語。拙僧。

【野態】いなかびたさま。ひなびたかたち。野姿。

【野中兼山】国江戸前期の儒学者。名は止。字は良継。兼山は号。土佐（今の高知県）の人。土佐藩の家老。朱子学を谷時中に学び、殖産興業に努めた。『兼山遺草』などの著がある。（一六一五―一六六三）

【野猪・野豬】いのしし。

【野店】いなかのみせ。野原の茶店。

【野渡】野中の渡し場。〔唐、韋応物、滁州西澗詩〕春潮帯レ雨晩来急、野渡無レ人舟自横〈春の川の流れは雨をおびて夕暮れ時から急になり、野中の渡し場には人かげもなく舟だけが横たわっている〉

【野党(黨)】国現在内閣を組織している政党の反対党。↕与党。

【野童】いなかの子供。里のわらべ。

【野衲】＝野僧。

【野馬】①馬の一種。からだの小さい馬。②かげろう（陽炎）。

【野蛮(蠻)】①人知が開けず、文化のおくれていること。②礼儀作法をわきまえないこと。無作法。

【野卑・野鄙】いやしい。げびている。粗野で下品。

【野夫】いなかもの。野人。

【野服】①いなかふうの衣服。質素な衣服。②官位のない者の着る衣服。

【野分】国秋のはじめごろ吹く強い風。台風。

【野暮】国①世情に通じないこと。さばけていないこと。②礼儀作法などを知らないこと。

【野芳】野べに咲きにおう花。野花。

【野舫】野の川に浮かんだ小舟。

【野望】①遠く野づらをながめやる。②国だいそれた望み。＝野心の③。

【野民】農業を主とする人民。

【野羊】山羊の別名。

【野老】①いなかのおやじ。いなかの老人。また、老人が自分を謙遜していう語。野翁。〔唐、杜甫、哀江頭詩〕少陵野老呑レ声哭。②ところ。ヤマノイモ科の多年生つる草。

【野陋】いやしい。下品。野鄙。

【野無二遺賢一】賢者がすべて任用されて、民間に、かくれた人物の残っていないこと。〔書経、大禹謨〕

【野無二青草一】野原に青い草がない。饑饉のひどいたとえ。〔左伝、僖公二十六〕

(12) 5
【量】8067
教 4　リョウ　はかる
一 リョウ（リヤウ）陽 liáng
二 リョウ（リヤウ）漾 liàng
4644 4E4C

筆順　日　旦　昌　量

字義　㊀はかる。㋐物の重さ・容積・長さ・広さ・多少などをはかる。㋑見積もる。見はからう。㋒おしはかる。「推量」㋓思う。思案する。「思量」
㊁❶ます。はかり。物の容積をはかる器具。❷かさ。ますめ。容積。「分量」❸かず（数）。「数量」❹ちから。ことを担当する才能。「度量」「器量」❺かぎり（限）。ほど。「分量」

〔量㊁①（新、王莽）〕

名乗　かず・さと・とも

参考　現代表記では［倆］(313)の書きかえに用いることがある。「技倆→技量」

使いわけ　はかる［計・測・量・図・謀・諮］⇩計(7094)

解字　文　金　篆　文　象形。金文でよくわかるように、穀物を入れる袋の上に、じょうごをつけた形にかたどり、はかるの意味を表す。

▼雅量・狭量・器量・気量・技量・計量・裁量・質量・酌量・思量・推量・数量・測量・適量・度量・力量

【量移】リョウイ　唐代、遠方に流された罪人が許されて近い所に移しかえられること。

【量概（槪）・量△槩】リョウガイ　とかき。ますかき。ますに盛った穀物をますの縁なみに平らにする棒。

【量器】リョウキ　①ます。物の容積をはかる道具。②はたらき。役に立つ才能。器量。

【量決】リョウケツ　はかりさだめる。事情をよく推量して決定する。

【量検（檢）】リョウケン　はかりしらべる。

【量度】リョウタク　①はかりとものさし。②はかる。量は容積を、度は長さをはかること。

【量知】リョウチ　おしはかって知る。推量して知る。

【量入】リョウニュウ　収入を計算する。「量ㇾ入倹ㇾ用（いるをはかりてヨウをケンにす）」

(18)11
【釐】8068　㊀リ　漢　lí　△㊁キ　漢　xī　㊂ライ　漢　lài　7858　6E5A

字義　㊀❶おさめる（治）。❷あらためる（改）。あらため正す。❸さいわい（福）。❹リン。㋐小数第二位で、分の十分の一。また、銭の十分の一。厘の正字。㋑きわめて小さい数量。「毫釐ゴウリ」❺やもめ。未亡人。＝嫠リ。「釐婦」㊁よい。さいわい。㊂たまう。あたえる。

難読　釐等具（れいてんぐ・れてんぐ）

解字　文　金　篆　文　形声。𠩺＋里㊟。𠩺は、穀物の収穫をする形にかたどり、おさめるの意味。音符の里は、すじ目を整えるの意味。すじみちをたてておさめるの意味を表す。

【釐△捐】リエン　＝釐金税。

【釐改】リカイ　治め改める。改革。釐革。

【釐金税】リキンゼイ　清代シン、国内通行の貨物に対し、価格に応じてかけた税金。釐税。

【釐降】リコウ　おさめくだす。したくを整えて臣下に嫁にやること。皇女などの降嫁。一説に、女の心を承知させて臣下に嫁にやること。〔書経、尭典〕

【釐△毫】リゴウ　ごくわずかな量。ごくわずか。

【釐定】リテイ　正しく改定する。

【釐婦】リフ　夫を失った婦人。やもめ。

8 金部

〔部首解説〕かね。かねへん。金を意符として、いろいろな種類の金属、金属製の用具、その状態、それを作ることなどに関する文字ができている。

金 一一二三　2釛 一一二六　釗 一一二六　針 一一二六　釘 一一二六
釖 一一二六　釟 一一二六　釜 一一二六　釡 一一二六　3釬 一一二六
釼 一一二六　釭 一一二六　釦 一一二六　釵 一一二七　釤 一一二七
釶 一一二七　釧 一一二七　釣 一一二七　釱 一一二七　釚 一一二七
4鈞 一一二七　釿 一一二七　鈐 一一二七　鈎 一一二七　鈔 一一二七
釈 一一二八　鈕 一一二八　鈍 一一二八　鈀 一一二八　鈑 一一二八
鈇 一一二八　鈲 一一二八　鈩 一一二八　鈨 一一二八　5鉞 一一二八
鉛 一一二八　鉅 一一二八　鉗 一一二九　鉉 一一二九　鈷 一一二九
鉤 一一二九　鉱 一一二九　鉈 一一二九　鉏 一一二九　鉦 一一二九
鉐 一一三〇　鉄 一一三〇　鈿 一一三〇　鉢 一一三〇　鈸 一一三〇
鈹 一一三〇　鉧 一一三〇　鉋 一一三〇　鉚 一一三一　鈴 一一三一
6銜 一一三二　銀 一一三二　鉶 一一三二　銒 一一三二　鉸 一一三二
銖 一一三三　銃 一一三三　銭 一一三三　銑 一一三三　銓 一一三三
銛 一一三三　銍 一一三三　銚 一一三三　銕 一一三三　銅 一一三三

鉾 一一三三　銘 一一三三　鉥 一一三三　7鋭 一一三三　鋏 一一三三
鋗 一一三三　鋙 一一三三　銼 一一三三　銹 一一三三　鋤 一一三三
銷 一一三四　鋟 一一三四　鋋 一一三四　鋳 一一三四　鋌 一一三四
鋪 一一三四　鋒 一一三四　錵 一一三四　鋈 一一三四　鋃 一一三四
鋲 一一三四　8鋞 一一三四　鋺 一一三四　錧 一一三四　錡 一一三五
鋸 一一三五　錦 一一三五　錮 一一三五　鋼 一一三五　錕 一一三五
錯 一一三五　錙 一一三六　錫 一一三六　錞 一一三六　錠 一一三六
錘 一一三六　錐 一一三六　錆 一一三六　錢 一一三七　錚 一一三七
錟 一一三七　錣 一一三七　鍈 一一三七　鍄 一一三七　錬 一一三七
録 一一三七　錺 一一三七　鍩 一一三七　錻 一一三七　9鍋 一一三七
鍜 一一三七　鍔 一一三七　鍰 一一三七　鍥 一一三七　鍵 一一三八
鍠 一一三八　鍭 一一三八　鍬 一一三八　鍾 一一三八　鍼 一一三八
鍤 一一三八　鍛 一一三八　鍮 一一三八　鍖 一一三八　鍉 一一三八
鍍 一一三八　錨 一一三八　鍪 一一三九　鍚 一一三九　鍊 一一三九
10鎰 一一三九　鎧 一一三九　鍺 一一三九　鎬 一一三九　鎖 一一三九
鎡 一一三九　鎗 一一三九　鎪 一一三九　鎮 一一三九　鎚 一一四〇
鎛 一一四〇　鎞 一一四〇　鎔 一一四〇　鎌 一一四〇　鎹 一一四〇
鎦 一一四〇　11鏖 一一四〇　鏡 一一四〇　鏁 一一四一　鎩 一一四一
鐽 一一四一　鏨 一一四一　鎝 一一四一　鏦 一一四一　鏘 一一四一
鏃 一一四一　鏑 一一四一　鏜 一一四一　鏌 一一四一　鏝 一一四一
鏞 一一四一　鏐 一一四一　鏈 一一四一　鏤 一一四一　12鐚 一一四一
鎐 一一四三　鏗 一一四三　鐘 一一四三　鐫 一一四三　鐏 一一四三
鐓 一一四三　鐔 一一四三　鐡 一一四三　鐙 一一四三　鐃 一一四三
鏺 一一四三　鐇 一一四三　鐐 一一四三　13鐶 一一四三　鐻 一一四三
鏽 一一四三　鐸 一一四三　鐲 一一四三　鐵 一一四三　鐺 一一四三
鑁 一一四三　14鑊 一一四三　鑄 一一四三　鑓 一一四三　15鑑 一一四三
鑒 一一四三　鑛 一一四三　鑚 一一四三　鑌 一一四三　鑠 一一四三
鑣 一一四四　鑢 一一四四　鑯 一一四四　16鑪 一一四四　17鑱 一一四四
鑲 一一四四　鑰 一一四四　18鑵 一一四四　鑷 一一四四　19鑽 一一四四
鑼 一一四四　鑾 一一四四　20钁 一一四四　鑿 一一四四

(8)0
【金】8069　教1　キン・コン　かね・かな
㊀漢キン　呉コン　漢 jīn
㊁漢キン　呉ゴン　漢 jìn
2266　3662

筆順 

字義 一 ❶かね。㋐金属。金・銅・鉄などの鉱物の総称。㋑あかがね。銅。㋒鉄。くろがね。㋓ぜに。おあし。通貨。「金銭」❷こがね。キン。くがね。貴金属の一種。黄色の光を放つ金属元素で、貨幣・装飾品などの材料とされる。また、こがねいろ。「金波」❸かなもの。金属で作った器物。❹五行の一つ。第四位。方位では西、季節では秋、五音では商、五星では太白（金星）、干支では庚辛にあてる。❺貨幣の単位。漢代は黄金一斤、近代では銀一両をいう。❻かたい。また、堅固なもののたとえ。「金城湯池」❼よい。美しい。たっとい。また、美しいもの、貴重な物事のたとえ。「金殿玉楼」「金科玉条」❽金属で作った楽器。また、その音。八音の一つ。❾刑罰の道具。また、武器。❿王朝の名。女真族の完顔氏の建てた国。十世、百二十年。（一一一五―一二三四）

二 ❶つぐむ（噤）。❷どもる。口を閉じてものを言わない。

国 ❶かね。曲尺の略。❷キン。将棋で、金将の略。

名乗 か・かな

難読 金花虫・金海鼠・金亀虫（子）・金巾・金光・金剛石・金糸雀・金雀児（枝・花）・金手・金成・金平（米）糖・金浦・金鳳花

解字 金文  篆文  形声。土＋ソ＋今㊀。音符の今は、含に通じ、ふくむの意味。土の中の左右に書かれるソは、金属が土中にある形にかたどる。土中に含まれる金属の意味を表す。

▼黄金・砕金・砂金・償金・千金・断金・賃金・鈍金・白金・万金・錬金

【金鴉・金鵶】キンア ＝金烏。

【金印】キンイン 昔、中国の諸王・諸侯の持った金製の印。

【金印紫綬】キンインシジュ ①金の印と紫の印綬。印綬は印のかざりのひもで、金印とともに高位の人が用いた。②転じて貴人。高官。

【金員】キンイン 国金銭の数。転じて、金銭。

【金烏】キンウ 太陽の別名。太陽の中に三本足のからすがすむという伝説からいう。

【金鉞】キンエツ 黄金製の大まさかり。大将軍のしるしとして用いる。

【金甌無欠（缺）】キンオウムケツ ①すこしも欠けた所のない黄金のかめ。②転じて、物事の完全なこと。特に外国の侵略をうけたことのない独立堅固な国家にいう。〔南史、朱异伝〕

【金屋】キンオク 黄金でかざった家。りっぱな家屋。金殿。〔唐、白居易、長恨歌〕金屋粧成嬌侍レ夜、玉楼宴罷酔和レ春〈りっぱな御殿で化粧を終えるとあでやかな姿で夜のお仕えをし、美しい高殿で宴会が終わると酔って春の雰囲気にとけこんでしまう〉

【金科玉条（條）】キンカギョクジョウ ①金玉のような立派な条文。たいせつな規則や貴重な法律・規定をいう。科も条も、箇条。〔文選、揚雄、劇秦美新〕②国その人がいちばん貴重なものとして守っている事がら。

【金霞】キンカ 金色のかすみ・もや。美しいかすみ・もや。

【金革】キンカク 金属製の武器とよろいかぶと。兵器をいう。転じて、戦争。

【金閣】キンカク 黄金でかざった高殿。また、美しい高殿。

【金漢】キンカン 天の川。銀河。

【金環】キンカン 黄金製の輪。金の指輪・腕輪の類。

【金環食・金環蝕】キンカンショク 日食の一つ。太陽の中央が月におおわれ、その周囲だけ輪の形になって見える日食。

【金丸】キンガン ①月の別名。②黄金の弾丸。③黄色で小さい果実をいう。

【金匱・金櫃】キンキ 宮中の文書などを入れる、金属または黄金製の箱。

【金宮】キンキュウ ①仙人のいる所。②帝王の宮殿。また、美しい宮殿。

【金魚】キンギョ ①ふなの変種。いろどり美しい小魚。②昔、中国で位のあるものにつけさせた、黄金製の魚のかざりのある袋。金魚袋。魚袋。

【金鏡】キンキョウ ①黄金でかざった鏡。②月の別名。③りっぱな道徳のたとえ。

【金玉】キンギョク ①こがねとたま。黄金と珠玉。②貴重なものとして大切にする。

【金玉君子】キンギョクのクンシ 節操の堅い、徳の高い人。

【金玉声（聲）】キンギョクのこえ（こゑ） すぐれた詩歌・文章・音楽の形容。他人の作品に敬意をはらう語。

【金玉満（滿）堂】キンギョクマンドウ ①金や玉などの宝物が家に満ちている。〔老子、九〕②転じて、才能や学問のすぐれているたとえ。

【金句】キンク ①いましめとなる尊いことば。格言。金言。②美しい句。たくみなことば。

【金屈卮】キンクツシ・キンクッシ 曲がったとってのついた黄金製のさかずき。

【金茎（莖）】キンケイ 露をうける盤（承露盤）をささえる銅柱。

【金閨】キンケイ ①美しい寝室。②金馬門の別名。

【金闕】キンケツ ①道教で天帝のいる宮殿。黄金闕。②天子の宮殿。禁闕。宮城。③黄金でかざった門。また、黄金造りの美しい御殿。

【金言】キンゲン ①いましめとなる尊いことば。格言。金句。②堅く誓ったことば。③仏仏の不滅の法話。

【金壺】キンコ ①水どけい。②金または金属製のつぼ。

【金鼓】キンコ 鐘と鼓。戦場で号令の伝達に用い、進むには鼓、退くには鐘を合図とした。転じて、金属製の楽器をいう。

【金吾】キンゴ ①官名。「執金吾」の略。漢代の天子の護衛兵。②国衛門府の中国風の呼び名。

【金口】キンコウ ①よい（りっぱな）ことば。②口をつぐむ。金は噤に通ずる。③天子のことば。④他人のことばの敬称。⑤金属で造った、器物の口。⑥仏コン 仏の口。黄金色の口という意。転じて、仏の教え。

【金口木舌】キンコウボクゼツ ①木製の振り子のある鈴。②木鐸。古代中国で官吏が人民に法律命令を示すときに鳴らしたもの。③転じて、言論で社会を指導する人。教育者。

【金剛】コンゴウ ①金剛石・金剛砂の略。②非常に堅くてどんなものにもこわされないこと（もの）。

【金剛砂】コンゴウシャ ざくろ石を粉末にした赤黒色の砂。エメリー。金剛石に次ぐ堅さで、金属・ガラスなどをみがくに用いる。

【金剛心】コンゴウシン 仏①金剛のように堅固な菩薩の心。②堅い精神・信仰心。

【金剛石】コンゴウセキ 宝石の一種。ダイヤモンド。

【金剛童子】コンゴウドウジ 仏真言宗で祭る護法の神。憤怒の相を示した童形の神。

【金剛不壊（壞）】コンゴウフエ 仏金剛石のように堅くてこわれないこと。

【金剛夜叉】コンゴウヤシャ 仏五大明王の一つ。北方を守護し、悪魔を降伏させる。

【金剛力】コンゴウリキ 強大な力。金剛力士のような大力。

【金剛力士】コンゴウリキシ 仏仏法を守護する二神。山門両わきの仁王。金剛神。

【金谷】キンコク 地名。今の河南省洛陽市の東北。晋の荊州の刺史、石崇の別荘、金谷園があった。

【金谷酒数（數）】キンコクのシュスウ 晋の石崇が金谷の別荘で宴会を開き、詩の作れない客には罰として酒三杯を飲ませたという故事から、罰杯の数の意。〔唐、李白、春夜宴二桃李園一序〕如詩不レ成、罰依二金谷酒数一〈もし詩ができあがらなかったなら、金谷園の故事にならって罰として三杯の酒を飲ませることにしよう〉

【金骨】キンコツ ①金と骨。堅固なもののたとえ。②仙人のようなようす。脱俗したおもむきのあるふうさい。仙骨。

【金△釵】キンサイ・キンサ 黄金製のかんざし。

【金策】キンサク ①黄金製のふだ。仙人などが文字を書くのに用いる。②黄金製のつえ。③国金銭を調達するくふう。金のくめん。

【金錯】キンサク 黄金の模様や文字を銅器の表面などに象眼したりぬったりしたもの。

【金錯刀】キンサクトウ ①新の王莽の造った銭の名。刀の形で、文字が彫ってあったのでいう。②漢代の、黄金でかざった天子や諸侯の刀。

【金子】キンシ ①金のたま。黄金色の小さな果実をいう。②キンス金銭。子は助字。

【金史】キンシ 書名。百三十五巻。金代の歴史を記した書。二十四史の一つ。元の順宗の勅命により、托克托（脱脱）等が編集した。

【金枝玉葉】キンシギョクヨウ ①天子の一門。皇族。樹木にたとえていう。②美しい雲のたとえ。

【金紫】キンシ ＝金印紫綬。

【金△鵄】キンシ 国神武天皇の長髄彦征伐のとき、弓の先に止まり、その光で敵をこらしめたという金色のとび。

【金字】キンジ・コンジ ①金や石に刻んだ文字。②金文字。金泥で書いた文字。③天子の文字。④貴重な文字・文章。

【金字塔】キンジトウ ①エジプトのピラミッド。形が金の字に似ているからいう。②国長く後世に伝わるようなすぐれた著作や事業。

【金爵】キンシャク ①黄金の、すずめの形のさかずき。②屋上にかざる銅の鳳。③＝金雀。

【金△雀】キンジャク 黄金のすずめをかざりにしたかんざし。〔唐、白居易、長恨歌〕翠翹金雀玉搔頭。訳文⇩花鈿（九一四ページ）。

【金章】キンショウ ①黄金の印章。②銅の印章。

【金城】キンジョウ ①堅固な城。また、堅固なたとえ。②城の本丸。牙城。

【金城鉄（鐵）壁】キンジョウテッペキ 金鉄で作ったような堅固な城。

【金城湯池】キンジョウトウチ 守りの堅い城。湯池は熱湯の池（城のまわりのほり）。

【金人】キンジン ①金属で造った人の像。銅像。②仏像。金色にぬるところからいう。

【金声（聲）玉振】キンセイギョクシン 知と徳の十分に備わること。また、初めと終わりを全うすること。金は鐘、玉は磬という楽器。まず鐘を鳴らし、終わりに磬を打って音楽のひとくぎりとしたのでいう。〔孟子、万章下〕

【金星】キンセイ 星の名。太陽系中の第二遊星。地球に近くてよく光る。明けの明星。宵の明星。太白星。

【金聖△歎】キンセイタン 明末・清初の文芸評論家。名は采。字は若采。明滅亡後に名を人瑞と改めた。聖歎は号。『水滸伝』『西廂記』などの批評で名高い。（一六〇八―一六六一）

【金石】キンセキ ①金と石。金属と岩石。鉱物。②堅いもの・変わらないもののたとえ。③石碑や鐘鼎（つりがねとかなえ）など。銘文などを彫る金や石。④兵器。⑤楽器。特に、金や石で造った打楽器。⑥不老長生の薬。

【金石学（學）】キンセキガク・キンセキのガク ①金石文を研究する学問。②鉱物学の旧称。

【金石交】キンセキのまじわ（は）り 金石のように堅くて変わらない交際。〔史記、淮陰侯伝〕

【金石索】キンセキサク 書名。清の馮雲鵬の編。中国古代から元代までの金属器や石碑に刻まれた図を集め、その銘文などを考証した書。

【金石文】キンセキブン 金属器や石碑などに刻まれた古代中国の文字。金文と石文。

【金仙】キンセン ①神仙。②仏の別称。

【金創・金△瘡】キンソウ かたなきず。きりきず。

【金△粟】キンゾク ①金銭と穀物。②桂の別名。③菊の花の形容。

【金△樽・金△罇・金尊】キンソン 黄金のさかだる。さかだるの美称。〔唐、李白、将進酒詩〕人生得レ意須レ尽レ懽、莫レ使二金樽空対一レ月〈一生のうち、思いのままにふるまえる時には、歓楽を尽くすべきだ、黄金のたるをむだに月とさし向かえにさせておくことはない〉〔唐、李白、把レ酒問レ月詩〕⇩月光長照二金樽裏一（五一八ページ）。

【金△柝】キンタク 戦争のとき使うどらと拍子木。

【金△鐸】キンタク 昔、武事についての命令を伝えるのに用いた大鈴。↕木鐸（文事を伝えるのに用いた）。

【金諾】キンダク かたい約束。確かな承諾。

【金丹】キンタン 道士が金を練って作ったという不老長寿の妙薬。

【金泥】キンデイ・コンデイ 金粉をにかわで溶かしたもの。書画をかくのに用いる。

【金的】キンテキ 国①四センチメートル四方ぐらいの金色の板の中央に直径一センチメートルほどの円を描いた、弓の的。②あこがれの目標。最大の望み。

【金鉄（鐵）】キンテツ ①黄金と鉄。②金属。③鉄。くろがね。④鉄製の刑具。手かせの類。⑤堅固な物事のたとえ。

【金天】キンテン 秋の空。秋天。秋は、五行の金にあたる。

【金△鈿】キンデン 黄金で作ったかんざしと青貝ずりの香入れの箱。鈿合金釵の略。〔唐、白居易、長恨歌〕但令三心似二金鈿堅一。訳文⇩天上の④（二六五ページ）。

【金殿】キンデン 黄金でかざったりっぱな御殿。金屋。

【金殿玉楼（樓）】キンデンギョクロウ 黄金や玉でかざったりっぱな御殿。

【金斗】キント ①ひのし。②酒をくむ黄金のひしゃく。③鉄の一斗桝。④とんぼがえり。宙返り。筋斗。

【金刀】キントウ ①漢代の貨幣の名。形が刀に似ている。②黄金製の小刀。また、はさみの類。③金属製の刀。

【金堂】キンドウ ①黄金でかざったりっぱなお堂。②仏コンドウ 寺の本堂。寺の本尊を安置する建物。

【金波】キンパ ①月の光。月影。②月の光がうつって金色に見える波。

【金馬門】キンバモン 漢代、未央宮にあった門の名。金閨。

【金杯・金△盃】キンパイ 黄金製のさかずき。

【金△牌】キンパイ ①黄金製のふだ。②国金メダル。

【金△帛】キンパク 黄金と絹。

【金△箔】キンパク 紙のように薄くうちのばした黄金。

【金覆輪】キンプクリン 物の縁を覆い飾ったもの）。国金または金色の金属をかぶせた覆輪（器

【金文】キンブン ①金文字。金泥で書いた文字。②＝金石文。鐘鼎文。⇩コラム・文字・書体の変遷（四八一ページ）。

【金△屏】キンペイ 金でかざった屏風。金屏風。

【金瓶（甁）梅】キンペイバイ 明代の長編口語小説。全百回。明の笑笑生（山東の人という）の著とあるが不詳。万暦年間（十七世紀前半）に成り、当時の不正や好色の生活を写実的に書いたもの。四大奇書（他に『三国志演義』『西遊記』『水滸伝』）の一つ。

【金幣】キンペイ 黄金の貨幣。金貨。

【金歩揺（搖）】キンホヨウ・キンポヨウ 黄金で作ったかんざし。歩揺は歩くとゆれるかんざし。〔唐、白居易、長恨歌〕

【金鋪・金△鋪】キンポ 門の扉に設けた環をつなぐ金具。花弁・獣・竜などの形にかたどる。

【金△鳳△釵】キンボウサイ おおとりの形の黄金のかんざし。

【金△籥】キンヤク ①黄金でかざった笛。②舌の別名。

【金△蘭】キンラン 非常に親しい交わりのたとえ。金のように固く、蘭のようにかんばしい交友というところからいう。「金蘭之契」「金蘭之交」

【金△襴】キンラン 国織物の名。錦の類で、繻子の地に平金糸を織り、絹糸で模様を表したもの。「金襴緞子」

【金△鑾】キンラン ①翰林学士をいう。→次項。②黄金の鈴。③白居易の長女の名。

【金△鑾殿】キンランデン ①唐代の宮殿の名。②翰林院の美称。唐の粛宗以後、金鑾殿の西に置いたのでいう。→翰林（八八六ページ）。

【金陵】キンリョウ 地名。今の江蘇省南京市の古名。六朝時代、東晋・宋・斉・梁・陳の都となった。建康・建業とも呼ばれた。

【金輪】キンリン ①黄金のかざりをつけた車輪。美しい車。②仏コンリン ㋐この世界の地層は下から、風輪・水輪・金輪と分けられ、金輪が大地であるという。㋑金輪王（金輪聖王）の略。

【金輪王】コンリンオウ 仏金輪聖王の略。四輪王の一つ。四州を統治する帝王。

【金輪際】コンリンザイ ①仏大地の金輪と水輪の接する所で、大地の最下底。②国㋐物事の限度。底の底までどこまでも。㋑断じて。

【金△縷】キンル 金色の糸。黄金でかざった糸。

【金△蓮】キンレン ①黄金で造ったはすの花。②女性の美しい小さい足。纏足の美称。③水草の名。

【金△蓮歩】キンレンポ 美人のしなやかな歩み。南斉の東昏侯が、お気に入りの潘妃の歩く道に黄金製のはすの花をおいてその上を歩かせた故事。〔南史、斉東昏侯紀〕

【△攫レ金者不レ見レ人】キンをつかむものはひとをみず 欲のためには何事もかえりみないことのたとえ。〔列子、説符〕

(10)2【釛】8070 △ 漢コク 呉ゴク 職 ―7862 6E5E

字義 こがね。金。

解字 形声。金＋劾省音。

(10)2【釗】8071 △ ショウ（セウ）蕭 zhāo

字義 ❶けずる。❷あきらか（昭）。あらわれる。❸つとめる（勉）。つとめはげむ。

解字 篆文 形声。金＋刂（刀）音。刃物でけずるの意味を表す。

(10)2【針】8072 教6 シン はり シン 侵 zhēn ―3143 3F4B

筆順 亼 金 金 針

字義 はり。鍼（8205）と同字。㋐ぬい針。㋑医療用の針。㋒針のように先のとがったもの。「針葉樹」㋓とげ。

難読 針魚・針孔

参考 ①字義の㋑の熟語は、鍼を見よ。→一二三八ページ。②現代表記では［鍼］（8205）の書きかえに用いることがある。「鍼術→針術」

解字 形声。金＋十音。十は針の原字。

▼指針・磁針

【針△灸】シンキュウ 鍼灸。

【針術】シンジュツ 医療用の針を用いて病気を治療する方法。鍼術。

【針女】シンジョ 衣類をぬう女。

【針小棒大】シンショウボウダイ 国針ほどの小さいことを棒ほどに大きくいうこと。おおげさに言うことのたとえ。

【針線】シンセン ぬい針とぬい糸。転じて、ぬいもの。裁縫。

【針葉樹】シンヨウジュ 葉が針のように細長い種類の樹木。松・杉の類。↔広葉樹。

【針路】シンロ ①磁石の針の示す方向。船や飛行機の進む道。②転じて、むき。方向。また、進むべき道。

(10)2【釘】8073 標 一漢テイ 呉チョウ（チャウ）青 dīng 二漢テイ 呉チョウ（チャウ）径 dìng ―3703 4523

字義 一くぎ。「金釘」 二❶こがね（黄金）。❷くぎ打つ。くぎを打ちつける。「装釘」

参考 現代表記では［丁］（4）に書きかえることがある。「装釘→装丁」

解字 篆文 形声。金＋丁音。音符の丁は、釘の象形。のち、金を加えて「くぎ」の意味を表す。

(10)2【釖】8074 △ トウ 刀（550）と同字。→一三三ページ。―7859 6E5B

(10)2【釟】8075 △ 漢ハツ 呉ヘチ 黠 bā ―7860 6E5C

字義 ふく。金属を溶かして物を作る。

解字 形声。金＋八音。

(10)2【釜】8076 標 漢フ 呉ブ 麌 fǔ ―1988 3378

［釡］同字 7861 6E5D ［鬴］同字

字義 ❶かま。煮たきに使う金属製の台所用具。❷量の単位。六斗四升。六十四斛（一斛は周代の一升で約〇・二リットル）。また、ます。六斗四升の量器。

解字 金文 篆文 別体 形声。金＋父音。鬴の別体。

【釜△鬵】フジン かまと、大がま。

【釜△甑】フソウ かまと、こしき。共に炊事用具。

【釜△竈】フソウ かまと、かまど。

【釜中魚】フチュウのうお（を） かまの中で今にも煮られようとしている魚。死が目の前にせまっている境遇にあるたとえ。釜魚。

【釜中生レ魚】フチュウうお（を）をショウず ①貧しくて飯をたかないので釜の中に魚がわいたという後漢の范冉の故事。〔後漢書、独行、范冉伝〕②転じて、非常に貧しいたとえ。

【釜△庾】フユ ①わずかの量。釜は六斗四升。庾は十六斗。→字義の②。②少しのもみ米。

【破レ釜沈レ船】かまをやぶりふねをしずむ 炊事用の釜をこわし、渡河に使った船を沈める。決死の覚悟で戦うこと。〔史記、項羽本紀〕

(10)2【釡】8077 △ フ 釜（8076）と同字。→中段。―7861 6E5D

(11)3【釬】8078 △ 一漢カン・呉ガン 翰 hàn 二カン 寒

字義 一❶こて。こてあて。両腕をおおうよろいの付属品。❷ゆごて。弓の両端の弦をかけるもの。❸はんだ。錫と鉛の合金で金属と金属を接着するのに使うもの。二❶うつわ。かなもの（金物）。❷きびしい。せわしい。また、急ぐ。

解字 篆文 形声。金＋干音。音符の干は、防ぐの意味。ひじを敵の攻撃から守る防具。こての意味を表す。

(11)3【鈒】8079 △ ケン 剣（610）（劍）の俗字。→一四三ページ。―7863 6E5F

参考 ①剣（劍）の俗字として、わが国で多く姓氏に用いられる。②字形、あるいは釼に作る。

(11)3【釭】8080 △ 一コウ（カウ）江 gāng 二漢コウ・呉クウ 東 gōng

字義 一❶かりも。かも。車のこしきの中にあって、すりへるのを防ぐ中空の鉄管。❷ひともし。行灯などの油ざら。また、ともしび。二❶よこざん。渡し木。＝横。❷やじり。やのね。

(11)3【釦】8081 △ 漢コウ 呉ク 有・宥 kòu ―4353 4B55

解字 篆文 形声。金＋工音。

字義 ❶金銀などで器物の口やへりなどをかざる。また、玉をちりばめかざる。❷わめく。さわぐ。国ボタン。洋服などのボタン

のあて字。
解字 篆 文 形声。金＋口音。音符の口は、くちの意味。金属製の器物の口飾りの意味を表す。

【釵】 (11) 3 8082 △ 一漢サイ・呉シャ 麻 二漢サ・呉シャ 麻 佳 chāi 7864 6E60

字義 一二 **かんざし**。二本足のかみかざり。

解字 篆 文 形声。金＋叉音。音符の叉サは、ふたまたの意味。ふたまたのかんざしの意味を表す。

【釵股】サイコ かんざしのまた。

【釤】 (11) 3 8083 △ 漢サン 呉セン 陥 shàn

字義 ❶おおがま。大きな鎌かま。❷大きなかんな。❸するどい（鋭）。「釤利」

解字 形声。金＋彡音。

【釶】 (11) 3 8084 △ 漢シャ 呉ジャ 麻 shé 7865 6E61

字義 ほこ。短いほこ。＝鉈シャ。

解字 形声。金＋也音。

【釧】 (11) 3 8085 標 セン 霰 chuàn 2292 367C

字義 うでわ。ひじまき。昔は、男女ともにかざりとしてつけた。

国 **くしろ**。ひじまき。たまき（手巻）。昔、ひじにまいて帯びた輪形の装飾具。

解字 篆 文 形声。金＋川音。音符の川は、めぐるの意味。腕などにめぐらす金属の輪の意味を表す。 難読 釧路くしろ

【釣】 (11) 3 8086 常 チョウ つる 3664 4460

［釣］ (11) 3 8087 チョウ（テウ） 嘯 diào

筆順 ⺈ 金 釣 釣

字義 ❶**つる**。㋐つり針で魚をつる。㋑求める。㋒さそい出す。おびき出す。❷**つり**。魚つり。❸つり針。また、つり糸。

国 ❶**つり**。つり銭。❷**つる**。物を手などにかけてたれさげる。また、ひっかけて上にあげる。 難読 釣瓶つるべ

解字 篆 文 形声。金＋勺音。音符の勺シャクは、物をすくいあげたひしゃくの象形で、すくいあげるの意味。魚をつりあげる金属製の、つりばりの意味を表す。

▼漁釣・垂釣

【釣舸】チョウカ つり舟。

【釣竿】チョウカン つりざお。

【釣戸】チョウコ ①魚つりを職業とする人。②国つりど あけるとき、上へつりあげる戸。

【釣詩鉤】チョウシコウ 酒の別名。詩情をひきだすかぎの意。

【釣叟】チョウソウ 魚をつる老人。釣翁チョウオウ。釣父。

【釣台（臺）】チョウダイ ①つりをする小高い所。②昔の人がつりをしたと伝えられる遺跡。その有名なものをあげれば、㋐周の太公望の河北省南皮県の西。㋑荘子の河南省范ハン県の濮城ボクジョウ。㋒漢の韓信カンシンの江蘇コウソ省淮安ワイアン市の北。㋓漢の厳光の浙江セッコウ省桐廬トウロ県などがある。③国つりダイ 物品を載せてかついで運ぶ道具。

【釣篷】チョウホウ つり舟のとま。篷は菅すげまたは茅かやなどで編んだ舟をおおうもの。

【釣名】チョウメイ・なをつる しいて名誉を求めようとすること。名を売ろうとすること。虚名を博する。

【釱】 (11) 3 8088 △ 漢テイ 呉ダイ 霽・泰 dì

字義 **あしかせ**。昔の刑罰の道具。足の自由をうばう鎖など。また、あしかせをする。

解字 金 文 篆 文 形声。金＋大音。

【釻】 (11) 3 8089 国字 △

字義 **つく**。❶弓の弭はず。弓の両端の弦つるをかけるところ。また、そこにとり付ける金属製あるいは角製の器具。一説に、つがえた矢がはずれないように、弓の握りの上に打ち付けた折釘おれくぎ状の金具。❷担い棒の両端の縄をかける部分の突起物。

解字 釚キュウの変化した形。釚は、弩ド（弓の一種）の弦をかけて矢をはじく部分の装置。

【鈞】 (12) 4 8090 △ キン 真 jūn 7866 6E62

字義 ❶目方の単位。三十斤。周代の一鈞は七・六八キログラム。❷おもり。目方を計るおもり。❸ひとしい（均）。ひとしくする。音調。❹ろくろ。円形の陶器を作る台。木製の円盤で下に軸があり、回転する。❺❹より転じて、万物の造化の神である天。造物主。「大鈞」「洪鈞」❻尊敬の意を表す接頭語。国語の御にあたる。❼政権。また、政治。

解字 金 文 篆 文 形声。金＋匀音。音符の匀キンは、ひとしいの意味。均質な金属の意味から、おもり・めかたの単位などの意味を表す。

【鈞衡】キンコウ ①人材をはかり選ぶ。銓衡センコウ。②首相・大臣をいう。鈞は均、衡は平、大臣は政治の公平をはかるべきものであるからいう。

【鈞石】キンセキ おもり。鈞は三十斤。石は四鈞。

【鈞天】キンテン ①天の中央で、天帝の都と考えた所。（蒼天ソウテンが天の東方を指す類。）鈞は平均する所で、中央を意味し、四方の主である。②また、そこで奏する音楽。鈞天広楽。

【鈞天広（廣）楽（樂）】キンテンコウガク 天上の音楽。また、きわめて美妙な音楽。鈞天楽。

【鈞陶】キントウ ①ろくろを回して陶器を作ること。②転じて、人物を養成すること。

【秉レ鈞】キンをとる 政権をとる。また、天下の政治を行う。

【釿】 (12) 4 8091 △ 一漢キン・呉コン 文 二漢ギン・呉ゴン 真 jīn 7867 6E63

字義 一❶たちきる。おので切る。❷まさかり。また、ちょうな・かんなの類。二器具のへり。また、器物の表面のでこぼこの中へこんだ部分。

解字 篆 文 形声。金＋斤音。音符の斤は、こまかく刻むちょうなの象形。金を付し、ちょうなの意味を表す。

【鈐】 (12) 4 8092 △ 漢ケン 呉ゲン 塩 qián

字義 ❶すき。からすき。農具の一種。❷くさび。車軸のとめがね。❸かぎ。じょう。❹しるし。印。また、印をおす。

解字 篆 文 形声。金＋今音。

【鈐印】ケンイン ①印。また、わりいん。②印をおす。

【鈐鍵】ケンケン ①じょうまえ。かぎ。②転じて、主要な点。

【鈐制】ケンセイ ①車にくさびをさして自由にとりあつかう。②転じて、自由に制御したり、支配したりすること。

【鈐韜】ケントウ 武術・兵法をいう。

【鈎】 (12) 4 8093 △ コウ 鉤（8110）の俗字。→一一三九ページ。 1935 3343

【鈔】 (12) 4 8094 標 漢ソウ（サウ） 呉ショウ（セウ） 肴・効 chāo 7868 6E64

字義 ❶**とる**（取）。かすめ取る。はさみ取る。＝抄ショウ。❷**うつす**（写）。写しとる。ぬき書きする。また、うつし。ぬき書き。＝抄。❸**さつ**（札）。紙幣。また、政府が発行する証書・切手類。

解字 篆 文 形声。金＋少音。音符の少は、すこしの意味。少しだけ刃物でかすめとるの意味を表す。

【鈔引】ショウイン ①宋代ソウダイの紙幣。②ぬき書きする。また、ぬき書き。

【鈔写（寫）】ショウシャ 書物などを写しとる。また、その写しとったもの。

【鈔本】ショウホン　抄本。①ぬき書きした書物・書類。②国筆写した書物。写本。
【鈔略・鈔掠】ショウリャク　かすめとる。

(12)4【釈】8095　△タク　鐸(8269)の俗字。→一二四三ページ。　7869　6E65

(12)4【鈕】8096　△　一漢ジュウ(ヂウ)　呉ニュウ(ニウ)　㕣niǔ　二漢チュウ(チウ)・呉チュ　㕣chǒu　7870　6E66
字義　一❶つまみ。印や器物に、手でつまめるようにつけたって。印鈕。❷ボタン。二手かせ。
解字　篆文　形声。金＋丑音。音符の丑チュウは、手指でひねるの意味。手指に力を入れてつまむ。印などのつまみの意味を表す。

(12)4【鈍】8097　常　ドン　にぶい・にぶる　漢トン・呉ドン　㕣dùn　3863　465F
筆順　ノ 金 金 釒 鈍
字義　❶にぶい。↔鋭。㋐なまくら。切れ味が悪い。「鈍刀」㋑おろか。才知の働きがのろい。血のめぐりが悪い。のろま。「愚鈍」「遅鈍」❷にぶる。にぶくなる。また、にぶらす。❸かたくな。がんこ。「頑鈍ガンドン」
難読　鈍色にびいろ・にぶいろ
解字　篆文　形声。金＋屯音。音符の屯トンは、頓トンに通じ、つまずくの意味。つまずくように、切れ味の悪い金属の意味から、にぶいの意味を表す。
▼頑鈍・愚鈍・痴鈍・遅鈍・利鈍
【鈍化】ドンカ　にぶくなる。活発でなくなること。
【鈍感】ドンカン　感じ方のにぶいこと。血のめぐりの悪いこと。↔敏感。
【鈍漢】ドンカン　おろかな男。血のめぐりの悪い男。漢は、男。
【鈍器】ドンキ　①切れ味のよくない刃物。鈍兵。②国人をたたくための、刃のついていない棒状の器具。
【鈍金】ドンキン　鋭利でない刃物。
【鈍根】ドンコン　①仏仏道修行のできない者。②にぶくておろかな性質。鈍質。↔利根。
【鈍才】ドンサイ　才知のにぶいこと（人）。ばか。のろま。
【鈍重】ドンジュウ　反応がにぶい。機敏でない。
【鈍物】ドンブツ　才のにぶい者。血のめぐりの悪い者。愚鈍な人。
【鈍兵】ドンペイ　①兵士の士気がにぶること。②にぶくて弱い兵士。③鋭利でない武器。鈍器。
【鈍敝・鈍弊】ドンペイ　なまくらになる。だめになる。
【鈍利】ドンリ　にぶいことと、するどいこと。にぶいものと、するどいもの。

(12)4【鈀】8098　△ハ　㕣①bā ②pá ③bǎ
字義　❶いくさぐるま。戦争に使う皮張りの車。兵車。また、ものみぐるま。敵状をさぐる物見車。候車。❷まぐわ。五つの歯があって、土をならしたり、ごみを除いたりする農具。＝耙ハ。❸化学元素の名。パラジウム。
解字　篆文　形声。金＋巴音。

(12)4【鈑】8099　△ハン　慣バン　㕣bǎn　7871　6E67
字義　いたがね。金属の延べ板。国鈑金バンキンは、ブリキのような金属の板を加工すること。また、その職業。
難読　鈑戸たたら
解字　形声。金＋反音。音符の反は、板に通じ、いたの意味。いたがねの意味を表す。

(12)4【鈇】8100　△　一フ　㕣fū　二フ　㕣fǔ
字義　一二❶おの。まさかり。大きなおの。↔斧フ（小さいおの）。❷まぐさきり。まぐさを切る刃物。
解字　篆文　形声。金＋夫音。音符の夫は、斧フに通じ、おのの意味。金を付し、おのの意味を表す。
【鈇鉞・鈇鉞】フエツ　おのと、まさかり。ともに刑罰の道具。
【賜二鈇鉞一】フエツをたまう　①（天子から）鈇鉞フエツをいただく。②転じて、諸侯、または将軍が、生殺の権を与えられること。〔礼記、王制〕
【鈇質・鈇鑕】フシツ　おのと、人を斬るときの台。刑罰の道具。また、その刑罰。

(12)4【鈲】8101　△　漢ヘキ　呉ヒャク　㕣pì
字義　❶さく（裂）。たつ（裁）。また、切る。けずる。❷やぶる（破）。やぶれる。国かながき（金掻）。くしろ。農具の名。
解字　篆文　形声。金＋爪（辰）音。音符の辰ハイ＝ハは、水のながれがわかれるの意味。辰は爪に変形した。刃物で離すの意味を表す。

(12)4【鈩】8102　△ロ　鑪(8283)の俗字。→一二四四ページ。　〔鈩〕　7947　6F4F

(12)4【鈨】8103　国字　△
字義　はばき。はばきがね。刀などのつばの上下にはめて刀身の抜けないようにする金具。鎺はばき。
解字　会意。金＋元。元は、鍔元もとの意味。鍔元で刀身を固定する、はばきの意味を表す。

(13)5【鉞】8104　△　漢エツ(ヱツ)　呉オチ(ヲチ)　㕣yuè　7872　6E68
字義　まさかり。おおきなおの。征討のとき、天子が将軍にさずけるおの。「鈇鉞フエツ」
解字　篆文　形声。金＋戉音。音符の戉エツは、まさかりの意味。

〔鉞〕

(13)5【鉛】8105　常　エン　なまり　漢エン　㕣qiān　1784　3174
筆順　ノ 金 釟 鉛 鉛
【鈆】俗字
字義　❶なまり。金属の一種。金属元素の名。灰白色で柔らかく、火に溶けやすい。❷おしろい。なまりからとった顔料。
難読　鉛山かなやま
解字　篆文　形声。金＋㕣音。音符の㕣エンは、穿センに通じ、うがつの意味。やわらかくてうがちやすい金属、なまりの意味を表す。
▼黒鉛・丹鉛
【鉛華】エンカ　①おしろい。②化粧したはなやかな顔。
【鉛槧】エンザン　①鉛は、文字を書いたり、ぬって消したりする胡粉ゴフン。槧は、昔、紙の代用にした木の札。②転じて、筆紙、または、文筆。
【鉛黛】エンタイ　①おしろいと、まゆずみ。②化粧。
【鉛刀】エントウ　①なまくら刀。②無用の物のたとえ。
【鉛刀一割】エントウイッカツ　①鉛刀でも物がたちきれる意から、自分の微力を謙遜ケンソンしていう語。②二度と役に立たないたとえ。③けがの功名。
【鉛鈍】エンドン　鉛刀のように才知のにぶいこと。
【鉛白】エンパク　おしろい（白粉）。
【鉛版】エンバン　組みあげた活字を紙型にとり、それに鉛・すず・アンチモンの合金を溶かしこんで造った印刷版。ステロタイプ。
【鉛粉】エンフン　①おしろい。鉛華。②ごふん。書画をかくのに使う白い顔料。

(13)5【鉅】8106　△　漢キョ　呉ゴ　㕣jù　7874　6E6A
字義　❶かたい。また、かたい鉄。❷おおきい。＝巨。❸たっとい。偉大な。尊貴な者につける敬称。「鉅卿キョケイ」❹かぎ。また、つり針。❺なんぞ。いずくんぞ。疑問・反語の意を表わ

す。＝詎キョ。❻にわか。にわかに。＝遽キョ。

解字 篆文 形声。金＋巨㊥。音符の巨は、大きいの意味。大きな金属、かたいの意味を表す。

【鉅偉】キョイ すぐれて大きいこと。

【鉅橋】キョキョウ 殷インの紂王チュウオウの米倉の名。周の武王が紂王をほろぼしたとき、その倉の穀物を人民にほどこしたという。

【鉅卿】キョケイ ①尊い身分の人。また、りっぱな人。②人を尊んでいう二人称の代名詞。

【鉅公】キョコウ ①＝鉅卿キョケイ。②その道にすぐれている人。また、すぐれていて名高い人。③天子をいう。

【鉅儒】キョジュ すぐれた学者。碩儒セキジュ。

【鉅万(萬)】キョマン 非常に多いこと。巨万。

【鉅鹿】キョロク 地名。戦国時代の趙チョウの都市。秦末シンマツに項羽が秦の軍を破った所。今の河北省鉅鹿県。

(13)5 【鉗】8107 標 ㊀漢ケン・呉ゲン 塩 qián ㊁漢ガン 覃 ǎn 慣カン 7873 6E69

字義 ㊀＝箝カン。❶くびかせ。㋐罪人の首にはめる自由を奪う刑具。㋑猛獣をつなぐための金輪。❷はさむ。また、かなばさみ。物をはさみとる鉄製の道具。❸つぐむ。口をとじる。❹ふさぐ。おさえつける。㊁やいば（刃）。

解字 篆文 形声。金＋甘㊥。音符の甘は、口に物をはさむさまを示す。罪人の首をはさむ、くびかせの意味を表す。

【鉗忌】ケンキ 鉗かなばさみではさみとるように、勢力をたのんで他人をおさえつけ害すること。

【鉗口】ケンコウ 口をとじて物をいわないこと。箝口カンコウ。

【鉗梏】ケンコク ①首かせと手かせ。②刑罰。また、束縛すること。

【鉗子】ケンシ ①首かせをはめられた罪人。鉗徒。鉗奴。②くぎぬき。また、けぬき。③国カンシ 医師が手術に使う、はさみ状の、物をはさむ器具。

【鉗制】ケンセイ 力で他をおさえつけ、自由にさせないこと。箝制カンセイ。

【鉗徒】ケント ＝鉗子の①。鉗奴。

(13)5 【鉉】8108 △ ㊀漢ケン・呉ゲン 銑 xuàn 7875 6E6B

字義 ㊀つる。鼎かなえなどのつる。とって。㊁ゆみづる。弓のつる。＝弦ゲン。

解字 篆文 形声。金＋玄㊥。音符の玄は、弦に通じ、つるの意味。かなえ（鼎）に耳のようについているつるの意味を表す。

【鉉席】ケンセキ 鉉台。三公の地位。また、三公。鼎かなえの三足を三公にたとえる。

(13)5 【鈷】8109 △ コ 麌 gǔ 2458 385A

字義 ❶鈷鉧コボは、㋐ひのし（熨斗）。㋑湖南省零陵県の潭ふちの名。その形がひのしに似ているのでいう。❷仏インドの護身用の兵器。のち、煩悩ボンノウを打破する仏具の一つ。「三鈷」❸化学元素の名。コバルト。

〔鈷②〕

解字 形声。金＋古㊥。

(13)5 【鉤】8110 標 ㊀漢コウ・呉ク 尤 gōu ㊁漢コウ・呉ク 宥 gòu 7876 6E6C

【鈎】俗字 1935 3343

字義 ㊀❶かぎ。㋐先のまがった、物をかけるのに用いる器具の総称。㋑帯留おびどめ。バンドの金具。㋒つり針。❷かま（鎌）。また、えだぼこ。かぎのてに刃のついているほこ。❸ぶんまわし。コンパス。❹かける。ひっかける。㋐かぎでひっかける。㋑ひきよせる。❺いたす。㋐ひきだす。さぐり出す。かくれた事実を明るみに出す。㋑さそい出す。おびきよせる。❻まがる。かがむ。また、まげる。かがめる。＝句。❼めぐる。まつわる。❽とどまる。とどめる。＝拘。❾動く。動かす。㊁かぎばしご。かけはしご。

解字 篆文 形声。金＋句㊥。音符の句は、曲がったかぎの象形。金属製のかぎの意味を表す。

【鉤援】コウエン 城を攻めるとき使うはしご。かぎばしご。

【鉤距】コウキョ ①鉤かぎで引き出す意で、人の心情や内情をたくみにさぐり出すこと。距は、致で、引きよせること。②人をひっかけてたくみにその心情や内情をさぐり出し、その人の進退を困らせること。距（つり針の先端の逆方向にとがっている部分）のあるつり針は、のみこみやすいが、吐き出すことがむつかしいことに基づく。

【鉤曲】コウキョク ①つり針のように曲がること。②心の曲がっているたとえ。

【鉤矩】コウク コンパスとさしがね（曲尺）。転じて、法則。規矩。

【鉤玄】コウゲン 深い意味や道理をひき出し、さとること。

【鉤校】コウコウ さがしだして調べること。

【鉤索】コウサク ①さがし求めてひき出すこと。②金属のかぎ。鉄鉤索。

【鉤止】コウシ おさえとめる。抑留。

【鉤縄(繩)】コウジョウ コンパスと、すみなわ（直線を引く道具）。

【鉤摭】コウセキ ひき出す。とりあげてよく調べること。

【鉤梯】コウテイ ①かぎばしご。②高いかけはし。雲梯。

【鉤党(黨)】コウトウ たがいにひきあって仲間や党派を作ること。また、その仲間。

【鉤用】コウヨウ とりあげて用いる。

【鉤連】コウレン ひきつらなる。つらなり続く。

【竊(窃)鉤者誅】コウをぬすむものはチュウせらる 帯留おびどめを盗むものは殺される（が国をぬすむ者は大名となる）。小盗はかえって厳罰に処される意。〔荘子、胠篋〕

(13)5 【鉱】8111 教5 コウ 2559 395B

(23)15 【鑛】8112 コウ（クヮウ） 梗 kuàng (gǒng) 7942 6F4A

筆順 ⺈ 金 鉱 鉱

【礦】同字 6672 6268

【砿】俗字 2560 395C

字義 ❶あらがね。鉱石。❷鉱山。「金鉱」

名乗 かね

参考 現代表記では〔礦〕(5223)の書きかえに用いる。「炭礦→炭鉱」「礦石→鉱石」

解字 形声。金＋廣㊥。

▼炭鉱

【鉱床】コウショウ 鉱石をふくんでいる一帯の地域。

【鉱石】コウセキ 有用な金属を含む岩石。礦石コウセキ。

【鉱泉】コウセン 鉱物質をふくむいずみ。温泉と冷泉とがある。

【鉱脈】コウミャク 鉱石が地中に連なりうまっている所。

(13)5 【鉈】8113 △ ㊀漢シャ・呉ジャ 麻 shí (shé) ㊁タ tā 7877 6E6D

字義 ㊀ほこ（矛ボウ）。短い矛。㊁化学元素の一つ。タリウム。

国 なた。薪たきぎなどを切るのに使う刃物。

解字 金文 篆文 形声。金＋它㊥。

(13)5 【鉏】8114 △ ㊀漢ソ・呉ジョ 魚 chú ㊁漢ソ・呉ジョ 語 jǔ 慣ショ

字義 ㊀＝鋤ジョ。❶すき。くわ。たがやしたり除草するのに用いる農具。❷すく。たがやす。㊁鉏鋙ソゴは、くいちがう。また、くいちがい。

解字 篆文 形声。金＋且㊥。音符の且ショは、積み重ねるの意味。土を積み重ねるように耕す、すきの意味を表す。

【鉏耘】ジョウン ①すきでくさぎる。鋤耘ジョウン。②悪人を除くこと。誅除チュウジョ。

(13)5 【鉦】8115 標 ㊀漢セイ 呉ショウ（シャウ） 庚 zhēng 3064 3E60

字義 ❶かね。どら。軍隊で用いる楽器の一種。❷鐘の中央の部分。❸ふせがね。たたきがね。伏せておいてたたきならす仏具。

〔鉦①〕

解字 金文　篆文　形声。金＋正音。音符の正は、鐘やどらの音の擬声語。金属製のかねの意味を表す。

【鉦鼓】ショウコ・セイコ ①どらと鼓。鉦は休戦・退却の合図に、鼓は進軍の合図に用いる。②転じて、兵事・軍事をいう。③国 ㋐＝①。㋑雅楽や念仏に用いる楽器。皿に似たかねで、つるしてたたく。

(13)5 【鉐】8116 △ 漢セキ 呉ジャク 陌 shí 7881 6E71

字義 鍮鉐チュウセキは、しんちゅう（真鍮）。

解字 形声。金＋石音。

(13)5 【鉄】8117 教3 テツ 3720 4534

(21)13 【鐵】8118 一 漢テツ・呉テチ 屑 tiě 二 漢テツ・呉デチ 屑 diě 7936 6F44

筆順 亼 金 釒 鉄

【銕】古字 7878 6E6E 【鐡】俗字 7937 6F45

字義 一❶てつ。くろがね。金属元素の一つ。また、てつ色。❷武器。刃物。「寸鉄」❸かね。かなもの（金物）。❹他の語の上につけて、堅い・強い・正しいなどの意を表す。「鉄則」
二はがね。

名乗 かね・きみ・とし・まがね 難読 鉄山かなやま・鉄師かぬち・鉄床かなとこ・鉄蕉そてつ・鉄漿おはぐろ・鉄刀木たがやさん・鉄木真テムジン・鉄葉ブリキ

解字 篆文　古文　形声。もと、金＋戴音。音符の戴テツは、大きなほこの意味。大きなほこの材料となるくろがねの意味を表す。常用漢字の鉄は古字の銕が俗に用いられたもの。

▼金鉄・鋼鉄・砂鉄・寸鉄

【鉄案】テツアン ①鉄製のつくえ。②しっかりとした意見。

【鉄衣】テツイ ①よろい。鉄甲。②鉄のさび。

【鉄火】テッカ ①やきがね。鉄を火で焼いたもの。②刀剣と鉄砲。③弾丸発射の火。銃火。④国㋐気性キショウが強悪無残なこと。気性のはげしいこと。㋑侠気キョウキのあること。㋒すし屋で、まぐろの赤身をいう。

【鉄△鑊】テッカク 足のない、鉄の大きなかなえ。

【鉄騎】テッキ 武装した（精鋭の）騎兵・軍馬。〔唐、白居易、琵琶行〕鉄騎突出刀鎗鳴テッキトッシュツしてトウソウなる 訳文⇩銀瓶（二三ページ）

【鉄血】テッケツ 国①鉄と血。武器や弾丸と兵士の血。②武器・弾丸と兵士。転じて、軍備。兵力。③強い意味とさかんな情熱。

【鉄△拳】テッケン 国堅いにぎりこぶし。げんこつ。

【鉄甲】テッコウ ①鉄製のよろい。②鉄製のかぶと。

【鉄索】テッサク 鉄製の綱。鉄のくさり。

【鉄△楯・鉄盾】テツジュン 鉄製のたて。

【鉄△漿】テッショウ 国かね。おはぐろ。歯を黒くそめるのに使った液体。昔、上流婦人が用いたが、平安時代には公卿クゲなど男子も用い、江戸時代には、既婚の女性がすべて行った。

【鉄心石腸】テッシンセキチョウ 意志の強いことのたとえ。鉄石のように堅固な精神。鉄石心腸。

【鉄石】テッセキ ①鉄と石。②鉄をふくむ鉱石。③心が鉄石のようである。意志が堅くて変わらないたとえ。鉄心石腸。

【鉄石心】テッセキシン・テッセキのこころ 鉄石のように堅く変わらない心。

【鉄石心腸】テッセキシンチョウ ＝鉄心石腸。

【鉄窓】テッソウ 鉄格子ゴウシの窓。転じて、ろうや。獄窓。

【鉄則】テッソク 動かすことのできない規則。

【鉄中△錚△錚】テッチュウのソウソウ ①多くの鉄の中で、よい音のするもの。②凡人の中で少しすぐれたもののたとえ。〔後漢書、劉盆子伝〕

【鉄△椎】テッツイ 鉄製のつち。ハンマー。鉄槌・鉄鎚。

【鉄△蹄】テッテイ ①馬のひづめにうちつける鉄。かなぐつ。蹄鉄。②強いひづめ。名馬のひづめ。また、名馬の足。

【鉄馬】テツバ ①武装した馬。②風鈴の別名。

【鉄鉢】テッパツ・テッパチ ①鉄製の僧の食器。②国かぶとの下にかぶるはち。

【鉄壁】テッペキ ①鉄製の城壁。堅固な城。②非常に堅固なことのたとえ。

【鉄面】テツメン ①鉄製の面。鉄の仮面。②公平剛直で、権勢をおそれない人をほめていう語。③あつかましいこと。鉄面皮。恥知らず。

【鉄葉】テツヨウ ①うすい鉄片。②国ブリキ板。

【鉄△驪】テツリ 毛が青黒色の馬。黒こま。

【鉄連銭（錢）】テツレンセン 黒い銭形のまだらのある馬。

【鉄△牢】テツロウ 鉄製のろうや。転じて、堅固なかこい。

(13)5 【鈿】8119 △ 一 漢テン・呉デン 先 tián 二 漢テン・呉デン 霰 diàn 7879 6E6F

字義 一二❶かんざし。造花のかんざし。「花鈿」❷黄金のかざり。女性がひたいのかざりに用いた。❸貝かざり。青貝摺あおがいずり（器物などに青貝をはめこんだもの）。また、青貝細工。

解字 篆文　形声。金＋田音。音符の田は、区切られた耕地の意味。金や青貝などで模様をはめこみ区切るかざりの意味を表す。

【鈿△瓔】デンエイ 青貝細工の首かざり。

【鈿合・鈿△盒】デンゴウ 青貝細工または青貝摺りの香箱。

【鈿針】デンシン 黄金のかんざし。

【鈿頭】デントウ 黄金の飾り。また、青貝細工の飾り。

【鈿△螺】デンラ 青貝細工。また、青貝摺ずり。螺鈿。

(13)5 【鉢】8120 常 ハチ・ハツ 漢ハツ 呉ハチ 曷 bō 4013 482D

筆順 亼 金 針 鉢

字義 ❶ハチ。深く大きい皿。❷仏ハチ。㋐僧侶ソウリョの食器。梵語ボンゴ pātra の音訳。「衣鉢」㋑衣鉢は、僧侶が代々伝える衣と鉢。転じて、父祖代々伝えられたもの。国ハチ。❶めしびつ。❷植木鉢。また、鉢植えの木。盆栽。❸頭のはち。❹兜かぶとの頭をおおう部分。

解字 形声。金＋朩音。朩が誤って本となる。

▼衣鉢・鉄鉢・乳鉢

(13)5 【鈸】8121 △ 漢ハツ 呉バチ 曷 bó

字義 ❶すず（鈴）。❷銅鈸は、楽器の名。銅製皿型のもので、真中にひもをつけ、両手に一つずつ持って、あわせならすもの。

解字 形声。金＋犮音。

(13)5 【鈹】8122 △ ヒ 支 pī ④ pí

字義 ❶大きな針。❷つるぎ（剣）。もろはの小剣。❸ひらく（披）。❹化学元素の名。ベリリウム。軽合金に利用する。

解字 篆文　形声。金＋皮音。音符の皮は、破に通じ、やぶるの意味。おできをやぶるのに用いる大きな針の意味を表す。

(13)5 【鉧】8123 △ 漢ボ 呉モ 麌 mǔ

字義 鈷鉧コボは、ひのし（熨斗）。国けら。粗製の鉄。

解字 形声。金＋母音。

(13)5 【鉋】8124 △ 漢ホウ（ハウ） 呉ボウ（バウ） 効肴 bào 7880 6E70

字義 かんな。木の面をたいらにけずる大工道具。

解字 形声。金＋包音。音符の包は、つつむの意味。刃をつつ

みこんだ、かんなの意味を表す。

【鉚】 (13)5 8125 △ 漢リュウ(リウ) 呉ル 有 liǔ 7886 6E76

字義 よい金属。

解字 形声。金＋卯(丣)音。

【鈴】 (13)5 8126 常 レイ・リン すず 漢レイ 呉リョウ(リャウ) 青 líng 唐リン 4675 4E6B

筆順 𠂉 金 鈐 鈴

字義 ❶すず。リン。❷鈴の鳴る音の形容。❸車の左右のおおい。国リン。㋐呼びりん。ベル。㋑鉢の形をした小形の仏具。

難読 鈴鹿(すずか)

解字 金文 篆文 形声。金＋令音。音符の令は、冷に通じ、すずしいの意味。すずしい音のする、すずの意味を表す。

▼駅鈴・振鈴・風鈴

【鈴閣】(レイカク) 軍の大将がいるところ。

【鈴語】(レイゴ) 風鈴の音。鈴声。

【鈴鐸】(レイタク) すず。鈴は小さいすず、鐸は大きいすず。宮殿・楼閣などの軒のかどにかける。

【鈴鈴】(レイレイ) 鈴または物の鳴る音の形容。

【銜】 (14)6 8127 △ 漢カン 呉ゲン 咸 xián 慣ガン 7882 6E72

【啣】俗字 5118 5332

字義 ❶くつわ(轡)。くつばみ。馬の口にくわえさせて馬をあつかう具。「銜勒(カンロク)」❷ふくむ。㋐口の中にくわえる。「銜枚(バイをふくむ)」㋑うけたまわる。㋒心に留める。ねにもつ。「銜怨(うらみをふくむ)」❸くらい(位)。官吏の位。待遇。

解字 文 篆 会意。行＋金。馬を行かせるために馬の口にはさむ、くつわの意味を表す。

【銜橛之変(變)】(カンケツのヘン) 馬があばれてくつわをはずすような変事(事故)。

【銜枚】(カンバイ・バイをふくむ) 口に枚(箸のような木)をくわえる。兵や馬にくわえさせて声をたてないようにする。夜の進軍に用いる。〔六韜、必出〕

【銜尾相随(隨)】(カンビあい(ひ)したがう(ふ)) 牛馬などが連なり続いて行くこと。銜尾は、前のものの尾を後のものが口でくわえることで、前後のものが密接している意。一説に、銜は馬のくつわで、銜尾は後の馬のくつわと前の馬の尾であるという。〔漢書、匈奴伝〕

【銜勒】(カンロク) くつわ。くつばみ。勒も、くつわ。

【銀】 (14)6 8128 教3 ギン 漢ギン 真 yín 2268 3664

筆順 𠂉 金 釕 鈤 銀

字義 ❶しろがね。ギン。金属元素の一つ。白色の光沢ある貴金属。「白銀」❷銀のようなつやのある白い色。銀色。❸銀の貨幣。「銀貨」❹ぜに。「路銀」「賃銀」❺かぎり。境。はて。❻印。銀印。

名乗 かね

解字 文 篆 形声。金＋艮(㫐)音。音符の㫐(コン)は、ふみとどまるの意味。黄金にならず、しろがねにふみとどまる金属、しろがねの意味を表す。

▼賃銀・丁銀・白銀

【銀花】(ギンカ) ①ともしびの形容。②雪の形容。

【銀河】(ギンガ) ①天(あま)の川の別名。天漢。天河。銀漢。②道家で目をいう。

【銀河落二九天一】(ギンガキュウテンよりおつ) 天の川が、天上から落ちて来る。滝が高い所から流れ落ちる形容。九天は、天の最高所、非常に高い天。〔唐、李白、望二廬山瀑布一詩〕飛流直下三千尺(ヒリュウチョッカサンゼンジャク)、疑是銀河落二九天一(うたがうらくはこれギンガのキュウテンよりおつるかと)〈勢いよく落ちて流れはまっすぐに三千尺もあり、まるで天の川が天から落ちてきたかと思われるほどである〉

【銀杏】(ギンキョウ・ギンナン) 木の名。いちょう。また、その実。公孫樹。鴨脚(イチョウ)。ギンナンはギンアンの転音。アンは唐音。

【銀甲】(ギンコウ) ①銀製のよろい。②びわなどの楽器をひくときに爪(つめ)にかぶせるもの。

【銀黄】(ギンコウ) ①銀と黄金。金銀。②白色と黄色。③銀印と金印。ともに高官が身につける。

【銀鉤】(ギンコウ) ①銀のかぎ。銀製のかけがね。②銀のすだれかけ。③銀製の帯留(おびどめ)。④上手な筆跡の形容。⑤新月の形容。

【銀觥】(ギンコウ) 銀製のさかずき。銀杯。

【銀釵】(ギンサイ) 銀製のかんざし。

【銀山】(ギンザン) ①銀を産する鉱山。銀坑。②高くわき立つ白い波の形容。③仙人のいる山。

【銀子】(ギンス) ①銀貨。子は助字。②金銭。

【銀青】(ギンセイ) 銀の印鑑と青い綬(ジュ・ひも)。秦(シン)・漢代の光禄大夫(コウロクタイフ)が身におびたもの。

【銀蟾】(ギンセン) 月の別名。蟾は月の中にいると言い伝えられるひきがえる。

【銀台(臺)】(ギンダイ) ①宮門の名。②官名。宋代(ソウダイ)に上奏文や書類をあつかった役人。③仙人のいる所。④美しく高い建物。玉のうてな。

【銀竹】(ギンチク) 大雨の形容。

【銀兎】(ギント) 月の別名。兎は、うさぎ。月の中にうさぎがいるという中国の伝説からいう。

【銀波】(ギンパ) 月光に輝く美しい銀色の波。「金波銀波」

【銀牌】(ギンパイ) ①銀製のふだ。②銀のメダル。

【銀髪】(ギンパツ) 銀白色の頭髪。しらが。白髪。

【銀盤】(ギンバン) ①月の別名。②銀製のたらい。銀のはち。銀のさら。③国平らな氷や雪の表面の美称。

【銀屏】(ギンペイ) 銀をちりばめた屏風(ビョウブ)。

【銀瓶(甁)】(ギンペイ) ①酒などを入れる銀製のかめ。〔唐、白居易、琵琶行〕銀瓶乍破水漿迸(ギンペイたちまちやぶれてスイショウほとばしり)、鉄騎突出刀鎗鳴(テッキトッシュツしてトウソウなる)〈琵琶(ビワ)の演奏は、銀のかめがパッと割れて水が噴き出すように、また、武装した騎馬兵が突然とび出てきて刀や槍(やり)が鳴るように聞こえる〉②水をくむ美しいつるべ。

【銀篦】(ギンペイ) 銀のくし。

【銀輪】(ギンリン) ①銀の車輪。美しい車。②月の別名。③国自転車の美称。

【銀鱗】(ギンリン) 銀色に光るうろこ。また、魚。

【銀露】(ギンロ) 月光をうつして美しく輝く露。また、白く光る露。白露。

【鉶】 (14)6 8129 △ 漢ケイ 呉ギョウ(ギャウ) 青 xíng

字義 ❶あつものを盛る鼎(かなえ)。三足・両耳のついた祭器。＝鈃(ケイ)。❷あつもの。野菜と肉とを煮た吸い物。

解字 文 篆 形声。金＋刑(荆)音。

【鈃】 (14)6 8130 △ ㊀漢ケイ 呉ギョウ(ギャウ) 青 xíng ㊁ケン 先 jiān

字義 ㊀❶さけいれ。酒つぼ。鍾(ショウ)に似て首の長い容器。❷あつものなべ。＝鉶(ケイ)。㊁人名。「宋鈃(ソウケン)」〔荀子、非十二子〕

〔鈃㊀②〕

解字 金文 篆文 形声。金＋幵音。

【鉸】 (14)6 8131 △ ㊀漢コウ(カウ) 呉キョウ(ケウ) 巧 jiǎo ㊁漢コウ(カウ) 呉キョウ(ケウ) 効 jiào

【字義】□一 はさみ。また、はさんで切る。□二❶はさみ。❷かざる。かねでかざる。また、かざり。
【解字】形声。金＋交㊥。音符の交は、まじえるの意味。二枚の刃を交差させて物を切るはさみの意味を表す。

8132 (14)6 【銖】 △ ㊥シュ ㊜ジュ 虞 zhū　7883 6E73
【字義】❶重さの単位。一両の二十四分の一。周代の一銖は約〇・六グラム。❷①より転じて、わずかなもの。また、わずか。軽少。❸にぶい（鈍）。国❶江戸時代の貨幣の単位。一分の四分の一。一朱。❷小数の名。一割の十分の一。分。歩。

【解字】篆文　形声。金＋朱㊥。

【銖積寸累】わずかなものが（わずかずつ）積みかさなる。銖も寸も、わずかなもの。また、わずか。累は、かさなる。

【銖鈍】にぶい。

【銖分】こまかに知っている。

【銖両（兩）】少しの目方。転じて、わずかのもの。


8133 (14)6 【銃】 常 ジュウ　シュウ（シウ） 慣ジュウ（ジウ） 送 chòng　2938 3D46
筆順　⺈ 金 鈷 銃
【字義】❶斧の柄をさしこむあな。❷つつ。じゅう。こづつ。鉄砲。「小銃」

【解字】形声。金＋充㊥。

【銃架】鉄砲をたてかけておく台。

【銃眼】小銃をうつために城壁などにあけた穴。

【銃剣（劍）】①鉄砲と剣。②銃の先につける短い剣。

【銃後】戦場に行かずに、後に残っている人。

【銃創】鉄砲きず。銃弾でうたれたきず。

8134 (14)6 【銭】 教5 セン ぜに　3312 412C
8135 (16)8 【錢】 □一㊥セン・㊜ゼン 先 qián □二セン 銑 jiǎn　7902 6F22
筆順　⺈ 金 鈛 銭 銭
【字義】□一❶ぜに。かね。貨幣の通称。❷すき。農具の一種。❸酒のさかな。酒肴。❹重さの単位。一両の十分の一。周代の一銭は約十六グラム。□二＝□一の❷。
国セン。貨幣の単位。㋐江戸時代、文に同じ。千銭が一貫。㋑現代、円の百分の一。
難読　銭函・銭司・銭緡
【解字】篆文　形声。金＋戔（戋）㊥。音符の戔は、薄く切るの意味。金属製のうすい刃のすきの意味を表す。また、転じて、ぜにの意味を表す。
▼悪銭・口銭・紙銭・鋳銭・連銭・路銭
【銭貨】ぜに。貨幣。貨も、ぜに。

【銭貫】①銭の穴に通すひも。ぜにさし。②転じて、ぜに。

【銭大昕】清の学者。字は暁徴。号は竹汀、または、十駕斎。『二十二史考異』『十駕斎養新録』『三統術衍』などの著がある。（一七二八—一八〇四）

【銭刀】＝銭貨。刀は、貨。

【銭塘江】川の名。浙江省を流れる浙江の最下流で、杭州市から杭州湾に至るあたりをいう。

【銭布】＝銭貨。布は、紙幣。銭幣。

【銭癖】ぜにをほしがるくせ。けち。

8136 (14)6 【銑】 常 セン　セン 銑 xiǎn　3313 412D
筆順　⺈ 金 鉎 銑
【字義】つやのある金属。また、金属の光沢。国ずく。ずくてつ。なべがね。鋳物に使う鉄。堅くて折れやすい。銑鉄。
【解字】篆文　形声。金＋先㊥。音符の先は、洗に通じ、あらうの意味。あらわれたように光沢のある金属の意味を表す。

8137 (14)6 【銓】 △ セン 先 quán　7884 6E74
【字義】❶はかる。㋐目方をはかる。㋑人物をはかり調べる。❷はかり。目方をはかる器具。❸えらぶ。人物を選んで官職などにつける。❹順序をつける。

参考　現代表記では［選］(7891)に書きかえることがある。「銓衡→選考」

【解字】篆文　形声。金＋全㊥。音符の全は、算に通じ、かぞえるの意味。めかたをはかるための金属製の道具、はかりの意味を表す。

【銓考】人物・才能などをはかり考える。選考。

【銓校】はかりくらべる。

【銓衡】①はかり。銓は分銅、衡は、はかりのさお。②転じて、人物・才能などをはかり調べる。選考。銓考。「詮衡」は誤用。

【銓次】①調べて順序をつける。②順序。

【銓叙（敍）】才能をはかり、その優劣によって官位を与えること。

【銓選】才能・技量を調べて、適当な官職を与えること。


8138 (14)6 【銛】 △ セン 塩 xiān　7885 6E75
【字義】❶もり。投げつけて魚をとる道具。❷すき。農具の一種。❸するどい（鋭）。

【解字】篆文　会意。金＋舌。舌の形の先端を持つ、すき・もり等の金属の器具の意味を表す。

【銛鋭】するどい。鋭利。

【銛利】するどくて切れ味がよいこと。鋭利。

8139 (14)6 【銍】 △ ㊥チツ ㊜チチ 質 zhì
【字義】❶かま。稲・麦などを刈りとる短いかま。❷かる（刈）。刈り取る。❸いなほ。稲の穂。
【解字】篆文　形声。金＋至㊥。

8140 (14)6 【銚】 標 □一ヨウ（エウ） 蕭 yáo □二㊥チョウ（テウ） ㊜ジョウ（デウ） 嘯 diào □三チョウ（テウ） 蕭 tiāo　3624 4438
【字義】□一□二なべ。とってのついたなべ。飲食物をあたためる器。□三❶すき。大きなすき。農具の一種。❷ほこ。長い矛。武器の一種。
難読　銚釐
【解字】篆文　形声。金＋兆㊥。音符の兆は、うらないのときに現れる割れ目の象形。田畑に割れ目をつけるための農具、すきの意味を表す。また、兆は跳に通じ、はねあがるの意味。水をはねあがらせ沸騰させる器の意味をも表す。
【銚子】国①酒を入れて杯につぐ、長い柄の容器。②液体をつぐ口のあるなべ。③酒のとっくり。かんどっくり。④千葉県東端の地名。

8141 (14)6 【銕】 △ テツ　鉄(8117)（鐵）の古字。→一一三〇ページ。　7878 6E6E

8142 (14)6 【銅】 教5 ドウ　㊥トウ・㊜ドウ 東 tóng　3828 463C
筆順　⺈ 金 釦 銅 銅
【字義】❶あかがね（赤金）。ドウ。金属元素の一つ。赤色の光沢のある金属。また、あかがね色。銅に似た赤色。赤銅色。❷あかがねで造った器物や貨幣。銅貨。銅器。

名乗 かね

解字 金文 篆文 形声。金＋同㊥。音符の同は、つつの象形。つつを造るための金属、あかがねの意味を表す。

▼青銅・赤銅

【銅壺】ドウコ ①銅製の水時計。漏刻。②国長火鉢ながひばちなどの中に置いて湯をわかす銅のつぼ。

【銅虎符】ドウコフ とらの形に造った銅のわりふ。

【銅雀台（臺）】ドウジャクダイ 銅爵台。三国時代、魏ギの曹操ソウソウが築いた展望台。鄴城ギョウジョウ（今の河南省臨漳リンショウ県の西南）の西北隅にあり、屋上に銅製の鳳凰ホウオウが置かれていた。

【銅臭】ドウシュウ ①銅銭のにおい。②金銭をほしがること。また、その人。金にいやしい人。③金銭で官位についた人をいやしめていう語。

【銅匠】ドウショウ 銅器を作る職人。銅工。

【銅鉦】ドウショウ ①銅鑼ドラ。②太陽の形容。

【銅青】ドウセイ 銅が酸化してできたさび。緑青ロクショウ。

【銅鐸】ドウタク 国青銅製の古代の器具。つりがねの形をしたもので、祭器または楽器であったといわれる。

【銅牌】ドウハイ ①銅製のふだ。②銅メダル。

【銅盤】ドウバン ①銅製のたらい。②銅製の楽器。どらの類。③銅製の燭台ショクダイ。

【銅墨】ドウボク 銅印と墨綬ボクジュ（黒色のおびひも）。県令の佩おびるもの。

【銅鑼】ドウラ・ドラ 銅製の盆形の打楽器。

(14) 6 【鉾】8143 標 漢ボウ 呉ム 因 móu　4340 4B48

字義 ほこ（矛ボウ）。また、刀のきっさき。ほこさき。

解字 形声。金＋牟㊥。音符の牟ボウは、矛ボウに通じ、ほこの意味。金属製のほこの意味を表す。

(14) 6 【銘】8144 常 メイ　漢メイ・呉ミョウ（ミャウ） 青 míng　4435 4C43

筆順

字義 ❶しるす（記）。㋐書きつける。きざみこむ。㋑おぼえこむ。心にきざみこんで忘れない。「肝銘」 ❷金や石に刻みこんだ文。「銘文」 ❸死者の姓名・官位などをしるした葬式の旗。「銘旗」 ❹文体の名。墓碑などに刻んで、その人の功徳をたたえ、後世に残す文。「墓誌銘」 ❺いましめのことば。「座右銘」 国メイ。㋐器物に刻み、または、記した製作者の名。㋑特別に精製した上等な。すぐれた。上等な。「銘酒」「銘茶」「銘木」

名乗 あき・かた・な

解字 金文 篆文 形声。金＋名㊥。音符の名は、なのるの意味。金属に名を刻みつけるの意味を表す。

▼感銘・肝銘・鐘銘・碑銘

【銘戒】メイカイ 心に深く刻み、いましめる。いましめのことば。

【銘肝】メイカン・きもにメイず きもに刻みこむ。深く心に留めて忘れないこと。

【銘肌鏤骨】メイキルコツ はだに刻みこみ、骨にちりばめる。深く心に覚えこんで忘れぬこと。〔顔氏家訓、序致〕

【銘記】メイキ 忘れないように深く心に刻みこむ。

【銘旗】メイキ 死者の官位・姓名などを書いた葬式のときの旗。銘旌メイセイ。

【銘刻】メイコク ①金石に文字をほりつけること。また、その文字。②心に深く刻みこむこと。

【銘心】メイシン・こころにメイず よくよく心にとどめる。銘肝。「銘心鏤骨ルコツ」

【銘誄】メイルイ 死者の功徳を書いた文章。

(14) 6 【銯】8145 国字 △

字義 かすがい。㋐戸締まりのかけがね。㋑材木を接合させるために使うコの字形の釘くぎ。㋒二つの物の合わせ目をつなぎとめるもの。鎹かすがい。

(15) 7 【鋭】8146 常 エイ するどい　漢エイ 霽 ruì　1752 3154

(15) 7 〔鋭〕8147

筆順

【銳】俗字

字義 ❶するどい。するどし。↔鈍。㋐刃物などがするどい。「鋭利」 ㋑先が細くとがっている。㋒軍隊などがすぐれて強い。「精鋭」 ㋓さとい。かしこい。頭脳の働きがはやい。「鋭敏」 ❷きっさき。ほこさき。❸するどい刃物。武器。また、強い軍隊。強い兵士。❹いらだつ。落ち着きがない。

名乗 さとき・とき

解字 篆文 形声。金＋兌（兊）㊥。音符の兌タイ・エイは、むすぼれたものが分解するの意味。ものを分解する金属の意味から、するどいの意味を表す。

▼気鋭・新鋭・精鋭

【鋭意】エイイ 心を集中すること。一心になること。また、一心に。一所懸命に。

【鋭気（氣）】エイキ するどい気性。

【鋭師】エイシ するどく強い軍隊。

【鋭敏】エイビン するどく、さとい。かしこい。すばやい。また、感受性の非常にするどいこと。

【鋭兵】エイヘイ ①するどい武器。②強い兵士。

【鋭鋒】エイホウ するどいほこ先。

【鋭利】エイリ するどくて、よく切れる。

(15) 7 【鋏】8148 標 キョウ（ケフ） 葉 jiá　7887 6E77

字義 ❶かなばし。熱した金属をはさむ器具。❷つるぎ（剣）。かたな（刀）。❸つるぎのみ。刀身。❹つか。刀のつか。❺はさみ。物をはさんで切る道具。また、はさむ。

解字 篆文 形声。金＋夾㊥。音符の夾キョウは、はさむの意味。かじ屋で熱した金属をきたえるときにはさむ道具、かなばさみの意味を表す。

(15) 7 【鋗】8149 △ ケン 先 xuān ③juān

字義 ❶こばち。小さな鉢。❷なべ。足のないなべ。また、足のないかなえ。❸きよめる。掃除する。また、掃除する人。

解字 篆文 形声。金＋肙㊥。

(15) 7 【鋙】8150 △ ㊀漢ギョ・呉ゴ 語 yǔ ㊁漢ギョ・呉ゴ 魚 yú

字義 ㊀くいちがう。「鉏鋙ソゴ」 ㊁すき。農具の一種。

解字 形声。金＋吾㊥。

(15) 7 【銼】8151 △ 漢サ 呉ザ 歌 cuò

字義 ❶かま。口の大きな釜かま。❷くじく（挫ザ）。また、くじける。

解字 篆文 形声。金＋坐㊥。音符の坐ザは、ひざをおってすわるの意味。背の低いかま（釜）の意味を表す。

(15) 7 【銹】8152 △ 漢シュウ（シウ） 宥 xiù　7888 6E78

【鏥】同字 7921 6F35　【鏽】同字

字義 さび。また、さびる。

解字 形声。金＋秀㊥。

(15) 7 【鋤】8153 標 漢ソ 呉ジョ 魚 chú　2991 3D7B

字義 ❶すき。柄の長い、身体を折りまげずにたがやしたり除草したりする農具。❷すく。田をたがやす。❸のぞく（除）。ほろぼす。殺す。「誅鋤チュウジョ」

解字 形声。金＋助㊥。音符の助は、たすけるの意味。苗の生

長を助ける器具、すきの意味を表す。

【鋤▵櫌▵斬断(斷)】(ジョケツ ザンダン) ねだやしにする。根絶する。櫌はぬきとる。斬も断も、切る。

【鋤除】(ジョジョ) ①雑草をすきのぞく。②転じて、悪人をたやす。

【鋤▵犂】(ジョレイ・ジョリ) ①すき。犂は犁とも書き、からすき。②すきで耕すこと。

(15)7 【銷】8154 △ ショウ（セウ）[韻] xiāo　7889 6E79

字義 ❶とかす。金属をとかす。また、とける(とく)。❷けす。消える。「銷夏」❸つきる(尽)。つくす。「意気銷沈」❹ちらす。散る。❺ほろぼす。ほろびる。また、おとろえる。そこなう。❻ちいさい。また、小さくなる。

参考 現代表記では〔消〕(4034)に書きかえる。「銷夏→消夏」「銷沈→消沈」熟語は〔消〕をも見よ。→六三六ページ。

解字 篆文 形声。金＋肖㊥。音符の肖は、ちいさくなるの意味。金属がとけるの意味を表す。

【銷夏】(ショウカ) 夏のあつさをしのぐ。あつさしのぎ。銷暑。消夏。

【銷金】(ショウキン) ①とかしたかね。②かねをとかす。③黄金をまき散らすこと。また、金箔(ハク)をちらして物をかざること。④金銭を湯水のようにつかうこと。浪費。

【銷耗】(ショウコウ・ショウモウ) つかいへらす。消耗。

【銷刻】(ショウコク) はぎとりへらす。そこなう。銷磨。

【銷魂】(ショウコン) 非常な悲しみや驚きで魂が消えたような気持ちになること。

【銷失】(ショウシツ) きえうせる。銷落。消失。

【銷▵鑠】(ショウシャク) かねをとかすこと。

【銷沈】(ショウチン) おとろえる。元気がなくなる。気が沈む。消沈。「意気銷沈」

(15)7 【鋟】8155 △ 一セン [韻] qiān 二シン [韻] qǐn

字義 一きざむ。ほりつける。きざみきずつける。二きざむ。また、版木にほりつける。

解字 形声。金＋侵省㊥。音符の侵(シ)は、しだいにおかすの意味。金属にほりつけるの意味を表す。

【鋟▵梓】(シンシ) 版木にほる。印刷する。上梓。梓は、版木に適した、あずさの木。鋟板。

(15)7 【鋋】8156 △ 一㊥セン・㊡ゼン [韻] chán 二エン [韻] yán

字義 一二❶てぼこ。小さい矛(ほこ)。鉄の柄のある短いほこ。❷さす(刺)。ほこでさす。

解字 篆文 形声。金＋延㊥。音符の延は、のばすの意味。金属をうすくのばした刃物の意味を表す。

(15)7 【鋳】8157 常 チュウ いる　3582 4372

(22)14 〔鑄〕8158 人許 一シュ [韻] zhù 二㊥シュウ(シウ)・㊡シュ [韻] 慣チュウ(チウ)　7941 6F49

筆順 鋳

字義 一二❶いる。㋐金属をとかして型に流しこみ器物を作る。㋑人を感化・養成する。❷さび。

難読 鋳物(いもの)

解字 金文 篆文 形声。金＋寿(壽)㊥。音符の壽(ジュ)は、つらねるの意味。金属をとかして意図する形につらねる、いるの意味を表す。金文は会意で、鬲＋火＋皿。火を加えて金属をとかし、いがたに流しこんで器物を造るさまを表し、いるの意味を表す。

▼陶鋳

【鋳型】(チュウケイ・いがた) 国鋳物を作るために、溶かした金属を流しこむ型。

【鋳銭(錢)】(チュウセン) ぜにを鋳ること。

【鋳造】(チュウゾウ) 金属をとかし、鋳型に流して器具を作ること。

(15)7 【鋌】8159 △ ㊥テイ ㊡ジョウ（ヂャウ）[韻] dìng、③④tǐng

字義 ❶あらがね。じがね。銅鉄の鉱石。❷のべがね。いたがね。❸むなしい。つきる(尽)。❹はやく走る形容。

解字 篆文 形声。金＋廷㊥。音符の廷は、まっすぐ突き出すの意味。まっすぐ突き出た金属、あらがねの意味を表す。

(15)7 【鋪】8160 △ ホ 舗(1102)の正字。→三六ページ。　4263 4A5F

参考 現代表記では〔舗〕(1102)に書きかえることがある。「鋪装→舗装」

(15)7 【鋒】8161 標 ㊥ホウ ㊡フウ [韻] fēng　4315 4B2F

字義 ❶ほこさき。きっさき。❷さきて。軍隊のいちばん先の隊。前軍。「先鋒」❸物のするどい先。「筆鋒」❹するどい。勢いがするどい。さかん。❺つるぎ(剣)。また、ほこ。

解字 篆文 形声。金＋夆㊥。音符の夆(ホウ)は、峰に通じ、みねの意味。ほこさきの意味を表す。

【鋒▵戈】(ホウカ) ほこ。矛戟(ボウゲキ)。

【鋒起】(ホウキ) 急に勢いよく起こる。

【鋒刃】(ホウジン) ①やいば。刀やほこのやいば。②鋭いやいば。

【鋒▵鏑】(ホウテキ) ①ほこさきと矢じり。刀と矢。②転じて、武器。また、戦争。

【鋒▵芒・鋒▵鋩】(ホウボウ) ①刀のきっ先。②するどい議論や気性のたとえ。③わずか。いささか。

【鋒利】(ホウリ) ①するどい。鋭利。②論調などのするどいたとえ。

【争(爭)レ鋒】(ほこをあらそう(ふ)) ほこ先をまじえて敵と争い戦うこと。

(15)7 【鋩】8162 △ ㊥ボウ（バウ）㊡モウ（マウ）[韻] máng　7890 6E7A

字義 きっさき。刀やほこのきっさき。

解字 形声。金＋芒㊥。音符の芒は、草の端の意味。草の先端が細くなっているように鋭い、きっさきの意味を表す。

(15)7 【鋈】8163 △ オク 慣ヨク [韻] wù

字義 ❶しろがね。白金。❷めっき。いかけ。鍍金(トキン)。また、めっきする。

解字 篆文 形声。金＋沃㊥。

(15)7 【鋃】8164 △ ロウ（ラウ）[韻] láng

字義 ❶鋃鐺(ロウトウ)はくさり(鎖)。罪人をつなぐ鉄のくさり。刑具の一種。❷化学元素の名。ランタン。

解字 篆文 形声。金＋良㊥。

(15)7 【鋲】8165 国字 △ ビョウ（ビャウ）　4138 4946

字義 釘(くぎ)の一種。頭が大きく物をとめるのに使う。

解字 形声。金＋兵㊥。

(16)8 【錏】8166 △ 一ア [韻] yā 二ア [韻] yà　7891 6E7B

字義 一しころ。かぶとの左右とうしろに垂れて首すじを覆うもの。二かたい鉄をやわらかにする。

解字 篆文 形声。金＋亞㊥。

(16)8 【鋺】8167 △ 一㊥エン（ヱン）㊡オン（ヲン）[韻] yuǎn 二㊥エン（ヱン）㊡オン（ヲン）[韻] yuān　7892 6E7C

字義 一はかりの皿。二すきの頭にある曲がった鉄。国かなまり。金属製のわん。

解字 形声。金＋宛㊥。

(16)8 【錧】8168 △ カン（クヮン）[韻] guǎn

字義 ❶くさび。車のくさび。❷すき。農具の一種。
国たたら。大きなふいご。
解字 形声。金＋官音。
【錧轄】カンカツ 車のくさび。転じて、物ごとのかなめ。

(16)8
【錡】8169
△ 一ギ 紙 yǐ 二漢キ・呉ギ 支 qí

字義 一❶のこぎり。❷のみ。穴をあけるのに用いる工具。❸かま（釜ㇷ）。三本足のかま。❹ゆみかけ。弩ド・弓ゆみを掛けておく物。❺かたむく（攲キ）。また、そばだつ。
二❶＝一の❷。❷かま（釜）。
解字 文 篆 形声。金＋奇音。音符の奇は、かたむくの意味。ななめの切りこみの刃がある、のこぎりの意味を表す。

(16)8
【鋸】8170
標 漢キョ 呉コ 御 jù 2188 3578

字義 ❶のこぎり。木を引き切る工具。❷刑罰の道具。足を引き切るのに使ったのこぎり。また、その刑。刖刑ゲッケイ。❸ひく。のこぎりで引き切る。
解字 文 金 文 篆 形声。金＋居音。 難読 鋸南きょなん
【鋸牙】キョガ 鋸歯。①のこぎりの歯。②のこぎりのようにするどい歯。
【鋸匠】キョショウ こびき。材木をのこぎりで切る職人。
【鋸屑】キョセツ ①おがくず。のこぎりくず。②ことばや文章が、すらすらとよどみなく出るたとえ。

(16)8
【錦】8171
囚 キン 寝 jǐn 2251 3653

筆順

字義 ❶にしき。あやおり。五色の糸で美しい模様を織り出した織物。「文錦」「紅錦」❷美しい。にしきのように美しいことのたとえ。また、美しくほめたたえるときのことば。「錦心」
名乗 かね 難読 錦葵あおい・錦織にしごり
解字 文 篆 形声。帛＋金音。音符の金は、金属の意味。金・銀・銅など五色の金属があるように、五色の糸で美しく織りだした、にしきの意味を表す。
【錦衣玉食】キンイギョクショク ①美しい着物と上等の食物。②ぜいたくな生活。
【錦絵（繪）】キンカイ ①にしきのあやぎぬ。美しい衣服。②国にしきえ 浮世絵うきよえの色刷りにした版画の総称。江戸時代、鈴木春信すずきはるのぶが始めたとされる。
【錦官城】キンカンジョウ 四川省の成都市の旧称。この地の産物である錦にしきを管理する役所を置いたのでいう。錦城。錦里。〔唐、杜甫、春夜喜レ雨詩〕暁看紅湿処あかつきにみるくれないのうるおうところ、花重二錦官城一はなはキンカンジョウにおもからん。〈明け方に紅色がしっとりとぬれているのを見た。それは花が錦官城に重そうにぬれている姿であろう〉
【錦綺】キンキ にしきとあや織。美しい絹織物。
【錦旗】キンキ ①錦幡キンバン・錦旆キンパイ。にしきの旗。②国にしきのみ旗。皇室の旗じるし。天皇の旗。赤地の錦に日月を描いた。
【錦江】キンコウ 川の名。四川省成都市内を流れる川。府河・流江・走馬河ともいう。古代、錦をさらしたのでその名がある。
【錦字】キンジ ①にしきに織りこんだ文字。前秦ゼンシンの竇滔トウトウの妻が遠い任地の主人をしたって、にしきに長詩を織り出して送った故事。②妻が夫をしたっておくる手紙。③すぐれて美しい詩句。
【錦繡・錦綉】キンシュウ ①にしきと、ぬいとりのある織物。また、それらで作った着物や幔幕マンマクなど。②美しいもののたとえ。
【錦繡腸】キンシュウのはらわた 詩や文章がたくみで、美しい表現が、すらすらと口に出ること。錦心繡口。
【錦上添花】キンジョウはなをそう（ふ） （錦の上に花を置くように）美しい上に、さらに美しさを加える。〔宋、王安石、即事詩〕
【錦心繡口】キンシンシュウコウ 美しい思想と美しいことば。文才のすぐれた人をほめていう語。
【錦水】キンスイ 蜀ショク（今の四川省）の錦江をいう。
【錦地】キンチ ①美しい土地。②他人の住所の敬称。貴地。
【錦帳】キンチョウ にしきのとばり。にしきの幕。
【錦殿】キンデン にしきでかざった御殿。りっぱな御殿。
【錦囊】キンノウ ①にしきで作った袋。②詩の原稿を入れる袋。詩作が成ると錦の袋に入れたという、唐の李賀リガの故事による。③他人の詩や詩集をほめることば。
【錦帆】キンパン ①にしきの帆。美しい船。②他人の船旅を問うとき使うことば。他人の船旅に対する美称。
【錦楓】キンプウ にしきのようなかえで。紅葉したかえで。
【錦袍】キンポウ にしきの陣羽織。にしきの上着。
【錦鱗】キンリン 美しい魚。鱗は、うろこ。
【衣レ錦還レ郷】にしきをきてキョウにかえ（へ）る 立身出世してはれがましく故郷に帰る。〔南史、柳慶遠伝〕
【衣レ錦之栄（榮）】にしきをきるのエイ 立身出世して故郷に帰る名誉。
【衣レ錦尚レ絅】にしきをきてケイをくわ（は）う（ふ） りっぱな着物の上に、薄いひとえをはおる。君子は美徳があっても、みせびらかさないことのたとえ。〔詩経、衛風、碩人〕
【衣レ錦昼（晝）行】にしきをきてひるゆく 立身出世して、故郷に帰る。⇔衣レ錦夜行。〔魏志、張既伝〕
【衣レ錦夜行】にしきをきてよるゆく 立派な着物を着て暗夜を行く。出世しても故郷に帰らなければ、そのかいがないたとえ。〔史記、項羽本紀〕富貴不レ帰二故郷一フウキにしてコキョウにかえ（へ）らざるは、如三衣レ繡夜行一シュウをきてよるゆくがごとし（三〇九ページ）。

(16)8
【錮】8172
△ 漢コ 呉ク 遇 gù 7894 6E7E

字義 ❶ふさぐ。㋐いかける。銅・鉄を溶かして、すきまをふさぐ。㋑はばむ。さえぎる。㋒つなぐ。とじこめる。「禁錮」❷もっぱらにする。ひとりじめにする。❸ながわずらい。長い病気。＝痼コ。❹かたい。＝固。
解字 文 篆 形声。金＋固音。音符の固は、かたいの意味。金属を一度溶かして穴を固くふさぐの意味を表す。
【錮疾】コシツ 長い病気。持病。

(16)8
【鋼】8173
教6 コウ はがね 2561 395D
一コウ（カウ） 陽 gāng 二コウ（カウ） 漾 gàng

筆順

字義 一はがね。ねりがね。きたえて質を強くした鉄。鋼鉄。
二かたい（堅）。
名乗 かた
解字 形声。金＋岡音。音符の岡コウは、強に通じ、つよいの意味。つよい金属、はがねの意味を表す。
▼錬鋼
【鋼玉】コウギョク 酸化アルミニウムから成る六方柱形の鉱物。赤はルビー、青はサファイアといい、金剛石についで堅い。
【鋼鉄（鐵）】コウテツ はがね。少量の炭素を含む鉄。

(16)8
【錕】8174
△ 一コン 元 kūn 二コン 阮 gǔn

字義 一錕鋙コンゴ。㋐あかがね。赤色の鉄。㋑山の名。昆吾コンゴ。西方の異民族の国にあり、そこで造った刀は非常に鋭利で、玉を断ち切ることもできたという。「錕鋙之剣コンゴのケン」㋒㋑より転じて、名刀。宝剣。二かりも。車のこしきの穴にはめた鉄の管。
解字 形声。金＋昆音。

(16)8
【錯】8175
常 サク 2688 3A78
一サク 薬 cuò 二ソ 遇 cù

筆順　𠆢 金 鉗 錯 錯

字義 〔一〕❶まじる。まぜる。まじわる。「交錯」❷あやまる(誤)。まちがえる。「錯誤」❸みだれる(乱)。みだす。❹そむく。たがう。❺みがく(磨)。する。すりみがく。❻たがいに。かわるがわる。❼といし。あらと。❽めっきする。黄金を上にぬりかざる。また、いろどる。色彩・模様をつける。〔二〕❶おく。＝措。㋐すえる。すえ置く。㋑ほどこす。行う。㋒やめる。すてる。すておく。㋓とどめる。停止する。❷やすんずる。おちつく。❸す(醋)。

解字 文 篆 形声。金＋昔(䇺)音。音符の䇺は、つみかさねるの意味。金属をぬり重ねて、めっきするの意味を表す。転じて、いろいろな金属がまじるの意味を表し、また、たがう・おくの意味をも表す。

▼介錯・挙錯・交錯・盤錯

【錯覚(覺)】(サッカク) ①あるものを見聞きしたとき、誤って知覚すること。②国勘違い。思い違い。

【錯△愕】(サクガク) あわておどろく。うろたえる。

【錯簡】(サクカン・サッカン) 本の中の文字・文章・ページなどが入れちがっていること。

【錯誤】(サクゴ) あやまり。まちがい。

【錯行】(サクコウ・サッコウ) ①かわるがわる(次々に)入れかわって運行する。②運行の順序を間違える。

【錯雑(雜)】(サクザツ) いりまじる。混雑。乱雑。

【錯辞(辭)】(サクジ・ソジ) ことばをおく。詩や文章の字句を選んではめること。措辞。

【錯節(節)】(サクセツ) ①入りくんだ、木のふし。②転じて、入りくんで解決の困難なこと。「盤根錯節」

【錯△綜】(サクソウ) ①(複雑に)いりまじる。②いろいろに組み合わせる。

【錯陳】(サクチン) まじわり並ぶ。また、まじえ並べる。

【錯刀】(サクトウ) 漢の王莽(オウモウ)時代の貨幣の名。刀に似た形をし、金泥でかざった。

〔錯刀〕

【錯△繆・錯△謬】(サクビュウ) あやまる。たがう。まちがえる。また、あやまり。まちがい。錯誤。

【錯落】(サクラク) ①散りしく。②入りまじる。

【錯乱(亂)】(サクラン) ①乱れる。②狂う。「精神錯乱」

(16)8【鎡】8176 △ シ 因 zī　7901 6F21

字義 ❶重さの単位。六銖(ロクシュ)のおもさ。一説に六両、または八両。一銖は一両の二十四分の一。周代の一両は約一六グラム。❷わずか(わづか)。きわめて小さいこと。細かいこと。少量。「鎡銖(シシュ)」

解字 文 篆 形声。金＋甾(𠚋)音。

【鎡△銖】(シシュ) →字義の②。

(16)8【錫】8177 標 〔一〕漢セキ・呉シャク 錫 xī(xí)　〔二〕シ 寘 cì　2866 3C62

字義 〔一〕❶すず。金属元素の一つ。銀白色で、鉛に似ているがやや堅い。❷たまわる(たまはる)。たまもの。❸シャク。道士や僧の使うつえの一種。「錫杖(シャクジョウ)」〔二〕たまう。あたえる。＝賜。

解字 甲骨文 金文 篆文 形声。金＋易音。

【錫△杖】(シャクジョウ) 道士や僧などの用いるつえ。頭を錫(すず)、中を木、下を角(つの)などで作る。杖頭に多くの鐶(カン)をかけ、杖を突くと鳴るようにしたもの。

〔錫杖〕

【錫人】(シャクジン・セキジン) すずで造った人形。昔、死人とともに埋葬したもの。

(16)8【錞】8178 △ 〔一〕漢シュン・呉ジュン 真 chún　〔二〕漢タイ・呉ズイ(ヅイ) 隊 duì

字義 〔一〕楽器の一種。鼓に和して鳴らす、釣り鐘に似た楽器。錞于(ジュンウ)。〔二〕いしづき。ほこの柄の下端の金具をかぶせてある所。

解字 金文 篆文 形声。金＋享音。

〔錞于〕

(16)8【錠】8179 常 ジョウ　〔一〕漢テイ・呉チョウ(チャウ) 径 dìng　〔二〕漢テイ・呉ジョウ(ヂャウ) 径 dìng　3091 3E7B

筆順　𠆢 金 鈩 鉼 錠

字義 〔一〕❶たかつき。煮た物を神に供えるのに使う、足のある祭器。❷なべ。〔二〕❶たかつき。❷すず(錫(シャク))。❸こつぶ。つぶがね。通貨の一つ。銀を一定の形に鋳たもの。「銀錠」国ジョウ(ヂャウ)。㋐じょうまえ。錠前。戸じまりに使う金具。㋑うすく平たい形の薬。錠剤。また、それを数える単位。

解字 篆文 形声。金＋定音。

(16)8【錘】8180 常 スイ つむ　〔一〕漢ツイ・呉ズイ(ヅイ) 支 chuí　〔二〕スイ 寘　慣スイ　3178 3F6E

筆順　𠆢 金 鉎 鉦 錘

字義 〔一〕❶重さの単位。八銖(ハッシュ)、また、六銖の重さ。周代の一銖は約〇・六七グラム。❷おもり。はかりのおもり。分銅(フンドウ)。❸つるす。たらす。〔二〕火を吹きつけて金属をきたえる器。また、きたえる。国つむ。㋐糸巻きなどの心棒。㋑糸をつむぐ機械の付属品。紡錘。

解字 篆文 形声。金＋垂(𠂹)音。音符の𠂹(スイ)は、たれるの意味。さおばかりにたれさがる、おもりの意味を表す。

▼紡錘

(16)8【錐】8181 標 スイ 支 zhuī　3177 3F6D

字義 ❶きり。小さい穴をあけるのに用いる道具。❷きりのようにするどいもの。㋐はり(鍼)。㋑小さい矢。一説に、金鏃箭羽(キンゾクセンウ)(矢じりを金属で作り、矢がらに羽をつけた矢)。❸め(芽)。

解字 篆文 形声。金＋隹音。音符の隹(スイ)は、出に通じ、でるの意味。先が鋭くてつき出るきりの意味を表す。

【錐指】(スイシ) きりで大地をさすこと。転じて、見識のせまいたとえ。用レ錐指レ地(きりをもってチをさす)。

【錐刀△之末】(スイトウのすえ(ゑ)) とがった小さい刀の先。転じて、わずかな利益。また、小さな物事。〔左伝、昭公六〕

【錐処(處)△嚢中二】(きりノウチュウにお(を)り) 袋の中にきりがあれば、その先が袋から突き出ることから、すぐれた人は、必ずその才能をあらわす機会があるということのたとえ。〔史記、平原君伝〕

【引レ錐刺レ△股】(きりをひきてももにさす) 戦国時代の蘇秦(ソシン)が学問にはげみ、きりをももに刺してねむけを防いだ故事。〔戦国策、秦〕

【用レ錐指レ地】(きりをもってチをさす) きりを大地に刺して、その深さをはかる。見識のせまいたとえ。錐指。〔荘子、秋水〕

(16)8【錆】8182 標 漢ショウ(シャウ)　呉ソウ(サウ)　慣セイ　陽 qiāng　［錆］2712 3B2C

字義 くわしい(精)。よく精練されている。国さび。金属の表面にできた酸化物。

解字 形声。金＋青音。音符の青は、すみきっているの意味。

よく精錬された金属の意味を表す。国字としては、緑青ロクショウのついた銅、さびの意味を表す。

(16)8 【錢】(8135) セン 銭(8134)の旧字体。→一一三六ペ。 7902 6F22

(16)8 【錚】8183 △ 漢ソウ(サウ) 呉ショウ(シャウ) 庚 zhēng 7903 6F23

字義 ❶金属の音の形容。❷かね(鐘)。どら。

解字 篆文 形声。金＋争音。音符の争ソウは、金属の触れあう音の擬声語。

【錚然】ソウゼン 金石などのぶつかりあう音の形容。

【錚錚】ソウソウ ①金鉄の音、また、それに似た音の形容。②転じて、すぐれた人物の形容。③玉のひびきの形容。④秋風の音の形容。⑤琴や琵琶ビワの澄んだ音の形容。

(16)8 【錟】8184 △ 一漢タン・呉ダン 覃 tán 二セン 塩 xiān

字義 一長い矛ほこ。二❶するどい。鋭利。❷すき。農具の一種。

解字 篆文 形声。金＋炎音。

(16)8 【錣】8185 △ 一漢テツ・呉テチ 屑 chuò 二テイ 霽 zhuì 7904 6F24

字義 一さんぎ(算木)。かずとり。数を数える道具。二❶はり(針)。❷馬のむちの先につける鉄の針。

国しころ。かぶとの左右と、うしろに垂れて首すじをおおうもの。

解字 形声。金＋叕音。

(16)8 【錑】8186 △ 一ライ 隊 lèi 二ライ 灰

字義 一かんな。木を平らにけずる工具。二きり。

国❶もじ。もじり。きりの柄の端に丁字形のとってをつけて、ねじりまわすようにしたもの。❷ねじり。ねじ。

解字 形声。金＋戾音。

(16)8 【鍄】8187 △ リョウ(リャウ) 漾 liàng 7893 6E7D

字義 打楽器の一種。難読 小鍄こがす

解字 形声。金＋京音。

(16)8 【錬】8188 常 レン

(17)9 【鍊】8189 人 許 レン 霰 liàn 4703 4F23

筆順 亼 金 釒 銆 錬

字義 ❶ねる。㋐金属をねりきたえる。「精錬」㋑薬をねり合わせる。「錬丹」㋒人の心や文章などをねりあげる。「磨錬」㋓物事を理想的状態にする。「修錬」❷ねりあげた金属。ねりがね。錬金。❸役人が罪をでっちあげて人を罪におとしいれること。

解字 篆文 形声。金＋柬(柬)音。音符の柬カン・レンは、練に通じ、ねるの意味。金属をとかしてねりきたえるの意味を表す。

▼修錬・試錬・精錬・製錬・鍛錬

【錬金】レンキン ①精錬した黄金。②不老不死の薬を作るために金をねる。③金以外の金属で金を作ろうとしたこと。

【錬鋼】レンコウ ①ねりきたえたはがね。②強くすることのたとえ。

【錬成】レンセイ ねりきたえて、りっぱにする。

【錬丹】レンタン 道教の術で、不老不死の薬(金丹)をねること。また、その薬。丹薬。錬薬。煉丹レンタン。〔晋書、葛洪伝〕

【錬磨】レンマ ねりみがく。

(16)8 【録】8190 教4 ロク

(16)8 【錄】8191 人 許 一漢リョク・呉ロク 沃 lù 二ロク 屋 lù 三漢リョ・呉ロ 御 lǜ 慣ロク 4731 4F3F

筆順 亼 金 釒 釕 録

字義 一❶しるす(記)。㋐書きしるす。「記録」㋑心にしるす。記憶する。❷書きつけ。書きしるしたもの。㋐書きぬき。うつし。「抄録」㋑品物や書物などの名を書きならべたもの。「目録」❸うつす(写)。書きうつす。❹すべる(統)。㋐とりまとめる。しめくくる。㋑とりしまる。検束する。❺あらわす。明らかにする。❻歴史。「実録」二→録録。三しらべる。しらべ考える。

名乗 とし・ふみ

解字 篆文 形声。金＋录(彔)音。音符の彔ロクは、水をくみあげるの意味。重要なことをくみあげて、金属にしるすの意味を表す。

▼記録・語録・採録・雑録・実録・収録・抄録・叙録・著録・図録・筆録・付録・目録・要録

【録事】ロクジ ①事件を記録し、善悪を調べただす官職。②国㋐旧陸海軍の軍法会議の属官。㋑宮中の御歌所の属官。

【録奏】ロクソウ 書面にしるして申し上げる。

【録牒】ロクチョウ 姓名を書きしるした帳簿。名簿。

【録用】ロクヨウ とりあげる。採用する。

【録録】ロクロク 人物などが平凡なさま。碌碌ロクロク。自主的でなく、常に人のあとに従うさま。役に立たないさま。無能なさま。

(16)8 【錺】8192 国字 △ 7905 6F25

字義 かざり。金属製の装飾細工。「錺師かざりし」「錺職かざりショク」は、その職人。

解字 会意。金＋芳。

(16)8 【錵】8193 国字 △ 7906 6F26

字義 にえ。刀の刃にあらわれる雲形の模様。

解字 会意。金＋花。

(16)8 【錻】8194 国字 △ 7907 6F27

字義 ブリキ(錻力)。錫すずをめっきしたうすい鉄板。オランダ語blikの音訳。

解字 形声。金＋武音。ブリキのブを音符の武が表す。

(17)9 【鍋】8195 標 カ(クワ) 歌 guō 3873 4669

字義 ❶なべ。炊事道具のなべ・かまの類。❷かりも。車のこしきの穴にさしこむ金具。難読 鍋原なべら

解字 形声。金＋咼音。

(17)9 【鍜】8196 △ 漢カ 呉ゲ 麻 xiá 7908 6F28

字義 鍜鍜カアは、しころ。兜かぶとの鉢の後方や左右に垂れて首すじをおおい守る具。

参考 〔鍛タン〕(8207)と混同されるが、別字。

難読 鍜冶かじ・鍜屋かじや・鍜谷かじたに

解字 篆文 形声。金＋叚音。

(17)9 【鍔】8197 △ ガク 薬 è 3655 4457

字義 ❶は(刃)。刀の刃。❷きっさき。剣のきっさき。❸みね。剣のみね。❹きし。がけ。また、はし。きわ。

国つば。刀の柄と刃との間にはめて手を保護する金具。

解字 形声。金＋咢音。

(17)9 【鍰】8198 △ 漢カン(クワン) 呉ゲン 删 諫 huán

字義 ❶貨幣の単位。六両。周代の一両は約一六グラム。❷かね。貨幣。また、その単位。金六両。❸わ(環)。

解字 形声。金＋爰音。

(17)9 【鍥】8199 △ 漢ケツ 呉ケチ 屑 qiè

字義 ❶かま。草などを刈るかま。❷きざむ。ほりつける。❸たつ（断）。たちきる。❹むごい。

解字 文 篆 形声。金＋契㊥。音符の契は、きざむの意味。草などを切りきざむかまの意味を表す。

(17) 9 【鍵】8200 標 ㊥ケン ㊐ゲン 先 銑 jiàn 2416 3830

字義 ❶かぎ。錠前にさしこむ金具。❷鼎（かなえ）のみみわ。鼎（かなえ）を持ちあげる部分。❸くさび。車のくさび。

国 ❶かぎ。㋐錠前。㋑手がかり。❷ケン。ピアノやオルガンなどの指でたたく部分。キー。「鍵盤」

解字 文 篆 形声。金＋建㊥。音符の建は、のびやかにたつの意味。雄の生殖器のようにたつ金具、かぎの意味を表す。

【鍵関（關）】ケンカン ①かぎと、かんぬき。②転じて、門や戸のしまり。戸じまり。

【鍵鑰】ケンヤク じょうまえ。かぎ。

(17) 9 【鍠】8201 △ ㊥コウ（クヮウ） ㊐オウ（ワウ） 陽 庚 huáng 7909 6F29

字義 ❶かねの音。「鍠鍠」❷まさかり。おの。

解字 文 篆 形声。金＋皇㊥。

(17) 9 【鍭】8202 △ ㊥コウ ㊐グ 尤 宥 hóu

字義 ❶や（矢）。㋐鏃（やじり）と羽とをつけた矢。㋑いし弓に使う矢。❷やじり。

解字 篆 形声。金＋侯㊥。音符の侯は、まとをうかがって矢を放つ形にかたどる。金属製のやじりをつけた矢の意味を表す。

(17) 9 【鍬】8203 標 ショウ（セウ） 慣シュウ（シウ） 蕭 qiāo 2313 372D

【鍫】同字

字義 くわ。すき。農具の一種。

解字 形声。金＋秋㊥。

(17) 9 【鍾】8204 標 ㊥ショウ ㊐シュウ 冬 zhōng 3065 3E61

字義 ❶あつめる。あつまる。❷かさねる。ます（増）。❸あたる（当）。❹あたえる。さずける。❺さかつぼ。酒を入れる壺（つぼ）。一説に、さかずき。❻容量の単位。一鍾は、約五一・二リットル。❼かね。つりがね。＝鐘。❽ちち（父）。また、しゅうと。としより。＝翁（オウ）。

〔鍾⑤（漢代）〕

解字 文 金 文 篆 形声。金＋重㊥。音符の重は、おもいの意味。金属製の重いさかずきの意味。また、かさなってくる・あつまるの意味をも表す。

【鍾愛】ショウアイ 非常にかわいがること。

【鍾王】ショウオウ 魏（ギ）の鍾繇（ショウヨウ）と晋（シン）の王羲之（オウギシ）。ともに書家として有名。

【鍾馗】ショウキ 疫病神（ヤクビョウがみ）を追い払う神。唐の玄宗皇帝が夢みたものを呉道子が描いたのにはじまるという。

【鍾子期】ショウシキ 春秋時代、楚（ソ）の人。伯牙（ハクガ）の琴をきいて、よく理解したという。〔列子、湯問〕

【鍾繇】ショウヨウ 三国時代、魏（ギ）の文帝に仕えた書家。草書をよくした。（一五一—二三〇）

(17) 9 【鍼】8205 標 シン 侵 zhēn 7910 6F2A

【針】同字 3143 3F4B

字義 ❶はり（針）。㋐縫い針。㋑医療用の針。❷さす。針をさす。❸いましめ。＝箴（シン）。

参考 現代表記では［針］（8072）に書きかえることがある。「鍼術→針術」

解字 文 篆 形声。金＋咸㊥。音符の咸（カン→シン）は、すっかりとじるの意味。とじるためのぬい針の意味を表す。

【鍼艾】シンガイ ①はりともぐさ。＝鍼灸（シンキュウ）。艾は、灸に用いるもぐさ。②転じて、いましめ。教訓。箴戒（シンカイ）。

【鍼灸】シンキュウ はりときゅう。針灸。

【鍼術】シンジュツ 医療用の針を用いて病気を治療する方法。針術。

【鍼石】シンセキ ①医療用の石の針。②いましめ。教訓。

【鍼砭】シンヘン・シンペン ①金属の針と石の針。砭は、医療用の石針。②転じて、いましめ。教訓。

【鍼薬（藥）】シンヤク ①針と薬。②転じて、病気の治療。

(17) 9 【鍤】8206 △ ㊥ソウ（サフ） ㊐ショウ（セフ） 洽 chā

字義 ❶すき。農具の一種。❷はり。まち針。布を張り広げるに用いる針。

解字 文 篆 形声。金＋臿㊥。音符の臿（ソウ）は、さすの意味。布にさしこむ金属製のはりの意味や、土にさしこみ耕すすきの意味を表す。

(17) 9 【鍛】8207 常 タン きたえる タン 翰 duàn 3535 4343

筆順 ⺈ 金 鉀 鍛 鍛

字義 ❶きたえる。㋐金属の質をよくするために、うちたたく。㋑ねる。物事を理想的状態にまで高める。㋒役人が人の罪をつくりあげること。❷やぶる（破）。槌（つち）でうちやぶる。❸といし。

名乗 かじ・かたし・かぬち 難読 鍛師（かぬち）・鍛冶（かぬち）

参考 ［鍜］（8196）は別字。

解字 文 篆 形声。金＋段㊥。音符の段は、徹底して加工を重ねるの意味。金属にやきをいれてきたえるの意味を表す。

【鍛冶】タンヤ・かじ 金属をきたえて、器物を造ること。また、その人。鍛工。

【鍛錬・鍛練】タンレン ①金属をきたえねる。②転じて、詩や文章などの字句をねること。③学問や芸術をまなび、はげむ。④からだや意志をきたえる。⑤むごい役人が無理に人を罪におとすこと。「鍛錬之吏（タンレンのリ）」

(17) 9 【鍮】8208 △ ㊥トウ ㊐ツ 慣チュウ（チウ） 尤 tōu 7911 6F2B

字義 しんちゅう（真鍮）。銅と亜鉛の合金。また、自然銅のすぐれたもの。

解字 形声。金＋兪㊥。

(17) 9 【鍖】8209 △ 一チン 寝 chěn 二チン 侵 zhēn 7912 6F2C

字義 一鍖鈃（チンジン）は、音声のゆっくりしている形容。二あてぎ。＝椹（チン）。❶木を断ち切る台。❷罪人を乗せて切る台。

解字 形声。金＋甚㊥。

(17) 9 【鍉】8210 △ 一㊥テイ・㊐タイ 斉 dī 二㊥シ・㊐ジ 支 chí、③shì 三㊥テキ・㊐チャク 錫 dí

字義 一血をする器。ちかいをするとき使う。二❶かぎ（鍵）。❷さじ（匙）。❸化学元素の名。ツリウム。三やじり（鏑）。

解字 形声。金＋是㊥。音符の是は、柄ののびたさじの意味。金属製のさじの意味を表す。

(17) 9 【鍍】8211 △ ㊥ト 遇 dù 3753 4555

字義 めっき。金銀などを溶かし、物の表面に流しつけてかざること。また、そのかざり。国 くさり（鎖）。難読 鍍金（めっき）

解字 形声。金＋度㊥。音符の度は、わたすの意味。薄い金・銀などを他の金属にかぶせわたす、めっきの意味を表す。

【鍍金】トキン 金めっき。

(17) 9 【錨】8212 △ ㊥ビョウ（ベウ） ㊐ミョウ（メウ） 肴 máo 4137 4945

字義 いかり。船をとめておくために水中に沈めるおもり。「投

錨」
【解字】形声。金＋苗㊐。

(17)9【鍪】8213 △ ㊊ボウ ㊄ム 因 móu

【字義】❶かま。なべ。炊事用具の一つ。❷かぶと。❸かんむりの鉢。かんむりの頭のはまるところ。

【解字】文 篆 形声。金＋敄㊐。音符の敄ボは、冃ボウに通じ、おおうの意味。頭をおおう、かぶとの意味を表す。

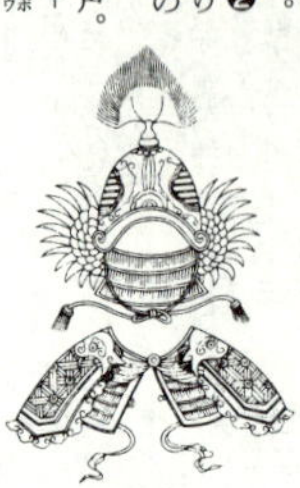
［鍪②］

(17)9【鍚】8214 △ ヨウ（ヤウ） 陽 yáng

【字義】❶おもがい。馬の額にあてるかざりの金具。❷たてかざり。盾のうしろの金のかざり。

【解字】形声。金＋昜㊐。

(17)9【鍊】(8189) レン 鍊(8188)の旧字体。→一一三七ﾍﾟ。

【鍞】→頁部 一二九〇ページ。

(18)10【鎰】8215 △ ㊊イツ ㊄イチ 質 yì 7913 6F2D

【字義】金貨の重さの単位。二十両（周代の一両は約十六グラム）。一説に二十四両。国かぎ。㋐錠前を開くかぎ。鍵かぎ。㋑なべ・かまの類をかける自在鉤ジザイかぎ。

【解字】形声。金＋益㊐。

(18)10【鎧】8216 標 カイ 賄隊 kǎi ㊄ガイ 1927 333B

【字義】❶よろい。金属製のよろい。❷よろう。よろいを着る。

【解字】文 篆 形声。金＋豈㊐。

【鎧甲】ガイコウ よろい。鎧は金属製。甲は革製。

【鎧袖一触（觸）】ガイシュウイッショク ①よろいのそでがちょっと触れること。②転じて、弱い敵に一撃を加えること。弱敵をたやすくうちまかすこと。

［鎧①］

【鎧仗】ガイジョウ よろいと武器。仗は武器の総称。

【鎧冑】ガイチュウ よろいと、かぶと。甲冑カッチュウ。

【鎧馬】ガイバ 武装した馬。鉄馬。

(18)10【鎋】8217 △ ㊊カツ ㊄ゲチ 黠 xiá

【字義】❶くさび。車の輪を軸にとめる金具。❷転じて、物事のしめくくり。

【解字】形声。金＋害㊐。音符の害ガイは、割カツに通じ、わるの意味。すき間にわりこませる金具、くさびの意味を表す。

(18)10【鎬】8218 △ ㊊コウ（カウ） ㊄ゴウ（ガウ） 皓 hào 7914 6F2E

【字義】❶なべ。炊事用のなべ。❷地名。周の武王の都。陝セン西省西安市の西南。鎬京。国しのぎ。刀身の両側に通っている高いすじ。「鎬を削る（はげしく切り合う）」

【解字】金 文 篆 形声。金＋高㊐。

【鎬飲】コウイン 周の都の鎬京コウケイで、武王・周公が宴会を開いたことをいう。〔詩経、小雅、魚藻〕

【鎬京】コウケイ →字義の❷。

【鎬鎬】コウコウ 光りかがやくさま。明らかなさま。

(18)10【鎖】8219 常 サ くさり 2631 3A3F

(18)10［鎻］8220 サ 哿 suǒ

筆順 金 銷 鎖

［鏁］同字 ［鎻］俗字

【字義】❶くさり。❷ジョウ（錠）。錠前ジョウまえ。かぎ。❸とじる。また、とざす。「閉鎖」❹つなぐ。つないだもの。「連鎖」❺罪人の首にはめる鉄製のくさり。❻イギリスの距離の単位。チェーン。chain の訳。約二〇・一一メートル。

【解字】文 篆 形声。金＋貨（貝）㊐。音符の貨サは、こまかいの意味。こまかい金具、じょう・くさりの意味を表す。

▼封鎖・閉鎖・連鎖

【鎖鎧】サガイ くさりを連ねて作ったよろい。くさりかたびら。

【鎖港】サコウ 港の口に障害物があって舟がはいれぬこと。また、港をとざして、外国と通商・貿易を許さぬこと。↔開港。

【鎖国（國）】サコク 国をとざす。外国との貿易・交通・外交を絶つこと。↔開国。

【鎖愁】サシュウ うれいをとざす。

【鎖鑰】サヤク ①錠前とかぎ。門や戸のしまり。②出入の要所。たいせつな場所。

(18)10【鎡】8221 △ シ 支 zī 慣ジ

【字義】鎡基ジキは農具。すき。くわ。

【解字】形声。金＋茲㊐。

(18)10【鎗】8222 △ 一㊊ソウ（サウ） ㊄ショウ（シャウ） 庚 chēng 二㊊ショウ（シャウ） ㊄ソウ（サウ） 陽 qiāng 3389 4179

【字義】一❶かなえの一種。三本足のなべ・かまの類。❷酒を入れる器。❸玉のひびきの形容。二❶やり。＝槍ソウ。❷銃。鉄砲。❸鐘などの音の形容。＝鏘ソウ。

【解字】金 文 篆 形声。金＋倉㊐。

(18)10【鎪】8223 △ ソウ 尤 sōu

【字義】える（彫）。きざむ（刻）。彫刻する。

【解字】形声。金＋叟㊐。

(18)10【鎮】8224 常 チン しずめる・しずまる 3635 4443

(18)10［鎭］8225 人 許 一チン 震 zhèn 二㊊テン ㊄デン 先 tián 7915 6F2F

筆順 金 釘 鎮 鎮

【字義】一❶しずめる。㋐やすめる。安んずる。なで安んずる。乱れているものを穏やかにする。また、痛みや興奮をやわらげる。「鎮撫チンブ」㋑おす。おさえつける。㋒止める。とどめる。❷しずまる。❸おさえ。㋐おもし。「文鎮」㋑中心的な存在。「重鎮」❹じんや（陣屋）。兵営。❺まち。商業などのさかんな大きな町。❻常に。長く。二❶ふさぐ。また、ふさがる。＝塡テン。❷うずめる。埋まる。

名乗 おさむ・しげ・しず・つね・まさ・まもる・やす・やすし

使いわけ しずめる［静・鎮］⇩静(8533)。

【解字】文 篆 形声。金＋真（眞）㊐。音符の眞は、つめこむの意味。いっぱいにつめこまれた金属、おもしの意味を表す。

▼重鎮・書鎮・藩鎮・辺鎮・要鎮

【鎮圧（壓）】チンアツ ①しずめ抑える。反乱や暴動を抑える。②押しつぶされる。鎮厭チンヨウ。③積みかさなる。

【鎮遏】チンアツ　しずめ、とどめる。鎮止。
【鎮安】チンアン　①しずめ安んずる。②しずまり安らかになる。
【鎮慰】チンイ　＝鎮安の①。
【鎮火】チンカ　火事が消えしずまる。また、火事を消ししずめる。
【鎮禦】チンギョ　民をしずめ、敵を防ぐこと。
【鎮圭】チンケイ　天子の手に持つ宝玉。会稽山カイケイザンや霍山カクザンなど四方の山のさまを彫ったもので、四方を安定する意をしめす。

〔鎮圭〕

【鎮護】チンゴ　しずめ守る。乱をしずめ、国を守ること。
【鎮魂】チンコン　国たましずめ。たましいをおちつけ静めること。
【鎮座・鎮坐】チンザ　国①神霊がそこに静まりとどまる。②転じて、すわっていること。物がそこにあること。
【鎮止】チンシ　しずめとどめる。しずめる。
【鎮紙】チンシ　文鎮。書鎮。
【鎮日】チンジツ　①一日中。また、長い日。②ふだん。平日。
【鎮守】チンシュ　①しずめ守る。軍隊を駐留させて守る。鎮戍チンジュ。②国チンジュ　㋐土地の守護神。鎮守さま。㋑寺院の守り神。
【鎮守府】チンジュフ　国㋐平安時代、東北地方の蝦夷えぞをしずめるために陸奥むつの国に置かれた役所。㋑旧海軍で所属海運区を総轄した機関。
【鎮西】チンセイ・チンサイ　①新疆シンキョウウイグル自治区の東部の巴里坤バリクン哈薩克ハザク自治県の旧名。②国チンゼイ　九州の古い名。
【鎮静(靜)】チンセイ　①しずめる。②しずまる。◇「沈静」も同意。一般に、「静かにさせる」(他動詞)には「鎮静」、「静かになる」(自動詞)には「沈静」を用いる。したがって、苦痛・騒動などに関しては「鎮静」の使用例が多い。「鎮静剤」「物価が沈静する」
【鎮台(臺)】チンダイ　①一地方を守る軍隊。またその長。将官。②国地方に置いた師団。
【鎮定】チンテイ　しずめ定める。平定。
【鎮討】チントウ　賊を討ってしずめること。
【鎮撫】チンブ　＝鎮安。撫は、なでる。
【鎮服】チンプク　しずめ従える。
【鎮厭】チンヨウ　押しつぶす。また、押しつぶされる。鎮圧。

(18)10 **【鎚】** 8226 標　㊀漢ツイ 呉ズイ(ツイ) 支 chuí　㊁漢タイ・呉ツイ 灰 duī　〔鎚〕 3642 444A

字義 ㊀❶つち。かなづち。❷うつ(打)。つちでうつ。❸おもり(錘スイ)。はかりのおもり。㊁❶きたえる(鍛)。❷みがく(磨)。

解字 形声。金＋追音。音符の追は、椎ツイに通じ、つちの意味。金づちの意味を表す。

(18)10 **【鎛】** 8227 △ ハク 薬 bó

字義 ❶鐘を掛ける横木。また、そのかざり。❷かね(鐘)。つきがね。大きな鐘で、底辺が直線のもの。❸すき。また、くわ。ともに農具。❹金の酒だる。

解字 金文 […] 篆文 […] 形声。金＋専音。

〔鎛②(周代)〕

(18)10 **【鎞】** 8228 △ 漢ヘイ 呉ハイ 斉 bī

字義 ❶くし(櫛シツ)。❷へら。かねべら。金属製のへら。

解字 形声。金＋毘音。

(18)10 **【鎔】** 8229 △ 漢ヨウ 呉ユウ 冬 róng　7916 6F30
［熔］標 準 4548 4D50

字義 ❶いがた。金物を鋳る型。↓笵(5487)の字義の②。❷いる(鋳)。鋳造する。❸とかす(溶)。金属を熱で溶かす。とける。

参考 ①現代表記では［溶］(4214)に書きかえる。「鎔解↓溶解」「鎔鉱炉↓溶鉱炉」熟語は［溶］をも見よ。↓六六五ペ。②［熔］は俗字であるが、印刷標準字体。

解字 篆文 […] 形声。金＋容音。音符の容は、物をとり入れるの意味。金属をとかして、流し入れるいがたの意味を表し、転じて、とかすの意味も表す。

【鎔解】ヨウカイ　金属を溶かす。また、溶ける。熔解。溶解。
【鎔鋳(鑄)】ヨウシュ・ヨウチュウ　①金属を溶かし鋳ること。②転じて物事をつくりあげること。
【鎔炉(爐)】ヨウロ　金属を溶かす炉。
【鎔和】ヨウワ　金属を溶かしてまぜる。熔和。

(18)10 **【鎌】** 8230 囚 レン 塩 lián　1989 3379
(18)10 **【鐮】** 8231

筆順 金 […]

字義 かま。刈り取りに使う農具。

名乗 かた・かね。

［鐮］同字

解字 篆文 […] 形声。金＋兼(兼)音。音符の兼は、稲などを集め、手にするの意味。稲などを手ににぎり集めて刈るためのかまの意味を表す。

【鎌府】レンプ　国鎌倉の雅名。幕府があったのでいう。
【鎌利】レンリ　かまのようにするどいこと。

(18)10 **【鎹】** 8232 国字 △　7917 6F31

字義 かすがいかすがひ。両材を接合させる二本足のくぎ。

解字 会意。金＋送。

(18)10 **【鎺】** 8233 国字 △

字義 はばき。刀などの鍔つばの上下にはめて刀身の抜けないように鍔元を固める金具。

解字 会意。金＋祖。

(19)11 **【鏖】** 8234 △ オウ(アウ) 豪 áo　7918 6F32

字義 ❶みなごろし。皆殺しにする。「鏖殺」❷なべ。銅製のはち。❸かまびすしい。さわがしい。

解字 形声。金＋鹿(麀)音。

【鏖殺】オウサツ　みなごろしにする。
【鏖戦(戰)】オウセン　全力をつくして戦う。また、はげしい戦い。皆殺しにするまで戦う。

(19)11 **【鏡】** 8235 教4 キョウ かがみ　漢ケイ・呉キョウ(キャウ) 敬 jìng　2232 3640
眼鏡めがね

筆順 金 […] 鏡

字義 ❶かがみ。㋐反射を利用して顔や姿をうつすもの。昔は金属で作り、後世は玉石を使い、現在は一般にガラスを使っている。㋑てほん。模範。㋒みち。道徳。㋓月・池のたとえ。㋔明らかなたとえ。また、静かに澄んでいるたとえ。❷かんがみる(鑑)。かがみとする。手本とする。❸てる(照)。てらす。❹めがね。レンズ。「眼鏡」

名乗 あき・あきら・かね・とし　難読 鏡島かがしま

解字 篆文 […] 形声。金＋竟音。音符の竟キョウは、景に通じ、ひかりの意味。姿を映しだす銅製のかがみの意味を表す。

▼玉鏡・金鏡・心鏡・人鏡・水鏡・破鏡・飛鏡・明鏡

【鏡花水月】キョウカスイゲツ　鏡に映った花と、水に映った月。ともに、詩歌などのことばにあらわせないほどのすぐれたおもむきにたとえる。〔詩家直説〕
【鏡戒・鏡誡】キョウカイ　①明らかないましめ。②他と照らし合わせていましめること。
【鏡鑑・鏡鑒】キョウカン　①鏡。②手本。模範。③かんがみる。「手本とする」

【鏡考】キョウコウ　他と照らし合わせて考えること。
【鏡匣】キョウコウ　かがみばこ。鏡を入れておく箱。
【鏡銘】キョウメイ　鏡の銘。鏡の裏面にきざんだ文字・文章。
【鏡裏】キョウリ　鏡の中。鏡のうち。鏡中。

(19)11【鏁】8236　△　サ　鎖(8219)と同字。→二二元ペー。

(19)11【鎩】8237　△　㊀サイ　㊁漢サツ・呉セチ　shā
字義　㊀❶つばのある剣。❷ほこ。㋐もろは(両刃)のほこ。㋑長いほこ。❸くじく。また、そこなう(残)。❹化学元素の名。サマリウム。
解字　篆文　形声。金＋殺㊥。

(19)11【鏟】8238　△　漢サン　呉セン　chǎn
字義　❶ならし。ちょうなの類。木・金・石を平らにする工具。また、シャベル、スコップの類。❷けずる。けずってたいらにする。また、いたがね。ひらがね。
解字　篆文　形声。金＋産㊥。

(19)11【鏨】8239　△　漢サン　呉ザン　zàn　7920 6F34
字義　❶たがね。石や金に字などを刻む小さなのみ。❷える。ほる。彫りつける。
解字　篆文　形声。金＋斬㊥。音符の斬は、切るの意味。金石に切りつけるための、のみの意味を表す。

(19)11【鏥】8240　△　シュウ　銹(8152)と同字。→二三元ペー。　7921 6F35

(19)11【鏦】8241　△　㊀漢ショウ・呉シュウ　cōng　㊁ソウ(サウ)　cōng
字義　㊀❶ほこ。小さいほこ。❷さす(刺)。つく(突)。つきさす。❸鏦鏦・鏦錚は金属の鳴る音の形容。
解字　篆文　形声。金＋從㊥。

(19)11【鏘】8242　△　漢ショウ(シャウ)　呉ソウ(サウ)　qiāng　7922 6F36
字義　❶金属や玉などの鳴る美しい音の形容。鏘然。＝瑲。❷→鏘鏘。
解字　形声。金＋將㊥。音符の將は、金属などの鳴る音の擬声語。
【鏘金】ソウキン　音をたてて鳴る金属。
【鏘然】ソウゼン　金属や玉のふれあう音の形容。また、水の音がさらさらと美しく聞こえる形容。
【鏘鏘】ソウソウ　①高いさま。②さかんなさま。③たゆみなく進むさま。④姿・様子ののんびりしているさま。⑤金属や玉などの音、また、鳳凰の声の形容。

(19)11【鏃】8243　△　ソク　慣ゾク　zú　7923 6F37
字義　❶やじり。矢のさき。❷するどい(鋭)。❸あたらしいさま。鏃鏃は、新しく目立つさま。
解字　篆文　形声。金＋族㊥。音符の族は、あつまるの意味。鋭い刃の部分があつまってとがった矢じりの意味を表す。

(19)11【鏑】8244　△　漢テキ　呉チャク　dí　3713 452D
字義　❶かぶらや。鏑矢。射ると音を出して飛ぶ矢。先に蕪の球根に似た中空の球をつけ、その先に、雁股をつけるからいう。鳴鏑。❷やじり。矢の先。　難読　鏑矢
解字　篆文　形声。金＋啇㊥。音符の啇は、いくの意味。敵にむかって飛んでいく、やじり・かぶらやの意味を表す。

(19)11【鏜】8245　△　トウ(タウ)　tāng
字義　❶鐘や太鼓の音の形容。「鏜鏜」❷くしで刺す。
解字　篆文　形声。金＋堂㊥。音符の堂は、鐘や太鼓の音の擬声語。
【鏜鞳】トウトウ　①鐘鼓の大きな音の形容。②鐘・鼓・大波・滝など、すべて大きな音の形容。鞺鞳。

(19)11【鏌】8246　△　漢バク　呉マク　mò
字義　鏌鋣は、春秋時代、呉の刀工「干将」の妻の名。また、その夫婦が作った名剣の名。鏌邪・莫邪とも書く。
解字　篆文　形声。金＋莫㊥。

(19)11【鏝】8247　△　マン　màn　7924 6F38
[鏋]俗字
字義　❶こて。壁をぬる道具。❷刃のないほこ。
解字　篆文　形声。金＋曼㊥。音符の曼は、のばすの意味。壁土をながくのばすための鉄製のこての意味を表す。

(19)11【鏞】8248　△　漢ヨウ　呉ユウ　yōng　7925 6F39
字義　❶おおがね。大きな鐘。❷西方の音楽。
解字　篆文　形声。金＋庸㊥。音符の庸は、もちあげるの意味。もちあげてつるす大きな鐘の意味を表す。原字は甬。

〔鏞①（殷代）〕

(19)11【鏐】8249　△　㊀漢リュウ(リウ)・呉ル　liú　㊁リョウ(レウ)　liáo
字義　㊀❶いしゆみ(弩)のへり。❷美しいこがね。純金。㊁しろがね。美しい銀。純銀。＝鐐。
解字　金文　篆文　形声。金＋翏㊥。

(19)11【鏈】8250　△　レン　lián, ③④liàn　7926 6F3A
字義　❶銅の一種。❷鉛のあらがね。精錬しない鉛。❸くさり(鎖)。❹距離の単位ケーブル(十分の一浬、約一八五メートル)の訳語。
解字　篆文　形声。金＋連㊥。音符の連は、つらなるの意味。長くつらなる「くさり」の意味を表す。

(19)11【鏤】8251　△　漢ロウ　呉ル　lòu　7927 6F3B
[鎪]俗字
字義　❶える。ほる。きざむ。彫りつける。❷ちりばめる。える。㋐ほる。きざむ。㋑ほって金・玉などをはめ込む。❸はがね。鋼鉄。❹かざる。金属でかざる。また、そのかざり。❺きりひらく。また、うがち通す。❻かま(釜)。
解字　篆文　形声。金＋婁㊥。音符の婁は、加工した上にも加工するの意味。ちりばめるための金属、はがねの意味や、ちりばめるの意味を表す。
【鏤句】ルク・ロウク　①彫りきざみつける。②文章の辞句をかざること。
【鏤刻】ルコク・ロウコク　①彫りきざみつける。②文章の辞句をかざること。たくみに句を作ること。また、その句。
【鏤骨】ルコツ・ロウコツ　骨にきざみこむこと。よく覚えていて忘れないことをいう。〔顔氏家訓、序致〕銘レ肌鏤レ骨
【鏤身】ルシン・ロウシン　いれずみ。肌に彫りものをすること。また、その彫りもの。文身。鏤膚。
【鏤氷】ルヒョウ・ロウヒョウ　氷にきざみつけること。無益な労力を費やすことをいう。「画レ脂鏤レ氷」

(20)12【鐚】8252　△　ア　yā　7928 6F3C
字義　しころ(錏)。首すじを保護する、かぶとのたれ。国びた。

質の悪いぜに。悪銭。「鐚一文(びたイチモン)」
解字 形声。金＋惡㊥。

(20)12 **【鐍】** 8253 △ 一㊥ケツ・㊥ケチ 屑 jué 二㊥イツ(ヰツ)・㊥イチ(ヰチ) 質

字義 一❶おびどめ。とめがね。❷かけがね。じょう。かぎ。❸かなめ。枢要のたとえ。二きり。穴をあける工具。
解字 形声。金＋矞㊥。

(20)12 **【鏗】** 8254 △ ㊥コウ(カウ) ㊥キョウ(キャウ) 庚 kēng 7919 6F33

字義 ❶金石の鳴る音の形容。また、琴の音の形容。❷うつ(撃)。また、つく(撞)。「鏗鐘(かねをつく)」
解字 会意。金＋堅。
【鏗鏗】コウコウ ①金石・琴などの音の形容。②ことばがはっきりしているさま。
【鏗爾】コウジ 鏗然。①＝鏗鏘(コウソウ)。②琴などの楽器を下に置くときの音の形容。
【鏗鏘】コウソウ 金石・琴などの音の形容。

(20)12 **【鐘】** 8255 常 ショウ かね ㊥ショウ ㊥シュウ 冬 zhōng 3066 3E62

筆順 ⼈ 金 鉝 鐘 鐘

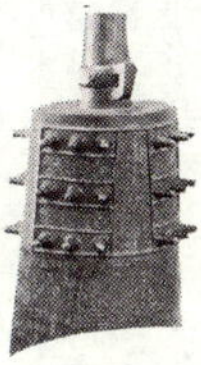
〔鐘①(周代)〕

字義 ❶かね。つりがね。楽器の一つ。❷時のかね。時をつげるかね。「点鐘」「晩鐘」❸時計。鳴って時を報ずる時計を自鳴鐘といい、略して鐘という。
解字 金文 篆文 形声。金＋童㊥。音符の童は、重に通じ、おもいの意味。おもい金属の意味から転じて、つりがねの意味を表す。
▼暁鐘・警鐘・半鐘・晩鐘・編鐘・鳴鐘・竜鐘
【鐘鼓】ショウコ ①鐘とつづみ。また、時刻を知らせる鐘や太鼓の音。②楽器。
【鐘声(聲)】ショウセイ 鐘の音。
【鐘鼎】ショウテイ ①つり鐘とかなえ。ともに銅器で、先祖のみたまやに蔵する神聖な器物。②→次項。
【鐘鼎玉帛】ショウテイギョクハク 豪華な宴。鐘は食前の音楽。鼎はごちそう、山海の珍味。玉と帛(きぬ)は酒盛りのあとの引出物(ひきでもの)。
【鐘鼎文】ショウテイブン 古銅器の鐘や鼎(かなえ)に刻んだ古代文字。【金文】
【鐘銘】ショウメイ つり鐘に刻んだ文。
【鐘鳴鼎食】ショウメイテイショク 富貴の人の生活をいう。鐘鳴は、音楽を奏すること。鼎食は、ごちそうを食べること。
【鐘鳴漏尽(盡)】ショウメイロウジン ①時を報ずる鐘が鳴り、水時計の水がつきる。一日が終わり、夜がふけること。②転じて、老いて余命いくばくもないたとえ。
【鐘楼(樓)】ショウロウ 鐘つき堂。
【鐘漏】ショウロウ 時をしらせる鐘の音。「鐘漏深し」は、夜のふけたこと。〔唐、白居易、八月十五夜禁中独直対ㇾ月憶二元九一詩〕浴殿西頭鐘漏深(ヨクデンのセイトウショウロウふかし) 訳文⇒渚宮(六四五ページ)

(20)12 **【鐫】** 8256 △ セン 先 juān 7935 6F43
【鎸】俗字

字義 ❶ほる。える(彫)。うがつ。彫りつける。穴をほる。❷転じて、教える。いましめる。さとす。❸しりぞける。ひきさげる。官位をさげる。❹のみ。また、きり。ともに木材に穴をあける工具。
解字 篆文 形声。金＋雋㊥。音符の雋(シュン)は、穿(セン)に通じ、うがつの意味。穴をうがつための金属製の工具、のみの意味を表す。
【鐫刻】センコク 金石にほりつける。彫刻する。
【鐫琢】センタク 刻みみがく。転じて、字句をねること。推敲(スイコウ)。
【鐫黜】センチュツ 官位をさげること。
【鐫喩】センユ 教えさとす。いましめさとす。さとす。
【鐫鏤】センル・センロウ ほりつける。模様などを刻むこと。

(20)12 **【鐏】** 8257 △ ㊥ソン ㊥ゾン 願 zūn

字義 いしづき。矛(ほこ)・槍(やり)などの柄の下端にはめた円錐(エンスイ)形の金具。
解字 篆文 形声。金＋尊㊥。

(20)12 **【鐓】** 8258 △ 一㊥タイ ㊥ズイ(ヅイ) 隊 duì 二㊥タイ・㊥ツイ 灰 duī 7930 6F3E

字義 一いしづき。矛(ほこ)・槍(やり)などの下端にはめた平底の金具。二❶たれる。垂れさがる。❷つち。大きなつち。
解字 篆文 形声。金＋敦㊥。

(20)12 **【鐔】** 8259 △ ㊥タン ㊥ダン 覃 tán [鐔] 7929 6F3D

字義 ❶つば。刀剣の刀身と柄(つか)との境にはめて手を保護する金具。また、つかがしら。刀剣の柄(つか)のとっさき。❷小さい剣。
解字 篆文 形声。金＋覃㊥。音符の覃(タン)は、深いの意味。刀身に深くはめこむ、つばの意味を表す。

(20)12 **【鐵】** 8260 △ テツ 鉄(8117)(鐵)の俗字。→一二三〇ページ。 7937 6F45

(20)12 **【鐙】** 8261 △ 一トウ 蒸 dēng 二トウ 径 dèng 3810 462A

字義 一❶たかつき。祭器の一種。❷油ざら。火ともし皿。火をともす皿。❸ともしび。灯火。二❶たかつき。❷あぶみ。馬の鞍(くら)の両側につるす馬具で、騎手が足を掛けるもの。
解字 篆文 形声。金＋登㊥。音符の登は、物を供えるためのたかつきの意味。金属製のたかつきの意味を表す。

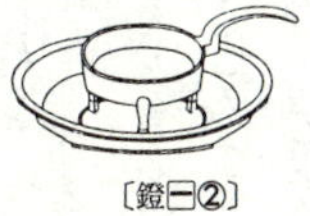
〔鐙一②〕

(20)12 **【鐃】** 8262 △ 一㊥ドウ(ダウ) ㊥ニョウ(ネウ) 肴 náo 二㊥ドウ(ダウ) ㊥ニョウ(ネウ) 効 nào 7931 6F3F

字義 一❶どら。じんがね。陣中で用いる小さいどら。❷さわがしい。やかましい。二＝撓(ドウ)。❶みだす。❷たわめる。
解字 篆文 形声。金＋堯㊥。音符の堯(ギョウ＝ドウ)は、高いの意味。青銅製の高い音のする打楽器、どらの意味を表す。
【鐃歌】ドウカ ①鐃を打ち鳴らして歌う歌。②軍楽。楽府(ガフ)の一つ。じんがねに合わせて歌う軍中の鼓吹曲。漢代には鐃歌十八曲がある。
【鐃鈸】ニョウハチ・ニョウバツ 仏教で法会に用いる銅製の楽器。皿形で、両手に一面ずつ持ってたがいに打ち合わせて音を発する。

〔鐃鈸〕

(20)12 **【鏺】** 8263 △ ㊥ハツ ㊥ハチ 曷 pō

字義 ❶かま。草を刈る両刃の鎌(かま)。❷しずめる。乱をおさめる。
解字 篆文 形声。金＋發㊥。音符の發(ハツ)は、ひきはなつの意味。両刃のかまで草を刈りはなつの意味を表す。

(20)12 **【鐇】** 8264 △ ㊥ハン ㊥ボン 元 fán 7932 6F40

字義 ❶たつぎ。刃の幅の広い斧(おの)。手斧(ちょうな)の類。❷削りとる。削って除き去る。❸化学元素の名。バナジウム。Vanadium(記号V)の旧訳。いま、釩(ハン)と訳す。
難読 鐇泊(まさかりとまり)・鐇阿寿(ばんあじ)
解字 形声。金＋番㊥。
【鐇钁】ハンカク 手斧(ちょうな)と大鍬(おおぐわ)。また、それを用いて物を除

き去ること。〔後漢書、杜篤伝〕

(20)12【鐐】8265　△　一リョウ(レウ) 蕭 liáo　二リョウ(レウ) 嘯 liào　7933 6F41
字義 一二 ❶しろがね。美しい銀。また、美しい金。❷あしかせ。罪人の足につける鉄のくさり。刑具。
解字 篆文 形声。金+尞音。

(21)13【鐶】8266　△　漢カン(クヮン) 呉ゲン 刪 huán　7934 6F42
字義 わ。㋐かなわ。金属の丸い輪。㋑耳輪。㋒首輪。㋓指輪。
解字 形声。金+睘音。音符の睘は、めぐらせた、「わ」の意味。

〔鐶㋑〕

(21)13【鐻】8267　△　一漢キョ・呉ゴ 語 jù　二漢キョ・呉コ 御　三漢キョ・呉ゴ 魚
字義 一かねかけ。鐘鼓をつりさげる道具。二木製の楽器の名。三金銀製の器具。食器・耳輪など。
解字 形声。金+豦音。

(21)13【鏽】8268　△　シュウ　銹(8152)と同字。→一一三三ページ。

(21)13【鐸】8269　標　漢タク 呉ダク 薬 duó　3488 4278
【釈】俗字 7869 6E65
字義 ❶おおすず。大きな鈴。昔、命令を発するときに鳴らして大衆をいましめたもの。文事には木鐸ボク、武事には金鐸タクを用いた。❷ふうりん(風鈴)。軒につるす鈴。また、鈴。

〔鐸①(殷代)〕

解字 金文 篆文 形声。金+睪音。音符の睪エキは、次々に手繰り寄せるの意味。音階を手繰り寄せるために次々に大小形を変え並べた鈴の意味を表す。
【鐸鈴】タクレイ すず。軒などにさげるすず。鈴鐸。

(21)13【鐲】8270　△　漢タク 呉ダク 覚 zhuó
字義 ❶かね。ふりがね。行軍のとき、太鼓の音を調節するために鳴らす楽器。❷うでわ。婦人が腕にはめるかざり。
解字 篆文 形声。金+蜀音。

(21)13【鐵】(8118)　テツ　鉄(8117)の旧字体。→一一三〇ページ。　7936 6F44

(21)13【鐺】8271　△　一トウ(タウ) 陽 dāng　二漢ソウ(サウ) 呉ショウ(シャウ) 庚 chēng　7938 6F46
字義 一❶くさり(鎖)。「鋃鐺ロウトウ」❷つづみの音の形容。二足のある釜かま。三本足の鼎かなえ。＝鎗ソウ。国こじり(鐔ヒョウ)。刀の鞘さやの下端の金具。
解字 篆文 形声。金+當音。

(21)13【鑁】8272　△　漢バン 呉モン 諫 wàn　7939 6F47
字義 ❶馬の首飾り。❷メッキ(鍍金)。
【鑁阿寺】バンナジ 栃木県足利市にある真言宗大日派の寺。足利学校に隣接する。一一九六年、足利義兼(法号、鑁阿)の創建。足利氏歴代が帰依した。鑁阿は、梵語ボンで、大日如来をいう。

(22)14【鑊】8273　△　漢カク(クヮク) 呉ワク 薬 huò
字義 ❶かま(釜フ)。また、足のない大きなかなえ(鼎テイ)。❷刑具の一つ。罪人を煮殺すのに使うかなえ。
解字 甲骨文 篆文 形声。甲骨文は、鬲+隻音。鬲は、かなえの意味。のち、金に変形。音符の隻セキは、鳥をつかまえるの意味。のち、蒦に変形。つかまえた獲物を煮るかなえの意味を表す。
【鑊湯】カクトウ かまにいれて煮殺す刑。鑊烹カクホウ。

(22)14【鑄】(8158)　チュウ　鋳(8157)の旧字体。→一一三四ページ。　7941 6F49

(22)14【鑓】8274　国字　標　〔鑓〕 4490 4C7A
字義 やり(鎗ソウ・槍ソウ)。　難読 鑓見内やりみない・鑓水やりみず
解字 形声。金+遣音。音符の遣は、やるの意味。この音で、長い刃のやりの意味を表す。

(23)15【鑑】8275　常 カン　漢カン 呉ケン 陥 jiàn　2053 3455
【鑒】同字 7940 6F48
筆順 金 釒 鉅 鉅 鈩 鑑
字義 ❶かがみ。㋐金属製のかがみ。＝鏡。㋑手本。模範。㋒いましめ。教訓。「殷鑑カイン」❷かんがみる。㋐鏡にうつしてみる。㋑前例にてらして考える。㋒手本としてみる。❸みる。みきわめる。見分ける。❹みわけ。めきき。見識。判断。❺てる。照らす。また、明らか。❻はち(鉢)。大きな平鉢。
名乗 あき・あきら・かね・しげ・のり
解字 金文 篆文 形声。金+監音。音符の監は、鏡に映してみるの意味。金を付し、銅製のかがみの意味を表す。
▼清鑑・聖鑑・通鑑・年鑑・武鑑・宝鑑
【鑑戒】カンカイ いましめ。また、いましめとする。
【鑑機】カンキ 物事の機微を見分ける。物事の奥底にかくれたかすかな動きを見分けること。
【鑑古】カンコ ①昔の事跡に照らして考えること。②古物を鑑定すること。
【鑑裁】カンサイ 善悪などを見分けるはたらき。
【鑑識】カンシキ ①善悪・真偽・優劣などを見分けること。また、その力。②国犯罪科学における鑑定。筆跡・指紋・血液などの真否を見分ける。
【鑑賞】カンショウ ①みさだめる。鑑定する。②芸術作品などの価値を見きわめ、味わうこと。③国見て味わい楽しむこと。◇「鑑賞」と「観賞」とは一般に、見る対象によって使い分けている。芸術作品については「鑑賞」、自然物については「観賞」を用いる。
【鑑真(眞)】ガンジン 唐の帰化僧。揚州(江蘇コウソ省揚州市)の人。幾度か苦難を経た後、七五三年、失明の身で来朝、唐招提寺トウショウダイジを建立、布教に努めた。日本律宗の祖。(六八八—七六三)
【鑑定】カンテイ ①善悪・真偽・優劣などを見定めること。主として、美術品についていう。②国裁判所の命令により、専門家が、ある事実に対する判断を、陳述・報告すること。
【鑑別】カンベツ よく調べて分類すること。

(23)15【鑒】8276　△　カン　鑑(8275)と同字。→中段。　7940 6F48

(23)15【鑛】(8112)　コウ　鉱(8111)の旧字体。→一一二九ページ。　7942 6F4A

(23)15【鑚】8277　△　サン　鑽(8289)の俗字。→一一四四ページ。　7952 6F54

(23)15【鑕】8278　△　漢シツ 呉シチ 質 zhì
字義 ❶かなとこ。かなしき。鍛冶屋かじやが金属をのせて打つ鉄の台。❷刑具の一つ。おのの刃が上に向けてすえつけてある処刑台。
解字 形声。金+質音。

(23)15【鑠】8279　△　シャク 薬 shuò　7943 6F4B

字義 ❶とかす。金属などをとかす。＝爍シャ。❷けす。また、きえる。とけてなくなる。❸やく（焼）。❹かがやく。ひかる。❺よい。美しい。また、さかん。❻矍鑠カクシャクは、年老いて元気なさま。

解字 篆文　形声。金＋樂音。

【鑠金】シャッキン・シャクキン ①美しい金。一説に、熱せられてとけた金。②金を溶かすこと。

【鑠鑠】シャクシャク 光り輝くさま。

(23)15 【鑣】8280 △ 漢ヒョウ（ヘウ） 蕭 biāo

字義 ❶くつわ。馬のくつばみの両端につける鉄の輪。また、くつばみ。❷鑣鑣は、さかんなさま。

解字 篆文　形声。金＋麃音。

(23)15 【鑢】8281 △ 漢リョ 呉ロ 御 lǜ　7944 6F4C

字義 ❶やすり。金属・骨・角などをみがく道具。❷する。みがく。やすりをかける。「磨鑢」

解字 篆文　形声。金＋慮音。

(23)15 【鑞】8282 △ ロウ（ラフ） 合 là　7945 6F4D

字義 すず（錫セキ）。白鑞は鉛と錫すずとの合金。

解字 形声。金＋巤音。

(24)16 【鑪】8283 △ 漢ロ 呉ル 虞 lú　7946 6F4E

【鈩】俗字　7947 6F4F

字義 ❶ろ。いろり。また、ひばち。手あぶり。＝炉。❷こうろ（香炉）。香をたく器。❸さかみせ（酒店）。酒場。❹おおがめ。大きな瓶かめ。❺ふいご。ふいごう。

解字 金文　篆文　形声。金＋盧音。音符の盧ロは、めし入れの器の意味。その器に似た金属製の火入れの意味を表す。

【鑪▲槖】ロタク ふいご。火を起こす道具。

【鑪炭】ロタン いろりの火。炉火。

(25)17 【鑱】8284 △ 漢サン 呉ゼン 咸 chán

字義 ❶するどい（鋭）。❷はり。いし針。治療に用いる石の針。❸きり。また、のみ。ともに木に穴をあける工具。❹すき。農具の一つ。また、すきの刃。❺うがつ。また、さす（刺）。

解字 篆文　形声。金＋毚音。音符の毚サンは、もぐりこむの意味。刃物がもぐりこむ、するどい、きり・のみの意味を表す。

(25)17 【鑲】8285 △ 漢ジョウ（ジャウ） 呉ニョウ（ニャウ） 陽 ①ráng ②xiāng

字義 ❶いがた（鋳型）の中味。流しこんだ金属が固まったもの。❷はめこむ。ちりばめる。また、欠けたところを補う。

解字 篆文　形声。金＋襄音。音符の襄ジョウは、中に物をつめこむの意味。いがたに流しこんだ中身の意味を表す。

(25)17 【鑰】8286 △ ヤク 薬 yào、yuè　7948 6F50

字義 ❶かぎ。じょう（錠）。出入口のしまり。❷とじる。戸じまりする。❸はいる。❹かなめ。物事のたいせつな所。枢要。❺さとり（悟）。

解字 形声。金＋龠音。音符の龠ヤクは、ひきしめるの意味。とじまりをするかぎの意味を表す。

【鑰▲匣】ヤクコウ かぎばこ。かぎを入れる箱。

(26)18 【鑵】8287 △ カン　［鑵］ 7949 6F51

缶(5958)（罐）と同字。→八七四ページ。

(26)18 【鑷】8288 △ 漢ジョウ（デフ） 呉ニョウ（ネフ） 葉 niè　7950 6F52

字義 ❶けぬき。毛髪を抜き取る道具。❷ぬく。毛をぬきとる。❸髪かざり。かんざし。

解字 形声。金＋聶音。音符の聶ジョウは、耳を寄せるの意味。はさみの耳の形をした、にぎりの部分を寄せて、はさみとる、ぬくの意味を表す。

(27)19 【鑽】8289 △ 一サン 寒 zuān 二サン 翰 zuàn　7951 6F53

【鉆】俗字　7952 6F54

字義 一二 ❶きり。穴をあける道具。❷きる。㋐きりで穴をあける。うがつ。㋑きりもみして火を得る。㋒刑罰として、ひざがしらを切る。また、その刑罰。❸深く研究する。「研鑽」❹くいいる。術策や手づるなどで人にとりいる。❺ほこ先。また、矢じり。❻やく。うらないのために亀甲キッコウなどを焼く。❼あつめる。また、集まる。

解字 篆文　形声。金＋贊音。音符の贊サンは、穿センに通じ、うがつの意味。うがつための工具、のみ・きりの意味を表す。

【鑽火】サンカ・ひをきる 木や石などをきりもみして火をとること。鑽燧サンスイ。

【鑽研】サンケン 切り、みがくこと。転じて、研究すること。研鑽。

【鑽仰】サンコウ・サンギョウ 学徳などを仰ぎ慕うこと。顔淵ガンエンが孔子の偉大さをほめたたえて「仰レ之弥高これをあおげばいよいよたかし、鑽レ之弥堅これをきればいよいよかたし」と言った故事に基づく語。〔論語、子罕〕

【鑽▲笮・鑽▲鑿】サンサク ①刑罰の名。あし切りと、入れ墨。②掘りうがつ。転じて、深く研究する。

【鑽▲灼】サンシャク ①占いのために亀かめの甲に穴をうがって焼くこと。鑽はうがつ。灼は焼く。また、二字とも焼く意。②転じて、研究すること。

【鑽▲燧】サンスイ・スイをきる 木や石などをきりもみして火を起こすこと。燧は、火打ち石などをいう。

(27)19 【鑼】8290 △ ラ 歌 luó　7953 6F55

字義 どら。銅鑼ドラ。盆のような形の銅製の楽器。軍陣中で用い、また、洗面用具にも転用した。

解字 形声。金＋羅音。

(27)19 【鑾】8291 △ ラン 寒 luán　7954 6F56

字義 ❶すず（鈴）。天子の馬、または、馬車につける鈴。鸞鳥ランチョウの和らいだ鳴き声にかたどったもの。❷天子の車。また、天子。

解字 金文　篆文　形声。金＋䜌音。音符の䜌ランは、鈴の音を表す擬声語。金属製のすずの意味を表す。

【鑾▲駕】ランガ 天子の車。天子の馬車。鑾輿ランヨ。

【鑾▲輿】ランヨ 天子の車。

(28)20 【钁】8292 △ 漢キャク 呉カク（クワク） 薬 jué　7955 6F57

字義 くわ（鍬）。荒地を耕す大きなくわ。また、大きなすき。

解字 篆文　形声。金＋矍音。音符の矍カクは、つかみとるの意味。土をつかみとるような大きなくわの意味を表す。

〔钁〕

(28)20 【鑿】8293 △ 一漢サク 呉ザク 薬 záo 二サク 薬 zuò 三漢ソウ（サウ） 呉ゾウ（ザウ） 号 zào　7956 6F58

字義 一❶うがつ。㋐穴をほる。穴をあける。㋑きる。うがって切る。また、きりひらく。㋒深くさぐる。穿鑿センサクする。㋓憶測をたくましくする。❷はじめる。改めてはじめる。❸のみ。木に穴をあける道具。❹いれずみ。❺こころ（心）。思い。❻→鑿鑿。二❶米をついて白くする。しらげる。❷あざやかなさま。三あな（孔）。また、あなぐら。国うがつ。人情の機微にふれる。また、人情の機微をたくみに言い表す。

参考 現代表記では［削］(601)に書きかえることがある。「開

鑿→開削」「掘鑿→掘削」

解字　文 篆　形声。金＋鑿㊫。音符の鑿サクは、のみの意味。金属製ののみの意味を表す。

【鑿△溉】サクガイ　みぞを掘って田に水を注ぐこと。

【鑿空】サククウ・サックウ　①きり開いて新しい道路を作ること。②あてずっぽう。また、でたらめ。根拠がないこと。空論。

【鑿掘】サックツ・サクツ　うがちほる。地面に穴を掘る。

【鑿鑿】サクサク　①あざやかなさま。鮮明。②議論などの正確なさま。

【鑿落】サクラク　酒器。さかずきの類。

8　長部

〔部首解説〕**ながい**。長を意符として、長いの意味を含む文字ができているが、例は少ない。なお、長は長い髪の人の象形であるが、この字はもっぱら長短の長の意味に用いられ、髪の意味では、これも長い髪の象形である彡サンを付した髟ヒョウが意符として用いられる。

長 一一四五

肆→聿部 八九九ページ。

(8)0

【長】

8294　3625　*4439*

教 2　チョウ　ながい

一 漢チョウ（チャウ）　呉ジョウ（ヂャウ）　陽 cháng
二 チョウ（チャウ）　養 zhǎng
三 漢チョウ（チャウ）　呉ジョウ（ヂャウ）　漾 zhàng

筆順　丨 ⺕ 𠀐 長 長

字義　一 ❶**ながい**（ながし）。↔短。㋐時間が長い。久しい。「長久」㋑距離が長い。遠い。㋒物の長さが長い。㋓奥行きが長い。深い。㋔大きい。㋕さかんである。㋖背たけが長い。❷**ながく**。**とこしえに**（とこしへに）。永久に。❸ながくする。ひき延ばす。また、ながくなる。伸びる。❹**たけ**。せたけ。身長。

二 ❶としかさ。年うえ。㋐兄。姉。㋑年長者。また、おとな。成人。❷めうえ。地位・身分が上の人。❸**おさ**（をさ）。かしら。㋐長男。総領。㋑首領。首長。㋒君主。領主。諸侯。㋓長官。㋔多くのなかで最もすぐれたもの。「百薬の長」❹**ちょうずる**（ちゃうず）。**たける**（たく）。㋐生いたつ。生長する。また、育てる。㋑おとなになる。成人する。㋒老いる。老年になる。㋓年上である。㋔すぐれる。まさる。また、さかんになる。「長所」㋕ます（増）。多くなる。❺たっとぶ。また、たっとい。❻もと。おおもと。物事のもと。❼さき。先頭。

三 ❶ながさ。たけ。❷余り。余分。また、むだ。「冗長ジョウチョウ」

名乗　たけ・つね・なが・ながし・のぶ・ひさ・ひさし・ます・みち

難読　長押なげし・長閑のどか・長脇差ながどす・長庚ゆうずつ・長髄彦ながすねひこ・長船おさふね・長田おさだ・長都おさつ・長刀なぎなた・長柄ながら・長万部おしゃまんべ・長門ながと・長良ながら

参考　現代表記では［暢］(3078)の書きかえに用いることがある。「伸暢→伸長」

使いわけ　**ながい**［永・長］
永遠、または永遠に近い場合にのみ［永］を用い、ほかはすべて［長］を用いる。「永い眠り・長い秋の夜・長い川」

解字　甲骨文　金文　篆文　象形。甲骨文でもよくわかるように、長髪の人の象形で、ながいの意味を表す。また、借りて、おさ・かしらの意味をも表す。長の意味と音符とを含む形声文字に、帳・張・悵チョウ・脹・漲チョウ・帳チョウなどがある。

▼駅長・火長・管長・君長・師長・社長・首長・寿長・消長・上長・冗長・助長・伸長・成長・生長・増長・亭長・悠長・霊長

【長安】チョウアン　地名。今の陝西セイ省西安市。前漢・隋ズイ・唐などの都のあった所。唐代には人口百万以上の大都会であった。洛陽を東都・東京というのに対して、西都・西京という。

【長安一片月】チョウアンイッペンのつき　長安の秋の夜空に一つの月がかかっている。〔唐、李白、子夜呉歌〕——、万戸擣レ衣声ばんこころもをうつこえ。〈——、どの家からもきぬたを打つ音が聞こえて来る〉

【長安日辺(邊)】チョウアンニッペン　遠隔の地をいう。晋シンの元帝とその子の明帝とが、長安と太陽と、どちらが遠いかと問答した故事に基づく語。→日近長安遠ひちかくしてちょうあんはとおし（四九二ページ）。

【長△纓】チョウエイ　冠かんむりの長いひも。

【長煙】チョウエン　長くたなびく煙。また、もや。

【長煙一空】チョウエンイックウ　もやが広い空に細長くたなびいていること。〔宋、范仲淹、岳陽楼記〕——、皓月千里コウゲツセンリ。〈——、明るい月の光が遠くまで照り渡っている〉

【長遠】チョウエン　長く遠い。空間にも時間にもいう。

【長△筵】チョウエン　①長いむしろ。②りっぱな宴席をいう。

【長夏】チョウカ　①昼の長い夏の日。②陰暦六月のこと。日の長い夏をいう。

【長歌】チョウカ　①声を長くひいてゆるやかに歌う。②長い詩。句数の多い詩。③国五七の句を三回以上くり返し、最後に七音の句をそえた形式の歌。普通、これに「反歌」を一首または数首そえる。ながうた。

【長河】チョウガ　①長い川。どこまでも流れて行く川。②天の川。

【長△駕】チョウガ　乗り物に乗り遠くまで行くこと。または、遠くまで治め従えること。

【長△喙】チョウカイ　長いくちばし。転じて、無用のことをしゃべること。

【長干】チョウカン　地名。六朝時代、建康（今の南京市）の南を流れる秦淮シンワイ河に臨んだ船着き場の小さな町。

【長干行】チョウカンコウ　①楽府ガフの題名。多く男女の情をのべる。②詩編の名。盛唐の崔顥サイコウ・李白にそれぞれ作がある。③李白の「長干行」の内容に基づいて、幼い者同士の結婚をいう。

【長閑】チョウカン　①＝長間の①。②国のどか　＝長間の②。

【長間】チョウカン　①長いひま。また、長くひまなこと。②のどか。のんびりしたさま。また、おだやかなさま。

【長△跪】チョウキ　からだを伸ばし、ひざまずいてする敬礼。

【長久】チョウキュウ　ながく久しい。永久。『老子』七章に「天長テンはながく地久チはひさし」とあるのに基づく。

【長△鋏】チョウキョウ　長いつかの剣。一説に、刀身の長い刀。長刀。

【長△鋏帰(歸)来(來)△乎】チョウキョウかえ（へ）らんか　戦国時代、斉の孟嘗君モウショウクンの食客、馮驩フウカンが、待遇の悪いのに不満を抱き愛刀に向かって「長鋏帰来乎（わたしの剣よ、帰ろうか）」と歌った故事。地位について不平を言うたとえ。〔史記、孟嘗君伝〕

【長吟】チョウギン　声を長くして詩を口ずさむ。

【長句】チョウク　①字数の多い詩句。②七言古詩のこと。

【長△吁】チョウク　深く嘆息する。長嘆息。長息。

【長駆(驅)・長△駈】チョウク　馬などを遠く走らせる。または、遠くまで馬に乗って敵を追いかける。

【長△軀】チョウク　背の高いからだ。↔短軀。

【長君】チョウクン　①成年の主君。↔幼君。②年長の公子。③他人の長兄をいう。

【長兄】チョウケイ　①いちばん上の兄。②年長者に対する敬語。大兄。

【長計】チョウケイ　①永遠のはかりごと。②すぐれたはかりごと。良策。

【長△頸△烏△喙】チョウケイウカイ　長い首と、とがった口。忍耐強いから苦労はともにできるが、欲が深く疑いぶかいから安楽をともにできないという性質を表している人相。越王句践コウセンを范蠡ハンレイが評したことば。〔史記、越世家〕

【長慶集】チョウケイシュウ　書名。唐の長慶年間（八二一—八二四）に編集された書。①中唐の白居易の詩文集。『白氏長慶集』（元稹の編）の略。『白氏文集』ともいう。②中唐の元稹（七七九—八三一）の詩文集。『元氏長慶集』の略。

【長鯨】チョウゲイ　①大きなくじら。②欲の深い大悪人。③酒豪をいう。〔唐、杜甫、飲中八仙歌〕

【長公主】チョウコウシュ　天子の姉妹。または、公主（天子の娘）の尊称。

【長広（廣）舌】チョウコウゼツ　非常な雄弁。また、長々としゃべりたてること。広長舌。

【長江】チョウコウ　川の名。中国第一の大河。源をチベット高原の東北部に発し、雲南・四川の省境を東北流し、三峡の険を経て、湖北省を横断し、江西・安徽・江蘇省を流れ、東海（東シナ海）に注ぐ。古くはただ江と呼び、大江ともいった。揚子江という名は、もと今の南京のはるか下流のあたりの名であったのを、近世、外国人が誤って全体の名としたもの。全長五、八〇〇キロ、流域面積一八〇万平方キロに及ぶ。

【長庚】チョウコウ　①よいの明星。②ほうき星の一種。兵乱のきざしといわれる。

【長虹】チョウコウ　①長いにじ。②長い橋のたとえ。

【長恨】チョウコン　長く忘れられないうらみ。また、せつない恋心にもいう。

【長恨歌】チョウゴンカ・チョウコンカ　中唐の白居易の作。玄宗皇帝と楊貴妃との恋愛を歌った詩。七言百二十句。

【長沙】チョウサ　地名。今の湖南省の省都。洞庭湖の東南、湘江の右岸にある。周辺に戦国時代・漢代の遺跡が多い。

【長嗟】チョウサ　長くためいきしてなげく。長嘆。

【長斎（齋）】チョウサイ　長く物忌みをする。長い間、精進して、肉食・飲酒などをしないこと。

【長策】チョウサク　①長いむち。長鞭。②よいはかりごと。長計。

【長子】チョウシ　いちばん上の男子、または女子。

【長史】チョウシ　官名。①漢代では相国、または三公の下役。②後世は、刺史の副官。

【長史司馬】チョウシシバ　唐代の官名。刺史の下に一人ずつ置かれた。

【長至】チョウシ　夏至または冬至。

【長日】チョウジツ　①昼の長い日。夏の日。↕短日。②冬至。この後、日が長くなるからいう。

【長者】チョウシャ・チョウジャ　①背の高い人。②目上の人。また、年老いた人。③徳の高い人。④身分の高い人。権勢のある人。⑤目上や年長の人に対する敬称。あなたさま。⑥金持ち。富豪。⑦国㋐氏の上。氏族の長。㋑宿場の女主人。㋒東寺の長官。

【長者万（萬）灯（燈）、貧者一灯（燈）】チョウジャのマントウ、ヒンジャのイットウ　真心がこもっていれば、わずかの寄進でも金持ちの多大の寄進以上に神仏の感応があるということ。形式よりも精神内容が大事であるとの教え。〔阿闍世王受決経〕

【長寿（壽）】チョウジュ　ながいき。長命。

【長袖】チョウシュウ　①長いそで。②長いそでの着物を着ている人。身分の高い人や舞姫いなどをいう。日本では特に武士に対して僧・公家などをいう。

【長袖善舞、多銭（錢）善賈】チョウシュウよくまい(ひ)、タセンよくかう(ふ)　長いそでの着物を着た人は上手に舞うことができ、金持ちは何でも買うことができる。資力のある者は何事をするにも便利だというたとえ。〔韓非子、五蠹〕

【長所】チョウショ　すぐれているところ。美点。長処。↕短所。

【長庶】チョウショ　側室の生んだ長子。↕長嫡。

【長殤】チョウショウ　わかじに。十六歳から十九歳までの死についていう。↕下殤（八歳から十一歳までの死）・中殤（十二歳から十五歳までの死）。

【長嘯】チョウショウ　声を長くのばすようにして詩を吟ずること。

【長上】チョウジョウ　①年上の人。また、目上の人。②上官。

【長城】チョウジョウ　①長く連なっている城。②万里の長城。匈奴の侵入を防ぐため、戦国時代に築きはじめ、秦の始皇帝が大成し、以後たびたび修理された。↓万里長城（三三ページ）。

【長信宮】チョウシンキュウ　漢の宮殿の名。太后の居所。成帝の寵愛を失った班婕妤が身を引いた所として有名。

【長紳】チョウシン　長い大帯。紳は、高貴の人がつける。幅の広い帯。

【長酔（醉）】チョウスイ　ながい酔い。いつまでも酔うこと。

【長生久視】チョウセイキュウシ　長生きすること。久視は、永久に見る意。〔老子、五十九〕

【長生殿】チョウセイデン　①驪山（陝西省西安市の東郊にある）の華清宮の中の御殿。唐の玄宗が建てた。②国天子の宮殿。〔和漢朗詠集〕

【長成】チョウセイ　成人する。成長。

【長征】チョウセイ　①遠くへ（征伐に）行く。遠出。②一九三四年、中国共産党が江西省瑞金を出発し、貴州・雲南を経て陝西省の延安に達した大行軍。

【長星】チョウセイ　ほうき星の一種。兵乱のきざしといわれる。

【長逝】チョウセイ　①遠くへ行く。②あの世へ行って永久に帰らぬ意。死をいう。殞逝。

【長嘶】チョウセイ　声を長く引いていななくこと。

【長舌】チョウゼツ　おしゃべり。多弁。

【長沮】チョウソ　春秋時代、楚の隠者。「長沮・桀溺」〔論語、微子〕

【長嫂】チョウソウ　長兄の妻。また、兄の第一夫人。

【長足】チョウソク　国①長いあし。②おおまた、おおあし。③速力の速いこと。「長足の進歩」

【長息】チョウソク　長いためいきをつく。長吁。

【長蛇】チョウダ　①大蛇。長いへび。②転じて、残忍で悪い者にたとえる。③国目ざす敵などをいう。〔頼襄、題不識庵撃機山図詩〕流星光底逸長蛇。

【長大】チョウダイ　①背たけ高く体が大きい。②すぐれている。

【長短】チョウタン　①長いことと、短いこと。②長所と短所。

【長短句】チョウタンク　長句と短句とを交じえて作った詩。長短詩。

【長短説】チョウタンセツ　時と場合で、長く説いたり、短く説いたりすること。戦国時代の策士の弁舌の一つ。

【長嘆・長歎】チョウタン　長くため息をつく。はなはだしくなげくこと。長嘆息。

【長汀】チョウテイ　長く続いているみぎわ。「長汀曲浦」

【長弟】チョウテイ　①いちばん上の弟。②あとさき。先後。③長上によく仕え、年少者をいつくしむこと。また、年少者をいつくしむこと。

【長亭】チョウテイ　十里ごとに置かれた宿場。↕短亭（五里ごとの宿場）。

【長悌】チョウテイ　目上の人によく従い、目下の人をよくいたわること。

【長程】チョウテイ　長い道のり。長途。

【長嫡】チョウテキ・チョウチャク　本妻の生んだ長子。↕長庶（側室の長子）。

【長天】チョウテン　広い空。おおぞら。

【長図（圖）】チョウト　①長い間、計画する。②永遠のはかりごと。また、すぐれたはかりごと。

【長途・長塗】チョウト　①長い道。遠い道。②長旅。

【長年】チョウネン　①長生き。長寿。②老人。③年長者。④長い年月。

【長髪賊】チョウハツゾク　清の道光三十年（一八五〇）に乱を起こして太平天国王と称した洪秀全の徒党が、清の辮髪（髪を編むこと）の風俗に従わず、髪をボサボサにしていたのでこの呼び名を使う。

【長婦】チョウフ　①兄嫁。②身長の高い嫁。

【長風】チョウフウ　①遠くから吹いて来る風。また、遠くまで吹いて行く風。広い野原や海の上を吹いて来る、また、吹いて行く

雄大な風。②転じて、長風のような雄大なおもむき。また、勢い。

【乗(乘)₌長風₋破₌万(萬)里浪₋】(チョウフウにジョウじてバンリのなみをやぶる) 遠くまで吹いて行く大風に乗じて、はてしない大海の向こうまで行く。大業を成就することのたとえ。〔南史、宗慤伝〕

【長物】(チョウブツ) ①余分な物。②無用な物。③ぜいたく品。④人に贈る品物を呼ぶ謙称。粗品。

【長兵】(チョウヘイ) ①槍(やり)などの長い兵器。②弓矢のような飛び道具。↔短兵。

【長^鞭不レ及₌馬腹₋】(チョウベンもバフクにおよばず) 長いむちでも馬の腹まではとどかない。勢力が強くても、なお及ばないことがあるというたとえ。〔左伝、宣公十五〕

【長命】(チョウメイ) 命の長いこと。長生き。↔短命。

【長目飛耳】(チョウモクヒジ) ①遠い所やかくれている物事をも知り得る能力をいう。②見聞の広いこと。また、何でもわかっていること。書物をいう。

【長夜】(チョウヤ) ①長い夜。↔短夜。②墓の中。また、埋葬をいう。③一晩中。夜もすがら。④→長夜之飲(次項)。

【長夜^之飲】(チョウヤのイン) 夜が明けても、なお続いて窓や戸をしめ、あかりをつけてさかもりを開くこと。殷(イン)の紂王(チュウオウ)の故事。〔韓非子、説林上〕

【長^揖】(チョウユウ) 人に対する略式の敬礼。手をこまぬいてやや上にあげ、次に下までおろす礼。

【長幼】(チョウヨウ) おとなと子供。年上と年下。

【長幼有レ序】(チョウヨウジョあり) 年長者と年少者との間に順序(秩序)がある。年長者と年少者との間には、道徳上、当然守るべき秩序がある。〔孟子、滕文公上〕

【長吏】(チョウリ) ①地位の高い役人。②仏天台宗・真言宗で寺務を統率する者。

【長律】(チョウリツ) ①長い音律。②漢詩の排律、または七言律詩のこと。

【長暦(曆)】(チョウレキ) 暦法によって過去を推算して作った暦。万年暦。「春秋長暦」

【長老】(チョウロウ) ①年をとった人をいう。②学徳ある人をいう。③仏禅宗で、高僧や住持をいう。④国仲間・集団などの中で最も年上の人、または、年上で重んぜられている人をいう。

【以レ長補レ短】(チョウをもってタンをおぎなう(ふ)) 他人の長所をとって自分の短所を補う。

【絶レ長補レ短】(チョウをたちてタンをおぎなう(ふ)) 長い所を切り取って短い所に加える。地形などを整えるにいう。〔孟子、滕文公上〕

【争(爭)レ長】(チョウをあらそう(ふ)) ①席の順序や事を行う先後を争う。②優劣を争う。

【長レ長】(チョウをチョウとす) 年長者(また、尊者)を年長者(また、尊者)として尊び、これに従うこと。

【不レ挟(挾)レ長】(チョウをさしはさまず) 自分の長所を鼻にかけない。また は、自分の年長であることを鼻にかけない。〔孟子、万章下〕

[隶]→隶部 八九九ページ。

8

門部

〔部首解説〕 もんがまえ。門を意符として、いろいろな門、門に付属するものに関する文字ができている。また、鬥(トウ)(たたかいがまえ)部の文字が、俗に門で書かれることが多い。なお、問・悶(モン)・聞などの文字はそれぞれ口・心・耳が意符、門は音符なので、その意符によって部首分類される。

問→口部 二〇七ページ。悶→心部 四〇三ページ。閩→虫部 九六六ページ。聞→耳部 八九六ページ。誾→言部 一〇一四ページ。

(8)0
【門】 8295 教 2 モン かど
モン 元 mén
4471 4C67

筆順 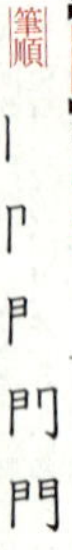

字義 ❶モン。かど。㋐家の外囲いに設けた出入り口。㋑かど口。かどのあたり。門前。㋒いえ(家)。㋓家がら。家筋。㋔身内。一族。❷教育を受ける所。また、同じ所属。塾・道場など。❸同じ先生に教えを受けた仲間。また、同じ所属。❹ものの生まれ出る所。〔老子、一〕衆妙之門(シュウミョウのモン)。❺物事が必ず通らなければならない重要な所。❻物事の分類上の大別。「部門」 ❼門を守る。また、門を攻める。国モン。大砲を数える語。

名乗 と・ひろ　難読 門司(もじ)・門真(かどま)・門沢橋(かどさわ)・門田(もんでん)・門叶(もとが)・しば

解字  甲骨文　金文　篆文　象形。甲骨文でもわかるように、左右両びらきになる戸の象形で、もんの意味を表す。門を音符に含む形声文字に、問・悶(モン)・捫(モン)・聞などがあり、これらの漢字は、「とう」の意味を共有している。

▼一門・郭門・家門・寒門・関門・鬼門・及門・禁門・軍門・権門・黄門・獄門・山門・寺門・陣門・水門・聖門・専門・禅門・宗門・総門・大門・天門・同門・洞門・都門・入門・破門・仏門・武門・閉門・砲門・名門・竜門・楼門

【門院】(モンイン) 国天皇の生母や内親王に対する尊称。女院(ニョウイン)。

【門下】(モンカ) ①門の下。門のあたり。②家、また、屋敷のうち。③転じて、家のうち・屋敷のうちに居る、家族以外の人。使用人・食客・門人など。④弟子。門人。門弟。門下生。

【門下省】(モンカショウ) 晋代(シンダイ)に始まり元代に廃止された役所の名。中書省・尚書省とならんで国政の中心的な機関。

【門外漢】(モンガイカン) その物事に関係しない人。専門家でない人。しろうと。漢は男子。

【門外可レ設₌^雀羅₋】(モンガイジャクラをもう(まう)くべし) 訪問する人もなく、門前のさびしいありさま。(人が通らないから)門外に雀羅(ジャクラ)(すずめを捕らえる網)を張って置くことができる意。門前雀羅。〔史記、汲鄭伝賛〕

【門業】(モンギョウ) 家に代々伝わる職業。

【門径(徑)・門^逕】(モンケイ) ①門に入るこみち。また、門前のこみち。②手がかり。入門。

【門^眷】(モンケン) みうち。親族。

【門限】(モンゲン) ①門のしきい。②国門を閉じる一定の時間。刻限。

【門戸】(モンコ) ①かどぐち。家の出入り口。②外部との交通・交渉上の要点。③家。④家がら。⑤なかま。⑥国㋐門の戸。㋑芸術の流儀を伝える家。

【門戸開放】(モンコカイホウ) 国①かどぐちをあけはなす。②出入りや就職などの制限を除くこと。③経済的市場、その他に関する機会均等などを意味する外交用語。

【成二門戸一】モンコをなす　自身で一家を成り立たせる。家を起こす。一派をなす。〔梁書、王茂伝〕

【張二門戸一】モンコをはる　①住居を壮大にして見えをはる。勢力をはる。②学芸などで一家をなす。

【門功】モンコウ　祖先の功績。転じて、父祖の功によって官位を得ることをいう。

【門子】モンシ　①門番。②卿大夫ケイタイフの嫡子。③門人。

【門刺】モンシ　名刺。名ふだ。

【門塾】モンジュク　①門の両わきにある堂。昔はここで勉強を教えた。②家塾。

【門△牆】モンショウ　①門とかきね。②師の門。学問などの入口のたとえ。

【門上△楣】モンジョウのビ　①門の上のはり。②一家の名誉を輝かせる人。玉のこしに乗った女子などをいう。

【門人】モンジン　①弟子。門下生。②門を守る人。門番。③いそうろう。食客。

【門生】モンセイ　門人。弟子。門下生。

【門籍】モンセキ　①宮殿への出入を許された者の身分・住所・氏名を記入して宮門に掲示する札。②門地。家がら。

【門跡】モンゼキ　①仏一門一派の教えを師弟伝授によって受けつぐ僧。②国㋐法親王が住職としてその法系を持続する寺院。㋑本願寺法主ホッスの俗称。

【門前△雀羅】モンゼンジャクラ　＝門外可レ設二雀羅一。〔唐、白居易、寓意詩〕

【門前成レ市】モンゼンいちをなす　門前が市場のようである。人が多く集まり来るのをいう。門庭若レ市モンテイいちのごとし。

【門△祚】モンソ　一家のさいわい。

【門△闥】モンタツ　宮中の大小の門。

【門地】モンチ　家がら。門閥地位。

【門徒】モント　①門人。生徒。②仏の道を信仰する人。③門を守る人。④仏一向宗の俗称。

【門閥】モンバツ　家がら。

【門表】モンピョウ　①家の名誉。②国門札。表札。

【門標】モンピョウ　国表札。かどふだ。

【門風】モンプウ　家風。

【門望】モンボウ　家がらと人望。

【門流】モンリュウ　国一門の分かれた流派。また、門閥と流派。門派。

【門△閭】モンリョ　村里の入口の門。また、門と閭。門は家の門。閭は村里の入口の門。

【門隷（隸）】モンレイ　門番。門を守る人。

【門△聯】モンレン　門の両側にかける対句を書いた札。対聯の一つ。

【門楼（樓）】モンロウ　門の上の楼。城門の楼閣。

【△倚レ門望】モンによりてのぞむ　母が家の門に寄りかかって子の帰りを待ち望むこと。〔戦国策、斉〕⇩倚門望イモンのボウ（八九ページ）。

【開レ門△而△揖レ盗】モンをひらきてトウにユウす　門を開いて盗人に挨拶アイサツをする。自分から災いを招くようなことをするたとえ。

【掃レ門】モンをはく　初めての人に面会を求めること。戦国時代、魏勃ギボツが斉（漢の王国）の宰相に会う手づるを得るために、朝早く宰相の門のあたりを掃き、ついに宰相の家に雇用された故事に基づく。〔史記、斉悼恵王世家〕

(9)1 【閂】8296　△　漢サン　呉セン　韻 shuān　7957 6F59

字義　かんぬきくゎんぬき。門を閉じておくための横木。

解字　指事。門に横の一線を加え、かんぬきの意味を示す。

(10)2 【閃】8297　標　セン　琰・艶 shǎn　3314 412E

字義　❶ひらめく。瞬間的にきらめく。ちらちらする。みえがくれする。❷身をかわす。さける。❸いなずま。

解字　篆文　会意。門＋人。門の中を人がちらっと過ぎるのを見るさまから、ひらめくの意味を表す。

【閃影】センエイ　ひらめく影。

【閃光】センコウ　ぴかぴかひらめく光。瞬間的にぴかっと光る光。

【閃△爍・閃△鑠】センシャク　ぴかぴかと光り輝く。

【閃閃】センセン　動いてひらめくさま。きらきら。

【閃電】センデン　①ひらめくいなずま。②きわめて速いことのたとえ。

(11)3 【閈】8298　△　漢カン　呉ガン　翰 hàn

字義　❶村里の門。❷さと。村里。❸かきね（垣根）。❹とじる（閉）。

解字　金文　篆文　形声。門＋干㊉。音符の干は、ふせぐの意味。敵の侵入を防ぐための門の意味を表す。

(11)3 【閉】8299　教6　ヘイ　とじる・とざす・しめる・しまる　漢ヘイ・呉ハイ　霽 bì　4236 4A44

筆順　｜　𠃋　門　閉　閉

【閇】俗字　7958 6F5A

字義　❶とじるとづ。しまる。また、とざす。とじるとづ。しめるしむ。↔開。㋐門がしまる。また、門をしめる。㋑開いているものがしまる。また、とじこめる。「幽閉」㋒ふさがる。また、ふさぐ。㋓おさまる。また、おさめる。かくす。「密閉」㋔断ちきれる。また、断ちきる。㋕守る。㋖やめる。おえる。❷錠前ジョウまえの鍵かぎをさしこむ筒。❸ゆだめ。弓のまがりを正す道具。❹立秋。また、立冬。

解字　金文　篆文　会意。門＋才。才は、木材の意味。門を木のかんぬきでとじたさまから、とじるの意味を表す。

▼封閉・幽閉

【閉居】ヘイキョ　家に閉じこもる。籠居ロウキョ。蟄居チッキョ。

【閉戸先生】ヘイコセンセイ　家にとじこもって読書にふける人。漢の孫敬をいう。「孫敬閉戸」

【閉口】ヘイコウ　①口をきかない。沈黙。②国答弁ができない。こまる。屈服する。

【閉鎖】ヘイサ　①とざす。とじる。②国機能を停止する。

【閉蔵（藏）】ヘイゾウ　①知られないようにとじかくす。②物をしまいこむ。③冬の三か月をいう。

【閉息】ヘイソク　息を殺す。

【閉△塞】ヘイソク　とじふさぐ。

【閉△蟄】ヘイチツ　冬になって虫類が土の中にこもること。冬ごもり。↔啓蟄。

【閉門】ヘイモン　①門をとざす。②国江戸時代、武士に科せられた刑罰。門をとじて家にこもり、家人や来客の出入りをとめた。蟄居チッキョより軽く、逼塞ヒッソクより重い。

(11)3 【閇】8300　△　ヘイ　閉（8299）の俗字。→一二四八ページ。　7958 6F5A

(11)3 【閊】8301　国字　△　7959 6F5B

字義　つかえるつかふ。また、つかえ。物事がとどこおり通じないこと。

解字　会意。門＋山。門内に山があって、つかえるの意味を表す。

【問】→口部 二〇七ページ。

(12)4 【開】8302　教3　カイ　ひらく・ひらける・あく・あける　カイ　灰 kāi　1911 332B

筆順　｜　𠃋　門　閂　開

字義　❶ひらく。（自動詞）↔閉。㋐あく。閉じているものがあく。㋑広がる。㋒ほころび咲く。「開花」㋓とおる。通ずる。㋔分かれる。はなれる。㋕新たに始まる。㋖のびのびする。❷ひらく。（他動詞）↔閉。㋐あけるあく。閉じているものをあける。㋑ひろげる。㋒土地をきりひらく。「開墾」㋓とおす。通ずる。

㋔言う。述べる。㋕とく。解説する。㋖ときはなす。許す。のびのびさせる。「開顔」㋗新しく始める。

国❶ひらける。㋐人情・世情に通じている。㋑発展する。❷ひらき。㋐解散すること。「お開き」㋑へだたり。差。

名乗 はる・はるき・ひら　難読 開聞

使いわけ あく〔空・開・明〕⇩空（5394）。

解字 金文 篆文 会意。門＋幵（开）。幵は、両手の象形。門に両手をかけてひらくの意味を表す。

▼公開・散開・打開・展開・半開・未開

【開化】カイカ 文化が進んで、世の中が開けること。「文明開化」

【開喙】カイカイ 口ばしをあける。口出しをする。

【開豁】カイカツ ①心が広く、ゆたかなこと。度量が広い。豁達。開朗。②ながめが広く開けている。

【開巻】カイカン ①開くことと巻くこと。巻舒。②書物を開いて読む。③書物の、あけた最初の所。巻首。

【開眼】カイガン ①眼を開く。②仏カイゲン 仏道の真理をさとる。また、仏像落成の時に行う式。開光。転じて、新しい調度品などを初めて使用することをいう。

【開顔】カイガン 顔の表情をのびのびさせること。顔色をやわらげること。また、にこにこすること。笑みを浮かべる。

【開基】カイキ ①もといを開くこと。また、その人。②仏寺を新たに建てること。また、その人。開山。開祖。

【開暁（曉）】カイギョウ さとす。また、さとる。

【開襟・開衿】カイキン えりを開く。転じて、心をうちあける。胸襟を開く。

【開欠（缺）】カイケツ 官吏が職を去ること。退職。

【開元】カイゲン ①もといをひらく。また、国を開く。肇基。開国。②唐の玄宗の年号（七一三—七四一）。平和な政治が行われた。「開元之治」

【開悟・開寤】カイゴ さとる。また、さとす。

【開闔】カイコウ あけることと閉じること。開閉。また、単に開くこと。

【開国（國）】カイコク ①国を初めて建てること。建国。また、国家創業の功臣に与える称号。②国外国との公的な交際をはじめること。↕鎖国。

【開墾】カイコン 荒地をきり開く。

【開済（濟）】カイサイ 物事を始めて、それを成就すること。開は始める。済は成しとげる。開物済務。〔唐、杜甫、蜀相詩〕両朝開済老臣心 訳文⇩三顧（一三六ページ）。

【開鑿】カイサク 山野をきり開いて道路・運河などを通すこと。

【開山】カイザン・カイサン ①仏山をきり開いて寺を立てるのをいう。転じて、一宗派を創立した人。開基。②国ある物事の創始者。元祖。

【開士】カイシ 仏菩薩の別名。正しい道を開いて衆生の迷いを開き導く人。

【開秋】カイシュウ 秋の初め。新秋。初秋。↕開春。

【開春】カイシュン 春の初め。新春。↕開秋。

【開成】カイセイ ①人々の知識を開発して世の中の事業を成しとげる。②唐の文宗の年号。（八三六—八四〇）

【開霽】カイセイ 雨が降りやんで、からりと晴れわたること。開晴。

【開析】カイセキ ①きりひらく。②迷いを解き開く。③開封する。

【開説】カイセツ 説きあかす。解説。説明。

【開祖】カイソ ①仏宗門を開いた人。②初めてその事業を起こした人。始祖。

【開拓】カイタク ①荒地をひらくこと。②新しい分野を開くこと。

【開張】カイチョウ ①大きくあけひろげる。開展。②ひろがる。③市を開いて交易すること。④開店。開業。

【開帳】カイチョウ 仏とびらを開いて仏像を拝ませること。開龕。啓龕。

【開陳】カイチン 意見を述べること。陳述。

【開展】カイテン ①のびのびひろがる。大きくなる。また、進歩発展する。②ながめがひらける。

【開幕】カイバク ①幕府を開く。②国カイマク ㋐舞台のまくをあげること。㋑物事を始めること。

【開発（發）】カイハツ ①手紙の封を切ること。②知識を開き導くこと。啓発。③のべひろげる。④土地をきり開く。開拓。⑤実用化する。「新製品の開発」

【開板・開版】カイハン 書籍を出版すること。特に、木版印刷の本にいう。

【開闢】カイビャク 世界の開けはじめ。闢も、ひらく。

【開封】カイフウ ①手紙の封を開くこと。また、ひらき封の手紙。②地名。河南省の開封市。汴京・汴梁。戦国時代、魏の都となり、大梁と呼ばれ、後に五代の後梁・後晋・後漢・後周および北宋・金の都となる。

【開放】カイホウ ①ゆるしはなす。はなちやる。②あけはなす。あけひろげる。③束縛・禁制を解いて自由にさせること。

【開明】カイメイ ①人知が開け、文化が発展すること。②開き明らかにする。

【開落】カイラク 咲いた花や、散った花。また、咲くことと散ること。〔和漢朗詠集、慶滋保胤、早春〕南枝北枝之梅開落已異。〈南の枝の梅花が散った後、北の枝の梅が開くというように、一本の木の枝でも南北によって春の訪れに遅速がある〉

【開朗】カイロウ ①ひろびろとして明るいこと。②賢明なこと。

(12) 4 【間】8303　教 2　カン・ケン　あいだ・ま

(12) 4 〔閒〕8304　㊀㊅カン・㊇ケン　㊥ jiān　㊁㊅カン・㊇ケン　㊥ jiàn

2054　*3456*

筆順 丨 𠃌 門 間

字義 ㊀❶あいだ。㋐すきま。すき。ひま。㋑なか。中間。また、なかごろ。㋒うち。内側。❷ひま。てすき。仕事のないあいだ。また、仕事がなくぶらぶらしている。「間暇」❸ま。とき。時と時のあいだ。「時間」❹あたり。所。場所。「空間」❺ころ（頃）。ころおい。〔孟子、離婁下〕七八月之間。❻このごろ。近ごろ。❼しばらく。しばし。❽はぶく。簡単にする。❾いこう。休息する。❿くつろぐ。また、静か。「間居」⓫ひそかに。こっそり。人に知られぬように。「間行」⓬はぶく。なおざりにする。「等間」⓭柱と柱の間。転じて、へや。

㊁❶あいだ。へだたり。❷ひま。㋐すきま。すき。㋑仲たがい。不和。❸へだたる。へだてる。また、はなす。遠ざける。❹うかがう。すきをねらう。また、ひそかに敵情をさぐる者。スパイ。「間者」❺まじわる。まじえる。❻そしる。悪口を言う。❼わきにそれた。正当でない。「間道」

国❶あいだ。㋐関係。仲。㋑…ゆえに。…から。「…候間」❷ま。その場の具合。ばつ。「間が悪い」❸ケン。㋐建物の柱と柱の間を数える語。㋑長さの単位。六尺。約一・八メートル。

名乗 ちか・はし　難読 間人・間藤・間部

解字 金文 篆文 会意。門＋日（月）。門がとじても、月光がもれるさまから、すきまの意味を表す。常用漢字は月を日に変えた間による。閒を音符に含む形声文字に僩・澗・癇・簡などがある。

▼行間・瞬間・人間・世間・草間・俗間・中間・等間・仲間・反間・病間・坊間・無間・腰間・離間

【間一髪】カンイッパツ ↓間不容髪（一一五〇ページ）。

【間逸】カンイツ 静かで安らかなこと。閑逸。

【間雲孤鶴】カンウンコカク ①静かな雲と一羽の鶴。②転じて、世俗にわずらわされずに思いのままに悠々とふるまう境地をいう。閑雲野鶴。

【間花】カンカ ①もの静かに咲いた花。しとやかな花。②転じて、あそびめ（妓女）をいう。

【間暇】カンカ ①ひま。②国が治まって平和なこと。③態度が

おちついて静かなこと。

【間雅】(カンガ) しとやかでみやびやかなこと。閑雅。

【間隔】(カンカク) へだたる。また、へだたり。空間にも時間にもいう。

【間間】(カンカン) ①こせこせと物に区別をつけたがるさま。一説に、じろじろ人を見るさま。②国(まま) おりおり。おりふし。

【間関(關)】(カンカン) ①道路がけわしくて行きなやむさま。②転じて、たびたび困難なめにあうこと。③あちこちとうつるさま。④鳥がなごやかにさえずるさま。〔唐、白居易、琵琶行〕間関鶯語花底滑(カンカンたるオウゴ、カテイになめらかに)、幽咽泉流氷下灘(ユウエツするセンリュウ。ヒョウカになやめり)〈琵琶(ビワ)の演奏は、ある時はのどかな鶯(うぐいす)の声が花の下でなめらかにさえずるようでもあり、また、ある時は、むせぶがごとき泉の流れが氷の下で流れなやんでいるようにも聞こえる〉⑤車のきしむ音の形容。

【間却・間卻】(カンキャク) すてて問題にしない。無視する。

【間居】(カンキョ) ①仕事がなくひまでいる。〔大学〕小人間居為二不善一(ショウジンカンキョしてフゼンをなす)。②静かなすまい。また、静かにのんびりと暮らしていること。閑居。

【間吟】(カンギン) 静かに詩歌を口ずさむこと。閑吟。

【間隙】(カンゲキ) すきま。ひま。

【間歇】(カンケツ) 国一定の時間をへだてて起こったりやんだりすること。「間歇泉」

【間月】(カンゲツ) ①農事のひまな月。↔忙月。②ひと月おき。

【間語】(カンゴ) しんみりと語る。静かにものがたる。

【間行】(カンコウ) こっそりかくれて行く。しのびあるき。微行。また、間道を通って行く。

【間候】(カンコウ) 間者になって敵の様子を探ること。また、その人。

【間歳】(カンサイ) 一年おき。隔年。また、一年おいて。

【間使】(カンシ) しのびの使者。間者。スパイ。

【間視】(カンシ) こっそり敵情を探り見る。

【間厠】(カンシ) いりまじること。

【間事】(カンジ) ①緊急でない事がら。ひまつぶしにする、つまらない事がら。②余計なむだな事がら。③秘密の事がら。

【間日】(カンジツ) ①一日おき。②ひまな日。

【間者】(カンシャ) ①このごろ。②(カンジャ) まわしもの。スパイ。

【間寂】(カンジャク・カンセキ) もの静かなこと。さびしくひっそりしていること。閑寂。

【間色】(カンショク) 原色の配合によってできる中間色。

【間人】(カンジン) ①敵の動静を探る者。まわしもの。スパイ。間者。間使。②ひまな人。閑人。

【間静(靜)】(カンセイ) 静かなこと。閑静。

【間然】(カンゼン) 欠点を指摘して非難すること。

【間阻】(カンソ) 間をへだてる。（他人の）仲をさく。

【間断(斷)】(カンダン) たえま。また、あいだがとぎれること。

【間諜】(カンチョウ) まわし者。スパイ。間者。

【間庭】(カンテイ) 静かな庭。ひっそりと静まりかえっている庭。

【間適】(カンテキ) 心静かに楽しむこと。閑適。

【間道】(カンドウ) ぬけ道。ちか道。

【間歩】(カンポ) ①しのびあるき。微行。②ゆったりと歩く。閑歩。

【間房】(カンボウ) ①静かな室。②空家。あきや。

【間麗】(カンレイ) しとやかで美しいさま。

【間話】(カンワ) ①むだばなし。閑話。②かげ口。

【間話休題】(カンワキュウダイ) さて。それはさておき。むだ話はやめての意。閑話休題。

【間不レ容レ息】(カン、ソクをいれず) 息をつくひまもない。事態の切迫したさま。＝間不レ容レ髪。

【間不レ容レ髪】(カン、ハツをいれず) 一本のかみの毛を入れるすきもない。事態の切迫したさま。間一髪。

【承レ間】(カンをうく) ひまな折を見はからう。

(12) 4
【閑】 8305
常 カン　漢カン　呉ゲン　刪 xián　2055　*3457*

筆順　丨　𠃍　門　閈　閑

字義 ❶**のどか**。のんびりしている。また、**しずか**(静)。❷**ひま**(暇)。いとま。＝間。❸むだ。役に立たない。「閑話」❹**しきり**。門の中央にさしわたすしきり。また、馬小屋のしきり。❺ふせぐ(防)。ふせぎまもる。また、ふさぐ。❻のり(法)。規則。法則。❼ならう。なれる。習熟する。❽正しい。また、大きい。❾うるわしい。美しい。みやびやか。❿ものの形容。↕閑閑。

名乗 もり・やす　難読 閑谷(しずたに)・閑上(ゆりあげ)

参考 熟語は〔間〕(8303)をも見よ。→一一四六ペー。

解字 金文  篆文  会意。門＋木。門の間に木を置き、他からの侵入を防ぐ、しきりの意味を表す。

▼安閑・少閑・消閑・森閑・清閑・静閑・長閑・等閑・幽閑・有閑・余閑

【閑雲野鶴】(カンウンヤカク) ①静かに流れる雲と野に遊ぶ鶴(つる)。②転じて、自由に自己の意のままに悠々と過ごす境遇をいう。間雲孤鶴。

【閑暇】(カンカ) ①ひまなこと。また、まひな時。間暇。②静かにおちついていて、ゆったりしているさま。

【閑雅】(カンガ) ①しとやかで、みやびやか。②しずかで、みやびやかな趣のあること。

【閑閑】(カンカン) ①車のゆれ動くさま。②ゆったりと、のびやかなさま。③広くおおらかなさま。④静かにおちついているさま。

【閑却・閑卻】(カンキャク) なおざりにする。すてておく。

【閑居】(カンキョ) ①ひまでいる。間居。②心静かにくらす。③静かな住居。

【閑吟】(カンギン) 静かに詩や歌を口ずさむこと。間吟。

【閑散】(カンサン) ①ひまで用事がないこと。②国㋐静かで人の少ないこと。㋑市場が不振で取引が少ない状態にあること。

【閑寂】(カンジャク) もの静かなこと。寂しくひっそりしていること。

【閑舒】(カンジョ) 静かで、のびのびする。ゆったりとする。寛舒。開暢(カンチョウ)。〔文選、嵆康、琴賦〕

【閑職】(カンショク) ひまな役。散官。閑官。

【閑靖】(カンセイ) 安らかで静かなこと。

【閑素】(カンソ) もの静かでかざり気のないこと。

【閑談】(カンダン) もの静かに話す。

【閑地】(カンチ) ①あき地。②ひまな地位。

【閑適】(カンテキ) 静かに楽しくくらすこと。間適。

【閑冶】(カンヤ) みやびやかで美しい(なまめかしい)。

【閑和】(カンワ) 静かでやわらいださま。

【閑話】(カンワ) ①むだばなし。間話。②静かに話す。閑談。

【閑話休題】(カンワキュウダイ) それはさておき。むだばなしはやめにしての意。さて。発語の辞。間話休題。

(12) 4
【閎】 8306
△　漢コウ(クヮウ)　呉オウ(ワウ)　庚 hóng

字義 ❶**もん**。㋐普通の門。㋑村の小道に設けた門。㋒天の門。❷大きい。また、広い。中が広い。❸ひろげる。広くする。❹むなしい。なにもなく広々している。

解字 篆文  形声。門＋広㊟。音符の広(コウ)は、ひろがるの意味。そこから里中がひらける門の意味を表す。

【閎廓】(コウカク) ひろい。からりとして広い。

【閎閎】(コウコウ) ①大声の形容。②深みがあって美しいさま。

【閎達】(コウタツ) こせこせしないで、広く通じていること。

【閎誕】(コウタン) 大きなことを言って、とりとめがないこと。

【閎中肆外】(コウチュウシガイ) 文章を作るのに、内容が広く豊かで筆づかいが自由で変化に富むこと。〔唐、韓愈、進学解〕

(12) 4
【閏】 8307
標　漢ジュン　呉ニン　震 rùn　1728　*313C*

【閠】同字　7964　*6F60*

字義 ❶**うるう**(うるふ)。余分の月日。一年の月・日が平年より多いこと。㋐太陰暦の一か月は、平均二十九日あまりに過ぎないから、毎年十数日の余りが生ずる。そこで、三年に一度、五年に二度、十九

年に七度の割合に閏月を置いて一年を十三か月とする。④太陽暦では、厳密な一年は、三六五・二四二二日であるから、平年を三百六十五日とし、四年ごとに二月を二十九日として、三百六十六日にし、調節する。❷正統でない位。閏位。「正閏」

解字 篆文 会意。門＋王。王は、実は玉で、財貨の意味。門内に財貨があふれて、家がうるおうの意味から、うるおう月日、うるうの意味を表す。

(12)4 【閔】8308 △ 一漢ビン・呉ミン 軫 mǐn 二漢ビン・呉ミン 真 mín 7960 6F5C

字義 一❶みまう。とむらう。不幸があって、見舞いの人が門にいる。❷いたむ。あわれむ。＝愍・憫。❸うれえる。心配する。❹やむ(病)。なやむ。❺努力する。二秋の空。＝旻。

解字 篆文 形声。門＋文音。音符の文は愍に通じ、あわれむの意味。不幸な者を弔問し、あわれむ・いたむの意味を表す。

【閔凶】ビンキョウ 父母に死別する不幸。

【閔子騫】ビンシケン 孔子の弟子。春秋時代、魯の人、名は損。子騫は字。孔子より十五歳年少。親孝行であった。(前五三六—前四八七)

【閔傷】ビンショウ あわれみいたむ。

【閔然】ビンゼン あわれみ心配するさま。

【閔閔】ビンビン ①うれえるさま。②深遠なさま。

(12)4 【閖】8309 国字 △ 7961 6F5D

字義 ゆり。閖上ゆりあげ・閖前ゆりまえは、宮城県の地名。

解字 会意。門＋水。水が狭い門のような流域から流れ出るため、砂を淘ゆりあげてできた平地、ゆりの意味を表す。

【悶】→心部 四〇三ページ。

(13)5 【閘】8310 △ 一漢オウ(アフ) 呉ヨウ(エフ) 洽 yā 二コウ(カフ) 洽 zhá 7962 6F5E

字義 一門をあけたてする。また、そのきしむ音の形容。二❶とじる。門をとじる。❷ひのくち(樋の口)。水門。

解字 篆文 形声。門＋甲音。音符の甲は、おおうの意味。水をおおいとじめる門の意味を表す。

(13)5 【閏】8311 △ ジュン 閏(8307)と同字。→一一五〇ページ。 7964 6F60

(13)5 【閙】8312 △ ドウ 鬧(8959)の俗字。→一二三四ページ。 7963 6F5F

(13)5 【閟】8313 △ ヒ 寘 bì

字義 ❶とじる。とざす。⑦とじこめる。④終わる。おしまいにする。⑨かくす。かくしてあらわさない。❷おく深い。暗い。かすか。❸かみ(神)。❹つつしむ。

解字 篆文 形声。門＋必音。音符の必は閉に通じ、門をとざすの意味。とじる・ふさぐの意味を表す。

【閟宮】ヒキュウ ①おたまや。霊廟。②『詩経』魯頌ロショウの詩の編名。

(14)6 【閡】8314 △ ガイ 隊 hé

字義 ❶とじる。外から戸をしめる。とざす。❷とどまる。また、とどこおる。さしつかえる。❸さまたげる。

解字 篆文 形声。門＋亥音。音符の亥は、堅くなるの意味。門を堅く閉ざすの意味を表す。

(14)6 【閣】8315 教6 カク カク 薬 gé 1953 3355

筆順 丨 𠃌 門 閃 閣

字義 ❶建物。⑦たかどの(高殿)。二階造りのやかた。「楼閣」④ごてん(御殿)。宮殿。「殿閣」❷かけはし。山の崖がけぶちの岩かどなどに掛け渡した橋。また、その道。桟道。「閣道」❸二階造りの廊下。複道。また、地上高く渡した廊下。「閣道」❹開いた扉をとめるくい。また、閉じた扉をとめるくい。かんぬき。❺たな。⑦食物をのせるたな。④物をしまっておくたな。❻役所。官庁。「秘閣」❼おく。手をはなして下に置く。また、止める。＝擱カク。国内閣の略。「閣議」「組閣」

解字 篆文 形声。門＋各音。音符の各は、外部につきだすの意味。門の所に突き出ている、とびらをとめる「くい」の意味を表す。

▼金閣・高閣・小閣・層閣・組閣・台閣・殿閣・倒閣・内閣・飛閣・仏閣・楼閣

【閣下】カッカ ①たかどのの下。②高い地位にある人を呼ぶ言葉。また、名や地位の下につける敬称。

【閣閣】カクカク ①まっすぐなさま。②かえるの鳴く声の形容。

【閣道】カクドウ ①二階作りの廊下。また、地上高く架した廊下。複道。②高い山の崖がけの岩かどなどに木材などを渡し、たなのように張り出して作った道。桟道サンドウ。③星の名。北斗七星の柄に当たる部分をいう。

【閣筆】カクヒツ 筆をおく。書くことをやめる。擱筆カクヒツ。

(14)6 【関】8316 教4 カン せき 2056 3458

(19)11 【關】8317 一漢カン(クヮン) 呉ケン 刪 guān 二漢ワン・呉エン(ヱン) 刪 7980 6F70

筆順 丨 𠃌 門 閂 関

字義 一❶せき。関所。国境や国内の要所に設けて、通行人や貨物の出入を取り締まる所。「函谷関カンコクカン」❷とざす。とじる。閉める。ふさぐ(塞ソク)。❸かかわる。あずかる。かかわりあずかる。関係する。「関与」❹かんぬき。門戸をとざす横木。❺からくり。しくみ。しかけ。「機関」❻人体の要所。また、しめくくりのところ。要所。❼ものの形容。二ひく。弓を引く。＝彎ワン。

名乗 もり

解字 金文 篆文 形声。門＋𢇇音。音符の𢇇は会に通じ、あうの意味。門をあわせとじるの意味を表す。

▼間関・機関・郷関・玄関・税関・通関・難関・連関

【関尹】カンイン 関門を守る役人。また、その長。関令。

【関羽】カンウ 三国時代、蜀ショクの武将。字あざなは雲長、また長生。諡おくりなは壮繆ソウビュウ。蜀の劉備リュウビに仕え大いに活躍したが、呉の孫権の部下に殺された。後に武神として関帝廟にまつられた。(？—二一九)

【関河】カンガ・カンカ ①函谷カンコク・蒲津ホシンなどの関所と黄河。また、けわしい山と川。要害の地。②昔の秦シンの地(今の陝西センセイ省)をいう。四方が山に囲まれ、函谷関・武関などがあり、また、東に黄河が流れているからいう。③山河。⑦国境の山河。④他郷の山河。④転じて、旅先たびさき。また、旅路たびじ。故郷を遠く離れた旅路。

【関隔】カンカク へだたり。間隔。また、さまたげ。

【関関】カンカン 鳥がなごやかに鳴く声の形容。

【関鍵】カンケン ①かんぬきとかぎ。また、戸じまり。②物事の重要な所。枢要。秘訣ヒケツ。

【関佐】カンサ ＝関東。↔関右(関西)。

【関塞】カンサイ 国境にある関所と、とりで。

【関山】カンザン ①関所と山々。また、関所のある山々。②郷里の四境をめぐる山。転じて、ふるさと。

【関山月】カンザンゲツ 前漢の横吹曲オウスイキョクの名。離別を悲しみいたむ内容の楽曲。古来、この楽曲に合わせて作った「関山月」と称する詩が多い。

〔関塞〕

【関市△之征】（カンシのセイ）　関所の通行税と市場の営業税。

【関所】（せきショ）国①昔、交通上の要所や国境などに設け、通行人の取り調べを行った所。②転じて、難関。

【関△雎】（カンショ）①鳥の名。巣の中に二室あって、雌雄が別居しているといわれる。②『詩経』周南の編名。周の文王と后妃との夫婦和合の徳を詠じた詩。

【関△雎△之化】（カンショのカ）　夫婦が和合して、家庭がよくおさまること。「ことのたとえ。」

【関渉】（カンショウ）　手出し口出しをすること。その事に関係すること。〔干渉。〕

【関心】（カンシン）①心にかかる。②心を入れる。

【関西】（カンセイ・カンサイ）①函谷関（または潼関）よりも西の地の総称。今の陝西・甘粛の二省の地。関右。↕関東。②国（カンサイ）⑦近江（今の滋賀県）の逢坂の関以西の地。①鎌倉時代以降は、鈴鹿・不破・愛発三関以西の諸国。⑨箱根の関以西の地。㊁現今では、漠然と、京阪地方一帯をいう。

【関知】（カンチ）　あずかり知る。そのことに関して知ること。

【関中】（カンチュウ）　地名。今の陝西省の地をいう。東に函谷関、南に武関、西に散関、北に蕭関があって、四関の中央に位置するからいう。秦の旧地。

【関東】（カントウ）①函谷関（または潼関）より東の地の総称。関左。↕関西。②国⑦近江（今の滋賀県）の逢坂の関以東の地。①鎌倉時代以後は、鈴鹿・不破・愛発三関以東の諸国。⑨箱根の関以東の地。㊁現今では、漠然と、東京地方をいう。また、地理区分でいう関東地方の略。㊉鎌倉幕府の別称。㊋江戸幕府の別称。

【関内】（カンナイ・カンダイ）　関所のうちで、函谷関以西の地。今の陝西省の地。関中。

【関内侯】（カンダイコウ）　秦・漢の封爵の一つ。この爵号をたまわった者は、名は侯でも領地は与えられず、都に居住した。

【関白】（カンパク）①国政について天子に奏上する先に然るべき重臣に申しあげること。国政の重要事項について、天子が然るべき重臣に意見を求めること。関は、関与する意と申す意とを含み、白は、申す・言うの意。一説に、関は、通ずる・通す意。②国（カンパク・カンバク）⑦昔、天皇を補佐し、政務を執行した重職。摂政からなるのを例とし、太政大臣の上に位した。一の人。①威力・権力の強い者。「亭主関白」

【関防印】（カンボウイン）①公文書の偽造を防ぐためにおす割り印。②書画などの右肩におす長方形の印。引首印。

【関門】（カンモン）①境界や関所の門。②門をとざす。③国そこを通るために種々の困難を伴う所。

【関右】（カンユウ）＝関西の①。↕関左。

【関与（與）】（カンヨ）　事にあずかる。関係する。

【関竜（龍）△逢】（カンリョウホウ）　中国古代の夏の桀王の賢臣。王の飲酒をいさめて殺された。

【関連・関△聯】（カンレン）　かかわりあう。関係してつらなる。

(14) 6
【閨】8318　標　ケイ　㊀ guī　7965 6F61

字義 ❶こもん（小門）。⑦独立した小門。①宮中の小門。⑨村里の道に設けた門。❷ねや。婦人の居間・寝室。閨房。❸居間。家の奥深くにある居間。❹婦人。女性。「閨秀」❺男女の情事。

解字 篆文　形声。門＋圭㊅。音符の圭は、上がまるく、下が方形の玉の意味。圭の形をしている門、宮中の小さな門の意味を表す。

【閨△怨】（ケイエン）　妻が夫と別れているうらみ。悲しみ。

【閨△閤】（ケイコウ）①婦人の居間。閨房。②宮中の奥御殿。

【閨秀】（ケイシュウ）　学問・才能のすぐれた婦人。才媛。

【閨中】（ケイチュウ）　婦人の部屋。

【閨閥】（ケイバツ）　国妻の姻戚関係にある勢力を中心に結んだなかま。妻党。

【閨範】（ケイハン）　女の守るべき手本・教え。

【閨房】（ケイボウ）①女のへや。②国ねや。寝室。

【閨門】（ケイモン）①へやの入口の戸。また、へやの内。家庭。②城内の小さな門。③国家庭内での行儀作法。

(14) 6
【閤】8319　標　コウ（カフ）　㊀ gé　2562 395E

字義 ❶くぐりど。大門のかたわらにある小門。❷宮中の小門。❸婦人のへや。また、単にへや。❹宮殿。ごてん。❺役所。官庁。❻ものの形容。→閤閤。

解字 篆文　形声。門＋合㊅。音符の合は、あわせふくむの意味。大きな門の一部として含まれている、くぐり戸の意味を表す。

【閤下】（コウカ）①高殿の下。②貴人の尊称。閣下。

【閤閤】（コウコウ）　かえるの鳴き声の形容。閤閤。

(14) 6
【閧】8320　△　㊅コウ（カウ）　㊇ゴウ（ガウ）　㊀ hòng　7966 6F62

字義 ❶ちまた。村里の中のみち。❷とき。ときの声。＝鬨。

解字 形声。門＋共㊅。音符の共は、巷に通じ、村なかの道の意味。門から入る村なかの道の意味を表す。

(14) 6
【閥】8321　常　バツ　㊅ハツ・㊇バチ　㊀ fá　慣バツ　4022 4836

筆順 

字義 ❶てがら。いさお。功績。❷門の左に建てる柱。唐・宋以後、爵位のある家の門の左に建てる柱。↕閲（門の右に建てる）。❸家がら。家格。門地。「門閥」❹しきみ。門限。
国バツ。出身や利害を同じくする者の党派。派閥。「学閥」

解字 篆文　形声。門＋伐㊅。音符の伐は、敵をうつ、てがらの意味。てがらのある家の門に建てた柱の意味を表し、転じて、てがらのある家がらの意味を表す。

▼学閥・軍閥・財閥・派閥・藩閥・門閥

【閥閲】（バツエツ）①功績と経歴。②功績のある家がら。③門の左右の柱。左のを閥、右のを閲という。

［閩］→虫部　九六六ページ。

［聞］→耳部　八九六ページ。

(15) 7
【閲】8322　常　エツ　㊅エツ（エツ）　㊇エチ（エチ）　㊀ yuè　1760 315C

(15) 7
〔閱〕8323

筆順 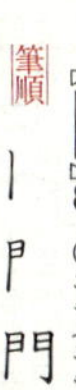

字義 ❶けみする。⑦よく見る。しらべ見る。「検閲」①経過する。「閲歴」❷えらぶ。ぬきとる。「簡閲」❸文書を比較して調査研究する。「校閲」❹てがら。功績。❺唐・宋以後、爵位のある家の門の右に建てる柱。↕閥（門の左に建てる）。❻すべる（統）。また、集める。❼いれる（容）。

解字 篆文　形声。門＋兌（兊）㊅。音符の兌は脱に通じ、ぬがせるの意味。門の中で、一々ぬがせてかぞえあらためるの意味を表す。

▼簡閲・検閲・校閲・考閲・査閲・親閲・披閲

【閲月】（エツゲツ）　月をすごす。一箇月たつ。

【閲実（實）】（エツジツ）　実情を一つ一つとり調べること。

【閲読（讀）】（エツドク）　書物を読むこと。閲書。

【閲覧（覽）】（エツラン）①調べみる。②書物を読むこと。閲読。

【閲歴（歷）】（エツレキ）①経過する。過ぎ去る。②過ぎ去った事跡。履歴。経歴。

(15) 7
【閫】8324　△　コン　㊀ kǔn

字義 ❶しきい。しきみ。門のしきい。❷門ぐい。門の中央にあって、両扉をとめる杙。❸婦人の居る室。また、婦人。❹宮中の小さな門。また、宮中。

解字 形声。門＋困㊅。音符の困は、とじこめるの意味。人を

門内にとじこめる、しきみの意味を表す。


【閫奥】(コンオウ) 奥深いところ。奥義。

【閫外】(コンガイ) ①しきいの外。境界の外。②宮城・都城の外。③国境外に出征する軍。↕閫内（国内）。

【閫寄】(コンキ) 軍を治める全権。将軍の任。

【閫則】(コンソク) ＝閫徳。

【閫徳】(コントク) 婦女子の守るべき徳。婦道。婦徳。

【閫内】(コンナイ) 国内。

(15)7
【閭】8325
△ 漢リョ 呉ロ 魚 lǘ　7967 6F63

字義 ❶村里の入り口の門。周代の制度で、二十五家を里とし、里の入り口には必ず門があった。その門を閭といった。また、単に、門。❷むら。周代の制度で、二十五家の称。また、単に村里。まち。❸あつまる。また、集まり。

解字 金文 篆文 形声。門＋呂㊥。音符の呂は、つらなるの意味。つらなる門、村里の門の意味を表す。

【閭閻】(リョエン) ①村里の入り口の門と村里の中の門。村里の門。②むらざと。③村里に住む人。村民。庶民。特に、その貧しい人。

【閭伍】(リョゴ) 村びと。村民。また、庶民。伍は、五人組集団の意。

【閭巷】(リョコウ) 村里の道。村里。また、民間。

【閭左】(リョサ) 秦代、税を免じて里門の左側に住まわせた貧しい人民。貧民。〔史記、陳渉世家〕

【閭娵・閭須・閭姝】(リョシュ) 古代の美女の名。

【閭井】(リョセイ) 村里。また、まち。

【閭里】(リョリ) むらざと。閭巷。

【倚閭】(リョによる) 村里の門によりかかる。母が子の帰宅を待つことのたとえ。〔戦国策、斉〕⇩倚門望（モンによりてのぞむ）（一一四八ジ）。

(15)7
【閬】8326
△ ロウ（ラウ） 漾陽 làng

字義 ❶たかい。門が高い。また、高い門。❷明らかで大きい。❸むなしい。何もなくて広々している。

解字 形声。門＋良㊥。

【閬風・瑤（瑶）池】(ロウフウ ヨウチ) 閬風苑（ロウフウエン）と瑶池。ともに崑崙山（コンロンサン）にあり、仙人のいる所という。

【誾】→言部　一〇一四ページ。

(16)8
【閼】8327
△ 一 漢アツ・呉アチ 曷 è　二 エン 先 yān　慣 ア　7968 6F64

字義 一❶さえぎる。❷ふさぐ。また、ふさがる。❸とどめる。また、止まる。❹すだれ。門戸のちりよけ。二閼氏は、匈奴（キョウド）の王、単于（ゼンウ）の正妻の称。

解字 篆文 会意。門＋於。

【閼伽】(アカ) ①仏㋐梵語（ボンゴ）argha の音訳。仏に供える水。㋑水や供物を盛る器。②船底にたまった水。

(16)8
【閾】8328
標 漢ヨク 呉イキ（ヰキ） 職 yù　7971 6F67

字義 ❶しきい。しきみ。門のしきい。❷くぎる。内外をしきる。

解字 篆文 形声。門＋或㊥。音符の或は、域に通じ、境のある区域の意味。家の内外の境となる、しきいの意味を表す。

(16)8
【閻】8329
標 一 エン 塩 yán　二 エン 艶 yàn　7969 6F65

字義 一❶村里の門。❷ちまた（巷（コウ））。村里のこみち。二うるわしい。容貌（ヨウボウ）の美しいこと。

解字 篆文 形声。門＋臽㊥。音符の臽は、おちこむの意味。くずれかけた門の意味から、むら里の門の意味を表す。

【閻浮】(エンブ) 仏梵語（ボンゴ）Jambū の音訳。①閻浮樹の略。②閻浮州（洲）・閻浮提（エンブダイ）・閻浮界の略。③閻浮檀金（エンブダンゴン）の略。

【閻浮界】(エンブカイ) 仏人間界をいう。→閻浮提（エンブダイ）。

【閻浮樹】(エンブジュ) 仏木の名。閻浮提（エンブダイ）の大森林の中にあるという非常にたけの高い木。

【閻浮州・閻浮洲】(エンブシュウ) 仏＝閻浮提（エンブダイ）。

【閻浮提】(エンブダイ) 仏梵語（ボンゴ）Jambū-dvīpa の音訳。①須弥山（シュミセン）の南方にある地方（国）。②転じて、㋐インドをいう。㋑中国・日本などをも含めていう。㋒人間界・現世をいう。

【閻浮檀金】(エンブダンゴン) 仏梵語（ボンゴ）Jambū-nada-suvarṇa の音訳。閻浮樹のある大森林の中を流れる川に産する砂金。赤黄色で、紫炎の気を帯びているという。

【閻魔】(エンマ) ①仏梵語（ボンゴ）Yama-rāja の音訳、閻魔羅闍（エンマラジャ）の略。（rāja は、王・大王の意。）人の生前の罪を判定して罰を加えるという地獄の王。②国㋐むごい心の人。㋑くぎぬき。閻魔王がうそつきの人の舌をくぎぬきでぬくとの伝説に基づく。

【閻羅】(エンラ) ＝閻魔。→前項。

(16)8
【閹】8330
△ エン 塩琰 yān　7970 6F66

字義 ❶門番。❷宮刑に処せられた男子。罰として去勢された男子。宦官（カンガン）。去勢されて宮廷の奥向きに仕えている人。❸転じて、一般に、召使い。しもべ。

解字 篆文 形声。門＋奄㊥。音符の奄（エン）は、おおうの意味。宮中の門をおおったり、あけたりする門番の意味を表す。

【閹尹】(エンイン) 宦官（カンガン）のかしら。

【閹官】(エンカン) 宦官（カンガン）。閹宦（エンカン）。閹人。

【閹寺】(エンジ) 寺は、侍。①宦官（カンガン）。②召使い。→字義の③。

【閹然】(エンゼン) ①深く秘しかくしているさま。②本性・本心などを隠して人にこびるさま。

(16)8
【閽】8331
△ コン 元 hūn

字義 ❶門番。❷宮門。❸宦官（カンガン）。宮刑に処せられて宮中に仕える者。❹足切りの刑に処せられた者。

解字 篆文 形声。門＋昏㊥。

【閽寺・閽侍】(コンジ) 内廷に奉仕する宦官（カンガン）。もと宮刑に処された者（去勢されたもの）を門番に用いたことからいう。寺は侍。閽者。閽人。

(16)8
【閶】8332
△ 一 ショウ（シャウ） 陽 chāng　二 トウ（タウ） 陽 tāng

字義 一❶門。天上界の門。❷大きい。また、さかん。二鼓の音。

解字 篆文 形声。門＋昌㊥。音符の昌（ショウ）は、日の光の意味。日の光への門、天上界の門の意味を表す。

【閶闔】(ショウコウ) ①天上界の門。②宮門。③西の風。秋風。④さかんなさま。

(17)9
【闇】8333
標 一 漢アン・呉オン 勘 àn　二 漢アン・呉オン 覃 ān　1639 3047

字義 一❶とじる。門を閉じる。❷くらい（くらし）。＝暗。㋐明らかでない。光がない。㋑おろか。「闇愚」㋒かくれてあらわれない。人目につかない。❸夜。夕ぐれ。また、やみ。❹暗くする。また、おおう。二喪に服する時にこもる、いおり。「諒闇（リョウアン）」
国 やみ。㋐月の出ない夜。㋑不正な。ひそかな。「やみ取り引き」

参考 現代表記では［暗］（3065）に書きかえる。「闇黒→暗黒」「闇夜→暗夜」　熟語は［暗］をも見よ。→五一三ジ。

解字 篆文 形声。門＋音㊥。音符の音は暗に通じ、くらいの意味。門をとじてくらくするの意味を表す。

【闇愚】(アング) おろか。道理にくらく、おろかなこと。暗愚。

【闇香】(アンコウ) ほの暗い所で、どこからともなくただよってくるかお

り。暗香。

【闇黒】アンコク 暗黒。①まっくら。くらやみ。②国世の中の文化や道徳がおとろえていること。

【闇昧】アンマイ ①暗い。暗い所。また、人が見ていない所。②道理に暗くおろかなこと。

【闇夜】アンヤ 暗い夜。やみ夜。暗夜。

(17)9【闈】8334 △ イ(ヰ) 微 wéi

字義 ❶宮中の小門。宮中の通路の小門。❷くぐり。大門のわきの小門。通用門。❸后妃の居る奥御殿。❹奥のへや。㋐婦人の居室。㋑両親の居室。❺官吏登用試験を行う所。貢院。

解字 篆文 形声。門＋韋㊥。

(17)9【闉】8335 △ イン 真 yīn

字義 ❶城(町)の外ぐるわの隅にある門。外城の門。上に闍ト(物見台)がある。❷ふさぐ(塞)。また、ふさがる。

解字 篆文 形声。門＋垔㊥。音符の垔イは、ふさがるの意味。

【闉闍】イント ①外城の二階建の門。また、城門。②城内のまち。

(17)9【闊】8336 標 漢カツ(クワツ) 呉カチ(クワチ) 曷 kuò 7972 6F68

【濶】俗字 7973 6F69

字義 ❶とおる。通ずる。❷ひろい。㋐面積が大きい。㋑心が広い。度量が広く大きい。「快闊」❸うとい。㋐まわり遠い。また、間が広くあいている。㋑久しく会わない。「久闊」❹ゆるい。ゆるやか。また、ゆるくする。

解字 篆文 形声。門＋活㊥。音符の活は、水がほしいままに流れ出るの意味。往来自由の門のさまから、とおる・ひろいの意味を表す。

【闊達】カッタツ 心が広く、小事にあくせくしないこと。

【闊歩】カッポ 大またに歩く。転じて、自由に行動すること。

【闊葉樹】カツヨウジュ 広葉樹の旧称。↔針葉樹。

(17)9【闃】8337 △ 漢ケキ・呉キャク 慣ゲキ 錫 qù 7974 6F6A

字義 しずか。人けがなくて、ひっそりしていること。

解字 形声。門＋狊㊥。

(17)9【闋】8338 △ 漢ケツ 呉ケチ 屑 què

字義 ❶とじる。事が終わって門をとじる。❷やむ。終わる。㋐おしまいになる。㋑音楽の一曲が終わる。❸むなしい(空)。

解字 篆文 形声。門＋癸㊥。

(17)9【闍】8339 標 ㊀漢ト・呉ツ 虞 dū ㊁漢シャ・呉ジャ 麻 shé 7975 6F6B

字義 ㊀❶城(町)の外郭の門の上の物見台。❷城の外郭よりも内側のまち。❸仏闍梨ジャリは、阿闍梨(正行・軌範の意)の略。高僧の敬称。

解字 篆文 形声。門＋者㊥。音符の者は、積み重ねるの意味。土をつき固めて積みあげた、ものみだいの意味を表す。

(17)9【闌】8340 △ ラン 寒 lán 7976 6F6C

字義 ❶たけなわ。さかりの時。まっさかり。また、さかりを少し過ぎたころ。❷たける。さかりになる。❸てすり。闌干ランカン。❹さえぎる。また、防ぐ。❺つきる。終わる。すがれる。❻みだりに。勝手に。❼ものの形容。→闌干。

解字 金文 篆文 形声。門＋柬㊥。音符の柬は、袋に物をとじこめるさまにかたどる。門でさえぎりとじこめるの意味を表す。また爛に通じ、たけなわの意味をも表す。

【闌干】ランカン ①てすり。欄干。②涙がとめどなく流れるさま。③まぶた。目のふち。④いりみだれるさま。⑤星の光があざやかにきらめくさま。

【闌珊】ランサン ①おとろえるさま。②散り乱れるさま。

【闌入】ランニュウ みだりに入る。許可なしに入る。

(18)10【闓】8341 △ カイ 賄 kǎi

字義 ❶ひらく。㋐門を開く。㋑はじめる。起こす。❷たのしむ。心のびのびと楽しむ。＝凱ガイ。

解字 篆文 形声。門＋豈㊥。音符の豈は開に通じ、ひらくの意味を表す。

(18)10【闕】8342 △ 漢ケツ 呉カチ(クヮチ) 月 què, ③〜⑥quē 7977 6F6D

字義 ❶宮城門外の左右両側に設けた二つの台。その上に楼観(ものみ)を載せて造り、中央がくりぬかれて通路になっている。昔、法令をその上に掲げた。「宮闕」「城闕」❷宮城。天子の居所。❸かく(欠)。㋐取り去る。除く。㋑へらす。㋒きずつける。こわす。㋓そなえない。おこたる。おろそかにする。❹かける(か)。㋐少なくなる。へる。㋑欠けている。❺欠けている所。また、すきま。間隙カンゲキ。❻あやまち(過)。おちど。

〔闕①〕

解字 篆文 形声。門＋欮㊥。音符の欮ケツは、大きな口をあけるの意味。中央に大きな口のあいている城門の意味を表す。

【闕掖】ケツエキ 御所。宮中。掖は正門の左右の小門。

【闕下】ケッカ ①天子の宮門のもと。②天子。朝廷。

【闕画(畫)】ケッカク 字画(文字の線や点)を省くこと。昔、天子や貴人の名と同一の文字を用いるとき、はばかってその字画の一部を省いて書いた。例えば、清シの康熙帝コウキテイの諱いみな、玄燁ゲンヨウの玄を、省いて玄と書くなど。欠画。欠筆。

【闕官】ケッカン 国現任者の欠けている官。

【闕疑】ケツギ 真偽のはっきりしない疑問の点は省いて残しておく。〔論語、為政〕多聞闕レ疑(おおくきき(て)うたがわしき(は)かく)。

【闕字】ケツジ 欠字。①文章中に天皇または貴人の名を書くとき、敬意を表すため、そのすぐ上を一、二字あけて書くのをいう。②文章中の脱字。

【闕失】ケッシツ あやまち。過失。欠点。

【闕如】ケツジョ ①欠けて不完全なさま。②はぶく。とりのける。如は、助字。欠如。

【闕文】ケツブン 脱落している文章。欠文。

【闕本】ケッポン 巻数が不足している書物。端本ホン(はほん)。欠本。↔完本。

【闕里】ケツリ 地名。孔子の住んでいた所。山東省曲阜キョクフ市の城内にある。闕党。

【闕漏】ケツロウ 欠けている点。足りない所。また、手落ち。

(18)10【闑】8343 △ 漢ゲツ 呉ゲチ 屑 niè

字義 門の間に立てる柱。二枚の扉を閉じ合わせるために立てた短い柱。また、門の両端の柱と柱との間に立てた二本の短い柱。

解字 篆文 形声。門＋臬㊥。音符の臬ゲツは、中央にある木の意味。門の中央に立てる短い柱の意味を表す。

(18)10【闔】8344 △ 漢コウ(カフ) 呉ゴウ(ガフ) 合 hé 7978 6F6E

字義 ❶とびら。門のとびら。木のとびら。↔扉(竹や葦あしで作ったとびら)。❷とじる。とざす。㋐門戸などを閉じる。㋑とじこめる。しまいおさめる。❸すべる(統)。すべあわせる。一つにまと

める。また、すべて。みんな。残らず。❹あう(合)。あたる。❺なんぞ…ざる。漢文の訓読で再読する文字。どうして…しないのか。何不の二字を一字としたもの。＝盍。

解字 篆文 形声。門＋盇(盍)音。音符の盇は、おおうの意味。内部をおおいかくすとびらの意味を表す。

【闔境】コウキョウ 国境内全体。全国。
【闔門】コウモン ①門をしめる。閉門。②一門残らず。一家全部。
【闔邑】コウユウ 村じゅう。全村。
【闔閭】コウリョ 春秋時代、呉の王。闔廬とも書く。名は光。呉の王僚を殺して即位し、伍子胥を用いて楚を破ったが、後、越王句践と戦い、負傷して死んだ。夫差の父。(?—前四九六)
【闔廬】コウロ ①家屋。②＝闔閭。

(18)10【闖】8345 △ チン 沁 chèn、④chuǎng 7979 6F6F

字義 ❶馬が門を出るさま。❷頭を出すさま。❸うかがう。のぞき見る。ねらう。❹不意に突入する。

解字 篆文 会意。門＋馬。

【闖入】チンニュウ ①うかがってはいる。②不意にあばれこむ。

(18)10【闐】8346 △ 漢テン 呉デン 先 tián

字義 ❶みちる。いっぱいになる。また、満たす。❷さかんなさま。また、音のさかんなさま。

解字 篆文 形声。門＋眞音。音符の眞は、いっぱいにつまるの意味。門内に人がいっぱいみちるの意味を表す。

【闐闐】テンテン ①さかんなさま。②群がり行くさま。③太鼓や車馬などの音のさかんなさま。

(18)10【闘】8347 常 トウ たたかう 3814 462E

(20)門10〔鬭〕8348 漢トウ 呉ツ 宥 dòu 8212 722C

筆順 丨 冂 門 門 鬥 闘

【鬭】正字

字義 ❶たたかう。㋐切り合う。撃ち合う。「格闘」㋑戦争する。「戦闘」㋒勝敗・優劣を争う。❷たたかわせる。「闘牛」❸たたかい。いくさ。あらそい。❹あう(遇)。である。また、集まる。

難読 闘草

参考 ①俗に、斗(2922)で代用することがあるが不適。「戦斗」②斗は簡化字。

使いわけ たたかう〔戦・闘〕⇩戦(2507)。

解字 篆文 形声。門(鬥)＋斲(斲)音。音符の斲は、けずるの意味。門は、人がたたかう形にかたどる。あらそいたたかうの意味を表す。

▼暗闘・格闘・苦闘・健闘・死闘・私闘・戦闘・争闘・奮闘・乱闘

【闘花】トウカ 花合わせ。唐の天宝の時、長安の子女が春に行った遊戯。花を頭にさして、その珍奇なものの多い方を勝ちとする。
【闘角】トウカク ①多くの屋根のかどが四方から集まっていること。②破風づくりの屋根のかど。
【闘艦】トウカン いくさぶね。闘船。
【闘牛】トウギュウ 牛をたたかわせる遊戯。牛のつつき。
【闘鶏(鷄)】トウケイ にわとりをたたかわせて勝敗を争う遊戯。また、その鶏。
【闘魂】トウコン 戦おうとする意気ごみ。ファイト。
【闘士】トウシ ①戦闘をする人。②国闘志のある人。
【闘志】トウシ たたかおうとする意志。闘魂。
【闘△而鋳(鑄)レ兵】たたかい(ひ)てヘイをいる 戦いが始まってから兵器を鋳造する。時期を失すること。泥棒を見て縄をなう。
【闘草】トウソウ 陰暦五月五日に行われる女子の遊戯。草を採ってくらべ合う。くさあわせ。
【闘茶】トウチャ 茶を飲んでその産地を当てたり、その品質の優劣を競ったりする遊戯。

(18)10【闒】8349 △ 漢トウ(タフ) 呉ドウ(ダフ) 合 tà

字義 ❶楼上に設けた戸口。また、門楼上の建物。❷むら(村)。さと(里)。❸いやしい。おとる。心が下劣である。

解字 篆文 形声。門＋㣛音。

【闒△茸】トウジョウ 茸は、草の乱れているさま。①身分がいやしい(低い)こと。また、その人。②心がいやしい(下劣な)こと。また、その人。③おろか(愚)。また、その人。

(19)11【闗】(8317) カン 関(8316)の旧字体。→一二五一ジ。

(19)11【闚】8350 △ キ 支 kuī 7980 6F70

字義 ❶うかがう。ちょっと見る。ぬすみ見する。❷しめす。㋐物を示してさそう。㋑見せつける。ちらつかせる。

解字 篆文 形声。門＋規音。音符の規は、はかるの意味。門のすきまからのぞいてみてはかる、うかがうの意味を表す。

【闚△覦・闚△窬】キユ 願望する。身分不相応な望みをいだくこと。

(20)12【闞】8351 △ 一カン 勘 kàn 二漢カン・呉ケン 豏 hǎn

字義 一のぞむ(望)。㋐門によりそって、帰りを待ち望む。㋑みる(視)。二❶虎の声の形容。❷口を大きく開き、大声をあげて怒る形容。

解字 篆文 形声。門＋敢音。音符の敢は、監に通じ、みるの意味。門によりかかって外出した人の帰りを見るの意味を表す。

(20)12【闟】8352 △ 一漢キュウ(キフ)・呉コウ(コフ) 緝 xì 二漢トウ(タフ)・呉ドウ(ダフ) 合 tà

字義 一枝刃のある小さなほこ。二闟然は、物の落ちる音の形容。

解字 形声。門＋翕音。

(20)12【闡】8353 △ セン 銑 chǎn 7981 6F71

字義 ❶ひらく。㋐あける。㋑広める。広げる。❷ひろい。❸あきらか。明らかにする。また、明らかなもの。❹広々としている。大きくする。また、大きい。

解字 篆文 形声。門＋單音。音符の單は、はじくの意味。視界をさえぎっていた門をはじき開いてあらわにするの意味を表す。

【闡究】センキュウ 物事をきわめてあきらかにする。
【闡明】センメイ 明らかになる。また、明らかにする。また、明らか。
【闡幽】センユウ かくれたものをひらきあばいて、明らかにすること。
【闡揚】センヨウ あらわしあげる。世の中に明らかにあらわすこと。

(21)13【闤】8354 △ 漢カン(クヮン) 呉ゲン 刪 huán

字義 ❶まちをとりまく門。また、まちの門。❷まち。市街。

解字 篆文 形声。門＋睘音。音符の睘は、めぐるの意味。町をめぐる門の意味を表す。

(21)13【闥】8355 △ 漢タツ 呉タチ 曷 tà 7982 6F72

字義 ❶もん(門)。㋐門の総称。㋑宮中の門。宮中の小門。❷門のうち。門とへいの間。❸ついじ。門外から見られないように門内にたてる小さい垣。❹速い形容。

解字 篆文 形声。門＋達音。

(21)13【闢】8356 △ 漢ヘキ 呉ビャク 陌 pì 7983 6F73

字義 ❶ひらく。㋐あける。閉じているものをあける。また、あく。㋑ひろげる。土地を切り開く。また、広がる。ひらける。㋒わける。また、わかれる。㋓はじめる。また、はじまる。❷のぞく。しりぞける。❸さける。

解字 金文 篆文 形声。門＋辟㊥。音符の辟ヘキは、わきへ寄るの意味。とびらを門の両わきへ寄らせて、ひらくの意味を表す。

8 阜(阝)部

阝は三画。

〔部首解説〕（阝）こざとへん。阜が偏になるときの形。阜(阝)を意符として、丘や丘状に盛り土したもの、丘に関連する地形やその状態を表す文字ができている。

(8)阜0
【阜】8357
㊕フ・㊁ブ 囿 fù　4176 496C

字義 ❶おか。大きな丘。❷おおきい。また、大きくなる。❸さかん(盛)。また、さかんにする。❹多い。豊か。豊かにする。❺肥えふとる。

解字 甲骨文 篆文 象形。甲骨文でもわかるように、段のついた土山の形にかたどり、おかの意味を表す。転じて、大きい・ゆたか・さかんの意味をも表す。

【阜財】フザイ 財産をふやす。また、豊かな財産。
【阜螽】フシュウ いなご(蝗コウ)。〔詩経、召南、草虫〕
【阜成】フセイ りっぱにしあげる。大成する。
【阜垤】フテツ こだかい丘。垤も、おか。

(5)2
【阞】8358
△ ロク 職 lè

字義 ❶地脈。土地のすじ。山脈の尾根。❷はした。あまり。数のあまり。

解字 篆文 形声。阝(𠂤)＋力㊥。音符の力は、理に通じ、すじの意味。土地のすじ、地脈山脈の尾根の意味を表す。

(6)3
【阡】8359
△ セン 先 qiān　7984 6F74

字義 ❶みち。㋐あぜみち。耕作地の間を南北に通る小道。一説に、東西に通る小道。↔陌ハク。㋑一般に、道路。みち。㋒はかみち(墓道)。❷さかん。草木のさかんな形容。❸＝千。↓千(740)の参考。

解字 篆文 形声。阝(𠂤)＋千㊥。音符の千は、多いの意味。耕作地の中を南北に通じる多くの小道の意味を表す。

【阡阡】センセン 草木がこんもりしげっているさま。芊芊センセン。
【阡陌】センパク みち。特に、耕作地の間のあぜ道。東西を陌、南北を阡という。一説に、その逆という。転じて、耕作地。
【阡表】センピョウ 墓道に建てる石碑。阡は、墓道。

(6)3
【阤】8360
△ 一 ㊕チ・㊁ジ(ヂ) 紙 zhì　二 ㊕タ・㊁ダ 歌 tuó　三 イ 紙 yǐ

字義 一❶さか(坂)。❷がけ。がけぎわ(崖際)。❸くずれる。くずる(崩)。くずれ落ちる。❹ななめ。二陂陁ハダは、ななめの形容。三ななめなことの形容。

解字 篆文 形声。阝(𠂤)＋也㊥。音符の也ヤは、うねうねとのびるの意味。うねうねと続くさかの意味を表す。

(7)4
【阨】8361
△ 一 ㊕アイ・㊁エ 卦 ài　二 ㊕アク・㊁ヤク 陌 è　7985 6F75

【阸】同字

字義 一＝隘アイ。❶せまい。せまくけわしい。❷けわしい所。要害の地。二❶ふさがる(塞ソク)。へだてる。❷くるしむ。また、苦しみ。なんぎ。＝厄。

解字 形声。阝(𠂤)＋厄㊥。音符の厄ヤクは、せまいの意味。阜は、おかの意味。おかとおかとが迫っていて、せまくるしいの意味を表す。

【阨窮】ヤクキュウ 運が悪くて行きづまること。また、苦しむ。厄窮。
【阨狭(狹)】アイキョウ 地形がせまくふさがっている。
【阨困】ヤクコン 苦しむ。また、苦しみ。窮困。困阨。
【阨塞】アイサイ・アイソク ①けわしくふさがる。②堅固なとりで。要害の地。
【阨僻】アイヘキ (道が)せまくかたよっていること。
【阨路】アイロ せまい道。

(7)4
【阮】8362
△ ㊕ゲン ㊁ガン(グヮン) 阮 ruǎn　7986 6F76

字義 ❶周代の国名。今の甘粛省涇川ケイセン県の東南。❷月琴。楽器の名。琵琶の形に似て、四弦・十二柱がある。

〔阮咸①〕

解字 篆文 形声。阝(𠂤)＋元㊥。

【阮咸】ゲンカン ①楽器の名。月琴の類。晋シンの阮咸が作ったからという。②魏ギ・晋の詩人・音楽家。字あざなは仲容。阮籍のおい。竹林七賢の一人。
【阮籍】ゲンセキ 三国時代、魏ギの詩人。字あざなは嗣宗シソウ。老荘の学を好み、詩にたくみで、酒・琴を愛し、世俗的なものをきらった。詠懐詩八十余首がある。竹林七賢の一人。(二一〇—二六三)
→白眼(七五三ページ)・青眼(一一八三ページ)

(7)4
【阬】8363
△ 一 ㊕コウ(カウ) ㊁キョウ(キャウ) 陽 gāng　二 コウ(カウ) 庚 kēng

字義 一❶門の高いさま。❷あな。地にほったあな。＝坑。❸あなにする(あなにす)。あなに生き埋めにして殺す。❹谷。❺みぞ(溝)。ほり(堀)。池。二大きいおか。

解字 篆文 形声。阝(𠂤)＋亢㊥。音符の亢コウは、アーチ形に高いの意味。丘にトンネル式に掘った穴の意味を表す。

【阬陥(陷)】コウカン あな。また、おとしあな。
【阬殺】コウサツ 穴に生き埋めにして殺す。
【阬儒】コウジュ 儒者を穴に生き埋めにして殺す。秦シの始皇帝が行った儒教弾圧の政治。転じて、学問・思想を圧迫すること。→焚書坑儒（六三〇㌻）。〔史記、秦始皇本紀〕
【阬△穽・阬△阱】コウセイ あな。また、おとしあな。陥穽。

(7)4
【阯】8364　△シ　紙 zhǐ　7987 6F77

字義 ❶もと(基)。＝址シ。㋐もといもとい。基礎。土台。㋑ふもと。山すそ。❷地点。所在地。＝址。「遺阯」 ❸なかす(中洲)。川の中の小さな陸地。＝沚シ。
国あと。遺跡。＝址。「城阯」

解字 文 篆 形声。阝(阜)＋止音。阜は、おかの意味。音符の止は、足の意味。おかの基底部、ふもとの意味を表す。

(7)4
【阱】8365　△セイ　穽（5398）と同字。→八〇七㌻。

(7)4
【阪】8366　標　㊀漢ハン・呉ホン 阮 bǎn　㊁漢ハン・呉バン 潸 bǎn　2669 3A65
【坂】同字 2668 3A64

字義 ㊀❶さか(坂)。傾斜している土地。❷つつみ(堤)。どて。❸山のわき。❹高いおか。❺けわしい。❻かたむく。また、ななめ。❼そむく。＝反。
㊁さか(坂)。また、つつみ。

解字 文 篆 形声。阝(阜)＋反音。音符の反は、そりかえるの意味。そりかえるような「さか」の意味を表す。

【阪泉】ハンセン 地名。河北省涿鹿タクロク県の東南。黄帝と炎帝エンテイとが戦った所という。
【阪田】ハンデン 石などのある耕作地。石の多い荒れ地。

(7)4
【防】8367　教5　ボウ　ふせぐ　漢ホウ(ハウ)・呉ボウ(バウ) 陽 fáng　4341 4B49

筆順 了 阝 阝亠 防 防

字義 ❶ふせぐ。㋐せきとめる。さえぎりとめる。㋑そなえる。準備を整えて来させないようにする。また、そなえ。準備。㋒守る。守りふせぐ。また、守り。㋓おおう。おおいふせぐ。❷つつみ。「堤防」 ❸ならぶ(並)。❹へや。室。

難読 防夫あたと・防府ほうふ・防予ほうよ

解字 文 篆 形声。阝(阜)＋方音。音符の方は、張りだすの意味。張りだしたおか、つつみの意味や、つつみでふせぐの意味を表す。

▼海防・辺防
【防△遏】ボウアツ ふせぎとめること。防止。
【防衛(衞)】ボウエイ ふせぎ守る。防守。
【防疫】ボウエキ 伝染病の発生・侵入を防止すること。
【防御・防△禦】ボウギョ ふせぐ。
【防口】ボウコウ 人がかれこれ言うのを防ぐこと。人民が政治を批判するのを止める。
【防秋】ボウシュウ 北方の外敵、夷狄テキを防ぐこと。夷狄は秋季に入ると勢力がさかんとなって中国に侵入するからいう。
【防人】さきもり 国古代、九州地方の要地を警備するために、主として東国からつかわされた兵士。
【防戦(戰)】ボウセン 敵の攻撃を防ぎ戦う。
【防△諜】ボウチョウ 国敵の間諜（スパイ）を防ぐこと。
【防犯】ボウハン 国犯罪を防ぐこと。
【防備】ボウビ 警戒して備えをかためること。
【防塁(壘)】ボウルイ 敵の侵入を防ぐためのとりで。

(8)5
【阿】8368　囚　㊀ア 歌 ē　㊁ア ā　1604 3024

筆順 了 阝 阝一 阝可 阿

字義 ㊀❶おもねる。へつらう。自分の気持ちを曲げて従う。❷くま。湾曲して入りくんだ所。㋐丘陵や河川のくま。㋑奥まってかくれた所。陰になって暗い所。❸おか。大きい丘。❹のき(簷せ)。ひさし。また、棟むね。「四阿」 ❺よる。よりかかる。
㊁人を親しみ呼ぶときに、その姓・名などの上につける接頭語。「阿母」 国❶お。婦人や子供の名前の上につける愛称。「阿千」 ❷国名。阿弗利加アフリカの略。

難読 阿久比あぐい・阿国おくに・阿新丸くまわかまる・阿仁合あにあい・阿漕あこぎ・阿多福おたふく・阿知須あじす・阿武隈あぶくま・阿弗利加アフリカ・阿分あふん・阿媽港あまかわ・阿蘭陀オランダ

解字 文 金 篆 形声。阝(阜)＋可音。音符の可カは、かぎ型に曲がるの意味。おかの曲がったところ、くまの意味を表す。

【阿△姨】アイ ①おばを親しんでいう。母の姉妹。②妻の姉妹。
【阿△吽・阿△呍】アウン ①仏梵語ボン a-hūṃ（梵語の字母で、最初がa アー口を開いて出す音、最後がhūṃ ウンー口を閉じて出す音）の音訳。②転じて、万物の初めと終わり。③気息の出入。吐く息と吸う息。④狛犬こまいぬや寺の山門の仁王ニオウ様の口のようす。一は口を開き、一は口を閉じる。
【阿翁】アオウ ①祖父。②しゅうと。妻が夫の父をいう。③父。
【阿閣】アカク 四つのひさしのあるりっぱな家。
【阿監】アカン 宮女をとりしまる女官。
【阿△嬌】アキョウ ①漢の武帝の陳皇后の未婚時代の名。②転じて、美しいむすめ。また、むすめ。女の子。
【阿曲】アキョク おもねる。へつらう。
【阿△姑】アコ 婦人が夫の母をいう。しゅうとめ。
【阿含】アゴン 仏梵語ボン āgama の音訳。釈迦シャカの説いた小乗の教え。
【阿△闍△梨】アジャリ・アザリ 仏①梵語ボン ācārya の音訳、阿闍梨耶の略。弟子の行為を正し、その模範となるべき高僧の意。②天台・真言宗での僧の学位の一つ。
【阿修羅】アシュラ 仏梵語ボン asura の音訳。悪魔神の名。はじめは善神であったが、のちに悪神とされ、ねたみ深く、闘争好きという。修羅ともいう。六道の一つ。阿修羅道。
【阿従(從)】アジュウ おもねり従う。迎合する。
【阿女】アジョ むすめ。
【阿世】アセイ 世におもねる。世俗にこびへつらう。「曲学阿世」
【阿△爹】アタ 父をいう。＝阿爺アヤ。
【阿△那】アダ・アナ ①たおやか。しなやか。②茂ってさかんなさま。
【阿直岐】アチキ 百済クダラから渡来した学者。阿知吉師アチキシ。応神天皇の十五年（二八四）に百済王の使者として来朝。
【阿△堵物】アトブツ 銭の別名。阿堵は、「この」の意。晋シの王衍オウエンが、妻のよくばりなのを憎み、銭という語を口にせず、銭を阿堵物（こんなもの）と言った故事に基づく。〔世説新語、規箴〕
【阿倍仲△麿】あべのなかまろ 国安倍仲麿とも書く。奈良時代の遣唐留学生。七一七年、吉備真備きびのまきびらと唐に渡り、玄宗に仕え、秘書省の長官となった。七五三年、帰国しようとしたが海難で果たせず、七十二歳で客死した。中国名は、晁衡チョウコウ（または、朝衡）。（六九八―七七〇）
【阿△媚】アビ こびへつらう。阿諂アテン。阿諛アユ。
【阿鼻】アビ 仏梵語ボン avīci の音訳、阿鼻至の略。八大地獄の一つ。地獄の中でも最も底の方にあり、最も苦しい所。無間ムゲン地獄のこと。
【阿鼻叫喚】アビキョウカン 仏阿鼻地獄におちいって叫びわめくこと。転じて、非常な悲惨におちいって、叫んで救いを求めるさま。
【阿父】アフ 父・おじを親しんで呼ぶ語。
【阿付】アフ おせじを使って、自分に利益のある人につくこと。
【阿片】アヘン 麻酔薬の一種。未熟のけしの果汁を乾燥した粉末。
【阿母】アボ 母・乳母ばうを親しんでいう語。
【阿△呆】アホウ 国おろか。痴人。

ときに三か月間、火が消えなかったという。

【阿房宮】（アボウキュウ） 秦（シン）の始皇帝が、前二一二年、今の陝西（センセイ）省西安市の西北に築いた大きな宮殿。項羽が焼きはらった

【阿弥（彌）陀】（アミダ） 仏梵語（ボンゴ） Amitābha（無量）の音訳。阿弥陀仏（無量寿仏）は、西方浄土（サイホウジョウド）に居る慈悲深い如来（ニョライ）。真宗・浄土宗の本尊。

【阿蒙】（アモウ） 子供。阿は愛称。蒙は、道理のよくわからないことで、幼稚な者の意。

【阿爺】（アヤ） 父をいう。お父さん。

【阿諛】（アユ） おもねりへつらう。また、おべっか。ごますり。

【阿羅漢】（アラカン） 仏梵語（ボンゴ） arhat の音訳。仏教修行者で煩悩（ボンノウ）を断ち切って、小乗のさとりをひらいた者をいう。羅漢ともいう。

【阿蘭】（オランダ） Olanda の音訳、阿蘭陀の略記。ヨーロッパの国名。首都はアムステルダム。和蘭とも書く。

(8)5
【阸】8369 △ アイ 阨（8361）と同字。→一一五六ページ。

(8)5
【阽】8370 △ 一エン 塩 yán 二テン 艶 diàn

字義 一❶壁がくずれかかる。❷のぞむ。㋐死にかかる。㋑危険に臨む。❸あやうい。また、あやうくする。二あやうい。落ちかかる。

解字 篆文  形声。阝（𨸏）＋占音。音符の占は点に通じ、しずくがぽたぽた落ちるの意味。壁が風化してぽろぽろとくずれかかるの意味を表す。

(8)5
【阻】8371 常 ソ はばむ　漢ソ 呉ショ 語 zǔ　3343 414B

筆順 阝 阝冂 阝冃 阻

字義 ❶けわしい（けはし）。また、けわしい所。「険阻」❷へだてる（へだつ）。また、へだたる。「阻隔」❸はばむ。とめる。＝沮ソ。「阻止」❹しきり。へだて。また、さまたげ。❺よる（依）。たよる（頼）。たのむ（恃ジ）。❻うたがう。あやしむ。❼なやむ。心配する。苦しむ。

参考 現代表記では〔沮〕（3965）の書きかえに用いる。「沮止→阻止」「沮喪→阻喪」　また、〔岨〕（1798）の書きかえに用いることがある。「嶮岨→険阻」

解字 篆文 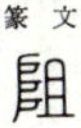 形声。阝（𨸏）＋且音。音符の且（ショ）は、積み重なるの意味。積み重なるおかのさまから、けわしい・へだてるの意味を表す。

▼険阻・難阻

【阻害】（ソガイ） さまたげ害する。じゃまをする。妨害。

【阻礙】（ソガイ） へだてさえぎる。また、じゃま。

【阻隔】（ソカク） 遠くへだてる。また、遠くへだたる。

【阻艱】（ソカン） 道がけわしくて困難なこと。

【阻険（險）】（ソケン） けわしいこと。また、その所。険阻。

【阻止】（ソシ） さまたげとどめる。くいとめる。沮止ソシ。

【阻絶】（ソゼツ） ①はばみさえぎる。また、はばまれさえぎられる。②けわしい。険阻。また、その所。

【阻喪】（ソソウ） 気おちする。意気がくじけよわる。沮喪ソソウ。

【阻難】（ソナン） けわしく難儀なこと。また、その所。

(8)5
【阼】8372 △ 漢ソ 呉ゾ 週 zuò

字義 ❶堂の東のきざはし。主人が客に対して登る東方の階段。客は西側の階段から登る。❷天子の位。天子が即位して祭礼を行うときに、東方の階段から登ったからいう。＝祚ソ。「践阼（センソ）」

解字 篆文  形声。阝（𨸏）＋乍音。音符の乍（サ・ソ）は、つくるの意味。意をこらして作ったきざはしの意味を表す。

【阼階】（ソカイ） 主人の登る階段。→字義の①。

(8)5
【陀】8373 標 一漢タ・呉ダ 歌 tuó 二漢チ・呉ジ（ヂ）支　3443 424B

字義 一❶ななめ。平らでない。また、けわしい（険）。❷くずれる。また、おちる。二がけ。がけぎわ（崖際ガイサイ）。＝阤チ。

解字 形声。阝（𨸏）＋它音。

【陀羅尼】（ダラニ） 仏梵語（ボンゴ） dhāraṇī の音訳。①悪を防ぐためのすべての徳を備え持つこと。総持（ソウジ）の意。②密教のまじない。呪文（ジュモン）。

(8)5
【阺】8374 △ 一漢テイ・呉タイ 薺 dǐ 二漢チ・呉ジ（ヂ）支 dǐ

字義 一二さか（坂）。また、おか（丘）。

解字 篆文  形声。阝（𨸏）＋氏音。

(8)5
【陂】8375 △ 一漢ヒ・呉ビ 支 bēi 二ハ 歌 pō　7988 6F78

字義 一❶さか（坂）。山坂。❷つつみ。堤防。どて。❸きし（岸）。また、ほとり。そば。❹ふさぐ。せきとめる。❺かたよる。かたむく。公正でない。また、ななめ。二❶さか（坂）。＝坡ハ。❷かたよる。公正でない。＝頗ハ。

解字 篆文  形声。阝（𨸏）＋皮音。音符の皮は波に通じ、なみの意味。なみうちぎわの堤の意味や、なみうつおかのさまから、さかの意味を表す。

【陂陀】（ハダ） 土地などの、平らでなく、高低のあるさま。坡陀ハダ。

【陂沢（澤）】（ヒタク） かたよってよこしまなこと。正しくないこと。

【陂曲】（ヒキョク） 沼。ため池。

【陂池】（ヒチ） ①つつみ（堤）といけ（池）。②ため池。

(8)5
【附】8376 常 フ　漢フ 呉ブ 週 fù　4177 496D

筆順 阝 阝亻 阝仁 附

字義 ❶つく。㋐くっつく。接着する。㋑たよる。㋒従う。心を寄せる。親しむ。「親附」㋓近づく。また、寄り集まる。❷つける（つく）。㋐くっつける。接着させる。㋑よせる。託する。㋒従える。㋓増す。増し加える。❸附婁（フロウ）は、小さいおか。

難読 附馬牛（つくもうし）

参考 熟語は〔付〕（141）をも見よ。→六四ページ。

使いわけ フ〔附・付〕
もと〔附〕は「つく」、〔付〕は「与える」と使い分けたが（「附着・附録」「付与・交付」）、現代表記では、いずれも〔付〕を用いるのが一般的。ただし、官庁用語・法令用語では、「附属・附則・寄附」のように〔附〕を用いている。

解字 篆文  形声。阝（𨸏）＋付音。音符の付は、封に通じ、土もりをした小山の意味。また、付に通じて用いられる。

▼下附・還附・寄附・帰附・臣附・比附

【附益】（フエキ） つけ加える。必要以上に増し加えること。

【附会（會）】（フカイ） ①ばらばらなものを一つに集める。②こじつける。付会。「牽強（ケンキョウ）附会」

【附近】（フキン） ①したがい近づく。②あたり近所。近辺。付近。

【附子】（ブシ・ブス） 草の名。とりかぶと。キンポウゲ科の多年草。また、その根を乾かした毒薬。烏頭（ウズ）。

【附属（屬）】（フゾク） ①つきしたがう。また、そのこと。従属。②上級の機関・本体の下にあること。付属。「附属学校」

【附則】（フソク） あとにつけたした規則。付則。

【附庸】（フヨウ） 大諸侯の支配下にある小国。

【附和雷同】（フワライドウ） 自分に定まった考えがなく、わけもなく他人の説に賛成すること。付和雷同。

(9)6
【陔】8377 △ カイ 灰 gāi 慣ガイ

字義 ❶きざはし（階）のあたり。階段付近。❷かさなり（重）。また、かさね。❸楽曲の名。宴会の終わりに奏した。陔夏。

解字 篆文  形声。阝（𨸏）＋亥音。

(9)6 【限】8378 教5 ゲン かぎる
漢カン・呉ゲン 潸 xiàn　2434 3842

筆順 阝 阝ヨ 阝艮 限

字義 ❶かぎる。くぎる。境界をつける。しきる。❷かぎり。くぎり。きり。㋐へだて。他をへだてるもの。㋑境界。しきり。㋒程度。範囲。㋓規定。きまり。また、制限。㋔はて。きわみ。「極限」「無限」❸かなめ（要）。身体のかなめになる所。

解字 金文　篆文　形声。阝(阜)＋艮(艮)音。音符の艮コンは、ある範囲内にとどまるの意味。阜は、おかの意味。おかなどで、ある範囲をかぎるの意味を表す。

▼局限・極限・権限・刻限・際限・日限・分限・無限・門限

【限界】ゲンカイ ①さかい。しきり。②かぎり。果て。それより先はないというぎりぎりの所。
【限外】ゲンガイ 国とりきめた範囲の外に出ること。制限外。
【限局】ゲンキョク 場所をかぎる。転じて、かぎる。くぎる。
【限制】ゲンセイ かぎり。制限。また、さかい。境界。
【限定】ゲンテイ 範囲・事業などを、ある範囲を超えないよう制限を加えること。
【限度】ゲンド ほど。かぎり。限られた一定の範囲。

(9)6 【降】(8388) コウ　降(8387)の旧字体。→二六〇ページ。

(9)6 【陏】8379 △ 漢タ 呉ダ 哿 duò　7990 6F7A
字義 果陏ダカは、うりの類の実（蓏ラ）。

(9)6 【陌】8380 △ 漢バク・呉ミャク 陌 mò 慣ハク　7989 6F79
字義 ❶みち。㋐あぜみち。耕作地の間の東西に通ずる道。一説に、南北に通ずる道。↔阡セン。㋑広く、道路をいう。❷まち。市街。❸はちまき。＝陌ハク。❹数の名。＝百。→百(4955)の参考。
解字 形声。阝(阜)＋百音。音符の百は、数のひゃくの意味から数の多いことを表す。耕作地の間に通ずる多くのみちの意味を表す。
【陌上】ハクジョウ ①あぜ道のほとり。畑をいう。②道の上。路上。
【陌上桑】ハクジョウソウ 古楽府ガフの作品名。趙チョウの王仁の妻で美人の羅敷ラフが陌上（道のかたわら）で桑を摘んでいるのに趙王が恋心を起こし、言い寄ったが、羅敷は承知しなかったという内容の歌。艶歌。羅敷行・日出東南隅行ともいう。
【陌阡】ハクセン 耕作地の間に縦横に通ずる道。あぜ道。阡陌センパク。
【陌頭】ハクトウ ①みちばた。②はちまき。

(9)6 【陋】8381 △ 漢ロウ 呉ル 宥 lòu　7991 6F7B
字義 ❶せまい。せま。㋐場所がせまい。せま苦しい。みすぼらしい。㋑心・知識がせまい。❷ひくい。㋐みじかい。身長が短い。㋑ちいさい。❸いやしい。いや。㋐身分・地位が低い。㋑いなかびる。品が悪い。㋒粗末である。粗悪である。㋓みにくい。いやらしい。
解字 篆文　形声。阝(阜)＋丙(㔷)音。音符の㔷ロウは、せまいの意味。山間のせまい所の意味を表す。
【陋宇】ロウウ せまくむさくるしい家。陋屋。陋室。陋宅。
【陋屋】ロウオク ①せまくきたない家。②自分の家の謙称。
【陋見】ロウケン ①いやしく、せまい考え。②自分の意見を謙遜ケンソンしていうことば。
【陋巷】ロウコウ せまくきたない町。貧民街。路地裏。
【陋儒】ロウジュ 見識のせまい学者。
【陋習】ロウシュウ いやしい習慣。悪い習慣。
【陋小】ロウショウ みにくく小さい。
【陋俗】ロウゾク いやしいならわし。野卑な風俗。陋風。
【陋態】ロウタイ みぐるしい様子。醜態。
【陋短】ロウタン 身のたけが低いこと。
【陋劣】ロウレツ ①いやしい。卑劣。②みにくい。

(10)7 【院】8382 教3 イン
㊀エン（ヱン）霰 yuàn　㊁漢カン（クヮン）呉ガン（グヮン）寒 yuàn　慣イン（ヰン）　1701 3121

筆順 阝 阝宀 阝完 院

字義 ㊀❶かきね。かこい。建物の周囲にめぐらした垣。❷垣をめぐらした宮殿。また、大きな邸宅。❸役所。「翰林院カンリンイン」❹建物。多くの人の集まる建物。㋐工場。㋑学校。㋒寺院。僧や道士の住む所。㋓役者・芸妓のいる所。❺その。にわ。庭園。
国イン。上皇・法皇の御所。転じて、上皇・法皇の尊称。
解字 篆文　形声。阝(阜)＋完音。音符の完カンは、垣カンに通じ、家の周囲の土塀の意味。阜は、盛り土の意味。堅固なかきの意味を表す。

▼寺院・書院・上院・禅院・僧院・退院・別院・満院

【院参（參）】インザン 国上皇の御所に参上すること。
【院主】インジュ 仏寺院のあるじ。住持。
【院政】インセイ 国上皇・法皇の行う政治。
【院宣】インゼン 国上皇・法皇の勅書。院の宣旨センジ。
【院体（體）】インタイ ①詩文の一体。もと翰林院カンリンインの文体をいい、後には宮中の学官の用いる文体をいう。官僚式。②書体の一種。役所風のおもしろ味のない書風。③画法の一種。翰林図画院の画風。宋代ソウダイ、山水画では李唐リトウ・劉松年リュウショウネン・馬遠・夏珪カケイらの様式が主流となり、花鳥画では黄筌コウセン・徐熙ジョキらの様式が主流であった。明ミン・清代シンダイは主として、文人画的な花鳥画に対し、宋以来の伝統的な花鳥画様式を称した。
【院本】インポン 金・元時代に行われた演劇。また、その脚本。行院（俳優の居所）で用いた本の意。
【院落】インラク かきねで囲んだやしき。また、やしき内の中庭。

(10)7 【陥】8383 常 カン おちいる・おとしいれる　2057 3459
(11)8 【陷】8384 人 許 漢カン 呉ゲン 陷 xiàn　7992 6F7C

筆順 阝 阝ク 阝臼 陥

字義 ❶おちいる。おちる。㋐おちこむ。陥没する。㋑おぼれる。水におぼれる。㋒邪道にはまりおぼれる。㋓よくない状態・境遇になる。誤まる。罰をうける。㋔攻め落とされる。❷おとしいれる。㋐おとしこむ。㋑計略・困苦や刑罰などにはめこむ。㋒攻め落とす。❸おとしあな。❹かける（欠）。また、すくない。「欠陥」
解字 篆文　難読 陥穽おとしあな　形声。阝(阜)＋臽(臽)音。音符の臽カンは、おちこむの意味。おかがおちこむの意味を表す。

▼欠陥

【陥穽・陥阱】カンセイ おとしあな。転じて、人をだましおとし入れる計略。
【陥溺】カンデキ ①あなに落ち水におぼれること。②しいたげ苦しめる。③悪政・貧乏などに苦しむこと。④酒色などにふけって心がすさむこと。
【陥没】カンボツ おちいる。おちこむ。また、おとしいれる。
【陥落】カンラク おちいる。①落ちくぼむ。②（城などが）攻め落とされる。③国くどきおとされること。

(10)7 【陜】8385 △ 漢コウ（カフ）呉ギョウ（ゲフ）洽 xiá 慣キョウ（ケフ）　7993 6F7D

字義 ❶せまい。せま(し)。＝狭。❷やまあい。やまかい。山と山との間。＝峡。

参考 ［陜(セン)］は別字。

解字 篆文 形声。阝(阜)＋夾(音)。音符の夾(キョウ)は、はさむの意味。山と山との間にはさまれた、せまい所の意味を表す。

(10)7 【陘】8386 △ 漢ケイ 呉ギョウ(ギャウ) 青 xíng

字義 ❶たに(谷)。山なみのきれめ。❷さか(坂)。❸かまどのわきの、なべ・かま類を載せる所。

解字 篆文 形声。阝(阜)＋巠(音)。音符の巠(ケイ)は、まっすぐで強いの意味。山脈の中で、まっすぐに力強くたちきれている所の意味を表す。

(10)7 【降】8387 教6 コウ おりる・おろす・ふる 2563 395F

(9)6 〔降〕8388 ㊀コウ(カウ) 絳 jiàng ㊁漢コウ(カウ)・呉ゴウ(ガウ) 江 xiáng

筆順 阝 阝夂 阝夅 降

字義 ㊀❶くだる。おりる。㋐高い所から低い所へおりる。㋑さがる。身分・地位や程度などがさがる。㋒その場にのぞむ。㋓時が移る。のち。㋔へりくだる。身分の高い者が低い者へよめに行く。❷くだす。おろす。㋐高い所から低い所へさげおろす。㋑授ける。たまわる(賜)。㋒しりぞける。身分・地位や程度などをさげくだす。㋓あなどる。㋔身分の高い者から低い者へよめにやる。❸ふる。雨などが降る。また、降らす。
㊁❶くだる。㋐負けて敵に従う。㋑落ちつく。心が落ちつく。❷くだす。敵をやぶり従える。❸おちる。高い所からおちる。また、鳥が死ぬ。

使いわけ おりる・おろす［降・下・卸］
［降］乗り物からおりる。また、高い所からおろす。「荷物を降ろす・雪降ろし」
［下］上から下へおろす。「枝を下ろす・貯金を下ろす」
［卸］問屋で小売店におろす。「卸し値」
ただ、［降］と［下］については紛らわしい例が多い。

解字 甲骨文 金文 篆文 形声。阝(阜)＋夅(音)。音符の夅(コウ)は、下向きの足二歩で、くだるの意味。段をくだるの意味を表す。『説文(セツモン)』では、くだるの意味に夅を、降服の意味に降をあてているが、甲骨文・金文はすべて降と書く。

▼以降・下降・減降・左降・升降・昇降・投降

【降下】コウカ ①降参する。②おりる。③低くなる。④国命令などが上からくだること。「大命降下」
【降嫁】コウカ 国皇族が臣下の家に嫁入りすること。
【降格】コウカク ①天から降り至ること。また、天が降し至らせる。格は、至る。②格下げする。
【降監・降鑑】コウカン 天神が下界を見ること。
【降首】コウシュ 降伏する。首も従う意。
【降人】コウジン ①降参した者。②卑下して、人につき従うこと。
【降誕】コウタン 貴人・聖人が生まれること。
【降黜】コウチュツ 官位を下げたり、はぎとったりする。また、しりぞける。
【降陟】コウチョク のぼることとくだること。
【降伏】コウフク ①降参する。②仏ゴウブク 悪魔などをおさえつける。また、先方の自信をくだいて心服させる。
【降服】コウフク ①盛装をさけて、平服を着る。②うわぎをぬいで謝罪する。③敵に負けて屈服する。
【降兵】コウヘイ 戦争に負けて降服した兵。
【降北】コウホク 戦争に負けてにげること。また、降伏と敗北。降参と逃亡。
【降魔】ゴウマ 仏悪魔を降伏(ゴウブク)させること。
【降臨】コウリン ①天からくだりのぞむこと。②貴人がその場所に来る。来臨。

(10)7 【除】8389 教6 ジョ・ジ のぞく 2992 3D7C
㊀漢チョ・呉ジョ(ヂョ) 魚 chú ㊁ヨ 魚 shū 慣ジ(ヂ)

筆順 阝 阝入 阝今 阝余 除

字義 ㊀❶のぞく。㋐とりさる。とりのける。よける。「排除」㋑はき清める。はらう。「掃除」㋒病気をなおす。また、なおる。㋓許す。免ずる。「免除」㋔服喪の期間が終わる。❷きざはし。宮殿の階段。❸にわ。はらい清めた祭壇。❹官職をさずける。新しい官職につける。❺わる。割り算をする。↔乗。❻おおみそか。
㊁陰暦四月の別名。

解字 篆文 形声。阝(阜)＋余(音)。音符の余は、伸びるの意味。阜は、段のある高地・階段の意味。宮殿にのびる階段の意味を表す。また、余は、除草具の象形であり、のぞくの意味をも表す。

▼駆除・控除・歳除・削除・乗除・掃除・排除

【除外】ジョガイ とりのぞいて範囲の外に置くこと。
【除官】ジョカン 官に任ずる。任官。
【除月】ジョゲツ ①陰暦十二月の別名。臘月(ロウゲツ)。②ジョゲツ 陰暦四月の別名。
【除残(殘)】ジョザン ①わざわいをする者を除き去る。②すすはき。新年を迎えるため、すすを払うこと。
【除日】ジョジツ おおみそか。歳除。
【除授】ジョジュ 官位を授けること。除任。
【除書】ジョショ 任官の辞令。
【除夕】ジョセキ おおみそかの夜。除夜。
【除籍】ジョセキ ①官吏の籍を除くこと。②戸籍中からその身分をとり除くこと。
【除喪】ジョソウ 喪服をぬぐこと。除服。転じて、忌み明け。
【除隊】ジョタイ 兵士が役務を終えて隊を去ること。
【除道】ジョドウ 道路を修理し通れるようにする。道ぶしん。
【除拝(拜)】ジョハイ 官位を授けること。除任。
【除服】ジョフク ＝除喪。
【除名】ジョメイ 名を除く。不都合な行為をとった者をその仲間からはずす。
【除免】ジョメン 役をやめさせること。除名と免官。
【除目】ジョモク ①官に任ずる詔書。②国ジモク 昔、大臣以外の諸官職を任命する儀式。
【除夜】ジョヤ ①節分の前夜。また、おおみそかの夜。除夕。②冬至(トウジ)の前夜。

(10)7 【陞】8390 △ ショウ 蒸 shēng 7994 6F7E

字義 ❶のぼる。また、のぼす。＝昇。㋐高い所へのぼる。また、高所へのぼせる。㋑官位がのぼる。また、官位をのぼせる。❷すすむ(進)。また、進める。

参考 現代表記では［昇］(2993)に書きかえる。「陞叙→昇叙」「陞任→昇任」熟語は［昇］をも見よ。→四九八ページ。

解字 形声。阝(阜)＋土＋升(音)。音符の升は、のぼるの意味。土のおかをのぼるの意味を表す。

【陞降】ショウコウ のぼることとくだること。昇降。また、のぼすこととくだすこと。
【陞叙(敍)】ショウジョ ＝陞任。昇叙。
【陞進】ショウシン 官位がのぼりすすむ。昇進。
【陞任】ショウニン 官位をのぼせ進めること。昇任。

(10)7 【陣】8391 常 ジン 漢チン・呉ジン(ヂン) 震 zhèn 3156 3F58

筆順 阝 阝一 阝百 陣

字義 ❶じんだて。軍隊の配置。❷じんや。軍隊の集まっている所。❸じんどる。陣地をかまえる。❹ならび。つら。軍隊・鳥などの行列。❺いくさ。戦い。また、戦場。❻ひとしきり。また、にわか。「一陣の風」「陣雨」❼言論・文章で意見を戦わせるかまえ。「論陣」「筆陣」❽ものの形容。→陣陣。

解字 形声。もと敶につくる。敶は、攴（攵）＋陳㊥。音符の陳はまた、阝（阜）＋木＋申㊥。音符の申は、のびるの意味。まっすぐのびた隊列の意味を表す。のち、攴が省略され、木＋申が、車に変形し、陣の字形となった。

▼軍陣・堅陣・行陣・出陣・戦陣・筆陣・布陣・方陣・本陣・論陣

【陣雲】（ジンウン）①かさなり起こって、兵陣のように見える雲。②戦場の空にあらわれる不吉な雲。

【陣営（營）】（ジンエイ）軍隊が集まり、待機している所。兵営。

【陣伍】（ジンゴ）陣中の隊列。

【陣行】（ジンコウ）①兵士の列。隊列。②空飛ぶ雁（かり）などの列。

【陣哨】（ジンショウ）陣営のみはりをするもの。

【陣陣】（ジンジン）とぎれとぎれに続くさま。

【陣地】（ジンチ）軍隊を配備した土地。陣どった所。

【陣痛】（ジンツウ）国出産の前に妊婦の腹がしくしくといたむいたみ。また、物事ができ上るまでの苦労・困難にたとえる。

【陣刀】（ジントウ）戦争に用いる力。

【陣頭】（ジントウ）①軍陣のまっさき。陣列の先頭。さきて。「陣頭指揮」②国禁中の衛士の詰め所の前。

【陣亡】（ジンボウ）うちじに。戦没。

【陣没・陣歿】（ジンボツ）うちじにする。戦死する。陣亡。

【陣門】（ジンモン）軍門。陣屋の門。

【陣容】（ジンヨウ）国陣立て。軍隊の配置。転じて、一般に、人員配置。

(10)7【陝】8392　標 セン 陝 shǎn　8001 7021

字義 ❶県名。今の河南省陝県。❷陝西（センセイ）省の略称。

解字 篆文 形声。阝（自）＋夾㊥。

【陝西】（センセイ）省名。渭河（イガ）平原を中心とする、昔の秦（シン）の本拠地で、省都の西安市は、長安と称して周王朝以来、漢・唐としばしば国都となった。

(10)7【陟】8393　△ チョク 職 zhì　8002 7022

字義 ❶のぼる。また、のぼせる（のぼす）。㋐高い所へのぼる。高い所へのぼせる。㋑高い位につく。高位につかせる。↕降。❷すすむ（進）。また、すすめる。官位がすすむ。官位をすすめる。❸かさなる。また、かさなった丘。

解字 甲骨文 篆文 会意。阝（自）＋歩。自は、段になっている高地の象形。おかをのぼるの意味を表す。歩は、上向きの足二歩の象形で、のぼるの意味。

【陟岵】（チョッコ）『詩経』魏風（ギフウ）の詩の編名。孝子が山に登って、郷里の肉親をしたう心情を述べている。

【陟降】（チョッコウ）①のぼることとくだること。上下。昇降。②天にのぼったり、人間界に下ったりすること。③ひかげの長短をいう。

【陟罰】（チョクバツ）賞賛して官位をあげてやることと、官位を下げて罰すること。

【陟方】（チョクホウ）天子が巡守に出かけること。一説に天子の死をいう。

(10)7【陡】8394　△ 漢トウ 呉ツ 有 dǒu

字義 ❶けわしい（険）。高くそびえ立っている。❷にわか。たちまち。

解字 会意。阝（自）＋走。

(10)7【陦】8395　△ トウ　8003 7023

陦の俗字。陦は、島（1820）と同字。→三三六ぺー。

(10)7【陛】8396　教6 ヘイ　漢ヘイ 呉バイ 斉 bì　4237 4A45

筆順 阝 阝 阝 阝 陛

字義 ❶きざはし。㋐高い所にのぼる階段。㋑天子の宮殿にのぼる階段。❷階段のわきにひかえる。

名乗 のぼる・はし・より

解字 篆文 形声。阝（自）＋坒㊥。音符の坒（ヒ）は、土地が並び連なるの意味。自は、きざはしの意味。並び連なるきざはしの意味を表す。

▼雲陛・階陛

【陛衛（衞）】（ヘイエイ）天子の御座所のきざはしのもとを護衛する兵士。

【陛下】（ヘイカ）①階段の下。②天子の尊称。秦（シン）から始まる。臣下が天子に奏上するときは、階段の下にいる護衛兵に告げることからいう。

【陛戟】（ヘイゲキ）警護兵が戟（ほこ）を持って、天子の御殿の階段の下に立つこと。また、その兵。

【陛見】（ヘイケン）（階段の下から）天子に会うこと。陛対。

(11)8【陰】8397　常 イン　かげ・かげる　一漢イン・呉オン 侵 yīn　二漢アン・呉オン 覃 ān　1702 3122

筆順 阝 阝 阝 阝 陰

【陰】俗字

字義 一❶かげ。↕陽。㋐ひかげ。日のあたらないところ。㋑物におおわれている所。「樹陰」㋒山の北側。また、川の南岸。❷おおう（蔽（へい））。また、おおい。❸くもる。かげる。❹移って行く日かげ。転じて、時間。「光陰」❺暗い。❻しめる。また、しめり。❼ひそかに。ひそか。❽男女の生殖器。特に、女性についていう。❾易学の用語。陽（男性的・動・剛）に対して、消極的・女性的なもの、地・水・女・静・柔・内・夜・月・雨・寒・秋・冬などをいう。↕陽。二❶だまる（黙）。つぐむ。口をきかない。❷喪に服するための小さな建物。「諒陰（リョウアン）」

難読 陰嚢（ふぐり）

使いわけ かげ［影・陰］⇩影（2124）。

解字 金文 篆文 形声。金文は、阝（自）＋今㊥。音符の今は、含に通じ、ふくむの意味。雲が太陽を覆い含みこむの意味から、くもり・かげの意味を表す。のち、篆文は、云を付し、雲につつまれるの意味を明らかにした。

▼花陰・光陰・樹陰・秋陰・春陰・寸陰・夕陰・惜陰・碑陰・分陰・夜陰・涼陰・緑陰

【陰陰】（インイン）①あまねくおおう。②静かなさま。③木が茂って暗いさま。④空がくもって暗いさま。⑤陰気なさま。

【陰雨】（インウ）①空がくもって雨が降る。②雨が降ること。また、降る雨。雨天。雨ふり。③連日降り続く、じめじめした雨。

【陰鬱】（インウツ）①水蒸気が多くて、うっとうしいこと。②空がくもって、むしむしすること。③国心が陰気で晴ればれしないさま。

【陰雲】（インウン）あまぐも。雨を降らせるような雲。

【陰映】（インエイ）ほのかに明るく見えること。

【陰景・陰影】（インエイ）うすぐらいかげ。また、かげ。

【陰曀】（インエイ）空がくもって暗いこと。転じて、乱世。

【陰翳】（インエイ）①かげる。くもる。また、かげを落とす。②うすぐらい影。

【陰火】（インカ）①おにび。暗夜、海上に遠くから見える理由のわからない火。②硫黄（イオウ）の別名。

【陰寒】（インカン）①空がくもって寒いこと。②寒さ。きびしい寒さ。

【陰気（氣）】（インキ）①陰の気。↕陽気。㋐万物を生成する精気の一つ。→陰陽の①。㋑万物を正し、また、殺す働きをする気。②国㋐はればれしないこと。うっとうしいこと。㋑気のふさぐこと。気が沈んで浮きたたぬこと。↕陽気。

【陰鬼】（インキ）①死者のたましい。②もののけ。おばけ。

【陰教】（インキョウ）女子の教育。女訓。陰訓。

【陰月】陰暦四月の別名。

【陰険(險)】うわべは柔和で、内心の険悪なこと。

【陰行】①人に知られない行い。かげの行い。②かくれた善行。③ひそかに行う。

【陰惨(慘)】①むごたらしい。②陰気でみじめなこと。

【陰山】山脈の名。内モンゴル自治区中部を東西に千二百キロにわたり連なる海抜千五百～二千メートルの山脈。北はゴビ砂漠、南は黄河が流れ、古来、北方異民族と漢民族との戦場となった。

【陰事】①秘密の事がら。かくしごと。秘事。密事。②きさきや女官が君主の夜のお召しにあずかること。③婦人のなすべき事。家庭のしごと。

【陰湿(濕)】①日かげでしめっていること。②性格が陰気なこと。

【陰△騭】①天がひそかに人類の行為を見て禍福を下すこと。②天がひそかに人民を安んじ定めること。

【陰柔】うわべは柔順で、腹が黒いこと。

【陰性】↕陽性。①暗い・消極的な性質。②医学用語。ある検査に対して反応のないこと。

【陰晴】くもりと、はれ。

【陰賊】①心がねじけていて、残忍なこと。②ねじけて残忍な心。また、その人。

【陰虫(蟲)】①秋に鳴く虫。②がまがえる。

【陰△兎】月の別名。月の中に、兎がいるという伝説による。

【陰道】↕陽道。①陰の道。臣・子・母・妻としてとるべき道。②喪事や戦争。③月の軌道。④女子の生殖力。⑤山の北側の道。

【陰徳】①人に知られない善行。②地の徳。地が万物を育てる徳。転じて、婦人の徳。婦徳。

【陰府】冥土。よみじ。冥府。

【陰風】①冬の風。北風。②陰気で殺伐な風。曇天、または夜空を吹く陰鬱な感じの風。

【陰△蔽】かくしおおう。見えないようにする。

【陰房】①夜深く薄暗いへや。②牢獄。

【陰謀】秘密のたくらみ。陰計。

【陰密】心に深くかくして表面に出さないこと。

【陰論】ひそかにさとす。それとなくさとす。

【陰陽】①陰と陽。天地間にあって万物を構成する二気。また、日月・暖寒・男女等、性質のあい対立するものをいう。転じて、電気・数学などの十・一。②国 陰陽師・陰陽道の略。

【陰陽家】中国古代の九学派の一つ。天文・暦数・方位などで吉凶禍福をうらなう学派。

【陰陽五行】陰陽は、天地間にあって万物を造り出す二気の名。五行は、天地間に循環流行して万物を生ずる五つの物質で、木・火・土・金・水をいう。

【陰陽師】国古代、陰陽寮に属し、天文・暦数のことをつかさどった職員。

【陰陽道】国陰陽五行の理に基づく、天文・暦数・卜筮・うらないなどに関する学問。

【陰陵】地名。今の安徽省定遠県の北西。楚の項羽が垓下の戦いで敗走中に、道に迷った所。

【陰暦(曆)】太陰暦の略。月が地球を一回転する時間に基づいて一か月を二十九日、あるいは三十日とし、十二か月約三百六十日を一年とする暦。旧暦。↕陽暦。

(11)8 【陥】(8384)　カン　陥(8383)の旧字体。→一二五九ペ。　7992 6F7C

(11)8 【険】8398　教5　ケン　けわしい　2417 3831

(16)13 【險】8399　人許　ケン　㻪 xiǎn　8010 702A

筆順　阝 阝 陉 険

字義　❶けわしい。㋐傾斜が急で高い。危険の多い土地のさま。㋑土地が平らでない。❷けわしい所。守りの固い地。要害の地。❸あやうい。あぶない。「危険」❹よこしま。不正。はらぐろい。「陰険」❺むずかしい。苦しい。

名乗　たか・のり

参考　現代表記では〔嶮〕(1875)の書きかえに用いることがある。「嶮岨→険阻」

解字　篆文　形声。阝(阜)＋僉(僉)音。音符の僉ケンは、検に通じ、きびしくしめあげるの意味。人にきびしい緊張を与える山、けわしいの意味を表す。

▼陰険・危険・阻険・探険・屯険・天険・冒険・保険

【険△隘】けわしくせまい。また、その所。

【険悪(惡)】①地勢・天候・人の心などが何か悪いことの起こりそうであること。②形勢がおもしろくない。

【険△夷】①けわしいことと平らかなこと。険阻と平坦。②悪と善。③危険と安全。④世の乱れと平和。

【険易】①けわしい土地と平らな土地。②悪と善。③危険と安全。④世の乱れと平和。

【険狭(狹)】①道がけわしく、せまいこと。②陰険で心がせまいこと。

【険△釁】苦しみや災い。苦難災禍。不幸。険は、けわしい。釁は、くいちがうこと。

【険△塞】①けわしいとりで。②けわしく四方がふさがっていること。

【険△峻】（山などが）高くてけわしい。

【険絶】この上なくけわしい。

【険阻・険△岨】①けわしい。けわしく人を近づけない。嶮岨。②人がたやすく歩けない所。③転じて、世の中の苦しみ。

【険相】国すごみある顔つき。おそろしい人相。

【険難】けわしい。また、けわしい土地。転じて、世の中のけわしさ。困難。

【険△阨・険△阸】地勢がけわしい。また、その所。転じて、世の中がけわしく困難の多いこと。

【険要】けわしくて要害の地。攻めるに難く守るに強い地。

【険塁(壘)】要害堅固なとりで。

(11)8 【陲】8400　△　㊥スイ　㊐ズイ　囡 chuí　8004 7024

字義　❶あやうい。危険。❷ほとり。周辺。また、さかい。国境。

解字　金文　篆文　形声。阝(阜)＋垂(埀)音。音符の垂は、たれさがるの意味。地の果てのたれさがった危険な所の意味を表す。

(11)8 【陬】8401　△　㊀ソウ　因 zōu　㊁シュウ(シウ)因　慣スウ　8005 7025

字義　㊀❶すみ(隅)。かたすみ。❷くま(曲)。湾曲して入りくんだ所。❸陰暦、正月の別名。陬月。孟陬。
㊁❶すみ。＝㊀の①。❷地名。春秋時代の魯の地名。孔子の生地。＝郰・鄹。→陬邑

解字　篆文　形声。阝(阜)＋取音。

【陬月】陰暦正月の別名。

【陬△僻】かたいなか。陬遠。

【陬△邑】①かたいなか。辺境。②地名。春秋時代、魯の村里。今の山東省曲阜市の東南。孔子の生地。

(11)8 【陳】8402　常　チン　㊀㊥チン・㊐ジン(ヂン)眞 chén　㊁㊥チン・㊐ジン(ヂン)震 zhèn　3636 4444

筆順　阝 陌 陣 陳

字義 一 ❶つらねる。ならべる。また、つらなる。陳列。❷ならび。列。❸はる(張)。ならべる。❹のべる(述)。とく(説)。「開陳」❺ふるい(古)。ひさしい(久)。「新陳代謝」❻周代の国名。舜の子孫を封じた所。今の河南省開封市以東、安徽省亳県以北。❼王朝の名。南北朝時代、南朝の一つ。陳覇先が建国、建康(今の南京市)に都したが、五代三十三年で隋にほろぼされた。(五五七—五八九) 二 そなえ。じんだて。＝陣。 国 チンずる。㋐言いわけする。㋑いつわりをいう。作りごとをいう。

名乗 かた・つら・のぶ・のぶる・ひさ・むね・よし

難読 陳外郎・陳者

解字 金文　篆文　会意。阝(𠂤)＋東。東は、袋を棒に結んだ形にかたどる。それをのべひろげるの意味を表す。𠂤が付いているのは、もと地名を表すのに用いられたからである。また、古くなるまでならべて置くの意味をも表す。

▼開陳・具陳・出陳・布陳・敷陳

【陳玄】墨の別名。古くて黒いからいう。

【陳言】①古くさいことば。陳腐の言。②ことばを述べる。

【陳△蔡△之厄】孔子が陳・蔡の国境あたりで、陳と蔡との大夫の手下に囲まれて、食糧が欠乏して苦しんだ災難。〔史記、孔子世家〕

【陳思王】→曹植(五〇八ページ)。

【陳謝】①わびを言う。わびる。あやまる。②礼を述べる。

【陳寿(壽)】晋の歴史家。安漢(今の四川省内)の人。字は承祚。『三国志』の編者。(二三三—二九七)

【陳述】もうしのべる。

【陳状(狀)】実状をのべる。実際の様子をのべる。

【陳書】書名。三十六巻。唐の姚思廉の著。南朝陳の歴史を記した書。二十四史の一つ。

【陳勝呉広】陳勝も呉広も秦末の革命家。陳勝は、字は渉。前二〇九年秦の暴政に苦しむ民衆を率いて反乱を起こし、劉邦・項羽ら群雄挙兵の導火線となった。物事の先がけのたとえに用いる。陳呉。(ともに？—前二〇八)→呉広(一九四ページ)。

【陳情】①実情を言い述べる。心をうちあけて述べる。② 国 当局に実状をのべ、対策を講ずるよう願うこと。

【陳子△昂】初唐の詩人。字は伯玉。射洪(今の四川省内)の人。盛唐詩の先がけをなした。(六五六—六九五)

【陳△迹・陳跡・陳△蹟】古いあと。昔のあと。古跡。また、先例。

【陳訴】事情を述べてうったえること。

【陳陳】①積み重なるさま。②古びたさま。③久しいさま。

【陳△套】古い。古めかしい。陳腐。

【陳皮】みかんの皮を干したもの。薬剤。

【陳腐】古くてくさっていること。転じて、ふるくさい。だれもが知っていてめずらしくないこと。

【陳平】前漢初期の政治家。初め楚の項羽に仕えたが、後に漢の高祖に仕えて都尉となり、呂太后の没後、周勃と力を合わせて呂氏一族の反乱を討ち、文帝の丞相となった。(？—前一七八)

【陳弁(辯)】理由を述べて弁解すること。

【陳列】ならべつらねる。ならべる。

---

(11)8
【陶】 8403　常 トウ

一 漢 トウ(タウ)・呉 ドウ(ダウ) 豪 táo
二 ヨウ(エウ) 蕭 yáo

3811
462B

筆順 阝 阝 陶 陶 陶

字義 一 ❶すえ。せともの。やきもの。陶器。❷せとものを作る。❸せとものを作るように事を行う。㋐変化させる。㋑教え導く。教化する。「薫陶」㋒やしなう(養)。❹よろこぶ。また、のびる(暢)。❺かたくな。がんこ。❻うれえる(憂)。「鬱陶」❼ものの形容。→陶陶。 二 ❶やわらぎ楽しむ形容。❷人名。皐陶は、上古の舜帝の臣。❸ものの形容。→陶陶。

名乗 よし

難読 陶山・陶浪

解字 金文　篆文　形声。阝(𠂤)＋匋音。𠂤は、階段の象形。音符の匋は、やきものを焼くの意味。階段のあるかま場で、やきものを焼くの意味を表す。

▼薫陶

【陶△猗】①春秋時代の大金持ちの陶朱公と猗頓。②転じて、富豪・金持ちをいう。

【陶△鬱】(心が)晴ればれしない。うっとうしい。

【陶△淵明】→陶潜。

【陶化】人を善に導き化すること。また、育成する。

【陶均・陶△鈞】①陶器を製するに用いる旋盤。ろくろ。②物のめぐるたとえ。③王者が天下をよく治めることのたとえ。

【陶△甄】①やきもの師が陶器を作ること。②転じて、王者・絶対者が天下を治めるたとえ。

【陶工】やきものを作る人。陶人。陶者。

【陶朱公】春秋時代、越王句践の臣、范蠡の変名。陶(今の山東省定陶県の西北)に住み、巨万の富を貯えた。〔史記、貨殖伝〕

【陶酔(醉)】①気持ちよく酔うこと。②心ゆくばかりひたり楽しむこと。うっとりすること。

【陶潜(潛)】東晋の詩人。潯陽(今の江西省九江市)の人。名は潜。字は淵明。五柳先生と自称し、世に靖節先生といわれる。彭沢(今の江西省内)の県令になったが、八十余日で官吏生活をきらい「帰去来辞」を作って帰郷した。酒を愛し自然を楽しみ、琴を友として田園生活を賛美する詩を作り、後世の文学に大きな影響を与えた。著に『陶淵明集』がある。(三六五—四二七)

〔陶潜〕

【陶然】心持ちよく酒などに酔うさま。うっとりするさま。

【陶鋳(鑄)】①陶工がせとものを作り、鍛工が金属を鋳て器を作ること。②転じて、人・物を作りあげること。

【陶唐氏】尭帝の姓氏。また、尭帝をいう。

【陶陶】①馬を走らせるさま。②水勢のさかんなさま。＝滔滔。③㋐和らぎ楽しむさま。㋑長いさま。㋒陽気のさかんなさま。㋓ともに従い行くさま。

【陶△冶】①せとものを焼くことと金属を鋳ること。②転じて、人材を養成すること。③善政をほどこし、民の生活を平和に安定させること。

【陶窯】陶器を焼くかま。

(11)8
【陪】 8404　常 バイ

漢 ハイ
呉 バイ 灰 péi

3970
4766

筆順 阝 阝 阝 陪 陪

字義 ❶かさねる。また、かさなる。❷ます。加える。また、助ける。助け。❸したがう(従)。つきそう。お供をする。また、つきそい。とも(伴)。❹家来。また家来(家来の家来)。❺つぐなう(償)。償って還す。

難読 陪堂

解字 篆文　形声。阝(𠂤)＋音音。音符の音は、倍に通じ、ばいになるの意味。二重の丘の意味から、かさなることを表す。

【陪観(觀)】貴人のお供をして一緒に見物する。

【陪侍】君主のかたわらにはべる。

【陪従(從)】①貴人につき従う。また、つきそい。② 国 昇殿を許されない楽人。地下の楽人。

【陪乗(乘)】君主の車にそえ乗りすること。貴人のおともをしてその車に同乗すること。驂乗。

【陪臣】またけらい。家来の家来。諸侯のけらいが、天子に

対する自称。

【陪審】バイシン 国民間から選出して訴訟の審判に参与させる。

【陪席】バイセキ 目上の人と同席すること。

【陪都】バイト 国都以外に別に設けたみやこ。周の洛陽（今の河南省洛陽市）、明ミンの金陵（今の江蘇コウソ省南京市）、清シンの奉天（今の遼寧リョウネイ省瀋陽シンヨウ市）、第二次世界大戦中の重慶（今の四川省重慶市）の類。

【陪陵】バイリョウ 天子の墓のそばにほうむった有功者や王室の親族の墓。

(11)8【陴】8405 △ 漢ヒ 呉ビ 支 pí

字義 ひめがき。城壁の上に設けた土べいで、穴をあけて外をうかがうようにしたもの。

解字 甲骨文 文 篆 形声。阝（阜）＋卑音。音符の卑は、ひくいの意味。ひくいおか、ひめがきの意味を表す。

【陴△隍】ヒコウ 城壁の上のひめがきと、城のほり。

【陴△堞】ヒチョウ 城壁の上のひめがき。

〔陴〕

(11)8【陸】8406 教4 リク 漢リク・呉ロク 屋 lù ⑤liù　4606 4E26

筆順 阝 阹 陸 陸

字義 ❶高く平らな土地。くが。↔海。❷おか（丘）。大きな丘。❸みち。陸路。❹とびはねる（跳）。おどる。❺＝六。→六(459)の参考。国ロク。㋐水平。㋑まっすぐである。きちんとしている。㋒まともである。十分である。

名乗 あつし・たかし・ひとし・みち・む・むつ　難読 陸奥むつ・みちのく・陸田くが・陸稲おかぼ

解字 金文 文 篆 形声。阝（阜）＋坴音。音符の坴リクは、つらなりきのこの意味を表す。連なり生えるきのこのような、高地・おかの意味を表す。

【陸王学（學）】リクオウガク 南宋ナンソウの陸九淵リクキュウエン（象山）と明ミンの王守仁（陽明）との学説。

【陸九△淵】リクキュウエン 南宋ナンソウの儒学者。字あざなは子静。号は象山ショウザン。金谿キンケイ（今の江西省内）の人。心即理説（心に思うことが、そのまま天理であるということ）を説き、朱熹シュキと対立した。明ミンの王陽明の学説はこれを受け継ぐ。（一一三九―一一九二）

【陸行】リクコウ・リッコウ 陸路を行く。

【陸舟】リクシュウ らくだの別名。

【陸象山】リクショウザン →陸九淵リクキュウエン。

【陸続（續）】リクゾク 続いて絶えないさま。

【陸沈】リクチン ①陸にしずむの意で、俗人と一緒に住み、表面は俗人と変わらぬ生活をしている隠者をいう。②昔を知って今を知らず、時代おくれで世俗に従わないこと。③乱れほろびること。

【陸徳明】リクトクメイ 唐代初期の学者。呉（今の江蘇コウソ省内）の人。名は元朗。徳明は字あざな。陳・隋ズイに歴任し、唐の高祖の時、国子博士に任じられた。著に『経典釈文ケイテンシャクモン』がある。（五五〇？―六三〇）

【陸軟風】リクナンプウ 夜間、陸から海に向かって静かに吹く風。陸風。↔海軟風。

【陸△游】リクユウ 南宋ソウの詩人。字あざなは、務観。号は放翁ホウオウ。山陰（今の浙江省内）の人。南宋最大の憂国詩人。また、田園詩人。著に『剣南詩稿』『渭南文集』『入蜀記ニュウショクキ』などがある。（一一二五―一二一〇）

【陸離】リクリ ①豊かに美しいさま。②長さがふぞろいのさま。参差シンシ。③光の入り乱れるさま。「光彩陸離」④美しい玉。⑤分散する。

【陸陸】ロクロク 平凡なさま。

【陸△梁】リクリョウ 乱れ走るさま。あばれおどるさま。

【陸路】リクロ ①みち。道路。②陸上の道。↔海路。

(11)8【隆】8407 常 リュウ

(12)9【隆】8408 リュウ（リウ） 東 lóng　4620 4E34

筆順 阝 阦 降 隆

字義 ❶たかい（高）。また、たかくする。高める。❷たっとい（貴）。また、貴ぶ。❸さかん。また、さかんになる。栄える。「興隆」❹おおい。多くする。また、長い。長くする。

名乗 お・しげ・たか・たかし・ゆたか　難読 隆来つぶらい

解字 篆文 形声。生＋降音。音符の降コウ＝リュウは、もりあがるさまを表す擬態語。ゆたかに大きくなるの意味を表す。

▼汚隆・興隆

【隆愛】リュウアイ てあついいつくしみ。

【隆運】リュウウン 栄えていく運命。盛運。

【隆恩】リュウオン 大きい（さかんな）めぐみ。大恩。洪恩。

【隆寒】リュウカン きびしい寒さ。厳寒。

【隆顔】リュウガン 天子の顔。天顔。竜顔。

【隆起】リュウキ 高くもちあがる。

【隆貴】リュウキ 身分が非常にたかい。尊貴。また、その人。

【隆古】リュウコ さかんであった古代。

【隆興】リュウコウ さかんに興る。物事のさかんになること。

【隆△昌】リュウショウ 大いに栄える。また、そのこと。

【隆盛】リュウセイ ＝隆昌リュウショウ。

【隆準】リュウジュン 高い鼻ばしら。鼻すじが高いこと。一説に、「リュウセツ」と読んで、うず高いほお骨の意とする。

【隆然】リュウゼン むっくりと高いさま。

【隆替】リュウタイ 栄えることとおとろえること。盛衰。

【隆中】リュウチュウ 地名。諸葛亮ショカツリョウが、三国時代、蜀ショクの劉備リュウビに仕える以前に、かくれ住んでいた地。今の湖北省襄樊ジョウハン市襄陽ジョウヨウの西。劉備がここに三度も訪問して、自分を補佐してくれるようにとたのんだ。→三顧（一三八ページ）。

【隆冬】リュウトウ 厳寒の季節。まふゆ。

【隆隆】リュウリュウ ①雷の音の形容。②大きなさま。③勢いのさかんなさま。

【隆礼（禮）】リュウレイ ①てあついもてなし。②礼をさかんにする。③礼をたっとぶ。

(11)8【陵】8409 常 リョウ みささぎ　リョウ 蒸 líng　4645 4E4D

筆順 阝 阝 阝 陵

字義 ❶みささぎ。はか。天子の墓。❷しのぐ（凌リョウ）。㋐切りぬける。また、おかす（犯）。㋑のぼる。また、こえる（越）。㋒あなどる。軽んずる。❸おか（丘）。大きなおか。❹ゆるむ。おとろえる。❺けわしくきびしい。❻せまる。❼とぐ（磨）。刃物をとぐ。

難読 陵霄花のうぜんかずら

解字 甲骨文 金文 篆 形声。阝（阜）＋夌（夌）音。音符の夌リョウは、高い地をこえるの意味。越えていかなければならない、おかの意味を表す。甲骨文は、自（おか）＋先（足をあげる人）＋夊（あしあと）で、人がおかにのぼるの意味を表す。

▼園陵・丘陵・古陵・山陵・陪陵

【陵△夷】リョウイ ①丘陵が次第に低く平らになること。②物事が次第におとろえすたれること。

【陵雲】リョウウン 雲をしのぐ。天にのぼる。

【陵雲△之志】リョウウンのこころざし ①高い地位にのぼろうとする志。②俗世間を超越して、世外に遊ぼうとする志。

【陵△駕】リョウガ 他人をしのぎ越える。凌駕リョウガ。

【陵虐】(リョウギャク) おかししいたげる。

【陵丘】(リョウキュウ) 大きいおか。丘陵。

【陵谷△之変(變)】(リョウコクのヘン) 高い丘が深い谷に変わり、深い谷が高い丘となる。世の中のうつり変わりのひどいことのたとえ。『詩経』小雅・十月之交の「高岸為レ谷、深谷為レ陵」に基づく語。桑滄之変。

【陵辱】(リョウジョク) あなどりはずかしめる。凌辱。

【陵寝(寢)】(リョウシン) みささぎ。天子のはか。

【陵替】(リョウタイ・リョウテイ) ①下の者が上の者をしのいで、上の者の権威がすたれること。②物事がおとろえすたれること。

【陵遅(遲)】(リョウチ) ＝陵夷の②。

【陵侮】(リョウブ) あなどりかろんずる。

【陵墓】(リョウボ) 天子または諸侯のみささぎ。陵廟。

【陵暴】(リョウボウ) 人をしのぎ乱暴する。

【陵△轢】(リョウレキ) おかしふみにじる。轢は、ひいて殺すこと。

(12)9 【陰】 8410 △ イン 陰(8397)の俗字。→二六一ページ。

(12)9 【階】 8411 教3 カイ

筆順 阝 阝' 阝ヒ 阝比 階

カイ 囲 jiē

1912 332C

【堦】字同 字義 ❶きざはし。堂に登る階段。❷はしごをかける。また、はしご。❸しな。等級。地位・官職などの順位・順序。❹たより。よりどころ。因縁。❺みち(道)。みちすじ。物事の段階。❻みちびく。また、みちびき。てびき。❼高層建築のかさなりを数える語。「二階」

難読 階見・階子・階上

解字 文 篆 形声。阝(阜)＋皆音。音符の皆は、ならぶの意味。ならんだ段々の意味を表す。

▼位階・加階・玉階・職階・石階・段階

【階級】(カイキュウ) ①階段。②官位や物事の順位・順序。③主として経済上の利害を同じくする一群。「無産階級」

【階次】(カイジ) 等級の順序。

【階序】(カイジョ) きざはし。階段。

【階除】(カイジョ) きざはし。階段。

【階前】(カイゼン) 階段の前。きざはしの前。〔宋、朱熹、偶成詩〕階前梧葉巳秋声。訳文⇨池塘春草夢(六一八ページ)。

【階層(層)】(カイソウ) ①建物の階のかさなり。②社会を構成するものの層。

【階△梯】(カイテイ) ①だんだん。はしご。②いとぐち。③てびき。

【階陛】(カイヘイ) 宮殿の階段。

(12)9 【隅】 8412 常 グウ すみ

グ 慣グウ 囲 yú

2289 3679

筆順 阝 阝冂 阝日 阝月 隅

字義 ❶すみ。㋐かたすみ。「一隅」㋑かど(角)。とがって突出した部分。㋒くま(隈)。湾曲して入りくんだ所。❷かたわら。❸きし(岸)。がけ。❹かた。方角。❺品行方正のたとえ。「廉隅」

解字 文 篆 形声。阝(阜)＋禺音。音符の禺は、愚に通じ、にぶい・はっきりしないの意味。おかのはっきり見えないすみの意味を表す。

▼海隅・山隅・城隅・天隅

【隅奥】(グウオウ) へやのすみ。

【隅曲】(グウキョク) すみ。かど。また、かたよる。隅角。

【隅△坐】(グウザ) (謙譲して)かたすみにすわる。

【隅目】(グウモク) 猛獣が目をつりあげて恐ろしく怒ったさま。

(12)9 【隉】 8413 △ 漢ゲツ 呉ゲチ 屑 niè

字義 ❶あやうい(危)。あぶない。また、わるい。❷のり(法)。＝臬。

解字 文 篆 形声。阝(阜)＋皇音。

(12)9 【隍】 8414 △ 漢コウ(クヮウ) 呉オウ(ワウ) 陽 huáng

8006 7026

字義 ❶城のからぼり。↕池(水のあるほり) ❷むなしい(空)。うつろ。

解字 文 篆 形声。阝(阜)＋皇音。

(12)9 【随】 8415 常 ズイ

(16)13 〔隨〕 8416 漢スイ 呉ズイ 支 suí

3179 3F6F

7814 6E2E

筆順 阝 阝ナ 陏 随

字義 ❶したがう。㋐つき従う。よりそう。㋑つづく。また、追う。㋒きき入れる。㊁言いなりになる。〔韓非子、外儲説左上〕水随二方円之器一。❷したがって。たびごとに。❸下役。属官。また、おとも。つきそい。❹易の六十四卦の一つ。☳☱震下兌上。物と自分とが相従うかたち。

名乗 あや・みち・ゆき・より　難読 随分

解字 文 篆 形声。辵＋隋音。音符の隋は、くずれおちるの意味。緊張がくずれたままに行くの意味から、まになる・したがうの意味を表す。常用漢字は隨の省略形。

▼追随・不随

【随意】(ズイイ) ①それはそうであろうと。ままよ。さもあらばあれ。②心のまま。気ままに。自由に。

【随一】(ズイイチ) 国①多くのものの中の第一位。②さきがけ。

【随和】(ズイカ) ①随侯の珠と卞和の璧。ともに至宝。→随侯之珠。②すぐれた才徳のたとえ。随は、隋とも書く。③わけもなく他の意見に同調すること。

【随感】(ズイカン) 思うまま。感ずるままに。

【随喜】(ズイキ) 仏①他人の善行を見て、これに同感し喜びの心を生ずること。②寺院に参拝すること。また、僧が仏事に参加すること。③喜んで仏道に帰依すること。心からありがたく感じること。

【随行】(ズイコウ) ①目上の人の後について行くこと。お供をする。②行いに従う。その行いによる。

【随侯△之珠】(ズイコウのたま) 戦国時代の随侯が、きずついた大蛇を治療してやった礼として、大蛇が随侯におくったという高価な珠。随は、隋とも書く。〔淮南子、説山訓〕

【随△坐】(ズイザ) 他人の罪にまきぞえになること。連坐。

【随時】(ズイジ) ①その時どきに。そのおりそのおりに。②その時その場合に従う。

【随手】(ズイシュ) ①手を動かすと、すぐに。あとからすぐに。転じて、たちどころに。②手あたりしだい。

【随処(處)】(ズイショ) どこでも。いたるところ。随所。

【随身】(ズイシン) ①身につけておく。身に所有する。②旅行に携行する用具。③国㋐昔、摂政・関白などが外出する際に、朝廷の命令で警護に従った武官。㋑従者。㋒つき従うこと。㊁携帯すること。

【随想】(ズイソウ) 国思ったり、感じたりしたまま。また、それを書きしるした文章。「した文章。」

【随伴】(ズイハン) 国①お伴としてつき従って行くこと。②ある事がらにともなって起こること。

【随筆】(ズイヒツ) ①筆にまかせて。②筆にまかせて見聞・体験・感想などを書いた文章。漫筆。

【随分】(ズイブン) ①分に従う。分相応。②当然そうである。もちろん。③国㋐かなり。相当。㋑たいへん。非常に。

(12)9 【隋】 8417 標 ㊀タ 哿 duǒ ㊁漢スイ・呉ズイ 支 suí

7101 6721

【字義】㊀❶祭りの肉の余り。❷おちる。＝堕。❸おこたる(怠)。＝惰。㊁王朝の名。文帝楊堅が南北朝を統一して建国したが、三帝三十八年で唐にほろぼされた。都は長安(今の西安市)。(五八一—六一八)

【解字】篆文　形声。月(肉)＋隓省㊥。音符の隓は、くずれ落ちた城壁の意味。こまかくさいてしなやかになった肉の意味を表す。

【隋苑】ズイエン　隋の煬帝の造った庭園。江都(今の江蘇省揚州市)の西北にあった。上林苑。西苑。

【隋和】ズイカ　＝随和。→二六六ページ。

【隋書】ズイショ　書名。八十五巻。唐の魏徴らが太宗の勅を奉じて編集した隋代の正史。二十四史の一つ。

【隋隄】ズイテイ　隋の煬帝が築いた運河のつつみ。

【隋煬帝】ズイのヨウダイ　隋の第二代の皇帝。名は広。文帝の第二子。在位、六〇五—六一七。父の文帝を殺して位についた。運河を開いたり、宮殿を築いたりし、人民は重税に苦しみ、臣下に殺された。(五六九—六一八)

(12)9 【隊】8418　教4　タイ　3466　4262

(12)9 〔隊〕8419　㊀㊇タイ・㊉ズイ(ヅイ)㊥隊 duì　㊁㊇ツイ・㊉ズイ(ヅイ)㊥寘 zhuì　㊂㊇スイ・㊉ズイ㊥寘 suì

筆順　阝　阝丷　阝䒑　隊　隊　隊

【字義】㊀❶くみ(組)。ぶわけ。むれ(群)。統一された集合体。「隊商」「楽隊」❷中国古代の兵制。兵百人、また、二百人をいう。㊁おちる。また、おとす。＝墜。㊂❶＝㊁の①。❷みち。㋐谷あいのけわしい道。＝隧。㋑はかみち。

【解字】甲骨文　金文　篆文　会意。甲骨文は、𠂤＋人の倒形。𠂤は階段の象形。階段から人がさかさまに落ちるさまから、おちるの意味を表す。借りて、屯に通じ、むれの意味にも用いる。篆文は形声で、阝(𠂤)＋㒸㊥。音符の㒸は、おちるの意味。

▼艦隊・除隊・本隊

【隊伍】タイゴ　兵士の隊列。

【隊商】タイショウ　国らくだなどに乗り、隊を組んで、草原・砂漠を越え、遠く行商する商人の団体。キャラバン。

【隊率】タイソツ　軍の部隊の統率者。部隊長。隊帥。

【隊列】タイレツ　兵士などの並び。つらなり。

(12)9 【隄】8420　△　㊇テイ　㊉タイ　㊥斉 dī

【字義】つつみ。どて。大きな土手。＝堤。

【解字】篆文　形声。阝(𠂤)＋是㊥。音符の是は、まっすぐの意味。まっすぐにのびている、つつみの意味を表す。

【隄障】テイショウ　①つつみ。堤防。②ふせぐ。防止する。

【隄塘】テイトウ　つつみ。どて。

【隄防】テイボウ　①つつみ。堤防。②防ぎ守る。

(12)9 【隃】8421　△　㊀ユ㊥虞 yú　㊁ヨウ(エウ)㊥蕭 yáo

【字義】㊀こえる(越)。＝踰。㊁はるか(遥)。とおい。

【解字】篆文　形声。阝(𠂤)＋兪㊥。

(12)9 【陽】8422　教3　ヨウ　ヨウ(ヤウ)㊥陽 yáng　4559　4D5B

筆順　阝　阝日　阝旦　陽　陽　陽

【字義】❶ひ(日)。「太陽」❷ひなた。日の当たる所。山の南側。川の北岸。❸易の用語。天・春・夏・日・天子・君主・父・夫・風・火・剛・仁徳・奇数などのように、主に積極的・男性的な性質を持つもの。⇔陰。❹あらわれる。また、あきらか。❺そと(外)。うわべ。また、うわべだけの見せかけ。❻きよい。すむ。❼たかく大きい。また、貴い。❽いきる。また、生。❾いつわる(偽)。＝佯。❿男性の生殖器。⇔陰。

【名乗】あき・あきら・お・おき・きよ・きよし・たか・はる・や

【解字】甲骨文　金文　篆文　形声。阝(𠂤)＋昜㊥。音符の昜は、日があがるの意味。𠂤は、おかの意味。おかの日のあたる側、ひなたの意味を表す。

▼陰陽・残陽・斜陽・秋陽・春陽・初陽・夕陽・太陽・朝陽・重陽・落陽

【陽炎・陽焰】ヨウエン・かげろう　暖かい春の日に地面からゆれのぼる気。野馬。

【陽夏】ヨウカ　なつ。陽気がさかんなのでいう。

【陽関(關)】ヨウカン　今の甘粛省敦煌市の西南にあった関所の名。古来、敦煌西北の玉門関とともに、西域に行くとき、通過する関所で、玉門関の南に当たるので、陽関といった。〔唐、王維、送元二使安西詩〕西出陽関無故人(にしのかたヨウカンをいでなばコジンなからん)。訳文⇒故人の①(四三六ページ)。

【陽関(關)曲】ヨウカンキョク　①盛唐の王維の「送元二使安西」の詩の別名。その第四句に「西出陽関無故人(にしのかたヨウカンをいでなばコジンなからん)」とあるのに基づく。②王維の詩が送別の歌として広く愛唱されたことから、一般に「送別の歌」の意となる。

【陽関(關)三畳(疊)】ヨウカンサンジョウ　①盛唐の王維の「陽関曲」が送別の情をうたいあげて、人々を感動させたので(→陽関曲)、後、送別の曲とし、第四句(結句)を反復して歌うのをいう。②「送別の歌」の意。一説に第二句(承句)以下三句を再唱するのをいう。→陽関曲の②。

【陽気(氣)】ヨウキ　①陽の気。万物を発生・活動させる気。⇔陰気。②春の気。③国㋐はればれしいこと。また、元気にふるまうこと。⇔陰気。㋑気候。

【陽気(氣)発(發)処(處)金石亦透】ヨウキハッするところキンセキもまたとおる　陽気が発生・活動すれば金石をも貫く。精神が集中すれば、どんな困難なことをもやりとげられるということのたとえ。〔朱子語類、学二〕──、精神一到何事不成(セイシンイットウなにごとかならざらん)。〈──、精神を集中して事に当たればどんな事でも成しとげられないことがあろうか〉

【陽九】ヨウキュウ　わざわい。災禍。陽のわざわい五と陰のわざわい四、合わせて九とする。陰陽家が数理から割り出していう。

【陽狂】ヨウキョウ　気がくるったふりをする。陽は、いつわる。

【陽景】ヨウケイ　太陽の光。

【陽月】ヨウゲツ　陰暦十月の別名。

【陽言】ヨウゲン　いつわって言いふらす。

【陽光】ヨウコウ　①日の光。②太陽。

【陽死】ヨウシ　死んだまねをする。

【陽春】ヨウシュン　①あたたかな春の時節。〔唐、李白、春夜宴桃李園序〕況陽春召我以煙景、大塊仮我以文章(いわ(は)んやヨウシュンわれをまねくにエンケイをもってし、タイカイわれにかすにブンショウをもってするをや)。〈まして暖かな春が、かすみたなびく春景色で、わたしを呼び招き、宇宙万物の造物主がこのわたしに詩文を作る才能を貸し与えていてくれるからには、なおさら(この春夜を楽しむべき)である〉②楽曲の名。

【陽性】ヨウセイ　①陽気で積極的な性質。⇔陰気。②医学用語。ある検査に対して反応がはっきりあらわれること。⇔陰性。

【陽尊】ヨウソン　うわべだけとうとぶ。

【陽沢(澤)】ヨウタク　天子の恩徳をいう。

【陽道】ヨウドウ　⇔陰道。①陽の道。男子・君主・父・夫として取らなければならない生活態度。②太陽の軌道。③男子の生殖力。④山の南側の道。

【陽徳】ヨウトク　①陽気。万物を生長させる気。②太陽。

【陽眠】ヨウミン　寝たふりをする。また、たぬきねいり。

【陽明学(學)】ヨウメイガク　明の王陽明が唱えた学説。王学・陸王学ともいう。当時の朱子学に対抗して、「心即理」(心に思うことがそのまま天理である)「致良知」(生まれつきの知力

を十分働かせる)「知行合一」(知識と行為は同一体のものである)を強調した学説。
【陽陽】ヨウヨウ ①あや模様の美しいさま。②得意のさま。
【陽暦(暦)】ヨウレキ 太陽暦の略。↔陰暦。
【陽和】ヨウワ のどかな春の気候。

(12)9 【隆】(8408) リュウ 隆(8407)の旧字体。→一二六四ﾍﾟｰ。

(12)9 【隈】8423 標 ワイ 灰 隊 wēi —2308 3728

字義 ❶くま。㋐水が岸に曲がり入っている所。㋑山の入りくんだすみ。❷また(股)。またぐら。❸がけ。きし(崖)。❹ふち(淵)。水が深く魚の集まる所。❺かげ。おおわれた所。

難読 隈之城(くまのじょう)・隈笹(くまざさ)

解字 篆文 形声。阝(自)+畏音。音符の畏は屈に通じ、かがむの意味。山や水などのまがった所の意味を表す。

【隈△澳】ワイイク 入りくんだ水ぎわ。
【隈曲】ワイキョク すみ。くま。

(13)10 【隘】8424 △ 一 漢アイ・呉エ 卦 ài 二 漢アク・呉ヤク 陌 è —8007 7027

字義 一 ❶せまい。せまし。㋐土地・場所がせまく小さい。㋑人がら・気持ちがせまく小さい。包容力がない。❷けわしい。けはし。また、けわしい所。要害の地。
二 へだてる。とどめる。さまたげ止める。

解字 篆文 形声。阝(自)+益音。音符の益は、戹ヤクに通じ、せまくるしいの意味。せまい土地の意味を表す。

【隘△巷】アイコウ せまくきたない町。狭巷。
【隘△湫】アイシュウ 土地・家屋などの狭くてしめりけが多いこと。
【隘路】アイロ ①山あいのせまい道。②国事をなすときに、その成功を妨げる原因。困難な点。
【隘△陋】アイロウ せまくてきたない。

(13)10 【隕】8425 標 イン(ヰン) 軫 yǔn —8008 7028

字義 おちる。おつ。また、おとす。㋐高い所から下へ落ちる。また、高所から下へ落とす。㋑くずれ落ちる。また、落とす。㋒なくなる。死ぬ。また、失う。なくす。㋓ふる(降)。また、ふらす。

解字 篆文 形声。阝(自)+員音。音符の員は、張りがなくなって丸くなるの意味。おかがもろくなってくずれ落ちるの意味を表す。

【隕越】インエツ ①ころがりおちる。②願いの切なること。
【隕穫】インカク 意のままにならないで苦しむさま。
【隕△泗】インシ なみだを流す。隕涕テイ。
【隕星】インセイ =隕石。→次項。
【隕石】インセキ 流星が地上に落ちたもの。隕星。
【隕絶】インゼツ 地におちたえる。国運や人命などが滅び絶える。
【隕零】インレイ ①落ちる。草木の枯れること。②死ぬ。

(13)10 【隖】8426 △ オ 塢(1294)と同字。→二四〇ﾍﾟｰ。

(13)10 【隗】8427 △ ガイ(グワイ) 賄 灰 wěi, kuí 慣カイ(クワイ) —8009 7029

字義 ❶けわしい。また、たかい。❷郭隗カクカイは、人名。戦国時代の燕エンの人。→従レ隗始カイよりはじめよ。

解字 篆文 形声。阝(自)+鬼音。音符の鬼は、異常の意味。異常なおか、けわしいの意味を表す。

【従(従)レ隗始】カイよりはじめよ 賢者を招くには、まず私から優遇なされよの意。戦国時代の燕エンの昭王が天下の賢者を招こうとしたとき、郭隗カクカイが言ったことば。転じて、言いだした人からまず自分で始めよの意。〔戦国策、燕〕今王誠欲レ致レ士、先従レ隗始〈もし王が本当に人材を招こうとするならば、まっさきに私から優遇せられよ〉

(13)10 【隔】8428 (13)10 〔隔〕8429 常 カク へだてる・へだたる 漢カク 呉キャク 陌 gé —1954 3356

筆順 阝 阡 隔 隔

字義 ❶へだてる。へだつ。㋐ふさぐ。ふさぎへだてる。㋑間に物を置いてしきる。わける。㋒さえぎる。㋓ひきはなす。遠ざける。また、うとんずる。❷へだたる。「遠隔」❸へだたり。しきり。また、ちがい。「間隔」

解字 篆文 形声。阝(自)+鬲音。音符の鬲は、脚が高くて地上からへだたるかなえの象形。はしごの象形の𨸏を付し、へだてるの意味を表す。

▼遠隔・間隔・懸隔・県隔・疎隔・阻隔

【隔意】カクイ 国 心がうちとけないこと。また、うちとけない心。隔心。
【隔越】カクエツ 遠くへだたる。隔絶。
【隔靴△掻△痒】カッカソウヨウ 靴をへだてて、かゆい所をかく。はがゆいこと。もの足りないこと。〔景徳伝灯録、二十二〕
【隔月】カクゲツ ①なか一月おいて。②国 一月おき。
【隔日】カクジツ ①なか一日おいて。②国 一日おき。
【隔世】カクセイ ①時代をへだてる。また、へだたった時代。②世代をへだてること。「隔世遺伝」
【隔絶】カクゼツ 遠くへだてる。遠くかけはなれる。
【隔年】カクネン ①なか一年おいて。②国 一年おき。
【隔壁】カクヘキ ①壁をへだてる。②となりの家。
【隔離】カクリ はなし遠ざける。他のものと接触させないようにする。

(13)10 【隙】8430 【隟】古字 【隟】俗字 標 漢ケキ・呉キャク 陌 xì 慣ゲキ —2368 3764

字義 ❶ひま。すき。すきま。㋐物の間のすいた所。「間隙」㋑てすき。仕事がなくて手のすいている時。㋒使用しないであそんでいること。㋓仲たがい。あらそい。不和。「争隙」㋔乗ずべき機会。ゆだん。❷つづく。接する。境を接する。

解字 篆文 形声。阝(自)+貨音。音符の貨ゲキは、かべのすきまの意味。𨸏を付し、すきまの意味を表す。

【隙△駒】ゲキク 月日の過ぎ去ることがはやいことのたとえ。「荘子、知北遊」に「人生二天地之間一、若三白駒之過レ郤」〔荘子、知北遊〕若三白駒之過レ郤ハックのゲキをすぐるがごとし〕とあるのに基づく。郤ゲキは、隙に同じ。→白駒過レ隙ハックゲキをすぐ(七五三ﾍﾟｰ)。
【有レ隙】ゲキあり 仲たがいをすること。

(14)11 【隠】8431 (17)14 〔隱〕8432 常 イン かくす・かくれる 一 漢イン・呉オン 吻 yǐn 二 漢イン・呉オン 問 yìn —1703 3123 8012 702C

筆順 阝 阝 隠 隠

字義 一 ❶かくす。㋐おおいかくす。しまいこむ。㋑秘密にする。うちうちにする。〔論語、子路〕父為レ子隠ちちはこのためにかくす。㋒いむ(忌)。いみかくす。人に知られないようにする。❷かくれる。かくる。㋐おおわれる。㋑世の中や人の目からのがれる。所在をくらます。世をすてる。また、その人。㋒ものかげにかくれる。身をひそめる。㋓去る。いなくなる。❸ひそか。ひそかに。また、かすか。❹おく深い。また、おく深い物事の理。❺かくれた所。人目にたたない場所。❻いたむ。㋐心配する。㋑悲しむ。あわれむ。❼おもおもしい。落ちついている。❽さかん(盛)。=殷イン。
二 よる(拠)。よりかかる。

難読 隠岐おき・隠口こもりく

解字 篆文 形声。阝(自)+㥯(㥯)音。音符の㥯インは、𤔌インに通じ、まといかくすの意味。かくされた地点の意味を表す。また、慇インに通じ、いたむの意味も表す。

▼索隠・市隠・招隠・退隠・逃隠

【隠△藹】インアイ 木のさかんにしげるさま。

【隠逸】インイツ　世の中からかくれのがれる。また、その人。

【隠逸花】インイツカ　菊の花の別名。〔宋、周敦頤、愛蓮説〕菊、花之隠逸者也（キク、はなのインイツなるものなり）。

【隠隠】インイン　①さかんなさま。また、多いさま。②心配するさま。③水の流れがはげしく岩をかむ声の形容。④重い車や雷の音の形容。また、大きな声のさま。⑤かすかで、はっきりしないさま。⑥うっとりとしているさま。

【隠括・隠△栝】インカツ　ゆがみ・曲がりを正すこと。また、その器具。

【隠居】インキョ　①世事を捨て、かくれて世に出ないこと。②国家督をゆずって、戸主を退くこと。また、その住宅。

【隠君】インクン　①おろかな君。②世をのがれてかくれている人。隠士。隠君子。

【隠顕（顯）】インケン　①かくれることとあらわれること。②うちとそと。内外。③見えたりかくれたりする。

【隠元】インゲン　①江戸初期の僧。明の人。名は隆琦。隠元は字。承応三年（一六五四）日本に帰化し、黄檗宗を開いた。（一五九二―一六七三）②国いんげん豆。隠元が日本に移植したものという。

【隠語】インゴ　①特定の範囲内に通用する、特定の意味をかくし持った語。②なぞ（謎）。謎語。③ひそかに語る。

【隠者】インジャ　世をさけてかくれている人。

【隠△恤】インジュツ　いたみあわれむ。

【隠△棲・隠△栖】インセイ　かくれ住む。また、かくれが。

【隠然】インゼン　①はっきりと表面には現れないが、どことなく軽視できない勢力のあるさま。②おもみのあるさま。

【隠退】インタイ　世の中から身をひくこと。

【隠匿】イントク　かくす。また、かくれる。

【隠△遁】イントン　世の中をのがれること。

【隠忍】インニン　つらいことに耐えしのんで、表面に表さないこと。「隠忍自重」

【隠微】インビ　①かすかで現れないこと。②奥深く知りがたいこと。

【隠△閔・隠△憫】インビン　いたみあわれむ。

【隠△蔽】インペイ　かくしおおう。

【隠亡】オンボウ　国①墓の番人。墓守。②昔、火葬や埋葬などの仕事に従事した人。隠坊。

【隠謀】インボウ　かくれてする悪だくみ。内密のはかりごと。

【隠密】インミツ　①かくす。②国オンミツ　江戸時代の探偵。

【隠滅】インメツ　国かくしてすっかりなくすること。また、かくれてあとかたもなくなること。湮滅。堙滅。「証拠隠滅」

【隠約】インヤク　①はっきりわからない。ほのか。かすか。②ひそみかくれる。③苦しむ。なんぎする。④ことばは簡単で、意味の奥深いこと。

【隠△喩】インユ　国譬喩法の一つ。「美人のはだ」を「雪のはだ」と表現する類。↕直喩。

【隠憂】インユウ　①いたみうれえる。②人知れぬなやみ。

【隠△淪】インリン　①世の中から姿を消す。淪は、沈む。㋐かくれる。㋑おちぶれる。②隠者。③仙人。

【△莫レ見二乎隠一】隠れていることほど現れやすいものはない。平素人に知られないようなところでこそ慎重にせねばならぬという教え。〔中庸〕――、莫レ顕二乎微一。〈――、人の気づかないようなところほど世の中にわかってしまうものはない〉

(14)11【隙】8433　△　ゲキ　隙（8430）の俗字。→一一六七ページ。　2661　3A5D

(14)11【際】8434　教5　サイ　きわ　漢セイ　呉サイ　ji　2661　3A5D

筆順　際

字義　❶きわ。㋐あたり。ほとり。「水際」㋑ほど。身分のほど。けじめ。分限。「分際」㋒かぎり。はて。きわみ。㋓さかい。㋔かた。方角。㋕とき。おり。時期。機会。時代。❷あい。㋐二つの物事の交わる所。あわさりめ。㋑つきあい。まじわり。「交際」❸まじわる（交）。また、出会う。❹いたる（至）。難読　際物

解字　篆文　形声。阝（自）＋祭音。音符の祭は叉に通じ、指の間に物をはさみまじえるの意味。おかとおかとがいりくむさかい目、天と地とのまじわるはての意味を表す。

▼雲際・涯際・空際・交際・実際・水際・天際・分際・辺際

【際可△之仕】サイカのつかえ　君主から礼をもって待遇されてする仕官。〔孟子、万章下〕

【際会（會）】サイカイ　①出会う。二者が偶然に出会うこと。際遇。②婚礼に関してする会合。見合いなど。

【際涯】サイガイ　①果て。②きし。

【際遇】サイグウ　＝際会の①。

【際限】サイゲン　果て。きわみ。かぎり。

(14)11【障】8435　教6　ショウ　さわる　ショウ（シャウ）　漢　zhàng　慣ソウ（サウ）　3067　3E63

筆順　障

字義　❶へだてる。❷さわる。さしつかえる。❸ふさぐ（塞）。また、ふせぐ（防）。❹さえぎる。はばむ。❺ふせぎ。ふせぎ守るもの。㋐つつみ。土手。㋑とりで。まもり。要塞。㋒かき（垣）。かきね。㋓ついたて。幕。❻さわり。じゃま。さしつかえ。難読　障泥

参考　現代表記では〔牆〕（4508）の書きかえに用いることがある。「牆壁→障壁」

使いわけ　さわる〔障・触〕
〔障〕さしつかえる。さしさわり。「耳障り・健康に障る」
〔触〕ふれる。「手で触る・触らぬ神にたたりなし」

解字　篆文　形声。阝（自）＋章音。音符の章は倉に通じ、かくしおおうの意味。おかでかくしへだてるの意味を表す。

▼罪障・万障・保障

【障害】ショウガイ　＝障礙。

【障△碍・障△礙】ショウガイ・ショウゲ　さまたげ。また、その物。

【障△扞】ショウカン　ささえふせぐ。ふせぎ守ること。

【障子】ショウジ　国建具の名。仕切りにたてる襖・衝立の類。今の障子は、昔、明り障子といった。

【障△塞】ショウソク　①さえぎりふせぐ。②ショウサイ　とりで。

【障△蔽】ショウヘイ　さえぎりおおう。また、おおい。

【障壁】ショウヘキ　牆壁。①かこいやしきりの壁。②とりで。

(15)12【隤】8436　△　漢タイ　呉ズイ（ヅイ）　tuí

字義　❶くずす。また、くずれる。くずれ落ちる。❷おちる。また、落とす。❸やむ（病）。なやむ。また、つかれる。❹すなお。また、やすらか。やわらか。❺のこす。また、忘れる。

解字　篆文　形声。阝（自）＋貴音。貴はつぶれるの意味。おかがつぶれる、くずれるの意味を表す。

(15)12【隥】8437　△　トウ　dèng

字義　さか（坂）。けわしいさか。

解字　篆文　形声。阝（自）＋登音。自は、おかの意味。音符の登は、のぼるの意味。のぼるさかの意味を表す。

(15)12【隣】(8441)　リン　隣（8440）の旧字体。→一一六九ページ。

(16)13【隩】8438　△　㊀オウ（アウ）　ào　㊁イク　yù

字義　㊀❶くま（隈）。水が陸に入りこんだ所など。❷おさめる（蔵）。また、かくす。❸ふかい（深）。❹すみ。室の西南のすみ。㊁くま。＝㊀の❶。

解字　篆文　形声。阝（自）＋奥音。音符の奥は、おくの意味。陸地の奥まで入りこんだ所、くまの意味を表す。

【險】(16)13 (8399) ケン　険（8398）の旧字体。→二六三ページ。 8010 702A

【隧】(16)13 8439 標 □一 漢スイ・呉ズイ 寘 suì □二 ツイ 寘 zhuì 8011 702B

字義 □一 ❶みち。㋐通路。㋑はかみち。棺を運ぶために平地からななめに墓の中へ掘り下げた通路。㋒かくれみち。わきみち。㋓山みち。㋔市中のみち。㋕トンネル。隧道（ズイドウ）。❷郊外。郊外の地。❸まわる。めぐる。❹おくぶかい。＝邃（スイ）。
□二 おちる。また、おとす。

難読 隧道（トンネル）

解字 形声。阝（阜）＋遂㊜。音符の遂は、みちすじの意味。丘に通じる道、はかみち・トンネルの意味を表す。

【隧道】（スイドウ）①棺を運ぶために、平地から斜めに墓の中へ掘り下げた道。②国（ズイドウ）地下の通路。トンネル。

【隨】(16)13 (8416) ズイ　随（8415）の旧字体。→一二六五ページ。 7814 6E2E

【隣】(16)13 8440 常 リン　となる・となり 4657 4E59

〔隣〕(15)12 8441 リン 眞 lín

筆順 阝 … 隣

【鄰】正字 7835 6E43

字義 ❶となり。㋐たがいに接しあっている家屋・土地・国など。㋑つれ。とも。親しいなかま。❷となる。となりとなる。境を接する。❸むら（村）。さと（里）。❹周代の行政区画の名。五戸を隣、五隣を里という。

名乗 さと・ただ・ちか・なが

解字 文 篆 形声。阝（邑）＋粦（リン）㊜。音符の粦は、黎（レイ）に通じ、庶民の意味。庶民が形づくる、となりの意味を表す。

▼郷隣・近隣・四隣・善隣・比隣

【隣曲】（リンキョク）となり近所。また、その人々。隣近。

【隣交】（リンコウ）となり近所の交際。

【隣好】（リンコウ）となり近所とのよしみ。

【隣接】（リンセツ）土地を接すること。となりあう。

【隣笛】（リンテキ）隣人の吹く笛。晋（シン）の向秀（ショウシュウ）が嵆康（ケイコウ）・呂安（リョアン）の死後、その旧居を通り、その隣人の吹く笛を聞いて、昔日の遊宴を追思した故事。転じて、死を悲しみ、昔を追憶するの意。〔文選、向秀、思旧賦序〕

【隣比】（リンピ）のきならび。近所。

【隣保】（リンポ）となり近所の家。また、その人々。

【隣里】（リンリ）周代の制度で、五戸を隣、五隣を里という。転じて、となり近所。近村。

【隣隣】（リンリン）①多くの車のとどろき、きしる音の形容。轔轔（リンリン）。②つらなりつづくさま。つきしたがうさま。


【隱】(17)14 (8432) イン　隠（8431）の旧字体。→一二六七ページ。 8012 702C

【隰】(17)14 8442 △ 漢シュウ（シフ）・呉ジュウ（ジフ） 緝 xí 慣シツ 8014 702E

字義 ❶低くてしめりけのある土地。さわ（沢）。❷新しく開墾した土地。

解字 文 篆 形声。阝（阜）＋㬎㊜。音符の㬎（シツ）は、溼の省略体で、しめるの意味。おかの下のしめった所、さわの意味を表す。

【隲】(17)14 8443 △ シツ　騭（8873）の俗字。→一二三四ページ。 8013 702D

【隮】(17)14 8444 △ 漢セイ・呉サイ 斉 jī

字義 ❶のぼる（登）。また、のぼらせる。＝躋（セイ）。❷にじ（虹）。

解字 形声。阝（阜）＋齊㊜。音符の齊（セイ）は、すすみわたるの意味。おかをすすむ、のぼるの意味を表す。

【隳】(18)15 8445 △ キ 支 huī

字義 ❶やぶる。くずす。また、くずれる。やぶれる。❷すたる（廃）。すたれる。❸あぶない（危）。

解字 墮（1277）の俗字。

【隳惰】（キダ）なまけおこたる。

【隳突】（キトツ）①つきあたり、やぶる。②あばれまわる。

【隳敗】（キハイ）こわれる。やぶれる。


【隴】(19)16 8446 △ 漢リョウ・呉リュウ 腫 lǒng 慣ロウ 8015 702F

字義 ❶おか（丘）。＝壟（ロウ）。❷うね。畑のうね。転じて、畑。＝壟（ロウ）。❸甘粛省の別名。

解字 文 篆 形声。阝（阜）＋龍㊜。音符の龍は、うねって長いへびの意味。竜のようにうねっているおかの意味を表す。

【隴山】（ロウザン）陝西（センセイ）省隴県にある山の名。

【隴上】（ロウジョウ）①隴山のうえ。また、そのほとり。隴頭。②丘のうえ。また、そのほとり。③うね（はたけ）のうえ。また、そのほとり。

【隴断（斷）】（ロウダン）壟断（ロウダン）。①地の高くきりたっている所。②利益をひとり占めにすること。

【隴畝】（ロウホ）壟畝（ロウホ）。①うねと、あぜ。田畑。②田舎（いなか）。③民間。

【得レ隴望レ蜀】（ロウをえてショクをのぞむ）欲が深くて、満足することを知らないことのたとえ。後漢の光武帝が隴の地方を平定し、勝ちに乗じて、蜀の都を攻め取ろうとした故事。望蜀。〔後漢書、岑彭伝〕

8　隶部　〔隶〕 8016 7030

〔部首解説〕たい。れいのつくり。文字としては、隶は、音タイ。会意。金文・篆文。又（ユウ）（右手）と尾の省略形との合字。手で尾をつかまえることから、およぶの意味を表す。隶を意符として、つかまえて従わせる奴隷の隷の字などができている。

8 隷 一一六九

【隷】(16)8 8447 常 レイ 4676 4E6C

〔隸〕(17)9 8448 漢レイ・呉ライ 霽 lì 8017 7031

筆順 士 … 隷

字義 ❶つく（付）。つきしたがう（属）。❷しもべ。けらい。また、奴隷（ドレイ）。❸罪人。❹ならう（習）。❺書体の名。隷書。

解字 文 文 篆 古 会意。隶＋柰。隶は、とらえるの意味。柰は、篆文では祟であるが、その意味はわからない。罪人や異民族をとらえて、しもべとする・したがわせるの意味を表す。

▼草隷・直隷・奴隷

【隷役】（レイエキ）召使い。しもべ。

【隷圉】（レイギョ）＝隷御。→次項。

【隷御】（レイギョ）召使い。下僕。

【隷古】（レイコ）隷書と古文（科斗文字）。また、古文を隷書体に書き改めたもの。

【隷書】（レイショ）漢字書体の一つ。篆書（テンショ）を簡略化したもので、今の楷書（カイショ）に近いもの。秦（シン）の始皇帝のとき、程邈（テイバク）が始めたという。⇩コラム・文字・書体の変遷（四八一ページ）。

【隷属（屬）】（レイゾク）つき従う。また、その人。けらい。隷従。

8 隹部

〔部首解説〕**ふるとり。** 舊キュウ（新字体、旧。ふるいの意味）の字に用いられている隹とりであるから「ふるとり」といい、鳥と区別する。隹スイを意符として、鳥に関する文字ができている。

隹 一一七〇　2 寉 一一七〇　隼 一一七〇　隻 一一七〇　3 雀 一一七〇
4 雅 一一七〇　雁 一一七〇　雇 一一七〇　集 一一七一　雋 一一七一
雄 一一七一　5 雅 一一七三　雊 一一七三　雎 一一七三　雉 一一七三
雍 一一七三　6 雑 一一七三　雌 一一七三　雒 一一七三　8 雕 一一七三
9 雖 一一七三　10 雚 一一七三　雞 一一七四　巂 一一七四　雜 一一七四
雛 一一七四　雙 一一七四　難 一一七四　讎 一一七四　雘 一一七四
11 難 一一七四　離 一一七四　20 雧 一一七五

糴→米部 八三七ページ。讎→言部 一〇三九ページ。糶→米部 八三八ページ。
耀→羽部 八八七ページ。

(8)0
【隹】8449 △
㊀スイ 支 zhuī　㊁㊥サイ・㊒スイ 賄 cuī　8018 7032

字義 ㊀❶とり。尾の短い鳥の総称。❷ふふどり。きじばと。
㊁山の高大なさま。＝崔サイ。

解字 甲骨文 金文 篆文 象形。甲骨文でよくわかるように、尾の短いずんぐりした小鳥の象形で、小鳥の意味を表す。

(10)2
【寉】8450 △
㊀㊥コク・㊒ゴク 沃 hú　㊁カク 薬 hè
［寉］俗字 5369 5565

字義 ㊀❶あがる。鳥が高く飛ぶ。❷たかい。㊁つる。＝鶴カク。

解字 篆文 会意。冂＋隹。

(10)2
【隼】8451 囚 シュン 軫 sǔn　慣ジュン　4027 483B

筆順 亻 仁 什 隹 隼

字義 ❶はやぶさ。ワシタカ科の、敏速で勇猛な鳥。❷勇猛な鳥の総称。

名乗 とし・はや・はやと　難読 隼人はやと

(10)2
【隻】8452 常 セキ
㊥セキ　㊒シャク　陌 zhī　3241 4049

筆順 亻 仁 什 隹 隻

字義 ❶とり一羽。❷かたわれ。対ツイをなすもののかた一方。❸ひとつ。ひとり。↔双（雙）。❹船・車などを数える語。また、生物を数える語。

解字 甲骨文 金文 篆文 会意。又＋隹。又は、手の象形。一羽の鳥をつかまえるさまから、ひとつの意味を表す。

【隻影】セキエイ ひとつの影。孤影。片影。
【隻眼】セキガン 片方の目しか見えないこと。転じて、独特の見識。一かどの見識。「一隻眼」
【隻句】セキク・セック 一つの文句。ちょっとしたことば。
【隻言】セキゲン ちょっとしたことば。片言。隻句。隻語。
【隻堠】セッコウ 五里ごとに、道の片側に土を盛り上げ、道のりを表したつか。一里づか。
【隻紙断（斷）絹】セキシダンケン 文字を書きしるしたほんのわずかな紙や絹布。断簡零墨。
【隻手】セキシュ かたて。転じて、独力の意。隻腕。

(11)3
【雀】8453 標 ㊥シャク　㊒サク　慣ジャク　薬 què, qiǎo, qiāo　3193 3F7D

字義 ❶すずめ。小鳥の名。❷すずめいろ。赤黒色。茶褐色。❸さかずき。＝爵シャク。

難読 雀部ささいべ

解字 甲骨文 篆文 会意。隹＋小。小さい鳥、すずめの意味を表す。

【雀釵】ジャクサイ すずめの形をした婦人のかんざし。
【雀斑】ジャクハン・そばかす 顔面に現れる茶色の斑点。
【雀躍】ジャクヤク すずめが飛ぶように、小おどりして喜ぶさま。非常に喜ぶさま。「欣喜雀躍キンキジャクヤク」
【雀羅】ジャクラ すずめをとるあみ。羅は、かすみあみ。「門前雀羅」

(12)4
【雅】(8461) ガ　雅（8460）の旧字体。→一一七三ページ。

(12)4
【雁】8454 標 ㊥ガン　㊒ゲン　諫 yàn　2071 3467
［鴈］同字 8279 726F

字義 かり。かりがね。秋に来て、春に去る渡り鳥。ゆえに、候鳥ともいう。＝鴈ガン。

難読 雁擬がんもどき・雁来紅けいとう・はげいとう・かまつか

解字 篆文 形声。隹＋人＋厂㊥。音符の厂ガンは、かりの並び飛ぶ形にかたどる。その行列が礼儀正しく、また、人が贈物として用いるところから、人を付す。

【雁引】ガンイン かりの行列。
【雁影】ガンエイ 飛んで行くかりのかげ。また、その姿。
【雁戸】ガンコ ところ定めず移動する家。また流浪する民。（渡り鳥の雁のように移り住むからいう）
【雁行】ガンコウ ①かりが飛んで行く。また、かりの行列。②かりの列のような形に、斜めに並んで行くこと。また、抜きつ抜かれつすること。
【雁山】ガンザン ＝雁門山。
【雁歯（齒）】ガンシ 材木などが一本（一つ）一本（一つ）くい違って並んでいるさまが、かりの行列・人間の歯並びのようなのをいう。
【雁字】ガンジ かりの並び飛ぶさまを文字にたとえていう。
【雁書】ガンショ てがみ。→雁帛ガンパク。
【雁序】ガンジョ ①飛ぶかりの正しい順序。また、かりの列。②兄弟のたとえ。
【雁信】ガンシン てがみ。→雁帛ガンパク。
【雁陣】ガンジン かりが列をなして飛ぶのを、軍陣にたとえていう。
【雁柱】ガンチュウ ことじ（琴柱）。ことじがななめに並んでいるのが、かりの飛ぶのに似ているからいう。
【雁塔】ガントウ 長安の慈恩寺などにある塔の名。唐代、科挙合格者の名を慈恩寺の雁塔に記したので、進士及第を「雁塔題レ名ガントウになをダイす」という。
【雁帛】ガンパク てがみ。漢の蘇武ソブが、匈奴キョウドの地から絹に書いた手紙をかりの足に結びつけて、天子に送ったという故事。〔漢書、蘇武伝〕
【雁門山】ガンモンザン 山西省代県の西北にある山。山上に雁門関があり、北の大同方面と南の大原方面との要衝の地。雁山。
【雁来（來）紅】ガンライコウ・はげいとう 草の名。葉鶏頭。

(12)4
【雇】8455 常 コ やとう
(12)4
［雇］8456
㊥コ　㊒ク　遇 gù　2459 385B

筆順 ヨ 戸 戸 戸 雇

［僱］俗字

字義 ❶やとう。やとふ。賃金をはらってやとう。＝賈コ。❷むくいる。価を支払う。❸ふなしうずら。鳩はとの一種。国やといひ。官庁・会社などで、本官・本職の職務を助けるためにやとわれた職員。雇員。

解字 甲骨文 篆文 形声。隹＋戸㊥。音符の戸は、入り口の意味。季節ごとにその色が変わって、季節の入り口を示す鳥、ふなしうずらの意味を表す。また、買こに通じ、賃金を払ってやとうの意味を表す。

▼解雇

【雇役】①やとって使役する。②夫役（公用の労役）を免れた人民から、規定の金銭を納めさせ、代理の人を使うこと。人をやとう。「雇用契約」

【雇用】＝雇用。

【雇▵傭】＝雇用。↓前項。

(12)4
【集】 8457 教3
シュウ
あつまる・あつめる・つどう
㊥シュウ（シフ）・㊣ジュウ（ジフ）　緝 jí
慣シッ
2924
3D38

筆順 亻 亻 隹 隼 集

【雧】本字

字義 ❶あつまる。つどう。㋐鳥が木の上にむらがりあつまる。㋑よりあう。よりあつまる。↔散。「参集」❷あつめる。「収集」❸あつまり。つどい。❹詩文などをあつめたもの。「集部」❺いちば（市場）。また、まち。❻とりで。❼やすらか。また、安んずる。❽やわらぐ。仲よくする。❾なる。また、なす。なしとげる。＝就。❿ととのう。また、ひとしい。

名乗 あい・い・ち・ちか　難読 集藍

参考 現代表記では［輯］（7674）の書きかえに用いる。「編輯→編集」「特輯→特集」。また、［蒐］（6496）・［聚］（6116）の書きかえに用いることがある。「蒐荷→集荷」「聚落→集落」

解字 甲骨文 金文 篆文 会意。隹＋木。鳥が木にあつまりとまるさまから、あつまるの意味を表す。篆文は雧で、木＋雥㊥。音符の雥は、とりが集まるの意味。

▼雨集・外集・家集・凝集・群集・結集・収集・招集・選集・総集・徴集・文集・別集・編集

【集韻】書名。十巻。北宋の丁度らが勅命を受けて編集した韻書。陳彭年らの『広韻』を増補改訂したもの。宝元二年（一〇三七）に完成。収録字数五万三千五百余字。

【集英】すぐれたものを集める。また、その集めたもの。

【集荷】国各地の農水産物を、市場・河岸などに集めること。また、その荷物。蒐荷。

【集解】何人かの解釈を集めること。また、その書物。『論語集解』の類。

【集義】集まりつもった善行・正義。また、道義を積み重ねること。

【集議】集まって相談する。会議。

【集結】国一箇所に集める（また、集まる）こと。

【集権（權）】政治などの権力を一箇所に集めること。↔分権。「中央集権」

【集散】集まることと散ること。「離合集散」

【集字】①文章を書くなどの目的で、先人の碑帖中の字を集めること。②詩賦を作るなどの目的で、先人の詩賦中に使用されている文字を集めること。「集字詩」

【集成】＝集大成。↓次項。

【集大成】多くのすぐれたものを集めて、一つの完全なものに作りあげる。また、そうして作りあげたもの。集成。〔孟子、万章下〕

【集団（團）】あつまり。団体。

【集注・集▵註】諸家の注釈を集めて作った注釈（書）。集解。『四書集注』の類。

【集配】集めることと配ること。

【集部】漢籍の分類上、詩文の書の総称。丁部。

【集約】国要点をとらえてまとめること。要約。

【集落】国人家の多く集まっている所。聚落。

(12)4
【雋】 8458 △
㊀㊥セン・㊣ゼン　銑 juàn
㊁シン　震 jùn
慣シュン
8020
7034

字義 ㊀❶こえる（肥）。❷肥えた肉。㊁すぐれる。すぐ。＝俊。

解字 篆文 会意。隹＋弓。隹は、小鳥の意味。弓で射落としたくなるほど美味な鳥、すぐれている・こえるの意味を表す。

【雋異】多くの人よりも才知がすぐれている。

【雋哲】すぐれてかしこい。また、その人。

【雋茂】（才学などが）すぐれる・長ずる・発達する。また、すぐれている。

【雋良】すぐれてりっぱなこと。また、その人。

(12)4
【雄】 8459 常
ユウ
お・おす
㊥ユウ（イウ）・㊣オウ　東 xióng
4526
4D3A

筆順 一 ナ 太 雄 雄

【䧺】俗字

字義 ❶おす。お。生物の雄性の総称。↔雌。❷かつ（勝）。また、かち。↔雌。〔史記、項羽本紀〕挑戦決雌雄。❸まさる。すぐれる。また、すぐれた者。英雄。頭目。❹おおしい。いさましい（勇）。強い。また、おおしさ。強さ。❺さかん。さかんなさま。

名乗 かず・かた・かつ・たか・たけ・たけし・のり・よし

難読 雄勝・雄信内・雄踏・雄武・雄和

解字 篆文 形声。隹＋厷㊥。音符の厷は、ひろがる・ひろいの意味。翼の広い鳥、おす鳥の意味を表す。

▼英雄・群雄・豪雄・雌雄・俊雄・両雄

【雄偉】すぐれて大きい。雄壮で偉大である。

【雄快】勇ましくて気持ちがよい。

【雄▵悍】強くたけだけしい。

【雄気（氣）】勇ましい気力。さかんな気性。

【雄▵毅】勇ましくて強い。また、つよい。

【雄強】①おおしく強い。②筆勢の強いこと。雄勁。「字勢雄強」

【雄▵勁】おおしく強い。（筆の勢いなどが）力強い。

【雄傑・雄▵桀】才知勇力のすぐれた人物。雄豪。

【雄健】①すぐれて力が強いこと。②おおしく力強いさま。③詩文書画などのすぐれて、力強いさま。

【雄紅】ぼたん（牡丹）の別名。

【雄▵渾】詩文などが力強く、よどみのないさま。気力があって円熟しているさま。

【雄才】すぐれた才能。

【雄志】おおしい心。男らしくりっぱな意志。

【雄姿】勇ましい（おおしい）姿。

【雄視】威張って他を見下すこと。

【雄雌】①おすとめす。②優劣。勝敗。雌雄。

【雄俊】すぐれた才力。また、それを有する者。英俊。

【雄将（將）】すぐれて強い大将。勇将。猛将。

【雄勝】①土地のすぐれてよい所。②すぐれている。まさっている。

【雄心】おおしい心。まけじだましい。

【雄壮（壯）】男らしくさかんなこと。勇ましい。健壮。

【雄大】規模が大きくてすばらしい。「雄大豪壮」

【雄断（斷）】思いきりよい決断。勇断。

【雄長】①かしら。おさ。首領。②すぐれて強いこと。

【雄図（圖）】雄大な計画。

【雄抜】雄大で群をぬいていること。

【雄飛】①おおしくふるいたつ。②転じて、思うぞんぶんに活躍する。↔雌伏。

【雄武】①男らしく勇ましい。雄強壮武。②唐の安禄山の自称。

【雄風】①すずしく快い風。雄大で快い風。↔雌風。②さかんないきおい。威風。

【雄文】ユウブン 気力のすぐれた文章。
【雄編・雄△篇】ユウヘン 構想の雄大な詩文。大作。
【雄弁(辯)】ユウベン ①弁舌のすぐれていること。②力のこもったよどみのない弁論。
【雄△邁】ユウマイ 気性がすぐれて強いこと。
【雄略】ユウリャク 雄大な計画。雄図。
【雄烈】ユウレツ 気性などがおおしくはげしい。雄武俊烈。
【知レ雄守レ雌】ユウをしりシをまもる 強く男らしい積極さを知っていながら、柔弱の道を執り守って勝とうとしない。〔老子、二十八〕

(13)5
【雅】8460 常 ガ
(12)4
〖雅〗8461 ㊀ア 麻 yā ㊁漢ガ・呉ゲ 馬 yǎ
1877 326D

筆順 牙 牙 邪 雅

字義 ㊀鳥の名。みやまがらす。はしぶとがらす。
㊁❶**みやび**。また、**みやびやか**。しとやかでけだかい。上品優美である。↔俗。「優雅」❷あでやか。なまめいて美しい。❸ただしい(正)。よい。❹もと。もとより。=素・故。❺つね(常)。**つねに**。❻『詩経』の六義リクギの一つ。厳正な詩という意。天下のまつりごとをうたったもので、天子・諸侯の宴会に用いる。正雅・変雅の別があり、さらに大雅・小雅にわける。❼正しい音楽。

名乗 ただ・のり・ひとし・まさ・まさし・まさり・まさる

難読 雅典アテネ・雅楽頭うたのかみ

解字 篆文 形声。隹＋牙音。音符の牙ガは、からすの鳴き声を表す擬声語。からすの意味を表す。また、みやびな夏祭りの意味の夏に通じ、みやびやかの意味を表す。

▼温雅・寛雅・間雅・閑雅・高雅・古雅・清雅・典雅・博雅・風雅・文雅・優雅

【雅意】ガイ ①平生の志。②風雅な心。③上品な(また、風流な)おもむき。④他人の志の敬称。
【雅歌】ガカ ①儀礼にかなっている正しい格調の歌。②みやびやかな歌。高尚な歌。
【雅会(會)】ガカイ 風流な集まり。詩文などを作る風雅なつどい。
【雅懐(懷)】ガカイ 風雅な心情。風流な心。雅思。〔唐、李白、春夜宴ニ桃李園一序〕不レ有ニ佳作一、何伸ニ雅懐一 なんぞガカイをのべん（カサクあらずんば、）訳文⇩佳作(元ジ一)。
【雅客】ガカク ①風流人。雅人。②水仙の別名。
【雅楽(樂)】ガガク ①正しい格調の音楽。↔俗楽。②国平安時代、宮廷を中心に行われた音楽で、日本固有の古楽と、中国・朝鮮から伝来した舞楽の総称。

【雅鑑】ガカン 御覧ゴラン。転じて、御覧に入れる意。お目にかける意の敬語。自作の書画などを人に贈るときに用いる語。清鑑。
【雅兄】ガケイ 友人を尊敬していう語。仁兄。学兄。
【雅健】ガケン みやびやかで、しっかりしている。文章が上品で、勢いのあること。
【雅言】ガゲン ①平素、口に出していることば。日常語。②正しいことば。また、標準語。③優雅なことば。↔俗言。
【雅故】ガコ ①正しい意味。故は訓詁クンコの詁に同じ。②ふるなじみ。旧友。③つねづね。平素。
【雅語】ガゴ =雅言。
【雅号(號)】ガゴウ ①他人の号を尊敬していう。②国文人・画家・書家などが、本名以外につける風雅な名。
【雅志】ガシ ①平素からの志。素志。②風流な心。
【雅趣】ガシュ 風流なおもむき。雅致。
【雅△醇】ガジュン 上品でまじりけがない。
【雅称(稱)】ガショウ 風流な呼び方・呼称。
【雅人】ガジン ①風流な人。②おくゆかしい人。
【雅正】ガセイ 上品で正しい。
【雅素】ガソ ①平素。平常。②平素の交際。
【雅俗】ガゾク 優雅と卑俗。上品と下品。
【雅致】ガチ みやびやかなおもむき。雅趣。
【雅文】ガブン ①みやびやかなこと。文は、あや・かざり。②国平安時代のかな文と、それにならって作られた文をいう。優雅な文章の意。
【雅友】ガユウ 風流な友。
【雅遊】ガユウ ①常に人と交際するのを好むこと。②風流な遊び。詩文・書画・音楽などの遊び。
【雅量】ガリョウ 心の正しく広いこと。正しく寛大なこと。
【雅麗】ガレイ みやびやかでうるわしい。
【雅論】ガロン ①正しい議論。②風雅な弁論。

(13)5
【雊】8462 △ 漢コウ 呉ク 宥 gòu
8019 7033

字義 なく(鳴)。雉きじが鳴く。

解字 篆文 形声。隹＋句音。音符の句は、曲がるの意味。おすのきじが雷などに驚き、首を曲げて鳴くの意味を表す。

(13)5
【雎】8463 △ 漢ソ 呉ショ 魚 jū
〔鴡〕同字

字義 みさご。雎鳩ショキュウ。鳶とびに似て大きな鳥。水辺に住み、魚を捕らえて食べる。雌雄の別が正しいので、夫婦の、仲良く礼儀正しいのにたとえる。

難読 雎鳩みさご

参考 〔雎イス〕は別字。

解字 篆文 形声。隹＋且音。篆文は、鳥＋且音。

(13)5
【雉】8464 標 漢チ 呉ジ(ヂ) 紙・寘 zhì
8021 7035

字義 ❶**きじ**。きぎす。❷城壁の大きさの名。高さ一丈(周代の一丈は、二・二五メートル)、長さ三丈の称。三堵サントの。❸かき(垣)。❹なぐ。なぎはらう。=薙チ。❺たいらげる。

難読 雉子きじ・きぎす

解字 甲骨文 篆文 形声。隹＋矢音。音符の矢は、甲骨文では夷で、いぐるみの象形。いぐるみで鳥をとるさまから、きずつけころすの意味を表したが、そのようにしてとる鳥、きじの意味を表す。

【雉△堞】チチョウ 城のひめがき(たけの低いかき)。
【雉△兎】チト きじと、うさぎ。また、それを捕らえる者。猟師。

(13)5
【雍】8465 △ ㊀漢ヨウ・呉オウ 冬 yōng ㊁漢ヨウ・呉オウ 腫 yōng ㊂漢ヨウ・呉オウ 宋 yòng
8022 7036

字義 ㊀❶**やわらぐ**やはらぐ。むつみあう。=雝ヨウ。❷いだく。たもつ。=擁。❸あつめる。❹まなびや。学校。=廱ヨウ。「辟雍ヘキヨウ」❺楽曲の名。天子が宗廟ソウビョウの供物をとりさげる時に奏する。また、天子の膳部ゼンプをとりさげる時に奏する。㊁ふさぐ。おおう。=壅ヨウ。㊂古代の九州の一つ。今の陝西センセイ・甘粛カンシュク二省から青海省へかけての地域。

解字 形声。もと、隹＋邕音。音符の邕ヨウは、水にとりかこまれた住居の意味から、やわらぐの意味を表す。→雝(8478)。

【雍△煕】ヨウキ やわらぎ楽しむ。
【雍樹】ヨウジュ 小児をいだくこと。〔史記、夏侯嬰伝〕
【雍△睦】ヨウボク やわらぎしたしむ。雍穆ヨウボク。
【雍容】ヨウヨウ やわらぎやすらぐ。また、温和な顔つき。
【雍雍】ヨウヨウ やわらいださま。音楽ののびのびとして、おだやかなさま。
【雍和】ヨウワ やわらぐ。また、おだやかでむつましい。

(14)6
【雑】8466 教 5 ザツ・ゾウ
(18)10
〖雜〗8467 人許 漢ソウ(サフ) 呉ゾウ(ザフ) 慣ザツ 合 zá
2708 3B28
8024 7038

難読 雑魚ざこ

筆順 ノ 九 杂 … 雑

〔襍〕同字 8023 7037

字義 ❶**まじる**。**まじわる**まじはる。↔純。㋐いろいろの色がまじりあう。㋑い

りくむ。いり乱れる。「乱雑」㋒純粋でない。まだらである。ぶち。❷あう(合)。あわせる。❸あつまる(集)。❹あらい。「粗雑」❺こまかい。くだくだしい。「煩雑」❻とも。ともに。みな。❼いやしい。低俗な。

難読 雑賀・雑魚・雑魚寝・雑古・雑喉、雑砕・雑餉隈

解字 篆文 形声。もと、衣＋集㊊。音符の集は、あつまるの意味。衣服の色彩などの多種なあつまり、まじりの意味を表す。常用漢字は雑の略字。

▼混雑・錯雑・粗雑・繁雑・煩雑・複雑・乱雑

【雑詠】（主題をきめずに）いろいろの事物を詠じた詩歌。雑吟。

【雑役】こまごました仕事。また、その仕事に従事する者。

【雑家】漢代に分類した九流（九学派）の一つ。いろいろな学説を取捨選択して組織した学派。

【雑記】思いつくままにさまざまなことを記録すること。また、その記録。雑録。

【雑技・雑△伎】①さまざまな技術。②つまらない技芸。「③＝雑戯。

【雑戯(戲)】いろいろな遊び。曲芸・軽業・相撲など。また、すごろく・ばくちなどもいう。

【雑業】一定しない、または主要でないさまざまな職業。

【雑芸(藝)】いろいろな芸ごと。

【雑劇】劇の一種。宋代の滑稽風刺劇に始まり、元代の歌劇に発展して完成した。

【雑言】①よもやまばなし。雑談。②国あくたれぐち。悪口。「悪口雑言」

【雑言詩】詩の一体。一句の字数が一定していないもの。

【雑作】①いろいろな仕事をする。②国㋐家屋内部の取り付けもの。造作。㋑もてなし。めんどう。

【雑錯・雑△厝】いりまじる。入り乱れる。錯雑。

【雑△纂】いろいろなものを集めて編集する。また、その書物。

【雑襲】①いり乱れておそって来る。②いりみだれかさなる。

【雑△糅・雑△揉・雑△蹂】いりまじる。乱れまじる。

【雑△擾】秩序なく乱れる。

【雑色】①いろいろいりまじった色。②奴隷。③国昔、蔵人所に属して、雑役をつとめた者。

【雑説】①雑多なことを説いた論説。②折にふれ、物に感じて得たさまざまな感想を書き記したもの。

【雑然】いろいろ入りまじるさま。

【雑踏・雑△沓】多くの人がこみあうこと。また、ひとごみ。雑鬧・雑遝。

【雑△佩・雑△珮】腰にかざるいろいろな宝石。歩くとふれあって、音がする。

【雑△駁】①雑多で、まとまっていない。②そまつ。

【雑文】①いろいろな文体・内容の文章。②気楽に書いた文。また、自分の書いた文の謙称。

【雑用】①まじえ用いる。②こまごました雑多な用事。

【雑録】いろいろのものをとり集めて記録する。また、その記録された書物。

(14)6
【雌】8468　常　シ　め・めす　—— シ　支 cí (cì)　2783 3B73

筆順

字義 ❶めす。め。生物の雌性の総称。↕雄。❷まける(敗)。また、まけ。↕雄。❸よわい(弱)。また、めめしい。

解字 篆文 形声。隹＋此㊊。音符の此は、わずかにひらくの意味。生殖器がわずかにひらいた、めすの意味を表す。

▼雄雌

【雌黄】硫黄と砒素との混合物。薬用・顔料とする。字の誤りをなおすとき使用したことから、詩文を改めることを「加二雌黄一」という。

【雌風】湿っていて不愉快な風。↕雄風。

【雌伏】①鳥の雌が雄に従い伏する。②（将来雄飛することを期して）人の下に屈伏する。↕雄飛。〔後漢書、趙典伝〕大丈夫当二雄飛一、安能雌伏。③世間からしりぞきかくれる。

【雌雄】①めすとおす。②弱いものと強いもの。転じて、勝敗。「決二雌雄一」

(14)6
【雒】8469　△　ラク　薬 luò

字義 ❶鳥の毛色の名。みみずく。❷馬の毛色の名。全体が黄を帯びた灰白色で、たてがみだけが白い馬。❸川の名。陝西省に源を発し、河南省を流れて黄河に入る。洛水。＝洛。❹地名。雒陽。洛陽。＝洛。❺まとう(絡)。❻やき印。また、やき印をおす。＝烙。

解字 金文 篆文 形声。隹＋各㊊。

(16)8
【雕】8470　△　チョウ（テウ）蕭 diāo　8026 703A

字義 ❶わし。鳥の名。＝鵰。❷きざむ。ほる。える。ちりばめる。＝彫。❸しぼむ。なえる。いたむ。＝凋。

解字 篆文 形声。隹＋周㊊。

【雕肝】心にしみこませる。肝に銘ずる。

【雕△悍】わしのように荒々しく強い。

【雕朽】腐った木に彫刻する。無益・徒労の物事のたとえ。〔論語、公冶長〕朽木、不レ可レ雕也。

【雕飾】彫刻をしてかざる。

【雕△鐫】彫りきざむ。

【雕題】①ひたいに刺青をすること。南方種族の風俗。②転じて、書物の上欄に施す解釈。頭注。

【雕△琢】①玉を刻みみがく。彫琢。②工夫をこらして詩文などを作ること。③かざる。

【雕虫(蟲)】①細かい細工をほどこすこと。②詩文を作るのに字句をかざること。③また、小細工のたとえ。

【雕虫(蟲)△篆刻】虫の形や篆書を彫刻するように、文章の字句をこまかくかざること。

【雕文刻△鏤】①模様を彫刻し金銀をちりばめること。②転じて、文章の字句を美しくかざること。

【雕竜(龍)】竜の模様を刻むように文章をたくみにかざること。一説に、無用の努力のたとえ。

【雕△輅】皇后の車。

(17)9
【雖】8471　標　スイ　支 suī　7413 6A2D

【錐】俗字

字義 ❶いえども。⇩助字解説　❷とかげに似た小動物。

助字解説

いえども ㋐仮定。たとえ……であっても。〔論語、子路〕其身不レ正、雖レ令不レ従。〈為政者自身が正しくなかったならば、たとえ命令したとしても民に従われることはない〉㋑既定。……であるけれども。〔文選、陶潜、帰去来辞〕門雖レ設而常関。〈門は作ってはあるけれどもいつも閉じたままである〉㋒譲歩。……ではございますが。〔論語、顔淵〕回雖二不敏一、請事二斯語一矣。〈わたくし回は愚か者ではございますが、ただ今のお言葉をたいせつに守りましょう〉

解字 金文 篆文 形声。虫＋唯㊊。音符の唯は、堆に通じ、大きいの意味。大きなとかげの意味を表す。借りて、いえどもの意味に用いる。

(18)10
【雚】8472　△　㊀カン（クワン）翰 guàn　㊁㊇カン（クワン）㊈ガン（グワン）寒 guàn

字義 一 こうのとり。こうづる。水鳥の名。＝鸛。 二 ❶がいも。つる草の名。芄蘭。❷おぎ。まるがま。水辺の草の名。

解字 甲骨文 篆文 象形。甲骨文でよくわかるように、二つの冠毛と両眼とが強調された水鳥の象形で、こうのとりの意味を表す。

(18)10 【雞】 8473 △ ケイ 鶏(9182)と同字。→一三五四ジ。

(18)10 【巂】 8474 △ 一 漢ケイ・呉エ(ヱ) 斉 xī 二 スイ 紙 suǐ

字義 一 ❶鳥の名。㋐巂周は、つばめ。㋑子巂は、ほととぎす。❷ひとまわり。車輪のひとまわり。 二 越巂は、漢の郡名。今の四川省西南部の地。

解字 篆文 形声。隹＋屮＋冏音。

(18)10 【雑】 (8467) ザツ 雑(8466)の旧字体。→一一七三ジ。 8024 7038

(18)10 【雛】 8475 人 漢スウ 呉ジュ 虞 chú 3187 3F77

筆順

字義 ❶ひな。ひよこ。❷おさなご。幼少でまだ一人前にならない者。「鳳雛」 国ひな。ひいな。ひな人形。

難読 雛罌・雛罌粟

解字 文 篆 形声。隹＋芻音。音符の芻は、走に通じ、こばしりするの意味。こばしりするとり、ひなの意味を表す。

【雛禽】ひなどり。

【雛孫】幼い孫。

【雛鳳】おおとりのひな。転じて、将来、有望な少年のたとえ。鳳雛。

(18)10 【雙】 (807) ソウ 双(806)の旧字体。→一七三ジ。 5054 5256

(18)10 【難】 8476 教6 ナン かたい・むずかしい 3881 4671

(19)11 【難】 8477 人 許 一 漢ダン・呉ナン 寒 nán 二 漢ダン・呉ナン 翰 nàn 三 漢ダ・呉ナ 歌 nuó

筆順

字義 一 ❶かたい。むずかしい。しにくい。↔易。❷かたい事がら。むずかしいこと。「困難」❸かたんずる。むずかしいと思う。❹なやむ。すらすらと運ばない。うまくいかない。 二 ❶わずらい。うれい。「憂難」❷わざわい。苦しみ。❸あだ。かたき。❹あらそい。戦争。「兵難」❺はばかる。恐れはばかる。恐れつつしむべきこと。❻はばむ。こばむ(拒)。❼なじる(詰)。責め問う。せめる(責)。とがめる。「非難」❽なやます。苦しめる。 三 ❶おにやらい。追儺。＝儺。❷葉の茂るさま。 国 ❶欠点。❷非難。悪口。 難読 難波

使いわけ かたい〔硬・堅・固・難〕⇨硬(5158)。

解字 金文 篆文 会意。𦰩(堇)＋隹。堇は、火などのわざわいにあって祈るみこの象形。隹は、とりの象形。わざわいにでくわして鳥をそなえて祈るさまから、かたい・わざわいの意味を表す。

▼患難・危難・急難・救難・苦難・険難・後難・困難・災難・至難・受難・殉難・水難・説難・遭難・多難・屯難・避難・非難・無難・厄難・論難

【難易】むずかしいことと、やさしいこと。また、むずかしさ。

【難解】①わかりにくい。②難がとける。いくさがやむ。

【難関(關)】①通りぬけるのにむずかしい門や関所。②きりぬけるのにむずかしい事態。

【難疑】欠点を非難し、疑問の点をたずねきわめる。

【難儀】国①なやみ。くるしみ。②むずかしいこと。③わずらわしいこと。面倒。迷惑。④まずしいこと。困窮。

【難詰】欠点を非難して問いつめること。なじる。

【難局】国きりぬけにくい出来事。困難な時局。

【難訓】国漢字の訓がむずかしく、読みにくいもの。

【難行】①たやすくはかどらない物事。②仏身心を苦しめて、仏道を修行すること。難行苦行。「難行道(自力本願の宗教。禅宗など)」↔易行道。

【難攻不落】国①要害堅固で攻めるのがむずかしく、なかなか落ちない。②転じて、承知しないこと。

【難航】①暴風雨などが原因で、飛行機・船などの航行が困難なこと。また、その航行。②物事が順調にはかどらないこと。

【難治】①治めにくい。②病気がなおりにくい。

【難渋(澁)】国①すらすらと進まない。②こまること。なやむこと。③まずしいこと。貧困。

【難所】通行しにくい所。危険な所。

【難色】むずかしい・困った・いやだという顔つき・様子。

【難船】船が風雨や暗礁のために、こわれたり、くつがえったりする。また、その船。

【難阻】けわしくて、通りにくいこと。また、その場所。

【難題】①処理のむずかしい問題。②国無理な言いがかり。「無理難題」

【難読(讀)】文字の読み方のむずかしいこと。また、その語。

【難物】手にあまるしろもの。扱いにくいもの。

【難民】①困窮している人民。②災難にあった人民。③避難民。

【構レ難】事をむずかしくする。たがいに非難し合う。また、兵乱をおこす。

(18)10 【雝】 8478 △ 一 漢ヨウ・呉オウ 冬 yōng 二 漢ヨウ・呉オウ 腫

字義 一 ❶やわらぐ(和)。また、やわらぐさま。＝雍。❷雝雝は、やわらぎ楽しむさま。❸雝渠は、せきれい。 二 ふさぐ(塞)。ふさがる。おおう。おおわれる。＝壅。

解字 甲骨文 篆文 形声。隹＋邕音。音符の邕は、水をめぐらした住居の意味。池をめぐらす宮殿に来る鳥、せきれいの意味を表す。借りて、やわらぐの意味を表す。

(18)10 【雘】 8479 △ ワク 薬 huò

字義 辰砂。水銀と硫黄とが化合した深紅の鉱石。丹土。

解字 篆文 形声。丹＋蒦音。

(19)11 【難】 (8477) ナン 難(8476)の旧字体。→上段。

(19)11 【離】 8480 常 リ はなれる・はなす 一 リ 支 lí 二 チ 支 chī 三 漢レイ・呉ライ 霽 lì 4605 4E25

筆順

字義 一 ❶はなす。㋐さく(割)。たつ(絶)。わける。ひきはなす。㋑開く。㋒捨てる。❷はなれる。㋐別れる。「別離」㋑遠ざかる。去る。㋒たがう(違)。そむく。「背離」㋓さける(避)。㋔失う。❸つく(著)。❹かかる。㋐ひっかかる。㋑あう(遇)。遭遇する。㋒こうむる。身に受ける。＝罹。❺ならぶ。ふたり並ぶ。また、ふたつ。そろい。対。❻つらなる(陳)。つらねる。❼へる(歴)。わたる。❽あたる。応ずる。❾うれい。心配。❿まがき。垣根。⓫やまなし。梨。⓬あきらか。⓭あみ(網)。＝羅。⓮易の卦の名。㋐八卦の一つ。☲。物では火に、方位では南に配

する。㋑六十四卦の一つ。☲☲離下離上（リカリショウ）。順を守れば、物事がみな成るかたち。⑮ものの形容。→離離。

㈡みずち。水にすみ、蛇に似た動物。＝螭（チ）。

㈢❶ならぶ。＝儷（レイ）。❷つく（著）。

名乗 あき・あきら・つら
使いわけ はなれる・はなす〔離・放〕

〔離〕分れて大きな隔たりができることに力点を置く場合。「故郷を離れる・目を離す」

〔放〕分れて束縛がなくなることに力点を置く場合。「放れ馬・見放す」

解字 篆文  形声。隹＋离㊟。もと、ちょうせんうぐいすの意味を表したが、音形上、列・剌に通じ、切れ目を入れて、はなすの意味を表す。
▼隔離・久離・距離・出離・定離・支離・別離・遊離・乱離・陸離・流離

【離宴】リエン 別れの酒盛り。送別の宴。離筵（リエン）。
【離縁】リエン 夫婦・養子等の関係を断つこと。
【離歌】リカ 別れの歌。＝離曲。
【離会（會）】リカイ ①別れることと会うこと。離合。②二国の君主が会うこと。
【離隔】リカク はなれへだたる。また、はなしへだてる。
【離△闊】リカツ はなれていて遠いこと。たがいにはなれて長い間たよりのないこと。
【離間】リカン 人の仲をさくこと。たくらんで仲たがいさせる。
【離△跂】リキ ①腕まくりするさま。②つま先だつこと。世俗を超越し、高く身を持するさま。③争うこと。
【離宮】リキュウ 天子の別邸。
【離居】リキョ 別れ別れに住む。別居。
【離曲】リキョク 別離の曲。
【離群】リグン ①仲間をぬけはなれる。②仲間からとびぬけてすぐれること。
【離△垢】リコウ・リク ①仏煩悩（ボンノウ）からはなれる。欲望・愚痴など世俗のけがれから自己を解放する。②転じて、仏道を修業する者をいう。
【離合】リゴウ はなれることと合うこと。離散と集合。「離合集散」
【離恨】リコン 別れのつらさ。離別のうらみ。離愁。
【離散】リサン 散り散りになる。
【離思】リシ 別れの悲しい思い。はなればなれでいる思い。
【離朱】リシュ ＝離婁（リロウ）の①。
【離愁】リシュウ 人と別れる悲しみ。離恨。
【離心】リシン はなれそむく心。叛心（ハンシン）。異心。
【離人】リジン ①別れて行く人。旅人。②夫に別れて留守を守る妻。
【離析】リセキ はなれわかれる。ばらばらになる。
【離絶】リゼツ はなれる。
【離騒（騷）】リソウ 『楚辞（ソジ）』の編名。離は罹（リ）、騒は憂で、うれいにあうの意。楚（ソ）の屈原が、忠誠をつくして宮廷に仕えたが、悪臣のねたみの告げ口にあって王に信任されなかったので、その失意を述べたもの。
【離俗】リゾク 俗世間からはなれる。俗事に関係しないこと。
【離亭】リテイ ①別れの酒宴をする座敷。②はなれ座敷。
【離背】リハイ はなれそむく。離反。
【離反・離△叛】リハン はなれそむく。
【離披】リヒ ①花が十分に開ききること。②ちらばる。
【離別】リベツ ①人と別れる。別離。②国離婚する。
【離憂】リユウ ①心配ごとに出会う。②別れの悲しみ・つらさ。
【離離】リリ ①稲の穂、または果実などが、よくみのってたれ下がっているさま。②雲が長く続くさま。③草木の繁茂しているさま。④心がはなれて親しまないさま。
【離△婁】リロウ ①中国古代の人。百歩離れても、毛の先が見えたというほど、視力の良い人。離朱ともいう。②模様などが鮮明なさま。③『孟子（モウシ）』の編名。

【糴】→米部 八三七ページ。
【讎】→言部 一〇二九ページ。
【糶】→米部 八三八ページ。
【耀】→羽部 八八七ページ。

(28)20
【雧】8481 △ シュウ 集（8457）の本字。→一一七一ページ。

8

雨（⻗）部

〔部首解説〕あめ。あめかんむり。雨を意符として、雪・電・雷など気象現象に関する文字ができている。

雨 一一七五
3 雩 一一七六
雪 一一七六
雫 一一七六
4 雲 一一七六
雰 一一七八
雯 一一七八
雱 一一七八
5 電 一一七八
雹 一一七八
雷 一一七八
零 一一七八
6 需 一一七九
7 霄 一一七九
震 一一七九
霆 一一七九
霅 一一七九
霈 一一七九
霊 一一七九
8 霍 一一八〇
霓 一一八〇
霎 一一八〇
霑 一一八〇
霏 一一八一
霖 一一八一
9 霙 一一八一
霞 一一八一
霜 一一八一
10 霣 一一八一
霢 一一八一
霤 一一八一
11 霪 一一八一
霧 一一八二
12 霰 一一八二
13 霸 一一八二
霹 一一八二
露 一一八二
14 霽 一一八二
霾 一一八二
15 靁 一一八二
16 靄 一一八二
靃 一一八二
靆 一一八二
靈 一一八三
靂 一一八三
17 靉 一一八三
19 靏 一一八三
21 靍 一一八三

(8)0
【雨】8482 教1 ウ あめ・あま
五月雨（さみだれ）・時雨（しぐれ）・梅雨（つゆ）
㈠ウ 麌 yǔ ㈡ウ 遇 yù
1711 312B

筆順 一 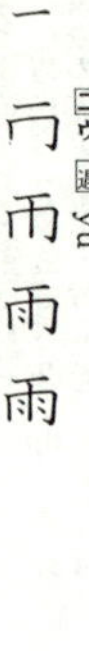

字義 ㈠❶あめ。❷友人。「旧雨」
㈡❶あめふる。あめがふる。❷ふる（降）。㋐雪やあられがふる。㋑空中から物が落ちる。❸うるおす。
難読 雨晴（あまはらし）
解字 甲骨文 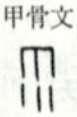 篆文  象形。天の雲から水滴がしたたり落ちる形にかたどり、あめの意味を表す。
▼陰雨・雲雨・煙雨・寒雨・甘雨・喜雨・祈雨・急雨・峡雨・苦雨・好雨・江雨・豪雨・穀雨・細雨・慈雨・時雨・滋雨・十雨・積雨・弾雨・梅雨・白雨・飛雨・猛雨・涼雨・緑雨

【雨意】ウイ 雨の降りそうな様子。雨もよう。
【雨下】ウカ ①雨が降る。②雨が降るように絶え間なく降り注ぐこと。
【雨花】ウカ ①雨中に咲いている花。②雨のように散る花。③雪の別名。④雨花菜は、ほうれん草。
【雨過】ウカ 雨がはれる。「雨過天青」
【雨奇晴好】ウキセイコウ 晴れていても降っていてもながめのよいこと。晴好雨奇。
【雨脚】ウキャク ①＝雨足の①。②国（あまあし）＝雨足の③。
【雨泣】ウキュウ ＝雨涙。泣は、なみだ。
【雨月】ウゲツ 国①雨夜の月。②雨のために名月の見られぬこと。③陰暦五月の別名。
【雨矢】ウシ 雨の降りそそぐように多く飛来する矢。
【雨師】ウシ 雨の神。
【雨集】ウシュウ ①雨の降るように多く集まること。②雨水がたまること。
【雨水】ウスイ ①二十四気の一つ。陽暦二月十八日ごろ。②あめ。あまみず。③汗をいう。
【雨雪】ウセツ ①雨と雪。②（ゆきふる）雪が降る。
【雨足】ウソク ①あまあし。線状に見える雨。②（あめたる）雨がじゅうぶ

んに（たくさん）降る。③国（あまあし）降雨が（たとえば東方から西方に）通過する速度。「雨足が速い」

【雨滴】（ウテキ）①あまだれ。雨のしずく。②雨がしたたり落ちる。

【雨天】（ウテン）雨の降る空。また、雨の降る日。

【雨飛】（ウヒ）①雨が風に吹かれて乱れ飛ぶこと。②雨雲が飛び去って晴れること。③雨のように降る。

【雨△沐】（ウモク）①雨が降りそそいでぬらす。②雨で髪を洗う。雨を冒して苦労すること。沐雨。

【雨△笠】（ウリュウ）①雨にぬれた笠か。②国（あまがさ）雨の日に使う笠。

【雨△笠煙△簑】（ウリュウエンサ）あめにぬれた笠と簑み。雨中にいる漁師などの様子にいう。煙は、もや。

【雨涙】（ウルイ）雨のようにとめどもなく流れるなみだ。

【雨露】（ウロ）①雨と露。②雨露のように広くほどこしめぐむ意。転じて、大きな恩恵をいう。「雨露の恩」

【雨△潦】（ウロウ）雨降りの水たまり。

【雨傾レ盆】（あめボンをかたむく）どしゃぶりの形容。〔宋、蘇軾、次ニ韻江晦叔一詩〕

【雨如ニ車軸一】（あめシャジクのごとし）大雨の形容。雨足を車軸のような太さであるとたとえていったもの〔長阿含経〕

【雨不レ破レ塊】（あめつちくれをやぶらず）雨が静かに降って土くれさえもこわさない。世の中が平和であることのたとえ。〔塩鉄論、水旱〕

【△沐レ雨△櫛レ風】（あめにかみあらい（ひ）かぜにくしけずる）風雨にさらされて苦労すること。禹ウが洪水を治めるのに苦労した故事。〔荘子、天下〕

(11)3
【雩】8483　△　㊀ウ 虞 yú　㊁ウ 遇 yù

字義 ㊀❶あまごいの祭り。ひでりの時、降雨を祈る祭り。雩祭。❷あまごいの祭りをする。㊁にじ（虹コウ）。

解字 甲骨文　金文　篆文　形声。雨＋亏㊥。音符の亏ウは、華に通じ、はなやかの意味。はなやかな舞で神を驚かせ、雨をこい求める祭りの意味を表す。

(11)3
【雪】8484　教2　セツ　ゆき　3267　4063

⑾3
〖雪〗8485　㊥セツ　㊞セチ　屑 xuě　雪崩なだれ・吹雪ふぶき

筆順　雪

【䨮】本字

字義 ❶ゆき。❷ゆきふる。雪が降る。❸すすぐ。そそぐ。㋐洗い清める。「雪辱」㋑ぬぐう（拭シヨク）。清める。㋒のぞく（除）。❹白いさまのたとえ。「雪膚」❺きよい。高潔。

名乗 きよ・きよみ・きよむ　難読 雪花菜おから・きらず・うのはな・雪踏せった

解字 甲骨文　篆文　形声。篆文は、雨＋彗㊥。音符の彗スイ−セイは、はきよめるの意味。雨で洗い清める、そそぐの意味を表す。また、毳セイ−ゼイに通じ、ほそくこまかいの意味、こまかく軽いゆきの意味を表す。甲骨文は羽毛のような雪片の象形。

▼雨雪・回雪・細雪・小雪・吹雪・霜雪・大雪・氷雪・暮雪

【雪案】（セツアン）雪あかりの机。苦学することのたとえ。案は、机。晋シンの孫康が貧しくて、灯油が手に入らず、雪あかりで読書した故事による。「雪案蛍窓」〔晋書、孫康伝〕

【雪衣】（セツイ）雪のように白い衣。多く鳥の羽毛についていう。

【雪意】（セツイ）雪もよう。雪気。

【雪隠（隱）】（セツイン・セッチン）かわや。便所。

【雪△冤】（セツエン）無実の罪をすすぎ清める。青天白日の身となる。

【雪花・雪華】（セッカ）①雪を花にたとえていう。②雪のように白い花。③雪花菜は、豆腐のから。うのはな。

【雪客】（セッカク）①鷺さぎの別名。②雪の降る時の来客。

【雪肌】（セッキ）雪のように白く清らかなはだ。雪膚。「氷膚雪肌」

【雪渓（溪）】（セッケイ）雪におおわれた谷。

【雪月花】（セツゲッカ）雪と月と花。四季における代表的な自然美。せきれいの別名。

【雪△姑】（セッコ）せきれいの別名。

【雪骨】（セッコツ）①雪のように白く清い骨。鶴や梅などにいう。②崇高な風景。

【雪山】（セツザン）①雪の積もった山。②一年中、雪の消えない山。③高く打ち寄せる白い波をたとえていう。④山名。㋐四川省康定県の大雪山脈の主峰、大雪山。㋑甘粛省酒泉市の南の祁連キレン山。㋒四川省松潘ショウハン県の南の岷ビン山。㋓雲南省麗江県の西北の雪嶺セツレイの主峰。㋔仏セッセン　大雪山の略称。インド北境の山。釈迦シャカが前世において、ここで修業したという。後世、ヒマラヤ山をいう。

【雪△氅】（セッショウ）雪のように白い羽毛のころも。

【雪辱】（セツジョク）前に負けた相手を破り、負けた恥をそそぐこと。

【雪線】（セッセン）国高山で雪のため一年中地面の露出しない地点を連ねた境界線。

【雪然】（セツゼン）雪の降るように、白さぎの飛び下りる形容。

【雪駄】（セッタ）国裏に皮を張ったぞうり。

【雪中君子】（セッチュウのクンシ）梅の別名。雪中高士。

【雪中松△柏】（セッチュウのショウハク）松や柏ハク（常緑樹の一種）は雪の中でもその色を変えないところから、みさおの堅いことをたとえていう。

【雪泥△鴻△爪】（セツデイのコウソウ）雪どけの泥に、鴻おおとりのつけたつめ跡。人生のはかなく跡形の残らぬことのたとえ。

【雪洞】（セットウ）①風炉フロ（茶の湯に用いる炉）のおおい。②国ぼんぼり 室内照明具の名。

【雪白】（セッパク）①雪のように白い。②行いの潔白なことのたとえ。

【雪髪】（セッパツ）しらが。白髪。

【雪膚】（セップ）ゆきのはだ。雪のように白いはだ。

【雪豊（豐）年△之兆】（ゆきはホウネンのチョウ）冬に大雪が降るのは、豊作のきざしである。〔文選、謝恵連、雪賦〕

【雪△嶺】（セツレイ）①雪の積もっている山。②山名。→雪山の④㋓。

【映レ雪読（讀）レ書】（ゆきにエイじてショをよむ）→雪案。

(11)3
【雫】8486　標　㊥ダ　㊞ナ　馬 nǎ　2822　3C36

字義 義未詳。国しずく。しずく。水のしたたり。

解字 国字としては、会意。雨＋下。雨が下へと落ちる、しずくの意味を表す。

(12)4
【雲】8487　教2　ウン　くも　ウン 文 yún　1732　3140

筆順　雲

字義 ❶くも。❷しめりけ。湿気。❸雲のような。㋐さかんなさまの形容。㋑多いさまの形容。㋒遠いさまの形容。㋓すぐれているさまの形容。また、美しいさまの形容。㋔高いさまの形容。雲にとどきそうな。「雲桟ウンサン」

名乗 も　難読 雲谷もや・雲脂ふけ・雲雀ひばり・雲珠うず・雲出ずも・雲呑わんたん・雲母きらら・きら

解字 篆文　形声。雨＋云㊥。音符の云ウンは、雲の回転するさまにかたどる。くもの意味を表す。

▼暗雲・陰雲・寒雲・慶雲・景雲・香雲・黄雲・孤雲・彩雲・紫雲・祥雲・陣雲・晴雲・青雲・戦雲・層雲・停雲・風雲・浮雲・片雲・暮雲・密雲・乱雲

【雲雨】（ウンウ）①雲と雨。②めぐみ。恩。③巫山フザンの神女の伝説から、男女の交情を「雲雨の情」という。→巫山之夢フザンのゆめ（三元ジペー）。

【雲△翳】（ウンエイ）①雲のかげ。雲影。②雲のように、おおう。

【雲液】（ウンエキ）①酒の別名。②雲母ウンモの別名。

【雲煙・雲△烟】（ウンエン）①雲と煙。②雲とかすみ。③筆勢の力強いさま。

【雲△烟過眼】（ウンエンカガン）雲や煙が目の前をまたたくうちに過ぎ去るように、物事に深く心を留めないこと。〔宋、蘇軾、王君宝絵堂記〕

【雲華】（ウンカ）①美しい色の雲。②雲母ウンモの別称。③茶の別

名。
【雲△霞】ウンカ　①雲と、朝焼けや夕焼け。②国多くのものがむらがり集まるさま。
【雲△臥】ウンガ　雲の中にねる。雲のかかった高山にねる。世をのがれて山中などにかくれること。
【雲海】ウンカイ　①雲と海。②雲におおわれた海。③高山の頂上から見て雲が海のように見える景色。
【雲外】ウンガイ　雲のかなた。雲表。
【雲客】ウンカク　①雲の中の人。仙人。②国雲のうえびと。殿上人。五位以上の人、及び六位の蔵人。
【雲間△鶴】ウンカンのつる　雲まをかけるつる。すぐれた人物のたとえ。
【雲漢】ウンカン　天の川。銀漢。
【雲△翰】ウンカン　他人の手紙に対する敬称。雲箋。
【雲△鬟】ウンカン　①美しいまげ。婦人の髪を雲にたとえた語。〔唐、杜甫、月夜詩〕香霧雲鬟湿。訳文⇒香霧（一三一六ページ）。②遠くに見える山のさまの形容。
【雲気(氣)】ウンキ　①雲のように空中に現れる気。②雲。
【雲脚】ウンキャク　①雲の動いて行く速度。くもあし。②低くたれ下がっている雲。
【雲△錦△裳】ウンキンショウ　仙人などが着る美しい着物。
【雲△衢】ウンク　雲の往来する道。天空をいう。衢は、四方に通ずる道。
【雲△霓・雲△蜺】ウンゲイ　雲とにじ。また、にじ。
【雲行】ウンコウ　①雲が空を行く。②天子の恩が広くゆきわたること。③国事のなりゆき。
【雲△岡・雲△崗】ウンコウ　地名。山西省大同市にある丘陵。北魏時代の石窟寺院で有名。
【雲合霧集】ウンゴウムシュウ　雲や霧のように集まる。一時に多く集まるようす。〔史記、淮陰侯伝〕天下之士雲合霧集。
【雲根】ウンコン　①雲の生ずるもと。㋐雲は山から生ずるということから、山の頂上をいう。㋑雲は岩石の間から生ずるということから、石をいう。②雲をいう。
【雲彩】ウンサイ　雲のいろどり。また、いろどられた雲。
【雲際】ウンサイ　雲のあるあたり。高い山の峰など。
【雲桟(棧)】ウンサン　高くて、雲のかかっている、または、雲にとどくかと思われるようなかけはし。〔唐、白居易、長恨歌〕雲桟縈紆登剣閣。訳文⇒黄埃（一三六五ページ）。
【雲散鳥没】ウンサンチョウボツ　雲か鳥のように消えうせること。雲消霧散。
【雲散霧消】ウンサンムショウ　＝雲消霧散。
【雲車】ウンシャ　①やぐらなどのついた高い車。攻城に用いる。②雲の模様を描いた車。③仙人の乗る車。仙人は、雲を車とするのでいう。雲の車。
【雲△雀】ウンジャク　①鳳。②国ひばり　小鳥の名。告天子。
【雲樹】ウンジュ　雲にとどくほど高い木。
【雲△岫】ウンシュウ　雲のわく峰。雲のかかっている峰。岫は、峰。
【雲集霧散】ウンシュウムサン　多くのものが雲のように集まり、霧のように散ること。〔文選、班固、西都賦〕
【雲△聚】ウンシュウ　①雲のように多く集まること。雲集。②雲のように、ふわふわと集まること。
【雲消霧散】ウンショウムサン　雲か霧のように消えうせる。あとかたもなく消えうせること。雲散霧消ともいう。
【雲△翔】ウンショウ　①分かれ散る。②雲のかけ回るように、あちらにもこちらにも起こる。
【雲△霄】ウンショウ　①空。霄は、空。大空。「干二雲霄一」は、大空にこだますること。〔唐、杜甫、兵車行〕牽レ衣頓レ足攔レ道哭、哭声直上干二雲霄一。〈見送る人々は着物をひっぱり足をばたばたさせ道をさえぎって泣き叫ぶ、その泣き声はまっすぐ立ちのぼって大空にこだまするのであった〉②高い位のたとえ。青雲。
【雲蒸竜(龍)変(變)】ウンジョウリュウヘン・ウンジョウリョウヘン　雲のごとくわきおこり、竜のごとく変幻自在に活動する意で、英雄が機会を得て興起活躍することのたとえ。〔史記、彭越伝賛〕
【雲壌(壤)】ウンジョウ　①雲と大地。天地。②＝雲泥。
【雲△擾】ウンジョウ　雲が乱れるように世の中が大いに乱れること。擾は、みだれる意。
【雲心月性】ウンシンゲッセイ・ウンシンゲッショウ　無欲で、利益を求める心のないこと。
【雲水】ウンスイ　①雲と水。②雲や水のように一箇所にとどまらず方々を歩きまわるところから、行脚僧をいう。
【雲水飛動】ウンスイヒドウ　山水画が非常にたくみに書かれていること。
【雲井】ウンセイ　①雲がわき出ると考えられた、井戸。②国くもい　雲居のあて字。㋐雲のあるところ。空。㋑雲。㋒宮中。皇居。㋓みやこ。
【雲△棲】ウンセイ　世俗をのがれて雲のある所に住むこと。隠居すること。
【雲△箋】ウンセン　美しい手紙。他人の手紙の敬称。雲翰。
【雲孫】ウンソン　①自分から八代後の孫。子・孫・曽孫・玄孫・来孫・昆孫・仍孫・雲孫の順。②子孫。
【雲丹】ウンタン・うに　海産動物の名。
【雲△梯】ウンテイ　①雲にとどくかと思われるほどの高いはしご。攻城に用いる。②雲のはしご。仙人などが空に登るのに雲に乗って行くから雲をいう。③高位に登る足場となることから、官吏登用試験に及第することを「躡二雲梯一」という。

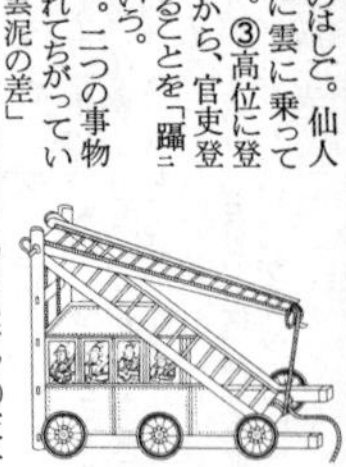
〔雲梯①〕

【雲泥】ウンデイ　雲と泥。二つの事物の非常にかけはなれてちがっていることのたとえ。「雲泥の差」
【雲天】ウンテン　①雲のたなびいている空。②高い所。③天子のいる所。
【雲△濤】ウントウ　①はるか天空のはてに見える波。②雲を波にたとえていう。
【雲屯】ウントン　雲のように集まる。
【雲版】ウンパン　①寺などで用いる合図用の楽器。青銅の板に雲の形を鋳付けたもの。②色紙・短冊などを入れる壁懸け用の額。

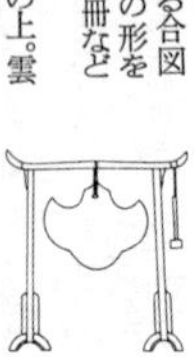
〔雲版〕

【雲表】ウンピョウ　雲のかなた。雲の上。雲外。
【雲標】ウンピョウ　雲の柱。高い空にある雲をいう。
【雲△鬢】ウンビン　美しいびん髪。鬢は、耳ぎわの髪の毛。ふさふさとした美しい髪。
【雲物】ウンブツ　①太陽のまわりの雲気の色。②けしき。
【雲陛】ウンペイ　高い階段。宮中の階段のこと。
【雲母】ウンボ・ウンモ・きら　硅酸塩。六角板状の結晶で、薄くはげ、色は白・黒の二種がある。
【雲峰】ウンポウ　①雲がかかっている高いみね。②夏空に雲がたちこめて、山のみねのように見えるもの。入道雲。
【雲房】ウンボウ　雲のたちこめる高い家。道士・僧などの居室。
【雲夢】ウンボウ　春秋・戦国時代の湖沼地帯の名。単に雲あるいは夢ともいう。今の湖北省・湖南省のあたりから、長江北岸の地一帯といわれる。諸説がある。
【雲無心以出レ△岫】くもはムシンにしてもってシュウをいず(づ)　雲は自然のままに峰からわき出る。物事にこだわらず、のんびりとしたさまのたとえ。〔文選、陶潜、帰去来辞〕――、鳥倦レ飛而知レ還〈――、鳥は飛びまわるのにあき疲れては、ねぐらに帰ってゆく〉
【雲遊】ウンユウ　①雲の中で遊ぶこと。②雲のように自由に遊ぶこと。③諸国を放浪すること。④雲が大空を動くこと。
【雲和】ウンワ　琴の材を出す山の名。転じて、琴。
【雲従(從)レ竜(龍)】くもはリュウにしたがう(ふ)・くもはリョウにしたがう(ふ)　竜がうなれば雲が

わき起こる。気質を同じくする者はたがいに引きあうこと。すぐれた君主が出ると、すぐれた臣下が出てこれを助けることのたとえ。〔史記、伯夷伝〕雲従レ竜風従レ虎（くもはリュウにしたがい(ひ)、かぜはとらにしたがう(ふ)）。

【雲△耶山△耶呉△耶越】（くもかやまか ごかエッか）向こうに見えるのは雲だろうか、山だろうか、それとも呉や越の国（中国南方の古名）だろうか。天草洋（あまくさなだ）から実際には見えない中国大陸を望見したスケールの大きな詩句。〔頼山陽、泊二天草洋一詩〕⇩水天髣髴青一髪（スイテンホウフツセイイッパツ）（六二一ページ）。

(12)4
【雰】8488
常 フン　—　フン 図 fēn　4223 4A37

筆順 雰

字義 氛（3878）と同字。❶気。事に先だって現れて吉凶を示す気。❷きり（霧）。❸雰雰は、雨や雪の盛んに乱れ降るさま。また、霜のおりるさま。

参考 熟語は〔氛〕をも見よ。→六〇九ページ。

解字 別体（氛）　形声。雨＋分㊥。

【雰囲（圍）気（氣）】（フンイキ）国①地球を取り巻く空気。大気。②その場の気分。ムード。

(12)4
【雯】8489
△　㊥ブン ㊤モン 図 wén

字義 雲の美しいあや模様。

解字 形声。雨＋文㊥。音符の文は、あやの意味。雲の美しい模様の意味を表す。

(12)4
【雱】8490
△　ホウ（ハウ）陽 pāng

字義 ❶雪がさかんに降るさま。❷ふりそそぐ。

解字 形声。雨＋方㊥。

(13)5
【電】8491
教 2 デン　—　㊥テン ㊤デン 霰 diàn　3737 4545

筆順 電

字義 ❶いなずま（いなづま）。いなびかり。❷いなずまのようにすばやいさまの形容。「電撃」❸みる（見）。手紙に用いる敬語。「電覧」　国デン。❶「電気」の略。❷「電車・電信・電報・電話」などの略。

解字 金文　篆文　形声。雨＋申（申）㊥。音符の申（シ）は、金文でもわかるように、いなびかりの象形。雨を付し、いなずまの意味を表す。

▼紫電・逐電・飛電・雷電・流電

【電影】（デンエイ）①いなびかり。②映画。

【電気（氣）】（デンキ）①物体に電気現象を起こさせる原因。陰・陽の二種がある。②electricity の訳語。㋐電荷（電気量）どうしが力を及ぼしあって起こる現象、およびその現象の実体。（中国で生まれた訳語）㋑電灯。

【電撃（擊）】（デンゲキ）①いなずまのように急にはげしく撃つこと。②電気にうたれること。また、そのときに感じる衝撃。③国世人の意表に出るすばやい行動。

【電激】（デンゲキ）いなずまのようにはげしくおこる。

【電光石火】（デンコウセッカ）いなびかりと、石を打ち合わせた時に出る光と。非常に速いさまのたとえ。また、きわめてはかない物のたとえ。『五灯会元』保福従展禅師に「如レ撃二石火一（セッカをうつがごとく）、似レ閃二電光一（デンコウをひらめかすににたり）」とあるのに基づく。「とえ。

【電光朝露】（デンコウチョウロ）いなずまと朝の露。きわめてはかない物のたとえ。

【電△掣】（デンセイ）いなずまがひらめく。また、そのように速く動く。

【電△閃】（デンセン）いなずまがひらめく。また、そのように速くひらめくこと。

【電掃】（デンソウ）いなずまのように速く掃きかたづける。賊などの平定に用いる。

【電△鞭】（デンベン）いなずまのひらめくこと。

【電泡】（デンポウ）いなずまとあわ。消えやすい物のたとえ。電沫（デンマツ）。

【電滅】（デンメツ）いなずまのようにたちまちほろびる。また、ほろぼす。

(13)5
【雹】8492
△　㊥ハク ㊤バク 覚 báo　8027 703B

字義 ひょう。氷雨（ひさめ）。あられの大きなもの。

解字 甲骨文　篆文　形声。雨＋包㊥。音符の包は、つつむの意味。雨を包みこんだ形の、ひょうの意味を表す。

【雹△霰】（ハクサン）あられ。ひょう。

(13)5
【雷】8493
常 ライ かみなり　—　ライ 灰 léi　4575 4D6B

筆順 雷

字義 ❶かみなり。いかずち（いかづち）。❷かみなりのような。㋐大声の形容。㋑はげしいさまの形容。「迅雷」㋒はやいさまの形容。㋓威厳のあるさまの形容。

【靁】本字

名乗 あずま　難読 雷神山（なりかみやま）

解字 金文　篆文　形声。もと、雨＋畾㊥。音符の畾（ライ）は、重なるの意味。いなずまが直線を重ねたように走るさまから、かみなりの意味を表す。

▼疾雷・迅雷・万雷・蚊雷

【雷火】（ライカ）落雷から起こる火事。

【雷鼓】（ライコ）①かみなりのとどろく音。②太鼓の一種。八面の太鼓。③鼓を打つ。

〔雷鼓②〕

【雷公】（ライコウ）かみなりさま。いかずちの神。雷神。

【雷車】（ライシャ）①雷神の乗る車。転じて、かみなり。②大きな音響をたててきしっている車をいう。

【雷神】（ライシン・ライジン）かみなり。いかずちの神。雷公。

【雷震】（ライシン）①かみなりの音のひびきわたること。②かみなりのように大きな音をたてること。

【雷沢（澤）】（ライタク）沼沢の名。今の山東省荷沢市のあたり。また、山西省永済県の南。昔、舜帝（シュンテイ）が漁をした所といわれる。

【雷△霆】（ライテイ）かみなり。また、かみなりのひびき。霆も、かみなり。また、かみなりの音。

【雷電】（ライデン）かみなりといなずま。また、それが起こること。

【雷同】（ライドウ）自分の考えを持たず、他人の意見にすぐ同意してしまうこと。「付和雷同」〔礼記、曲礼上〕

【雷動】（ライドウ）かみなりの鳴りわたるようにどよめきさわぐこと。

【雷奔】（ライホン）かみなりのようにはげしく走る。

【雷名】（ライメイ）国①世間に広く知れわたっている名声。②他人の姓名に対する敬語。御高名。

【雷鳴】（ライメイ）①かみなりがなる。また、その音。②大きい声。

【雷文】（ライモン・ライブン）いなずまのように屈折した線の模様。雷紋。

〔雷文〕

(13)5
【零】8494
常 レイ　—　㊥レイ ㊤リョウ（リャウ）青 líng　4677 4E6D

筆順 零

字義 ❶静かに降る雨。こぬか雨。零雨。❷おちる（おつ）。こぼれる（こぼる）。㋐雨が降る。㋑露が下りる。㋒草が枯れおちる。㋓おちぶれる。❸あまり。はした。❹レイ。ゼロ（0）。

難読 零余子（ぬかご・むかご）・零落（おちぶ）れる

解字 篆文　形声。雨＋令㊥。音符の令は、神意を聴くの意味。神意にかなって雨がおもむろに降る・おちるの意味を表す。

▼漂零

【零雨】(レイウ) 静かに降る雨。こさめ。小雨。微雨。

【零砕(碎)】(レイサイ) ①落ちくだける。②はした。こぼれ落ちたもの。③細かでわずらわしいこと。

【零細】(レイサイ) 国①非常にこまかい。②きわめてわずか。

【零散】(レイサン) おちぶれてちりぢりになる。

【零△凋】(レイチョウ) 花がしぼみ落ちること。凋零。

【零丁】(レイテイ) ①おちぶれて孤独なさま。②失意のさま。③まいごを捜すため紙に名を書き竹ざおに付けて立てるもの。

【零丁洋】(レイテイヨウ) 海洋の名。広東(カントン)省中山市の南、珠江の河口のあたり。〔宋、文天祥、過二零丁洋一詩〕

【零売(賣)】(レイバイ) 少しずつ物を売る。↕零買。

【零買】(レイバイ) 少しずつ買う。↕零売。

【零墨】(レイボク) 国(書いたものが)わずかに残ったきれはし。「断簡零墨」

【零余(餘)】(レイヨ) ①少しばかりのあまり。はした。②零余子は、やまいもの子。ぬかご。むかご。

【零落】(レイラク) ①草木が枯れ落ちること。②おちぶれること。

【零露】(レイロ) したたり落ちる露。

(14)6
【需】8495

常 ジュ

漢シュウ(シウ)・呉ス　虞 xū　慣ジュ

2891　3C7B

筆順

字義 ❶もとめる(もとむ)。また、もとめ。❷まつ(待)。❸ためらう。また、うかがう。❹易(エキ)の六十四卦(カ)の一つ。☵☰乾下坎上(ケンカカンジョウ)。時を待って行えば成功するかたち。

名乗 まち・もと・もとめ

解字 篆文

会意。雨＋而。而は、ひげを生やした、みこの意味。雨ごいをするみこのさまから、待ち求めるの意味を表す。需を音符に含む形声文字に儒・嬬(ジュ)・孺(ジュ)・懦(ジュ)・臑(ジュ)・濡(ジュ)・襦(ジュ)などがある。

▼軍需・必需

【需給】(ジュキュウ) 需要と供給。

【需要】(ジュヨウ) ①もとめ。入用。②経済用語で、市場にあらわれる買い取りの希望。↕供給。◇「需用」は、電気・ガス・水道関係などの入り用の意で、別語。

(15)7
【霄】8496

△ ショウ(セウ)　蕭 xiāo

8028　703C

字義 ❶みぞれ。雨まじりの雪。❷太陽の周囲に現れる雲気。❸そら。天。❹雲。❺夜。よい。＝宵(ショウ)。❻きえる(消)。つきる(尽)。

解字 篆文

形声。雨＋肖㊥。音符の肖は、梢(ショウ)に通じ、こずえの意味。高いこずえの方からの雨、みぞれの意味を表し、高いそらの意味をも表す。

【霄漢】(ショウカン) 大空。蒼穹(ソウキュウ)。

【霄△峙】(ショウジ) 空高くそびえ立つ。

【霄壌(壤)】(ショウジョウ) ①天と地。②転じて、天地のように大いに隔たりのあることのたとえ。大差のあること。雲泥。

(15)7
【震】8497

常 シン　ふるう・ふるえる

シン　震 zhèn

3144　3F4C

筆順

字義 ❶ふるえる(ふるう)。また、ふるう(ふるう)。㋐はためく。鳴りひびく。㋑動く。動かす。㋒おどろく。おどろかす。㋓おそれる。おののく。ふるえる。㋔はばたく。㋕聞こえ渡る。威権がゆきわたる。❷かみなり。はげしい雷。❸地震。❹おごる。たかぶる。❺いきおい。威権。威光。❻易(エキ)の卦(カ)の名。㋐八卦の一つ。☳。雷・東・長男・木・土などを表す。㋑六十四卦の一つ。☳☳震下震上(シンカシンジョウ)。万物の発動するかたち。国シン。宸(シン)に通じ用いて、天子に関する事物に冠する。「震怒」

名乗 なり・なる・のぶ　難読 震岳(ゆるぎだけ)

使いわけ ふるう〔奮・振・震〕⇩奮(1437)。

解字 篆文

形声。雨＋辰㊥。音符の辰(シ)は、ふるえるくちびるの意味。雷雨が人を驚かせふるえさせるさまから、ふるえるの意味を表す。

▼耐震・余震・雷震

【震△恚】(シンイ) 大いにいかる。震怒。恚は、いかる。

【震△駭】(シンガイ) おどろきふるえる。おどろきおそれる。

【震△撼】(シンカン) ふるい動く。また、ふるい動かす。

【震△悸】(シンキ) ふるえおそれる。震恐。

【震恐】(シンキョウ) ふるえおそれる。震怖。震惶(シンコウ)。震慄(シンリツ)。

【震驚】(シンキョウ)・(シンケイ) ふるえおどろく。また、おどろかす。おどす。

【震△懼】(シンク) ふるえおののく。非常におそれる。

【震△眩】(シンゲン) おどろいて目がくらむこと。

【震災】(シンサイ) 地震によって起こる災害。

【震粛(肅)】(シンシュク) おそれおののいて、身をつつしむこと。

【震△悚・震△竦】(シンショウ) ふるえあがっておそれる。

【震震】(シンシン) ①雷の鳴りひびくさま。②光り輝くさま。③さかんなさま。

【震△怛】(シンダツ)・(シンタン) ふるえおどろく。また、ふるえおどろかす。

【震△旦】(シンタン) 昔、インドで中国を呼んだことば。

【震△霆】(シンテイ) 鳴りひびくかみなり。雷鳴。霆は、かみなり。

【震天△駭地】(シンテンガイチ) 天をふるわせ地をおどろかす。勢いや音のはげしく大きなさまの形容。震天動地。

【震怒】(シンド) 大いにいかる。特に天子の怒りをいう。

【震悼】(シントウ) 身をふるわせていたみ悲しむ。

【震△蕩・震△盪】(シントウ) ふるえ動く。「脳震蕩」

【震動】(シンドウ) ①ふるえ動く。小刻みにゆれ動く。また、ふるえ動かす。②おどろき恐れる。

【震怖】(シンプ) ふるえおそれる。震恐。

【震服】(シンプク) おそれて従う。

【震揺(搖)】(シンヨウ) ふるえ動く。また、ふるい動かす。

【震△栗・震△慄】(シンリツ) ふるえおそれる。おそれおののく。震恐。

(15)7
【霆】8498

△ 漢テイ　呉ジョウ(ヂャウ)　青 tíng

8029　703D

字義 ❶雷の音。特にそのはげしいとどろき。❷いなずま(いなづま)。＝電。❸ふるう。はためく。

解字 篆文

形声。雨＋廷㊥。音符の廷は、まっすぐ突き出るの意味。突き出てくるようなかみなり・いなずまの意味を表す。

【霆△駭】(テイガイ) ①いなずまに打たれたようにおどろく。②いなずまのように速く行くさま。

【霆撃(擊)】(テイゲキ) いなずまのようにはげしく一気に撃つこと。

【霆奮】(テイフン) かみなりのように、はげしくふるい立つ。

(15)7
【霅】8499

△ 一 漢トウ(タフ)　呉ジョウ(デフ)　洽 zhá　二 ソウ(サフ)　合 sà

字義 一 ❶霅霅(トウトウ)は、㋐いなびかりのひらめくさま。㋑雨の降るさま。❷かまびすしい。衆人の声。二 霅霅(ソウソウ)は、雨の降るさま。

解字 篆文

形声。雨＋聶省㊥。音符の聶(トウ)は、やかましいの意味。雨は、かみなりの意味。

(15)7
【霈】8500

△ ハイ　泰 pèi

8030　703E

字義 ❶おおあめ。大雨。❷雨のさかんに降るさま。❸雨雪の多いさま。❹うるおう。うるおい。恩沢。

解字 形声。雨＋沛㊥。音符の沛(ハイ)は、広い幅で水が豊かに流れるの意味。雨を付し、雨のさかんに降るさまを表す。

(15)7
【霊】8501

常 レイ・リョウ　たま

4678　4E6E

(24)16 【靈】8502 漢レイ 呉リョウ（リャウ）青 líng　8045 704D

筆順 ⺁ 𠆢 雨 霊 霊

【灵】俗字

字義 ❶たま。たましい。特に、死者のたましい。❷心。精神。また、まこと。まごころ。❸いのち。命数。❹神。❺神秘な力。また、不思議な。❻よい（善）。また、すぐれている。❼さいわい。幸福。❽いつくしみ。慈愛。❾あきらか。❿みこ（巫）。かんなぎ。

難読 霊山・霊田

解字 金文 篆文 別体 霝 形声。もと、玉＋霝音。音符の霝は、祈りの言葉を並べて雨ごいするの意味。別体の靈は、玉の部分が巫で、みこの意味。玉を供えたりして雨ごいをする「みこ」のさまから、神の心・たましい・みこ等の意味を表す。常用漢字は靈の省略体。

▼悪霊・威霊・英霊・言霊・死霊・心霊・神霊・生霊・精霊・聖霊・地霊・亡霊・幽霊

【霊位】死者の魂の宿るところ。位牌。

【霊域】神仏を祭る神聖な区域。神域。

【霊雨】よい雨。慈雨。

【霊応（應）】神仏の現す不思議な感応。

【霊感】①神仏の不思議な感応。②国㋐神仏が乗りうつったような感じ。㋑人間の霊の微妙な作用による感応。インスピレーション。

【霊鑑】①すぐれた鑑識。②天のみるところ。天の照覧。

【霊亀（龜）】①不思議なかめ。神亀。②かめの一種。

【霊柩】死体を納めたひつぎ。

【霊験（驗）】神仏の不思議な働きのしるし。

【霊光】霊妙な（めぐみの）光。天子の恩沢にたとえる。

【霊魂】たましい。肉体から独立して存在すると考えられる精神。↔肉体。

【霊座・霊坐】死者の魂を静める所。

【霊祭】死者の魂を祭ること。たままつり。

【霊犀】霊妙なさい。さいの角は中心に穴があって貫通しているところから、相手と気持ちが通じあうことのたとえ。〔唐、李商隠、無題詩〕心有二霊犀一一点通。

【霊刹】霊妙な寺。すぐれた寺をいう。

【霊山】①霊妙な山。神社や寺のある尊い山。②霊鷲山の略称。

【霊芝】きのこの一種。ひじりだけ。まんねんだけ。

【霊輀・霊轜】ひつぎぐるま。霊柩車。

【霊鷲山】仏インド摩訶陀国、王舎城の東北にあり、山頂が鷲に似ているから名づけた。釈迦はこの山で「法華経」を説いた。鷲山。

【霊沼】①周の文王の離宮にあった沼。②広くりっぱな池や沼。

【霊辰】①よい時。②めでたいよい日。正月七日。

【霊瑞】霊妙でめでたいしるし。

【霊性】生まれながらのかしこさ。天賦の聡明。

【霊跡・霊迹・霊蹟】①神仏に関係のある古跡。②奇跡のあった所。

【霊泉】霊妙な泉。不思議なききめのある泉。温泉の美称。神泉。

【霊祚】すばらしい幸い。

【霊草】めでたいよい草。また、不死の薬草。神草。

【霊代】死者の魂のしるしとして祭るもの。みたましろ。

【霊台（臺）】①魂のある所。心。②周の文王の建てた物見台。③天文台。

【霊沢（澤）】天の恩恵。よいうるおい。徳政のたとえ。

【霊壇】①神を祭る庭。②雨の降るようにと祈る壇。

【霊地】神々しい土地。神仏を祭ってある土地。

【霊長】①霊妙な力を持ったうちで、第一番のもの。人間をいう。「万物の霊長」②幸運が長く続くこと。

【霊寵】神仏などの尊いめぐみ。

【霊媒】国神仏や死者の魂と意思を通じさせるなかだち。

【霊廟】①霊殿。先祖などの魂を祭ってある所。みたまや。②卒塔婆の別名。

【霊府】①魂のある所。心。②五帝の一つ。蒼帝。

【霊符】不思議なしるしのある神仏のお札。護符。

【霊武】①人間わざと思えないすぐれた武勇。②地名。今の寧夏回族自治区霊武県の西南。安禄山の乱の時、粛宗が亡命して即位した所。

【霊保】みこ。かんなぎ。神巫。

【霊峰】神聖な山。神社や寺のある山。

【霊妙】不思議ではかり知れない。

【霊囿】周の文王の造った動物園。

【霊曜】①天。また、天地。②＝霊耀。

【霊耀】①不思議な光。②太陽と月。

(16)8 【霍】8503 △ カク（クヮク）藥 huò　8025 7039

字義 ❶あわただしく飛ぶ鳥の羽音。＝靃。❷すみやか。はやい。また、にわか。❸山名。衡山の別名。❹周代の国名。今の山西省内。国つる。鶴（9210）の俗字。

難読 霍公鳥

解字 会意。雨＋隹（雔）。靃の省略体。雨が降ってきて、鳥があわただしく飛ぶ、すみやかの意味を表す。

【霍霍】刀の刃のひらめくさま。また、声の速いさま。早口。
【霍去病】前漢の武将。武帝に仕えて匈奴を討伐した。（前一四〇—前一一七）
【霍然】①すみやかなさま。②大きいさま。
【霍乱（亂）】病名。夏の暑さにあてられてコレラのように急に下痢したりする病気。

(16)8 【霓】8504 △ ゲイ 斉・霽 ní　8031 703F

字義 ❶にじ。昔は、竜の一種と考え、雄（鮮明なもの）を虹、雌（薄い光のもの）を霓といった。❷きわ（際）。

解字 篆文 形声。雨＋兒音。音符の兒は、こどもの意味。雨の子、にじの意味を表す。

【霓衣】にじのころも。仙人の着物。

【霓裳】①にじのように美しいスカート。②曲の名。

【霓裳羽衣曲】唐の玄宗皇帝が作ったといわれる、天女を歌った舞曲。一説に、西域伝来のものという。〔唐、白居易、長恨歌〕驚破霓裳羽衣曲。訳文⇨漁陽（六六六ページ）。

【霓旌】にじのように美しい旗。羽毛で作った五色の旗。天子の旗。

(16)8 【霎】8505 △ 一 漢ソウ（サフ）二 呉ショウ（セフ）二 ショウ（セフ）葉 洽 shà　8032 7040

字義 一二 ❶こさめ。きりさめ。❷雨の音。❸しばし。短い時間。

解字 篆文 形声。雨＋妾音。

(16)8 【霑】8506 △ テン 塩 zhān　8033 7041

字義 ❶うるおう。うるおす。＝沾。㋐しめる。しめらす。㋑ぬれる。ぬらす。㋒恩恵をこうむる。恩恵をほどこす。❷ひたる。ひたす。

解字 篆文 形声。雨＋沾音。音符の沾は、うるおうの意味。雨が点々と落ちてきてうるおうの意味を表す。

【霑汚】よごれる。また、よごれ。

【霑汗】にじみ出たあせ。

【霑濡】①ぬれる。②恩沢に浴する。

【霑潤】うるおう。また、うるおす。

【霑酔(醉)】テンスイ ひどく酒に酔うこと。泥酔。
【霑被】テンピ ①ぬれる。また、ぬらす。②めぐみを受ける。また、めぐみをほどこす。

(16)8【霏】8507 △ ヒ 微 fēi 8034 7042

字義 ❶雨や雪が入り乱れてはげしく降るさま。❷雲の飛ぶさま。❸煙の立ちのぼるさま。❹ひるがえる。❺ものの形容。→霏霏。

解字 文 篆 形声。雨＋非㊔。音符の非は、わかれ開くの意味。雪などが乱れ舞って降るさまを表す。

【霏霏】ヒヒ ①雨や雪のしきりに降るさま。②細かなものの飛び散るさま。③談話の長続きするさま。④霜や露のたくさんおりているさま。⑤雲の起こるさま。⑥草のしげるさま。⑦いなずまのひらめくさま。⑧集まるさま。⑨涙の流れるさま。
【霏微】ヒビ 雨や雪の細かに降るさま。

(16)8【霖】8508 △ リン 侵 lín 8035 7043

字義 ながあめ。三日以上降り続く雨。霖雨。

解字 甲骨 文 篆 形声。雨＋林㊔。音符の林は立に通じ、ある位置に長時間たつの意味。雨が三日以上もの長期間にわたっていすわる、ながあめの意味を表す。

【霖霪】リンイン 長雨が降り続く。また、ながあめ。
【霖霖】リンリン 雨が長く降り続いてやまないさま。
【霖瀝】リンレキ 長雨が降り続く。また、ながあめ。瀝は、したたり。
【霖潦】リンロウ 長雨で濁流がみなぎること。

(17)9【霙】8509 △ 漢エイ 呉ヨウ(ヤウ) 庚 yīng 8036 7044

字義 ❶みぞれ。雨まじりの雪(霄ショウ)。❷雪。また、あられ(霰サン)。

解字 形声。雨＋英㊔。音符の英は、はなの意味。花のような雪、みぞれの意味を表す。

(17)9【霞】8510 囚 漢カ 呉ゲ 麻 xiá 1866 3262

筆順

字義 ❶かすみ。㋐あさやけ。ゆうやけ。太陽の出没する時、霧が日光を受けて赤く見えるもの。㋑煙霧。❷にじ(虹コウ)。❸なまめかしい。❹はるか。遠い＝遐カ。 国❶かすみ。特に春のころ、細かな水滴が空中に漂うため空がぼんやりする現象。❷かすむ。㋐かすみが立ちこめる。㋑目に支障があって、はっきり見えない。㋒遠方のものが、ぼんやりしている。❸かすみあみ。鳥の通路に張ってこれを捕らえる網。

解字 文 篆 形声。雨＋叚㊔。音符の叚カは、かりの意味。雨にまでならない水蒸気の意味を表す。

【霞光】カコウ 朝やけ、夕やけの輝き。
【霞彩】カサイ 朝やけ、夕やけの美しい色どり。
【霞觴】カショウ 雲気のみちたさかずき。仙人の飲むさかずき。また、美しいさかずき。
【霞洞】カドウ ①仙人のいる所。②国上皇の御所。仙洞セントウ。かすみのほら。
【霞帔】カヒ ①明ミン代の婦人の礼服に付けるかざり。②道士の服。③美しいスカート。

(17)9【霜】8511 常 ソウ しも 漢ショウ(シャウ) 呉ソウ(サウ) 陽 shuāng 3390 417A

筆順

字義 ❶しも。❷白いものや清くときすまされたもののたとえ。㋐髪などの白いたとえ。「霜髪」㋑するどいもののたとえ。㋒冷たいもののたとえ。㋓法などのきびしいことのたとえ。「霜烈」㋔いさぎよいことのたとえ。❸白い粉末。

解字 文 篆 形声。雨＋相㊔。音符の相は喪に通じ、うしなうの意味。万物を枯らし見失わせる、しもの意味を表す。

【霜威】ソウイ ①霜が降りて寒さがきびしいこと。②きびしい威光のたとえ。
▼厳霜・秋霜・星霜・氷霜・風霜
【霜戈】ソウカ 霜のように白く光するどいほこ。
【霜花・霜華】ソウカ 霜。白い美しさを花にたとえていう。霜の結晶。
【霜禽】ソウキン 霜枯れどきの鳥。霜にあたった鳥。
【霜月】ソウゲツ ①霜のおりる夜に出ている月。②陰暦七月の別名。相月。③国しもつき 陰暦十一月の別名。
【霜剣(劍)】ソウケン するどい剣。
【霜降】ソウコウ ①霜が降ること。②二十四気の一つ。陽暦の十月二十二、三日ごろ。③国しもふり ㋐霜がかかったように白いまだらのある布。㋑脂肪の白いかたまりが点々とある牛肉。
【霜鐘】ソウショウ 冬の明け方のかねの音。
【霜信】ソウシン 雁ガンの別名。霜が降りるころになるとそれを知らせるたよりのように飛んで来るからいう。
【霜晨】ソウシン 霜のおりた朝。
【霜刃】ソウジン 霜のように白くするどいやいば。氷のやいば。霜刀。
【霜雪】ソウセツ ①霜と雪。②心が潔白できびしいたとえ。
【霜操】ソウソウ 霜のようにきびしいみさお。霜雪の操。
【霜砧】ソウチン 霜の降る夜にひびくきぬた。
【霜蹄】ソウテイ ①駿馬シュンメのひずめ。②駿馬。
【霜天】ソウテン 霜がおりた冬の夜空。
【霜髪】ソウハツ しらが。白髪。
【霜眉】ソウビ 霜のように白いまゆ。老人のまゆ。
【霜鬢】ソウビン 霜のように白いびんの毛。〔唐、高適、除夜作詩〕霜鬢明朝又一年ソウビンミョウチョウまたイチネン。訳文⇩明朝の①(四九九ページ)。
【霜楓】ソウフウ 霜のため葉の赤くなったかえで。
【霜蓬】ソウホウ 霜にあたったよもぎ。白髪のたとえ。
【霜鋒】ソウホウ 霜のようにするどいほこさき。
【霜毛】ソウモウ 霜のように白い毛。しらが。
【霜葉】ソウヨウ 霜のために黄や赤に変わった木の葉。紅葉。〔唐、杜牧、山行詩〕霜葉紅二於二月花一ソウヨウはニガツのはなよりもくれないなり。訳文⇩坐愛の②(三三一ページ)。
【霜烈】ソウレツ 霜のようにはげしい。法などの非常にきびしいこと。
【履レ霜堅氷至】しもをふみてケンピョウいたる 霜をふむ季節を経て堅く氷のはる季節が来る。災害は小さな状態からだんだん大きくなってくるということのたとえ。〔易経、乾〕

(18)10【霣】8512 △ イン(ヰン) 軫 yǔn

字義 ❶かみなり。いかずち。❷すてる。捨てて用いない。❸おちる。また、落とす。＝隕イン。

解字 文 篆 形声。雨＋員㊔。

(18)10【霢】8513 △ 漢バク 呉ミャク 陌 mài

字義 ❶霢霂バクモクは、こさめ。❷汗の流れるさま。

解字 文 篆 形声。雨＋脈㊔。

(18)10【霤】8514 △ 漢リュウ(リウ) 呉ル 宥 liù 8037 7045

字義 ❶あまだれ。また、水のしたたり。❷のき(軒)。❸雨だれうけ。

解字 文 篆 形声。雨＋留(畱)㊔。音符の畱リュウは流に通じ、ながれるの意味。屋根から流れおちる雨だれの意味を表す。

(19)11【霪】8515 △ イン 侵 yín 8038 7046

解字 文 篆

【字義】ながあめ。十日以上続く雨。霖雨。
【解字】形声。雨＋淫㊥。

(19)11 【霧】8516 常 ム きり 漢ブ 呉ム 遇 wù 4424 4C38
筆順 冖 ⻗ 雺 霚 霧
【字義】❶きり。❷きりのようなもののたとえ。㋐軽く細かいたとえ。㋑集まるたとえ。㋒散るたとえ。「雲散霧消」㋓うるおうたとえ。㋔暗いたとえ。黒いたとえ。
【解字】篆文 形声。雨＋務㊥。音符の務は月（ボウ）に通じ、おおうの意味。天地の間にたちこめおおう、きりの意味を表す。篆文は霚。
▼香霧・噴霧
【霧会（會）】ムカイ 霧のように多くあつまる。霧集。
【霧鬟】ムカン 黒く美しい髪の形容。鬟は、わげ・もとどり。
【霧縠】ムコク 軽く美しい薄絹。仙人・美女などのスカート。
【霧散】ムサン 霧のようにはかなく消えて散ってゆくこと。霧消。
【霧袖】ムシュウ 薄絹のそで。
【霧集】ムシュウ 霧のように多く集まる。集合。
【霧消】ムショウ 霧の消えるように、はかなく消えること。霧散。「雲散霧消」
【霧瘴】ムショウ 霧のようになってただよう毒気。
【霧塞】ムソク 霧がたちこめて暗いこと。
【霧鬢】ムビン 黒く美しい鬢の毛。
【霧杳】ムヨウ 霧がたちこめ見わけにくいこと。
【霧露】ムロ ①霧と露。②病気。霧や露にさらされてかかる意。

(20)12 【霰】8517 標 セン 慣サン 霰 xiàn 8039 7047
【字義】❶あられ。❷あられ。餅（もち）を干して細かに切った食物。
【解字】篆文 形声。雨＋散（㪚）㊥。音符の㪚（サン）は、ばらばらになるの意味。ばらばらに分離した形で落ちてくる雨、あられの意味を表す。
【霰散】サンサン あられのように飛び散ること。
【霰雪】サンセツ あられや雪。また、あられまじりの雪。

(21)13 【霸】8518 △ ハ 覇（7040）の正字。→九九〇ページ。 5917 5B31

(21)13 【霹】8519 △ 漢ヘキ 呉ヒャク 錫 pī 8040 7048
【字義】❶かみなりの神。雷神。❷雷が落ちる。
難読 霹靂神（はたたがみ・かみとけ）
【解字】形声。雨＋辟㊥。
【霹靂】ヘキレキ 急にはげしく鳴りひびく雷。「青天の霹靂」

(21)13 【露】8520 常 ロ・ロウ つゆ 漢ロ・呉ル 慣ロウ 遇 lù, lòu 4710 4F2A
筆順 冖 ⻗ 雫 霆 露
【字義】❶つゆ。「夜露」「草露」❷あらわす（あらはす）。さらす。また、あらわれる（あらはる）。もれる。「暴露」「発露」❸うるおす。㋐しめらす。ぬらす。㋑めぐむ。恩恵をほどこす。❹つかれる。つかれやせて骨ばかりになる。❺やぶれる（敗）。❻はかないことのたとえ。また、ささいなことのたとえ。「朝露」「露命」
国❶つゆ。わずか。少し。少しも。❷国名。露西亜（ロシア）の略。
名乗 あきら　難読 露西亜（ロシア）
【解字】篆文 形声。雨＋路㊥。音符の路は落に通じ、おちるの意味。落ちてきた雨つゆの意味を表す。また、落ちてきて姿をあらわすの意味をも表す。
▼雨露・寒露・甘露・玉露・草露・朝露・滴露・吐露・白露・暴露・発露・繁露・披露・流露・零露
【露営（營）】ロエイ 野外の陣営。野営。また、野宿。
【露華】ロカ ①露の光。光っているつゆ。②漢代の宮殿の名。
【露芽】ロガ 茶の別名。
【露臥】ロガ 野外に宿ること。野宿。
【露見】ロケン 露顕。①かくれたことが現れる。ばれる。②あらわす。
【露骨】ロコツ ①骨をさらす。戦死して骨を戦場にさらす。②ありのまま。むきだし。ぶっつけ。
【露座・露坐】ロザ 屋外にすわる。風雨にさらされてすわる。
【露次】ロジ ＝露宿。次は、やどる。
【露地】ロジ ①おおうもののない、むき出しの土地。②地面。地上。③国㋐門内、または庭園内の通路。㋑茶室の入り口。露路。㋒市内の建物の間のせまい通路。
【露車】ロシャ おおいのない車。
【露珠】ロシュ つゆ。露を玉にたとえていう。
【露宿】ロシュク 屋外にやどること。野宿。露臥。
【露出】ロシュツ ①あらわれでる。②あらわしだす。むきだしにする。③国写真撮影のとき、シャッターを開いて乾板・フィルムに感光させること。
【露井】ロセイ 屋根のない井戸。
【露台（臺）】ロダイ ①屋根のない高台・たかどの。②張り出し縁。バルコニー。
【露呈】ロテイ 現す。また、現れる。
【露天】ロテン ①露の降りる空。②国野外。屋外。
【露電】ロデン 露といなずま。人生のはかないことのたとえ。
【露頭】ロトウ かぶりものを付けず、頭をむき出しにすること。
【露盤】ロバン ①承露盤の略。漢の武帝が建章宮に甘露をうけるために建てた銅盤。②仏相輪塔の最下部にある四角の盤。
【露命】ロメイ 露のようにはかない命。

(22)14 【霽】8521 △ 漢セイ 呉サイ 霽 jì 8041 7049
【字義】はれる（晴）。㋐雨・雪がやむ。雲・霧がなくなる。㋑くもりがない。さえわたる。㋒心がさっぱりする。気が晴れる。
【解字】篆文 形声。雨＋齊㊥。音符の齊（斉）は、済（セイ）に通じ、わたるの意味。雨が天空をわたりきる、雨があがりの意味を表す。
【霽月】セイゲツ 雨のあとのはれわたった空の月。

(22)14 【霾】8522 △ 漢バイ 呉マイ 佳 mái 8042 704A
【字義】つちふる。つちぐもり。大風が土砂を空に巻き上げて降らせ暗くなること。
【解字】甲骨文 篆文 形声。雨＋貍㊥。音符の貍（バイ）は、うずめるの意味。大風がまきあげて降らす土ぼこりが、あたりをうずめる、つちふるの意味を表す。

(23)15 【靁】8523 △ ライ 雷（8493）の本字。→一二七八ページ。

(24)16 【靄】8524 標 アイ 泰 ǎi 8043 704B
【字義】❶もや。立ちこめた気。❷雲のたなびくさま。また、雲の集まるさま。❸ものの形容。→靄靄。
【解字】篆文 形声。雨＋謁㊥。
【靄靄】アイアイ ①もやのかかるさま。②雲のたなびくさま。また、雲の集まるさま。③なごやかな気分に満ちているさま。「和気靄靄」
【靄然】アイゼン ①かすみがたなびくさま。②なごやかさのみなぎるさま。

(24)16 【靃】8525 △ 一カク（クヮク）薬 huò 二スイ 紙 suǐ
【字義】一あわただしく飛ぶ鳥の羽音。＝霍（カク）。二❶靃靃（スイスイ）は、細かいさま。❷靃靡（ビ）は、草などが風になびくさま。
【解字】甲骨文 篆文 会意。雨＋雔。→霍（8503）。

(24)16 【靆】8526 △ 漢タイ 呉ダイ 隊 dài 8044 704C

字義 靉靆（アイタイ）は、㋐雲のたなびくさま。㋑雲のさかんなさま。
解字 形声。雲＋逮音。

(24)16 【靈】(8502) レイ 靈（8501）の旧字体。→一一九九ページ。 8045 704D

(24)16 【靂】8527 △ 漢レキ 呉リャク 錫 lì 8046 704E
字義 霹靂（ヘキレキ）は、急にはげしく鳴る雷。
解字 形声。雨＋歴音。

(25)17 【靉】8528 △ アイ 隊 ài 8047 704F
字義 →靉靉（アイアイ）・靉靆（アイタイ）。
解字 形声。雲＋愛音。音符の愛は、まつわりつくの意味。雲がまつわりつくさまを表す。
【靉靉】（アイアイ） ①雲のさかんなさま。②樹木の密生しているさま。
【靉△靆】（アイタイ） ①雲のたなびくさま。また、雲のさかんなさま。②雲が日をおおってうす暗くなっているさま。③めがねの別名。

(27)19 【靍】8529 国字 △ つる。靎（8530）と同字。→次項。

(29)21 【靎】8530 国字 △
【靏】同字
字義 つる（鶴カク）。姓氏に用いる。
解字 鶴（つる）の異体字の鶴が更に変化した形。

8

青(靑)部

〔部首解説〕あお。青を意符とする文字の例は少ない。主として字形上の分類のために部首に立てられる。

青 一一八三　6 静 一一八四　8 靜 一一八五　靛 一一八五

靖→立部 八一三ページ。靚→見部 九六三ページ。

(8)0 【青】8531 教 1 セイ・ショウ あお・あおい 真っ青（まっさお） 3236 4044

(8)0 【靑】8532 漢セイ 呉ショウ（シャウ） 青 qīng

筆順 十 丰 青 青

字義 ❶あお（あを）。あお色。また、あおい（あを-し）。五行説（ゴギョウセツ）では、東・春の色にあてる。❷わかい。「青年」 ❸竹の皮。転じて、文字をしるす竹の札。「青史」 ❹古代、九州の一つ。今の山東省北部から遼寧（リョウネイ）省東部にかけての地。 国あお（あを）。㋐馬の俗称。また、黒い馬。また、白い馬。㋑未熟の意。「青侍（あおざむらい）」

名乗 きよ・はる 難読 青海（おうみ）・青魚（さば）・青螺（にし）・青襖（あおそい）・青女子（あおなご）・青島（チンタオ）・青梅（おうめ）・青海（おうみ）・青崩（あおくずれ）・青木（おおぎ）・青麻（あおいちび）・青麻（あおそ）・青様山（あおじさん）

解字 金文 𤯍 篆文 青 形声。月（丹）＋丰（生）音。音符の生は、あおい草がはえるの意味。丹は、井げたの中の染料の意味。あおい草色の染料の意味から、あおいの意味を表す。青を音符に含む形声文字は、「青くすみきる」の意味を共有し、靜（静）・清・精・凊・請・晴・錆（ショウ）・情などがある。

▼汗青・群青・紺青・刺青・丹青・踏青・緑青

【青△蛙】（セイア） ①あまがえる。②神の名。

【青△鞋・青△鞵】（セイアイ） わらじ。わら製のはきものの一つ。

【青衣】（セイイ） ①青い色の衣。天子の春の衣。②身分の低い者の着る服。③こしもと。召使いの女。

【青一髪】（セイイッパツ） ＝青山一髪。〔頼山陽、泊二天草洋一詩〕→水天髣髴青一髪（スイテンホウフツセイイッパツ）（六二一ページ）。

【青雨】（セイウ） 青葉に降る雨。つゆどきの雨。

【青雲】（セイウン） ①晴天にただよう白雲。転じて、晴天の空。②高い地位。官位・学徳に関していう。③俗世間を離れた世界をいう。

【青雲△之士】（セイウンのシ） ①徳の高い人。②高い位にのぼった人。③世をさけている人。

【青雲△之志】（セイウンのこころざし） ①学徳を修めて聖賢の地位に至ろうとする志。また、立身出世しようとする志。〔唐、張九齢、照レ鏡見二白髪一詩〕宿昔青雲志（シュクセキセイウンのこころざし）。訳文⇩宿昔①（三〇七ページ）。②名利を捨て俗世間をのがれてくらそうとする志。

【青△娥】（セイガ） 若い美人。娥は、美女。また、美しいみめかたち。

【青△蛾】（セイガ） ①青く美しいまゆ。蛾は、蛾の触手のような美しい眉（まゆ）。②転じて、美人。

【青海】（セイカイ） ①青々とした海。②湖の名。青海省東北部にあるココノール湖。中国最大の塩水湖。〔唐、杜甫、兵車行〕君不レ見青海頭（きみみずや セイカイのほとり）、古来白骨無二人収一（コライハッコツひとのおさむるなきを）。〈諸君よ、ごらんなさい。青海のあたりでは、昔から白骨が拾う人もなく野ざらしにされているのを〉③省の名。中国の西部にあり、省都は西寧市。

【青海波】（セイガイハ） 国①舞楽の曲名。②青海波の舞曲に用いる衣服の波形の染模様。


【青簡】（セイカン） 青い竹の札。書籍のこと。→青史。

【青眼】（セイガン） ①親しい人に対する目つき。晋（シン）の阮籍（ゲンセキ）が自分の好きな人は青眼で迎え、きらいな人は白眼で迎えた故事。↔白眼。〔晋書、阮籍伝〕②気心のあう友人。③国剣道の型の一つ。刀の先を相手の目に向ける構え。

【青△穹】（セイキュウ） 青空。穹は、空。蒼穹（ソウキュウ）。

【青宮】（セイキュウ） 皇太子の別名。皇太子の宮殿は皇居の東方にあり、五行説（ゴギョウセツ）では青色を東にあてるのでいう。東宮。春宮。

【青△衿・青襟】（セイキン） えりの青い学生服。転じて、学生。

【青△熒】（セイケイ） 青く光る、玉・灯火・月・池の水などの光。

【青血】（セイケツ） 新しい血。なまち。鮮血。

【青玄】（セイゲン） 大空。蒼玄（ソウゲン）。

【青皇】（セイコウ） 春をつかさどる神。五行説（ゴギョウセツ）では、青は春の色。東帝。青帝。

【青黄】（セイコウ） ①青と黄。美しい色どり。②春の青い葉と秋の黄色のもみじ。四季の楽しみのこと。③剣の色。

【青△瑣】（セイサ） 漢代の王宮の門。とびらに鎖の模様をすかし彫りにし青くぬってある。

【青△衫】（セイサン） ①青いひとえの着物。身分の低い役人が着た。〔唐、白居易、琵琶行〕江州司馬青衫湿（コウシュウのシバセイサンうるおう）。訳文⇩就中（なかんずく）（三三ページ）。②転じて、書生。若者。

【青山】（セイザン） ①青々と木のしげっている山。〔唐、李白、送二友人一詩〕青山横二北郭一（セイザンホッカクによこたわり）、白水遶二東城一（ハクスイトウジョウをめぐる）。〈青々とした山が町の北に横たわり、白く輝く川は町の東をとりまくように流れている〉②墓地。〔釈月性、将二東遊一題レ壁詩〕⇩人間到処有二青山一（五六ページ）。

【青山一髪】（セイザンイッパツ） 海上はるかに青い山が一本の髪のようにかすかに見えるさま。青一髪。〔宋、蘇軾、澄邁駅通潮閣詩〕

【青山可レ埋レ骨】（セイザンほねをうず(づ)むべし） 男子、どこの墓地にでも自分の骨を埋めることができる。必ずしも故郷で死ななくてもよいということ。青山は、墓地。〔宋、蘇軾、予以レ事繫二御史台獄一…遺二子由一詩〕

【青史】（セイシ） 歴史のこと。紙のなかった時代、竹の青皮を火であぶり、その上に書いたことからいう。汗青。殺青。

【青糸(絲)】（セイシ） ①青い糸。「青糸白馬」②柳などの細く青々とした枝。③黒髪をたとえていう。

【青△瓷】（セイシ） ＝青磁。

【青紫】（セイシ） 高位高官のこと。漢代、公侯（コウコウ）は紫、九卿（キュウケイ）は青の印綬（インジュ）を帯びたからいう。

【青磁】（セイジ） 磁器の一つ。薄い緑色、または薄いあい色のうわ薬

をかけた焼き物。中国では六朝時代に始まり、平安時代に日本に伝わった。

【青春】①春。五行説では春の色は青。②青年。若者。また、若いこと。若い時代。

【青△緗】①青い絹。②書物の覆い。帙。

【青△霄】あおぞら。青玄。青穹。

【青△翠】あおみどり。青々としたみどり色。

【青青】①草木のしげっているさま。②青々としたさま。③髪のつややかして黒いさま。

【青銭(錢)】①青銅の銭。②はすの葉をいう。

【青△氈】①青い色の毛氈。②家宝。晋の王献之の家に盗人が入り、書斎の青氈まで盗み取ろうとしたとき、献之が、これは家に伝わる宝であるといったのでにげ去った故事による。〔晋書、王献之伝〕

【青△蒼】①青々とした色。②天をいう。

【青△葱】①青いねぎ。②青々としているさま。

【青△苔】①青色のこけ。蒼苔。②国海草の名。

【青△苔黄葉】青いこけと黄色の木の葉。山家のよい景色をいう。〔唐、劉長卿、酬₂李穆見₁レ寄詩〕青苔黄葉満₂貧家₁
【青△黛】①青いまゆずみ。②まゆずみのような色。紺青色。③国俳優などが、月代を青くするのに使う顔料。

【青△潭】青々と澄みきった深いふち。

【青鳥】①青い鳥。②仙女の使いとして青い鳥が来たという故事から、使者・手紙のこと。〔山海経、大荒西経〕

【青塚・青△冢】①王昭君の墓。今の内蒙古自治区フホホト市の南にある。②青い草のはえている小さい丘。

【青帝】五天帝の一つ。春をつかさどる神。五行説では青色を春にあてるからいう。青皇。

【青天】青空。蒼天。碧空。転じて、潔白な人のたとえ。

【青天白日】青い空と輝く太陽。①よく晴れわたった真昼。快晴の状態をいう。〔唐、韓愈、与₂崔羣₁書〕②うしろぐらい所がないことのたとえ。③無実の罪のものが、無罪となったこと。④「青天白日旗」は、中華民国の国旗。「青天白日満地紅旗」

【青天△霹△靂】①晴れた空から急に聞こえる雷。〔宋、陸游、四日夜鶏未レ鳴起作詩〕②筆勢が躍動するさま。また、突発事件。寝耳に水をいう。

【青△甸】東の郊外。（五行で青を東方に配する）

【青銅】①銅と錫の合金。青黒色で鋳物に適する。②青銭をいう。③鏡をいう。


【青年】青は春の色で、「若い」の意。①年の若い時期。②年の若い人。

【青△嚢】①印鑑を入れる袋。②薬ぶくろ。③晋の郭璞が郭公という人から青い袋に入れた、天文・卜筮・五行に関する書物をもらった故事から、天文・卜筮・五行関係の書物をいう。

【青馬】①毛の青い馬。②毛の黒い馬。③毛の白い馬。④国白馬節会（昔一月七日に白馬を天覧に供する儀式）の略称。

【青△旆】①青い旗。②酒屋の看板の旗。

【青白眼】親しみと憎しみの目つき。→青眼の①。

【青苗法】宋代、王安石の設けた法律。苗の青いころ民に金を貸し、収穫時に元利を返させる法。

【青△蚨】①虫の名。かげろう。青鳧。②銭。銅銭。穴あき銭。かげろうの母子の血を二つの銭に塗り、その片方を使っても残った一方をしたって飛び帰って来るという説話に基づく。〔捜神記、十三〕

【青△蕪】青くしげった草。また、草の青くしげった所。

【青△冥】①青い空。蒼冥。②昔の名剣の名。

【青陽】①春。陽春。②天子が初春に用いる御殿。東堂。

【青△蠅】あおばえ。転じて、つげ口などをする、心のせまい人のたとえ。〔三国魏、丁儀、厲志賦〕

【青△蠅染レ白】あおばえが白いものをよごす。小人が君子を中傷すること。青蠅点レ素。〔三国魏、丁儀、厲志賦〕

【青△螺】①青い色のにし貝。②青い山の形容。

【青△嵐】①青々とした山の気。②青葉を吹く風。夏の風。

【青竜(龍)】①青い竜。②四神の一つ。東方をつかさどる。③蝦蛄の別称。

【青竜(龍)刀】中国の刀。柄に青竜のかざりのある、なぎなたのようにしたった刀。

【青△蓮】①青い色のはす。②郷の名。今の四川省内。李白の出生地。③李白の号。

【青△廬】婚礼のとき、新婦が一時入るひかえの小屋。青い幕が張ってある。

【青楼(樓)】①青くぬったたかどの。身分の高い人の家。③高貴な女性の住む美しいたかどの。④遊女のいる所。妓楼。

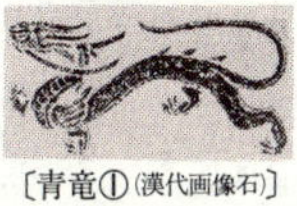
〔青竜①（漢代画像石）〕

【青出₂於△藍₁而青₂於△藍₁】青い染料はあいという草からとるが、そのあいよりも青い。弟子が師よりもすぐれることのたとえ。出藍。『荀子』勧学編にある言葉に基づく。→氷水為レ之而寒₂於水₁（六三〇ページ）。
【△縈レ青△繚レ白】青い山に囲まれ白い水がめぐり流れる。山と川とに囲まれた景色。〔唐、柳宗元、始得₂西山₁宴游記〕

【靖】→立部　八三〇ページ。

(14)6
【静】8533　教4　セイ・ジョウ　しず・しずか・しずまる・しずめる　3237 4045

(16)8
〔靜〕8534　人許　漢セイ　呉ジョウ（ジャウ）　拼 jìng　8048 7050

筆順　十　青　靑　静　静

字義　❶しずか。しずまる。↔動。㋐動かない。止まっている。「静止」㋑音がしない。黙っている。「静寂」㋒やすらか。おだやか。「安静」㋓無欲のままじっとしている。〔老子、五十七〕❷ただしい(正)。しとやか。操が堅くしとやか。「静女」❸きよい(清)。すむ(澄)。❹したがう(従)。❺しずめる。「鎮静」

難読　静戸・静寂・静内

名乗　きよ・ちか・つぐ・ひで・やす・やすし・よし

使いわけ　しずめる・しずまる〔静・鎮〕
〔静〕自然にゆっくりとしずめる。「気を静める・鳴りを静める」
〔鎮〕強い力によってしずめる。「内乱を鎮める・痛みを鎮める」

解字　金文　篆文　靜　形声。争(爭)＋青(靑)音。爭は、あらそうの意味。音符の青は、すみきるの意味。争いがすみきる、しずまるの意味を表す。

▼間静・虚静・粛静・沈静・鎮静・貞静・動静・平静・冷静

【静影】①静かなかげ。②水底にうつっている月のかげ。

【静△淵】①静かな深いふち。②転じて、心が静かで考え深いことのたとえ。

【静穏(穩)】国おだやかなこと。太平無事なこと。

【静△嘉】①安らかでよい。②清らかで美しい。

【静閑・静間】もの静かなこと。閑静。

【静観(觀)】心静かに物事を観察する。静かに見守る。

【静虚(虛)】心静かで、こだわるところがないこと。

【静好】静かでなごやか。また、夫婦仲がよいこと。

【静座・静△坐】心をおちつけ、姿勢を正して静かにすわる。端座。

【静舎】セイシャ・ジョウシャ・ジョウジャ　寺をいう。精舎ショウジャ。
【静寂】セイジャク　静かでものさびしい。ひっそりとしていること。
【静修】セイシュウ　心をおちつかせて学問をおさめること。
【静淑】セイシュク　もの静かでしとやかなこと。また、善良なこと。
【静粛（肅）】セイシュク　静かにつつしむ。静かでつつしみ深い。
【静女】セイジョ　みさおが堅くしとやかな女。〔詩経、邶風、静女〕
【静△邃】セイスイ　静かで奥深い。景色や人がらにいう。
【静△躁】セイソウ　静かなことと、さわがしいこと。
【静泰】セイタイ　静かでやすらかなこと。静安。
【静寧】セイネイ　静かで安らかなこと。
【静△謐】セイヒツ　①静か。②世の中が安らかに治まっていること。
【静脈】ジョウミャク　心臓に戻る血液を運ぶ血管。↕動脈。
【静養】セイヨウ　心身を静かにして病気を直す。
【静和】セイワ　心静かでおだやかなこと。

［靚］↓見部　九九三ページ。

(16)8
【靜】(8534)　セイ　静（8533）の旧字体。↓一二八四ページ。

8048
7050

(16)8
【靛】8535　△　㊥テン　㊤デン　㊥diàn
字義　あい（藍ラン）。また、あいで染める。あいぞめ。
解字　形声。青＋定㊥。

8　非部

〔部首解説〕あらず。非を意符として、そむく・わかれるの意味を含む文字ができている。

非　一二八五　7靠　一二八五　11靡　一二八六
斐↓文部　四八二ページ。翡↓羽部　八八五ページ。蜚↓虫部　九六六ページ。輩↓車部　一〇七三ページ。

(8)0
【非】8536　教5　ヒ
㊀ヒ　㊥微　fēi
㊁ヒ　㊥尾　fěi

4083
4873

筆順　非

字義　㊀❶そむく。逆の方へ向く。❷そしる。責める。とがめる。「非難」❸あやまち。あやまり。欠点。「前非」❹わるい。正しくない。↕是。❺うらむ（恨）。❻あらず。⇩助字解説　❼否定・反対の意を表す接頭語。「非民主的」　㊁そしる。＝誹ヒ。

✝助字解説
①あらず。否定。……でない。類匪。〔文選、陶潜、帰去来辞〕富貴非二吾願一（フウキはわがねがいにあらず）〈富貴はわたしの願うことではない〉
②あらずんば。……なしでは。〔孟子、尽心上〕民非二水火一不二生活一（たみスイカにあらずんばセイカツせず）〈人民は水火がなければ生きてゆけない〉

解字　金文　篆文　象形。たがいに背をむけて左右にひらく形にかたどり、そむくの意味を表す。転じて、否定の「あらず」の意味に用いる。非の意味と音符とを含む形声文字に、俳・匪・悲・俳ヒ・扉・排・斐ヒ・腓ヒ・棐ヒ・榧ヒ・緋ヒ・篚ヒ・菲ヒ・裴ハイ・誹ヒ・輩・霏ヒ・靡ヒ・騑ヒなどがある。

▼昨非・是非・前非・理非

【非意】ヒイ　思いがけないこと。だしぬけ。不意。
【非違】ヒイ　法にそむく。違法。
【非我】ヒガ　①㊥仏我の存在を否定すること。②国哲学用語。自我以外のすべてのもの。自我の対象となるもの。↕自我。
【非△毀】ヒキ　そしる。けなす。
【非議】ヒギ　そしり論ずる。そしって、とやかくいう。
【非業】ヒギョウ　①しなくてもよい仕事。②㊥仏ゴウ　正当の報いでないこと。前世の因縁インネンによらず、現世の災難によって死ぬこと。非命。「非業の最期」
【非△訐】ヒケツ　悪事をそしりあばく。
【非行】ヒコウ　国悪い行い。不正行為。
【非才】ヒサイ　①才能がない。菲才ヒサイ。②転じて、自分の謙称。「浅学非才」
【非次】ヒジ　順序どおりでない。不次。
【非時】ヒジ　①時を得てないこと。正しい時でないこと。②㊥仏㋐食事をしていけない時。日中から翌朝の午前四時まで。㋑非食ヒジキの別名。午後の食事。㋒会葬者に出す食事。
【非常】ヒジョウ　①普通でない。いつもとちがっている。異常。また、そのこと。②はなはだすぐれている。非凡。③ひととおりでない。はなはだしい。④さしせまった。緊急。⑤㊥仏無常。
【非常時】ヒジョウジ　普通の時ではない。一身上、また、国家などの重大危機。
【非常手段】ヒジョウシュダン　緊急・異常のときに取る特別な処置・方法。↕常套手段ジョウトウシュダン。
【非情】ヒジョウ　喜怒哀楽の感情がないこと。また、そのもの。木石の類。↕有情。
【非食】ヒショク　①よくない食べもの。②㊥仏ヒジキ　非時食ヒジキの略。午後の食事。非時。
【非職】ヒショク　①その職でないこと。②官吏として、地位はそのままで、実際の職務を免ぜられていること。非役。
【非人】ヒジン　①死人のようになった人。②身体に障害のある人。③自然のままで、人為によらないこと。④ならず者。⑤ヒニン　㋐㊥仏人間でないもの。夜叉ヤシャ・悪鬼など。㋑貧窮者。㋒罪人。㋓世捨人。法師。
【非人情】ヒニンジョウ　国①思いやりがない。薄情。②世間的人情のわずらわしさを超越すること。
【非斥】ヒセキ　そしりしりぞける。非難排斥。
【非俗】ヒゾク　①俗人でないこと。②出家した人。僧。
【非道】ヒドウ　①道理にそむく。非理。②人情にそむく。残酷。
【非難】ヒナン　①欠点や過失をなじる。②そしる。けなす。批難。
【非非】ヒヒ　非を非とする。悪いことは悪いことと言い切る。
【非分】ヒブン　国①分を越える。出過ぎる。僭越センエツ。②道理に合わない。不合理。
【非法】ヒホウ　法律にそむく。不法。
【非望】ヒボウ　①身分不相応の希望。高のぞみ。②予期しない。思いがけない。③希望しない。所望ショモウしない。
【非謀】ヒボウ　①悪いはかりごと。非計。②悪事をたくらむ。
【非凡】ヒボン　なみなみでない。抜群。また、その人。↕平凡。
【非命】ヒメイ　①天命を全うしないこと。おもに、思いがけない災難で死ぬこと。非業。②天命を否定する。
【非理】ヒリ　道理にそむく。非道。
【非力】ヒリキ　力が弱い。また、実力がない。
【非類】ヒルイ　①同類でない。同族でない。②行いの正しくない者。③国人類でないもの。鳥や獣。
【非礼（禮）】ヒレイ　礼儀にそむく。無礼。失礼。
【非礼（禮）△之礼（禮）】ヒレイのレイ　礼にかなっているようで、実際は礼にそむいている礼。〔孟子、離婁下〕

［斐］↓文部　四八二ページ。
［翡］↓羽部　八八五ページ。
［蜚］↓虫部　九六六ページ。

(15)7
【靠】8537　△　コウ（カウ）㊥号　kào
字義　❶たがう（違）。そむく。❷よる（倚イ）。もたれる。
解字　篆文　形声。非＋告㊥。

8049
7051

【輩】→車部　一〇七三ページ。

(19)11
【靡】8538 標
㊀漢ビ・呉ミ　紙 mǐ
㊁漢ビ・呉ミ　支 mí
㊂漢バ・呉マ　歌 mó
慣ヒ
8351
7353

字義 ㊀❶なびく。㋐伏したおれる。㋑従う。服従する。㋒順応する。❷わずらわす。❸美しい。うるわしい。はなやか。❹㋒こまかい。小さい。❺きし(岸)。ほとり。❻おごる。また、おごり。＝侈。「奢靡」❼ない(無)。否定の助字。㊁❶ちる(散)。ちらす。❷つきる(尽)。つくす。へる。❸ただれる。ただらせる。㊂する。こする。みがく。＝摩。

解字 篆文 形声。𣏟＋非㊥。音符の非は、分離するの意味。𣏟は、水にひたした「あさ」の意味。繊維をとりだすために水にひたした麻の表皮が力なくなびくさまから、なびく・つぶれるの意味を表す。

【靡衣△媮食】ビイトウショク　美しい着物を着、一時的な食物をむさぼる。遠い将来のことを考えないこと。
【靡然】ビゼン　草木が風になびくように、なびき従うさま。
【靡草】ビソウ　①枝葉のこまかな草。②風が草をなびかせること。徳の広くゆきわたることのたとえ。
【靡靡】ビビ　①なびき従うさま。②声などの細く美しいさま。③ゆっくり進むさま。④たがいによりかかるさま。⑤なくなるさま。つきるさま。⑥靡靡之楽ビビのガクは、亡国の音楽の名。
【靡△敝・靡弊】ヒヘイ　つかれ弱る。おとろえる。
【靡△曼・靡△嫚】ビマン　①きめが細かく、柔らかい肌。転じて、美人。②美しいいろどりのあるさま。③詩文の美しいさま。
【靡△爛】ビラン　ぼろぼろにただれる。また、ただれさせる。糜爛ビラン。
【靡麗】ビレイ　はなやかで美しい。華美。

9　面部

〔部首解説〕めん。おもて。面を意符として、顔面に関する文字ができている。

面　一一八六　5 靤　一一八六　7 靦　一一八七　12 靧　一一八七　14 靨　一一八七

(9)0
【面】8539 教3
メン
おも・おもて・つら
メン 霰 miàn
4444
4C4C

筆順 丆 丙 而 面

【靣】俗字

字義 ❶おも。おもて。つら。㋐かお。顔面。「対面」㋑前。前面。↔背。㋒うわべ。外側。「表面」㋓むき。方向。「方面」㋔めん。仮面。❷あう(会)。顔をあわせる。面会する。❸むかう。顔を向ける。「南面」❹そむく。後ろを向く。また、顔をそむける。❺平面。幾何学で、長さ・広がりがあって厚さのないもの。国メン。㋐剣道のけいこで頭をおおう道具。㋑平たい物の名にそえることば。「書面」。また、平たいものを数えることば。

名乗　も　難読　面映おもはゆい・面河おもご・面繋おもがい・面図おずず・面皰にきび

解字 篆文 指事。篆文は圁に作る。人の頭部の象形(𦣻)に、顔の輪郭を示す囗を付し、人のかおの意味を示す。面の意味と音符とを含む形声文字に、偭メン・湎メン・緬メンなどがある。

▼一面・会面・外面・額面・仮面・鬼面・局面・紙面・人面・赤面・側面・素面・体面・対面・他面・鉄面・当面・背面・半面・覆面・文面・満面

【面衣】メンイ　外出するときに顔をおおう布。ベール。
【面引】メンイン　多くの人の前で人の過ちをいさめる。「面引廷争」
【面謁(謁)】メンエツ　おめみえ。貴人に会うこと。拝謁。
【面会(會)】メンカイ　人と会う。対面する。面接。
【面戒】メンカイ　面と向かっていましめる。
【面欺】メンギ　人の目の前でだます。
【面詰】メンキツ　＝面責。
【面△晤】メンゴ　人に会うこと。晤は、あう意。
【面語】メンゴ　会って話をすること。面談。
【面交】メンコウ　うわべだけの交際。
【面子】メンシ・メンツ　①体面。面目。信用。②顔。容貌ヨウボウ。③面積。④表面。うわべ。
【面試】メンシ　じかに会ってためす。
【面識】メンシキ　国おたがいに顔を知っている。顔見知り。
【面質】メンシツ　面と向かって問いただす。
【面謝】メンシャ　面会して直接罪をわびる。
【面従(從)】メンジュウ　人の面前では、こびへつらう。
【面従(從)後言】メンジュウコウゲン　当人の目の前では服従するように見せかけ、いない所では悪口をいうこと。〔書経、益稷〕
【面従(從)腹背】メンジュウフクハイ　表面では服従しているようだが、内心は反抗していること。
【面称(稱)】メンショウ　面と向かってほめる。面誉。
【面△牆】メンショウ　かきに向かう。先の見えないことのたとえ。また、見聞のせまいこと。
【面責】メンセキ　面と向かって責めとがめる。面刺。
【面折】メンセツ　面と向かって人の過失・欠点をいさめる。
【面折廷争(爭)】メンセツテイソウ　天子の面前で政治上のことなどについて争いいさめること。廷は、朝廷。〔史記、呂后本紀〕
【面訴】メンソ　面会して訴える。
【面争(爭)】メンソウ　面と向かってまちがいをいさめる。面折。
【面争(爭)廷論】メンソウテイロン　＝面折廷争。
【面相】メンソウ　かおつき。人相。
【面奏】メンソウ　天子に会って申し上げる。
【面談】メンダン　直接その人に会って話をする。面語。
【面倒】メンドウ　国①むずかしい。手がかかる。②他人に対する世話・たすけ。
【面△罵】メンバ　面と向かってののしる。
【面白】メンパク　①顔が白い。②国おもしろい。楽しい。心がひかれる。また、そのこと。
【面縛】メンバク　顔を前に向けさせて、両手をうしろ手にしばること。面は、偭メンで、そむく意。また一説に、偭縛の反対で、両手を前にしばること。
【面皮】メンピ　①顔の皮。つらのかわ。②顔。
【△剝二面皮一】メンピをはぐ　つらのかわをはぐ。厚顔無恥な者をはずかしめること。
【面壁】メンペキ　①かべに向かう。②かべに向かって座禅する。達磨ダルマ大師は九年間の面壁をしたという。③気にかけないことのたとえ。④のんびりとくらすことのたとえ。
【面△冪】メンベキ　死者の顔を紙・布などでおおうこと。また、そのもの。
【面命】メンメイ　面とむかって言いつける。また、直接教える。
【面面】メンメン　①各方面。②国めいめい。おのおの。
【面目】メンモク・メンボク　①顔。また、顔つき。容貌ヨウボウ。②様子。姿。③人に合わせる顔。世間に対する顔。面子メンツ。
【面△諛】メンユ　面とむかってこびへつらう。
【面論】メンユ　直接会って教えをさとす。
【面友】メンユウ　顔を知っているだけで、心から親しまない友。うわべだけの友。面交。面朋メンボウ。
【面誉(譽)】メンヨ　＝面称。
【面△妖】メンヨウ　国ふしぎなこと。奇妙なこと。あやしいこと。
【△唾レ面】メンにつばきす　(人の)顔につばをかける。ひどく人を侮辱すること。
【皮レ面】メンをかわ(は)はぐ　顔の皮をはぎ取る。無恥な者をはずかしめること。剝二面皮一メンピをはぐ。

(14)5
【靤】8540 △
漢ホウ(ハウ)
呉ボウ(バウ)　効 pào
8050
7052

字義 にきび。面皰。思春期の男女の顔などにできる小さな吹き出物。＝皰。
解字 形声。面＋包音。
8051 7053

(16)7【靦】8541 △ テン 銑 tiǎn
字義 ❶あつかましいさま。ずうずうしいさま。❷はじるさま。
解字 篆文 会意。面＋見。面と向かって見るさまから、あつかましいの意味を表す。
【靦汗】テンカン はずかしがって顔に汗を流すこと。
【靦顔】テンガン ①はじる顔。②あつかましい顔つき。
【靦△愧】テンキ はじる。はじて顔を赤くする。
【靦然】テンゼン あつかましい様子。はじ知らずのさま。
8052 7054

(21)12【靧】8542 △ カイ（クヮイ）隊 huì
字義 顔を洗う。洗面。靧面。
解字 形声。面＋潰省音。

(23)14【靨】8543 △ 一ヨウ（エフ）葉 yè　二エン 琰 yǎn
字義 一えくぼ。笑うとき頰にできるくぼみ。靨輔ヨウホ。二❶ほお。❷ほくろ。
解字 篆文 形声。面＋厭音。音符の厭エンは、おしつぶすの意味。ほおの一部がおしつぶされたようになっている、えくぼの意味を表す。
【靨笑】ヨウショウ えくぼをつくって笑う。

9

革部

〔部首解説〕かわへん。かくのかわ。また、皮（けがわ）・韋イ（なめしがわ）と区別して、革を「つくりがわ」とも呼ぶ。革を意符として、いろいろな種類の革製品を表す文字ができている。

(9)0【革】8544 教 6 カク かわ
一漢カク・呉キャク 陌 gé　二漢キョク・呉コク 職 jí
筆順 一 艹 廿 苎 革
字義 一❶かわ。毛をぬき去った獣皮。❷かわ製の楽器・武具。鼓・太鼓・楯たて・かぶと・よろいなど。❸あらたまる。あらためる。「改革」「革命」❹易の六十四卦の一つ。☱☲ 離下兌上リカダジョウ。旧を改めるかたち。二あらたまる。さしせまる。病気が重くなる。危篤キトクになる。
使いわけ かわ〔革・皮〕⇩皮（4979）。
解字 金文 篆文 象形。金文は、頭から尾までをはいだ獣のかわの象形で、かわの意味を表す。また、改に通じ、あらためるの意味も表す。
▼沿革・改革・皮革・兵革・変革
【革易】カクエキ あらためかえる。変易。改易。
【革車】カクシャ 皮でおおった、戦争用の車。兵車。
【革新】カクシン 古い制度・風習・組織・方法などをあらためて、新しくすること。
【革正】カクセイ 改めて正しくする。改正。
【革命】カクメイ ①天命が改まって、王朝が交替すること。天子の交替は天命によると考えられた。〔易経、革〕②被支配階級が支配階級から政治権力を奪って国家・社会組織を急激に変えること。③暦法の語で、辛酉かのととりの年の称。甲子きのえねの年（革令）・戊午つちのえうま（革運）と合わせて三革といい、これらの年には変乱が多いというので、改元などが行われた。
【革路・革△輅】カクロ ＝革車。
1955 3357

(11)2【勒】8545 標 ロク 職 lè, ㋣lēi
字義 ❶くつわ。くつばみ。馬の口にかませ、たづなをつけて馬を扱う鉄製の道具。❷おもがい。馬の頭の上からくつわにかける革わかのひも。❸おさえる（抑）。おさえとどめる。❹おさめる。統率する。❺きざむ（刻）。ほる（彫）。「勒銘」❻書法で、横の一筆をいう。永字八法の一つ。❼しばる。しめる。

〔勒②〕

8053 7055
難読 勒犬テーヌク
解字 金文 篆文 形声。革＋力音。音符の力は、ちからの意味。力を入れて馬の動きを抑えることのできる革、おもがいの意味を表す。
【勒住】ロクジュウ おさえとどめる。おしとどめる。
【勒停】ロクテイ 官職をやめさせる。
【勒兵】ロクヘイ・ヘイをロクす 兵の隊伍を編成して指揮する。勒卒。
【勒銘】ロクメイ・メイをロクす 銘文を金属や石にほりつける。また、そのほりつけた銘文。刻銘。

(12)3【靫】8546 △ 一漢サイ・呉シャ 佳 chāi　二漢サ・呉シャ 麻 chā
字義 一二うつぼ。ゆぎ。矢入れ。箭靫センサイ。
難読 靫ゆき 靫え
解字 形声。革＋叉音。
【靫負】ゆげい（ひ） 国近衛コノエ・兵衛ヒョウエ・衛門府エモンなどの武官の総称。ゆぎを負って宮城を守った者。「ゆぎおい」の転。

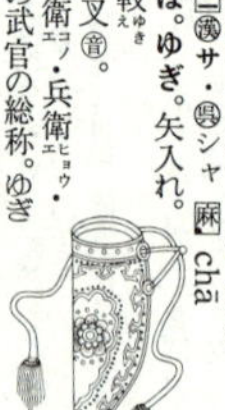
〔靫〕

8054 7056

(12)3【靱】8547 標 ジン ↓次項。 靭（8548）の印刷標準字体。
8055 7057

(12)3【靭】8548 △ 漢ジン 呉ニン 震 rèn
【靱】標準 8055 7057　【韌】同字
〔靭〕 3157 3F59
字義 しなやか。やわらかで強い。強靭。国うつぼ。ゆぎ。＝靫うつぼ。
難読 靭負ゆきえ・ゆげひ・靭連ゆきのむらじ
解字 形声。革＋刃音。音符の刃は、忍に通じ、しなやかで強いの意味。
【靭帯（帯）】ジンタイ 生理学で、関節の両方の骨をつなぐ弾力のある筋。
【靭皮】ジンピ 植物の外皮の下にあるやわらかい皮。

(12)3【靮】8549 △ 漢テキ 呉チャク 錫 dí
字義 おもがい。また、たづな。馬を制御するための皮製のつな。
解字 篆文 形声。革＋勺音。

(13)4【靷】8550 △ イン 軫震 yǐn
字義 ひきづな。牛馬の胸につけ、その端を車軸につないで、車を引かせる皮ひも。
解字 篆文 形声。革＋引音。音符の引は、ひくの意味。牛馬に車を引かせるための革製のひも、むながいの意味を表す。

(13)4 【靴】8551 常 カ くつ　カ(クワ) 歌 xuē　2304 3724

筆順 廿 芇 革 靪 靴

字義 くつ。かわぐつ。かのくつ。

【鞾】本字

解字 篆文 形声。革＋化音。篆文は、革＋華音。

(13)4 【靳】8552 △ 漢キン 呉コン 問 jìn

字義 ❶むながい。馬の胸にあてて、そえ馬の首との接触を防ぐもの。❷はずかしめる。はずかしめ。❸うらむ(恨)。

解字 篆文 形声。革＋斤音。

【靳辱】キンジョク はずかしめる。また、はずかしめ。

(13)4 【靸】8553 △ ソウ(サフ) 合 sǎ

字義 ❶くつ。子供のくつ。また、ぞうり。❷軽くあがるさま。❸はやく走るさま。

解字 形声。革＋及音。

(13)4 【靶】8554 △ ハ 禡 bà

字義 ❶たづな。はづな。❷にぎり。つか(杷)。とって。車に乗るときにつかまるつな。また、刀剣のつか。

解字 篆文 形声。革＋巴音。音符の巴ハは、把に通じ、とるの意味。手ににぎる革製のたづなの意味を表す。

(13)4 【靹】8555 音義未詳。　8056 7058

(14)5 【鞅】8556 △ 漢ヨウ(ヤウ) 呉オウ(アウ) 陽・養 yāng　8057 7059

字義 ❶むながい。馬の胸からくらぼねにかけるひも。❷馬の腹帯。❸うらむ。また、そのさま。＝怏オウ。❹になう(荷)。

解字 篆文 形声。革＋央音。音符の央は、首かせをした人の象形。牛馬の首にあてたかわひも、むながいの意味を表す。

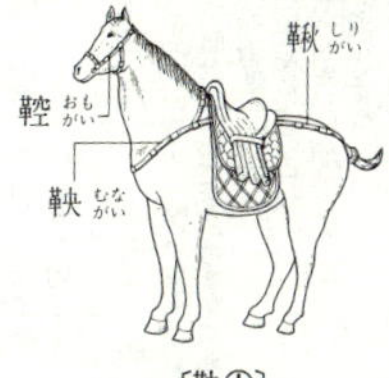

〔鞅①〕

【鞅鞅】オウオウ 楽しまないさま。心に満足せず不平に思うさま。＝怏怏オウオウ。

【鞅掌】オウショウ ①いそがしく働いてひまがないこと。鞅はになうこと、掌はささげること。②自分自身満足しているさま。③物事の多いさま。

(14)5 【靼】8557 △ 一 漢タツ・呉タチ 曷 dá 二 タン 旱　8058 705A

字義 一二 ❶なめしがわ。なめし(鞣ジュウ)。柔革。❷韃靼ダッタンは、古代の蒙古モウコ系の一部族。→韃(8591)。

解字 篆文 形声。革＋旦音。音符の旦タンは、たいらかの意味。毛皮の毛を取り脂肪を除いて平たくした、なめしがわの意味を表す。

(14)5 【鞀】8558 △ トウ 鼗(9345)と同字。→一三七三ジ。

(14)5 【靽】8559 △ ハン 翰 bàn

字義 きずな。ほだし。牛馬をつなぎ留めるための綱。＝絆ハン。

解字 形声。革＋半音。音符の半は、攀ハンに通じ、ひきつなぐの意味。牛馬の足をつなぐ革ひもの意味を表す。

(14)5 【鞁】8560 △ 漢ヒ 呉ビ 寘 bèi　8059 705B

字義 ❶車を引く馬につける飾り。また、鞍くらのおおい。❷ひきづな。また、たづな(手綱)。❸はらおび(腹帯)。

難読 鞁筒つづみ

解字 篆文 形声。革＋皮音。音符の皮は、被に通じ、おおいかけるの意味。革製の馬具の意味を表す。

(14)5 【鞄】8561 標 一 ハク 覚 二 漢ホウ(ハウ) 呉ボウ(バウ) 肴 páo　[鞄] 1983 3373

字義 一二 かわつくり。皮をなめす職人。国 かばん。

解字 金文 篆文 形声。革＋包音。

(14)5 【靺】8562 △ 漢バツ・呉マチ 慣マツ 曷 mò　8060 705C

字義 ❶靺鞨マッカツは、中国古代東北方の異民族。ツングース族。❷たび。くつした。

解字 形声。革＋末音。

(14)5 【鞆】8563 国字 △　8061 705D

字義 とも。ほむだ。弓を射るとき、左臂ひじにつけるまるいあてがわ。

解字 会意。革＋丙。丙の字形に似た、革製の「とも」の意味を表す。

(15)6 【鞋】8564 標 漢カイ・呉ゲ 慣アイ 佳 xié　8062 705E

字義 くつ(靴)。わらじ(草鞋)。

【鞵】同字

解字 形声。革＋圭音。

【鞋底】アイテイ くつの底。転じて、足もと。

【鞋韈】アイベツ くつと、くつ下。

(15)6 【鞍】8565 標 アン 寒 ān　1640 3048

【鞌】同字

字義 くら。牛馬の背につけて、物を載せ、また、人が乗るための具。

解字 篆文 形声。革＋安音。音符の安は、やすんじるの意味。馬などの背に置いて、乗る人を安定させる皮製の馬具、くらの意味を表す。

【鞍上無人鞍下無馬】アンジョウひとなくアンカうまなし 馬術のたくみな人が馬を御するさまの形容。

【鞍韉】アンセン くらと、くらの下に敷く下ぐら。

【鞍馬】アンバ ①くらを置いている馬。↔裸馬。②馬にくらをつける。③国 馬の背の形をした体操用具。また、それを用いた競技。

【鞍轡】アンピ 馬のくらと、たづな。

(15)6 【鞏】8566 △ 漢キョウ 呉ク 腫 gǒng　[鞏] 8063 705F

字義 ❶つかねる(束)。たばねる。なめしがわで堅くくる。❷かたい。堅固。❸おそれる。こわがる。

参考 現代表記では[強](2086)に書きかえることがある。「鞏固→強固」

解字 金文 篆文 形声。革＋巩音。音符の巩キョウは、工具をつつしみ深くしっかりと持つさまにかたどる。なめしがわでかたくくくるの意味を表す。

【鞏鞏】キョウキョウ 物事にこだわるさま。

【鞏固】キョウコ 確かでかたい。しっかりして動かない。強固。

(15)6 【鞉】8567 △ トウ 鼗(9345)と同字。→一三七三ジ。

(15)6 【鞐】8568 国字 △　8064 7060

字義 こはぜ(小鉤)。書物の帙チツ・足袋たびなどの合わせ目につける、爪つめ状のとめがね。角・真鍮シンチュウなどでつくる。

解字 会意。革＋上＋下。上と下とを革ひもでとじる「こはぜ」の意味を表す。

(16) 7 【鞘】8569 標 一 漢ソウ（サウ） 呉ショウ（セウ） 肴 shāo 二 ショウ（セウ） 嘯 qiào ［鞘］ 3068 3E64

字義 一 ❶しおで（しほで）。鞍の前後の両輪の左右につけて、むながい・しりがいをとめるひも。❷むちさき。馬の鞭の先端。
二 さや。刀剣のさや。↕身（み）。

解字 篆文 形声。革＋肖音。

(16) 7 【鞗】8570 △ 漢チョウ（テウ） 呉ジョウ（デウ） 蕭 tiáo

字義 たづな。革のたづな。

解字 形声。革＋攸音。

(17) 8 【鞠】8571 人 キク 屋 jū, jú 2139 3547

筆順 廿 廿 革 鞀 鞠

字義 ❶まり。けまり。＝毱（キク）。❷きわまる（きはまる）（窮）。また、きわめる。❸ただす。責め正す。しらべる。❹かがむ。身を屈する。つつしむ。❺はらばう。❻やしなう（やしなふ）。そだてる。＝育。❼おさない（稚）。若い。❽つげる。＝告。❾みちる（盈（エイ））。❿高いさま。⓫菊。草花の名。 名乗 つぐ・みつ

解字 篆文 形声。革＋匊音。音符の匊（キク）は、両手ですくう意味。両手ですくうほどの球形の、革で作られたまりの意味を表す。

【鞠按】（キクアン） 罪をきわめしらべること。取り調べる。吟味。

【鞠域】（キクイキ） けまりの遊びをする場所。

【鞠育】（キクイク） 養い育てる。養育。〔詩経、小雅、蓼莪〕

【鞠戯（戲）】（キクギ） けまりの遊び。

【鞠躬】（キッキュウ） ①身をかがめて敬いつつしむこと。②転じて気をつかい、ほねをおること。

【鞠躬如】（キッキュウジョ） 身をかがめて敬いつつしむさま。おそれつつしむさま。〔論語、郷党〕入二公門一（コウモンにいるときは）、鞠躬如也（キッキュウジョたり）。

【鞠躬尽（盡）瘁】（キッキュウジンスイ） 身心を労して、国事に尽力すること。〔三国蜀、諸葛亮、後出師表〕

【鞠獄】（キクゴク） 罪をさばいて、刑に処すること。断獄。

【鞠子】（キクシ） おさなご。稚子。

【鞠恧】（キクジク） はにかみ、はじる。鞠は、身をかがめる。恧は、はじる。

【鞠訊】（キクジン） 罪人を取調べる。ぎんみ。

【鞠断（斷）】（キクダン） 取調べて罪を決めること。

【鞠問】（キクモン） 罪をたずね調べること。吟味する。訊問（ジンモン）。

【鞠養】（キクヨウ） 養い育てる。鞠育。

(17) 8 【鞚】8572 △ 漢コウ 呉クウ 送 kòng

字義 おもがい。馬の頭からくつわに掛けるひも。

解字 形声。革＋空音。

(17) 8 【鞜】8573 △ トウ（タフ） 合 tà 8065 7061

字義 くつ（靴）。かわぐつ。

解字 形声。革＋沓音。

(17) 8 【鞞】8574 △ 一 漢ヘイ・呉ヒョウ（ヒャウ） 迥 bǐng 二 漢ヘイ・呉バイ 斉 pí

字義 一 さや。刀のさや。二 つづみ。騎兵が馬上で鳴らすつづみ。

解字 金文 篆文 形声。革＋卑音。

【鞞鼓】（ヘイコ） 馬上で打つ攻め鼓。鼙鼓（ヘイコ）。

【鞞琫】（ヘイホウ） 刀の鞘（さや）のかざり。

(18) 9 【鞨】8575 △ 漢カツ 呉ガチ 曷 hé 8066 7062

字義 ❶かわぐつ（皮靴）。❷靺鞨（マッカツ）は、中国古代東北方の異民族。＝靺（マツ）。

解字 形声。革＋曷音。

(18) 9 【鞫】8576 △ キク 屋 jū, jú 7581 6B71

字義 ❶せめただす。罪を問いただす。＝鞠（キク）。❷きわめる（きはむ）（究）。また、きわまる。

解字 会意。革＋勹＋言。革は、かわのむちの意味。勹は、人の象形。とらえられた人を、革のむちや言葉で罪をせめただすの意味を表す。

【鞫獄】（キクゴク） 罪を取り調べること。

【鞫訊】（キクジン） ＝鞠獄。

【鞫断（斷）】（キクダン） 罪を取り調べて裁断を下すこと。

(18) 9 【鞬】8577 △ 漢ケン 呉コン 元 jiān

字義 ❶ゆみぶくろ。やづつ。馬上につけて、弓矢を入れる道具。❷まり。鞬子。

解字 篆文 形声。革＋建音。音符の建は、のびやかにたつ筆の意味。弓矢を折らないようにおさめる道具、やづつの意味を表す。

【鞬櫜】（ケンコウ） 矢ぶくろと、弓ぶくろ。櫜は、また、よろいぶくろ。

(18) 9 【鞦】8578 △ 漢シュウ（シウ） 呉シュ 尤 qiū 8067 7063

字義 しりがい。牛馬の尾に掛ける組みひも。

難読 鞦韆（ぶらんこ・ふらここ・ゆさわり）

解字 形声。革＋秋音。

【鞦韆】（シュウセン） ぶらんこ。秋千。〔宋、蘇軾、春夜詩〕鞦韆院落夜沈沈（シュウセンインラクよるチンチン）。訳文⇒歌管（五九〇ページ）。

(18) 9 【鞣】8579 △ 漢ジュウ（ジウ） 呉ニュウ（ニウ） 尤 宥 róu 8068 7064

字義 ❶なめしがわ（なめしがは）。柔らかい皮。また、かわいた皮。❷やわらかい。

解字 篆文 形声。革＋柔音。音符の柔は、やわらかいの意味。動物の皮をやわらかくする、なめすの意味を表す。

(18) 9 【鞮】8580 △ 漢テイ 呉タイ 斉 dī

字義 ❶かわぐつ（皮靴）。❷通訳する。また、その者。

解字 篆文 形声。革＋是音。

【鞮鍪】（テイボウ） かぶと。

【鞮訳（譯）】（テイヤク） 通訳する。また、その者。

(18) 9 【鞭】8581 標 漢ヘン 慣ベン 先 biān 4260 4A5C

字義 ❶むち。人や馬をうつむち。❷むちうつ。㋐馬を打つ。㋑罰として人を打つ。㋒はげます。❸昔の刑罰の一つ。

解字 篆文 形声。革＋便音。音符の便は、都合がよいの意味。牛馬にむちうって人の都合のよいように動かす、革のむちの意味を表す。

【鞭撃（擊）】（ベンゲキ） むち打つ。

【鞭策】（ベンサク） ①むち。策も、むち。②むち打ちはげます。

【鞭尸】（ベンシ） しかばねをむち打つ。うらみや怒りを晴らすために死者をむち打って侮辱すること。

【鞭杖】（ベンジョウ） むち。また、むち打つ。

【鞭捶・鞭箠】（ベンスイ） むち。また、むち打つ。転じて、刑罰。

【鞭声（聲）】（ベンセイ） むちをふる音。

【鞭駘】（ベンタイ） 駑馬（ドバ）（歩みのおそい馬）にむち打ってふるいはげますこと。才能がとぼしいながらも勉励努力する意。

【鞭撻】（ベンタツ） ①むち打って牛馬を駆使すること。②転じて、激励する。

【鞭笞】（ベンチ） むちうつ。また、いましめること。

【鞭辟近裏】（ベンペキキンリ） ①むちでうながしはげます。鞭辟は、むちで前方の人を追い払って道を開くこと。近裏は、背面に迫ること。②転じて、努力勉励して深奥に迫ること。また、文章

のきびしいものを評していう。

【鞭△扑】むち。鞭は、役人を罰するむち。扑は学生を罰するむち。

【△雖二鞭△之長一不レ及二馬腹一】強大な力があっても、なおよばない所があることのたとえ。一説に、勢力があっても、みだりに用いないことのたとえ。〔左伝、宣公十五〕

(19)10 【鞳】8582 △ トウ（タフ）合 tà
字義 ❶兵器。❷鞺鞳は、鐘や鼓の音の形容。＝鞈。
解字 形声。革＋荅音。
8069 7065

(19)10 【鞶】8583 △ 漢ハン 呉バン 寒 pán
字義 ❶おおおび。革製の大幅の帯。盤帯。❷馬の腹帯。❸小さい革袋。
解字 篆文 形声。革＋般音。音符の般は、大きいの意味。大きい革製の帯の意味を表す。

(19)10 【鞴】8584 △ 一漢フク・呉ブク 屋 fú 二漢ヒ・呉ビ 寘 bèi
字義 一❶かわぶくろ。❷鞴靫は、矢入れ。うつぼ。二❶車前の横木のおおい。❷ふいごう。
解字 形声。革＋葡音。
8070 7066

(20)11 【鞹】8585 △ カク（クヮク）薬 kuò
字義 ❶つくり皮。毛を取り去った皮。❷きがわ。なま皮。毛を抜き取らないで張りかわした皮。
解字 篆文 形声。革＋郭音。

(20)11 【鞺】8586 △ トウ（タウ）陽 tāng
字義 つづみの音。
解字 形声。革＋堂音。音符の堂は、太鼓の音の擬声語。

(21)12 【韃】8587 △ カ 靴（8551）の本字。→一一八八ページ。

(21)12 【鞼】8588 △ 一漢キ・呉ギ 寘 guì 二カイ（クヮイ）队 guì
字義 一二❶ぬいとりをしたなめし皮。繡革。❷たづな。❸くじく（挫）。また、くじける。挫折する。
解字 篆文 形声。革＋貴音。

(21)12 【鞿】8589 △ 漢キ 呉ケ 微 jī
字義 ❶くつわ。くつばみ。馬銜。❷おもがい。❸きずな。馬をつないでおく綱。❹とりしまる（検）。束縛する。
解字 形声。革＋幾音。音符の幾は近に通じ、近づけるの意味。馬を御者に近づけておく革製のきずな、くつわの意味を表す。

【鞿△羈】①馬のきずな。→字義の③。②心のむすぼれること。

(22)13 【韁】8590 △ 漢キョウ（キャウ）呉コウ（カウ）陽 jiāng
字義 きずな。たずな。馬をつないでおく綱。転じて、束縛する。束縛される。
解字 形声。革＋畺音。

【韁鎖】たづなと、くさり。転じて、他の束縛を受けること。

(22)13 【韃】8591 △ 漢タツ・呉タチ 慣ダツ 曷 dá
字義 韃靼は、古代の蒙古系の一部族。タタール(Tatar)の音訳。はじめは一部族の名であったが、後には蒙古族全体の呼び名となった。
解字 形声。革＋達音。
8071 7067

(23)14 【韅】8592 △ ケン 銑 xiǎn
字義 車をひく牛馬の背につける革ひも。
解字 篆文 形声。革＋㬎音。

(23)14 【韄】8593 △ 漢コ 呉ゴ 遇 hù
字義 ❶刀の下げ緒。刀のかざり糸。❷刀のつか革。❸つかねる。革でしばる。
解字 篆文 形声。革＋蒦音。

(24)15 【韆】8594 △ セン 先 qiān
字義 鞦韆は、ぶらんこ。
解字 形声。革＋遷音。
[韆] 8072 7068

(24)15 【韇】8595 △ 漢トク 呉ドク 屋 dú
字義 ❶やづつ。やなぐい。矢を入れる具。❷めどぎ筒。めどぎ（筮竹）を入れる筒。
解字 篆文 形声。革＋賣音。

(24)15 【韈】8596 △ ベツ 韤（8612）と同字。→一一九三ページ。
[韈] 8073 7069

(30)21 【韊】8597 △ 漢ラン 呉レン 删 lán
字義 えびら。やづつ。大きな弓矢を入れる筒。
解字 形声。革＋蘭音。

9

韋部

〔部首解説〕 なめしがわ。皮（けがわ）・革（つくりがわ）と区別して、韋を「なめしがわ」と呼ぶ。韋を意符として、いろいろな種類の革製品を表す文字ができている。

韋 一一九〇	3 韌 一一九一	5 韎 一一九一	韍 一一九一	8 韓 一一九一
韔 一一九一	9 韙 一一九一	韗 一一九一	10 韞 一一九一	韝 一一九一
韜 一一九一	韛 一一九二	11 韠 一一九二	12 韡 一一九二	15 韤 一一九二

(9)0 【韋】8598 △ イ（ヰ）微 wéi
[韋]準標
字義 ❶かわ。なめしがわ。なめし。❷そむく（背）。たがう（違）。❸かこい。＝囲（圍）。
[韋] 8074 706A

参考 韋の字形について、常用漢字・印刷標準字体では韋の下の部分を井と書き、画数も一画増して十画になる。

解字 甲骨文 金文 篆文 会意。舛＋口。舛は、ステップの方向が違う足の象形。口は、場所を示す。ある場所から、別方向に歩むさまから、そむくの意味を表す。また、借りて、なめし皮の意味も表す。韋を音符に含む形声文字のうち、「群を抜いてすぐれる」の意味を持つものに、偉・葦・禕・違・煒・瑋・韡などがあり、「かこむ」の意味を持つものに、圍（囲）・幃・緯などがある。

【韋応（應）物】中唐の詩人。蘇州（今の江蘇省内）の刺史（長官）となったので、蘇州と号した。著に『韋蘇州集』がある。好んで田園の風物をうたい、王維・孟浩然・柳宗元とともに「王・孟・韋・柳」と呼ばれる。（七三七？—七九一？）

【韋革】①なめしがわと、つくりがわ。②なめしがわ。

【韋弦△之△佩】なめし皮の装身具と弦の装身具。韋は、なめし皮で柔らかく。弦は、弓づるで強くきびしい。性格の強い人は韋を身につけ、弱い人は弦を身につけて、それぞれの個性を変えようとすること。自己修養の訓戒とすること。〔韓非子、観行〕

【韋ᐞ絝布被】(イコフヒ) なめし皮のはかまに、布の着物。倹約質素な様子。

【韋柔】(イジュウ) なめし皮のように柔らかい。軟弱で人にさからわないこと。

【韋昭】(イショウ) 三国時代、呉の学者。字(あざな)は弘嗣(コウシ)。著書に『孝経』『論語』『国語』の注がある。

【韋駄天】(イダテン) ①仏 仏法を守護し、悪魔を駆除する神。剣を持ち武装しており、魔王が仏舎利を盗んでにげたとき、追いかけて取り返したという神。②国 転じて、速く駆ける者をいう。

【韋帯(帶)】(イタイ) なめし皮の帯。貧者の用いるもの。

【韋布】(イフ) 韋帯布衣の略。なめし皮の帯と布の衣。平民・貧者の衣服。

【韋編三絶】(イヘンサンゼツ・イヘンみたびたつ) 読書に熱心なことのたとえ。孔子が易(エキ)を愛読して、なめし皮のとじ糸(竹簡をとじる糸)が何度も切れたという故事。〔史記、孔子世家〕

(12)3 【韌】8599 △ 漢ジン 呉ニン 震 rèn

字義 しなやか。弾力があって強い。＝靭(ジン)。

解字 文 篆 形声。韋＋刃(音)。音符の刃は、忍に通じ、しなやかで強いの意味。しなやかで強いなめし皮の意味を表す。

(14)5 【韎】8600 △ 一 漢バイ・呉マイ 卦 mèi 二 漢バツ・呉マチ 曷 mò

字義 一二 ❶東方異民族の音楽の名。❷あかねぞめの革。茜草(ソウ)で薄くそめたなめし皮。

解字 文 篆 形声。韋＋末(音)。

(14)5 【韍】8601 △ 漢フツ 呉フチ 物 fú

字義 ❶ひざかけ。なめし皮の前だれ。昔、祭服に用いた。韍韐(バッコウ)。＝市(フツ)。❷くみひも。印章の組紐(くみひも)。

解字 金 文 篆 文 形声。韋＋犮(音)。音符の犮(ハツ)は、祓(フツ)に通じ、はらいきよめるの意味。ごみなどを払うことのできる革製のひざかけの意味を表す。金文は、ひざかけの象形。

(17)8 【韓】8602 △ 漢カン 呉ガン 寒 hán [韓]—2058 345A

【韓】標準

字義 ❶いげた。井戸の上に井の字形に組んだ木の囲い。❷戦国時代の国名。魏(ギ)・趙(チョウ)とともに晋(シン)から分立して、今の河南・山西両省の一部を領土としたが、後に秦(シン)のためにほろぼされた。戦国七雄の一つ。(前四〇三—前二三〇) ❸もと朝鮮半島南部の三韓(馬韓・辰韓(シンカン)・弁韓)の地。一八九七年、李(リ)王朝が朝鮮を韓と総称したが、現在は大韓民国の国名。

難読 韓紅(からくれない)

解字 金 文 篆 文 形声。篆文は、韋＋倝(音)。韋は、とりかこむの意味。

【韓ᐞ偓】(カンアク) 晩唐の詩人。字(あざな)は致尭(チギョウ)。その艶麗な詩風は香奩体(コウレンタイ)と称された。著に『香奩集』がある。(八四四—九二三)

【韓海ᐞ蘇潮】(カンカイソチョウ) 韓愈(カンユ)の文は広々として海のようであり、蘇軾(ソショク)の文は波瀾(ハラン)があって潮のようだとの意。〔丹鉛総録、詩話類〕

【韓ᐞ琦】(カンキ) 北宋(ホクソウ)の政治家。字(あざな)は稚圭(チケイ)。英宗の時、魏国公(ギコクコウ)に封ぜられた。(一〇〇八—一〇七五)

【韓詩】(カンシ) 前漢の韓嬰(カンエイ)の伝承した『詩経』をいう。斉詩・魯詩と並んで三家詩といわれる。

【韓詩外伝(傳)】(カンシガイデン・カンシガイデン) 書名。十巻。前漢の韓嬰(カンエイ)の著。『詩経』の注釈書の一種。

【韓信】(カンシン) 秦末(シンマツ)・漢初の武将。淮陰(ワイイン)(今の江蘇(コウソ)省内)の人。若い時、淮陰の少年にまたの下をくぐらせられる侮辱を受けたが、よく忍耐した。はじめは楚(ソ)の項羽に仕え、のちには漢の高祖に仕えて張良・蕭何(ショウカ)とともに三傑と称された。(?—前一九六)

【韓非】(カンピ) 戦国時代末期の思想家。韓の王族の出身で、秦(シン)の李斯(リシ)とともに荀子(ジュンシ)に学んで法家の代表的学者となった。のち、始皇帝に認められたが、李斯の反感にあって自殺させられた。(?—前二三三)

【韓非子】(カンピシ) 書名。二十巻。戦国時代末の韓非の著とされるが、正しくは、韓非の著作を中心として、その一派の論著を五十五編にまとめたもの。旧称は『韓子』であったが、宋(ソウ)以後、韓愈(カンユ)と区別して、『韓非子』と改められた。絶対権力による法治主義を説き、法家思想の代表的著作。

【韓ᐞ愈】(カンユ) 中唐の詩人・文章家。字(あざな)は退之(タイシ)。号は昌黎(ショウレイ)。柳宗元とともに、当時流行の美文を排撃して、古文復興のために力を尽くした。唐宋八大家のひとりで、著に『昌黎先生集』がある。(七六八—八二四)

【韓柳】(カンリュウ) 唐の韓愈(カンユ)・柳宗元の並称。ともに文章家として名高い。「韓柳李杜(リト)」(李杜は、李白と杜甫(トホ))

【ᐞ馳二韓ᐞ盧一逐二蹇ᐞ兎一】(カンロをはせてケントをおわしむ) 韓盧(戦国時代、韓の国に産した名犬)をかけさせて足の悪いうさぎを追わせる。容易に目的を達することのたとえ。〔戦国策、秦〕

(17)8 【韔】8603 △ チョウ(チャウ) 漾 chàng

字義 ゆみぶくろ。また、弓袋に弓を入れる。

解字 篆 文 形声。韋＋長(音)。韋は、なめし皮の意味。音符の長は、ながいの意味。革製の長いゆみぶくろの意味を表す。

(18)9 【韙】8604 △ イ(ヰ) 尾 wěi

字義 よい(善(よ))。ただしい(ただ)。

解字 篆 文 形声。是＋韋(音)。

(18)9 【韗】8605 △ ウン 問 yùn

字義 ❶くつ(靴)。革靴。❷皮をなめし鼓をはる職人。

解字 形声。韋＋軍(音)。

(19)10 【韞】8606 △ 一 漢オン・呉オン(ヲン) 元 wēn 二 ウン 吻 yùn

字義 一 かきいろ(柿色)。赤と黄との中間色。また、赤色。二 ❶つつむ。❷おさめる(蔵)。かくす。❸くしげ。はこ。また、はこに入れる。

解字 形声。韋＋昷(音)。韋(イ)は、かこむの意味。音符の昷(オン)は、あたためるの意味。物を囲んであたためておく、おさめるの意味を表す。

【韞価(價)】(ウンカ) ねうちをつつみかくす。才徳がありながら世人に知らせないことのたとえ。

【韞ᐞ匵・韞ᐞ櫝】(ウントク) 箱の中にしまっておく。才徳がありながらそれを世人に知らせないことのたとえ。〔論語、子罕〕

(19)10 【韝】8607 △ 漢コウ 呉ク 尤 gōu

【鞲】同字

字義 ❶ゆごて(弓籠手)。弓を射るとき、左腕をおおう革製の用具。たまき。射鞲(シャコウ)。❷たかぬき。鷹狩(たかがり)の鷹をとまらせるための、腕をおおう革製の用具。

解字 篆 文 形声。韋＋冓(音)。

(19)10 【韜】8608 △ トウ(タウ) 豪 tāo [韜]—8075 706B

字義 ❶つるぎぶくろ。剣を入れておく袋。❷ゆみぶくろ。弓をおさめる袋。❸つつむ。おさめる(蔵(をさ))。また、かくす。❹『六韜(リクトウ)』は、兵法の奥義を書いた書物。

解字 篆 文 形声。韋＋舀(音)。音符の舀(トウ)は、物をぬきとるの意味。弓や剣をそこから抜き出すふくろ、ゆぶくろ・つるぎぶくろの意味を表す。

【韜△晦】トウカイ ①才知・学問などをつつみくらまして外に現さないこと。韜蔵。②雲・雨などのために薄暗いさま。

【韜弓】トウキュウ ①ゆみ袋。②弓を袋に入れて用いないこと。

【韜△鈐】トウケン ①弓袋と矛の柄。②兵法。

【韜光】トウコウ ①光をかくして外に現さないこと。②才徳をかくして外に現さないこと。

【韜蔵(藏)】トウゾウ つつみかくす。才徳をくらましかくすこと。

【韜略】トウリャク ①『六韜リクトウ』と『三略』との略。共に兵法の書。②転じて、一般に、兵法の書。兵法。

(19)10【韛】8609 △ 漢ハイ 呉バイ 国 bài

字義 ふいごう(ふいがう)。かわで作った袋状の簡単な送風器。

解字 形声。韋＋葡(𦬸)音。音符の葡ヒは、えびらを身につけるの意味。革で作った、えびらのような、ふいごうの意味を表す。

(20)11【韠】8610 △ 漢ヒツ 呉ヒチ 質 bì

字義 ひざかけ。前だれ。なめし革製の前だれ。また、昔、朝服に用いたひざかけ。

解字 文 篆 形声。韋＋畢音。

(21)12【韡】8611 △ イ(ヰ) 尾 wěi

字義 さかん。花の美しいさま。明らかなさま。

解字 文 篆 形声。華＋韋音。音符の韋ィは、なみはずれるの意味。花がはなやかでなみはずれて美しいの意味を表す。

【韡韡】イイ さかんで明らかなさま。美しく輝くさま。

【韡△曄・韡△燁】イヨウ 光り輝くさま。

(24)15【韤】8612 △ 漢バツ・呉マチ 月 wà 慣ベツ

【襪】同字 7504 6B24 【韈】同字 8073 7069

字義 たび。くつした。＝袜バツ。

解字 文 篆 形声。韋＋蔑音。音符の蔑ベツ＝バツは、さげすむの意味。人体の最もいやしい部分に用いる、かわたび・くつしたの意味を表す。

【韤線】ベッセン・バッセン 自身の才能のとぼしいことの謙称。たびの糸は、ほどいても短いことからいう。線は、糸。「韤線の才」

9 韭部

〔部首解説〕 にら。韭キュウを意符として、にらなどの野菜やそれを使った料理に関する文字ができている。

韮→艸部 九三五ページ。

(9)0【韭】8613 △ 漢キュウ(キウ) 呉ク 有 jiǔ ――8076 706C

【韮】標準 3903 4723

字義 にら。球根植物の名。葉は細長く、群生して、秋に小さい白色の花をつける。葉は食用となる。

解字 文 篆 象形。地上に群がりはえそろっている「にら」の象形で、にらの意味を表す。

参考 同字の〔韮〕が印刷標準字体。

〔韮〕→艸部 九三五ページ。

(17)8【韱】8614 △ セン 塩 xiān

【𢧐】俗字

字義 ❶やまにら。山野に自生するにら。❷ほそい。＝纖(纖セン)。

解字 文 篆 形声。韭＋𢦏音。音符の𢦏センは、みじん切りにするの意味。かぼそくて、みじんぎりしたような山にらの意味を表す。

(19)10【䪢】8615 △ セイ 齏(9370)と同字。→一二七六ページ。

字義 ❶あえもの。野菜類を細かく刻んで、からしなどを入れ混ぜた食品。❷まぜる。混和する。❸くだく(砕)。❹みだす(乱)。

解字 文 篆 形声。韭＋次＋朿音。

(19)10【韲】8616 △ セイ 齏(9370)と同字。→一二七六ページ。 ――8078 706E

9 音部

〔部首解説〕 おと。音を意符として、音響に関する文字ができている。

(9)0【音】8617 教1 漢イン 呉オン 侵 yīn 音 オン・イン 訓 おと・ね ――1827 323B

(9)0〔音〕8618

筆順 亠 立 音 音

字義 ❶おと。ね。こえ(声)。聴覚に感ずるひびきの総称。❷ふし。調子。また、音色。❸うた。音楽。❹ことば。言語。❺おとずれ。たより。「無音ブイン」

名乗 お・と 難読 音威子府おといねっぷ・音戸おんど・音更おとふけ・音太おおう

解字 文 金 文 篆 指事。篆文の言(䇂)の口の部分に一点を加えた形で、弦・管楽器や金石草木から発する、おとの意味を現す。音を音符に含む形声文字のうち、「おと」の意味を共有するものに、暗イ・歆キン・瘖イなどがあり、「くらい」の意味を共有するものに、暗・諳アン・闇アン・黯アンなどがある。

▼哀音・遺音・漢音・凶音・玉音・恵音・好音・呉音・字音・声音・促音・知音・潮音・唐音・同音・南音・福音・無音・余音・和音

【音韻】オンイン ①漢字の音(子音と韻)。また、漢字の音のひびき。②おと。ねいろ。音色。

【音義】オンギ 文字の発音と意味。字音と字義。音訓。

【音響(響)】オンキョウ ①音とひびき。②おと。③ひびき。

【音曲】オンキョク ①楽音と楽曲。②楽曲。音楽。③国ギョク 琴・三味線シャミセンなどに合わせてうたう俗曲。

【音訓】オンクン ①文字の発音と意味。②音によって字の意味を解釈すること。音の近い字は意味も多く同じで、劉熙リュウキの著した『釈名シャクミョウ』はこの方法による辞書である。天＝顚テン、政＝正の類。③国漢字の音と日本語に訳した意味。正の「音」はセイ、「訓」はタダシイの類。

【音字】オンジ ①反切の上下二字の中で、下字を韻字というのに対して、上字を音字という。②国表音文字のことで、日本の仮名・西洋のアルファベットの類。音標文字。↔義字。

【音書】オンショ おとずれ。たより。消息。信書。

【音信】オンシン・インシン おとずれ。たより。通信。手紙。

【音節(節)】オンセツ ①音または音楽の調子。音調。②国言語学で、単語を構成する一つのまとまった音声の単位。日本語の

五十音・濁音はいずれも一音節である。シラブル。

【音調】音の調子。また、音楽のふし。

【音程】国二つの楽音の高さのへだたり。

【音吐】ものいう声。詩歌を吟じたり、文章を朗読したりする声。「音吐朗朗」

【音頭】国①雅楽の合奏のとき管弦の第一奏者をいう。②多人数でうたうとき、調子をそろえるために、ひとりでまず発声すること。③多人数で踊るためにつくられた歌。

【音読(讀)】①漢字の字音。②国㋐漢字を字音で読むこと。↕訓読。㋑声を出して読むこと。↕黙読。

【音博士】国平安時代の大学教官の名。漢字の音を教授した。

【音標文字】国＝音字の②。

【音便】国発音の便宜によって、原音とはちがった発音をするものをいう。イ・ウ・促・撥音便の四つがある。「咲きて→咲いて」の類。

【音問】①おとずれたずねる。②おとずれ。③たより。音信。

【音容】①声と姿。〔唐、白居易、長恨歌〕一別音容両渺茫。②音調。

【音律】①音楽の調子。音の調子。②音楽。

(13)4
【韵】8619　△ イン　韻(8622)と同字。↓上段。
8081
7071

(13)4
【韴】8620　△ 漢ソウ(サフ)　呉ゾウ(ザフ)　合 zá
字義 ときれごえ。国ふつ。韴霊(ふつのみたま)は、上古の神剣の名。
解字 形声。音＋帀音。

(14)5
【韶】8621　△ 漢ショウ(セウ)　呉ジョウ(ゼウ)　蕭 sháo
8080
7070
字義 ❶中国伝説時代の天子舜が作ったといわれる音楽。韶舞。❷つぐ(継)。❸うつくしい(美)。
解字 文 篆 形声。音＋召音。音符の召は、まねくの意味。神を招く音楽の意味を表す。
【韶音】舜帝の作ったと伝える音楽。
【韶華】①はなやかな春の景色。また、春の光。②青年時代。青春。
【韶景】＝韶華の①。
【韶光】＝韶華の①。
【韶舞】舜帝の作ったと伝える韶という舞楽。

(19)10
【韻】8622　常 イン
1704
3124
筆順 ㇐ 立 音 韶 韻
㊀ウン 問 yùn　㊁イン(キン) 震 yùn
【韵】同字 8081 7071
字義 ㊀㊁❶ひびき。ねいろ。調子。字音のうち、子音に続く、母音や韻尾の音調。また、その調和。❷詩賦・歌曲の類。「韻文」❸漢字を韻によって分類したもの。隋・唐代は二〇六、元・明以後は一〇六に区分する。❹おもむき。様子。気風。「風韻」❺風雅。風流。❻このみ。趣向。
名乗 おと　難読 韻塞(いんふたぎ)
解字 文 篆 形声。音＋員音。音符の員は、丸いの意味。まろやかな音、ひびきの意味を表す。
▼押韻・音韻・換韻・気韻・琴韻・高韻・詩韻・次韻・松韻・畳韻・神韻・清韻・泉韻・探韻・通韻・風韻・幽韻・余韻・和韻
【韻学(學)】音韻を研究する学問。

【韻脚】詩や賦の句末に用いる韻字。

【韻鏡】書名。文字をそれぞれの字音に従って図表上に配列した音韻学の書。唐末五代のころの作とされるが、著者は不明。

【韻士】風流な人。雅士。

【韻字】詩や韻文で、脚韻に用いる文字。

【韻事】風流の遊び。詩歌・書画などの遊び。

【韻書】漢字を韻で分類整理した字書。『広韻』など。

【韻籤】韻字を記した小さな札。この札を箱に入れ、おみくじを引くように振り出し、各自が得た韻字で詩を作る。

【韻致】風流なおもむき。風韻。

【韻文】①一定の韻字を句末に用いて、調子を整えた文章。詩・賦など。②国詩の形式をそなえた文。↕散文。

【韻目】漢字を韻によって分類した、その項目。↓一〇六詩韻韻目表（一二六二ページ）。

【探韻】多人数が集まって詩を作るとき、韻字を一つずつ書いた札をくじ引きして、それぞれが得た韻字で詩を作ること。↓韻籤。

(20)11
【響】8623　常 キョウ　ひびく
2233
3641
(22)13
〔響〕8624
漢キョウ(キャウ)　呉コウ(カウ)　養 xiǎng
筆順 乡 郷 郷 響 響
【響】俗字　許
字義 ❶ひびき。㋐こえ(声)。「音響」㋑さしひびき。「影響」㋒きこえ。評判。❷ひびく。㋐音声がひびく。㋑影響する。㋒こたえ(答)。応答。㋓評判になる。❸たより。音信。
解字 文 篆 形声。音＋郷音。音符の郷は、むきあうの意味。むきあう音、ひびきの意味を表す。
▼遺響・影響・音響・声響・絶響・反響・悲響
【響応(應)】ひびきが声につれて起こるように、人の言動に応じて、すぐに行動を起こすこと。

【響震・響振】①ひびきふるう。②わめきさわぐ。おどろきさわぐ。

【響箭】鳴りひびく矢。かぶら矢。嚆矢。

(22)13
【響】(8624)　キョウ　響(8623)の旧字体。↓前項。

9
頁部

〔部首解説〕 おおがい。貝と区別していう。また、頁の字形を一ノ貝と分解して「いちのかい」とも呼ぶ。頁を意符として、頭や顔に関する名称、その状態などを表す文字ができている。

頁 一一九三	順 一一九四	頏 一一九五	5 頚 一一九六	頷 一一九七	7 頤 一一九七	頽 一一九八	顄 一一九九	顎 一一九九	顨 一二〇〇	顗 一二〇一	12 顧 一二〇二	15 顰 一二〇三
2 頃 一一九四	4 頑 一一九五	頌 一一九五	頒 一一九六	頜 一一九七	頴 一一九七	頭 一一九八	頞 一一九九	顔 一一九九	顓 一二〇〇	顡 一二〇一	顥 一二〇二	16 顱 一二〇三
頂 一一九四	頍 一一九五	頓 一一九六	頖 一一九六	頬 一一九七	頷 一一九七	頻 一一九八	頟 一一九九	顒 一二〇〇	題 一二〇〇	顛 一二〇一	顦 一二〇二	17 顲 一二〇三
3 項 一一九四	頎 一一九五	頒 一一九六	領 一一九六	頡 一一九七	頫 一一九七	頼 一一九八	頻 一一九九	顕 一二〇〇	類 一二〇一	顛 一二〇二	13 顫 一二〇三	18 顴 一二〇三
須 一一九四	頊 一一九五	預 一一九六	6 頞 一一九七	頮 一一九七	頸 一一九七	8 顆 一一九九	9 額 一一九九	顋 一二〇〇	10 願 一二〇一	類 一二〇二	14 顯 一二〇二	顳 一二〇三

潁→水部 六二四ページ。穎→禾部 八〇三ページ。

(9)0
【頁】8625　標
4239
4A47
㊀漢ケツ・呉ゲチ 屑 xié　㊁ヨウ(エフ) 葉 yè　慣コウ
字義 ㊀❶かしら。こうべ。頭。❷くびすじ。うなじ。

㊁ページ。書物の紙面で、その片面。また、それを数える語。＝葉。「頁数」

解字 金文 篆文　象形。人の頭部を強調した形にかたどり、かしらの意味を表す。篆文は亮であったが、頁に変形した。

(11) 2
【頃】8626 標
㊀㊊ケイ ㊉キョウ（キャウ） 梗 qǐng
㊁㊊ケイ ㊉キョウ（キャウ） 庚 qīng
㊂キ 紙 kuǐ
2602 3A22

字義 ㊀❶ころ。㋐このごろ。ちかごろ。近来。㋑時分。「若かりし頃」❷しばらく。わずかの時間。「食頃」❸面積の単位。一頃は百畝（周代の一畝は約一・八二アール）。㊁かたむく。また、かたむける。＝傾。㊂かたあし。片足をあげること。また、その歩幅。半歩。＝跬。 難読 頃者

解字 篆文　会意。匕＋頁。匕は、かたむく人の象形。かしらをかたむけるの意味を表す。借りて、ころの意味をも表す。

【頃筐】かごの一種。上縁の一方が高く、一方が低いかご。

【頃刻】わずかの時間。しばらく。

【頃日】このごろ。ちかごろ。頃者。頃月。

【頃者】ちかごろ。者は、助字。頃日。

【頃田】一頃の田。百畝の土地。→字義の㊀の③。

【頃歩】半歩（日本でいう一歩）。跬歩。

【頃来（來）】ちかごろ。このごろ。

(11) 2
【頂】8627 教6 チョウ いただく・いただき
㊊テイ ㊉チョウ（チャウ） 迥 dǐng
3626 443A

筆順 丁 丁丆 頂 頂

字義 ❶いただき。㋐頭の最上部。㋑かしら。こうべ。頭。㋒物の最上部。「山頂」❷いただく。㋐頭や物の上にのせる。㋑転じて、大切にする、うやまいあつかうなどの意。❸冠の上につけた金銀珠玉などのかざり。転じて、冠を数えるときの単位。
国いただく。もらう・食べる・買い受けるなどの謙譲語。
難読 頂吉・頂辺

解字 篆文　形声。頁＋丁㊄。頁は、人の頭部の意味。音符の丁は、頭のある釘の意味。いただきの意味を表す。

▼骨頂・絶頂・天頂・摩頂
【頂光】㊃仏の頭上から発する光。後光。円光。

【頂上】①いただき。てっぺん。②この上ないこと。最上。③名を書き足す。④上に奉る。

【頂戴】①頭にいただく。おしいただく。②清代に官吏の帽子のいただきに珠玉金石をつけてその等級を区別したしるし。③国もらい受けることの敬語。拝受。

【頂門一針】頭のいただきに刺した一本の針。人の急所をおさえる、きびしいいましめのたとえ。頂門金椎。頂門鍼。（針は、鍼とも書く）

【頂門金椎】頭上を打つ鉄のつち。目ざめさせる、きびしいいましめのたとえ。頂門一針。

【頂礼（禮）】㊃インド古代の最敬礼の形式。長者の前にひれ伏して、頭を地につけ、その人の足もとで拝む。

(12) 3
【項】8628 常 コウ
㊊コウ（カウ）・㊉ゴウ（ガウ） 講 xiàng
2564 3960

筆順 ェ 工丆 項 項

字義 ❶うなじ。くびすじ。くびの後の部分。❷くび（頸）。❸冠のうしろ。❹おおきい（大）。❺ことがら。「事項」❻分類の条目。法令では、款の下、目の上。「項目」❼法律などの箇条。「条項」❽数学用語。数式で組み立ての要素となる数。「同類項」

解字 篆文　形声。頁＋工㊄。音符の工は、後に通じ、うしろの意味。首のうしろ、うなじの意味を表す。

▼事項・条項
【項羽】＝項籍。

【項王】＝項籍。

【項籍】秦末の武将。字は羽。秦討伐の兵を挙げ、秦王子嬰を殺した後、沛公（後の漢の高祖）と天下を争い、垓下の戦いで敗れ、烏江（今の安徽省内）で自殺した。鴻門の会・垓下の歌などで知られる。（前二三二―前二〇二）

〔項羽〕

【項荘（莊）】秦末の豪傑。項羽のいとこ。鴻門の会に剣舞によって沛公（後の漢の高祖）を討とうとして失敗した。

【項背相望】前後の人がたがいにうなじと背なかを見合う。人の往来のひんぱんなたとえ。

【項伯】秦末漢初の武将。項羽のおじ。名は纏。伯は字。楚の将軍であったが、鴻門の会に沛公（後の漢の高祖）をかばい、のち漢に仕えて射陽侯に封ぜられ、劉氏の姓を賜った。（？―前一九二）

【項目】小さい箇条。小分類。

【項領】①大きな頸。②くび（頸）。また、うなじ。くびの後の部分。③要害の地のたとえ。

(12) 3
【須】8629 人 ㊊シュウ（シウ）㊉ス・シュ 虞 xū
3160 3F5C

筆順 彡 彡丆 須 須

字義 ❶まつ。待ちうける。❷もちいる。必要とする。助けとする。「必須」❸ねがう。のぞむ。求める。また、求め。❹ひげ。あごひげ。＝鬚。❺とどまる（止）。❻しばらく。しばらくして。「須臾」❼すべからく…べし。⇩助字解説

助字解説
すべからく……べし。再読文字。ぜひ……する必要がある。……することが大切である。〔貝原益軒、慎思録〕病愈多忘レ慎。〈病気が治ると慎重さを忘れがちである。ぜひとも病苦の時を忘れないようにすべきである〉須ニ常思ニ病苦時一。

名乗 もとむ 難読 須軽谷・須受武良

解字 金文 篆文　象形。金文は、顔面にひげのある人の形にかたどり、ひげの意味を表す。須は、彡＋頁の会意。また、需に通じ、まちもとめるの意味をも表す。

【須鬚】あごひげと、ほおひげ。鬚髯。

【須弥（彌）山】㊃須弥は梵語 Sumeru の音訳で、妙高の意。太陽がこの山の陰に入れば夜となり、現れると昼となるという、海中にある大山。蘇迷盧。修迷楼。

【須弥（彌）壇】㊃寺院などで本尊を安置する壇。須弥山にかたどったもの。須弥座。

【須臾】①しばらく。少しの間。暫時。寸刻。〔唐、白居易、燕詩示ニ劉叟一〕須臾十来往、猶恐ニ巣中饑一。〈わずかの間に十往復もしても、それでもまだ、巣の中のひなが腹をすかせているのではないかと心配する〉〔唐、劉廷芝、代下悲ニ白頭一翁上詩〕→宛転の②（三九九ぺ一）。②㊃一昼夜の三十分の一の時間。

【須要】①最も必要なこと。たいせつなこと。②ぜひとも…しなければならない。

【不レ須】…するに及ばない。「不レ須レ辞」（辞退するに及ばない）」

(12) 3
【順】8630 教4 ジュン
㊊シュン・㊉ジュン 震 shùn
2971 3D67

筆順 川 川 順 順 順

字義 ❶したがう。㋐よる。より従ってさからわない。「耳順」〔論語、為政〕六十而耳順ロクジュウにしてみみしたがう（ふ）。㋑そう。物によりそう。㋒ならう。まねる。㋓あとにつき従う。㋔帰服する。「帰順」❷すなお。おとなしい。「柔順」❸やわらぐ。「和順」❹安んずる。また、よろこぶ。❺うける（承）。うけつぐ。❻物事の次第。順序。❼かわいがる。愛する。❽おしえる。＝訓。❾正しい。また、よい。「順否」

名乗 あや・あり・おさむ・かず・しげ・とし・なお・のぶ・のり・はじめ・まさ・みつ・むね・もと・やす・ゆき・よし・より

参考 〔遵〕を〔順〕に書きかえるのは、正式の用字ではないが一般に行われている。「遵守→順守」「遵法→順法」

解字 篆文 形声。頁＋川㊌。音符の川は、かわの意味。川の流れるように事態の流れるにまかせる顔になる、したがうの意味を表す。

▼温順・帰順・逆順・恭順・敬順・耳順・従順・柔順・筆順・不順

【順延】ジュンエン 一日ずつ後へのばすこと。「雨天順延」

【順縁】ジュンエン ①㊕順当な事によって仏縁を結ぶこと。↔逆縁。②国㋐老人から順に死ぬこと。↔逆縁。㋑当然そうなるはずの理由があること。

【順応（應）】ジュンノウ・ジュンオウ 外部の情況によって自分の行動を自由に変えること。適応。

【順気（氣）】ジュンキ ①正しい気。なごやかな気。②順当な気候。③気候に順応する。④気性に従う。

【順義】ジュンギ 正しい道理にしたがう。

【順逆】ジュンギャク 道理に従うことと、そむくこと。正と邪。

【順境】ジュンキョウ すべてがつごうよくいく好運な場合。得意の境遇。↔逆境。

【順行】ジュンコウ ①順を追って行く。順序を追って進んで行く。↔逆行。②従順な行い。③天文学で、地球から見て、見かけの上で天体が西から東にまわる運動。

【順孝】ジュンコウ 祖父母・父母の命に従って孝道をつくすこと。孝順。

【順次】ジュンジ ①順番。順序。②じゅんに。順々。逐次。

【順守】ジュンシュ 道理に従いそれをまもる。したがいまもる。遵守。

【順正】ジュンセイ 道理に従って正しい。

【順接】ジュンセツ 上下の文が順当に接続すること。「だから」「ので」の類。↔逆接。

【順中之逆】ジュンチュウのギャク 幸いの中の不幸。順境の中の不幸。

【順調】ジュンチョウ 物事が順序正しくととのい運ぶこと。すらすら調子よく進むこと。

【順適】ジュンテキ ①順調にゆくこと。②道理に従うこと。

【順当（當）】ジュントウ 道理に従って適当なこと。期待どおりであること。当然。常道。

【順徳】ジュントク ①すなおでおだやかな徳。②徳に従う。

【順風】ジュンプウ ①船の進行方向に向かって吹く風。追手。↔逆風。②風の向きに従う。

【順法】ジュンポウ 法律や規則に従うこと。遵法。

【順奉】ジュンポウ 従いうける。従い守る。遵奉。

【順良】ジュンリョウ 目上の者の命令に従っておとなしい。すなお。温順。

【順礼（禮）】ジュンレイ ①礼儀に従う。②国諸国をめぐって神仏を礼拝すること。また、その人。巡礼。

【順路】ジュンロ ①順序よく進んで行ける道筋。②順序。③正しい道理に従う。

(13) 4 【頑】 8631 常 ガン　漢ガン（グヮン）・呉ゲン 刪 wán　2072 3468

筆順 元 元 頑 頑 頑

字義 ❶かたくな。かたいじ。融通がきかない。❷にぶい。㋐おろか（愚）。❸むさぼる（貪ドン）。よくふか。❹わるい。凶悪。

解字 篆文 形声。頁＋元㊌。音符の元は、圜ケンに通じ、めぐるの意味。考えがある一つの事だけをめぐってこだわる、かたくなの意味を表す。

【頑強】ガンキョウ ①頑固で屈せず強いこと。手ごわいこと。②国体がじょうぶなこと。

【頑健】ガンケン 体がすぐれてじょうぶなこと。

【頑固】ガンコ かたくな。心がねじけていて、他のことを認めようとしないこと。また、事理を解しないこと。

【頑鈍】ガンドン ①才知がにぶくてかたくななこと。②無恥。はじしらず。③刀のなまくらなこと。また、その刀。

【頑夫】ガンプ かたくなで欲ばりな男。〔孟子、万章下〕頑夫廉ガンプもレンなり

【頑昧】ガンマイ かたくなで道理にくらいこと。

【頑民】ガンミン ①かたくなでおろかな民。②為政者の命に反抗する人民。

【頑迷】ガンメイ 国かたくなで道理をわきまえないこと。

【頑冥】ガンメイ 国かたくなで道理にくらいこと。「頑冥固陋コロウ」

【頑魯】ガンロ かたくなでおろか。頑闇ガンアン。頑愚。

【頑陋】ガンロウ かたくなで心がいやしいこと。

(13) 4 【頍】 8632 △ キ 紙 kuǐ

字義 ❶あおむく。頭をあげる。❷後頭部の髪をつつむきれ。

解字 篆文 形声。頁＋支㊌。

(13) 4 【頎】 8633 △ ㊀漢キ・呉ゲ 微 qí ㊁漢キン・呉コン 問 ㊂コン 阮 kěn

字義 ㊀㊁❶背が高くりっぱなさま。❷頭のかたちがよいさま。❸ちいさい（小）。㊂❶ねんごろ。また、ねんごろなさま。❷いたみなげくさま。

解字 篆文 形声。頁＋斤㊌。音符の斤は、柄の長い手おのの象形。手おののように伸びた先端に頭部があるといった、背たけの高いさまを表す。

(13) 4 【頊】 8634 △ ㊀漢キョク・呉コク 沃 xù ㊁漢ギョク・呉ゴク 沃

字義 ㊀❶つつしむさま。❷頊頊は、自失のさま。❸顓頊センギョクは、上古の帝王の名。㊁人の後頭部。

解字 金文 篆文 形声。頁＋王（玉）㊌。

(13) 4 【頏】 8635 △ ㊀漢コウ（カウ）・呉ゴウ（ガウ） 陽 háng ㊁コウ（カウ） 養　8082 7072

字義 ㊀❶とびおりる。鳥が下方に向かってとぶ。❷くび（頸ケイ）。のど。＝吭コウ。㊁のど（咽イン）。＝吭コウ。

解字 形声。頁＋亢㊌。音符の亢コウは、のどぼとけの意味。頁は、人の頭部の意味。のどの意味を表す。

(13) 4 【頌】 8636 囚 ㊀漢ショウ・呉ジュウ 宋 sòng ㊁漢ヨウ・呉ユウ 冬 róng 慣ジュ　8083 7073

筆順 公 公 頌 頌 頌

字義 ㊀❶ほめる。ほめたたえて述べる。❷『詩経』の六義リクギの一つ。宗廟ソウビョウにおける楽歌で、神徳を形容・賛美したもの。❸文体の一つ。人君などの功績や人格の偉大さをほめたたえたもの。❹占いのことば。繇チュウ。❺㊕ジュ。梵語ボンゴ gāthā の音訳。偈ゲ。仏徳や教理を賛美する詩。㊁❶さま。かたち。容貌ヨウボウ。❷ゆるやか。また、ゆとり。❸おおやけ（公）。

名乗 うた・おと・つぐ・のぶ・よし・よむ

解字 金文 篆文 形声。頁＋公㊌。頁は、あたまの意味。音符の公は、祭りの広場の意味。

味。あたまに装いをこらして広場で祭りの舞いをするさまから、ほめたたえるの意味を表す。

【頌歌】ショウカ ①ほめてうたう。また、その歌。謳歌オウカ。②神仏をたたえた歌。

【頌賛(賛・頌^讃)】ショウサン 人の功績や徳をほめたたえること。また、その文。

【頌辞(辭)】ショウジ ほめことば。美辞。賛辞。

【頌春】ショウシュン 新春をたたえ祝う。年賀のあいさつの言葉。

【頌声(聲)】ショウセイ 声は、ことば・歌・音楽などをいう。①功績・人格をほめたたえる声。②平和な時世をたたえる歌や声。

【頌徳碑】ショウトクヒ ある人の功績・人格をほめたたえる文章をほりきざんだ記念碑。

【頌美】ショウビ ほめる。称美。称頌。

(13) 4 【頓】8637 標 一トン 願 dùn 二漢トン・呉ドン 願 三漢トツ・呉トチ 月 dú 3860 465C

字義 一❶ぬかずく。頭を下げて地につける。❷つまずく。たおれる。㋑失敗する。❸くるしむ。また、苦しめる。❹やぶれる。㋐こわれる。❺容儀をくずす。❻つかれる。❼とどめる(止)。とどめる。とまる。やどる。❽ととのえる。❾すてる。また、やめる。❿たび。一回。また、一回の食事。⓫とみに。にわかに。急に。二にぶい。＝鈍。三人名。→冒頓ボクトツ(五三一ページ)。

難読 頓宮はやみ・はみや

解字 篆文 形声。頁＋屯音。音符の屯トンは、集まるの意味。頭を地面に打ちつけるまで下げる礼で、下げてきた勢いが地面で一時中断され、力が集中するところから、ぬかずくの意味を表し、つまずくの意味も表す。

【頓宮】トングウ 仮の御所。行在所アンザイショ。行宮。

【頓狂】トンキョウ 国だしぬけに調子はずれな言動をすること。

【頓悟】トンゴ 仏ただちにさとりを開くこと。修行の段階をへずに悟りに至ること。↔漸悟。

【頓^挫】トンザ ①勢いが急にくじけおとろえること。②文章の調子が急に変わってゆるやかになること。③国計画や事業などが途中で急にだめになること。

【頓死】トンシ 国にわかに死ぬ。急死。

【頓舎】トンシャ とまりやどる。軍隊が陣を取るのをいう。

【頓首】トンシュ ①頭を地面まで下げる敬礼。頓顙トンソウ。②手紙などの末尾に書く、敬意を表すことば。

【頓^顙】トンソウ ＝頓首の①。

【頓^萃・頓^顇】トンスイ 苦しむ。また、苦しめる。

【頓足】トンソク 足をばたばたさせる。じだんだをふむ。足ずりをする。

【頓知・頓^智】トンチ 国その場に応じて働く知恵。機知。頓才。

【頓着・頓著】トンチャク ①すえ置く。安置。②仏トンジャク 物をむさぼってやまないこと。貪着トンジャクの誤用。③国トンチャク・トンジャク 気にかけること。留意。掛念ケネン。懸念ケネン。

【頓服】トンプク ①薬などを一度に飲むこと。②国一日に何度と分けて飲まず、急病などの時に一回に飲む薬。

【頓弊】トンペイ 破れすたれる。廃頓。荒頓。

【頓^踣】トンボク つまずきたおれる。

(13) 4 【頒】8638 常 ハン 一ハン 刪 bān 二漢フン・呉ブン 文 fén 4050 4852

筆順 ハ 分 分 頒 頒

字義 一❶わける。わかつ。㋐わけあたえる。上から下にたまわる。㋑わかちしく。法令など広く行き渡らせる。㋒区分する。❷まだら(斑)。「頒白」❸びん(鬢)。びんづら。❹大きな頭。また、そのさま。❺おおいさま。二❶大きな頭のさま。❷おおいさま(衆)。

解字 篆文 形声。頁＋分音。音符の分は、墳に通じ、土をもりあげた墓の意味。墓のように大きな頭の意味を表す。また、分は、わかれるの意味で、白黒に分かれた頭髪、しらがあたまの意味を表し、単に、わかつの意味にも用いられる。

【頒行】ハンコウ 広く一般に広めること。発布。

【頒賜】ハンシ お上から物を分け与えること。分賜。頒賚ハンライ。

【頒白】ハンパク しらがまじりの頭髪。ごましお。また、その人。〔孟子、梁恵王上〕頒白者不負戴於道路ハンパクのものドウロにフタイせず。

【頒布】ハンプ ①法律命令などを公にし、広く知らせること。公布。②国広く分けくばること。配布。

(13) 4 【預】8639 教5 ヨ あずける・あずかる ヨ 御 yù 4534 4D42

筆順 マ 予 予 預 預

字義 ❶あらかじめ。まえもって。前から。また、あらかじめしておく。❷あずかる。㋐人や物をあずかる。保管する。引き受ける。㋑かかわる。関与する。❸あずける。❹やすんずる。また、楽しむ。国あずかる。受ける。こうむる。

名乗 まさ

解字 篆文 形声。頁＋予音。音符の予は、伸びやかの意味。顔が伸びやかになる、やすんずるの意味を表す。転じて、ゆとりをもって、あらかじめするの意味を表す。

▼参預・不預

【預言】ヨゲン 予言。①あらかじめいう。未来のことを前もっていう。②キリスト教で、神霊に打たれたと自覚したものが、神託を述べることば。

【預度】ヨタク 前もってはかる。預料。

【預備】ヨビ 事が起こらない前に、前もって用意すること。予備。

(14) 5 【頚】8640 △ ケイ 頸(8654)の俗字。→一二九七ページ。 2359 375B

(14) 5 【頗】8641 標 一ハ 歌 pō 二ハ 哿 pǒ 3192 3F7C

字義 一❶かたむく(傾)。❷かたよる。㋐片方へ寄る。㋑公平でない。「偏頗ヘンパ」❸よこしま(邪)。二すこぶる。㋐すこし。やや。㋑かなり。やや多く。㋒おびただしく。はなはだ。

解字 篆文 形声。頁＋皮音。音符の皮は、波に通じ、なみのように揺れ傾くの意味。頭がゆれ傾くさまから、かたよるの意味を表す。

【頗側】ハソク かたよる。偏側。

【頗偏】ハヘン 偏頗。①かたよる。②不公平。

【頗牧】ハボク ①戦国時代、趙チョウの名将、廉頗レンパと李牧リボクをいう。②広く、名将の意。

(14) 5 【頖】8642 △ ハン 翰 pàn

字義 頖宮は、諸侯の学校。

解字 形声。頁＋半音。

(14) 5 【領】8643 教5 リョウ 漢レイ・呉リョウ(リャウ) 梗 lǐng 4646 4E4E

筆順 ノ 令 令 領 領

字義 ❶くび(頸ケイ)。❷うなじ。くびすじ。頸くびの後の部分。❸えり。衣服の頸にふれる部分。❹そろい。かさね。衣類を数える語。一領は、一そろい・一かさね。❺おさめる(治・理)。❻すべる(統)。すべひきいる。また、取りしまる。「統領」❼うける(受)。「受領」❽さとる。心に理解する。「領解」❾大事なところ。要点。「要領」❿もちまえ。才能・技量など。「本領」⓫かしら。おさ。「首領」⓬ずきん。頭にかぶる布。⓭みね(峰)。＝嶺レイ。国リョウす。㋐自分のものとする。㋑とりつく。乗り移る。

難読 領巾ひれ

解字 篆文 形声。頁＋令音。音符の令は、うなじをたれて神意を聴くの意味。頁は、かしらの意味。うなじ

の意味を表す。

▼衣領・引領・押領・横領・管領・綱領・宰領・主領・首領・受領・所領・占領・総領・統領・頭領・拝領・本領・要領

【領域】リョウイキ　①所有する地域。領地の範囲。②一国の主権の及ぶ全区域。③国学問・研究などで関係者が関心を持っている部門。

【領会(會)】リョウカイ　さとる。わかる。領解。

【領海】リョウカイ　一国の主権の下にあると認められている海面。↕公海。

【領解】リョウカイ　①さとる。のみこむ。了解。②唐代、郷試（各地方で行う進士の予備試験）に合格すること。

【領▵巾】レイキン　ひれ。昔、婦人の首に掛けて装飾としたきれ。ネッカチーフ。

【領悟】リョウゴ　さとる。また、さとり。

【領事】リョウジ　①事を引き受けて処理すること。②本国政府の命により、条約国に駐在して通商・交通の視察・保護をしたり、在留民の取り締まりなどをする官吏。

【領主】リョウシュ　①領土の持ち主。②国㋐荘園ショウエンの所有者。㋑大名。

【領▵袖】リョウシュウ　①えりとそで。②人の上に立ってその代表となるような人。人のかしらに立つ人。首領。

【領承】リョウショウ　承知する。承諾。

【領地】リョウチ　①所有する土地。所属地。②国㋐江戸時代の大名の所有地。㋑＝領土。

【領土】リョウド　①領有している土地。領地。②その国の主権の下にある土地と、沿岸の近海の一定の区域。

【領得】リョウトク　①物事をのみこむこと。さとる。②取って自分のものにすること。取得。

【領分】リョウブン　国①所有している地域・土地。②勢力範囲。

【領有】リョウユウ　自分のものとして持つ。自分の所領。

【引レ領】リョウをひく　うなじをひく　頸くびを長くのばす。待ち望むさま。〔孟子、梁恵王下〕

(15) 6
【頞】8644　△
字義 一はなばしら。鼻すじ。二人名。
一㊥アツ・㊦アチ 圀 è　二アン 嗡 ǎn
形声。頁＋安㊥。音符の安アン＝アツは、やすんじるの意味。顔のまん中に安定している、はなばしらの意味を表す。
解字 篆文

(15) 6
【頟】8645　△　㊥ガク　㊦ギャク　陌 é
字義 ❶ひたい。ひたひ。＝額。❷→頟頟。
解字 篆文
形声。頁＋各㊥。音符の各は、挌カクに通じ、つきだすの意味。人体の頭部のつき出た部分、ひたいの意味を表す。

【頟頟】ガクガク　悪事をし続けてやむことがないさま。

(15) 6
【頜】8646　△
一㊥カン・㊦ガン 感 hàn　二コウ（カフ） 合 hé　三ガン 感
字義 一二あご。おとがい。おとがひ。三うなずく。＝頷ガン。
解字 篆文
形声。頁＋合㊥。音符の合は、あうの意味。上下の二つがあわさって物をかむのに用いる器官、あごの意味を表す。

(15)6
【頰】8647　△　キョウ　頰(8653)の俗字。→下段。　4343 4B4B

(15) 6
【頡】8648　△
一㊥ケツ・㊦ゲチ 屑 xié, jié　二㊥カツ・㊦ケチ 黠 jiá　慣キツ　8086 7076
字義 一❶まっすぐな首すじ。❷とび上がる。❸大きい。二❶のぞく(除)。へらす。❷かすめる。盗む。
解字 金文 篆文
形声。頁＋吉㊥。音符の吉は、ひきしめるの意味。鳥が首すじの筋肉をひきしめて、飛びあがるの意味を表す。

【頡▵頏】ケッコウ・キッコウ　①鳥が飛び上がり、飛び降りる。②勢力がはりあって優劣のないこと。③首筋が強いこと。④転じて、人に屈しないこと。

【頡滑】ケッコツ　①いり乱れる。錯乱する。②まがりくねるさま。一説に、言いくるめる。詭弁キベンを弄ロウする。

(15) 6
【頫】8649　△
一フ 麌 fǔ　二チョウ（テウ） 嘯 tiào
字義 一うつむく。＝俯フ。頭をたれる。二❶うつむいて聞きいる。❷みる。まみえる。天子にお目にかかる。
解字 形声。頁＋兆㊥。

【頴】→水部 六四ページ。

(16) 7
【頤】8650　△　イ 支 yí　8085 7075
【頥】俗字
字義 ❶あご。㋐両頰ほおの下部から下あごまでをいう。㋑おとがい。おとがひ。下あご。❷やしなう。やしなふ(養)。「頤養」❸こちそうする。❹あごをしゃくる。あごで指図する。❺語調を助ける助字。❻易エキの六十四卦カの一つ。☳☶震下艮上シンカゴンジョウ。物をかんで、人を養うかたち。

解字 金文 篆文
会意。匠＋頁㊥。匠は、『説文セツモン』では、あごの象形とする。しかし、金文などでは授乳のできる大きな二つの乳の象形と考えられる。乳にもっていく頭のさまから、やしなう・あごの意味を表す。

【頤愛】イアイ　養いいつくしむ。

【頤使】イシ　あごでさしずする。人を自由に使う。頤指。

【頤指】イシ　＝頤使。→前項。

【頤養】イヨウ　やしなう。はぐくむ。養成。

【頤和園】イワエン　北京市の西北郊外にある庭園。清シンの乾隆時代の旧跡を光緒十四年（一八八八）改修したもの。万寿山・昆明湖などで名高い。

(16) 7
【頴】8651　簡　エイ　穎(5371)の簡易慣用字体。→八〇三ページ。　1748 3150

(16) 7
【頷】8652　標
一㊥カン・㊦ガン 感 hàn　二ガン 感 hǎn　8087 7077
字義 一❶あご。おとがい。おとがひ。下あご。❷顔が黄色い。食物不足で顔色が悪い。二うなずく。うなづく。頭を軽く下げて、承知の意を示す。
解字 金文 篆文
形声。頁＋含㊥。音符の含は、ふくむの意味。物を口に含むときたいせつなはたらきをする、あごの意味を表す。

【頷首】ガンシュ　うなずく。うなずいて承知の意を表す。点頭。

【頷▵聯】ガンレン　律詩の第三・第四句に当たる両句をいう。第二聯。

(16) 7
【頬】8653　標　キョウ（ケフ） 葉 jiá　[頰] 4343 4B4B
【頰】俗字
字義 ❶ほお。ほほ。顔の両側。❷かお。顔つき。
解字 篆文
形声。頁＋夾㊥。音符の夾キョウは、はさむの意味。顔面を両側からはさむさまになる部分、ほおの意味を表す。

【頬適】キョウテキ　顔色をやわらげて気持ちよさそうなこと。

【頬▵輔】キョウホ　ほお。

(16) 7
【頸】8654　標　㊥ケイ　㊦キョウ（キャウ） 梗 jǐng　8084 7074
【頚】俗字　2359 375B
字義 ❶くび。のどくび。首の前の部分。くびすじ。❷物の中央の部分。くびすじに似たところ。
難読 頸城くびき
解字 篆文
形声。頁＋巠㊥。音符の巠ケイは、まっすぐで強いの意味。頭につらなる、まっすぐで強い部分、くびの意味を表す。

【頸血】くびから流れる血。〔史記、廉頗・藺相如伝〕得下以二頸血一濺中大王上矣。

【頸領】くび。くびすじ。

【頸聯】律詩の第五・第六句に当たる両句をいう。第三「聯。

【延レ頸鶴望】鶴のように頸を長くのばして、待ちのぞむ。鶴首して待つ。鶴首。〔蜀志、張飛伝〕

【係レ頸以レ組】冠や髪につける組みひもを首にかける。首をくくって殺してくれと降伏の意を示す。〔史記、高祖本紀〕

(16) 7

【頹】8655

△ 漢タイ　呉ズイ（ヅイ）　因 tuí　[頽]標準　[頺]俗字　[穨]　8088　7078

字義 ❶くずれる。㋐落ちる。くずれ落ちる。㋑たおれる。㋒かたむく。㋓おとろえる。「衰頹」❷くずす。❸したがう。なびき従う。❹いだく（懐）。心にいだく。また、思いに沈む。❺はやて。疾風。暴風。

参考 ①現代表記では〔退〕(7773)に書きかえることがある。「衰頹→衰退」「頹勢→退勢」「頹廃→退廃」②〔頽〕は同字で、印刷標準字体。

解字 会意。頁＋禿。禿は、頭がはげるの意味。頭がはげるの意味から転じて、くずれるの意味を表す。

【頹運】おとろえた運命。衰運。頹勢。

【頹岸】くずれかかった岸。

【頹乎】①なびき従うさま。従順なさま。②酒に酔いくずれるさま。頹然。

【頹弛】くずれゆるむ。また、おとろえる。

【頹思】思いに沈む。沈思。

【頹勢】くずれかかったいきおい。おとろえかかった運命。衰勢。退勢。頹運。

【頹然】①酒に酔って体がくずれたおれるさま。②柔順なさま。③力のないさま。老衰のさま。④物のくずれるさま。

【頹堕（墮）委靡】体や気力などが次第にくずれ衰えること。

【頹墜】くずれ落ちる。崩墜。

【頹替】くずれすたれる。衰頹。頹廃。

【頹唐】くずれ落ちる。

【頹波】①くずれかかる波。②物事が衰えてゆくたとえ。

【頹敗】＝頹廃。→次項。

【頹廃（廢）】くずれすたれる。やぶれすたれる。不健全。デカダン。廃頹。退廃。

【頹風】①荒い風。はやて。暴風。②頹廃した風俗。

【頹敝・頹弊】くずれ破れる。

【頹陽】夕日。入り日。落日。夕陽。

【頹齢（齡）】老いおとろえる年齢。老年。

【頹漏】くずれて雨がもる。

(16) 7

【頭】8656

教 2　トウ・ズ・ト　あたま・かしら

漢トウ・呉ズ（ヅ）　因 tóu　唐チュウ・ジュウ（ヂュウ）　慣ト　3812　462C

筆順 豆 頭 頭

字義 ❶あたま。かしら。㋐こうべ。からだの上部で、頸から上。↔身。㋑髪の毛。頭髪。㋒物の先端。いただき。「竿頭」㋓はじめ。「年頭」㋔知恵。頭脳。㋕かしらに立つ者。長。首領。❷ほとり。あたり。❸物を数える語。㋐昔、人を数えるのに用いた。㋑動物を数える語。㋒食膳を数える語。❹名詞にそえて語勢を助ける助字。「舌頭」

国❶かみ。㋐律令制における寮の長官。㋑蔵人頭の略称。「とう」ともいう。❷かしら。職人などの親方。

難読 頭垢・頭椎

解字 篆文 形声。頁＋豆音。頁は、かしらの意味。音符の豆は、頭の部分の大きいたかつきの象形。あたま・かしらの意味を表す。

▼音頭・回頭・街頭・巻頭・岸頭・牛頭・橋頭・巨頭・鶏頭・原頭・口頭・江頭・地頭・社頭・塾頭・出頭・城頭・心頭・人頭・陣頭・舌頭・船頭・低頭・店頭・点頭・年頭・念頭・馬頭・筆頭・冒頭・没頭・毛頭・竜頭・路頭・露頭・湾頭

【頭会（會）箕斂】人の頭かずを数えて税を取り立てる。税を多く取り立てるたとえ。

【頭角】①あたまの先。②はし（端）。はじめ。③「見二頭角一」は、他の人にぬきん出てすぐれていること。

【頭寒足熱】国（寝るときに）頭を冷やし、足を暖めること。健康法の一つ。

【頭巾】①布で作ったかぶりもの。帽子の類。②国修験者（山伏）が用いた小さなずきん。兜巾。

【頭首】①あたま。かしら。②人の上に立つ者。長。

【頭緒】①物事のいとぐち。はし。端緒。②心のいろいろな思い。意緒。③条理。

【頭足異レ処（處）】首を切られて頭と足がはなればなれになること。首足異レ処。〔史記、淮陰侯伝〕

【頭陀】仏梵語 dhūta の音訳。抖擻と意訳し、煩悩を払い去る意。僧が托鉢して修行すること。また、その僧。

【頭陀袋】①頭陀の修行をする僧が、物を入れるために首にかける袋。国②だぶだぶした袋。

【頭注・頭註】書物の上欄に書き加えてある解釈・説明・批判など。↔脚注。

【頭童歯（齒）豁】頭がはげ、歯がぬけてまばらになること。老人になること。〔唐、韓愈、進学解〕

【頭髪上指】頭の髪が逆立つ。はげしく怒ったさま。〔史記、項羽本紀〕

【頭風】頭がいたむこと。頭痛。

【頭蓬】よもぎのように乱れた頭髪をいう。

【頭目】①あたまと目。②元代、軍中の将官をいう。③かしら。親分。

【頭領】多くの人のかしら。おさ。

【頭盧・頭顱】あたま。されこうべ。

【以レ頭搶レ地】①地面に頭をつけてあわれみをこうさま。〔文選、司馬遷、報二任少卿一書〕②怒るさま。

【改レ頭換レ面】表面だけを変えること。〔唐、寒山、詩〕

【懸レ頭刺レ股】勉強中に睡気をさますため、頭を綱で梁につるした楚の孫敬と、錐を股にさした秦の蘇秦の故事。〔戦国策、秦〕「紀」

【垂レ頭塞レ耳】こびへつらうさま。〔後漢書、殤帝紀〕

【蔵（藏）レ頭露レ尾】頭かくして尻かくさず。〔紅楼夢、三十四回〕

(16) 7

【頻】(8664)

ヒン　頻(8663)の旧字体。→一一九九ページ。

(16) 7

【頼】8657

(16) 貝 9 [賴] 8658

常　ライ　たのむ・たのもしい・たよる　人許　ライ　秦 lài　4574　4D6A

筆順 束 頼 頼

字義 ❶よる。たよる。たのむ。たのみにする。あてにする。「依頼」「信頼」❷たより。たのみ。❸える（得）。取る。利益を得る。また、利益。❹よい（善）。❺さいわい（幸）。おかげで。都合よく。

国❶たのむ。㋐請い願う。㋑まかせる。❷たのもしい。頼りになる。

名乗 のり・よ・よし・より

難読 頼母子講

解字 篆文 形声。もと、貝＋剌音。音符の剌は、束に通じ、袋に物をとじこめるの意味。金品を袋にとじ

こんで、もうけるの意味を表す。常用漢字は貧の部分を貝に変形させた、頼による。

▼信頼・無頼

【頼山陽】(ライサンヨウ) 国江戸後期の漢学者・歴史家。名は襄(のぼる)。字(あざな)は子成。通称は久太郎。号は山陽・三十六峰外史。安芸(あき)（今の広島県）の人。詩文書画にすぐれ、著に『日本外史』『日本政記』などがある。（一七八〇—一八三二）

［頴］→禾部 八〇三ページ。

(17)8 【顆】8659 標 カ（クヮ） 哿 kē, ②kě — 8089 7079

字義 ❶つぶ（粒）。まるい形をしたもの。顆粒。また、それを数える語。「一顆」❷土のかたまり。

解字 篆文 形声。頁＋果音。音符の果は、木の実の意味。頁は、まるいあたまの意味。木の実のようなまるい小さなつぶの意味を表す。

(17)8 【頷】8660 △ 漢カン 呉ガン 感覃 hàn

字義 あご。おとがい。下あご。＝頜(ガン)。

解字 形声。頁＋函音。音符の函(カン)は、ふくむの意味。食物をふくむ下あごの意味を表す。

(17)8 【顉】8661 △ 一ガン 感 hàn 二漢キン・呉コン 侵 qīn

字義 一うなずく。頭をたれる。＝頷(ガン)。二❶しゃくれたあご。❷しゃくるように揺り動かす。

解字 篆文 形声。頁＋金音。

(17)8 【顇】8662 △ 漢スイ 呉ズイ 寘 cuì

字義 ❶やつれる。やせる。「顦顇(ショウスイ)」❷うれえる。また、やむ（病）。❸まじりけがない。

解字 篆文 形声。頁＋卒音。音符の卒は、つきるの意味。限度に達しつきるまで、頭を悩ます・やつれるの意味を表す。

(17)8 【頻】8663 常 ヒン — 4149 4951

(16)7 〔頻〕8664 漢ヒン 呉ビン 真 pín, ②bīn

筆順 丨 止 歩 歩丆 頻

字義 ❶しきりに。たびたび。しょっちゅう。「頻繁」❷みぎわ。水辺。きし（岸）。❸さしせまる。❹ならぶ（並）。❺したしむ。＝比。❻ひそめる。しかめる。顔をしかめる。＝顰(ヒン)。❼はなすじ。

解字 会意。もと、渉＋頁。

【頻伽】(ビンガ) 仏梵語(ボンゴ)迦陵頻伽(カリョウビンガ) kalaviṅka の略。雪山（ヒマラヤ）に住み、つねに妙音で鳴くという鳥。

【頻行】(ヒンコウ) ならんでゆく。並行。

【頻蹙・頻顣】(ヒンシュク) 顔をしかめること。

【頻数（數）】(ヒンスウ・ヒンサク) しばしば。たびたび。しきりに。

【頻度】(ヒンド) あることがくりかえして起こる度数。

【頻年】(ヒンネン) 毎年毎年。連年。頻歳。

【頻煩】(ヒンパン) ①しばしば。たびたび。②わずらわしい。

【頻繁】(ヒンパン) ①しばしば。たびたび。②いそがしい。③しきりに勧めること。〔唐、杜甫、蜀相詩〕三顧頻繁天下計(サンコヒンパンなりテンカのケイ)。

【頻頻】(ヒンピン) しきりに。たび重なるさま。

(18)9 【額】8665 教5 ガク ひたい 漢ガク・呉ギャク 陌 é — 1959 335B

筆順 宀 安 客 客頁 額

字義 ❶ひたい。ぬか。❷たか。数量。「定額」❸ガク。紙や板などに、文字などを書いて、門や軒などの上部に掲げておくもの。「扁額(ヘンガク)」

難読 額戸(こうど)・額田(ぬかだ)

解字 形声。頁＋客音。音符の客は、挌(カク)に通じ、つきだすの意味。人体の頭部のつき出た部分、ひたいの意味を表す。

▼価額・題額・勅額・点額・猫額

【額黄】(ガクコウ・ガッコウ) ひたいにぬった黄色の顔料。中国六朝時代、婦女の化粧の一つ。

【額面】(ガクメン) 国①額。扁額(ヘンガク)。②公債・株券などに表記してある金額。転じて、文字どおりには受け取ってはならないの意に用いる。

【鳩レ額】(ひたい(ひ)をあつむ) 数人が顔を寄せて相談する。鳩首(キュウシュ)。

(18)9 【顎】8666 標 ガク 薬 è — 1960 335C

字義 おごそか。おごそかにつつしむ。国あご。あぎと。

解字 形声。頁＋咢音。

(18)9 【顔】8667 教2 ガン かお 笑顔(えがお) — 2073 3469

(18)9 〔顏〕8668 漢ガン 呉ゲン 刪 yán — 8090 707A

筆順 亠 产 彦 彦頁 顔

字義 ❶かお。かんばせ。㋐ひたい（額）。ぬか。㋑かおつき。かおいろ。かおだち。㋒体裁。面目。❷いろどり。彩色。「顔料」❸あらわれる（見）。

解字 篆文 形声。頁＋彦（彥）音。音符の彦(ゲン)は、鉱物性の顔料の意味。化粧を施す部分、かおの意味や、いろどりの意味を表す。

▼温顔・解顔・開顔・花顔・汗顔・玉顔・厚顔・抗顔・紅顔・朱顔・聖顔・尊顔・天顔・童顔・拝顔・破顔・美顔・容顔・竜顔

【顔延之】(ガンエンシ) 南朝宋(ソウ)の詩人。字(あざな)は延年。臨沂(リンキ)（今の山東省内）の人。詩文にひいで、謝霊運と並んで顔謝と称せられた。（三八四—四五六）

【顔淵】(ガンエン) →顔回。

【顔回】(ガンカイ) 春秋時代、魯(ロ)の人。孔子の門人。字(あざな)は子淵(シエン)。顔淵とも呼ばれる。孔子の門弟中、最もすぐれ、徳行にすぐれていた。孔子より先に死んだ。亜聖と称せられた。（前五二一—前四八一?）

【顔元】(ガンゲン) 清初(シンショ)の儒学者。字(あざな)は渾然(コンネン)。号は習斎。陽明学を学び実践を重んじた。（一六三五—一七〇四）

【顔巷】(ガンコウ) 孔子の弟子の顔回が住んでいた町の意で、学者などが清貧に甘んじて住んでいる非常にむさくるしい所をいう。孔子が顔回を評したことばによる。〔論語、雍也〕

【顔厚】(ガンコウ) ①つらの皮の厚いこと。はじしらず。厚顔。顔甲。②はじ入ることの謙遜(ケンソン)のことば。

【顔之推】(ガンシスイ) 北斉の学者。字(あざな)は介。隋(ズイ)の太子に召されて学士となった。著に『顔氏家訓』がある。（五三一—五九〇?）

【顔之徒】(ガンのト) 道徳を修めて顔回のようになろうと願う仲間。

【顔氏家訓】(ガンシカクン) 書名。二巻。北斉の顔之推(ガンシスイ)の著。隋(ズイ)の仁寿年間（六〇一—六〇四）に成立。道徳・学問・教養・処世の法などについて述べ、子孫をいましめた教訓の書。

【顔師古】(ガンシコ) 唐初の学者。字(あざな)は籀(チュウ)。『漢書』の注釈を書いた。（五八一—六四五）

【顔常山舌】(ガンジョウザンのした) 顔真卿の弟で常山の太守であった顔杲卿(ガンコウケイ)が安禄山(アンロクザン)と戦い、敗れて捕らえられ、安禄山をののしったために舌を切られた故事。〔唐書、忠義伝〕

【顔色】(ガンショク) ①顔いろ。面色。顔つき。容貌(ヨウボウ)。容姿。ようす。「無二顔色一」（生彩がない、また、圧倒されたさま）〔唐、劉廷芝、代下悲二白頭一翁上詩〕洛陽女児惜二顔色一(ラクヨウのジョジはガンショクをお(を)しみ)、行逢二落花一長歎息(ゆくゆくラッカにあい(ひ)てチョウタンソクす)。〈洛陽の町の娘たちは、自分の容色の移ろいゆくのを惜しみ、散りゆく花の下を

歩いては、明日はわが身と深いため息をつくのであった〉②きけん。③色。色彩。④絵の具。

【犯⼆顔色⼀】ガンショクをおかす ＝犯レ顔。

【顔真(眞)△卿】ガンシンケイ 唐の政治家・書家。臨沂リン(今の山東省臨沂県)の人。字あざなは清臣。諡おくりなは文忠。玄宗・粛宗・代宗・徳宗の四代に仕えて重用されたが、反将李希烈リキレツに殺された。その書は、長く後世の範とされている。顔魯公とも称された。(七〇八―七八四)

【顔△貌】ガンボウ かおかたち。おももち。面貌。

【顔容】ガンヨウ ＝顔貌ガンボウ。→前項。

【顔料】ガンリョウ ①化粧ケショウなどの材料。べに・おしろいなどの類。②絵の具。③着色・染料などの材料。④塗料。

【解レ顔】かお(ほ)をとく 喜び笑う。そうごうをくずす。

【承レ顔】かお(ほ)をうく ①人に面会することの謙辞。②人の顔色を見る。そうして相手の気に入るようにすること。

【犯レ顔】かお(ほ)をおかす 相手のきげんをそこなう。また、そうしてもなお直言する。おもてをおかす。

(18)9 【顒】8669 △ 漢ギョウ 呉グ 囹 yóng

字義 ❶大きなあたま。また、大きいさま。❷つつしむ。また、おごそか。

解字 篆文 形声。頁＋禺(音)。音符の禺グは、大きな頭のさるの象形。大きな頭の意味を表す。

【顒顒】ギョウギョウ ①温和でつつしみぶかいさま。②思いしたうさま。③波の高いさま。

(18)9 【顕】8670 常 ケン　2418 3832
(23)14 【顯】8671 人 許 ケン 囹 xiǎn　8093 707D

筆順 日 旦 显 顕 顕

字義 ❶きらびやかな頭のかざり。❷あきらか。㋐あざやか。鮮明。㋑いちぢるしい。著名。❸あらわれる(あらはる)。↔隠。㋐はっきりする。おもてむきになる。きわだつ。㋑栄える。「顕達」❹あらわす(あらはす)。明らかにする。❺あらわに。あきらかに。㋐おおやけに。おもてむきに。㋑はっきりと。❻そこ。おもて。❼みる(見)。注視する。❽高貴なもの、神聖なものにそえる接頭語。「顕職」

名乗 あき・あきら・たか・てる

解字 金文 篆文 形声。金文は、㬎＋見(音)。㬎は、太陽のもとでの糸の意味。日中、糸を見るの意味から、はっきりしているの意味を表す。見は、のち、頁に変形して、顯となった。常用漢字は、それを省略した形。

▼隠顕・貴顕

【顕位】ケンイ 尊い位。高位。
【顕栄(榮)】ケンエイ 身分が高くなり、さかえること。
【顕△赫】ケンカク 明らかにあらわれる。さかんに輝く。
【顕学(學)】ケンガク 有名な学問。また、有名な学者。
【顕官・顕△宦】ケンカン 地位の高い官職。また、高い地位の官吏。高官。
【顕△諫】ケンカン あからさまに(正面から)いさめる。
【顕教】ケンキョウ 仏釈迦シャカが具体的に説き示した教え。禅宗・浄土宗など。↔密教。
【顕顕】ケンケン あきらかなさま。明々白々。
【顕現】ケンゲン はっきりと現われること。
【顕考】ケンコウ ①高祖の敬称。②亡父の敬称。
【顕在】ケンザイ 国かたちに現れて存在すること。↔潜在。
【顕示】ケンジ はっきり示す。明示。
【顕正】ケンショウ 仏正しい仏の教えを明らかに示すこと。「破邪顕正」
【顕彰・顕章】ケンショウ (かくれた)功績・善行などを明らかにし、表彰する。
【顕職】ケンショク 地位の高い職。また、その職にいる官吏。顕官。
【顕達】ケンタツ 身分が高くなりさかえる。高位に登る。
【顕著】ケンチョ いちじるしい。めだって明らか。
【顕△妣】ケンピ 亡母の敬称。
【顕微】ケンビ ①あらわれていることと、かすかなこと。②微小な物事を明らかにする。「顕微鏡」
【顕微無間】ケンビムカン あらわれていること(現象)とかすかなこと(本体)との間には、区別はない。〔宋、程頤、易伝序〕
【顕報】ケンポウ あきらかな(さかんな)むくい。陽報。
【顕密】ケンミツ ①機密に参与する、高位の職。②仏顕教と密教。真言宗で、すべての宗教を顕教と密教に分け、真言宗を密教、その他を顕教という。
【顕黙(默)】ケンモク あきらかなことと、くらいこと。世に出ることと隠遁トンすること。
【顕要】ケンヨウ 地位や職務の高くて重要なこと。また、その位や職。また、その位や職にいる人。
【顕揚】ケンヨウ 現しあげる。高く現す。世に明らかにする。

(18)9 【顋】8672 △ サイ 腮(3222)の正字。→五三三ジ。　8091 707B

難読 顋門ひよめき

解字 形声。頁＋思(音)。

(18)9 【頿】8673 △ シ 髭(8941)と同字。→一三三三ジ。

(18)9 【顓】8674 △ セン 囹 zhuān

字義 ❶うやうやしい。つつしむさま。❷よい(善)。❸おろか(愚)。❹もっぱら。＝専。❺小さいさま。また、丸いさま。❻顓頊センギョクは、中国古代伝説上の帝王の名。→顓頊。

解字 篆文 形声。頁＋耑(音)。

【顓△頊】センギョク 中国古代伝説上の帝王の名。黄帝の孫。高陽(今の河南省内)に都したので高陽氏と号した。
【顓制】センセイ ほしいままに事を行うこと。専制。専断。
【顓顓】センセン ①小さなさま。②おろかなさま。一説に、まるいさま。
【顓民】センミン 良民をいう。
【顓門】センモン ある書物・学問・技術を専ら修め、他のことに余りかかわらないこと。専門。

(18)9 【題】8675 教3 ダイ 漢テイ 呉ダイ 囹 tí　3474 426A

筆順 日 旦 早 是 題 題

字義 ❶ダイ。㋐詩文や書物などの表題。㋑問題。「課題」❷ひたい(ひたひ)(額)。❸さき(先)。かしら(頭)。物のはし。❹しるす(識)。㋐書き記す。書きつける。㋑印をつけて目だつようにする。表す。❺しるし。標識。❻しなさだめ。品評。❼文体の名。本文を要約して巻頭に書きしるす文。「題跋バツ」

解字 篆文 形声。頁＋是(音)。音符の是は、つきでるの意味。顔の中でつき出ている部分、ひたいの意味を表し、転じて、物のめじるしの意味を表す。

▼解題・改題・課題・季題・議題・休題・句題・主題・即題・探題・勅題・難題・標題・封題・命題・例題・話題

【題詠】ダイエイ 国題を設けて詩歌を作ること。
【題画(畫)】ダイガ 山水・人物などの絵に、それにちなんだ詩や文を記すこと。画賛。
【題額】ダイガク ①がく。文字などを書き記した額。②かけがく(扁額ヘンガク)に書き記すこと。
【題言】ダイゲン 国はしがき。書物などの巻頭のことば。
【題材】ダイザイ 文芸作品の主題となる材料。
【題字】ダイジ 書物の初めや石碑の上部などに記した文字。
【題辞(辭)】ダイジ 書物の初めに記したことば。全体の主旨を述べるもので、序跋ジョバツとほぼ同じ。

【題△簽】国書物の題名を書いて表紙にはる紙や布。

【題△跋】①書籍・書画などの題辞と跋文。②書物の最後に書き記す跋文。

【題品】しなさだめ。品評。

【題壁】壁面に詩文を書き記す。

【題名】①漢文の文体の一つ。名勝・仏閣などに年月・同行の人の名などを記すもの。②人目につくところに名を記す。③詩文・書物などの名。④題目の名。文章の主意をまとめて、初めに記したもの。⑤科挙（官吏登用試験）に合格した人の名簿。

【題目】①品定め。品評。②見出し。表題。③詩文の題。④名前。名称。⑤試験などの問題。⑥仏日蓮宗で南無妙法蓮華経の七字のよび名。

(18)9
【類】8676　教4　ルイ
(19)10
〔類〕8677　人許　ルイ　寘 lèi
4664
4E60

筆順　丷 米 类 類 類

字義　❶たぐい。㋐同族。同種。仲間。同等のもの。「種類」㋑物事の比較。善悪の区別。ちがい。〔孟子、告子上〕此之謂レ不レ知レ類也。❷たぐう。たぐえる。くらべる。「比類」❸にる（似）。また、似かよった先例。ためし。「類例」❹かたどる（象）。かたち。形象。また、姿。様子。❺のり（法）。一定の法。❻よい（善）。❼みな。すべて。❽おおむね。大概。

名乗　とも・よし

解字　篆文　会意。犬＋米＋頁。頁は、あたまの意味。米も頁も、似通うつぶの意味。犬も、その顔に区別を認めにくいところから、似る・二つ以上の同質のものを重ねそろえる、くらべるの意味を表す。

▼異類・殊類・人類・生類・等類・同類・比類・品類・部類・無類

【類縁】①一族。親類。やから。②形状・性質などに似かよった関係があって、その間に縁故のあること。

【類句】①詩歌・文章などのたがいに似た句。また、それを集めたもの。②国同種類の和歌・俳句。

【類語】①同種類のことば。②国詩歌や文章の中の同種の語をとりだして五十音順に並べ、調べるのに便利にした本。

【類次】分類して順序をつける。

【類似】似ている。似かよう。

【類従（從）】＝類聚。

【類集】＝類聚。↓次項。

【類△聚】種類に従って集める。また、その書物。「芸文類聚」

【類書】①種々の書物の中から、それぞれの事項に従って分類編集して、調べるのに便利にした書物。一種の百科辞典。②国同類の書。似かよった書物。

【類焼（燒）】近所の火事が燃え移って焼ける。類火。

【類推】異なるものの中から、たがいに似かよった点をもとにしておしはかる。類比推理。

【類別】種類ごとに分ける。分類。種別。

【類編】分類して編集する。また、その書物。

【類例】似かよった例証。また、類似の先例。

【以レ類△聚】同類のもの、共通点のあるものどうしが、それぞれたがいによりあつまる。〔易経、繫辞上〕

【絶レ類離レ倫】仲間の人たちより非常にすぐれていること。〔唐、韓愈、進学解〕

【不レ知レ類】物事の軽重をわきまえない。

(19)10
【願】8678　教4　ガン　ねがう
漢ゲン・呉ガン（グヮン）　願 yuàn
2074
346A

筆順　厂 斤 盾 原 原 願 願

字義　❶ねがう。㋐のぞむ。ねがいのぞむ。「念願」㋑いのる。「祈願」㋒うらやむ。したう。㋓たのむ。こう。「請願」㋔思う。❷ねがい。のぞみ。願望。❸ねがわくは。なにとぞ。どうか。❹つねに。いつも。国ガン。神仏に祈ること。「願をかける」

解字　篆文　形声。頁＋原音。音符の原は、愿に通じ、つつしむ・きまじめの意味。きまじめの頭のさまから、かたくなに一事をねがうの意味を表す。

▼哀願・祈願・結願・懇願・志願・至願・宿願・心願・誓願・請願・素願・訴願・大願・嘆願・勅願・念願・悲願・伏願・発願・本願・満願

【願糸（絲）】七夕の日に織女星に裁縫などが上手になるように祈るため、竹ざおの先にかける糸。

【願望】①ねがいのぞむ。②ねがいごと。

【願力】①神仏に対する祈りの力。②仏阿弥陀如来の誓願の力。

(19)10
【顗】8679　△　漢ギ　呉ゲ　尾 yǐ

字義　❶うやうやしい。おごそかなさま。❷やすらか。また、しずか（静）。

解字　篆文　形声。頁＋豈音。

(19)10
【顙】8680　△　ソウ（サウ）　養 sǎng

字義　❶ひたい（額）。❷あたま（頭）。いただき。❸ほお（頰）。❹ぬかずく。おじぎをする。額を地につけて礼をする。

解字　篆文　形声。頁＋桑音。

(19)10
【顚】8681　標　テン　先 diān
〔顛〕俗字
［顚］
3731
453F

字義　❶いただき。㋐頭のいただき。㋑山のいただき。「山頂」㋒さき（先）。すえ（末）。❷ひたい（額）。❸もと。根本。❹さかさ。また、さかさまにする。❺たおれる（倒）。また、たおす。「顚倒」❻あわてる。うろたえる。「顚沛」❼まよう（迷）。❽常軌を逸する。❾↓顚顚。

参考　現代表記では〔転〕（7635）に書きかえることがある。「七顚八倒→七転八倒」「顚倒→転倒」「顚覆→転覆」

解字　篆文　形声。頁＋眞音。音符の眞は、天に通じ、いただきの意味。頁は、かしらの意味。あたまのいただきの意味を表す。また、跌に通じて、つまずきたおれるの意味をも表す。

【顚△隕】ころがり落ちる。顚落。

【顚越】＝顚隕。↓前項。

【顚狂】①気が狂う。②動作の落ち着かないたとえ。

【顚△僵】①くつがえり倒れる。②くつがえし倒す。

【顚△蹶】①つまずき倒れる。②失敗する。

【顚墜】①くつがえり落ちる。顚落。②失敗してほろびる。

【顚△跌】①つまずき倒れる。②事が思うようにならず失敗すること。③危難にあって苦しむこと。

【顚顚】①うれいに沈んでのびのびしないさま。②車馬のいかめしいさま。③専一なさま。④おろかなさま。

【顚倒】転倒。①さかさまになる。また、さかさまにする。②たおれる。また、たおす。③うろたえる。平静を失う。

【顚△頓】くつがえり倒れる。

【顚△沛】①つまずき倒れる。〔論語、里仁〕顚沛必於レ是　訳文⇩造次顚沛（一〇八八ページ）。②うろたえる。③くじける。挫折する。④危急存亡の場合。⑤とっさの場合。短い時間。

【顚△狽】たおれうろたえる。

【顚覆】転覆。①くつがえる。また、くつがえす。②うちこわ

す。ほろぼす。また、こわれほろびる。

【顚末】テンマツ　物事の始まりと終わり。一部始終。事のいきさつ。

【顚毛】テンモウ　頭のいただきの毛。頭髪。頂髪。

【顚落】テンラク　くつがえり落ちる。ころげ落ちる。転落。

(19)10【顛】8682　△テン　顚(8681)の俗字。→前項。　3731 453F

(19)10【類】(8677)　ルイ　類(8676)の旧字体。→一二〇一ページ。

(21)12【顧】8683　常　コ　かえりみる　漢コ　呉ク　遇 gù　2460 385C

(21)12〖顧〗8684

筆順　戸 戸 戸 雇 顧 顧

字義　❶かえりみる。㋐ふりむいてみる。㋑みまわす。あたりをぐるぐる見まわす。㋒反省する。㋓心にかける。心配する。㋔いつくしむ。かわいがる。「眷顧」㋕たずねる。おとずれる。「三顧之礼」❷みる。みつめる。また、観察する。❸おもう(思)。❹かえりみ。なさけ。「恩顧」❺かえる。もどる。「顧反」❻めぐる(旋)。❼かえって。反対に。❽ゆえに。それゆえ。❾ただ(但)。

使いわけ　かえりみる〔顧・省〕

〔顧〕後方や過去をふりかえる。「顧みて他を言う」

〔省〕反省する。「自らを省みる」。

なお、気にしない意のかえりみないは〔顧〕を用いる。「家庭を顧みない」

解字　篆文　形声。頁＋雇㊅。音符の雇は、古に通じ、ふるいの意味。頭を過ぎ去った方・後方に向けて見るの意味を表す。

▼愛顧・恩顧・回顧・懐顧・指顧

【顧哀】コアイ　いつくしみあわれむ。

【顧炎武】コエンブ　明末・清初の学者。江蘇省崑山の人。字は寧人。号は亭林。魯王に仕え、後、清朝に召されたが、二朝に仕えるべきではないという母の遺命を守って応じなかった。博学多才、経書に通じ、考証学の祖といわれる。『日知録』など多数の著書がある。(一六一三—一六八二)

【顧懐(懐)】コカイ　したう。心を寄せる。

【顧△愷△之】コガイシ　晋の画家。字は長康。博学多才で、人物画にもすぐれ、虎頭将軍となったので、顧虎頭とも称された。「女史箴図」「洛神賦図巻」が現存する。(三四五?—四〇六)

【顧客】コカク・コキャク　とくい客。おとくい。

【顧忌】コキ　遠慮する。はばかる。

【顧遇】コグウ　手あつくもてなす。優遇。厚遇。

【顧指】コシ　かえりみて指さす。指顧。

【顧視】コシ　ふりかえってみる。顧瞻。

【顧△而言レ他】かえりみてたをいう　答えることができなかったり、答える価値がないと思ったりしたとき、相手が言っている問題に答えず、相手から顔をそむけて他の事で言いまぎらす。〔孟子、梁恵王下〕

【顧△恤・顧△卹】コジュツ　あわれみをかける。

【顧惜】コセキ　おしむ。顧藉。

【顧託】コタク　①君主が臨終のとき、左右の臣下に後の事をたのむこと。②たのむ。また、たのみ。

【顧念】コネン　①思う。考える。②心にとめて考える。心配する。

【顧反】コハン　①かえって。反対に。②かえる。もどる。かえる。一説に、ふり返る。かえりみる。

【顧△眄】コヘン・コベン　ふりかえり見る。

【顧△眄】コベン・コメン　①ふり返って見る。②見まわす。自分の勢いを他に示すさま。

【顧歩】コホ　左右をふり返りながら歩くこと。

【顧望】コボウ　①ふり返って見渡す。あたりを見まわす。②見まわして形勢をうかがう。③転じて、㋐ためらう。㋑気がねする。遠慮する。

【顧命】コメイ　①天子が死に臨んで後事をたのむこと。②かえりみて命ずる。③生命をかえりみる。④いつくしみの深い命令。⑤『書経』の編名。

【顧問】コモン　①相談する。もと天子が臣下をかえりみてその意見を聞くこと。②気にかける。③相談役。

【顧野王】コヤオウ　南朝梁・陳の学者。字は希馮。『玉篇』などの著がある。(五一九—五八一)

【顧慮】コリョ　心配する。気づかう。気にかける。

【顧恋(戀)】コレン　思いしたう。恋いしたう。

(21)12【顥】8685　△　漢コウ(カウ)　呉ゴウ(ガウ)　晧 hào

字義　❶髪の白いさま。❷天にただよう広大な気。❸おおきい。

解字　篆文　会意。頁＋景。景は、あきらかで白いの意味。頭髪の白いさまを表す。

【顥△穹】コウキュウ　大空。蒼空。顥蒼。

【顥顥】コウコウ　①光るさま。②白いさま。③元気の広大なさま。

(21)12【顦】8686　△　漢ショウ(セウ)　呉ジョウ(ゼウ)　蕭 qiáo

字義　❶やつれる。やせる。❷うれえる。

解字　篆文　形声。頁＋焦㊅。

【顦△顇】ショウスイ　①やせおとろえたさま。「顔色顦顇」②うれえるさま。憔悴。

(22)13【顫】8687　△　セン　霰 chàn、zhàn　8092 707C

字義　❶ふるえる。ふるう。❷おどろく(驚)。

解字　篆文　形声。頁＋亶㊅。音符の亶は、戦に通じ、ふるえるの意味。かしらがふるえるさまから、一般に、ふるえるの意味を表す。

【顫動】セントウ　①ふるえる。ふるえわななく。②ふるい動かす。

(23)14【顯】(8671)　ケン　顕(8670)の旧字体。→一二〇〇ページ。　8093 707D

(24)15【顰】8688　△　漢ヒン　呉ビン　真 pín　8094 707E

字義　しかめる。ひそめる。顔をしかめる。眉をひそめる。

解字　篆文　形声。もと、卑＋頻㊅。音符の頻は、しわがよるの意味。卑は、小さいの意味。小さなしわがよるの意味から、顔をしかめるの意味を表す。

【顰△蹙】ヒンシュク　まゆをしかめる。不快な表情。うれえて楽しまないさま。頻顣。嚬蹙。

【効(效)レ顰】ひそみにならう　→効顰(一五〇ページ)。

(25)16【顱】8689　△　漢ロ　呉ル　虞 lú　8101 7121

字義　どくろ(髑髏)。頭の骨。頭蓋骨。

解字　篆文　形声。頁＋盧㊅。音符の盧は、めし入れの意味。めし入れに似た頭の骨の意味を表す。

(26)17【顲】8690　△　ヤク　籥(5635)と同字。→八三三ページ。

(27)18【顴】8691　△　漢ケン・呉ゲン　慣カン(クワン)　先 quán　[顴]　8102 7122

字義　ほおぼね(頬骨)。

解字　形声。頁＋雚㊅。

(27)18【顳】8692　△　漢ジョウ(ゼフ)　呉ニョウ(ネフ)　慣ショウ(セフ)　葉 niè　8103 7123

字義　こめかみ。物をかむとき動く、目のわきの部分。また、その骨。

難読　顳顬(こめかみ)

解字　形声。頁＋聶㊅。音符の聶は、ささやくの意味。人がささやく頭の部分、こめかみの意味を表す。

9 風部

〔部首解説〕かぜ。かぜかまえ。風を意符として、いろいろな風の名称や、風を形容する文字ができている。

(9)0

【風】8693　教2　フウ・フ　かぜ・かざ　風邪（かぜ）

㊀フウ 東 fēng　㊁フウ 送 fèng　慣フ

4187
4977

筆順 

【凬】古字　【飌】古字

字義 ㊀❶かぜ。❷ふく（吹）。風がふく。❸すずむ。風にふかれる。風にあたる。❹さかりがつく。さかりがついて、おすがめすをおいかける。❺はやい（速）。風のように速い。❻おしえ。みちびき。教化。「風教」❼ならわし。しきたり。慣習。「風習」❽きだて。かたぎ。気質。❾いきおい。ようす。ふり。「威風」❿『詩経』の六義（リクギ）の一つ。地方の民謡。⓫うた。歌謡。また、歌う。⓬すがた。「風貌（フウボウ）」⓭けしき（景色）。風景。⓮病気の名。㋐かぜ（風邪）。㋑中風。手足やからだの一部が自由にならない病気。㋒精神障害。㋓おこり。マラリアに似た熱病。㋔ハンセン病。大風。㊁ほのめかす。あてこする。＝諷（フウ）。

難読 風雅（みやび）・風合瀬（かそせ）・風子（ふっこ）・風信子（ヒヤシンス）

参考 現代表記では〔諷〕(7256)の書きかえに用いることがある。「諷刺→風刺」

解字 甲骨文　篆文 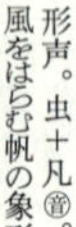 形声。虫＋凡㊥。音符の凡（ボン＝ハン＝フウ）は、風をはらむ帆の象形。甲骨文は、凡と同形で帆の象形によって、かぜの意味を表した。篆文の虫は、風雲に乗るたつの意味。この虫を付して、かぜの意味を表す。

▼暗風・威風・遺風・陰風・英風・回風・下風・家風・逆風・狂風・矯風・驚風・薫風・恵風・景風・好風・国風・谷風・古風・細風・疾風・士風・師風・春風・順風・松風・人風・仁風・正風・清風・旋風・台風・大風・中風・同風・徳風・南風・破風・蛮風・悲風・微風・美風・扶風・弊風・民風・余風・涼風・良風・緑風・烈風・和風

【風韻】（フウイン）①すぐれた様子。みやびやかなおもむき。風雅高尚な趣。②風の音。風声。

【風雲】（フウウン）①風と雲。②自然をいう。「風雲を友とす」③高位のたとえ。④竜が雲にのり、虎（とら）が風を従えているように、英雄豪傑が明君や時変に際会し、頭角をあらわすような気運。また、世の中の乱れのたとえ。⑤勢い・才能などの盛んなさま。⑥物事にとらわれることなく、自由自在なさまのたとえ。⑦国（かざくも）風の吹き起ころうとする前兆の雲。

【風雲月露】（フウウンゲツロ）世間の人になんのためにもならない、花鳥風月ばかりを詠じた詩文をいう。

【風雲児(兒)】（フウウンジ）国事変などの機会をつかみ、活躍して世に出る人。

【風△烟・風煙】（フウエン）①風と、もや（かすみ）。②風になびくかすみ。

【風△鳶】（フウエン）紙鳶（たこ）。いかのぼり。風箏（フウソウ）。

【風△簷・風△檐】（フウエン）風のよく吹きかよう、のきば。

【風化】（フウカ）①上に立つ者が下の者を感化すること。また、その感化。②物が空気中で空気の作用をうけて変化すること。③国新鮮な記憶が年月とともに薄れること。

【風雅】（フウガ）①『詩経』の国風と大雅・小雅。国風は地方の民謡、大・小雅は朝廷の雅楽。②詩歌文章。また、その道。③風流。みやびやかなこと。④国俳諧（ハイカイ）。

【風懐(懷)】（フウカイ）風流な胸の中。みやびやかな心。

【風概(槪)】（フウガイ）①気高い人品。②みさお。節操。③おもむき。ようす。④風采（フウサイ）と気概。

【風格】（フウカク）①人がら。人品。ひん。②よい人がら。気高い人品。③詩文・芸術品などのおもむき。

【風鑑】（フウカン）①人を見ぬく力。見識。②占いの術。姿や顔立ちで、人の性質を見分ける。

【風気(氣)】（フウキ）①風。また、空気。②気候。③風俗。風習。気風。民風。④すぐれた精神。⑤上品な人がら。⑥中風。ちゅうき。⑦かぜ。風邪。

【風紀】（フウキ）①風俗習慣についての規律。日常生活上のきまり。②国男女間の交際の規律。

【風儀】（フウギ）①美しいみめかたち。美貌。②様子。姿。容姿。身のこなし。③㋐風俗習慣。㋑国行儀作法。

【風魚△之災】（フウギョのわざわ（は）い（ひ））・（フウギョサイ）①颶風鰐魚（グフウガクギョ）（海上の暴風と、わに）によってこうむるわざわい。②転じて、海賊・外敵などによってこうむる災難。

【風教】（フウキョウ）①人民を感化して教え導くこと。また、その感化教導。教化。②風俗と教化。

【風琴】（フウキン）①琴の一種。②風鈴。③オルガン。④国アコーディオン。手風琴の略。

【風景】（フウケイ）①景色。ながめ。②人品。姿。

【風穴】（フウケツ）①風が吹き出す穴。②国（かざあな）風通しをよくするため、壁や窓などにあけた穴。

【風月】（フウゲツ）①風と月。清風と明月。自然の景色、夜景の美しさなど。また、その風流なおもむき。②詩歌。また、詩歌を作ること。また、その才能。③恋愛。

【風憲】（フウケン）風紀を取りしまる規則・役人。

【風光】（フウコウ）①景色。ながめ。風景。「風光明媚（メイビ）」②様子。人がら。人品。③おもかげ。

【風候】（フウコウ）①気候。時候。②かざみ。風の方向を見定める道具。③風の具合（ぐあい）。風模様。

【風骨】（フウコツ）①からだの外見と骨組み。からだのようす。体格。ふうさい。②すぐれた骨相・品格。③詩文の中心となる風（情緒）と骨（理念）。〔文心雕竜、風骨〕

【風△沙・風砂】（フウサ）大風が砂をまきあげること。また、その砂。

【風△采】（フウサイ）人のようす。姿。人品。風姿。風貌。

【風△餐雨△臥】（フウサンウガ）風の中で食事をし、雨にうたれて寝る。風雨にさらされて野宿すること。風餐露宿。

【風△餐露宿】（フウサンロシュク）＝風餐雨臥。→前項。

【風示】（フウシ）それとなく示すこと。諷示（フウシ）。

【風刺】（フウシ）遠まわしにそしること。あてこすり。諷刺（フウシ）。

【風指】（フウシ）①考え。おもむき。指は、旨（むね）。②遠まわしにさとすこと。諷指（フウシ）。

【風師】（フウシ）風の神。風伯。

【風姿】（フウシ）すがたかたち。様子。身なり。風容。

【風疾】（フウシツ）①精神に障害のある者。②風邪。③中気。中風。風患。④風のように速い。

【風△櫛雨△沐】（フウシツウモク）風でくしけずり、雨で髪を洗うこと。苦労をしのんで奔走すること。幾多の困難を重ねること。櫛風沐雨。

【風趣】（フウシュ）①おもむき。風致。②風雅なおもむき。

【風樹△之嘆】（フウジュのタン）父母が死んで、孝養をつくそうとしてもかなわぬなげき。〔韓詩外伝、九〕樹欲レ静而風不レ止、子欲レ養而親不レ待也（きしずかならんとほっすれども、かぜやまず、こやしなわ（は）んとほっすれども、おやまたず）。

【風習】フウシュウ　ならわし。風俗習慣。
【風尚】フウショウ　①人がらの気高いさま。高いみさお。②人々の好み。好尚。
【風△蕭△蕭△兮易水寒】かぜショウショウとしてエキスイさむし　燕エンの太子丹が秦シンの始皇帝暗殺のために旅立つ荊軻ケイカを国境の易水のほとりに送ったとき、荊軻が歌ったという詩句。悲壮な心境を、ものさびしく吹く風と寒々と流れる易水とに寄せたもの。〔史記、刺客、荊軻伝〕
【風情】フウジョウ・フゼイ　①おもむき。ありさま。様子。②風雅なおもむき・あじわい。③風雅な心。④男女の恋愛の心情。⑤国フゼイ　接尾語。他をいやしめたり、自分を謙遜ケンソンしたりすることば。
【風色】フウショク　①けしき。ながめ。②かぜのようす。また、天候。③態度と顔色。また、顔色。
【風△燭】フウショク　①風前のともしび。人生のはかなさのたとえ。②危険な状態にあることのたとえ。
【風信】フウシン　風のおとずれ。季節季節に吹く風。また、その方向をいう。
【風神】フウシン　①人品。風格。②おもむき。風趣。気韻。③風の神。風伯。④国かぜのかみ・フウジン　㋐風の神。㋑風邪かぜを流行させる神。
【風人】フウジン　①詩人。②精神障害者。瘋人フウジン。
【風△塵】フウジン　①風とちり。また、風に吹き起こるちり。②兵乱。③人の世。浮世。俗世界。④俗事。わずらわしい事がら。⑤役所勤め。官途。⑥地方官。⑦旅行中の苦労。俗塵。⑧悪いうわさ。「風塵の言」の略。⑨国非常に軽いもののたとえ。
【風水】フウスイ　①風と水。また、風と雨。②陰陽家が、山川・水流の状態を見て宅地・墓地などを占い定める術。
【風声(聲)】フウセイ　①土地・風俗によって定めた教化の法。また、その教え。②＝風教の①。③風の音。④風のたより。⑤評判。
【風声(聲)△鶴△唳】フウセイカクレイ　風の音と鶴の鳴き声。転じて、わずかな物音。また、少しの物音にもこわがって驚くこと。
【風説】フウセツ　国うわさ。風評。風聞。
【風前灯(燈)】フウゼンのともしび　＝風燭フウショク。
【風△箏】フウソウ　①紙鳶たこ。風鳶フウエン。②風鈴。
【風操】フウソウ　①気高いみさお。②人がらの気高いさま。
【風霜】フウソウ　①風と霜。②年月。星霜。③困難・苦難のたとえ。④おごそかできびしいさま(こと)の形容。
【風騒(騷)】フウソウ　①『詩経』の国風と『楚辞ソジ』の離騒。②詩歌など風流な事がらをいう。
【風俗】フウゾク　①社会のならわし。風習。②その土地に行われる詩歌。国風。③身なり。服装。④国㋐様式。㋑世間の道義。社会倫理。
【風袋】フウタイ　国①はかりで物を量る時の、その品物の容器・うわづつみ・袋など。②うわべ。みかけ。外観。
【風態】フウタイ　おもむき。情趣。
【風△鐸】フウタク　＝風鈴。
【風致】フウチ　①人の様子。人がら。姿。②おもむき。美しいおもむき。風趣。
【風調】フウチョウ　①様子。おもむき。風韻。②詩歌などの調子。③ならわし。しきたり。
【風潮】フウチョウ　①風と潮。また、風向きと潮のさま。②暴風。台風。③世の中の傾向。時勢のなりゆき。
【風体(體)】フウテイ・フウタイ　すがた。身なり。様子。表現のスタイル。
【風土】フウド　土地の気候・地形・地味などのありさま。土地の状態。土地がら。
【風土記】フドキ　国㋐奈良時代、元明天皇の時奉らせた一種の地理書。諸国の地名・伝説などを集めたもので、現在、常陸ひたち・播磨はりま・出雲いずも・豊後ブンゴ・肥前の五風土記が残っている。㋑江戸時代に各地の風土について記述した書。
【風灯(燈)】フウトウ　＝風燭フウショク。
【風△濤】フウトウ　①風と大波。風浪。風波。②世間・人生の困難をいう。
【風波】フウハ　①風と波。②動揺しておだやかでないもののたとえ。「風波の民」③もめごと・争いなど。④浮世のわずらいをいう。
【風馬牛】フウバギュウ・フウするバギュウ　無関係なことのたとえ。↓次項。
【風馬牛不二相及一】フウするバギュウもあい(ひ)およばず　①さかりのついているおすの牛馬が、めすの牛馬を追いかけるような勢いで追いかけても追いつくことができない。〔左伝、僖公四〕②転じて、遠くはなれていること・無関係なことのたとえ。
【風媒花】フウバイカ　風の媒介で受粉する花。松や杉の類。↔虫媒花。
【風伯】フウハク　①風の神。風師。②鳥の名。とび(鳶)の別名。
【風発(發)】フウハツ　①風が起こる。②風の起こるようにいきおいのはげしい(また、さかんな)こと。
【風帆】フウハン　風を受けてふくらんだ、船の帆。また、その船。
【風△靡】フウビ　①草が風になびくように服従する。また、なびき従わせる。②風が吹く。
【風評】フウヒョウ　国うわさ。評判。風説。
【風物】フウブツ　①けしき。ながめ。景物。②国季節季節の物。「物詩」「風
【風聞】フウブン　①風のたよりに聞く。うわさに聞く。②うわさ。風評。風説。
【風△丰】フウボウ　＝風貌フウボウ。
【風望】フウボウ　①よい風評と人望。名声と人望。②風采フウサイ。りっぱな風采。
【風△貌】フウボウ　すがた。かたち。風采容貌フウサイヨウボウ。
【風木△之悲】フウボクのかなしみ　＝風樹之嘆。
【風味】フウミ　①奥ゆかしいおもむき・性格。②上品なよい味。また、そのもの。
【風△喩・風諭】フウユ　遠まわしにさとすこと。
【風謡(謠)】フウヨウ　はやりうた。俗謡。
【風△籟】フウライ　風の音。風声。風韻。
【風流】フウリュウ　①なごり。遺風。流風。特に、美風のなごり。②みやびやかなこと。高尚なおもむき。また、そのおもむきのあること。風雅。③態度。様子。④品格。人がら。⑤国㋐意匠をこらして美しくかざること。㋑はやしもの。歌舞。
【風流三△昧】フウリュウザンマイ　詩歌文芸など(風流なこと)に熱中すること。
【風鈴】フウリン　のきばにつるす鈴。風鐸フウタク。
【風炉(爐)】フウロ・フロ　茶の湯で、湯を沸かす道具。
【風不レ鳴レ条(條)】かぜえだをならさず　世の太平なさまのたとえ。〔論衡、是応〕
【御レ風】かぜにギョす　風に乗る。〔荘子、逍遥遊〕御レ風而行かぜにギョしてゆく。〔宋、蘇軾、前赤壁賦〕憑レ虚御レ風きょによりかぜにギョす。訳文↓憑レ虚(九五八ページ)。

(12)3 【颪】8694　国字　△　8104 *7124*

字義　おろし。山の上から吹きおろす風。

解字　会意。風＋下。吹き下ろす風の意味を表す。

(13)4 【颫】8695　△　漢フ　呉ブ　虞 fū

字義　❶おおかぜ(大風)。②颫颻フヨウは、つむじかぜ。旋風。扶揺。

解字　形声。風＋夫音。

(14)5 【颯】8696　囚　ソウ(サフ)　合 sà　慣サッ　8105 *7125*

筆順 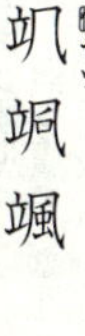

字義　❶風の吹く音。❷はやて。疾風。❸おとろえる。❹みだれる(乱)。

解字　篆文 　形声。風＋立音。

【颯颯】(サツサツ) ①風のさっと吹くさま。また、その音の形容。②雨の降るさま。また、その音の形容。

【颯然】(サツゼン) ＝颯颯。颯爾(サツジ)。→前項。

【颯△爽】(サッソウ) ①姿などが勇ましく、きりっとしているさま。②きびきびして気持ちがよいさま。

【颯△沓】(サットウ) ①重なりあうさま。②多くさかんなさま。

(14)5 **【颭】** 8697 △ セン 琰 zhǎn
字義 ❶なみだつ。風に吹かれて波が立つ。❷そよぐ。動く。また、そよがせる。風が物を動かす。
解字 篆文 形声。風＋占㊥。

(14)5 **【颱】** 8698 △ タイ tái　8106 *7126*
字義 台風。夏から秋にかけて、南方から襲来する暴風。春から夏にかけてのものは颶(グ)という。
参考 現代表記では［台］(834)に書きかえることがある。「颱風→台風」
解字 形声。風＋台㊥。

(14)5 **【颮】** 8699 △ 一ヒョウ(ヘウ) 蕭 biāo 二漢ホウ(ハウ)・呉ボウ(バウ) 肴 páo
字義 一つむじかぜ。＝飆(ヒョウ)。二あらし。はやて。暴風。
解字 形声。風＋包㊥。

(17)8 **【颶】** 8700 △ 漢ク 呉グ 遇 jù　8107 *7127*
字義 つむじかぜ。暴風。春から夏にかけて、中国の南海上に起こる大暴風。颶風。夏から秋にかけてのものを颱(タイ)という。
解字 形声。風＋具㊥。
【颶風】(グフウ) 颶気。①大きなつむじかぜ。颶母。②熱帯地方に発生する暴風の総称。台風。

(18)9 **【颸】** 8701 △ シ 支 sī
字義 ❶すずかぜ。すずしい風。❷はやい(疾)。また、はやて。疾風。
解字 篆文 形声。風＋思㊥。
【颸颸】(シシ) 風がさっと吹くさま。颸然。

(18)9 **【颺】** 8702 △ ヨウ(ヤウ) 陽 漾 yáng
字義 ❶あげる(あぐ)。また、あがる。㋐風が物を吹きあげる。風が吹きあがる。㋑おこる。おこす。㋒声をはりあげる。㋓鳥などが飛びあがる。㋔ほめあげる。❷あらわす。また、あらわれる。ひきたつ。
解字 篆文 形声。風＋昜㊥。音符の昜(ヨウ)は、あがるの意味。風に吹きあげられるの意味を表す。
【颺言】(ヨウゲン) ①声をはりあげていう。揚言。②おおげさにいう。③公然といいふらす。
【颺颺】(ヨウヨウ) ①風に吹き上げられるさま。②ひるがえるさま。風にゆれ動くさま。

(19)10 **【颼】** 8703 △ シュウ(シウ) 尤 sōu
字義 ❶颼颼は、㋐風の音の形容。㋑雨の音の形容。㋒寒気の形容。❷颼飀(シュウリュウ)は、風の音の形容。❸そよかぜ。
解字 形声。風＋叟㊥。

(19)10 **【颻】** 8704 △ ヨウ(エウ) 蕭 yáo
【颻】同字
字義 ❶ふきあがる風。❷風にゆらぐさま。颻颻。
解字 形声。風＋䍃㊥。音符の䍃(ヨウ)は、ゆれるの意味。風にゆれるの意味を表す。

(20)11 **【飄】** 8705 △ ヒョウ(ヘウ) 蕭 piāo　8108 *7128*
【飃】同字 8109 *7129*
字義 ❶つむじかぜ。旋風。❷方向の一定しない風。❸はやて。疾風。❹風が吹く。また、風が吹くさま。❺ひるがえる(ひるがへる)。ひるがえす。❻ただよう。さまよう。＝漂(ヒョウ)。❼おちる(落)。❽はやい。また、はやくする。

解字 篆文 形声。風＋票(㶾)㊥。音符の㶾(ヒョウ)は、火の粉が舞いあがるの意味。舞いあがる風、つむじ風の意味を表す。

【飄逸】(ヒョウイツ) ①俗事にこだわらず、気の向くままにふるまうこと。②才気のすぐれたさま。

【飄△瓦】(ヒョウガ) 屋根から偶然落ちてくるかわら。天災のこと。

【飄客】(ヒョウカク) 遊びうかれる男。嫖客(ヒョウカク)。

【飄△寓】(ヒョウグウ) ＝飄泊。

【飄△忽】(ヒョウコツ) ①急なさま。たちまち。忽然。②風の速いさま。

【飄疾】(ヒョウシツ) はやいこと。すみやか。

【飄旋】(ヒョウセン) ひるがえりめぐる。ひるがえりながらまわる。

【飄然】(ヒョウゼン) ①ひるがえるさま。ひらひらするさま。②ぶらりと来たり、去ったりするさま。③居所の定まらぬさま。④利欲の心を全く捨てるさま。

【飄墜】(ヒョウツイ) ひるがえり落ちる。飄零。

【飄転(轉)】(ヒョウテン) 風に吹かれてころがり飛ぶ。

【飄△蕩】(ヒョウトウ) ①さすらう。流浪。また、さすらいの運命。〔唐、杜甫、羌村詩〕世乱遭二飄蕩一(よみだれてヒョウトウにあう(ふ))。②おちぶれる。③ゆれ動く。

【飄泊】(ヒョウハク) 故郷をはなれてさまよいあるくこと。さすらい。流浪(ルロウ)。漂泊。飄寓(ヒョウグウ)。

【飄△泛】(ヒョウハン) ひらひらと浮かぶ。また、さすらいゆくこと。

【飄飄】(ヒョウヒョウ) ①風の吹くさま。②風に吹かれてひるがえるさま。〔宋、蘇軾、前赤壁賦〕飄飄乎如三遺レ世独立羽化而登二仙一(ヒョウヒョウコとしてよをわすれてドクリツしウカしてトウセンするがごとし)。訳文⇩羽化登仙(八八三ページ)。③さまようさま。行く先などが定まらないさま。〔唐、杜甫、旅夜書レ懐詩〕飄飄何所レ似(ヒョウヒョウとしてなんのにたるところぞ)。訳文⇩沙鷗(六三〇ページ)。④世間ばなれしていて、つかまえどころのないさま。

【飄△眇】(ヒョウビョウ) 声が長くて清らかなさま。

【飄風不レ終レ朝】(ヒョウフウチョウをお(を)え(へ)ず) つむじ風は朝の間中、吹き続けることはできない。不自然なもの、無理するものは長く続かぬことのたとえ。〔老子、二十三〕

【飄△蓬】(ヒョウホウ) 風にひるがえりながら飛んで行く蓬(アカザ科の二年草)。流浪する者のたとえ。

【飄揺(搖)・飄△颻】(ヒョウヨウ) ①ひるがえり動く。②動揺して定まらないさま。

【飄揚】(ヒョウヨウ) ひるがえりあがる。風に吹かれて空中に舞う。

【飄△颺】(ヒョウヨウ) ＝飄揚。

【飄零】(ヒョウレイ) ①木の葉がひらひらと落ちること。飄墜。②おちぶれること。零落。落魄(ラクハク)。

(20)11 **【飃】** 8706 △ ヒョウ 飄(8705)と同字。→中段。　8109 *7129*

(20)11 **【飂】** 8707 △ 一漢リュウ(リウ)・呉ル 尤 liú 二リョウ(レウ) 蕭 liáo
字義 一❶高い所を吹く風。❷西風。二飂戾(リュウレイ)は、風の音の形容。
解字 篆文 形声。風＋翏㊥。
【飂飂】(リュウリュウ・リョウリョウ) 風の吹くさま。
【飂戾】(リュウレイ・リョウレイ) ①風の音の形容。②水の速く流れるさま。

(21)12 **【飆】** 8708 △ ヒョウ(ヘウ) 蕭 biāo　8110 *712A*
【飈】俗字
字義 つむじかぜ。旋風。また、疾風。＝颮(ヒョウ)。
解字 篆文 形声。風＋猋㊥。音符の猋(ヒョウ)は、犬が群れ走るの意味。また、票に通じ、まいあがるの意味。舞いあがる風、つむじ風の意味を表す。
【飆△塵】(ヒョウジン) 風に吹き飛ばされるちり。飛塵。

9 飛部

〔部首解説〕 とぶ。飛を意符として、飛ぶことを表す文字ができている。

飛 一二〇六　12 飜 一二〇六

(9)0 【飛】 8709 教4 ヒ　とぶ・とばす　ヒ 微 fēi　4084 4874

筆順 飞 飞 飞 飛 飛

字義 ❶とぶ。㋐空をとぶ。空にあがる。㋑はねまわる。はねあがる。㋒ちらばる。とび散る。「飛散」 ㋓こえる(超)。㋔ひるがえる(翻)。㋕はやく行く。走る。㋖伝わる。世間に伝わり広まる。❷とばす。①の他動詞。❸はやい。とぶように速い。❹たかい(高)。「飛閣」 国とぶ。順序を経ないで進む。「一足飛(いっそくとび)」

難読 飛鼯(むささび)・飛蝗(ばった)・飛騨(ひだ)・飛沫(しぶき)・飛礫(つぶて)

参考 現代表記では〔蜚〕(6792)の書きかえに用いることがある。「蜚語→飛語」

使いわけ とぶ〔飛・跳〕

〔飛〕空中を速く動く。英語の fly に相当する。「ハワイに飛ぶ」

〔跳〕足を使ってとびあがる。英語の jump に相当する。「鶏は飛べないが跳ぶことはできる」

なお、派生的用法には多く〔飛〕を用いる。「二ページ飛ばす・うわさが飛ぶ・首が飛ぶ」

解字 文 篆 象形。鳥が羽をうち振ってとぶさまにかたどり、とぶの意味を表す。

▼雨飛・高飛・突飛・奮飛・雄飛・竜飛

【飛宇】 家の高い軒。飛軒。飛檐。

【飛雨】 風に吹き飛ばされて降る雨。

【飛燕】 ①飛んでいるつばめ。「飛燕の速業」 ②前漢の成帝の趙皇后の号。体が軽く、舞う姿が燕のようだったと伝えられる。

【飛燕外伝(傳)】 書名。小説。一巻。後漢の伶玄の作といわれるが、不詳。前漢の成帝の皇后、趙飛燕とその妹の合徳(昭儀)とが天子の愛を争う物語。

【飛檐・飛簷】 ＝飛宇。

【飛舸】 ＝飛舟。

【飛禍】 思いがけない災難。奇禍。横禍。

【飛客】 仙人をいう。

【飛閣】 ①高い建物。飛楼。②高いかけ橋。

【飛鏡】 月をいう。空高くかかる鏡の意。〔唐、李白、把酒問月詩〕皎如飛鏡臨丹闕、緑煙滅尽清輝発〈月は白く輝いて、空を飛ぶ鏡が朱塗りの門にさしかかったよう、濃い夕もやがすっかり消えつくすと清らかな光が表れる〉

【飛檄】 ①急ぎの檄文。檄は、回状・回文。羽檄。②檄文を回す。檄を飛ばす。

【飛軒】 ＝飛宇。

【飛言】 うわさ。根拠のない説。流言。飛語。蜚語。

【飛語】 ＝飛言。↓前項。

【飛札】 急ぎの手紙。また、それをやること。

【飛桟(棧)】 高くけわしいかけ橋。

【飛耳長目】 ①遠方のことを見聞することができる耳や目。②物事を観察することが鋭敏なこと。

【飛錫】 仏僧が各地を巡り歩くこと。錫は、錫杖(僧が用いるつえ)。行脚。↕掛錫(僧が一か所に長く滞在すること)。

【飛舟】 速く走る舟。はや舟。軽舸。飛舸。

【飛書】 ①＝飛札。①書いた人のわからぬ手紙。無名の投書。

【飛将(將)】 すぐれた大将。名将。漢の李広が匈奴に呼ばれたのに始まる。

【飛章】 手紙を急いで送る。また、急ぎの手紙。

【飛翔】 空を飛びかけること。蜚翔。

【飛仙】 空を飛ぶ仙人。また、仙人のこと。

【飛泉】 ①たき(滝)。瀑布。飛淙。②ふき出る泉。噴泉。

【飛走】 ①飛び走る。②鳥獣。飛は飛鳥、走は走獣。禽獣。

【飛湍】 水の勢いよく流れる瀬。はやせ。急湍。

【飛鳥】 ①空を飛ぶ鳥。〔晋、陶潜、飲酒詩〕飛鳥相与還(ひちょうあいともにかえる)。訳文⇩山気の①（三九ページ）。②国あすか 奈良盆地南部の地名。この地に都がおかれた五九二年から七一〇年までを飛鳥時代という。

【飛鳥尽(盡)良弓蔵(藏)】 捕獲すべき鳥が捕らえつくされると、よい弓はしまわれる。敵国が滅びると、戦功のあった謀臣は殺される、というたとえ。また、用がある時はやたらに使われて、用がなくなると捨てられることのたとえ。＝高鳥尽良弓蔵。〔論衡、骨相〕

【飛伝(傳)】 急使を乗せて走る馬。はや馬。星伝。

【飛電】 ①いなびかり。②至急の電報。

【飛棟】 高い屋根のむな木。高棟。

【飛騰】 ＝飛揚の①。

【飛白】 ①書体の名。かすり書きにする書法。②国かすり かすり模様。また、その染め物。絣。

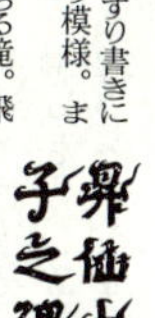

〔飛白①〕

【飛瀑】 高い所から落ちる滝。飛泉。

【飛文】 ①根拠のないことを記した文書。②すぐれた文章。

【飛報】 急ぎの知らせ。急報。

【飛蓬】 ①枯れて風にひるがえって飛んで行く蓬(アカザ科の二年草)。②乱れた頭髪をたとえていう。③動揺して定まらないさまのたとえ。④旅人、または、旅にある境遇をたとえていう。

【飛沫】 しぶき。とび散る水のはね。

【飛躍】 ①高く飛び上がること。②勢いよく活躍すること。③急速に進歩すること。④国正しい順序・段階を経ないこと。一足飛び。「論理の飛躍」

【飛揚・飛颺】 ①とびあがる。舞い上がる。飛騰。②ひるがえり飛ぶ。③高くひるがえる。④乱れること。落ちつかぬこと。⑤自由自在なこと。気ままにふるまうこと。

【飛流】 ①飛ぶように流れる。②速い流れ。また、滝。

【飛流直下三千尺】 勢いよく落ちる流れはまっすぐに三千尺もある。〔唐、李白、望廬山瀑布詩〕――、疑是銀河落九天〈――、まるで天の川が天から落ちてきたかと思われるほどである〉

【飛竜(龍)】 ①空を飛ぶ竜。②良馬をいう。

【飛竜(龍)在天】 聖人が天子の位にあることのたとえ。〔易経、乾〕

【飛竜(龍)乗(乘)雲】 竜が雲に乗って天に上る。英雄が時に乗じて勢いを得ることのたとえ。〔韓非子、難勢〕

【飛輪】 太陽の別名。

【飛廉】 ①殷の紂王の佞臣(悪い家来)の名。②風の神。③神禽(不思議な鳥)の名。④長い毛と翼のある怪犬の名。蜚廉。

【飛楼(樓)】 ①敵の城を見おろして攻めるように作られた、高い車。楼車。②高い二階建ての家。たかどの。高楼。飛閣。③気象の関係で、空中に現れるたかどの。蜃気楼。

(21)12 【飜】 8710 △ 人許 ホン　翻(6066)と同字。↓八八七ページ。　7044 664C

9 食（飠・𩙿）部

𩙿は八画。

〔部首解説〕 しょく。〔飠・𩙿〕しょくへん。新字体の𩙿は、筆写体による。また、「表外漢字字体表」では、現に用いられている飠の形は、一括許容されている。食を意符として、いろいろな種類の食物や、飲食する行為に関する文字ができている。

(9)0
【食】 8711
教 2 ショク・ジキ くう・くらう・たべる

3109 *3F29*

(9)0
〖𩙿〗 8712

一 漢ショク・呉ジキ 職 shí
二 漢シ・呉ジ 寘 sì
三 イ 寘 yì

筆順 𠆢 今 今 食 食

【𠊊】本字

字義 一 ❶くう。くらう。たべる。はむ。㋐かんで飲みこむ。食事をする。㋑飲む。㋒生計をたてる。生活する。❷めし。たべもの。また、めしを食うこと。食事。〔論語、述而〕発ㇾ憤忘ㇾ食（いきどおりをハッしてはショクをわする）。扶持（フチ）を受ける。扶持。❸はむ。❹やしなう（やしなふ）。食べさせる。〔唐、韓愈、雑説〕食ㇾ馬者、不下知二其能千里一而食上也（うまをやしなふものは、そのノウのセンリなるをしりてやしなはざるなり）。❺うける。受け入れる。また、用いる。❻まどわす。まどわせる。❼いつわる。けす。取り消す。❽かける（欠）。日月が欠ける。＝蝕（ショク）。「日食」❾まつる。祭られる。❿めでたいしるし。吉兆。

二 ❶やしなう（やしなふ）。食べさせる。育てる。かう（飼）。❷めし。食糧。

三 人名。酈食其（レキイキ）は、漢の高祖に仕えた論客。

名乗 あき・うけ・くら・け・みけ　難読 食満（まけ）

参考 現代表記では〔蝕〕（6811）の書きかえに用いることがある。「皆既蝕→皆既食」「月蝕→月食」「蝕甚→食尽」「侵蝕→侵食」「日蝕→日食」「腐蝕→腐食」

使いわけ くう・くらう〔食・喰〕
現代表記では、「くう」はすべて〔食〕を用いるが、大いに飲んだり食ったりすることを強調したり、それが好ましくないことであることを示すために〔喰〕を用いる場合もある。「大飯を喰う・泡を喰う・出喰わす」

解字 甲骨文  金文  篆文  象形。甲骨文でよくわかるように、食器に食物を盛り、それにふたをした形にかたどり、たべもの・くうの意味を表す。

▼悪食・衣食・火食・寒食・甘食・寄食・血食・月食・菜食・蚕食・酒食・冗食・侵食・寝食・節食・鮮食・大食・断食・徒食・肉食・日食・馬食・飯食・伴食・美食・服食・腐食・偏食・暴食・粒食

【食貨】ショッカ 穀物と財貨。民生をささえる根本となるもの。転じて、経済。

【食客】ショッカク ①客分としてかかえた家来。②飲食店に料理を食べに来る客。③国他人の家に寄食する者。いそうろう。

【食気（氣）】ショッキ ①気を食う。鬼神が供物を食べること。②空気を吸う。道家の養生法の一つ。今の深呼吸の類。③（キシ）穀物を食う気持ち。④国（くいけ）食欲。

【食牛△之気（氣）】ショクギュウのキ 牛をも食べるほどの大きな気性。幼少の時から大志のあることをいう。呑牛之気（ドンギュウのキ）。

【食△頃】ショッケイ 食事するぐらいのわずかな時間。「食頃にして」は、しばらくして・まもなく。

【食言】ショクゲン 言をはむ。自分の前に言ったことばを食べてしまう意で、それにそむき、それを実行しないこと。「うそをつく」こと。

【食指動】ショクシうごく ①人さし指が、ひとりでに動く。鄭（テイ）の公子宋（ソウ）が自分の人さし指の動くのを見て、ごちそうを得る前兆だと言った故事。〔左伝、宣公四〕②転じて、ある物事に対して、ほしいという気持ちの起きることをいう。

【食△餌】ショクジ ①食いもの。かて。②餌（え）を食う。

【食傷】ショクショウ 国①食あたり。食中毒。②食べあきること。③何度も同じようなことに接してあきること。

【食色】ショクショク 飲食と女色。食欲と性欲。〔孟子、告子上〕

【食甚】ショクジン 日食や月食で、太陽や月が最も多く欠ける場合。蝕甚（ショクジン）。

【食前方丈】ショクゼンホウジョウ ごちそうを自分の前に一丈四方も並べること。ぜいたくな食事のこと。

【食田】ショクデン ①田地からの収入でくらすこと。②知行所。領地。

【食道】ショクドウ ①食糧を運ぶ道。糧道。②食事の作法。③のどから胃に通じる食物の通るくだ。

【食肉】ショクニク ①鳥獣の肉を食べること。②肉を食べることのできる人。位の高い人。③国食用の肉。

【食封】ショクホウ ①知行所。領地。食邑（ショクユウ）。②国（ジキフ）古代、てがらや位のある家来にたまわった俸給。

【食俸】ショクホウ ①くいぶち。食禄（ショクロク）。②俸禄（ホウロク）で生活する。また、月給取り。サラリーマン。

【食△邑】ショクユウ 土地の租税によって生活する意から、（天子からもらった）領地をいう。邑をはむ。

【食料】ショクリョウ ①食物。②食費。◇一般に、主食以外の、肉・野菜・調味料などを「食料」、穀類などの主食や必要な分として準備された食物を「食糧」と表記する。「食料品店」「食糧危機・三日分の食糧」

【食糧】ショクリョウ 食物。かて。食料。

【食△禄】ショクロク ＝食俸。

【食不ㇾ二ㇾ味】ショクあじ（あぢ）わ（は）いをふたつにせず 一食におかずを二品つけない。質素倹約な生活をいう。→食不ㇾ重ㇾ肉（次項）。〔左伝、哀公元〕

【食不ㇾ重ㇾ肉】ショクはニクをかさねず 一食に二品の肉を食べない。質素な生活をいう。→食不ㇾ二ㇾ味（前項）。〔史記、晏嬰伝〕——、妾不ㇾ衣ㇾ帛（ショウはきぬをきず）。〈——、側室はぜいたくな絹の衣服を着なかった〉

【以ㇾ食為（爲）ㇾ天】ショクをもってテンとなす （人民は）食糧をもっとも大切なもの（生活をささえる根本）と考える。〔史記、酈食其伝〕

【甘ㇾ食】ショクをあましとす・ショクをうましとす どんな食物でも、うまいとして食べる。

(10)2
【飢】 8713
常 キ うえる

2118 *3532*

(11)2
〖飢〗 8714
キ 支 jī

筆順 𠆢 今 食 飣 飢

字義 ❶うえる（う）。かつえる。㋐腹がへってひもじくなる。「凍飢」㋑ひどくほしがる。「飢渇」❷うえ（う）。うえること。また、その

状態。❸食物がとぼしい。❹穀物が実らない。飢饉キン。凶作。

参考 現代表記では［饑］(8781)の書きかえに用いることがある。「饑餓→飢餓」

解字 文 篆 形声。食＋几音。音符の几キは、稽ケイに通じ、とどまるの意味。食物が底をつく、うえるの意味を表す。

▼調飢

【飢餓】キガ うえること。餓は、飢のひどいこと。饑餓キガ。

【飢渇(渴)】キカツ ①腹がへり、のどがかわくこと。②ひどくほしがること。

【飢寒】キカン うえとこごえ。また、飢えと寒さ。

【飢饉】キキン 農作物の実りが悪く、食物が不足すること。

【飢歳】キサイ 凶作の年。凶歳。

【飢者易レ為(爲)レ食】うううるものはショクをなしやすし うえた者は何でも喜んで食べる。困っている人は少しのめぐみにも感激することのたとえ。〔孟子、公孫丑上〕

【飢者甘レ食】うえ(ゑ)たるものはショクをあましとす 腹のすいている人は、どんな食物でもうまいと感じる。飢渇が人の是非善悪の判断をくるわせるたとえ。〔孟子、尽心上〕――、渇者甘レ飲カッしたるものはインをあましとす〈――、のどの乾いている人は、どんな飲み物でも、うまいと感じる〉

【飢色】キショク うえている顔色。また、うえている様子。

【飢凍】キトウ 飢えこごえる。

【飢不レ択(擇)レ食】うえ(ゑ)てはショクをえらばず ＝飢者易レ為レ食。

(11)2【飡】8715 △ 一サン ― 一餐(8746)の俗字。→一三〇〇ページ。 二ソン ― 二飧(8718)の俗字。→上段。

(11)2【飣】8716 △ 漢テイ 呉チョウ(チャウ) 径 dìng

字義 ❶たくわえる。食物をたくわえる。❷そなえる。食物をそなえる。❸もる。食物を食器に盛る。

解字 形声。食＋丁音。音符の丁は、くぎづけにするの意味。食物をくぎづけにしておく、たくわえるの意味を表す。

【飣餖】テイトウ ①食物を食べきれぬほど並べること。②転じて、文を作るときに意味のないことばを並べるたとえ。餖飣。

(12)3【飦】8717 △ 一漢ケン・呉コン 元 zhān 二セン 先 zhān 三カン 寒 gān

字義 一二かゆ。三ほしいい(乾飯)。ほしたごはん。

解字 形声。食＋干音。

【飦粥】センシュク かゆ。飦は、濃いかゆ。粥は、うすいかゆ。

(12)3【飧】8718 △ ソン 元 sūn

【飡】俗字 【飧】俗字

字義 ❶めし(飯)。また、ばんめし。夕食。↔饔ヨウ(朝食)。❷簡単な食事。❸ちゃづけ(茶漬)。❹煮た食物。❺食事をすすめる。

解字 文 篆 会意。夕＋食。夕方とる食事、ばんめしの意味を表す。

【飧饔】ソンヨウ めし(飯)。食事。朝夕の食事。

(12)4【飲】8719 教3 イン のむ　1691 307B

(13)4【飮】8720 一漢イン・呉オン 寝 yǐn 二漢イン・呉オン 沁 yìn　6127 5D3B

筆順 ノ 今 今 食 飮 飲

字義 一❶のむ。㋐水や酒などを口から腹へ入れる。㋑こらえる。こらえて表に出さない。〔文選、江淹、恨賦〕莫レ不ニ飲レ恨而呑一レ声うらみをのんでこえ(ゑ)をのまざるなし ❷のみもの。「飲料」〔論語、雍也〕一箪食イッタンのシ、一瓢飲イッピョウのイン ❸かくす。かくれる。❹宴会。さかもり。また、宴会をする。「飲宴」 二のむ。のませる。

難読 飲詰いいづめ

参考 「のむ」は、現代表記では、液体をのむ場合に〔飲〕を用いる以外は、仮名書き。「酒を飲む・卵をまるのみする・声をのむ・煙草をのむ」

解字 文 甲骨 金 文 篆 形声。もと㱃で、酉＋欠＋今音。音符の今は、含に通じ、ふくむの意味。口に酒を含むの意味から、のむの意味を表す。のち㱃を食とし飲となる。

▼宴飲・群飲・鯨飲・豪飲・帳飲・痛飲・暴飲

【飲宴】インエン さかもりをする。また、さかもり。

【飲燕・飲讌】インエン ＝飲宴。燕・讌は、宴。

【飲河満(滿)腹】インカマンプク もぐらもちは黄河の水を飲んでも腹いっぱい飲めば満足する。人はおのおの自分に相応したところで満足すべきだということのたとえ。〔荘子、逍遥遊〕

【飲器】インキ ①酒を飲む道具。さかずきの類。②しびん。おまる。便器。

【飲泣】インキュウ 涙を飲む。泣は、なみだ。①涙が流れて口に入る。大いに泣くさま。②声を出さずに泣くこと。忍び泣き。

【飲恨】インコン うらみをのむ。うらみをこらえる。うらみをいだいたままにいてそれを晴らすことができないこと。

【飲至策勲(勳)】インシサックン 戦いから帰って宗廟ソウビョウに参り、酒を飲み、その功績を策(竹のふだ)に書きしるすこと。

【飲酒】インシュ ①酒をのむこと。(仏教語では、オンジュという)。②晋シンの陶潜(淵明エンメイ)の詩題。

【飲章】インショウ 作者の名を表さない書。匿名の文書。飲は、隠の意味。

【飲餞】インセン 旅に出るときのさかもり。送別の酒宴。

【飲膳】インゼン 飲んだり食べたりする。また、飲食物。

【飲啄】インタク ①鳥が水を飲み、えさをついばむこと。②人が飲食すること。人が生活すること。

【飲徒】イント 酒飲み友達。飲み仲間。酒徒。

【飲如ニ長鯨吸一レ百川】のむことチョウゲイのヒャクセンをすう(ふ)がごとし 酒の飲みっぷりは、大きな鯨が多くの川の水を吸うようである。非常に多量の酒を飲む様子。鯨飲。〔唐、杜甫、飲中八仙歌〕

(13)4【飪】8721 △ 漢ジン 呉ニン 寝 沁 rèn

【餁】同字

字義 ❶にる(煮)。よく煮る。❷よく煮た食物。

解字 文 篆 形声。食＋壬音。音符の壬ジンは、長時間にわたって丹念にするの意味。丹念になされた調理の意味を表す。

(13)4【飧】8722 △ ソン 飧(8718)の俗字。→上段。

(13)4【飭】8723 【飭】俗字 8119 7133 △ チョク 職 chì　5012 522C

字義 ❶つつしむ(謹)。❷ただす(正)。また、正しい。❸ととのえる(整)。ととのえそなえる。❹いましめる。おしえる。「戒飭カイチョク」❺おさめる(治)。また、治まる。❻つとめる(勤)。

解字 文 篆 形声。人＋力＋食音。音符の食は、直に通じ、まっすぐの意味。努力して正しくするの意味を表す。

【飭躬】チョクキュウ 自分の身をいましめ、つつしむこと。

【飭正】チョクセイ ①ととのえ正す。②つつしんでいて正しい。

(13)4【飩】8724 △ 一漢トン・呉ドン 元 tún 二チュン 震　8111 712B

字義 一餛飩コントンは、小麦粉をねりのばした皮に肉あんを包んでゆでた食品。ワンタン。また、もち(餅イ)。二濃い味。

国 饂飩ウドン・ウンドンは、うどん。

解字 形声。食＋屯音。音符の屯トンは、ものが集まりいりまじって、見分けがつかないの意味。集まりいりまじっている食物、うどんの意味を表す。

(12)4【飯】8725 教4 ハン めし　4051 4853

(13) 4
【飯】8726　漢ハン　呉ボン　圖 fàn

筆順 ノ 今 食 飣 飯

字義 ❶めし。いい。け。❷くう(食)。くらう。〔論語、述而〕飯疏食飲水（ソシをくらいみず(づ)をのむ）。❸たべさせる。養う。〔史記、淮陰侯伝〕見信飢飯信（シンのうえるをみてシンにハンせしむ）。

難読 飯羽間(いいばま)・飯室(いいむろ)・飯縄(いいづな)・飯井(いい)・飯盛(いいもり)・飯浦(いいのうら)・飯豊(いいで)

解字 篆文 形声。食＋反音。音符の反は、かえるの意味。穀類を煮えかえらせて作った、めしの意味を表す。

▼喫飯・強飯・茶飯・赤飯・噴飯

【飯盂】ハンウ めしを盛る容器。おはち。
【飯顆】ハンカ めしつぶ。飯粒。
【飯磬】ハンケイ 寺で食事を知らせるためにならす磬（石の楽器）。
【飯食】ハンシ・ハンショク ①めし。②めしを食う。
【飯匙】ハンシ 飯を盛るさじ。しゃもじ。
【飯単(單)】ハンタン ①食事のとき、前にかけるきれ。ナプキン。②俗語で、料理の献立表をいう。
【飯店】ハンテン ①旅館。ホテル。②料理屋。飲食店。
【飯筒】ハントウ ちまき。
【飯嚢】ハンノウ めしぶくろ。むだに世を送っている人をあざけることば。
【把飯叫饑】ハンをとりてキをさけぶ 飯を持っていながら、ひもじさをうったえる。言うことと行うことが矛盾していることのたとえ。臨河叫渇（かわ(は)にのぞんでカツをさけぶ）。〔通俗編、飲食〕

(13) 4
【飫】8727　標　漢ヨ　呉オ　圖 yù　8112　712C

字義 ❶あきる(飽)。食べあきる。❷宴会。さかもり。❸日常の食物。

難読 飫肥(おび)

解字 篆文 形声。食＋夭(芺)音。音符の芺ヨウは、若くて精力的の意味。精力的に食う、さかもり・あきるの意味を表す。

【飫宴・飫讌】ヨエン さかもり。
【飫賜】ヨシ 飽きるほど酒食をたまわること。
【飫聞】ヨブン （ある物事について）聞きあきるほど聞いている。たびたび聞いている。聞は、自然と耳にはいって来ること。

(14) 5
【飴】8728　標　[一]イ　因 yí　[二]漢シ・呉ジ　圖 sì　[飴] 1627　303B

字義 [一]❶あめ。もち米と、麦のもやしで作った甘い菓子。❷甘味。甘い。また、おいしい食物。[二]❶かて。食糧。❷食べさせる。養う。

解字 金文　篆文 形声。食＋台音。音符の台ィは、やわらかの意味。やわらかな食品、あめの意味を表す。

【得飴以養老得飴以開閉】あめをえてもってロウをやしない(ひ)あめをえてもってヘイをひらく （仁者は）あめを手に入れると老人に与えて喜ばせ、（悪人は）あめを手に入れると（物を盗むため）じょうまえをあけるのに使う。同じものでも使う人によってその用い方が違うというたとえ。〔呂氏春秋、異用〕

(13) 5
【飼】8729　教5　シ　かう　2784　3B74
(14) 5
【飼】8730　漢シ　呉ジ　圖 sì

筆順 ノ 今 食 飣 飼 飼

字義 かう。やしなう。動物を養い育てる。人についていう場合もある。

解字 形声。食＋司音。音符の司は、つかさどるの意味。動物の食物をつかさどる、やしなうの意味を表す。

【飼育】シイク 飼い育てる。
【飼料】シリョウ えさ。飼っている動物に与えるえさ。

(13) 5
【飾】8731　常　ショク　かざる　3094　3E7E
(14) 5
【飾】8732　[一]漢ショク・呉シキ　圖 shì　[二]漢チョク・呉チキ　圖 chì
【餝】同字　8119　7133

筆順 ノ 今 食 飣 飾 飾

字義 [一]❶かざる。㋐美しく見えるようにする。手を加えてよくする。㋑よそおう(装)。化粧する。身なりをととのえる。㋒外観だけをよいように見せかける。❷かざり。また、よそおい。❸おおう(蔽)。[二]ととのえる。また、いましめる。＝飭チョク。

難読 飾磨(しかま)

解字 篆文 形声。巾＋人＋食音。巾は、ぬのの意味。人がぬのやはけで、下地の部分に次第にくいこんでいくようにかざりつぶしていくの意味を表す。

▼華飾・虚飾・修飾・首飾・潤飾・藻飾・彫飾・服飾・粉飾・文飾・容飾・落飾・麗飾

【飾言】ショクゲン いつわりかざったことば。飾説。飾辞。
【飾詐】ショクサ かざりいつわる。うわべをつくろう。
【飾繕】ショクゼン かざりつくろう。

(14) 5
【飶】8733　△　漢ヒツ　呉ビチ　圖 bì

字義 ❶こうばしい。❷かおり。食物の香り。

解字 篆文 形声。食＋必音。音符の必は、密に通じ、ひっそりの意味。ひっそりとほのかな食物のかおりの意味を表す。

(13) 5
【飽】8734　常　ホウ　あきる・あかす　4316　4B30
(14) 5
【飽】8735　ホウ（ハウ）　圴 bǎo

筆順 ノ 今 食 飣 飽 飽

字義 ❶あきる。㋐腹いっぱい食べる。また、満腹する。㋑十分にある。満ち足りる。❷あかす。あかせる。あきさせる。満足させる。❸あくまで。心ゆくまで。

難読 飽気(あっけ)

解字 篆文 形声。食＋包音。音符の包は、つつむの意味。食物を食べてふくれるの意味。

▼温飽・酔飽

【飽食煖衣】ホウショクダンイ 腹いっぱい食べ、暖かい着物を着ていること。何不自由なく暮らすこと。〔孟子、滕文公上〕
【飽暖・飽煖】ホウダン 飽食煖衣の略。
【飽徳】ホウトク 恩徳を十分に受ける。
【飽満(滿)】ホウマン ①腹いっぱい食べる。②たくさんある。充満する。③あき足りる。満ち足りる。
【飽飫】ホウヨ 腹いっぱい食べる。
【飽和】ホウワ ①十分にあって不足がないこと。②気体または液体中に、他物が極限の量に至るまでとけている状態。③国最大限度まで何かによって満たされている状態。

(15) 6
【餃】8736　△　漢コウ（カウ）　呉キョウ（ケウ）　圖 jiǎo　8113　712D

字義 ❶あめ(飴)。❷→餃子。

難読 餃子(ギョーザ・チャオズ)

解字 形声。食＋交音。

【餃子】コウシ ギョウザ。中国料理の一種。

(15) 6
【餈】8737　△　漢シ　呉ジ　因 cí

字義 もち(餅)。また、だんご。もち米の粉を蒸してついたもの。

解字 篆文 形声。食＋次音。音符の次は、斉に通じ、ととのえるの意味。ととのえた食品、もちの意味を表す。

(15) 6
【餌】8738　標　漢ジ　呉ニ　紙 ěr　[餌] 1734　3142

字義 ❶え。えさ。㋐動物の飼料。㋑魚をつるえさ。㋒人をおびきよせるためにあてがうもの。❷くう。食らう。また、食われる。❸くわす。えさを与える。利益で人をおびきよせる。❹利益。不正な利益。❺喜ばせる。❻ねりもち。こながき。

解字 文 篆 形声。食＋耳㊥。音符の耳は、みみの意味。みみたぶのように柔らかみのある食品、だんごの意味を表す。篆文は、鬻＋耳㊥。鬻は、かまから湯気のたつさまにかたどる。

【餌口】ジコウ 糊口ココウ。口に食物を入れる。食事をすること。転じて生計をたてること。

【餌△啗】ジタン えさを与える。利益で人をつること。

(15)6【餉】8739 △ ショウ（シャウ）漾 xiǎng —8114 712E

【饟】同字

字義 ❶かれい（かれひ）。かれいい。旅人や田野に働く人などの携帯食糧。弁当。❷めし。食糧。❸兵糧ヒョウロウ。転じて、軍用金。❹おくる。㋐運んで行く。㋑贈与する。❺食事するぐらいの短い時間。

解字 文 篆 形声。食＋向㊥。音符の向は、むかうの意味。相手に食をおくるの意味を表す。

【餉遺】ショウイ おくりもの。また、食物を贈る。

【餉△饋・餉△餽】ショウキ ①食糧。また、食糧をおくる。②兵糧ヒョウロウ。

【餉給】ショウキュウ 食糧または兵糧ヒョウロウを送りとどける。食糧の補給。

(15)6【餂】8740 △ テン 琰 tiǎn

字義 さぐり取る。つり出す。

解字 形声。食＋甜省㊥。

(15)6【餅】8741 標 ヘイ 餅(8763)の印刷標準字体。→一二一三ペ。 [餅] —4463 4C5F

(15)6【養】8742 教4 ヨウ やしなう —4560 4D5C

(15)6［養］8743 ヨウ（ヤウ）養 yǎng

筆順 丷 䒑 羊 美 养 養

字義 ❶やしなう（やしなふ）。㋐育てる。はぐくむ。「養育」㋑かう（飼）。㋒扶養する。㋓教える。教育する。「教養」㋔おさめる。治療する。㋕おとろえないように、また、さかんになるように力をつくす。「養生」❷やしない（やしなひ）。やしなうこと。やしなうもの。「栄養」❸まかなう。また、まかない。炊事。❹しもべ。召使い。特に、炊事係の召使い。❺かゆい。❻憂える。

名乗 おさ・かい・きよ・のぶ・まもる・やす・よし 難読 養父やぶ・養母田やぶた

解字 金 文 篆 文 形声。食＋羊㊥。音符の羊は、ひつじの意味。ひつじを食器に盛る・そなえるの意味から、やしなうの意味を表す。

▼営養・栄養・畜養・休養・帰養・供養・教養・孝養・修養・滋養・静養・扶養・奉養・牧養・保養・療養

【養△痾】ヨウア ＝養病。

【養育・養△毓】ヨウイク 養い育てる。

【養花雨】ヨウカウ 花曇りのころに降る雨。

【養活】ヨウカツ やしなう。養いたすける。

【養気（氣）】ヨウキ ①生物を養い育てる気。②道家で気力を養うこと。錬気。②浩然コウゼンの気を養う。〔孟子、公孫丑上〕

【養形】ヨウケイ からだを養う。＝養生の①。

【養△虎】ヨウコ 虎とらを飼っておく。後日のわざわいとなる敵をのばなしにしておくことのたとえ。〔史記、項羽本紀〕

【養護】ヨウゴ やしない、世話をする。養育保護。

【養志】ヨウシ ①（自分の）志を養う。精神の修養をすること。②親につかえて、親の心を楽しませること。

【養視】ヨウシ 養って注意深く見守る。世話をする。

【養寿（壽）】ヨウジュ 寿命を養う。長生きするよう気をつけること。

【養生】ヨウジョウ・ヨウセイ ①生命を養う。健康に注意すること。身体を丈夫にするようにすること。②親の生前によくこれを養うこと。

【養殖】ヨウショク （魚・貝などを）人工的に養いふやす。

【養心】ヨウシン 心をりっぱに養う。修養を積んで善心を育てる。〔孟子、尽心下〕

【養真（眞）】ヨウシン 生まれつきの性格を育てること。持って生まれた真心を養う。本性を養うこと。

【養成】ヨウセイ 養い育てる。しこむ。育成。

【養性】ヨウセイ ①性格をりっぱなものに育てること。養心。〔孟子、尽心上〕②性格を生まれたままの自然の状態にしておくこと。自然の道によって養うこと。

【養拙】ヨウセツ 生まれつきの素朴さを養う。

【養病】ヨウビョウ 病気を治療する。養痾ヨウア。

【養望】ヨウボウ 名望を得ようと努力すること。

【養目】ヨウモク 目を楽しませる。

【養養】ヨウヨウ うれえて、おちつかないさま。

【養老】ヨウロウ ①老人をいたわって安楽に過ごさせること。②長生きする。

【養和】ヨウワ ①仲好くさせるよう努力すること。②おだやかな性格になるよう教えること。③背をよせかける道具。

(15)7【餓】8744 常 ガ —1878 326E

(16)7［餓］8745 ガ 箇 è

筆順 人 今 食 飣 餓

字義 ❶うえる（うう）（飢）。かつえる。ひどくうえる。❷うえ（ゑ）。❸うえさせる。

解字 文 篆 形声。食＋我㊥。音符の我は、ぎざぎざの刃のあるおのの象形。食べ物がなくなってやせ、骨のぎざぎざがあらわれる、うえるの意味を表す。

▼飢餓・凍餓

【餓鬼】ガキ ①仏餓鬼道に落ちた亡者モウジャ。②国子供をいやしめていうことば。

【餓鬼道】ガキドウ 仏六道の一つ。この世で仏教の教えにそむいた者が、その報いとして落ちてゆき、いつも飢餓の苦しみを受ける所という。

【餓△虎】ガコ ①飢えたとら。②残虐・貪欲ドンヨクな人のたとえ。

【餓△莩・餓△殍】ガヒョウ 飢え死にした人。ゆきだおれ。

【餓△羸】ガルイ 飢えつかれる。

【餓△狼】ガロウ ①飢えたおおかみ。②残虐・貪欲ドンヨクな人のたとえ。

(16)7【餐】8746 標 ㊀サン 寒 cān ㊁ソン 元 sūn [餐] —2733 3B41

【飡】俗字

字義 ㊀❶のむ（飲）。また、くう（食）。❷たべもの。飲食物。また、間食。❸ほめる。❹きく（聴）。㊁夕食。＝飧ソン。

解字 文 篆 形声。食＋奴㊥。音符の奴は、骨を手にする形にかたどる。骨を抜き取った食物の意味を表す。

【餐△霞】サンカ かすみを食べる。道家の修練の術。「餐霞之人サンカのひと」（仙人）

【餐食】サンショク 食べる。食う。

【餐飯】サンパン めしを食う。また、めし。食事。「加二餐飯一サンパンをくわ(は)う(ふ)」は、食事を充分とって体を大切にすること。

【加△餐】カサン ごちそうを食べる。相手の健康を祈ることば。

(16)7【餕】8747 △ シュン 震 jùn

字義 食べのこし。くいさし。また、余りものを食べる。

解字 文 篆 形声。食＋夋㊥。

(16) 7
【餗】8748　△ ソク 屋 sù　8115 712F
字義 ❶食物。また、鼎(かなえ)に盛った食物。❷かゆ(粥(シュク))。
解字 形声。食＋束音。

(16) 7
【餒】8749　△ 漢ダイ 呉ナイ 賄 něi
字義 ❶うえる(飢)。また、うえさせる。❷うえ。❸くさる。魚や肉が腐敗する。
参考 〔餧(イ)〕と混同して用いる。
解字 篆文 形声。食＋妥音。
【餒棄】(ダイキ) 飢えて身投げすること。
【餒△虎】(ダイコ) 飢えたとら。危険なもののたとえ。
【餒士】(ダイシ) 飢えた人。民間で貧しい生活をしている有能な人。

(16) 7
【餖】8750　△ 漢トウ 呉ズ(ヅ) 宥 dòu
字義 つらねる。食物を並べる。
解字 形声。食＋豆音。

(16) 7
【餔】8751　△ 一漢ホ・呉フ 虞 bū (bū) 二漢ホ・呉ブ 遇 bù　8116 7130
字義 一❶めし。㋐食事。㋑夕食。❷くらう(くらふ)。㋐たべる(哺(ホ))。㋑かむ。❸食べさせる。養う。❹夕ぐれ。＝晡(ホ)。二こなもち。
解字 篆文 形声。食＋甫音。
【餔時】(ホジ) 日ぐれ時。夕方。今の午後四時ごろ。
【餔△啜】(ホセツ) ①くらいすする。②むだに食禄(ショクロク)をむさぼること。給料泥棒。

(16) 7
【餑】8752　△ 漢ホツ・呉ボチ 月 bō 慣ボツ
字義 ❶うどんこをこねて蒸した食物。餑餑。❷ゆばな。茶を入れると上に浮くあわ。厚いのを餑、薄いのを沫(マツ)という。❸長い。
解字 形声。食＋孛音。

(16) 7
【餘】(203)　ヨ　余(202)の旧字体。→七七ページ。　8117 7131

(17) 8
【餡】8753　△ 漢カン・呉ゲン 勘 xiàn 唐アン　8118 7132
字義 アン。あんこ。もちの中にいれるもの。多く肉類を用いる。国アン。㋐煮たあずきいんげん・いもなどをすりつぶして砂糖をまぜたもの。㋑くずだまり。くず粉に酒やしょうゆを加えて作った調味料。
参考 〔餡(ウト)〕(むさぼる)は別字。
解字 形声。食＋臽音。音符の臽(カン)は、あなにおちいるの意味。パンやもちの中に落としこんで満たす、あんの意味を表す。

(17) 8
【餧】8754　△ 一イ(ヰ) 寘 wèi 二漢ダイ・呉ナイ 賄 něi
字義 一❶かう(飼)。養う。食べさせる。❷めし(飯)。たべもの。二うえる(うう)(飢)。また、うえ(ゑう)。
参考 二の意味のとき、〔餒(ダイ)〕と混用する。
解字 篆文 形声。食＋委音。音符の委は、すなおに従うの意味。食事を与えて人に従うように、飼いならすの意味を表す。

(16) 8
【館】8755　教3　カン
(17) 8
〔館〕8756　カン(クヮン) 翰・旱 guǎn　2059 345B
筆順 今 食 飣 館
〔舘〕俗字 2060 345C
字義 ❶たち。たて。やかた。㋐宿屋。旅館。かりのやどり。一時身を寄せている家。㋑役所・学校・劇場・貴人の家などの大きな建物。❷やどる。泊まる。また、やどす。泊める。国❶やかた。㋐かりの宿所。寓居(グウキョ)。㋑貴人の宿所。また、その邸宅。㋒貴人をいう。㋓牛車(ギッシャ)・船などの屋根。❷たち。たて。㋐貴人・官吏などの宿泊する官舎。㋑貴人の宿所。また、その邸宅。㋒小規模の城塁。小城。「衣川の館(たて)」
解字 篆文 形声。食＋官音。音符の官は、軍官が長期間にわたって滞在する場所の意味。長期滞在者に食事を供する場所、宿泊所・やかたの意味を表す。
▼公館・高館・第館・賓館・別館・旅館
【館△娃宮】(カンアイキュウ) 宮殿の名。呉王夫差が美人西施のために建てた。江蘇(コウソ)省の霊巌山(レイガンザン)上にあった。

【館宇】(カンウ) やかた。建物。館舎。

【館駅(驛)】(カンエキ) 宿場。駅舎。

【館閣】(カンカク) 宋(ソウ)の官署、昭文館・史館・集賢院の三館と、秘閣・竜図閣・天章閣などの併称。みな経籍図書を蔵し、学問にすぐれた者をその役人にした。なお、後世もこの制度に準じた。経籍図書を蔵した所。

【館舎】(カンシャ) やかた。建物。館宇。

【△捐二館舎一】(カンシャをすつ) 住んだやかたを捨てる。貴人の死をいう。

【館職】(カンショク) ①宋(ソウ)の朝廷の、館閣の職。②国修史局の編修官。

【館人】(カンジン) やかたを守り、客の世話をする人。

【館第】(カンテイ) やしき。

(17) 8
【餚】8757　△ コウ　肴(3131)と同字。→五三ページ。

(17) 8
【餛】8758　△ 漢コン 呉ゴン 元 hún
字義 餛飩(コントン)は、もち(餅(ヘイ))。また、ワンタン。
解字 形声。食＋昆音。

(17) 8
【餝】8759　△ 一ショク 二チョク　8119 7133
字義 一飾(8731)と同字。→一二〇八ページ。二飭(8723)の俗字。→一二〇六ページ。

(17) 8
【餞】8760　△ 漢セン 呉ゼン 霰・銑 jiàn　8120 7134
〔戔〕俗字
字義 ❶はなむけ。㋐旅立つ人を送る酒宴。送別会。㋑旅立つ人への贈りもの。餞別。❷はなむけする(はなむけす)。酒宴を開いて旅立つ人を見送る。❸一般に、送る意。「餞春」❹すすめる。飲食をすすめる。

解字 篆文 形声。食＋戔音。音符の戔(セン)は、践(セン)に通じ、旅の一歩をふみだすの意味。人の旅立ちに先だち、道祖神を祭り、うたげして送るときの食物、はなむけの意味を表す。

【餞△筵】(センエン) 送別の酒盛り。餞宴。

【餞春】(センシュン) 春の去るのを送る。また、それを惜しんで酒盛りをすること。

【餞送】(センソウ) 旅立つ人を見送る。送別。

【餞別】(センベツ) 行く人を見送る。また、そのときに贈る金品。

(17) 8
【餤】8761　△ 一漢タン・呉ダン 覃 tán 二漢タン・呉ダン 勘 dàn　8121 7135
字義 一❶すすむ(進)。ます(増)。❷すすめる(すすむ)。食物を人にすすめる。二くう(食)。くらう。＝啖(タン)。
解字 形声。食＋炎音。

(17) 8
【餟】8762　△ 一テイ 霽 zhuì 二漢テツ・呉テチ 屑 chuò
字義 一二❶まつる(祭)。多くの神々の座所を並べつらねて一度に祭る。❷おくる(餽(キ))。野に出て働いている者や遠方にある者などに食物をはこびおくる。
解字 篆文 形声。食＋叕音。音符の叕(テツ)は、つづくの意味。多くの神々を並べつらね食物をそなえて祭るの意味を表す。

(17)8 **【餅】** 8763 △ 漢ヘイ 呉ヒョウ（ヒャウ） 梗 bǐng　8122 *7136*
【餠】標準 4463 *4C5F*
字義 **もち**。小麦粉をこねて円くのばし、焼き、または蒸した食品。国**もち**。もち米、その他の穀物をむしてついた食物。

参考〔餠〕は俗字であるが、印刷標準字体。

解字 篆文 形声。食＋并㊥。音符の并（ヘイ）は、あわせるの意味。穀粉をこねあわせて、むして作る食品、もちの意味を表す。

【餅金】（ヘイキン）もちのような丸い形の金塊。

【餅師】（ヘイシ）もちや。もちを売る人。

【餅△餌】（ヘイジ）もち。また、だんご。

(18)9 **【餲】** 8764 △ アイ 卦 ài
字義 **すえる**（ゆす）。飯がくさって味がかわる。
解字 篆文 形声。食＋曷㊥。

(18)9 **【餫】** 8765 △ 一ウン 問 yùn 二漢コン・呉ゴン 元 hún
字義 一**おくる**（饋（キ））。野に出て働いている者や遠方にある者などに食物を運びおくる。二餫飩（コントン）は、もち（餅（ヘイ））。また、ワンタン。＝餛（コン）。
解字 篆文 形声。食＋軍㊥。

(18)9 **【餬】** 8766 △ 漢コ 呉ゴ 虞 hú　8123 *7137*
字義 ❶寄食する。食客となる。❷**かゆ**。また、かゆを食べて生活する。貧しくくらす。❸くう。食べる。
解字 篆文 形声。食＋胡㊥。音符の胡（コ）は、ぼんやりしているの意味。米の粒が溶けてはっきり見えないかゆの意味を表す。また、かゆしか与えられないいそうろうとなるの意味も表す。
【餬口】（ココウ）①かゆを食べて生活する。貧しくくらす。「餬口を凌（しの）ぐ」②いそうろうとなる。人に寄食する。
【餬△饘】（コセン）かゆ。饘は、濃いかゆ。

(18)9 **【餱】** 8767 △ 漢コウ 呉グ 尤 hóu
【糇】同字
字義 ❶**ほしいい**（ほしいひ）。かれいい。乾燥させた飯。❷かて（糧）。食料。
解字 篆文 形声。食＋侯㊥。
【餱糧】（コウリョウ）ほしいい。また、食料。

(18)9 **【餮】** 8768 △ 一漢テツ・呉テチ 屑 tiè 二漢テン・呉デン 銑　8124 *7138*
字義 一二むさぼり食べる。
解字 形声。食＋殄㊥。
【饕△餮】（トウテツ）食物をむさぼることと、財貨をむさぼること。欲の深いこと。

(18)9 **【餳】** 8769 △ 一漢トウ（タウ）・呉ドウ（ダウ） 陽 táng 二漢セイ・呉ジョウ（ジャウ） 庚 xíng
字義 一**あめ**（飴（イ））。みずあめ。二＝糖。㋐あめ。㋑砂糖。
解字 形声。食＋昜㊥。

(18)9 **【餴】** 8770 △ フン 文 fēn
【饙】同字
字義 **むす**（蒸）。米を一度炊いて、さらに水をそそいでむす。また、そのめし。
解字 金文 篆文 形声。食＋奔㊥。音符の奔（ホン）は、さかんに走るの意味。さかんに蒸気をふき出して、むすの意味を表す。

(19)10 **【餼】** 8771 △ 漢キ 呉ケ 未 xì
字義 ❶**おくる**（贈）。食物・いけにえなどをおくる。❷おくりもの。食物・いけにえなどの贈り物。❸ふち（扶持）。知行。❹なまもの。生きているいけにえ。米・いけにえ・まぐさなどの生（なま）をいう。↕饔（ヨウ）。

解字 形声。食＋氣㊥。原字は氣。氣（キ）が、わきあがる雲の意味に用いられるようになったので、改めて食を付し、餼の字となった。生きている米、もみの意味を表したが、それが贈り物として用いられたところから、おくりものの意味を表す。

【餼△牽】（キケン）生きているいけにえ。牛・羊・豚をさす。牽は、引いてゆく意。

【餼羊】（キヨウ）いけにえの羊。

【餼△廩】（キリン）肉類と扶持米（フチマイ）。また、扶持米をいう。

(19)10 **【餽】** 8772 △ 漢キ 呉ギ 寘 kuì　8125 *7139*
字義 ❶**おくる**。食物・金銭などを贈る。また、贈り物。＝饋（キ）。❷不作。凶作。

解字 篆文 形声。食＋鬼㊥。音符の鬼は、死者のたましいの意味。死者をまつるための食物の意味を表す。

【餽△貽】（キイ）おくる。食物や物品をおくること。貽も、おくる。

【餽遺】（キイ）＝餽貽（キイ）。遺も、おくる。

【餽△餉】（キショウ）食物をおくる。食物を供給する。また、贈り物。

【餽△饟】（キショウ・キジョウ）＝餽餉（キショウ）。

(19)10 **【饁】** 8773 △ 一ヨウ（エフ） 葉 yè 二漢コウ（カフ） 呉ゴウ（ガフ） 洽
字義 一二❶**おくる**。田畑で働く人に食物を運び送る。❷**かれいい**（かれいひ）。田畑で働く人の食べる弁当。
解字 篆文 形声。食＋盍㊥。音符の盍（コウ）は、匣（コウ）に通じて、こばこの意味。はこにつめた食事、弁当の意味を表す。

(19)10 **【餹】** 8774 △ 漢トウ（タウ） 呉ドウ（ダウ） 陽 táng
字義 **あめ**（飴（イ））。堅いあめ。＝糖。
解字 形声。食＋唐㊥。

(19)10 **【餾】** 8775 △ 漢リュウ（リウ） 呉ル 宥 liù　8126 *713A*
字義 むす（蒸）。米などをむす。また、むれる。
解字 形声。食＋留（畱）㊥。音符の畱（リュウ）は、流に通じ、ながれるの意味。蒸気が流れて飯がむれるの意味を表す。

(19)10 **【饂】** 8776 国字 △ ウン　8127 *713B*
【䭇】俗字
字義 饂飩（ウンドン・ウントン）は、小麦粉から作った、めん類の一種。うどん。
難読 饂飩（うどん・わんたん）
解字 形声。食＋昷㊥。もと餛飩（コントン）の江南方言、ウントンのなまったもの。

(20)11 **【饉】** 8777 標 漢キン 呉ギン 震 jǐn　8128 *713C*
字義 **うえる**（うう）。野菜や穀物のできの悪いこと。凶作。飢饉。特に野菜についていう。↓饑（キ）。
解字 金文 篆文 形声。食＋堇㊥。音符の堇（キン）は、僅（キン）に通じ、わずか・うえるの意味を表す。

(20)11 **【饅】** 8778 標 漢バン 呉マン 寒 mán　8129 *713D*
字義 まんじゅう。↓饅頭（マンジュウ・マントウ）。国**ぬた**。魚肉・野菜などを酢味噌（スミソ）であえた料理。
解字 形声。食＋曼㊥。音符の曼（マン）は、のばすの意味。小麦粉を発酵させてのばした、まんじゅうの意味を表す。
【饅頭】（マンジュウ・マントウ）菓子の一種。小麦粉に酒などを加えてこね、餡（アン）を包み蒸した食物。『事物紀原』によると、三国時代、蜀（ショク）の諸葛孔明（ショカツコウメイ）が濾水（ロスイ）を渡ったとき、人頭を神に祭る悪習のあるのを見て、もちに人頭を描いて供えさせたのが起こ

りであるという。

(21)12 【饐】8779 △ 一イ 寘 yì 二漢エツ・呉エチ 屑 yē 8130 *713E*

字義 一すえる。食物がくさる。二むせぶ。むせる。食物がのどにつかえてむせる。＝噎。

解字 篆文 形声。食＋壹音。音符の壹は、つぼを密閉する形にかたどる。食物が発酵して「すえる」の意味を表す。

(21)12 【饋】8780 △ 漢キ 呉ギ 寘 kuì 8131 *713F*

字義 ❶おくる(贈)。㋐田畑で働く人や旅人に食物をおくる。㋑金品などをおくる。❷おくりもの。❸すすめる。食物をすすめる。❹めし。食事

解字 篆文 形声。食＋貴(賫)音。音符の賫は、金品をおくるの意味。贈る食物の意味を表す。

【饋遺】イキ 金品を贈る。贈り物をする。贈り物。

【饋運】キウン 食糧を運ぶこと。餽運。

【饋歳】キサイ 年末の贈り物をする。お歳暮。

【饋餉】キショウ 食物を贈る。また、その食物。食糧。

【饋食】キショク・キシ ①昔の祭りの礼の一つ。煮た食物を供えること。②食物を贈る。また、その食物。食糧。③食事。

【饋薦】キセン いけにえや穀物をささげすすめること。

【饋饌】キセン 目上の人にすすめるごちそう。

【饋奠】キテン 物を供えて神を祭ること。また、その供え物。

【饋糧】キリョウ 食糧を送る。兵糧を運搬する。

【饋路】キロ 食糧を運ぶ通りみち。

(21)12 【饑】8781 △ 漢キ 呉ケ 微 jī 8132 *7140*

字義 ❶うえる。また、うえ。＝飢。かつえる。❷穀物が実らないこと。饑饉。野菜の凶作は饉という。

参考 現代表記では〔飢〕(8713)に書きかえることがある。「饑餓→飢餓」

解字 篆文 形声。食＋幾音。音符の幾は、かすかの意味。食物がかすかにしかない、うえるの意味を表す。

【饑餓】キガ うえる。また、飢餓。饑餒。

【饑渇(渴)】キカツ 飢えかわく。また、飢えとかわき。飢渇。

【饑寒】キカン 飢えこごえる。また、飢えと寒さ。

【饑饉】キキン 作物の実らぬこと。凶年。

【饑歳】キサイ 穀物の不作の年。凶年。

【饑色】キショク ひもじいようす。飢えた顔色。

【饑餒】キダイ ＝饑餓。

【饑溺】キデキ 食に飢えることと水におぼれること。民のひどい苦しみのたとえ。

【饑凍】キトウ ＝饑寒。

【饑弊】キヘイ 飢えてつかれる。

(21)12 【饎】8782 △ 一シ 寘 chì 二キ 支 xī

字義 一二❶酒さかな。酒と食物。❷にる(煮)。かしぐ(炊)。また、煮た食物。❸きび。また、ごちそう。

解字 甲骨文 篆文 形声。食＋喜音。音符の喜は、物を煮たきする時に吹き出す湯気・火気の音を表す擬声語。食を付し、煮た食物の意味を表す。

【饎饌】キセン・シセン 酒食をいう。ごちそう。

(21)12 【饒】8783 標 漢ジョウ(ゼウ) 呉ニョウ(ネウ) 蕭・嘯 ráo 8133 *7141*

字義 ❶ゆたか(豊)。㋐多い。十分にある。余るほどに多い。「豊饒」㋑ゆるやか。また、やすらか。❷土地が肥えている。「肥饒」❸ゆたかにする。ます(増)。❹ゆるす。見のがす。寛大にする。❺たのしむ。あそぶ。❻あまり(余)。また、とみ(富)。

難読 饒速命にぎはやのみこと

解字 篆文 形声。食＋堯音。音符の堯は、高くすぐれるの意味。食物がゆたかの意味を表す。

【饒益】ジョウエキ ①金銭や物品を多く与える(供給する)こと。②仏ニョウヤク ＝①。

【饒衍】ジョウエン 多い。豊かであり余る。また、余り。衍は、豊か・余り。

【饒給】ジョウキュウ ①豊かに供給する。②十分にまかなう。十分に足りること。

【饒侈】ジョウシ ①あり余るほどにあること。②＝饒奢。

【饒奢】ジョウシャ おごってぜいたくすること。饒侈。

【饒舌】ジョウゼツ よくしゃべること。おしゃべり。

【饒贍】ジョウセン 豊か。饒優。

【饒沃】ジョウヨク 土地が肥えていること。

(21)12 【饌】8784 △ 漢セン 呉ゼン 霰 zhuàn 8134 *7142*

【籑】本字

字義 ❶そなえる(供)。食物をそなえる。また、そなえもの。❷たべる。食う。また、めし。食物。

解字 形声。食＋巽音。音符の巽は、とりそろえるの意味。整えそろった食物のさまから、そなえものの意味を表す。

【饌饋】センキ 膳立てした食物をすすめる。また、食物。

【饌玉】センギョク とりそろえた、りっぱなごちそう。〔唐、李白、将進酒詩〕鐘鼓饌玉何足レ貴

(22)13 【饗】8785 △ 漢キョウ(キャウ) 呉コウ(カウ) 養 xiǎng 〔饗〕 2234 *3642*

【饗】標準

字義 ❶あえ。村人が集まって飲食すること。さかもり。宴会。❷もてなす。ねぎらう。酒食を供してねぎらう。また、その酒食。「饗応」❸すすめる。そなえる(供)。また、供え物。❹飲む。また、食べる。❺うける。うけ入れる。もてなしに応ずる。❻当たる。❼祭る。神をあわせ祭る。

難読 饗庭あえば

参考 現代表記では〔供〕(216)に書きかえることがある。「饗応→供応」

解字 甲骨文 篆文 形声。食＋郷音。音符の郷は、食物を間に、二人がむきあう形にかたどる。さかもり、もてなしの意味を表す。

【饗宴・饗筵】キョウエン もてなしの酒盛り。

【饗応(應)】キョウオウ・キョウヨウ 国①酒食をふるまってもてなすこと。供応。②相手に調子を合わせること。その場をとりつくろうこと。

【饗告】キョウコク 祖先の霊などに供え物をし、告げること。

【饗膳】キョウゼン 国ごちそうの膳部。会食の膳。

【饗報】キョウホウ ①ごちそうして、その恩徳に報いること。②神に供え物をし、そのめぐみに報いること。

【饗礼(禮)】キョウレイ 賓客をもてなす礼式。

(22)13 【饘】8786 △ セン 先・銑 zhān

字義 かゆ。濃いかゆ。↕粥(薄いかゆ)。

解字 篆文 形声。食＋亶音。

【饘粥】センシュク かゆ。濃いかゆと、薄いかゆ。饘酏。

(22)13 【饕】8787 △ トウ(タウ) 豪 tāo 8135 *7143*

字義 ❶むさぼる(貪)。＝叨。㋐飲食をむさぼる。㋑財貨をむさぼる。❷想像上の悪獣の名。転じて、悪人。

解字 篆文 会意。食＋號音。號は、さけぶの意味。大声をあげながらたべる、むさぼるの意味を表す。

【饕餮】トウテツ ①金銭をむさぼることと、飲食をむさぼること。欲の深いこと。＝饕餮。②未開の異民族の名。③想像上の悪獣の名。古代、青銅器の模様に用いた。④転じて、悪人をいう。

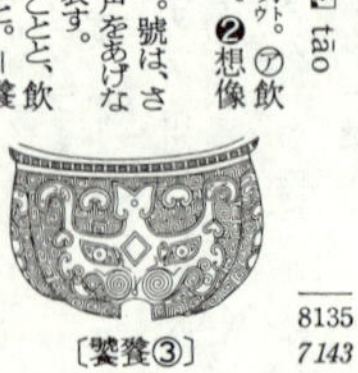

〔饕餮③〕

【饕戾】トウレイ むさぼって、人の道にもとること。また、その者。

【饔】(22)13 8788 △ 漢ヨウ 呉オウ 冬 yōng

字義 ❶にもの。煮た食物。㋐煮た肉。㋑料理したもの。❷あさめし。朝食。↔飧ソン(夕食)。❸殺したいけにえ。↔餼キ。

解字 文 金 篆 形声。食＋雍(雝)音。音符の雝ヨウは、やわらぐの意味。熱をとおしてやわらかくした食物の意味を表す。

【饔餼】ヨウキ 殺したいけにえと、生きたままのいけにえ。

【饔人】ヨウジン 古代の官名。料理をつかさどる。雍人ヨウジン。

【饔膳】ヨウゼン 食膳。膳部。食事。

【饔飧】ヨウソン ①朝食と夕食。②めし。食事。

【饜】(23)14 8789 △ エン 豔 yàn

字義 あきる(飽)。㋐食べあきる。㋑あきたりる。満ち足りる。

解字 形声。食＋厭音。音符の厭エンは、あきるの意味。食を付し、たべあきるの意味を表す。

【饜足】エンソク あきたりる。腹いっぱい飲み食いすること。饜飽。飽食。

【饜飫】エンヨ 食物にあきたりる。転じて、文意などを十分に味わうこと。厭飫エンヨ。飽食。

【饛】(23)14 8790 △ 漢ボウ 呉モウ 東 méng

字義 食物を食器に盛り上げたさま。やまもり。

解字 文 篆 形声。食＋蒙音。音符の蒙モウは、おおうの意味。食物が食器をおおうようにあるさまを表す。

【饞】(26)17 8791 △ 漢サン 呉ゼン 咸 chán

字義 むさぼる(貪ドン)。食物や利益をむさぼる。

解字 形声。食＋毚音。

【饞嗜】サンシ むさぼる。ほしがる。

【饞涎】サンゼン よだれ。食べたいと思って流すよだれ。

【饞吻】サンプン 飢えて食物をほしがる口。

【饟】(26)17 8792 △ ショウ 餉(8739)と同字。→一三一〇ページ。

9 首部

【部首解説】 くび。首を意符として、頭部に関する文字ができている。

首 三三四　2 馗 三三五　8 馘 三三五

【首】(9)0 8793 教2 シュ くび 2883 3C73

一 漢シュウ(シウ)・呉シュ 宥 shǒu

二 漢シュウ(シウ)・呉シュ 宥 shòu

筆順 首

字義 一❶くび。㋐あたま(頭)。こうべ(かうべ)。「頓首トン」㋑頭と胴の間。「鶴首」❷はじめ。はじめる。㋐物事のはじめ。最初。はじまり。「歳首」㋑第一。「首位」㋒先。前。前部。「船首」❸おさ。㋐かしら。「首相」「党首」㋑かみ(上)。きみ(君)。「元首」❹かみ。頭髪。「白首」❺かなめ(要)。物事の重要な点。❻つか。刀のつか。❼もとづく(本)。よりどころとする。❽はじめる(始)。❾あらわす(表)。❿拝する。首を下げる。⓫ただしい。まっすぐ。⓬詩歌を数える語。「古詩十九首」

二❶もうす(申)。告げる。罪を白状する。「自首」❷したがう(従)。降伏する。❸むかう(向)。頭をむける。「首丘」

国❶おびと。上古の姓かばねの名。❷くび。免職。❸しるし。敵のくび。

名乗 かみ・さき　難読 首級しるし・首肯うなずく・首途かどで

解字 文 金 篆 象形。目と髪とを強調して、頭の形にかたどりくびの意味を表す。

▼回首・貫首・丘首・矯首・挙首・元首・絞首・自首・頭首・白首・馬首・部首・落首

【首悪(惡)】シュアク 悪人のかしら。元兇ゲンキョウ。

【首魁】シュカイ ①さきがけ。先駆者。②かしら。親分。多く悪者のかしらにいう。

【首巻】シュカン ①書物の初めの巻。第一巻。②第一巻の前の総論的な一巻。巻首。③国くびまき。えりまき。

【首丘】シュキュウ・キュウにシュす ①きつねは死ぬときに、もと住んでいた丘の方に首を向けて死ぬということ。〔礼記、檀弓上〕②転じて、もとを忘れないこと。故郷を思うことのたとえ。

【首級】シュキュウ 討ち取った首。昔、秦シンの法では、敵の首一つ討ち取れば位一級を進めるきまりがあったのに基づく。

【首甲】シュコウ ①かぶと。②かしら。第一。

【首功】シュコウ ①戦場で敵の首をとったてがら。②第一等のてがら。

【首肯】シュコウ うなずく。同意する。

【首座】シュザ ①第一の座席。②仏シュソ 僧の職名。また、座禅などのとき、上座にすわる僧。③国くびのザ 首を切られる者のすわる座。

【首歳】シュサイ 年の初め。正月。

【首罪】シュザイ ①犯罪中、最も重い罪。②罪を自白する。③犯罪の発起人。主犯。

【首時】シュジ 春・夏・秋・冬の初め。四季の最初。

【首実(實)】シュジツ 事実を白状する。ありのままを述べる。

【首相】シュショウ ①大臣の中の首席の者。〔宋史、曾公亮伝〕②国内閣総理大臣をいう。

【首唱】シュショウ ①一番先に唱え出す。言い始める。また、その人。首唱者。②一座の中で最初に詩ができること。

【首章】シュショウ 文章や書物のはじめの章。第一章。

【首飾】シュショク ①頭のかざり。かんざしの類。②国くびかざり 首にかけるかざり。ネックレス。

【首席】シュセキ 一番の上位。一番の席次。首班。

【首選】シュセン 科挙(官吏登用試験)に第一位で合格すること。

【首善】シュゼン 教化のはじめ。天下の手本となること。〔史記、儒林伝賛〕教化之行也、建首善自京師始（キョウカのおこなわるるや、シュゼンをたつることケイシよりはじむ）。

【首善之地】シュゼンのチ 都のこと。→前項。

【首鼠両(兩)端】シュソリョウタン どちらともつかず、ぐずぐずしていること。ひよりみ。洞ほらが峠。ねずみは疑い深く、穴から首を出したり引っこめたりするところからのたとえ。一説に、首鼠は進退するという意味といい、また躊躇チュウチョの音の変化したものともいう。〔史記、武安侯伝〕

【首足異処(處)】シュソクところをことにす 首と足とが別々にされる。腰切りにされること。〔十八史略、春秋、魯〕

【首長】シュチョウ ①かしら。上に立って支配する人。首領。②国地方自治体の長。

【首途・首塗】シュト 初めて旅へ出ること。かどで。塗も途みちの意。

【首陀羅】シュドラ 仏梵語ボン śūdra の音訳。インドの四姓の一つ。農奴ノウドなど最下級の階級。首陀。

【首脳(腦)】シュノウ 国おもだった者。中心。「首脳部」

【首班】シュハン ＝首席。

【首尾】シュビ ①頭と尾。②初めと終わり。③初めから終わりまで。「首尾一貫」④国㋐事がらのなりゆき。てんまつ。㋑くふう。また、つごう。

【首府】シュフ 国の君主のいる所。また、国の中央政府のある所。首都。

【首伏】シュフク 自首して出て罪に服する。首服。

【首服】シュフク ①＝首伏。②首かざり。③元服。

【首謀】シュボウ 主となって事を起こす。また、その人。張本人。

【首陽山】シュヨウザン 山名。周代、伯夷ハク・叔斉の兄弟が、義を

守って餓死したといわれる山。今の山西省永済県の南。

【首虜】討ち取った首と、とりこ。首級と捕虜。

【首領】①首。あたま。②かしらとなって人を従える者。親分。

【△畏レ首△畏レ尾】おそれない所のない意で、はなはだしくおそれること。〔左伝、文公十七〕

【△掻レ首】あたまをかく。①不安のさま。②国はずかしがるさま。

【△俛レ首△帖レ耳】頭を伏せ、耳をたれる。人にこびへつらうこと。

(11)2
【馗】8794　△　漢キ　呉ギ　因kuí　8136 *7144*

字義 ❶ほおの骨。❷九方に通ずる道。❸かくれる（隠）。❹鍾馗は、厄病を払う神の名。

解字 篆文　形声。首（道）＋九音。音符の九は、ここのつの意味。九方に達する道の意味を表す。

(17)8
【馘】8795　△　㊀カク（クヮク）陌guó　㊁漢ケキ・呉キャク　錫xù　8137 *7145*

【聝】同字

字義 ㊀❶きる。耳を切る。敵を殺し、左の耳を切り、討ち取った首の数の心覚えとした。また、切った敵の耳。❷くびきる。首を切る。また、切った首。㊁おもて（面）。かお。国くびきる。官や職を免ずる。解雇する。

解字 甲骨文　篆文　別体　形声。首＋或音。音符の或は、区切るの意味。敵を殺して左の耳を切り、うち取った首の数の心覚えとし、区切りとしたところから、耳を切る・首を切るの意味を表す。聝の別体。

【馘耳】耳を切る。また、切り取った耳。

【馘首】①首を切る。②国官や職をやめさせる。くびにする。解雇。

9
香部

〔部首解説〕かおり。香を意符として、香りに関する文字ができている。

香 一二一五　9 馥 一二一六　11 馨 一二一六

(9)0
【香】8796　常　コウ・キョウ　か・かおり・かおる　漢キョウ（キャウ）　呉コウ（カウ）　陽xiāng　2565 *3961*

筆順 千 禾 香 香

字義 ❶か。かおり。におい。よいにおい。↔臭（わるいにおい）。❷かおる。かぐわしい。かんばしい。こうばしい。よいにおいがする。「香水」❸コウ。たきもの。香料。「線香」
国❶コウ。㋐香合。香道。㋑香色。黄ばんだ薄赤い色。㋒味噌の別名。㋓薬味の別名。❷キョウ。将棋のこまの一つ。香車。

名乗 たか・よし　難読 香我見・香橘・香魚・香具山・香香地・香芝・香春・香草・香椎・香登・香橙・香美・香良洲

使いわけ かおり・かおる〔香・薫〕
〔香〕鼻で感ずるにおい。「梅の香り」
〔薫〕雰囲気や肌で感ずるにおい。「風薫る五月・薫りさわやか」

解字 篆文　会意。篆文は、黍＋甘。黍は、きびの意味。甘は、うまいの意味。きびなどから生ずる甘いかおりの意味を表す。常用漢字は省略体による。

▼暗香・残香・焼香・清香・線香・沈香・聞香・芳香・抹香・幽香・余香

【香案】香炉を載せる机。香机。

【香雲】①かんばしい雲。花のむらがり咲いた様子。花がすみのさま。②女の髪の形容。③仏香の煙が雲のように見えること。

【香煙】①かんばしい煙。②仏仏に供える香の煙。

【香火】①香をたく火。②香をたいて誓う。③仏仏前に供える香をたく火。また、その香。

【香火院】仏その家の先祖代々の位牌を祭り、葬式・供養などを営む寺。菩提寺。檀那寺。香華院。

【香火情】ちかいの心。昔、誓約の時に香をたいたからいう。

【香界】寺のこと。香阜。

【香閣】①かぐわしいたかどの。婦人の寝室をいう。香閨。②寺院の建物をいう。

【香気（氣）】かおり。よいにおい。

【香魚】鮎の別名。

【香具】①たきものの材料。白檀・沈香など。②たきものに用いる道具。

【香具師】①香具を作ったり売ったりする人。②国縁日などに、見せ物興行をしたり、商品を売ったりする人。てきや。

【香花・香華】仏仏に供える香と花。

【香花院・香華院】仏＝香火院。

【香径（徑）・香△逕】①香草のはえているこみち。②呉の西施が香草を採ったというこみち。

【香光荘（莊）厳（嚴）】仏一心に仏を念ずると、自然にその人の心に仏が現れること。〔楞厳経、五〕

【香合】①香料を入れる箱。香盒。②国いろいろの香をたき、そのにおいをかぎわけたり、かおりの優劣を争ったりする遊び。

【香港】広東省南部の都市。アヘン戦争の後、道光二十二年（一八四二）の南京条約で英国に割譲された。一九九七年、中国に返還され、香港特別行政区となった。

【香魂】①花の精。②美人の魂。〔宋、曾鞏、虞美人草詩〕香魂夜逐二剣光一飛 訳文⇩剣光（一四三ページ）。

【香山居士】白居易の別号。香山は、今の河南省洛陽市の竜門山の東の山。白居易は晩年この付近に住んだ。

【香△餌】こうばしいえさ。転じて、人をおびきよせるために提供する利益。

【香△餌△之下必有二死魚一】魚は香ばしいえさに釣られて死ぬ。利に誘われて身をほろぼすたとえ。〔三略、上略〕

【香車】①美しい車。②婦人の車。③国将棋のこまの一つ。

【香積寺】長安の南東、終南山のふもとにある寺。

【香臭】①におい。かおり。②よいにおいと、悪いにおい。香気と臭気。

【香△塵】よいにおいのちり。落花のこと。

【香水】①よいにおいのする水。②化粧品の一つ。香料をアルコールに溶かしたもの。③仏花などを入れて仏に供える水。

【香△刹】寺。寺院。

【香雪】①かおりのある雪。白い花のこと。②茶の花の別名。

【香△煎】麦や穀類をいって粉にしたもの。麦こがしの類。

【香象】①香気を帯びた青い象。深い海でも歩いて渡るという、想像上の動物。②菩薩の名。

【香袋】香料を入れた袋。においぶくろ。

【香台（臺）】①香炉を載せる台。②仏殿の別称。

【香典】＝香奠。

【香△奠】(コウデン) 仏死者の霊前に供えるもの。主として金銭。香典(コウデン)。香料。

【香木】(コウボク) においのよい木。たきものに用いる。

【香夢】(コウム) 花の下などでみる夢。

【香霧】(コウム) かぐわしいきり。花園や婦人の部屋にたちこめるきりをいう。〔唐、杜甫、月夜詩〕香霧雲鬟湿(コウムウンカンうるお(ほ)い(ひ))、清輝玉臂寒(セイキギョクヒさむからん)〈かぐわしい夜霧に妻の美しいまげはしっとりとぬれて、清らかな月の光にその美しい腕は冷たく光っていることだろう〉

【香料】(コウリョウ) ①たきものの材料。②＝香典。

【香△奩・香△匳】(コウレン) ①＝香合(コウゴウ)。②女の化粧道具を入れる箱。

【香△奩体(體)】(コウレンタイ) 詩の一体。美人のことをなまめかしく歌うもの。唐の韓偓(カンアク)から始まる。

【香△輦】(コウレン) 天子の車。「香輦登仙」(天子の死をいう)

【香炉(爐)】(コウロ) ①香をたくのに用いる器。②香炉峰の略。

〔香炉〕

【香炉(爐)峰】(コウロホウ) 山の名。廬山(ロザン)の北にある峰。香炉の形に似ているので名づけられた。江西省九江市の西南。〔唐、白居易、香炉峰下……偶題二東壁一詩〕香炉峰雪撥レ簾看(コウロホウのゆきはすだれをかかげてみる)。訳文遺愛寺（一〇三ページ）。
【聞レ香】(コウをきく) ①においをかぎわける。②香合(コウあわせ)をする。

(18)9
【馥】8797
△ 漢フク 呉ブク 屋 fù
8138 *7146*

字義 ❶かおり(かをり)。㋐よいにおい。香気。㋑よい評判。よい影響。❷かおる(かをる)。よい香りを発する。❸かんばしい(かんばし)。こうばしい。香気の高いさま。

解字 篆文 [篆文] 形声。香＋复(复)㊥。音符の复(フク)は、また、亯＋夊。亯は、ふっくらした酒だるの象形。ふっくらと豊かなかおりの意味を表す。

【馥△郁】(フクイク) かおりの高いさま。香気のたちこめるさま。馥馥(フクフク)。

【馥気(氣)】(フクキ・フッキ) よいにおい。香気。

(20)11
【馨】8798
四 一 漢ケイ 呉キウョ(キャウ) 青 xin
二 漢ケイ 呉キョウ(キャウ) 徑 xin
1930 *333E*

筆順 士 声 殸 殸 馨

字義 一 ❶かおる(かをる)。㋐よいにおいを発する。香気がたちこめる。㋑よい影響や、よい評判が広まる。❷かおり(かをり)。㋐よいにおい。㋑よい影響。よい評判。二 語勢を助ける助字。晋(シン)以後に用いられた。「寧馨児(ネイケイジ)」(このような子)

名乗 か・きよ・よし

解字 篆文 [篆文] 形声。香＋殸㊥。音符の殸(ケイ)は、高い音を出す楽器、磬(ケイ)の象形。磬の音が遠くまで達するように、かおりが遠くにまで及ぶの意味を表す。

【馨逸】(ケイイツ) 香気が普通と変わってすぐれていること。

【馨香】(ケイコウ) ①かおり。よいにおい。香気。②転じて、よい感化・教化。

10
馬部

〔部首解説〕 うま。うまへん。馬を意符として、いろいろな種類の馬や馬に似た動物の名称、馬の状態、馬を扱うことなどに関する文字ができている。

(10)0
【馬】8799
教 2 バ うま・ま
漢バ・呉マ・メ 馬 mǎ
伝馬船(てんません)
3947 *474F*

筆順 丨 𠃌 𠂉 馬 馬

字義 ❶うま。家畜の一種。人や物を乗せたり車やすきを引くのに用いた。❷月。月の精。❸かずとり。すごろくなどの勝負で、勝った数をかぞえるしるし。「籌馬(チュウバ)」❹ののしる。ののしるときのたとえ。❺わるい。悪いもののたとえ。

国❶うま。㋐遊興代を払わない客に同行してとりたてる人。つけ馬。㋑普通のものより大きいものにつける接頭語。「馬ぜり」❷国名。馬来(マラヤ)の略。

名乗 たけし・むま　難読 馬下(まおろし)・馬銜(はみ)・馬穴(バケツ)・馬克(マルク)・馬克斯(思)(マルクス)・馬歯莧(すべりひゆ)・馬耳塞(マルセイユ)・馬酔木(あせび)・馬刀貝(まてがい)・馬尼刺(マニラ)・馬尾藻(ほんだわら)・馬来(マレー)・馬来西亜(マレーシア)・馬来田(まくた)・馬陸(やすで)・馬蓼(いぬたで)・馬鈴薯(じゃがいも)・馬路(まじ)・馬籠(まごめ)・馬込(まごめ)

解字 甲骨文 [甲骨文] 金文 [金文] 篆文 [篆文] 象形。うまの形にかたどり、うまの意味を表す。
▼海馬・騎馬・弓馬・軍馬・下馬・犬馬・司馬・車馬・征馬・駄馬・調馬・天馬・伝馬・匹馬・兵馬・奔馬・野馬・竜馬・老馬・羅馬・路馬

【馬駅(驛)】(バエキ) 宿場。駅伝。馬つぎ。

【馬援】(バエン) 後漢の武将・政治家。茂陵（今の陝西(センセイ)省内）の人。字(あざな)は文淵(ブンエン)。光武帝に仕えて、伏波将軍となり、交阯(コウチ)を攻めて功をたてた。（前一四—四九）

【馬遠】(バエン) 南宋(ナンソウ)の画家。字(あざな)は遥父、号は欽山(キンザン)。夏珪(カケイ)と共に南宋院体画の代表的作家。室町時代の日本の画壇に大きな影響を与えた。馬麟(バリン)はその子。

【馬王△堆漢墓】(マオウタイカンボ) 前漢前期の墓。湖南省長沙市東方四キロメートルの馬王堆にある。一九七二～七四年に発掘された。

【馬△嵬】(バカイ) 地名。唐の玄宗の愛妃、楊貴妃(ヨウキヒ)が殺された所。今の陝西(センセイ)省興平県の西。〔唐、白居易、長恨歌〕馬嵬坡下泥土中(バカイのハカデイドのうち)。

【馬革△裹レ△屍】(バカクしかばねをつつむ) 馬の皮で死体を包む。戦死する

こと。〔後漢書、馬援伝〕
【馬銜】バカン・バガン 馬のくつわ。馬勒バロク。
【馬韓】バカン 古代朝鮮東部の国名。三韓（馬韓・弁韓・辰韓シンカン）の一つ。
【馬脚】バキャク ①馬の足。②うわべを飾っていたものの隠れた本性。地金じがね。化けの皮。→露二馬脚一（次項）。③国うまのあし 芝居などで馬の足をつとめる役者。下等の役者をあざけることば。
【露二馬脚一】バキャクをあらわ(は)す 化けの皮がはがれる。真相をあらわす。しっぽを出す。
【馬圉】バギョ ①うまや。馬屋。②うまかい。馬のせわをする人。圉人。
【馬建忠】バケンチュウ 清末シンマツの言語学者。字あざなは眉叔ビシュク。フランスに学び、西洋的な漢文法書『馬氏文通』十巻を著した。（?―一八九九）
【馬喰】ばくろう(ふ) 国（伯楽のなまり）馬の良否を見分ける人。また、馬の病気をなおす人。また、馬の売買をする人。博労。
【馬士】バシ うまかた。うまかい。
【馬史】バシ 前漢の司馬遷の著した歴史書の『史記』の別称。
【馬市】バシ ①金・帛ぬの・茶などの類と、北方蒙古モウコ地方の馬を交易すること。また、その市場。②国うまいち 馬を売買する市場。
【馬矢】バシ 馬のくそ。まぐそ。馬糞バフン。馬勃バボツ。馬通。
【馬歯(齒)】バシ 馬齢。歯は、年齢。
【馬耳東風】バジトウフウ 人のことばを少しも心にとめず聞き流すこと。馬の耳に念仏。盛唐の李白の「答三王十二寒夜独酌有レ懐詩」に「世人聞二此皆掉一レ頭セジンこれをききみなかうべをふるい(ひ)、有レ如三東風射二馬耳一トウフウのバジをいるがごときあり」とあるのに基づく。
【馬手】めて 国 右手。馬の手綱を持つ手の意。↔弓手ゆんで（左手）。
【馬首】バシュ 馬のくび。馬頭。転じて、馬の向かう方向。
【馬鞦】バシュウ 馬のしりがい。馬の尻にかけるひも。
【馬上得二天下一】バジョウにテンカをう 軍人が馬にまたがり戦場を駆け回って天下をとる。〔史記、陸賈伝〕
【馬乗(乘)】バジョウ ①四頭の馬。②国うまのり ㋐馬にのること(人)。㋑乗馬のたくみな者。㋒またがること。
【馬場】バジョウ ①馬を飼うところ。牧場。②国ばば 乗馬のけいこをする場所。馬埒バラチ。
【馬食】バショク ①馬のように、四つんばいになって食器に口をつけて食べること。②馬の食物。③馬のように大食すること。「牛飲馬食」
【馬謖】バショク 三国時代、蜀ショクの武将。字あざなは幼常。良の弟。祁山キザンの戦いで諸葛亮ショカツリョウの命令に反して大敗し、処刑された。（一九〇―二二八）→泣斬二馬謖一ないてバショクをきる（六二五ページ）。

【馬捶・馬箠】バスイ 馬を打つむち。馬策。
【馬酔(醉)木】バスイボク・あせび・あしび ツツジ科の常緑低木。葉に毒素があって、牛馬が食べると酔うところからいう。
【馬声(聲)】バセイ ①馬のいななきの声。②馬の蹄ひづめの音。
【馬遷】バセン 前漢の歴史家、司馬遷をいう。
【馬前】バゼン 君主、または貴人のそば。戦場などにいう。〔唐、白居易、長恨歌〕宛転蛾眉馬前死エンテンたるガビ、バゼンにしす
【馬賊】バゾク もと中国の東北地方で馬に乗り集団を作って横行した盗賊。「満州馬賊」
【馬端臨】バタンリン 元初の学者。字あざなは貴与。『文献通考』を著した。（一二五四?―一三二三）
【馬致遠】バチエン 元の劇作家。号は東籬トウリ。関漢卿カンケイ・鄭光祖テイコウソ・白樸ハクボクとともに元曲の四大家と称せられた。「漢宮秋」「黄粱夢コウリョウム」などの作品がある。（一二五〇?―一三二一?）
【馬超】バチョウ 三国時代、蜀ショクの武将。茂陵（今の陝西セン省内）の人。字あざなは孟起モウキ。諡おくりなは威。蜀の劉備リュウビに仕えて驃騎ヒョウキ将軍となった。（一七六―二二二）
【馬通】バツウ ＝馬矢。
【馬丁】バテイ ①馬の口取り。べっとう。②馬子まご。馬方。
【馬蹄】バテイ ①馬のひづめ。②人の乗っている馬。
【馬蹄銀】バテイギン 清代シンダイの銀貨。馬蹄形で、目方によって価格をきめる。
【馬絛】バトウ 馬の腹帯。絛は、くみひも。
【馬頭】バトウ ①馬のあたま。馬首。②馬の上。③舟着き場。はとば。埠頭フトウ。④仏メズ 地獄の獄卒で人身馬首の鬼。⑤国かみ 馬寮メリョウの長官。
【馬頭観(觀)音】バトウカンノン・バトウカンオン 仏観音の一つ。普通、三面で八臂ハッピ（腕が八本）。宝冠の上に馬頭をいただき、怒りの相をなし、いっさいの悪魔・煩悩ボンノウを払い伏させる徳を表す。馬頭観世音。
【馬鐙】バトウ 馬のあぶみ。
【馬班】バハン ①前漢の司馬遷と後漢の班固。ともにすぐれた歴史家で、『史記』と『漢書』の著者。②後漢の馬援と班超。ともに出征して大功を立てた。
【馬匹】バヒツ 馬のこと。一匹二匹と数えるからいう。
【馬鞭】バベン 馬につかうむち。馬箠バスイ。
【馬勃】バボツ ①菌の一種。ほこりだけ。②馬のくそ。馬矢。
【馬鳴】バメイ ①馬のいななき。②ミョウ 古代インドの高僧。本名はアシュバゴーシャ。北インドのサーケータ、今のアウドの人。バラモン教から仏教に転じ、二世紀ごろ、初期大乗仏教の大学者として活躍した。
【馬融】バユウ 後漢の儒学者。茂陵（今の陝西セン省内）の人。字あざなは季長。『孝経』『論語』『詩経』『易経』『書経』『三礼』『列女伝』『老子』『淮南子エナンジ』などの注を書き、『忠経』『春秋三伝異同説』などを著した。鄭玄ジョウゲンの師。（七九―一六六）
【馬埒】バラチ・バレツ ＝馬場の②。
【馬力】バリキ ①動力の単位。一秒間に七五キログラムの重量を一メートル動かす力。②荷馬車。③強い体力。④リョク 馬の力。
【馬良】バリョウ 三国時代、蜀ショクの劉備リュウビに仕えた功臣。宜城ギジョウ（今の湖北省内）の人。字あざなは季常。兄弟五人みな有名であったが、中でも馬良は最もすぐれ、眉まゆに白毛があって、白眉ハクビと称された。（一八七―二二二）→白眉（七三三ページ）。
【馬陵】バリョウ 地名。戦国時代、魏ギの将、龐涓ホウケンが敗死した所。今の河北省大名県の東南。
【馬鬣封】バリョウホウ 馬鬣（馬のたてがみ）のように薄く長形に土を盛った墓。
【馬齢(齡)】バレイ 国①馬の年齢。②自分の年齢を謙遜ケンソンしていうことば。馬歯。
【馬櫪】バレキ ①うまやのねだ。②馬のかいばおけ。
【馬路】バロ 大通り。大きな道路。
【馬鹿】バロク ①秦シンの趙高チョウコウが鹿しかを二世皇帝に献じ、馬であると言ってがんばりとおした故事。〔史記、秦始皇紀〕②うまと、しか。③鹿の俗称。④国ばか 梵語ボン moha（莫迦・痴（おろか）の意）の音訳からの転とも、趙高の故事から出たともいう。㋐おろかなこと(人)。㋑無益なこと。つまらぬこと。㋒馬鹿貝の略。
【帰(歸)二馬于華山之陽一】うまをカザンのみなみにかえ(へ)す 周の武王が殷インを滅ぼして、軍馬を華山の南に放ち帰し、ふたたび戦いを起こさぬ意を示した故事。戦争がすんで平和がおとずれたたとえ。〔書経、武成〕
【叩レ馬】うまをひかう(ふ) 馬の手綱を引き止める。

(12) 2 【馭】 8800 △ 漢ギョ 呉ゴ 〔御〕 yù 8139 7147

字義 ❶あやつる。馬をあやつる。馬を扱う。御する。❷馬を扱う人。ぎょしゃ。❸のりもの。騎乗。車駕ガ。❹すべる（統）。おさめる。人をうまく使いこなす。

参考 現代表記では［御］(2163)に書きかえる。「馭者→御者」「制馭→制御」 熟語は［御］をも見よ。

解字 会意。馬＋又。馬を手であつかう、あやつるの意味を表す。

【馭極】ギョク 天子の即位。登極。馭は御で、おさめる、極は皇位。

【馭者】ギョシャ 馬をあつかう人。御者。

(12) 2 【馮】8801 △ 一漢ヒョウ・呉ビョウ 蒸 píng 二漢ホウ・呉ブウ 東 fēng 三漢フン・呉ブン 吻 8140 7148

字義 一❶馬が速く走る。❷しのぐ。おかす。あなどる(侮)。❸よる(依)。よりかかる。＝凭ヒョウ。❹たのむ。たのみとする。＝憑ヒョウ。❺川を徒歩で渡る。かち渡る。→馮河。❻さしはさむ。❼むさぼる(貪タン)。❽たすける(輔ホ)。❾大いに。さかんに。❿さかんなさま。⓫ものの形容。→馮馮。二❶＝一の①。❷人の姓。三いきどおる。＝憤。

解字 篆文 形声。馬＋冫(仌)音。音符の仌ヒョウは、氷の象形で、氷がひび割れるの意味。馬が、氷のひび割れのように速く走るの意味を表す。

【馮夷】ヒョウイ・フウイ ①水の神。㋐川の神。河伯。氷夷。㋑雨の神。②陰陽をつかさどる天神。

【馮河】ヒョウガ ①徒歩で黄河を渡ること。②転じて、無謀な勇気。向こう見ずのたとえ。〔論語、述而〕→暴虎ボウコ馮河。(五一五ぺー)。

【馮気(氣)】ヒョウキ・フンキ いきどおる気。胸にふさがって晴れない気持ち。

【馮虚(虛)】ヒョウキョ・キョによる 大空にのぼる。空中に浮かぶ。〔宋、蘇軾、前赤壁賦〕馮レ虚御レ風キョによりかぜにギョす。

【馮相】ヒョウソウ 周代の官名。天文をつかさどる。馮相氏。

【馮怒】ヒョウド 大いに怒る。激怒。赫怒カクド。

【馮馮】ヒョウヒョウ ①堅い物をたたく音の形容。②さかんに満ちるさま。③多いさま。④馬の速いさま。

【馮夢竜(龍)】フウムリョウ・ボウリョウ 明末ミンマツの小説家。号は、墨憨斎ボッカンサイ。『古今小説』『警世通言』『醒世恒言セイセイコウゲン』『笑府』などを著した。(一五七四—一六四六)

【馮友蘭】フウユウラン 現代中国の哲学史家。河南省唐河県の人。字あざなは芝生シセイ。著に『中国哲学史』などがある。(一八九四—一九九〇)

【馮陵】ヒョウリョウ しのぎおかす。勢いをたのんで侵し迫る。侵陵。

(13) 3 【馵】8802 △ シュ 遇 zhù

字義 ❶左の後足が白い馬。❷ほだす。馬の足をつなぐ。

解字 篆文 指事。もと、馬の足に二線を引き、足の白い馬の意味を示す。

(13) 3 【馴】8803 標 漢シュン 呉ジュン 眞 xún 3875 466B

字義 ❶なれる。㋐馬が人になれる。また、動物が人になれる。㋑すなおに従う。いうことをきくようになる。したがう。経験を積んで楽にできるようになる。❷ならす。なれさせる。いうことをきくようにさせる。❸よい。正しい。❹したがう(従)。❺適応する。

難読 馴染なじみ

解字 篆文 形声。馬＋川音。音符の川は、かわの意味。川が一定の道すじに従って流れるように、馬が人の意志に従う、なれるの意味を現す。

【馴化】ジュンカ 気候・風土などの環境に適応して変わってゆくこと。順化。

【馴行】ジュンコウ よいおこない。善行。

【馴狎】ジュンコウ なれる。なれ親しむ。

【馴擾】ジュンジョウ なれる。また、ならす。柔順なこと。擾も、なれる。

【馴致】ジュンチ ①だんだんなれさせる。②だんだんにそうさせる。自然にそうなってくる。

【馴伏】ジュンプク なれしたがう。馴服。

【馴養】ジュンヨウ 動物を飼いならす。ならし養う。

【馴鹿】ジュンロク ①なれた鹿。②国トナカイ 鹿かしの一種。北方の寒地に産し、雌雄ともに大きな手のひらのような角がある。

(13) 3 【馱】8804 △ ダ 駄(8814)の正字。→一二二九ぺー。

(13) 3 【馲】8805 △ 一漢タク・呉チャク 薬 tuō 二タク 陌 zhé

字義 一馲駱タクバクは、らば。二馲駝・馲駞タクダは、らくだ。

解字 形声。馬＋乇音。

(13) 3 【馳】8806 標 漢チ 呉ジ(チ) 支 chí 3558 435A

字義 ❶はせる。㋐車馬を速く走らせる。㋑速く走る。㋒向ける。遠くへ及ぼす。行かせる。❷ほどこす(施)。

解字 篆文 形声。馬＋也音。音符の也ヤは、うねらすの意味。馬が背をうねらせて速く走るの意味を表す。

【馳駆(驅)】チク ①走り回ること。奔走。②馬や馬車を走らせる。

【馳車】チシャ ①走る車。②車を走らせる。

【馳驟】チシュウ ①馬に乗って駆け回ること。②速足で走ること。

【馳走】チソウ ①駆け走る。また、馬を走らせる。②国㋐人をもてなす。㋑もてなしの飲食物。ごちそう。

【馳逐】チチク ①馬を走らせ追いかける。②競馬。

【馳騁】チテイ ①走る。駆ける。②馬を走らせる。転じて、物を支配すること。狩りをする。狩猟。

【馳道】チドウ 天子や貴人の通る道。輦道レンドウ。

【馳突】チトツ はげしい勢いでつき進む。突進。

【馳騖】チブ 馬を走らせる。騖も、はせる。

【馳弁(辯)】チベン ことばたくみに言う。

【馳名】チメイ なをはす 名声をあげる。誉れをあげる。

【馳猟(獵)】チリョウ 馬を走らせて狩りをする。

(14) 4 【駅】8807 教3 エキ 1756 3158

(23) 13 【驛】8808 漢エキ 呉ヤク 陌 yì 8167 7163

筆順 丨 ㄏ 馬 馬 駅

字義 ❶つぎうま。宿場ごとに用意して、旅人の用に応ずる馬。はや馬。❷うまや。旅人の宿泊地。馬継ぎ場。ふなつき。宿場。つぎやど。「宿駅」❸つづく。往来が絶えないさま。＝繹エキ。「駱駅ラクエキ」国エキ。汽車・電車などの発着する所。停車場。

難読 駅家うまや・駅使はゆまづかい・駅馬はゆま

解字 篆文 形声。馬＋尺(睪)音。音符の睪エキは、つぎつぎにたぐり寄せるの意味。馬をつぎからつぎへとたぐるようにして乗り継ぐために用意された所、宿場の意味を表す。

▼館駅・宿駅・亭駅・伝駅

【駅駅】エキエキ ①苗の生ずるさま。②さかんなさま。

【駅騎】エキキ 宿場の馬。はやつぎ馬。駅伝。

【駅使】エキシ 宿駅から諸方へ書信・品物などを送り届ける使い。公文書などを伝達する者。飛脚の類。

【駅舎】エキシャ ①宿場のはたごや。②国停車場の建物。

【駅丞】エキジョウ 明ミン・清シン代の官名。宿場役人。

【駅站】エキタン ＝駅亭。站は、足だまり。

【駅長】エキチョウ ①宿駅の長。②国停車場の長。

【駅亭】エキテイ 宿場。亭は、停で、人や物をとめる所の意。駅站エキタン。郵亭。

【駅逓(遞)】エキテイ ①宿駅。宿場。②次から次へ送り届けること。

【駅程】エキテイ 宿駅から宿駅への道のり。

【駅伝(傳)】エキデン ①宿場の馬。はやつぎの馬。②宿場から宿場へ人や物などを送り届けること。③国道路を使って行う、長距離のリレー競走。駅伝競走。

【駅夫】エキフ ①宿場の雇い人夫。②国停車場で、貨物の運搬などをする職員。駅手の旧名。

【駅吏】エキリ 宿場の役人。

【駅鈴】エキレイ・エキのすず 国昔、朝廷の使いが諸国に行くとき、朝廷からもらった鈴。この鈴を振りならして駅馬を徴発した。

【駅路】エキロ　宿場を通っている道。街道。駅道。

(14) 4
【駆】8809　常 ク かける・かる
2278 366E

(21) 11
〔驅〕8810　ク 虞 qū
8160 715C

【駈】俗字 2279 366F
【敺】古字

筆順　｜ 冂 馬 馬 駆

字義 ❶かる。㋐馬を速く走らせる。また、速く走る。㋑追う。追いはらう。「駆逐」㋒迫る。強いる。❷かける（かく）。＝①の㋐。❸軍隊の列。

解字 甲骨文 篆文　形声。馬＋区（區）音。音符の區クは、敺オウに通じて、うつの意味。馬にむちうって、かるの意味を表す。

▼疾駆・先駆・前駆・長駆

【駆役】クエキ　人を追いたてて使う。駆使。
【駆遣】クケン　ひまを出す。追い出す。
【駆使】クシ　①＝駆役。②人に追い使われる。③国人・牛馬・機械などを自由自在に使う。
【駆除】クジョ　①追い払う。②除き去る。払い除く。
【駆儺】クダ　年末・節分に鬼を払う儀式。おにやらい。追儺ツイナ。
【駆馳】クチ　①馬をかけ走らせる。馳駆。②人に使われてかけ回る。人のために奔走して努力する。〔文選、諸葛亮、出師表〕許二先帝一以二駆馳一（センテイにゆるすにクチをもってす）。
【駆逐】クチク　追い払う。追いたてる。除くこと。
【駆騁】クテイ　馬を走らせる。
【駆略・駆掠】クリャク　追い立ててうばい取る。

(14) 4
【駃】8811　△　㊀漢ケツ・呉ケチ 屑 jué　㊁漢カイ（クヮイ）・呉ケ 卦 kuài

字義 ㊀❶駃騠ケッテイは、速く走る馬。生後七日で母馬より速く走るという。また、らばの一種。❷はしる。㊁❶馬が速く走る。❷はやい。＝快。

解字 篆文　形声。馬＋夬音。

(14) 4
【馹】8812　△　漢ジツ 呉ニチ 質 rì

字義 つぎうま。はやうま。てんま（伝馬）。宿場ごとに備えておいて、急ぎの旅客のために走らせる馬。駅馬。逓馬テイバ。

解字 篆文　形声。馬＋日音。

(14) 4
【馺】8813　△　ソウ（サフ） 合 sà

字義 ❶おいつく。馬を走らせておいつく。❷はやい（速）。❸かける。馬が走る。また、馬車や騎馬の速いさま。

解字 篆文　形声。馬＋及音。音符の及は、およぶの意味。

(14) 4
【駄】8814　常 ダ　漢タ 呉ダ 歌・箇 ③tuó, ④duò
3444 424C

【駄】正字

筆順　｜ 冂 馬 馬 駄

字義 ❶のせる。つむ（積）。牛馬などの背に荷物を負わせる。❷にうま。荷物を運ぶ馬。❸に（荷）。くらに。馬の背などにのせた品物。❹馬に積んだ荷物を数えることば。国ダ。㋐はきもの。「下駄」「足駄」㋑荷役に使うだけで、乗馬に適さないところから、転じて、そまつなもの・むだなものの意味をそえる接頭語。「駄犬」「駄句」「駄洒落ダジャレ」

難読 駄科だしな

解字 篆文　形声。馬＋太（大）音。音符の大は、俗に担に通じ、になうの意味。馬にになわせるの意味を表す。

▼雪駄

【駄作】ダサク　国つまらない作品。
【駄駄】ダダ　国幼児が、あまえてわがままをいうこと。むずかる。「駄駄をこねる」
【駄賃】ダチン　国①駄馬で送る荷物の運賃。②ものをとどけた報酬。使い走りや手伝いの子供などに与えるお金や菓子など。
【駄馬】ダバ　①荷物を背負って運ぶ馬。にうま。②下等な馬。つまらない馬。↔駿馬シュンメ。③めうま。雌馬。
【駄弁（辯）】ダベン　国むだなおしゃべり。むだ口。

(14) 4
【馽】8815　△　チュウ（チフ） 緝 zhí

字義 ほだし。きずな。馬の足をつなぎとめる綱。「羈馽キチュウ」また、ほだす（縶チュウ）。ほだしをつける。馬の足をつなぎとめる。

解字 篆文　象形。馬の足をひもで結んだ形にかたどり、馬の足をつなぎとめるの意味を表す。

(14) 4
【駁】8816　標　ハク 慣バク 覚 bó
3993 477D

字義 ❶まだらうま。ぶちうま。毛色が純一でない馬。❷まだら。ぶち。また、まだらになる。❸まじる（雑）。入りまじる。❹たがう。あやまる（誤）。まちがう。❺せめただす。他人の説などを非難攻撃する。＝駮ハク。❻かたよる（偏）。

解字 甲骨文 篆文　会意。馬＋爻。爻は、まじわるの意味。馬の毛色のまだらなさまを表す。また、暴に通じ、あばれ馬の意味から、せめただすの意味も表す。

【駁議】バクギ　他人の意見を非難攻撃する。駁論。
【駁撃（擊）】バクゲキ　他人の意見などの欠点をせめとがめる。
【駁雑（雜）】バクザツ　入りまじって純粋でない。雑駁。
【駁正】バクセイ　せめただす。是非を判別して悪い所を正す。
【駁論】バクロン　＝駁議。

(14) 4
【駇】8817　△　漢ブン 呉モン 文 wén
8141 7149

字義 たてがみが赤く、体は白くてあや模様のある馬。周の成王の時、犬戎ケンジュウがこれを献上したとも、文王が紂王チュウオウに献上したとも言われる。

解字 篆文　形声。馬＋文音。

(15) 5
【駕】8818　標　漢カ・呉ケ 慣ガ 禡 jià
1879 326F

字義 ❶車に牛馬をつける。❷のる（乗）。馬・馬車などに乗る。また、牛馬・馬車などを扱う。転じて、役人になる。❸使いこなす。あやつる。❹乗り物。また、天子の乗り物。転じて、天子。❺うま（馬）。車の軛くびきにつけた馬。❻つたえる（伝）。❼くわえる。くわわる。＝加。❽しのぐ（凌）。越える。❾軍隊を出動させる。

難読 駕籠かご

解字 篆文　形声。馬＋加音。音符の加は、くわえるの意味。車を馬に加える・つけるの意味を表す。

【駕御・駕△馭】ガギョ　①馬を自由に使いこなす。②転じて、人を思いのままに使う。
【駕幸】ガコウ　天子の行幸。
【駕士】ガシ　天子の車を引く者。
【駕前】ガゼン　天子の車の前。巡幸中の天子の前。

(15) 5
【駒】8819　人 ク 虞 jū
2280 3670

筆順　馬 馬 駒 駒

字義 ❶こま。㋐若い元気な馬。㋑二歳の馬。㋒五尺以上で六尺以下の小馬。六尺以上は馬という。周代の一尺は二二・五センチメートル。❷わかもの。こども。国こま。㋐馬の総称。㋑将棋のこま。㋒三味線シャミセンの糸をささえるこま。

解字 金文 篆文　形声。馬＋句音。音符の句は、クルッと曲がるの意味。クルクルはねまわる

子馬、こまの意味を表す。

【駒影】あっという間に過ぎゆくひかげ(日影)。日光。駒光。→駒隙。

【駒△隙】年月の過ぎやすく、人生のはかないこと。ひまゆくこま。『史記』留侯世家に「人生一世間、如ニ白駒過レ隙」とあるのに基づく。

(15)5【駈】8820 △ク
駆(8809)の俗字。→一三九ページ。
難読 駈引
2279 366F

(15)5【駉】8821 △ 漢ケイ 呉キョウ(キャウ) 青 jiōng
字義 ❶まきば。馬の牧場。❷馬のたくましいさま。「駉駉」
解字 文 篆 形声。馬+冋音。音符の冋ケイは、遠い野外の意味。野外の馬の牧場の意味を表す。

(15)5【駟】8822 △シ 寘 sì
8142 714A
字義 ❶四頭立ての馬車の馬。また、四頭立ての速い馬車。駟車。古代の馬車は四頭立てが多く、外側の二頭を驂、または騑といい、内側の二頭を服という。〔論語、顔淵〕「駟不レ及レ舌」❷四匹の竜。❸四人が一緒に一台の車に乗る。
解字 文 金 文 篆 形声。馬+四音。音符の四は、よっつの意味。四頭だての馬の意味を表す。

〔駟①〕

【駟馬】一台の車につける四頭の馬。また、そのひく馬車。貴人の乗るもの。
【駟過△隙】四頭立ての馬車が戸のすき間の向こうを駆け過ぎること。月日があっという間に速く過ぎさることのたとえ。駒隙。白駒過レ隙。〔礼記、三年問〕三年之喪、二十五月而畢。若ニ駟之過レ隙。
【駟不レ及レ舌】一度しゃべったことばは、四頭立ての馬車で急いで追いかけても取り返しがつかない。ことばには気をつけなければいけないというたとえ。〔論語、顔淵〕

(15)5【駛】8823 △シ 紙 shǐ
8143 714B
字義 ❶はせる。馬を速く走らせる。また、速く走る。❷はやい(疾)。
解字 形声。馬+史音。
【駛雨】にわか雨。夕立ち。急雨。驟雨。
【駛河】速く流れる川。急流。
【駛足】足のはやい者。はやあし。

(15)5【駔】8824 △ ㊀漢ソウ(サウ) 養 zǎng ㊁漢ソ・呉ゾ 麌 zǔ
字義 ㊀❶勢いのよい馬。良馬。駿馬。❷大きい。また、あらい(粗)。❸すあい(牙儈)。馬の仲買人。ばくろう。㊁❶くみひも。=組。❷なかがい(仲買)。
解字 文 篆 形声。馬+且音。音符の且ショは、徂に通じ、ゆくの意味。どんどん歩みを重ねゆく勢いのよい馬の意味を表す。

(15)5【駝】8825 △ 漢タ 呉ダ 歌 tuó
8144 714C
字義 ❶らくだ(駱駝)。❷だちょう(駝鳥)。❸せむし。くぐせ。らくだに似ているからいう。❹のせる。つむ。家畜に荷物を負わせる。❺父母を呼ぶときにそえる敬称。
解字 形声。馬+它音。音符の它タは、同類でないものの意味。異類の馬、らくだの意味を表す。
【駝馬】らくだ。駱駝。
【駝背】①らくだの背。②背のまがる病気。

(15)5【駘】8826 △ ㊀漢タイ・呉ダイ 灰 tái ㊁漢タイ・呉ダイ 賄 dài
8145 714D
字義 ㊀❶のろい馬。にぶい馬。❷にぶい。のろい。おろか。❸はずれる。馬のくつわがはずれる。また、はずす。❹ふむ。❺駘蕩タイトウは、ものの形容。→駘蕩。㊁❶つかれる(疲)。❷=㊀の❷。❸=㊀の❺。
解字 文 篆 形声。馬+台音。音符の台は、農具のすきの象形で大地をやわらかにする意味。馬のくつわをやわらげる、はずすの意味を表す。
【駘△蕩】①広く大きいさま。広々としたさま。②春ののどかなさま。「春風駘蕩」〔文選、謝朓、直ニ中書省一詩〕春物方駘蕩。③とりとめなく、まとまりのないさま。

(15)5【駐】8827 常 チュウ
3583 4373
(15)5【駐】8828 漢チュウ(チウ) 呉チュ 遇 zhù
筆順 馬 馬 馬 駐 駐
字義 ❶とどまる。㋐馬が立ちどまる。㋑停止する。㋒一定の地に滞在する。やどる。「駐在」❷とどめる。車馬などをとどめる。
解字 文 篆 形声。馬+主音。音符の主は、とどまるの意味。馬が立ちどまるの意味を表す。
▼常駐
【駐在】①一つの場所にとどまっていること。②官吏が任地にとどまっていること。③国㋐駐在所の巡査。㋑駐在所の略。巡査が担当の区域内に駐在して事務をとる所。

【駐△紮・駐札】外交官が任地に滞在して事務を処理すること。

【駐△剳】=駐紮。

【駐△錫】僧が一時ある地に滞在すること。錫杖をとどめる意。

【駐屯】軍隊が一か所にとどまっていること。

【駐△蹕】天子が行幸の途中で、一時その地にとどまること。蹕をとどめる意。駐駕。駐輦。

【駐留】一か所にとどまる。また、とどめる。

【駐△輦】天子が車をとめる。天子が滞在する。駐駕。駐蹕。駐鸞。

(15)5【駑】8829 △ 漢ド 呉ヌ 麌 nú
8146 714E
字義 ❶にぶい馬。のろい馬。↔駿。❷にぶい(鈍)。㋐馬がのろい。馬のおとっている形容。㋑人の才能のおとっていること。おろか。

解字 形声。馬+奴音。

【駑鉛】のろいうまと、なまりの刀。おろかな才能のたとえ。

【駑下】①才能がにぶく、人におとること。②自分を謙遜していうことば。

【駑△駿】①駑馬と駿馬。駑驥。②賢人と愚人。

【駑△駘】①にぶい馬。のろうま。駄馬。②おろかもの。

【策ニ駑△駘一】①おろか者にむりじいすること。のろい馬にむちをあて、無理に走らせようとする。②自分自身をはげまして大いに努力することを謙遜していうことば。

【駑鈍】おろかでにぶい。鈍才。〔文選、諸葛亮、出師表〕竭ニ駑鈍一。

【駑馬】駑駘。①のろい馬。にぶくて役に立たない馬。②才能の低い者のたとえ。鈍才。

【駑馬十△駕】才能のない者も努力すれば、才能ある者に追いつけるというたとえ。十駕は、馬に車をつけて十日走らせること。『荀子』勧学編に「騏驥一躍不レ能ニ十歩一、駑馬十駕則亦及レ之矣」とあるのに基づく。

【駑劣】=駑下の①。駑鈍。愚劣。

(15)5【駓】8830　△ヒ　支 pī

字義 ❶しらかげ（白鹿毛）。つきげ。黄と白の毛が交じっている馬。桃花馬（つきげ）。❷走るさま。

解字 篆文　形声。馬＋丕音。

(15)5【駜】8831　△漢ヒツ　呉ビチ　質 bì

字義 ❶馬が食物に満ちたりていること。❷馬が肥えてたくましいさま。

解字 篆文　形声。馬＋必音。

(15)5【駙】8832　△漢フ　呉ブ　遇 fù

字義 ❶そえうま（そえうま）。副馬。副車（予備の車）の馬。❷近い。近づく。❸速い。❹そえぎ。車の箱の外に立てたそえ木。＝輔（フ）。

解字 篆文　形声。馬＋付音。音符の付は、よりそうの意味。馬を付し、そえうまの意味を表す。

【駙馬】（フバ）①天子の副車（予備の車）につける馬。②官名。駙馬都尉の略。天子の副馬（ふくば）をつかさどる官。漢の武帝が置いた。③公主（天子の娘）の夫。魏晋（ギシン）以後、天子または王の娘の婿は必ずこの官についたのでいう。

(16)6【駰】8833　△イン　眞 yīn

字義 どろあしげの馬。浅黒い毛に白毛の交じっている馬。みずあお。

解字 篆文　形声。馬＋因音。

(16)6【駭】8834　△漢カイ　呉ガイ　蟹 hài　8147 714F

字義 ❶おどろく（驚）。おどろかす。「震駭」❷みだれる。乱れ。❸うごく。動かす。❹ちる。散らす。

解字 篆文　形声。馬＋亥音。

【駭愕】（ガイガク）おどろきあわてる。また、おどろき。

【駭汗】（ガイカン）おどろいて冷や汗をかくこと。

【駭遽】（ガイキョ）おどろきあわてる。

【駭懼】（ガイク）＝駭惶（ガイコウ）。

【駭惶】（ガイコウ）おどろき恐れる。駭懼（ガイク）。

【駭擾】（ガイジョウ）おどろきさわぐ。

【駭嘆・駭歎】（ガイタン）おどろきなげく。また、おどろいて感心する。

【駭惋】（ガイワン）おどろきなげく。おどろいて残念がる。

(16)6【駲】8835　△シュウ（シウ）　8150 7152

字義 けつじろ。尻（しり）の白い馬。

解字 形声。馬＋州音。音符の州は、白州（しりの白い馬）の意味を表す。

(16)6【駪】8836　△シン　眞 shēn

字義 ❶馬の多いさま。❷多くの馬が速く走るさま。

解字 篆文　形声。馬＋先音。音符の先は、さきんずるの意味。多くの馬が先をあらそって進むの意味を表す。

(16)6【駮】8837　△ハク　慣バク　覺 bó　8148 7150

字義 ❶猛獣の名。形は馬に似て、虎（とら）・豹（ヒョウ）を食うという。❷木の名。まゆみ。❸＝駁（ハク）。㋐まじる。（雜）。㋑まだら。ぶち。まだら馬。㋒せめただす。他人の説を非難攻撃する。

解字 篆文　会意。馬＋交。

【駮議】（バクギ）他人の議論や意見を非難攻撃する。駁議（バクギ）。

【駮正】（バクセイ）批判してただす。駁正（バクセイ）。

〔駮①〕

(16)6【駢】8838　△ヘン　駢（8859）の俗字。↓一二三六ページ。　8156 7158

(16)6【駱】8839　△ラク　藥 luò　8149 7151

字義 ❶かわらげ（かわらげ）。黒いたてがみのある白馬。❷駱駝（ラクダ）は、偶蹄類（グウテイルイ）の獣の名。熱帯地方に住み、背にこぶがある。❸つづく。＝絡。「駱駅」❹はしるさま。❺種族の名。百越の一つ。

解字 金文　篆文　形声。馬＋各音。音符の各（カク）は、いたるの意味。外来の馬、らくだの意味を表す。

【駱駅（驛）】（ラクエキ）往来が続いて絶えないさま。絡繹（ラクエキ）。

【駱賓王】（ラクヒンオウ）初唐の詩人。義烏（ギウ）（今の浙江（セッコウ）省内）の人。王勃（オウボツ）・楊炯（ヨウケイ）・盧照鄰（ロショウリン）と並んで、初唐の四傑といわれた。著に『駱賓王文集』がある。（六三八？—？）

(17)7【駴】8840　△漢カイ　呉ガイ　卦 xiè

字義 ❶うつ。雷のとどろくように鼓を打ち鳴らす。❷おどろく。おどろかす。＝駭（ガイ）。❸あらためる。民衆の視聴をおどろかして改めさせる。いましめる。

解字 形声。馬＋戒音。音符の戒は、駭（カイ）に通じ、おどろくの意味を表す。

(17)7【騃】8841　△㊀ガイ　蟹 ái　㊁漢シ・呉ジ　紙 sì

字義 ㊀おろか（愚）。「愚騃」　㊁馬が勇ましく進む。

解字 篆文　形声。馬＋矣音。

【騃孺】（ガイジュ）おろかな子供。騃子（ガイシ）。

(17)7【駻】8842　△漢カン　呉ガン　翰 hàn　8151 7153

【馯】同字

字義 ❶あらうま。「駻馬」❷高さ六尺の馬。（周代の一尺は、約二二・五センチメートル）

解字 篆文　形声。馬＋旱音。音符の旱（カン）は、あらけずりの意味。あらけずりの馬の意味を表す。

【駻突】（カントツ）＝駻馬。

【駻馬】（カンバ）あら馬。あばれ馬。悍馬（カンバ）。駻突。

(17)7【駽】8843　△ケン　先 xuān

字義 くろみどりの馬。青黒色の馬。

解字 篆文　形声。馬＋肙音。

(17)7【駿】8844　囚 シュン　震 jùn　2957 3D59

筆順 馬 馬 馬厶 馬夂 駿

字義 ❶すぐれた馬。足の速い馬。良馬。↔駑（ド）。❷すぐれる（俊）。また、すぐれた人。❸おおきい（大）。ながい（長）。❹はやい（速）。すみやか。❺けわしい。きびしい。＝峻（シュン）。

名乗 たかし・とし・はやお・はやし　難読 駿河（するが）・駿府（すんぷ）

参考 現代表記では［俊］（253）に書きかえることがある。「駿才→俊才」

解字 篆文　形声。馬＋夋（夋）音。音符の夋（シュン）は、出に通じ、でるの意味。ぬきんでた馬の意味を表す。

【駿逸】（シュンイツ）①すぐれて速い。また、勢いがさかんなこと。②すぐれた才能。俊逸。

【駿驥】（シュンキ）すぐれてよい馬。良驥。

【駿骨】（シュンコツ）①駿馬（シュンメ）のほね。また、駿馬。燕（エン）の郭隗（カクカイ）が

死馬の骨を買った故事による。②転じて、賢人。

【駿才】すぐれた才知。また、才知のすぐれた人。俊才。

【駿足】①足の速いすぐれた馬。駿馬。②足の速いこと。③すぐれた才能のある人。俊才。

【駿足思二長▵阪一】すぐれた馬はけわしい長い坂を越えたいと思う。すぐれた人物が、困難にあって、その才能を実地にためそうとするたとえ。〔文選、陸厥、奉┐答内兄希叔一詩〕

【駿速】すばやい。非常にはやい。

【駿台（臺）雑（雜）話】国書名。五巻。江戸時代の儒者、室鳩巣の著。道義・学問を勧めた随筆集。

【駿馬】すぐれてよい馬。駿足。↕駄馬。〔史記、項羽本紀〕駿馬名騅、常騎レ之。

【駿命】大いなる天命。天帝の下した大きな命令。

【駿良】①すぐれてよい馬。②転じて、すぐれた人物。

(17)7 【駸】8845 △ シン 侵 qīn 8152 7154

字義 駸駸は、㋐馬が速く走るさま。㋑物事が速く進行するさま。㋒時がすみやかに過ぎてゆくさま。

解字 篆文 形声。馬＋侵省㊐。音符の侵は、おかすの意味。馬がおかし進むの意味を表す。

(17)7 【騂】8846 △ 漢セイ 呉ショウ（シャウ） 庚 xīng

字義 ❶あかうま。赤黄色の馬。❷あかうし。赤色のいけにえ（犠牲）の牛。❸あかい。赤色。

解字 甲骨文 篆文 形声。もと、馬＋觲省㊐。

【騂剛】①赤色のかたい土質。②いけにえの赤色の牛。騂【犅】。

(17)7 【駾】8847 △ タイ 泰 tuì

字義 ❶馬のつき進むさま。❷つく（突）。つっぱしる。

解字 篆文 形声。馬＋兌㊐。音符の兌は、ぬけるの意味。馬が危険な場面からすばやくぬけ出るの意味を表す。

(17)7 【騁】8848 △ 漢テイ 呉チョウ（チャウ） 梗 chěng 8153 7155

字義 ❶はせる。㋐馬を走らせる。まっしぐらにはしる。「馳騁」㋑のべる。のばす。「騁懐」㋒ほしいままにする。きままにする。「騁望」❷きわまる（極）。❸たいらか。＝坪。

解字 篆文 形声。馬＋甹㊐。

【騁懐（懷）】思いをはせる。心に思っていることを十分に述べる。

【騁▵馳】はやく走る。

【騁望】思うままにながめる。

(17)7 【駹】8849 △ 漢ボウ（バウ） 呉モウ（マウ） 江 máng

字義 ❶顔とひたいとが白い馬。一説に、黒白のまだら馬。また一説に、青色の馬。❷まだら。ぶち。＝尨。

解字 篆文 形声。馬＋尨㊐。

(17)7 【駵】8850 △ リュウ 騮（8878）の本字。→一三一四ページ。

(18)8 【騎】8851 常 キ 2119 3533

一 漢キ・呉ギ 支 qí
二 漢キ・呉ギ 寘 jì

筆順 馬 馬 馬 騎 騎

【騎】俗字

字義 一 のる。馬にのる。転じて、またがる意。二 ❶のりうま。乗馬。❷馬に乗った兵士。騎兵。❸兵士の乗っている馬の数をかぞえる語。

解字 篆文 形声。馬＋奇㊐。音符の奇は、かぎ形に曲がるの意味。両足を曲げ、馬にまたがるの意味を表す。

▼羽騎・軽騎・候騎・甲騎・車騎・精騎・斥騎・単騎・鉄騎・突騎・歩騎

【騎御・騎▵馭】馬をあつかう。馬をあやつる。

【騎▵虎▵之勢】物事の中止しにくいさま。虎に乗って走れば、非常な勢いなので途中でおりることはできない意。乗りかかった舟。〔隋書、后妃、独孤皇后伝〕——、必不レ得レ下。

【騎士】①馬に乗っている兵士。騎馬の兵士。②中世ヨーロッパで、領主の下の貴族の子弟で、常に馬に乗って行動し、武勇・名誉を重んじた者。ナイト。

【騎射】①馬に乗る技術と、弓を射る技術。②馬に乗って弓を射る。③国江戸時代、流鏑馬（馬に乗って弓を射ること）の称。

【騎従（從）】馬に乗って従ってゆく。また、その人。

【騎将（將）】騎兵の大将。騎馬隊を指揮する将軍。

【騎乗（乘）】馬に乗る。また、馬に乗ることと、車に乗ること。

【騎卒】馬に乗って戦う兵士。騎兵。

【騎都尉】武官の名。前漢の武帝が置き、宮中警護の騎馬兵を取りしまった。後、歴代この官を置いた。

【騎馬】①馬に乗る。乗馬。②人の乗る馬。

【騎兵】馬に乗って戦う兵士。

(18)8 【騏】8852 △ 漢キ 呉ギ 支 qí 8154 7156

字義 ❶くろみどりの馬。青黒色の馬。❷くろみどり。青黒色。❸すぐれた馬。駿馬。

解字 篆文 形声。馬＋其㊐。

【騏▵驥】すぐれた馬。一日に千里を行くという名馬。駿馬。

【騏▵驥一躍不レ能二十歩一】すぐれた馬もひと飛びで十歩を行くことはできない。学問は、どんなに賢い人でも、順序を追って学ばねばならないというたとえ。〔荀子、勧学〕

【騏▵驎・騏▵麟】①一日に千里を走るという、すぐれた馬。②中国古代の想像上の動物。太平の世にあらわれるという。→麒麟（一三六一ページ）。

【騏▵驎▵之衰▵也▵駑馬先レ▵之】一日に千里を走るといわれた名馬も、老衰してはつまらぬ馬にも負ける。英雄も老いては凡人に劣るたとえ。〔戦国策、斉〕

(18)8 【験】8853 教4 ケン・ゲン 2419 3833

(23)13 【驗】8854 人 許ゲン 慣ケン 艶 yàn 8168 7164

筆順 馬 馬 騐 験

【騐】俗字

字義 ❶しるし。㋐あかし。証拠。㋑ききめ。効能。㋒きざし。兆候。㋓報い。応報。❷ためす。調べる。試みる。❸ためし。こころみ。「試験」「実験」国ゲン。㋐仏道修行や祈禱の効果。また、祈禱力がすぐれていること。㋑えんぎ。㋒反応。

解字 篆文 形声。馬＋㑒（僉）㊐。もと、馬の名を表す。音符の㑒は、多くの人が同一の真実を発言するの意味。検に通じ、取り調べるの意味を表す。馬を付するのは、もと、馬の名を表したからである。

▼経験・効験・考験・実験・体験・符験・霊験

【験効（效）】ききめがある。ききめ。効験。

【験左】しるし。証拠。左験。証左。

【験者】国秘法を用いてお祈りをし、不思議なしるし

をあらわす行者。修験道の行者。修験者。

【験証(證)】＝験左。

【験方】加持祈禱のような、現世の利益を願う方面。「験方の行い」

【験問】調べたずねる。問いただして調べる。験訊。

(18)8 【騅】8855 △スイ 因 zhuī　8155 7157

字義 ❶あしげ。あしげの馬。白い毛に黒色・濃い褐色などの毛の交じった馬。ねずみ色の毛をした馬。❷楚の項羽の乗った名馬。

解字 篆文 形声。馬＋隹㊥。

【騅不レ逝】楚の項羽が、愛馬の騅も進もうとしないと、なげいた詩句。万策つきてしまったという意。〔史記、項羽本紀〕時不レ利兮騅不レ逝〈時の運は私になく、愛馬の騅も進もうともしない〉

(18)8 【騒】8856 常 ソウ さわぐ　3391 417B

2010 【騷】8857 人 許 ㊀ソウ(サウ) 豪 sāo ㊁ソウ(サウ) 号 sào　8159 715B

筆順 馬 馭 騒 騒 騒

字義 ㊀❶さわぐ。さわがす。❷さわがしい。「騒音」「物騒」❸動く。動かす。❹かく。馬の背などをかく。＝搔。❺うれえる。うれえ。「離騒」❻あしなえ。片方の足が悪くて正しく歩けない人。❼なまぐさい。❽中国の韻文の一体。戦国時代、楚の屈原の「離騒」に始まる、悲憤の気に満ちた韻文。騒体。転じて、詩賦、または、詩賦などを作る多感な詩人。「騒人」㊁はらう。＝掃。国ぞめく。うかれさわぐ。

解字 篆文 形声。馬＋蚤㊥。音符の蚤は、とびはねる「のみ」の意味。とびはねる馬の意味から、さわぐの意味を表す。また、愁に通じ、うれえの意味も表す。

▼風騒・物騒・紛騒・離騒

【騒客】＝騒人。

【騒人】①「離騒」の作者屈原や、その門弟宋玉等の流派の詩人。②詩人。詩客。騒客。「騒人墨客」

【騒擾】さわぎ乱れる。さわいで秩序を乱す。

【騒屑】風のすずしく吹くさま。

【騒然】乱れてさわがしいさま。「物情騒然」

【騒騒】①風が強く吹くさま。②急ぐさま。あわただしい。匆匆。

【騒体(體)】屈原の「離騒」にならって作った韻文。各句の末尾にみな「兮」の字を用いる。

【騒動】①乱れさわぐこと。騒乱。②心がさわぎ動く。心が落ち着かないこと。不安。

【騒乱(亂)】さわぎ乱れる。さわぎが起きて世の中の秩序が乱れること。

(18)8 【騑】8858 △ヒ 微 fēi

字義 ❶そえうま。四頭だての馬の中、中側の二頭を服といい、外側の二頭を騑、または驂という。❷三歳の馬。❸ものの形容。→騑騑。

解字 篆文 形声。馬＋非㊥。音符の非は、配に通じ、ならびそうの意味。そえうまの意味を表す。

【騑驂】そえうま。四頭立ての馬の中、左右の外側の二頭。→字義の❶。

【騑騑】①馬が進み行き止まらないさま。②疲れるさま。

(18)8 【駢】8859 △ 漢ヘン 呉ベン 先 pián　［駢］8156 7158

［駢］俗字

字義 ❶ならぶ。ならべる。㋐二頭の馬を並べて車につける。㋑連なる。連ねる。また、重なる。重ねる。㋒続く。続ける。㋓合わさる。合わせる。❷組む。仲間をつくる。また、組。仲間。❸むだなもの。手足にできる、たこ・まめの類。

解字 篆文 形声。馬＋并㊥。音符の并は、ならぶの意味。二頭の馬を並べて車につけるの意味を表す。

【駢脅】肋骨がならんで一枚板のようにみえるもの。一枚あばら。力持ちであるといわれる。〔左伝、僖公二十三〕

【駢肩】①肩をならべる。人が多くてこみあうようす。②多い形容。

【駢四儷六】四字句と六字句との対句を用いたはなやかな文章。駢儷文。→駢文。

【駢死】首をならべて死ぬ。〔唐、韓愈、雑説〕駢二死於槽櫪之間一

【駢植】ならび立つ。

【駢比】ならびつらなる。多くならぶ。駢列。駢羅。

【駢文】文体の名。四字・六字の対句を用い、音調を重んじ、故事を多く引用し、達意より形式を重んじた美文調の漢文。六朝時代に流行した。四六文。駢儷文。⇨コラム・漢文（六五九ページ）。

【駢拇】足の親指と第二指とが生まれながらにくっついていて一本の指のようになっているもの。〔荘子、駢拇〕

【駢羅】ならびつらなる。

【駢儷体(體)】・駢体＝駢文。

(18)8 【騋】8860 △ライ 灰 lái

字義 高さ七尺(周尺で、約一五七センチメートル)以上の馬。

解字 篆文 形声。馬＋來㊥。

(18)8 【騄】8861 △漢リョク 呉ロク 沃 lù

字義 騄耳・騄駬は、駿馬の名。周の穆王が天下を周遊したときに乗ったという八頭の駿馬の一つ。

解字 形声。馬＋彔㊥。

(19)9 【騢】8862 △漢カ 呉ゲ 麻 xiá

字義 つきげの馬。赤と白とがまじった毛色の馬。

解字 篆文 形声。馬＋叚㊥。

(19)9 【騧】8863 △漢カ(クヮ) 呉ケ 麻 guā

字義 ❶口先の黒い黄馬。くちくろかげひばり。❷浅黄色の馬。❸かたつむり。＝蝸。

解字 篆文 形声。馬＋咼㊥。

(19)9 【騞】8864 △カク(クヮク) 陌 huō

字義 ❶行き進んで止まらないこと。はやく走り過ぎるさま。❷牛を料理する音。刀で物を断ちさく音。

解字 形声。馬＋砉㊥。音符の砉は、刃物で骨を解きさく音の擬声語。

【騞然】①刃物で牛を解きさく音。刀で物を断ちさく音の形容。〔荘子、養生主〕②はやく過ぎ去るさま。

(19)9 【騤】8865 △漢キ 呉ギ 支 kuí

字義 ❶馬が威儀を正して進むさま。❷努力しつづけるさま。

解字 篆文 形声。馬＋癸㊥。

(19)9 【騣】8866 △ソウ 東 zōng

字義 ❶たてがみ。馬のたてがみ。❷金騣は、馬につける冠。

解字 篆文 形声。馬＋㚇㊥。

(19)9【騨】8867 △ ダ 驒(8890)の俗字。→一三六ページ。 3445 *424D*

(19)9【颿】8868 △ 漢ハン 呉ボン 咸陥 fān
字義 ❶はしる。馬が速く走る。❷ほ。＝帆（ハン）。
解字 篆文 形声。馬＋風㊀。音符の風は、かぜの意味。かぜのように速く走るの意味を表す。

(19)9【騖】8869 △ 漢ブ 呉ム 遇 wù
字義 ❶はせる（はす）。はしる。縦横にかけまわる。思いのままに走り回る。❷つとめる。＝敄（ブ）。
解字 篆文 形声。馬＋敄㊀。音符の敄（ブ）は、つとめるの意味。馬が力のかぎり走るの意味を表す。
【騖置】（チブ）宿駅に備えてあるはや馬。駅馬。
【騖馳】（チブ）速く走らせる。

(19)9【騙】8870 標 ヘン 霰 piàn — 8157 *7159*
字義 ❶馬にとびのる。❷かたる。だます。たばかる。だましとる。「騙取」
解字 形声。馬＋扁㊀。

(20)10【騫】8871 △ 一ケン 先 qiān 二ケン 銑 jiǎn — 8158 *715A*
字義 一❶かける（かく）。損じる。❷あやまる。間違える。また、あやまち。とが。❸とる。抜き取る。❹かかげる（かかぐ）。＝褰（ケン）。❺とぶ。また、軽々しい。❻頭をあげるさま。❼おそれる（恐）。❽馬の腹の病気。二のろい馬。駑馬（ドバ）。
解字 篆文 形声。馬＋寒省㊀。音符の寒は、さむさで身がちぢむの意味。馬の一種の病気の意味を表す。
【騫汚】（ケンオ）そこないけがす。はずかしめけがす。
【騫騫】（ケンケン）①軽々しいさま。②飛ぶさま。

(20)10【騵】8872 △ 漢ゲン 呉ガン（グワン） 元 yuán
字義 腹の白いかげ（鹿毛）馬。たてがみが黒く、赤毛で腹の白い馬。
解字 形声。馬＋原㊀。

(20)10【騭】8873 △ 一漢シツ・呉シチ 質 zhì 二漢チョク・呉チキ 職 zhì
字義 一二❶おすうま（雄馬）。❷馬をつかう。馬を御（馭（ギョ））する。❸のぼる。❹定める。きめる。❺なす（成）。＝陟（チョク）。
【隲】俗字 8013 *702D*
解字 篆文 形声。馬＋陟㊀。

(20)10【騶】8874 △ シュウ（シウ） 尤 zōu 慣スウ
字義 ❶うまかい（うまかひ）。御者。車・馬のことをつかさどる役。❷馬に乗る人。うまのり。騎士。❸乗馬用の馬。騎乗。騎馬。❹天子の園。御苑（ギョエン）。❺や（矢）。よい矢。❻はしる。小走りに走る。＝趨（スウ）。

解字 篆文 形声。馬＋芻㊀。音符の芻（シュ）は、まぐさの意味。馬にまぐさを与える者、うまかいの意味。

【騶牙】（スウガ）＝騶虞の①。

【騶虞】（スウグ）①聖人の徳に感じて現れるという霊獣。②昔の楽章の名。③天子の御苑（ギョエン）をつかさどる役名。④『詩経』召南の詩編の名。

【騶吾】（スウゴ）＝騶虞の①。

【騶従(從)】（スウジュウ）貴人の従者。供奉（グブ）。騶僕。騶人。

【騶唱】（スウショウ）従者が道路の先払いをすること。

【騶人】（スウジン）貴人の従者。貴人の外出の供をする騎馬の従者。「騶従。」

〔騶虞①〕

(20)10【騸】8875 △ セン 霰 shàn
字義 ❶馬を去勢する。❷つぎ木（接木）をする。つぎき。
解字 形声。馬＋扇㊀。

(20)10【騷】(8857) ソウ 騒(8856)の旧字体。→一三三ページ。 8159 *715B*

(20)10【騰】8876 常 トウ 3813 *462D*
(20)10〖騰〗8877 漢トウ 呉ドウ 蒸 téng
筆順 月 𦙶 䐅 騰 騰
字義 ❶あがる。のぼる。また、あげる（あぐ）。のぼせる（のぼす）。㋐上昇する。㋑物価が高くなる。❷のる（乗）。❸おどる。おどりこえる。❹走る。はせる。雄馬が発情して走る。❺つぎ馬。はや馬。宿場で乗りかえるために用意した馬。❻すぎる（過）。通り過ぎる。❼わき出る。ふき出す。❽おくる（送）。嫁につき従う。
名乗 かり
解字 篆文 形声。馬＋朕㊀。音符の朕（トウ）は、上に向かっておしあげるの意味。馬がおどりあがるの意味から、一般に、あがるの意味を表す。
▼高騰・升騰・上騰・飛騰・沸騰・暴騰・奔騰・竜騰
【騰越】（トウエツ）おどりあがる。おどり越える。

【騰貴】（トウキ）物価が高くなる。騰躍。

【騰極】（トウキョク）帝位に登る。天子になる。登極。

【騰空】（トウクウ）大空に上って行く。

【騰捷】（トウショウ）軽快に飛んで行くこと。

【騰驤】（トウジョウ）おどりこえる。とび越える。

【騰践(踐)】（トウセン）しかばねの上などを踏み越えて行く。

【騰翻】（トウハン）高く飛んで、ひるがえる。

【騰躍】（トウヤク）騰踊（トウヨウ）。①おどりあがる。はねあがる。②物価が高くなる。

(20)10【騮】8878 △ 漢リュウ（リウ） 呉ル 尤 liú
字義 ❶かげ。黒いたてがみのあか馬。❷華騮（カリュウ）は、昔の名馬の名。驊騮（カリュウ）。→驊(8885)。
【駵】本字
解字 篆文 形声。馬＋留㊀。篆文は、馬＋丣㊀。

(21)11【驅】(8810) ク 駆(8809)の旧字体。→一三九ページ。 8160 *715C*

(21)11【驁】8879 △ ゴウ（ガウ） 号豪 ào
【驐】同字
字義 ❶駿馬（シュンメ）の名。❷おごる。たかぶる。柔順でない。＝傲（ゴウ）。❸あなどる。軽んずる。
解字 篆文 形声。馬＋敖㊀。音符の敖（ゴウ）は、気ままで、おごるの意味。
【驁放】（ゴウホウ）おごってきままなこと。驁蹇（ゴウケン）。

(21)11【驂】8880 △ サン 覃 cān 8161 *715D*
字義 ❶車に三頭の馬をつける。三頭だての馬車を用意する。また、三頭だての馬車。❷そえうま（そへうま）。四頭だての馬車の外側の二頭。一説に、左外側の副馬。右外側は騑（ヒ）。❸そえのり（陪乗（バイジョウ））。貴人の護衛として同車する。また、その護衛。❹うま。乗馬の総称。
解字 篆文 形声。馬＋參㊀。音符の參（サン）は、まじわるの意味。主体となる馬にそえ加わった馬、そえうまの意味を表す。
【驂御・驂馭】（サンギョ）①御者。②侍従。
【驂乗(乘)】（サンジョウ）そえのり。護衛として貴人の車に同乗すること(人)。貴人は左、御者は中央、そえのりは右に乗る。陪乗（バイジョウ）。車右。参乗。

(21)11【驄】8881 △ ソウ 東 cōng

【字義】あしげ。あおうま。青と白の毛のまじった馬。「驄馬」

【解字】文 篆 形声。馬＋悤㊥。

(21)11 【驀】 8882 △ ㊥バク ㊥ミャク 陌 mò 8162 715E

【字義】❶のる。馬にのる。❷たちまち。にわかに。❸まっしぐら。いっさんに。ま一文字に。「驀進」❹こえる。のりこえる。超越する。

難読 驀地

【解字】文 篆 形声。馬＋莫㊥。音符の莫は、おおいかくすの意味。馬におおいかぶさるようにしてのるの意味を表す。

【驀進】（向こう見ずに）まっしぐらに進む。

【驀地】まっしぐらに。いっさんに。たちまちに。勢いはげしく進むさま。地は、助字。驀然。

(21)11 【驃】 8883 △ ㊥ヒョウ（ヘウ） ㊥ビョウ（ベウ） 嘯 piào, ①biāo 8163 715F

【字義】❶しらかげ（白鹿毛）。白毛のまじる黄色い馬。❷馬が速く走るさま。❸強い。勇ましい。

【解字】文 篆 形声。馬＋票（㶾）㊥。音符の㶾は、火の粉が飛び散るの意味。白いまだらが飛びちった馬、しらかげの意味を表す。

【驃騎】①将軍の名称。前漢の武帝の時、初めて驃騎将軍を置き、後漢の時代、驃騎大将軍を置いた。三公に次ぐ高官。票騎。②前漢の霍去病（武帝の時、驃騎将軍となる）をいう。

(21)11 【騾】 8884 △ ラ 歌 luó 8164 7160

［𩧢］本字

【字義】ラバ（騾馬）。驢馬の牡と、牝馬との混血種。からだは小さいが、力が強く、力役にたえる。

【解字】文 篆 形声。馬＋累㊥。篆文は、馬＋贏㊥。

(22)12 【驊】 8885 △ ㊥カ（クワ） ㊥ゲ 麻 huá

【字義】驊騮・驊騮は、名馬の名。周の穆王が天下を周遊したときに乗ったという八駿馬のうちの一頭。

【解字】形声。馬＋華㊥。

(22)12 【驚】 8886 ［(23)13 驚 8887］ 常 キョウ おどろく・おどろかす ㊥ケイ ㊥キョウ（キャウ） 庚 jīng 2235 3643

筆順 艹 芍 苟 敬 警 驚

【字義】❶おどろく。㋐馬がおびえさわぐ。㋑びっくりする。❷おどろかす。びっくりさせる。おそれさせる。❸大さわぎする。❹小児病の一つ。→驚風の②。❺速い。

【解字】文 篆 形声。馬＋敬（㪿）㊥。音符の敬は、つつしむの意味。馬が身をひきしめおどろくの意味を表す。

▼喫驚・震驚

【驚異】①おどろき、あやしむ。②国おどろくような不思議な、また、すばらしいこと。

【驚駭】おどろく。また、おどろき。

【驚愕】おどろきおそれる。おどろきあわてる。

【驚悸】おどろきおそれて、おののく。

【驚喜】おどろき喜ぶ。非常に喜ぶ。

【驚懼】おどろきおそれる。

【驚呼】びっくりしておどろきあっと声をあげる。

【驚悟】①おどろいて目をさます。②さとい。

【驚惶】おどろきおそれる。驚怖。

【驚鴻】①おどろいて飛び立つ白鳥、また、おおとり。②転じて、神女の体の軽くしなやかな形容。③美人。

【驚号（號）】おどろきさけぶ。

【驚砂・驚沙】風に吹かれて飛ぶ砂。

【驚殺】非常におどろく。殺は、程度のはなはだしさを表す。「助字。

【驚心動魄】非常に心をおどろかし、たましいを動かす。きもつぶれるほどおどろく。驚魂動魄。

【驚湍】流れの速くはげしい川の瀬。

【驚嘆・驚歎】①はなはだしく感心する。②おどろきなげく。

【驚霆】はげしいかみなり。驚雷。

【驚天動地】天をおどろかし、地を動かす。世人をあっといわせること。〔唐、白居易、李白墓詩〕曾有二驚天動地文一。

【驚倒】非常におどろく。

【驚濤】＝驚瀾。

【驚動】①おどろかす。びっくりさせる。②おどろきさわぐ。

【驚波】①あらなみ。荒れ狂う波。②おどろかす。波は助字。

【驚破】①おどろかす。破は、強意の助字。〔唐、白居易、長恨歌〕驚破霓裳羽衣曲。②国それ。さては。物事におどろいて発することば。

【驚怕】＝驚懼・驚怖。

【驚怖】おどろきおそれる。

【驚風】①荒い風。はげしい風。②小児病の名。脳膜炎の類。

【驚瀾】大きい荒波。荒れ狂う波。狂瀾。

【驚惋】おどろきなげく。

(22)12 【驕】 8888 △ キョウ（ケウ） 蕭 jiāo 8165 7161

【字義】❶高さ六尺（周尺で、約一三五センチメートル）の馬。また、野生の馬。野馬。❷おごる。たかぶる。いばる。〔論語、学而〕富而無レ驕何如。❸ほしいまま。きまま。❹あざむく。だます。❺つよい。元気がよい。元気のよいさま。

【解字】文 篆 形声。馬＋喬㊥。音符の喬は、高いの意味。高さ六尺の馬の意味を表す。転じて、人に従わない、たけの高い馬の意味から、おごるの意味を表す。

【驕易】おごりたかぶって人をあなどる。

【驕佚】おごって遊びなまける。驕逸。

【驕溢】おごって分に過ぎたことをする。

【驕横】おごってわがままなこと。驕蹇。驕恣。

【驕気（氣）】おごりたかぶる心。

【驕矜】たかぶり誇ること。

【驕驕】草などがはびこって勢いのよいさま。

【驕夸・驕誇】おごりたかぶる。

【驕傲・驕敖・驕慠】おごりたかぶる。驕易。驕慢。

【驕侈】おごりたかぶって、ぜいたくなこと。

【驕恣】おごってわがままなこと。心がおごってほしいまま。驕肆。

【驕児（兒）】わがままな子。だだっ子。驕子。

【驕奢】心がおごって、ぜいたくすること。

【驕色】おごりたかぶったようす。

【驕惰】＝驕怠。

【驕怠】おごっておこたる。おごりなまける。

【驕泰】おごりたかぶること。〔大学〕驕泰以失レ之。

【驕暴】おごりたかぶって、荒々しくする。

【驕慢・驕嫚】＝驕易。

【驕陽】夏のはげしい太陽。夏の日光。

【驕楽（樂）】おごりたかぶってわがままかってに遊び楽しむこと。〔論語、季氏〕楽二驕楽一。

【驕虜】おごりたかぶる未開の異民族。

(22)12 【驍】 8889 △ キョウ（ケウ） 慣ギョウ（ゲウ） 蕭 xiāo 8166 7162

【字義】❶よいうま。良馬。❷つよい（強）。たけだけしい。勇ましい。勇健。

解字 篆文　形声。馬＋堯㊉。音符の堯は、高いの意味。たけ高く、よい馬の意味を表す。

【驍果】強くて思いきりがよい。勇ましくて決断力がある。

【驍悍】勇ましくてあらあらしい。気があらく強い。

【驍毅】たけく強い。驍武。驍強。

【驍騎】①強い騎兵。②官名。将軍の名称。

【驍将(將)】強い大将。勇将。

【驍騰】①良馬をいう。②勇ましく強い。

【驍名】強いという評判。勇武の聞こえ。

【驍勇】強く勇ましい。また、その人。勇猛。

【驍雄】勇ましく強いこと。また、その人。

(22)12 【驒】8890 標　㊀㊉タ・㊊ダ 歌 tuó　㊁㊉タン・㊊ダン 寒　［驒］ 3445 424D

［騨］俗字

字義 ㊀㊁ ❶まだらうま。連銭あしげ。虎葦毛。虎のようなまだら模様のある青黒色の馬。❷たてがみの黒い白馬。❸つかれてあえぐ。馬がつかれてあえぐさま。＝嘽。

解字 篆文　形声。馬＋單㊉。

(22)12 【驔】8891 △　㊀㊉テン・㊊デン 銑 琰 diàn　㊁㊉タン・㊊ダン 覃

字義 ㊀㊁ ❶くろくりげ。背の黄色い黒馬。❷すねの毛の長く白い馬。

解字 篆文　形声。馬＋覃㊉。

(23)13 【驛】(8808)　エキ　駅(8807)の旧字体。→一二八ページ。 8167 7163

(23)13 【驚】(8887)　キョウ　驚(8886)の旧字体。→一二二五ページ。

(23)13 【驗】(8854)　ケン　験(8853)の旧字体。→一二二二ページ。 8168 7164

(23)13 【驖】8892 △　㊉テツ　㊊テチ 屑 tiě

字義 くろくりげ。赤黒色の馬。

解字 篆文　形声。馬＋戴㊉。

(23)13 【驘】8893 △　ラ　騾(8884)の本字。→一二二五ページ。

(24)14 【驟】8894 △　㊉シュウ(シウ)　㊊ジュ 宥 zhòu　8169 7165

字義 ❶はしる。馬が速く走る。❷速い。すみやか。❸にわか。急に。❹しばしば。たびたび。

解字 篆文　形声。馬＋聚㊉。音符の聚は、速に通じ、はやいの意味。馬が速く走るの意味を表す。

【驟雨】にわか雨。夕立。白雨。〔老子、二十三〕驟雨不終日（驟雨は日を終えず）（一日とは続かない）。

(26)16 【驢】8895 △　㊉リョ　㊊ロ 魚 lǘ　8170 7166

［馿］俗字

字義 ロバ。うさぎうま。馬より小さく、耳が長い。

解字 篆文　形声。馬＋盧㊉。

【驢坑】安徽省歙県にある、硯石の名産地。

【驢馬】①うさぎ馬。ろば。②うさぎ馬と馬。

【驢鳴犬吠】うさぎ馬が鳴き、犬がほえる。聞くに足りないもの、つまらない文章のたとえ。〔世説新語、軽詆下〕

(27)17 【驥】8896 △　キ 寘 jì　8171 7167

字義 ❶すぐれた馬。一日に千里を走るという良馬。❷才能のすぐれた人物のたとえ。俊才。

解字 篆文　形声。馬＋冀㊉。音符の冀は、北方の異民族の意味。北方に産する良馬の意味を表す。

【驥足】駿馬の足。すぐれた才能ある人のたとえ。

【驥尾】駿馬の尾。転じて、すぐれた人物のあと。→次項。

【附驥尾】（青蠅が）良馬の尾につかまって遠い所に行く意。後輩が先輩のおかげをうけること。また、すぐれた人のおかげをうけることをいう。〔史記、伯夷伝〕顔淵雖篤学、附驥尾而行益顕（顔淵は学を篤くすといえども、驥尾に附して行い益顕る）。

【驥服塩(鹽)車】名馬が塩をつんだ車をひく意。賢者がいやしい地位にいることのたとえ。〔戦国策、楚〕

(27)17 【驤】8897 △　㊉ショウ(シャウ)　㊊ソウ(サウ)　慣ジョウ(ジャウ) 陽 xiāng　8172 7168

字義 ❶あがる（挙）。あげる。馬が走るとき、首を上げる。❷馬の首が、上がったり下がったりする。❸おどる（躍）。おどりあがる。「竜驤虎視」❹走る。❺右の後足が白い馬。

解字 篆文　形声。馬＋襄㊉。音符の襄は、払いのけるの意味。馬が首を払いのけるように、ふりあげるの意味を表す。

(28)18 【驩】8898 △　カン(クヮン) 寒 huān　［驩］ 8173 7169

字義 ❶馬の仲良く楽しむさま。❷よろこぶ。また、よろこび。＝歓。

参考 現代表記では〔歓〕(3783)に書きかえることがある。「交驩→交歓」

解字 篆文　形声。馬＋雚㊉。もと、馬の名を表したが、歓に通じて用いられる。

【驩欣】よろこぶ。よろこび。欣も、喜ぶ意。歓欣。驩喜。

【驩虞如】よろこび楽しむさま。虞は娯。如は助字。歓娯。〔孟子、尽心上〕覇者之民、驩虞如也（覇者の民は、驩虞如たり）。

【驩心】よろこぶ心。うれしく思う心。歓心。

【驩然】よろこんで、うち解けるさま。歓然。

【驩兜】中国古代の尭帝時代の人。共工とともに悪行あり、舜帝によって崇山（今の湖南省内）に流された。

(29)19 【驪】8899 △　㊀リ 支 lí　㊁㊉レイ・㊊ライ 斉 lí　8175 716B

字義 ㊀㊁ ❶くろうま。純黒色の馬。❷くろい（黒）。くろ。❸ならべる（並）。そえる。❹二頭だての馬車。

解字 甲骨文 篆文　形声。馬＋麗㊉。

【驪姫(姬)】周代の驪戎の娘で、晋の献公の妃となり、太子の申生を謀殺した。

【驪宮】驪山の華清宮をいう。唐の玄宗が、楊貴妃と歓楽をつくした宮殿。驪山宮。〔唐、白居易、長恨歌〕驪宮高処入青雲、仙楽風飄処処聞（驪宮高き処青雲に入り、仙楽風に飄りて処処に聞こゆ）。〈驪山の離宮の高いところは青空にはいり、この世のものとも思えない楽の音が、風のまにまにそこここで聞きとれる〉

【驪駒】①くろこま。黒馬。②送別のときうたう歌。驪歌。

【驪山】陝西省臨潼県の東南にある山。秦の始皇帝の陵がある。また、ふもとには温泉があり、唐の玄宗は華清宮を造った。驪宮・驪山宮ともいう。

【驪珠】驪竜之珠をいう。→驪竜之珠。

【驪馬】①くろうま。②（二頭立ての馬車の）二頭の馬。

【驪竜(龍)之珠】黒色の竜のあごの下にあるたま。命がけで求めなければ得られない貴重なもの。〔荘子、列禦寇〕

【探驪竜(龍)】驪竜之珠（→前項）を探るように、危険を冒して大きな利益を得ること。〔世説新語、文学下〕

(30)20 【驫】8900 △　㊀㊉ヒュウ(ヒウ)・㊊ヒュ 尤　㊁ヒョウ(ヘウ) 蕭 biāo　8174 716A

字義 ㊀㊁ ❶多くの馬。❷馬のむらがり走るさま。

難読 驫・驫木

解字 金文 篆文　会意。三つの馬で、馬の多くむらがるさまを表す。

10 骨部

〔部首解説〕**ほね。ほねへん。** 骨を意符として、体の各部の骨の名称、骨で作ったものなどを表す文字ができている。

(10)0
【骨】 8901

教 6　コツ　ほね

漢コツ・呉コチ　㊊ gǔ, gū, gú, gū

2592　397C

筆順 冂 冂 冎 骨 骨

字義 ❶ほね。㋐動物の体内にあって、からだをささえ、内臓を保護しているもの。㋑ほねぐみ。からだつき。「骨相」㋒死者の骨。火葬にした人骨。おこつ。「遺骨」「老骨」「病骨」㋓からだ。㋔物事の中心となって、それをささえるもの。芯。要点。「骨子」❷ひとがら。なり。ふり。「気骨」❸するどい。とがる。書体のするどく力強いこと。

国❶コツ。㋐調子。要領。また、急所。㋑天分。❷ほね。㋐めんどう。てかず。苦労。「骨が折れる」㋑気概。意地。「骨のある男」

難読 骨牌（カルタ）

解字 文 篆 会意。冎＋月（肉）。冎は、ほねの象形。肉体の核となっている、ほねの意味を表す。

▼換骨・奇骨・気骨・筋骨・硬骨・心骨・仙骨・戦骨・軟骨・納骨・万骨・風骨・武骨・無骨・竜骨・老骨・露骨

【骨骸】①ほね。②死体。

【骨格・骨骼】ほねぐみ。からだの骨の組み立て。

【骨鯁之臣】剛直で、君主のいやがるのもはばからず強くいさめる家来。剛直直諫の臣。鯁は、魚の骨で、つきささる意を示す。〔史記、呉世家〕

【骨子】①ほね。②かなめ。要点。

【骨身】①仏舎利の訳語。仏陀または聖者の遺骨。仏舎利。②国㋐からだ全部。全身。㋑肉体の苦労。「骨身惜しまず」

【骨髄（髓）】①骨のしん。②心の底。③要点。主眼。

【骨相】①人間のからだの骨ぐみ。特に、頭や顔の骨組み。②骨ぐみの上に現れた人の運命・性格。

【骨炭】動物の骨を蒸し焼きにした炭。漂白・脱臭・肥料などに用いる。

【骨張・骨頂】国「ほねばる」の音読。骨頂は当て字。この上もない。第一。◇悪い意味で用いる。「ほねばる」と読めば、かどばる、また、意地を張ることの意味。

【骨董】①つまらぬごたごたしたもの。②種々雑多な古道具。美術的な古い書画・刀剣・陶器など。

【骨騰肉飛】心身の躍動する形容。①勇士の勇んで進むさま。〔呉越春秋、闔閭内伝〕②美人などを見たときの衝動。〔隋書、地理志中〕

【骨肉】①骨と肉。肉体。②親子・兄弟などのような近い親族。みうち。骨と肉とはなれられないように強い結びつきのもの。肉親。

【骨肉之親】①＝骨肉の②。肉親。②肉親間の親愛の情。骨肉之愛。骨肉之情。

【骨肉相食】親子兄弟がたがいに争い、殺し合う。「血で血をあらう」

【骨牌】①骨で作った札。ゲームの道具。②かるた。

【骨法】①ほねぐみ。骨格。②筆力。また、絵の制作・鑑賞の主眼となるものの一つ。③国礼儀作法。

【骨立】やせおとろえて骨と皮ばかりになること。

【骨力】書画などの筆勢。骨法。

【瘞骨不埋名】その身は死んでも名は後世に伝わること。〔唐、白居易、題故元少尹集後詩〕

【刻骨】骨にきざみつける。深く心に記憶する。

【炊骨易子】食糧がなくなり、死体の骨をたき、わが子は食うに忍びないから、たがいに子をとりかえて食べる。戦国時代、趙の国にあった故事。〔史記、平原君伝〕

(13)3
【骪】 8902

△ イ（ヰ）㊊紙 wěi

［骩］俗字

字義 ❶骨が曲がる。また、曲がる。曲げる。❷あつまる。❸すておく。なげやりにする。

解字 文 篆 会意。骨＋凡。凡は、骨の曲がった人の象形。骨を付し、骨がまがるの意味を表す。

(13)3
【骭】 8903

△ カン ㊊翰 gàn

8176　716C

字義 ❶すねの骨。❷はぎ。すね。むこうずね。❸あばら。

解字 文 篆 形声。骨＋干㊢。音符の干は、みきの意味。みきのような骨、すねの意味を表す。

(14)4
【骰】 8904

△ 漢トウ 呉ズ（ヅ）㊊尤 tóu

8177　716D

字義 すごろくのさい。さいころ。骰子（子は助字）。

難読 骰子（さいころ・さい）

解字 形声。骨＋殳㊢。音符の殳は、なげうつの意味。なげうつ骨製のすごろくのさいの意味を表す。

(16)6
【骸】 8905

標 漢カイ 呉ガイ ㊊佳 hái

1928　333C

字義 ❶ほね。㋐死人の骨。朽ちた骨。㋑はぎの骨。❷なきがら。むくろ。死体。また、からだ。手・足・首・胴。

解字 文 篆 形声。骨＋亥㊢。音符の亥は、核に通じ、果実の中心の堅い部分の意味。肉体の中心の堅い部分、ほねの意味を表す。

【骸骼】①からだ。②死体。かばね。

【骸筋】①骨と筋。②からだ。

【骸軀】からだ。骸骼。

【骸骨】①からだの骨。②肉が落ちて骨だけになった死体。しかばね。③からだ。

【乞骸骨】（乞は請とも書く）主君にさしあげた自分のからだを返してほしいと乞い求める。辞職を願い出ること。辞職願いの許されることを「賜骸骨」という。〔晏子、重而異者〕願乞骸骨。

(16)6
【骼】 8906

△ 漢カク 呉キャク ㊊陌 gé

8178　716E

字義 ほね。㋐ほねの通称。ほねぐみ。「骨骼」㋑鳥や獣の骨。㋒ももの骨。㋓朽ちた骨。されぼね。

参考 現代表記では〔格〕(3418)に書きかえることがある。「骨骼→骨格」

解字 文 篆 形声。骨＋各㊢。音符の各は、格に通じ、木の枝がつきでるの意味。木の枝のようにつき出た、白骨の意味を表す。

(17)7
【骾】 8907

△ 漢コウ（カウ） 呉キョウ（キャウ） ㊊梗 gěng

字義 ＝鯁。❶骨がのどにささる。❷かどだつ。ほねっぽい。意志が強く自己を曲げない。「骨骾」

解字 文 篆 形声。骨＋更（㪅）㊢。音符の㪅は、かたいの意味。ほねっぽく固いの意味を表す。

【骾訐】直言して遠慮なく人の悪をあばきたてる。また、そのことば。正直で強いこと。

(18)8
【髁】 8908

△ 一 カ（クヮ）㊊歌㊊箇 kē　二 漢カ（クヮ）・呉ケ ㊊禡 kuà

字義 ⊟❶ももの骨。❷しりの骨。❸ひざの骨。❹正しくないさま。「誤髁ケイカ」 ⊟腰の骨。

解字 篆文 形声。骨＋果㊐。

(18)8 【髀】8909 △ ⊟ヒ 紙 ⊟漢ヘイ・呉ベイ 齊 bì　8179 716F

字義 ⊟⊟❶もも(股コ)。「髀肉」 ❷ももの骨。「髀骨」 ❸ふくらはぎ。すねの後ろの肉のふくらんだところ。

解字 篆文 形声。骨＋卑㊐。音符の卑は、ひくいの意味。骨格の中でも低い方にある、ももの骨の意味を表す。

【髀肉△之嘆】ヒニクのタン 三国時代、蜀ショクの劉備リュウビが、久しく馬に乗らなかったため、内ももの肉が肥えてしまったことを嘆いた故事。実力を発揮する機会がないのを嘆くたとえ。〔蜀志、先主伝、注〕

【△拊レ髀】ヒをうつ ＝拍レ髀。

【拍レ髀・△搏レ髀】ヒをうつ ①ももをたたく。喜び勇むさま。〔後漢書、張奐伝〕 ②拍子をとるさま。

(18)8 【骿】8910 △ 漢ヘン 呉ベン 先 pián

字義 ❶一枚あばら。肋骨ロッコツがつながって一枚の骨のようになっているもの。「骿脅ヘンキョウ」「骿骨」 ❷ひび。あかぎれ。＝胼ヘン。

解字 篆文 形声。骨＋并㊐。音符の并ヘイは、ならぶの意味。ならびつながっている、あばらぼねの意味を表す。

(19)9 【髄】8911 常 ズイ　3181 3F71

(23)13 〔髓〕8912 スイ 紙 suǐ 慣ズイ　8182 7172

筆順 骨 骬 骬 髄

【䯝】同字 7127 673B 【髓】同字

字義 ズイ。㋐骨のしんにある柔らかな組織。骨髄。㋑植物の茎の中心の柔らかな部分。㋒物事の本質。中心点。「精髄」

名乗 なか

解字 篆文 形声。骨＋隓(隓)㊐。音符の隓は、緊張がゆるんで、くずれるの意味。動物の骨の中心にあるやわらかなもの、ズイの意味を表す。

▼骨髄・心髄・真髄・神髄・精髄・脳髄

【髄脳(腦)】ズイノウ ①のうみそ。脳髄。②主要な部分。たいせつな所。③国歌の法則・奥義などを述べた書物。

(20)10 【髆】8913 △ ハク 薬 bó

字義 ❶肩の骨。かいがら骨。肩胛骨ケンコウコツ。＝膊ハク。❷かた(肩)。

解字 篆文 形声。骨＋尃㊐。音符の尃フは、うすくひろがるの意味。骨の中で最も平らにひろがる部分、かたぼねの意味を表す。

(21)11 【髏】8914 △ 漢ロウ・呉ル 尤 lóu 慣ロ　8180 7170

字義 髑髏ドクロは、されこうべ。しゃれこうべ。

解字 篆文 形声。骨＋婁㊐。音符の婁ロウは、とぎれることなくつづくの意味。骨だけがつながっている、されこうべの意味を表す。

〔鶻〕→鳥部 一二五七ページ。

(22)12 【髐】8915 △ 漢コウ(カウ) 呉キョウ(ケウ) 肴 xiāo

字義 ❶髐然は、白骨が風雨にさらされているさま。「髑髏髐然ドクロコウゼン」 ❷かぶら矢。

解字 形声。骨＋堯㊐。

(23)13 【髓】(8912) ズイ 髄(8911)の旧字体。→上段。　8182 7172

(23)13 【體】(188) タイ 体(187)の旧字体。→七五ページ。　8183 7173

(23)13 【髑】8916 △ 漢トク 呉ドク 屋 dú　8181 7171

字義 髑髏ドクロは、されこうべ。しゃれこうべ。風雨にさらされて白くなった頭骨。 難読 髑髏されこうべ・しゃれこうべ

解字 篆文 形声。骨＋蜀㊐。

(24)14 【髕】8917 △ ヒン 臏(3275)と同字。→五三六ページ。

解字 篆文 形声。骨＋賓㊐。

(25)15 【髖】8918 △ ⊟カン(クワン) 寒 kuān ⊟コン 阮

字義 ⊟❶こしぼね(腰骨)。ももの上の骨。❷両ももの間。⊟からだ。また、しり。ものつけね。

解字 篆文 形声。骨＋寛㊐。音符の寛カンは、ひろいの意味。ひろい骨、こしぼねの意味を表す。

10 高部

〔部首解説〕たかい。高の省略体、髙を意符として、亭などの建物を表す文字ができている。ただし、亭・亮リョウ・毫ハクは、部首としては亠(なべぶた)に分類されている。なお、高は総画十一画。

高 一二二八　髙 一二三一　13 髞 一二三一

敲→攴部 四七八ページ。膏→月部 五三三ページ。鄗→邑部 一一二三ページ。

稾→禾部 八〇三ページ。

(10)0 【高】8919 教2 コウ たかい・たか・たかまる・たかめる ⊟コウ(カウ) 豪 gāo ⊟コウ(カウ) 号 gào　2566 3962

筆順 亠 亠 高 高

【髙】俗字

字義 ⊟❶たかい。↔低・卑。㋐位置がたかい。上にある。「高原」 ㋑たけがたかい。「高楼」 ㋒身分・年齢・価格・素質・人がらなどが上位にある。「高貴」「高年」「高価」「高才」 ㋓けだかい。俗界を超越している。また、そのような人。「孤高」 ㋔名高い。世間に聞こえる。あらわれる。「高名」 ㋕盛大である。さかんになる。❷たかくなる。たかまる。位置・たけ・身分・年齢・価格・素質・評判等が上になる。また、たかめる。❸たかいとする。㋐尊ぶ。敬う。㋑たかぶる。いばる。「高言」 ❹敬意を表すことば。「高説」「高配」 ⊟たかさ。高低の度合い。「標高」 国たか。㋐分量。程度。「金高」「収穫高」 ㋑物価のあがること。

名乗 うえ・こう・たかし・たけ

難読 高円たかまど・高遠たかとお・高加(架)索コーカサス・高科たかしな・高階たかしな・高槻たかつき・高御座たかみくら・高御産巣日神たかみむすびのかみ・高原たかはる・高向たかむこ・たこう・高皇産霊神たかみむすびのかみ・高砂たかさご・高市たけち・たかち・高城たかじょう・たかぎ・たかき・高擶たかたま・高天たかま・高天原たかまがはら・たかまのはら・高任たかとう・高坏たかつき・高来たかき・高梁たかはし・高粱こうりゃん・高麗こま・こうらい・こうま・高輪たかなわ・高畠たかはた

参考 現代表記では〔昂〕(2987)の書きかえに用いることがある。「昂騰→高騰」「昂揚→高揚」

解字 甲骨文 金文 篆文 象形。金文でよくわかるように、高大な門の上の高い

楼の形にかたどり、たかいの意味を表す。
▼孤高・至高・秋高・崇高・清高・登高・標高

【高圧(壓)】[コウアツ] ①高い所からおさえつける。②権力や威力などで無理におさえつける。③高い圧力・電圧。↕低圧。
【高医(醫)】[コウイ] すぐれた医者。名医。
【高逸】[コウイツ] 高くすぐれている。俗世間を超越している。
【高韻】[コウイン] ＝高趣。
【高詠】[コウエイ] ①高らかに歌う。高唱。②他人の詩歌の敬称。
【高宴】[コウエン] さかんなさかもり。また、盛大な酒宴を開くこと。
【高遠】[コウエン] ①高くて遠い。②志が高尚なこと。
【高屋】[コウオク] ①高い屋根。また、立派な家。②他人の家の敬称。
【高屋建△瓴】[コウオクケンレイ] 高い屋根の上から水をこぼす。勢いの強いたとえ。瓴は、水がめ。建は、くつがえす。〔史記、高祖本紀〕
【高恩】[コウオン] 大きなめぐみ。大恩。
【高価(價)】[コウカ] ①高い値段。②よい評判。声価。
【高科】[コウカ] ①高いところ。②科挙（官吏登用試験）に最高位で合格すること。高第。高弟。
【高華】[コウカ] 地位・家がらなどがすぐれてりっぱなこと。
【高△廈】[コウカ] 高く大きな家。廈は、大きな家。
【高歌】[コウカ] 声高らかに歌う。
【高△牙大△纛】[コウガダイトウ] 高い牙旗（象牙のかざりを付けた旗）と牛の尾でかざりを付けた大きなさしもの。高位の人のしるし。
【高△臥】[コウガ] 世俗をはなれてくらす。高眠。
【高雅】[コウガ] けだかく、みやびやか。上品で優雅。
【高会(會)】[コウカイ] 盛大な会合。盛会。また、盛大な会合をすること。〔史記、項羽本紀〕日置酒高会。
【高△晦】[コウカイ] 高くかまえて自分の才能を表さぬこと。けだかい行動をとり、俗世間からのがれてくらすこと。
【高懐(懷)】[コウカイ] けだかい思い。高尚な心。
【高閣】[コウカク] ①たかどの。高楼。②壁につるす高い棚。
【束ニ高閣ー】[コウカクにつかぬ] たばねて高い棚の上に置く。久しい間、使用しないこと。〔晋書、庾翼伝〕
【高館】[コウカン] ①高いやかた。立派なやかた。②他人の家の敬称。
【高観(觀)】[コウカン] ①たかどの。高楼。②大きな道教の寺。③高い所から眺める。
【高岸深谷】[コウガンシンコク] 高い岸がくずれて谷となり、深い谷がうずまって丘となる。地形のひどく移り変わること。世の中の移り変わるたとえ。〔詩経、小雅、十月之交〕
【高奇】[コウキ] けだかくすぐれている。また、その人。
【高軌】[コウキ] 高尚な道。また、すぐれた先輩の足跡。

【高貴】[コウキ] ①身分が高く尊い、また、その人。②値段が高い。
【高義】[コウギ] 高くりっぱな徳義。また、他人の徳義の敬称。〔史記、廉頗・藺相如伝〕徒慕ニ君之高義ー也。
【高△誼】[コウギ] ①＝高義。②厚いよしみ。御厚情。他人のなさけの敬称。
【高議】[コウギ] ①高尚な議論。②さかんに議論すること。
【高△穹】[コウキュウ] 高く弓形になっている意で、空のこと。大空。
【高挙(擧)】[コウキョ] ①高く飛び上がる。②俗世間をのがれること。俗世間をのがれ、独りよがりになる。高踏。〔楚辞、漁父〕深思高挙。③高位にのぼること。
【高△拱】[コウキョウ] 両手を高くこまぬく。なにもしないさま。
【高教】[コウキョウ] 尊い教え。高くすぐれた教え。また、他人の教えの敬称。高訓。高論。
【高吟】[コウギン] 声高らかに詩歌を吟ずる。「放歌高吟」
【高句麗・高句△驪】[コウクリ] 国名。古代朝鮮の北方に興った国の名。紀元前三十七年、ツングース族扶余人朱蒙が建国。後に平壌に都したが、唐と新羅の連合軍にほろぼされた。（前三七—六六八）
【高△矩】[コウク] りっぱな手本。高尚な規範。
【高△衢】[コウク] ①りっぱな道。大道。②大空の道。天空の道。
【高訓】[コウクン] ＝高教。
【高家】[コウケ] 国①身分の高い家がら。②江戸時代、幕府の儀式・礼法などをつかさどった家がら。
【高下】[コウゲ] ①高いことと低いこと。高低。②尊いことといやしいこと。③すぐれていることとおとっていること。優劣。
【高下在レ心】[コウゲこころにあり] ①高くするのも低くするのも、自分の心次第である。心がけのいかんによって事の成否のきまること。〔左伝、宣公十五〕②賞罰を自分の思うままにすること。
【高啓】[コウケイ] 明初の詩人。字は季迪。号は青邱子。博学でその詩は雄健。太祖の怒りにふれ、腰斬の刑に処せられた。杜甫に似ているので小杜甫といわれる。（一三三六—一三七四）
「ること。
【高△勁】[コウケイ] けだかくて強い。また、堂々としていて強そうに見える。
【高潔・高△絜】[コウケツ] けだかくいさぎよい。人格が高く清い。高尚で潔白。
【高見】[コウケン] ①すぐれた考え。②他人の考えの敬称。
【高軒】[コウケン] ①高いのき。高いてすり。②りっぱな車。軒は、前方の高くなった車。他人の車の敬称。
【高賢】[コウケン] 徳が高く賢明なこと、また、その人。
【高△顴】[コウケン] 高いほおぼね。ほおぼねが出ていること。
【高言】[コウゲン] ①高尚なことば。②実力に相応しないことを言う。ほこり高ぶったことば。大言壮語。

【高言不レ止ニ衆人△之心ー】[コウゲンはシュウジンのこころにとどまらず] 高尚なことばは、一般の人には分からない。止は、上に作るものもある。〔荘子、天地〕
【高原】[コウゲン] ①まわりの土地より高い平らな土地。②山のふもとに続く広い原。
【高戸】[コウコ] ①経済的にめぐまれた人民。富民。②酒をよく飲む人。上戸。③高い建物。
【高古】[コウコ] けだかく、古風でみやびやかなこと。高潔古雅。
【高后】[コウコウ] ①殷の湯王。②漢の高祖の皇后。呂后をいう。③皇后の尊称。
【高仰】[コウコウ・コウギョウ] ①あおぎ尊ぶさま。②高くあおぎ見る。③おごりたかぶる。
【高行】[コウコウ] 高尚な行い。すぐれた行い。
【高抗・高△亢】[コウコウ] 心をけだかくして、人に屈服しない。
【高△曠】[コウコウ] ①けだかい心。②高くて広い。
【高才】[コウサイ] すぐれたはたらきのあること。また、その人。高い才能のあること。また、その人。高材。
【高△柴】[コウサイ] 春秋時代、衛の人。孔子の門人。字は子羔。親の影をふむことがなく、親の喪には泣血三年に及んだという。
【高斎(齋)】[コウサイ] ①高い官邸。高大な郡守の官舎。②高大な書斎。③唐の杜甫が晩年に夔州（今の四川省奉節県）でくらした居室の名。
【高△灑】[コウサイ] 俗気がなくさっぱりしている。
【高材疾足】[コウザイシッソク] すぐれた才能のある人。〔史記、淮陰侯伝〕
【高策】[コウサク] すぐれたはかりごと。高謨。高猷。
【高札】[コウサツ・たかふだ] 国①江戸時代、幕府が法令などを公衆に知らせるために掲げた立て札。②入札のとき、一番高い値段を書いた札。③他人の手紙の敬称。
【高察】[コウサツ] 他人の推察の敬称。おさっし。
【高山景行】[コウザンケイコウ] 高い山と大きな道。高山は人が仰ぎ、大道は人が行くところから、万人に尊敬されるものをたとえる。〔詩経、小雅、車舝〕
【高山△之△巓無ニ美木ー】[コウザンのいただきにはビボクなし] 高い山の上にはよい木がない。高い位にいる者は人にそしられ、よい評判を立てられにくいたとえ。〔説苑、談叢〕
【高山流水】[コウザンリュウスイ] 昔、伯牙の琴を鍾子期が深く鑑賞理解し、伯牙が高山を思って琴を弾ずると鍾子期は高山のごとしと評し、流水を思えば流水のごとしと評した、という故事。音楽の霊妙なさまのこと。また、「知己」「知音」の意に

用いる。〔列子、湯問〕

【高士】コウシ　①人格高潔の人。高尚な人。②官に仕えない、すぐれた人物。

【高旨】コウシ　①りっぱな心。②他人の意見の敬称。

【高志】コウシ　①りっぱなこころざし。大志。②他人の志の敬称。③志を高くすること。

【高^訾・高^貲】コウシ　財貨の多い人。かねもち。

【高自標置】たかくみずから(つ)からヒョウチす　みずから高くかまえて人に下らない。尊大ぶる。〔晋書、劉惔伝〕

【高識】コウシキ　高い見識。すぐれた見識。

【高車^駟馬】コウシャシバ　おおいが高く、立って乗れる車と、四頭立ての馬車。高貴な人の乗り物。〔宋、欧陽脩、昼錦堂記〕

【高^榭】コウシャ　高いうてな。高くてりっぱな建物。高台。

【高爵】コウシャク　①高い爵位。高い身分。②爵位を高くする。

【高手】コウシュ　①わざがすぐれている人。名人。②国 たかて　ひじから肩まで。「高手小手に縛る」

【高趣】コウシュ　けだかいおもむき。上品な様子。高致。高韻。

【高寿(壽)】コウジュ　年齢の多いこと。ながいき。高齢。高年。

【高^岫】コウシュウ　高い山のみね。

【高秋】コウシュウ　秋のたけなわのころ。また、空が高く晴れわたる秋。

【高^峻】コウシュン　①高くけわしい。②けだかいこと。はかり知れない見識のこと。

【高所】コウショ　①高い場所。②高い見地。高い立場。「大所(タイショ)高所(コウショ)」

【高尚】コウショウ　①けだかい。上品。高貴。②程度が高いこと。

【高商】コウショウ　秋のこと。商は、五音の一つで秋に配する。

【高唱】コウショウ　①声高くとなえる。声高くうたう。②高尚なうた。

【高^敞】コウショウ　土地が高く広くて見はらしがよい。

【高^舂】コウショウ　午後四時ごろ。夕方。

【高^翔】コウショウ　空高く飛びかける。高飛。

【高情】コウジョウ　①けだかい心。②他人の自分にかけてくれたなさけの敬称。芳情。

【高^岑】コウシン　高いみね。

【高寝(寢)】コウシン　初めて諸侯に封ぜられた君主のおたまや。始祖の霊を祭った廟(ビョウ)。

【高人】コウジン　①＝高士。②地位の高い人。

【高^邃】コウスイ　けだかく奥深い。

【高世】コウセイ　①その世に名高い。一世にすぐれている。②高く世俗を超越している。

【高斉(齊)】コウセイ　北斉(五五〇—五七七)の別称。高洋の建国した、北朝の斉をいう。↔蕭斉(ショウセイ)(蕭道成(ショウドウセイ)の建国した南朝の斉。南斉)。

【高青^邱】コウセイキュウ　→高啓。

【高^棲・高^栖】コウセイ　俗世間をのがれ静かにくらすこと。

【高準】コウセツ　高い鼻ばしら。鼻すじの高いこと。

【高節(節)】コウセツ　①けだかいみさお。高い節操。②みさおを高くする。高風。

【高説】コウセツ　①りっぱな意見。すぐれた論説。②他人の意見の敬称。

【高遷】コウセン　身分がよくなる。位が上がる。

【高漸離】コウゼンリ　戦国時代の刺客(シカク)。燕(エン)(今の河北省一帯の地)の人。荊軻(ケイカ)と同じように秦(シン)の始皇帝を殺そうとして失敗したが、筑(チク)(琴に似た楽器)がたくみなためにゆるされたのち、始皇を討とうとして成らず、殺された。

【高祖】コウソ　①祖父の祖父。高祖父。②遠い先祖。③王朝の最初の天子。漢と唐の高祖が有名。④仏 一宗一派の開祖。

【高^爽】コウソウ　高く、さわやかなこと。

【高僧(僧)】コウソウ　徳の高い僧。名僧。善智識。

【高僧(僧)伝(傳)】コウソウデン　書名。十三巻・序録一巻。南朝、梁(リョウ)の恵皎(エキョウ)の著。五一九年成立。後漢から梁までの高僧四百五十余人の伝記。続高僧伝(唐の道宣の著)・宋高僧伝(宋(ソウ)の賛寧の著)・明高僧伝(明(ミン)の如惺(ジョセイ)の著)とあわせて、四朝高僧伝という。

【高層(層)】コウソウ　①高く重なる。②高く重なっているものの上の方。「高層雲」

【高燥】コウソウ　土地が高く乾燥していること。

【高足】コウソク　①すぐれた馬。駿馬(シュンメ)。②すぐれた弟子(デシ)。高弟。③国 ㋐舞で足を高く上げること。㋑田楽の芸の一つ。一足。㋒(たかあし) ㊀たけうま。㊁足の高い膳(ゼン)。㊂すねの長いこと。㊃芝居で特に高くした二重舞台の床(ゆか)。

【高大】コウダイ　①高く大きい。すぐれている。②おごりたかぶる。思いあがる。

【高台(臺)】コウダイ　①＝高榭(コウシャ)。〔文選、曹植、雑詩〕高台多二悲風一(コウダイヒフウおお(ほ)し)。②都のこと。③頭の別称。④国 茶碗(チャワン)や鉢などの底につけた、円筒状の低い脚部。

【高第】コウダイ　①＝高科の②。②役人の勤務の優良なもの。

【高^躅】コウタク・コウチョク　①りっぱな行為。躅は、足あと。②他人の来訪の敬称。

【高達】コウタツ　①才能に富み、物事の理に通じていること。②世俗を超越し、気持ちを高く持つ。③高くとどく。

【高談】コウダン　①高尚な話。俗界を離れた高尚な話。〔唐、李白、春夜宴二桃李園一序〕高談転清(うたたきよし)。訳文 幽賞(三五六ページ)。②他人の話の敬称。③あたりかまわず、声高に話をすること。「高談雄弁」

【高致】コウチ　①＝高趣。②最高の到達点。到達し得る最高の所。

【高直】コウチ　高い値段。値段が高い。直は、値。

【高^胄】コウチュウ　尊い家のよつぎ。名家の子孫。

【高著】コウチョ　①高くあらわれる。②りっぱな著述。他人の著書の敬称。

【高鳥尽(盡)良弓蔵(藏)】コウチョウつきてリョウキュウ(を)おさめらる　空高く飛ぶ鳥がつきると、良い弓はしまいこまれる。敵国が滅びると戦功のあった謀臣は殺される、というたとえ。また、用のあるときは使われ、用がすむと捨てられるたとえ。→狡兎死良狗烹(コウトしシテリョウクにらる)(七〇六ページ)。〔史記、淮陰侯伝〕

【高調】コウチョウ　①高いしらべ。②国 ㋐自分の意見や主張を力説する。㋑思想・感情などが最も強まる。高潮。

【高超】コウチョウ　高くすぐれて、俗世間からぬき出ている。

【高^枕】コウチン・コウシン　まくらをたかくす　まくらを高くして安らかに眠る。安心するさま。〔戦国策、魏〕高レ枕而臥(まくらをたかくしてふす)。

【高弟】コウテイ　①すぐれた弟子。②＝高科の②。

【高適】コウテキ・コウセキ　盛唐の詩人。脩(シュ)(今の河北省景県)の人。字(あざな)は達夫。諫議大夫(カンギタイフ)となる。詩は五十のときから作り始めたが、辺塞(ヘンサイ)を歌う詩にすぐれたものが多い。著に『高常侍集』がある。(七〇〇?—七六五)

【高天】コウテン　高い空。よく澄んだ空。

【高斗】コウト　空高く輝いている北斗星。

【高踏】コウトウ　①遠くへ行く。②世俗を超越する。脱俗。③高く足びょうしをとる。

【高踏的】コウトウテキ　①世俗を超越するさま。俗物を見下すさま。②形式を重んじ、貴族的な趣味を尊ぶさま。

【高^蹈】コウトウ　＝高踏。

【高騰】コウトウ　①高くあがる。昂騰(コウトウ)。②物価が上がる。

【高堂】コウドウ　①高くりっぱな家。②他人の家の敬称。③父母のこと。

【高徳】コウトク　①徳が高い。また、その人。②学徳のすぐれている僧。大徳。

【高年】コウネン　としより。高寿。

【高配】コウハイ　国①相手の配慮に対する敬称。②高い配当金・配当率。

【高^禖】コウバイ　子を授けるという神の名。〔礼記、月令〕

【高^庇】コウヒ　①高い木や家などの陰。②他人から受けた恩恵の敬称。

【高批】＝高評の②。

【高卑】①高いことと低いこと。②尊いことといやしいこと。

【高飛】①＝高翔。②逃走する。③国 犯人などが遠い地方へにげること。

【高評】①すぐれた批評。②他人の批評の敬称。高批。③よい評判。好評。

【高旻】高い空。高い秋空。九旻。

【高風】①すぐれて高いみさお。高節。②りっぱな風格。すぐれた人がら。③けだかい風采。④高い所を吹く風。

【高文】①見識の高い文章。大論文。②他人の文章の敬称。③国もと、高等文官試験の略称。

【高駢】晩唐の詩人・政治家。字は千里。僖宗の時、黄巣の賊を討ち天子に信任されたが、後、うとんぜられ、殺された。（?—八八七）

【高歩】世俗からかけはなれて歩く。

【高謨】すぐれたはかりごと。高猷。高策。

【高抱】けだかい心。抱は、心のこと。

【高望】①高い所からながめる。②高いのぞみ。また、希望を高くする。③高い人望。すごい人気。

【高邁】高くすぐれている。衆にすぐれている。

【高慢】思いあがって人をあなどる。いばる。

【高妙】①高くすぐれること。②すぐれてたくみなこと。

【高眠】＝高臥。

【高名】①よい評判。盛名。②＝高明の④。③相手の名前の敬称。④国 戦場で手柄を立てること。また、名をあげる。

【高明】①高く明らか。②天のこと。③位が高く勢力の強い人。④高く明るい邸宅。金持ちの家。⑤たかどの。また、高台。⑥見識が高く知恵があきらかなこと。⑦人に対する敬称。あなた。

【高冥】①高くて奥深い。②空。天。

【高莽】高くしげった草。

【高門】①高い門。②門を高くする。③金持ちの家。④高祖のこと。⑤漢代の宮殿の名。

【高論】＝高教。

【高揚】高くあがる。高くあげる。昂揚。

【高陽酒徒】酒飲み。飲酒家。酈食其が漢の高祖に自分のことを言ったことば。高陽は、地名。今の河南省杞県。〔史記、酈生陸賈伝〕

【高欄】①高いらんかん。高いてすり。②牛車の前後の口の下に張り渡した、しきりの板。③国いすの両横に渡した棒状のひじかけ。

【高覧(覽)】国他人の見ることに対する敬称。

【高力士】唐の宦官。玄宗の時、信任されたが、後、流された。唐代、宦官がはびこるようになったのは、この人からである。（六八四—七六二）

【高亮】声などが高くて明らかなこと。

【高粱】もろこし。たかきび。

【高厲】①高く渡る。高く登る。②気性のけだかくきびしいこと。

【高嶺】高いみね。高い山の頂。

【高齢(齡)】＝高寿・高年。

【高麗】①すぐれて美しい。非常に美しい。②㋐朝鮮の王朝の名。五代のころ、王建が新羅をほろぼして建てた。三十四代で、明の初め、李成桂に滅ぼされた。（九一八—一三九二）㋑→高句麗。㋒朝鮮の別称。③国＝②。

【高麗犬】国石や木を刻んで作った、獅子に似た、一対の獣の像。魔よけのために神社の社殿の前などに置かれる。狛犬。

【高朗】けだかくほがらか。

【高廊】高い所にあるわたり廊下。また、りっぱな渡り廊下。

【高楼(樓)】たかどの。高くてりっぱな家。高榭。〔唐、杜甫、登楼詩〕花近二高楼一傷二客心一
【高禄】高い俸禄。高い給料。

【高論】①高尚な議論。すぐれた議論。②他人の議論の敬称。

【高話】＝高談の①②。

【登レ高】陰暦九月九日の重陽の節に、高い所に登ってけがれを払い、長寿を願う行事。〔唐、王維、九月九日憶二山中兄弟一詩〕遥知兄弟登レ高処、遍挿二茱萸一少二一人一
【登レ高自レ卑】高い所に登るには、必ず低い所から始める。物事には順序のあるというたとえ。〔中庸〕

(11)0
【髙】8920 △ コウ 高（8919）の俗字。→一二三八ページ。

[敲]→支部 四七八ページ。
[膏]→月部 五三三ページ。
[鄗]→邑部 一二一三ページ。
[槀]→禾部 八〇三ページ。

(23)13
【髞】8921 △ ㊀ソウ（サウ） 号 sào ㊁漢ソウ（サウ）・呉ゾウ（ザウ） 豪 8184 7174
字義 ㊀髝髞は、急ぐ。急なさま。㊁髝髞は、高いさま。
名乗 たか・たかし
解字 形声。高＋喿音。

10 髟部

〔部首解説〕かみがしら。かみかんむり。髟を意符として、髪やひげ、その状態を表す文字ができている。

髟 一二三一　髠 一二三一　髺 一二三一　髼 一二三三　7 髽 一二三三　鬄 一二三三　11 鬖 一二三三　14 鬢 一二三四
3 髡 一二三一　髪 一二三二　髮 一二三二　6 髹 一二三三　髾 一二三三　9 鬍 一二三三　鬘 一二三三　15 鬣 一二三四
髢 一二三一　髣 一二三二　髮 一二三二　髷 一二三三　8 鬈 一二三三　鬋 一二三三　12 鬚 一二三三
4 髤 一二三二　髦 一二三二　髴 一二三二　髻 一二三三　鬆 一二三三　10 鬐 一二三三　13 鬠 一二三三
髥 一二三二　5 髯 一二三二　髫 一二三二　髭 一二三三　鬃 一二三三　鬒 一二三三　鬟 一二三四

(10)0
【髟】8922 △ ヒョウ（ヘウ） 蕭 biāo 8185 7175
字義 ❶髪の長く垂れ下がるさま。❷黒髪と白髪が入りまじる。❸たてがみ。
解字 篆文  会意。長＋彡。長は、ながいの意味。彡は、長く流れる髪の象形。髪の長く垂れさがるさまを表す。

(13)3
【髡】8923 △ コン 元 kūn ［髠］俗字
字義 ❶そる。髪をそる。❷かみそりの刑。髪をそり落とす刑罰。❸かみそりの刑罰を受けた人。また、坊主あたま。❹きる。木の枝をきりはらう。また、枝をきりはらった木。
解字 篆文  形声。髟＋兀音。音符の兀は、はげるの意味。髪をそりおとして、まるぼうずにするの意味を表す。
【髡鉗】昔の刑罰の一つ。髪をそり、首かせをはめる。また、その刑に処せられた罪人。
【髡者】髪そりの刑に処せられた罪人。

(13)3
【髢】8924 △ 漢テイ 呉ダイ 霽 dí 8186 7176
字義 かもじ。入れ髪。少ない髪にそえ足す髪。＝鬄。

(14)4【髤】8925 △ 漢キュウ（キウ）呉ク 巴xiū

解字 篆文 形声。髟＋也音。音符の也ャは、ひさげの意味。ひさげの注ぎ口から、水を流すようにたれた、かもじの意味を表す。

［髹］同字

字義 ❶赤黒いうるし。黒みがかった赤い色のうるし。❷うるし（漆）をぬる。「髤漆」

解字 篆文 形声。髟＋木（休音）。篆文は会意で、髟＋桼。桼シツは、うるしの意味。

【髤器】キュウキ ぬり物。漆器。

(14)4【髥】8926 △ ゼン 髯（8932）と同字。→中段。

(14)4【髧】8927 △ 漢タン 呉ダン 感dàn

字義 髪の垂れ下がっているさま。

解字 形声。髟＋冘音。

(14)4【髪】8928 常 ハツ かみ 白髪しらが　4017 4831

(15)5［髮］8929 人許 漢ハツ 呉ホチ 慣ホツ 月fà　8191 717B

筆順 丨 镸 髟 髪 髪

字義 ❶かみ。頭の毛。「白髪」「理髪」❷草木。（地上の毛と見なした）❸長さの単位。一寸の百分の一。

難読 髪剃こうぞり

解字 金文 篆文 形声。髟＋友（犮）音。音符の犮ハツは、とり除くの意味。長く伸びると、はさみでとり除かなければならない、かみの毛の意味を表す。

▼握髪・遺髪・角髪・銀髪・結髪・黒髪・散髪・雪髪・総髪・束髪・怒髪・被髪・落髪

【髪短心長】かみみじかきもこころながし 年をとって髪は短くなっても、その知恵は深い。『左伝』昭公三年に「彼其髪短而心甚長（かれそのかみはみじかけれども、こころははなはだながし）」とあるのに基づく。

【髪▲匪】ハッピ 清シンの洪秀全を首領とする長髪賊をいう。髪逆。

【髪膚】ハップ 髪の毛とはだ。転じて、からだ。〔孝経、開宗明義章〕身体髪膚シンタイハップ、受ニ之父母一（これをフボにうく）。

【髪引ニ千▲鈞一】かみセンキンをひく 一すじの髪の毛で千斤の重さを引く。髪の各部分が均等で弱い所がなければ、千斤の重さのものを引いても切れないという、名家の論理。また、きわめて危険なたとえ。また、不可能なことのたとえ。〔唐、韓愈、与ニ孟尚書一書〕

【髪衝レ冠】ハツかんむりをつく 髪の毛がさかだち、かんむりをつき上げる。はげしく怒った様子。〔唐、駱賓王、易水送別詩〕壮士髪衝レ冠ハツかんむりをつく。

【簡レ髪▲而▲櫛】かみをえらびてくしけずる 髪の毛を一本ずつ選んでくしけずる。とるにたらないことにこだわるたとえ。〔荘子、庚桑楚〕

【▲截レ髪易レ酒】かみをたちさけにかう 自分の髪を切って酒ととりかえ客をもてなす。晋シンの陶侃トウガンの母の故事。〔晋書、陶侃伝〕

【▲剪レ髪易レ書】かみをきりショにかう 元の陳祐チンユウの母が、家が貧しくて書物を買うことができないため、自分の髪の毛を切って書物を買い、子に読ませた故事。〔元史、陳祐伝〕

【▲擢レ髪▲贖レ罪】かみをぬきてつみをあがなう 髪の毛をぬいて罪をあがなう。罪が多くてつぐないきれないたとえ。〔史記、范雎伝〕

【濯ニ髪雲漢一】かみをウンカンにあらう 頭髪を天あまの川で洗う。仕官して身を立てるたとえ。〔晋書、皇甫謐伝〕

(14)4【髣】8930 △ ホウ（ハウ）養fǎng　8187 7177

字義 にる（似）。また、かすか。＝仿ホウ。

解字 形声。髟＋方音。

【髣▲髴】ホウフツ ①よく似ているさま。そっくり。②ぼんやり見えるさま。かすかなさま。ほのか。彷彿ホウフツ。仿仏ホウフツ。

(14)4【髦】8931 △ 一漢ボウ・呉モウ 豪máo 二漢ボウ・呉ム 尤máo　8188 7178

字義 一❶たれがみ。＝髳ボウ。㋐子供のまえがみ。眉まゆのあたりまで下がった髪形。㋑子供の時の心を忘れぬ意でつけるもの。❷なかげ。髪の太く長いもの。❸たてがみ。馬などのたてがみ。❹すぐれる。また、すぐれた人。二西方の異民族の名。＝髳ボウ。

解字 篆文 形声。髟＋毛音。髟は、かみがそろっているの意味。毛を付し、長いかみの意味を表す。

【髦士】ボウシ すぐれた人物。髦秀。髦俊。髦彦ボウゲン。

【髦▲髫】ボウチョウ さげ髪の子供。

(15)5【髯】8932 △ 漢ゼン 呉ネン 塩艶rán　［髥］8189 7179

［髥］同字

字義 ❶ひげ。ほおのひげ。❷ひげの多い人。

解字 形声。髟＋冉音。音符の冉ゼンは、ひげの象形。

【髯▲鬚】ゼンシュ ①ほおひげと、あごひげ。②羊ひつじを髯鬚主簿ゼンシュボ（髯主簿ともいう）ということから、転じて、主簿（記録や文書をつかさどる役）の職をいう。

【髯▲蘇】ゼンソ 宋ソウの蘇軾ソショクのこと。ひげが濃かったことからいう。

【髯奴】ゼンド ①ひげ。②ひげづらのやっこ。㋐ひげの多い人をののしっていう。㋑男の召使い。下僕。㋒欧米人をいやしめていう。③国ひげやっこ 武家の下僕で、ほおひげをはやした者。また、作りひげを付けた者。

【髯虜】ゼンリョ ひげづらの外人。欧米人をいやしめたことば。

(15)5【髫】8933 △ 漢チョウ（テウ）呉ジョウ（デウ）蕭tiáo　8190 717A

字義 ❶うない。たれがみ。うなじのあたりまでたれさがっている幼児の髪。❷おさない。子供。幼児。

難読 髫髪うない

解字 篆文 形声。髟＋召音。

【髫歳】チョウサイ 垂れ髪をした幼い年ごろ。髫歯。

【髫歯（齒）】チョウシ ＝髫歳。歯は、年のこと。

【髫児（兒）】チョウジ 垂れ髪の子供。わらべ。幼児。

【髫▲齔】チョウシン 垂れ髪をして、歯のぬけかわるころ。七、八歳の子供。幼児。

【髫髪】チョウハツ ①幼児の垂れ髪。②幼児。

(15)5【髮】(8929) ハツ 髪（8928）の旧字体。→上段。　8191 717B

(15)5【髲】8934 △ 漢ヒ 呉ビ 寘bì

字義 かもじ。髪の毛を美しく見せたり、少ないのをおぎなったりするためにそえるもの。そえがみ。かつら。

解字 形声。髟＋皮音。音符の皮は、かわの意味。皮のように髪の表面にそえる、かもじの意味を表す。

(15)5【髴】8935 △ 漢フツ 呉フチ 物fú　8192 717C

字義 にかよう。さも似たり。似かよって区別がつかない。また、かすか。ほのか。＝彿フツ。→髣髴ホウフツ（中段）。

解字 篆文 形声。髟＋弗音。音符の弗フツは、はっきり見えないさまを表す擬態語。髟は、かみの意味。髪のようにはっきりしないの意味を表す。

(15)5【髱】8936 △ 漢ホウ（ハウ）呉ボウ（バウ）効bào　8193 717D

字義 ひげが多いさま。ひげもじゃ。国たぼ。㋐女性の結髪で後方にはり出している部分。たぼがみ。たぶ。㋑転じて、婦人のこと。

解字 形声。髟＋包音。

(15)5【髳】8937 △ 漢ボウ 呉モウ 豪máo

[字義] ❶たれがみ。子供のまえがみ。また、それに似せて作った髪飾り。＝髦。❷西方の異民族の名。今の四川省南部から雲南省北部にかけての地に住んでいた。

[解字] 篆文 形声。髟＋矛㊥。音符の矛は、月に通じ、おおうの意味。ひたいをおおう、たれがみの意味を表す。

(16)6【髹】8938 △ キュウ 髤(8925)と同字。→一三三六ページ。

(16)6【髷】8939 標 (漢)キョク (呉)コク 因 qū 8194 717E

[字義] ❶まげ。わげ。頭髪をまげて束ねたもの。❷ちぢれがみ。

国まげ。丸髷の略称。

[解字] 形声。髟＋曲㊥。音符の曲は、まげる意味を表す。

(16)6【髻】8940 標 一ケイ 霽 jì 二(漢)キツ・(呉)キチ 質 jié 8201 7221

[字義] 一もとどり。たぶさ。髪を頭上で束ねたもの。二かまどの神。国みずら。びんずら。上代の男子の髪の結い方。髪を左右にわけ、輪にして結んで耳の前に垂れたもの。鬟。

[解字] 篆文 形声。髟＋吉㊥。音符の吉は、しっかりくくるの意味。髪を頭上でたばねくくるの意味を表す。

【髻華】国上代、冠や髪にさしてかざりとした、花木の枝葉や造花。後には金銀などで作った。かざし。かんざし。

【髻子】もとどり。子は、接尾語。

(16)6【髭】8941 標 シ 支 zī 4106 4926

[髭]同字

[字義] ひげ。くちひげ。口の上のひげ。うわひげ。

[解字] 篆文 形声。髟＋此㊥。篆文は、須＋此㊥。須は、ひげの意味。音符の此は、觜に通じ、くちばしの意味。くちの上のひげの意味を表す。

【髭△鬚】口ひげとあごひげ。また、単に、ひげのこと。

(17)7【髽】8942 △ (漢)サ (呉)シャ 麻 zhuā

[字義] 婦人が喪中に髪を結うこと。また、その髪。たばねがみ。

[解字] 篆文 形声。髟＋坐㊥。

(17)7【髾】8943 △ (漢)ソウ(サウ) (呉)ショウ(セウ) 肴・効 shāo

[字義] ❶もとどり。たぶさ。髻。❷旗のはしに垂れている羽毛。❸衣のかざり。

[解字] 形声。髟＋肖㊥。

(18)8【鬈】8944 △ (漢)ケン (呉)ゲン 先 quán

[字義] ❶うるわしい。㋐髪が美しい。㋑人が美しい。❷ふりわけ髪を結う。まげがみを結う。また、その髪。鬈首。❸髪がちぢれている。

[解字] 篆文 形声。髟＋卷㊥。音符の卷は、まくの意味。髪を二つに分けた上でまく、ふりわけがみの意味を表す。

(18)8【鬆】8945 一(漢)ショウ・(呉)シュウ 冬 sōng 二ソウ 冬 8202 7222

[字義] 一二❶髪の乱れているさま。❷あらい(粗)。ゆるい。しまりがない。国す。大根・牛蒡などの芯にこまかく通っている穴。

[解字] 形声。髟＋松㊥。

(18)8【鬃】8946 △ (漢)ソウ (呉)ゾウ 冬 zōng

[字義] ❶高く結いあげた髪。また、そのさま。❷馬のたてがみ。＝鬉。

[解字] 形声。髟＋宗㊥。

(18)8【鬄】8947 △ 一(漢)テイ・(呉)タイ 霽 dí 二(漢)テキ・(呉)チャク 錫 三(漢)セキ・(呉)シャク 陌 dí

[字義] 一二❶そる。＝剃。❷とく(解)。切り割く。＝剔。三かもじ。入れ髪。かつら。＝髢。

[解字] 篆文 形声。髟＋易㊥。

(19)9【鬍】8948 △ (漢)コ (呉)ゴ 虞 hú

[字義] ひげ。あごひげ。鬍子。

[解字] 形声。髟＋胡㊥。

(19)9【鬋】8949 △ 一セン 先・銑 jiān 二セン 霰 jiǎn

[字義] 一女の鬢の垂れ下がっているさま。二❶きる(切)。㋐ひげや髪をそる。㋑草木を切る。❷垂れさがった鬢。

[解字] 篆文 形声。髟＋前㊥。音符の前は、剪に通じ、きるの意味。切りそろえた女の髪のさまを表す。

(20)10【鬐】8950 △ (漢)キ (呉)ギ 支 qí

[字義] ❶馬のたてがみ。❷魚のせびれ。❸毛がだんだん抜け落ちること。❹にじ(虹)の曲がっている形容。

[解字] 篆文 形声。髟＋耆㊥。

(20)10【鬒】8951 △ シン 軫・震 zhěn

[字義] ❶髪の毛が多いこと。❷髪の毛が黒くつやのあるさま。「鬒髪」❸つよい(強)。

[解字] 形声。髟＋眞㊥。音符の眞は、いっぱいにつまるの意味。髪の毛が多くて黒いの意味を表す。

(21)11【鬖】8952 △ サン 覃 sān

[字義] ❶髪の乱れるさま。乱れ髪。❷毛の長く垂れ下がったさま。

[解字] 形声。髟＋參㊥。音符の參は、いり乱れるの意味。髪が豊かに乱れ垂れるの意味を表す。

【鬖鬖】髪の乱れ垂れるさま。また、そのように物が乱れ垂れるさま。

(21)11【鬘】8953 標 マン 刪 mán 8203 7223

[字義] ❶ころも。❷かずら。髪かざり。花かんざし。蔓草などを髪のかざりとしたもの。❸美しい髪。国かずら。かつら。㋐かもじ。そえがみ。入れ髪。㋑他の髪で種々の髪形を作り、役者などが頭にかぶるもの。

[解字] 形声。髟＋曼㊥。

【鬘華】茉莉花(ジャスミン)の別名。インド原産。モクセイ科の常緑小低木。かおりの高い白色五弁の花を開く。髪のかざりとし、また、中国では花を茶にいれる。毛輪花。

(22)12【鬚】8954 標 (漢)シュウ(シウ) (呉)ス・シュ 虞 xū 8204 7224

[字義] ❶ひげ。㋐あごひげ。㋑動物の口ひげ。「虎鬚」㋒ひげの形をしたもの。❷ふさ。

[参考] もと「須」と書いた。

[解字] 形声。髟＋須㊥。音符の須は、ひげの意味。

【鬚△髯】あごひげとほおひげ。須髯。

【鬚髪】あごひげと髪の毛。

【鬚△眉】①ひげとまゆ。②男子のこと。男子の美は、ひげとまゆにあるから。

【鬚面】ひげの多い顔。ひげづら。鬚貌。

【鬚目】ひげと目つき。

【染レ鬚】白いひげを染めて黒くする。〔漢書、王莽伝〕

【払(拂)レ鬚】ひげのちりを払う。権力者にこびへつらうたとえ。払二鬚塵一。〔宋史、寇準伝〕

(23)13【鬠】8955 △ 一(漢)カツ(クヮツ) (呉)ガチ(グヮチ) 曷 kuò 二(漢)カイ(クヮイ)・(呉)ケ 泰 kuài

字義 ㊀髪をたばねる。㊁こうがい。髪をかきあげる、骨製の細長い具。＝鬠(カイ)。国もとゆい(元結)。もとい。髻(もとどり)を結ぶひも、また、こより。

解字 形声。髟＋會㊫。音符の會(カイ)は、あわせるの意味。ひもで髪をあわせたばねるの意味を表す。

(23)13 【鬟】8956 △ ㊥カン(クヮン) ㊡ゲン 刪 huán　8205 7225

字義 ❶みずら(みづら)。わげ。髪をたばねて輪にしたもの。❷女の召使い。「小鬟」 ❸山の様子。山の色あい。

解字 篆文　形声。髟＋睘㊫。音符の睘(カン)は、めぐらすの意味。髪をめぐらし輪にした、わげの意味。

(24)14 【鬢】8957 標 ヒン 慣ビン 震 bìn　8206 7226

［鬂］俗字

字義 ビン。びんずら。耳ぎわの髪の毛。「雲鬢」

解字 篆文　形声。髟＋賓㊫。音符の賓は、浜に通じ、水ぎわの意味。両頰(リョウキョウ)ぎわの毛、びんの意味を表す。

【鬢△鴉】(ビンア) からすの羽のように黒く美しいびんの毛。

【鬢脚】(ビンキャク) びんの毛のたれ下がった所。

【鬢糸(絲)】(ビンシ) 白くて乱れたびんの毛。老人の白髪をいう。

【鬢糸(絲)茶煙△之感】(ビンシサエンのカン) 年をとって茶を楽しむ淡泊閑静な生活をしながら、青春の日をしのぶこと。唐の杜牧(トボク)の「題二禅院一詩」に「今日鬢糸禅榻畔(コンニチ ビンシ、ゼントウのほとり)　茶煙軽颺落花風(サエン ケイヨウす ラッカのかぜに)」とあるのに基づく。

【鬢雪】(ビンセツ) びんの毛の白いこと。年をとったさま。鬢霜。

【鬢霜】(ビンソウ) びんにおく霜。びんの毛の白いこと。

【鬢髪】(ビンパツ) ①びんの髪。びんの毛。②びんの毛と、髪の毛。頭髪。

【鬢畔】(ビンハン・ビンパン) びんの毛のはえぎわ。

【鬢△斑】(ビンパン) びんの毛が、しらがまじりになること。

(25)15 【鬣】8958 △ リョウ(レフ) 葉 liè　8207 7227

字義 ❶あごひげ。❷髪の毛。❸たてがみ。馬のたてがみ。❹魚のひれ。魚のあごわきの小びれ。❺鳥の頭の毛。❻ほうき(箒)。❼まつば(松葉)。

解字 篆文　形声。髟＋巤㊫。音符の巤(リョウ)は、たてがみの象形で、鬣の原字。のち、髟を付した。

10 門部　8208 7228

〔部首解説〕 **たたかいがまえ。** 文字としては、門は、音㊥トウ・㊡ツ。象形。甲骨文 。篆文 。二人が向きあって争う形にかたどり、たたかうの意味を表す。門を意符として、戦う・争うの意味を含む文字ができている。門部の文字は俗に門(もんがまえ)に書かれる。常用漢字で鬪の新字体が闘になったのもそれによる。

(15)5 【鬧】8959 △ ㊥ドウ(ダウ) ㊡ニョウ(ネウ) 効 nào　8209 7229

［閙］俗字 7963 6F5F

字義 ❶さわぐ。さわがしい(さわがし)。❷みだれる。❸しげくさかんなこと。にぎやか。❹争い。いかり。

解字 篆文　会意。門＋市。門は、あらそうの意味。市は、多くの人が集まるの意味。

【鬧歌】(ドウカ) やかましく歌う。また、その歌。

【鬧市】(ドウシ) さわがしい市場。にぎやかな市場。

【鬧熱】(ドウネツ) こみあってさわがしいこと。

(16)6 【鬨】8960 △ ㊥コウ ㊡グ 送 hòng　8210 722A

字義 ❶たたかう(たたかふ)。❷とき。ときの声。合戦で、士気を鼓舞するために兵士たちが一斉にあげる声。また、ときの声をあげる。❸さわぐ。さわがしい。

解字 篆文　形声。門＋共㊫。音符の共は、大きいの意味。門は、二人が手をつき出してたたかうの意味。たたかう・ときの声の意味を表す。

(18)8 【鬩】8961 △ ㊥ケキ・㊡キャク 慣ゲキ 錫 xì　8211 722B

字義 ❶せめぐ。言い争う。うらみ争う。❷しずかなさま。ひっそりとしたさま。＝闃(ゲキ)。

解字 篆文　形声。門＋兒㊫。音符の兒(ゲイ＝ゲキ)は、撃に通じ、うつ意味。うらみあらそうの意味を表す。

【鬩△牆】(ゲキショウ) 牆(かき)にせめぐ。同じかきの中の者同士が争う。うちわもめ。兄弟げんか。『詩経』小雅・常棣(ジョウテイ)に「兄弟鬩二于牆一(ケイテイ かきにせめぐも)、外禦二其務一(そとそのあなどりをふせぐ)」とあるのに基づく。

(20)10 【鬪】(8348) トウ 闘(8347)の旧字体。→一二五六ページ。　8212 722C

(22)12 【鬫】8962 △ ㊥カン ㊡ケン 豏・陥 hǎn

字義 ❶さけぶ。ほえる。猛獣の怒りほえる声。❷たけだけしい。

解字 形声。門＋敢㊫。門は、たたかうの意味。音符の敢は、獣のいかりほえる声の擬声語。

(25)15 【鬭】8963 △ トウ 闘(8347)の正字。→一二五六ページ。

(26)16 【鬮】8964 △ ㊥キュウ(キウ) ㊡ク 尤・有 jiū　8213 722D

字義 ❶たたかいとる。❷手でとる。❸くじ。おみくじ。吉凶を占うもの。

解字 篆文　形声。門＋龜㊫。

10 鬯部

〔部首解説〕 **ちょう。** においざけ。鬯(チョウ)を意符として、酒のにおいがはげしいの意味を表す𩰫(シ)や、におい酒の原料となる𩰪(ヨキ)(くろきび)などの文字ができている。

(10)0 【鬯】8965 △ チョウ(チャウ) 漾 chàng　8214 722E

字義 ❶香草の一種。鬱金香(ウッコンコウ)。鬱金草。鬱鬯。❷においざけ(にほひざけ)(香酒)。黒きびと鬱金香とを混ぜてかもした酒。祭りに用いる。❸のびる。＝暢(チョウ)。❹弓ぶくろ。＝韔(チョウ)。

解字 甲骨文　篆文　会意。米＋凵＋匕。米は、穀物の粒の象形。凵は、かめなどの容器の象形。匕は、さじの象形。黒きびなどでかもした、においざけの意味を表す。

【鬯△浹】(チョウショウ) のびて一面に行き渡ること。

【鬯人】(チョウジン) 鬯酒を神に供えることをつかさどる官。

【鬯茂】(チョウモ) のびしげる。暢茂(チョウモ)。

(29)19 【鬱】8966 標 ㊥ウツ ㊡ウチ 物 yù　6121 5D35

［欝］俗字 1721 3135

［鬰］俗字

蒼」❷さかんなさま。❸むす（蒸）。むれる。熱気がこもる。また、その熱気や雲気。❹ふさがる。むすぼれる。㋐ふさぐ。気がふさぐ。気がはればれしない。「憂鬱」㋑むっとする。いきどおる。恨む。㋒とどこおる。「鬱血」❺くさい。腐敗したにおい。❻香草。鬱金香。❼にわうめ。ゆすらうめに似た果樹。

解字 金文 篆文 形声。林＋鬯省㊥。音符の鬱は、におい草の意味。林は、二本の柱の意味。金文は、柱と柱との間で、香草をからうすでついている形にかたどるが、その柱のなごり。たちこめる香気、むす・むすぼれるの意味を表す。

【鬱伊】ウツイ 心がふさいでのびのびしないさま。
【鬱郁】ウツイク かおりのよいさま。
【鬱紆】ウツウ ①＝鬱悒。②山道の曲がりくねったさま。
【鬱鬱】ウツウツ ①気のふさがるさま。不平満々のさま。②樹木のこんもりとしげっているさま。〔文選、古詩十九首〕鬱鬱園中柳。③気がさかんにのぼるさま。また、もののさかんなさま。
【鬱快】ウツオウ 気がふさいで晴れ晴れしない。
【鬱懊・鬱燠】ウツオウ むし暑い。
【鬱屈】ウックツ ①心がふさぐ。②地勢などが曲がりくねっているさま。③おさえられて屈すること。中にこもりかがまること。
【鬱血】ウッケツ 充血する。血がとどこおる。
【鬱結】ウッケツ ①気がふさいでむしゃくしゃする。②こぶのようにふくれあがっているさま。
【鬱乎】ウッコ ①草木のこんもりとしげるさま。〔宋、蘇軾、前赤壁賦〕鬱乎蒼蒼。②物事のさかんなさま。
【鬱金】ウッコン ①＝鬱金香。②㋐みょうがに似た多年草。その地下茎を粉末にして黄色の染料を採る。㋑うこん色。あざやかで濃い黄色。
【鬱金香】ウッコンコウ ①香草の名。ゆりの類。祭りに用いる酒をかもすに用いる。②鬱金香を加えてかもした酒。〔唐、李白、客中行〕蘭陵美酒鬱金香。③今のチューリップのこと。
【鬱生】ウッセイ こんもりとしげる。
【鬱積】ウッセキ 積もりふさがる。むすぼれふさがる。不平が心に積もること。鬱塞。
【鬱然】ウツゼン ①草木のしげるさま。②物事のさかんなさま。③気のふさがるさま。
【鬱葱】ウッソウ ①こんもりとしげるさま。鬱蒼。②気のさかんなさま。天地に気のみちるさま。
【鬱蒼】ウッソウ ①夕ぐれの薄暗いさま。②＝鬱葱。
【鬱塞】ウッソク 気がむすぼれてふさがる。鬱積。
【鬱鬯】ウッチョウ 祭りに用いる酒をかもすときに使う香草の名。鬱金香。また、その酒。
【鬱怒】ウツド ＝鬱憤。
【鬱陶】ウットウ ①気がふさいでのびないさま。②天気がむし暑いこと。③国曇って晴れ晴れしないさま。さっぱりしないさま。
【鬱憤】ウップン 気がふさいでとけない怒り。がまんできない怒り。胸に積もる不平。鬱怒。
【鬱勃】ウツボツ ①気のさかんなさま。さかんにわき起こるさま。やる気がわき起こるさま。②草木のこんもりとしげるさま。③思いが胸にふさがるさま。④意気のあがるさま。
【鬱密】ウツミツ ふさがりこもって開かない。
【鬱茂】ウツモ 草木がこんもりしげること。
【鬱悶】ウツモン 気がふさいでもだえる。
【鬱悒・鬱邑】ウツユウ 心がふさいでうれえるさま。鬱紆。
【鬱律】ウツリツ ①煙の立ちのぼるさま。②深くけわしいさま。③字体の曲がりくねったさま。④小さい声。
【鬱林】ウツリン しげった林。

10

鬲部

〔部首解説〕 れき。れきのかなえ。鬲を意符として、釜や、釜で煮ることなどに関する文字ができている。

鬲 一二三五　6 融 一二三五　7 鬴 一二三五　8 鬵 一二三六　9 鬷 一二三六
11 鬺 一二三六　12 鬻 一二三六
鬲→羽部 八八六ページ。

(10)0【鬲】8967 △ ㊀㊥レキ・㊤リャク 錫 lì ㊁㊥カク・㊤キャク 陌 gé 8215 722F

〔鬲〕本字 〔䰛〕同字

字義 ㊀❶かなえ（鼎）の一種。鼎の三本の足が中空のもの。これで湯をわかし、上に甑（こしき）を置いて、米・粟などを蒸す。❷かま。葬式に用いる土がま。㊁❶へだてる。へだたる。＝隔。❷むせかえる。❸とって。つまみ。

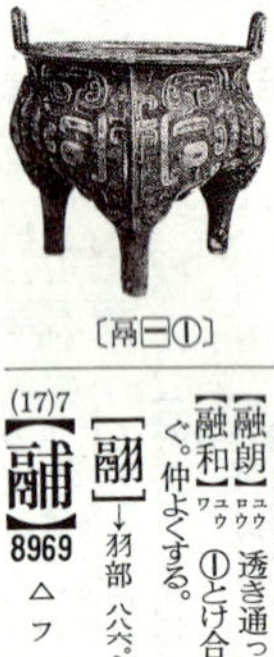
〔鬲㊀①〕

解字 金文 篆文 象形。三本の足のあるかなえの象形で、かなえの意味を表す。金文では、そのさまがよくわかる。

【鬲如】カクジョ 高くへだたり立つさま。

(16)6【融】8968 常 ユウ ユウ（イウ）東 róng 4527 4D3B

筆順

字義 ❶とける。とく。とかす。固体が液体になる。鎔。「融点」❷とおる。通ずる。❸やわらぐ（和）。❹あきらか（明）。❺ほがらか（朗）。❻つづく（続）。

名乗 あき・あきら・すけ・とお・ながし・みち・よし

解字 篆文 形声。鬲＋蟲省㊥。鬲は、かなえの象形。音符の蟲は、むしの意味。かなえから虫がはい出すように蒸気が立ちのぼるさまから、とおる・とけるの意味を表す。

▼円融・祝融

【融化】ユウカ ①とけて形を変えること。②とけ合って一つになること。
【融会（會）】ユウカイ ①＝融合。②よく了解する。
【融解】ユウカイ ①とける。また、とかす。融釈。②固体が熱によって液体となる現象。
【融合】ユウゴウ ①とかして一つにする。②とけあって一つになる。融和。
【融資】ユウシ 国銀行など金融機関が、資金の融通をすること。
【融釈（釋）】ユウシャク ①解ける。また、解く。融解。②疑いがさっぱりと解けること。
【融通】ユウツウ・ユウズウ ①とどこおりなく通ずる。②国㋐金銭・物品などを流通すること。㋑臨機応変に事を処理すること。
【融通無碍】ユウズウムゲ とどこおりなく通じて、さまたげのないこと。考え方や生き方が何物にもとらわれず自由であること。
【融然】ユウゼン 気分がのびやかなさま。
【融風】ユウフウ 東北の風。うしとらの風。立春のころ吹く風。
【融融】ユウユウ ①やわらぎ楽しむさま。〔左伝、隠公元〕其楽也融融。②のどかなさま。〔唐、杜牧、阿房宮賦〕春光融融。
【融朗】ユウロウ 透き通って明らかなさま。
【融和】ユウワ ①とけ合って一つになる。融合。②むつまじく和らぐ。仲よくする。

〔䎏〕→羽部 八八六ページ。

(17)7【鬴】8969 △ フ 釜（8076）と同字。→一二三六ページ。

(18)8
【鬵】8970　△　㊀㊥セン・㊦ゼン　㊗　㊁㊥シン・㊦ジン　㊙　xín

字義　㊀㊁❶大がま。大釜。❷かなえの一種。上が大きく下がすぼまって、こしきに似たもの。❸こしき（甑）。米などを蒸しかしぐ器。❹速い。

〔鬵②〕

解字　文　篆
形声。鬲＋兓㊥。音符の兓は、かくれるの意味。下が小さく上が大きくて、下がかくれるような形のかま、こしきの意味を表す。

(19)9
【鬷】8971　△　ソウ　㊠　zōng

字義　❶かま（釜）の類。❷すべる。集めあわせる。さそいあわせる。また、あつまる。❸麻の糸。

解字　文　篆
形声。鬲＋㚇㊥。

【鬷仮（假）・鬷△嘏】ソウカ　①おおぜいの者が集まり、仲よくして争いのないこと。②音楽を奏して祖先の霊を感動させること。

(21)11
【鬺】8972　△　ショウ（シャウ）㊧　shāng

字義　にる。犠牲を煮る。

解字　形声。鬲＋煬省㊥。音符の煬は、あぶるの意味。かなえでにるの意味を表す。

【鬺△亨】ショウホウ　いけにえを煮て神に供える。

(22)12
【鬻】8973　△　㊀シュク　㊊　zhōu　㊁イク　㊊　yù　㊂キク　㊊
6888
6478

字義　㊀粥（5655）の本字。㊁かゆ。うすいかゆ。㊁❶ひさぐ。売る。❷てらう。才能を見せびらかす。❸あざむく。❹とつぐ。嫁がせる。❺成長する。育つ。❻やしなう。❼谷間の流れのさま。❽獯鬻は、匈奴の古名。㊂おさない（稚）。

解字　篆文
会意。䰜＋米。䰜は、かまから蒸気の出ている形にかたどり、よく煮たかゆの意味を表す。また、賣に通じて、ひさぐの意味をも表す。

10
鬼部

〔部首解説〕おに。〔鬼〕きにょう。鬼を意符として、霊魂や超自然的なもの、その働きなどに関する文字ができている。

鬼 一二三六　4 魁 一二三七　魂 一二三七　5 魄 一二三七　魃 一二三七
魅 一二三七　7 醜 一二三七　魈 一二三八　8 魌 一二三八　魏 一二三八
魋 一二三八　魍 一二三八　魎 一二三八　11 魑 一二三八　魔 一二三八
14 魘 一二三九　魗 一二三九

(10)0
【鬼】8974　常　キ　おに　キ　㊟　guǐ
2120
3534

筆順　丿 ⺅ 巾 鬼 鬼

字義　❶おに。㋐死人の魂。幽魂。亡霊。㋑ひとがみ。神として祭られた霊魂。「鬼神」㋒不思議な力があると信ぜられるもの。「鬼工」㋓人に害を与えるもの。もののけ。ばけもの。「悪鬼」㋔仏地獄にいて亡者を扱う者。❷遠い。❸星座の名。二十八宿の一つ。国おに。㋐想像上の生物。人の形をして角があり、裸で虎の皮のふんどしをしている。㋑勇猛なものの形容。「鬼将軍」㋒残忍な者の形容。「鬼婆」㋓大きくいかめしいものの形容。「鬼百合」

難読　鬼首・鬼石・鬼怒川・鬼灯・鬼無・鬼無里

解字　甲骨文　金文　篆文
象形。グロテスクな頭部を持つ人の象形で、死者のたましいの意味を表す。鬼の意味と音符とを含む形声文字に、傀・塊・媿・嵬・巍・愧・瑰・磈・隗・餽・魁・魏などがある。

▼悪鬼・暗鬼・陰鬼・疫鬼・怪鬼・餓鬼・旧鬼・債鬼・邪鬼・新鬼・人鬼・打鬼・幽鬼

【鬼△蜮】キイキ　鬼と蜮。蜮は、短弧。水中にひそみ砂をふくんでいて、水にうつる人影を射るとその人は病気になるという。共に姿を見せないで人をそこなうことから、陰険な人にたとえる。〔詩経、小雅、何人斯〕

【鬼火】キカ・おにび　①暗い夜、湿地などに自然に青く燃える怪火。きつねび。燐火。②国おにび　死者を送り出すとき、その家の前でたく火。門火。

【鬼気（氣）】キキ　ものすごいけはい。気味わるくぞっとする感じ。

【鬼△瞼】キケン　＝鬼面。瞼は、ほお（頰）。

【鬼△瞼嚇レ人】ひとをおどすキケン　虚勢を張って人をおどすたとえ。鬼面嚇レ人。

【鬼工】キコウ　鬼神の細工。人間わざと思えぬほどすぐれたできばえ。神作。鬼斧。

【鬼谷子】キコクシ　①戦国時代、縦横家の祖といわれる王詡のこと。鬼谷（今の河南省登封県の南東）に住んでいたので鬼谷先生という。②書名。一巻。鬼谷子の著。蘇秦・張儀の師といわれる。後人の偽作といわれる。縦横説を述べ、時勢に適応すべきことを説いている。

【鬼△哭】キコク　①幽霊が泣く。また、その泣き声。②鬼神さえ泣く。

【鬼△哭△啾△啾】キコクシュウシュウ　幽霊が小声で悲しそうに泣く。ものすごいけはいの襲ってくるさま。

【鬼才】キサイ　人間わざと思えないすぐれた才能。また、その人。

【鬼子】キシ　①人をののしる語。鬼畜生。②国おにご　㋐親に似ない子。㋑鬼に似たみにくい子。㋒歯がはえて生まれた子。

【鬼子母神】キシモジン・キシボジン　仏インドの女神の名。千人の子の母。はじめ他人の子を捕らえて食う悪い神であったが、釈尊に最愛の末子をかくされて、さとされ、ついに子育ての神となる。

【鬼市】キシ　①夜、灯火なしで物を売買する所。〔唐書、西域伝〕②怪物が集まって貿易する所。

【鬼出電入】キシュツデンニュウ　鬼出は、あとかたのないこと。電入は、迅速なこと。出没の予測できないたとえ。神出鬼没。〔淮南子、原道訓〕

【鬼神】キシン　①死者の霊魂。祖先の霊。〔論語、先進〕季路問レ事二鬼神一。②天地創造の神。神。〔中庸〕鬼神之為レ徳、其盛矣乎。③目に見えぬ恐ろしい神霊。人に害を与えるばけもの。おにがみ。あらぶる神。④国おに。（国語では「キジン」と読むことが多い）

【鬼神避レ之】キシンもこれをさく　決意をもって思いきってやれば、鬼神でさえもこれを避けて邪魔だてしない。〔史記、李斯伝〕断而敢行、鬼神避レ之。

【泣二鬼神一】キシンをなかしむ　行為やことばが至誠壮烈で、深く人々を感動させるさま。〔杜甫、寄二李十二白二十韻詩〕筆落驚二風雨一、詩成泣二鬼神一。

【鬼薪】キシン　秦・漢代の刑罰の一つ。宗廟に供えるたきぎを切り出させる労役。

【鬼籍】キセキ　死者の名や死亡年月日などを書きしるしてある帳面。鬼録。過去帳。「鬼籍に入る（死ぬこと）」

【鬼胎】キタイ　①鬼から生まれた子。②心中のひそかなおそれ。心配。→懐二鬼胎一（次項）。

【懐（懷）二鬼胎一】キタイをいだく　鬼の子をみごもるのをおそれ危ぶむという意味から転じて、ひそかにおそれをいだくことをいう。〔水滸伝、五回〕

【鬼畜】キチク　国①鬼と畜生。②残忍な行いをする者。

【鬼道】（キドウ） ①鬼神の道。↔人道。②鬼神の通路。③怪しい術。魔法。④仏六道（リクドウ）の一つ。餓鬼道の略。

【鬼伯】（キハク） 冥土（メイド）の鬼のかしら。しにがみ。〔古詩、蒿里曲〕鬼伯一何相催促（キハク イツに なんぞ あい(ひ)サイソクする）。

【鬼物】（キブツ） ①＝鬼魅（キミ）。②国（おにもの） 能楽で、鬼・鬼神をしくんだもの。鬼畜物（キチクもの）。五番能。

【鬼魅】（キミ・キビ） ばけもの。変化（ヘンゲ）。妖怪（ヨウカイ）。

【鬼面】（キメン） ①鬼の面。②おそろしい顔。おそろしい見せかけ。「鬼面嚇レ人（ひとをおどす）」

【鬼門】（キモン） ①艮（うしとら）（北東）の方面。伝説で、鬼の出入する所として、いみきらう。②東海にあるといわれる、鬼の集合場所。③遠くけわしい土地。④国いやなことや人。にがて。

【鬼門関（關）】（キモンカン） 辺境の気候風土の悪い所にある関所。広西チワン族自治区北流県の西などにあり、付近はマラリヤなどの病気が多く生還者がほとんど無かったので、この名がある。

【鬼△燐】（キリン） ＝鬼火の①。

【鬼録・鬼籙】（キロク） ＝鬼籍。

【鬼話】（キワ） ①ばけものの話。怪談。②うその話。でたらめの話。詭話（キワ）の誤り。

(14)4 【魁】 8975 囚 カイ（クヮイ） 灰 kuí　1901 3321

筆順 巾 鬼 鬼 魁

字義 ❶さきがけ。まっさき。第一。❷かしら。㋐おさ。首領。「首魁」㋑科挙（官吏登用試験）の各科の首位合格者。❸大きい。大きいもの。また、堂々としている。すぐれる。すぐれたもの。❹安らかなさま。❺ほこる。❻おさめる（蔵）。❼小さい丘。❽はまぐり。❾ひしゃく。羹（あつもの）をくむひしゃく。❿北斗七星のひしゃくの頭の形をなす四星。第一星から第四星まで。また、北斗七星の第一星。⓫根。㋐ねもと。根本。㋑おやいも。いもの根。

名乗 いさお・いさむ・つとむ

解字 篆文  形声。斗＋鬼㊀。音符の鬼は、なみはずれているの意味。大きなひしゃくの意味を表す。

【魁偉】（カイイ） からだが大きくりっぱなこと。魁梧（カイゴ）。

【魁岸】（カイガン） すぐれて大きくたくましい。岸は、岸のようにかどばってたくましい意。

【魁奇】（カイキ） すぐれていて、普通の人と違うこと。魁殊（カイシュ）。

【魁傑】（カイケツ） ①からだがたくましくすぐれている。②すぐれた人物。③かしら。頭目。

【魁△梧】（カイゴ） ＝魁偉。

【魁甲】（カイコウ） 科挙（官吏登用試験）に第一の成績を得ること。また、その人。状元。

【魁士】（カイシ） すぐれた男子。

【魁首】（カイシュ） ①かしら。頭目。また特に、悪者のかしら。首魁。②明代（ミンダイ）、科挙（官吏登用試験）の科目である五経の、それぞれの経で首位をとった者。

【魁帥】（カイスイ） かしら。頭目。

【魁然】（カイゼン） ①すぐれて大きなさま。②安らかなさま。③ひとりぼっちで動かないさま。

【魁壮（壯）】（カイソウ） 顔だちが大きくりっぱなこと。

【魁塁（壘）】（カイルイ） ①すぐれてたくましい。からだが大きくてりっぱ。「魁塁之士」②うながしせまること。

(14)4 【魂】 8976 常 コン たましい 漢コン・呉ゴン 元 hún　2618 3A32

筆順 二 云 云巾 云由 魂

【䰟】同字

字義 ❶たましい（たま。しひ）。たま。㋐人の精神をつかさどるもの。肉体をつかさどる魄（ハク）に対していう。生きているときはこの二つが宿っているが、死ねば離れるという。㋑霊魂。↔肉体。❷こころ。思い。

名乗 たま・みたま　難読 魂消（たまげる）

解字 篆文  形声。鬼＋云㊀。音符の云（ウン―コン）は、めぐるの意味。休まずにめぐるたましいの意味を表す。

▼英魂・香魂・孤魂・残魂・招魂・消魂・心魂・人魂・精魂・断魂・忠魂・鎮魂・闘魂・入魂・亡魂・夢魂・幽魂・遊魂・霊魂

【魂気（氣）】（コンキ） たましい。霊魂。

【魂魂】（コンコン） ①多いさま。②さかんに光り輝くさま。

【魂△銷】（コンショウ） たましいが消える。びっくりする。たまげる。

【魂胆（膽）】（コンタン） ①たましい。心。②国㋐たくらみ。意図。㋑いりくんだ事情。わけ。

【魂△魄】（コンパク） たましい。→字義の①。〔唐、白居易、長恨歌〕魂魄不三曾来入二夢（コンパクかつてきたりてゆめにもいらず）。

【魂△魄結△兮天△泬△泬】（コンパクむすんでテンケツケツたり） 死者のたましいがむすぼれ、天はむなしくさびしい。人は死ぬと、魂魄がはなれるのに、非業の死のためにそれがかなわぬこと。〔唐、李華、弔二古戦場一文〕

【断（斷）レ魂】（たましい(ひ)をたつ） 非常に悲しい形容。〔唐、杜牧、清明詩〕⇩清明の②（六四八ペ一）。

【魂飛△魄散】（コンとびハクサンず） 非常におどろいたさま。思考力を失うさま。心もそらになること。魂銷魄散（コンきえハクサンず）。

(15)5 【魄】 8977 △ 一 漢ハク・呉ヒャク 陌 pò 二 漢ハク・呉バク 薬 bó　8216 7230

字義 一 たましい（たま。しひ）。❶肉体をつかさどるもの。↔魂（精神をつかさどる）。❷こころ。思い。❸からだ。かたち。❹すきま。❺月。月の光。また、月の輪郭の光の無い部分。「死魄」❻明らか。二 ❶かす。＝粕（ハク）。❷旁魄（ボウハク）は、満ちふさがっているさま。❸落魄は、おちぶれたさま。❹魄然は、音声などの形容。

解字 篆文  形声。鬼＋白㊀。鬼は、たましいの意味。音符の白は、空白で何もないの意味。それがなくなると肉体の形だけになってしまい、精神活動の空白をもたらすたましいの意味を表し、また、中身を落とした輪郭・かたちの意味をも表す。

【魄然】（ハクゼン） ①安らかに落ち着いた声の形容。②物の裂けるようなはげしい音の形容。③物事のゆきづまる形容。

(15)5 【魃】 8978 △ 漢ハツ・呉バチ 曷 bá 慣バツ　8217 7231

字義 ❶ひでりの神。＝妭（バツ）。❷ひでり。「旱魃（カンバツ）」

解字 篆文  形声。鬼＋犮㊀。音符の犮（ハツ）は、とり除くの意味。地上の生物をとりのける神、ひでりの神の意味を表す。

(15)5 【魅】 8979 常 ミ 漢ビ 呉ミ 寘 mèi　4405 4C25

筆順 巾 鬼 鬼 魅 魅

字義 ❶もののけ。ばけもの。すだま。❷みいる。取りつきまどわす。心をひきつける。魂をうばう。

解字 形声。鬼＋未㊀。音符の未は、微に通じ、はっきりしないの意味。はっきり見ることのできないもののけの意味を表す。

▼鬼魅・魔魅

【魅了】（ミリョウ） 人の心を完全に引きつけ迷わせる。

【魅力】（ミリョク） 人の心を引きつける不思議な力。

【魅惑】（ミワク） 人の心を引きつけ迷わせる。

(17)7 【醜】 8980 常 シュウ みにくい 漢シュウ（シウ）・呉シュ 有 chǒu　2925 3D39

筆順 冂 酉 酉巾 醜 醜

字義 ❶みにくい（みにくし）。❷わるい。㋐見苦しい。けがらわしい。㋑みめわるい。容貌が悪い。また、悪者。❸にくむ。きらう。❹はじる（はづ）。恥ずかしく思う。また、恥をかかせる。❺はじ（はぢ）。はず

かしめ。❻くらべる。たぐえる。❼たぐい。仲間。また、ならぶ。等しい。❽もろもろ。多人数。 難読 醜女(しこめ)・醜男(ぶおとこ)

解字 篆文  形声。鬼＋酉(音)。鬼は、異様な面をかぶった人の象形。音符の酉(ユウ＝シュウ)は、酒に通じ、さけの意味。異様な面をつけ、酒を注いで神に仕える人のさまから、みにくいの意味を表す。

▼美醜・虜醜

【醜悪(惡)】シュウアク　みにくい。みぐるしい。

【醜△夷】シュウイ　①多くの仲間。②みにくい外国人。敵国人をいやしんでいう。

【醜怪】シュウカイ　みにくくて無気味なこと。

【醜行】シュウコウ　みにくい、また、恥ずべき行為。

【醜声(聲)】シュウセイ　みにくい評判。醜聞。

【醜態】シュウタイ　見ぐるしいありさま。

【醜△詆】シュウテイ　はずかしめ、そしる。悪口を言う。

【醜聞】シュウブン　みにくい評判。みだらなうわさ。スキャンダル。

【醜名】シュウメイ　①＝醜聞。②国 しこな 力士の呼び名。四股名(しこな)。

【醜虜】シュウリョ　①みにくい外国人。敵国人をいやしんでいう。②たくさんの捕虜。

【醜類(類)】シュウルイ　①悪人の仲間。②仲間。③ともがら。似ている点を比べる。醜は、比べる。

【醜△陋】シュウロウ　顔がみにくくいやしい。転じて、心掛けがいやしくけがらわしい。

【醜△穢】シュウワイ　みにくくてけがらわしい。

(17)7【魈】8981　△ ショウ（セウ）[蕭] xiāo

字義 すだま。ばけもの。山の精。子供の形をした、一本足の怪物で、よく人をだますという。

解字 形声。鬼＋肖(音)。

(18)8【魌】8982　△ キ [支] qī

字義 ❶みにくい(醜)。❷魌頭(きとう)は、追儺(ついな)（おにやらい）にかぶる鬼の面。

解字 形声。鬼＋其(音)。

(18)8【魏】8983　(標) ギ [未] wèi　8218 *7232*

字義 ❶たかい(高)。高く大きい。＝巍(ぎ)。❷できる。なしうる。❸宮城の門の両側に設ける高い台。「魏闕(ぎけつ)」❹国名。㋐戦国時代、今の河南省北部・山西省西南部を領した。戦国の七雄の一つで、恵王の時、大梁(たいりょう)（今の河南省開封市）に都を移し、のち、秦(しん)に滅ぼされた。（前四〇三—前二二五）㋑三国時代、曹丕(そうひ)の建てた国。今の河南・河北・山東・山西・甘粛などの地を領有し、呉・蜀(しょく)と鼎立(ていりつ)した。（二二〇—二六五）㋒晋(しん)の時、拓抜珪(たくばつけい)の建てた国。後魏。北魏。のち、東魏・西魏に分かれた。→後魏（三八六ページ）。㊀隋(ずい)末に李密(りみつ)の建てた国。

解字 形声。鬼＋委(音)。巍と同一語で別体字。国名などに用いられるようになり、区別のため、山を省略した。

【魏魏】ギギ　高大なさま。巍巍(ぎぎ)。

【魏△闕】ギケツ　①高大な門。宮城の正門の両がわに設けた高い台の所に設けた門で、その下をくぐって通行できるようにし、上に法令を掛けて民に示した。②転じて、朝廷。

【魏源】ギゲン　清(しん)の学者。邵陽(しょうよう)（今の湖南省内）の人。字(あざな)は、黙深。経学・故実・地理学に通じた。『詩古微』『書古微』『公羊微(くようび)』『海国図志』などの著がある。（一七九四—一八五七）

【魏志】ギシ　『三国志』の中、魏の国の歴史。→三国志（一四ページ）。

【魏書】ギショ　書名。百十四巻。北斉の魏収が勅命によって編集した北魏の歴史。二十四史の一つ。『北魏書』ともいう。

【魏忠賢】ギチュウケン　明末(みんまつ)の宦官(かんがん)。熹宗(きそう)に信任され権勢を振るったが、悪事が発覚して、捕らえられ、自殺した。（一五六八—一六二七）

【魏徴】ギチョウ　初唐の政治家。字(あざな)は玄成。諡(おくりな)は文貞。よく太宗をいさめ、上書二百以上におよんだ。鄭(てい)国公に封ぜられた。著に『群書治要』がある。（五八〇—六四三）

【魏都】ギト　魏の国の首都。①戦国時代、魏の都は、はじめ安邑(あんゆう)（今の山西省夏県の西北）、後に大梁(たいりょう)（今の河南省開封市）。②三国時代、魏の都は、洛陽（今の河南省洛陽市）。

【魏武帝】ギのブテイ　→曹操(そうそう)（五〇八ページ）。

【魏文帝】ギのブンテイ　→曹丕(そうひ)（五〇八ページ）。

(18)8【魋】8984　△ 〔一〕(漢)タイ・(呉)ズイ（ヅイ）[灰] tuí 〔二〕(漢)ツイ・(呉)ズイ（ヅイ）[支] zhuī, chuí

字義 〔一〕❶しゃぐま。赤熊。❷一種の神獣。❸桓魋(かんたい)は、春秋時代、宋(そう)の大夫。孔子を殺そうとした。〔二〕さいづちまげ。↓魋結。＝椎(つい)。

解字 篆文 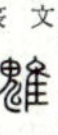 形声。鬼＋隹(音)。

【魋結】ツイケツ　髪形の一つ。さいづち形（前と後とが突き出て木槌(きづち)のようになっている）のまげ。魋髻(ついけい)。

(18)8【魍】8985　△ (漢)ボウ（バウ）(呉)モウ（マウ）[養] wǎng　8219 *7233*

字義 魍魎(もうりょう)は、すだま。ばけもの。もののけ。山水・木石の精気から出る怪物。三歳ぐらいの幼児に似て、色は赤黒く、耳が長く目が赤くて、よく人の声をまねて人をだますといわれる。＝蝄(もう)。

参考 国語のこだま・やまびこは、もと木の精・山の精の意味で、魍魎と同義だったが、その声の意味から、今では山谷などにおける反響の意味に転じて使う。

解字 形声。鬼＋罔(音)。音符の罔(もう)は、おおわれて見えない意味を表す。

【魍魅】モウミ　水中の怪物。

【魍△魎】モウリョウ　①すだま。→字義。「魑魅(ちみ)魍魎」②影の外側に見える薄いかげ。罔両(もうりょう)。〔淮南子、覧冥訓〕③わるもの。

(18)8【魎】8986　△ リョウ（リャウ）[養] liǎng　8220 *7234*

字義 魍魎(もうりょう)は、すだま。＝蜽(りょう)。→魍(8985)。

解字 形声。鬼＋兩(音)。魍魎(もうりょう)は、朦朧(もうろう)などの語と同様、かすんではっきりしないさまを表す擬態語。山川に住むという想像上の怪物の意味を表す。

(21)11【魑】8987　△ チ [支] chī　8221 *7235*

字義 ❶おに(鬼)。❷すだま。ばけもの。もののけ。山の精。＝螭(ち)。「魑魅(ちみ)」 難読 魑魅(すだま)

解字 篆文  形声。鬼＋离(音)。

【魑魅】チミ　山林の気から生ずる怪物。人面獣身、よく人をだますという。

【魑魅△魍△魎】チミモウリョウ　いろいろのばけもの。山中の怪物と水中の怪物。山川の精。〔文選、張衡、西京賦〕

(21)11【魔】8988　(常) マ　4366 *4B62*

(21)11〔魔〕8989　(漢)バ (呉)マ [歌] mó

筆順 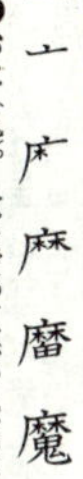

字義 ❶おに(鬼)。人をまどわす悪い鬼。「悪魔」❷一事に熱中して本性を失うこと。❸人をまどわす不思議な術。「魔法」❹(仏)梵語(ぼんご) māra（魔羅）の略。修道のさまたげをする悪い鬼。

解字 篆文  形声。鬼＋麻（﨟）(音)。音符の﨟は、梵語(ぼんご) māraの音訳を表す。人を迷わせるおにの意味から、鬼を付した。

▼悪魔・降魔・邪魔・睡魔・天魔・病魔・伏魔・夢魔
【魔王】マオウ ㊈善事の妨げをする悪鬼のかしら。悪魔の大王。
【魔界】マカイ ㊈悪魔の住んでいるところ。
【魔△窟】マクツ 悪魔のすみか。転じて、不正の者の集まっている所。
【魔軍】マグン ㊈①悪魔の軍兵。②仏道修業のさまたげをする悪魔の群れ。
【魔術】マジュツ ①人をまどわす不思議な術。②手品のたぐい。奇術。
【魔女】マジョ 魔力をもつ女。魔法使いの女。
【魔性】マショウ 人を迷わせだますような性質。悪魔のような性質。
【魔障】マショウ ㊈仏道修業のさまたげとなるもの。
【魔道】マドウ ①㊈㋐仏の教えのさまたげとなる悪い道。㋑悪魔の世界。魔界。②転じて、芸術などがまちがった道におちいること。邪道。
【魔魅】マミ ばけもの。妖怪ヨウカイ。
【魔力】マリョク 魔術の力。また、人を迷わす不思議な力。

(24)14 【魘】8990 △ ㊀エン 㯀 yǎn ㊁ヨウ（エフ）　8222 7236

字義 ㊀㊁おそわれる。うなされる。おそろしい夢を見て、眠りながらおびえうめく。「夢魘」

解字 文 篆  形声。鬼＋厭㊥。音符の厭エンは、おしつぶすの意味。鬼は死者の魂の意味。えたいの知れない物におしつぶされる、うなされるの意味を表す。

(24)14 【魑】8991 △ ㊀㊥シュウ（シウ）・㊀シュ 宥 chǒu ㊁㊥シュウ（シウ）・㊀ジュ 尤 chōu

字義 ㊀㊁❶にくむ（悪）。また、にくむべきもの。＝醜。❷捨てる。

解字 形声。鬼＋壽㊥。

11

魚部

〔部首解説〕うお。うおへん。さかなへん。ぎょへん。魚を意符として、いろいろな魚類の名称や、魚を加工したものなどを表す文字ができている。

(11)0 【魚】8992 教2 ギョ うお・さかな ㊥ギョ・㊀ゴ 魚 yú 雑魚ざこ dǎo　2191 357B

筆順 ⺈ 各 备 角 鱼 魚

［鱼］俗字

字義 ❶うお。いお。さかな。❷水中にすむ動物の総称。❸おびもの。唐代、官吏が袋に入れて腰につけた、身分証明のための魚形の割り符。→魚袋。❹すなどる。魚をとる。また、すなどり。＝漁。❺両目のところの毛が白い馬。❻海獣の名。その皮で弓矢の袋などを作る。

名乗 いお・お・な　難読 魚貫おにき・魚膠にべ・魚叉やす・魚子なな・魚井まない・魚返おがえり・魚梁瀬やなせ・魚籠びく

解字 甲骨文  金文  篆文  象形。うおの象形で、うおの意味を表す。

▼衣魚・金魚・江魚・香魚・紙魚・鮮魚・池魚・稚魚・虫魚・人魚・年魚・木魚
【魚塩（鹽）】ギョエン ①魚と塩。また、海産物の総称。②魚や塩をとる者。また、売る者。
【魚塩（鹽）△之中】ギョエンのうち 魚をとり、塩を作ることを職業としている仲間。〔孟子、告子下〕
【魚△蝦・魚△鰕】ギョカ 魚とえび。転じて、魚類。魚介。〔宋、蘇軾、前赤壁賦〕侶ニ魚鰕一ギョカをともとす
【魚介】ギョカイ 魚類と貝類。海産動物の総称。
【魚△潰】ギョカイ 魚がくされくずれる。集まっていた魚が乱れ散る。転じて、敗戦の軍勢が乱れ走るさま。「魚潰鳥散」
【魚△醢】ギョカイ 魚の塩辛しおから。
【魚△膾】ギョカイ 魚のなます。
【魚△蟹】ギョカイ 魚とかに。転じて、魚類。魚介。
【魚客】ギョカク 戦国時代、斉の孟嘗君モウショウクンの食客中、魚肉の料理で待遇される食客。〔戦国策、斉〕
【魚貫】ギョカン 魚をくしで刺したように、連なって進むこと。
【魚眼】ギョガン ①魚の目。〔唐、王維、送ニ秘書晁監還一日本一詩〕魚眼射レ波紅ギョガンなみをいてくれないなり 訳文⇩竜身ゲン（一三七六ページ）。②玉のにせもの。本物によく似てまぎらわしいたとえ。魚目。③湯が沸騰してあわだつさま。小さなあわを蟹眼カイガン、大きなものを魚眼という。
【魚△雁】ギョガン ①魚と雁かり。②手紙。また、通信すること。魚は鯉こいをさし、鯉と雁とは共に手紙を運んだ故事があるからいう。
【魚軒】ギョケン 諸侯の夫人が乗る、魚（海獣の名）の皮でかざった車。
【魚玄機】ギョゲンキ 晩唐の女流詩人。長安（今の西安市）の人。字あざなは幼微・蕙蘭ケイラン。道士となったが、後に侍女を殺して処刑された。著に『唐女郎魚玄機詩』がある。（八四四？—八七一？）
【魚△戸】ギョコ 漁師の家。漁家。
【魚△虎】ギョコ ①河豚ふぐの類。はりせんぼん。②かわせみ（翡翠ヒスイ）の別名。
【魚鼓】ギョコ もくぎょ（木魚）。仏具の一つ。
【魚獄】ギョゴク いけす。魚を生かしておく所。
【魚山】ギョザン ㊈経文の偈頌ゲジュ（仏徳をたたえる文句）にふしをつけてよむ歌。梵歌ボンカ。
【魚△肆】ギョシ さかなや。肆は、店。
【魚児（兒）】ギョジ 魚の子。魚子。魚苗。
【魚△須】ギョシュ ①さめのひげ。昔、大夫タイフの持つ笏シャクは竹で作り、さめのひげでかざった。②さめのひげで作った旗ざお。

【魚水】(ギョスイ) 水魚。魚と水。転じて、たがいにはなれられない関係。密接な交友などをたとえる。水魚之交。魚水契(ギョスイのちぎり)。

【魚△蔬】(ギョソ) さかなと野菜。

【魚帯(帶)】(ギョタイ) ＝魚袋。

【魚袋】(ギョタイ) ①唐代、官吏が宮中に出入するとき、身分証明のための魚形のわりふを入れて、腰につけた、金銀のかざりのある袋状のおびもの。宋代(ソウダイ)は身分別の袋だけを用いた。魚帯。②国中古以後、束帯のとき、右腰にさげた装飾品。

【魚拓】(ギョタク) 国魚の表面に墨を塗り、和紙をその上に置いて、魚の形をうつしとること。また、その写したもの。魚の拓本。

【魚腸】(ギョチョウ) ①魚のはらわた。②呉の闔閭(コウリョ)が王僚を殺した宝剣の名。

【魚肉】(ギョニク) ①魚の肉。②魚と獣の肉。転じて、他人の思いのままに切り殺されたり、軽んじられたりするもののたとえ。〔史記、項羽本紀〕如今人方為二刀俎一、我為二魚肉一(いまひとはまさにトウソたり、われはギョニクたり)。

【魚尾】(ギョビ) ①魚のしっぽ。②唐本・和本などの、中央のはしら(版心)についている魚の尾の形をした黒いしるし。

【魚符】(ギョフ) 魚形の割り符。→魚袋。

【魚服】(ギョフク) えびら。魚の皮で作った、矢を入れる筒。

【葬二魚腹一】(ギョフクにほうむらる) 水におぼれ死ぬこと。水死すること。〔楚辞、漁父〕

【魚△鼈】(ギョベツ) 魚とすっぽん。転じて、魚類をいう。

【魚網】(ギョモウ) 魚をとる網。漁網。

【魚網△鴻離】(ギョモウコウリ) 望みのものが得られず、かえって望んでいなかったものが得られることのたとえ。魚をとろうとして、水鳥が網にかかる意。離は、かかる。〔詩経、邶風、新台〕

【魚目】(ギョモク) ①魚の目。②にせもの。似て非なるもの。珠玉に似てはいるが本物でない意。魚眼。③駿馬(シュンメ)の名。④国うおのめ。足の指や底などにできる、皮膚の角質層の厚くなった、豆粒大のもの。

【魚目△燕石】(ギョモクエンセキ) にせもの。魚の目と燕山(エンザン)の石は共に玉に似ているが、本物でないこと。

【魚目混珠】(ギョモクコンシュ) 魚の目玉と珠玉とが入りまじる。本物と偽物とが入りまじってまぎらわしいたとえ。

【魚紋】(ギョモン) 魚が列をなしておよぐ円い模様。

【魚楽(樂)】(ギョラク) 魚の楽しみ。魚がおよいで楽しんでいること。〔荘子、秋水〕

【魚△籃】(ギョラン) 魚を入れる竹のかご。びく。

【魚△爛土崩】(ギョランドホウ) 魚が内部からくさり、積んだ土が下からくずれる。国家が崩壊するたとえ。

【魚麗】(ギョリ) ①陣形の一つ。魚が群れをなして進むように、丸く細長い隊形。②魚がやななどにかかる。

【魚竜(龍)】(ギョリュウ・ギョリョウ) ①魚と竜。②身を魚に変えたり竜に変えたりする、変幻の術。

【魚△梁】(ギョリョウ) やな。水をせきとめ、川の魚をとる仕掛け。

【魚△鱗】(ギョリン) ①魚のうろこ。②魚のうろこのように重なるように並ぶこと。雲・家・さざなみ・瓦(かわら)などの形容。③魚類。④陣形の一つ。

【魚△鱗△鶴翼】(ギョリンカクヨク) 魚のうろこを並べ、鶴(つる)の羽を張ったような陣形。

【魚△魯】(ギョロ) 字形の類似による文字の誤り。→魯魚之謬(下段)。

【得レ魚忘レ筌】(うおをえてセンをわする) 魚をとってしまえば魚とりの道具はいらない。筌は、魚をとる道具。本望を達すると、それに役だったものを忘れてしまうたとえ。また、恩を受けて報いないたとえ。〔荘子、外物〕

(13)2 【魛】 8993 △ トウ(タウ) 豪 dāo
字義 えつ。刀の形をした魚。鱭魛(セイトウ)。鮆魚(セイギョ)。国たちうお。
解字 形声。魚＋刀音。音符の刀は、その形を表す。

(13)2 【魞】 8994 国字 △
字義 えり。水中に細竹を袋状に並べて魚を捕らえる仕掛け。
解字 会意。魚＋入。魚が入るの意味を表す。

(15)4 【魭】 8995 △ 一漢ゲン・呉ガン(グワン) 元 yuán 二ガン(グワン) 旱 wǎn
字義 一おおうみがめ。＝黿(ゲン)。二魭断(ガンダン)は、人がらが円満でかどのないさま。
解字 形声。魚＋元音。

(15)4 【魦】 8996 △ サ
字義 鯊(9030)と同字。国いさざ。淡水魚の一種。琵琶湖(ビワコ)に産する。

(15)4 【魳】 8997 △ シ 支 shī
字義 毒魚の名。＝鰤(シ)。国かます。海魚の一種。
解字 形声。魚＋市音。市は師の省略形。〔鰤〕の別体字。

(15)4 【魨】 8998 △ 漢トン 呉ドン 元 tún
字義 河魨(カトン)は、ふぐ。河豚。
解字 形声。魚＋屯音。

(15)4 【魬】 8999 △ 漢ハン 呉バン 潸 bǎn
字義 かれい(かれひ)。比目魚。国はまち。鰤(ぶり)の幼魚。
解字 形声。魚＋反音。

(15)4 【魵】 9000 △ 一漢フン・呉ブン 吻 fěn 二フン 問 fèn
字義 一えび。鰕(カ)。二小さい魚。
解字 篆文  形声。魚＋分音。音符の分は、わかれるの意味。頭胸部・腹部などが、はっきり分かれた形の魚、えびの意味を表す。

(15)4 【魴】 9001 △ 漢ホウ(ハウ) 呉ボウ(バウ) 陽 fáng ―8223 7237
字義 おしきうお(をしきうお)。淡水魚の一種。頭がとがって平たく、うろこは細かい。色は青白いが、子を生むとき、疲れて尾が赤くなるという。「魴魚」 国かがみだい(かがみだひ)。たい(鯛)の一種。かがみうお。
難読 魴鮄(ほうぼう)
解字 篆文  形声。魚＋方音。
【魴魚△赬尾】(ホウギョテイビ) おしきうおの白い尾が、子を生むとき、つかれて赤くなる。人民の労苦のひどいことにたとえる。〔詩経、周南、汝墳〕

(15)4 【魯】 9002 標 漢ロ 呉ル 麌 lǔ ―4705 ❷4F25
字義 ❶おろか。にぶい(鈍)。血のめぐりが悪い。「魯鈍」 ❷春秋時代の国の名。周の武王の弟の周公旦(シュウコウタン)が領地として与えられた国。旦の子伯禽(ハッキン)から三十四代、八百六十八年続いた。今の山東省西南部。都は今の山東省曲阜市。孔子の生まれた国。

国魯西亜(ロシア)は、Russiaの音訳。露西亜。中国では、俄羅斯。

解字 甲骨文  篆文  形声。曰(白)＋魚音。音符の魚(ギョ)は、鹵(ロ)に通じ、役立たずのおろかものの意味。白は、くちの象形。言い方がにぶい、おろかの意味を表す。

【魯魚△之△謬】(ロギョのあやまり) 文字の写し誤り。魯と魚の字形が似ていて、まちがいやすいところからいう。亥豕之譌(ガイシのあやまり)。焉烏之誤(エンウのあやまり)。

【魯△縞】(ロコウ) 魯の国に産する、薄くてしまの細かい白絹。

【魯酒薄而△邯△鄲囲(圍)】(ロシュうすくしてカンタンかこまる) 思わぬ災難を受けるたとえ。戦国時代、魯が楚に酒を贈ったとき、その酒が薄かったので、楚は怒って魯を討ったが、その虚に乗じて魏(ギ)が魯の味方である趙(チョウ)の都の邯鄲を包囲したという故事。〔荘子、胠篋〕

【魯△粛(肅)】(ロシュク) 三国時代、呉の武将。字(あざな)は子敬。呉の孫

権に仕え、周瑜を助けて魏の曹操の軍を赤壁に破った。後に横江将軍となった。（一七二—二一七）

【魯迅】ロ・ジン／ルー・シュン　中華民国の作家、周樹人の筆名。字は予才。浙江省紹興の人。「狂人日記」「阿Q正伝」などの小説や『中国小説史略』などの著がある。（一八八一—一九三六）

【魯叟】ロソウ　孔子をいう。魯は、孔子の生まれた国。叟は、長老の称。

【魯仲連】ロチュウレン　戦国時代末期、斉の高士。趙・魏の王に勧めて、秦を帝とすることに反対した。高節の士とされている。魯連。

【魯鈍】ロドン　おろかでにぶい。愚鈍。

【魯般雲梯】ロハンのウンテイ　魯般は、周代、魯の国の有名な指し物師。魯班とも書く。雲梯は、雲にとどくかと思われるほどの長いはしご。楚王の命で魯般が雲梯を作って、敵城を攻めたという故事。〔墨子、公輸〕

【魯陽之戈】ロヨウのほこ　戦国時代、楚の魯陽公が、ほこで沈む太陽を招き返した故事。勢威のさかんなことをいう。〔淮南子、覧冥訓〕

【魯連】ロレン　＝魯仲連。

【魯論】ロロン　①漢代、『論語』に斉論（斉国に伝わったもの）・魯論・古論（孔子の家の壁中から出たもの）の三種のテキストがあって、そのうち魯国に伝わったものを魯論という。現在の『論語』はこの系統に属する。②『論語』の別名。

(15)4 **【魹】** 9003 国字 △

字義 とど。アシカ科の海獣。北太平洋に生息する。胡獱。

解字 会意。魚＋毛。毛の生えた魚の意味から海獣、とどの意味を表す。

(15)4 **【魺】** 9004 国字 △

字義 なまず。淡水魚の一種。鯰。

解字 会意。魚＋片。片は、平たく薄いものの意味。頭が大きく平らな魚、なまずの意味を表す。

(16)5 **【鮓】** 9005 △ 一漢サ・呉シャ 馬 zhǎ　二漢サ・呉ジャ 禡 zhà　8224 *7238*

字義 一すし。なれずし。塩や米飯でつけた魚。二くらげ（水母）。国すし（鮨・寿司）。酢を加えた飯と、魚肉とを合わせたもの。

解字 形声。魚＋酢省音。音符の酢は、「す」の意味を表す。

(16)5 **【鮏】** 9006 △ 漢セイ 呉ショウ（シャウ） 青 xīng

字義 なまぐさい。国さけ（鮭）。

難読 鮏川

解字 篆文

形声。魚＋生音。音符の生は、なまの意味。なまの魚のにおい、なまぐさいの意味を表す。

(16)5 **【鮐】** 9007 △ タイ 灰 tái

字義 ❶ふぐ。海魚の一種。腹が白く、ふくれて大きくなる。背には、まだらの模様がある。河豚。❷としより。老人。

解字 篆文　形声。魚＋台音。

【鮐稚】タイチ　老人と少年。老弱。

【鮐背】タイハイ　老人。老人になると、背中にふぐのようなしみを生じるのでいう。台背。

(16)5 **【鮎】** 9008 囚 漢デン 呉ネン 塩 nián　1630 *303E*

筆順 ⺈ 各 魚 鮎 鮎

字義 なまず。淡水魚の一種。頭は平たく大きく、からだは丸くて長く、口辺に長いひげがある。鯰。国あゆ。淡水魚の一種。年魚。香魚。

難読 鮎魚女・鮎喰・鮎並

解字 篆文　形声。魚＋占音。

(16)5 **【鮇】** 9009 △ 漢ビ 呉ミ 未 wèi

字義 いわな（岩魚）。淡水魚の名。嘉魚。

解字 形声。魚＋未音。

(16)5 **【鮒】** 9010 標 漢フ 呉ブ 遇 fù　4211 *4A2B*

字義 ❶ふな。淡水魚の一種。鯉に似ているが、ひげがない。❷がま（蟇）。❸人名。孔鮒は、秦代の人。孔子九世の孫。『孔叢子』はその著といわれる。

解字 篆文　形声。魚＋付音。

(16)5 **【鮃】** 9011 △ 漢ヘイ 呉ビョウ（ビャウ） 庚 píng　8225 *7239*

字義 ひらめ。海魚の一種。体形は薄く平たい菱形で、右がわは白く、左がわは灰黒の保護色で、両眼がついている。

参考 ⇨鰈（9073）の参考

解字 形声。魚＋平音。音符の平は、たいらの意味。目のある方を上に向けて平らに横たわる、ひらめの意味を表す。

(16)5 **【鮑】** 9012 △ 漢ホウ（ハウ） 呉ボウ（バウ） 巧 bào　8226 *723A*

字義 ❶しおうお。魚をひらいて、塩漬けにしたもの。ひもの。ひらきうお。❷あわび。貝の一種。

解字 金文　篆文　形声。魚＋包音。

【鮑魚】ホウギョ　①しおうお。魚漬けにした魚や、ひもの。②あわび。

【鮑魚之肆】ホウギョのシ　ひものを売る店。転じて、つまらぬ人間などの集まっている所のたとえ。

【鮑肆】ホウシ　＝鮑魚之肆。→前項。

【鮑叔牙】ホウシュクガ　春秋時代、斉の重臣。親友の管仲を桓公に推薦した。管仲との交際は「管鮑の交わり」として有名。鮑叔は、略称。→管鮑交（八三三ページ）。

【鮑照】ホウショウ　南朝宋の詩人。字は明遠。臨海王の前軍参軍となったので、世に鮑参軍ともいわれる。詩は、謝霊運とならび称せられた。著に『鮑参軍集』がある。（四〇五—四六六）

(16)5 **【鮖】** 9013 国字 △　8227 *723B*

字義 ❶かじか。淡水魚の一種。＝鰍。❷鮖谷は、新潟県岩船郡の地名。

解字 会意。魚＋石。

(16)5 **【鮗】** 9014 国字 △　[鮗] 8228 *723C*

字義 このしろ（鰶・鯯）。海魚の一種。形はあじに似て平たく、体長は三〇センチメートルぐらい。

解字 会意。魚＋冬。

(17)6 **【鮟】** 9015 △ アン 翰 àn、②ān　8229 *723D*

字義 ❶なまず。＝鯰・鮎。❷鮟鱇は、海魚の一種。大きな口の上に釣糸をたれたようなひげを持つ、琵琶に似た形の魚。琵琶魚。

解字 形声。魚＋安音。

(17)6 **【鮪】** 9016 △ 一イ（ヰ） 紙 wěi　二漢ユウ（イウ）・呉ウ 有　4378 *4B6E*

字義 一二ちょうざめの一種。国まぐろ。しび。海産の大魚。食用。

解字 篆文　形声。魚＋有音。音符の有は、侑に通じ、食事をすすめるの意味。祖先を祭るときにすすめ供える魚の意味を表す。

(17)6 **【鮠】** 9017 △ ガイ（グヮイ） 灰 wéi　8230 *723E*

字義 こなまず。鯰の一種。国はや。はえ。うぐ・おいかわなどの淡水魚の通称。

解字 形声。魚＋危音。

(17)6 【鮭】9018 標 一漢ケイ・呉ケ 斉 guī 二漢カイ・呉ゲ 佳 xié　2690 3A7A

字義 一ふぐ（河豚）。海魚の一種。肉は白くて美味であるが、内臓に猛毒がある。二さかな。調理した魚菜の総称。惣菜。国さけ。しゃけ。鱒に似、鱗は細かく、海にすむが、秋、川をさかのぼって卵を生む。肉は淡紅色で脂肪が多い。

解字 形声。魚＋圭音。

(17)6 【鮫】9019 標 漢コウ（カウ） 呉キョウ（ケウ） 肴 jiāo　2713 3B2D

字義 ❶さめ。長大な海魚。尾鰭がするどく、人を傷つける。鰭と肉とは食用とし、皮は乾燥して物をみがく材料とし、また、刀のつかなどを巻くのに用いる。別名、ふか（鱶）。鯊魚。❷みずち。想像上の動物。蛇に似て四脚を持ち、毒気を吐いて人を害するという。＝蛟。

解字 篆文 形声。魚＋交音。音符の交は、まじえるの意味。上下のきばを交え、むきだす魚、さめの意味を表す。

【鮫鰐淵】コウガクのふち さめや、わにの住むふち。凶悪な賊のすみかにたとえる。
【鮫函】コウカン さめの皮のよろい。
【鮫綃】コウショウ 南海に住む人魚が織るという薄絹。それで着物を作ると、水に入れても濡れないという。竜紗。〔博物志〕
【鮫人】コウジン 南海にいるという人魚。海中の妖怪。水中で機を織り、泣けば真珠の涙をこぼすという。蛟人。〔述異記、下〕

(17)6 【鮨】9020 標 一シ 支 二漢キ・呉ギ 支 gí　8231 723F

字義 一二うおびしお。魚のしおから。（魚醬）。国すし（鮓・寿司）。酢を加えた飯と、魚肉とを合わせたもの。

解字 篆文 形声。魚＋旨音。音符の旨は、うまいの意味。魚のうまいもの、魚のしおからの意味を表す。

(17)6 【鮞】9021 △ 一漢ジ・呉ニ 支 ér 二漢ジク・呉ニク 屋

字義 一二はららご。はらご。魚の卵。

解字 篆文 形声。魚＋而音。

(17)6 【鮆】9022 △ セイ　鱭（9119）と同字。→一二四七ぺー。

(17)6 【鮮】9023 常 セン あざやか 一セン 先 xiān 二セン 銑 xiǎn　3315 412F

筆順 ⺈ 角 魚 鮏 鮮

字義 一❶なま魚。生魚。❷なまの肉。鳥獣の新鮮な肉。❸魚のなます。❹あたらしい。いきいきしている。「新鮮」❺あざやか。明らか。「鮮明」❻いさぎよい。汚れがない。❼よい（善）。また、美しい。みめよい。❽はなやか。あでやか。
二❶すくない。すくなし。とぼしい。まれである。〔論語、学而〕巧言令色、鮮矣仁。❷つきる（尽）。❸わかじに。年若くして死ぬこと。❹たてまつる。＝献。❺大きな山から離れている所にある小山。はなれ山。

名乗 あきら・き・まれ・よし

解字 金文 篆文 会意。魚＋羊。新鮮さを尊ぶ魚や羊をあげて、あざやかの意味を表す。また、尠に通じて、すくないの意味をも表す。

▼小鮮・新鮮・生鮮・芳鮮

【鮮衣】センイ あざやかな衣服。美服。鮮服。
【鮮花】センカ 美しい、生き生きとした花。咲き始めたばかりの花。
【鮮華】センカ あざやかで、はなやかなこと。目もさめるようにはなやか。
【鮮膾】センカイ 新しいなます。新鮮ななます。
【鮮暉】センキ あざやかな光。暉は、光。
【鮮魚】センギョ 新しい魚。生きのよい新鮮な魚。
【鮮血】センケツ ①なまなましい血。新しい血。生き血。②まっかな色の形容。
【鮮潔】センケツ 新しく清らかなこと。鮮浄。
【鮮妍】センケン ＝鮮好。→次項。
【鮮好】センコウ あざやかで美しい。目もさめるように美しい。鮮妍。
【鮮紅】センコウ あざやかな赤色。まっか。
【鮮肴】センコウ 新鮮な魚。また、新鮮な料理。
【鮮殺】センサツ 新鮮ないけにえ。
【鮮少】センショウ 少ない。わずか。僅少。些少。尠少。
【鮮食】センショク ①新鮮な鳥獣の肉。②新鮮な肉を食べること。③食物を少なくすること。
【鮮飾】センショク あざやかなかざり。また、着かざること。
【鮮粧・鮮妝】センソウ・センショウ 美しい装い。目もさめるような装い。
【鮮白】センパク まっ白。あざやかな白さ。純白。
【鮮肥】センピ 新しくて、よい肉。新鮮な肥肉。
【鮮卑】センピ 蒙古民族の一種。戦国時代、興安嶺の東におこり、後漢の末にさかんとなり、三国時代、慕容・宇文・拓抜の三氏があらわれ、拓抜氏は国を建てて魏（北魏）と称した。後、漢民族に同化した。
【鮮美】センビ あざやかで美しい。目がさめるように美しい。〔晋、陶潜、桃花源記〕芳草鮮美。
【鮮媚】センビ ①筆力があざやかで、美しいこと。②けしきがあざやかで、おだやかに美しいこと。
【鮮民】センミン 孤独で貧しい人民。ひとり者の貧民。
【鮮明】センメイ ①美しくはっきりしていること。②はっきりしていて、まぎらわしくない。態度などにいう。「旗幟鮮明」
【鮮耀】センヨウ あざやかに輝く。
【鮮麗】センレイ 目がさめるように美しいこと。

(17)6 【鮲】9024 国字 △

字義 ❶まて（蟶）。まてがい。竹を縦割りにしたような形の二枚貝。浅海の砂や泥の中に住み、食用。❷こち（鯒）。砂地に住み、上下に平たく、頭の大きな魚。食用になる。牛尾魚。

解字 会意。魚＋伏。伏は、砂地に平たくつく意味を表す。こちの意味。

(17)6 【鮴】9025 国字 △　8232 7240

字義 ❶めばる。海魚の一種。❷ごり。淡水魚カジカの別称。

解字 会意。魚＋休。

(17)6 【鮱】9026 国字 △

字義 ぼら。おおぼら。鯔の十分に成長したもの。

解字 会意。魚＋老。老は、成長するの意味。成長魚のぼらの意味を表す。

(18)7 【鯇】9027 △ 漢カン（クヮン） 呉ゲン 潸 huàn

字義 あめのうお。あめ。淡水魚の一種。湖水に住む。＝草魚。

(18)7 【鯁】9028 △ 漢コウ（カウ） 呉キョウ（キャウ） 梗 敬 gěng

解字 篆文 形声。魚＋完音。

字義 ❶魚のほね。❷魚の骨がのどにささる。❸わざわい。わずらい。＝梗。❹かたい（硬）。正しい。正直。まっすぐで、人にへつらわない。＝骾。

参考 現代表記では〔硬〕（5158）に書きかえることがある。「鯁骨→硬骨」

解字 篆文 形声。魚＋更（㪅）音。音符の㪅は、かたいの意味。魚のかたい骨の意味を表す。

【鯁諤】（コウガク）遠慮せず、思うとおり議論する。

【鯁毅】（コウキ）強く正しい。剛直で正しいこと。

【鯁言】（コウゲン）①正しい言論。讜言（トウゲン）。②遠慮せずにはっきり正しくいう。また、そのことば。直言。

【鯁骨】（コウコツ）気性が強く正しいこと。また、その人。硬骨。硬骨漢。

【鯁正】（コウセイ）強く正しい。強く正直で人に屈しない。鯁直。

【鯁切】（コウセツ）強く正しく、誠実なこと。

【鯁直】（コウチョク）＝鯁正。

【鯁論】（コウロン）強く正しい議論。正論。讜論（トウロン）。

(18)7 【鯀】9029 △ コン 阮 gǔn 8233 7241

字義 ❶大きい魚。大魚。❷人名。中国古代の夏の禹王の父。黄河の治水に失敗して流刑に処せられた。

(18)7 【鯊】9030 △ 漢サ 呉シャ 麻 shā 8234 7242

解字 金文 篆文 会意。魚＋沙。

【魦】同字

字義 ❶はぜ。すなふき。河口付近や湾内の砂泥上に住む小魚。沙魚（サギョ）。蝦虎魚（カコギョ）。❷さめ。（鮫）。ふか。

解字 形声。魚＋沙音。

(18)7 【鮹】9031 △ 漢ソウ（サウ） 呉ショウ（セウ） 肴 shāo 8235 7243

字義 魚の名。馬の鞭に似て、尾が二つに分かれている。
国 たこ。章魚。八本足で吸盤を持つ頭足類の一種。食用になる。＝蛸（ショウ）。

解字 形声。魚＋肖音。

(18)7 【鮸】9032 △ 漢ベン 呉メン 銑 miǎn

字義 にべ。いしもち。海魚の一種。鳴く魚として有名。うきぶくろから、にかわをとる。黄花魚。

解字 篆文 形声。魚＋免音。

(18)7 【鯆】9033 △ 漢ホ 呉フ 虞 pū 8236 7244

字義 すなめり。イルカ科の海獣。中国では長江の河口付近に多く見られ、よく江をさかのぼる。江豚（コウトン）。

難読 鯆越（いるかごえ）

解字 形声。魚＋甫音。

(18)7 【鯈】9034 △ 一 漢チョウ（テウ） 呉ジョウ（デウ） 蕭 tiáo 二 漢チュウ（チウ） 呉ジュウ（ヂウ） 尤 chóu

字義 一 はや。はえ。淡水魚の一種。＝鰷（ジョウ）。二 はらご。はららご。魚の卵。

解字 篆文 形声。魚＋攸音。

(18)7 【鯉】9035 人 り 紙 lǐ 2481 3871

筆順 ク 𠂊 魚 魻 鯉

字義 ❶こい。淡水魚の一種。中国原産で、色は緋・黒・黄の三種がある。食用、または観賞用。❷てがみ（手紙）。たより。書札。「鯉素」❸人名。孔子の子。字は伯魚（ハクギョ）。五十歳で、孔子より先に死んだといわれる。

解字 篆文 形声。魚＋里音。音符の里は、すじの意味。うろこのすじ目がはっきり見える、こいの意味を表す。

【鯉魚】（リギョ）①こい。→字義の①。②手紙。→鯉素。

【鯉魚風】（リギョフウ）陰暦九月の風。秋風。

【鯉書】（リショ）＝鯉素。

【鯉素】（リソ）手紙。鯉魚尺素の略。鯉の腹中から白絹に書かれた手紙が出たという故事による。双魚。双鯉。〔文選、古楽府、飲馬長城窟行〕

【鯉庭】（リテイ）子が父の教えを受ける所。家庭教育（庭訓）の場。孔子がその子の鯉を庭でさとした故事による。→庭訓（三六〇ページ）。〔論語、季氏〕

【鯉濃】（こいこく）国 鯉を輪切りにして濃い味噌汁で煮た料理。

(18)7 【鯏】9036 国字 △ 8237 7245

字義 ❶あさり。浅海の泥砂中に住む二枚貝の一種。＝蜊（あさり）。❷うぐい。淡水魚の一種。

解字 形声。もと、虫＋利音。日本で、魚＋利音に変形。

(18)7 【鯎】9037 国字 △

字義 うぐい。コイ目の魚。淡水または海水にすみ、生殖期の腹部に赤い縦線を生ずる。特に大きなものを、「まるた」という。

解字 会意。魚＋成。

(18)7 【鯑】9038 国字 △ 8238 7246

字義 かずのこ。鰊のはらごを乾燥、または、塩づけにした食品。

解字 会意。魚＋睎省。睎は、かわかすの意味。鰊のはらごをかわかした食品、かずのこの意味を表す。

(18)7 【鯒】9039 国字 △ 8239 7247

字義 こち。海魚の一種。頭が大きく、からだは平たく細い。背中は灰色で、とげがある。南日本の砂底に住む。鮲（こち）。

解字 会意。魚＋甬。

(18)7 【鯐】9040 国字 △

字義 すばしり（州走）。ぼらの幼魚。八、九センチメートル以下のぼらの子。

解字 会意。魚＋走。

(19)8 【鯣】9041 △ 漢エキ 呉ヤク 陌 yì 8240 7248

字義 うなぎ。国 するめ。いかを開いて干した食品。

解字 形声。魚＋易音。

(19)8 【鯨】9042 常 ゲイ くじら 漢ケイ・呉ギョウ（ギャウ） 庚 jīng ②qíng 慣ゲイ 2363 375F

筆順 ク 𠂊 魚 魰 鯨

字義 ❶くじら。㋐クジラ目の海獣の総称。大洋、特に南・北極に多く住み、種類が多い。鯨魚。「捕鯨」㋑雄くじら。↕鯢（ゲイ）（雌くじら）。❷あげる。かかげる。＝擎（ケイ）。

国 鯨尺（くじらジャク）の略。鯨差（くじらざし）。

難読 鯨波（とき）・鯨伏（いさふし）

解字 形声。魚＋京音。音符の京は、高い岡の意味。おかのように大きい魚、くじらの意味を表す。

▼長鯨

【鯨飲】（ゲイイン）くじらが水を飲むように大いに酒を飲むこと。「鯨飲馬食」

【鯨音】（ゲイオン）寺の鐘の音。つり鐘のひびき。

【鯨魚】（ゲイギョ）①くじら。②木魚。仏具の一つ。

【鯨鯢】（ゲイゲイ）①雌雄のくじら。鯨は雄。鯢は雌。②転じて、（共に小魚を食うので、）悪人のかしらにたとえる。③くじらのえじきになるように、殺されるもの。

【鯨吼】（ゲイコウ）①くじらがほえる。また、その声。②＝鯨音。

【鯨鬚】（ゲイシュ）くじらのひげ。柔軟で工芸品の材料になる。

【鯨呑】（ゲイドン）①くじらがのみこむように、大きな口で一口にの

む。②強い者が弱い者を併合するたとえ。

【鯨波】(ゲイハ) ①大波(おおなみ)。鯨濤(ゲイトウ)。②鬨(とき)の声。

(19)8 【鯢】9043 △ ゲイ 斉 ní　8241 7249

字義 ❶さんしょううお(さんせうを)。谷川に住む両棲(リョウセイ)動物。いもりに似ている。山椒魚(サンショウうお)。❷めくじら(雌鯨(シゲイ))。めすのくじら。↕鯨(雄くじら)。❸こざかな(小魚)。❹鯢歯は、老人の歯。転じて、老人。

解字 篆文  形声。魚＋兒㊟。音符の兒(ジ-ゲイ)は、こどもの意味。子供が木のぼりをして遊ぶように、木にのぼる魚の意味を表す。

(19)8 【鯤】9044 △ コン 元 kūn　8242 724A

字義 ❶はららご。魚の卵。魚の子。❷北海に住むという、想像上の大魚の名。鵬(ホウ)と共にこの上なく大きなことにたとえる。〔荘子、逍遥遊〕北冥有レ魚(ホクメイにうお(を)あり)、其名為レ鯤(そのなをコンとなす)。

解字 形声。魚＋昆㊟。

【鯤鵬】(コンホウ・コンボウ) 荘子がこの上なく大きなもののたとえとした、想像上の大魚と大鳥。〔荘子、逍遥遊〕

(19)8 【鯔】9045 △ シ 支 zī　8243 724B

字義 ❶ぼら。なよし。川や海に住み、美味。卵巣はからすみになる。❷いな。ぼらの子。国鯔背(いなせ)は、粋(いき)で、威勢のよいこと。いさみはだ。おとこぎ。侠気(キョウキ)。

解字 形声。魚＋甾㊟。

難読 鯔背(いなせ)

(19)8 【鯧】9046 △ ショウ（シャウ）陽 chāng

字義 まながつお(まながつを)。鰹(かつお)の一種。鯧鯸(ショウコウ)。

解字 形声。魚＋昌㊟。

(19)8 【鯗】9047 △ ショウ　鯗(9121)と同字。→一二四七ページ。

(19)8 【鯖】9048 標 一漢セイ 呉ショウ（シャウ）庚 zhēng　二漢セイ 呉ショウ（シャウ）青 qīng　[鯖] 2710 3B2A

字義 一よせなべ。魚類・肉類などを混ぜて煮た料理。二にしん。青魚。国さば。海魚の一種。食用になる。

難読 鯖江(さばえ)

解字 形声。魚＋青㊟。

(19)8 【鯯】9049 △ セイ 霽 zhì

解字 形声。魚＋制㊟。

【鱭】同字

字義 国このしろ。海魚の一種。＝鰶(セイ)。国さっぱ。海魚の名。拶双魚(さっぱ)。酢漬けを、ままかり（飯借）という。

(19)8 【鯫】9050 △ 一漢ソウ・呉ゾウ 尤 zōu　二漢シュウ（シウ）・呉シュ 虞

字義 一❶みごい。にごい。白魚。鯉(こい)の一種。❷ざこ。小ざかな。転じて、つまらぬもの。小人。つまらぬもの。二❶いやしい。小さい。小人。つまらぬもの。❷転じて、自己の謙称。

解字 篆文  形声。魚＋取㊟。

【鯫生】(ソウセイ・シュセイ) ①つまらない人。小人。〔史記、項羽本紀〕鯫生説レ我曰(ソウセイわれにといて いわ(は)く)。②自己の謙称。

(19)8 【鯵】9051 △ ソウ　鰺(9094)と同字。→一二四六ページ。　1619 3033

(19)8 【鯛】9052 人 〔(19)8 【鯛】9053〕 チョウ（テウ）蕭 diāo　3468 4264

筆順 ク 名 魚 鯛 鯛

字義 ❶魚の骨の端がやわらかい。❷たい(たひ)。スズキ目タイ類の海魚の総称。近海に住み、まだい・くろだい・はなだいなど種類が多い。

解字 篆文  形声。魚＋周（周）㊟。

(19)8 【鯡】9054 △ 一ヒ 未 fèi　二ヒ 微 fēi　8244 724C

字義 一はららご。はららご。魚の卵。二魚の名。鮒(ふな)に似る。国にしん（鰊(レン)）。海魚の一種。いわしを大きくしたような形で、そのはららご（卵）はかずのことして食用にされる。

解字 形声。魚＋非㊟。

(19)8 【鯥】9055 △ 漢リク 呉ロク 屋 lù

字義 牛身蛇尾で翼があるという怪魚の名。国むつ。海魚の一種。

解字 形声。魚＋坴㊟。

(19)8 【鯱】9056 国字 △　8247 724F

字義 ❶しゃち。㋐伊勢の海に住むといわれる想像上の海獣。背にとげがあり、尾はそりまがり、鯨をさえ殺すといわれる。㋑海獣の名。いるかに似る。❷しゃちほこ。しゃち（❶の㋐）の形を模して、屋根の両端につけるかざり。

参考 鯱を「コ」と音読みすることがある。「金鯱(キンコ)（名古屋城の、金のしゃちほこ）」

解字 会意。魚＋虎。虎のような頭の魚、しゃちの意を表す。

(15)8 【鯳】9057 国字 △

字義 すけとうだら(すけたうだら)（介党鱈）。タラ科の海魚。別名、すけそうだら（助宗鱈）・メンタイ（明太）。

解字 会意。魚＋底。深海にすむので、底を当てる。

(19)8 【鯲】9058 国字 △　8246 724E

字義 どじょう(どぢやう・どぜう)（泥鰌）。淡水魚の一種。

解字 会意。魚＋於。

(19)8 【鯰】9059 国字 △ ネン　8248 7250

字義 なまず(なまづ)（鮎(デン)）。淡水魚の一種。

解字 形声。魚＋念㊟。

(19)8 【鯱】9060 国字 △

字義 ほっけ。海魚の一種。北日本に産する。体長約四十センチ、灰色で薄茶色の斑文(ハンモン)がある。

解字 会意。魚＋花。

(20)9 【鰄】9061 △ イ（ヰ）微 wēi　8258 725A

字義 魚の名。国かいらぎ（梅花皮）。㋐東南アジア産の鮫(さめ)の皮。刀剣の鞘(さや)や束(つか)の装飾に用いる。鮫皮(さめがわ)。㋑茶道で、井戸茶碗(チャワン)の特徴の一つ。表面が、鮫皮に似たもの。

解字 形声。魚＋威㊟。

難読 鰄淵(かいらげぶち)

(20)9 【鰋】9062 △ 漢エン 呉オン 阮 yǎn

字義 なまず(なまづ)（鮎(デン)）。鯰(なまず)。

解字 形声。魚＋匽㊟。

(20)9 【鰛】9063 △ オン　鰮(9080)と同字。→一二四五ページ。　8260 725C

(20)9 【鰕】9064 △ 漢カ 呉ゲ 麻 xiā　8249 7251

字義 ❶えび（海老）。＝蝦(カ)。❷さんしょううお。鯢魚(ゲイギョ)。❸雌のくじら。鯢(ゲイ)。

解字 篆文  形声。魚＋叚㊟。

(20)9 【鰐】9065 標 ガク 薬 è　4744 4F4C

[鱷]同字　鰐魚。 [字義] わに。爬虫類の両棲動物。
[解字] 形声。魚＋咢(音)。

(20)9 【鰄】9066　△ 一[漢]カン・[呉]コン [感] gǎn 二[漢]カン・[呉]ゲン [咸] jiān　8250 7252
[字義] 一ぎぎ。淡水魚の名。黄頰魚。 二魚の名。かれいの一種。 [難読] 鰄川
[解字] 形声。魚＋咸(音)。

(20)9 【鰉】9067　△ [漢]コウ（クヮウ） [呉]オウ（ワウ） [陽] huáng　8251 7253
[字義] 大魚の名。こい(鯉)ともいい、ちょうざめの一種ともいう。 [国]ひがい。琵琶湖産のはぜに似た淡水魚。明治天皇が好んだので皇魚の意から、この字を用いた。
[解字] 形声。魚＋皇(音)。

(20)9 【鰓】9068　[標] 一サイ [灰] sāi 二シ [紙] xǐ　8252 7254
[字義] 一えら。あぎと。魚類などの水生動物の呼吸器。頭部の頰の下にあって、深紅色の櫛の歯の形をしている。 二鰓鰓は、おそれるさま。
[解字] 形声。魚＋思(音)。

(20)9 【鰌】9069　△ [漢]シュウ（シウ） [呉]シュ [尤] qiū　8253 7255
[字義] ❶どじょう。淡水魚の一種。うなぎに似て、泥にもぐるが、形は小さい。食用になる。❷海鰌は、くじらの一種。せみくじら。また、兵船の名。形がくじらに似ているのでいう。❸ふむ。しのぐ。＝遒。
[解字] 文 篆 形声。魚＋酋(音)。音符の酋は、どじょうの鳴き声の擬声語。

(20)9 【鰍】9070　△ [漢]シュウ（シウ） [呉]シュ [尤] qiū　1966 3362
[字義] どじょう。＝鰌。[国]❶いなだ。ぶりの小さいもの。❷かじか。谷川に住む小魚。杜父魚。
[難読] 鰍沢
[解字] 形声。魚＋秋(音)。音符の秋は、チュウとなくどじょうの声の擬声語。

(20)9 【鰆】9071　△ シュン [真] chūn　8254 7256
[字義] 海魚の一種。[国]さわら。鯖に似た海魚。馬鮫魚。
[解字] 形声。魚＋春(音)。

(20)9 【鰂】9072　△ 一[漢]セキ・[呉]シャク [陌] jì 二[漢]ソク・[呉]ゾク [職] zéi

[字義] 一ふな（鮒）。淡水魚の一種。鯉に似ているが、口にひげがない。二❶いか。＝鯽。「烏鰂」❷海鰂は、海たなご。
[解字] 形声。魚＋即(音)。

(20)9 【鰈】9073　△ [漢]チョウ（テフ） [呉]ジョウ（デフ） [葉] dié　8255 7257
[字義] かれい。ひらめに似た海魚。美味。比目魚。板魚。
[参考] 鰈は目が右側に、鮃は左側にあって、俗に「左ひらめ右かれい」というが、古くは両者の区別は明確でなく、中国ではこの類を比目魚と総称する。
[解字] 文 篆 形声。魚＋枼(音)。音符の枼は、薄くひらたいの意味。ひらたい魚、かれいの意味を表す。
【鰈域】朝鮮の別名。朝鮮の東海で鰈（かれい）がとれるのでいう。〔漢書、郊祀志上〕

(20)9 【鯷】9074　△ [漢]テイ [呉]ダイ [斉][霽] tí
[字義] なまず。おおなまず。その皮で冠を作る。＝鮧。[国]ひしこ。いわし(鰯)に似て小さい魚。ひしこいわし。
[解字] 形声。魚＋是(音)。

(20)9 【鰒】9075　△ [漢]フク [呉]ブク [屋] fù　8256 7258
[字義] ❶あわび。石決明。❷とこぶし。あわびに似た、小貝。ながれこ。[国]ふぐ（河豚）。字音を借り用いたもの。
[解字] 文 篆 形声。魚＋复(夏)(音)。
【鰒魚】あわび。俗に鮑魚と書く。

(20)9 【鰊】9076　[標] レン [霰] liàn　8257 7259
[字義] 小魚の名。[国]にしん。イワシ科の海魚。かど。青魚。鯡。
[参考] 中国では「鯖」がにしん。
[解字] 形声。魚＋柬(音)。

(20)9 【鰚】9077 [国字] △
[字義] はらか。鯇の別名。海魚の一種。一説に、鱒の別名。腹赤。
[解字] 会意。魚＋宣。

(20)9 【鰘】9078 [国字] △
[字義] むろあじ。全長約三〇センチメートルの海魚。まあじより丸みを帯び細長い。食用とし、干物として賞味される。あかぜ。
[難読] 鰘鰘・鰘

[解字] 形声。魚＋室(音)。音符の室は、むろあじのむろの読みを表す。日本的形声文字。

(20)9 【鰙】9079 [国字] △
[字義] わかさぎ。公魚。淡水、あるいは淡水と海水の混じった湖などで産する。体長約十五センチメートル。食用。
[解字] 形声。魚＋若(音)。音符の若は、わかさぎの「わか」の音を表す。

(21)10 【鰛】9080　△ [漢]オン [呉]オン（ヲン） [元] wēn　8259 725B
[字義] いわし（鰯）。海魚の一種。
[鰮]同字 8260 725C
[解字] 形声。魚＋昷(音)。

(21)10 【鰥】9081　△ [漢]カン（クヮン） [呉]ケン [刪] guān　8261 725D
[字義] ❶大魚の名。❷やもお。おとこやもめ。成人して妻のない男子。また、年老いて妻のない男子。「鰥夫」❸やむ（病）。なやむ。❹鰥鰥は、目がさえて眠られぬさま。

[難読] 鰥夫
[解字] 金文 篆文 形声。魚＋眔(音)。音符の眔は、目から涙が落ちる形にかたどる。魚の目のように目のうるんでいる、やもおの意味を表す。

【鰥寡】年老いて妻のない男と、夫のない女。男やもめと後家女。

【鰥寡孤独(獨)】男やもめと、後家と、みなしごと、ひとり者。よるべない人々をいう。〔孟子、梁恵王下〕老而無レ妻曰レ鰥、老而無レ夫曰レ寡、老而無レ子曰レ独、幼而無レ父曰レ孤。

【鰥居】年をとって妻がなく、ひとりぐらしをすること。また、その人。鰥処。

【鰥△悍】ひとりもの。悍は、兄弟がないこと。

【鰥処(處)】＝鰥居。

【鰥夫】男やもめ。

【鰥△釐】＝鰥寡。

(21)10 【鰭】9082　△ [漢]キ [呉]ギ [支] qí　4141 4949
[字義] ひれ。魚のひれ。はた。「背鰭」[国]小鰭は、鰶の中くらいの大きさのもの。
[解字] 形声。魚＋耆(音)。

(21)10 【鰤】9083　△ シ [支] shī　8262 725E

字義 毒魚の名。食べると死ぬという。＝鰣。国❶ぶり。わかし・いなだ・わらさ・ぶりと成長するにつれて名の変わる魚。❷かます。海魚の一種。＝魳。
解字 形声。魚＋師音。

(21)10【鰣】9084 △ 漢シ 呉ジ 支 shí　8262 7261
字義 ひら。ひらこ。ひらこのしろ。イワシ科の海魚。国はす。はそ。コイ科の淡水魚。
解字 形声。魚＋時音。

(21)10【鰧】9085 △ 漢トウ 呉ドウ 蒸 téng
字義 おこぜ。海魚の一種。頭が大きく、形はみにくいが美味。とげで刺されると痛い。虎魚。
解字 形声。魚＋朕音。

(21)10【鰩】9086 △ ヨウ（エウ）蕭 yáo
字義 ❶文鰩は、とびうお。海魚の一種。左右の鰭が鳥の翼のように発達し、水を離れて飛ぶことがある。飛魚。❷えい。海魚の一種。からだは平たく四角で、尾は細長く丸い。あかえい。
解字 篆文 形声。魚＋䍃音。

(21)10【鰯】9087 国字 標　[鰯] 1683 3073
字義 いわし。海魚の一種。＝鰮。
解字 形声。魚＋弱音。音符の弱は、いわしの読みを表す。

(21)10【鰰】9088 国字 △　8264 7260
字義 はたはた。海魚の一種。うろこがなく、背は黄白色。食用。
解字 会意。魚＋神。神は、はたはたとどろく雷（神鳴り）の意味。雷のある季節に漁獲する魚、はたはたの意味を表す。

(21)10【鰡】9089 国字 △　8263 725F
字義 ぼら（鯔）。→鯔（9045）。
解字 会意。魚＋留。

(22)11【鰲】9090 △ ゴウ　鼇（9335）の俗字。→一二七一ページ。　8266 7262

(22)11【鱆】9091 ショウ（シャウ）zhāng　8267 7263
字義 たこ。章魚。
解字 形声。魚＋章音。

(22)11【鰷】9092 △ 漢チョウ（テウ）呉ジョウ（デウ）蕭 tiáo
字義 はえ。はや。淡水魚の一種。白鰷。鯈。
解字 形声。魚＋條音。

(22)11【鰶】9093 △ 漢セイ 呉サイ 霽 jì
字義 このしろ。海魚の一種。小さいものを江鰶魚という。＝鮆。
参考 〔鮗〕は国字。
解字 形声。魚＋祭音。

(22)11【鰺】9094 標 ソウ（サウ）sāo　8245 724D
字義 なまぐさい。一種。食用になる。国あじ。海魚の一種。食用になる。まあじ・むろあじ・青あじなど種類が多い。竹筴。
[鯵]同字 1619 3033
解字 形声。魚＋喿音。もと鱢で、魚＋喿音。喿が変形して、參となった「字。

(22)11【鰻】9095 標 漢バン 呉マン 寒・願 mán　1723 3137
字義 うなぎ。淡水魚であるが、深海で卵を生むとされる。美味。古称、むなぎ。
解字 篆文 形声。魚＋曼音。音符の曼は、長くのびるの意味。長い魚、うなぎの意味を表す。

(22)11【鰾】9096 △ 漢ヒョウ（ヘウ）呉ビョウ（ベウ）篠 biào　8268 7264
字義 ❶うきぶくろ。うおのふえ。魚の腹中にあるうきぶくろで、これを伸縮して、魚は自由に浮沈する。❷鰾膠は、にべにかわ。鮸のうきぶくろで作ったにかわ。粘着力が強い。
難読 鰾膠
解字 形声。魚＋票音。音符の票は、うきあがるの意味。魚のうきぶくろの意味を表す。

(22)11【鰱】9097 △ レン 先 lián
字義 たなご（鱮）。淡水に住む、ふなに似た小魚。にがぶな。
解字 篆文 形声。魚＋連音。

(22)11【鱇】9098 国字 △ コウ（カウ）　8265 7261
字義 鮟鱇は、海魚の一種。→鮟の字義の②（一二四一ページ）。
解字 形声。魚＋康音。

(22)11【鱈】9099 国字 △ xuě　[鱈] 3513 432D
字義 たら。海魚の一種。北の海でとれ、食用になる。大口魚。
参考 国字であるが、いま中国でも用いる。
解字 会意。魚＋雪。雪の季節にとれる、「たら」の意味。

(23)12【鱖】9100 △ 一漢ケイ・呉ケ 霽 guì　二漢ケツ・呉カチ（クワチ）月 jué
字義 一淡水魚の名。口が大きく、うろこが小さく、黒い斑点がある川魚。あさじ。水豚。「鱖魚」「鱖豚」 二鱖鯞は、たなご。小魚の名。国さけ（鮭）。
解字 篆文 形声。魚＋厥音。

(23)12【鰹】9101 標 ケン 先 jiān　1979 336F
字義 うなぎの一種。おおうなぎ。食用になる。また、鰹節を作る。松魚。国かつお。海魚の一種。
解字 形声。魚＋堅音。

(23)12【鱏】9102 △ 漢シン 呉ジン 侵 xún
字義 ❶かじき。海魚の一種。長大で、上あごが剣状につきでている。かじきまぐろ。❷えい。痺鱏。海魚の一種。背面は茶色、腹面は白色。発電器官を有し、発電する。
解字 篆文 形声。魚＋覃音。

(23)12【鱓】9103 △ 一漢セン・呉ゼン 銑 shàn　二漢タ・呉ダ 歌 tuó
字義 一たうなぎ。淡水魚の名。形はうなぎに似、黄褐色。食用にする。黄鱔。二わにの一種。＝鼉。国❶ごまめ。たづくり。ことのばら。すぼしにした、ひしこいわしの名。❷うつぼ。海魚の名。
解字 篆文 形声。魚＋單音。

(23)12【鱒】9104 標 漢ソン 呉ゾン 阮 zǔn（zùn）　[鱒] 4380 4B70
字義 ます。鮭の一種。あかうお（赤目魚）。川と海とに住み、夏、川をさかのぼって産卵する。鮭よりやや小さく、肉は赤い。
解字 篆文 形声。魚＋尊音。

(23)12【鱉】9105 △ ベツ　鼈（9337）と同字。→一二七一ページ。

(23)12【鱗】9106 △ リン 真 lín　[鱗] 4658 4E5A

［鱗］標準 字義 ❶うろこ。うろくず。魚のうろこ。「細鱗」❷さかな。魚類の総称。また、うろこのある動物の総称。❸こけ（苔）。❹つづく（続）。ならぶ（並）。かさなる（重）。❺ものの形容。→鱗鱗。

参考 〔鱗〕は俗字であるが、印刷標準字体。

解字 文 篆 形声。魚＋粦㊥。音符の粦（リン）は、おに火の意味。おに火のようにほの光る、うろこの意味を表す。

【鱗羽】（リンウ） 魚類と鳥類。

【鱗雲】（リンウン・うろこぐも） うろこ状の雲。

【鱗介】（リンカイ） 魚類と貝類。

【鱗甲】（リンコウ） ①うろこと、こうら。②魚類と貝類。魚介。③うろこ状の堅いこうら。④心の中にかどがあること。心のとげ。⑤国鎧（よろい）の小札（こざね）。鉄、または皮の小さい板で、それをうろこのように重ね、糸でとおして鎧を作る。

【鱗鴻】（リンコウ） 手紙。鱗は魚で鯉素（リソ）、鴻は雁（ガン）で雁帛（ガンパク）。共に手紙の意。雁魚。

【鱗次】（リンジ） ＝鱗比。

【鱗集】（リンシュウ） うろこのように多く連なり集まること。群れ集まるたとえ。

【鱗萃・鱗崒】（リンスイ） ＝鱗集。萃・崒は、あつまる。

【鱗接】（リンセツ） ＝鱗比。

【鱗虫（蟲）】（リンチュウ） うろこのある動物。主に魚類をいう。鱗物。

【鱗比】（リンピ） 魚のうろこのように連なり並ぶこと。鱗次。鱗接。

【鱗布】（リンプ） 魚のうろこのようにびっしり敷き並ぶ。

【鱗文】（リンブン） 魚や竜のうろこのような模様。

【鱗毛】（リンモウ） ①魚類と獣類。②鳥・獣・虫・魚のこと。

【鱗翼】（リンヨク） ①竜のうろこと、鳳凰（ホウオウ）のつばさ。「奮二鱗翼一（リンヨクをふるう）」②人の助力、特に身分高い人や勢力家の助力をいう。「攀二鱗翼一（リンヨクによず）」

【鱗羅】（リンラ） ＝鱗比。羅は、連なる。

【鱗淪】（リンリン） 魚のうろこのようなさざ波。

【鱗鱗】（リンリン） ①つき従う様子。隣隣。②魚のうろこのような水の波紋の形容。③魚のうろこのように、あざやかで美しいさま。

(23)12 【鱛】9107 国字 △

字義 えそ。海魚の一種。かますに似て平たく、かまぼこの材料になる。

解字 形声。魚＋曾㊥。音符の曾は、「えそ」の「そ」の音を表す。

(23)12 【鱚】9108 国字 △ ―8269 *7265*

字義 きす。海魚の名。南日本沿岸の砂底に産する。

解字 形声。魚＋喜㊥。音符の喜は、「きす」の「き」の音を表す。

(24)13 【鱠】9109 △ カイ 膾（3262）と同字。→吾云六ペ。 ―8270 *7266*

(24)13 【鱟】9110 △ 漢コウ 呉グ 宥 hòu

字義 ❶かぶとがに。蟹（かに）の一種。❷虹（にじ）の俗称。

解字 形声。魚＋𦥑㊥。

(24)13 【鱮】9111 △ 漢ショ 呉ジョ 語 xù

字義 たなご。淡水魚の一種。ふなに似た小魚。にがぶな。鰱（レン）。

解字 文 篆 形声。魚＋與㊥。

(24)13 【鱣】9112 △ 一テン 先 zhān 二漢セン・呉ゼン 銑 shàn

字義 一❶鯉（こい）の一種。❷ちょうざめの一種。二うつぼ。うみへび。＝鱓（セン）。

解字 文 篆 形声。魚＋亶㊥。

【鱣鮪】（テンイ） かじきと、しび。まぐろの類。鮪（しび）は、まぐろの成魚。

【鱣序】（センジョ） ＝鱣堂。序は、学校。

【鱣堂】（センドウ） 講堂。教室。学校。こうの鳥が三匹の鱣（うみへび）をくわえて講堂に集まったという故事による。鱣序。〔後漢書、楊震伝〕

(24)13 【鱧】9113 △ 漢レイ 呉ライ 薺 lǐ ―8271 *7267*

字義 ❶おおなまず。なまずの一種。❷やつめうなぎ。烏魚（ウギョ）。七星魚。国はも。海魚の一種。うなぎに似て、背びれが尾に連なる。

解字 文 篆 形声。魚＋豊㊥。

(24)13 【鱫】9114 国字 △ アイ

字義 ❶むつ。海魚の一種。❷鱫鱇（アイキョウ）は、㋐鮎（あゆ）の年を経たもの。㋑子持ち鮎の塩漬け。

参考 〔鱇〕も国字。キョウ（キャウ）と音読する。

解字 形声。魚＋愛㊥。

(24)13 【鱇】9115 国字 △

字義 キョウ（キャウ）。鱫鱇（アイキョウ）は、鮎（あゆ）の年を経たもの。また、子持ち鮎の塩漬けをいう。

解字 形声。魚＋郷㊥。

(24)13 【鱰】9116 国字 △

［𩸽］同字 字義 しいら。海魚の名。外洋魚で、体長一メートルにも達する。夏、美味。

解字 会意。魚＋暑。暑い夏に美味となる、しいらの意味を表す。

(24)13 【鱩】9117 国字 △

字義 はたはた。かみなりうお。海魚の一種。北日本の深海におり、雷鳴の多い季節に産卵のため沿岸に群がり寄る。＝鰰（はたはた）。

参考 「はた」は「はためく（鳴り響く、とどろく）」の「はた」で、雷鳴のするとき多くとれるからいう。

解字 会意。魚＋雷。

(25)14 【鱨】9118 △ 漢ショウ（シャウ） 呉ジョウ（ジャウ） 陽 cháng

字義 ぎぎ。なまずに似た、谷川に住む魚。黄頰魚（コウキョウギョ）。

解字 文 篆 形声。魚＋嘗㊥。

(25)14 【鱭】9119 △ 漢セイ 呉ザイ 霽 jì

［鮆］同字 字義 えつ。海魚の一種。銀白色で、尾部が細長い。日本では、有明海に産する。斉魚。

解字 形声。魚＋齊㊥。

(25)14 【鱪】9120 国字 △ しいら 鱰（9116）と同字。→下段。

(26)15 【鱶】9121 △ 漢ショウ（シャウ） 呉ソウ（サウ） 養 xiǎng ―8272 *7268*

［鯗］同字 字義 ひもの。干した魚。国ふか。さめ（鮫（コウ））の別名。

解字 形声。魚＋養㊥。

(26)15 【鱵】9122 △ シン 侵 zhēn

字義 さより。海魚の一種。細長く丸いからだで、下顎（したあご）は突出してくちばしのように見える。針魚。

解字 形声。魚＋箴㊥。

(26)15 【鱲】9123 △ リョウ（レフ） 葉 liè

字義 魚の名。国からすみ。ぼら・さわらなどのはららご（腹の子）を乾燥させた食品。 難読 鱲子（からすみ）

【鱷】(27)16 9124 △ガク　鰐(9065)と同字。→一二四四ページ。
解字 形声。魚＋噩音。

【鱸】(27)16 9125 △ 漢ロ 呉ル 唐 lú　8273 7269
字義 魚の名。はぜに似て、はぜよりやや大きい淡水魚。口が大きく、鱗(うろこ)は細かい。松江(江蘇(コウソ)省呉淞江(ウースンコウ))のものには鰓(えら)が四つあり、特に美味とされる。

国すずき。せいご・ふっこの成魚。

解字 形声。魚＋盧音。

【鱸魚△膾】(ロギョのカイ) 鱸(魚の名。→字義)のなます。鱸膾。

11 鳥部

〔部首解説〕とり。とりへん。鳥を意符として、いろいろな鳥類の名称などを表す文字ができている。

鳥 一二四八	鳰 一二四九	4 鴉 一二五〇	鴂 一二五〇	鴬 一二五一	鴣 一二五一	鴫 一二五二	鴴 一二五二	鵆 一二五三	鵞 一二五三	鵜 一二五三	8 鵷 一二五四	鵲 一二五四	鶇 一二五五	鶍 一二五五	䳑 一二五六	鶯 一二五六	鶱 一二五七	鶬 一二五七	鷗 一二五七
1 鳦 一二四八	3 鳶 一二四九	鴎 一二五〇	鴆 一二五一	鴨 一二五一	鴟 一二五二	6 鴺 一二五二	鴿 一二五二	鵃 一二五三	鵂 一二五三	鵐 一二五三	鶏 一二五四	鶉 一二五五	鵬 一二五五	鶂 一二五五	鶩 一二五六	鶲 一二五六	鷇 一二五七	鶚 一二五七	鶖 一二五七
2 鳫 一二四八	鳲 一二四九	鴈 一二五〇	鴇 一二五一	鴦 一二五一	鴡 一二五二	鵂 一二五二	鵐 一二五三	鵈 一二五三	鵑 一二五三	鵓 一二五三	鵕 一二五四	鵻 一二五五	鵬 一二五五	9 鶡 一二五五	鶯 一二五六	鶴 一二五六	鶻 一二五七	鶫 一二五七	鷙 一二五八
鳩 一二四八	鳳 一二四九	鴃 一二五〇	5 鴪 一二五一	鴞 一二五一	鴕 一二五二	鴻 一二五二	鵃 一二五三	7 鵝 一二五三	鵠 一二五三	鵤 一二五四	鵄 一二五四	鵩 一二五五	鵡 一二五五	鶚 一二五五	鶫 一二五六	鶏 一二五七	鶸 一二五七	鶺 一二五七	鶼 一二五八
鳧 一二四九	鳴 一二五〇	鴂 一二五〇	鴛 一二五一	鴝 一二五一	鴿 一二五二	鵊 一二五二	鵉 一二五三	鵔 一二五三	鵔 一二五三	鵟 一二五四	鵾 一二五四	鵯 一二五五	鶃 一二五五	鶀 一二五六	10 鶂 一二五六	鶬 一二五七	鶴 一二五七	11 鷲 一二五七	鷹 一二五八

12 鷭 一二五八	鷸 一二五八	鷯 一二五八	鷩 一二五九	17 鸚 一二五九
鷴 一二五八	鷲 一二五八	鸇 一二五八	14 鸎 一二五九	18 鸛 一二五九
鷮 一二五八	鷦 一二五八	鸈 一二五九	鸑 一二五九	19 鸞 一二五九
鷲 一二五八	13 鸃 一二五八	鸄 一二五九	鸐 一二五九	鸝 一二六〇
鷦 一二五八	鸉 一二五八	鷹 一二五九	16 鸕 一二五九	

嶌→山部 三三五ページ。

【鳥】(11)0 9126 教2 チョウ とり　チョウ(テウ) 篠 niǎo　3627 443B

筆順 

字義 ❶とり。両翼二足を持つ動物の総称。❷星の名。朱鳥。❸昔の官名。

難読 鳥屋(とや)・鳥見(とみ)・鳥栖(とす)・鳥渡(ちょっと)・鳥遊(たかなし)・鳥遊里(たかなし)・鳥楽(たかなし)

解字 甲骨文 金文 篆文  象形。とりの象形で、とりの意味を表す。

▼乙鳥・寒鳥・玄鳥・候鳥・孝鳥・夕鳥・度鳥・飛鳥

【鳥△夷】(チョウイ) よく鳥を捕らえる北方の異民族。

【鳥歌】(チョウカ) ①鳥が鳴く。また、鳥の声。②楽曲の名。唐の則天武后の作った楽曲。

【鳥△喙】(チョウカイ) ①鳥のくちばし。②星宿の名。柳宿。

【鳥革△翬飛】(チョウカクキヒ) 鳥がつばさを張り、きじがとぶ。宮室の美しくりっぱな形容。革は翼、翬は雉(きじ)。〔詩経、小雅、斯干〕

【鳥△瞰図(圖)】(チョウカンズ) 上空から見おろしたように描いた地図、または風景で、立体感のあるもの。俯瞰図(フカンズ)。

【鳥語】(チョウゴ) ①鳥の鳴き声。鳥声。②異民族の言語。鳥がさえずるように意味がわからないという意。

【鳥△之将(將)レ死△其鳴△也哀】(とりのまさにシせんとするやそのなくやかなし) 死にかかっている鳥の鳴き声は悲しみに満ちている。死に臨んだ人のことばは真情から発して善言が多いことをいうための前提の語。〔論語、泰伯〕——、人之将レ死其言也善(ひとのまさにシせんとするやそのゲンやよし)。

〈——、人の死ぬ直前の言葉は真実である〉

【鳥子紙】(とりのこがみ) 国雁皮(ガンピ)と楮(こうぞ)との液に三椏(みつまた)をまぜてすいた、上質の和紙。色が鳥の子色(卵の殻の色)であるからいう。

【鳥△觜・鳥△嘴】(チョウシ) ①鳥のくちばし。②茶の別称。

【鳥△雀】(チョウジャク) 鳥とすずめ。また、すずめなどの小鳥。小鳥ども。〔唐、韋応物、幽居詩〕鳥雀繞レ舎鳴(チョウジャクシャをめぐりてなく)。

【鳥獣(獸)】(チョウジュウ) 鳥や獣。とりとけだもの。禽獣(キンジュウ)。〔論語、微子〕鳥獣不レ可ニ与同レ群也(チョウジュウはともにむれをおなじくすべからざるなり)。

【鳥宿池辺(邊)樹、僧△敲月下門】(とりはやどるチヘンのき、ソウはたたくゲッカのモン) 鳥は池のほとりの木に宿り、僧は月の下で門のとびらをひっそりとたたいている。推敲(スイコウ)の故事となった詩句。→推敲(四五五ページ)。〔唐、賈島、題ニ李凝幽居ニ詩〕

【鳥跡・鳥△迹】(チョウセキ) ①鳥の足跡。②文字。中国の古代に蒼頡(ソウケツ)が鳥の足跡を見て文字を思いついたという故事による。

【鳥葬】(チョウソウ) 死者を野原にすてて、鳥のついばむにまかせる、とむらいのしかた。

【鳥△篆】(チョウテン) ①篆書(テンショ)のこと。鳥の足跡に似ているからいう。②鳥の足跡。篆文に似ているからいう。

【鳥道】(チョウドウ) 鳥だけ通う道の意で、けわしい山道。鳥路。

【鳥媒】(チョウバイ) ①おとり。他の鳥を捕らえるため、誘いにつないでおく鳥。②鳥が花粉などを媒介すること。「鳥媒花」

【鳥目】(チョウモク) 国①昔の銭(ぜに)。中央に穴があり、その形が鳥の目に似ているところからの名称。②(とりめ) ビタミンAの欠乏のため、鳥のように夜になると物がよく見えなくなる眼病。夜盲症。

【鳥羅】(チョウラ) 鳥を捕らえる網。かすみ網。羅は、あみ。

【鳥路】(チョウロ) ①鳥の飛ぶ道。②一直線の道すじ。③険しい坂道。鳥道。

【鳥△弄・鳥△哢】(チョウロウ) 鳥がさえずる。また、鳥のさえずり。

【鳦】(12)1 9127 △ 漢イツ 呉イチ 質 yǐ
字義 つばめ(燕(エン))。玄鳥。乙鳥(イッチョウ)。
解字 形声。鳥＋乙音。音符の乙は、つばめのジグザグに飛ぶ形にかたどる。鳥を付し、つばめの意味を表す。

【鳫】(13)2 9128 △ガン　雁(8454)と同字。→一一七〇ページ。　8279 726F

【鳩】(13)2 9129 人 漢キュウ(キウ) 呉ク 尤 jiū　4023 4837

筆順 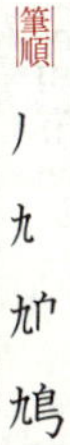

字義 ❶はと。ハト科の鳥の総称。❷あつめる(あつむ)。また、あつまる。＝糾。「鳩合(キュウゴウ)」❸やすんずる(安)。

難読 鳩酸草(かたばみ)・鳩尾(みぞおち)

解字 篆文  形声。鳥＋九音。音符の九は、はとの鳴き声の擬声語。

【鳩居】(キュウキョ) かりずまい。また、婦人が夫の家に入って一家をな

すたとえ。鳩は自分で巣を作らず、かささぎの巣に居るからいう。〔詩経、召南、鵲巣〕
【鳩合】キュウゴウ あつめる。また、あつまる。糾合。「同志を鳩合する」
【鳩首】キュウシュ 国首を集める。ひたいを集めて相談する。
【鳩集】キュウシュウ 寄せ集める。収集。
【鳩△聚】キュウシュウ ＝鳩集。
【鳩△杖】キュウジョウ ①頭部に鳩の形のかざりのあるはし。鳩は飲食するときにむせないということから、老人がむせないで長生きするのを祝ってかざったもの。②はとのかざりのある老人のつえ。はとづえ。
【鳩巣(巣)】キュウソウ はとの巣。転じて、粗末なすみか。はとは巣を作ることがへたであるところからいう。
【鳩△槃△荼】クハンダ 仏悪神の名。人の血を吸うといわれ、頭は馬、からだは人。転じて、みにくい女のたとえ。
【鳩尾】キュウビ・みずおち ①胸と腹との間のくぼんだところ。みぞおち。②国キュウビ 鎧の付属品の一つ。左の肩紐の上をおおう鳩尾形の鉄板。
【鳩摩羅△什】クマラジュウ 西域亀茲国の僧。五胡 後秦の時代、長安で、三十五部三百九十七巻の仏典を訳した。(三四四—四一三)

(13)2
【鳧】9130 △ 漢フ 呉ブ 虞 fú
【鳬】俗字 8275 726B ——8274 726A

字義 ❶かも。ガンカモ科の渡り鳥。❷舒鳧は、あひる。❸山の名。山東省鄒県の西南。
国けり。㋐しぎに似た水鳥。㋑過去の助動詞の「けり」にあてて用いる。㋒謡曲などに「けり」で終わるものが多いことから、転じて、決着。きまり。かた。「鳧がつく」

解字 金文 篆文 会意。鳥＋几。几は、のびる足の象形。水かきの足のある鳥の意味を表す。

【鳧影】フエイ かもの飛ぶ姿。
【鳧△鷖】フエイ かもと、かもめ。
【鳧翁】フオウ ①雄がも。②かもの首の毛。翁は、首の上の毛。
【鳧△鷗】フオウ かもと、かもめ。
【鳧△雁】フガン かもと、かり。
【鳧△脛△雖レ短続(續)レ△之則憂】フケイはみじかしといえ(へ)どもこれをつがばすなわ(は)ちうれえ(へ)ん かもの足が短いからといって、これをつぎたしてやれば、かえって迷惑する。物にはそれぞれ自然の特性があり、他からむやみに手を加えるべきでないたとえ。→鶴脛雖レ長…(一二五六ページ)。〔荘子、駢拇〕
【鳧舟】フシュウ かもの形をした舟。鳧船。鳧舫。
【鳧藻】フソウ 喜びさわぐ。
【鳧△藻】フソウ ＝鳧藻。

(13)2
【鳰】9131 国字 △ ——8276 726C

字義 ❶にお。かいつぶり。かもに似た小さな水鳥。❷鳰海・鳰湖は、琵琶湖の別名。

解字 会意。鳥＋入。水中に入るのが得意な鳥、におの意味を表す。

(14)3
【鳶】9132 標 エン(エン) 先 yuān ——3848 4650

字義 ❶とび(鴟)。とんび。ワシタカ科の猛鳥。❷とび色。とびの羽に似た茶色。❸風鳶は、たこ。いかのぼり。
国❶とび。㋐鳶口の略。棒の先に鉄製のかぎをつけた消火用具。㋑鳶職・鳶者の略。㋐消防夫。㋑土木工事に携わる労働者。❷とんび。㋐男子の和服用の外套。二重まわし。㋑通りがかりに盗みを働く者。

難読 鳶尾いちはつ・こやすぐさ

解字 会意。鳥＋弋。弋は、矢のあとに長いひもをつけた、いぐるみの意味。

【鳶肩】エンケン いかり肩。肩がとびのようにあがり、いかっているのをいう。
【鳶飛魚躍】エンピギョヤク・とびとびうお(を)おどる ①魚鳥がおのおの楽しんでいるさま。また、君子の徳化のよく及んでいるさま。『詩経』大雅・旱麓に「鳶飛戻レ天、魚躍二于淵一」とあるのに基づく。②この世はすべて一貫して「道」の作用がはたらき、鳥・魚が飛び踊るのも自然に従って動くものであるという意。〔中庸〕
【鳶尾】エンビ いちはつ。アヤメ科の多年草。四月ごろ、紫色の大きな花を開く。

(14)3
【鳲】9133 △ シ 支 shī

字義 鳲鳩は、ふふどり。つつどり。よぶこどり。むぎうらし。

解字 全身黒く、腹は淡黄色、胸に白黒の斑文がある。
形声。鳥＋尸㊥。

(14)3
【鳳】9134 人 漢ホウ 呉ブウ 送 fèng ——4317 4B31

筆順 几 凡 凧 鳳 鳳

字義 ❶おおとり。鳳凰。聖人が世に出れば、それに応じて現れるというめでたいしるしの鳥。雄を鳳、雌を凰という。「瑞鳳」「鳳詔」❷転じて、天子・宮中に関する語の上につけて用いる。

名乗 たか　難読 鳳至ふげし・鳳蝶あげはちょう・鳳梨パイナップル

解字 甲骨文 篆文 形声。鳥＋凡㊥。音符の凡は、風をはらむ「ほ」の象形。風にはばたく、おおとりの意味を表す。

【鳳△掖】ホウエキ 太子の宮庭。蘭掖。
【鳳△苑】ホウエン 宮中の花園。
【鳳△凰・鳳皇】ホウオウ 想像上の鳥。聖王が世に出ると現れるというめでたいしるしの鳥。雄を鳳、雌を凰という。

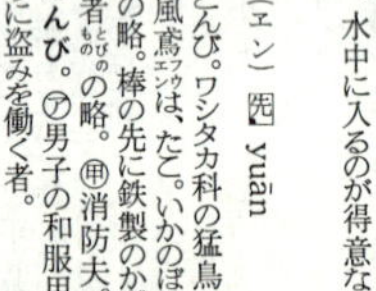
〔鳳凰(漢代画像石)〕

【鳳△凰台(臺)】ホウオウダイ 台の名。①今の江蘇省南京市の西南隅にあった。南朝宋の時、五色で、孔雀のような形の美しい鳴き声の鳥が群舞したので、時の人は鳳凰と呼びここに台を築いたという。〔唐、李白、登二金陵鳳凰台一詩〕鳳凰台上鳳凰遊。②今の甘粛省成県の南にある鳳凰山。〔唐、杜甫、鳳凰台詩〕
【鳳△駕】ホウガ ①天子の乗り物。②仙人の乗る車。
【鳳冠】ホウカン ①鳳凰の頭の上に突き出ている羽毛。②転じて、皇太后・皇妃などの冠。
【鳳管】ホウカン 笙の笛をいう。鳳笙。
【鳳挙(擧)】ホウキョ ①臣下が天子の命を受けて、遠くへ出発することを、鳳凰の飛び立つのにたとえていう。②高くあがり、遠くへ行くこと。また、遠方に引退する。③雄飛する。
【鳳△闕】ホウケツ ①宮城の門。その上に銅製の鳳凰を飾りつけてあるからいう。鳳門。②転じて、宮城。
【鳳史】ホウシ 春秋時代の簫の名手、簫史をいう。妻の弄玉と鳳台に住んだことに基づく。→鳳台(一二五〇ページ)・簫史(八二九ページ)。
【鳳字】ホウジ ①隠語。「鳳」字を分ければ「凡鳥」となり、平凡な人をあざけることば。②鳳凰の雌。
【鳳児(兒)】ホウジ 鳳凰の子。非常に優秀な子。鳳雛。
【鳳車】ホウシャ ＝鳳輦。
【鳳詔】ホウショウ みことのり。天子の詔書。
【鳳城】ホウジョウ 宮城。また、帝都。特に、長安の都。
【鳳△雛】ホウスウ ①鳳凰のひな。②将来、大人物となる素質を備えた英敏な若者のたとえ。麒麟児。鳳児。「伏竜鳳雛」〔蜀志、諸葛亮伝、注〕

【鳳声(聲)】(ホウセイ) ①鳳凰の鳴き声。②人の伝言・手紙に対する敬称。鶴声。

【鳳△舄】(ホウセキ) 鳳凰の刺繡のある婦人の靴。舄は、くつ。

【鳳仙花】(ホウセンカ) ツリフネソウ科の一年草。夏、赤・白・紫などの花を開き、実は熟すると、果皮が破れて種をはじきだす。花汁で爪をそめる。つまくれない。つまべに。

【鳳台(臺)】(ホウダイ) 春秋時代、秦の穆公が、その娘、弄玉のために築いた高い建物。弄玉は簫を好んだので、簫の名手の簫史にめあわせて、ここに住まわせた。簫を吹けば、鳳凰がその屋根にとまるほどで、後、両人とも鳳に乗って昇天したという。今の陝西省宝鶏市の東南。

【鳳池】(ホウチ) ①宮中にある池の名。鳳凰池の略。中書省が、そのそばにあることから、中書省、また、宰相をいう。②禁中をいう。宮中。③琴の底にある穴。上にあるものを竜池、下にあるものを鳳池という。

【鳳鳥】(ホウチョウ) ＝鳳凰。〔論語、子罕〕鳳鳥不レ至
【鳳舞】(ホウブ) 鳳凰が舞い遊ぶ。天下太平の象徴。

【鳳毛】(ホウモウ) 鳳凰の毛。①子が父に劣らぬ素質を持っていることのたとえ。②すぐれた容姿のたとえ。③すぐれた文才のたとえ。

【鳳翼】(ホウヨク) ①鳳凰のつばさ。②りっぱな人や物のたとえ。③草の名。射干の別名。ひおうぎ。

【鳳△輦】(ホウレン) ①天子の乗る車。屋根の上に黄金の鳳凰の飾りのある乗り物。②仙人の乗る車。

【鳳楼(樓)】(ホウロウ) ①りっぱなたかどの。宮中のたかどのをいう。②美女の住む高どの。簫史の故事に基づく。→鳳台。

(14)3 【鳴】 9135 教2 メイ なく・なる・ならす
漢メイ・呉ミョウ(ミャウ) 庚 míng　4436 4C44

筆順 口 叫 鳴 鳴

字義 ❶なく。鳥獣が声を出す。また、なきごえ。❷なる。㋐物が音を発する。「雷鳴」㋑きこえわたる。ひびく。名声が世にひろがる。❸ならす。楽器などをならす。

名乗 なき・なり　難読 鳴海・鳴鏑矢・鳴門

使いわけ なく〔泣・鳴〕⇩泣(3953)。

解字 甲骨文  金文  篆文  会意。鳥＋口。おんどりが、ときをつげるの意味を表す。

▼哀鳴・共鳴・鶏鳴・悲鳴・雷鳴

【鳴△鴉】(メイア) 鳴くからす。

【鳴△嚶】(メイオウ) 鳥が仲よく声を合わせて鳴く。嚶鳴。

【鳴△珂】(メイカ) 珂(貴人の乗る馬のくつわにつける玉や貝で作ったかざり)を鳴らす。また、その珂。

【鳴△雁】(メイガン) 鳴くかりがね。がん。

【鳴△禽】(メイキン) 鳴く鳥。さえずる鳥。

【鳴琴】(メイキン) ①琴をかなでる。また、鳴る琴。弾琴。②瀑布(滝)などの音の形容。

【鳴鶏(鷄)△吠△狗△烟火万(萬)里】(メイケイハイコウエンカバンリ) 鶏や犬の鳴き声が聞こえて、かまどの火が万里の遠くまで続く。太平の世の形容。〔史記、律書〕

【鳴弦】(メイゲン) ①鳴る弓弦。また、弓弦を鳴らす。②国弦うち。物怪を払うために弓弦を鳴らすこと。

【鳴△絃】(メイゲン) 琴を鳴らす。また、琴。

【鳴△吼】(メイコウ) 鳴きほえる。

【鳴号(號)】(メイゴウ) 泣き叫ぶ。号叫。

【鳴糸(絲)】(メイシ) 琴のこと。

【鳴謝】(メイシャ) 深く感謝する。心からお礼をいう。

【鳴鐘】(メイショウ) ①鐘の音。②時刻を知らせる鐘。

【鳴条(條)】(メイジョウ) ①風に鳴る枝。②地名。殷の湯王が、夏の桀王を破った所。今の山西省運城市安邑鎮の北。

【鳴△箭】(メイセン) かぶらや。矢の先端にかぶらの形の筒が付いていて、射るとかぶらに風を受けて音を立てる。鳴鏑。

【鳴△鐸】(メイタク) 風鈴。

【鳴笛】(メイテキ) 笛を吹く。また、笛。

【鳴△鏑】(メイテキ) なりかぶら。鳴箭。

【鳴動】(メイドウ) 鳴りひびく。山岳などが鳴り動く。

【鳴△吠】(メイハイ) ①鶏が鳴き、犬がほえる。平和な村里の様子。〔晋、陶潜、桃花源詩〕鶏犬互鳴吠 ②つまらない技能のたとえ。→鶏鳴狗盗(一二五四ページ)。③反乱のたとえ。

【鳴△鑾】(メイラン) 天子の車につける鈴。また、天子が車で出かけること。天子の車。

【鳴和】(メイワ) すず(鈴)。

【嶌】→山部 三五五ページ。

(15)4 【鴉】 9136 標 ア 麻 yā　[鴉] 8277 726D
【鵶】同字

字義 ❶からす。はしぶとがらす。烏の一種。からすより小さく、口ばしが太く、腹が白い。❷黒い色のたとえ。「鴉鬢」

解字 形声。鳥＋牙音。音符の牙は、からすの鳴き声の擬声語。ガアと鳴くからすの意味を表す。

【鴉△軋】(アアツ) 轆轤や舟の櫓などのすれ合う音。また、門戸を開閉する音。

【鴉△鬟】(アカン) ①あげまき。また、それを結う年ごろの少年・少女。②婢女。召使いの女。

【鴉△舅】(アキュウ) ①はぜの木。実から蠟を作る。鴉臼。②鳥の名。鴉より小さいが、強い。

【鴉黄】(アコウ) 額の上にぬる黄色いおしろい。〔唐、盧照鄰、長安古意詩〕纖纖初月上二鴉黄一
【鴉△鵲】(アジャク) からすと、かささぎ。烏鵲。

【鴉△鬢】(アビン) 女の鬢の毛のまっ黒なのをいう。

【鴉片】(アヘン) けしの実から作る麻酔性の薬品。阿片。

【鴉△鷺】(アロ) からすと、さぎ。転じて、黒と白。烏鷺。

(15)4 【鴎】 9137 簡 オウ 鷗(9222)の俗字。→一二五七ページ。　1810 322A

(15)4 【鴈】 9138 △ 漢ガン 呉ゲン 諫 yàn　8278 726E

字義 ❶あひる。❷かり。＝雁。❸にせ。＝贋。

参考 熟語は〔雁〕(8454)を見よ。→一二七〇ページ。

解字 篆文  形声。鳥＋人＋厂音。

(15)4 【鴃】 9139 △ 一漢ケキ・呉キャク 錫 二漢ケツ・呉ケチ 屑 jué 慣ゲキ　8280 7270

字義 一二 もず(百舌)。伯労。＝鵙。

参考 〔鴂〕は別字。

解字 形声。鳥＋夬音。

【鴃舌】(ゲキゼツ) もずの鳴き声。転じて、やかましくて意味の通じない異民族のことばのたとえ。〔孟子、滕文公上〕南蛮鴃舌之人

(15)4 【鴂】 9140 △ 一漢ケツ・呉ケチ 屑 jué 二漢ケイ・呉ケ 霽

字義 一❶鸋鴂は、みそさざい。❷もず。＝鴃。二鶗鴂は、ほととぎす。

参考 〔鴃〕は別字。

解字 篆文  形声。鳥＋夬音。

(15)4 【鳷】 9141 △ シ 支 zhī

字義 はしたか。はいたか。猛禽類の一種。

解字 形声。鳥＋支音。

【鳷△鵲】(シジャク) ①鳥の名。るりかけす。一説に、はいたか。大きな

鳥で人語を解し、国が太平の時、群れ飛ぶという。②前漢の武帝の築いた宮殿の名。甘泉苑の中にある。鳷鵲観

(15)4 【鴆】9142 △ 漢チン 呉ジン（ヂン） 沁 zhèn　8281 7271

字義 ❶毒鳥の一種。その羽を浸した酒は、人を殺す猛毒があるという。❷鴆羽を浸した酒。鴆酒。＝酖。❸鴆酒で人を毒殺する。❹あぶら虫を食う鳥。

解字 篆文 形声。鳥＋冘音。音符の冘は、しずめるの意味。人を水中に沈めるように息の根をとめてしまう鳥、毒鳥の名を表す。

【鴆酒】チンシュ 鴆の羽を浸した毒酒。

【鴆毒】チンドク ①鴆の羽を酒に浸した毒。②毒の激しいもののたとえ。③毒酒で人を殺す。鴆殺。

(15)4 【鴇】9143 △ ホウ 晧 bǎo　3830 463E

字義 ❶のがん。雁の一種。雁に似て、大きい。❷くろあしげの馬。❸やりてばば。倡婦・妓女の老いたもの。遊女屋で、遊女を取り締まり世話する老女。国とき。つき。㋐トキ科の鳥。鷺に似た鳥で、背は灰色、羽の裏は淡紅色。日本ではほぼ絶滅し、中国でわずかに生息している。㋑ときいろ。ときの羽の裏の色。淡紅色。鴾・鴾、また朱鷺・桃花鳥とも書く。

解字 文 篆 形声。鳥＋𠤏音。音符の𠤏は、十が一つにならぶの意味。ならんで飛ぶ、のがんの意味を表す。

【鴇羽之嗟】ホウウのサ 人民が兵役にかり出されて、父母を養うことができない嘆き。〔詩経、唐風、鴇羽〕

(16)5 【鴥】9144 △ 漢イツ（ヰツ） 呉イチ（ヰチ） 質 yù　8282 7272

字義 鳥の速く飛ぶさま。はやいさま。

解字 形声。鳥＋穴音。

(16)5 【鴛】9145 △ 漢エン（ヱン） 呉オン（ヲン） 元 yuān　1785 3175

字義 おしどり。水鳥の一種。形はかもに似て小さい。雄を鴛、雌を鴦という。雌雄むつまじくて離れないので、夫婦仲のむつまじいことにたとえる。

難読 鴛鴦・鴛泊

解字 篆文 形声。鳥＋夗音。音符の夗は、しなやかに曲がるの意味。しなやかな曲線を持つ、おしどりの意味を表す。

【鴛鴦】エンオウ おしどり。→字義。

【鴛鴦瓦】エンオウのかわら 対になっている瓦。一説に、おしどりの形をした瓦。鴛瓦。〔唐、白居易、長恨歌〕鴛鴦瓦冷霜華重

【鴛鴦衾】エンオウのふすま ①夫婦がいっしょに寝る夜具。鴛衾。②おしどり模様の夜具。

【鴛鴦偶】エンオウのグウ おしどりのつがい。仲むつまじい夫婦のたとえ。

【鴛行】エンコウ 朝廷に並ぶ文官の行列。

【鴛被】エンピ 夫婦がいっしょに寝る夜具。鴛衾。

【鴛侶】エンリョ ①役人なかま。②つれあい。配偶。

【鴛鷺】エンロ ①おしどりと、さぎ。②朝廷に居並ぶ官吏。

(16)5 【鴬】9146 △ オウ 鶯（9208）の俗字。→一二五六ページ。　1809 3229

(16)5 【鴨】9147 標 △ 漢オウ（アフ） 呉ヨウ（エフ） 洽 yā　1991 337B

【鳥甲】同字

字義 ❶かも。あひる。水鳥の一種。「家鴨」 ❷水鳥の総称。人家で飼う水鳥の一種。

難読 鴨脚草・鴨脚樹・鴨生・鴨跖

解字 文 篆 形声。鳥＋甲音。音符の甲は、あひるの鳴き声を表す擬声語。鳥を付し、あひるの意味を表す。

【鴨脚】オウキャク・イチョウ 木の名。公孫樹。葉の形が、かもの足に似ているところからいう。イチョウは唐音。

【鴨黄】オウコウ かものひなどり。毛が黄色だからいう。

【鴨頭】オウトウ あひるの頭。転じて、緑色をいう。水の緑色をかもの首の毛の色にたとえていう。〔唐、李白、襄陽歌〕遥看漢水鴨頭緑

【鴨緑江】オウリョクコウ 川の名。吉林省東南の長白山脈の白頭山に源を発し、朝鮮と中国との国境を西流して黄海に注ぐ川。全長七百九十五キロ。

(16)5 【鴦】9148 △ 漢ヨウ（ヤウ） 呉オウ（アウ） 陽 yāng　8283 7273

字義 おしどり。おしどりの雌。↔鴛（おしどりの雄）。

解字 篆文 形声。鳥＋央音。

(16)5 【鴞】9149 △ ヨウ（エウ） 慣キョウ（ケウ） 蕭 xiāo

字義 鴟鴞は、㋐ふくろう。夜出て他の鳥などを食う凶悪な鳥。転じて、凶悪な人のたとえ。㋑みそさざい。鷦鷯。

解字 篆文 形声。鳥＋号音。

【鴞音】キョウオン 凶悪な人のことば。

【鴞炙】キョウシャ ふくろうの肉を焼いたもの。最も美味とされる。また、ぜいたくな食物のたとえ。

(16)5 【鴝】9150 △ 漢ク 呉グ 虞 qú

【鸜】同字

字義 鴝鵒は、はっかちょう（八哥鳥）。体はむくどりより少し大きく、黒色。よく人のことばをまねるので、飼い鳥とされる。別名、はっちょう。

解字 篆文 形声。鳥＋句音。

(16)5 【鴣】9151 △ 漢コ 呉ク 虞 gū　8285 7275

字義 鷓鴣は、キジ科の鳥の名。

解字 篆文 形声。鳥＋古音。

(16)5 【鴟】9152 △ シ 支 chī　8286 7276

字義 ❶とび（鳶）。とんび。＝鵄。❷ふくろう。また、みみずく。❸→鴟鴞。❹酒器。❺軽視する。

難読 鴟尾

解字 篆文 籀文 形声。鳥＋氐音。音符の氐は、つぶれた目の象形。日中は目が見えない、ふくろうの意味を表す。

【鴟夷】シイ ①馬の皮で作った袋。酒を入れるのに用いる。②范蠡（春秋時代の越の功臣）が、越を去って称した変名。鴟夷子皮。

【鴟鵂】シキュウ みみずく。フクロウ科の鳥の中、頭側に猫の耳に似た長い羽毛のあるもの。

【鴟梟】シキョウ ふくろう。夜出て他の鳥などを食うことから、凶悪な人のたとえ。鴟鴞。

【鴟鴞】シキョウ ①ふくろう。＝鴟梟。②みそさざい。

【鴟顧】シコ 道家の養生法で、体を動かさないで、首だけ曲げて後ろを見る。

【鴟張】シチョウ ふくろうが羽を張ったように、勢いが強くわがままなこと。

【鴟尾】シビ ①かわらぶき屋根の大棟の両端につけたかざり。くつがた。とびのお。しゃちほこ。②国とびのお（を）㋐＝①。㋑昔、牛車の後ろに突き出た二本のかざりの棒。

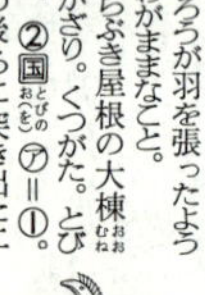
〔鴟尾①〕

【鴟目虎吻】シモクコフン ふくろうの目つきと、とらの口つき。残忍な人相のたとえ。〔漢書、王莽伝中〕

(16)5 【鴡】9153 △ ショ 雎（8463）と同字。→一二七三ページ。

(16)5【鴕】9154 △ 漢タ 呉ダ 歌 tuó ―8288 7278

字義 だちょう。ダチョウ科の鳥。アフリカ・アラビアの砂漠にすむ鳥類中最大の鳥。走るのは速いが、飛べない。駝鳥。

参考 今は一般に「駝」の字を用いる。

解字 形声。鳥＋它音。音符の它は、同類でないものの意味。原産が他国の鳥、だちょうの意味を表す。

(16)5【鴒】9155 △ 漢レイ 呉リョウ（リャウ） 青 líng ―8289 7279

字義 鶺鴒は、セキレイ科の小鳥。

解字 形声。鳥＋令音。

(16)5【鴫】9156 国字 △ ―2818 3C32

字義 しぎ。水辺にすみ、魚や小虫を食べる。くちばしが長くて、くいなに似た鳥。

難読 鴫山

解字 会意。鳥＋田。田や沢に来る鳥、しぎの意味を表す。

(17)6【鴳】9157 △ 漢アン 呉エン 諫 yàn

字義 ふなしうずら。鴳雀。＝鷃。

解字 篆文 形声。鳥＋安音。

(17)6【鵂】9158 △ 漢キュウ（キウ） 呉ク 尤 xiū

字義 みみずく。フクロウ科の鳥。俗に、頭部に猫の耳に似た長い毛のある鳥。鵄鵂。鵂鳥。鵂鶹。

解字 篆文  形声。鳥＋休音。音符の休は、やすむの意味。日中は樹上に休み、夜に活動する、みみずくの意味を表す。

(17)6【鴻】9159 囚 漢コウ 呉グウ 東 hóng ―2567 3963

筆順 氵 氵 氵 鴻 鴻

字義 ❶おおとり。大きなはくちょう。❷ひしくい。首と背が灰色で、羽は黒く、腹が白い水鳥。大雁。「鴻雁」❸大きい。＝洪。また、さかん。「鴻業」❹強い。❺ひとしい。ひとしくする。

名乗 ひろ 難読 鴻巣

解字 篆文  形声。氵(水)＋鳥＋工音。音符の工は、大きいの意味。大きいみずとり、おおとりの意味を表す。

【鴻恩】大きなめぐみ。大恩。洪恩。

【鴻△雁】①秋に来る渡り鳥の名。かり。大を鴻、小を雁という。一説に、大きいかり。〔唐、王勃、蜀中九日詩〕鴻雁那従二北地一来。②『詩経』小雅の編名。周の宣王の徳をほめた詩で、離散した民を救い安定させたことを述べている。転じて、さすらいの民の苦しさをいう。

【鴻基】大きな事業の基礎。帝王の事業にいう。

【鴻業】大きな事業。主に、帝王の大業をいう。鴻緒。

【鴻荒】大むかし。太古。

【鴻溝】①運河の名。旧河道は、今の河南省滎陽県の北で黄河の水を引き、淮陽県の東南で潁河と結ぶ。劉邦（後の漢の高祖）と楚の項羽が、天下を二分したときの境界。〔史記、項羽本紀〕②転じて、大きなへだたりの意。

【鴻号(號)】大きな名。天子の名をいう。

【鴻△鵠】おおとりや、くぐいなどの大鳥。

【鴻△鵠△之志】英雄や大人物の心のたとえ。偉大なこころざし。〔史記、陳渉世家〕⇩燕雀安知二鴻鵠之志一哉（六九六ページ）。

【鴻△鵠将(將)レ至】先生から物を教わりながら、鳥を射ることを考える。心がうわのそらで、物事に専念しないたとえ。〔孟子、告子上〕

【鴻儒】大学者。大儒。「鴻儒碩学」

【鴻緒】王者が国家を統治する大業。鴻業。また、大きな血すじ。帝王の系統。大統。

【鴻水】おおみず。洪水。

【鴻漸】①おおとりが下から次第に上空に舞いのぼって行くこと。②転じて、位階が次第に昇進してゆくたとえ。鴻序。

【鴻△爪】北地のかりが、ふたたび帰って来たときの目標に雪やどろに、つめあとを残すが、たちまち消えてあとかたもなくなってしまうこと。転じて、人の世の変化して頼みがたいことのたとえ。「雪泥鴻爪」

【鴻藻】大文章。りっぱな文章。

【鴻大】大きい。巨大。洪水。

【鴻図(圖)】①王者の大きなはかりごと。丕図。②大きい領土。

【鴻都】①漢代宮殿の門の名。その内に学校を置き、書物を蔵した。②鴻都客は、鴻都門内に客となっていた者（道士）。一説に、鴻都は仙都と同じで、仙人の都から、この世に来た客ともいう。〔唐、白居易、長恨歌〕

【鴻博】学識豊かなこと。博学多識。

【鴻範】①大きな規模。②『書経』の周書の編名「洪範」のこと。

【鴻飛】①おおとりが飛ぶ。②世俗から超然として高く離れている意。

【鴻筆】大文章を書くこと。また、すぐれた文章。椽大之筆。洪筆。

【鴻名】大きな名誉。また、大きな名。

【鴻毛】おおとりの羽毛。物のきわめて軽いたとえ。〔文選、司馬遷、報二任少卿一書〕死或重二於泰山一、或軽二於鴻毛一。

【鴻△蒙】①天地自然の元気。一説に、海上の気。②広大なさま。天地のまだ分かれない状態。鴻濛。

【鴻△濛】①＝鴻蒙の①。②東方の野。日の出る所という。〔淮南子、俶真訓〕③＝鴻蒙の②

【鴻門】地名。今の陝西省臨潼県の東。昔、劉邦（漢の高祖）と楚の項羽とが会見した所。今、項王営という。「鴻門之会」

【鴻門玉斗】鴻門で漢の高祖と楚の項羽が会見し、ひそかに逃げ去った高祖が項羽の臣の范増に玉のひしゃく一対を贈り物にしたが、范増は剣をぬいてこれをつきくだき、高祖をとり逃がしたことを残念がった故事。〔史記、項羽本紀〕。〔宋、曾鞏、虞美人草詩〕鴻門玉斗紛如レ雪。訳文⇩紛如レ雪（八四五ページ）。

【鴻△猷】大きい道。大きなはかりごと。

【鴻烈】①大きなてがら。大功。偉功。②『淮南子』の別名。

【鴻△臚館】国平安時代に、京都・太宰府・難波に設けられて、外国の来賓を接待した所。〔和漢朗詠集、大江朝綱、餞別〕後会期遥、霑二纓於鴻臚之暁涙一。訳文⇩後会（三八三ページ）。

【鴻△臚寺】唐代の役所の名。外国に関する事務・朝貢（属国がみつぎ物を献上すること）・来聘（外国の使者が来ること）などを処理する。

(17)6【鵁】9160 △ 漢コウ（カウ） 呉キョウ（ケウ） 肴 jiāo ―8290 727A

字義 鵁鶄は、ごいさぎ。鷺の一種。足が長く、頭に冠毛がある。

(17)6【鴴】9161 △ 漢コウ（カウ） 呉ギョウ（ギャウ） 庚 héng ―8291 727B

字義 すずめ。国ちどり（千鳥）。海浜に群がりすむ小鳥。国字で、鵆と書く。

解字 篆文 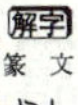 形声。鳥＋交音。音符の交は、すねをまじえる形にかたどる。すねの高い、さきの意味。

(17)6【鴿】9162 △ コウ（カフ） 合 gē

解字 形声。鳥＋行音。

字義 いえばと。鳩の一種。どばと。
解字 篆文 形声。鳥＋合音。

(17)6 【鴟】9163 △ シ 支 chī 8287 7277
字義 とび（鳶）。とんび。＝鵄。「金鴟」
解字 形声。鳥＋至音。

(17)6 【鴾】9164 △ 漢ボウ 呉ム 尤 móu 8292 727C
字義 鴾母は、ふなしうずら。かやぐき。
国 とき。鴇。鴾。
難読 鴾毛

(17)6 【鴷】9165 △ 漢レツ 呉レチ 屑 liè
字義 きつつき。啄木鳥。
解字 形声。鳥＋列音。

(17)6 【鴴】9166 国字 △ 8293 727D
字義 ちどり（千鳥）。チドリ科の総称。
解字 会意。鳥＋行。

(17)6 【鴇】9167 国字 △
字義 とき。＝鴾。㋐鷺に似た鳥で、背は灰色で、羽の裏は淡紅色。㋑ときいろ。ときの羽の裏の色。淡紅色。
解字 形声。もと、鳥＋牟音。牟が日本で変形して、年となった字。

(17)6 【鴟】9168 国字 △ 8294 727E
字義 とび（鳶）。
解字 会意。鳶省＋職省。鳶職の二字の一部分を合わせて、とびのものの意味を表す。

(18)7 【鵝】9169 △ ガ 歌 é 8301 7321
【鵞】同字 8302 7322
字義 ❶がちょう。ガンカモ科の水鳥。雁に似て大きく、羽毛は白く、口ばしは大きくて黄色を帯びている。尾脚は短く、飛べない。鵝鳥。❷軍隊の陣立ての名。

解字 篆文 形声。鳥＋我音。音符の我は、がちょうの鳴き声の擬声語。

【鵝眼】穴のあいている銭に。穴銭。

【鵝湖】山名。江西省鉛山県の北。宋代に鵝湖寺があり、朱熹と陸九淵兄弟とがここで学問上の論争をした。後に、文宗書院が建てられた。「鵝湖之会」

【鵝口瘡】乳児の口の中がただれる病気。

【鵝黄】鵝の雛の羽毛が、黄色で美しいところから、黄色で美しいもののたとえ。柳・酒・菊の色などの形容。

【鵝掌】がちょうの手のひら。足の水かきの肉が美味として珍重される。

【鵝鶩】がちょうと、あひる。

【鵝毛】①がちょうの羽毛。〔唐、白居易、酬₂令公雪中見₁レ贈訝₃不₃与₂夢得₁同相訪₁詩〕雪似₂鵝毛₁飛散乱、人被₂鶴氅₁立徘徊〈雪は、がちょうの羽毛のように、風に吹かれて散乱し、人々は、着物に雪が積もり、鶴の羽ごろもを着たようになって歩きまわっている〉②白くて軽いもののたとえ。雪・柳絮など。→①。③軽少の意。

【換レ鵝】晋の王羲之ががちょうを愛し、その書とがちょうとを交換した故事。籠レ鵝去〔晋書、王羲之伝〕

(18)7 【鵞】9170 △ ガ 鵝（9169）と同字。→上段。 8302 7322

(18)7 【鵟】9171 △ 漢キョウ（キャウ） 呉ゴウ（グヮウ） 陽 kuáng
字義 よたか。ふくろうの一種。国 のすり。くそとび。鷹の一種。
解字 形声。鳥＋狂音。

(18)7 【鵙】9172 △ 漢ケキ・呉キャク 慣ゲキ 錫 jú 8306 7326
【鶪】正字
字義 もず（百舌）。伯労。鳥の名。
解字 篆文 形声。鳥＋貝（狊）音。音符の狊は、その鳴き声の擬声語。鵙は鶪の変形。

(18)7 【鵑】9173 △ ケン 先 juān 8304 7324
字義 ❶杜鵑は、ほととぎす。鵯よりやや大きく、からだはやせて尾が長い。背は淡黄色。腹は白色に黒いすじがある。口は大きくて、内が赤く、晩春にすさまじい声で鳴く。不如帰。❷杜鵑・杜鵑花は、やまつつじ。さつき。山野に自生し、初夏のころ五弁の花を開く。
解字 形声。鳥＋肙音。

(18)7 【鵠】9174 標 2584 3974
□一漢コク・呉ゴク 沃 hú
□二コク 沃 gǔ
□三漢コウ（カウ）・呉ゴウ（ガウ） 皓
字義 □一❶くぐい。白鳥。こうのとり。雁より大きく、羽毛は白く、非常に高い所を飛ぶ水鳥。❷白い。□二❶まと。弓のまとの黒ぼし。「正鵠」❷正しい。あきらか。□三大きい。＝浩。また、白い。

解字 篆文 形声。鳥＋告音。

難読 鵠沼
【鵠企】白鳥のように首を長くしてつま立って望むこと。企は、つまだつ。鵠立。鵠望。

【鵠志】高遠なこころざし。大人物のこころざし。鴻鵠之志
【鵠的】弓のまと。

【鵠髪】しらが。白髪。鶴髪。

【鵠望】＝鵠企。鵠立。

【刻レ鵠不レ成尚類レ鶩】白鳥を彫刻してできそこなっても、あひるには似る。立派な人を学べば、それに及ばずとも、それに近い人間にはなれるというたとえ。〔後漢書、馬援伝〕

(18)7 【鵔】9175 △ シュン 震 jùn
【鵕】同字
字義 鵔鸃は、きんけいちょう（錦鶏鳥）。にしきどり。
解字 篆文 形声。鳥＋夋音。

(18)7 【鵜】9176 標 漢テイ 呉ダイ 斉 tí 1713 312D
字義 がらんちょう（伽藍鳥）。ペリカン。水鳥の一種。鵜鶘。鵜鳥。鵜に似て大きく、羽毛は灰白色。口ばしが長く、あごの下に大きな袋がある。鵜鶘。国 う。ペリカン目の水鳥。巧みに水にくぐって魚をとる。「鵜飼い」
解字 形声。鳥＋弟音。
難読 鵜住居・鵜苫
【鵜呑】国①うが魚を飲むように、かまずに飲みこむこと。まるのみ。②物事をじゅうぶん理解せず、そのまま受け入れること。③原案などをそのまま採用すること。
【鵜目鷹目】国うが魚を、たかが小鳥を鋭い目つきで探すように、熱心に物をさがし求めるさま。

(18)7 【鵐】9177 △ 漢ブ 呉ム 虞 wú 8305 7325
字義 しとど。ほおじろ。また、その類の鳥の総称。巫鳥。
解字 形声。鳥＋巫音。

(18)7 【鵓】9178 △ 漢ホツ・呉ボチ 月 bó 慣ボツ
字義 鵓鴿は、いえばと。鳩の一種。鵓鳩・鵓鴣は、いえばと。鳩の一種。
解字 形声。鳥＋孛音。

(18)7 **【鵤】** 9179 国字 △ ——8303 7323

字義 **いかるが。いかる。**アトリ科の鳥。まめまわし。斑鳩。

参考 この字は中国の辞書に記載がなく、従来、国字とされる。ただし、わが国の『倭名類聚抄』には漢籍（崔禹『食経』）を引いてこの字を掲げ、字音「カク」と示している。

解字 会意。鳥＋嘴省。嘴は、くちばしの意味。黄色のくちばしが目立つ鳥、いかるがの意味を表す。

(18)7 **【鵥】** 9180 国字 △

字義 **かけす。**スズメ目カラス科の鳥。鳩に似て、やや小さく、羽毛はまだらで、羽は紫黒色、毛冠がある。強暴な性質で、小鳥を捕食する。かしどり。

解字 会意。鳥＋判。

(19)8 **【鵷】** 9181 △ 漢エン（ヱン） 呉オン（ヲン） 元 yuān

字義 鳳凰の一種。鵷雛。

解字 形声。鳥＋宛音。

【鵷行】朝廷に列する身分高い官吏の行列のたとえ。鵷雛は姿がのどかにみやびやかであるからいう。鵷班。

【鵷雛】鳥の名。鳳凰の一種。〔荘子、秋水〕南方有レ鳥、其名為二鵷雛一。

【鵷鸞】鵷雛と、鸞鳳と。ともに鳳凰の類。転じて、朝廷に居ならぶ百官のたとえ。

【鵷鷺】鵷雛と、さぎ。その姿が、のどかに、みやびやかであることから、百官が朝廷に居ならぶさまにたとえる。

(19)8 **【鶏】** 9182 常 ケイ にわとり ——2360 375C

(21)10 **〔鷄〕** 9183 人 許 ケイ 斉 jī ——8317 7331

筆順 ⺤ 奚 奚 鶏 鶏

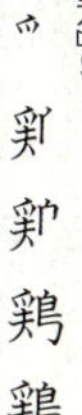

【雞】同字　字義 **にわとり。**くたかけ。家禽の一種。

難読 鶏冠・鶏冠井・鶏冠木・鶏冠木・鶏魚

解字 文 甲骨 文 篆 文 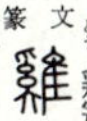 籀 形声。鳥＋奚（奚）音。音符の奚は、つなぐの意味。家畜としてつなぎとめておく鳥、にわとりの意味を表す。雞の籀文。

▼軍鶏・水鶏・闘鶏・野鶏

【鶏冠】①にわとりのとさか。②けいとう。草花の一種。③にわとりの羽毛でかざった冠。

【鶏距】にわとりのけづめ。

【鶏狗】にわとりと犬。

【鶏群一鶴】多くの平凡な人の中で、きわだってすぐれているもののたとえ。鶏群孤鶴。

【鶏犬相聞】鶏の声や犬の声が聞こえる。①国土がせまくて、村里が隣り合っているさま。老子が理想とした、小国寡民の姿を述べた語。『老子』八十に「隣国相望、鶏犬之声相聞」とあるのに基づく。②平和な村里ののどかなようす。〔晋、陶潜、桃花源記〕

【鶏口】にわとりの口。弱小の団体のかしらにたとえる。「寧為二鶏口一、無レ為二牛後一」たとい小さなものであるとしても、そのかしら（鶏口）になる方がよく、大きなものであるとしても、その下（牛後）についてはならない。〔史記、蘇秦伝〕

【鶏子】①にわとりの子。ひな。②たまご。鶏卵。

【鶏塒】にわとりのねぐら。鶏棲。

【鶏黍】にわとりを殺してあつものを作り、きびの飯をたく。人を接待すること。客を心からもてなすこと。『論語』微子編に「止二子路一宿、殺レ鶏為レ黍而食レ之」とあるのに基づく。

【鶏晨】にわとりが夜明けをつげる。夜明け。

【鶏棲】①にわとりのねぐら。鶏栖。②木の名。さいかち。

【鶏棲鳳凰食】鶏のすむねぐらに、鳳凰（天下太平のときにしか現れないという想像上の鳥）が住んで、鶏と一緒に食事する。りっぱな人物が、つまらない人物とともに居ることのたとえ。〔宋、文天祥、正気歌〕

【鶏窓】読書室。書斎。

【鶏頭】①草花の一種。茎は赤青色、にわとりのとさかに似た花を夏から初秋にかけてつける。鶏頭花。鶏冠花。②おにはすの実。

【鶏豚】にわとりと、ぶた。

【鶏皮鶴髪】老人をいう。老人の皮膚のしわ、髪の白いのをたとえていう。鶴は、つる。

【鶏鶩】にわとりとあひる。平凡な人のたとえ。

【鶏鳴】①にわとりの鳴き声。②夜明け。早朝。鶏晨。

【鶏鳴狗盗】戦国時代、斉の孟嘗君が、狗のものまねをする食客（いそうろう）に物を盗ませ、鶏の鳴きまねをする食客によって、函谷関からのがれ帰った故事。転じて、つまらぬ技能のある者のたとえ。〔史記、孟嘗君伝〕

【鶏鳴狗吠】鶏や、犬の鳴き声。〔孟子、公孫丑上〕

【鶏鳴之助】君主が賢婦の内助を受けているのをいう。〔詩経、斉風、鶏鳴〕

【鶏盲】とりめ。夜盲症。

【鶏林】もと新羅の国の別名。のちに、朝鮮全体の称。「鶏林八道」

【鶏肋】①鶏のあばら骨。食べるほどの肉はないが、捨てるには惜しいもの。転じて、価値は少ないが、捨てがたいもののたとえ。〔後漢書、楊修伝〕②鶏のあばら骨のように体が弱く小さいこと。

【割レ鶏焉用二牛刀一】小さなにわとりを料理するのにどうして牛を解体する大きな包丁が必要であろうか。小さな事をなすには、大人物や大きな手段の必要はないというたとえ。〔論語、陽貨〕子之二武城一、聞二弦歌之声一。夫子莞爾而笑曰、——。〈孔子が武城の町に行ったところ、正しい音楽の音色が聞こえてきた。先生はにっこり笑って、「武城のような小さな町を治めるのに国家を治める礼楽を使うまでもあるまい」と言った。〉

(19)8 **【鶂】** 9184 △ 一 漢ゲキ・呉ギャク 錫 yì 二 ゲイ 斉

【鶃】同字　字義 一二 ❶さぎ（鷺）に似た水鳥。❷鶂は、がちょうの鳴く声。

解字 文 篆 形声。鳥＋兒音。

(19)8 **【鵼】** 9185 △ 漢コウ 呉クウ 東 kōng

字義 怪鳥の名。国 **ぬえ**（鵺）。㋐とらつぐみ。鳩に似て、背面は黄赤色、腹面は黄白色で、一面に三日月形の黒い点がある。夜、出て幼児のような鳴き声をたて、その声を聞くと病気になるという。㋑首は猿、からだは虎、尾は蛇に似た、想像上の怪物。㋒転じて、正体のはっきりしないもののたとえ。

解字 形声。鳥＋空音。

(19)8 **【鵾】** 9186 △ コン 元 kūn

字義 **とうまる。**大きな鶏。鵾鶏。＝鶤。

解字 形声。鳥＋昆音。

【鵾弦・鵾絃】琴のつるいと。もの悲しい琴の音をとうまるの鳴き声の悲しげなのにたとえていう。

(19)8 **【鵲】** 9187 △ 漢シャク 呉サク 慣ジャク 薬 què ——8307 7327

字義 かささぎ。ちょうせんがらす。鳥に似て尾が長く、背は黒く、肩羽と腹部は白い。 難読 鵲豆

解字 形声。鳥＋昔音。

【鵲音】喜びの消息。良いたより。

【鵲起】機会をとらえて行動すること。時流に乗じて奮起すること。

【鵲喜】かささぎが鳴きさわぐと、喜びが生ずるという俗伝から、よい事の起こる前兆をいう。

【鵲橋】①かささぎの橋。七夕の夜、織女が鵲に乗って、天の川を渡るという伝説から生じたことば。②国宮中を天上になぞらえて、その階段をいう。

【鵲語】かささぎの声。喜び事の前兆とする。鵲声。

【鵲噪】かささぎがさわぐ。よい事の前兆。鵲喜。

(19)8

【鶉】9188 △ 漢シュン 呉ジュン 眞 chún　8308 7328

字義 ❶うずら。野鳥の一種。大きさは鶏のひなに似て、頭は小さく、尾は短い。背は茶褐色で、腹部は赤く、灰色のまだらがある。❷鶉衣は、うずらの尾のように、短くきれてみすぼらしい着物。❸星宿の名。「鶉火」❹美しい。

解字 金文　篆文　形声。鳥＋享（𦎫）音。音符の𦎫は、厚いの意味。頭が小さく尾が短く、ずんぐりした鳥、うずらの意味を表す。

【鶉衣】つぎはぎした破れごろも。みすぼらしい着物。鶉服。→字義の②。

【鶉火】十二星宿の一つ。南方には井・鬼・柳・星・張・翼・軫の七宿があり、これを朱鳥七宿と呼んでいるが、その首部を鶉首、中部を鶉火、末部を鶉尾という。鶉火は、柳宿から星・張の宿にわたる部分で、昔、周の分野にあたる。

【鶉居】①うずらのように、住居の不定なこと。また、住居に無頓着なこと。〔荘子、天地〕②十二星宿の一つ。井宿から柳宿に至る間をいう。秦の分野にあたるので、関中（今の陝西省地方）をいう。→鶉火。

【鶉首】十二星宿の一つ。南方の井宿から鬼宿・柳宿にわたる部分で、秦の分野にあたる。→鶉火。

【鶉尾】十二星宿の一つ。南方の張宿から翼宿・軫宿にわたる部分で、昔、楚の分野にあたる。→鶉火。

【鶉服】やぶれごろも。鶉衣。

【鶉野】鶉首の分野。唐の都、長安の地を、十二星宿の分野にあてていう。長安は昔の秦の地にあり、鶉首が秦の分野であるからいう。→鶉首・鶉火。

(19)8

【騅】9189 △ スイ 支 zhuī

(19)8

【鵰】9190 △ チョウ（テウ）蕭 diāo

字義 ❶こばと（小鳩）。じゅずかけばと。はとの一種。❷うずら。

解字 文　篆　形声。鳥＋隹音。音符の隹は、ずんぐりした鳥の意味。ずんぐりした形のこばとの意味を表す。

字義 わし。くまたか。猛鳥の一種。全身の羽毛は暗褐色で、口ばしは強大でかぎがたに曲がり、犬や羊をも捕らえて食う。＝［雕］。

解字 形声。鳥＋周音。

【鵰鶚】①猛鳥の名。わし。くまたか。②人の才力の強く雄々しいたとえ。

(19)8

【鶇】9191 △ トウ 東 dōng　8309 7329

字義 つぐみ。形はもずに似て、全身は紫灰色、腹部は黄白色で紫黄色のまだらがある小鳥。山中の穴などにすむ。

参考〔鶇〕は国字。

解字 形声。鳥＋東音。

(19)8

【鵯】9192 △ 一ヒ 支 bēi 二漢ヒツ・呉ビチ 質　8311 732B

字義 一二鵯鶋は、はしぶとがらす。みやまがらす。

国 ひよどり。ひよ。ひえどり。つぐみに似て、尾が長く、足が細く、背は青味を帯びた灰色で、胸腹部には黒いまだらがある。

解字 形声。鳥＋卑音。

(19)8

【鵩】9193 △ 漢フク 呉ブク 屋 fú

字義 みみずく。ふくろう。不吉な鳥とされる。「鵩鳥」

解字 形声。鳥＋服音。

(19)8

【鵬】9194 人　4318 4B32

(19)8

〖鵬〗9195 漢ホウ 呉ボウ 蒸 pēng

筆順 月 朋 朋 鵬 鵬

字義 おおとり。想像上の大鳥の名。〔荘子、逍遥遊〕化而為レ鳥。其名為レ鵬。

名乗 とも・ゆき

解字 形声。鳥＋朋音。音符の朋は、もと、おおとりの象形。鳥を付し、おおとりの意味を表す。

〔鵬〕

【鵬雲】おおとりのつばさのように大きな雲。大きくむらがる雲。

【鵬挙（擧）】おおとりのように遠く高く飛びあがる。

【鵬鯤】想像上の大鳥と大魚。転じて、非常に大きい事物、または英雄のたとえ。〔荘子、逍遥遊〕

【鵬際】おおとりの飛びかける空。遠くはるかな果て。

【鵬雛】おおとりのひな。転じて、やがては大人物となる年少の者をいう。

【鵬程】おおとりの飛んで行くみちのり。遠い道程のたとえ。「鵬程万里」

【鵬図（圖）】おおとりが北から南へ、一挙に飛んで行こうとする大きなはかりごと。転じて、大きな事業・壮志にたとえる。→図南（三三六一）。〔荘子、逍遥遊〕

【鵬翼】①おおとりのつばさ。転じて、大事業をなす計画。②国飛行機。また、飛行機のつばさ。

(19)8

【鵡】9196 標 漢ブ 呉ム 麌 wǔ　4425 4C39

【䳇】同字

字義 鸚鵡は、鳥の名。

解字 形声。鳥＋武音。

(19)8

【鵺】9197 △ ヤ 禡 yè　8312 732C

字義 白鵺は、雉に似た鳥。国 ぬえ（鵼）。

解字 形声。鳥＋夜音。

(19)8

【鶍】9198 国字 △

字義 いすか。アトリ科の小鳥。雀よりやや大きく、嘴は曲がって、上下くいちがう。交喙。「鶍の嘴（物事がくいちがって思うようにならぬたとえ）」

解字 もと、鵙で、鳥＋昃音。日本で書き誤ったもの。

(19)8

【鵗】9199 国字 △

字義 きくいただき。スズメ目の小鳥。めじろほどに小さく、背は緑色、腹は灰色で、雄の頭上は菊花をのせたように見える。

解字 会意。鳥＋宗。宗は、たっといの意味。尊い菊の紋をいただいている、きくいただきの意味を表す。

(20)9

【鶤】9200 △ コン 元 kūn　8314 732E

字義 鳥の名。鶤鶏。㋐とうまる。大きな鶏。＝鵾。㋑鶴に似た大きな鳥。㋒鳳凰の別名。

(20)9

【鶚】9201 △ ガク 薬 è　8313 732D

解字 篆文　形声。鳥＋咢音。

字義 みさご。猛鳥の名。たかの一種。水辺にすみ、魚を捕らえて食う。鴡。

解字 形声。鳥＋咢音。

【鶚視】みさごのようにするどい目つきで見る。

【鶚書】人を推薦する書。鶚表。

【鶚薦】すぐれた人物として推薦すること。→鷙鳥累レ百不レ如二一鶚一（一三五八㌻）。

(20)9
【鶡】9202 △ 漢カツ 呉ガチ 曷 hé

字義 やまどり。雉に似た野鳥。全身、茶褐色で、尾が長い。性質は、勇猛で好戦的、死んでも退かないと信ぜられ、武人は、その勇気にあやかり、隠者は、勇退の意として、その羽毛を冠のかざりとした。「鶡鶏」

解字 文 篆 形声。鳥＋曷音。音符の曷は、褐に通じ、茶褐色の意味。

【鶡冠子】書名。三巻、十九編。作者・成立年代ともに不明。道家の説に基づきながら、法家や兵家の思想もまじえて説く。

(20)9
【鶪】9203 △ ゲキ 鵙(9172)の正字。→一三五三㌻。

(20)9
【鶖】9204 △ 漢シュウ（シウ） 呉シュ 尤 qiū

字義 う。しまつどり。水鳥の名。青黄色で鶴に似て足が長い。中国南方の湖水にすみ、魚を常食とする貪欲な鳥。扶老・禿秋ともいう。

解字 文 篆 体 別 形声。鳥＋秋音。

(20)9
【鶩】9205 △ 一漢ボク・呉モク 屋 mù　二漢ブ・呉ム 遇 wù　8315 732F

字義 一あひる。家畜に飼いならした、まがも（真鴨）の変種。二❶あひる。❷はやい。速く走る。＝騖。

解字 文 篆 形声。鳥＋敄音。

【鶩舲】小舟をいう。水鳥を描いてかざりとしたところからいう。舲は、こぶね。鶩櫂。

【鶩列】あひるのように並ぶこと。また、朝廷の百官の列。

(20)9
【鶫】9206 国字 △　8310 732A

字義 つぐみ。→鶇(9191)。

解字 鶇の字の変形。

(21)10
【鶠】9207 △ 漢アン 呉エン 諫 yàn

字義 ふなしうずら。めうずら。鶉の一種。羽にまだらがなく、腹が白い。＝鴳。国かやくき。かやくぐり。

解字 形声。鳥＋晏音。

【鶠雀】ふなしうずらと、すずめ。共に小鳥の名。転じて、小人物がぺちゃくちゃしゃべるたとえ。

(21)10
【鶯】9208 標 漢オウ（アウ） 呉ヨウ（ヤウ） 庚 yīng　8284 7274
【鸎】同字 【鴬】俗字 1809 3229

字義 ❶鳥の羽の美しいさま。❷からうぐいす。ちょうせんうぐいす。形は、日本のうぐいすよりも大きく、からだは黄色で、羽と尾は黄と黒がまじっている。初春にはじめて鳴き、声は美しい。黄鸝・倉庚・商倉・鸝鶹・博黍・春鳥・報春鳥など、さまざまの別名がある。国うぐいす。形はめじろに似て、背は緑褐色、腹は灰色で、早春きれいな声で鳴く。はるつげどり。

難読 鶯巣

解字 文 篆 形声。鳥＋熒省音。

【鶯衣】うぐいすの羽毛。

【鶯燕】①うぐいすと、つばめ。共に春の鳥。②芸妓。遊女。「鶯燕地（花柳の巷・遊女町）」

【鶯鶯】①うぐいす。②唐の崔氏のむすめの名。美人で名高い。「会真記」「西廂記」などのヒロイン。

【鶯花】①うぐいすと花。春のけしきをいう。②妓女の群れのたとえ。

【鶯歌】うぐいすのさえずる声。鶯韻。鶯吟。鶯語。

【鶯語】うぐいすがさえずる。うぐいすの鳴き声。また、美しい歌声のたとえ。〔唐、白居易、琵琶行〕間関鶯語花底滑

【鶯簧】うぐいすの声を笛の音になぞらえていう。簧は、ふえ。

訳文 間関の④（一一五〇㌻）。

【鶯谷】うぐいすの住んでいる深い谷。転じて、まだ世に出ず不遇の地位にいるたとえ。

【鶯雛】うぐいすのひな。鶯児。

【鶯遷】うぐいすが深い谷から出て高い木に移る。進士の試験に合格すること。また、人の官位の昇進や転居のときに、祝う言葉として用いる語。

【鶯囀】うぐいすがさえずる。鶯弄。

(21)10
【鶲】9209 △ オウ（ヲウ） 東 wēng　8316 7330

字義 ひたき。小型の林鳥で、種類が多い。

(21)10
【鶴】9210 人 漢カク 呉ガク 薬 hè (háo)　3665 4461
【鸖】同字 【靏】俗字

解字 形声。鳥＋翁音。

筆順 𠂉 㠯 隺 鸖 鹤 鶴

字義 ❶つる。首・足・くちばし、ともに長く、全身が白く羽先が黒い。水中の魚を捕らえて食い、鳴き声は気高く、千年の長生きをするといわれる。❷白い色の形容。「鶴髪」❸すき（鋤）の頭部。形がつるに似ているからという。❹陣立ての一つ。左右の翼を張る陣列。「鶴翼」

名乗 ず・たず・つ

難読 鶴羽・鶴来

解字 文 篆 形声。鳥＋隺音。音符の隺は、高くいたるの意味。その声や飛び方が高くて天にまでも至る鳥、つるの意味を表す。

【鶴駕】①皇太子の乗り物。②仙人の乗り物。

【鶴鶴】肥えて光沢のあるさま。また、羽毛の白いさま。〔孟子、梁恵王上〕白鳥鶴鶴。

【鶴企】つるのように首をのばし、足をつまだてること。また、そうして待っていること。鵠企。

【鶴脛雖レ長断(斷)レ之則悲】つるのすねが長いからといって、切って短くしたなら、つるは悲しむだろう。物にはそれぞれ自然に備わった特性があり、他からむやみに手を加えてはならないというたとえ。→鳧脛雖レ短…（一二四九㌻）。〔荘子、駢拇〕

【鶴頸】①つるのくび。②長いくび。また、長い首の人。③花瓶・徳利などの細長いくび。

【鶴軒】①つるが大夫の車に乗っていること。軒は、大夫の車。②さいわいに禄位を得たことをいう謙辞。

【鶴膝】①矛の一種。②作詩上の八病の一つ。第一句の第五字と第三句の第五字とに同声音の字を用いるのをいう。

【鶴首】国①人や便りの来るのを首を長くして待つこと。②白髪頭。③＝鶴頸の③。

【鶴寿(壽)千歳】つるの寿命は千年。長寿を祝うことば。〔淮南子、説林訓〕——、以極二其游一。

【鶴氅】つるの羽で織った衣。羽衣。転じて、雪をかぶった衣にたとえる。〔唐、白居易、酬二令公雪中見レ贈訝レ不下与二夢得一同相訪上詩〕人被二鶴氅一立徘徊。

訳文 鵝毛の①（一三五三㌻）。

【鶴瘦】カクソウ つるのようにやせる。
【鶴汀】カクテイ つるの遊ぶ水辺。静かな水辺。
【鶴媒】カクバイ おとりのつる。野鶴を誘いよせるに用いる、飼いならしたつる。
【鶴髪】カクハツ つるの羽のような白い髪。白髪。〔唐、劉廷芝、代下悲二白頭一翁上詩〕須臾鶴髪乱如レ糸シュユにしてカクハツみだれていとのごとし。訳文⇩宛転エンテンの②(二九九ページ)。
【鶴歩】カクホ つるのようにゆっくりした歩み。
【鶴望】カクボウ 首を長くして望むこと。鵠望コクボウ。鶴企。
【鶴鳴】カクメイ ①つるが鳴く。また、つるの鳴き声。②『詩経』小雅の編名。その詩句から賢人が野にあることのたとえ。↓次項。
【鶴鳴二九皐一声(聲)聞二于天一】つるキュウコウになないてこえ(こゑ)テンにきこゆ つるは、人に知られぬ沢で鳴いても、その声は遠く天にまで達する。転じて、君子は世俗に深くかくれていても、その偉大さが知れわたるたとえ。〔詩経、小雅、鶴鳴〕
【鶴鳴之士】カクメイのシ 用いられないで民間にある賢人。
【鶴翼】カクヨク ①つるのつばさ。②つるが翼を張ったように、中央から左右に長く張った形。「鶴翼之陣カクヨクのジン」
【鶴立】カクリツ ①つるが立つ。②つるのように長く、気高く立っていること。③つるのように首を長くして、待ち望むこと。
【鶴林】カクリン ①寺。寺院。②沙羅双樹サラソウジュの林の別名。釈迦シャカ入滅の時、沙羅双樹がすべて白く変わり、その状態が白いつるのようになったのでいう。
【鶴唳】カクレイ ①つるが鳴く。また、つるの鳴き声。②つるの鳴き声が高くするどいことから、転じて、身のひきしまるような文章やことばをいう。
【鶴翎】カクレイ つるの羽。

(21)10【鷄】(9183) ケイ 鶏(9182)の旧字体。→一二五四ページ。 8317 7331

(21)10【鷁】9211 △ 漢ゲキ 呉ギャク 錫 yì 8318 7332
字義 ❶水鳥の一種。鷺さぎに似て大きく、羽は蒼白色ソウハクショク。風波によくたえて飛ぶ。❷水難よけのために船首に鷁を彫りつけた船。「竜頭鷁首」
解字 形声。鳥＋益音。
【鷁首】ゲキシュ・ゲキス ①鷁の頭。②鷁の形を船首に刻み、または描いた船。「竜頭鷁首」

(21)10【鶱】9212 △ 漢ケン 呉コン 元 xiān
字義 とぶ。とびあがる。鳥の飛ぶさま。
解字 篆文  形声。鳥＋寒省音。

(21)10【鷇】9213 △ 漢コウ 呉ク 宥 kòu
字義 ひな。ひよこ。燕つばめ・雀すずめの子のように親に養われるひよこ。
解字 篆文 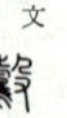 形声。鳥＋㱿音。音符の㱿カクは、殻に同じく、からの意味。からから出たばかりの鳥、ひなの意味を表す。
【鷇音】コウオン・コウイン ひな鳥の鳴き声。人の言葉の是非がはっきりしないことのたとえ。〔荘子、斉物論〕
【鷇食】コウショク 子鳥が母鳥の養いを受けるように、他から恩恵を受けること。〔荘子、天地〕

(21)10【鶻】9214 △ 一 漢コツ・呉コチ 月 gǔ 二 漢コツ・呉ゴチ 月 hú 8319 7333
字義 一 いかるが。あさなきどり。 二 ❶はやぶさ。くまたか。❷回鶻カイコツは、北方の異民族の名。ウイグル。
解字 篆文  形声。鳥＋骨音。
【鶻突】コツトツ・コットツ あいまいにしておくこと。はっきりしないままにごまかしておくこと。糊塗コトの転音。
【鶻圇・鶻淪】コツリン 明らかでないさま。渾沌コントン。

(21)10【鶸】9215 △ 漢ジャク 呉ニャク 薬 ruò 8320 7334
字義 とうまる。たうまる。鶏の一種。しゃもよりは大きく、猛鳥。
国 ひわ。ひは。小鳥の一種。すずめに似ていて、羽毛は青黄色、よくさえずる。
解字 形声。鳥＋弱音。

(21)10【鶺】9216 △ 漢セキ 呉シャク 錫陌 jí 8321 7335
字義 鶺鴒セキレイは、㋐水辺にすむ小鳥の一種。形は燕つばめに似て、尾が長く、それを上下に動かす性質がある。いしたたき。いもせどり。㋑鶺鴒はよく二羽がつれだつことから、転じて、兄弟のたとえ。
解字 形声。鳥＋脊音。

(21)10【鶬】9217 △ 一 ソウ(サウ) 陽 cāng 二 漢ショウ(シャウ) 呉ソウ(サウ) 陽 qiāng
字義 一 ❶まなづる。鶴つるに似て、全身あおい色、または、灰色で、両ほお(頰)が、べに色の鳥。鶬鶴ソウカク。鶬鶏ソウケイ。❷九頭九尾の鳥。鶬鴰ソウカツ。❸鶬鸆ソウオウ・鶬鴳ソウコウは、ちょうせんうぐいす。 二 ❶金属のかざりの形容。❷おきて。方式。節度。❸鶬鶬ソウソウは、声のやわらぐさま。
解字 篆文  形声。鳥＋倉音。音符の倉は、蒼ソウに通じて、あおいの意味。あおい色をした、まなづるの意味を表す。

(21)10【鷏】9218 △ 漢テン 呉デン 先 tián 8322 7336
字義 よたか。蚊吸鳥かすいどり。蚊母鳥ブンボチョウ。
〔鷆〕俗字 8323 7337
解字 形声。鳥＋眞音。

(21)10【鷆】9219 △ テン 鷏(9218)の俗字。→前項。 8323 7337

(21)10【鷂】9220 △ 一 ヨウ(エウ) 嘯 yào 二 ヨウ(エウ) 蕭 yáo 8324 7338
字義 一 はしたか。はいたか。めたか。鷹たかの一種。鷹たかよりも小さく、背は黒く、腹に赤白または黄黒のぶちがある。 二 いろきじ。五色の雉きじ。
解字 篆文 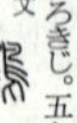 形声。鳥＋䍃音。

(22)11【鷖】9221 △ 一 エイ 斉 yī 二 エイ 霽 yì
字義 一 ❶かもめ。❷鳳凰ホウオウの別名。 二 青黒い色。
解字 篆文 形声。鳥＋殹音。

(22)11【鷗】9222 標 漢オウ 呉ウ 尤 ōu ［鴎］ 1810 322A
［鴎］簡易
字義 かもめ。全身、灰白色で、海上に飛び、魚を捕らえて食う。
解字 篆文  形声。鳥＋區音。音符の區クは、区分けするの意味。全身が灰白色で、きわだった鳥、かもめの意味を表す。
【鷗洲】オウシュウ かもめの居る洲す。洲は、川のなかす。
【鷗渚】オウショ ＝鷗汀オウテイ。
【鷗汀】オウテイ かもめのいる水ぎわ。鷗渚オウショ。
【鷗盟】オウメイ ①隠居してかもめを友とする。②俗世間に無縁のまじわり。風流な交際。

(22)11【鷟】9223 △ 漢サク 呉ザク 覚 zhuó
字義 鸑鷟ガクサクは、紫色の神鳥。鳳凰ホウオウの一種。また、鴨かもに似た水鳥。
解字 篆文  形声。鳥＋族音。

(22)11 【鷙】9224 △シ 寘 zhì 8325 7339

字義 ❶あらどり。わし・たかなど、猛鳥の総称。猛禽(モウキン)。❷うつ(撃)。❸あらあらしい。たけだけしい。❹疑う。

解字 文 篆 形声。鳥＋執㊟。音符の執は、とらえるの意味。他の生物をとらえる鳥の意味を表す。

【鷙悍】シカン 強くて荒々しい。

【鷙強・鷙彊】シキョウ たけだけしく強い。

【鷙虫(蟲)】シチュウ 猛鳥と猛獣。虫は鳥獣をいう。

【鷙鳥】シチョウ ①たけだけしい鳥。猛鳥。②つばめの別名。

【鷙鳥累百不如一鶚】シチョウヒャクをかさぬるもイチガクにしかず 無能の者が百人集まっても、一人の有能な士には及ばないというたとえ。→鶚薦(一二五六ページ)。〔漢書、鄒陽伝〕

【鷙勇】シユウ 荒くて強い。猛勇。悍勇(カンユウ)。

(22)11 【鷓】9225 △シャ 禡 zhè 8326 733A

字義 鷓鴣(シャコ)は、キジ科の鳥。大きさは鶉(うずら)ぐらいで、褐色、胸に白いまだらがある。やまうずら。〔唐、李白、越中懐古詩〕宮女如花満春殿、只今惟有鷓鴣飛(キュウジョははなのごとくシュンデンにみちしが、ただいまただシャコのとぶあるのみ)。〈(越の国では)宮女たちは花のように春の御殿に満ちあふれていたが、今ではただ鷓鴣があたりをさびしく飛んでいるだけである〉

難読 鷓鴣菜(まくり)

解字 文 篆 形声。鳥＋庶㊟。

(22)11 【鷕】9226 △ 一ヨウ(エウ) 篠 yǎo 二漢イ(ヰ)・呉ユイ 紙 wěi

字義 一二鳴く。雌の雉(きじ)が鳴く。また、その声の形容。

解字 文 篆 形声。鳥＋唯㊟。

(23)12 【鷸】9227 △ 漢イツ(ヰツ) 呉イチ(ヰチ) 質 yù 8327 733B

字義 ❶しぎ。水鳥の一種。形は水鶏(くいな)に似て、堅く長いくちばしと足をもつ。背は灰色で、小さい白点があり、胸・腹は白い。常に田・沢にすみ、虫・魚を捕らえて食う。❷かわせみ(かはせみ)。くちばしは長大、羽色は青色で美しい。雨の降るのを予知するという。天文係の役人など、その羽で冠をかざった。「鷸冠」❸速く飛ぶさま。

解字 文 篆 形声。鳥＋矞㊟。

【鷸蚌之争(爭)】イツボウのあらそい(ひ) しぎとからす貝とが争っているうちに、漁夫に捕らえられたという故事。両者が争ううちに、第三者にその利益を横取りされるたとえ。漁父之利(ギョフのリ)。〔戦国策、燕〕

(23)12 【鷳】9228 △ 漢カン 呉ゲン 刪 xián

【鷴】同字

字義 ❶はっかん(白鷳)。雉(きじ)の一種。羽毛は白くて黒点があり、尾が長い。くちばしとつめは赤い。長江以南に多い。❷とび。

解字 文(鷴) 篆 形声。鳥＋閑㊟。

(23)12 【鷮】9229 △キョウ(ケウ) 蕭 jiāo

字義 やまどり。おおやまどり。おながきじ。雉(きじ)の一種。尾が長く、走りながらよく鳴く。

解字 文 篆 形声。鳥＋喬㊟。

(23)12 【鷲】9230 標 漢シュウ(シウ) 呉ジュ 宥 jiù 4741 4F49

字義 わし。全身黒く、猛鳥の代表的なもの。

難読 鷲羽(わしう)・鷲見(すみ)・鷲敷(わじき)

解字 文 篆 形声。鳥＋就㊟。

【鷲山】ジュセン 仏霊鷲山(リョウジュセン)の略。インド摩訶陀(マカダ)国、王舎城の東北にあり、山頂が鷲に似ているから名づけた。釈迦(シャカ)はこの山で『法華経(ホケキョウ)』を説いた。

【鷲嶺】ジュレイ・ジュリョウ 仏＝鷲山。→前項。

(23)12 【鷦】9231 △ショウ(セウ) 蕭 jiāo 8328 733C

字義 ❶鷦鷯(ショウリョウ)は、さざき。みそさざい。たくみどり。大きさは雀(すずめ)ぐらいで、草むらの間をすばやく飛びかける。巣の作り方が巧み。巧雀(コウジャク)・女匠・韈雀(ベツジャク)・桃虫・黄雀ともいう。❷鷦鵬(ショウホウ)は、南方の神鳥。鳳凰(ホウオウ)の類。

解字 文 篆 形声。鳥＋焦㊟。

【鷦鷯巣(巢)於深林不過一枝】ショウリョウはシンリンにすくう(ふ)もイッシにすぎず みそさざいは林に巣を作るが、巣に必要な枝は一本にすぎない。人はおのおのその分に安んずべきであるというたとえ。〔荘子、逍遥遊〕

(23)12 【鷭】9232 △ 漢ハン・呉ボン 元 fán 慣バン 8329 733D

字義 鷭鵃(ハンチュウ)・鷭鴀(ハンプ)は、鳥の名。国バン。クイナ科の水鳥。沼の草むらや水田に住み、たくみにおよいで、人の笑い声に似た声で鳴く。

解字 形声。鳥＋番㊟。

(23)12 【鷩】9233 △ 漢ヘツ 呉ヘチ 屑 biē

字義 きんけいちょう。にしきどり。やまどりに似た野鳥。首は緑、腹は赤、黄色の冠がある。金鶏(キンケイ)・錦鶏(キンケイ)・赤雉(セキチ)ともいう。

解字 文 篆 形声。鳥＋敝㊟。音符の敝(ヘイ)は、やぶれるの意味。一つの色でなく、緑・赤・黄などが美しくまじる、きんけいちょうの意味を表す。

(23)12 【鷯】9234 △リョウ(レウ) 蕭・嘯 liáo 8330 733E

字義 ❶鷦鷯(ショウリョウ)はみそさざい。さざき。茶褐色の小鳥。❷刀鷯は、よしきり。よしわらすずめ。ウグイス科の小鳥。

解字 文 篆 形声。鳥＋尞㊟。

(24)13 【鷾】9235 △イ 寘 yì

字義 鷾鴯(イジ)は、つばめ。

解字 形声。鳥＋意㊟。

(24)13 【鷽】9236 △ 漢カク 呉ガク 覚 xué 8331 733F

字義 ❶おなが。山鵲(サンジャク)。かささぎに似て、色が黒く、まだらが美しい。くちばし・足が赤い。❷鷽鳩(ガクキュウ・カクキュウ)は、こばと。小さい鳩(はと)。国うそ。うそどり。小鳥の一種。雀(すずめ)よりやや小さく、くちばしは短く、黒い。頭・尾は深黒、首は深紅、体は赤味を帯びた灰色。悲しげな声で鳴く。

解字 文 篆 形声。鳥＋學省㊟。

【鷽鳩】ガクキュウ・カクキュウ ①こばと。小さなはと。じゅずかけばと。②転じて、小人物のたとえ。

【鷽鳩笑鵬】ガクキュウホウをわらう(ふ) 小さいはとがおおとりの九万里も高く上って遠く飛ぶのを笑う。小人がかえって大人物の行為がわからないたとえ。〔荘子、逍遥遊〕

(24)13 【鷫】9237 △ 漢シュク 呉スク 屋 sù

字義 鷫鷞(シュクソウ)は、㋐西方の神鳥。鳳凰(ホウオウ)の類。㋑渡り鳥の名。雁(ガン)に似て、首が長く、羽毛は緑色。皮で裘(かわごろも)を作る。

解字 文 篆 形声。鳥＋肅㊟。

(24)13 【鸇】9238 △セン 先 zhān

字義 鸇(ヨウセン)」はやぶさ。さしば。猛鳥の一種。とびの類。鸇風(シンプウ)。「鷹
解字 篆文 形声。鳥＋亶音。

(24)13 【鸊】9239 △ 漢ヘキ 呉ビャク 錫 pì
【鷿】同字
字義 鸊鷉(ヘキテイ)・鸊鷈(ヘキテイ)・鸊鵜(ヘキテイ)は、かいつぶり。にお(鳰)。鴨(かも)に似て小さく、水辺にすんで、葦(あし)などで水上に巣を作る。
解字 篆文 形声。鳥＋辟音。

(24)13 【鸒】9240 △ ヨ 御魚 yù
字義 はしぶとがらす。みやまがらす。からすに似て小さく、腹の下が白い。からすの一種。
解字 篆文 形声。鳥＋與音。音符の與(ヨ)は、ともにするの意味。むれをつくる鳥、はしぶとがらすの意味を表す。

(24)13 【鷹】9241 人 漢ヨウ 呉オウ 蒸 yīng　3475 426B
筆順 广 广 庐 雁 鹰 鷹
字義 たか。猛鳥の代表的なもの。征鳥・題肩・蒼鳥(ソウチョウ)・擊征ともいう。

解字 金文 篆文 形声。鳥＋雁音。音符の雁(ヨウ)は、胸のところにたか狩のたかをあてるの意味。鳥を付し、たか狩のためのたかの意味を表す。

【鷹眼】(ヨウガン) たかの目。また、するどい目のたとえ。

【鷹撃(擊)】(ヨウゲキ) ①たかが羽ばたきする。②民を治めるのにきびしいことのたとえ。

【鷹犬】(ヨウケン) ①たかと犬。ともに猟に用いるもの。②手先に使って、自分に反するものを排撃させる者のたとえ。悪事の手先。③使役するに足る才能のある者のたとえ。

【鷹視】(ヨウシ) たかのようなするどい目つき。

【鷹△觜】(ヨウシ) ①たかのくちばし。②茶の別名。

【鷹△鸇】(ヨウセン) ①たかと、はやぶさ。②他を害する強い力のある者のたとえ。

【鷹△鸇志】(ヨウセンのこころざし) たかや、はやぶさが小鳥をとるように、たけだけしい意志。

【鷹△爪】(ヨウソウ) ①たかのつめ。②茶の芽の別名。また、上等のお茶の名。

【鷹風】(ヨウフウ) 秋風をいう。

【鷹揚】(ヨウヨウ) ①たかが空に飛びあがるように、ゆったりと力強くて武勇を示すこと。②強い兵士。③文学などで一世に名をなすこと。④国(オウヨウ) こせこせしないこと。欲ばり争わないこと。恬淡(テンタン)。「大様(おおよう)」のなまり。

(24)13 【鷺】9242 標 漢ロ 呉ル 遇 lù　2677 3A6D
字義 さぎ。全身が白く、水辺にすんで魚類を捕らえて食う水鳥。雪客・白鳥・雪鷺・糸禽(シキン)・舂鋤(ショウジョ)ともいう。

解字 篆文 形声。鳥＋路音。音符の路は、露に通じ、白いの意味。全身が白い、さぎの意味を表す。

【鷺羽】(ロウ) しらさぎのはね。また、それで作った舞のかざし。

【鷺△鷥】(ロシ) さぎ。しらさぎ。

【鷺△洲】(ロシュウ) 白鷺洲(ハクロシュウ)の略。江蘇(コウソ)省南京市外の西南、長江にあった中洲(なかす)。

【鷺序】(ロジョ) 朝廷における役人の席順。さぎの飛ぶのに順序があることからいう。

【鷺△汀】(ロテイ) さぎの立つなぎさ。さぎのいる水辺。

(25)14 【鸎】9243 △ オウ 鶯(9208)と同字。→一二五六ページ。

(25)14 【鸑】9244 △ ガク 覚 yuè
字義 鸑鷟(ガクサク)は、㋐神鳥で、鳳凰(ホウオウ)の一種。㋑水鳥の名。鴨(かも)に似る。
解字 篆文 形声。鳥＋獄音。

(25)14 【鸐】9245 △ 一 漢テキ 呉ジャク(ヂャク) 錫 dí 二 漢タク 呉ダク 覚 zhuó
字義 一二 やまどり。尾長鳥。雉(きじ)に似て、雌雄で毛色が異なり、雄は全身紅黄・紅黒のまだらがあり、雌は黒色微赤で、尾が短い。山野にすむ。「鸐雉(テキチ)」
解字 形声。鳥＋翟音。音符の翟(テキ)は、きじの意味。

(27)16 【鸕】9246 △ 漢ロ 呉ル 虞 lú
字義 鸕鷀(ロジ)は、う。しまつどり。かもに似て黒く、のどは白い。水をくぐって魚を捕らえることがたくみである。
難読 鸕鷀草葺不合尊(うがやふきあえずのみこと)
解字 篆文 形声。鳥＋盧音。

(28)17 【鸚】9247 標 漢オウ(アウ) 呉ヨウ(ヤウ) 唐イン 庚 yīng　8332 7340
字義 ❶おうむ(あうむ)。熱帯地方に産する鳥。人語をまねる。能言鳥。鸚鵡(オウム)。鸚䳇(オウム)。鸚母(オウム)。❷鸚螺(オウラ)は、おうむ貝。鸚鵡貝(オウムがい(ひ))。まき貝。❸鸚哥(オウカ)は、インコ。インド地方に産する羽毛の美しい鳥。人語をまねる。

解字 篆文 形声。鳥＋嬰音。

【鸚△猩】(オウセイ) おうむと、しょうじょう。ともに人語をまねる動物。

【鸚舌】(オウゼツ) おうむの舌。ことばたくみによくしゃべること。

【鸚△鵡△洲】(オウムシュウ) 今の湖北省武漢市の西南の長江にあった中洲(なかす)。〔唐、崔顥、黄鶴楼詩〕芳草萋萋鸚鵡洲(ホウソウセイセイたり オウムのシュウ)。訳文⇩晴川の②（五二〇ページ）。

【鸚△鵡石】(オウムセキ) ①うすい黄緑色を帯びた孔雀(クジャク)石の一種。②国㋐物音を反響する石。㋑役者のせりふをぬき書きした本。

【鸚△鵡杯】(オウムハイ・オウムのさかずき) 酒杯の名。南海に産する貝で作り、形がおうむに似る。〔唐、盧照鄰、長安古意詩〕翡翠屠蘇鸚鵡杯(ヒスイのトソ オウムのさかずき)。

(29)18 【鸛】9248 △ カン(クワン) 翰寒 guàn [鸛]　8333 7341
字義 こうのとり(こふのとり)。こうづる。鶴(つる)に似ているが、頭が赤くない。全身灰白色、翼・尾は黒色。
解字 形声。鳥＋雚音。音符の雚(カン)は、こうのとりの象形で、こうのとりの意味で、鸛の原字。
【鸛△鵲】(カンジャク) かささぎ。鸛雀(カンジャク)。
【鸛△鵲楼(樓)】(カンジャクロウ) 山西省永済県蒲州(ホシュウ)鎮にあった三層の楼の名。東南に中条山、眼下に黄河の流れを見る名勝。鸛雀楼とも書く。その名は、この楼にかささぎが巣をかけたことに由来する。〔唐、王之渙、登二鸛鵲楼一詩〕

(30)19 【鸞】9249 標 ラン 寒 luán　8334 7342
字義 ❶鳳凰(ホウオウ)の一種。形は鶏に似て、羽毛は赤色を主として五色がまじり、声は音楽的で美しいという。❷天子の乗る車につけた鈴。鸞鈴。また、その鈴をつけた天子の車。❸天子のものに冠する語。「鸞殿」
解字 篆文 形声。鳥＋䜌音。音符の䜌(ラン)は、鑾(ラン)に通じ、鈴の音を表す擬声語で、天子の車につける鈴の意味。鳥を付し、天下太平のときに現れる神鳥の意味を表す。
【鸞△駕】(ランガ) 天子の乗り物。

【鸞△翮】ラン カク 鸞の翼。達人をたとえていう。

【鸞旗】ラン キ 天子の車にたてる旗。鸞の形をした鈴をかけてかざった旗。馬が動けば鈴が鳴って、歩調を合わす。

〔鸞旗〕

【鸞鏡】ラン キョウ 鸞鳥を背面に刻んだ鏡。鸞鳥は夫婦仲がよい鳥で、鏡に映った自分の姿を相手と思い、慕って鳴きながら死んだ故事による。

【鸞車】ラン シャ 舜シュン帝テイの乗った車。また、天子の車。

【鸞△翔△鳳集】ランショウ ホウシュウ すぐれた才能の人物が多く集まっているたとえ。

【鸞台（臺）】ラン ダイ ①旅行の途中にたちよった地。②唐代、門下省の別名。鸞掖ランエキ。

【鸞殿】ラン デン 天子の御殿。

【鸞刀】ラン トウ 鸞鳥の形の鈴をつけた刀。昔、牲いけにえを裂くのに用いたもの。

【鸞△鳳】ラン ポウ 神鳥の名。転じて、㋐すぐれた士や有徳の君子のたとえ。㋑同志の友のたとえ。㋒仲のよい夫婦のたとえ。

【鸞△輿】ラン ヨ 天子の乗り物。鸞駕ランガ。

【鸞路・鸞△輅】ラン ロ 天子の車。鸞車。路・輅は、天子の車。

【鸞△鷺】ラン ロ 貴人・顕官のりっぱな姿のたとえ。

【鸞和】ラン カ／ワ ラン 天子の車につける金の鈴。

(30)19 【鸝】 9250 △ リ 因 lí

字義 黄鸝コウリは、ちょうせんうぐいす。鶯うぐいすの一種。つぐみほどの大きさで、全身黄色。朝鮮・台湾に多く、飼い鳥とされる。黄鶯コウオウ・倉庚ソウコウ。

解字 形声。鳥＋麗㊥。

11 鹵部

〔部首解説〕ろ。しお。鹵ロを意符として、しお・塩分に関する文字ができている。

鹵 一二六〇　8 鹸 一二六〇　9 鹹 一二六〇　10 鹺 一二六〇　13 鹼 一二六〇　14 鹽 一二六〇

(11)0 【鹵】 9251 △ 漢ロ 呉ル 麌 lǔ 8335 7343

字義 ❶しおつち。塩分を含んだ土地。「鹵田」❷しおしお。岩塩。天然の塩。❸やせち。あれち。作物などの育たない土地。不毛の地。❹おろそか。かろがろしい。かりそめ。❺おろか（愚）。❻うばう（奪）。かすめる（掠リャク）。「鹵獲カク」❼たて。矢をふせぐための道具。「鹵簿ボ」

解字 金文 篆文 象形。袋に包んだ岩塩の象形で、しお・しおを含んだ西方の荒地の意味を表す。

【鹵獲】ロ カク 敵の軍用品などをうばい取る。また、その品物。

【鹵田】ロ デン 塩分を含む、やせ地。

【鹵鈍】ロ ドン おろか。愚鈍。

【鹵簿】ロ ボ 天子の行列。鹵は、行幸のとき先導に用いる大盾おおだて。簿は、行列の順序をしるす帳簿。

【鹵△莽】ロ モウ／ボウ ①粗末。おろそか。②塩分を含んだ土地と草の多い野原。③はっきりしない様子。

【鹵△掠】ロ リャク かすめ取る。うばい取る。

(19)8 【鹸】 9252 簡 ケン 鹼（9255）の簡易慣用字体。→中段。 2420 3834

(20)9 【鹹】 9253 △ 漢カン 呉ゲン 咸 xián 8336 7344

字義 ❶しおからいしおからし。にがい（苦）。❷しおけしおけ。塩気。塩分。

解字 篆文 形声。鹵＋咸㊥。音符の咸カンは、大声を出しつくすの意味。強い塩からさの意味を表す。

【鹹苦】カン ク 塩からく、苦い。

【鹹湖】カン コ 塩分をふくんだ湖。鹹水湖。↔淡水湖。

【鹹水】カン スイ 塩水。海水。↔淡水。

【鹹泉】カン セン 塩分をふくんだ泉。

【鹹地】カン チ 塩分をふくんだ土。あれ地。鹹土。

【鹹△鹵】カン ロ 塩分をふくんだ土地。あれ地。

(21)10 【鹺】 9254 △ 漢サ 呉ザ 歌 cuó

字義 ❶しおけ（塩気）。濃い塩気。❷しお。

解字 篆文 形声。鹵＋差（㚇）㊥。

(24)13 【鹼】 9255 標 一 漢カン・呉ゲン 豏 jiǎn 二 セン 塩 慣ケン [鹸] 2420 3834

【鹸】易 簡

字義 一しおけ（塩気）。地質の中に含まれている塩分。二❶しおみず（塩水）。❷あく。灰を水にとかしてこしたうわずみ。❸石鹼セッケン。

解字 篆文 形声。鹵＋僉㊥。鹵は、袋に入れた塩の象形。音符の僉ケンは、険に通じ、けわしいの意味。舌に刺激の強いしおの意味を表す。

(25)14 【鹽】 (1293) エン 塩（1292）の旧字体。→二四〇ジ。 8337 7345

11 鹿部

〔部首解説〕しか。鹿ロクを意符として、鹿しかの種類や鹿に似た動物の名称などを表す文字ができている。

鹿 一二六〇　2 麀 一二六一　麁 一二六一　麂 一二六一　4 麃 一二六一
5 麇 一二六一　麈 一二六一　6 麋 一二六一　7 麐 一二六一　麕 一二六一
8 麒 一二六一　麔 一二六二　麑 一二六二　麗 一二六二　麓 一二六二
9 麛 一二六三　10 麝 一二六三　11 麞 一二六三　12 麟 一二六三　13 麟 一二六三
22 麤 一二六三

鑾→金部 一一四〇ジ。

(11)0 【鹿】 9256 囚 ロク 屋 lù 2815 3C2F

筆順 广 户 户 庐 鹿 鹿

【庻】俗字

字義 ❶しか。か。かせぎ。動物の名。森林にすみ、おとなしい性質で、走るのが速い。雄には角がある。❷帝王の位のたとえ。「逐鹿」❸こめぐら。四角いこめぐら。丸いのは囷キンという。❹ふもと。＝麓ロク。

国 しし。しか・いのししなどの総称。

難読 鹿屋かのや・鹿家しかか・鹿角かづの・鹿角菜つのまた・鹿西ろくせい・鹿子生おかこ・鹿沼かぬま・鹿折ししおり・鹿渡かど・鹿尾菜ひじき・鹿又かのまた

解字 甲骨文 篆文 象形。甲骨文でわかるように角のある雄しかの象形で、しかの意味を表す。

【鹿△苑】ロク エン ①しかを放し飼いにしている園。②仏ロクオン 鹿野苑ロクヤオンの略。釈迦シャカが初めて説法した所。多くのしかがいた所なのでいう。

【鹿角】ロッ カク ①しかの角。②さかもぎ。木や竹を組み合わせて敵を防ぐもの。鹿柴ロクサイ。

【鹿△柴】ロク サイ ①しかを飼う園のさく。②さかもぎ。竹や木を組み立てて敵の侵入を防ぐもの。③盛唐の詩人、王維の別荘中の名勝。輞川モウセン二十景の一つ。しかを飼っていたのでいう。

〔唐、王維、鹿柴詩〕

【鹿△砦・鹿△寨】ロクサイ さかもぎ。＝鹿柴の②。

【鹿△幘】ロクサク しかの皮で作った頭巾。隠士がかぶった。

【鹿死不レ択（擇）レ音】しかのシするオンをえらばず しかはふだんやさしい声で鳴くが、死の迫ったときは声をかまわず、悪い声で鳴く。転じて、危急の迫ったとき節度を失うたとえ。〔左伝、文公十七〕

【鹿死△誰手二】しかたがてにシする 天下の形勢が乱れて勝負がまだきまらない。天下は誰のものになるだろうかということのたとえ。〔晋書、石勒載記下〕

【鹿△豕】ロクシ しかと、いのこ。

【鹿車】ロクシャ 一頭のしかを入れるほどの小さい車。

【鹿△茸】ロクジョウ しかの若づの。しかのふくろづの。まだ皮をかぶったままの新しいしかのつの。漢方薬に用いる。

【鹿台（臺）】ロクダイ 殷の紂王が財宝をたくわえた倉の名。

【鹿△苹△之歓（歡）】ロクヘイのカン しかが仲よく鳴きかわし、野のよもぎ（苹）を楽しげにたべていること。転じて、賢人の集まった楽しい宴会のたとえ。〔詩経、小雅、鹿鳴〕

【鹿△麛】ロクベイ しかと、かのこ。麛は鹿の子。

【鹿鳴】ロクメイ 『詩経』の小雅にある編名。群臣や賓客をもてなすときの宴会の詩。

【鹿鳴館】ロクメイカン 国明治十六年（一八八三）ごろ、華族や外国人の社交クラブとして東京麹町山下町（今の千代田区内幸町）に設けた建物。当時、西洋風俗模倣の中心となった。

【鹿鳴△之宴】ロクメイのエン 唐代、官吏登用試験に及第して都に行く者をおくる送別の宴。『詩経』の鹿鳴の詩を歌うのでいう。

【鹿毛】ロクモウ ①しかの毛。②国かげ しかの毛のような色の馬。

【鹿門山】ロクモンザン 湖北省襄樊市の東南にある山。後漢の末、龐徳公が妻子と共に薬を採りに入り、また、盛唐の詩人、孟浩然もこの山に隠居した。

【鹿△盧】ロクロ ①物をひいたり、つるし上げたりするのに用いる滑車。②鹿盧形の玉飾りのある剣。③棗の一種。

【鹿鹿】ロクロク 平凡なさま。碌碌。

【△謂レ鹿為（爲）レ馬】しかをいいてうまとなす 秦の趙高が鹿を馬と言い張った故事。無理じいをするたとえ。以レ鹿為レ馬。指レ鹿為レ馬。〔史記、秦始皇本紀〕

【逐レ鹿】しかをおう（ふ） 天子の位を得ようとすること。転じて、政権などを得ようと争うこと。→中原之鹿（二九八ページ）

【逐レ鹿者不レ見レ山】しかをおう（ふ）ものはやまをみず 利欲を得ることに熱中するものは道理を忘れるのたとえ。〔虚堂録〕

【逐レ鹿者不レ顧△兎】しかをおう（ふ）ものはうさぎをかえりみず 大利に志すものは小利を問題にしないことのたとえ。〔淮南子、説林訓〕

(13) 2 【麅】9257 △ キ 紙 jǐ

字義 鹿の一種。のろ（麇・麞）に似て大きく、その眼は菱形をなす。おおのろ。

解字 形声。鹿＋几音。

(13) 2 【麄】9258 △ ソ 麤（9276）の俗字。→一二六三ページ。 8338 7346

(13) 2 【麀】9259 △ 漢ユウ（イウ） 呉ウ 尤 yōu

字義 めじか。雌のしか。↕麌（雄のしか）。

【麀△牡】ユウボウ めじかとおじか。

【△聚レ麀】ユウをともにす 父子のしかが一匹のめじかを共有する。親子夫婦の別なく、乱れることのたとえ。麀聚。〔礼記、曲礼上〕

解字 篆文 会意。鹿＋牝省。牝は、めすの意味。めじかの意味を表す。

(15) 4 【麃】9260 △ 一 漢ホウ（ハウ） 呉ボウ（バウ） 肴 páo 二 ヒョウ（ヘウ） 蕭 biāo

字義 一 おおしか。大鹿。なれしか。二 ❶いちご（莓）。❷くさぎる。草をのぞきとる。耘。❸麃麃は、㋐たけく勇ましいさま。〔詩経、鄭風、清人〕駟介麃麃。㋑さかんなさま。〔漢書、劉向伝〕雨雪麃麃。

解字 篆文 形声。鹿＋㶾省音。音符の㶾は、票の原字で、火の粉が飛ぶの意味。飛ぶように速い鹿の意味を表す。

(16) 5 【麇】9261 △ 一 キン 真 jūn 二 漢クン・呉グン 文 qún

【麕】同字 8343 734B

【麏】同字

字義 一 のろ。くじか。鹿に似ているが、小さくて角が短い。性質がおとなしい。二 むらがる（群）。寄り集まる。＝群。

解字 金文 篆文 籀文 形声。鹿＋禾（囷）音。

(16) 5 【麈】9262 △ シュ 麌 zhǔ 8339 7347

字義 ❶おおしか（大鹿）。となかいの類で体の大きいもの。その尾は払子を作るのに用いる。❷払子。「麈尾」

解字 篆文 形声。鹿＋主音。

【麈尾】シュビ 払子。麈（大鹿）の尾はよく塵をさけるといい、また、鹿が麈の尾が転ずるのを見てそれに従いゆくという伝説により、禅僧などがその尾で払子を作り、談話のときなどに手に持ってふるう。

(17) 6 【麋】9263 △ 漢ビ 呉ミ 支 mí 8340 7348

字義 ❶となかい。なれしか（馴鹿）。おおしか。❷くだける。❸ただれる。❹ほとり。みぎわ（水際）。＝湄。〔詩経、小雅、巧言〕在二河之麋一。❺香草の名。おんなかずら。

解字 甲骨文 篆文 形声。鹿＋米音。

【麋沸】ビフツ さわぎ乱れる。

【麋△鹿】ビロク ①となかいと、しか。②野卑なこと。いなかびて品がないこと。「麋鹿之姿」「麋鹿臣」

【友二麋△鹿一】ビロクをともとす おおしかや、しかなどを友達とする。山林にかくれ住むことの形容。〔宋、蘇軾、前赤壁賦〕侶二魚鰕一而友二麋鹿一。

(18) 7 【麏】9264 △ キン 麇（9261）と同字。→中段。

(18) 7 【麌】9265 △ 一 グ 麌 yǔ 二 ゴ 虞 8341 7349

字義 一二 ❶おじか。雄のしか。↕麀（雌のしか）。❷おのろ。雄のくじか。くじかは、シカ科の獣で、しかより小さく短い牙があり、角がない。❸麌麌は、むらがり集まるさま。

解字 形声。鹿＋吳音。

(19) 8 【麒】9266 △ 漢キ 呉ギ 支 qí 8342 734A

字義 麒麟は、㋐中国の想像上の動物。体は鹿に似て、尾は牛に、蹄は馬に類し、五色に輝く毛があって、聖人が世に現れると出現するという。雄を麒、雌を麟という。＝騏驎。㋑聖人・英才をたとえていう。国麒麟は、アフリカ産の獣。偶蹄類の動物で、首・足ともに長い。ジラフ。

解字 篆文 形声。鹿＋其音。

【麒△麟閣】キリンカク 前漢の武帝が麒麟をえた時に築いたたかどのをいい、宣帝の時、漢の功臣十

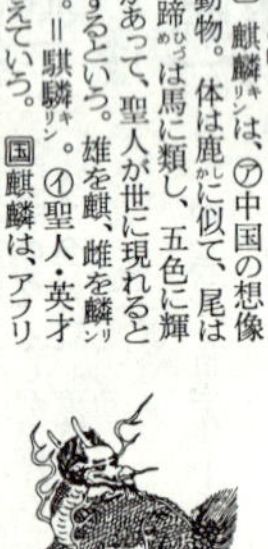

〔麒〕

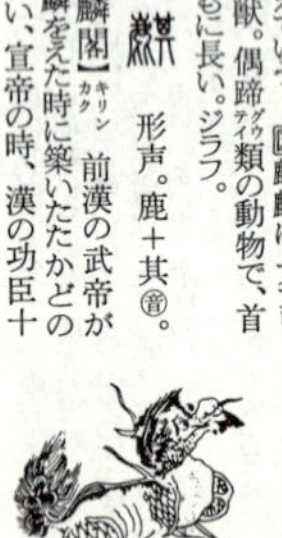

〔麟〕

一人の像をかかげた。麒閣。麟閣。

【麒麟児(兒)】キリンジ　才知のすぐれたかしこい子供。

【麒麟老而劣駑馬】キリンもおいてはドバにおとる　若いときはすぐれていても、老年になると用をなさないことのたとえ。駑馬は、歩みののろい馬。→字義。〔戦国策、燕〕

【麔】 (19)8　9267　△キン　麕(9261)と同字。→一三六一ページ。　8343　734B

【麑】 (19)8　9268　△ゲイ　斉 ní　8344　734C

字義 ❶かのこ。しかの子。こじか。❷しし。ライオン。＝猊ゲイ。

解字 甲骨文　篆文　形声。鹿＋兒（音）。音符の兒ジは、こどもの意味。しかの子の意味を表す。

【麑裘】ゲイキュウ　こじかの皮で作った、白いかわごろも。〔論語、郷党〕素衣麑裘ソイにはゲイキュウ。

【麑鹿】ゲイロク　こじか。鹿の子。昔、卿大夫が贈り物として用いた。

【麗】 (19)8　9269　常　レイ　うるわしい　4679　4E6F

一 漢レイ・呉ライ　霽 lì
二 リ　支 lí

筆順　丽　丽丽　严　麗

「麗」俗字

字義 一❶うるわしい。うららか。㋐美しい。みめよい。「美麗」㋑はなやか。きらびやか。「華麗」❷つらなる。並ぶ。連なって行く。❸対ツイ。そろい。❹つく。つける。つなぐ。かかる。かける。❺かず。数。❻屋根の棟むね。二❶ほどこす（施）。❷はなれる（離）。❸魚麗ギョリは、陣立ての名。❹麗譙リショウは、高い建物。❺高句麗コウクリは、国名。

名乗 あきら・かず・つぐ・つら・よし

解字 金文　篆文　籀文　象形。金文は、美しいつのが出そろった、しかの形にかたどり、うるわしい・つらなるの意味を表す。

▼佳麗・華麗・雅麗・魚麗・秀麗・鮮麗・壮麗・端麗・典麗・美麗・豊麗・妙麗・優麗・流麗

【麗艶】レイエン　美しくなまめかしい。艶麗。

【麗華】レイカ　美しくはなやか。

【麗雅】レイガ　美しくみやびやか。美しくて上品。

【麗嫺・麗閑】レイカン　美しくしとやかなこと。

【麗句】レイク　美しい句。佳句。「美辞麗句」

【麗娟】レイケン　①美しい。②漢の武帝が愛した宮女の名。

【麗姿】レイシ　美しいすがた。麗容。

【麗質】レイシツ　①美しい才能や性質。〔唐、白居易、長恨歌〕→天生麗質難₂自棄₁テンセイのレイシツはおのずからすてがたし（一三五六ページ）。②美人をいう。

【麗日】レイジツ　うららかな日。のどかな日。

【麗姝】レイシュ　美人。美女。

【麗譙】リショウ・レイショウ　①美しいたかどの。②敵のようすなどを眺め視るためのたかどの。門上のものみやぐら。

【麗色】レイショク　①美しい色・景色ケシキ。②美しい顔色。

【麗飾】レイショク　①はなやかにかざる。②美しいかざり。

【麗人】レイジン　美しい人。佳人。

【麗藻】レイソウ　うるわしくすぐれた詩文。

【麗沢(澤)】リタク・レイタク　連なる二つの沢がたがいにうるおし合う。友人同士ではげまし助け合って学問や徳を修めるのに努力すること。「麗沢講習」〔易経、兌〕

【麗皮】レイヒ　二枚の鹿しかの皮。昔、婚約のしるしや元服の祝儀ギシュウとして用いた。儷皮レイヒ。

【麗妃】レイヒ　唐代、宮中の女官の名。貴妃・恵妃の下。

【麗靡】レイビ　①美しくはでなこと。②長く連なるさま。

【麗筆】レイヒツ　①美しい文字。②美しい詩文。

【麗服】レイフク　美しい衣服。華服。

【麗容】レイヨウ　美しい姿。みめよい姿。麗姿。美容。

【麓】 (19)8　9270　標　ロク　屋 lù　4728　4F3C

字義 ❶ふもと。やまのすそ。「山麓」❷林。大きな林。❸やまもり。山林のことをつかさどる役人。

解字 甲骨文　金文　篆文　形声。林＋鹿（音）。音符の鹿ロクは、絡に通じ、長く連なるの意味。山すそに長く連なる林野、ふもとの意味。

【鏖】→金部　一二四〇ページ。

【麛】 (20)9　9271　△ 漢ベイ　呉マイ　斉 mí

字義 ❶かのこ。鹿しかの子。❷ひろく、獣の子をいう。

解字 篆文　形声。鹿＋弭（音）。

【麝】 (21)10　9272　△ 漢シャ　呉ジャ　禡 shè　8345　734D

字義 じゃこうじか（麝香鹿）。鹿しかの一種で、鹿よりも小さく、角がない。その腹部から香料の麝香がとれる。

解字 篆文　形声。鹿＋射（䠶）（音）。音符の䠶シャは、はなつの意味。においを放つしかの意味を表す。

【麝香】ジャコウ　麝の腹部にある鶏卵大の香嚢コウノウからとった香料。薬用としても使われる。麝薫。麝芬ジャフン。

【麝香鹿】ジャコウじか　麝の類。中央アジアの産。すばやくて、雌雄とも角がある。雄の腹部に麝香嚢ジャコウノウがある。

【麝墨】ジャボク　香りのよい墨。麝煤ジャバイ。

【麞】 (22)11　9273　△ショウ（シャウ）　陽 zhāng

【獐】同字

字義 のろ。くじか。鹿しかの一種で、鹿より小さく、角がない。＝獐ショウ。

解字 篆文　形声。鹿＋章（音）。

【麟】 (23)12　(9275)　リン　麟(9274)の旧字体。→次項。

【麟】 (24)13　9274　人　〔麟〕(23)12　9275　リン　真 lín　4659　4E5B

筆順　户　鹿　鹿米　麟　麟

字義 ❶麒麟キリンは、中国古代の想像上の動物。→麒(9266)。❷おおじか。おすの大鹿おおじか。❸光りかがやくさま。＝燐リン。

解字 甲骨文　篆文　形声。鹿＋粦（音）。

【麟角】リンカク　①きりんのつの。②非常にめずらしいことのたとえ。「麟角鳳觜リンカクホウシ」

【麟閣】リンカク　麒麟閣キリンカクの略。前漢の武帝の築いた、たかどのの名。

【麟経(經)】リンケイ　魯ロの歴史を記した書で、孔子が著したとされる『春秋』の別名。『春秋』の最後は哀公十四年（前四八一）春、「西狩獲麟にしにかりしてリンをえたり」の句で終わるのでいう。麟史。

【麟史】リンシ　＝麟経。

【麟趾】リンシ　きりんの足。転じて、りっぱな王子たちをいう。『詩経』周南・麟之趾リンのシの「麟之趾リンのあし、振振公子シンシンたるコウシ、于嗟麟兮ああリンや」の詩句に基づく。

【麟趾之化】リンシのカ　りっぱな王子たちがたくさんいて、王室の栄える基をなす、皇后の徳化。もと周の文王の皇妃の徳化をたたえて麟之趾リンシの詩を作ったからいう。

【麟孫】リンソン　他人の子孫の美称。

【麟台(臺)】リンダイ　①麒麟閣キリンカクをいう。②秘書省をいう。唐の則天武后が秘書省を改めて称した。

【麟筆】リンピツ　①史官の筆。史筆。孔子の『春秋』を『麟経』とい

うのに基づく。②転じて、史官。

【麟△鳳】麒麟と鳳凰。聖賢の人をたとえていう。

【麟△鳳△亀(龜)竜(龍)】①麒麟・鳳凰・亀・竜。四種の霊妙な徳のある動物。四霊。〔礼記、礼運〕②転じて、めずらしいもの・聖賢の人のたとえ。

【麟麟】あきらかに光りかがやくさま。麟は、燐。

(33)22
【麤】9276　△ソ　㊥cū
［麁］俗字　8338　*7346*

字義 ❶あらい（粗）。㋐きめがあらい。また、きめのあらい布。㋑粗末。雑ツザ。㋒あらあらしい。はげしい。❷はなれる。遠ざかる。❸ほぼ。大体。あらまし。❹大きい。❺玄米。くろごめ。

解字 甲骨文　篆文　会意。鹿＋鹿＋鹿。しかの群は羊のように密集しないところから、遠くはなれる、あらいの意味を表す。

【麤悪(惡)】あらくて悪い。粗末なこと。粗悪。

【麤豪】あらあらしく強い。

【麤才】あらい才能。綿密でない才能。また、その人。

【麤細】あらいことと、細かいこと。

【麤枝大葉】あらく大きな枝と葉。文章上の細かい規則にこだわらないで自由に筆をふるった文章のたとえ。

【麤食】粗末な食事。粗飯。疏食。

【麤疎・麤△疏】①あらい。粗末。粗雑。②そそっかしい。疎漏。

【麤粗・麤麤】あらいさま。おおまかなさま。

【麤飯】粗末なめし。粗食。粗飯。麤食。

【麤△笨】あらっぽく粗末。がさつ。

【麤略】そそっかしい。おろそか。綿密でない。粗略。疎略。

【麤△糲】白くついていない米。玄米。

【自レ麤入レ細】あらけずりなところから精細な点にはいってゆく。文章を作るに当たって、初めは規則などにとらわれないで書き、熟達するにつれて精細に進んでゆくべきことをいう。〔文章軌範、放胆文〕

11　麥(麦)部

麦は七画。

〔部首解説〕むぎ。〔夌〕ばくにょう（麦繞）・〔麥〕むぎへん（麦偏）。この部首の文字は、麦繞・麦偏のいずれにも書かれる。麥を意符として、麦の種類や麦で作るものに関する文字ができている。

麦 一二六三　4 麩 一二六三　麸 一二六三　麪 一二六三　5 麮 一二六三
麭 一二六三　6 麯 一二六三　麰 一二六三　8 麴 一二六三　麹 一二六四
9 麵 一二六四　麺 一二六四

(7)0
【麦】9277　教2　バク　むぎ　3994　*477E*
(11)0
［麥］9278　㊥バク　㊐ミャク　㊥mài　8346　*734E*

筆順 十 圭 丰 麦

字義 むぎ。五穀の一つ。イネ科に属し食用とする。種類が多く、大麦・小麦・裸麦などがある。

難読 麦酒・麦門冬

解字 甲骨文　金文　篆文　会意。來＋夊。來は、のぎのついたむぎの象形。夊は、根が地中深くくだるの意味。秋にまきつけ冬をこすために根が深くくだる「むぎ」の意味を表す。

【麦雨】麦の実るころに降る雨。

【麦芽】①麦の芽。②むぎもやし。飴の原料。

【麦△稈】麦わら。

【麦気(氣)】麦の穂の上を吹き渡る風のかおり。また、麦ののびる陰暦四月ごろの気候。

【麦酒】①麦で造った酒。②洋酒の一種。ビール。

【麦舟】①むぎを運ぶ舟。②北宋の范仲淹の子が、石曼卿の喪に麦をおくった故事から、物を贈って他人の喪を助けること。

【麦秋】陰暦四月の別名。ほとんどの穀物は、秋に熟するが、麦だけが初夏に熟するからいう。

【麦秀】①麦がのびる。②麦秀之歌をいう。→次項。

【麦秀△之歌】①殷の王族、箕子が殷の都が廃墟となっているのを見て作った歌。〔史記、宋微子世家〕②転じて、故国の滅亡をなげくこと。

【麦△麪】麦粉で作った麺類。

【麦門冬】ユリ科の多年草。りゅうのひげ。古名、やますげ。根を薬用とする。

【麦浪】青々とした麦畑が、風で波のようにゆらぐさま。

【麦△隴・麦△壟】麦畑。また、麦畑のうね。

【流レ麦】後漢の高鳳が読書にふけっていて、庭にほしていた麦が豪雨で流されるのを知らないでいた故事。〔後漢書、逸民伝〕

(15)4
【麩】9279　△フ　㊥fū　8347　*734F*
［麸］俗字　8348　*7350*

字義 ふすま。むぎかす。小麦から麦粉を取った残りのかす。

国 フ。小麦粉を原料にして造った食品。煮ると柔らかくなって消化・吸収がよい。

解字 篆文　形声。麥＋夫㊟。音符の夫は、膚に通じ、かわの意味。小麦から麦粉をぬきとった皮、ふすまの意味を表す。

(11)4
【麸】9280　△フ　麩（9279）の俗字。→前項。　8348　*7350*

(15)4
【麪】9281　△メン　麵（9288）の正字。→一二六四ページ。　8349　*7351*

難読 麪麭

(16)5
【麮】9282　△㊥キョ　㊐コ　㊥qù

字義 むぎがゆ。麦で作ったかゆ。

解字 篆文　形声。麥＋去㊟。

(16)5
【麭】9283　△ホウ（ハウ）㊥pào　8350　*7352*

字義 こなもち。だんご。

解字 形声。麥＋包㊟。

(17)6
【麯】9284　△キク　麴（9286）と同字。→下段。

(17)6
【麰】9285　△㊥ボウ　㊐ム　㊥móu

字義 ❶おおむぎ（大麦）。飯にたいたり、あめなどを作る。❷こうじ。

解字 篆文　形声。麥＋牟㊟。

【麰麦(麥)】おおむぎ。

(19)8
【麴】9286　標　キク　㊥qū　［麹］2577　*396D*
［麹］簡易　［麯］同字

字義 ❶こうじ（糀）。酒やしょうゆを造るのに用いる。米や麦を蒸して暖かい室でこうじ菌を繁殖させたもの。糀。❷さけ（酒）。

解字 形声。麥＋匊㊟。音符の匊は、毱に通じ、けまりの意味。蒸した麦などに、こうじ菌が繁殖して、けまりのような形に

なったもの、こうじの意味を表す。
【麹院】キクイン 酒を造る所。酒屋。酒坊。
【麹君】キククン・キッ クン 酒の別名。
【麹△孽・麹△蘖・麹△糵】キクゲツ ①こうじ。②転じて、酒の別名。
【麹室】キクシツ こうじをねかす室むろ。こうじむろ。
【麹車】キクシャ こうじを積んだ車。「逢二麹車一口流レ涎みちにキクシャにあい(ひ)て、くちによだれをながす」〔唐、杜甫、飲中八仙歌〕
【麹△塵】キクジン ①こうじのかび。②こうじのかびのような色。青に黄色を加えた色。山鳩色やまばといろ。
【麹△塵糸(絲)】キクジンのいと 黄緑色の若芽をつけた柳の枝をいう。

(15)8 【麹】9287 簡 キク　麹(9286)の簡易慣用字体。→前項。　2577 396D

(20)9 【麪】9288 標 漢ベン 呉メン 拼 miàn　［麺］　4445 4C4D
【麺】簡易【麪】正字 8349 7351
字義 ❶むぎこ(麦粉)。小麦粉。メリケン粉。❷うどんなどの類。
難読 麺麭パン
解字 文 篆　形声。麦＋面音。篆文は、麦＋丏音。音符の丏メンは、綿に通じ、つながるの意味。練って糸状に連なるむぎこの意味を表す。
【麺△杖】メンジョウ めん類を打つ時、こねた粉をってのばすのに用いる棒。麺棒メンボウ。
【麺△麭・麺包】メンポウ パン。

(16)9 【麺】9289 簡 メン　麺(9288)の簡易慣用字体。→前項。　4445 4C4D

11 麻(麻)部

〔部首解説〕 あさ。麻を意符として、あさに関する文字ができている。なお、麼マ・麾キは、それぞれ幺ヨウ・毛が意符ではあるが、字形分類上、便宜的にここに収められる。

麻 一二六四　3麼 一二六四　4麾 一二六四　7磨 一二六五
縻→糸部 八六九ページ。

(11)0 【麻】9290 常 マ あさ　4367 4B63

(11)0 【麻】9291 漢バ 呉マ・メ 拼 má
筆順 广 庁 床 麻
字義 ❶あさ。お。大麻タイマ。高さ二、三メートルに達するクワ科の植物で、その皮の繊維をとって糸や綱を造ったり布を織ったりする。実は食用にしたり鳥の飼料にしたりする。インド産のものには麻酔性物質を含むものがあり、これで麻薬をつくることがある。❷あさいと。あさぬの。❸あさのおび。喪服の一つ。喪服を着たとき、首と腰に巻く麻の帯。❹ごま(胡麻)。実から油をとる。❺みことのり(詔)。唐代、勅命を書くのに麻ですいた紙を用いたのによる。❻しびれる。＝痲マ。
名乗 お・ぬさ　難読 麻笥おけ・麻殖おえ・麻植塚おえづか・麻疹はしか・麻生あそう・麻績おみ・麻布あざぶ
解字 金文 篆文　会意。金文は、厂＋𣏟。厂は、きりたった岸の象形でさけるの意味。𣏟は、あさの表皮をはぎとる形にかたどり、あさの意味を表す。篆文は𣏟、常用漢字はその変形の麻。麻の意味と音符とを含む形声文字に、摩・磨などがある。
▼黄麻・乱麻
【麻衣】マイ ①麻で作った白い衣。②白い麻の喪服。
【麻幹】おがら 国皮をはいだあとの麻の茎。
【麻△姑】マコ ①仙女の名。→次項。②山名。㋐安徽アンキ省宣州市の東。㋑江西省南城県の西南。
【麻△姑△搔△痒】マコソウヨウ 麻姑は仙女。その爪つめが鳥の爪のように長かったので、蔡経サイケイがそれを見て、背中がかゆいときに、麻姑にかかせたらどんなにかよいだろうと思ったという伝説。転じて、意のままになることのたとえ。〔神仙伝、麻姑〕
【麻△沙】マサ 地名。福建省建陽県麻沙鎮。南宋ナンソウから元にかけ出版業者が集まり、土地に産する榕樹ジュヨウを用いてさかんに版木を作り、書籍を出版した。その書を麻沙本という。粗悪でまちがいのあるものが多かった。
【麻△枲】マシ 麻をいう。枲も、麻。
【麻△雀】マジャク ①すずめ。②マージャン 遊戯の名。
【麻△菽】マシュク 麻と豆。穀物の意。
【麻△疹】マシン 病名。はしか。伝染病の一種。痲疹マシン。
【麻酔(醉)】マスイ 薬物や寒さのために、一時的に知覚が痲痺ヒマして何も感じなくなること。痲酔マスイ。
【麻中△之△蓬】マチュウのよもぎ 麻の中に生えた蓬は、自然にまっすぐに育つ。麻はまっすぐな草、蓬は曲がりがちな草。環境によって悪いものも正しい方向に直すことができることのたとえ。〔荀子、勧学〕蓬生二麻中一よもぎマチュウにショウずれば、不レ扶自直たすけずしておのずから(づ)からなお(ほ)し。
【麻△苧・麻△紵】マチョ 麻とからむし。ともに草の名で、その繊維で布を作る。また、麻・からむしで織った着物。
【麻頭】マトウ 麻の切り端。あさくず。
【麻△痺・麻△痹】マヒ しびれる。感じがなくなる。また、しびれ。痲痺ヒマ。
【麻沸】マフツ 乱れた麻のように、また、わきたった湯のように、天下が混乱すること。
【麻△冕】マベン 麻布でつくった冠。
【麻△耶夫人】マヤブニン 釈迦シャカの母。浄飯王ジョウボンオウの夫人。
【麻薬(藥)】マヤク 麻酔剤。しびれ薬。モルヒネ、コカインの類。
【麻油】マユ・ユマ ①麻の実の油。②胡麻油ゴマあぶら。
【麻△縷糸(絲)△絮】マルシジョ つむがない麻と、つむいだ麻と、生糸と、あらわた。〔孟子、滕文公上〕

(14)3 【麼】9292 △ 漢バ・呉マ 唐モ 拼 mó, ②ma, me　5487 5677
【麽】俗字【么】俗字
字義 ❶こまかい(細)。かすか。小さい。微細。❷助字。㋐文末について疑問を表す。か。や。㋑接尾語。「什麼ソモ(なに・どんな)」「恁麼インモ(こんな・どんな)」
解字 文 篆　形声。幺＋麻音。

(15)4 【麾】9293 △ キ 拼 huī　6164 5D60
字義 ❶さしずばたさしづばた。合図の旗。さいはい(采配)。軍中で指図をしたり、目印に立てたりする旗。❷さしずする。❸さしまねく。手で合図してよぶ。❹こころよい。

〔麾①〕

解字 文 篆　形声。毛(手)＋麻(靡)音。音符の靡ビは、なびくの意味。手に持ってなびかせ指図する旗の意味を表す。
【麾△鉞】キエツ さしずの旗とまさかり。ともに大将が用いるもの。
【麾下】キカ ①はたもと。大将のひざもと。大将の陣所。②将軍直属の兵士。③将軍。また、武官の美称。
【麾呼】キコ さしまねき呼ぶ。
【麾△幟】キシ ①さしずばたとのぼり。②指揮する旗。
【麾△旌】キセイ さしずばた。指揮する旗。麾節。
【麾扇】キセン 軍配うちわ。昔、将軍が軍を指揮するときに使用した。軍扇。

【麾△幢】＝麾旌。幢も、はたの意。
【縻】→糸部 八六九ページ。

(18)7【麿】9294 国字 人 4391 4B7B
(18)7【麿】9295

筆順 广 庥 磨 麿

字義 まろ。㋐われ。おのれ。自称の代名詞。㋑人名の下にそえる接尾語。「人麿」「清麿」 難読 麿井

解字 麻と呂の音を合わせて表すために作られた国字。

12 黄(黃)部

黄は十一画。

〔部首解説〕きいろ。黄を意符として、黄色を表す文字ができている。

黄 一二六五 5 黈 一二六六 13 黌 一二六七

(11)0【黄】9296 教2 コウ・オウ き・こ 1811 322B
(12)0【黃】9297 人許 漢コウ(クヮウ) 呉オウ(ワウ) 硫黄 陽 huáng

筆順 艹 廿 芇 黄

字義 ❶き。きいろ。五色(青・黄・赤・白・黒)の一つ。中国で、中央・日光・土・中和・君王の服などの色とする。❷きばむ。黄色になる。〔礼記、月令〕草木黄落。❸こども。唐代の戸籍で、三歳以下の子ども。「黄口」❹黄色の馬。❺きん(金)。こがね。黄金。❻黄紙。唐代、詔を書いた黄色の紙。❼雌黄。硫黄と砒素との混合物。薬用・顔料となる。文字をぬり消すに用いる。「朱黄」❽黄色の宝石。黄玉。❾穀類。❿なか。中央。⓫黄帝。軒轅氏の称。

名乗 かつみ 難読 黄牛・黄金・黄権・黄蜀葵・黄泉・黄鳥・黄道眉・黄波戸・黄粉・黄麻・黄葉・黄楊・黄鸝・黄櫨

解字 甲骨文  金文  篆文  象形。甲骨文は、大＋口。大は、人の象形。口は、腰に帯びた玉の象形。腰に帯びた玉の色から、きいろの意味を表す。黄は、『説文』は、田＋炗音の形声で、田は、地面の意味。炗は、光の古字。合わせて、土地の色、きいろの意味を表すという。黄を音符に含む形声文字に、横・廣(広)・璜などがあり、これらの漢字は、「きいろ」の意味を共有している。

▼額黄・銀黄・玄黄・雌黄

【黄△埃】黄色い土ぼこり。〔唐、白居易、長恨歌〕黄埃散漫風蕭索、雲桟縈紆登剣閣。〈黄色い土ぼこりがあたり一面まいあがり、風はわびしく吹きすさみ、雲までとどく桟道がまがりくねって蜀の難所、剣閣山を登っている〉

【黄衣】黄色の服。道士や僧の服。また、宦官の服。〔唐、白居易、売炭翁詩〕黄衣使者白衫児。

【黄緯】天球上の一点から天球上の中心に引いた直線が黄道面となす角。黄道から天体に至る角距離。

【黄雲】①黄色い雲。㋐めでたいしるしの雲。瑞雲。㋑ほこりなどのため黄色く見える雲。②稲や麦などが熟したときの形容。

【黄△鉞】黄金でかざったまさかり。天子が自ら征伐するとき用いる。

【黄△鶯】うぐいすの一種。ちょうせんうぐいす。黄鳥。黄鸝。

【黄△鴨】おしどりの別名。鴛鴦。

【黄屋】①天子の車のきぬがさ。裏に黄色の繒(かとりぎぬ)を用いたのでいう。②天子の敬称。

【黄花・黄華】①黄色いはな。②菊の別名。③菜の花の別名。

【黄禍】黄色人種(アジア人)がさかんになって白色人種にわざわいを及ぼすという心配。

【黄河】長江につぐ中国第二の大河。河ともいう。青海省に発し、甘粛・陝西・山西の各省間を経過して河北・山東省を貫流し渤海に注ぐ。全長五、四六四キロ。〔唐、李白、将進酒詩〕君不見黄河之水天上来。

【黄海】中国の東方、朝鮮の西の海。水が黄色ににごっているので、名づけられたという。

【黄△蓋】①黄色いかさ。②人名。三国時代、呉の武将。字は公覆。孫権に従って赤壁の戦いに、火攻め策を計画し、魏の曹操の軍を大破した。

【黄閣】宰相の役所。転じて、宰相。唐代は給事中をいう。

【黄△鶴】黄色いつる。仙人が乗るという。〔唐、崔顥、黄鶴楼詩〕黄鶴一去不復返。

【黄△鶴楼(樓)】楼の名。湖北省武漢市武昌の西の蛇山に長江を臨むようにあった。蜀の費文禕が仙人になって黄鶴に乗り、この楼でやすんだので名づけられたといい、また、酒家の辛氏の故事に基づくともいう。一九八五年六月、高さ五一・四メートルの五層の鉄筋コンクリート構造の新黄鶴楼が再建された。〔唐、李白、黄鶴楼送孟浩然之広陵詩〕故人西辞黄鶴楼。〔唐、崔顥、黄鶴楼詩〕昔人已乗白雲去、此地空余黄鶴楼。〈昔、仙人が白雲に乗って飛び去ってから、この地には、あるじのいない黄鶴楼のみがさびしく残っている〉

【黄巻】書物。古代の書物は黄檗でそめた、黄色の紙を用いて紙魚を防いだのでいう。

【黄冠】①草で作ったかんむり。野人のかぶるもの。②道士のかぶるかんむり。転じて、道士をいう。

【黄△綺】商山の四皓の中、夏黄公と綺里季の二人。→四皓(三二〇ページ)。

【黄△壚】あの世。冥土。黄泉。

【黄△巾】後漢の霊帝のとき乱を起こした賊軍で、鉅鹿(今の河北省内)の張角がその頭であった。みな頭に黄色のきれをつけていたのでいう。黄巾賊。

【黄軒】黄帝軒轅氏の略称。→黄帝。

【黄口】①黄色い口さき。鳥の雛をいう。〔唐、白居易、燕詩〕黄口無飽期。②転じて、㋐子供。小児。㋑経験の少ない未熟な者。黄吻。

【黄公】①酒屋。晋の王戎の故事に基づく。黄公酒舎。黄公酒壚。②＝黄鳥。

【黄公望】元の画家。字は子久。号は一峰・大痴山人・井西道人。山水画にたくみで、元末の四大家(ほかに王蒙・倪瓚・呉鎮)の一人。(一二六九—一三五四)。

【黄△耇】老人。黄は、老年になると白髪が黄色がかってくるのをいい、耇は、老人のしみをいう。

【黄△鵠】①大鳥の名。黄色を帯びた白鳥。②山名。湖北省武漢市武昌の西の蛇山。黄鶴山。

【黄△昏】①夕ぐれ。夕方。〔唐、劉廷芝、代悲白頭翁詩〕惟有黄昏鳥雀悲。②草の名。つくばね草。

【黄金】①こがね。金。純金。②かね。金銭。③銅。④柳の一種。黄金柳。こがねばな。

【黄金台(臺)】台の名。河北省易県の東南。燕の昭王が千金をもって天下の賢士を招いた所。

【黄冊】人口調査の帳簿。黄は、みどりご。人口は出産によって増えるのでいう。

【黄△衫】黄色いひとえの、短い着物。富貴の家の青少年などが着た。

【黄散】黄門侍郎と散騎常侍。晋以後、ともに尚書の事をつかさどるため併称された。

【黄△沙・黄砂】①黄色い砂。②砂漠の地。

【黄△雀】①すずめの一種。くちばしと脚が黄色味を帯びているもの。にゅうないすずめ。②幼いすずめで、口の黄色いもの。

【黄△綬】黄色のしるしのひも。丞・尉などの官の称。

【黄△綬褒（襃）章】国長い間、業務に精励した功労者に与えられる褒章。

【黄熟】①穀物や果実などが黄ばんで熟する。みのり色づく。②香の名。

【黄遵憲】清末の外交官・詩人。嘉応（広東省内）の人。字は公度。日本に駐在したことがある。『日本雑事詩』『人境廬詩草』『日本国志』などの著がある。（一八四八―一九〇五）

【黄鐘】①音律の名。十二律の一つ。六律六呂の基本の音。②陰暦十一月の別名。①の音律を陰暦十一月に配するのでいう。③国日本の十二律の一つ。壱越より七律高い音。

【黄△塵】①黄色の土煙。「黄塵万丈」②戦塵のこと。③世間の雑事。

【黄石公】秦の隠士。前漢の張良に履を拾わせ兵書を与えたといわれる人。〔史記、留侯世家〕

【黄雪】①もくせいの花の形容。②黄色の雪。

【黄泉】①地下の泉。〔孟子、滕文公下〕蚓上食二槁壌一、下飲二黄泉一。②死者の行く所。よみじ。あの世。来世。〔唐、白居易、長恨歌〕上窮二碧落一下黄泉。

【黄泉客】黄泉におもむく旅人。死者のこと。

【黄宗△羲】明末清初の学者。余姚（今の浙江省内）の人。字は太沖。号は梨州。南雷先生と呼ばれた。経書を研究し、歴史に事実を求める実学を唱えた。清代学術の先駆者。著に『宋元学案』『明儒学案』などがある。（一六一〇―一六九五）

【黄草】①よもぎ。もぐさ。②かいな。かりやす草。黄色の染料に用いる。

【黄巣（巢）△之乱（亂）】唐末の賊、黄巣（?―八八四）が乾符二年（八七五）から中和四年（八八四）まで、中国全土にわたり起こした反乱。唐朝支配に決定的打撃を与えた。

【黄△驄】薄赤い毛色の馬。

【黄鳥】①ちょうせんうぐいす。こうらいうぐいす。うぐいすに似て、やや大きい。黄鸝。〔詩経、邶風、凱風〕②うぐいすの別名。

【黄帝】中国古代伝説上の帝王の名。軒轅の丘に生まれたので、軒轅氏ともいう。老荘学派・道教の始祖と称せられ、暦算・音楽・文字・医薬などをはじめ、多くの文物制度を定め、在位百年にして崩じたという。

【黄帝素問】書名。二十四巻。黄帝とその臣の名医、岐伯との問答を記した医学書。実は秦・漢の人の作であるが、医書の最古のものとされる。素問。

【黄庭堅】北宋の詩人・書家。蘇軾の門人。蘇軾とならんで蘇黄と称された。字は魯直。号は山谷。著に『山谷集』『山谷詞』などがある。（一〇四五―一一〇五）

【黄泥】①どろ。黄色いどろ。②坂の名。「黄泥之長坂」

【黄土】①黄色の地。大地。土地。②墓。よみじ。③㋐黄色のねん土。㋑赤土から造る赤黄色の絵具。㋒中国北部、山西省一帯の黄色の土。

【黄堂】①太守（知事）のいる所。②太守。

【黄童】子供。わらべ。

【黄道】①地球から見て、太陽が運行するように見えるところの軌道。太陽が運行する道。②天子の行く道。

【黄道吉日】国陰陽家で、万事によいとする日。日がらのよい日。吉日。

【黄農】黄帝（軒轅氏）と炎帝（神農氏）。ともに中国古代伝説上の皇帝。

【黄梅】①梅の実が熟して色づいたもの。②国植物の名。モクセイ科に属する。迎春花。

【黄梅雨】梅の実が黄色になるころに降る雨。つゆ。さみだれ。梅雨。

【黄白】①黄色と白色で、ともに正色。②こがねと、しろがね。金銭をいう。③道家で、丹薬から金銀を造る術。

【黄△檗】植物の名。きはだ。落葉樹で大木になる。俗に黄柏と称する。薬用・染料にする。檗は、蘗とも書く。

【黄△檗宗】仏日本禅宗三派の一つ。明の僧、隠元が、江戸時代の初め後光明天皇の時帰化して、宇治に黄檗山万福寺を建ててこの宗を広めたのに始まる。

【黄髪】老人の黄色に変じた髪。転じて、老人。

【黄髪垂△髫】老人と子供。垂髫は、子どものおさげ髪。〔晋、陶潜、桃花源記〕

【黄扉】①黄色のとびら。②宰相のこと。黄閣。③唐代、給事中をいう。

【黄△吻】＝黄口。

【黄△袍】①黄色の上衣。隋以後、天子の常服に用い、一般には着用させなかった。②＝黄鳥。

【黄△榜】勅命を書いた札。昔、詔は黄色の紙に書いたので「いう。

【黄麻】①みことのり。唐代に、詔を黄麻紙（黄はだで染めた、麻を主体として漉いた紙）に書いたのでいう。②一年草の名。多く北地に産する。

【黄門】①宮門のこと。宮城の小門は黄色に塗るのでいう。②宮門内の役所。③散騎の官の別名。④宦官の別名。⑤妻をめとっても終身子のない者。⑥国中納言の別名。「水戸黄門」

【黄△楡】秋になって黄葉したにれのき。

【黄△柚】黄色に熟した柚子。

【黄葉】黄ばんだ葉。枯れて黄色くなった葉。

【黄△楊】常緑樹の名。つげ。材質は堅く黄味を帯びていて、印材にしたり櫛を造ったりする。

【黄落】草木の葉が黄色くなって枯れおちる。〔文選、漢武帝、秋風辞〕草木黄落兮雁南帰。

【黄△鸝】＝黄鳥の①。〔唐、杜甫、絶句詩〕両箇黄鸝鳴二翠柳一。訳文⇩翠柳（八八五ページ）。

【黄△粱】粟の一種。おおあわ。上等のあわ。

【黄△粱一炊夢】盧生という男が邯鄲の旅宿で、おおあわをかしぐほどの短い時間に、都へ上り立身出世をする夢を見た故事。富貴や高名を得ても、それが短くはかないものであることをたとえていう。邯鄲の枕・邯鄲の夢・一炊の夢などともいう。〔枕中記〕

【黄△蘆】黄色に枯れたあし。

【黄△櫨】樹木の名。はじ。はぜ。

【黄老】黄帝と老子。また、その唱えた学説。無為自然の思想を主張して、儒家に反対した。儒家が尭舜を理想としたので、道家では、それより古い黄帝を理想とし、老子と合わせて黄老という。

【黄△潦】にごった、たまり水。

(17) 5 【黈】9298 △ 漢トウ 呉ツ 匍 tǒu

字義 ❶きいろ。❷のべる。くりひろげる。

解字 形声。黄＋主音。

【黈纊】トウコウ 耳あて。黄色の綿をまるめ、冠の両側にたれて耳の穴をふさぐ。王者が不急不用の言を聞かない戒めとした。

(25)13【黌】9299 △ 漢コウ(クヮウ) 呉オウ(ワウ) 庚 hóng ―8352 7354

字義 まなびや(学舎)。学校。

解字 形声。學省＋黄音。音符の黄は、廣(広)に通じ、ひろいの意味。広いまなびやの意味を表す。

【黌宇】コウウ まなびや。学校。宇は、屋。黌室・黌堂も同じ。

【黌校】コウコウ ＝黌宇。

【黌門客】コウモンのキャク 読書人。教養ある人。

12 黍部

〔部首解説〕きび。黍ショを意符として、もちきびに粘ばりがあることから、粘る・粘るものを表す文字ができている。

(12)0【黍】9300 △ ショ 語 shǔ ―2148 3550

字義 ❶きび。もちきび。五穀の一つ。イネ科の一年草で、実はあわより少し大きく食用にする。ねばりけの多いものを、もちきび(黍)といい、少ないものをうるちきび(穄ジ)という。また、両者を通じて黍という。❷度量衡の基本単位。昔、きびの粒が大小なく均一なのでこれを標準にして最小の単位をきめ、一黍の直径を一分、二千四百黍の容量を一合、百黍の重量を一銖シュとした。

難読 黍魚子きびなご

解字 甲骨文 文 篆 会意。もと、禾＋水。禾は、いねなどの穀物の象形。水は、液体の一つ、酒の意味。酒の材料に適した、きびの意味を表す。『説文セツモン』では、禾＋雨省音。

【黍禾】ショカ きび。禾黍。

【黍糕】ショコウ きびだんご。

【黍稷】ショショク もちきびと、うるちきび。

【黍稲(稻)】ショトウ きびと、いね。

【黍離】ショリ 『詩経』の王風の詩編の名。東周の大夫タイフが、西周の王宮の跡がきび畑となって荒れ果てているのを見て、嘆いて作った詩。〔詩経、王風、黍離〕

【黍離麦(麥)秀之嘆】ショリバクシュウのタン 国家がほろんで、宮殿の跡がきびや麦の畑となったのを見て発するなげき。

【黍絫】ショルイ きわめて少ない量をいう。黍はきび一粒、十黍を絫という。

(15)3【黎】9301 人 ⊟漢レイ・呉ライ 斉 lí ⊟リ 支 ―8353 7355

筆順 禾 秎 黎 黎 黎

字義 ⊟❶おおい。おおし。たくさん。もろもろ。❷ととのう。❸くろ(黒)。黒い。また、黒い土。❹ころ(頃)。ころおい。❺昔の国の名。山西省長治県の西南の地。❻少数民族の名。海南省に住む。⊟＝俚リ。

名乗 たみ

解字 文 篆 形声。黍＋利省音。音符の利は、隣に通じ、となりあうの意味。となりあうきびの意味から、おおいの意味を表す。また、犂リに通じ、ほのくらい光・黒い・夜明けがたの意味をも表す。

【黎献(獻)】レイケン 黎民の中の賢者。人民の中の賢者。

【黎元】レイゲン 多くの民。衆民。人民。黎は衆、元は善。一説に、黎は黒、元は首という。冠をつけない黒髪のままの頭の者の意。黎民。黎首。黔首ケンシュ。

【黎黒】レイコク くろい。色がくろいこと。

【黎庶】レイショ ＝黎元。

【黎民】レイミン ①＝黎元。黎庶。〔孟子、梁恵王上〕黎民不レ飢不レ寒レイミンうえずこごえず。②若者。

【黎明】レイメイ 夜明けがた。夜明け。黎は、ころおい。一説に、黎は、空の暗いことで、明と暗とがまじわるころ、すなわち夜明け前という。黎旦タン。

【黎老】レイロウ・リロウ 老人。老人の皮膚が黒ずんでいるのでいう。

(17)5【黏】9302 △ ネン 粘(5650)の正字。→八三六ペ。 ―8354 7356

(23)11【黐】9303 △ チ 支 chī ―8355 7357

字義 ❶もち。とりもち。鳥などを捕らえるための粘り気のあるもの。❷ねばる。

解字 形声。黍＋离音。

12 黑(黒)部

黒は十一画。

〔部首解説〕くろ。黑(黒)を意符として、黒い色や黒いものを表す文字ができている。

(11)0【黒】9304 教2 コク くろ・くろい ―2585 3975

(12)0【黑】9305 人許 コク 職 hēi(hè)

筆順 日 甲 里 黒

字義 ❶くろ。黒色。五色(青・黄・赤・白・黒)の一つ。↔白。❷くろい。㋐色が黒い。「黒雲」㋑暗い。また、おろか。「暗黒」㋒悪い。正しくない。腹ぐろい。❸くろむ。㋐黒色になる。㋑暗くなる。目がくれる。❹くらむ。目がくらむ。❺夜。やみ。❻北方。北の方角。❼羊。また、ぶた。❽黍きび。煎いったきび。

難読 黒衣くろこ・黒死病ペスト・黒酒くろき

解字 金文 文 篆 象形。上部のけむり出しに「すす」がつまり、下部で炎があがる形にかたどり、くろいの意味を表す。黒を音符に含む形声文字に、墨(墨)・默(黙)などがあり、これらの漢字は、「くろ」の意味を共有している。

▼暗黒・漆黒

【黒衣】コクイ ①黒い色の着物。②王宮を守る衛士の称。黒衣を着るからいう。③仏コクエ 墨ぞめの衣。僧衣。

【黒衣宰相】コクイサイショウ 南朝宋ソウの僧、慧琳エリンのあだな。僧の身で、政治に関係したのでいう。

【黒雨】コクウ 黒雲から降る雨。どしゃぶりの雨。豪雨。

【黒鉛】コクエン 灰黒色のつやのあるやわらかい鉱物。炭素からなり、鉛筆のしん、電気工業などに用いる。石墨。

【黒子】コクシ ①ほくろ。皮膚にできる黒い小さな斑点ハンテン。②非常に小さいものや、せまい土地のたとえ。「弾丸黒子之地」③国㋐ほくろ ＝①。㋑くろ 芝居の舞台で後見のきる黒い着物。また、その後見人。黒具くろぐ。

【黒死病】コクシビョウ 伝染病の一種。皮膚が黒変して多くは死ぬ。ペスト。

【黒痣】コクシ ほくろ。転じて、せまい土地。

【黒漆】コクシツ　黒色のうるし。くろうるし。また、それをぬること。それをぬった物。
【黒心】コクシン　①嫉妬心。ねたみごころ。②きたない心。わるい心。邪心。悪心。
【黒人】コクジン　①皮膚の色の黒い人。黒色人種。②国くろうと＝玄人。↔素人。㋐芸ごとにすぐれている人。また、それを職業とする人。㋑芸者・遊女など。商売女。
【黒水】コクスイ　①黒竜江の別名。②『書経』の禹貢編などに記されている昔の川の名。
【黒△鼠】コクソ　①黒い色のねずみ。黒みがかったねずみ。②国くろねずみ　㋐＝①。㋑主人の家の金品を盗んだり、陰で主人の家に不利益なことをする奉公人。
【黒△檀】コクタン　カキノキ科の常緑高木。東インド・マレーなどに産し、材質は黒色で堅く、上等な家具などを造るのに用いる。
【黒△潭】コクタン　黒々と水をたたえたふち。長安（今の西安市）の南、終南山のふもとにある炭谷（湫）をさすという。古来、雨ごいの場所であった。〔唐、白居易、黒潭竜詩〕黒潭水深色如レ墨（黒潭水深くして、色墨のごとし）。
【黒△貂】コクチョウ　黒いてん。貂は、イタチ科の獣の名。「黒貂之裘（黒い貂の毛皮で作ったオーバー）」
【黒帝】コクテイ　五行説で、北方の神の名。
【黒△甜】コクテン　昼寝。午睡。北方の方言。
【黒頭】コクトウ　髪の毛の黒々としたあたま。年若く元気な人にいう。↔白頭。
【黒頭公】コクトウコウ　①年若くして三公（最も尊い三つの官位）の位に登ったものをいう。②筆の別名。
【黒髪】コクハツ　①くろかみ。黒くつやのある髪。②国くろかみ　㋐小唄の名。㋑「黒髪の」は、「みだる（みだれる）」の枕詞。
【黒白】コクビャク　①黒と白。②是非・善悪・正邪・清濁などのたとえ。③仏善悪の二業。
【黒風】コクフウ　荒い風。砂塵を吹き上げる風。暴風。「黒風白雨（暴風とにわか雨。暴風雨）」
【黒米】コクベイ　精白してない米。玄米。
【黒曜石】コクヨウセキ　灰色または黒色の火山岩玻璃。つやがあって、装飾用・印材・硯などに用いる。
【黒竜（龍）江】コクリュウコウ　①中国の東北地方とロシアのシベリヤとの境を東流して、間宮海峡に注ぐ大河。その支流に松花江とウスリー江とがある。ロシア名はアムール。②省名。中国の東北地方三省の最北部に位置し、黒竜江を隔ててロシアと国を接する。省都は、哈爾浜市。
【黒浪】コクロウ　黒い波。荒波をいう。

【墨】→土部 二四二ページ。

(16) 4
【黔】9306　△　㊀漢ケン・呉ゲン　塩 qián　㊁漢キン・呉ゴン　侵　8356 *7358*
字義　㊀❶くろい（黒）。❷くろむ。くろくなる。すすける。❸あさぐろ（浅黒）。黄黒色。㊁❶＝㊀の①。❷＝㊀の③。
解字　篆文　形声。黑＋今音。音符の今は、覆うの意味。野外で働き、日焼けのために黒い色に覆われた人たちの意味から、くろむの意味を表す。
【黔愚】ケング　人民。黔は、頭髪の黒いこと。民は、黒くおろかなものであるからいう。
【黔首】ケンシュ　秦代、人民をいう。黔は、頭髪の黒いこと。一説に、首をおおう黒布。後に、人民の通称となった。周代には民を黎民という。〔史記、秦始皇本紀〕更名レ民曰ニ黔首一（あらためてたみになづけてケンシュという（ふ））。
【黔庶】ケンショ　＝黔首。
【黔突】ケントツ　黒ずんだ煙突。
【黔△黎】ケンレイ　庶民をいう。人民。黔首黎民。
【黔△驢△之技】ケンロのわざ　自分の腕前が拙劣なのを知らないで恥をかくたとえ。また、技能の拙劣なたとえ。黔州には驢馬がいなかった。ある人が驢馬を連れて行って放すと、虎は自分より大きいので恐れた。そこで驢馬が虎をけった。すると虎は、驢馬がそれ以外に能のないことを知って食い殺してしまったという故事。〔唐、柳宗元、三戒〕
【黔△婁】ケンロウ　春秋時代、斉の隠者。〔晋、陶潜、五柳先生伝〕黔婁有レ言（ケンロウいえ（へ）るあり）。

(16) 4
【黕】9307　△　㊀漢タン・呉トン　感 dǎn　㊁チン　寝
字義　㊀❶あか。けがれ。しみ。きたなくて黒い。❷黒いさま。
解字　篆文　形声。黑＋冘音。音符の冘は、しずむの意味。液体中に沈んだ黒いかすの意味を表す。

(15) 4
【黙】9308　常　モク　だまる　4459 *4C5B*
(16) 4
〔默〕9309　人　許　漢ボク　呉モク　職 mò　6452 *6054*
筆順　日　甲　里　默　黙
字義　❶だまる。もだす。語らない。口をきかない。「黙秘」「沈黙」❷しずか。ひっそりしている。音がしない。世に表れない（無）。❹かすか。くらい。国だんまり。歌舞伎で、登場人物がせりふを入れず、暗闇の中でさぐり合い、立ちまわりをするしぐさ。
解字　篆文　形声。犬＋黒（黑）音。音符の黑は、くろい・ものの動きがないの意味。犬がおしだまって人についていくさまから、だまるの意味を表す。
▼暗黙・寡黙・簡黙・恭黙・沈黙
【黙過】モッカ　知らないふりをして、そのままにしてしまう。みのがし。めこぼし。黙認。
【黙許】モッキョ・モクキョ　公には許さないが、知らないふりをして許す。
【黙吟】モクギン　だまって詩歌をよむ。
【黙契】モッケイ・モクケイ　話さなくても意志が通じ合う。いわず語らずのうちに互いに了解しあう。
【黙考】モッコウ　だまって考える。黙思。黙慮。「沈思黙考」
【黙稿】モッコウ　胸中にできあがった詩文などの草案。腹稿。
【黙座・黙△坐】モクザ　無言ですわっている。
【黙殺】モクサツ　国黙ったまま相手にしない。他人の言行に対して、何も言わず無視すること。
【黙思口吟】モクシコウギン　だまって考えこみ、小声で口ずさむ。
【黙視】モクシ　だまって見ていること。
【黙識】モクシ・モクシキ　①他人が言おうとしていることを、ただちに心に悟る。他人の真意を無言で理解する。②無言で心の中に記憶しておく。
【黙示】モクシ・モクジ　国①口に出さず無言の中に気持を表示する。それとなく知らせる。②キリスト教で神が人の心に真理を示すこと。
【黙△誦】モクショウ　①暗唱すること。②黙読すること。
【黙省】モクセイ　だまってもの静かに反省する。
【黙然】モクゼン・モクネン　だまっているさま。物を言わずにじっとしているさま。黙爾。
【黙想】モクソウ　だまって思う。黙念。黙考。
【黙諾】モクダク　＝黙許。
【黙△禱】モクトウ　（死者をいたみ）心の中で祈る。目をつぶり黙って〔祈る。
【黙読（讀）】モクドク　声を出さずに読むこと。↔音読。
【黙認】モクニン　＝黙許。
【黙黙】モクモク　①口を閉じてものを言わないさま。黙然。②むなしく何もないさま。③不満なさま。④ひっそりして人声のないさま。
【黙礼（禮）】モクレイ　だまっておじぎをする。無言で敬礼する。

(16) 5
【黛】9310　人　漢タイ　呉ダイ　隊 dài　3467 *4263*
(17) 5
〔黱〕9311

筆順 イ 代 黛

【黱】本字

字義 ❶まゆずみ。まゆがき。眉を濃くしたりするため用いる青黒色の墨。「粉黛」 ❷かきまゆ。ひきまゆ。まゆずみで描いた眉。 ❸女のまゆ。 ❹濃い青色。青黒色。山や樹の青黒い色の形容。「翠黛」

解字 形声。黑＋代㊥。音符の代は、とってかわるの意味。人の眉にとってかわる黒いすみの意味を表す。

【黛鬟】タイカン 婦人の黒々とつやのある髪。
【黛黒】タイコク まゆずみ。黛墨。
【黛痕】タイコン 青黒いまゆずみのあと。
【黛樹】タイジュ 遠く青黒く見える樹を、まゆずみにたとえていう。
【黛色】タイショク まゆずみのような色。遠山の形容。
【黛青】タイセイ まゆずみのように濃く青い色。
【黛眉】タイビ まゆずみで描いたまゆ。
【黛墨】タイボク まゆずみ。黛黒。
【黛面】タイメン まゆずみをつけた顔。
【黛螺】タイラ ①画家の用いる、青緑色の絵の具。②女子の眉墨と螺髻（たにしの貝殻のような髪形）。
【黛緑】タイリョク まゆずみの色が青い。美人の形容。

(17) 5
【黜】9312 △ ㊥チュツ ㊤チュチ 質 chù 8357 7359

字義 しりぞける。しりぞく。㋐おとす。官位を下げる。㋑追い出す。罷免する。㋒へらす（減）。そこなう。㋓やめる。のぞく（除）。廃止する。なくす。

解字 篆文 形声。黑＋出㊥。音符の出は、だすの意味。黒は刑としての入れ墨の意味。罰して追いだす、しりぞけるの意味を表す。

【黜遠】チュツエン しりぞける。遠ざける。
【黜棄】チュツキ しりぞけ捨てる。
【黜遣】チュツケン 追放する。
【黜升】チュツショウ 無能な者をしりぞけることと、人材を進め用いること。黜陟チュッチョク。
【黜斥】チュッセキ しりぞける。退けて用いない。
【黜責】チュッセキ しりぞけせめる。
【黜陟】チュッチョク 功の無い者をしりぞけ、功のある者をあげ用いる。
【黜剝】チュッハク 官位をうばって、しりぞける。
【黜罰】チュツバツ 免職にして罰する。
【黜否】チュッピ 無能な者をやめさせてしりぞける。
【黜放】チュツホウ 追放する。
【黜免】チュツメン 官職をやめさせてしりぞける。

(17) 5
【點】(4460) テン 点（4459）の旧字体。→六八九ページ。 8358 735A

(17) 5
【黝】9313 △ ㊥ユウ（イウ） ㊤ユ 有 yǒu 8359 735B

字義 ❶あおぐろ。青みがかった黒色。 ❷くろい（黒）。また、くろずむ。 ❸くろつち。また、地を黒くぬる。

解字 篆文 形声。黑＋幼㊥。音符の幼は、幽に通じ、光がかすかの意味。うすく、青みがかった黒の意味を表す。

【黝藹】ユウアイ 樹木がさかんにしげるさま。
【黝堊】ユウアク ①地面を平らにならして黒土をしき、牆壁（かき）を白くぬりかざること。一説に、黒塗りの柱と白い壁。②青黒く塗ること。
【黝堊丹漆】ユウアクタンシツ ①青・白・赤・黒色をいう。②青黒く塗ることと、赤く塗ること。
【黝賁】ユウホン 北宮黝と孟賁。ともに戦国時代の勇者。
【黝黝】ユウユウ 薄黒いさま。樹木がしげって暗いさま。

(18) 6
【黟】9314 △ 一エイ 斉 yī 二イ 支 yí

字義 一黒檀。烏文木。 二❶＝一。❷黒い。

解字 篆文 形声。黑＋多㊥。

(18) 6
【黠】9315 △ ㊥カツ ㊤ゲチ 黠 xiá 8360 735C

字義 ❶さとい。さかしい。❷わるがしこい。ずるい。また、わるがしこい者。❸かたくて黒色のもの。

解字 篆文 形声。黑＋吉㊥。音符の吉は、堅に通じ、かたいの意味。くろくてかたいの意味を表す。また、吉は賢に通じ、わるがしこいの意味をも表す。

【黠獪】カツカイ わるがしこい。ずるい。狡獪。
【黠慧】カツケイ わるがしこい。こざかしい。
【黠鼠】カッソ ねずみ。ねずみの性質は悪がしこいのでいう。
【黠智】カッチ わるがしこい知恵。悪知恵。
【黠虜】カツリョ わるがしこい野蛮人。外敵をののしっていう語。

(19) 7
【儵】9316 △ シュク 屋 shū

字義 ❶青黒い色。 ❷はやい。また、たちまち。＝倏。 ❸南海の帝。→儵忽の②。

解字 篆文 形声。黑＋攸㊥。

【儵忽】シュクコツ ①たちまち。にわかに。②二神の名。儵は、南海の帝。忽は、北海の帝。〔荘子、応帝王〕南海之帝為レ儵、北海之帝為レ忽。

(20) 8
【黤】9317 △ アン 黭（9321）と同字。→一三七〇ページ。

(20) 8
【黥】9318 △ ㊥ケイ ㊤ギョウ（ギャウ） 慣ゲイ 庚 qíng 8361 735D

字義 いれずみ。罪人の顔に墨を入れる刑罰。

解字 篆文 形声。黑＋京㊥。音符の京は、劇に通じ、区切りの線を入れるの意味。罪人に墨を入れて区別する刑、いれずみの意味を表す。

【黥劓】ゲイギ いれずみすることと、はなきること。ともに昔の刑罰の名。
【黥首】ゲイシュ ①額に入れ墨をする刑罰。②入れ墨をした額。
【黥徒】ゲイト 入れ墨の罰をうけた罪人。
【黥布】ゲイフ 秦末漢初の武将、英布の別名。罪により入れ墨の刑を受けたのでいう。初め楚の項羽に仕えたが、後に漢の高祖に仕えて淮南王となり、やがて謀反の罪で殺された。（？—前一九五）
【黥面】ゲイメン 顔に入れ墨をする。また、入れ墨をした顔。

(20) 8
【黨】(448) トウ 党（447）の旧字体。→一一〇ページ。 8362 735E

(20) 8
【黧】9319 △ 一㊥レイ・㊤ライ 斉 lí 二リ 支

字義 一二❶くろい（黒）。❷きぐろ。黄色をおびた黒。❸まだら。ぶち。

解字 形声。黑＋利㊥。

【黧黄】レイコウ・リコウ こうらいうぐいすの別名。黄鳥。黄鸝。
【黧黒】レイコク・リコク 黄色をおびた黒色。やつれた顔の形容。
【黧老】リロウ 老人。皮膚が黒ずむのでいう。

(21) 9
【黯】9320 △ 一㊥アン・㊤エン 豏 ǎn 二アン 覃 ān 8363 735F

字義 一❶くろい。非常に黒い。まっくろ。❷痛む。心を痛める。心を痛めるあまり、顔色が悪くなる。 二くらい。奥深くてあらわれないこと。

解字 篆文 形声。黑＋音㊥。音符の音は、暗に通じ、くらいの意味。くらい・くろいの意味を表す。

【黯靄】アンアイ 暗くたちこめた、もや。
【黯黒】アンコク 暗い。また、黒い。
【黯惨（慘）】アンサン うす暗くものがない。「天地黯惨」
【黯然】アンゼン ①暗いさま。また、黒いさま。②顔色を失うさ

ま。圧倒されるさま。③気がはれないさま。

【黯淡】(アンタン) うす暗い。

【黯湛】(アンタン) うす暗くて深い。暗く奥深い。

【黯澹】(アンタン) ＝黯淡。

【黯黮】(アンタン) ①曇って明らかでないさま。②がっかりするさま。

(21)9 【黭】9321 △ アン 感 yǎn
【黤】同字
字義 ❶くろい。果実がくさって黒いさま。❷くらい。明らかでない。❸にわか。事が急におこるさま。卒然。俄然。
解字 篆文 形声。黒＋弇音。音符の弇は、奄に通じ、おおうの意味。黒がおおう、まっくろの意味を表す。

(21)9 【黮】9322 △ 一漢タン・呉ダン 感 tǎn, dǎn 二タン 勘 三漢シン・呉ジン 寝 shèn
字義 一❶まっくろ。桑の実が黒い。❷ひそか。こっそり。二くらい。明らかでない。三桑の実(葚)。
解字 篆文 形声。黒＋甚音。音符の甚は、はなはだしいの意味。はなはだ黒いの意味を表す。
【黮闇】(タンアン) くらい。暗いさま。くらやみ。
【黮黮】(タンタン) 雲などの暗いさま。

(22)10 【黰】9323 △ シン 軫 zhěn
字義 ❶くろかみ。つやつやして美しい黒髪。❷くろいさま。
解字 形声。黒＋眞音。音符の眞は、いっぱいにつまるの意味。髪が濃くて黒いの意味を表す。

(22)10 【黱】9324 △ タイ 黛(9310)の本字。→一二六八ページ。

(23)11 【黴】9325 △ 一漢バイ・呉マイ 隊 二漢ビ・呉ミ 支 méi　8364 7360
字義 一かび。かびが生える。二❶かび。物がくさって、そこに寄生する下等菌類。「青黴」❷かびる。かびが生えてくさる。❸すすける。顔があかでよごれる。❹かさ。性病の一種。梅毒。「黴毒」

解字 篆文 形声。黒＋微音。音符の微は、かすかの意味。毛のようにかすかな黒いかびの意味を表す。

【黴雨】(バイウ) つゆ。梅雨。

【黴菌】(バイキン) 有機物に寄生する下等植物。バクテリア。細菌。

【黴黒】(バイコク) あかがついて黒いさま。すすける。

(26)14 【黶】9326 △ 一エン 琰 yǎn 二漢アン・呉エン 豏 yǎn　8365 7361
字義 一❶ほくろ。皮膚にある小さな黒色のはん点。黒子。「黶子」❷黒い。二くろあざ。黒いあざ。
解字 篆文 形声。黒＋厭音。音符の厭は、おしつぶすの意味。黒くおしつぶされた皮膚、ほくろの意味を表す。

(27)15 【黷】9327 △ 漢トク 呉ドク 屋 dú　8366 7362
字義 ❶けがれる。よごれる。㋐きたなくなる。あかなどがつく。㋑名誉をそこなわれる。❷けがす。よごす。㋐きたなくする。あかなどをつける。㋑名誉を傷つける。はずかしめる。
解字 篆文 形声。黒＋賣音。音符の賣は、人の目をくらませ迷わせて売るの意味。人の目をくらませあなどる、けがすの意味を表す。
【黷職】(トクショク) 役人や議員などがその地位を利用して不正なことをすること。瀆職。汚職。
【黷武】(トクブ) みだりに戦争をして武徳を汚すこと。理由のない戦いをする。

12 黹部

〔部首解説〕ち。ぬいとり。黹を意符として、ぬいとりを表す文字ができている。

(12)0 【黹】9328 △ チ 紙 zhǐ　8367 7363
字義 ❶ぬいとりする。刺繡する。❷刺繡。ぬいとり。❸ぬいとりした衣服。刺繡をした布。
解字 甲骨文 金文 篆文 象形。布地に模様を縫いとった形にかたどり、ししゅうの意味を表す。

(17)5 【黻】9329 △ 漢フツ 呉フチ 物 fú　8368 7364
字義 ❶ひざかけ。ひざおおい。なめし革を用いてつくった、ひざをおおうもの。❷ぬいとり。弓の字を二つ背なか合わせにした形の古代の礼服の模様。青糸と黒糸で刺繡する。
解字 篆文 会意。黹＋犮。黹は、ぬいとりのあるふさ飾りの象形。犮は、祓に通じ、はらいきよめるの意味。青と黒の糸のぬいとりのある礼服の意味を表す。
【黻衣】(フツイ) 古代の礼服。青と黒の色糸で、弓(一説に、己)の字を二つせなか合わせにした形のしゅう模様のあるもの。
【黻冕】(フツベン) 祭礼に用いる、ひざかけと、冠。

(19)7 【黼】9330 △ フ 麌 fǔ 慣ホ　8369 7365
字義 ❶ぬいとり。半黒半白の斧の形をしたぬいとり。昔、礼服にほどこしたもの。❷ぬいとりをした衣服。

解字 篆文 形声。黹＋甫音。音符の甫は、斧に通じ、おのの意味。おのの模様をぬいとりした礼服の意味を表す。

【黼扆・黼依】(ホイ・フイ) ①黒と白とで斧の形を描いた赤い絹地の屏風。天子が諸侯の拝謁をうけるときに、後ろに立てるもの。②転じて、天子をさす。

【黼座】(ホザ・フザ) 天子の席。天子の居所。

【黼黻】(ホフツ・フフツ) ①昔の天子の礼服のぬいとりの模様。②美しい文章のたとえ。③天子をたすける。

13 黽部

〔部首解説〕もう。あおがえる。黽を意符として、かえるや亀など、水辺に住む動物を表す文字ができている。

竈→穴部 八一〇ページ。

(13)0 【黽】9331 △ 一漢モウ(マウ) 呉ミョウ(ミャウ) 梗 měng 二漢ビン・呉ミン 軫 mǐn 三漢ベン・呉メン 銑 miǎn　8370 7366
【黽】本字 【黾】俗字
字義 一あおがえる。水にすむあおがえるの大きいもの。食用になる。二つとめる。勉強する。三黽池は県名。→黽池。
解字 篆文 象形。あおがえるの象形で、あおがえるの意味を表す。
【黽池】(ベンチ・メンチ) 地名。今の河南省澠池県。戦国時代に趙王が藺相如とともに、秦の昭王と会見した所。澠池。

【黽勉】ビンベン つとめはげむ。〔詩経、小雅、十月之交〕黽勉従レ事ことにしたがう(ふ)。

(17)4 【黿】9332 △ 漢ゲン 呉ガン(グヮン) 元 yuán

字義 ❶あおうみがめ。正覚坊ショウガクボウ。❷いもり。また、とかげ。＝蚖ゲン。

解字 文 篆 形声。黽＋元音。黽は、かえるの象形。音符の元は、かしらの意味。頭の大きいかめ・いもりの意味を表す。

【黿▵鼉】ゲンダ あおうみがめと、わに。〔中庸〕

【黿▵鼎】ゲンテイ あおうみがめを煮たかなえ。飲食のような小さな事で乱を起こすことのたとえに用いる。

【黿鳴▵鼈応(應)】ゲンメイベツオウ 君臣がたがいに応じあうたとえ。あおうみがめが鳴くと、これに応じてすっぽんが鳴く意。

(18)5 【鼂】9333 △ 漢チョウ(テウ) 呉ジョウ(デウ) 蕭 cháo. ②zhāo

字義 ❶うみがめ。❷あさ。あした。＝朝・晁チョウ。

解字 文 篆 会意。旦＋黽。旦は、その頭の象形。黽は、うみがめの意味。

【鼂錯】チョウソ 前漢の景帝のときの政治家。法家の学に通じた。諸侯の勢力を抑制しようとしてその土地を削ったため、呉楚ゴソ七国の乱が起こり、殺された。晁錯とも書く。(?—前一五四)

(19)6 【鼃】9334 △ ア 蛙(6744)と同字。→九六三ページ。

【竈】→穴部 八一〇ページ。

(24)11 【鼇】9335 △ ゴウ(ガウ) 豪 áo 8371 7367

字義 ❶おおすっぽん。❷おおうみがめ。想像上の大きなかめ。海中にすみ、背に三つの仙山を背負っているという。

【鰲】俗字 8266 7262

解字 文 篆 形声。黽＋敖音。音符の敖ゴウは、大きいの意味。

【鼇山】ゴウザン ①大きな海がめが背にのせているという海中の仙山。仙人が住むという。②だし。〔祭礼の時、引っぱる飾り車〕。鼇山にかたどって作る。山車。

【鼇身】ゴウシン 大うみがめ。また、大うみがめのからだ。〔唐、王維、送三秘書晁監還二日本一詩〕鼇身映レ天黒テンにエイじてくろく、魚眼射レ波紅ギョガンなみをいてくれない(ゐ)なり〈大きな海亀が、青々とした空を背にしていっそう黒く見え、大魚の紅の眼が波を射るように輝いていることであろう〉

【鼇足】ゴウソク 大うみがめの足。中国古代の伝説で、女媧ジョカ氏(帝王の名)が大うみがめの足を切って天をささえる柱としたという。〔補史記、三皇本紀〕

【鼇頭】ゴウトウ ①大うみがめの頭。②官吏登用試験に一位で及第した者。状元。③書物の上欄に書き入れた注解。頭注。

【鼇峰】ゴウホウ 鼇山の峰。神仙の住む所にたとえて翰林院カンリンインをいう。

(25)12 【鼉】9336 △ 漢タ 呉ダ 歌 tuó

字義 鰐わにの一種。体長二メートル余り。いま、安徽アンキ省南部の沼沢地に生息する。

解字 金文 篆文 形声。黽＋單音。音符の單タは、迤タに通じて、くねっていくの意味。身をくねらせてすすむ、わにの意味を表す。

【鼉鼓】ダコ ①鼉(わにの一種)の皮を張った太鼓。②太鼓のような鼉の鳴き声。

(25)12 【鼈】9337 △ 漢ヘツ・呉ヘチ 屑 biē 8372 7368
慣ベツ

字義 ❶すっぽん。みのがめ。どろがめ。淡水に住むかめの一種。❷わらび。わらびの芽を出したさまが、すっぽんの足に似ているのでいう。

【鱉】同字

解字 文 篆 形声。黽＋敝音。

【鼈▵裙】ベックン すっぽんの甲のまわりにある肉。

【鼈甲】ベッコウ ①かめ類の背の殻。すっぽんのこうら。昔、薬用とした。②国瑇瑁タイマイ(うみがめの一種)の甲を煮つめて作ったもの。くし・めがねのふちなど、装飾材料に用いる。

13 鼎部

【部首解説】かなえ。鼎テイを意符として、いろいろな種類のかなえや、かなえの一部分を指す文字ができている。

鼎 一二七一 2 鼐 一二七三 鼏 一二七三 3 鼒 一二七三

(13)0 【鼎】9338 標 漢テイ 呉チョウ(チャウ) 迥 dǐng 3704 4524

【鼑】俗字

字義 ❶かなえ。かなえ。㋐三本足で二つの手のある底の深い器。物を煮るのに用い、また、宗廟ソウビョウにおく宝器とされている。形に大小あり、普通は金属製。石製のものもまれにある。殷代イン以来、祭器として用いられ、紋様・銘文などが刻まれて多くは精巧で美しい。また、罪人を煮殺す刑具としても用いられた。㋑夏カの禹王ウオウが九牧(九州の長官)の金(青銅)を集めて作った九つの鼎。これを王位伝承の宝器として後代に伝えてから、転じて、王位・帝業の意に用いる。「九鼎」「鼎運」㋒鼎の三足を三公になぞらえて、大臣の位をいう。「鼎位」㋓三つのものが向かいあう形のたとえ。「鼎立」❷とうとい(貴)。❸まさに。また、まさに…んとす。再読文字。「鼎レ来まさにきたらんとす」。また、あたる。＝当。❹易エキの六十四卦カの一つ。☲☴巽下離上ソンカリジョウ。物をあらためるかたち。❺ものの形容。→鼎鼎。

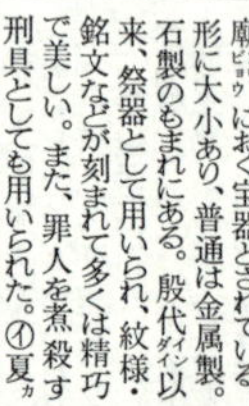
〔鼎①㋐〕

解字 甲骨文 金文 篆文 象形。甲骨文・金文でよくわかるように、かなえの象形で、かなえの意味を表す。

【鼎位】テイイ 大臣・宰相の位。また、大臣・宰相。

【鼎▵彝】テイイ 鼎かなえと彝い。彝は、五穀を盛る祭器で、常に宗廟ソウビョウに備えておき、昔は、功績ある者の事跡をこれに刻んだ。

【鼎運】テイウン 帝王の運命。皇運。聖運。

【鼎革】テイカク 革命。易エキで、鼎卦テイカは新を取り、革卦は古いにしえを去る意なのでいう。

【鼎▵鑊】テイカク 大きなかなえ。鑊は、大きくて足のないかなえ。昔、肉を煮るのに用い、後に人を煮殺すのに用いた。

【鼎業】テイギョウ 帝王が国土を治める大業。王業。

【鼎▵鉉】テイゲン ①かなえのとって。②かなえ。③大臣・宰相の地位。また、大臣・宰相に接し仕える官位。

【鼎湖】テイコ 地名。河南省霊宝県の南の荊山ケイザンのふもと。中国古代の伝説で、黄帝が銅でかなえを鋳、竜に乗って天に上ったという。〔史記、封禅書〕

【鼎▵坐】テイザ かなえの三本の足のような位置に、三人が向かい合ってすわること。

【鼎士】テイシ かなえを持ちあげるほど力のある勇士。

【鼎▵峙・鼎▵跱】テイジ ＝鼎立。

【鼎鐘】テイショウ かなえとつりがね。共に宗廟ソウビョウに備える器。昔、人の功績をほりつけたもの。

【鼎食】テイショク かなえに盛った、豊かでおいしい貴族の食物。また、それを食べる。転じて、豊かな生活をすること。

【鼎臣】テイシン 大臣。

【鼎新】テイシン　古い物事をあらためること。革新。
【鼎盛】テイセイ　まっさかり。ちょうどさかりであること。鼎は、まさにの意。
【鼎△俎】テイソ　①かなえとまないた。共に料理に用いる。②かなえで煮、まないたでさく。料理をすること。
【鼎△祚】テイソ　帝王の位。
【鼎足】テイソク　①かなえの足。②かなえに三本の足があるように、三人が力を合わせて助け合うことのたとえ。主として三公の場合にいう。③三公の位。④三方に割拠して相対立するたとえ。鼎立。
【鼎族】テイゾク　大きくさかんな家がら。大家。巨室。
【鼎談】テイダン　三人で話し合う。また、その話。
【鼎鼎】テイテイ　①ゆるやかで身体に締まりがないさま。②年月が早く過ぎ去る形容。③盛大なさま。
【鼎沸】テイフツ　①かなえの湯がわき立つように、群衆などがさわぎ立つこと。②天下が乱れるたとえ。
【鼎分】テイブン　三分すること。かなえは三本の足があるので鼎を三の義に用いる。
【鼎△輔】テイホ　三公をいう。大臣。
【鼎味】テイミ　①料理の味。料理。②天下の政治。
【鼎銘】テイメイ　かなえに彫った銘文。
【鼎立】テイリツ　三つのものがかなえの三本足のように並び立つ。三方に対立する。「三国鼎立」
【鼎△呂】テイリョ　九鼎大呂のこと。非常に重く尊いもののたとえ。九鼎は、夏の禹王が九州の青銅を集めて鋳た九個（一個ともいう）の夏・殷・周三代相伝の宝器であるかなえ。大呂は、周の宗廟（みたまや）の大鐘。〔史記、平原君伝〕
【定レ鼎】テイをさだむ　都を定めること。周の成王が九鼎を郟鄏（今の河南省洛陽市の西）に置いて都と定めたことからいう。〔左伝、宣公三〕
【問二鼎軽(輕)重一】かなえ(へ)のケイチョウをとう(ふ)　①楚王が周に行き、天子の証として伝わる九鼎の重さを（天下を奪う野心があったので、かなえを運ぶ時の用意のため）聞いた故事。〔左伝、宣公三〕②転じて、他人の実力を疑い、軽視するたとえ。

(15) 2
【鼐】9339　△　㊥ダイ　㊡ナイ　隊 nài
字義　おおがなえ（大鼎）。大きいかなえ。一説に、小さなかなえ。
解字　篆文 〔篆文字形〕　形声。鼎＋乃㊥。音符の乃は、胎児の象形。小さなかなえの意味を表す。また、身ごもったようにふくれたかなえの意味から、大きいかなえの意味も表す。

(15) 2
【鼏】9340　△　㊥ベキ　㊡ミャク　錫 mì
字義　❶かなえ（鼎）のおおい。かなえのふた。❷おおい。覆いの布。ふきん。
解字　篆文 〔篆文字形〕　形声。鼎＋冖㊥。音符の冖は、覆いの意味。かなえの覆いの意味を表す。

(16) 3
【鼒】9341　△　㊀シ　支 zī　㊁㊥サイ・㊡ザイ　灰
字義　㊀㊁かなえ。口のすぼまった、小さなかなえ。こがなえ。
解字　金文 〔金文字形〕　篆文 〔篆文字形〕　形声。鼎＋才㊥。

13

鼓部

〔部首解説〕つづみ。鼓を意符として、いろいろな種類のつづみ・太鼓や、その音を表す文字ができている。

鼓　一二七二　鼓　一二七三　5 鼙　一二七三　6 鼗　一二七三　鼘　一二七三
8 鼛　一二七三　鼛　一二七三

(13) 0
【鼓】9342　常　コ　つづみ　コ　麌 gǔ　2461　385D
筆順　士 吉 壴 鼓
【皷】俗字 8373 7369
字義　❶つづみ。太鼓。楽器の一つ。木または土の胴の両面に革を張り、打ち鳴らすもの。❷つづみうつ。太鼓をたたく。＝鼓。❸うつ（打）。たたく。また、鳴らす。かなでる。❹ふるいおこす。励ます。まった、あおる。扇動する。「鼓吹」「鼓舞」❺容量の単位。十斗。一説に、十二斛。また、重量の単位。四百八十斤。

〔鼓①〕

参考　従来、鼓はつづみ（名詞）、皷はつづみうつ（動詞）と区別して用いられていたが、古くは区別がなく、また、現在も混用する。本書では鼓の熟語はすべて鼓の項におさめた。
解字　甲骨文 〔甲骨文字形〕　金文 〔金文字形〕　篆文 〔篆文字形〕　会意。壴＋支（屮＋又）。壴は、つづみ・たいこの象形。支は、手にばちを持ってうつさま。つづみ・たいこの意味を表す。
▼旗鼓・魚鼓・金鼓・警鼓・五鼓・三鼓・鐘鼓・大鼓・天鼓・二鼓・雷鼓・楼鼓・漏鼓

【鼓△枻】コエイ　かじを動かす。舟をこぐ。かいの音をたてる。〔楚辞、漁父〕漁父莞爾而笑、鼓レ枻而去
【鼓下】コカ　陣中で人を殺す所。将軍の陣営では旗をたてて鼓を置き、その下で人を処刑した。
【鼓角】コカク　①軍中で用いる太鼓とつの笛。②つの笛を鳴らす。
【鼓楽(樂)】コガク　①楽器をならす。音楽を奏する。②音楽。音楽隊。
【鼓弓】コキュウ　国弦楽器の一種。胡弓。
【鼓△篋】コキョウ　鼓を打って学生を集め、篋を開いて書物を出す。学習を始めること。就学すること。〔礼記、楽記〕
【鼓行】ココウ　太鼓を鳴らして進んで行く。堂々と進軍すること。〔史記、淮陰侯伝〕鼓行出二井陘口一。
【鼓掌】コショウ　てのひらを打つ。撃掌。
【鼓吹】コスイ　①軍楽を奏する官。後漢からはじまる。②つづみや笛の類。また、それを鳴らすこと。③勢いをつける。はげます。④自分の意見を主張する。ふいちょうする。
【鼓△鉦】コセイ・コショウ　つづみとどら。軍中で用いる。
【鼓舌】コゼツ・したをこす　舌を鳴らしてしゃべる。弁舌をふるう。
【鼓△譟・鼓△噪】コソウ　鼓を鳴らしてときの声をあげる。はやしたてる。
【鼓△柝】コタク　①つづみとひょうし木。②ひょうし木を打ち鳴らす。
【鼓笛】コテキ　つづみと笛。簫鼓。
【鼓怒】コド　①はげしく怒る。②水が音をたててさかまくさま。
【鼓動】コドウ　①太鼓のひびき。②心臓の打つひびき。③ふるい動く。
【鼓△橈】コドウ　動かしたわめる。
【鼓△桴】コフ　つづみのばち。
【鼓舞】コブ　①つづみを鳴らして舞う。「弦歌鼓舞」②元気づける。ふるいはげます。鼓励。
【鼓腹】コフク　①腹つづみを打つ。食に満ち足りているさま。②腹を打って拍子をとる。③つづみの胴。
【鼓腹撃(擊)壌(壤)】コフクゲキジョウ　腹つづみを打ち、足で地面を踏みならして拍子をとる。平和で安楽な生活を喜ぶ形容。〔十八史略、五帝、帝尭〕有二老人一、含レ哺鼓レ腹、撃レ壌而歌曰。
【鼓△鼙・鼓△鞞】コヘイ　①攻め太鼓。②軍事。戦争。
【鼓盆】コボン　妻の死。荘子が妻を失ったとき、盆（すやきのはち）をたたいて歌った故事に基づく。〔荘子、至楽〕

【鼓励（勵）】はげまし奮起させる。鼓舞。

【鼓楼（樓）】①鼓を打ち鳴らして、時刻を知らせるたかどの。②盗賊を警戒するために、鼓を置いたたかどの。

【鼓惑】おだて惑わす。

【聞レ鼓△而△已不レ聞レ金△矣】進むことを知って退くことを知らない。必死の覚悟で突撃すること。昔の戦いは、進むときは鼓を鳴らし、退くときには金（銅鑼）を鳴らした。〔左伝、哀公十一〕

【鳴レ鼓△而攻レ△之】その人の罪を数えあげ、声を大きくしてせめたてる。〔論語、先進〕

(13)0【鼓】9343　△ 漢コ 呉ク 麌 gǔ
字義 つづみうつ。＝鼓（9342）の字義の②③④。→前項。
参考 〔鼓〕と混用する。熟語はすべて鼓におさめた。→前項。
解字 文 篆 会意。壴＋支音。支は、うつ意味。

(18)5【鼕】9344　△ 漢トウ 呉ドウ 冬東 dōng（tóng）　8374 736A
字義 つづみの音。
解字 形声。鼓＋冬音。音符の冬は、つづみの音の擬声語。
【鼕鼕】①つづみの音の形容。②香かのかおるさま。

(19)6【鼗】9345　△ 漢トウ（タウ）呉ドウ（ダウ）豪 táo
【鞀】同字　【鞉】同字
字義 ふりつづみ。小球を二つさげた、柄のついたつづみ。柄を持って振ると、さがっている小球がつづみを打ち鳴らすしくみ。鼗鼓。

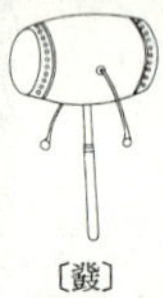
〔鼗〕

解字 文 篆 体 別 体 別 形声。鼓＋兆音。音符の兆は、とびはねるの意味。つづみに小球を二つさげ、柄を持って振ると、その小球のとびはねる、ふりつづみの意味を表す。

(19)6【鼖】9346　△ 漢フン 呉ブン 図 fén
字義 じんだいこ。軍陣に用いた、長さ八尺の大つづみ。「鼖鼓」
参考 古くは、〔賁〕とも書く。
解字 文 篆 形声。鼓＋卉音。音符の卉は、盛んにおこるの意味。おおつづみの意味を表す。

(21)8【鼛】9347　△ コウ（カウ）豪 gāo
字義 おおつづみ。長さ一丈二尺の大きな太鼓。
解字 文 篆 形声。鼓＋咎音。

(21)8【鼙】9348　△ 漢ヘイ 呉バイ 斉 pí
字義 ❶こつづみ。小さいつづみ。❷せめつづみ。うまのりつづみ。騎兵が馬の上で鳴らすつづみ。「鼙鼓」
解字 文 篆 形声。鼓＋卑音。音符の卑は、程度がひくいの意味。一般のものより小さな、携帯用のつづみの意味を表す。
【鼙鼓】→字義の②。〔唐、白居易、長恨歌〕漁陽鼙鼓動レ地来 訳文⇩漁陽（六六六ページ）。

13 鼠部

〔部首解説〕ねずみ。鼠ソを意符として、いろいろな種類のねずみや、ねずみに似た動物の名称を表す文字ができている。

(13)0【鼠】9349　標 シヨ 語 shǔ　慣ソ　3345 414D
【鼡】俗字 8375 736B　【鼠】俗字
字義 ❶ねずみ。㋐齧歯目ネズミ科の哺乳動物。ね。㋑こっそりと悪いことをする者のたとえ。❷うれえる（憂）。気がふさぐ。国 ねず。ねずみ色。うすずみ色。

解字 文 篆 象形。歯をむきだし、尾の長いねずみの形にかたどり、ねずみの意味を表す。

【鼠疫】黒死病。ペスト。ねずみに寄生する蚤から伝染するので名づける。

【鼠肝虫（蟲）△臂】ねずみのきもと虫のひじ。とるにたらないもののたとえ。また、絶無のもののたとえ。〔荘子、大宗師〕

【鼠△蹊部】もものつけねの部分。

【鼠△竄】ねずみのようにこそこそ逃げる。鼠遁。

【鼠矢】ねずみのくそ。鼠糞。

【鼠思】うれえ思う。くよくよする。〔詩経、小雅、雨無正〕鼠思泣血。

【鼠△鬚筆】ねずみのひげで作った筆。書聖といわれる晋の王羲之が初めて作ったといい、書家が珍重する。

【鼠窃（竊）△狗△盗】こそどろ。ねずみやいぬのようにこそこそものを盗む意。〔史記、叔孫通伝〕

【鼠賊】こそどろ。窃盗。鼠盗。

【鼠盗】ねずみのようにこそこそ人のものを盗む者。こそどろ。鼠賊。

【鼠△遁】＝鼠竄。

【鼠輩】①たくさんのねずみ。②とるにたらないものども。小人ども。人をののしる語。鼠子。

【鼠伏】鼠のように伏しかくれる。

【鼠朴・鼠△樸】＝鼠璞。

【鼠△璞】ねずみの干物。無用なもののたとえ。

【鼠目】ねずみの目。欲深い目つきをいう。

【鼠△憑レ社貴】社に巣くうねずみは、これをいぶり出して捕らえようとしても社の焼けるのがこわいのでそのままにしておく。主君の威光をかさにきる小人のたとえ。〔文選、沈約、恩倖伝論〕

【投レ鼠忌レ器】ねずみにものを投げつけて殺そうとしても、そのそばの器物をこわすことを恐れる。主君の近くにいる悪い家来を除こうとして、その災いが主君におよぶことをおそれるたとえ。〔漢書、賈誼伝〕

(17)4【鼢】9350　△ 漢フン 呉ブン 吻文 fěn
字義 もぐら。もぐらもち。「鼢鼠」
解字 文 篆 形声。鼠＋分音。音符の分は、わけるの意味。前足で土をかき分けて進む、もぐらの意味を表す。

(18)5【鼪】9351　△ 漢セイ 呉ショウ（シャウ）敬庚 shēng
字義 ❶いたち（鼬）。❷むささび（鼯）。
解字 形声。鼠＋生音。音符の生は、星に通じ、すみきったほしの意味。夜行性のため夜間に目が星のように光る、ねずみに似た動物、むささびの意味を表す。

(18)5【鼫】9352　△ 漢セキ 呉ジャク 陌 shí
字義 ❶むささび。＝鼯。❷おかずき。りすの一種。形はねずみに似、頭はうさぎのようで、全体が青黄色。好んで田におり、豆などを食う害獣。碩鼠。❸虫の名。けら。おけら。螻蛄。

解字 篆文 形声。鼠+石㊥。

(18)5【鼦】9353 △ チョウ 貂（7370）と同字。→一〇三六ページ。

(18)5【鼬】9354 △ 漢ユウ（イウ） 呉ユ 宥 yòu 8376 *736C*

字義 いたち。食肉目イタチ科の哺乳動物。鼠に似て、やや大きく、赤茶色をし、害敵にあうと悪臭を放つ。鼪セイ。

難読 鼬鼠いたち

解字 文 篆 形声。鼠+由㊥。音符の由は、深い穴の意味。深い穴にすむ、いたちの意味を表す。

【竄】→穴部 八一〇ページ。

(20)7【鼯】9355 △ ゴ 虞 wú

字義 むささび。ももんが。齧歯目ゲッシモクリス科の哺乳動物。りすに似てやや大きく、昼はかくれ、夜間活動する。鼯鼠ゴソ。

難読 鼯鼠むささび・ももんが

解字 形声。鼠+吾㊥。音符の吾ゴは、五に通じ、篆文の五の字のように足を広げて飛ぶ、むささびの意味を表す。

【鼯嘯】ゴショウ むささびが鳴く。

【鼯鼠之技】ゴソのギ むささびのわざの意。わざは多いが一つも役に立つもののないたとえ。鼯鼠五技。〔荀子、勧学〕

【鼯鼬】ゴユウ むささびと、いたち。

(22)9【鼹】9356 △ 漢エン 呉オン 阮 yǎn

字義 ❶もぐら。もぐらもち。偃鼠エンソ。土竜もぐら。❷水牛に似た一種の獣。

解字 形声。鼠+匽㊥。音符の匽エンは、かくれふすの意味を表す。

(23)10【鼷】9357 △ 漢ケイ 呉ゲイ 斉 xī(xí)

字義 はつかねずみ。あまくちねずみ。

解字 文 篆 形声。鼠+奚㊥。音符の奚ケイは、ねずみの鳴き声の擬声語。

14 鼻（鼻）部

〔部首解説〕はな。鼻を意符として、鼻の状態や寝息などに関する文字ができている。

(14)0【鼻】9358 教3 ビ はな　(14)0〖鼻〗9359 漢ヒ 呉ビ 寘 bí 4101 *4921*

筆順 ′ 白 自 鳥 畠 畠 鼻

字義 ❶はな。動物の臭覚と呼吸をつかさどる器官。❷獣の鼻になわなどを通す。❸あな。❹つまみ。とって。「鼻鈕ビチュウ」❺はじめ。人間のできはじめるときは、鼻から形がきまるという伝説による。「鼻祖」❻下男下女。召使い。

解字 甲骨文 金文 篆文 形声。自+畀㊥。甲骨文・金文は自で、はなの象形。のちに、音符の畀ヒが付いた。音符の畀は、蒸気を通過させるための、こしきの中敷きのすだれの意味。空気を通すはなの意味を表す。

▼酸鼻・突鼻

【鼻液】ビエキ はなじる。鼻汁。鼻洟ビイ・ビテイ。鼻涕ビテイ。

【鼻鼾】ビカン いびき。

【鼻子】ビシ ①鼻。②はじめて生まれた子。③国はなご はなわ。牛の鼻にとおす輪。

【鼻哂】ビシン はなで笑う。せせら笑う。

【鼻準】ビセツ ＝鼻柱。

【鼻祖】ビソ 第一の先祖。元祖。→字義の❺。

【鼻息】ビソク・はないき ①鼻いき。呼吸。②他人のきげん。他人の意向。③国はないき 意気ごみ。

【仰二鼻息一】ビソクをあおぐ 他人のきげんをうかがいあおぐ。他人のきげんをそこなわないようにびくびくすること。〔後漢書、袁紹伝〕

【鼻端出レ火】ビタンひをいだす ＝鼻頭出レ火。

【鼻柱】ビチュウ はなばしら。はなすじ。鼻茎。鼻準ビセツ。鼻梁ビリョウ。

【鼻鈕】ビチュウ とって。つまみ。

【鼻涕】ビテイ ＝鼻液。

【鼻頭出レ火】ビトウひをいだす 鼻の先から火を出す。勢いの非常にさかんな形容。〔南史、曹景宗伝〕

【鼻梁】ビリョウ ＝鼻柱。

(16)2【鼽】9360 △ 漢キュウ（キウ） 呉グ 尤 qiú

字義 ❶鼻がつまる。かぜをひいて鼻がふさがる。❷鼻みずが出る。❸ほおの骨。

解字 篆文 形声。鼻+九㊥。音符の九は、曲がっておしつめられるの意味。かぜをひいて鼻がつまるの意味を表す。

【鼽欬】キュウガイ 鼻がつまって、せきが出る。

【鼽窒】キュウチツ 鼻がふさがってつまる。

【鼽嚏】キュウテイ 鼻がつまり、くしゃみする。

(17)3【鼾】9361 △ 漢カン 呉ガン 翰寒 hān 8377 *736D*

字義 いびき。ねいき。

解字 文 篆 形声。鼻+干㊥。音符の干は、けずるの意味。鼻を削るような音のいびきの意味を表す。

【鼾睡】カンスイ いびきをかいて眠る。

【鼾声】カンセイ いびきの声。いびき。「鼾声如レ雷カンセイライのごとし」

【鼾息】カンソク いびき。鼻鼾。

【鼾雷】カンライ かみなりのように大きないびき。

(18)4【齀】9362 △ 漢ジク（ヂク） 呉ニク 屋 nǜ

字義 はなぢ。鼻血。＝衄ジク。

解字 鼻+丑㊥。

(19)5【齁】9363 △ 漢コウ 呉ク 尤 hōu

字義 はないき。いびき。

解字 形声。鼻+句㊥。音符の句は、いびきの音を表す擬声語。

【齁齁】コウコウ いびきの音の形容。ぐうぐう。

【齁睡】コウスイ いびきをかいて眠る。鼾睡カンスイ。

(24)10【齅】9364 △ キュウ 嗅（1041）の本字。→二一一ページ。

14 齊（斉）部

斉は八画。

〔部首解説〕せい。齊セイを意符とする文字の例は少ない。この部首に所属する齋サイ・齎セイ・齏セイはそれぞれ示・貝・韭キュウ（にら）が意符で、字形の分類上、便宜的にここに収められている。

(8)0【斉】9365 常 セイ 3238 *4046*

(14)0 〔齊〕9366 ㊇許　一㊥セイ・㊐ザイ 齊 qí　二サイ 佳 zhāi　三シ 支 zī　8378 736E

筆順 亠 文 斉 斉

字義 一 ❶**ひとしい**。**ととのう**。そろっている。きちんとしている。同じである。「均斉」 ❷**ひとしくする**。**ととのえる**。そろえる。きちんとする。合わせる。同じにする。〔論語、為政〕斉レ之以レ刑（これをととのうるに、ケイをもってす）。❸**ひとしく**。みな。そろって。❹ただしい。かたよらない。❺なか。中央。また、うず。水のうず。❻へそ。ほぞ。＝臍（セイ）。❼つつしむ。おごそか。❽限る。限り。制限。❾つとめる。おこたらない。❿国名。周の武王の臣、太公望呂尚（リョショウ）が封ぜられた国。今の山東省の地を領し、臨淄（リンシ）（今の山東省淄博（シハク）市の東北）に都した。戦国時代の初め、二十九代、七百二十七年（前一一二三—前三八六）で、その臣の田氏に国をうばわれた。田氏のうばった国を田斉といい、後に秦（シン）にほろぼされた。（前三八六—前二二一）⓫王朝の名。㋐南朝の一つ。南斉。蕭道成（ショウドウセイ）が宋（ソウ）の譲りを受けて建てたもの。建康（今の南京市）に都した。七代二十四年（四七九—五〇二）で、梁（リョウ）にほろぼされた。㋑北朝の一つ。北斉。高洋が東魏（トウギ）の譲りを受けて建てたもの。六代二十八年（五五〇—五七七）で北周にほろぼされた。

二 ❶ものいみ。＝斎。❷＝一の⑦。 三 もすそ。衣のすそ。

名乗 きよ・ただ・ただし・とき・とし・なお・なり・ひとし・むね

難読 斉斉哈爾（チチハル）・斉墩樹（果）（えごのき）

解字 甲骨文 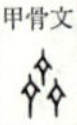 篆文  象形。甲骨文でわかるように、穀物の穂がのびて、はえそろっているさまにかたどり、そろう・ととのうの意味を表す。齊を音符に含む形声文字に、儕（セイ）・劑（剤）・擠（セイ）・臍（セイ）・濟（済）・躋（セイ）・霽（セイ）・斎などがあり、これらの漢字は、「そろう」の意味を共有している。

▼一斉・均斉・整斉

【斉一・斉壱（壹）】（セイイツ）ひとしい。一つにそろう。等しくする。

【斉家】（セイカ）家庭をととのえおさめる。『大学』の八条目の一つ。「修身斉家」

【斉戒】（サイカイ）ものいみする。斎戒。

【斉△諧】（セイカイ）古書の名。昔、斉の国に行われた怪異談を集めたものという。一説に、人名。〔荘子、逍遥遊〕

【斉△桓公】（セイのカンコウ）春秋時代の斉国の君主。在位四十三年。名は小白。管仲を用いて富国強兵を図り、覇者（諸侯の旗頭）となった。晋（シ）の文公と並んで斉桓晋文（セイカンシンブン）と称される。（?—前六四三）

【斉△桓△晋（晉）文】（セイカンシンブン）斉の桓公と、晋の文公。ともに春秋時代の五覇（五人の諸侯の旗頭）に数えられ、最も勢力が大きかった。〔孟子、梁恵王上〕斉桓・晋文之事、可レ得レ聞乎（セイカンシンブンのこと、きくことをうべきか）。

【斉給】（セイキュウ）①才知がはやくまわる。すばやく反応する。②弁説にたくみ。③等分に供給する。

【斉均】（セイキン）等しくそろえる。平均にする。均斉。

【斉敬】（セイケイ）心身を清めつつしむ。つつしみうやまう。

【斉衰】（シサイ）喪中の服。麻で作り、裳（もすそ）を縫い合わせたもの。斬衰（ザンサイ）に次いで重いもの。

【斉宿】（サイシュク）ものいみして一夜を過ごす。斎宿。

【斉粛（肅）】（セイシュク）おごそかに（ととのえ）つつしむ。やうやしくする。

【斉如】（セイジョ）おごそかにつつしむさま。うやうやしいさま。

【斉唱】（セイショウ）おおぜいが声をそろえてうたう。

【斉斉】（セイセイ）①うやうやしくつつしむさま。②そろい整っているさま。

【斉聖】（セイセイ）つつしみ深くかしこい。正しくて物事の道理によく通ずること。

【斉整】（セイセイ）ととのっている。きちんとしている。整斉。

【斉宣王】（セイのセンオウ・セイのセンノウ）戦国時代の斉国の君主。名は辟疆（ヘキキョウ）。孫子を用い、また、多くの遊説（ユウゼイ）の士を集めた。

【斉△疏】（シソ）喪服の名。疏は、あらい布の意。＝斉衰（シサイ）。

【斉荘（莊）】（セイソウ）おごそかなこと。容儀をととのえつつしむこと。

【斉東野人△之語】（セイトウヤジンのゴ）斉の国の東部の田舎者（いなかもの）のことばの意で、おろかで信ずるに足りないことばのたとえ。斉東野語。〔孟子、万章上〕

【斉△眉△之礼（禮）】（セイビのレイ）食事の膳（ゼン）を眉（まゆ）の高さまでささげてそなえる作法。妻が夫につつしんでつかえること。後漢の梁鴻（リョウコウ）の妻がよく夫につかえた故事。斉眉之案（セイビのアン）（案は食膳）。〔後漢書、梁鴻伝〕

【斉民】（セイミン）①一般の人民。庶民。②人民を平等にする。

【斉民要術】（セイミンヨウジュツ）書名。十巻。北魏（ホクギ）の賈思勰（カシキョウ）の著。穀物・野菜・果物などの栽培や家畜の飼育法などを述べた中国最古の農業の書。

【斉明】（サイメイ）①ものいみして心身を清めること。②（セイメイ）正しく明らかなこと。

【斉△栗・斉△慄】（セイリツ・サイリツ）つつしみおそれる。

【斉△魯】（セイロ）春秋時代の二国の名。斉と魯。今の山東省の地。ここに儒教が初めて起こった。

【斉論】（セイロン）漢代に伝えられた『論語』のテキスト三種類（古論・魯論（ロロン）・斉論）のうち斉の国に伝わったもの。魯論（今の論語はこの系統に属する）より問王・知道の二編が多かったが、後に滅んだ。

(11)3 【斎】9367 常 サイ　(17)3 〔齋〕9368　一サイ 佳 zhāi　二シ 支 zī　2656 3A58　6723 6337

筆順 亠 文 斎 斎

〔斎〕俗字

字義 一 ❶**ものいみ**。神仏を祭るとき、飲食や行いをつつしんでけがれを去り、心身を清めること。また、ものいみする。「斎戒沐浴（サイカイモクヨク）」 ❷へや。㋐書物を読んだり、ものを書いたりするへや。「書斎」 ㋑くつろいでいるへや。居間。❸仏**とき**。㋐僧の食事。正午以前にとる食事。㋑寺で、法会（ホウエ）などのとき出す食事。精進（ショウジン）料理。

二 喪服の名。裳（もすそ）のすそを縫い合わせたもの。＝斉（シ）。

国 ❶**いつき**。㋐斎女（いつきめ）の略。㋑斎王（いつきのみこ）の略。昔、伊勢神宮や賀茂神社につかえた未婚の内親王、また女王。いつきのみや。❷**いつく**。**いわう**（いはふ）。㋐心身のけがれを清め去って神につかえる。㋑大切につかえる。

名乗 いつ・いわい・きよ・ただ・ひとし・よし

難読 斎垣（いがき）・斎串（いぐし）・斎宮（さいき・いつきのみや）・斎児（いわいご）・斎部（いんべ・ものいべ・いみべ）

解字 金文  篆文  形声。示＋斉（𠫼）㊥。音符の𠫼（サ）は、ととのえるの意味。身心を清めととのえて神につかえる、ものいみするの意味を表す。

▼潔斎・高斎・山斎・書斎・心斎

【斎院】（サイイン）①祭りの前日に祭りに奉仕する人たちがものいみする所。②国（サイイン・いつきのイン）賀茂神社に奉仕した未婚の内親王または女王をいう。斎王。また、そのいる所。いつきのみや。

【斎王】（サイオウ・いつきのみこ）国昔、天皇の即位のとき伊勢神宮と賀茂神社に奉仕した、未婚の内親王、または女王。

【斎戒】（サイカイ）ものいみする。神を祭るときや神仏に祈ったりするとき、飲食や行動をつつしみ、けがれに触れぬようにすること。〔孟子、離婁下〕斎戒沐浴、則可三以祀二上帝一（サイカイモクヨクすれば、すなわ（は）ちもってジョウテイをまつるべし）。

【斎宮】（サイキュウ）①天子の大廟（タイビョウ）（祖先のみたまや）の祭りにものいみする御殿。②国（サイグウ・いつきのみや）天皇の即位ごとに、伊勢神宮に奉仕した未婚の内親王、または女王。斎王。また、そのいる所。

【斎潔】（サイケツ）ものいみして心身を清める。潔斎。

【斎日】（サイジツ）ものいみをする日。精進日（ショウジンび）。

【斎舎】（サイシャ）①ものいみするための建物。②読書室。書斎。

【斎宿】(サイシュク) ものいみして一夜を過ごす。

【斎場】(サイジョウ) ①神を祭るために、はらい清めた庭。斎庭。②国葬式の式場。

【斎壇】(サイダン) ①天を祭る場所。②神仏を祭る場所。

【斎△藤拙堂】(サイトウセツドウ) 国江戸末期の儒学者。名は正謙。拙堂は号。伊勢(せい)(今の三重県)の津の藩士。藩の督学(教育の関係の管理者)となった。(一七九七—一八六五)

【斎非時】(ときヒジ) 仏午前の食事(斎(とき))と午後の食事(非時)。

(21) 7
【齎】9369 △ 一漢セイ・呉サイ 斉 jī 二シ 支 zī　7658 6C5A

字義 一❶もたらす。㋐持って来る。持って行く。㋑与える。贈る。供える。すすめる。はなむけする。❷もちもの。道中必要な金品。❸水のうずまくさま。二❶もたらす。❷ああ。嘆く声。❸たから。もちもの。金品。＝資。

解字 文 篆 形声。貝＋齊音。音符の齊(セイ)は、進に通じ、すすめるの意味。財貨をすすめる、もたらすの意味を表す。

【齎△咨】(シシ) ああ。嘆息の声。また、なげく。

【齎送】(セイソウ) ①持って行ってやる。②(シソウ) 葬式のときに死者とともに埋める品物。資送。

【齎用】(シヨウ) 日常用いるお金や品物。

(23) 9
【齏】9370 △ 漢セイ 呉サイ 斉 jī　8077 706D
【韲】同字 8078 706E　【齑】同字　【虀】同字

字義 ❶あえもの。野菜を細かに刻み、みそや醤油、酢などであえた食物。また、漬け物。❷くだく(砕)。❸まぜる(和)。

解字 文 篆 体 別 形声。韭＋齊音。音符の齊(セイ)は、ととのえそろえるの意味。韭は、にらの象形。野菜をこまかくきざみ、みそ・ごま・酢などでととのえた、ますの意味を表す。韲の別体。

【齏塩(鹽)】(セイエン) ①野菜料理。②そまつな食品。

【齏粉】(セイフン) ①こなみじんになる。②身を粉にして働く。粉骨砕身。

15
齒(歯)部

歯は十二画。

〔部首解説〕は。はへん。歯(歯)を意符として、歯の種類や状態。かむことなどに関する文字ができている。

歯 一二七六
5 齣 一二七七　齢 一二七七　齝 一二七七　齵 一二七八
2 齔 一二七六　齚 一二七七　6 齧 一二七七　8 齮 一二七七　齶 一二七八
3 齕 一二七六　齣 一二七七　齩 一二七七　齯 一二七七　齺 一二七八
4 齘 一二七七　齟 一二七七　齦 一二七七　齰 一二七七　齳 一二七八
齗 一二七七　齠 一二七七　7 齬 一二七七　9 齷 一二七八　10 齼 一二七八
噛→口部 二七〇ページ。

(12)0
【歯】9371 教3 シ は　2785 3B75
(15)0
〔齒〕9372 シ 紙 chǐ　8379 736F

筆順 丨 ト 止 歨 歩 歯

字義 ❶は。㋐口中の食物をかみくだくもの。また、獣の牙(きば)の類。「明眸皓歯(メイボウコウシ)」㋑歯の形をしたもの。また、歯に似た働きをするもの。「鋸歯(キョシ)」「歯車」❷よわい(よはひ)。年齢。年。〔論語、憲問〕没レ歯無二怨言一(よわ(は)い(ひ)をお(を)う(ふ)るまでエンゲンなし)。❸よわいする(よはひす)。㋐年齢順に並ぶ。㋑つらなる。並ぶ。❹数。また、かぞえる。馬の歯を見て、その年を数える。年齢を数える。❺さいころ。❻たぐい。同類。仲間。❼しるす(記)。記録する。❽当たる。ふれる(触)。

難読 歯舞(はぼまい)

解字 甲骨文 篆文 形声。㐫＋止音。甲骨文字は、「は」の象形。㐫はその変形。音符の止は、とどめるの意味。食物をくわえとどめる上下の歯の意味を表す。

▼尚歯・切歯・乳歯・年歯・没歯・羊歯

【歯△牙】(シガ) ①歯。②歯ときば。③口はし。論議の対象。

【置二歯△牙一】(シガにおく) とりあげて問題とする。挂二歯牙一(シガにかく)。〔史記、叔孫通伝〕

【歯△齘】(シカイ) 上下の歯のふれあたるところ。歯のかみ合う所。

【歯危】(シキ) 歯がぐらつくこと。

【歯△齦】(シギン) はぐき。歯の根部を包んでいる粘膜層。はじし。

【歯△齯】(シゲイ) みずは。老人の歯が抜け落ちてそのあとにできる小さい歯。

【歯決】(シケツ) 歯で物をかみ切る。

【歯剣(劍)】(シケン) 剣にふれる。自殺すること。また、斬(き)り殺されること。

【歯算】(シサン) とし。年齢。

【歯歯】(シシ) 多くの石がかどを現して並んでいるさま。

【歯次】(シジ) ①年齢順に並ぶ。②歯なみのように並ぶ。

【歯宿】(シシュク) 年をとること。としより。宿は、大の意。

【歯序】(シジョ) 年齢の順序。排行。

【歯△杖】(シジョウ) 天子から七十歳の老人に与えられるつえ。王杖。

【歯△朶】(シダ) ①うらじろ。植物の一つ。②しだ類の植物の総称。わらび・ぜんまい・うらじろなど。

【歯長】(シチョウ) としより。長老。

【歯徳】(シトク) ①年齢と徳行。②年長で徳の高い人。

【歯△敝舌存】(はやぶれしたソンす) 堅い歯が早くいたみこわれるのに対して、柔らかな舌はいつまでも残っている意で、剛強なものが先に滅び、柔弱なものがいつまでも無事であることのたとえ。『老子』の教え。歯堕舌存(はおちてしたソンす)。歯亡舌存(はほろんでしたソンす)。〔顔氏家訓、勉学〕

【歯冷】(シレイ) ①際限なく笑うこと。笑いがやまないと歯が冷たくなるからいう。②冷たくあつかう。冷遇する。

【歯列】(シレツ) ①歯なみ。②歯なみのように並ぶこと。

【歯録】(シロク) 集めしるす。書きおさめる。

【不レ歯】(シせず) ①戸籍に載せない。昔、年齢順に戸籍に記入したからいう。②年齢順に席に着くとき、その人の当然いるべき席に、遠慮して着かないこと。③同列に扱わないこと。問題としないこと。

【没レ歯】(シをボッす) 命が終わる。死ぬ。

(17)2
【齔】9373 △ シン 震 chèn　8380 7370
【齓】同字

字義 ❶みそっぱ。七、八歳のころぬけかわる歯。また、七、八歳のころ歯のぬけかわること。❷歯のぬけかわるころ。いとけないころ。幼時。幼年。

解字 文 篆 会意。齒＋匕(七)。七は、化に通じ、かわるの意味。歯がぬけかわるの意味を表す。

【齔△髫】(シンチョウ) 幼児。七、八歳の子供。齔は、みそっぱ。髫は、垂れ下がった髪。ともに幼児の形容。齔童。

【齔童】(シンドウ) 歯のぬけかわる年ごろの子供。七、八歳の子供。

(18)3
【齕】9374 △ 漢コツ 呉ゴチ 月 hé

字義 かむ。かじる。くらう。

解字 文 篆 形声。齒＋乞(气)音。音符の乞(キツ)は、乙に通じ、ジグザグするの意味。上下の歯をかみ合わせるの意味を表す。

【齕△齧】(コツゲツ) かむ。齕噬(コツゼイ)。

【齕△咋】(コツサク・コッサク) かむ。かんで食う。

【齕△啖】(コツタン・コッタン) かんで食う。

【齕△吞】かまないでのみこむ。

〔嚙〕→口部 三セページ。

(19) 4 【齘】9375 △ 漢カイ 呉ガイ 卦 xiè

字義 ❶歯ぎしりする。はがみする。歯をかみ合わせて音をたてる。また、怒るさま。歯ぎしりして怒る。❷ふぞろい。くいちがう。物のつぎ合わせがしっくりゆかないこと。

解字 篆文 形声。歯＋介㊥。

(19) 4 【斷】9376 △ ギン 文 yín

字義 ❶はぐき。＝齦。❷→斷斷。

解字 篆文 形声。歯＋斤㊥。音符の斤は、こまかく刻むの意味。歯の根もとを包む、小刻みな形をした肉、歯ぐきの意味を表す。

【斷斷】①論争するさま。②怒りねたむさま。

(20) 5 【齞】9377 △ ゲン 銑 巘 yǎn

字義 ❶口を開いて歯を現すこと。❷齞脣は、話をするとき、歯がまる出しになること。

解字 篆文 会意。歯＋只。

(20) 5 【齚】9378 △ サク 齰（9391）と同字。→下段。

(20) 5 【齣】9379 △ セキ chū

字義 きり。くぎり。くさり。戯曲の一段落。伝奇類の一回。

国 こま。フィルムの一こま。

解字 会意。歯＋句。

8381 7371

(20) 5 【齟】9380 標 漢ソ 呉ジョ 語 jǔ

字義 ❶かむ。「齟齬」❷上下の歯がくいちがうこと。「齟齬」

解字 形声。歯＋且㊥。音符の且は、そなえ物を載せる台の象形。歯の上に物を載せて、かむの意味を表す。

【齟齬】①上下の歯がくいちがって合わないこと。②転じて、物事のくいちがうこと。

【齟齰】食物をかむ。咀嚼。

8382 7372

(20) 5 【齠】9381 △ 漢チョウ（テウ） 呉ジョウ（デウ） 蕭 tiáo

8383 7373

字義 ❶みそっぱ。ぬけかわる前の歯。乳歯。また、歯がぬけかわる。❷歯のぬけかわる年ごろ。幼年。幼時。

解字 形声。歯＋召㊥。

【齠歳】＝齠年。

【齠齔】歯のぬけかわる年ごろの子供。また、そのぬけかわる歯。

【齠耋】子供と老人。耋は七、八十歳の老人。

【齠年】歯のぬけかわる年ごろ。七、八歳ごろ。また、その子供。齠歳。

【齠容】おさない姿。また、幼児のような若々しい美しさ。

(17)5 【齢】9382 常 レイ

(20)5 〔齡〕9383 漢レイ 呉リョウ（リャウ） 青 líng

4680 4E70

8384 7374

筆順 止 歩 歯 歯 齢 齢

字義 ❶よわい。とし。年歯。「年齢」❷よい（善）。

名乗 なか・よ

解字 篆文 形声。歯（齒）＋令㊥。音符の令は、櫺などに通じ、等間隔に整然と並ぶの意味。歯は、人の「は」の象形で、人の年齢とともに生え、また抜け落ちる。等間隔に刻まれるとしの意味を表す。常用漢字は省略体の齢による。

▼月齢・高齢・適齢・馬齢・妙齢

(21) 6 【齧】9384 △ 漢ゲツ・呉ゲチ 屑 niè

〔嚙〕同字 5187 5377

字義 ❶かむ。㋐くいつく。かみつく。㋑かじる。食いやぶる。㋒歯をくいしばる。はがみする。㋓くい入る。くいこむ。侵食する。❷かける（欠）。

解字 篆文 形声。歯＋㓞㊥。音符の㓞は、きざむの意味。歯できざむ、かじるの意味を表す。

8386 7376

【齧膝・齧䣜】良馬の名。転じて、良馬。

【齧噬】かむ。

【齧臂】①うでをかむ。臂は、肘（腕の関節部）から手首までの称。②ちかいの意、強い決心の意を表す。呉起が故郷を出る時、自分の臂をかんで母に成功を誓った故事。〔史記、呉起伝〕

(21) 6 【齩】9385 △ 一 漢ゴウ（ガウ） 呉ギョウ（ゲウ） 巧 yǎo 二 漢コウ（カウ） 呉ギョウ（ゲウ） 巧

字義 一二 かむ。かじる。＝咬。

解字 篆文 形声。歯＋交㊥。音符の交は、まじえるの意味。歯と歯とをまじえる、かむの意味を表す。

8385 7375

(21) 6 【齦】9386 △ 一 コン 阮 kěn 二 漢ギン・呉ゴン 文 yín

字義 一 ❶かむ。物をかむ。❷むさぼり食う。二 ❶はぐき。歯齦。＝斷。❷わらう（笑）。たわむれ笑うさま。

解字 篆文 形声。歯＋艮（皀）㊥。音符の皀は、かぎるの意味。歯のあとをつけてかむの意味を表す。また皀は、根に通じ、ねの意味。歯の根もと、はぐきの意味をも表す。

(22) 7 【齬】9387 標 漢ギョ 呉ゴ 語 yǔ

字義 くいちがう。歯があわない。「齟齬」

解字 篆文 形声。歯＋吾㊥。音符の吾は、交互になるの意味。歯がたがいちがいになる、くいちがうの意味を表す。

8387 7377

(22) 7 【齪】9388 △ 一 サク 覚 chuò 二 漢ショク・呉ソク 沃 三 漢シュク・呉スク 屋 慣 セク

字義 一 ❶歯のふれ合う音。❷齷齪は、歯並びのつまっているさま。また、小さな事にこだわるさま。こせつくさま。〔史記、貨殖伝〕其民齷齪。 二 歯がそろうこと。歯並びがよい。 三 齪齪は、うやうやしくつつしむさま。

解字 形声。歯＋足㊥。

8388 7378

(23) 8 【齮】9389 △ 一 ギ 紙 yǐ 二 キ 紙

字義 一二 かむ。かじる。

解字 篆文 形声。歯＋奇㊥。音符の奇は、かたむくの意味。歯と歯をかたむかせるようにして、かむの意味を表す。

(23)8 【齯】9390 △ 一 ゲイ 斉 ní 二 漢ジ・呉ニ 支

字義 一二 ⇩齯歯。

解字 篆文 形声。歯＋兒㊥。音符の兒は、子供の意味。細かくて子供の歯のような、老人の歯の意味を表す。

【齯歯（齒）】①全部抜けた後に生える、老人の歯。小児の歯に似ていて、長寿の相とされる。②九十歳の老人をいう。

(23) 8 【齰】9391 △ 漢サク 呉ジャク 陌 zé

【齚】同字　字義 かむ（齰ツァク）。 解字 文 篆 形声。歯＋昔㊥。

(24) 9 【齷】9392 △ アク 覚 wò　8389 7379
字義 齷齪アク・サク（アク・セク）は、歯並びのつまっているさま。また、小さな事にこだわるさま。こせつくさま。また、せまるさま
解字 形声。歯＋屋㊥。

(24) 9 【齲】9393 △ ク 麌 qǔ 慣ウ　8390 737A
字義 ❶むしば。朽ち欠けた歯。齲歯。❷歯が痛む。❸やえば。
解字 形声。歯＋禹㊥。音符の禹ゥは、むしの意味。むしばの「意味を表す。

(24) 9 【齶】9394 △ ガク 薬 è　8391 737B
字義 はぐき。歯齦ギン。
解字 形声。歯＋咢㊥。

(24) 9 【齵】9395 △ 一 ㊅ゴウ・㊉グ 尤 ōu 二 グ 虞 yú
字義 一 歯なみが正しくない。二 ❶やえば。❷＝一。
解字 文 篆 形声。歯＋禺㊥。

(24) 9 【齳】9396 △ グン 吻 yǔn
字義 歯がない。㋐生まれてまだ歯が生えない。㋑老人になって、歯がぬけ落ちるさま。
解字 文 篆 形声。歯＋軍㊥。音符の軍は、毀キに通じ、くずれおちるの意味。歯がぬけおちるの意味を表す。

(25)10 【齺】9397 △ 一 ㊅シュウ（シウ）・㊉シュ 尤 zōu 二 ㊅サク・㊉ザク 覚
字義 一 ❶かむ。❷歯が折れる。二 ❶かむ。❷上下の歯【がふれあうさま。
解字 文 篆 形声。歯＋芻㊥。

16

龍（竜）部

竜は十画。

〔部首解説〕 りゅう。 たつ。龍（竜）を意符として、竜に関する文字ができている。

竜 一三七八　6 龕 一三八〇　襲 一三八〇
龐→广部 三六四ページ。壟→土部 二四六ページ。襲→衣部 九八〇ページ。
聾→耳部 八九八ページ。讋→言部 一〇二九ページ。

(10)0 【竜】9398 常 リュウ たつ　4621 4E35

(16)0 【龍】9399 人許 一 ㊅リョウ ㊉リュウ（リウ） 冬 lóng 二 ㊅リョウ ㊉リュウ（リウ） 腫 lǒng 三 ㊅ボウ（バウ） ㊉モウ（マウ） 江 máng 慣ロウ　4622 4E36

筆順 亠 立 产 音 竜

字義 一 ❶たつ。㋐想像上の動物。四霊の一つ。巨大なへびの形をしており、全身うろこにおおわれ、角と鋭いつめを持ち、よく雲を呼び雨を降らせるといわれる。㋑王者のたとえ。君。また、王者に関する物事の上につける語。「竜顔」「竜駕リュウガ」㋒豪傑。すぐれた人物・すぐれた事物のたとえ。「竜文」「伏竜」㋓高さ八尺以上の馬。❷大きい。❸めぐみ。いつくしみ。❹やわらぐ。おだやか。❺山脈がうねっているさま。❻星の名。木星。❼→竜鍾リョウショウ・竜盤。二 おか。丘陵。＝隴ロウ。三 まだら。黒白のぶち。＝尨ボウ。

〔竜①㋐（南北朝時代画像石）〕

名乗 かみ・きみ・しげみ・とお・とおる・めぐむ　難読 竜爪ごろう・竜飛崎たっぴざき

解字 甲骨文 金文 篆文 象形。金文は、頭部に辛のかざりをつけたへびの形にかたどり、りゅうの意味を表す。龍は、その変形であり、常用漢字の竜は、省略体による。龍を音符とする形声文字に、壠ロウ・聾ロウ・朧ロウ・瓏ロウなどがあり、これらの漢字は、「りゅう」の意味を共有している。

▼潜竜・飛竜

【竜衣】リョウイ・リュウイ 天子の衣服をいう。

【竜淵】リョウエン・リュウエン ①竜のすむふち。②昔の名剣の名。

【竜王】リョウオウ・リュウオウ ①竜神。水の神。海の神。②将棋で、飛車の成ったもの。

【竜舸】リョウカ・リュウカ ①天子の乗る大きな船。竜舟。②竜を描いた船。

【竜駕】リョウガ・リュウガ ①竜に乗ること。②天子の車。竜車。竜馭リョウギョ。竜輿リョウヨ。

【竜眼】リョウガン・リュウガン ①ムクロジ科の常緑高木。南中国原産。果実は球形で、竜眼肉という。②天子の目。

【竜頷】リョウガン・リュウガン 竜のあご。

【探二竜頷一】リョウガンをさぐる・リュウガンをさぐる 竜のあごの下にある玉を手に入れようとする。大きな利益を得ようとして非常な危険を冒すたとえ。〔列子、列禦寇〕

【竜顔】リョウガン・リュウガン ①人の骨相で、竜のように眉まゆの骨の丸く高い顔立ち。天子の相といわれる。〔史記、高祖本紀〕隆準而竜顔リュウジュンにしてリュウガン。②天子の顔。

【竜龕】リョウガン・リュウガン 仏像を入れる厨子ズシ。

【竜忌】リョウキ・リュウキ ①火をたくことを忌む日。②鬼神の日として、忌む日。

【竜旂】リョウキ・リュウキ ＝竜旗。

【竜旗】リョウキ・リュウキ 天子の旗。上り竜・下り竜の、二竜の模様を描いたもの。

【竜虬】リョウキュウ・リュウキュウ たつと、みずち。

【竜馭】リョウギョ・リュウギョ ①竜が車を走らせること。②天子の車。竜車。竜駕リョウガ。〔唐、白居易、長恨歌〕天旋地転廻二竜馭一テンめぐりチテンじて。リュウギョをめぐらす 訳文⇩天旋地転（二六五ページ）。

【竜駒】リョウク・リュウク ①すぐれた馬。駿馬シュンメ。②天才少年。素質の非常にすぐれた少年。「竜駒鳳雛ホウスウ」

【竜宮】リュウグウ・リュウキュウ ①竜王の住んでいるという、海中の御殿。竜宮城。②寺のこと。

【竜虎】リョウコ・リュウコ ①たつと、とら。②天子の気。天子となるしるしの雲気。竜虎の気。〔史記、項羽本紀〕皆為二竜虎一成二五采一みなリュウコとなり、ゴサイをなす。此天子気也これテンシのキなり。③すぐれた文章。名文。④人物のすぐれていること。また、すぐれた人物。「竜虎之姿リュウコのすがた」⑤力にまさりおとりがなくて、たがいに対立し合う英雄・豪傑。⑥筆勢の雄健なこと。

【竜虎之争（争）】リョウコのあらそい（ひ）・リュウコのあらそい（ひ） いずれおとらぬ英雄・豪傑が勝敗を争うたとえ。

【竜虎相搏】リョウコあい（ひ）うつ・リュウコあい（ひ）うつ 竜ととらがたたかう意で、両雄が相争うたとえ。

【竜光】リョウコウ・リュウコウ ①君子の徳のこと。竜は、いつくしみ。寵。②人の風采の敬称。③名刀の光。竜は、竜泉という古代の名剣のこと。

【竜行△虎歩】リョウコウコホ・リュウコウコホ 竜やとらのように歩く。威厳のある歩き方のたとえ。〔宋書、武帝紀〕

【竜骨】リョウコツ・リュウコツ ①竜の骨。太古の獣の骨。②＝竜骨車。③船底のへさきからともまで貫く材。キール。

【竜骨車】リョウコツシャ・リュウコツシャ 農具。高地へ水を押し上げる水車。

【竜△衮】リョウコン・リュウコン ①天子の着物。竜の模様を描いたもの。②昔の大臣の着物。

【竜△塞】リョウサイ・リュウサイ 辺地のとりで。北方の辺地にある城塞。

【竜△犀】リョウサイ・リュウサイ ①中央の高い額。②天子の顔。竜顔。

【竜子】リョウシ・リュウシ ①たつ。りゅう。②たつの子。りゅうの子。③駿馬の名。④蜥蜴の別名。

【竜姿】リョウシ・リュウシ ①天子の姿。②けだかい姿。③駿馬の形容。

【竜車】リョウシャ・リュウシャ ①天子の車。②仙人の乗る車。

【竜種】リョウシュ・リュウシュ ①すぐれた馬。竜駒。竜駿。②帝王の子孫。③賢い子。④竹の別名。

【竜△鬚】リョウシュ・リュウシュ ①竜のひげ。②りっぱなひげ。③草の名。りゅうのひげ。ユリ科の多年草。席をつくる。④茶の名。

【竜舟】リョウシュウ・リュウシュウ ①大船のこと。②竜を描いた舟。③天子の乗る舟。へさきに竜首の彫刻がしてある。④端午の節句に競争する舟。

【竜△湫】リョウシュウ・リュウシュウ たき。瀑布。

【竜△駿】リョウシュン・リュウシュン すぐれた馬。駿馬。竜種。

【竜準】リョウジュン・リュウジュン 高い鼻。準は、鼻梁のことで、俗に「セツ」と読むが、本来、その場合は頬骨の意。隆準。

【竜女】リョウジョ・リュウジョ ①竜宮にいる竜王のむすめ。おとひめ。②賢い女。

【竜章】リョウショウ・リュウショウ ①竜の模様。竜のかたち。②竜を描いた旗。③竜を描いた着物。④すぐれた容姿。「竜章鳳姿」

【竜△鍾】リョウショウ・リュウショウ ①年老いてやつれたさま。②涙の流れるさま。③行きなやむさま。④強健な様子。

【竜城】リョウジョウ・リュウジョウ ①匈奴の首領たちが会合して天を祭る所。②転じて、匈奴の地。朔北の地。

【竜城飛将(將)】リョウジョウのヒショウ 前漢の武将、李広のこと。李広は勇敢であったので匈奴は恐れて飛将軍と号した。

【竜△攘△虎△搏】リュウジョウコハク ＝竜虎相搏。

【竜△驤△虎視】リョウジョウコシ・リュウジョウコシ 竜のように登り、とらのように見る。天下をのんでかかる意気。また、堂々としたさま。〔蜀志、諸葛亮伝〕

【竜△驤△麟振】リョウジョウリンシン 竜が天に登り、麒麟が速く走るときのように、威勢のすぐれてさかんなさま。一説に、麒麟は仁徳のある獣で、麟振は仁徳のさかんなこと。竜驤と合わせて、恩威(恩恵と威光)の兼ね備わる意という。〔晋書、段灼伝〕——、前無二堅敵一。

【竜神】リュウジン・リョウジン 水の神。河海の神。わだつみ。竜王。漁夫に信仰される。

【竜△瑞】リョウズイ 竜が天からくだる吉兆。

【竜△雛】リョウスウ たけのこの別名。竜孫。

【竜泉窯】リュウセンヨウ・リョウセンヨウ 北宋以来、浙江省竜泉県にあった陶窯。中国最大の青磁の産地として知られ、南宋時代にはさかんに海外にも輸出した。元以後は作風が低下した。

【竜戦(戰)△虎争(爭)】リョウセンコソウ・リュウセンコソウ 竜やとらのように激しく戦うこと。〔文選、班固、答賓戯〕

【竜△髯】リョウゼン・リュウゼン ①竜の口ひげ。②天子のひげ。③松の形容。

【竜孫】リョウソン・リュウソン ①たけのこの別名。竜雛。②竹の一種。③すぐれた馬。駿馬。竜種。

【竜蛇】リョウダ・リュウダ ①竜とへび。②非常にすぐれた人のたとえ。③草書の筆勢の形容。④才能を持ちながらも世をさけてかくれている人。⑤水の流れるさま。⑥ほこなどの兵器をいう。⑦仏聖人と凡人。竜を聖者に、へびを凡人にたとえる。

【竜△堆】リョウタイ・リュウタイ ①天山南路にある砂漠の名。②湖南省岳陽市の南の砂堤。金沙洲ともいう。

【竜胆(膽)】リュウタン・リンドウ リンドウ科の多年草。りんどう。

【竜△潭】リョウタン 深い淵。深い滝つぼ。

【竜断(斷)】ロウダン ＝壟断。→二四六ページ。

【竜池】リョウチ・リュウチ ①琴の底にあるあな。上の方にある穴を竜池、下の方の穴を鳳池という。②唐の玄宗の太子時代の邸宅(長安の隆慶坊にあった)にあった池の名。たびたび雲竜の吉祥があらわれたという。

【竜庭】リョウテイ・リュウテイ ①匈奴の王庭。匈奴が天を祭る所。②すぐれた顔だち。

【竜図(圖)】リョウト・リュウト ①昔の伝説で、神竜が黄河から背負って出たという易の図。→河図洛書(六二四ページ)。②天子のたてたはかりごと。また、すぐれた計画。

【竜灯(燈)】リュウトウ・リョウトウ ①竜を描いた灯火。②国海中の燐光が灯火のように連なって現れるもの。③国神社にささげる神灯。

【竜頭】リュウトウ・リョウトウ ①竜の頭。②科挙(官吏登用試験)の第一位の及第者。③竜の彫刻をほどこした器物。④旗のさお先のかざりの一種。⑤竜頭のかたちの彫刻のある船。⑥国リュウズ 腕時計のねじをまくところ。

【竜頭△鷁首】リュウトウゲキシュ・リョウトウゲキシュ 天子の乗船。竜舸。竜と鷁という大鳥とを彫刻した船。一説に、二隻で一対をなし、一隻は竜を一隻は鷁を彫刻してあるという。〔淮南子、本経訓〕——、浮吹以娯。

【竜頭蛇尾】リョウトウダビ・リュウトウダビ 仏竜のような頭と、へびのような尾。初めは盛んで、終わりがおとろえることのたとえ。〔碧巌録、十則〕

【竜△韜】リョウトウ・リュウトウ ①太公望の著したという兵法の書『六韜』の第三編の名。②転じて、兵法、また、兵法の書。

【竜騰】リョウトウ・リュウトウ ①竜が天に登る。転じて、勢いのさかんなこと。②英雄の興るたとえ。③筆勢の力強いたとえ。④談論風発の形容。

【竜徳】リョウトク・リュウトク すぐれた徳。天子の徳。

【竜馬】リョウバ・リュウバ・リュウメ・リョウメ ①昔、伏羲のとき、黄河から易に関する図を背負って出たという神馬。②すぐれた馬。駿馬。竜種。③年老いても壮健な人のたとえ。

【竜媒】リョウバイ・リュウバイ ①駿馬。竜種。②もぐらもち。

【竜盤・竜△蟠】リョウバン ①竜がわだかまりひそむ。竜がとぐろを巻いている。②転じて、英雄・豪傑が志を得ないで世にかくれているたとえ。③地形が重なり曲がってけわしいたとえ。④樹木の枝がわだかまり曲がった形容。⑤草書の筆勢の形容。

【竜盤△虎△踞・竜△蟠△虎△踞】リョウバンコキョ・リュウバンコキョ 竜がわだかまりとらがうずくまる。①地勢のけわしいさま。②英雄が一方にたてこもって勢力をふるうさま。

【竜△蟠△鳳逸△之士】リョウバンホウイツのシ・リュウバンホウイツのシ 竜がひそみわだかまり、鳳凰が姿を見せないように、素質がありながら、まだ、その才能を発揮できずにいる人。〔唐、李白、与二韓荊州一書〕

【竜飛】リョウヒ・リュウヒ ①竜の飛ぶこと。②転じて、㋐天子が位につくこと。㋑英雄が機会に恵まれて立ち上がるたとえ。

【竜尾】リョウビ・リュウビ ①竜の尾。②草の名。びんぼうずる。③星の名。二十八宿の一つ。木星。④竜尾硯。竜尾山(今の安徽省婺源県にある山)から出るすずり石。良質で有名。⑤宮城内の、宮門に通ずる道で、両側を塀で囲む。竜尾道。

【竜標】リョウヒョウ・リュウヒョウ 盛唐の詩人、王昌齢をいう。左遷さ

れて竜標の尉となったのに基づく。竜標は、今の湖南省黔陽（ケンヨウ）県。

【竜文】（リュウブン・リョウモン・リュウモン・リョウブン） ①竜の模様。②筆力の雄健なさま。③将来有望な子ども。神童。④よい馬。駿馬（シュンメ）。

〔竜文①〕

【竜×袍】（リョウホウ・リュウホウ） 天子の衣服。竜の模様を描いたうわぎ。

【竜×鳳】（リョウホウ・リュウホウ） ①竜と鳳凰（ホウオウ）。②すぐれた人物のたとえ。③りっぱな顔だち。すぐれた人相。

【竜×鳳×之姿】（リョウホウのすがた） 衆にすぐれた顔かたち。貴人の相。天子となるべき人相。〔唐書、太宗紀〕

【竜門】（リュウモン・リョウモン） ①人望の高い人のたとえ。→登二竜門一。②山峡の名。山西省河津県と陝西（センセイ）省韓城（カンジョウ）市の間にあり、昔、禹（ウ）が切り開いて黄河の水を流したといわれる所。激流で有名。『史記』の著者、司馬遷の生地。一名、河津。③科挙（官吏登用試験）の試験場の正門をいう。

【竜門点（點）額】（リュウモンテンガク・リョウモンテンガク） 魚は竜門を登れば竜となれるが、登れないと額（ひたい）を打ちつける。進士の試験に落第して帰ることのたとえ。

【竜門扶風】（リョウモンフフウ） 司馬遷の『史記』と班固（ハンコ）の『漢書（カンジョ）』。竜門は司馬遷の、扶風（今の陝西（センセイ）省内）は、班固の生地。

【登二竜門一】（リョウモンにのぼる・リュウモンにのぼる） 黄河の水が竜門で滝となって落ち、魚は容易に登り得ないが、もしおどり上がることができれば、化して竜となるという。転じて、出世のいとぐちをつかむこと。科挙（官吏登用試験）に合格すること。栄達の門にのぼること。→竜門の②。〔後漢書、李膺伝〕

【竜×輿】（リョウヨ・リュウヨ） 天子の乗りもの。竜駕（リョウガ）。

【竜×鱗】（リョウリン・リュウリン） ①竜のうろこ。②天子・英雄の威光のたとえ。③上から下へ順次にならぶ形容。④金銀珠宝・波・雪などのきらきら輝く形容。⑤果実の日光に輝く形容。⑥老松の幹の形容。⑦篆書（テンショ）の形容。⑧宝刀の名。

【×攀二竜×鱗一】（リュウリンをよず（づ）・リョウリンをよず（づ）） 竜のうろこにつかまる。英雄に従って大功を立てるたとえ。また、聖人に従って徳をおさめるたとえ。〔後漢書、光武紀上〕

【龐】→广部 三六四ページ。　【壟】→土部 二四六ページ。

(22) 6 【龕】 9400 △ カン 覃 kān 慣ガン 8392 737C

【龕】俗字

字義 ❶ずし。神体や仏像を安置する小さな箱。❷寺の塔。また、寺の塔の下の室。❸取る。攻め取る。

解字 金文 篆文 形声。龍＋今（音）。音符の今は、函（カン）に通じ、ふくむの意味。容器にとじこめられた、りゅうのさまから、世の乱れを平定する、箱の意味を表す。のち、今は、合に変形した。

【龕灯（燈）】（ガントウ・ガンドウ チョウチン） ①仏壇のあかり。灯明（トウミョウ）。②国強盗提灯。つりがね形で、中に蠟燭（ロウソク）を立て、前方だけを照らすようにした提灯。

(22) 6 【龔】 9401 △ 漢キョウ 呉クウ 冬 gōng

字義 ❶そなえる（供）。㋐供給する。㋑たてまつる。❷つつしむ。うやうやしい。＝恭。

解字 金文 篆文 形声。龍＋共（音）。供・恭に通じ用いられる。

【龔勝】（キョウショウ） 前漢末の政治家。字（あざな）は君賓。哀帝に仕えた。王莽（オウモウ）に従わず、絶食して死んだ。（前六—一一）

【龔遂】（キョウスイ） 前漢の政治家。字（あざな）は少卿（ショウケイ）。宣帝の時、勃海（ボッカイ）太守となり、盗賊を平定し、倹約と農業を奨励したので、民が豊かになった。

【襲】→衣部 九八〇ページ。　【聾】→耳部 八九六ページ。
【讋】→言部 一〇三九ページ。

16 龜（亀）部

亀は十一画。

〔部首解説〕 かめ。龜（キ）（亀）を意符として、亀（かめ）に関する文字ができている。また、秋の古字の𪛖（シュウ）は、古代の占いに亀の甲を用いたことに関係のある文字である。

亀 一二八〇

(11) 0 【亀】 9402 人 2121 3535

(16) 0 【龜】 9403 一キ 支 guī 二漢キュウ（キウ）・呉ク 尤 qiū 三キン 真 jūn 8393 737D

筆順 ⺈ … 亀

【龜】本字　【龜】同字

字義 一❶かめ。爬虫類（ハチュウルイ）の一種。腹と背に甲があり頭足を自由に出入させる。甲はうらないに用いられた。四霊（麟（リン）・鳳（ホウ）・亀・竜）の一つで万年の寿命を持っているといわれる。❷印綬（インジュ）。位や官職のある者のおびるもの。❸うらない。かめの甲を焼いてうらなうもの。「亀卜（キボク）」❹せぼね（背骨）。❺古い。久しい。❻人をののしることば。
二⇩亀茲（キュウジ）。三ひび。あかぎれ。＝皸（クン）。

名乗 あや・すすむ・ながし・ひさ・ひさし　難読 亀嵩（かめだけ）

解字 甲骨文 金文 篆文 象形。かめの象形で、かめの意味を表す。

【亀殻】（キカク） かめの甲。かめの甲ら。

【亀×鶴】（キカク） かめと、つる。どちらも長生きするところから、人の長寿をたとえていう。「亀鶴之寿（キカクのジュ）」

【亀鑑】（キカン） てほん。模範。亀は、吉凶をうらない、鑑（かがみ）は、物をうつす。ともに人の模範とするもの。亀鏡。

【亀胸】（キキョウ） はとむね。雞胸（ケイキョウ）。高くつき出ている胸。

【亀鏡】（キキョウ） ＝亀鑑。

【亀玉】（キギョク） かめの甲とたま。貴重なものをいう。〔論語、季氏〕
亀玉毀二於櫝中一（キギョクトクチュウにこわ（は）る）

【亀甲】（キッコウ・キコウ） ①かめの甲。亀殻。②かめの甲に似た形のもの。③国きっこうがた。六角形をつなぎあわせたような模様。

【亀甲獣（獸）骨】（キコウジュウコツ・キッコウジュウコツ） かめの甲と獣の骨。殷（イン）の時代、占いに用い、これにその文句の文字を刻みつけた。亀甲獣骨文字（甲骨文字）というのがこれで、現在、目にすることのできる最古の中国の文字である。

【亀策・亀×筴】（キサク） 占い。亀卜（ボク）と筮法（ゼイホウ）。また、それに用いる道具（かめの甲と筮竹）。亀筮。

【亀紫】（キシ） 黄金の印と紫の印綬（ジュ）。大臣などが用いた。金紫。

【亀×茲】（キュウジ・クジ） 古代の西域の国名。今の新疆（シンキョウ）ウイグル自治区庫車（クーチャ）県一帯の地。邱茲・屈支なども書く。

【亀手】（キシュ） こごえてひびのきれた手。

【亀書】（キショ） 禹（ウ）のとき、洛水（ラクスイ）から出た神亀の背にあったという九つの模様。禹はこれによって数理を案出したと伝えられる。洛書。

【亀×筮】（キゼイ） ＝亀策。

【亀千歳】（かめはセンザイ） 亀が千年もの寿を保つ。〔史記、亀策伝〕
——、乃游二蓮葉之上一（すなわ（は）ちレンヨウのうえ（へ）にあそぶ）

【亀△坼】(キタク) ①亀卜(キボク)。②亀兆。③地面がひでりのためかめの甲のように裂けること。亀裂。

【亀△鈕・亀△紐】(キチュウ) かめの形を彫刻した、印のつまみ。

〔亀紐(漢代)〕

【亀兆】(キチョウ) 亀卜(キボク)によって現れたひびの模様。亀坼(キタク)。

【亀△鼎】(キテイ) 元亀(ゲンキ)(大きなかめ)と九鼎。天子の位のたとえ。

【亀背】(キハイ) ①かめの背。②背骨の曲がった人。佝僂(クル)。③鳳凰(ホウオウ)。その背が亀卜(キボク)の模様に似ているからいう。

【亀△趺】(キフ) かめの形に刻んだ石碑の台。

【亀文鳥跡】(キブンチョウセキ) かめの甲の模様と鳥の足あと。ともに文字の起源と伝えられている。

【亀△鼈】(キベツ) ①かめとすっぽん。②人を軽んじいやしめていうことば。「亀鼈小豎(ショウジュ)」

【亀△卜】(キボク) かめの甲を焼いてそこに現れたひびによって吉凶を占うこと。また、その占い。亀坼(キタク)。

【亀万(萬)年】(かめはマンネン) かめは一万年生きるということ。『広五行記補』に「亀齢経二万歳一(キレイバンザイをふ)」とあるのに基づく。

【亀毛】(キモウ) かめの毛。きわめてめずらしいもの。また、けっしてないもののたとえ。「亀毛兎角(トカク)（兎角は、うさぎのつの）」

【亀竜(龍)寿(壽)】(キリョウのジュ・キリュウのジュ) 人の長寿を祝うことば。かめも竜も長生きするのでいう。

【亀齢(齡)】(キレイ) きわめて長い寿命。長寿。

【亀裂】(キレツ) ①あかぎれ。②国(キレツ) かめの甲のような不規則なひびわれ。亀坼(キタク)。

【△灼レ亀】(キをやく) かめの甲を焼き、その割れ目を見て吉凶を判断する。〔史記、亀策伝〕灼レ亀覩レ兆(キをやきチョウをみる)。

17

龠 部

〔部首解説〕 やく。やくのふえ。龠(ヤク)を意符として、笛やその吹奏に関する文字ができている。

龠 一二八一　4 龡 一二八一　5 龢 一二八一

龥→頁部 一三〇三ページ。

(17) 0

【龠】 9404 △ ヤク 漢 yuè　8394 737E

字義 ❶ふえ(笛)。＝籥(ヤク)。㋐三孔、または六孔ある笛。㋑管を並べて作った笛。簫に似る。❷ますめの単位。黍(きび)千二百粒の量。一合の二分の一。一説に、十分の一。一勺。❸ますの一種。一龠の量をいれるます。

解字 甲骨文 金文 篆文 象形。甲骨文でわかるように、吹き口のついた管を編み並べた形にかたどり、ふえの意味を表す。籥(5630)の原字。

(21) 4

【龡】 9405 △ スイ 因 chuī

字義 ふく。笛を吹く。＝吹。

解字 形声。龠＋欠(吹省)音。音符の吹は、ふくの意味。笛をふくの意味を表す。

(22) 5

【龢】 9406 △ ワ 和(917)の古字。→一九九ページ。

【龥】→頁部 一三〇三ページ。

一〇六詩韻韻目表

平仄	四声	一〇六韻
平	上平	東一 冬二 江三 支四 微五 魚六 虞七 斉八 佳九 灰一〇 真一一 文一二 元一三 寒一四 刪一五
	下平	先一 蕭二 肴三 豪四 歌五 麻六 陽七 庚八 青九 蒸一〇 尤一一 侵一二 覃一三 塩一四 咸一五
仄	上声	董一 腫二 講三 紙四 尾五 語六 麌七 薺八 蟹九 賄一〇 軫一一 吻一二 阮一三 旱一四 潸一五 銑一六 篠一七 巧一八 晧一九 哿二〇 馬二一 養二二 梗二三 迥二四 有二五 寝二六 感二七 琰二八 豏二九
	去声	送一 宋二 絳三 寘四 未五 御六 遇七 霽八 泰九 卦一〇 隊一一 震一二 問一三 願一四 翰一五 諫一六 霰一七 嘯一八 効一九 号二〇 箇二一 禡二二 漾二三 敬二四 径二五 宥二六 沁二七 勘二八 豔二九 陥三〇
	入声	屋一 沃二 覚三 質四 物五 月六 曷七 黠八 屑九 薬一〇 陌一一 錫一二 職一三 緝一四 合一五 葉一六 洽一七

付録

故事成語索引……一二八五
同訓異義一覧……一二九九
主要句形解説……一三一七
国字・国訓一覧……一三三五
筆順の原則……一三四二
平仮名書体表……一三四三
人名用漢字一覧……一三四四
中国服飾図……一三四七
中国歴史地図……一三五〇
中国学芸年表……一三五九
中国歴代王朝表……巻末・六〇
年号表（中国・日本）……巻末・五三
中国簡化字表……巻末・四五
「表外漢字字体表」掲載漢字一覧……巻末・三三

付録

故事成語索引

故事成語索引

この索引は、本辞典に収録した成語・成句、格言などの主要なものが一覧できるよう、五十音順に配列して掲げ、ページを示したものである。

あ行

あおはあいよりいでてあいよりあおし　青出二於藍一而青二於藍一　一一八四
アクジセンリ　悪事千里　四〇〇
あしたにゆうべをはかられず　朝不レ慮レ夕　五三一
あそべばかならずホウあり　游(遊)必有レ方　六五七
あたまをかくしておをあらわす　蔵レ頭露レ尾　一一九八
あつものにこりてなますをふく　懲レ羹吹レ膾　八八二
あめつちくれをやぶらず　雨不レ破レ塊　一一七六
あめにかみあらいかぜにくしけずる　沐レ雨櫛レ風　一一七六
あめボンをかたむく　雨傾レ盆　一一七六
あやうきことチョウロのごとし　危若二朝露一　一一七〇
あやうきことルイランのごとし　危如二累卵一　一一七〇
あやまちてはすなわちあらたむるにはばかることなかれ　過則勿レ憚レ改　一〇九四
あらたにモクするものはかならずかんむりをはじき、あらたにヨクするものはかならずころもをふるう　新沐者必弾レ冠、新浴者必振レ衣　四八六
アンシツをあざむかず　不レ欺二暗室一　五一三
いえごとにキュウしひとごとにたる　家給人足　三〇三
いきおいハチクのごとし　勢如二破竹一　一五四
いきおいリョウリツすべからず　勢不レ可二両立一　一五四
いしにくちすすぎながれにまくらす　漱レ石枕レ流　七七六
イショウをテントウす　顚二倒衣裳一　九七五
イショクたればすなわちエイジョクをしる　衣食足則知二栄辱一　九七五
イシンデンシン　以心伝心　六三
イチジツこれをあたためてジュウジツこれをひやす　一日暴レ之十日寒レ之　四
イチニチサンシュウ　一日三秋　四
イチニチふたたびはあしたなりがたし　一日難二再晨一　四
イチネンテンにツウず　一念通レ天　六
イチネンのケイははるにあり　一年之計在レ春　六
イチバクジッカン　一暴十寒　六
イチモウダジン　一網打尽　七
イチモクにみたびかみをにぎる　一沐三握レ髪　七
イチヨウおちてテンカのあきをしる　一葉落知二天下秋一　七
イチヨウライフク　一陽来復　八
イチをあげてサンをかえす　挙レ一反レ三　八
イチをきいてジュウをしる　聞レ一知レ十　八
イチをきいてニをしる　聞レ一知レ二　八
イチをしってニをしらず　知レ一不レ知レ二　八
イッキにとたびたつ　一饋十起　二
イッキをもってコウガをささう　以二一簣一障二江河一　二
イッケンかたちにほゆればヒャッケンこえにほゆ　一犬吠レ形百犬吠レ声　二
イッケンキュウシキのごとし　一見如二旧識一　二
イッコウにいずるがごとし　如レ出二一口一　三
イッコキュウサンジュウネン　一狐裘三十年　二
イッコクセンキン　一刻千金　三
イッコすればひとのしろをかたむく　一顧傾二人城一　三
イッシイッセイコウジョウをしる　一死一生知二交情一　三
イッシみだれず　一糸不レ乱　三
イッショウコウなりバンコツかる　一将功成万骨枯　四
イッショウのクラクタニンによる　一生苦楽依二他人一　四
イッシンすべてこれタン　一身都是胆　四
イッスイのゆめ　一炊之夢　四
イッスンのコウインかろんずべからず　一寸光陰不レ可レ軽　五
イッタンのシイッピョウのイン　一箪食一瓢飲　五
イッテイジをしらず　不レ識二一丁字一　六
イッテキケンコンをかく　一擲賭二乾坤一　六
イットウチをいだす　出二一頭地一　六
イッパイチにまみる　一敗塗レ地　六
イッパうごけばすなわちバンパショウず　一波動則万波生　六
イッパツセンキンをひく　一髪引二千鈞一　六

イッパンにみたびホをはく　一飯三吐レ哺　六
イッパンもてゼンピョウをヒョウす
　一斑評二全豹一　六
イツボウのあらそい　鷸蚌之争　一三八
イッポはイッポよりもたかし　一歩高二一歩一　七
イツをもってロウをまつ　以レ逸待レ労　一〇九二
いのちながければすなわちはじおおし
　寿則多レ辱　三一三
いのちながければはじおおし　命長多レ辱　八三
いのちはコウモウよりもかろし
　命軽二於鴻毛一　八三
いのちはフウゼンのともしびのごとし
　命如二風前灯一　八三
イハクをかさねず　衣不レ重レ帛　九七五
イバシンエン　意馬心猿　四〇三
イヘンサンゼツ　韋編三絶　一一九一
いまだイッキをなさずしてやむ
　未レ成二一簣一止　五四〇
いるをはかりてヨウをケンにす　量レ入倹レ用　一二一
イロドウキ　異路同帰　七四〇
イをうれえず　不レ恤レ緯　八六五
イをセンジンのおかにふるう　振二衣千仞岡一　九七五
イをもってイをセイす　以レ夷制レ夷　二六八
インカンとおからず　殷鑑不レ遠　六〇一
ううるものはショクをなしやすし
　飢者易レ為レ食　一三〇八
うえてはショクをえらばず　飢不レ択レ食　一三〇八
うおをえてセンをわする　得レ魚而忘レ筌　一三四〇
ウコウモンをたかくす　于公高レ門　四五
うしをトウリンのヤにはなつ
　放二牛于桃林之野一　七〇三
うまをカザンのみなみにかえす
　帰二馬于華山之陽一　一三一七
うらみコツズイにいる　怨入二骨髄一　三九六
エイショエンセツ　郢書燕説　一一〇九
エッチョウはナンシにすくう　越鳥巣二南枝一　一〇五三
エンコウキンコウ　遠交近攻　一一〇〇
エンコウつきをとる　猿猴取レ月　七一四
エンジャクいずくんぞコウコクのこころざしをしらんや　燕雀安知二鴻鵠之志一哉　六九六
エンソかわにのむもはらをみたすにすぎず
　偃鼠飲レ河不レ過レ満レ腹　九三
エンをきたにしてソにゆく　北レ轅適レ楚　一〇七五
おいてはこにしたがう　老従レ子　八八八
オウコウショウショウいずくんぞシュあらんや
　王侯将相寧有レ種乎　七一九
オウシャはいさむべからずライシャはなおおうべし　往者不レ可レ諫来者猶可レ追　三八一
オウシャはおよぶべからず　往者不レ可レ及　三八一
オウリのケイケイ　甕裏醯鶏　七三一
オウをつげてライをしる　告レ往知レ来　三八一
オクカオクをカす　屋下架レ屋　三三五
オクロウにはじず　不レ愧二屋漏一　三三五
おちたるをひろいケツをおぎなう
　拾レ遺補レ闕　一一〇三
おのれタッせんとほっしてひとをタッす
　己欲レ達而達レ人　三四〇
おのれにかちてレイにかえる　克レ己復レ礼　三四〇
おのれのほっせざるところはひとにほどこすことなかれ　己所レ不レ欲勿レ施二於人一　三四〇
おのれをおさめてひとをおさむ　修レ己治レ人　三四〇
おもいなかばにすぐ　思過レ半　三九七
おもいよこしまなし　思無レ邪　三九七
おをあらわしあたまをかくす　露レ尾蔵レ頭　三三四
おをトチュウにひく　曳二尾於塗中一　三三四
オンコチシン　温故知新　六五一

か行

カイケイのはじ　会稽之恥　六〇七
ガイゲンはコンにいらず　外言不レ入二於梱一　一二五一
ガイコツをこう　乞二骸骨一　一三一七
ガイシのカ　亥豕之譌　五一
ガイダたまをなす　咳唾成レ珠　二〇一
カイトウランマをたつ　快刀断二乱麻一　四一一
カイよりはじめよ　従レ隗始　一一六七
カイロウドウケツ　偕老同穴　九四
ガイをかたむくることコのごとし　傾レ蓋如レ故　九三八
かえりみてタをいう　顧而言レ他　一三〇二
カカイはサイリュウをえらばず　河海不レ択二細流一　六二四
カカクのあらそい　蝸角之争　九六七
かきにみみあり　垣有レ耳　一二三
カクリン　獲麟　七一五
カシのへキ　和氏之璧　一九九
カショのゆめ　華胥之夢　九二八
カジンハクメイ　佳人薄命　七九
ガシンショウタン　臥薪嘗胆　九九一
カセイはとらよりもたけし　苛政猛二於虎一　九一九
かぜえだをならさず　風不レ鳴レ枝　一二〇四
かたなおれやつく　刀折矢尽　一一三
かちをセンリのそとにケッす
　決二勝於千里之外一　一五三
カッカソウヨウ　隔靴掻痒　一一六七

カッしていをうがつ	渇而穿レ井	六四三
カッするものはインをなしやすし	渇者易レ為レ飲	六四三
カッすれどもトウセンのみずをのまず	渇不レ飲ニ盗泉之水一	六四三
カデンにくつをいれず	瓜田不レ納レ履	七二九
かなえのケイチョウをとう	問ニ鼎軽重一	一三七二
ガのひにおもむくがごとし	如ニ蛾赴一レ火	九六三
カフクはキュウボクのごとし	禍福如ニ糾纆一	七九一
かべにみみあり	壁有レ耳	二四五
ガベイ	画餅	一三三
カもなくフカもなし	無レ可無ニ不可一	一八二
からすにハンポのコウあり	烏有ニ反哺之孝一	六九一
ガリョウテンセイ	画竜点睛	一三三
かれもひとなりわれもひとなり	彼人也予人也	三八二
かれをしりおのれをしればヒャクセンあやうからず	知レ彼知レ己百戦不レ殆	三八二
カンガイあいのぞむ	冠蓋相望	一三五
カンカをトウチす	倒ニ置干戈一	三五〇
カンギュウジュウトウ	汗牛充棟	六一六
カンコツダッタイ	換骨奪胎	四五九
カンセイのア	坎井之蛙	三三〇
カンソクをいれず	間不レ容レ息	一二五〇
カンタンあいてらす	肝胆相照	五三〇
カンタンのあゆみ	邯鄲之歩	一二〇七
カンタンのゆめ	邯鄲之夢	一二〇七
カンチュウテンをうかがう	管中窺レ天	八二三
ガンチュウひとなし	眼中無レ人	七六七
カンノウチにまみる	肝脳塗レ地	五三〇
カンハツをいれず	間不レ容レ髪	一二五〇
カンビあいしたがう	銜尾相随	一一三一
ガンブツソウシ	玩物喪志	七二〇
カンペキ	完璧	二九八
カンポウのまじわり	管鮑交	八二三
カンリをたっとびてトウソクをわする	貴ニ冠履一忘ニ頭足一	一二五
カンロをはせてケントをおう	馳ニ韓盧一逐ニ蹇兎一	一一九一
カンをおいてことさだまる	蓋レ棺事定	五六五
カンをもってテンをうかがう	以レ管窺レ天	八二三
キオウはとがめず	既往不レ咎	四九一
キカおくべし	奇貨可レ居	二六九
キキもイチヤクしてジッポするあたわず	騏驥一躍不レ能ニ十歩一	一三三三
キキョときなし	起居無レ時	一〇五三
きしずかならんとほっすれどもかぜやまず	樹欲レ静而風不レ止	五八二
ギシンアンキをショウず	疑心生ニ暗鬼一	七四三
キシンもこれをさく	鬼神避レ之	一三三六
きたるものはこばまずさるものはおわず	来者不レ拒去者不レ追	五四五
キチョウキュウリンをこう	羈鳥恋ニ旧林一	八七九
キツカしてキとなる	橘化為レ枳	五八一
きつねシしておかにかしらす	狐死首レ丘	七〇九
きつねとらのイをかる	狐仮ニ虎威一	七〇九
きによってうおをもとむ	縁レ木求レ魚	五三八
キビにフす	附ニ驥尾一	一三三六
キユウ	杞憂	五四二
キュウギュウのイチモウ	九牛一毛	三七
キュウジンのコウもイッキにかく	九仞功虧ニ一簣一	三七
ギュウジをとる	執ニ牛耳一	七〇三
キュウソウのダイもルイドよりおこる	九層之台起ニ於累土一	三八
キュウソねこをかむ	窮鼠嚙レ猫	八〇九
キュウチョウふところにいる	窮鳥入レ懐	八〇九
ギュウトウもてにわとりをさく	牛刀割レ鶏	七〇三
キュウをおう	負レ笈	八一五
キョウチュウシュクブツなし	胸中無ニ宿物一	五二六
キョウチュウセイチクあり	胸中有ニ成竹一	五二六
キョウチュウただしければボウシあきらかなり	胸中正眸子瞭	五二六
キョウドのマッセイ	強弩之末勢	三七二
キョウランをキトウにかえす	廻ニ狂瀾於既倒一	七〇八
キョクガクアセイ	曲学阿世	四九四
ギョクザンくずる	玉山崩	七一八
ギョクシトウなし	玉巵無レ当	七一八
ギョクセキコンコウ	玉石混淆	七一八
キョシツハクをショウず	虚室生レ白	九五七
キョはキをうつす	居移レ気	三三五
ギョフのリ	漁父之利	六六六
きりノウチュウにおる	錐処ニ嚢中一	一一三六
きりをひきてももにさす	引レ錐刺レ股	一一三六
きりをもってチをさす	用レ錐指レ地	一一三六
キリンのおとろうるやドバもこれにさきだつ	騏驎之衰也駑馬先レ之	一三三三
キリンもおいてはドバにおとる	麒麟老而劣ニ駑馬一	一三六二
キをおなじくしてみちをことにす	同レ帰異レ塗	三四五
キをしるはそれシンか	知レ幾其神乎	三五六
キンカイチジツのさかえ	槿花一日栄	五七八
キンカギョクジョウ	金科玉条	一一二四
キンシツあいワす	琴瑟相和	七二四

キンジョウはなをそう　錦上添レ花　一一三五
キンもくるしめばくるまをくつがえす　禽困覆レ車　七九四
キンをつかむものはひとをみず　攫レ金者不レ見レ人　一一二六
くいぜをまもる　守レ株　五六〇
グコウやまをうつす　愚公移レ山　四〇四
グシャもセンリョにかならずイットクあり　愚者千慮必有二一得一　四〇四
くちにタクゲンなし　口亡二択言一　一八二
くちにミツありはらにケンあり　口有レ蜜腹有レ剣　一八二
くちはわざわいのモン　口禍之門　一八一
くちびるほろぶればはさむし　唇亡歯寒　二〇四
くにみだれてリョウショウをおもう　国乱思二良相一　三三五
くびをのばしてカクボウす　延レ頸鶴望　一一九八
くもはリュウにしたがう　雲従レ竜　一一七七
くらいジンシンをきわむ　位極二人臣一　七三
くるまキをおなじくしショブンをおなじくす　車同レ軌書同レ文　一〇六七
クンシのサンラク　君子三楽　一九三
クンシはキならず　君子不レ器　一九三
クンシヒョウヘン　君子豹変　一九三
クンシュサンモンにいるをゆるさず　不レ許三葷酒入二山門一　九三五
ケイカン　挂冠　四四九
ケイケンあいきこゆ　鶏犬相聞　一三五四
ケイコウとなるもギュウゴとなるなかれ　為二鶏口一無レ為二牛後一　一三五四
ケイコはシュンジュウをしらず　蟪蛄不レ知二春秋一　九七〇
ケイセイケイコク　傾城傾国　九八
ケイセイホウオウショクす　鶏棲鳳凰食　一三五四
ケイセツのコウ　蛍雪之功　九六一
ケイたりがたくテイたりがたし　難レ為レ兄、難レ為レ弟　一〇六
ケイテイかきにせめぐもそとそのあなどりをふせぐ　兄弟鬩レ牆外禦二其務一　一〇六
ケイメイクトウ　鶏鳴狗盗　一三五四
ケイリンのイッシ　桂林一枝　五五八
ゲキジョウ　撃壌　四三五
ゲキリン　逆鱗　一〇八四
ゲッカヒョウジン　月下氷人　五一八
ゲッケイをおる　折二月桂一　五一八
ゲッタン　月旦　五一八
ゲメンニョボサツナイシンニョヤシャ　外面如菩薩内心如夜叉　二三三
けをふいてきずをもとむ　吹レ毛求レ疵　六〇六
ケンガのベン　懸河之弁　四〇九
ゲンコウはクンシのスウキなり　言行君子之枢機　九九九
ケンコンイッテキ　乾坤一擲　四一
ケンドジュウライ　巻土重来　三四一
ケンドチョウライ　捲土重来　四五四
ゲンにオウじてたおる　応レ弦而倒　三七一
ケンロのわざ　黔驢之技　一三六八
ケンをめぐらしコンをテンず　旋レ乾転レ坤　四一
コウイッキにかく　功虧二一簣一　一四八
コウインやのごとし　光陰如レ矢　一〇六
コウカイほぞをかむ　後悔噬レ臍　三八三
コウゲンレイショク　巧言令色　三三八
コウサンなければコウシンなし　無二恒産一無二恒心一　四一四
コウシ　嚆矢　二一七
コウジツビキュウ　曠日弥久　五一七
コウジのもとかならずシギョあり　香餌之下必有二死魚一　一三一五
コウジマおおし　好事多レ魔　二七五
コウジモンをいでずアクジセンリをゆく　好事不レ出レ門悪事行二千里一　二七五
コウセイおそるべし　後生可レ畏　三八三
コウセキあたたまるにいとまあらず　孔席不レ暇レ暖　二九一
コウチはセッソクにしかず　巧遅不レ如二拙速一　三三八
コウチョウつきてリョウキュウおさめらる　高鳥尽良弓蔵　一三三〇
コウトシしてリョウクにらる　狡兎死良狗烹　七一〇
コウなりなとげてみしりぞくはテンのみちなり　功成名遂身退天之道　一四八
コウナンのたちばなカしてからたちとなる　江南橘化為レ枳　六一七
コウにヘイをかしてトウにリョウをもたらす　藉二寇兵一而齎二盗糧一　三〇七
コウヒン　効顰　一五〇
こうべをふせみみをたる　俛レ首帖レ耳　三一五
ゴウリのシツたがうにセンリをもってす　毫釐之失差以二千里一　六〇六
コウリョウイッスイのゆめ　黄粱一炊夢　一三六六
コウリョウウンウをう　蛟竜得二雲雨一　九六三
コウリョウくいあり　亢竜有レ悔　五一
コウをぬすむものはチュウせらる　窃レ鉤者誅　一二二九
ゴエツドウシュウ　呉越同舟　一九三
ゴカのアモウ　呉下阿蒙　一九三

コクをきざんでならざるもなおボクにルイす　刻レ鵠不レ成尚類レ鶩　一二五三
コケツにいらずんばコジをえず　不レ入二虎穴一不レ得二虎子一　九五六
ココならず　觚不レ觚　九六六
コシタンタン　虎視眈眈　九五六
ゴジッポヒャッポ　五十歩百歩　四七
ゴジュウにしてテンメイをしる　五十而知二天命一　四七
コジョウラクジツ　孤城落日　二九三
コチョウのゆめ　胡蝶之夢　五三三
コッカコンランしてチュウシンあり　国家昏乱有二忠臣一　二一四
コツニクあいはむ　骨肉相食　一二一七
コテツのフギョ　涸轍鮒魚　六四四
ことじににかわしてシツをコす　膠レ柱鼓レ瑟　五五五
ことにニセイなし　事無二二成一　四三
ことはあらかじめすればすなわちたつ　事予則立　四三
ことはなかばにしてコウはバイす　事半功倍　四三
ことはミツをもってなる　事以レ密成　四三
ゴトベイ　五斗米　四八
コバはホクフウによる　胡馬依二北風一　五三三
コフクゲキジョウ　鼓腹撃壌　一二七二
コボクエイをハッす　枯木発レ栄　五五三
コボはすかれてたとなり、ショウハクはくだかれてたきぎとなる　古墓犂為レ田、松柏摧為レ薪　一八四
ゴリムチュウ　五里霧中　四八
これにオウをつげてライをしる　告二諸往一而知レ来　一〇一五
これをあおげばいよいよたかし　仰レ之弥高　三一
コをきくのみキンをきかず　聞レ鼓而已不レ聞レ金矣　一二七三
コをならしてこれをせむ　鳴レ鼓而攻レ之　一二七三
コンとびハクサンず　魂飛魄散　一三三七
コンリョウのそでにかくる　隠二袞竜之袖一　九七六

さ　行

サイオウがうま　塞翁馬　二四〇
サイゲツはひとをまたず　歳月不レ待レ人　五九五
サイコすればひとのくにをかたむく　再顧傾二人国一　一三一
さきんずればすなわちひとをセイす　先即制レ人　一〇八
サコウベン　左顧右眄　三三九
サタン　左袒　三三九
さるものはひにうとし　去者日疎　一七五
サングンもスイをうばうべし　三軍可レ奪レ帥　一三
サンコ　三顧　一三
サンジュウにしてたつ　三十而立　一五
サンジュウロッケイにぐるにしかず　三十六計不レ如レ遁　一五
サンジョウやまあり　山上有レ山　三三九
サンチュウのゾクをやぶるはやすくシンチュウのゾクをやぶるはかたし　破二山中賊一易、破二心中賊一難　三三九
サンニンおこなえばかならずわがシあり　三人行必有二我師一　一七
サンニンとらをなす　三人成レ虎　一七
サンネンそのをうかがわず　三年不レ窺レ園　一七
サンネンとばずなかず　三年不レ蜚不レ鳴　一七
シイソサン　尸位素餐　三三三
シカイなみしずか　四海波静　二一九
シカイまたもゆ　死灰復然　五九六
シカイをいえとなす　四海為レ家　二一九
しかをいいてうまとなす　謂レ鹿為レ馬　一三六一
しかをおうものはうさぎをかえりみず　逐レ鹿者不レ顧レ兎　一三六一
しかをおうものはやまをみず　逐レ鹿者不レ見レ山　一三六一
シゲキをすぐ　駟過レ隙　一三三〇
シシシンチュウのむし　獅子身中虫　七一四
ししてのちやむ　死而後已　五九七
シシにむちうつ　鞭二死屍一　五九六
シジュウにしてまどわず　四十而不レ惑　三三〇
シセイメイあり　死生有レ命　五九七
シセキをベンぜず　不レ弁二咫尺一　二〇三
シせるショカツいけるチュウタツをはしらす　死諸葛走二生仲達一　五九七
シチ　四知　三三〇
シチシャクさりてシのかげをふまず　七尺去不レ踏二師影一　九
シチショウシチキン　七縦七擒　九
シチホのサイ　七歩才　九
シチュウガあり　詩中有レ画　一〇〇八
シチュウにカツをもとむ　死中求レ活　五九七
シチョウヒャクをかさぬるもイチガクにしかず　鷙鳥累レ百不レ如二一鶚一　一三五八
シップウモクウ　櫛風沐雨　五八五
シはおのれをしるもののためにシす　士為二知レ己者一死　二四七
ジはタッするのみ　辞達而已矣　一〇七七
シバのほねをかう　買二死馬骨一　五九七
ジボウジキ　自暴自棄　九〇三

シメンソカ　四面楚歌　二三〇
しもしたにおよばず　駟不レ及レ舌　一二三〇
しもをふみてケンピョウいたる　履レ霜堅氷至　一一八一
シャクをまげてジンをなおくす　枉レ尺直レ尋　三三
ジュウイチをセンヒャクにソンす　存二什一於千百一　六〇
シュウカテキせず　衆寡不レ敵　九七三
シュウコウキンをとかす　衆口鑠レ金　九七四
シュウシンしろをなす　衆心成レ城　九七四
ジュウよくゴウをセイす　柔能制レ剛　五五四
シュウをきてよるゆく　衣レ繡夜行　八七三
シュクバクをベンぜず　不レ弁二菽麦一　九三三
シュシュ　守株　二九七
シュソクところをことにす　手足異レ処　四三三
　首足異レ処　一三一四
シュソクをおくところなし　無レ所レ措二手足一　四三三
シュチニクリン　酒池肉林　一二一五
シュツラン　出藍　一一三一
シュツロ　出廬　一一三一
シュンジュウたかし　春秋高　五〇一
シュンジュウとむ　春秋富　五〇一
シュンショウイッコクあたいセンキン　春宵一刻直千金　五〇一
シュンソクチョウハンをおもう　駿足思二長阪一　一一三三
ショウカこころをイツにす　上下一レ心　一一九
ジョウザンのした　常山舌　三四七
ショウジョウにめぐらす　運二於掌上一　四三五
ショウジンカンキョしてフゼンをなす　小人間居為二不善一　三一八
ショウジンのあやまつやかならずかざる　小人之過必文　三一八
ショウなりロウつく　鐘鳴漏尽　一二四二
ショウにみみあり　牆有レ耳　七〇〇
ショウネンおいやすくガクなりがたし　少年易レ老学難レ成　三一八
ショウハクくだかれてたきぎとなる　松柏摧為レ薪　五四八
ショウビのキュウ　焦眉之急　六九二
ショウリョウはシンリンにすくうもイッシにすぎず　鷦鷯巣二於深林一不レ過二一枝一　一二五八
ショウをダンじギをとる　断レ章取レ義　八一二
ショウをもってコクをはかる　以レ升量レ石　三六七
ショクあじわいをふたつにせず　食不レ二レ味　一二〇七
ショクシうごく　食指動　一二〇七
ショクをとりてよるあそぶ　秉レ燭夜遊　六六八
ジョシとショウジンとはやしないがたし　女子与二小人一難レ養　二七四
ショッケンひにほゆ　蜀犬吠レ日　九六四
しらみコンチュウにおる　蝨処二褌中一　九六七
シランシンリンにショウず　芝蘭生二於深林一　九一三
シをいかしほねにニクす　生レ死肉レ骨　五九七
ジをしるはユウカンのはじめ　識レ字憂患始　二九七
シをみることキするがごとし　視レ死若レ帰　五九七
ジンコウにカイシャす　膾二炙人口一　五七
シンシュところをことにす　身首異レ処　一〇六五
ジンジをつくしてテンメイをまつ　尽二人事一而待二天命一　五七
ジンセイイキにカンず　人生感二意気一　五七
ジンセイシチジュウコライまれなり　人生七十古来稀　五七
ジンセイジをしるはユウカンのはじめ　人生識レ字憂患始　五七
ジンセイはチョウロのごとし　人生如二朝露一　五七
ジンセイはつとむるにあり　人生在レ勤　五七
ジンセイはゆめのごとし　人生如レ夢　五七
シントウをメッキャクすればひもまたすずし　滅二却心頭一火亦涼　三九三
ジンピョウにいず　出二于人表一　五八
ジンメントウカ　人面桃花　五八
スイカをツウぜず　不レ通二水火一　六一〇
スイギョのまじわり　水魚之交　六一〇
スイコウ　推敲　四五五
スイセイムシ　酔生夢死　一一一五
すぎたるはなおおよばざるがごとし　過猶レ不レ及　一〇九五
ズサン　杜撰　五四四
スンテツひとをころす　寸鉄殺レ人　三一二
スンをまげてシャクをのぶ　詘レ寸伸レ尺　三一二
セイアはもってうみをかたるべからず　井蛙不レ可三以語二於海一　四九
セイウンのこころざし　青雲之志　一一八三
セイガン　青眼　一一八三
セイキそらをおおう　旌旗蔽レ空　四八九
セイザンほねをうずむべし　青山可レ埋レ骨　一一八三
セイジはとかず　成事不レ説　四二七
セイシンイットウなにごとかならざらん　精神一到何事不レ成　八三五
セイテンのヘキレキ　青天霹靂　一一八四
セイテンハクジツ　青天白日　一一八四
セイにザしてテンをみる　坐レ井観レ天　四九
セイネンかさねてきたらず　盛年不二重来一　七五九
セイヨウハクをそむ　青蠅染レ白　一一八四
セキあたたまるにいとまあらず　席不レ暇レ暖　三四六

セキウふねをしずむ　積羽沈レ舟　八〇三
セキシンをおしてひとのフクチュウにおく　推二赤心一置二人腹中一　一〇五〇
セキゼンのいえにかならずヨケイあり　積善之家必有二余慶一　八〇四
セキのいぬギョウにほゆ　跖之狗吠レ尭　一〇五六
セキフゼンのいえにかならずヨオウあり　積不善之家必有二余殃一　八〇四
セツアン　雪案　一一七六
セッサタクマ　切瑳琢磨　一一三三
セップのうたがい　窃鈇疑　八〇七
センキンのキュウはイッコのエキにあらず　千金之裘非二一狐之腋一　一六三
センキンのこはザするにドウにスイせず　千金之子坐不レ垂レ堂　一六三
センキンのこはトウゾクにシせず　千金之子不レ死二於盗賊一　一六三
センキンのたまはかならずキュウチョウのふちにあり　千金之珠必在二九重之淵一　一六三
センザイイチグウ　千載一遇　一六三
ゼンシャのくつがえるはコウシャのいましめ　前車覆後車戒　一四一
センジョウのタン　川上之嘆　三三七
センジョウのつつみもロウギのあなをもってついゆ　千丈之堤以二螻蟻之穴一潰　一六三
センダンはふたばよりかんばし　栴檀従二二葉一香　四八八
栴檀従二双葉一香　五五〇
ゼンモンにとらをふせげばコウモンおおかみをすすむ　前門拒レ虎後門進レ狼　一四一
センユウコウラク　先憂後楽　一〇八
センヨウのかわもイッコのエキにしかず　千羊之皮不レ如二一狐之腋一　一六三
センリのコウもソッカよりはじまる　千里之行始二於足下一　一六四
センリョウもちいるなかれ　潜竜勿レ用　六七一
センリョのイッシツ　千慮一失　一六四
ソウコウのつまはドウよりくだらず　糟糠之妻不レ下レ堂　八三七
ソウシュウのゆめ　荘周之夢　九二六
ソウジョウのジン　宋襄之仁　二九八
ソウセキチンリュウ　漱石枕流　六六七
ソウソウのヘン　滄桑之変　六六三
ソウデンヘンじてうみとなる　桑田変成レ海　五六一
ソウトツいまだくろまず　竈突未レ黔　八二一
ソウヨウはキビにフしてセンリをいたす　蒼蠅附二驥尾一而致二千里一　九四〇
ソウリンみちてレイゴむなし　倉廩実而囹圄空　九一
ソウリンみつればすなわちレイセツをしる　倉廩実則知二礼節一　九一
ゾクチョウ　続貂　八五六
そなえあればうれいなし　有レ備無レ患　九七
そのみぎにいずるなし　無レ出二其右一　一一七
ソよりサイにいる　自レ麤入レ細　一三六三

た行

タイインはチョウシにかくる　大隠隠二朝市一　二五五
タイカのまさにたおれんとするやイチボクのささうるところにあらず　大廈将レ顛非二一木所一レ支　二五五
タイカンにウンゲイをのぞむ　大旱望二雲霓一　二五六
タイキバンセイ　大器晩成　二五六
タイギシンをメッす　大義滅レ親　二五六
タイコウはサイキンをかえりみず　大行不レ顧二細謹一　二五七
タイコウはセツなるがごとし　大巧若レ拙　二五七
タイザンくずれリョウボクおる　泰山頽梁木折　六一四
タイザンはドジョウをゆずらず　泰山不レ譲二土壌一　六一四
タイザンをわきばさんでホッカイをこゆ　挟二太山一超二北海一　二六三
挟二泰山一超二北海一　六一四
タイセイはリジにいらず　大声不レ入二於里耳一　二五九
ダイバホクフウによる　代馬依二北風一　六四
タイベンはトツなるがごとし　大弁若レ訥　二六〇
たおれてのちやむ　斃而后已　四七九
たかきにのぼるはひくきよりす　登レ高自レ卑　一三三一
たきぎをいだきてひをすくう　抱レ薪救レ火　九四九
タキボウヨウ　多岐亡羊　三三三
タザンのいし　他山之石　六三
タセンよくかう　多銭善賈　三三三
ダソク　蛇足　九六二
タタますますベンず　多多益辦　三三三
たまごにけあり　卵有レ毛　一七一
たまごをもっていしにトウず　以レ卵投レ石　一七一
たまみがかざればキをなさず　玉不レ琢不レ成レ器　七一八
たまをいだいてそれつみあり　懐レ玉其罪　七一八
たもとをトウじてたつ　投レ袂而起　九八一
たれかからすのシユウをしらん　誰知二烏之雌雄一　一〇一五
タンかめのごとし　胆如レ甕　五二四

ダンキ　断機　四八五
ダンじてカンコウすればキシンもこれをさく　断而敢行鬼神避レ之　四八五
タンシヒョウイン　箪食瓢飲　八二九
ダンショウシュギ　断章取義　四八五
ダンジョセキをおなじくせず　男女不レ同レ席　七三七
ダンジョベツあり　男女有レ別　七三七
ダンチョウ　断腸　四八五
タントのごとし　胆如レ斗　五三四
タンをなむ　嘗レ胆　五三四
チイン　知音　七七三
ちからはやまをぬきキはよをおおう　力抜レ山兮気蓋レ世　一四〇七
チギョのわざわい　池魚之殃　六〇八
チクハクにたる　垂二于竹帛一　八一五
チクバのとも　竹馬之友　八一五
チジンゆめをとく　痴人説レ夢　七四七
ちちのあだはともにテンをいただかず　父讎弗二与共戴レ天　六九八
チチュウのものにあらず　非二池中物一　六〇八
ちながれてきねをただよわす　血流漂レ杵　九七三
チにいてランをわすれず　居レ治不レ忘レ乱　六二六
チュウゲンはみみにさからう　忠言逆レ耳　三九五
チョウサンボシ　朝三暮四　五三一
チョウジャのマントウヒンジャのイットウ　長者万灯貧者一灯　一一四六
チョウシュウよくまいタセンよくかう　長袖善舞多銭善賈　一一四六
チョウベンもバフクにおよばず　長鞭不レ及二馬腹一　一一四七
チョウヨウジョあり　長幼有レ序　一一四七
チョウレイボカイ　朝令暮改　五三一
チョウをたちてタンをおぎなう　絶レ長補レ短　一一四七
チョクをもってうらみにむくゆ　以レ直報レ怨　七六三
チョコウもそのヨをくらわず　豬狗不レ食二其余一　七一三
ちをもってちをあらう　以レ血濯レ血　九七三
チンリュウソウセキ　枕流漱石　五四九
つきみつればすなわちかく　月満則虧　五一八
つとにおきよわにいぬ　夙興夜寐　一一九
つのをためてうしをころす　矯レ角殺レ牛　九九六
つみチュウをいれず　罪不レ容レ誅　八七六
つみのうたがわしきはこれかるくす　罪疑惟軽　八七六
つるキュウコウになきてこえテンにきこゆ　鶴鳴二九皐一声聞二于天一　一二五七
テイキン　庭訓　三六〇
テイジョはニフをかえず　貞女不レ更二二夫一　一〇三六
テキコクやぶれてボウシンほろぶ　敵国破謀臣亡　四七八
テッチュウのソウソウ　鉄中錚錚　一一三〇
テップのキュウ　轍鮒之急　一〇七六
テンさだまりてまたよくひとにかつ　天定亦能勝レ人　二六六
テンジツをキツイにかえす　回二天日於既墜一　二六五
テンジョウテンゲユイガドクソン　天上天下唯我独尊　二六五
テンチはイッシ　天地一指　二六六
テンにせぐくまりチにぬきあしす　局レ天蹐レ地　二六七
テンにニジツなし　天無二二日一　二六七
テンのときはチのりにしかず　天時不レ如二地利一　二六四
テンめぐりチテンず　天旋地転　二六五
テンモウカイカイソにしてうしなわず　天網恢恢疎而不レ失　二六七
テンをあおいでつばきす　仰レ天而唾　二六七
ドウアクあいたすく　同悪相助　一二三
トウカしたしむべし　灯火可レ親　六八〇
ドウキあいもとむ　同気相求　一二三
ドウコウイキョク　同工異曲　一二三
トウコのヒツ　董狐之筆　九三六
トウザイをベンぜず　不レ弁二東西一　五四九
トウジツアイすべし　冬日可レ愛　二四九
ドウシュウあいすくう　同舟相救　一二三
ドウショウイム　同牀異夢　一二三
ドウシンのゲンそのシュウランのごとし　同心之言其臭如レ蘭　一二三
トウソクところをことにす　頭足異レ処　一一九八
トウダイもとくらし　灯台下暗　六八〇
ドウチョウトセツ　道聴塗説　一〇九七
ドウにのぼりシツにいる　升レ堂入レ室　二三七
ドウビョウあいあわれむ　同病相憐　一二三
トウフウバジをいる　東風射二馬耳一　五五〇
トウリものいわざれどもしたおのずからケイをなす　桃李不レ言下自成レ蹊　五六一
トウロウせみをうかがう　螳螂窺レ蟬　九六九
トウロウのおの　螳螂之斧　九六九
ときとフギョウす　与レ時俯仰　五〇五
ドクショサントウ　読書三到　一〇一三
ドクショヒャッペンギおのずからあらわる　読書百遍義自見　一〇一三
トクはコならずかならずとなりあり　徳不レ孤必有レ隣　三九〇
ドクをもってドクをセイす　以レ毒制レ毒　六〇四
トタン　塗炭　二四一

トナン　図南　二二三
トホアクハツ　吐哺握髪　一九〇
ともにテンをいただかず　不ニ共戴一レ天　一一六
とらねずみにヘンず　虎変レ鼠　九五六
とらのイをかる　仮ニ虎威一　九五六
とらはシしてかわをとどむ　虎死留レ皮　九五六
とらをえがきていぬにルイす　画レ虎類レ狗　九五六
とらをやしないうれいをのこす　養レ虎遺レ患　九五六
トンケントウをおおわず　豚肩不レ揜レ豆　一〇三三
ドンシュウのうお　呑舟之魚　一九五

な行

ないてバショクをきる　泣斬ニ馬謖一　六二五
なえにしてひいでず　苗而不レ秀　九二一
なおうおのみずあるがごとし　猶ニ魚之有一レ水　七一四
なおこれをたなごころにめぐらすがごときなり　猶レ運ニ之掌一也　七一四
ながれにまくらしいしにくちすすぐ　枕レ流漱レ石　六四一
なはジツのヒン　名者実之賓　一九一
なみだをふるってバショクをきる　揮レ涙斬ニ馬謖一　六四一
ならいあいとおし　習相遠　八八四
なをチクハクにたる　垂ニ名竹帛一　一九一
ナンカのゆめ　南柯夢　一六六
なんじにいずるものはなんじにかえる　出ニ乎爾一者反ニ乎爾一　六九九
ナンセンホクバ　南船北馬　一六六
ナンプウきそわず　南風不レ競　一六七
ニクタンしてケイをおう　肉袒負レ荊　九〇〇
にしきをきてキョウにかえる　衣レ錦還レ郷　一一三五
にしきをきてケイをくわう　衣レ錦尚レ絅　一一三五
にしきをきてひるゆく　衣レ錦昼行　一一三五
にしきをきてよるゆく　衣レ錦夜行　一一三五
ニトをおうものはイットをもえず　逐ニ二兎一者不レ獲ニ一兎一　四
にわとりをさくにいずくんぞギュウトウをもちいん　割レ鶏焉用ニ牛刀一　一二五四
ニンゲンバンジサイオウがうま　人間万事塞翁馬　五六
ねずみシャによりてたっとし　鼠憑レ社貴　一三七三
ネンサイ　燃犀　六八七
ノウチュウのきり　嚢中之錐　二一八
ノウチュウのものをさぐる　探ニ嚢中物一　二一八

は行

ハイシャクにたえず　不レ勝ニ杯杓一　五五〇
ハイジン　拝塵　四四六
ハイスイのジン　背水之陣　五二五
はいをのんでイをあらう　飲レ灰洗レ胃　六七九
バカクしかばねをつつむ　馬革裹レ屍　一二一六
ハクガン　白眼　七五二
ハクヒョウをふむがごとし　如レ履ニ薄氷一　九五〇
バクギャクのとも　莫逆友　九三〇
ハクビ　白眉　七五三
バジトウフウ　馬耳東風　一二一七
はじめあらざるなしよくおわりあるはすくなし　靡レ不レ有レ初鮮ニ克有一レ終　一三五
はじめはショジョのごとくのちはダットのごとし　始如ニ処女一後如ニ脱兎一　二七九
バジョウにテンカをう　馬上得ニ天下一　一三一七
はじをつつみはじをしのぶ　包レ羞忍レ恥　八八〇
はじをふくむ　含レ垢　二二四
ハツかんむりをつく　髪衝レ冠　一二三三
ハックゲキをすぐ　白駒過レ隙　七五二
ハッコウひをつらぬく　白虹貫レ日　七五三
バツザンガイセイ　抜山蓋世　四四一
バッポンソクゲン　抜本塞源　四四一
ハテンコウ　破天荒　七七八
はなひらいてフウウおおし　花発多ニ風雨一　九一四
はなひるときはひとのとくあり　嚏有ニ人説一　二一七
はやぶれしたソンす　歯敝舌存　一二七六
バンリョクソウチュウコウイッテン　万緑叢中紅一点　三
ハンをとりてキをさけぶ　把レ飯叫レ饑　一二〇九
ひくれてみちとおし　日暮道遠　四九二
ヒケンシュウエイ　被堅執鋭　九八二
ひセイザンにせまる　日薄ニ西山一　四九二
ビセイのシン　尾生之信　三二四
ヒせざればハッせず　不レ悱不レ発　四一八
ひそみにならう　効レ顰　一二〇三
ヒチョウつきてリョウキュウゾウせらる　飛鳥尽良弓蔵　一二〇六
ひつじをもってうしにかう　以レ羊易レ牛　八七九
ヒップつみなしたまをいだいてそれつみあり　匹夫無レ罪懐レ璧其罪　一六〇
ヒップもこころざしをうばうべからず　匹夫不レ可レ奪レ志　一六〇
ビトウひをいだす　鼻頭出レ火　一三七四
ひとおおければテンにかつ　人衆者勝レ天　五七
ひとのビをなす　成ニ人之美一　五七
ひとびとキュウしいえいえたる　人給家足　五六
ヒニクのタン　髀肉之嘆　一三二八
ひになりつきにすすむ　日就月将　四九二

ひのゲンをやくがごとし　若㆔火之燎㆓于原㆒　六七九
ヒバのちりにしたがう　随㆓肥馬塵㆒　五二二
ヒフタイジュをゆるがす　蚍蜉撼㆓大樹㆒　九六一
ヒャクシャクカントウ　百尺竿頭　七五四
ヒャクネンカセイをまつ　百年俟㆓河清㆒　七五四
ヒャクブンはイッケンにしかず　百聞不㆑如㆓一見㆒　七五四
ヒャクリをゆくものはキュウジュウをなかばとす　行㆓百里㆒者半㆓九十㆒　七五四
ヒョウタンあいいれず　氷炭不㆓相容㆒　六二三
ヒョウはシしてかわをとどむ　豹死留㆑皮　一〇三五
ヒヨクレンリ　比翼連理　六〇五
ヒリョウくもにのる　飛竜乗㆑雲　一三〇六
ヒリョウテンにあり　飛竜在㆑天　一三〇六
ヒンほねにいたる　貧到㆑骨　一〇四〇
フウキテンにあり　富貴在㆑天　三〇九
フウキにしてコキョウにかえらざるはシュウをきてよるゆくがごとし　富貴不㆑帰㆓故郷㆒如㆓衣㆑繡夜行㆒　三〇九
フウジュのタン　風樹之嘆　一三〇三
フクスイボンにかえらず　覆水不㆑返㆑盆　九九〇
フクソウカンランなし　覆巣無㆓完卵㆒　九九〇
フグタイテン　不倶戴天　二四
フザンのゆめ　巫山之夢　三三九
フジュツイ　不恤緯　二四
フセツをガッするがごとし　若㆑合㆓符節㆒　八一七
ふちのためにうおをかる　為㆑淵敺㆑魚　六五一
フチュウうおをショウず　釜中生㆑魚　一一二六
フテンのもとソツドのヒン　普天之下率土之浜　五二二
　溥天之下率土之浜　六六四
ふねにコクしケンをもとむ　刻㆑舟求㆑剣　九〇七
ふるきをたずねてあたらしきをしる　温㆑故知㆑新　四七三
フンケイのまじわり　刎頸之交　一三七
ブンシツヒンピン　文質彬彬　四八〇
フンドのショウはぬるべからず　糞土之牆不㆑可㆑杇　八三七
ヘイスイあいあう　萍水相逢　九三三
ヘイとしてジッセイのごとし　炳若㆓日星㆒　六八二
ヘイにはセッソクをきく　兵聞㆓拙速㆒　一一七
ヘイはシンソクをたっとぶ　兵貴㆓神速㆒　一一七
ヘイはなおひのごとし　兵猶㆑火　一一七
ボウコヒョウガ　暴虎馮河　五一五
ボウシきらず　茅茨不㆑翦　九二三
ボウジャクブジン　傍若無人　九八
ホウチュウのシン　抱柱信　四四七
ボウヨウ　亡羊　五一
ボウヨウのタン　亡羊之嘆(歎)　五一
ホウをコウセイにながす　流㆓芳後世㆒　九一七
ボウをもってボウにかう　以㆑暴易㆑暴　五一五
ボクシいとになく　墨子泣㆑糸　二四三
ボクシュ　墨守　二四三
ボクタク　木鐸　五三八
ボクトツくろまず　墨突不㆑黔　二四三
ホシャあいよる　輔車相依　一〇七二
ほねおどりニクとぶ　骨騰肉飛　一三三七
ほねをうずめなをうずめず　瘞㆑骨不㆑埋㆑名　一三三七
ほねをかしぎこをかう　炊㆑骨易㆑子　一三三七
ホをカンタンにまなぶ　学㆓歩於邯鄲㆒　五九五
ホをふくみはらをコす　含㆑哺鼓㆑腹　二〇五

ま行

まゆをあぐ　揚㆑眉　七六五
マンソウすらなおのぞくべからず　蔓草猶不㆑可㆑除　九四四
マンはソンをまねきケンはエキをうく　満招㆑損謙受㆑益　六五六
みずいたりてキョとなる　水到渠成　六二一
みずきよければタイギョなし　水清無㆓大魚㆒　六二一
みずにごればすなわちうおあぎとう　水濁則魚喁　六二一
みずはホウエンのうつわにしたがう　水随㆓方円器㆒　六二一
みたびひじをおる　三折㆑肱　一六
みちおちたるをひろわず　路不㆑拾㆑遺　一〇五九
　道不㆑拾㆑遺　一〇九七
みちをことにしキをおなじくす　殊㆑塗同㆑帰　二四一
みみにさからう　逆㆑耳　八九三
みみをあらう　洗㆑耳　八九三
みみをおおいてかねをぬすむ　掩㆑耳盗㆑鐘　八九三
みるものトのごとし　観者如㆑堵　九九五
ミンシンつねなし　民心無㆑常　六〇七
ムジュン　矛盾・矛楯　七七二
むしろケイコウとなるもギュウゴとなるなかれ　寧為㆓鶏口㆒無㆑為㆓牛後㆒　三一一
ムチュウゆめをうらなう　夢中占㆑夢　二五四
むらさきシュをうばう　紫奪㆑朱　八五三
ムヨウのヨウ　無用之用　六九四
メイキョウシスイ　明鏡止水　四九九
メイタンセキにあり　命在㆓於旦夕㆒　八三
メイテツホシン　明哲保身　五〇〇
メイはテンにあり　命在㆑天　八三
メイボウコウシ　明眸皓歯　五〇〇

メンジュウコウゲン　面従後言　一一八六
モウキフボクにあう　盲亀値㆓浮木㆒　七六三
モウボサンセン　孟母三遷　二九四
モウボダンキ　孟母断機　二九四
モウをひらきラクをふるう　発㆑蒙振㆑落　九四二
モッコウにしてカンす　沐猴而冠　六三三
ものあればのりあり　有㆑物有㆑則　七〇三
ものかわりほしうつる　物換星移　七〇三
ももをさしてショをよむ　刺㆑股読㆑書　五三一
モンガイジャクラをもうくべし　門外可㆑設㆓雀羅㆒　一二四七
モンゼンいちをなす　門前成㆑市　一二四八
モンゼンジャクラ　門前雀羅　一二四八
モンをはく　掃㆑門　一二四八

や行

ヤカクケイグンにあり　野鶴在㆓鶏群㆒　一二三
ヤクセキコウなし　薬石無㆑功　九五〇
やなぎはみどりはなはくれない　柳緑花紅　五五六
ヤにイケンなし　野無㆓遺賢㆒　一二三
ヤにセイソウなし　野無㆓青草㆒　一二三
やまいコウコウにいる　病入㆓膏肓㆒　七四六
ゆきにエイじてショをよむ　映㆑雪読㆑書　一一七六
ゆきはホウネンのチョウ　雪豊年之兆　一一七六
ゆくにこみちによらず　行不㆑由㆑径　三八〇
ゆくものはかくのごときかな　逝者如㆑斯夫　一〇八七
ゆみおれやつく　弓折矢尽　三六九
よいをにくみてさけをしう　悪㆑酔而強㆑酒　一一一六
ヨウキのハッするところキンセキもまたとおる　陽気発処金石亦透　一一六六
ヨウシュキになく　楊朱泣㆑岐　五七三
ヨウトウクニク　羊頭狗肉　八七九
よくおよぐものはおぼる　善游者溺　二一〇
よもぎマチュウにショウずればたすけずしてなおし　蓬生㆓麻中㆒不㆑扶而直　九四四
よをもってひにつぐ　夜以継㆑日　二五三
よるゆくにシュウをきる　夜行被㆑繍　二五三

ら行

ラクヨウのシカたかし　洛陽紙価貴　六三五
ランショウ　濫觴　六七六
ランスイ　濫吹　六七六
ランデンたまをショウず　藍田生㆑玉　九五二
リイをうれえず　嫠不㆑恤㆑緯　二八七
リカにかんむりをただささず　李下不㆑正㆑冠　五四六
リッスイのチ　立錐之地　八一一
リュウケツかわをなす　流血成㆑川　六四〇
リュウケツきねをただよわす　流血漂㆑杵　六四〇
リュウコあいうつ　竜虎相搏　一三七八
リュウトウダビ　竜頭蛇尾　一三七九
リョウキンはきをえらぶ　良禽択㆑木　九〇九
リョウコともにたたかわばそのいきおいともにはいきず　両虎共闘其勢不㆓倶生㆒　二八
リョウジョウのクンシ　梁上君子　五五五
リョウチュウにがきをしらず　蓼虫不㆑知㆑苦　九四四
リョウトウのいのこ　遼東豕　一二〇四
リョウヤクはくちににがし　良薬苦㆓於口㆒　九一〇
リョオウのまくら　呂翁枕　一九六
リンゲンあせのごとし　綸言如㆑汗　八六二
ルイランよりあやうし　危㆓於累卵㆒　八五〇
ロウキレキにふするもこころざしセンリにあり　老驥伏㆑櫪志在㆓千里㆒　八八八
ロウダン　壟断　二四六
ロウをえてショクをのぞむ　得㆑隴望㆑蜀　一一六九
ロギョのあやまり　魯魚之謬　一三四〇
ロシュうすくしてカンタンかこまる　魯酒薄而邯鄲囲　一三四〇
ロセイのゆめ　盧生之夢　七六一

わ行

ワコウドウジン　和光同塵　一九九
わざわいくちよりショウず　禍従㆑口生　七九二
わざわいチギョにおよぶ　殃及㆓池魚㆒　五九七
わざわいをテンじてフクとなす　転㆑禍為㆑福　七九二
ワしてドウぜず　和而不㆑同　二〇〇
われよりいにしえをなす　自㆑我作㆑古　四二七
ワをもってたっとしとなす　以㆑和為㆑貴　二〇〇

同訓異義一覧

同訓異義一覧

一、この欄は、同一の訓をもつ漢字の主なものを集め、その意味の違いを説明したものである。
二、見出しの訓には、文語形（旧仮名づかい）を付した。
三、見出しの漢字には、常用漢字以外のものに△印を付した。また、代表的な字音を記した。
四、語例を「　」に入れて示した。
五、配列は、見出しの訓・漢字（同一訓内）とも、五十音順によった。

ああ
[△唉(アイ)] なげきうらむ声。

[△噫(イ)・△嗟(サ)・△嗟△乎(サコ)・△嗟夫(サフ)] なげき悲しむ声。

[△猗(イ)・△猗△嗟(イサ)] 感嘆してほめる声。

[△于(ウ)・△于△嗟(ウサ)・△吁(ク)] 驚きあやしむ声。

[悪(オ)] 慨嘆する声。

[△於(オ)・△於△乎(オコ)・△於戯(オギ)・△嗚呼(オコ)] 感嘆したり、嘆息したりする声。

[△嘻(キ)・△譆(キ)] 感嘆する声。

あう（あふ）

[会(カイ)] 出あう。ひと所に集まる。「面会」「集会」

[△邂(カイ)・遇(グウ)・△遘(コウ)・遭(ソウ)] 思いがけなく出あう。めぐりあう。「邂逅(カイコウ)」「遭遇」

[合(ゴウ)] ひとつにかさなる。ぴったりあう。「合致」

[値(チ)] ちょうど出あう。「値遇」

[△逢(ホウ)] 両方から出あう。また、思いがけなくばったり出あう。「逢遇」

あえて（あへて）
[敢(カン)] 進んで…する。おしきって…する。
[肯(コウ)] うけあって…する。

あおい（あをし）
[青(セイ)] 晴れた空の色。中国では、日本よりもやや黒みがかった色をさす。「青は藍(あい)より出でて藍よりも青し」
[△蒼(ソウ)] こい青色。「蒼海」
[△碧(ヘキ)] こいみどり色。ふかみどり。「紺碧」

あかい（あかし）
[△殷(アン)] 黒ずんだ赤い色。「殷紅」
[紅(コウ)] くれない。べに色。「紅粉」
[△赭(シャ)] べんがら色。赤土の色。「赭石」
[朱(シュ)] 赤のこい色。「朱に交われば赤くなる」
[赤(セキ)] 赤の正色。
[丹(タン)] 丹砂の色。朱に白色をおびた色。「丹青の妙」
[△緋(ヒ)] もえたつような赤い色。深紅色。「緋縮緬(ひぢりめん)」

あがなう（あがなふ）
[購(コウ)] 金を出して買う。「購読」
[△贖(ショク)] 物と物とを取りかえる。また、貨財を出して罪をのがれる。「贖罪」

あきる（あく）
[△厭(エン)] みちたる。「厭飫(エンヨ)」　また、いやになる。「嫌厭(ケンエン)」
[△饜(エン)・飽(ホウ)] 腹いっぱい大食する。「饜飽」
[△飫(ヨ)] 食べあきる。「厭飫」

あく・あける（あく）
[開(カイ)] 閉じているものがあく。ひろがる。ひらく。「半開」
[空(クウ)] 「あく」はわが国だけのよみ。
[明(メイ)] 夜があける。「未明」

あげる（あぐ）**・あがる**
[挙(キョ)] 両手で持ちあげる。↕措。また、行う。とりたて用いる。「挙動」「挙用」

[矯(キョウ)] 首を高くあげる。「矯首」

[△扛(コウ)] かつぎあげる。

[抗(コウ)] 上に高くさしあげる。はむかう。「抗議」

[△昂(コウ)] 意気があがる。「昂揚」

[上(ジョウ)] うえにあげる。高い所にあがる。また、さしあげる。↕下。「上昇」「上呈」

[騰(トウ)] 高くのぼせる。上昇する。物価が高くなる。「騰貴」

[揚(ヨウ)] 高くあげる。↕抑。「高揚」

あざむく
[△詒(イ)] ＝欺。
[偽(ギ)] うそをつく。ふりをする。「作偽」
[欺(ギ)] いつわりだます。「詐欺」
[△誑(キョウ)] だましまどわす。「誑惑」
[詐(サ)] ことばたくみにだます。「詐取」
[△紿(タイ)] ＝欺。
[誕(タン)] 大言してだます。「放誕」
[△瞞(マン)] くらましだます。「欺瞞」
[△謾(マン)] ＝欺。

あし
[脚(キャク)] 膝(ひざ)の下、くるぶしの上の称。
[△趾(シ)] あしくび。くるぶしから下の称。
[△蹠(セキ)] あしのうら。
[足(ソク)] 人や動物のあし。股(もも)から下の称。
[△趺(フ)] あしの甲。

あずかる

【干】自分から進んでかかわりあう。「干渉」
【関・与】かかわりあう。関係する。「関与」
【参】加わる。
【預】品物をあずかる。

あたたか・あたたかい

【温】水のあたたかいこと。「温泉」また、人がらなどのおだやかなこと。「温和」
【暖】日ざし・気候などのあたたかいこと。↔寒。「寒暖」

あたる

【値】相当する。あたいする。
【中】命中する。「的中」
【直】ちょうどその番にあたる。「当直」
【丁】であう。「丁憂」
【抵】㋐ふれる。「抵触」㋑つりあう。相当する。「抵当」
【当】㋐向きあう。「当面」㋑つりあう。「該当」
【方】ちょうどその時にあたる。「方今」

あつい

【△渥】てあつい。恩恵がゆきわたる。「優渥」
【厚】あつみがある。また、ねんごろ。↔薄。「厚情」
【△惇・△敦】人情があつい。「惇樸」「敦厚」
【△淳・△醇】まじりけがない。風俗や人情があつい。「淳風美俗」「醇正」
【△諄】ねんごろ。ていねい。「諄諄」
【△腆】てあつい。ていねい。「不腆」
【篤】=惇。また、病気がおもい。「危篤」
【暑】↔寒。「酷暑」
【熱】↔冷。「暑熱」

あつまる・あつめる

【△糾・△鳩】散らばっているものが寄りあう、また、寄せあつめる。「鳩首」
【△纂】集めて順序をつける。「編纂」
【集】一か所によりあつまる、また、よせあつめる。また、あつまる。↔散。「集合」
【△蒐】よせあつめる。「蒐集」
【△輯・△聚】=集。
【△鍾】ぎっしりとこりあつまる、また、あつめる。「鍾美」
【△萃】ひとまとめになる、また、する。「抜萃」
【△湊・△輳】多くの物が諸方から一か所によりあつまる。「輻輳（湊）」
【△裒】両手で包みこむようにあつまる。また、あつめる。

あてる

【充】あてはめる。欠け目をみたす。「充当」
【当】あてはめる。ぶつける。わりあてる。「配当」

あと

【△墟】あれたあと。「廃墟」
【後】うしろ。将来。↔先。「人後」
【△痕】きずあと。「痕跡」
【△址】もののあと。=趾。「城址」
【△趾】足あと。もののあと。「遺趾」
【蹤】足あと。「人蹤」
【跡・△迹】足あと。また、あとかた。「足跡」「遺跡」
【△蹟】物事のあったあとかた。「事蹟」
【△踪】=蹤。「踪跡」

あなどる

【易】かるくみる。「慢易」
【侮】人を軽んずる。見さげる。「侮蔑」
【△蔑】ないがしろにする。ばかにする。「軽蔑」
【慢】高ぶって人を人とも思わない。「慢侮」

あぶら

【△膏】肉のあぶら。「膏薬」
【脂】動物性のあぶら。広く、動・植物のあぶら。
【油】かめの甲のあぶら。また、液体のあぶら。「灯油」

あまねし

【△洽】ひろくゆきわたる。全体を広くおおっている。「洽博」
【周】こまかにゆきとどく。すみずみまで欠け目なくゆきとどく。「周到」
【△浹】=洽。「浹洽」
【△汎】あまねくひろい。「汎説」
【普】=洽。「普及」
【△徧・△遍】ひらたくすみずみまでゆきわたる。「普遍」

あやまる・あやまつ

【過】やりそこなう。しくじる。「過失」
【△訛】世間でいつのまにかまちがえる。「訛伝」
【△愆】筋からそれたがう。
【誤】うっかりまちがえる。「誤算」
【錯】まちがえる。「錯誤」
【△謬・△繆】言いまちがえる。「誤謬」

あらい

【△悍】気が強くてあらあらしい。「悍勇」
【△楛】器物のつくりや仕事ぶりがぞんざいである。
【荒】あらあらしい。たけだけしい。また、風雨などがはげしい。「荒天」
【△獷】気があらくてなつかない。
【粗】細かでない。おおざっぱ。↔密。「粗雑」
【疎】細かでない。まばら。「疎網」また、粗末。「疎食」
【△麤】きめが細かでない。
【暴】てあらい。たけだけしい。「暴風」「乱暴」また、はげしい。
【△笨】ざつ。いいかげん。「粗笨」

あらためる

【改】しなおす。なおしてよくする。「改正」
【革】旧をかえて新たにする。「革命」

[更] とりかえる。「変更」
[△悛] くいあらためる。「改悛」

あらわす・あらわれる
[形] かくれた物が形をとって表面に出る。
[見・現] 外に見えてくる。↕隠。「隠見」「出現」
[顕] はっきりする。明らかにする。↕隠。「露顕」
[彰] 明らかにして世に知らせる。
[△旌] 人の善行・功績をほめ明らかにする。「旌表」
[著] はっきりとめだつ。いちじるしい。また、書物を作る。「顕著」「著述」
[呈] ありのままに見せる。また、むき出しにする。「露呈」
[暴] 日にさらす。外へあらわし出す。「暴露」
[表] 表面に出し示す。「発表」
[露] むき出しにする。「露出」

ある
[在] ある場所に止まっている。「在職」
[有] ある形をなして存在する。また、持っている。↕無。「固有」

あわせる
[△翕] ＝合。
[協] 力をあわせて事をする。「協力一致」
[合] ぴったりとあわせる。「合致」
[△幷・併] 二つ以上のものをひとつにする。「合併」
[△戮・△勠] ＝協。「戮力」

あわれむ
[哀] かわいそうに思って胸ふさがる。ふびんに思う。↕楽。「哀悼」
[△恤・△卹] 情をかけてめぐむ。「恤兵」
[△憫・△愍] いとおしがる。
[△憐] ＝憫。「憐憫」

いう
[△謂] 人にむかっていう。また、人を批評していう。
[△云] 曰とほぼ同じ。
[△曰] 人のことばをそのままうつすときに用いる。
[言] 心に思うことを口にのべる。
[道] 言とほぼ同じ。

いかる
[△恚] うらみいかる。「恚恨」
[△慍] 心中でいかる。むっとする。「喜慍」
[△嚇] いかってわめく。「嚇怒」
[△瞋] 目をむき出していかる。はげしくいかる。「瞋恚」
[怒] 腹をたてる。外にあらわしていかる。↕喜。「怒号」
[△忿] 腹をたててうらみいきりたつ。いかる。「忿懣」
[憤] 腹をたてる。いきどおる。「憤激」

いずくんぞ
[安] どこにと問うときに用いる。また、反語の意を表す。「燕雀安知二鴻鵠之志一哉」
[△焉] どうしたことか。どうして。疑問・反語の意を表す。
[△烏・悪] どうしてと、とがめるときに用いる。
[△曷] ＝焉。
[△寧] ＝安。

いだく
[懐] ふところへ入れて持つ。また、心にいだく。「抱懐」
[抱] 手でかかえ持つ。「抱擁」
[擁] 両手でだきかかえる。「擁護」

いたす
[効] 力をだしつくす。「効レ力」
[致] 先方まで送りとどける。また、力を出しつくす。「送致」「致二良知一」
[輸] ㋐車や船で物を運ぶ。「輸送」㋑一方の物を他方に移す。「輸血」

いたむ
[隠] 親身になって人のことを心配する。「惻隠」
[惨] あるありさまを見てむごいと感ずる。「悲惨」
[傷] 強くかなしむ。「愁傷」
[△戚] うれえ悲しむ。「哀戚」
[△惻] 気の毒に思っていたむ。「惻隠」
[△悵] うらみなげく。残念に思う。「悵恨」
[痛] 肉体が苦しみいたむ。また、心がいたみ悲しむ。「頭痛」「哀痛」
[悼] 人の死を悲しむ。「哀悼」

いたる
[格] 窮極に達する。「格物」
[△詣] 深くすすむ。また、うかがい行く。「造詣」「参詣」
[至] そこまで行きつく。「至極」
[△踵] あとをたどってゆく。続いていたる。
[△臻] 集まりいたる。
[造] しだいに深く進む。「造詣」
[抵] いたりつく。ゆきつく。
[到] 一方から他方にいたりつく。「到達」

いやしい
[△賤] 身分がひくい。また、品性がおとっている。↕貴。「貧賤」
[卑] 教養または身分や地位がひくい。↕尊。「卑賤」
[△鄙] いなかびている。下品。↕都。「野鄙」
[△俚] ＝鄙。「俚言」
[△陋] 心がせまく下品である。「陋習」

いる
[△熬] 火でかわかして水気をとる。
[△炒] 土なべなどであぶりこがす。「炒豆」
[△煎] につめる。せんじる。「煎茶」
＊金属をいる(鋳・冶)は別語。

いれる
[入] 外から内にいれる。↕出。「入札」
[内・納] 金品をおさめいれ

る。「納入」「出納」
【容】器物に物をいれる。また、うけいれる。「容器」「容認」

うえる
【栽】剪定して草木をうえ育てる。「栽培」
【種】たねや草木の苗を土中におしつけてうえる。「種樹」
【樹】草木を立ててうえる。「樹芸」
【植】＝樹。「植樹」

うえる
【餓】ひどくうえる。「飢」よりひどい。「餓死」
【飢】腹がへってひもじくなる。「飢渇」
【饑】穀物がみのらない。転じて、飢と同じ。「饑餓」
【饉】野菜がみのらない。凶作。「飢饉」
【餒】＝飢。「凍餒」

うかがう
【窺】のぞいてみる。すきまからのぞく。「窺伺」
【候】待って様子をみる。また、ごきげんをうかがう。「伺候」
【伺・覗】そっと様子をさぐる。「伺察」
【偵】＝伺。「偵察」
【覘】＝伺。「覘候」

うける
【享】上のものがうけいれる。神が供物をうける。また、受と同じ。「享受」「享年」
【饗】＝享。また、もてなしに応じる。
【受】物をうけとる。「授受」
【承】うけいただく。また、前からのことを続ける。「承レ教」
【請】こい求めるが原義。うけ取る。引きうける。
【稟】天命をうける。また、命令をうける。「稟生」「稟命」

うしなう
【失】手にあるものをなくす。↔得。「失明」
【喪】身から離れてなくなる。なくす。「喪神」
【亡】なくす。ほろびうせる。「亡夫」「滅亡」

うすい
【澆】＝偸。「澆薄」
【淡】色や味がうすい。また、心がさっぱりしている。↔濃。「濃淡」「淡白」
【偸】人情風俗がうすい。「偸薄」
【薄】あつみがすくない。乏しい。粗末。↔厚。また、偸と同じ。「薄衣」「薄情」
【菲】＝薄。「菲薄」
【漓】酒がうすい。↔醇。また、偸と同じ。

うたう
【詠】声を長く引いて詩や歌をうたう。「朗詠」
【謳】楽器を用いないで、ふしをつけてうたう。
【歌】声にふしをつけてうたう。楽器にあわせてうたう。
【唱】節をつけて声高にうたう。
【謡】＝謳。

うつ
【殴】むちなどでうつ。なぐる。「殴打」
【挌】なぐりあう。「挌闘」
【撃・打】手または物でうちたたく。「打撃」
【撻】むちうつ。「鞭撻」
【討】罪を言いたてて攻めうつ。「討伐」
【拍】手のひらを合わせたたく。「拍手」
【搏】手でうちなぐる。「搏殺」
【伐】兵力で攻める。また、たたく。「征伐」
【拊】軽くうつ。
【抃】両手をうち合わせる。
【扑】ぽかりとたたく。
【撲】なぐる。「撲殺」

うつす・うつる
【移】苗を植えかえる。転じて、うつしかえる。また、うつりかわる。「移植」「移転」
【映】光や色がてりはえる。また、うつし照らす。「映発」
【徙】場所をかえる。
【写】そのとおりにまねうつす。「写真」「写本」
【抄・鈔】うつしとる。また、ぬき書きする。「抄本」「鈔写」
【遷】高い所にのぼる。また、移と同じ。「升遷」「変遷」
【謄】原本をそのまま書きうつす。「謄写」「謄本」
【摸・摹】まねうつす。「摸写」

うむ・うまれる
【産・生】子をうむ。子がうまれる。また、物をつくりだす。「生産」
【娩】子をうむ。「分娩」

うらむ
【怨】心深くあだとする。「怨恨」
【憾】残念に思う。「遺憾」
【恨】いつまでも深くうらむ。「遺恨」
【惆・悵】がっかり気落ちしていたみなげく。「惆悵」「悵恨」

うる
【估・沽】小売りする。「估客」
【賈】店うりする。↔商（行商）。「商賈」
【售】売りに出す。「出售」
【売】代金を受け取って物を渡す。ひさぐ。↔買。「商売」
【販】安く買って高く売る。「販売」

うれえる・うれい
【患】くよくよと思いなやむ。「憂患」
【愁】ものさびしく思い沈む。「愁傷」
【恤】ふびんに思う。
【戚・慼】心細くうれえ悲しむ。「哀戚」
【病】心配する。
【閔・憫・愍】＝恤。
【憂】心にかかって気が沈む。「憂愁」「憂慮」

えらぶ
[簡・△揀] 善悪を区別してよりわける。「簡抜」
[選] 多くの中からえりぬく。「選抜」「選挙」
[△撰] すぐれた言葉や文章をえらびしるす。「撰定」
[択] ＝簡。「選択」

える(う)
[獲] かりをして魚や鳥や獣をとらえる。「漁獲」 転じて、広くとらえる・つかまえる意。「捕獲」
[穫] 穀物を手に入れる。
[得] 手に入れる。自分のものとする。↔失。「獲得」

おおい(おほし)
[△夥] おびただしく多い。「夥多」
[衆] 人数が多い。↔寡。「衆望」
[庶] 人民が多い。転じて広く、物が多い。「庶民」「庶物」
[△饒] 物が豊富である。「豊饒」
[多] 数が多い。↔少。「多寡」
[△稠] 密集している。「稠密」

おおう(おほふ)
[△蔭] かげを作ってかくす。また、かばう。
[△掩] おおいかくす。「掩蔽」
[△蓋] 上からふたをする。また、そのように、おおいかぶせる。「掩蓋」
[△庇] かばい助ける。「庇護」
[被] おおいかぶせる。「被覆」
[覆] かぶせる。「覆載」
[△蔽] つつみかぶせる。「蔽隠」
[冒] 上からかぶせてかくす。
[△蒙] 上からかぶせかくす。

おかす(をかす)
[干] してはならぬことを無理にする。「干犯」
[△奸] ㋐婦女をけがす。㋑＝干。
[侵] 不法にはいりこむ。「侵略」
[犯] おきてを無視する。「犯罪」
[冒] 向こう見ずに進む。おしきってする。「冒険」
[略] 奪い取る。「略奪」

おく
[△擱] さしおく。「擱筆」
[居] ㋐住まわせる。㋑物をとっておく。
[△寘] 物をおいておく。
[△舎] ㋐すえおく。㋑すておく。㋒とどめる。
[釈] すておく。ほうっておく。
[処] その場所にとどめおく。
[措] ㋐すえおく。㋑そのままにしておく。↔挙。「不レ措」
[置] ㋐すえつける。「設置」 ㋑とどめおく。「安置」

おくる
[遺・△貽] 品物を人におくる。「贈遺」「貽子孫」
[帰] 物をおくり与える。
[△饋・△餼・△餽] 食物や物品をおくる。「饋給」「餽遺」
[△贐・△餞] はなむけする。「餞別」
[送] 人の出発をおくる。↔迎。また、物をおくりとどける。「送別」「発送」
[贈] 物をおくり与える。「贈呈」「贈与」
[△賻] 喪主を助けるため金品をおくる。
[△賵] 死者をとむらうため車馬・衣服などをおくる。

おくれる(おくる)
[後] 歩みがおくれる。他の者のあとになる。また、[遅]と同義にも用いる。
[遅] おそくなる。時機を失う。「遅刻」

おこたる
[△懈] 心がだらけゆるむ。「怠懈」
[惰] なまけてだらしなくなる。
[怠] 心がたるみなまける。油断する。「怠惰」
[慢] 心がゆるんでなまける。「怠慢」

おこる・おこす
[起] たちあがる。事をはじめおこす。「起点」「発起」
[興] はじまる。新たに生ずる。また、盛んになる。「興起」
[作] あらわれでる。ふるいおこる。ふるいおこす。「振作」「作興」
[発] 物事がはじまりおこる。また、物事をひきおこす。「発端」「発足」

おごる
[△倨] 尊大にかまえて、人をあなどる。↔恭。「倨色」
[△驕] たかぶり、いばる。「驕慢」
[△傲] かってきままにふるまって人を軽んずる。「驕傲」「傲然」
[△侈] たかぶる。ぜいたくをする。「奢侈」
[△奢] 多くの物を集めてぜいたくをする。↔倹。「奢恣」
[泰] 分に過ぎてぜいたくする。「驕泰」

おさえる(おさふ)
[圧] 上からかぶさせおさえつける。「圧力」
[△按] 手でおさえつける。「按摩」
[押] 重みで上からおさえつける。権力でおさえる。「押収」
[△扼] おさえてとりひしぐ。「扼殺」
[△擪] 指でおさえる。
[抑] 手でおさえつける。「抑圧」

おさめる(をさむ)**・おさまる**(をさまる)
[易] ととのえ平らにする。
[△乂] もと、草をかる意。転じて、治の意に用いる。
[△艾] ＝乂。
[攻] 研究する。また、みがく。「専攻」「攻玉」
[収] とり入れる。手に入れる。「収納」
[修] 正しととのえる。また、つくろう。「修身」「修繕」
[蔵] しまっておく。「貯蔵」
[治] もと、河川を程よく導く。「治水」 転じて、物事をうまく整える。また、国や世の中をうまくおさめる。↔乱。「治国」

[納(ノウ)] 物をおさめいれる。しまいこむ。「納入」

[理(リ)] 玉をみがく。転じて、ただす。すじを通す。処置する。「処理」

[△斂(レン)] かき集め、とる。「苛斂誅求(カレンチュウキュウ)」

おしえる（をしへる）

[△誨(カイ)] 言葉で、ていねいにさとす。「教誨」

[教(キョウ)] 上の者が下の者をさとし導く。「教訓」「教諭」

[訓(クン)] 道理や法則に従って説きさとす。「訓戒」

[学(ガク)・△斅(コウ)] ＝教。

おしむ（をしむ）

[愛(アイ)] もったいなく思う。たいせつにして手離さない。「愛着」

[△嗇(ショク)] ＝吝。「吝嗇(リンショク)」

[惜(セキ)] もったいなく思う。手離しがたく思う。「愛惜」「惜別」

[△吝(リン)] ものおしみする。けちけちする。「吝惜」

おそい（おそし）

[△晏(アン)] 太陽が西に入る。転じて、時刻がおそい。

[遅(チ)] ゆっくり行く。のろい。↔速。「遅速」「遅遅」

[晩(バン)] 夜がふける。転じて、時刻・時期などの末。↔早。

おそれる（おそる）

[△畏(イ)] おそれて心がすくむ。おそれはばかる。「畏敬」

[恐(キョウ)] こわがりおそれる。「恐縮」「恐怖」また、気づかう。

[△怯(キョウ)] おそれおびえる。「怯懦(キョウダ)」

[△懼(ク)・△惧(グ)] ＝怯。「恐懼」

[虞(グ)] 心配する。

[△惶(コウ)] おそれあわてる。「恐惶」

[△怵(ジュツ)] 気がかりでおどおどする。「怵惕(ジュッテキ)」

[△悚(ショウ)] おそれてすくむ。

[△慴(ショウ)・△懾(ショウ)] おそれてちぢみあがる。「懾服」

[△惴(ズイ)] びくびくおそれる。

[△怕(ハ)] おそれてひやひやする。

[怖(フ)] おそれおののく。「恐怖」

[△慄(リツ)] おそれてぞっとする。おそれおののく。「戦慄」

おどる（をどる）

[跳(チョウ)] はねる。はねあがる。「跳躍」

[躍(ヤク)] 高くとびあがる。

[踊(ヨウ)] 足をもちあげてとびあがる。「舞踊」

おどろく

[△駭(ガイ)] びっくりしておびえる。「駭嘆」

[△愕(ガク)] あわておどろく。「驚愕」

[驚(キョウ)] 馬がおびえさわぐ。また広く、おびえおそれる。「驚倒」「驚嘆」

[△瞿(ク)・△矍(ク)] おどろいて、きょろきょろ見まわす。「瞿然」

おもう（おもふ）

[意(イ)] おもいめぐらす。推量して思う。

[△惟(イ)] 一つの事に集中してよく考える。「思惟」

[△謂(イ)] 心に思う。

[憶(オク)] ㋐心に思って忘れない。「追憶」㋑推量しておもう。「憶測」

[懐(カイ)] 心にこめて慕いおもう。「懐古」

[顧(コ)] ふりかえって思う。「回顧」

[思(シ)] ＝惟。「思慮」

[想(ソウ)] あるものの姿を心に描いて求めおもう。「想像」

[念(ネン)] 心にかけて忘れない。常に思う。「念願」

およぶ

[△曁(キ)] やっととどく。

[及(キュウ)] あとからおいつく。「追及」

[△迨(タイ)・逮(タイ)] 先方へとどく。

[比(ヒ)] いたる。

おりる（おる）・おろす

[下(カ)] 上から下へさがる、また、さげる。↔上。

[降(コウ)] 高い所から低い所へくだる、また、くだす。「降下」

[卸(シャ)] 荷物を下し移す。

おわる（をはる）・おえる（をふ）

[完(カン)] 全部をすます。やりとげる。「完了」

[△訖(キツ)] 物事を終了する。

[△竟(キョウ)] 最後までおし通す。「畢竟(ヒッキョウ)」

[終(シュウ)] 初めから続いて、おしまいになる。「終極」「終結」

[△竣(シュン)] 仕事を完成する。

[卒(ソツ)] 一つの業をすます。また、人が死ぬ。「卒業」「卒年」

[△畢(ヒツ)] 全部残りなくかたずける。

[了(リョウ)] 完了する。「終了」

かえりみる（かへりみる）

[△眷(ケン)] ふりかえってみる。また、目をかける。「眷顧」

[顧(コ)] ふりむいてみる。「顧視」

[省(セイ)] 注意してよくみる。また、自分の心をふりかえりみる。「省察」「反省」

[△盼(ハン)] ＝顧。「顧盼」

かえる（かへる）・かえす（かへす）

[回(カイ)] ぐるぐるめぐりかえる。「回遊」

[還(カン)] 行った所からまわって戻る。「帰還」

[帰(キ)] もとの所にかえって落ちつく。「帰朝」「帰田」

[旋(セン)] ＝回。「旋回」

[反(ハン)] 戻る。ふりかえる。また、ひっくりかえる。「反省」「反転」

[△孵(フ)] 卵がかえる。「孵化」

[復(フク)] もとの道をかえる。「往復」

[返(ヘン)] 戻る。また、借りたものが戻る。「返路」

かえる（かへる）・かわる（かはる）

[易(エキ)] とりかえる。「交易」「貿易」

[換(カン)] 他の物ととりかえる。「交換」

[更(コウ)] 新しくかえる。「更新」

[代(タイ)] 入れかわる。「代講」

[替(タイ)] かれとこれとかわる。「交替」

[変(ヘン)] 違ったかたちになる。また、うつりかわる。「変化」「転変」

[貿(ボウ)] 交易する。

[△渝(ユ)] 中身がぬけて別の状態になる。

かおる

[薫クン] 香草のよいにおいがする。「薫風」
[△馨ケイ] かおりが澄んで遠くまでただよう。
[香コウ] きびなどを煮たときによいにおいがする。広く、よいにおいがする。「芳香」

かかげる

[掲ケイ] 高くあげる。また、かかげしらせる。「掲示」
[△搴ケン] もちあげる。「搴裳」
[△褰ケン] すそをもちあげる。
[挑チョウ] かきたてる。「挑灯」

かかわる

[関カン] 関係する。「関与」
[係ケイ] つながる。関係がある。
[拘コウ] こだわる。「拘泥」

かくれる・かくす

[隠イン] かくれて見えなくなる。「隠遁」「隠匿」
[△竄ザン] にげかくれる。「竄逃」
[潜セン] 水にひそむ。ひそみかくれる。「潜水」
[△廋ソウ] つつみかくす。
[蔵ゾウ] しまいこんでおく。「退蔵」
[△蟄チツ] 虫が地中にかくれる。転じて、とじこもる。「蟄居」
[匿トク] にげかくれる。「潜匿」「匿名」
[秘ヒ] ひめかくす。「秘訣」「秘伝」

かげ

[陰イン] ひかげ。日のあたらないところ。また、物におおわれている所。「樹陰」
[△蔭イン] こかげ。草木がおおって日のあたらない所。「緑蔭」また、＝陰。
[景エイ・影エイ] 光線が物に妨げられて暗い部分。また、そのために地面に映った黒い像。「人影」

かける・かかる

[架カ] かけわたす。「架橋」
[掛カイ] ひっかける。「掛冠」
[△挂ケイ] ＝掛。「挂冠」
[係ケイ・△繫ケイ] むすびつける。つなぐ。「連繫」
[懸ケン] つりさげる。ぶらさげる。「懸賞」「懸垂」
[△賭ト] かけごとをする。「賭博」
[△罹リ] あみにかかる。転じて、病気や災害などにかかる。「罹災」

かさなる・かさねる

[△奕エキ] 上下に次々とかさなりあって続く。「奕世」
[襲シュウ] 着物をかさねて着る。転じて、物事をかさねつぐ。「重襲」
[重ジュウ] 物の上にさらに物がのる、また、のせる。いくえにも積みかさねる。また、くりかえす。「重囲」
[△仍ジョウ] もとの物事につけ加わる。
[畳ジョウ] 平らな物が積みかさなる。たたみかさねる。「重畳」
[申シン] くりかえす。
[層ソウ] ＝累。
[△套トウ] 長く大きい物をかぶせる。
[複フク] 二重にかさなる。「重複」
[累ルイ] 上へ上へとつながってかさなる。「累加」「累積」

かざる

[飾ショク・△賁ヒ] うわべを美しくつくろう。「装飾」
[文ブン] あや模様を美しくかざる。また、うわべをつくろう。「文飾」

かぞえる

[計ケイ] あわせかぞえる。積みあげてかぞえる。「計算」「会計」
[算サン] そろばんでかぞえる。「算出」
[数スウ] 物のかずをかぞえあげる。「算数」
[△揲セツ] 占いをするとき、めどぎをかぞえる。

かた

[形ケイ] 目に見えるもの。「外形」
[型ケイ] いがた。もとになるかたち。「原型」
[模モ] のり。手本。また、型。「模型」

かたい

[確カク] しっかりして動かない。「確実」
[△艱カン] むずかしい。「艱渋」
[△鞏キョウ] じょうぶでこわれない。「鞏固」
[堅ケン] もと、かたい土の意。しっかりしてかたい。「堅固」「堅忍」
[固コ] かたまっていて破れがたい。外部のものに動かされない。「固執」
[硬コウ] もと、かたい石の意。しんがあってかたい。↕軟。「硬骨漢」
[剛ゴウ] こわばって強い。↕柔。「剛健」
[△難ナン] ＝艱。↕易イ。「艱難」
[△牢ロウ] がっちりしている。「堅牢」

かたる

[拐カイ] 人をだまして金品をとる。また、人をかどわかす。「誘拐」
[△騙ヘン] だましとる。「拐騙」
[語ゴ] 人に向かってはなす。「語気」
[談ダン] 盛んにはなす。「談笑」

かなう

[△諧カイ] 調子がよくあう。調和する。「諧調」
[△叶キョウ] ＝協。国訓で、かなう。思いどおりになる。
[協キョウ] 一致する。和合する。「協力一致」
[称ショウ] つりあう。適合する。
[適テキ] うまくあてはまる。心のどかに楽しむ。「適材」「自適」

かなしむ・かなしい

[哀アイ] あわれに思って胸がつまる。↕楽。「哀悼」
[△悽セイ・△愴ソウ] いたみかなしむ。
[悲ヒ] 心がひきちぎられるようにいたむ。↕喜。「悲哀」

かわ

[△韋イ] なめしたかわ。
[革カク] 毛を抜き去っただけでなめしていない獣皮。韋イ（なめしかわ）と区別して、つくりかわともいう。
[皮ヒ] ㋐毛のついたままの獣の毛がわ。㋑なめした皮。㋒物の表面をおおっているもの。「樹皮」

かわく

【渇】水がかれて流れがかわく。また、のどがかわく。「涸渇」「飢渇」

【干・乾】湿気がなくなる。「乾燥」

【△晞】日にあたってかわく。

【燥】火気にあたってかわく。

かんがえる

【勘】比較吟味して調べ定める。「校勘」

【校】ひきあわせて考える。「校定」

【考・△攷】問い正してかんがえる。調べる。「考究」

【△稽】つきつめて思いめぐらす。「稽古」

き

【樹】たち木。「樹木」

【木】㋐たち木の総称。㋑もくざい。「材木」

きく

【可】ききいれて許す。「許可」

【聴】耳を傾けてきく。注意してきく。「傾聴」

【聞】自然に耳に入る。「仄聞」

【△聆】耳をすましてきく。

きざす

【幾】物のあらわれ出ようとするけはいが見える。

【兆】＝幾。亀の甲や獣の骨をやいて生じるわれめ。「兆候」

【徴】物事の起こるしるしがあらわれる。「徴候」

【△萌】草木の芽がもえでようとする。物事がめだちはじめる。「萌芽」

きざむ

【刊】けずりきざむ。ほりつける。

【△鍥】刃物できざみ目を入れる。

【刻】木などにほりつける。「彫刻」

【△鋟】金属板や版木に深くほりつける。

【彫】堅い物の一面に細かくほりきざむ。「彫琢」

きず

【△痍】切りきず。「傷痍」

【△瑕】玉のきず。

【△疵】身のきず。また、欠点。

【傷】いたみ。けが。「負傷」

【創】刃物のきりきず。「刀創」

きびしい

【△苛】ひどい。きつい。「苛刻」

【急】さしせまって、はげしい。「性急」「緊急」

【緊】ひきしまってゆるみがない。

【厳】厳重だ。はなはだしい。「厳格」「厳正」

【酷】むごたらしい。むごい。ひどい。「酷薄」

【△峭】＝酷。「峭刻」

きよい

【潔】けがれがなくすっきりしている。「潔白」「清潔」

【浄】＝潔。「清浄」

【清】きよらかに澄んでいる。すがすがしく美しい。「清流」「清楚」

【△洌】つめたくすんでいる。「清洌」

きる

【△馘】首をきる。「馘首」

【△鑽】きりで穴をあける。うがつ。

【△斬】刀でたちきる。「斬殺」

【△斫】刃物でたたききる。

【切】刀できりきざむ。「切断」

【△截】たちきる。切断する。「截断」

【△剪・△翦】そろえてはさみきる。きりそろえる。「剪定」

【断】ふたつにたちきる。きりはなす。「断截」

【伐】きりたおす。「伐木」

きわめる・きわまる

【△鞫】ただし調べる。また、究・窮と同じ。「鞫問」

【究】㋐深くたずねて、きわめつくす。「考究」㋑ゆきづまる。どのつまりに至る。「究竟」

【窮】＝究。「窮極」

【極】つきる。つくす。とことんまでいたる。「極上」「至極」

【谷】ゆきづまる。後にも先にもゆけない。「進退谷まる」

くう・くらう

【△吃・△喫】たべる。「喫飯」

【△茹】野菜を食べる。

【△喰】くらう。＝食。

【食】すべて物をたべる。「食傷」

【△啖・△噉・△啗】大食する。「健啖」

【飯】＝食。「飯二疏食一」

くむ

【△汲】水を汲む。「汲水」

【勺・酌】酒をくむ。ひしゃくで水などをくみとる。また、人の心や物事の事情などをはかり考える。「独酌」「斟酌」

【△抒】中のものをくみだす。

【△斟】＝酌。

くら

【庫】兵車や武器を入れておくくら。転じて、書物や物品を入れておく建物。「兵器庫」「書庫」

【倉】穀物を入れておくくら。転じて、物を入れておく建物。「穀倉」

【蔵】物品を入れておくくら。「土蔵」

【府】文書や財宝を入れるくら。「府庫」

【△庾】刈り取った稲穂を積んでおくくら。こめぐら。

【△稟】こめぐら。また、貨財をいれるくら。「倉稟」

くらい

【暗・△闇】日の光がなくてくらい。↕明。「暗(闇)夜」

【△晦】まっくらやみ。「晦冥」

【△昏】日が暮れてくらい。また、道理にくらい。「昏黒」「昏迷」

【△惛】心がくらく道理がわからない。おろか。

【△瞢】目がはっきりしない。

【△懜】心がぼんやりする。

【△昧】夜明けがたの、ほのぐらさ。「昧旦」

【△冥】光がなくてくらい。また、道理にくらい。「頑冥」

【△溟】小雨が降ってくらい。うすぐらい。「溟濛」

[△瞑] ＝昏。
[瞑] 目がふさがって見えない。
[△罔・△蒙] おおわれて見えない。おろか。無知。「童蒙」
[△朦] 目がおおわれて見えない。
[幽] 奥深くて明らかでない。ほのぐらい。「幽暗」
[△杳] 奥深くくらい。

くらべる
[角] 力くらべをする。きそいくらべる。「角力」
[較] ＝挍・校。「比較」
[競] 二人が向きあって言い争う。転じて広く、あらそう意。「競争」
[△挍・校] つきあわせてくらべる。調べくらべる。「比校」
[比・方] ならべて見くらべる。「比較」「比方」

くわしい
[委] こまやか。つぶさ。「委細」
[詳] あますところなくこまか。すみずみまでゆきとどく。つまびらか。「詳細」「詳説」
[精] 奥深くこまか。「精細」「精審」

けがれる・けがす
[△穢] 雑草がしげってきたない。転じて広く、けがれる。「穢濁」
[汚] 濁水などでよごれる。「汚穢」
[△褻] もと、ふだん着の意。転じて、なれけがれる。
[△瀆] にごりけがれる。「瀆職」
[△黷] あかがついてけがれる。

けずる
[△刮] けずり除く。えぐりとる。
[△刓] かどをけずりとる。
[削] けずり除く。「筆削」
[△刪] 木や竹の札の文字をけずって改め定める。「刪定」「筆刪」
[△剗] けずって平らにする。
[△剝] けずりとる。「剝奪」
[△剜] まるくえぐりとる。

けわしい
[険・△嶮] 山がけわしくて行きにくい。「険絶」
[△峻] 山が鋭くそそり立つ。「峻嶮」
[△峭] 山が高くけずり立つ。
[阻] 山・川にさえぎる物が多くて行きにくい。「険阻」

こいねがう
[希] まれなことができるように、願い望む。「希望」
[△冀] 強く願い望む。「冀幸」
[幾] ＝冀。
[幸・△倖] もっけのしあわせをと願う。
[庶・庶幾] 「ちかし」とも読む。もう少しで何とかなりそうだから、どうかそうなってほしいと願う。
[尚] 尊び願う。

こえる
[越] のりこえる。境界をこえる。また、度をこえる。「越境」「僭越」
[超] おどりあがって飛びこえる。「超過」
[△逾・△踰] またいでこえる。「踰越」

こおる・こおり
[凍] 水や物がこおる。「凍結」
[氷] 水がこおる。「氷結」

こころみる
[験] ききめをためしてみる。調べる。「験問」「徴験」
[試] 用いてためす。実際に調べてみる。「試験」
[△嘗] もと、口になめて味をためす意。転じて、広く、ためしてみる。「嘗試」

こたえる
[応] 相手にひびき応ずる。「応報」
[対] 目上の人にこたえる。また、相手の問いに対して返事をする。「対策」
[諾] はいと軽く返事する。また、承知する。「諾諾」
[答] 問いにこたえる。「答申」

ことごとく
[△咸] みな。
[△悉・尽・△畢] 残らずみな。「悉皆」
[△殫] 残らず。あまねく。

ごとし
[若・如] …のような。
[由・猶] 「なお…ごとし」と再読し、「たとえば…のようだ」という意を表す。

このむ
[好] すきこのむ。↔悪・憎。「好悪」
[△耆・△嗜] もと、飲食をたしなみこのむ。転じて広く、このむ意。「嗜好」

こまか・こまかい
[細] ほっそりしている。「細大」
[小] ちいさい。↔大。
[△緻] きめがこまかい。「緻密」
[密] 目がこんでこまかい。すきまがない。↔粗。「密生」「密林」

ころす
[殺] いのちをたつ。死なせる。「暗殺」
[死] 死刑にする。
[△弑] 目上の人をころす。「弑逆」
[△誅] 罪のある者を殺す。「誅殺」
[△戮] ずたずたに切りころす。「殺戮」

さいわい
[△禧] めでたいよろこび。
[幸] 思いがけないしあわせ。「幸運」
[△倖] まぐれさいわい。こぼれさいわい。「僥倖」
[祉] 神からさずかるさいわい。「福祉」
[祥] めでたいこと。「祥瑞」
[△祚] ＝祉。
[福] 神仏からさずかるさいわい。「福寿」
[△禄] 神からの賜りもの。「福禄」

さがす

【索(サク)】次々にたぐるようにしてさがす。

【捜(ソウ)】手でさがす。

【探(タン)】奥深くまで手を入れてさがし求める。

さかん

【△殷(イン)】音声がさかん。また、にぎにぎしい。「殷殷」「殷賑(インシン)」

【△旺(オウ)】勢いがあふれるほどさかん。「旺盛」

【△熾(シ)】火がもえるようにさかん。「熾烈」

【△昌(ショウ)】日がのぼるようにさかん。また、栄える。「昌平」「隆昌」

【盛(セイ)】まっさかり。↕衰。「盛年」

【壮(ソウ)】気力がみちてたくましい。↕老。「壮年」

【隆(リュウ)】勢いがもりあがる。↕替(タイ)(すたれる)。「隆盛」

さき・さきに

【往(オウ)】㋐すぎ去った昔。かつて。「既往」㋑のち。以後。「以往」

【向(キョウ)・郷(キョウ)・△嚮(キョウ)】過去の日。＝往。

【先(セン)】まえ。㋐空間的なまえ(前方)。「先駆」㋑時間的なまえ。過去及び未来にもいう。「先刻」「先見の明」

【前(ゼン)】まえ。＝先。「前駆」「前後不覚」

【△曩(ドウ)】以前に。

さく

【割(カツ)】刃物できり分ける。たちきる。「割腹」

【析(セキ)】木をさき割る。転じて、是非・真偽を明らかにする。「分析」

【△坼(タク)】ぽっとわれる。

【△擘(ハク)】手でさく。つんざく。

【△劈(ヘキ)】＝割。

【剖(ボウ)】真中からふたつに分ける。「解剖」

【裂(レツ)】ひきさく。さき破る。「車裂」「分裂」

さげる(さぐ)

【下(カ)】下におろす。「投下」

【提(テイ)】手にさげる。「提灯(チョウチン)」

さす

【差(サ)】わが国だけのよみ。

【指(シ)】ゆびさして示す。「指示」

【刺(シ)】つきさす。さし殺す。「刺殺」

【△剚(シ)】刃物をつき立てる。

【斥(セキ)】＝指。「指斥」

【△螫(セキ)】毒虫がさす。

【挿(ソウ)】物をさしこむ。「挿画」

さとい(さとし)

【△睿(エイ)】物事に深く明らかに通じている。「睿知」「睿哲」

【△慧(ケイ)】才知のめぐりが早くてかしこい。「慧悟」

【△聡(ソウ)】もと、耳がよく聞こえる意。転じて、頭脳のはたらきのすぐれていること。「聡明」

【△智(チ)】かしこい。知恵がある。↕愚。「才智」

【敏(ビン)】頭の回転が早い。「鋭敏」

【△怜(レイ)】心がすみとおってかしこい。「怜悧(レイリ)」

さとる

【覚(カク)】それと目ざめてはっきりと知る。「覚悟」

【暁(ギョウ)】はっきりと知る。

【悟(ゴ)】思いあたる。会得する。また、迷いからさめる。「悟得」

【△喩(ユ)・諭(ユ)】心にのみこむ。「さとす」とも読む。納得させる意。

【了(リョウ)】はっきりとわかる。「了解」

さめる・さます(さむ)

【覚(カク)】眠りからさめる。「覚醒(カクセイ)」また、まよいからさめる。

【△寤(ゴ)】目がさめる。↕寐(ビ)。「寤寐(ゴビ)」

【△醒(セイ)】酒の酔いからさめる。

【△褪(タイ)】色があせる。「褪色」

【冷(レイ)】ひえる。ひやかす。「冷却」「冷笑」

さらす

【△晒(サイ)・△曬(サイ)】日にさらす。日の光にあてる。晒は曬の俗字。

【暴(バク)・△曝(バク)】物をむきだしにして日にあてる。日にさらしてかわかす。「暴露」

さわぐ

【△擾(ジョウ)】かきまわしてさわぐ。「騒擾」

【騒(ソウ)】みだれさわぐ。「騒動」

【△喿(ソウ)・△噪(ソウ)・△譟(ソウ)】鳥などがむらがって鳴きたてる。「蟬噪(センソウ)」

【△躁(ソウ)】落ちつかず、そわそわする。「焦躁」

【△閙(トウ)】多人数でさわぎみだす。「熱閙」

さわる(さはる)

【△障(ショウ)】さしつかえる。「支障」

【触(ショク)】ふれる。「接触」

しお(しほ)

【△汐(セキ)】夕方のしおの干満。

【潮(チョウ)】朝方のしおの干満。

しきりに

【△仍(ジョウ)】前とかわらず続いて。

【切(セツ)】身にしむほどせつに。

【△荐(セン)】つづいて。

【頻(ヒン)】いくども。

【累(ルイ)】かさねがさね続いて。

【連(レン)】引き続いて。

しく

【△藉(シャ)・席(セキ)】しきものをしきのべる。

【△播(ハ)】広くしきおよぼす。ほどこす。

【布(フ)・敷(フ)】一面に広くしきのべる。「布教」「敷衍(フエン)」

【舗(ホ)】しきならべる。「舗陳」

しげる

【△茲(ジ)】草木がしげる。はびこる。

【滋(ジ)】水がましふえるように、物がましひろがる。「滋長」

【△孳(ジ)】子がふえる。

【△蕃(ハン)】草が盛んにしげる。

【繁(ハン)】ふえてさかん。「繁殖」

【茂(モ)】草木の枝葉が盛んに生長する。転じて、多い。豊か。盛ん。「繁茂」「茂林」

しずか

【閑(カン)・間(カン)】ひまでひっそりしている。「閑(間)居」「閑(間)静」

【粛(シュク)】ひきしまって音がしない。「静粛」

【徐(ジョ)】ゆるやか。ゆっくり。「徐行」

【静(セイ)】動くのをやめて落ちついている。雑音や動きがない。↕動。「平静」

【寂(セキ・ジャク)】ひっそりしてさびしい。「寂寞(セキバク)」「静寂」

【△謐(ヒツ)】声がしない。ことばしずか。「静謐」

しずむ

【沈(チン)】水中にしずむ。＝没。「沈没」

【没(ボツ)】水底にしずむ。転じて、おちぶれる。「沈没」「没落」

【△湎(メン)】酒食におぼれる。

【△淪(リン)】＝没。「淪落」

しずめる・しずまる

【静(セイ)】動かないようにする。また、やすらかにする。「静養」

【沈(チン)】水中にしずめる。

【鎮(チン)】おさえてしずかにさせる。また、やすめる。「鎮定」「鎮魂」

したがう

【若(ジャク)】つつしんでその通りにする。

【従(ジュウ)】㋐あとについてゆく。「侍従」㋑おとなしくしたがう。「従順」㋒たずさわる。「従業」

【順(ジュン)】よりしたがってたがわない。↕逆。「順奉」

【循(ジュン)・遵(ジュン)】道理や法則などにそいしたがう。「遵守」

【△徇(ジュン)・殉(ジュン)】身を捨ててつきしたがう。「殉職」

【随(ズイ)】他の者の意にまかせて、その通りについてゆく。「随順」

【率(ソツ)】そいしたがう。「率由」

【孫(ソン)・△遜(ソン)】すなおにへりくだってさからわない。「謙遜」

しばらく

【間(カン)】まをおいて。

【△頃(ケイ)】ほどあって。

【△姑(コ)】そのままでちょっと。とりあえず。

【暫(ザン)】＝少。↕久。

【△斯(シ)△須(シュ)・△斯(シ)△臾(ユ)】ほんのすこしの間。

【且(ショ)】＝姑。

【少(ショウ)・少時(ショウジ)】すこしの間。

【薄(ハク)】今しばらく。

しぼる

【絞(コウ)】しぼって水分を取る。また、責め苦しめる。

【搾(サク)】榨の俗字。しめぎにかけて油や酒をしぼる。転じて広く、しぼり取る。

しむ(…して…しむ)

【教(キョウ)】人に教えてさせる。

【遣(ケン)】人をつかわしてさせる。

【使(シ)】人を使ってさせる。

【△俾(ヒ)】＝使。

【令(レイ)】人に命令してさせる。

しめる・しまる

【緊(キン)】引きしめる。「緊縮」

【絞(コウ)】くくりしめる。「絞殺」

【締(テイ)】ゆるみのないように固くしばる。「締結」

しらべる

【△覈(カク)】たしかめる。おおわれた事実をしらべ明らかにする。「覈論」

【検(ケン)】とりしらべる。「検察」

【査(サ)】さぐって明らかにする。「査問」

【調(チョウ)】音楽をかなでる。また、調子をととのえる。また、しらべただして明らかにする。「調律」「調書」

しりぞく・しりぞける

【却(キャク)】あとへさがる。また、物をうけつけない。「退却」「却下」

【斥(セキ)】人をおしのける。「排斥」

【退(タイ)】あとへさがる。とおざける。↕進。「退出」「退治」

【△黜(チュツ)・△絀(チュツ)】官位をさげる。「黜陟(チュッチョク)」

【△擯(ヒン)】しりぞけすてる。「擯斥」

【△屏(ヘイ)】＝退。

【△貶(ヘン)】＝黜。「貶黜」

しる

【識(シキ)】それとはっきりみわける。みとめる。「識別」「認識」

【知(チ)】心に感じとる。「知識」「知命」

しるし

【印(イン)】はん。「印鑑」

【記(キ)】書きとめてしるしとしたもの。「記号」

【△徽(キ)】旗じるし。また、所属を表す目じるし。「徽章」

【験(ケン)】あかし。また、ききめ。「験証」「霊験」

【章(ショウ)】明らかに目立つしるし。「紋章」

【祥(ショウ)】めでたいしるし。「瑞祥(ズイショウ)」

【証(ショウ)】あかし。「証拠」

【徴(チョウ)】表面に表れたしるし。「徴候」

【標(ヒョウ)】高く掲げた目じるし。「標識」

【符(フ)】証拠となるしるし。また、目じるし。「符験」「符号」

しるす

【記(キ)・紀(キ)】整理して書きとめる。「記録」「紀行」

【志(シ)・誌(シ)・識(シ)】心おぼえに書きとめておく。また、おぼえる。「記念誌」

【署(ショ)】姓名などを書きしるす。「署名」

【銘(メイ)】金石などに文字をきざむ。「銘刻」

【録(ロク)】書きしるす。「議事録」

すくう

【救(キュウ)】力をそえてなんぎから助ける。「救助」

【済(サイ)】わたしすくう。「済渡」「救済」

【△拯(ジョウ)】おちた者を助けて引きあげる。

【振(シン)】物をほどこし助ける。「振窮」

すくない

【寡(カ)】人がすくない。↕衆。「衆寡不レ敵(シュウカテキセず)」

[少(ショウ)] 数がすくない。↔多。「少数」

[鮮(セン)] めったにない。まれ。「鮮少」

[△尠(セン)] ＝鮮。

すすぐ（そそぐ）

[△浣(カン)] あらいすすぐ。よごれをあらう。「浣濯」

[△洒(サイ)・△灑(サイ)] 水をそそいであらいすすぐ。

[雪(セツ)] すすぎ清める。「雪辱」

[△漱(ソウ)] 口をすすぐ。「漱石」

[濯(タク)] 水からひき上げたりしながらゆすぎあらう。「洗濯」

[△滌(デキ)] 水を長くたらしかけながらすすぎあらう。「洗滌(センデキ・センジョウ)」

すすむ
[進(シン)] 前方へ向かってゆく。また、物事が上達する。「前進」「進歩」
[△晋(シン)] ＝進。
[前(ゼン)] まえへすすみ出る。↔後。「前行」
[漸(ゼン)] 次第に移ってゆく。じわじわすすむ。「東漸」
[△陟(チョク)] 高い方へのぼる。↔降。

すすめる（すすむ）

[勧(カン)] 言葉ではげまして人に善をすすめる。「勧善懲悪」

[献(ケン)] 物をささげる。すすめたてまつる。「献納」

[△羞(シュウ)] ごちそうする。食物をすすめてそなえる。「羞膳(シュウゼン)」「奠羞(テンシュウ)」

[奨(ショウ)] すすめはげます。「奨励」

[進(シン)] 前におし出す。おしあげる。たてまつる。「推進」「進言」


[薦(セン)] ㋐ごちそうを神前にそなえる。「薦羞(センシュウ)」㋑人材をすすめあげる。「推薦」

[奏(ソウ)] ささげすすめる。言上する。「奏上」

すでに
[△已(イ)・以(イ)] 事が現にこのようになっていること。已と以は音通。
[既(キ)] もはやとっくに。現在において事が完了している。↔将。「既定」
[業(ギョウ)] そうするからには。未来にもかけていう。

すてる（すつ）
[委(イ)] うちすてる。「委棄」
[遺(イ)] 忘れてすておく。「遺棄」
[△捐(エン)] 役にたたないものをすてる。「捐棄」
[棄(キ)] 投げすててほったらかす。「放棄」「棄権」
[△捨(シャ)・舎(シャ)] すてて用いない。↔用。「捨身」
[釈(シャク)] 手からはなして下におく。

すなわち（すなはち）

[△載(サイ)] ゆるく上を受けて、そこで。そのまま。

[就(シュウ)] すぐに。

[△曾(ソウ)] ＝則・乃。

[則(ソク)] …すればすなわち。仮定や条件を受けて、結果を述べる。また、主格を受けて、それは。

[即(ソク)] とりもなおさず。そのまま。すぐに。また、則と同じにも用いる。

[△乃(ダイ)] そこで。しかるに。


[△迺(ダイ)] そこで。

[△輒(チョウ)〔輙〕] そのたびごとに。たやすく。すぐに。

[便(ベン)] 即よりやや軽く、そのまま、すぐに。

すべて
[△渾(コン)] ひっくるめて。ひとまとめにうちまぜて。
[全(ゼン)] 欠けるところなく。「全部」
[総(ソウ)] 多くのものをひとつに集めて。
[都(ト)] 残らず集めて。ことごとく。
[統(トウ)] ＝都。
[凡(ハン)] おしなべて。みな。総体をかぞえて。

すべる（すぶ）

[総(ソウ)] 多くのものをひとつにまとめる。「総合」

[△綜(ソウ)] ＝総。「綜合」

[都(ト)] ＝総。

[統(トウ)] 多くの糸を集めて一筋にする。転じて、全体をひとつにまとめおさめる。「統治」

すむ
[住(ジュウ)] 人がすむ。人が一定の所にとどまる。「安住」
[△栖(セイ)] 鳥が巣にやどりすむ。転じて、とどまる。「栖息」
[△棲(セイ)] ＝栖。「棲宿」

する
[刷(サツ)] こする。「印刷」
[擦(サツ)] さする。なでる。「摩擦」
[△摺(シュウ)] 搨(トウ)の誤用。

[△搨(トウ)] 石ずりにする。

[摩(マ)] 手ですりつぶす。こする。なでる。また、すりみがく。「按摩(アンマ)」「研摩」

[磨(マ)] 石ですりみがく。転じて、はげむ。努力する。「練磨」

[抹(マツ)] 手でこする。ぬりつぶす。「抹消」

[△礱(ロウ)] もみがらをすりおとす。また、みがく。

せまる
[△遒(シュウ)] ちかづく。
[促(ソク)] せきたてる。「促進」「催促」
[薄(ハク)] ぴったりとよりせまる。「肉薄」
[迫(ハク)] ちかづく。また、さしせまる。せっぱつまる。「切迫」「緊迫」
[△逼(ヒツ)] 身ぢかまでちかづく。また、無理じいする。「逼迫」

せめる（せむ）
[△訶(カ)] とがめる。
[△譴(ケン)] 怒ってとがめる。「譴責」
[攻(コウ)] 兵力で敵をうつ。転じて、人の過失をせめとがめる。「攻撃」
[△誚(ショウ)・△譙(ショウ)] そしりしかる。「誚譲」
[譲(ジョウ)] なじる。ののしる。「責譲」
[数(スウ)] 罪をかぞえたててせめる。
[責(セキ)] 罪を問いただす。責任をせめ求める。「責問」
[△謫(タク)] とがめて罪におとす。罪をとがめしかる。「謫落」

そう（そふ）
[沿(エン)] 水流や道路などによりそっ

て行く。また、すでに定まっている路線に従ってする。「沿岸」「沿習」

【添(テン)】まし加える。「添削」

【副(フク)】主となるものにつきそう。また、かなう。適合する。方針・希望に合わせる。「副使」

【傍(ボウ)】そばへよりそう。

そこなう（そこなふ）

【害(ガイ)】きずつける。また、殺す。↔利。「災害」「害毒」

【残(ザン)】殺す。また、きずつける。「残虐」「残酷」

【忮(シ)】人をねたみきずつける。

【傷(ショウ)】きずつけやぶる。「傷害」

【戕(ショウ)】きずつける。こわす。「戕害」

【賊(ゾク)】害を与える。「賊害」

【損(ソン)】いためる。↔益。「損傷」

そしる（そしり）

【毀(キ)】悪口をいって人の名誉をそこなう。↔誉。「毀誉」

【譏(キ)】人の欠点をみつけて悪口をいう。「譏刺」

【讒(ザン)】事実を曲げたり、いつわったりして人を悪くいう。「讒言」

【刺(シ)】人の心をつきさすようにそしる。「諷刺(フウシ)」「刺激」

【訾(シ)】＝譏。「訾毀」

【譖(シン)】それとなくじわじわと悪口をいう。

【訕(セン)】悪くいう。「訕謗(センボウ)」

【詆(テイ)】言葉を極めて悪口をいう。「詆辱」

【非(ヒ)・誹(ヒ)】悪口を言いたてる。「非難」「誹謗(ヒボウ)」

【謗(ボウ)】かげで人をそしる。「誹謗」

そそぐ

【漑(ガイ)】田に水をいっぱいに引く。「灌漑(カンガイ)」

【灌(カン)】草木などに水をかける。上から流しこむ。「灌仏」

【瀉(シャ)】上から下へそそぎかける。また、降りそそぐ。

【洒(サイ)・灑(サイ)】水を庭などにまく。「洒(灑)掃」

【雪(セツ)】そそいで清める。

【濺(セン)】水をしぶきのようにそそぎかける。また、降りそそぐ。

【湔(セン)】そそぎ清める。

【注(チュウ)】水を一か所に集めて流しこむ。また、流れこむ。「注水」
＊「すすぐ」も参照のこと。

そなえる（そなふ）・そなわる（そなはる）

【供(キョウ)】うやうやしく物をそなえる。設けて用にたてる。「供物」「供給」

【具(グ)】不足なくそろえる。欠けなく物がそろう。「具備」

【備(ビ)】そろえて用意する。よく用意されている。「準備」

そむく

【乖(カイ)】わかれ離れる。また、理にもとりさからう。「乖離」「乖背」

【背(ハイ)】せなかをむける。また、うらぎる。「背信」

【倍(バイ)】＝背。「倍反」

【反(ハン)・叛(ハン)・畔(ハン)】ひっくりかえりそむく。離れそむく。「反抗」「叛逆」

【負(フ)】そっぽをむく。恩徳にそむきたがう。

たえる（たふ）

【堪(カン)】こらえしのぶ。がまんする。「堪忍」

【勝(ショウ)】よくする。もちこたえる。

【耐(タイ)】することができる。また、こらえしのぶ。もちこたえる。「忍耐」

【任(ニン)】つとめや重みを負ってこらえしのぶ。

【能(ノウ)】することができる。

たおれる（たふる）・たおす（たふす）

【殪(エイ)】息がつまってたおれ死ぬ。

【僵(キョウ)】からだが硬直してたおれる。

【倒(トウ)】さかさまにたおれる。「倒壊」

【仆(フ)】ばったりたおれる。

【斃(ヘイ)】たおれ死ぬ。「斃死」

【踣(ボク)】つまずきたおれる。

たかい（たかし）

【貴(キ)】地位や価がたかい。「高貴」「騰貴」

【巍(ギ)】高大である。

【喬(キョウ)】すらりとたけがたかい。「喬木」

【嶢(ギョウ)】山などがたかい。

【高(コウ)】上方にある。たけがたかい。身分・年齢・人がらなどがたかい。↔低・卑。「高位」「高貴」

【昂(コウ)】意気があがる。「昂然」「軒昂」

【兀(ゴツ)】高くて上が平ら。

【峻(シュン)】山がたかくそそりたつ。

【尚(ショウ)】程度がたかく上品。「高尚」

【崇(スウ)】山が高く大きい。転じて、尊い。

【嵩(スウ)】山がたかい。

【卓(タク)・倬(タク)】才能などが高く抜けでている。「卓識」

【隆(リュウ)】中央が盛りあがって高い。「隆起」

たがう（たがふ）

【違(イ)】もとりそむく。「相違」

【差(サ)】そろわない。くいちがう。「差異」

【爽(ソウ)】ばらばらに分かれて一致しない。

【忒(トク)】＝差。

たく

【炊(スイ)】火を吹いて飯をかしぐ。「炊煙」

【焚(フン)】木をもやして物をやく。

たくわえる（たくはふ）

【蓄(チク)・畜(チク)】集め積んでおく。「蓄積」

【貯(チョ)】金銭をためておく。「貯蓄」

【儲(チョ)】ひかえとして準備しておく。「儲副」

たけし

【威(イ)】人を威圧するようにいかめしい。「威厳」

【毅(キ)】意志が強くてくじけない。「剛毅」

【健(ケン)】しっかりして強い。「雄健」

【武(ブ)】強く勇ましい。「武勇」

【猛(モウ)】あらあらしく強い。「猛烈」

たすける

【援】手を引いてたすける。「援護」

【介】間にはいってたすける。「介添」「介錯」

【佐】わきから手をそえてたすける。「補佐」

【賛】言葉をそえて助力する。「賛助」

【資】物質的にたすける。「資給」

【助】力をそえてたすける。「助力」

【相】補佐する。「宰相」

【△裨】おぎない助ける。「裨益」

【△弼】あやまりのないように助ける。「輔弼」

【扶】手でささえ助ける。「扶助」

【△輔】そばにつきそって助ける。「輔佐(補佐)」「輔弼」

【△佑】＝佐。

【△祐】天神が助ける。「天祐」

【翼】翼のように、かかえ助ける。「翼賛」

たずねる

【△繹】糸をひき出すように、次々にたずねきわめる。「演繹」

【温】復習研究する。習熟する。「温故知新」

【原】みなもとをたずねる。本原を探究する。

【尋】きき出す。たずねきわめる。「尋問」

【△訊】上の者が下の者に問いただす。「訊問」

【討】さぐりたずねる。吟味する。「検討」

【訪】人や場所をおとずれる。「訪問」

ただ

【△惟・唯・維】それぱかり。それだけ。

【△只・△秖】＝唯。

【止】つまるところはこれだけ。

【△啻・△翅】不と複合して、「ただに…のみならず」と読み、そればかりではないという意味を表す。

【第】ともかくも、ただこうせよ、という意。

【但】他をおいてそれだけ。

【直】ひたすら。ひとすじ。

【適】＝直。

【徒】いたずらに。

【特】とりわけ。

たたかう

【戦】武器をとって争う。勝負する。「善戦」

【闘】相対して切り合ったり組み打ちしたりする。転じて広く、たたかう意に用いる。「格闘」

ただす

【格】法度や格式に合うようにただし改める。「格物」

【規】コンパスの意で、わくにはめてゆがみをただす。「規正」「規諫」

【糾】もつれをただす。また、問いただす。「糾弾」

【△匡】ただし治める。「匡救」

【矯】曲がったものをまっすぐにする。ためなおす。「矯正」

【縄】すみなわの意で、曲がっているところをまっすぐにする。「縄違」

【質】疑問を問いただす。「質疑」

【正】曲がっているものをまっすぐにただし改める。「改正」

【直】＝正。

【訂】文字の誤りをただし改める。「訂正」「校訂」

【△董】上から見張って、なまけをただす。「董正」

【督】取りしまる。とがめる。「監督」「督過」

たつ

【裁】布地などをたちきる。「裁断」

【△截】ずばりたち切る。切りはなす。「截断」

【絶】糸をたちきる意から、広く、続いているものをたちきる意。また、たやす。ほろぼす。「絶滅」「空前絶後」

【△剪】＝截。

【△殄】たやす。＝絶。「殄滅」

【断】たち切る。ぷっつりと切りはなす。「寸断」

たっとぶ・とうとぶ・
たっとい・とうとい

【貴】価値あるものとして、重んじる。↔賤。「貴重」

【上・尚】大切にする。重んじる。「尚古」「尚武」

【崇】あおぎとうとぶ。尊敬する。「崇敬」

【尊】うやまいとうとぶ。↔卑。「尊敬」「尊崇」

【右】昔、右を上位としたことからの転義。尊重する。「右文」

たてまつる

【献】神仏に物をそなえる。また、目上の人や上級の役所に物をさしあげたり、意見を申しあげる。「献納」「献言」

【上】目上の人に意見書などを申しあげる。「上言」「上書」

【呈】さしあげる。

【奉】うやうやしくささげる。「奉納」

たてる・たつ

【建】まっすぐたてる。また、造り設ける。「建造物」

【立】地位につける。「擁立」また、建と同義にも用いる。「建立」

たとえる

【況】他の似通ったものにくらべる。「比況」

【△喩・△譬】他の似通ったものを引いて説明する。「比喩」「譬喩」

【例】同類の中から特により出して示す。特に「たとえば」として用いる。例をあげれば。

たのしむ

【△怡】心のびやかにやわらぎたのしむ。「怡然」

【△愷】＝怡。「愷悌」

【△嬉】よろこびたのしむ。「嬉戯」

【△熙】＝怡。「熙熙」

【娯】たのしみ心をなぐさめる。「娯楽」

【愉】＝嬉。「愉快」「愉楽」

【楽】心に心配がない。↔苦。「苦楽」

たのむ
【△倚】もたれかかる。「倚託」
【△怙・△恃】あてにしてたよる。「怙恃」
【嘱・託】言いつける。「嘱託」「託送」
【△憑】相手にもたれかかる。
【負】うしろにたよりとするものがある。「自負」
【頼】広く、たよりにする。「依頼」

たま
【丸】弾丸。「砲丸」
【球】美しい玉。また、まるい形をしたもの。「眼球」
【玉】美しい宝石。「金玉」
【珠】貝類の体内にできる丸いたま。真珠。
【弾】はじき弓の石だま。また、鉄砲などのたま。「砲弾」

たまう（たまふ）
【給】不足のないように下しあたえる。「供給」
【△貺】上からくだしあたえる。
【賜・△錫】たまわる。目上の人からいただく。「下賜」
【△賚】下しあたえて労をねぎらう。

たまたま
【会】ちょうどそのとき。おりしも。
【偶・遇】思いがけずひょっこり。ふと。「偶然」
【適】ちょうどそこへ。

ちかい（ちかし）
【近】距離・時間のへだたりが少ない。↔遠。「近況」「近接」
【幾・庶・△殆】今少しでそれにとどこうとする意。
【△爾・△邇】身ぢか。てぢか。
【親】仲がよい。むつまじい。「親友」

ちかう（ちかふ）
【矢】矢のまっすぐに進むように、いつまでも変わらないと約束する。
【誓】言葉で、たがわないように約束する。「宣誓」「誓約」
【盟】神前で血をすすって約束する。誓より重い。「同盟」

ついに（つひに）
【△訖】とうとう。
【△竟】つまり。結局。
【終】そのおわりに。また、最後まで。↔始。
【遂】すぐそのまま。また、その結果として。
【卒】最後に。とどのつまりに。

つかう（つかふ）
【遣】役目を与えてさせる。
【使】人に用をさせる。

つかえる（つかふ）
【仕】官職につく。臣として君につかえる。「仕官」「禄仕」
【事】目上の者に従ってつとめる。「事君」「事親」

つかさどる
【管】取りしまる。一定の範囲内を支配する。「管理」
【宰】主となってきりもりする。「宰領」
【司・△尸】役目としてあずかり行う。「司会」
【主】中心となってすべおさめる。「主治医」
【掌】わが手にひきうけてやる。「掌典」「分掌」
【職】職務として仕事をする。「職掌」
【典】一定の仕事をまもり行う。「典楽」

つかれる（つかる）
【△瘁】つかれてやつれる。
【△憊】つかれはててがっくりする。「困憊」
【疲・罷】気力・体力がなくなってぐったりする。「疲労」
【弊】つかれてぐったりする。
【△羸】やみつかれる。やせてつかれる。「羸弱」
【労】働いてつかれる。「疲労」

つく
【衝】つきあたる。「衝突」
【△舂】うすでつく。
【△搶】つきさす。まっすぐにつきあたる。
【△拄】まっすぐに立ててささえにする。「拄杖」
【△搗】うすでつく。
【△擣】＝搗。
【△撞】棒でつきあてる。つきならす。「撞鐘」
【突】にわかにつきあたる。「突貫」

つく・つける（つく）
【就】そばによりそう。従い近づく。↔去。「就職」「就養」
【即】位置につく。「即位」
【属】くっつく。従う。「属官」
【著・着】ぴったりとつく。「附着」
【付】人に物をあたえさずける。「交付」
【附】そえ加える。つき従う。「附加」
【△傅】もり役としてそばにつく。「師傅」

つぐ
【亜】そのつぎとなる。第二位となる。「亜相」「亜聖」
【継】つなぎつづける。「継続」また、うけつぐ。「継承」
【嗣】あとめをつぐ。「嗣子」「令嗣」
【次】なにかの後につづく。また、亜と同じ。「次位」
【襲】前からのものにそのまま従う。「踏襲」
【紹】＝継。「紹述」
【尋】ひきつづく。後をたどって追いかける。
【接】切れ目をつなぐ。つぎあわす。「接合」

つくす・つきる（つく）
【既・△竭・△悉・尽】残すところなく全部つくす。また、全部なくなる。「皆既食」「尽性」

【△殲(セン)】みなごろしにする。「殲滅」
【△殫(タン)】＝尽。
【△殄(テン)】ほろぼしたやす。「殄絶」

つくる

【為(イ)・作(サク)】物をつくりだす。人が手を加えてつくる。「作為」「造作」
【製(セイ)】もと、衣服をしたてる意。転じて、広く物をつくる。「製造」「製作」
【創(ソウ)】はじめてつくりだす。「創作」
【造(ゾウ)】物をつくる。材料を寄せあわせてつくりあげる。「造化」「造物者」

つげる(つぐ)

【語(ゴ)】人に対してはなす。かたる。「面語」
【△誥(コウ)】上から下に申し渡す。「誥命」
【告(コク)】つげ知らせる。おしえさとす。「告示」「告諭」
【詔(ショウ)】天子が下につげる。「詔勅」
【△訃(フ)・赴(フ)】人の死をつげしらせる。「訃報」「赴告」

つつしむ

【△恪(カク)】きちょうめんにする。「恪勤」
【恭(キョウ)】行儀正しくうやうやしくする。「恭敬」
【謹(キン)】言葉に注意する。みずからをいましめる。「謹慎」
【△欽(キン)】おそれかしこまる。「欽定」
【敬(ケイ)】事をうやまいつつしむ。「敬承」
【△虔(ケン)】おごそかにつつしむ。「敬虔」
【△祗(シ)】つつしみかしこまる。「祗候」
【粛(シュク)】身をひきしめてつつしむ。「厳粛」
【慎(シン)】用心する。「慎重」

つとめる(つとむ)

【勤(キン)】なまけずに精出す。↔惰。「勤労」
【△孜(シ)】こつこつと休まずにはげむ。「孜孜」
【努(ド)】ひたすらはげむ。「努力」
【勉(ベン)】しいてつとめはげむ。「勉強」「勤勉」
【務(ム)】困難をおかして力を尽くす。「勤務」
【力(リョク)】力を尽くしてはげむ。「努力」「力作」

つなぐ

【維(イ)】つなでつなぎとめる。
【△羈(キ)】もと、馬のおもがい。転じて、つなぎとめて自由にさせない。
【系(ケイ)】ひもでつなぐ。また、つながる。「系図」
【係(ケイ)】くくりしばる。「係累」
【△繋(ケイ)】ひもでむすびつける。くくる。「繋累」
【△紲(セツ)】つなで罪人をくくる。
【△縶(チュウ)】ひもでしばって自由にさせない。
【△絆(ハン)】つなぎとめて自由にさせない。「羈絆(キハン)」
【絡(ラク)】物と物との間をつづける。
【△縲(ルイ)】とらえしばる。

つねに

【雅(ガ)】もとから。かねがね。
【恒(コウ)】一定して変わらずに。永久に。「恒常不変」
【常(ジョウ)】＝恒。また、いつも。「平常」
【毎(マイ)】そのたびごとに。毎度。
【庸(ヨウ)】つねなみに。世間なみに。

つらなる・つらねる(つらぬ)

【陳(チン)】順序正しくならぶ。「陳列」
【羅(ラ)】あみの目のように、きちんとならび続く。「羅列」
【列(レツ)】順序正しくならぶ。「配列」
【連(レン)】一つずつ、つづきならぶ。「連綿」
【△聯(レン)】相続いてたえない。「聯関」

とう(と)

【△咨(シ)】ひとつひとつ問いはかる。
【諮(シ)】上の者が下の者にはかり問う。問いはかる。「諮問」
【△詢(ジュン)】念を入れてはかり問う。「諮詢(シジュン)」
【△訊(ジン)】やつぎばやに問いただす。問いつめる。「訊問」
【△訪(ホウ)】出かけていってはかり問う。「訪問」
【問(モン)】問いただす。「質問」

とおる・とおす(とほる・とほす)

【△亨(コウ)】すらすらと事が運ぶ。「亨通」
【通(ツウ)】まっすぐ、よどみなくゆく。ゆきわたる。「通説」「流通」
【徹(テツ)】つきとおる。「徹頭徹尾」
【透(トウ)】すきとおる。「透明」
【融(ユウ)】やわらぎとおる。「融通」

とける・とく・とかす(とく)

【解(カイ)】さとる。ほぐれる。「溶解」
【△鑠(シャク)・△銷(ショウ)・△鎔(ヨウ)】金属がとける。「鎔鋳」
【融(ユウ)・溶(ヨウ)】固体が液体となる。「融解」「溶解」

とじる・とざす(とづ)

【△閡(ガイ)】つっかえ棒をして戸をしめる。
【関(カン)】かんぬきを入れて門をとざす。「関門」
【△緘(カン)】封をする。また、口をふさぐ。「封緘」「緘口」
【△闔(コウ)】とびらを合わせてとじる。
【鎖(サ)】錠(ジョウ)をおろしてしめる。「閉鎖」
【△綴(テイ)】つづり合わせる。「綴集」
【△杜(ト)】出入り口をとじふさぐ。「杜門」
【△閟(ヒ)・閉(ヘイ)】ぴったりと門をしめる。↔開。「閉門」
【封(フウ)】とじこめる。

ととのえる・ととのう(ととのふ・ととのふ)

【△諧(カイ)】調和させる。「諧調」
【斉(セイ)】一様にそろえる。「均斉」
【整(セイ)】きちんとそろえる。「整列」
【調(チョウ)】ほどよく和合させる。完備させる。「調合」「調達」

とどまる・とどめる・とまる・とめる(とどむ・とむ)

【△遏(アツ)】進行を中止する。
【止(シ)】足をとめてじっとしている。「停止」
【住(ジュウ)】一所にとどまる。「住着」

[駐] たちとどまる。滞在する。「駐屯」
[停] しばらくとどまる。「停戦」
[△逗] しばらく足をとめる。「逗留」
[泊] 船がとまる。また、宿る。
[留] 一所にゆるりとしている。↕去。「留連」

となえる

[△徇] 広くあやまちを告げしらせる。また、さらしものにする。
[唱・△倡] 人に先だっていう。また、歌をうたう。「夫唱婦随」「倡和」
[称] ほめたたえる。「称賛」
[△誦] 声を出していう。声にふしをつけてよむ。「愛誦」

とぶ

[跳] とびあがる。「跳躍」
[飛] 空をとぶ。「飛仙」

とらえる

[△禽・△擒] とりこにする。いけどりにする。
[拘] つかまえてとどめておく。「拘留」
[執] めしとる。「人」
[囚] とらえて牢に入れる。「囚」
[△捉] からめとる。「捕捉」
[捕] めしとる。また広く、つかまえる、とらえる。「捕縛」

とる

[△采・採] 指でつまみ取る。ひろい取る。えらび取る。「採集」
[撮] 少量を指でつまみ取る。「撮要」
[資] 取ってもとでにする。「資材」
[執] かたくとり守る。「固執」
[取] 取って自分のものにする。↕捨。「取得」
[摂] 多くのものをあわせとる。「摂収」
[操] しっかりとり守る。「操持」
[△捉] 逃がさないようにからめとる。「捕捉」
[△把] 手のひらににぎり持つ。また、軽く手に持つ。「把持」
[△秉] ＝執。
[捕] めしとる。「逮捕」
[△攬] 手でとる。つまみとる。

ない・なくす・なくなる

[△莫] 無より強い。
[微] なかりせば、と読む。
[△靡] ＝無。
[△勿] 「なかれ」と禁止の意に読むことが多い。
[亡・△罔] ↕存。
[没] 俗語や現代語に用いる。「没有」
[無・△无・△毋] ↕有。
莫・亡・罔・無・无・毋は、勿と同様に「なかれ」と禁止の意にも読む。

なお

[尚] そのうえ。
[△仍] もとのまま。依然として。
[猶・由] 今もやはり。また、「なお…ごとし」と再読する場合もある。

なおす・なおる

[治] 病気をなおす。修理する。「治療」
[直] ただす。ただしくする。また、曲がっているものをのばす。

ながい

[永] どこまでも細くながく続く。「永巷」ただし、多く時間的にながい意に用いる。「永遠」
[△脩(修)] たけがながい。「脩竹」
[長] 形・距離・時間などがながい。↕短。「長駆」「長計」

なく

[泣] 涙を流し声をたてないでなく。「感泣」
[△哭] 大声をあげてなき悲しむ。「哭泣」
[△啼] 声をあげてなき続ける。また、鳥や虫がなく。「啼泣」「啼鳥」
[△涕] 涙を流してなき悲しむ。「涕泣」
[鳴] 鳥獣が声を出す。転じて、喜びや悲しみの声をあげる。「悲鳴」

なげく

[慨] 胸がいっぱいになってなげく。「慨嘆」
[△忼・△慷] いきどおりなげく。「忼慨」「慷慨」
[△嗟] 感動する。「嗟嘆」
[嘆・△歎・△喟] ためいきをついてなげく。「感嘆」「歎息」「喟然」
[△慟] ひどく悲しむ。身をふるわして大声でなく。「慟哭」

なやむ

[△懊] 心深く思いなやむ。「懊悩」
[△艱・難] なんぎにあってゆきなやむ。「艱難辛苦」
[△蹇] 足がかがまってゆきなやむ。
[屯] けわしくてゆきなやむ。「屯険」
[悩] あれこれとわずらいなやむ。「苦悩」

ならう

[△肄] 練習する。「肄業」
[効・△傚] まねる。まなぶ。先例を学びならう。
[習] くりかえし練習する。「習熟」
[倣] まねする。そのとおりにする。「模倣」

ならぶ・ならべる

[双] 似たものが二つならぶ。「天下無双」
[陳] 品物をならべる。「陳列」
[排] きちんとならべる。「排列」
[比] ぴったりとすきまなくならぶ。「櫛比」
[並] 横ならびにたちならぶ。「並立」
[△幷・併] 二つ以上のものを合わせならべる。「併合」
[△騈] 馬を二頭、車にならべつける。転じて、つらなりならぶ。「騈儷」
[列] つらなりならぶ。ならびつらなる。「行列」

なれる
[△閑・△嫺・慣] 同じことをくりかえしてなれる。習熟する。「習慣」
[狎] なれしたしむ。なれなれしくする。「狎弄」
[△忸・△狃] 身をよじらせてなれなれしくする。
[△馴] 鳥獣が人になれる。転じて広く、なれる意。
[△媟] 近づきなれて礼を失う。
[△褻] 心やすくなじむ。

におう
[△匂] 国字で、かおる。香気を発する。また、美しく見える。
[臭] かおりがする。後に主に、くさったにおいがする意に用いる。

にくむ
[悪] いやだと思う。↕愛・好。「嫌悪」
[疾・△嫉] ねたんでにくらしく思う。「嫉妬」
[憎] つくづくいやがる。↕愛。「憎悪」

にげる
[△竄] こそこそとにげかくれる。「竄逃」
[逃] にげてその場をたちのく。「逃亡」
[△遁・△遯] にげかくれる。「遁走」「隠遁(遯)」
[亡] にげて姿をかくす。「亡命」
[北] 敗走する。「敗北」

にる
[似] 実物にそっくりである。そのものらしくにている。「似顔」「類似」
[肖] 子が親ににている。また、顔や形がよくにている。「不肖」「肖像画」

にわか
[△俄] たちまちに。だしぬけに。「俄然」
[△遽] あわて急いで。「遽然」
[△驟] 急に(早足で)やってくる意。「驟雨」
[卒・△猝・△頓・暴] 思いがけなく突然に。「卒然」「頓悟」「暴落」

ぬく
[△揠] 草木の苗のしんをぬく。
[抽] 引きだす。「抽出」
[△挺] ぬけでる。「挺進」
[△擢] ぬきだす。高くひきあげる。「抜擢」
[抜] ㋐引きぬく。ぬきだす。また、えらびだす。「選抜」㋑城などを落とし除く。

ぬすむ
[△攘] 自分の所へ来たものをそのまま自分のものにする。
[窃] こっそり取る。「窃取」
[賊] 人をおどして取る。「盗賊」
[盗] 他人の物を取る。「盗賊」
[△偸・△婾] こっそり中のものを取る。「偸利」

ねぎらう
[△犒] 飲食物を贈って将士の労をいたわる。「犒師」
[△勑] 物を贈って労をいたわる。
[労] ほねおりをなぐさめいたわる。「労問」

ねたむ
[△猜] うたがいそねむ。「猜疑」
[△嫉] 人をそねみにくむ。「嫉視」
[△妬] やきもちをやく。女が男をねたみにくむ。「嫉妬」
[△媢] 夫が妻をそねみにくむ。転じて、妬と同義にも用いる。「媢嫉」

ねる
[練] 生糸や絹布を灰汁で煮て白くやわらかにする。転じて、きたえる。「訓練」
[錬] 金属をねりきたえる。「製錬」
[△煉] 鉱石を火でとかして悪い成分を除き、良い成分をこねあげる。転じて、心をきたえる。また、こね固める。「精煉」「煉瓦」

ねる(ねむる)
[寝] ねどこについて横になる。「寝食」
[睡] まぶたをたれてねる。「睡眠」
[△寐] ねむりこむ。ねいる。↕寤(さめる)。
[眠・△瞑] 目をとじてぐっすりとねむる。また、死ぬ。「永眠」「瞑目」

のぞむ
[△睎] 遠方をながめる。
[△覬・△覦] 身分不相応のことをねがいのぞむ。「覬覦」
[望] 高い所から遠方をながめ見る。「望見」
[△莅・△涖・△蒞] その場にのぞむ。
[臨] ㋐高い所から見おろす。また、身分の高い人が、ひくい人の所に出かけてゆく。「臨眺」「臨幸」「臨席」㋑面と向かう。直面する。「臨終」

のばす・のびる
[演] 引きのばしていう。「演繹」
[延] 日時・距離などを引きのばす。「延期」「延長」
[△舒] のべひろげる。↕巻。「舒暢」
[申・伸・信] ↕屈。まがったものをまっすぐにする。「屈伸」「伸長」
[△暢] 生長する。また、のびのびする。「暢茂」「暢達」
[展] 巻いてあるものをひろげる。「展覧」

のべる
[演] 引きのばす。言葉やしぐさでしき広げる。「口演」「演劇」
[述] うけついでいう。「述作」
[△抒] 心に思うことをのべあらわす。「抒情詩」
[叙] 順序次第をつけてのべつらねる。「叙事詩」
[申・伸] 言う。告げる。言上する。「具申」「追伸」
[宣] 広くしき施す。また、衆に対

して言う。「宣教」「宣言」

[陳] いちいち説明する。「陳情」

のぼる

[升・昇・△陞] 高い所にあがる。↕降。[昇・陞]は、特に官位などに用いる。「昇進」

[上] 下から上にあがる。高い方にゆく。↕下。「上達」

[△陟・登] 高い所、丘や山などにのぼる。「登高」「登山」

[騰] 物価があがる。おどりあがる。「騰貴」

のむ

[飲] 液体をのむ。「飲酒」

[△咽・△嚥] 一口ずつのみくだす。「咽(嚥)下」

[喫] 酒や茶を飲む。「喫茶」

[△呑] 物をまるのみにする。「呑舟の魚」

のる・のせる

[△駕] 馬をしたててのる。

[騎] 馬にのる。「騎馬」

[載] 車にのる。のぼる。上になる。

[乗] またがる。乗りものにのる。「乗馬」また、高い所にのる。「乗雲」

はかる

[画] 図面を引いて考える。

[△揆] 一つのかたに合うかどうかを考える。「揆度」

[議] 正しい道を求めて相談する。

[計] くわだてる。みつもる。「計画」

[権・衡] はかりの分銅にかけて軽重をはかるように、事のよろしきをはかる。「権道」

[△咨・諮] 上の者が下の者に意見を問いたずねる。「諮問」

[△揣] あれこれとさぐり思案する。「揣摩」

[△諏] たずね問う。「諏訪」

[△詢] 人に問いたずねる。「諮詢」

[商] 引きくらべて考える。「商量」また、相談する。「商議」

[△詮・△銓] 人物をはかり調べる。「詮衡」

[測] 水の深浅をはかる。転じて、未知のものをおしはかる。「推測」

[△忖] 先方の心を推量する。「忖度」

[度] 測量したり、計算したりする。また、推量する。「度量」

[△籌] はかりごとをめぐらす。

[図] ＝画。「企図」

[△謨] 広くはかって計画する。「皇謨」

[謀] くわだてもくろむ。「謀議」

[量・料] 心にみつもる。「量知」「料度」

はげしい

[激] 水勢がはげしい。また広く、はげしい意に用いる。「激流」「激烈」

[劇] きびしい。はなはだしい。「劇痛」

[△厲] するどくきびしい。「厲声」

[烈] 火勢がはげしい。また広く、はげしい意に用いる。「烈火」「烈日」「寒烈」

はじめ・はじめる・はじまる

[一] 数のはじめ。転じて、事のはじまり。

[始] 物事のおこり。もと。↕終・末。「始業」

[首] 第一番。「首席」

[初] 事のはじめ。最初。

[創] ＝初。新たに事をなしはじめる。「草創」「創建」

[△肇] ひらけはじめ。

[△甫] 物事のはじまり。また、「はじめて」と読み、「やっと…になったばかり」の意に用いる。

はしる

[逸] にげさる。それてわきに行く。

[△驟] 馬がはやく走る。

[△趨] 小走りに行く。目上の人の前を敬意を表して足ばやに進む。

[走] かけてゆく。また、逃げる。「快走」「敗走」

[△迸] 一斉に逃げ出す。

[奔・△犇] 走よりも意味が強い。また、男女がかけおちする。「奔走」「出奔」

はじる

[△愧・△媿] 心が縮み気がひける。

[△怍] はじて赤くなる。

[△慙] 心の切られるような思いをする。申しわけないと思う。

[△忸・△怩] 「忸怩」と連用し、心にはじてきまりわるいさま。

[△恧] 気はずかしい思いをする。

[△羞] はずかしくて身のちぢむ思いがある。「羞悪」

[恥] 気がとがめ、きまり悪く思う。「無恥」

はな

[英] 光りかがやくばかりの花。

[花] 草木のはな。「桃花」

[華] 草木のはなの総称。転じて、はなやか・あでやか。「栄華」

[△葩] はなびら。

はなれる・はなす

[放] 束縛からときはなす。「解放」

[離] 二つのものが別々になる。別れる。また、遠ざかる。そむきたがう。「別離」「背離」

はやい・はやめる

[快] もたつかないではやくゆく。「快速」

[疾] すばやい。飛ぶようにはやい。「疾風」

[△夙] 以前から。また、早朝。「夙志」「夙興(朝早く起きる)」

[△捷] すばやい。「捷疾」

[迅] 目にもとまらぬようにはやい。「迅速」

[早・△蚤] 朝はやい。転じて、時刻が早い。↕晩。「早暁」

[速] 速度がはやい。「速達」「速報」

はらう

[△禊] みそぎをする。

[△攘] 害をなすものをはらい除く。「攘夷」

[△禳] 神に祈ってわざわいをは

らいのける。

【△掃(ソウ)】ほうきではく。転じて、すっかりはらい清める。「掃除」「一掃」

【払(フツ)】はらいのける。はらい清める。「払拭(フッショク)」

【△祓(フツ)】神に祈ってわざわいを除く、また、身のけがれを除く。「祓除」

はる
【張(チョウ)】引きのばしてはる。「鋪張」

【△貼(テン)】薄いものをはりつける。「貼布」

ひく
【引(イン)】弓をひく。転じて広く、ひっぱる意。

【△曳(エイ)・△拽(エイ)】長いものをひきずる。また、ひっぱる。引きよせる。「曳杖(エイジョウ)」

【延(エン)】ひきのばす。「延期」

【援(エン)】ひきよせる。「援用」

【△牽(ケン)】前方にひき進める。「牽引」

【△惹(ジャ)】ひきつける。ひきおこす。「惹起」

【△掣(セイ)】ひきとどめて自由にさせない。「掣肘(セイチュウ)」

【弾(ダン)】手ではじく。楽器をならす。「弾奏」

【抽(チュウ)】ひきだす。「抽籤(チュウセン)」

【△挽(バン)・△輓(バン)】ひっぱる。特に、葬式のとき、棺のなわをひく。「挽(輓)歌」

ひげ
【△鬍(コ)】あごひげ。

【△髭(シ)】口ひげ。

【△鬚(シュ)】あごひげ。

【△髯(ゼン)】ほおひげ。

ひそかに
【陰(イン)】かげでこっそりと。「陰謀」

【間(カン)】人に知られず、こっそり。「間行」

【私(シ)】内密に。↔公。「私義」

【窃(セツ)】人目を盗んでこっそりと。「窃取」

【潜(セン)】水にもぐるように、しのびかくれて。「潜行」

【微(ビ)】しのびやかに。「微行」

【密(ミツ)】＝私。「密行」「密約」

ひとしい
【均(キン)・△鈞(キン)】差別なくゆきわたっている。「均一」「均等」

【斉(セイ)】大小・長短などがそろっている。「斉整」「均斉」

【等(トウ)】等級などが同じ。「同等」

【△侔(ボウ)】差別がない。

ひとり
【介(カイ)】ひとりぼっち。また、ひとつ。「孤介」

【△惸(ケイ)・△煢(ケイ)】身寄りのない者。兄弟のない者。「煢独」

【孤(コ)・独(ドク)】つれのないひとり者。老いて子のない者を【独】、幼くて父に死なれた者を【孤】という。「孤独」また、ひとりぼっち。「独立独歩」

【特(トク)】ひとりぼっち。「特立独行」

ひらく
【開(カイ)】とじたものをあける。↔閉。「開封」

【啓(ケイ)】手びきする。また、おしえる。「啓発」

【墾(コン)】土地をきりひらく。「開墾」

【△闡(セン)】がらっとあける。(不明であったものを)明らかにする。「闡明」

【拓(タク)】＝墾。「開拓」

【△拆(タク)・△坼(タク)】破りひらく。

【発(ハツ)】急にひらく。ぱっとひらく。ほぼ開と同じ。「発表」「発明」

【披(ヒ)】両方へわけひらく。また、思いをうちあける。「披瀝(ヒレキ)」

【△闢(ビャク)・△辟(ヘキ)】はらいのけてひらく。おしひらく。「開闢」

ひろい
【△恢(カイ)】大きい。「恢調」

【△闊(カツ)・△豁(カツ)】からりとひらけている。また、心がひろい。「開闊(豁)」「闊(豁)達」

【寛(カン)】ゆったりとしている。「寛大」

【広(コウ)】限りなくひろい。↔狭。「広大」

【△弘(コウ)】心がひろく大きい。「弘毅(コウキ)」

【△宏(コウ)】ひろく大きい。「宏壮」

【△浩(コウ)】水がひろびろとしている。転じて、宏と同じ。「浩然の気」

【△曠(コウ)】はてしなくひろい。＝広。「曠野」

【博(ハク)】はばがひろい。また、ひろくゆきわたる。「博識」「博愛」

【△汎(ハン)・△氾(ハン)・△泛(ハン)】あまねくゆきわたる。「汎愛」「泛称」

ふえる・ふやす
【殖(ショク)】人や物が多くなる。「繁殖」

【増(ゾウ)】つみ重なるように多くなる。「増加」

【△蕃(ハン)】草がしげるように、はびこり広がる。＝殖。

ふく
【△嘘(キョ)】いきをゆっくりはく。

【△呴(ク)】いきをふきかけてあたためる。

【吹(スイ)】いきを急にはく。楽器をふく。風がふく。

【噴(フン)】口からはき出す。吹き出す。「噴火」

ふさぐ
【△堙(イン)】土をかぶせてうめる。うずめる。うずまる。「堙滅」

【△鬱(ウツ)】気分がふさがる。「鬱積」

【△塞(ソク)】土ですきまのないようにふさぎうずめる。「閉塞」

【窒(チツ)】穴の奥に物が詰まって通じない。とじこめる。「窒息」

【△塡(テン)】穴を土でうめふさぐ。あいている所をうめふさぐ。「塡補」「充塡」

【△杜(ト)】ぴったりととじこむ。「杜絶」

【△壅(ヨウ)】外と通じないように包み込む。とじへだてる。「壅閉」

ふせぐ
【△扞(カン)・△捍(カン)】ふせぎ守る。

【拒(キョ)】こばみふせぐ。「拒絶」

【△禦(ギョ)】ふせぎとどめる。「防禦」

【防(ボウ)】あらかじめ用意して守る。「防備」

ふせる・ふす

[△偃・△臥] 横にねる。「偃仰」「臥床」
[△俯・△俛] うつむく。↕仰。「俯仰」
[△仆] たおれふす。
[伏] 地にうつぶせになる。「平伏」

ふね

[△舸] 大きなふね。「走舸」
[舟] 乗って水を渡る具。「丸木舟」
[船] 川の流れにそって上下する船。昔、中国では函谷関から東では舟、西では船といった。

ふむ

[△蹂・△躙] ふみにじる。「蹂躙」
[△踵] あとを追ってふみ行く。「踵武」
[△躡] 一歩一歩ふみしめる。
[△踖] ふみこえる。また、ふみつける。
[△跕] 軽くふむ。はきものをつっかけて歩く。
[践] ふみつける。また、ふみ行う。「実践」
[△蹀] へたへたとふみつける。
[△迪] 実地にふんでゆく。
[踏・△蹈・△蹋] ふみつける。実地にふんでたしかめる。「踏(蹈)査」
[履] ふみつける。また、ふんで行く。経験する。「履行」
[△躐] 前に行く者のあとをふむ。

ふるう

[揮] 手でふりまわす。「揮毫」
[△篩] ふるいにかけてふるう。
[振] ふるい動かす。ぶるぶるふるえる。「振動」
[震] 雷声がひびきふるう。また、他をおそれさせる。「震動」
[戦] おののきふるえる。「戦慄」
[△顫] 手足がふるえる。「顫動」
[△掉] ゆり動かす。「掉尾」
[奮] 勢よくふるいたつ。「発奮」
[△慄] ＝戦。

へだたる・へだてる

[介] 中間に物がはさまる。また、はさんでくぎる。「介在」「介絶」
[隔] 中間に物を置いてさえぎる。「隔離」
[間] すきまがあいている。また、すきまをつくってへだてる。
[距] 両者の間がはなれる。また、間をはなす。
[障] ＝隔。「障蔽」

ほか

[外] 内・中の反対。
[他] 別の。よそ。ことなった。「他郷」

ほこる

[△矜] えらぶって自慢する。「矜伐」
[△夸・誇] 自慢して大げさに言う。「誇称」
[伐] てがらを自慢する。

ほしいまま

[横] 無理おしにわがまま。「横暴」
[△侈] みだら。よこしま。
[△恣・△肆] わがままかって。「恣意」
[縦・放] したいほうだい。心のおもむくまま。「放縦」
[△擅] 一人でかってにする。「擅断」

ほめる

[賛・△讃] ほめたすける。「賛助」「称賛(讃)」
[称] はやしたてる。ほめたたえて評判を立てる。「称揚」
[賞] 功績・善行をほめたたえる。また、美しい点をほめあげて楽しむ。「激賞」「鑑賞」
[△頌] 人の徳をほめたたえて述べる。「頌徳碑」
[美] よいと認めてたたえる。↕刺。
[褒] 善をほめすすめる。↕貶(けなす)。「褒貶」
[誉] 善を言い表してほめる。↕毀。「毀誉」

ほり

[堀] 「ほり」はわが国だけの読み。
[△濠] 城壁のまわりにめぐらしたほり。
[△壕] ＝濠。また、陣地などの前に掘ったみぞ。「塹壕」
[△塹] 敵の侵入を防ぐために城壁の周囲などに、土を切りとったほり。「塹塁」

まことに

[△允] いかにも。
[固] いうまでもなく。もとより。
[△苟] たしかに。実に。
[実] たしかに。↕虚。
[△洵] 幾度くりかえしてもそのとおりに。
[△寔] ＝実。
[信] まちがいなく。
[真] ほんとうに。↕偽。
[△諶] たしかに。実に。
[誠] いつわりなく。心から。↕詐。
[良] まったく。げにも。
[△諒] ＝良。

まさに

[応] まさに…べし。きっと…であろう。
[将・△且] まさに…す。これから…しようとする。
[正] まさしく。
[適] ちょうどほどよく。
[当] まさに…べし。そうするのが当然だ。
[方] いま現に。ちょうどいま。

まさる

[賢] 才知がすぐれる。↕愚。「賢哲」
[勝] 相手をしのぐ。↕負。
[△愈] 相手よりすぐれぬきでる。
[優] 他より力がありあまる。↕劣。「優秀」

まじる(まじわる)・まざる・まぜる

[交] 入りこむ。「交錯」
[△淆・△殽・混・△渾] 別々のものがいりまじる。「混淆(殽)」「渾然」
[錯] 入れちがいになる。「錯簡」

「錯雑」

【雑】ごっちゃになる。↕純。「雑然」

【△糅】ねっとりまじる。「雑糅」

また

【△亦】もまた。（上をうけて）これもまた。

【還】めぐってまたもとへかえって。ふたたび。

【復】かさねて。ふたたび。

【△也】中世以後、多く詩や俗語で「もまた」の意に用いる。

【又・有】その上に。さらに。

まつ

【候】うかがいまつ。まち迎える。「候迎」

【△俟・△竢】まちもうける。あてにする。

【△須・需】必要なものを求めてその来るのをまちうける。

【待】くるのを心まちにする。「待望」

【遅】今か今かとまちわびる。

まるい・まる

【円】平面的な、まるい形。「方円」

【丸】立体的球形のもの。「丸薬」

【団】まるく集まった人や物。かたまり。「集団」「団子」

まわり

【回】ぐるぐるまわること。

【周】もののぐるり。

みがく

【研】すりみがく。転じて、物の理をきわめる。「研究」

【△磋・△瑳】やすりで玉石や骨角をみがく。「切磋（瑳）」

【△琢】つちやのみで玉をけずりみがく。転じて広く、みがきおさめる。「琢磨」

【磨】といしですりみがく。「磨励」

【△礪・△厲】あらとでとぎみがく。「磨礪」

みだりに

【△淫】だらしなく。程度をこえやたらに。

【△叨】分不相応にも。かたじけなくも。

【漫】しまりなく。「漫然」

【妄】道理や礼法にはずれて。でたらめに。「妄挙」

【濫】むやみやたらに。「濫伐」

【△猥】かるがるしくなれて。自分の動作をへりくだっていう。また、やたらに。

みだれる・みだす

【△攪】かきみだす。「攪乱」

【△擾】ごたごたとみだれる。「擾乱」

【紛・△紊】糸がもつれみだれる。もつれみだれる。「紛擾」「紊乱」

【乱】秩序がみだれる。↕治。「混乱」

みち

【径】こみち。「行不レ由レ径」

【△逕】こみち。＝径。「幽逕」

【△阡】あぜみち。耕地の間を南北（または東西）に通ずる道。「阡陌」

【△迪】道路。また、人の道。

【途】みち。こみち。

【塗】＝途。

【道】通りみち。また、人が守り行うべき正しい道理。また、方法。手段。

【△陌】あぜみち。耕地の間を東西（または南北）に通ずる道。

【倫】人が守るべき道。「人倫」

【路】＝道。「通路」「正路」

みちる・みたす

【△盈】もりあがるようにいっぱいになる。↕虚。「盈満」

【実】なかがいっぱいにつまる。↕虚。「充実」

【充】すみずみまでゆきわたる。「充満」

【満】欠けたところなくいっぱいになる。↕欠。「満潮」

みな

【皆】一同。おしなべて。

【△咸】ことごとく。皆よりやや強い。

【挙】こぞって。「挙国」

【△胥】ともに。一緒に。

【△僉】そこに集まっている人がそろって。
＊ことごとく・すべても参照のこと。

みる

【看】手をかざしてよくみる。「看取」

【観】注意してこまかにみる。「見」よりも「視」、「視」よりも「観」が、より注意してみる。「観察」

【△覯】思いがけなくみる。「稀覯」

【△瞰】見おろす。「俯瞰」

【見】人が目にとめる。目にふれて認める。「見聞」

【察】よく調べてみる。「考察」

【視】気をつけてみる。「視察」

【△矚】じっとみる。「矚目」

【診】病状をしらべる。「診察」

【△瞻】仰いでみる。「瞻望」

【相】人相などをみて、占う。「相者」

【△睹・△覩】しっかりとみる。「目睹（覩）」

【△瞥】ちらりとみる。「瞥見」「一瞥」

【覧】よくみる。「博覧」

むかえる

【△迓・迎】くる人を出むかえる。「歓迎」

【逆】途中まで出かけてむかえる。まちうける。「逆旅」

【△邀】途中でまちうける。「邀撃」

むくいる

【酬】杯をかえす。転じて、返答する。「応酬」

【△讎】報復する。「復讎」

【報】恩やうらみをかえす。「報恩」「報酬」

むなしい

【虚】なかみがない。↕実・盈。

「空虚」

【空】から。うつろ。↕有。「空間」「空白」

【△曠】ひろびろとしてなにもない。「曠野」

【沖】(雑念をはらい)心の中になにもない。「沖虚」

【△盅】うつわの中になにもない。

めぐる・めぐらす

【△紆】ぐるりとまきつく。

【運】まわりながら移ってゆく。「運行」

【△縈】うねうねとまがりくねる。「縈回」

【回・△廻】ぐるぐるまわってもとにかえる。「回(廻)転」

【環】たまきのようにとりかこむ。また、まわる。「循環」

【周・週】ぐるりとひとまわりする。「周(週)遊」「一周(週)」

【巡】見まわる。「巡視」

【循】したがいめぐる。「循行」

【△繞・△遶】とりかこむ。

【旋】ぐるぐると幾度もまわる。「旋回」

【△帀・△匝】＝週。

【転】ぐるぐるまわる。また、ころがる。「回転」

【般】円をえがいてまわる。「般旋」

【△繚】＝繞。

もと

【因】事のおこるもと。「原因」

【下】下の方。支配・影響のおよぶところ。あたり。ほとり。

【基】建物の土台。根本。「基本」

【元】はじまり。「根元」

【素】はじめ。原料。かざりのない、もとのままのもの。「素材」

【本】ねもと。かなめ。↕末。

もとめる

【干】無理に手に入れようとする。進んでもとめる。「干禄」

【求】自分のものにしようとする。「欲求」

【索】手づるによってもとめる。さがしもとめる。「探索」

【需】まちもとめる。あてにしてまち望む。「需要」

【△覓】さがしもとめる。＝索。

【要・△徼】まちかまえてもとめる。「要求」

もの

【者】人を指していう。「学者」

【物】天地間にある、いっさいのもの。「万物」

や

【屋・家・舎】ともに建物の家屋の意に用いるが、【舎】は「学舎」のように、人などの集まる所の意にも用いる。

やすい・やすらか

【安】あぶなげがない。↕危。「安寧」

【易】なしやすい。↕難。「平易」

【康】からだがじょうぶでやすらか。「安康」「健康」

【△綏】もと、車中でつかまるひも。転じて、安定している。

【△靖】静かにやすらか。

【泰】ゆったりとおちついている。「安泰」「泰然自若」

【寧】無事でおちついている。「寧息」

【廉】物の価がやすい。「低廉」

やぶれる・やぶる

【壊】ばらばらにくずれる。「壊滅」

【△毀】かけこわれる。「毀傷」

【△隳】くずれこわれる。

【傷】きずつきこわれる。

【破】物がうちこわれる。また、物をうちわる。「破毀」

【敗】失敗する。また、戦争にまける。↕成・勝。「成敗」「敗北」

【△敝・弊】衣服がやぶれる。使いふるしてぼろぼろになる。「疲弊」

やめる・やむ

【△已】中止する。終わる。また、官職をやめる。

【休】仕事や官職をやめる。「休職」

【止】中止する。廃する。

【辞】職を退く。「辞職」

【寝】とめる。とりやめて用いない。「寝兵」

【息】終わる。つきたえる。「終息」

【△熄】火がきえる。

【△輟】途中でやめる。「輟耕」

【廃】すてる。しりぞける。「廃棄」

【罷】中止する。また、廃止する。また、しりぞける。「罷業」

【△弭】はずをはずして戦いをやめる。「弭兵」

やわらか

【軟・柔】ともに、やわらか・弱々しい・しなやかの意、ほとんど区別がない。「柔軟」

ゆく

【往】先方へゆく。↕来・復。「往診」

【行】歩いてゆく。↕止。「行進」

【△之・如】目的地があってゆく。

【征】旅に出る。「征客」

【逝】行って帰らない。死ぬ。「逝去」

【△徂】＝往。

【適】まっすぐに行く。

【△邁】遠くゆく。「邁進」

ゆずる

【譲】自分のものを人に与える。また、へりくだる。「譲与」「謙譲」

【禅】天子の位を有徳者にゆずり与える。「禅譲」

【△遜】自分が身をひいて人をたてる。「遜位」

ゆたか

【△饒】ありあまるほど多い。「豊饒」

【△穣】穀物がゆたかにみのっている。「豊穣」

【△胖】ゆったりとしてのびのびしている。

【豊】積み上げたようにたっぷりある。「豊年」「豊富」

【優】ゆったりとしてこせつかない。ゆとりがある。「優然」

【裕】満ちたりている。ありあま

る。「余裕」

ゆるす

【△允(イン)】許可する。「允可」

【許(キョ)】ききいれる。「許諾」

【赦(シャ)】罪やあやまちをゆるす。「赦免」

【釈(シャク)】ときゆるす。「釈放」

【△恕(ジョ)】おおめにみる。思いやりをもってゆるす。「宥恕(ユウジョ)」

【縦(ショウ)】ゆるして自由にする。

【聴(チョウ)】先方の望みをききいれる。「聴許」

【免(メン)】許可する。ゆるして自由にする。「免許」「放免」

【△宥(ユウ)】なだめゆるす。おおめにみる。「宥恕」

【容(ヨウ)】こらえしのんでゆるす。「容赦」

よい(よし)

【可(カ)】まあよい。

【佳(カ)】美しい。できがよい。また、気持がよい。「佳作」

【△嘉(カ)】めでたい。りっぱ。「嘉瑞(カズイ)」「嘉言」

【宜(ギ)】このましい。ほどよい。都合がよい。「適宜」

【吉(キツ)】めでたい。↕凶。「吉日」「吉夢」

【好(コウ)】このましい。ほどよい。「好機」

【淑(シュク)】やわらいでしとやか。「淑女」

【善(ゼン)】りっぱ。正しい。↕悪。「善行」

【△臧(ゾウ)】すらりとしてかっこうがよい。転じて広く、よい意。↕否。「臧否」

【美(ビ)】りっぱ。↕醜。「美挙」

【良(リョウ)】ほどよくととのっている。すぐれている。「良妻」

【令(レイ)】りっぱ。「令名」「令聞」

よむ

【詠(エイ)】詩歌をよむ。詩歌を作る。「詠吟」「詠歌」

【訓(クン)】意味を解釈する。また、日本で漢字を日本語にあててよむこと。↕音。「訓読」

【△誦(ショウ)】そらでよむ。また、節をつけてよむ。「暗誦」「誦読」

【読(ドク)】声を出して文章などをよむ。「読経」

よる

【依(イ)】よりそって離れない。「依存」

【△倚(イ)】物にもたれかかる。「倚門」

【因(イン)・縁(エン)】もとづく。より従う。「因由」「縁起」

【隠(イン)】よりかかる。

【寄(キ)】たよって身をよせる。「寄寓(キグウ)」

【拠(キョ)】よりどころとする。たよる。「根拠」「証拠」

【△寓(グウ)】＝寄。

【△藉(シャ)】たよる。借り用いる。

【△仍(ジョウ)】よりしたがう。＝因。

【△仗(ジョウ)】すがりよる。たよる。

【託(タク)】言葉をよせてたよる。

【△凭(ヒョウ)・△馮(ヒョウ)・△憑(ヒョウ)】もたれかかる。たよる。「憑拠」

【由(ユウ)】＝因。「由来」

【頼(ライ)】たのみとする。「信頼」

よろこぶ

【△怡(イ)】にこにことよろこぶ。「怡然」

【△懌(エキ)】心にふかくよろこぶ。

【悦(エツ)・説(エツ)】心のしこりがとれてうれしく思う。「喜悦」

【歓(カン)・△懽(カン)・△驩(カン)】声を出しあってよろこぶ。「歓喜」

【喜(キ)】うれしがる。↕怒・悲・憂。「喜色」

【△欣(キン)】よろこび笑う。うきうきよろこぶ。「欣快」

【慶(ケイ)】めでたいことを祝いよろこぶ。「慶賀」

【△愉(ユ)】＝怡。「愉悦」

【予(豫)(ヨ)】やわらぎよろこぶ。「悦予」

わかれる(わかる)

【岐(キ)】ふたまたにわかれる。「分岐点」

【△訣(ケツ)】人とながくわかれる。いとまごいする。また、死別する。「訣別」

【分(ブン)】いくつかの部分になる。ちらばる。「分離」

【別(ベツ)】はなればなれになる。人とわかれる。「別離」

わく

【△洶(キョウ)】水がさかんにわきたつ。

【沸(フツ)】水がふき出る。「沸出」また、にえたぎる。「沸騰」

【△湧(ユウ)】＝涌。

【△涌(ヨウ)】水がもちあがるようにわきでる。

わける(わく)・わかつ

【析(セキ)】すじみちをわける。「分析」

【判(ハン)】是非善悪を明らかにする。「判定」

【△頒(ハン)】わけ与える。上から下にわけあたえる。「頒布」

【班(ハン)】いくつかにわける。転じて、分配する。また、席次・順序をわけ定める。「班田」

【分(ブン)】二つにわける。さき離す。「分割」また、分け与える。くばる。「分配」

【別(ベツ)】かれとこれとをわけはなす。はなればなれにする。「区別」「判別」

わざ

【△伎(ギ)・技(ギ)】手足を使ってするこまかい細工。てわざ。うでまえ。はたらき。「伎能」

【業(ギョウ)】労苦を伴う仕事。しわざ。つとめ。「学業」

【△倆(リョウ)】うでまえ。＝伎。「技倆」

わざわい(わざはひ)

【△殃(オウ)】神からとがめとして受けるわざわい。「殃慶」

【禍(カ)】ふしあわせ。災難。↕福。「災禍」

【凶(キョウ)】＝禍。

【△孼(ゲツ)】＝夭。「夭孼(ヨウゲツ)」

【災(サイ)】火事などのわざわい。また、自然界におこるわざわい。「火災」「天災」

【△眚(セイ)】過失から生じるわざわい。「眚災」

【厄(ヤク)・△戹(ヤク)】難儀。くるしみ。「困厄」

【△夭(ヨウ)・△妖(ヨウ)・△祅(ヨウ)】地上の異変。神がくだすわざわい。まがごと。

わずかに(わづかに)

【△僅(キン)】少しばかり。「僅少」

【才(サイ)・裁(サイ)・財(サイ)・△纔(サイ)】ようやくやっと。かろうじて。

わずらう(わづらふ)**・わずらわす**(わづらはす)

【患(カン)】うれえる。思いなやむ。また、病気にかかる。「憂患」

【煩(ハン)】頭がいらいらする。もだえなやむ。「煩悶(ハンモン)」

【累(ルイ)】他に関係を及ぼす。手数をかける。ただし、「わずらう」の用例はない。

わたる

【△亘(コウ)(△亙(コウ))】こちらから向こうまでとどきわたる。

【済(サイ)】川をわたりきる。

【渉(ショウ)】川をかちわたりする。「徒渉」

【度(ト)・渡(ト)】水上を越えて対岸にゆく。転じて広く、わたる意。「度鳥」「渡津」

【△弥(ビ)】ゆきわたる。月日をかさねる。「弥久」

わらう(わらふ)

【△呵(カ)】大声でわらう。「呵呵大笑」

【△嗤(シ)】あざけりわらう。「嗤笑」

【笑(ショウ)・咲(ショウ)】よろこびわらう。咲は、笑の古字。「談笑」

【△哂(シン)】ほほえむ。また、あざけりわらう。

主要句形解説

主要句形

〔否定形〕　肯定を打ち消す形で、否定詞を用いるもののほかに、特殊な形もある。

(1)否定の一般形

不レ入二虎穴一、不レ得二虎子一（コケツにいらずんば。コシをえず）。〈虎(とら)の住む穴に入らなければ（貴重な）虎の子は手に入れられない〉

弗レ食不レ知二其味一（くらわ(は)ざればそのあじ(ぢ)わ(は)い(ひ)をしらず）。〈食べてみなければその味はわからない。（何事もやってみなければ理解はできない）〉

非レ法不レ言、非レ道不レ行（ホウにあらざればいわ(は)ず　みちにあらざればおこなわ(は)ず）。〈正しい道理にかなったことでなければ言わず、正しい道にかなったことでなければ行わない〉

今無二一人還一（いまイチニンのかえ(へ)るものなし）。〈今、一人の帰る者もいない〉

左右皆泣、莫二能仰視一（サユウみななき、よくあお(ふ)ぎみるものなし）。〈左右に仕える者はみな泣き、ふり仰いで見ることのできる人はいなかった〉

(2)否定の特殊形

ア、二重否定。肯定の意となる。

莫二行不一レ可（ゆくとしてカならざるはなし）。〈どんな事でもうまくゆかない事はない〉

イ、一部否定（部分否定）。主として否定詞が副詞の上について、副詞の示す状態の一部を否定する形。

不二常得一レ油（つねにはあぶらをえず）。〈いつも油が手に入るとは限らない〉

師不三必賢二於弟子一（シはかならずしもテイシよりもケンならず）。〈先生は必ずしも生徒よりまさっているとは限らない〉

ウ、「不」を単独に用いることもある。

或師焉、或不焉（あるいはシとし。あるいはしかせず）。〈ある人は先生につき、ある人はそうしない〉

他に、不者（しからずんば）・不則（しからざればすなわ(は)ち）などの例がある。

エ、無・莫・勿・毋などは「なカレ」と読んで禁止の意に用いられることがある。

無レ道二人之短一（ひとのタンをいう(ふ)ことなかれ）。〈人の短所を言ってはならない〉

非レ礼勿レ言（レイにあらざればいう(ふ)ことなかれ）。〈礼に反することは言ってはならない〉

〔疑問形〕　疑問詞や疑問の終尾詞を用いるもの、両者を併せ用いるもの、その他種々の形がある。

(1)疑問詞を用いる形

何不レ行（なんぞゆかざる）。〈どうして行かないのか〉

誰加レ衣者（たれかころもをくわ(は)う(ふ)るものぞ）。〈だれが衣をかけたか〉

弟子孰為レ好レ学（テイシたれかガクをこのむとなす）。〈弟子の中でだれが（一番）学問好きですか〉

何日是帰年（いず(づ)れのひかこれキネンならん）。〈いつの日になったら故郷に帰れる年が来るだろうか〉

何以報レ徳（なにをもってトクにむくいん）。〈どうやって恩徳に報いようか〉

以二子之矛一陥二子之楯一何-如（シのほこをもってシのたてをとお(ほ)さばいかん）。〈あなたのほこであなたのたてをつらぬいたらどうなるか〉

如レ之何（これをいかんせん）。〈どうしたらよいか〉

奈レ老何（おいをいかんせん）。〈年老いるのをどうしようか〉

青天有レ月幾時（セイテンつきありてよりいくときぞ）。〈青空に月が存在するようになってからどれくらいの時がたったか〉

(2)疑問の終尾詞を用いる形

君子亦有レ窮乎（クンシもまたキュウすることあるか）。〈君子でも困窮することがありますか〉

雲耶山耶（くもかやまか）。〈（はるかに見えるのは）雲であろうか、山であろうか〉

(3)前述の(1)(2)を併せ用いる形

何為其然也（なんすれぞそれしかるや）。〈どうしてそうなのか〉

曷其至哉（いつかそれいたらんや）。〈いつ帰ってくるだろうか〉

(4)特殊な形

文王之囿方七十里、有レ諸（ブンノウのユウはホウシチジュウリと　これありや）。〈文王の放牧地は七十

里四方もあったというが、本当にそうであったのか〉（諸は之乎(コシ)の合字）

王孫帰不レ帰(オウソンかえ(へ)るや。かえ(へ)らざるや)〈王孫は帰るか帰らないか〉（肯定と否定とを重ねる）

視二吾舌一、尚在否(わがしたをみよ なお(ほ)ありやいなや)。〈私の舌を見よ、まだあるかないか〉（同前）

〔反語形〕 文意を強めるために、一応疑問の形を用いるが、実際はその反対の意を表す。否定の語を含むものは肯定となり、含まないものは否定となる。形式からいえば、ほとんどが疑問形と同一であるので、文脈から判断しなければならない。

(1)疑問詞を用いる形（「あに・いづくんぞ」と訓読するものは、通常、疑問には用いない）

・吾何愛二一牛一(われなんぞイチギュウを。お(を)しまんや)〈私がどうして一頭ぐらいの牛を惜しもうか、惜しみはしない〉

・何為寸歩出レ門行(なんすれぞスンポ。モンをいでてゆかん)。〈どうして一歩たりとも門から外に出ようか、一歩も出ないでいる〉

・何亡レ国敗レ家之有(なんぞくにをほろぼし いえ(へ)をやぶることこれあらん)。〈どうして国や家を滅ぼすことがあろうか、そのようなことは絶対にない〉

・誰知二烏之雌雄一(たれかからすの シユウをしらんや)。〈だれがからすの雌と雄との見分けがつこうか、だれも見分けられない〉

・安往而不レ楽(いず(づ)くにゆくとして。たのしからざらんや)〈どこへ行っても楽しくないことがあろうか、どこへ行っても楽しい〉

・豈有二此理一(あにこのり。あらんや)〈なんでそんな道理があろうか、そんな道理はない〉

(2)疑問の終尾詞を用いる形

以レ臣弑レ君、可レ謂レ仁乎(シンをもってきみをシイす。ジンという(ふ)べけんや)〈臣下の身分でありながら君主を殺したりする、これは仁と言えるだろうか、仁とは言えない〉

為レ仁由レ己、而由レ人乎哉(ジンをなすはおのれによる。しかしてひとによらんや)〈仁を実践するのは自分次第なのである、他人次第であろうか、そうではないのだ〉

(3)前述の(1)(2)を併せ用いる形（「あに・いづくんぞ」と訓読するものは、通常、疑問には用いない）

此何遽不レ為レ福乎(これなんぞフクと。ならざらんや)〈これがどうして幸せとならないだろうか、なるに決まっている〉

・悪取二君子小人於其間一哉(いず(づ)くんぞクンシショウジンを。そのカンにとらんや)〈どうして君子と小人との区別をその間に設けることができようか、いやとてもできない〉

・予豈好レ弁哉(ヨあにベンを。このまんや)〈私はどうして弁論などを好もうか、好みはしない〉

(4)特殊な形

・不二亦楽一乎(またたのし。からずや)〈なんと楽しいではないか〉（感嘆の意を含む反語）

・敢不レ受レ教(あえ(へ)ておし(を)しえ(へ)を。うけざらんや)〈どうして教えを受けずにおられようか、教えを受けないではいられない〉（「敢不」は反語、「不敢」は否定）

役夫敢申レ恨(エキフあえ(へ)て。うらみをのべんや)〈兵士の私はどうして恨みごとを申せましょうか、とても申せません〉

〔比較形〕 あるものを他と比較して、その状態や性質の程度、または優劣・選択を定める場合に用いる。

(1)単なる比較を表す形

於・乎を用いるもの

苛政猛二於虎一也(カセイはとらよりも。たけきなり)〈むごい政治はとらよりもこわい〉

莫レ見二乎隠一(かくれたるより あらわ(は)るるはなし)。〈隠しだてをするよりはっきり正体のわかるものはない〉

不レ如(若)・莫レ如(若)を用いるもの

人之所レ知、不レ若二其所一レ不レ知(ひとのしるところは、そのしらざるところにしかず)。〈人の知っている範囲は、知らない範囲には及ばない。（知っていることより知らないことの方が多い）〉

莫レ若三六国従親以擯二レ秦 リッコクショウシンしてもって。シンをしりぞくるにしくはなし 〈六つの国が南北に同盟し、そして秦の国を追い払うにこしたことはない〉

「莫レ〔形容詞・形容動詞〕レ焉」を用いるもの

楽莫レ大レ焉 たのしみこれよりダイなるはなし。〈楽しみとしてはこれより大きいものはない〉

(2)一方を選択する形

与…不レ如(若)・与…孰若(孰与)を用いるもの

与三其富而畏二レ人、不レ若三貧而無二レ屈 そのとみてひとをおそれんよりは、ヒンにしてクッするなきにしかず。〈金持ちになって他人に対しびくびくするより、貧しくても他人に対しぺこぺこしない方がよい〉

与三其有二レ誉於前一、孰三若無二レ毀於其後一 そのまえ(へ)にほまれあらんよりは、そののちにそしりなきにいず(づ)れぞ。〈生前にほまれあるよりも、死後にそしられない方がよい〉

……孰若(孰与)を用いるもの

以二不義一生遺二臭千載一、孰三若以レ義死流二芳百世一 フギをもっていきシュウをセンザイにのこすは、ギをもってシしホウをヒャクセイにながすにいず(づ)れぞ。〈不義をして生きながらえて悪名を永く残すよりも、義のために死んで美名を後世に伝える方がよい〉

与…寧…・寧…を用いるもの

喪与三其易一、寧戚 もはそのお(を)さまらんよりは、むしろいため。〈葬礼はきちんと整うよりも、むしろ哀悼の情がこめられていることが大切である〉

寧失二千金一、毋レ失二一人之心一 むしろセンキンをうしなう(ふ)も、イチニンのこころをうしなう(ふ)なかれ。〈むしろ千金の財を失ってもいいから、たった一人の信用でも失ってはならない〉

〔使役形〕　ある者が他に命じて、ある動作をさせる意を表す。

(1)使役を表す助動詞を用いる形（「…をして…しむ」となることが多い）

使三人読二レ書 ひとをしてショをよましむ。〈人に本を読ませる〉

令三人有二遺レ世之想一 ひとをしてよをわするるのおもい(ひ)あらしむ。〈人に世の中の事を忘れさせるような感じを持たせる〉

遣三蘇武使二匈奴一 ソブをしてキョウドにつかい(ひ)せしむ。〈蘇武を匈奴に使いとして赴かせた〉

誰教三仕丁作二此風流一 たれかジチョウをしてこのフウリュウをなさしめたる。〈だれが仕丁（雑役夫）たちにこんな風流なことをさせたのか〉

俾三民不二レ迷 たみをしてまよわ(は)ざらしむ。〈民に迷うことのないようにさせた〉

(2)使役を暗示する語が上にある形

命三藤原信成一守レ之 ふじ(ぢ)わ(は)らのぶなりにメイじてこれをまもらしむ。〈藤原信成に命じてこれを守らせた〉

召二儒臣一講二経義一 ジュシンをめしてケイギをコウぜしむ。〈儒臣（儒学をもって仕える家来）を呼び経書を講義させる〉

勧レ権召二周瑜一 ケンにすすめシュウユをめさしむ。〈孫権にすすめ周瑜を呼び出させた〉

(3)文意の上から使役に読むもの（自動詞が補語をとっている場合に多い）

見二信饑一飯レ信 シンのうえ(ゑ)たるをみて、シンにハンせしむ。〈韓信カンシンのひもじがっているのを見て韓信に食べさせた〉

孝子之養レ老也楽二其心一 コウシのロウをやしなう(ふ)や、そのこころをたのしましむ。〈孝行な子が年老いた親に仕えるにあたっては、その親の心を楽しませる（ように心掛ける）〉

〔受身形〕　他から動作を働きかけられる意を表す。

(1)受身を表す助字を用いる形

見・被・為・所を用いるもの

欲レ与恐レ見レ欺 あたえ(へ)んとほっすれば、あざむかれんことをおそる。〈(玉を)与えようとすればだまされるのが心配であった〉

為二私闘一者、各以二軽重一被レ刑 シトウをなすものは、おのおのケイジュウをもってケイせらる。〈個人的な利害による争いをする者はおのおのその罪の軽重によって罰せられる〉

以レ好二古法一而為レ咎 コホウをこのむをもって、とがめらる。〈古いしきたりを好むのでとがめられた〉

吾命有レ所レ制 わがメイセイせらるるあり。〈私の運命は（天によって）定められているのである〉

為…所を用いるもの

欺レ人者却為ニ人所レ欺（ひとをあざむくものはかえ(へ)ってひとのあざむくところとなる）。〈人をだます者はかえって人にだまされる〉（為レ人所レ欺（ひとのためにあざむかる）とも読む）

(2)前置詞の於・乎を用いる形

辱ニ於奴隷人之手一（ドレイジンのてにはず(づ)かしめらる）。〈しもべたちの手によってはずかしめられる〉

信ニ乎朋友一有レ道（ホウユウにシンぜらるるにみちあり）。〈友人に信ぜられるには一定の方法がある〉

(3)文意の上から受身に読むもの

誹謗者族、偶語者弃市（ヒボウするものはゾクせられグウゴするものはキシせらる）。〈(王の)悪口を言う者は一族皆殺しにされ、向かい合ってひそひそ話をしている者は（悪口を言っていると疑われ）殺されて死体を町なかにさらされる〉

〔仮定形〕　あることを仮の条件として、予想される結果を述べる意を表す。

(1)仮定の条件を表す語を用いる形

若嗣子可レ輔輔レ之（もしシシたすくべくんばこれをたすけよ）。〈もし私のあととりが補佐するに価するなら補佐してやってくれ〉

儻或過則宜ニ速改一レ之（もしあるいはあやまたばすなわ(は)ちよろしくすみやかにこれをあらたむべし）。〈もしひょっとして過ちを犯したならば、すみやかに改めるがよい〉

苟為ニ後レ義而先一レ利不レ奪不レ饜（いやしくもギをのちにしてリをさきにするをなさばうばわ(は)ずんばあかず）。〈もし義を後回しにして利益を優先するということをすれば（相手のものを）全部奪わなければ満足しなくなる〉

縦彼不レ言籍独不レ愧ニ於心一乎（たとい(ひ)かれいわ(は)ずともセキひとりこころにはじ(ぢ)ざらんや）。〈たとい彼らが何も言わなくとも私（項籍）はどうして内心で恥じないことがあろうか〉

江東雖レ小、地方千里（コウトウショウなりといえ(へ)どもチホウセンリ）。〈江東地方は狭いとはいっても、土地は千里四方もある〉

微ニ斯人一吾誰与帰（このひとなかりせばわれたれにかキせん）。〈もしこの人がいなかったならば、私はだれを頼っていったらいいだろうか〉

(2)文意の上から仮定に読む

欲レ左左、欲レ右右（ひだりせんとほっせばひだりせよ。みぎせんとほっせばみぎせよ）。〈左の方に行きたければ左へ行け、右の方に行きたければ右へ行け〉

今子食レ我、是逆ニ天帝命一也（いまシわれをくらわ(は)ばこれテンテイのメイにさからう(ふ)なり）。〈今あなたが私を食うならば、それは天帝の命令にそむくことになる〉

〔接続形〕　語句を接続するのに接続詞を用いるもの。

(1)「すなわ(は)ち」と読む語を用いる形

月満則虧、物盛則衰（つきみつればすなわ(は)ちかけものさかんなればすなわ(は)ちおとろう(ふ)）。〈月は満月になるとそのときには欠け始め、物は盛んになるとそのときには衰え始める〉

親身即吾身（おやのみはすなわ(は)ちわがみなり）。〈親のからだはとりもなおさず自分のからだである〉

与ニ善人一居、即与レ之化（ゼンニンとお(を)ればすなわ(は)ちこれとカす）。〈善人と一緒にいるとすぐに感化を受ける〉

舜子商均不肖、乃薦ニ禹於天一（シュンのこショウキンフショウなり。すなわ(は)ちウをテンにすすむ）。〈舜の子の商均は愚か者であった。そこで禹を（後継者として）天に推薦した〉

将ニ以為一レ福、乃得ニ死亡一（まさにもってフクをなさんとしてすなわ(は)ちシボウをう）。〈幸福を得ようとして、かえって死滅を招いてしまう〉

在レ州無レ事、輒運ニ百甓於斎外一（シュウにありてことなければすなわ(は)ちヒャクヘキをサイガイにはこぶ）。〈役所にあって仕事がないと、そのたびごとに（有事に備えからだを鍛えるため）百個のかわらをへやの外へ運び出した〉

大守飲少輒酔（タイシュのむことすくなけれどもすなわ(は)ちよう(ふ)）。〈大守は飲む量は少ないが、たやすく酔ってしまう〉

(2)而を用いる形

順接

夏涼而冬温（なつすずしくしてふゆあたたかなり）。〈夏涼しく（そして）冬暖かである〉

蚌方出曝、而鷸啄ニ其肉一（ボウまさにいでてさらすしかしてイツそのニクをついばむ）。〈どぶ貝がちょうど川を出て日光浴をしていた。そしてそこにしぎが来てその肉をつついた〉

逆接

有レ威而不レ昭（イありてあきらかならず）。〈威厳はあるが（恭敬の心を）明らかに示さない〉

心不レ在レ焉視而不レ見（こころここにあらざればみれどもみえず）。〈精神が集中していないと、目では見ていても真実を見分けることはできない〉

吾有司死者三十三人、而民莫二之死一也（わがユウシシするものサンジュウサンニンしかしてたみこれにシするなきなり）。〈わが将校の死者は三十三人もあった。それなのに、兵卒たちで（それらの将校を守って）死ぬ者は一人もいなかった〉

固一世之雄也、而今安在哉（まことにイッセイのユウなりしかるにいまいず(づ)くにありや）。〈まことに当代随一の英雄であった。だがその英雄はどこにいるだろう〉◇「しかるを・しかも」と読む場合もある。

(3)その他の接続詞を用いるもの

然則王之所二大欲一、可レ知已（しからばすなわ(は)ちオウのおお(ほ)いにほっするところはしるべきのみ）。〈それでは王様の強く欲するものは分かりきっている〉

黎民不レ飢不レ寒、然而不レ王者未二之有一也（レイミンうえ(ゑ)ずこごえずしかりしこ(か)うしてオウたらざるものはいまだこれあらざるなり）。〈一般民衆は飢えることもこごえることもなくなる。それなのに王となれないなどという者は、今までにかつてなかったことである〉

構二怨於諸侯一、然後快二於心一与（うらみをショコウにかまえ(へ)しかるのちこころにこころよきか）。〈恨みを諸侯から受け、それで心中楽しく感じますか〉

滕君則誠賢君也、雖レ然未レ聞レ道（トウクンはすなわ(は)ちまことにケンクンなりしかりといえ(へ)どもいまだみちをきかず）。〈滕君はまことに立派な君主である。しかし、まだ道について聞いたことがない〉

仲尼之徒無下道二桓文之事一者上、是以後世無レ伝焉（チュウジのトはカンブンのことをいう(ふ)ものなし、ここをもってコウセイつたう(ふ)るなし）。〈孔門の一派には桓公・文公の事を口にするものはない。だから後世に伝わらないのである〉

伯夷叔斉不レ念二旧悪一、怨是用希（ハクイシュクセイはキュウアクをおもわ(は)ずうらみここをもってまれなり）。〈伯夷叔斉は人の昔の悪事をいつまでも根に持つようなことはなかった。だから、人から恨まれることはめったになかった〉

思二天下惟羿為一レ愈レ己、於レ是殺レ羿（テンカただゲイのみおのれにまされりとなすとおもう(ふ)ここにおいてゲイをころせり）。〈天下中でただ羿だけが自分よりまさっていると思った。そこで羿を殺してしまった〉

〔並列形・従属形〕　並列形は、語や句を並列するもの。従属形は、他に従属する意を表す。

(1)並列の形

子路・曾皙・冉有・公西華侍坐（シロ・ソウセキ・ゼンユウ・コウセイカジザす）。〈子路・曾皙・冉有・公西華がおそばにはべっていた〉

彼与レ彼年相若（かれとかれとはとしあい(ひ)しけり）。〈彼と彼とは年が同じぐらいだ〉

生二秦穆夫人及二太子申生一（シンのボクフジンとタイシシンセイとをうむ）。〈秦の穆夫人と太子の申生とを生んだ〉

或命二巾車一、或棹二孤舟一（あるいはキンシャにメイじあるいはコシュウにさお(を)さす）。〈幌（ほろ）つきの車に乗ったり、一そうの舟に乗ったりした〉

且言且泣（かついいかつなく(ひ)）。〈語りながら泣いた〉

(2)従属の形　与（と）・及（と）を用いるが、この字の上にあるものが主で、下にあるものが従である関係を示す

管仲嘗与二鮑叔一賈（カンチュウかつてホウシュクとコす）。〈管仲はある時鮑叔と商売をした〉

秋宋及レ鄭平（あきソウテイとたい(ひ)らぐ）。〈秋に宋の国で鄭の国と和睦（ワボク）した〉

〔抑揚形〕　文意を強めるために、述べようとすることを一時おさえ、まず程度の低いものを述べておいて、その次に、述べようとする大事なことを強調する形をいう。

(1)況…乎を用いる形

天地盈虚与レ時消息、而況於レ人乎（テンチのエイキョすらときとショウソクすしかるをいわ(は)んやひとにおいてをや）。〈天体の満ち欠けでさえ時とともに消長する、まして（それより小さい）人間の場合はなおさらのことである〉

(2)且（かつ）・猶（尚）（なお）・且猶（かつなお）などと況…乎とを併用する形

此句他人尚不レ可レ聞、況僕心哉（このクタニンすらなお(ほ)きくべからずいわ(は)んやボクのこころをや）。〈この句は他人でさえ聞くにしのびないものであるから、私の心にとってはなお

さらのことである〉

・管仲且猶不レ可レ召、而況不レ為二管仲一者乎(カンチュウすらかつなお(ほ)まねくべからず、しかるをいわ(は)んやカンチュウをなさざるものをや)。〈管仲でさえ呼びつけにできないのだから、まして（私のように）管仲のようなことをしない立派な者に対してはなおさらである〉

〔**累加形**〕　程度の低いものを先に述べて、次に程度の高いものをつけ加える形。

(1)不二惟……一・非二惟……一の形。（「惟」のほかに「唯・徒・啻・第・特・只」も同じ）

・不三惟有二超世之才一、亦必有二堅忍不抜之志一(ただにチョウセイのサイあるのみならず、またかならずケンニンフバツのこころざしあり)。〈(大事をなす者は) ただ世にすぐれた才能を持っているだけではなく、同様に必ず何事にもくじけない意志を持っていた〉

・非二徒無レ益、而又害レ之(ただにエキなきのみにあらず。しかもまたこれをガイす)。〈ただ益がないだけではなく、さらに害を与えているのである〉

(2)不二独……一・非二独……一の形

・不三独以立二其一身一也(ひとりもってそのイッシンをたつるのみならざるなり)。〈ただその人自身を立派にするだけではない〉

・非三独賢者有二是心一也(ひとりケンジャのみこのこころあるにあらざるなり)。〈ただすぐれた人だけがこういう心を持っているのではない〉

(3)豈徒……・何独……の形

豈徒斉民安、天下之民挙安(あにただにセイのたみやすきのみならんや。テンカのたみみなやすし)。〈どうしてただ斉の人々だけが安泰なのであろうか、天下の人々もみな安泰なのである〉

故郷何独在二長安一(コキョウなんぞひとりチョウアンにあるのみならんや)。〈故郷はどうしてただ長安にあるだけであろうか。（いやここも立派な故郷である）〉

〔**限定形**〕　「ただこれだけだ」という限定の意を表す。

(1)限定の副詞を用いる形（通常、限定する語に「ノミ」の送り仮名をつける）

・惟士為レ能(ただシのみよくするをなす)。〈ただ士階級の人だけができることである〉

・但聞二人語響一(ただジンゴのひびきをきくのみ)。〈ただ人の話し声を聞くだけである〉

・今独臣有レ船(いまひとりシンのみふねあり)。〈今、私だけが船を持っている〉

・徒以二口舌一居二吾上一(ただコウゼツをもってわがうえ(へ)にお(を)る)。〈ただ口先がうまいということだけで私の上位にいるのだ〉

(2)限定の終尾詞を用いる形

口耳之間、則四寸耳(コウジのカンはすなわ(は)ちよんスンのみ)。〈口と耳の間は四寸に過ぎない〉

薄乎云爾、悪得レ無レ罪(うすしという(ふ)のみ、いず(づ)くんぞつみなきをえん)。〈軽いというだけのことで落度がないとはいえない〉

如レ斯而已乎(かくのごときのみか)。〈そのようなことだけで（いいので）すか〉

(3)前述の(1)と(2)とを併せ用いる形

孟嘗君特鶏鳴狗盗之雄耳(モウショウクンはただケイメイクトウのユウのみ)。〈孟嘗君はただ単にこそどろの親玉に過ぎない〉

・直不二百歩一耳(ただヒャッポならざるのみ)。〈ただ（逃げた距離が）百歩でないだけである（逃げたことに変わりはない）〉

〔**感嘆形**〕　感動の意を表し、喜びや悲しみや慨嘆などの意を表す。

(1)感嘆詞を用いる形

・嗚呼、滅二六国一者六国也(ああリッコクをほろぼすものはリッコクなり)。〈ああ、六国を滅ぼすものは（秦(シン)ではなく）六国自身である〉

・嗟乎、師道不レ伝也久矣(ああシドウのつたわ(は)らざるやひさし)。〈ああ、師についての道徳が伝わらなくなって長い時が経った〉

・噫、天喪レ予(ああテンヨをほろぼせり)。〈ああ、天は私を滅ぼした〉

・唉、豎子不レ足二与謀一(ああジュシともにはかるにたらず)。〈ああ、小僧め、一緒に相談する値打ちもない〉

(2)感嘆の終尾詞を用いる形

甚矣、吾衰也(はなはだしいかなわがおとろえ(へ)たるや)。〈ひどくなったものだなあ、私の老衰は〉

無為而治者其舜也与(ムイにしておさ(を)さまるものはそれシュンなるかな)。〈特に手を下さないのに世が治まってゆく（力のある）のはそれは舜帝だなあ〉

放二其心一而不レ知レ求、哀哉(そのこころをはなちてもとむるをしらず、かなしいかな)。〈その良心が自分から

だなあ〉

亡レ之命矣夫（これをほろぼすは。／メイなるかな）。〈この人を亡くしてしまうのは天命なのだなあ〉

(3)前述の(1)と(2)とを併せ用いる形

嗚呼哀哉、尚饗（ああかなしいかな／こい(ひ)ねがわ(は)くはうけよ）。〈ああかなしいことだなあ、（せめてこの供物を）受けられよ〉

〔**倒置形**〕　語勢を強め、表現効果を高めるために用いる形で、普通の語序を反対にして、強く表現しようとする部分を前に提示するものをいう。倒装形ともいう。

(1)補語を述語の前に提示する形

惟利是求（ただりを／これもとむ）。〈ただ利益だけを追求した〉（「惟求レ利（ただ／りをもとむ）」と同じ。補語を述語の前に提示したときには、その次に「是・之」の助字を添える）

父母其疾之憂（フボはそのシツを。／これうれう(ふ)）〈父母はわが子の病気を心配する〉（「父母憂二其疾一（フボはそのシツ／をうれう(ふ)）」と同じ）

禽獣之不レ若（キンジュウにも。／これしかず）〈鳥や獣にも及ばない〉（「不レ若二禽獣一（キンジュウに／しかず）」と同じ）

(2)述語を冒頭に提示する形

宜乎、百姓之謂二我愛一也（むべなるかなヒャクセイの／われをお(を)しむという(ふ)や）。〈もっともであるなあ、民が私のことを物惜しみしていると言うのは〉（「百姓之謂二我愛一也、宜乎（ヒャクセイのわれをお(を)しむと／いう(ふ)や、むべなるかな）」と同じ）

賢哉回也（ケンなるかな。／カイや）〈立派だなあ、顔回は〉（回也賢哉（カイや／ケンなるかな）」と同じ）

久矣、吾不三復夢見二周公一（ひさしいかな、われまた。／ゆめにシュウコウをみず）〈久しくなるなあ、私が周公を夢に見なくなってからは〉（「吾不三復夢見二周公一久矣（われまたゆめにシュウ／コウをみざることひさしいかな）」と同じ）

国字・国訓一覧

国字・国訓一覧

一、この覧は、国字・国訓の主なものを集めたものである。
二、国字は、わが国で製作した文字で、構成上、漢字の形式にならうものである。また、もとの漢字をわが国独特の形に省画・変形したものを含む。
三、ここでいう国訓とは、漢字本来の意味とは別に、わが国で独自に用いられる意味（訓）をいう。この類はきわめて多く、この欄に収めたのは、そのごく一部である。
四、＊印は、国訓を示す。
五、配列は、部首・画数順による。

一
㐂　キ　喜の草体

丨
串　＊くし

丿
〆　しめ
ん　なり　也の草体
乍　＊ながら

二
丼　＊どんぶり

人
仐　サン、かさ　傘の略体
代　＊しろ
佃　＊つくだ
伽　＊とぎ
侘　＊わび、わびる
併　＊しかし
供　＊とも
俤　おもかげ
俥　くるま
俣　また
倅　＊せがれ
倩　＊つらつら
俵　＊たわら
候　＊そうろう
俁　また　俣の別体
偖　＊さて
偲　＊しのぶ
働　ドウ、はたらく
儚　＊はかない
儘　＊まま
儲　＊もうける

冂
冑　＊よろい

冫
冴　＊さえる

几
凧　たこ
凩　こがらし
凪　なぎ

刀
屶　なた

力
努　＊ゆめ

勹
匁　もんめ
匂　におい

厶
厶　＊ござる

又
反　＊タン（単位）

口
叺　かます
呆　＊あきれる
听　＊ポンド
咄　＊はなし
咲　＊さく
哘　さそう
喃　＊のう（呼びかけの声）
嗹　＊レン（洋紙を数える単位）
嘘　＊うそ
嘸　＊さぞ
噺　はなし
嚊　＊かかあ　嬶の別体
囎　ソ（囎唹ｿｵは、地名）

土
圦　いり
圷　あくつ
圸　まま（地名）
坏　＊つき
坪　＊つぼ
垈　ぬた（地名）
垪　ハ（垪和ﾊｶﾞは、姓氏・地名）
垰　たお（地名）　峠の別体
垳　がけ（地名）
⿰土谷　さこ（姓氏）
埖　ごみ（地名）
⿰土並　はが（姓氏）
塀　ヘイ　屏の別体
塰　あま（地名）

塙 ＊①はなわ ②ばん（姓氏）
壜 ＊びん
女
娚 ＊めおと（地名）
㛣 こなみ
娵 ＊よめ
㛂 おみな
婲 だて
婇 ＊うねめ（采女）
嫐 ＊うわなり
嬶 かかあ
宀
宛 ＊①あて ②ずつ
宊 うつぼ
尸
届 ＊とどける
山
乢 たわ（地名）
岼 ゆり（地名）
岬 ＊みさき
峅 くら（地名）
峠 とうげ、たお
嵐 ＊あらし

嵩 ＊かさ
嵶 たわ、たお（地名）
嶌 そぞろ
巛
川 クン 訓の略体
己
巴 ＊ともえ
巾
巾 ＊はば 幅の略体
弓
弗 ＊ドル（＄）
彅 なぎ（草彅(くさなぎ)は、姓氏）
心
慭 なまじい 憖の別体
態 ＊わざと
𢢝 すずろ、そぞろ
怺 こらえる
悴 ＊せがれ 倅の誤用
惘 ＊あきれる
惚 ＊ほれる
慥 ＊たしか
戸
戻 ＊もどる
手
扒 はめる
扱 ＊①あつかう ②こく、しごく

扠 ＊さて
扨 さて 扠の別体
抔 ＊など
拵 ＊こしらえる
挊 ＊かせぐ
挘 むしる
挵 ＊せせる
捗 ＊はかどる
𢭐 なぐさめる
𢮦 ＊むしる 毟の別体
据 ＊すえる
捩 ＊もじる
搣 もて（姓氏）
摑 ＊つかむ
摺 ＊する
擽 ＊くすぐる、こそぐる
日
旬 ＊シュン（時節の美味）
𣇃 くさか
𣍐 さやけし

月
𣍐 さやけし
腺 セン
膵 スイ（膵臓）
木
杁 いり（姓氏・地名）
朸 ＊おうご
杜 ＊もり
杢 もく
杤 とち 栃の別体
杣 そま
杦 すぎ 杉の別体
杭 ＊くい
枌 ＊そぎ（枌板(そぎいた)）
枡 ます 升の別体
枏 もみじ
枠 わく
柾 ①まさき ②まさ
柄 ＊がら
栃 とち
柞 ＊いすのき

柏 ＊かしわ
柊 ＊ひいらぎ
栂 とが、つが
桂 ＊かつら
栲 ＊たえ
栢 ＊かや
桛 かせ
桝 ます 枡の別体
栬 ＊もみじ
𣜌 もみじ
梺 ふもと
梱 ＊こり、こうり
梻 しきみ
桷 ＊ずみ
桾 ＊くぬぎ（姓氏・地名）
梛 ＊なぎ
椨 たぶ
𣑥 さかき
棈 ＊あべまき

森 ＊もり
極 ＊きめる
椛 ①もみじ ②かば、樺の別体
椚 くぬぎ
椙 すぎ
椣 して
棯 ＊うつぎ（姓氏・地名）
棰 ＊たるき
椥 なぎ（地名）
椈 ＊ぶな
榁 むろ
椿 ＊つばき
椹 ＊さわら
榀 こまい
楿 かつら
椴 ＊とど（椴松とどまつ）
楾 はんぞう（半挿） 𤭯の別体
楓 ＊かえで
榛 ＊はり、はんのき

榊 さかき
榑 ＊くれ
標 ほくそ（地名）
榎 ＊えのき
槙 ＊まき
槝 かし（地名）
樒 ＊しきみ
槶 ＊くぬぎ
樋 ＊ひ、とい
橲 じさ（地名）
楠 ぶな 椈の別体
樫 かし
橅 ＊ぶな
橳 ぬで（姓氏・地名）
檞 ＊かしわ
櫟 ＊いちい
欟 つき

毛
毟 むしる

水
沓 ＊くつ 鞜の略体

江 ＊え
沖 ＊おき
泙 ＊なぎ（姓氏・地名）
滂 はま（姓氏）
淋 ＊さびしい
𣳾 なぎ
湶 ＊あわら（姓氏・地名）
溜 ＊たまる
澪 ＊みお
澳 ＊おき
瀞 ＊とろ
灘 ＊なだ

火
燗 ＊かん
燠 ＊おき
燵 タツ（炬燵こたつ）

牛
犇 ＊ひしめく

犬
狆 ＊ちん
狛 ＊こま

玉
瑞 ＊みず（みずみずしい）

瓦
瓦 ＊グラム
瓧 デカグラム
瓩 キログラム
瓰 デシグラム
瓱 ミリグラム
瓲 トン
瓸 ヘクトグラム
瓼 さらけ
甅 センチグラム
𤭯 はんぞう（半挿） 楾の別体

田
甲 ＊かぶと
町 ＊まち
畂 うね 畝の別体
畑 はたけ
甾 あらきはり
畠 はたけ
𤰆 の（布の幅を数える語）
番 ＊つがい
𤳉 たばかる

疒
癪 シャク

白
𤽜 ままいも（異母妹）

矢
矧 ＊はぐ（矢を作る。矢をつがえる）

石
硲 はざま
硴 かき（牡蠣）
礑 ＊はたと

禾
秦 ＊はた（姓氏）
稼 ＊かせぐ

穴
窶 ＊やつれる、やつす

立
立 ＊リットル
竍 デカリットル
竏 キロリットル
竕 デシリットル
竓 ミリリットル
竡 ヘクトリットル
竰 センチリットル

竹
笂 うつぼ（地名）
笹 ささ
笽 そうけ（姓氏）

節 ＊ノット
篦 ＊①へら ②の（矢柄）
簗 やな 梁の別体
簓 ささら
簱 はた 旗の別体
⿱竹輪 たが
籔 ＊やぶ（藪の誤用）
⿱竹賦 うつぼ
籡 しんし

米

籵 デカメートル
粁 キロメートル
粂 くめ
籾 もみ
粏 タ（糂粏ジンタは、食品の名）
粉 ＊デシメートル
粍 ミリメートル
粨 ヘクトメートル
粭 すくも（地名）
糀 こうじ

糎 センチメートル
糑 くましね 糈の別体
糘 すくも（地名）

糸

絣 ＊かすり
絖 ＊ぬめ（絹布の一種）
綛 かせ
綰 ＊わがねる
綺 ＊いらう
綟 ＊もじ（麻布の一種）
縅 おどし
縞 ＊しま
縒 ＊よる
縨 ほろ
纉 かせ
繧 ウン（繧繝ウンゲンは、織物の名）
⿰糸齊 かすり
纐 コウ（纐纈コウケチは、しぼり染め）

缶

缶 ＊カン（canの訳字、罐の略体）

耳

聢 しかと

舛

舛 ＊ます（升の誤用）

舟

艝 そり

艸

芝 ＊しば
苆 すさ
苳 ＊ふき
⿱艹宅 ところ（草の名）
茸 ＊たけ、きのこ
莨 ＊たばこ
莚 ＊むしろ（筵の誤用）
萢 やち（地名）
⿱艹秏 くたびれる
菰 ＊こも
蒅 すくも（藍染めの染料）
萱 ＊かや
葛 ＊つづら
萩 ＊はぎ
蓙 ござ（茣蓙）
蓜 ハイ（姓氏）
蒔 ＊まく

⿱艹開 あけび
薄 ＊すすき
蘰 かずら
蘒 はぎ 萩の別体

虫

蛯 えび
蜊 ＊あさり
蜑 ＊あま
蜷 ＊にな
蜱 ＊だに
螠 ＊ゆむし
⿰虫常 もみ むささびの別名
蟎 だに
⿰虫登 ひむし

衣

袰 ほろ
裃 かみしも
裄 ゆき
褄 つま
襅 ちはや
襠 ＊まち

襖 ＊ふすま
襷 たすき

言

託 ＊かこつ
詫 ＊わびる
誂 ＊あつらえる
諚 ＊ジョウ

谷

谺 ＊こだま

貝

貰 ＊もらう
賄 ＊まかなう

身

躮 せがれ
躵 ねらう
躻 うつけ
⿰身花 しつけ
躾 しつけ
⿰身盆 しつけ
軈 やがて

車

轌 そり

辵

辷 すべる
辻 つじ

込　こむ
辿　＊たどる
迄　＊まで
迚　とても
迫　＊さこ
這　＊はう
逧　さこ（地名）
遖　あっぱれ
酉
酛　もと（酒のもと）
金
鈨　はばき
鈲　＊かながき、くしろ
鉈　＊なた
鉧　＊けら
銑　＊ずく
𨦇　かすがい
𨦞　なた
鋲　ビョウ
鋺　＊かなまり
錠　＊ジョウ（錠前）

鉽　ブリキ（鉽力）
錆　＊さび
錺　かざり
錵　にえ
錘　＊つむ
鍔　＊つば
鎬　＊しのぎ
𨫝　さかほこ
鎺　はばき
鎹　かすがい
鐚　＊びた（鐚銭）
鐺　＊こじり
鑓　やり
門
閊　つかえる
閖　ゆり
雨
雫　しずく
霞　＊かすみ
靏　つる　鶴の別体
青
𩇔　そぞろ

革
鞆　とも
鞄　＊かばん
鞐　こはぜ
𩋡　しころ
頁
顎　＊あご
風
颪　おろし
食
𩝐　あさる
饂　ウン（饂飩ウドン）
髟
髱　＊たぼ
鬘　＊かつら
魚
魞　えり
魳　＊かます
魬　＊はまち
魦　＊いさざ
魸　なまず
鯯　このしろ
鮖　かじか
鮇　ひお
鮨　＊すし

鮎　＊あゆ
鮏　＊さけ
鮗　このしろ
魵　いさざ
鮭　＊さけ
鮱　ぼら
鮪　＊まぐろ、しび
鮲　こち
鮴　①ごり　②めばる（地名）
鯆　なまず
鮠　＊はや、はえ
鮾　いしもち
鯐　すばしり
鮹　＊たこ　蛸の別体
鯑　かずのこ
鯎　うぐい
鯒　こち
鯏　あさり　蜊の別体
鯲　どじょう

鯖　＊さば
鯥　＊むつ
𩸞　はも
𩸽　ほっけ
鯱　①しゃち　②しゃちほこ
鯣　＊するめ
鯰　なまず
鯡　＊にしん
鰚　はらか
鰘　むろあじ
鰆　＊さわら
𩷛　ぼら
鰊　＊にしん
鰔　＊かいらぎ
鰙　①わかさぎ　②はや
鯤　ぎぎ
鰍　＊①いなだ　②かじか
鰒　＊ふぐ
鰉　＊ひがい

鰰 はたはた
鰣 *はす
鱵 さより
鰤 *ぶり
鰯 いわし
鰡 ぼら
鱇 コウ（鮟鱇アンコウ）
鱈 たら
鯮 いるか
鱏 はや、はえ
鯵 *あじ
𩹉 きす
鱚 きす
鯖 さば
鰹 *かつお
鱓 *ごまめ
鱠 えそ
鱩 はたはた
鰼 しいら

鱧 *はも
鱫 アイ（鱫鱜アイキョウは、越年した鮎あゆ）
鱜 キョウ（同右）
鱰 しいら
鱶 *ふか
鱲 *からすみ
鱸 *すずき

鳥

鳰 にお
鳬 *けり
鴇 *とき
鴫 しぎ
鴾 とき
鵆 ちどり
鵇 *とき
鶚 みさご
鵜 *う
鵥 かけす
鵤 いかるが
鵼 *ぬえ

鶎 きくいただき
鵺 *ぬえ
鶍 いすか
鵯 *ひよどり
鶇 つぐみ 鶫の別体
鷏 いすか
鶸 *ひわ
鷴 やまがら
鷭 くいな
鷽 *うそ
𪆐 しじゅうがら

麻

麿 まろ

筆順の原則

大原則一　上から下へ

1、上の点画から　三(一 二 三)　工(一 丅 工)　言

2、上の部分から　客(宀 灾 客)　築(⺮ 筑 築)　喜

大原則二　左から右へ

1、左の点画から　川(丿 川 川)　順　州

2、左の部分から(偏が先で旁が後)

竹(𠂉 竹)　休(亻 休)　羽　林　語　例　側　湖　術

原則一　横画がさき　(横画と縦画とが交差する場合、原則二以外は横画がさき)

1、横・縦の順　十(一 十)　土(一 十 土)　七(一 七)　大　告

2、横・縦・縦の順　共(一 艹 共 共)　花(一 艹 花)

算(𥫗 笡 算)　帯(一 十 卄 卌 帯)　無(𠂉 無 無 無)

3、横・横・縦の順　用(冂 月 用)　末　夫(二 チ 夫)　春　実

4、横・横・縦・縦の順　耕(耒 耕)　囲(冂 冃 囲 囲)

原則二　横画があと　(次の場合に限る)

田(冂 Ⅲ 田 田)　男　異　由(冂 巾 由 由)　油　黄　曲　豊

角(ク 角 角 角)　解　再(冂 再 再 再)　構

王(一 丅 干 王)　主　美　隹(亻 仁 仹 隹)　進　雑

馬(丨 厂 Π 用 馬 馬)　駅　表(一 十 主 表)　生　清

寒(宀 宀 宀 宀 寒)

原則三　中がさき　(中と左右があって、左右が一、二画である場合)

小(亅 小 小)　京　水(亅 水 水 水)　永　衆(血 中 衆 衆)

業(⺍ 业 业 业 業)　赤(土 赤 赤)　楽　承

〔例外〕　次の場合に限り中をあとに書く

忄(丶 丶 忄)　性　火(丶 丷 火)　秋　炭　焼

原則四　外側がさき　(囲む形のもの)

国(丨 冂 国 国)　因　同(冂 同)　円　内　肉　司(𠃌 司)　羽

日(冂 日 日)　月　目　田

〔例外〕　区(ヌ 区)　医(矢 医)　可(口 可)

原則五　左払いがさき　(左払いと右払いが交差、または接する場合)

文(亠 ナ 文)　父　故　又　支　収　人　入　欠　金

〔注〕(ア)　さきに書く左払い　九　及

(イ)　あとに書く左払い　力　刀　万　方　別

原則六　つらぬく縦画は最後に

中(口 中)　申　車　半　事　建(⺕ 聿 建)

1、下の方がとまっても　書(⺕ 聿 書)　妻

2、上の方がとまっても　平　評　羊　洋　拝　手　争

3、上にも、下にもつきぬけない縦画は、上部・縦画・下部の順　里(日 甲 里)　黒　重(亘 重 重)　動　謹　勤

原則七　つらぬく横画は最後

女(く 女 女)　努　子(了 子)　母　毎　舟　与

〔例外〕　世(廿 廿 世)

原則八　横画と左払い

1、横画が長く、左払いが短い字では、左払いをさきに書く　右(ノ ナ 右)　有　布　希

2、横画が短く、左払いの長い字では、横画をさきに書く　左(一 ナ 左)　友　抜　在　存

原則九　にょうの書き順

1、夂　走　免　是はさきに書く　処(夂 処)　起(走 起)　勉　題

2、辶　廴　乚はあとに書く　近(斤 近)　建(聿 建)　直(㐄 直)

(昭和三三年文部省「筆順指導の手びき」による。)

平仮名書体表

〔歴代の書家が書いたもの〕

仮名	字母
あ	安 阿 愛 惡
い	以 伊 移 意
う	宇 有 憂 雲
え	衣 盈 要 江
お	於
か	加 可 閑 家 賀 駕
き	幾 支 起
く	久 具 九
け	計 介 遺
こ	己 古 許 故
さ	左 佐 散 差
し	之 志 新 事
す	寸 須 春 數
せ	世 勢 聲
そ	曾 所 楚 處
た	太 多 堂 當
ち	知 千 智
つ	川 徒 都 津
て	天 亭 轉 傳
と	止 登 東 度
な	奈 那 南 名 難
に	仁 爾 耳 丹 二
ぬ	奴 努
ね	禰 年 音
の	乃 能 農 濃 酒
は	波 者 盤 半 八 葉 破
ひ	非 悲 飛 日
ふ	不 布 婦
へ	阝 邊 幣 遍
ほ	保 本 奉 報 寶
ま	末 万 萬 滿 馬 間 眞 漫
み	美 見 三 身
む	武 無 舞 牟 无
め	女 免 面 馬 妻
も	毛 裳 母 茂
や	也 夜 屋 哉 耶
ゆ	由 遊
よ	与 餘 余 夜 世
ら	良 羅 蘭
り	利 里 梨 理 離
る	留 類 流
れ	禮 連 麗
ろ	呂 路 露 論 盧
わ	和 王 ○
ゐ	爲 遺
ゑ	惠 衞
を	遠 越 乎

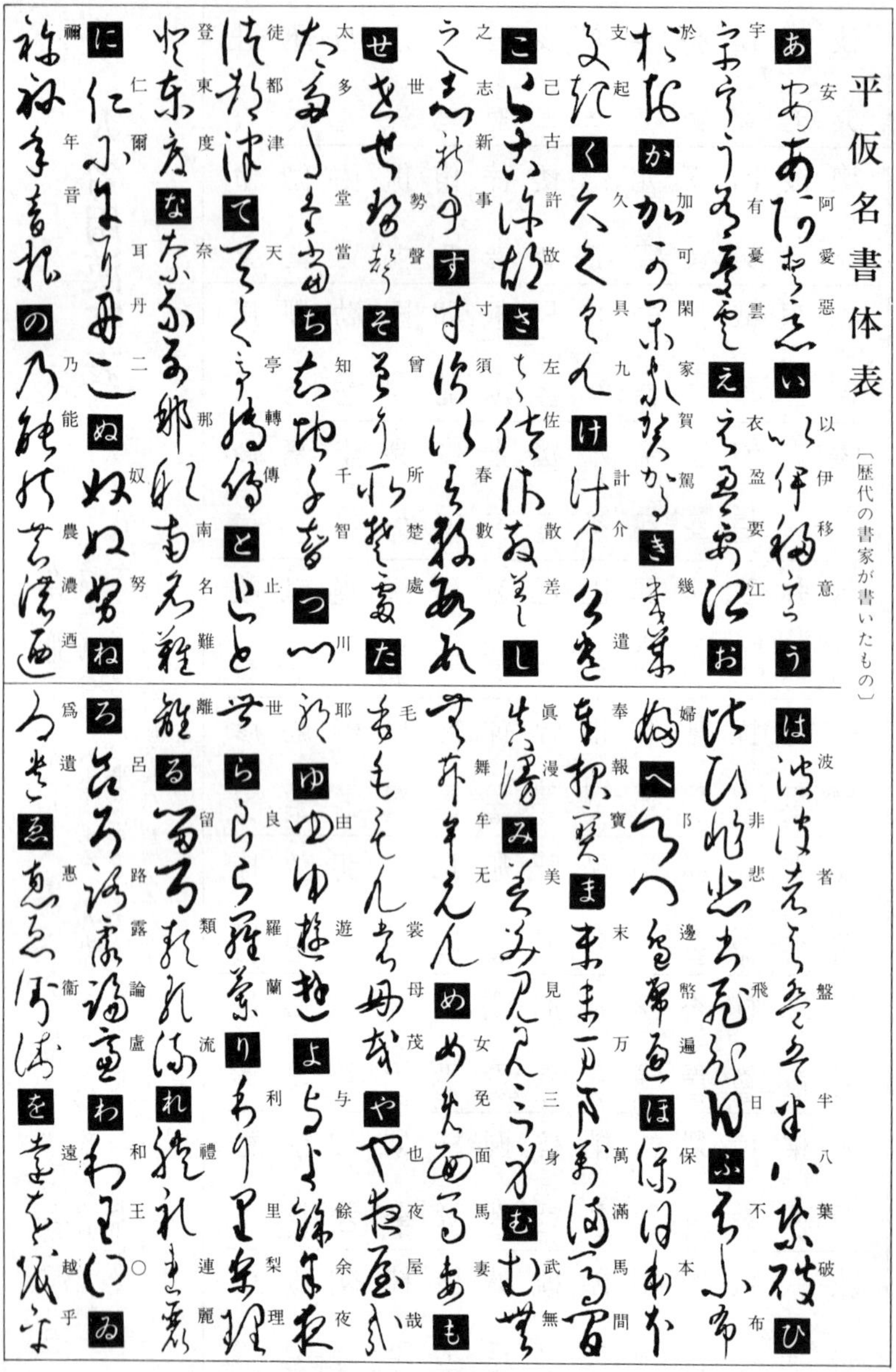

人名用漢字表

この表は、常用漢字（一九四五字）のほかに、人名に使用できる漢字として定められた「人名用漢字別表」の二八五字である。昭和五十六年十月の法務省令で定められた同別表は、一六六字であったが、平成二年の改正で、一一八字が追加され、その後平成九年十二月に「琉」の一字が追加された。数字は本辞典のページを示す。

伎	伍	伊	亮	亨	亦	亥	亘	也	之	乃	丞	丑
六八	六九	六五	五四	五二	五一	五一	四九	二九	二一	二三	一六	一三
凜	凌	冶	冴	允	偲	倭	倖	侑	侃	佑	伽	伶
一二八	一二七	一二六	一二六	一〇五	九五	九三	九〇	八三	七九	七七	七三	七六
啄	唄	哉	呂	吾	叶	只	叡	卯	匡	勁	凱	凪
二〇四	二〇五	二〇一	一九六	一九四	一八二	一八五	一八〇	一六九	一六〇	一五〇	一三〇	一三〇
峻	寅	宥	宏	孟	嬉	媛	奎	奈	尭	圭	嘉	喬
三三二	三〇六	三〇三	二九八	二九三	二八八	二八五	二七一	二七〇	二〇九	二一八	二一三	二〇九
彗	弥	弘	庄	巽	巴	巳	巌	嶺	嵯	嵩	嵐	崚
三七四	三七一	三七〇	三五七	三四一	三四一	三四一	三三六	三三六	三三五	三三五	三三五	三三四
捷	拳	憧	慧	惣	惟	惇	悌	恕	怜	彬	彪	彦
四五五	四三四	四三三	四〇六	四〇一	四一六	四一八	四一五	三九九	四一三	三七七	三七七	三七六
晏	晋	晃	昴	昌	昂	旺	旭	旦	於	斐	敦	捺
五〇四	五〇六	五〇四	五〇三	四九八	四九七	四九七	四九四	四九三	四八七	四八二	四七七	四五七
柊	釆	杜	杏	李	朔	朋	曙	暢	暉	智	晨	晟
五五四	五四七	五四四	五四二	五四五	五二六	五二三	五一六	五一四	五一三	五一一	五〇八	五〇七
椰	椎	椋	梨	梧	梢	梓	桐	桂	栞	栗	柾	柚
五七二	五六八	五六九	五六四	五六二	五六三	五六三	五六一	五五八	五五七	五六二	五五六	五五五
毅	欽	欣	檀	橘	樺	槻	槙	榛	楠	楓	楊	椿
六〇三	五八九	五八八	五八四	五八一	五七四	五七八	五七六	五七五	五七二	五七二	五七三	五七二

毬	汀	汐	汰	沙	洲	洵	洸	浩	淳	渚	渥	湧	滉	漱	濡	煕
六〇六	六一五	六一七	六二〇	六二〇	六二三	六二三	六二三	六二六	六四五	六四五	六五〇	六五七	六六一	六六七	六七四	六九五
熊	燎	燦	燿	爽	爾	猪	玖	玲	琢	琳	瑚	琉	瑛	瑞	瑠	瑶
六九五	六八七	六八七	六八八	六九九	六九九	七一二	七二〇	七二一	七二三	七二五	七二五	七二三	七二四	七二六	七二七	七二六
瑳	璃	甫	皐	皓	眉	眸	睦	瞭	瞳	矩	碧	碩	磯	祐	禄	禎
七二七	七二八	七三五	七五六	七五六	七六五	七六八	七六九	七七一	七七〇	七七四	七八一	七八〇	七八三	七八九	七九一	七九二
秦	稀	稔	稜	穣	竣	靖	笙	笹	紗	紘	紬	絃	絢	綜	綸	綺
七九八	八〇〇	八〇一	八〇一	八〇四	八一二	八一三	八一六	八一八	八四三	八四三	八四九	八四六	八五二	八五九	八六二	八五六
綾	緋	翔	翠	耀	耶	聡	肇	胡	胤	脩	舜	艶	芙	芹	苑	茉
八六一	八五九	八八四	八八五	八八七	八九二	八九六	八九九	五三三	五三三	五二八	九〇六	九一一	九一六	九一五	九一八	九二三
茄	茅	茜	莉	莞	菖	菫	萌	萩	葵	蒔	蒼	蓉	蓮	蔦	蕉	蕗
九一八	九二三	九二五	九三〇	九二八	九三三	九三一	九三三	九三五	九三五	九三九	九四〇	九四三	九四三	九四三	九四五	九五〇
藍	藤	蘭	虎	虹	蝶	衿	袈	裟	詢	誼	諄	諒	赳	輔	辰	迪
九五二	九五一	九五四	九五六	九六〇	九六七	九八〇	九七七	九七八	一〇〇九	一〇一四	一〇一四	一〇一九	一〇五二	一〇七二	一〇七八	一〇八三
遥	遼	邑	那	郁	酉	醇	錦	鎌	阿	隼	雛	霞	鞠	須	頌	颯
一〇九九	一一〇四	一一〇六	一一〇七	一一〇八	一一一四	一一一七	一一三五	一一四〇	一一五七	一一七〇	一一七四	一一八一	一一八九	一一九四	一一九五	一二〇四
馨	駒	駿	魁	鮎	鯉	鯛	鳩	鳳	鴻	鵬	鶴	鷹	鹿	麟	麿	黎
一二一六	一二一九	一二二一	一二三七	一二四一	一二四三	一二四四	一二四八	一二四九	一二五二	一二五五	一二五六	一二五九	一二六〇	一二六二	一二六五	一二六七
黛	亀															
一二六八	一二八〇															

〔人名漢字許容字体表〕

1　常用漢字表に掲げる漢字に関するもの

亞(亜)　惡(悪)　爲(為)　逸(逸)　衞(衛)　謁(謁)　緣(縁)　應(応)　櫻(桜)　奧(奥)　橫(横)　溫(温)
價(価)　禍(禍)　悔(悔)　海(海)　壞(壊)　懷(懐)　樂(楽)　渴(渇)　卷(巻)　陷(陥)　寬(寛)　漢(漢)
氣(気)　祈(祈)　器(器)　僞(偽)　戲(戯)　虛(虚)　峽(峡)　狹(狭)　響(響)　曉(暁)　勤(勤)　謹(謹)
勳(勲)　薰(薫)　惠(恵)　揭(掲)　鷄(鶏)　藝(芸)　擊(撃)　縣(県)　儉(倹)　劍(剣)　險(険)　圈(圏)
檢(検)　顯(顕)　驗(験)　嚴(厳)　廣(広)　恆(恒)　黃(黄)　國(国)　黑(黒)　穀(穀)　碎(砕)　雜(雑)
祉(祉)　視(視)　兒(児)　濕(湿)　社(社)　者(者)　煮(煮)　壽(寿)　收(収)　臭(臭)　從(従)　澁(渋)
獸(獣)　縱(縦)　祝(祝)　暑(暑)　署(署)　緖(緒)　諸(諸)　敍(叙)　將(将)　祥(祥)　涉(渉)　燒(焼)
奬(奨)　條(条)　狀(状)　乘(乗)　淨(浄)　剩(剰)　疊(畳)　孃(嬢)　讓(譲)　釀(醸)　神(神)　眞(真)
寢(寝)　愼(慎)　盡(尽)　粹(粋)　醉(酔)　穗(穂)　瀨(瀬)　齊(斉)　靜(静)　攝(摂)　節(節)　專(専)
戰(戦)　纖(繊)　禪(禅)　祖(祖)　壯(壮)　爭(争)　莊(荘)　搜(捜)　巢(巣)　裝(装)　僧(僧)　層(層)
騷(騒)　增(増)　憎(憎)　藏(蔵)　贈(贈)　臟(臓)　卽(即)　帶(帯)　滯(滞)　單(単)　嘆(嘆)　團(団)
彈(弾)　晝(昼)　鑄(鋳)　著(著)　廳(庁)　徵(徴)　聽(聴)　懲(懲)　鎭(鎮)　轉(転)　傳(伝)　都(都)
燈(灯)　盜(盗)　稻(稲)　德(徳)　突(突)　難(難)　拜(拝)　賣(売)　梅(梅)　髮(髪)　拔(抜)　繁(繁)
晚(晩)　卑(卑)　祕(秘)　碑(碑)　賓(賓)　敏(敏)　侮(侮)　福(福)　拂(払)　佛(仏)　勉(勉)　步(歩)
墨(墨)　飜(翻)　每(毎)　默(黙)　藥(薬)　與(与)　搖(揺)　樣(様)　謠(謡)　來(来)　賴(頼)　覽(覧)
欄(欄)　龍(竜)　虜(虜)　綠(緑)　淚(涙)　壘(塁)　類(類)　曆(暦)　歷(歴)　練(練)　鍊(錬)　郞(郎)
朗(朗)　廊(廊)　錄(録)

2　人名用漢字別表に掲げる漢字に関するもの

亙(亘)　巖(巌)　彌(弥)　渚(渚)　猪(猪)　琢(琢)　祐(祐)　祿(禄)　禎(禎)　穰(穣)

(注)

この表は，常用漢字表および人名用漢字別表に掲げる字体（以下「通用字体」という）のほかに，「当分の間，子の名に用いることができる」とされる漢字の一覧である。括弧内は，通用字体を示す。

いわゆる旧字体（正字）の中でも，たとえば榮・圓・學・實などはこの表に含まれず，したがって通用字体の栄・円・学・実を用いなければならない。

中国服飾図

〔漢代の資料による〕

皇帝礼服

皇后礼服

皇帝礼服 皇帝が天地・祖先を祭るときの礼服。冠は冕冠で、広さ七寸、長さ一尺二寸。表は玄色で裏は朱緑色、赤色の纓がある。衣(うわぎ)は玄色で十二章のうち、日・月・星辰・竜・山・火・華虫・宗彝をえがき、裳(もすそ)は赤黄色で、水藻・粉米・黼・黻をぬいとりする。大綬(赤黄色)・佩剣・大珮・小綬・舄(赤色)をつける。

皇后礼服 衣は青色、裳は縹色で、上下がつながっており、帯をつける。領・袖口・裾は別布でふちどりし、絛(うちひも)で飾る。布には模様がなく、色も単一であるが、綬は彩色した緄帯である。頭には人工の髻(もとどり)をのせ、歩揺・簪・珥をつける。

儒家 冠は進賢冠で、緇色。前額に、位によって一本から三本のすじ(隆起した部分)をつけ、また両耳がある。衣は皁色の禅衣(ひとえ)に革帯をしめ、烏皮(くろ皮)の履をはく。

官吏 幘をかぶり、領・袖口を黒色の布でふちどった赤色のひとえを着、裳をはく。革帯をしめて長剣をつかね、その上に大帯をしめる。

皇帝朝服

儒家

官吏

武人一（大将）

武人二（武将）

武人三（兵卒）

武人一　盔(かぶと)・よろい(皮または鉄製)と皮製のゆがけをつけ、袍(うわぎ)を着る。右臂を肩ぬぐのは、漢代武人の習慣。

武人二　頭に絳色の袙をつけ、赤色の絮衣(綿や麻を入れたわたいれで、よろいの代用)を着、紅色の袴をはき、膝の上でしばる。

武人三　武冠に鶡の尾羽をさし、虎紋のひとえ、または絮衣を着る。

婦人一　髻(もとどり)を高くし、その髪の先を髻の後に垂らす。赤色の長い袍(わたいれ)の領と袖口・裾などを緑色の別布でふちどる。

婦人二　髻を高くして、簪(ここでは歩揺)と花飾りをさす。白色の上衣の上に袖無を着、黄色の裙をはく。

婦人一（仕女）

婦人二（仕女）

侍従一（門衛）

侍従二（御者）

侍従三（女侍一）

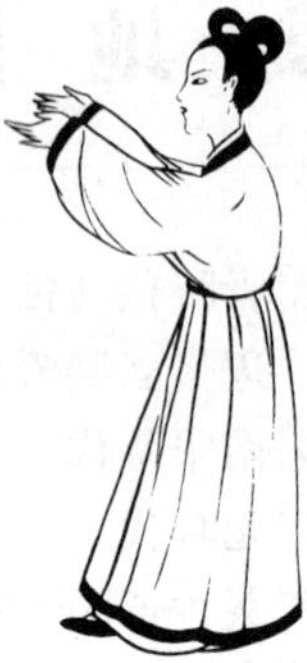
侍従四（女侍二）

庶民一（労働者）

庶民二（農民）

庶民三（老人）

庶民四（婦人一）

庶民五（婦人二）

庶民六（婦人三）

舞楽人一（女舞人）

舞楽人二（男舞人）

舞楽人三（歌舞人）

中 国 歴 史 地 図

［1］殷・西周時代

［2］春秋時代

［3］戦国時代

［4］前漢時代〔付：漢楚の興亡〕

［5］張騫の西域行程

［6］三国時代

［7］五胡十六国

［8］南北朝時代

［9］唐時代〔付：長安城とその周辺／玄奘の求法行程〕

［10］南宋時代

［11］元時代

［12］蒙古帝国の版図

［13］明時代

［14］現代（☞うら見返し）

殷・西周時代

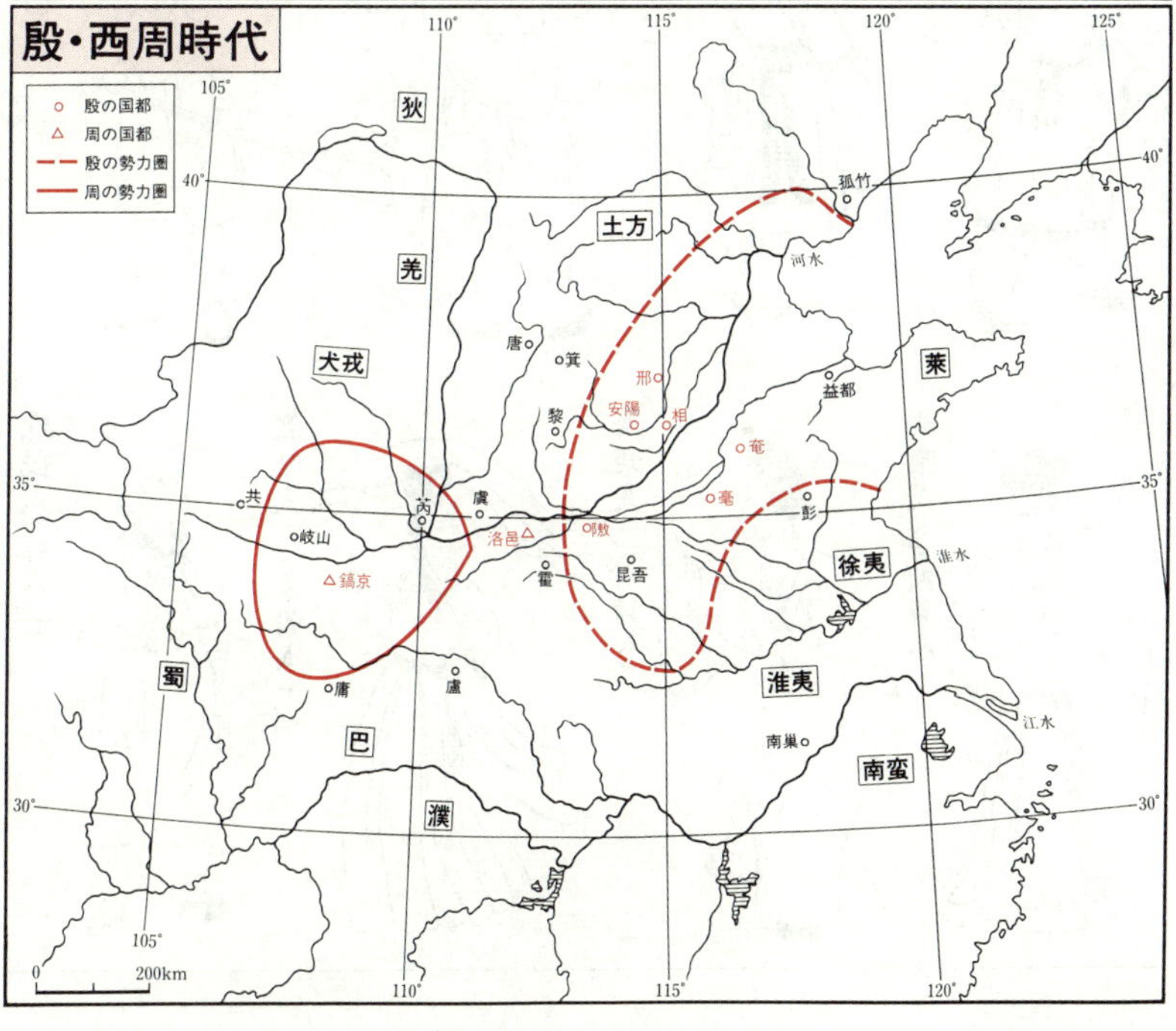

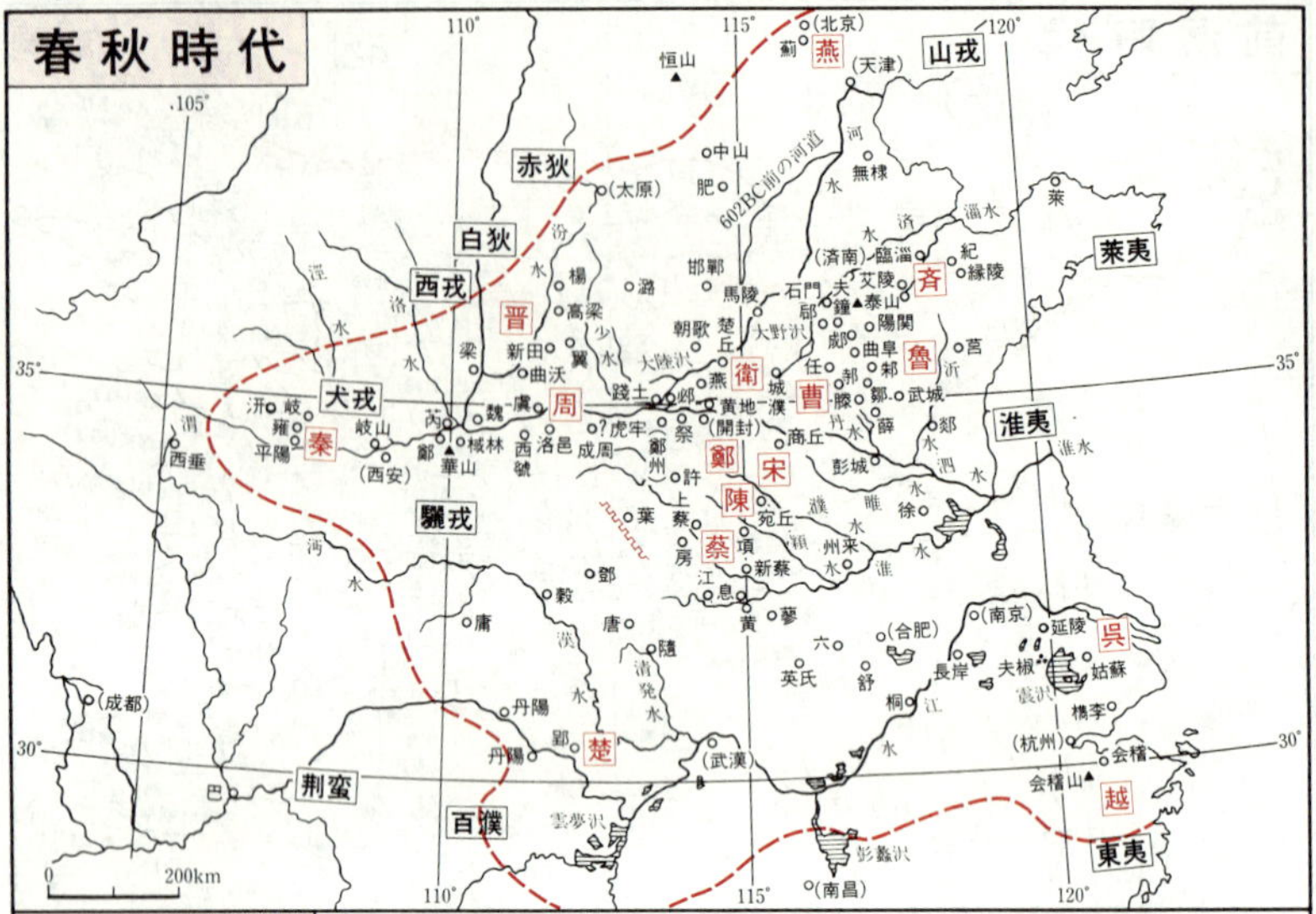
春秋時代
燕
(北京)
薊
(天津)
山戎
恒山
中山
肥
赤狄
(太原)
602BC前の河道
無棣
河
水
萊
淄水
白狄
西戎
晋
汾
水
楊
高梁
潞
邯鄲
馬陵
石門
済
(済南)
臨淄
紀
縁陵
萊夷
艾陵
斉
泰山
鐘
陽関
朝歌
楚丘
大野沢
成
曲阜
魯
莒
沂
新田
翼
梁
曲沃
衛
大陸沢
燕
城濮
曹
任
郕
邾
犬戎
汧
岐
雍
秦
平陽
西垂
渭
岐山
(西安)
鄭
華山
芮
械林
虢
虞
周
洛邑
西虢
成周
踐土
虎牢
黄池
(開封)
鄭州
祭
滕
薛
鄫
武城
淮夷
商丘
宋
彭城
泗
淮水
驪戎
許
鄭
陳
宛丘
葉
上蔡
蔡
項
新蔡
徐
睢
洧
州来
潁
淮
江
息
鄧
穀
庸
唐
隨
黄
蓼
(合肥)
(南京)
延陵
呉
六
英氏
舒
長岸
夫椒
姑蘇
桐
震沢
檇李
(成都)
丹陽
郢
楚
(武漢)
(杭州)
会稽
会稽山
越
巴
荊蛮
百濮
雲夢沢
彭蠡沢
(南昌)
東夷
0
200km
105°
110°
115°
120°
35°
30°

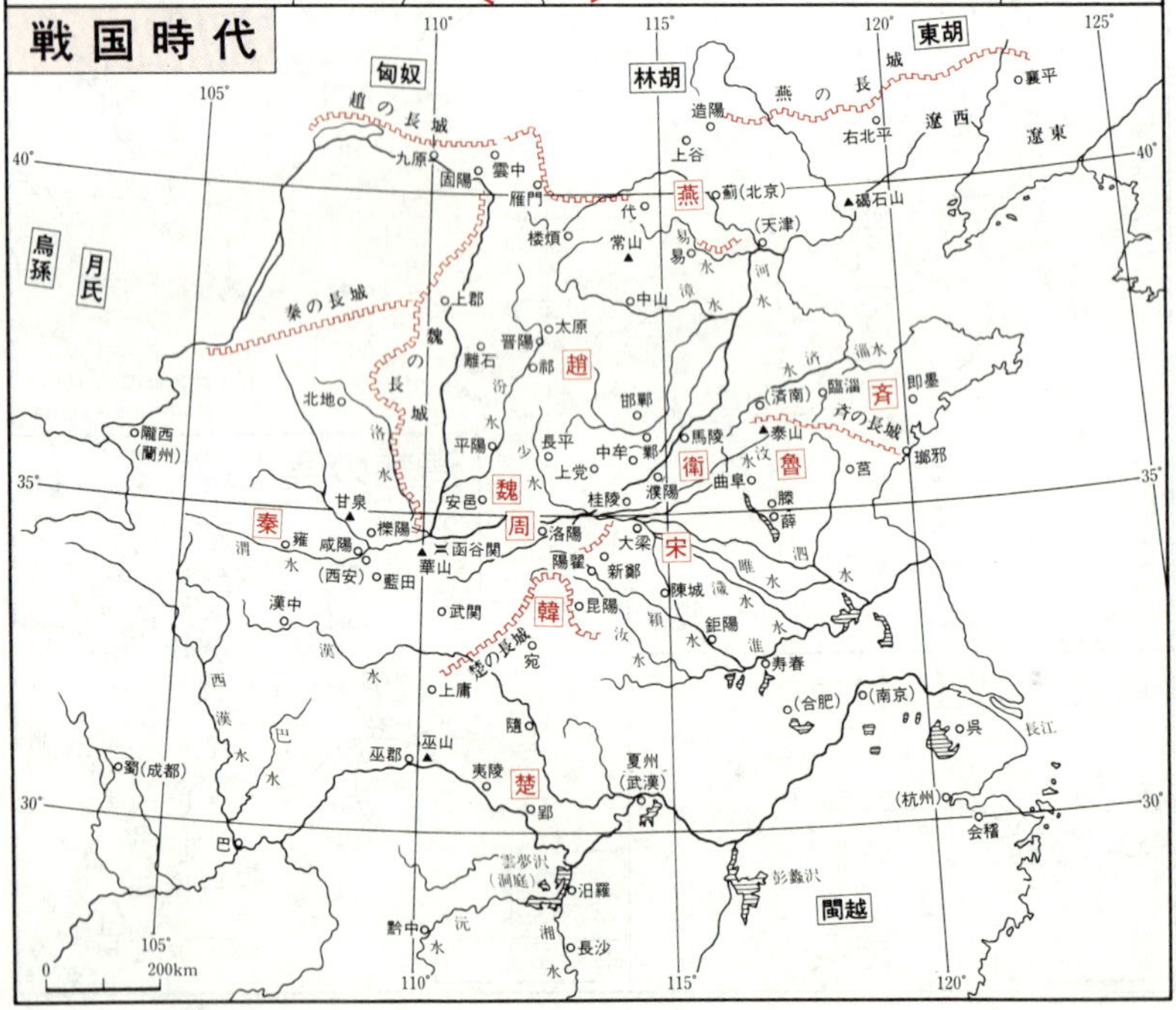
戦国時代
匈奴
林胡
東胡
燕の長城
襄平
遼西
遼東
趙の長城
造陽
右北平
九原
雲中
固陽
雁門
上谷
燕
薊(北京)
碣石山
(天津)
代
烏孫
月氏
楼煩
常山
易
易水
中山
漳
水
河
秦の長城
上郡
太原
晋陽
魏の長城
離石
祁
趙
淄水
済
(済南)
臨淄
斉
即墨
北地
邯鄲
斉の長城
馬陵
泰山
平陽
長平
中牟
鄴
上党
衛
魯
莒
琅邪
隴西
(蘭州)
汶
曲阜
濮陽
滕
薛
甘泉
安邑
魏
桂陵
櫟陽
秦
雍
咸陽
函谷関
洛陽
周
大梁
宋
華山
(西安)
藍田
陽翟
新鄭
陳城
韓
昆陽
鉅陽
漢中
武関
楚の長城
宛
寿春
淮
上庸
(合肥)
(南京)
呉
長江
西漢水
巴水
巫山
巫郡
隨
夷陵
楚
郢
夏州
(武漢)
蜀(成都)
(杭州)
会稽
巴
雲夢沢
(洞庭)
汨羅
彭蠡沢
閩越
黔中
沅
水
湘
長沙
0
200km
105°
110°
115°
120°
125°
40°
35°
30°

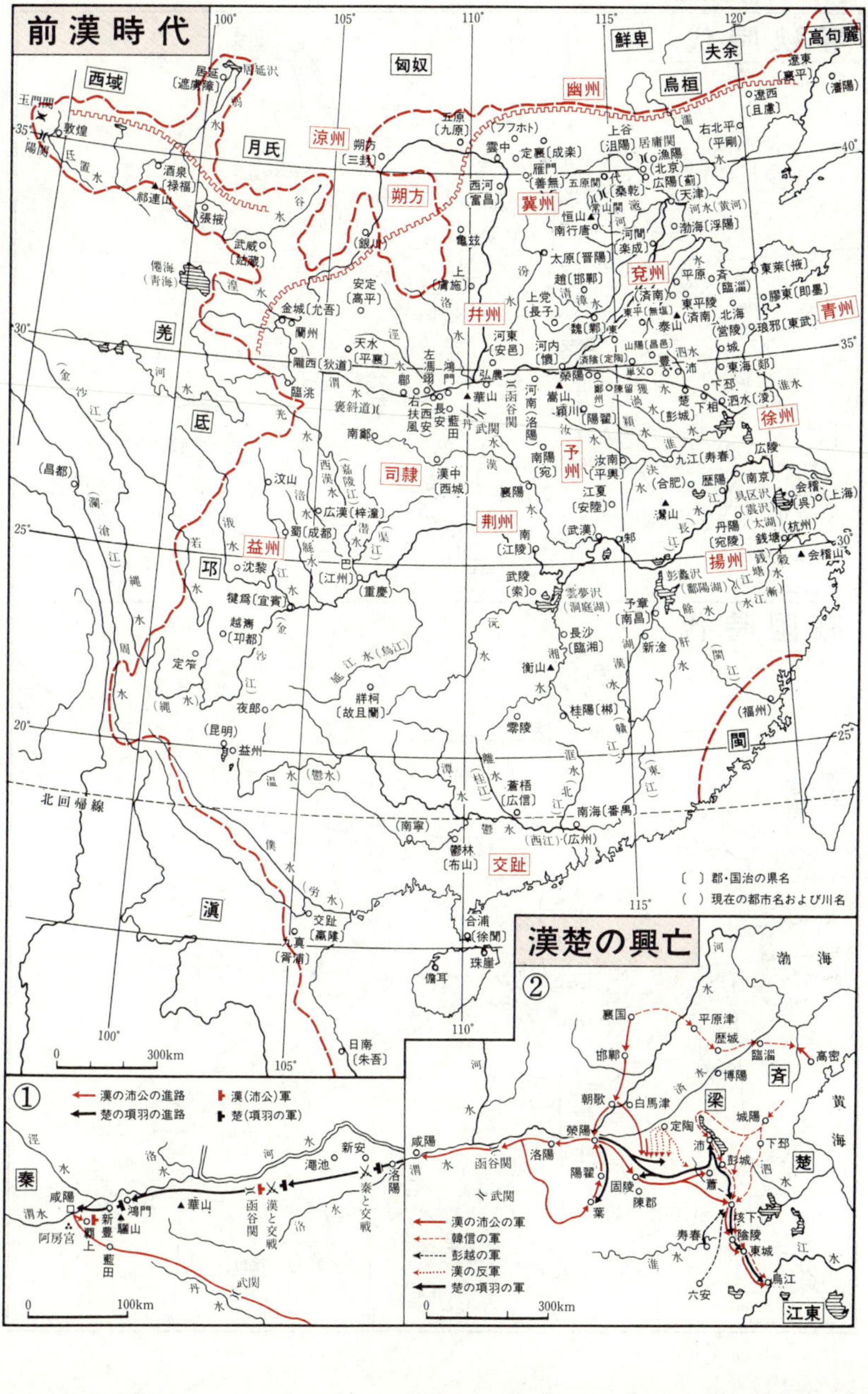
前漢時代
西域
匈奴
鮮卑
夫余
高句麗
烏桓
月氏
羌
氐
邛
滇
閩
涼州
朔方
幽州
冀州
兗州
青州
井州
司隷
予州
徐州
荊州
益州
揚州
交趾
玉門関
陽関
敦煌
酒泉〔禄福〕
祁連山
張掖
武威〔姑蔵〕
居延〔遮虜障〕
居延沢
僊海（青海）
金城〔允吾〕
蘭州
朔方〔三封〕
五原〔九原〕
雲中
定襄〔成楽〕
雁門〔善無〕
西河〔富昌〕
上谷〔沮陽〕
居庸関
漁陽（北京）
広陽〔薊〕（天津）
右北平〔平剛〕
遼西〔且慮〕
遼東〔襄平〕
（瀋陽）
代〔桑乾〕
恒山
河間〔楽成〕
渤海〔浮陽〕
太原〔晋陽〕
趙〔邯鄲〕
上党〔長子〕
魏〔鄴〕
東郡〔濮陽〕（済南）
平原
斉〔臨淄〕
東萊〔掖〕
膠東〔即墨〕
北海〔営陵〕
琅邪〔東武〕
泰山
東平陵（済南）
河東〔安邑〕
河内〔懐〕
弘農
華山
函谷関
河南（洛陽）
滎陽
嵩山
潁川〔陽翟〕
陳留
山陽〔昌邑〕
済陰〔定陶〕
単父
豊
沛
楚〔彭城〕
下相
下邳
泗水〔淩〕
東海〔郯〕
広陵
九江〔寿春〕
歴陽（南京）
会稽〔呉〕（上海）
具区沢（震沢）（太湖）
丹陽〔宛陵〕
銭塘（杭州）
会稽山
安定〔高平〕
天水〔平襄〕
隴西〔狄道〕
臨洮
左馮翊
右扶風
京兆尹
長安（西安）
藍田
鴻門
褒斜道
南鄭
漢中〔西城〕
武関
南陽〔宛〕
汝南〔平輿〕
江夏〔安陸〕
襄陽
南〔江陵〕
（武漢）
鄂
廬山
彭蠡沢（鄱陽湖）
予章〔南昌〕
長沙〔臨湘〕
衡山
雲夢沢（洞庭湖）
武陵〔索〕
汶山
広漢〔梓潼〕
蜀〔成都〕
巴〔江州〕
（重慶）
沈黎
犍為〔宜賓〕
越巂〔邛都〕
定筰
牂柯〔故且蘭〕
夜郎
（昆明）
益州
（昌都）
桂陽〔郴〕
零陵
蒼梧〔広信〕
南海〔番禺〕
（広州）
鬱林〔布山〕
（南寧）
合浦〔徐聞〕
珠崖
儋耳
交趾〔羸𨻻〕
九真〔胥浦〕
日南〔朱吾〕
新淦
（福州）
北回帰線
〔　〕郡・国治の県名
（　）現在の都市名および川名
0　300km
漢楚の興亡
①
漢の沛公の進路
楚の項羽の進路
漢（沛公）軍
楚（項羽の軍）
秦
咸陽
阿房宮
覇上
新豊
驪山
鴻門
華山
函谷関
漢と交戦
秦と交戦
澠池
新安
洛陽
藍田
武関
0　100km
②
渤海
黄海
襄国
平原津
歴城
臨淄
高密
邯鄲
博陽
斉
朝歌
白馬津
梁
城陽
定陶
滎陽
洛陽
咸陽
函谷関
武関
陽翟
固陵
陳郡
葉
彭城
沛
下邳
蕭
垓下
寿春
陰陵
東城
烏江
六安
楚
江東
漢の沛公の軍
韓信の軍
彭越の軍
漢の反軍
楚の項羽の軍
0　300km

張騫の西域行程

三国時代

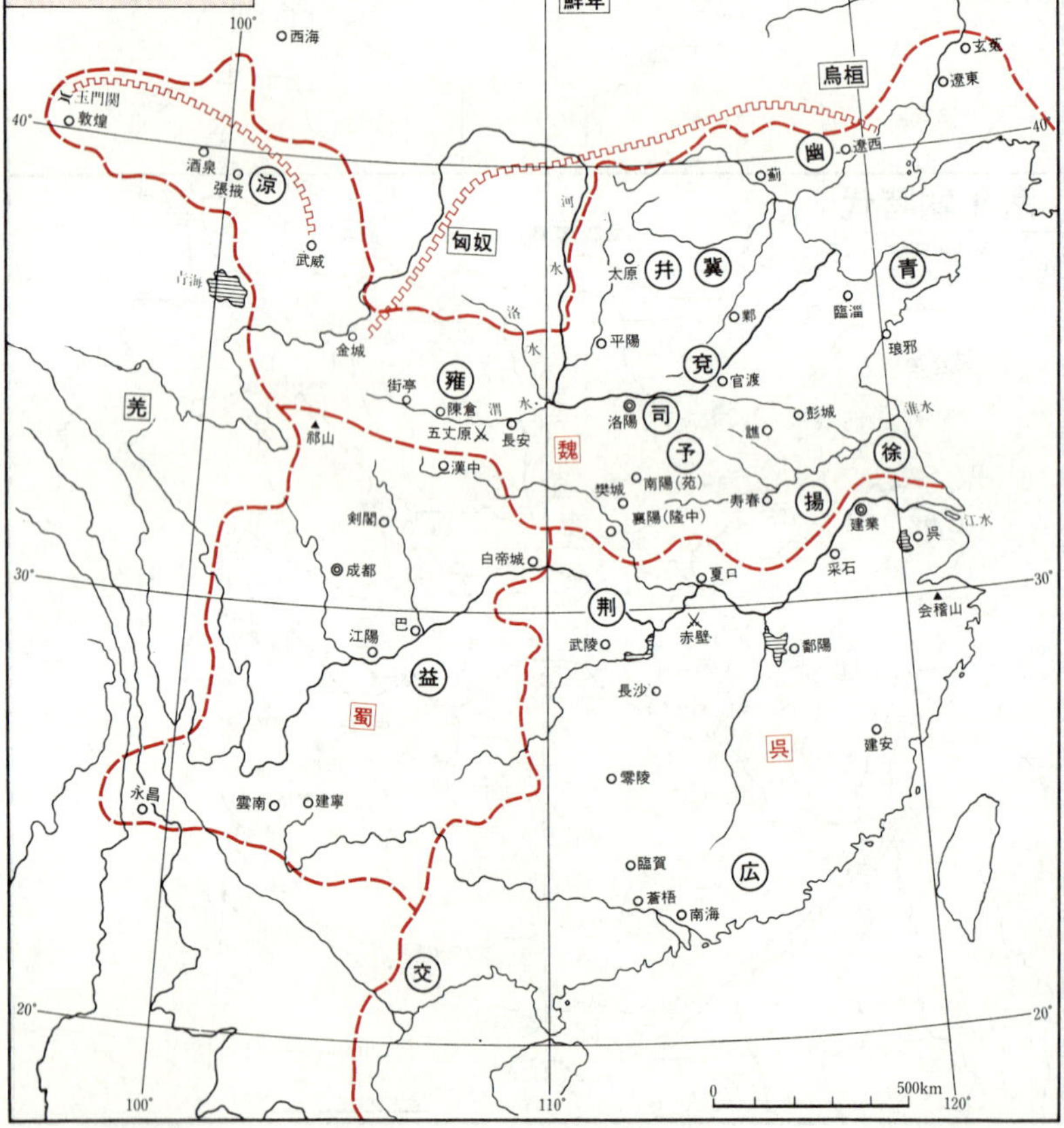

五胡十六国

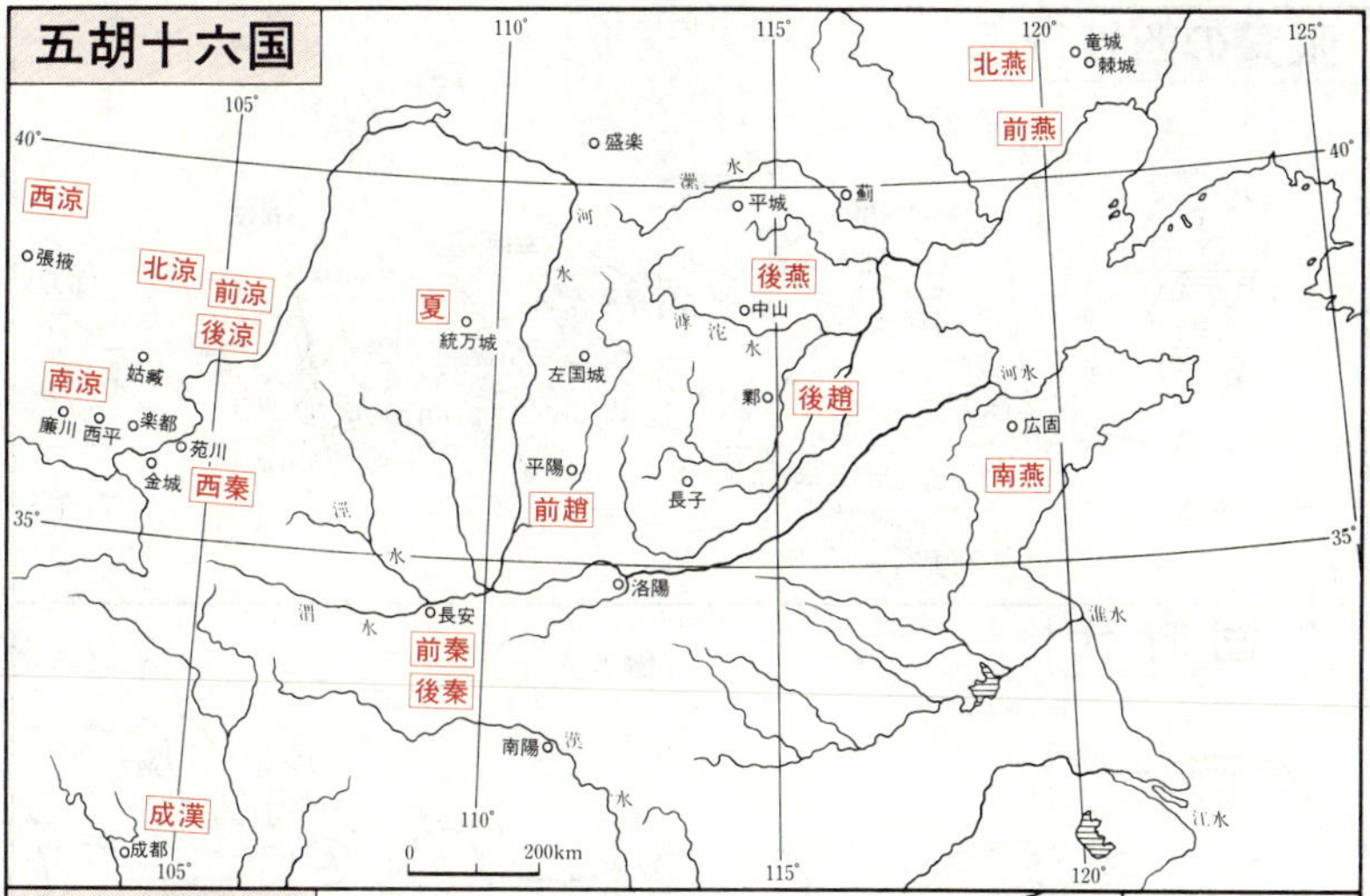

北燕
前燕
西涼
北涼
前涼
後涼
南涼
西秦
夏
後燕
後趙
南燕
前趙
前秦
後秦
成漢
竜城
棘城
盛楽
平城
薊
張掖
姑臧
廉川
西平
楽都
苑川
金城
統万城
左国城
中山
鄴
広固
平陽
長子
洛陽
長安
南陽
成都
灅水
河水
滹沱水
涇水
渭水
淮水
漢水
江水
0　200km

南北朝時代

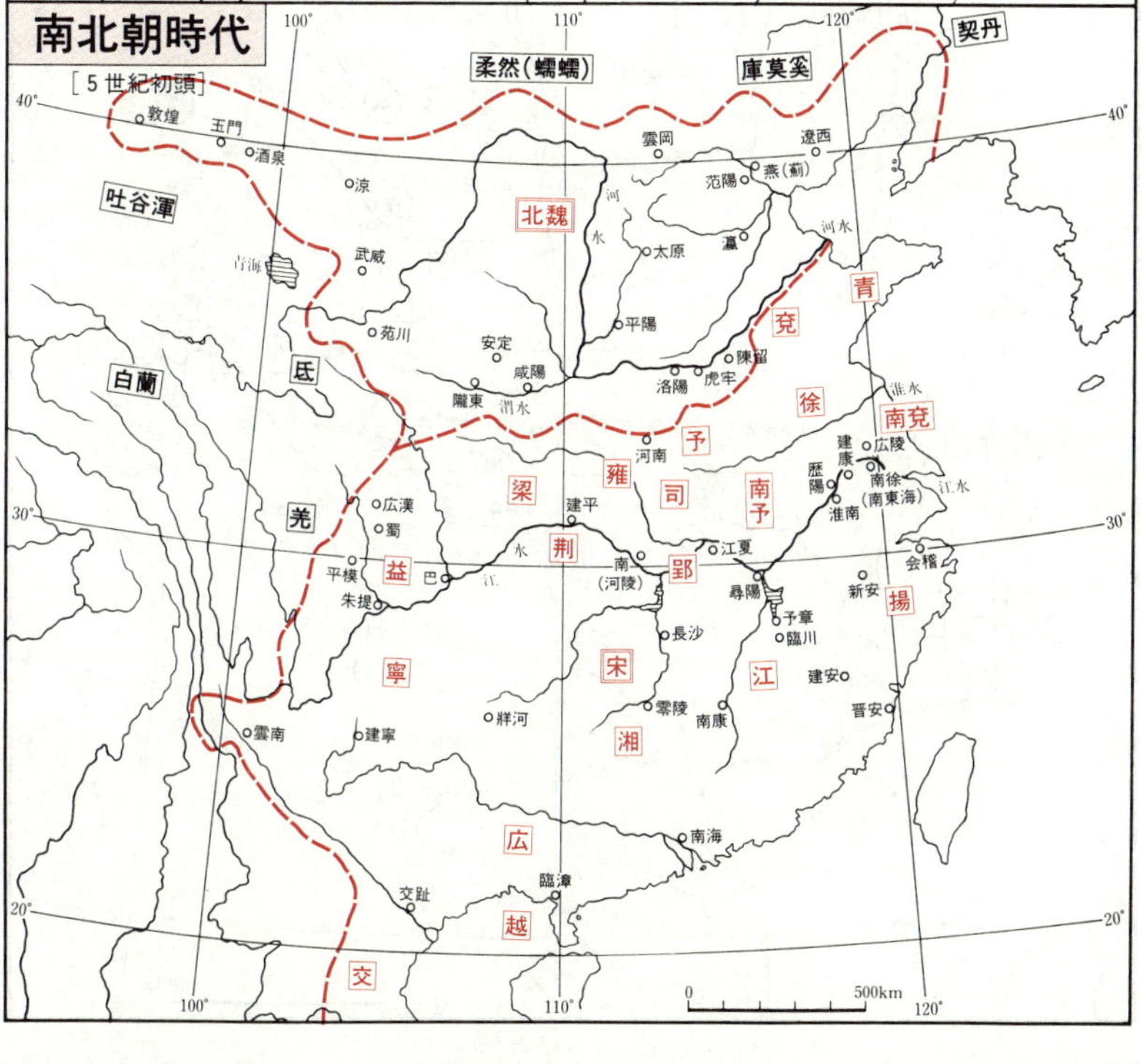

[5世紀初頭]
柔然（蠕蠕）
庫莫奚
契丹
吐谷渾
北魏
白蘭
氐
羌
青
兗
徐
南兗
予
雍
梁
司
南予
荊
郢
益
寧
宋
江
湘
揚
広
越
交
敦煌
玉門
酒泉
涼
武威
青海
苑川
安定
咸陽
隴東
雲岡
遼西
范陽
燕（薊）
瀛
太原
平陽
洛陽
虎牢
陳留
河南
建平
広漢
蜀
平模
巴
朱提
南（河陵）
江夏
尋陽
予章
臨川
長沙
建康
広陵
歴陽
淮南
南徐（南東海）
会稽
新安
建安
晋安
零陵
南康
牂河
建寧
雲南
南海
交趾
臨漳
渭水
河水
淮水
江水
0　500km

唐時代

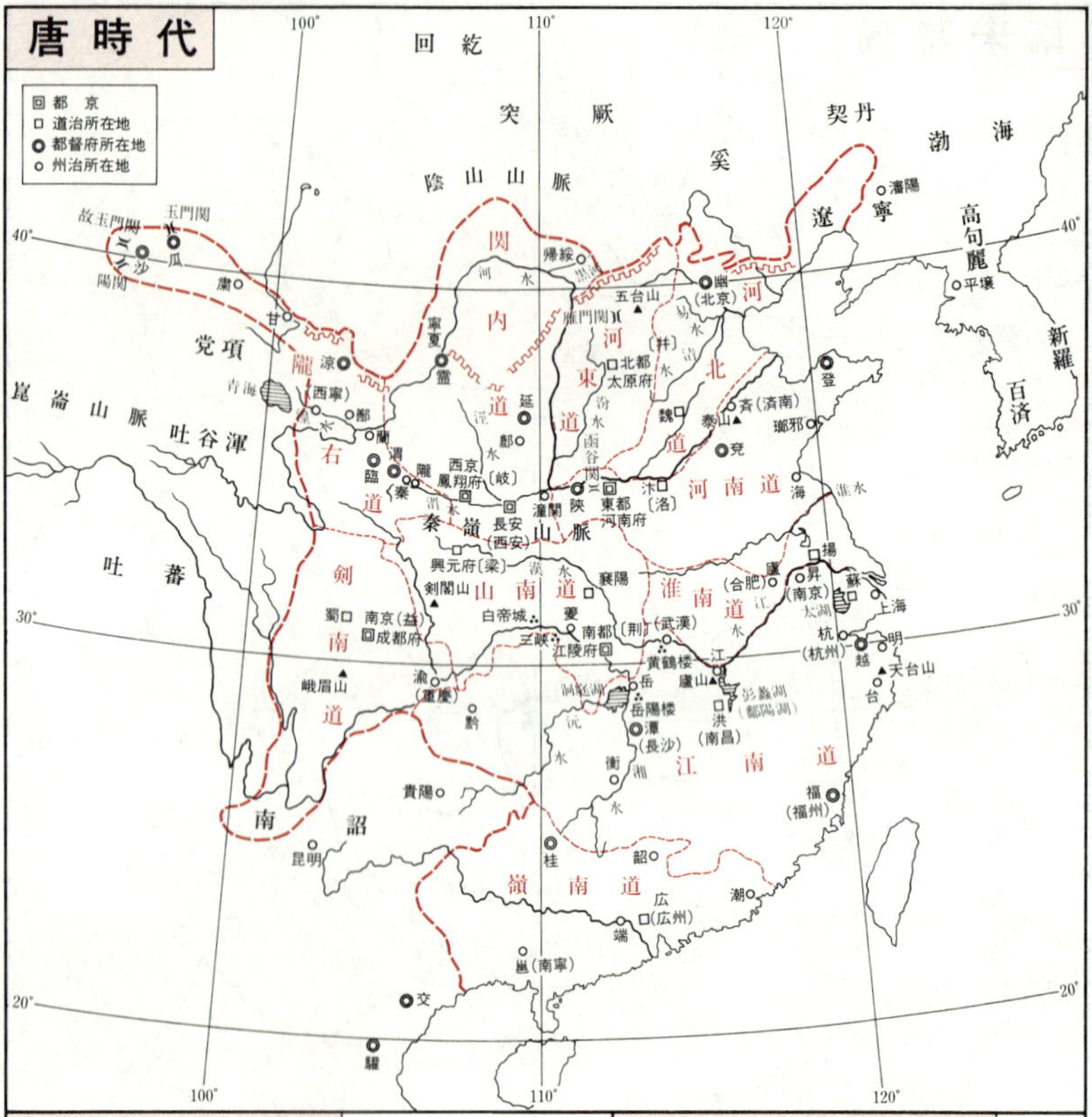

玄奘の求法行程

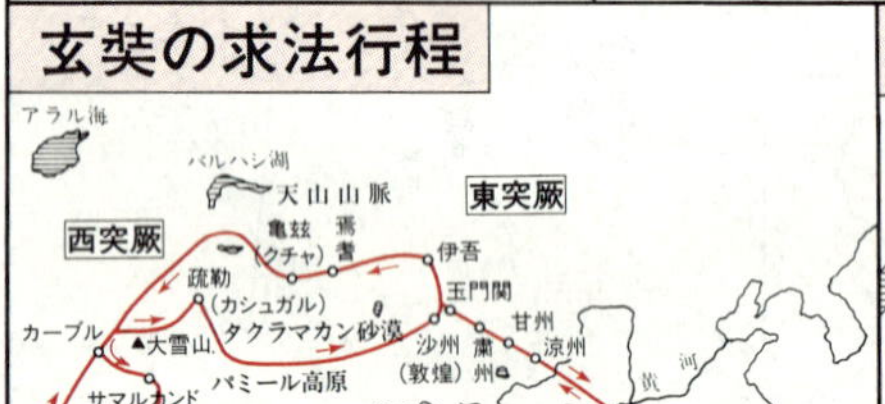

長安城とその周辺

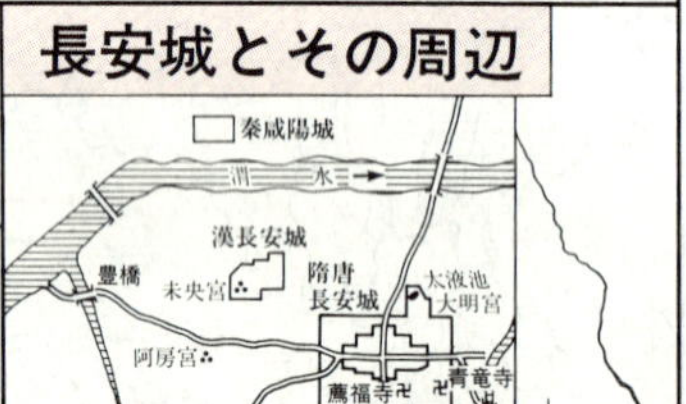

南宋時代

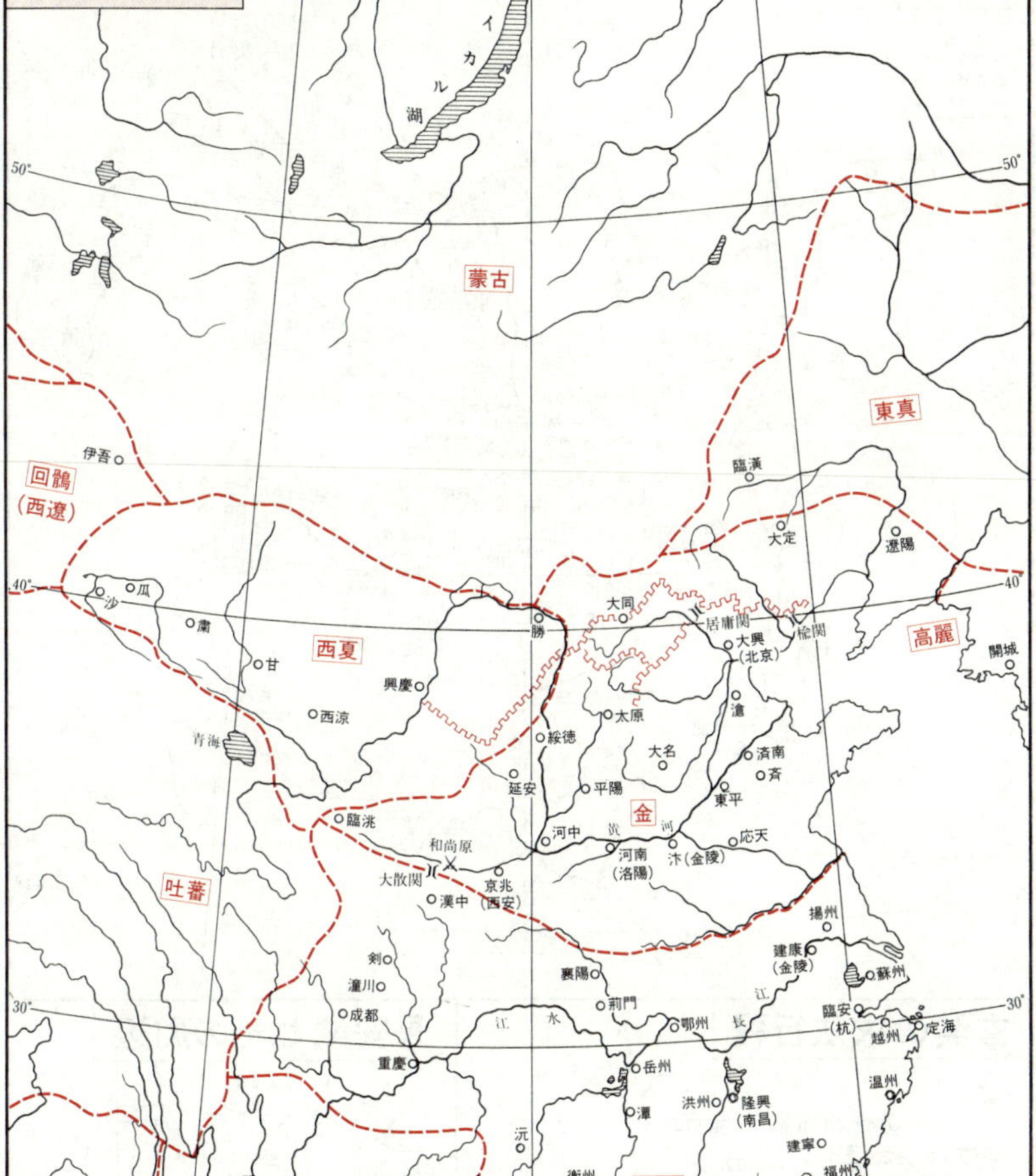

100°
110°
120°
50°
40°
30°
20°
バイカル湖
蒙古
東真
回鶻（西遼）
伊吾
臨潢
大定
遼陽
高麗
開城
沙
瓜
粛
甘
西夏
興慶
西涼
青海
大同
居庸関
楡関
大興（北京）
勝
太原
滄
綏徳
大名
済南
斉
延安
平陽
東平
金
黄
河
臨洮
河中
河南（洛陽）
汴（金陵）
応天
和尚原
大散関
京兆（西安）
漢中
吐蕃
揚州
建康（金陵）
蘇州
剣
潼川
襄陽
成都
荊門
江
水
長
臨安（杭）
越州
定海
鄂州
重慶
岳州
温州
潭
洪州
隆興（南昌）
沅
建寧
衡州
福州
南宋
大理
永州
広州
崖山
大越
昇竜
0
500km

元時代

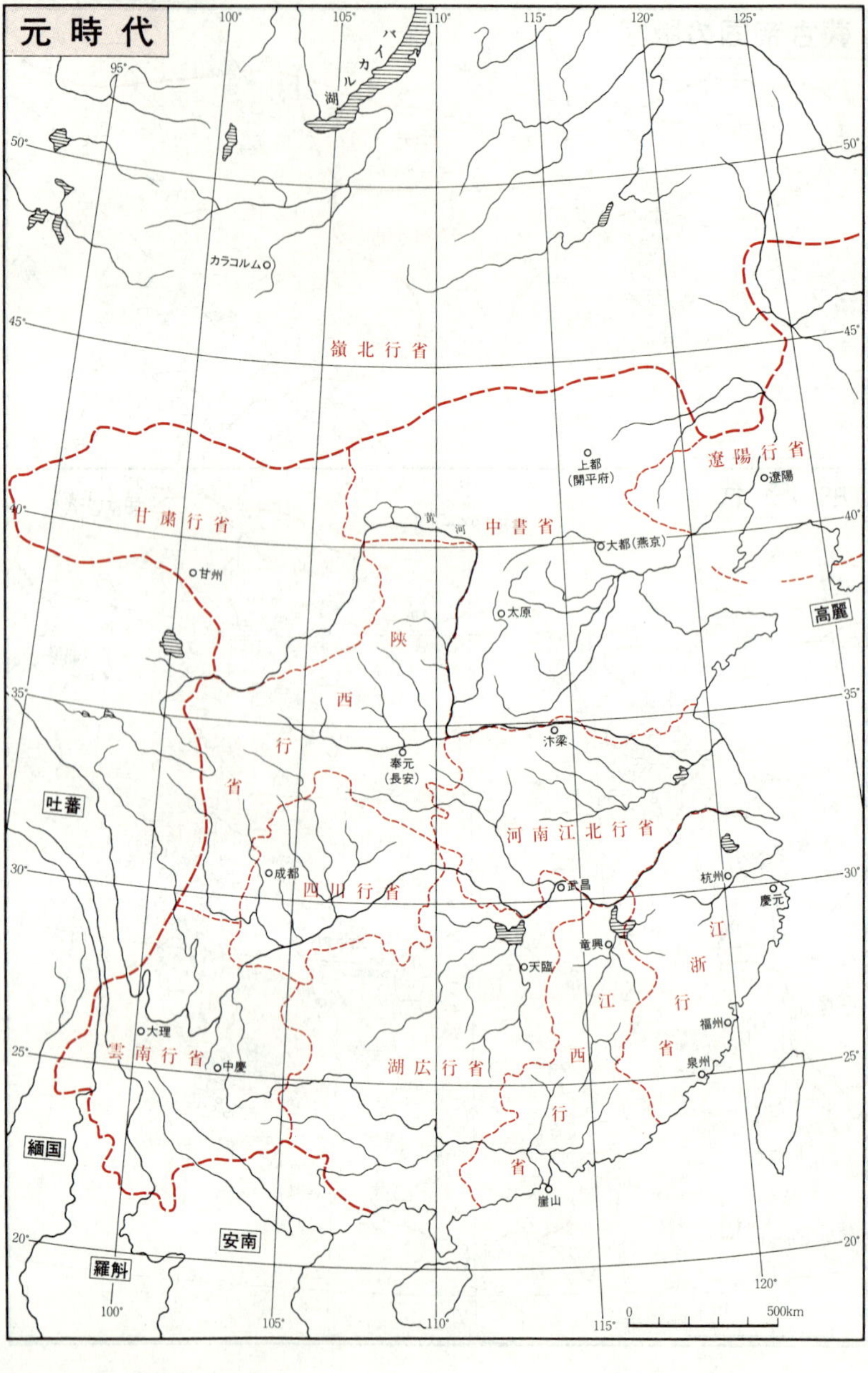
バイカル湖
カラコルム
嶺北行省
甘粛行省
中書省
遼陽行省
上都（開平府）
遼陽
大都（燕京）
黄河
甘州
太原
陝西行省
高麗
奉元（長安）
汴梁
吐蕃
河南江北行省
成都
四川行省
武昌
杭州
慶元
江浙行省
竜興
天臨
江西行省
大理
雲南行省
中慶
湖広行省
福州
泉州
緬国
崖山
安南
羅斛
0
500km
50°
45°
40°
35°
30°
25°
20°
95°
100°
105°
110°
115°
120°
125°

蒙古帝国の版図

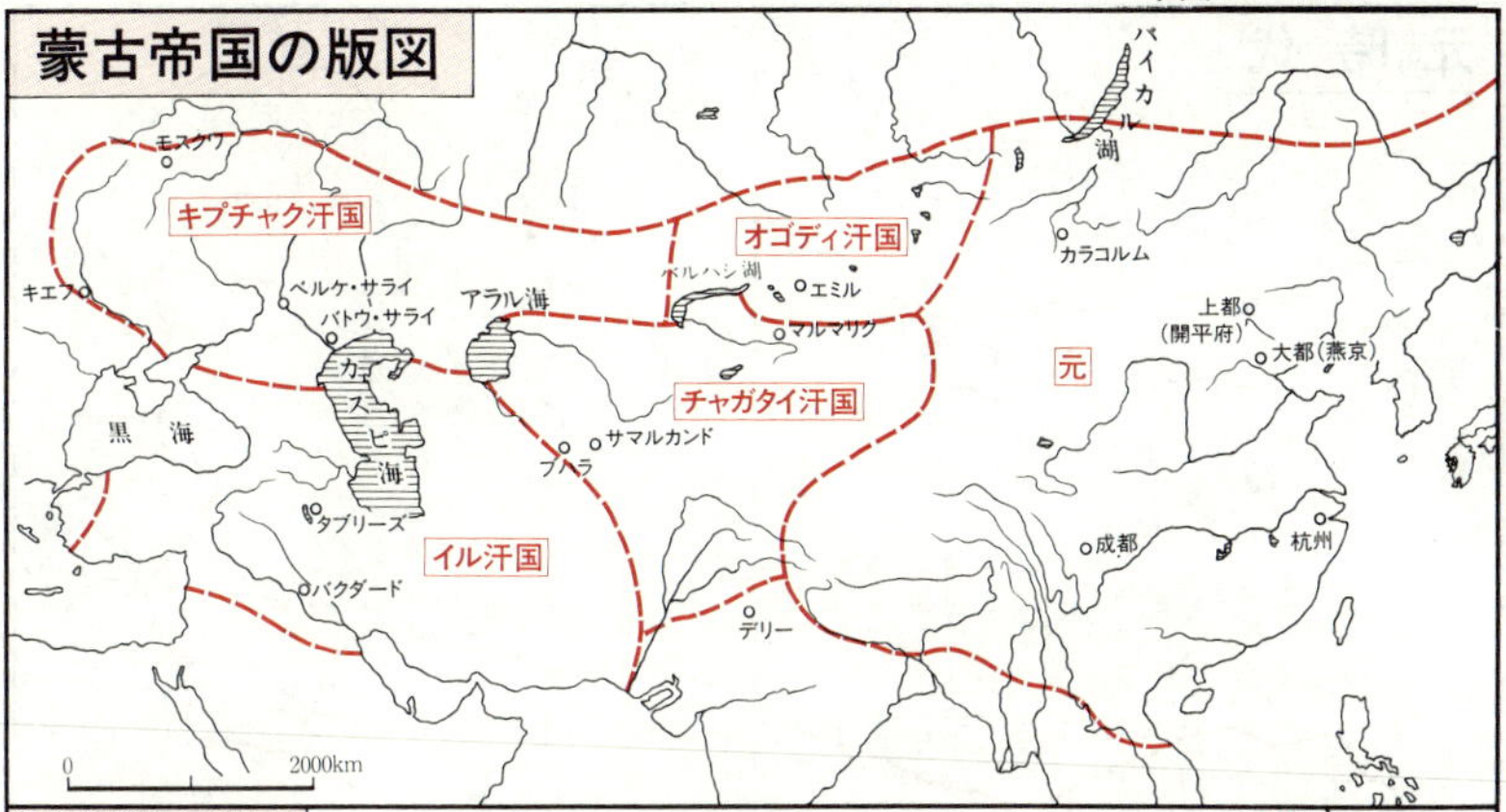

バイカル湖
モスクワ
キプチャク汗国
オゴディ汗国
キエフ
ベルケ・サライ
バトウ・サライ
アラル海
エミル
マルマリク
カラコルム
上都
(開平府)
大都(燕京)
元
カスピ海
黒海
チャガタイ汗国
サマルカンド
ブハラ
タブリーズ
イル汗国
バグダード
成都
杭州
デリー
0
2000km

明時代

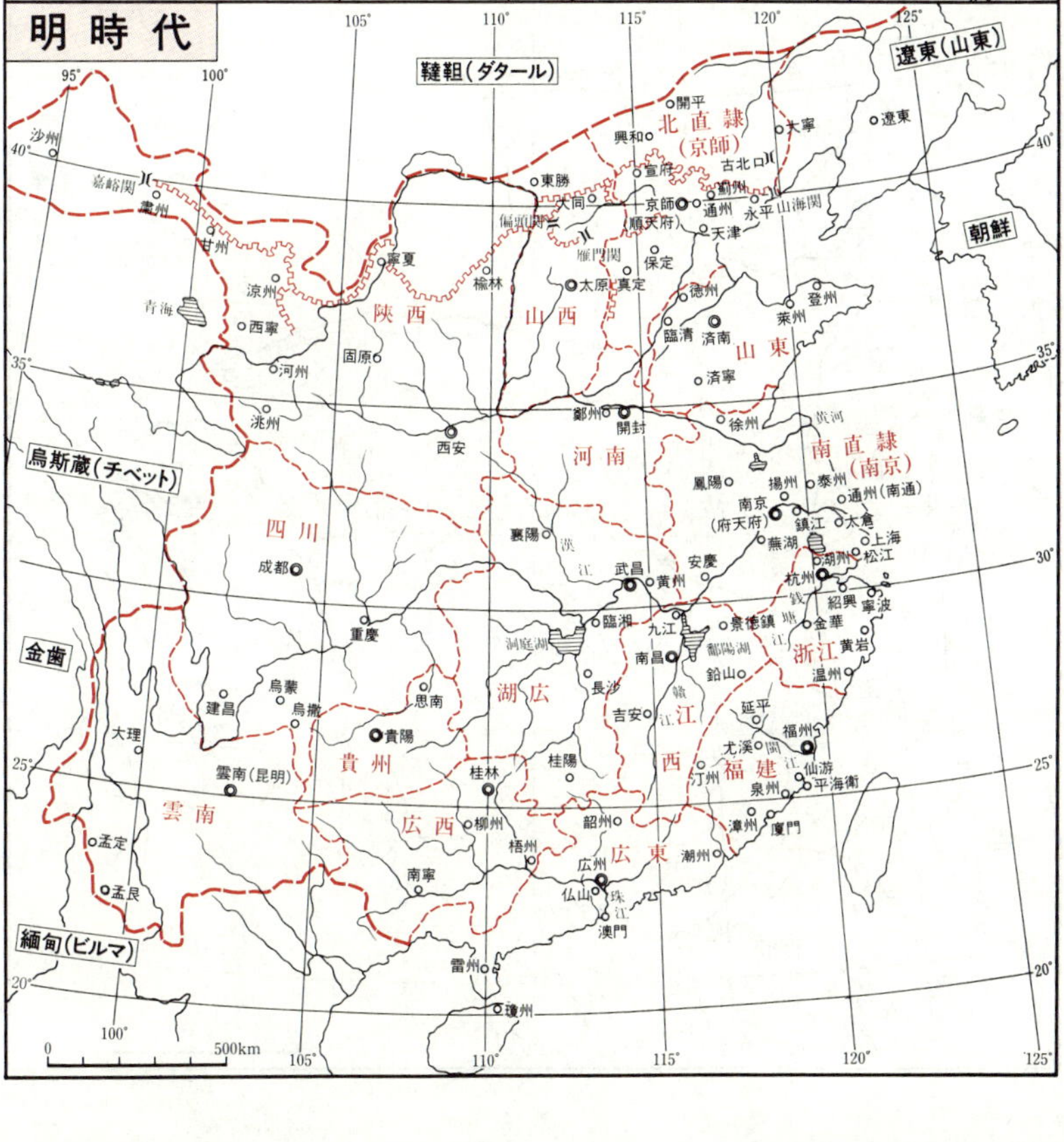

韃靼(ダタール)
遼東(山東)
朝鮮
沙州
嘉峪関
粛州
甘州
涼州
青海
西寧
河州
洮州
寧夏
楡林
固原
陝西
西安
開平
興和
北直隷
(京師)
大寧
遼東
古北口
宣府
東勝
大同
偏頭関
京師
(順天府)
薊州
通州
永平
山海関
天津
雁門関
保定
太原
真定
山西
徳州
臨清
済南
山東
済寧
萊州
登州
鄭州
開封
黄河
徐州
河南
南直隷
(南京)
鳳陽
揚州
泰州
通州(南通)
南京
(府天府)
鎮江
太倉
蕪湖
上海
湖州
松江
杭州
紹興
寧波
銭塘江
金華
黄岩
浙江
温州
烏斯蔵(チベット)
四川
成都
襄陽
漢江
武昌
黄州
安慶
重慶
臨湘
洞庭湖
九江
景徳鎮
南昌
鄱陽湖
鉛山
長沙
湖広
恩南
烏蒙
烏撒
建昌
貴陽
貴州
吉安
贛江
江西
延平
福州
尤溪
閩江
仙游
福建
平海衛
汀州
泉州
漳州
廈門
金歯
大理
雲南(昆明)
雲南
桂林
桂陽
広西
柳州
梧州
韶州
広東
潮州
広州
仏山
珠江
澳門
南寧
孟定
孟艮
緬甸(ビルマ)
雷州
瓊州
0
500km

中国学芸年表

一、人物の生没記事は、原則として没年で掲げた。
二、生没記事のあとの「　」は、その人物の著作や、関係する書物などを示す。
三、／線は記事区分を示す。
四、世界の欄の△印は世界史関係、無印は日本史関係であることを示す。

時代	帝王	年号	干支	記事	世界
伝説時代（三皇）	伏羲			伏羲、易の八卦を画し、書契を作る。蛇身人首。	△前三〇〇〇ころ エジプト古王国時代。
	神農			神農、農耕と医療の法を教う。人身牛首。	
	黄帝			黄帝、初めて人間の形体を具う。／蒼頡、文字を作る。	
（五帝）	少昊				
	顓頊			顓頊、暦を作る。	△前二三〇〇ころ インダス文明。
	帝嚳				
	帝尭				
	帝舜			尭・舜、帝位禅譲。	
夏	禹王			禹、黄河の洪水を治めて大功あり、舜の譲りを受けて帝位につく。以後、世襲。	
	桀王			桀王、政を怠り、暴虐。	
（商）殷（前1600ころ〜前1020ころ）	湯王			前一六〇〇ころ 湯王、夏の桀王を滅ぼして帝位につき、亳（河南省商丘市の北）に都し、国を商と称す。／伊尹を宰相とす。	
	盤庚			前一三〇〇ころ 盤庚、殷（河南省安陽市の小屯村）に遷都す。／青銅器時代。	△前一二五〇ころ トロイ戦争終了。
	紂王			前一〇五〇ころ 紂王暴虐。／微子・比干・箕子（三仁）。／周の文王、仁政をしき、西伯と称さる。	△前一〇〇〇ころ ヘブライのダビデ王、イスラエル統一。
周　西周	武王			前一〇二〇ころ 武王（文王の子）、殷の紂王を滅ぼして帝位につき、鎬京（陝西省西安市）に都す。／周公旦・召公奭・太公望（呂尚）、周室を補佐。／伯夷・叔斉、首陽山に餓死。／箕子、朝鮮に封ぜらる。	△前九三二ころ ヘブライのソロモン王没。
	厲王			前八八〇ころ 厲王暴虐。周衰う。	△前八世紀 ホメロス
	宣王			前八二〇ころ 宣王、周室を中興。／太史籀、籀文（大篆）を作る。	
	幽王			幽王、犬戎に殺され、西周滅ぶ。	△前七七六 第一回オリンピア競技。
	平王	元	辛未	前七七〇 都を洛邑（河南省洛陽市）に移す。以後を東周という。／周の王室衰え、五覇抗争、呉越興亡の時代に入る。	△前七五三 ローマ建国。

周（前1020ころ〜前256）
東周（前770〜前256）
春秋時代（前770〜前403）

帝王	年号	干支	記事	世界
	四九	己未	前七二二 魯の隠公の元年。「春秋」の記事始まる。	
桓王	元	壬戌	前七一九	
荘王	元	乙酉	前六九六	
僖王	元	庚子	前六八一	
恵王	元	乙巳	前六七六	
襄王	元	庚午	前六五一 斉の桓公（?〜前六四三）、諸侯を葵丘に会し、覇者となる。	
	七	丙子	前六四五 斉の管仲（?〜）没。「管子」	
	一〇	己卯	前六四二 宋の襄公（?〜前六三七）、覇者となる。	
	一四	癸未	前六三八 宋の襄公、楚と泓に戦い敗る（宋襄の仁）。	
	二〇	己丑	前六三二 晋の文公（?〜前六二八）、諸侯を践土に会し、覇者となる。	
	二八	丁酉	前六二四 秦の穆公（?〜前六二一）、覇者となる。	
頃王	元	癸卯	前六一八	△前六一二 アッシリア滅亡。
匡王	元	己酉	前六一二	
定王	九	癸亥	前五九八 楚の荘王（?〜前五九一）、覇者となる。	△前五六〇ころ イソップ
簡王	元	丙子	前五八五	
霊王	元	庚寅	前五七一	△前五二五ころ ペルシア帝国、全オリエント統一。
	二〇	己酉	前五五二 孔子、魯に生まる（一説に、前五五一）。	
景王	元	丁巳	前五四四 呉の季札、列国に使いす。	
	二三	己卯	前五二二 鄭の子産（前五八五?〜）没。	△前四九七ころ ピタゴラス没。
悼王	元	辛巳	前五二〇	
敬王	二〇	辛丑	前五〇〇 斉の景公、魯の定公、夾谷に会す。／斉の晏嬰（?〜）没?。「晏子春秋」	△前五〇〇 ペルシア戦争（〜四四九）。
	二三	甲辰	前四九七 孔子、魯を去り、諸国を遍歴（〜前四八四）。	
	二四	乙巳	前四九六 呉王闔閭、越王句践と戦い敗死。	
	二六	丁未	前四九四 呉王夫差、越王句践を会稽山に破る。／このころ越の美人、西施。	△前四八六? 釈迦没（異説多し）。
	三一	壬子	前四八九 冉求（子有。孔子の弟子。前五二二〜）没。	
	三九	庚申	前四八一 魯の哀公の十四年。「春秋」の記事終わる。／顔回（孔子第一の弟子。前五二一〜）没?。	
	四〇	辛酉	前四八〇 仲由（子路。孔子の弟子。前五四二〜）没。	△前四七七 デロス同盟結成。
	四一	壬戌	前四七九 孔子没。「易」・「書」・「詩」・「春秋」を修定。「論語」	
元王	三	戊辰	前四七三 越王句践（?〜前四六五）、呉王夫差（?〜前	

周 ― 東周 ― 戦国時代（前403～前221） ／ 秦

王	年	干支	事項
貞定王	一三	乙酉	前四五六 子貢(前五二〇～)没?。
考王	五	乙巳	前四三六 曾参(曾子。孔子の門人。前五〇五～)没?。「孝経」
威烈王	二三	戊寅	前四〇三 晋分裂、韓・魏・趙、独立して諸侯となる。秦・燕・斉・楚・韓・魏・趙の七雄互いに抗争し、政治哲学家・思想家などの諸子百家活躍の戦国時代に入る。
	二四	己卯	前四〇二 子思(孔子の孫。前四八三?～)没?。「中庸」
安王	二一	庚子	前三八一 衛の呉起(前四四〇?～)没?。「呉子」
	二六	乙巳	前三七六 墨翟(前四六八?～)没。「墨子」
烈王	四	己酉	前三七二 孟軻、魯に生まる。／このころ、列禦寇。「列子」
顕王	三一	癸未	前三三八 前の商鞅(?～)没。「商子」
	三二	甲申	前三三七 韓の申不害(前三八五?～)没。「申子」
慎靚王	四	甲辰	前三一七 蘇秦(?～。合従策を唱う)没。
赧王	六	壬子	前三〇九 魏の張儀(?～。連衡策を唱う)没。
	二六	壬申	前二八九 孟軻没。「孟子」／このころ、荘周。「荘子」／このころ、告子。
	三一	丁丑	前二八四 燕の楽毅、斉の七十余城を抜く。
	三二	戊寅	前二八三 趙の藺相如、璧を奉じて秦に使いす。
	三六	壬午	前二七九 斉の田単、燕を破る(火牛の計)。／斉の孟嘗君(?～)没。
	三七	癸未	前二七八 楚の屈原(前三四〇?～)、汨羅に投身して没?。「離騒」「九歌」「漁父」
	五八	甲辰	前二五七 秦の白起(?～)没。
	五九	乙巳	前二五六 秦、周を滅ぼす。
（東周君恵公）		庚戌	前二五一 趙の平原君(?～)没。毛遂・公孫竜(「公孫竜子」)はその部下。
		壬子	前二四九 秦の荘襄王の元年。東周を滅ぼす。
		乙卯	前二四六 秦王政の元年。
		戊午	前二四三 魏の信陵君(?～)没。
		癸亥	前二三八 楚の春申君(?～)没。荀況(前三一三?～)没?。「荀子」
		丙寅	前二三五 秦の呂不韋(?～)没。「呂氏春秋」
		戊辰	前二三三 韓非(?～)没。「韓非子」
		甲戌	前二二七 燕の太子丹、荊軻(?～前二二七)に秦王政を刺さしめて失敗。
始皇帝（秦）	二六	庚辰	前二二一 秦王政(始皇帝。前二五九～前二一〇)、天下を統一して初めて皇帝を称す。天下を三十六郡に分けて郡県制をしき、度量衡などを統一。
	二七	辛巳	前二二〇 徐福、東海の蓬萊山に不死の薬を求む。

〈前四三一 ペロポネソス戦争(～四〇四)。
〈前三九九 ソクラテス没。
〈前三七〇ころ デモクリトス没。
〈前三四七 プラトン没。
〈前三三〇 ペルシア帝国滅亡。
〈前三二三 アレクサンドロス大王没。
〈前三二二 アリストテレス没。
〈前二六四 第一次ポエニ戦争(ローマ対カルタゴ)起こる。
〈前二三二ころ インド、マウリヤ朝、アショカ王没。

秦（前221～前206） ／ 前漢

帝	年	干支	事項
（始皇帝）	二九	癸未	前二一八 張良(?～前一八九)、博浪沙に始皇帝を狙撃し失敗。
	三三	丁亥	前二一四 蒙恬(?～前二一〇)、匈奴を伐って河南を占領し、万里の長城(遼東―臨洮)を築く。
	三四	戊子	前二一三 詩・書・百家の書を焼く(焚書)。
	三五	己丑	前二一二 学者四百六十余人を穴うめにす(坑儒)。／阿房宮を造営。
二世胡亥	元	壬辰	前二〇九 陳勝(?～前二〇八)・呉広(?～前二〇八)ら挙兵。
	二	癸巳	前二〇八 李斯(?～。小篆を作る)没。
秦王子嬰	元	甲午	前二〇七 趙高、二世胡亥を殺し、子嬰を立つ。
高祖	元	乙未	前二〇六 子嬰、沛公劉邦にくだり、秦、滅亡。／楚の項籍(字は羽)と沛公と、鴻門に会見。范増(前二七五～前二〇四)・樊噲(?～前一八九)ら活躍。／項籍、自立して西楚の覇王と称し、沛公を漢中王に封ず。
	五	己亥	前二〇二 漢軍、楚の軍を垓下に破り、項籍自殺(前二三二～)。／漢王劉邦(高祖。前二四七～前一九五)、帝位につき、長安に都す。郡県制と封建制を併用する郡国制をしき、法制をゆるめ民心を定む。◆この時代、古典の発見・研究盛んとなり、経学興る。
	一一	乙巳	前一九六 韓信(?～)没。
恵帝	二	戊申	前一九三 蕭何(?～)没。
	四	庚戌	前一九一 挟書の律を除き、蔵書の自由を許す。
少帝恭	元	甲寅	前一八七 呂太后(高祖の皇后。恵帝の母)、政を専らにす(呂氏の乱)。
少帝弘	四	辛酉	前一八〇 周勃(?～前一六九)・陳平(?～前一七八)ら、呂氏一族を滅ぼす。
文帝	一一	壬申	前一六九 賈誼(前二〇一～)没。「新書」「治安策」
景帝	元	乙酉	前一五六 景帝の子河間献王(名は徳)、儒学を奨励。
	三	丁亥	前一五四 呉楚七国、乱をなし、周亜夫(?～前一四三)、平定。／鼂錯(?～)没。
武帝	建元元	辛丑	前一四〇 初めて元号を定む。／枚乗(?～)没。「七発」／このころ孔安国。「古文尚書」「古文孝経伝」
	五	乙巳	前一三六 初めて五経博士をおき、儒教、国教となる。
	元朔三	乙卯	前一二六 張騫(?～前一一四)、中央アジアの大月氏国に使いし、十三年を経て、この年帰国。
	元狩元	己未	前一二二 劉安(前一七九～)没。「淮南子」
	六	甲子	前一一七 霍去病(前一四〇～)没。匈奴の征討に活躍。司馬相如(前一七九～。その妻は、卓文君)没。「子虚賦」「上林賦」
	元鼎二	丙寅	前一一五 張騫、前一一三年、西域の烏孫に使いし、この年帰国。

〈前一八三 ハンニバル没。
〈前一四六 カルタゴ滅亡。
〈前一四〇ころ 中央アジアに大月氏国興る。

前漢（前206～8）

皇帝	年号	干支	事項
	元封三	癸酉	前一〇八 朝鮮を平定、楽浪・玄菟などの四郡をおく。
	五	乙亥	前一〇六 衛青(?～。匈奴の征討に活躍)没。
	六	丙子	前一〇五 劉細君、公主として烏孫に嫁す。「悲愁歌」
	太初元	丁丑	前一〇四 太初暦を作る。／董仲舒(前一七六?～)没。「春秋繁露」「賢良対策」
	天漢元	辛巳	前一〇〇 蘇武、匈奴に使いして幽閉せらる。
	二	壬午	前九九 李陵、匈奴にくだる。
	太始四	戊子	前九三 東方朔(前一五四～)没。
	征和二	庚寅	前九一 巫蠱の獄。／このころ、司馬遷(前一四五、または一三五～前八六?)、「史記」を完成。中国の紀伝体史の初め、以後の正史の模範となる。
昭帝	始元六	庚子	前八一 蘇武(?～前六〇)、苦節を全うし匈奴より帰国。
	元平元	丁未	前七四 李陵(?～)、匈奴に死す。
宣帝	地節二	癸丑	前六八 霍光(?～)没。
	神爵二	辛酉	前六〇 西域都護府設置。
	五鳳元	甲子	前五七 匈奴、五単于分立、互いに抗争。
	四	丁卯	前五四 匈奴、南北に分裂。
	甘露三	庚午	前五一 学者、石渠閣に会合し、五経の異同を講究。
元帝	竟寧元	戊子	前三三 宮女の王昭君(名は嬙、昭君は字)、匈奴の呼韓邪単于に嫁す。
成帝	永始元	乙巳	前一六 趙飛燕、皇后となる。「飛燕外伝」
哀帝	建平元	乙卯	前六 劉向(前七七?～)没。「戦国策」「説苑」「新序」「列女伝」
	元寿元	己未	前二 一説に、大月氏国の使者伊存、景盧に仏教を口伝すという。
平帝	元始元	辛酉	一 王莽、太傅となり、安漢公と号す。
孺子嬰	居摂元	丙寅	六 王莽、仮皇帝と称す。

△前六〇 ローマ第一回三頭政治。
△前四四 カエサル(シーザー)没。
△前四三 キケロ没。
△前三七 朝鮮に高句麗建国。
△前三〇 ローマ、エジプトを属州化。
△前二七 ローマ、帝政始まる。
△前一四 オクタヴィアヌス没。
△前四 キリスト生誕(異説多し)。

新（8～23）

皇帝	年号	干支	事項
王莽	始建国元	己巳	九 王莽、孺子嬰を廃して帝位につき、国を新と号す。◆王莽の新政は、内治外交ともに失敗多く、各地豪族の反乱を誘発。
	天鳳五	戊寅	一八 揚雄(前五三～)没。「法言」「方言」「太玄経」／このころより、赤眉の乱など各地に起こる。
	地皇三	壬午	二二 劉秀(前漢の高祖九世の孫)、王莽の軍を昆陽に破る。
淮陽王	更始元	癸未	二三 淮陽王劉玄、皇帝を称し、長安に都す。／王莽(前四五～)、敗死し、新、滅亡。／劉歆(劉向の子。?～)没。「七略」
光武帝	建武元	乙酉	二五 劉秀(光武帝。前六～五七)、皇帝となり、漢室を再興して洛陽に都し、以後を後漢(東漢)と呼ぶ。

後漢（25～220）

皇帝	年号	干支	事項
			建武十三年(三七)、天下の統一を完成。◆この時代に仏教伝来し、訓詁の学隆盛。他方、宦官勢いを振るって党錮の獄あり、黄巾の賊など起こって国衰乱。
	五	己丑	二九 はじめて大学を建立。
	二五	己酉	四九 馬援(前一四～。五銖銭の鋳造)没。
	三〇	甲寅	五四 班彪(三～)没。「北征賦」
	建武中元元	丙辰	五六 桓譚(前二四～)没。「新論」
明帝	永平元 / 八	乙丑	六五 蔡愔らを西域に派遣し、仏典を求む。／包咸(前六～)没。「論語章句」
	一〇	丁卯	六七 蔡愔、仏典と、迦葉摩騰・竺法蘭の二僧を伴い帰国。
	一一	戊辰	六八 洛陽城の西に白馬寺を建立。中国仏寺の初め。
章帝	建初四	己卯	七九 学者、白虎観に会合、五経の異同を講究。
和帝	永元元	己丑	八九 傅毅(?～)没。
	四	壬辰	九二 班固(班彪の子。三二～)没。「両都賦」「白虎通徳論」「漢書」／崔駰(?～)没「七依」
	九	丁酉	九七 王充(二七～)没?。「論衡」
	一二	庚子	一〇〇 許慎(五八?～一四七?)、「説文解字」を著す。文字学の基本資料。
	一三	辛丑	一〇一 賈逵(三〇～)没。「左氏伝解詁」「国語解詁」
	一五	癸卯	一〇三 班超(班固の弟。三二～。西域の経略に活躍)没。
	元興元	乙巳	一〇五 蔡倫、紙の製法を大成。世界の紙の初め。
殤帝	延平元	丙午	一〇六
安帝	元初三	丙辰	一一六 このころ班昭(曹大家。班固の妹)没。「女誡」「列女伝注」また、班固の「漢書」を続成。
	延光三	甲子	一二四 楊震(五四～)没。
順帝	永和四	己卯	一三九 張衡(七八～。「両京賦」また、天文暦算に通じ、渾天儀(天球儀)・候風地動儀(地震計)などを発明)没。
	漢安元	壬午	一四二 崔瑗(崔駰の子。七七～)没。「座右銘」
沖帝	永嘉元	乙酉	一四五 王逸(九〇?～一四五?)。「楚辞章句」
質帝	本初元	丙戌	一四六
桓帝	建和元	丁亥	一四七 月支国の僧、支讖、洛陽に至る。
	二	戊子	一四八 安息国(パルティア王国)の僧、安世高、洛陽に至る。
	延熹二	己亥	一五九 外戚梁冀(?～)殺され、宦官、政権を握る。
	九	丙午	一六六 党錮の獄起こり、宦官のため陳蕃(?～一六八)・李膺(一一〇～一六九)ら、儒学出身の徒二百余人下獄。／大秦国(ローマ帝国)皇帝安敦(アントニウス)の使者、洛陽に至る。／馬融(七九～一六六)。「孝経・論語・詩経・書経」などの古典に注訓

五七 倭奴国、後漢に使者を送る。
△六四 ローマ皇帝ネロ、キリスト教迫害。
△七九 ベスビオ火山爆発。ポンペイ埋没。
△九六 ローマ五賢帝時代(～一八〇)。
一〇七 倭国、後漢に使者を送る。
△一三五 エルサレム滅亡。

後漢 / 三国時代 (220～265)魏・(221～263)蜀・(222～280)呉

皇帝	年号	干支	事項	世界
霊帝	建寧二	己酉	一六九 再び党錮の獄起こり、李膺ら百余人殺害。	一七〇ころ インド、クシャーナ朝、カニシカ王没。
	熹平四	乙卯	一七五 蔡邕(一三三～一九二)らに命じ、五経の文字を正し、石経を洛陽の太学門外に建立。	
	光和元	戊午	一七八 このころ、公然と官位を売買。	
	五	壬戌	一八二 何休(一二九～)没。「春秋公羊解詁」	
	中平元	甲子	一八四 張角らによる黄巾の賊起こり、群雄割拠して国衰乱。	
献帝	初平四	癸酉	一九三 孫堅(一五七～。三国呉の孫権の父)没。	
	建安五	庚辰	二〇〇 鄭玄(一二七～。多くの経典類に注釈を施し、訓詁学を大成)没。「毛詩鄭箋」「三礼注」	
	六	辛巳	二〇一 趙岐(?～)没。「孟子注」	
	一二	丁亥	二〇七 劉備(玄徳)、諸葛亮(孔明)を隆中に訪れ、天下三分の計を立つ。	
	一三	戊子	二〇八 劉備・孫権(孫堅の子)同盟し、曹操の水軍を赤壁に破る。周瑜(一七五～二一〇)・魯粛(一七二～二一七)ら活躍。／孔融(一五三～)没。	
	一四	己丑	二〇九 荀悦(一四八～)没。「申鑒」	
	二一	丙申	二一六 曹操、魏王を称す。	
	二二	丁酉	二一七 徐幹(一七〇～)没。「中論」／王粲(一七七～)没。「登楼賦」	
	二四	己亥	二一九 劉備、漢中王を称す。／関羽(?～)没。	
	延康元	庚子	二二〇 魏王曹操(一五五～)没。／魏王曹丕(曹操の子)、献帝を廃し、後漢滅亡。 〈魏〉文帝、黄初元年。曹丕(文帝。一八七～二二六)、帝位につき、国を魏と称し、洛陽に都す(晋の陳寿「三国志」・宋の司馬光「資治通鑑」は魏を正統とす)。 ◆魏は国威、遼東・朝鮮半島北部に及んで三国中最強。文学上は、後漢末以来、曹操・曹丕・曹植(曹丕の弟)ともに奨励し、孔融・徐幹・王粲・阮瑀・陳琳・応瑒・劉楨の建安七子が活躍、詩が流行して六朝時代の先駆をなす。／〈魏〉仲長統(一八〇～)没。「楽志篇」	
〈蜀漢〉昭烈帝	章武元	辛丑	二二一 劉備(昭烈帝・先主。一六一～二二三)、帝位につき、国を漢(蜀漢)と称し、成都に都す(宋の朱熹は「通鑑綱目」に蜀漢を正統とす)。中原を回復して漢室の再興を目標とす。／張飛(?～)没。	
後主(劉禅)	建興五	丁未	二二七 諸葛亮、「出師表」を奉り魏を伐つ。以後たびたび北伐の軍を進む。	二二六 ササン朝ペルシア興る。
	六	戊申	二二八 諸葛亮、祁山の戦いに馬謖(一九〇～)を切る。	
	七	己酉	二二九 〈呉〉大帝、黄竜元年。孫権(大帝。一八二～二五二)、帝	

三国時代 / 晋 (265～420) 西晋 (265～316)

皇帝	年号	干支	事項	世界
			位につき、国を呉と称し、建業(南京)に都す。以後三国鼎立して戦乱続き、老荘的隠遁思想流行し、清談の風起こる。	
	八	庚戌	二三〇 〈魏〉明帝、太和四年。鍾繇(一五一～)没。	
	一〇	壬子	二三二 〈魏〉太和六年。曹植(陳思王。一九二～)没。	
	一一	癸丑	二三三 〈呉〉嘉禾二年。虞翻(一六四～)没。「周易注」	
	一二	甲寅	二三四 諸葛亮(一八一～)、五丈原に陣没。	
	延熙三	庚申	二四〇 〈魏〉斉王、正始元年。／正始中、古文・篆文・隷書の三体石経(三字石経)を建立。	
	一二	己巳	二四九 〈魏〉嘉平元年。王弼(二二六～)没。「周易注」「老子注」／何晏(一九〇～)没。「論語集解」	
	一九	丙子	二五六 〈魏〉高貴郷公、甘露元年。王粛(一九五～。「孔子家語」を偽作)没。	二三八 邪馬台国女王卑弥呼、魏に使者を送る。
	景燿五	壬午	二六二 〈魏〉元帝、景元三年。嵆康(竹林の七賢の一。二二三～)没。	
	炎興元	癸未	二六三 後主劉禅、魏にくだり、蜀漢滅亡。／〈魏〉景元四年。阮籍(竹林の七賢の一。二一〇～)没。	
		乙酉	二六五 〈魏〉咸煕二年。元帝。司馬炎のため帝位を奪われ、魏、滅亡。司馬炎、晋を建国し、泰始元年とす。	二六六 倭の女王壱与、晋に使者を送る。
		癸巳	二七三 〈呉〉烏程公、鳳凰二年。韋昭(?～)没。「国語注」	
		庚子	二八〇 〈呉〉烏程公、晋にくだり、呉、滅亡。	
武帝	太康元	庚子	晋王司馬炎(武帝。二三六～二九〇)、天下を統一して洛陽に都す。これを後の司馬睿の晋に対して西晋と呼ぶ。 ◆両晋時代は、内乱と北方異民族の侵入により国内動揺続く。文学的には詞に重きをおいて文辞繊細華麗となり、六朝文学への過程をなす。	
	三	壬寅	二八二 皇甫謐(二一五～)没。「帝王世紀」	
	四	癸卯	二八三 山濤(竹林の七賢の一。二〇五～)没。	
	五	甲辰	二八四 杜預(二二二～)没。「春秋経伝集解」	二八四 百済の阿直岐来朝。
	八	丁未	二八七 李密(二二四～)没。「陳情表」	二八五 百済の王仁来朝、「論語」「千字文」を献ず。
恵帝	永平元 元康元	辛亥	二九一 衛瓘(二二〇～)没。	
	四	甲寅	二九四 溥咸(二三九～)没。	
	七	丁巳	二九七 陳寿(二三三～)没。「三国志」	
	永康元	庚申	三〇〇 八王の乱おこる(～三〇六)。／張華(二三二～)没。「博物志」／藩岳(二四七～)没。「西征賦」「秋興賦」／束晳(二六一～)没。／劉伶(竹林の七賢の一。二二一?～)没?。「酒徳頌」	
	太安二	癸亥	三〇三 陸機(二六一～)没。「豪士賦」「歎逝賦」／陸雲(機の弟。二六二～)没。／索靖(二三九～)没。	

晋

西晋

帝	年号	干支	事項	世界
	永安元・建武元・永安元・永興元	甲子	三〇四 五胡十六国の乱起こる。(~四三九)。	
	二	乙丑	三〇五 王戎(竹林の七賢の一。二三四~)没。/左思(二五〇?~)没?。「三都賦」	
	光熙元	丙寅	三〇六 司馬彪(?~)没。「続漢書」	
懐帝	永嘉 四	庚午	三一〇 亀茲国(クチャ)の僧、仏図澄(二三二~三四八)、後趙の洛陽至る。	
	五	辛未	三一一 藩尼(?~)没。/王衍(二五六~)没。	
	六	壬申	三一二 郭象(?~)没?。「荘子注」	
愍帝	建興 四	丙子	三一六 愍帝、北漢の劉曜に捕らえられ、西晋滅亡。	

東晋 (317~420)

帝	年号	干支	事項	世界
元帝	建武元	丁丑	三一七 瑯琊王司馬睿、晋王を称す。/劉琨(二七〇~)没。「扶風歌」	〈三一三 ローマ皇帝コンスタンティヌス、ミラノ勅令でキリスト教公認。
	太興元	戊寅	三一八 晋王司馬睿(元帝。二七六~三二二)、帝位につき、建業(南京)に都す。これを晋の中興、または南渡といい、以後を東晋と呼ぶ。	
明帝	太寧 二	甲申	三二四 郭璞(二七六~)没。「爾雅」・「山海経」・「楚辞」の注。	
成帝	咸康 五	己亥	三三九 王導(二七六~)没。	
	七	辛丑	三四一 葛洪(二八一~)没。「抱朴子」「神仙伝」	
康帝	建元元	癸卯	三四三	
穆帝	永和 九	癸丑	三五三 王羲之、蘭亭の会。	
哀帝	隆和元	壬戌	三六二	
廃帝	太和元	丙寅	三六六	
簡文帝	咸安元	辛未	三七一	
孝武帝	寧康元	癸酉	三七三 桓温(三一二~)没。	〈三七五 ゲルマン民族の大移動始まる。
	太元 二	丁丑	三七七 孫綽(三二〇~)没。「遂初賦」「天台山賦」	
	四	己卯	三七九 王羲之(三二一~)没。「蘭亭序」	
	八	癸未	三八三 淝水の戦いに謝石・謝玄、前秦の苻堅を破る。	
	一〇	乙酉	三八五 謝安(三二〇~)没。/僧道安(三一二~)没。「綜理衆経目録」また、僧は釈氏を姓とすべきを提唱。	
	一一	丙戌	三八六 王献之(羲之の子。三四四~)没。/北魏、北方に建国。	〈三九二 キリスト教、ローマ国教となる。
安帝	隆安 三	己亥	三九九 僧法顕(三三七~四二二)、経典を求めてインドに旅し、四一三年ころに帰国。「仏国記」	〈三九五 ローマ帝国、東西に分裂。
	五	辛丑	四〇一 范甯(三三九~)没。「春秋穀梁伝集解」	
	元興 三	甲辰	四〇四 桓玄(三六九~)没。	
	義熙 九	癸丑	四一三 僧鳩摩羅什(三四四~。「法華経」などを訳す)没。	
	一三	丁巳	四一七 僧慧遠(三三四~)没。	
恭帝	元熙 二	庚申	恭帝廃せられて、東晋滅亡。	
武帝	永初元		四二〇 劉裕(武帝。三五六~四二二)、帝を称し、建康(南京)に都し、国を宋(南朝宋・劉宋)と号す。	

南北朝時代 (420~589)

〔北〕北魏 (386~534)

〔南〕(劉)宋 (420~479)

◆宋の後、斉・梁・陳、相次いで起こり、北方にはすでに北魏、国を建て、更に別れて東魏・西魏となり、東魏は北斉に、西魏は北周に伝う、これを北朝という。文学的には、南朝はいよいよ修辞声調の技巧を旨として華麗その極に達するも、北朝は概して古朴の風を守り、儒学も伝統を存す。ただ仏教の影響は両朝ともに著し。

帝	年号	干支	事項	世界
少帝	景平元	癸亥	四二三 孔琳之(三六九~)没。	
文帝	元嘉 四	丁卯	四二七 陶潜(淵明。三六五~)没。「帰去来辞」「桃花源記」「五柳先生伝」。	〈四三〇 アウグスティヌス没。
	一〇	癸酉	四三三 謝霊運(三八五~)没。「山居賦」/謝恵連(霊運の従弟。三九七~)没。	
	二一	甲申	四四四 劉義慶(四〇三~)没。「世説新語」/〈北魏〉太武帝、太平真君五年。仏教を禁止。三武一宗の廃仏の初め。	
	二二	乙酉	四四五 范曄(三九八~)没。「後漢書」	
	二五	戊子	四四八 〈北魏〉太平真君九年。寇謙之(三六三~。道教を公認)没。	
	二七	庚寅	四五〇 鮑照(四〇五~)没。「蕪城賦」「河清頌」/〈北魏〉太平真君十一年。崔浩(?~)没。	
	二八	辛卯	四五一 裴松之(三七二~)没。「三国志注」	
孝武帝	孝建 三	丙申	四五六 顔延之(三八四~)没。	
廃帝	永光元・景和元	乙巳	四六五	
明帝	泰始 二	丙午	四六六 謝荘(四二一~)没。	
後廃帝	元徽元	癸丑	四七三	
順帝	昇明元	丁巳	四七七	〈四七六 西ローマ帝国滅亡。

(蕭)斉 (479~502)

帝	年号	干支	事項	世界
高帝	建元元	己未	四七九 斉公、蕭道成(高帝。四二七~四八二)、帝位につき、国を斉(南斉)と称す。	
武帝	永明 三	乙丑	四八五 王僧虔(四二六~)没。「論書」「書賦」	〈四八六 フランク王国建設。
	五	丁卯	四八七 〈北魏〉孝文帝、太和十一年。高允(三九〇~)没。「左伝釈」「公羊釈」	
鬱林王・海陵王	隆昌元・永興元	甲戌	四九四 蕭子良(四五九~)没。「四部要略」/王融(四六八~)没。	
明帝	建武元			
東昏侯	永元元	己卯	四九九 謝朓(四六四~)没。「玉階怨」「有所思」	
	二	庚辰	五〇〇 祖沖之(四二九~。大明暦を作る)没。	
和帝	中興元	辛巳	五〇一 孔稚珪(四四七~)没。「北山移文」	

梁

帝	年号	干支	事項	世界
武帝	天監元	壬午	五〇二 蕭衍(武帝。四六四~五四九)、帝位につき、国を梁と称す。	
	四	乙酉	五〇五 江淹(四四四~)没。「恨賦」	
	七	戊子	五〇八 任昉(四六〇~)没。「述異記」「文章縁起」	
	一二	癸巳	五一三 沈約(四四一~)没。「宋書」「晋書」「斉紀」	

南北朝時代

(557〜581)周北　(550〜577)斉北　(534〜556)魏西　(535〜550)魏東

(557〜589)(陳) 陳　(502〜557)(蕭) 梁

皇帝・年号	干支	中国	日本・世界
一五	丙申	五一六〈北魏〉孝明帝、熙平元年。鄭道昭(?〜)没。	五一三 百済の五経博士段楊爾来朝。
一七	戊戌	五一八 鍾嶸(?〜)没?。「詩品」／僧祐(四四五〜五一八)。「弘明集」	
一八	己亥	五一九 僧慧皎、「高僧伝」を表す。	
普通元	庚子	五二〇 呉均(四六九〜)没。「続斉諧記」／周興嗣(?〜)没。「千字文」	
二	辛丑	五二一 劉勰(四六五〜)没。「文心雕竜」	
三	壬寅	五二二 王僧孺(四六五〜)没。／仏師、司馬達等、日本に渡る。	
大通元	丁未	五二七〈北魏〉孝明帝、孝昌三年。酈道元(四六九?〜)没。「水経注」	
二	戊申	五二八〈北魏〉インド僧、達磨(禅宗始祖。?〜)没?。	
中大通三	辛亥	五三一 蕭統(昭明太子。五〇一〜)没。「文選」	
六	甲寅	五三四〈北魏〉孝武帝、永熙三年。北魏、西魏(都は長安)・東魏(都は洛陽)に分裂。	
大同二	丙辰	五三六 陶弘景(四五二?〜)没。「本草集注」「真誥」	五三八 仏教、百済より伝来。
三	丁巳	五三七 蕭子顕(四八九〜)没。「南斉書」	
五	己未	五三九 劉孝綽(四八一〜)没。	
八	壬戌	五四二〈東魏〉孝静帝、興和四年。僧曇鸞(浄土教の開祖。四七六〜)没。	
一一	乙丑	五四五 皇侃(四八八〜)没。「論語義疏」	
中大同元	丙寅	五四六〈西魏〉文帝、大統十二年。蘇綽(四九八〜)没。	
太清三	己巳	五四九 蕭子雲(四八七〜)没。／徐摛(四七二〜)没。	
簡文帝 大宝元	庚午	五五〇〈北斉〉斉王高洋(文宣帝。五二九〜五五九)、帝位につき、国を斉(北斉)と称す。	
予章王 天正元	辛未	五五一 庾肩吾(四八七〜)没?。「書品」／	
元帝 承聖元	壬申	五五二	〈五五二 突厥帝国成立。
貞陽侯 天成元 敬帝 紹泰元	乙亥	五五五 岳陽王蕭詧、後梁建国。	
武帝 永定元	丁丑	五五七〈北周〉周公宇文覚(孝閔帝。五四二〜五五七)、帝位につき、国を周(北周)と称す。／陳王、陳覇先(武帝。五〇三〜五五九)、帝位につき、国を陳と称す。	
文帝 天嘉元	庚辰	五六〇	
臨海王 光大元	丁亥	五六七	五六二 新羅、任那の日本府を滅ぼす。
宣帝 太建四	壬辰	五七二〈北斉〉後主、武平三年。魏収(五〇六〜)没。「北魏書」	
九	丁酉	五七七〈北周〉武帝、建徳六年。北斉を滅ぼす。	
一三	辛丑	五八一 顧野王(五一九〜)没。「玉篇」／〈北周〉静帝、大定元年。庾信(肩吾の子。五一三〜)没。「哀江南賦」／〈隋〉文帝、開皇元年。北周を滅ぼす。	
後主 至徳元	癸卯	五八三 徐陵(五〇七〜)没。「玉台新詠」	
四	丙午	五八六〈隋〉文帝、開皇六年。盧思道(五三五〜)没。	
禎明元	丁未	五八七 後梁、隋に滅ぼされる。	

(581〜618) 隋　(618〜907) 唐

皇帝・年号	干支	中国	日本・世界
三 文帝 開皇九	己酉	五八九 陳、隋に滅ぼされる。楊堅(文帝。五四一〜六〇四)、天下を統一。都は大興城(長安)。／文帝は官制の改革、賦役・刑罰の軽減、義倉の設立など、意を治政に注ぎ太平をいたすも、次の煬帝は、土木事業と外征を事とし、奢侈を好んで、天下を衰乱に導く。	
一〇	庚戌	五九〇 顔之推(五三一〜)没?。「顔氏家訓」	〈五九〇 法王グレゴリウス一世即位。
一二	壬子	五九二 均田制・府兵制を全国に施行。／僧慧遠(五二三〜)没。「無量寿経義疏」	
一三	癸丑	五九三 僧慧可(禅宗第二祖。四八七〜)没。	
一四	甲寅	五九四 江総(五一九〜)没。	
一八	戊午	五九八 科挙制度を実施。以後、一九〇五年に至るまで歴朝この制度による。	
仁寿元	辛酉	六〇一 陸法言ら「切韻」を作る。二百六韻の初め。	
煬帝 大業元	乙丑	六〇五 煬帝(五六九〜六一八)、通済渠(黄河―淮水)を開通。	六〇四 十七条憲法制定。
三	丁卯	六〇七 万里の長城(ほぼ現在の線)を構築。	六〇七 小野妹子、遣隋使として渡海。／法隆寺建立。
四	戊辰	六〇八 永済渠(黄河―涿郡)を開通。	
六	庚午	六一〇 江南河(鎮江―杭州)を開通。／劉焯(五四四〜)没。「渾元論」	
八	壬申	六一二 煬帝、高句麗の征討に失敗。翌九年、十年、重ねて出兵。	
九	癸酉	六一三 楊玄感(?〜六一三)、兵を挙げ、以後天下混乱。	
恭帝 義寧元	丁丑	六一七 李淵、太原に挙兵。	
二 / 高祖 武徳元	戊寅	隋、滅亡。／王通(五八四〜)没。「中説(文中子)」 六一八 李淵(高祖。五六五〜六三五)、帝位につき、長安に都し、国を唐と称す。 ◆この時代は、歴朝中、国威最も伸張し、文運また栄ゆ。殊に詩壇は、李白、杜甫ら輩出し隆盛を極む。明の高棅の「唐詩品彙」以後、初唐(六一八〜七一二)・盛唐(七一三〜七六五)・中唐(七六六〜八三五)・晩唐(八三六〜九〇七)の四唐に分かつ。	
六	癸未	六二三 僧吉蔵(五四九〜)没。三輪宗を再興。	六二二 聖徳太子没。
七	甲申	六二四 均田制を施行。	〈六二二 マホメット、メッカからメディナへ移動。イスラム紀元元年。
太宗 貞観元	丁亥	六二七 太宗(李世民。五九八〜六四九)、内治につとめて太平をいたし、また四辺を征して版図を拡大。後世、貞観の治と称す。	
四	庚寅	六三〇 杜如晦(五八五〜)没。	六三〇 犬上御田鍬らを唐に派遣。
九	乙未	六三五 大秦国の僧阿羅本、長安に至り、景教(ネストリウス派キリスト教)を伝う。	〈六三二 マホメット没。
一〇	丙申	六三六 府兵制を制定。	
一一	丁酉	六三七 貞観律令、制定。／姚思廉(五五七〜)没。「梁書」「陳書」	

唐

皇帝	年号	干支	事項
	一二	戊戌	六三八 虞世南(五五八〜)没。「北堂書鈔」
	一四	庚子	六四〇 僧杜順(華厳宗の開祖。五五七〜)没。
	一五	辛丑	六四一 欧陽詢(五五七〜)没。「芸文類聚」
	一七	癸卯	六四三 魏徴(五八〇〜)没。「群書治要」
	一九	乙巳	六四五 顔師古(五八一〜)没。「漢書注」
	二二	戊申	六四八 孔穎達(五七四〜)没。「五経正義」／房玄齢(五七八〜)没。「晋書」／李百薬(五六五〜)没。「北斉書」
	二三	己酉	六四九 李靖(五七一〜)没。
高宗	永徽五	甲寅	六五四 武氏、皇后王氏に代わって皇后となり、以後専横。
	顕慶三	戊午	六五八 褚遂良(五九六〜)没。
	四	己未	六五九 長孫無忌(?〜)没。「唐律疏義」「隋書」
	麟徳元	甲子	六六四 僧玄奘(三蔵法師。六〇二〜。六二九年、インドに赴き、六四五年帰国)没。「大唐西域記」
	乾封二	丁卯	六六七 老子を追尊して太上玄元皇帝と称す。／僧道宣(五九六〜)没。「続高僧伝」「広弘明集」
	総章元	戊辰	六六八 朝鮮半島北部の高麗を滅ぼして平壌に安東都護府をおく。
	二	己巳	六六九 李勣(?〜)没。
	咸亨四	癸酉	六七三 閻立本(?〜)没。
	儀鳳元	丙子	六七六 王勃(王通の孫。六四九〜)没。「滕王閣序」
	調露元	己卯	六七九 劉希夷(廷芝。六五一〜)没?。
	永隆元	庚辰	六八〇 盧照鄰(六四〇?〜)没?。
	開耀元	辛巳	六八一 僧善導(六一三〜。浄土教を大成)没。
	永淳元	壬午	六八二 僧窺基(六三二〜)没。「成唯識論」
中宗	嗣聖元	甲申	六八四 睿宗 文明元 光宅元 このころ駱賓王(六三八?〜)没。
	六	己丑	六八九 永昌元 李善(?〜)没。「文選注」
	七	庚寅	六九〇 載初元 天授元 武后、則天武后と称し、国を周と称す。
	九	壬辰	六九二 如意元 長寿元 楊炯(?〜)没?。
	一一	甲午	六九四 延載元 摩尼教伝来。後、八四三年禁止。
	一二	乙未	六九五 証聖元 天冊万歳元 陳子昂(六五六〜)没。
	神竜元	乙巳	七〇五 則天武后(六二三〜)没。／崔融(六五三〜)没。
	景竜二	戊申	七〇八 杜審言(六四五?〜)没。
睿宗	唐隆元 景雲元	庚戌	七一〇 皇后韋氏(?〜七一〇)、中宗を殺害、李劉基(玄宗)に誅せられる。
	二	辛亥	七一一 張若虚(?〜)没?。「春江花月夜」
	太極元 延和元	壬子	七一二 宋之問(?〜)没。／僧法蔵(六四三〜。華厳宗を大成)没。
玄宗	先天元 開元元	癸丑	七一三 玄宗(六八五〜七六二)、政治につとめて、開元の治と称せられる。晩年、政にうみ、楊貴妃を愛して安史の乱を導く。／李嶠(六四四〜)没。／僧義浄(六三五〜。求法のため六七一年インドに赴く)没。「南海寄帰内法伝」／僧慧能(禅宗六祖。六三八〜)没?。／沈佺期(六五三?〜)没。

則天武后〈周〉：文明元・光宅元／永昌元／載初元・天授元／如意元・長寿元／延載元／証聖元・天冊万歳元

△六四二 イスラム、ササン朝ペルシアを滅ぼす。
六四五 大化元年。わが国年号の初め。／大化の改新。
六六〇 百済滅亡。
△六六一 ウマイヤ朝、成立。
六六九 藤原鎌足没。
六七二 壬申の乱。
△六七六 新羅、朝鮮半島統一。
六九〇ころ 柿本人麿・山部赤人ら万葉歌人活躍。
七〇〇 道昭(法相宗)没。
七〇一 大宝律令。
七一〇 平城京(奈良)に遷都。
七一二 「古事記」成立。
七一七 吉備真備(七七五没)・阿倍仲麿(七七〇没)ら渡唐。
七一八 養老律令。

唐

皇帝	年号	干支	事項
	四	丙辰	七一六 李思訓(北宋画の祖。六五一〜)没。
	六	戊午	七一八 瞿曇悉達、太史監となる。「開元占経」
	九	辛酉	七二一 劉知幾(六六一〜)没。「史通」
	一五	丁卯	七二七 蘇頲(六七〇〜)没。／僧一行(六八三〜。大衍暦を作る)没。／王翰(六八七?〜)没?。
	一七	己巳	七二九 徐堅(六五七〜)没。「初学記」
	一八	庚午	七三〇 張説(六六七〜)没。
	二三	乙亥	七三五 僧善無畏(六三七〜。真言宗を伝訳)没。
	二八	庚辰	七四〇 張九齢(六七三〜)没。孟浩然(六八九〜)没。／張鷟(張文成。六六〇?〜)没?。「遊仙窟」
	二九	辛巳	七四一 僧金剛智(六六九〜。真言宗を弘宣)没。
	天宝元	壬午	七四二 荘子に南華真人の号を追賜。／王之渙(六八八〜)没。
	三	甲申	七四四 賀知章(六五九〜)没。
	八	己丑	七四九 呉兢(六七〇?〜)没?。「貞観政要」
	一一	壬辰	七五二 李林甫(?〜)没。
	一三	甲午	七五四 崔顥(?〜)没。／僧鑑真、日本に渡る。
	一四	乙未	七五五 安禄山、反す。(安史の乱。〜七六三)
粛宗	至徳元	丙申	七五六 玄宗、蜀に逃る。／楊貴妃(玉環。七一九〜)・楊国忠(?〜)、馬嵬にて殺さる。／顔杲卿(六九二〜)没。／王昌齢(?〜)没?
	二	丁酉	七五七 安禄山(七〇五〜)没。／張巡(七〇九〜)没。／許遠(七〇九〜)没。／玄宗、蜀より長安に帰還。
	上元二	辛丑	七六一 史思明(?〜)没。／韓幹(七〇一〜)没。／王維(摩詰。六九九?〜。詩仏と称さる。また、南画を開く)没?。「王右丞集」
代宗	宝応元	壬寅	七六二 李白(太白。七〇一〜。詩仙と称さる)没。「李太白集」／高力士(六八四〜)没。
	永泰元	乙巳	七六五 高適(七〇〇?〜)没。
	大暦三	戊申	七六八 蕭穎士(七一七〜)没。
	五	庚戌	七七〇 杜甫(子美。七一二〜。詩聖と称さる)没。「杜工部集」／岑参(七一五〜)没。／晁衡(日本、阿倍仲麿。六九八〜)没。
	七	壬子	七七二 賈至(七一八〜)没。／元結(七二三〜)没。
	九	甲寅	七七四 僧不空(七〇五〜。真言宗を大成)没。／李華(七一五?〜)没。
	一二	丁巳	七七七 独孤及(七二五〜)没。／このころ張継没。「楓橋夜泊」
徳宗	建中元	庚申	七八〇 両税法施行。
	二	辛酉	七八一 長安の大秦寺に「大秦景教流行中国碑」(景浄

七二〇 「日本書紀」／藤原不比等没。
七二三 太安万侶没。
七三一 大伴旅人没。
△七三二 トゥール・ポワティエの戦い。
七三三 「出雲風土記」／山上憶良没?。
七三五 舎人親王没。
△七四一 キリスト教、ギリシア正教・ローマ正教に分裂。
七四九 行基没。
△七五〇 アッバース朝成立。
七五一 「懐風藻」
七五二 東大寺大仏開眼。
七五七 橘諸兄没。
七六三 鑑真(律宗)没。
七七〇 「百万塔陀羅尼」印刷。
七七二 道鏡没。
七七五ころ 芸亭(石上宅嗣七八一没)。

唐

皇帝	年号	干支	中国
			撰文)を建立。／郭子儀(六九七～)没。
	興元元	甲子	七八四 顔真卿(七〇八～)没。
	貞元五	己巳	七八九 戴叔倫(七三二～)没。
	六	庚午	七九〇 僧悟空、インドより帰国。在印四十年。
	七	辛未	七九一 韋応物(七三七?～)没?。
	八	壬申	七九二 李端(七三二～)没。／呉道玄(呉道子。?～)没。
	九	癸酉	七九三 梁粛(七五三～)没。
	一一	乙亥	七九五 李観(七六七～)没。
	二〇	甲申	八〇四 陸羽(?～。茶道を開く)没?。
順宗	永貞元	乙酉	八〇五 陸贄(七五四～八〇五)没。
憲宗	元和七	壬辰	八一二 杜佑(七三五～)没。「通典」
	九	甲午	八一四 孟郊(七五一～)没。／李吉甫(七五八～)没。「元和郡県志」／僧懐海(七二〇～)没。「百丈清規」
	一二	丁酉	八一七 李賀(七九〇～)没。
	一四	己亥	八一九 仏骨を迎えて宮中にまつる。／柳宗元(七七三～)没。「柳河東集」
	一五	庚子	八二〇 西域の僧慧琳(七三七～)没。「一切経音義」
穆宗	長慶二	壬寅	八二二 徐昂の宣明暦を採用。(わが国では八六一年以後、八百二十三年間行わる)。
	三	癸卯	八二三 馬総(?～)没。「意林」
	四	甲辰	八二四 韓愈(七六八～)没。「韓昌黎集」
敬宗	宝暦二	丙午	八二六 白行簡(?～)没。
文宗	大和四	庚戌	八三〇 張籍(七六七?～)没?。／王建(七六八～)没?。
	五	辛亥	八三一 元稹(七七九～)没。「鶯鶯伝(会真記)」／薛濤(七六八～。魚玄機とならぶ女流詩人。女校書と称さる)没。
	九	乙卯	八三五 盧仝(?～)没。
	開成三	戊午	八三八 僧澄観(七三七～)没。「華厳経疏」
武宗	会昌元	辛酉	八四一 李翺(七七二～)没。／僧宗密(七八〇～)没。「原人論」
	二	壬戌	八四二 劉禹錫(七七二～)没。
	三	癸亥	八四三 賈島(七七九～)没。
	五	乙丑	八四五 道教以外の諸宗教を禁止。
	六	丙寅	八四六 李紳(?～)没。／白居易(楽天。七七二～)没。「白氏文集」
宣宗	大中元	丁卯	八四七 牛僧孺(七七九～)没。
	四	庚午	八五〇 李公佐(七七〇?～)没?。／このころ許渾。
	六	壬申	八五二 杜牧(八〇三～。小杜と称さる)没。「杜樊川集」
	一二	戊寅	八五八 李商隠(八一三～)没。「李義山詩集」
懿宗	咸通四	癸未	八六三 段成式(?～)没。「酉陽雑俎」「剣侠伝」
	六	乙酉	八六五 柳公権(七七八～)没。
	七	丙戌	八六六 僧義玄(臨済宗開祖。?～)没。
	一一	庚寅	八七〇 温庭筠(八一二?～)没?。
	一四	癸巳	八七三 王仙芝(?～八七八)、乱を起こす。

七八五 淡海三船没。／大伴家持没。
七八八 最澄、延暦寺創建。
七九四 平安京(京都)に遷都。
七九七 「続日本紀」
七九九 和気清麻呂没。
△八〇〇 西ローマ帝国の復興。
八一四 「凌雲集」
八一五 賀陽豊年没。
八一六 空海、高野山を開く。
八一八 「文華秀麗集」
八二一 勧学院(藤原冬嗣八二六没)。
八二二 最澄没。
八二三 「日本霊異記」(景戒)。
八二七 「経国集」
八三〇 小野岑守没。
八三〇 良岑安世没。
八三五 空海没。「文鏡秘府論」
八三七 清原夏野没。
八四〇 「日本後紀」
八四二 嵯峨天皇没。
八四二 菅原清公没。
八四二 橘逸勢没。
△八四三 フランク王国分裂(独・仏・伊の基)。
八五二 滋野貞主没。
八五二 小野篁没。
△八六二 ノブゴロド王国建国(ロシアの起源)。
八六四 円仁(慈覚)没。
八六九 「続日本後紀」
八七二 藤原良房没。
八七七 大江音人没。
八七九 「文徳実録」

唐 ／ 五代十国(907～960)

王朝	皇帝	年号	干支	中国
唐	僖宗	乾符二	乙未	八七五 黄巣(?～八八四)の乱、起こる。以後十年にわたり戦火、全土に拡大、唐朝を衰滅に導く。
		広明元	庚子	八八〇 皮日休(?～)没。
		中和元	辛丑	八八一 陸亀蒙(?～)没。
		光啓三	丁未	八八七 高駢(?～)没。
	昭宗	天復元	辛酉	九〇一 このころ鄭還古の「杜子春伝」、李瀚の「蒙求」作らる。
	哀帝(昭宣)	天祐元	甲子	九〇四 杜荀鶴(八四六～)没。
後梁(907～923)	太祖	開平元	丁卯	九〇七 唐、滅亡。朱全忠(朱温。八五二～九一三)、唐の哀帝を廃して帝位につき、汴(開封)に都し、国を梁と称す。 ◆唐より宋に至る間の五十四年(九〇七～九六〇)は、洛陽あるいは開封を中心とする中原の地に後梁・後唐・後晋・後漢・後周の五王朝隆替し、その他の地域に呉(建国者、楊行密。九〇二～九三七)・南唐(李昇。九三七～九七五)・前蜀(王建。九〇七～九二五)・後蜀(孟知祥。九三三～九六五)・南漢(劉龑。九一七～九七一)・楚(馬殷。九〇七～九五一)・荊南(南平)(高季興。九二四～九六三)・呉越(銭鏐。九〇七～九七八)・閩(王審知。九〇九～九四五)・北漢(劉旻。九五一～九七九)など興亡す。因って五代十国と呼ぶ。
		二	戊辰	九〇八 唐の司空図(八三七～)没。
		三	己巳	九〇九 〈呉越〉天宝二年。羅隠(八三三～九〇九)。
	友珪	乾化二	壬申	九一二 〈前蜀〉永平二年。僧貫休(八三二～)没。
	末帝	貞明二	丙子	九一六 耶律阿保機(八七二～九二六)、契丹国を興す。
後唐(923～936)	荘宗	同光元	癸未	九二三 李存勗(荘宗。八八五～九二六)、後梁を滅ぼして帝位につき、洛陽に都す。／韓偓(八四四～)没。「迷楼記」
	明宗	長興四	癸巳	九三三 杜光庭(八五〇～)没。「虬髯客伝」
	閔帝 廃帝	応順元 清泰元	甲午	九三四
後晋(936～946)	高祖	天福元	丙申	九三六 石敬瑭(高祖。八九二～九四二)、契丹の援助により、後唐を滅ぼして帝位につき、洛陽に都す。
		二	丁酉	九三七 契丹を避けて開封に遷都。
	出帝	開運三	丙午	九四六 契丹、南下して出帝を殺害、後晋滅亡。／劉昫(八八七～)没。「旧唐書」
後漢(947～950)	高祖	天福一二	丁未	九四七 劉知遠(高祖。八九五～九四八)、帝位につき、開封に都す。／契丹、国号を遼と改む。
	隠帝	乾祐元	戊申	九四八
後周(951～960)	太祖	広順元	辛亥	九五一 郭威(太祖。九〇四～九五四)、後漢を滅ぼして帝位につき、開封に都す。
	世宗	顕徳元	甲寅	九五四 馮道(八八二～。九経の出版を首唱)没。／楊凝式(八七三～)没。

八七九 都良香没。
八八〇 菅原是善没。／在原業平没。
八八五 奨学院(在原行平八九三没)。
八九一 円珍(智証)没。
八九二 「類聚国史」「新撰字鏡」
八九四 遣唐使廃止。
八九七 藤原佐世没。
九〇一 「三代実録」
九〇三 菅原道真没。
九〇五 「古今和歌集」
九一二 紀長谷雄没。
九一八 三善清行没。
△九一八 朝鮮に高麗興る。
九一九 紀淑望没。
△九二六 渤海滅亡。
九三三 藤原兼輔(堤中納言)没。
△九三六 高麗、朝鮮を統一。
九四五 紀貫之没?。「土佐日記」「古今和歌集」
九五一 「後撰和歌集」

王朝	皇帝	年号	干支	事項
五代十国 後周(951～960)	恭帝	三	丙辰	九五六 九経の出版完成。／王仁祐(八八〇～)没。「開元天宝遺事」
		六	己未	九五九
宋 北宋(960～1127)	太祖	建隆元	庚申	九六〇 趙匡胤(太祖。九二七～九七六)、後周の恭帝を廃して帝位につき、汴(開封)に都し、国を宋と称す。◆五代の乱離に省みて武より文に重きをおき、ために学問・文学・芸術ともに栄ゆ。一一二七年、金の侵入により臨安(杭州)に遷都して以後を南宋といい、それ以前を北宋という。
		開宝七	甲戌	九七四 徐鍇(徐鉉の弟。九二〇～)没。「説文繫伝」
		八	乙亥	九七五 僧延寿(九〇四～)没。「宗鏡録」
	太宗	太平興国三	戊寅	九七八 南唐の後主、李煜(九三七～。中主李璟(九一六～九六一)とともに作詩にすぐれ、南唐の二主と呼ばれる)没。
		六	辛巳	九八一 薛居正(九一二～)没。「旧唐書」
		七	壬午	九八二 「文苑英華」完成。／王溥(九二三～)没。「唐会要」「五代会要」
		八	癸未	九八三 「太平御覧」「太平広記」完成。／遼、国号を契丹に改む。
		雍熙二	乙酉	九八五 蜀の成都において一切経(大蔵経)刊刻完成。一切経刻版の初め。
		端拱二	己丑	九八九 陳希夷(?～。儒・仏・道三教の一致を説く)没。
		淳化三	壬辰	九九二 徐鉉(九一七～九九二)。「説文注」
		至道元	乙未	九九五 蘇易簡(九五七～)没。
		二	丙申	九九六 李昉(九二五～。「太平御覧」など撰)没。
	真宗	咸平三	庚子	一〇〇〇 柳開(九四七～)没。
		四	辛丑	一〇〇一 九経を印刷して州県の学校に分かつ。／王禹偁(九五四～)没。「黄州竹楼記」
		景徳元	甲辰	一〇〇四 契丹と澶州に盟う(澶淵の盟)。
		三	丙午	一〇〇六 王延徳(九三九～)没。「高昌紀行」
		四	丁未	一〇〇七 楽史(九三〇～)没。「太平寰宇記」
		大中祥符三	庚戌	一〇一〇 邢昺(九三二～)没。「爾雅疏」
		六	癸丑	一〇一三 「冊府元亀」完成。
		天禧元	丁巳	一〇一七 陳彭年(九六一～)没。「大宋重修広韻」
		四	庚申	一〇二〇 楊億(九七三～。「冊府元亀」の撰者の一人)。／姚鉉(九六八～)没。「唐文粋」
	仁宗	天聖六	癸亥	一〇二八 林逋(林和靖。九六七～)没。
		明道二	癸酉	一〇三三 孫奭(九六二～一〇三三)。
		宝元元	戊寅	一〇三八 百官の朋党を戒む(朋党論)。
		慶暦五	乙酉	一〇四五 石介(一〇〇五～)。
		八	戊子	一〇四八 蘇舜欽(易簡の孫。一〇〇八～)没。

九五七 大江朝綱没。
△九六二 神聖ローマ帝国建設。
九六三 大江維時没。
九六六 小野道風没。
九八一 菅原文時没。
九八三 源順没。
△九八七 仏、カペー朝成立。
九九〇 清原元輔(清少納言の父)没。
九九八 藤原佐理没。
一〇〇〇ころ 「拾遺和歌集」「枕草子」
△一〇一〇 ベトナム、李朝成立。
一〇一六 紫式部没?。「源氏物語」
一〇一七 恵心(源信)没。「往生要集」
一〇二七 藤原道長没。「御堂関白記」
△一〇三八 西夏建国(～一二二七)。
一〇四一 藤原公任没。「北山抄」「和漢朗詠集」

王朝	皇帝	年号	干支	事項
宋 北宋		皇祐四	壬辰	一〇五二 范仲淹(九八九～)没。「岳陽楼記」
		五	癸巳	一〇五三 丁度(九九〇～)没。「集韻」
		嘉祐元	丙申	一〇五六 王尭臣(一〇〇一～)没。「崇文総目」
		四	己亥	一〇五九 胡瑗(安定。九九三～)没。／李覯(一〇〇九～)没。
		五	庚子	一〇六〇 梅尭臣(一〇〇二～)没。
		六	辛丑	一〇六一 宋祁(九九八～)没。「新唐書」
	英宗	治平二	乙巳	一〇六五 賈昌朝(九九八～)没。「群経音弁」
		三	丙午	一〇六六 蘇洵(軾・轍の父。一〇〇九～)没。／契丹、また国号を遼と改む。
	神宗	熙寧元	戊申	一〇六八 劉敞(一〇一九～)没。
		二	己酉	一〇六九 王安石、新法を実施。以後、新旧両法の派閥争い起こる。
		五	壬子	一〇七二 欧陽脩(一〇〇七～)没。「新唐書」「新五代史」／僧契嵩(一〇〇七～。三教帰一を唱う)没。「伝法正宗記」
		六	癸丑	一〇七三 周敦頤(濂渓。一〇一七～。宋学の祖)没。「太極図説」「通書」
		八	乙卯	一〇七五 韓琦(一〇〇八～)没。
		一〇	丁巳	一〇七七 邵雍(康節。一〇一一～)没。「皇極経世書」／張載(横渠。一〇二〇～)没。「西銘」「正蒙」
		元豊六	癸亥	一〇八三 富弼(一〇〇四～)没。／曾鞏(一〇一九～)没。「元豊類稿」
		八	乙丑	一〇八五 程顥(明道。頤の兄。一〇三二～)没。
	哲宗	元祐元	丙寅	一〇八六 司馬光(温公。一〇一九～)没。「資治通鑑」／王安石(一〇二一～)没。「周官新義」
		紹聖元	甲戌	一〇九四 沈括(一〇三〇～)没。「夢渓筆談」
		四	丁丑	一〇九七 文彦博(一〇〇六～)没。
		元符元	戊寅	一〇九八 范祖禹(一〇四一～)没。
	徽宗	建中靖国元	辛巳	一一〇一 蘇軾(東坡。一〇三六～)没。「前赤壁賦」／陳師道(一〇五三～)没。
		崇寧元	壬午	一一〇二 陸佃(一〇四二～)没。「埤雅」
		四	乙酉	一一〇五 黄庭堅(山谷。一〇四五～)没。
		大観元	丁亥	一一〇七 程頤(伊川。一〇三三～)没。「易伝」「経説」／米芾(元章。一〇五一～)没。
		政和二	壬辰	一一一二 蘇轍(軾の弟。一〇三九～)没。
		五	乙未	一一一五 〈金〉女真、国を金と号す。
		重和元	戊戌	一一一八 黄伯思(一〇七九～)没。「東観余論」
		宣和元	己亥	一一一九 〈金〉女真文字を作る。
		二	庚子	一一二〇 宋江、三十六名の有力指導者を統率して河南省黄河付近に反乱を起こす。以後、山東省西部、江蘇省北部まで進出するも、一一二三年鎮圧(「水滸伝」はこの事件を粉飾)。
		三	辛丑	一一二一 周邦彦(一〇五六～)没。

△一〇四四 ビルマ、パガン朝成立。
一〇五一 前九年の役。
△一〇六六 英、ノルマン朝成立。
一〇六六 藤原明衡没。「本朝文粋」
一〇七四 藤原頼通没。(宇治平等院)。
△一〇七七 カノッサの屈辱。
一〇八三 後三年の役。
一〇八六 院政始まる。／「後拾遺和歌集」
一〇九六 藤原(世尊寺)伊房没。
△一〇九六 第一回十字軍遠征起こる(～一〇九九)。
一一〇六 源義家没。
一一一一 大江匡房没。
一一二四 中尊寺金色堂建立。

王朝	帝	年号	干支	中国
宋		七	乙巳	一一二五 〈金〉金、遼(九一六～一一二五)を滅ぼす。
	欽宗	靖康元	丙午	一一二六 金軍のため国都汴京陥落。／王黼(?～)没。「宣和博古図」
		二	丁未	一一二七 金、徽宗・欽宗・后妃以下三千人を捕らえて北に連行し、北宋滅亡(靖康の難)。
南宋 (1127～1279)	高宗	建炎元	丁未	一一二七 高宗(欽宗の弟)、南京応天府にて即位、宋室を再興。これを宋の南渡という。
		三	己酉	一一二九 臨安(杭州)に都を定む。／趙明誠(一〇八一～)没。「金石録」
		紹興五	乙卯	一一三五 楊時(亀山。一〇五三～)没。／僧克勤(無著。一〇六三～)没。「碧巌録」
		八	戊午	一一三八 高宗、金に対して臣を称す。／胡安国(一〇七四～)没。「春秋胡氏伝」／呂本中(一〇八四～)没。「東萊博議」「春秋解」
		一〇	庚申	一一四〇 李綱(一〇八三～)没。
		一一	辛酉	一一四一 秦檜(一〇九〇～一一五五)、金との和議を首唱、主戦派を弾圧。／岳飛(一一〇三～)没。
		二七	丁丑	一一五七 僧正覚(宏智。一〇九一～)没。「従容録」
		三〇	庚辰	一一六〇 鄭樵(一一〇三～)没。「通史」
	孝宗	乾道二	丙戌	一一六六 茅子元(白蓮教祖。?～)没。
		六	庚寅	一一七〇 〈金〉王嘉(全真教祖。一一一三～)没。
		淳熙二	乙未	一一七五 朱熹・陸九淵、鵝湖(江西省)に会して論争。
		三	丙申	一一七六 朱熹、白鹿洞書院を復興。／林之奇(一一一二～)没。
		四	丁酉	一一七七 朱熹、「論語集注」「孟子集注」を著す。
		七	庚子	一一八〇 張栻(南軒。一一三三～)没。「論語解」「孟子解」
		八	辛丑	一一八一 呂祖謙(東萊先生。一一三七～。朱熹と「近思録」を著す)没。
		一一	甲辰	一一八四 李燾(一一一五～)没。「続資治通鑑長編」
		一四	丁未	一一八七 洪邁(一一二三～)没。「夷堅志」「容斎随筆」
		一六	己酉	一一八九 朱熹、「大学章句」「中庸章句」を著す。
	光宗	紹熙三	壬子	一一九二 陸九淵(象山。一一三九～。心学の祖。心即理説を説き、朱熹と対立)没。
		四	癸丑	一一九三 范成大(一一二六～)没。尤袤(一一二四～)没?。
	寧宗	慶元元	乙卯	一一九五 程大昌(一一二三～)没。「演繁露」／このころ馬遠・夏珪ら、画院に活躍。
		六	庚申	一二〇〇 朱熹(一一三〇～。二程を受けて宋学を大成)没。「詩集伝」「通鑑綱目」
		嘉泰元	辛酉	一二〇一 このころ梁楷、画院待詔となる。
		開禧元	乙丑	一二〇五 袁枢(一一三一～)没。「資治通鑑紀事本末」
		二	丙寅	一二〇六 楊万里(一一二七～)没。／〈元〉太祖元年。蒙古の鉄木真(一一六二～一二二七)、オノン河源に即位し、成吉思汗を称す。

△一一二五ころ アンコールワット建設。
一一二七 「金葉和歌集」
一一二九 源俊頼没?
△一一三九 ポルトガル王国成立。
一一四三 藤原基俊没。
一一五一ころ 「詞花和歌集」
一一五六 保元の乱。
一一五九 平治の乱。
一一六四 藤原忠通没。
一一七七 俊寛ら流刑。／藤原清輔没。
一一七九 平重盛没。
一一八一 平清盛没。
一一八五 平家滅亡。
一一八七 「千載和歌集」
一一八九 源義経没。／清原頼業没。
一一九〇 西行没。「山家集」
一一九二 鎌倉幕府開く。
一一九九 源頼朝没。
一二〇二 寂蓮没。
一二〇四 藤原俊成没。
一二〇五 「新古今和歌集」
一二〇六 藤原良経没。

王朝	帝	年号	干支	中国
南宋		三	丁卯	一二〇七 辛棄疾(稼軒。一一四〇～)没。
		嘉定三	庚午	一二一〇 陸游(放翁。一一二五～)。「剣南詩稿」
		四	辛未	一二一一 〈金〉党懐英(一一三四～)没。
		一六	癸未	一二二三 葉適(水心。一一五〇～)没。
	理宗	宝慶三	丁亥	一二二七 長春真人(邱処機。一一四八～)没。
		紹定三	庚寅	一二三〇 蔡沈(一一六七～)没。「書経集伝」
		端平元	甲午	一二三四 岳珂(一一八三～)没。／〈金〉宋・蒙古の連合軍のため、金、滅亡。
		二	乙未	一二三五 真徳秀(一一七八～)没。「文章正宗」
		三	丙申	一二三六 〈元〉蒙古の抜都汗(一二〇七～一二五五)、総司令官として西征、東ヨーロッパに侵入。
		嘉熙元	丁酉	一二三七 魏了翁(一一七八～)没。／張洽(一一六一～)没。
		淳祐元	辛丑	一二四一 このころ劉淵、「平水韻」を著す。百七韻の初め。
		三	癸卯	一二四三 金の王若虚(一一七四～)没。
		四	甲辰	一二四四 〈元〉耶律楚材(一一九〇～)没。
		六	丙午	一二四六 僧道隆、日本に渡る。
		一〇	庚戌	一二五〇 周弼、「三体詩」を編す。
		宝祐元	癸丑	一二五三
		五	丁巳	一二五七 金の元好問(遺山。一一九〇～)没。「唐詩鼓吹」
		景定元	庚申	一二六〇 〈元〉世祖、中統元年。蒙古の忽必烈(世祖。一二一五～一二九四)、開平(内蒙古多倫県)に即位。／僧慧開(一一八三～)没。「無門関」
		五	甲子	一二六四 〈元〉至元元年。大都(北京)に遷都。
	度宗	咸淳五	己巳	一二六九 劉克荘(一一八七～)没。「後村詩話」／〈元〉至元五年。国師八思巴(チベットのラマ僧)、蒙古文字を作製。これを国字とす。
		七	辛未	一二七一 〈元〉至元八年。蒙古、国号を元と改む。
		一〇	甲戌	一二七四 元軍、日本遠征に失敗。
	恭帝	徳祐元	乙亥	一二七五 賈似道(?～)没。／郝経(一二二三～)没。
	端宗	景炎元	丙子	一二七六 元将伯顔(一二四六～一二九四)、臨安に入り、恭帝・皇后を捕らう。／端宗、福州に即位。
	衛王	祥興元	戊寅	一二七八 文天祥(一二三六～一二八二)、元軍に捕らえらる。「正気歌」
		二	己卯	一二七九 元将張弘範(一二三八～一二八〇)、厓山(広東省の海島)を襲い、陸秀夫(一二三八～一二七九)、衛王を負うて海に沈む。南宋滅亡。／張世傑(?～)没。
元 (1279～1368)	世祖	至元一六	己卯	一二七九 元、中国を統一す。／僧祖元、日本に渡る。◆この時代、雑劇(歌劇)最も栄え、馬致遠(「漢宮秋」「青衫涙」)・鄭光祖(「搊梅香」「倩女離魂」)・関漢卿(「竇娥冤」「救風塵」)・白樸(「梧桐雨」)・王実甫(「西廂記」)・高明(「琵琶

一二一二 法然(源空)(浄土宗)没。
一二一五 栄西(臨済宗)没。
一二一六 鴨長明没。
一二一九 源実朝没。
一二二一 承久の乱。
一二二三 運慶没?。
一二二五 大江広元没。慈円(慈鎮)没。「愚管抄」
一二三二 「貞永式目」
一二三七 藤原家隆没。
一二四一 藤原定家没。
一二四六 菅原為長没。「字鏡集」
一二五三 道元(曹洞宗)没。「正法眼蔵」
一二五四 「古今著聞集」
一二五六 湛慶没。
一二六二 親鸞(真宗)没。「歎異抄」
一二六三 北条時頼没。
一二七四 文永の役。
一二七五 藤原為家没。
一二七六 北条実時(金沢文庫)没。／「続拾遺和歌集」
一二七八 〈宋〉道隆(蘭渓・大覚・建長寺)没。
一二八〇 弁円(円爾・聖一)没。
一二八一 弘安の役。
一二八二 日蓮(日蓮宗)

元 (1279～1368)

皇帝	年号	干支	事項	日本・世界
			記」などを輩出。また小説に羅貫中(「三国志演義」「平妖伝」)・施耐庵(「水滸伝」?)らを出す。	没。「立正安国論」 一二八四 北条時宗没。
	一八	辛巳	一二八一 元軍、日本に大敗。/許衡(一二〇九〜)没。	一二八六 〈宋〉祖元(無学・仏光、円覚寺)没。
	二二	乙酉	一二八五 白樸(一二二六〜)没。	
	二六	己丑	一二八九 宋の謝枋得(一二二六〜)没。「文章軌範」	一二八九 一遍没。
	三〇	癸巳	一二九三 劉因(一二四九〜)没。	
成宗	元貞元	乙未	一二九五 趙孟堅(孟頫の従兄。一一九九〜)没。	
	二	丙申	一二九六 王応麟(一二二三〜)没。「玉海」「困学紀聞」	
	大徳元	丁酉	一二九七 このころ曾先之、「十八史略」を著す。/陰時夫、「韻府群玉」を著す。百六韻の初め。	
	二	戊戌	一二九八 托克托(一三一八〜)没。「宋史」「遼史」「金史」/周密(一二三二〜)没。「斉東野語」	
	三	己亥	一二九九 僧一寧(一二四七〜一三一七)、日本に渡る。	△一二九九 オスマン・トルコ成立。
	六	壬寅	一三〇二 胡三省(一二三〇〜)没。「資治通鑑注」	
	一〇	丙午	一三〇六 方回(一二二七〜)没。	
武宗	至大元	戊申	一三〇八 このころ馬端臨、「文献通考」を著す。	
	四	辛亥	一三一一 吾丘衍(?〜)没。「学古編」	
仁宗	皇慶二	癸丑	一三一三 王禎「農書」を著す。/科挙の制度を復活	一三一七 〈元〉一寧(一山)没。
	延祐元	甲寅	一三一四 姚燧(一二三九〜)没。	
	三	丙辰	一三一六 郭守敬(一二三一〜。授時暦を作る)没。	
英宗	至治二	壬戌	一三二二 趙孟頫(子昂。一二五四〜)没。/元明善(一二六九〜)没。	△一三二一 ダンテ没。「神曲」
	三	癸亥	一三二三 楊載(一二七一〜)没。/僧明本(中峰。一二六三〜)没。	△一三二四 マルコポーロ没。「東方見聞録」
晋宗	泰定四	丁卯	一三二七 袁桷(一二六六〜)没。	一三二八 藤原為相没。
天順帝・文宗	致和元・天暦元	戊辰	一三二八	
明宗・文宗	二	己巳	一三二九	
文宗	至順元	庚午	一三三〇 范梈(一二七二〜)没。	一三三四 建武の中興。
寧宗	三	壬申	一三三二	一三三六 南北朝分裂(〜一三九二)。
順帝	元統元	癸酉	一三三三 呉澄(一二四九〜)没。/胡炳文(一二五〇〜)没。	一三三七 妙超(宗峰・大灯)没。
	二	甲戌	一三三四 陳櫟(勤有堂。一二五二〜)没。「書伝纂疏」	一三三八 足利尊氏(一三五八没)幕府を開く。
	至元元	乙亥	一三三五 科挙の制度を廃止。	
	四	戊寅	一三三八 馬祖常(一二七九〜)没。	△一三三九 英仏百年戦争始まる(〜一四五三)。
	六	庚辰	一三四〇 呉萊(一二九七〜)没。	
	至正二	壬午	一三四二 柳貫(一二七〇〜)没。	
	四	甲申	一三四四 掲傒斯(一二七四〜)没。「遼史」	一三四六 虎関(師錬)没。「元亨釈書」
	八	戊子	一三四八 虞集(一二七二〜)没。「経世大典」	
	一一	辛卯	一三五一 白蓮・弥勒教徒ら反乱を起こし、元末動乱の導火線となる(紅巾の賊)。	一三五〇 兼好法師没?。「徒然草」/玄慧没。「庭訓往来?」
	一二	壬辰	一三五二 蘇天爵(一二九四〜)没。「元文類」	一三五一 疎石(夢窓)没。
	一六	丙申	一三五六 朱元璋、金陵(南京)の戦いに勝ち、呉国公と称す。	一三五四 北畠親房没。「神皇正統記」
	一七	丁酉	一三五七 欧陽玄(一二八三〜)没。	

明 (1368～1644)

皇帝	年号	干支	事項	日本・世界
元	二四	甲辰	一三六四 朱元璋、呉王を称す。	一三六四「論語集解(「正平版論語」)」出版。
元	二八	戊申	一三六八 順帝、大都を棄てて北に去り、元、滅亡。	
太祖	洪武元	戊申	一三六八 呉王朱元璋(太祖。一三二八〜一三九八)、帝位につき、応天府(南京)に都し、国を明と称す。 ◆この時代、小説栄ゆ。	
	二	己酉	一三六九 日本人、山東に寇す(倭寇)。倭寇はこの後一五六〇年ころまで中国沿岸各地に出没。/陶宗儀(?〜)没。「輟耕録」	△一三六九 ティムール帝国成立。
	三	庚戌	一三七〇 元の楊維禎(一二九六〜)没。	一三七二 頓阿没。
	六	癸丑	一三七三 王禕(一三二二〜)没。	△一三七五ボッカチオ没。「デカメロン」
	七	甲寅	一三七四 元の倪瓚(雲林。一三〇一〜)没。/高啓(一三三六〜)没。	一三七五 中巌(円月)没。
	八	乙卯	一三七五 劉基(一三一一〜)没。	△一三七八 ローマ教会分裂(〜一四一七)。
	一四	辛酉	一三八一 宋濂(一三一〇〜)没。「元史」	一三八四 観阿弥没。
	一八	乙丑	一三八五 科挙の制度を復活。/王蒙(?〜)没。	一三八八 義堂(周信)没。
	三一	戊寅	一三九八 太祖崩じ、孫の恵帝即位。	一三九二 南北朝合一。
恵帝	建文元	己卯	一三九九 燕王朱棣(太祖の第四子)、靖難の変を起こす。	△一三九二 朝鮮、李王朝成立。
		庚辰	一四〇〇 羅貫中(一三三〇?〜)没?。「三国志通俗演義」	△一四〇〇 チョーサー没。「カンタベリー物語」
	四	壬午	一四〇二 恵帝(一三八三〜)敗死し、朱棣(成祖。一三六〇〜一四二四)帝位につく。/方孝孺(一三五七〜)没。	
	七	乙酉	一四〇五 鄭和の南海遠征始まる(〜一四三三)。	一四〇五 絶海(中津)没。
成祖	永楽五	丁亥	一四〇七「永楽大典」完成。/王冕(一三三五〜)没。	一四〇八 足利義満没。
	一二	甲午	一四一四「五経大全」「四書大全」「性理大全」完成。	一四一〇 今川了俊没。
	一九	辛丑	一四二一 北京順天府に遷都。	
	二一	癸卯	一四二三 高棅(一三五〇〜)没。「唐詩品彙」	
仁宗	洪熙元	乙巳	一四二五	
宣宗	宣徳二	丁未	一四二七 瞿佑(一三四一〜一四二七)。「剪灯新話」	一四三九 足利学校再興(上杉憲実)。
英宗	正統九	甲子	一四四四 楊士奇(一三六五〜)没。「歴代名臣奏議」	一四四三 世阿弥(観世元清)没。「花伝書」
	一四	己巳	一四四九 英宗、瓦剌を親征し、土木堡(河北省)の戦いに大敗して捕らえられる(土木の変)。	△一四五〇ころ(独)グーテンベルク、活版印刷術発明。
景帝	景泰元	庚午	一四五〇 英宗の弟、郕王(景帝)即位。/英宗、北より帰る。	
	三	壬申	一四五二 李禎(一三七六〜)没。「剪灯余話」	△一四五三 東ローマ帝国滅亡。
英宗	天順元	丁丑	一四五七 景帝崩じ、英宗重ねて即位。	
	五	辛巳	一四六一「大明一統志」完成。	一四六七 応仁の乱(〜一四七七)。
	八	甲申	一四六四 薛瑄(一三八九〜)没。	
憲宗	成化五	己丑	一四六九 呉与弼(一三九一〜)没。	一四八六 太田道灌没。
	二〇	甲辰	一四八四 胡居仁(一四三四〜)没。	一四九〇 足利義政没。
孝宗	弘治八	乙卯	一四九五 このころより銅活字印刷盛ん。	△一四九八 インド航路発見。
	一三	庚申	一五〇〇 陳献章(一四二八〜)没。	
武宗	正徳四	己巳	一五〇九 沈周(石田。一四二七〜)没。	一五〇二 村田珠光没。/
	一一	丙子	一五一六 李東陽(一四四七〜)没。	

明

帝	年号・年	干支	事項
	一三	丁丑	一五一七 ポルトガル、広東に来航。
世宗	一六	辛巳	一五二一 何景明(一四八三〜)没。
	嘉靖 五	丙戌	一五二六 祝允明(一四六〇〜)没。
	七	戊子	一五二八 王守仁(陽明。一四七二〜。心即理を説き、陽明学を開く)没。「伝習録」／余祐(一四六五〜)没。
	一〇	辛卯	一五三一 李夢陽(一四七五〜)没。
	一九	庚子	一五四〇 王艮(一四八三〜)没。／康海(一四七五〜)没。
	二三	甲辰	一五四四 陳淳(一四八三〜)没。
	三〇	辛亥	一五五一 王九思(一四六八〜)没。
	三一	壬子	一五五二 ジェスイット派宣教師、フランシスコ・ザヴィエル(一五〇六〜)、広東に至り死亡。
	三六	丁巳	一五五七 汪直(汪五峰。?〜。明代倭寇の頭目の一人。日本の五島を根拠地とす)没。／ポルトガル、マカオ居住権を得る。
	三八	己未	一五五九 文徴明(一四七〇〜)没。／楊慎(一四八八〜)没。
	三九	庚申	一五六〇 唐順之(一五〇七〜)没。
	四四	乙丑	一五六五 王圻、進士に及第。「三才図会」「続文献通考」
穆宗	隆慶 四	庚午	一五七〇 李攀竜(一五一四〜)没。「古今詩刪」(「唐詩選」はその編というも書店の偽選)
	五	辛未	一五七一 帰有光(震川。一五〇六〜)没。
	六	壬申	一五七二 馮惟訥(?〜)没。
神宗	万暦 八	庚辰	一五八〇 李元陽(一四九七〜。「十三経注疏」を刊刻)没。
	一〇	壬午	一五八二 利瑪竇(イタリア、ジェスイット派宣教師、マテオ・リッチ。一五五二〜一六一〇)、広東に至る。一六〇一年、北京にて神宗に拝謁。カトリック教を布教、西洋科学を紹介。「乾坤体義」「坤輿万国全図」／呉承恩(一五〇〇?〜)没。「西遊記」
	一八	庚寅	一五九〇 王世貞(一五二六〜)没。「金瓶梅」はその作ともいう。
	二一	癸巳	一五九三 徐渭(一五二一〜)没。／李時珍(一五一八〜)没。「本草綱目」
	二九	辛丑	一六〇一 茅坤(一五一二〜)没。「唐宋八大家文鈔」
	三〇	壬寅	一六〇二 胡応麟(一五五一〜)没。／李贄(卓吾。一五二七〜)没。
	三六	戊申	一六〇八 章潢(一五二七〜)没。「図書編」
	三八	庚戌	一六一〇 袁宏道(中郎。一五六八〜一六一〇)。
	三九	辛亥	一六一一 東林党の政争起こる。
	四〇	壬子	一六一二 顧憲成(一五五〇〜一六一二)。顧允成(一五五四〜一六〇七)・高攀竜(一五六二〜一六二六)らと東林書院に拠って、その党を指導。
	四四	丙辰	一六一六 臧晋叔(懋循)、「元曲選」を編集。／〈清〉太祖、天命元年。中国東北部の奴児哈赤(太祖。一五五九〜一六二六)、帝位につき、国号を後金と

飯尾宗祇没。
一五〇六 雪舟没。
一五〇八 桂庵(玄樹)没。
△一五一七 ルターの宗教改革。
△一五一九 レオナルド・ダ・ヴィンチ没。
△一五二二 マジェラン、世界一周。
一五二五 土佐光信没。
一五三〇 狩野正信没。
△一五三三 インカ帝国滅亡。
一五四三 鉄砲、種子島に伝来。
一五四九 ザヴィエル、天主教を伝道。
一五五三 山崎宗鑑没。
一五五九 狩野元信没。
△一五六四 ミケランジェロ没。
△一五六八 オランダ独立戦争。
一五七三 室町幕府滅亡。
一五八二 織田信長没。
△一五八八 英、イスパニアの無敵艦隊撃破。
一五九〇 狩野永徳没。
一五九一 千利休没。
一五九二 文禄の役。
一五九三 今井宗久没。
一五九四ころ 活字印刷。
一五九七 慶長の役。
一五九八 豊臣秀吉没。
△一六〇〇 英、東インド会社設立。
一六〇三 徳川家康(一六一六没)、江戸幕府を開く。
一六一〇 細川幽斎没。
一六一三 支倉常長、欧州に使いす。
△一六一五 大坂夏の陣。

明

帝	年号・年	干支	事項
	四七	己未	称す。／湯顕祖(一五五〇〜)没。「紫釵記」「還魂記」 一六一九 梅鼎祚(一五五三〜)没。／〈清〉天命四年。太祖、明の大軍を薩爾滸(遼寧省)に撃破。
光宗	泰昌元	庚申	一六二〇 焦竑(一五四一〜)没。「国朝献徴録」
熹宗	天啓 五	乙丑	一六二五 〈清〉天命十年。瀋陽(奉天)に都を定む。
	七	丁卯	一六二七 魏忠賢(一五六八〜。宦官出身。権勢を振るい、東林党など反対派を弾圧)没。／〈清〉太宗、天聡元年。
毅宗(荘烈帝)	崇禎元	戊辰	一六二八 陳元贇(一五八七〜一六七一)、日本に帰化。尾張侯に客事。拳法を伝う。
	三	庚午	一六三〇 李之藻(一五六九〜。西洋学術の導入)没。
	四	辛未	一六三一 譚元春(一五八六〜)没。
	六	癸酉	一六三三 徐光啓(一五六二〜)没。「幾何原本」「農政全書」
	八	乙亥	一六三五 李日華(一五六五〜)没。
	九	丙子	一六三六 董其昌(一五五五〜)没。／〈清〉崇徳元年。国号を大清と改む。
	一〇	丁丑	一六三七 宋応星、「天工開物」を著す。
	一三	庚辰	一六四〇 張瑞図(一五七〇〜)没?。
	一四	辛巳	一六四一 李自成(一六〇六〜一六四五)、洛陽を占領(李自成の乱。一六三一〜四五)。張溥(一六〇二〜)没。
	一六	癸未	一六四三 〈清〉崇徳八年。太宗(?〜)没。世祖嗣ぐ。
	一七	甲申	一六四四 李自成、北京に侵入、毅宗自殺して、明、滅亡。／倪元璐(一五九三〜)没。／凌濛初(一五八〇〜)没。「拍案驚奇」

/古田織部没。
△一六一六 シェークスピア没。
△一六一八 ドイツ、三十年戦争。
一六一九 藤原惺窩没。
一六二〇 文之(玄昌)没。
一六二八 菅得菴没。
一六三五 狩野山楽没。
一六三七 島原の乱。／本阿弥光悦没。
一六三八 烏丸光広没。
一六三九 鎖国(〜一八五四)。
一六四三 天海没。

清 (1644〜1911)

帝	年号・年	干支	事項
世祖	順治元	甲申	一六四四 世祖(一六三八〜一六六一)、李自成を追い、北京を都として中国に君臨。清代、考証学盛ん。／明の遺王遺臣、南方に逃れ回復を図る。
	二	乙酉	一六四五 清、揚州を落とす。／弁髪令を定める。
	三	丙戌	一六四六 明の黄道周(一五八五〜)没。「博物典彙」／馮夢竜(一五七四〜)没。「古今小説」／阮大鋮(一五八七〜)没。「春灯謎」「燕子箋」／科挙を実施。
	六	己丑	一六四九 艾儒略(イタリア人宣教師、ジュリオ・アレニ。一五八二〜)没。「職方外紀」「西学凡」「出像経解」
	一〇	癸巳	一六五三 明の独立(戴曼公。一五九六〜一六七三)、日本に帰化。
	一一	甲午	一六五四 侯方域(一六一八〜)没。／明の隠元(一五九二〜一六七三)、日本に渡航。黄檗宗を開く。
	一六	己亥	一六五九 明の毛晋(一五九九〜。「十三経」「十七史」「津逮秘書」を刊刻)没。／朱之瑜(舜水。一六〇〇〜一六八二)、日本に帰化。水戸光圀に招かる。
	一八	辛丑	一六六一 明の永明王、ビルマに逃れて捕らえられ、清に送還殺害。明の大統絶滅。／衛匡国(オー

一六四五 沢庵没。
一六四七 小堀政一(宗甫・遠州)没。
一六四八 中江藤樹没。／那波活所没。
一六四九 谷時中没。
△一六五〇 デカルト没。
一六五一 由井正雪の乱／徳川家光没。
一六五三 松永貞徳没。
一六五七 「大日本史」編集の史局開設。／林羅山没。

清					
				ストリア人宣教師、マルチン・マルチニ。一六一四～一六四三年渡来。途中一時帰国中出版の「中国地図」はヨーロッパにおける中国地図の最初)没。「韃靼戦争記」	
聖祖	康熙元	壬寅		一六六二 聖祖康熙帝(一六五四～一七二二)即位。これより高宗乾隆帝(一七一一～一七九九)にかけ、大規模の出版事業行わる。／鄭成功(朱成功・国姓爺。一六二四～)没。	△一六六二 パスカル没。 一六六二 松平信綱没。
	二	癸卯		一六六三 清朝批判を弾圧(文字の獄)。	一六六三 野中兼山没。
	三	甲辰		一六六四 明の銭謙益(一五八二～)没。	一六六六 酒井田柿右衛門(初代)没。
	五	丙午		一六六六 湯若望(ドイツ人宣教師、アダム・シャール。一五九一～。一六二二年渡来。「崇禎暦書」また、望遠鏡などを製作)没。	△一六六七 ニュートン、万有引力の法則。
	一〇	辛亥		一六七一 呉偉業(一六〇九～)没。「永和宮詞」	一六七二 石川丈山没。／隠元没。
	一二	癸丑		一六七三 三藩(雲南の平西王呉三桂・広東の平南王尚之信・福建の靖南王耿精忠)の乱起こる(～一六八一)。	一六七四 狩野探幽没。 △一六七七 スピノザ没。
	一九	庚申		一六八〇 王時敏(一五九二～)没。／李漁(一六一一～)没。	一六八〇 林春斎(鵞峰)没。
	二一	壬戌		一六八二 顧炎武(亭林。一六一三～)没。「日知録」	一六八二 山崎闇斎没。／西山宗因没。
	二二	癸亥		一六八三 鄭氏降伏し、台湾清領となる。	
	二七	戊辰		一六八八 南懐仁(ベルギー人宣教師、フェルビースト。一六二三～)没。一六五九年渡来。暦法の改革、大砲の鋳造などを行う。「坤輿全図」「同図説」	一六八五 山鹿素行没。「中朝事実」
	二八	己巳		一六八九 ロシアとネルチンスク条約を締結。	一六九〇 湯島に聖堂建立。
	二九	庚午		一六九〇 「大清会典」(一六二巻)完成。／汪琬(一六二四～)没。／惲格(南田。一六三三～)没。	一六九一 熊沢蕃山没。／土佐光起没。
	三一	壬申		一六九二 王夫之(船山。一六一九～)没。／顧祖禹(一六三一～)没。「読史方輿紀要」	一六九三 井原西鶴没。
	三三	甲戌		一六九四 徐乾学(一六三一～)没。「読礼通考」／徐枋(一六二二～)没。	一六九四 松尾芭蕉没。／菱川師宣没?。
	三四	乙亥		一六九五 黄宗羲(一六一〇～)没。「宋元学案」「明儒学案」「明夷待訪録」	一六九八 木下順庵没。 一七〇〇 徳川光圀没。
	三八	己卯		一六九九 姜宸英(一六二八～)没。「海防争論」	一七〇一 契沖没。 一七〇二 赤穂四十七士の討ち入り。
	四一	壬午		一七〇二 万斯同(一六三八～)没。「明史」	
	四三	甲申		一七〇四 閻若璩(一六三六～)没。「尚書古文疏証」／顔元(一六三五～)没。／邵長蘅(一六三七～)没。／高士奇(一六四五～)没。／洪昇(一六五九～)没。「長生殿伝奇」	一七〇五 伊藤仁斎没。／北村季吟没。
	四四	乙酉		一七〇五 「全唐詩」完成。／李顒(一六二七～)没。	
	四五	丙戌		一七〇六 典礼問題(中国伝統の上帝・孔子・祖先など崇拝の是非)により、ジェスイット派以外の布教を禁止、その宣教師を国外に退去。／朱耷(八大山人。一六二六～)没?。	一七〇六 栗山潜鋒没。
	四七	戊子		一七〇八 孔尚任(一六四八～)没。「桃花扇伝奇」	
清					
	四八	己丑		一七〇九 朱彝尊(竹垞。一六二九～)没。「経義考」「明詩綜」	
	四九	庚寅		一七一〇 「淵鑑類函」「古文淵鑑」完成。	
	五〇	辛卯		一七一一 「佩文韻府」完成。／王士禛(漁洋。一六三四～)没。「唐賢三昧集」	一七一一 浅見絅斎没。
	五一	壬辰		一七一二 「耕織図」(焦秉貞画)完成。	
	五三	甲午		一七一四 胡渭(一六三三～)没。「禹貢錐指」「禹貢図」	一七一四 貝原益軒没。
	五四	乙未		一七一五 蒲松齢(一六四〇～)没。「聊斎志異」／イギリス、広東に商館を置く。	
	五五	丙申		一七一六 「康熙字典」完成。／毛奇齢(一六二三～)没。	一七一六 尾形光琳没。
	五九	庚子		一七二〇 清、チベットを支配。	一七一八 三宅観瀾没。
	六〇	辛丑		一七二一 梅文鼎(一六三三～)没。「梅氏暦算全書」	
世宗	雍正元	癸卯		一七二三 キリスト教を全面禁止。／王鴻緒(一六四五～)没。「明史稿」／汪士鋐(一六五八～)没。	一七二四 近松門左衛門没。
	五	丁未		一七二七 「古今図書集成」完成。／査慎行(一六五〇～)没。／ロシアとキャフタ条約を締結。	一七二五 新井白石没。
	六	戊申		一七二八 「駢字類篇」完成。	一七二八 荻生徂徠没。
	九	辛亥		一七三一 沈南蘋、日本の長崎に渡り、画法を伝う。一七三三年帰国。	一七三三 林鳳岡没。
	一〇	壬子		一七三二 「大清会典」(二五〇巻)完成。／蒋廷錫(一六六九～)没。／日進(フランス人宣教師、ブーヴェ。一六六〇～)没。「大中国地図」	一七三四 室鳩巣没。 一七三五 細井広沢没。 一七三六 伊藤東涯没。 一七三七 安積澹泊没。
高宗	乾隆四	己未		一七三九 「殿版二十四史」完成。／汪澍(一六六八～)没。	一七四三 尾形乾山没。
	九	甲子		一七四四 「大清一統志」(三五六巻)完成。／趙執信(一六六二～)没。	
	一二	丁卯		一七四七 「殿版十三経注疏」完成。	一七四七 太宰春台没。
	一四	己巳		一七四九 方苞(一六六八～)没。	△一七五一 フランスで百科全書の編集(～一七七二)。
	一九	甲戌		一七五四 呉敬梓(一七〇一～)没。「儒林外史」	一七五一 徳川吉宗没。
	二〇	乙亥		一七五五 「西清古鑑」完成。／全祖望(一七〇五～)没。／張廷玉(一六七二～)没。	一七五五 雨森芳洲没。
	二二	丁丑		一七五七 外国貿易を広東一港に限定。	一七五九 服部南郭没。
	二三	戊寅		一七五八 恵棟(一七〇五～)没。	
	二七	壬午		一七六二 江永(一六八一～)没。／曹霑(雪芹。一七二四～)没?。「紅楼夢」	
	二九	甲申		一七六四 「大清会典」(一〇〇巻)完成。／秦蕙田(一七〇二～)没。／金農(一六八七～)没。／郎世寧(イタリア人画家、ジョセフ・カスチリョーネ。一六八八～。西洋画法・中国画法の合体(院体))没。	一七六七 岡白駒(竜洲)没。 一七六八 白隠没。
	三〇	乙酉		一七六五 鄭燮(板橋。一六九三～)没。	△一七六九ころ 英、産業革命。
	三四	己丑		一七六九 沈徳潜(一六七三～)没。「唐宋八大家読本」	一七六九 賀茂真淵没。／青木昆陽没。
	三七	壬辰		一七七二 「皇朝文献通考」完成。／張玉穀(?～)没。「古詩賞析」／鄒一桂(一六八六～)没。「小山画譜」	一七七四 「解体新書」(杉田玄白ら)
	三八	癸巳		一七七三 四庫全書処を開設。	
	四二	丁酉		一七七七 戴震(一七二三～)没。	△一七七六 アメリカ独立

王朝	皇帝	年次	干支	中国	日本・世界
清		四三	戊戌	一七七八 衢塘退士(孫洙。一七一一～)没。「唐詩三百首」	戦争(～一七八三)。 一七七六 池大雅没。
		四七	壬寅	一七八二「四庫全書」第一・二分の謄写終わる。一七八八年、第七分謄写終わり、全部完成。	△一七七八 ルソー没。 一七八一 湯浅常山没。
		五〇	乙巳	一七八五 蔣士銓(一七二五～)没。「紅雪楼十種曲」	一七八二 片山兼山没。
		五三	戊申	一七八八 荘存与(一七一九～)没。	一七八三 与謝蕪村没。
		五五	庚戌	一七九〇「大清一統志」(四二六巻)完成。	△一七八九 フランス革命。
		五七	壬子	一七九二 陸錫熊(一七三四～)没。	
		五八	癸丑	一七九三 イギリス、マカートニーを使節として派遣。	一七八九 三浦梅園没。
		五九	甲寅	一七九四 汪中(一七四四～)没。	一七九三 和学講談所(塙保己一一八二一没)
		六〇	乙卯	一七九五 盧文弨(一七一七～)没。	／林子平没。
	仁宗	嘉慶元	丙辰	一七九六 白蓮教徒の乱(～一八〇四。)／邵晋涵(一七四三～)没。「爾雅正義」	一七九五 円山応挙没。
		二	丁巳	一七九七 王鳴盛(一七二二～)没。「蛾術篇」「十七史商榷」／袁枚(随園。一七一六～)没。／畢沅(一七三〇～)没。「続資治通鑑」／王宸(一七三〇～)没。	一八〇一 細井平洲没。／本居宣長没。 一八〇三 木村巽斎(兼葭堂)没。
		四	己未	一七九九 江声(一七二一～)没。	
		六	辛酉	一八〇一 章学誠(一七三八～)没。「文史通義」	一八〇三 前野良沢没。
		七	壬戌	一八〇二 張恵言(一七六一～)没。／王文治(一七三〇～)没。	△一八〇四 仏、ナポレオン、皇帝即位。
		九	甲子	一八〇四 銭大昕(一七二八～)没。「十駕斎養新録」	
		一〇	乙丑	一八〇五 紀昀(一七二四～)没。「四庫全書総目提要」／桂馥(一七三六～)没。「説文解字義証」	一八〇四 カント没。 一八〇七 皆川淇園没。／柴野栗山没。
		一四	己巳	一八〇九 洪亮吉(一七四六～)没。	一八〇八 間宮林蔵、樺太探検。
		一九	甲戌	一八一四 趙翼(一七二七～)没。「陔余叢考」「二十二史劄記」／程瑤田(一七二五～)没。／張問陶(一七六四～)没。	一八〇九 上田秋成没。
		二〇	乙亥	一八一五 アヘンの輸入禁止。／段玉裁(一七三五～)没。「説文解字注」／姚鼐(一七三一～)没。「古文辞類纂」／梁同書(一七二三～)没。／伊秉綬(一七五四～)没。	一八一二 山本北山没。 一八一三 尾藤二洲没。
		二一	丙子	一八一六 崔述(一七四〇～)没。「崔東壁遺書」／イギリス、アマーストを使節として派遣。	一八一六 頼春水没。 一八一七 中井履軒没。／古賀精里没。
		二三	戊寅	一八一八「大清会典」(八〇巻)完成。／孫星衍(一七五三～)没。「尚書今古文注疏」／翁方綱(一七三三～)没。	一八一八 司馬江漢没。 一八一九「群書類従」
		二五	庚辰	一八二〇「大清一統志」(五六〇巻)完成。／焦循(一七六三～)没。「孟子正義」	一八二〇 市川寛斎没。／原念斎没。
	宣宗	道光五	乙酉	一八二五 郝懿行(一七五七～)没。／黄丕烈(一七六三～)没。	一八二二「群書類従続編」
		九	乙丑	一八二九 劉逢禄(一七七六～)没。「公羊何氏釈例」／凌曙(一七七五～)没。	一八二三 大田南畝(蜀山人)没。
		一一	辛卯	一八三一 江藩(一七六一～)没。「国朝漢学師承記」	一八二五 大田錦城没。／歌川豊国(初代)没。
		一二	壬辰	一八三二 王念孫(一七四四～)没。「読書雑志」	
		一四	甲午	一八三四 王引之(一七六六～)没。「経伝釈詞」／陳寿祺(一七七一～)没。	一八二六 亀田鵬斎没。
清		一八	戊戌	一八三八 林則徐、イギリス商人のアヘンを焼却。	一八二七 菅茶山没。／大槻磐水(玄沢)没。
		二〇	庚子	一八四〇 イギリスとの間にアヘン戦争起こる(～一八四二)。／兪正燮(一七七五～)没。「癸巳類稿・存稿」	一八二八 酒井抱一没。
		二一	辛丑	一八四一 龔自珍(一七九二～)没。／李兆洛(一七六九～)没。「歴代地理韻編」	一八二九 松平定信没。 一八三一 良寛没。
		二二	壬寅	一八四二 イギリスと南京条約を締結。香港を割譲。上海・寧波・厦門・広州・福州の五港を開港。	△一八三二 ゲーテ没。 一八三二 頼山陽没。「日本外史」
		二三	癸卯	一八四三 厳杰(一七六三～)没。「経義叢鈔」／呉栄光(一七七三～)没。	一八三四 頼杏坪没。
		二四	甲辰	一八四四 アメリカと望厦条約、フランスと黄埔条約締結。	一八三五 田能村竹田没。／狩谷棭斎没。
		二九	己酉	一八四九 阮元(一七六四～)没。「経籍籑詁」「十三経注疏校勘記」「皇清経解」／胡培翬(一七八二～)没。	一八四〇 谷文晁没。 一八四一 徳川家斉没。
		三〇	庚戌	一八五〇 洪秀全、太平天国の乱(長髪賊の乱)を起こす(～一八六四)。中国近世史上最大の反乱。／林則徐(一七八五～一八五〇)。	／林述斎没。／渡辺崋山没。 一八四三 平田篤胤没。
	文宗	咸豊元	辛亥	一八五一 方東樹(一七七二～)没。	一八四四 松崎慊堂没。
		三	癸丑	一八五三 太平天国軍、南京を攻略。／馬瑞辰(一七八二～)没。	一八四五 猪飼敬所没。 一八四七 古賀侗庵没。
		四	甲寅	一八五四 劉文淇(一七八九～)没。	一八五一 篠崎小竹没。
		五	乙卯	一八五五 劉宝楠(一七九一～)没。「論語正義」／包世臣(一七七五～)没。	一八五三 米使ペリー浦賀に来航。
		七	丁巳	一八五七 魏源(一七九四～)没。「海国図志」／英仏連合軍、広州を占領(アロー戦争。一八五六～一八六〇)。	一八五五 藤田東湖没。 一八五六 広瀬淡窓没。／梁川星巌没。
		八	戊午	一八五八 ロシアと愛琿条約を締結。黒竜江以北の地を割譲、沿海州を両国の共有とす。／米露二国、清・英・仏の間を仲介、天津条約成る。／朱駿声(一七八八～)没。「説文通訓定声」	一八五九 安政の大獄。／佐藤一斎没。／吉田松陰没。
		一〇	庚申	一八六〇 英仏連合軍、北京に侵入。改めて北京条約を締結。イギリスに九竜半島を割譲。天津などを開放。ロシアに沿海州を割譲。／曾国藩、洋務運動を始む。／戴熙(一八〇一～)没。	一八六〇 桜田門外の変。／安積艮斎没。 △一八六一 米、南北戦争(～一八六五)。
	穆宗	同治三	甲子	一八六四 洪秀全(一八一四～)自殺し、太平天国の乱鎮定。	一八六三 会沢正志斎没。／広瀬旭荘没。
		八	己巳	一八六九 陳立(一八〇九～)没。「公羊義疏」／陳喬樅(一八〇九～)没。「今文尚書経説考」／鄒伯奇(一八一九～)没。「乗方捷術」	一八六四 佐久間象山没。 一八六五 斎藤拙堂没。 一八六六 藤井竹外没。
		一〇	辛未	一八七一 日清修好条約締結。	一八六七 塩谷宕陰没。
		一一	壬申	一八七二 曾国藩(一八一一～)没。	一八六八 明治維新。
		一三	甲戌	一八七四 日本、台湾に出兵。	
	徳宗	光緒元	乙亥	一八七五 西太后(文宗の妃、穆宗の生母)、妹の子徳宗を擁立、みずから政を聴く。	
		七	辛巳	一八八一 ロシアと伊犁条約締結。	一八七六 安井息軒没。
		八	壬午	一八八二 陳澧(一八一〇～)没。「東塾読書記」	一八七八 大槻磐渓没。 一八八三 鹿鳴館建設。
		一〇	甲申	一八八四 インドシナをめぐり清仏戦争起こる。	△一八八三 マルクス没。

年	干支	中国	日本・世界
清			
		(～一八八五)。	
一一	乙酉	一八八五 フランスと天津条約を締結。安南、フランスの保護国となる。後一八八七年、カンボジア・ベトナムなどフランス領となる。／左宗棠(一八一二～)没。	
一三	丁亥	一八八七 李元度(一八二一～)没。「国朝先正事略」	一八八八 狩野芳崖没。
一七	辛卯	一八九一 李桓(一八二七～)没。「国朝耆献類徴」	一八八九 大日本帝国憲法発布。
二〇	甲午	一八九四 日清戦争起こる(～一八九五)。／孫文、ハワイに興中会を組織。／陸心源(一八三四～)没。	
二一	乙未	一八九五 日本と下関条約を締結。露・仏・独三国これに干渉。	△一八九五 エンゲルス没。
二三	丁酉	一八九七 黎庶昌(一八三七～)没。「古逸叢書」／商務印書館設立。	
二四	戊戌	一八九八 ドイツは膠州湾、ロシアは関東州、イギリスは威海衛を租借。／戊戌の政変起こり、康有為・梁啓超・譚嗣同(一八六五～一八九八)ら、政治革新に失敗、日本に亡命。	
二五	己亥	一八九九 フランス、広州湾を租借。／義和団の乱(団匪事件)起こる(～一九〇〇)。／殷墟(河南省安陽市小屯)より殷時代の甲骨文字発見。／馬建忠(?～)没。「馬氏文通」	一八九九 治外法権撤廃／勝海舟没。
二六	庚子	一九〇〇 義和団、北京に入る。各国連合軍、義和団を鎮圧し、北京を占領。	
二七	辛丑	一九〇一 北京議定書成立(辛丑和約)。李鴻章(一八二三～)没。	一九〇一 福沢諭吉没。
二八	壬寅	一九〇二 呉大澂(一八三五～)没。	一九〇二 正岡子規没。
三一	乙巳	一九〇五 科挙の制度を廃止。／孫文ら、東京にて中国革命同盟会を結成。／黄遵憲(一八四八～)没。「日本国志」	一九〇三 尾崎紅葉没。 一九〇四 日露戦争(～一九〇五)。／小泉八雲没。
三二	丙午	一九〇六 英人スタイン(一八六二～一九四三)、敦煌を発掘。／兪樾(曲園。一八二一～)没。	
三三	丁未	一九〇七 秋瑾(一八七七～)没。	
三四	戊申	一九〇八 仏人ペリオ(一八七八～一九四五)、敦煌千仏堂石室発掘。／西太后(一八三五～)没。／孫詒譲(一八四八～)没。「周礼正義」「墨子間詁」／皮錫瑞(一八五〇～)没。「経学通論」	一九〇八 那珂通世没。／橋本雅邦没。
宣統帝 宣統元	己酉	一九〇九 宣統帝(溥儀。一九〇六～一九六七。光緒帝の弟の醇親王載灃の子)即位。載灃、政を摂す。／張之洞(一八三七～)没。	一九〇九 依田百川(学海)没。 一九一〇 大逆事件。／重野成斎没。 △一九一〇 トルストイ没。
三	辛亥	一九一一 十月十日、革命党、武昌に起こる(辛亥革命)。／袁世凱、北京に内閣を組織。／敦崇(一八五四～)没。「燕京歳時記」	一九一一 森槐南没。／菱田春草没。
元	壬子	一九一二 一月、孫文、南京にて臨時大総統に就任(翌月辞任)。／二月、宣統帝退位して、清、滅亡。中華民国成立。／三月、袁世凱、北京にて臨時大総統に就任。／孫文、国民党を結成。	一九一三 岡倉天心没。
中華民国			
二	癸丑	一九一三 孫文、第二革命を起こし、失敗して日本に亡命。／袁世凱、正式に大総統に就任。	△一九一四 第一次世界大戦起こる(～一九一八)。
三	甲寅	一九一四 孫文、広東に軍政府樹立。／ドイツに戦線布告。／楊守敬(一八四〇～)没。「日本訪書誌」「水経注疏」／孫文、中国革命党を結成。	一九一四 岡鹿門没。
四	乙卯	一九一五 日本の二十一カ条要求を受諾。排日運動激化。／陳独秀、「青年雑誌」を創刊。／袁世凱、帝政をしき、反帝政運動おこる。	
五	丙辰	一九一六 袁世凱(一八五九～)没。／軍閥割拠、争乱の時代となる。／王闓運(一八三三～)没。	一九一六 夏目漱石没。
六	丁巳	一九一七 胡適(一八九一～一九六二)・陳独秀・銭玄同ら、文学革命を起こす。／王先謙(一八四二～)没。「皇清経解読篇」	△一九一七 ロシア革命。 一九一七 竹添光鴻没。
七	戊午	一九一八 蘇曼殊(玄瑛。一八八四～)没。	
八	己未	一九一九 五・四運動、北京に起こり、反帝国主義闘争として全国に拡大。孫文、三民主義を唱え、革命結社中国国民党を組織。／劉師培(一八八四～)没。	一九一九 三島中洲没。
一〇	辛酉	一九二一 陳独秀・李大釗(一八八八～一九二七)ら、中国共産党を組織。／厳復(一八五三～)没。	一九二二 森鷗外没。／日下部鳴鶴没。
一三	甲子	一九二四 孫文、広東に中国国民党第一回全国大会を開催。／第一次国(民党)共(産党)合作成立。／外蒙古独立宣言。／林紓(琴南。一八五二～)没。「巴黎茶花女遺事」(椿姫の翻訳)は西洋小説翻訳の初め。	一九二三 関東大震災。
一四	乙丑	一九二五 五・三〇事件(反帝国主義運動)、上海に起こる。／孫文(一八六六～)没。	
一五	丙寅	一九二六 蔣介石、国民革命軍総司令に就任、北伐を開始。	
一六	丁卯	一九二七 蔣介石、南京に国民政府を組織。共産党を弾圧。／共産党、国民党左派と提携、武漢政府を樹立。四月、国民政府に宣戦、七月崩壊。張作霖、北京大総統府において大元帥に就任、北京政府を組織。／王国維(権堂。一八七七～)没。／葉徳輝(一八六三～)没。「書林清話」／康有為(一八五八～)没。「大同書」／呉昌碩(一八四四～)没。	一九二七 芥川龍之介没。
一七	戊辰	一九二八 蔣介石、北伐を完成。／張作霖(一八七五～)暗殺。	
一八	己巳	一九二九 梁啓超(一八七三～)没。「先秦政治思想史」／殷墟の発掘始まる。	△一九二九 世界経済恐慌始まる。
二〇	辛未	一九三一 奉天北郊に柳条湖事件発生、満州事変に拡大。	一九三〇 田山花袋没。
二一	壬申	一九三二 上海事変起こる。／日本、満州国を建国、溥儀(清の宣統帝)、執政となる。／廖平(一八五二～)	一九三一 満州事変。

中華民国

年	干支	中国	日本・世界
		没。「今古学考」	
二二	癸酉	一九三三 柯劭忞(一八五〇〜)没。「新元史」	
二三	甲戌	一九三四 国民政府、新生活運動を提唱。／満州国、共和制より帝政に移行。溥儀、皇帝となる。	
二四	乙亥	一九三五 中国共産党、江西省瑞金より陝西省延安に大移動(長征)。毛沢東、主席に就任。／瞿秋白(一八九九〜)没。	一九三五 坪内逍遥没。
二五	丙子	一九三六 西安事件(張学良、蔣介石を西安に監禁)を契機とし、第二次国共合作成立。／章炳麟(一八六八〜)没。「国故論衡」「国学概論」／魯迅(一八八一〜)没。「阿Q正伝」	
二六	丁丑	一九三七 日華事変起こる。／中ソ不可侵条約締結。	
二七	戊寅	一九三八 国民政府、重慶に移転。／鄭孝胥(一八六〇〜)没。	
二八	己卯	一九三九 銭玄同(一八八七〜)没。	△一九三九 第二次世界大戦起こる。
二九	庚辰	一九四〇 蔡元培(一八六八〜)没。／羅振玉(一八六六〜)没。／汪兆銘(一八八三〜一九四四)、南京政府を樹立。	一九四一 太平洋戦争起こる。(〜一九四五)
三一	壬午	一九四二 陳独秀(一八七九〜)没。	
三四	乙酉	一九四五 日本の敗戦により、国民政府、南京に帰還。／満州国、消滅。／中ソ友好同盟条約締結。／郁達夫(一八九六〜)没。	一九四三 島崎藤村没。
三五	丙戌	一九四六 国・共分裂、内戦となる。／聞一多(一八九九〜)。没／蒙古人民共和国成立。	一九四六 日本国憲法発布。
三七	戊子	一九四八 蔣介石、中華民国総統に就任。／人民解放軍(中共軍)、全東北(満州)を支配。	一九四七 幸田露伴没。
三八	己丑	一九四九 一月、北京陥落。／二月、南京陥落。国民政府、台湾に移転。／十月、中華人民共和国、北京に成立。毛沢東は主席に、周恩来、総理に就任。	

中華人民共和国

年	干支	中国	日本・世界
	庚寅	一九五〇 六月、朝鮮戦争始まり、十月、中国人民義勇軍、戦線に出動。	一九五一 サンフランシスコ対日講和条約、日米安全保障条約調印。
	癸巳	一九五三 朝鮮休戦協定調印。	
	甲午	一九五四 中華人民共和国憲法公布。	
	丙申	一九五六 漢字簡略化方案公布。	
	丁酉	一九五七 漢語拼音方案草案公布。中国語をローマ字表記。	
	戊戌	一九五八 「紅旗」創刊。	
	甲辰	一九六四 簡化字総表発表。	
	丙午	一九六六 文化大革命(〜一九七六)。／老舎(一八九八〜)没。	一九七〇 三島由紀夫没。
	辛亥	一九七一 中華人民共和国、国際連合加盟。	一九七一 沖縄返還協定調印。／志賀直哉没。
	壬子	一九七二 日中共同声明発表、国交正常化。／馬王堆漢墓発掘。	一九七二 川端康成没。
	乙卯	一九七五 蔣介石(一八八七〜)没。／秦始皇帝陵兵馬俑坑を発見。	一九七六 ロッキード事件。
	丙辰	一九七六 周恩来(一八九八〜)没。毛沢東(一八九三〜)没。／江青ら四人組追放。／華国鋒、主席に就任。	△一九七六 南北ベトナム統一。
	戊午	一九七八 日中平和友好条約締結。／郭沫若(一八九二〜)没。	
	己未	一九七九 米中国交正常化。／中越戦争。	
	辛酉	一九八一 「建国以来の党の若干の歴史的問題についての決議」を採択し、文化大革命を全面否定。	
	壬戌	一九八二 主席制を廃し、胡耀邦、総書記就任。	
	乙丑	一九八五 人民公社の解体終了。	
	丁卯	一九八七 趙紫陽、総書記就任。	一九八九 昭和天皇崩御。平成改元。
	己巳	一九八九 中ソ国交正常化宣言。／六・四天安門事件。／江沢民、総書記就任。	△一九九一 ソビエト連邦消滅。
	壬申	一九九二 「社会主義市場経済の確立」を決議。	
	丙子	一九九六 台湾、初の総統直接選挙。	
	丁丑	一九九七 鄧小平(一九〇四〜)没。／香港返還。	
	戊寅	一九九九 謝冰心(一九〇〇〜)没。／マカオ返還。	